DER NEUE BROCKHAUS

DER NEUE BROCKHAUS

LEXIKON UND WÖRTERBUCH IN FÜNF BÄNDEN
UND EINEM ATLAS

SIEBENTE, VÖLLIG NEUBEARBEITETE AUFLAGE

4

NEV–SID

F. A. BROCKHAUS · WIESBADEN

CIP-Kurztitelaufnahme der Deutschen Bibliothek

Der **Neue Brockhaus :** Lexikon u. Wörterbuch in 5 Bd. u. e. Atlas. - Wiesbaden : Brockhaus
ISBN 3-7653-0850-1;
ISBN 3-7653-0300-3 (gültig bis 6. Aufl.)
4. NEV - SID. - 7., völlig neubearb. Aufl. - 1985.
ISBN 3-7653-0854-4.

Schutzumschlag und Einband nach Entwurf von Peter Plasberg, Hamburg
Satz: Satzzentrum Oldenburg GmbH, Oldenburg (Oldb) - Druck und Bindung: Neue Stalling GmbH, Oldenburg (Oldb)
Druck der Karten: Karl Wenschow Franzis-Druck GmbH, München

N

Nev., postal. **NV,** Abk. für den Staat **Nevada**, USA.

Nevada [nəv'ɑ:də], Abk. **Nev.**, postal. **NV,** Staat im W der USA, 286 299 km², (1980) 799 200 Ew.; Hptst.: Carson City, größte Stadt: Las Vegas; meist wüstenhaft mit zahlreichen Bergketten; Viehwirtschaft, Bergbau auf Kupfer, Gold, Quecksilber u. a.; Versuchsgelände für Kernwaffen. – N., 1848 von Mexiko abgetreten, wurde 1864 der 36. Staat der Union.

Nevado [neβ'aðo ›verschneit‹, span.], Zusatzbez. bei Bergen in Lateinamerika, z. B. Nevado de Colima, → Colima.

Nevers [nəv'ɛ:r], Hptst. des frz. Dép. Nièvre, (1982) 43 000 Ew., an der Mündung der Nièvre in die Loire; Metall-, Fayence- u. a. Ind.; Kathedrale (11.–16. Jh.), ehem. Herzogspalast (15./16. Jh.). – N., das röm. **Nevirnum**, wurde im MA. Hptst. der Gfsch. (seit 1539 Hzgt.) N. oder **Nivernais** [nivɛrn'ɛ]; 1659 an Mazarin.

Neves, Tancredo de Almeida, brasilian. Politiker (Partido do Movimento Democrático Brasileiro, PMDB), * São João del Rei (Minas Gerais) 4. 3. 1910, † São Paulo 22. 4. 1985, Rechtsanwalt; 1961–62 MinPräs., im Jan. 1985 zum Präs. gewählt, starb vor Amtsantritt.

Neviges, gehört seit 1975 zur Stadt → Velbert.

Nevis [n'ivɪs], eine der westind. Leeward-Inseln, 93 km², (1980) 9300 Ew.; Hauptort: Charlestown. Haupterzeugnisse: Kokosnüsse, Baumwolle.

new [nju:, engl.], neu.

Newa *die,* schiffbarer Abfluß des Ladogasees, UdSSR, 74 km lang, mündet mit einem Delta, in dem Leningrad liegt, in den Finn. Meerbusen (→ Wolga-Ostsee-Kanal).

Newald, Richard, Germanist, * Lambach (OÖ) 30. 7. 1894, † Berlin (West) 28. 4. 1954, war mit H. de Boor Hg. der ›Gesch. der dt. Literatur‹ (1949 ff.), schrieb darin: ›Die dt. Literatur vom Späthumanismus zur Empfindsamkeit 1570–1750‹ (1951) und ›Die dt. Lit. von Klopstock bis zu Goethes Tod, 1750–1832‹, 1 (1957).

Newark [nj'u:ək], Industriestadt in New Jersey, USA, (1980) 329 200 Ew., am Passaic River; kath. Erzbischofssitz, vielfältige Ind.; Finanzzentrum.

New Bedford [nju: b'edfəd], Stadt in SO-Massachusetts, USA, (1980) 98 000 Ew.; Textil-, Leder- u. a. Industrie.

New Britain [nju: br'ɪtn], → Neubritannien.

New Brunswick [nju: br'ʌnzwɪk], **1)** dt. **Neubraunschweig,** Prov. in SO-Kanada, zw. Fundy und Chaleur Bay und St.-Lorenz-Golf, 73 437 km², (1981) 696 400 Ew. Hauptstadt ist Fredericton. N. B. hat viele Küstenbuchten; Seeklima; Holzwirtschaft; Fischerei; Bergbau (Blei, Zink, Kupfer, Silber). – N. B. war Teil des frz. besiedelten, mit England strittigen Akadien und fiel 1763 an Großbritannien. 1867 wurde es kanad. Prov. **2)** Stadt in New Jersey, USA, (1980) 41 000 Ew.; Rutgers-Univ. (Staatsuniv.); Herstellung von chirurg. Instrumenten, Metall-, Textil-, Leder- u. a. Industrie.

Newcastle [nj'u:kɑ:sl], **1)** Hafenstadt in New South Wales, Australien, Agglomeration (1981) 389 000 Ew., an der Mündung des Hunter; Umschlagplatz für Steinkohle; Stahlwerk, Schiffbau; Univ. (gegr. 1965). **2)** Stadt im NW von Natal, Rep. Südafrika, (1980) 36 200 Ew., 1 186 m ü. M. am Fuß der Drakensberge, nahebei Kohlenrevier mit Stahlwerk. **3) N.-under-Lyme** [-ʌndə l'aɪm], Stadt in der engl. Cty. Staffordshire, (1981) 72 900 Ew.; Textil-, Eisen-, elektrotechn. Ind. **4) N. upon Tyne** [-əpɔn t'aɪn], Stadt in der engl. Metrop. Cty. Tyne and Wear, (1981) 192 500 Ew.; Handelshafen und Ind.-Zentrum am nördl. Ufer des Tyne, mit chem., Metall-, Leder-, Maschinen-, elektrotechn. u. a. Ind., Schiffbau; Univ.; got. Kathedrale (1216–1359), Guildhall (1658).

Newcomer [nj'u:kʌmə, engl.] *der, -(s)/-(s),* Neuling.

New Criticism [nju: kr'ɪtɪsɪzm] *der, - -,* nach dem Buch ›The N. C.‹ von J. C. Ransom geprägte Bez. für eine Gruppe von Kritikern, die um 1930 eine Erneuerung der engl.-amerikan. Literaturkritik einleiteten. Von S. T. Coleridge, E. Pound und T. S. Eliot ausgehend, strebten die ›Neuen Kritiker‹ eine analyt. Betrachtung des literar. Werkes an, lehnten dabei alle entliehenen Elemente fremder Disziplinen ab; Hauptvertreter waren I. A. Richards, Cleanth Brooks, A. Tate, J. C. Ransom, R. P. Warren.

New Deal [nju: d'i:l] *der, - -,* Bez. für die umstrittene Politik des Präs. Roosevelt (1933–38) zur Bekämpfung der Wirtschaftskrise und zur Durchführung sozialer und wirtschaftl. Reformen in den USA. Konjunkturpolitisch war der N. D. ein Fehlschlag, aber er brachte bleibende strukturelle Änderungen des amerikan. Gesellschaftsgefüges, bes. zugunsten bisher benachteiligter Gruppen.

New England [nju: 'ɪŋglənd], → Neuengland.

Newfoundland [nju:fəndl'ænd], frz. **Terre-Neuve** [tɛrn'œv], dt. **Neufundland,** die östlichste Provinz Kanadas, 405 000 km², (1981) 567 700 Ew., besteht aus der vor dem Sankt-Lorenz-Golf gelegenen Insel → Neufundland und dem O-Teil der Halbinsel → Labrador. Hauptstadt ist Saint John's. – Die frühere wirtschaftl. Grundlage, die Fischerei und die sie ergänzende Holzwirtschaft (Cellulose, Papier) werden heute vom Bergbau übertroffen, der v. a. Eisenerz (in W-Labrador), Zink, Kupfer und Asbest (auf Neufundland) fördert. Die reichen Wasserkräfte werden zur Energieerzeugung genutzt (→ Churchill River). In jüngster Zeit wurden vor der Küste Erdölvorkommen entdeckt. – N., nach der Landung von G. Caboto 1497 besiedelt, war seit dem 17. Jh. von Franzosen und Engländern wegen des reichen Fischfangs umkämpft, wurde 1713 Großbritannien zugesprochen. Es erhielt 1855 Selbstverwaltung. 1949 trat es als 10. Prov. Kanada bei.

Nevers

Tancredo Neves

New Guinea [nju: g'ɪnɪ], → Neuguinea.

New Halfa [nju:-], neue Stadt in der Rep. Sudan, Mittelpunkt eines Bewässerungsgebietes (New-Halfa-Projekt), durch das Stauwerk Khashm el-Girba am Atbara (Stausee 120 km²) gespeist; etwa 200 000 ha, Baumwolle, Zuckerrohr, Weizen.

New Hampshire [nju: h'æmpʃə], Abk. **N. H.**, postamtl. **NH,** einer der Neuenglandstaaten der USA, 24 097 km², (1980) 920 600 Ew.; Hptst.: Concord; größte Stadt: Manchester. Seen- und waldreiches Hügelland; Landwirtschaft (Milch-, Geflügelwirtschaft); Elektro-, elektron., Papier- und Zellstoff-Ind. – N. H., seit 1623 von Europäern besiedelt, wurde 1641 von Massachusetts abhängig, 1679 brit. Kronkolonie; trat 1788 als 9. Staat der Union bei.

New Haven [nju: h'eɪvn], Stadt in Connecticut, USA, (1980) 126 000 Ew., Hafen am Ausgang des Long Island-Sundes; Kultur- und Bildungszentrum mit der traditionsreichen Yale-Univ. (1701 gegr.); Metallverarbeitung, Schiffbau u. a. Ind.

Ne Win, eigtl. **Maung Shu Maung,** birman. General und Politiker, * Paungdale (Bez. Prome) 24. 5. 1911; 1958–60 MinPräs., übernahm nach einem Staatsstreich 1962 als Vors. des Revolutionsrats die Macht und führte ein Nationalisierungsprogramm durch. Nach Verabschiedung einer neuen Verf. war er 1974–81 Vors. des Staatsrates (Staatspräsident).

New Ireland [nju: 'aɪələnd], → Neuirland.

New Jersey [nju: dʒ'ə:zɪ], Abk. **N. J.**, postal. **NJ,** einer der mittleren atlant. Staaten der USA, 20 295 km², (1980) 7,36 Mio. Ew.; Hptst.: Trenton. N. J. reicht im N bis in die Appalachen, Mitte und S gehören der Küstenebene an. Es ist einer der führenden Industriestaaten der USA mit Elektronik-, Bekleidungs-Ind., Stahlproduktion, Schiff- und Maschinenbau u. a. Die hochentwickelte Landwirtschaft ist auf die Versorgung der Großstädte eingestellt. Bed. Fremdenverkehr an der dünenbesetzten Nehrungsküste. N. J. hat eine führende Stellung in der Forschung der USA (Princeton u. a.). – N. J., seit 1624 besiedelt, bildete anfangs mit dem heutigen Staat New York die holländ. Kolonie Neuniederland, die 1664 von den Engländern erobert wurde. 1787 wurde es 3. Staat der Union.

Nevada: Trockensteppe im Großen Becken

John Henry Newman

New Look [nju: lˈʊk, engl. ›neues Aussehen‹] *der*, *- -*, die nach 1947 von frz. Modeschöpfern geschaffene neue Linie der Damenmode (→ Mode).

Newly Industrializing Countries [njˈu:lı ındˈʌstrıəlaızıŋ kˈʌntrız, engl.], Abk. **NIC,** → Schwellenländer.

Newman [njˈu:mən], **1)** B a r n e t t, amerikan. Maler und Bildhauer, * New York 29. 1. 1905, † ebd. 4. 7. 1970. Räumlich wirkungsvoll sind seine meist einfarbigen, homogenen Farbfelder.

2) J o h n H e n r y, engl. Theologe, * London 21. 2. 1801, † Birmingham 11. 8. 1890, war als Anglikaner einer der Führer der Oxfordbewegung (→ Ritualismus), die im Anglikanismus einen Zweig der Kath. Kirche sah. N., 1845 zum Katholizismus übergetreten, war Rektor der kath. Univ. in Dublin und wurde 1879 Kardinal. Seine Theorie der Lehrentwicklung (1845) trug zur Einführung des geschichtl. Denkens in die kath. Theologie bei. N. schrieb religiöse Lyrik und Dramatik (›Dream of Gerontius‹, 1866); seine ›Apologia‹ (1864) ist ein autobiographisches Bekenntnisbuch.

Newmarket [njˈu:mɑ:kıt], Stadt in der engl. Cty. Suffolk, (1981) 16200 Ew.; Sitz des engl. Jockey-Clubs; Pferderennen.

New Mexico [nju: mˈeksıkəʊ], Abk. **N. M.**, postal. **NM,** dt. **Neumexiko,** einer der Kordillerenstaaten der USA, 315115 km², (1980) 1,30 Mio. Ew.; Hptst.: Santa Fe. N. M. ist vorwiegend eine unfruchtbare, von Gebirgsketten durchzogene Hochfläche mit tiefen Cañons; sehr trockenes Klima, viele Salzsümpfe; Hauptflüsse: Rio Grande del Norte und Pecos. Ackerbau nur mit künstl. Bewässerung (Mais, Weizen, Hirse, Baumwolle), Viehzucht; wichtigster Uran-Lieferant der USA; ferner werden Erdöl, Erdgas und Kalisalze gefördert. Ind.: Nahrungsmittel, Holzverarbeitung u. a. Forschungszentrum für Kernenergie in Los Alamos. Staatsuniv. in Albuquerque und Las Cruces. - N. M., seit Ende des 17. Jh. von Spaniern besiedelt, kam 1848 von Mexiko an die USA. 1912 wurde es 47. Staat der Union.

New York 2)

New Orleans [nju: ˈɔ:lıənz, auch nju: ɔlˈi:nz], Stadt in Louisiana, USA, (1980) 557500 Ew.; Sitz eines kath. Erzbischofs, eines anglikan. und methodist. Bischofs; mehrere Universitäten, Museen und Theater; Geburtsort des Jazz; ›Superdome‹, eine Sporthalle mit 97365 Plätzen; Karneval (Mardi Gras), auf die frz. Siedler zurückgehend; Altstadt (French Quarter, Vieux-Carré) mit frz. und span. Architektureinflüssen. Seehafen im Mississippi-Delta; Außenhandelsplatz für die Erzeugnisse der Mississippistaaten (Baumwolle, Zucker, Holz, Erdöl, Schwefel); petrochem., Luft- und Raumfahrt-, Nahrungsmittel-, Bekleidungs-, Metallwaren-, chem. Ind.; Schiffbau. - N. O., 1718 von den Franzosen gegr., kam 1762 an Spanien, 1803 an die USA.

New Penny [nju: pˈenı], *Pl.* **New Pence** [-pˈens], Abk. **p,** kleine Münzeinheit in Großbritannien und der Rep. Irland nach der brit. Währungsumstellung (1971) auf das Dezimalsystem; 1 p. = 1/100 £.

Newport [njˈu:pɔ:t], **1)** Hafenstadt in der Cty. Gwent, Wales, (1981) 105400 Ew., an der Mündung des Usk in den Bristolkanal; Stahl-, Aluminium-, chem. und elektrotechn. Ind. **2)** Hptst. der engl. Insel Wight, (1981) 23600 Ew.; Marktzentrum.

New Providence [nju: prˈɔvıdəns], eine der Bahama-Inseln, 207 km², (1980) 135400 Ew., Hptst. von N. P. und den Bahamas: Nassau; Fremdenverkehr.

Vitězslav Nezval

News [nju:z, engl. zu new ›neu‹] *Pl.*, Neuigkeiten, Nachrichten; häufig im Titel angelsächs. Zeitungen und Zeitschriften. **Newspaper** [njˈu:speıpə], Zeitung.

New South Wales [nju: saʊθ wˈeılz], **Neusüdwales,** Staat des Austral. Bundes, 801600 km², (1981) 5,24 Mio. Ew.; Hptst.: Sydney. N. S. W. liegt an der O-Küste Australiens mit einem größeren flachen W-Teil und dem Küstengebirge Great Dividing Range mit der Neuengland-Kette im N, den Blauen Bergen in der Mitte sowie der höchsten Erhebung der Austral. Alpen, dem Mt. Kosciusko (2230 m), im S. Die Niederschläge nehmen von jährlich 2000 mm an der Küste auf weniger als 200 mm im Inneren ab. Die Vegetation folgt dieser Gliederung mit dichten Eukalyptuswäldern, offenen Strauch- und schließlich Grassteppen bis zum Bereich wüstenhafter Gebiete. N. S. W. ist wirtschaftlich der bedeutendste Bundesstaat mit großen Vorkommen von Kohle, Silber, Zinn, Blei und Kupfer. Schaf- und Rinderzucht im W, Weizenanbau und Obstbau in Bewässerungsgebieten; im Küstenbereich Industrie. - N. S. W., 1770 von J. Cook entdeckt, ist die älteste brit. Kolonie in Australien; sie umfaßte urspr. den ganzen O Australiens; 1859 wurde Queensland abgetrennt, 1911 das Bundesterritorium Canberra ausgegliedert.

Newsweek [njˈu:zwi:k], amerikan. Wochenzeitschrift, ein Nachrichtenmagazin, gegründet 1933.

Isaac Newton (aus einem Gemälde von G. Kneller)

Newton [nju:tn, n. I. → Newton] *das, -s/-*, Einheitenzeichen **N,** SI-Einheit der Kraft: 1 N = 1 m kg s⁻² = 1 J/m = 1 VA s/m.

Newton [nju:tn], Sir (seit 1705) I s a a c, engl. Physiker und Mathematiker, * Woolsthorpe bei Grantham (Lincolnshire) 4. 1. 1643, † Kensington 31. 3. 1727, war 1669–1701 Prof. in Cambridge, wurde 1699 königl. Münzmeister in London, 1703 Präs. der Royal Society in London. N. fand die drei Bewegungsgesetze der Mechanik (**Newtonsche Axiome,** → Kraft), erklärte mit Hilfe des von ihm gefundenen **Gravitationsgesetzes** (→ Gravitation) die Bewegung der Planeten um die Sonne, die Erscheinungen von Ebbe und Flut, berechnete die Massen des Mondes und der Planeten usw. Er entwickelte gleichzeitig, unabhängig von Leibniz, die von ihm als **Fluxionsrechnung** bezeichnete Differential- und Integralrechnung. N. wies die Zusammensetzung des weißen Lichtes aus den Spektralfarben nach und stellte die **Emissionstheorie des Lichtes** auf; er untersuchte Farberscheinungen dünner Blättchen (**Newtonsche Interferenzringe**), begründete die Akustik und bestimmte Frequenzen von Schwingungsvorgängen. Erst durch die Relativitätstheorie wurden die von N. aufgestellten Axiome über Raum und Zeit durch neue Formulierungen ersetzt.

HW: Philosophiae naturalis principia mathematica (1687).

Newton-Metall [njˈu:tn-, n. I. Newton], als Schnellot verwendete Wismutlegierung mit einem Schmelzpunkt von 103 °C.

Newtonmeter [njˈu:tn-], Einheitenzeichen **Nm,** SI-Einheit der Arbeit und der Energie (mit dem besonderen Namen Joule), 1 Nm = 1 J = 1 Ws, ferner SI-Einheit des Drehmoments.

Newtonsche Flüssigkeiten [njˈu:tn-], → fließen.

Newton-Spiegel [njˈu:tn-], ein → Spiegelteleskop.

New Wave [nju: weıv, engl. ›neue Welle‹], Mitte der 70er Jahre entstandene Bez. für Strömungen der Rockmusik mit sozialkrit. Tendenz und Ablehnung des üblichen starken Einsatzes techn. Mittel. Unter ihrem Einfluß bildete sich Anfang der 80er Jahre die **neue dt. Welle** heraus, die mit originellen Texten (z. T. in Mundart) erstmals eine eigenständige, vom engl. und amerikan. Einfluß gelöste Rockmusik hervorbrachte.

New York [nju: jˈɔ:k], **1) New York State** [-stˈeıt], Abk. **N. Y.,** postal. **Ny,** einer der mittleren atlant. Staaten der USA, 128402 km², (1980) 16,12 Mio. Ew.; Hptst.: Albany; größte Stadt: N. Y. City. N. Y. erstreckt sich von der atlant. Küste über die Ausläufer der Alleghenies bis zum Hügelland am Erie- und Ontariosee und St.-Lorenz-Strom; Hauptfluß ist der Hudson. N. Y. ist nach Kalifornien der bedeutendste Industrie- und Handelsstaat der USA; alle Industriezweige sind vertreten. Bei der landwirtschaftl. Produktion überwiegen Vieh- und Milchwirtschaft. Anziehungspunkte für den bed. Fremdenverkehr sind v. a. die Stadt N. Y., Niagarafälle, Adirondacks. - Das Gebiet von N. Y. wurde seit 1614 von Niederländern besiedelt; mit New Jersey bildete es die Kolonie Neuniederland. Sie wurde 1664 von den Engländern besetzt. 1788 trat N. Y. als 11. Staat der amerikan. Union bei. **2) N. Y. City** [-sˈıtı], Stadt im Staat N. Y., eine der größten Städte der Erde, (1980) 7,07 Mio. Ew., als Metrop. Area N. Y. (1980) 9,12 Mio. Ew. N. Y. liegt an der buchtenreichen Mündung des Hudson auf mehreren Inseln und dem Festland. Das Stadtgebiet (776 km²) ist in 5 Bezirke geteilt, von denen jeder einer County des Staates N. Y. entspricht: Manhattan (N. Y. County), Bronx (Bronx County), Brooklyn (Kings County), Queens (Queens County), Richmond (Richmond County). Den Kern bildet Manhattan auf der gleichnamigen Insel mit seiner weltweit zum Wahrzeichen der Stadt gewordenen Wolkenkratzer-Silhouette (Skyline); im S von Manhattan das Hauptgeschäftsviertel mit der Wallstreet, dem Hauptsitz der Großfinanz, dem UN-Gebäude (BILD Vereinte Nationen), vielen Geschäftshochhäusern, dem World Trade Center (1970) mit 412 m hohen Doppeltürmen, dem Empire State Building (1931) und dem Rockefeller Center (seit 1931). Im N ein rechtwinklig angelegtes Straßennetz mit Längsstraßen (Avenues), Querstraßen (Streets) und dem 350 ha großen Central Park. Durch ganz Manhattan

New York 2): Freiheitsstatue

führt als Hauptverkehrsader der 30 km lange Broadway, der als Great White Way durch N. Y.s Vergnügungs- und Theaterzentrum weiterführt. Zahlreiche große Brücken verbinden Manhattan mit den Nachbarstadtteilen Bronx, Queens und Brooklyn, über den East River die Brooklyn-Brücke (1800 m) und die Manhattan-Brücke (2060 m). Über den Hudson führt im N die George-Washington-Brücke (1068 m). Mehrere Tunnel führen unter East River und Hudson hindurch. Vor der Südspitze Manhattans liegen die Inseln Liberty Island mit der über 90 m hohen Freiheitsstatue (1886), Ellis Island und Governor's Island in der Inneren Bucht (Upper Bay). Diese ist durch eine 2 km breite Enge zw. den Inseln Long Island und Staten Island, über die die Verrazano Narrows Bridge (4170 m) führt, mit der Äußeren Bucht (Lower Bay) und dem Ozean verbunden. Die Bevölkerung N. Y.s ist verschieden zusammengesetzt; rd. 1,3 Mio. der Ew. sind Juden, 1,8 Mio. Neger, die v. a. im Stadtteil Harlem im N Manhattans ansässig sind. An Bildungseinrichtungen besitzt N. Y. mehrere Universitäten, von denen die Columbia-Univ. (gegr. 1754) und die N. Y. University (gegr. 1831) die bedeutendsten sind, zahlreiche Büchereien (N. Y. Public Library, Brooklyn Liberty), wissenschaftl. Gesellschaften; die größten Museen sind das → Metropolitan Museum of Art, das Museum of Modern Art und das American Museum of Natural History. Das bedeutendste Theater ist die → Metropolitan Opera. Weitere kulturelle Mittelpunkte sind z. B. das → Lincoln Center for the Performing Arts und die Carnegie Hall (Konzertsaal). N. Y. ist kath. und griechisch-orthodoxer Erzbischofssitz sowie Sitz der zentralen Organisation vieler kirchl. Gruppen. Im Wirtschaftsleben Amerikas und der Welt hat N. Y. als Industrie-, Handels- und Geldmittelpunkt eine führende Stellung. Wichtigste Industrien: Bekleidungsgewerbe, Druck-, Elektro- und chem. Ind., Fahrzeugbau. Die Schiffahrt, einst einer der wichtigsten Wirtschaftszweige, geht im Stadtgebiet seit Jahren zurück; viele der Hafenanlagen an N. Y.s ›Waterfront‹ (930 km) verfallen, da die einst bed. Passagierschiffahrt nahezu ganz aufgehört hat; einen großen Teil des Frachtverkehrs übernahmen die modernen Container-Verladeanlagen des in New Jersey gelegenen Teils des ›Port of New York‹. Hauptflughäfen sind La Guardia im N, J. F. Kennedy im S von Queens.

Geschichte. Neu-Amsterdam, die 1625 gegr. Hptst. Neu-Niederlands, wurde mit diesem 1664 der brit. Herrschaft unterworfen und in N. Y. umbenannt. Im Unabhängigkeitskrieg war die Stadt 1776–83 von den Engländern besetzt; 1789/90 Sitz der Unionsregierung.

New York Herald Tribune [nju: jɔ:k h'erəld tr'ıbju:n], republikan. Tageszeitung, gegr. 1835; stellte 1966 ihr Erscheinen ein. In Paris erscheint eine Europa-Ausgabe (gegr. 1887) als ›Herald Tribune‹ weiter.

New York Times, The N. Y. T. [ðə nju: jɔ:k t'aımz], amerikan. demokratische Tageszeitung, gegründet 1851.

New Zealand [nju: z'i:lənd], → Neuseeland.

Nẹxus [lat.] *der, -/-,* Verknüpfung, Zusammenhang.

Nẹy, 1) Elly, Pianistin, * Düsseldorf 27. 9. 1882, † Tutzing (Starnberger See) 31. 3. 1968, interpretierte bes. Beethoven.

2) [nɛ], Michel, Herzog von **Elchingen** (1808), Fürst **von der Moskwa** (1813), frz. Marschall, * Saarlouis 10. 1. 1769, † Paris 7. 12. 1815, Sohn des Küfers Peter N., trug durch seinen Sieg bei Elchingen (1805) entscheidend zur Kapitulation der Österreicher in Ulm bei, tat sich 1812 bes. in der Schlacht bei Borodino hervor. Ludwig XVIII. ernannte ihn 1814 zum Pair, 1815 ging er wieder zu Napoleon über. Nach Rückkehr der Bourbonen wurde er als Hochverräter standrechtlich erschossen.

Nezval [n'ɛzval], Vítězslav, tschech. Schriftst., * Biskupice bei Trebitsch 26. 5. 1900, † Prag 6. 4. 1958, surrealist. Lyriker und Dramatiker. (BILD S. 6)

nF, Einheitenzeichen für **Nạnofarad,** 1 nF = 10^{-9} F (→ Farad).

NF, Abk. für **Niẹderfrequẹnz,** → Frequenzbereich.

N. F., Abk. für **N**eue **F**olge (von Zeitschriften).

NFT, Gartenbau: Abk. für → Nährlösungsfilm-Technik.

Ngaliẹ́ma-Fälle, neuer amtl. Name der → Stanley-Fälle in Zaire.

Ngạmiland, Landschaft in NW-Botswana, mit Trocken- und Dornstrauchsavanne sowie dem Okawango-Becken und dem **Ngamisee** (episodisch von Wasser erfüllt, etwa 65 km lang, 6–12 km breit).

Ngạndong, Dorf am Solofluß, Mittel-Java, Fundstelle (1932) eiszeitl. Menschenreste, als **Homo (Javanthropus) soloẹnsis** beschrieben, heute als späte Ausläufer von Homo erectus angesehen.

Nganking, chines. Stadt, → Anking.

Ngantung, chines. Stadt, → Tantung.

NGC, Abk. für **New General Catalogue of Nebulae and Clusters of Stars** [nju: dʒ'enərəl k'ætəlɔg ɔv n'ebjuli: ænd kl'ʌstəz ɔv stɑ:z, engl.], ✫ 1888 von J. Dreyer (* 1852, † 1926) veröffentlichter Katalog mit mehr als 7000 → Nebeln und → Sternhaufen. So wird z. B. der → Nordamerikanebel mit NGC 7000 bezeichnet, d. h., er ist unter der Nummer 7000 im Katalog verzeichnet.

New York 2)

Ngo Dinh-Diẹm, vietnames. Politiker, * Kwang Binh (Annam) 1901, † Saigon 1. 11. 1963, Katholik, seit Juni 1954 MinPräs. von S-Vietnam, setzte sich 1954/55 gegen die Sekten durch (→ Vietnam); war durch Volksentscheid seit Okt. 1955 zugleich Staatspräs. und Regierungschef. Er wurde 1963 durch einen Militärputsch gestürzt und ermordet.

Ngorongọro-Krater, Caldera im Masai-Land Tansanias; Fläche 250 km², Durchmesser rd. 20 km. Ihre Wände ragen rd. 600 m über den in 1750 m Höhe gelegenen Boden auf; Wildschutzgebiet.

Ngụni, sprachverwandte Völkergruppe der SO-Bantu in Afrika, umfaßt die Xhosa, Zulu, Swasi, Fingu, Pondo u. a.; bei den N. sind Einflüsse (v. a. sprachlich) der Buschmänner festzustellen; seit dem 19. Jh. einem starken Kulturwandel unterworfen.

Nguyen Van Thieu [ngy'ɛn van ti'ø], vietnames. General und Politiker, * Phan Rang 5. 4. 1923, nahm 1963 am Putsch gegen Präs. Ngo Dinh-Diem teil, wurde 1964 stellv. MinPräs. und 1965 zugleich Verteidigungs-Min., 1965 Präsident des Direktoriums (Staatsoberhaupt), 1967–75 Staatspräsident der Rep. S-Vietnam; lebt im Exil.

Elly Ney

Ngwạne, eigener Name (seit 1968) von → Swasiland.

N. H., postal. **NH,** Abk. für den Staat **N**ew **H**ampshire, USA.

Nha Trang, Fischereihafen im südl. Teil von Vietnam, über 200000 Ew.

nhd., Abk. für **n**eu**h**och**d**eutsch.

Ni, chem. Symbol für → Nickel.

Niacịn *das, -s,* die → Nicotinsäure.

Ngorongoro-Krater

Niagarafälle: Der kanadische Teil der N. (Horseshoe Falls)

Niagarafälle [indian. ›donnerndes Wasser‹], engl. **Niagara Falls** [naɪ'ægərə fɔ:lz], die Wasserfälle des **Niagara** (56 km lang), der Erie- und Ontariosee verbindet. Am kanad. Ufer die **Hufeisenfälle (Horseshoe Falls** [h'ɔ:sʃu:-]), 800 m breit, 53 m hoch, am rechten Ufer die **Amerikanischen Fälle (American Falls** [əm'erikən-]), 300 m breit, 55 m hoch; Kraftwerke.

Niagara Falls [naɪ'ægərə fɔ:lz], **1)** Stadt im Staat New York, USA, (1980) 71 000 Ew., am O-Ufer der Niagarafälle; Univ.; Wasserkraftwerk, elektrometallurg., elektrochem. u. a. Ind.; Fremdenverkehr. **2)** Stadt in der kanad. Prov. Ontario, gegenüber von 1), (1976) 70 960 Ew.; Waserkraftwerk, chem. u. a. Ind.; Fremdenverkehr.

Niamey [njam'ɛ], Hptst. der Rep. Niger, (1982) 363 000 Ew., am Niger; Univ.; internat. Flughafen; kleine Ind.-Betriebe.

Niarchos, Stavros Spiros, grch. Reeder, * Athen 3. 7. 1909, besitzt eine der größten privaten Tankerflotten der Erde, die meist unter billigen Flaggen fahren; setzte als erster Supertanker ein.

Niari [njar'i], Fluß im S der Rep. Kongo, entspringt auf der Niederguineaschwelle, 700 km lang, im Unterlauf Kouilou genannt, mündet 50 km nördl. von Pointe-Noire in den Atlant. Ozean. Das Tal des mittleren N. ist bed. Landwirtschaftsgebiet (Zuckerrohr, Ölpalmen, Bananen, Kaffee).

Nias, indones. Insel westlich von Sumatra, 4772 km², (1973) 372 000 Ew.; Steinsäulen und -särge sind Zeugen einer alten Megalith-Kultur; Kunsthandwerk.

Niaux [ni'o], Gem. im frz. Dép. Ariège (Pyrenäen). Bei N. wurden Höhlen mit altsteinzeitl. Felsbildern und Fundschichten des Magdalénien entdeckt.

Nibble [nɪbl, engl.], in der EDV eine Gruppe von 4 Bits.

Nibelungen [verwandt mit Nebel], *Sg. der* **Nibelung,** *-en,* german. Name für 1) die dämon. Besitzer eines großen Horts, der von dem Zwerg Alberich behütet wird, 2) die Burgunden, Volksstamm am Rhein. Wie im → Nibelungenlied erzählt wird, geht nach Siegfrieds Ermordung durch Hagen der Goldhort **(Nibelungenhort),** den Siegfried den elbischen N. abgewann, an die Burgundenkönige über, die nun selbst N. genannt werden.

Nibelungenlied, mhd. Epos, zusammengewachsen aus verschiedenen, in den german. Stämmen gesondert entwickelten Sagenkreisen. Die überlieferte, verbindliche Form ist das Werk eines österr. Dichters, der (1198–1204) die alte Heldendichtung am Bischofshof zu Passau im Sinn der zeitgenöss. höfischen Poesie bearbeitete. Es ist in der **Nibelungenstrophe** abgefaßt (4 paarweise reimende Langzeilen, wobei die letzte Halbzeile überlängt ist).

Inhalt. Siegfried wirbt um Kriemhild, die Schwester der Burgundenkönige Gunther, Gernot und Giselher. Er erhält sie erst, nachdem er Brünhild, die Königin von Island, mit Hilfe der Tarnkappe in Kampfspielen überwunden und für Gunther zur Frau erworben hat. Als Brünhild dies erfährt, veranlaßt sie Hagen, Siegfried auf einer Jagd zu ermorden. Kriemhild, der Hagen auch den Nibelungenhort nimmt, um ihn in den Rhein zu versenken, übt als Gemahlin des Hunnenkönigs Etzel Rache an den Burgunden. Sie lädt ihre Brüder zu einem Fest nach Ungarn. Dort kommt es zu einer Saalschlacht, in deren Verlauf auf beiden Seiten alle Helden fallen bis auf Gunther und Hagen, die durch → Dietrich von Bern gefangengenommen werden. Da Kriemhild die Herausgabe des Hortes verweigert wird, läßt sie erst Gunther töten, dann schlägt sie selbst Hagen das Haupt ab. Voll Zorn durchbohrt sie der alte Hildebrand, Dietrichs Waffenmeister.

Aufbau und Stoffgeschichte. Das N. besteht aus zwei urspr. getrennten Hauptteilen: 1) Siegfrieds Werbung um Kriemhild und sein Tod; 2) der Untergang der Burgunden am Hof König Etzels. Dem zweiten Teil liegen geschichtl. Tatsachen zugrunde: die Vernichtung des burgund. Reiches am Rhein durch die Hunnen 436 und der Tod Attilas 453 in der Nacht seiner Hochzeit mit Ildico, einer Germanin. Urspr. rächte Kriemhild den Tod ihrer Brüder an König Etzel (älteres Atlilied), der diese aus Gier nach dem Goldschatz der Nibelungen hinterlistig an seinen Hof gelockt hatte. Dem ersten Teil liegt wohl ein altes Brünhildenlied zugrunde, das den an Brünhild begangenen Verrat und seine Sühne erzählt. In einigen Hss. ist dem N. die → Klage angefügt.

Handschriften. Die drei wichtigsten sind: A aus Hohenems, jetzt in München, die kürzeste; B in St. Gallen, die dem Original am nächsten stehende Handschrift; C ebenfalls aus Hohenems, jetzt Donaueschingen, die längste und am meisten höfisch umgestaltete Fassung. Alle drei Hss. sind aus der 2. Hälfte des 13. Jh.

Neuere Behandlungen des Stoffes von J. J. Bodmer, W. Jordan, Hans Sachs, F. de la Motte-Fouqué, E. Raupach, E. Geibel, F. Hebbel, P. Ernst, M. Mell; Opernwerk von R. Wagner.

Nicäa, lat. **Nicaea,** das antike → Nikaia.

Nicänisches Glaubensbekenntnis, lat. **Symbolum Nicaenum,** das in → Nikaia (Nicäa) 325 beschlossene Glaubensbekenntnis, das bes. gegen die → Arianer die Wesenseinheit (Homousie) des Sohnes mit dem Vater lehrt. Es wurde durch eine 381 in Konstantinopel beschlossene, 451 in Chalcedon bestätigte, erweiterte Fassung, das **Nicänisch-konstantinopolitanische Glaubensbekenntnis,** lat. **Symbolum Nicaeno-Constantinopolitanum,** abgelöst. Es ist mit dem von Karl d. Gr. geforderten Zusatz des → filioque das Credo der katholischen Messe.

Nicaragua, Nikaragua, amtl. **República de N.,** Republik in Zentralamerika, 130 000 km², (1982) 2,95 Mio. Ew. (geschätzt). Hauptstadt: Managua. Amtssprache: Spanisch. Währungseinheit: 1 Córdoba (C$) = 100 Centavos (c, cts). *Adj.* **nicaraguanisch.** *der* **Nicaraguaner,** *-s/-.* (KARTE XII/XIII, n. S. 320)

Staat. Bis zur Wahl einer verfassunggebenden Versammlung übt ein ›Staatsrat‹ die gesetzgebende Gewalt aus. Eine ›Junta der Regierung des nationalen Wiederaufbaus‹ übt formal die Reg.-Gewalt aus; die tatsächl. Macht besitzt jedoch das Direktorium der ›Sandinist. Nationalen Befreiungsfront‹ (›Frente Sandinista de Liberación National‹, FSLN). N. ist in 16 Departamentos und 1 Comarca (Nationalbezirk) eingeteilt. Das Recht wurde nach uruguayischem Vorbild kodifiziert. – Streitkräfte. Gesamtstärke 48 800 Mann (einschließlich 25 000 Reservisten); Heer 47 000 (einschließlich 25 000 Reservisten); Marine 300, Luftwaffe 1 500 Mann.

Landesnatur. N. liegt zw. dem Karibischen Meer und dem Pazifik. Das Innere ist größtenteils Bergland (bis 2 107 m hoch) mit z. T. noch tätigen Vulkanen. Erdbeben sind häufig. Entlang der pazif. Küste verläuft von der Fonsecabucht nach SO eine Senke mit dem Managua- und dem Nicaraguasee (8 262 km²). Im O erstreckt sich ein ausgedehntes, wenig erschlossenes Tiefland mit der Mosquitoküste. Die Temperaturen des trop. Klimas werden von der Höhenlage bestimmt.

Bevölkerung. Etwa 70% sind Mischlinge (überwiegend Mestizen, daneben Zambos, Mulatten), rd. 20% Weiße, 10% Neger. Etwa 70% der Bev. leben an der pazif. Küste. – Bildung: Allg. Schulpflicht (7. bis 13. Lebensjahr). Univ. in Léon (gegr. 1812) und Managua (gegr. 1961). – Religion: Die überwiegende Mehrheit der Bev. ist katholisch.

Wirtschaft, Verkehr. Die Wirtschaft hat durch den Bürgerkrieg (1979) große Schäden erlitten, wovon sie sich unter der sandinist. Reg. noch nicht erholen konnte. Die Auslandsverschuldung ist seit der Regierungsübernahme der Sandinisten auf (Anfang 1984) über 4 Mrd. US-$ angestiegen. Bes. leidet das Land unter der hohen Arbeitslosenquote (über 20%). Nach Schätzungen gehören heute 60% der Wirtschaft dem staatl. Sektor an. Die Landwirtschaft, der wichtigste Wirtschaftszweig, beschäftigt über 50% der Erwerbstätigen und erbringt rd. 75% des Exportwertes. Angebaut werden für den Eigenbedarf v. a. Mais, Hirse, Reis, Knollenfrüchte, Bohnen; für die Ausfuhr bes. Baumwolle, Zuckerrohr, Kaffee. Die Viehhaltung (etwa 2,8 Mio. Rinder) ist bed. (Ausfuhr von Fleisch). Die Fischerei liefert Garnelen und Langusten für die Ausfuhr. Rd. 40% der Landfläche tragen Wald, bes. Edelhölzer sowie Kiefern. Die reichen mineral. Bodenschätze sind erst z. T. erschlossen. Wirtschaftl. Bedeutung hat nur der Abbau von Edelmetallen und Kupfer. An der Pazifikküste wurden Erdgas-, an der Atlantikküste Erdölvorkommen festgestellt. Ind.-Betriebe, neben einer Erdölraffinerie (in Managua), stellen v. a. Textilien, Zement u. a. Gebrauchsgüter her und verarbeiten landwirt-

Nicaragua

schaftl. Erzeugnisse. Die Energiewirtschaft verfügt über eine installierte Leistung von 368 MW, davon etwa 1/3 in Wasserkraftwerken. In den letzten Jahren war die Handelsbilanz defizitär. 1981 wurden Waren im Wert von 807,6 Mio. US-$ eingeführt und für 520,0 Mio. US-$ Waren ausgeführt. – Das Land ist unzureichend erschlossen mit 18 300 km Straßen (davon 384 km Carretera Panamericana) und rd. 380 km staatl. Eisenbahnstrecken in der pazif. Küstenzone. Bed. Seehafen ist Corinto am Pazifik; Binnenschifffahrt bes. auf dem Nicaraguasee. Internat. Flughafen Augusto Sandio bei Managua.

Geschichte. Das Land wurde 1502 von Kolumbus entdeckt, 1522 von den Spaniern erobert und nach dem Indianerstamm ›Nicarao‹ benannt. 1821–39 war N. Teil der Verein. Staaten von Zentralamerika. Seitdem ist es selbständige Rep. 1910–25 und 1926–33 hielten die USA das Land besetzt, um ihre wirtschaftl. Interessen zu wahren. Nach dem endgültigen Abzug der amerikan. Truppen übernahm A. Somoza García die Macht (Präs. 1937–47, 1950–56) und errichtete ein diktator. Reg.-System; die Familie Somoza gewann seitdem die polit. und wirtschaftl. Macht in N. 1979 zwang eine von der ›Sandinist. Nationalen Befreiungsfront‹ (FSLN, benannt nach dem Guerilla-Führer C. A. Sandino, * 1893, † 1934) geführte Aufstandsbewegung Präs. A. Somoza Debayle jr. (1967–72, seit 1974) zum Rücktritt. In der FSLN sowie in der von ihr getragenen ›Junta‹ (Reg. unter dem ›Koordinator‹ D. Ortega Saavedra) setzten sich die marxist. Kräfte durch und schalteten die liberaleren Kräfte (z. B. Vertreter des mittelständ. Bürgertums) aus; krit. Presseorgane werden unter Druck gesetzt. In wachsendem Maße geriet die Junta in Konflikt mit der Kath. Kirche. Aus den von Teilen der Opposition boykottierten, bes. von den USA in ihrem Ablauf stark kritisierten Parlaments- und Präsidentschaftswahlen ging 1984 der sandinist. Kandidat, D. Ortega, als Sieger hervor (Amtsantritt: Jan. 1985). Außenpolitisch von Kuba unterstützt, geriet N. in Konflikt mit Honduras (Operationen antisandinist. Guerilleros von dort aus in N.) und den USA. (→ Contadora-Staaten)

nicaraguanische Literatur, → lateinamerikanische Literatur.

Niccodemi, Dario, ital. Dramatiker, * Livorno 27. 1. 1874, † Rom 24. 9. 1934, schrieb bühnenwirksame realist. Schauspiele: ›Scampolo‹ (1916), ›La madonna‹ (1927) u. a.

Nice [ni:s], frz. Name von → Nizza.

Nicholson [nˈɪkəlsn], **1)** Ben, engl. Maler, Sohn von 2), * Denham 10. 4. 1894, † London 6. 2. 1982, stand dem Konstruktivismus nahe.

2) Sir William, engl. Maler und Graphiker, Vater von 1), * Newark-on-Trent 5. 2. 1872, † Blewbury (Berkshire) 16. 5. 1949, wurde v. a. mit seinen Holzschnitten über England hinaus bekannt.

nicht [ahd. niowih(t)], **1)** Verneinung, die das ihr folgende Wort ausschließt: *ich meine n. dich,* ich meine einen anderen; am Schluß des Satzes oder vor den satzschließenden Verbteilen verneint es den ganzen Satz: *ich lache n.; ärgere dich n.!* **2)** nein, laß das!: *bitte n.!; ach n. doch!* **3)** in rhetor. Fragen und Ausrufen: gewiß, sicher: *ist das n. großartig!; war das n. der Bürgermeister?; n. wahr?,* es ist doch so? **nicht...**, **Nicht...**, Verneinung des folgenden Worts: *auf Nichtbeachtung der Vorschrift steht Strafe.* **Nichtraucher,** jemand, der n. raucht: *Nichtraucherabteil* (Eisenbahn). **Nichtschwimmer,** jemand, der n. schwimmen kann.

Nicht|angriffspakt, zwischenstaatl. Vertrag, der die Partner verpflichtet, sich über alle Streitfragen zu verständigen und keine Gewaltmittel einzusetzen (z. B. der Hitler-Stalin-Pakt von 1939).

Nichte [ahd. nift] *die, -/-n,* Tochter des Bruders oder der Schwester.

nicht|eheliche Kinder, außer|eheliche Kinder, unheliche Kinder, Kinder, die keinen ehel. Vater haben. Sie haben nur gegenüber der Mutter und deren Verwandten die rechtl. Stellung eines ehel. Kindes, führen den Familiennamen der Mutter und teilen ihren Wohnsitz. Der Mutter steht das elterl. Sorgerecht zu (§ 1705 BGB). Das Kind erhält jedoch einen Pfleger (→ Pflegschaft) für die Feststellung der Vaterschaft, die Geltendmachung von Unterhaltsansprüchen sowie für die Regelung von Erbrechten gegenüber dem Vater und dessen Verwandten (→ Erbersatzanspruch). Der Unterhaltsanspruch gegenüber dem Vater (§§ 1615a ff. BGB) ist der Höhe nach durch die **Regelunterhalts-VO** v. 27. 6. 1970 und die **Regelbedarfs-VO** v. 10. 8. 1981 bestimmt: bis zur Vollendung des 6. Lebensjahres monatlich 207 DM, vom 7. bis zur Vollendung des 12. Lebensjahres 251 DM, vom 13. bis zur Vollendung des 18. Lebensjahres 297 DM. Die Vaterschaft wird durch Anerkennungserklärung oder durch Feststellungsurteil festgestellt (§§ 1600b, 1600o BGB). – Ähnlich geregelt ist das Recht der n. K. in der Dt. Dem. Rep. (§ 46 Familiengesetzbuch), wo das n. K. den Familiennamen der allein erziehungsberechtigten Mutter erhält und dem Vater gegenüber erbberechtigt ist. – In Österreich sind maßgebend das Ges. über die Neuordnung der Rechtsstellung des unehel. Kindes Nr. 342/1970 und die §§ 163 ff. ABGB. – Das schweizer. Recht (Art. 152 ff. ZGB in der seit 1. 1. 1978 geltenden Fassung) unterscheidet nicht mehr zw. ehel. und n. K. Das Kindesverhältnis zum nicht mit der Mutter verheirateten Vater entsteht durch Anerkennung oder durch Urteil.

Nicht|einmischung, Völkerrecht: Das Gebot der N. ist die Kehrseite des Verbotes der → Intervention eines Staates in die Angelegenheiten eines anderen Staates. Es gilt auch für die UNO, mit Ausnahme von ordnungsmäßig beschlossenen Maßnahmen bei Bedrohung des Friedens, bei Friedensbrüchen und Angriffshandlungen (Art. 2 Nr. 7 der Charta der Vereinten Nationen). I. e. S. spricht man von N. als einer von einem oder mehreren Staaten beobachteten außenpolit. Haltung angesichts eines Bürgerkrieges in einem dritten Staat.

Nicht|eisenmetalle, NE-Metalle, Sammelbez. für technisch genutzte unlegierte Metalle mit Ausnahme des Eisens sowie Legierungen, in denen ein beliebiges Metall, ausgenommen Eisen, den größten Einzelgehalt ausmacht. Legierungen mit gleichen Gehalten an Eisen und Legierungsmetallen zählen nicht zu den N. Nach der Dichte werden **Leicht-** und **Schwermetalle,** nach der Oxidierbarkeit **Edelmetalle** und **unedle Metalle** unterschieden. (→ Buntmetalle)

Wirtschaftliches. Die Weltproduktion der NE-Metalle betrug 1983 (in Klammern die Rangfolge der wichtigsten Produzentenländer): Aluminium 14,3 Mio. t (USA, UdSSR, Kanada, Bundesrep. Dtl.), Blei 5,3 Mio. t (USA, UdSSR, Bundesrep. Dtl., Großbritannien, Japan), Kupfer 8,0 Mio. t (UdSSR, Chile, Japan, USA), Zink 6,3 Mio. t (UdSSR, Japan, Kanada, Bundesrep. Dtl.), Zinn 203 700 t, Nickel 685 900 t, Magnesium 261 700 t, Cadmium 17 664 t, Quecksilber 5 668 t, Silber 12 393 t. Die wichtigsten Verbraucherländer sind: USA, UdSSR, Japan, Bundesrep. Dtl., Großbritannien, Frankreich. Dachorganisation der NE-Metall-Ind. in der Bundesrep. Dtl. ist die Wirtschaftsvereinigung Metalle e. V., Düsseldorf.

Nicht|erwerbspersonen, Statistik: alle Personen, die keine auf Erwerb ausgerichtete Tätigkeit ausüben. In der Bundesrep. Dtl. (1982) 33,326 Mio. (54% der Bev.).

nicht|euklidische Geometrie, eine Geometrie, die ihre Sätze ohne das Parallelenaxiom Euklids aufbaut. In der **Lobatschewskijschen** oder **hyperbolischen Geometrie** gehen durch einen gegebenen Punkt mindestens zwei Parallelen zu einer gegebenen Geraden; die Winkelsumme im ebenen Dreieck ist kleiner als 180°. In der **elliptischen Geometrie,** für die z. B. die Geometrie auf der Oberfläche einer Kugel ein Modell ist, gibt es keine Parallelen, d. h., irgend zwei Geraden einer Ebene haben stets einen Punkt gemeinsam; die Winkelsumme im ebenen Dreieck ist größer als 180°. Eine weitere Verallgemeinerung stellt die → Riemannsche Geometrie dar.

NICHT-Glied, Inverter [ɪnvˈəːtə, engl.], elektron. Grundschaltung der Digitaltechnik zur Erzeugung einer logischen Verknüpfung **(Negation)** zw. Ein- und Ausgangssignal (→ Schaltalgebra).

nichtig, 1) ungültig, unwirksam: *damit wird unsere Abmachung n.; null und n.* **2)** wertlos, unbedeutend: *das sind alles nichtige Dinge.*

Nichtigkeit *die, -/-en,* **1)** Wertlosigkeit. **2)** wertlose Sache, Tand. **3)** *ohne Pl.,* ⚖ die Wirkungslosigkeit eines Rechtsgeschäftes (→ Unwirksamkeit). Ein Rechtsgeschäft ist nichtig, wenn es gegen die guten Sitten (§ 138 BGB) oder gegen ein gesetzl. Verbot (§ 134 BGB) verstößt oder wenn wesentl. Mängel (Geschäftsunfähigkeit, § 104; Scheingeschäft, § 117; Formmangel, § 125 BGB) vorliegen; die N. eines Teils macht meist das ganze Rechtsgeschäft nichtig (§ 139 BGB). Die N. von Verwaltungsakten richtet sich nach § 44 Verwaltungsverfahrensges. v. 25. 5. 1976. Zur N. von Rechtsnormen (Ges. und Rechts-VO) → Verfassungswidrigkeit.

Nichtigkeitsklage, die Klage auf Erklärung der Nichtigkeit einer Ehe (→ Eherecht) nach §§ 16 ff. Ehe-Ges. (§§ 631 ff. ZPO), ferner die Klage, mit der die Wiederaufnahme eines rechtskräftig beendeten Rechtsstreits wegen bestimmter formaler Verstöße betrieben wird (§ 579 ZPO); auch die Klage, mit der die Nichtigkeit der Gründung einer Kapitalgesellschaft geltend gemacht wird (§§ 275 Aktien-Ges., 75 GmbH-Ges., §§ 94 ff. Genossenschafts-Ges.). Ähnlich ist die Rechtslage in Österreich und in der Schweiz.

Nichtleiter, Isolierstoff (→ Isolierung 4).

nichtlineare Optik, Teilgebiet der Optik, das die nichtlinearen Wechselwirkungen von Licht mit Materie untersucht, die auftreten, wenn die Feldstärke der Lichtwelle nicht mehr klein gegenüber den Feldstärken ist, die für die Bindung der einzelnen Materiebausteine untereinander sorgen. Die Erzeugung derartig großer Lichtfeldstärken ist erst durch die Entwicklung der Laser ermöglicht worden. Durch die Wechselwirkung eines intensiven Laserstrahls mit einem optisch nichtlinearen Material kann Licht entstehen, das völlig andere Eigenschaften, insbesondere andere Frequenzen, als das eingestrahlte besitzt. Auf diese Weise ist es möglich, im opt. Frequenzbereich Oberwellen **(Frequenzverdoppelung, Frequenzverdreifachung)** oder Licht mit der **Summen-** oder **Differenzfrequenz** zweier Wellen zu erzeugen. Durch das Strahlungsfeld eines Lasers können auch die Brechzahl und die Stärke der Absorption eines Materials für Licht einer bestimmten Wellenlänge verändert werden. Die Intensität eines Lasers reicht aus, um die Absorption eines Materials, das für die schwache Strahlung einer üblichen Lichtquelle völlig undurchlässig ist, so weit auszubleichen, daß es für den Laserstrahl völlig transparent wird.

Nichtmetalle, früher **Metalloide,** außer den Edelgasen Elemente von stark elektronegativem Charakter aus den Hauptgruppen des Periodensystems (z. B. N, O, H, P, S, C). N. sind schlechte Wärme- und Elektrizitätsleiter, ihre Oxide bilden mit Wasser oft Säuren. Die Grenze zu den → Halbmetallen ist unscharf.

nichts [mhd.], *nicht flektierbar,* auch nicht das mindeste, keine Spur: *ich sehe n.,* entweder: meine Augen versagen oder: das Gesuchte verbirgt sich mir; *um n. und wieder n.,* vollkommen zwecklos; *n. Gutes,* nur Schlechtes; *n. von Bedeutung,* nur Bedeutungsloses; *n. anderes als dies; mir n., dir n.,* U ohne weiteres; *n. als Ärger!; es gibt n., was ich lieber täte!* (auch ironisch). *das* **Nichts,** -, **1)** Fehlen alles Seins, Leere (siehe unten). **2)** Ruin, Zusammenbruch, Fehlen jeder Zukunftshoffnung: *der Geschäftsmann steht vor dem Nichts.* **3)** etwas Wertloses, Unbedeutendes, Kleinigkeit: *Streit um ein Nichts.* **nichtsdestominder, nichtsdestotrotz, nichtsdestoweniger,** trotzdem, und doch. *der* **Nichtsnutz,** *-es/-e,* jemand, der zu nichts zu gebrauchen ist, Tunichtgut. *Adj.* **nichtsnutzig. nichtssagend,** unbedeutend, farblos, belanglos: *eine nichtssagende Antwort. der* **Nichtstuer,** *-s/-,* fauler Mensch, Müßiggänger. **Nichtstun,** Muße, Faulheit. **nichtswürdig,** gemein, verächtlich, erbärmlich. *Subst. die* **Nichtswürdigkeit,** *-/-en.*

Nickelblüte: kristalliner Überzug (Richelsdorf, Nordhessen)

Philosophie, Theologie: Das Nichts bildet den Ggs. zum Sein oder zum Seienden. Die Dialektik von Sein und Nichtsein wurde von Parmenides und Platon entwickelt, später von Plotin und Hegel behandelt. Die christliche und die islam. Theologie lehren die Schöpfung der Welt durch Gott aus dem Nichts. In der modernen Philosophie wird das Nichts zum Ausgangspunkt anthropolog. und ontologischer Untersuchungen (Heidegger, Sartre).

Nichtseßhafte, Personengruppe, die über keine feste Wohnung und keine Arbeitsstelle verfügt. Die N.-Hilfe obliegt in der Bundesrep. Dtl. nach dem Bundessozialhilfeges. v. a. den kreisfreien Städten oder den Landkreisen als Trägern der Sozialhilfe.

Nicht|unterscheidbarkeit, Mikrophysik: Merkmal der Elementarteilchen, Atome und Moleküle. Alle größeren Individuen (Sandkörner, Zellen, Blätter, Tiere) sind auch bei größter Ähnlichkeit **unterscheidbar** und infolgedessen **wiedererkennbar.** In der älteren Entwicklung der statist. Mechanik hatte man auch den Atomen oder Elektronen eine individuelle Wiedererkennbarkeit zugeschrieben, so daß bei der Abzählung thermodynamisch-statist. Wahrscheinlichkeiten jeweils zwei nur durch die Vertauschung zweier Individuen verschiedene Zustandsmöglichkeiten unterschieden wurden. Es besteht jedoch eine grundsätzl. N. für gleichartige mikrophysikal. Gebilde. Hierdurch treten an Stelle der älteren thermodynam. Boltzmann-Statistik die → Bose-Einstein-Statistik und die → Fermi-Dirac-Statistik.

Nickel [gekürzt aus Kupfernickel] *das, -s,* **Ni,** hellgraues glänzendes, zähes, metall. → chemisches Element, das sich schmieden, walzen, ziehen, schweißen und polieren läßt. Es ist viel schwächer ferromagnetisch als Eisen. Reines N. ist sehr widerstandsfähig gegen Luft, Wasser, Salze und viele organ. Stoffe, dagegen wird es von starken Säuren leicht angegriffen, bei höheren Temperaturen aufgelöst. Feinverteiltes N. kann sich poryphor verhalten. Je 100 g N. können 500–800 ml Kohlenoxid aufnehmen, feinverteiltes N. bei höheren Temperaturen beträchtliche Mengen Wasserstoff.

Vorkommen. N. findet sich in Eisenmeteoriten (durchschnittlich 9,1%, ein Wert, der auch für das Material des Erdkerns angenommen wird), Nickelmagnetkies, Oxid- (Garnierit) und Arsenerzen (Rot- und Weißnickelkies). Größere N.-Vorkommen finden sich auch in Lateriterzen trop. Gebiete.

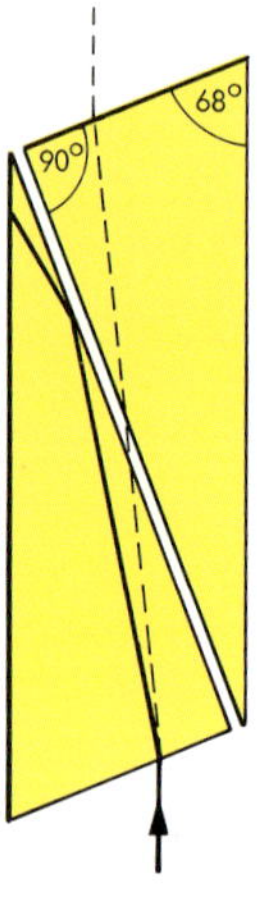

Nicol: Nicolsches Prisma; ——— ordentlicher, - - - - außerordentl. Strahl

Darstellung. Die Darstellungsverfahren für N. hängen von der Art der Erze ab. So wird Garnierit mit Gips und Kohle verschmolzen, wobei ziemlich reines N.-Sulfid entsteht, das nach Röstung (Umwandlung in NiO) zu lockerem Rohnickel reduziert wird. Bei Kiesen sind komplizierte Anreicherungs- und Umschmelzungsverfahren notwendig. Das Rohnickel kann elektrolytisch oder über N.-Tetracarbonyl in Reinnickel von 99% **(Elektrolyt-N.)** oder 99,99% **(Carbonyl-N.)** übergeführt werden.

Verwendung. Die Hauptmenge des N. dient der Stahlveredelung (sehr zäher **Nickelstahl,** korrosionsfeste, nichtrostende **Chromnickelstähle),** ferner als Bestandteil der Nickellegierungen. In best. Polymerisationsprozessen spielen nickelorgan. Verbindungen eine bed. Rolle. Ferner wird N. zur Herstellung von Batterien und Keramikwerkstoffen, zur Beschichtung von Stahlbändern und zur Vernickelung verwendet. Über die physiolog. Bedeutung des N. ist noch wenig bekannt.

N.-Verbindungen sind Stoffe, die Nickel meist in zweiwertiger Form enthalten, doch kommen alle Oxidationszahlen von − 1 bis + 4 vor. Das pulverförmige, grünl. **Nickel(II)-oxid,** NiO, dient zum Färben von Glasuren und Email. Wasserfreies, gelbes **Nickelchlorid,** $NiCl_2$, dient, wie das grüne **Nickel(II)-cyamid,** $Ni(CN)_2$, zum Vernickeln. **Nickel(II)-sulfat** wird für Schmuck, in der Email- und chem. Ind. sowie in der Galvanotechnik verwendet, **Nickelcarbonat,** $NiCO_3$, zum Galvanisieren, als Katalysator und für keram. Farben und Glasuren. Wichtige anorgan. **Nickelpigmente** sind **Nickeltitangelb** für Fassadenanstriche, Lacke und Kunststoffe, **Nickelgelb,** das früher u. a. für Malerei, Tapeten verwendet wurde, und **Nickelgrün.**

Nickelförderung (Ni-Gehalt, 1000 t)

Land	1975	1980	1983
Sowjetunion	125,0	143,0	172,0
Kanada	242,2	184,8	121,8
Australien	75,8	74,3	78,7
Neukaledonien	129,2	86,6	46,2
Kuba	37,3	38,2	40,5
Indonesien	14,6	34,9	38,4
Rep. Südafrika	20,8	25,7	20,5
Dominikanische Rep. ..	26,9	15,5	20,2
Botswana	6,3	15,4	18,2
Sonstige	74,7	121,7	98,5
Welt	**752,8**	**740,1**	**655,0**

Nickel *der, -s/-,* **1)** [zu Nikolaus], neckender Berggeist. **2)** [wohl verwandt mit Nixe], **Nickelmann,** Nix, Wassergeist.

Nickelate *Pl.,* früher **Niccolate,** Salze der Sauerstoffsäuren von Nickel; z. B. Na_2NiO_2 = Natrium-N.

Nickelblüte, Annabergit, apfelgrünes Mineral, $Ni_3[AsO_4]_2 \cdot 8\,H_2O$, Verwitterungsprodukt von Nickelerzen.

Nickel-Eisen-Kern, → Erde.

Nickelin, 1) *der, -s,* das Mineral → Rotnickelkies. **2)** *das, -s,* Legierung aus 55–68% Kupfer, 33–19% Nickel, bis 18% Zink; mit hohem elektrischem Widerstand.

Nickelmagnetkies, Hauptnickelerz, wichtige Erzkombination der Minerale Pentlandit, Pyrrhotin und Chalkopyrit, an gabbroide Tiefengesteine gebunden (z. B. Sudbury).

nicken [mhd.], **1)** *ich nicke,* senke und hebe den Kopf (als Bejahung, Gruß, Zeichen): *er nickte mit dem Kopf.* **2)** *ein Kraftfahrzeug* oder *Luftfahrzeug nickt,* bewegt sich um die Querachse: *Nickmoment. ich* **nicke** Wild **(ab),** töte durch Genickstich (Genickfang). *ich* **nicke ein,** schlafe im Sitzen ein. *ich* **nicke** *ihm* **zu,** grüße, gebe ein Zeichen mit dem Kopf. *der* **Nicker,** *-s/-, das* **Nickerchen,** *-s/-,* U Schläfchen.

Nickfänger *der, -s/-,* **Genickfänger, Knicker,** feststehendes Messer zum Abnicken, Aufbrechen und Zerwirken des Wildes.

Nickhaut, Blinzhaut, das dritte, bei fast allen Wirbeltieren, bes. gut bei Vögeln vorhandene Augenlid.

Nicol [n. dem schott. Physiker W. Nicol, * 1768, † 1851] *das, -s/-s,* **Nicolsches Prisma,** opt. Polarisator aus einem rhomboedr. Kalkspatkristall, der zerschnitten und in der urspr. Lage mit Kanadabalsam wieder zusammengekittet wird. Der ordentl. Strahl (→ Doppelbrechung) reflektiert an der Kittfläche total und wird an der Fassung absorbiert (Bild); der außerordentl. Strahl erleidet nur eine geringfügige Parallelverschiebung und geht als linearpolarisiertes Licht durch den Kristall.

Nicolai [auch n'i-], **1)** Carl Otto, Komponist, * Königsberg 9. 6. 1810, † Berlin 11. 5. 1849, war mehrere Jahre in Italien, Kapellmeister in Wien, seit 1847 in Berlin. Opern (›Die lustigen Weiber von Windsor‹, 1849), Orchesterwerke, Kammermusik, Sinfonien u. a.

2) Christoph Friedrich, Schriftst. und Verlagsbuchhändler, * Berlin 18. 3. 1733, † ebd. 8. 1. 1811, übernahm 1758 die Leitung der Nicolaischen Buchhandlung. N.s beste Arbeiten gingen aus dem Zusammenwirken mit G. E. Lessing und M. Mendelssohn hervor, so die mit Freunden gegr. ›Bibliothek der schönen Wissenschaften und der freyen Künste‹ (12 Bde., 1757 ff.) und die ›Briefe, die Neueste Litteratur betreffend‹ (24 Bde., 1759–65). Sein Lebenswerk ist die krit. Zeitschrift → Allgemeine Deutsche Bibliothek. N., als einseitiger Vertreter der Aufklärung, lehnte die Dichtung des Sturm und Drang, der Klassik und der Romantik ab und griff in satirisch-parodist. Kampfschriften Herder, Goethe, Schiller, Kant und Fichte an; gegen Goethes Werther richtete er die Parodie ›Die Freuden des jungen Werthers‹ (1775), gegen Pietismus, Empfindsamkeit und kirchl. Orthodoxie den Roman ›Leben und Meinungen des Herrn Magisters Sebaldus Nothanker‹ (3 Bde., 1773–76).

Nicolet [nikɔl'ɛ], Aurèle, schweizer. Flötist, * Neuenburg (Schweiz) 22. 1. 1926, lehrt seit 1965 an der Musikhochschule in Freiburg i. Br.

Nicolieren [nach P. Nicolin] *das, -s,* im Obstbau angewandtes Zwischenveredlungsverfahren, das die Unverträglichkeit zw. Veredlungspartnern überbrückt (z. B. Birne auf Quitte).

Nicolle [nik'ɔl], Charles Jules Henri, frz. Bakteriologe, * Rouen 21. 9. 1866, † Tunis 28. 2. 1936, erbrachte (1909) den Nachweis der Übertragung des Flecktyphus durch Kleiderläuse; erhielt 1928 den Nobelpreis für Physiologie und Medizin.

Charles Nicolle

Nicolson [n'ɪkəlsn], **1)** Arthur, Lord **Carnock** [k'ɑ:nək] (1916), brit. Diplomat, Vater von 2), * London 19. 9. 1849, † ebd. 5. 11. 1928, war 1906–10 Botschafter in St. Petersburg, wo er 1907 das britisch-russ. Abkommen über Iran abschloß (→ Tripelentente); als Unterstaatssekretär im Auswärtigen Amt wirkte er 1914 für den Eintritt Großbritanniens in den 1. Weltkrieg.

2) Sir (1953) Harold George, brit. Diplomat und Schriftst., Sohn von 1), * Teheran 21. 11. 1886, † Sissinghurst Castle (Kent) 1. 5. 1968, seit 1913 ⚭ mit der Schriftstellerin Victoria Sackville-West, war 1909–29 im auswärtigen Dienst, trat 1947 der Labour Party bei; schrieb Essays, Biographien (›Georg V.‹, 1952), Tagebücher u. a.

Nicosia, → Nikosia.

Nicotiana, die Pflanzengattung → Tabak.

Nicotin [n. dem frz. Diplomaten J. Nicot, * 1530, † 1600] *das, -s,* Hauptvertreter der Nicotiana- oder Tabakalkaloide. N. ist in allen Teilen der Tabakpflanze als Salz enthalten; es ist eine betäubend riechende, in Wasser leicht lösliche Flüssigkeit; auch synthetisch herstellbar. N. zeigt vielseitige physiolog. Wirkungen, die aber auf Grund ihrer Toxizität kaum genützt werden. Die **akute N.-Vergiftung** äußert sich in Herzklopfen, Übelkeit, Erbrechen, Durchfall, Zittern, Schwindel, Schweißausbruch u. a. und kann zum Atemstillstand führen. Bereits 50–100 mg N. führen zum Tod durch Atemlähmung (wird beim Rauchen nicht erreicht, da N. im Körper sehr schnell abgebaut wird).

Behandlung: Magenspülung, medizin. Kohle, Kreislauftherapie, notfalls künstl. Atmung, bei Krämpfen muskelerschlaffende Mittel. – Chron. Einwirkung von N. **(chronische N.-Vergiftung)** ist gesundheitsschädlich (→ Tabak) und in Verbindung mit der Zufuhr anderer im Tabak enthaltener und beim Rauchen entstehender Schadstoffe einer der wesentl. → Risikofaktoren für eine Reihe von Krankheiten.

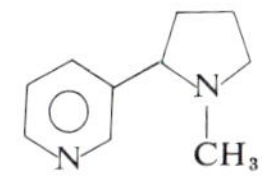

Nicotin

Nicotin|amid-adenin-di|nucleotid(-Phosphat) *das,* Abk. **NAD(P)⁺**, Coenzym, das bei enzymat. Hydrierungen (Reduktionen) und Dehydrierungen (Oxidationen) als Wasserstoffüberträger fungiert. NAD(P)⁺ ist das Coenzym von mehr als 50 Dehydrogenasen und Reduktasen, wobei Vorstufen von Gärungsprodukten und die Atmungskette bevorzugt werden.

Nicotinsäure, Niacin, weißer, kristalliner Bestandteil des Vitamin-B_2-Komplexes, der sich im menschl. Körper mit Amidgruppen zu dem wasserlösl. **N.-Amid** (Pellagraschutzstoff) verbindet; N. kommt in Leber, Niere, Fleisch, Fisch, Weizenmehl u. a. vor und kann im Organismus aus der Aminosäure Tryptophan gebildet werden.

nid [von nieder], *alemann.:* unter, unten an: *n. dem Berg.*

Nidation [lat. nidus ›Nest‹] *die, -,* **Einnistung,** Einbettung der befruchteten Eizelle in die Gebärmutterschleimhaut. (→ Befruchtung)

Nidau, Bezirksstadt im Kt. Bern, Schweiz, (1980) 7900 Ew., am Bieler See; Wasserburg (12. Jh., spätere An- und Umbauten).

Nidda, 1) *die,* rechter Nebenfluß des Mains, 98 km, entspringt am Taufstein (Vogelsberg), durchfließt die Wetterau, mündet bei Frankfurt-Höchst. **2)** Stadt im Wetteraukreis, Hessen, (1983) 16400 Ew., an der Nidda; Holz-Ind., Betonwerk, Basalt- und Tuffsteinbrüche; Stadtkirche (1616).

Niddatal, Stadt im Wetteraukreis, Hessen, (1983) 8200 Ew., entstand 1970 durch Zusammenschluß; im Ortsteil Ilbenstadt bed. roman. Basilika mit Prämonstratenserkloster aus dem 12. Jh.

Nidder|au, Stadt im Main-Kinzig-Kreis, Hessen, (1983) 14400 Ew., an der Nidder; Maschinenfabriken, Landwirtschaft.

Nideggen, Stadt im Kr. Düren, NRW, (1984) 8000 Ew.; Pfarrkirche (spätroman. Emporenbasilika), Höhenburg (12.–14. Jh., seit 1542 Ruine), Dürener Tor (14. Jh.).

Nidwalden, amtl. **Unterwalden nid dem Wald,** Halbkanton der Schweiz, 276 km², (1983) 29300 Ew., umfaßt das untere Engelberger Tal und die südl. Ufergelände des Vierwaldstätter Sees. Hauptort: Stans. Die Bev. ist überwiegend katholisch. Alpwirtschaft, Holz-, Baustoff-, Textil- u. a. Ind., Flugzeugwerke (Stans), Kraftwerke und Fremdenverkehr. (Geschichte → Unterwalden)

Nidwalden

Nidzica [nidzj'itsa], poln. Name von → Neidenburg.

nie [ahd. nio], **niemals,** ☘ **niemalen,** zu keinem Zeitpunkt: *das ist noch n. so gewesen,* überhaupt noch nicht; *n. und nimmer!,* verstärkte Verneinung.

Niebelschütz, Wolf von, Schriftst., * Berlin 24. 1. 1913, † Düsseldorf 22. 7. 1960, schrieb den witzig-preziösen Roman ›Der blaue Kammerherr‹, 4 Bde. (1949), ferner ›Die Kinder der Finsternis‹ (1959) u. a. sowie Lyrik.

Niebergall, Ernst Elias, Schriftst., * Darmstadt 13. 1. 1815, † ebd. 19. 4. 1843, schrieb u. a. die Tragikomödie in Darmstädter Mundart ›Datterich‹ (1841).

Niebuhr, 1) Barthold Georg, Historiker und Politiker, Sohn von 2), * Kopenhagen 27. 8. 1776, † Bonn 2. 1. 1831, stand 1806–10 als Direktor der Seehandlung im preuß. Staatsdienst. Danach hielt er an der neuen Berliner Univ. Vorlesungen über röm. Geschichte, durch die er die histor. Quellenkritik begründete. 1816–23 war er preuß. Gesandter beim Vatikan, seit 1823 lehrte er an der Univ. Bonn. N.s HW ist die ›Römische Geschichte‹ (Bd. 1/2: 1811/12; Bd. 3: 1832). Seine Geschichtsschreibung übte starken Einfluß auf L. v. Ranke und Th. Mommsen aus.

Barthold Niebuhr

2) Carsten, Forschungsreisender, Vater von 1), * Lüdingworth (Land Hadeln) 17. 3. 1733, † Meldorf 26. 4. 1815, bereiste 1761–67 Arabien und erforschte bes. das nördl. Rote Meer. ›Reisebeschreibung nach Arabien ...‹, 3 Bde. (1774–78, 1837).

3) [n'i:bʊə], Reinhold, amerikan. evang. Theologe, * Wright City (Mo.) 21. 6. 1892, † Stockbridge (Mass.) 1. 6. 1971, vertrat einen christl. Realismus und führte damit zu einem Umbruch im theolog. Denken der USA.

HW: Moral man and immoral society (1932); An interpretation of Christian ethics (1935); The nature and destiny of man, 2 Bde. (1945).

Reinhold Niebuhr

nieder [ahd. nidar], **1)** hinunter, abwärts, ab, unter, zu Boden: *n. mit ihm!,* werft ihn zu Boden!; *er lief auf und n.,* auf und ab. **2)** niedrig: *eine niedere Mauer.* **3)** in einer Rangordnung unten stehend: *niedere Arbeiten; der niedere Adel.* **nieder ..., 1)** mit Verben trennbar zusammengesetzt: *ich schreibe es n. – habe es niedergeschrieben,* halte schriftlich fest; auch in besonderen Bedeutungen, z. B. schlechter Zustand, Mutlosigkeit, Unterwerfung: *das drückt mich n.,* nimmt mir allen Mut; *man wollte das Volk niederhalten,* unterdrücken. **2)** bei Ortsnamen: unter..., tief... **Niedergang, 1)** Untergang, Verfall. **2)** ⚓ Treppe. **niedergedrückt, niedergeschlagen,** mutlos, lustlos, ohne Lebensgefühl. *Subst. die* **Niedergedrücktheit, Niedergeschlagenheit,** -. *die* **Niederkunft,** *-/⸗e,* Entbindung. **Niederschrift,** schriftl. Festhalten. *die* **Niedertracht,** -, gemeine Bosheit, berechnete Tücke. *Adj.* **niederträchtig.**

Nieder|alteich, Gem. im Kr. Deggendorf, Niederbayern, (1984) 1800 Ew.; Benediktinerkloster, gegr. 741, 1803 aufgehoben, 1918 neu besiedelt; die urspr. got. Stiftskirche wurde 1718–26 von J. M. Fischer zum monumentalen Barockbau umgestaltet.

Niederbayern, RegBez. in Bayern, 10331 km², (1984) 1,007 Mio. Ew., umfaßt die kreisfreien Städte Landshut (Verwaltungssitz von N.), Passau und Straubing sowie die Landkreise Deggendorf, Dingolfing-Landau, Freyung-Grafenau, Kelheim, Landshut, Passau, Regen, Rottal-Inn, Straubing-Bogen.

Niederbronner Schwestern, Schwestern vom Allerheiligsten Heiland, 1849 gegr. Klostergenossenschaft für Krankenpflege und Unterricht, Sitz der Generaloberin in Oberbronn (Elsaß, urspr. Niederbronn); auch in Bayern und Baden tätig.

Niederdeutsche *Pl.,* **1)** die norddt. Bev. mit niederdt. Sprache (Niederfranken, Ostfriesen, Nordniedersachsen, West- und Ostfalen, Mecklenburger, Märker, Pommern, West- und Ostpreußen). **2)** die Bewohner der niederdt. Ebene i. e. S. (Nordwestfalen, Nordniedersachsen) mit Einbeziehung der von dort kolonisierten Mecklenburger, Pommern und Nordmärker.

niederdeutsche Literatur, Literatur in nd. Sprache. **1) altniederdeutsche (altsächsische) Literatur** (800–1000). Sie stand mit der altengl. Literatur in Verbindung. Hauptdenkmäler sind die im Zusammenhang mit der Sachsenmission entstandenen bibl. Epen → Heliand und → Genesis. **2) mittelniederdeutsche Literatur** (1200–1650). Am Anfang stehen der ›Sachsenspiegel‹ des Eike von Repgau und die ›Sächs. Weltchronik‹, an die sich viele Land- und Stadtrechte sowie Chroniken anschließen. Reich vertreten ist auch die geistl. Prosa (›Seelentrost‹, 1350, ›Lübecker Passional‹, 1471). Die mittelnd. Dichtung beginnt mit der Reimchronik Eberhards von Gandersheim (1216). Das höf. Epos ist nur vereinzelt vertreten (›Valentin und Namelos‹, ›Flos und Blankeflos‹), dagegen entstanden Legenden, geistl. Allegorien und v. a. histor. Volkslieder. Umfangreiche Fabelsamml. stammen von Gerhard von Minden (wohl gegen Ende des 13. Jh.) und vom ›Magdeburger Äsop‹ (um 1405). Der ›Reinke Vos‹ (1498), die freie Bearbeitung einer niederländ. Vorlage, hat dem Stoff die weiteste Verbreitung verschafft. Lehrdichtungen sind Meister Stephans ›Schachbuch‹ (um 1360) und Hermann Botes ›Book van veleme Rade‹ (um 1490). Zur Weltliteratur gehört das Volksbuch von ›Ulenspegel‹ (nd. Urfassung). Die älteste Samml. geistl. Lieder ist das ›Wienhäuser Liederbuch‹ (um 1490). Dramat. Werke sind das ›Redentiner Osterspiel‹ (1464), die lyrisch-innige ›Bordesholmer Marienklage‹ (1475), das Legendenspiel von ›Theophilus‹ (15. Jh.) und Arnold Immessens ›Sündenfall‹ (15. Jh.). Auch die Totentänze (›Lübecker Totentanz‹, 1463) haben dramat. Form. Zum Drama der Reformationszeit zählen die ›Parabel vam verlorn Sohn‹ (1527) von Burkard Waldis und Joh. Strickers ›De düdesche Schlömer‹ (1584). Das Fastnachtsspiel wurde bes. in Lübeck ausgebildet. – Seit dem 16. Jh. wurde die nd.

Sprache in der Literatur durch die hochdt. verdrängt. **3) neuniederdeutsche (plattdt.) Literatur.** Den ersten Versuch, die n. L. zu erneuern, machte J. H. Voß mit zwei Idyllen (1775); ihm folgten u. a. J. W. J. Bornemann (›Plattdt. Gedichte‹, 1810), G. N. Bärmann (›Dat groote Höög- un Höwel-Book‹, 1822–27) und Sophie Dethleffs (›Gedichte in hochdt. und plattdt. Mundart‹, 1850). Die wirkliche Erneuerung der plattdt. Literatur begann mit K. Groths ›Quickborn‹ (1852) und mit F. Reuters Romanen; sie wurde fortgeführt durch den Mecklenburger J. Brinckman und den Holsteiner J. H. Fehrs, später durch H. Claudius, Gorch Fock, R. Kinau, H. Heitmann, K. Wagenfeld u. a. Der Begründer des plattdt. Dramas war F. Stavenhagen, ihm folgten H. Boßdorf, A. Hinrichs, P. Schurek; Hörspiele verfaßte u. a. H. Böttcher.

niederdeutsche Sprache, ÜBERSICHT Mundarten.

Niederdruckkraftwerk, ein →Wasserkraftwerk.

Niederdruckpreßverfahren, Verfahren zur Herstellung von Formkörpern aus härtbaren, armierten Massen, die nur verhältnismäßig niedrige Drücke (meist unter 10 bar) zu ihrer Formung benötigen. Im N. werden bes. ungesättigte Polyesterharze zu →glasfaserverstärkten Kunststoffen verarbeitet, aber auch Massen mit anderen Bindemitteln (z. B. Epoxidharz) oder Armierungen (z. B. Sisal, Chemiefaser, Kohlefaser).

Niederfinow [-f'ino:], Gem. im Kr. Eberswalde, Bez. Frankfurt a. d. Oder, (1973) 1 100 Ew. Nördlich von N. liegt das Schiffshebewerk N. am Oder-Havel-Kanal; überwindet 36 m Höhenunterschied.

Niederfranken, die nordwestl. Gruppe der Franken, Nachkommen der salischen →Franken (ÜBERSICHT Mundarten).

Niederfrequenz, →Frequenzbereich.

Niederkalifornien, span. **Baja California** [β'axa-], rd. 1 200 km lange, 40–240 km breite Halbinsel im NW Mexikos, 143 790 km^2, meist wüsten- und steppenhaft. Durch Bewässerung wurde das Coloradodelta ein bed. Baumwollgebiet; im übrigen oasenhafter Acker- und Gartenbau. Bed. Fischerei und fischverarbeitende Ind.; Salzgewinnung, Kupferbergbau; Fremdenverkehr. N. bildet im N den Staat **Baja California Norte,** (1980) 1,23 Mio. Ew., Hptst.: Mexicali, im S den Staat **Baja California Sur** (bis 1974 Bundesterritorium) mit (1980) 221 400 Ew., Hptst.: La Paz.

Niederkassel, Stadt im Rhein-Sieg-Kr., NRW, (1984) 27 000 Ew., am Rhein; chem. Industrie.

Niederkrüchten, Gem. im Kr. Viersen, NRW, im Naturpark Schwalm-Nette, (1984) 11 500 Ew.; Ziegelei, Töpferei.

Niederlage, 1) das Besiegtwerden im Kampf. **2)** Aufbewahrungsort für Waren (Zollniederlage). **3)** Zweigniederlassung, Zweigbetrieb (→Filiale).

Niederlande

Niederlande, amtl. **Koninkrijk der Nederlanden** [k'o:nıŋkrɛjk dər n'e:dərlandə], Königreich in Westeuropa, 41 160 km^2 (einschließlich Gewässer), (1982) 14,286 Mio. Ew.; Hauptstadt: Amsterdam, Regierungssitz: Den Haag. Amtssprache: Niederländisch. Währung: 1 Holländ. Gulden (hfl) = 100 Cent (c, ct). *Adj.* **niederländisch.** *der* **Niederländer,** *-s/-* (KARTE X/XI, n. S. 320). – Autonomer Teil des Königreichs der N. sind die →Niederländischen Antillen.

S t a a t . Nach der Verf. von 1815 (revidiert 1983) sind die N. eine konstitutionelle Monarchie, erblich im Haus Nassau-Oranien; das erstgeborene Kind des Souveräns hat – ohne Rücksicht auf das Geschlecht – Anspruch auf die Thronfolge. Die Krone ist Trägerin der Exekutive. Die gesetzgebende Gewalt übt sie mit dem Parlament (Generalstaaten) aus, das aus 2 Kammern besteht: der Ersten Kammer mit 75 von den Provinzialparlamenten auf 6 Jahre, der Zweiten Kammer mit 150 vom Volk unmittelbar auf 4 Jahre gewählten Abgeordneten. Beratendes Organ ist ein Staatsrat von 15 Mitgl. – V e r w a l t u n g : Das Land ist in 11 Prov. eingeteilt. – Das R e c h t ist durch frz. Gesetzgebung und Gerichtsbarkeit beeinflußt. Höchstes Gericht ist der ›Hohe Rat‹ in Den Haag. – S t r e i t k r ä f t e : allgemeine Wehrpflicht. Gesamtstärke: 102957 Mann; Heer: 67 000; Luftwaffe: 17 500; Marine: 17 350; nicht an Teilstreitkräfte gebundene Organisation: 1 107 Mann.

L a n d e s n a t u r . Das Gebiet der N. ist eine Fortsetzung des Norddt. Tieflands. Die eingedeichten See- und Flußmarschen liegen bis 6 m unter dem Meeresspiegel. Landeinwärts haben die N. Anteil an der sandigen Geest, die 110 m Höhe erreicht, im äußersten SO am Mittelgebirge mit dem höchsten Punkt der N. (322 m). Die Küstendünen im W gehen über das Wattenmeer in die Westfries. Inseln über. Die Zuidersee wurde 1932 durch einen Damm abgeschlossen (→Ijsselmeer) und großenteils trockengelegt. Hauptflüsse sind der Rhein und die Maas, deren Mündungsgebiet in zahlreiche Inseln aufgelöst ist (→Deltawerk). Das Klima ist gemäßigt maritim; Westwinde herrschen vor. (BILD Europa)

B e v ö l k e r u n g . Staatsvolk sind die →Niederländer; östlich des Ijsselmeeres wohnen Friesen. Eine Minderheit bilden die seit 1949 eingewanderten Indonesier und indones. Mischlinge, ferner Einwanderer aus Surinam. Die Bevölkerungsdichte ist sehr hoch, bes. im Ballungsraum um Amsterdam, Utrecht, Rotterdam, Den Haag (→Randstad Holland) mit über 2 000 Ew. je km^2. – B i l d u n g s w e s e n : allg. Schulpflicht vom 6.–16. Lebensjahr. Univ. in Leiden (1575 gegr.), Groningen (1614), Utrecht (1636), 2 in Amsterdam (1632, 1880), Rotterdam (1973), Maastricht (1975), Tilburg (1927), kath. Univ. in Nimwegen (1923), TU in Delft (1842), Eindhoven (1956) und Enschede (1961), landwirtschaftl. Univ. in Wageningen (1918), Hochschule für Wirtschaftswiss. in Den Haag (1952), theolog. Hochschule in Kampen (1854), betriebswirtschaftl. Hochschule in Nijenrode (1946), ferner Kunstakademien, kgl. Akademie der Wiss. in Amsterdam. – R e l i g i o n : 85,7% Christen (davon 42,6% Katholiken, 41,8% Protestanten, v. a. Reformierte mit versch. Abspaltungen).

Größe und Bevölkerung (Januar 1982)

Provinz (Hauptstadt)	Fläche[1]) in km^2	Ew.	Ew.[2]) je km^2
Groningen (Groningen)	2 337	559 135	239
Friesland (Leeuwarden)	3 353	592 374	177
Drenthe (Assen)	2 654	423 627	160
Overijssel (Zwolle)	3 813	1 033 789	271
Gelderland (Arnheim)	5 009	1 719 111	343
Utrecht (Utrecht)	1 332	916 694	688
Nordholland (Haarlem)	2 668	2 312 266	867
Südholland (Den Haag)	2 905	3 121 471	1 075
Seeland (Middelburg)	1 785	353 697	198
Nordbrabant (Herzogenbusch) .	4 958	2 085 420	420
Limburg (Maastricht)	2 171	1 077 193	496
Südl. Ijsselmeerpolder[3])	955	89 755	94
Zentralregister[4])	–	1 297	–
Niederlande	**33 940**	**14 285 829**	**421**[5])

[1]) Landfläche, Gesamtfläche des Hoheitsgebiets: 41 160 km^2; [2]) auf die Landfläche bezogen; [3]) einschl. der Gem. Lelystad und Dronten; [4]) Personen ohne festen Wohnsitz; [5]) einschl. Bev. des Zentralregisters.

W i r t s c h a f t . Die N. gehören zu den wichtigen Welthandelsländern. An eigenen Rohstoffen arm (außer Erdgas), liegt ihre Stärke in der industriellen Verarbeitung und im Dienstleistungssektor. Die Ind. ist v. a. im W um die Städte Rotterdam und Amsterdam konzentriert. Die regionalen Unterschiede werden neuerdings durch verstärkten Ind.-Ansatz in Nordbrabant, Limburg und den östl. Teilen überwunden. – Die Landwirtschaft ist von hoher Produktivität; die N. zählen zu den Ländern mit den höchsten Erträgen je ha. 34% der Staatsfläche sind Wiesen und Weiden, 26% Äcker und Gärten, 9% Wald, 31% der Fläche sind ungenutzt, Gewässer oder verbaut. Die Neulandgewinnung im südl. Ijsselmeer vermochte den Rückgang der landwirtschaftl. Nutzfläche wegen Raumbedarfs der Städte, Ind. u. a. nicht auszugleichen. Die Viehhaltung ist auf Friesland und die nördl. Landesteile konzentriert, wo auch der Grünlandanteil am höchsten ist. Im O überwiegen Betriebe mit gemischter Wirtschaft; Gemüse, Blumen (z. T. Kulturen unter Glas), Zuckerrüben und Weizen v. a. im SW und NO. – Die Fischanlandungen (1980: 340 400 t) und der Fischkonsum blieben seit mehreren Jahren fast unverändert. – Der Bergbau hat, außer Erdgasgewinnung, keine große wirtschaftl. Bedeutung. Die Steinkohlenförderung ist seit 1975 eingestellt, die Erdölförderung (1983: 2,8 Mio. t) nicht mehr von großer Bedeutung; die Erdgasgewinnung ist seit 1970 sprunghaft angestiegen, seit 1980 rückläufig (1982: 78,0 Mrd. m^3; 3. Rang innerhalb der Förderländer nach den USA und der UdSSR). – Vorherrschende Ind.-Zweige sind die Eisen- und Stahl-, Maschinen-, Nichteisen-Metalle-, elektrotechn., chem. und Nahrungsmittel-Ind.; die Werft-Ind. hat an Bedeutung verloren. Die chem. Ind. ist relativ jung und großenteils auf Export ausgerichtet, ebenso die elektrotechn. Ind. Bed. sind auch Textil- (im S Woll-, im O Baumwollverarbeitung) und Schuh-Ind. – Die Erzeugung von elektr. Energie basiert überwiegend auf Erdgas. Die installierte Leistung der Kraftwerke insgesamt betrug (1980) rd. 19 700 MW. – Der Reiseverkehr ist eine wichtige Einnahmequelle; rd. 3 Mio. Auslandsgäste besuchen jährlich die N. – Die N. lagen (1982) bei der Welteinfuhr an 8. Stelle, bei der Weltausfuhr an 9. Stelle. Die Handelsbilanz war positiv (Ausfuhr: 66,322 Mrd. US-$, Einfuhr: 62,583 Mrd. US-$); Haupthandelspartner: Bundesrep. Dtl. (bis 30%) u. a. EG-Länder.

V e r k e h r . Charakteristisch für die N. ist das ausgedehnte Netz von Binnenwasserstraßen. Die 4 500 km schiffbaren Flüsse und Kanäle, für größere Schiffe geeignet, sind ein wichtiger Verkehrsweg für den Massengütertransport. Die Binnenflotte umfaßt über 6 400 Schiffe mit 5,1 Mio. t Tragfähigkeit. – Die Handelsflotte verfügt über rd. 670 Schiffe (über 300 BRT) mit 4,7 Mio. BRT. Wichtigster und größter Hafen ist Rotterdam mit dem Europoort; mit einem Güterumschlag von rd. 270 Mio. t im Jahr ist Rotterdam (nach dem Erdölhafen Ras Tanura in Saudi-Arabien) der größte Hafen der Erde. – Die Eisenbahn (rd. 3 000 km) hat v. a. im Personenverkehr Bedeutung. Der Gütertransport ist auf den Straßen erheblich höher als im Schienenverkehr. Es gibt rd. 91000 km Straßen, davon 2100 km Autobahnen. Von den rd. 5,0 Mio. Kfz sind 4,6 Mio. Pkw (323 je 1000 Ew.). Seit Erschließung der Erdgasfelder wurde das Rohrleitungsnetz stark ausgebaut (über 80000 km Erdgasleitungen). Nationale Luftfahrt-Ges. im internat. Verkehr ist ›KLM‹ (Koninklijke Luchtvaart Maatschappij N. V.), wichtigster internat. Flughafen ist Amsterdam-Schiphol.

Vorgeschichte, → Mitteleuropa, → Westeuropa.

Geschichte. In der Römerzeit saßen an der Rheinmündung die german. Bataver, nördlich von ihnen die Friesen. Durch die Völkerwanderung wurde der größte Teil der N. von den Niederfranken besiedelt, während im O die Sachsen auftraten und im N die Friesen sich behaupteten. Die fränk. Karolinger unterwarfen im 8. Jh. auch Friesen und Sachsen. 870 und 879 kam das niederländ. Gebiet außer Flandern zum Ostfränkischen (Dt.) Reich, Brabant-Limburg, Holland-Seeland-Hennegau, Namur und Luxemburg wurden um 1430 mit Flandern unter den hier seit 1384 herrschenden Herzögen von Burgund zu einem mächtigen Länderblock zusammengefügt. Durch die Heirat der Tochter Karls des Kühnen, Maria, mit Maximilian (I.) von Österreich (1477) fiel ein Teil der burgund. Besitzungen an Habsburg. Kaiser Karl V. gewann 1524 noch Friesland, 1528 das Hochstift Utrecht mit Overijssel, 1536 Groningen und 1543 Geldern. Das wirtschaftlich und kulturell blühende Land wurde Mittelpunkt des Weltreichs Karls V.

Die Nachfolge in den N. übertrug Karl V. 1555 seinem Sohn Philipp II. von Spanien, der den eindringenden Calvinismus zu unterdrücken und zugleich die alte ständische Verfassung zu brechen suchte. Gegen die schweren Unruhen des protestant. Bildersturms unter der Statthalterin Margarete von Parma schritt der Herzog von Alba mit blutiger Härte ein (Hinrichtung Egmonts 1568). Aber die → Geusen hielten im Freiheitskampf aus, und Wilhelm von Nassau-Oranien übernahm die polit. Führung des Aufstands; ihm fielen 1572 Holland und Seeland zu, die sich gegen die span. Übermacht behaupteten. Dann griff der Aufstand auch auf die südl. N. über (Genter Pazifikation 1576); doch brachte der span. Statthalter Alexander Farnese sie bald wieder unter die Herrschaft Philipps II. Dagegen schlossen sich die 7 nördl. Provinzen in der Utrechter Union vom 23. 1. 1579 fester zusammen, sagten sich am 26. 7. 1581 ganz von den Habsburgern los und bildeten die protestant. Republik der Vereinigten N. Der südl. Teil der N. blieb dem Katholizismus und der span. Herrschaft erhalten; die → Flamen wurden damit von den stammverwandten Nordniederländern abgetrennt. Nach der Ermordung Wilhelms von Oranien (1584) behaupteten die nördl. N. im Waffenstillstand 1609-21 ihre Unabhängigkeit, die im Westfäl. Frieden 1648 formal anerkannt wurde. Dies bedeutete zugleich Loslösung der N. vom Dt. Reich. Die N. erhielten die nördlichsten Teile von Flandern, Brabant und Limburg (Maastricht), die mit ihrer kath. Bevölkerung als abhängige ›Generalitätslande‹ verwaltet wurden. Im Unabhängigkeitskrieg stiegen die N. zur größten europ. Handels- und Seemacht des 17. Jh. auf. Sie verdrängten die Portugiesen aus dem Malaiischen Archipel und aus Ceylon; sie setzten sich im Kapland, an der Goldküste und in Westindien (Curaçao, Guayana) fest, ebenso in N-Amerika (Neuniederland, der spätere Staat New York). Zur gleichen Zeit bildeten die N. mit bed. Künstlern, Gelehrten und Buchdruckern einen geistigen Mittelpunkt Europas. Nach dem frühen Tod Wilhelms II. von Oranien (1650) beseitigten die holländ. Patrizier die Statthalterschaft seines Hauses, bis die schwere Gefahr des Einfalls der Franzosen 1672 (→ Holländischer Krieg) dem jungen Wilhelm III. wieder zur väterl. Machtstellung verhalf. Inzwischen hatten die N. die Seekriege von 1652-54 und 1664/65-67 gegen Großbritannien geführt; trotz der Siege Tromps und de Ruyters verloren sie Neuniederland, und Großbritannien überflügelte sie später immer mehr. Wilhelm III., der 1688/89 auch auf den brit. Thron gelangte, wurde der Führer Europas im Kampf gegen die Übermacht Ludwigs XIV. von Frankreich. Als er 1702 starb, kam wieder eine statthalterlose Zeit; erst die Niederlagen gegen die Franzosen im Österr. Erbfolgekrieg 1747 führten zur Berufung Wilhelms IV. aus der jüngeren Linie Nassau-Oranien zum Erbstatthalter. Die südl. N. waren 1714 von span. in österr. Hände übergegangen.

Im Winter 1794/95 unterlagen die N. einem frz. Revolutionsheer. Die südl. N. kamen an Frankreich, die nördl. wurden in die von Frankreich abhängige ›Batavische Republik‹ umgewandelt; die Selbständigkeit der Prov. wich dem Einheitsstaat. 1806 machte Napoleon seinen Bruder Ludwig Bonaparte zum König von Holland, gliederte jedoch 1810 das Land in das frz. Kaiserreich ein. Nach seinem Sturz wurde 1815 der Sohn des letzten Erbstatthalters, Wilhelm V., als Wilhelm I. König der Vereinigten N., d. h. der nördl. und südl.; Großbritannien gab die in der Napoleon. Zeit erworbenen niederländ. Kolonien bis auf Kapland und Ceylon zurück. Die belg. Revolution von 1830 führte wieder zur Abtrennung der südl. N. (→ Belgien, Geschichte). Auf Wilhelm I. folgten Wilhelm II. (1840-49), Wilhelm III. (1849-90) und dessen Tochter Wilhelmine (1890-1948). Unter Wilhelm II. gelangten mit der Verfassungsreform von 1848 die von J. R. Thorbecke geführten Liberalen zur polit. Vorherrschaft. Seit 1888 wurden sie durch die ›Koalition‹ der beiden calvinist. Parteien (Antirevolutionäre Partei, ARP; Christlich-Histor. Union, CHU) und der Katholiken (Römisch-Kathol. Staatspartei, RKSP, seit 1945 Kath. Volkspartei, KVP) zurückgedrängt. Im 1. Weltkrieg blieben die N. neutral.

Zw. den Weltkriegen bildeten die MinPräs. J. M. Ruys de Beerenbrouck (RKSP; 1918-25; 1929-33), H. Colijn (ARP; 1925, 1933-39) und D. J. de Geer (ARP; 1926-29) calvinistisch-kathol. Regierungen. Im Aug. 1939 beteiligten sich die Sozialdemokraten erstmals an der Reg.-Bildung.

Trotz gemeinsamer Friedensappelle von Königin Wilhelmine und des belg. Königs Leopold III. griff das nat.-soz. Dtl. die N. (10. 5. 1940) und Belgien ohne Kriegserklärung an. Nach der Kapitulation der niederländ. Armee flohen die kgl. Familie und die Regierung nach London (Bildung einer Exil-Reg.). Die niederländ. Nationalsozialisten arbeiteten mit der dt. Besatzungsmacht zusammen. Die starke Verfolgung der Juden und der Einsatz von Niederländern zur Zwangsarbeit förderten die Entstehung einer Widerstandsbewegung. Nach dem Eintritt der niederländ. Exil-Reg. in den Pazifikkrieg (1941; 2. → Weltkrieg) besetzten japan. Truppen Niederländisch-Indien. 1944/45 eroberten alliierte Streitkräfte die N. zurück. Nach dem japan. Zusammenbruch (1945) rief eine Nationalbewegung in Niederländisch-Indien den unabhängigen Staat → Indonesien aus.

1945 annektierten die N. kleinere dt. Gebiete (u. a. Elten; 1963 im Rahmen des ›Dt.-niederländ. Ausgleichsvertrags‹ in die Bundesrep. Dtl. eingegliedert). Die sozialdemokrat. ›Partei der Arbeit‹ (PdA) und die KVP stellten v. a. die MinPräs., u. a.: L. J. M. Beel (KVP; 1946-48, 1958-59), W. Drees (PdA; 1948-58), P. de Jong (KVP; 1967-71), J. den Uyl (PdA; 1973-77). Nach dem Zusammenschluß von KVP, ARP und CHU im → Christlich-Demokratischen Appell (CDA; 1976) übernahm 1977 A. v. Agt (CDA), 1982 R. Lubbers (CDA) als MinPräs. die Führung der Regierung. Nach dem Verzicht Königin Julianas (seit 1948) auf den Thron folgte ihr 1980 ihre Tochter Beatrix nach.

Außenpolitisch verzichteten die N. nach 1945 auf ihre Neutralitätspolitik (v. a. 1949 Beitritt zur NATO), suchten die enge wirtschaftl. Zusammenarbeit mit Belgien und Luxemburg (→ Benelux-Länder) und förderten die europ. Einigungsbemühungen (Mitgl. der Europ. Gemeinschaft). 1973 verzichteten die N. zugunsten Indonesiens auf Neuguinea und entließen 1975 Surinam in die Unabhängigkeit.

Niederländer, german. Volk in den Niederlanden, stammesmäßig v. a. aus Niederfranken, Friesen und Niedersachsen hervorgegangen.

Niederländische Antillen, niederländ. **Nederlandse Antillen** [-ant'ilə], bis 1937 **Niederländisch-Westindien,** autonomer Teil des Königreichs der Niederlande, umfaßt die Inseln Curaçao, Aruba, Bonaire, Sint Eustatius, Saba und den Südteil von Sint Maarten (→ Saint-Martin), insges. 993 km² mit (1983) 255000 Ew.; Hptst.: Willemstad auf Curaçao; Währungseinheit: 1 Niederl. Antillen-Gulden (NAf) = 100 Cent (c, ct). - Die N. A. bilden nach dem Statut von 1954 einen Teil der Niederlande unter einem Gouv. der Krone, einem Parlament (Staten) von 22 Mitgl.; Amtssprache: Niederländisch, Umgangssprache: Papiamento, auch Englisch und Spanisch. - Schulunterricht nach niederländ. Vorbild. - 75% Katholiken, 15% Protestanten. - Wirtschaft: Schwerpunkt ist Erdöl, das, u. a. aus Venezuela eingeführt, auf Aruba und Curaçao verarbeitet wird. Aruba hat reiche Phosphatlager. Internat. Flughäfen auf Curaçao, Aruba und Bonaire. Der Fremdenverkehr ist eine wichtige Einnahmequelle.

Niederländische Bank, Nederlandsche Bank, N. V. [n'e:dərlantsə-], Zentralbank der Niederlande, gegr. 1814, seit 1948 vollständig in Staatsbesitz.

niederländische Kunst umfaßt die Kunst im Gebiet der heutigen Niederlande und der früheren spanisch-österr. Niederlande bis zur Unabhängigkeit von 1830 (→ belgische Kunst). Die großen Zeiten der n. K. waren das 15. und das 17. Jh. Ihre hervorragendsten Leistungen waren, von bed. Ausnahmen abgesehen, Werke der Malerei, in denen der Realismus der europ. Kunst höchste Vollendung erreichte. Dabei blieb die **flämische** Kunst des kath. Südens dem Romanischen und seiner Form eng verbunden, während die **holländische** des protestant. Nordens als erste in Europa rein weltlichen Charakter hatte.

Baukunst

Von der Baukunst der karoling. Zeit sind nur spärliche Reste erhalten. In otton. und frühsal. Zeit trat die Maaslandschaft erstmals hervor. Notker aus St. Gallen, seit 972 Bischof von Lüttich, gab den Auftakt zu einer regen Bautätigkeit; es entstanden u. a.: die Johanniskirche in Lüttich (geweiht 980; nach dem Vorbild der Aachener Pfalzkapelle) und die Damenstiftskirche St. Gertrud in Nivelles (11. Jh.); zu den bedeutendsten Bauten der reifen **Romanik** gehört die Kathedrale in Tournai (12.-14. Jh.) mit einer der großartigsten Querhausturmgruppen des MA. Hauptwerke der **Gotik** sind St. Gudula (jetzt St. Michel) in Brüssel (13.-15. Jh.), die siebenschiffige Kathedrale in Antwerpen (1352 bis Anf. 16. Jh.), die Johanneskirche (Sint Jan) in Herzogenbusch (14.-16. Jh.). Die niederländ. Gotik neigte zur Beschränkung der Formenvielfalt, bes. in Holland (St. Peter in Leiden, Ende 13. Jh. begonnen), und entwickelte sich zu reicheren Gestaltungen erst in spätgot. Zeit (St. Jacques in Lüttich, urspr. romanisch, 1513-38 umgebaut). Einzigartig sind die profanen Bauten, die Stadttore, Tuchhallen (Ypern), Belfriede, Bürger- und Rathäuser (Brügge, Löwen, Brüssel, Oudenaarde; BILDER Brügge, Brüssel), an denen sich die spätgot. Zierlust am reichsten entfaltete. - Die **Renaissance**, von der zunächst Schmuckformen übernommen wurden, setzte sich mit dem Bau des Antwerpener Rathauses (1561-65) von C. Floris durch, der, auch als Bildhauer tätig, einen weit über die Niederlande hinaus wirkenden neuen Stil begründete (›Florisstil‹). L. de Key baute die Fleischhalle in Haarlem (1602/03), H. de Keyser Kirchen in Amsterdam (Zuiderkerk). - Zur Zeit des **Barocks** baute man im fläm. Süden in reichen und üppigen Formen (Jesuitenkirche in Antwerpen, Anf. 17. Jh.), im holländ. Norden in einem an Palladio geschulten klassizist. Stil (›Haus im Busch‹ in Den Haag, von P. Post, 1645 ff.; Amsterdamer Rathaus, jetzt königl. Palast, von J. van Kampen, seit 1648). Dieser lebte bis in das 18. Jh. fort, unterbrochen durch das Eindringen des Barockstils Ludwigs XIV. am Ende des 17. Jh. mit palastähnl. Bürgerbauten in Amsterdam und Den Haag. Führender Meister der bürgerl. Architektur war P. Vingboons. Im 18. Jh. gab es keine über den Durchschnitt hinausragende Leistung. Die Architektur des 19. Jh. ist vom historist. Eklektizismus gekennzeichnet. Der Übergang zur modernen Architektur vollzog sich mit den Bauten von H. Berlage (Börse in Amsterdam, 1898-1903); ihnen folgte die streng sachl. Architektur von J. J. P. Oud und W. M. Dudok; nach 1945 traten J. H. van den Broek, J. B. Bakema und Aldo van Eijck hervor.

Plastik

Die hervorragendsten plast. Werke des MA. sind von Künstlern des Maastals geschaffene Erzgüsse (Taufbecken in Lüttich, St. Bartholomäus, von Reiner von Huy, vollendet 1118), Goldschmiede- und Schmelzarbeiten (bes. die des Nikolaus von Verdun am Altar in Klosterneuburg, 1181; BILD Nikolaus von Verdun). Von **romanischen** Steinbildwerken blieb wenig erhalten (Muttergottes, 12. Jh; Lüttich, Museum). Auch von der **gotischen** Plastik ist das meiste zerstört. Der größte Bildhauer um 1400 war C. Sluter (BILD), der am burgund. Hof arbeitete (Moses-Brunnen in Dijon). Antwerpener Schnitzaltäre der Spätgotik wurden auch nach Dtl. exportiert. Ital. Formen der **Renaissance** verarbeitete im 16. Jh. bes. C. Floris (Grabmäler). Die stärksten Begabungen der manierist. Plastik wirkten im Ausland, Giambologna (BILD) in Italien, H. Gerhard und A. de Vries in Dtl. Von den Bildhauern des **Barocks** stammten die bedeutendsten aus den südl. Niederlanden: F. Duquesnoy, der in Rom tätig war, A. Quellinus d. Ä. und d. J., L. Faydherbe, die den Rubensstil in die Plastik übertrugen, u. a. Internationales Niveau erreichte die Plastik wieder im 20. Jh. G. Vantongerloo, ein gebürtiger Belgier, arbeitete, anfangs De → Stijl nahestehend, mit kubischen Formen (stereometr. Stein- und Plexiglasplastiken). Der konstruktivist. Tradition des De Stijl folgen u. a. C. N. Visser und A. Volten. W. Couzijns Objekte erinnern an eine Science-fiction-Welt. Viele nutzen die Möglichkeiten der Pop Art (S. Tajiri u. a.).

Malerei

Aus dem MA. sind v. a. Buchmalereien erhalten. Der sich in den Miniaturen der drei Brüder Limburg (›Très riches heures‹, Chantilly, 1411-16; BILD Limburg) regende neue Wirklichkeitssinn war Voraussetzung für die Kunst der Brüder van Eyck (BILD), mit der die Epoche der **altniederländischen** Malerei begann (Genter Altar, vollendet 1432; Gent, St. Bavo). In den südl. Niederlanden begründeten der Meister von Flémalle (BILD) und Rogier van der Weyden (BILD) einen neuen ausdrucksstarken Stil der Figurengestaltung. Holländ. Wesensart lassen die Bilder von D. Bouts (BILD) erkennen. Ein Genie vom Rang J. van Eycks war in der 2. Hälfte des 15. Jh. H. van der Goes (Portinari-Altar, um 1475; Florenz, Uffizien; BILD Goes), während H. Memling (BILD) und G. David das Überlieferte fortsetzten. Mit den gespenst. Bildern H. Boschs (BILD) endete die große Zeit der spätgot. Malerei. - Im 16. Jh. herrschte der ganz von Italien abhängige **Romanismus** vor, dessen erster Meister in den südl. Niederlanden J. Gossaert (BILD) war. Mehr Selbständigkeit wahrten z. T. die holländ. Romanisten, so Lucas van Leyden, bes. als Graphiker. Gegner des Romanismus war P. Bruegel d. Ä. (BILD); er malte figürl. Landschaftsbilder und Bauernszenen mit genialer, dem Formalismus seiner Zeit ferner Ursprünglichkeit. - Die Malerei des **Barocks** kam in Flandern mit P. P. Rubens (BILD) zum Durchbruch, der eine große Werkstatt unterhielt. Sein bekanntester Schüler war A. van Dyck (BILD), bedeutend bes. als Bildnismaler. J. Jordaens (BILD) verkörperte die Urwüchsigkeit des fläm. Wesens, A. Brouwer (BILD) malte Landschaften und derbe Bauernszenen, wie auf gefälligere Art D. Teniers d. J. - Für die holländ. Maler verloren unterdessen die überlieferten relig. und mytholog. Themen immer mehr an Bedeutung. Gegenstand ihrer Kunst wurde die maler. Erfassung der Wirklichkeit, die sie wie nie zuvor darzustellen vermochten. Bildnisse und Gruppenbilder malte v. a. F. Hals (BILD), Bilder, die mit erlesenen Farben Menschen in Innenräumen darstellen (→ Intérieur), J. Vermeer (BILD) und P. de Hooch (BILD Genre). Die dritte Hauptgatt. der holländ. Malerei war die Landschaft, zu deren bedeutendsten Meistern E. van de Velde, J. van Goyen, S. und J. van Ruisdael (BILD) gehören. Andere bildeten ihre Meisterschaft im Tierbild aus (P. Potter), im Stilleben (P. Claesz), Genrebild (G. Terborch, BILD; A. van Ostade; J. Steen), Seestück (BILD), Architekturbild u. a. Alle überragte Rembrandt (BILD), der als Maler und Radierer die bei den anderen Künstlern geschiedenen Gatt. des Porträts, der Landschaft usw. zugleich beherrschte und v. a. relig. Bilder schuf. Aus dem 19. Jh. sind zu nennen J. B. Jongkind, J. Israels, die Brüder Maris, A. Mauve und bes. van Gogh (BILD), der niederländ. Tradition mit den revolutionären, künstler. Strömungen in Frankreich (Fauves) verband und der zu einem Bahnbrecher des Expressionismus wurde. Hauptmeister des Jugendstils war J. Thorn-Prikker. Die in De Stijl zusammengefaßten Maler P. Mondrian (BILD), T. van Doesburg und B. A. van der Leck stellten mit reinen Farben geometr. Formen dar. Antikonstruktivist. Tendenzen wurden von der Gruppe → Cobra vertreten mit K. Appel, Constant, G. Corneille und dem Graphiker und Lyriker Lucebert. Durch Materialbilder profilierte sich J. Wagemaker. Die Pop Art vertritt P. Engels. J. Dibbets experimentiert mit dem Medium Photographie.

niederländische Literatur. Die geschriebene Überlieferung beginnt erst am Ausgang des 12. Jh. mit Heinrich von Veldeke: Seine ›Servatiuslegende‹ und seine Minnelieder sind in altlimburg. Mundart abgefaßt. Die Brabanterin Hadewych verfaßte in der Mitte des 13. Jh. stroph. Gedichte lyrisch-myst. Inhalts, die ein früher Höhepunkt niederländ. Lyrik sind. Vertreter der lehrhaften bürgerl. Dichtung waren der ›Vater der n. L.‹ Jacob van Maerlant und seine Schüler Jan Boendale, ferner Melis Stoke, Dirc Potter. An geistl. Literatur sind zu nennen ein ›Leven van Sinte Lutgard‹ von Willem van Affligem, die Legende ›Beatrijs‹, an Prosawerken Schwester Hadewychs ›Visioenen‹, aus dem 14. Jh. die myst. Prosa des Brabanters Ruusbroec und des Gerhard Groote. Ein Hauptwerk des frühen MA. ist die satir. Tierdichtung ›Van den Vos Reinaerde‹. Das Theater gipfelte in dem realist. Mirakelspiel ›Mariken van Nieumeghen‹ (um 1500) und in dem Spiel von → Jedermann. Dem dt. Meistersang entspricht die niederländ. Rederijkersdichtung. Seit der Reformation und den Freiheitskriegen spaltet sich die Literatur in n. L. und → flämische Literatur; mitunter wird auch vorher entstandene Lit. zu Teilen als ›fläm. Lit.‹ bezeichnet.

In der Renaissancezeit entwickelte sich ein von der Reformation geprägter Humanismus. Den starken Einfluß der klass. Dichter, bes. des Tacitus, zeigen die ›Nederlandsche Historien‹ von P. C. Hooft, der auch Hirtenspiele und Dramen schrieb (Lustspiel ›Warenar‹, 1617, nach Plautus). Schilderer des Volkslebens in Lustspielen und Possen war der auch als Lyriker bed. G. A. Bredero. Als Dichter von klass. Rang gilt J. van den Vondel (bibl. Dramen, vaterländ. Drama ›Gijsbrecht van Aemstel‹, Lyrik). Zeitgenossen waren der Moralist J. Cats, der Diplomat C. Huygens, der religiöse Lyriker J. Revius.

Das 18. Jh. stand im Zeichen des Verfalls und des frz. Einflusses. Der Humor fehlte in der nüchternen bürgerl. Welt nicht, das bezeugen Betje Bekker-Wolff und Aagje Deken in ihrem Roman ›Sara Burgerhart‹ (in Briefform, 1782), später N. Beets in der klass. ›Camera Obscura‹, A. C. W. Staring in epigrammat. Gedichten.

Schriftsteller der romant. Periode sind W. Bilderdijk mit seinen formtechnisch vollkommenen Werken, der geistig-aristokratische E. J. Potgieter (Gründer der Zeitschrift ›De Gids‹), der scharfe Kritiker der Kolonisation auf Java, Multatuli, der Satiriker P. Paaltjens. Histor. Romane verfaßten J. van Lennep, Anna Louisa Bosboom-Toussaint und J. F. Oltmans. I. da Costa, P. A. de Genestet und J. A. Alberdingk Thijm schufen relig. Dichtungen.

In den 1880er Jahren blühte das literar. Leben auf. Die Bewegung der ›Tachtigers‹ hielt bis weit ins 20. Jh. an. Losung war die ›persönlichste Wiedergabe der persönlichen Gefühle‹. Hauptvertreter sind: J. F. H. Perk, der Kritiker und Lyriker W. J. T. Kloos, der Ästhetiker L. van Deyssel, der sozialist. Ethiker J. van Eeden (Roman ›De Kleine Johannes‹), der führende Kritiker und Lyriker A. Verwey, der Maler und Prosaiker J. van Looy, der Dichter H. Gorter. Für sich stand der meisterhafte Schilderer der konventionellen holländ. Gesellschaft L. Couperus. Der naturalist. Roman wurde gepflegt von C. Scharten, Marga Antink, Top Naeff, Ina Boudier-Bakker. Realistisch ist das Fischerdrama ›Op Hoop van Zegen‹ von H. Heijermans.

Nach 1900 hatte die Kunst um der Kunst willen in einer religiös und sozial gärenden Zeit keinen Stand mehr. Resignierend ist die symbolist. Lyrik von J. H. Leopold. P. C. Boutens wich ins Ätherische aus, sozialistisch-religiös war die Dichterin Henriette Roland Holst. In die Romantik retteten sich der Erzähler A. van Schendel, der Stimmungskünstler A. van der Leeuw, die Lyriker A. Roland Holst, J. C. Bloem, M. Nijhoff, F. Bordewijk und A. den Doorlard. Die Romantik mündete in Heimatdichtung: H. de Man, A. Helman, A. Coolen u. a. Zw. den Kriegen meldete sich ein neuer Individualismus mit psycholog. Einschlag: H. Marsman, J. J. Slauerhoff, S. Vestdijk. Dann zeigte die n. L. den Einfluß des Surrealismus: E. Hoornik, G. Achterberg u. a. Nach dem 2. Weltkrieg schrieben psycholog. Romane bes. Anna Blaman und Hella S. Haasse; der Existentialismus wurde vertreten von W. F. Hermans und H. Mulisch. Histor. Romane und Reisebeschreibungen stammen von T. de Vries, B. Aafjes u. a., Romane und Prosa provozierend krit. Art von J. Wolkers und G. K. van het Reve. Bedeutender experimenteller Lyriker: H. Lodeizen. In den 1950er Jahren schloß sich eine Gruppe um den Maler-Dichter Lucebert zusammen: die gegen die herrschende Kultur rebellierenden ›Fünfziger‹. Sozial engagiert sind die Gedichte von G. Kouwenaar. Großen Erfolg haben Humoresken und Kurzgeschichten: G. Bomans, S. Carmiggelt, A. Morrien. Neue Autoren: L. Ferron, W. Brakman, J. Brouwers, J. Siebelink.

niederländische Musik. Im 15. Jh. wurden die südl. Niederlande, v. a. Cambrai und der burgund. Hof, Mittelpunkt des europ. Musiklebens. Die n. M. dieser Zeit knüpfte an die frz. Ars nova des 14. Jh. und die engl. Musik um 1400 an; ihre Hauptformen waren Messe, Motette, Chanson. Die erste niederländ. Schule (um 1420–70) mit G. Binchois und G. Dufay pflegte eine kontrapunktische, von Instrumenten begleitete Gesangsmusik. Die Blüte der n. M. (um 1470–1560) wurde von J. Ockeghem eingeleitet, dessen Bedeutung bes. in der Stilprägung der franko-fläm. Polyphonie lag. Die folgende Generation entwickelte die mehrstimmige Gesangsmusik (a cappella) im durchimitierenden Stil (→ Nachahmung 2) weiter und bildete den Kanon weiter aus; J. Obrecht war v. a. ein Meister der Messe; bei Josquin des Prez rückten zum ersten Mal stark persönliche Züge in den Vordergrund. A. Willaert verband niederländ. polyphones Denken mit dem venezian. Klangideal; zu seinen Schülern gehört C. de Rore. Durch Orlando di Lasso erreichte die niederländ. Chorpolyphonie einen letzten Höhepunkt. Um 1600 erneuerte J. P. Sweelinck mit seiner Orgelmusik noch einmal die europ. Geltung der n. M. – Im späteren Belgien lehnte sich die Musik an frz. Vorbilder an. Gegen die frz. Ausrichtung entstand eine fläm. Bewegung (P. Benoît); weitere fläm. Komponisten waren P. Gilson, F. Alpaerts, M. de Jong und M. Schoemaker. Bed. Komponisten der jüngsten Zeit sind F. Peeters und H. Pousseur. – In den nördl. Niederlanden (Holland) hatte die Musik nach Sweelinck nur noch lokale Bedeutung. Erst im 19. Jh. wurde die einheim. Musik bewußt gepflegt; seit Ende des 19. Jh. gewinnt die europ. Entwicklung auch hier Form (J. Wagenaar, C. Dopper u. a.). Neue Musik vertreten die Werke von W. Pijper und H. Badings.

niederländische Philosophie. Eine eigenständige n. P. bildete sich erstmals im 13. Jh. heraus (Siger von Brabant). Im 14. Jh. herrschte ein mystisch-theolog. Denken vor. Erasmus von Rotterdam ließ die 1425 gegr. Univ. Löwen zu einem Zentrum des Humanismus werden. Die 1575 gegr. Univ. Leiden, zunächst Hochburg des Aristotelismus, wurde im 17. Jh. zur Zufluchtsstätte unabhängiger Geister (R. Descartes, Angelus Silesius, P. Bayle, Spinoza). Humanismus und Naturrechtslehre verband Hugo Grotius; A. Geulincx erneuerte die Metaphysik (Okkasionalismus). Im 18. Jh. bekämpfte F. Hemsterhuis als Vertreter eines ästhetisch-myst. Pantheismus den herrschenden Rationalismus. Das 19. Jh. spiegelte die philosoph. Entwicklung in Dtl., Frankreich und England wider. Im 20. Jh. gewann bes. die Phänomenologie Bedeutung, ferner Wissenschaftstheorie und analytische Philosophie.

Niederländischer Katechismus, Kath. Kirche: 1966 im Auftrag der niederländ. Bischöfe herausgegebener Katechismus (›De Nieuwe Katechismus‹), eine ›Glaubensverkündigung für Erwachsene‹ (so die dt. Ausgabe, 1968). Der N. K. führt die vom Zweiten Vatikan. Konzil eingeleitete Erneuerung des kath. Glaubens in betont fortschrittl. Form weiter. Die an ihm geübte konservative theolog. Kritik ist von einer Kardinalskommission (1968) auf einzelne als notwendig angesehene Verdeutlichungen zurückgeführt worden, die den späteren Ausgaben angefügt sind.

niederländische Sprache. Die n. S., eine der → germanischen Sprachen, ist die Schrift- und Hochsprache der Niederlande mit ihren überseeischen Gebieten sowie der nördl. und westl. Hälfte Belgiens (hier ist sie eine der amtl. Landessprachen). Eine Tochtersprache der n. S. ist das → Afrikaans. Die niederländ. Hochsprache ist hauptsächlich aus dem Niederfränkischen entstanden. Mit dem Niederdeutschen hat sie die Stufe der Lautverschiebung gemeinsam, unterscheidet sich aber u. a. durch einige nur ihr eigentümliche Diphthonge und durch die allg. durchgeführte Pluralendung -s. Das Deklinationssystem ist im Vergleich zum Deutschen stark eingeschränkt. Das Kasussystem ist fast beseitigt. Der Wortschatz bewahrt viele alte Wörter, die im Deutschen geschwunden sind (oorlog ›Krieg‹, eeuw ›Jahrhundert‹).

Niederländisch-Guayana, → Surinam.

Niederländisch-Indi|en, die früher niederländ. Gebiete des Malaiischen Archipels und Neuguineas, 1904300 km², jetzt Rep. → Indonesien; Hptst. war Batavia.

Niederländisch-Neuguinea, → Neuguinea.

Niederländisch-Westindi|en, bis 1937 Name der → Niederländischen Antillen.

Niederlassung *die, -/-en,* **1)** allg.: die Gründung eines Wohnsitzes im Ggs. zum nichtständigen Aufenthaltsort; auch der örtl. Mittelpunkt eines gewerbl. Unternehmens **(Handelsniederlassung)** als Haupt-N. (am Ort der geschäftl. Leitung) oder als Zweig-N. (Filiale). **2)** Völkerrecht: Wohnsitzbegründung in einem Staate, um dort eine selbständige Erwerbstätigkeit auszuüben. Die N. von Ausländern bestimmt sich nach dem → Fremdenrecht. – N. **(Settlement** [s'etlmənt]) nannte man früher auch die Handelskolonien (›Konzessionen‹) der europ. Staaten bes. auf dem Gebiet des Chines. Reiches (z. B. Tientsin, Schanghai).

Niederlassungsfreiheit, → Freizügigkeit.

Nieder|österreich, Bundesland Österreichs, 19171 km², mit (1981) 1,428 Mio. Ew. N. erstreckt sich beiderseits der Donau, zw. Ennsmündung im W und Marchmündung im O; es grenzt im N an die Tschechoslowakei, im SO an das Burgenland, im S an die Steiermark, im W an Oberösterreich. Die Stadt Wien ist Sitz der Landesregierung von N., bildet jedoch ein eigenes Bundesland. Nach der Verfassung v. 30. 11. 1920 (mehrfach geändert) wird der Landtag von N. (56 Mitgl.) alle 5 Jahre gewählt. Die Landesregierung besteht aus dem Landeshauptmann, seinen beiden Stellvertretern und 4 Landesräten. – N. ist in 21 polit. Bezirke eingeteilt: Amstetten, Baden, Bruck a. d. Leitha, Gänserndorf, Gmünd, Hollabrunn, Horn, Korneuburg, Krems a. d. Donau, Lilienfeld, Melk, Mistelbach a. d. Zaya, Mödling, Neunkirchen, Sankt Pölten, Scheibbs, Tulln, Waidhofen a. d. Thaya, Wiener Neustadt, Wien Umgebung, Zwettl. Autonomone Städte sind Krems a. d. Donau, Sankt Pölten, Waidhofen a. d. Ybbs und Wiener Neustadt. – N. hat Anteil an den Alpen im S, dem Alpenvorland bis zur Donau, dem Wiener Becken und Marchfeld im O, dem österr. Granitplateau in NW (→ Waldviertel). – Wirtschaft. N. hat die größte Ackerfläche unter den Bundesländern, insbes. Getreideanbau, es folgen Hackfrüchte und Futterpflanzen; in der Wachau, im Weinviertel und am Fuß des Wienerwaldes Weinbau. Die Industrie ist bes. dicht um Wien und im S des Wiener Beckens; in den Alpen Holzstoff- und Papierfabriken, Großsäge-, Elektrizitätswerke; im Marchfeld Erdöl- und Erdgasvorkommen.

Niederösterreich

Geschichte. Das westl. N. gehört zum altbair. Stammesgebiet; das östl. N. ist erst durch die Awarenkriege Karls d. Gr. der dt. Besiedlung erschlossen worden. Hier entstand die bair. Ostmark, die dann Österreich genannt wurde (→ Österreich, Geschichte). Um 1140 erreichte die Siedlung die heutige O- und N-Grenze. Die Verwaltungstrennung von N. (›Österreich unter der Enns‹) und Oberösterreich setzte um 1450 ein. 1919 verlor N. Gmünd und Feldsberg an die Tschechoslowakei. Wien, seit 1920 eigenes Bundesland, wurde 1938 auf Kosten N.s vergrößert, doch kam ein großer Teil dieser Gebiete 1954 wieder zurück.

Nieder|rhein, der Unterlauf des Rheins, etwa von Bonn an.

Nieder|rheinische Bucht, Nieder|rheinisches Tiefland, die Ebene beiderseits des Rheins westlich des Berg. Landes, nördlich der Eifel.

Nieder|rheinisch-Westfälischer Kreis, seit 1522 öfter nur **Westfälischer Kreis,** einer der 10 → Reichskreise (bis 1806), umfaßte Ende des 18. Jh. die Bistümer Verden, Minden, Paderborn, Corvey, Osnabrück, Münster und Lüttich, die Reichsabteien Herford, Essen, Werden, Kornelimünster, Malmedy und Thorn, die Herzogtümer Oldenburg, Kleve, Jülich, Berg, die Fürstentümer Ostfriesland, Lippe, Nassau-(Oranien-)Siegen und -Dillenburg, Moers, die Reichsstädte Dortmund, Köln, Aachen, 18 Grafschaften u. a. kleinere Herrschaften. (KARTE Bd. 1, S. 568)

Niedersachsen

Niedersachsen, Land der Bundesrep. Dtl., 47431 km², (1983) 7,25 Mio. Ew.; Hptst.: Hannover.

Verfassung, Recht, Verwaltung. Nach der Verf.

Niedersachsen, Verwaltung (1983)

RegBez. (Hptst.)	km²	Ew. in 1000	Ew. je km²
Braunschweig (Braunschweig) .	8093	1621,7	200
Hannover (Hannover)	9043	2040,9	226
Lüneburg (Lüneburg)	15341	1467,6	96
Weser-Ems (Oldenburg)	14950	2120,6	142
Niedersachsen*)	**47426**	**7250,9**	**153**

*) Differenzen durch Rundungen.

Asta Nielsen (Zeichnung von E. Orlik, 1921)

Martin Niemöller

von 1951 (mehrfach geändert) ist der Landtag (mindestens 155 Abg.) gesetzgebendes, die von einem MinPräs. geführte Reg. ausführendes Organ. Die Rechtsprechung üben 3 Oberlandesgerichte (Celle, Braunschweig, Oldenburg), 11 Land- und 79 Amtsgerichte aus. Es gibt das Oberverwaltungsgericht für N. und Schlesw.-Holst. in Lüneburg mit 4 Verwaltungsgerichten für N., das Landessozialgericht in Celle (mit 8 Sozialgerichten), das Landesarbeitsgericht (mit 15 Arbeitsgerichten), ein Finanzgericht sowie den Staatsgerichtshof in Bückeburg. – N. ist in 4 RegBez. mit 38 Landkreisen und 9 kreisfreien Städten gegliedert.

Landesnatur. Der N gehört dem nordwestdt. Flachland an, das überwiegend von den Urstromtälern, Grund- und Endmoränen der Saale-Eiszeit bedeckt ist. Der Marschensaum an der Küste geht in das Wattenmeer mit den Ostfries. Inseln über. Im S hat N. Anteil an der mitteldt. Gebirgsschwelle (Harz, Solling, Ith, Hils, Sieben Berge, Deister, Hildesheimer Wald, Elm, Süntel). Hauptflüsse: Ems, Weser, Elbe, durch Kanäle untereinander verbunden.

Die Bevölkerung (74,6% evang., 19,6% kath.) besteht v. a. aus Niedersachsen (→ Sachsen) und → Friesen. Der Anteil der Heimatvertriebenen betrug (1971) 22,8%. – Bildungswesen. N. hat Univ. in Göttingen, Oldenburg, Osnabrück, Hannover, Hildesheim, Lüneburg, TU in Braunschweig und Clausthal, Medizin. und Tierärztl. Hochschule in Hannover, Hochschule für Bildende Künste in Braunschweig, Hochschule für Musik und Theater in Hannover sowie 12 Fachhochschulen.

Wirtschaft. Die Landwirtschaft nutzt rd. 60% der Fläche und beschäftigt 7,6% (April 1981) der Erwerbstätigen. 20% der Fläche sind Wald. In der Braunschweig-Hildesheimer Lößbörde werden Weizen und Zuckerrüben angebaut, auf den unfruchtbaren Geestplatten bes. Roggen, Hafer und Kartoffeln, in den Fluß- und Küstenmarschen herrscht Grünlandwirtschaft mit Viehzucht vor. Gemüse wird bes. zw. Hannover und Braunschweig und im Emsland angebaut, Gemüse und Obst bes. im → Alten Land und Land → Kehdingen. Bed. ist die Viehwirtschaft (Schweine, Rinder, Geflügel). Bergbau und Industrie sind im südl. N. konzentriert: Eisenerzförderung und -verhüttung, Eisen- und Stahlverarbeitung im Gebiet Salzgitter-Peine, Abbau von Kali-Rohsalz in Süd-ost-N., von Braunkohle bei Helmstedt, Blei im Harz. Die bedeutendsten Industriezweige sind Fahrzeugbau (Wolfsburg, Braunschweig, Hannover, Salzgitter), Maschinenbau (Hannover, Braunschweig-Peine-Salzgitter-Gebiet), Elektrotechnik (Hannover, Süd-N.) und Nahrungsmittel-Ind., ferner Textil-Ind. (Osnabrück, südl. Emsland), feinmechanisch-opt. Ind. (Braunschweig, Göttingen). Erdöl wird bes. im Emsland und im Allergebiet gewonnen. Erdölraffinerien in Emden (Großhafen), Lingen, Salzbergen, Wilhelmshaven, Hannover-Misburg. An der Küste Schiffbau und Fischverarbeitung. Fremdenverkehr in den Nordseebädern, der Lüneburger Heide, dem Harz.

Geschichte. N. wurde durch VO der brit. Militärregierung vom 1. 11. 1946 aus der ehem. preuß. Prov. → Hannover und den Ländern → Braunschweig, → Oldenburg und → Schaumburg-Lippe gebildet. 1947 kamen Teile des Landes Bremen hinzu. 1949 wurde N. Bundesland der Bundesrep. Dtl. 1965 unterzeichnete die Landesreg. das Konkordat mit der Kath. Kirche. 1947–76 war die SPD die stärkste Partei im Landtag (1970–74 absolute Mehrheit der Mandate), seitdem die CDU (seit 1982 absolute Mehrheit der Stimmen). MinPräs.: H. W. Kopf (SPD; 1946–55, 1959–61), H. Hellwege (DP, später CDU; 1955–59), G. Diederichs (SPD; 1961–70), A. Kubel (SPD; 1970–76), E. Albrecht (CDU; seit 1976).

Niedersachsen, deutscher Stamm (→ Sachsen).

Niedersächsischer Kreis, 1500–12 **Sächsischer Kreis,** einer der 10 → Reichskreise (bis 1806), umfaßte die Erzstifte Magdeburg und Bremen, die Bistümer Halberstadt, Hildesheim, Lübeck, Schwerin, Ratzeburg, die welf., mecklenburg. und holstein. Herzogtümer u. a. kleinere Herrschaften, die Reichsstädte Lübeck, Goslar, Mühlhausen, Nordhausen, Hamburg, Bremen. (KARTE Bd. 1, S. 568)

Niederschacht|ofen, dem Hochofen nachgebildeter, kleiner Ofen zur Gewinnung von Roheisen; Schachthöhe 5–10 m.

Niederschlag, **1)** Meteorologie: aus den Wolken ausfallende Kondensationsprodukte des Wasserdampfes. N. sind: Nieseln, Regen, Schauer, Schnee, Graupeln, Hagel. N. bildet sich durch Zusammenfließen der Wolkentröpfchen und durch deren Anlagerung an bereits vorhandene größere Tröpfchen oder an Eiskristalle. Stärkere N. entstehen, wenn die regnende Wolke vertikal sehr mächtig ist und bis in Höhen mit Temperaturen unter −10 °C hinaufreicht. In den Tropen sind aber auch große Niederschläge ohne Mitwirkung der Eisphase möglich. N. fällt aus, wenn die Fallgeschwindigkeit der Teilchen größer ist als der Aufwind. Vielfach erreicht der N. nicht den Boden (Fallstreifen). – Die N.-Menge wird mit **Niederschlagsmessern** in mm Wasserhöhe (entspricht der gleichen Anzahl Liter je m²) gemessen. – **Künstl. Erzeugung** von N. ist möglich, wenn man bei fehlenden Eisteilchen an ihre Stelle Silberjodid oder Kohlensäureschnee in unterkühlte Wolken einbringt. **2)** → radioaktiver Niederschlag. **3)** Schlag abwärts, z. B. des Taktstocks. **4)** Boxen: Treffer, der einen Boxer zu Boden zwingt. **5)** der aus einer Lösung bei einer chem. Reaktion oder als Folge einer Druck- oder Temperaturänderung ausgefällte Stoff. **6)** Ü sichtbarer Ausdruck einer Begebenheit.

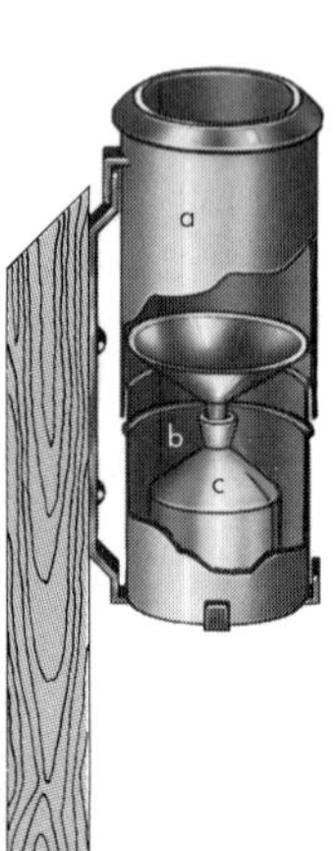

Niederschlag 1): Niederschlagsmesser (nach Hellmann), Durchmesser 160 mm; a Auffanggefäß, b Unterteil, c Sammelkanne

Niederschlagung *die, -/-en,* **1)** Steuerrecht: die Entscheidung des Finanzamtes, einen Steueranspruch nicht geltend zu machen; der Anspruch bleibt bestehen, bis er erfüllt oder verjährt ist. **2)** Strafrecht: die → Abolition.

Niederschlesi|en, ehem. preuß. Prov. (1919–38, 1941–45), 26981 km², (1939) 3,286 Mio. Ew.; war in die RegBez. Breslau und Liegnitz unterteilt. Sitz des Oberpräs. war Breslau. (→ Schlesien, Geschichte)

Niederspannung, im Unterschied zur → Hochspannung elektrische Spannungen unter 1000 V.

Niederstwert, Niederstwertprinzip, der für die steuerrechtl. Bewertung von Umlaufgütern maßgebl. niedrigste Wert; ergibt sich aus dem Vergleich der Anschaffungskosten mit dem Tageswert.

Niederung *die, -/-en,* tiefliegendes Land, meist in Tälern oder Becken, an Flüssen oder an der Küste, meist mit humushaltigen Alluvialböden; oft mit **N.-Mooren.**

Niederwald, 350 m hoher Bergrücken im Rheingaugebirge (SW-Taunus), zw. Rüdesheim und Assmannshausen; am Südabhang Weinberge. 1877–83 wurde das **Niederwalddenkmal** (von J. Schilling) erbaut.

Niederwild, Wild für niedere → Jagd.

Niederzier, Gem. im Kr. Düren, NRW, (1984) 12100 Ew.; Baumwollspinnerei, Kunststoff- u. a. Industrie, Sägewerk.

niedlich [mhd. nietliche, zu ahd. niot ›Eifer‹], hübsch, nett, zierlich. *Subst. die* **Niedlichkeit,** -.

Niednagel [zu mhd. niet ›breitgeschlagener Nagel‹], eingewachsener Finger- oder Zehennagel (→ Nagel).

niedrig [zu nieder], **1)** nicht hoch: *das Haus ist n.; niedrige Zahlen,* kleine. **2)** geringen Standes: *hoch und n.,* jedermann. **3)** Ü gemein: *niedrige Gesinnung. Subst. die* **Niedrigkeit,** -.

Niedrigwasser, bei Flüssen: → Wasserstand; beim Meer: → Gezeiten.

Niehans, Paul, schweizer. Arzt, * Bern 21. 11. 1882, † Montreux 1. 9. 1971, führte die Behandlung mit Aufschwemmungen lebender Zellen ein, bes. aus embryonalen tier. Organen (Frischzellen, → Zelltherapie).

Niekisch, Ernst, polit. Schriftst., * Trebnitz 23. 5. 1889, † Berlin (West) 23. 5. 1967, vertrat als Hg. der Ztschr. ›Der Widerstand‹ (1926–34) einen ›Nationalbolschewismus‹. N. wurde 1937 verhaftet, 1939 zu lebenslängl. Zuchthaus verurteilt.

HW: Hitler, ein dt. Verhängnis (1932); Das Reich der niederen Dämonen (1953); Erinnerungen eines dt. Revolutionärs, 2 Bde. (1958–74).

Niello [ital. zu lat. nigellus ›schwärzlich‹] *das, -(s)/-s* oder *Ni'ellen* oder *Ni'elli,* Verzierung von Metall, bes. Silber, durch eine schwärzl. Legierung aus Silber, Blei, Kupfer, Schwefel, Salmiak, die in eine gravierte Zeichnung eingeschmolzen wird, so daß sich diese von der glänzenden Fläche abhebt.

Nielsbohrium [n. dem dän. Physiker N. → Bohr], von sowjet. Forschern vorgeschlagene Bez. für das chem. Element 105; → Unnilpentium.

Nielsen, **1)** [n'i:lsn], Arthur Charles, amerikan. Marktforscher, * Chicago 5. 9. 1897, † ebd. 1. 6. 1980; gründete 1923 die A. C. N. Co. in Chicago als Marktforschungsunternehmen mit Niederlassungen in vielen Ländern (seit 1954 auch in der Bundesrep. Dtl.).

2) [n'elsən], Asta, dän. Schauspielerin, * Kopenhagen 11. 9. 1881, † ebd. 24. 5. 1972; 1911–14 und seit 1919 Filmdarstellerin in Berlin. Ihr ausdrucksvolles Spiel führte den Film zu erstem künstler. Höhepunkt.

3) [n'elsən], Carl, dän. Komponist, * Nørre Lyndelse (bei Odense, Insel Fünen) 9. 6. 1865, † Kopenhagen 3. 10. 1931, komponierte in einem zw. Romantik und neuer Kontrapunktik vermittelnden Stil u. a. 6 Sinfonien, 1 Violinkonzert, 4 Streichquartette, Klavierstücke, 2 Opern, Lieder.

niemand [ahd. niowan], *-(e)s, -em* oder *-, -en* oder *-,* kein einziger, kein Mensch: *n. anders als er; es war n. zu Hause. der* **Niemand,** *-(e)s: der böse Niemand,* Teufel. **Niemandsland,** **1)** Gebietsstreifen zw. zwei Fronten. **2)** unbesiedelter Grenzstreifen. **3)** Ü unerforschtes Gebiet.

Niemann, Walter, Komponist und Musikschriftst., * Hamburg 10. 10. 1876, † Leipzig 17. 6. 1953; Klavierstücke tonmalerischen Inhalts in romantisch-impressionistischem Stil; schrieb Biographien und Werke zur Geschichte der Musik.

Niemcewicz [njɛmts'ɛvitʃ], Julian Ursyn, poln. Schriftst., * Skoki (bei Brest-Litowsk) 16. 2. 1758, † Paris 21. 5. 1841, schrieb polit. Fabeln, patriot. histor. Lieder, Erz., histor. Romane.

Niemeyer, Oscar Soares Filho, brasilian. Architekt, * Rio de Janeiro 15. 12. 1907, einer der Begründer der modernen Architektur in Brasilien; Bauten u. a. in Belo Horizonte-Pampulha, Ausstellungsgebäude in São Paulo, Wohnhochhaus Berlin-West; führend beim Bau von Brasília (1956–60). BILD Stahlbeton.

Niemöller, Martin, evang. Theologe, * Lippstadt (Westf.) 14. 1. 1892, † Wiesbaden 6. 3. 1984, im 1. Weltkrieg U-Boot-Kommandant, seit 1931 Pfarrer in Berlin-Dahlem. 1933 gründete er den Pfarrernotbund (→ Bekennende Kirche), 1937–45 war er in KZ-Lagern inhaftiert. Nach 1945 führend an der Neuordnung der EKD beteiligt, 1947–64 Kirchenpräs. der Evang. Landeskirche von Hessen und Nassau, 1961–68 einer der 6 Präs. des Ökumen. Rates. (BILD S. 16)

Nienburg, 1) N./Saale, Stadt im Kr. Bernburg, Bez. Halle, (1973) 7500 Ew.; Schiffbau, Papier-, Zementfabriken. **2) N. (Weser),** Krst. im RegBez. Hannover, Ndsachs., an der mittleren Weser, (1983) 29800 Ew.; Fachhochschule (Architektur und Bauingenieurwesen); Bekleidungs-, Glas-, chem. u. a. Ind.; nahebei ein früheisenzeitl. Gräberfeld.

Niepce [njɛps], Joseph Nicéphore, einer der Erfinder der Photographie, * Chalon-sur-Saône 7. 3. 1765, † Gras bei Chalon-sur-Saône 5. 7. 1833, erfand ein Verfahren, mit lichtempfindl. Asphaltschichten Bilder festzuhalten; später Mitarbeiter von L. J. M. → Daguerre.

Niere [ahd. nioro, zu grch. nephros] *die, -/-n,* **1)** Organ der Harnabsonderung und der Regulation des Elektrolyt-, Wasser- und Säure-Basen-Haushalts (vgl. Anatomie und Physiologie); *das geht mir an die Nieren,* Ü trifft mich schwer. **2)** traubenartig gebildetes Stück Erz, Stein.

Anatomie und Physiologie. Beim Menschen liegen die beiden bohnenförmigen N. (je etwa 11 cm lang, 5–7 cm breit, 3–4 cm dick, 120–200 g schwer) rechts und links von der Wirbelsäule an der hinteren Rumpfwand, außerhalb der Bauchfellhöhle. Die vordere Fläche der N. ist vom Bauchfell überzogen, die obere grenzt an das Zwerchfell; ihre gebogene Seite ist nach außen und hinten, ihre gehöhlte nach innen und vorn gerichtet. An der letzteren liegen die Pforte **(N.-Hilus)** für die großen Blutgefäße, Nerven und die Abgangsstelle des Harnleiters. Um die N. liegt die aus derbem Bindegewebe und Fett bestehende **N.-Kapsel.** An einem Nierenschnitt erkennt man 2 strukturbildende Anteile: im Innern das **N.-Hohlsystem,** das aus N.-Kelchen und N.-Becken besteht, nach außen das eigtl. Nierengewebe **(N.-Parenchym),** an dem sich, nicht immer scharf getrennt, eine äußere körnige **Rindenschicht** und eine innere, strahlig gestreifte **Markschicht** unterscheiden lassen. Die Rindenschicht erhält ihr körniges Aussehen durch die **N.-Körperchen (Glomerula, Glomeruli),** die aus Knäueln feinster Blutgefäße und einer Kapsel bestehen, und der Abfiltrierung eines **Vorharns (Primärharn)** aus dem Blut (fast 1/5 des Blutplasmas) dienen. Von den N.-Körperchen gehen **N.-Kanälchen (N.-Tubuli, Harnkanälchen)** aus, in denen ein Großteil des im Vorharn enthaltenen Wassers (Harnkonzentrierung), Salze (Regulation des Elektrolythaushaltes), Glukose u. a. rückresorbiert, einige Stoffe (z. B. Ammoniak) jedoch auch zusätzlich ausgeschieden (sezerniert) werden. Die N.-Kanälchen gehen in **Sammelrohre** über, die ebenfalls Wasser rückresorbieren. N.-Körperchen, N.-Kanälchen und Sammelrohre bilden eine als **Nephron** bezeichnete funktionelle Einheit; die normale Niere besitzt etwa 1–1,2 Mio. Nephrone. Die Sammelrohre leiten den **Endharn** (etwa 1% des Vorharns) in Ausstülpungen der Markschicht **(N.-Papillen)** weiter, die in kelchartigen Erweiterungen des N.-Beckens **(N.-Kelche)** eingefügt sind. Das **N.-Becken** nimmt den gesamten Harn schließlich auf und leitet ihn über den → Harnleiter weiter zur → Harnblase.

Die N. sind Ausscheidungsorgane für Stoffwechselprodukte **(harnpflichtige Stoffe),** die im Körper nicht mehr weiter verwendet werden können (z. B. Harnstoff, Harnsäure, Kreatinin) und bei Anhäufung im Blut (z. B. bei → Niereninsuffizienz) zu Vergiftungserscheinungen führen, ferner für Fremdstoffe (z. B. Arzneimittel) und überschüssige Elektrolyte und Wasser. Daneben spielt die N. eine entscheidende Rolle bei der Regulation des Elektrolyt- und Wasserhaushaltes und des Säure-Basen-Gleichgewichts. Durch Hormone (bes. Vasopressin und Aldosteron) kontrolliert und reguliert sie die Ausscheidung von Ionen (Elektrolyten) und Wasser und bewirkt so eine Konstanz der ionalen Zusammensetzung **(Iso|ionie),** der osmot. Konzentration **(Isotonie)** und des pH-Wertes **(Isohydrie)** der extrazellulären Flüssigkeit und damit des Blutes.

Bei Wirbeltieren unterscheidet man: **Vorniere** (nur embryonal), **Urniere** (embryonal bei Kriechtieren, Vögeln, Säugern, bleibend bei Fischen, Lurchen) und **Nachniere** (bleibend bei Kriechtieren, Vögeln, Säugern).

Nieren|abszeß, Eiterhöhle im Nierengewebe. Krankheitszeichen: Fieber, Schmerzen in der Nierengegend, Wassersucht. – Behandlung: operativ.

Nierenbaum, Acajoubaum [akaʒ'u:-], **Anacardium occidentale** [-ks-], tropisch-südamerikan. Art der Sumachgewächse **(Anacardiaceae).** Unterhalb ihrer nierenförmigen, einsamigen Hartfrüchte entwickelt sich der Fruchtstiel zu einem obstartigen Gebilde. Die Frucht **(Cashewnuß)** liefert das → Cashew-Nußschalenöl. (BILD S. 19)

Nierenbecken|entzündung, grch. **Pyelitis,** Entzündung der Nierenbeckenschleimhaut, i. d. R. in Verbindung mit einer Entzündung von Teilen des Nierengewebes **(Pyelonephritis);** häufigste Nierenkrankheit. Ursache ist das Einwandern von Bakterien auf dem Blutweg, Lymphweg oder aufsteigend von der Blase. Begünstigende Faktoren sind Harnstauung (z. B. in der Schwangerschaft), Nierensteine u. a. Krankheitszeichen: Fieber (oft mit Schüttelfrost), Schmerzen in der Nierengegend, weiße Blutkörperchen, Bakterien und Eiweiß im Harn.

Behandlung: Antibiotika und Chemotherapeutika, reichlich Flüssigkeit, Wärme, Diät.

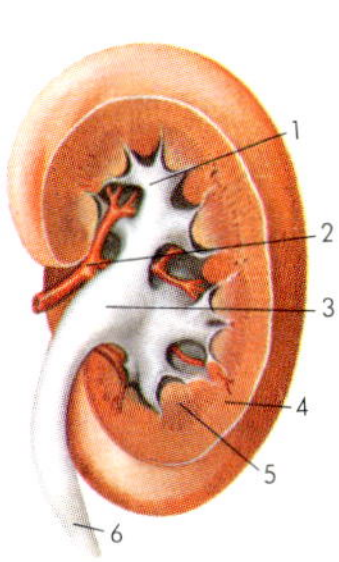

Niere 1)

Niere 1): geöffnete Niere; Nieren-Venen und umhüllendes Fettgewebe sind entfernt (nach Benninghoff). **1** Nierenbeckenkelch, **2** Nierenarterie, **3** Nierenbecken, **4** Rindenschicht, **5** Markschicht, **6** Harnleiter

Nieren|entzündung, grch. **Nephritis,** entzündl. Veränderung des Nierengewebes, meist eine Schädigung der in der Nierenrinde gelegenen Nierenkörperchen **(Glomerulonephritis).** Ursache sind immunolog. Reaktionen, die auf eine Infektion mit best. Streptokokken (bes. bei Angina) zurückzuführen sind. Krankheitszeichen: Blut und Eiweiß im Urin, Hochdruckkrankeit, Wassersucht, Niereninsuffizienz. – Behandlung: bei Streptokokkeninfekt Penicillin. (BILD S. 19)

Nieren|insuffizi|enz, zunehmende Funktionseinschränkung der Nieren, die zur völligen Entgleisung des Stoffwechsels und Tod führen kann. Zur N., die mit verminderter Bildung von Vorharn (Glomerulumfiltrat) einhergeht, kommt es nach Ausfall großer Teile des Nierengewebes (über 2/3 der Nephrone). Ursachen sind u. a. nicht ausheilende Nierenkrankheiten (Schrumpfniere), stark erhöhter Blutdruck, fortschreitende Arterienverkalkung der kleinen Nierengefäße. Unabhängig von der Ursache führt eine **chronische N.** zur **Harnvergiftung (Urämie),** die gekennzeichnet ist durch Erhöhung der Konzentration harnpflichtiger Substanzen (Harnstoff, Harnsäure, Kreatinin) im Blut, Störungen des Elektrolyt-, Wasser- und Säure-Basen-Haushaltes (z. B. Azidose), des Zentralnervensystems (bis zum Koma), des Magen-Darm-Kanals, des gesamten Stoffwechsels und Hormonhaushalts, Anämie, Herzbeutelentzündung u. a. Während im Anfangsstadium der N. die täglich ausgeschiedene Harnmenge noch normal sein kann, kommt es später zu Oligurie (Harnverhaltung) oder Anurie (Harnsperre). Auch sind die Krankheitszeichen anfangs sehr uncharakteristisch und werden häufig übersehen.

Behandlung: Therapie der Grund- und Folgekrankheiten (z. B. Anämie), Ausgleich des Elektrolyt-, Wasser- und Säure-Basen-Haushaltes, künstliche Niere, Nierentransplantation.

Nierenkolik, → Nierensteine.

Nierenkrebs, bösartige Geschwulst der Niere. Krankheitszeichen: bluthaltiger Harn, später Abmagerung, Schmerzen. – Behandlung: Operation, Bestrahlung, zytostatische Mittel.

Nierenschrumpfung, → Schrumpfniere.

Nierensenkung, → Wanderniere.

Nierensteine, in der Niere (bes. den Nierenkelchen) gebildete → Harnsteine; ihre kleinkörnigen Vorstufen werden als **Nierengrieß** bezeichnet. Zur **N.-Krankheit (Nephrolithiasis)** kommt es, wenn N. Beschwerden verursachen. Diese bestehen bes. darin, daß mit dem Harn weiterwandernde N. an einer Engstelle (z. B. Nierenbeckenausgang) steckenbleiben und ihre Einklemmung zu Fieber, Erbrechen, blutigem Harn und **Nierenkoliken** führen. Nierenkoliken treten meist anfallsweise auf und gehen mit starken Schmerzen, die bis zur Oberschenkelinnenseite ausstrahlen können, einher. N. gelangen oft von selbst über den Harnleiter in die Blase (→ Blasensteine) und können spontan abgehen. Geht ein N. wegen seiner Größe nicht von selbst ab, kann es zur Harnstauung, Infektion, Entzündung und schließlich zu einer → Sackniere kommen. Zur Diagnose von N. werden u. a. Röntgenaufnahmen und Harnuntersuchungen durchgeführt.

Behandlung: Analgetika, Spasmolytika, Wärme, Trinken größerer Mengen Flüssigkeit; bei fehlendem Spontanabgang: Operation; medikamentöse Auflösung bei Harnsäuresteinen, → Nierensteinzertrümmerung.

Nierensteinzertrümmerung, Verfahren zur Zerkleinerung (Lithotripsie) von Nierensteinen mit Ultraschall: 1) unblutig und berührungsfrei im Wasserbecken durch **extrakorporale N.** Nach Ortung der Steine mittels Röntgenstrahlen werden diese durch

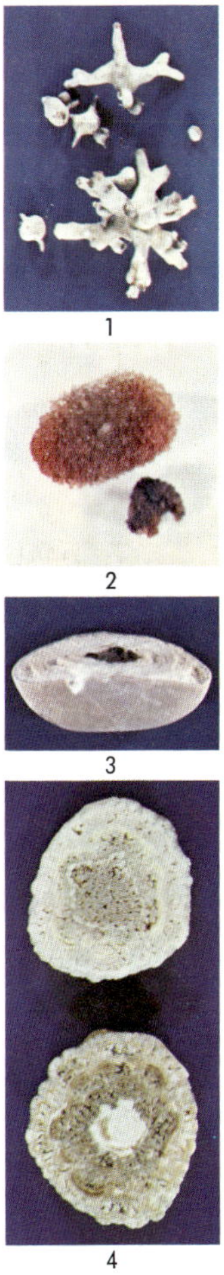

Nierensteine

Nierensteine: 1 Calcium-Oxalat-Harnsäure-Mischstein (aus der Blase), **2** Calcium-Oxalatstein (aus dem Nierenbecken), **3** Harnsäurestein, Bruchfläche, **4** Magnesium-Ammonium-Phosphat-Stein

Friedrich Nietzsche

Niet: genormte Nietformen; **1** Halbrundniet, **2** Senkniet, **3** Senkniet für Stahl- und Kesselbau, **4** Linsenniet, **5** Flachrundniet, **6** Riemenniet, **7** Hohlniet

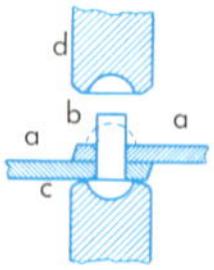

Niet: Herstellung einer Nietverbindung, a zu verbindende Bleche, b Niet, c Gegenhalter, d Schellhammer (Döpper)

Stoßwellen pulverartig zerlegt. 2) Bei der **perkutanen N.** werden, nach Punktion der Niere, die Steine durch eine Ultraschallsonde zerstört und abgesaugt.

Nierentransplantation, Ersatz einer erkrankten Niere durch die Niere eines Spenders. Die N. kommt v. a. für chronisch Nierenkranke in Frage, die zur Lebenserhaltung von einer → künstlichen Niere abhängig sind. (→ Organtransplantation)

Nierentuberkulose, auf dem Blutweg übertragene → Tuberkulose der Niere, meist von Lungentuberkulose ausgehend. Nach Einbrechen der N. ins Nierenbecken **(offene N.)** kommt es meist zur Infektion der Harnwege und Geschlechtsorgane **(Urogenitaltuberkulose)**, bes. der Blase und des Nebenhodens. Krankheitszeichen: kolikartige Beschwerden ohne erkennbaren Nierensteinbefund, geringe Blutabgänge. – Behandlung: Chemotherapie.

Nierenversagen, plötzlicher Ausfall der Nierenfunktion, oft bedingt durch von der Niere unabhängige Ursachen (Schock, Gifte, Verlegung der Harnwege), dem meist eine vollständige Wiederherstellung folgt.

Niers *die,* niederländ. **Neers,** rechter Nebenfluß der Maas, 120 km, entspringt südlich von Mönchengladbach, mündet bei Gennep in den Niederlanden.

Nierstein, Gem. im Kr. Mainz-Bingen, Rheinl.-Pf., (1983) 5900 Ew.; Weinbau, Kalksteinbrüche; jungsteinzeitl. Grabfeld.

nieseln. *es* **nieselt,** regnet fein. **Nieselregen,** feiner Regen.

Nieselpriem, Ü kleiner Angeber, Prahler.

niesen [ahd. niosan]. *ich* **niese,** stoße die Luft krampfhaft und ruckartig durch die Nase oder durch Nase und Mund aus. Das **Niesen** ist Folge (Reflex) einer Reizung der Nasenschleimhaut durch Fremdkörper (z. B. Staub) u. a.

Niesky, Krst. im Bez. Dresden, im Oberlausitzer Tiefland, (1983) 12100 Ew.; Maschinen-, Waggon-, Stahlbau. – N. wurde 1732 von böhm. Emigranten gegr., die sich der Herrnhuter Brüdergemeine anschlossen.

Nießbrauch [zu genießen] *der, -(e)s,* ⚖ das einer best. Person (Nießbraucher) zustehende dingl., höchstpersönl. Recht, aus einem fremden Gegenstand (bewegl. Sachen, Grundstück, Recht, Vermögen) sämtl. Nutzungen zu ziehen (§§ 1030 ff. BGB). Der Nießbraucher ist jedoch verpflichtet, die wirtschaftl. Bestimmung der Sache aufrechtzuerhalten. Der N. ist nicht übertragbar; wohl kann aber die Ausübung einem anderen überlassen werden. Der Erwerb (oder die rechtsgeschäftl. Aufhebung) richtet sich nach sachenrechtl. Vorschriften. Der N. erlischt mit dem Tode des Nießbrauchers, bei jurist. Personen mit dem Erlöschen ihrer Rechtsfähigkeit. – Das österr. Recht behandelt den N. als persönliche Dienstbarkeit der Fruchtnießung (§§ 509 ff. ABGB), das schweizer. Recht als Nutznießung (Art. 745 ff. ZGB).

Niestetal, Wohngem. im Kr. Kassel, Hessen, (1984) 9900 Ew.; mittlere Betriebe der Metall- und Holzverarbeitung.

Nieswurz [wegen niesenerregender Wirkung] *die, -,* **1) Helleborus,** Gatt. der Hahnenfußgewächse, ausdauernde Kräuter mit fußförmig geteilten, ledrigen Grundblättern. Die **Schwarze N. (Christ-, Weihnachts-, Schneerose, Christblume, Helleborus niger),** bis 30 cm hoch, mit weißen oder blaß rosafarbenen, meist schon im Winter erscheinenden Blüten, wächst in sonnigen Berggehölzen Europas. Die **Grüne N. (Bärwurz, Helleborus viridis),** mit grünen Blütenhüllblättern, blüht im Vorfrühling. Die **Stinkende N. (Helleborus foetidus),** halbstrauchig, hat Rispen grüner, hängender Blütenglocken. Die Schwarze N. enthält giftige, digitalisähnlich wirkende Glucoside (z. B. Hellebrin) und das Saponin Helleborin, das u. a. Niesreiz, Erbrechen, Durchfall verursacht. **2)** Germer u. a. Pflanzen.

Niet [zu nieten] *der, -(e)s/-e,* **Niete** *die, -/-n,* ⚙ Bolzen aus zähem Stahl, Kupfer, Messing, Leichtmetall für die unlösbare Verbindung von dünnwandigen Werkstücken (Bleche). Der mit einem Kopf (Setzkopf) versehene zylindrische Nietschaft wird durch die Löcher der Teile gesteckt und bei der **Kaltnietung** durch Hammerschlag mit Hilfe eines Kopfstempels (Schellhammer oder Döpper) oder mit Nietmaschinen durch pressenden Druck zu einem zweiten Kopf (Schließkopf) geschlagen. In anderen Fällen, bes. bei größeren Druchmessern des N., wird der ganze N. erhitzt **(Warmnietung).** Bei **Überlappungsnietung** liegen die Teile übereinander; bei **Laschennietung** stoßen sie stumpf aneinander, und die Verbindung wird durch eine Lasche hergestellt.

Niete [niederländ. niet ›nichts‹] *die, -/-n,* **1)** Los, das nicht gewinnt. **2)** Fehlschlag, Versager. **3)** ⚙ der → Niet.

nieten [ahd. hniutan ›befestigen‹]. *ich* **niete** *es,* **1)** verbinde mit Nieten. **2)** versehe mit Kopf (Nagel). **niet- und nagelfest,** Ü unzertrennbar fest.

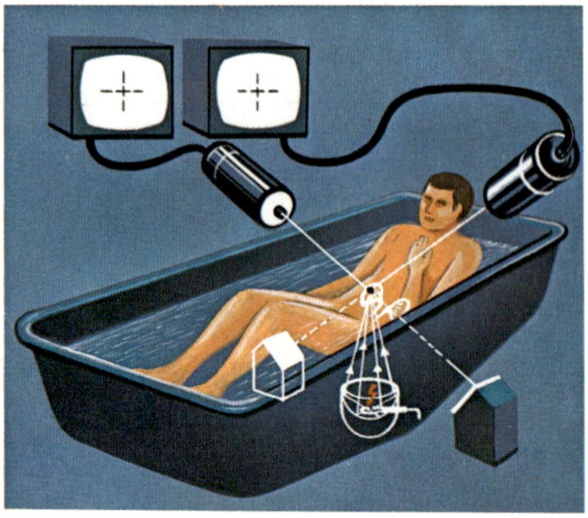

Nierensteinzertrümmerung:
OBEN Anlage zur Zertrümmerung von Nierensteinen mit Stoßwellen; UNTEN schemat. Darstellung des Stoßwellengenerators und Ortungssystems zur berührungsfreien N. (extrakorporale N.)

Nietzsche, Friedrich Wilhelm, Philosoph, * Röcken bei Lützen 15. 10. 1844, † Weimar 25. 8. 1900; 1869–79 Prof. der klass. Philologie in Basel, lebte dann in der Schweiz und in Italien. Von großer Bedeutung für N. waren seine Bekanntschaften mit J. Burckhardt, Franz Overbeck, P. Gast, P. Rée, bes. die mit R. Wagner, die später aber in Gegnerschaft umschlug. Die letzten 11 Lebensjahre – seit einem Zusammenbruch in Turin 1889 – verbrachte N. in geistiger Umnachtung in Naumburg und Weimar. In ›Die Geburt der Tragödie aus dem Geiste der Musik‹ (1872) vertrat N. eine antiklass., tragisch-pessimist. Auffassung des Christentums. In den 4 ›Unzeitgemäßen Betrachtungen‹ (1873–76) rechnete er mit dem bürgerl. Bildungsbegriff und dem Historismus seines Zeitalters ab. Von Schopenhauer übernahm er modifiziert die Idee vom Vorrang des Willens, damit des ›Lebens‹ vor dem Bewußtsein; er wurde zum Kritiker der traditionellen Moral, forderte die Entlarvung von Selbsttäuschungen und gab Analysen des heraufkommenden europ. Nihilismus. Dieses Denken führte N. etwa seit 1882 zur ›Umwertung der Werte‹. Der ›Sklavenmoral‹ des Christentums stellte er die ›Herrenmoral‹, dem Jenseitsglauben die Bejahung des Diesseits und die Aufgabe, den ›Übermenschen‹ zu verwirklichen, entgegen. Diese Philosophie verkündete N. in halb dichterischer Form in ›Also sprach Zarathustra‹ (1883–85) sowie in späteren kleineren Schriften. Aus Notizen und Aphorismen stellten P. Gast und N.s Schwester Elisabeth Förster-Nietzsche ›Der Wille zur Macht‹ (1906) zusammen. N. schrieb rauschhafte Gedichte (›Dionysos-Dithyramben‹) in gebundener Sprache und in freien Rhythmen; als Meister der Sprache zeigt er sich aber auch in seinen philosoph. Schriften. – N.s Werk gewann großen Einfluß auf Literatur und Philosophie des 20. Jh.; auch seine verborgene Regungen aufspürende Psychologie weist weit voraus. Von den Nationalsozialisten wurde er durch isolierte Bezugnahme auf einzelne Äußerungen mißbräuchlich in Anspruch genommen. Heute gilt er als einer der wichtigsten Zeugen der Suche des modernen Menschen nach einem neuen Selbstverständnis. – N.-Archiv in Weimar, gegr. 1894 von Elisabeth → Förster-Nietzsche.

WW: Menschliches, Allzumenschliches (1878); Die fröhliche Wissenschaft (1882); Jenseits von Gut und Böse (1886); Zur Genealogie der Moral (1887); Der Fall Wagner (1888); Der Antichrist (1888); Ecce homo (1888).

nieuw [ni:w, niederländ.], neu.

Nieuwe Maas [n'i:wə-], Hauptarm des Rheindeltas, Fortsetzung des Lek. Von der N. M. zweigt der **Nieuwe Waterweg** [-wɛx] ab (Verbindung zw. Rotterdam und der Nordsee, 33 km).

Nievo, Ippolito, ital. Dichter, * Padua 30. 11. 1831, † auf See 4. oder 5. 3. 1861; sein histor. Roman ›Pisana oder die Bekenntnisse eines Achtzigjährigen‹ (1857/58) gehört zu den bedeutendsten ital. Erzählwerken des 19. Jh.

Nièvre [njɛ:vr], Dép. in Mittelfrankreich, 6888 km², (1982) 239600 Ew.; Hptst.: Nevers.

Nife *das,* -, 🌐 Abk. für die Materie des Erdkerns, die im wesentlichen aus Nickel **(Ni)** und Eisen **(Fe)** bestehen soll.

niffig [zu kneifen], *alemann.:* übergenau. *ich* **niff(e)le,** *alemann.:* zanke kleinlich; knausere; durchstöbere.

Niflheim [altnord. ›Nebelwelt‹], nordgerman. Mythos: die im Norden gelegene und von Hel beherrschte Unterwelt.

Niğde [niγd'e], **Nighde,** Hptst. der türk. Prov. N., Kleinasien, (1980) 39800 Ew., am Mittel-Taurus, 1190 m ü. M.; Teppichweberei.

Niger *der,* der drittgrößte Strom Afrikas, 4184 km; entspringt nahe der Grenze zw. Guinea und Sierra Leone, durchfließt die Staaten Guinea, Mali (großes Binnendelta), Niger und Nigeria; hier nimmt er den Benue auf und mündet in einem Delta von rd. 25000 km² in zahlreichen Armen in den Golf von Guinea. Staudämme zur Bewässerung (→ Sansanding in Mali), Energiegewinnung und Verbesserung der Schiffahrt (→ Kainji in Nigeria).

Niger, amtl. **République du N.** [repybl'ik dy niʒ'ɛ:r], Republik in W-Afrika, 1267000 km², (1981) 5,48 Mio. Ew.; Hauptstadt: Niamey; Amtssprache: Französisch; Währungseinheit: 1 CFA-Franc = 100 Centimes (c). *Adj.* **nigrisch.** *der* **Niger,** *-s/-.* (KARTE II/III, n. S. 320)

Staat. Die Verf. vom 8. 11. 1960 ist seit dem Militärputsch vom 15. 4. 1974 außer Kraft gesetzt, die Nationalversammlung und alle polit. Gruppen sind aufgelöst. Ein Oberster Militärrat unter Führung des Präsidenten hat die Macht inne. – Verwaltungsgliederung in 7 Departements und 33 Bezirke. – Streitkräfte. Allg. Wehrpflicht. Heer: 2150 Mann, Luftwaffe: 70 Mann; paramilitär. Gendarmerie.

Landesnatur. N. ist ein Binnenland; von der Grenze gegen Nigeria reicht es über das Aïr-Bergland (bis 1800 m hoch) nach N bis weit in die Sahara; im SW ist es vom Mittellauf des Niger durchflossen, im SO hat N. Anteil am Tschadsee. Rd. ²/₃ des Landes sind Wüste und Halbwüste.

Bevölkerung. Größte ethn. Gruppe sind die Hausa (etwa 53%); ferner Djerma, Songhai, Fulbe, Tuareg; z. T. Nomaden und Halbnomaden. – Bildung. Keine allg. Schulpflicht, niedrige Einschulungs-, hohe Analphabetenquote. – Religion. 87,9% der Bev. sind muslimisch, 11,7% Anhänger von Naturreligionen.

Wirtschaft. Nur im äußersten S und SW sind die Niederschläge für Ackerbau ausreichend; angebaut werden Hirse, Reis, Maniok, für den Export Baumwolle und Erdnüsse. In der trockenen Mittelzone gibt es Viehwirtschaft, im N nur Oasenkulturen. Fischerei am Niger und im Tschadsee. Seit Mitte der 1970er Jahre gehört N. zu den größten Uranlieferanten der Erde; ferner werden Zinnerz, Steinsalz, Gips, Phospat u. a. abgebaut. Haupthandelspartner ist Frankreich. – Es gibt keine Eisenbahn, von den 8547 km Straßen sind 32% befestigt; Binnenschiffahrt auf dem Niger; internat. Flughafen in Niamey.

Geschichte. Seit 1890 frz. Einflußgebiet, 1897–99 von Frankreich militärisch besetzt, wurde das Gebiet von N. 1910 ein eigenes Militär-Territorium innerhalb von Französisch-Westafrika. 1922 wurde eine zivile Kolonialverwaltung eingeführt. 1960 erhielt N. unter Staatspräs. Hamani Diori (1960–74) die Unabhängigkeit. Innenpolitisch stützte sich dieser auf den ›Parti Progressiste Nigérien‹ (PPN, gegr. 1946, seit 1959 allein zugelassene Partei). Die Dürrekatastrophe in der Sahelzone zu Beginn der 1970er Jahre traf N. schwer. Seit dem Militärputsch von 1974 steht Seyni Kountché an der Spitze des Staats.

Nigeria, amtl. **Federal Republic of Nigeria** [f'edərəl rɪp'ʌblɪk ɔv naɪdʒ'ɪərɪə], Bundesstaat in W-Afrika, am Golf von Guinea, 923768 km², (1982) 82,25 Mio. Ew.; Hauptstadt: Lagos; Amtssprache: Englisch; Währungseinheit: 1 Naira (₦) = 100 Kobo (k). *Adj.* **nigerianisch.** *der* **Nigerianer,** *-s/-.* (KARTE II/III, n. S. 320)

Staat. Nach dem Militärputsch vom 31. 12. 1983 übernahm ein Oberster Militärrat die Regierung N.s; sein Vors. ist der Staats- und Reg.-Chef. An der Spitze der 19 Einzelstaaten stehen Militär-Gouv. – Streitkräfte. Freiwilligenarmee: 133000 Mann; Heer: 120000; Luftwaffe: 9000; Marine: 4000.

Landesnatur. Im S erstreckt sich von der mit Mangrovesümpfen und Lagunen durchsetzten Küste und dem Nigerdelta rd. 150 km landeinwärts ein Tief- und Hügelland, das von trop. Regenwald bedeckt ist. Die sich nördlich anschließenden Ebenen mit Inselbergen und die Hochländer von Bauchi (bis 1780 m) und Adamaua (bis über 2000 m) tragen Feuchtsavannen, Savannenwälder und parkartige Grasländer. In den weiten Ebenen des N Trockensavanne. Die jährl. Niederschlagsmenge nimmt von S nach N ab.

Bevölkerung. N. ist der volkreichste Staat Afrikas mit einer Vielzahl von Stämmen und Völkern. Hauptgruppen sind im N die Hausa, Fulbe und Kanuri, im SW die Yoruba, im SO die Ibo. Mehr als 25% der Bev. leben in Städten (über 20 Städte mit mehr als 100000 Ew.). – Bildung. Noch keine Schulpflicht, aber große Anstrengungen auf dem Gebiet der Grundschulausbildung; 13 Univ. (in Benin, Calabar, Ibadan, Ife, Ilorin, Jos, Kano, Lagos, Maiduguri, Nsukka, Port Harcourt, Sokoto und Zaria), weitere 7 sind geplant. – Religion. 49% der Bev. sind Christen, 45% Muslime (bes. Fulbe und Hausa), 5,6% Anhänger von Naturreligionen.

Wirtschaft. Die Landwirtschaft nutzt 48% der Gesamtfläche, kann jedoch den Eigenbedarf nicht decken; vorherrschend sind Kleinbetriebe und Brandrodungsfeldbau: Mais, Hirse, Reis, Maniok, Bananen; für den Export bes. Kakao, ferner Palmkerne und -öl, Erdnüsse, Kautschuk, Kokosnüsse, Tabak, Baumwolle. Vieh-(Nomaden-)wirtschaft im nördl. Savannengebiet durch die Fulbe. Der Wald (¹/₃ der Staatsfläche) wird v. a. als Brennholz genutzt. Der Fischfang (Küste und Binnengewässer) ist unterentwickelt. N. ist der größte Erdölproduzent in Afrika; ferner wird Erdgas gewonnen; Abbau von Zinn, Columbit (95% des Weltbedarfs), Steinkohle. Eisenerz- und Uranvorkommen u. a. Bodenschätze sind bekannt. Vielseitige Industrie: Nahrungs- und Genußmittel, Textilien und Bekleidung, Zement-, Düngemittel-, Hüttenwerke, Kfz-Montage; bed. Erdölraffineriekapazität. Ausgeführt werden bes. Erdöl (90% des Ausfuhrwertes), ferner Kakao, Zinn; Haupthandelspartner: USA, Großbritannien, Bundesrep. Dtl. – Das Verkehrsnetz ist (außer im N) relativ gut ausgebaut; 3500 km Eisenbahnen, das Straßennetz (108000 km, 43% mit fester Decke) ist auf Flußfähren angewiesen, 6500 km Binnenwasserstraßen. Haupthäfen sind Lagos und Port Harcourt mit Erdölhafen Bonny; internat. Flughäfen bei Lagos, Kano und Port Harcourt. Staatl. Fluggesellschaft: Nigerian Airways.

Geschichte. Im Gebiet des heutigen N. bestanden in vorkolonialer Zeit im N die Stadtstaaten der Hausa (1804 im Reich Osman dan Fodios vereinigt), im NO das Reich Bornu. Die Yoruba im SW schlossen sich zu einem Reich zusammen. Seit 1497 von portugies. Seefahrern angelaufen, wurde das Gebiet von N. bis 1807 zu einem Umschlagplatz des Sklavenhandels. 1861 von Großbritannien besetzt, wurde es 1914 zu einer Verwaltungseinheit zusammengefaßt. 1922 kam ein Teil der ehemaligen dt. Kolonie Kamerun zu N. Nach Einführung einer Verfassung (1922) und verschiedenen Verfassungsreformen (bes. nach 1945) erhielt N. 1960 seine staatl. Unabhängigkeit. 1963 wurde es Republik. 1966 kam es zu zwei Militärputschen und – in engem Zusammenhang damit – zu schweren Spannungen zwischen der mehrheitlich von Ibos bewohnten Ostregion N.s und der Zentralregierung. Der Versuch der Ostregion, sich unter dem Namen → Biafra als unabhängiger Staat zu behaupten, wurde in einem blutigen Bürgerkrieg (1967–70) niedergeschlagen. Nach 13jähriger Militärherrschaft (1966–79; u. a. Staatspräs. Y. Gowon, 1966–75) übernahm 1979 wieder ein ziviler Präs., Shehu Shagari (gewählt 1979, wiedergewählt 1983), die Führung des Landes. Nach einem industriellen Aufschwung (v. a. im Erdöl-

Nierenbaum: Westindischer N., verdickter Fruchtstiel mit Frucht

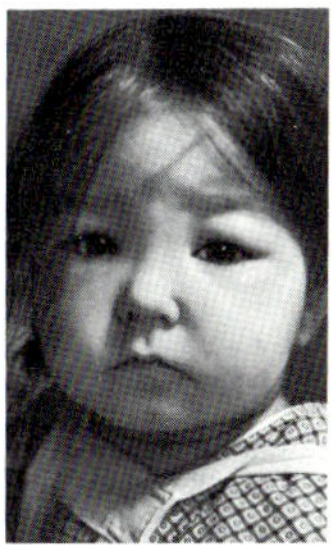

Nierenentzündung: wassersüchtige Anschwellungen im Gesicht

Niger

Niger: Iférouane am Aïr-Gebirge

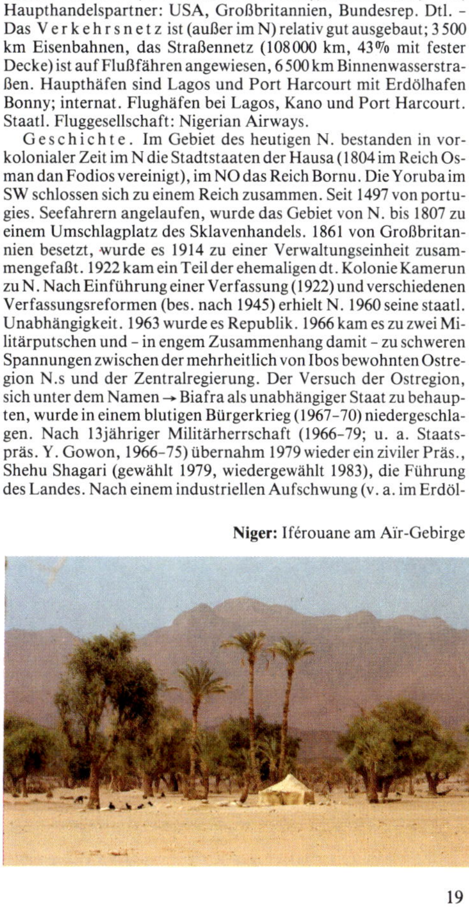

Nigeria: Dorf in der Nähe des Kainji-Stausees

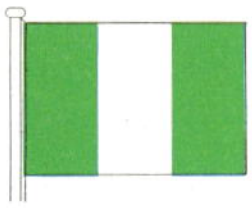

Nigeria

Florence Nightingale

Nikolaus I. Pawlowitsch

bereich) führte zu Beginn der 1980er Jahre der Rückgang des Erdölexports zu einer wirtschaftlich schwierigen Lage. 1983 wies die Reg. etwa 2 Mio. illegale Einwanderer (darunter ungefähr 1 Mio. Ghanaer) aus. Am 31. 12. 1983 übernahm das Militär im Verlauf eines Putsches erneut die Macht; Staats- und Reg.-Chef wurde General M. Buhari.

Niger-Kongo-Sprachen, Zweig der kongo-kordofanischen Sprachen (→ afrikanische Sprachen), umfaßt die Benue-Kongo-Sprachen, die Adamaua-Ost-Sprachen, die Westatlantischen Klassensprachen, die Gur-Sprachen, die Kwa-Sprachen und die Mande-Sprachen. Viele N.-K.-S. sind → Klassensprachen.

Nigersaat, Ölfrucht von → Ramtill.

Nigger [engl.] *der, -s/-,* U verächtlich für: Neger.

Nightingale [n'aɪtɪŋgeɪl], Florence, engl. Krankenpflegerin, * Florenz 12. 5. 1820, † London 13. 8. 1910, verbesserte im Krimkrieg die Organisation der Krankenpflege; entwarf danach einen Plan für militär. und zivile Krankenpflege. – **Florence-Nightingale-Medaille** [fl'ɔrəns-], höchste Auszeichnung des Internat. Roten Kreuzes für Krankenschwestern.

Nigrin *der, -s,* Mineral, eisenschwarzer → Rutil.

Nigrosine *Pl.,* Gruppe von grauen bis schwarzen Azinfarbstoffen (→ Azine) für Seidendruck, Schreibmaschinenbänder, Schuhcremes u. a.

Nihilismus [lat. nihil ›nichts‹] *der, -,* allg. jedes Denken, das auf der Leugnung einer Erkenntnis-, Seins-, Wert- oder Gesellschaftsordnung gründet. Der philosoph. N. besteht in der Verneinung der Erkenntnismöglichkeit oder der Gegenstände des Erkennens im Bereich der Ontologie, Metaphysik oder Ethik. – Der Begriff N. wurde häufig polemisch verwendet, so für die Leugnung Gottes und der Offenbarung. Turgenjew bezeichnete in seinem Roman ›Väter und Söhne‹ (1862) die russ. Anarchisten als Nihilisten; diese nahmen den Namen an und machten ihn populär. Nietzsche nannte N. den geschichtl. Vorgang der Entwertung der obersten Werte. Nach Heidegger ist der abendländ. N. aus der zunehmenden Seinsvergessenheit der Philosophie seit Sokrates erwachsen und findet in diesem Sinn seinen Gipfel in Nietzsche. Sartre und Camus vertraten einen ›heroischen N.‹ (existentielles Engagement trotz radikaler Sinnlosigkeit der Welt).

nihil obstat [lat. ›es steht nichts entgegen‹], Kath. Kirche: Formel zur Freigabe eines Druckwerks durch die innerkirchl. Bücherzensur.

Niigata, Prov.-Hptst. und Hafenstadt in Japan, an der W-Küste Honshus, (1980) 458000 Ew.; Mittelpunkt eines Erdölgebiets; petrochemische Industrie.

Niihama, Hafenstadt an der N-Küste der Insel Shikoku, Japan, (1980) 132000 Ew., Umschlaghafen für Kupfer; Maschinen-, Aluminium-, Düngemittelindustrie.

Nijinskij [niʒ'inskij], **Nischinskij,** Waclaw (Wazlaw Fomitsch), russ. Tänzer und Choreograph, * Kiew 29. 12. 1889, † London 8. 4. 1950, trat 1914–17 mit eigenem Ensemble auf; lebte seit 1919 in geistiger Umnachtung.

Nijmegen [n'ɛjme:xə], niederländ. Name von → Nimwegen.

Nikaia, Nikäa, lat. **Nicaea, Nicäa,** antike Stadt in Bithynien, beim heutigen türk. Dorf Iznik, gegr. 316 v. Chr. als Antigoneia, wurde 74 v. Chr. römisch. 1080 wurde N. von den Seldschuken erobert, 1097 von den Kreuzfahrern zurückgewonnen. 1331 fiel es an die Türken. – In N. fand 325 das erste, 787 das siebte Ökumenische Konzil statt (→ Nicänisches Glaubensbekenntnis).

Nikaragua, mittelamerikan. Rep., → Nicaragua.

Nike [grch.], grch. Göttin des Sieges, ohne Mythen und fast ohne Kult; später mit Zeus und Athene eng verbunden, bei den Römern **Victoria** genannt; in der grch. und röm. Kunst geflügelt und meist schwebend dargestellt. (Bild Paionios)

Nikephorus II. Phokas, byzantin. Kaiser (963–69), * Kappadokien 912, † Konstantinopel 10./11. 12. 969, nahm als Feldherr den Arabern 961 Kreta, wurde nach dem Tod von Romanos II. Kaiser und heiratete dessen Witwe Theophano. Er führte Krieg gegen Araber, Bulgaren und Sarazenen; wurde das Opfer einer Verschwörung.

Nikias, athen. Staatsmann und Feldheer, * vor 469 v. Chr., † Syrakus 413 v. Chr., schloß 421 mit Sparta den nach ihm benannten Frieden. 413 v. Chr. verschuldete er bei der Sizilian. Expedition die Niederlage der Athener bei Syrakus, wurde gefangen und von den Syrakusanern hingerichtet.

Nikisch, 1) Arthur, Dirigent, * Lébény-Szentmiklós (Ungarn) 12. 10. 1855, † Leipzig 23. 1. 1922.

2) Arthur Philipp, Jurist, Sohn von 1), * Leipzig 25. 11. 1888, † Kiel 17. 6. 1968, Prof. in Dresden, Kiel, Straßburg und Leipzig, seit 1950 wieder in Kiel; führender Arbeitsrechtler: ›Lehrbuch des Arbeitsrechts‹, 3 Bde. (1951).

Nikko, japan. Tempelstadt nördlich von Tokio, (1977) 25500 Ew.; buddhist. Tempel aus dem 8. Jh. und shintoist. Schreine (17. Jh.); Nationalpark.

Nikobaren, engl. **Nicobar Islands** [n'ɪkəʊbɑ: 'aɪləndz], Inselgruppe im südl. Golf von Bengalen, Teil des ind. Territoriums **Andamanen und N.,** 12 bewohnte und 7 unbewohnte Inseln; Haupthafen ist Nankaurie. Das Klima ist tropisch. Die **Nikobarer** sind rassisch weddid-palämongolid, mit austroasiat. Sprache und altertümlicher Kultur.

Nikodemus [grch. ›Volksbesieger‹], männl. Vorname.

Nikodemus, jüd. Schriftgelehrter und Mitglied des Hohen Rats, der Jesus besuchte, sich für ihn einsetzte und an seinem Begräbnis teilnahm.

Nikolajew, Hptst. des Gebiets N., Ukrain. SSR, an der Bug-Mündung (Bug-Liman) in das Schwarze Meer, (1982) 467000 Ew.; mehrere Institute; Schiff- und Maschinenbau (Straßenbau-, Landmaschinen), Schuh-, Textil-, Glas-, Baustoffindustrie.

Nikolas|see, Ortsteil im 10. VerwBez. Zehlendorf von Berlin (West-Berlin), Villenvorort.

Nikolaus [grch. ›Volksbeherrscher‹], männl. Vorname (Kurzformen: Niklas, Klaus, nd. Klaas).

Nikolaus, Fürsten:

Rußland. **1) N. I. Pawlowitsch,** Kaiser (1825–55), * Zarskoje Selo (heute Puschkin) 6. 7. 1796, † St. Petersburg 2. 3. 1855, war seit 1817 mit der preuß. Prinzessin Charlotte, Tochter Friedrich Wilhelms III., vermählt und folgte seinem ältesten Bruder Alexander I. auf den Thron. Nach der Niederwerfung der → Dekabristen regierte er streng absolutistisch. Im Krieg gegen Persien (1826–28) und die Türkei (1828/29) gewann er große Gebiete und machte Polen nach dem Aufstand von 1830/31 zu einer russ. Provinz. Im → Krimkrieg (1853–56) erlitt Rußland eine schwere Niederlage.

2) N. II. Alexandrowitsch, Kaiser (1894–1917), ältester Sohn Alexanders III., * Zarskoje Selo (heute Puschkin) 18. 5. 1868, † Jekaterinburg 16. 7. 1918, war vermählt mit der hess. Prinzessin Alice (→ Alexandra Fjodorowna). Auf seine Anregung wurde die Erste Haager Friedenskonferenz (1899) einberufen. Der Russisch-Japan. Krieg von 1904/05 und die Revolution von 1905 zwangen N., dem Land im Oktobermanifest vom 30. 10. 1905 eine konstitutionelle Verf. zu gewähren. Abhängig von unverantwortl. Ratgebern und ohne Kenntnis der Lage im Innern, dankte er am 15. 3. 1917 ab, wurde interniert und mit der Zarin und seinen Kindern von den Bolschewiki ermordet. (Bild S. 21)

Nikolaus, Päpste (Übersicht Päpste):

1) N. I. (858–67), * Rom, † ebd. 13. 11. 867, brachte die Macht der röm. Kirche gegenüber dem Fränk. Reich stärker zur Geltung, setzte 863 den Patriarchen Photios von Konstantinopel ab; dadurch bereitete sich der Bruch mit der byzantin. Kirche vor.

2) N. II. (1059–61), vorher **Gerhard,** * in Lothringen oder Burgund, † Florenz 27. 7. 1061, wurde auf Betreiben Hildebrands (nachmals Gregor VII.) gegen den vom röm. Adel erhobenen Benedikt X. gewählt. Seine Reg. wurde für die Reform und für die Befreiung des Papsttums vom Einfluß des Kaisertums entscheidend.

3) N. V. (1447–55), vorher Tommaso **Parentuccelli** [-tʃ'ɛlli], * Sarzana 15. 11. 1397, † Rom 24. 3. 1455, schloß 1448 mit Friedrich III. das Wiener Konkordat und krönte ihn 1452 zum Kaiser. 1449 erreichte er die Selbstauflösung des Basler Konzils. N. war der erste Renaissance-Papst, Gründer der Vatikan. Bibliothek.

Nikolaus, Heilige:

1) legendärer Heiliger, dessen Gestalt an zwei histor. Persönlichkeiten anknüpft: einen Bischof **N. von Myra** (Lykien), wahrscheinlich im Anfang des 4. Jh., und einen Abt **N. von Sion,** † 10. 12. 564 als Bischof von Pinara (Lykien). Aus dem seit dem 6. Jh. nur in Myra verehrten Heiligen entwickelte sich die Gestalt des byzantin. N. Seit dem 9. Jh. begegnet der Kult auch in Italien, seit dem 10. Jh. in Dtl. N. ist Patron der Schiffer, Kaufleute, Bäcker, Schüler u. a. sowie einer der 14 Nothelfer. Tag: 6. 12.

Der hl. N. lebt v. a. noch in dem nach ihm benannten Volksbrauch fort, bei dem am Vorabend (5. Dez.) oder in der Nacht seines Festtags **(N.-Tag)** ein als N. verkleideter weißbärtiger Mann in den Häusern erscheint, um die Kinder zu beschenken oder mit einer Rute zu bestrafen. Nach und nach gelangten Begleiter des N., der → Knecht Ruprecht oder Krampus, als Kinderschreckgestalten in den Vordergrund. – Anfänglich stellte die abendländ. Kunst N. nach byzantin. Vorbildern barhäuptig dar; bald kamen Mitra und Bischofsstab hinzu. Der Westen bildete die Legendenszenen aus: Errettung dreier zum Tode Verurteilter; die Rettung von Schiffern aus Seenot; die Ausstattung dreier armer Jungfrauen.

2) N. von der Flüe, Bruder Klaus, schweizer. Einsiedler und Mystiker, Landespatron des Halbkantons Obwalden, * Flüeli 1417, † im Ranft (am Eingang des Melchtals) 21. 3. 1487, verhütete den Bürgerkrieg unter den Eidgenossen (1481); 1669 selig-, 1947 heiliggesprochen; Tag: 21. 3., in der Schweiz 25. 9.

Nikolaus-II.-Land, Inselgruppe im Nordpolarmeer, → Sewernaja Semlja.

Nikolaus Oresme [-ɔrˈɛːm], frz. Mathematiker, Astronom und Philosoph, * in der Normandie zw. 1320 und 1325, † Lisieux 11. 7. 1382 als Bischof (1377), einer der wichtigsten Vorläufer der neuzeitlichen Wissenschaft.

Nikolaus von Kues [-kuːs], **Nicolaus de Cusa, Nicolaus Cusanus,** eigtl. **N. Chryfftz** (Chrypffs, Krebs), Philosoph und Theologe, * Kues an der Mosel 1401, † Todi 11. 8. 1464, seit 1448 Kardinal, 1450 Bischof von Brixen, 1458 Kurienkardinal. Dem von ihm gestifteten Nikolaus-Hospital in Kues vermachte er seine Bibliothek. – Mathematisch-naturwissenschaftlich gebildet (er lehrte die Drehung der Erde), beeinflußt von der dt. Mystik, bes. von Meister Eckart, von der Scholastik, dem Neuplatonismus und dem Humanismus, stand N. v. K. an der Grenzscheide zw. MA. und Neuzeit. Auf allen Gebieten suchte er auf höherer Ebene die Versöhnung der Gegensätze; das Wesen Gottes sah er in einem absolut unendl. Zusammenfall aller endl., bedingten Gegensätze (→ Coincidentia oppositorum); dieser könne nur durch eine die Verstandesbegriffe übersteigende ›belehrte Unwissenheit‹ erfahren werden. N. v. K. trat für eine Reform der Kirche ein wie für ihren Ausgleich mit den → Hussiten (u. a. auf dem Basler Konzil) und der grch. Kirche.

HW: De concordantia catholica (1433); De docta ignorantia (1440) u. a.

Nikolaus von Lyra, Franziskanertheologe, * Lyre (Normandie) um 1270, † Paris 1349, bedeutendster Exeget des späteren MA. (Bibelkommentar, gedruckt 1471/72).

Nikolaus von Verdun: Josua und Kaleb,
Detail vom Verduner Altar in Klosterneuburg, 1181

Nikolaus von Verdun [-vɛrdˈœ̃], lothring. Goldschmied und Emailmaler, nachweisbar 1181–1205; einer der bedeutendsten Künstler des MA., dem eine Synthese antikennaher und byzantin. Formen mit naturnaher Darstellung gelang (›Protorenaissance‹). Er schuf in Grubenschmelztechnik die mehr als 50 Tafeln des Klosterneuburger Altars mit Darstellungen aus dem A. T. und dem N. T. (1181) und in Treibarbeit den Marienschrein der Kathedrale zu Tournai (1205). Die gleiche Werkstatt schuf zw. 1181 und 1230 große Teile des Dreikönigsschreins im Kölner Dom.

Nil in Oberägypten

Nikolsburg, tschech. **Mikulov,** Stadt im Südmähr. Kr., ČSSR, etwa 6000 Ew.; Nahrungsmittelind.; Wein-, Tabakbau. N. hatte Piaristenkolleg. Das Schloß brannte 1945 ab. Bei N. der Heilige Berg (363 m) mit Wallfahrtskirche. – Der **Vorfriede von N.** beendete den → Deutschen Krieg von 1866.

Nikolaus von Kues
(aus dem Grabrelief
in Rom,
S. Pietro in Vincoli)

Nikomachische Ethik, das eth. Hauptwerk von Aristoteles, benannt nach dessen Sohn Nikomachos (→ Ethik).

Nikomedes, Name mehrerer Könige von Bithynien. **N. IV.** († 74 v. Chr.) setzte die Römer zu Erben seines Reiches ein. Diese mußten darum noch mit Mithridates von Pontus kämpfen (3. Mithridatischer Krieg).

Nikomedia, das heutige **Izmit,** im Altertum Hauptstadt von Bithynien, gegründet 264 v. Chr. von Nikomedes I.

Nikon, Patriarch von Moskau (1652–66), * Weldemanow 24. 5. 1605 (a. St.), † bei Jaroslawl 17. 8. 1681, reformierte unter Benutzung grch. Quellen die Liturgie; dem widersetzten sich die Altgläubigen, was zur Spaltung der russ. Staatskirche führte (→ Raskolniki); 1666 von einem Konzil amtsenthoben.

Nikopol, Stadt in der Ukrain. SSR, am Kachowkaer Stausee, (1982) 152 000 Ew.; bed. Manganerzlagerstätte; Röhrenwerk, Maschinenbauindustrie.

Nikosia, grch. **Leukosia** [lɛfk-], türk. **Lefkosa** [-ʃa], Hauptstadt Zyperns, 150 m ü. M. in der Messaoria-Ebene, (1980) 161 200 Ew.; seit 1974 geteilt, ist Sitz der grch.-zypriot. wie auch der türkisch-zypriot. Reg. sowie des Erzbischofs der Griech.-orth. Kirche von Zypern und eines Bischofs der Armen. Kirche; Handelszentrum; viele mittelalterl. Kirchen, Moscheen.

Nikotin, das → Nicotin.

Nil *der,* arab. **Bahr en-Nil,** größter Strom Afrikas, 6671 km lang, Einzugsbereich 2,87 Mio. km². Quellfluß ist der → Kagera, der in den Victoriasee mündet. Als **Victoria-N.** verläßt er den See über die Owen- und Ripon-Fälle, durchströmt den Kiogasee, durchbricht die Zentralafrikan. Schwelle (Murchison-Fälle) und fließt in den Albertsee. Der **Albert-N.,** von der Grenze der Rep. Sudan ab Bahr el-Djebel **(Bergnil)** genannt, erreicht im südl. Sudan das weite Sumpfgebiet des Bahr el-Sudd (→ Jonglei-Kanal, → Sudd). Von links nimmt er, jetzt **Weißer N.** (Bahr el-Abiad), den Bahr el-Ghasal, von rechts den aus dem Hochland von Äthiopien kommenden Sobat auf und vereinigt sich bei Khartum mit dem **Blauen N.** (Bahr el-Asrak), seinem wasserreichsten Nebenfluß, der in Äthiopien entspringt und den Tanasee durchströmt. Nach Einmündung des → Atbara durchfließt der N. die letzten 2700 km ohne weiteren Nebenfluß, in einem 15 km breiten und bis zu 350 m eingetieften Kastental, mit insgesamt 6 Stromschnellen (Katarakten) die Nubische und die Arab. Wüste. Er mündet 20 km nördlich von Kairo mit 2 großen Mündungsarmen (Rosette und Damiette) und dem 24 000 km² großen **Nildelta** mit mehreren Nehrungen und Haffen in das Mittelmeer. Die jährl. Nilflut, die seit der Pharaonenzeit größte Bedeutung für die Bewässerung der **Niloase** hatte, erreichte ihren Höchststand Mitte Sept. bis Anfang Okt. Der Bau von Staudämmen machte Dauerbewässerung möglich; die wichtigsten sind in der Rep. Sudan der Djebel-Aulia- und der Sennar-Damm (→ Gesira), in Ägypten der alte und der neue Assuan-Damm. Der neue, 1970 fertiggestellte Assuan-Staudamm (Sadd al-Ali) ist rd. 3,5 km lang, 110 m hoch. Er staut den N. zu dem rd. 500 km langen, 20 km breiten **Nasser-See.** Negative ökolog. Folgen hat v. a. der Rückhalt des fruchtbaren Nilschlamms (Rückgang des Fischerei- und Bodenertrags, Versalzung der Anbauflächen).

**Nikolaus II.
Alexandrowitsch**

Nimwegen

nil admirari [lat. ›nichts anstaunen‹, ›über nichts sich wundern‹], Zitat aus Ciceros Tusculanen und Horaz' ›Episteln‹; nach Plutarch urspr. ein Ausspruch des Pythagoras.

Nilblau *das, -s,* Oxazinfarbstoff, in der Mikroskopie, Bakteriologie und Lasertechnik verwendet.

Nilgans, Halbgans im trop. Afrika, Niltal und in Palästina.

Nilgiri-Berge, Gebirge im Verlauf der West-Ghats an der Westseite Indiens, bis 2636 m hoch; die N.-B. nehmen botanisch eine Sonderstellung ein: Neben dem heimischen Rhododendron kommen eingeführte Baumarten vor (Eukalyptus-, Chininbäume), außerdem Zypressen, Kiefern, Akazien.

nilo|saharanische Sprachen, vorläufig zusammengefaßter Stamm der → afrikanischen Sprachen, umfaßt die → saharanischen Sprachen, das Songhai (in Mali und Niger), Maba (im Tschad), Koma (im äthiopisch-sudanes. Grenzgebiet) und Fur (in Darfur, Sudan). Die östl. Untereinheit der n. S. wird auch als → Schari-Nil-Sprachen bezeichnet.

Niloten *Pl.,* negride Völker im oberen Nilgebiet zw. Kodok und Albertsee; sie bilden eine Einheit durch zahlreiche gemeinsame Züge in Rasse, Sprache und Kultur; die wichtigsten N.-Völker: Shilluk, Dinka, Nuer; meist Viehzüchter. Die **nilotischen Sprachen** sind eine Fam. der → Schari-Nil-Sprachen, verbreitet in der südl. Sudanzone, in Uganda, Kenia und Tansania, gegliedert in west-, ost- und südnilotische Sprachen.

Nilpferd, Säugetier, → Flußpferde.

Nils [nord., zu Nikolaus], männl. Vorname.

Nil Sorskij, eigtl. Nikolaj **Majkow,** russ. Mönch (Starez), * um 1433, † 1508. Im Streit mit Joseph von Wolokolamsk (→ Josef von Wolokolamsk) um den Kampf gegen den klösterl. Besitz, die Bindungen der Kirche an den Staat und die Ketzerverfolgung durch den Staat unterlagen er und seine Schüler.

Nilsson, 1) Birgit, schwed. Sängerin (Sopran), * West Karup 17. 5. 1918, eine der bedeutendsten Wagner-Sängerinnen.

2) Martin Persson, schwed. klass. Philologe und Religionshistoriker, * Ballingslöv 12. 7. 1874, † Lund 7. 4. 1967, schrieb: ›Geschichte der grch. Religion‹, 2 Bde. (1941–50).

Nimbo|stratus [lat.] *der, -/...ti,* Regenwolke, → Wolke.

Nimbschen, Ruine eines Zisterzienserinnenklosters bei Grimma, in dem Katharina v. → Bora als Nonne lebte.

Nimbus [lat.] *der, -/-se,* **1)** → Heiligenschein. **2)** Ü Ansehen, Ruf. **nimbiert,** mit einem Heiligenschein versehen.

Nimbus [n'ɪmbəs], Serie amerikan. Wettersatelliten.

Nîmes [ni:m], Hptst. des frz. Dép. Gard, in der Ebene des Languedoc, (1982) 124200 Ew.; Weinhandelszentrum; Teppich-, Kleider-, Schuh-, Maschinenbau- u. a. Ind.; Kathedrale, bed. röm.

Nîmes: Maison Carrée; 1–14 n. Chr.

Baureste (korinth. Tempel ›Maison Carrée‹; Amphitheater), in der Nähe der Pont du Gard (→ Gard). – N. ist das gallisch-röm. **Nemausus,** das Augustus zur Kolonie erhob. Es kam 1229 an die frz. Krone; später gehörte es zu den Hauptsitzen der Hugenotten.

Nimitz, Chester William, amerikan. Admiral, * Fredericksburg (Texas) 24. 2. 1885, † San Francisco 20. 2. 1966, entwickelte als Oberbefehlshaber der Pazifikflotte (Dez. 1941 bis Nov. 1945) den kombinierten Einsatz von See- und Luftstreitkräften und die Taktik des Springens von Inselgruppe zu Inselgruppe.

nimmer [ahd. niomer], **1)** nie, niemals (urspr. nur auf die Zukunft bezüglich): *nie und n.,* zu keiner Zeit. **2)** *oberdt.:* nicht länger, nicht mehr. *am* **Nimmerleinstag,** U niemals. **nimmermehr,** nie wieder. **Nimmerwiedersehen** *das: er verschwand auf Nimmerwiedersehen,* U für immer.

Nimmersatt *der, -* oder *-(e)s/-e,* **1)** U unersättl. Esser. **2)** Schreitvogel, → Störche.

Nimrod [hebr.] *der, -s/-e,* im A. T. ein Städteerbauer und ›großer Jäger vor dem Herrn‹; daher sprichwörtlich: eifriger Jäger.

Nimrud, mesopotam. Ruinenstätte, → Kalach.

Nimwegen, niederländ. **Nijmegen** [n'ɛjme:xə], Stadt in der niederländ. Prov. Gelderland, links an der Waal, (1982) 147200 Ew.; kath. Univ., Reichsmuseum Kam; Maschinen-, Elektro-, metallverarbeitende, chem., graph. u. a. Ind., Schiffbau; Bauten:

Nimwegen: Markt

Stevenskerk (13.–15. Jh.), Renaissance-Rathaus (1554/55), Stadtwaage (1612). – N., das röm. **Ulpia Noviomagus,** war seit den Karolingern eine Pfalz (Reste erhalten), seit 1230 Reichsstadt, kam 1248 zu Geldern und wurde Mitgl. der Hanse; bis 1878 Festung. Der Friede von N. 1678/79 beendete den → Holländischen Krieg.

Nin, Anaïs, amerikan. Schriftstellerin, * Paris Febr. 1903, † Los Angeles 14. 1. 1977, seit 1940 in den USA; von J. Joyce und S. Freud beeinflußt; schrieb Romane, Erz., Tagebücher.

Nina [russ. Koseform zu Antonina], weiblicher Vorname.

Ninghsia, amtl. chines. **Ningxia,** Autonome Region in der VR China, 174000 km², (1981) 4 Mio. Ew., am Hwangho; Hptst.: Yinchuan; Baumwoll-, Reis-, Weizenanbau.

Ningpo, amtl. chines. **Ningbo,** Hafenstadt in der Prov. Chekiang, VR China, rd. 300000 Ew., an der Hangchow-Bucht; Baumwoll-, Zementindustrie.

Ninhydrin [grch.] *das, -s,* **1,2,3-Indantrionhydrat,** Nachweisreagens für Aminosäuren und Eiweißstoffe, die beim Kochen mit N.-Lösung Blaufärbung ergeben **(N.-Reaktion).**

Ninive, grch. **Nineue,** babylon.-assyr. **Ninua,** Hptst. des Assyrerreiches am linken Ufer des Tigris, gegenüber dem heutigen Mosul. N., schon in vorgeschichtl. Zeit besiedelt, wurde unter dem Assyrerkönig Sanherib (705–681 v. Chr.) eine Weltstadt, 612 v. Chr. von den Medern zerstört. Die Stadt bildete ein unregelmäßiges Viereck. Auf zwei Hügeln gegen den Fluß erhoben sich Tempel und die reliefgeschmückten Paläste Sanheribs und Assurbanipals. Ausgrabungen durch Engländer seit Mitte des 19. Jh. (Bilder assyrische Kunst)

Niob [nlat., zu Niobe], **Niobium** *das, -s,* **Nb,** im frz. und angloamerikan. Sprachbereich bis 1949 **Columbium, Cb,** seltenes Metall. → chemisches Element, wird aus den Erzen Niobit, Tantalit, Columbit gewonnen und in Kernreaktoren sowie für einige Speziallegierungen verwendet. N.-Metall und **Niobnitrid,** NbN, sind bei tiefer Temperatur supraleitend.

Niobe, grch. **Niobe,** grch. Mythos: Tochter des Tantalos, Gemahlin des theban. Königs Amphion, die sich als Mutter von sieben (auch sechs oder zehn) Söhnen und ebenso vielen Töchtern Leto gegenüber rühmte, die nur zwei Kinder, Apoll und Artemis, geboren hatte. Deswegen töteten diese N.s Kinder mit ihren Pfeilen, sie selber erstarrte zu Stein. Bildl. Darstellungen wurden vom 5. Jh. v. Chr. an häufig (Fries am Zeus-Thron in Olympia von Phidias).

Niort [ni'ɔ:r], Hptst. des frz. Dép. Deux-Sèvres, (1982) 58000 Ew., an der schiffbaren Sèvre-Niortaise; Metall-, Maschinen-, Holz-, Handschuh-, Textilind.; Kirche Notre-Dame (15./16. Jh.).

Nipapalme, Atap-Palme, Nypa fruticans, stammlose Palme mit großen Fiederblättern, die in Hinterindien und im Malaiischen Archipel zum Dachdecken verwendet werden.

Nipigon-See, engl. **Lake Nipigon** [leɪk n'ɪpɪgən], See in der kanad. Provinz Ontario, 4848 km².

Nipissing-See, engl. **Lake Nipissing** [leɪk n'ɪpɪsɪŋ], See in der kanad. Provinz Ontario, 855 km².

Nipkow [-ko], Paul, Ingenieur, * Lauenburg (Pommern) 22. 8. 1860, † Berlin 24. 8. 1940, erfand 1884 die **N.-Scheibe,** eine mit spiralförmig angeordneten Löchern versehene Scheibe, die bis 1938 neben elektron. Bildzerlegern als Zerlegungs- und Zusammensetzungsorgan (zeilenweise Bildabtastung) beim Fernsehen benutzt wurde.

Nippel [nd.] *der, -s/-,* Überwurf- oder Rohrstück mit Gewinde zur Befestigung oder Verbindung von Teilen. Ein **Schmier-N.** schließt mit einem Rückschlagventil eine Schmierstelle ab.

nippen [mittelnd. nipen]. *ich* **nippe** *an etwas,* trinke einen kleinen Schluck, genieße kostend.

Nipperdey, Hans-Carl, Jurist, * Bad Berka 21. 1. 1895, † Köln 21. 11. 1968, einer der führenden arbeitsrechtl. Dogmatiker, 1954–63 Präs. des Bundesarbeitsgerichts.

HW: Lehrbuch des Arbeitsrechts (1929, mit A. Hueck); Die Grundrechte, 4 Bde. (1954 ff., mit F. Neumann und U. Scheuner).

Nippes [frz. nippe(s) ›weibl. Putz‹, aus guenipe ›Fetzen‹] *Pl.,* kleine Zierfigürchen oder Vasen aus Porzellan.

Nippflut, Nipptide, flache Flut (→ Gezeiten).

Nippon, Nihon, einheim. Name von Japan.

Nippon Kokan Kabushiki Kaisha [-kabuʃiki kaiʃa], Tokio, Unternehmen der Eisen-, Stahl- und Schiffbau-Ind.; gegr. 1912.

Nippon Steel Corporation [-sti:l kɔ:pəˈreɪʃn], Tokio, eines der größten Eisen- und Stahlunternehmen der Erde. 1970 aus der Fusion der Fuji Iron & Steel Co. Ltd. und der Yawata Iron & Steel Co. Ltd. entstanden.

Nippon Yusen Kabushiki Kaisha [-kabuʃiki kaiʃa], **NYK Line** [enwarkˈeɪ laɪn], bed. japan. Reederei, entstanden 1885.

Nippur, heute **Niffer,** alte Stadt in Mittelbabylonien, war im 3. Jahrtsd. v. Chr. Sitz des sumerischen Hauptgottes Enlil und kult. Mittelpunkt Babyloniens.

Nirenberg [nˈaɪrınbə:g], Marshall Warren, amerikan. Biochemiker, * New York 10. 4. 1927. Seine Arbeiten auf dem Gebiet der zellfreien Synthese eines Proteins führten zur Aufklärung des genet. Codes; er erhielt 1968 mit R. W. Holley und H. G. Khorana den Nobelpreis für Medizin und Physiologie.

nirgends [Verneinung von irgend], **nirgend(s)wo,** ꚛ **nirgend,** an keinem Ort: *ich kann es n. finden.* **nirgend(s)woher,** von keinem Ort her, aus keiner Richtung. **nirgend(s)wohin,** an keinen Ort, in keine Richtung.

Nirvana [altind. nirvana ›das Erlöschen‹], **Nirwana** *das, -(s),* Pali **Nibbana, 1)** im Buddhismus die Erlösung als vollständiges Aufhören des Lebenstriebes, von dem Heiligen schon in diesem Dasein durch Preisgabe egoist. Antriebe und myst. Versenkung erreichbar, verbürgt bei Eintritt des Todes die Unmöglichkeit, in einer individuellen Existenz wiedergeboren zu werden. Im Hinduismus wird der Ausdruck Brahma-N. für das Aufgehen der Einzelseele (atman) im Absoluten gebraucht. Der äußerste Gegensatz zum N. ist der Samsara (→ Hinduismus). **2)** buddhist. Ära: → Ära.

Niš [ni:ʃ], **Nisch,** Stadt in der Sozialist. Rep. Serbien, Jugoslawien, (1981) 161 000 Ew.; wirtschaftl. Mittelpunkt des Gebietes der Südl. Morawa; Textil-, Möbel-, Bau-, Lebensmittel-, Maschinen-, elektrotechn. Ind., Teppichweberei; Universität (seit 1965). – N., das röm. **Naïssus,** war seit dem 12. Jh. serbisch, seit 1386 türkisch, ist seit 1878 wieder serbisch.

Nisam [arab.], genauer **Nisam al-Mulk** [›Ordnung des Reichs‹], im Reich der ind. Großmoguln Titel des Gouverneurs des Deccan, 1717–1948 des Fürsten von Haiderabad (Reich des N.); in der alten Türkei auch für das stehende Heer.

Nisami, Nezami, Abu Mohammed Iljas ibn Jusuf Scheich Nisam od-Din, pers. Dichter, * vermutlich Gandje 1141, † ebd. 12. 3. 1209; fünf Epen, mit denen er das romant. Epos begründete, lyrische Gedichte.

Nische [frz. niche], *die, -/-n,* Vertiefung in der Mauer.

Nischel *der, -s/-, mitteldt.:* Stirn, Kopf.

Nischinomija, Stadt in Japan, → Nishinomiya.

Nischnij Nowgorod, → Gorkij.

Nischnij Tagil, Industriestadt im Gebiet Swerdlowsk, Russ. SFSR, an einem vom Tagil gebildeten Stausee, (1980) 400 000 Ew.; Eisen-, Stahl- und Walzwerke, Kokereien, Waggon-, chem., Baustoffindustrie; Wärmekraftwerk.

Nishinomiya, Nischinomija, Stadt auf Honshu, Japan, (1980) 410 000 Ew.; Stahl-, Auto-, Gummiind., Reisweinbrauerei.

Nissan [hebr.] *der, -,* **Nisan,** der 7. Monat im jüd. Kalender (Mitte März bis Mitte April).

Nissan Motor Co. Ltd. [-mˈəʊtə-], Tokio, größter und ältester japan. Kfz-Produzent; gegr. 1933, fusionierte 1966 mit der Prince Motor Co. und übernahm 1968 den Kfz-Bau der Fuji Heavy Industries Ltd., 1970 die Pkw-Produktion der Isuzu Motors Ltd.; Kooperationsabkommen mit ausländ. Produzenten, u. a. mit der Volkswagenwerk AG.

Nisse [ahd. (h)niz] *die, -/-n,* Ei der Laus. **nissig,** lausig, verschmutzt.

nisten [ahd. nisten]. *ein Vogel* **nistet,** baut ein Nest. *ich* **niste** *mich* **ein,** Ü lasse mich fest nieder, ergreife Besitz von einem Platz.

Niterói [niterˈoi], Stadt im Staat Rio de Janeiro, Brasilien, (1980) 433 000 Ew., an der Guanabarabucht gegenüber der Stadt Rio de Janeiro; kath. Erzbischofssitz; Schiffbau, Metall-, Textil-, Nahrungsmittel- u. a. Industrie.

Nithard, fränk. Geschichtsschreiber, † 844, Enkel Karls d. Gr. Seine ›Historiae‹ schildern die Kämpfe zw. den Söhnen Ludwigs des Frommen (bis 843). N. überlieferte den Text der Straßburger Eide.

Nithart, Neithardt, Beinamen von Mathias Gothart, → Grünewald.

Niton *das, -s,* ꚛ für → Radon.

Nitr..., Nitro... [grch. nitro ›Natron‹], kennzeichnender Wortstamm für Stickstoffverbindungen, z. B. Nitrate, Nitride, Nitroverbindungen u. a.

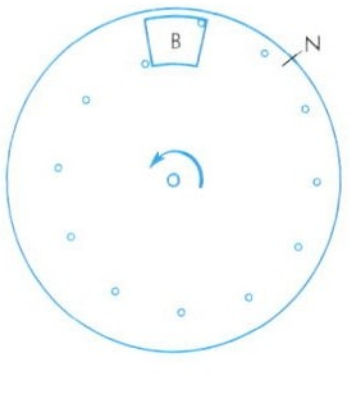

Nipkow: Nipkow-Scheibe

Nipkow: Nipkow-Scheibe (N): Die Scheibe dreht sich im Sinne des Pfeiles, wobei der jeweils durch ein Loch auf das Bild B fallende Lichtstrahl dieses zeilenweise abtastet

Nitra [njˈitra], slowak. Name von → Neutra.

Nitrat|assimilation, wichtiger Stoffwechselprozeß, insbes. bei höheren Pflanzen.

Nitrate, *Sg. das* **Nitrat,** *-s,* Salze und Ester der → Salpetersäure.

Nitride, *Sg. das* **Nitrid,** *-s,* Verbindungen des Stickstoffs mit elektropositiven Elementen (meist Metallen). Man unterscheidet salzartige, diamantartige und metallische N.

nitrieren. *ich* **nitriere** *es,* führe Nitrogruppen (-NO_2) in organ. Verbindungen ein (**Nitrierung**), meist durch Anwendung konzentrierter Salpetersäure mit oder ohne Zusatz von konzentrierter Schwefelsäure (**Nitriersäure**), oder durch Stickstoffoxide.

Nitrierhärtung, Oberflächenhärtung von Stahl durch Glühen in stickstoffabgebenden Mitteln, wobei mit den Legierungselementen Nitride gebildet werden (→ Härten).

Nitrierpapier, Nitrier|rohstoff, gekrepptes Seidenpapier aus bes. gekochter, sehr weicher, auch gebleichter Sulfitcellulose, dient zur Herstellung von Sprengstoff und Celluloid.

Nitrifikation *die, -,* Agrikulturchemie: ein Vorgang, bei dem durch **nitrifizierende Bakterien** (Salpeterbakterien) im Boden und im Wasser Ammoniak zu Nitrit (durch Nitrosomas-Arten) und Nitrit zu Nitrat (durch Nitrobacter-Arten) oxidiert. Die N. ist in der Landwirtschaft unerwünscht, spielt jedoch im natürl. Stickstoffkreislauf eine bed. Rolle. Sie kann durch **N.-Inhibitoren** verzögert werden.

Nitrile, *Sg. das* **Nitril,** *-s,* organ. Verbindungen, die die Cyanogruppe $-C{\equiv}N$ an kohlenstoffhaltige Reste gebunden enthalten; die Namen werden mit der Vorsilbe **Cyan...** oder der Nachsilbe **-cyanid** gebildet.

Nitrite, *Sg. das* **Nitrit,** *-s,* Salze und Ester der salpetrigen Säure (HNO_2). Nitrit heißt im Handel insbes. das im Nitritpökelsalz enthaltene **Natriumnitrit,** das dem Fleisch eine bleibende rote Farbe verleiht. – **Nitritvergiftungen** können entstehen, wenn statt Pökelsalz reines Natriumnitrit benutzt wird. Natriumnitrit erweitert die Gefäße, so daß es bei aufrechter Körperhaltung zu Blutdruckabfall und Kollaps kommt; außerdem verwandelt es den roten Blutfarbstoff Hämoglobin in → Hämiglobin, das dem Sauerstofftransport nicht mehr zur Verfügung steht, wodurch es zur Erstickung innerer Organe kommt.

Behandlung: Magenspülung, medizin. Kohle, Tieflagern des Kopfes, Hochlagern der Beine.

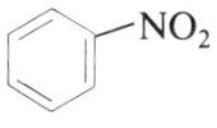

Nitrobenzol

Nitrobenzol, gelbliche, stark lichtbrechende Flüssigkeit, die durch Nitrierung von Benzol mit Mischsäure bei 60–70 °C hergestellt wird. N. wird zu über 95% zu Anilin weiterverarbeitet.

Nitrocellulose, Cellulosenitrat, Salpetersäureester der Cellulose, entsteht durch Nitrieren von Cellulose oder Baumwoll-Linters, ein explosibler oder mit heißer Flamme brennbarer, gelblichweißer Stoff. Niedrig nitrierte Cellulose ergibt **Kollodiumwolle,** höher nitrierte **Schießbaumwolle.**

Nitrofarbstoffe, synthet. organ. Farbstoffe (gelb oder orange), die Nitrogruppen enthalten. Zu ihnen gehören z. B. Pikrinsäure, Martiusgelb, Naphtholgelb.

Nitrogenase, in freilebenden aeroben, anaeroben und phototrophen Bakterien, Blaualgen und symbiont. Wurzelknollen-Bakterien vorkommendes Enzym, das die Stickstoff-Fixierung ermöglicht.

$$\begin{array}{l} CH_2-O-NO_2 \\ | \\ CH-O-NO_2 \\ | \\ CH_2-O-NO_2 \end{array}$$

Nitroglycerin

Nitrogenium [lat.] *das, -s,* der Stickstoff.

Nitroglycerin, Spreng|öl, $C_3H_5(ONO_2)_3$, durch Nitrieren von Glycerin hergestellte, äußerst explosible, ölige, schwach gelbliche Flüssigkeit. N. explodiert durch Schlag, Stoß und Initialzündung (→ Dynamit). N. wirkt in einer Dosis von 0,2–0,8 mg gefäßerweiternd und blutdrucksenkend, wird bei Angina pectoris verwendet.

$$\begin{array}{l} CH_2-O-NO_2 \\ | \\ CH_2-O-NO_2 \end{array}$$

Nitroglykol

Nitroglykol, besser **Glykoldinitrat,** $C_2H_4(ONO_2)_2$, ölige, bei Schlag leicht explodierende Flüssigkeit, die häufig als Bestandteil von gewerbl. Sprengstoffen verwendet wird.

Nitroguanidin, Sprengstoff, der gegen mechan. Einwirkung sehr unempfindlich ist.

$$CH_3-NO_2$$

Nitromethan

Nitrometer, Azotometer *das, -s/-,* Bürette zur Bestimmung von Stickstoff in organischen Nitroverbindungen.

Nitromethan, organ. Nitroverbindung, dient als Lösungsmittel und für chem. Synthesen, als Treibstoff für Versuchsmotoren und zus. mit Aminen als Sprengstoff.

Nitropenta, Penta|erythrit|tetra|nitrat, brisanter Explosivstoff für Sprengkapselfüllungen und Sprengschnüre.

Nitrophosphat, Mineraldünger aus Salpetersäure und Rohphosphat, unspezif. Bez.

Nitros|amine *Pl.,* organ. Verbindungen mit der Atomgruppierung > N – NO (**N-Nitrosoverbindungen**), die durch Reaktion von sekundären Aminen mit Nitrit entstehen. 80% der bekannten N. wirken im Tierversuch krebserzeugend. **Dimethyl-N.** wurde in Konzentrationen von 50 bis 100 µg/kg in nitritbehandelten Fleischwaren und Bier gefunden (nach gegenwärtiger Erkenntnis unbedenklich). N. können sich auch im Körper aus Nitraten (aus Trinkwasser, Gemüse) bilden.

nitrose Gase, Trivialname für das giftige Gemisch aus Luft und Stickoxiden, das bei der Schwefel- und Salpetersäure-Herstellung als unerwünschte Emission (Luftverschmutzung) auftritt (›gelbbraune Schornsteinfahne‹).

nitrose Säure, Nitrose, → Schwefelsäure.

Nitrosoverbindungen, organ. Verbindungen, die die einwertige Nitrosogruppe (– N = O), an ein C- oder N-Atom gebunden, enthalten.

Nitrosyl..., Bez. für die Atomgruppierung – NO als Kation oder Ligand in Komplexverbindungen.

Nitroverbindungen, organ. Verbindungen, die eine oder mehrere Nitrogruppen (– NO_2), an ein C- oder N-Atom gebunden, enthalten, z. B. Nitromethan, Nitrobenzol. Nitroglycerin oder Nitrocellulose werden nicht zu den N. gezählt.

ni|tschewo [russ. ›nichts‹], U macht nichts.

Niuë [nɪ'u:eɪ], Koralleninsel im Pazif. Ozean, seit 1974 in freier Assoziation mit Neuseeland bei innerer Autonomie, 263 km². Die (1979) rd. 3 500 Ew. sind Polynesier, Hauptort: Alofi.

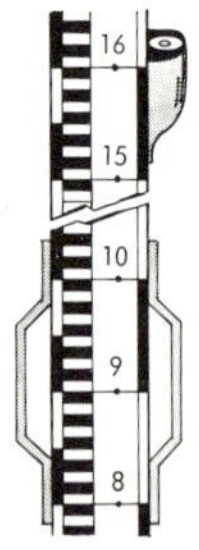

nivellieren 2): Nivellierlatte mit Dosenlibelle

nival [lat. nix ›Schnee‹], den Schnee betreffend. **Nival|organismen,** Pflanzen und Tiere, die auf Dauerschnee und Eis ständig leben, meist mikroskopisch klein.

Nivation *die, -/-en,* **nivale Erosion,** Abtragung durch Einfressen von Schnee in den Untergrund.

Niveau [niv'o:, frz.] *das, -s/-s,* **1)** allg. Bezugslinie. **2)** waagerechte Ebene. **3)** Höhenlage, gleiche Höhe. **4)** Wasserstand. **5)** U Stufe, Rang.

Nivelle de la Chaussée [niv'ɛl dəlaʃɔs'e], frz. Dichter, → La Chaussée.

nivellieren [zu → Niveau]. *ich* **nivelliere, 1)** *es,* ebne ein, verflache, mache gleich. **2)** Vermessung: bestimme die Höhen auf geometrischem Weg mittels Nivellier-(Einwäge-)Geräten. Dieses Verfahren ist genauer als die trigonometr. Höhenmessung. Nivelliergeräte sind die → Kanalwaage, die → Setzlatte und das Nivellierinstrument mit Nivellierlatte. Dieses ist ein Präzisionsinstrument (Zielfernrohr mit Libelle); es wird aufgestellt in der Mitte der Meßstrecke *AB (BC* usw.), deren Endpunkte durch Nivellierlatten bezeichnet und horizontal ausgerichtet sind. Die Ablese-Differenz *(a–b)* ergibt den Höhenunterschied *(h)* der Punkte *A* und *B*. *das* **Nivellement** [nivɛlm'ã, frz.], *-s/-s,* das Nivellieren.

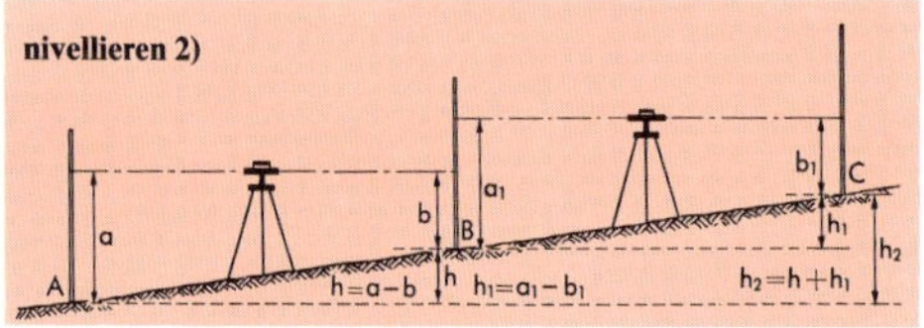

Nivôse [niv'o:z, frz. ›Schneemonat‹] *der, -,* der 4. Monat des frz. Revolutionskalenders.

nix, U nichts.

Nixdorf Computer AG [-kɔmpj'u:tə-], Paderborn, Unternehmen der Computer-Ind.; gegr. 1952 von Heinz Nixdorf (* 1925), seit 1968 jetziger Name.

Nixen [ahd. ni(c)chus, ni(c)chessa, zu grch. nizein ›waschen‹] *Pl.,* Wassergeister. Der männl. **Nix,** *-es/-e,* **Nickelmann,** urspr. ein Wasserungeheuer tierischer Art, wurde immer mehr vermenschlicht; er erscheint bes. in den Sagen Dänemarks (**Nök**) und Schwedens (**Näck, Neck, Strömkarl**). Der Nix lockt die Menschen durch seine dem Ruf eines Ertrinkenden ähnl. Stimme. Die weibl. **Nixe,** *-/-n,* **Wasserjungfer, Seejungfer,** erscheint als Mischwesen (oben Weib, unten Fisch).

Nixkraut, Nixenkraut, Najas, Pflanzengatt. der einkeimblättr. Fam. N.-Gewächse (**Najadaceae**); einjährige Unterwasserpflanzen des Süß- und Brackwassers mit unscheinbaren Blütchen, so das über die ganze Erde verbreitete **Große N. (Najas marina).**

Richard Nixon

Nixon [n'ɪksn], Richard Milhous, 37. Präs. der USA (1969 bis 1974), * Yorba Linda (Cal.) 9. 1. 1913, konservativer Republikaner, 1953–61 Vizepräs. 1960 unterlag N. in den Präsidentschaftswahlen knapp gegen J. F. Kennedy, 1962 in den kaliforn. Gouverneurswahlen. 1968 siegte N. in den Präsidentschaftswahlen über den demokrat. Kandidaten H. H. Humphrey. Zunehmende Kritik an der Kriegspolitik veranlaßten ihn, sich um einen Abbau des internat. Engagements der USA zu bemühen. 1972 leitete er mit einer Reise nach Peking die Normalisierung der Beziehungen zu China ein. Durch seinen Sonderberater H. A. Kissinger erreichte er 1973 einen Waffenstillstand in → Vietnam. Darüber hinaus setzte er sich bes. für Abrüstungsvereinbarungen mit der UdSSR ein (u. a. → SALT). Innenpolitisch trat er entschieden für ›Recht und Ordnung‹ (›Law and order‹) ein. 1972 wurde er mit großer Mehrheit wiedergewählt. Die Aufdeckung von Unregelmäßigkeiten im Wahlkampf führte 1973 zu einer schweren Vertrauenskrise (→ Watergate-Affäre); am 9. 8. 1974 sah sich N. deshalb zum Rücktritt gezwungen.

Nizan [niz'ã], Paul, frz. Schriftst., * Tours 7. 2. 1905, † (gefallen) Dünkirchen 23. 5. 1940, Marxist, schrieb Romane (›Die Verschwörung‹, 1938) und Essays (›Aden‹, 1932).

Nizza: Promenade des Anglais

Nizza

Nizza, frz. **Nice** [ni:s], Hptst. des frz. Dép. Alpes-Maritimes, (1982) 337 000 Ew., Luftkurort und Seebad an der Côte d'Azur, am Fuß der Ausläufer der Seealpen; Fremdenverkehr (Spielkasinos, Karneval, Blumenfeste). Der alte kath. Bischofssitz hat Kathedrale (17. Jh.), Univ., Kunst- und Fachschulen, Museen, Hafen, Flughafen; vielseitige Ind., Blumenzucht. – N. wurde als **Nikaia** im 4. Jh. v. Chr. von Massalia (Marseille) aus gegr. 1388 kam es zu Savoyen-Piemont, 1860 endgültig zu Frankreich.

n. J., Abk. für **n**ächsten **J**ahres.

N. J., postal. **NJ,** Abk. für den Staat **N**ew **J**ersey, USA.

Njaja *der,* eines der sechs Systeme der ind. Philosophie (→ indische Philosophie und Religion).

Njassaland, engl. **Nyasaland** [nj'æsəlænd], ehem. brit. Protektorat im südl. Ostafrika, seit 1964 der Staat → Malawi.

Njassasee, → Malawisee.

Njassagraben, → Ostafrikanisches Grabensystem.

Njavebutter, talgartiges Fett, → Djavebutter.

Njegoš [-gɔʃ], Peter (Petar) II. Petrović, Fürstbischof von Montenegro und Dichter, * Njeguši 1. 11. 1813, † Cetinje 19. 10. 1851, schrieb das dramat. Epos ›Der Bergkranz‹ (1847), ein Hauptwerk der serb. Literatur.

Njemen *der,* russ. Name der Memel.

njet [russ.], nein.

Njörd, von den Vanen abstammender germ. Gott, der bei den Asen lebte; Vater von Freyr und Freyja; als Gott des Friedens, der Fruchtbarkeit und der Seefahrt verehrt.

NK, Einheitenzeichen für → **N**eue **K**erze.

Nkomo, Joshua, Politiker in Simbabwe, * Semokwe (Distrikt Matope) 19. 6. 1917, einer der Führer der Guerilla-Organisation ›Patriot. Front‹ im Krieg gegen die weiße Minderheitsherrschaft in Rhodesien, war nach der Entlassung Rhodesiens als Simbabwe in die Unabhängigkeit (1980) 1980–81 Innen-Min.; geriet aber seitdem immer stärker in Konflikt mit MinPräs. R. Mugabe.

Unter seiner Leitung tritt die ›Patriot. Front‹ seit 1980 als polit. Gruppierung hervor.

Nkrumah, Kwame, Politiker in Ghana, *Nkroful (Goldküste) 18. 9. 1909, † Bukarest 27. 4. 1972, an Hochschulen der USA ausgebildet. N. wurde 1951 MinPräs. der Goldküste, wiedergewählt 1954 und 1956. Nach der Entlassung seines Landes in die Unabhängigkeit (1957) ließ er eine republikan. Verf. ausarbeiten und wurde 1960 Staatspräs. von Ghana. N. erhob den Anspruch, der führende Theoretiker der Afrikan. Revolution zu sein. 1966 von der Armee gestürzt, lebte er im Exil in Guinea.

Nkw, Abk. für → **N**utz**k**raft**w**agen.

NKWD, Abk. für russ. **Narodnyj Komissariat Wnutrennich Del** [›Volkskommissariat für Innere Angelegenheiten‹], 1934 geschaffen unter Einbeziehung der GPU, wurde das Instrument des stalinist. Terrors z. Z. der → Tschistka. 1941 wurde aus dem NKWD die polit. Geheimpolizei als **NKGB,** Abk. für russ. **N**arodnyj **K**omissariat **G**ossudarstwennoj **B**esopasnosti [›Volkskommissariat für Staatssicherheit‹], herausgelöst und 1946 umbenannt in **MGB,** Abk. für russ. **M**inisterstwo **G**ossudarstwennoj **B**esopasnosti [›Ministerium für Staatssicherheit‹], → KGB.

n-Leitung, die Elektronenleitung (→ Halbleiter).

Nm, Einheitenzeichen für → **N**ewton**m**eter.

N. M., postal. **NM,** Abk. für den Staat **N**ew **M**exiko, USA.

Nm³, Einheitenzeichen für → Normkubikmeter.

n mile, Einheitenzeichen für → **n**autical **mile.**

NMR-Spektroskopie, Abk. für **Nuclear Magnetic Resonance** [nj'u:klıe mægn'etık r'ezənəns, engl.], weniger gebräuchliche Bez. **Magnet. Kernresonanz-(MKR-), Kernmagnet. Resonanz-(MKR-)** oder **Kern(spin)resonanz-Spektroskopie,** spektroskop. Verfahren zur Strukturaufklärung von meist gelösten organ. und metallorgan. Verbindungen, dem die Erscheinungen der → Kernspinresonanz und → Kerninduktion zugrunde liegen. Da meist Lage, Zahl und Bindungsart von Protonen untersucht werden, heißt das Verfahren auch **Protonenresonanz-(PMR-)Spektroskopie.** Auch lebendes Gewebe kann mittels der NMR-S. vermessen werden. Mit Hilfe elektron. Rechenverfahren, wie sie in der → Computertomographie mit Röntgenstrahlen verwendet werden, konnten **NMR-Querschnittsbilder** vom Menschen angefertigt werden, die die Verteilung der ›freibewegl.‹ Wasserstoffatome darstellen und so die Gewebestrukturen und Organe erkennen lassen **(NMR-Computertomographie, Kernspintomographie).** Das berechnete **Kernspintomogramm** wird in verschiedenen Grau- oder Farbabstufungen für die Protonendichte auf einem Bildschirm wiedergegeben. Gegenüber der Untersuchung mit Röntgenstrahlung ist die NMR-S. wesentlich risikoärmer, da die dazu verwendeten Magnetfelder und Radiowellen nach heutigem Wissen keine schädl. biolog. Nebenwirkungen haben.

NN, Abk. für **N**ormal **N**ull bei Höhenangaben.

N. N., Abk., die irgendeinen Namen ersetzen soll, vermutlich aus der im röm. Recht üblichen Abk. N. N. für **Numerius Negidius** (Name des Beklagten in prozeßrechtlichen Beispielen), auch als Abk. für lat. **nomen nescio** (›den Namen weiß ich nicht‹) gedeutet.

N-Nitrosoverbindungen, → Nitrosamine.

NNM-Hormone, die Nebennierenhormone, → Nebennieren.

NNO, Abk. für **N**ord**n**ord**o**st. **NNW,** Abk. für **N**ord**n**ord**w**est.

NO, Abk. für **N**ord**o**st.

No, chem. Symbol für → Nobelium.

No, das lyr. japan. Drama, dessen Begr. Kanami (* 1333, † 1384) und sein Sohn Zeami (* 1363, † 1443) sind. Letzterer prägte maßgeblich die Kunsttheorie des No (→ japanisches Theater).

Noack, Barbara, Schriftstellerin, *Berlin 28. 9. 1924, heitere Unterhaltungsromane (›Der Bastian‹, 1974), Erz.

NMR-Spektroskopie: Kernspintomogramm; Schnittbild des Schädels. Die Grauwerte zeigen unterschiedliche Dichtewerte und geben Hinweis auf verschiedene biochemische Eigenschaften

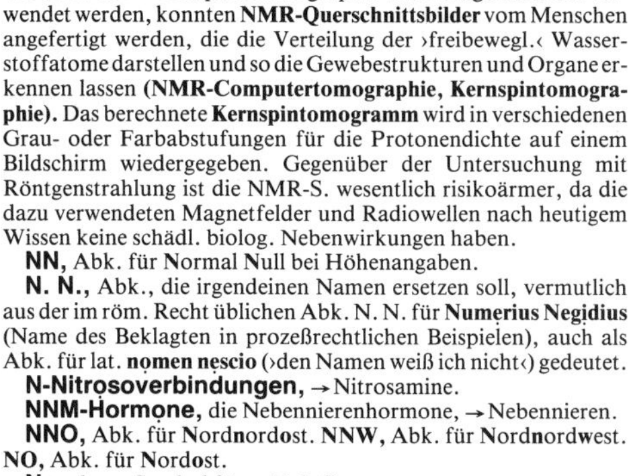

Noah [hebr. ›Mann der Ruhe‹], Vulgata: **Noe,** im A. T. der aus der Sintflut in der Arche gerettete Fromme, der Vater der neuen Menschheit (Söhne: Sem, Ham, Japhet) oder der neuen Bevölkerung Palästinas (Sem, Japhet, Kanaan); Urheber des Weinbaus.

Noailles [no'a:j], Anna Elisabeth, Princesse **Brancovan** [brăkov'ã], Comtesse **Mathieu de N.** [matj'ø də-], frz. Dichterin rumän. Herkunft, *Paris 15. 11. 1876, † ebd. 30. 4. 1933, schrieb Romane (›Die Unschuldigen‹, 1923), Gedichte (›Sehnsucht‹, 1902; ›Les vivants et les morts‹, 1933, z. T. dt. von R. M. Rilke) und die Selbstbiographie ›Le livre de ma vie‹ (1932).

Noah mit der Arche; Detail der Bronzetür des W-Portals des Doms von Monreale, von Bonanus von Pisa, 1186

Noah

nobel [lat.-frz.], adlig, vornehm; edel, freigebig. *der* **Nobel,** *-s,* Name des Löwen in der Tierfabel. *die* **Nobilität,** *-,* Adel, bes. der röm. Amtsadel.

Nobel *der, -s/-,* engl. **Noble** [nəubl], engl. Goldmünze (seit 1344) mit wechselndem Gewicht und Wert.

Nobel, Alfred, schwed. Chemiker und Industrieller, *Stockholm 21. 10. 1833, † San Remo 10. 12. 1896, erfand 1867 das Dynamit, 1877 die Sprenggelatine, 1887 ein rauchschwaches Pulver, das Ballistit. Auf Grund seiner Erfindungen und Patente entstanden Sprengstoffabriken in allen Ind.-Ländern, so in Dtl. 1865 die heutige → Dynamit Nobel AG. (→ Nobelstiftung)

Alfred Nobel

Nobelgarde, bis 1969 Name der Päpstlichen Ehrengarde, die 1970 aufgelöst wurde.

Nobelium [n. A. Nobel] *das, -s,* **No,** künstlich radioaktives → chemisches Element aus der Gruppe der Actinoide.

Nobelpreis, aus den Zinsen der → Nobelstiftung verliehener Preis. A. Nobel bestimmte in seinem Testament, daß die Zinsen seiner Stiftung jährlich zu fünf Teilen auf dem Gebiet der Physik, der Chemie, der Physiologie und Medizin, der Literatur und des Völkerfriedens denen zugeteilt werden sollten, ›die im verflossenen Jahr der Menschheit den größten Nutzen geleistet haben‹. 1968 stiftete die Schwed. Reichsbank im Einvernehmen mit der Nobelstiftung einen ›Preis für Wirtschaftswissenschaften zu Ehren A. Nobels‹, der seit 1969 verliehen wird. Die Preise werden von schwed. wissenschaftl. Körperschaften verliehen bis auf den Friedenspreis, der von einem vom Norweg. Storting gewählten Ausschuß vergeben wird. Bei der Auswahl der Preisträger werden diese Körperschaften von den **Nobelinstituten** in Stockholm (3) und Oslo (1) unterstützt. Der einzelne Preis beträgt etwa 510000 schwed. Kronen. (ÜBERSICHT Nobelpreisträger S. 26 und 27)

Nobelstiftung, der aus dem hinterlassenen Vermögen A. Nobels gebildete Fonds (etwa 83 Mio. schwed. Kronen), dessen jährl. Zinsen als Nobelpreise verliehen werden. Die Statuten der N. stammen vom 29. 6. 1900.

Nobeoka, Industriestadt auf Kiushu, Japan, (1980) 137000 Ew.; chemische Industrie.

Nobile, Umberto, ital. General, *Lauro (Avellino) 21. 1. 1885, † Rom 30. 7. 1978, überflog 1926 mit dem Luftschiff ›Norge‹ den Nordpol, strandete 1928 mit dem Luftschiff ›Italia‹ auf dem Rückflug vom Pol in der Nähe von Spitzbergen.

Nobiles [lat.] *Pl.,* in Rom seit etwa 300 v. Chr. die führende Schicht der Senatsfamilien, die die höchsten Staatsämter (Konsulat, Zensur) besetzten. – In Italien wurden seit dem ausgehenden MA. die Mitglieder des Adels allgemein **Nobili** genannt.

Nobility [nəub'ılıtı, engl.] *die, -,* der hohe → Adel Großbritanniens.

Noblesse [nɔbl'ɛs, frz.] *die, -,* ☍ Adel, Vornehmheit, ritterl. Gesinnung; Freigebigkeit. **noblesse oblige** [-ɔbl'i:ʒ], Adel verpflichtet (edel zu handeln).

Nobunaga, japan. Feldherr, → Oda Nobunaga.

Noce [n'o:tʃe] *der,* dt. **Nosbach,** rechter Nebenfluß der Etsch in der ital. Prov. Trient, entspringt in der südl. Ortlergruppe, fließt durch die Täler Sulzberg und Nonsberg, mündet bei Mezzocorona.

noch [ahd.], **1)** außerdem, weiter: *was gibt's n.?; n. einmal.* **2)** bis jetzt, gegenwärtig fortdauernd: *ich bin n. nicht fertig.* **3)** irgendwann: *er wird n. kommen.* **4)** *nicht ... n., weder ... n.,* und nicht, auch nicht, keines von beiden: *das hat weder Sinn n. Verstand.* **nochmals,** wiederholt, zum zweiten Mal, aufs neue. *Adj.* **nochmalig.**

Nochgeschäft, Termingeschäft an der Börse, bei dem ein → Fixgeschäft mit einem → Prämiengeschäft kombiniert wird. Der Käufer oder der Verkäufer ist dabei gegen eine Prämie berechtigt, zusätzlich zu dem fest abgeschlossenen Betrag am Erklärungstag weitere Effekten zu fordern oder nachzuliefern.

Nock [niederländ.] *das, -(e)s/-e* oder *die, -/-en,* ⚓ das äußere Ende einer Rahe oder Spiere an Bord eines Schiffes.

Nöck *der, -s,* Nebenform von Neck.

Nocke [Nebenform von Nocken] *die, -/-n,* **Nockerl** *das, -s/-(n),* Klößchen aus Grießmasse, Semmelteig u. a. als Suppeneinlage oder Mehlspeise.

Chemie

1901 J. H. van't Hoff NL
1902 E. H. Fischer D
1903 S. A. Arrhenius S
1904 Sir W. Ramsay GB
1905 A. von Baeyer D
1906 H. Moissan F
1907 E. Buchner D
1908 Sir E. Rutherford GB
1909 W. Ostwald D
1910 O. Wallach D
1911 M. S. Curie F
1912 V. Grignard F
P. Sabatier F
1913 A. Werner CH
1914 Th. W. Richards USA
1915 R. M. Willstätter D
1918 F. Haber D
1920 W. H. Nernst D
1921 F. Soddy GB
1922 F. W. Aston GB
1923 F. Pregl A
1925 R. A. Zsigmondy D
1926 T. Svedberg S
1927 H. O. Wieland D
1928 A. O. R. Windaus D
1929 H. K. A. S. von Euler-Chelpin S
A. Harden GB
1930 H. Fischer D
1931 F. Bergius D
C. Bosch D
1932 I. Langmuir USA
1934 H. C. Urey USA
1935 F. Joliot F
I. Joliot-Curie F
1936 P. J. W. Debye NL
1937 Sir W. N. Haworth GB
P. Karrer CH
1938 R. Kuhn D
1939 A. F. J. Butenandt D
L. Ružička CH
1943 G. K. von Hevesy H
1944 O. Hahn D
1945 A. I. Virtanen SF
1946 J. H. Northrop USA
W. M. Stanley USA
J. B. Sumner USA
1947 Sir R. Robinson GB
1948 A. W. K. Tiselius S
1949 W. F. Giauque USA
1950 K. Alder D
O. P. H. Diels D
1951 E. M. McMillan USA
G. Th. Seaborg USA
1952 A. J. P. Martin GB
R. L. M. Synge GB
1953 H. Staudinger D
1954 L. C. Pauling USA
1955 V. du Vigneaud USA
1956 Sir C. N. Hinshelwood GB
N. N. Semjonow SU
1957 Sir A. R. Todd GB
1958 F. Sanger GB
1959 J. Heyrovský CS
1960 W. F. Libby USA
1961 M. Calvin USA
1962 J. C. Kendrew GB
M. F. Perutz GB
1963 G. Natta I
K. Ziegler D
1964 D. Crowfoot Hodgkin GB
1965 R. B. Woodward USA
1966 R. S. Mulliken USA
1967 M. Eigen D
R. G. W. Norrish GB
G. Porter GB
1968 L. Onsager USA
1969 D. H. Barton GB
O. Hassel N
1970 L. Leloir RA
1971 G. Herzberg CDN
1972 Ch. B. Anfinsen USA
St. Moore USA
W. H. Stein USA
1973 E. O. Fischer D
G. Wilkinson GB
1974 P. J. Flory USA
1975 V. Prelog CH
J. W. Cornforth GB
1976 W. N. Lipscomb USA
1977 J. Prigogine B
1978 P. Mitchell GB
1979 G. Wittig D
H. C. Brown USA
1980 P. Berg USA
W. Gilbert USA
F. Sanger GB
1981 K. Fukui J
R. Hoffmann USA
1982 A. Klug GB
1983 H. Taube USA
1984 R. B. Merrifield USA

Friedenspreis

1901 H. Dunant CH
F. Passy F
1902 E. Ducommun CH
Ch. A. Gobat CH
1903 Sir W. R. Cremer GB
1904 Institut de droit international, Ghent
1905 B. von Suttner A
1906 Th. Roosevelt USA
1907 L. Renault F
E. T. Moneta I
1908 K. P. Arnoldson S
F. Bajer DK
1909 A. Beernaert B
P. H. B. B. Baron d'Estournelles de Constant de Rebecque F
1910 Bureau international permanent de la Paix, Bern
1911 T. M. C. Asser NL
A. H. Fried A
1912 E. Root USA
1913 H. La Fontaine B
1917 Comité international de la Croix-Rouge, Genf
1919 T. W. Wilson USA
1920 L. Bourgeois F
1921 H. Branting S
Ch. Lange N
1922 F. Nansen N
1925 Sir J. A. Chamberlain GB
Ch. G. Dawes USA
1926 A. Briand F
G. Stresemann D
1927 F. Buisson F
L. Quidde D
1929 F. B. Kellogg USA
1930 N. Söderblom S
1931 J. Addams USA
N. M. Butler USA
1933 Sir N. Angell GB
1934 A. Henderson GB
1935 C. von Ossietzky D
1936 C. Saavedra Lamas RA
1937 Lord R. Cecil of Chelwood GB
1938 Office int. Nansen pour les Réfugiés, Genf
1944 Comité international de la Croix-Rouge, Genf
1945 C. Hull USA
1946 E. G. Balch USA
J. R. Mott USA
1947 The Quakers: American Friends Service Committee, Washington
Friends Service Council, London
1949 Lord (John) Boyd Orr of Brechin GB
1950 R. J. Bunche USA
1951 L. Jouhaux F
1952 A. Schweitzer F
1953 G. C. Marshall USA
1954 Flüchtlingsamt der Vereinten Nationen, Genf
1957 L. B. Pearson CDN
1958 G. Pire B
1959 Ph. Noel-Baker GB
1960 A. J. Luthuli ZA
1961 D. Hammarskjöld S
1962 L. C. Pauling USA
1963 Comité international de la Croix-Rouge, Genf
1964 M. L. King USA
1965 UNICEF
1968 R. Cassin F
1969 Internationale Arbeitsorganisation, Genf
1970 N. E. Borlaug USA
1971 W. Brandt D
1973 H. A. Kissinger USA
Le Duc Tho VN
1974 S. MacBride IRL
E. Sato J
1975 A. D. Sacharow SU
1976 M. Corrigan GB
B. Williams GB
1977 Amnesty International
1978 M. Begin IL
M. A. as-Sadat ET
1979 Mutter Teresa (Agnes Gonxha Boyaxhiu) AL
1980 A. Pérez Esquivel RA
1981 Flüchtlingsamt der Vereinten Nationen, Genf
1982 Alva Myrdal S
A. García Robles MEX
1983 L. Wałęsa PL
1984 D. Tutu ZA

Literatur

1901 R.-F. Sully Prudhomme F
1902 Th. Mommsen D
1903 B. Bjørnson N
1904 J. Echegaray E
F. Mistral F
1905 H. Sienkiewicz PL
1906 G. Carducci I
1907 R. Kipling GB
1908 R. C. Eucken D
1909 S. Lagerlöf S
1910 P. Heyse D
1911 M. Maeterlinck B
1912 G. Hauptmann D
1913 R. Tagore IND
1915 R. Rolland F
1916 V. von Heidenstam S
1917 K. Gjellerup DK
H. Pontoppidan DK
1919 C. Spitteler CH
1920 K. Hamsun N
1921 A. France F
1922 J. Benavente E
1923 W. B. Yeats IRL
1924 W. S. Reymont PL
1925 G. B. Shaw GB
1926 G. Deledda I
1927 H. Bergson F
1928 S. Undset N
1929 Th. Mann D
1930 S. Lewis USA
1931 E. A. Karlfeldt S
1932 J. Galsworthy GB
1933 I. A. Bunin, staatenlos
1934 L. Pirandello I
1936 E. O'Neill USA
1937 R. Martin du Gard F
1938 P. S. Buck USA
1939 F. E. Sillanpää SF
1944 J. V. Jensen DK
1945 G. Mistral RCH
1946 H. Hesse CH
1947 A. Gide F
1948 T. S. Eliot GB
1949 W. Faulkner USA
1950 Earl B. A. W. Russell GB
1951 P. Lagerkvist S
1952 F. Mauriac F
1953 Sir W. L. Churchill GB
1954 E. Hemingway USA
1955 H. K. Laxness IS
1956 J. R. Jiménez E
1957 A. Camus F
1958 B. L. Pasternak SU
1959 S. Quasimodo I
1960 Saint-John Perse F
1961 J. Andrić YU
1962 J. Steinbeck USA
1963 G. Seferis GR
1964 J.-P. Sartre F
1965 M. A. Scholochow SU
1966 S. J. Agnon IL
N. Sachs D
1967 M. A. Asturias GCA
1968 Y. Kawabata J
1969 S. Beckett IRL
1970 A. I. Solschenizyn SU
1971 P. Neruda RCH
1972 H. Böll D
1973 P. White AUS
1974 E. Johnson S
H. Martinson S
1975 E. Montale I
1976 S. Bellow USA
1977 V. Aleixandre E
1978 I. B. Singer USA
1979 O. Elytis GR
1980 Cz. Miłosz PL
1981 E. Canetti GB
1982 G. García Márquez CO
1983 W. G. Golding GB
1984 J. Seifert CS

Physiologie und Medizin

1901 E. A. von Behring D
1902 Sir R. Ross GB
1903 N. R. Finsen DK
1904 I. P. Pawlow R
1905 R. Koch D
1906 C. Golgi I
S. Ramon y Cajal E
1907 Ch. L. A. Laveran F
1908 P. Ehrlich D
I. Metschnikow R
1909 Th. Kocher CH
1910 A. Kossel D
1911 A. Gullstrand S
1912 A. Carrel USA
1913 Ch. Richet F
1914 R. Bárány H
1919 J. Bordet B
1920 Sch. A. St. Krogh DK
1922 A. V. Hill GB
O. Meyerhof D
1923 F. G. Banting CDN
J. J. R. Macleod CDN
1924 W. Einthoven NL
1926 J. Fibiger DK
1927 J. Wagner-Jauregg A
1928 Ch. J. H. Nicolle F
1929 Ch. Eijkman NL
Sir F. G. Hopkins GB
1930 K. Landsteiner A
1931 O. H. Warburg D
1932 Lord E. D. Adrian GB
Sir Ch. S. Sherrington GB
1933 Th. H. Morgan USA
1934 G. R. Minot USA
W. P. Murphy USA
G. H. Whipple USA
1935 H. Spemann D

1936 Sir H. H. Dale GB
O. Loewi A
1937 A. von Szent-Györgyi H
1938 C. Heymans B
1939 G. Domagk D
1943 H. C. P. Dam DK
E. A. Doisy USA
1944 J. Erlanger USA
H. S. Gasser USA
1945 E. B. Chain GB
Sir A. Fleming GB
Sir H. W. Florey GB
1946 H. J. Muller USA
1947 C. F. Cori USA
G. T. Cori USA
B. A. Houssay RA
1948 P. H. Müller CH
1949 W. R. Hess CH
C. A. Moniz-Egas P
1950 P. S. Hench USA
E. C. Kendall USA
T. Reichstein CH
1951 M. Theiler ZA
1952 S. A. Waksman USA
1953 H. A. Krebs GB
F. A. Lippmann USA
1954 J. F. Enders USA
F. C. Robbins USA
Th. H. Weller USA
1955 A. H. Th. Theorell S
1956 A. F. Cournand USA
W. Forßmann D
D. W. Richards USA
1957 D. Bovet I
1958 G. W. Beadle USA
J. Lederberg USA
E. L. Tatum USA
1959 A. Kornberg USA
S. Ochoa USA
1960 Sir F. M. Burnet AUS
P. B. Medawar GB
1961 Gg. v. Békésy USA
1962 F. H. C. Crick GB
J. D. Watson USA
M. H. F. Wilkins GB
1963 Sir J. C. Eccles AUS
A. L. Hodgkin GB
A. F. Huxley GB
1964 K. Bloch USA
F. F. K. Lynen D
1965 F. Jacob F
A. Lwoff F
J. Monod F
1966 Ch. B. Huggins USA
F. P. Rous USA
1967 R. A. Granit S
H. K. Hartline USA
G. Wald USA
1968 R. W. Holley USA
H. G. Khorana USA
M. W. Nirenberg USA
1969 M. Delbrück USA
A. D. Hershey USA
S. E. Luria USA
1970 J. Axelrod USA
U. S. von Euler S
B. Katz GB
1971 E. W. Sutherland USA
1972 G. M. Edelman USA
R. R. Porter GB
1973 K. v. Frisch D
K. Lorenz A
N. Tinbergen GB
1974 A. Claude B
G. E. Palade USA
Ch. R. de Duve B
1975 H. M. Temin USA
R. Dulbecco USA
D. Baltimore USA
1976 B. S. Blumberg USA
D. C. Gajdusek USA
1977 R. L. Guillemin USA
A. V. Schally USA
R. S. Yalow USA
1978 W. Arber CH
D. Nathans USA
H. O. Smith USA
1979 A. M. Cormack USA
G. N. Hounsfield GB
1980 B. Benacerraf USA
G. Snell USA
J. Dausset F
1981 D. H. Hubel CDN
R. W. Sperry USA
T. N. Wiesel S
1982 S. Bergström S
B. Samuelsson S
J. Vane GB
1983 B. McClintock USA
1984 N. K. Jerne GB
G. Köhler D
C. Milstein GB

Physik

1901 W. C. Röntgen D
1902 H. A. Lorentz NL
P. Zeeman NL
1903 A. H. Becquerel F
M. S. Curie F
P. Curie F
1904 Lord Rayleigh GB
1905 Ph. Lenard D
1906 Sir J. J. Thomson GB
1907 A. A. Michelson USA
1908 G. Lippmann F
1909 K. F. Braun D
G. Marconi I
1910 J. D. van der Waals NL
1911 W. Wien D
1912 G. Dalén S
1913 H. Kamerlingh-Onnes NL
1914 M. von Laue D
1915 Sir W. H. Bragg GB
Sir W. L. Bragg GB
1917 Ch. G. Barkla GB
1918 M. Planck D
1919 J. Stark D
1920 Ch. E. Guillaume F
1921 A. Einstein D
1922 N. Bohr DK
1923 R. A. Millikan USA
1924 K. M. G. Siegbahn S
1925 J. Franck D
G. Hertz D
1926 J. B. Perrin F
1927 A. H. Compton USA
Ch. Th. R. Wilson GB
1928 Sir O. W. Richardson GB
1929 L.-V. de Broglie F
1930 Sir Ch. V. Raman IND
1932 W. Heisenberg D
1933 P. A. M. Dirac GB
E. Schrödinger A
1935 J. Chadwick GB
1936 C. D. Anderson USA
V. F. Hess A
1937 C. J. Davisson USA
Sir G. P. Thomson GB
1938 E. Fermi I
1939 E. O. Lawrence USA
1943 O. Stern USA
1944 I. I. Rabi USA
1945 W. Pauli A
1946 P. W. Bridgman USA
1947 Sir E. V. Appleton GB
1948 Lord P. M. S. Blackett GB
1949 H. Yukawa J
1950 C. F. Powell GB
1951 Sir J. D. Cockcroft GB
E. Th. S. Walton IRL
1952 F. Bloch USA
E. M. Purcell USA
1953 F. Zernike NL
1954 M. Born GB
W. Bothe D
1955 P. Kusch USA
W. E. Lamb USA
1956 J. Bardeen USA
W. H. Brattain USA
W. Shockley USA
1957 T. D. Lee RC
C. N. Yang RC
1958 P. A. Tscherenkow SU
I. M. Frank SU
I. J. Tamm SU
1959 O. Chamberlain USA
E. Segrè USA
1960 D. A. Glaser USA
1961 R. Hofstadter USA
R. Mössbauer D
1962 L. D. Landau SU
1963 M. Goeppert-Mayer USA
J. H. D. Jensen D
E. Wigner USA
1964 N. G. Bassow SU
A. M. Prochorow SU
Ch. H. Townes USA
1965 R. Ph. Feynman USA
J. Schwinger USA
S. Tomonaga J
1966 A. Kastler F
1967 H. A. Bethe USA
1968 L. W. Alvarez USA
1969 M. Gell-Mann USA
1970 H. O. G. Alfvén S
L. E. N. Néel F
1971 Sir D. Gabor GB
1972 J. Bardeen USA
L. N. Cooper USA
J. R. Schrieffer USA
1973 L. Esaki J
I. Giaever GB
B. D. Josephson GB
1974 M. Ryle GB
A. Hewish GB
1975 A. Bohr DK
B. R. Mottelson DK
L. J. Rainwater USA
1976 S. C. C. Ting USA
B. Richter USA
1977 J. H. Van Vleck USA
Sir N. F. Mott GB
P. W. Anderson USA
1978 P. L. Kapiza SU
A. A. Penzias USA
R. W. Wilson USA
1979 S. L. Glashow USA
A. Salam PAK
S. Weinberg USA
1980 V. L. Fitch USA
J. W. Cronin USA
1981 K. M. Siegbahn S
N. Bloembergen USA
A. L. Schawlow USA
1982 K. G. Wilson USA
1983 S. Chandrasekhar USA
W. A. Fowler USA
1984 C. Rubbia I
S. van der Meer NL

Wirtschaftswissenschaften

1969 R. Frisch N
J. Tinbergen NL
1970 P. A. Samuelson USA
1971 S. Kuznets USA
1972 K. J. Arrow USA
J. R. Hicks GB
1973 W. Leontief USA
1974 F. A. v. Hayek GB
G. Myrdal S
1975 L. W. Kantorowitsch SU
T. Ch. Koopmans USA
1976 M. Friedman USA
1977 B. G. Ohlin S
J. E. Meade GB
1978 H. Simon USA
1979 T. W. Schultze USA
A. Lewis GB
1980 L. R. Klein USA
1981 J. Tobin USA
1982 G. J. Stigler USA
1983 D. Debreu USA
1984 Sir R. Stone GB

In den folgenden Jahren sind keine N. verliehen worden: Physik 1916, 1931, 1934, 1940–42; Chemie 1916, 1917, 1919, 1924, 1933, 1940–42; Physiologie und Medizin 1915–18, 1921, 1925, 1940–42; Literatur 1914, 1918, 1935, 1940–43; Friedenspreis 1914–16, 1918, 1923, 1924, 1928, 1932, 1939–43, 1948, 1955, 1956, 1966, 1967, 1972. – Die Abk. der Nationalitätszugehörigkeit entspricht den Nationalitätskennzeichen bei Kraftfahrzeugen; D steht für Dtl. (Dt. Reich, Bundesrep. Dtl.).

Nọcken *der, -s/-,* kurvenförmiger Vorsprung an einer Welle **(Nockenwelle)** oder Scheibe, der bei Drehung der Welle einem meist kraftschlüssig auf dem N. schleifenden Körper, z. B. Stößel, eine durch die Nockenform bestimmte, vom Drehwinkel der Welle abhängige Auf- und Abwärtsbewegung erteilt, dient z. B. bei Verbrennungskraftmaschinen zur Betätigung der Ventile (N. öffnet, Federdruck schließt das Ventil). BILD S. 28.

Nocturne [nɔkt'yrn, frz.] *die, -/-s* oder *das, -s/-s,* 𝅘𝅥𝅮 Nachtstück, → Notturno.

Nodier [nɔdj'e], Charles, frz. Schriftst., * Besançon 29. 4. 1780, † Paris 27. 1. 1844, trug dazu bei, Shakespeare sowie die engl. und dt. Romantiker in Frankreich bekannt zu machen; schrieb von diesen beeinflußte Romane (›Hans Sbogar‹, 1818) und Novellen (›Die Krümchen-Fee‹, 1832).

No-effect-level [nəʊ ɪf'ekt levl, engl. ›kein Wirkungsgrad‹], die Substanzmenge eines Pflanzenschutzmittels in mg/kg Körpergewicht, die bei tägl. Aufnahme weder funktionelle Störungen noch strukturelle Veränderungen am Versuchstier auslöst.

Noel-Baker [n'əʊəl b'eɪkə], Philip, brit. Politiker (Labour Party), * London 1. 11. 1889, † ebd. 8. 10. 1982, nahm 1919 an der Pariser Friedenskonferenz, 1932–33 an der Genfer Abrüstungskonferenz teil; 1945–51 Minister. N.-B. setzte sich für die internat. Abrüstung ein; 1959 Friedensnobelpreis.

Noelle-Neumann, Elisabeth, Publizistik-Wissenschaftlerin, * Berlin 19. 12. 1916, gründete 1947 mit E. P. Neumann das ›Institut für Demoskopie Allensbach‹; seit 1965 Prof. in Mainz.

Noelte, Rudolf, Regisseur, * Berlin 20. 3. 1921, wirkt v. a. in Berlin; ⚭ mit der Schauspielerin Cordula Trantow.

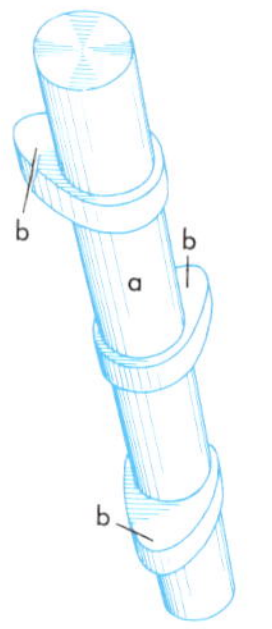

Nocken:
Nockenwelle;
a Welle, b Nocken

Noem [grch.] *das, -s/-e,* nicht weiter zerlegbarer semant. Bestandteil einer sprachl. Einheit (z. B. setzt sich der Begriff ›Frau‹ zusammen aus den N. ›weiblich‹ und ›erwachsen‹).

Noetik [grch.] *die,* -, Lehre vom Denken, Begreifen und Erkennen; im Unterschied zur formalen Logik auf wahres Erkennen, nicht nur auf richtiges Denken abzielend. *Adj.* **noetisch.**

Nofretete [ägypt. ›die Schöne ist gekommen‹], Gemahlin des ägypt. Königs → Amenophis 2). Ihre Büste aus bemaltem Kalkstein wurde 1912 bei Ausgrabungen in → Amarna gefunden.

Nofretiri, Nefertari, ägypt. Königin, Gemahlin → Ramses' II., bekannt durch ihr reich ausgeschmücktes Grab im Tal der Königinnen bei Luxor.

Nogaier *Pl.,* Türkvolk, hervorgegangen aus der großen Nogai-Horde, einem selbständigen Volk der → Goldenen Horde. Es lebte nördlich des Kaukasus bis zur Krim, heute im N-Kaukasus.

Nogat *die,* der östlichste, in das Frische Haff entwässernde Mündungsarm der Weichsel.

Noginsk, bis 1930 **Bogorodsk,** Stadt im Gebiet Moskau, Russ. SFSR, (1980) 120000 Ew.; Textil-, Maschinenbau-, Baustoffind.

Nohfelden, Gem. im Kr. St. Wendel, Saarland, (1983) 10400 Ew., an der Nahe; 1973 durch Zusammenschluß entstanden.

Nohl, Herman, Pädagoge, Philosoph, * Berlin 7. 10. 1879, † Göttingen 27. 9. 1960, gehörte zu der von W. Dilthey ausgehenden geisteswissenschaftlich orientierten Schule der Philosophie.
HW: Die pädagog. Bewegung in Dtl. und ihre Theorie (1933); Die ästhet. Wirklichkeit (1935); Charakter und Schicksal (1938).

No iron [nəʊ'aɪən, engl. ›kein Bügeln‹], ♧ → pflegeleichte Textilien.

NOK, Abk. für → Nationales Olympisches Komitee.

Nokturn [lat.] *die, -/-en,* Teil der → Mette, besteht aus Psalmen und Lesungen.

Noland [n'əʊlənd], Kenneth, amerikan. Maler, * Asheville (N. C.) 10. 4. 1924, ein Hauptvertreter des → Action-Painting.

Nolde, Emil, eigtl. **Hansen,** Maler und Graphiker, * Nolde (Südtondern) 7. 8. 1867, † Seebüll (Nordfriesland) 13. 4. 1956, machte 1913/14 eine Weltreise (Sibirien, Japan, Südsee), lebte seit 1918 abwechselnd in Berlin und auf seinem Hof Seebüll. 1937 wurden viele seiner Werke als ›entartet‹ beschlagnahmt; 1941 erhielt er Malverbot. N. gehört zu den Hauptmeistern des Expressionismus. Sein wichtigstes Ausdrucksmittel ist die zu äußerster Leuchtkraft gesteigerte Farbe. Leidenschaftl. Naturerlebnis ist in seinen Blumen-, Landschafts- und Meeresbildern gestaltet; Sinn für Spukhaftes und Groteskes spricht aus seinen Figuren- und Maskenbildern. Seit 1909 malte er auch religiöse Bilder. Zu seinen bedeutendsten Werken gehören Holzschnitte und Aquarelle. – Selbstbiographie ›Das eigene Leben‹ (1931).

Emil Nolde:
Prophet; Holzschnitt

nölen [aus nd. nötelen, zu Not]. *ich* **nöle,** *norddt.:* rede oder arbeite langsam; bin langsam, zögere mit allem.

nolens volens [lat. ›nicht wollend (oder) wollend‹], wohl oder übel, gutwillig oder gezwungenermaßen.

noli me tangere [lat. ›rühr mich nicht an‹], **1)** bildende Kunst: Darstellung des auferstandenen Christus, der Maria Magdalena erscheint (nach Joh. 20, 17); nach Joh. 20, 14–18 wurde Christus hier oft auch als Gärtner dargestellt. **2)** ⊕ **Impati|ens noli-tangere, Rührmichnichtan,** → Balsamine.

noli turbare circulos meos! [lat. ›störe meine Kreise nicht!‹], soll Archimedes bei der Einnahme von Syrakus dem in sein Haus eindringenden röm. Soldaten zugerufen haben, da er in seine in den Sand gezeichneten Figuren vertieft war. Archimedes sei daraufhin getötet worden.

Noma [grch.] *die, -/...mae,* **Wasserkrebs,** früher auch **Hospitalbrand,** ⚕ eine rasch um sich greifende, von Bakterien erregte Geschwürsbildung, meist der Wangen **(Wangenbrand),** bei durch Krankheiten oder Mangelernährung geschwächten Menschen, bes. Kindern nach Infektionskrankheiten. – Behandlung: Chemotherapie.

Nomade [grch.] *der, -n/-n,* Angehöriger eines wandernden Hirtenvolks (→ Hirtenvölker). *ich* **nomadisiere, 1)** lebe als N. **2)** Ü wechsle oft den Wohnsitz. *Adj.* **nomadisch.**

Nome [nəʊm], Stadt in Alaska, USA, (1970) 2500 Ew., im SW der Seward-Halbinsel; früher Goldgräberstadt, heute Handelszentrum, besonders der Eskimo; bedeutender Flughafen.

Nomen [lat. ›Name‹] *das, -s/...mina,* **Nennwort,** zusammenfassende Bez. für Substantiv, Adjektiv und Numerale, i. e. S. nur für Substantiv. **nomen est omen,** der Name ist Vorbedeutung, sprichwörtlich nach ›nomen atque omen‹ (Plautus' ›Persa‹, IV, 4, 74). **nominal, 1)** den Namen betreffend. **2)** nominell. **nominal ...,** nenn ..., nennwert ...: *der Nominallohn. die* **Nomination,** *-/-en,* **1)** Nennung, Benennung. **2)** Ernennung für ein Amt. *Vb. ich* **nominiere** *ihn.* **nominell,** dem Namen nach; vorgeblich.

Nomenklatur [lat.] *die, -/-en,* Namengebung, Verzeichnis von Fachausdrücken einer Wiss. – Biologie: Seit C. v. Linné wird jede Organismenart (Mensch, Tiere, Pflanzen) mit zwei lat. oder latinisierten Namen belegt (z. B. Haussperling: Passer domesticus). Der 1. Name bezeichnet die Gatt., der 2. die Art. Diese **binominale** oder **binäre N.** wird innerhalb der Art für Unterarten durch einen 3. Namen ergänzt **(trinominale** oder **ternäre N.).** Zur eindeutigen Festlegung des Namens wird ihm der Name des Forschers (meist abgekürzt) beigefügt, der die Art unter der betreffenden Bez. erstmals beschrieben hat. – Chemie: → chemische Nomenklatur, → chemische Zeichensprache. – Mathematik: → mathematische Zeichen.

Nofretete: Büste aus Amarna, bemalter Kalkstein; um 1360 v. Chr. (Berlin-West, Staatl. Museen)

Nominalismus [lat.] *der,* -, **1)** Ⓟⓗ die Lehre, daß die allg. Begriffe nicht Realität, sondern nur Namen seien. Der von Roscelin und Abaelard im 11. und 12. Jh. ausgehende N. des späten MA. ist sehr vielgestaltig; der gemäßigten Richtung des N. (→ Konzeptualismus) gehörte z. B. Wilhelm v. Ockham an. Nominalist. Grundsätze werden in neuerer Zeit bes. vom Positivismus und Neopositivismus vertreten. **2)** Geldtheorie: → Geld.

Nominal|lohn, → Lohn.

Nominalphrase, eine unmittelbare Konstituente (Wort oder syntaktisch zusammengehörige Wortgruppe) des Satzes, die aus Nomen oder Pronomen besteht, aber auch durch Artikel, Adjektiv, Relativsätze u. a. näher bestimmt sein kann (z. B. ›er‹, ›der fleißige Schüler, der seine Prüfung bestanden hat‹). → Verbalphrase.

Emil Nolde:
Steigende Wolken (Hagen, Karl-Ernst-Osthaus-Museum)

Nominalsatz, Ⓢ **1)** Satz ohne verbales Prädikat. **2)** Satz, dessen beide Hauptglieder durch ›sein‹ oder ein ähnl. Prädikat zum Ausdruck einer Seinsbestimmung verbunden sind.

Nominalwert, der → Nennwert.

Nominativ [lat. ›Nennfall‹] *der, -s/-e,* Ⓢ 1. Fall, Werfall (ÜBERSICHT Substantiv).

Nomographie [grch.] *die,* -, △ Verfahren der angewandten Mathematik, in dem Funktionen (auch solche von mehreren Variablen) durch Kurven in einer Ebene veranschaulicht werden. Diese Kurven dienen oft zur zeichner. Lösung von Rechenaufgaben.

Nomos [grch.], **1)** *der, -/...moi,* urspr. Sitte, Brauch; etwa seit dem 6. Jh. v. Chr. meist Gesetz. **2) Nomos** *der, -/...m'oi,* grch. Verwaltungsbezirk.

Nomo|sphäre, begrifflich-inhaltliche Seite der Sprache, im Unterschied zu den konkreten sprachlichen Zeichen, der **Morphosphäre.**

nomothetisch [grch. ›gesetzgebend‹], von W. Windelband eingeführter Begriff zur Kennzeichnung des naturwissenschaftl. Vorgehens, das das in immer gleicher Weise wiederkehrende Geschehen zum Gegenstand hat und auf die Aufstellung von allg. Gesetzen zielt; i. Ggs. dazu steht die idiograph. Methode der Geisteswissenschaften.

Non [lat. nona ›die neunte (Stunde)‹] *die,* -, bestimmter Abschnitt des kath. → Stundengebets (je nach Jahreszeit zw. 14 und 16.30 Uhr).

Non|affektationsprinzip, Haushaltsgrundsatz der Finanzwiss.: Bei der Aufstellung des Budgets soll eine Zweckbindung der Einnahmen aus einzelnen Steuern für best. Aufgaben vermieden werden.

Non-alignment [nɔn əl'aɪnmənt, engl. ›Nichtangliederung‹], die Politik eines Staates, sich nicht an militär. Bündnisse zu binden; wird v. a. von den Staaten der → Dritten Welt vertreten.

No-Name-Produkte [nəʊn'eɪm-, engl.], **namenlose Produkte, weiße Produkte,** Waren (v. a. im Lebensmittelhandel), deren Verpackung i. Ggs. zu Markenartikeln keine besondere Aufmachung aufweist, sondern lediglich Angaben über Art, Gewicht und ggf. inhaltl. Zusammensetzung des Gutes.

Nonansäure, die → Pelargonsäure.

Nonchalance [nɔ̃ʃal'ãs, frz.] *die, -,* Lässigkeit, Unbekümmertheit, Ungezwungenheit. *Adj.* **nonchalant** [-l'ã].

Non-cooperation [nɔn kəuɔpər'eɪʃn, engl.], polit. Kampfweise Gandhis, → Indischer Nationalkongreß.

None:
a große, b kleine,
c übermäßige,
d verminderte None

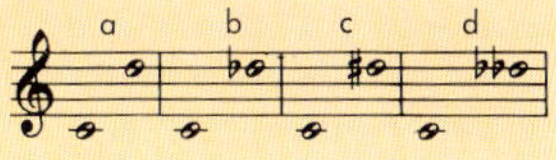

None [lat.] *die, -/-n,* 9. Stufe der diaton. Tonleiter, also die Oktave der Sekunde. **Nonen|akkord,** dissonanter Fünfklang aus Grundton, Terz, Quinte, Septime und N.

Nonen *Pl.,* lat. **Nonae,** im altröm. Kalender der 5. Tag des Monats, im März, Mai, Juli und Oktober der 7. Tag.

non fiction [nɔn f'ɪkʃn, engl.], in Verbindung mit Werken der Literatur Bezeichnung für Fach- und Sachbücher.

Non-food-Artikel [nɔn f'u:d-, engl.], Einzelhandel: Waren, die keine Lebensmittel sind, langlebige Gebrauchsgüter.

Nonius [fälschlich n. dem Portugiesen Pedro Nuñez, * 1492, † 1577, benannt] *der, -/...ni|en,* von Pierre Vernier 1631 erfundener, für die Längen- und Winkelmessung benutzter Hilfsmaßstab zum Ablesen von Zehnteln (oder bei speziellen N.-Teilungen auch kleineren Bruchteilen) der Einheiten des betreffenden Hauptmaßstabes. Auf dem Hauptmaßstab liest man die ganzen (ungeteilten) Längen- oder Winkeleinheiten ab und zählt die N.-Einheiten dazu, die durch den Teilstrich der N.-Teilung angegeben werden, der mit einem Teilstrich der Hauptskala zusammenfällt.

Nonkonformismus [lat.], das aktiv bekundete Abweichen von einer herrschenden religiösen, weltanschaulichen oder gesellschaftspolit. Einstellung. *der* **Nonkonformist,** *-en/-en,* **1)** → Dissenters. **2)** Ü jemand, der mit den herrschenden Ansichten nicht übereinstimmt. *Adj.* **nonkonformistisch.**

non liquet [lat.], es läßt sich nicht entscheiden.

non multa, sed multum [lat.], nicht vielerlei, sondern viel.

Nonne [lat.] *die, -/-n,* **1)** kath. Klosterrecht: Ordensfrau, Angehörige eines weibl. Ordens; i. a. Sprachgebrauch auch die Klosterschwester überhaupt. **2) Lymantria monacha,** zu den Trägspinnern gehöriger Schmetterling, Vorderflügel weiß mit schwarzen Zickzacklinien, Hinterflügel grau, Hinterleibsspitze rosa; als Raupe ein gefährl. Forstschädling (Bild Schädlinge). **3)** Vogel, → Webervögel. **4)** *oberdt.:* kastriertes weibl. Tier. **5)** → Dachziegel.

Nonnenwerth, Insel im Rhein bei Bad Honnef, mit Benediktinerinnenabtei (1122–1802); seit 1854 im Besitz von Franziskanerinnen.

Nonnos, grch. Dichter aus Panopolis, Ägypten, schrieb im 5. Jh. n. Chr. mit barockem Pathos ein Gedicht von etwa 21000 Hexametern über den Triumphzug des Gottes Dionysos nach Indien (›Dionysiaka‹).

Nono, Luigi, ital. Komponist, * Venedig 29. 1. 1924, hat als einer der führenden Komponisten seiner Generation selbständigen Anteil an der Entwicklung der seriellen Musik; komponierte Kantaten, Instrumentalwerke (Opern: ›Intolleranza‹, 1960; ›Al gran sole carico d'amore‹, 1975).

non olet [lat. ›es (Geld) stinkt nicht‹], Ausspruch von Kaiser Vespasian.

Nonpareille [nɔ̃par'ɛj, frz. ›unvergleichlich‹] *die, -,* ein → Schriftgrad von sechs typograph. Punkten. (→ Schriften)

Nonplusultra [lat. ›nicht weiter‹] *das, -,* das Unübertreffliche.

non possumus [lat. ›wir können nicht‹], nach Apostelgeschichte 4,20 Weigerungsformel des Hl. Stuhles gegenüber staatl. Forderungen.

Non-Proliferation of Nuclear Weapons [nɔn prəulɪfər'eɪʃn ɔv nj'u:klɪə w'epənz, engl.], → Kernwaffensperrvertrag.

Nonsberg, Tal in der ital. Prov. Trient, → Noce.

non scholae, sed vitae discimus [lat.], wir lernen nicht für die Schule, sondern für das Leben.

Nonsens [lat.] *der, -,* Unsinn, törichtes Gerede.

Nonsense-Verse [n'ɔnzɛns-, engl. ›Unsinn‹], Verse, die durch absurde Vorstellungen, unlog. Gedankenverbindungen oder bloße Klangspiele verblüffend wirken; die Strophenform ist häufig der → Limerick. Als Begründer der engl. ›nonsense-poetry‹ gilt E. Lear (* 1812, † 1888). N.-V. schrieben in dt. Sprache Chr. Morgenstern, J. Ringelnatz u. a.

Nonstop... [engl.], ohne Zwischenhalt: *Nonstopflug; Nonstopvorstellung.*

Nontronit [n. Nontron, Dép. Dordogne] *der, -s/-e,* Mineral, strohgelbes bis grünes, quellfähiges Schichtsilikat; meist derbe, dichte, unter dem Mikroskop feinfaserige Massen; Verwitterungsprodukt eisenhaltiger Minerale.

Nonvaleur [nɔ̃val'œ:r, frz.] *der, -s/-s,* wertlos gewordene oder wertlos erscheinende Wertpapiere, im Warenverkehr unverkäufl. oder entwertete Güter.

No|ologie [grch.] *die, -,* Geistlehre; bezeichnet eine Philosophie, die sich (im Unterschied zur Psychologie) auf den Welt und Seele umspannenden Geist und dessen ›Tatwelt‹ bezieht (R. Eucken).

Noor [dän.] *das, -(e)s/-e, nd.:* Haff.

Noppe [zu Knopf] *die, -/-n,* Faserbüschel (aufgeschnittene N.) oder Schlinge (geschlossene N.) im Gewebe. **Noppengarn,** Garn (oder Zwirn) mit N. **Noppenstoff, 1)** → Frotté. **2) Noppé,** ein grobfädiges Phantasiegewebe mit Knoten und N., für Damenmäntel, Sportkleidung, Dekorationen. *ich* **noppe** *es,* befreie Rohgewebe von Knoten (Noppen), Schlingen und Fadenenden mit Hilfe besonderer Nadeln und einer Noppzange.

Nor..., Vorsilbe zur Kennzeichnung der Verkleinerung von organ. Molekülen, z. B. bei Terpenen durch Ersatz aller an einen Ring gebundenen Methylgruppen durch Wasserstoffatome.

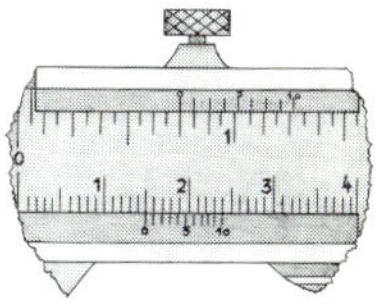

Nonius
an einer Schieblehre

Nora [von Eleonora], weibl. Vorname.

Nor|adrenalin, Nor|epinephrin, chemisch und physiologisch dem Adrenalin verwandtes Nebennierenhormon (→ Nebenniere); ein → Neurotransmitter. N. verengt die Blutgefäße mit Ausnahme der Herzkranz- und Hirngefäße, erhöht dadurch Gefäßwiderstand und Blutdruck, steigert die Schlagkraft des Herzens, den Stoffwechsel und Energieumsatz.

Norbergit [n. Norberg im schwed. Län Västmanland] *der, -s/-e,* einfachstes Glied einer Gruppe chemisch und strukturell nahe verwandter Minerale $nMg_2SiO_4 \cdot Mg(F, OH)_2$; Abarten: N. ($n=1$), **Chondrodit** ($n=2$), **Humit** ($n=3$), **Klinohumit** ($n=4$); kontaktmetamorph in vulkan. Auswürflingen.

Norbert [aus ahd. nord ›Norden‹ und beraht ›glänzend‹], männlicher Vorname.

Norbert, N. von Xanten, Ordensstifter, * Xanten um 1082, † Magdeburg 6. 6. 1134, war Stiftsherr in Xanten, zog als Bußprediger seit 1118 durch Dtl. und Frankreich, gründete 1120 in Prémontré bei Laon den Prämonstratenserorden und wurde 1126 Erzbischof von Magdeburg. Heiliger; Tag: 6. 6. **Norbertiner,** die → Prämonstratenser.

Nord, Abk. **N,** → Norden.

Nord [nɔ:r], Dép. in N-Frankreich, 5774 km², (1982) 2,52 Mio. Ew.; Hauptstadt: Lille.

Nord|albanische Alpen, Kalkhochgebirge an der N-Grenze Albaniens gegen Montenegro (Jugoslawien), in der Jezercë 2694 m.

Nord|albingi|er *Pl.,* die seit dem 8. Jh. nördlich der Niederelbe wohnenden Sachsenstämme: Dithmarscher, Holsten, Stormarn.

Luigi Nono

Nord|amerika, Erdteil der Neuen Welt (→ Amerika), umfaßt mit rd. 21,5 Mio. km² 15,8% der festen Erdoberfläche. (Karte XII/XIII, n. S. 320)

Lage. N. erstreckt sich zw. Nordpolarmeer, Pazifik, Atlantik und Golf von Mexiko mit über 4600 km in W-O- und 7000 km in N-S-Richtung. Als naturräuml. Grenze gegen Zentralamerika gilt die Landenge von Tehuantepec, doch wird ganz Mexiko kulturgeographisch und statistisch Mittelamerika zugerechnet.

Oberflächengestalt. N. wird auf der W-Seite von parallelen Ketten (bis 1700 km breit) junger Faltengebirge durchzogen, den → Kordilleren, die große Hochlandsbecken (u. a. Großes Bekken) und Plateaus einschließen und im Mount Mc Kinley (Alaska-Gebirge) 6193 m erreichen. Auf der Ostseite des Kontinents zieht das Rumpfgebirge der → Appalachen von NO nach SW. Dazwischen erstrecken sich zw. Nordpolarmeer und Golf von Mexiko ohne W-O-streichende Gebirgsschranken ausgedehnte Tiefländer: im W das Tafelland der Prärien (Great Plains), im NO der Kanad. Schild, der sich von allen Seiten zur Hudsonbai hin senkt, südl. davon das Mississippi-Becken. Im SO und S an Atlantik- und Golfküste sind junge Schwemmlandebenen aufgeschüttet. Über die Hälfte der Oberfläche N.s ist eiszeitlich geformt (viele Seen, mächtige Lößdecken). Im N und NO sind viele Inseln vorgelagert (auf den Kanadisch-Arkt. Archipel und Grönland entfallen 16,7% der Gesamtfläche N.s). Die Küsten sind im N Fjord- und Fjäll-

Nordamerika (1981)

Staaten (Hauptstadt)	Fläche 1000 km²	Ew. in 1000
Kanada		
(Ottawa)	9976,1	24105
Vereinigte Staaten von Amerika[1]		
(Washington)	9363,4	226505
Grönland[2]		
(Gothåb)	2175,6	50[5]
Saint-Pierre und Miquelon[3]		
(Saint-Pierre)	242,0	6[5]
Bermuda[4]		
(Hamilton)	53,0	58[5]

[1]) mit Hawaii. [2]) Dänisch. [3]) Frz. [4]) Brit. [5]) 1977.

Nordamerika: OBEN Kaskawulsch-Gletscher, Saint Elias Mountains; Kanada. UNTEN LINKS Rocky Mountains (Banff-Nationalpark); Kanada. UNTEN RECHTS Wattenlandschaft in Neufundland

küsten, im NO meist niedere Felsküsten, im SO und S überwiegend flache Anschwemmungsküsten. Die Gebirgsküsten des W sind im N von vielen Inseln und Fjorden gegliedert, nach S fast ungegliedert.

Größte Flüsse sind Mississippi, der mit Missouri und Ohio rd. 15% der Fläche zum Golf von Mexiko entwässert, Mackenzie, der ins Nordpolarmeer mündet, und St.-Lorenz-Strom, der Abfluß der → Kanadischen Seen zum Atlantik ist. Die Kanad. Seen sowie Großer Bärensee, Großer Sklavensee und Winnipegsee gehören zu den größten Seen der Erde.

N. hat Anteil an allen Klimazonen der Erde. Der N. mit Alaska und Kanadisch-Arkt. Archipel hat Polarklima. Die Ostseite ist im N feucht-kühl, im S (Florida) subtropisch; die W-Küste hat warmgemäßigtes Klima. Das Binnenland hat Kontinentalklima mit heißen Sommern und kalten Wintern. Zeitweise dringen vom Golf von Mexiko Hitzewellen weit nach N, von der Hudsonbai und vom Nordpolarmeer Kaltluftströme bis weit nach S vor.

Vegetation und Tierwelt folgen den Abstufungen des Klimas. Auf eine Tundra-Zone im hohen N (mit Eisbären, Rentieren, Moschusochsen u. a.) folgt ein breiter Waldgürtel, der zunächst aus Nadelhölzern, Erlen und Birken (mit Pelztieren) besteht und im S in Laubwald (mit Grizzlybären, Wölfen, Wapitihirschen, Skunks u. a.) übergeht. Im Innern breiten sich weite Grassteppen (Prärien) und Wüsten aus, einst reich an Steppentieren, wie Bison, Antilope, Puma, Präriewolf, Nagetiere (z. B. Präriehund), Schlangen. Immergrüne Wälder in den südlichen atlant. Küstenebenen und am Golf von Mexiko sind im S mit Palmen gemischt.

Bevölkerung. Die urspr. Bevölkerung (Indianer) wurde größtenteils von Eroberern ausgerottet oder ging an eingeschleppten Krankheiten zugrunde; einige vermischten sich mit den Einwanderern und den bes. im S und O des Kontinents als Sklaven (→ Sklaverei) eingeführten Negern; in Kanada und den USA leben noch rd. 1 Mio. Indianer, vorwiegend in → Indianer-Reservationen. Im äußersten N leben → Eskimo. Der größte Teil der etwa 235 Mio. Ew. N.s besteht aus Nachkommen eingewanderter Europäer; die Hauptsprachen sind Englisch und Französisch. Die durchschnittl. Bevölkerungsdichte ist, verglichen mit den westeurop. Industriestaaten, sehr gering; auf der O-Seite N.s gibt es jedoch äußerst dichtbesiedelte Ballungsgebiete.

Wirtschaft. N. verfügt über reiche Naturgüter (fruchtbare Böden, Wälder, Bodenschätze, Wasserkraft u. a.).

Tatkraft und Ideenreichtum der Einwanderer haben eine Volkswirtschaft mit hoher Produktivität geschaffen; hochgradige Technisierung und Arbeitsteilung bewirken eine außerordentliche Dynamik und Flexibilität. Die Produktion ermöglicht eine weitgehende Versorgung des Binnenmarktes bei starkem und ansteigendem Verbrauch sowie hohe Exportleistungen. Das Bruttoinlandsprodukt der USA steht mit großem Abstand an der Weltspitze, Kanada rangiert unter den ersten 10 Staaten.

Weiteres → Amerika, → Kanada, → Vereinigte Staaten von Amerika, → Grönland.

Vorgeschichte. N. wurde während der letzten Eiszeit von NO-Asien aus besiedelt (→ Amerika). Aus dieser Zeit, etwa von 10000 v. Chr. an, gibt es Tausende von steinernen Geschoßspitzen, die eine Großwildjagdkultur (Mammut, Bison) bezeugen (Paläoindianische Periode). Ihr folgten nach Klimaveränderung und Aussterben des Großwilds (von 8000 v. Chr. an) Wildbeuter-Kulturen (Archaische Periode). Im O entstanden ab 1000 v. Chr. seßhafte Bodenbauer-Kulturen (Formative Periode), in der Spätphase (seit 700 n. Chr.) mit intensivem Bodenbau (Mais, Bohnen, Kürbis), im SW, wohl unter mesoamerikan. Einfluß, die formativen Kulturen Hohokam und Anasazi (300 v. Chr.–1400) und Mogollon. Im N entwickelte sich in der westl. Arktis mit Einflüssen aus Sibirien um 1000 v. Chr. die Proto-Eskimo-Kultur.

Geschichte. Nach der Entdeckung Amerikas (→ Entdeckungsgeschichte) und der Besiedlung bes. durch Spanier, Briten, Franzosen und Niederländer bis zur Gründung der USA kam es immer wieder zu brit.-frz. machtpolit. Auseinandersetzungen. Im 18. Jh. gewannen die brit. Kolonien an der Ostküste die Vorherrschaft gegen die span. Besitzungen im S und gegen die frz. im N. Drei Regionen bildeten sich heraus: im N Neuengland, stark an Handel und Gewerbe orientiert, weiterhin die Mittelatlantik-Kolonien mit landwirtschaftl. Groß- und Mittelbesitz und starken Handelsinteressen und die Kolonien im S mit Plantagenwirtschaft und Negersklaverei. Das Vordringen brit. Kolonisten im Ohiotal führte 1754 zu Feindseligkeiten, die in den → Siebenjährigen Krieg überleiteten. Frankreich verlor Kanada und den östl. des Mississippi gelege-

Agrarwirtschaft: Anteil an der Welterzeugung (1981 in %)

Sojabohnen	62,2	Tabak	20,0
Mais	47,5	Baumwolle	19,9
Hafer	24,9	Eier	15,2
Weizen	21,9	Zuckerrüben	9,2

Bergbau: Anteil an der Weltförderung (1981 in %)

Molybdän	87,6	Nickel	23,7
Uran*)	51,6	Zink	23,5
Erdgas	40,8	Blei	22,7
Phosphate	38,7	Silber	21,4
Kupfer	26,8	Erdöl	19,0
Steinkohle	26,1	Vanadium	17,2
Asbest	25,3	Eisen	15,3

*) Weltförderung ohne Ostblockländer.

Nordamerika:
OBEN LINKS Death Valley mit Bergen der Amargosa Range (Begrenzung nach O); Kalifornien.
OBEN RECHTS Weizenland in den Great Plains; Kansas.
UNTEN Großer Salzsee (im Hintergrund links die Antilopen-Inseln); Utah

nen Teil von Louisiana an England. Spannungen ergaben sich aus der Handelspolitik des Mutterlandes, die Kolonien als Rohstofflieferanten und Absatzmärkte für Fertigwaren in Abhängigkeit zu halten und bes. für die Lasten der Verteidigung und Verwaltung des Empire heranzuziehen. Trotzdem erreichten alle Kolonien ein hohes Maß an Selbstverwaltung. Bedingt durch den Wegfall der frz. Bedrohung verringerte sich das Gefühl der Abhängigkeit vom Mutterland, und ein amerikan. Zusammengehörigkeitsgefühl entwickelte sich. Obwohl noch 1754 ein Zusammenschluß der Kolonien mißlang, führte der Verfassungsstreit über das Besteuerungsrecht des Mutterlandes rasch zur Unabhängigkeitsbewegung. Die weitere Geschichte N.s wurde durch die Gründung und rasche Expansion der Vereinigten Staaten von Amerika bestimmt. Die russ. Interessen (Alaska, Robbenfang, Ostasienhandel) wurden 1824 vertraglich auf die NW-Küste nördlich 54°40′ beschränkt und erledigten sich 1867 mit dem Verkauf Alaskas an die USA. Nördlich der USA entwickelte sich Kanada auf engl. und frz. Bevölkerungsgrundlage zur selbständigen Nation, die trotz wirtschaftl. und kultureller Anziehungskraft der USA im Verband des Commonwealth verblieb.

Nord|amerikanebel, ☆ aus Staub und Gas zusammengesetzter großer galakt. Nebel (NGC 7000) im Sternbild Schwan, hat die äußere Gestalt des nordamerikan. Kontinents; etwa 800 Parsec Entfernung. (BILD S. 32)

Nord|amerikaner, Bewohner Nordamerikas, bes. der USA.

nord|amerikanische Indianer. In Nordamerika gab es z. Z. der Ankunft der ersten Europäer eine Vielzahl von Kulturen, so die Küstenfischerkultur der →Nordwestküsten-Indianer (Kwakiutl, Haida u. a.), die Jäger- und Fischerkultur der subarktischen Indianer (Cree), in den trockenen Steppenlandschaften des W die intensive Sammlerkultur der Indianer Kaliforniens und des Großen Beckens (Shoshone), auf den Grasländern der Plains - allerdings erst nach Übernahme des Pferdes von den Spaniern - die nomad. Bisonjägerkultur der →Prärie- und Plains-Indianer (Comanchen, Sioux, Cheyenne). Die Kultivierung trop. Pflanzen (Mais, Bohne, Kürbis) trug zur Entstehung seßhafter Bodenbauerkulturen im östl. Waldland (Creek, Irokesen) und im SW (Piwa, Pueblo) bei. Diese konnten nach der Eroberung Nordamerikas ihre eigenen Kulturformen unter äußerl. Anpassung, z. T. bis in die Gegenwart, bewahren. Die Franzosen, die im N zunächst als Händler und Trapper tätig waren, störten die traditionellen indian. Kulturen nur wenig. Im O unterlagen die indian. Völker in zahlreichen Kämpfen den vom Atlantik nach W vordringenden brit., dt. und skandinav. Siedlern und zogen sich zunächst nach W zurück. Nachdem die USA die Unabhängigkeit erkämpft hatten, wurden die Indianer des O vertrieben, in Reservationen eingewiesen, ihrer Lebensgrundlage beraubt und ihre Zahl schließlich in z. T. erbitterten Kämpfen und durch Krankheiten dezimiert (bis gegen Ende des 19. Jh. auf ein Viertel). Trotzdem haben sich über hundert verschiedene indian. Sprachen und Kulturen erhalten. Die Regierungen der USA und Kanadas überlassen heute weitgehend den einzelnen Stämmen die Entscheidung darüber, welchen Weg in die Zukunft sie gehen wollen. Ihre wirtschaftl. Voraussetzungen sind dabei denkbar ungünstig. Ihre Proteste gegen die unrechtmäßigen Landabtretungen und gebrochenen Verträge werden deshalb immer schärfer.

nord|amerikanische Literatur, →amerikanische Literatur.

Nordamerika: LINKS Appalachen. RECHTS Citrus-Region bei Clermont; Florida

nord|amerikanische Musik, → amerikanische Musik.

nord|amerikanische Philosophie, → amerikanische Philosophie.

Nord-Assam-Völker, tibetobirmanisch sprechende, palämongolide Völker in den Himalayavorbergen N-Assams.

Nordamerikanebel

Nordatlantikpakt

Nord|atlantikpakt, engl. **North Atlantic Treaty Organization** [nɔ:θ ətl'æntɪk tr'i:tɪ ɔ:gənaɪz'eɪʃn], Abk. **NATO,** am 4. 4. 1949 zw. den USA, Kanada, Großbritannien, Frankreich, Italien, Belgien, den Niederlanden, Luxemburg, Dänemark, Norwegen, Island und Portugal in Washington geschlossener Vertrag zur gegenseitigen Verteidigung. Anlaß war die Gefährdung Europas durch die nach 1945 entstandene Spannung zw. der UdSSR und den westl. Staaten und die militär. Schwäche Europas. Der N. sieht den friedlichen Ausgleich aller Streitigkeiten zw. den Mitgliedern vor. Sie versprechen sich u. a. bis zum Eingreifen des Sicherheitsrates Beistand gegen bewaffnete Angriffe auf das Gebiet eines Vertragsstaates in Europa oder Nordamerika, der Türkei oder auf den Inseln im Nordatlantik oder auf Streitkräfte, Schiffe oder Flugzeuge eines Vertragsstaates in diesem Bereich oder auf Besatzungsstreitkräfte in Europa. Dem N. traten 1952 Griechenland und die Türkei, 1955 (im Rahmen der Westeurop. Union) die Bundesrep. Dtl. (→ Pariser Verträge), 1982 Spanien bei. 1966 trat Frankreich, 1974 Griechenland aus den integrierten militär. Stäben des N. aus; seit 1981 gehört Griechenland wieder dem integrierten militär. System der NATO an.

Der N. bildet die Grundlage einer Verteidigungsorganisation der westl. Staatenwelt unter gemeinsamem Oberbefehl bei Vereinheitlichung der militär. Planung. An der Spitze des N. steht der unter dem Vorsitz des Generalsekretärs tagende **Ständige Rat** (North Atlantic Council). Generalsekretäre: 1957–61 P. H. Spaak, 1961–64 D. Stikker, 1964–71 M. Brosio, 1971–84 J. Luns, seitdem P. Carrington. Der Rat tagt ständig, er hält in der Regel zweimal im Jahr von Ministern der Mitgl. besuchte Tagungen ab. Die militärische Organisation der Allianz untersteht dem Militärausschuß, dem die Stabschefs der Mitgliedsländer, für die Bundesrep. Dtl. der Generalinspekteur, angehören. Der Militärausschuß stützt sich auf einen integrierten militär. Stab (IMS, International Military Staff). Für die versch. Regionen des Vertragsgebiets gibt es je einen Alliierten Oberbefehlshaber Atlantik (SACLANT, Norfolk/Virginia), Europa (SACEUR mit dem Hauptquartier SHAPE, Casteau/Belgien) und Ärmelkanal (CINCHAN, Northwood), denen die Alliierten Kommandobereiche Atlantik (ACLANT), Europa (ACE) und Ärmelkanal (ACCHAN) entsprechen. Der Verteidigungsraum Europa des N. ist wiederum in 3 Hauptkommandobereiche Europa-Nord, Europa-Mitte, Europa-Süd unterteilt, befehligt von den Oberbefehlshabern der Alliierten Streitkräfte Europa-Nord (CINCNORTH), Europa-Mitte (CINCENT) und Europa-Süd (CINCSOUTH).

Die Zuteilung der nationalen Streitkräfte (›Assignment‹) begründet im Frieden keine Befehlsgewalt der alliierten Kommandobehörden über diese Streitkräfte. Erst in Spannungszeiten oder spätestens mit dem Beginn von Kampfhandlungen übernehmen die alliierten Kommandobehörden die operative Führung. Dieser Zeitpunkt ergibt sich aus einem mehrstufigen Alarmsystem, dessen Auslösung der nationalen Entscheidungsgewalt der Mitgliedstaaten unterliegt (→ NATO-Strategie).

Doppelbeschluß des N., Doppelbeschluß der NATO, NATO-Doppelbeschluß, ein im Dez. 1979 vom NATO-Rat verabschiedeter Entschluß, ab Herbst 1983 Mittelstreckenraketen vom Typ Pershing I (Reichweite 720 km) durch Pershing II-Raketen (Reichweite 1 800 km) und Cruise missiles (Reichweite 2 500 km) zu ersetzen, falls Verhandlungen der USA mit der UdSSR über die Verminderung ihres Potentials an Mittelstreckenraketen bis dahin scheitern sollten. Nachdem die sowjetisch-amerikan. Verhandlungen bis Nov. 1983 zu keinem entscheidenden Ergebnis geführt hatten, wurde in den europ. NATO-Staaten mit der Aufstellung der Raketentypen begonnen. Die Sowjetunion brach daraufhin die Gespräche mit den USA ab.

Nordbaden, bis 1972 Name des RegBez. → Karlsruhe.

Nordbrabant, niederländ. **Noord-Brabant,** Prov. im S der → Niederlande.

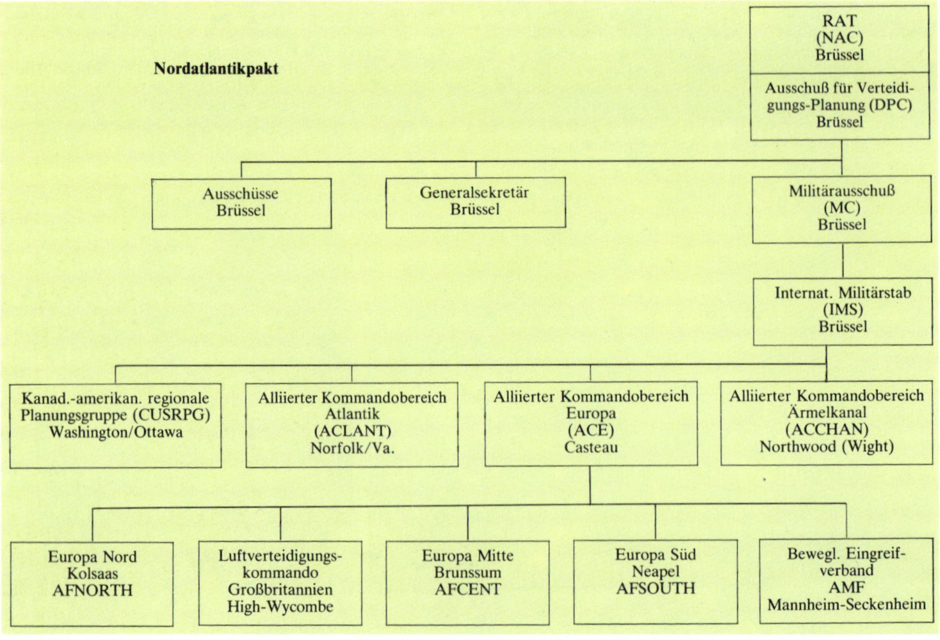

Nordchinesische Tief|ebene, Große Ebene, fruchtbare, dichtbesiedelte Landschaft in N-China, gebildet von den Lößschlammassen des Hwangho-Schwemmfächers, Anbau von Hirse (Kauliang), Weizen, Gerste und Baumwolle.

Norddeich, zur Stadt Norden, Ndsachs., gehörender Hafenort mit Küstenfunkstelle für den Seefunkdienst.

Norddeutsche Affinerie, Hamburg, eine der größten Kupferhütten Europas; gegr. 1866; Großaktionäre: Metallges. AG; Degussa; British Metal Corp. Ltd., London.

Norddeutsche Landesbank Girozentrale, Hannover/Braunschweig, entstand 1970 u. a. durch Fusion der ›Niedersächs. Landesbank-Girozentrale‹ und der ›Braunschweigschen Staatsbank‹. (ÜBERSICHT Banken)

Norddeutscher Bund, nach dem Dt. Krieg von 1866 an Stelle des Dt. Bundes durch Bismarck geschaffener dt. Bundesstaat, anfangs bestehend aus der Führungsmacht Preußen und 17 norddt. Kleinstaaten; nach dem Friedensschluß traten das Ghzgt. Hessen, das Kgr. Sachsen, Reuß ältere Linie und Sachsen-Meiningen bei. Der König von Preußen hatte das Bundespräsidium mit dem Oberbefehl über das Bundesheer und der Leitung der auswärtigen Politik inne. Der von ihm ernannte Bundeskanzler war der einzige verantwortl. Bundes-Min. Organe der Gesetzgebung waren Bundesrat und der nach dem allg., gleichen und geheimen Wahlrecht von 1849 gewählte Reichstag. Die Verf. des N. B. wurde, ergänzt und erweitert, die Grundlage der → Reichsverfassung von 1871.

Norddeutscher Lloyd [-lɔit], 1857 in Bremen gegr. Reederei; lief 1876 bereits alle wichtigen Häfen der amerikan. Ostküste an und erhielt 1884 erstmals das Blaue Band. 1886 wurde der Reichspostdampferdienst nach Ostasien und Australien aufgenommen, 1905 der Frachtdienst nach Niederländisch-Indien und Australien. Nach dem 1. Weltkrieg begann 1919 der Wiederaufbau der verlorenen Flotte. 1938 besaß der N. L. 85 Seeschiffe mit 618000 BRT. Im 2. Weltkrieg ging fast die gesamte Flotte verloren. 1970 vereinigte sich der N. L. mit der Hamburg-Amerika-Linie zur → Hapag-Lloyd-AG.

Norddeutscher Rundfunk, Abk. **NDR,** Sitz: Hamburg, eine der dt. Rundfunkanstalten des öffentl. Rechts, 1955 entstanden aus der Spaltung des Nordwestdt. Rundfunks (NWDR) in den NDR und Westdt. Rundfunk (WDR).

Norddeutsche Tief|ebene, → Deutschland, Landesnatur.

Norddeutschland, 1) geographisch: die Norddeutsche Tiefebene, → Deutschland, Landesnatur. **2)** geschichtlich: der Bereich des ehem. → Norddeutschen Bundes im Unterschied zu den südlich der Mainlinie gelegenen dt. Ländern (Süddeutschland).

Nord|elbische Evangelisch-Lutherische Kirche, 1970 beschlossener, 1977 vollzogener Zusammenschluß der bis dahin bestehenden evang. Landeskirchen von Eutin, Hamburg, Lübeck und Schleswig-Holstein und des Kirchenkreises Harburg der Landeskirche von Hannover.

Norden [ahd.] *der, -s,* Abk. **N,** eine → Himmelsrichtung, wird nahezu durch die Richtung des Nordpols einer frei drehbaren Magnetnadel angegeben: *der kalte N. der* **Nord,** *-(e)s/-e,* P Nordwind. *ich* **norde** *es,* richte nach Norden aus. *Subst. die* **Nordung,** -. **nordisch,** zum Norden gehörig: → Nordische Kombination, → nordische Sprachen. *der* **Nordist,** *-en/-en,* Kenner oder Erforscher der nordischen Sprachen, Literaturen und Kultur. **nördlich,** in Richtung nach Norden: *nördlicher Breite,* Abk. n(ördl.). Br., geograph. Breite nördlich des Äquators. **Nordnordost(en),** Abk. **NNO, Nordnordwest(en),** Abk. **NNW, Nordost(en),** Abk. **NO, Nordwest(en),** Abk. **NW,** Himmelsrichtungen.

Norden, Stadt im Kr. Aurich, Ndsachs., (1983) 24200 Ew.; Kornbrennerei; Maschinen- und Textilind.; Tee-Import; alte Bauwerke: romanisch-got. Ludgerikirche; Backstein-Rathaus, 16. Jh. (→ Norddeich).

Nordenham, Stadt im Kr. Wesermarsch, Ndsachs., (1983) 29600 Ew.; See- und Flußhafen an der Unterweser; Zollamt; Werften, Flugzeugteile-Herstellung, elektr. Schaltanlagen, Seekabelwerke, Düngemittelfabrik; Reederei- und Transportges. Midgard.

Nordenskiöld [n'urdənʃœld], **1)** A d o l f E r i k Frhr. von (1880), schwed. Polarforscher, * Helsinki 18. 11. 1832, † auf Dalbyö 12. 8. 1901, unternahm 1858–73 fünf Forschungsfahrten nach Spitzbergen. 1875 und 1876 fuhr er durch das Karische Meer zur Mündung des Jenissej und 1878/79 gelang ihm mit dem Dampfer ›Vega‹ die Nordostpassage entlang der Nordküste Sibiriens. 1883 erforschte er von der W-Küste Grönlands aus das Binneneis.

2) Nordenskjöld, O t t o, schwed. Geologe und Polarforscher, Neffe von 1), * auf Sjögle 6. 12. 1869, † Göteborg 2. 6. 1928, unternahm Forschungsreisen nach der S-Spitze Amerikas (1895–97), nach Alaska (1898), Grönland (1900) und als Leiter der schwed. Südpolarexpedition (1901–03) in die Antarktis (Grahamland).

Norderney [nd. ›Nordinsel‹], ostfries. Nordseeinsel, 13 km lang, bis 2 km breit, 26,3 km²; N. gehört zum Kr. Aurich, Ndsachs.; die Stadt N. im W der Insel hat (1983) 8200 Ew.; Forschungsstelle für Küsten- und Inselschutz; Heilbad mit Seewasserwellenhallen- und -freibad, Flugplatz.

Norder|oog, Hallig im nordfries. Wattenmeer, 6 ha; Vogelschutzgebiet.

Norderstedt, Stadt im Kr. Segeberg, Schlesw.-Holst., (1983) 66000 Ew., durch Zusammenschluß entstanden; vielseitige Ind.

nord|eurasischer Kulturkreis, archäolog. Formengruppen in Skandinavien, N-Rußland und Sibirien. Neben jungsteinzeitl. Errungenschaften (Kamm- und Grübchenkeramik, Schiefergeräte) sind in dem n. K. noch alt- und mittelsteinzeitl. Elemente erhalten (Knochengeräte, Skulpturen, Felsbilder). Das einheitl. Gepräge dieser subarkt. Jägerkulturen ist eher auf günstige Verkehrsverbindungen und gleichartige Umwelteinflüsse zurückzuführen als auf gemeinsame stammesgeschichtliche Grundlage.

Nord|europa, die nordischen Länder Europas mit Skandinavien (Schweden und Norwegen) als Kernraum, mit Finnland, Dänemark und Island als Randländern.

V o r g e s c h i c h t e. Die Besiedlung N.s begann mit dem Ende der Altsteinzeit. Die mit den Rückzugsschwankungen des Inlandeises verbundene Entstehungsgeschichte der → Ostsee bildet den erdgeschichtl. Rahmen der spät- und nacheiszeitl. Besiedlung Skandinaviens. Rentierjäger des Magdalénien zogen dem mit dem Eis nach N weichenden Jagdwild nach. In der Allerödzeit (etwa 10000–9000 v. Chr.) sind sie in der nach **Bromme** (Seeland) benannten Kulturgruppe faßbar, die in der darauffolgenden jüngeren Dryaszeit (→ Tundrenzeit) als **Lyngby-Kultur** ausgeprägt war, v. a. in Dänemark und S-Schweden. Die mittelsteinzeitl. **Maglemose-Kultur,** in der der Hund als erstes Haustier auftrat, brachte N. in der trockenwarmen Ancyluszeit eine erhebliche Bevölkerungszunahme. Im feuchtwarmen Atlantikum, dem Klimaoptimum der Mittelsteinzeit, stellte eine Landsenkung die Verbindung von Nord- und Ostsee durch Sund und Belte her (Litorinazeit). In dieser Periode entstanden als Siedlungsreste der Küstenbewohner die Muschelhaufen (→ Kjökkenmöddinger) der **Ertebölle-Kultur.** An der norweg. Küste siedelten Fischer- und Jägervölker, die an ihren Fangplätzen Felsbilder von Jagdtieren hinterließen. Seit etwa 2700 v. Chr. drangen die Träger der bäuerl. Jungsteinzeit-Kultur in Skandinavien ein. Die **Trichterbecherkultur** umfaßte ganz Dänemark und S-Schweden sowie Teile Norwegens. Kennzeichnend für sie waren v. a. die Megalithgräber. In N-Schweden und Norwegen herrschten damals Jäger- und Fischerkulturen mit Grübchenkeramik und Schiefergeräten. In Finnland entsprach dieser Kultur die **kammkeramische Kultur.** Zu Beginn des 2. Jahrtsd. v. Chr. drangen osteurop. Hirtenstämme als Träger der **Bootaxtkultur** (Schnurkeramik) nach Finnland, S-Schweden und S-Norwegen ein, verwandte Hirtenstämme aus Mittel- und Nord-Dtl. als Träger der **Einzelgrabkultur** nach Dänemark. In Finnland wurde die Bootaxtkultur von der **Kiukais-Kultur** abgelöst, die wohl aus der Verschmelzung der kammkeram. mit der Bootaxtkultur entstanden ist. Damit waren die Grundlagen für die Entstehung der frühen nord. Bronzezeit geschaffen. Einwanderungen haben im südl. Skandinavien nicht mehr stattgefunden, so daß die Bronzezeitmenschen schon als Urahnen der Germanen gelten können.

Nordfjord, einer der meistbesuchten Fjorde W-Norwegens, mit teils felsig-steilen, teils sanft ansteigenden Ufern.

Nordflüs *das, -es/-e, nd.:* Nordlicht.

Nordfriesische Inseln, ein Teil der → Friesischen Inseln.

Norderney

Nordkap: Fischerdorf

Nordfriesland, 1) Landschaft im NW von Schlesw.-Holst., umfaßt Teile der Lecker, Bredstedter und Husumer Geest, die vorliegenden Marschen und die Nordfriesischen Inseln. 2) Landkreis in Schleswig-Holstein; Kreisstadt: Husum.

Nordgau, bayerischer N., Kerngebiet der heutigen Oberpfalz, gehörte bis 976 und dann seit dem 13. Jh. zum Hzgt. Bayern.

Nordhausen, Krst. im Bez. Erfurt, im NW der Goldenen Aue, (1983) 47300 Ew.; Institut für Lehrerbildung und Ingenieurschule für Landtechnik; Bahnknoten; Maschinen-, Traktorenbau, Textil-Ind., Holzverarbeitung, Branntweinbrennereien (›Nordhäuser Korn‹). – N., 927 als Besitz König Heinrichs I. erwähnt, war 1220–1802 Freie Reichsstadt, kam dann an Preußen. April 1945 wurde die Stadt stark zerstört, bes. die Innenstadt mit histor. Bauwerken, Kirchen des 12.–15. Jh. u. a., die z. T. wiederaufgebaut wurden (Renaissance-Rathaus, Stadthaus, Stadttheater).

Nordhoff, Heinrich, Ingenieur, * Hildesheim 6. 1. 1899, † Wolfsburg 12. 4. 1968, leitete seit 1948 das Volkswagenwerk, an dessen Entwicklung zum größten Automobilproduzenten Europas er maßgebl. Anteil hatte.

Nordholland, niederländ. **Noord-Holland,** Prov. der → Niederlande, umfaßt die Halbinsel westl. des Ijsselmeers mit der Insel Texel; Hptst.: Haarlem; wirtschaftl. Mittelpunkt: Amsterdam.

Nordhorn, Krst. des Kr. Gfsch. Bentheim, RegBez. Weser-Ems, Ndsachs., an der Vechte, (1983) 48000 Ew.; Verwaltungs-, Wirtschaftsakademie.

Nordirland, engl. **Northern Ireland** [n'ɔ:ðn 'aɪələnd], Teil des Vereinigten Königreichs von Großbritannien und Nordirland, auf der Insel Irland, 14120 km², (1981) 1,547 Mio. Ew. Die hügelige Landschaft flacht sich zum großen Seebecken des Lough Neagh im Innern ab. Hauptflüsse: Bann, Blackwater, Foyle. Die Bevölkerung ist zu etwa 31% katholisch, etwa 54% sind Presbyterianer, Anglikaner und Methodisten. Die Landwirtschaft tritt stark hinter der Industrie zurück. Anbau von Hafer und Kartoffeln; Rinderzucht. Industrie: Textilien, Konserven, Schiffbau, Elektrotechnik, Lebens- und Genußmittel (Tabakwaren), Kunstfasern. Hauptstadt und Mittelpunkt der Industrie ist Belfast. – Durch den Government of Ireland Act (23. 12. 1920) wurden die 6 nördl. mehrheitlich prot. Gfsch. der Prov. Ulster (Londonderry, Antrim, Tyrone, Fermanagh, Armagh und Down) vom übrigen mehrheitlich kath. Irland getrennt. Im Rahmen einer Union mit Großbritannien erhielt N. Autonomie (Parlament: Stormont; Regierung). Führende Partei der prot. Mehrheit wurde die Unionspartei, die seit 1921 alle MinPräs. stellte. Schwere soziale und religiöse Spannungen zw. der prot. Mehrheit und der kath. Minderheit führten seit etwa 1969 zu bürgerkriegsähnl. Unruhen. Die radikalen Kräfte auf beiden Seiten gingen immer stärker zu terrorist. Mitteln über. Auf kath. Seite tritt dabei bes. die Irisch-Republikanische Armee (Abk. IRA) mit zahlreichen Bombenanschlägen hervor. 1972 (bis 1973) und 1974 (nach dem Rücktritt einer nordirischen Regierung gemischt konfessioneller Zusammensetzung) unterstellte die brit. Reg. N. ihrer direkten Kontrolle. 1973 vereinbarten Großbritannien und die Rep. Irland die Errichtung eines **Gesamtirischen Rats.** Mit Hilfe einer Anti-Terror-Gesetzgebung bekämpfen die brit. Regierungen den Terrorismus, der bisher eine hohe Zahl von Menschenleben forderte. 1976 organisierten Mairead Corrigan und Betty Williams Friedensdemonstrationen von Frauen beider Konfessionen. Verf.-Modelle auf der Basis des ›power sharing‹ (etwa im Sinn einer Teilhabe aller an der Macht) scheiterten bis heute (Anfang 1985). Bei Wahlen zu einer beratenden Versammlung (1982) entfielen auf die (Offizielle) Unionist. Partei 26, die Demokrat. Unionist. Partei 21, Allianzpartei 10, Sozialdemokrat. und Arbeiterpartei 14, Sinn Féin 5, andere Gruppen 2 Sitze.

Nördlingen

Nordische Kombination, Skisport: Wettkampf, der aus 15-km-Langlauf und Skisprung besteht.

Nordische Kriege, 1) **Nordischer siebenjähriger Krieg** oder **Dreikronenkrieg** (1563–70), geführt zw. Dänemark und Schweden. 2) **schwedisch-polnisch-dänischer Krieg** (1655–60). Als König Johann II. Kasimir von Polen als letzter Wasa Anspruch auf Schweden erhob, griff der Schwedenkönig Karl X. Gustav 1655 Polen an, das durch den Angriff Rußlands (Eroberung Wilnas) geschwächt war, und siegte im Bund mit dem Großen Kurfürsten von Brandenburg bei Warschau (28.–30. 7. 1656). Aber Kaiser Leopold I., Dänemark und auch der Große Kurfürst verbündeten sich 1657 mit Polen. Nun wandte sich Karl Gustav gegen die Dänen und zwang sie im Frieden von Roskilde (26. 2. 1658) zur Abtrennung ihrer südschwed. Provinzen. Bald darauf griff er sie von neuem an und belagerte Kopenhagen. Eine niederländ. Flotte und ein Heer ihrer Verbündeten verhalfen den Dänen zum Sieg. Doch wurden durch ausländ. Vermittlung im Frieden von Oliva (3. 5. 1660) die Machtverhältnisse im Norden gewahrt; dem Großen Kurfürsten wurde die Befreiung Preußens von der poln. Lehnshoheit bestätigt. 3) **Der Große Nordische Krieg** (1700–21). Um das schwed. Übergewicht in Nordeuropa zu brechen, verbündeten sich August der Starke von Sachsen-Polen und der russ. Zar Peter d. Gr. mit Dänemark. Aber der junge Schwedenkönig Karl XII. schlug die Russen bei Narwa (30. 11. 1700), drang siegreich in Polen, wo er Stanislaus Leszczyński 1704 zum König wählen ließ, und in Sachsen ein, wo er August dem Starken den Frieden von Altranstädt (24. 9. 1706) aufzwang. Dann zog er in die Ukraine, verlor aber die entscheidende Schlacht bei Poltawa (8. 7. 1709) und floh in die Türkei. Während August der Starke sich wieder der poln. Krone bemächtigte, unterwarf Peter d. Gr. 1710 Livland, Estland und (1713/14) Finnland. Nach Beendigung des Span. Erbfolgekrieges (1713) traten Preußen und Hannover der Koalition bei und verdrängten im Verein mit den Dänen die Schweden vom Festland. Karl XII., der erst 1714 aus der Türkei zurückkehrte, fiel 1718. Im Frieden von Stockholm trat Schweden (1719) Bremen-Verden an Hannover, (1720) das östl. Vorpommern mit Stettin an Preußen und im Frieden von Nystad (10. 9. 1721) Livland, Estland, Ingermanland und Karelien mit Wiborg an Rußland ab.

nordische Rasse, zu den → Europiden gehörige Menschenrasse.

Nordischer Postverein, Zusammenschluß von Dänemark, Finnland, Island, Norwegen und Schweden zur Skandinavischen Postunion mit dem Ziel der einheitlichen Regelung des Postverkehrs (seit 1920).

Nordischer Rat, seit 1952 gemeinsames Organ der nordeurop. Staaten zur Förderung ihrer kulturellen, wirtschaftl. und sozialpolit. Zusammenarbeit. Der N. R. besteht aus 78 Mitgl., die von den Parlamenten ihrer Länder aus ihren Reihen gewählt werden (Dänemark einschließlich Färöer-Inseln, Schweden, Norwegen, Finnland einschließlich Åland-Inseln und Island). Sitz: Kopenhagen. Der N. R. tritt jährlich zu einer ordentl., auf Antrag zusätzlich zu einer außerordentl. Sitzung zusammen.

nordische Sprachen, altnord. Sprachen mit ihren Tochtersprachen: Isländisch, Norwegisch, Dänisch, Schwedisch, Färöisch.

Nordkanal, engl. **North Channel** [n'ɔθ tʃ'ænl], Meerenge zw. Schottland und Irland, an der engsten Stelle 20 km breit.

Nordkap, steiles, 307 m hohes Vorgebirge auf der norweg. Insel Magerøy, gilt als Nordspitze Europas (71°10′21″), doch liegt ein anderer Vorsprung der Insel, Knivskjelodden, 1½ km nördlicher. Nördlichster Punkt des europ. Festlandes: Kap Nordkinn (71°8′).

Nordkaper *der, -s,* Art der → Glattwale.

Nordkareli|en, → Pohjois-Karjala.

Nord-Korea, → Korea.

Nordleute, im 8. Jh. üblich für die beiderseits der Niederelbe wohnenden Sachsenstämme der Wichmodier (im Land Hadeln) und der → Nordalbingier.

Nordli [n'u:rli], Odvar, norweg. Politiker, * Stange (Hedmark) 3. 11. 1927, 1976–81 Ministerpräsident.

Nördliche Kalk|alpen, Teil der Ostalpen (→ Alpen, Gliederung).

Nördliches Eismeer, das → Nordpolarmeer.

Nordlicht, das → Polarlicht der nördl. Erdhalbkugel.

Nördlingen, Stadt im Kr. Donau-Ries, Bayern, Große Krst., (1984) 18400 Ew., im fruchtbaren → Ries gelegen; Brauereien, Holzverarbeitung, Textil-, Schuh- u. a. Ind. Das alte Stadtbild ist unversehrt erhalten. Ein inneres Oval markiert den Bereich der Altstadt bis 1327. Die Stadtmauer (14. Jh.) mit 16 Türmen umschließt die erweiterte Stadt mit got. Kirche St. Georg (1427–1505), Salvatorkirche (1381–1422), Rathaus (14. Jh., Freitreppe 1618), Kastenhaus des Dt. Ordens; viele alte Fachwerkhäuser. – Im 13. Jh. wurde N. Reichsstadt; 1377 trat es dem Schwäb. Städtebund bei. Bei N. wurden 1634 die Schweden, 1645 die Kaiserlichen geschlagen. 1803 kam N. an Bayern.

Nördlinger Ries, → Ries.

Nordmark, ehemals die Grenzmark gegen die slaw. Heveller beiderseits der mittleren Elbe, später → Altmark genannt.

Nord-Ossetische Autonome Sozialistische Sowjetrepublik, Teilrep. der Russ. SFSR im Nordkaukasus, 8000 km², (1982) 650000 Ew. (etwa 50% Osseten); Hptst.: Ordschonikidse. Überwiegend schnee- und gletscherbedecktes Bergland (bis 4780 m), in den Tälern Wald und Ackerland (bes. im Terektal Weizen, Mais, Gemüse), sonst Weidewirtschaft; Bergbau auf Zink-, Blei-, Silbererze; Wasserkraftwerke; Maschinen-, Apparatebau. Gutes Straßennetz, u. a. die Georg. Heerstraße. – Die Rep. wurde 1924 als Autonomes Gebiet gegr., 1936 in eine ASSR umgewandelt.

Nordostpassage [-ʒə], **Nordöstliche Durchfahrt,** Schiffahrtsweg vom nördl. Atlantischen zum nördl. Pazif. Ozean, führt durch das Nordpolarmeer längs der Nordküsten von Europa und Asien und durch die Beringstraße; zum erstenmal 1878/79 von A. E. → Nordenskiöld befahren.

Nordostpolder, Polder und Gem. im östl. → Ijsselmeer, in der niederländ. Prov. Overijssel, 405 km², (1982) 20700 Ew.; Hauptort: Emmeloord. Ackerbau, Gemüse-, Obst-, Blumenanbau; Leder-, Möbel-, Baustoff- u. a. Industrie. Auf dem Gebiet des N. wurde in dt.-niederländ. Zusammenarbeit ein Windkanal, der größte Europas, errichtet.

Nord-Ostsee-Kanal, früher **Kaiser-Wilhelm-Kanal,** Seekanal zw. Kiel-Holtenau und Brunsbüttel, 98,7 km lang, verbindet Ost- und Nordsee; Sohlenbreite 44 m, Wasserspiegelbreite

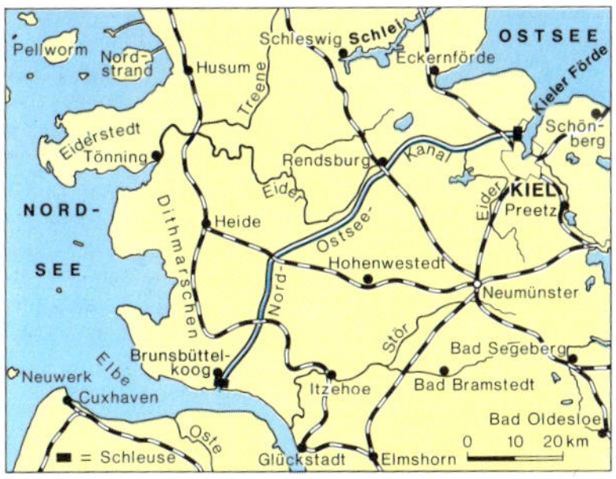

Nord-Ostsee-Kanal

102,5 m, Fahrwassertiefe 11 m; 1887–95 erbaut. An seinen Mündungen Schleusenanlagen zum Ausgleich der Wasserstandsschwankungen; Straßen- und Fußgänger-Tunnel bei Rendsburg.

Nordpol, 1) 🌐 ☆ der nördliche Schnittpunkt der Umdrehungsachse eines Himmelskörpers mit seiner Oberfläche **(geograph. N.)**; Gegenpunkt: **Südpol.** Der **N. der Erde** ist der am weitesten vom

Nördlingen

Äquator entfernt liegende Punkt der nördl. Halbkugel. Er liegt im Nordpolarmeer. Am N. geht die Sonne vom 21. März bis 23. Sept. nicht unter und teilt so das Jahr in **Polartag** und **Polarnacht. 2)** ☆ der nördl. Himmelspol (→ Himmelskugel, BILD astronomische Koordinaten). **3)** ⊠ einer der beiden Pole eines → Magneten. **4) magnetischer N. der Erde,** → Erdmagnetismus.

Nordpolargebiet, Arktis, der nördlichste Teil der Erdkugel, mathematisch begrenzt durch den nördl. Polarkreis (in diesem Fall 21 Mio. km² groß), biologisch-geographisch besser durch die 10°-Juli-Isotherme (etwa die Waldgrenze, dann 26 Mio. km², davon 8 Mio. km² Land und 18 Mio. km² Meer). Das N. umfaßt das Nordpolarmeer mit Inseln (amerikan.-arkt. Archipel, Grönland, Spitzbergen, Nowaja Semlja, Franz-Josef-Land, Neusibir. Inseln u. a.) und einen schmalen Streifen der angrenzenden Festländer Nordamerikas und Eurasiens. – Landschaftlich ist das N. meist Eis-, Fels- und Schuttwüste (mit Tundravegetation: Flechten, Moose, Gräser, niedrige Gebüsche aus Rhododendron und Wacholder oder kriechenden Weiden und Birken). Die Eiswüste hat ihre größte Geschlossenheit als Inlandeis auf → Grönland. Das Klima zeichnet sich durch kalte Winter, kühle Sommer und niedrige mittlere Jahrestemperaturen aus (Juli-Mittel etwa zw. 1 und 8 °C, Temperaturmittel im Februar bis unter –40 °C). Das arkt. Klima ist meist trocken, jedoch mit häufigen und verbreiteten Nebeln, bes. an den Küsten und im Sommer. Die Tierwelt ist artenarm: Eisbär, Polarfuchs, Lemming, Polarhase, Rentier, Vielfraß, Hermelin und Polarwolf; in Kanada und auf Grönland der Moschusochse; zahlreiche See- und Wasservögel; in den Küstengewässern Fische, Robben, Seehunde, Wale. – Die Bevölkerung bestand noch vor einigen Jahrzehnten vorwiegend aus Polarvölkern; die gegenwärtig im N. lebenden Menschen (1–1,5 Mio.) stammen meist aus südlicheren Kulturzonen. – Wirtschaft. Neben Jagd,

Nordpolargebiet: LINKS Tundra im Delta des Mackenzie River, Kanada; RECHTS Inlandeis im Gebiet von Thule (Qanaq), NW-Grönland

Fischfang und Viehzucht in der Tundra und Küstenregion gewinnt der Bergbau an Bedeutung: im westl. Alaska (Gold, Erdöl), in Kanada (Silber, Gold, Kupfer, Erdöl, Erdgas), W-Spitzbergen (Kohle); in der sowjet. Arktis (Halbinsel Kola: Kobalt, Nickel, Phosphat, bei Workuta: Kohle, im Petschorabecken: Erdöl, Erdgas); Konservenfabriken, Aufbereitungsanlagen, Werften. Auf Spitzbergen ist seit 1974 ein internat. Zivilflughafen in Betrieb. (→ Polarforschung)

Nordpolarmeer, Nördliches Eismeer, arkt. Mittelmeer des Atlant. Ozeans, zw. Eurasien, Amerika und Grönland, rd. 14 Mio. km^2, großenteils ständig von Eis bedeckt (Meereis, Treibeis, Packeis, nach S driftende Eisberge); Schiffahrt nur in den Randgebieten. Für Luftfahrt und Forschung bestehen auf dem umgebenden Festland und auf treibenden Eisschollen Beobachtungsstationen; erste Durchquerung unter dem Eis 1958 durch das Atom-U-Boot ›Nautilus‹ (USA).

Nordrhein-Westfalen

Nordpunkt, der Mitternachtspunkt, → Mitternacht.

Nordrhein-Westfalen, Abk. **NRW,** Land der Bundesrep. Dtl., 34062 km^2, (1984) 16,84 Mio. Ew.; Hauptstadt: Düsseldorf.

Nach der Verfassung von 1950 ist der Landtag (mindestens 200 Abg.) gesetzgebendes, die von einem MinPräs. geführte Reg. ausführendes Organ. – Die Rechtsprechung üben die Oberlandesgerichte (Düsseldorf, Hamm, Köln), 19 Land- und 132 Amtsgerichte aus. Es gibt ferner das Oberverwaltungsgericht und den Verfassungsgerichtshof in Münster, das Landessozialgericht in Essen, Landesarbeitsgerichte in Düsseldorf und Hamm, Finanzgerichte in Düsseldorf, Münster und Köln. – N.-W. ist eingeteilt in 5 RegBez. mit 23 kreisfreien Städten und 31 Landkreisen.

Nordrhein-Westfalen, Verwaltung (1984)

RegBez.	km^2	Ew. in 1000	Ew. je km^2
Düsseldorf	5 288	5 112,97	967
Köln	7 363	3 900,89	530
Münster	6 898	2 411,99	350
Detmold	6 515	1 796,81	276
Arnsberg	7 998	3 613,86	452
Nordrhein-Westfalen	**34 062**	**16 836,52**	**494**

Landesnatur. Rd. 2/3 der Fläche sind Tiefland (Niederrhein. und Westfäl. Bucht) und 1/3 Gebirgsland (Eifel, Hohes Venn, Sauerland, Bergisches Land, Siegerland, Siebengebirge, Teutoburger Wald, Egge, Westteil des Weserberglandes). Der größte Teil N.-W.s gehört zum Stromgebiet des Rheins.

Die Bevölkerung (52,5% kath., 41,9% evang.) besteht v. a. aus Rheinländern und Westfalen. Um die Jahrhundertwende kamen ins Ruhrgebiet viele Ansiedler aus dem Osten (Schlesier, Ostpreußen, Polen u. a.); nach 1945 rd. 18% Flüchtlinge und Vertriebene. Rd. 50% der Ew. leben in Großstädten. In N.-W. verläuft die Sprachgrenze (südlich von Duisburg nach SO in Richtung Kassel) zw. mitteldt. und nd. Mundarten (ÜBERSICHT Mundarten).

Bildung. N.-W. hat 7 Univ. (Bielefeld, Bochum, Bonn, Dortmund, Düsseldorf, Köln, Münster), die 1. private Univ. der Bundesrep. Dtl. in Herdecke, die TH Aachen, die Dt. Sporthochschule Köln, 6 Gesamthochschulen (Duisburg, Essen, Paderborn, Siegen, Wuppertal sowie die Fernuniv. Hagen), die Kunstakademie Düsseldorf, 3 Musikhochschulen (Detmold, Köln sowie die Musikhochschule Ruhr mit Folkwang-Hochschule für Musik, Theater, Tanz in Essen), 3 Theolog. Hochschulen (kath.: Paderborn, evang.: Bethel, Wuppertal) sowie 19 Fachhochschulen. Die ehem. Pädagog. Hochschulen wurden 1980 in die Univ. eingegliedert; die Lehrerausbildung ist schulstufenbezogen.

Wirtschaft. Räuml. Schwerpunkt ist der Wirtschaftsraum Rhein-Ruhr. Im → Ruhrgebiet, in dem auf Grundlage der Steinkohle eine bed. Eisen- und Stahl-Ind., Energiewirtschaft und chem. Ind. entstanden war, setzte nach dem Aufschwung bis in die 1960er Jahre mit den Absatzkrisen im Steinkohlenbergbau und mehreren Stahlkrisen ein Niedergang ein, der Strukturveränderungen bewirkte. Die zentrale Bedeutung ging auf das Rheinland über, mit Köln und Düsseldorf als wichtigsten Städten. Weitere Industriegebiete: Aachener Gebiet, Niederrheingebiet, Münsterländer Textilbezirk, Ostwestfalen-Lippe, Siegerland, Bergisches Land. – Steinsalz und Kali werden am Niederrhein, Schwefelkies im Sauerland gewonnen. Sol- und Schwefelquellen, Eisensäuerlinge u. a. Mineralquellen finden sich bes. in Bad Salzuflen, Bad Oeynhausen, Bad Lippspringe, Bad Meinberg, Bad Driburg, Bad Sassendorf und Aachen. – 55,7% der Fläche werden für Landwirtschaft genutzt. Angebaut werden in den Lößgebieten am Rand der Mittelgebirge Roggen, Weizen, Zuckerrüben, auf den Sand- und Lehmböden des Tieflands bes. Kartoffeln und Futterpflanzen und am Rand des Vorgebirges Gemüse und Obst. Bed. Viehwirtschaft (Schweine, Rinder, Pferde, Geflügel). Der Wald nimmt 24,5% der Fläche ein. Fremdenverkehr im Sauerland, Siebengebirge und Teutoburger Wald. – Verkehrsmäßig ist N.-W. durch das Eisenbahn- und Autobahnnetz voll erschlossen. Wichtigste Wasserstraßen sind der Rhein, der Rhein-Herne-Kanal, der Dortmund-Ems-Kanal, der Wesel-Datteln- und der Datteln-Hamm-Kanal sowie der Mittellandkanal; wichtigster Binnenhafen ist Duisburg; Flughäfen in Düsseldorf und Köln-Bonn.

Geschichte. Das Land N.-W. wurde durch VO der brit. Militär-Reg. vom 23. 8. 1946 aus der Prov. Westfalen und der nördl. Rheinprovinz gebildet; durch VO vom 21. 1. 1947 wurde das Land → Lippe eingegliedert. 1949 wurde N.-W. Bundesland der Bundesrep. Dtl. Auf Grund seiner Bev.-Zahl und seines gewachsenen Ind.-Potentials beeinflußten seine landespolit. Probleme bes. stark die Innenpolitik der Bundesrep. Dtl. CDU und SPD wechselten sich als stärkste Partei im Landtag ab; dort gewann die CDU 1958 (bis 1962), die SPD 1980 die absolute Mehrheit. MinPräs. seit 1947: K. Arnold (CDU; 1947–56), F. Steinhoff (SPD; 1956–58), F. Meyers (CDU; 1958–66), H. Kühn (SPD; 1966–78), J. Rau (SPD; seit 1978); 1956 und 1966 vollzog sich der Reg.-Wechsel durch ein konstruktives Mißtrauensvotum. 1980–85 war die FDP im Landtag nicht vertreten.

Nordrhodesi|en, engl. **Northern Rhodesia** [nˈɔ:ðn rəʊdˈi:zıə], bis 1964 Name von → Sambia.

Nordri, german. Mythos: einer der 4 Zwerge, die den aus dem Schädel des Riesen Ymir geschaffenen Himmel tragen.

Nordschleswig, der nördl. Teil Schleswigs, seit 1920 als **Sønderjylland** [sˈønərjylan, ›Südjütland‹] dänisch, 3930 km^2, (1981) 250900 Ew.; 1920 sprach sich die Bev. Schleswigs in einer nördl. Zone zu 74,2% für Dänemark, in einer südl. zu 80% für das Dt. Reich aus.

Nordsee, engl. **North Sea** [nˈɔθ si:], Nebenmeer des Atlant. Ozeans zw. dem europ. Festland, den Brit. Inseln und Skandinavien, mit diesem durch die Straße von Dover und den → Ärmelkanal im SW und einen breiten Durchgang im N östlich der Shetland-Inseln verbunden; zur Ostsee führen Skagerrak und Kattegat. Der südlichste trichterförmige Teil der N. ist die Hoofden, die südöstlichste Bucht die Dt. Bucht mit Jadebusen und Weser- und Elbemündung. Die N. ist rd. 580000 km^2 groß und mit Ausnahme der schmalen Norweg. Rinne (bis 725 m tief) ein flaches Schelfmeer, das 200 m Tiefe nicht überschreitet (im Mittel 94 m). Südl. der Linie Scarborough–Göteborg liegt ihr Boden nirgends tiefer als 60 m, in der → Doggerbank noch weniger; im ganzen sinkt der Boden der N. von S nach N ab, bedeckt mit Sand und Schlick; vereinzelt Steingründe und anstehendes Gestein. Weiteres → Friesische Inseln.

Die Wasserzirkulation wird stark durch die Gezeiten beeinflußt. Der mittlere Springtidenhub erreicht in der inneren Dt. Bucht 4 m (Wilhelmshaven), in der Straße von Dover 5 m, an der engl. Küste 6 m (The Wash). In die Weser dringt die Gezeitenwelle 67 km, in die Elbe 148 km weit ein. Sturmfluten, am häufigsten im Winter, richten an den Küsten oft große Verheerungen an; z. B. Holland-Sturmflut (1. 2. 1953), Hamburg-Sturmflut (16./17. 2. 1962, Wasserstand in Hamburg 5,70 m ü. M.). – Die N. ist bed. Fischereigebiet (Hering, Schellfisch, Kabeljau, Scholle; Hauptfanggebiete: Doggerbank, Fladengrund, norweg. Küstengewässer) und eins der verkehrsreichsten Meere; wichtige Häfen: London, Antwerpen, Rotterdam, Amsterdam, Hamburg, Bremen. Seit den 1960er Jahren Nutzung der neuentdeckten, großen Erdöl- und Erdgaslager.

›Nordsee‹ Deutsche Hochseefischerei GmbH, Bremerhaven, bed. Unternehmen der westdt. Fischwirtschaft, gegr. 1896, seit 1960 jetziger Name.

Nordseegermanen, Gruppe sprachlich engverwandter german. Stämme an der Nordsee (ÜBERSICHT deutsche Sprache).

Nordseekanal, Kanal in der Prov. Nordholland, Niederlande, verbindet Amsterdam mit der Nordsee bei Ijmuiden, 27 km lang, 160 m breit, 13,5 m tief; für Schiffe bis 85000 BRT.

Nordsibirische Eisenbahn, vom Ural bis zum Stillen Ozean (Magadan) geplante Bahnstrecke, rd. 8500 km ; von Tjumen über Tobolsk, Surgut bis Urengoi fertiggestellt (rd. 1300 km). Sie soll die neuen Erdöl- und Erdgasfelder sowie bisher ungenutzte Lagerstätten (Kohle, Eisenerz u. a.) erschließen. Querverbindungen zur Transsibirischen Bahn sind vorgesehen.

Nordstemmen, Gem. im Kr. Hildesheim, Ndsachs., (1983) 12200 Ew.; Zuckerfabrik, Landmaschinenbau.

Nordstern, der → Polarstern.

Nordstern Versicherungsgruppe, Köln und Berlin (West), umfaßt: **Nordstern Allgemeine Versicherungs-AG,** gegr. 1866, für Sach- und Vermögensversicherungen aller Art; **Nordstern Lebensversicherungs-AG,** Ursprung 1866; **Union Actiengesellschaft für See- und Fluß-Versicherungen,** gegr. 1857.

Nordstrand, eingedeichte nordfries. Marschinsel vor Husum, Schlesw.-Holst., 50 km^2, (1984) 2500 Ew., durch einen Damm mit dem Festland verbunden. Das alte N., größer als die heutige Insel, wurde durch die Sturmflut von 1634 zerrissen.

Nord-Süd-Kanal, der → Elbe-Seitenkanal.

Nord-Süd-Konflikt, der Gegensatz zw. den industriell hoch- und den industriell unterentwickelten Staaten der Erde, geographisch erkennbar in einem wirtschaftlich-sozialen **Nord-Süd-Gefälle,** soll durch den **Nord-Süd-Dialog** zw. den beiden obengenannten Staatengruppen gemindert, letztlich gelöst werden; dabei fordern die industriell unterentwickelten Länder stärkere Entwicklungshilfe seitens der Industrieländer und werfen die Frage nach einer ›neuen Weltwirtschaftsordnung‹ auf.

Nordterritorium, → Northern Territory.

Nordtiroler Kalk|alpen, Teil der nördl. Ostalpen zw. Lech und Saalach.

Nord-Vi|etnam, → Vietnam.

Nordwestdeutscher Rundfunk, Abk. **NWDR,** 1948 errichtete dt. Rundfunkanstalt öffentlichen Rechts mit Sitz in Hamburg und Funkhäusern ebd. sowie in Hannover und Köln, 1955 aufgelöst; Nachfolgeanstalten: → Norddeutscher Rundfunk und → Westdeutscher Rundfunk.

Nordwest-Grenzprovinz, → North West Frontier Province.

Nordwestküsten-Indianer, Sammelname für die Indianer der Küsten und Inseln im NW Nordamerikas (Tlingit, Haida, Tsimshian, Kwakiutl u. a.), überwiegend Küstenfischer mit einheitlicher Kultur; große Einbäume, Plankenhäuser, Wappenpfähle u. a., reich geschnitzt und bemalt.

Nordwestpassage [-ʒə], **Nordwestliche Durchfahrt,** der Seeweg vom nördl. Atlant. Ozean längs der Nordküste Nordamerikas durch die Beringstraße zum Pazif. Ozean; 1850–53 von R. J. McClure von W nach O, 1903–06 von R. Amundsen ganz befahren; 1969 erstmals von einem USA-Handelsschiff genutzt.

Nordwest-Territori|en, → Northwest Territories.

Nor|epi|nephrin, das → Noradrenalin.

Norfolk [nˈɔːfək], engl. Herzogstitel (seit 1483) der Familie **Howard** [hˈauəd]. Der 3. Herzog, Thomas Howard (* 1473, † 1554), war als Onkel sowohl der Anna Boleyn als auch der Katharina Howard, der zweiten und der fünften Gemahlin Heinrichs VIII., einflußreich; der 4. Herzog von N. (* 1538, † 1572) wurde wegen einer Verschwörung zugunsten der gefangenen Maria Stuart hingerichtet.

Norfolk [nˈɔːfək], **1)** engl. Cty. an der Nordseeküste, 5355 km², (1981) 693500 Ew.; VerwSitz: Norwich. **2)** Hafenstadt in Virginia, USA, (1981) 267000 Ew.; Werften, Elektro-, Auto-Ind.; bed. Kriegshafen der USA.

Norfolk-Insel [nˈɔːfək-], austral. Insel in der Tasmansee, östlich Australiens, bis 316 m hoch, 36 km², (1981) 2200 Ew.; zum Australischen Bund gehörend.

Norfolktanne [nˈɔːfək-], eine → Araukarie.

Norge [altnord. noreg ›Nordweg‹], norweg. für Norwegen.

nörgeln [Schallw.]. *ich* **nörg(e)le, 1)** *an ihm,* kritisiere kleinlich, mäkle. **2)** bin mit allem unzufrieden. *Subst. die* **Nörgelei,** *-/-en. Adj.* **nörg(e)lig.** *der* **Nörgler,** *-s/-,* jemand, der mit allem unzufrieden ist.

Norgesbank, Oslo, norweg. Zentralnotenbank, gegr. 1816.

NOR-Glied [nˈɔː-, aus engl. **not or**], → Schaltalgebra.

Noricum, im Altertum das Gebiet östlich des Inns, von den illyrisch-kelt. **Norikern** bewohnt; Hptst.: Noreia; 16 v. Chr. von den Römern unterworfen, seit 45 n. Chr. röm. Prov.; Sitz des kaiserlichen Statthalters: Virunum (bei Klagenfurt).

Norilsk, 1935 gegr. Bergwerksstadt im Gau Krasnojarsk, Russ. SFSR, (1982) 183000 Ew.; Bahn nach Dudinka am Jenissej; Nikkel-, Kupfer-, Kobalt-, Kohlengruben, Maschinenbau, Baustoff-Ind.

Norische Alpen, Teil der Ostalpen, wissenschaftl. Bez. für die Gebirgszüge südlich der Mur vom Katschbergpaß nach O.

Norm [lat.] *die, -/-en,* **1)** Regel, Richtschnur, Einheitsmuster. **2)** → Normung. **3)** das Quadrat des absoluten Betrages einer komplexen Zahl. **4)** gekürzte Titel- und Verf.-Angabe am Fuß der 1. Seite jedes Bogens. **5)** die → Arbeitsnorm. **6)** Strafrecht: das Verbot oder Gebot einer Handlung im Unterschied zur Strafdrohung. **normal, 1)** der N. entsprechend; gewöhnlich. **2)** U bei gesundem Verstand. *die* **Normale,** *-(n)/-n,* △ Lot zur Tangente. **normalerweise,** üblicherweise, für gewöhnlich. *ich* **normalisiere** *es,* gestalte normal, vereinheitliche. *Subst. die* **Normalisierung,** -. **normativ,** als Regel, Richtschnur geltend, maßgebend. *die* **Normative,** *-/-n,* grundlegende Bestimmung. *ich* **norme,** älter: **normiere** *es,* setze nach einer N. einheitlich fest. **normwidrig,** gegen die N.

Norma [kat.], **Winkelmaß,** Sternbild am Südhimmel.

Normal *das, -s/-e,* in der Meßtechnik Prototyp der Einheit einer physikal. Größe (z. B. Urmeter). **Normalelemente** sind galvan. Spannungsquellen großer Konstanz.

Normal|atmosphäre, international genormte Durchschnittswerte von Kenngrößen der Atmosphäre für Luft- und Raumfahrtzwecke. Die Werte entsprechen etwa den durchschnittl. Verhältnissen in mittleren Breiten, wobei für feste Höhenbereiche jeweils ein konstanter vertikaler Temperaturgradient sowie best. Verteilungen der Luftfeuchte, des Luftdrucks und anderer Parameter angenommen werden.

Nordwestküsten-Indianer: OBEN Vogelmaske, Haida oder Tsimshian; UNTEN bemalte Matte aus Zedernrindenbast, Kwakiutl (beide Abb. Köln, Rautenstrauch-Joest-Museum)

Normalbedingungen, Wertepaare von Druck und Temperatur, für die Stoffdaten vereinbarungsgemäß angegeben werden. Z. B. versteht man unter den **physikal. N.** eine Temperatur von 0 °C und einen Druck von 101 325 Pa. Sind für ein System die N. erfüllt, so liegt ein → Normzustand **(Normalzustand)** vor.

Normaldruck, ältere Bez. für Normdruck (→ Normzustand).

Normal|elektrode, Elektrode mit best. elektrochem. Potential zur Messung des elektrochem. Potentials einer anderen Elektrode. Gebräuchlich sind die → Normalwasserstoffelektrode, deren Potential nach Vereinbarung gleich Null gesetzt wird, und die Kalomelelektrode mit einem Potential von 0,28 Volt gegenüber der Normalwasserstoffelektrode.

Normal|element, → galvanische Elemente.

Normalität *die, -,* **1)** normale Beschaffenheit. **2)** **Äquivalentkonzentration,** der Quotient aus Äquivalentmenge des gelösten Stoffes und dem Volumen der Lösung. SI-Einheit ist mol/m³, meist wird jedoch auf einen Liter Lösung bezogen (mol/l). Die **Äquivalentmenge** ist das Produkt aus Stoffmenge und Wertigkeit des gelösten Stoffes. Ist ein Stoff einwertig, so ist die N. gleich der → Molarität. Allgemein gilt: N. = Molarität × Wertigkeit, z. B. ist eine einmolare (1 M) Schwefelsäure **zweinormal** (2 N), da die Schwefelsäure H_2SO_4 zwei Wasserstoffionen enthält und ihr Säurerest zweiwertig ist, d. h. der Stoffmenge 1 mol die Äquivalentmenge 2 mol entspricht.

Normalkraft, Kraft, die senkrecht auf der Bahnkurve eines Massenpunktes oder Körpers oder einer Fläche steht.

Normal|lösung, ein|normale Lösung, Reagenzlösung der Maßanalyse, die in einem Liter Lösung die Äquivalentmenge 1 mol des gelösten Stoffes enthält (→ Normalität).

Normal-Null *das, -s,* Abk. **NN,** fälschlich **Normal-Nullpunkt,** die Ausgangsfläche für Höhenmessungen auf der Erdoberfläche, abgeleitet vom mittleren Meeresniveau, daher in den einzelnen Ländern verschieden; für die Bundesrep. Dtl. abgeleitet vom Mittelwasser des Amsterdamer Pegels, für die Dt. Dem. Rep. der Ostseepegel von Kronstadt am Finn. Meerbusen.

Normalschwere, normale Schwere, theoretische Schwere, normale Schwerefeldstärke, die rein rechner. Schwerebeschleunigung, die man erhält, wenn man sich vorstellt, daß das Erdellipsoid um seine kleine Achse mit derselben Geschwindigkeit rotiert, wie die wirkliche Erde und die Gesamtmasse der Erde so in seinem Innern verteilt ist, daß es eine Niveaufläche des Schwerefeldes bildet.

Normalsichtigkeit *die, -,* **Emmetropie** [grch.], Zustand

Normalatmosphäre

Höhe	0		11		20		32	km
Temperaturgradient		−6,5		0		1,0		K/km
Temperatur	15,0		−56,5		−56,5		−44,5	°C
Druck	1 013,25		226,32		54,75		8,68	mb
Dichte	1,225		0,365		0,088		0,013	kg/m³

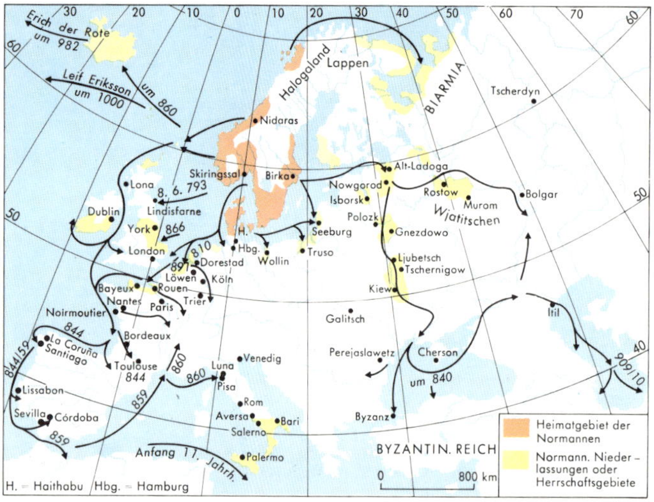

Normannen: Normannenzüge

normalen Sehvermögens, besteht dann, wenn parallel ins Auge einfallende Strahlen bei nicht akkommodierter Linse sich auf der Netzhaut zu einem scharfen Bild vereinigen. Abweichungen: → Brechungsfehler des Auges.

Normalspannung, eine mechanische → Spannung.

Normalspur, eine → Spurweite der Eisenbahn.

Normaltemperatur, ältere Bez. für Normtemperatur (→ Normzustand).

Normalton, 1) Akustik: Ton der Frequenz 1000 Hz (als Bezugston bei akust. Messungen). **2)** ♪ der → Kammerton.

Normal|uhr, Präzisionsuhr, deren Zeitanzeige als Vergleichsgrundlage für andere Uhren dient.

Normalverteilung, Gaußsche Verteilung, die Verteilung einer zufälligen Größe, bei der die Wahrscheinlichkeitsdichte die Form einer Gaußschen Glockenkurve (Normalverteilungskurve, → Fehler) hat.

Normalwald, Wald, in dem Zuwachs, Altersklassen und Bestandsordnung bestmöglich aufeinander abgestimmt sind. Der N. erstrebt eine → nachhaltige Nutzung von jährlich gleicher Größe.

Normalwasserstoff|elektrode, Halbzelle eines galvan. Elements, bei der eine mit Platinmohr belegte Platinelektrode in eine wäßrige Säurelösung der Aktivität 1 (z. B. 1,184 molare Salzsäure) bei 25 °C eintaucht und von Wasserstoffgas unter Normaldruck umspült wird.

Normandie

Normalzustand, ältere Bez. für → Normzustand.

Normandie *die,* histor. Landschaft und Region in NW-Frankreich, umfaßt die Halbinsel Cotentin und die Kalk- und Kreidehochflächen (bis 200 m) des Seinemündungsgebiets; Hptst.: Rouen. - Seit Ende des 9. Jh. an der Seinemündung seßhafte → Normannen erzwangen 911 die Belehnung ihres Führers Hrolf (Rollo) als Herzog durch Karl III. von Frankreich. Wilhelm der Eroberer gewann 1066 auch die engl. Krone. Diese Verbindung wurde 1154 durch Heinrich II. erneuert. 1204 kam die N. an Frankreich, 1417-19 noch einmal an England, 1450 endgültig an Frankreich.

Normandie: Bocage-Landschaft bei Lisieux

Normannen *Pl.,* **Nordmannen, Wikinger,** die aus Skandinavien, bes. aus Dänemark, als Seeräuber, Eroberer und Staatengründer zu den Küsten Europas vordringenden Nordgermanen des 8.-11. Jh. Übervölkerung, polit. und relig. Gegensätze, auch Abenteuerlust sind die Hauptgründe der **Normannenzüge.**

Ende des 8. Jh. begannen die N. an die Küsten des Fränk. Reichs und des angelsächs. England vorzustoßen. Sie fuhren die großen Flüsse aufwärts ins Binnenland vor (Köln, Trier, Paris) und gelangten bis ins Mittelmeer. 878 erzwangen sie die Abtretung des Landes nördl. der Straße London-Chester. Die dt. Küsten blieben seit dem Sieg König Arnulfs bei Löwen (891) im wesentlichen verschont. An der Seinemündung entstand 911 die → Normandie; hier nahmen die N. mit dem Christentum bald die frz. Sprache und Kultur an. Die Dänenkönige (Knut d. Gr.) beherrschten 1016-42 ganz England, und auch in Irland (Dublin) hielt sich lange Zeit ein dän. Fürstenhaus. Von der Normandie aus unterwarf Wilhelm der Eroberer 1066 England; gleichzeitig gründeten frz. N. in Unteritalien das Reich Neapel-Sizilien. Diese Normannenreiche waren die am straffsten durchgebildeten Staatswesen ihrer Zeit. Auch in den Kreuzzügen waren die frz.-ital. N. führend. Im hohen Norden besiedelten norweg. N. seit 874 Island; Erich der Rote legte 985 Siedlungen an der Westküste Grönlands an, die bis ins 16. Jh. bestanden, und sein Sohn Leif Eriksson entdeckte um 1000 Nordamerika (Vinland). Ferner beherrschten die N. im 9.-11. Jh. die südl. Ostseeküste (z. B. den Handelsstützpunkt → Haithabu, ferner Jomsburg auf Wollin, Truso bei Elbing u. a.). Schwed. N., die Waräger, schufen möglicherweise im 9. Jh. die Grundlage des Kiewer Reichs (→ Normannisten), drangen nach dem Schwarzen Meer vor und griffen wiederholt Konstantinopel an. (→ Wikingerzeit)

Normannisch, die in der Normandie gesprochene frz. Mundart, die heute fast ganz verschwunden ist. In ihr und auch in dem Zweig, der mit der normann. Eroberung nach England getragen wurde und sich zum Anglonormannischen entwickelte, sind bed. Dichtungen überliefert (normannisch: → Wace; anglonormannisch: Kalender, Tierbuch und Edelsteinbuch von Philippe de Thaon, aus der Zeit zw. 1115 und 1130).

Normannische Inseln, Kanal|inseln, engl. **Channel Islands** [tʃ'ænl 'aɪləndz], frz. **Îles Normandes** [i:l norm'äd], brit. Inselgruppe im Ärmelkanal vor der frz. Küste, besteht aus den beiden Hauptinseln Jersey und Guernsey, ferner Sark, Alderney und einigen Felseilanden, 195 km², (1981) 133000 Ew. Hauptorte: Saint Hélier (Jersey) und Saint Peter Port (Guernsey). Die N. I. genießen einen verfassungsrechtl. Sonderstatus innerhalb Großbritanniens und in den Europ. Gemeinschaften. Die amtl. Sprache ist Englisch, auf Jersey Französisch, neben normanno-frz. Mundarten ländl. Bewohner. Bei mildem Klima wird Gemüse-, Obst- und Gartenbau betrieben; Fremdenverkehr. - Die N. I. gehörten im MA. zur Normandie; sie blieben bei England, als die Normandie 1450 an Frankreich fiel.

Normannisten *Pl.,* Historiker, die, auf schriftl. Quellen gestützt, dänischen und schwedischen Normannen (→ Rurik, → Rus) eine entscheidende Rolle bei der Entstehung des Kiewer Reiches (→ Kiew) zuschreiben; in der UdSSR wird diese Theorie, v. a. auf Grund archäolog. Forschungen, abgelehnt.

Normativbestimmungen, ⚖ zwingende Richtlinien für die Satzung jurist. Personen, von deren Erfüllung die Eintragung in ein öffentliches Register abhängt.

normative Pädagogik, von P. Natorp, R. Hönigswald, A. Petzelt u. a. vertretene Richtung, die, vom → Neukantianismus beeinflußt, Sinn- und Normfragen in ihrer philosoph. Begründung als Grundlage der Erziehungstheorie ansieht.

normative Wirkung, → Tarifvertrag.

Normdruck, → Normzustand.

Normenkollision, ⚖ das Aufeinandertreffen von Rechtsnormen gleicher Geltungskraft (bes. im internat. Privat- und Strafrecht); **Kollisionsnormen** bestimmen, welcher Normenkreis anzuwenden ist; Sonderfall: Tarifnormenkollision (→ Tarifvertrag).

Normenkontrolle, die gerichtl. Prüfung der Übereinstimmung einer Rechtsnorm mit einer Norm höheren Ranges. **Abstrakte N.,** die außerhalb eines konkreten Rechtsstreits vorgenommene Überprüfung (z. B. eines Gesetzes mit der Verfassung). Zuständig für die Entscheidung sind in der Bundesrep. Dtl. teils das Bundesverfassungsgericht (Art. 93 GG), teils die Verfassungsgerichte der Länder. Die Entscheidungen haben Gesetzeskraft. Die **konkrete N.,** Überprüfung einer Rechtsnorm innerhalb eines best. Rechtsstreits, steht grundsätzlich jedem Gericht zu (Art. 100 GG). Der N. dient die gegen Gesetze gerichtete Verfassungsbeschwerde (→ Verfassungsgerichtsbarkeit).

Nọrmfallbeschleunigung, der Normwert der Fallbeschleunigung auf der Erde, mit $g_n = 9{,}806\,65\ m/s^2$ festgelegt (→ Fall 2).

Nọrmkubikmeter, Einheitenzeichen **Nm^3**, seit 1970 nicht mehr zulässige Bez. für 1 m^3 (Kubikmeter) Gas im → Normzustand. Die richtige Angabe lautet: $V_n = 1\ m^3$ (→ Normvolumen).

Nọrm|minerale, normativer Minerạlbestand, 🌐 aus der chem. Analyse eines Gesteins errechneter mögl. Mineralbestand. Die Ergebnisse stimmen oft nicht mit den mineralog. Befunden überein.

Nọrmschrift, in DIN-Normen festgelegte Schriftart.

Nọrmtemperatur, → Normzustand.

Nọrmung [zu Norm] *die, -/-en,* in Technik, Wirtschaft, Wissenschaft, Verwaltung die Vereinheitlichung von Benennungen, Kennzeichen, Formen, Größen, Abmessungen und Beschaffenheit von Industrieerzeugnissen. Ziel: Verringerung der Sortenzahlen, einfachere Lagerhaltung, Verbilligung der Herstellung, leichtere Ersatzbeschaffung, Austauschbarkeit. Normen sind verpflichtende Empfehlungen. Die N. in der Bundesrep. Dtl. und Berlin (West) werden vom **Dt. Institut für N.** aufgestellt. (→ DIN, → ISO)

Nọrmvolumen, Formelzeichen V_n, das Volumen eines Gases im → Normzustand (bei 273,15 K = 0 °C und 101 325 Pa = 1,01325 bar, früher 1 atm = 760 Torr). Einheit: m^3.

Nọrmzustand, durch **Normtemperatur** und **Normdruck** festgelegter Zustand eines festen, flüssigen oder gasförmigen Stoffes (DIN 1343). Die **physikal. Normtemperatur** $T_n = 273{,}15$ K oder $t_n = 0$ °C, der **physikal. Normdruck** $p_n = 101\,325$ Pa = 1,01325 bar (früher 1 atm = 760 Torr). Die **techn. Normtemperatur** beträgt 20 °C, der **techn. Normdruck** 98066,5 Pa = 0,980665 bar.

Nọrnen, *Sg. die* **Nọrne,** -, die Schicksalsgöttinnen der altnord. Mythologie; zunächst von unbestimmter Zahl und ohne Eigennamen, später drei: Urd, das personifizierte Schicksal (das Gewordene), Verdandi (das Seiende) und Skuld (das Werdende). Ihr Spruch bestimmt Schicksal und Lebensende eines Menschen.

Norodọm Sihanouk [-n'uk], kambodschan. Politiker, → Sihanouk.

Nọrrbotten, das nördlichste und erzreichste Län in Schweden, 98 906 km² Landfläche, (1982) 266 600 Ew.; Hptst.: Luleå; 0,7% sind Ackerland, der größte Teil ist Wald und Gebirgsland.

Norris [n'ɔrɪs], F r a n k, amerikan. Schriftsteller, * Chicago 5. 3. 1870, † San Francisco 25. 10. 1902, (Kriegs-)Berichterstatter und Begründer des amerikan. Naturalismus, schrieb in Kalifornien spielende Romane: ›Verfluchtes Gold‹ (1899) und das unvollendete Epos vom Weizen ›Die goldene Fracht‹ (1901), ›Kampf um Millionen‹ (1903); daneben Kurzgeschichten.

Norrish [n'ɔrɪʃ], R o n a l d George Wreyford, brit. Physikochemiker, * Cambridge 9. 11. 1897, † ebd. 7. 6. 1978, arbeitete u. a. über Photochemie und Reaktionskinetik; erhielt für Untersuchungen des zeitl. Ablaufs äußerst schneller biochem. Umsetzungen mit G. Porter und M. Eigen 1967 den Nobelpreis für Chemie.

Norrköping [n'ɔrtçøpiŋ], Hafen- und Industriestadt im Län Östergötland, Schweden, nahe der Mündung des Motalaström, (1982) 118 600 Ew.; Kraftwerk; Textilgroßbetriebe, Papier-, Metall-, Lebensmittel- u. a. Industrie.

Nọrrland, der nördlichste, dünn besiedelte Teil Schwedens.

Nọrrtälje [nɔrt'ɛljə], Hafenstadt an der Ostsee im Län Stockholm, Mittelschweden, (1982) 41 100 Ew.; Garnisonsstadt; Papierfabrik, Metallindustrie.

Norsk Hydro A. S., bed. norweg. Ind.-Konzern; gegr. 1905. Tätigkeitsgebiet: Metalle, Chemie, Energie (bes. Erdöl- und Erdgasförderung).

North [nɔ:θ, engl.], Norden, Nord.

Northampton [nɔ:θ'æmptən], Hptst. der engl. Cty. Northamptonshire, am Nene, (1981) 156 800 Ew.; normann. Peterskirche (12. Jh.); Leder- und Schuhind., Eisengießereien, Brauerei.

Northamptonshire [nɔ:θ'æmptənʃɪə], Cty. in Mittelengland, 2 367 km², (1981) 527 500 Ew.; Hptst.: Northampton.

North Carolina [nɔ:θ kærəl'aɪnə], **Nord-Karolịna,** Abk. **N. C.,** postal. **NC,** einer der südl. atlant. Staaten der USA, 136 197 km², (1981) 5,874 Mio. Ew.; Hptst.: Raleigh. Das Land steigt von der inselreichen Haffküste sanft an und geht in das bewaldete Alleghenygebirge über. Hauptflüsse: Roanoke River, Neuse River. Das feuchtwarme Klima begünstigt den Anbau von Tabak, Baumwolle, Erdnüssen, Sojabohnen. Bed. Industrie (Cellulose, Papier, Möbel, Bausteine, Textilien), Fischereibetriebe. – N. C. wurde seit 1653 durch Siedler aus Virginia erschlossen, 1729 selbständige Kolonie. 1789 wurde es 12. Staat der Union.

Northcliffe [n'ɔ:θklɪf], A l f r e d Charles William **Harmsworth** [h'ɑ:mzwə:θ], Viscount **N.** (1917), engl. Verleger, * Chapelizod b. Dublin 15. 7. 1865, † London 14. 8. 1922, Gründer eines engl. Zeitungskonzerns (›Daily Mail‹, ›Times‹, ›Daily Express‹, ›Evening News‹, ›Observer‹); 1918 publizist. Berater der Reg.; 1928 übernahm sein Bruder Lord Rothermere (* 1868, † 1940) die Leitung der **Northcliffe Newspaper Ltd.** [-nj'u:speɪpə-].

North Dakota [nɔ:θ dək'əutə], **Nord-Dakọta,** Abk. **N. D.,** postal. **ND,** einer der nordwestl. Mittelstaaten der USA, 183 022 km², (1981) 652 700 Ew.; Hptst.: Bismarck. N. D. liegt beiderseits des Missouri als wellige Prärielandschaft; das Gebiet des Red River, ehemalige Eisstauseen, ist sehr fruchtbar. Ackerbau (Getreide, Kartoffeln, Flachs) und Rinderhaltung. Während der Abbau von Braunkohle abnimmt, steigt die Erdöl- und Erdgasförderung (Williston-Revier). – N. D. wurde teils 1803 mit dem frz. Louisiana, teils 1818 mit vom brit. Kanada abgetretenen Land gebildet und 1889 – nach Abtrennung von South Dakota – der 39. Staat der Union.

Nọrtheim, Krst. im RegBez. Braunschweig, Ndsachs., an der Rhume, (1983) 31 600 Ew.; Freilichtbühne; Landwirtschaft und vielseitige gewerbl. Ind.; Fachwerkhäuser, Stadtbefestigung.

Northern Territory [nɔ:ðn t'erɪtrɪ], **Nọrdterritorium,** unmittelbares Bundesgebiet des Australischen Bundes, 1 346 200 km², (1981) 122 800 Ew.; Hptst.: Darwin. Hinter dem flachen Küstengebiet dehnt sich nach S das Tafelland mit Inselgebirgen (z. B. → Macdonnell-Kette) aus; bis etwa 18° s. Br. Savanne (Viehzucht), anschl. Steppe und Wüste; Bergbau (Gold, Kupfer, Uran). Große Teile des N. T. sind Reservate der Ureinwohner.

North Island [nɔ:θ 'aɪlənd], die N-Insel Neuseelands.

Northrop [n'ɔ:θrɔp], J o h n Howard, amerikan. Biochemiker, * Yonkers (N. Y.) 5. 7. 1891, arbeitete über Aufbau und chem. Kinetik von Proteinen und Enzymen, erhielt für die Reindarstellung von Enzymen 1946 mit J. B. Sumner und W. M. Stanley den Nobelpreis für Chemie.

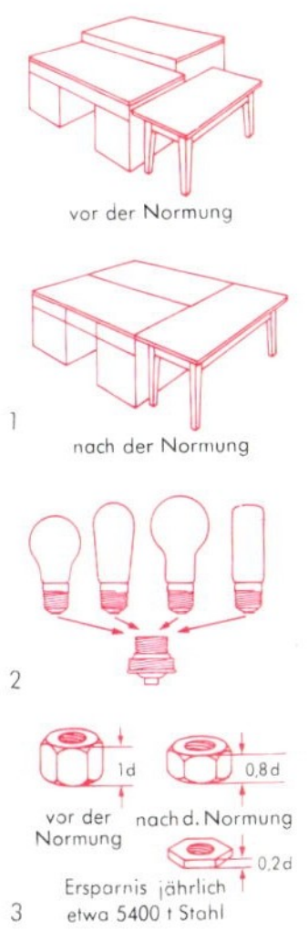

Normung

Normung: 1 Typnormung bei Büromöbeln; die Möbel passen zueinander, auch bei verschiedener Herkunft. **2** Austauschbarkeit durch Normung der Glühlampengewinde. **3** Rohstoffersparnis bei der Herstellung von Schraubenmuttern (d = Dicke)

Northumberland [nɔ:θ'ʌmbələnd], die nördlichste engl. Cty., 5 033 km², (1981) 299 900 Ew., an der Nordsee.

Northumbria [nɔ:θ'ʌmbrɪə], dt. **Northụmbri|en,** das nördlichste der angelsächsischen Königreiche.

North West Frontier Province [nɔ:θ west fr'ʌntɪə pr'ɔvɪns], **Nordwẹst-Grenzprovinz,** Provinz Pakistans, 74 522 km², (1981) 10,89 Mio. Ew.; Hptst.: Peshawar.

Northwest Territories [nɔ:θw'est t'erɪtrɪz], **Nordwest-Territọri|en,** Verwaltungsgebiet im N → Kanadas, 3,38 Mio. km² (davon 134 000 km² Gewässer), (1981) 45 700 Ew.; eingeteilt in 3 Distrikte: Mackenzie, Keewatin, Franklin; Hptst.: Yellowknife. Im N überwiegend Tundra, im S Waldland; Pelztierfang; Bergbau auf Uran, Gold, Silber, Blei, Nickel; Erdöl, Erdgas.

North Yorkshire [nɔ:θ j'ɔ:kʃɪə], nordöstl. engl. Cty., 8 317 km², (1981) 666 100 Ew.; 1974 aus Teilen von Yorkshire (North-, East- und West-Riding) gebildet.

Nortongetriebe [n'ɔ:tən-], Zahnradstufengetriebe, bei dem die Übersetzung mittels eines bewegl. Zwischenzahnrades geändert wird, z. B. bei Werkzeugmaschinen zum feinstufigen Einstellen.

Norwegen

Nọrwegen [aus Nordweg], amtl. **Kongeriket Norge** [k'ɔŋəri:kə n'ɔrgə], konstitutionelle Monarchie in Nordeuropa, 323 895 km² (mit Wasserflächen), (1982) 4,107 Mio. Ew. Bestandteile N.s sind Svalbard (Spitzbergen, Bäreninsel u. a.), die Insel Jan Mayen; im → Südpolargebiet die Bouvet-Insel, die Peter-I.-Insel.

Norwegen: Gudbrandsdal mit der Stabkirche von Ringebu

Hauptstadt: Oslo; Amtssprache: Norwegisch; Währungseinheit: 1 Norweg. Krone (nkr) = 100 Øre (Ø). *Adj.* **norwegisch.** *der* **Norweger,** *-s/-.* (KARTE VIII/IX, n. S. 320)

Staat. Verfassung vom 17. 5. 1814 (mehrfach geändert). Der König übt mit dem Ministerrat die vollziehende Gewalt aus. Die gesetzgebende Gewalt liegt bei der Volksvertretung (Storting), die sich in das Unterhaus (Odelsting) und das Oberhaus (Lagting) gliedert. – Verwaltungsgliederung in 19 Provinzen (Fylker). – Die Rechtsprechung hat zur Grundlage das Gesetzbuch Christians V. von 1687, dessen Bestimmungen größtenteils durch neuere Gesetze ersetzt sind. Oberster Gerichtshof in Oslo. – Streitkräfte. Allg. Wehrpflicht: 43000 Mann; Heer: 24000, Luftwaffe: 10000 (115 Kampfflugzeuge), Marine: 9000.

Landesnatur, →Skandinavien (weitere BILDER Europa, Geirangerfjord, Jøtunheim, Lappland).

Die Bevölkerung besteht fast ganz aus Norwegern; ferner wohnen im N, bes. in der Prov. Finnmark, über 20000 →Lappen sowie rd. 12000 →Finnen. In den 3 Großstädten (Oslo, Trondheim, Bergen) leben rd. 19% der Bevölkerung. – Bildung. Es besteht Schulpflicht vom 7.–16. Lebensjahr. Univ. in Oslo (gegr. 1811), Bergen (1948), Tromsø (1969) und Trondheim (1969) sowie andere Hochschulen. – Religion. Die evang.-luther. Kirche, der 95% der Bev. angehören, ist Staatskirche und in 10 Bistümer gegliedert.

Größe und Bevölkerung (1982)

Provinzen (VerwSitz)	Fläche in km²	Ew. in 1000	Ew. je km²
Oslo (Oslo)	454	450 386	992
Akershus (Oslo)	4 917	372 347	76
Østfold (Moss)	4 183	233 957	56
Hedmark (Hamar)	27 388	187 541	7
Oppland (Lillehammer)	25 260	181 265	7
Buskerud (Drammen)	14 933	215 983	14
Vestfold (Tønsberg)	2 216	187 649	84
Telemark (Skien)	15 315	162 047	10
Aust-Agder (Arendal)	9 212	91 563	9
Vest-Agder (Kristiansand)	7 280	137 835	19
Rogaland (Stavanger)	9 141	308 706	33
Hordaland (Bergen)	15 634	392 752	25
Sogn og Fjordane (Leikanger)	18 634	106 185	5
Møre og Romsdal (Molde)	15 104	236 416	15
Sør-Trøndelag (Trondheim)	18 831	245 406	13
Nord-Trøndelag (Steinkjer)	22 463	126 339	5
Nordland (Bodø)	38 327	245 156	6
Troms (Tromsø)	25 954	147 568	6
Finnmark (Vadsø)	48 649	77 962	2
Norwegen	**323 895*)**	**4 107 063**	**12**

*) davon 16356 km² Wasserfläche.

Wirtschaft. Nur rd. 3% des Staatsgebiets werden landwirtschaftlich genutzt. Anbau bes. von Futtergerste, ferner Hafer, Kartoffeln, Weizen. Bedeutender ist die Viehzucht, die z. T. als Seter-(Alm-)wirtschaft betrieben wird. Pelztierzucht, bes. Blaufüchse, Nerze. Der Wald (27% der Fläche), vorwiegend in Privatbesitz, wird stark forstwirtschaftlich genutzt. Mit seinen reichen Fischgründen ist N. ein führendes Land im Fischfang (1982: 2,5 Mio. t). Große Bedeutung hat die Erdgas- und Erdölförderung im norweg. Teil der Nordsee. Eisenerze werden im N abgebaut, Steinkohle auf Spitzbergen; zahlreiche kleinere Vorkommen von Buntmetallerzen (Titan, Kupfer, Zink, Pyrit). Die Nutzung der reichen Wasserkräfte fördert v. a. die Elektrometallurgie (bes. Aluminiumproduktion) und elektrochem. Ind.; petrochem., Metall-, Maschinen-, Werft-Ind., Fisch- und Holzverarbeitung; Fremdenverkehr. Haupthandelspartner: Schweden, Großbritannien, Bundesrep. Dtl.; Ausfuhr: Erdöl und Erdgas, Schiffe, Erze und Metalle, Holz, Papier und Papiermasse, Fische und Fischwaren.

Verkehr. Bed. Seeschiffahrt; mit (1983) 19,2 Mio. BRT (darunter Tanker mit 9,9 Mio. BRT) hat N. die siebtgrößte Handelsflotte. Größte Häfen am Oslofjord: Tønsberg und Oslo; ferner Porsgrunn, Stavanger, Bergen und Trondheim, für die Erzausfuhr Narvik und Kirkenes. Fährverkehr nach Großbritannien, Dänemark, Bundesrep. Dtl. Die Küstenschiffahrt wickelt rd. 80% des Frachtaufkommens ab. Eisenbahnlinien (4250 km) vorwiegend im S; 81717 km Straßen. N. ist an der ›Scandinavian Airlines System‹ (SAS) beteiligt. Internat. Flughäfen: Oslo (Fornebu), Bergen (Flesland), Stavanger (Sola).

Vorgeschichte, →Nordeuropa.

Geschichte. Um 900 kam in N. mit Harald Harfagri ein Großkönigtum auf, eine der Ursachen für die Expansion der →Normannen. Unter Olaf Tryggvason (995–1000) und Olaf dem Heiligen (1015–28) wurde N., z. T. gewaltsam, christianisiert. Grönland wurde 1261, Island 1262 mit N. vereinigt. Nachdem 1299 das alte norweg. Königshaus im Mannesstamm ausstarb, kam das Land an den Schwedenkönig Magnus Eriksson, der es seinem Sohn Håkon VI. (1355–80) überließ. Dessen dän. Gemahlin Margarete vereinigte 1387 N. mit Dänemark und bezog durch die Kalmarer Union von 1389 auch Schweden (bis 1523) in das skandinav. Großreich ein. 1536 wurden die Reformation und die dän. Schriftsprache in N. eingeführt. 1645 gingen Jämtland und Härjedalen, 1658 Bohuslän an Schweden verloren. 1751 erhielt N. im Vertrag mit Schweden die Lappendistrikte Kautokeino und Karajøsk.

Der schwed. Kronprinz Bernadotte (→Karl 37) zwang Dänemark im Jan. 1814 zur Abtretung N.s außer Island, Grönland und den Färöer-Inseln. Er erkannte die freiheitl. norweg. Sonderverfassung vom 17. 5. 1814 an. 1821 wurde der Adel abgeschafft. In den 1870er Jahren erlangte die von J. Sverdrup geführte bäuerl. Linke das Übergewicht im Innern; nach immer heftigeren Kämpfen um die Union verkündete das Storting am 7. 6. 1905 die Trennung von Schweden. Der dän. Prinz Karl wurde zum König von N. (als Håkon VII.) gewählt. 1907 garantierten Dtl., Großbritannien, Frankreich und Rußland N.s Integrität. Im 1. Weltkrieg verfolgte N. eine englandfreundl. Neutralität. 1920 wurde die norweg. Souveränität über Spitzbergen anerkannt. 1935 gelangte die Arbeiterpartei an die Regierung. Bei Ausbruch des 2. Weltkriegs blieb N. formell neutral, überließ aber im Herbst 1939 Großbritannien die Hälfte der norweg. Handelsflotte. Dem Plan einer alliierten Landung in N. kam Hitler zuvor: Er griff am 9. 4. 1940 Dänemark und N. an (2. →Weltkrieg). Nach der Kapitulation der norweg. Truppen gingen König Håkon VII. und seine Regierung ins Exil nach London; der Führer der ›Nasjonal Samling‹, V. Quisling, arbeitete mit der dt. Besatzungsmacht zusammen. Nach der dt. Kapitulation (1945) wurden viele Norweger wegen Zusammenarbeit mit der dt. Besatzungsmacht gerichtlich zur Verantwortung gezogen (einige, u. a. Quisling, zum Tod verurteilt).

1957 bestieg Kronprinz Olaf als Olaf V. den Thron. Als stärkste Partei stellte die Arbeiterpartei nach dem 2. Weltkrieg meist den MinPräs. u. a. E. Gerhardsen (1945–51, 1955–63, 1963–65), T. Bratteli (1971–72, 1973–76), O. Nordli (1976–81). 1965–71 führte P. Borten (Zentrumspartei) eine bürgerl. Koalitionsregierung (Zentrum, Konservative, Liberale, Christl. Volkspartei), 1981 bildete K. Willock eine konservative Minderheitsregierung.

In seiner Außenpolitik schloß sich N. 1949 der NATO an. 1952 trat es dem Nord. Rat, 1960 der EFTA bei. 1972 lehnte die Bev. den Beitritt N.s zur EG ab.

Norweger, nordgerman. Volk, das Staatsvolk Norwegens. Große norweg. Volksgruppen siedeln auch in den USA und in Kanada.

norwegische Kunst. Die erste und eigentümlichste Epoche der n. K. ist nach der frühgeschichtlichen die Zeit nach der Christianisierung (11. Jh.), in der die →Stabkirchen entstanden. In ihren Schnitzereien lebt Altgermanisches fort (Portale im Museum von Oslo). Beim Steinbau schloß die n. K. sich sowohl in der Romanik (Dom von Stavanger, seit 1125) wie in der Gotik (Dom von Trondheim, 12./13. Jh.) engl. Vorbildern an. Im Spät-MA. wurden viele Bildwerke und Malereien aus Lübeck und den Niederlanden, auch engl. Alabasterreliefs eingeführt. Renaissance und Barock hinterließen geringe Spuren. Die begabteren Kräfte (der Baumeister L. van Haven, der Bildhauer M. Berg) gingen an den dän. Hof. Die charaktervollsten Werke entstanden in der Volkskunst (bäuerl. ›Rosenmalerei‹). Klassizistisch bauten C. H. Grosch (Univ. in Oslo, 1841–51) und H. Linstow (Schloß in Oslo, 1825–48). In der Plastik traten die in Frankreich geschulten S. Sinding und G. Vigeland hervor. Größere Bedeutung haben die Maler, v. a. der C. D. Friedrich nahestehende J. C. Dahl und sein Schüler T. Fearnley. Der Düsseldorfer Schule schlossen sich J. F. Eckersberg und H. Gude an, der frz. Freilichtmalerei G. Munthe, E. Werenskiold u. a. C. Krohg malte impressionistisch. Europ. Bedeutung gewann E. Munch (BILD), der zu den Wegbereitern des Expressionismus gehörte. Ebenfalls internat. Ansehen erlangten O. Gulbranssons Karikaturen. Um 1920 begründeten A. Revold, P. Krohg und A. Storstein die norweg. ›Fresko-Gruppe‹ (Osloer Rathaus, 1931–50). Eine dekorative Note haben die Materialbilder des 1933 nach Norwegen emigrierten Deutschen R. Nesch und die verschwommenen Landschaften J. Weidemanns. Monumentale, abstrakte Plastiken stammen von A. Haukeland. Hervorragende Architekten nach dem 2. Weltkrieg sind K. Knutsen, E. Viksjø, N. Holter, J. Engh, J. Eikvar und S.-E. Engebretsen.

norwegische Literatur. Die altnorweg. Lit. steht im engsten Zusammenhang mit der altisländischen (→altnordische Literatur). Die meisten ›Eddalieder‹ stammen aus Norwegen. Im 12. und 13. Jh. entstanden Gesetzessammlungen, Geschichtswerke, der

›Königsspiegel‹ (um 1250). Ritterl. Epen wurden in Form der → Saga erzählt. Volksballaden (Folkevise) entstanden im 13.–15. Jh. – Mit der Reformation drang die dän. Schriftsprache ein (→ norwegische Sprache). Der begabteste Vertreter der Heimatdichtung des 17. Jh. ist Petter Dass. Ludvig Holberg (* 1684, † 1754) vereinigte dänisch-norweg. Reichsgefühl mit der Liebe zur norweg. Heimat; ähnlich der Satiriker J. H. Wessel. Eine norweg. Nationalliteratur gab es dann erst wieder seit etwa 1830. Vorkämpfer war H. Wergeland, der berühmteste norweg. Lyriker, der für kulturelle Unabhängigkeit eiferte, während sein Gegner J. S. Welhaven von der dän. Romantik begeistert war. P. C. Asbjørnsen, J. Moe, M. B. Landstad wiesen auf die Volksdichtung hin. Damit begann die **Nationalromantik** (Historiker P. A. Munch, Jugendwerke von H. Ibsen und B. Bjørnson). I. Aasen schuf aus Bauerndialekten eine neunorweg. Schriftsprache (Landsmål, Nynorsk) und ermöglichte es so u. a. A. Garborg, neunorwegisch zu schreiben.

Mit dem Roman ›Die Töchter des Amtmanns‹ von Camilla Collett (1855), der Schwester Wergelands, die für das Recht der Frau eintrat, und dem gleichzeitigen Erscheinen von Lyrik und Prosa in Landsmål begann der **Realismus.** Um 1870 wandten sich die meisten Dichter unter dem Einfluß von G. Brandes der Problem- und Tendenzdichtung zu, die soziale und krit. Fragen erörtert. Ibsen schrieb seine Ideendramen (z. B. ›Stützen der Gesellschaft‹, 1877) und wurde in Form und Stil zum Bahnbrecher des modernen Dramas. Einen Ggs. zu seiner grüblerisch-analysierenden Dichtung bildet die harmonisierende Denkweise Bjørnsons. Neben ihnen wirkten der feinsinnige K. Elster d. Ä., der witzig-geistvolle A. Kielland, der psychologische Jonas Lie. Die um 1880 hervortretende Generation betonte noch schärfer die Schattenseiten des Lebens **(Naturalismus):** Romane von Amalie Skram, H. Jaeger.

Um 1890 vollzog sich, gefördert durch Hamsuns Roman ›Hunger‹, G. Heibergs Dramen, Lies Märchen ›Trold‹ und Ibsens Wendung zum Symbolismus, eine Abkehr vom Naturalismus. Bjørnson, V. Krag, N. C. Vogt, S. Obstfelder erneuerten die Lyrik im Sinn der **Neuromantik.** Hamsun gewann für den Roman die gleiche Bedeutung wie Ibsen für das Drama; auch für die **neurealistische** Erzählweise. Zu dieser Richtung gehören H. Aanrud, J. Bojer, J. Falkberget, K. Uppdal, O. Braaten, I. Krokann und z. T. Cora Sandel und T. Vesaas. Weltliterarische Bedeutung erlangten neben Hamsun auch O. Duuns Romane und die Werke von Sigrid Undset. International bekannt wurde auch T. Gulbranssen. Zur Tradition der n. L. gehören bes. Sozialkritik und polit. Engagement. Nach dem 1. Weltkrieg beteiligten sich viele Schriftst. (z. B. H. Krog, S. Hoel, A. Øverland) an den ideolog. Auseinandersetzungen, die 1936 durch N. Griegs Angriff auf Hamsun einen Höhepunkt erreichten. Selbstbiograph. Schilderungen der Kriegsjahre und Gefangenschaft bieten M. Tau (dt. Emigrant), O. Nansen, P. Moen. Nach 1945 wurden polit. Themen weitergeführt von J. Borgen, T. Nedreaas, S. Evensmo, K. Holt u. a., sozialkritisch von G. Johannesen, der von B. Brecht beeinflußt war, von D. Solstadt, P. Haugen u. a. Die norweg. Lyrik blieb bis heute bedeutend: O. Bull, O. Aukrust, G. Reiss-Andersen, Haldis Moren Vesaas u. a. Modernistisch ist sie bei R. Jacobsen, O. Hauge, P. Brekke.

norwegische Musik. Die bodenständige Volksmusik läßt sich bis ins frühe MA. zurückverfolgen. Kunstmusik gibt es seit der Mitte des 19. Jh., als sich im Anschluß an den lyr. Komponisten H. Kjerulf (* 1815, † 1868) eine bes. im Stimmungsgehalt national gefärbte Schule bildete, deren Grundelemente der dt. Romantik und Nachromantik entlehnt waren. Am bekanntesten wurde E. Grieg, zur gleichen Generation gehören C. Sinding und J. Svendsen. Im 20. Jh. lassen sich neben einer national-romant. Richtung im Sinn Griegs eine vom frz. Impressionismus beeinflußte, eine neoklassizist. und eine atonale Richtung unterscheiden (F. Valen).

Norwegische Rinne, bis zu 100 km breite Vertiefung (bis 725 m tief) der nordöstl. Nordsee vor der norweg. Südküste.

norwegische Sprache. Sie umfaßt die seit 1885 grundsätzlich gleichberechtigten Landessprachen Norwegens **Bokmål** [b'ukmo:l] (›Buchsprache‹, früher **Riksmål**) und **Nynorsk** (›Neunorwegisch‹, früher **Landsmål**, ›Landessprache‹), deren Vereinigung zu einer Nationalsprache angestrebt wird. Beide Sprachen gehören zur nordgerman. Sprachengruppe, unterscheiden sich aber darin, daß Bokmål ostnord. Züge aufweist, während Nynorsk erst im 19. Jh. bes. aus jüngeren Dialektstufen des Westnordischen (→ altnordische Sprache) entwickelt wurde.

Das Mittelnorwegische (bis um 1550) unterlag schon früh dem Einfluß des Niederdeutschen, des Schwedischen und des Dänischen. Durch die Reformation in dän. Sprache (1550 dän. Bibelübersetzung) und die Einführung des Dänischen als Unterrichtssprache (1739) verstärkte sich der dän. Einfluß, so daß am Ende des 18. Jh. ein mehr oder minder reines Dänisch, allerdings mit norweg. Lautung, gesprochen wurde. Nach dem Ende der Union mit Dänemark (1814) wurden nationale Unabhängigkeit und Selbstbestimmung zum polit. Programm erhoben, verbunden mit der Forderung, eine rein norweg. Nationalsprache zu schaffen. Dem Sprachwissenschaftler I. Aasen gelang es nach Dialektuntersuchungen, Wortschatz und Grammatik des Landsmål zu erarbeiten, das sich als Schriftsprache bewähren sollte. Im 20. Jh. entzündete sich der Sprachenstreit an den staatl. Bestrebungen, Bokmål und Nynorsk aneinander anzugleichen mit dem Fernziel einer gemeinsamen Landessprache **(Samnorsk).** – Die Schrift ist lateinisch und hat die Zusatzzeichen: æ/Æ [ä], ø/Ø [ö], å/Å [o].

Norwich [n'ɔrıdʒ], Hptst. der engl. Cty. Norfolk, (1981) 122300 Ew., Univ., Bischofssitz; Maschinen-, Eisenwaren-, chem. Leder-, Nahrungsmittel- u. a. Ind.; normann. Kathedrale (1. Hälfte 12. Jh.) mit Fächergewölbe (15. Jh.).

Norwid, Cyprian Kamil, poln. Dichter, * Laskowo-Głuchy bei Warschau 24. 9. 1821, † Paris 23. 5. 1883. Seine formal eigenwillige Lyrik nahm eine Sonderstellung in der poln. Romantik ein (›Vade-mecum‹, 1865/66); auch Dramatiker.

Nosean *der, -s,* Mineral, → Sodalith.

Nosema, Gatt. der Sporentierchen, deren Arten bes. an Insekten schmarotzen; Erreger der **Nosemaseuche** der Bienen und der **Fleckenkrankheit (Pebrine)** der Seidenraupe.

Noske, Gustav, Politiker (SPD), * Brandenburg/Havel 9. 7. 1868, † Hannover 30. 11. 1946, Schriftleiter und MdR., war 1919/20 Mitgl. des Rates der Volksbeauftragten (Militärressort) und warf in dieser Eigenschaft 1919 den Spartakusaufstand nieder. Als Reichswehr-Min. (1919–20) legte er den Grund für den Aufbau der Reichswehr. 1920–33 war er Oberpräs. der Prov. Hannover.

Nösnerland, ehemaliges dt. Siedlungsgebiet um → Bistritz 2) im NO Siebenbürgens, mit zuletzt etwa 30000 Deutschen.

Nosologie [grch.] *die, -,* Krankheitslehre, Zweig der Pathologie. *Adj.* **nosologisch.**

Hans Erich Nossack

Nossack, Hans Erich, Schriftst., * Hamburg 30. 1. 1901, † ebd. 2. 11. 1977, gestaltete bes. in seinen frühen Werken Visionen von Untergang und Tod; verbindet in seiner Erzählprosa häufig Reales, Mythisches und Märchenhaftes.

HW: *Romane:* Spätestens im November (1955); Spirale (1956); Der jüngere Bruder (1958); Der Fall d'Arthez (1968); Dem unbekannten Sieger (1969). – *Erzählungen:* Nekyia (1947); Interview mit dem Tode (1948); Begegnung im Vorraum (1963). Dramen, Essays.

Nossairi|er, islam. Geheimsekte, → Nusairier.

Nossen, Stadt im Kr. Meißen, Bez. Dresden, an der Freiberger Mulde, (1973) 7200 Ew.; Papier-, Leder-, Textil-Ind. Nahebei das ehem. Zisterzienserkloster **Altzelle** (um 1162 gegr., Ruine).

Nostalgie [grch.] *die, -,* Heimweh, Sehnsucht nach Vergangenem; Anfang der 1970er Jahre eine den Stil früherer Generationen (spätes 19. und frühes 20. Jh.) aufgreifende Modeströmung. *Adj.* **nostalgisch.**

Nostradamus

Nostradamus, eigtl. Michel **de Notredame** [də nɔtrəd'am], frz. Astrologe, * St. Rémy (Provence) 14. 12. 1503, † Salon (Provence) 2. 7. 1566, Leibarzt Karls IX. Seine dunklen Prophezeiungen in gereimten Vierzeilern leben bis in die Neuzeit fort (›Prophéties‹, 1555).

nostrifizieren [lat.]. *ich* **nostrifiziere, 1)** *es,* erkenne einen ausländ. Diplom- oder Doktorgrad an. **2)** *ihn,* bürgere ein. *Subst. die* **Nostrifikation,** *-/-en,* **Nostrifizierung,** *-/-en.*

Nostrokonto [ital. ›unser Konto‹], Konto, das eine Bank bei einer andern **(Nostrobank)** unterhält; Ggs.: → Lorokonto.

Not [ahd.] *die, -,* **1)** Armut, Elend: *diese Familie lebt in N., leidet bittere N.* **2)** Mangel, Knappheit: *Geldnot; Zeitnot.* **3)** *Pl.* *¨e,* Bedrängnis, schlimme Lage, Schwierigkeit, Hilflosigkeit: *die Nöte der Jugend; mit dir hat man seine N.,* Ü Ärger, Mühe; *er hat es mit Mühe und N. geschafft,* gerade noch. **4)** Zwang, Notwendigkeit: *das ist vonnöten; wenn N. am Mann ist,* wenn es eilt; *das tut not – wird not tun,* ist nötig; *zur N.,* mit Mühe, wenn es notwendig ist. **Notanker, 1)** ⚓ 2. Anker zur Reserve. **2)** Ü letztes Rettungsmittel. **Notbehelf,** unzulängl. Ersatzmittel. *die* **Notdurft,** -, Entleerung des Darms, der Blase: *er verrichtet seine Notdurft.* **notdürftig,** kaum befriedigend, nur im dringenden Fall ausreichend. **Notfall,** bei N., wenn es erforderlich ist: *im Notfall. Adv.* **notfalls. notgedrungen,** weil es nicht anders geht. **nötig,** erforderlich, unentbehrlich, notwendig, sehr wünschenswert: *es ist nötig, sich darum zu kümmern; er hat die Erholung dringend nötig; hattest du das nötig?,* mußtest du das tun? *ich* **nötige** *ihn zu etwas,* **1)** zwinge; bringe mit Gewalt oder Drohung dazu: *ich sehe mich genötigt durchzugreifen.* **2)** fordere auf zuzugreifen, biete ihm an: *laß dich nicht nötigen,* greif zu. **3)** ⚮ notzüchtige. *ich* **nötige** *es ihm* **ab,** presse ab, gewinne durch Gewalt oder Betteln. *ich* **nötige** *es ihm* **auf,** zwinge ihn, es zu nehmen. **nötigenfalls,** wenn es nötig sein sollte. **Notlage,** Zustand der Bedrängnis. **notleidend,** in Armut lebend. *der, die* **Notleidende,** *-n/-n, ein -r, eine -,* jemand, der N. leidet. **Notlösung,** behelfsmäßige Lösung. **Notlüge,** Lüge aus Höflichkeit oder um einer ungünstigen Lage zu entgehen. **Notnagel,** Ü Aushilfe, Ersatz. **Notpfennig,** Spargut für Notzeiten. **notwendig, 1)** unvermeidlich, zwangsläufig. **2)** unentbehrlich, unbedingt erforderlich. *Subst. die* **Notwendigkeit,** *-/-en. Adv.* **notwendigerweise.**

Nota [lat.] *die, -/-s,* **1)** kurze Aufzeichnung, Anmerkung. **2)** Rechnung. **3)** Auftrag: *ich gebe, nehme es in N.*

Notabeln [frz.] *Pl.,* **1)** ⚘ Angehörige einer maßgebenden bürgerl. Oberschicht. **2)** in Frankreich: die Mitgl. der Notabelnversammlung, der seit dem 15. Jh. erweiterten Ratsversammlung des Königs. *die* **Notabilität**, -, ⚘ Vornehmheit, Berühmtheit.

notabene [lat.], Abk. **NB,** beachte; übrigens. *das* **Notabene**, *-(s)/-(s),* Merkzeichen, Denkzettel.

Not|adresse, Wechselrecht: → Ehreneintritt.

Not|anzeige, → Wechsel.

Notar [lat.] *der, -s/-e,* vom Staat bestellte, mit → öffentlichem Glauben ausgestattete jurist. Amtsperson, bes. zur Beurkundung von Rechtsgeschäften und zur Auflassung von Grundstücken, Beglaubigung von Unterschriften, Errichtung von Testamenten und Erbverträgen sowie Ausstellung vollstreckbarer Urkunden. *das* **Notariat**, *-s/-e,* Amt eines N. *Adj.* **notariell.**

Das Notariatsrecht ist in der Bundesrep. Dtl. v. a. durch die Bundesnotarordnung v. 24. 2. 1961 und länderrechtl. Vorschriften geregelt. Der N. ist unabhängiger Träger eines öffentl. Amtes und übt dieses i. d. R. hauptberuflich aus (für Amtspflichtverletzungen haftet er). Das Notariat kann in mehreren Bundesländern mit der Anwaltschaft verbunden werden. Die Fähigkeit zum Richteramt wird überall gefordert, außer für die Bezirksnotare in Württemberg. Der Amtsbezirk des N. ist i. d. R. der Oberlandesgerichtsbezirk, in dem sich sein Amtssitz befindet. – In der Dt. Dem. Rep. bestehen seit 1952 staatl. Notariate, denen auch ein Teil der freiwilligen Gerichtsbarkeit übertragen ist. – In Österreich ist das Notariatsrecht durch die Notariatsordnung v. 25. 7. 1871 mit zahlreichen Novellen geordnet. Voraussetzung für die Ernennung zum N. sind ein abgeschlossenes jurist. Studium und die Notariatsprüfung. – In der Schweiz ist die Rechtsstellung der N. kantonal bestimmt. Die N. sind voll- oder nebenamtlich bestätigte Staatsbeamte oder freie N. und können in diesem Falle in einigen Kantonen gleichzeitig Rechtsanwälte sein.

notarielle Urkunden, Schriftstücke, deren Inhalt durch einen Notar beurkundet ist, z. B. Testamente, Schenkungsversprechen, Grundstücksverkäufe. Der Beurkundungsakt muß best. Formerfordernissen entsprechen, die im Beurkundungsges. v. 28. 8. 1969 (in Kraft seit 1. 1. 1970) enthalten sind. – In der Dt. Dem. Rep. sind n. U. im Grundstücksverkehr, für best. Erklärungen (z. B. Kirchenaustritt) sowie in Nachlaß- und Vormundschaftssachen vorgesehen. – Für die Errichtung n. U. in Österreich gilt im wesentlichen das Notariatszwangsgesetz vom 25. 7. 1871. – In der Schweiz bestimmt das Bundesrecht, welche Rechtsgeschäfte und Erklärungen in n. U. verfaßt werden müssen; die Form der n. U. ist kantonal bestimmt.

Not|arztwagen, → Rettungswesen.

Notation *die, -/-en,* **1)** ♪ Notenaufzeichnung (→ Noten). **2)** systematische Aufzeichnung einer Schachpartie. **3)** ⚗ verschlüsselte Darstellungsform für organisch-chem. Verbindungen. **4)** Datenverarbeitung: Festlegung der Reihenfolge von Rechenoperationen: Bei der **algebraischen N.** (→ AOS) ist diese durch die mathemat. Reihen- und Rangfolgeregeln (Klammerausdruck, Punkt- vor Strichtrennung u. a.) bestimmt, bei der **poln. N.** (von dem Polen J. Łukasiewicz entwickelt) dadurch, wie diese Operationen tatsächlich ausgeführt werden. Bei Taschenrechnern wird auch häufig die **umgekehrte polnische N.** (→ UPN) verwendet.

Not|aufnahme, in der Bundesrep. Dtl. die → Aufenthaltserlaubnis für Deutsche aus der Dt. Dem. Rep. bei drohender Gefahr für Leib und Leben, für die persönl. Freiheit oder aus anderen zwingenden Gründen. Nach dem N.-Ges. v. 22. 8. 1950 i. d. F. v. 29. 6. 1961 entscheidet über die Aufenthaltserlaubnis ein Aufnahmeausschuß.

Not|ausgänge, baurechtlich vorgeschriebene, zusätzl. Ausgänge aus Räumen mit starkem Publikumsbesuch.

Notbedarf, zum → notdürftigen Unterhalt erforderl. Mittel.

Notbremse, Bremse für Eisenbahnreisende bei Gefahr.

Notburga, Schutzheilige der Bauern und Mägde, * Rattenberg am Inn um 1265, † Schloß Rottenburg (Achensee) 14. 9. 1313 als Dienstmagd des Grafen von Rottenburg; Tag: 14. oder 13. 9.

notdürftiger Unterhalt, die Mindesterfordernisse zur Dekkung des Lebensbedarfs einschließl. der Ausbildungskosten. (→ Unterhaltspflicht)

Note [lat. nota ›Merkmal‹] *die, -/-n,* **1)** ♪ musikal. Schriftzeichen, → Noten: *ich singe, spiele nach Noten.* **2)** Papiergeld: *Banknote.* **3)** Anmerkung, Bemerkung: *Fußnote.* **4)** Beurteilung einer Leistung (→ Notenstufen): *er hat gute Noten im Schulzeugnis.* **5)** ⛸ erreichte Punktzahl (bes. Eis- und Rollkunstlauf, Gymnastik, Skispringen, Reitdressur). **6)** Ausprägung, Eigenart: *sein Buch trägt eine besondere N.* **7)** Völkerrecht: jede förmliche schriftl. Mitteilung, die eine Regierung der anderen auf diplomat. Weg macht. Das **Memorandum** zeichnet einen best. Vorgang auf, das **Aide-mémoire** [ɛdmɛmw'a:r] ist die Niederschrift einer mündl. Erklärung. Die unterzeichneten N. (**Notes signées** [nɔt siɲ'e]) werden von den nicht unterzeichneten **Verbalnoten** (kurze Zusammenfassung mündl. Besprechungen) unterschieden. Durch **Zirkularnoten** unterrichtet eine Regierung ihre diplomat. Vertreter in Angelegenheiten von allg. Bedeutung oder sie macht den bei ihr akkreditierten diplomat. Vertretungen gleichlaufende Mitteilungen.

Noten, ♪ musikal. Schriftzeichen (Tonzeichen); ihre Gesamtheit heißt **Notenschrift, Notation, Notierung.** Die Tonhöhe wird ohne Rücksicht auf Halbtonschritte durch die fortlaufende Anordnung der N. auf Linien und Zwischenräumen, die relative Dauer der Einzeltöne durch die N.-Gestalt, die rhythm. Gruppierung und die Akzentlage durch Taktvorzeichen und Taktstriche (→ Takt) wiedergegeben; Tempo, Tonstärke, Verzierungen, Artikulation u. a. werden durch schriftl. Zusätze oder besondere Zeichen ausgedrückt. Die (absolute) Tonhöhenbedeutung der Linien wird am Anfang durch einen → Notenschlüssel bestimmt. Zur Aufzeichnung der chromat. Halbtöne fis, cis, b, es usw. werden Versetzungszeichen beigefügt; Versetzungszeichen am Anfang des Liniensystems (Vorzeichen) bezeichnen die → Tonart. Die zeitl. Notenwerte sind Ganze, Halbe, Viertel, Achtel, Sechzehntel usw.; außerhalb dieser steten Zweiteilung stehen punktierte N. (eineinhalbfacher Wert), Triolen, Quintolen, Duolen usw. Jedem Notenwert entspricht ein Pausenzeichen gleicher Dauer.

Geschichte. Die heutigen N. gingen aus den → Neumen hervor. Aus ihnen entwickelten sich die Choralnoten. Daneben galten auch noch eine Buchstabentonschrift, die Zahlentonschrift sowie die Verbindung von Notenzeichen, Zahlen und Buchstaben (→ Tabulatur) oder von Zahlen und N. (→ Generalbaß). Im frühen 13. Jh. entwickelte sich die → Modalnotenschrift, vom 13.–16. Jh. die → Mensuralnotenschrift, die nun auch die zeitl. Geltungsdauer genau angab. Die Ausprägung der Taktarten und -vorzeichnungen fand im 17. Jh. ihren Abschluß. Seit 1950 gewinnen neben der traditionellen Notenschrift andere Arten der Aufzeichnung (z. B. für elektron. oder serielle Musik) an Bedeutung.

Notenbank, Zentralbank, Zentralnotenbank, Kreditinstitut, das neben dem Recht zur Notenausgabe (Notenausgabemonopol, -privileg) u. a. auch die Verantwortung für die gesamte Geld- und Kreditpolitik hat. Zur Erfüllung ihrer gesetzl. Aufgabe, das Geld- und Währungswesen v. a. auf eine Stabilerhaltung der Währung hin zu beeinflussen, bedient sich die N. best. Maßnahmen (**Notenbankpolitik**), bes. der Diskont- und Lombardpolitik, Mindestreservepolitik (→ Mindestreserven), Offenmarktpolitik, Einlagenpolitik, Swapsatzpolitik (Devisenterminmarktpolitik).

Entwicklung. Die N. entstanden aus den ›Zettelbanken‹: Gold wurde zur Aufbewahrung gegen Depotscheine (Quittungen) angenommen, die von den Inhabern allmählich statt des Goldes als Zahlungsmittel verwendet wurden. Da die umlaufenden Quittungen (Banknoten) zunächst in einer mehr oder minder engen Beziehung zu der Goldmenge des Landes standen, kam es im 18. Jh. und zu Anfang des 19. Jh. zu zahlreichen Noteninflationen. Die Noteninflation in England führte 1844 zum ersten Notenbank-Ges. (→ Bankakte). Damit wurde eine Entwicklung eingeleitet, die die N. zur bedeutsamsten geld- und währungspolit. Instanz machte, ebenso durch die entstehenden modernen Staaten, die best. Banken die Verwaltung ihrer Gelder übertrugen und sie als Instrument des Staatskredits einsetzten. Auch die Depositenbanken unterhielten allmählich ihre Liquiditätsreserven bei den N., die dadurch zur ›Bank der Banken‹ wurden und das Kreditgeschäft mit anderen Kreditinstituten bes. pflegten. Seit Mitte des 19. Jh. hat sich eine weitgehende Selbständigkeit der N. durchgesetzt.

In Dtl. wurde als erste N. die → Reichsbank geschaffen. Die dem 1. Weltkrieg folgende Inflation führte zur Neuregelung im Bank-Ges. v. 30. 8. 1924. Im nat.-soz. Dtl. galt das Ges. über die Dt. Reichsbank v. 15. 6. 1939. Nach dem 2. Weltkrieg regelten die Besatzungsmächte das Geldwesen i. S. eines föderativen Staatsaufbaus: Schaffung der → Bank deutscher Länder und der → Landeszentralbanken. Durch Ges. v. 26. 7. 1957 wurde die → Deutsche Bundesbank als Rechtsnachfolgerin gegr. Die Funktion von N. haben in der Dt. Dem. Rep. die → Staatsbank der Deutschen Demokratischen Republik, in Österreich die → Österreichische Nationalbank, in der Schweiz die → Schweizerische Nationalbank, in Frankreich die ›Banque de France‹ (→ Bank von Frankreich), in Großbritannien die ›Bank of England‹ (→ Bank von England), in Italien die ›Banca d'Italia‹ (Sitz: Rom, gegr. 1893, Notenemissionsprivileg 1926, seit 1936 öffentlich-rechtl. Institut in Form einer AG), in Belgien die ›Banque Nationale de Belgique‹ (Brüssel, gegr. 1850, seit 1948 zu 50% im Besitz des Staates) und in den USA das → Federal Reserve System.

Notendeckung, die urspr. meist gesetzlich vorgeschriebene Bereitstellung von Mitteln zur Einlösung der zur Notenbank zurückströmenden Banknoten (zunächst meist Gold, später auch Devisen, Wechsel u. a. Wertpapiere). Mit dieser Maßnahme sollte eine zu große Ausdehnung des Notenumlaufs verhindert und damit die Stabilität der Währung gesichert werden. Im Dt. Reich mußten bis 1939 die umlaufenden Banknoten zu 40% in Gold und Devisen gedeckt sein. Für die Dt. Bundesbank bestehen keine Deckungsvorschriften (so nach dem Ges. über die Dt. Bundesbank v. 26. 7. 1957).

I Notengestalt und Notenwert

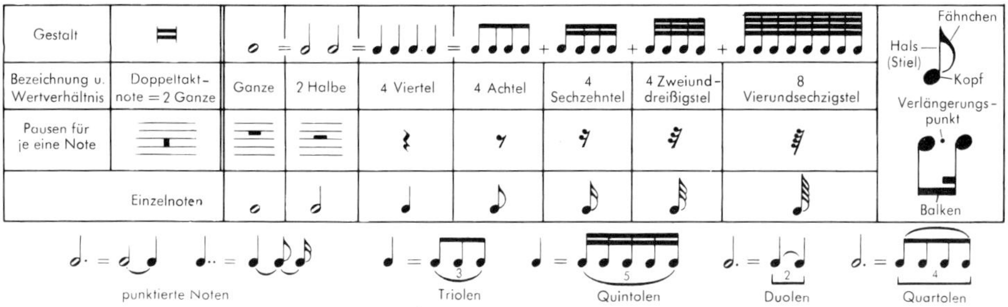

II Stellung der Noten im System und Versetzungszeichen

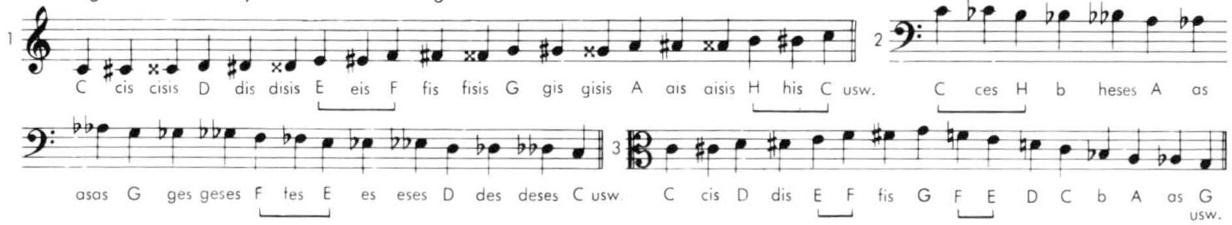

III Notenbild

IV

I Notengestalt und Notenwert. **II** Stellung der Noten im System und Versetzungszeichen im Violin- **(1)**, im Baß- **(2)**, im Bratschenschlüssel **(3)**, Ausgangsnote ist jeweils das eingestrichene C (c′); ⌴ = Halbtonschritte der diatonischen Leiter. **III** Notenbild: **1** Vierstimmiger Choralsatz (J. S. Bach); a Notenlinien, b Zwischenräume (Spatien), c System, d Hilfslinien, e Akkolade, f Violinschlüssel, g Baßschlüssel, h Tonartvorzeichnung, i Taktvorzeichnung (c = 4/4), k–n Anordnung der Stimmen (die Notenhälse von Sopran k und Tenor m sind nach oben, von Alt l und Baß n nach unten gestrichen), o–q Versetzungszeichen (Akzidentalen), r und s Verzierungen (r Vorschlag, s Triller), t Haltebogen, u Bindebogen, v Fermate, w Taktstrich, x Doppelstrich, y Wiederholungszeichen, z Kustos, **2** Zweistimmiges Volkslied auf einem System. **3** Klaviersatz in zwei Systemen, die Akkorde zusammengefaßt (Beethoven; Beginn der Hammerklaviersonate, op. 106). **4** Streichquartett-Notierung; zwei Geigen im Violin-, Bratsche im Alt-, Violoncello im Baßschlüssel (Mozart; KV 465, 2. Satz). **IV** Handschrift (Autograph); J. S. Bach: Beginn der 1. Sonate für Violine allein

Notendruck, Musiknotendruck, ungenau **Musikali|endruck,** Druck von Musiknoten, beim früher angewandten **Notensatz** (mit etwa 360 zusammensetzbaren Notentypen, 1754 von I. Breitkopf in Leipzig erfunden) auch im Hochdruckverfahren gedruckt. Beim **Notenstich** wurden in Stahl-, Kupfer- oder Zinkplatten durch Stempel die verschiedenen Zeichen und Noten eingeschlagen oder durch Stichel freihändig eingraviert. Heute wird meist **photomechanisch** von einer auf Transparentfolie gezeichneten Vorlage das Negativ oder Positiv für die Herstellung von Offsetdruckplatten gewonnen. Es gibt auch das nach dem Aufreibeprinzip angewandte **Notasetverfahren.**

Notenschlüssel, ♪ in der Notenschrift das am Anfang eines Liniensystems stehende Zeichen, das die Tonhöhenbedeutung der

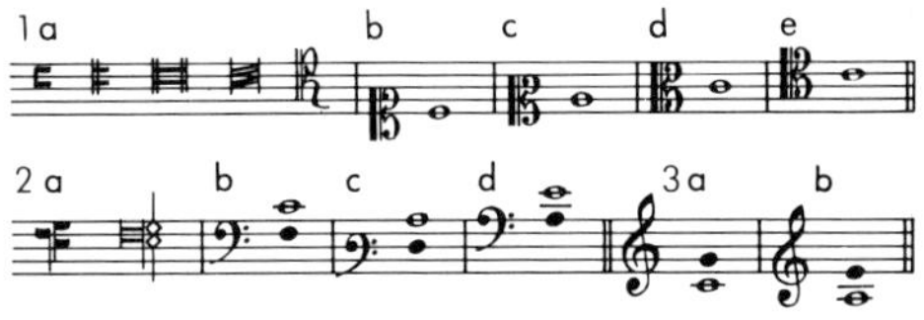

Notenschlüssel: 1 C-Schlüssel; a ältere Formen, b–e heutige Gestalt als Diskantschlüssel (b), Mezzosopranschlüssel (c), Altschlüssel (d) und Tenorschlüssel (e), jeweils mit der Note c'. **2** F-Schlüssel; a ältere Formen, b–d heutige Gestalt als Baßschlüssel (b), Baritonschlüssel (c) und Subbaßschlüssel (d), jeweils mit den Noten c' und f (schwarzer Notenkopf). **3** G-Schlüssel; a Violinschlüssel, b französischer (hoher) Violinschlüssel, jeweils mit den Noten c' und g' (schwarzer Notenkopf)

bezeichneten Notenlinie festlegt (TAFEL Noten). Man unterscheidet: Diskant-, Alt-(Bratschen-) oder Tenorschlüssel (C-Schlüssel) und, als heute gebräuchlichste N., den Violin-(G-) und Baßschlüssel (F-Schlüssel).

Notenstufen, die in der Bundesrep. Dtl. durch die Konferenz der Kultusminister (zuletzt am 13. 10. 1968) einheitlich festgelegten Leistungsstufen in Schulzeugnissen: sehr gut (1), gut (2), befriedigend (3), ausreichend (4), mangelhaft (5), ungenügend (6). In der gymnasialen Oberstufe Bewertung nach einem Punktesystem (0–15); bei berufl. Abschlußprüfungen werden Punkte (bis 100) vergeben, die dann zur Gesamtwertung in eine der N. umgerechnet werden. In der Dt. Dem. Rep. werden die Notenstufen von 1–5 benannt: sehr gut (1), gut (2), befriedigend (3), genügend (4), nicht genügend (5). In Österreich wird ebenfalls die fünfstufige Notenskala verwendet. Die Notenskala in der Schweiz ist kantonal unterschiedlich: Neben 1–5 (1 als Bestnote) bestehen auch Reihen 6–1 (6 als Bestnote).

Noten|umlauf, Zahlungsmittel|umlauf, → Zahlungsmittel.

Notfall|ausweis der deutschen Ärzteschaft, Ausweis, der für eine medizin. Notfallbehandlung wichtige Angaben über den Inhaber enthält, so über die Blutgruppe, Impfungen, Krankheiten (Allergien, Zuckerkrankheit, Bluterkrankheit u. a.).

Notfalldienst, Bereitschaftsdienst, organisierter Einsatz niedergelassener Ärzte, um ärztl. Behandlung, Krankentransport, Feuerwehreinsatz u. a. auch nachts, an Wochenenden und Feiertagen zu gewährleisten.

Notfeuer, Wildes Feuer, im bäuerl. Brauchtum ein Heilfeuer zur Abwendung von Seuchen, bes. des Viehs.

Notfrist, Zivilprozeßrecht: als solche ausdrücklich benannte gesetzl. Fristen (vor allem die Fristen für die Einlegung der Rechtsmittel). N. dürfen nicht verkürzt oder verlängert werden. Gegen ihre Versäumung ist in Ausnahmefällen → Wiedereinsetzung in den vorigen Stand möglich.

Notgeld, in Zeiten zerrütteter Währung von Staat, Gemeinden oder privaten Unternehmen zur Überbrückung eines Mangels an gesetzlichen Zahlungsmitteln ausgegebenes Geld.

Notgemeinschaft der deutschen Wissenschaft, Vorgängerin der → Deutschen Forschungsgemeinschaft e. V.

Notgesetz, ein zur Bekämpfung oder Behebung einer Notlage dienendes Gesetz (→ Ermächtigungsgesetz, → Gesetzgebungsnotstand, → Notstandsverfassung, → Notverordnung).

Nothelfer, Kath. Kirche: 14 Heilige, von denen man in Nöten aller Art Hilfe erwartet, meist: Achatius, Ägidius, Blasius, Christophorus, Cyriacus, Dionysius, Erasmus, Eustachius, Georg, Pantaleon, Vitus, Barbara, Katharina und Margareta. Den N. zu Ehren wurden Wallfahrtskirchen errichtet, so → Vierzehnheiligen.

Nothilfe, 1) Hilfeleistung bei Unglücksfällen. **2)** ⚖ Notstandsoder Notwehrhandlungen zum Schutz fremder Rechtsgüter (→ Notstand, → Notwehr).

Nothung, bei R. Wagner Zauberschwert, das Siegmund durch Wotans Hilfe zufällt, dann am Speer des Gottes zerbricht und von Siegfried neu geschmiedet wird.

Bernt Notke: Schutzheiliger vom Triumphkreuz im Lübecker Dom, 1477

notieren [lat.], *ich notiere es,* **1)** schreibe auf, merke vor. **2)** stelle den Kurs eines Wertpapiers oder den Preis einer Ware fest: *es notiert,* hat einen bestimmten Kurs. *die* **Notierung,** *-/-en,* **1)** Aufzeichnung, Vormerkung. **2)** börsenmäßige Feststellung, Veröffentlichung von Warenpreisen, Kursen. **3)** ♪ Notenschrift, → Noten. *die* **Notifikation,** *-/-en,* **1)** Benachrichtigung. **2)** Übermittlung der diplomatischen → Note.

Nötigung *die, -/-en,* ⚖ die rechtswidrige Bestimmung eines anderen (durch Gewalt oder Drohung mit einem empfindlichen Übel) zu einer Handlung, Duldung oder Unterlassung; strafbar nach § 240 StGB mit Freiheitsstrafe bis zu drei Jahren oder Geldstrafe. Die N. ist dann rechtswidrig, wenn die Anwendung der Gewalt oder die Androhung des Übels zu dem angestrebten Zweck als verwerflich anzusehen ist (Zweck-Mittel-Relation). Ein Sonderfall der N. ist die → Erpressung. – Vorschriften über die N. sind enthalten in § 129 StGB der Dt. Dem. Rep., §§ 105, 106, 204 StGB Österreichs und Art. 181 StGB der Schweiz.

Notiz [lat.] *die, -/-en,* **1)** Vermerk, kurze Aufzeichnung. **2)** kurze Nachricht, Mitteilung: *Zeitungsnotiz.* **3)** *ich nehme N. von etwas,* beachte es, nehme zur Kenntnis. **Notizbuch,** Merkbuch.

Notke, Bernt, Bildschnitzer und Maler, * Lassahn (Pommern) um 1440, † Lübeck 1509, Ende des 15. Jh. in Schweden tätig, seit 1505 Werkmeister der St.-Petri-Kirche in Lübeck. Sein HW, die St.-Georg-(Jürgen-)Gruppe (St.-Nikolai-Kirche, Stockholm; vollendet 1489), ist ein Denkmal des Sieges über die Dänen. In N.s Werk verbindet sich dekorative Pracht mit realist. Darstellung.

Notker, Mönche der Benediktinerabtei St. Gallen:

1) N. Balbulus [lat. ›Stammler‹], Dichter, * in oder bei Jonschwil (Kt. St. Gallen) um 840, † St. Gallen 6. 4. 912, schrieb lat. Hymnen; mit seinen → Sequenzen eröffnete er der Dichtung des MA. neue Dimensionen. Seine ›Gesta Karoli Magni‹ (›Taten Karls des Großen‹) sind ein halb sagenhaftes Anekdotenbuch um Karl d. Gr.

2) N. III. Labeo [lat. ›der Großlippige‹], auch **der Deutsche (Teutonicus),** Mönch und Lehrer an der Klosterschule von St. Gallen, * um 950, † 29. 6. 1022, Neffe Ekkehards I. und Lehrer Ekkehards IV. Seine für den Unterricht an der Klosterschule bestimmten Übersetzungen (Boethius, Martianus, Capella, Aristoteles, Psalter) zeugen von hoher sprachschöpferischer Kraft und gelten als bedeutsamste deutschsprachige Leistung seiner Zeit. Der Dialekt ist alemannisch, lautlich sorgfältig geregelt **(Notkersches Anlautgesetz).**

Notlandung, die durch techn. Mängel, Schlechtwetter oder gesundheitl. Störungen erzwungene Landung eines Flugzeugs auf einem Flugplatz oder außerhalb davon. Fahrwerksausfall zwingt zur Einrad- oder Bauchlandung; letztgenannte erfolgt, wenn möglich, auf einer Landebahn mit aufgespritztem Schaumteppich.

notleidendes Papier, ⚖ Wertpapier, bei dem die darin verkörperten Rechte unsicher geworden sind, z. B. ein Wechsel, dessen Bezahlung verweigert wird.

Notleiter, die → Feuerleiter.

Notodden [n'u:tɔdən], Stadt in der norweg. Prov. Telemark, (1981) 12 900 Ew., Hauptsitz der norweg. Kunststoff-Ind.

Not|opfer Berlin, 1949–58 in der Bundesrep. Dtl. erhobene Steuer zur Unterstützung von Berlin (West). Das N. B. wurde durch Steuermarken auf Postsendungen (aufgehoben 1956), als mit der Einkommen- und Lohnsteuer erhobene Abgabe der natürl. Personen (aufgehoben 1956) und als Abgabe der Körperschaften (aufgehoben 1958) erhoben.

notorisch [spätlat.], allgemein bekannt, offenkundig (→ Offenkundigkeit); gewohnheitsmäßig: *ein notorischer Trinker.*

Notre-Dame [nɔtrəd'am, frz. ›Unsere liebe Frau‹], die Jungfrau Maria, Name verschiedener, ihr geweihter Kirchen.

Notreife, das vorzeitige und daher unvollständige Reifen von Samen und Früchten, bes. von Getreide infolge von Dürre oder zu früher Lagerung.

Notruf, jeder mündlich oder nachrichtentechnisch übermittelte Hilferuf, der einen eingetretenen Notfall einer Hilfsstelle meldet; i. e. S. die Verständigung der Polizei, Feuerwehr, Unfallrettung über öffentl. oder nichtöffentl. Fernmeldenetze, auch durch → Notsignale oder → Fernsprech-Notrufsäulen. Im Fernsprechnetz der Dt. Bundespost ist die **Kurzrufnummer** 110 für Polizei und 112 für Feuerwehr in allen Ortsnetzen einheitlich eingeführt.

Notschlachtung, → Fleischbeschau. *Vb. ich* **notschlachte** *ein Tier.*

Notsignale, international gültige Zeichen zur Anforderung von Hilfe in Notsituationen. 1) Alpinismus: Laut-, Wink- oder Lichtzeichen, sechsmal in der Minute gegeben, dann eine Minute Pause; auch Signalraketen. 2) Luft- und Seefahrt: Knallsignale in Minutenabstand, anhaltende Schallsignale, Raketen oder Leuchtkugeln, die Flagge N über C des internat. Signalbuches, ein Ball über Kugel oder Flagge, Flammensignale, Fallschirmrakete, die Funk-N. SOS im Telegraphieverkehr und das Wort ›Mayday‹ im Funksprechverkehr.

Notstand, Zwangslage, in der man befugt ist, zur Verhütung eines drohenden Schadens auf fremde Rechtsgüter einzuwirken.

Im Zivilrecht sind folgende Einwirkungen zulässig: a) auf fremde Sachen, von denen aber keine Gefahr ausgeht **(Nothilfe, aggressiver N.**, § 904 BGB; z. B. Benutzung eines fremden Kahns zur Rettung eines Ertrinkenden), b) gegen die eine Zwangslage verursachenden Sachen **(Sachwehr, defensiver N.**, § 228 BGB; z. B. gegen einen angreifenden Hund); Einwirkungen auf Personen sind nicht zulässig. Der Eingriff ist auch zugunsten fremder Sachen und Personen zulässig. Zivilrechtl. Notstandshandlungen sind nicht rechtswidrig, Notwehr gegen sie ist ausgeschlossen. Der Schaden muß in einem angemessenen Verhältnis zu dem geschützten Rechtsgut stehen; er ist i. d. R. zu ersetzen. Im Strafrecht ist der N. bes. von dem Prinzip der Güterabwägung bei → Pflichtenkollision gekennzeichnet. Unterschieden wird zw. rechtfertigendem und entschuldigendem N. Beiden gemeinsam ist, daß die Tat zur Abwehr einer gegenwärtigen, nicht anders abwendbaren Gefahr für Leben, Leib oder Freiheit der eigenen oder einer anderen Person erfolgt. Beim **rechtfertigenden N.** (§ 34 StGB) ist auch jedes andere Rechtsgut geschützt, jedoch muß bei angemessenem Mittel das geschützte Rechtsgut gegenüber dem beeinträchtigten wesentlich überwiegen, z. B. Verletzung der Schweigepflicht des Arztes (§ 203 StGB), um andere vor Ansteckung zu warnen. Beim **entschuldigenden N.** (§ 35 StGB) bleibt der Täter – trotz vorliegender Rechtswidrigkeit der Tat – gleichwohl straflos, wenn ihm nicht zugemutet werden konnte, die Gefahr hinzunehmen. Im öffentl. Recht ist der **polizeil. N.** eine Lage, in der eine eingetretene oder unmittelbar bevorstehende Gefahr für die öffentl. Sicherheit und Ordnung nur durch Maßnahmen gegen einen Unbeteiligten (Nichtstörer) beseitigt werden kann. Sie müssen sich auf das unumgängl. Maß beschränken. Der Betroffene kann eine Entschädigung für seine Nachteile und Aufwendungen verlangen. – Ähnl. Vorschriften enthalten die StGB der Dt. Dem. Rep. (§§ 18–20), Österreichs (§ 10) und der Schweiz (Art. 34). Über den staatsrechtl. N. → Notstandsverfassung.

Notstand, ein fester Stand, in dem bes. widersetzl. Pferde und Rinder zum Hufbeschlag, zur tierärztl. Untersuchung oder Behandlung befestigt werden.

Notstandsgebiet, Landesteil, in dem Lebensbedingungen und Wirtschaftsgefüge nachhaltig erschüttert sind, z. B. durch Naturkatastrophen oder wirtschaftlich nachteilig wirkende Grenzziehung.

Notstandsgesetzgebung, → Notstandsverfassung.

Notstandsverfassung, das auf verfassungsmäßiger Grundlage beruhende Recht des Staates, in Notlagen außerordentl. Maßnahmen zu treffen. In der Bundesrep. Dtl. hat die nach langer Vorbereitung erlassene **Notstandsgesetzgebung** (24. 6. 1968) das Staatsnotrecht umfassend geregelt. Danach sind unterschiedl. Notstandsmaßnahmen vorgesehen: 1) für den **Katastrophenfall;** 2) für den **inneren Notstand** (Gefahr für den Bestand oder die freiheitlich-demokrat. Grundordnung); 3) für den **äußeren Notstand** (Spannungs- oder Verteidigungsfall, Art. 115 a bis 115 l GG). Der Eintritt des Spannungs- oder Verteidigungsfalles ist vom Bundestag mit 2/3-Mehrheit, mindestens aber der Mehrheit der MdB. festzustellen. Im Verteidigungsfall kann der ›Gemeinsame Ausschuß‹ in die Zuständigkeiten des Bundestages und des Bundesrates eintreten. Die zur Gefahrenabwehr zulässigen Beschränkungen des Brief- und Fernmeldegeheimnisses, der Freizügigkeit, der Berufsfreiheit (z. B. durch Dienstverpflichtung) sind im Grundgesetz und ergänzenden einfachen Notstandsgesetzen geregelt. Davon zu unterscheiden ist der → Gesetzgebungsnotstand.

Notstrom|aggregat, ein meist von Verbrennungsmotoren angetriebener Generator, der bei Netzausfall automatisch eingeschaltet wird und die Versorgung wichtiger Verbraucher (z. B. Krankenhäuser, Flughäfen) übernimmt.

Not|taufe, Krankentaufe, die bei Todesgefahr, in Abwesenheit eines Geistlichen auch von Laien vollzogene Taufhandlung.

Not|testament, → Testament.

Nottingham [n'ɔtɪŋəm], Hptst. in der engl. Cty. Nottinghamshire, (1981) 271 100 Ew.; Univ., Polytechnikum, Kunstschule, Museen; Maschinen- und Fahrzeugbau, Textil-, chem., Nahrungsmittel- u. a. Industrie.

Nottinghamshire [n'ɔtɪŋəmʃɪə], Cty. in Mittelengland, 2 164 km², (1981) 982 600 Ew.; Hptst.: Nottingham.

Nottuln, Gem. im Kr. Coesfeld, NRW, (1983) 11 500 Ew., am S-Hang der Baumberge; Baustoffind.; spätgot. Hallenkirche im ehem. Damenstift.

Notturno [ital.] *das, -s/-s* oder *...ni,* frz. **Nocturne** [nɔkt'yrn], Nachtmusik, Nachtstück; im 18. Jh. ein mehrsätziges, der Serenade ähnl. Instrumentalwerk; in der romant. Musik des 19. Jh. (Field, Chopin) ein einsätziges Klavierstück träumer. Charakters.

Notverkauf, der → Selbsthilfeverkauf.

Notverordnung, eine von der Reg. auf Grund verfassungsmäßiger oder gesetzl. Ermächtigung erlassene **gesetzesvertretende Verordnung,** die volle Gesetzeskraft besitzt, d. h. bestehende Gesetze aufheben oder ändern kann und zur Bewältigung von Notsituationen gedacht ist (→ Ausnahmezustand). In der Bundesrep. Dtl. sind N. nicht vorgesehen; für entsprechende Fälle ist das Recht der → Notstandsverfassung geschaffen worden. Im urspr. Sinn ist N. eine gesetzvertretende VO, die das Staatsoberhaupt in einer dringenden Notlage erlassen kann, wenn das Parlament nicht versammelt ist; sie bedarf alsbaldiger parlamentar. Bestätigung (so 1850–1918 in Preußen). Seit 1919 wurden als N. auch die auf Art. 48 Abs. 2 der Weimarer Reichsverf. gestützten Diktaturverordnungen des Reichspräs. bezeichnet. Dabei durften best. Grundrechte ganz oder z. T. außer Kraft gesetzt werden. Sie waren dem Reichstag unverzüglich zur Kenntnis zu bringen und auf sein Verlangen außer Kraft zu setzen. N. dieser Art ergingen v. a. 1930–32 wegen der eingetretenen Arbeitsunfähigkeit des Reichstags. N. heißen auch die auf → Ermächtigungsgesetze gestützten gesetzvertretenden VO, die in der Weimarer Republik bes. 1923/24 eine große Rolle spielten.

In Österreich kann der Bundespräs. auf Vorschlag der Bundesreg. durch N. Maßnahmen treffen, die zur Abwehr eines offenkundigen Schadens für die Allgemeinheit notwendig sind, jedoch nur, wenn der Nationalrat in seiner Tätigkeit durch höhere Gewalt behindert ist. Jede N. ist dem Nationalrat unverzüglich vorzulegen; dieser kann die sofortige Aufhebung der N. verlangen.

In der Schweiz hat die Bundesversammlung in dringenden Fällen das Recht zum Erlaß von N.; der durch N. gefaßte dringl. Bundesbeschluß ist dem fakultativen Referendum entzogen (Art. 89bis der Bundesverf.). Ferner besitzt der Bundesrat gemäß Art. 102 ein polizeil. N.-Recht zur Erhaltung der Sicherheit, Unabhängigkeit und Neutralität.

Notweg, der Durchgang für einen Grundstückseigentümer über Nachbargrundstücke zu einem öffentl. Weg; er ist gegen Zahlung einer Geldrente zu dulden (§ 917 BGB, → Nachbarrecht).

Notwehr, ⚖ die zur Abwehr eines gegenwärtigen, rechtswidrigen Angriffs erforderl. Verteidigung (§ 32 StGB; § 227 BGB). Die N. ist nicht rechtswidrig und daher weder strafbar noch zivilrechtlich unerlaubt; sie umfaßt die Verteidigung gegen Angriffe auf Leib und Leben sowie auf andere Rechtsgüter (z. B. Vermögen, Ehre) und ist nicht nur dem Angegriffenen, sondern zu dessen Schutz auch jedem anderen gestattet **(Nothilfe).** Eine Güterabwägung ist nicht erforderlich. Überschreitet der Verteidiger das zur Abwehr erforderl. Maß **(Notwehrexzeß),** z. B. tötet er, wo ein Zurückstoßen genügt, so ist er nur straflos, wenn er in Bestürzung, Furcht oder Schrecken gehandelt hat. – In den StGB der Dt. Dem. Rep. (§ 17), Österreichs (§ 3) und der Schweiz (Art. 33) ist die N. in ähnl. Weise geregelt.

notwendig, Logik: → Bedingung 3).

Notzucht, → Vergewaltigung.

Nouadhibou [nuadib'u], früher **Port-Étienne** [pɔretj'ɛn], Hafenstadt in Mauretanien, (1976) 22 000 Ew.; Fischereihafen, Fischverarbeitung, Rohölraffinerie, internationaler Flughafen.

Nouakchott [nwakʃ'ɔt], Hptst. von Mauretanien, (1979) 140 000 Ew.; internat. Flughafen; neuer Tiefwasserhafen; Meerwasserentsalzungsanlage.

Nougat [n'u:gat, frz. nug'a], **Nugat** *der* oder *das, -s/-s,* Masse aus gerösteten Haselnüssen oder Mandeln, Zucker, Kakao.

Nouméa [nume'a], Hptst. des frz. Überseegebiets Neukaledonien, (1976) 74 300 Ew.; Nickelhütte, Handel; Hafen; internat. Flughafen.

Nous [nu:s, grch.], **Nus** *der, -,* in der grch. Philosophie das Geistige, Gedankliche, Bewußte im Menschen.

Nouveau roman [nuv'o rɔm'ã, frz. ›neuer Roman‹], Romanform in der frz. Literatur der Mitte des 20. Jh. (M. Butor, A. Robbe-Grillet, C. Simon, Marguerite Duras, Nathalie Sarraute, R. Pinget u. a.). Der N. r. versucht, abseits und jenseits der Kategorien des Raums und der Zeit, der Ideologien, des histor. und sozialen Milieus, durch den Akt des Sprechens und des Schreibens den Menschen neu zu definieren. Damit aber sprengte er die Romangattung und jede formale Kategorie der Lit. Ende der 60er Jahre versiegte der N. r.; er setzt sich jedoch in experimentellen Essays (im Umkreis der Ztschr. ›Tel quel‹, mit Ph. Sollers) fort.

Nouveauté [nuvot'e:, frz.] *die, -/-s,* Neuheit.

Nouvelle-Amsterdam [nuvɛl-], → Neu-Amsterdam.

Nouvelle-Calédonie [nuvɛlkaledon'i], → Neukaledonien.

Nouvelle Droite [nuv'ɛl drw'at], → Neue Rechte.

Nouvelle Philosophie [nuv'ɛl filɔzɔf'i, frz. ›Neue Philosophie‹], → französische Philosophie.

nouvelle vague [nuvɛlv'a:g], **Neue Welle,** Erneuerungsbewegung im frz. → Film seit 1957.

Novae [lat. ›neue‹], *Sg. die* **Nova,** -, **Neue Sterne,** eine Gruppe von → veränderlichen Sternen, deren absolute Helligkeit durch einen plötzlichen Lichtausbruch im Mittel um 11 Größenklassen (bezogen auf die Ausgangshelligkeit) innerhalb eines oder weniger Tage zunehmen kann. Jährlich erscheinen in unserem Milchstraßensystem etwa 20–30 N. Die N.-Prozesse spielen sich in der äußeren Sternschicht ab. Das Ausgangsstadium, die **Praenova,** ist ein Zwergstern hoher Oberflächentemperatur und meist konstanter Helligkeit (absolute Helligkeit ≈ $+4^{m}_{,}2$ bis $4^{m}_{,}7$). Die Helligkeitskurve zeigt eine rasche Zunahme um 7–9,5 Größenklassen und steigt dann in 1–7 Tagen um etwa 2 Klassen weiter an. Nach dem ersten Abklingen (Helligkeitsabfall um 3–4 Klassen) und dem Übergangsstadium folgt das letzte Abklingen und das **Post-** oder **Exnova-Stadium,** bis zu dessen Erreichen Monate oder Jahre vergehen können. Das **Novaspektrum** zeigt zw. Praenova und Helligkeitsmaximum eine Doppler-Verschiebung, die auf expandierende Gashüllen mit Expansionsgeschwindigkeit zw. 50 und 4000 km/s hinweist. Die abgestoßenen Gasmassen betragen etwa 0,1–1‰ der Gesamtsternmasse. N., bei denen sich die Ausbrüche innerhalb von 10–100 Jahren wiederholen, werden als **wiederkehrende** oder **rekurrierende N.** oder **Novula** bezeichnet. N. werden als Entwicklungsstadien von weißen Zwergsternen (→Weiße Zwerge) in engen Doppelsternsystemen angesehen (→Sternentwicklung). – Den viel selteneren →Supernovae (etwa eine je Sternsystem in 350 Jahren) liegt ein anderer Mechanismus zugrunde.

Noval|äcker, Neubruch, Landwirtschaft: →umbrechen.

Novalis
(Stahlstich von E. Eichens, 1845)

Novalis, Dichtername des Freiherrn Friedrich **von Hardenberg,** * Oberwiederstedt (bei Mansfeld) 2. 5. 1772, † Weißenfels 25. 3. 1801, studierte in Jena, Leipzig und Wittenberg. 1795 verlobte er sich mit der 13jährigen Sophie v. Kühn, die 1797 starb. 1797–99 studierte er Bergwissenschaften in Freiberg, verlobte sich 1798 mit Julie v. Charpentier und wurde 1799 Salinen-Assessor in Weißenfels. N. war der bedeutendste Dichter der Frühromantik, zugleich mathematisch und philosophisch begabt. Die Erschütterung über den Tod seiner jugendl. Braut bestimmte sein Denken und Dichten mit: In seinen sechs ›Hymnen an die Nacht‹ (entstanden 1797–1800) feierte er in rhythmischer Prosa (zweite Fassung) den Tod und die Nacht als Pforte zur myst. Vereinigung mit der Geliebten und mit Christus.

Der ›magische Idealismus‹ des N., das Streben nach Wiedergewinnung der Ureinheit des Seins, nach der Einheit von Natur, Seele, Poesie, Religion, spricht sich in Aphorismen und Notizen aus, die er u. a. in Tagebüchern niederschrieb und von denen zu seinen Lebzeiten nur eine Auslese als ›Blütenstaub‹ in F. Schlegels ›Athenäum‹ (1798) erschien, sowie dichterisch in dem Romanfragment ›Heinrich v. Ofterdingen‹ (1802), in dem das Symbol der →blauen Blume eine wichtige Rolle spielt. Innig und schlicht sind seine ›Geistlichen Lieder‹. In dem Aufsatz ›Die Christenheit oder Europa‹ (geschr. 1799) erhoffte er vom Universalismus der mittelalterl. Kirche die Wiedergeburt des gespaltenen Abendlandes. – Romanfragment ›Die Lehrlinge zu Sais‹ (1802).

Jean Georges Noverre

Nova Lisboa [-liʒb'oa], 1928–75 Name von →Huambo.

Novara, 1) Prov. in Norditalien, Piemont, 3594 km², (1981) 507400 Ew. **2)** Hptst. von 1), (1981) 102100 Ew.; Textil-, Maschinenbau-, chem. u. a. Ind.; Zentrum des ital. Reisanbaus; Kirche S. Gaudenzio (1577–1690) mit dem Wahrzeichen von N., dem Kuppelturm (1844–88) über dem Chor.

Nova Scotia [n'əʊvə sk'əʊʃə], **Neuschottland,** Prov. Kanadas, an der Atlantikküste, 55490 km², (1981) 847400 Ew.; Hptst.: Halifax. N. S., aus der gleichnamigen Halbinsel und der Kap-Breton-Insel bestehend, ist stark bewaldet. Wichtigster Wirtschaftsfaktor ist die Holzwirtschaft (Zellstoff- und Papierherstellung). Die Landwirtschaft ist auf Vieh-, Milch- und Geflügelwirtschaft spezialisiert. Bedeutung haben auch Fischfang und -verarbeitung. Bergbau auf Kohle (seit Jahren zurückgehend), Gips, Baryt, Salz; Eisen- und Stahlerzeugung. – N. S. war Teil des frz. besiedelten, mit England strittigen Akadien, 1713 wurde es britisch.

Novatian, Gegenpapst (251), † (Märtyrertod) wohl unter Valerian, er schrieb u. a. ›De Trinitate‹ (erschienen vor 250); als Gegenpapst gegen den milden Cornelius sprach er der Kirche die Vollmacht ab, die Sünde des Abfalls vergeben zu können. Seine Gegenkirche der ›Reinen‹ bestand bis ins 7. Jh. **Novatianer** *Pl.,* Anhänger der Gegenkirche des N.

Novation [lat.] *die, -/-en,* **1)** Erneuerung. **2) Schuldumwandlung,** ⚖ die vertragsmäßige Aufhebung eines Schuldverhältnisses durch Begründung eines neuen, das selbständig an seine Stelle tritt.

Novecento [novetʃ'ɛnto, ital. ›neunhundert‹] *das, -s,* ital. Bezeichnung für das 20. Jh.

Novelle [lat. novella lex ›neues Gesetz‹] *die, -/-n,* ⚖ gesetzl. Abänderung einzelner Gesetzesbestimmungen, Nachtragsgesetz. *Vb. ich* **novelliere** *es.*

Novelle [›Neuigkeit‹, nach ital. novella] *die, -/-n,* Prosaerzählung meist geringeren Umfangs, die sich auf ein ungewöhnliches (›neues‹) Ereignis konzentriert. Die N. beschränkt sich, im Unterschied zum Roman, auf einen Geschehensausschnitt, der einen Wendepunkt bringt.

Technik und Stoffe der älteren abendländ. N. reichen bis in die oriental., bes. indischen Literaturen der vorchristl. Zeit zurück. Die kurzen Verserzählungen des Hoch-MA. vermittelten viele Stoffe an die als klassisch anzusprechende N. der Italiener des 14. Jh., die auch erstmals den Namen N. als Gattungsbezeichnung verwendeten. Die älteste ital. N.-Sammlung war der →Novellino. Der Höhepunkt war Boccaccios ›Decamerone‹ (1348–53). Von Italien unabhängig ist der zweite große Schöpfer romant. N., Cervantes, der mit seinen ›Novelas e jemplares‹ (1613) die Milieu- und Charakternovelle einführte. In Dtl. trat die N. erst am Ende des 18. Jh. auf: Dt. N. schrieben Goethe, Kleist, Tieck, Eichendorff, E. T. A. Hoffmann, Grillparzer, Annette v. Droste-Hülshoff, Mörike, G. Keller, C. F. Meyer, Stifter, Storm, Raabe, P. Heyse, Schnitzler, Th. Mann u. a., russische N. Puschkin, Gogol, Tolstoj, Leskow, Tschechow. Doch ist bei den psychologisch-realist. N. des 19. und 20. Jh., bes. der Deutschen und Russen, der Übergang zur lockerer gebauten Erzählung und zum Roman häufig fließend. Im roman. Sprachbereich der Moderne bekannte N.: von Maupassant in Frankreich, Alarcón in Spanien, Pirandello in Italien. In England und Amerika →Short Story. *der* **Novellist,** *-en/-en,* Verfasser von N. *Adj.* **novellistisch.**

Novellino, Il N., älteste ital. Novellensammlung, nach 1250 in der Toskana zusammengestellt, Anfang des 14. Jh. überarbeitet.

November [lat., von novem ›neun‹] *der, -(s)/-,* Abk. **Nov.,** der elfte Monat des Jahres, mit 30 Tagen, der neunte im altröm. Kalender; frühere dt. Namen: **Windmonat, Nebelung.**

Novemberrevolution, der polit. Umsturz im Dt. Reich und in Deutsch-Österreich im November 1918. Ursachen waren der militär. Zusammenbruch der beiden Kaiserreiche, die langjähr. Verweigerung innerer bes. verfassungsrechtl. Reformen und die wirtschaftl. Not infolge des Kriegs. Die N. war keine vorbereitete Volkserhebung oder Revolution im Sinne einer sozialen Umwälzung, schuf jedoch eine Lage, in der revolutionäre Aktionen möglich waren. Sie begann Ende Oktober mit der Marinemeuterei in Kiel, griff von dort aus rasch auf ganz Deutschland über und führte am 7./8. 11. in München zum Sturz der bayer. Monarchie und zur Ausrufung der demokrat. und sozialen Republik durch K. Eisner. Am 9. 11. verkündete Reichskanzler Prinz Max von Baden die Abdankung Kaiser Wilhelms II.; das Reichskanzleramt übertrug er F. Ebert. Ohne Kenntnis dessen rief Ph. Scheidemann unmittelbar darauf die ›dt. Republik‹ aus, am selben Tag proklamierte K. Liebknecht eine ›freie sozialist. Republik‹. In allen Einzelstaaten wurden die Fürstenhäuser entthront. Die Staatsgewalt übernahm am 10. 11. ein aus je 3 Mitgl. von SPD und USPD zusammengesetzter Rat der Volksbeauftragten. Überall im Reich bildeten sich Arbeiter- und Soldatenräte, die die Ausübung der Staatsgewalt für sich in Anspruch nahmen. Während USPD und der →Spartakusbund einen Rätestaat erstrebten, traten die Mehrheitssozialisten für eine parlamentar. Demokratie ein. Der von ihnen beherrschte Kongreß der Arbeiter- und Soldatenräte (16.–20. 12.) entschied sich für die Wahl einer demokrat. Nationalversammlung. Im Dez. 1918 und Jan. 1919 kam es zu schweren Kämpfen in Berlin zw. Regierungstruppen und radikalsozialist. und spartakist. Kräften (→Liebknecht). Die Regierung behielt durch ihre Zusammenarbeit mit der bisherigen obersten Heeresleitung die Oberhand, so daß die Wahlen am 19. 1. 1919 ohne Störung durchgeführt werden konnten. Damit begann die Konsolidierung der →Weimarer Republik.

Novene [lat.] *die, -/-n,* kath. Andachtsübung an neun aufeinanderfolgenden Tagen.

Noverre [nɔv'ɛ:r], Jean Georges, frz. Tänzer, Ballettmeister und Tanztheoretiker, * Paris 29. 4. 1727, † St. Germain-en-Laye 19. 10. 1810, reformierte das erstarrte spätbarocke Ballett, indem er Handlung, Bewegung und Ausdruck forderte. Er begründete damit das romant. Aktions-Ballett.

Novi Pazar [-p'azar], Stadt in der Sozialist. Rep. Serbien, Jugoslawien, (1971) 29100 Ew., an der Raška; Teppichwebereien, Textilind. – N. P., im Kerngebiet des mittelalterl. Serbenreiches gelegen, gehörte 1459–1913 zum Osman. Reich. Das Gebiet um N. P., der **Sandschak N. P.,** hatte als Verbindung Bosniens zum Osman. Reich bis 1912 strateg. Bedeutung und war 1878–1908 von österreichisch-ungar. Truppen besetzt.

Novi Sad, magyar. **Újvidék,** dt. **Neusatz,** Hptst. der Autonomen Prov. Wojwodina, Serbien, Jugoslawien, (1981) 169800 Ew., links an der Donau gegenüber von Peterwardein; Univ. (gegr. 1960); bed. wirtschaftl. und kultureller Mittelpunkt; Maschinenbau, elektrotechn., Nahrungsmittel- und chem. Ind. – N., 1748 durch Maria Theresia zur königl. Freistadt erhoben, gehörte bis 1919 zu Österreich-Ungarn.

Novität [lat.] *die, -/-en,* Neuheit.

Noviziat [lat.] *das, -(e)s/-e,* die (mindestens einjährige) Probe- und Einführungszeit für Novizen. *der* **Novize,** *-n/-n, die* **Novize,** *-/-n, die* **Novizin,** *-/-nen,* Mönch oder Nonne während der Probezeit vor Ablegung der Gelübde.

Novolake *Pl.,* nicht selbsthärtende →Phenolharze.

Novotný, Antonín, tschechoslowak. Politiker (Kommunist), * Letnan (bei Prag) 10. 12. 1904, † Prag 28. 1. 1975, hatte am Februarumsturz (1948) maßgebl. Anteil. Er war 1951–68 Mitgl. des Politbüros der tschechoslowak. KP, 1953–68 deren Erster Sekretär, 1957–68 Staatspräsident.

Novum [lat.] *das, -s/...va,* etwas noch nicht Dagewesenes.

Nový Jičín [n'ɔvi: j'itʃi:n], tschechisch für →Neutitschein.

Nowa Huta, Stadtteil von →Krakau, bed. Industriestandort.

Nowaja Semlja [russ. ›Neues Land‹], Inselgruppe im Nordpolarmeer zw. Barentssee und Karischem Meer, UdSSR, rd. 83000 km² groß, besteht aus zwei Haupt- und mehreren kleinen Inseln; die Matotschkin-Straße trennt die N- von der S-Insel. N. S., ein paläozoisches Gebirgsland, ist auf der S-Insel bis zu 1292 m, auf der N-Insel bis zu 1547 m hoch; es ist im S flachwellig bis eben, im Mittelteil von Gletschertälern und Fjorden zerschnitten und im N von Inlandeis bedeckt. Es herrscht Polarklima. Im S siedeln Russen und Nenzen als Fischer und Pelztierjäger. N. S. hat mehrere meteorolog. und geophysikal. Stationen.

Nowakowski, 1) Marek, poln. Schriftst., * Warschau 2. 4. 1935, schreibt sozialkrit. Prosa (Erz.: ›Kopf‹, 1967; ›Die schrägen Fürsten‹, 1967).

2) Tadeusz, poln. Schriftst., * Allenstein 8. 11. 1918, lebt seit 1958 in München; Erz. und Romane (›Polonaise Allerheiligen‹, 1957; ›Picknick der Freiheit‹, 1959).

Nowa Ruda, poln. Name von → Neurode.

Nowa Sól [-sul], poln. Name von → Neusalz (Oder).

Nowgorod [russ. ›Neustadt‹], Hptst. des Gebiets N., Russ. SFSR, Hafen und Verkehrsknoten am Wolchow, nördlich des Ilmensees, (1982) 204000 Ew.; fünfschiffige Sophienkathedrale

Nowgorod: Sophienkathedrale im Kreml

(1045–50) des Kremls mit bed. Bronzetür (Mitte 12. Jh.); Pädagog. und Elektrotechn. Institut; Maschinenbau, radiotechn., elektron., chem., Möbel- u. a. Ind.

Geschichte. N., in skandinav. Quellen **Holmgard,** war ein Siedlungsmittelpunkt der nördl. Ostslawen. Mit dem Verfall der Kiewer Zentralgewalt im 12. Jh. wuchs die Selbständigkeit der Stadt, deren Macht auf ihrer Vermittlerrolle im Handel zw. den Ostseestädten und Rußland beruhte (seit dem 12./13. Jh. Niederlassung dt. Kaufleute, später der Hanse ›St. Petershof‹). Nach der Unterwerfung N.s 1478 durch den Moskauer Staat wurde 1488/89 die Oberschicht zwangsumgesiedelt und 1494 das Hansekontor geschlossen. Von der Zerstörung 1570 durch Iwan IV. erholte sich N. nicht mehr.

Nowikow-Priboj, Aleksej Silytsch, russ. Schriftst., * Matwejewskoje (Gouv. Tambow) 24. 3. 1877, † Moskau 29. 4. 1944, schilderte in Erz. und Romanen (›Tsushima‹, 2 Tle., 1932–35) meist das Leben zur See.

Nowogard, poln. Name von → Naugard.

Nowokujbyschewsk, Stadt im Gebiet Kujbyschew, Russ. SFSR, am linken Wolgaufer, (1982) 110000 Ew.; Bahnknoten; Industrieinstitut, Erdöltechnikum; Erdölraffinerie, chem., Leicht-, Nahrungsmittel- und Baustoffindustrie.

Nowokusnezk, 1932–61 **Stalinsk,** Industriestadt im Gebiet Kemerowo, Russ. SFSR, (1982) 556000 Ew., im → Kusnezker Kohlenbecken; mehrere Fachinstitute; Kohlenbergbau, Werk für Ferrolegierungen, Maschinen-, Aluminium-, chem., Nahrungsmittelindustrie.

Nowomoskowsk, 1934–61 **Stalinogorsk,** Industriestadt im Gebiet Tula, Russ. SFSR, im Moskauer Kohlenbecken, (1982) 147000 Ew.; Polytechn. und Chem. Institut; Kohlenbergbau, chemische, Schuh-, Baustoffindustrie.

Noworossijsk, Hafenstadt im Gau Krasnodar, Russ. SFSR, am Schwarzen Meer, (1982) 168000 Ew.; Medizin. Lehranstalt, zwei Technika; Zement-, Baustoff-, Maschinenbau-, Nahrungsmittel-, Leichtindustrie.

Nowoschachtinsk, Industriestadt im Gebiet Rostow, Russ. SFSR, im Donezbecken, (1982) 106000 Ew.; Technika; Kohlenbergbau, Bekleidungs-, Nahrungsmittel-, Baustoff-, chem. Ind.

Nowosibirsk, bis 1925 **Nowonikolajewsk,** Hptst. des Gebiets N., Russ. SFSR, am Ob in W-Sibirien, (1982) 1,357 Mio. Ew., die größte Stadt Sibiriens; wichtiger Verkehrsknoten und Kulturzentrum: Sibir. Zweigstelle der Akademie der Wiss. in der Trabantenstadt **Akademgorodok** (rd. 35000 Wissenschaftler); bed. Standort der Maschinenbau-, Stahl-, Zinn-, elektrotechn., chem., Leicht-, Nahrungsmittel-Ind.

Nowotscherkassk, Stadt im Gebiet Rostow, Russ. SFSR, (1982) 186000 Ew.; Maschinenbau, chem., Baustoff-, Nahrungsmittel-Ind.; Institute, Fachschulen.

Nowottny, Friedrich, Journalist, * Hindenburg/Oberschlesien 16. 5. 1929, wurde 1973 Chefkorrespondent der ARD in Bonn und Leiter des WDR-Fernsehstudios dort, 1985 zum Intendanten des WDR gewählt.

Nowoworoneschskij, Stadtsiedlung 40 km südlich von Woronesch am Don, Russ. SFSR, mit (1973) 16500 Ew.; Standort des größten Kernkraftwerks der Sowjetunion (1455 MW in vier Blökken); fünfter Block (1000 MW) 1978 in Betrieb genommen.

Nowgorod

Noxe [lat.] *die, -/-n,* **1)** Schädlichkeit. **2)** ⚕ Krankheitsursache.

Noyaden [nwaj'a:dən, von frz. noyer ›ertränken‹] *Pl.,* die vom Konventskommissar J. B. Carrier 1793/94 während der jakobin. Schreckensherrschaft in Nantes durchgeführten Massenhinrichtungen durch Ertränken.

Np, 1) chem. Symbol für → Neptunium. **2)** Kurzzeichen für → Neper.

NPD, Abk. für → **N**ationaldemokratische **P**artei **D**eutschlands.

NPK-Düngemittel, aus einem Gemisch von Stickstoff (N), Phosphor (P) und Kalium (K) bestehender Handelsdünger.

npn-Transistor, ein bipolarer → Transistor.

Nr., Abk. für **Nummer.**

NRT, Abk. für **Nettoregistertonne,** → Registertonne.

ns, Einheitenzeichen für **Nanosekunde,** 1 ns = 10^{-9} s.

NS, Abk. für **1) n**ach **S**icht (auf Wechseln). **2) N**achschrift. **3)** U **N**ationalsozialismus: *NS-Zeit.*

N-Schale, die zur Hauptquantenzahl $n = 4$ gehörige Hauptschale der → Atome, die maximal 32 Elektronen aufnehmen kann.

NSDAP, Abk. für **Nationalsozialistische Deutsche Arbeiterpartei,** → Nationalsozialismus.

n. St., Abkürzung für **neuen Stils,** die Zeitrechnung nach dem Gregorianischen → Kalender.

Nsubuga, Emmanuel, Kardinal, * Kisule (Kampala) 5. 11. 1914, 1966 Erzbischof von Kampala, seit 1976 Kardinal.

NSU-Motorenwerke AG, → Audi NSU Auto Union AG.

N. T., Abk. für **Neues Testament,** → Bibel.

nto, Abk. für **netto.**

NTSC, Abk. für **National Television System Committee** [næʃnl teləv'ɪʒn s'ɪstɪm kəm'ɪtɪ], das in den USA 1953, später auch in Kanada und Japan eingeführte Farbfernsehsystem. Weiterentwicklungen sind → SECAM und → PAL (→ Fernsehen).

nu [mhd., zu nun], *mitteldt.:* nun. **Nu:** *im Nu,* blitzschnell.

Nu, U Nu, birman. Politiker, * Wakema 25. 5. 1907, war während der japan. Besetzung 1943–45 Außen-Min.; 1947–56, 1957–58 und 1960–62 MinPräs., bemühte er sich auf der Grundlage marxist. und buddhist. Ideen um den Ausgleich innenpolit. Gegensätze sowie den Aufbau eines Wohlfahrtsstaates; außenpolitisch verfolgte er eine Neutralitätspolitik. 1962 wurde N. durch General Ne Win gestürzt.

Nuance [ny'ãs, frz.] *die, -/-n,* Abstufung, Abtönung. *Vb. ich* **nuanciere** *es.*

Nuba, Berg-Nuba *Pl.,* Gruppe negrider Stämme in den Nubabergen Kordofans (Rep. Sudan), über 500000 Menschen. Die N. sind Bauern (Anbau von Hirse, Sesam, Erdnüssen, Gerste; im S werden auch Schweine, Rinder und Schafe gezüchtet).

Nubi|en, Landschaft in NO-Afrika (S-Ägypten und N-Sudan), beiderseits des Nils zw. Assuan und Khartum, mit Anteilen an der Libyschen und der extrem trockenen, von Inselbergen überragten, unbesiedelten Nubischen Wüste. In N. entstand im 10. Jh. v. Chr. das unabhängige Reich **Kusch,** dessen Fürsten als 25. Dynastie Ägypten beherrschten (715–664 v. Chr.). Im 4. Jh. christianisiert,

Nowosibirsk: Die Oper am Lenin-Platz (3500 Sitzplätze)

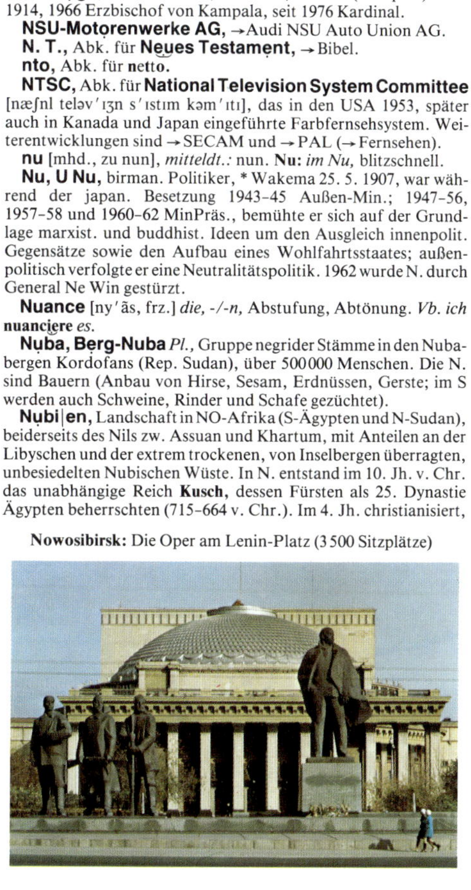

bestanden christl. Königreiche in N. auch nach der arab. Eroberung Ägyptens weiter (im N bis 1315, im S bis 1504).

Nubien: Dorf am Osthang des Niltales bei Assuan

Nubi|er *Pl.*, **Nil-Nuba,** rassisch stark vermischte Bevölkerungsgruppe im mittleren Niltal, zw. Assuan (Ägypten) und Dongola (Rep. Sudan), etwa 1,5 Mio. Menschen, mit eigener Sprache (→nubische Sprachen). Die N. wurden früh christianisiert, sind aber seit dem 13. Jh. größtenteils Muslime. Nach Fertigstellung des Assuan-Hochdamms wurde ein großer Teil der ägypt. N. um die Städte Kom Ombo und Esna angesiedelt.

nubische Sprachen, Nuba-Sprachen, Familie der →Schari-Nil-Sprachen, gesprochen in Oberägypten und in der Sudanzone, gegliedert in Nil-Nubisch, Kordofan-Nubisch und Darfur-Nubisch. Reste einer christl. Erbauungsliteratur sind (in einer der kopt. fast gleichen Schrift) aus dem 8.–11. Jh. erhalten.

Nubuk *das, -,* **Nubukleder,** chromgegerbtes Kalb- oder Rindleder mit samtartiger Oberfläche.

Nucha, bis 1968 Name der Stadt →Scheki.

nüchtern [ahd. zu lat. nocturnus ›nächtlich‹], **1)** ohne gegessen zu haben, mit leerem Magen: *die Arznei muß morgens n. eingenommen werden.* **2)** nicht betrunken: *man sah ihn selten n.* **3)** Ü besonnen, die Wirklichkeit klar sehend: *eine nüchterne Beurteilung der Lage.* **4)** Ü ohne Einbildungskraft, trocken, phantasielos: *ein nüchterner Tatsachenbericht.* **5)** Ü schmucklos, reizlos, kahl: *ein nüchtern eingerichtetes Zimmer. ich* **nücht(e)re** *ihn* **aus,** lasse (in Polizeigewahrsam) nüchtern werden.

Nüchternheit *die, -,* im kath. Kirchenrecht ist **eucharistische N.** eine vorgeschriebene Enthaltung von Speise und Trank 1 Stunde vor dem Zelebrieren der Messe und vor der Kommunion.

Nüchternschmerz, Hungerschmerz, Symptom bei Zwölffingerdarmgeschwür, tritt etwa 4 Stunden nach der letzten Mahlzeit auf.

Nücke, Nucke *die, -/-n, nd.:* Eigensinnigkeit, Schrulle, Laune: *das Pferd hat Nücken,* ist störrisch. *Adj.* **nuckisch, nükkisch.**

Nuckel *der, -s/-, mitteldt.:* Schnuller. *ich* **nuck(e)le,** U **1)** sauge. **2)** bewege mich gemächlich (mit dem Auto).

Nuclear Regulatory Commission [nj'u:klıə r'egjuleıtərı kəm'ıʃn], Abk. **NRC,** →Atomic Energy Commission.

Nucleasen *Pl.,* Phosphorsäure-Diester-Bindungen spaltende Enzyme, die Nucleinsäuren zu Nucleotiden abbauen.

Nucle|ine *Pl.,* Biochemie: die →Nucleoproteide.

Nucle|insäuren, ☜ 1869 von J. F. Miescher entdeckte Polynucleotide in Zellen (in Kernen, Mitochondrien, Ribosomen, Cytoplasma) und Viren. Die monomeren **Nucleotide** bestehen aus 1) einer heterozykl. Base (Purin- oder Pyrimidinbase), 2) den Zuckern Ribose oder Desoxyribose und 3) Phosphorsäure im Verhältnis 1:1:1. In der N.-Struktur sind 2) und 3) alternierend miteinander durch Phosphorsäure-Diester-Bindungen verknüpft, an 2) sind Purin- (Adenin, Guanin) oder Pyrimidinbasen (Cytosin, Thymin, Uracil) gebunden. Entsprechend dem Pentoserest unterscheidet man →Desoxyribonucleinsäuren (Abk. DNS) und →Ribonucleinsäuren (Abk. RNS). DNS sind biolog. Informationsüberträger, RNS dienen u. a. als Informationsüberträger (m-RNS) bei der →Transkription, als Aminosäureüberträger (t-RNS) bei der →Translation und als Ribosomen-Bestandteil (r-RNS) innerhalb der Proteinbiosynthese.

Nucleohistone, ☜ Nucleoproteide, die in Kernen von Körperzellen vorkommen. Sie sind Verbindungen der Desoxyribonucleinsäure mit Histonen in salzartiger Bindung.

Nucleoprote|ide, Nucle|ine, ☜ zusammengesetzte Eiweiße mit einer Nucleinsäure als prosthet. Gruppe, z. B. Viren.

Nucleosidasen *Pl.,* ☜ Enzyme, die die Bindung zw. Ribose oder Desoxyribose und Pyrimidin- oder Purinbase in Nucleosiden spalten.

Nucleoside *Pl.,* ☜ Bausteine der Nucleinsäuren, →Nucleotide.

Nucleosom, Nukleosom *das, -s/-en,* Molekularbiologie: DNS-Histon-Komplex; jedes N. besteht aus 2 × 4 versch., basisch reagierenden Eiweißen (Histonen), um die ein DNS-Abschnitt von 140 Basenpaaren gewickelt ist, und einem weiteren Histon, das mit 50–150 DNS-Basenpaaren die Verbindung zum nächsten Komplex herstellt. Die N. sind die unterste Stufe der ›Verpackung‹ des DNS-Fadens eines Chromosoms. Die Länge jenes DNS-Fadens beträgt beim Menschen durchschnittlich 7 cm.

Nucleotidasen *Pl.,* ☜ Nucleotide spaltende Enzyme, die den Phosphorsäurerest abtrennen, wodurch Nucleoside entstehen.

Nucleotide *Pl.,* ☜ Phosphorsäureester der Nucleoside. Durch Verknüpfung mit einem zweiten Phosphatrest über eine Säureanhydridbindung entstehen **Nucleosid-Diphosphate,** mit einem dritten Phosphatrest **Nucleosid-Triphosphate** (z. B. ATP). Bei gleichzeitiger Bindung eines Phosphatrests an zwei Hydroxylgruppen der Ribose oder Desoxyribose entstehen die zykl. **Nucleosid-Phosphate. Polynucleotide** sind die Desoxyribonucleinsäuren und Ribonucleinsäuren.

Nudel *die, -/-n,* **1)** →Teigwaren. **2)** U lustiger, unterhaltsamer Mensch. *ich* **nud(e)le, 1)** *Gänse,* mäste. **2)** *ihn,* U stopfe voll, überfüttere: *ich bin (wie) genudelt,* U sehr satt.

Nudismus [lat.] *der, -,* die →Freikörperkultur. *der* **Nudist,** *-en/-en,* Anhänger des N. *die* **Nudität,** *-/-en,* **1)** *ohne Pl.,* Nacktheit. **2)** *meist Pl.,* Schlüpfrigkeiten.

Nuer, Volk in S-Sudan, im Sumpfgebiet des Nils. Die 260 000 N. leben von Rinderhaltung (Grundnahrung: Milch u. a. tier. Erzeugnisse). Aufteilung in Klane; keine zentrale Leitung. Die N. sprechen eine westnilot. Sprache (→Niloten).

Nuevo Laredo [nu'eβo lar'eðo], Stadt in Tamaulipas, Mexiko, (1979) 223 600 Ew., am Grenzfluß Rio Grande del Norte, gegenüber Laredo (Texas); Zentrum des Bewässerungsgebietes oberhalb des Falcon Dam (Baumwollanbau, Textil-, Konsumgüterindustrie).

Nuevo León [nu'eβo-], Staat im NO von →Mexiko.

Nufenenpaß, 2 478 m hoher Paß zw. Simplon- und Gotthardgruppe, Schweiz. Die 19 km lange Paßstraße verbindet das Oberwallis mit dem Bedrettotal (Tessin).

Nuffield [n'ʌfi:ld], William Richard Morris, Lord, engl. Unternehmer, * Worcester 10. 10. 1877, † Huntercombe (Henley-on-Thames) 22. 8. 1963, gründete 1919 die ›Morris Motor Ltd.‹.

Nugat *der* oder *das, -s/-s,* eingedeutscht für →Nougat.

Nuggets [n'ʌgıts, engl.] *Pl.,* natürlich reine Metallkörner, bes. Gold.

Nu Jiang [-dʒjan], chines. Name des südostasiat. Stroms →Salween.

Nujoma, Sam, namib. Guerilla-Führer und Politiker (SWAPO), * Ovamboland 3. 5. 1929; führend an der Gründung der →SWAPO beteiligt, leitet den radikalen Exilflügel dieser Organisation (›SWAPO-extern‹) und ihre Guerilla-Aktionen in Namibia.

nuklear [von lat. nucleus ›Kern‹], den Atomkern betreffend. **nukleare Waffen, Nuklearwaffen,** die →Kernwaffen. **Nuklearphysik,** die →Kernphysik. **Nuklearchemie,** die →Kernchemie. **Nuklearantrieb,** der →Kernenergieantrieb.

Nuklearmedizin, früher **Atommedizin,** umfaßt alle sich aus der Verwendung radioaktiver Isotope (Radionuklide) ergebenden ärztl. Aufgaben im Bereich der Forschung, Diagnostik und Therapie (→Strahlenbehandlung).

Nukleogenese, →chemische Elemente.

Nukleonen, *Sg. das* **Nukleon,** *-s,* Bez. für →Elementarteilchen aus der Gruppe der Baryonen, die Bausteine der Atomkerne, die →Protonen und →Neutronen sowie ihre Antiteilchen, die **Antinukleonen** (Antiprotonen und Antineutronen). **Nukleonenzahl,** die →Massenzahl.

Nukleus [lat.] *der, -/...kle|i,* der Zellkern (→Zelle).

Nuklid [lat.] *das, -s/-e,* Bez. für eine nach Kernladungszahl Z und Massenzahl A festgelegten Atomkernart, z. B. das N. ›Kobalt 60‹ mit $Z = 27$, $A = 60$: $^{60}_{27}Co$. Der Begriff →Isotop wird für die verschiedenen N. eines Elementes verwendet, z. B. ist das N. $^{92}_{42}Mo$ eines der mehr als 20 Isotope des Elementes Molybdän. – Radioaktive N. heißen **Radionuklide.**

Nukus, Hptst. der Karakalpak. ASSR, Usbek. SSR, am Amu-Darja, (1982) 123 000 Ew.; Zweigstelle der Usbek. Akademie der Wiss.; Nahrungsmittel-, Bekleidungs-, Möbel-, Baustoffind.

null (0) [lat.], Zahlwort (ÜBERSICHT Zahlen; vgl. acht), die Zahl, die, zu einer anderen hinzugezählt, diese nicht verändert: $a + 0 = a$ oder $a - a = 0$. Daraus folgt $a \cdot 0 = 0$. Jedoch kann man eine

Zahl nicht ohne Widersprüche mit den üblichen Rechenregeln durch 0 teilen. – *der Vertrag ist n. und nichtig,* U ungültig; *das Thermometer steht auf n. Grad Celsius,* zeigt den Gefrierpunkt des Wassers an. *die* **Null,** *-/-en,* **1)** die Zahl 0; vgl. acht. **2)** U Nichtigkeit, Bedeutungslosigkeit, unbedeutender Mensch: *er ist eine Null; die Wirkung ist gleich Null,* so gut wie keine. **3)** *der* oder *das, -(s)/-s,* das Skatspiel, bei dem der Spieler keinen Stich bekommen darf. *ich* **nullifiziere** *es,* erkläre für ungültig. *Subst.* → Nullifikation.

nulla poena sine lege [lat. ›keine Strafe ohne Gesetz‹], **nullum crimen sine lege** [lat. ›kein Verbrechen ohne Gesetz‹], ⚖ der Grundsatz, daß ein Delikt nur dann bestraft werden darf, wenn Strafbarkeit und Strafe vor der Tat gesetzlich bestimmt waren (§ 1 StGB).

Nullarbor-Ebene, Nullarbor Plain [nʌlˈɑ:bə pleɪn, engl.], verkarstete Kalkebene an der mittleren S-Küste Australiens.

Nulldiät, Form der → Ernährungstherapie.

Nullifikation [lat.] *die, -/-en,* die Ungültigmachung (bes. von Bundesrecht durch die Einzelstaaten in den USA).

Null|instrument, elektr. Meßinstrument mit dem Nullpunkt in Skalenmitte, das positive und negative Werte (z. B. des Stroms) anzeigen kann und, in die Diagonale einer → Meßbrücke geschaltet, bei abgeglichener Brücke Null anzeigt **(Nullmethode).**

Null-Leiter, in elektr. Stromkreisen mit mehr als zwei Leitern der bei symmetr. Belastung stromlose **Mittelpunkts-** oder **Sternpunktsleiter,** z. B. in Niederspannungsverteilungsnetzen, bes. in Dreileiter-Gleichstromnetzen und in Vierleiter-Drehstromnetzen. Er kann zur Nullung herangezogen werden.

Nullmeridian, Anfangsmeridian, willkürlich, senkrecht zum Äquator festgelegter Meridian, von dem aus die geograph. → Länge gerechnet wird, seit 1884 der Meridian von Greenwich.

Nullpunkt, Anfangspunkt einer Skala, z. B. einer Temperaturskala (0 °Celsius, Réaumur, Fahrenheit), insbes. der absoluten Temperaturskala **(absoluter N.** = 0 Kelvin = − 273,15 °C) oder der Skala für Höhenangaben **(Normal Null).** Auch Ursprung eines Koordinatensystems (→ Koordinaten).

Nullstartverfahren, Startverfahren für militär. Luftfahrzeuge (Flugzeuge und Flugkörper), bei dem das Fahrzeug mit Hilfe eines Startgestells aus dem Stand heraus (Startrollstrecke null) durch abwerfbare und ausreichend schubstarke Startraketen in eine ansteigende Flugbahn befördert wird.

Nulltarif, kostenfreie Gewährung von Leistungen, z. B. freie Benutzung von Verkehrsmitteln.

Nullung *die, -/-en,* **Schutz|erdung,** die verbreitetste Schutzmaßnahme in elektr. Niederspannungsgeräten gegen gefährliche Berührungsspannungen. Die Gehäuse elektr. Geräte werden mit dem → Null-Leiter verbunden. Damit führt jeder Körperschluß zu einem Kurzschluß, die vorgeschaltete Sicherung schaltet ab.

Nullwachstum, Schlagwort für die Forderung, die Zunahme der Bev. und das wirtschaftl. Wachstum auf Null zu begrenzen, um die Erschöpfung der natürl. Rohstoffe zu verlangsamen. Auch die Forderung nach einer Verringerung der Umweltprobleme wird damit verbunden.

Nulpe [zu Null] *die, -/-n,* U unbedeutender Mensch.

Num., Abk. für → **Num**eri (A. T.).

Numantia, antike Stadt am Duero, Nordspanien; ihre Zerstörung (133 v. Chr.) durch Scipio Ämilianus (Numantinus) beendete die Erhebung der Keltiberer gegen die röm. Herrschaft.

Numa Pompilius, der Sage nach der zweite König Roms (715–672 v. Chr.), stammte angeblich aus Cures im Sabinerland. In der Überlieferung erscheint N. P., von der Nymphe Egeria beraten, als Friedensfürst; auf ihn wurde die Ordnung des röm. Sakralwesens und des Kalenders zurückgeführt.

Nümbrecht, Luftkurort im Oberberg. Kr., NRW, (1983) 14200 Ew., 1969 durch Zusammenschluß entstanden; nahebei Schloß Homburg mit Museum.

Numeiri, Nimeiri, Jaafar Mohammed **an-N.,** sudanes. Politiker, * Omdurman 1. 1. 1930; trat nach dem von ihm geführten Putsch 1969 als Vors. eines ›Revolutionären Kommandorats‹ an die Spitze des Staates. 1969 wurde er MinPräs. (bis 1976, erneut seit 1977), 1971 zugleich Staatspräs. (1977 und 1983 wiedergewählt). N. konnte sich in den 70er Jahren gegen zahlreiche Putschversuche behaupten. Er neigte zunächst Libyen und dem Ostblock, später aber der von A. as-Sadat eingeleiteten ägypt. Linie zu. 1985 wurde er durch einen Militärputsch gestürzt.

Numeister, Neumeister, Johann, ›Johannes der Deutsche aus Mainz‹, dt. Wanderdrucker des 15. Jh., druckte 1472 in Foligno zum ersten Male Dantes ›Göttliche Komödie‹.

Numen [lat. nuere ›neigen‹] *das, -s,* das Walten eines göttl. Wesens ohne Personcharakter, schließlich die Gottheit selbst. *das* **Numinose,** *-n,* nach R. Otto das Heilige in seiner zugleich erschreckenden und anziehenden Wirkung.

Numerale [lat.] *das, -s/...lia* oder *...li|en,* Ⓢ Zahlwort. Man unterscheidet: Kardinalzahlen (Kardinalia, Grundzahlen: eins, zwei, drei), Ordinalzahlen (Ordinalia, Ordnungszahlen: der erste, der zweite, der dritte), Multiplikativa (Vervielfältigungszahlen: einmal, zweimal, dreimal), Partitiva (Bruchzahlen: halb, drittel), Distributiva (Verteilungszahlen: je zwei, je drei), Gattungszahlen (beide, zweierlei).

Numeri [lat. ›Zahlen‹], Abk. **Num.,** das 4. Buch Mose, so genannt, weil es mit der Darstellung einer Volkszählung beginnt.

numerieren [von Numerus]. *ich* **numeriere** *es,* beziffere. *Adj.* **numerisch.**

numerische Maschinensteuerung, engl. **numerical control** [nju:mˈerɪkl kəntrˈəʊl], Abk. **NC,** ⚙ Steuerung bei automat. Werkzeugmaschinen, wobei Steuerbefehle für einzelne Arbeitsgänge, die je nach dem von einer Rechenanlage ausgearbeiteten Programm ziffern- und buchstabenmäßig verschlüsselt auf einem Lochstreifen oder Magnetband stehen, eingelesen, entschlüsselt und in Sollwerte für Maschinen- oder Werkzeugpositionen und -bewegungen umgesetzt werden.

numerische Mathematik, Teilgebiet der Mathematik, in dem Methoden zur zahlenmäßigen (numerischen) Berechnung der Werte mathematischer Objekte entwickelt werden.

numerische Spannungsberechnung, Näherungsverfahren zur Ermittlung der Spannungen und Formänderungen in Bauteilen, z. B. von Maschinen, Apparaten, Baukonstruktionen. Sie arbeiten nach versch. Prinzipien. Die gebräuchlichsten Methoden sind das → Finite-Elemente-Verfahren, das Singularitäten-Überlagerungsverfahren und das Differenzengleichungsverfahren.

Numerus [lat.] *der, -/...ri,* **1)** Zahl, Ziffer. **2)** → Logarithmus. **3)** Ⓢ die Form zur Bezeichnung des Unterschieds von Einzahl (Singular), Mehrzahl (Plural), Zweizahl (Dual).

Numerus clausus [lat. ›geschlossene Zahl‹] *der, --,* die zahlenmäßige Beschränkung der Zulassungen von Bewerbern zu einer Ausbildung, einem Gewerbe oder Beruf, in erster Linie im Fach- und Hochschulbereich. In der Bundesrep. Dtl. besteht ein N. c. in den Fächern Human-, Zahn- und Tiermedizin, Biologie, Forstwissenschaft, Haushalts- und Ernährungswiss., Lebensmittelchemie, Pharmazie, Psychologie und Sport. 1973 wurde in Dortmund eine ›Zentralstelle für die Vergabe von Studienplätzen‹ eingerichtet; sie arbeitete zunächst nach dem Bonus-Malus-System (Vergabe nach den am Länderdurchschnitt korrigierten Abiturnoten), seit 1978 nach an den Abiturientenquoten der einzelnen Länder orientierten festen Länderquoten.

Numidi|en, im Altertum das Hinterland der nordwestafrikan. Küste, das heutige O-Algerien, bewohnt von nomadisierenden Berberstämmen, den **Numidern.** Masinissa gründete um 200 v. Chr. ein Reich N.; sein Großneffe → Jugurtha kämpfte gegen Rom. 46 v. Chr. machte Caesar N. zur Prov. Africa Nova, die unter Augustus mit der Prov. Africa Proconsularis vereinigt wurde.

numinos [zu Numen], göttlich, heilig.

Numismatik [grch. nomisma ›Münze‹] *die, -,* die → Münzkunde. *der* **Numismatiker,** *-s/-,* Münzforscher, Münzkundiger.

Nummer [lat. numerus ›Zahl‹] *die, -/-n,* **1)** Abk. **Nr.,** Zahl, Kennzahl: *laufende N.,* Zahl in der durchgezählten Reihe; *Hausnummer; Telephonnummer.* **2)** Größe: *Schuhnummer.* **3)** Einzeldarbietung innerhalb einer Folge: *die Clownnummer im Zirkus.* **4)** U lustiger, unterhaltsamer Mensch: *eine ulkige N.;* abwertend: *eine üble N.*

Nummernkonto, Bankkonto, v. a. Sparkonto, das lediglich durch Kontonummern bezeichnet ist; bes. in der Schweiz gebräuchlich, in der Bundesrep. Dtl. unzulässig.

Nummuliten [lat.], *Sg. der* **Nummulit,** *-en,* Fam. der Foraminiferen, deren linsen- oder scheibenförmiges, bis 10 cm Durchmesser erreichendes gekammertes Kalkgehäuse **(Münzensteine)** für die Schichten des ältesten Tertiärs kennzeichnend ist.

nun [ahd.], **1)** jetzt, eben, zum gegenwärtigen Zeitpunkt: *n. geht's los!* **2)** mittlerweile, inzwischen: *die Sache ist n. entschieden.* **3)** unter den gegebenen Umständen: *n., da läßt sich nichts machen.* **4)** als Partikel in verschiedener Bedeutung: *n.?,* wie steht es damit?, was machst du?; *n., n.!,* aber, aber!, so schlimm kann es doch gar nicht sein! **5)** ⚭, noch P, da, weil: *n. er sich endlich entschieden hat...* **nunmehr,** jetzt, von jetzt an. *Adj.* **nunmehrig.**

Nunatak [eskimoisch-dän.] *der, -s/-s* oder *-(e)r,* Felsen oder Berg, der aus Gletschern und Inlandeis herausragt.

Nuneaton [nʌnˈi:tn], Stadt in der engl. Cty. Warwickshire, (1981) 71500 Ew., Textil- u. a. Verbrauchsgüter-Ind.

Nuntius [lat. ›Bote‹] *der, -/...ti|en,* ständiger Vertreter des Papstes bei einer Staatsregierung (diplomatisch im Rang eines Botschafters, kirchlich im Rang eines Titularerzbischofs) und zugleich bei der jeweiligen Bischofskonferenz. Der N. ist immer Doyen des diplomat. Korps. Kann der Hl. Stuhl das ständige Doyennat für seinen Vertreter nicht erreichen, ernennt er einen **Internuntius.** *die* **Nuntiatur,** *-/-en,* Amt und Sitz eines N.

Nuoro, 1) Prov. in der ital. Region Sardinien, 7044 km², (1981) 265600 Ew. **2)** Hptst. von 1), (1981) 36300 Ew., Bischofssitz; archäolog. Museum mit Funden aus der Prov. N.

Nupe, Volk im westl. Zentral-Nigeria mit hochentwickeltem Handwerk. Sein ehem. Staat mit der Hptst. Bida, im 13. Jh. zuerst erwähnt, bestand bis ins 19. Jh.

Jaafar Mohammed an-Numeiri

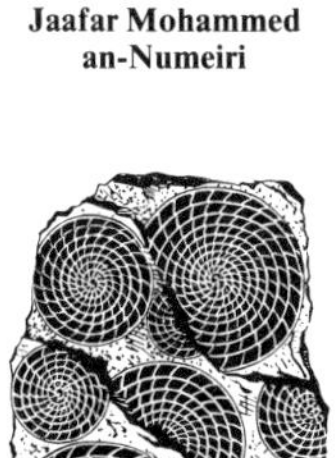

Nummuliten im Gestein

Nürnberg: LINKS Albrecht-Dürer-Haus, RECHTS Frauenkirche

Nuppe, Noppe *die, -/-n,* Tropfen, Warze (als Muster). **Nuppenbecher,** Glasgefäß mit aufgeschmolzenen N.

nur [ahd. niwari ›(es) wäre nicht‹], **1)** nicht mehr als: *er blieb n. zehn Minuten.* **2)** nichts anderes als: *ich bin n. Gast hier.* **3)** nichts weiter als: *er war n. noch ein Schatten seiner selbst.* **4)** in Wunschsätzen: doch: *wenn er n. käme!* **5)** irgend: *er bekommt alles, was er n. will.* **6)** allerdings, allein: *es gefällt uns hier, n. könnte das Wetter besser sein.* **7)** *n. mehr, österr.:* nur noch. **nicht nur... sondern auch,** und, sowohl... als auch, ja sogar.

Nuragen, Nuraghen *Pl.,* kegelförmige Türme aus großen Steinblöcken auf Sardinien. Sie werden als ›Burgen‹, Grabbauten, seltener als Kultstätten gedeutet. Die **N.-Kultur** (um 1500–500 v. Chr.) reichte vom Ende der Steinzeit bis in die jüngere Eisenzeit.

Nürburgring, bedeutendste Automobil- und Motorradrennstrecke in Dtl., südlich von Adenau, urspr. um die Ruine Nürburg (12. Jh.) in der Eifel. Der N. galt vor dem Umbau als schwerster Rennkurs der Erde. Er wurde 1925–27 zur Verbesserung der Wirtschaftslage in der Eifel erbaut. Der Kurs war 28,29 km lang, davon die Nordschleife 22,835 km, die Südschleife 7,747 km. 1970 wurde der N. nach einem Boykott der Formel-I-Fahrer erstmals umgebaut, nach einem schweren Unfall N. Laudas 1976 erneut boykottiert. 1981–84 entstand eine neue Rennstrecke. Sie ist 4,542 km lang, mit 14 Kurven (davon 6 links, 8 rechts) und 11 Geraden.

Rudolf Nurejew

Nurejew, Rudolf Gametowitsch, brit. Tänzer und Choreograph russ. Herkunft, * (auf einer Eisenbahnfahrt) in der Nähe von Irkutsk (Sibirien) 17. 3. 1938, seit 1981 österr. Staatsbürger, verließ 1961 nach einem Gastspiel in Paris das Kirow-Ballett (Mitgl. seit 1958), seitdem Mitgl. des Royal Ballet; ab 1982 Leiter des Balletts der Pariser Oper. N. rekonstruierte klass. und schuf neue Choreographien, debütierte 1979 als Opernregisseur.

Nurek, Stadt in der Tadschik. SSR, (1974) 21 000 Ew.; 70 km südöstlich von Duschanbe, am rechten Ufer des Wachsch. In der Pulisangin-Enge des Wachsch staut ein 317 m hoher Steindamm den Fluß zu einem See (98 km^2 groß, 70 km lang, im Mittel 107 m tief), der zur Bewässerung von rd. 1 Mio. ha Böden in der Karschi-Steppe und zur Energiegewinnung genutzt wird.

Nurflügelflugzeug, Flugzeugbauart ohne Rumpf, bei der die Höhen- und Seitenleitwerke am Flügel angebracht und alle Lasten im Flügel untergebracht sind, hat stark gepfeilten oder Dreiecksflügel und kleinstmöglichen Widerstand; versuchsweise gebaute Sonderform des schwanzlosen Flugzeugs.

Nuri as-Sa'id, irak. Politiker, * Bagdad 1888, † (ermordet) ebd. 15. 7. 1958, war mehrmals Oberbefehlshaber der Armee, Verteidigungs- und Außen-Min. und vierzehnmal MinPräs. Er trat für eine Zusammenarbeit mit dem Westen ein. Im Verlauf des Putsches gegen die Monarchie wurde er ermordet.

Nurmi, Paavo, finn. Sportler, * Loimaa 13. 6. 1897, † Helsinki 2. 10. 1973, lief (1922–31) 22 anerkannte Weltrekorde auf Strecken zw. 1 500 m und 20 km; sechsfacher Olympiasieger.

Nürnberg

Nürnberg, kreisfreie Stadt im RegBez. Mittelfranken, Bayern, (1984) 474 300 Ew., an der Pegnitz; im W mit Fürth verwachsen.

Behörden und kulturelle Einrichtungen. N. ist Sitz der Bundesanstalt für Arbeit, hat Oberfinanz-, Bundesbahn-, Oberpostdirektion, OLdGer., LdGer., Arbeits-, Sozial-, Finanzgericht, Hauptzollamt, Industrie- und Handels-, Handwerkskammer; Wetteramt des Dt. Wetterdienstes; Wirtschafts- und Sozialwissenschaftl. Fakultät der Univ. Erlangen-N., Akademie der bildenden Künste, 2 Fachhochschulen, Staatsarchiv, Opernhaus, Schauspielhaus, Kammerspiele, → Germanisches Nationalmuseum, Naturhistor., Verkehrs-, Gewerbe-, Spielzeugmuseum.

Wirtschaft. An 1. Stelle steht die Elektrotechnik, gefolgt von Maschinenbau und Metallwaren-Ind., ferner Nahrungs- und Genußmittel-Ind. (Lebkuchen), Druck und Vervielfältigung, chem. Ind., Bleistiftherstellung und Spielwaren-Ind. Alljährlich findet eine Spielwarenmesse von internat. Bedeutung statt. – Seit 1972 ist der Hafen N. am Rhein-Main-Donau-Großschiffahrtsweg in Betrieb, seit 1978 eine Untergrundbahn (9 km) zw. der Trabantenstadt Langwasser im S und der Innenstadt; nördlich der Stadt der Flughafen.

Stadtbild. Trotz schwerer Zerstörungen im 2. Weltkrieg läßt N. nach dem Wiederaufbau noch das Bild der alten Reichsstadt erkennen. Auf einem Sandsteinfelsen liegt die Burg, in 3 Baugruppen gegliedert (Kaiserstallung, Burggrafenburg, Kaiserburg); älteste Teile aus dem 11. Jh. Die Pegnitz teilt die Altstadt in die ältere, gegen die Burg ansteigende Sebalderstadt (im N) und die seit dem 12. Jh. entstandene Lorenzerstadt (im S). Beide wurden um 1323 durch gemeinsame Mauern verbunden; die Mauern des letzten Befestigungsringes (14./15. Jh.) mit Toren und Türmen sind zum größten Teil erhalten. Viele der beschädigten mittelalterl. Bauwerke sind wiederhergestellt, so die nach 1350 vollendete Lorenzkirche mit spätgot. Hallenchor (1439–77; BILD Gotik), zu deren Kunstschätzen der ›Englische Gruß‹ von V. Stoß (BILD) und das Sakramentshaus von A. Krafft gehören. Nordwestlich dieser Kirche steht der Tugendbrunnen (1584–89), auf der O-Seite des Hauptmarktes die Frauenkirche (seit 1352) mit dem Tucherschen Altar (um 1440) und Werken von A. Krafft. Der Schöne Brunnen (14. Jh.) wurde 1902/03 erneuert. Das Rathaus (14. Jh., seit 1616 im Stil eines ital. Stadtpalastes neu errichtet) wurde wiederhergestellt. Die Sebalduskirche (um 1240–73) birgt das von P. Vischer gegossene Sebaldusgrab (1508–19) und die Kreuzigung von V. Stoß. Erhalten oder wiederhergestellt sind historische Bauten: Fembohaus (1596), Albrecht-Dürer-Haus, Weinstadel, Unschlitthaus, Tucherschlößchen, Mauthalle. Das Pellerhaus ist bis auf Reste verloren.

Geschichte. N., zuerst 1050 urkundlich erwähnt, entwickelte sich zu einer der bedeutendsten Reichsstädte (1219 Freiheitsbrief Kaiser Friedrichs II.). Seit 1192 erscheinen die Hohenzollern als Burggrafen von N.; 1427 erwarb die Stadt die Burg und viele Rechte von den Burggrafen. Um 1500 erlebte N. einen Höhepunkt seiner Macht und seines Ansehens: 1504 und danach erwarb die Stadt ein großes Landgebiet mit Städten und Märkten. Wissenschaft und Kunst blühten. In N. wirkten die Humanisten W. Pirkheimer und C. Celtis, der Astronom Regiomontanus, der Kosmograph M. Behaim, A. Dürer, die Bildhauer V. Stoß und A. Krafft, der Erzgießer P. Vischer; gleichzeitig erreichte die volkstüml. Dichtung mit H. Rosenplüt, H. Folz und H. Sachs einen Höhepunkt. Der Reformation schloß sich die Stadt seit 1524 an; 1532 kam der Nürnberger Religionsfriede zustande. 1623–1809 bestand in Altdorf eine Nürnberger Universität. Durch die Verlagerung der Welthandelswege und den Dreißigjährigen Krieg sank N.s Bedeutung. 1806 kam es an Bayern. 1835 verkehrte zw. N. und Fürth die erste dt. Eisenbahn. Im 19. Jh. stieg die Stadt durch ihre Industrie zur Großstadt auf. Unter dem Nationalismus war N. die ›Stadt der Reichsparteitage‹. Nach dem 2. Weltkrieg fanden hier die Kriegsverbrecherprozesse statt.

Nürnberger Eier, eiförmige Taschenuhren mit Federwerk, im 16. Jh. in Nürnberg hergestellt.

Nürnberger Gesetze, → Rassengesetze.

Nürnberger Land, Landkr. im RegBez. Mittelfranken, Bayern; Krst.: Lauf a. d. Pegnitz.

Nürnberger Lerche, Rasse der Farben- und Trommeltauben.

Nürnberger Prozeß, → Kriegsverbrechen.

Nürnberger Religionsfriede, → Religionsfriede.

Nürnberger Schere, Gerät aus mehreren scherenartig durch Gelenke miteinander verbundenen Schenkeln (z. B. als Tragarm); durch Zusammendrücken des letzten Schenkelpaares wird die ganze Schere gestreckt.

Nürnberger Tand, die Nürnberger Spielwaren; in einer Magdeburger Chronik 1414 ›tant van Nurenberch‹ genannt.

Nürnberger Trichter, scherzhaft für ein Lehrverfahren, mit dem auch dem Dümmsten etwas beigebracht (eingetrichtert) werden kann; nach G. Ph. Harsdörffers ›Poetischem Trichter‹ (1647).

Nurse [nə:s, engl.] *die, -/-s,* Kinderpflegerin.

Nürtingen, Stadt im Kr. Esslingen, Bad.-Württ., Große Krst., (1983) 35 900 Ew.; Fachhochschule; Bau von metall- und holzverarbeitenden Maschinen, Strickereien.

nur zur Verrechnung, Klausel im Scheckrecht (→ Scheck).

Nus [grch.] *der, -,* Vernunft, der → Nous.

Nusairi|er, Nossairi|er, eigener Name **Alauiten, Alawiten** *Pl.,* islam. Geheimsekte, die sich 872 in Irak von den Ismaeliten abspaltete und später nach Syrien auswanderte; Hauptsiedlungsgebiet: N.-Gebirge (syr. VerwBez. Latakia).

nuscheln. *ich* **nusch(e)le,** U spreche undeutlich.

Nuschke, Otto, Politiker (CDUD), *Frohburg (Sachsen) 23. 2. 1883, †Niederneuendorf (bei Berlin) 27. 12. 1957, Journalist, 1945 Mitgründer der CDUD in der SBZ, 1948–57 deren Vors. (für Zusammenarbeit mit der SED); 1949–57 in der Dt. Dem. Rep. stellv. MinPräs. und Leiter des Amts für Kirchenfragen.

Nuß [ahd.] *die, -/N'üsse,* **1)** einsamige Schließfrucht, → Frucht, → Schalenobst: *eine harte N.,* Ü schwere Aufgabe, schwieriges Rätsel. **2)** haselnuß- bis walnußgroßes Stück: *Nußkohle.* **3)** zarter Teil der Keule (beim Kalb, Rind). **4)** U Kopf. **5)** **Schnalle,** äußere weibl. Geschlechtsteile von Hund und Haarraubwild. **Nußschale, 1)** Schale der N. **2)** U kleines Schiff.

Nußbaum, der Walnußbaum, → Walnuß.

Nussberg, Nusberg, Lew Woldemarowitsch, russ. Künstler, *Taschkent 1. 6. 1937, emigrierte 1976 nach Westeuropa. N. ist Gründer (1962) der Gruppe ›Bewegung‹ in Moskau, deren Ziel die Integration von Licht und Bewegung ist. 1. Ausstellung kinet. Plastiken 1965.

Nußknacker, hebelartiges Gerät zum Öffnen der Nüsse.

Nuß|öl, Öl aus versch. Nußarten. Walnußöl ist ein wertvolles Speiseöl infolge des hohen Gehalts an ungesättigten Fettsäuren.

Nüster [zu Nase] *die, -/-n, meist Pl.,* das Nasenloch, bes. beim Pferd.

Nut [ahd.] *die, -/-en,* ⚙ längl. Vertiefung an Wellen, Zapfen, Naben, Holzbalken u. dgl. zur Führung und Befestigung anderer Teile (z. B. des Rads auf der Welle) durch Gegenstände (bei metallenen Verbindungen Keile oder Federn, bei Holzverbindungen Vorsprünge oder Ansätze). Bei elektr. Maschinen die zur Aufnahme der Wicklungen aus dem Blechpaket des Stators herausgestanzten, aus dem Rotor herausgefrästen Aussparungen. N. werden durch Fräsen, Hobeln, Sägen, Räumen hergestellt.

Nut, ägypt. Himmelsgöttin, Gemahlin des Erdgottes Geb.

Nutation [lat.] *die, -/-en,* **1)** allgemein: Schwankung. **2)** durch ungleiches Wachstum gegenüberliegender Seiten eines Pflanzenteils verursachte Krümmungsbewegung, z. B. die Entfaltung einer Knospe oder die kreisende Bewegung einer Ranke. **3)** der → Präzession (BILD) der Erdachse überlagerte Störung mit einer Periode von 18,6 Jahren, die im wesentl. auf die Drehung der Mondbahn zurückgeht. **4)** verschieden gebrauchter Begriff: a) kleine period. Schwankungen des Öffnungswinkels des Präzessionskegels bei der allg. Bewegung des rasch rotierenden schweren symmetr. Kreisels. Diese Bewegung, die **pseudoreguläre Präzession,** setzt sich aus einer regulären → Präzession und der N. zusammen. b) Bez. für die reguläre Präzession des kräftefreien symmetr. → Kreisels, entsprechend wird der Präzessionskegel, d. h. der Kegel, den die Figurenachse um die raumfeste Drehimpulsachse beschreibt, **Nutationskegel** genannt.

Nutria [span.] *die, -/-s,* die Biberratte und deren wertvoller Pelz (→ Ferkelratten).

Nutrition [lat.] *die, -,* Ernährung. **nutritiv,** nahrhaft.

Nutsche *die, -/-n,* der Nutschenfilter, → Filter.

Nutte [nhd.] *die, -/-n,* U Prostituierte.

Nutzbremsung, die Bremsung von Gleichstrom-Nebenschlußmotoren, die schneller als mit ihrer Leerlaufdrehzahl laufen. Der Motor wirkt dann als Generator und bremst dadurch (z. B. bei Bergbahnen).

Nutz|effekt, → Wirkungsgrad.

nützen, nutzen [mhd.]. *ich* **nütze, nutze, 1)** *ihm zu etwas, bei etwas,* diene zur Erreichung des Zieles, helfe, bringe Vorteil. **2)** *es, ihn,* nütze aus, ziehe meinen Vorteil daraus. **3)** *es nützt, nutzt etwas (nichts),* hat (k)einen Zweck. *ich* **nütze, nutze** *es* **ab,** verschleiße, mache durch Gebrauch schlecht, minderwertig. *ich* **nütze, nutze** *ihn, es* **aus,** ziehe kräftig Vorteil daraus; beute aus: *er hat die günstige Lage gut ausgenützt. der* **Nutzen,** *-s,* **1)** Vorteil, Gewinn, Ertrag: *er versteht Nutzen daraus zu ziehen.* **2)** diejenigen auf der subjektiven Wertschätzung beruhenden Eigenschaften der Güter, die der Bedürfnisbefriedigung dienen. In der → Grenznutzenschule wurden 2 unterschiedl. Konzepte der Nutzenmessung vertreten, die **kardinale** und **ordinale Nutzentheorie. nützlich,** gewinnbringend, ertragreich. **nutzlos,** ohne Nutzen. *ich* **nutznieße** (nur Präsens üblich) *von etwas,* ziehe einen Nutzen daraus. *der* **Nutznießer,** *-s/-,* jemand, der den Vorteil von etwas hat.

Nutzfläche, Bautechnik: die nutzbare Bodenfläche von Wirtschafts- und gewerbl. Räumen; sie ergibt sich aus der Gesamtfläche abzüglich der Nebenflächen (z. B. für Verkehr, sanitäre Anlagen).

Nutzholz, Rohholz, das nicht zum Verbrennen und Verkohlen dient.

Nutzkosten, Teil der fixen Kosten, der auf genutzte Kapazitäten entfällt. Ggs.: Leerkosten.

Nutzkraftwagen, Nutzfahrzeuge, Abk. **Nkw,** den Personenkraftwagen gegenübergestellte Kraftwagen, die besonders Güter und/oder gewerblich Personen befördern, z. B. Lastkraftwagen, Zugmaschinen, Omnibusse, Sonderfahrzeuge (Feuerwehrfahrzeuge, Krankenwagen, Müllfahrzeuge, Tankwagen, Abschleppwagen u. a.).

Nutzladefaktor, das Verhältnis der tatsächlich beförderten zur möglichen Nutzlast eines Fahrzeugs.

Nutzlast, 1) Baustatik: die veränderl. oder bewegl. Verkehrsbelastung von Bauwerken (durch Personen, Einrichtungen, Wind, Schnee) im Unterschied zur ständigen Last, der Belastung aus dem Eigengewicht der Bauteile. **2)** Verkehrswesen: der Anteil der Zuladung eines Transportgeräts (Land-, Wasser-, Luft-, Raumfahrzeugs), der nicht zu dessen Betrieb und Fortbewegung erforderlich ist und damit zur Beförderung von zivilen oder militär. Lasten (einschließlich Personen) genutzt werden kann. Bei kommerzieller Verwendung von Transportmitteln wird unter N. meist die gegen Bezahlung beförderte Last verstanden **(Fracht, zahlende N.).**

Nutzleistung, ⚙ die von einer Maschine (Generator, Motor) oder einem Gerät (Verstärker, Transformator) abgegebene nutzbare Leistung; sie ist wegen des unterhalb von eins liegenden Wirkungsgrades der Maschinen oder Geräte und der Verlustleistung (infolge Reibung, Abwärme u. a.) kleiner als die zugeführte Leistung.

Nützlichkeitsgrundsatz, das Prinzip des → Utilitarismus.

Nützlinge *Pl.,* Biologie: Organismen, die schädliche Tiere oder Pflanzen (→ Schädlinge) vernichten; z. B. die Marienkäfer, die sich von Blatt- und Schildläusen ernähren.

Nutznießung *die, -,* früher das gesetzl., auf familienrechtl. Verhältnissen (Ehe, elterl. Gewalt) beruhende Nutzungsrecht an fremdem Vermögen; jetzt nur noch gleichbedeutend mit → Nießbrauch.

Nutzpflanzen, Kulturpflanzen, die im Ackerbau (z. B. Getreide, Hack-, Ölfrüchte, Leguminosen), Obst-, Wein-, Garten-, Waldbau (Nutzhölzer) zur menschl. und tier. Ernährung sowie für technische Zwecke angebaut werden.

Nutzung *die, -,* **1)** das Nutzen, Benutzen, Ausnutzen. **2)** die Früchte einer Sache oder eines Rechts sowie die Vorteile, die der Gebrauch der Sache oder des Rechts gewährt (§ 100 BGB).

N. V., Abk. für niederländ. **Naamloze Vennootschap** [n'a:mlo:zə vən'o:tsxap], Aktiengesellschaft.

NVA, Abk. für **Nationale Volksarmee,** die Streitkräfte der → Deutschen Demokratischen Republik.

NW, Abk. für **N**ord**w**est(en).

NWDR, Abk. für → **N**ord**w**est**d**eutscher **R**undfunk.

Ny *das, -(s)/-s,* **1)** der 13. Buchstabe des grch. Alphabets (N, ν). **2)** ν, physikal. Symbol für das Neutrino. (→ Neutrinos)

N. Y., postamtl. **NY,** Abk. für den Staat **N**ew **Y**ork, USA.

Nyakyusa, früher auch **Konde,** Bantu-Volk am N-Ende des Malawisees in Tansania. Die (1970) 302000 N. bewohnen die Konde-Ebene und das benachbarte Bergland; Viehhaltung und Bananenanbau; Kegeldachhütten; etwa 30% sind Christen.

Nyborg [n'ybɔr], Stadt auf Fünen, Dänemark, (1981) 18600 Ew., Ölhafen; Schloß mit alten Festungswerken (12. Jh.).

Nydam, Teil der Gem. Østersottrup, Nordschleswig, Dänemark. Hier wurden seit 1859 im Moor Eisenwaffen, röm. Münzen, Schmuck, Geräte des 3.–5. Jh. und zwei seegehende Boote gefunden, von denen das **Nydamboot** (22,84 m lang, 3,26 m breit; für etwa 40 Mann) erhalten ist.

Nyerere, Julius Kambarage, Politiker in Tansania, *Butiama (Tanganjika) März 1922; 1954–77 Vors. der ›Tanganyika African National Union‹ (TANU), seitdem der ›Chama Cha Mapinduzi‹ (CCM; ›Revolutionäre Staatspartei‹), führte als Min.-Präs. (1960–62) Tanganjika 1961 in die Unabhängigkeit. Seit 1962 ist er Staatspräs., zunächst von Tanganjika, später von → Tansania. N. verfolgt eine sozialist. Linie in der Innenpolitik (Deklaration von Arusha, 1967) und bekennt sich nach außen zur Politik der Blockfreiheit.

Nyíregyháza [nj'i:rɛdjha:zɔ], Bezirksstadt in N-Ungarn, (1982) 112100 Ew.; landwirtschaftliches und Handelszentrum, Tabak-, Nahrungsmittel-, Maschinenindustrie.

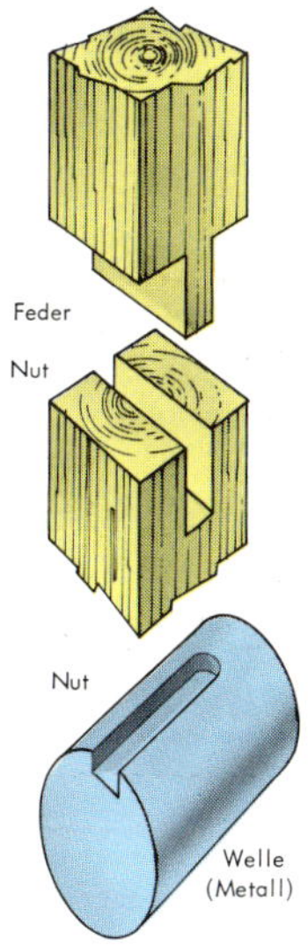

Nut

Julius Nyerere

Nydam: Nydamboot
(Schleswig, Museum für Vor- und Frühgeschichte)

Nymphenburg: Schloß N.

Nykøbing Falster [n'ykø:beŋ-], Stadt auf der Insel Falster, Dänemark, (1981) 25600 Ew., durch zwei Brücken mit Lolland verbunden; Lebensmittelindustrie.

Nyköping [n'y:tçø:piŋ], Hptst. des VerwBez. Södermanland, Schweden, (1982) 64200 Ew.; Auto-, Möbel-, Elektro- u. a. Ind. - N. ist eine Stadtgründung des 13. Jh.

nykt..., nykto... [grch.], nacht...

Nykt|alopie [grch.] *die, -,* die →Tagblindheit.

Nykt|urie [grch.] *die, -,* vermehrter nächtl. Harndrang, Zeichen von Herzschwäche u. a.

Nyland, schwed. Name der finn. Prov. →Uusimaa.

Nylanders Reagens [n. dem schwed. Chemiker C. W. G. Nylander, * 1835, † 1907], Lösung von Wismutnitrat und Seignettesalz in Natronlauge zum Nachweis von Traubenzucker im Harn Zuckerkranker (Schwarzfärbung).

Nylon [n'aılɔn] *das, -s,* ehem. Handelsname für Chemiefasern und Kunststofferzeugnisse aus →Polyamiden.

Nymphaliden [grch.] *Pl.,* Tagschmetterlinge, bei denen die Vorderbeine zu Putzpfoten verkleinert sind.

Nymphen [grch.], *Sg. die* **Nymphe,** *-,* **1)** grch. Mythos: volkstümliche weibl. Naturgottheiten, zuweilen im Gefolge der Artemis, des Hermes, des Dionysos und des Pan. Die **Nereiden** leben im Meer, die **Najaden** in Quellen und Bächen, die **Oreaden** auf Bergen, die **Dryaden** in Bäumen und Wäldern. Verehrt wurden sie v. a. in Grotten **(Nymphaion)** als Spenderinnen der Fruchtbarkeit, auch als Geburtsgöttinnen. Sie wurden oft mit Schale, Muschel, Urne u. ä. dargestellt. **2)** ♘ Entwicklungsstadium mancher Insekten, gekennzeichnet durch das Auftreten von Flügelanlagen, z. B. bei Blasenfüßern und Mottenläusen.

Nymphenburg, Stadtteil (seit 1899) von München. Das **Schloß N.** der bayer. Kurfürsten und Könige entstand seit 1664 unter der Leitung von A. Barelli. Daran schloß sich ein ital. Garten an. Die Erweiterungen der 2. Bauzeit (1701-28) leiteten A. Viscardi und J. Effner; Umgestaltung des Gartens im frz. Sinn. Im Park entstanden die Gartenschlösser **Pagodenburg, Badenburg** und **Magdalenenklause.** Zuletzt wurde die **Amalienburg** von F. Cuvilliés erbaut (1734-39). Der Park wurde Anfang des 19. Jh. im engl. Sinn neu gestaltet.

Nymphenburger Porzellan, Porzellan der 1747 in Neudeck (München) gegr. Manufaktur, die 1761 nach Nymphenburg verlegt wurde (wo sie bis heute arbeitet). Sie verdankt ihren Ruhm bes. den Porzellanfiguren von F. A. →Bustelli. Nach ihm waren 1763-97 D. Auliczek und 1797-1822 J. P. Melchior Modelleure. Eine neue Blüte begann Ende des 19. Jh.

Nymphomanie [grch.] *die, -,* krankhaft gesteigerter heterosexueller Geschlechtstrieb der Frau; Folge einer neurot. Fehlentwicklung oder einer Psychose; entspricht der →Satyriasis beim Mann. *Adj.* **nymphoman.** *die* **Nymphomanin,** *-/-nen,* nymphoman veranlagte Frau.

Nynorsk [›Neunorwegisch‹] *das, -,* früher **Landsmål** [-mo:l], →norwegische Sprache.

Nyon [njɔ̃], Bezirksstadt im Kt. Waadt, Schweiz, (1983) 13100 Ew., am Genfer See; Römermuseum; pharmazeut., metallurg. u. a. Ind.; Weinbau, Fremdenverkehr.

Nystagmus [grch.] *der, -,* das →Augenzittern.

Nyx [grch.], lat. **Nox,** die Nacht, Gestalt der kosmogon. Dichtung der Griechen, aus dem Chaos entstanden. Als ihre Kinder gelten Thanatos (der Tod) und Hypnos (der Schlaf).

O

o, O *das, -/-,* Vokal (ÜBERSICHT Aussprache); der 15. Buchstabe des dt. Alphabets. Bei den Griechen war das lange O (Ω, →Omega) der letzte Buchstabe, daher: *das A und O,* Anfang und Ende, das Wesentliche. (→a, A)

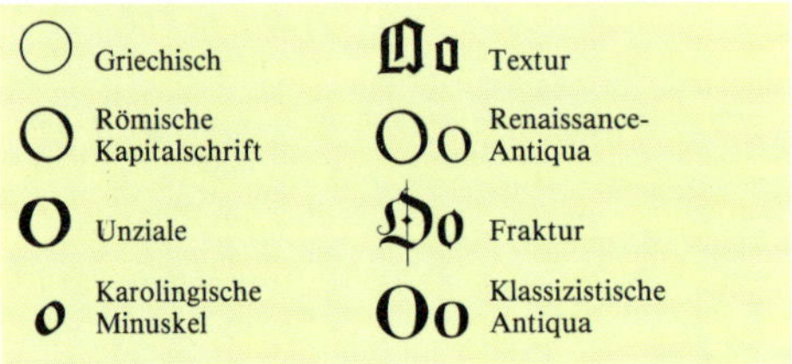

Entwicklung des Buchstaben **O**

o-, Abk. für →ortho...

o, alleinstehend: **oh!,** gefühlsbetonter Ausruf: *o diese Dummheit!; o nein!; o ja!, o laß doch!*

O, 1) Abk. für **O**st(en). **2)** chem. Symbol für →Sauerstoff (Oxygenium).

O., postamtlich **OH,** Abk. für den Staat **O**hio, USA.

O' [altirisch ane ›Enkel‹], in irischen Familiennamen: O'Connor, Abkömmling des Connor.

ö, Ö *das, -/-,* Umlaut des O, Lautwert [œ] oder [ø] (ÜBERSICHTEN Ablaut, Aussprache).

Ö [aus dän.] *die, -/-en, nd.:* Insel.

ÖAF - Gräf & Stift AG, Wien, Unternehmen für den Bau von Lastkraftwagen und Omnibussen, entstanden aus dem Zusammenschluß der ›Österr. Automobil-Fabriks AG‹, Abk. ÖAF, Wien, gegr. 1907, und der ›Gräf & Stift Automobilfabriks AG‹, Wien, gegr. 1907.

Oahe [əʊ'ɑ:hı], 1440 km² großer Stausee am Mittellauf des Missouri, im Staat South Dakota, USA, dient der Hochwasserregulierung, Bewässerung und Elektrizitätsgewinnung.

Oahu, Hawaii-Insel, 1564 km², (1980) 762000 Ew., mit der Hptst. Honolulu und dem Flottenstützpunkt Pearl Harbor.

Oakland ['əʊklənd], Stadt in Kalifornien, USA, (1980) 339300 Ew., auf der Ostseite der Bucht von San Francisco, gehört zur San Francisco Metrop. Area; Schiffbau, Erdölraffinerie u. a.

Oak Ridge ['əʊk rıdʒ], Stadt in Tennessee, USA, (1980) 27700 Ew., Teil der Knoxville Metrop. Area; kernphysikal. Forschungszentrum.

OAPEC, Abk. für **Organization of Arabian Petroleum Exporting Countries** [ɔ:gənaız'eıʃn ɔv ər'eıbjən pıtr'əʊljəm ıksp'ɔ:tıŋ k'ʌntri:z, engl.], die Organisation der arab. Erdöl exportierenden Länder innerhalb der →OPEC.

OAS, 1) Abk. für **Organization of American States** [ɔ:gənaız'eıʃn ɔv əm'erıkn steıts, engl.], →Organisation der Amerikanischen Staaten. **2)** Abk. für **Organisation de l'Armée Secrète** [ɔrganizasj'ɔ̃ də larm'e səkr'ɛ:t, frz. ›Organisation der Geheimen Armee‹], frz. rechtsradikale Untergrundbewegung, die sich 1961/62 der Algerienpolitik de Gaulles mit Terroranschlägen widersetzte, besonders in Algerien.

Oase [grch. aus ägypt.] *die, -/-n,* am Rand oder im Innern von Wüsten oder Wüstensteppen gelegene Insel reicheren Pflanzenwuchses, durch Grundwassernähe oder Quellen hervorgerufen, oft durch Bewässerung vergrößert. O. sind meist dicht bevölkert und intensiv bewirtschaftet (Feldfrüchte, Obstbäume, bes. Dattelpalmen); Handelsplätze innerhalb des Karawanen-Verkehrs. **Flußoasen** (Ägypten, Mesopotamien u. a.) waren häufig Brennpunkte wirtschaftl. und kultureller Entwicklung. (BILD S. 53)

Oates [əʊts], Joyce Carol, amerikan. Schriftstellerin, * Lockport (N. Y.) 16. 6. 1938, Dozentin für Anglistik, schreibt Romane (›Ein Garten irdischer Freuden‹, 1966; ›Jene‹, 1969; ›Im Dickicht der Kindheit‹, 1976; ›Bellefleur‹, 1980) und Kurzgeschichten (›Grenzüberschreitungen‹, 1976).

OAU, Abk. für **Organization of African Unity** [ɔ:gənaɪ'zeɪʃn ɔv 'æfrɪkən j'u:nɪtɪ, engl.], die → Organisation für die Einheit Afrikas.

Oaxaca [oax'aka], **1)** Staat im S von → Mexiko. **2) O. de Juárez** [- ðe xu'ares], Hptst. von 1), (1978) 131 200 Ew., in einem fruchtbaren Hochtal; kath. Bischofssitz; Univ., Museum mit Funden der benachbarten Ruinenstätten von Mitla und Monte Albán.

ob [zu oben, ober] *ihm,* **1)** ⚘ über, oberhalb: *Rothenburg ob der Tauber.* **2)** auch: *seiner,* ⚘, noch P wegen: *ob dieses Ausspruchs* oder *diesem Ausspruch.*

ob [ahd.], **1)** einleitend für indirekte Fragesätze: *ob er wohl heute kommt?;* bes. in abhängigen Sätzen: *ich weiß nicht, ob er heute noch kommt* (zwei Möglichkeiten: er kommt oder er kommt nicht). **2)** ⚘ wenn; wenn auch: *als ob,* wie, wenn. **3)** *und ob,* U und wie, gewiß: *hat es geregnet?, und ob!* **obgleich, obschon, obwohl, obzwar,** wenn auch: *er ging hin, obgleich ihm alle abrieten;* ⚘ auch getrennt: *ob ich gleich krank bin.*

Ob *der,* Hauptstrom W-Sibiriens, mit Katun 4345 km, mit einem Einzugsgebiet von 2,99 Mio. km², entsteht westlich von Bijsk, wo sich die vom Altai kommenden Quellflüsse Katun und Bija vereinigen. Als typ. Flachlandfluß mit geringer Strömungsgeschwindigkeit fließt er, häufig Seitenarme, Inseln, Altwässer, links ein versumpftes, flaches Wiesenufer, rechts ein Bergufer bildend, in einem 20–60 km breiten Tal, das bei Hochwasser oft ganz überflutet wird. Er mündet in den **Ob-Busen** des Karischen Meeres. Der Ob ist auf seiner ganzen Länge an rd. 155 Tagen schiffbar. Überwiegende Transportgüter sind Holz, Getreide, Erdölprodukte, Nahrungsmittel, Baustoffe; wichtigste Nebenflüsse von rechts: Tschumysch, Inja, Tom, Tschulym, Ket, Wach; von links: Wasjugan, Irtysch, Soswa.

OB, Abk. für **O**ber**b**ürgermeister.

o. B., Abk. für **1)** ⚕ **o**hne krankhaften **B**efund. **2)** Wechselverkehr: **o**hne **B**ericht.

Ob|acht [zu ob ›über‹] *die, -,* Aufmerksamkeit, Beachtung: *gib O. auf alles.*

Obadja [hebr. ›Knecht Jahwes‹], Abk. **Ob.,** in der Vulgata **Abdias,** im A. T. einer der zwölf Kleinen Propheten. Das Buch O. (wahrscheinlich nach 586 v. Chr.) enthält eine Samml. von Drohorakeln gegen Edom.

Obdach [zu ob ›über‹] *das, -(e)s,* Unterkunft, Wohnung.

Obdachlosenhilfe, Fürsorge für Personen ohne festen Wohnsitz **(Nichtseßhafte)** oder solche, die in kommunalen Notquartieren untergebracht sind. O. ist Aufgabe der Träger der Sozialhilfe, die oft mit den freien Wohlfahrtsverbänden zusammenarbeiten. Hilfe wird bei der Beschaffung von Wohnraum und durch Beratung in psych. und sozialen Problemen gewährt. – In Österreich ist die O. für Hilfsbedürftige ebenfalls Aufgabe der Fürsorgebehörden, in der Schweiz der Gemeindearmenpflege.

Obduktion [lat.] *die, -/-en,* Leichenöffnung (→ Sektion). *Vb. ich* **obduziere** *ihn.*

Ob|edienz [lat.] *die, -/-en,* die → Oboedienz.

O-Beine, meist auf → Rachitis beruhende Verbiegung der Beine nach außen; bei Säuglingen in leichten Fällen normal. – Behandlung: Gymnastik, Schienen, Operation.

Obelisk [grch. ›Bratspießchen‹] *der, -en/-en,* hoher vierkantiger Steinpfeiler, nach oben verjüngt, in einer pyramidenförm. Spitze endend; bes. häufig in Ägypten, meist mit Hieroglyphen. Urspr. war der O. ein als Kultsymbol des Sonnengottes aufgerichteter Steinkegel, dessen (oft vergoldete) Spitze von den ersten Sonnenstrahlen getroffen wurde. (→ Nadeln der Kleopatra)

oben [ahd.], **1)** in der Höhe, in der Lage über uns, auf der Oberfläche: *es muß o. sein, bleiben, liegen, stehen,* aber: *obenstehend; wir wohnen o.,* in einem höheren Stockwerk; *nach o.,* aufwärts; *Befehl von o.,* Ü von vorgesetzter Stelle; *von o. bis unten,* ganz durch, ganz und gar; *von o. herab,* Ü hochmütig, herablassend; *o. ohne,* U busenfrei. **2)** bei Tisch: am weitesten von der Tür weg (als bester Platz). **3)** früher, an einer früheren Stelle der Schrift: *wie o. gesagt; die Obengenannten; die obenstehende Bemerkung; das Obenstehende.* **4)** *ihm, nd.:* oberhalb. **obenan,** ganz vorn, in erster Reihe; am Tisch: am weitesten von der Tür weg. **obenauf, 1)** ganz o. **2)** munter, gesund. **obendrauf,** U zuoberst. **obendrein,** dazu, außerdem, überdies. **obenhin,** oberflächlich, leichtfertig: *er sagte das so obenhin;* aber: *nach oben hin. er will* **obenhinaus,** ist sehr ehrgeizig; aber: *bis nach oben hinaus.*

Oberammergau: Pilatushaus

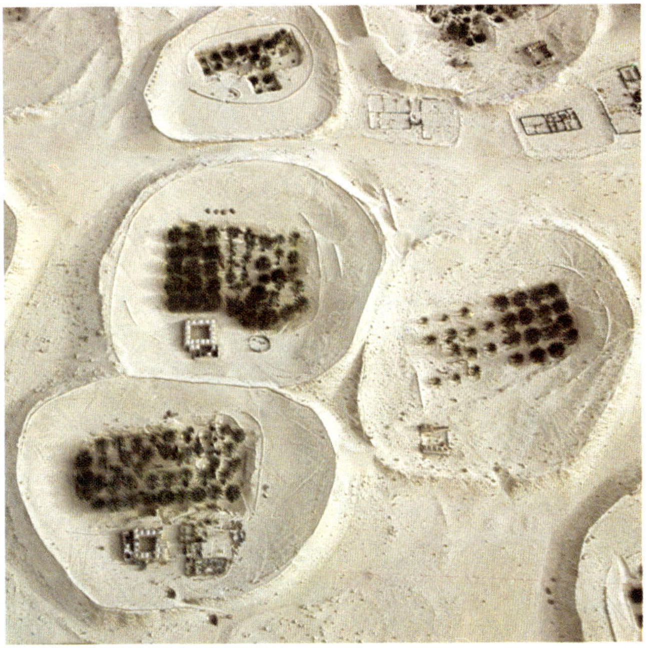

Oase Souf in der algerischen Sahara (Luftaufnahme)

ober [zu über] *ihm, oberdt.:* oberhalb, über.

ober... [zu ob], **1)** Bez. einer höheren Rangstufe: *Oberstudienrat.* **2)** allumfassend: *Oberbegriff.* **3)** höherer Teil: *Oberarm,* vom Ellbogen bis zur Schulter. **4)** höher gelegen (bei geograph. Namen): *Oberbayern.* **obere,** *-r, -s,* weiter oben liegend, darüber befindlich: *die oberen Klassen. der* **Obere,** *-n/-n, ein -r,* Vorgesetzter. *das* **Obere,** *-n,* Höheres. **oberhalb** *seiner,* über ihm, höher als er, von ihm aus gesehen oben. **Oberhand,** *-: ich habe, behalte die Oberhand (über ihn),* bin, bleibe siegreich, übermächtig; habe, behalte den Vorrang. **Oberhaupt,** Herrscher, Leiter. **Oberhemd,** Tageshemd für Herren. **oberirdisch,** über der Erdoberfläche. **oberkant,** ⊞ mit der oberen Kante bündig. **Oberkellner,** Kellner für die Abrechnung mit den Gästen, Zahlkellner. **Oberlauf,** der obere Teil eines Flusses. **Oberleder,** der obere weiche Teil am Schuh. **oberschlächtig,** durch Wasser von oben betrieben (Mühlrad). **oberste,** Superlativ von ober(e): *er kehrt das Oberste zuunterst,* Ü bringt alles durcheinander. **Oberweite,** Brustumfang: *die Schneiderin mißt Oberweite, Taillenweite und Hüftumfang.*

Ober *der, -s/-,* **1)** Oberkellner, Kellner. **2)** Figur der dt. Spielkarte, entspricht der ›Dame‹ der frz. Spielkarte.

Ober|allgäu, Landkr. im RegBez. Schwaben, Bayern; Krst.: Sonthofen.

Ober|alp-Paß, Paß im St.-Gotthard-Massiv, an der Grenze der schweizer. Kt. Uri und Graubünden, 2048 m hoch. Die 31 km lange Paßstraße verbindet das Urserental (Andermatt) mit dem Vorderrheintal (Disentis); sie wird im N vom **Oberalpstock** (3328 m), im S vom Six Madun (Badus, 2928 m) überragt.

Ober|ammergau, Gem. im Kr. Garmisch-Partenkirchen, Bayern, (1984) 4700 Ew., Sommerkurort und Wintersportplatz im Ammertal, 850 m ü. M.; Mittelpunkt der Holzschnitzerei, bemalte Häuser (u. a. das Pilatushaus, 1784); Fachschule für Holzbildhauer und Museum. Gegr. auf ein Gelübde während der Pestzeit 1633, wird seit 1634 alle 10 Jahre das **Oberammergauer Passionsspiel** von einheim. Laienspielern (124 Sprechrollen) und Hunderten von Statisten aufgeführt; die Leidensgeschichte Christi wird nach einem Text dargestellt, der an die Augsburger Passionsspiele

Obelisk, von Ramses II. errichtet (Luxor)

(15.–16. Jh.) anknüpft, im Barock erweitert und mehrmals umgeformt wurde. Das Festspielhaus hat 5200 Sitzplätze.

Ober|arzt, in gehobener Verantwortung tätiger erster Assistent (meist mit abgeschlossener Weiterbildung in einem Fachbereich) eines Chefarztes oder leitenden Klinikdirektors.

Ober|asbach, Wohngem. im Kr. Fürth, Bayern, (1984) 14900 Einwohner.

Oberbau, 1) → Eisenbahnbau. 2) → Straßenbau.

Oberbayern, RegBez. in Bayern, 17528 km², (1984) 3,687 Mio. Ew.; umfaßt die kreisfreien Städte Ingolstadt, München, Rosenheim und die Landkreise Altötting, Bad Tölz-Wolfratshausen, Berchtesgadener Land, Dachau, Ebersberg, Eichstätt, Erding, Freising, Fürstenfeldbruck, Garmisch-Partenkirchen, Landsberg am Lech, Miesbach, Mühldorf am Inn, München, Neuburg-Schrobenhausen, Pfaffenhofen an der Ilm, Rosenheim, Starnberg, Traunstein, Weilheim-Schongau. VerwSitz: München.

Oberbefehlshaber, Inhaber der obersten militär. Kommandogewalt über die Gesamtstreitkräfte oder einzelne Teile (Heer, Marine, Luftwaffe). Träger des O. ist meist das Staatsoberhaupt.

Oberberg|amt, → Bergbehörden.

Oberbergischer Kreis, Kr. im RegBez. Köln, NRW; Krst.: Gummersbach.

Oberboden, ⊕ urspr. auf dem Ausgangsgestein gebildeter Boden; oberster Horizont im Bodenprofil.

Oberbundes|anwalt, Bundesrep. Dtl.: der Vertreter des öffentlichen Interesses beim Bundesverwaltungsgericht.

Oberbürgermeister, hauptamtl. Bürgermeister in kreisfreien Städten.

Oberdeutsch *das, -(s),* oberdeutsche Mundarten: alemannisch und bairisch (Übersicht Mundarten). **Oberdeutsche,** die deutschsprechenden Bewohner der Alpenländer und der nördlich vorgelagerten Gebiete: Alemannen (Schwaben), Elsässer, Schweizer, Baiern, Österreicher.

Ober|eigentum, im alten dt. Recht beim ›geteilten Eigentum‹ die Rechte des Obereigentümers (Lehnsherrn, Erbzinsherrn) am Grundstück selbst (Verfügungsgewalt, Dienstleistungsanspruch), während das **Unter|eigentum** das Recht auf Nutzung gewährte.

Ober|elsaß, südl. Teil des Elsaß, das frz. Dép. Haut-Rhin.

Oberer See, engl. **Lake Superior** [leɪk sju:pˈɪərɪə], der größte der 5 Großen Seen Nordamerikas, 82103 km², bis 405 m tief. Durch den O. S. verläuft die Grenze zw. Kanada und den USA.

Obere Zehntausend, die höchste, begüterte Gesellschaftsschicht, nach einem Leitartikel des ›Evening Mirror‹ (1864), urspr. nur auf New York bezogen; in Großbritannien meist ›The upper ten‹; heute meist ironisch gebraucht.

Oberfläche, 1) allg.: alles, was man bei äußerer Berührung erreichen kann; obere Begrenzungsfläche einer Flüssigkeit: *er plätschert an der O.,* Ü bleibt bei Äußerlichkeiten. 2) △ Gesamtheit der Randpunkte eines Körpers. 3) ⚙ die Begrenzungsfläche eines festen Körpers, die gegenüber der idealen geometr. O. herstellungs- und werkstoffbedingte Formabweichungen zeigt. Die Abweichung von der idealen O. wird als Rauhtiefe bezeichnet und gemessen **(Oberflächenprüfung).** Die **Oberflächenbehandlung** macht die O. glatter, härter (→ Härten) und chemisch widerstandsfähiger (→ Metallschutz). **oberflächlich, 1)** nicht tief eindringend. **2)** Ü ohne tieferen Erkenntniswillen. *Subst. die* **Oberflächlichkeit,** *-/-en.*

Oberflächen|aktivität, Kapillarflächen|aktivität, zeigen Stoffe mit starker Adsorptionskraft und (im Verhältnis zu ihrem Volumen) großer Oberfläche. Geringe Mengen solcher Substanzen bewirken in Flüssigkeiten eine deutl. Herabsetzung der → Oberflächenspannung (z. B. Waschmittel).

Oberflächengesteine, die → Ergußgesteine.

Oberflächenphysik, Spezialgebiet der Festkörperphysik, das sich mit den physikal. Eigenschaften der Grenzflächen von Festkörpern gegen Gasphasen oder Vakuum befaßt. Unter der (idealen) Oberfläche sind die ersten drei bis vier Atomlagen des Festkörpers zu verstehen, in denen starke Abweichungen von der regelmäßigen räuml. Anordnung der Atome im Kristallgitter auftreten. Das physikal. und chem. Verhalten von Oberflächen spielt eine große Rolle bei der Katalyse, Galvanotechnik, Adhäsion, Verschleißfestigkeit, Oberflächenbearbeitung, beim Ionenaustausch u. a. technisch wichtigen Prozessen. Reine Oberflächen können am einfachsten durch Spaltung eines Kristalls hergestellt werden. Da sich nach jeder Oberflächenbehandlung in Sekundenbruchteilen neue Adsorptionsschichten und Verunreinigungen auf der Oberfläche ablagern, solange der Kristall mit einer Gasatmosphäre in Kontakt steht, müssen Oberflächenuntersuchungen im Ultrahochvakuum durchgeführt werden. Wichtige experimentelle Methoden sind Elektronenmikroskopie, → ESCA, → LEED-Verfahren und Sekundärionenmassenspektrometrie.

Oberflächenspannung

Oberflächenspannung, Grenzflächenspannung, die Spannung, die bei Flüssigkeiten in der Grenzfläche gegen den Gasraum wirkt und die Grenzfläche zu verkleinern sucht. Sie ist die Folge der gegenseitigen Anziehung der Flüssigkeitsmoleküle, die an der Oberfläche, an der gleichartige Nachbarn nur auf einer Seite existieren, als Resultierende eine in das Innere gerichtete Kraft liefert (Bild). Die O. nimmt mit zunehmender Temperatur ab, verursacht z. B. die Kugelform kleiner Tropfen. Sie wird stark durch in der Flüssigkeit gelöste Stoffe beeinflußt.

Oberflächenstruktur, Ⓢ in der → generativen Transformationsgrammatik die konkrete Realisierung des Satzes; sie ist mittels → Transformationen aus der → Tiefenstruktur abgeleitet. Eine O. kann auf verschiedene Tiefenstrukturen zurückgeführt werden, z. B. der Satz ›sie beobachteten ihn im Auto‹ auf die Tiefenstruktur ›sie beobachteten ihn, während sie im Auto saßen‹ und ›sie beobachteten ihn, während er im Auto saß‹.

Oberflächenwasser, Wasser natürlicher oder künstlicher oberird. Gewässer im Unterschied zum → Grundwasser.

Oberflächenwellen, ⊕ Bez. für seismische Wellen, die sich im Unterschied zu den **Raumwellen** an der Erdoberfläche ausbreiten (→ Erdbeben).

Oberflächenwellen-Bauelemente, Bauelemente der → Akustoelektronik, die im Prinzip aus einem Plättchen piezoelektr. Materials (z. B. Lithiumniobat) bestehen, auf das fingerförmige Elektroden aufgebracht sind. Ein an die Eingangselektroden angelegtes (Wechselspannungs-)Signal regt das piezoelektr. Material zu mechan. Schwingungen an, die sich als akust. Wellen auf der Oberseite des Substrats ausbreiten. Die durch den piezoelektr. Effekt an den Grenzflächen des Kristalls entstehenden Spannungsänderungen werden von den Ausgangselektroden wieder abgenommen. Anwendung als Filter, Verstärker, Verzögerungsschaltung u. a.

Oberflacht, Teil der Gem. Seitingen-O. im Kr. Tuttlingen, Bad.-Württ.; Fundort eines alemann. Reihengräberfeldes (6./7. Jh. n. Chr.); reiche Beigaben.

Oberfranken, RegBez. in Bayern, 7231 km², (1984) 1,045 Mio. Ew.; umfaßt die kreisfreien Städte Bamberg, Bayreuth, Coburg, Hof und die Landkreise Bamberg, Bayreuth, Coburg, Forchheim, Hof, Kronach, Kulmbach, Lichtenfels und Wunsiedel im Fichtelgebirge. VerwSitz: Bayreuth.

Obergärung, Art der Gärung (→ Bier). *Adj.* **obergärig.**

Obergericht, Kollegialgericht, das über Rechtsmittel gegen Entscheidungen der Untergerichte befindet, in der Schweiz das höchste Gericht in den meisten Kt. (auch Kantonsgericht).

Oberglogau, poln. **Głogówek** [gɫɔgˈuvɛk], Stadt in der poln. Wwschaft Opole (Oppeln), (1975) 6700 Ew., an der Hotzenplotz, bis 1945 im Kr. Neustadt, Oberschlesien; Pfarrkirche (1380–1463), Klosterkirche (urspr. gotisch, 1628–37 umgebaut), Schloß und Rathaus aus der Renaissance (mehrfach umgebaut).

Oberhaus, in Ländern mit Zweikammer-Parlamenten die Kammer, die im Unterschied zum Unterhaus nicht oder nur zum Teil aus allg. Wahlen hervorgeht (meist Senat genannt). Über das brit. O., das **House of Lords** [haus əv lɔ:dz], → Großbritannien.

Oberhausen, kreisfreie Stadt im RegBez. Düsseldorf, NRW, (1984) 225100 Ew., im Ruhrgebiet; Stranski-Institut für Metallurgie, Verwaltungs- und Wirtschaftsakademie; Theater, Städt. Galerie im Schloß O.; Stadion Niederrhein. Die Westdt. Kurzfilmtage in O. sind von internat. Bedeutung. Ind.: v. a. Eisen- und Stahlerzeugung und -verarbeitung, ergänzt durch Bergbau, Maschinenbau und chem. Ind. – 1756 wurde in O. die erste Eisenhütte des Ruhrreviers in Betrieb genommen. Mitte des 19. Jh. setzte infolge der Industrialisierung starker Bevölkerungszuwachs ein; 1874 wurde O. Stadt.

Oberhof, im MA. das Gericht der Mutterrechtsstadt, das den Tochterrechtsstädten Rechtsbelehrung erteilte und meist deren Berufungsinstanz war. Bed. O. waren Dortmund, Magdeburg, Lübeck, Freiburg i. Br., Frankfurt a. M., Iglau, Ingelheim u. a.

Oberhof, Luftkurort im Kr. und Bez. Suhl, (1975) 2500 Ew., auf einer Wiesenhochfläche des Thüringer Waldes, 800–835 m ü. M.; Wintersport (Sprungschanzen, Eisstadion, Bobbahnen).

Oberholz, 🌲 im Mittelwald zur Nutzholzerzeugung erhaltene, aus Samen gewachsene Laubholzpflanzen und -stämme.

Oberin *die, -/-nen,* Vorsteherin der Schwesternschaft eines Mutterhauses, auch die Leiterin eines Krankenhauses, einer Erziehungseinrichtung oder von Wohlfahrtsanstalten.

Ober|ingenieur [-inʒənjø:r], leitender Ingenieur in Industrie und technischen Institutionen.

Ober|itali|en, der am höchsten industrialisierte, nördl. Teil Italiens zwischen Alpen und Apennin.

ober|itali|enische Seen, die Seen am ital. Alpenrand: Lago Maggiore, Luganer See, Comer See, Iseosee, Gardasee.

Oberkiefer, paariger Schädelknochen. Jedes Oberkieferbein besteht aus einem mittleren hohlen Teil **(Kieferhöhle),** der Verbindung zur Nasenhöhle hat, und Fortsätzen zur Nase, zum Jochbein, zum harten Gaumen und zur oberen Zahnreihe.

Oberkirch, Stadt im Ortenaukreis, Bad.-Württ., (1983) 16600 Ew.; Wein- und Obstbau; Papier-, Metall-, Textil-, Holz-Ind. – O., seit dem 14. Jh. Stadt, gehörte bis 1803 zum Hochstift Straßburg, dann zu Baden.

Oberkirchenrat, evang. Kirchen: **1)** oberste kirchl. Verwaltungsbehörde aus Theologen und Juristen in den Landeskirchen von Baden, Oldenburg, Mecklenburg, Württemberg sowie der Evang. Kirche in Österreich. **2)** Amtsbez. der jurist. und theolog. Mitgl. der Kirchenbehörde fast aller dt. Landeskirchen, der Kirchenkanzlei der EKD und des Luther. Kirchenamts der VELKD.

Oberkommando der Wehrmacht, Abk. **OKW,** 1938–45 oberster militär. Stab der dt. Wehrmacht unter Hitlers direktem Befehl. Die Oberkommandos des Heeres (OKH), der Marine (OKM) und der Luftwaffe (OKL) waren nicht dem OKW, sondern Hitler unmittelbar unterstellt.

Oberkreisdirektor, Amtsbez. in Ndsachs. und NRW, → Landrat.

Oberländer, Adolf, Maler und Zeichner, * Regensburg 1. 10. 1845, † München 29. 5. 1923, zeichnete Karikaturen, v. a. für die ›Fliegenden Blätter‹.

Oberlandesgericht, Abk. **OLG,** in der Bundesrep. Dtl. die höheren Gerichte der Länder für den Bezirk meist mehrerer Landgerichte, geleitet vom **Präsidenten des O.,** der teils richterliche, teils Aufgaben der Justizverwaltung hat. Für Berlin (West) besteht das Kammergericht. In Österreich gibt es O. in Graz, Innsbruck, Linz und Wien. (ÜBERSICHT Gericht)

oberlastig, topplastig, zu hoch beladen (Schiff), so daß Kentergefahr besteht.

Oberlehrer, bis 1920 der wissenschaftl. Lehrer an höheren Schulen, seitdem durch → Studienrat ersetzt. In Bayern war O. Titel für ältere verdiente Volksschullehrer. Heute wird die Bezeichnung O. überwiegend in Titelverbindungen gebraucht, die sich auf den Lehrkörper der Sonder-, Fach- und Gewerbeschulen beziehen. Die Regelung ist in den einzelnen Bundesländern verschieden. – In Österreich ist O. der Amtstitel der Landeslehrer an Pflichtschulen (Volks-, Haupt-, Sonderschulen, polytechn. Lehrgängen und Berufsschulen); früher Titel für Volksschuldirektoren, wurde auch an ältere Volksschullehrer als Auszeichnungstitel verliehen.

Oberleitung, → Fahrleitung.

Oberleitungs-Omnibus, Obus, Trolleybus [trˈɔli-], nicht schienengebundenes Nahverkehrsmittel (gleislose Bahn) zur Personenbeförderung; von einem Elektromotor angetrieben, der den Strom mit 2 Stromabnehmern einer zweipoligen Oberleitung (550–800 V Gleichstrom) entnimmt.

Oberlicht, das von oben in einen Raum einfallende Tageslicht, auch die Lichteinfallsöffnung, z. B. der getrennt zu öffnende obere Teil eines unterteilten Fensters.

Oberliga, in der Dt. Dem. Rep. die höchste Spielklasse im Fußball und in anderen Sportarten. In der Bundesrep. Dtl. Bez. für regionale Spielklassen in mehreren Sportarten, als **Amateur-O.** höchste Klasse der Fußballamateure.

Oberlin, Johann Friedrich, Pfarrer, * Straßburg 31. 8. 1740, † Waldersbach (Vogesen) 1. 6. 1826, seit 1767 ebd. evang. Pfarrer, Philantrop, förderte Wohlfahrt und Bildung der verarmten Gemeinde. Er nahm sich auch der noch nicht schulpflichtigen Jugend an und gründete 1770 die erste Kleinkinderschule.

Obernburg am Main, Stadt im Kr. Miltenberg, Bayern, (1984) 7200 Ew.; Obstbau, Kleiderfabriken, Maschinenbau; Museum mit Funden aus einem Römerkastell.

Oberndorf am Neckar, Stadt im Kr. Rottweil, Baden-Württemberg, (1983) 13800 Ew.; metallverarbeitende, feinmechanische, Textil- und chemische Industrie.

Obernkirchen, Bergstadt O., Stadt im Kr. Schaumburg, Ndsachs., (1983) 10900 Ew.; Glas-, Textil-Ind., Sandsteinbrüche.

Oberon, 1) altfrz. **Auberon** [ɔbərˈɔ̃, aus Alberon, Nebenform zu Alberich], Zwergenkönig, Gemahl der Feenkönigin Titania, erscheint zuerst als Helfer und Freund der Menschen, in dem altfrz. Epos ›Huon von Bordeaux‹, später in Volksbüchern, bei G. Chaucer, in Shakespeares ›Sommernachtstraum‹, in Wielands Märchenepos ›O.‹; Oper von C. M. von Weber (1826; Text nach Wieland). **2)** ein Mond des Planeten → Uranus.

Ober|österreich, Bundesland Österreichs, 11978 km^2, (1981) 1,270 Mio. Ew. Landeshauptstadt: Linz. – Verfassung i. d. F. v. 2. 8. 1971. Der Landtag (56 auf 6 Jahre gewählte Mitgl.) wählt die Landesreg. (Landeshauptmann und 8 Mitgl.). O. ist in 15 polit. Bezirke eingeteilt: Braunau am Inn, Eferding, Freistadt, Gmunden, Grieskirchen, Kirchdorf an der Krems, Linz-Land, Perg, Ried im Innkreis, Rohrbach, Schärding, Steyr-Land, Urfahr-Umgebung, Vöcklabruck, Wels-Land. Autonome Städte mit eigenem Statut: Linz, Steyr, Wels. – O. liegt beiderseits der Donau zw. Inn- und Ennsmündung. Das Land nördlich der Donau (Mühlviertel) gehört zum Böhm. Massiv; im NW steigen Rücken des südl. Böhmerwaldes bis über 1300 m an. Im S schließt sich das fruchtbare, reich besiedelte Alpenvorland mit dem Inn-, Hausruck- und Traunviertel an. Im Hausruck finden sich Braunkohlenlager, in Bad Hall jod- und bromhaltige Salzquellen. Die Gebirge des S gehören den Nördl. Kalkalpen an (u. a. das Sengsen-, das Höllen-, das Tote Gebirge und der Dachstein). Reizvolle Seen: Hallstätter, Traun-, Atter-, Mondsee. Wirtschaft. Landwirtschaft: Ackerbau (25% der Fläche), Wiesen und Weiden für bed. Rinderzucht; umfangreiche Forstwirtschaft (Wald 36,2% der Fläche). Die Industrie konzentriert sich v. a. südlich der Donau: Textilien, Zellstoff, Papier, Holzverarbeitung, Lebensmittel, Schmuck-Ind.; Hochöfen und Stahlwerke (Linz), Aluminiumhütte (Ranshofen), Stickstoffwerke (Linz), Großkraftwerke. Fremdenverkehr. Seit 1956 werden (bes. im Innviertel) Erdöl und Erdgas gefördert.

Geschichte. O. war seit dem 6. Jh. bair. Siedlungsgebiet. Nach und nach setzten sich die Babenberger fest. Als selbständiges Gebiet tritt es 1264 auf. Von Bayern kam 1506 das Mondseeland, 1779 das Innviertel an O. Seit 1278 habsburgisch, wurde O. 1918 Bundesland der Rep. Österreich.

Oberpfalz, RegBez. in Bayern, 9691 km^2, (1984) 966200 Ew.; umfaßt die kreisfreien Städte Amberg, Regensburg, Weiden i. d. Oberpfalz und die Landkreise Amberg-Sulzbach, Cham, Neumarkt i. d. Oberpfalz, Neustadt a. d. Waldnaab, Regensburg, Schwandorf und Tirschenreuth. VerwSitz: Regensburg.

Oberpfälzer Wald, N-Teil des → Böhmerwaldes.

Oberpostdirektionen, dem Bundes-Min. für das Post- und Fernmeldewesen unterstellte mittlere Bundespostbehörden und die Landespostdirektion Berlin.

Oberpräsident, in Preußen 1815–1945 der oberste Verwaltungsbeamte einer → Provinz.

Ober-Ramstadt, Stadt im Kr. Darmstadt-Dieburg, Hessen, (1984) 12800 Ew., im nordwestl. Odenwald; Wohnvorort von Darmstadt; Farbenherstellung, Kunststoff-, Metallverarbeitung.

Oberrealschule, früher eine aus der Realschule entstandene höhere Schule, die bes. Naturwissenschaften und neuere Sprachen pflegte (→ Gymnasium). In der Dt. Dem. Rep. der naturwissenschaftl. Zweig der erweiterten Oberschule, in Österreich die Realschule, seit 1962 zum 9klassigen realist. Gymnasium oder naturwissenschaftl. Realgymnasium umgestaltet, in der Schweiz eine lateinlose höhere Schule (heute meist ›mathematisch-naturwissenschaftliches Gymnasium‹).

Oberrheinischer Kreis, einer der 10 → Reichskreise des Dt. Reiches bis 1806; umfaßte die Hochstifte Worms, Speyer, Straßburg, Basel und Fulda, Hessen-Kassel, Hessen-Darmstadt, pfälz. und naussauische Gebiete, zahlreiche eingestreute geistl. und weltl. Herrschaften und die Reichsstädte Worms, Speyer, Frankfurt a. M., Friedberg, Wetzlar, Straßburg und weitere elsäss. Reichsstädte. Zum O. K. gehörten urspr. auch Savoyen, burgund. Gebiete u. a. Seit 1648 gingen viele linksrhein. Gebiete an Frankreich verloren. (KARTE Bd. 1, S. 568)

Oberrheinisches Tiefland, Oberrhein|ebene, das 30–50 km breite und von Basel bis Mainz 300 km lange Grabental des Oberrheins, zw. Schwarzwald und Odenwald im O und den Vogesen und der Haardt im W. Das O. T. ist klimatisch eines der am meisten begünstigten Gebiete Dtl.s und eine der Hauptverkehrsadern des europ. Nord-Süd-Verkehrs.

Oberrücken, die → Afterklauen.

Obers *das, -, bair., österr.:* süße Sahne, Rahm.

Obersachsen, urspr. die Bewohner der Mark Meißen, dann die des ehem. Kurfürstentums Sachsen. Die O. werden im Unterschied zu den Niedersachsen i. a. nur als Sachsen bezeichnet.

Obersächsisch, die obersächs. Mundart (ÜBERSICHT Mundarten).

Obersächsischer Kreis, einer der 10 → Reichskreise des Dt. Reiches bis 1806; umfaßte Kursachsen, Brandenburg, die sächsisch-ernestin. Fürstentümer, Pommern, Anhalt, mehrere Abteien und Grafschaften u. a. (KARTE Bd. 1, S. 568)

Obersalzberg, Berghang bei Berchtesgaden, 900–1000 m hoch; hier lag Hitlers ›Berghof‹ (1945 zerstört).

Oberschenkel, Teil des → Beins.

Oberschlema, ehem. Radiumbad, seit 1952 Stadtteil von Schneeberg, Kr. Aue, Bez. Karl-Marx-Stadt. Nach 1945 wurden durch den Uranbergbau die Heilquellen verschüttet.

Oberschlesi|en, der südl. Teil von → Schlesien, bildete 1919–38 mit 9715 km^2 und (1933) 1,48 Mio. Ew. (Hptst.: Oppeln) und 1941–45 mit 20636 km^2 und (1939) 4,34 Mio. Ew. (Hptst.: Kattowitz) eine preuß. Provinz.

Oberschlesisches Industriegebiet, wichtigstes Industriegebiet Ost-Mitteleuropas, zw. Ratibor, Tschenstochau, Krakau und Ostrau. Durch seine Bodenschätze (Steinkohle, Brauneisenerze, Blei-Zink-Erze u. a.), Energievorräte und verkehrsgeograph. Lage bietet es alle Voraussetzungen für eine schwerindustrielle Wirtschaftseinheit, doch war es stets durch Staatsgrenzen geteilt. Seit der dt. Teil unter poln. Verwaltung steht, gehört das O. I. zu Polen und der Tschechoslowakei. Mit der Einbeziehung in das System des Comecon entstand hier eines der größten Industriekombinate nach sowjet. Vorbild.

Oberschöneweide, Ortsteil des 16. VerwBez. Köpenick von Berlin (Ost).

Oberschule, 1938–45 alle höheren Schulen, 1945–55 in einigen Bundesländern die nichtgymnasialen höheren Schulen; zur O. in der Dt. Dem. Rep. → Deutsche Demokratische Republik.

Oberösterreich

Obolos (Korinth, 338–300 v. Chr.; Orig.-Gr.)

Oberstdorf

Hermann Oberth

Obervolta

Oberschwaben, das schwäb. Land zw. Bodensee und Schwäb. Alb; zeitweise nur das württemberg. Gebiet.

Oberschwingungen, Bez. für Schwingungen, deren Frequenzen ganzzahlige Vielfache der Frequenz der Grundschwingung sind (→ harmonische Analyse).

Obersekunda, die 7. Klasse der Gymnasien, heute allgemein als 11. Klasse bezeichnet; Eingangsklasse der Oberstufe. Das Zeugnis für die Versetzung in die O. (**Obersekundareife,** inoffiziell auch **mittlere Reife** oder **Einjähriges**) ist Voraussetzung zur Bewerbung für den mittleren öffentl. Dienst und gilt als Fachoberschulreife.

Oberst *der, -en/-en,* früher auch **Obrist,** höchste Rangstufe der Stabsoffiziere, meist Brigade- und Regimentskommandeur.

Ober|stabs|arzt, Sanitätsoffizier im Rang eines Majors.

Ober|stadtdirektor, in NRW und Ndsachs. Hauptverwaltungsbeamter in kreisfreien Städten.

oberständig, ⊕ die Stellung des Fruchtknotens oberhalb der Kelch-, Kron- und Staubblätter. Ggs.: unterständig.

Oberst|arzt, Sanitätsoffizier im Rang eines Oberst.

Oberstdorf, Markt im Kr. Oberallgäu, Bayern, (1984) 11000 Ew., 815 m ü. M., in den Allgäuer Alpen; heilklimat. und Kneipp-Kurort, Bergsteiger- und Wintersportplatz (Skiflugschanze, Eisstadion); Nebelhorn-Bergbahn.

Oberste Heeresleitung, Abk. **OHL,** im 1. Weltkrieg die oberste dt. Kommandobehörde, an deren Spitze der Chef des Generalstabes des Feldheeres stand.

Obersteiger, bergmännischer Aufsichtsbeamter.

Oberster Afrikanischer Sportrat, Dachorganisation und Interessenvertretung der (bes. farbigen) afrikan. Sportler, gegr. 1965, Sitz: Jaunde (Kamerun), (1984) 50 Mitgl.-Länder.

Oberster Gerichtshof, Abk. **OGH,** das höchste Gericht in Zivil- und Strafsachen in Österreich, Sitz: Wien. (ÜBERSICHT Gericht)

Obervolta: Moschee in Bobo-Dioulasso

Oberster Sowjet, russ. **Werchownyj Sowjet,** das oberste Staatsorgan der UdSSR; arbeitet unter der Führung der KPdSU (→ Sowjetunion).

Oberstes Gericht, Abk. **OG,** das höchste Gericht in der Dt. Dem. Rep. mit Sitz in Berlin (Ost).

Oberstes Landesgericht, das oberste Gericht für Zivil- und Strafsachen in Bayern (Sitz: München). Es entscheidet in Zivilsachen über Revisionen bei Verletzung von Landesrecht, in Strafsachen an Stelle der Oberlandesgerichte, als erste Instanz in Staatsschutzsachen und als Revisionsinstanz.

Oberstimme, ♪ im mehrstimmigen Satz die höchste Stimme.

Oberstleutnant, Stabsoffizier zw. Major und Oberst.

Oberstudi|endirektor, → Studienrat.

Ober|sulm, Gem. im Kr. Heilbronn, Bad.-Württ., (1983) 11100 Ew., 1972 durch Zusammenschluß entstanden.

Obertauern, Fremdenverkehrssiedlung am Radstädter Tauernpaß, Österreich, in 1750 m ü. M.; bed. Wintersport (Zehnerkarseilbahn).

Oberth, Hermann, Raketenforscher, * Hermannstadt (Siebenbürgen) 25. 6. 1894, entwarf 1917 eine Rakete von 25 m Länge und 5 m Durchmesser (Treibstoff Alkohol und Sauerstoff). 1923 beschrieb er die wesentl. Elemente der heutigen Großraketen (›Die Rakete zu den Planetenräumen‹, 1923). 1938–40 machte er Raketenversuche an der TH in Wien, 1941 kam er an die Heeresversuchsanstalt Peenemünde, 1955–58 arbeitete er in Huntsville (Ala., USA). Die **Hermann-Oberth-Gesellschaft e. V.,** Abk. **HOG,** zur Erschließung des Weltraums ist 1963 aus der Dt. Raketengesellschaft hervorgegangen.

Obertöne, Nebentöne, ♪ die beim Erklingen eines Tones (des Grundtones) mitklingenden Töne; unter Einschluß des Grundtones: Partialtöne, Teiltöne. Diese stehen im Schwingungsverhältnis 1:2, 2:3, 3:4 usw. Bei ventillosen Blasinstrumenten (Posthorn, Alphorn u. a.) bilden die O. die durch → Überblasen erzielbare Reihe von Tönen (Naturtonreihe). Das unterschiedl. Hervortreten der O. bei den einzelnen Instrumenten ist der Grund für die jeweilige Klangfarbe (→ Klang).

Obertshausen, Stadt im Kr. Offenbach, Hessen, (1984) 21000 Ew.; Automobilzuliefer-Ind., Wirkwarenmaschinenfabrik, Lederwaren-Industrie.

Oberursel (Taunus), Stadt im Hochtaunuskreis, Hessen, (1984) 38700 Ew., am S-Hang des O-Taunus; luther.-theolog. Hochschule; Textildruckerei, Textilwerk, Maschinenbau.

Oberverwaltungsgericht, Abk. **OVG,** → Verwaltungsgerichtsbarkeit.

Oberviechtach, Stadt im Kr. Schwandorf, Bayern, (1984) 5000 Ew.; Weberei, Holzind., Betonwerk; Bundeswehrgarnison. Geburtsort des Dr. Eisenbarth.

Obervolta, frz. **Haute-Volta** [ot vɔlt'a], seit 1984 **Burkina Faso,** Rep. in Westafrika, 274200 km², (1983) 6,5 Mio. Ew. Hauptstadt: Ouagadougou; Amtssprache: Französisch; Währungseinheit: 1 CFA-Franc (F C. F. A., F) = 100 Centimes (c). (KARTE II/III, n. S. 320)

Staat. Nach dem Militärputsch von 1983 liegt die höchste Gewalt bei einem Nationalen Revolutionsrat; sein Präs. ist Staats- und Reg.-Chef. – Streitkräfte. Freiwilligenarmee: 3000–4000 Mann.

Landesnatur. O. ist ein wasserarmes Binnenland mit dem Charakter eines weiten, mäßig von NO nach SW geneigten Plateaus (meist zw. 250 und 350 m ü. M.). Sein NO-Rand trennt das Niger- vom Voltabecken. Die Feuchtsavanne im S geht bei abnehmenden Niederschlägen nach N in Trocken- und Dornstrauchsavanne über.

Bevölkerung. Die größte der vielen Bevölkerungsgruppen sind die Mosi (rd. 50%). – Bildung. Allg. Schulpflicht, unentgeltl. 7jährige Primarschulen; Univ. in der Hauptstadt. Analphabetenquote (1975): 93%. – Religion. 44,8% der Ew. sind Anhänger von Naturreligionen, 43% Muslime, 12,2% Christen (davon 9% Katholiken, 1,6% Protestanten). – Großstädte sind Ouagadougou und Bobo-Dioulasso.

Wirtschaft. Etwa 90% der Ew. sind in landwirtschaftl. Familienbetrieben tätig, die für die Selbstversorgung bes. Hirse, ferner Reis, Mais, Zuckerrohr anbauen, für den Export bes. Baumwolle, ferner Sesam, Erdnüsse, Tabak. Die Rinderhaltung, im N durch die Fulbe und Tuareg betrieben, erbringt 30% der Exporterträge. Die Bodenschätze (Mangan, Kupfer, Gold, Marmor) werden erst wenig genutzt. Die Industrie, schwach entwickelt, verarbeitet v. a. landwirtschaftl. Produkte; Baumwollfasern erbringen 50% der Exporterlöse. Haupthandelspartner: Frankreich. – Verkehr. Relativ gutes Verkehrsnetz: 16400 km Straßen (4500 km Allwetterstraßen, 820 km asphaltiert); Eisenbahn nach Abidjan (Elfenbeinküste; 517 km in O.). Der Schwarze Volta ist z. T. ganzjährig schiffbar. Haupthandelsplatz: Bobo-Dioulasso; internat. Flughäfen: Ougadougou, Bobo-Dioulasso; nationale Fluggesellschaft: ›Air-Volta‹.

Geschichte. 1896 eroberte Frankreich die Kgr. der Mosi,

deren Gebiet später als ›Obervolta‹ Frz.-Westafrika eingegliedert wurde. 1958 erhielt O. Autonomie, 1960 die Unabhängigkeit. Nach dem Militärputsch gegen Staatspräs. M. Yaméogo (1960–66) versuchte sein Nachfolger, G. S. Lamizana (1966–80), die Wirtschafts- und Versorgungslage zu verbessern. Mit den Verf. von 1970 (suspendiert 1974) und 1977 (suspendiert 1980) bemühte er sich um eine polit. Neuordnung des Landes. 1980, 1982 und 1983 wechselte die Führung O.s jeweils durch einen Militärputsch; Staatschef ist seit 1983 T. Sankara.

Oberwart, Bezirksstadt in S-Burgenland, Österreich, (1983) 6200 Ew.; Viehmarkt, Molkerei, Miederwarenfabrikation.

Oberwasser, das Wasser oberhalb einer Gefällstufe (Wehr, Schleuse, Kraftwerk). – *Er hat mal wieder O.,* Ü glaubt sich im Vorteil.

Oberwesel, Stadt im Rhein-Hunsrück-Kreis, Rheinl.-Pf., (1983) 4500 Ew., im Rheindurchbruchstal, von altertüml. Gepräge; Fremdenverkehr, Weinbau. Im SO von O. die **Schönburg** (z. T. als internationale Jugendburg ausgebaut).

Oberwiesenthal, Stadt, Kurort und Wintersportplatz im Kr. Annaberg, Bez. Karl-Marx-Stadt, (1975) 3000 Ew., im oberen Erzgebirge, höchstgelegene Stadt Dtl.s (914 m ü. M.); Handschuh- und Wintersportgeräte-Industrie.

Obhut [zu ob ›über‹ und Hut] *die, -,* Schutz, fürsorgl. Aufsicht: *ich nehme das Kind in meine O.*

obig, obenstehend: *obige Bemerkung. der, die* **Obige,** *-n/-n,* Abk. **d. O.,** der, die weiter oben Genannte.

obiit [lat.], ›er ist weggegangen‹, d. h. gestorben.

Objekt [lat.] *das, -(e)s/-e,* **1)** Ⓟⓗ der Gegenstand des Erkennens, Denkens und Handelns, meist i. Ggs. zum → Subjekt. **2)** Ⓢ Satzergänzung (ÜBERSICHT Syntax).

Objektcode [-ko:d], ein in die → Maschinensprache umgesetztes Computerprogramm.

objektiv, 1) wirklich vorhanden. **2)** sachlich, unvoreingenommen, unparteiisch: *ein objektives Urteil. Subst. die* **Objektivität,** -.

Objektiv [lat. obicere ›entgegenhalten‹] *das, -s/-e,* Optik: in zusammengesetzten opt. Geräten das dem Objekt zugewandte opt. System zur Erzeugung einer möglichst verzerrungs- und farbfehlerfreien Abbildung (Mikroskop, Fernrohr, Photoapparat); in Projektionsgeräten ist es das Projektionssystem zw. Objekt und Schirm. Über O. mit veränderl. Brennweite → Varioobjektiv. Über weitere photographische O. → Photographie.

objektives Strafverfahren, selbständiges Strafverfahren auf Einziehung, Verfall, Vernichtung oder Unbrauchbarmachung von Gegenständen, die durch eine Straftat hervorgebracht (Falschgeld), zu einer solchen gebraucht oder bestimmt sind (Waffen); z. B. auch Druckschriften strafbaren Inhalts (§§ 73 ff. StGB, 430–442 StPO, 22 ff. Ges. über Ordnungswidrigkeiten).

Objektivierung *die, -,* Vergegenständlichung. In der Erkenntnistheorie das Verfahren, etwas als an sich seienden Gegenstand zu setzen oder auf ein an sich Seiendes zurückzuführen. **Objektivation,** Darstellung eines subjektiven in einem objektiven, vom Subjekt ablösbaren Sein. In den Naturwissenschaften ist O. die Rückführung des im Experiment eingefangenen Wirklichen auf allgemeingültige Naturgesetze. Objektivierbar ist das Wirkliche jedoch nur in der Makrophysik; in der Atomphysik fehlt, wie die Quantentheorie gezeigt hat, diese Objektivierbarkeit; z. B. sind Elementarteilchen nicht mehr unabhängig von den Meßgeräten objektivierbar, da das Experiment, das die Beobachtung ermöglicht, einen notwendigen, verändernden Eingriff in den Zustand des zu untersuchenden Teilchens darstellt. Die mikrophysikal. Aussagen dürfen nur hinsichtlich der Experimente gelten, durch die sie zustande gekommen sind. *ich* **objektiviere** *es,* mache zum Objekt, vergegenständliche.

Objektivismus *der, -,* im marxistisch-leninist. Sprachgebrauch abwertende Bez. für das Streben nach Objektivität, das den Klassen- und Parteicharakter aller gesellschaftl. Ideen und Theorien verschleiere (i. Ggs. zur → Parteilichkeit).

Objektkunst, Bez. für Richtungen der zeitgenöss. Kunst, in denen Gegenstände selbst (in veränderter oder unveränderter Form) ausgestellt werden und nicht wie herkömmlich die künstler. Darstellung der Gegenstände. Zur O. gehören die → Collagen und Objektmontagen der Dadaisten, die → Objets trouvés der Surrealisten, v. a. die → Ready-mades von M. Duchamp, die → Combine-Paintings und → Environments der Pop Art.

Objektmikrometer, auf einem Objektträger angebrachte Meßskala, meist 2 mm lang, in $^1/_{100}$ mm geteilt, dient zum Eichen von Feinmeßokularen und Okularmikrometern an Mikroskopen.

Objektsprache, Ⓢ Sprache, die Gegenstand einer Untersuchung in einer anderen Sprache (**Metasprache**) ist.

Objektsteuer, → Ertragsteuer.

Objektträger, planparallele Glasplatte, trägt das meist mit einem Deckglas geschützte Untersuchungsobjekt in der Mikroskopie.

Objet trouvé [ɔbʒ'ɛ truv'e, frz. ›gefundener Gegenstand‹] *das,* ein aus seinem Zusammenhang gelöster Gegenstand, der durch seinen Aufbewahrungsort einen Ausstellungswert bekommt (→ Kunst).

Oblast [russ. ›Gebiet‹] *die, -/-e,* Verwaltungseinheit der Sowjetrepubliken. **Autonome Oblaste,** autonome Gebiete der kleineren Völker der UdSSR.

Oblate [lat. oblatus ›der Dargebrachte‹] *die, -/-n,* **1)** dünne, aus Mehl und Wasser gebackene Scheibe als Abendmahlsbrot. **2)** waffelartiges Gebäck, Gebäckunterlage. *die* **Oblation,** *-/-en,* röm. Liturgie: die für die Eucharistiefeier bestimmten Gaben (Brot und Wein); Spende der Gläubigen.

Oblaten [zu Oblate], *Sg. der* **Oblate,** *-n,* **1)** im MA.: dem Kloster übergebene Kinder; durch das Tridentin. Konzil verboten. **2)** Erwachsene, die nach Art der Tertiarier sich einem kath. Orden anschließen (jetzt nur O. des Benediktinerordens). **3)** Mitgl. einer Klostergenossenschaft, die den Ausdruck O. im Namen führt. In Dtl. sind unter anderem tätig: die **Missionare O. der Allerheiligsten und Unbefleckten Jungfrau Maria** (lat. **Congregatio Oblatorum Missionariorum B. M. V. Immaculatae,** Abk. **OMI),** eine 1816 gegr. Kongregation für Volks- und äußere Mission, Sitz: Rom; die **O. des hl. Franz von Sales** (lat. **Institutum Oblatorum Sancti Francisci Salesii,** Abk. **OSFS),** eine 1871 gegr. Kongregation für Erziehung, Seelsorge und Mission, Sitz: Rom.

Obliegenheit [zu ob ›über‹] *die, -/-en,* Pflicht, Verrichtung: *das gehört zu meinen Obliegenheiten. es* **obliegt** (oblag, hat obgelegen) *mir,* auch: liegt mir ob, ist meine Aufgabe.

obligat [zu lat. obligare ›binden‹], **1)** verbindlich, unerläßlich. **2)** ♪ **obligate Stimme,** Stimme, die nicht wegbleiben darf, z. B. eine Instrumentalstimme, die mit der Gesangsstimme konzertiert (obligate Violine u. a.). Ggs.: Stimme ad libitum (die nach Belieben ausgeführt oder weggelassen werden kann).

Obligation [lat.] *die, -/-en,* **1)** ⚖ Haftung, das Einstehen einer Person für ein Schuldverhältnis, auch das Schuldverhältnis selbst. **2)** die → Schuldverschreibung.

Obligationenrecht, das → Schuldrecht. Über das schweizer. O. → Zivilgesetzbuch.

obligatorisch [lat.], vorgeschrieben, verbindlich (z. B. Unterricht). Ggs.: fakultativ. **Obligatorischer Vertrag,** schuldrechtlicher → Vertrag.

Obligo [ital.] *das, -s/-s,* Verbindlichkeit, Verpflichtung, z. B. Wechselobligo. **ohne O.,** Abk. **o. O., frei von O., ohne Gewähr,** die Haftung ausschließender Vermerk auf Wechseln (›Angstklausel‹).

oblique [-l'i:k, frz.], ♧ abhängig. **obliquer Kasus (casus obliquus),** im Ggs. zum **casus rectus** (Nominativ) jeder andere Fall im Deklinationsparadigma, der kein grammat. Subjekt ergibt. *Subst. die* **Obliquität,** -.

oblong [lat.], ♧ länglich; rechteckig.

Obmann, Vorsitzender, Präsident; Schiedsrichter.

Oboe, Hoboe *die, -/-n,* frz. **Hautbois** [o:bw'a, ›hohes Holz‹], **1)** Holzblasinstrument mit doppeltem Rohrblatt als Mundstück, engem, konischem Rohr und schwach becherförmigem Schallstück und Klappen, mit etwas näselndem Klang, von ländlich-heiterem, zugleich herbem Charakter (BILD Blasinstrumente). Außer der eigtl. (Sopran-)O. gibt es noch: die **Liebes-O. (O. d'amore),** die **Alt-O. (O. da caccia** [-k'attʃa], → Englischhorn). Eine O. in Baritonlage, das → Heckelphon, hat sich nicht durchsetzen können. Die Grundgestalt der O. war schon den alten Ägyptern bekannt, den alten Griechen als → Aulos. Aus der von Arabern vermittelten Form entwickelten sich in Dtl. Schalmei und Bomhart, in Frankreich im 17./18. Jh. die eigtl. O. **2)** Orgel: eine Zungenstimme. *der* **Oboist,** *-en/-en,* Spieler der O.

Oboedienz [lat.], **Obedienz** *die, -/-en,* kath. Kirchenrecht: der kanon. und der klösterliche Gehorsam.

Obolos [grch.] *der, -/...b'olen,* altgrch. Gewicht und Münze (als Münze = $^1/_6$ Drachme). *der* **Obolus,** *-/-* oder *-se,* Ü kleine Geldspende, kleiner Betrag. (BILD S. 55)

Obote, Apollo Milton, ugand. Politiker, * Akokoro (N-Uganda) 1925, zum Lehrer ausgebildet, seit 1960 Vors. des ›Uganda People's Congress‹ (UPC), 1962–66 MinPräs., 1966–71 Staatspräs. (durch einen Militärputsch abgesetzt). Nach dem von ihm mit betriebenen Sturz I. Amin Dadas (1979) kehrte er 1980 aus seinem tansan. Exil nach Uganda zurück und wurde Staatspräs.

Obotriten, die → Abodriten.

Obra *die,* teilweise kanalisierter linker Nebenfluß der Warthe, entspringt im W der früheren Prov. Posen, durchfließt den Obrabruch, mündet bei Schwerin (Warthe).

Obradović [-vitsj], Dositej, eigtl. Dimitrije **O.,** serb. Schriftst., * Čakovo (Banat) 1739 (1740?), † Belgrad 28. 3. 1811, urspr. Mönch, Hauptvertreter der serb. Aufklärung. Seine ›Auto-

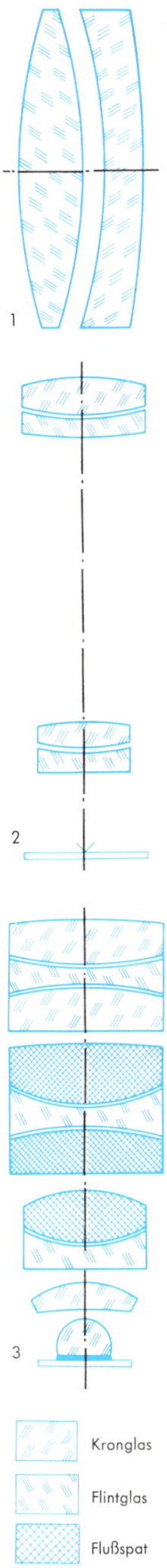

Objektiv

Objektiv: 1 Fernrohr-Objektiv vom Fraunhoferschen Typ. **2** Mikroskop-Objektiv aus zwei Gliedern für mittlere Vergrößerung (etwa 150fach). **3** Starkes Mikroskop-Objektiv, apochromatische Öl-Immersion, für starke Vergrößerungen (etwa 1000fach). Drei Linsen sind zur besseren Farbwiedergabe aus Flußspat hergestellt

Obst: Steinobst (Kultursorten); **1–5** Süßkirschen, **1** Blüte der Süßkirsche, **2** Büttners Rote Knorpelkirsche, **3** Kassins Frühe, **4** Hedelfinger, **5** Teickners Schwarze Herzkirsche. **6–8** Sauerkirschen, **6** Schattenmorelle, **7** und **8** Ludwigs Frühe. **9–14** Pflaumen, **9** Blüte der Hauszwetschge, **10** Hauszwetschge, **11** Ital. Zwetschge, **12** Mirabelle von Nancy, **13** Graf Althanns Reneklode, **14** Große Grüne Reneklode. **15, 18–20** und **23** Pfirsiche, **15** Nektarine, **18** Kernechter vom Vorgebirge, **19** Anneliese Rudolf, **20** Pfirsichblüte, **23** Red Haven. **16, 17, 21** und **22** Aprikosen, **16** Aprikosenblüte, **17** Ungarische Beste, **21** Aprikose von Nancy, **22** Wahre Große Frühaprikose

biographie‹ (1783/89) ist das erste literar. Werk der neuen serb. Literatur. Er war der erste serb. Unterrichtsminister.

Obraszọw, Sergej Wladimirowitsch, * Moskau 5. 7. 1901, seit 1931 Leiter des Puppentheater-Zentralinstituts der UdSSR in Moskau, erweiterte Spielmöglichkeiten und Thematik des Puppentheaters, wobei er v. a. das Stabfigurenspiel weiterentwickelte.

Obrecht ['o:brɛxt], auch **Họbrecht,** Jacob, niederländ. Komponist, * Bergen-op-Zoom (?) 1450 oder 1451, † Ferrara 1505, wirkte als Kapellmeister u. a. in Cambrai, Antwerpen und Ferrara. O. ist einer der Hauptmeister der niederländ. Musik vor und um 1500; mehrstimmige Messen, Motetten und Chansons im durchimitierenden Stil (→ Nachahmung).

Obrẹnović [-vitsj], serb. Dynastie, deren Stammvater Miloš Obrenović den Beinamen O. von seinem Stiefbruder Milan übernahm. Sie regierte in Serbien 1815/17–42 und 1858–1903, ausgestorben mit → Alexander 8).

O'Brien [əʊbr'aɪən], **1)** Edna, anglo-irische Schriftstellerin, * Galway 15. 12. 1932, stellt emotionale und gesellschaftl. Probleme moderner Frauen dar.

HW: Die Fünfzehnjährigen (1960); Das Mädchen mit den grünen Augen (1962); Mädchen im Eheglück (1964); Ich kannte ihn kaum (1977); Mrs. Reinhard träumt von No. 10 (1978).

2) Kate, anglo-irische Schriftstellerin, * Limerick 3. 12. 1897, † Faversham (Kent) 13. 8. 1974; Gesellschaftsromane, im Katholizismus verwurzelt, als psycholog. Charakterstudien: ›Das Haus am Fluß‹ (1931), ›Jene Dame‹ (1946); Essays.

Ọbrigheim, Gem. im Neckar-Odenwald-Kr., Bad.-Württ., (1983) 5 100 Ew.; Kernkraftwerk, versch. Industrien.

Ọbrigkeit *die, -/-en,* die Träger der staatl. Gewalt; im christl. Sinn (nach Röm. 13, 1–7) die von Gott geordnete staatl. Gewalt, später die in diesem Sinn gerechtfertigte Ordnung des säkularen Ständestaates, die wesentlich durch ihre Pflicht gegenüber dem Untertanen gebunden ist; dann in patriarchal. Sinn verklärt (Gottesgnadentum der Monarchie). Heute ist dieser Begriff Teil der Problematik des Verhältnisses von Bürger und Staat. *Adj.* **ọbrigkeitlich.**

Ọbrigkeits|staat, autoritär regierter Staat. Der Begriff wurde um 1900 von den Gegnern des monarchisch-autoritären und bürokratischen Staates geprägt.

Obrịst *der, -en/-en,* Oberst.

Observạble [lat.] *die, -n/-n,* in der Quantentheorie eine meßbare Größe, z. B. Energie, Impuls, Spin oder Ladung, an einem Atom oder sonstigen mikrophysikalischen Gebilde.

Observạnz [lat. observare ›beobachten‹] *die, -/-en,* **1)** öffentl. → Gewohnheitsrecht von örtlich begrenzter Geltung, oft als **Herkommen** bezeichnet. **2)** Kirchenrecht: kirchliche Abgaben; auch üblich für Klosterbräuche. *der* **Observạnt,** *-en/-en,* Vertreter einer strengeren Richtung, z. B. im Mönchsleben. *die* **Observatiọn,** *-/-en,* (wissenschaftl.) Beobachtung, Erfahrung.

Observatọrium [lat.] *das, -s/...ri|en,* Beobachtungsstation für astronom. (→ Sternwarten), geophysikal. oder meteorolog. Vorgänge.

Observer, The Observer [ðɪ ɔbz'ə:və], Londoner Sonntagsblatt gemäßigt konservativer Richtung, gegründet 1791.

Obsessiọn [lat. obsidere ›belagern‹, ›bedrängen‹] *die, -/-en,* mit Angsterlebnissen verbundene Zwangsvorstellungen oder -handlungen bei neurotischen, depressiven u. a. Erkrankungen.

Obsidiạn [lat.] *der, -s/-e,* vulkan. Gesteinsglas mit Gasresten und weniger als 3% Wasser, entstanden aus rasch erstarrten, siliciumreichen Laven, schwarz, dunkelgrau bis dunkelbraun, oft zus. mit Bimsstein, Liparit u. a.; in der Jungsteinzeit vielfach zu Klingen, Schabern, Pfeilspitzen u. a. verarbeitet.

obskụr [lat.], **1)** dunkel, unklar, verdächtig. **2)** unbekannt.

obsolẹt [lat.], veraltet, unüblich geworden.

Obst [ahd. obaz, eigtl. ›Zukost‹, zu ob ›über‹ und az ›Nahrung‹] *das, -es,* eßbare Früchte oder Samen mehrjähriger, meist holziger Gewächse: Kernobst, Steinfrüchte, Schalenobst, Beerenobst; die eßbaren Früchte trop. und subtrop. Holzgewächse sind Südfrüchte. O. wird in Kultursorten **(Cultivars** [k'ʌltɪvɑ:z, engl.]) angebaut und kaum noch von Wildformen gesammelt (Waldheidelbeeren, Preiselbeeren, Himbeeren). Der gesundheitl. Wert des O. liegt in seinem Gehalt an Mineralstoffen, Vitaminen, Pektinen, Fruchtsäuren, Estern und Fruchtzuckern; der Gehalt an Eiweiß und Fett ist unbedeutend – nur Nüsse und Bananen haben hohe Joule-(Kalorien-)Werte –, an Wasser meist hoch. Bes. reich an Vitamin C sind außer den Citrusfrüchten Schwarze Johannisbeeren, Erdbeeren und bes. Kiwifrüchte.

Verwertung. Aus O. werden in Haushalt und Industrie Dauerwaren (Konserven), Wein, Branntwein, Saft u. a. hergestellt. Zu den Konserven gehören auch Trockenobst und Dörrobst. Kompottfrüchte werden in Zuckerlösung eingelegt und sterilisiert, Rumfrüchte in gezuckerten Rum, Essigfrüchte in gewürzten Essig, kandierte Früchte in Trockenzucker eingelegt. Tiefkühlkonserven lagern bei –14 bis –20 °C und behalten nach langsamem Auftauen Farbe und Aroma. Obstsirupe enthalten 65–68% Zucker.

Weitere Obsterzeugnisse sind Konfitüre, Marmelade, Mus, Gelee, Apfelkraut, → Obstsaft, → Obstweine. (Weitere BILDER S. 60)

Obstbau. Obstpflanzen werden entweder gewerbsmäßig oder für den Eigenbau (Selbstversorger- und Liebhaber-O.) angebaut. Der **Erwerbs-O. (Markt-O.)** kann in landwirtschaftl. oder gärtnerischen Unternehmen betrieben werden. – Die Anzucht geschieht in Baumschulen. Diese veredeln (→ Veredelung) die Obstarten auf versch. → Obstunterlagen. Durch Schnitt entstehen daraus versch. Baumformen (→ Baum). Der moderne O. ist auf kleine Baumformen (arbeitssparend), frühe Erträge und eine große Zahl Bäume je ha (Dichtpflanzung) eingestellt. In intensiven Betrieben hat sich die Obsthecke, eine Form des früheren Spaliers, bewährt. – Obstanlagen sind geschlossene Pflanzungen von Obstbäumen oder -sträuchern, oft eingezäunt und in regelmäßigen Pflanzabständen (Obstplantage). Die Abstände schwanken je nach Wuchsstärke. – Beim Obstbaumschnitt unterscheidet man: Erziehungsschnitt (fördert im Jugendstadium den Aufbau eines lockeren, kräftigen Astgerüstes), Instandhaltungsschnitt (dient der Erhaltung des physiolog. Gleichgewichts zw. Trieb und Ertrag), Fruchtholzschnitt (fördert die Bildung von Fruchtholz) und Verjüngungsschnitt (→ Verjüngung). – Für die Pflanzung sind die Monate Oktober, November, März und April am besten. Bei frostfreien Böden kann während der ganzen Ruheperiode gepflanzt werden. Die Baumscheibe um den Stamm herum soll mit verrottetem Material (Laub, Stroh, Mist) abgedeckt werden.

Die Bodenpflege beschränkt sich auf die Unterdrückung des Unkrauts, v. a. in Stammnähe. Die Aussaat von Hülsenfrüchtern oder das Mulchen (→ Mulch) fördern die Humusbildung. Die Düngung mit Mineralstoffen richtet sich nach dem Bedarf, der an der Trieblänge, Blattgröße und -farbe sowie an der Ertragsmenge abzulesen ist. Regelmäßige Kalkdüngung ist bes. auf sauren Böden nötig. – Die Bewässerung wird meist nur in Trockengebieten vorgenommen, in Europa bes. durch Beregnung (→ Bewässerung). Die Anlagen können als Frostschutz-Beregnung und zur Ausbringung von Blattdüngern, auch zur Schädlingsbekämpfung (→ Gartenschädlinge), verwendet werden.

Geerntet wird vorwiegend von Hand; eine mechan. Ernte ist bisher nur bei Industrieobst möglich. Tafelobst bedarf einer sorgfältigen Behandlung, damit Druckstellen und Verletzungen vermieden werden. Für die Erhaltung der Qualität bei Lagerobst ist die Ernte zum optimalen Pflücktermin wichtig. – Vor dem Verkauf wird das Obst maschinell sortiert und lose oder abgepackt angeboten.

Die wichtigsten O.-Schwerpunkte in der Bundesrep. Dtl.: Niederelbe, Südoldenburg, Kempen/Krefeld, Meckenheim bei Bonn, Rhein-Main-Gebiet, Vordertaunus, Pfalz, mittlerer Neckar und Bodenseegebiet. Spezialkulturen im Raum Koblenz und bei Witzenhausen (Süßkirschen), Mainz-Mombach (Aprikosen, helle Sauerkirschen), Vordertaunus (Mirabellen), Volkach/Main (Spät-Zwetschgen), Bühl in Baden (Früh-Zwetschgen). Dt. Dem. Rep.: Havelgebiet bei Werder und Thüringen (Süßkirschen), Magdeburger Börde (Äpfel, Birnen), bei Dresden (Kern- und Steinobst); in Österreich: Steiermark (Äpfel), Wachau (Aprikosen), Niederösterreich und Burgenland (Kern- und Steinobst); in der Schweiz: Berner Unterland (Äpfel), Thurgau (Kirschen), Wallis (Aprikosen), Tessin (Pfirsiche).

Die Welternte betrug 1982 (in Mio. t): 301,9 (geschätzt), davon Äpfel 39,3, Birnen 8,9, Apfelsinen 43,2, Zitronen 5,2, Trauben 71,6. In Europa sind Italien, Spanien und Frankreich führende Produzentenländer. In der Bundesrep. Dtl. lag der Pro-Kopf-Verbrauch für Frischobst 1982/83 bei 94,2 kg, für Zitrusfrüchte bei 27,0 kg.

Obstetrik [lat.] *die, -,* die → Geburtshilfe.

obstinat [lat.], starrköpfig, widerspenstig.

Obstipation [lat.] *die, -/-en,* $ die → Verstopfung.

Obstkur, mit Obst oder Obstsäften durchgeführte Form der Ernährungstherapie, z. B. die Meraner Traubenkur.

Obstmaden, Raupen von Schmetterlingen (v. a. von Obstwicklern, → Wickler), die in Kern- und Steinobstfrüchten leben; bes. schädlich sind die Raupe des Apfelwicklers und die Raupe des Pflaumenwicklers (Pflaumenmade). BILD Schädlinge und BILDER S. 61.

Obstruktion [lat. obstruere ›entgegenbauen‹] *die, -/-en,* gezielter Widerstand, mit dem unerwünschte Maßnahmen durchkreuzt werden sollen; i. e. S. der Versuch einer Minderheit, v. a. in der Volksvertretung, die Beschlüsse der Mehrheit zu verhindern, z. B. durch Dauerreden, fortgesetzte Anträge auf zeitraubende Abstimmungen (→ Filibuster). *Vb. ich* **obstruiere** *es.*

Obstsaft, Fruchtsaft, unverdünnter, unkonservierter Saft oder durch Zusatz des bei der Konzentration entzogenen Wassers aus Fruchtsaftkonzentrat wiederhergestellter Saft mit allen charakterist. Eigenschaften des frischen Fruchtsafts.

Obst|unterlagen, Obstgehölze, die mit fruchttragenden Sorten veredelt werden. Auf Sämlingsunterlage veredelte Bäume wachsen stark, beginnen spät mit dem Ertrag, sind langlebig. Man nimmt daher vegetativ vermehrte Unterlagen.

Obst: Kernobst (Kultursorten); **1–6** und **8** Äpfel, **1** Golden Delicious, **2** Gravensteiner, **3** Apfelblüte, **4** Jonathan, **5** Cox Orange, **6** Roter Boskoop, **8** Goldparmäne. **7** und **9–14** Birnen, **7** Bos's Flaschenbirne, **9** Birnenblüte, **10** Williams Christ, **11** Alexander Lukas, **12** Conference, **13** Gute Luise, **14** Vereinsdechant. **15–18** Quitten, **15** Portugiesische Quitte, **16** Apfelquitte, **17** Quittenblüte, **18** Riesenquitte

Obst

Obstweine, weinähnl. Getränke aus Kern-, Stein- oder Beerenobst, die den Bestimmungen des Weingesetzes und den vom Zentralverband der Süßmost- und Obstgetränkeindustrie herausgegebenen Normativbestimmungen unterliegen. O. sind mit den Namen der Früchte zu kennzeichnen, aus denen sie bereitet sind. Das Wort ›Wein‹ ist nur als Teil eines zusammengesetzten Namens zulässig (z. B. Birnenwein). Der in S-Dtl. als Haustrunk verwendete Most ist ein unter Wasserzusatz gewonnener alkoholarmer O.

obszön [lat.], unanständig, anstößig, schamlos. *Subst. die* **Obszönität,** *-/-en.*

Obus, Abk. für →**O**berleitungs-Omni**bus.**

Obwalden, amtl. **Unterwalden ob dem Wald,** Halbkanton der Schweiz, 491 km², (1983) 26 700 Ew., umfaßt das Gebiet der Sarner Aa mit den Hochtälern von Lungern und Engelberg. Hauptort: Sarnen. Die größtenteils deutschsprachige Bevölkerung ist überwiegend katholisch. Almwirtschaft und Viehzucht; Holz-, Nahrungsmittel-, Baustoffind., Kraftwerke; Fremdenverkehr. Geschichte, →Unterwalden. (BILD S. 61)

OC, OCC, Abk. für **Ordo Carmelitarum, Ordo Carmelitarum Calceatorum,** die Beschuhten Karmeliter.

OCAM, Abk. für →**O**rganisation **C**ommune **A**fricaine et **M**auricienne.

OCart(h), Abk. für **Ordo Cart(h)usiensis,** →Kartäuser.

O'Casey [əʊk'eɪsɪ], Sean, irischer Dramatiker, * Dublin 31. 3. 1884, † Torquay (England) 18. 9. 1964, war zeitweise Bau- und Bahnarbeiter, schloß sich früh der irischen Nationalbewegung an. O'C. gilt als bedeutendster irischer Dramatiker seit J. M. Synge. Seine frühen Stücke üben soziale Kritik, die späteren sind expressionist. Versuche eines am sozialen Gewissen der Zeit zweifelnden Dichters. O'C.s Dramatik verbindet das Derb-Realistische mit Sinnbildhaftem, Komik und Humor mit tragischer Ironie. (BILD S. 61)

HW: *Dramen:* Der Rebell, der keiner war (1923); Juno und der Pfau (1924); Der Preispokal (1928); Rote Rosen für mich (1942); Kikeriki (1949); Des Bischofs Freudenfeuer (1955). *Autobiographisches:* Ich klopfe an (1939); Bilder in der Vorhalle (1942); Trommeln unter den Fenstern (1945); Irland, leb wohl! (1949); Dämmerung und Abendstern (1954).

Occam ['ɔkəm], Wilhelm von, →Ockham.

Occidental Petroleum Corp. [ɔksɪd'entl pɪtr'əʊljəm-], Los Angeles, Konzern der amerikan. Mineralöl- und chem. Ind., Kohleproduzent; gegr. 1920.

OCD, Abk. für **Ordo Carmelitarum Discalceatorum,** die Unbeschuhten Karmeliter.

Oceanus, lat. für →Okeanos.

Ochab, Edward, poln. Politiker (Kommunist), * Krakau 16. 8. 1906, 1943 Mitgr. des ›Verbandes der Poln. Patrioten‹, 1954–58 Mitgl. des Politbüros der ›Poln. Verein. Arbeiterpartei‹ (poln. Abk. PZPR), 1956 deren Erster Sekretär; 1964–68 Vors. des Staatsrats (Staatspräs.).

Ochlokratie [grch.] *die, -/...t'i|en,* die Massen- oder Pöbelherrschaft als entartete Form der Demokratie.

Ochoa [engl. əʊtʃ'əʊə; span. otʃo'a], Severo, span.-amerikan. Biochemiker, * Luarca (Spanien) 24. 9. 1905, synthetisierte die Ribonucleinsäure und arbeitete über die Rolle der Enzyme bei biolog. Oxidationsvorgängen; Nobelpreis für Physiologie und Medizin 1959 (mit A. Kornberg).

Ochotskisches Meer, Randmeer des Pazif. Ozeans, zw. dem asiat. Festland, Kamtschatka und den Kurilen, 1,39 Mio. km² groß, bis 3372 m tief; der größte Teil ist 7 Monate im Jahr mit Treibeis bedeckt. Der Fischreichtum wird von der UdSSR intensiv genutzt. Haupthäfen: Magadan, Korsakow.

Ochrana [russ. ›Schutz‹] *die, -,* seit 1881 die polit. Geheimpolizei im zaristischen Rußland.

Ochs, Peter, schweizer. Politiker, * Nantes 20. 8. 1752, † Basel 19. 6. 1821, entwarf als Anhänger der Ideen der Frz. Revolution die Verfassung für einen helvet. Einheitsstaat; rief am 12. 4. 1798 die Helvetische Republik aus.

Ochse [ahd. ohso] *der, -n/-n,* **1)** das kastrierte männl. Rind. **2)** U Schimpfwort: Dummkopf. *ich* **ochse,** U lerne angestrengt, arbeite verbissen.

Ochsen|auge, 1) 🏛 kreisrunde oder ovale Fensteröffnung. **2)** U Spiegelei. **3)** ⊕ **Buphthalmum,** gelbblütige, staudige Korbblüter-Gatt.; in Mitteleuropa z. B. das weidenblättrige **Rindsauge (Buphthalmum salicifolium)** und das großblumige O., die **Telek|i|e (Telekia speciosa),** eine aus SO-Europa stammende Zierpflanze, verwildert bisweilen. **4)** ein →Augenfalter.

Obst: Beerenobst (Kultursorten); **1** und **2** Himbeeren, **1** Malling Promise, **2** Längsschnitt einer Himbeere. **3-6** Erdbeeren, **3** Längsschnitt einer Erdbeere, **4** Blatt und Blüte der Erdbeere, **5** Senga Sengana, **6** Gorella. **7** Brombeere Theodor Reimers. **8** Stachelbeere Gelbe Triumph. **9** und **10** Johannisbeeren, **9** Rote Spätlese, **10** Silvergieters Schwarze. **11** Garten-Heidelbeere

Ochsenfurt, Stadt im Kr. Würzburg, Bayern, (1983) 11 300 Ew., am Main; Zuckerfabrik, phototechn., Plastik-, Stein-, Holz- u. a. Ind.; Stadtmauer (spätes 14. Jh.), altes Rathaus (15. Jh.), neues Rathaus mit Spieluhr (1481–96), Pfarrkirche (13./14. Jh.).

Ochsenknie, knieenge Stellung der Vorderbeine bei Pferden.

Ochsenkopf, Berg im Fichtelgebirge, 1 023 m, mit Fernseh- und UKW-Sendeturm. (BILD Fichtelgebirge)

Ochsenziemer *der, -s/-,* Glied (Penis) des Rindes, getrocknet als Stock oder als Peitsche benutzt.

Ochsenzunge [nach der Blattform], **Anchusa,** Gatt. der Boretschgewächse, rauhhaarige Kräuter, z. B. die ost- und mitteleurop. karmin- bis blauviolettblütige **O. (Hundszunge, Blutwurzel, Anchusa officinalis)** und aus dem Mittelmeergebiet die azurblaublütige **Italische O. (Anchusa italica).** BILD S. 62.

Öchsle [n. dem Goldschmied F. Öchsle, * 1774, † 1852] *das, -s/-,* **Öchslegrad,** die Maßeinheit für das spezif. Gewicht des Mostes, das mit der Güte (Zuckergehalt) zunimmt.

Ochtrup, Stadt im Kr. Steinfurt, NRW, (1983) 16 600 Ew.; Textil- und feinmechnische Industrie, Töpfereien.

OCist, Abk. für **Ordo Cisterciensis,** →Zisterzienser.

Ockeghem, Okeghem ['ɔkəxəm], Johannes, niederländ. Komponist, * wahrscheinlich Dendermonde (Flandern) um 1425, † Tours um 1495, der Hauptmeister der niederländ. Musik zw. G. Dufay und Josquin des Prez, erweiterte mit seinen weitgespannten, freien melod. Linien die Ausdruckskraft der franko-niederländ. Polyphonie; Messen, Motetten, Chansons, Kanons.

Ocker [grch.] *der* oder *das, -s/-,* ein mit Ton vermischtes Eisenoxidhydrat; als natürl. Erdpigment von blaß- bis goldgelbem (bräunl.) Farbton; wird durch Erhitzen rot (›gebrannte Siena‹).

In der jüngeren Altsteinzeit wurde O. für die Felsmalerei (→Felsbilder) verwendet. Seit dieser Zeit wurden auch Tote auf eine O.-Schicht gebettet oder mit O. bestreut **(O.-Gräber).**

Ockham, Occam ['ɔkəm], Wilhelm von, scholast. Theologe und Philosoph, * Ockham bei London um 1285, † München 9. 4. zw. 1347 und 1350, Franziskaner, lehrte in Oxford. 1324 wurde er der Irrlehre angeklagt und vor den päpstl. Gerichtshof in Avignon geladen. 1328 entfloh er von dort zu Ludwig dem Bayern nach München und unterstützte diesen in seinem Kampf gegen das Papsttum. O. ist der Begründer des spätmittelalterl. →Nominalismus und Vertreter eines eth. Positivismus, nach dem Wirklichkeit und Sittengesetz freie Setzungen des göttl. Willens sind. Die Entwicklung der Logik hat O. bedeutend gefördert.

O'Connell [əʊk'ɔnl], Daniel, irischer Politiker, * bei Cahirciveen (Gfsch. Kerry) 6. 8. 1775, † Genua 15. 5. 1847, Führer der kath. Iren, suchte vergeblich, die Vereinigung Irlands mit Großbritannien aufzuheben.

O'Connor [əʊk'ɔnə], Frank, eigtl. Michael **O'Donovan** [əʊd'ɔnəvən], irischer Schriftst., * Cork 17. 9. 1903, † Dublin 10. 3. 1966, hatte bes. Erfolg mit seinen Kurzgeschichten (dt. Sammlungen: ›Und freitags Fisch‹, 1958; ›Die lange Straße nach Ummera‹, 1959; ›Bitterer Whisky‹, 1962); außerdem Romane (›Die Reise nach Dublin‹, 1932), Schauspiele und Gedichte.

OCR, OCSO, Abk. für **Ordo Cisterciensium Reformatorum seu Strictoris Observantiae,** die →Trappisten.

OCR, Abk. für engl. **Optical Character Recognition** ['ɔptɪkəl k'ærəktə rekəgn'ɪʃn], die opt. →Zeichenerkennung. OCR-Schrift und -Ziffern haben besondere, dem Zeichenleser angepaßte Formen.

Octan [lat.] *das, -s, -e,* aliphat. Kohlenwasserstoff der allg. Zusammensetzung $CH_3(CH_2)_6CH_3$. Vorkommen in Erdöl und Benzin.

Octanole *Pl.,* **Octyl|alkohole, Capryl|alkohole.** ⚗ Die unverzweigten O. sind farblose, angenehm riechende Flüssigkeiten, nicht oder wenig wasserlöslich und werden u. a. in der Parfümerie, als Lösungsmittel und als Weichmacher benutzt.

Octans [lat.], ☆ das Sternbild →Oktant.

Octanzahlen, →Oktanzahlen.

Octavia, 1) Schwester des Kaisers Augustus, * um 70 v. Chr., † 11 v. Chr., heiratete 40 v. Chr. Marcus →Antonius, der sich nach seiner Vermählung mit Kleopatra 32 v. Chr. von ihr trennte. (BILD S. 62)

2) Gemahlin des Kaisers Nero (seit 53 n. Chr.), Tochter des Kaisers Claudius und der Messalina, * um 40, † 9. 6. 62, wurde von Nero verbannt und bald danach umgebracht.

Octavianus, Oktavian, →Augustus.

Octene [grch.] *Pl.,* in Wasser unlösl. organ. Verbindungen; zur Oxosynthese und Herstellung von Weichmachern und oberflächenaktiven Substanzen.

Octopoda, Oktopoden *Pl.,* die →Kraken.

Oculi [lat. ›die Augen‹], Anfangswort von Ps. 25/24, 15 f.; in der Kath. Kirche der 3. Fastensonntag; entspricht in den evang. Kirchen dem 4. Sonntag vor Ostern.

Ocytocin, Oxytocin *das, -s,* →Neurohormone.

Odal ['u:da:l, schwed.] *das, -s/-e,* im älteren skandinav. Recht das Stammgut des edlen Geschlechts.

Odalịske [türk.] *die, -/-n,* früher weiße Haremssklavin; heute türk. Berufstänzerin.

Oda Nobunaga, japan. Feldherr und Staatsmann, * 1534, † (Selbstmord) Kioto 1582, versuchte als erster, Japan zu einigen.

Odd Fellows [ˈɔdfeləuz] *Pl.,* **Independent Order of O. F.** [ɪndɪpˈendənt ˈɔ:də ɔv-, engl. ›Unabhängiger Orden der überzähligen Gesellen‹], eine nach 1800 entstandene und zunächst bes. in Großbritannien und den USA, nach 1900 auch in Europa verbreitete ordensähnliche Gesellschaft, die Verfassung und Bräuche der Freimaurerei entlehnt hat.

Ọddi, Silvio, Kardinal (seit 1969), * Morfasso 14. 11. 1910, seit 1979 Präfekt der Kurienkongregation für den Klerus.

Odds [engl. ›Unterschied‹, ›Vorteil‹] *Pl.,* **1)** Pferdewetten: vom Buchmacher bestimmtes Verhältnis des Einsatzes zum Gewinn. **2)** ⚡ Vorgabe, v. a. beim Turf.

Ọde [grch.] *die, -/-n,* im Griechischen der Trauergesang und das Jubel- und Preislied, weiterhin jedes lyr. Gedicht; im Lateinischen das lyr. Gedicht, das durch Horaz seinen Höhepunkt erreichte. In der neueren Literatur wechselt die Begriffsbestimmung. Die Bezeichnungen Hymne und O. gehen oft ineinander über, doch ist i. a. die Form der O. ruhiger und auch im Pathos gebändigter als die der Hymne. O. schrieben in Dtl. G. R. Weckherlin, M. Opitz, F. G. Klopstock, F. Hölderlin, A. v. Platen u. a., in neuerer Zeit R. A. Schröder, J. Weinheber.

ọde, öd [ahd. odi], **1)** wüst, leer, einsam: *öd und leer.* **2)** Ü eintönig, geistlos: *ein ödes Buch.* **3)** *schweizer.:* verschüchtert. **4)** *schweizer.:* frech, leichtfertig, boshaft. *ich* **ọde** *es, oberdt.:* **1)** veröde. **2)** rode. *ich* **ọde** *ihn* **an,** U langweile: *das ödet mich an. die* **Ọde,** *-/-n,* **1)** Einöde, Wüstenei. **2)** Ü innere Leere, Eintönigkeit.

Ọdem [Nebenform von Atem] *der, -s,* P Atem.

Ödẹm [grch.] *das, -s/-e,* die → Wassersucht.

OdeM, Abk. für **Ọrdo Beạtae Marịae de Mercẹde redemptiọnis captivọrum,** die → Mercedarier.

Ọdenburg, ungar. **Sopron** [ʃˈopron], Stadt in W-Ungarn, (1982) 54 900 Ew.; Hochschule für Forst- und Holzwirtschaft, Forschungsinstitute; Textil-, Maschinen-, Holzindustrie. - Ö. ist eine der ältesten Städte Ungarns. Bis zum 1. Weltkrieg hatte es eine mehrheitlich deutschsprechende Bev. (→ Burgenland)

Odense [ˈo:ðənsə], Hptst. der Insel Fünen, Dänemark, (1981) 169 200 Ew., an der Odenseå, durch einen Kanal mit dem O.-Fjord am Großen Belt verbunden; Univ. (seit 1964), Freilichtmuseum, H. C. Andersens Geburtshaus u. a. Museen. O. ist nach Kopenhagen der bedeutendste Industriestandort mit Werft-, Eisen-, Stahl- und elektrotechn. Ind., gefolgt von Nahrungsmittel-, Kunststoff-, Holz- und Textilind. - St. Knuds Kirke (um 1100), Vor Frue Kirke (1180) und St. Hans Kirke. - O. wurde 987 erstmals erwähnt und kurz danach Bischofssitz.

Ọdenthal, Gem. im Rheinisch-Berg. Kr., NRW, (1983) 12 500 Ew.; im Ortsteil → Altenberg ehem. Zisterzienserkloster.

Ọdenwald, Mittelgebirge zw. Kraichgau und Main, ein Teil des Süddt. Schichtstufenlandes. Der **Vordere** oder **Kristalline O.,** der an der → Bergstraße gegen die Rheinebene abfällt, weist zahlreiche Kuppen und Rücken auf (Neunkircher Höhe, 605 m) und ist zu etwa einem Drittel mit Wald (meist Laubmischwald) bedeckt. Die Hochfläche des **Hinteren** oder **Buntsandstein-O.** trägt hauptsächlich Nadelwald und wenig ertragreiches Ackerland. Höchste Erhebung ist der Katzenbuckel (626 m). Südlich vom Durchbruchstal des Neckars liegt der **Kleine O.,** im Königstuhl 568 m hoch. Hauptflüsse sind Neckar, Gersprenz, Mümling. Wichtige Wirtschaftszweige sind neben Land- und Forstwirtschaft Steinbrüche und Steinindustrie. Der **Naturpark Bergstraße-O.** umfaßt den größten Teil des Gebirges.

Ọdenwaldkreis, Landkr. im RegBez. Darmstadt, Hessen, 624 km², (1983) 85 800 Ew.; Krst.: Erbach.

Ọdenwaldschule, Heimschule für Jungen und Mädchen in Oberhambach (Bergstraße), seit 1945 zur Gesamtschule ausgebaut. Die O. ist eine UNESCO-Modellschule.

Odẹon [grch. odeion], **Odẹum** [lat.] *das, -s/... d'e|en,* **1)** im Altertum Gebäude für musikal. und deklamator. Aufführungen; erhalten sind das O. des Herodes Atticus in Athen, ferner das Kleine Theater in Pompeji. **2)** heute größeres Gebäude für musikalische Theater- und Filmaufführungen.

ọder [ahd.], eines von beiden, eines von mehreren, andernfalls: *heute o. morgen; ja o. nein; das ist falsch o. vielmehr erlogen; (entweder) alles o. nichts.* Die o.-Verknüpfung wird in der Logik i. a. nicht ausschließend (entweder-oder), sondern einschließend (und/oder) gebraucht.

Ọder *die,* **1)** poln. **Ọdra,** einer der Hauptströme Dtl.s, 860 km, entspringt im Odergebirge, 25 km östl. von Olmütz, durchfließt die Mähr. Pforte nach NO bis Oderberg, schlägt eine nordwestl., dann mehr nördl. Richtung ein, durchfließt unterhalb Frankfurt den **Oderbruch** und mündet aus dem → Stettiner Haff mit drei Mündungsarmen in die Ostsee. Nebenflüsse sind von links: Oppa, Hotzenplotz, Glatzer Neiße, Ohle, Weistritz, Katzbach, Bober (mit Queis), Lausitzer (Görlitzer) Neiße, von rechts: Olsa, Klodnitz, Malapane, Stober, Weide, Bartsch und Warthe (mit Netze). Für die Schiffahrt, früher wegen des schwankenden Wasserstandes und der Stromverlagerungen nicht voll ausgenutzt, wurden große Mittel aufgewendet. 1888-1939 wurde die O. von Cosel bis Breslau kanalisiert. Über Oder-Spree-Kanal und Oder-Havel-Kanal wurde die Verbindung zu Berlin hergestellt. Nach 1945 kam der Schiffsverkehr wegen der Oder-Neiße-Linie zum Erliegen und wurde erst durch die Verträge zwischen Polen und der Dt. Dem. Rep. von 1950 und 1952 wieder möglich. Der Bau eines Oder-Donau-Kanals von der O. (bei Cosel) zur March ist geplant, ferner bestehen Projekte für Verbindungen von der O. zum Dnjepr und zur Elbe. **2)** Fluß im S-Harz, entspringt auf der Brockenhochfläche, mündet in die Rhume. In seinem Oberlauf liegt der **Oderteich** (Staubecken, 1714-21 errichtet), oberhalb von Bad Lauterbach die **Odertalsperre** (Hochwasserschutz, Trinkwassergewinnung), 1931-34 errichtet, 30,6 Mio. m³.

Odenwald: Heppenheim a. d. Bergstraße

Obwalden

Ọderberg, tschech. **Bọhumín,** poln. **Bogụmin,** Stadt im Nordmähr. Kr., ČSSR, mit **Neuọderberg,** tschech. **Nový Bọhumín,** (1981) 25 500 Ew.; Röhrenwalzwerk, Drahtziehwerk, chemische Industrie.

Ọdergebirge, der südöstl. Teil des → Gesenkes in Mähren.

ỌDER-Glied, elektron. Grundschaltung der Digitaltechnik zur logischen Verknüpfung von zwei oder mehreren Eingangssignalen (→ Schaltalgebra).

Oder-Hạvel-Kanal, früher **Hohenzọllernkanal,** Teil des → Berlin-Stettiner Großschiffahrtsweges.

Sean O'Casey

Ọdermennig *der, -(e)s/-e,* **Ạckermennig** [beides Volksdeutung aus lat. agrimonia], **Agrimọnia,** Rosengewächsgatt., meist drüsige Stauden mit gelben, aufrechten Blütentrauben, so die Art **O. (Agrimọnia eupatọria),** auf trockenem Grasboden.

Oder-Nẹiße-Lini|e, die im Potsdamer Abkommen 1945 festgelegte Demarkationslinie zw. den polnisch verwalteten dt. Gebieten und dem übrigen Deutschland. Sie verläuft von der Ostsee westlich Swinemünde nach Süden, erreicht südlich Stettin die Oder, läuft an dieser entlang bis zur Einmündung der Lausitzer Neiße und folgt ihr bis zur tschechoslowak. Grenze. Forderungen der poln. Exil-Reg. in London sowie der Alliierten auf Gebietserweiterungen Polens nach W wurden seit 1941 durch die Forderung der UdSSR verstärkt, das 1939 eingegliederte poln. Gebiet östlich der Curzon-Linie (→ Curzon) zu behalten. Konkrete Formen nahmen diese Ansprüche bereits auf der Konferenz von Teheran an; in Jalta trugen Churchill und Roosevelt noch Bedenken gegen die Lausitzer Neiße als Westgrenze vor. Als die Potsdamer Konferenz zusammentrat, hatte die UdSSR bereits (im März 1945) die Gebiete östlich der O.-N.-L. an Polen übergeben, die Vertreibung der dt. Bev. war im Gange. Das Potsdamer Abkommen stimmte der Aussiedlung der dt. Bev. zu, behielt aber die Festlegung der Westgrenze Polens ausdrücklich dem künftigen Friedensvertrag vor. Die Dt. Dem. Rep. hat (1950) die O.-N.-L. als dt. Ostgrenze anerkannt. Im Warschauer Vertrag (Dez. 1970) erkannte die Reg. der Bundesrep. Dtl. die O.-N.-L. an (vorbehaltlich früher von den Vertragspartnern geschlossener oder sie betreffender internat. Verträge).

Oder-Sprẹe-Kanal, 83,7 km lange Wasserstraße zwischen Dahme (im SO Berlins), Spree bei Fürstenwalde und Oder bei Eisenhüttenstadt.

a

b

Obstmaden

Obstmaden: Pflaumenwickler; **a** von einer Raupe zerfressene Frucht mit Kot, **b** die Raupe verläßt die Frucht

Ochsenzunge (Anchusa officinalis)

Octavia 1), Basaltskulptur, letztes Drittel des 1. Jh. v. Chr. (Paris, Louvre)

Odertalsperre, → Oder 2).

Odessa, Hptst. des Gebiets O. in der Ukrainischen SSR, am Schwarzen Meer, (1980) 1,057 Mio. Ew.; Universität, Konservatorium, Kunstakademie, Seefahrtschule, wissenschaftl. Forschungsinstitute, Theater, Museen; Industrie (Stahl- und Walzwerk, Chemiewerke, Großraffinerie, Schiffbau-, Maschinen-, Textil- und Bekleidungs-, elektrotechn., Nahrungsmittel- u. a. Ind.). - O., 1794 an Stelle einer alten türk. Festung gegr., verdankt seinen Aufstieg im 19. Jh. dem Getreidehandel. Die Stadt mit breiten Straßen und weiten Grünanlagen ist vielbesuchter Kurort (See- und Schlammbäder). 1941-44 war O. von dt. und rumän. Truppen besetzt (→ Weltkrieg II).

Odets [əʊd'ets], Clifford, amerikan. Bühnen- und Drehbuchautor, * Philadelphia (Pa.) 18. 7. 1906, † Hollywood 15. 8. 1963, schrieb das sozialist. Tendenzstück ›Waiting for Lefty‹ (1935), das Stück aus jüd. Armutsmilieu ›Die das Leben ehren‹ (1935), ferner ›Goldene Hände‹ (1937), ›Mädchen vom Lande‹ (1950).

Odeum *das, -s/...d'e|en,* → Odeon.

Odeur [od'œ:r, frz.] *das, -s/-s* oder *-e,* Duft, Wohlgeruch.

Ödgartenwirtschaft, die → Egartenwirtschaft.

Odili|enberg, Ottili|enberg, frz. **Mont-Sainte-Odile** [mɔ̃sɛ̃tɔd'il], Berg in den mittl. Vogesen bei Barr, 826 m, mit vielen vorgeschichtl. Denkmälern (Heidenmauer, ein über 10 km langer Ringwall) und dem Odilienkloster (früher Hohenburg, Ende des 7. Jh. von der hl. Odilia gegr.), im MA. Mittelpunkt des elsäss. Geisteslebens, seit 1661 Prämonstratenserkloster; Wallfahrtsort.

Odin [altnord.], **Wuotan** [ahd.], **Wotan, Wodan,** german. Gott, nach der Edda der oberste der → Asen. Volkstüml. Vorstellungen zeigen ihn als Toten- oder Sturmgott (Anführer der → Wilden Jagd). In nord. Quellen erscheint O. als Gott der Ekstase, des Krieges, der Toten und der magisch-mantischen und intellektuellen Fähigkeiten. Seine Gattin ist Frigg (südgerman. → Frija), beider Sohn ist → Baldr. Auch → Donar gilt als Sohn O.s, daneben Vidar, Vali, Hödr und Hermodr. O.s Attribut ist der Speer (Gungnir), er besitzt den Ring Draupnir, er reitet das Totenroß Sleipnir, wird begleitet von den Raben Hugin (Gedanke) und Munin (Gedächtnis), die O. jeden Tag das Weltgeschehen berichten. Sein Sitz ist Hlidskjalf, sein Aufenthaltsort → Walhall. Hier empfängt er die Einherjer (Krieger), die er vom Schlachtfeld geholt hat, damit sie ihm beim letzten Kampf der Götter (→ Ragnarök) gegen den Fenriswolf (→ Fenrir) beistehen.

odios, odiös [lat.-frz.], verhaßt, unausstehlich, ärgerlich.

Ödipus [grch. Oidipus ›Schwellfuß‹], grch. Mythos: König von Theben, Sohn des Laios und der Iokaste, wurde wegen eines Orakelspruches, wonach er seinen Vater töten und seine Mutter heiraten würde, ausgesetzt, aber gerettet. Nachdem ihm das Delphische Orakel erneut sein Schicksal vorausgesagt hatte, tötete er, ohne es zu ahnen, im Streit seinen Vater Laios, befreite Theben von der Sphinx, indem er ihr Rätsel löste, und erhielt als Lohn den Thron und die Hand der Königin, seiner Mutter, die ihm Eteokles, Polyneikes, Antigone und Ismene gebar. Als das Geheimnis enthüllt wurde, erhängte sich Iokaste, Ö. stach sich beide Augen aus und irrte, von Antigone begleitet, in der Fremde umher, bis er im Hain der Eumeniden am Kolonos in Attika auf geheimnisvolle Weise von der Erde entrückt wurde. - Trauerspiele von Sophokles (›König Ö.‹, ›Ö. auf Kolonos‹), Aischylos (›Die Sieben gegen Theben‹), Euripides (›Phönikerinnen‹), Seneca (›Ö.‹, ›Phönikerinnen‹), Voltaire (›Œdipe‹, 1718), H. v. Hofmannsthal (›Ö. und die Sphinx‹, 1906), J. Cocteau (›Oedipus rex‹, 1928, Musik von I. Strawinsky; ›Die Höllenmaschine‹, 1934), A. Gide (1931).

Ödipus und die Sphinx, Amphora des Achilleus-Malers, 450–440 v. Chr. (Boston, Museum of Fine Arts)

Ödipuskomplex, nach S. Freud ein Komplex, der durch die Verdrängung oder unzureichende Bewältigung der libidinösen Bindung des Knaben an die Mutter, des Mädchens an den Vater entsteht und mit Rivalitätsgefühlen gegenüber dem gleichgeschlechtlichen Elternteil verbunden ist.

Odium [lat.] *das, -s,* Haß, Abneigung, Makel.

Ödjibwa [əʊdʒ'ɪbweɪ], → Ojibwa.

Ödland, Ländereien, die land- und forstwirtschaftlich nicht genutzt werden, aber als Kiesgruben, Torfstiche o. a. Erträge bringen oder kultiviert werden könnten (Heide- und Moorgebiete; → Moorkultur). **Unland** ist dagegen überhaupt nicht nutzbar (Schutthalden, Felsgebiete u. a.).

Odoaker, Odowakar, german. Heerführer aus dem Volk der Skiren, * 433, † Ravenna 15. 3. 493, wurde am 23. 8. 476 von den german. Söldnern in Italien zum König ausgerufen und setzte den (letzten) weström. Kaiser ab. O., der gerecht und mild regierte, wurde von dem Ostgotenkönig Theoderich wiederholt geschlagen (489/90) und mußte 493 Ravenna aufgeben (Rabenschlacht); von Theoderich ermordet.

Odontologie [grch.] *die, -,* Lehre von den Zähnen.

Odyssee *die, -,* erzählendes Gedicht von der Irrfahrt und Heimkehr des → Odysseus, in Hexametern geschrieben (→ Homer). Auf seiner zehnjährigen Heimkehr nach dem Fall Trojas besteht Odysseus eine Reihe von gefährlichen Abenteuern; er kommt zu den Lotophagen und Kyklopen, wo er den einäugigen Riesen Polyphem blendet, dann zu der Insel des Windgottes Äolus, den menschenfressenden Lästrygonen und zur Zauberin → Kirke. Am Rande des Hades befragt er Tiresias über die Heimkehr und fährt weiter an den Sirenen vorbei und zw. Skylla und Charybdis hindurch. Er landet an der Insel des Helios, wo seine Gefährten die Stiere des Gottes schlachten; dafür werden die Gefährten getötet. Odysseus erreicht dann die Insel Ogygia der Nymphe Kalypso, die ihn sieben Jahre bei sich zurückhält. Auf der Weiterfahrt wird sein Floß im Sturm von Poseidon zerschmettert; Odysseus wird durch Nausikaas Vermittlung im Phäakenland aufgenommen, von wo ihn Alkinoos in die Heimat schickt. Dort tötet er mit Hilfe seines Sohnes Telemachos die Freier, die sich um die Hand seiner Gattin Penelope bewerben und sein Gut verprassen.

Odysseus, an den Mast seines Schiffes gebunden, um dem Gesang der Sirenen zu widerstehen; Mosaik (Tunis, Museum)

Odysseus, grch. **Odysseus,** lat. **Ulixes,** grch. Mythos: König von Ithaka, galt als tapfer, klug und verschlagen. Im Trojanischen Krieg wurde auf seinen Rat das hölzerne Pferd erbaut, mit dem Troja erobert wurde. Seine abenteuerreiche Heimfahrt schildert die → Odyssee.

Oe, Einheitenzeichen für → **Oe**rsted.

OEA, Abk. für die → **O**rganisation für die **E**inheit **A**frikas.

Oeben, Jean-François, frz. Kunsttischler, * Ebern (Unterfranken) um 1720, † Paris 21. 1. 1763, bed. Ebenist seiner Zeit, arbeitete v. a. für König Ludwig XV.

Oebisfelde [ø-], Stadt im Kr. Klötze, Bez. Magdeburg, (1975) 6500 Ew., an der Aller; Konservenindustrie; Übergangsstelle im innerdeutschen Verkehr.

OECD, Abk. für **Organization for Economic Cooperation and Development** [ɔ:gənaɪz'eɪʃn fɔ: i:kən'ɔmɪk kəuɔpər'eɪʃn ænd dɪv'eləpmənt, engl.], die → Organisation für wirtschaftliche Zusammenarbeit und Entwicklung.

OEEC, Abk. für **Organization for European Economic Cooperation** [ɔ:gənaɪz'eɪʃn fɔ: juərəp'i:ən i:kən'ɔmɪk kəuɔpər'eɪʃn, engl.], die → Organisation für europäische wirtschaftliche Zusammenarbeit.

Oehlenschläger [-slɛ:γər], Adam Gottlob, dän. Dichter dt. Herkunft, * Vesterbro bei Kopenhagen 14. 11. 1779, † Kopenhagen 20. 1. 1850. H. → Steffens vermittelte ihm die Gedanken der dt. Romantik. O., als Lyriker einer der größten Sprachkünstler Dänemarks, schrieb auch Tragödien, bes. über nord. Stoffe; Vorbilder waren ihm Shakespeare, Schiller, Goethe. Er übersetzte seine Werke selbst ins Deutsche.

HW: Nordische Gedichte (1807); Helge (Romanzenzyklus,

1814); Die Götter des Nordens (Nachdichtung nord. Mythen, 1819). – *Märchenspiel:* Aladdin (1805). – *Tragödien:* Palnatok (1809); Axel und Walburg (1810).

Oeillet-Verfahren [œj'ɛ:-, frz. ›Schuhöse‹], Verfahren zur Herstellung kleiner gezogener Teile aus dünnen Blechen (z. B. Schuhösen).

Oelde, Stadt im Kr. Warendorf, NRW, (1983) 27300 Ew.; Metall-, Holzindustrie.

Oels, poln. **Oleśnica** [olɛsjn'itsa], Stadt in der poln. Wwschaft Wrocław (Breslau), (1979) 33000 Ew., ehem. Krst. in Niederschlesien, Metall-, Leder-(Schuh-)Ind., Holzverarbeitung, Mühlen. Das Schloß (13. Jh., Ende 16., Anfang 17. Jh. umgebaut) war zuletzt Wohnung des preuß. Kronprinzen. Das **Fürstentum O.** (seit 1312) fiel nach wechselvollem Schicksal 1884 an die preuß. Krone und wurde als Lehen dem Kronprinzen gegeben.

Oelsnitz, 1) Krst. im Bez. Karl-Marx-Stadt, (1982) 13800 Ew., im Tal der Weißen Elster im Vogtland; Teppich-, Gardinen-, Wäsche- u. a. Ind.; über der Stadt Schloß **Voigtsberg** (15. Jh.). **2) O./Erzgebirge,** Stadt im Kr. Stollberg, Bez. Karl-Marx-Stadt, (1982) 13700 Ew., am N-Rand des Erzgebirges; Steinkohlenbergbau 1818–1970, Bau- und Montagekombinat, Metall-, Textilindustrie, Sinterwerk.

Oelssner, Fred, kommunist. Politiker, * Weißenfels 27. 2. 1903, † Berlin (Ost) 7. 11. 1977, lebte 16 Jahre in der UdSSR, seit 1945 führend in der SED. 1958 wegen seiner Kritik aus allen Ämtern (u. a. ZK, Politbüro, stellv. MinPräs.) entfernt, 1959 nach öffentl. Selbstkritik rehabilitiert.

Oenanth|aldehyd, Heptanal, $C_6H_{13}CHO$, ölige, stark und fruchtartig riechende Flüssigkeit, z. B. im Ingweröl, dient zur Herstellung von Riechstoffen. – **Oenanth|alkohole, Heptanole,** finden in der Parfümerie Verwendung.

Oenanthsäure, Heptansäure, ölige, talgig-ranzig riechende Flüssigkeit; wird durch Oxidation aus Oenanthaldehyd erhalten; zur Herstellung von Riechstoffen. – **Oenanthate** sind Salze und Ester der O.

Oer-Erkenschwick, Stadt im Kr. Recklinghausen, NRW, (1983) 27100 Ew.; UNESCO-Modellbücherei; Steinkohlenbergbau, chemische Industrie.

Oerlikon-Bührle Holding AG, Zürich, Holding-Ges. des schweizer. Maschinenbaus (bes. Wehrtechnik); gegr. 1906 als Schweizer. Werkzeugmaschinenfabrik Oerlikon AG, die 1924 von Emil Bührle übernommen wurde.

Oerlinghausen, Stadt im Kr. Lippe, NRW, (1983) 14700 Ew., im Teutoburger Wald; Elektromotoren-, Möbel-, Textilindustrie. – Auf dem Tönsberg Ruine der mittelalterl. ›Hünenkirche‹.

Oersted [n. H. Ch. → Ørsted], Einheitenzeichen **Oe**, nicht gesetzl. Einheit der magnet. Feldstärke, 1 Oe = $\frac{10}{4\pi}$ A/cm.

Oertel, Curt, Filmregisseur, * Osterfeld/Thür. 10. 5. 1890, † Limburg a. d. Lahn 1. 1. 1960, machte sich um die Entwicklung des Kultur- und Dokumentarfilms (›Michelangelo‹, 1940) verdient.

Oeschbergschnitt, von H. Spreng (Oeschberg/Schweiz) an Hochstämmen entwickelter Obstbaumschnitt, bei dem die Triebe auf der Oberseite der Seitenleitäste entfernt werden.

Oeser, Öser, Adam Friedrich, Maler und Bildhauer, * Preßburg 17. 2. 1717, † Leipzig 18. 3. 1799, dort seit 1764 Direktor der Kunstakademie, bekämpfte den Barock, ohne sich von ihm freimachen zu können, in frühklassizist. Sinn; beeinflußte Winckelmann, Goethe u. a. Mit O.s Tochter Friederike (* 1748, † 1829) war Goethe befreundet.

Oestrich-Winkel, Stadt im Rheingau-Taunus-Kr., Hessen, (1983) 11000 Ew., am rechten Rheinufer; 1972 durch Zusammenschluß von Oestrich, → Winkel und Mittelheim entstanden. Weinbau und -handel; Kunststoff-Ind. In Oestrich Martinskirche (Turm 12. Jh.); Fremdenverkehr.

Oetker-Gruppe, Bielefeld, Mischkonzern, in dem Reedereien, Brauereien, Unternehmen der Nahrungs- und Genußmittel-Ind., Versicherungen und Banken zusammengefaßt sind; hervorgegangen aus der 1891 von Dr. August Oetker (* 1862, † 1918) übernommenen ›Aschoff'schen Apotheke‹ mit dem daraus entstandenen Nahrungsmittelunternehmen. Heute umfaßt die O.-G. über 300 Einzelunternehmen.

Oettingen, ein edelfreies Geschlecht aus dem Riesgau (seit 1150 oder 1147), im 16. Jh. geteilt in die Linien **O.-Spielberg** (1734 gefürstet) und **O.-Wallerstein** (1774 gefürstet). Das Fürstentum O. wurde 1806 mediatisiert; als Standesherren spielten die Fürsten eine große Rolle an den Höfen und im polit. Leben Bayerns und Württembergs.

Oettingen i. Bay., Stadt im Kr. Donau-Ries, Bayern, (1983) 4600 Ew., an der Wörnitz, am N-Rand des Rieses; Orgelbau. Schloß (15.–17. Jh., an Stelle der Burg des MA.), Fachwerk-Rathaus (1431), evang. Pfarrkirche St. Jakob (1312–1460), kath. Pfarrkirche St. Sebastian (1647–64).

Œuvre [œ:vr, frz.] *das, -s/-s,* Werk; Lebenswerk, Lebensarbeit eines Künstlers.

Oeynhausen ['ø:n-], **Bad O.,** Stadt im Kr. Minden-Lübbecke, NRW, (1983) 43500 Ew., nahe der Mündung der Werre in die Weser; Heilbad mit Kochsalzquellen; holz- und metallverarbeitende Industrie.

OEZ, Abk. für **Osteuropäische Zeit,** → Zeit.

O'Faoláin [əufəl'ɔn], Sean, irischer Schriftst., * Cork 22. 2. 1900, stellte in gesellschaftskrit. Romanen (›Der Einzelgänger‹, 1936, u. a.), Biographien und Kurzgeschichten seine Heimat dar.

OFD, Abk. für **Oberfinanzdirektion,** → Finanzverwaltung.

Ofen [ahd. ovan], **1)** *der, -s/-̈,* Gerät, in dem durch Verbrennung von festen, flüssigen oder gasförmigen Brennstoffen oder durch elektr. Strom in einem Leiter erzeugte Wärme gewonnen und an die Umgebung, an ein eingesetztes Gut oder an ein durchströmendes Medium übertragen wird (→ Heizung; → Industrieöfen, → elektrische Öfen, Hochöfen → Eisen; → Badeofen, → Gasofen, → Herd, → Kamin, → Ölheizung). – Redensart: *damit kann man keinen Hund hinterm O. hervorlocken,* nichts erreichen.

Kulturgeschichte. Urform des O. ist der aus Zweigen und Lehm geformte **Back-O.,** der neben einer offenen Herdstelle schon in der jüngeren Steinzeit (z. B. in Oberschwaben) vorkommt. Der massive **Lehm-O.** hat in Ost- und Südosteuropa seine stärkste Durchbildung erfahren und dort bis heute überdauert. Im osteurop. Bauernhaus wird er vom Kochherd aus beheizt. Eine wesentl. Weiterentwicklung des O. ist der **Kachelofen** des Spät-MA., dessen Heimat wohl die Alpenländer waren. **Eisen-Ö.** (15. Jh.) wurden später mit Kachelöfen kombiniert. Zum Bestandteil der Raumausstattung wurde der **Fayence-O.** des 18. Jh. (seit Mitte des Jh. mit Vasen und Figuren als Aufsätze). Techn. Verbesserungen zur Ausnutzung der Wärme brachten z. B. längere O.-Rohre und der Einbau von Zügen, z. B. beim **Schnecken-O.** spiralförmig geführt. 1877 kam von Irland der **Dauerbrand-O.** auf den Kontinent.

2) ✫ **Chem. Ofen, Fornax** [lat.], Sternbild des Südhimmels.

Ofen [nach den ›Kalkbrenneröfen‹ von Buda], alter dt. Name von Buda, des W-Teiles von → Budapest.

Ofenbank, Sitzbank am Kachelofen.

Ofenpaß, rätoroman. und amtlich **Pass dal Fuorn,** 2155 m hohe, 37 km lange Paßstraße zw. Oberengadin (Zernez) und Münstertal (Sta. Maria) im schweizer. Kt. Graubünden.

Ofenreise, Metallurgie: die Dauer des ununterbrochenen Betriebes eines Ofens, etwa 3–8 Jahre.

Ofensau, kurz **Sau,** ungeschmolzener metallischer Rückstand in metallurg. Öfen; vorwiegend Eisen, oft mit Nickel, Kobalt, Molybdän und Edelmetallen angereichert.

Ofensetzer, der Kachelofenbauer.

Off [ɔf, engl.] *das, -s/-s,* bei Theater, Film und Fernsehen der für den Zuschauer unsichtbare Raum außerhalb des Bildes, Ggs.: **On. Off-Stimme,** für den Zuschauer hörbare Stimme, deren Quelle sich jedoch außerhalb der Bühne oder des Bildes befindet.

Offaly ['ɔfəlı], irisch **Uíbh Fhailí** [i:v'ɑ:li], früher **King's County** [kıŋz k'auntı], Cty. in Mittelirland, 1996 km², (1981) 58300 Ew.; VerwSitz: Tullamore.

Offb., Abk. für **Offenbarung** des Johannes (N. T.).

Offbeat [-b'i:t, engl.] *das, -,* ♪ Vorweg- oder Hinterher-Eintreten von Melodieakzenten gegenüber dem Grundakzent.

Off-Broadway [ɔ:f br'ɔ:dweı, engl.], gegen das kommerzielle Theater, wie es an Bühnen am New Yorker Broadway gespielt wird, engagierte Richtung meist kleinerer Truppen und Bühnen. Seit den fünfziger Jahren ist es überholt von dem radikaleren ›Off-Off-Broadway‹, aus dem das → Living Theatre, das ›Bread and Puppet-Theatre‹, die Truppe ›La Mamma‹ u. a. hervorgingen.

offen [ahd. of(f)an], **1)** ohne hindernden Zutritt von außen bietend: *die Tür ist o., steht o.,* ist nicht zu, nicht verriegelt, nicht verschlossen; *eine offene Wunde,* von keiner heilenden Schicht bedeckt; *die offene See,* freies Meer; *ein offener Wagen,* ohne Verdeck; *sie halten ein offenes Haus,* haben oft Gäste; *dieser Wettbewerb steht allen o.,* alle können sich beteiligen; *es gab Beifall auf offener Szene,* mitten im Spiel; *offener Wein,* vom Faß abgezapfter. **2)** unerledigt, noch nicht abgeschlossen: *offene Fragen,* ungeklärte; *das muß offenbleiben,* unentschieden; *eine offene Rechnung,* unbezahlte; *eine Stelle ist o.,* frei. **3)** Ü ehrlich, gerade, unverhüllt, ohne Hinterhalt: *ein offenes Bekenntnis; o. gestanden.* **4)** Ü empfänglich: *o. für Eindrücke; ein offenes Wesen; er geht mit offenen Augen durch die Welt,* ist ein aufmerksamer Beobachter. **5)** locker: *offene Bauweise,* frei stehende Einzelhäuser. **6)** Ⓢ mit größerer Mundöffnung und schwächerer Spannung gesprochen: *offenes oder geschlossenes O.* **7)** öffentlich (→ offener Brief). **8)** Schreibung mit Verben: *hoffentlich wird er so o. bleiben,* so ehrlich, aber: *diese Frage muß offenbleiben; ich habe die Karte o. gehalten,* für alle sichtbar, aber: *er will mir die Stellung offenhalten,* reservieren; *bitte das Fenster offenlassen!* **offenbar,** deutlich erkennbar, anscheinend. *ich* **offenbare** (habe offenbart, ꝏ geoffenbart) *es ihm,* enthülle, tue kund. *Subst. die* → Offenbarung. *die* **Offenheit,** -, freie Ehrlichkeit. **offenherzig, 1)** ehrlich, mitteilsam. **2)** Ü tief ausgeschnitten (Kleid). **offenkundig,** deutlich, klar, allg. bekannt. **offensichtlich,** offenbar, offenkundig.

Jacques Offenbach

Offenbach, Jacques (Jacob), Komponist, *Köln 20. 6. 1819, †Paris 5. 10. 1880, ging mit 14 Jahren nach Paris, wo er als Violoncellist, dann als Kapellmeister am Théâtre Français tätig war. 1855–64 und 1873–75 leitete er eigene Theater, zuletzt mit wirtschaftl. Mißerfolg. O. schrieb mehr als 100 Bühnenwerke. Er hat durch die Schlagkraft seiner Melodien, durch eingängige Lyrismen, zündende Rhythmik und musikal. Komik die Operette entscheidend weiterentwickelt. Welterfolg hatte die nach seinem Tod (1881) uraufgeführte Oper ›Hoffmanns Erzählungen‹ (1880).

WW: *Operetten:* Die Verlobung bei der Laterne (1857); Orpheus in der Unterwelt (1858); Die schöne Helena (1864); Pariser Leben (1866); Die Großherzogin von Gerolstein (1867); Die Prinzessin von Trapezunt (1870). – Musikstücke, Tänze.

Offenbach am Main

Offenbach am Main, kreisfreie Stadt und VerwSitz des Landkr. Offenbach im RegBez. Darmstadt, Hessen, (1983) 107900 Ew., am linken Mainufer, nach W und N mit Frankfurt a. M. zusammengewachsen. O. ist Sitz des Zentralamtes des Dt. Wetterdienstes und der Bundesmonopolverwaltung für Branntwein, des Beschaffungsamtes der Bundeszollverwaltung; Hochschule für Gestaltung, Berufsfachschulen, Klingspor-Museum (→Klingspor), Dt. Leder- und Schuhmuseum, Theater, Freilichtbühne, Messehallen. Die Lederind. mit internat. Lederwarenmessen wird heute von der Maschinenind. überflügelt; daneben chem., elektrotechn., Eisen- und Metallind. – O., 977 erwähnt, kam 1418 z. T. und 1486 ganz an die Grafen von Isenburg-Birstein, die im Schloß O. (1570–78 neu erbaut) residierten. Ende des 18. Jh. war O. ein kultureller Mittelpunkt. Die Entwicklung zur Industriestadt geht auf die Ansiedlung von Waldensern und Hugenotten zurück.

Offenbach am Main: Schloß

Offenbarung *die -/-en,* lat. **Revelatio,** die Enthüllung einer ihrem Wesen nach verborgenen Wirklichkeit, in den Religionen die Willensmitteilung des verborgenen Gottes an den Menschen. Obwohl in allen Religionen im gewissen Sinne O. vorliegt, heißen ausdrücklich nur die iran., altwedische, jüd., christl. und islam. **O.-Religionen.**

Die bibl. Religion des A. T. weiß um eine O. Gottes in mannigfachen Formen, in Natur und Geschichte, in dem Wort an die Propheten und in dem schriftlich niedergelegten Gesetz. Das N.T. baut darauf auf und bringt dazu die O. Gottes in Jesus Christus. – Die Kath. Kirche beschreibt die O. als eine durch Wort und Werk (z. B. Wunder) vermittelte Selbstenthüllung Gottes nach Wesen, Wirken und Wollen, die jeden zur Annahme verpflichtet, dem sie verkündigt wird. Die Quellen der O. sind die Heilige Schrift und die Überlieferung; ihre Weitergabe ist dem kirchl. Lehramt anvertraut. – Die evang. Glaubenslehre versteht im Sinne des N. T. unter dem Begriff der O. nicht ein Wissen, sondern ein Geschehen, das Gott in der Sendung Christi bewirkt, im Gesetz und Evangelium zusammengefaßt. Für das Judentum ist Gottes ›Schenkung der Thora‹ am Sinai die bedeutendste O.; ihr folgt die O. an die Propheten.

Offenbarung des Johannes, Schrift im N. T., →Apokalypse.

Offenburg

Offenbarungs|eid, Manifestations|eid, ein Eid zur Bekräftigung einer Auskunftspflicht; im bürgerl. Recht (z. B. Rechenschaftspflicht) abgeschafft durch Ges. v. 27. 6. 1970 und durch die **eidesstattliche Versicherung** ersetzt; sie ist ein Zwangsmittel, wenn eine Pflicht zur Rechnungslegung besteht. Im Zivilprozeß ist O. – seit Ges. v. 27. 6. 1970 ebenfalls eidesstattl. Versicherung genannt – der Eid, den der erfolglos gepfändete Schuldner auf Antrag des Gläubigers über seinen Vermögensbestand zu leisten hat (§§ 807, 899 ff. ZPO). Über Schuldner, die diesen abgegeben haben, führen die Amtsgerichte Verzeichnisse, deren Einsicht jedem gestattet ist. Die darin eingetragenen Namen sind nach Schluß des 3. Kalenderjahres zu löschen. – In der Dt. Dem. Rep. (VO v. 15. 10. 1952) sind die Staatl. Notariate für die Abnahme des O. zuständig. – In Österreich ist der O. in der Zwangsvollstreckung nach § 47 Exekutions-Ordn. zu leisten, in der Schweiz ist er in der Zwangsvollstreckung ausgeschlossen.

Offenburg, Krst. des Ortenaukreises, RegBez. Freiburg, Bad.-Württ., Große Krst., (1984) 50200 Ew., an der Kinzig; Landesamt für Flurbereinigung und Siedlung; Fachhochschule, Fachschulen; Textil-, Maschinenind., graph. Großbetriebe u. a. – O., zu Anfang des 12. Jh. von den Zähringern gegründet, wurde 1235 Reichsstadt, war aber oft verpfändet; seit dem 16. Jh. war es Sitz der kaiserl. Landvögte der Ortenau. 1803 kam O. an Baden, 1848–49 war es Ausgangspunkt der bad. Revolutionsbewegung.

Offene Handelsgesellschaft, Abk. **OHG,** Gesellschaft, die unter gemeinschaftl. Firma ein Handelsgewerbe betreibt und bei der jeder Gesellschafter den Gesellschaftsgläubigern unbeschränkt haftet (§§ 105 ff. HGB). Die OHG ist eine Gesamthandsgemeinschaft; sie kann unter ihrer Firma Rechte erwerben, Verbindlichkeiten eingehen, vor Gericht klagen und verklagt werden. Sie entsteht mit dem Abschluß des Gesellschaftsvertrags; nach außen wird sie wirksam mit ihrer Eintragung in das Handelsregister. Zur Vertretung der OHG ist, wenn der Gesellschaftsvertrag nichts anderes bestimmt, jeder Gesellschafter befugt. Die Geschäftsführungs- und Vertretungsbefugnis kann einem Gesellschafter auf Antrag der übrigen Gesellschafter durch Gerichtsentscheid aus wichtigem Grunde (grobe Pflichtverletzung, Unfähigkeit) entzogen werden. Die Vertretungsmacht umfaßt uneingeschränkt und unbeschränkbar alle gerichtl. und außergerichtl. Geschäfte. Die OHG endet durch vertragsmäßigen Zeitablauf, Auflösungsbeschluß, Konkurseröffnung über das Vermögen der OHG oder eines Gesellschafters, Tod eines Gesellschafters (sofern der Vertrag nichts anderes bestimmt), Kündigung oder gerichtliche Entscheidung. Bei der Liquidation ist das nach Begleichung der Schulden verbleibende Vermögen unter die Gesellschafter nach Verhältnis ihrer Kapitalanteile zu verteilen. – In Österreich gelten die dt. Bestimmungen. Im schweizer. Recht entspricht die **Kollektivgesellschaft** der OHG (Art. 552 ff. OR).

Offen-End-Spinnen, OE-Spinnen, Open-End-Spinnen [əupn 'end-, engl.], →Spinnerei.

offener Arrest, Verfügung des Konkursgerichts bei der Konkurseröffnung, an den Gemeinschuldner nichts auszuhändigen oder zu leisten (§§ 118, 119 KO).

offener Biß, eine Kieferanomalie (→Kiefer).

offener Brief, öffentl. Meinungsäußerung in Briefform, als Flugblatt, Wandzeitung und in den publizist. Medien als redaktionelle Zuschrift oder bezahlte Anzeige.

offene Rücklagen, →Rücklagen.

offenes Bein, Ulcus cruris [lat.], →Beingeschwür.

offenes System, Begriff der Thermodynamik, →Entropie.

offene Tür, 1) zugänglich für die Öffentlichkeit, z. B. ›Tag der o. T.‹ in Behörden und Betrieben. **2)** Sozialarbeit: Beratungsstelle (meist christl. Gruppen), die jedermann die Möglichkeit der Information und des Gesprächs bietet. – Jugendarbeit: In Häusern der o. T. sollen nichtorganisierte Jugendliche unter Altersgenossen die Möglichkeit zu sinnvoller Freizeit finden. **3)** engl. **open door** [əupn d'ɔ:], histor. Grundsatz im Völkerrecht, wonach ein Staat dem Handel und der Erwerbstätigkeit der Angehörigen aller an entsprechenden Verträgen beteiligten Staaten nach den Prinzipien der Handelsfreiheit und der Nichtdiskriminierung in gleicher Weise geöffnet ist.

offene Wirtschaft, Volkswirtschaftstheorie: eine Volkswirtschaft mit außenwirtschaftl. Aktivitäten.

Offenkundigkeit *die, -,* ⚮ **Notori|etät,** das Bekanntsein best. Tatsachen; gerichts- oder gemeinkundige (notorische) Tatsachen bedürfen im Prozeß keines Beweises.

Offenmarktpolitik, An- oder Verkäufe von Wertpapieren durch die Zentralbank, um das Geldvolumen der Wirtschaft zu beeinflussen. Kauft die Zentralbank Wertpapiere von den Banken, so steigt deren Liquidität, der Spielraum für ihre Kreditgewährung erweitert sich (Geldschöpfung); umgekehrt kann die Zentralbank durch Verkauf von Wertpapieren die Geldmenge entsprechend verringern, wenn sie Käufer findet. Zuerst in den USA eingeführt, ist die O. heute wichtiges Instrument der Geldpolitik in den westl. Ländern; in der Bundesrep. Dtl. gewann sie nach dem 2. Weltkrieg Bedeutung (§ 21 Bundesbank-Ges. v. 26. 7. 1957).

offensiv [lat.], **1)** angreifend; angriffslustig. **2)** verletzend, beleidigend. *die* **Offensive,** *-/-n,* Vorstoß, bes. der militär. →Angriff.

öffentlich [ahd. offanlih], **1)** der Gemeinde gehörend, auf die Behörde bezüglich, städtisch, staatlich. **2)** jedermann bekannt, alle angehend: *das öffentliche Leben* (im Unterschied zum Privatleben); *ein öffentliches Geheimnis,* etwas, was allgemein bekannt ist, aber amtlich oder konventionell als nicht bekannt behandelt wird. **3)** allen zugänglich: *eine öffentliche Verhandlung. Subst. die* →Öffentlichkeit.

öffentliche Anstalt, Träger der öffentl. Verwaltung, mit eigener Rechtspersönlichkeit oder ohne diese (z. B. staatl. Museen, Bibliotheken).

öffentliche Arbeiten, Arbeiten, die von öffentl. Körperschaften (Bund, Länder, Gemeinden usw.) zu gemeinnützigen Zwecken und zur →Arbeitsbeschaffung vorgenommen werden.

öffentliche Aufträge, Aufträge des Bundes, der Länder, Gemeinden u. a. Körperschaften des öffentl. Rechts, meist durch Ausschreibung vergeben. Es gelten die Leitsätze für die Preisermittlung auf Grund der Selbstkosten (→LSP).

Öffentliche Bibliothek, vorher **Öffentliche Bücherei,** früher **Volksbücherei,** eine Bibliotheksart, die sich neben der wissenschaftl. →Bibliothek entwickelt hat; soll der gesamten Bev. durch Erschließung und Vermittlung ihrer planmäßig aufgestellten Bestände Möglichkeiten der Information, Bildung und Unterhaltung geben. Teilweise gehören Schul-, Musik-, Blinden-, Krankenhaus- und Gefängnisbibliotheken zum System der Ö. B.

Seit 1945 haben die Ö. B. in der Bundesrep. Dtl. einen starken Aufschwung genommen. Träger sind meist die Gemeinden. Der Versorgung städt. Randbezirke und ländl. Siedlungen dienten (1978) 130 **Fahrbibliotheken.** Von den Länderregierungen werden 28 Fachstellen für Ö. B. (Beratungsstellen) unterhalten. Ein **Bibliotheksnetz** aller Arten von Bibliotheken in Stadt und Land, gesichert durch Büchereigesetze, soll entwickelt werden. Der Gesamtaufwand für die Ö. B. betrug (1979) über 500 Mio. DM.

In der Dt. Dem. Rep. werden Ö. B. bes. gefördert; in fast allen Gemeinden gibt es eine Ö. B. – In Österreich fördert neben den kommunalen Ö. B. in Stadt und Land der Bund das konfessionelle und gewerkschaftl. Büchereiwesen. – In der Schweiz erfüllen die Kantons- und die sehr zahlreichen Stadtbibliotheken kleinerer Städte auch volksbibliothekar. Aufgaben. Gesamtschweizer. Institution ist die ›Schweizerische Volksbibliothek‹.

Geschichte. 1828 gründete K. Preusker die ›Bürgerbibliothek‹ in Großenhain i. S., 1850 F. v. Raumer vier ›Volksbibliotheken‹ in Berlin. Während in Dtl. zunächst konfessionelle Vereine (→Borromäus-Verein), sozialist. Bildungsvereine oder freie Volksbildungsvereine Träger von Ö. B. wurden, entwickelten sich in den USA und in Großbritannien die ›public libraries‹ auf kommunaler Basis. Nach angelsächs. Vorbildern kam es in Dtl. nach 1890 zur ›Bücherhallenbewegung‹, die zunächst v. a. in den Großstädten (Berlin, Hamburg, Jena u. a.) gute Ö. B. entstehen ließ.

öffentliche Güter, Güter und Leistungen, die auf Grund ihrer techn. Eigenart im marktwirtschaftl. Prozeß nicht angeboten und deshalb durch den Staat bereitgestellt werden (z. B. äußere und innere Sicherheit). Die Besonderheit der ö. G. besteht darin, daß (insbes. wegen ihrer Unteilbarkeit) das für die Marktwirtschaft charakterist. Ausschlußprinzip nicht gilt, d. h., daß Wirtschaftssubjekte, die nicht bereit sind, für diese Güter zu zahlen (sog. free-rider, ›Trittbrettfahrer‹), von der Nutzung nicht ausgeschlossen werden können.

öffentliche Hand, Körperschaften des öffentl. Rechts, bes. als Unternehmer, Auftraggeber, Vermögensträger.

öffentliche Klage, die Anklage im Strafprozeß.

öffentliche Meinung, die in der Bevölkerung und best. Gruppen (z. B. Wählerschaft, Publikum) vorherrschende Meinung, Einstellung oder Wertungsweise gegenüber Personen und Fragen des öffentl. Lebens. Die Bildung einer ö. M. wird in der modernen Industriegesellschaft durch Massenmedien (z. B. Rundfunk, Fernsehen, Film, Presse) u. ä. begünstigt wie auch i. S. best. Interessengruppen (→Propaganda) lenkbar, bes. durch Anwendung der Erkenntnisse der sozialen Verhaltensforschung (Markt-, Motiv-, →Meinungsforschung, Werbepsychologie u. ä.).

öffentlicher Dienst umfaßt alle Personen, die für den Staat oder sonstige Träger öffentlicher Gewalt zur Erfüllung öffentlicher Zwecke tätig werden. In der Bundesrep. Dtl. waren (1982) 4,531 Mio. Arbeitnehmer im ö. D. beschäftigt (rd. 17% aller Erwerbstätigen).

öffentlicher Glaube, der rechtl. Grundsatz, daß der Inhalt bestimmter öffentl. Bücher (Grundbuch, Handelsregister, Güterrechtsregister) zugunsten der auf ihn vertrauenden Personen als richtig gilt **(Publizitätsprinzip).** Mit ö. G. versehene Personen sind die durch staatliche Ermächtigung bestellten →Urkundspersonen.

öffentlicher Haushalt, Haushalt der Körperschaften des öffentl. Rechts, der die **öffentl. Einnahmen** und **öffentl. Ausgaben** enthält.

öffentliche Sachen, die Sachen des Staates oder sonstiger Verwaltungsträger, die den Verwaltungszwecken unmittelbar durch ihren Gebrauch dienen (→Gemeingebrauch, →Staatsvermögen). Das **Recht der ö. S.** ist in der Bundesrep. Dtl. im wesentlichen Landesrecht (→Wasserrecht, →Wegerecht), in Österreich z. T. Bundes- und Landesrecht (Wegerecht), z. T. nur Bundesrecht (Wasserrecht), in der Schweiz kantonales Recht (Art. 664 ZGB).

öffentliche Schulen, Schulen, die vom Staat oder öffentlich-rechtlichen Körperschaften getragen werden, im Unterschied zu Privatschulen.

öffentliche Sicherheit und Ordnung, die Unversehrtheit der Rechtsordnung, der grundlegenden staatl. Einrichtungen sowie die Gesamtheit der Regeln für das Verhalten in der Öffentlichkeit. (→Polizei)

öffentliches Recht, lat. **ius publicum,** der Teil der staatl. Rechtsordnung, der die Rechtsverhältnisse regelt, die durch das Wirken der staatl. oder vom Staat abgeleiteten Hoheitsgewalt bestimmt sind. Nicht die Wahrnehmung öffentl. Interessen (›Interessentheorie‹), sondern die Anwendung hoheitl. Gewalt (›hoheitliche Theorie‹) ist Wesensmerkmal des ö. R. Es steht im Gegensatz zum →Privatrecht. Auch der Staat (als ›Fiskus‹) und andere öffentl. Rechtssubjekte können am privaten Rechtsverkehr (z. B. durch privatrechtl. Verträge) teilnehmen. Hauptgebiete des ö. R. sind das Völker-, Verfassungs-, Verwaltungs- und Kirchenrecht (ö. R. im engeren Sinn), ferner das Prozeß- und Strafrecht. Die Unterscheidung von ö. R. und Privatrecht entstammt dem röm. Recht; dem german., mittelalterl. und angelsächs. Recht ist sie unbekannt. Sie ist bes. für die Abgrenzung des auf privatrechtliche Streitigkeiten beschränkten ordentlichen Rechtswegs (→Prozeß) von der Verwaltungsgerichtsbarkeit bedeutsam. Die Begründung von Rechtsverhältnissen des ö. R. ist möglich durch allg. Rechtssätze (Gesetz, Verordnung, Satzung), durch öffentlich-rechtl. Verträge (zw. gleichgeordneten Trägern hoheitl. Gewalt, z. B. zw. Gemeinden), durch Verwaltungsakte (Verfügung, Erlaubnis, feststellenden Bescheid) sowie durch Urteil. Das Recht der Verträge und Verwaltungsakte ist im **Verwaltungsverfahrens-Ges.** v. 25. 5. 1976 geregelt.

Hauptgrundsätze. Für die Auslegung des ö. R. gilt wie im Privatrecht der Grundsatz von Treu und Glauben. Für öffentlich-rechtl. Willenserklärungen gelten die allg. Grundsätze über Rechts-, Geschäftsfähigkeit und Willensmängel (bei Irrtum, Täuschung, Drohung). Rechtswidrige Akte des ö. R. sind entweder nichtig (bei den schwersten Verstößen) oder anfechtbar (im verwaltungsgerichtl. Verfahren). **Rechtssubjekte des ö. R.** sind der Staat (in Dtl.: Bundesrepublik und Länder), die öffentlich-rechtl. Anstalten (z. B. Staatsbanken), die öffentlich-rechtl. Körperschaften (z. B. Gemeinden) und die öffentlich-rechtl. Stiftungen. Die Stellung eines Rechtssubjekts des ö. R. wird durch Gesetz, Verordnung oder Verleihung im Verwaltungsweg erworben. **Subjektives ö. R.** ist eine auf dem Gebiet des ö. R. erworbene Rechtsbefugnis eines Einzelnen oder eines Verbandes gegenüber dem Staat oder einem anderen Träger hoheitl. Gewalt. Es kann gerichtet sein: 1) auf Teilnahme an öffentl. Funktionen, **aktiver Status** (z. B. Wahlrecht); 2) auf staatl. Leistungen, **positiver Status** (z. B. Entschädigungsanspruch, Gehaltsansprüche, Sozialversicherungsansprüche); 3) auf Unterlassung staatl. Eingriffe in die Freiheitssphäre des Einzelnen oder eines Verbandes, **negativer Status** (z. B. gewährleistetes Freiheitsrecht, →Menschenrechte). Öffentlich-rechtl. Eingriffe des Staates in die privaten oder öffentl. Rechte des Einzelnen oder der Verbände sind rechtlich nur auf gesetzl. Grundlage und in der Regel nur dann zulässig, wenn sie notwendig sind, um überwiegende öffentl. Interessen, bes. das Wohl der Allgemeinheit, zu wahren; es ist öffentlich-rechtl. Entschädigung in angemessenem Umfang zu gewähren. Bei rechtswidrigen Eingriffen der öffentl. Gewalt haftet der Staat auf Schadenersatz **(Amtshaftung).** Nach rechtsstaatl. Grundsätzen muß gegenüber allen öffentlich-rechtl. Eingriffen voller gerichtl. Rechtsschutz gewährt werden, entweder vor Zivilgerichten oder vor Verwaltungsgerichten (→Verwaltungsgerichtsbarkeit).

öffentliche Unternehmen, Unternehmen im Besitz oder unter maßgebender Beteiligung eines öffentlich-rechtl. Gemeinwesens, dem auch die Gewinne zufließen. Neben den im Alleinbesitz der öffentl. Hand befindlichen Unternehmen bestehen →gemischtwirtschaftliche Unternehmungen. Ö. U. treten in Organisationsformen des Privatrechts (AG, GmbH) oder in denen des öffentl. Rechts auf, hier zumeist als rechtlich unselbständige **Regiebetriebe** oder als organisatorisch verselbständigte **Eigenbetriebe.** Dazu treten **Sondervermögen** (wie der Lastenausgleichsfonds) sowie Beteiligungsgesellschaften und bundeseigene Konzerne (→Bundesbetriebe). Die ö. U. dienen dem öffentl. Interesse, fiskalisch-erwerbswirtschaftl. Zwecken sowie der Entfaltung einer die Wirtschaft beeinflussenden oder ›lenkenden‹ Macht.

Öffentlichkeit *die, -,* die Zugänglichkeit von Veranstaltungen oder Wahrnehmbarkeit von Vorgängen für einen unbegrenzten Kreis von Personen, auch dieser Kreis selbst.

Im Verfassungsrecht ist die Ö. der parlamentar. Verhandlungen ein Grundsatz der freiheitlich-demokrat. Verfassungen. In der Bundesrep. Dtl. sind die Sitzungen des Bundestags, Bundesrats und der Landtage grundsätzlich öffentlich; die Ausschüsse verhandeln grundsätzlich nichtöffentlich.

Im Gerichtswesen gilt der Grundsatz der Ö. zusammen mit dem der →Mündlichkeit. Nach dem GVG (§§ 169 ff.) sind die Verhandlung vor dem erkennenden Gericht und die Verkündung der Urteile und Beschlüsse in Zivil- und Strafsachen (nicht in Jugendgerichtssachen) grundsätzlich öffentlich. Der Ausschluß der Ö. muß erfolgen in Ehesachen und (mit Einschränkungen) im Entmündigungsverfahren. Ein Gerichtsbeschluß kann die Ö. bei Gefährdung der öffentl. Ordnung ausschließen, bes. bei Gefährdung der Staatssicherheit, der Sittlichkeit oder eines wichtigen Geschäftsgeheimnisses. Die Ausschließung muß öffentlich unter Angabe eines Grundes verkündet werden. Nichtöffentlich sind stets die Beratungen. Eine Verletzung der Vorschriften über die Ö. des Verfahrens begründet die Revision des Urteils (§ 551 Z. 6 ZPO, § 338 Z. 6 StPO). Das Verfahren der freiwilligen Gerichtsbarkeit ist grundsätzlich nichtöffentlich. – In der Dt. Dem. Rep., in Österreich und in der Schweiz ist der Grundsatz der Ö. ähnlich wie im Recht der Bundesrep. Dtl. gewährleistet.

Öffentlichkeits|arbeit, → Public Relations.

Öffentlich-rechtliche Versicherungs|unternehmen, öffentl. Anstalten oder Körperschaften, durch staatl. Hoheitsakt, i. d. R. nach Landesrecht, errichtet. Sie sind entweder Pflicht- und Monopolanstalten (z. B. Gebäude-Feuerversicherung) oder öffentlich-rechtl. Wettbewerbs-Versicherungsunternehmen.

offerieren [frz., aus lat.]. *ich* **offeriere** *es ihm,* biete an. *die* **Offerte,** *-/-n,* Anerbieten; Angebot; Antrag.

Offertorium [lat. ›Darbringung‹] *das, -s/...ri|en,* in der Kath. Kirche die Gabenbereitung von Brot und Wein in der Eucharistiefeier.

Office [engl. 'ɔfɪs, frz. ɔf'is] *das, -/-s,* [engl. -siz, frz. ɔf'is], Büro, Amt.

Officium [lat.] *das, -s/...cia,* Pflicht, Amt. (→ Offizium)

Offizial [lat.] *der, -s/-e,* Kath. Kirche: der Stellvertreter des Bischofs in der Ausübung der kirchl. Gerichtsbarkeit und Vors. des **Offizialats,** der bischöflichen Gerichtsbehörde.

offizial... [lat.], amts..., **Offizial|anklage,** Anklage von Amts wegen, → Strafprozeß. **Offizialbetrieb,** Betreibung eines Prozesses von Amts wegen. **Offizialdelikt, Offizialvergehen,** von Amts wegen zu verfolgende strafbare Handlung. Ggs.: → Antragsdelikt. **Offizialverfahren,** Verfahren, für das die → Offizialmaxime gilt. **Offizialverteidiger,** der dem Angeklagten vom Gericht bestellte Verteidiger.

Offizialmaxime, Inquisitionsmaxime, der bes. im Strafprozeß geltende Grundsatz, daß das Gericht einen Sachverhalt von Amts wegen zu erforschen und festzustellen hat und nicht auf die von den Beteiligten vorgebrachten Tatsachen und Beweismittel beschränkt ist. Ggs.: → Verhandlungsmaxime.

Offiziant [lat.] *der, -en/-en,* ♧ Unterbeamter.

offiziell [frz.], amtlich.

Offizier [frz., aus lat.; im 16. Jh. noch ›Beamter‹] *der, -s/-e,* militär. Führer. Die Gliederung der O. nach vier Rangklassen und innerhalb dieser nach Rangstufen (Dienstgrade) ist in fast allen Streitkräften gleich.

Bundesrep. Dtl. In der Bundeswehr gibt es **Berufs-O.** und **O. auf Zeit,** die in Laufbahnen des Truppendienstes, Sanitätsdienstes, Militärmusikdienstes, militärgeograph. und militärfachlichen Dienstes verwendet werden. Der militärfachliche Dienst kann nur über die Laufbahngruppe der Unteroffiziere erreicht werden. Für die O. des Sanitäts-, Militärmusik- und militärgeograph. Dienstes gelten wegen ihrer wissenschaftlichen Vorbildung besondere Einstellungs- und Ausbildungsrichtlinien. Die Anwärter für die Laufbahn des O. des Truppendienstes müssen i. a. das Abitur, Fachhochschulreife oder einen entsprechenden Bildungsstand nachweisen. Hiernach richtet sich unter Berücksichtigung der persönlichen Eignung für einen Dienstzweig der Teilstreitkräfte (Heer, Luftwaffe, Marine) und der Länge der Verpflichtungszeit ihre Ausbildung. Diese dauert bei Berufs-O. und O. auf Zeit mit mindestens 12jähriger Verpflichtungszeit fünf Jahre. Am Anfang steht ein 15monatiger militär. Ausbildungsabschnitt, in dessen Verlauf die O.-Prüfung abgelegt werden muß. Danach folgt als Kernstück der O.-Ausbildung ein dreijähriges Studium an einer Hochschule der Bundeswehr wahlweise in den Fachrichtungen Pädagogik, Betriebs- und Organisationswiss., Informatik, Luft- und Raumfahrttechnik, Maschinenbau, Elektrotechnik und Bauingenieurwesen, das mit der Diplomprüfung abschließt. Bei O.-Anwärtern mit Fachhochschulreife tritt an die Stelle des Hochschulstudiums ein Studium an einer Fachhochschule der Bundeswehr mit abschließender Graduierung. Die fünfjährige Ausbildung endet mit einer neun Monate dauernden fachlichen Vorbereitung (auf Schulen der Teilstreitkräfte) auf die unmittelbar folgende Verwendung in der Truppe. Bei O.-Anwärtern mit einer kürzeren Verpflichtungszeit (im Heer mindestens drei, bei Luftwaffe und Marine vier Jahre) dauert die Ausbildung zwei Jahre. Besondere Bestimmungen gelten für O. der Reserve.

Dt. Dem. Rep. Die O. der ›Nationalen Volksarmee‹ sind Berufs-O. (Verpflichtungszeit mindestens 10 Jahre) mit einer nach Teilstreitkräften unterschiedlich langen Ausbildung als O.-Schüler von 4 bis 6 Jahren in der Truppe und an O.-Schulen. Der Lehrplan folgt dem sowjet. Beispiel und vermittelt ein erhebliches theoret. Wissen. Die Ausbildung von Spezialisten sowie die Weiterbildung höherer O. findet meist in der UdSSR statt. – Österreich. Die Anwärter müssen eine höhere Lehranstalt durchlaufen haben oder bei besonderen Voraussetzungen nach Vollendung des 18. Lebensjahres eine Dienstzeit von 8 Jahren zurücklegen. Die Absolvierung einer dreijährigen Truppenoffiziersschule ist erforderlich. Für O. des techn., militärärztl., höheren militär. und Wirtschaftsdienstes gelten besondere Bestimmungen. – Schweiz. Die O. sind i. a. Miliz-O., die nur zeitweise zum Militärdienst eingezogen werden. Erst von der Division aufwärts gibt es Berufs-O.

Offizier|stellvertreter, 1) im 1. Weltkrieg im dt. Heer ein dauernd in einer Offiziersstelle verwendeter älterer Unteroffizier. **2)** in Österreich ein Unteroffiziersdienstgrad.

Offizin [lat.] *die, -/-en,* ♧ **1)** Apotheke. **2)** Buchdruckerei. **offizinal, offizinell,** im → Arzneibuch aufgeführt.

offiziös [frz.], halbamtlich.

Offizium [von lat. officium] *das, -s/...zi|en,* Kirchenamt; allg. auch die kath. Liturgie, insbes. das Stundengebet. **Heiliges O. (Sanctum Officium),** bis 1965 Name der röm. Kongregation für die Glaubenslehre (→ Kongregation 3).

off limits [amerikan.], Zutritt (für Soldaten) verboten.

off-line ['ɔflaɪn, engl.] kennzeichnet bei der Datenverarbeitung, daß 1) ein Peripheriegerät nicht von einem Rechner gesteuert wird, 2) Daten nicht unmittelbar von einer Außenstation in einen Rechner zur Verarbeitung übernommen werden (Ggs.: → on-line).

öffnen [zu auf]. *ich* **öffne** *es,* mache auf, zugänglich: *ich öffne das Fenster; die Bibliothek ist bis 22 Uhr geöffnet; dieser Vorfall hat allen Leuten die Augen geöffnet,* Ü ihnen die Wahrheit zum Bewußtsein gebracht. *die* **Öffnung,** *-/-en,* **1)** Lücke, Mündung, Aussparung in einer Fläche: *Trichteröffnung,* Ein- und Auslauf. **2)** *ohne Pl.,* das Aufmachen, Öffnen.

Öffnungsfehler, ein → Abbildungsfehler.

Offsetdruck [von engl. offset ›Abzweigung‹], Flachdruckverfahren, bei dem Schrift oder Bild auf einen mit einem Gummituch

Offsetdruck: Vierfarben-Offsetmaschine; Leistung: 15000 Bogen/Stunde

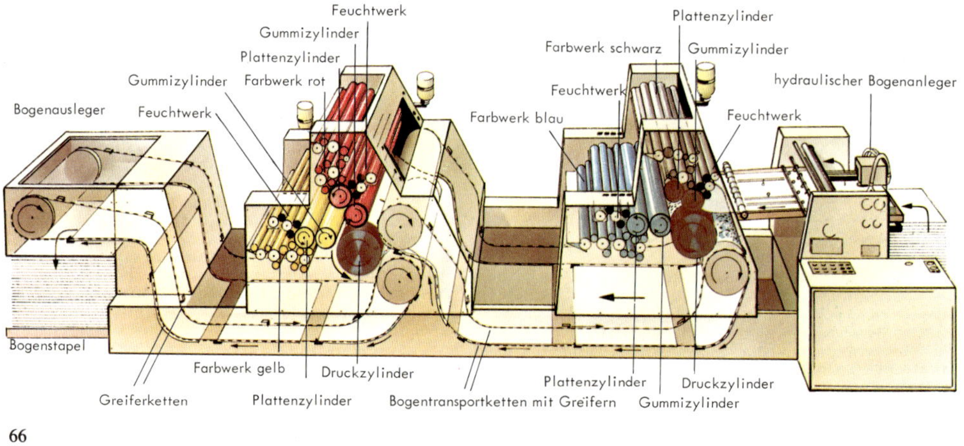

versehenen Zylinder und von diesem auf das Papier übertragen werden (Indirektdruck). Da sich das Gummituch gut anschmiegt, kann man auch auf rauhe Flächen drucken. Für Farbdrucke werden Zwei- und Mehrfarben-Offsetmaschinen verwendet. Als Träger des Druckbildes dienen Zink-, Aluminium- oder Mehrschichtplatten, auf die das Bild photomechanisch, seltener als Zeichnung mit Fettkreide oder -tusche oder als Umdruck übertragen wird. Der O. ist besonders geeignet für hohe Auflagezahlen.

Offshore-Geschäft [ˈɔfʃɔ:-, engl. ›von der Küste entfernt‹, ›Auslands...‹], internat. Geldgeschäft, das nicht den nat. Reglementierungen oder Institutionen unterworfen ist. Im Rahmen des Eurodollar- sowie des Asiendollarmarktes sind **Offshore-Zentren** (z. B. in London, Hongkong) für die Abwicklung von O.-G. entstanden. Eine besondere Form des O.-G. sind **Offshore-Käufe** im Rahmen der NATO. Z. B. wirken außerhalb der USA getätigte Einkäufe für außerhalb der USA stationierte amerikan. Truppen für die liefernden Länder wie zusätzl. Exporte nach den USA.

Offshore-Technik [ˈɔfʃɔ:-, engl.], Aufsuchung und Gewinnung von Erdöl und/oder Erdgas aus küstennahen Meeresgebieten. Die **Hubplattform,** früher meist **Hubinsel** genannt, wird als schwimmfähige Plattform (Deck) von Schleppern oder durch Eigenantrieb an die Bohrstelle gebracht. Die absenkbaren 3–12 Beine stehen beim Bohren auf dem Meeresboden. **Halbtaucher** sind ortsbewegl. schwimmende Plattformen, die von Schwimmkörpern mit vertikalen Säulen und Verstrebungen getragen und meist von Versorgungsschiffen geschleppt werden. Die Tauchtiefe kann durch Fluten oder Lenzen der Schwimmkörper variiert werden. Der Halbtaucher wird mit 8–10 Ankern über dem Bohrlochkopf gehalten. Bei der dynam. Positionierung halten ihn durch Computer gesteuerte Propeller über dem Bohransatzpunkt. **Bohrschiffe** haben bessere Beweglichkeit, höhere Tragfähigkeit als Halbtaucher, so daß ohne Materialnachschub bis zu 2 Bohrungen niedergebracht werden können. Für den Tiefwasseraufschluß und unter Sonderbedingungen (Eisberggebiete) findet an Stelle des Ankerns dynam. Positionierung statt. Die **Bohrplattform** ist eine an Land vorgefertigte Stahl- oder Stahlbetonkonstruktion; jene wird mit eingerammten Pfählen am Meeresboden verankert, die Stahlbetonkonstruktion steht auf dem Meeresboden fest auf Grund ihres Gewichts; ihr unterer Teil dient gleichzeitig als Speichertank für Rohöl. Vom Deck aus werden 30 Bohrungen und mehr abgeteuft und in Produktion genommen. Die Plattform dient auch als Unterkunft für die Besatzung. Bohrplattformen werden durch spezielle Versorgungsschiffe mit Gütern und durch Hubschrauber mit Personen versorgt. Das produzierte Öl wird von Tankern, die auf See aus den Speichertanks der Plattform beladen werden, bei größeren Feldern durch wetterunabhängige Pipelines auf dem Meeresboden abtransportiert.

Die Enwicklung der O.-T. begann in größerem Umfang Anfang der vierziger Jahre im Golf von Mexiko. Hauptfördergebiete: Persisch/Arab. Golf, Mexiko, Nord- und Südamerika, Westafrika, Mittelmeer, Nordsee, Südostasien; ferner: Australien, Neuseeland, Indien, VR China, Japan, Taiwan.

O'Fiaich [o:fˈi:əx], Tomás, irischer Kardinal (seit 1979), * Crossmaglen (Nordirland) 3. 11. 1923, seit 1977 Erzbischof von Armagh und Vors. der irischen Bischofskonferenz.

O'Flaherty [əʊflˈɛətɪ], Liam, irischer Erzähler, * Aran Islands (Irland) 19. 3. 1897, † Inishmore (Aran Islands) 8. 9. 1984. Seine Romane spielen meist vor dem Hintergrund der jüngeren irischen Geschichte (Osteraufstand 1916) und schildern innerlich zerrissene Menschen als Werkzeuge übermächtiger Gewalten: ›Die dunkle Seele‹ (1924), ›Die Nacht nach dem Verrat‹ (1925), ›Verdammtes Gold‹ (1929), ›Hungersnot‹ (1937); auch Erzählungen, autobiographische Schriften.

OFM, Abk. für **Ordo Fratrum Minorum,** die Franziskaner-Observanten (→ Franziskaner).

OFMCap, Abk. für **Ordo Fratrum Minorum Capuccinorum,** die Kapuziner (→ Franziskaner).

OFMConv, Abk. für **Ordo Fratrum Minorum Conventualium,** die Franziskaner-Konventualen (→ Franziskaner).

Ofner [zu Ofen] *der, -s/-, süddt., südostdt.:* Ofensetzer.

Ofnet, zwei Höhlen (Große und Kleine O.) bei Nördlingen mit alt- und mittelsteinzeitl. Kulturschichten. In der Großen O. wurden 32 menschl. Schädel gefunden, die gewaltsam vom Körper abgetrennt waren. Schädelverletzungen deuten in einigen Fällen auf Tötung (Opfer oder Kopfjagd).

Ofotenfjord [ˈu:futənfjo:r], tief ins Land dringender Fjord in N-Norwegen, mit dem Erzhafen Narvik.

oft [ahd.; wohl zu ob, oben], öfter, am öftesten, häufig, viele Male: *ich bin o. in München; wie o.?,* wievielmal?; *ich habe es dir schon o. gesagt! Adj.* **öfter, oftmalig:** *öfteres Nachgießen,* U wiederholtes. *Adv.* **öfter,** *des* **öfteren, öfters,** U, **oftmals.**

Ofterdingen, Heinrich von, mhd. Dichter, → Heinrich 10).

Oftersheim, Wohngem. im Rhein-Neckar-Kr., Bad.-Württ., (1983) 10700 Ew., in der Rheinebene.

o. G., Abk. für **o**hne **G**eschäftsbereich.

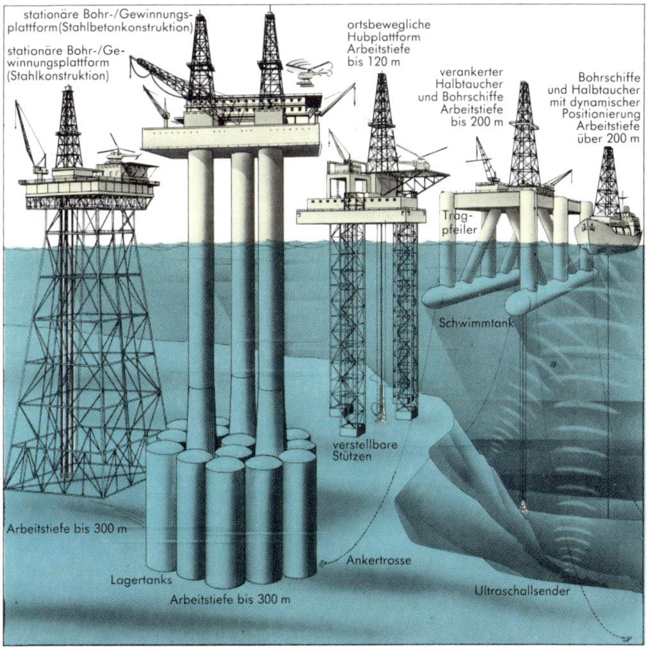

Offshore-Technik

OG, Abk. für **O**berstes **G**ericht (Dt. Dem. Rep.).

Ogaden, Hochland im südöstl. Äthiopien, 900 bis 1000 m ü. M., größtenteils Dornsavanne (100–300 mm Niederschlag jährlich). Die Bewohner, islamische Somal, sind Nomaden; sie neigen zum polit. Anschluß an Somalia. 1977–78 fanden Kämpfe zw. Somalia und Äthiopien um die Provinz O. statt.

Ogbomosho [-ʃ-], Stadt in SW-Nigeria, (1975) 432000 Ew.; landwirtschaftlicher Handel, Textilindustrie.

Ogburn [ˈɔgbən], William Fielding, amerikan. Soziologe, * Butler (Ga.) 29. 6. 1886, † Tallahassee (Fla.) 27. 4. 1959, Theoretiker des → cultural lag. – ›Social change‹ (1922).

Ogden [ˈɔgdən], Stadt in Utah, USA, (1980) 64400 Ew.; Lebensmittelindustrie, Zementwerke, Maschinenbau.

Oger [frz. von lat. orcus] *der, -s/-,* menschenfressendes Ungeheuer in roman. Märchen und Sagen.

OGH, Abk. für **O**berster **G**erichts**h**of (Österreich).

Oghamschrift [ˈɔgəm-, engl.; ˈo:əm-, irisch], **Ogamschrift,** altirische Schrift aus Punkten und Strichen, auf Inschriften Irlands und Großbritanniens; die ältesten gehen bis ins 4. Jh. zurück.

Ogier der Däne [ɔʒjˈe:-], Gestalt der Heldensage, vereinigt Züge eines histor. Autcharius (Authari), Gegners Karls d. Gr. im Langobardenkrieg, und episch-legendärer Gestalten, wurde Ende des 12. Jh. Mittelpunkt des Epos ›Ogier de Danemarche‹ von Raimbert de Paris. Auf dem Weg über die nord. Karlamagnussaga wurde die Gestalt Ogiers in die dän. volkstüml. Balladen des 15. und 16. Jh. übernommen, in denen Ogier unter dem Namen **Holger Danske** zum dän. Nationalhelden erhoben und mit der Dietrich- und Barbarossasage in Verbindung gebracht wurde.

Oglio [ˈɔʎo] *der,* linker Nebenfluß des Po, 280 km lang.

Ogowe *der,* frz. **Ogooué** [ɔgɔwˈe], Fluß in Zentralafrika, 850 km, durchquert Gabun, mündet bei Port-Gentil in den Atlant. Ozean. Erdölförderung im Delta (Verschiffung von Kap Lopez).

O'Grady [əʊgrˈeɪdɪ], Standish James, irischer Schriftst., * Castletown Berehaven (Cork) 18. 9. 1846, † Isle of Wight 18. 5. 1928, schuf durch seine meisterhaften Nacherzählungen aus der alten irischen Sage und Geschichte die Voraussetzungen für die ›Keltische Renaissance‹ in Irland.

O'Hara [əʊhˈɑ:rə], John Henry, amerikan. Schriftst., * Pottsville (Pa.) 31. 1. 1905, † Princeton (N. J.) 11. 4. 1970; gesellschaftskrit. Romane (›Treffpunkt in Samarra‹, 1934; ›Eine leidenschaftl. Frau‹, 1949; ›Die Lockwoods‹, 1966), Kurzgeschichten.

Oheim [ahd., urspr. ›Mutterbruder‹] *der, -s/-e,* ⚮, P: **Ohm,** *südwestdt.:* **Öhm** *der, -(e)s/-e,* Onkel.

OHG, Abk. für → **O**ffene **H**andels**g**esellschaft.

Ohio [əʊhˈaɪəʊ] **1)** *der,* größter linker Nebenfluß des Mississippi, USA, 2102 km lang (mit Allegheny), entsteht bei Pittsburgh aus dem Zusammenfluß von Allegheny und Monongahela und

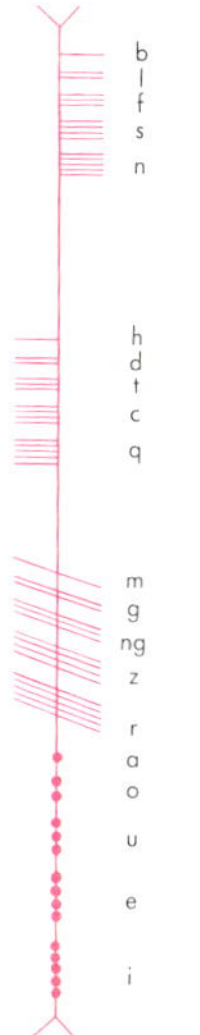

Oghamschrift

Georg Ohm

mündet bei Cairo; durch Kanäle mit den Großen Seen verbunden. **2)** Abk. **O.**, postal. **OH**, einer der östl. Mittelstaaten der USA, 106765 km², (1980) 10,79 Mio. Ew.; Hptst.: Columbus. O. ist bis auf den flachen NW ein welliges Tafelland mit hochentwickelter Landwirtschaft: Mais, Weizen, Sojabohnen u. a.; Rinder- und Schweinehaltung mit Milch- und Fleischerzeugung. Bergbau: bes. Kohlenförderung und Kalksteinind., Erdöl-, Erdgaslagerstätten. Eisen- und Stahlerzeugung, Fahrzeug- und Maschinenbau, chem., Gummi- u. a. Ind. Größte Stadte: Cleveland, Cincinnati; Staatsuniv. in Columbus. – O. gehörte anfangs zum frz. Machtbereich; 1763 kam es an Großbritannien, 1783 an die USA; trat 1803 als 17. Staat der Union bei.

OHL, Abk. für → **O**berste **H**eeres**l**eitung.

Ọhlau, poln. **Oława,** Stadt in der poln. Wwschaft Wrocław (Breslau), (1979) 27000 Ew., zw. Oder und Ohle in Niederschlesien; landwirtschaftl. Verarbeitungsind., chem., Metall-, Papierind.; Schloß (14.–17. Jh.), Pfarrkirche (13.–16. Jh.), klassizist. Rathaus.

Ọhle *die,* poln. **Oława,** linker Nebenfluß der Oder, entspringt südlich von Münsterberg, mündet bei Breslau; 98 km.

Ohlịn, Bertil, schwed. Volkswirtschaftler, * Klippan 23. 4. 1899, † Vålådalen (Jämtland) 3. 8. 1979, beschäftigte sich bes. mit der Außenwirtschaftstheorie (Heckscher-Ohlin-Theorem); erhielt 1977 mit J. E. Meade den Nobelpreis für Wirtschaftswiss.

$$U = R \cdot I \qquad I = \frac{U}{R} \qquad R = \frac{U}{I}$$

Georg Ohm: Ohmsches Gesetz der Elektrizitätslehre

Ohm, 1) [ahd. ama, zu mlat. ama ›Gefäß‹] *das, -(e)s/-e,* früheres Flüssigkeitsmaß = 120–160 l. **2)** [n. G. S. → Ohm] *das, -(s)/-,* Einheitenzeichen Ω, SI-Einheit des elektr. Widerstandes. 1 Ω = 1 Volt/1 Ampere. *ich* **ọhme** *ein Gefäß, schwäb.:* eiche.

Ohm, Georg Simon, Physiker, * Erlangen 16. 3. 1789, † München 6. 7. 1854, Gymnasiallehrer, Prof. in München. Er entdeckte das **Ohmsche Gesetz der Elektrizitätslehre,** das Beziehungen zwischen Stromstärke, Spannung und Widerstand vermittelt. Für Gleichstrom besagt es: Die elektrische Stromstärke I ist direkt proportional der Spannung U und umgekehrt proportional dem Widerstand R; $I = U/R$, wobei R nur von den Eigenschaften des Leiters (Länge, Querschnitt, Material und Temperatur) abhängt. Das ebenfalls nach O. benannte **Ohmsche Gesetz der Akustik** besagt, daß das Ohr jedes Tongemisch in die einfachen Töne (sinusförmige Schwingungen der Luft) zerlegt (→ harmonische Analyse). O. lieferte ferner wichtige Beiträge zur Interferenz linear polarisierten Lichts beim Durchgang durch einachsige Kristalle.

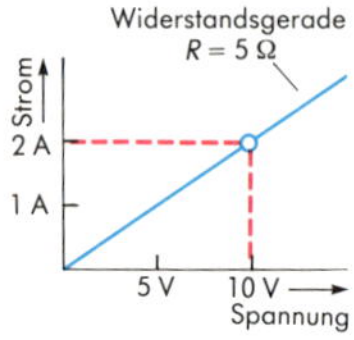

Georg Ohm: Ohmsches Gesetz der Elektrizitätslehre; Bestimmung des Widerstandes R aus Strom und Spannung,
Beispiel: $R = \frac{U}{I} = \frac{10\,V}{2\,A} = 5\,\Omega$

Ọhmberge, Zeugenberge aus Muschelkalk im → Eichsfeld.

Öhmd [ahd. ›Restmahd‹] *das, -(e)s,* **Ohmd,** *oberdt.:* Grummet. *Vb. ich* **öhme** *es.*

Ọhmmeter, Gerät zum Messen elektrischer Widerstände.

Ọhmscher Wịderstand, der nach dem Ohmschen Gesetz (→ Ohm) bestimmte elektr. Widerstand; im Wechselstromkreis der Wirkwiderstand.

ọhne [ahd. anu] *ihn, es: o. daß es geschieht, o. es zu tun,* frei von, unter Weglassung von, ausgenommen, während es nicht da ist, wenn es fehlt: *das ist o. Bedeutung; o. etwas davon zu erwähnen; o. etwas mitzubringen; das ist gar nicht o.!,* U hat etwas für sich. **ohnedẹm,** ꝏ, **ohnedịes,** ohnehin, sowieso, auf alle Fälle. **ohne|einạnder:** *sie kommen ohneeinander nicht aus,* sie brauchen sich gegenseitig. **ohneglẹichen,** einzig dastehend, unvergleichlich. **ohnehịn,** sowieso, ohnedies. *von* **ọhngefähr,** ꝏ von ungefähr.

ọhne Berịcht, Abk. **o. B.,** Wechselklausel, → Avis 3).

ọhne Gewähr, Klausel, durch die eine Haftung ausgeschlossen werden soll, z. B. im Wechselrecht (→ Obligo).

ọhne Ọbligo, → Obligo.

Ọhnmacht *die, -/-en,* **1)** Form der → Bewußtlosigkeit (ÜBERSICHT Erste Hilfe). **2)** *ohne Pl.,* Ü Machtlosigkeit. *Adj.* **ọhnmächtig.**

Ọhnsorg, Richard, Theaterleiter, * Hamburg 3. 5. 1876, † ebd. 10. 5. 1947, gründete 1902 eine Liebhaberbühne, aus der 1920 die Hamburger Niederdt. Bühne, Vorbild für alle plattdt. Laienbühnen, hervorging; als **Richard-Ohnsorg-Theater** durch Fernsehaufführungen (ins Hochdeutsche umgesetzt) bekannt.

Ohr [ahd.] *das, -(e)s/-en,* **1)** Gehör- und Gleichgewichtsorgan bei Mensch und Wirbeltieren (vgl. unten Bau und Aufgaben des Ohrs): *er hat feine Ohren,* hört gut, merkt alles; *unsere Bitte findet taube Ohren,* Ü kein Gehör; *mir ist zu Ohren gekommen,* ich habe erfahren; *er sitzt auf den Ohren,* U hört nicht; *sie liegt ihm in den Ohren,* U redet immerfort auf ihn ein; *die Ohren klingen mir,* U es wird irgendwo von mir geredet. **2)** kurz für das äußere O., die Ohrmuschel: *bis über beide Ohren verliebt, verschuldet,* Ü heftig, sehr stark; *er ist noch nicht trocken hinter den Ohren,* Ü unreif (eigtl. wie ein Neugeborener); *schreib dir's hinter die Ohren!,* Ü merk dir's; *er hat's hinter den Ohren,* Ü ist schlau; *man hat ihn über's O. gehauen,* U ihn betrogen. **3)** Seitenstück, z. B. am Giebel. **4)** seitliche Kopfstütze am Lehnstuhl: *Ohrenstuhl.* **5)** umgeknickte Ecke am Buch: *Eselsohr.* **Ọhrenschmaus,** U etwas, das Freude beim Zuhören macht. *die* **Ọhrfeige,** *-/-n,* Schlag auf die Backe. *Vb. ich* **ọhrfeige** *ihn. das* **Ọhrwaschel,** *-s/-n, bair., österr.:* Ohrmuschel.

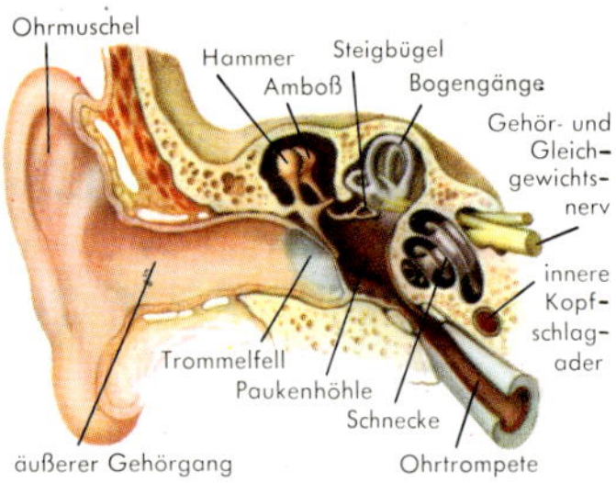

Ohr 1) (schematische Übersicht)

Bau und Aufgaben des Ohrs. Das O. des Menschen besteht aus dem äußeren O., dem Mittelohr und dem inneren O. Das **äußere O.** fängt die Schallwellen auf **(Ohrmuschel)** und leitet sie durch den äußeren Gehörgang dem schwingungsfähigen Trommelfell zu. Die Ohrmuschel variiert in Größe, Form, Stellung und Oberfläche (z. B. Ohrläppchen). Im **äußeren Gehörgang** finden sich Haare und das **Ohrenschmalz** erzeugende Drüsen. Das **Mittelohr** besteht aus **Paukenhöhle** mit Gehörknöchelchen, Zellen des Warzenfortsatzes und Ohrtrompete. Das **Trommelfell,** das Gehörgang und Paukenhöhle trennt, ist eine elliptische, bindegewebige Membran. Das innere O. hat nach der Paukenhöhle hin zwei Öffnungen: das **ovale Fenster,** in dem die Fußplatte des Steigbügels ruht, und das von einer Membran verschlossene **runde Fenster.** Die **Gehörknöchelchen** bilden eine gelenkig verbundene Kette, die vom Trommelfell über Hammer, Amboß und Steigbügel zum ovalen Fenster reicht und die vom Trommelfell aufgenommenen Schwingungen überträgt. Die **Ohrtrompete (Eustạchische Röhre** oder **Tube)** verläuft von der Paukenhöhle schräg zum Nasen-Rachen-Raum; sie sorgt für Druckausgleich zw. Außenluft und Luft im Mittelohr. Das **innere Ohr** besteht aus dem häutigen Labyrinth, das in das **knöcherne Labyrinth,** d. h. in entsprechend geformte Hohlräume in der Felsenbeinpyramide, eingelassen ist. Das **häutige Labyrinth** ist ein System von bindegewebigen, untereinander verbundenen Röhren, die von der **Endolỵmphe,** einer klaren Flüssigkeit, erfüllt sind. Zw. dem häutigen und dem knöchernen Labyrinth liegt ein zweiter, mit Flüssigkeit **(Perilỵmphe)** erfüllter Raum, der durch das ovale Fenster mit der Paukenhöhle in Verbindung steht; jede durch eine Schallwelle erzeugte Schwingung des Trommelfells wird daher durch die Gehörknöchelchen auf die Perilymphe übertragen. Zum häutigen Labyrinth gehören die **Schnecke** und die drei dem → Gleichgewichtssinn dienenden **Bogengänge.** Zur Schnecke zieht der als **Hörnerv** bezeichnete Teil des Hör- und Gleichgewichtsnervs (VIII. Gehirnnerv), zu den Bogengängen der als **Gleichgewichtsnerv** bezeichnete andere Teil. Innerhalb der häutigen Schnecke befindet sich das eigentliche Hörorgan, das **Cọrtische Organ.** Dieses enthält die reizaufnehmenden Sinneszellen, mehrreihig angeordnete Haarzellen, deren Verbiegung durch wellenförmige Bewegungen der Endolymphe und der sie umgebenden Hüllen als Sinnesreiz an das Gehirn weitergeleitet wird. Je nachdem, an welcher Stelle die von der Perilymphe angeregten Wellen ihr letztlich von der auf das O. auftreffenden Tonfrequenz abhängiges Schwingungsmaximum haben, werden unterschiedliche Sinneszellen gereizt und schließlich vom Gehirn die verschiedenen Töne wahrgenommen (→ Gehör).

Gehörorgane bei Tieren sind z. B. die → Tympanalorgane bei Insekten; Wirbeltiere haben Vorrichtungen für Schallaufnahme **(äußeres O.,** Ohrmuschel, äußerer Gehörgang und Trommelfell), Schalleitung (Gehörknöchelchen im **Mittelohr)** und Schallumformung (ein Teil des im **inneren O.** gelegenen Labyrinths, die Schnecke). Bei Lurchen, Kriechtieren und Vögeln fehlt meist noch das äußere O., die Gehörknöchelchen sind durch ein Knochensäulchen ersetzt, und der schallumsetzende Apparat ist nicht schneckenförmig aufgerollt.

Öhr [zu Ohr] *das, -(e)s/-e,* **1)** Loch in Geräten, z. B. in der Nadel, in Hämmern, Äxten. **2)** *nd.:* Öse, Heftel. **3)** *nd.:* Henkel.

Ọhrdruf, Stadt im Kr. Gotha, Bez. Erfurt, (1975) 7500 Ew., an der Ohra; vielseitige Ind. (Spielwaren, Lederwaren, Porzellan, Glasinstrumente, Holz, Papier, Metall); nahebei Truppenübungsplatz. – In O. gründete Bonifatius 725 eine Zelle, an deren Stelle später die Michaelskirche stand (im 2. Weltkrieg zerstört, Turm erhalten).

Ọhre *die,* linker Nebenfluß der Elbe, 105 km lang, entspringt bei Wittingen (Niedersachsen), durchfließt den Drömling, mündet nördlich von Magdeburg.

Ohrenfluß, Absonderung von Eiter aus dem Ohr, bes. bei →Mittelohrentzündung.

Ohrenkriecher, →Ohrwürmer.

Ohrenqualle, Aurelia aurita, zu den →Scheibenquallen gehöriges, bis tellergroßes Hohltier der europ. Küstenmeere.

Ohrenrobben, Säugetiere, →Robben.

Ohrensausen *das, -s,* →Ohrgeräusche.

Ohrenschmalzpfropf, durch verstärkte Absonderung von Ohrenschmalz entstehendes Gebilde, das den äußeren Gehörgang verstopfen und zu Schwerhörigkeit führen kann. – Behandlung: Ohrspülung mit Ohrspritze und lauwarmem Wasser.

Ohrenschmerzen, Krankheitszeichen bei Ohrenkrankheiten, bes. bei Gehörgangsfurunkel und Mittelohrentzündung; auch als fortgeleiteter Schmerz bei Erkrankung von Nachbarorganen.

Ohrgeräusche, Ohrenklingen, Ohrensausen, Gehörempfindungen, die als tiefes Summen (Rauschen, Brausen) bes. bei Mittelohrerkrankungen, als hohes Klingen (Pfeifen, Zischen) bei Innenohrkrankheiten, Durchblutungsstörungen u. a. auftreten. Während selten auftretende und nur kurz anhaltende O. normal sein können, erfordern anhaltende O. ärztl. Untersuchung.

Ohrid [ˈɔxrid], grch. **Achrida,** Stadt in der Sozialist. Rep. Makedonien, Jugoslawien, (1973) 26000 Ew., am **Ohridsee** (→Dessaretische Seen); Sitz eines orthodoxen Bischofs; Balkanfestspiele, Fremdenverkehr. – O., das antike **Lychnidos,** hat Ruinen eines röm. Kastells, byzantin. Kirchen, Moscheen. 1018–1767 war es Sitz eines autokephalen orthodoxen Erzbischofs.

Öhringen, Stadt im Hohenlohekr., Bad.-Württ., (1983) 16500 Ew., auf der Hohenloher Ebene; Verpackungs-, Schulmöbel- u. a. Ind. In der Krypta der Stiftskirche (Neubau 1454–91) sind Adelheid, die Mutter Kaiser Konrads II., sowie mehrere hohenloh. Grafen begraben; Rathaus (1504), Schloß der Fürsten zu Hohenlohe-Ö. (17. Jh.).

Ohrmarke, eine bes. bei Zuchttieren durch die Ohren gezogene Marke mit Nummer, um ihre Identität und Abstammung sicherzustellen.

Ohrmuschelstil, vom **Knorpelwerk** (BILD Ornament), einer frühbarocken Ornamentgattung, abgeleiteter Dekorationsstil, benannt nach dem Motiv, das einer Ohrmuschel ähnelt, im 16./17. Jh. v. a. in den Ländern nördlich der Alpen sehr häufig angewendet. Er enthält Elemente der Groteske.

Ohrschmuck, im Ohrläppchen getragener oder um das Ohr gelegter Schmuck in Form eines Ringes (Ohrring), Gehänges, einer Rolle (Ohrpflock) oder Scheibe. O. wurde zu allen Zeiten (schon in der präkeram. Phase der Jungsteinzeit) und in allen Erdteilen von Frauen, manchmal auch von Männern getragen.

Ohrspeicheldrüse, Parotis [grch.], größte Mundspeicheldrüse, liegt vor und unter dem äußeren Ohr. Über die Entzündung der O. →Mumps.

Ohrwurm, 1) →Ohrwürmer. **2)** Tierkrankheit (bes. bei Hund, Katze, Kaninchen): Entzündung des äußeren und des Mittelohres mit Jucken, vermehrter Ausscheidung aus dem Gehörgang. Ursachen: Räudemilben u. a. **3)** Ü eingängiges Musikstück.

Ohrwürmer, Dermaptera, artenreiche Insekten-Ordn.; die Art **Ohrwurm (Forficula auricularia,** im Volksmund **Ohrenkriecher** genannt; BILD Insekten), 11–15 mm lang, braun mit großer Hinterleibszange, kleinen Flügeldecken und daruntergefalteten Flügeln, ist für den Menschen harmlos, spielt in der biolog. Schädlingsbekämpfung als Blattlausvertilger eine bed. Rolle.

Ohu, Teil der Gemeinde Essenbach, Kr. Landshut, Niederbayern; Kernkraftwerk.

Oie [ˈɔyə; dän. Lw.] *die, -/-n, pommer.:* kleine Insel.

Oinochoe [grch.] *die, -/...chˈo|en,* kleine, einhenklige altgrch. Kanne.

Oiroten *Pl.,* **Altaier,** türk. Stämme im Gebiet des Altai, bewohnen das →Gorno-Altaiische Autonome Gebiet.

Oise [wa:z], **1)** *die,* Fluß in N-Frankreich, entspringt in den belg. Ardennen und mündet bei Conflans-Sainte-Honorine in die Seine, 302 km lang, durch Kanäle mit Aisne und Sambre verbunden. **2)** Dép. in N-Frankreich, 5887 km², (1982) 661800 Ew. Hptst.: Beauvais.

Oistrach, Ojstrach, 1) Dawid Fjodorowitsch, russ. Geiger, * Odessa 30. 9. 1908, † Amsterdam 24. 10. 1974.

2) Igor Dawidowitsch, russ. Geiger, Sohn von 1), * Odessa 27. 4. 1931.

Oita, Hafenstadt in Japan, (1980) 360000 Ew., auf der Insel Kyushu; Fischkonserven-, chemische, Textil- u. a. Industrie.

Oituz [-z], ungar. **Ojtoz** [-z], Paß in den Ostkarpaten, Rumänien, 865 m hoch, verbindet Siebenbürgen mit der Moldau.

o. J., Abk. für **ohne Jahr,** d. h. ohne Angabe des Erscheinungsjahres auf dem Titelblatt.

Ojetti, Ugo, ital. Kunstkritiker und Schriftst., * Rom 15. 7. 1871, † Florenz 1. 1. 1946, schrieb Romane (›Mein Sohn, der Herr Parteisekretär‹, 1922), literar- und kunsthistor. Aufsätze, Künstlermonographien.

Ojibwa [əʊdʒˈɪbweɪ] *Pl.,* **Odjibwa, Chippewa** [tʃˈɪpəwɑ:], nordamerikan. Indianerstamm aus der Gruppe der Algonkin, im Gebiet der westl. Großen Seen in den USA und in Kanada. In den 1970er Jahren lebten in Reservationen der USA 30000, Kanadas 50000 O.

Ojmjakon, Ort am Oberlauf der Indigirka in NO-Sibirien, einer der →Kältepole der Erde.

Ojukwu, Chukwuemeka Odumegwu, afrikan. General und Politiker, * Zungeru (N-Nigeria) 4. 11. 1933, gehört dem Ibo-Volk an, wurde 1966 Militär-Gouv. seiner Heimatregion O-Nigeria. O. proklamierte diese zur unabhängigen Rep. →Biafra.

o. k., O. K., okay [əʊkˈeɪ, amerikan.], U in Ordnung.

Oka *die, -/-,* **Oke, Hocka, 1)** altes türk. Handels- und Münzgewicht, heute 1 O. = 1000 Drachmen = 1 kg. **2)** altes türk. Flüssigkeitsmaß = 1,27 l reinen Brunnenwassers.

Oka *die,* **1)** größter und wasserreichster rechter Nebenfluß der Wolga, 1480 km, entspringt auf dem Mittelruss. Höhenrücken südlich von Orel, mündet bei Gorkij; ab Tschekalin von April bis Ende November schiffbar. **2)** linker Nebenfluß der Angara, 953 km, entspringt im Ost-Sajan; im Unterlauf Teil des Bratsker Stausees.

Okajama, japan. Stadt, →Okayama.

Okapi *das, -s/-s,* Huftier, →Giraffen.

Okarina [ital. ›Gänschen‹] *die, -/-s* oder *...rˈinen,* aus der uralten Gefäßflöte hervorgegangenes Musikinstrument aus Ton, in seiner heutigen Form 1860 in Italien entstanden. Die O. hat ein Schnabelmundstück und 8–10 Grifflöcher.

Okawango *der,* Fluß in Afrika, entspringt als Cubango auf dem Bihé-Hochland, verliert sich im Ngamisee (Botswana); etwa 1100 km lang.

okay [əʊkˈeɪ, amerikan.], →o. k.

Okayama, Okajama, Stadt auf Honshu, Japan, (1980) 546000 Ew., an der Inlandsee; Kultur- (Univ.), Handelszentrum; chem., Textil-, Matten- u. a. Ind.; bed. Landschaftsgarten (um 1700).

Okazaki, Okasaki, Stadt auf Honshu, Japan, (1980) 262000 Ew.; Textil-, Musikinstrumenten-, Nahrungsmittelindustrie.

Okeanos, grch. Mythos: göttl. Repräsentant des Weltstroms, der die Länder der Erde umfließt.

O'Kelly [əʊkˈelɪ], irisch **O Ceallaigh** [o:çˈaleɪ], Seán Tomás, irischer Politiker, * Dublin 25. 8. 1882, † ebd. 23. 11. 1966, Mitgr. der Sinn Féin (1905), Präs. des ersten irischen Parlaments (1919–21), seit 1927 führend in der Fianna Fáil tätig, 1932–45 stellvertr. MinPräs., 1945–59 Staatspräs. der Rep. Irland.

Ökelname [eigtl. ›Übername‹], *nd.:* Spitzname.

Oken, Lorenz, eigtl. **Ockenfuß,** Naturphilosoph und Mediziner, * Bohlsbach (Baden) 1. 8. 1779, † Zürich 11. 8. 1851; 1822 gründete er die →Gesellschaft Deutscher Naturforscher und Ärzte e. V. – Ztschr.: ›Isis oder enzyclopäd. Zeitung‹ (41 Bde., 1817–48).

Oker *die,* linker Nebenfluß der Aller, entspringt im Oberharz, mündet bei Müden; 105 km. **O.-Talsperre** bei Altenau im Harz (seit 1956) 47,4 Mio. m³ Stauinhalt, 2,2 km² Seefläche, dient der Stromerzeugung und dem Hochwasserschutz.

Oki, Okishima, Okischima, japan. vulkan. Inselgruppe im Japan. Meer, 348 km², rd. 32000 Ew., Hauptort ist Saigo auf Dogo.

Okinawa, die größte der Ryukyu-Inseln, 1254 km², rd. 800000 Ew.; Hptst.: Naha. Die Eroberung O.s durch die Amerikaner (April bis Juni 1945) zählt zu den blutigsten Kämpfen des 2. Weltkriegs. Seit 1949 wurde O. zu einem starken amerikan. Stützpunkt ausgebaut; am 15. 5. 1972 an Japan zurückgegeben.

Okkasion [frz. aus lat.] *die, -/-en,* **1)** Gelegenheit, Anlaß. **2)** Gelegenheitskauf, günstiges Angebot. **okkasionell,** gelegentlich.

Okkasionalismus [lat.] *der, -,* philosoph. Lehre, wonach es zw. Seele und Leib keine Wechselwirkungen gibt. Vielmehr verursache Gott anläßlich (›gelegentlich‹) eines leibl. Zustandes einen bestimmten seel. oder umgekehrt. Der O. wurde gegenüber Descartes bes. von A. Geulincx und N. Malebranche vertreten.

Okklusion [lat.] *die, -/-en,* **1)** Einschließung, Umschließung. **2)** Meteorologie: →Front 4). **3)** Zahnmedizin: Schlußbiß der Zahnreihen des Ober- und Unterkiefers.

Okkultismus [lat. occultum ›das Verborgene‹] *der, -,* **1)** die Lehre, daß es verborgene, in die heutige wissenschaftl. Systematik nicht einzugliedernde Tatsachen der Natur und des Seelenlebens gebe, insbes. außersinnl. Wahrnehmungen (Telepathie, Hellsehen), Fernbewegungen (Psychokinese), Materialisationen, personen- und ortsgebundenen →Spuk, Erscheinungen, Doppelgänger u. a. Vom O. ist der →Spiritismus zu unterscheiden, der einen Teil der behaupteten Phänomene auf Einwirken von Verstorbenen auf das Diesseits zurückführt. Die okkulten Erscheinungen sucht man heute mit wissenschaftl. Methoden zu erforschen (→Parapsychologie). **2)** Geheimwissenschaften, z. B. Magie, Kabbalistik u. ä. **okkult,** verborgen. *der* **Okkultist,** *-en/-en,* Anhänger des O. *Adj.* **okkultistisch.**

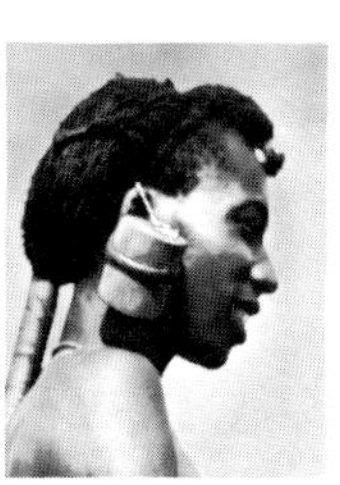

Ohrschmuck: Masai mit Ohrpflock

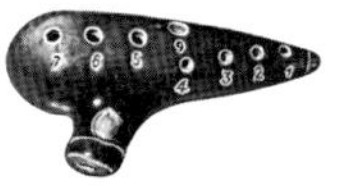

Okarina

Dawid Oistrach

Okkupation [lat.] *die, -/-en,* **1)** Besitzergreifung. **2)** Völkerrecht: die → Besetzung. **3)** Zivilrecht: Aneignung von herrenlosen beweglichen Sachen (§ 958 BGB). *Vb. ich* **okkupiere** *es.*

Okla., postal. **OK**, Abk. für den Staat **Okla**homa, USA.

Oklahoma [əuklə'həumə], Abk. **Okla.**, postal. **OK**, einer der südwestl. Mittelstaaten der USA, 181089 km², (1980) 3,025 Mio. Ew.; Hptst.: Oklahoma City. Staatsuniv. in Norman. O. liegt großenteils in der Prärie, die im O von Gebirgen, im W von den → Great Plains begrenzt ist. Der Ackerbau ist meist auf Bewässerung angewiesen. Wichtigster Fluß ist der Arkansas (schiffbar bis Catoosa). Haupterwerbszweige: Landwirtschaft (Viehwirtschaft, Weizen-, Baumwollanbau) und Bergbau. Bodenschätze: bes. Erdöl, ferner Erdgas, Kohle, Zink, Blei. Wichtigster Industriezweig ist die Erdölraffinerie. - O. kam 1803 an die USA. Es gehörte zum Indianerterritorium, wurde 1889-93 der weißen Ansiedlung geöffnet und 1907 als 46. Staat in die Union aufgenommen.

Oklahoma City [əuklə'həumə s'ıtı], Hptst. von Oklahoma, USA, (1980) 403200 Ew., am Canadian River, in einem bed. Erdöl- und Erdgasrevier; Univ.; Erdölraffinerie, Sekundärindustrien der Erdölförderung, Flugzeugbau, Mühlen, Schlachthäuser; Getreide-, Viehhandel.

Oklo-Reaktor. 1972 wurden in der Uranmine Oklo in Gabun (W-Afrika) Anzeichen für die Existenz prähistor. Kernreaktoren entdeckt, in denen vor etwa 2 Mrd. Jahren über eine Zeit von 2 Mio. Jahren auf Grund eines zufälligen Zusammentreffens günstiger Umstände, wie hohe natürl. Konzentration des spaltbaren Uranisotops ^{235}U von damals 3% eine natürl. Kettenreaktion abgelaufen sein muß.

Ökolampad, Oecolampadius, Johannes, eigtl. **Huszgen, Husschin,** schweizer. Reformator, * Weinsberg (Kr. Heilbronn) 1482, † Basel 24. 11. 1531, Schüler J. Reuchlins, zunächst kath. Geistlicher in Basel und Augsburg, schloß sich der Reformation an. Seit 1522 verbreitete und festigte er die neue Lehre in Basel (ebenso in Ulm, Memmingen und Biberach).

Ökologie [grch.] *die, -,* Teilgebiet der Biologie, das sich mit den Beziehungen der Lebewesen zur umgebenden Außenwelt befaßt. Die **Autökologie (physiolog. Ö.)** untersucht die Abhängigkeit des Organismus von seiner Umwelt; die **Demökologie (Populations-Ö.)** erforscht die Wechselwirkungen zw. den Angehörigen einer Art sowie die Beziehung zw. Population und Umweltfaktoren; die **Synökologie (Biozönologie)** untersucht die Beziehungen der einzelnen Arten einer Lebensgemeinschaft untereinander, deren Abhängigkeit von der Mit- und Umwelt sowie deren Einwirkungen auf den Lebensraum. Man unterscheidet auch **Phyto-Ö.** (→ Pflanzenökologie), **Zoo-Ö.** (→ Tierökologie) und **Human-** oder **Anthropo-Ö.**, die in der → Sozialökologie mit der Soziologie verbunden ist. - Die Ö. hat besondere Bedeutung für die Lösung von Umweltproblemen gewonnen (→ Hydrobiologie, → Landschaftsökologie, → Naturschutz, → Schädlingsbekämpfung, → Umweltschutz). Die **ökolog. Regeln** sind v. a. die an Tieren gewonnenen Beobachtungsergebnisse hinsichtlich der Besiedlung des Lebensraumes von Tieren und Pflanzen sowie der zunehmenden Siedlungsdichte des Menschen (→ Siedlungsbiologie).

ökologisch, die → Ökologie betreffend; U auch umweltfreundlich.

ökologische Faktoren, die → Umweltfaktoren.

ökologische Potenz, die Reaktionsnorm einer Organismenart, ihre Fähigkeit, sich mit der Umwelt auseinanderzusetzen und die versch. Intensitäten derselben (→ ökologische Valenz) auszunutzen, zu überwinden oder zu ertragen.

ökologische Streubreite, die Fähigkeit von Pflanzenarten und -sorten, unter versch. Standortbedingungen gleichmäßig hohe Leistungen zu bringen; so ist die ö. S. der Tomaten infolge ihres Wärmebedarfs klein, die des unempfindl. Porrees groß.

ökologische Valenz, die unterschiedl. Intensitätsstufen eines Umweltfaktors, die für eine best. Organismenart unerträglich **(Pessimum)**, gerade noch erträglich **(Minimum** und **Maximum)** oder günstig **(Optimum)** sein können und damit ihre Existenz ausschließen, gefährden oder ermöglichen.

Ökomone *Pl.,* Ökologie: von Pflanzen und Tieren gebildete und ausgeschiedene, meist schnell flüchtige chem. Botenstoffe (Zucker, Aminosäuren, Glykoside, Terpenoide, Phenole, Alkaloide) zur Information und Kommunikation (Anlockung, Abschreckung, Warnung, Orientierung, Markierung, Entwicklungshemmung) zw. Individuen derselben Art oder versch. Arten (→ Pheromone).

Ökonometrie [grch.] *die, -,* Inbegriff der Anwendung der Wahrscheinlichkeitstheorie auf wirtschaftsstatist. Daten im Rahmen wirtschaftstheoret. Modelle (v. a. in Form simultaner Gleichungssysteme) zur Bestimmung wirtschaftl. Konstanten, Prüfung wirtschaftstheoret. Hypothesen und Prognose wirtschaftl. Erscheinungen. Die Ö. läßt sich auf betriebs- und volkswirtschaftliche Gegenstände anwenden.

Ökonomie [grch.] *die, -/-n,* **1)** Wirtschaft; Wirtschaftslehre. **2)** *ohne Pl.,* Wirtschaftlichkeit, Sparsamkeit. **3)** Landwirtschaft. *der* **Ökonom**, *-en/-en,* Wirtschaftler: *Diplom-Ö.;* ⚘ Landwirt, Gutsverwalter. *die* **Ökonomik**, -, **1)** Haushaltungs-, Wirtschaftskunde. **2)** Wirtschaftswissenschaft. **ökonomisch,** wirtschaftlich, sparsam.

ökonomische Geschichtsauffassung, Bez. für die Geschichtsauffassung des Histor. Materialismus (→ Marxismus).

ökonomisches Prinzip, das Streben, mit einem gegebenen Aufwand den größtmöglichen Ertrag oder einen bestimmten Ertrag mit kleinstem Aufwand zu erzielen.

Ökosphäre, die → Biosphäre.

Ökosystem [grch.], Beziehungsgefüge der Lebewesen untereinander und mit ihrer unbelebten Umwelt. Jedes Ö. besitzt besondere physikal., chem. und biolog. Strukturen und Funktionen. Ö. sind offene Systeme, meist im → Fließgleichgewicht, mit einer begrenzten Fähigkeit zur Selbstregulation. Ihrer Erforschung dient die **Ökosystemanalyse (Ökosystemforschung).**

Ökotoxikologie, Teilgebiet der Ökologie, Wissenschaft von dem Vorkommen, der Wirkung und der Dynamik (Austrag, Abbau) von Schadstoffen (Umweltchemikalien) in → Ökosystemen.

Ökotrophologie [grch. trophein ›ernähren‹] *die, -,* Haushalts- und Ernährungswiss. Das Studium der Ö. schließt mit dem Diplom- oder Doktorgrad ab.

Oktaeder [grch. ›Achtflächner‹] *das, -s/-,* ein von 8 Flächen umgrenzter Körper. Ein regelmäßiges O. wird von 8 gleichseitigen Dreiecken begrenzt (BILD Körper). *Adj.* **oktaedrisch.**

Oktalsystem [grch.], ein Zahlensystem mit der Grundzahl 8. Die Zahlen sind in der Form $a_0 \cdot 1 + a_1 \cdot 8 + a_2 \cdot 8^2 + a_3 \cdot 8^3 \ldots$ aufgebaut und werden ähnlich wie beim Dezimalsystem dargestellt, aber nur mit acht Ziffern (0 bis 7). Das O. wird in Rechenanlagen benutzt, um Dualzahlen bequemer lesbar zu machen.

Oktant [von lat. octo ›acht‹] *der, -en/-en,* **1)** △ der 8. Teil der Kreislinie oder Kreisfläche (Sektor), ebenso jeder der 8 Teile, in die der ganze Raum durch ein dreiachsiges kartesisches Koordinatensystem geteilt wird. **2)** *ohne Pl.,* ✰ lat. **Octans,** Sternbild am Südhimmel, enthält den südl. Himmelspol. **3)** Winkelmeßinstrument für die Schiffsortsbestimmung, ähnlich dem → Sextanten.

Oktanzahlen, Octanzahlen, Abk. **OZ,** Maß für die → Klopffestigkeit von → Ottokraftstoffen. O. werden meist unter genormten Bedingungen in speziellen Prüfmotoren bestimmt. Nach der **F 1-Methode** (600 Umdrehungen/min, Gemischtemperatur nicht vorschrieben) wird die **Research-O.** [rıs'ɔ:tʃ-], **ROZ,** nach der **F 2-Methode** (900 Umdrehungen/min, Gemischtemperatur 150 °C) die **Motor-O. (MOZ)** bestimmt. Der Kraftstoff wird dabei mit einem Testgemisch von n-Heptan und i-Octan (2,2,4-Trimethylpentan) verglichen. Für reines n-Heptan (schlechte Klopffestigkeit) wurde willkürlich die O. 0, für reines i-Octan (gute Klopffestigkeit) die O. 100 festgelegt. Der Anteil an i-Octan in der Testmischung (in Vol.-%) gibt deren O. Eine große Differenz zw. ROZ und MOZ **(Sensitivity** [sensıt'ıvətı]) bedeutet, daß die Klopffestigkeit des Kraftstoffes mit zunehmender therm. Belastung im Motor stark abnimmt. Unter **Front-O. (FOZ)** versteht man die ROZ der bis 100 °C überdestillierenden Kraftstoffanteile. Eine ungenügende FOZ ist für das Beschleunigungsklopfen verantwortlich. Die **Straßen-O. (SOZ)** wird nach standardisierten Programmen in einem Kraftfahrzeug auf dem Prüfstand oder im Straßenverkehr bestimmt. Die O. von Kohlenwasserstoffen nehmen mit der Molekülgröße ab, mit dem Grad der Molekülverzweigung und dem ungesättigten Charakter zu. Aromaten haben bes. hohe O.

Die SOZ liegt meist bei der ROZ. Nach DIN 51600 Mindestwerte für Normalkraftstoff ROZ 91,0, MOZ 82,0; Superkraftstoff ROZ 97,4, MOZ 87,2. Zur Verbesserung der Klopffestigkeit dienen u. a. Antiklopfmittel oder Methyl-tert-butyläther. Nach DIN 51607 Mindestwerte für bleifreies Benzin: Normalkraftstoff ROZ 92,5; Superkraftstoff ROZ 96,0.

Oktav [lat. octavus ›der Achte‹], **1)** *die, -/-en,* kath. Liturgie: die jeweils achttägige Feier von Weihnachten, Ostern, Pfingsten. Die Pfingst-O. entfällt seit 1969. **2)** *das, -s/-e,* 🕮 gebräuchlichstes Buchformat (8°; bis 22,5 cm Höhe), entsteht aus der Teilung eines Bogens in 8 Blatt (16 Seiten). Klein-O. hat bis 18,5 cm, Groß-O. bis 25 cm Höhe (Lexikonformat).

Oktave [lat.] *die, -/-n,* **1)** ♪ der (von einem Grundton aus gerechnet) achte Ton der diaton. Tonleiter, die achte diaton. Stufe (grch. diapason ›durch alle‹), die die doppelte Zahl der Schwingungen des Grundtons hat; auch das Intervall zw. Grundton und achter diaton. Stufe und der Zusammenklang beider gleichnamiger Töne. Der gesamte musikalisch verwertbare Tonraum wird von C aus in Oktaven eingeteilt. Das Oktavzeichen 8va... oder ottava über den Noten bedeutet, daß sie eine O. höher, unter den Noten, daß sie eine O. tiefer erklingen sollen. *ein Ton* **oktaviert,** schlägt durch Überblasen in die nächsthöhere O. über (bei Blasinstrumenten). **2)** Verslehre: → Ottava rima.

Oktavian, dt. Schreibung für Octavianus, → Augustus.

Oktett [lat.] *das, -s/-e,* **1)** Musikstück für 8 selbständig geführte Instrumente oder Singstimmen, auch Ensemble von 8 Instrumentalisten oder Sängern. **2)** ⊠ 8 zusammengehörige Energie- oder

Massenzustände, z. B. die Zustände der 8 Elektronen in der äußeren Elektronenschale eines →Atoms oder Ions, die eine Edelgaskonfiguration bilden (→Oktett-Modell).

Oktett-Modell, Achtfach-Weg-Modell [nach einem Aphorismus von Buddha], Elementarteilchen-Modell, das die Klassifizierung der →Baryonen und →Mesonen in bestimmte, strukturmäßig zusammengehörige Gruppen (**Supermultipletts**, z. B. **Singulett** = 1, **Oktett** = 8, **Dekuplett** = 10 Teilchen) mit einheitlichem Spin und einheitlicher Parität gestattet. Es wurde 1961 von Gell-Mann und Ne'eman unabhängig voneinander vorgeschlagen. Das O.-M. entspringt der Vorstellung, daß die Ruhemassen der Elementarteilchen in analoger Weise als gequantelte Energiezustände eines einheitlichen physikal. Systems aufzufassen sind wie etwa die viel enger benachbarten Energiezustände eines Wasserstoffatoms.

Oktober [lat., von octo ›acht‹] *der, -(s)-,* Abk. **Okt.**, der 10. Monat unserer Zeitrechnung, mit 31 Tagen, im altröm. Kalender der 8. Monat; frühere dt. Namen: **Weinmonat, Gilbhart.**

Oktoberfest, ein seit 1810 alljährlich in München auf der Theresienwiese stattfindendes Volksfest; es dauert 16 Tage und endet stets mit dem ersten Sonntag im Oktober.

Oktoberrevolution, der bolschewistische Umsturz am 25./26. 10. 1917 a. St., 7./8. 11. 1917 n. St., daher auch **Novemberrevolution.** (→russische Geschichte)

Oktobristen *Pl.,* im zarist. Rußland die monarchisch-konstitutionelle Partei, die einen gemäßigten Liberalismus vertrat (gegr. Dez. 1905).

Oktogen *das, -s,* **Homocyclonite,** brisanter Explosivstoff, der sich durch extrem hohe Detonationsgeschwindigkeit auszeichnet und in Hohlladungen verwendet wird.

Oktogon [grch.] *das, -s/-e,* Achteck; Zentralbau über achteckigem Grundriß (BILD Aachener Münster). *Adj.* **oktogonal.**

Oktokoralli|er, achtstrahlige Korallentiere, →Korallen.

Oktopoden [grch. ›Achtfuß‹] *Pl.,* Kopffüßer, →Kraken.

Oktroi [ɔktro'a, frz. von lat. auctoritas] *der* oder *das, -s/-s,* urspr. landesherrl. Privileg, z. B. eine oktroyierte (autorisierte) Handelsges., aber auch, bes. in roman. Ländern, eine Art von Aufwand- und Verbrauchsteuer.

oktroyieren [ɔktroaj'i:rən, frz.]. *ich* **oktroyiere** *es,* **1)** ℘ bewillige, verleihe (z. B. Handelsprivilegien). **2)** *ihm* **(auf),** zwinge (rechtswidrig) auf, erlasse eigenmächtig. **Oktroyierte Verfassungen** sind einseitig von Fürsten erlassen (in Preußen 1848, in Österreich 1849); Ggs.: vereinbarte (paktierte) oder von einer konstituierenden Nationalversammlung (Frankfurt 1849, Weimar 1919) beschlossene Verfassungen.

Oktupol, Oktopol, ein →Multipol aus 4 Dipolen.

Oktupol|linse, ⊠ ringförmig angeordnete zylindr. Elektroden oder Magnetpole mit wechselndem Poltyp (Plus- und Minus- bzw. Nord- und Südpol), zur Fokussierung von Strahlen geladener Teilchen.

Okular [lat. von oculus ›Auge‹] *das, -s/-e,* dem Auge zugewandte Linse (Linsensystem) an opt. Instrumenten, die die unmittelbare Betrachtung des vom →Objektiv erzeugten Zwischenbildes ermöglicht. Das O. besteht meist aus Augenlinse, die als Lupe wirkt, und Feldlinse (Kollektiv), die die Hauptstrahlen in der Austrittspupille vereinigt. Beim **Huygensschen O.** [h'œjxəns-] liegt das Kollektiv vor, beim **Ramsden-O.** [r'æmzdən-] hinter dem Zwischenbild; bei letzterem kann am Ort des Zwischenbildes eine Meßmarke oder ein Fadenkreuz angebracht werden.

Okularmikrometer, kreisrunde Glasplatte mit Strich- oder Netzteilung in der Zwischenbildebene des Okulars eines Mikroskops oder Fernrohrs zum opt. Messen kleiner Abstände.

okulieren [lat.]. *ich* **okuliere** *Pflanzen,* veredele (→Veredelung). *Subst. die* **Okulation**, *-/-en.*

Okuliergallmücke, Okuliermade, etwa 2 mm lange schwarzgraue Gallmücke, die ihre Eier an frischen Veredlungen von Rosengewächsen ablegt. Die zinnoberroten, fußlosen Larven (**Rote Maden der Rosen**) dringen an der Pfropfstelle ein.

Okumé [frz.], **Gaboon** [-b'u:n], **Gabun** *das,* Holz aus Äquatorial-Afrika für Furnierplatten, Täfelungen, Möbel, Parkett, Zigarrenkästen; leicht, sehr gut schälbar, rötlichbraun, mit geringer, gleichmäßiger Schwindung.

Ökumene, grch. **Oikumene** *die, -,* **1)** bewohnte Erde im Unterschied zur →Anökumene; in der grch. Antike der Einflußbereich ihrer Kultur, im Röm. Reich entsprach dem der Begriff des Imperiums. Die Bedeutung von Ö. umfaßt im N. T. und in der Alten Kirche beide Aspekte. **2)** die alle Bekenntnisse umfassende Welt der christl. Kirchen. **ökumenisch,** für alle Welt geltend, allgemein; einer weltweiten christl. Bruderschaft angehörig, das gemeinsame Handeln versch. christl. Konfessionen und Gemeinden in best. kirchl. Situationen betreffend: *ökumenische Einheitsübersetzung der Bibel; ökumenischer Gottesdienst.* **Ökumenische Symbole,** die 3 in allen christl. Großkirchen anerkannten altkirchl. Bekenntnisse: das →Apostolische Glaubensbekenntnis, das Nicänisch-konstantinopolitanische (→Nicänisches Glaubensbekenntnis) und das →Athanasianische Glaubensbekenntnis.

ökumenische Bewegung, i. w. S. alle christl. Unionsbestrebungen, im eigtl. Sinn die im 19. Jh. einsetzenden und im 20. Jh. entfalteten Bemühungen vor allem der Reformationskirchen, dann auch der Ostkirchen, um eine Einheit in Organisation und Lehre. Bes. seit der Internat. Missionskonferenz in Edinburgh (1910) wurden die Einigungsbestrebungen mit Nachdruck organisatorisch betrieben. Angestrebt wurde eine Einigung im prakt. Christentum (Allg. christl. Konferenz für praktisches Christentum, Stockholm 1925) oder in Glauben und Verfassung (Weltkonferenz für Glauben und Kirchenverfassung, Lausanne 1927). Beide Bewegungen beschlossen 1937 die Bildung des →Ökumenischen Rates der Kirchen. - Kath. Kirche: →Ökumenismus.

ökumenische Bewegung

Ökumenische Kommission, die nach dem Besuch Johannes Paul II. in Dtl. (1980) in München 1981 konstituierte gemeinsame Kommission der Evang. Kirche in Dtl. und der Kath. Dt. Bischofskonferenz zur Erörterung grundsätzl. theolog. Probleme und gemeinsamer prakt. Fragen.

Ökumenischer Patriarch, Titel des orth. Patriarchen von Konstantinopel, dem von den orth. Kirchen der Rang eines ›Ersten unter Gleichen‹ (primus inter pares) zuerkannt wird.

Ökumenischer Rat der Kirchen, Weltkirchenrat, 1948 gegr. Zusammenschluß von (1979) 295 protestant., anglikan., altkath. und orthodoxen Kirchen mit mehr als 400 Mio. Mitgliedern, der durch gemeinsame Beratungen und Aktionen die ›Einheit der Kirche Jesu Christi‹ fördern will. Zudem gehören ihm einige protestant. Kirchen (u. a. die →Missouri-Synode, die Südl. Baptisten der USA) und bes. die Kath. Kirche nicht an; diese Kirchen entsenden jedoch offizielle Vertreter zu den Veranstaltungen des Ö. R. d. K. - Sein oberstes Organ ist die Vollversammlung, in der grundsätzlich alle Kirchen gleichberechtigt sind; sie tritt gewöhnlich alle 6 Jahre zusammen (1983 in Vancouver/Kanada). Die eigtl. Leitung obliegt dem Zentralausschuß, ihm gehören das Präsidium mit 6 Mitgl. und 100 weitere Mitgl. an. Er beruft den Generalsekr. und gibt die Richtlinien für die Arbeit des Exekutivausschusses.

Ökumenisches Konzil, Kath. Kirche und Ostkirche: eine Versammlung der kirchlichen Hierarchie, deren Beschlüsse für die gesamte Kirche bindend sind. In der Ostkirche gilt das Konzil von Nikaia 787 als letztes Ö. K. In der Kath. Kirche ist ein Ö. K. nur im Zusammenwirken mit dem Papst möglich.

Ökumenische Konzile

1.	325	Nikaia I
2.	381	Konstantinopel I
3.	431	Ephesos
4.	451	Chalcedon
5.	553	Konstantinopel II
6.	680–81	Konstantinopel III
7.	787	Nikaia II
8.	869–70	Konstantinopel IV (nur bei den Lateinern als ökumenisch betrachtet)
9.	1123	I. Laterankonzil
10.	1139	II. Laterankonzil
11.	1179	III. Laterankonzil
12.	1215	IV. Laterankonzil
13.	1245	Lyon I
14.	1274	Lyon II
15.	1311–12	Vienne
16.	1414–18	Konstanz
17.	1431–45	Basel-Ferrara-Florenz-Rom
18.	1512–17	V. Laterankonzil
19.	1545–63	Trient
20.	1869–70	Erstes Vatikan. Konzil
21.	1962–65	Zweites Vatikan. Konzil

Ökumenismus [von →Ökumene] *der, -,* die nach dem ›Ökumenismusdekret‹ (1964) des Zweiten Vatikan. Konzils benannte Form, in der die Kath. Kirche auf die religiöse Einigung aller Christen hinarbeitet, also die kath. Entsprechung zur ökumenischen Bewegung. Der Ö. erstrebt einen Kirchenbund, der ein päpstl. Primat beibehält und auf den Besitz eines sakramentalen Amtspriestertums begründet ist. Als Wege dahin empfiehlt der Ö. die praktische Zusammenarbeit und den ökumenischen Dialog mit allen nichtkath. Kirchen. Der formelle Träger des Ö. ist das bei der Kurie eingerichtete Sekretariat für die Einigung der Christen, das mit der →ökumenischen Bewegung zusammenarbeitet.

OKW, Abk. für →**O**ber**k**ommando der **W**ehrmacht.

Okyo, Familienname **Maruyama,** japan. Maler, * Anafuto (Prov. Tamba) 1733, † Kioto 1795, malte, angeregt von chines. Malereien der Ming-Dynastie sowie europ. Vorbildern, Landschaften, Tiere und Pflanzen in ostasiatischer Pinseltechnik. (BILD S. 72)

Okzident [lat. ›Untergang‹] *der, -s,* der Westen, das Abend-

Okyo: Hozu-Fluß; aus einem Stellschirm, 1795 (Kioto, Privatsammlung)

land, im Unterschied zum Orient (Morgenland). *Adj.* **okzidental(isch).**

Okzitani|en, frz. **L'Occitanie** [lɔksitan'i], in Frankreich das Gebiet, in dem die Langue d'oc (→provenzalische Sprache) gesprochen wird.

...ol, ⚗ **1)** Nachsilbe in systemat. Namen von Alkoholen. **2)** Endsilbe in Trivialnamen, die i. d. R. von **Oleum** (lat. ›Öl‹) abgeleitet sind (z. B. Xylol).

Öl [lat. Lw.] *das, -(e)s/-e,* Sammelbegriff für flüssige, in Wasser schwerlösliche organ. Verbindungen, die meist dickflüssiger und schwerer flüchtig als Wasser sind. **Fette Ö.** (→Fette) sind Glycerinester von z. T. ungesättigten Fettsäuren; sie hinterlassen auf Papier einen Fettfleck. **Mineral-Ö.** werden überwiegend durch Destillation und Raffination aus Erdöl gewonnen und bestehen v. a. aus Kohlenwasserstoffen (z. B. Heiz- und Schmieröle). Unter der Bez. →Syntheseöle werden verschiedenartige, synthetisch hergestellte Ö. zusammengefaßt (z. B. Ester von Dicarbonsäuren, Silicon-Ö.). →ätherische Öle. - Redensart: *er sollte nicht noch Ö. ins Feuer gießen,* die Streitenden zusätzlich erregen. **Öldruck, 1)** *Pl., -e,* Reproduktionsverfahren zur Vortäuschung eines Ölgemäldes. **2)** *ohne Pl.,* der in der Schmierölleitung herrschende Druck. *ich* **öle, 1)** *es,* schmiere mit Ö., Maschinenöl ein: *es geht wie geölt,* Ü geht schnell. **2)** *ihn,* salbe. **Ölgemälde,** mit Ölfarben gemaltes Bild. **Ölgötze:** *er sitzt da wie ein Ölgötze,* Ü steif und stumm. **ölig, 1)** Ö. enthaltend. **2)** schmierig. **3)** Ü salbungsvoll.

ö. L., Abk. für östliche(r) Länge.

Öl|abscheider, Einrichtung zum Abscheiden von Öl aus Flüssigkeiten und Dämpfen.

Olaf, Olav, Olof [altnord.], männliche Vornamen.

Olaf, norwegische Könige: **1) O. Tryggvason** (995-1000), Wikingerhäuptling, befuhr die Ost- und Nordsee, ließ sich 955 taufen, erlangte die Herrschaft über Norwegen und begann mit der Christianisierung des Landes. O. fiel in einer Seeschlacht.

2) O. Haraldsson, O. der Heilige (1015-28), * 995, † Stiklestad (bei Trondheim) 29. 7. 1030, führte, z. T. gewaltsam, das Christentum in Norwegen ein (→Olafssagas). Vor den Stammeskönigen mußte O. 1028 nach Rußland fliehen; bei dem Versuch, sein Reich wiederzuerobern, fiel O. Er galt bald als Heiliger und Schutzpatron Norwegens (Tag: 29. 7.).

3) O. V. (seit 1957), * Sandringham (Großbritannien) 2. 7. 1903, Sohn Håkons VII., heiratete 1929 Prinzessin Märtha von Schweden, 1940-45 im Exil in London, führte seit 1955 die Staatsgeschäfte für seinen Vater und bestieg nach dessen Tod am 21. 9. 1957 den Thron.

Olaf V.

Olafs|sagas, die altnord. historisch-legendar. Darstellungen von der Einführung und Verbreitung des Christentums durch Olaf Tryggvason und Olaf den Heiligen (→Olaf 1 und 2).

Öland, schwed. Ostseeinsel, durch den Kalmarsund vom Festland getrennt, 1344 km², (1982) 24000 Ew.; Haupt- und Badeort ist **Borgholm** [b'ɔrj-]; Viehzucht, Zuckerrüben-, Raps-, Roggenanbau; Zucker-, Zementherstellung; Fischerei; Fremdenverkehr; vorgeschichtl. Stein- und Hügelgräber. Eine 6 km lange Brücke führt über den Kalmarsund.

Ölbaum, Olea, Gatt. der Ölbaumgewächse mit 20 Arten, darunter der →Olivenbaum.

Ölberg, 1) Bergkette bei Jerusalem, mit mehreren Kuppen; eine davon, Djebel et-Tur (809 m), gilt als Stätte der Himmelfahrt Jesu; am Westfuß dieser Kuppe der Garten Gethsemane. In der bildenden Kunst werden bes. der betende Jesus und die schlafenden Jünger im Garten Gethsemane dargestellt. **2) Großer Ö.,** höchster Berg des Siebengebirges, 460 m hoch.

Olbernhau, Stadt im Kr. Marienberg, Bez. Karl-Marx-Stadt, (1982) 12400 Ew., an der Flöha; Mittelpunkt der osterzgebirg. Holzbearbeitungs- und Spielwarenindustrie.

Olbers|sches Paradoxon [n. dem Arzt und Astronomen H. W. M. Olbers, * 1758, † 1840], um 1820 erneut aufgeworfene Problemstellung der Unvereinbarkeit eines dunklen Nachthimmels mit einem (damals angenommenen) räumlich und zeitlich unendl. Universum, das gleichförmig mit Sternen erfüllt ist. Das O. P. läßt sich mit einem endl., expandierenden Weltall lösen, das einen zeitl. Ursprung besitzt. Das O. P. wurde in ähnl. Form schon 1744 von dem schweizer. Astronom C. Loys beschrieben.

Ölbindemittel, ⚗ meist hydrophobe Feststoffe, wie Torf, Holzmehl, Kunststoffschäume und Kunstmatten, angewendet bei Ölkatastrophen, zur Ölentfernung aus Hafenanlagen oder zur Entölung von Abwasser, um Mineralöl aufzusaugen.

Ölbrenner, bei einer Heizung mit Ölfeuerung die Einrichtung, die das Heizöl durch Verdampfung oder Zerstäubung in einen leicht entflammbaren Zustand überführen und mit Luft mischen soll (→Ölheizung).

Olbrich, Joseph Maria, österr. Architekt, * Troppau 22. 12. 1867, † Düsseldorf 8. 8. 1908, Mitgründer der Wiener Sezession (1897), 1899 an die Darmstädter Künstlerkolonie berufen; einer der produktivsten Architekten des Jugendstils; baute auf der Mathildenhöhe in Darmstadt (1899-1908): Ernst-Ludwig-Haus, Hochzeitsturm, Künstlerhäuser.

Olbricht, Friedrich, General, * Leisnig (Sachsen) 4. 10. 1888, † Berlin 20. 7. 1944, als Chef des Allgemeinen Heeresamtes im Oberkommando des Heeres (seit 1940) führend in der Widerstandsbewegung tätig; mit 3 anderen Offizieren erschossen.

Olching, Wohngem. im Kr. Fürstenfeldbruck, Oberbayern, (1984) 19800 Ew., im Tal der Amper; Baugewerbe, Rohrbau.

old [ɔuld, engl.], alt. **old boy** [-bɔɪ], alter Freund.

Oldach, Julius, Maler, * Hamburg 17. 2. 1804, † München 19. 2. 1830, malte schlicht-realistische Bildnisse.

Oldenbarnevelt, Johan van, niederländ. Politiker, * Amersfoort 25. 9. 1547, † Den Haag 13. 5. 1619, seit 1586 Ratspensionär der Prov. Holland, vertrat eine aristokratisch-republikan. Richtung. Auf seine Veranlassung ernannten 1585 die Prov. Holland und Seeland den Prinzen Moritz von Oranien zum Statthalter. Über den von O. befürworteten Waffenstillstand mit den Spaniern (1609-21) kam es zum Bruch zwischen O. und Moritz, der O. 1618 verhaften und dann enthaupten ließ.

Oldenburg, 1) ehemaliges Land des Dt. Reiches mit (1939) 5396 km² und 577600 Ew. - Geschichte. Die seit etwa 1100 nachweisbaren Grafen von O., deren Stammgebiet wahrscheinlich das Osnabrücker Nordland war, erwarben nach der Schlacht von Altenesch (1234) das Land der Stedinger, später mehrere fries. Gebiete, zuletzt 1575 die Herrschaft Jever. Sie führten die Reformation ein. Die auf den dän. Thron gelangte Linie (→Oldenburger Haus) erbte 1667 auch O., allerdings ohne Jever und Kniphausen. 1773 kam O. an die Gottorper Linie, wurde 1774/77 Hzgt. und

Ölberg 1): Christus am Ölberg; Tafel des Wurzacher Altars von H. Multscher, 1437 (Berlin-West, Staatl. Museen)

1803 durch das hannover. Amt Wildeshausen, die münsterschen Ämter Vechta und Cloppenburg sowie das Fürstentum (Fürstbistum) Lübeck vergrößert. 1810–13 war es dem napoleon. Kaiserreich einverleibt; 1817 erhielt der Herzog noch das Fürstentum Birkenfeld im Nahetal und die Großherzogswürde. Jever wurde 1818, Kniphausen 1854 zurückerworben. Großherzog Peter (1853–1900) trat 1854 dem Dt. Zollverein, 1867 dem Norddt. Bund bei. Großherzog Friedrich August (seit 1900) verzichtete am 11. 11. 1918 auf den Thron; O. wurde ein Freistaat. 1933–45 war O. zusammen mit Bremen einem Reichsstatthalter unterstellt. Seit 1946 ist O. Teil des Landes → Niedersachsen. **2)** ehem. RegBez. in Ndsachs., gehört seit 1978 zum RegBez. Weser-Ems. **3) O. (Oldb),** kreisfreie Stadt, Sitz der Verwaltung des RegBez. Weser-Ems und des Landkreises O. (Oldb), Ndsachs., (1983) 138800 Ew., an der Mündung der Haaren in die Hunte; Verw.-Ger., OLdGer., Univ.; Fachhochschule, Museen; Staats- und Stadtarchiv, Wasser- und Schifffahrtsamt. Molkereien, Fleisch- und Wurstwarenfabriken, Maschinenbau, Holzverarbeitungs-, Glas-, chem. und graph. Ind. In der von Wasserläufen umgebenen Altstadt liegen u. a. das ehemalige großherzogl. Schloß (1620 vollendet) und die im 13. Jh. erbaute Lambertikirche (beide im 18. und 19. Jh. mehrmals umgebaut). – O., 1108 erwähnt, erhielt 1345 brem. Stadtrecht. Bis 1667 Residenz der Grafen, 1777–1918 der Herzöge (Großherzöge) von O., von 1918/19 bis 1946 Hptst. des Landes. **4) O. in Holstein,** Stadt im Kr. Ostholstein, Schlesw.-Holst., (1984) 9700 Ew., in der Landschaft Wagrien; zentraler Ort einer fruchtbaren Gutslandschaft. – Im 9. und 10. Jh. war O. Hauptort der slaw. Wagrier. Das hier 948 gestiftete Bistum wurde 1160 nach Lübeck verlegt. 1235 erhielt O. lübisches Stadtrecht.

Claes Oldenburg: Cremeschnitte; Kunststoff mit Emaille auf Teller, 1961 (Köln, Wallraf-Richartz-Museum)

Oldenburg [engl. 'əuldənbə:g], Claes, amerikan. Plastiker schwed. Herkunft, * Stockholm 28. 1. 1929, übersiedelte 1956 nach New York, steht mit iron. Kopien (Nachbildungen von Eßwaren) und Monumentalisierungen vom Alltagsobjekten (Denkmäler in Form von Wäscheklammern u. a.) der Pop Art nahe.

Oldenburger *der, -s/-,* dt. kräftiges Warmblutpferd.

Oldenburger Haus, ein urspr. gräfl. Geschlecht, war im MA. auf sein kleines Stammland → Oldenburg beschränkt. 1448 teilte es sich in die gräflich-oldenburg. Linie, die 1667 mit Anton Günther erlosch, und in die königlich-dän. Linie, deren Stammvater Christian I. 1460 auch zum Landesherrn von Schleswig-Holstein gewählt wurde. Von der dän. Hauptlinie zweigten sich die Gottorper und die Sonderburger Linie ab. Die Gottorper Linie regierte bis 1773 in einem Teil Schleswig-Holsteins. Ein Sproß dieser Linie bestieg 1762 als Peter III. den russ. Thron und gründete die kaiserlich-russ. Linie (Holstein-Gottorp-Romanow, → Romanow). Ein Onkel Peters III., Adolf Friedrich, wurde 1751 König von Schweden und damit Stifter der königlich-schwed. Linie, die 1809 ihren Thron verlor und 1877 erlosch. Ein anderer Onkel erhielt 1773 das Stammland Oldenburg. Die Sonderburger Linie spaltete sich in mehrere Zweige, von denen die Augustenburger Linie im 19. Jh. vergeblich die Erbfolge in Schleswig-Holstein beanspruchte, während die Glücksburger Linie nach dem Aussterben der dän. Hauptlinie 1863 mit Christian IX. auf den dän. Thron gelangte. Ein jüngerer Sohn Christians IX. wurde als Georg I. 1863 König von Griechenland und damit Stifter der königlich-grch. Linie; ein Enkel wurde 1905 als Håkon VII. König von Norwegen.

Oldesloe [-lo:], **Bad O.,** Krst. des Kr. Stormarn, Schlesw.-Holst., (1984) 20600 Ew., an der Trave; versch. Industrie (Landmaschinen, Armaturen u. a.).

Oldham ['əuldəm], Stadt in der engl. Metrop. Cty. Greater Manchester, (1981) 95500 Ew.; Textil-, Maschinenind.

Oldies ['əuldi:z, zu engl. old ›alt‹], in der U-Musik Bez. für ältere Gesangs- und Instrumentalstücke, zumeist frühere Hits, die erfolgreich wieder aufgelegt werden.

Oldoway, Olduvai, Trockenschlucht am Rand der Serengeti in Tansania; Fundort ältester menschl. Skelette, die den → Australopithecinen zugerechnet werden. Ein wichtiger Fund ist der Schädel von → Zinjanthropus.

Oldtimer ['əuldtaımə, engl.] *der, -s/-,* U Kraftfahrzeug, Flugzeug u. a. alten Typs.

Oleander [ital. oleandro] *der, -s/-,* **Rosenlorbeer, Lorbeerrose, Nerium,** Gatt. der Hundsgiftgewächse, Sträucher und Bäume vom Mittelmeergebiet bis Ostasien, mit ledrigen Blättern, großen Blüten in Trugdolden, mit Milchsaft. Die giftige Art **O. (Nerium oleander)** enthält digitalisartig wirkende Glykoside.

Olearius, Adam, eigtl. A. **Ölschlegel,** Schriftst., getauft Aschersleben 24. 9. 1599, † Gottorf 22. 2. 1671, nahm an Handelsexpeditionen nach Rußland (1633–35) und Persien (1635–39) teil. Seine ›Newe Orientalische Reise‹ (1647, ²1656) ist eine Quelle zur Kulturgeschichte beider Länder; O. ist damit einer der Begründer der wissenschaftlichen Reisebeschreibung.

Oleaster [lat.] *der, -s/-,* **1)** Wildform des → Olivenbaums. **2)** die Pflanzen-Gatt. → Ölweide.

Oleate [grch.-lat.], *Sg. das* **Oleat,** *-(e)s,* Salze und Ester der Ölsäure.

Olefine [lat.], *Sg. das* **Olefin,** *-s,* die → Alkene.

Oleg, Fürst (seit 879) normann. Herkunft, † 912, eroberte um 880 Kiew, das seine Residenz wurde, machte die ostslaw. und finn. Stämme des Wolga-Oka-Gebietes tributpflichtig.

Olein [lat.] *das, -s/-e,* → Ölsäure.

Olekma *die,* Fluß in der UdSSR, → Oljokma.

Olenjok *der,* **Olenek** [-nj'ɔk], Fluß in Sibirien, 2292 km, entspringt im Mittelsibir. Bergland, mündet westlich des Lenadeltas ins Nordpolarmeer.

Oléron, Île d'O. [il dɔler'ɔ̃], Insel vor der Küste Westfrankreichs, 175 km², rd. 17000 Ew.; Ackerbau, Küstenfischerei, Austernzucht; Seebäder; seit 1966: 2862 m lange Brücke zum Festland. – Das **Seerecht von O.** (Rôles d'O.) war vom 12. bis 17. Jh. die gewohnheitsrechtl. Grundlage der atlant., der Nordsee- und Ostseeschiffahrt.

Olescha, Jurij Karlowitsch, russ. Schriftsteller, * Jelisawetgrad 3. 3. 1899, † Moskau 10. 5. 1960, schrieb den Roman ›Neid‹ (1927), Erzählungen, Dramen.

Ole|um [lat. ›Öl‹] *das, -s/'Olea,* **1)** Pharmazie, ⚕ Abk. **Ol.,** lat. Bez. für fette oder äther. Öle. **2)** ⟲ rauchende Schwefelsäure.

Ölfarben, Farben, die Öllacke, Pigmente und eventuell Füllstoffe enthalten. Künstler-Ö. haben einen hohen Pigmentgehalt. Sie sind pastös und sollen i. Ggs. zu Anstrichmitteln nicht verlaufen.

Ölfeld, bergbaumäßig erschlossene Erdöllagerstätte.

Ölfeuerung, mit Öl als Brennstoff betriebene → Feuerung (→ Ölheizung).

Ölfilter, im Maschinenbau, insbesondere bei der Druckumlaufschmierung, verwendetes Filter zur Reinigung des Schmieröles von Schmutz und Abrieb.

Ölfrüchte, Ölpflanzen, Ölsaaten, Pflanzen, deren Samen fette Öle (→ Fette) enthalten, meist als Nutzpflanzen angebaut. Arten des vorwiegend gemäßigten Klimas sind u. a. Raps, Rübsen, Schwarzer Senf, Ölrettich, Weißer Senf, Mohn, Sonnenblume, Mais, Ölkürbis, Flachs, Hanf. Als Arten der vorwiegend trop. und subtrop. Gebiete gelten z. B. Olivenbaum, Ölpalme, Kokospalme, Sesam, Rizinus, Baumwolle, Kapokbaum, Erdnuß, Sojabohne, Mandelbaum, Paranußbaum, Schibutterbaum (Karitékerne) und Kakaobaum. Aus den Samen oder Früchten wird das Öl mit hydraulischen Pressen in den Ölmühlen gewonnen. – Verwendet werden Ö. als Futtermittel, zur menschl. Ernährung als Speiseöle und Margarine sowie als Palmöl und Rapsfett, in der Ind. zur Herstellung von Lacken, Farben, Seifen, Waschmitteln, Pharmazeutika, Chemikalien. – In trop. und subtrop. Ländern wurde Öl aus der Olive schon in der Frühgeschichte gewonnen; in Mitteleuropa ist der Ölpflanzenanbau verhältnismäßig jung. Im 17. Jh. begann bes. der Raps- und Rübsenanbau. In Amerika erlangten in den letzten Jahrzehnten Baumwolle, Erdnuß, Soja neben den alten mehrjährigen Gewächsen (Kokos-, Ölpalme, Olivenbaum u. a.) Bedeutung, ebenso die Sonnenblume.

OLG, Abk. für **O**ber**l**andes**g**ericht.

Olga [russ. Form von Helga], weibl. Vorname.

Olga, Fürstin von Kiew, † 969, Gemahlin des Großfürsten Igor von Kiew († 945), war die erste Christin (Taufname Helena) auf dem Thron des noch vorwiegend heidnischen Kiewer Reichs. Heilige; Tag: 11. 7.

Ölheizung, eine → Heizung mit Ölfeuerung. Als Brennstoff wird → Heizöl verwendet. Vorteile: geringe Wartung, vollautomat. Regelung z. B. in Abhängigkeit von der Raumtemperatur, keine festen Rückstände, geringe Geruchsbelästigung.

Olifant [altfrz. ›Elefant‹] *der, -(e)s/-e,* wohl aus Byzanz über-

Oldenburg 3)

Oleander

Olivenbaum: Blütenzweig

Laurence Olivier

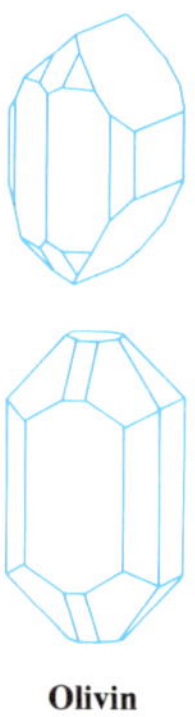

Olivin

Olivin: kugeliges Kristallaggregat (Dreiser Weiher bei Daun, Eifel)

nommenes elfenbeinernes Signalhorn des Mittelalters; in der Sage das Horn Rolands.

Olifants River ['ɔlɪfənts r'ɪvə], **Elefantenfluß, 1)** größter rechter Nebenfluß des Limpopo, etwa 600 km, im südl. Afrika, entspringt in S-Transvaal, mündet in Moçambique. **2)** auch **Cape Olifants River** [keɪp-], Fluß im SW der Kapprovinz, Rep. Südafrika, rd. 300 km, mündet in den Atlantischen Ozean.

olig..., oligo... [grch.], wenig, gering.

Oligarchie [grch. ›Herrschaft weniger‹] *die, -/...ch'i|en,* **Oligokratie,** Staatsform, begrifflich auf Aristoteles zurückgehend, der unter O. die Regierung durch eine Gruppe der Reichsten versteht; heute jede Staatsform, in der die tatsächl. Herrschaft bei kleinen Führungsgruppen liegt. Die Entstehung von O. wird dadurch begünstigt, daß die polit. Entscheidungen oft ein Maß an Sachkunde (etwa techn., wirtschaftl. Art) erfordern, über das jeweils nur eine kleine Gruppe verfügt.

Oligoklas [grch.] *der, -,* ein Mineral, → Feldspat.

Oligomerisierung [grch.], *die, -/en,* ⟲ Aufbaureaktion, bei der, i. Ggs. zur Polymerisation, nur wenige Moleküle eines Monomeren miteinander reagieren. Je nach Anzahl der sich verbindenden Moleküle unterscheidet man **Dimerisierung, Trimerisierung** usw. **Oligomere** heißen die hergestellten Verbindungen.

Oligophrenie [grch.] *die, -/...n'i|en,* ⚕ der → Schwachsinn.

Oligopol [grch.] *das, -(e)s/-e,* eine → Marktform, bei der wenige Anbieter (z. B. 2 beim → Dyopol) vielen kleinen Nachfragern auf einem Markt gegenüberstehen und jeder Anbieter einen erhebl. Teil des gesamten Angebots deckt **(Angebots-O.).** Beim **Nachfrage-O.** kaufen wenige Nachfrager das ganze Angebot.

Oligosaccharide [grch.], in Pflanzen verbreitete Kohlenhydrate, die aus wenigen (2–10) glycosidisch verknüpften Monosaccharid-Einheiten aufgebaut sind; z. B. Dextrin.

oligotroph [grch.], Bez. für geringproduktive Lebensorte, z. B. nährstoffarme stehende Binnengewässer und humusarme magere Böden.

Oligozän [grch.] *das, -s,* ⊕ dritte Stufe des Alttertiärs.

Olig|urie [grch.] *die, -/...r'i|en,* die → Harnverhaltung.

olim [lat.], ehemals, einst; als fingierter Eigenname: *seit Olims Zeiten,* U seit undenklichen Zeiten.

Oliva, seit 1926 Stadtteil von Danzig, nahe der Danziger Bucht. Die Kirche der um 1178 gegr., 1831 aufgehobenen Zisterzienserabtei ist der älteste Backsteinbau O- und W-Preußens (1224, mehrmals umgebaut), sie wurde 1925 Dom des Bistums Danzig. – Der **Frieden von O.** beendete am 3. 5. 1660 den schwedisch-poln. Krieg.

Olive [grch.-lat.] *die, -/-n,* Frucht des → Olivenbaums.

Olivenbaum, Ölbaum, Olea europaea, immergrüne Art der **Ölbaumgewächse (Oleaceae)** des Mittelmeergebiets und des Vorderen Orients (verwilderte Form **Oleaster),** rd. 12 m hoch, weiße Blütenstände, kleine, zwetschenähnl. Steinfrüchte (Oliven), die in Fleisch und Samen das → Olivenöl enthalten.

Oliven|öl, das aus reifen Früchten des Olivenbaums gewonnene grünlich-gelbe Speiseöl. Hauptbestandteile: rd. 66% Ölsäure und 12% Linolsäure, rd. 9% Palmitinsäure, Erstarrungspunkt etwa 6 °C, bei 2 °C nimmt es butterartige Konsistenz an. Aus den Olivenkernen preßt man das **Olivenkernöl (Panelloöl).**

Oliver [engl., aus frz. Olivier], männlicher Vorname.

Oliver ['ɔlɪvə], J o e (Joseph), genannt **King O.,** amerikan. Jazzkornettist, * im Staat Louisiana, 11. 5. 1885, † Savannah (Ga.) 8. 4. 1938.

Olivetaner, Benediktinerkongregation, 1313 von Bernardo Tolomei u. a. gegr.; Sitz des Generalabtes: Monte Oliveto Maggiore bei Siena; über 20 Abteien in Italien, Frankreich, Belgien, Großbritannien.

Olivetti, Ing. C. Olivetti & Co., S. p. A., Ivrea, eines der größten europ. Unternehmen zur Herstellung von Büromaschinen; gegr. 1908 von Camillo O., seit 1932 AG; westdt. Tochter-Ges.: Dt. O. GmbH, Frankfurt a. M.

olivgrün, von der Farbe einer Olive, graugrün.

Olivia [lat. ›Ölbaum‹], weiblicher Vorname.

Olivier, 1) [ɔlivj'e], F e r d i n a n d, Maler und Graphiker, * Dessau 1. 4. 1785, † München 11. 2. 1841, Bruder von 2), kam 1811 nach Wien, wo er bes. von J. A. Koch beeinflußt wurde. In seinen Bildern aus dem Salzburger Land verbinden sich frische Beobachtung und romant. Empfindung zu tief religiöser, auch den Menschen mitumfassender Naturanschauung.

2) [ɔlivj'e], F r i e d r i c h, Maler, * Dessau 23. 4. 1791, † ebd. 5. 9. 1859, Bruder von 1), lebte 1818–23 in Rom, wo er sich den → Nazarenern anschloß und vor allem ital. Landschaften, Bauten, auch Bildnisse zeichnete. Später lebte O. in Wien und München; er malte neben Bildnissen reizvolle Landschaften (Isartal, Kochelsee).

3) [ɔl'ɪvɪə], Sir (seit 1947) L a u r e n c e, engl. Schauspieler, Theater- und Filmregisseur, * Dorking (Surrey) 22. 5. 1907, ging 1937 zur Old Vic Company (seit 1944 Mitdirektor), war 1963–73 Dir. des ersten engl. Nationaltheaters, London; trat bes. in Shakespeare-Rollen hervor, als Darsteller und Regisseur in den Filmen: ›Heinrich V.‹ (1945), ›Hamlet‹ (1947), ›Richard III.‹ (1955), ›Othello‹ (1965); weitere Filme: ›Der Komödiant‹ (1960), ›Der Marathon-Mann‹ (1976); Fernsehrollen. O. war 1940–60 ⚭ mit Vivien Leigh.

Olivin [lat.] *der, -s/-e,* weitverbreitetes gesteinsbildendes Mineral, (Mg, Fe)$_2$[SiO$_4$], bas. Tiefen- und Ergußgesteine, glänzend, durchsichtig bis durchscheinend, gelblich, flaschen- bis schwarzgrün. O. sind Mischkristalle mit den Endgliedern **Fayalith,** Fe$_2$[SiO$_4$], und **Forsterit,** Mg$_2$[SiO$_4$]. Klare gelb- bis olivgrüne und schwarze Kristalle werden als Edelsteine verwendet **(Chrysolith, Peridot).**

Oljokma *die,* **Olekma** [-lj'ɔk-], rechter Nebenfluß der Lena, 1436 km, entspringt am N-Hang des Oljokminsker Stanowik, mündet östlich der Siedlung Oljokminsk.

Ölkautschuk, → Faktis.

Ölkreide, gezogene Farbstifte, mit Ton oder Kreide als Füllmaterial, anorgan. oder organ. Pigmenten als Farbbestandteil und pflanzl. Ölen, Wachsen und Harzen als Bindemittel.

Ölkuchen, Preßrückstände von Ölsaaten und Ölfrüchten; Ö. dienen gemahlen als eiweißreiches Viehfutter.

Ölkühler, Maschinenbau: im Umlaufschmierölsystem Wärmetauscher zur Abfuhr der vom Schmieröl aufgenommenen Wärme (z. B. Lagerreibungswärme) an Wasser oder Luft.

Ölkürbis, → Kürbis.

oll (öller, öllst), *norddt.:* **1)** alt: *olle Kamellen,* alte Geschichten. **2)** böse, häßlich. *der, die* **Olle,** *-n/-n, mein -r, meine -,* U der, mein Ehemann, die, meine Ehefrau.

Öl|lacke, Lacke, die trocknende Öle als Bindemittel enthalten. Ö. härten bei Anwesenheit von Trockenstoffen an der Luft aus, allerdings vergilben die entstehenden Filme mit der Zeit und sind chemisch nicht sehr widerstandsfähig.

Olla podrida ['ɔʎa poðr'iða, span. ›fauliger Topf‹] *die, --/--,* span. Gericht aus allerlei Fleisch, Gemüse u. a.; U Mischmasch.

Ölleitung, die → Pipeline.

Ollenhauer, E r i c h, Politiker (SPD), * Magdeburg 27. 3. 1901, † Bonn 14. 12. 1963, seit 1916 in der sozialist. Arbeiterjugend, 1928–33 deren Vors. 1933 Mitgl. des Parteivorstandes der SPD, ging 1933 in die Emigration (Prag, Paris, Großbritannien), gehörte dem dort gebildeten Vorstand der SPD an. Nach seiner Rückkehr wurde er 1946 stellv. Vors. der neugegr. SPD, seit 1949 MdB. und stellv. Fraktionsvors. seiner Partei im Bundestag, 1952 als Nachfolger K. Schumachers Vors. der SPD und ihrer Bundestagsfraktion (1958 und 1962 wiedergewählt). BILD S. 75.

Olm *der, -(e)s/-e,* **1)** Schwanzlurch, → Olme. **2)** *nd.:* Mulm, Moder. **olmig,** *nd.:* faulig, modernd, mürbe und alt.

Ölmadi|e, die Ölpflanze Madia sativa, → Madie.

Ölmalerei, die Malweise mit → Ölfarben. Zum Verdünnen werden verschieden schnell trocknende Malmittel verwendet, die aus Lein-, Mohn- oder Nußöl bestehen, gegebenenfalls in Verbindung mit Weichharzen oder Balsam. Die Ö. erlaubt ein Neben- und Übereinandersetzen von Pinselstrichen, ohne daß die Farben ineinander verlaufen. Bei Verwendung dünner Malmittel kann auch flüssig und zerfließend gemalt werden. Dabei hat die Ö. vor anderen Malweisen den Vorzug, daß die Farben stunden-, ja tagelang vermalbar bleiben und nach dem Trocknen ihre Farbwirkung behalten. Dicker (pastoser) Farbauftrag im Wechsel mit dünnen, durchscheinenden Farbschichten (Lasuren) ergibt mannigfache Ausdrucksmöglichkeiten. Bei der schichtenweisen Malerei wird das Bild über einer getrockneten Untermalung (Tempera oder magere Ölfarbe) aufgebaut. Den Grund und die unteren Farbtöne läßt

Ferdinand Olivier: Straße in Mödling bei Wien; Federzeichnung, 1823 (Dresden, Kupferstich-Kabinett)

der Maler stellenweise durch die halbdeckende oder lasierende Übermalung hindurchwirken. Bei der Primamalerei werden die Farben auf der Palette vorgemischt, so daß im Bild sogleich der endgültige Farbwert erzielt wird. Ölgemälde verändern beim Altern ihr Aussehen infolge chem. Umwandlungen und physikal. Einflüsse. Diese Vorgänge führen oft zum Vergilben sowie zu Rißbildungen (Krakelüren). Schlußfirnisse bieten einen Schutz gegen Verschmutzung und klimat. Einflüsse, unterliegen aber mit der Zeit selbst Alterserscheinungen.

Olme, larvenähnl. Schwanzlurche mit bleibenden äußeren Kiemen, ohne Oberkieferknochen und Lider. Der **Grottenolm (Proteus anguinus),** in unterird. Gewässern SO-Europas, hat je 3 Finger und 2 Zehen; die Augen liegen unter der Haut.

Olmeken *Pl.,* aztek. Name für die Bewohner der S-Küste des Golfs von Mexiko zur Zeit der span. Eroberung. In ihrem Gebiet ist eine bedeutende Kultur (um 1200 v. Chr. bis 400 v. Chr.) entdeckt worden, die nach dem Hauptfundort La Venta **La-Venta-Kultur** [-β'ɛnta-] heißt. Neben monumentalen Basaltköpfen (bis 2,50 m hoch, bis über 30 t schwer) mit stilisiertem Gesicht (›Baby face‹) wurden reiche Depots von Figuren mit z. T. gleichem Gesichtstyp aus Jade und Serpentin gefunden.

Olmütz, tschech. **Olomouc** ['ɔlɔmɔuts], Stadt im Nordmähr. Kr., ČSSR, (1982) 102900 Ew., an der March; Univ. (1946 wiedererrichtet, PH, Museen; Stahlwerke, Maschinenbau, Nahrungs- und Genußmittelind. – O. wurde 1063 Sitz eines Bischofs (1777 eines Erzbischofs). Seit 1233 war es königl. Stadt, bis 1641 Hptst. Mährens. Der Wenzelsdom steht im Bereich der alten Přemyslidenburg, das Rathaus (1378) mitten auf dem Hauptplatz. Ferner hat O. zahlreiche barocke Bauten. Der Heilige Berg bei O. mit Kirche (17. Jh.) war früher Wallfahrtsort. In der **Olmützer Punktation** vom 29. 11. 1850 mußte Preußen unter dem Druck Österreichs und Rußlands auf seine kleindt. Unionsbestrebungen verzichten.

Ölpalme, Elaeis guineensis, westafrikan. Fiederpalme; der Fruchtstand enthält Hunderte von pflaumengroßen Früchten. Durch Auspressen des öligen Fleisches der Früchte erhält man das → Palmöl. Auch die Samen (Palmenkerne) sind fettreich. Der Saft wird zu Palmwein vergoren.

Ölpapier, mit Öl getränktes Papier, dient als wasserdichtes Packpapier.

Olpe, Krst. im RegBez. Arnsberg, NRW, (1984) 22200 Ew., im Sauerland; Fachschulen; Armaturen-, Maschinenfabriken, Gießereien, Herstellung elektron. und elektromechan. Geräte.

Olperer, Berg der Tuxer Hochalpen, Tirol, Österreich, 3476 m.

Ölpest, großräumige Verschmutzung der küstennahen Meeresgebiete und der Küstenstriche durch bei Tankschiff-Havarien auslaufendes Öl oder durch Altöl, das ins Meer gepumpt wird und durch Salzwasser verkrustet. Folgeerscheinungen sind u. a. die Abtötung oder Schädigung der Meeresfauna und -flora, z. B. verklebt das Öl das Gefieder der Seevögel, die dadurch flugunfähig werden und zugrunde gehen. (→ Ölschäden)

Ölpflanzen, → Ölfrüchte.

Ölrauke, Eruca vesicaria ssp. sativa, Saat- oder **Gartenrauke,** rauhhaarige Art der Kreuzblüter mit gelben Blütentrauben; im Mittelmeergebiet heimisch. Die gelblichbraunen Samen enthalten 30–35% Öl; Bienenpflanze.

Ölrettich, zur Fam. Kreuzblüter gehörende alte, weitverbreitete Ölpflanze Ost- und Vorderasiens, mit weißen bis violetten Blütentrauben und gedrungenen Schoten; in Dtl. bes. als Futterpflanze angebaut.

Olrik, Axel, dän. Volkskundler, * Kopenhagen 3. 7. 1864, † ebd. 17. 2. 1917, seit 1913 Prof. in Kopenhagen, trug durch grundlegende Abhandlungen zur Erforschung der nord. Mythologie und Heldendichtung bei.

Olsa *die,* tschech. **Olša** ['ɔlʃa], rechter Nebenfluß der Oder in Nordmähren, 90 km, entspringt im Jablunkagebirge (Westkarpaten) und mündet unterhalb von Oderberg. Von Teschen abwärts bildet sie seit 1920 (bis 1938 und wieder seit 1945) die Grenze gegen Polen.

Ölsande, Teersande, 🌐 Sande, die bis zu 18% zähflüssige, bituminöse Kohlenwasserstoffe enthalten. Die weitaus größten Vorkommen liegen in Venezuela (am Orinoco) und Kanada (in Alberta); sie werden heute kommerziell genutzt, wobei das Bitumen durch Heißwasserextraktion vom Sand abgetrennt wird. Die aus Ö. gewinnbaren Bitumenreserven werden auf 160 Mrd. t geschätzt. Die in Ö. enthaltenen Schwerölreserven werden weltweit mit 480 Mrd. t angegeben.

Ölsäure, Oleinsäure, ungesättigte Fettsäure, als Glycerinester in fast allen Fetten und bes. in den fetten Ölen, fällt in unreiner Form **(Olein)** als Nebenprodukt bei der Aufarbeitung von Talg und anderen techn. Fetten an. In reinem Zustand farb- und geruchlos, nimmt sie aber an der Luft leicht Sauerstoff auf, wodurch sie gelb und ranzig wird. Durch katalyt. Wasserstoffanlagerung wird sie in Stearinsäure übergeführt **(Fetthärtung).** Ö. dient für Wasserfestausrüstung von Textilien, zur Herstellung von Schmier- und Metallputzmitteln, Salben u. a.

Olsberg, Stadt und Kneippkurort im Hochsauerlandkreis, NRW, (1984) 14100 Ew., an der oberen Ruhr; Fachschulen; Ofen-, Armaturen- u. a. Ind.

Ölschäden, Verunreinigungen des Bodens sowie des Grund- und Oberflächenwassers durch Mineralöl. Ursachen sind Brüche von Ölleitungen, Unfälle von Tankwagen oder -schiffen (→ Ölpest) und durch Korrosion undicht gewordene Öllagerbehälter. Mineralöl wird biologisch nur sehr langsam abgebaut, es beeinträchtigt den Geschmack von Wasser sehr intensiv. Deshalb sind Ö. für die Wasserwirtschaft bes. schwerwiegend. Die Ausbreitung von Öl auf Wasser kann durch Ölsperren vermieden werden. Von Öl durchtränktes Erdreich wird ausgehoben und verbrannt; zur Entfernung des Mineralöls von Wasseroberflächen werden Abschöpf- und Sammelvorrichtungen eingesetzt sowie Ölbindemittel, die das Öl aufsaugen oder zum Absinken bringen. (→ Slicks)

Ölschiefer, bituminöse Schiefer, 🌐 Ton- und Mergelsteine, die bis zu 15% unlösliche organ. Substanz (Kerogen) enthalten. Die Hauptvorkommen liegen in den USA, Brasilien, der UdSSR und China, sie werden z. T. in Kraftwerken verfeuert oder durch Schwelung bei 450–500 °C zu Heizöl, Koks und chem. Produkten verarbeitet. Die aus Ö. gewinnbaren Ölreserven werden auf 180 Mrd. t geschätzt. (→ Untertagevergasung)

Ölspat, techn. Bez. für feingemahlenen, als Spülungszusatz bei Erdölbohrungen verwendeten Schwerspat.

Ölstein, mit Öl benetzter verkieselter Tonschiefer oder quarzit. Sandstein zum Abziehen von Schneidwerkzeugen.

Ölsüß *das, -es,* ⚗ für → Glycerin.

Olszowski [ɔlʃ'ɔfski], Stefan, poln. Politiker (Kommunist), * Thorn 28. 8. 1931, Sekretär des ZK der ›Poln. Verein. Arbeiterpartei‹ (1968–71, 1976–80, seit 1982), Mitgl. ihres Politbüros (1970–80, seit 1980), Außen-Min. (1972–76, seit 1982).

Olsztyn ['ɔlʃtin], poln. Name für → Allenstein.

Olt *der,* rumän. Name des Flusses → Alt.

Olten, Bezirksstadt im Kanton Solothurn, Schweiz, (1983) 18600 Ew., an der Aare; Verlage, Metall-, Maschinen-, Waschmittel-, Zement-, Betonwaren- u. a. Ind.; Eisenbahnwerkstätten; Aare-Kraftwerk.

Oltenilen, rumän. **Oltenia,** die Kleine → Walachei.

Ölung *die, -/-en,* **Letzte Ö.,** → Krankensalbung.

Ölwanne, der Abschluß des Kurbelgehäuses eines Verbrennungsmotors nach unten, in dem sich das Schmieröl sammelt **(Ölsumpf).**

Ölweide, Oleaster, Elaeagnus, artenreiche Gatt. der Ölweidengewächse **(Elaeagnaceae)** mit ölbaum- und weidenähnl. Laub. Zierstrauch ist bes. die dornige **Schmalblättrige Ö. (Paradiesbaum)** mit silbrigen Blattunterseiten und grünl., innen zitronengelben Blüten.

Ölwirtschaft umfaßt die Erzeugung von Speiseölen und Fetten (→ Ölfrüchte, → tierische Fette), die Ind. der → ätherischen Öle sowie die der → Mineralöle.

Olymp *der, -s,* grch. **Olympos,** vielgipfliges Gebirge in Griechenland an der Grenze Thessaliens und Makedoniens, bis 2917 m hoch; teilweise Nationalpark; in der grch. Mythologie Sitz der Götter.

Olympia, Kultstätte des Zeus und der Hera in der grch. Landschaft Elis (NW-Peloponnes), in dem bis 2 km breiten, von bewaldeten Bergzügen umrahmten Alpheiostal. O. war hl. Bezirk und Schauplatz der → Olympischen Spiele. Die **Altis,** der Bezirk des hl. Hains, war in klass. Zeit ein unregelmäßiges Viereck (etwa 200 : 160 m groß). Der Hauptbau der Altis war der Tempel des olympischen Zeus (um 460 v. Chr.) mit dem gold-elfenbeinernen Sitzbild des Zeus (von Phidias, um 430 v. Chr.); den Außenschmuck bildeten Giebelskulpturen und Metopenreliefs, Spitzenleistungen der frühklass. Skulptur. Im N lag der Tempel der Hera (Heraion), einer der

Erich Ollenhauer

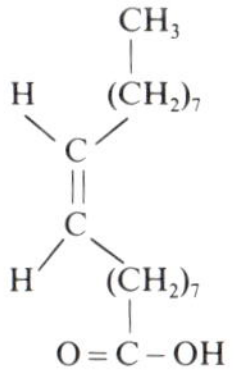

Ölsäure

Olymp

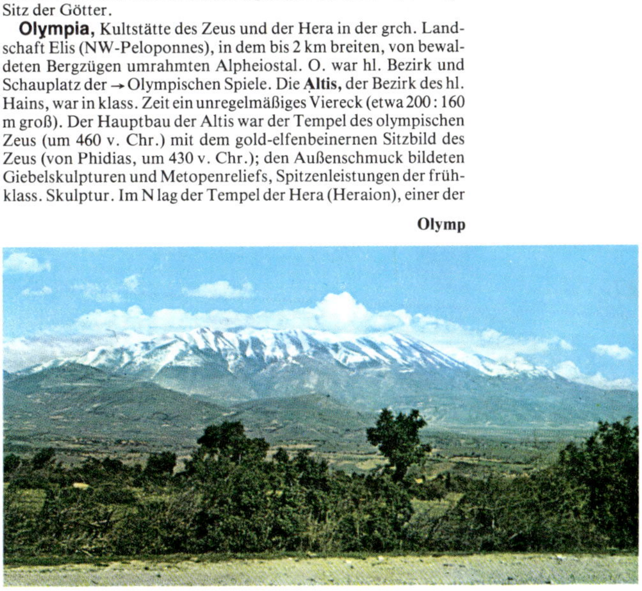

frühesten Tempelbauten Griechenlands (Mitte 7. Jh. v. Chr., nach 600 v. Chr. erneuert), hier stand u. a. der Hermes des Praxiteles. Außerhalb der Altis lagen im O das Stadion, das Hippodrom für die Wagenrennen, im S ein doppelter Apsidenbau (Rathaus?), im SW das Gästehaus, im W das Gymnasion und die Palästra, in denen die Wettkämpfer vor den Spielen übten, ferner ein Schwimmbad, Sitz- und Schwitzbäder u. a. Die ehem. Werkstatt des Phidias wurde identifiziert durch eine Fülle von Werkstattabfall. – Dt. Ausgrabungen fanden in O. 1875–81, 1922 ff., 1936–42 statt; sie wurden 1952 wiederaufgenommen. Ein großer Teil der Ausgrabungsfunde wird im Museum in O. aufbewahrt. Das Stadion wurde im Zustand des 4. Jh. v. Chr. wiederhergestellt.

Olympia-Boykott, die Nichtteilnahme an Olymp. Spielen, bes. aus polit. Gründen; 1976 durch 22 afrikan. und arab. Staaten; 1980 durch die USA sowie 50 weitere Staaten, darunter Bundesrep. Dtl., Japan und Kanada. 1984 folgten die meisten kommunistischen Staaten ihrerseits dem sowjet. Entschluß, keine Mannschaft zu den Olymp. Spielen in Los Angeles zu entsenden.

Olympiade *die, -/-n,* **1)** im antiken Griechenland ein Zeitraum von vier Jahren, nach dem die Olymp. Spiele sich wiederholten. **2)** heute auch Bez. für die Olympischen Spiele selbst.

Olympia|norm, ⛷ offiziell (von internat. Fachverbänden oder nat. Organisationen) festgelegte Mindestleistung eines Sportlers in einer Sportart für die Teilnahme an den Olymp. Spielen.

Olympias, Gemahlin des makedon. Königs Philipp II., Mutter Alexanders d. Gr.; von Herrschsucht bestimmt, nahm sie an den Kämpfen der Diadochen um Makedonien teil und wurde 316 v. Chr. von Kassander hingerichtet.

Olympia Werke AG, Wilhelmshaven, bed. Unternehmen der Büromaschinen-Ind.; gegr. 1903 in Berlin.

OLYMPISCHE SPIELE

Olympiade	Jahr	Ort	Beteiligte Staaten	Wettkämpfer	davon Frauen	Goldmedaillen
		Sommerspiele				
I	1896	Athen	11	285	—	43
II	1900	Paris	20	1 066	6	87
III	1904	St. Louis	11	496	—	89
	1906[1])	Athen	20	883	7	77
IV	1908	London	22	2 059	36	107
V	1912	Stockholm	28	2 541	57	106
VII[2])	1920[3])	Antwerpen	29	2 606	63	155
VIII	1924[3])	Paris	44	3 092	136	129
IX	1928	Amsterdam	46	3 292	263	119
X	1932	Los Angeles	40	1 429	23	125
XI	1936	Berlin	49	4 793	328	139
XIV	1948[3])	London	59	4 106	385	146
XV	1952	Helsinki	69	4 925	518	149
XVI	1956	Melbourne	67	4 388	456	153
	1956	Stockholm[4])	29	164	16	12
XVII	1960	Rom	84	5 337	537	152
XVIII	1964	Tokio	94	5 558	732	164
XIX	1968	Mexiko	113	6 059	844	174
XX	1972	München	121	7 303	1 251	195
XXI	1976	Montreal	89	6 152	1 261	198
XXII	1980	Moskau	81	5 748	1 241	204[5])
XXIII	1984	Los Angeles	140	6 708	—	226[6])
XXIV	1988[7])	Seoul				
		Winterspiele				
I	1924[3])	Chamonix	16	293	13	16
II	1928	St. Moritz	25	363	27	15
III	1932	Lake Placid	17	278	21	19
IV	1936	Garmisch-Partenkirchen	28	756	81	21
V	1948[3])	St. Moritz	28	878	57	24
VI	1952	Oslo	30	732	108	23
VII	1956	Cortina d'Ampezzo	32	924	146	24
VIII	1960	Squaw Valley	30	648	146	27
IX	1964	Innsbruck	36	933	175	35
X	1968	Grenoble	37	1 293	228	35
XI	1972	Sapporo	35	1 136	.	36
XII	1976	Innsbruck	37	1 261	248	37
XIII	1980	Lake Placid	37	1 283	271	39
XIV	1984	Sarajewo	49	1 437	295	39
XV	1988[6])	Calgary (Kanada)				

[1]) olymp. Zwischenspiele; [2]) die für 1916 in Berlin, 1940 in Tokio und Helsinki, 1944 in London geplanten VI., XII. und XIII. O. S. wurden infolge der beiden Weltkriege nicht ausgetragen; [3]) zu den O. S. von 1920, 1924 und 1948 war Dtl. nicht zugelassen; [4]) olymp. Reiterspiele; [5]) in einem Wettbewerb wurden 2 Goldmedaillen vergeben; [6]) in fünf Wettbewerben wurden 2 Goldmedaillen vergeben; [7]) vorgesehen.

Olympic Airways S. A. [əul'ɪmpɪk 'ɛəweɪz-, engl.], grch. Luftverkehrsgesellschaft (ÜBERSICHT Luftverkehrsgesellschaften).

Olympieion [grch.] *das, -s,* Heiligtum des olympischen Zeus, in mehreren grch. Städten nachweisbar; am bedeutendsten war das O. in Athen. (BILD griechische Kunst)

Olympi|er [zu Olymp] *der, -s/-,* **1)** Beiname des Zeus. **2)** Ü Mann von erhabener Ruhe und königlicher Gebärde.

Olympionike [grch. ›Olympiasieger‹] *der, -n/-n,* der Olympiasieger, heute fälschlich auch der Olympiateilnehmer.

olympisch, 1) den Olymp oder die Olympischen Spiele betreffend. **2)** Ü erhaben-ruhig, königlich.

Olympische Akademie, Internationale O. A., 1961 eröffnete Einrichtung in Olympia unter der Schirmherrschaft des Internat. Olymp. Komitees zur Verbreitung der olymp. Idee.

Olympische Fahne, Flagge der olymp. Bewegung: die → Olympischen Ringe auf weißem Grund.

Olympische Fanfare, kurzes Musikstück, das jeweils für die Olymp. Spiele neu komponiert und bei Siegerehrungen sowie der Eröffnungs- und Abschlußfeier gespielt wird.

Olympische Flamme, während der Olymp. Spiele im Stadion brennendes Feuer; im alten Griechenland zu Ehren der Götter entzündet, zu den modernen Spielen seit 1936 aus Griechenland im Olympischen Fackellauf ins Stadion gebracht.

Olympischer Fünfkampf, → Moderner Fünfkampf.

Olympische Ringe, seit Juni 1914 Symbol der Olymp. Spiele auf der Olymp. Fahne: fünf ineinander verschlungene Ringe, die Eintracht der fünf Kontinente darstellend. (BILD Abzeichen)

Olympischer Rekord, Höchstleistung bei den Olymp. Spielen, die eine in früheren Olymp. Spielen erreichte übertrifft.

Olympischer Zweikampf, Gewichtheben: seit 1972 der Mehrkampf aus Reißen und Stoßen.

Olympisches Gelöbnis, vom Internat. Olymp. Komitee formuliertes, bei der Eröffnungsfeier der Olymp. Spiele von einem Sportler des gastgebenden Landes für alle Teilnehmer gegebenes Versprechen zu ritterlichem, die Regeln achtendem Kampf.

Olympische Spiele, 1) im antiken Griechenland die bedeutendsten der zahlreichen Festspiele, in → Olympia von 776 v. Chr. bis 393 n. Chr. alle 4 Jahre **(Olympiade)** veranstaltet. Die wichtigsten Wettbewerbe der urspr. kultischen Spiele waren: Laufen (Stadionlauf, Lauf über die doppelte Stadionlänge, Langstreckenlauf), Pentathlon, Ringen, Faustkampf, Wagenrennen der Viergespanne, Pankration, Pferderennen, Knabenwettkämpfe, Waffenlauf. **2)** die 1894 durch P. de → Coubertin ins Leben gerufenen O. S., die seit 1896 alle 4 Jahre stattfinden (ÜBERSICHT). Nach den Olymp. Regeln ist Veranstalter das → Internationale Olympische Komitee; teilnahmeberechtigt ist jeder Sportler, der die vom jeweiligen Nationalen Olymp. Komitee (NOK) gesetzten Normen erfüllt, sofern er nicht Berufssportler oder -trainer ist oder mit der Ausübung seines Sports andere als von IOK und NOK gestattete finanzielle Vorteile erreicht. Zum Eröffnungszeremoniell gehören das → Olympische Gelöbnis, das Hissen der → Olympischen Fahne und das Entzünden der → Olympischen Flamme sowie die offizielle Eröffnung durch das Staatsoberhaupt des gastgebenden Landes **(Olymp. Eröffnungsformel).** Die Sieger erhalten die **Olympische Medaille:** in Gold für den 1., in Silber für den 2., in Bronze für den 3. Platz.

Olympische Sportarten, vom Internat. Olympischen Komitee anerkannte und für das Programm der Olymp. Spiele zugelassene Sportarten. Für die **Sommerspiele** gilt die 1963 in Baden-Baden festgelegte Rangliste: Leichtathletik, Schwimmen, Ringen, Kunstturnen, Gewichtheben, Hockey, Reiten, Fechten, Rudern, Boxen, Sportschießen, Moderner Fünfkampf, Segeln, Basketball, Kanusport, Radsport, Fußball, Volleyball, Bogenschießen, Handball, Judo; Tennis und Tischtennis ab 1988. Bei den **Winterspielen** sind zugelassen: Alpiner Skisport, Biathlon, Bobsport, Eishockey, Eiskunstlauf, Eisschnellauf, Eistanz, Nord. Skisport, Schlittensport.

Olynth, antike Stadt auf der Halbinsel Chalkidike, bei dem heutigen Dorf Myriophyton, Hptst. des Staates der Chalkidier, im Olynthischen Krieg (382–379 v. Chr.) durch Sparta vernichtet, bald darauf neu erstanden; 349/48 v. Chr. wieder zerstört; Ausgrabungen.

Ölzeug, durch Kunststoff-Dispersionen oder aufgewalzte Kunststoff-Folien wasserdicht gemachte Oberbekleidung.

Ölziest *der,* **Lallemantia iberica,** Lippenblüterart, eine trockenresistente Ölpflanze. Die Samen enthalten 23–25% Pflanzenöl, rd. 25% Eiweiß.

Ölzweig, Zweig des Ölbaums, Sinnbild des Friedens.

Om [Sanskrit], bereits im Veda vorkommende heilige Silbe der Hindus, Jainas und Buddhisten.

Oma *die, -/-s,* Kindersprache: Großmutter.

Omaha ['əumәhɑ:], Stadt in Nebraska, USA, (1980) 312 000 Ew., am Missouri; kath. Erzbischofssitz, 2 Univ.; Mittelpunkt großer Getreide- und Viehzuchtgebiete, Großschlächtereien.

Omajjaden *Pl.,* die erste Dynastie der → Kalifen, herrschte im Orient (Residenz: Damaskus) 661-749/50 und wurde von den Abbasiden gestürzt. Der O. Abd ar-Rahman gründete 756 in Spanien das Emirat (929 Kalifat) von Córdoba, das bis 1031 bestand.

Oman, Sultanat Oman, früher **Maskat und Oman,** Sultanat im O der Arab. Halbinsel, 212457 km², (1981) 920000 Ew. Hauptstadt: Maskat; Amtssprache: Arabisch; Währungseinheit: 1 Rial Omani (R. O.) = 1000 Baizas (Bz). *Adj.* **omanisch.** *der* **Omaner,** *-s/-.* (KARTE IV/V, n. S. 320)

Staat, Recht. O. ist eine Monarchie, regiert von einem Sultan mittels Dekreten. Verwaltungseinteilung in 38 Bezirke. - Rechtsprechung nach islam. Recht. - Streitkräfte. Freiwilligenarmee: 23550 Mann; Heer: 19550; Marine: 2000; Luftwaffe: 2000, 37 Kampfflugzeuge. - Bevölkerung. Etwa 88% der Bev. sind Araber; der Islam ist Staatsreligion. - Keine allg. Schulpflicht; je 6jährige Primar- und allgemeinbildende Sekundarschulen.

Landesnatur, Wirtschaft, Verkehr. Die Küstenebene am Golf von O. steigt zu einem Bergland (im Djebel al-Achdar 3108 m hoch) an, das nach SW in eine wüstenhafte Tafellandschaft übergeht. Im Innern treiben Beduinen nomad. Viehwirtschaft; in den Oasen Dattelpalmen u. a. Fruchtbäume. Die Küstenfischerei, früher der bedeutendste Wirtschaftszweig, wird planmäßig ausgebaut. Wirtschaftsgrundlage ist seit 1970 die Erdölförderung (1980: 14 Mio. t; 96% der Exporterlöse). Ferner Ausfuhr von Fisch, Datteln, Limonen u. a. Früchten. Neues Kupfergewinnungs- und -verhüttungsprojekt (1982 fertiggestellt). 1760 km asphaltierte Straßen. Moderne Tiefwasserhäfen: Matrah (bei Maskat) und Taysut (Salalah); internat. Flughafen: Sib bei Matrah.

Geschichte. 634 wurde O. Teil der arabisch-islam. Welt. Seit 725 setzten sich die → Charidjiten unter unabhängigen Imamen durch. Diese vertrieben 1649 die Portugiesen aus ihrer Niederlassung Maskat (seit 1507) und eroberten ihre Besitzungen an der afrikan. Ostküste (→ Sansibar). Im 18. Jh. begründete Ahmed Ibn Sa'id (1749 Annahme des Titels Imam) die Sa'id-Dynastie, die bis heute herrscht. Seine Nachfolger führten die Titel ›Sajid‹ oder ›Sultan‹. Seit dem Verlust der afrikan. Besitzungen um die Mitte des 19. Jh. gerieten die Sultane von O. immer stärker unter brit. Einfluß. Nach einer Palastrevolution gegen seinen Vater Sultan Sa'id ibn Taimur (1932-70) übernahm 1970 Kabus ibn Said ibn Taimur die Herrschaft. Seit 1971 ist O. Mitglied der Arab. Liga und der UNO. Im Nahostkonflikt bejaht O. bedingt den ägyptisch-israel. Friedensvertrag (1979). Vor dem Hintergrund des Kriegs am Pers. Golf (seit 1980) gewann die an der Straße von Hormus gelegene Exklave Musandam erhöhte strateg. Bedeutung. O. ist Gründungsmitgl. des Golfrats.

Omar I., der zweite Kalif (634-44), * Mekka um 592, † (ermordet) Medina 3. 11. 644, eroberte Syrien, Ägypten, Mesopotamien, Teile Persiens und Kaukasiens; schuf die staatl. Grundlagen des islamischen Reichs.

Omar-i Chajjam [arab. ›Zeltmacher‹], pers. Dichter, Mathematiker, Astronom, * Nischapur 18. 5. 1048, † ebd. 4. 12. 1131, schrieb Vierzeiler zw. skeptisch-frivoler Freigeisterei und mystisch-pantheistischem Tiefsinn.

Ombrone *der,* Fluß in Mittelitalien, 161 km, entspringt nordöstlich von Siena und mündet in das Tyrrhenische Meer.

Ombudsmann [schwed. ›Schiedsmann‹] *der,* Bevollmächtigter, Sachwalter; Staatsrecht: eine von der Volksvertretung bestellte Vertrauensperson (auch Behörde), die ohne unmittelbare Eingriffsmöglichkeit die parlamentar. Kontrolle über best. Verwaltungszweige verstärken soll. Entsprechende Einrichtungen sind nach schwed. Vorbild in mehreren Ländern geschaffen worden, in der Bundesrep. Dtl. als Wehrbeauftragter, Datenschutzbeauftragter, Bürgerbeauftragter (Rheinland-Pfalz).

Omdurman, zweitgrößte Stadt der Rep. Sudan, (1973) 299000 Ew., am Nil gegenüber von Khartum; Zentrum des Großhandels (Textilien, Vieh, Häute, Baumwolle).

Omega [grch. ›großes O‹] *das, -(s)/-s,* **1)** der letzte Buchstabe des grch. Alphabets (Ω, ω; → a, A). **2)** ⊠ Abk. für die physikal. SI-Einheit des elektr. Widerstandes: Ohm.

Omega-Meson, physikal. Symbol ω, ungeladenes Elementarteilchen mit sehr kurzer Lebensdauer (→ Mesonen).

Omega|nebel, ein Nebel aus leuchtender → interstellarer Materie (BILD) im Sternbild Schütze (Sagittarius), in der Gestalt dem grch. Buchstaben Ω (Omega) ähnlich.

Omega-Teilchen, Omega-Hyperon, physikal. Symbol Ω^-, ein gegenüber der starken Wechselwirkung stabiles, schweres Elementarteilchen (ÜBERSICHT Elementarteilchen), das nur mit negativer Ladung auftritt. Durch schwache Wechselwirkung zerfällt das O.-T. nach einer mittleren Lebensdauer von $1{,}5 \cdot 10^{-10}$ s.

Omegatron [grch.] *das, -s/-s,* Massenspektrometer nach dem Prinzip des → Zyklotrons, das die massenabhängige Umlaufzeit der Ionen in einem zur Bahnebene senkrechten Magnetfeld zur Trennung ausnutzt.

Omega-Verfahren, ein Hyperbel-Navigationsverfahren im Längstwellenbereich, bes. für die Hochseeschiffahrt.

Omeishan, chines. **Emeishan,** buddhist. Wallfahrtsberg am SW-Rand des ›Roten Beckens‹ in der chines. Prov. Szechwan, 3320 m, einer der vier heiligen Berge Chinas.

Omelett [ɔml'ɛt, frz.] *das, -(s)/-s* oder *-e,* **Omelette** *die, -/-n,* Speise aus geschlagenen Eiern ohne Mehl. **O. aux confitures** [-okɔ̃fit'y:r], mit Marmeladefüllung; **O. aux fines herbes** [-ofi:nz'ɛrb], mit feingehackten Kräutern in der Masse; **O. soufflée** [-sufl'e], aus schaumig gerührtem Eigelb mit Zucker und Vanille, mit Eiweißschnee gelockert und in der Röhre gebacken.

Omen [lat.] *das, -s/-* oder *'Omina,* Anzeichen, Vorbedeutung: *ein gutes, böses O.* **ominös,** von schlimmer Vorbedeutung; bedenklich, verdächtig.

OMI, Abk. für **Congregatio Oblatorum Missionariorum...,** die → Oblaten (der Unbefleckten Jungfrau Maria).

Omikron [grch. ›kleines o‹] *das, -(s)/-s,* der 15. Buchstabe (O, o) des grch. Alphabets.

Omission [lat.] *die, -/-en,* ✤ Auslassung, Unterlassung.

Omissivdelikt [lat.], die → Unterlassungsstraftat.

Omiya, Omija, Trabantenstadt im N von Tokio, Japan, (1980) 354100 Ew.; Eisenbahnwerkstätte.

Om mani padme hum [Sanskrit], Segensformel des Lamaismus; auch an Wänden von Kultbauten und in den → Gebetsmühlen. ›Om‹ und ›hum‹ sind myst. Silben, ›mani‹ soll bedeuten: ›o du Edelstein‹ (Buddha); ›padme‹: ›im Lotus‹ (Welt).

Omnibus [lat. ›für alle‹], der → Kraftomnibus.

omnipotent [lat.], allmächtig. *die* **Omnipotenz,** -, Allmacht.

omnipräsent [lat.], allgegenwärtig. *Subst. die* **Omnipräsenz,** -.

Omnium [lat.] *das, -s/... ni|en,* ⚡ Radsport: Sammelname für mehrere Bahnsportkonkurrenzen.

Omnivore [lat.] *der, -n/-n,* Allesfresser (→ Ernährung).

Omodeo, Amadeo, Giovanni Antonio, ital. Bildhauer und Baumeister, * Pavia 1447, † Mailand 27. 8. 1522, führender Meister der oberital. Frührenaissance, schuf den Fassadenschmuck der Certosa bei Pavia und Grabmäler in der Colleoni-Kapelle in Bergamo.

Omophorion [grch.] *das, -s/... ri|en,* breites Schulterband in der liturgischen Kleidung der ostkirchlichen Bischöfe.

Omphacit [grch.] *der, -s/-e,* Mineral, lichtgrüner Pyroxen; z. B. in Eklogiten.

Omphale, grch. Mythos: lydische Königin, der Herakles in Frauenkleidern Magddienste leisten mußte.

Omphalitis [grch.] *die, -/... t'iden,* die → Nabelentzündung.

Omphalos [grch. ›Nabel‹] *der, -,* altgrch. Kult: halbeiförmiger hl. Stein in Delphi, galt als Erdmittelpunkt; auch an anderen Orten gab es derartige Steine.

Omsk, Hptst. des Gebiets O., Russ. SFSR, an der Mündung des Om in den Irtysch, (1982) 1,061 Mio. Ew.; Univ., 8 Hochschulen; Handelsmittelpunkt in Sibirien; Maschinenbau, Erdölraffinerien, Mühlen, Fleischkombinate, chem., Textil-, Leder-Ind.

Omuta, Omuda, Stadt in der japan. Prov. Fukuoka, N-Kyushu, (1980) 163000 Ew.; eisenverarbeitende und chem. Ind.

Onager [grch.-lat.] *der, -s/-,* **1)** ein asiat. Halbesel (→ Pferde). **2)** altröm. Wurfmaschine, eine Steinschleuder.

Onan, A. T.: Sohn Judas, entzog sich durch Coitus interruptus der Pflichterfüllung, die Leviratsehe (→ Levirat) zu vollziehen.

Onanie [aus engl., fälschl. nach → Onan gebildet] *die, -,* geschlechtl. Selbstbefriedigung (→ Masturbation). *Vb. ich* **onaniere.**

Onassis, Aristoteles Sokrates, grch. Reeder, * Smyrna (Izmir) 15. 1. 1907, † Paris 15. 3. 1975, war Besitzer einer der größten privaten Flotten der Welt sowie der Olympic Airways S. A.; seit 1968 ⚭ mit Jacqueline Kennedy.

Onchozerkose [grch.] *die, -/-n,* Fadenwurmkrankheit des Menschen in trop. Gebieten Afrikas und Amerikas, kann u. a. zur Erblindung führen.

Oncken, Hermann, Historiker, * Oldenburg 16. 11. 1869, † Göttingen 28. 12. 1945, schrieb im Geist L. v. Rankes, strebte nach Versachlichung der polit. Gesch.

HW: Lassalle (1904); Die Rheinpolitik Kaiser Napoleons III. 1863-70, 3 Bde. (1926); Das Dt. Reich und die Vorgesch. des Weltkrieges, 2 Bde. (1933); Cromwell (1935); Nation und Geschichte (Aufsätze; 1935).

Ondit [ɔ̃d'i:, frz. ›man sagt‹] *das, -/-s,* Gerede, Gerücht: *einem O. zufolge.*

Ondulation [frz.] *die, -/-en,* das Wellen des Haares mit einer erhitzten Brennschere. *Vb. ich* **onduliere** *(ihr) das Haar.*

Onega *die,* schiffbarer Fluß im N der UdSSR, 416 km, entströmt dem Latschasee, mündet in die **O.-Bucht** des Weißen Meeres.

Onegasee, See im S der Karelischen ASSR, Russ. SFSR, 9700 km², bis 120 m tief, Nov. bis Mitte Mai eisbedeckt. Die Ufer sind im W, N und O felsig, im S flach und häufig vermoort; fischreich; Abfluß: Swir (zum Ladogasee); Häfen: Petrosawodsk, Kondopoga, Medweschegorsk. Der O. ist durch den Weißmeer-Kanal im N und den Wolga-Ostsee-Kanal im S wichtiger Teil der binnenruss. Wasserstraßen.

Oman

Eugene O'Neill

O'Neill [əʊn'i:l], Eugene (Gladstone), amerikan. Dramatiker, * New York 16. 10. 1888, † Boston 27. 11. 1953, Sohn eines Schauspielers, studierte in Princeton (1906/07), wurde Kaufmann, Goldgräber, Matrose, Journalist, Schauspieler. Mit der Aufführung der mit dem Pulitzer-Preis ausgezeichneten Dramen ›Beyond the horizon‹ (1920) und ›Anna Christie‹ (1921) gewann er erste Anerkennung. In O'N.s Werken drückt sich ein tragisches Lebensgefühl aus; Illusionismus und Enttäuschung, Familienzwist und schuldhafte Verstrickung des Einzelnen sind ihre Hauptmotive. Deutlich ist der Einfluß der Psychoanalyse. Formal folgen und durchdringen sich Naturalismus, Symbolismus und Expressionismus. Höhepunkt von O'N.s Schaffen ist die 14aktige Trilogie ›Trauer muß Elektra tragen‹ (1931), eine Erneuerung des grch. Schicksalsdramas im amerikan. Milieu des 19. Jh. O'N. erhielt 1936 den Nobelpreis für Literatur.

WW: Kaiser Jones (1920); Der haarige Affe (1921); Alle Kinder Gottes haben Flügel (1924); Gier unter Ulmen (1924); Der große Gott Brown (1926); Seltsames Zwischenspiel (1928); O Wildnis (1933; Komödie); Der Eismann kommt (1939/40); Eines langen Tages Reise in die Nacht (1941); Alle Reichtümer der Welt (1941); Ein Mond für die Beladenen (1952); Hughie (1958); viele Einakter.

Opal 1): in braunem Nebengestein (Queensland, Australien)

Onestep [w'ʌnstep, engl. ›Ein-Schritt‹] *der, -s/-s,* auch **Schieber,** aus Amerika kommender Gesellschaftstanz (1912–25) im 2/4- oder 6/8-Takt; Nachfolger des Twostep.

Onetti, Juan Carlos, uruguayischer Schriftst., * Montevideo 1. 7. 1909, schrieb an W. Faulkner geschulte Romane (›Der Werftarbeiter‹, 1961).

Oniomanie [grch.] *die, -,* Ⓟ zwanghafte Kaufsucht.

Onitsha [-ʃ-], Stadt in SO-Nigeria, (1975) 220 000 Ew.; Erzbischofssitz; bed. Handelszentrum; Flußhafen am Niger.

Onkel [frz. oncle, aus lat. avunculus ›Mutterbruder‹] *der -s/-,* **1)** Bruder der Mutter oder des Vaters. **2)** Anrede von Kindern für (befreundete) männliche Erwachsene.

Onkel|ehe, U Zusammenleben einer Witwe und ihrer Kinder mit einem Mann, den die Witwe aus wirtschaftl. Gründen nicht heiraten will, da sie Versorgungsansprüche aus ihrer ersten Ehe verlieren würde.

Onk-Gebirge, Djebel Onk [dʒ-], Kreidekalkberg in O-Algerien, 1 358 m hoch.

Onkogene, Krebsgene, nach der Onkogentheorie Erbanlagen, welche die Umwandlung normaler Zellen in unkontrolliert wachsende (Krebs-)Zellen bewirken können; auslösend hierfür scheint eine Aktivierung etwa durch Viren oder energiereiche Strahlung zu sein; bisher nur für einige Krebsarten beim Menschen bestätigt.

Onkolith [grch.] *der, -en/-en* oder *-s/-e,* Sedimentgestein aus **Onkoiden,** unregelmäßigen, meist rundl. Karbonatkomponenten, die durch biogene und mechan. Anlagerungen um Kerne in Sedimentgesteinen entstanden, oft unter Mitwirkung von Algen.

Onkologie [grch. onkos ›Schwellung‹] *die, -,* die Lehre von den Geschwülsten. **onkogen,** geschwulsterzeugend.

on-line ['ɔnlaɪn, engl.], direkte Kopplung an elektron. Datenverarbeitungsanlagen; Ggs.: → off-line.

ONO, Abk. für **O**st**n**ord**o**st(en).

Önologie [grch. oinos ›Wein‹] *die, -,* Wein- und Weinbaukunde. *der* **Önologe,** *-n/-n,* Weinkundler.

ono(ma)... [grch. onoma ›Name‹], namen...

Onomastik, Onomatologie [grch.] *die, -,* Namenkunde, Namenforschung.

Onomastikon [grch.] *das, -s/...ken* oder *...ka,* Namenverzeichnis.

Onomatopöie [grch.] *die, -/...pö'i|en,* die → Lautmalerei.

Önometer [grch., vgl. Önologie] *das, -s/-,* ein → Aräometer zum Messen des Alkoholgehalts im Wein.

on parle français [ɔ̃parlfrãs'ɛ, frz.], man spricht (hier) französisch (Aufschrift an Geschäften).

Onsager, Lars, norweg.-amerikan. Chemiker, * Oslo 27. 11. 1903, † Coral Gables (Fla.) 5. 10. 1976, Prof. in Baltimore, Providence und New Haven, arbeitete über die Leitfähigkeit von Lösungen, über Elektrolyte, Thermodynamik und statist. Mechanik; erhielt für Untersuchungen zur Thermodynamik irreversibler Prozesse 1968 den Nobelpreis für Chemie.

Ontake, erloschener Vulkan auf Honshu, 3 063 m; nach dem Fujisan der heiligste Berg Japans.

Ontario [engl. ɔnt'ɛərɪəʊ], Prov. → Kanadas, 1,067 Mio. km², (1981) 8,625 Mio. Ew.; Hptst.: Toronto. Süd-O. ist dicht besiedelt und hat Milch- und Viehwirtschaft; Anbau von Gemüse, Obst, Tabak, Sojabohnen und Zuckerrüben. Nord-O. ist dünn besiedelt und von riesigen Wäldern bedeckt (Holzwirtschaft); Bergbau auf Gold, Silber, Nickel, Kupfer, Platin, Kobalt, Eisen- u. a. Erze, neuerdings auch Uran. O. hat vielseitige Ind. (Nahrungsmittel, Eisen- und Stahlerzeugung, Metallverarbeitung, Fahrzeugbau, chem., Elektro-Ind.). – Die Besiedlung von O. setzte erst 1783 verstärkt ein. 1791–1841 als Ober-Kanada eigene Prov., dann zu Quebec gehörig, seit 1867 Prov. O.

1

2

3

Opal 1):
1 Schwarzer O.;
2 Milch-O.;
3 Feuer-O.

Ontariosee, engl. **Lake Ontario** [leɪk ɔnt'ɛərɪəʊ], der östlichste und kleinste der Großen Seen Nordamerikas, 75 m ü. M., 19 011 km², bis 244 m tief, an der Grenze zw. Kanada und den USA. Haupthäfen: Toronto und Hamilton (Kanada), Rochester (USA).

ontisch [grch.], seiend, dem Sein entsprechend, gemäß.

ont(o)... [grch. to on (Genitiv ontos) ›das Seiende‹], seins...

Ontogenie [grch.] *die, -,* **Ontogenese, Ontogenesis,** Entwicklungsgesch. des einzelnen Lebewesens (→ Entwicklung).

Ontologie [grch.] *die, -,* philosoph. Grunddisziplin der Seinswissenschaft oder Lehre vom Seienden, die die formalen (oberste Strukturen und Gesetzlichkeiten) und materialen (inhaltl. Gliederung des Seienden) Prinzipien des Gegebenen untersucht. In der klass. Tradition untrennbar mit der Metaphysik verknüpft, stellt die objektive materielle Bestimmung des Seienden in der O. jedoch auch die Voraussetzung dar für die Erforschung von Einzelbereichen durch spezielle philosoph. Disziplinen (z. B. Naturphilosophie). Im Sinne einer realistischen Seinslehre wurde die O. von I. Kant als unhaltbare Metaphysik abgelehnt und durch die Transzendentalphilosophie ersetzt. Im 20. Jh. kam es zu einer Erneuerung der O., bes. bei N. Hartmann, G. Jacoby und M. Heidegger. – *Adj.* **ontologisch.**

Onyx [grch.] *der, -(es)/-e,* schwarzweiß gestreifter oder rein schwarzer → Chalcedon. (BILD S. 79)

o. O., Abk. für **1)** 📖 **o**hne **O**rt, d. h. ohne Angabe des Erscheinungsortes. **2)** 🏛 **o**hne → **O**bligo.

o|o... [grch. oon ›Ei‹], ei...

O|ogamie [grch.] *die, -,* Vereinigung von Eizelle und Spermium.

O|ogenese [grch.] *die, -,* die Entwicklung befruchtungsfähiger Eizellen. Nach der **Vermehrungsperiode** der Urkeimzellen **(Oogonien)** beginnt die **Wachstumsperiode,** in der z. T. in Nähr- oder in Follikelzellen gebildetes Reservematerial für die frühe Embryonalentwicklung eingelagert wird, nämlich Dottersubstanzen wie Proteine, Fette, Kohlenhydrate sowie r-RNS und m-RNS (→ Ribonucleinsäuren). Es entsteht die (diploide) **primäre Oozyte,** aus der in der **Reifungsperiode** durch Meiose die (haploide) **sekundäre Oozyte** und schließlich das reife **Ei** hervorgeht. Daneben entstehen 3 Pol- oder Richtungskörper, die verkümmern. – Da die Oozyten des Krallenfrosches **Xenopus laevis** eine von außen zugeführte genet. Information (z. B. DNS, m-RNS) korrekt transkribieren (→ Transkription) oder translatieren (→ Translation), kann man sie für grundlegende Untersuchungen über die Ausprägung von Genen höherer Organismen (Eukaryoten) verwenden.

O|ogoni|en [grch.], *Sg. das* **O|ogonium,** *-s,* **1)** bei Tieren weibl. Urgeschlechtszellen. **2)** ⊕ bei Thallophyten das einzellige weibl. Geschlechtsorgan; in ihm entstehen eine oder mehrere Eizellen, die nach Befruchtung zu keimfähigen Zygoten werden.

O|oid [grch.] *das, -s/-e,* kugeliges bis ovales Gesteinsgebilde (Durchmesser bis 1 mm) mit konzentr. Anwachsschalen von Calcit, Brauneisen, Chamosit oder Manganoxid um einen oft andersartigen Kristallisationskern.

O|olith [grch. ›Eierstein‹] *der, -en/-en* oder *-(e)s/-e,* aus → Ooiden bestehendes Sedimentgestein, z. B. Kalk-O., Rogenstein mit sandigem Bindemittel; wirtschaftlich bed. sind **Eisen-O.** und **Mangan-O.**

O|ologie [grch.] *die, -,* die Eierkunde.

Oort, Jan Hendrik, niederländ. Astronom, * Franeker 28. 4. 1900; 1945–70 Dir. der Sternwarte in Leiden, 1958–61 Präs. der Internat. Astronom. Union; bahnbrechende Arbeiten über Aufbau und Dynamik (insbes. die Rotation) des Milchstraßensystems.

O|ozyte [grch.] *die, -/-n,* unreife Eizelle (→ Oogenese).

op., ♪ Abk. für **Op**us.

o. P., Abk. für **o**rdentlicher **P**rofessor.

OP, Abk. für **1) Ordo Fratrum Praedicatorum,** die → Dominikaner. **2) O**perations**s**aal.

Opa *der, -s/-s,* Kindersprache: Großvater.

opak [lat. ›schattig‹, ›dunkel‹], undurchsichtig. **Opakglas, opakes Glas,** lichtundurchlässiges Trübglas, für Glasfliesen, Wandplatten, Glasmosaik.

Opal [grch.-lat. opalus, zu altind. upala ›Edelstein‹] *der, -s/-e,* **1)** lebhaft schillerndes amorphes Mineral aus wasserhaltiger Kieselsäure, $SiO_2 \cdot nH_2O$, entsteht bei der Zersetzung von Silikaten durch heiße Wässer und scheidet sich als Kieselsinter aus heißen Quellen aus. **Hyalit** ist wasserklar, traubig. Der **Edelopal** zeigt infolge feiner Sprünge und Schichtung schöne Interferenzfarben und wird deshalb als Edelstein geschätzt, ebenso der feuerrote **Feueropal.** Trübere bis undurchsichtige, meist deutlich farbige Varietäten sind der **Gemeine O.,** der grüne **Prasopal,** der chalcedonhaltige **Kascholong,** der rote **Jasp-O.** und die versteinerten Hölzer **(Holzopal). 2)** *ohne Pl.,* feinfädiger Baumwollbatist.

Opaleszenz *die, -,* **1)** das Schillern wie Opal. **2)** Streuung des Lichts in trüben Substanzen, in denen Teilchen von der Größenordnung der Lichtwellenlänge suspendiert sind. Da rotes Licht weniger gestreut wird als blaues, erscheinen Medien mit O. (z. B.

Opal, verdünnte Milch) im Gegenlicht rötlich, bei seitl. Beleuchtung vor dunklem Hintergrund bläulich. *Vb. es* **opaleszi̤ert.**

Opa̤lglas, lichtdurchlässiges Trübglas mit einem dem Opal ähnlichen Farbenspiel, bes. für Beleuchtungskörper verwendet.

Opanke (Balkan)

Opa̤nke [serb. opanka ›Schuhe‹] *die, -/-n,* absatzloser Schuh, dessen Oberteil aus Flechten und Riemen an die Sohle angeflochten ist.

Opa̤rin, Aleksandr Iwanowitsch, sowjet. Biochemiker, * Uglitsch 4. 3. 1894, † Moskau 21. 4. 1980, leitete seit 1946 das Institut für Biochemie der Sowjet. Akademie der Wissenschaften; arbeitete über biochem. Probleme und den Ursprung des Lebens.

Op Art ['ɔp ɑ:t, amerikan.], Abk. für **Optical Art** ['ɔptɪkəl ɑ:t, ›optische Kunst‹] *die, --,* Tendenzen der → zeitgenössischen Kunst, in denen das Spezifische der visuellen Wahrnehmung einschließlich der opt. Täuschung (Kinetik, Moiré-Effekt, Vibration) programmatisch in den Mittelpunkt gestellt wird. Die Bez. Op A. setzte sich um 1965 durch (Ausstellung ›The Responsive Eye‹, Museum of Modern Art, New York). Die wichtigsten Künstler sind V. Vasarély, R. Anuskiewicz, Bridget Riley und die ›Groupe de Recherche d'Art Visuel‹ in Paris, die wie Y. Agam, J. R. Soto, J. Le Pare u. a. auch kinet. Plastiken nach den der Op A. verwandten Zielen entwickelten. (Weiteres BILD Vasarély)

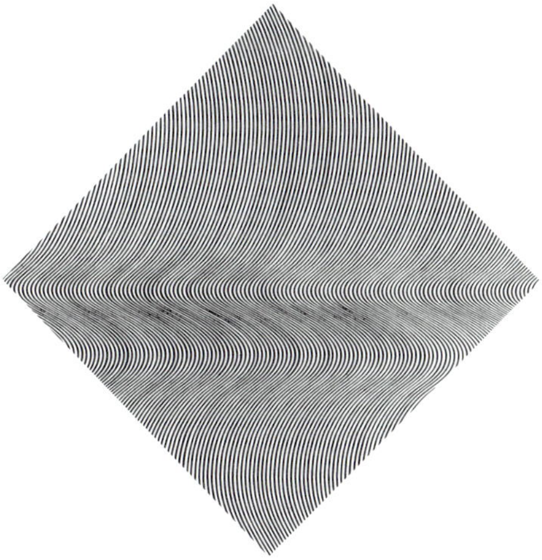

Op Art: Bridget Riley, Crest; 1964 (London, Rowan Gallery)

Opa̤tija, ital. **Abbazi̤a,** Seebad und Kurort in Istrien, am Kvarner, Jugoslawien, (1972) 10000 Ew.

O̤pava, tschech. Name **1)** von → Troppau, **2)** für die → Oppa.

OPEC, Abk. für **Organization of Petroleum Exporting Countries** [ɔ:gənaɪ'eɪʃn ɔv pɪtr'əʊljəm ɪksp'ɔ:tɪŋ k'ʌntri:z, engl.], Vereinigung Erdöl exportierender Länder, gegr. 1960, Sitz (seit 1965): Wien. Zur OPEC gehören (1984): Algerien, Ecuador, Gabun, Indonesien, Irak, Iran, Katar, Kuwait, Libyen, Nigeria, Saudi-Arabien, Venezuela, Verein. Arab. Emirate. 1968 bildeten die arab. Mitgl.-Staaten eine Unterorganisation (Organization of Arab Petroleum Exporting Countries, **OAPEC**). Die OPEC ist gegenüber den internat. Erdöl-Ges. und den Erdöl verbrauchenden Staaten eine wichtige Marktmacht. Von ihr ausgehende Preissprünge des Rohstoffs Erdöl führten seit 1973/74 und 1979/80 zu weltweiten Rezessionen. Den größten Anteil an der Welt-Erdölförderung erreichte die OPEC 1973 mit 53%. 1983 förderten die OPEC-Länder 834,2 Mio. t Erdöl; der Anteil an der Welt-Förderung war mit 32,5% der niedrigste seit dem Gründungsjahr (40,4%).

O̤pel, A̤dam O. AG, Rüsselsheim, Unternehmen der Kraftfahrzeug-Ind. mit Zweigwerken in Bochum, Kaiserslautern und Berlin (West); gegr. 1862 von Adam O. (* 1837, † 1895) zur Erzeugung von Nähmaschinen (1862–1911); 1887–1937 wurden Fahrräder erzeugt, seit 1898 Kfz. 1929 wurde die Ges. in eine AG umgewandelt und die Aktienmehrheit von der → General Motors Corporation übernommen.

Open-air-Festival [oupən'ɛə-, engl.] *das,* künstler. Großveranstaltung im Freien.

Open door ['əʊpən dɔ:, engl.], → offene Tür.

Open-end-Diskussion [oupən'end-, engl.] *die,* zu einem nicht vorher festgelegten Zeitpunkt endende Diskussion (bes. im Fernsehen).

open shop ['əʊpən ʃɔp, engl.], amerikan. Arbeitsrecht: eine für alle offene Stelle, d. h. kein Gewerkschaftszwang; Ggs.: → closed shop.

O̤per [ital.] *die, -/-n,* ein mit musikal. Mitteln gestaltetes Bühnenstück, in dem Dichtung, Gesangs- und Instrumentalmusik, Schauspiel- und häufig auch Tanzkunst zusammenwirken; auch das Gebäude zur Aufführung solcher Stücke. Man unterscheidet **ernste O.** als musikal. Tragödie (ital. **O̤pera se̤ria,** frz. **Grand opéra** [grãdoper'a]) und **komische O.** (ital. **O̤pera bṳffa,** frz. **Opéra-comique** [-kom'ik]), deren volkstümlichere Abart das Singspiel ist, und die → Operette. Formal ist die O. bis in die 2. Hälfte des 19. Jh. **Nummernoper,** d. h. eine Aneinanderreihung in sich geschlossener Stücke (die rein instrumentale Ouvertüre, Arien, Duette, Terzette u. ä., Chöre, Instrumentalsätze). Erst das **Musikdrama** von R. Wagner stellt ein durchkomponiertes sinfon. Ganzes dar.

Geschichte. Aus dem Streben, die vermeintliche Form und den Geist der grch. Tragödie wiederzuerwecken, entstand Ende des 16. Jh. in Florenz die O., indem man auch Monolog und Dialog der Schauspiele vertonte, nicht nur wie bisher in den Hirtenstücken die Zwischenchöre. Die erste bed. O. war Monteverdis ›Orfeo‹ (1607). 1637 wurde in Venedig das erste Opernhaus eröffnet. In der venezian. Barockoper wurde bes. der Gesang in den neuen Formen der Arie, Kanzone und Kavatine ausgebildet. Von Italien wirkte die O. nach Frankreich (J.-B. Lully) und Dtl. ein, bes. nach Wien und Dresden. Die erste erhaltene O. mit dt. Text ist S. T. Stadens ›Seelewig‹ (1644). Seit etwa 1730 wurde die deutschsprachige O. von ital. und frz. Werken verdrängt.

Um 1700 löste die Neapolitan. Schule die venezian. O. ab (A. Scarlatti; Opera seria). Für die Opera buffa wurde v. a. G. B. Pergolesis ›La serva padrona‹ (1733) bedeutsam. Die zur neapolitan. Richtung gehörenden Opern Händels wirken trotz pathet. Ausdrucks eher als Konzerte auf der Bühne. Gleichlaufend mit der Entstehung der Opera buffa führte in England die Reaktion gegen das Pathos der Opera seria zur volkstüml. Parodie (→ Ballad-opera). In Frankreich hatte J.-Ph. Rameau den O.-Typ Lullys weiterentwickelt; daneben entstand die Opéra-comique. Gluck erneuerte die O. durchgreifend, indem er die Musik den dramat. Erfordernissen unterordnete. Dem Einfluß Glucks setzte man die Opera buffa entgegen (N. Piccini, B. Galuppi, G. Paisiello, D. Cimarosa u. a.). In Dtl. regte die Opera buffa das dt. Singspiel an (J. A. Hiller, G. Benda, K. Ditters v. Dittersdorf u. a.).

Alle Elemente der Zeit zusammenfassend, schuf Mozart ein autonomes musikal. Theater, zunächst noch in ital. Sprache. Seine ›Zauberflöte‹ (1791) war die erste vorbildhafte dt. O. In Beethovens ›Fidelio‹ verbindet sich die Musik mit ideellen Elementen. In Frankreich führte der Weg zur großen O., die auf reiche Ausstattung und Erzielung dramat. Effekte angelegt war (D.-F.-E. Auber, G. Meyerbeer). Das erste Meisterwerk der romant. O. ist C. M. v. Webers ›Freischütz‹ (1821). Die bürgerl. komische O. wurde durch A. Lortzing, O. Nicolai und F. v. Flotow vertreten. Bed. ital. O.-Komponisten in der 1. Hälfte des 19. Jh. waren G. Rossini, V. Bellini und G. Donizetti. Die frz. Opéra-comique wurde von D.-F.-E. Auber, F. A. Boieldieu und A. Adam weiter gepflegt; mit gesellschaftskrit. Akzenten versehen, setzte sie sich während des 2. Kaiserreichs in den Operetten J. Offenbachs fort. Höhepunkt der dt. romant. O. stellt das Musikdrama R. Wagners dar. Die dramat. O. des Italieners G. Verdi, mit ihrer Realistik in die Zukunft weisend, wurde zum Inbegriff ital. Opernschaffens. Um 1875 wirkten sich die neuen Kräfte auch in anderen Ländern aus. G. Bizets ›Carmen‹ (1875) blieb allerdings in Frankreich eine Ausnahme neben der konventionellen ›Tragédie lyrique‹ (Ch. Gounod, A. Thomas, J. Massenet, C. Saint-Saëns). M. Mussorgskij gab mit ›Boris Godunow‹ (1874) der nationalruss. Schule wichtige Anregungen, die A. Borodin, P. I. Tschaikowskij und N. Rimskij-Korsakow mit anderen Traditionen verknüpften. Mit Werken nationaler Eigenart traten die Tschechen B. Smetana und L. Janáček hervor. Die ital. O. erlebte um die Jahrhundertwende mit G. Puccini und den Veristen R. Leoncavallo und P. Mascagni eine späte Blüte. In Dtl. wurde der Stil Wagners weitergeführt in den Werken von H. Pfitzner und bes. von R. Strauss. In Frankreich beschritt C. Debussy neue Wege des Opernschaffens.

Die Wendung zur Neuen Musik vollzog sich zunächst nicht im Bereich der O. Erst A. Berg nahm die Traditionen des Musikdramas, der Nummern-O. und der absoluten Musik auf und schuf etwas Neues: in sich geschlossene O.-Musik von sinfon. Verbindlichkeit (›Wozzeck‹, 1925; ›Lulu‹, 1937, vollendet von F. Cerha,

Onyx (geschliffen)

OPEC

1979). An Berg knüpften E. Krenek, L. Dallapiccola und B. A. Zimmermann an. In den 20er Jahren des 20. Jh. entstand im Zug der Antiromantik ein historisierender O.-Typ (P. Hindemith, I. Strawinsky), daneben gab es die stofflich aktuelle Zeit-O. (E. Krenek) und die zeitkrit. O., z. B. ›Die Dreigroschenoper‹ von K. Weill (1928) nach Dichtungen von B. Brecht. Außerdem wurden Versuche unternommen, das O.-Oratorium neu zu beleben (I. Strawinsky, A. Honegger, D. Milhaud). In der Zeit nach 1933 griff man auf volkstüml. Formen zurück (W. Egk, H. Reutter u. a.), C. Orff versuchte noch einmal, das Theater aus der Musik heraus zu erneuern. Um die Mitte des 20. Jh. wurden versch. O.-Arten gepflegt (B. Britten, B. Blacher, G. von Einem, H. W. Henze u. a.). Erfolgreiche Werke schufen in den USA G. Gershwin (Verbindung von verist. Anlage mit Jazz-Elementen) und G. C. Menotti (Fortführung des O.-Typs von Puccini). Die O. der Gegenwart weist die unterschiedlichsten Stilrichtungen auf: serielle Techniken (L. Nono), instrumentales Theater (M. Kagel), Multi Media, die Tonalität wahrende Werke (B. Britten), u. a. Cluster verwendende (K. Penderecki) sowie akust. mit visuellen Prozessen (G. Ligeti) oder serielle Techniken und Collage (B. A. Zimmermann) verbindende Opern. Ferner traten A. Reimann, W. Rihm, I. Yun, G. Klebe u. a. mit O. hervor.

Opera [lat.], Abk. **opp.**, Werke, *Pl.* von → Opus. **O. omnia,** sämtl. Werke.

Operand *der, -en/-en,* Datenverarbeitung: der zur Ausführung eines Befehls aufgerufene Inhalt einer Speicherzelle.

Operateur [ɔperat'øːr, frz.] *der, -s/-e,* **1)** Arzt, der eine → Operation vornimmt. **2)** Filmvorführer. **3)** Kameramann.

Operation [lat. ›Handlung‹, ›Verrichtung‹] *die, -/-en,* **1)** ⚕ mit Gewebedurchtrennung verbundener ärztl. Eingriff (→ Chirurgie), z. B. das Entfernen erkrankten Gewebes, das Nähen von Wunden. Die Fortschritte der Operationstechnik, der Narkose, der Chemotherapie, der Asepsis, der Schockbekämpfung, Vorrichtungen wie die Herz-Lungen-Maschine u. a. haben die Gefahren der O. wesentlich herabgesetzt. **2)** ⚔ in sich abgeschlossene, meist mit Kampfhandlungen in Zusammenhang stehende Bewegung größerer Verbände. **3)** △ Durchführung einer best. logischen oder mathemat. Vorschrift, z. B. Differentiation, Integration. **4)** ⚙ Arbeitsvorgang. **operativ,** auf chirurg. Wege. *ich* **operiere,** **1)** *ihn,* nehme einen chirurgischen Eingriff an ihm vor. **2)** handle, wirke.

Operationismus *der, -,* **Operationalismus,** wissenschaftstheoret. Richtung der Mitte des 20. Jh., die in den method. Verfahrensweisen (Operationen), nicht in der Erfahrung, die Grundlage der naturwissenschaftl. Forschung sieht; zuerst in der Physik entwickelt (P. W. Bridgeman).

Operations Research [ɔpər'eıʃnz rıs'ɔːtʃ, engl.] *die, - -,* **Unternehmensforschung, Optimalplanung,** Anwendung mathemat. Methoden und Modelle zur Vorbereitung optimaler Entscheidungen auf betriebswirtschaftl. und techn. Gebiet (Produktions-, Finanz-, Investitions-, Absatzplanung, Einkaufs- und Lagerdisposition u. a.). Die wichtigsten Teilgebiete des O. R. sind die mathemat. Planungsrechnung, die → Netzplantechnik, die Theorie der Graphen (ein Teilgebiet der Kombinatorik, in dem sich Probleme mathematisch übersichtlich formulieren und lösen lassen), die Entscheidungsbaum- und Enumerationsverfahren (→ Enumeration), die Simulation, die → Spieltheorie und die → Warteschlangentheorie. Wissenschaftl. Gesellschaft der O. R. ist in der Bundesrep. Dtl. die Dt. Gesellschaft für O. R. e. V., Sitz: Frankfurt a. M.

Operationsverstärker:
a) Grundschaltung, **b)** invertierender Verstärker, **c)** nichtinvertierender Verstärker, **d)** Integrierer

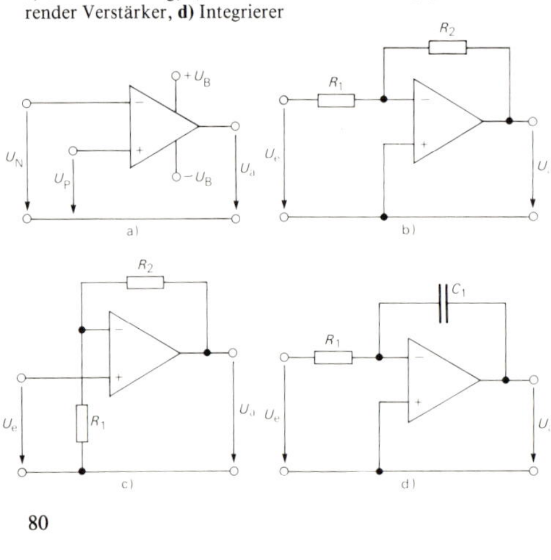

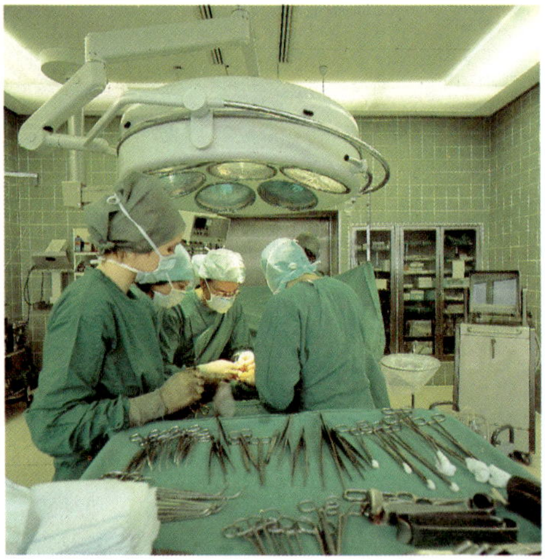

Operation 1):
OBEN Operationssaal mit schattenfreier Operationsleuchte; UNTEN Operationsbesteck

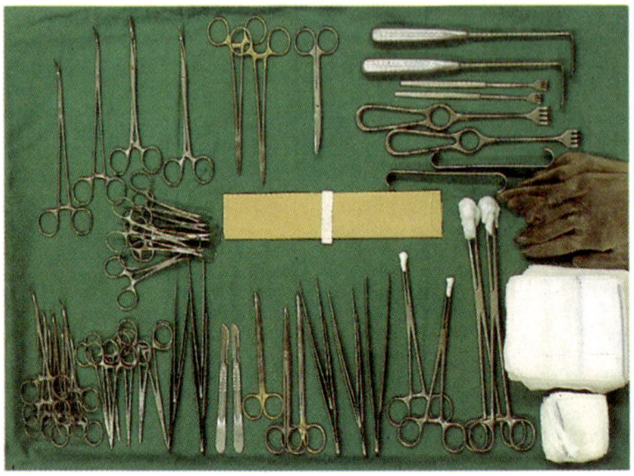

Operationsverstärker, universell einsetzbarer Gleichspannungsverstärker mit hoher innerer Spannungsverstärkung, hohem Eingangswiderstand und niedrigem Ausgangswiderstand. O. werden heute als monolithisch → integrierte Schaltungen hergestellt. Ein O. besteht im Prinzip aus zwei Verstärkerstufen, die auf einen gemeinsamen Ausgang arbeiten. Der Eingang des einen Verstärkers heißt nichtinvertierender Eingang, der des anderen Verstärkers invertierender Eingang. Durch eine geeignete Gegenkopplung wird eine definierte Verstärkung erzielt. Der O. ist wichtiger Grundbaustein in der Meß-, Steuer-, Regelungs- und Analogrechnertechnik als Addierer, Subtrahierer, Integrierer, Invertierer, Impedanzwandler, Meßverstärker u. a.

Operator [lat.] *der, -s/...t'oren,* **1)** △ mathemat. Grundbegriff: eine durch Symbol gekennzeichnete Rechen- oder Zuordnungsvorschrift für best. Größen, z. B. Funktionen, mit wichtigen Anwendungsmöglichkeiten in Physik und Technik, bes. in der Elektrotechnik und der Quantentheorie. **2)** mathemat. Logik: Zeichen, mit dessen Hilfe aus Formeln oder Termen weitere Formeln oder Termen gebildet werden. **3)** Datenverarbeitung: Berufsbez.; der O. bedient elektron. Datenverarbeitungssysteme.

Operette [ital., Diminutiv zu Oper] *die, -/-n,* musikal. Bühnenstück mit lockerer, heiterer Handlung, gesprochenem Dialog, Gesang und Tanz. Die Wurzeln der O. liegen in den Parodien auf die ernste Oper, in der Opéra-comique, im Singspiel und in der Gesangsposse. In Paris wirkte J. Offenbach entscheidend auf ihre Entwicklung ein. In Wien baute F. v. Suppé die einheim. Posse aus. Der von J. Lanner und J. Strauß (Vater) geschaffene Wiener Walzer und der österr. Volksliedton gaben der klass. Wiener O. das Gepräge. Ihr Hauptmeister ist J. Strauß (Sohn), daneben C. Millöcker, R. Heuberger, K. Zeller. Die jüngere Wiener O. hat opernhafte Ausdrucksmittel und ausländ. Tanzformen aufgenommen (L. Fall, F. Lehár, E. Kálmán, Oscar Straus). In Berlin pflegten um 1900 P. Lincke und W. Kollo eine mehr der Posse und der Ausstattungsrevue zugeneigte Richtung, zu der auch die Österreicher R. Benatzky, F. Raymond und der Ungar P. Abraham gerechnet werden. Weitere Vertreter sind E. Künneke, T. Mackeben, P. Kreuder, N. Dostal. Die Funktion der O. hat heute weitgehend das →Musical übernommen.

Opernglas, binokulares →Fernrohr handlicher Form mit etwa zwei- bis sechsfacher Vergrößerung.

Operon [lat.] *das, -s,* Genetik: Funktionseinheit aus benachbarten **Strukturgenen,** deren Produkte für Stoffwechselvorgänge benötigt werden und deren →Transkription durch eine vorgeschaltete Kontrollregion gemeinsam reguliert wird.

Opfer [ahd., zu lat. operari ›verrichten‹, ›Opfer bringen‹] *das, -s/-,* **1)** Darbringung einer Gabe an eine Gottheit sowie diese Gabe selbst (vgl. Religionsgeschichte). **2)** Spende, Hingabe von etwas, das man schmerzlich entbehrt. **3)** Mensch, der ein Übel erdulden muß: *O. eines Verkehrsunfalls. ich* **opf(e)re, 1)** *mich, ihn, es,* bringe einer Gottheit dar. **2)** *mich, es ihm, es für etwas,* gebe hin, verzichte um einer besseren Sache willen, spende: *er hat sein Leben für ihn geopfert. ich* **opf(e)re** *mich für ihn* **auf,** tue alles für ihn; gehe für ihn in den Tod. *die* **Opferung,** *-/-en,* das Opfern.

Religionsgeschichte: Als eine Grundform religiösen Handelns beruht das O. auf dem Gefühl der Abhängigkeit von der Gottheit und dem Wunsch, auf ihren Willen einzuwirken oder die etwa durch menschl. Verschulden gestörte Beziehung zu ihr wiederherzustellen. Im Christentum steht der Opfertod Jesu zur Versöhnung der Menschen mit Gott im Mittelpunkt.

Opferbereitung, lat. Liturgie: Eröffnungsteil der eigtl. Eucharistiefeier in der Meßliturgie.

Opferstock, Behälter an Kirchentüren für Geldspenden.

Ophelia [grch. opheleia ›Hilfe‹], **1)** weibl. Vorname. **2)** weibl. Figur in Shakespeares ›Hamlet‹.

Ophiolithe [grch.] *Pl.,* in Geosynklinalen untermeerisch ausgeflossene und später u. a. zu Serpentiniten und Amphiboliten umgewandelte basische bis ultrabasische Laven.

Ophir, A. T.: Land, aus dem Salomo zu Schiff Edelsteine und Gold holen ließ (Lokalisierung unsicher).

Ophiten [grch.] *Pl.,* gnostische Sekten des 2. Jh.; die Schlange (grch. ophis, daher O.) des Sündenfalls galt den O. als Vermittler der den Menschen vom Weltschöpfer des A. T. vorenthaltenen Erkenntnis.

Ophiuchus [grch.], ✫ das Sternbild →Schlangenträger.

Ophthalmologie [grch. ophthalmos ›Auge‹] *die, -,* Augenheilkunde. *der* **Ophthalmologe,** *-n/-n,* Augenarzt.

Ophüls ['ɔph-], Max, eigtl. M. **Oppenheimer,** Filmautor, Regisseur, *Saarbrücken 6. 5. 1902, †Hamburg 26. 3. 1957, wandte sich 1930 dem Film zu und war in Dtl., nach der Emigration in Österreich, Italien, den USA und in Frankreich tätig. Filme: ›Die verkaufte Braut‹ (1932), ›Liebelei‹ (1933), ›Der Reigen‹ (1950), ›Madame de...‹ (1953), ›Lola Montez‹ (1955) u. a.

Opiat [grch.] *das, -(e)s/-e,* opiumhaltiges oder Alkaloide des Opiums enthaltendes Arzneimittel.

opinio [lat.] *die, -,* Meinung. **Communis o.,** allg. Anschauung.

Opinion leader [ɔp'ɪnjən l'i:də, engl.], **Meinungsführer,** einflußreiche Einzelperson bei der unvermittelten Kommunikation, z. B. im Gespräch der Kleingruppe (Bekanntenkreis, Nachbarschaft); wichtig für die Werbung.

opistho... [grch. opisthios ›hinterer‹], hinten...

Opisthobranchia [grch.] *Pl.,* Hinterkiemer, Ordn. der →Schnecken.

Oppeln 2): Rathaus (Bildmitte)

Opisthodomos [grch. ›Hinterhaus‹] *der, -/...moi,* im grch. Tempel der Raum hinter der Cella.

Opisthotonus [grch.] *der, -,* krankhafte Rückwärtsbeugung von Wirbelsäule, Rumpf und Kopf; bes. bei Wundstarrkrampf, Gehirnhautentzündung.

Opitz, Martin, Dichter, *Bunzlau 23. 12. 1597, †(an der Pest) Danzig 20. 8. 1639, wurde 1627 als **Opitz von Boberfeld** geadelt, setzte sich in seiner lat. Rede ›Aristarchus‹ (1617) für die Schaffung einer dt. Nationalliteratur ein. O. schrieb die ›Trostgedichte in der Widerwärtigkeit des Krieges‹ (1621, gedr. 1633), die eine Schilderung der Kriegsgreuel mit der Aufforderung zu stoischer Gelassenheit und Gottvertrauen verbinden, das ›Buch von der dt. Poeterey‹ (1624), ferner eigene ›Teutsche Poemata‹ (1624). Er vermittelte mit seiner ›Schäfferey von der Nimpfen Hercinie‹ (1630) die Zeitmode der Hirtendichtung und brach der Oper Bahn durch eine Bearbeitung der ›Daphne‹ des Italieners O. Rinuccini (vertont von H. Schütz). Die Übersetzungen von Senecas ›Troerinnen‹ (1625) und Sophokles' ›Antigone‹ (1636) kündigten das dt. Kunstdrama an. Als Theoretiker setzte er die natürliche dt. Betonung im Vers durch.

Martin Opitz
(Ausschnitt
aus einem Kupferstich
von J. v. Heyden, 1631)

Opium [grch., von opos ›Pflanzensaft‹] *das, -s,* **Meconium, Laudanum,** der zu dunkelbrauner, bitterer Masse eingetrocknete Milchsaft des Schlafmohns, der als →Betäubungsmittel, →Rauschmittel und Schmerzmittel verwendet wird. O. enthält an Alkaloiden: 5–15% Morphin, 1,5–12,5% Narcotin, 0,5–3% Codein, 0,1–0,5% Papaverin, 0,3% Thebain, 0,2% Narcein u. a. Die O. liefernde Mohnart wird in Osteuropa, Kleinasien, im Iran, in Afghanistan, Indien, China angebaut. O. und seine Abkömmlinge zählen zu den wirksamsten Schmerzmitteln und werden auch zur Ruhigstellung des Darmtrakts verwendet. Sein wirksamster Bestandteil ist Morphin. In größeren Mengen wirkt O. stark betäubend, führt zu tiefem Schlaf mit Träumen und Halluzinationen und kann zum Tod führen. Bei Kindern können schon 0,01 g O., bei Erwachsenen 0,5–2 g tödlich wirken. Die **Opiumvergiftung** entspricht in ihrer akuten und in ihrer chron. Form **(Opiumsucht)** der Morphinvergiftung (→Morphin). **Opiumextrakt** enthält 20%, **Opiumtinktur** 1% Morphin. Das **Rauchopium (Tschandu)** erhält man durch eine umständliche Behandlung des O.; es enthält rund 12% Alkaloide. Es wird in Opiumpfeifen geraucht. – Die Gewinnung von O. ist schon aus dem 2. Jahrtsd. v. Chr. belegt. Seine Anwendung in der Medizin (als Schlafmittel, zur Schmerzstillung u. a.) war seit der Antike von größter Bedeutung.

Max Ophüls

Opiumkrieg, der britisch-chines. Krieg 1840–42 (→chinesische Geschichte).

Opladen, ehem. Krst. in NRW, seit 1975 zu →Leverkusen.

Opole [ɔp'ɔlɛ], poln. Name der Stadt →Oppeln.

Oporto [-tu], früherer Name von →Porto.

Opossum [indian.] *das, -s/-s,* eine Gatt. der Beutelratten. Das Fell des **Nordamerikan. O.** hat schwarze und weiße Grannen, fast weiße Unterwolle (Bild Beuteltiere). Handelsbez.: Marder- und Skunk-O. Beim Fuchs-Kusu (→Kusus) gibt es das **Austral. O.** und das **Tasman. O.**

opp., ♪ Abk. für **Opera,** Werke (→Opus).

Oppa *die,* tschech. **Opava,** linker Nebenfluß der oberen Oder, rd. 120 km, mündet bei Ostrau.

Oppeln, 1) ehem. RegBez. in Schlesien und 1919–34 einziger RegBez. der Prov. Oberschlesien, 9715 km², (1939) 1,563 Mio. Ew.; umfaßte 6 Stadtkreise und 14 Landkreise. **2)** poln. **Opole** [ɔp'ɔlɛ], Hptst. der poln. Wwschaft Opole, ehem. Hptst. von 1) und der Prov. Oberschlesien, (1981) 118200 Ew., an der Oder; bed. Ind.: Metallbau, Zement-, Maschinen-, Lebensmittel-, Möbel-, Bekleidungs- u. a. Ind.; PH, TH; Rundturm (1300) der ehem. Piastenburg, spätgot. Dom, Franziskanerkloster (1287 gegr.) mit spätgot. Kirche, Dominikanerkloster (1295 gegr.) mit urspr. got. Kirche. – O. war im 10. Jh. Mittelpunkt der slaw. Opolanen. Vor 1254 entstand die Stadt mit dt. Recht.

Oppenheim, Stadt im Kr. Mainz-Bingen, Rheinl.-Pf., (1983) 4600 Ew., links des Rheins; Landeslehr- und Versuchsanstalt für Wein- und Gartenbau; Weinbau und -handel, Weinbrennereien; Katharinenkirche, bed. got. Bau (1262–1439). – Karl d. Gr. schenkte 774 den Königshof O. an die Abtei Lorsch. 1147 kam der Lorscher Besitz an das Reich zurück, das dem Ort 1225/26 Stadtrecht verlieh. 1375 wurde die Reichsstadt an Kurpfalz verpfändet, seit 1648 gehörte es zur Kurpfalz. Über O. die Ruine der Reichsburg Landskron. (Bild S. 82)

Oppenheim, Abraham, Bankier, *Köln 24. 5. 1804, †ebd. 9. 10. 1878, baute das von seinem Vater Salomon in Bonn gegr. Kommissions- und Wechselhaus (seit 1801 in Köln) zu einer bed. dt. Privatbank aus, seit 1909 ›Bankhaus Sal. Oppenheimer jr. & Cie.‹; daneben Verdienste um den Aufbau des Eisenbahnwesens, der Versicherungswirtschaft.

Oppenheimer, 1) Carl, Bruder von 3), Biochemiker, *Berlin 21. 2. 1874, †Den Haag 24. 12. 1941, arbeitete über Enzyme, Stoffwechsel und Energetik der lebenden Substanz.

2) ['ɔpnhaɪmə], Sir (1921) Ernest, südafrikan. Großunternehmer und Politiker, * Friedberg (Hessen) 22. 5. 1880, † Johannesburg 25. 11. 1957, ging 1902 nach Südafrika, war bald führend im Diamanten- und Goldgeschäft (Kimberley); 1924–38 Abg. im Parlament.

3) Franz, Bruder von 1), Volkswirtschaftler und Soziologe, * Berlin 30. 3. 1864, † Los Angeles 30. 9. 1943, urspr. Arzt; vertrat einen ›liberalen Sozialismus‹, nach dem die Ursache des sozialen Elends im Monopol am Boden zu suchen sei.

HW: Der Staat (1908); System der Soziologie, 4 Bde. (1922–29).

4) [ˈɔpnhaɪmə], Julius Robert, amerikan. Atomphysiker, * New York 22. 4. 1904, † Princeton (N. J.) 18. 2. 1967. Unter seiner wissenschaftl. Leitung wurde 1943–45 die erste Atombombe in Los Alamos hergestellt. O. hatte als Vors. des General Advisory Committee der amerikan. Atomenergiebehörde beträchtl. Einfluß auf die Atompolitik der USA, wobei er sich – aus techn. und moral. Gründen – gegen den Bau der Wasserstoffbombe aussprach. 1954 wurde ihm die Erlaubnis entzogen, an geheimen Projekten mitzuarbeiten, aber 1963 rehabilitiert. 1947–66 war er Direktor des Institute for Advanced Study in Princeton.

Oppenheim: Katharinenkirche

Oppidum [lat.] *das, -s/...da,* urspr. ein befestigter, ständig bewohnter Ort; in der archäolog. Fachsprache vorwiegend die kelt. befestigten Siedlungen des 1. und 2. Jh. v. Chr.

Oppolzer, Theodor von, Astronom, * Prag 26. 10. 1841, † Wien 26. 12. 1886, berechnete Planeten- und Kometenbahnen, verfaßte den ›Canon der Finsternisse‹, der alle Mond- und Sonnenfinsternisse von 1206 v. Chr. bis 2161 n. Chr. enthält.

opponieren [lat.]. *ich* **opponiere** *gegen ihn, etwas,* widersetze mich, widerstrebe. *der* **Opponent,** *-en/-en,* Gegenredner, bes. bei Disputationen. **opponiert,** ⊕ gegenständig.

opportun [lat.], passend, bequem, gelegen. *der* **Opportunismus,** *-,* das Handeln nicht nach Grundsätzen, sondern nach den gegebenen Verhältnissen, auf Vorteile achtend. Die Gefahr des Opportunismus ist bes. gegenüber einer herrschenden öffentl. Meinung, im Journalismus und in der Politik, gegeben. *Adj.* **opportunistisch.** *der* **Opportunist,** *-en/-en,* jemand, der opportunistisch handelt.

Opportunitätskosten, ⧍ einzel- oder gesamtwirtschaftl. Kostenbegriff, der Kosten als entgangenen Nutzen auffaßt.

Opportunitätsprinzip, Strafprozeß: der das Legalitätsprinzip durchbrechende Grundsatz, daß die Staatsanwaltschaft wegen einer Straftat nur dann Anklage erhebt, wenn dies im öffentl. Interesse liegt. Das O. gilt hauptsächl. in den Fällen der §§ 153 ff., 376 StPO (Geringfügigkeit, tätige Reue, Auslandstaten u. a.), ferner im Jugendstrafrecht (§ 45 JGG). In Österreich und in der Schweiz gilt das O. nur in Ausnahmefällen, bes. im Jugendstrafrecht.

Opposition [lat.] *die, -/-en,* **1)** Gegensatz; Widerstand. **2)** i. w. S. der Widerstand der öffentl. Meinung oder best. Gruppen gegen die Regierung oder die herrschende Schicht, i. e. S. die Kräfte, die der Regierung in der Volksvertretung entgegentreten, bei parlamentar. Regierung eine Minderheit. Der Ggs. von Regierungsmehrheit und O. ist eine Grundvoraussetzung des funktionierenden parlamentar. Systems (→ Parlamentarismus), dessen dauerhafter Bestand zugleich davon abhängt, daß die O. auf der Grundlage eines sachlich und nicht nur personalpolitisch begründeten Programms geführt wird **(konstruktive O.)** und sich nicht auf → Obstruktion beschränkt. **3)** ☆ Gegenschein, → Aspekt.

OPraem, Abk. für **Ordo Praemonstratensis,** → Prämonstratenser.

Ops, altröm. Göttin des Erntesegens, auch **O. Consiva** genannt, mit geheimem Kult.

Opsonine [grch.] *Pl.,* Bestandteile (meist Antikörper) des Blutserums. O. erleichtern den Abbau von Fremdstoffen.

Optativ [lat.] *der, -s/-e,* Wunschform des Verbs.

optieren [lat.]. *ich* **optiere** *für etwas,* treffe eine Wahl, entscheide mich (bes. für eine Staatsangehörigkeit). *Subst. die* → Option.

Optik [grch.] *die, -,* **1)** urspr. nur die Lehre vom sichtbaren → Licht, allg. die Physik aller diesem ähnlichen elektromagnet. Strahlungen vom Ultraviolett bis ins ferne Infrarot. Die Gesetzmäßigkeiten der Lichtausbreitung sowie der Emission und Absorption von Licht und die Wechselwirkungsprozesse von Licht mit Materie oder elektr. (→ Elektrooptik) und magnet. (→ Magnetooptik) Feldern sind Untersuchungsobjekt der **physikal. O.** Die **geometrische O. (Strahlen-O.)** umfaßt alle Erscheinungen, bei denen der Wellencharakter des Lichtes vernachlässigt werden kann. Sie operiert mit Strahlen als geometr. Linien, deren Ausbreitungsrichtung durch → Brechung und → Reflexion beeinflußt werden kann und die bestimmte → Abbildungen vermitteln (Abbildungstheorie von Gauß und Abbe). Ihre Gesetze lassen sich als → Elektronenoptik oder **Ionen-O.** auf die Ausbreitung von Elektronen und Ionen übertragen. Die **Wellen-O.** behandelt die Erscheinungen des Lichtes, die an seine Wellennatur geknüpft sind: → Beugung, → Interferenz, → Polarisation; zu ihr gehören ferner elektroopt., magnetoopt. und kristallopt. Erscheinungen. Effekte, bei denen die Teilchennatur des Lichts (Lichtquanten, Photonen) in den Vordergrund tritt, z. B. der → Photoeffekt, die Absorptions- und Emissionsspektren der Atome und Moleküle, die Verstärkung von Licht durch stimulierte Emission im → Laser, der Raman-Effekt (→ Raman) oder → Compton-Effekt, können nur durch **Quantenoptik** beschrieben werden. Weitere moderne Spezialgebiete der physikal. O. sind die → nichtlineare Optik, die → integrierte Optik, die Glasfaser-O. (→ Lichtleiter) und die → Röntgenoptik. Die **atmosphärische O.** beschreibt das Verhalten des Lichts in der Atmosphäre, z. B. Haloerscheinungen (→ Halo 1), → Luftspiegelungen, → Regenbogen, → Kränze. Die **physiologische O.** behandelt die physikal. und physiolog. Gesetzmäßigkeiten des Sehens. **2)** *Pl., -en,* Abk. für ein opt. System: die Gesamtheit der bei der Bilderzeugung wirksamen Elemente (Linsen, Prismen, Spiegel) einer opt. Anordnung, z. B. die Kombination Objektiv und Okular beim Fernrohr. **3)** U äußere Wirkung, Erscheinung: *der besseren O. halber. Adj.* **optisch.**

Optiker *der, -s/-,* Ausbildungsberuf des Handwerks. Der **Augen-O.** hat eine Ausbildung von 3½ Jahren.

optimal, bestmöglich, günstigst.

Optimaten [lat.] *Pl.,* im spätrepublikan. Rom die senator. Adelspartei, im Unterschied zu den Popularen (›Volkspartei‹).

Optimierung *die, -/-en,* △ das Aufsuchen des kleinsten **(Minimierung)** oder größten **(Maximierung)** Wertes einer Funktion (Zielfunktion, Objektfunktion) in einem best., durch Nebenbedingungen, oft in Form von Gleichungen oder Ungleichungen beschriebenen (zulässigen) Bereich. Sind Zielfunktion, Gleichungen und Ungleichungen linear, so liegt eine **lineare Optimierungsaufgabe** vor. Das Optimum wird in einer Ecke des zulässigen Bereichs angenommen und kann mit numerischen Verfahren (Simplex-Algorithmus) berechnet werden. Optimierungsaufgaben haben große Bedeutung bes. in den Wirtschaftswissenschaften, so für die Maximierung des Gewinns bei beschränkten Produktionsfaktoren (Kapital, Maschinen, Arbeitskraft) oder für die Minimierung der Kosten. Da sie bei Planungsaufgaben von Bedeutung sind, spricht man auch von **Programmierungsaufgaben** (engl. **programming** [prˈəʊgræmɪŋ]).

Optimismus [lat. optimum ›das Beste‹] *der, -,* **1)** Lebenshaltung, die auf einen guten Ausgang allen Geschehens vertraut oder sich in allem an das Gute hält. **2)** Ⓟh die Ansicht, die das menschl. Dasein oder die Verfassung der Welt im ganzen als sinnvoll, werthaft und daher ›gut‹ oder doch als besser als ihr Nichtsein bejaht (z. B. Leibniz: die Welt als die beste aller möglichen); Ggs.: Pessimismus. *Adj.* **optimistisch.** *der* **Optimist,** *-en/-en,* optimistischer Mensch.

Optimum [lat.] *das, -s/...ma,* Bestwert, beste Leistung; beste Bedingung. *Adj.* **optimal.**

Option [lat. ›freie Wahl‹, ›Wunsch‹] *die, -/-en,* ⚖ **1)** allg.: die vertraglich eingeräumte Anwartschaft, ein Recht unter best. Bedingungen durch einseitige Erklärung zu erwerben (›Vorhand‹). **2)** Völkerrecht: der bei Abtretung eines Gebiets an einen anderen Staat vereinbarte Vorbehalt, daß sich dessen Bewohner innerhalb einer best. Frist für ihre bisherige Staatsangehörigkeit erklären können. I. d. R. muß der die O. Ausübende **(Optant)** dann das abgetretene Gebiet verlassen.

Optionsgeschäft, Optionshandel, Wertpapier-Termingeschäft, wobei der Käufer eine Kauf- oder Verkaufsoption gegen Entrichtung eines Optionspreises an den Stillhalter erwirbt; in der Bundesrep. Dtl. seit 1970 einziges zugelassenes Börsentermingeschäft.

optische Aktivität, die Eigenschaft mancher fester Stoffe, Flüssigkeiten, Lösungen und Gase, die Schwingungsebene von linear polarisiertem Licht, das sie durchläuft, zu drehen, wobei die Größe des Drehwinkels von der Wellenlänge abhängt und proportional zur Weglänge des Lichts im opt. aktiven Material anwächst. Rechtsdrehung liegt vor, wenn die Polarisationsebene, gegen die Fortpflanzungsrichtung des Lichtes gesehen, i. S. des Uhrzeigers gedreht wird. **Racemate** sind optisch aktive Verbindungen, die rechts- und linksdrehende Formen gemischt in gleicher Menge enthalten und deshalb nicht drehen.

optische Aufheller, → Aufhellung.

optische Bank, Schiene mit einer präzisen Führung für den zentrierten Aufbau opt. Systeme. Auf ihr können Reiter mit verstellbar daran befestigten Linsen, Prismen, Spiegeln u. a. verschoben und festgeklemmt werden.

optische Nachrichtentechnik, Anwendungsgebiet der → Optoelektronik im Bereich der Nachrichtenübertragung (→ Breitbandkommunikation). Neue Kommunikationssysteme, die Informationen (Telephongespräche, Telegramme, Bildsignale, Daten eines Computers) mit Hilfe von Lichtimpulsen über große Entfernungen auf → Lichtleitern übertragen können, erschließen der Nachrichtentechnik einen wesentlich erweiterten Frequenzbereich. Durch die hohen Trägerfrequenzen wird die Übertragunskapazität der Nachrichtenkanäle um viele Größenordnungen gesteigert. Als Sender für optische Nachrichtensysteme kommen **Lumineszenzdioden** und besonders **Halbleiterlaser** in Frage. Am Ende der mit Glasfasern aufgebauten Übertragungsstrecke werden die Lichtimpulse mit einem Photoempfänger (z. B. Photodiode) aufgenommen und wieder in elektrische Signale umgewandelt.

optischer Speicher, holographischer Speicher, Speicher zur Aufnahme von Daten in Form von Hologrammen. Seine wesentl. Komponenten sind ein Laser, eine elektroopt. oder akustoopt. Ablenkstufe für den Strahl, ein Dateneingabewandler, ein Speichermedium (z. B. dünne Halbleiterschichten) sowie ein Detektor, auf dem die urspr. Information mit Hilfe eines Referenzstrahls aus dem Hologramm rekonstruiert werden kann.

optischer Test, 1936 von O. Warburg eingeführte photometr. Messung, bei der die enzym. Aktivität der Dehydrogenasen durch Registrierung der Extinktionsveränderung bei 340 nm gemessen wird.

optisches Glas, für Linsen, Spiegel und Prismen verwendetes Klarglas (→ Kronglas, → Flintglas) mit festgelegten Werten der Brechzahlen. Es muß farblos und frei sein von Blasen, Knoten, Steinchen, Schlieren und Spannungen.

optisches Pumpen, von A. Kastler entwickeltes Verfahren, durch Lichteinstrahlung in Materie die Besetzungsdichte best. metastabiler Energiezustände gegenüber dem Gleichgewichtszustand bed. zu erhöhen. (→ Laser)

optische Täuschungen, Gesichtstäuschungen, Wahrnehmungstäuschungen beim Erfassen und Vergleichen räuml. Größen; beruhen z. T. auf Eigenarten des Auges, zum größeren Teil auf typischen Vorgängen bei Gestaltwahrnehmungen, z. B. Einfluß von Perspektive und Verkürzung, Umspringfiguren, Richtungstäuschung u. a.

optische und feinmechanische Industrie, zusammenfassende Bez. für versch. Industrien, die in enger Beziehung zur Physik stehen. Die Erzeugnisse der o. u. f. I. haben große Bedeutung zum Messen, Regeln und Steuern physikal. und chem. Produktionsprozesse, deren Anwendungsbereich durch die Verbindung mit elektron. Bauteilen ständig zunimmt. In der Bundesrep. Dtl. zählte die o. u. f. I. (1981) 1276 Betriebe mit 163000 Beschäftigten und 15,936 Mrd. DM Umsatz. Die bedeutendsten Fachgruppen sind: Photo-, Projektions- und kinotechn. Erzeugnisse, opt. Gläser, feinmechan. Erzeugnisse, medizinmechan. und orthopädiemechan. Geräte, optische Instrumente.

Opto|elektronik, eine Technik, die opt. und elektron. Vorgänge unter Ausnutzung der Wechselwirkungen von Licht mit elektr. Ladungsträgern (→ Photoeffekt; → Lumineszenz, → Elektrooptik, → Magnetooptik) verknüpft. Optoelektron. Bauelemente sind z. B. → Lumineszenzdiode, → Photodiode, → Solarzelle; angewendet wird die O. für die Übertragung, Verarbeitung und Speicherung von elektr. Signalen (z. B. mit Hilfe von Bildverstärker, Bildwandler, Bildzerleger) durch Lichtstrahlen, zur Lichtverstärkung, Lichtwandlung, Lichtspeicherung, für elementare Schaltungen der Schaltalgebra, in der → optischen Nachrichtentechnik.

Optokoppler, aus einer Lichtquelle (Lumineszenzdiode) und einem lichtempfindl. Empfänger (Phototransistor) bestehendes

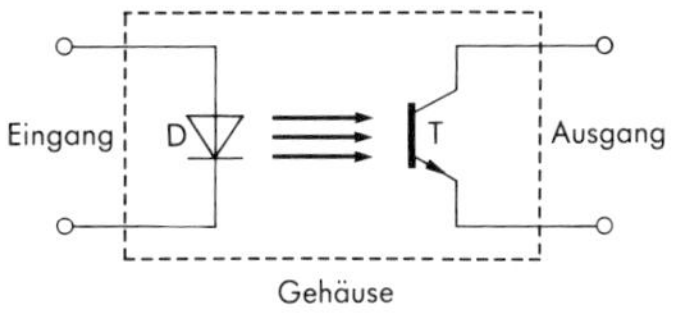

Optokoppler: Schaltbild eines O. mit D = Lumineszenzdiode und T = Phototransistor

optoelektron. Bauelement zur Übertragung elektr. Signale, arbeitet i. a. im Infrarotbereich. O. werden zur rückwirkungsfreien Kopplung und galvan. Trennung von Stromkreisen eingesetzt.

opulent [lat.], reich, üppig: *ein opulentes Mahl. Subst. die* **Opulenz,** -.

Opunti|en [grch.] *Pl.,* strauchig oder baumförmig wachsende Kakteen, zu denen bes. der **Feigenkaktus (Feigendistel,** Gatt. **Opuntia)** gehört; sie haben einen sehr harten Samenmantel und Büschel äußerst feiner, leicht abbrechender widerhakiger Stacheln. (Bild Kakteen)

Opus [lat.] *das, -/'Opera,* **1)** Werk. **2)** Abk. *Sg.* **op.**, *Pl.* **opp.**, Einzelwerk eines Komponisten; seit etwa 1800 geben die Komponisten ihren Werken eine O.-Zahl; zuvor versah man meist nur die gedruckten Werke mit O.-Zahlen. *das* **Opusculum,** *-s/...la,* Werkchen. **Opera omnia,** sämtliche Werke.

Opus Dei [lat. ›Werk Gottes‹], kath. Vereinigung (gegr. 1928) mit dem Ziel, ihre Mitgl. (1982: 73000; überwiegend Laien) zu christl. Vollkommenheit inmitten der Welt, also ohne Gemeinschaftsleben, zu führen.

...or [lat.], das männl. Geschlecht bestimmende Ableitungssilbe: *der Moderator; der Rektor.*

OR, Abk. für **1) Confoederatio Oratorii S. Philippi Nerii,** die Oratorianer, → Oratorium 2). **2) Obligationenrecht,** → Schuldrecht. Über das schweizer. Obligationenrecht → Zivilgesetzbuch.

Oradea, rumän. Name von → Großwardein.

Oradour-sur-Glane [ɔrad'ursyrgl'an], Ort im frz. Dép. Haute-Vienne, (1975) 1800 Ew.; O.-s.-G. wurde 1944 als Repressalie gegen die frz. Widerstandsbewegung von der SS niedergebrannt, der größte Teil der Bevölkerung kam dabei ums Leben.

ora et labora [lat.], bete und arbeite!

Öræfajökull ['œ:raivaj'œkydl], höchste vulkan. Erhebung Islands, an der S-Küste am Rand des Vatnajökull, 2119 m.

Orakel [lat. orare ›reden‹] *das, -s/-,* **1)** Zukunftsdeutung, Schicksalsspruch. **2)** im Altertum heilige ›Sprechstätte‹, an der eine Gottheit durch den Priester auf Fragen antwortete und Weissagungen erteilte. O.-Stätten waren die des Zeus in Dodona und in Olympia, die des Apoll in Delphi, Klaros bei Kolophon, Didyma bei Milet sowie das Ammonium in der Oase Siwa der Libyschen Wüste. Die bekannteste O.-Sammlung ist die der Sibyllinischen Bücher (→ Sibylle). **3)** Ü rätselhafter Ausspruch. *ich* **orak(e)le,** rede in geheimnisvollen Andeutungen.

oral [lat.], $ in der Mundgegend gelegen, durch den Mund; Ggs.: aboral. *der* **Oral,** *-s/-e,* im Mundraum gebildeter Laut. **orale Phase,** nach S. Freud eine frühkindliche Entwicklungsstufe der Sexualität, bei der der Mund erogene Zone für den sexuellen Lustgewinn (durch Saugen und Lutschen) ist.

Oran [ɔr'ã, frz.], arab. **Wachran,** Hptst. des Dép. O. in Algerien, (1978) 633000 Ew.; Univ. (seit 1966); Wirtschaftszentrum W-Algeriens, Handelshafen mit vorwiegend landwirtschaftl. Exportgütern; Flughafen; Ausgangspunkt der westl. Sahararoute. – O. wurde angeblich 902 von den Mauren gegründet. – 1940 zerstörte die brit. Mittelmeerflotte im nahen Mars al-Kabir nach dem frz.-dt. Waffenstillstand ein frz. Schlachtschiffgeschwader (→ Weltkrieg II). Bild S. 84.

orange [ɔr'ãʒ], *nicht flektierbar:* wie eine Orange gefärbt, rötlichgelb. *das* **Orange,** *-s,* orange Farbe; eine Gruppe von Azofarb-

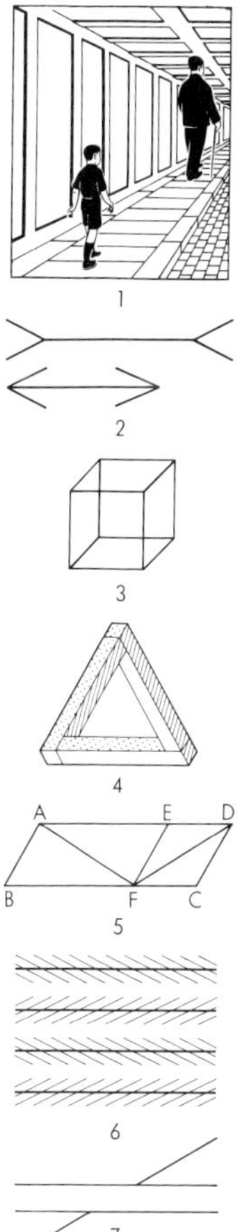

optische Täuschungen

optische Täuschungen: 1 Perspektivische Täuschung; beide Personen sind gleich groß gezeichnet (nach Bezold). **2** Größentäuschung (Müller-Lyersche Täuschung); die von den Pfeilspitzen begrenzten Strecken sind gleich groß. **3** Umspringfigur (Neckerscher Würfel); schlägt bei längerer Betrachtung sprunghaft in eine andere räumliche Auffassung um. **4** ›Unmögliche‹ Figur (nach Penrose). **5** Sandersche Figur; AF = DF. **6** Richtungstäuschung (Zöllnersche Täuschung); die Parallelen scheinen zusammenzulaufen. **7** Geometrische Täuschung (Poggendorffsche Täuschung); die schräge, durch zwei parallele Geraden unterbrochene Linie erscheint in ihren Teilstücken gegeneinander versetzt

Oran: Stadt und Hafen

stoffen. Orange GGN und Gelborange S sind zugelassene Lebensmittelfarbstoffe.

Orange [ɔr'ãʒə, frz.; aus arab.-span.] *die, -/-n,* die →Apfelsine. *die* **Orangeade** [ɔrãʒ'a:də, frz.], *-/-n,* Limonade aus O.-Rohsaft oder entsprechend verdünnten Konzentraten. *das* **Orangeat** [ɔrãʒ'a:t], *-s/-e,* kandierte Orangenschale.

Orange [ɔr'ãʒ], Stadt in SO-Frankreich, Dép. Vaucluse, nahe der Rhône, (1982) 26500 Ew.; Lebensmittel-, Seifen-, Schuh-Ind.; röm. Theater mit halbkreisförmig angeordneten Sitzen, Triumpfbogen, Kathedrale (1208 geweiht). – O., das röm. **Arausio,** war im MA. Hauptort des Fstt. →Oranien.

Orangebäckchen [ɔr'ãʒ-], ein Weberfink (→Webervögel).

Orangerie [ɔrãʒr'i:, frz.] *die, -/...r'i|en,* Gewächshaus zum Überwintern südl. Pflanzen, seit dem 17. Jh. Teil barocker Schloßanlagen.

Orang-Utan [malaiisch ›Waldmensch‹] *der, -s/-s,* **Pongo pygmaeus,** Gatt. der Menschenaffen auf Borneo und Sumatra, mit sehr langen Armen, kurzen Beinen, rotbraunem (Borneo) oder mehr gelbbraunem (Sumatra) Fell. Die Männchen erreichen eine Scheitelhöhe von 1,5 m, die Weibchen sind wesentlich kleiner. Männchen haben im Alter starke Kehlsäcke. Der O.-U. durchwandert in kleinen Familien das Geäst hoher Bäume, baut sich aus Zweigen ein Schlafnest und ernährt sich von Früchten und Blättern. (Bild Affen)

Orchester 1): Die ›amerikanische‹ Sitzordnung; von ihr wird in bestimmten Details dann abgewichen, wenn die jeweiligen akustischen Bedingungen des Konzertraumes es erfordern

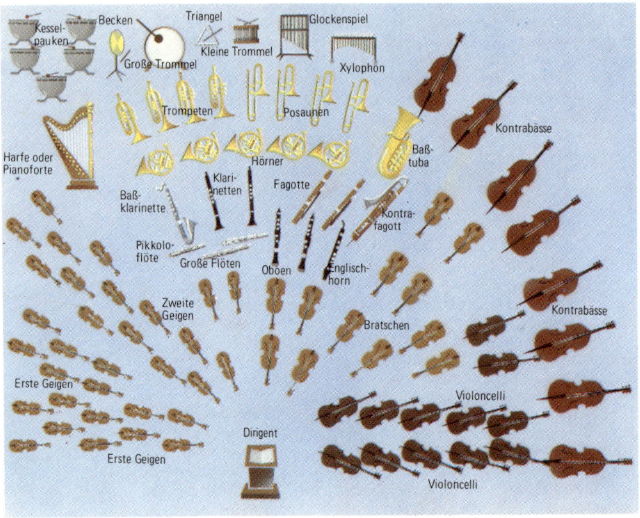

Orani|en, frz. **Orange** [ɔr'ãʒ], ehem. Fstt. im Rhônetal, Hptst.: Orange; kam 1530 an Nassau-Dillenburg. Von Wilhelm I., Statthalter der Niederlande, stammt die ältere Linie Nassau-O., die 1702 mit Wilhelm III. erlosch. Obwohl der preuß. König O. beanspruchte, fiel es 1713 an Frankreich. Doch führten die jüngere Linie Nassau-O. und der König von Preußen den Titel eines Fürsten von O. weiter (→Nassau, Geschichte).

Orani|enbaum, 1) Stadt im Kr. Gräfenhainichen, Bez. Halle, am Übergang der nördl. Dübener Heide zur Elbniederung, etwa 4700 Ew.; Holzverarbeitung; Schloß (1683–89). **2)** bis 1948 Name der Stadt →Lomonossow.

Orani|enburg, Krst. im Bez. Potsdam, an der Havel, (1983) 27300 Ew.; Metall-, chem., elektrotechn. u. a. Ind. Bei O. lag das Konzentrationslager Sachsenhausen.

Oranje *der,* engl. **Orange River** ['ɔrındʒr'ıvə], Strom in Südafrika, 2092 km, entspringt 3160 m hoch in den Drakensbergen, durchfließt Lesotho, bildet die S-Grenze des Oranje-Freistaats und die Grenze zw. Kapprovinz und Namibia, mündet in den Atlantik; nicht schiffbar; größter Nebenfluß: Vaal. – Innerhalb des **Oranje-Fluß-Projekts** (1966 begonnen, Laufzeit rd. 30 Jahre) wurden fertiggestellt (1984): der Hendrik-Verwoerd-Damm (91 m hoch, 900 m lang; staut einen 374 km^2 großen See), der P.-K.-Le-Roux-Damm (107 m hoch, 765 m lang) sowie der Wassertunnel vom Hendrik-Verwoerd-Damm zum Großen Fischfluß (82,5 km lang, 5,35 m Durchmesser; dient der Bewässerung).

Oranje-Freistaat, Afrikaans **Oranje Vrystaat** [-vr'ɛjsta:t], engl. **Orange Free State** ['ɔrındʒ fri: steıt], Prov. der Rep. →Südafrika (Übersicht). Hptst.: Bloemfontein. Der O.-F. ist Teil der eintönigen Rumpfflächen des südafrikan. Binnenhochlandes. Die zentrale Hochveldregion, durchschnittlich 1300 m ü. M., bildet das typ. Buren-Grasveld. Im W erstreckt sich ein Trockengebiet, im NO steigt das z. T. bizarr zerschnittene Randschwellen-Hochveld bis auf 1600–1700 m an. Vorherrschend ist die Landwirtschaft, bes. Viehzucht (Rinder, Schafe), der N gehört zu den wichtigsten Mais- und Weizenanbaugebieten Südafrikas. Bodenschätze: Gold, Uran, Kohlen, Diamanten; Verarbeitung landwirtschaftl. Erzeugnisse. – O.-F. wurde 1842 als Burenrep. gegr., 1848 von Großbritannien annektiert, 1854 als selbständig anerkannt, nach dem Burenkrieg 1902 brit. Kolonie, 1910 Prov. der Südafrikan. Union.

Oranje-Gebirge, indones. **Pegunungan Jayawijaya,** der östl. Teil des Zentralgebirges auf W-Neuguinea, bis 4700 m hoch.

Orans [lat. ›Betende(r)‹] *der, Or'anten/Or'anten,* frühchristliche Kunst: Gestalt eines Betenden.

Orant *der,* ⊕ →Dorant.

Oraon, Kurukh, dunkelhäutiges Volk mit dravid. Sprache in den ind. Staaten Bihar, West-Bengalen, Orissa und Madhya Pradesh sowie im N von Bangladesh, etwa 1 Mio. Menschen.

ora pro nobis [lat. ›bitte für uns‹], kath. Gebetsformel.

Oration [lat.] *die, -/-en,* kurzes Gebet in der kath. Messe und im Brevier.

Oratio obliqua [lat.] *die, - -,* indirekte Rede. *die* **Oratio recta,** *- -,* direkte Rede. **oratorisch,** rednerisch.

Oratorianer, kath. Klosterwesen: →Oratorium 2).

Oratorium [lat. ›Bethaus‹] *das, -s/...ri|en,* **1)** Kath. Kirche: gottesdienstl. Raum, der nicht für den allg. Gottesdienst bestimmt ist. **2)** kath. Klosterwesen: **Verband des hl. Philipp Neri, Oratorianer, Philippiner,** Abk. **OR,** ein Zusammenschluß selbständiger Gemeinschaftshäuser (Oratorien), in denen Priester und Laien ohne Gelübde unter einem Vorsteher die Evang. Räte befolgen. Das erste O. wurde von F. Neri 1575 in Rom gegründet. Die Oratorianer sind heute bes. in Italien, Spanien, Großbritannien und Dtl. verbreitet. – Daneben gibt es die 1611 gegr. frz. **Kongregation des Oratoriums von Jesus und Maria,** eine Weltpriestervereinigung; Sitz des Generalsuperiors: Paris. **3)** ♪ mehrteilige, in Aufbau und Gliederung der Oper ähnl. Komposition für Chor, Einzelstimmen und Orchester, meist nicht für szen. Aufführungen bestimmt. Das vorwiegend epische O. enthält auch dramat. und lyr. Züge; die Abgrenzung gegen verwandte Gattungen (Kantate, Passion) ist oft schwierig. Der Name O. geht wohl auf die musikal. Andachten der Oratorianer Ende des 16. Jh. in Rom zurück, die hymnenartige Gesänge moralisierenden Inhalts, häufig in Dialogform, vortrugen oder dramat. Vorstellungen gaben (›Rappresentazioni‹ von Cavalieri, 1600). Bald entnahm man die Stoffe auch der bibl. Geschichte. Unter Verzicht auf szen. Darstellung trat ein Erzähler auf. Eine neue Form, bei der der Chor großen Anteil erhielt, schuf G. Carissimi. Das O. gelangte auch nach Frankreich (M. A. Charpentier) und Dtl. (R. Keiser, J. Mattheson, J. J. Fux, J. A. Hasse). Den Höhepunkt erreichte die Entwicklung des bibl. O. in den großen Chor-O. G. F. Händels, deren szen. Aufführung am Widerspruch der Kirche scheiterte. J. Haydn tat mit den ›Jahreszeiten‹ den entscheidenden Schritt zum weltl. O. Die Hauptmeister des O. im 19. Jh. sind: F. Mendelssohn-Bartholdy, R. Schumann, F.

Liszt, H. Berlioz, C. Franck; in neuerer Zeit in Dtl. u. a. H. Pfitzner, P. Hindemith, H. Reutter, J. Haas, C. Orff, in Italien L. Perosi, E. Wolf-Ferrari, in Großbritannien E. Elgar, in Frankreich A. Honegger, der wie I. Strawinsky besonders das szen. O. pflegte.

Orb, Bad O., Stadt und Heilbad im Main-Kinzig-Kr., Hessen, im nordwestl. Spessart, 180 m ü. M., (1984) 8200 Ew.; Heilquellen (kohlensäurereiche, eisenhaltige Natriumchlorid-Säuerlinge) zur Behandlung von Herz- und Kreislaufkrankheiten.

Orbe [ɔrb], **1)** *die,* Fluß im Kt. Waadt, Schweiz, 57 km, entspringt im Lac de Joux als Stromquelle und mündet bei O. in die Thièle. **2)** Bezirksstadt im Kt. Waadt, Schweiz, an der Orbe, (1980) 4000 Ew.; got. Kirche (15. Jh.); Lebensmittelindustrie.

Orbis [lat.] *der, -,* Kreis. **O. pictus** [lat. ›gemalte Welt‹], Titel einer Bilderfibel des J. A. → Comenius (1654). **O. terrarum,** Erdkreis, bewohnte Erde.

Orbit [ˈɔːbɪt, engl.] *der, -(s)/-s,* Umlaufbahn, bes. von Raumflugkörpern um die Erde u. a. Himmelskörper. *Adj.* **orbital.**

Orbital [von → Orbit] *das, -(s)/-e,* auf Grund quantenmechan. Überlegungen aus der Schrödinger-Gleichung abgeleitete Wellenfunktion, die einen Elektronenzustand beschreibt und aus der die räuml. Verteilung der Aufenthaltswahrscheinlichkeit von Elektronen in der Hülle eines → Atoms **(Atomorbitale,** Abk. **AO)** oder Moleküls **(Molekülorbitale,** Abk. **MO)** hervorgeht.

Orbitalbahn, die fast kreisförmige Bahn von Flüssigkeitsteilchen senkrecht zur Oberfläche bei Oberflächenwellen, die in erster Linie von Trägheit und Schwerkraft beeinflußt werden.

Orbiter [ˈɔːbɪtə, engl.], auf einer Planetenumlaufbahn befindl. bemannter oder unbemannter Raumflugkörper, z. B. O. des amerikan. Raumtransporters, O. der Marssonde Viking.

Orcagna [ɔrkˈaɲa], Andrea, eigtl. **di Cione** [-tʃ-], ital. Maler, Bildhauer und Baumeister, † Florenz 1368, wo er Fresken in S. Croce (Fragmente erhalten), das Altarbild der Strozzi-Kapelle von S. Maria Novella (1357) und das Tabernakel in Or San Michele (1352–59) schuf. Sein Bruder Nardo di Cione († 1365/66) malte um 1357 die Fresken der Strozzi-Kapelle von S. Maria Novella (Jüngstes Gericht, Himmel, Hölle).

Orcein *das, -s,* rotbrauner, farbgebender Bestandteil versch. Flechten-Farbstoffe, wird in der Histologie zum Anfärben elast. Fasern verwendet.

Orche [grch.] *die, -/-n,* die Orchideen-Gatt. **Orchis** (→ Knabenkraut).

Orchester [-k-, von → Orchestra] *das, -s/-,* **1)** ♪ aus einer größeren Anzahl von Instrumentalmusikern zusammengesetzter Klangkörper. Man unterscheidet nach der Zweckbestimmung Opern-, Sinfonie-, Tanz- und Unterhaltungs-O., nach der Zusammensetzung **volles O.** (Streich-, Blas- und Schlaginstrumente), **Streich-O.** (nur Streichinstrumente), **Harmonie-O.** (nur Blasinstrumente), **Militär-O.** (Blas- und Schlaginstrumente), **Jazz-O.,** nach den Ausführenden Berufs- oder Liebhaber-O. Zw. O. und Kammermusikbesetzung steht das Kammer-O. **Klang-O.** ist in der modernen Tanzkunst eine Gruppe von Klanginstrumenten (Instrumente mit fixierbarer Tonhöhe, aber kleinem Tonumfang), die neben den eigtl. Melodieträgern eingesetzt werden, um den Tanzrhythmus zu unterstützen. Mittlere Besetzung eines neuzeitl. größeren Sinfonie- und Opern-O.: 10–14 Erste, 8–10 Zweite Geigen, je 5–6 Bratschen, Violoncelli und Kontrabässe, je 3 Flöten (Pikkolo), Oboen (Englischhorn), Klarinetten (Baßklarinette), Fagotte (Kontrafagott), 4 Hörner, 3 Trompeten, 3 Posaunen, Baßtuba, Harfe, Pauken, Schlagzeug. Die Sitzordnung des O. ist variabel (BILD S. 84). **2)** Raum für die Musiker vor der Bühne. **orchestral,** orchestermäßig, klangprächtig. *die* **Orchestration, Orchestrierung,** *-/-en,* die → Instrumentation. *ich* **orchestriere** *Musikstücke,* instrumentiere.

Orchestik [-ç-, grch. orchestike techne ›Tanzkunst‹] *die, -,* in der Antike das Zusammenwirken von Wort, Musik, Gebärde und Tanz im lyrischen Drama.

Orchestra [-ç-, grch. ›Tanzplatz‹] *die, -/...stri|en,* der kreisförmige Platz für den Chor im grch. antiken Theater; im hellenist. und röm. Theater auch der hufeisen- oder halbkreisförmige Platz zw. Spielhaus und Zuschauerraum.

Orchestrion [-ç-, grch.] *das, -s/-s,* oder *...ri|en,* mechan. Musikinstrument; in verschiedenen Formen, von denen sich nur das in Unterhaltungsstätten und auf Rummelplätzen gebräuchl. O. als automat. Orgel mit Flöten- und Zungenpfeifen sowie Schlagzeug gehalten hat (1851 von F. T. Kaufmann in Dresden zuerst gebaut).

Orchideen [zu Orchis], *Sg. die* **Orchidee,** -, **Knabenkrautgewächse, Orchidaceae,** Fam. der Einkeimblättrigen mit etwa 20000 Arten, ausdauernde Kräuter, vorwiegend in feuchtwarmen Gebieten, so als → Epiphyt auf Urwaldbäumen, mit farbenprächtigen, duftreichen Zwitterblüten, von deren drei inneren Blütenhüllblättern eins (Lippe) oft lippenförmig und gespornt ist, und meist mit nur einem, sehr umgestalteten Staubblatt. Durch Drehung des unterständigen Fruchtknotens wird die urspr. hintere Hälfte der Blüte zur vorderen; der Samen ist staubklein. Zur Keimung benötigen O. die Symbiose mit Pilzen. Mitteleurop. Gattungen sind z. B. → Knabenkraut, → Frauenschuh, → Händelwurz, Frauenträne (→ Ragwurz), → Kohlröschen. Nutzerzeugnisse von O. sind → Salep und → Vanille. O. stehen unter Naturschutz. (Weitere BILDER S. 86)

Orchideen: 1–3 Mitteleuropäische Orchideen; **1** Schwarzes Kohlröschen (Nigritella nigra), **2** Nestwurz (Neottia nidus-avis), **3** Fliegenorche (Ophrys insectifera). **4–6** Tropische Orchideen; **4** Angraecum sesquipedale, **5** Masdevallia veitchiana, **6** Cirrhopetalum medusae (weitere BILDER Frauenschuh, Naturschutz)

Orchis [grch.], **1)** *der, -,* der → Hoden. *die* **Orchitis,** -, die → Hodenentzündung. **2)** [wegen hodenähnl. Knollen] *die, -,* **Orche,** die Orchideengattung → Knabenkraut.

Orchomenos, Stadt des Altertums in Böotien, in myken. Zeit Hauptort der Minyer mit Deichbauten, unterird. Stollen, Kuppelgrab. Ausgrabungen erwiesen O. als ein frühes Kulturzentrum Griechenlands von neolith. bis in myken. Zeit. Die spätere Gesch. war durch die Rivalität mit Theben bestimmt. O. wurde von den Thebanern 363 v. Chr. zerstört, bald darauf aber von den Makedonen wiederaufgebaut.

Orcin *das, -s,* **3,5-Dihydroxytoluol,** erdig-moosartig riechende Substanz, die mit ihren Derivaten in Eichenmoosöl vorkommt.

Orczy [engl. ˈɔːksɪ], Emmuska Baroness, engl. Schriftstellerin, * Tarnaörs (Ungarn) 27. 9. 1865, † London 12. 11. 1947, schrieb vielgelesene abenteuerliche Liebesgeschichten mit histor. Hintergrund. – ›Die scharlachrote Blume‹ (1905).

Ordal [angelsächs.] *das, -s/-e* oder *...i|en,* Gottesurteil.

Orden [ahd. von lat. → Ordo] *der, -s/-,* **1)** urspr. eine Gemeinschaft von Personen, die sich einer geregelten Lebensform und Verpflichtungen unterworfen haben; auch die Abzeichen solcher Gemeinschaften (Ordenszeichen). **2) Geistlicher Orden,** kath. Klosterrecht: Klostergenossenschaft mit feierl. Gelübden; im außerrechtl. Sprachgebrauch vielfach auch Klosterkongregation. Kirchenrechtlich bilden O. und Kongregationen einen eigenen Klosterstand (→ Rätestand), dessen Angehörige sich zum Klosterleben und durch Klostergelübde zur Übung der Evangelischen Räte

1

2

3

4

5

6

7

8

Orchideen (Neuzüchtungen): **1** Phalaenopsis Artur Elle, **2** Phalaenopsis Schwerte, **3** Phalaenopsis Karfunkel, **4** Cymbidium Joyce Duncan, **5** Oncidium Goldrausch, **6** Laeliocattleya Varycolor, **7** Paphiopedilum Papa Röhl, **8** Paphiopedilum Chipmunk

verpflichten. Die O. haben feierl. (offiziell von der Kirche anerkannte) Gelübde, die Kongregationen einfache; Klostergenossenschaften ohne förml. Gelübde bilden einen eigenen Stand. Die sachl. Bindung an die Evang. Räte ist bei allen gleich. Die Gelübde sind bei einem Teil der Kongregationen immer zeitlich befristet, bei anderen und bei allen Orden folgen auf die zeitl. die unbefristeten (ewigen) Gelübde. Die Männergenossenschaften umfassen meist Kleriker (als Priester gewöhnlich Patres genannt) und Laien (Klosterbrüder). - Evang. Kirchen: ordensähnl. Gemeinschaften entstanden im 19. Jh. in der Anglikan. Kirche, später auch in Skandinavien, Dtl., Frankreich (→Bruderschaft). **3)** geistliche →Ritterorden (Johanniterorden, Templerorden, Dt. Orden). **4) Verdienstorden und Ehrenzeichen:** Abzeichen eines Ritterordens, dann Verdienstauszeichnung in Form eines Ordenskleinods. Hof- oder Hausorden bleiben auch bestehen, wenn ein Herrscher sein Land verliert. Der rechtl. Fortbestand solcher O. wird durch ein Kapitel (Ordensregierung) gewährleistet, das den historisch unwichtigeren, aber erheblich zahlreicheren Verdienst-O. fehlt. Das 5-Klassen-System der Ehrenlegion ist in der ganzen Welt, von wenigen Staaten abgesehen, zur Norm geworden. Danach bedeutet das Ritterkreuz die unterste Stufe eines Verdienstordens (an der linken Brust), das Komtur- oder Kommandeurkreuz bildet die mittlere Stufe (fast stets Halsorden) und das Großkreuz (oder O. am Großen Bande) die oberste Stufe (am breiten Bande über die Schulter zu tragen, wozu stets ein Bruststern gehört). Die Zwischenstufen sind: Großoffizier und Großkomtur. - Manche O. können für Zivilverdienst, für militär. Verdienst im Frieden und für Kriegsverdienst verliehen werden; letztere beiden Möglichkeiten sind meist durch Schwerter gekennzeichnet. Seit dem 1. Weltkrieg ist es üblich geworden, statt der Originaldekoration am Zivilanzug Miniaturen in $^1/_3$ bis $^1/_2$ Größe, an der Uniform nur Bandstreifen zu tragen. Zu fast jedem O. gehört ein Band in bestimmter Farbanordnung. Die seit den Befreiungskriegen weitverbreiteten Verdienstmedaillen haben meist Bänder, die auf den Landesfarben beruhen. Zw. O., Ehrenzeichen und ähnl. Auszeichnungen besteht keine scharfe Trennungslinie. Auch das 1813 gestiftete →Eiserne Kreuz ist kein O., sondern eine Tapferkeitsauszeichnung. Die O. und Ehrenzeichen der Bundesrep. Dtl. werden nach dem Bundes-Ges. vom 26. 7. 1957 vom Bundespräs. verliehen (der →Verdienstorden der Bundesrepublik Deutschland, das Grubenwehrehrenzeichen, das Silberne Lorbeerblatt; dagegen →Pour le mérite). Die Länder verleihen eigene Ehrenzeichen. Die Annahme ausländ. Titel, O. und Ehrenzeichen bedarf der Genehmigung des Bundespräs. Alle früheren dt. Reichs- und Landesauszeichnungen, auch die Verwundeten- und Kampfabzeichen, dürfen getragen werden, sofern sie kein Hakenkreuz enthalten oder dieses vorschriftsmäßig entfernt ist. Verboten bleiben die nichtstaatl. Erinnerungsabzeichen für den 1. Weltkrieg sowie nat.-soz. Auszeichnungen. Hinsichtlich der Trageweise gehen der Verdienstorden der Bundesrep. Dtl. und die Rettungsmedaille den Kriegsorden, auch dem Eisernen Kreuz, voran (BILDER S. 87). **5)** studentische Verbindungen des 18. Jh. (→studentische Verbindungen).

Ordensbänder, Catocala, Gatt. großer Eulenschmetterlinge mit farbigen Hinterflügeln mit schwarzer Bänderzeichnung. (BILD Schmetterlinge)

Ordensburgen, Burgen des →Deutschen Ordens, v. a. in West- und Ostpreußen, z. B. →Marienburg (Westpr.). Charakteristisch sind bes. die reich gestalteten →Remter und die Dansker (erkerartige Ausbauten, dienten als Abtritt).

Ordensgeistlicher, Klostergeistlicher, kath. Priester, der einem Orden oder einer Kongregation angehört. Ggs.: Weltgeistlicher.

Ordensregel, die Gesamtheit der Vorschriften, nach denen die Mitgl. einer Klostergenossenschaft leben. Sie enthalten Anweisungen zum persönlichen, religiösen sowie zum gemeinsamen Leben.

ordentlich, 1) ordnungsliebend: *ein ordentlicher Schüler.* **2)** wohlgeordnet, aufgeräumt: *im Zimmer war es sehr o.* **3)** regelrecht, planmäßig vorgesehen: *die Sache geht ihren ordentlichen Gang.* **4)** tüchtig, kräftig: *greift o. zu!,* eßt tüchtig. **5)** U geradezu, wirklich, regelrecht: *ich fuhr o. zurück bei dem Anblick. Subst.* die **Ordentlichkeit,** -.

ordentliche Gerichtsbarkeit, die durch die ordentl. Gerichte (i. Ggs. zu z. B. Verwaltungsgerichten) ausgeübte Gerichtsbarkeit.

ordentlicher Haushalt, der Haushaltsplan von Bund, Land oder Gemeinde, der die ordentl. Einnahmen und Ausgaben enthält. Ggs.: außerordentlicher Haushalt.

Order [frz.] *die, -/-n,* Befehl, Verfügung.

Die wichtigsten männl. und weibl. Orden und Kongregationen

Assumptionisten	Montfortaner
Augustiner	Oratorianer
Barmherzige Brüder	Pallotiner
Barnabiten	Passionisten
Benediktiner	Paulisten
Deutscher Orden	Piaristen
Dominikaner	Prämonstratenser
Franziskaner	Redemptoristen
Jesuiten	Salesianer
Kamaldulenser	Salvatorianer
Kamillianer	Schulbrüder
Kapuziner	Serviten
Karmeliter	Steyler Missionare
Kartäuser	Sulpizianer
Kleine Brüder Jesu	Theatiner
Kreuzherren	Trappisten
Lazaristen	Trinitarier
Maristen	Weiße Väter
Mechitharisten	Zisterzienser
Mercedarier	
Barmherzige Schwestern	Niederbronner Schwestern
Benediktinerinnen	Pallotinerinnen
Borromäerinnen	Salesianerinnen
Deutschordensschwestern	Salvatorianerinnen
Dominikanerinnen	Schulschwestern
Elisabethinerinnen	Schwestern Unserer Lieben Frau
Englische Fräulein	Schwestern vom Guten Hirten
Franziskanerinnen	Töchter vom Hl. Kreuz
Graue Schwestern	Trappistinnen
Hedwigsschwestern	Ursulinen
Kapuzinerinnen	Vinzentinerinnen
Karmeliterinnen	Zellitinnen (Augustinerinnen)
Kartäuserinnen	Zisterzienserinnen
Klarissinnen	
Kleine Schwestern Jesu	

Orderpapiere, Wertpapiere, die zwar eine best., namentlich bezeichnete Person als berechtigt benennen, aber durch →Indossament an eine andere Person übertragen werden können **(indossable Papiere).** O. kraft Gesetzes **(geborene O.)** sind u. a. Wechsel und Scheck. Daneben stehen die **gekorenen O.,** die durch **Orderklausel** (›an Herrn X oder dessen Order‹) zu O. gemacht werden können, z. B. kaufmänn. Anweisungen, Konnossemente, Ladescheine, Transportversicherungspolicen (§ 363 HGB).

Ordinalzahl [lat.], Ordnungszahl.

ordinär [frz.], gewöhnlich, gemein.

Ordinariat [lat.] *das, -(e)s/-e,* **1)** ordentl. Lehrstuhl an einer Hochschule. **2)** Verwaltungsbehörde des Bischofs, hauptsächlich Generalvikariat und Offizialat.

Ordinarium [lat.] *das, -s/... ri|en,* der ordentl. Haushaltsplan.

Ordinarius [lat.] *der, -/... ri|en,* **1)** ordentl. Universitätsprof. **2)** Träger ordentl. kirchlicher Jurisdiktion: Papst, regierender Bischof, Abt oder Prälat nullius, Generalvikar, Apostol. Administrator, Präfekt, Vikar, höhere Obere exemter priesterl. Klostergenossenschaften sowie die Stellvertreter dieser Amtsträger bei erledigtem oder behindertem Sitz.

Ordinate [lat.] *die, -/-n,* die zweite (y-)Koordinate eines Punktes im rechtwinkligen kartes. Koordinatensystem. **Ordinatenachse,** die senkrechte (y-)Achse im rechtwinkligen kartes. Koordinatensystem.

Ordination [lat. ordinatio ›Amtsbesetzung‹] *die, -/-en,* **1)** christl. Kirchen: der liturg. Akt der Übertragung geistl. Rechte. Kath. Kirche und Ostkirchen: →Weihe. Evang. Kirchen: die von der Kirchenleitung vorgenommene gottesdienstl. Handlung, die den Auftrag zum Predigen und Lehren, zur Verwaltung der Sakramente, zur Absolution und zur Leitung der Gemeinde umfaßt. Sie wird vom Bischof oder einem anderen Amtsträger ausgeführt. Die O. ist keine Weihe und verleiht keinen besonderen geistl. Charakter. Das **O.-Gelübde** bindet an die Hl. Schrift und die Bekenntnisschriften, verpflichtet zur Treue im Amt, zum Gehorsam gegen die kirchl. Ordnung und zu vorbildl. Lebenswandel. - Die O. von Missionaren bezieht sich auf die Einweisung in ihr Missionsamt. **2)** $ die ärztl. Verordnung, die Sprechstunde. **Ordinationszimmer,** Sprechzimmer des Arztes. *Vb. ich* **ordiniere, 1)** *ihn,* setze in ein geistl. Amt ein. **2)** *es,* verordne ärztlich. **3)** halte Sprechstunde.

ordnen [ahd. aus lat.]. *ich* **ordne** *es,* tue jedes an seinen Platz, bringe in die richtige Reihenfolge: *ich muß erst meine Gedanken ordnen,* genau überlegen; *sie lebt in geordneten Verhältnissen,* ihr Leben ist wohlgeordnet, übersichtlich. *ich* **ordne** *ihn zu etwas* **ab,** schicke als Abordnung. *ich* **ordne** *es* **an,** befehle. *ich* **ordne** *ihn einem anderen* **bei,** setze zu seiner Unterstützung ein. *ich* **ordne** *es in* *etwas* **ein,** bringe an die richtige Stelle. *ich* **ordne** *ihn einem anderen* **über, unter,** bestimme als Vorgesetzten, als Untergebenen. *ich* **ordne** *es ihm* **zu,** gebe bei, bringe in ein Verhältnis dazu. *der* **Ordner,** *-s/-,* **1)** jemand, der irgendwo für Ordnung sorgt: *Saalordner* (bei Veranstaltungen). **2)** Vorrichtung zum Einordnen, z. B. für Briefe. *die* **Ordnung,** *-/-en,* **1)** die Tätigkeit des Ordnens: *ich muß noch Ordnung machen.* **2)** der geregelte Zustand: *hier herrscht Ordnung.* **3)** ♁ ⊕ in der Systematik eine Einheit zw. Familie und Klasse. **4)** △ vielfältig gebrauchter Begriff, z. B. als Grad: *Kurven erster Ordnung.* **5)** ⚖ das ein Sachgebiet umfassende Gesetz, z. B. Prozeß-, Städte-, Gemeinde-, Gewerbeordnung. **ordnungsgemäß,** den Vorschriften entsprechend.

Ordnungspolitik, wirtschaftspolit. Maßnahmen, die sich auf die Organisationsformen und Institutionen der Wirtschaft und damit auf den Ordnungsrahmen beziehen, in dem der Wirtschaftsprozeß abläuft (→Wirtschaftsordnung). Teilbereiche der O. sind: Wettbewerbspolitik, Politik zur Gestaltung der Unternehmens- und der Eigentumsordnung, Verteilungs- und Sozialpolitik.

Ordnungspolizei, die der öffentl. Ordnung dienende Polizei im Unterschied zur Sicherheitspolizei; i. e. S. die uniformierte Vollzugspolizei.

Ordnungsruf, im Parlament u. a. Versammlungen ein dem Vors. zustehendes Disziplinarmittel gegenüber Mitgliedern, die die Ordnung verletzen, z. B. durch beleidigende (›unparlamentarische‹) Reden oder Zwischenrufe. In der Bundesrep. Dtl. kann nach §§ 40–43 der Geschäftsordnung des Bundestags der Präs. Ordnungsmaßnahmen ergreifen. Entsprechende Regelungen bestehen in der Dt. Dem. Rep., in Österreich und der Schweiz.

Ordnungsstrafe, jetzt **Ordnungsmittel,** ⚖ eine zur Aufrechterhaltung der Ordnung (bes. im Prozeßrecht) verhängte Strafe; sie ist keine Kriminalstrafe.

Ordnungswidrigkeiten, ⚖ das →Verwaltungsunrecht im Unterschied zur Straftat, i. S. des Ges. über O. v. 2. 1. 1975 die ausschließlich mit Geldbuße (i. d. R. von 5 bis 1000 DM) bedrohten Handlungen. Gegen den im Bußgeldverfahren von der Verw.-Behörde festgesetzten Bußgeldbescheid kann binnen einer Woche amtsgerichtliche Entscheidung beantragt werden.

Ordnungszahl, 1) Zahlenreihe, z. B. der erste, der zweite usw. (Übersicht Zahlen). **2)** ☜ **Atomnummer,** Formelzeichen *Z,* Stellenzahl eines chem. Elements im Periodensystem; stimmt überein mit der Kernladungszahl (Protonenzahl) des Atomkerns und bei elektrisch neutralen Atomen mit der Anzahl der den Kern umkreisenden Elektronen.

Ordo [lat.] *der, -/ 'Ordines,* Reihe, Ordnung, Stand. **1)** kath. Liturgie: die Ordnung für liturg. Funktionen. **2)** Kath. Kirche: das Sakrament der →Weihe.

Ordoliberalismus, →Neoliberalismus.

Ordonnanz [frz.] *die, -/-en,* **1)** ♣ Befehlsüberbringer. **2)** ♣ Erlaß. **Ordonnanzoffizier,** Hilfsoffizier bei Truppenstäben.

Ordonnanzkompani|en, durch König Karl VII. von Frankreich 1445 geschaffene, fest besoldete und im Frieden beibehaltene Reitertruppe. Sie lösten das Söldnertum ab und waren das erste stehende Heer in Europa.

Ordos, Steppentafel und Halbwüste in der großen Schleife des Hwangho in der VR China; von der Chines. Mauer durchzogen.

Ordovizium [n. dem kelt. Volksstamm der Ordovizier, N-Wales] *das, -s,* zweites System des Paläozoikums (Übersicht geologische Systeme); paläogeographisch stand einem südl. **Gondwana-Kontinent,** durch einen breiten Ozean getrennt, eine Norderde **(Laurasia)** gegenüber. Paläomagnet. Daten lassen den S-Pol im westl. Nordafrika, den N-Pol im Zentralpazifik vermuten. Man

Orden 4): 1 Ritter-O. vom Hl. Grab zu Jerusalem (1868). **2** Afghanistan, Stern-O. (1923). **3** Äthiopien, Dreifaltigkeits-O. (1930). **4** und **5** Bayern: **4** St.-Georgs-O. (1729); **5** Militär-Max-Josephs-O. (1797/1806). **6** Belgien, Leopold-O. (1832). **7** Bolivien, O. vom Kondor der Anden (1925). **8** Brasilien, O. vom Kreuz des Südens (1822). **9** China, Jade-O. (1933). **10** Dänemark, Danebrog-O. (1671). **11** Dt. Dem. Rep., Karl-Marx-O. (1953). **12** Finnland, O. der Weißen Rose (1919). **13** und **14** Frankreich: **13** O. vom Hl. Geist (1578); **14** O. vom Schwarzen Stern von Benin (1889). **15** Griechenland, Phönix-O. (1926). **16** Großbritannien, O. vom Brit. Reich (1917). **17** Hl. Stuhl, Pius-O. (1847). **18** Iran, Kaiserl. O. (1931). **19** Island, Falken-O. (1921). **20** Italien, O. für Verdienste um die Rep. (1951). **21** Japan, O. der Aufgehenden Sonne (1875). **22** Luxemburg, O. der Eichenkrone (1841). **23** Niederlande, O. von Oranien-Nassau (1892). **24** Norwegen, St.-Olafs-O. (1847). **25–27** Österreich: **25** O. vom Goldenen Vlies (1430); **26** Militär-Maria-Theresien-O. (1757); **27** Ehrenzeichen für Verdienste um die Rep. (1952). **28** Polen, O. der Auferstehung Polens (1921). **29** Portugal, O. von Turm und Schwert (1808). **30** und **31** Preußen: **30** Orden pour le mérite (1740); **31** Johanniter-O., Kreuz der Rechtsritter (1382/1852). **32** Schweden, Wasa-O. (1772). **33** Sowjetunion, Lenin-O. (1930). **34** Spanien, O. vom Joch und den Pfeilen (1937). **35** Verein. Staaten von Amerika, Verdienstlegion (1942)

Carl Orff

unterscheidet eine tonige Stillwasser- (mit Graptolithen) und eine sandig-kalkige Flachwasserfazies; Beginn lebhafter Krustenbewegungen. Stratigraphisch wichtige Fossilien sind: Graptolithen, Trilobiten, Conodonten und Brachiopoden (Entwicklung der Kalkschaler). Gesteine des O. sind Grauwacken, Sandsteine, Quarzite, Tonschiefer, Kalke und oolith. Eisenerze. *Adj.* **ordovizisch.**

Ordschonikidse, **1)** bis 1931 **Wladikawkas,** bis 1944 **O.,** bis 1954 **Dsaudschikau,** Hptst. der N-Osset. ASSR, am Terek, (1982) 292000 Ew.; Verkehrsknoten; Hochschulen, Forschungsinstitute; Maschinen-, Apparatebau, Buntmetallurgie (Blei), elektrotechn., chem. u. a. Ind. **2)** bis 1944 Name von → Jenakijewo.

Ordschonikidse, Grigorij Konstantinowitsch, sowjet. Politiker, *Gorescha (Georgien) 24. 10. 1886, †Moskau 18. 2. 1937, schloß sich 1903 den Bolschewiki an; errichtete im Auftrag Stalins 1920/21 die Sowjetherrschaft in Georgien und Armenien.

Ordu, Hptst. der Prov. O., in der kleinasiat. Türkei, (1980) 52800 Ew., Hafen am Schwarzen Meer; Anbau von Mais, Ausfuhr von Haselnüssen, Tabak, Holz u. a.

Öre [schwed.] *die* oder *das, -s/-,* **Øre** ['ørə, dän., norweg.], **Eyrir** ['ɛjrir, isländ.], *Pl.* **Aurar** ['œjrar], kleine Währungseinheit in Schweden, Dänemark, Norwegen und Island; 1 Ö. = 1/100 Krone.

Oreade [grch.] *die, -/-n,* Bergnymphe (→ Nymphen).

Oréal [ɔ:re'al], **L'Oréal,** Paris, Hersteller von Kosmetika (bes. Haarpflegemittel); gegr. 1907 von E. Schueller, der die Grundlagen der Haarfärbung entwickelte, seit 1962 jetziger Name.

Örebro [-br'u:], **1)** Bezirk (Län) in Mittelschweden, 8515 km², (1982) 273700 Ew. **2)** Hptst. von 1), (1982) 116900 Ew., an der W-Spitze des Hjälmarsees; Abteilungen der Univ. Uppsala, Hochschulen; Schuh-, Papier-, Keksfabriken; Nikolaikirche (13./14. Jh.); Inselschloß (13.-17. Jh.); Wahrzeichen ist ein neuerbauter Wasserturm.

Orechowo-Sujewo, Stadt im Gebiet Moskau, Russ. SFSR, an der Kljasma, (1982) 135000 Ew.; Textil-(Baumwoll-), Maschinenbau- und Baustoffindustrie.

Oreg., postal. **OR,** Abk. für den Staat **Oregon,** USA.

Oregano [ital.] *das, -s,* die getrockneten Blätter und blühenden Zweigspitzen verschiedener **Origanum**-Arten; Gewürz für Pizza u. a. (→ Dost).

Oregon ['ɔrɪgən], Abk. **Oreg.,** postal. **OR,** einer der Kordillerenstaaten der USA, 251180 km², am Pazif. Ozean, (1980) 2,633 Mio. Ew.; Hptst.: Salem. Das Kaskadengebirge (4392 m) schneidet O. in 2 Teile; der größere östl. Teil wird vom Columbia-Plateau erfüllt, der westl. vom Küstengebirge durchzogen. Zw. Küstengebirge und Kaskadengebirge liegt das 100 km breite niederschlagsreiche Tal des Willamette River. Der Ackerbau ist im Columbia-Plateau auf künstlich bewässerte Gebiete beschränkt. Von Bedeutung sind die Holzwirtschaft und die auf ihr beruhende Ind., weiter Nahrungsmittel- und Aluminium-Ind.; Fremdenverkehr. Staatsuniv. in Eugene und Portland. - O. wurde 1846 zw. Großbritannien und den USA geteilt. Der amerikan. Teil wurde 1859 (nach Abtrennung von Idaho und Washington) 33. Staat der Union.

Orel [arj'ɔlj], **Orjol,** Hptst. des Gebietes O. in der Russ. SFSR, im Schwarzerdegebiet an der oberen Oka, (1982) 319000 Ew.; Bahn- und Straßenknoten; Maschinenbau, Verarbeitung landwirtschaftl. Erzeugnisse, chem., Uhren-, Leder-Ind., Baumwollspinnerei.

oremus! [lat. ›lasset uns beten!‹], lat. Liturgie: Einleitungsformel der liturgischen Gebete.

Orenburg, 1938-57 **Tschkalow,** Hptst. des Gebiets O. in der Russ. SFSR, am Uralfluß, an der Strecke Kujbyschew-Taschkent, (1982) 319000 Ew.; wichtiger Verkehrsknoten; Hochschulen; Maschinenbau, Metallverarbeitung, chem., Nahrungsmittel-, Textil-, Bekleidungs-, Schuh-Ind.; Erdgasvorkommen, Pipeline von Oktjabrskoje nach Kujbyschew.

Orendel, mittelfränk. Versepos, wohl um 1190 in Trier entstanden, dessen kostbarstes Heiligtum, der graue Rock (→ Heiliger Rock), den Mittelpunkt der Erzählung bildet.

Orense, **1)** Prov. Spaniens, in Galicien, 7278 km², (1981) 430200 Ew. **2)** Hptst. von 1), (1981) 94300 Ew., am Miño; got. Kathedrale (12./13. Jh.); Handel mit landwirtschaftl. Erzeugnissen. - O. wurde wegen seiner heißen Schwefelquellen von den Römern **Aquae Urentes** genannt.

Oreopithecus [grch.] *der, -,* stark menschenähnl. Skelettfunde aus dem oberen Miozän Europas. Heute wird zumeist eine eigene Fam. **Oreopithecidae** angenommen.

Orest, grch. Mythos: Sohn des Agamemnon und der Klytämnestra, wurde nach der Ermordung seines Vaters durch Ägisth (Liebhaber seiner Mutter) von seiner Schwester Elektra gerettet. Er rächte später den Vater an Klytämnestra und Ägisth. Als Muttermörder wurde er von den Erinyen verfolgt, die er auf Befehl des Apoll dadurch zu versöhnen suchte, daß er mit seinem Freund Pylades nach Taurien ging, um das Bild der Artemis zu holen; nach vielen Abenteuern kehrte er von dort glücklich mit seiner Schwester → Iphigenie heim. Später vermählte er sich mit Hermione, der Tochter des Menelaos, und lebte als König von Mykene oder Argos und Sparta. - Trauerspiele von Aischylos, Sophokles, Euripides, Goethe ›Iphigenie‹ (1787), E. O'Neill ›Trauer muß Elektra tragen‹ (1931), J. Giraudoux ›Elektra‹ (1937), J.-P. Sartre ›Die Fliegen‹ (1943), G. Hauptmann ›Elektra‹ (1948). Opern von Richard Strauss ›Elektra‹ (1908/09), E. Krenek ›Das Leben des O.‹ (1930).

Öresund [-zun], **Sund,** Meerenge zw. der dän. Insel Seeland und dem südschwed. Schonen, verbindet Nord- und Ostsee.

ORF, Abk. für → **Ö**sterreichischer **R**und**f**unk GmbH.

Orfe [aus grch.-lat. orphus] *die, -/-n,* **Aland, Nerfling,** rd. 80 cm lange Art der Karpfenfische, die vom Rhein bis zum Ural vorkommt. Die Zuchtrasse **Goldorfe** ist ein Zierfisch in Teichen.

Orff, Carl, Komponist, *München 10. 7. 1895, †ebd. 29. 3. 1982, Kapellmeister in München, Mannheim und Darmstadt. O. trat v. a. mit Opern, szenisch aufführbaren Oratorien und dem ›O.-Schulwerk‹ (1930-35, mit G. Keetman) hervor. Er baute eine neuartige Musikpädagogik auf, hob bes. das rhythm. Element und das Schlagwerk hervor, auch in Verbindung mit Sprache. Aus seiner Auseinandersetzung mit der neueren Musik (bes. I. Strawinsky) und der musikal. Tradition bis zum MA. erstrebte er ein abendländ. Theater mit Stoffen aus dem antiken und christl. Bereich.

HW: *Szenische Oratorien:* Carmina burana (1937); Catulli carmina (1943); Trionfo di Afrodite (1953; diese Werke als Trilogie ›Trionfi‹ zusammengefaßt). *Bühnenwerke:* Die Kluge (1943, eigene Dichtung); Die Bernauerin (1947); Antigonae (1949); Ein Sommernachtstraum (1952); Ödipus der Tyrann (1959); Prometheus (1968); Spiel vom Ende der Zeiten (1973).

Organ [grch. organon ›Werkzeug‹] *das, -s/-e,* **1)** ⚕ ♞ ⚘ einer bestimmten Leistung (Funktion) dienender, durch entsprechenden Bau gekennzeichneter und abgegrenzter Körperteil der mehrzelligen Lebewesen, z. B. Wurzel, Blatt, Leber, Niere. Die einzelnen O. des Körpers stehen in engen Wechselbeziehungen. Mehrere zusammenwirkende O. bilden ein **O.-System,** z. B. Nerven-, Gefäßsystem. Ein abgesonderter Teil des Zellkörpers einzelliger Lebewesen, der wie ein O. der mehrzelligen Lebewesen bestimmter Leistung dient, heißt **Organell** (so Chromatophoren, Geißeln). **2)** ⚖ eine Person oder Personenmehrheit, die in Staat, Gemeinden, Körperschaften, Vereinen oder Gesellschaften bestimmte Aufgaben erfüllt. Zu unterscheiden sind **Beschluß-O.** (gesetzgebende Versammlungen, Mitgliederversammlungen), **ausführende O.** (Regierung, Verwaltungsbehörden, Vorstand, Geschäftsführer), **beratende O.** (Beiräte), **Aufsichts-O.** (Verwaltungsrat, Aufsichtsrat) und **rechtsprechende O.** (Gerichte). Auch eine jurist. Person kann O. einer anderen sein (Doppelgesellschaft, Organschaftsverhältnis). **3)** Stimme: *er hat ein lautes O.* **4)** Zeitung oder Zeitschrift als Sprachrohr einer Partei, eines Verbandes u. ä. **5)** Mittel, Werkzeug, Beauftragter: *er ist nur das ausführende O.* **organisch, 1)** ⚕ ein O. betreffend. Bei organ. Erkrankungen lassen sich im Unterschied zu den → funktionellen Störungen krankhafte Veränderungen im Bau des betreffenden O. nachweisen. **2)** mit einem größeren Ganzen natürlich und untrennbar verbunden. **3)** aus der lebenden Natur stammend (→ organische Verbindungen).

Organdy [engl.-frz.] *der, -s,* **Organdin, Organdis,** gefärbtes oder bedrucktes transparentes Batistgewebe, ähnlich Opal.

Organ|empfindungen, Empfindungen, die Hinweise auf die Funktion innerer Organe (z. B. Schmerz, Herzklopfen) oder funktioneller (Organ-)Systeme (z. B. Hunger, Übelkeit) geben.

Organgesellschaft, jurist. Person (AG, GmbH), die finanziell, wirtschaftlich und organisatorisch wie eine Betriebsabteilung in ein beherrschendes Unternehmen (die Obergesellschaft) eingegliedert ist **(Organschaft)**; zw. dem herrschenden und dem beherrschten Unternehmen kann nach den Vorschriften des Aktiengesetzes ein Gewinn- und Verlustübernahmevertrag **(Organschaftsvertrag)** abgeschlossen werden (→ Konzern).

Organisation [frz.] *die, -/-en,* **1)** *ohne Pl.,* die Tätigkeit des zweckmäßigen Gestaltens gesellschaftl. Gebilde (Verein, Familie, Berufsstand, Partei u. a.). **2) betriebl. O.,** dauerhaftes arbeitsteiliges System, in dem die personalen (menschl.) oder sachl. (maschinellen) Aufgabenträger als Systemelemente zur Erfüllung der Unternehmungsaufgabe (Produktion von Sachgütern oder Angebot von Dienstleistungen) und zur Erreichung des Unternehmungszieles (z. B. Gewinnmaximierung oder Umsatzmaximierung) untereinander verbunden sind. Die formale Zuordnung von Aufgaben, Personen und Sachmitteln stellt das Beziehungsgefüge oder die **Aufbau-O.** dar, durch die die Verteilungs-, Kommunikations- und Leitungsprobleme gelöst werden sollen. Die raum-zeitl. Zuordnung der Systemelemente heißt **Ablauf-O.** und verlangt eine Arbeitsgang- oder Prozeßstrukturierung. Die Aufbau-O. einer Unternehmung umfaßt die Bildung von Stellen (Funktionsbereichen für Personen) nach versch. Verfahren (Zentralisationsformen) und von Abteilungen, die Besetzung von Stellen, die Schaffung von Leitungssystemen (Zentralisation und Dezentralisation von Entscheidungen durch Instanzenbildung), die Berücksichtigung von Stabsstellen, den Aufbau von Kommunikationssystemen, die den Arbeitszusammenhang zw. den Stellen durch geeignete Informationsbeziehungen, unter Umständen auch mittels Einrichtung von Kollegien, sicherstellen. – Ablauforganisator. Maßnahmen beziehen sich bes. auf die Regelung zeitl. und räuml. Beziehungen zw. Arbeitsgängen. Die **Organisationssoziologie** widmet sich v. a. der O. von Produktions- und Verwaltungseinrichtungen durch Untersuchungen der Legitimation sowie der schädl. Nebenwirkungen rein rationeller Kontrollsysteme. Auch die wechselweisen Abhängigkeiten der Teile des Systems (u. a. Personen und ihre Rollen, O.-Ziele, Sanktionen, Autoritätsstruktur), die Voraussetzungen der Selbsterhaltung und der Funktionsfähigkeit der O., das Finden von Mitteln entsprechend den Zielvorstellungen gehören zu ihren Aufgaben. Die **Organisationspsychologie** entwickelte sich als jüngerer Teilbereich der angewandten Psychologie aus der Ind.- und Betriebspsychologie und beschäftigt sich mit den techn., strukturellen (Führungsstil, Betriebsklima, Arbeitsplanung) und persönlichkeitsspezif. Bedingungen des Verhaltens des Einzelnen in einer O. **3)** ♘ ⊕ die den Lebensanforderungen entsprechende Gestaltung und Anordnung der Teile (Organe) eines Lebewesens. **4)** Pathologie: die Wiedereinbeziehung abgestorbener Gewebs- und Organteile in den lebendigen Verband des Körpers, indem Ersatzgewebe aus der Umgebung die abgestorbenen Bezirke durchwächst. Das so gebildete Granulationsgewebe verwandelt sich allmählich in ein zellarmes Narbengewebe. *Vb. ich* **organisiere** *es,* **1)** richte ein, baue auf. **2)** Ü verschaffe, besorge mir. *Subst. die* **Organisierung**, -. *der* **Organisator**, *-s/... t'oren,* jemand, der etwas organisiert, z. B. eine Veranstaltung. *Adj.* **organisatorisch.**

Organisation Commune Africaine et Mauricienne [ɔrganizasj'ɔ̃ kɔm'yn afrik'ɛ:n e mɔrisj'ɛn, frz.], Abk. **OCAM,** entstand aus der 1961 gegr. ›Union Africaine et Malgache (UAM)‹, seit 1974 jetziger Name, Sitz: Bangui. Gefördert werden die ökonom., soziale, techn. und kulturelle Entwicklung. Mitgl. 1984: Benin, Elfenbeinküste, Mauritius, Niger, Obervolta, Ruanda, Senegal, Seychellen (assoziiert), Togo, Zentralafrikan. Republik.

Organisation de l'Armée Secrète [ɔrganizasj'ɔ̃ də larm'e sǝkr'ɛ:t, frz. ›Organisation Geheimarmee‹], → OAS.

Organisation der Amerikanischen Staaten, engl. **Organization of American States** [ɔ:gənaɪz'eɪʃn ɔv əm'erɪkən steɪts], Abk. **OAS,** in Fortentwicklung der panamerikan. Konferenzen (seit dem 19. Jh.) entstandener regionaler Zusammenschluß der meisten amerikan. Staaten, gegr. 1948 in Bogotá (**Charta von Bogotá,** modifiziert 1967), hat ihren Sitz in Washington. Kuba (seit 1962 ausgeschlossen) und die Bahamas sind nicht Mitgl.; Beobachterstatus besitzen u. a. Kanada und Guyana. Alle Mitgl. sind gleichberechtigt. Ziel der OAS ist es, die Integrität und Unabhängigkeit ihrer Mitgl. zu sichern und Streitigkeiten untereinander friedlich zu lösen. Oberstes Organ ist die Generalversammlung, die jährlich einmal auf Außenministerebene zusammentritt; daneben bestehen u. a. eine Konsultativversammlung der Außenminister, ein Ständiger Rat mit einem Interamerikan. Wirtschafts- und Sozialrat sowie einem Interamerikan. Rat für Erziehung, Wissenschaft und Kultur. Die Generalversammlung wählt einen Generalsekretär (Amtszeit: 5 Jahre). Es besteht auch ein Interamerikan. Gerichtshof für Menschenrechtsfragen.

Organisation für die Einheit Afrikas, Abk. **OEA,** engl. **Organization of African Unity** [ɔ:gənaɪz'eɪʃn ɔv 'æfrɪkən j'u:nɪtɪ], Abk. **OAU,** 1963 gegr. Organisation, in der fast alle unabhängigen Staaten Afrikas vertreten sind. Die Republik Südafrika und die von ihr für unabhängig erklärten Homelands (z. B. Transkei) blieben ausgeschlossen.

Die OAU ging hervor aus zwei Staatengruppen, der radikaleren Casablanca- und der gemäßigteren Monrovia-Gruppe. Der ersten gehörten u. a. an: Ghana, Guinea, Mali und Marokko, der zweiten u. a. Äthiopien, Elfenbeinküste, Liberia und Nigeria. Sitz der OAU: Addis Abeba. Sie wird von einem Generalsekretariat geleitet. Entscheidungsorgan ist die Konferenz der Staats- und Regierungschefs. Daneben besteht als Ausschuß das **Koordinierungs-Komitee für die Befreiung Afrikas** in Daressalam (Tansania). 1984 trat Marokko wegen der Aufnahme der ›Demokrat. Arab. Republik Sahara‹ aus der OAU aus.

Organisation für europäische wirtschaftliche Zusammenarbeit, engl. **Organization for European Economic Cooperation** [ɔ:gənaɪz'eɪʃn fɔ: jʊərəp'i:ən i:kən'ɔmɪk kəʊɔpər'eɪʃn], Abk. **OEEC,** der Europäische Wirtschaftsrat, Sitz: Paris, eine 1948 geschaffene Gemeinschaftsorganisation zur Durchführung des → Marshall-Plans; von der → Organisation für wirtschaftliche Zusammenarbeit und Entwicklung abgelöst.

Organisation für wirtschaftliche Zusammenarbeit und Entwicklung, engl. **Organization for Economic Cooperation and Development** [ɔ:gənaɪz'eɪʃn fɔ: i:kən'ɔmɪk kəʊɔpər'eɪʃn ənd dɪv'eləpmənt], Abk. **OECD,** die Nachfolgeorganisation der Organisation für europäische wirtschaftl. Zusammenarbeit, gegr. am 14. 12. 1960, in Kraft seit dem 30. 9. 1961; Sitz: Paris. 24 Voll-Mitgl. (1984): alle westl. europ. Länder sowie die Türkei, Australien, Japan, Kanada, Neuseeland und die USA; Jugoslawien ist assoziiert. Ziele: optimale Wirtschaftsentwicklung der Mitgliedsländer, Förderung des Wirtschaftswachstums in den Entwicklungsländern, Ausweitung des Welthandels.

Organisation Gehlen, Vorläuferin des Bundesnachrichtendienstes (→ Gehlen 2).

Organisationsdelikte, Straftaten, die in Bildung, Fortführung oder Unterstützung verbotener (insbes. verfassungsfeindl.) Vereinigungen bestehen (z. B. §§ 84–87, 129, 129a StGB). Bisweilen wird auch die Bandenbildung dazu gerechnet. Erstmals strafbar waren O. nach dem Londoner Abkommen v. 8. 8. 1945 und dem Kontrollrats-Ges. Nr. 10; die Mitgliedschaft in für verbrecherisch erklärten Organisationen, z. B. der Gestapo, SD, SS, war Grundlage der Urteile (30. 9./1. 10. 1946) des Internat. Militär-Tribunals (→ Kriegsverbrechen).

Organisationsgewalt, → Behörde.

Organisationsklausel, Bestimmung in einem Tarifvertrag, daß der tarifgebundene Arbeitgeber nur Arbeitnehmer beschäftigen darf, die gewerkschaftlich organisiert sind (im anglo-amerikan. Arbeitsrecht: ›closed shop‹). Da O. eine verfassungsrechtlich unzulässige Beschränkung der Koalitionsfreiheit und des Grundrechts der freien Arbeitsplatzwahl darstellen, sind sie nichtig.

Organisationskosten, Kosten der Ingangsetzung (Anlaufkosten) des Geschäftsbetriebs einer Unternehmung.

Organisationsplan, Darstellung des betriebl. Aufbaus und der Beziehungen zw. den einzelnen Gliederungseinheiten, meist als Schaubild; beschreibt Stellen und Abteilungen, den Leitungsaufbau durch Nachweis der Instanzen, die Kommunikationswege.

Organisator *der, -s/... t'oren,* neuer Beruf in größeren Unternehmen und Verwaltungen; erstellt u. a. Netzpläne mit Hilfe von EDV-Anlagen.

organische Chemie, größtes Teilgebiet der Chemie (→ organische Verbindungen).

organische Minerale, Minerale der Klasse IX; es sind die in der Natur auftretenden Salze der organ. Säuren, natürl. feste Kohlenwasserstoffe der Paraffinreihe, carbozykl. Verbindungen und einige Harze, z. B. der Mellit.

organische Verbindungen, ⌒ die Verbindungen des Kohlenstoffs mit Ausnahme der wasserstofffreien Chalkogenide (z. B. CO, CO_2, CS_2) und deren Abkömmlingen (z. B. Kohlensäure), der salzartigen und metall. Carbide sowie der Metallcarbonyle (→ Kohlenstoffverbindungen).

Organismus [grch.-lat.] *der, -/... men,* **1)** Lebewesen, ein- oder mehrzelliger belebter Naturkörper. **2)** Ü zweckmäßig gegliedertes Ganzes. Der **O.-Begriff,** von Herder und Goethe nach engl. Ansätzen in seiner philosoph. Bed. entwickelt, wurde bes. im 19. und 20. Jh. auf den verschiedensten Gebieten maßgebend.

Organist [mhd. aus lat.] *der, -en/-en,* Kirchenmusiker, der die Orgel spielt; vielfach auch Leiter des Kirchenchors.

Organklage, Organstreitigkeiten, Klage eines obersten Bundesorgans (Bundespräs., Bundestag, Bundesrat, Bundesreg. u. a.) vor dem Bundesverfassungsgericht über den Umfang seiner Rechte und Pflichten.

Organ|neurose, → Neurose, → Psychosomatik.

organogen [grch.], **biogen,** organ. Ursprungs, von Organen oder Organismen erzeugt; Organe bildend; **o. Gesteine,** → Biolithe.

Organogramm *das, -s/-e,* **Organigramm,** Betriebswirtschaftslehre: darstellerisches Hilfsmittel der Organisationslehre.

Organologie [grch.] *die, -,* **Organographie,** Biologie: die Lehre vom Bau der Organe, ein Teilgebiet der → Morphologie. *Adj.* **organologisch.**

Organometallverbindungen, ⌒ die → metallorganischen Verbindungen.

Organon [grch. ›Werkzeug‹, ›Hilfsmittel‹] *das, -s,* **1)** Ⓟⓗ die Logik als Hilfsmittel der Wissenschaft. **2)** die Samml. der log. Schriften des Aristoteles.

Organschaft *die, -,* → Organgesellschaft.

Organsin [aus ital.] *das, -s,* **Organzin,** Seidenzwirn (Kettseide) aus mehreren Grègefäden, vorgedreht (filiert) und verzwirnt (mouliniert).

Organtherapie [grch.], Behandlung von Krankheiten mit Bestandteilen von tier. Organen, bes. gereinigten Auszügen (Organextrakten). Verwendet werden Organpräparate aus Hormondrüsen u. a. inneren Organen. Eine Form der O. ist die → Zelltherapie.

Organtransplantation [grch.-lat.], die Verpflanzung eines Organs von einem Spender auf einen Empfänger, meist um ein lebenswichtiges Organ nach dessen Funktionsausfall zu ersetzen. Mit Hilfe moderner Operationstechnik kann heute fast jedes Organ (mit Ausnahme z. B. des Gehirns) einer → Transplantation unterzogen werden.

Am erfolgreichsten ist die Nierenverpflanzung; ihre Operationstechnik ist standardisiert und heute anerkanntes Behandlungsverfahren. Seit der ersten erfolgreichen Herztransplantation durch C. N. Barnard 1967 werden in allen Ländern Herztransplantationen durchgeführt. Die Ergebnisse der Leberübertragung (erstmals

Orgel:
LINKS O. der Abtei Weingarten, erbaut 1737–50 von J. Gabler;
RECHTS elektronische O. (Stuttgart-Bad Cannstatt, St. Peter)

1964) verbessern sich ständig. Die noch unbewältigten medizin. Schwierigkeiten einer O. liegen trotz → Immunsupression in der Abstoßungsreaktion (→ Immunreaktion) des Empfängers auf körperfremdes Gewebe (Transplantat). Daneben sind O. mit schwerwiegenden organisator., jurist. und ethischen Problemen verbunden. Ein besonderes Problem ist die zu geringe Zahl an Organspendern, die bereit sind, nach ihrem Tod ihren Körper zur Verfügung zu stellen (rechtsverbindl. Einverständniserklärung, z. B. durch **Organspendeausweis).** Bei best. Körperteilen (z. B. den doppelt angelegten Nieren) kommen auch Lebendspender in Betracht. Gespendete Organe, die nicht sofort verwendet werden, können in Organdepots (z. B. Knochenbank) längere Zeit aufbewahrt werden.

Organum [grch.-lat. ›Werkzeug‹] *das, -s/. . . gana,* ♪ die früheste, improvisierend ausgeführte Form der Mehrstimmigkeit in der Kunstmusik des frühen MA.: Die zweite Stimme bewegt sich in Oktaven, Quinten und Quarten gleichlaufend mit der Hauptstimme oder steigt in Gegenbewegung bis zum Quarten- oder Quintenabstand, teils bleibt sie orgelpunktartig liegen. Der rhythm. Verlauf wird durch die verschiedenen Modi (→ Modalnotenschrift) geregelt. Vereinzelt findet sich das O. bis ins 15. Jh.

Organza [ital.] *der, -s,* sehr feines, transparentes Gewebe aus → Organsin oder Chemieseide, taftbindig, einfarbig oder mit Bindungs- und Farbmusterung.

Orgasmus [grch., von organ ›strotzen‹, ›schwellen‹] *der, -/. . . men,* Höhepunkt des Beischlafs oder anderer sexueller Handlungen, der komplexe Reaktionen des gesamten Organismus (bes. reflektor. Muskelkontraktionen im Bereich der Genitalorgane, beim Mann mit → Ejakulation) sowie ein starkes Lust- und Befriedigungsgefühl umfaßt. Bei der → Frigidität wird dieser sexuelle Höhepunkt nicht erlebt. *Adj.* **orgastisch.**

Orgel [ahd., zu → Organum] *die, -/-n,* Tasteninstrument mit Pfeifen, die durch einen Luftstrom zum Erklingen gebracht werden. Die 3 Hauptglieder sind: 1) **Windwerk,** es verdichtet in einem Blasebalg die Luft zu ›Wind‹ und leitet den Wind durch die Windkanäle in die Windladen, auf denen die Pfeifen stehen. 2) **Pfeifenwerk** mit den Pfeifen, die in einzelnen, voneinander getrennten Reihen, entsprechend den Registern (Spielen), zusammengefaßt sind. Zu jedem Register gehören Pfeifen von gleicher Bauart, Mensur und Klangfarbe, die sich über den ganzen Tonumfang der Klaviatur erstrecken. 3) **Regierwerk:** a) die Tastenreihen (Klaviaturen), und zwar gewöhnlich 2 (bei größten O. bis 5) für die Hände (Manuale) und eine für die Füße (Pedal). b) die Registerzüge, -knöpfe oder -platten, durch deren Betätigen der Wind mechanisch, pneumatisch oder elektrisch zu den Registern geleitet wird.

Zu jeder Klaviatur gehören in der Regel mehrere **Register.** Mit jeder Taste sind also mehrere Pfeifen verbunden, in jedem Register der Klaviatur eine. Durch Ein- und Ausschalten der Register kann man wahlweise durch das Niederdrücken einer Taste eine, mehrere oder alle der zur Taste gehörigen Pfeifen erklingen lassen. Das Manual hat gewöhnlich einen Umfang: C–f^3 oder g^3 (54 oder 56 Tasten), das Pedal C–f^1 (30 Tasten). Dieser Umfang wird durch die in verschiedenen Oktavlagen gestimmten Register bis um 4 Oktaven erweitert. Die Register werden in Grundstimmen, Aliquote und gemischte Stimmen (Mixturen) eingeteilt. Grundstimmen geben den der Taste entsprechenden Ton in der durch die Fußtonzahl bestimmten Oktave an, Aliquote einen zum Grundton der Taste gehörigen Oberton, gemischte Stimmen auf einen Tastendruck mehrere Obertöne zugleich. Aliquote und gemischte Stimmen können nur in Verbindung mit Grundstimmen verwendet werden. Die Hauptfamilien der Grundstimmen sind Prinzipale, Flöten, Gedackte, Streicher und Rohrwerk (Zungenpfeifen). Die **Pfeifen** sind aus Zinn, Kupfer, Bronze, Zinn-, Bleilegierungen oder Holz. Die O. enthält Lippen-(Labial-) und Zungenpfeifen (Rohrwerke). Neben den offenen gibt es gedeckte Pfeifen (Gedackte, → gedackt). Das **Orgelgehäuse** umschließt das Innere der O.; sein sichtbarer Teil, der **Orgelstuhl (Orgelprospekt, -gesicht),** ist oft künstlerisch reich geschmückt. In das Gehäuse ist der Spielschrank eingebaut; er ist bei pneumatisch oder elektrisch regierten O. durch den frei stehenden Spieltisch ersetzt. Kleine Abarten der O.: Portativ, Positiv und Regal.

Geschichte. Die erste ausgeprägte Form der O. ist die von Ktesibios in Alexandria im 3. Jh. v. Chr. gebaute O., bei der Wasser zur Regelung des Winddrucks diente. Im 8. Jh. kam die Windorgel von Byzanz aus ins Abendland. Die Scheidung des Pfeifenwerks in mehrere Register kennt man seit Ende des 13. Jh. Das 17./18. Jh. widmet sich der klangl. Ausgestaltung (Barock-O.). Das 19. Jh. brachte zahlreiche Erfindungen, so auch die ›Walze‹ zur Auslösung eines dynam. Anschwellens vom Piano bis zum Fortissimo. Die 1920 einsetzende **Orgelbewegung** griff wieder auf das Klangbild der Barock-O. zurück. Bed. Orgelbauer der älteren Zeit: E. Compenius, Arp Schnitger, Silbermann. Heutige dt. Orgelbau-Firmen: Furtwängler und Hammer, Kemper und Sohn, Klais, Sauer, Späth, Steinmeyer, Walcker, Weigle. – **Hammond-O., Lichtton-O.,** → elektrische Musikinstrumente.

Orgelmusik hat als wichtigste Hauptformen: Präludium, Phantasie, Toccata, Passacaglia, Ricercar, Fuge, Sonate, Suite, Choralbearbeitungen aller Art, Konzert. Die Hauptmeister der älteren Zeit sind: G. Gabrieli, M. Prätorius, C. Merulo, A. Cabezón, J. P. Sweelinck, S. Scheidt, D. Buxtehude, N. Bruhns, G. Frescobaldi, J. J. Froberger, J. Pachelbel, J. S. Bach, J. L. Krebs; der neueren u. a.: F. Liszt, C. Franck, M. Reger, H. Kaminski, J. N. David, E. Pepping, H. Distler, P. Hindemith, A. Schönberg, M. Dupré, I. Alain, C.-M. Widor und O. Messiaen.

orgeln. *ich* **org(e)le, 1)** spiele Orgel. **2)** *der Hirsch orgelt,* schreit brünstig, röhrt.

Orgelpunkt, ♪ lang ausgehaltener Baßton, über dem sich die übrigen Stimmen frei bewegen; sein Ursprung liegt wohl im → Organum, dessen klangl. Grundlage langgehaltene Töne nach Art der Bordune (→ Bordun) bilden konnten.

Orgi|e [grch.] *die, -/. . . gi|en,* Ausschweifung, zügelloses Gelage; im alten Griechenland urspr. heilige Handlungen, religiöse Riten, dann die ekstat. Riten des Dionysoskultes. **orgiastisch,** ausgelassen, zügellos.

Ori|ent [lat. oriens ›Aufgang‹ (der Sonne)] *der, -s,* das Morgenland, im Unterschied zum Okzident (Abendland); im Sprachgebrauch nicht einheitlich abgegrenzt. Im allg. versteht man unter O. die Länder Vorderasiens mit Ägypten, i. w. S. das Gebiet der islam. Kultur. **Vorderer O.,** → Naher Osten. *der* **Orientale,** *-n/-n,* Bewohner des O. *Adj.* **orientalisch.**

ori|entalide Rasse, zu den → Europiden gehörige Menschenrasse.

Ori|entalische Kirche, Gruppe von Kirchen der alten östl. Riten, die innerhalb der Kath. Kirche mit der → Lateinischen Kirche durch die Anerkennung des päpstl. Jurisdiktionsprimats, durch Übereinstimmung mit der kath. Glaubens- und Sittenlehre

Orientalische Kirchen

Alexandrinischer Ritus	Italien
Äthiopische Kirche	Jugoslawien
Koptische Kirche	Melchitische Kirche
Antiochenischer (westsyr.) Ritus	Rumänien
Maronitische Kirche	Ruthenische Kirche
Syrische Kirche	UdSSR
Syro-Malankarische Kirche	Tschechoslowakei
Armenischer Ritus	Ukrainische Kirche
Armenische Kirche	Ungarn
Byzantinischer Ritus	**Chaldäischer (ostsyr.) Ritus**
Albanien	Chaldäische Kirche
Bulgarien	Syro-Malabarische Kirche
Griechenland	

sowie Gleichförmigkeit der kirchenrechtl. Grundsätze verbunden sind. Sie bestehen wie die nichtunierte Ostkirche aus vielen voneinander rechtlich unabhängigen Einzelkirchen.

ori|entalische Musik, die Musik aller islam. Länder Nordafrikas und des Nahen und Mittleren Ostens etwa bis Afghanistan. Hier entstand durch den an sich musikfeindl. Islam ein verhältnismäßig einheitl. Kunstmusikstil. Die o. M. ist einstimmig und vokal betont, obwohl der Orient zugleich die Heimat vieler, auch abendländ. Musikinstrumente ist. Die Melodien, die meist in freier Einstimmigkeit begleitet werden, gehören zwar stets einem bestimmten Melodietyp an, sie werden aber improvisatorisch frei und sehr verzierungsreich ausgeführt. Als Texte dienen meist die klass. Poesieformen. Der Gesangston ist gepreßt und leicht näselnd. Entsprechend dem anscheinend endlos gleitenden Melodieverlauf ist auch der Rhythmus, zumindest der Singstimme und der Melodie-Instrumente, recht ungebunden. Die verwendeten Tonleitern sind meist siebenstufig, sie enthalten aber stets Schleiftöne (oft mit Leittontendenz), die man allg. (jedoch nicht ganz zutreffend) als $^1/_4$-, $^3/_4$- und $^5/_4$-Töne bezeichnet. Häufig sind $1^1/_2$-Tonschritte. Die mehrtönige Trommelbegleitung wirkt oft als Bordun. Im Unterschied zu dieser einheitl. Kunstmusik hat die Volksmusik der einzelnen Völker ihre typ. Eigenart bewahrt.

Ori|entalist *der, -en/-en,* Kenner der Orientalistik. *die* **Orientalistik,** -, Wissenschaft von den oriental. Sprachen und Kulturen.

Ori|entbeule, Aleppobeule, $ → Leishmaniasen.

Ori|ent|expreß, erster Luxuszug Europas, verkehrte seit 1883 von Paris über Straßburg–Stuttgart–München–Wien nach Istanbul (später mit wechselnder Streckenführung als internat. Schnellzug); in jüngster Zeit wieder als Luxuszug (›Nostalgie-O.‹).

ori|entieren [zu Orient]. *ich* **orientiere, 1)** *ihn,* unterrichte, setze in Kenntnis der Lage. **2)** *es,* richte nach der Himmelsrichtung ein, z. B. eine Karte. **3)** *mich (über ihn),* bestimme meine Lage; unterrichte mich. *Subst. die* **Orientierung,** *-/-en.* **Orientierungssinn,** der → Raumsinn.

Ori|entierungsdaten, gesamtwirtschaftl. Daten zur Kennzeichnung der wirtschaftl. Lage und ihrer Entwicklungstrends.

Ori|entierungsstufe, Bez. für das 5. und 6. Schuljahr, insofern hier im Rahmen der Unterrichtsdifferenzierung eine Erleichterung des Übergangs zur Sekundarstufe I angestrebt wird (→ Förderstufe).

Oriflamme [mlat. aurea flamma ›Goldflamme‹, ›Goldwimpel‹], im MA. die Kriegsfahne der frz. Könige; heute ein zweizipfliges Hängebanner.

Origanum [lat.], die Lippenblüter-Gatt. → Dost.

Origenes, grch. Kirchenschriftst., * Alexandria um 185, † Tyrus 253/54, Lehrer an der Katechetenschule in Alexandria, seit 230/31 in Caesarea (Palästina). Der Streit um seine Rechtgläubigkeit führte 553 zu seiner Verurteilung. O. verfaßte neben Kommentaren und Predigten eine krit. Ausgabe des alttestamentl. Textes (Hexapla), eine erste systemat. Darstellung der christl. Lehre (›De principiis‹) und eine Apologie (›Contra Celsum‹). Seine Gedanken haben die Dogmenbildung der Folgezeit entscheidend beeinflußt.

original [lat.], ursprünglich, echt, urschriftlich, eigen. *das* **Original,** *-s/-e,* **1)** Urbild. **2)** Urfassung, Urschrift. **3)** U Kauz, Sonderling. *die* **Originalität,** -, Ursprünglichkeit; Besonderheit. **originär,** ursprünglich. **originell** [frz.], **1)** merkwürdig, komisch. **2)** neuartig, schöpferisch.

Orihuela, Stadt in der span. Prov. Alicante, (1975) 48000 Ew.; Handel mit Südfrüchten, Getreide, Öl und Wein; Textil- und Lederindustrie. – O. ist das röm. **Aurariola.**

Orinoco *der,* Strom im nördl. Südamerika, 2575 km lang, entspringt, am Oberlauf **Paraguá** genannt, in der Sierra Parima. Nach Austritt aus dem Hochland umfließt er dieses in großem, nach NO offenem Bogen. 40 km unterhalb Esmeralda stellt die durch A. v. Humboldts Forschungen bekannte Bifurkation über Casiquiare und Rio Negro eine schiffbare Verbindung mit dem Amazonas her. Unterhalb der Mündung des Río Apure beginnt der ostwärts gerichtete Unterlauf des O. in den Savannen der Llanos. Er mündet mit 4 großen und zahlreichen Mündungsarmen in einem etwa 30000 km² großen Delta in den Atlant. Ozean. Insgesamt sind rd. 1930 km des O. schiffbar.

Orion, 1) grch. Mythos: Sohn des Poseidon, ein schöner Jäger aus Böotien von riesenhafter Gestalt; Geliebter der Eos, die ihn nach Delos entführte. O. wurde von der jagenden Artemis getötet. **2)** ☆ *der, -(s),* auffälliges Sternbild der Äquatorzone mit den beiden Sternen 1. Größe α (Beteigeuze) und β (Rigel) und den 3 Sternen 2. Größe δ, ε, ζ, genannt **Gürtel des O.** oder **Jakobsstab;** südlich vom Gürtel liegt in der Mitte des von schwächeren Sternen gebildeten **Schwertgehänges** der → Orionnebel.

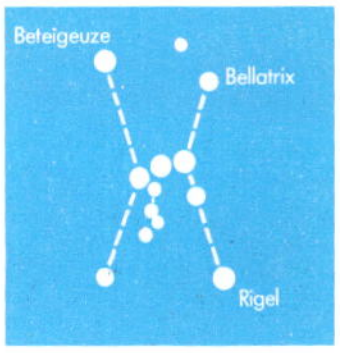

Orion 2)

Orioniden *Pl.,* aus dem Sternbild Orion kommender Meteorstrom um den 19. Oktober, der auf den Halleyschen Kometen zurückgeführt wird.

Orion|nebel, mit bloßem Auge erkennbarer leuchtender Gasnebel (M 42) im Sternbild → Orion. Der Zentralbereich des etwa 1500 Lichtjahre entfernten O. hat einen Durchmesser von 15 Lj, die Gesamtmasse wird auf etwa 700 Sonnenmassen geschätzt. Der O. gilt als Geburtsstätte für neue Sterne.

Orionnebel

Orissa, Staat → Indiens (ÜBERSICHT); die Bev. spricht größtenteils Oriya. Das Gebiet von O. war bis zum 13. Jh. Teil des ind. Kalinga-Reiches; es kam 1592 an die Großmoguln, 1751 an den Marathenstaat von Nagpur; 1803 wurde es britisch als Teil von Bengalen, 1912 mit Bihar vereinigt, 1936 eigene Prov., mit der 24 ehem. Fürstenstaaten 1947/48 vereinigt wurden.

Oriya, Volk und Sprache (von etwa 20 Mio. Menschen gesprochen) im östl. Vorderindien; die dem Bengali nahestehende Sprache gehört zu den indoarischen Sprachen (→ indische Sprachen).

Orizaba [oriθ'aβa], **1)** → Pico de Orizaba. **2)** Stadt im Staat Veracruz, Mexiko, (1978) 118400 Ew., in der Sierra Madre Oriental; Konsumgüterindustrie.

Orkan [altindianisch, span. huracán] *der, -(e)s/-e,* **Hurrikan,** höchster Stärkegrad des Windes (Windstärke 12). Geschwindigkeit: 120–130 km/h, in den Tropen wurden Windgeschwindigkeiten über 300, im Jetstream (in 8–12 km Höhe) über 500 km/h beobachtet. (ÜBERSICHT Windstärken)

Orkanbug, Vorschiffsform moderner Flugzeugträger mit stark ausfallenden Vorschiffsspanten.

Orkney-Inseln, engl. **Orkney Islands** ['ɔ:knɪ 'aɪləndz], Inselgruppe (etwa 900 Inseln, davon 24 bewohnt) vor der Nordspitze Schottlands. Die O.-I. bilden die schott. Island Area Orkney, 976 km², (1981) 18900 Ew.; Landwirtschaft. Die größte Insel ist Mainland mit der Hptst. Kirkwall. Die O.-I. wurden von Norwegen her besiedelt und besitzen bed. prähistor. Denkmäler, darunter megalith. Steinkreise und Grabhügel.

Orkus [lat.] *der, -,* bei den alten Römern der Gott des Todes, dann das Totenreich, die Unterwelt.

Orladin *das, -s,* natürl. Süßstoff aus den Rhizomen des Tüpfelfarns.

Orlando [ɔ:l'ændəʊ], Stadt und Winterkurort in Florida, USA, (1980) 128400 Ew.; TU; elektron. Ind.; internat. Flughafen. Südwestlich von O. der Vergnügungspark ›Walt Disney World‹ und die im Bau befindliche Modellausstellung der Zukunftsgesellschaft (EPCOT).

Orlando di Lasso, niederländ. Komponist, → Lasso.

Orléans [ɔrle'ã:], Hptst. des frz. Dép. Loiret, an der Loire, (1982) 102700 Ew.; Univ. (1309–1793, wieder seit 1971), kath. Bischofssitz; Verarbeitungs-, Textil-, Maschinen- u. a. Ind. Kathedrale Ste. Croix (im 13. Jh. begonnen, vom 17. bis 19. Jh. in got. Formen erneuert), Kirche St. Aignan (15. Jh., Krypta 11. Jh.), Stadthaus (16. Jh.). – O., das gall. **Cenabum,** war Hauptort der kelt. Carnuten. Die röm. **Civitas Aureliani** wurde im 4. Jh. Bischofssitz. Im 10./11. Jh. war die Stadt Residenz der Kapetinger. 1429 be-

Orléans

Orléans

freite die Jungfrau von O. (→ Jeanne d'Arc) die Stadt von der engl. Belagerung. Im 16. Jh. war O. ein Stützpunkt der Hugenotten.

Orléans [ɔrle'ã:], seit 1344 Herzogstitel mehrerer Seitenzweige des frz. Königshauses, denen das Hzgt. O., der **Orléanais** [ɔrlean'ɛ], verliehen wurde. - Der Stammvater des jüngsten Hauses O. wurde Philipp (* 1640, † 1701), Bruder König Ludwigs XIV. Aus seiner Ehe mit der pfälz. Prinzessin Liselotte (→ Elisabeth 5) stammte Philipp (* 1674, † 1723), seit 1715 Regent für Ludwig XV. Sein Urenkel Ludwig Philipp (* 1747, † 1793) schloß sich der Revolution von 1789 an (›Philippe Égalité‹) und stimmte für den Tod Ludwigs XVI., wurde jedoch hingerichtet. Dessen Sohn → Ludwig 26) war 1830–48 frz. König. Als die ältere Hauptlinie der Bourbonen 1883 ausstarb, wurde Ludwig Philipps Enkel, Graf Philipp von Paris (* 1838, † 1894), von den frz. Royalisten als Haupt des Bourbonenhauses anerkannt; 1886 aus Frankreich verbannt. Seit 1940 ist Graf Heinrich von Paris (* 1908) das Haupt des Hauses.

Orléansville [ɔrleãv'il], bis 1962 Name der algerischen Stadt → El-Asnam.

Orlik, Emil, Maler und Graphiker, * Prag 21. 7. 1870, † Berlin 28. 9. 1932, schuf Bildnisradierungen, Farbholzschnitte u. a.; auch Bühnenbilder. (BILDER Döblin, Nielsen, Walden)

Orlon, Handelsname für eine Polyacrylnitrilfaser.

Orlow *der, -s,* einer der größten geschliffenen Diamanten mit 199,8 Karat, aufbewahrt im Kreml; benannt nach Graf → Orlow 2), der ihn 1755 Katharina II. schenkte.

Orlow, 1) Aleksej Grigorjewitsch, Graf (1762), Fürst **Tschesmenskij** (1770), russ. Admiral, Bruder von 2), * Ljublino (Gouv. Twer) 5. 10. 1737, † Moskau 5. 1. 1808, an der Ermordung von Zar Peter III. beteiligt, schlug 1770 bei Çeşme im Ägäischen Meer die türk. Flotte vernichtend.

2) Grigorij Grigorjewitsch, Graf (1762) und Reichsfürst (1772), Bruder von 1), * 17. 10. 1734, † (geisteskrank) Moskau 24. 4. 1783, Günstling Katharinas II.

Orly [ɔrl'i], einer der Flughäfen von Paris.

Ormandy ['ɔ:məndı], Eugene, amerikan. Dirigent, * Budapest 18. 11. 1899, † Philadelphia (Pa.) 12. 3. 1985, war 1936–80 Chefdirigent des Philadelphia Orchestra.

Ormus, Ormuz, Insel an der Küste Irans, → Hormus.

Ormuzd [-m'usd, neupers.], altiran. Gottheit, → Ahura Masda.

Ornament [lat.] *das, -(e)s/-e,* dekorative Verzierung an Bauwerken und Gegenständen, die ursprünglichste Äußerung des künstler. Ausdrucks. Das O. kann die Form, die es schmückt, gliedern und betonen oder auch unabhängig von ihr bleiben oder sie überwuchern. Es paßt sich meist dem Werkstoff und seinen techn. Gegebenheiten an; doch gehorcht seine Gestaltung eigenen Gesetzen. Die Formensprache der Ornamentik, die in ihren Anfängen nicht nur dekorativer, sondern auch zeichenhaft-symbolhafter Art sein kann, ist von unerschöpfl. Reichtum. Sie bewegt sich zw. den Polen eines rein linearen, abstrakt geometr. Stils (→ griechische Kunst, → Mäander, → Maßwerk u. a.) und einer von organ. Formen ausgehenden, zuweilen naturalist. Gestaltungsweise (→ Akanthus, → Palmette, → Laubwerk u. a.); weitere BILDER S. 93. - *ich* **ornamentiere** *es,* versehe mit Ornamenten. *Adj.* **ornamental.**

Ornamentstich, graph. Darstellung ornamentaler Erfindungen, die seit Mitte des 15. Jh. Künstlern und Handwerkern als Vorlage diente und sich zu einer eigenen Kunstgattung entwickelte.

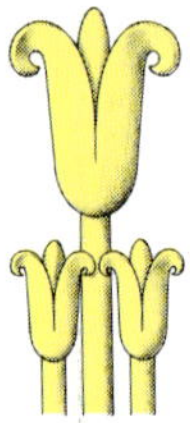

Lotos

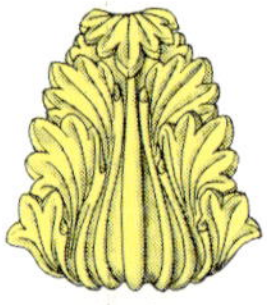

Akanthus

Mäander

Palmette

Rankenwerk

Ornament

Ornat [lat.] *der, -(e)s/-e,* feierliche Amtstracht.

Orne [ɔrn], **1)** *die,* Fluß in W-Frankreich, 152 km, entspringt in den Hügeln des Perche und mündet in die Seinebucht. **2)** Dép. in NW-Frankreich, 6144 km², (1982) 295 500 Ew., Hptst.: Alençon.

Ornithinzyklus, Harnstoffzyklus, Arginin-Harnstoff-Zyklus, Stoffwechselprozeß, bei dem in Organismen gebildeter Ammoniak in Harnstoff umgewandelt und mit dem Urin ausgeschieden wird. Das namengebende **Ornithin** ist eine bas. Aminosäure.

Ornithologie [grch.] *die, -,* die Wiss. von den Vögeln, Vogelkunde. *der* **Ornithologe,** *-n/-n,* Wissenschaftler auf dem Gebiet der O. **ornithologisch,** die Vögel, die Vogelkunde betreffend.

Ornithose [grch.] *die, -/-n,* → Psittakose.

Örnsköldsvik [œrnʃœldsv'i:k], Hafenstadt im VerwBez. Västernorrland, Schweden, (1982) 60 300 Ew., am Bottn. Meerbusen; Holz-, Cellulose-, Metall-, chemische u. a. Industrie.

oro... [grch.], Berg..., Gebirgs... *die* **Orographie,** -, Beschreibung der Gebirgsformen. *Adj.* **orographisch.**

Orogenese [grch.] *die, -/-n,* **Gebirgsbildung,** zeitlich begrenzte, auf relativ schmale Zonen der Erdkruste beschränkte, das Gesteinsgefüge verändernde, in episod. Schritten verlaufende, aber zeitl. Höhepunkte erreichende (→ Faltungsphasen) tekton. Bewegungen. Weil durch O. nur eine Veränderung des Gesteinsgefüges und neue Lagerungsformen der Schichten zueinander geschaffen werden, spricht man heute meist von **Tektogenese.** Die Gestaltung des Gebirges im orograph. Sinn erfolgt erst nach Abschluß der eigtl. O.

Oromo, Stammesgruppe im südlichen Äthiopien, → Galla.

Orontes, arab. **Nahr el-Asi** [naxr-], Fluß in Vorderasien, 570 km, entspringt im Hochtal der Beka (Libanon), durchfließt NW-Syrien und mündet in der Türkei bei Antakya ins Mittelmeer.

Orotsäure, die biochem. Muttersubstanz der Pyrimidinbasen (→ Nucleinsäuren), in Säugetiermilch und in Bakterien. Synthet. O. wird in der Leberschutztherapie, Diätetik, Geriatrie und als Futterzusatz verwendet.

Oroya-Fieber, Carrionsche Krankheit, durch → Bartonellen hervorgerufene Infektionskrankheit in Hochtälern der Anden, gekennzeichnet durch Fieber, Anämie und Hautveränderungen.

Orpheus, grch. Mythos: thrak. Sänger und Leierspieler, Sohn der Muse Kalliope und des Apoll, der durch seine Kunst auch wilde Tiere, Steine und Bäume bezauberte. Durch sein Lied bewog er die Götter der Unterwelt, ihm seine verstorbene Gattin Eurydike zurückzugeben; doch mußte sie umkehren, als O. sich entgegen dem Verbot der Götter nach ihr umschaute, bevor sie das Tageslicht erreicht hatte. O. wurde später (nach der vorherrschenden Mythenversion) von thrak. Frauen zerrissen. - Oper ›O. und Eurydike‹ (1762) von Chr. W. Gluck; Operette ›O. in der Unterwelt‹ (1858) von J. Offenbach; Ballett ›Orphée‹ (1948) von I. Strawinsky; Dramen ›Orphée‹ (1927) von J. Cocteau, ›Eurydike‹ (1942) von J. Anouilh u. a.

Orphiker *Pl.,* die Anhänger der **Orphik,** des **Orphizismus,** einer seit dem 6. Jh. v. Chr. nachgewiesenen altgrch. religiösen Bewegung, die sich durch Wanderprediger sektenbildend verbreitete und ihren Namen mit Orpheus in Verbindung brachte. Die O. hatten Geheimlehren über die Entstehung der Welt, die Erschaffung des Menschen, Unsterblichkeit der Seele, Seelenwanderung, Lohn und Strafe im Jenseits und glaubten, durch Weihen, Reinigungen und Askese (**orphische Mysterien**) ein seliges Leben nach dem Tode zu erreichen. **orphische Dichtungen,** altgrch., dem Orpheus zugeschriebene Dichtungen (Hymnen, kosmogonische Dichtungen und Gedichte, die sich auf die Unterwelt beziehen).

Orphismus *der, -,* von dem Dichter G. Apollinaire 1912 geprägter Name für den gegenstandsfreien, kolorist. Kubismus der Maler R. Delaunay, F. Kupka und F. Picabia.

Ornamentstich des Meisters E. S.

Orsat|apparat, Orsatgerät, ein → Gasprüfer.

Orscha, Stadt in der Weißruss. SSR, an der Bahnlinie Minsk-Moskau, Hafen am Dnjepr, (1982) 116000 Ew.; 2 Technika; Kraftwerk, Flachskombinat, Maschinenbau- und Baustoffindustrie.

Orseille [ɔrsˈɛj, frz.], braunroter bis violetter Pflanzenfarbstoff aus Flechtenarten.

Orsini, röm. Adelsgeschlecht, dem die Päpste Nikolaus III. (1277–80) und Benedikt XIII. (1724–30) entstammen; es kämpfte als Führer der Guelfen (→ Guelfen und Ghibellinen) gegen die ghibellin. Colonna um die Vorherrschaft in Rom.

Orsk, Stadt im Gebiet Orenburg, Russ. SFSR, (1982) 256000 Ew., am Uralfluß; Pädagog. Institut; Buntmetallurgie, Erdölraffinerie, Maschinenbau, chem., Nahrungsmittel- u. a. Ind.; in der Umgebung Abbau von Nickel-, Chrom-, Kupfer- und Eisenerzen.

Ørsted [ˈœ:rsdɛð], Hans Christian, dän. Chemiker und Physiker, * Rudkøbing 14. 8. 1777, † Kopenhagen 9. 3. 1851, entdeckte 1820 den Elektromagnetismus, fand das Alkaloid Piperin, führte als erster Messungen der Kompressibilität des Wassers durch; schrieb naturphilosoph. Betrachtungen. Nach ihm ist die nicht gesetzl. Einheit → Oersted benannt.

Ort [ahd. ›Spitze‹, ›Endpunkt‹] *der, -(e)s/-e,* **1)** Stelle, Platz, Punkt: *jeder steht an seinem O.,* an der ihm zugehörigen Stelle; *am falschen O.; an O. und Stelle,* dort, wo es hingehört; *am angegebenen oder angeführten O.,* Abk. a. a. O., in einem schon genannten Abschnitt oder Buch. **2)** Gemeinde, Ortschaft: *hier am, im O.; Kurort.* **3)** ☆ → astronomischer Ort. **4)** △ → geometrischer Ort. **5)** ⚒ *das, -(e)s/¨er,* Stelle im Bergwerk, an der Vortriebsarbeit geleistet wird: *er arbeitet vor O.,* treibt die Strecke vor; *das sollte vor O. geklärt werden,* Ü direkt an O. und Stelle. **6)** in der Schweiz bis 1798 der Kanton: *die acht alten Orte,* die ›Urkantone‹ der Schweiz. **7)** ⛉ Quadrat mitten am oberen Schildrand. **8)** auch: *das, -(e)s/-e, oberdt.:* Ahle. **9)** *oberdt.:* Seitenbrett am Bett. **10)** *Pl.* ¨*er, alemann.:* Kirchenstuhl: *Kirchenörter. das* **Örtchen,** *-s/-,* U Toilette, Abort. *ich* **orte** *es,* bestimme den Stand eines Flugzeuges oder Schiffes (→ Ortsbestimmung). *ich* **ört(e)re, 1)** *es, oberdt.:* schräge ab. **2)** *zwei Strecken örtern,* ⚒ treffen sich. **örtlich, 1)** einen O. betreffend. **2)** nur wenig verbreitet, beschränkt. *die* **Örtlichkeit,** *-/-en,* **1)** Ort, Gelände. **2)** *meist Pl.,* U Toilette, Abort. **ortskundig,** mit dem O., den örtlichen Wegen vertraut. **Ortsnetz,** Telephonnetz innerhalb eines O. (und der näheren Umgebung). **ortsüblich,** am O. gebräuchlich.

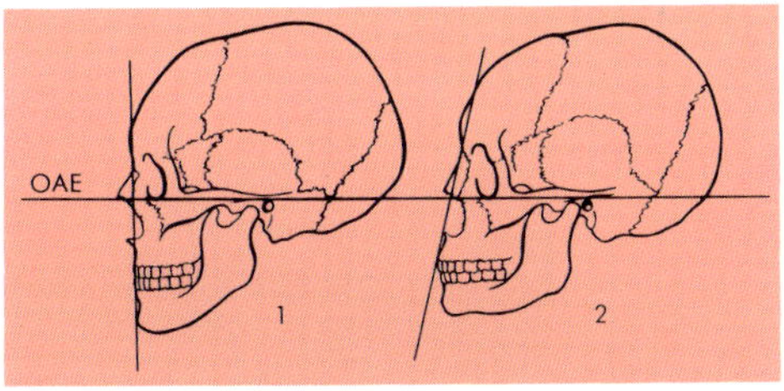

Schädel mit **Orthognathie** (1) und Prognathie (2); OAE = Ohr-Augen-Ebene

Ortasee, ital. **Lago d'Orta,** See in N-Italien, am Südrand der Alpen, 18 km² groß, bis 143 m tief, mit der Insel San Giulio.

Ortega y Gasset, José, span. Philosoph, * Madrid 9. 5. 1883, † ebd. 18. 10. 1955; 1911–54 Prof. ebd., auch als Publizist tätig: Gründer und Mithg. (1915–24) der Ztschr. ›España‹, Gründer und Hg. der ›Revista de Occidente‹ (1923–36); lebte 1936–45 in der Emigration. O. y G. begann mit krit. Werken zur Wesensart Spaniens; für seine späteren kulturphilosoph. Schriften waren Nietzsche, Dilthey und die Lebensphilosophie bestimmend. Jenseits von Idealismus und Materialismus vertrat er in glänzender essayist. Form ein individualist. Lebensgefühl und die Idee einer vitalen Vernunft.

HW: Meditationen über ›Don Quijote‹ (1914); Die Aufgabe unserer Zeit (1923); Der Aufstand der Massen (1929); Buch des Betrachters (1934); Über die Liebe (1941); Vom Menschen als utop. Wesen (1951); Der Mensch und die Leute (1957); Gesammelte Werke, 6 Bde. (1978).

Ortelius, Abraham, eigtl. **Oertel** oder **Ortels,** Kosmograph und Kartograph, * Antwerpen 4. 4. 1527, † ebd. 28. 6. 1598, gab 1570 das ›Theatrum orbis terrarum‹ (70 Karten in Kupferstich) heraus.

Ortelsburg [n. Ortolf von Trier, der im 14. Jh. die Ordensburg anlegte], poln. **Szczytno** [ʃtʃˈitnɔ], Stadt in der poln. Wwschaft Olsztyn (Allenstein), (1979) 22000 Ew., ehem. Krst. in Ostpreußen, am Haussee (Masuren); Holz-, Lebensmittel-, Textil-, elektrotechn. Ind. In beiden Weltkriegen wurde O. stark zerstört. (BILD S. 94)

Ortenau *die,* Landschaft am rechten Oberrhein; Weinbau. Hauptort: Offenburg.

Ortenaukreis, Landkr. im RegBez. Freiburg, Bad.-Württ., 1861 km², (1983) 353800 Ew.; Krst.: Offenburg.

Ortese, Anna Maria, ital. Schriftstellerin, * Rom 1914; Erzählprosa (›Neapel, Stadt ohne Gnade‹, 1953).

Orthikon [grch.] *das, -s/-s,* elektron. Bildzerleger für die Aufnahme von Fernsehbildern, bei dem die Speicherelektrode von hinten (Gegensatz: → Ikonoskop) mit einem langsamen Elektronenstrahl abgetastet wird. Das **Super-O.,** die Vereinigung eines O. mit einem → Bildwandler und einem Elektronenvervielfacher, hat seit Einführung des → Vidikons keine Bedeutung mehr.

Orthit [grch.] *der, -(e)s/-e,* **Allanit,** pechschwarzes, radioaktives Mineral, mit Gehalt an seltenen Erden (Cer-Erz) und Thorium; v. a. in Tiefengesteinen; Varietät des → Epidot.

ortho... [grch.], **1)** recht..., gerade..., richtig... **2)** ⌬ Abk. **o-,** Vorsilbe zur Kennzeichnung der 1.2-Stellung von zwei Substituenten bei aromat. Verbindungen; z. B. 1.2- oder o-Dichlorbenzol (→ Isomerie).

orthochromatisch [grch.], farbrichtig; eine photograph. Emulsion ist o., wenn sie für alle Farben mit Ausnahme von Rot sensibilisiert ist, d. h., orthochromat. Filme und Platten sind auch im Grün und Gelb empfindlich. *Subst. die* **Orthochromasie,** -.

Orthodontie [grch.] *die, -,* → Kieferorthopädie.

orthodox [grch.], rechtgläubig. **Orthodoxe Kirche,** → Ostkirche. *die* **Orthodoxie,** -, **1)** Rechtgläubigkeit, genaue Übereinstimmung mit einer offiziellen Lehre, bes. einer bestimmten Kirche; Strenggläubigkeit, im Unterschied zur Heterodoxie, Häresie und Ketzerei. **2)** Ü eine mit einem nichttheolog. Lehrsystem übereinstimmende Anschauung.

Orthodrome [grch.] *die, -/-n,* Nautik, Navigation: die kürzeste Verbindung zw. zwei Punkten auf einer Kugel, ist Teil eines Großkreises.

Orthogenese [grch.] *die, -,* überholte Theorie, nach der die Richtung der einmal eingeschlagenen stammesgeschichtl. Entwicklung der Lebewesen unbeeinflußbar durch die Umwelt beibehalten werde.

Orthogesteine, metamorphe Gesteine, die aus Eruptivgesteinen hervorgegangen sind, i. Ggs. zu den aus Sedimenten gebildeten **Paragesteinen.**

Orthognathie [grch.] *die, -,* Gesichtsform des Menschen, bei der die Profillinie von der Stirn bis zu den Zähnen annähernd senkrecht auf der Ohr-Augen-Ebene steht (→ Prognathie, → Kiefer).

orthogonal [grch.], rechtwinklig, rechteckig; z. B. **orthogonale Vektoren,** aufeinander senkrecht stehende Vektoren. Auch in abstrakten Räumen mit mehr als drei Dimensionen spricht man von **Orthogonalität,** wenn die entsprechenden Vektoren oder allgemeinere Größen (Polynome, Funktionen) in gewissen Beziehungen zueinander stehen, die denen orthogonaler Vektoren im gewöhnlichen Raum entsprechen.

Orthographie [grch.] *die, -/...ph'i|en,* die → Rechtschreibung. **orthographisch,** nach den Regeln der Rechtschreibung.

Orthohelium, ⊠ der Triplettzustand des Heliums. Für angeregte Heliumatome existieren 2 versch. Sorten von Energiezuständen (Termsysteme), zw. denen es nur sehr selten Übergänge gibt. Sie unterscheiden sich dadurch, daß in dem einen System die Spins der beiden Hüllenelektronen des Heliums parallel stehen (Gesamtelektronenspin $S = 1$, **Orthohelium**), im anderen dagegen antiparallel ($S = 0$, **Parhelium, Parahelium,** Singulettzustand). Dementsprechend stellen die vom O. emittierten Spektrallinien Tripletts dar, während die Parheliumlinien Singuletts sind.

Orthoklas [grch.] *der, -es/-e,* Mineral, → Feldspat.

Orthopädagogik [grch.], die → Sonderpädagogik.

Orthopädie [grch.] *die, -,* Teilgebiet der Medizin, das sich mit den angeborenen oder erworbenen Krankheiten des Stütz- und Bewegungsapparates (Knochen, Muskeln, Gelenke, Sehnen) befaßt, so z. B. mit Haltungsfehlern, Gelenkkrankheiten, Abnutzungserkrankungen. Die O. bedient sich bes. operativer Verfahren (z. B. beim Hüftgelenkersatz), der physikal. Therapie (Krankengymnastik u. a.), Stützvorrichtungen (Korsett, Gipsbett) und künstl. Glieder (→ Prothese), deren Herstellung und Instandhaltung Aufgabe des **O.-Mechanikers** sind.

orthopädisches Turnen, Sonderturnen zur Behandlung von Haltungsschwächen.

Orthophoto-Verfahren, Photogrammetrie: Verfahren zur → Entzerrung von Meßbildern nicht ebener Objekte, bes. von → Luftbildern bewegten Geländes, bei denen das urspr. Bild meist streifenweise optisch oder photoelektronisch auf einen einheitl. Maßstab umgebildet wird. Die erforderl. Geländehöhen werden i. d. R. an einem Doppelbildauswertegerät (→ Photogrammetrie) gewonnen und zur Umbildung einem **Orthophotogerät (Orthophotoskop, Orthoprojektor)** zugeführt. Das photographisch festgehaltene Ergebnis der Umbildung, das **Orthophoto,** ist in geometr. Hinsicht einer topograph. Karte nahezu gleichwertig; es ist jedoch reicher im Detail.

José Ortega y Gasset

Flechtband 1

Flechtband 2

Fischblase

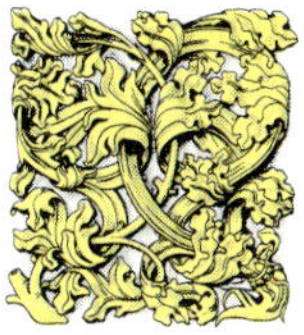

Laubwerk

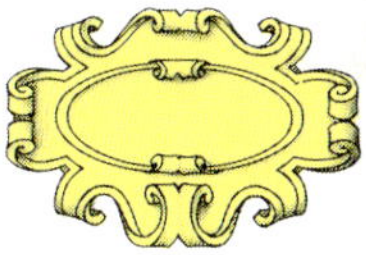

Rollwerk

Knorpelwerk

Rocaille

Ornament

Ortelsburg: Rathaus, davor der Haussee

Ortho|pteren [grch.] *Pl.,* **Ortho|pteroidea,** die → Geradflügler.

Orth|optik [grch.], Behandlungsverfahren zum Herstellen des normalen beidäugigen Sehens vor und nach Schieloperationen (→ Schielen) durch besondere Übungen. *der* **Orthoptist,** *-en/-en, die* **Orthoptistin,** *-/-nen,* in O. (2–2½ Jahre) Ausgebildete(r) zur Unterstützung des Augenarztes.

Orthostase [grch.] *die, -/-n,* **1)** aufrechte Körperhaltung. **2)** ⚕ die Fähigkeit des Kreislaufs, sich der aufrechten Körperhaltung im Stehen, aber auch bei plötzl. Lagewechsel anzupassen. Gelingt das nicht, so kommt es zur **orthostat. Dysregulation** (orthostat. Reaktion) mit dem Krankheitsbild des orthostat. Syndroms. Diese Störung ist Ausdruck einer vegetativen Fehlsteuerung und Folge eines damit verbundenen Blutdruckabfalls.

orthotrope Platten, Stahl- und Stahlbetonbau: Platten, die in zwei zueinander senkrechten Richtungen versch. Steifigkeit haben, z. B. im Brückenbau als Fahrbahnplatten verwendet.

Ortlergruppe, stark vergletschertes Gebirgsmassiv der Zentralalpen, in Südtirol, im **Ortler** 3899 m hoch.

örtliche Betäubung, Lokal|anästhesie, → Anästhesie.

Ortolan [lat.] *der, -s/-e,* Singvogel, → Ammern.

Ortoli, François-Xavier, frz. Politiker (Gaullist), * Ajaccio (Korsika) 16. 2. 1925, hatte seit 1962 führende Funktionen in der frz. Regierung inne (1967–68 Min. für Wohnungsbau, 1968–69 Wirtschaft und Finanzen, 1969–73 Industrie und Wirtschaft); 1973–76 Präsident der EG-Kommission.

Orton [ˈɔːtən], Joe, engl. Dramatiker, * Leicester 1. 1. 1933, † (ermordet) London 9. 8. 1967, schrieb sozialkrit. Stücke mit witzigen Dialogen: ›Seid nett zu Mr. Sloane‹ (1964), ›Was der Butler sah‹ (1968) u. a.

Ortrud [aus ahd. ort ›Spitze‹ (des Speeres und Schwertes) und trud ›Kraft‹], weiblicher Vorname.

Ortsbausatzung, Sammelbez. für die von der Gemeinde beschlossenen Bausatzungen zur Bebauung, Erschließung, Kostenbeteiligung u. a. (→ Baugestaltung, → Baurecht)

Ortsbeben, nur im Bereich des Epizentrums nachweisbares Erdbeben.

Ortsbestimmung, 1) Ortung, in der Schiff- und Luftfahrt die Feststellung der geograph. Breite und Länge eines Ortes auf der Erdoberfläche oder der Position eines Land-, See-, Luft- und Raumfahrzeuges mit Hilfe von Himmelskörpern bekannter Koordinaten, ergänzt durch Funk- und opt. Peilungen, elektron. Verfahren, Radar und Lotungen. Die geograph. Breite wird mit dem Vertikalkreis oder dem Meridiankreis ermittelt, und zwar meist entweder durch a) Messen der Meridianhöhe der Sonne oder eines Sterns, b) Messen der Meridianhöhe eines Sterns in oberer und unterer Kulmination, c) Messen der Differenz der Meridianhöhen zweier Sterne nahezu gleicher Meridian-Zenitdistanz beiderseits des Zenits, die kurz nacheinander den Meridian passieren **(Horrebow-Talcott-Methode** [hˈɔrəbəʊ tˈɔːlkət-], bei hoher Genauigkeit mit dem → Zenitteleskop ausgeführt), d) Messen des Zeitpunkts des Durchgangs eines Sterns durch den ersten Vertikalkreis. Die geograph. Länge ergibt sich aus der Differenz der Ortszeiten zw. dem Nullmeridian (Greenwich) und dem Beobachtungsort. **2) geodät. O.,** die O. durch Angabe der Lage in einem System rechtwinkliger Koordinaten. **3) geograph. O.,** die O. durch Angabe von → Länge und → Breite eines Ortes.

Ortscheit, bei von Tieren gezogenen Wagen ein gleicharmiger Hebel, an dem die Zugstränge oder -ketten angreifen.

Ortsgespräch, Fernmeldewesen: Gespräch zw. Sprechstellen im Nahverkehr.

Ortsklassen, nach der Höhe des Lebenshaltungsindex für die Beamtenbesoldung gebildete Gruppen der dt. Gemeinden, die auch für Tarifverträge u. ä. Bedeutung hatten. Infolge der Angleichung der Lebenshaltungskosten in Stadt und Land verloren die O. ihren Sinn und fielen fort (Ges. v. 18. 3. 1971 und 20. 12. 1974).

Ortskrankenkasse, Allgemeine O., Abk. **AOK,** einer der Träger der sozialen → Krankenversicherung.

Ortskurve, graph. Darstellung einer elektr. Größe in Abhängigkeit von einem variablen Parameter in der komplexen Zahlenebene.

Ortsnamen, vgl. Übersicht Namen.

Ortssinn, der → Raumsinn.

Ortsstatut, Ortssatzung, Ortsgesetz, das von den Gemeinden auf Grund ihrer Autonomie erlassene Recht **(Ortsrecht;** → Satzung, → Observanz, → Gewohnheitsrecht). O. dürfen das geltende Bundes- oder Landesrecht nur ergänzen; bei Verstoß dagegen sind sie ungültig.

Orts|tafelstreit, → Kärnten.

Ort|stein [von altsächs. arut ›Erz‹], **1)** 🌐 brauner bis schwarzer, verfestigter Horizont im Unterboden, bes. von Podsolen (→ Bleicherde), durch ausgewaschene Eisen- und Aluminiumhydroxide und Humuskolloide des Oberbodens gebildet, die die Bodenteilchen verkitten. Um Wurzeln bilden sich **O.-Töpfe. 2)** *oberdt.:* Grenzstein.

Ortsvektor, Vektor von einem fest gewählten Punkt O (z. B. dem Koordinatenursprung) zu einem Punkt P des Raumes.

Ortsverkehr, Straßenverkehr innerhalb der Ortschaften. Die Grenzen der geschlossenen Ortschaft werden durch die Ortstafeln bestimmt; begrenzte Fahrgeschwindigkeit (50 km/h).

Ortszeit, die für alle Orte auf gleichem Längengrad geltende Zeit; die Stundenzählung beginnt mit 0 Uhr beim Durchgang der Sonne durch den Meridian um Mitternacht. Die **bürgerliche Zeit** ist die für ein größeres Gebiet geltende Zonenzeit. (→ Zeit)

Ortszuschlag, Teil der Beamtenbesoldung, → Besoldung.

Ortung *die, -/-en,* → Ortsbestimmung.

Ortwin [germ. ›Schwertfreund‹], männl. Vorname.

Oruro, Hauptstadt des Dep. O., Bolivien, (1980) 138400 Ew., 3700 m ü. M.; Techn. Univ.; Mittelpunkt des bedeutendsten bolivian. Bergbaugebiets (Zinn, Silber u. a.).

Orvieto, Stadt in der mittelital. Prov. Terni, (1981) 23600 Ew., auf steilem Tuff-Felsen; schöne mittelalterl. Bauten, bes. der Dom (1290 begonnen), ein Hauptwerk der ital. Gotik mit bed. Fresken (Jüngstes Gericht von L. Signorelli); etrusk. Gräber; Weinbau.

Orvieto: Dom, Fassade 1310 von Lorenzo Maitani entworfen

Orwell [ˈɔːwəl], George, eigtl. Eric Arthur **Blair** [bleə], engl. Schriftst., * Motihari (Indien) 25. 1. 1903, † London 21. 1. 1950, diente bei der ind. Polizei, kämpfte 1936 auf republikan. Seite im Span. Bürgerkrieg; begann als Schriftst. mit sozialen Anklageschriften; warnte vor totalitären Denk- und Lebensformen, bes. eindrucksvoll in der Satire ›Farm der Tiere‹ (1945) und in dem Roman ›1984‹ (1949), in dem er das Bild einer bis in privateste Bereiche von einem totalitären Regime kontrollierten Gesellschaft zeichnet; ferner verfaßte er Essays und zahlreiche publizist. Arbeiten.

Os, chem. Symbol für → Osmium.

Os [lat.] *das,* **1)** *-/ 'Ora,* Mund. **2)** *-/ 'Ossa,* Knochen. *das* **Ossarium,** *-s/...ri|en,* Beinhaus auf Friedhöfen, in der Antike Urne für Gebeine.

Os [schwed.] *der* oder *das, -/-er,* von Schmelzwässern der Gletscher aufgebaute, dammartige Wälle aus geschichtetem Sand oder Kies; O. können große Längen erreichen.

Oseberg: Wagen von O.; 9. Jh. (Oslo, Museum der Universität)

Osaka, Stadt auf Honshu, Japan, (1982) 2,623 Mio. Ew., an der Mündung des schiffbaren Jodogawa in die Osakabucht der Japan. Inlandsee; nach Tokio wichtigstes Wirtschaftszentrum Japans; Hafen; Eisen-, Stahl-, Werft-, Zement-, chem., Textil-, Papier-, Holz- und Nahrungsmittelind.; mehrere Univ.; buddhist. Shitennoji-Tempel (gegr. 593, nach dem 2. Weltkrieg rekonstruiert), Sumiyoshi-Schrein (202 gegr., 1810 rekonstruiert).

Osasco [-u], Industriestadt im Staat São Paulo, Brasilien, (1980) 491 800 Ew., im Gebiet von Groß-São Paulo.

Osazonreaktion, chem. Reaktion zur Charakterisierung von Kohlenhydraten, wobei durch einen Überschuß an Phenylhydrazin unter Ammoniakabspaltung schwerlösl. gelbe **Osazone** entstehen. Die O. wird auch zur Abtrennung von Kohlenhydraten aus Gemischen eingesetzt.

OSB, Abk. für **Ordo Sancti Benedicti,** → Benediktiner.

Osborne ['ɔzbən], John, engl. Schauspieler und Dramatiker, * London 12. 12. 1929, war Hauptvertreter der ›zornigen jungen Männer‹, griff in seinen Dramen die Konventionen der engl. Gesellschaft an; schrieb auch histor. und politisch-krit. Stücke.

HW: Hier ruht George Dillon (mit A. Creighton, 1957); Blick zurück im Zorn (1957); Der Unterhalter (1957); Die Welt des Paul Slickey (1959); Luther (1961); Ein Patriot für mich (1966); A sense of detachment (1972); The end of me old cigar (1974); Watch is come down (1976).

Oscar *der, -s/-s,* Statuette, die als Filmpreis seit 1929 alljährlich von der ›Academy of Motion Picture Arts and Sciences‹ in Hollywood für die besten Einzelleistungen (Darstellung, Regie, Drehbuch u. a.) des amerikan. Films verliehen wird.

Osch, Hptst. des Gebiets O., Kirgis. SSR, (1982) 183 000 Ew.; Pädagog. Institut, Textil- (Seiden-, Baumwollverarbeitung), elektrotechn. u. a. Ind.

O-Schale, die zur Hauptquantenzahl $n = 5$ gehörige Hauptschale der → Atome, die maximal 50 Elektronen aufnehmen kann.

Oschatz, Krst. im Bez. Leipzig, (1982) 19 300 Ew.; Glasseide-, Filz-, Schuh-, Textil-, Waagen- u. a. Ind. Auf dem Collmberg westlich von O. geophysikal. Observatorium.

Oscher, Calotropis procera, afrikanisch-südasiat. Steppenpflanze **(Aschur, Mudar, Madar)** der Fam. Seidenpflanzengewächse mit langhaarige Samen enthaltender Frucht **(Sodomsapfel).**

Oslo: Rathaus

Oschersleben/Bode, Krst. des Kr. Oschersleben, im Bez. Magdeburg, (1982) 17 300 Ew., im SW der Magdeburger Börde; Brauerei, Brennerei, Konservenfabriken, Mühlen-, Maschinen-, chem., Süßwaren- u. a. Industrie.

Oschinensee, See in den Berner Hochalpen, Schweiz, oberhalb des Kandertales, 1 578 m ü. M., 1,14 km² groß, bis 56 m tief.

Öse [mhd. ose] *die, -/-n,* Schlinge, Schleife, bes. kleiner Metallring zum Einhängen eines Hakens.

Oseberg ['u:səbærg], Ortschaft am Oslofjord in Norwegen. Hier wurde 1903 ein Schiff des 9. Jh. aus Eichenholz zum Rudern und Segeln **(Osebergschiff)** von 21,58 m Länge und 5,10 m Breite freigelegt. Es barg u. a. die Grabausstattung einer norweg. Königin **(Oseberggrab)** mit Geräten, Wagen, Schlitten usw. Die Funde, mit ihrem reichgeschnitzten Bandornament wertvolle Zeugnisse der german. Kunst, werden in der Univ. Oslo, das Boot im Museum auf → Bygdøy aufbewahrt.

Ösel, estn. **Saaremaa,** amtl. **Sarema,** der Rigaer Bucht vorgelagerte flache Ostseeinsel, 2 714 km² groß, von Kiefernwäldern, trockenen Kalktriften sowie Wiesen bedeckt. Ein 4 km langer Damm verbindet Ö. mit der Insel Mohn. Hauptort der zur Estn. SSR gehörenden Insel ist Kingisepp. Die Bevölkerung treibt Viehzucht und Fischfang. – Ö. wurde 1227 von Deutschen erobert und 1228 Reichsbistum, 1559 kam es an Dänemark, 1645 an Schweden, 1721 an Rußland, 1918 an Estland.

ösen [nd.]. *ich öse ein Boot,* ⅋ schöpfe es aus. **Ösgat,** kleines Fach im Boden des Bootes, worin sich eingedrungenes Wasser sammelt.

OSFS, Abk. für **Institutum Oblatorum Sancti Francisci Salesii,** → Oblaten (des hl. Franz v. Sales).

Oshogbo, Oschogbo, Stadt in SW-Nigeria, (1975) 282 000 Ew.; Kakaoverarbeitung und -handel, Textil-, Tabakwaren-Ind.

Osiander, Andreas, luther. Theologe, * Gunzenhausen (Franken) 19. 12. 1498, † Königsberg (Pr.) 17. 10. 1552, war als einer der maßgebenden Theologen Süd-Dtl.s an allen wichtigen Verhandlungen beteiligt (z. B. Marburger Religionsgespräch); nahm im Streit über die Rechtfertigungslehre Stellung gegen die Anhänger Melanchthons.

Osijek, dt. **Esseg,** Stadt in Kroatien, Jugoslawien, (1981) 104 200 Ew., an der Drau; Univ. (gegr. 1975); Handel und Ind. (v. a. Maschinenbau, Textil-, Lebensmittel-Ind.).

Osiris, ägypt. Gott, Sohn des Erdgottes Geb und der Himmelsgöttin Nut, als Totengott verehrt. In der älteren ägypt. Mythologie ertrinkt O.; nach einer jüngeren Fassung des Mythos wird er von Seth ermordet; seine Frau und Schwester Isis belebt ihn und empfing von O. ihren Sohn Horus; Horus besteigt den Thron der Lebenden, während O. im Totenreich regiert.

OSJdD, Abk. für **Ordo Hospitalarius Sancti Joannis de Deo,** → Barmherzige Brüder (des hl. Johannes von Gott).

Oskar [ags. os ›Gott‹ und gar ›Speer‹, entspricht ahd. ›Ansgar‹], männl. Vorname; *frech wie O.,* U sehr frech.

Oskar, Könige von Schweden und Norwegen:

1) O. I. (1844–59), Sohn Karls XIV. Johann (→ Karl 37), * Paris 4. 7. 1799, † Stockholm 8. 7. 1859, war Anhänger des Skandinavismus und neigte liberalen Strömungen zu.

2) O. II. (1872–1907), dritter Sohn von 1), * Stockholm 21. 1. 1829, † ebd. 8. 12. 1907, näherte sich außenpolitisch dem Dt. Reich, mußte 1905 auf den norweg. Thron verzichten. (→ Norwegen, Geschichte)

Osker, altital. Volksstamm v. a. in Kampanien, wo die O. schon früh unter den Kultureinfluß der grch. Küstenstädte gerieten. Die Sprache der O., das Oskische, ist ein Zweig der italischen Sprachen. Seit dem Vordringen der Römer in Kampanien ging das osk. Volkstum im Römertum auf. Inschriften und Münzen vom 4.–1. Jh. v. Chr. in osk. Schrift und Sprache sind erhalten.

Ösling *der,* luxemburg. Teil der Ardennen.

Oslo [norweg. 'uslu], 1624–1924 **Christiania (Kristiania),** Haupt- und Residenzstadt Norwegens, ein eigener VerwBez., (1981) 451 800 Ew., an der innersten Bucht des Oslofjords. O. ist luther. (seit 1537) und kath. (seit 1953) Bischofssitz, Univ., Nationaltheater, Galerien und Museen, darunter das Edvard-Munch-Museum, das Vigeland-Museum und das Freilichtmuseum → Bygdøy. Wichtigste Industrien sind Maschinen- und Schiffbau, ferner Nahrungs- und Genußmittel-, Eisen-, Metall- und Bekleidungsind.; Personen- und Handelshafen, internat. Flughafen Fornebu. Die Hauptverkehrsader der Stadt, die Carl Johans Gate, führt vom Ostbahnhof zum königl. Schloß (1825–48); an ihr liegen das Stortings-Gebäude (1861–66), in einem kleinen Park das Nationaltheater (1895–99) und das Universitätsgebäude (1841–51). Wahrzeichen der Stadt ist das am Hafen 1931–50 errichtete Rathaus, von norweg. Malern und Bildhauern der Zeit ausgestaltet. – Im NW liegt das Wintersportgebiet von Nordmarka mit der Skisprungschanze von Holmenkollen.

Geschichte. O. entstand um 1048 durch Harald Hardradi,

Osaka

John Osborne

Oscar

Osiris

Oslo

wurde früh Bischofssitz und hatte 1286–1350 als Residenzstadt eine erste Blütezeit. Im 13. Jh. wurde auf einer felsigen Halbinsel über dem Fjord die Feste Akershus errichtet, in deren Schutz nach dem Brand von 1624 die neue Stadt durch den Dänenkönig Christian IV. angelegt wurde. Nach dem Ende der Personalunion Norwegens mit Dänemark (1814) wurde O. wieder Hptst. und entwikkelte sich zum Mittelpunkt Norwegens.

OSM, Abk. für **Ordo Servorum Mariae,** die →Serviten.

Osman Dan Fodio, Othman D. F., Usman D. F., islam. Reformator und Reichsgründer, * Tawa (Rep. Niger) oder Marata (N-Nigeria) 1744, † Sokoto 21. 4. 1817, führte mit reformbegeisterten Anhängern (meist Fulbe) einen ›Heiligen Krieg‹, der zur Eroberung der meisten Hausa-Staaten N-Nigerias und zur Gründung eines Reiches der →Fulbe führte.

Osmanisches Reich, das Türkische Reich, genannt nach seinem Gründer, Sultan Osman I. (etwa 1300–1326). →Türkei, Geschichte. **Osmanen,** die Türken.

Osmium [grch. osme ›Geruch‹] *das, -s,* **Os,** Platinmetall (ÜBERSICHT chemische Elemente). O. ist der dichteste (schwerste) bekannte Stoff, seltener als Platin oder Gold, bläulichweiß glänzend, hart und spröde, in allen Säuren unlöslich; Vorkommen in Platinerzen. Es bleibt beim Behandeln der Platinerze mit Säuren als Metallpulver oder als Legierung mit Iridium (Osmiridium) zurück. Verwendung: als Legierung mit anderen Platinmetallen, als Katalysator und Hartmetall. – **Osmiumtetroxid,** OsO_4, durch Glühen von O.-Pulver im Sauerstoffstrom dargestellt, mit charakterist. Geruch, ist ein starkes Oxidationsmittel. Seine wäßrige Lösung, fälschlich **Osmiumsäure** genannt, dient zum Härten und Anfärben biolog. Präparate bei der Mikroskopie.

osmophore Gruppen [grch.], die chem. Gruppen, die in Riechstoffen den Geruch bestimmen; z. B. Carbonyl-, Hydroxyl-, Nitrogruppen.

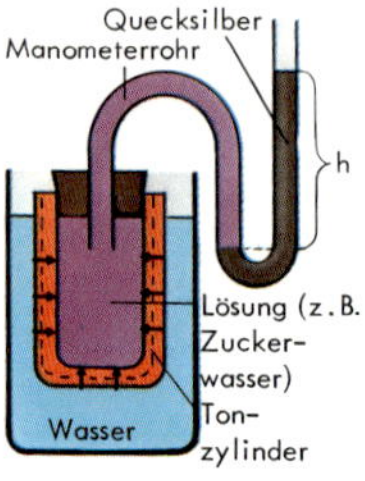

Osmose: Pfeffersche Zelle; die Steighöhe *h* ist ein Maß für den osmotischen Druck

Osmose [grch.] *die, -/-n,* der Durchgang von Flüssigkeiten durch poröse Trennwände aus gebranntem Ton, Tierblasen, Kollodium, Pergamentpapier usw., die 2 Lösungen oder eine Lösung und ein Lösungsmittel voneinander trennen. Wird z. B. ein mit Alkohol gefüllter Tonzylinder in ein Gefäß mit Wasser gestellt, so dringen durch →Diffusion der Alkohol durch die Trennwand nach außen **(Ex-O.)** und das Wasser nach innen **(End-O.).** Bei in beiden Richtungen durchlässigen Wänden spricht man von **Di-O.** Die unterschiedliche Geschwindigkeit der O. verschiedener Flüssigkeiten beruht auf der geringeren Beweglichkeit schwererer Moleküle und auf den verschiedenen Molekülgrößen. **Halbdurchlässige** oder **semipermeable Membranen** lassen kleinere Teilchen (z. B. Wassermoleküle) durch, halten aber größere Teilchen (z. B. gelöste Zukkermoleküle) zurück. Solche halbdurchlässigen Membranen nutzt man z. B. zur Reinigung oder Anreicherung von Stoffen **(Dialyse).** An semipermeablen Membranen kann der **osmotische Druck** beobachtet und gemessen werden (W. Pfeffer, 1887). Nach van't Hoff (1886) ist der osmot. Druck einer Lösung gleich dem Gasdruck, der herrschen würde, wenn die gelösten Moleküle allein den Raum der Lösung als ideales Gas von gleicher Temperatur erfüllen würden (Gasgesetze, →Gas). Daher kann man aus dem osmot. Druck die Molekularmasse berechnen. Der osmot. Druck von 1 Mol in 22,4 l bei einer Temperatur von 0°C ist gleich 101 325 Pa (760 Torr), der des menschl. Blutes 700 000–800 000 Pa (entsprechend einer 0,95%igen Kochsalzlösung); in Wüstenpflanzen beträgt er bis $5 \cdot 10^6$ Pa. Elektrolytlösungen haben einen höheren osmot. Druck als der Anzahl der gelösten Mole entspricht, weil die Teilchenzahl durch Dissoziation vergrößert ist. Lösungen mit gleichem osmot. Druck heißen **isotonisch.**

Die O. ist wichtig für die Lebewesen; ihre Zellkörper (Protoplasten) sind von halbdurchlässigen Schichten umgeben, durch die sich ein ständiger Ausgleich des Gehalts an Wasser und darin gelösten Stoffen vollzieht. In Lösungen mit geringerem osmot. Druck als ihrem eigenen Innendruck nehmen die Zellen Wasser auf und können bis zum Platzen schwellen, in Lösungen mit höherem osmot. Druck geben sie Wasser ab und schrumpfen, wobei in pflanzl. Zellen mit fester Zellwand der →Turgor sinkt und →Plasmolyse eintritt. Im tierischen und menschlichen Körper wird der Wasser- und Mineralhaushalt über osmot. Prozesse reguliert **(Osmoregulation).**

Osmotherapie [grch.], ⚕ Verfahren, das u. a. bei Hirnödem, Operationen am Gehirn und akutem Glaukomanfall angewendet wird. Hyperton. Lösungen mit z. B. →Mannit (10–20%ig) werden in die Blutbahn eingespritzt, dadurch tritt Wasser aus den Geweben in die Blutbahn über, das, bei gleichzeitiger Anwendung harntreibender Mittel, durch die Nieren ausgeschieden wird.

Osnabrück, 1) ehem. RegBez. in Ndsachs., gehört seit 1978 zum RegBez. Weser-Ems. **2)** kreisfreie Stadt und VerwSitz des Landkr. O. im RegBez. Weser-Ems, Ndsachs., (1983) 156 100 Ew., an der Hase, im Hügelland der Ausläufer des Wiehengebirges im N und des Teutoburger Waldes im SO; LdGer., Univ. (gegr. 1973), PH, Staatsarchiv; Metall-, Textil-, Auto-, Papier-, Gasuhren- und Lebensmittel-Ind. Durch einen Stichkanal ist der Stadthafen an

Osnabrück 2): Dom

den Mittellandkanal angeschlossen. – Im 2. Weltkrieg erlitt bes. der Stadtkern schwere Schäden. Wiederhergestellt wurden der Dom (12.–13. Jh.), die gotischen Kirchen St. Johann, St. Marien und St. Katharinen, das Rathaus (um 1500), das Schloß (1667–75) und einige alte Bürgerhäuser. – Die Stadt O. entstand im 12./13. Jh. aus einer Siedlung, die sich um 900 neben dem Bischofssitz entwickelt hatte. Sie war Mitglied der Hanse und seit dem 15. Jh. ein Zentrum des Leinenhandels. In O. fanden seit 1643 Verhandlungen statt, die zum →Westfälischen Frieden führten. **3)** Das **Bistum O.** wurde vor 803 in Anlehnung an einen von Lüttich aus christianisierten Bezirk errichtet und erstreckte sich im MA. vom Emsland im W bis an die Hunte im O. Landeshoheit erlangten die Bischöfe im 13. Jh. im südl. Teil der Diözese. Die Reformation brachte Gebietsverluste. Nach der Teilung in evang. und kath. Pfarreien (1650) regierte abwechselnd ein kath. und ein aus dem Welfenhaus stammender evang. Bischof. 1803/15 kam das Bistum an Hannover. 1824 wurde es wiederhergestellt, 1929 (bis dahin exemt) Köln unterstellt.

Osning *der,* →Teutoburger Wald.

OSO, Abk. für **O**st**s**üd**o**st(en).

Osóbka-Morawski [ɔs'upka-], Edward, poln. Politiker (Sozialist), * Blizyn (Wwschaft Kielce) 5. 10. 1909, war führend in der Widerstandsbewegung während des 2. Weltkriegs und wurde 1944 Vors. des ›Poln. Komitees der Nationalen Befreiung‹ (Lubliner Komitee). 1945–47 MinPräs., 1947–49 Innen-Min.

Ösophagus [grch.] *der, -/...gi,* die →Speiseröhre. *die* **Ösophagoskopie,** *-/...p'i|en,* Speiseröhrenspiegelung mittels Endoskop.

Ösophagusvarizen, erweiterte Venen in der Speiseröhre, bes. im unteren Bereich. Ö. entstehen infolge von Blutdrucksteigerung im Pfortadersystem durch Pfortaderstauung (z. B. bei →Leberzirrhose) und können zu oft tödl. Blutung **(Ö.-Blutung)** führen.

Osorno, 1) Vulkan in der südchilen. Kordillere, 2660 m. **2)** Prov.-Hptst. in S-Chile, (1982) 105 000 Ew., bed. Landwirtschafts- und Handelsmittelpunkt (große Viehmärkte). O. hat die älteste dt. Schule in Chile und verdankt seinen Aufschwung der dt. Einwanderung um 1852; kath. Bischofssitz.

Osram GmbH, Berlin (West)/München, Unternehmen der Glühlampen-Ind.; gegr. 1919 durch Fusion der Glühlampenfabrikation der Siemens und Halske AG, der AEG und der Dt. Gasglühlicht AG (Auergesellschaft).

Ossa, Gebirgsstock in NO-Thessalien, Griechenland, im Hauptgipfel 1978 m hoch.

Ossanna, Johann, Elektrotechniker, * Denno (Trient) 26. 6. 1870, † München 8. 11. 1952, entwickelte die Theorie des Drehstrommotors, erfand Spaltpol- und Dreileitermaschine.

Ossein [lat.] *das, -s,* in Wirbeltierknochen enthaltenes →Kollagen, das zu Glutinleimen und Gelatine weiterverarbeitet wird.

Osservatore Romano, L'O. R. [ital. ›Der röm. Beobachter‹], vatikan. Tageszeitung, halbamtl. Organ des Hl. Stuhls, gegr. 1861 in Rom.

Osseten, Ossen *Pl.,* Bergvolk im mittl. Kaukasus, Ackerbauern und Viehzüchter, ein Rest der →Alanen, mit z. T. lang erhaltener altertüml. Sozialordnung. Die O. bewohnen die →Nord-Ossetische Autonome Sozialistische Sowjetrepublik und das **Süd-Ossetische Autonome Gebiet,** am Südhang des Kaukasus in der Georg. SSR, 3900 km², (1982) 98 000 Ew., mit der Hauptstadt: Zchinwali. Das **Ossetische,** die Sprache der O., gehört zu den iranischen Sprachen, seit Mitte des 19. Jh. mit einem erweiterten russ., seit 1925 auch mit lat. Alphabet geschrieben.

Ossiach, Ferienort in Kärnten, Österreich, (1981) 570 Ew., am **Ossiacher See** (11 km lang, 10,6 km² groß, bis 46 m tief, BILD Kärnten). Der Ort entstand um die Benediktinerabtei (vor 1028 gegr., 1783 aufgehoben) mit roman. Kirche (barock umgebaut).

Ossian, irisch **Oisín** ['ɔʃi:n], schottisch-gäl. mytholog. Held, wurde als Barde und Autor des 3. Jh. durch J. →Macpherson in Europa bekannt. O. (wie sein Vater Finn und sein Sohn Oscar) ist eine urspr. mytholog., später vermenschlichte Figur eines irischen Sagenkreises (›Ossianischer Zyklus‹), von dem Prosafragmente aus dem 9./10. Jh. und spätere Gedichte erhalten sind; seit dem 12. Jh. kamen Balladen hinzu, die oft O. zugeschrieben wurden. Diese regten Macpherson zu seinen ›Ossian-Dichtungen‹ in rhythmischer Prosa und romantischem Stil an.

Ossietzky, Carl von, Publizist, * Hamburg 3. 10. 1889, † (an den Folgen der Lagerhaft) Berlin 4. 5. 1938, arbeitete als entschiedener Pazifist für die ›Dt. Friedensgesellschaft‹, war 1926–33 Chefredakteur der Zeitschrift ›Die Weltbühne‹, wurde 1931 wegen Landesverrat zu Gefängnis verurteilt, 1932 amnestiert. 1933 nach dem Reichstagsbrand verhaftet, wurde er 1934 in ein Konzentrationslager gebracht. 1935 erhielt er den Friedensnobelpreis, durfte ihn aber nicht annehmen.

Carl von Ossietzky

Ossipenko, 1939–58 Name der russ. Stadt →Berdjansk.

Ossipewsk, 1939–58 Name der ukrain. Stadt →Berditschew.

OSsT, Abk. für **Ordo Sanctissimae Trinitatis,** die →Trinitarier.

Ostade, Adriaen van, holländ. Maler und Radierer, getauft Haarlem 10. 12. 1610, begraben ebd. 2. 5. 1685, der Hauptmeister des holländ. Bauernbildes, schilderte in meist kleinformatigen Bildern das bäuerl. Leben zu Hause, im Wirtshaus und beim Tanz (BILD Bänkelsänger). Sein Bruder Isaak (* 1621, † 1649) malte Bauernszenen, Dorflandschaften und Winterbilder.

Ost|afrika, das Gebiet östlich des Zentralafrikan. Grabens zw. Äthiopien und dem Rovuma, mit den Ländern Uganda, Kenia, Ruanda, Burundi und Tansania.

Ost|afrikanische Gemeinschaft, East African Community and Common Market [i:st 'æfrıkn kəmj'u:nıtı ænd k'ɔmən m'a:kıt, engl. ›Ostafrikanische Gemeinschaft und Gemeinsamer Markt‹], die 1967 von Kenia, Uganda und Tansania gegr. Wirtschaftsgemeinschaft, ging aus der ›East African Common Services Organization‹ (EACSO) hervor, die von der brit. Regierung zur gemeinsamen Verw. von Währung, Post, Zoll, Verkehr, Einkommensteuer und der Ostafrikan. Univ. errichtet worden war. Die O. G. löste sich 1977 faktisch, 1981 endgültig auf.

Ost|afrikanisches Grabensystem, Ost|afrikanischer Graben, 🌐 Teil des vorderasiatisch-ostafrikan. Bruch- und Grabensystems, das als Rift-Valley-System (→Rift) in N-Syrien einsetzt und auf der Höhe von Madagaskar in den Ind. Ozean hinausstreicht. Das O. G. i. e. S. ist bes. im Tertiär abgesunken und mit starkem Vulkanismus verknüpft. Es setzt mit dem **Äthiop. Graben** ein. Südlich davon teilt sich das O. G. auf in ein östl. System von Bruchstaffeln und Einzelgräben, das sich vom **Graben des Rudolf-(Turkana-)Sees** über das kenianisch-tansan. Vulkangebiet in den **Njassagraben (Graben des Malawi-Sees)** erstreckt. Dort verbindet es sich mit einem westl. Ast, dem **Zentralafrikan. Graben,** in den Albert-, Eduard-, Kiwu-, Tanganjika- und Rukura-See eingebettet sind; dieser kann bis 65 km breit werden; Sprunghöhen der Verwerfungen bis 6000 m sind nachgewiesen.

Ostaijen [ɔst'a:jə], Paul van, fläm. Dichter, * Antwerpen 22. 2. 1896, † Miavoye-Anthée 17. 3. 1928, neben G. Gezelle und K. van de Woestijne einer der bedeutendsten fläm. Lyriker.

Ost|albkreis, Landkr. im RegBez. Stuttgart, Bad.-Württ., 1512 km², (1984) 275700 Ew.; Krst.: Aalen.

Ost|allgäu, Landkr. im RegBez. Schwaben, Bayern, 1392 km², (1983) 111200 Ew.; Krst.: Marktoberdorf.

Ost|alpen, die →Alpen östlich der Linie Bodensee-Rhein-Hinterrhein-Splügen-Comer See.

Ost|angli|en, die engl. Landschaft →East Anglia.

Ostara [ags. Eostra], von Beda Venerabilis zur Erklärung der Bez. ›Ostermonat‹ (für April) erfundene ags. Frühlingsgöttin.

Ost|asi|en, i. w. S. der ganze Osten des Erdteils Asien im Einzugsgebiet des Pazif. Ozeans, i. e. S. der geschlossene Bereich der chines., korean. und japan. Sprache und Kultur. Hinterindien zählt zu SO-Asien; die Philippinen nehmen eine Zwischenstellung zwischen S-Asien und O. ein.

ostbaltische Rasse, die osteuropide Rasse (→Europide).

Ost-Bengalen, Teil der vorderind. Landschaft Bengalen, bildet den Staat →Bangladesh.

Ost-Berlin, →Berlin.

Ostblock, allg. die kommunist. Staatenwelt, i. e. S. die kommunistisch regierten Länder Mittel- und Osteuropas unter Führung der UdSSR. Jugoslawien, das seit 1947/48 eine eigenständige Stellung unter den kommunist. Staaten einnimmt, zählt nicht zum O. Die Staaten des O. i. e. S. sind unter der Führung der UdSSR wirtschaftlich durch den 1949 gegr. →Rat für gegenseitige Wirtschaftshilfe (Comecon), militärisch-politisch durch den 1955 geschaffenen →Warschauer Pakt eng miteinander verbunden. Die von N. S. Chruschtschow nach dem Tode Stalins in der UdSSR eingeleitete →Entstalinisierung führte zu Krisen innerhalb des O., bes. in →Polen und →Ungarn. Der sowjetisch-chines. Konflikt, das Abflauen des Kalten Krieges, Selbständigkeitsbestrebungen seit Beginn der 60er Jahre (bes. →Rumänien) bedrohen das festgefügte System des O. 1968 scheiterte der Versuch der →Tschechoslowakei, unter Führung A. Dubčeks einen inneren Reformkurs auf ideologisch-polit. und wirtschaftl. Gebiet durchzuführen. Zur Rechtfertigung und Festigung der Vormachtstellung der UdSSR innerhalb des O. entwickelte L. Breschnew die These von der begrenzten Souveränität der Staaten des ›sozialist. Lagers‹ (→Breschnew-Doktrin). Auf der →Europäischen Sicherheitskonferenz (1973–75) und ihren Nachfolgekonferenzen in Belgrad (1977–78) und Madrid (1980–83) sowie bei den Gesprächen über →Mutual Balanced Force Reductions (MBFR) bemüh(t)en sich die Staaten des O. um eine Konsolidierung ihrer Stellung in Europa. Die in den 60er Jahren entstandene →Bürgerrechtsbewegung 2) verstärkte sich in der 2. Hälfte der 70er Jahre unter dem Eindruck der ›Schlußakte von Helsinki‹ (1975). Unter dem Druck der UdSSR, aber auch der Dt. Dem. Rep. und der ČSSR unterdrückte die Partei- und Staatsführung →Polens im Dez. 1981 die von der Gewerkschaft ›Solidarität‹ getragene Reformbewegung. Mit der Prager Deklaration des Warschauer Pakts (Vorschläge zur Abrüstung und Rüstungsbegrenzung) unterstützten 1983 die Parteiführer des O. die sowjet. Anstrengungen, dem Doppelbeschluß des →Nordatlantikpakts entgegenzuwirken. Seit Jan. 1984 beteiligen sich die O.-Staaten an der ›Konferenz über Vertrauensbildung und Abrüstung‹ in Europa.

Ostchinesisches Meer, chines. in lat. Buchstaben **Dong hai,** Randmeer des Pazif. Ozeans, zw. China, Taiwan, den Ryukyu-Inseln und dem Gelben Meer, flaches Schelfmeer, im Okinawa-Graben bis 2719 m tief.

ostdeutsche Siedlung, deutsche Ostsiedlung, im MA. die Besiedlung sowie die wirtschaftl. und kulturelle Erschließung der Gebiete östlich von Elbe–Saale und des Böhmerwaldes bis zum Finn. Meerbusen und Schwarzen Meer, südlich über die Ostalpen bis zum Karst und zur Save, durch dt. Fürsten, Ritter, Mönche, Bauern, Bürger, Kaufleute und Bergleute. Die Missionierung war nur in Teilgebieten das erste Ziel; meist standen wirtschaftl. Erwägungen im Vordergrund. Doch hatten bes. Zisterzienser und Prämonstratenser bed. Anteil an der o. S.

In die während der Völkerwanderung von den Germanen verlassenen Gebiete zw. Elbe–Saale und Weichsel waren seit dem 6. Jh. slaw. Stämme eingewandert. Bereits im 8. Jh. setzte das Vordringen des bair. Stammes im SO ein. Nach den Awarenkriegen Karls d. Gr. wurde die Pannon. Mark bis zur Theiß errichtet und die Ostmark (Niederösterreich) und Kärnten kolonisiert. Nach dem Sieg Ottos d. Gr. über die Ungarn wurde der SO bis zur Leitha neu besiedelt und die Alpentäler erschlossen (Ostarrîchi). Die Slawen östlich von Saale und Elbe wurden zuerst im 10. Jh. durch Heinrich I., Otto d. Gr. und den Markgrafen Gero unterworfen. Im Slawenaufstand von 983 gingen diese Eroberungen bis auf die Mark Meißen der Wettiner wieder verloren. Otto III. dehnte die Christianisierungsaufgaben auf Gnesen (1000) und Gran (1002) aus. Ein neuer Abschnitt der o. S. begann unter Lothar von Supplinburg und den Staufern, vielleicht begünstigt durch Übervölkerung in manchen dt. Gebieten; große Züge v. a. von Niedersachsen und Niederfranken, aber auch von Mosel-, Rhein- und Oberfranken sowie Thüringen strömten über Elbe und Saale. Voraussetzungen dafür waren die Gewinnung Ostholsteins durch die Lauenburger, Brandenburgs durch die Askanier, Obersachsens durch die Wettiner, Mecklenburgs durch Heinrich den Löwen, schließlich die Angliederung der Herzöge von Pommern (1181) durch Friedrich I. Barbarossa und die Sonderstellung der schles. Herzöge, die nun ihrerseits Deutsche unter günstigen Bedingungen (z. B. Steuervorteil oder -freiheit) ins Land riefen, um Wirtschaft und Kultur zu heben und am Aufschwung der Landwirtschaft, des Handels und des Städte beteiligt zu sein. Böhmen zog, bes. unter Ottokar II., viele dt. Bauern, Handwerker und Bergleute ins Land, wo sie geschlossen die Randgebiete Böhmens und Mährens besiedelten. Die Ungarnkönige veranlaßten schon im 12. Jh. die Ansiedlung von Deutschen in Siebenbürgen (→Siebenbürger Sachsen) und in der Zips unter Verleihung von Selbstverwaltungsrechten.

Bes. Bedeutung hatte der →Deutsche Orden; im 13./14. Jh. wurde das gesamte Land der Prußen christianisiert und in den dt. Kulturkreis einbezogen; in Kurland und Livland blieb dagegen die o. S. auf den Adel und die Städte beschränkt. Viele Städte Polens, Böhmens und Ungarns sind entweder von Deutschen angelegt oder durch sie mit dt. Recht begabt worden (Süddt., Magdeburger, Lübisches Stadtrecht). Einen bed. Anteil an der o. S. hatte die Hanse, indem sie Mittel- und Westeuropa durch Handel und Schiffahrt mit dem Ostseeraum verband. Seit der 2. Hälfte des 14. Jh. ließ die o. S. infolge des großen Menschenverlustes durch die Pest von 1348 und der langsam entstehenden nationalen Widerstände nach.

Osterinsel:
Küstenlandschaft mit Statuen aus Tuffstein (Ahnenbilder)

Ostdeutschland, bis 1919 ein geographisch nicht fest abgegrenzter Sammelbegriff entweder für die dt. Reichsteile östlich der Elbe oder enger für die Ostprov. Preußens und des Dt. Reiches: Ost- und Westpreußen, Brandenburg, Posen, Schlesien, Pommern. Zw. den Weltkriegen umschrieb der landläufige Begriff dieselben Gebiete ohne die 1919 an Polen abgetretenen Teile. Nach 1945 verschob sich der Begriffsinhalt in der Umgangssprache allmählich nach Westen, so daß der Begriff O. häufig das Gebiet der heutigen Dt. Dem. Rep. einschloß. Interministerielle Vereinbarungen suchten bis 1969 den offiziellen Sprachgebrauch des Begriffs O. zu regeln. Seit 1969 wird die Dt. Dem. Rep. in den offiziellen Verlautbarungen der Bundesrep. Dtl. auch als solche bezeichnet; für die Gebiete jenseits der → Oder-Neiße-Linie setzte sich der Name ›Ostgebiete des Deutschen Reiches‹ (→ Deutsche Ostgebiete) durch.

Ostende

Oste *die,* linker Nebenfluß der unteren Elbe, mündet bei Neuhaus; 160 km, von oberhalb Bremervörde (82 km) schiffbar.

Ost|elbi|er, früher die als reaktionär geltenden konservativen Großgrundbesitzer östlich der Elbe (Ostelbien).

Osten [ahd. ostan], **1)** Abk. **O,** eine → Himmelsrichtung. **2)** *der, -s,* die in Richtung auf den Sonnenaufgang liegende Gegend: *der Ferne O.; der Nahe O. der* **Ost,** *-(e)s/-e,* P Ostwind. **östlich,** in Richtung nach O.: *östlicher Länge,* geograph. Länge östlich des Nullmeridians. **Ostnordost(en),** Abk. **ONO,** Himmelsrichtung. **Ostsüdost(en),** Abk. **OSO,** Himmelsrichtung.

Ost|ende, fläm. **Oost|ende,** Stadt, Seebad und Hafen in der belg. Prov. Westflandern, (1981) 69700 Ew.; Fährhafen nach Großbritannien (Dover); bed. Fischereihafen; Fischhandel und -verarbeitung, Austernzucht; Netzwebereien; Schiffbau.

ostentativ [lat.], **1)** augenfällig. **2)** herausfordernd.

Osteo... [grch.], Knochen... *die* **Osteologie,** -, $ Knochenkunde.

Osteoblasten [grch.] *Pl.,* knochenbildende Zellen (→ Knochen).

Osteochondrose [grch.] *die, -/-n,* nicht entzündl. Entartungsvorgang (Degeneration) an Knochenrändern und Knorpel, z. B. der Wirbelkörper. Anfänglich sind die Zwischenwirbelräume durch Quellung verbreitert, im Spätstadium verschmälern sie sich.

Osteoklasten [grch.] *Pl.,* knochenabbauende Zellen (→ Knochen).

Osteom [grch.] *das, -s/-e,* gutartige Knochengeschwulst.

Osteomalazie [grch.] *die, -,* die → Knochenerweichung.

Osteomyelitis [grch.] *die, -/... lit'iden,* die → Knochenmarkentzündung.

Osteoporose [grch.] *die, -/-n,* die → Knochenatrophie.

Osteosynthese, operatives Verfahren zur Behandlung von Knochenbrüchen, bei dem an Stelle der Behandlung durch Gipsverband die Knochenbruchstücke durch Nägel, Platten und/oder Schrauben zusammengefügt werden, die nach Beendigung der Heilung wieder entfernt werden. Die **Marknagelung** eignet sich bes. zur Vereinigung langer Röhrenknochen. Dabei werden in die zuvor durch Bohrung ausgeweitete Markhöhle ein oder mehrere Nägel eingetrieben. Der Vorteil der O. gegenüber der Gipsbehandlung besteht darin, daß der Knochen nach wenigen Wochen belastbar und schon sofort übungsstabil ist; dies bedeutet, daß der Verletzte nach der Operation mit aktiven Bewegungsübungen beginnen kann und dadurch eine Vorbeugung gegen Muskelschwäche, Gelenkversteifung u. ä. möglich ist.

Osterluzei

Oster, Hans, General, * Dresden 9. 8. 1888, † (hingerichtet) KZ Flossenbürg 9. 4. 1945; 1933–44 Stabschef der militär. Abwehrorganisation (seit 1935 unter W. Canaris), gehörte als entschiedener Gegner des nationalsozialist. Regierungssystems zum Kreis des Widerstandes im Heer gegen Hitler. Am 21. 7. 1944 verhaftet, wurde er später zusammen mit Canaris u. a. hingerichtet.

Osteraufstand, Aufstand irischer Nationalisten unter Führung von R. Casement, ausgebrochen am 24. 4. 1916 (Ostern), führte zwar zur Ausrufung der Republik, wurde aber bis Ende April 1916 von brit. Truppen niedergeschlagen.

Österbotten, finn. **Pohjanmaa** [p'ɔxjamma:], histor. Landschaft in NW-Finnland, am Bottn. Meerbusen; im Küstengebiet werden Fischerei, Ackerbau und Viehzucht betrieben, im dünnbesiedelten Hinterland vorwiegend Holzwirtschaft.

Osterburg/Altmark, Krst. im Bez. Magdeburg, (1975) 7300 Ew., in der Altmark; Nahrungsmittel- und opt. Ind.; Holzverarbeitung.

Oster|eier, zum Osterfest bunt gefärbte Hühnereier, später auch Nachbildungen aus Zucker, Schokolade, Marzipan u. a., die nach dem Kinderglauben vom Osterhasen gelegt sind und am Osterfest von den Kindern in Verstecken gesucht werden (seit dem 17. Jh.). – O. gab es schon im MA. bei der österl. Speisenweihe, erstmals aus dem 12. Jh. bezeugt.

Östergötland ['œstərjø:t], VerwBez. (Län) in Mittelschweden, 10566 km², (1982) 392700 Ew., zwischen Vättersee und Ostsee; Hptst.: Linköping.

Osterhase, nach dem Kinderglauben ein Hase, der → Ostereier legt und versteckt; älteste Nachweise (1638, 1682) aus dem Saar- und Neckargebiet. Bezeugt sind Privilegien, z. B. zu Ostern Hasen zu jagen; es ist möglich, daß solche Bräuche in scherzhafte Verbindung zu den Ostereiern gebracht wurden und daraus die Geschichte vom eierlegenden Hasen entstand.

Osterholz, Landkr. im RegBez. Lüneburg, Ndsachs., 651 km², (1983) 94500 Ew.; Krst.: Osterholz-Scharmbeck.

Osterholz-Scharmbeck, Krst. des Kr. Osterholz, RegBez. Lüneburg, Ndsachs., (1983) 23800 Ew.; Fahrzeugbau, Zigarrenfabrik, Bekleidungs-Ind., Baugewerbe.

Osteria [ital.] *die -/... r'i|en,* Wirtshaus, Schenke.

Oster|insel, span. **Isla de Pascua** ['izla ðə p'askua], polynes. **Rapanui,** nach dem Tag der Entdeckung (Ostern 1722) durch den Holländer Roggeveen benannt, östlichste der polynes. Inseln im Pazif. Ozean, zu Chile gehörig, 165 km², rd. 1200 Ew. Die vegetationsarme Insel vulkan. Ursprungs steigt bis zu 590 m an; Fischerei (Langusten). – Die O. wurde im 12. Jh. durch Polynesier besiedelt (die These einer Besiedelung von Südamerika her stellte Th. → Heyerdahl auf). Charakteristisch sind die riesigen Statuen aus

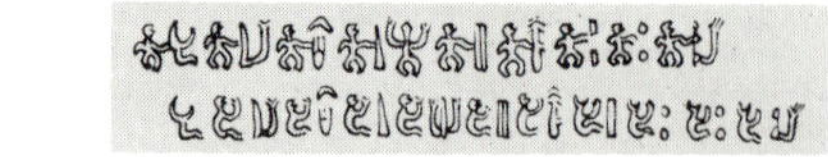

Osterinsel:
Zeichengruppen der Osterinselschrift (nach J. Knorozov)

Tuffstein. Um 1750 ging die alte Kultur unter. 1862 raubten Peruaner auf der O. Arbeitssklaven. Heimkehrer verbreiteten Seuchen, durch die die alte Bev. stark abnahm. Die heutigen Eingeborenen sind Mischlinge der alten Bev. mit Tahitiern und Weißen; ihre polynes. Sprache ist heute weitgehend von der span. verdrängt. Die O. ist die einzige polynes. Insel, auf der man eine Schrift kannte (figurale Zeichen); sie konnte erst z. T. gedeutet werden.

Osterlamm, bei den Juden das zum Passahfest geschlachtete und im Familienkreis verzehrte Passahlamm (Ex. 12,3 ff.).

Osterland, seit 1228 Name des Landes zw. Saale, unterer Mulde und Elbe, im 14.–15. Jh. bes. das den Wettinern gehörende Gebiet um Leipzig und Altenburg.

Osterluzei *die, -/-en,* **Aristolochia clematitis,** eine der rd. 180 Arten der Gatt. **Aristolochia** der zweikeimblättrigen Osterluzeigewächse **(Aristolochiaceae),** mit röhrigen, aasartig riechenden Blüten und herzförmigen Blättern. Die O., bis 50 cm hoch, ist im Mittelmeergebiet heimisch und in Mitteleuropa in Weinbergen eingebürgert. Die **Pfeifenwinde (Pfeifenstrauch, Aristolochia macrophylla),** ein Strauch N-Amerikas, hat pfeifenähnl. Blüten.

Ostermarsch-Bewegung, in Großbritannien in den 1950er Jahren entstandene Bewegung, führt in der Osterzeit jährlich Demonstrationen gegen die nukleare Rüstung in der Welt durch. In der Bundesrep. Dtl. entwickelte sie sich in den 1960er Jahren in engem Zusammenhang mit der Außerparlamentar. Opposition; in den 1980er Jahren v. a. im Rahmen der Friedensbewegung aktiv.

Ostermonat, ☙ dt. Name für April.

Ostern [ahd. ostarum] *das, -, auch als Pl.,* Osterfest, das Fest der Auferstehung Christi, das höchste christl. Fest, der Mittel-

Vorarlberg

1 Feldkirch — 2 Bregenz
1a Dornbirn — 3 Bludenz

Tirol

4 Reutte — 9 Schwaz
5 Landeck — 10 Kufstein
6 Imst — 11 Kitzbühel
7 Innsbruck — 12 Lienz
8 Innsbruck

Salzburg

13 Zell am See — 16 Hallein
14 St. Johann i. P. — 17 Salzburg
15 Tamsweg — *18 Salzburg*

Oberösterreich

19 Braunau a. Inn — 28 Urfahr
20 Ried i. Innkreis — 29 Linz
21 Schärding — *30 Linz*
22 Vöcklabruck — 31 Kirchdorf a. d. Krems
23 Grieskirchen
24 Gmunden — 32 Steyr
25 Rohrbach — *33 Steyr*
26 Eferding — 34 Freistadt
27 Wels — 35 Perg

Niederösterreich

36 Amstetten — 44 Krems a. d. Donau
37 Waidhofen a. d. Ybbs — *45 Krems a. d. Donau*
38 Gmünd
39 Waidhofen a. d. Thaya — 46 Lilienfeld
 — 47 Sankt Pölten
40 Zwettl — *48 Sankt Pölten*
41 Melk — 49 Hollabrunn
42 Scheibbs — 50 Tulln
43 Horn — 51 Korneuburg
52 Wien Umgebung — 57 Neunkirchen
53 Mödling — 58 Mistelbach a. d. Zaya
54 Baden
55 Wiener Neustadt — 59 Gänserndorf
56 Wiener Neustadt — 60 Bruck a. d. Leitha

Kärnten

61 Spittal a. d. Drau — 65 Klagenfurt
 — *66 Klagenfurt*
62 Hermagor — 67 St. Veit a. d. Glan
63 Villach — 68 Völkermarkt
64 Villach — 69 Wolfsberg

Steiermark

70 Liezen — 77 Bruck a. d. Mur
71 Murau
72 Judenburg — 78 Graz
73 Leoben — *79 Graz*
74 Knittelfeld — 80 Leibnitz
75 Voitsberg
76 Deutschlandsberg
81 Mürzzuschlag — 84 Radkersburg
82 Weiz — 85 Hartberg
83 Feldbach — 86 Fürstenfeld

Burgenland

87 Neusiedl am See — 91 Mattersburg
 — 92 Oberpullendorf
88 Eisenstadt — 93 Oberwart
89 Eisenstadt — 94 Güssing
90 Rust — 95 Jennersdorf

W Wien

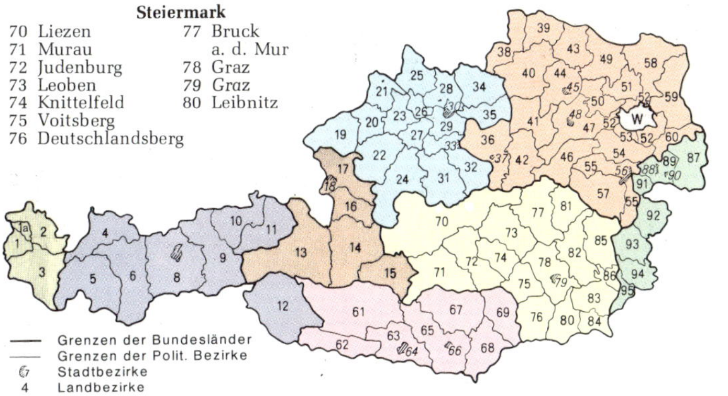

Österreich

punkt des Kirchenjahres. Es wird eingeleitet durch die vorangehende Osterwoche (→Karwoche). Durch das Konzil von Nikaia (325 n. Chr.) wurde festgelegt, daß O. auf den 1. Sonntag nach dem 1. Frühjahrsvollmond, frühestens auf den 22. 3., spätestens auf den 25. 4. fallen soll, wobei als Frühjahrsanfang stets der 21. 3. gilt. Die Verbindung des Ostertermins mit dem Frühjahrsvollmond geht auf den Termin des jüd. →Passah zurück. In der Kath. Kirche wurde die Liturgie der Tage von Palmsonntag bis O. (Heilige Woche) 1955 neu geordnet und dabei die altchristl. Feier der Osternacht wiedereingeführt, die auch in der Evang. Kirche zunehmend begangen wird. **Osterzeit, österliche Zeit,** →Kirchenjahr. **Osterkommunion,** →Kommunion.

Brauchtum. Das Osterfest hat eine große Zahl von schon bestehenden Frühjahrsbräuchen an sich gezogen. Im **Osterfeuer** (am Vorabend des Osterfestes oder in der Nacht zw. den Ostertagen) lebt wahrscheinlich das german. Frühlingsfeuer fort; es ist als Sinnbild der neuerwachten Natur gedacht. In der lat. Liturgie spielt die zu Beginn der Osternachtsfeier am geweihten Osterfeuer entzündete Kerze, die **Osterkerze,** seit alters eine wichtige Rolle (Symbol für Christus). Als heilkräftig galt das **Osterwasser,** am Ostersonntag vor Sonnenaufgang schweigend aus einem Bach geschöpft. Beim Kirchgang am Ostersonntag werden in manchen kath. Gebieten noch die **Osterspeisen,** Schinken, Eier u. a., zur Weihe gebracht und danach an die Hausgemeinschaft verteilt. Die Jugend erbat beim **Ostersingen** von Haus zu Haus Eier u. a. Geschenke. Die Kinder suchen →Ostereier. Vereinzelt bestehen als barockes Erbe im kath. Alpenraum noch **Osterritte** um die Felder mit dem Pfarrer an der Spitze. **Osterspiele** hießen sowohl alle Belustigungen im Freien wie auch geistliche Schauspiele (→Osterspiele).

Osterode, 1) O. am Harz, Krst. im RegBez. Braunschweig, Ndsachs., (1983) 27600 Ew., an der Söse; Bundeswehrstandort; Maschinen- und Apparatebau, Herstellung von Fernsprech-, Rundfunk- und Fernsehgeräten. Guterhaltenes mittelalterl. Stadtbild. – O., Mitte des 12. Jh. erstmals erwähnt, war 1286–1596 Residenz von Braunschweig-Grubenhagen. **2) O. in Ostpreußen,** poln. **Ostróda** [ɔstr'uda], Stadt in der poln. Wwschaft Olsztyn (Allenstein), (1979) 27000 Ew., am Drewenzsee; Maschinenbau, Baustoff- u. a. Ind., Holz- und Getreidehandel. O. war seit etwa 1340 Sitz einer Komturei des Dt. Ordens.

Österreich, amtl. **Republik Ö.,** Bundesstaat im SO Mitteleuropas, 83853 km², (1982) 7,57 Mio. Ew.; Hauptstadt: Wien; Amtssprache: Deutsch. Währungseinheit: 1 Schilling (S) = 100 Groschen (Gr, g). *Adj.* **österreichisch.** *der* **Österreicher,** *-s/-.* (KARTE X/XI, n. S. 320)

Staat. Die Verf. v. 1. 10. 1920 i. d. F. von 1929 ist durch das Verfassungsüberleitungs-Ges. vom 1. 5. 1945 wiederhergestellt. Staatsoberhaupt ist der →Bundespräsident. Die Gesetzgebung üben der →Nationalrat (183 Mitgl.) und der →Bundesrat (58 Mitgl.) aus. Gegen einen Beschluß des Nationalrats hat der Bundesrat ein aufschiebendes Vetorecht. Beide bilden als Gesamtorgan die Bundesversammlung, die zur Angelobung des Bundespräs., zur Beschlußfassung über eine Kriegserklärung u. ä. zusammentritt. Die →Bundesregierung ist vom Vertrauen des Nationalrats abhängig. Ö. ist in 9 Bundesländer gegliedert. In Landesangelegenheiten üben die →Landtage die Gesetzgebung aus. Von ihnen werden die Landesregierungen gewählt.

Recht. Grundlage des Privatrechts bildet das →Allgemeine Bürgerliche Gesetzbuch (ABGB). Das Handelsrecht beruht im wesentlichen auf dem dt. Handelsgesetzbuch von 1897. Die bürgerl. Rechtspflege beruht auf der Zivilprozeßordnung und der Jurisdiktionsnorm, beide von 1895, der Exekutionsordnung von 1896 sowie dem Gerichtsorganisations-Ges. von 1896. Das Strafrecht, das in seiner urspr. Anlage auf ein Patent von 1852 zurückgeht, wurde durch das neue StGB vom 23. 1. 1974 abgelöst. Dazu kommen zahlreiche Sondergesetze. Die Todesstrafe ist im ordentl. Verfahren abgeschafft. Im Fam.-Recht trat ein neues Kindschaftsrecht am 1. 1. 1978 in Kraft; ferner wurde 1978 das Atomstopp-Ges. erlassen.

Streitkräfte. Allg. Wehrpflicht mit 6monatiger Dienstzeit, danach innerhalb von 15 Jahren 60 Wehrübungstage. Gesamtstreitkräfte: 50000 Mann; Heer: 45400 Mann, ausgerüstet mit 170 Panzern M-60. Die dem Heer unterstellte Luftwaffe (4600 Mann) zählt 32 Kampfflugzeuge schwed. Herkunft (Saab 105 OE).

Landesnatur. Ö. liegt vorwiegend in den Ostalpen (63%), doch sind die außerhalb der Gebirge gelegenen Flach- und Hügelländer, bes. an der Donau und im östl. Vorland, der wichtigere Siedlungs- und Wirtschaftsraum. Fünf Großformen von Landschaften lassen sich unterscheiden: 1) die Ostalpen, 2) das Österr. Granit- und Gneisplateau, 3) das Alpen- und Karpatenvorland, 4) das Wiener Becken, 5) das Vorland im Osten.

Die Ostalpen durchziehen Ö. von Vorarlberg im W bis zum Burgenland im O. Sie werden in die Nördl. Kalkalpen, die Zentral- sowie die Südl. Kalkalpen gegliedert. Die Nördl. Kalkalpen erreichen ihre höchste Erhebung mit 3038 m (Parseier Spitze), die kristallinen Zentralalpen mit 3797 m (Großglockner in den Hohen Tauern) und die Südl. Kalkalpen mit 2780 m (Hohe Warte in den Karnischen Alpen). Die Alpen verbreitern sich gegen O und lösen sich im Einzugsgebiet von Enns, Mur und Drau in einzelne Gebirgsgruppen auf. In Kärnten umschließen sie das Hügelland des Klagenfurter Beckens; im Sandsteinbergland des nördl. Wienerwaldes (im Schöpfl 893 m) reichen sie bis an die Donau. Das Österr. Granit- und Gneisplateau liegt größtenteils nördlich der Donau und umfaßt das oberösterr. Mühl- und das niederösterr. Waldviertel. Der österr. Anteil am Alpen- und Karpatenvorland umfaßt ein Hügel- und Flachland (Weinviertel u. a.) mit einigen jungen Stromebenen an der Donau (Eferdinger Becken, Machland, Tullner Feld). Das Wiener Becken ist ein Einbruchsgebiet zw. den ehemals zusammenhängenden Gebirgszügen der Alpen und Karpaten. Das Vorland im O leitet zur Oberungar. Tiefebene über, zu der ein Teil des nördl. Burgenlandes gehört, wo der Neusiedler See (115 m ü. M.)

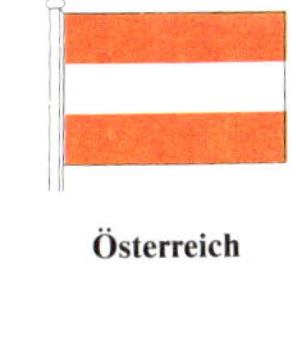

Österreich

Österreich: LINKS alte Bauernhäuser an der Kötschachache, im Hintergrund links der Bocksteinkogel, rechts der Tischlerkarkopf, Salzburg; RECHTS Burg Forchtenstein, Bezirk Mattersburg, Burgenland

den tiefsten Teil Ö.s bildet. Ö. gehört mit Ausnahme Vorarlbergs, das zum Rhein entwässert, dem Stromeinzugsgebiet der Donau an. Ihre Nebenflüsse in Ö. sind u. a. Inn (mit Salzach), Traun, Enns, Ybbs, Traisen, Drau mit Mur, Krems, March. Neben zahlreichen Alpenseen, den Resten eiszeitl. Zungenbecken (→ Salzkammergut, → Kärnten), hat Ö. Anteil am Bodensee und Neusiedler See.

Klima. Der größte Teil des Landes gehört zum mitteleurop. Übergangsklima mit vorherrschenden W-Winden und hohen Niederschlägen (bis 1500 mm pro Jahr). Im Inneren der Alpen herrscht alpines Klima mit Niederschlägen bis 3000 mm, kurzen, kühlen Sommern und langen, schneereichen Wintern; in den inneralpinen Becken und Tälern dagegen vielfach geringe Niederschläge. Im O und SO kontinentales Klima mit heißen Sommern, kalten, schneearmen Wintern und geringen Niederschlägen (600 mm pro Jahr). Weitere BILDER Glockner, Kapruner Tal, Karnische Alpen, Kärnten, Ötztal, Tirol, Vorarlberg, Walsertal.

Bevölkerung. Neben → Österreichern (rd. 98%) gibt es kleine kroat., magyar., slowen. und tschech. Minderheiten. In den Alpen ist die Besiedlung sehr dünn; größte Bevölkerungsballungen sind die Zentralräume Wien, Wiener-Becken, Oberösterreich, Salzburg, Graz sowie die Mur-Mürz-Furche, das Klagenfurter Becken, das untere Inntal mit Innsbruck und der Vorarlberger Zentralraum. Großstädte sind Graz, Linz, Salzburg und Innsbruck.

Größe und Bevölkerung (Volkszählung 1981)

Bundesland (Hauptstadt)	km^2	Ew. in 1000
Burgenland (Eisenstadt)	3 966	269,8
Kärnten (Klagenfurt)	9 533	536,2
Niederösterreich (Wien[1])	19 171	1 427,8
Oberösterreich (Linz)	11 979	1 270,5
Salzburg (Salzburg)	7 154	442,3
Steiermark (Graz)	16 387	1 186,5
Tirol (Innsbruck)	12 647	586,7
Vorarlberg (Bregenz)	2 601	305,2
Wien	415	1 531,3
Österreich	**83 853**	**7 555,3**

[1]) Verwaltungssitz.

Bildung. Das Schulwesen wurde 1962 neu geordnet. Die allg. Schulpflicht beträgt (ab 6. Lebensjahr) 9 Jahre. Die Volksschule umfaßt 8 Schuljahre, ihre Oberstufe (4 Jahre) ist vielfach als Hauptschule ausgebaut. Das 9. Schuljahr wird in einem polytechn. Lehrgang abgeleistet. Die neunjährigen höheren Schulen mit je 4jähriger Unter- und Oberstufe bauen ebenfalls auf dem 4. Volksschuljahr auf. Die Oberstufe ist in humanist., neusprachl., realist. Gymnasium, naturwissenschaftl. und mathemat. Realgymnasium und wirtschaftskundl. Realgymnasium für Mädchen aufgegliedert; daneben bestehen Sonderformen. Ferner gibt es berufsbildende Schulen und Sonderschulen. Universitäten bestehen in Wien (1365 gegr.), Graz (1586), Innsbruck (1669) und Salzburg (1622–1810, wieder seit 1962). TU in Wien und Graz, Montanuniv. in Leoben, Univ. für Bodenkultur, Wirtschaftsuniv. und veterinärmedizin. Univ. in Wien, Univ. Linz (für Wirtschafts- und Sozialwiss.), Univ. für Bildungswiss. in Klagenfurt, Hochschulen für Musik und darstellende Kunst in Wien, Graz und Salzburg (Mozarteum), für angewandte Kunst in Wien, für künstler. und industrielle Gestaltung in Linz, Akademie der bildenden Künste in Wien.

Religion. Für die überwiegend kath. Bevölkerung (1981: 86,6%) bestehen 2 Kirchenprovinzen: Wien (Erzbistum Wien, Bistümer Linz, Eisenstadt, St. Pölten) und Salzburg (Erzbistum Salzburg, Bistümer Gurk, Graz-Seckau, Innsbruck, Feldkirch) sowie die ›Abtei nullius‹ Wettingen-Mehrerau. Die evang. Bevölkerung (1981: 5,9%) ist in den beiden evang. Kirchen Augsburg. (Lutheraner) und Helvet. Bekenntnisses (Reformierte) durch die presbyterialsynodale Verfassung bei Wahrung des Bekenntnisses und der finanziellen Selbständigkeit zusammengeschlossen. Sie bilden mit der Methodist. Kirche, den Baptisten und der altkath. Kirche den Ökumen. Rat der Kirchen in Ö.

Wirtschaft. Ö. ist ein leistungsfähiger Ind.-Staat. Die Arbeitslosenquote liegt mit (1983) 4,5% deutlich unter dem OECD-Durchschnitt. Das größte wirtschaftspolit. Problem ist das Haushaltsdefizit (1983: 6,5% des BIP). Land- und Forstwirtschaft haben nur 3,9% Anteil am BIP, das Produzierende Gewerbe 39%. Die Anteile an den Erwerbstätigen liegen bei 1,4% und 40,9%.

Die Landwirtschaft deckt rd. 80% des inländ. Bedarfs an Nahrungsmitteln. Rd. 17% der Gesamtfläche sind Ackerland, jeweils rd. 6% sind Gartenland, Weingärten (v. a. in Nieder-Ö. und im Burgenland) und Obstanlagen (bes. in der Steiermark); wichtigste Feldfrüchte sind: Gerste, Weizen, Körnermais, Roggen, Hafer, Kartoffeln, Zucker- und Futterrüben sowie andere Futterpflanzen. Von Bedeutung ist die Viehwirtschaft, v. a. auf den Alpenweiden. – 39% der Gesamtfläche sind bewaldet, rd. 84% des Bestandes sind Nadelhölzer (Holzeinschlag 1982: 11,1 Mio. m^3). Bodenschätze: Braunkohle, Erdöl (1983: 1,2 Mio. t) und Erdgas im NO, Eisenerze v. a. am Steirischen Erzberg, Magnesit in Tirol, Kärnten, der Steiermark, ferner Gips und Anhydrit, Blei- und Zinkerze, Wolfram, Antimon, Graphit, Salzsole und Steinsalz (Salzburg, Ober-Ö., Steiermark). – In der Industrie überwiegen Klein- und Mittelbetriebe. Die höchsten Produktionswerte haben Nahrungs- und Genußmittel-Ind., Chemie, Maschinen-, Stahl- und Eisenbau, Elektro-Ind., Eisen- und Metallverarbeitung, Erdöl- und Textil-Ind. – Die Elektrizitätserzeugung beruht zu 72% auf Wasserkraft, der Rest auf Wärmekraft. Die installierte Kraftwerksleistung beträgt rd. 14200 MW. – Der Fremdenverkehr erbringt fast 1/4 aller Deviseneinnahmen. Etwa 13 Mio. Ausländer besuchen jährlich Ö., davon kommen 75% aus der Bundesrep. Dtl. Die meisten Übernachtungen entfallen auf Tirol (1982: 34%). – Bei der Handelsbilanz überwiegen in den letzten Jahren die Einfuhren

(1983 im Wert von 348,34 Mrd. S) die Ausfuhren (277,14 Mrd. S). Wichtigste Handelspartner sind die Bundesrep. Dtl. (1982: 40,6% der Einfuhr, 29,3% der Ausfuhr) u. a. EG-Länder. Positiv ist dagegen die Dienstleistungsbilanz (bes. des Reiseverkehrs).

Verkehr. Ö. ist wichtiges Transitland (Kreuzung wichtiger europ. Transitstraßen), v. a. für den N-S-Verkehr über die Alpenpässe. Die Österr. Bundesbahnen haben ein Eisenbahnnetz von 5 854 km Länge, dazu kommen rd. 600 km Privatstrecken (v. a. in der Steiermark). Es gibt 21 Standseilbahnen, 95 Seilschwebebahnen, zahlreiche Sesselbahnen und Lifte. Das Straßennetz hat eine Länge von rd. 33 900 km (rd. 10 100 km Bundesstraßen, rd. 800 km Autobahnen, rd. 23 000 km Landesstraßen). Wichtig sind die Paßstraßen über die Alpen. Kfz-Bestand 1982: 2,4 Mio. Pkw (300,3 je 1 000 Ew.), 193 000 Lkw. Wichtigste Binnenwasserstraße ist die Donau, größte Güterumschlagplätze sind Linz und Wien. Seit 1970 gibt es wieder Hochseeschiffe unter österr. Flagge (53 300 BRT). Internat. Flughäfen in Wien-Schwechat, Salzburg, Graz, Klagenfurt, Linz und Innsbruck. Nationale Flug-Ges. ist die ›Austrian Airlines‹ (AUA).

GESCHICHTE

Zur Vorgeschichte →Mitteleuropa, Vorgeschichte.

Vor der Herrschaft der Habsburger

Die österr. Geschichte geht von der Begründung einer dauernden Herrschaft der →Baiern im Donau- und Alpengebiet seit Beginn des 6. Jh. aus. Als deren Stammesgebiet unter den polit. und kulturellen Einfluß des Frankenreichs kam, wirkte von dorther die Mission, die die Bistümer Salzburg und Passau gründete. Karl d. Gr., der das Gebiet der Baiern dem Frankenreich einverleibte, erzielte durch die Zerstörung des Awarenreichs eine Ausdehnung des bair. Herrschaftsbereichs nach O und SO. Eine Reihe von Marken (so die Awarische Mark, Niederösterreich) schützten das neuerworbene Land, in das dt. Siedler einströmten. Die nach O offenen Randgebiete gingen an die Magyaren verloren, bis der Sieg Ottos d. Gr. auf dem Lechfeld (955) die Marken neu erstehen ließ, bes. an Stelle der Awarischen Mark die Mark Österreich (Ostmark, 996 Ostarrîchi genannt) zwischen Enns und Traisen.

In der Folgezeit gliederte sich das bair. Stammesgebiet in Länder, die im hohen MA. zu fürstl. Territorien wurden; sie sind in der habsburg. Monarchie als Kronländer erhalten geblieben. Das führende Geschlecht im deutschen SO wurden die Babenberger (Neubabenberger), seit 976 Markgrafen der Ostmark; sie setzten sich dann auch im heutigen Oberösterreich fest, erhielten 1156 den Titel eines Herzogs von Ö. und erwarben 1192 die Steiermark. Kulturell von hoher Bedeutung war der Hof Leopolds VI. Als die Babenberger 1246 erloschen, bemächtigte sich der Böhmenkönig Ottokar II. 1251 der Herrschaft in Ö. Erst Rudolf von Habsburg machte der böhm. Macht in den Donau- und Alpenländern ein Ende.

Die Habsburger im späten MA.

Die →Habsburger als Träger der dt. Königskrone betrachteten die österr. Länder als Hausmacht und erwarben im dt. SO allmählich alle Länder (mit Ausnahme des Hzgt. Bayern und der geistl. Fürstentümer). Der Rang, den das habsburg. Haus Ö. beanspruchte, fand seinen Ausdruck in dem von Herzog Rudolf IV. veranlaßten, gefälschten ›Privilegium maius‹, das seinem Geschlecht eine den Kurfürsten entsprechende Stellung zu sichern suchte. Aber Teilungen schwächten die Macht auf lange Zeit. Durch sie entstanden 3 habsburgisch-österr. Ländergruppen, die jahrhundertelang als Verwaltungsbezirke fortbestanden; die niederösterr. Länder (Nieder- und Oberösterreich), die innerösterr. Länder (Krain, Steiermark, Kärnten, Inner-Istrien, Triest) und die vorder- und oberösterr. Länder (Tirol, Vorarlberg, die schwäb. und elsäss. ›Vorlande‹ sowie der Restbesitz im N der Schweiz). Durch Erbvertrag mit den Luxemburgern wurde Albrecht V. nach dem Tod seines Schwiegervaters, Kaiser Sigismund, 1437/38 König von Böhmen und Ungarn, gleichzeitig römisch-deutscher König (als Albrecht II.). Nach Erlöschen der Albertin. Linie (1457) bestiegen in Ungarn und Böhmen nationale Könige den Thron. Innere Kämpfe erschütterten die Herrschaft in Ö. Matthias Corvinus von Ungarn eroberte vorübergehend große Teile Ö.s, 1485 Wien. Maximilian I.

Die regierenden Markgrafen, Herzöge (seit 1156), **Erzherzöge** (seit 1453) **und Kaiser** (seit 1804) **von Österreich**

Babenberger:

Leopold I. der Erlauchte 976–94	Leopold II. 1075–95	Leopold V. der Tugendhafte 1177–94
Heinrich I. 994–1018	Leopold III. der Heilige 1095–1136	Friedrich I. der Katholische 1194–98
Adalbert der Siegreiche 1018–55	Leopold IV. 1136–41	Leopold VI. der Glorreiche 1198–1230
Ernst der Tapfere 1055–75	Heinrich II. Jasomirgott 1141–77	Friedrich II. der Streitbare 1230–46

Markgraf Hermann von Baden 1248–50 | König Ottokar II. von Böhmen 1251–76

Habsburger:

Albrecht I. (Deutscher König) 1282–1308	Rudolf IV. der Stifter 1358–65
Friedrich III. der Schöne (Deutscher König) 1308–30	Albrecht III. und Leopold III. (gemeinsam) 1365–79
Albrecht II. der Weise 1330–58	

Teilung von 1379

Albertinische (österreichische) Linie	Leopoldinische (steirische) Linie
Albrecht III. 1379–95	Leopold III. 1379–86
Albrecht IV. 1395–1404	Wilhelm 1386–1406
Albrecht V. (als Deutscher König Albrecht II.) 1404–39	Leopold IV. 1386–1411
Ladislaus Postumus (König von Böhmen und Ungarn) 1440–57	Teilungen von 1406 und 1411

Steirische Linie	Tiroler Linie
Ernst der Eiserne 1406–24	Friedrich IV. mit der leeren Tasche 1406–39
Friedrich V. (als röm.-dt. Kaiser Friedrich III.) 1424–93	Sigismund 1439–90

Maximilian I. (röm.-dt. Kaiser) 1493–1519
Karl V. (röm.-dt. Kaiser) 1519–21/22
Ferdinand I. (röm-dt. Kaiser) 1521/22–64

Teilung von 1564

Österreichische Linie	Steirische Linie	Tiroler Linie
Maximilian II. (röm.-dt. Kaiser) 1564–76	Karl II. 1564–90	Ferdinand (II.) 1564–95
Rudolf II. (röm.-dt. Kaiser) 1576–1612	Ferdinand II. (röm.-dt. Kaiser) seit 1590	Jüngere Tiroler Linie
Matthias (röm.-dt. Kaiser) 1612–19	Ferdinand II. (röm.-dt. Kaiser) bis 1637	Leopold V. 1619–32
	Ferdinand III. (röm.-dt. Kaiser) 1637–57	Ferdinand Karl 1632–62
	Leopold I. (röm.-dt. Kaiser) 1658–1705	Sigismund Franz 1662–65

Joseph I. (röm.-dt. Kaiser) 1705–11
Karl VI. (röm.-dt. Kaiser) 1711–40
Maria Theresia, Gemahlin des röm.-dt. Kaisers Franz I., 1740–80

Habsburg-Lothringer:

Joseph II. (röm.-dt. Kaiser) 1780–90	Ferdinand I. 1835–48
Leopold II. (röm.-dt. Kaiser) 1790–92	Franz Joseph I. 1848–1916
Franz II. (röm.-dt. Kaiser bis 1806, als Kaiser von Österreich [seit 1804] Franz I.) 1792–1835	Karl I. 1916–18

vereinigte alle österr. Erblande wieder. Die Heirat seines Sohns, Philipps des Schönen, mit Johanna der Wahnsinnigen (1496) sicherte den Habsburgern Spanien mit seinem ital. Besitz und dem amerikan. Kolonialreich.

Reformation und Gegenreformation

Karl V., der Enkel Maximilians, überließ 1521 seinem jüngeren Bruder Ferdinand I. die österr. Erblande. So wurde Ferdinand (seit 1531 dt. König) der Stammvater der österr. Linie der Habsburger, für die er 1558 die Kaiserwürde gewann. Böhmen und Ungarn wählten nach dem Tod der letzten Jagiellonen (1526) Ferdinand zum König. Im größten Teil Ungarns setzten sich die Türken fest; ihre Belagerung Wiens (1529) wurde jedoch abgewiesen.

Das 16. Jh. war erfüllt vom Kampf des Herrscherhauses mit den adligen Ständen, die zugleich Vorkämpfer des österr. Protestantismus waren. Eine neue Dreiteilung der österr. Länder 1564 fand erst 1665 ihr Ende. Neben den bayer. Wittelsbachern übernahmen die Habsburger die Führung der Gegenreformation in Dtl., bes. mit Ferdinand II., der, anfangs nur Erzherzog von Steiermark (Innerösterreich), 1619 auch die Herrschaft in Österreich, Böhmen und Ungarn sowie die Kaiserwürde erlangte. Die wachsende Erbitterung der protestant. Stände entlud sich im böhm. Aufstand von 1618, der den Dreißigjährigen Krieg eröffnete. Ferdinand II. führte nach dem Sieg am Weißen Berg 1620 die protestant. Bevölkerung Böhmens wie der übrigen Erblande (allerdings in Schlesien nur z. T.) zum Katholizismus zurück. 1635 (Prager Friede) verlor er die Lausitz an Kursachsen, sein Sohn Ferdinand III. im Westfäl. Frieden 1648 die habsburg. Besitzungen im Elsaß an Frankreich.

Vom Westfälischen Frieden bis zum Wiener Kongreß

Der aus den Erblanden zusammenwachsende Staat erlangte durch die siegreiche Ostpolitik Kaiser Leopolds I. in enger Verbindung mit dem röm.-dt. Reich, die unter Josef I. bes. deutlich in Erscheinung trat, den Rang einer europ. Großmacht. Im großen Türkenkrieg, begonnen 1683 mit der Abwehr der Türken vor Wien, wurde bis 1699 ganz Ungarn mit Siebenbürgen erobert, wo sich die Gegenreformation und der Absolutismus nicht vollständig durchsetzten. Ein neuer, von Prinz Eugen geführter Türkenkrieg (1716–18) brachte die Erwerbung des Banats und vorübergehend eines Teils der Walachei, Bosniens und Serbiens. 1723 nahmen die ungar. Stände die → Pragmatische Sanktion 2) von 1713 an. Verödete Teile Ungarns, bes. das Banat, wurden mit dt. Kolonisten besiedelt; die → Militärgrenze sicherte gegen die Türkengefahr.

Der → Spanische Erbfolgekrieg um das Erbe des letzten span. Habsburgers, Karls II., blieb trotz der großen Erfolge des Prinzen Eugen und des engl. Feldherrn Marlborough unentschieden; Kaiser Karl VI. mußte im Rastatter Frieden (1714) Spanien den Bourbonen überlassen; vom span. Erbe erhielt er nur Mailand, Neapel, Sizilien und die Span. Niederlande. 1735 trat er Neapel und Sizilien an die span. Bourbonen ab. Nach dem Tod ihres Vaters übernahm Maria Theresia auf Grund der Pragmat. Sanktion die Regierung, mußte aber die habsburg. Erblande gegen die Ansprüche vieler Gegner (Preußen, Bayern, Sachsen, Frankreich, Spanien) verteidigen (→ Österreichischer Erbfolgekrieg); an Preußen verlor sie 1742 den größten Teil Schlesiens. Die Außenpolitik, geleitet von Graf W. Kaunitz, richtete sich auf die Wiedererwerbung Schlesiens, das Friedrich d. Gr. aber im → Siebenjährigen Krieg behauptete; dagegen erwarb Ö. bei der 1. Teilung Polens 1772 Galizien und von der Türkei 1775 die Bukowina. Der älteste Sohn Maria Theresias, Kaiser Joseph II., konnte seinen Plan, die Österr. Niederlande gegen Bayern auszutauschen, nicht durchführen, doch gewann Ö. das bayer. Innviertel. Im Innern richtete Maria Theresia eine zentralist. Verwaltung ein, ihre Reformtätigkeit blieb maßvoll. Ihr Sohn Joseph II. dagegen, der 1780 die Alleinherrschaft antrat, versuchte, im Sinne des aufgeklärten Absolutismus aus den habsburg. Ländern einen Einheitsstaat mit deutscher Staatssprache zu schaffen. Er machte 1781 der bäuerl. Leibeigenschaft ein Ende und hob viele Klöster auf. Doch scheiterten andere überstürzte Reformen größtenteils an der heftigen Abwehr Ungarns und der Niederlande. Sein Bruder Kaiser Leopold II. leitete 1790 durch ein Bündnis mit Preußen die Politik des friedl. Dualismus der beiden dt. Großmächte ein.

Der gemeinsame Kampf gegen das revolutionäre Frankreich, der mit einem Mißerfolg endete (Friede von Campoformio, 1797), brachte Ö. die großen Gebietsverluste der österr. Niederlande und der Lombardei, aber den Gewinn von Venedig. Auch in den folgenden Koalitionskriegen hatte Ö. schwere Lasten zu tragen. Im Preßburger Frieden (1805) mußte Ö. die Vorlande, Tirol, Dalmatien und Venedig abtreten; es erhielt das Erzstift Salzburg. Die Gründung des Rheinbundes veranlaßte Kaiser Franz, die röm.-dt. Krone niederzulegen (1806), nachdem er schon 1804 den Titel eines Kaisers von Ö. angenommen hatte. Graf Stadion als Außen-Min. und Erzherzog Karl als Armeeführer waren führend bei der Vorbereitung eines neuen Krieges gegen Napoleon (→ Napoleonische Kriege 4). Doch unterlag Ö. 1809 trotz des Sieges bei Aspern und des Tiroler Volksaufstands (Andreas Hofer) und verlor im Frieden von Schönbrunn (1809) Salzburg, das Innviertel, Westgalizien, einen Teil Kärntens, Krain, Triest und einen Teil Kroatiens. Der neue Außen-Min., Graf K. L. Metternich, leitete eine Annäherung an Napoleon ein, der 1810 die österr. Kaisertochter Marie Louise heiratete. 1812 stellte Ö. ein Hilfskorps für die Große Armee. In den → Freiheitskriegen schloß sich Ö. im Sommer 1813 der letzten Koalition gegen Napoleon an. Der Neuordnung Europas nach dem Sturz Napoleons auf dem Wiener Kongreß 1814 verdankt Ö. die Rückgabe der abgetretenen Teile seiner Erblande, Salzburgs und Dalmatiens, dazu erhielt es Venetien und die Lombardei; es verzichtete dagegen auf den früheren südwestdt. Besitz.

Das System Metternich

Seit dem Wiener Kongreß nahm Ö. unter der Leitung Metternichs in Europa eine führende Stellung ein. Es war die Präsidialmacht des Dt. Bundes, dem es mit den Erbländern sowie Böhmen, Mähren und Österreichisch-Schlesien angehörte. Metternich wurde der Vorkämpfer der Restauration (→ Heilige Allianz) und bekämpfte überall die aufsteigenden liberalen und nationalstaatl. Bewegungen. In Dtl. wußte er stets das Einvernehmen mit Preußen zu wahren, das er als gleichberechtigte Macht innerhalb des Dt. Bundes behandelte. In Ö. selbst, ausgenommen Ungarn, hielten hartes Polizeiregiment und eine strenge Zensur alle freiheitl. Regungen nieder. Reformen des Staates blieben aus, und die Finanzen kamen aus der Zerrüttung der Napoleon. Kriege nicht heraus. Unter den Magyaren und Slawen setzte eine wachsende nat. Bewegung ein, z. T. unter dem Einfluß der Romantik.

Die Revolution von 1848/49

Der Ausbruch der Revolution in Wien am 13. 3. 1848 führte zum Sturz Metternichs. Auch in Italien kam es zur nat. Erhebung, der ungar. Reichstag schritt schließlich zur Thronentsetzung der Habsburger. Aber die Revolution wurde durch Graf J. Radetzky in Italien, durch Fürst A. Windisch-Grätz in Prag und Wien, im August 1849 mit russ. Hilfe in Ungarn niedergeschlagen. An die Spitze der Regierung war Fürst Felix von Schwarzenberg getreten. Er veranlaßte die Auflösung des zuletzt in Kremsier tagenden Reichstags und die Oktroyierung einer Verfassung für die Gesamtmonarchie am 4. 3. 1849. Ebenso brachte er die Versuche der → Frankfurter Nationalversammlung, an die Stelle des Dt. Bundes einen Bundesstaat, sei es mit, sei es ohne Ö., zu setzen (Groß-, Kleindeutsche Lösung), zum Scheitern und erzwang in der Olmützer Punktation 1850 die Wiederherstellung des Dt. Bundes.

Verfassungs- und Nationalitätskämpfe

So hatte Ö. seine Stellung voll zurückgewonnen. Im Innern siegte die Reaktion: Mit dem Silvesterpatent vom 31. 12. 1851 hob Schwarzenberg die Märzverfassung von 1849 mit den Grundrechten auf. Innen-Min. A. v. Bach, nach Schwarzenbergs Tod einflußreichster Mann, verfolgte einen Neuabsolutismus in zentralist. Sinn und eine klerikale Kirchenpolitik. Durch die von Graf K. F. Buol unglücklich geleitete Außenpolitik während des Krimkriegs (1853–56) zog sich Ö. die dauernde Feindschaft Rußlands zu. Der seit 1850 wiedererwachte österr.-preuß. Gegensatz im Kampf um die Vormacht in Deutschland spitzte sich zu. Als Napoleon III. zugunsten Piemont-Sardiniens 1859 in Italien eingriff, wurden die Österreicher bei Magenta und Solferino besiegt. Im Frieden von Villafranca (11. 7.) traten sie die Lombardei ab. Im Innern erfolgte darauf die erneute Abkehr vom Absolutismus. Doch die im Oktoberdiplom vom 20. 10. 1860 angestrebte föderalist. Lösung scheiterte am Widerstand der zentralistisch gesinnten Deutschliberalen. Staats-Min. A. v. Schmerling, der sich auf diese stützte, verkündete im Februarpatent vom 26. 2. 1861 eine neue zentralist. Gesamtstaatsverfassung. Im Dt.-Dän. Krieg 1864 ging Ö. mit Preußen zusammen. Im → Deutschen Krieg von 1866 verlor es die Entscheidungsschlacht bei Königgrätz gegen die Preußen. Ö. mußte der Auflösung des Dt. Bundes und der Gründung des Norddt. Bundes (Kleindt. Lösung) zustimmen. An Italien trat es Venetien ab.

Österreich-Ungarn

Die innerpolit. Verständigung mit den Magyaren war jetzt unabweisbar. Der österr. MinPräs. Graf F. Beust schloß 1867 den Ausgleich mit Ungarn ab. So entstand die Doppelmonarchie → Österreich-Ungarn. Die innere Geschichte Ungarns entwickelte sich selbständig, dagegen wurde Zisleithanien immer stärker in den Kampf der Nationalitäten verwickelt. Zunächst noch beanspruchte das österr. Deutschtum die polit. Leitung, da es zahlenmäßig, wirtschaftlich und kulturell führend war; doch dem dt.-zentralist. System widersetzten sich die Tschechen, die 1868 Eigenstaatlichkeit der Länder der böhm. Krone forderten; den Polen in Galizien mußte die poln. Amtssprache zugesprochen werden. Der Preußenfeind Beust hatte als Außen-Min. auf ein Bündnis mit Frankreich hingearbeitet, aber im Dt.-Frz. Krieg von 1870/71 blieb Ö. neutral. Der 1871 zum Außen-Min. ernannte Ungar Graf J. Andrássy näherte sich immer mehr dem neuen Dt. Reich. Dagegen verschärfte sich der österr.-russ. Gegensatz infolge der Bestrebungen beider Mächte auf der Balkanhalbinsel. Auf dem Berliner Kongreß von 1878 erlangte Ö. die Zustimmung zur Besetzung und Verwaltung der türk. Prov. Bosnien und Herzegowina. Andrássy schloß 1879 mit Bismarck den Zweibund ab; ihm folgte 1882 der Abschluß des Dreibunds mit Italien.

Graf E. Taaffe, MinPräs. 1879-93, vermochte trotz innerpolit. Erfolge den inneren Frieden nicht herzustellen, obwohl schrittweise ein seither nicht übertroffenes Nationalitätenrecht ausgebaut wurde. Immer radikaler wurden nicht nur die in die Verteidigung gedrängten Deutschen, sondern auch bes. die Slawen. Um 1880 begannen sich neue Parteien zu bilden: die Konservativen wurden durch die Christlich-soziale Partei unter Führung von K. Lueger zurückgedrängt; die Sozialdemokraten organisierten die Arbeiterschaft, die Liberalen fächerten sich in radikale und gemäßigte Gruppen auf. Graf Badeni, 1895-97 MinPräs., erließ tschechenfreundl. Sprachenverordnungen, die einen leidenschaftl. Abwehrkampf des österr. Deutschtums veranlaßten und 1899 wieder aufgehoben wurden. Durch die nationalen Gegensätze wurde der Reichsrat immer wieder arbeitsunfähig. Dazu kam seit 1902 der Kampf des ungar. Reichstags gegen die dt. Kommandosprache in ungar. Regimentern, wodurch eine Bewilligung der Wehrvorlage verhindert wurde. Der MinPräs. Frhr. v. Beck (1906-08) führte 1907 das allgemeine, gleiche und direkte Wahlrecht ein; es siegten die Massenparteien der Christlich-Sozialen und Konservativen, der Sozialdemokraten sowie des Dt. Nationalverbands.

Der Dreibund wurde durch den ital. Irredentismus (→ Irredenta) unterhöhlt. Der vorübergehend gemilderte österr.-russ. Gegensatz lebte von neuem auf, als der Außen-Min. Graf A. Aehrenthal 1908 zur förml. Einverleibung Bosniens und der Herzegowina schritt. Dadurch rief er den heftigen Widerstand des von den Russen unterstützten Serbien hervor. Die Ermordung des Thronfolgers Erzherzog Franz Ferdinand durch großserb. Nationalisten (28. 6. 1914) gab den Anlaß zum Ausbruch des 1. Weltkriegs. Im Innern hatte die Monarchie mit den größten Schwierigkeiten zu kämpfen. Die Tschechen schritten zuerst zum offenen Abfall; T. Masaryk und E. Benesch wirkten, im Ausland förmlich anerkannt, für die polit. Unabhängigkeit ihres Volkes. 1916 starb Kaiser Franz Joseph, dessen Volkstümlichkeit ein Band des Zusammenhaltes gewesen war, und sein Großneffe Karl I. bestieg den Thron. Durch einen baldigen Friedensschluß und eine föderalist. Neuordnung suchte er den Bestand Ö.-Ungarns zu retten; er knüpfte sogar geheime Verhandlungen mit Frankreich über einen Sonderfrieden an. Mit dem militär. Zusammenbruch vollzog sich im Okt./Nov. 1918 die Auflösung der habsburg. Monarchie.

Die Republik (seit 1918)

Am 21. 10. 1918 versammelten sich die deutschstämmigen Abgeordneten in Wien als Nationalversammlung und richteten eine eigene parlamentar. Regierung ein. Nach dem Regierungsverzicht Kaiser Karls wurde am 12. 11. 1918 die ›Republik Deutschösterreich‹ ausgerufen, die alle dt. Siedlungsgebiete des alten Ö. in den Alpen- und Sudetenländern umfassen und ein Bestandteil des Dt. Reichs sein sollte. Aber die Italiener besetzten Südtirol, und die Tschechen bemächtigten sich des sudetendt. Gebiets. Im Vertrag von Saint-Germain (10. 9. 1919) ging auch noch die Südsteiermark verloren. Die Führung des Namens Deutschösterreich wurde untersagt und der Anschluß an das Dt. Reich von einem Beschluß des Völkerbundrates abhängig gemacht. Dabei ergaben 1921 Volksabstimmungen in Tirol und Salzburg eine große Mehrheit (über 90%) für den Anschluß. Für das südl. Kärnten setzte der Vertrag von Saint-Germain eine Volksabstimmung fest, die am 10. 10. 1920 für Ö. entschied. Außerdem kam das Burgenland zu Ö., ohne das Gebiet von Ödenburg, das durch eine nachträgl., nicht einwandfreie Volksabstimmung (14. 12. 1921) bei Ungarn blieb.

Die Sozialdemokrat. Partei war die stärkste Partei der im Febr. 1919 neu gewählten Nationalversammlung; sie stellte den Staatskanzler K. Renner. Im April 1919 wurden die Habsburger ausgewiesen und enteignet, der Adel aufgehoben. Am 1. 10. 1920 erhielt Ö. seine Verfassung. Bei den Nationalratswahlen im Okt. 1920 wurden die Christlich-Sozialen die stärkste Partei und behaupteten fortan die Führung, meist im Bund mit der Großdeutschen Volkspartei und dem Landbund; die Sozialdemokrat. Partei, unter dem radikalen Einfluß des ›Austromarxismus‹ (Otto Bauer), begab sich in heftige Opposition. Zum 1. Bundespräs. wurde der parteilose M. Hainisch gewählt, dem 1928 der Christlich-Soziale W. Miklas folgte. Die bedeutendsten Staatsmänner waren I. → Seipel und J. → Schober. Angesichts der schweren Notlage der Wirtschaft und der Staatsfinanzen (Inflation) wandte sich Seipel an den Völkerbund, dessen Mitglied Ö. seit Ende 1920 war, und erhielt durch die Genfer Protokolle vom 4. 10. 1922 eine zwischenstaatl. Anleihe unter der Bedingung eines Anschlußverbots und einer vierjährigen Finanzkontrolle; die Inflation konnte beendet und die Schillingwährung eingeführt werden. Als Gegner der Sozialdemokratie und des von ihr geschaffenen Republikan. Schutzbunds griffen die bäuerlich-bürgerl. → Heimwehren seit 1929 stark in die Innenpolitik ein. Schober verbesserte 1930 die Beziehungen zu Italien; sein Plan einer dt.-österr. Zollunion 1931 scheiterte am Widerstand Frankreichs.

Die Weltwirtschaftskrise hatte für Ö. große Arbeitslosigkeit und eine neue Zerrüttung der Staatsfinanzen zur Folge. Der christlichsoziale Bundeskanzler E. Dollfuß, unterstützt von dem Heimwehrführer Fürst E. R. → Starhemberg, erlangte durch das Lausanner Protokoll vom 15. 7. 1932 eine Auslandsanleihe, die mit einer abermaligen vierjährigen Finanzkontrolle durch den Völkerbund verbunden war. Die Unsicherheit seiner parlamentar. Mehrheit (1 Stimme) und der Aufschwung der nat.-soz. Bewegung veranlaßten Dollfuß, im Mai 1933 den Nationalrat auszuschalten, als dieser durch einen zufälligen Anlaß handlungsunfähig geworden war, und zunächst mit Notverordnungen zu regieren. Der Konflikt mit den Nationalsozialisten führte auch zu scharfen Spannungen mit dem Dt. Reich. Terrorakte gaben der Regierung die Gelegenheit, am 19. 6. die NSDAP zu verbieten. Die Partei setzte ihre Tätigkeit jedoch illegal fort. Im Febr. 1934 wurde auch die Sozialdemokrat. Partei, nachdem ein blutiger Aufstand des Republikan. Schutzbunds niedergeworfen war, aufgelöst. Für radikale Gegner wurden ›Anhaltelager‹ eingerichtet. Im Mai 1933 war die → Vaterländische Front gegründet worden, in der die Christlich-soziale Partei aufging. Sie wurde nach der autoritären Verf. vom 1. 5. 1934 die alleinige Trägerin des polit. Willens. Eine österr. Staatsgesinnung wurde propagiert und die österr. Tradition bes. gepflegt. Durch die Röm. Protokolle vom 17. 3. 1934 trat Ö. in engere Verbindung mit Italien und Ungarn. Bei einem mißglückten nat.-soz. Aufstandsversuch wurde Dollfuß am 25. 7. 1934 ermordet. Hitler distanzierte sich wegen der drohenden Haltung Mussolinis von den Vorgängen. Der neue Bundeskanzler K. Schuschnigg setzte die Politik Dollfuß' fort. 1936 wurde die allg. Wehrpflicht eingeführt; im Okt. wurden die Heimwehren aufgelöst; Schuschnigg übernahm selbst die Führung der Vaterländ. Front.

Das Abkommen mit dem Dt. Reich vom 11. 7. 1936 sollte die Beziehungen zw. den beiden Staaten neu regeln. Indessen nahm der nat.-soz. Druck weiter zu. Nach der Zusammenkunft Hitlers mit Schuschnigg in Berchtesgaden (12. 2. 1938) wurde A. Seyß-Inquart als nat.-soz. Vertrauensmann Innen-Min. Da Schuschnigg einen Bürgerkrieg verhüten wollte, befreundete er sich auch nicht mit den Ideen des Wiener Bürgermeisters R. Schmitz, die Sozialdemokraten für positive Mitarbeit zu gewinnen und sich auf die Westmächte zu stützen. Er hatte die Herrschaft über die Ereignisse bereits verloren, als er am 10. 3. 1938 zu einer allg. Volksabstimmung unter einschränkenden Bedingungen für den 13. 3. aufrief. Hitler ließ diese Volksbefragung nicht zu. Der Widerruf machte die Verwirrung vollständig. Den ultimativen Forderungen Görings gab Bundespräs. Miklas nach und ernannte am Abend des 11. 3. Seyß-Inquart zum Bundeskanzler. Am 12. 3. rückten die dt. Truppen in Ö. ein. Am 13. 3. wurde der Anschluß vollzogen. Miklas verweigerte die Unterschrift und wurde zum Rücktritt gezwungen. Am 10. 4. ließ Hitler durch eine Volksabstimmung den Anschluß billigen, der bald darauf auch völkerrechtlich anerkannt wurde. Seyß-Inquart wurde Reichsstatthalter. Das Ostmark-Ges. (14. 4. 1939) gliederte Ö. neu: Reichsgaue traten an die Stelle der Bundesländer. Der Widerstandsgeist gegen das Regime wuchs im Lauf der Jahre. Am 27. 4. 1945 verkündete die Provisor. Regierung Renner die Unabhängigkeit Ö.s. Die Alliierte Kommission grenzte Juli/Aug. die Besatzungszonen ab: sowjet. Zone: Burgenland, Niederösterreich, Oberösterreich nördlich der Donau; amerikan. Zone: Oberösterreich südl. der Donau, Salzburg; brit. Zone: Steiermark, Kärnten, Osttirol; frz. Zone: Nordtirol, Vorarlberg. Wien wurde in 4 Sektoren und einen internat. Sektor aufgeteilt.

Die Provisor. Regierung Renner wurde am 24. 9. in ganz Ö. und am 20. 10. auch durch die Alliierte Kommission anerkannt. Bei den 1. Nationalratswahlen (25. 11. 1945) erlangte die Österr. Volkspartei die Mehrheit, sie ging eine Koalition mit den Sozialisten und bis 1947 auch mit den Kommunisten ein. Bundespräs. waren K. Renner (1945-50), Th. Körner (1951-57). An der Spitze der Regierung stand bis April 1953 L. Figl. Sein Nachfolger wurde J. Raab (bis April 1961). Die Verhandlungen über den Staatsvertrag zogen sich bis zum 15. 5. 1955 hin. Ö. erhielt darin die Souveränität, es mußte sich jedoch verpflichten, die polit. und wirtschaftl. Unabhängigkeit zu bewahren. Im April 1955 hatte Ö. von sich aus eine Neutralitätserklärung (›immerwährende Neutralität Ö.‹) abgegeben und dafür die Anerkennung der anderen Mächte erhalten. Am 25. 10. 1955 zogen die letzten Besatzungstruppen ab. 1957-65 war A. Schärf Bundespräs.; 1963-65 führten unter Bundeskanzler A. Gorbach (ÖVP; seit 1961) u. a. Streitigkeiten um die Rückkehr Otto v. Habsburgs nach Ö. und die Neuordnung des Rundfunkwesens zu Koalitionskrisen zw. der ÖVP und der SPÖ. Nach Auseinandersetzungen innerhalb der ÖVP über den Regierungskurs löste J. Klaus 1963 Gorbach als Bundeskanzler ab. 1965 wurde F. Jonas

Bundespräs. Nach dem Gewinn der absoluten Mehrheit im Nationalrat übte die ÖVP 1966–70 die Alleinregierung aus. 1970 verlor sie ihre absolute Mehrheit. Der Vors. der SPÖ, B. Kreisky, bildete eine Minderheitsregierung.

Die Außenpolitik (1957–66 unter der Leitung von B. Kreisky) ist seit 1955 auf die Wahrung der Neutralität Ö.s bedacht. 1955 trat Ö. den Vereinten Nationen, 1956 dem Europarat, 1960 der Europ. Freihandelsgemeinschaft bei. Verhandlungen über die Assoziierung Ö.s an die EWG scheiterten an der Neutralitätsklausel des Österr. Staatsvertrages. Nach dem gescheiterten Versuch, die Vereinten Nationen in die Südtirol-Frage einzuschalten, führten langwierige Verhandlungen zw. Ö. und Italien 1969 zu einer Verständigung über das ›Südtirol-Paket‹ (→Südtirol).

Nach der vorzeitigen Auflösung des Nationalrats (14. 7. 1971) errang die SPÖ nach den Neuwahlen am 10. 10. 1971 die absolute Mehrheit. B. Kreisky konnte daher eine Mehrheitsregierung aus Vertretern der SPÖ bilden. In harten parlamentar. Kämpfen setzte die Regierung Kreisky eine Steuer-, Strafrechts- und Rundfunkreform durch. Ein ›Ortstafelgesetz‹, mit dem die Reg. 1973 Forderungen des Staatsvertrags zum Minderheitenschutz in Kärnten zu erfüllen suchte, löste dort einen Konflikt zw. der deutschsprachigen Mehrheit und der slowen. Minderheit sowie eine diplomat. Kontroverse mit Jugoslawien aus. 1974 wählte die Bev. den Kandidaten der SPÖ, den Parteilosen R. Kirchschläger, zum Bundespräs. (1980 wiedergewählt). In einer Volksabstimmung (1978) lehnte eine knappe Mehrheit der Bev. die Inbetriebnahme des Kernkraftwerks Zwentendorf ab. Nachdem die SPÖ bei den Nationalratswahlen von 1975 und 1979 erneut die absolute Mehrheit gewonnen hatte, verlor sie diese 1983. Als Bundeskanzler Kreisky daraufhin zurücktrat, folgte ihm F. Sinowatz (SPÖ) an der Spitze einer SPÖ/FPÖ-Koalition (Vizekanzler: N. Steger, FPÖ). Die ÖVP blieb in der Opposition (Kanzlerkandidat 1975 und 1979: J. Taus, 1983: A. Mock). – Außenpolitisch beteiligte sich Ö. an den internat. Bemühungen um Entspannung; der UNO stellte es Truppen zur Verfügung, z. B. auf Zypern. Die österr. Regierung bietet v. a. die Bundeshauptstadt Wien als Treffpunkt der internat. Diplomatie bei der Lösung von Streitfragen oder internat. Problemen an (z. B. Konferenz über MBFR, Unterzeichnung des SALT-II-Abkommens). Mit der Eröffnung (1979) des ›Internat. Zentrums Wien‹ (IZW), auch ›UNO-City‹ genannt, wurde Wien neben New York und Genf dritte Stadt der UNO.

KULTUR

Kunst

Die Kunst in Ö. läßt österr. Sonderart zuerst unter den Habsburgern erkennen. Wien, wo Hof und Adel in lebendiger Verbindung mit dem Bürgertum standen, wurde der künstler. Mittelpunkt. In den Blütezeiten der österr. Kunst um 1300, um 1500, dann v. a. im Barock um 1700 und auch noch um 1830/40 im ›Biedermeier‹ wirkte sich ihr Einfluß im dt. Sprachbereich aus. Eine zentrale Rolle spielten schließlich Historismus und Jugendstil (Sezession) in Wien.

Von der Romanik bis zum Barock. Charakterist. Werke bis zum Ende des 13. Jh. manifestieren v. a. den östl. Einfluß in Wandmalerei (Fresken in Pürgg und Lambach), Glasmalerei (Rundscheibe in Heiligenkreuz), Bauplastik (Schöngrabern) und Architektur (Dom in Gurk, BILD; Kloster Millstatt; Karner und Rundkirchen v. a. in NÖ: Tulln, Pulkau, Petronell). Die Buchmalerei (Admonter Riesenbibel) hatte ihr Zentrum in Salzburg. Eine Sonderstellung nimmt der Verduner Altar des →Nikolaus von Verdun in Klosterneuburg ein (1181 beendet).

Die Gotik prägte den österr. Alpenraum am nachhaltigsten mit seiner bis ins Barock reichenden Tradition in Malerei und Schnitzkunst. Im Bereich der Architektur entstanden seit dem späten 13. Jh., geprägt vom Ideengut der Bettelorden, die Augustiner- und Minoritenkirche in Wien, weitere Höchstleistungen aus got. Zeit sind St. Stephan in Wien, der Hallenchor des Zisterzienserklosters Heiligenkreuz und die Stiftskirche von Zwettl. – In der Plastik dominierte zunächst die Mariendarstellung (→Schöne Madonnen). Im 15. Jh. entstanden die großen Schnitzaltäre von M. und F. Pacher (BILD) in St. Wolfgang, der Altar des Meisters von Kefermarkt (um 1500) und der Altar von Mauer bei Melk (um 1520). Die besten Zeugnisse der Glasmalerei got. Zeit sind die Fenster in Viktring und Friesach. Im Bereich der Freskomalerei stehen an der Wende der Romanik zur Gotik die Darstellungen an der Westempore des Doms von Gurk.

Den Übergang zur Malerei der →Donauschule bildeten die Werke von R. Frueauf d. J. (BILD), J. Breu und L. Cranach d. Ä. (BILD). Hauptwerke schufen W. Huber, BILD (Feldkircher Annenaltar) und A. Altdorfer, BILD (Sebastiansaltar im Stift St. Florian). Unter Kaiser Maximilian I., der sich von versch. Künstlern ein monumentales Grabmal schaffen ließ (Hofkirche in Innsbruck, 1553–63), begann der Einfluß der Renaissance wirksam zu werden (Auftreten ital. Baumeister, Ausbau der Residenzen Innsbruck, Graz, Linz, Wien, Wiener Neustadt, Ausbau von Schlössern wie Ambras, Schallaburg, Schloß Porcia in Spittal a. d. Drau, Hofburg mit Stallburg in Wien).

Den österr. Stil des Barock (17./18. Jh.) mit einem zunächst stark ital. Element (Salzburg) prägten J. B. Fischer v. Erlach (BILD) und L. v. Hildebrandt (BILD), die auch Elemente der frz. Klassik aufnahmen und für ganz Dtl. beispielgebend wirkten. Wichtige Bauwerke von oder mit Fischer v. Erlach: Schönbrunn, Karlskirche und Nationalbibliothek in Wien; von L. v. Hildebrandt: Belvedere (BILD), Schlösser im Marchfeld. Führende Baumeister waren ferner J. Prandtauer (Melk) und J. M. Prunner (Stadl-Paura). Bed. Bildhauer der Zeit: Th. Schwanthaler, M. Guggenbichler (spezifisch alpenländisch) und G. R. Donner (BILD). Unter den Malern dominieren D. Gran (Kuppelfresko Nat.-Bibl. Wien), P. Troger (Altenburg, Göttweig), M. J. Schmidt und F. A. Maulbertsch, BILD (Piaristenkirche Wien, Schloß Halbturn), der sich in seinem Spätwerk bereits dem Klassizismus annäherte.

Vom Klassizismus bis zur Gegenwart (19./20. Jh.). Maßgebender Architekt des Wiener Klassizismus (Biedermeier) war J. Kornhäusel mit Auswirkungen bis zur modernen Architektur von A. Loos. Im Bereich der Malerei bildete den Übergang vom Barock zum Klassizismus und zur Romantik J. A. Koch (BILD), während F. G. Waldmüller (BILD) das Biedermeier mit Vorstellungen des Realismus verband. Charakteristisch für das Wiener Biedermeier waren J. Schnorr v. Carolsfeld und Genremaler wie P. Fendi mit Querverbindungen zu den Nazarenern wie J. v. Führich oder Romantikern wie M. v. Schwind (BILD).

Den Historismus in der Architektur kennzeichnen seit der Mitte des 19. Jh. H. Ferstel, Th. von Hansen und K. Hasenauer (›Ringstraßenstil‹). In der Malerei dominierte H. Makart mit seinen für die Zeit charakterist. Historienbildern und ›lebenden Bildern‹ bei Festumzügen. Sein Antipode war der psychologisierende A. Romako. Zu den bedeutendsten Landschaftsmalern des ausgehenden 19. Jh. zählen K. Schuch, R. v. Alt (als Aquarellist) und Th. v. Hörmann.

Einen Neuansatz bildete die 1897 gegr. Wiener →Sezession (Verarbeitung von Einflüssen aus England und Belgien). O. Wagner gilt als ein Pionier der →modernen Architektur. Vor J. M. Olbrich, J. Hoffmann und J. Plečnik prägte er den Stil seiner Zeit bis 1914. Gegen den ornamentalen Stil des Historismus und der Wagner-Schule stellte sich A. Loos mit einer Ästhetik des Funktionalismus. Mit ihr wurde er zu einem der Begründer des internat. Stils der modernen Architektur.

Zu den Malern im Wiener Jugendstil gehört v. a. G. Klimt (BILD), der zunächst Einfluß auf E. Schiele ausübte; wie O. Kokoschka und R. Gerstl prägte er schließlich die österr. Richtung des Expressionismus. Als Zeichner beanspruchte A. Kubin (BILD) bereits um 1900 Geltung. Zw. den Weltkriegen nahmen H. Boeckl und W. Thöny als Maler eine zentrale Rolle ein. Bei Boeckl lernte an der Wiener Akademie nach 1945 eine ganze Generation. Einen vergleichbaren (v. a. geistigen) Einfluß hatte der Dichter und Maler A. P. Gütersloh auf die →Wiener Schule des phantastischen Realismus. Mit seinen aus dem Sezessionismus entwickelten Spiralbildern setzte sich v. a. F. Hundertwasser (BILD) durch. Von A. Hanak ausgehend, entwickelte sich F. Wotruba (BILD) zu einem Klassiker der modernen Plastik im figürl. Bereich. Aus seiner Schule gingen u. a. J. Avramidis, R. Hoflehner und A. Hrdlicka hervor. Einen Gegenpol zur figürl. Plastik bildet v. a. K. Prantl mit seinen Meditationssteinen. Für die neuere künstler. Entwicklung hat A. Rainer mit seinen Übermalungen und als Vertreter der Body Art Bedeutung. Im Bereich der Architektur haben C. Holzmeister und L. Welzenbacher, später auch als Lehrer, Wesentliches geleistet. Nach ihnen ist v. a. R. Rainer mit vielen Planungen und Projekten (Wiener Stadthalle) hervorgetreten. Die Gruppen ›Haus Rucker Co‹ (L. Ortner, K. Pinter, G. Kelp) und ›Coop Himmelblau‹ leiten zu Bestrebungen im Bereich einer utopischen und ›postmodernen‹ Architektur über, als deren wesentlichster Vertreter H. Hollein anzusehen ist. Die Fortsetzung des →Wiener Aktionismus der 60er Jahre erprobten in den 70er und beginnenden 80er Jahren G. Brus als neosymbolist. Zeichner und H. Nitsch mit gelegentl. (Teil-)Aufführungen seines ›Orgien-Mysterien-Theaters‹.

Literatur

Die Christianisierung der Alpenländer ließ in Klöstern (Mondsee, Maria Saal, Melk, Millstatt, Klosterneuburg, Vorau, St. Lambrecht u. a.) ein geistl. Schrifttum entstehen, das bibl. Themen aufgriff oder Altgermanisches ins Christliche wendete. Der Minnesang ist in Ö. unter anderem durch den Kürenberger vertreten; am Wiener Hof der Babenberger lernte Walther von der Vogelweide ›singen und sagen‹. Die dichter. Nachfolge reicht von Ulrich von Liechtenstein und Neidhart von Reuenthal bis Oswald von Wolkenstein. Auch das Heldenepos ist in Ö. beheimatet (Nibelungenlied, Kudrun, Dietrichepen), ebenso die Versnovelle ›Meier Helmbrecht‹ von Wernher dem Gartenaere. Renaissance und Humanismus entfalteten sich am Prager Hof Karls IV. (dort entstand der ›Ackermann aus Böhmen‹ des Johannes von Tepl) und am Wiener Hof Rudolfs IV. und Friedrichs III. Das Jh. des Barock ist an künstler. Erscheinungen bes. reich. Alle dichter. Gattungen wurden gepflegt: Lyrik (Katharina Regina von Greiffenberg, S. Rettenbacher, Laurentius von Schnüffis), Epik (W. H. von Hohberg), Barockprosa (Romane von J. Beer, Predigten von Abraham a Sancta Clara), Dramatik (Barocktheater, höf. Oper und Ordensdrama, vertreten durch A. Vogt, S. Rettenbacher, N. Avancinus). Das 1776 zum Hof- und Nationaltheater erhobene Wiener Burgtheater diente anfänglich den Tendenzen der Aufklärung, dann wurde die dt. Klassik vorherrschend. Das volkstüml. Theater (→Volkstheater) fand seine Pflegestätte auf den Vorstadtbühnen (J. A. Stranitzky u. a.).

Das 19. Jh. brachte eine reiche Entfaltung österr. Dichtung: im dramat. Bereich durch F. Grillparzer, F. Raimund, J. Nestroy, L. Anzengruber, auf erzähler. Feld durch A. Stifter, F. von Saar, Marie von Ebner-Eschenbach, auf lyr. Gebiet durch Ö.s bedeutendsten Mundartdichter F. Stelzhamer. Bertha von Suttner kämpfte gegen den Krieg (Friedensnobelpreis 1905), Ada Christen für die Überwindung der sozialen Nöte der Frau. Aus deutschsprachigen Randgebieten der Donaumonarchie kamen N. Lenau, A. Grün, Ch. Sealsfield. – Dem Naturalismus entwuchs die Dramatik der Tiroler K. Schönherr und F. Kranewitter. ›Wiener Impressionismus‹ um die Jahrhundertwende: H. Bahr, H. von Hofmannsthal, A. Schnitzler, P. Altenberg, R. Beer-Hofmann, St. Zweig, R. Schaukal, F. Braun u. a. Der bed. Satiriker und Sprachkritiker der Epoche war K. Kraus; ihm voran gingen F. Kürnberger und L. Speidel. Aus dem neuromantisch getönten Prager Kulturkreis kam R. M. Rilke; der Prager Atmosphäre entstammten noch so verschiedenartige Persönlichkeiten wie M. Brod, G. Meyrink, F. Werfel, J. Urzidil, schließlich F. Kafka. Den Expressionismus in Ö. vertraten im Drama O. Kokoschka, A. Wildgans, F. Th. Csokor, in der Lyrik G. Trakl, Th. Däubler, A. Ehrenstein, als Erzähler A. Kubin, A. P. Gütersloh, E. Weiss u. a. Die ›Neue Sachlichkeit‹ repräsentierten im Drama F. Bruckner, im Roman R. Neumann und R. Brunngraber, in der Lyrik Th. Kramer. Vom Untergang der österr.-ungar. Monarchie geprägt sind in verschiedener Weise die Werke von A. Lernet-Holenia, F. von Herzmanovsky-Orlando, J. Roth. Der histor. Roman erlebte eine neue Blüte bei Enrica von Handel-Mazzetti, E. H. Kolbenheyer, J. Wenter, E. Colerus. Generationenromane mit kultur- und zeitgeschichtl. Perspektiven schrieben F. Nabl, E. Lothar, F. Habeck. Erfolgreiche Essayisten und Kritiker der Epoche waren E. Friedell und A. Polgar. Nach den Inflationsjahren erfolgte eine Wendung zur heimatl. Landschaft: Tirol einschl. Südtirol (J. Kopp, J. Leitgeb, J. G. Oberkofler, Maria Veronika Rubatscher, K. Springenschmid, F. Tumler), Kärnten (J. F. Perkonig, G. Zernatto, H. Strutz), Steiermark (M. Mell, F. Nabl, Paula Grogger), Salzburg (J. Freumbichler, K. H. Waggerl, G. Rendl), Oberösterreich (R. Billinger). Wien wurde mit seiner Mundart vernehmbar durch R. Stürzer, J. Weinheber, später durch H. C. Artmann und G. Strnadt. Die Linie der volksdramat. Dichtung setzte eigenwillig Ö. von Horváth fort. – Mit diesen heimatl. Traditionen verband sich antikes Geisteserbe in der Formkunst von Weinheber, E. Waldinger, F. Sacher, R. Bayr. Seit jeher bestanden enge literar. Zusammenhänge mit den Grenzbereichen des alten Donaustaates: Sudetenraum (R. Michel, H. Watzlik, H. Suso Waldeck, E. Merker, J. Mühlberger, Gertrud Fussenegger), Krain (F. von Gagern), Bukowina (G. von Rezzori), Siebenbürgen (A. Meschendörfer, E. Wittstock, H. Zillich).

Die Dichtung nach 1945 knüpfte teils an Traditionen an (im Drama F. Hochwälder und H. Zusanek), teils regte sich ein ›schöpferisches Mißtrauen‹ gegenüber dem Hergebrachten (H. Eisenreich). Die in den 30er Jahren erschienenen Zeitdeutungen von R. Musil und H. Broch kamen jetzt erst zu voller Wirkung. Gesellschaftsdarstellung und -kritik in versch. Form bieten die Romane von H. von Doderer, Zeitgeschichtliches und Satirisches bringen F. Torberg, A. Drach. Kritik und Essay: H. Weigel. Jüngere Erzähler wie Ilse Aichinger, Th. Bernhard, Marlen Haushofer, G. F. Jonke gingen z. T. auch formal neue Wege. Lyrikerinnen: Ingeborg Bachmann, Christine Lavant, Christine Busta. Avantgardist. Lit. schufen H. C. Artmann, E. Jandl (Lautgedichte), Friederike Mayröcker und die Wiener Gruppe (F. Achleitner, K. Bayer, W. Rühm, O. Wiener), die in ihre Textmontagen Dadaistisches, Surrealistisches und Mundartliches einbezogen. Zum Sammelpunkt neuer literar. Bestrebungen wurde in den 60er Jahren das Grazer ›Forum Stadtpark‹, von wo P. Handke, W. Bauer, A. Kolleritsch, Barbara Frischmuth, Elfriede Jelinek, G. Roth, H. Eisendle, G. Wolfgruber ausgingen. Scharfe Gesellschaftskritik findet sich bei M. Scharang, P. Turrini. Andere neue oder sich in jüngster Zeit schärfer profilierende Erzähler: G. Amanshauser, A. Brandstetter, P. Henisch, K. Hoffer, B. Hüttenegger, F. Innerhofer, W. Kofler, F. Rieger, P. Rosei, J. Winkler, H. Zenker. Generations- und Eheprobleme behandeln bes. weibl. Autoren wie Ingrid Puganigg, Jutta Schutting, Brigitte Schwaiger.

Musik

Die Musik in Ö. hat an der Entwicklung der dt. und europ. Musik bed., zeitweilig entscheidenden Anteil. Charakteristisch sind Einschmelzungsvorgänge, die durch die Hinwendung zur Kultur der Italiener und durch die Berührung mit den benachbarten habsburg. Besitzungen, bes. in Ungarn, hervorgerufen wurden. Beide Einflußsphären werden zur Zeit der Wiener Klassiker am deutlichsten spürbar, die ital. auf dem Gebiet der Oper, die ungar. in der Instrumentalmusik (bei J. Haydn, später bei F. Schubert, F. Liszt und J. Brahms). Bezeichnend ist ferner das enge Wechselverhältnis von Kunst- und Volksmusik (etwa bei W. A. Mozart, F. Schubert, A. Bruckner, G. Mahler). Die Entwicklung des Klavierlieds von F. Schubert bis zu H. Wolf und G. Mahler, die Entstehung des Walzers und die Entwicklung der Operette von J. Strauß (Sohn) bis F. Lehár vollzogen sich in Ö.

Im 20. Jh. entstand die →Neue Musik in Wien. A. Schönberg entwickelte seine Zwölftontechnik. Bed. für die Neue Musik in Ö. waren ferner A. Berg und A. Webern. Als Opernkomponisten traten (neben Schönberg und Berg) bes. F. Schreker und sein Schüler E. Krenek hervor; weiterhin H. E. Apostel, H. Jelinek, F. Schmidt, J. Marx, K. Schiske, A. Heiller, J. N. David, G. von Einem, A. v. Zemlinsky, F. Cerha, R. Haubenstock-Ramati, A. Logothetis. – Auch die Musikinterpretation hat in Ö. eine bed. Tradition, bes. durch die Wiener Staatsoper, die Wiener Philharmoniker und die →Salzburger Festspiele.

Österreicher, die östl. Gruppe des bair. Stammes. Die größeren Gruppen beiderseits der Donau sind die Ober- und Niederösterreicher, weitere Gruppen die Tiroler, Kärntner und Steiermärker. Die Vorarlberger sind Alemannen. Die Ö. haben in eigenständiger Entwicklung und durch Aufnahme fränk. Stammesteile im hohen MA. sowie durch Zuwanderung slaw. und ungar. Bev.-Teile ein eigenes, wenn auch nicht einheitl. Stammestum ausgeprägt.

Österreichisch-Alpine Montangesellschaft AG, →VÖEST-Alpine AG.

Österreichische Automobil-Fabriks-AG, →ÖAF-Gräf & Stift AG.

Österreichische Bundesbahnen, Abk. **ÖBB,** Staatsbahnen der Rep. Österreich (Streckenlänge 1982: 5854 km; davon 3049 km elektrifiziert). Die als Privatbahnen gebauten und seit 1841 auch als Staatsbahnen errichteten Eisenbahnen wurden 1880 zunehmend vom Staat betrieben. 1923 wurden sie als selbständiger Wirtschaftskörper mit eigener Rechtspersönlichkeit gegr. Nach 1945 wurde die Kommerzialisierung der Bundesbahnen vorerst zurückgestellt. Mit dem Bundesbahn-Ges. von 1969 entstand wieder ein Wirtschaftskörper ›Österreichische Bundesbahnen‹ als Zweig der Betriebsverwaltung des Bundes. Zu ihm gehören außer dem Schienenverkehr eigene Kraftwagen- und Schiffahrtsdienste.

Mit der obersten Verwaltung der ÖBB ist der Bundes-Min. für Verkehr betraut. Organe des Unternehmens sind ein viergliedriger Vorstand und ein aus 15 Mitgl. bestehender Verwaltungsrat. Die Geschäftsführung liegt bei der Generaldirektion in Wien.

Österreichische Bundessport-Organisation, Abk. **BSO,** 1969 gegr. Spitzenverband des österr. Sports und seiner Dach- und Fachverbände; Sitz: Wien.

Österreichische Gewerkschaften, im Österr. Gewerkschaftsbund (ÖGB, gegr. April 1945) zusammengeschlossene Arbeitnehmervereinigungen Österreichs. Der ÖGB umfaßt 16 Gewerkschaften; Gliederung, Mittel und Ziele entsprechen im wesentlichen denen der dt. →Gewerkschaften. 1949 trat der ÖGB aus dem Weltgewerkschaftsbund aus und zum Internat. Bund Freier Gewerkschaften über. Im ÖGB waren (1981) rd. 1,7 Mio. Arbeitnehmer organisiert. Präs. ist seit 1963 A. Benya.

Geschichte. Die Ö. G. entstanden nach 1870 aus den Bildungs- und Unterstützungsvereinen, erlangten aber erst seit Beginn der 1890er Jahre Bedeutung. Die ›Gewerkschaftskommission Deutsch-Österreich‹, seit 1928 ›Bund der freien Gewerkschaften Österreichs‹, umfaßte (1929) 48 Fach-Gewerkschaften; ein bed. Gewerkschaftsführer war A. Hueber (* 1861, † 1935). Auf den Anfang der 1890er Jahre gehen auch christl. (kath.) Gewerkschaften zurück, die sich 1902 zusammenschlossen und 1906 die ›Zentralkommission der christl. Gewerkschaften Österreichs‹ bildeten. Außerdem bestanden eine völk. Gewerkschaftsbewegung, deren Dachorganisation der ›Dt. Gewerkschaftsbund für Österreich‹ war, und der ›Gewerkschaftsbund der Angestellten Österreichs‹. 1934 wurden die Freien Gewerkschaften aufgelöst. Die 1934 gegründete Einheitsgewerkschaft wurde 1938 unter dem Nationalsozialismus aufgelöst.

Österreichische Industrieverwaltungs-AG, Abk. **ÖIAG,** Wien, staatl. Holdinggesellschaft zur Verwaltung der verstaatlichten Industrie; gegr. 1966, seit 1970 AG.

Österreichische Kontrollbank AG, Wien, Gemeinschaftsgründung (1946) mehrerer österr. Großbanken. Hauptgeschäft: Treuhänderfunktionen als Wertpapiersammelbank, Verrechnungsstelle des Bundes bei bundesverbürgten Ausfuhrkrediten, Übernahme von Exportrisikohaftung.

Österreichische Länderbank AG, Wien, große österr. Geschäftsbank, gegr. 1880, 1946 verstaatlicht, 1954 z. T. reprivatisiert (ÜBERSICHT Banken).

Österreichische Mineralölverwaltungs AG, Abk. **ÖMV,** Wien, staatl. Unternehmen der Mineralölwirtschaft; gegr. 1955.

Österreichische Nationalbank, Notenbank Österreichs, 1922 als Nachfolgebank der Österreichisch-Ungar. Bank als AG gegr., 1938 aufgelöst und in die Dt. Reichsbank eingegliedert, 1945 reorganisiert, dann gesetzlich geregelt im Notenbank-Ges. v. 8. 9. 1955. Exekutivorgan der Ö. N. ist der Generalrat.

Österreichische Nationalbibliothek, bis 1920 **Hofbibliothek,** Wien, gegr. um 1526 von Kaiser Ferdinand I., seit 1623 in der Hofburg, seit 1727 in dem von J. B. und J. E. Fischer von Erlach errichteten Barockbau; durch Bibliotheken der Fugger (1656), der Ambraser Sammlung (1665), des Prinzen Eugen (1737) u. a. sowie durch die Säkularisationen stark vermehrt. Zu den Beständen vgl. ÜBERSICHT Bibliothek.

Österreichische Post- und Telegraphenverwaltung ist zuständig für das Post- und Fernmeldewesen. Organisation: An der Spitze steht die Generaldirektion für die Post- und Telegraphenverwaltung (Sektion III des Bundesmin. für Verkehr) unter der Leitung eines dem Bundes-Min. unmittelbar unterstellten Generaldirektors. Der Generaldirektion unterstehen die Post- und Telegraphendirektionen in Graz, Innsbruck, Klagenfurt, Linz und Wien sowie das Post- und Telegrapheninspektorat in Salzburg mit den unterstellten Dienststellen des ausübenden Dienstes. Ferner sind der Generaldirektion unmittelbar unterstellt (für das ganze Bundesgebiet zuständig): Fernmeldetechn. Zentralamt, Fernmeldezentralbauleitung, Telegraphenzeug-, Postzeugverwaltung, Postautohauptwerkstätte. – Die österr. Postsparkasse, Zentralstelle für den Postspar- und den Postscheckverkehr, ist eine selbständige Einrichtung des Bundes.

Österreichischer Arbeiterkammertag, zentrale Körperschaft, in der die einzelnen Arbeiterkammern (öffentlich-rechtl. Interessenvertretungen der Arbeitnehmer) zusammengefaßt sind. Für jedes Bundesland besteht eine Arbeiterkammer. – Die Arbeiterkammern wurden erstmals durch Ges. v. 26. 2. 1920 errichtet, im Juni 1938 aufgehoben, im August 1945 wiedererrichtet und durch Ges. v. 19. 6. 1954 (seit 1. 1. 1969 novelliert) neu organisiert.

Österreichischer Erbfolgekrieg, der 1740–48 um die Erbfolge Maria Theresias in den habsburg. Ländern geführte europ. Krieg. Nach Karls VI. Tod erkannten Bayern, Sachsen und Spanien entgegen der → Pragmatischen Sanktion 2) die Erbfolge nicht an. Sie fanden die Unterstützung Frankreichs, während Großbritannien und die Niederlande auf Österreichs Seite traten. Zudem erhob Preußen Ansprüche auf Schlesien, die es im ersten und zweiten → Schlesischen Krieg durchsetzte, ohne dauernd der Koalition beizutreten. Ein frz.-bayer. Heer drang Ende 1741 in OÖ und Böhmen ein. Der österr. Gegenstoß führte zur Besetzung Bayerns; Großbritannien schlug die Franzosen 1743 bei Dettingen. Der Sohn Kaiser Karls VII. verzichtete im Frieden von Füssen (1745) auf die bayer. Erbansprüche. Während Großbritannien im See- und Kolonialkrieg gegen Frankreich die Oberhand behielt, eroberten die Franzosen unter Moritz von Sachsen (Sieg bei Fontenoy 1745) die österr. Niederlande. Als aber Rußland auf Grund eines Bündnisses mit Österreich einzugreifen begann, kam es zum Abschluß des Aachener Friedens vom 18. 10. 1748; Maria Theresia mußte das Herzogtum Parma-Piacenza abtreten, erlangte jedoch die allgemeine Anerkennung ihrer Erbfolge.

Österreichischer Kreis, einer der 10 → Reichskreise des Dt. Reiches bis 1806, umfaßte alle dt. Besitzungen des Hauses Österreich (ohne die böhm. Länder), außerdem die Bistümer Trient, Brixen und Chur u. a. kleinere Territorien.

Österreichischer Rundfunk, Abk. **ORF,** österr. Rundfunkgesellschaft, Sitz: Wien, gegr. 1924 als ›Radio-Verkehrs-A. G./RAVAG‹, seit 11. 12. 1957 ›ORF‹, reorganisiert durch das Bundesrundfunkges. v. 10. 7. 1974.

Österreichisches Institut für Geschichtsforschung, → Institut für Österreichische Geschichtsforschung.

Österreichisches Staats|archiv, die Archivverwaltung für die Zentralbehörden der Rep. Österreich (seit 1945). Der Generaldirektion des Ö. S. unterstehen die Abteilungen Haus-, Hof- und Staatsarchiv, Allg. Verwaltungsarchiv, Finanz- und Hofkammerarchiv, Kriegsarchiv und Verkehrsarchiv, alle in Wien.

Österreichische Stickstoff-Werke AG, Abk. **ÖSW,** seit 1973 **Chemie-Linz AG,** Linz, eines der größten österr. Unternehmen der chem. Ind., gegr. 1939, seit 1946 verstaatlicht.

Österreichische Volkspartei, Abk. **ÖVP,** Partei in Österreich, gegr. 1945 als Vertretung aller ›nichtmarxist. Bürger‹, entwickelte ein konservativ-demokrat., föderalist. und sozialreformerisches Programm auf der Grundlage einer christlich-abendländ. Kulturauffassung. Viele Gründungsmitgl. kamen aus der ehem. → Christlich-sozialen Partei, einige aus dem → Landbund 2). Unter der Führung von J. Raab und des damaligen Finanz-Min. R. Kamitz wandte sich die ÖVP der sozialen Marktwirtschaft zu. Die ÖVP gliedert sich in 3 Bünde (Österr. Bauernbund, Österr. Wirtschaftsbund, Österr. Arbeiter- und Angestelltenbund), an deren Spitze je ein Obmann steht. Die Gesamtleitung der Partei hat ein Bundesobmann. 1945–70 war die ÖVP stärkste Regierungspartei im Nationalrat (1956: 82, 1959: 79, 1962: 81, 1966: 85, 1970: 78 Sitze); seit 1970 in der Opposition (1971: 80, 1975: 80, 1979: 77, 1983: 81 Sitze).

österreichische Weine, bes. Weißweine (86%; z. B. Grüner Veltliner, Rheinriesling) und Rotweine, angebaut u. a. in Wachau, Krems, Weinviertel, Donauland, Wien, Baden, Vöslau, Rust-Neusiedler-See.

Österreichisch-Schlesi|en, der nach den → Schlesischen Kriegen bei Österreich verbliebene südl. Teil Schlesiens (ÜBERSICHT Österreich-Ungarn), der 1919/20 zw. der ČSSR und Polen aufgeteilt wurde.

Österreichring, Motorsportrennstrecke in der Nähe von Zeltweg in der Steiermark, 5,942 km lang, auf der der Große Preis von Österreich in der Formel 1 gefahren wird.

Österreich-Ungarn, amtlich 1869–1918 **Österreichisch-Ungarische Monarchie,** volkstümlich auch **Donaumonarchie,** umfaßte den Ostalpen-, Donau- und Karpatenraum, das böhm. Becken sowie die adriat. Ostküste und deren Hinterland. Ö.-U. war ein Vielvölkerstaat und hatte 1910 neben den beiden Staatsvölkern (Deutsche 12,01, Magyaren 10,07 Mio.) Tschechen und Slowaken (8,47), Polen (5,02), Ukrainer (Ruthenen; 4), Serbokroaten (5,55), Slowenen (1,35), Rumänen (3,22), Italiener (0,8 Mio.). Staatsrechtlich war Ö.-U. eine Personal- und Realunion (Doppelmonarchie) zw. den im Reichsrat vertretenen Königreichen und Ländern (Kaiserreich Österreich, Zisleithanien) und den Ländern der ungar. Krone (Königreich Ungarn, Transleithanien). In beiden Reichsteilen war die Krone erblich im Hause Habsburg-Lothringen (→ Pragmatische Sanktion 2). Gemeinsam verwalteten beide Bosnien und die Herzegowina. Im österreichisch-ungarischen Ausgleich wurde 1867 die staatsrechtl. Verbindung der 2 Reichshälften durchgeführt. Danach waren beide Staaten in allen inneren Angelegenheiten selbständig. Gemeinsame (pragmatische) Angelegenheiten waren Außenpolitik und Kriegswesen und deren Finanzen, verwaltet durch k. und k. Ministerien (→ k. k.). Wirtschaft und Münze wurden nach gleichen Grundsätzen behandelt (dualist. Angelegenheiten). Eine einheitl. Verf. für die gesamte Monarchie kam nicht zustande. Die Verwaltung wurde ausgeübt durch die gemeinsamen, den Delegationen verantwortl. Ministerien. Über die Streitkräfte verfügte der Monarch.

In Österreich übte der Kaiser die gesetzgebende Gewalt gemeinsam mit dem Reichsrat, in Landesangelegenheiten mit den Landtagen der Kronländer aus. Der Reichsrat bestand aus dem Herrenhaus von (1914) 291 und dem Abgeordnetenhaus von (1914) 516 auf 6 Jahre vom Volk gewählten Mitgl. Die Staatsverwaltung in den Kronländern führte die Statthalterei (Landesregierung), die Selbstverwaltung der Landesausschuß. In Ungarn übte die Gesetzgebung der König mit dem Reichstag aus, der aus der Magnatentafel (Oberhaus) von (1914) 366 und der Repräsentantentafel von (1914) 413 auf 5 Jahre gewählten Abgeordneten bestand. Die Verwaltung Bosniens und der Herzegowina war dem k. und k. Finanz-

Österreich-Ungarn

Reichsteile Kronländer	km²	Ew. in 1000 1914	1869	Hauptstadt
Niederösterreich	19 825	3 635	1 990,7	Wien
Oberösterreich	11 982	864	736,6	Linz
Salzburg	7 153	221,3	153,2	Salzburg
Steiermark	22 425	1 467,8	1 138	Graz
Kärnten	10 326	406,2	337,7	Klagenfurt
Tirol	26 683	979,7	776,3	Innsbruck
Vorarlberg	2 602	150,8	102,6	Bregenz
Böhmen	51 947	6 860	5 140,5	Prag
Mähren	22 222	2 666,6	2 017,3	Brünn
Schlesien	5 147	776	513,4	Troppau
Galizien	78 497	8 211,8	5 444,7	Lemberg
Bukowina	10 441	818,3	523,4	Czernowitz
Krain	9 954	530,2	466,3	Laibach
Küstenland	7 969	938	582,1	Triest
Dalmatien	12 831	667,6	457	Spalato
Österreich	*300 004*	*29 193,3*	*20 379,8*	*Wien*
Ungarn	282 870	18 810,9	11 530,4	Budapest
Fiume	20	49,8	17,9	Fiume
Kroatien-Slawonien	42 521	2 669,9	1 847[1])	Agram
Ungarn	*325 411*	*21 530,6*	*13 395,3*	*Budapest*
Bosnien-Herzegowina	*51 200*	*2 075,8*	–	*Sarajewo*
Österreich-Ungarn	**676 615**	**52 799,7**	**33 775,1**	**Wien**

[1]) mit Militärgrenze.

ministerium übertragen und wurde seit 1910 durch eine Landesreg. mit Landeschef und Landtag ausgeübt.

Durch die Verträge von Saint-Germain (mit Österreich am 10. 9. 1919) und Trianon (mit Ungarn am 4. 6. 1920) wurde Ö.-U. unter folgende ›Nachfolgestaaten‹ aufgeteilt:

	km²	% Fläche	Mio. Ew.	% Ew.
Österreich	83 800	12,4	6,4	12,6
Ungarn	93 000	13,8	7,9	15,2
Italien	23 400	3,3	1,6	3,1
Tschechoslowakei	140 400	20,7	13,7	26,8
Polen	80 100	12,0	7,7	15,1
Rumänien	113 200	16,7	6,2	12,1
Jugoslawien	143 500	21,1	7,5	14,7

Zur Geschichte Ö.-U.s → Österreich, Geschichte, → Ungarn, Geschichte.

Osterspiele, geistl. Schauspiele, hervorgegangen aus der liturg. Osterfeier (Ostertropus ›Quem quaeritis‹, 10. Jh.), dem Wechselgesang zw. den von Geistlichen dargestellten 3 Frauen und dem Engel am leeren Grab Christi. Allmählich trat an die Stelle der liturg. Wechselrede die dramat. Handlung, oft erweitert durch neue Personen und neue, später auch burleske Szenen. So entwikkelten sich die Spiele aus kirchlich gebundener Liturgie zum selbständigen dt. Drama. Auch von den lat. Sequenzen, die sich mit Schmerz und Klage der Maria befassen (Marienklagen), führt eine Linie zu den O. Das älteste überlieferte O., das ganz in dt. Sprache verfaßt ist (alemannisch), ist das von Muri (Schweiz) aus dem 13. Jh., das künstlerisch selbständigste das Redentiner von 1464. Durch Einbeziehung der ganzen Leidensgeschichte Christi entwikkelten sich aus den O. die → Passionsspiele.

Östersund, Hptst. des Län Jämtland, Schweden, (1982) 56000 Ew.; Altertumssammlung, Freiluftmuseum; Holz-Ind.

Osterwieck, Stadt im Kr. Halberstadt, Bez. Magdeburg, (1973) 5200 Ew., an der Ilse; Gleitlagerfabrik u. a. Ind. - O., im 8. Jh. erwähnt, hat Stadtkirche St. Stephan (Turmfront 12. Jh., spätgot. dreischiffige Halle), Nikolaikirche (1262), Fachwerkhäuser (16.-17. Jh.)

Ost|europa, das Tiefland östlich der Ostsee und der Karpaten, geologisch das Gebiet der Russischen Tafel, politisch überwiegend der europ. Teil der UdSSR.

Vorgeschichte. Kulturen der frühen **Altsteinzeit** (Acheuléen) sind in O. nur schwach vertreten (östl. Schwarzmeergebiet). Im Mittelpaläolithikum (Micoquien und Moustérien) hat der Neandertalmensch O. von der Schwarzmeerküste bis zur Kama durchstreift. Das Jungpaläolithikum des europ. Teils der UdSSR hat durch Freilandstationen mit dorfartigen Siedlungen besondere Bedeutung. Bestattungsfunde zeigen, daß die Träger der jungpaläolith. Kulturen O.s Menschen vom Cro-Magnon-Typus waren. Es gibt eine Fülle von Kunstwerken (weibl. Statuetten, Tierskulpturen und Ritzornamentik) aus den Fundstätten am Dnjestr, Dnjepr, an der Desna und am oberen Don. In der **Mittelsteinzeit** bildeten sich stärker isolierte Formengruppen. Einflüsse der **Jungsteinzeit** haben O. im 5. Jahrtsd. vom Balkan her erreicht und später über Kaukasien. Die Bug-Dnjestr-Kultur hat kleine Siedlungen mit Rechteckhäusern auf Steinfundament. Haustiere sind außer dem Hund Schweine und Rinder. Die weitverbreitete **Dnjepr-Donez-Gruppe** ist durch spitzbodige Tongefäße mit der Frühphase der Bug-Dnjestr-Kultur verbunden. Die für die Ausbreitung der Agrarwirtschaft in Mitteleuropa maßgebende Bandkeramik-Kultur hat sich in O. über Wolhynien und Galizien bis zum Dnjestr ausgedehnt. Sie wird von der Tripolje-Kultur abgelöst. Diese Formengruppe ist die markanteste jungsteinzeitl. Kultur O.s. Sie ist durch wohlgeformte Tongefäße gekennzeichnet. Aus gebranntem Ton bestehende menschl. Idole und Tierfigürchen tragen ähnliche Ornamente. Die Tripoljeleute lebten in geschlossenen Dörfern, trieben Ackerbau und hielten Rinder, Schweine und Ziegen. Ende des 3. Jahrtsd. wird das südl. O. von Steppenkulturen, bes. der Ockergrabkultur oder Kurgankultur, beherrscht. Für die Wirtschaftsform der Steppenkulturen ist das Auftreten von Pferd und Wagen und die Zunahme der Haltung von Schaf und Ziege bedeutsam. Das nördl. und mittlere O. ist in der Jungsteinzeit hauptsächlich von den Trägern der kamm- und grübchenkeramischen Kulturen besiedelt worden. In der **Bronzezeit** haben die kulturellen Impulse Transkaukasiens um 2500 v. Chr. zur Bildung der nordkaukas. Kubankultur geführt, die bald ein metallurgisches Zentrum O.s bildete (Fürstengräber von Maikop). In der mittleren Bronzezeit bildeten die Kammergräberkultur, die Abaschewo-Kultur, die westl. Andronowo-Kultur und die Kolchidische Kultur markante Regionalgruppen. Zentren des Kupferbergbaus lagen im südl. und mittleren Ural. Mit Sicherheit läßt sich das Erscheinen der Skythen in O. erst mit dem Auftreten von Fürstengräbern mit Beigaben in skythisch-iran. Stil im 7. Jh. v. Chr. erfassen. Die **skytische Kultur** hat dem Steppenraum in der Zeit von 700 bis 300 v. Chr. weit über O. hinaus ihr Gepräge gegeben. Im 3. Jh. v. Chr. sind die Sarmaten von der Wolga aus in den skytischen Siedlungsraum eingedrungen.

Zur Geschichte O.s → Polen, Geschichte, → russische Geschichte.

Ost|europäische Tafel, Ost|europäische Plattform, Russische Tafel, 🌐 seit Beginn des Paläozoikums nicht mehr regeneriertes Kernstück des europ. Kontinents, bestehend aus dem Baltischen und Ukrain. Schild sowie der Russischen Platte.

Ost|europäische Zeit, Abk. **OEZ,** → Zeit.

ost|europide Rasse, Menschenrasse der → Europiden.

Ostfalen, südöstl. Gruppe der Niedersachsen zw. Lüneburger Heide und Harz, Weser und Elbe, im Unterschied zu den → Westfalen.

Ostfildern, Stadt im Kr. Esslingen, Bad.-Württ., Große Krst., (1983) 28700 Ew., 1975 durch Zusammenschluß entstanden; Maschinen-, Werkzeugbau, feinmechan., elektrotechn. Ind.

Ostflandern, fläm. **Oost-Vlaanderen** [o:stfl'a:ndərə], Prov. Belgiens, 2982 km², (1981) 1,331 Mio. Ew.; Hptst.: Gent.

Ostflevoland, 1950-57 trockengelegter 54000 ha großer Polder vor dem Südostufer des Ijsselmeeres. Anbau von Raps, Weizen, Kartoffeln, Gerste, Luzerne, Gemüse. Hauptort ist Lelystad.

Ostforschung, Ost|europaforschung, wissenschaftl. Erforschung des europ. Ostens und Südostens; ihr dienen Institute, Ges., Lehrstühle, Schriftenreihen und Zeitschriften, z. B. der Johann-Gottfried-Herder-Forschungsrat e. V. (1950) mit dem → Herderinstitut, das Osteuropa-Institut an der Freien Universität Berlin (1951) und das Osteuropa-Institut in München (1952).

Ostfranken, 1) die → Mainfranken. **2)** Teil des ehem. Hzgt. → Franken. **Ostfränkisch** vgl. ÜBERSICHT Mundarten.

Ostfriesische Inseln, ein Teil der → Friesischen Inseln.

Ostfriesland, Küstenlandschaft zw. dem Mündungsgebiet der Ems und Jadebusen mit den vorgelagerten Ostfries. Inseln (→ Friesische Inseln); von einem flachen Geestrücken durchzogen, in dem der Landes-Mittelpunkt, Aurich, liegt. Nach N, S und W schließen sich Flach- und großenteils kultivierte Hochmoore an; ein breites Marschband umsäumt das Land im N und W. Im dünnbesiedelten Hinterland ist Landwirtschaft, bes. Viehzucht, an der Küste Fischerei, in den größeren Hafenstädten (Emden, Leer) gewerbl. Wirtschaft vorherrschend. Die Ostfries. Inseln sind beliebte Ferienziele.

Geschichte. In den spätmittelalterl. Fehden der örtl. Machthaber O.s, der Häuptlinge, konnte das Haus Cirksena den größten Teil des Landes einigen. Butjadingen, Varel und Jever kamen jedoch an Oldenburg. Die Cirksena, deren bedeutendste Persönlichkeit Edzard d. Gr. (* 1462, † 1528) war, wurden 1464 Grafen und 1654 Fürsten von O. Als sie 1744 ausstarben, kam O. an Preußen, 1806 an Holland, 1810 an Frankreich, 1815 an Hannover, 1866 wieder an Preußen, 1946 an Niedersachsen.

Ostgalizi|en, Teil von → Galizien.

Ostgebiete, → Deutsche Ostgebiete.

Ostgermanen, nach Sprache und Kultur eng verwandte Gruppe german. Völker: Goten, Bastarner, Skiren, Rugier, Lugier, Wandalen, Burgunder, Gepiden, Heruler u. a.

Ostgoten, Ostrogoten, einer der beiden Stämme der Goten, der um 350 n. Chr. unter Ermanrich ein großes Reich im N des Schwarzen Meeres gründete, aber 375 von den Hunnen unterworfen wurde. Nach dem Untergang des Hunnenreichs (453) ließen sich die O. unter röm. Oberhoheit in Pannonien nieder. 488 zogen die O. unter Theoderich (d. Gr.) nach Italien. Er gründete dort ein Reich, das Italien mit Sizilien, Dalmatien, Slawonien, das Alpengebiet und die Provence umfaßte. Bald nach seinem Tod (526) verfiel das Reich und unterlag schließlich trotz des tapferen Widerstands der Könige Witigis, Totila und Teja den byzantin. Feldherren Belisar und Narses. Die in der Krim und an der Straße von Kertsch zurückgebliebenen O. haben noch lange ihre Eigenständigkeit bewahrt.

Ostheim v. d. Rhön, Stadt im Kr. Rhön-Grabfeld, Bayern, (1984) 3600 Ew.; Brauereien, kleine Ind.-Betriebe; Kirschenanbaugebiet (›Ostheimer Weichseln‹). - O. v. d. R., 804 erwähnt, hat Wehrkirche (1579-1619) und Rathaus (um 1590).

Osthilfe, Maßnahmen des Dt. Reichs und des preuß. Staats zur Linderung der wirtschaftl. Notlage des dt. Ostens (1928-37). Die O. bezweckte Zinsverbilligung, Lastensenkung, Förderung der Siedlung, bes. aber Entschuldung der Landwirtschaft.

Osthofen, Stadt im Kr. Alzey-Worms, Rheinl.-Pf., am Rhein, (1983) 6200 Ew.; Weinbau; Papier-, Elektromotoren-, Malzfabrik.

Ostholstein, Landkr. in Schleswig-Holstein, 1391 km², (1983) 194200 Ew.; Krst. Eutin.

Ostia, Lido di O., Seebad an der Tibermündung, Vorort von Rom (rd. 25 km entfernt). - Das antike O., einige km landeinwärts, nahe der damaligen Mündung des Tiber, war der Hafen Roms, begann in der späten Kaiserzeit zu verfallen, verödete im MA. (Ausgrabungen in neuerer Zeit).

Ostiarius [lat.] *der, -/...rii,* Pförtner, Türhüter; bis 1973 die unterste Stufe der früheren niederen Weihen.

ostinato [ital. ›hartnäckig‹], ♪ fortgesetzt die gleiche Tonfolge wiederholend; **Basso o.,** → Basso.

Ostindi|en, alter Name für Vorder- und Hinterindien und den Malaiischen Archipel, im Unterschied zu Westindien.

Ostindische Kompanie, → Handelskompanien.

ostische Rasse, die alpine Rasse (→ Europide).

Ostitis [grch.] *die, -/...t'iden,* die Knochenentzündung.

Ostjaken *Pl.,* seit 1917 **Chanten,** finnisch-ugr. Volk in Westsibirien, am Ob und an seinen Nebenflüssen, im → Chanten- und Mansen-Nationalbezirk wohnhaft; Rentierzüchter, Jäger und Fischer. Ihre Volksdichtung enthält Heldengesänge, Märchen und bei den religiösen Bärenfesten vorgetragene Bärenlieder.

Ostkirche, Ostkirchen, früher auch **Morgenländische Kirchen,** die Gesamtheit der Kirchen, die in der östl. Hälfte des Röm. Reiches aus der Alten Kirche hervorgegangen sind:

1) die orthodoxen Kirchen (vollständiger: orthodoxe kath. apostolische Kirche), die unmittelbar aus der byzantin. Reichskirche hervorgegangen sind und an deren Dogmen festhalten.

Gliederung und Bestand. Orthodox in diesem Sinn sind eine Reihe autokephaler, in Dogma und Kult miteinander verbundener Patriarchate und Landeskirchen (z. B. die griechisch-orthodoxe Kirche). Dem Patriarchen von Konstantinopel kommt unter den Oberhäuptern dieser Kirchen nur ein Ehrenvorrang zu. – Die (1982) 132,8 Mio. orthodoxen Christen leben vorwiegend in SO-Europa und in der UdSSR (→ russisch-orthodoxe Kirche). Zahlreiche Gemeinden sind – vor allem im 20. Jh. – in anderen Erdteilen, bes. in Amerika, entstanden. (Gesamtverteilung → Weltreligionen)

Die Verfassung ist hierarchisch-episkopal. Die Bischöfe sind grundsätzlich gleichberechtigt. Leitende Erzbischöfe, Metropoliten und Patriarchen haben Verwaltungs- und Jurisdiktionsbefugnis auch über die anderen Bischöfe, die ihrerseits im Rahmen ihrer Bischofssynode eigene Gewalt ausüben. Die Hierarchie ist in 3 Stufen gegliedert: Diakone, Priester und Bischöfe. Diakone und Priester müssen vor Empfang ihrer Weihe geheiratet oder die Mönchsweihe empfangen haben; die Bischöfe sind unverheiratet und gehen deshalb i. d. R. aus dem Mönchtum hervor.

Lehre. Sie folgt den allein verbindl. Entscheidungen der 7 ökumen. Konzilien (325–787). Daneben gilt auch liturg. Gut als Lehraussage. Spätere Bekenntnisse und Entscheidungen der Orthodoxie haben nicht die gleiche Bedeutung wie jene dieser Konzilien. Die Dogmenentwicklung des christl. Westens seit dem → filioque gilt als unzulässige Neuerung.

Kultus. Er wird als Vergegenwärtigung des Heilshandelns und Empfang des Heilsguts verstanden. Ihm dient der reich mit Bildern (Ikonen) geschmückte und als Symbol des Weltalls aufgefaßte Kirchenraum, der von dem Pantokrator (Allherrscher) Christus überhöht wird. In der Mitte des Kults steht die Feier der in einer der liturg. Sprachen gehaltenen ›göttlichen Liturgie‹. Als Sakramente gelten außer der Eucharistie: Taufe, Firmung oder Salbung (unmittelbar nach der Taufe), Buße oder Beichte, Priesterweihe, Ehe, Krankenölung. Die Mutter Christi, die ›Gottesmutter‹, die Engel und Heiligen werden hoch verehrt.

Ostkirche: OBEN Patriarch von Jerusalem erteilt den Ostersegen; UNTEN Gottesdienst

Geschichte. Die christl. Kirche der westl. und der östl. Hälfte des Röm. Reichs zeigte schon früh Unterschiede in Fragen des Kirchenrechts und des Kults. V. a. wirkte sich die Rivalität zw. Rom und Konstantinopel auf das Verhältnis zw. dem Papst und dem Patriarchen von Konstantinopel aus. Ihr Streit wurde verstärkt durch die Option der Päpste für das Fränk. Reich und die Unstimmigkeiten um die Jurisdiktionsgrenzen und Missionsgebiete, er führte schließlich zum endgültigen Bruch im Jahr 1054. Keinen dauerhaften Erfolg hatten die Unionsversuche zu Lyon (1274) und Florenz (1439), ferner Teilunionen wie die von Brest (1596); im ganzen haben sie eher zur Verschärfung der Gegensätze beigetragen. Die gegenseitige Bannung wurde erst 1965 aufgehoben, die wesentl. Unterschiede blieben jedoch weiterhin bestehen, wenn auch ein gegenseitiges Verstehen heute eher möglich erscheint als früher. – Nach versch. früheren Ansätzen kam es erst im 20. Jh. zu stärkeren theolog. Wechselwirkungen zw. den orthodoxen Kirchen und den ›christl. Konfessionen des Westens‹. Sie bezogen sich zunächst v. a. auf Anglikaner und Altkatholiken. Orthodoxe Kirchen sind auch Mitglied des Ökumen. Rats der Kirchen, seit 1961 auch die des sowjet. Einflußbereichs.

2) die im 5. Jh. entstandene Nestorian. Kirche mit etwa 500000 Mitgl. v. a. im Vorderen Orient und in Indien, ferner die monophysit. Kirchen (→ Monophysiten), zusammenfassend ›Orientalische Nationalkirchen‹, auch ›Vorderorientalische Kirchen‹ genannt (insges. 1982: 27,8 Mio.). Zu den monophysit. Kirchen gehören die → Armenische Kirche, die → Äthiopische Kirche, die → Koptische Kirche, die syrisch-orthodoxe Kirche (→ Jakobiten 1, → syrische Kirchen) und Gruppen der Thomaschristen (→ Thomas) in Indien.

3) mit der Römisch-kath. Kirche z. T. seit der Zeit der Kreuzzüge verbundene Teilkirchen orthodoxer, nestorian. und monophysitischer Herkunft (1982: 8,8 Mio. Mitgl.).

Ostmark, **1) Bairische O.,** etwa das Gebiet zw. Enns und Leitha, von Karl d. Gr. als Awarische Mark errichtet, 976 von Otto II. dem Babenberger Grafen Leopold I. verliehen, wurde das Kernland → Österreichs. **2) Sächsische O.,** im 10.–12. Jh. das Gebiet nördl. der Mark Meißen von der Saale bis zur Niederlausitz. **3)** 1938 bis 1945 Name für Österreich.

Ostmitteldeutsche, die durch Sprache und Kultur verbundenen Alt- und Neustämme der Thüringer, Sachsen und Schlesier sowie die mitteldt. Bevölkerungsteile Anhalts, der Provinz Sachsen und Brandenburgs bis zur nd. Sprachgrenze im Norden. Von ihnen sind die Schlesier sowie die östlich der Oder-Neiße-Linie wohnenden O. nach dem 2. Weltkrieg in die Bundesrep. Dtl. zwangsumgesiedelt worden. Abgesehen von Thüringern ist Ost-Mitteldeutschland seit dem 10. Jh. von Thüringern, Franken und Bayern besiedelt worden. (→ Deutsche; ÜBERSICHT Mundarten)

Ostniederdeutsche, die nd. Stämme östlich der Elbe, so bes. die Mecklenburger, Brandenburger, Pommern, Ostpreußen. (→ ostdeutsche Siedlung; → Deutsche; ÜBERSICHT Mundarten)

Ost-Pakistan, bis 1971 Teil von → Pakistan, dann selbständiger Staat, → Bangladesh.

Ostpolitik, i. w. S. die dt. Außenpolitik gegenüber den Staaten des europ. Ostens; i. e. S. die Politik der Bundesrep. Dtl. gegenüber der UdSSR und den von ihr abhängigen Staaten Ost- und Ostmitteleuropas, v. a. Polen und ČSSR.

Hauptproblem bes. gegenüber der UdSSR ist seit Gründung der Bundesrep. Dtl. (1949) die Teilung Dtl.s und die Spaltung Berlins; die O. ist damit eng mit der Deutschlandpolitik verbunden.

Gestützt auf ihre ›Westpolitik‹ erwartete die Reg. K. Adenauer (CDU, 1949–63) durch eine bes. von den USA getragene ›Politik der Stärke‹ eine Zurückdrängung der UdSSR aus Mitteleuropa und damit eine Lösung der Wiedervereinigungsfrage. Nach der Aufnahme diplomat. Beziehungen zur UdSSR (1955) formulierte seine Reg. offiziell (→ Hallstein-Doktrin) ihren Alleinvertretungsanspruch in dt. Angelegenheiten. Die Oder-Neiße-Linie erkannte sie nicht an. Die Reg. L. Erhard (CDU, 1963–66) setzte diesen Kurs fort, suchte jedoch zugleich durch eine ›Friedensnote‹ (1966) den weltweiten Entspannungsbemühungen gerecht zu werden. Die Reg. K. G. Kiesinger (CDU, 1966–69; Große Koalition aus CDU und SPD) bemühte sich unter Modifizierung der Hallstein-Doktrin um verbesserte Beziehungen zu den Ostblockstaaten.

Die Reg. W. Brandt (SPD; 1969–74) leitete eine grundlegende Neuorientierung der O. ein: Die Bundesrep. Dtl. erkannte für sich die machtpolit. Gegebenheiten und die bestehenden Grenzen an, um eine Entspannung im Verhältnis zw. der Bundesrep. Dtl. und den kommunist. Staaten Europas zu erreichen. Sie hielt dabei jedoch an der ›Viermächteverantwortung für Dtl. als Ganzes‹ fest und vertrat weiterhin das Ziel einer friedl. Wiedervereinigung. Auf dieser Basis schloß sie den → Moskauer Vertrag (1970), den → Warschauer Vertrag (1970), den → Grundvertrag (1972) und den Vertrag mit der Tschechoslowakei über die Ungültigkeit des → Münchener Abkommens (1973). Bundeskanzler H. Schmidt (SPD; 1974–82) knüpfte unter Betonung der Eingebundenheit der Bundesrep. Dtl. in das westl. Staatensystem an die von W. Brandt konzipierte O. an (u. a. dt.-sowjet. Kooperationsvertrag, 1978; Fortsetzung der Vertragspolitik mit der Dt. Dem. Rep.). Die Reg. H. Kohl (seit 1982) hebt den Verf.-Auftrag zur Wiederherstellung der dt. Einheit hervor, bemüht sich dabei jedoch gleichzeitig, die Entspannung im Ost-West-Konflikt zu fördern.

Ostpreußen, ehem. preuß. Provinz mit den RegBez. Königsberg, Gumbinnen, Allenstein und (bis 1939) Westpreußen; seit 1922 (ohne Memelgebiet) 36992 km² mit (1939) 2,49 Mio. Ew.; Hauptstadt war Königsberg. (KARTE X/XI, nach S. 320; FARBTAFELN Deutsche Wappen und Flaggen, Heraldik)

Landesnatur. O. ist ein Teil des Norddt. Tieflandes, das der Preuß. Landrücken – im Zuge des Baltischen Landrückens – von SW nach NO durchzieht. Diese durchschnittlich 150–200 m hohe flachwellige Landschwelle eiszeitl. Entstehung erreicht im O in der Seesker Höhe (südl. Goldap) 309 m, im SW in der Kernsdorfer Höhe (südl. Osterode) 313 m. Sie ist von großen buchtenreichen Beckenseen (z. B. Spirding- und Mauersee), von tieferen Rinnenseen und zahlreichen kleineren Seen bedeckt. Die Seen, vielfach untereinander verbunden, liegen im NO in hügeligem Acker- und Wiesenland, im SW meist in großen geschlossenen (Buchen-, Eichen-, Kiefern-)Wäldern. Im S schließen sich an die Endmoränenzone des Landrückens weite Heidesandgebiete (mit Kiefernbestand) an; die größten sind die Johannisburger Heide und die Sandflächen um Arys. Nach N senkt sich O. allmählich als flachwelliges, von Pregel und Memel gegliedertes Hügelland mit fruchtbaren Schwemmlandniederungen und einzelnen eiszeitl. Höhenzügen, die im Samland mit der Bernsteinküste zur Ostsee abfallen; diese mächtige Steilküste trennt die Flachküste des Frischen Haffs (mit der Frischen Nehrung) von der des Kurischen Haffs (mit der Kurischen Nehrung). – Entwässert wird O. größtenteils nach NW (u. a. Elbing, Passarge, Pregel, Angerapp, Inster, Alle, Memel).

Die Bevölkerung bestand bis 1945 zu 97% aus dt. → Ostpreußen, Minderheiten sprachen Masurisch (im SO), Polnisch und Litauisch (im NO).

Wirtschaft. 69% der landwirtschaftl. Nutzfläche waren Ackerland. Angebaut wurden v. a. Roggen und Weizen, Futtergetreide, Futterpflanzen, Kartoffeln und Hülsenfrüchte; bed. Viehzucht, bes. von Schweinen, Rindern und Pferden (u. a. Trakehner und Ermländer). Die Waldfläche betrug 19% der landwirtschaftl. Nutzfläche. Ind., Handel und Gewerbe waren auf die Städte beschränkt. Im Samland wurde Bernstein gewonnen, ferner war die Torfstecherei verbreitet.

Geschichte. O. ist aus dem Ostteil des Landes des → Deutschen Ordens (seit 1525 Hzgt. Preußen) hervorgegangen, das 1618 durch Nachfolgerecht an Brandenburg fiel und im Frieden von Oliva (1660) aus poln. Lehnshoheit gelöst wurde. Da es nicht zum Reichsverband gehörte, wurde 1701 die Krönung des Kurfürsten Friedrich III. zum ›König in Preußen‹ in Königsberg möglich. In dem durch die Pest 1709/10 entvölkerten Land siedelte Friedrich Wilhelm I. etwa 40000 Kolonisten aus der Schweiz, der Pfalz, Nassau und Salzburg (1732) an. Im Siebenjährigen Krieg war O. 1758–62 von den Russen besetzt. Königsberg wurde mit seiner Universität (Kant) einer der geistigen Mittelpunkte Deutschlands. 1772 kam das Ermland von Polen zu O. 1807 ging von O. die Erneuerung des preuß. Staates aus, unter Yorcks Führung begann in O. der Befreiungskampf gegen Napoleon 1813. 1815 wurde die Prov. O. gebildet, die 1824–78 mit Westpreußen zur Prov. Preußen vereinigt war. 1914/15 fielen die Russen in O. ein. Im Vertrag von Versailles (1919) kam das Gebiet von Soldau zu Polen, das → Memelgebiet wurde an die Alliierten abgetreten. In einer von diesem Vertrag geforderten Volksabstimmung im südl. O. (RegBez. Allenstein; 97,5% für Dtl.) und in Westpreußen östl. der Weichsel (93,0% für Dtl.) am 11. 7. 1920 entschied sich der weitaus überwiegende Teil der Bev. für den Verbleib bei Dtl.; Westpreußen östl. der Weichsel kam nun als RegBez. an O. Durch die Kriegsereignisse 1944/45 hatte die Bev. hohe Verluste, die Todesopfer werden mit 614000 angegeben. Auf der Potsdamer Konferenz wurde – vorbehaltlich der Regelung durch einen Friedensvertrag – der nördl. Teil unter sowjet., der südl. Teil unter poln. Verwaltung gestellt.

Ostpreußen, dt. Neustamm, der aus einer Mischung der balt. Prußen mit den seit dem 13. Jh. eingewanderten Deutschen und den meist im 15. und 16. Jh. zugewanderten Masuren (im S) und Litauern (im NO) entstanden ist.

Ostpunkt, derjenige Punkt des Horizonts, der von beiden Schnittpunkten des Meridians mit dem Horizont um 90° entfernt ist und in dem die Sonne zur Tagundnachtgleiche aufgeht (**Morgenpunkt**). Sein Gegenpunkt ist der Westpunkt (**Abendpunkt**). BILD astronomische Koordinaten.

Ostpreußen: Nikolaiken am Talter Gewässer

Ostracoda [grch.] *Pl.,* die → Muschelkrebse.

Ostrakismos [grch.] *der, -,* **Ostrazismus, Scherbengericht,** eine in Athen vermutlich durch Kleisthenes eingeführte, zuerst 487 v. Chr. angewendete Maßregel, durch die das Volk die Verbannung einzelner Bürger auf 10 Jahre aussprechen konnte. Die Bürger mußten den Namen des zu Verbannenden auf Tonscherben (**Ostraka**) schreiben.

Ostrakon [grch. ›Scherbe‹] *das, -/...ka,* irdenes Täfelchen, Rest eines zerbrochenen Gefäßes, bes. im alten Ägypten statt Papyros als Schreibstoff verwendet. Die gefundenen Ostraka enthalten Texte in altägypt., grch. und kopt. Sprache.

Ostrau, tschech. **Ostrava,** Hptst. des Nordmähr. Kr., ČSSR, (1982) 323400 Ew., wurde aus **Mährisch-O., Schlesisch-O.** u. a. gebildet. Bergakademie; Steinkohlenbergbau, Hüttenwerke, chemische, Baustoff-, Nahrungs- und Genußmittel-Ind.; Flugplatz.

Östringen, Stadt im Kr. Karlsruhe, Bad.-Württ., (1983) 10500 Ew.; Faserwerk.

Östrogene [grch.], *Sg. das* **Östrogen,** *-s,* weibliche → Geschlechtshormone.

Ostrogoten, die → Ostgoten.

Ost|römisches Reich, das → Byzantinische Reich.

Ostrowo, polnisch **Ostrów Wielkopolski** [ˈɔstruv vjɛlkɔpˈɔlski], Stadt in der Wwschaft Kalisch, Polen, (1979) 56000 Ew.; Waggon-, Maschinenbau, Lebensmittel, elektrotechn., Metall-, Beton-Industrie.

Ostrowskij, 1) Aleksandr Nikolajewitsch, russ. Dramatiker, * Moskau 12. 4. 1823, † Schtschelykowo (Gouv. Kostroma) 14. 6. 1886. Gegenstand seiner meisten Stücke sind die patriarchal. Kaufleute, deren äußerlich gewahrte Sittsamkeit er als Heuchelei entlarvte. Damit belebte er den traditionellen Typus der Gaunerkomödie und des ›betrogenen Betrügers‹. Neben diese rein satir. Komödie (›Es bleibt ja in der Familie‹, 1848) tritt ein mehr lustspielhafter Typus, der satir. Figuren und Themen mit sentimental-folkloristischen verknüpft (›Armut ist kein Laster‹, 1854). Aus dem Zusammenstoß von starrem, unduldsamem Kaufmannsmilieu und der Sehnsucht nach freier Entfaltung des Gefühls entstand durch Zuspitzung zum trag. Konflikt O.s bedeutendstes Drama ›Gewitter‹ (1859).

Aleksandr Ostrowskij

WW: Eine Dummheit macht auch der Gescheiteste (1868); Der Wald (1871); Wölfe und Schafe (1875). *Märchenspiel:* Schneeflöckchen (1872).

2) Nikolaj Aleksejewitsch, russ. Schriftst., * Wilija (Gouv. Wolhynien) 29. 9. 1904, † Moskau 22. 12. 1936, war seit 1928 blind, schrieb den autobiograph. Roman ›Wie der Stahl gehärtet wurde‹ (1932–34), dessen Held, ein Jungarbeiter nach der Revolution, zu einer Art Leitbild für die Sowjetjugend wurde.

Ost|rumeli|en, Landschaft in Bulgarien, das fruchtbare Bekken der oberen Maritza zw. Balkan und Rhodopegebirge. (→ Bulgarien, Geschichte)

Ostsee, Baltisches Meer, kleines und flaches Nebenmeer des Atlantischen Ozeans, durch Skandinavien und Jütland von diesem getrennt. Es liegt zw. Skandinavien, Jütland, Norddeutschland, der UdSSR und Finnland. Seine Gesamtfläche beträgt einschließlich Kattegatt 422000 km², mittlere Tiefe 55 m, größte Tiefe 459 m (Landsorttief).

Gliederung und Entstehung. Die O. gliedert sich in Kattegatt, Beltsee, Arkonasee, Bornholmsee, Gotlandsee, Rigaer Bucht und Finn. Meerbusen, Ålandsmeer, Schärenmeer und Bottn. Meerbusen. Vom Boden aus ergibt sich eine Gliederung in mehrere Becken, die von Schwellen mit geringer Satteltiefe getrennt werden. Die O. ist geologisch jung. Während der Eiszeit war ihr Becken mit Eis bedeckt; bei dessen Rückzug füllte es sich mit Schmelzwasser und bildete das mit Nordsee und Weißem Meer verbundene salzige Yoldiameer (→Yoldia). Danach hob sich das Land, die O. wurde vom Weltmeer abgeschnitten, süßte aus und bildete den Ancylussee (→Ancylus). Durch Erhöhung des Spiegels des Weltmeeres trat sie erneut durch die Beltsee mit der Nordsee in Verbindung und bildete das salzreiche Litorinameer als Vorläufer der heutigen O. In der geolog. Gegenwart hebt sich bes. der Nordraum der O. (max. 80 cm im Jh., der Wasserstand an der pommerschen Küste steigt dagegen um 10 cm im Jh.).

Oswald von Wolkenstein (aus der Innsbrucker Liederhandschrift, 1432)

P h y s i k a l i s c h e V e r h ä l t n i s s e u n d K l i m a. Der Salzgehalt der O. liegt, durch die Zuflüsse von Binnenwasser (jährlich 479 km³) und den geringen Wasseraustausch der O. mit der Nordsee bedingt, bei einem Mittel von etwa 8‰ an der Oberfläche. Die von der Nordsee eindringenden Gezeiten sind sehr gering; der Tidenhub erreicht im Kattegatt 40 cm, in der Beltsee 20–30 cm, in der mittleren O. nur wenige cm. Große Wasserstandsschwankungen von 2–3 m treten als Eigenschwingungen (→Seiches) der O. auf. Sie werden bei hohen Windstärken der Tiefdruckgebiete angeregt und können zu Sturmfluten an beiden Enden der O. führen; die größte beobachtete Wasserstandserhöhung in der Kieler Bucht betrug 3,30 m. – Die Häfen der nördl. und östl. O. sind im Durchschnitt 2–5 Monate im Jahr wegen Vereisung geschlossen.

F i s c h e r e i u n d V e r k e h r. Die Anliegerstaaten betreiben Fischfang (bes. auf Hering, Dorsch, Lachs, Sprotte, Scholle, Flunder, Aal). Der Ertrag ist, verglichen mit dem in der Nordsee, mäßig. – Seit der Entdeckung Amerikas ist die O. ein Zubringer, aber kein Träger des Weltverkehrs mehr. Der Nord-Ostsee-Kanal erleichtert diese Funktion. Zahlreiche Fährlinien verbinden die Küstenplätze. Die Vogelfluglinie hat sich seit 1963 durch die Hochbrücke über den Fehmarnsund zur Hauptverkehrsader zw. Skandinavien und Mitteleuropa entwickelt. Wichtigste O.-Häfen: Kopenhagen, Stockholm, Luleå, Wasa, Turku, Helsinki, Kotka, Leningrad, Riga, Libau, Memel, Königsberg und Pillau, Danzig, Gdingen, Stettin, Rostock, Lübeck, Kiel.

Zum Schutz des Fischbestands und der maritimen Umwelt des O.-Gebiets wurden zw. den Anliegerstaaten 1973 und 1974 Abkommen getroffen **(O.-Konvention)**.

Ostseeprovinzen, Baltische Provinzen, die ehem. russ. Gouvernements →Livland, →Estland, →Kurland. Sie nahmen innerhalb des Russ. Reichs bis in die 2. Hälfte des 19. Jh. eine Sonderstellung ein (Selbstverwaltung, dt. Amtssprache).

Ostsee-Weißmeer-Kanal, der →Weißmeer-Ostsee-Kanal.

Ostsiedlung, →ostdeutsche Siedlung, →Posen 1).

Ostslawen, die Russen, Ukrainer und Weißrussen.

Ost|tirol, Hochgebirgsraum im SW Österreichs, vom übrigen Bundesland Tirol räumlich getrennt, durch das Drautal mit Kärnten verbunden; Bezirksstadt: Lienz. Seit 1967 Straßenverbindung nach N durch den Felber-Tauern-Tunnel.

Ostung *die, -,* **Ori|entierung,** im Kirchenbau seit dem frühen MA. übliche Ausrichtung der Anlage nach Osten, so daß der Chor am Ostende liegt. Die O. ist keine streng eingehaltene Regel.

Ostwald, 1) Carl Wilhelm W o l f g a n g, Chemiker, Sohn von 2), * Riga 27. 5. 1883, † Dresden 22. 11. 1943, Prof. in Leipzig, Hauptbegründer der Kolloidchemie.

HW: Grundriß der Kolloidchemie (1909); Hg. des ›Handbuchs der Kolloidwissenschaft‹, 5 Bde. (1924–32).

Wilhelm Ostwald

2) W i l h e l m, Chemiker, Physiker und Philosoph, Vater von 1), * Riga 2. 9. 1853, † Großbothen bei Leipzig 4. 4. 1932, Prof. in Leipzig, entdeckte 1888 das nach ihm benannte **Ostwaldsche Verdünnungsgesetz**, das die Beziehung für die Abhängigkeit der elektrolyt. Dissoziation von der Konzentration der Lösung ableitet. Für Arbeiten über katalyt. Prozesse (›Autokatalyse‹, 1890) sowie chem. Gleichgewichtsverhältnisse und Reaktionsgeschwindigkeiten erhielt er 1909 den Nobelpreis für Chemie. Bedeutendes leistete er auf dem Gebiet der Farbenlehre (→Farbe) und in der Organisation der naturwissenschaftl. Forschung. Im Mittelpunkt seiner Naturphilosophie steht der Begriff ›Energie‹ (Energetik). O. entwarf eine neue Wissenschaftslehre und trat weltanschaulich für den Monismus Haeckelscher Prägung ein.

WW: Lehrbuch der allg. Chemie, 2 Bde. (1885–88); Elektrochemie (1894); Die Farbenlehre, 3 Bde. (1918–38); Farbnormenatlas (1920). – Vorlesungen über Naturphilosophie (1902, [5]1923 u. d. T. Moderne Naturphilosophie); Große Männer (1909). – *Autobiographie:* Lebenslinien, 3 Bde. (1926/27).

Ost-West-Handel, Warenaustausch zw. den Mitgl. des →Rates für Gegenseitige Wirtschaftshilfe (RGW) und den westl. Ind.-Ländern (OECD-Staaten). Der Anteil des O.-W.-H. am Welthandel betrug 1960–70 durchschnittlich 2–3%. 1972 kam es zu einem sprunghaften Ansteigen im Warenaustausch zw. den RGW-Ländern und den OECD-Staaten. Der höchste Anteil des O.-W.-H. am Welthandel wurde Mitte der 70er Jahre mit 5,5% erreicht, sank dann aber wieder auf (1982) 4,8%. Diese Entwicklung geht v. a. zugunsten der Schwellenländer, aus denen die OECD-Länder zunehmend importieren. Wichtigster Handelspartner der OECD-Mitgl. im O.-W.-H. ist die UdSSR (1982: 60% des Handelsvolumens). Über 90% der Exporte der RGW-Länder gingen 1982 nach W-Europa (v. a. Energielieferungen). Japan und die USA spielen bei den Exporten eine geringe Rolle; an den Importen sind sie dagegen stärker beteiligt (z. B. sowjet. Getreidekäufe in den USA). Die Handelsbilanz der RGW-Länder mit den OECD-Staaten schloß 1982 mit einem Aktivum von 1,4 Mrd. US-$. – Die weitere Entwicklung des O.-W.-H. hängt stark von den polit. Rahmenbedingungen ab.

Ost-West-Handelsbank AG, Frankfurt a. M., 1971 gegr., Kreditinstitut zur Finanzierung von Außenhandelsgeschäften mit der UdSSR u. a. sozialistischen Ländern.

Ost-West-Konflikt, Ost-West-Gegensatz, häufig gebrauchte, schlagwortartige Bezeichnungen für die Konfrontation der Machtblöcke unter Führung der USA und der UdSSR nach dem 2. Weltkrieg (→Kalter Krieg).

Ostzone, nicht offizielle Bez. für die sowjet. Besatzungszone Deutschlands, die spätere Dt. Dem. Rep.

Oswald [altengl. os ›Gott‹ und wealdan ›walten‹], männl. Vorname.

Oswald, König von Northumbrien (634–42), * 604, † 5. 8. 642, unterstützte nach seiner Taufe die Missionierung der Briten, die vom Kloster Lindisfarne (Holy Island) ausging; fiel im Kampf gegen den heidn. König Penda von Mercia; O. wurde seit dem Anfang des 8. Jh. als Märtyrer verehrt (Tag: 5. 8.). – Um 1170 entstand ein mittelfränk. Spielmannsepos über O.

Oswald von Wolkenstein, spätmittelalterl. dt. Lyriker und Liederkomponist, * wohl auf Schloß Schöneck im Pustertal 1377, † Meran 1445, entstammte einem tirol. Adelsgeschlecht, führte ein abenteuerl. Wanderleben, hatte maßgebl. Anteil am Kampf des Tiroler Adels gegen Herzog Friedrich II. von Österreich ›mit der leeren Tasche‹. Neben geistl. Lyrik und Liebesliedern, die – fern vom hohen Minnesang – erot. Verlangen und Erleben kraftvoll Ausdruck geben, sind biograph. Lieder mit einer oft grotesk-überspitzten, oft iron. Darstellung erlebter Episoden charakteristisch für O. v. W.s Kunst; sie weist damit über den Rahmen spätmittelalterl. Konventionen hinaus.

Oświęcim [ɔsjfj'ɛntsjim], poln. Name der Stadt →Auschwitz.

Oszillation [lat.] *die, -/-en,* die →Schwingung. *Vb. es* **oszilliert.**

Oszillationstheorie, eine Theorie der Erdkrustenbewegungen und der Faltengebirgsentstehung, aufgestellt 1916–30 von dem Geologen E. Haarmann. Hebungen und Senkungen der Erdkruste **(Oszillationen)** gelten als Ursache der gebirgsbildenden Vorgänge.

Oszillator [lat.] *der, -s/... t'oren,* **1)** Funktechnik: elektron. Schaltung oder Baueinheit zur Erzeugung von elektr. Schwingungen mit sinusförmigem Spannungsverlauf. Für andere Schwingungsverläufe (z. B. Rechteck, Sägezahn, Impulse) ist der übergeordnete Begriff **Generator** gebräuchlich. Ein O. besteht im Prinzip aus einem Verstärkerelement (z. B. Transistor, Operationsverstärker), dessen Ausgangsspannung auf den Eingang rückgekoppelt ist. Die Schwingfrequenz der O.-Schaltung ist abhängig von den im Rückkopplungsweg liegenden frequenzbestimmenden Gliedern (i. a. ein Schwingkreis oder ein Schwingquarz). Voraussetzung zur Schwingungsanfachung bei einer O.-Schaltung ist, daß die Rückkopplung als Mitkopplung wirkt, d. h., daß die rückgeführte Spannung phasengleich mit der Eingangsspannung ist. Außerdem muß die Ringverstärkung (das Produkt aus Verstärkung und Rückkopplungsfaktor) größer als 1 sein, anderenfalls klingt die angefachte Schwingung wieder ab (Schwingbedingung). O. werden in Sendern, Rundfunk- und Fernsehempfängern, Meßgeneratoren u. a. verwendet. **2)** ⊠ schwingendes physikal. System (Massenpunkt, Ladung u. a.). Ein wichtiger Spezialfall ist der →harmonische Oszillator.

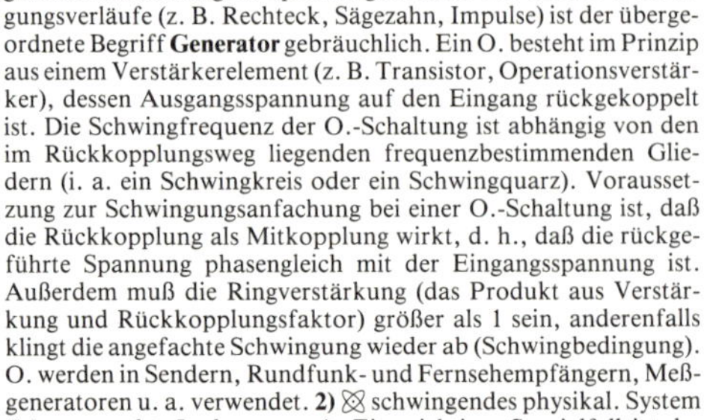

Oszilloskop:
Kompaktes 2-Kanal-O. in stoßgeschützter Ausführung für alternierenden und Chopper-Betrieb

Oszilloskop *das, -s/-e,* **Elektronenstrahl|oszilloskop,** elektron. Meßgerät, mit dem der zeitl. Verlauf elektr. Spannungen auf einem Bildschirm sichtbar gemacht werden kann. Die mit einer

Registriereinrichtung zum Aufzeichnen der elektr. Vorgänge ausgerüsteten Geräte werden auch als **Oszillographen** bezeichnet, ebenso Geräte mit photograph. Aufzeichnung (z. B. Lichtstrahloszillograph) oder mechan. Schreibwerk.

Ein O. besteht im Prinzip aus einer → Elektronenstrahlröhre, der Zeitablenkeinrichtung und versch. Verstärkern. In der Anzeigeröhre emittiert eine Glühkathode frei bewegl. Elektronen, die 2 senkrecht zueinanderstehende Plattenpaare (X- und Y-Ablenkung) durchlaufen und an der Aufprallstelle des Schirms die Leuchtschicht anregen. Üblicherweise legt man die Meßgröße an die (vertikal ablenkenden) Y-Platten und schließt an die X-Platten eine periodische, proportional mit der Zeit ansteigende (Sägezahn-)Spannung an. Moderne Elektronenstrahl-O. sind mit Zusatzeinrichtungen, oft in Einschubtechnik, ausgestattet. Neben analog arbeitenden Einschüben wie Verstärkern, Zeitbasen, Spektrumanalysatoren, Kennlinienschreibern usw. gibt es Digitaleinschübe, z. B. Digitalvoltmeter, Zähler, Frequenzmeßgeräte, mit denen hochgenaue Amplituden- und Zeitmessungen durchgeführt werden können. Die hohe Ablenkgeschwindigkeit moderner Elektronenstrahlröhren ermöglicht die Darstellung elektr. Schwingungen mit Frequenzen bis zu einigen GHz, bei period. Vorgängen läßt sich durch punktweise Abtastung des Kurvenverlaufs mit einem **Sampling-O.** [s'æmpliŋ-] die Auflösung noch um den Faktor 10–100 steigern. Der Abtastpunkt wird schrittweise um ein kleines Zeitintervall (Größenordnung 10^{-12} s) verschoben, so daß auf dem Bildschirm die aus Einzelpunkten zusammengesetzte Kurve erscheint. **Speicher-O.**, deren Bildröhre mit einem speziellen Leuchtschirmmaterial ausgerüstet ist, können ein Oszillogramm für die Dauer von einigen Stunden auf ihrem Bildschirm speichern, was die Auswertung einmaliger Ereignisse erlaubt. Mehrere gleichzeitig ablaufende Vorgänge stellt man durch periodische elektr. Umschaltung **(Chopperbetrieb** [tʃɔpə-]) von einem Vorgang auf den

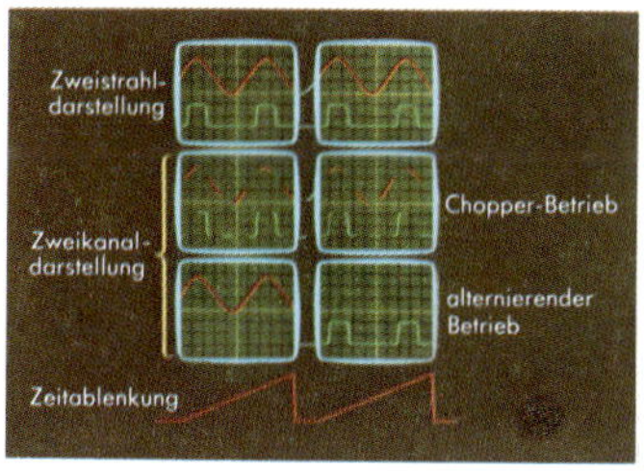

Oszilloskop

anderen mit Hilfe eines Mehrkanal-Verstärkereinschubs oder mit einem **Zweistrahl-** oder **Vierstrahl-O.** dar, bei denen mehrere Elektronenstrahl- und Ablenkplattensysteme in eine Röhre eingebaut sind.

Otaru, japan. Hafenstadt auf Hokkaido, (1980) 181 000 Ew., nordwestlich von Sapporo; Fischereischule und -versuchsanstalt; Fischkonserven-, Gummi-Industrie; Ausfuhr: Holz, Kohle.

Otavi-Bergland, bis zu 21,48 m hohes Karstgebirge im nördl. Namibia, mit Kupfer-, Blei-, Zink- und Vanadiumbergbau, bes. um Tsumeb. Der Ort **Otavi** (1 415 m ü. M.) ist durch die **Otavi-Bahn** (538 km) mit Swakopmund und Windhuk verbunden.

o tempora, o mores! [lat.], o Zeiten, o Sitten!

Otfried [ahd. ot ›Besitz‹ und fridu ›Schutz‹], männl. Vorname.

Otfried, Otfrid, Mönch des Klosters Weißenburg im Unterelsaß, * im Elsaß um 800, † Weißenburg um 870, Schüler des Hrabanus Maurus im Kloster Fulda, verfaßte in südrheinfränk. Mundart eine Ludwig dem Deutschen gewidmete althochdt. Bearbeitung des Lebens Jesu auf Grund der 4 Evangelien (zwischen 863 und 871 vollendet); zw. die einzelnen Kapitel sind allegor., dogmat. oder moral. Auslegungen eingeschaltet; erste größere dt. Dichtung mit aus dem lat. Hymnenvers stammendem Endreim.

Othello, der ›Mohr von Venedig‹, Held des gleichnamigen Trauerspiels von Shakespeare (1604). O. wird durch das Ränkespiel seines Adjutanten Jago in den Wahnsinn der Eifersucht getrieben; er glaubt, die ihm eben angetraute Desdemona betrüge ihn mit seinem Leutnant Cassio, und tötet sie aus beleidigtem Ehrgefühl; als sich ihre Unschuld herausstellt, tötet er sich selbst. Den Stoff fand Shakespeare in einer ital. Novelle von Cintio (G. → Giraldi). Opern von Rossini (1816) und von Verdi (1887).

Othman Dan Fodio, → Osman Dan Fodio.

Othman ibn Affan, der 3. Kalif (644–56), † (ermordet) Medina 17. 6. 656, ein Schwiegersohn Mohammeds. O. veranlaßte die Redaktion des Korans.

Othmar [ahd. ot ›Besitz‹ und mari ›berühmt‹], männl. Vorname.

Othmayr, Caspar, Komponist, * Amberg 12. 3. 1515, † Nürnberg 4. 2. 1553, nach L. Senfl zu seiner Zeit einer der Meister des mehrstimmigen Liedes.

Otho, Marcus Salvius, röm. Kaiser (15. 1.–16. 4. 69), * Ferentinum 28. 4. 32, † (Selbstmord) bei Cremona 16. 4. 69, Statthalter von Lusitanien, schloß sich (68) den Gegnern Neros an, ließ Galba ermorden und sich selbst zum Kaiser ausrufen; unterlag im Kampf gegen Vitellius.

Othrys, waldreiches Gebirge in Griechenland, im S der thessal. Ebene, bis 1 726 m hoch.

Otitis [grch.] *die, -/Otit'iden,* ⚕ Entzündung des Gehörorgans; **O. media,** die → Mittelohrentzündung.

Otium [lat.] *das, -(s),* Beschaulichkeit, Muße.

Otologe [grch.] *der, -n/-n,* Ohrenarzt. *die* **Otologie,** -, die Ohrenheilkunde.

Otomí, Indianerstamm mit eigener Sprache im zentralen Hochland Mexikos, heute über 300 000 Menschen.

Otosklerose [grch.], Erkrankung der knöchernen Labyrinthwand des Ohres, bei der Knochenumbauprozesse und dadurch oft entstehende Unbeweglichkeit des Steigbügels zu zunehmender Schwerhörigkeit führen. – Behandlung: gehörverbessernde Operation (→ Schwerhörigkeit).

Ottawa

Otranto, Hafenstadt in der Prov. Lecce, Italien, (1981) 4 800 Ew., an der 70 km breiten **Straße von O.;** Erzbischofssitz; 1080 begonnener roman. Dom; Kastell, von Alfons von Aragonien errichtet (1485–98). – O., eine grch. Gründung, wichtiger Hafen in röm. Zeit, wurde 1480 von den Türken zerstört.

Otricoli, Gem. in der ital. Prov. Terni, Fundort einer Büste, des ›Zeus von O.‹ (im Vatikan).

Otsu, Stadt auf Honshu, Japan, (1980) 215 000 Ew., östlich von Tokio; chem., Faserstoff- und Präzisionsmaschinen-Ind.

ottava [ital. ›Oktave‹], 𝅘𝅥 als **8**[va] Abk. für → all'ottava; **coll'ottava** heißt, daß die Oktave mitzuspielen ist.

Ottava rima, Ottava *die,* **Oktave,** ital. Strophenform, die als → Stanze auch in der dt. Dichtung weit verbreitet ist.

Ottaviani, Alfredo, Kardinal (seit 1953), * Rom 29. 10. 1890, † ebd. 3. 8. 1979, war 1965–67 Pro-Präfekt der Glaubenskongregation. Als maßgebender Theoretiker der öffentlich-rechtl. Stellung der Kath. Kirche gehörte O. bis zu den ersten Sitzungsperioden des 2. Vatikan. Konzils (1962–65) zu den wichtigsten Kurienkardinälen.

Otter: Fischotter

Ottawa ['ɔtəwə], Hptst. von Kanada, Prov. Ontario, (1981) 295 000 Ew., an der Mündung des Rideau River in den O. River; Sitz des Gen.-Gouv., der Bundesregierung, des Obersten Gerichtshofes, der hohen Verwaltungsbehörden, eines kath. Erzbischofs und eines anglikan. Bischofs; 2 Univ., National Arts Center (Opernhaus, Konzerthalle, Theater); Holz-, Papier-Ind., Druckereigewerbe u. a. – O. ist seit 1864 Hptst. Kanadas. Am 6. 11. 1867 trat dort das erste kanad. Parlament zusammen.

Ottawa River ['ɔtəwə r'ıvə], linker, oft seenartiger Nebenfluß des Sankt-Lorenz-Stroms, 1 270 km lang, mündet bei Montreal.

Otter [ahd. ottar, zu Wasser], *Sg. der* **O.**, *-s,* **Lutrinae,** Unterfam. der Marder mit dichtem, wasserundurchlässigem Fell, kurzen Ohren mit verschließbarer Öffnung und Schwimmhäuten zw. den Zehen. Der mit Schwanz bis 1,5 m lange, dunkelbraune **Fischotter**

Ottawa: das Regierungsviertel am O. River (in der Bildmitte das Parlamentsgebäude)

Frei Otto: Deutscher Pavillon auf der Weltausstellung in Montreal 1967, Zeltkonstruktion (mit Rolf Gutbrod)

(Lutra lutra) Europas, Nordafrikas, Nord- und Mittelasiens frißt Wassertiere. Verwandte sind der südamerikan. **Riesenotter** und der nordpazif. **Seeotter (Meerotter, Kalan)** von den Küsten Alaskas, Kaliforniens und NO-Asiens.

Ottern [zu Natter], *Sg. die* **Otter**, -, die →Vipern.

Otterndorf, Stadt im Kr. Cuxhaven, Ndsachs., (1983) 6300 Ew., an der Medem; Verarbeitung landwirtschaftl. Erzeugnisse, Textilindustrie.

Ottheinrich, Kurfürst von der Pfalz, →Otto 11).

Ottilie [ahd. zu Otto], weibl. Vorname.

Ottmachau, poln. **Otmuchów** [ɔtm'uxuf], Stadt in der poln. Wwschaft Opole (Oppeln), (1975) 4500 Ew., ehemals in Oberschlesien, an der Glatzer Neiße; Renaissanceschloß, Rathaus mit Turm (1618), barocke Mariensäule, Sperlingsturm (16. Jh.) der alten Stadtbefestigung; oberhalb O. Neiße-Stauwerk.

Nikolaus Otto

Otto [urspr. Kurzform von mit ahd. ot ›Besitz‹ gebildeten Namen], männl. Vorname.

Otto, Fürsten:

Römische Kaiser und deutsche Könige. **1) O. I., der Große** (936–73), Sohn und Nachfolger Heinrichs I., * 23. 11. 912, † Memleben 7. 5. 973, brach die Macht der Stammesherzöge und verlieh die meisten Herzogtümer an Angehörige des sächs. Herrscherhauses. Die wichtigste Stütze seines starken Königtums wurden die Bischöfe; diesem leitenden Grundsatz der inneren Politik folgten auch die späteren Herrscher bis in die Stauferzeit. Die Ungarn besiegte O. auf dem Lechfeld bei Augsburg (955) entscheidend und machte damit ihren Einfällen ein dauerndes Ende. Die Ostgrenze gegen die Slawen wurde durch die Gründung von Bistümern, bes. des Erzbistums Magdeburg (968) als Missionszentrum, und die Erfolge des Markgrafen Gero ausgedehnt und gesichert. 951/52, 961–65 und 966–72 zog O. nach Italien; er machte sich zum König des langobardisch-ital. Reiches, heiratete die Königin-Witwe Adelheid und ließ sich 962 in Rom zum Kaiser krönen. Die Römer wurden verpflichtet, keinen Papst ohne kaiserl. Zustimmung zu erheben. Durch die Ehe seines Sohnes mit Theophano erreichte er 972 die Anerkennung seines Kaisertums durch Byzanz. Seine Leistungen im Innern, in der Italien- und Rompolitik wie in den Ostfragen verhalfen durch Überwindung des Stammespartikularismus auch dem Reichsgedanken zu erstem Ansehen. O. wurde im Magdeburger Dom beigesetzt.

Ottobeuren: Bibliothek

2) O. II. (973–83), Sohn von 1) und seiner 2. Gemahlin Adelheid, * 955, † Rom 7. 12. 983, wurde bereits 967 zum (Mit-)Kaiser gekrönt und 972 mit der byzantin. Prinzessin Theophano vermählt. 980 zog er nach Rom; im Kampf gegen die Sarazenen in Unteritalien erlitt er 982 die Niederlage bei Crotone (Kalabrien). Im Jahr seines Todes brach auch die dt. Herrschaft rechts der unteren Elbe in einem Slawenaufstand zusammen. O., der sich innenpolitisch wie sein Vater auf die Reichskirche stützte, war hoch gebildet.

3) O. III. (983–1002), Sohn von 2), * 980, † Paterno (bei Viterbo) 24. 1. 1002, stand bis 996 unter der Vormundschaft erst seiner Mutter Theophano, dann seiner Großmutter Adelheid und des Erzbischofs Willigis von Mainz. Seine eigene Reg. beschränkte sich v. a. auf Kämpfe um Rom, wo er 996 zum Kaiser gekrönt wurde und 999 den Erzbischof Gerbert von Aurillac zum Papst (Silvester II.) erhob. Durch die Gründung des Erzbistums Gnesen, seine Beteiligung an der Gründung des Erzbistums Gran und seine Anerkennung Stephans I. als König von Ungarn wurde die Verselbständigung des Ostens eingeleitet. O. wollte Rom zum Sitz des Reiches (aus Germanen, Romanen und Slawen) machen, dessen Leitung Kaiser und Papst gemeinsam zukommen sollte.

4) O. IV. von Braunschweig (1198–1218), Sohn Heinrichs des Löwen, * (in der Normandie?) um 1175 oder 1182, † Harzburg 19. 5. 1218, wuchs in England am Hof seines Onkels Richard Löwenherz auf. 1198 wählte ihn die welf. Partei zum Gegenkönig Philipps von Schwaben. Nach dessen Tod (1208) konnte er sich durchsetzen und wurde 1209 zum Kaiser gekrönt. Als er die stauf. Italienpolitik aufgriff und die Eroberung des unter päpstl. Lehnshoheit stehenden Sizilien begann, veranlaßte Papst Innozenz III. 1211 die Wahl des Staufers Friedrich II. zum Gegenkönig. Nach der Niederlage gegen den mit Friedrich verbündeten frz. König Philipp II. August bei Bouvines (1214) verlor O. seinen Anhang in Dtl. und blieb auf Braunschweig beschränkt.

Bayern. **5) O. von Northeim,** Herzog (1061–70), † 11. 1. 1083, sächs. Fürst, verlor das ihm von der Kaiserin-Witwe Agnes 1061 verliehene Hzgt. Bayern infolge einer Anklage wegen Hochverrats. O. war ein Führer des großen Sachsenaufstands (1070–75) gegen Heinrich IV.

6) O. I. von Wittelsbach, Herzog (1180–83), * um 1120, † Pfullendorf 11. 7. 1183, Anhänger Kaiser Friedrichs I., der ihm nach dem Sturz Heinrichs des Löwen das verkleinerte Hzgt. Bayern verlieh, das seitdem in der Hand der Wittelsbacher blieb.

7) O. II., der Erlauchte, Herzog (1231–53), * Kelheim 7. 4. 1206, † Landshut 29. 11. 1253, Enkel von 6), gewann durch Heirat für sein Haus die Rheinpfalz (um 1224); wurde 1251 Stellvertreter König Konrads IV. in Dtl.

Braunschweig. **8) O. I., das Kind,** Herzog (1235–52), * 1204, † Harzburg 9. 6. 1252, Enkel Heinrichs des Löwen, besaß seit 1227 alle welfischen Stammlande, die 1235 von Kaiser Friedrich II. zum Hzgt. Braunschweig-Lüneburg erhoben wurden. Er ist der Stammvater aller späteren Welfen.

Griechenland. **9) O. I.,** König (1832–62), 2. Sohn König Ludwigs I. von Bayern, * Salzburg 1. 6. 1815, † Bamberg 26. 7. 1867, wurde 1832 von der grch. Nationalversammlung zum König gewählt; durch die Revolution von 1862 gestürzt.

Österreich. **10) O.,** ehemaliger Kronprinz von Österreich-Ungarn, ältester Sohn Kaiser Karls, * Villa Wartholz bei Reichenau (NÖ) 20. 11. 1912, seit 1933 Chef des Hauses Habsburg-Lothringen, Schriftsteller, vertritt den Gedanken einer Einigung Europas auf christl. Grundlage. 1961 verzichtete er offiziell auf seine Thronrechte. Neben der österr. Staatsbürgerschaft besitzt er auch (seit 1978) die dt.; als Mitgl. der CSU ist er seit 1979 MdEP.

Pfalz. **11) O. Heinrich,** auch **Ottheinrich,** Kurfürst (1556–59), * Amberg 10. 4. 1502, † Heidelberg 12. 2. 1559, erhielt 1505 mit seinem Bruder Philipp Pfalz-Neuburg. In der Kurpfalz, die er nach dem Tod Friedrichs II. erhalten hatte (1556), führte er die luther. Reformation ein; er gründete die berühmte Heidelberger Bibliothek (Palatina) und ließ 1556–59 das Heidelberger Schloß durch den ›Ottheinrichsbau‹ erweitern.

Otto, 1) B e r t h o l d , Pädagoge, * Bienowitz bei Liegnitz 6. 8. 1859, † Berlin-Lichterfelde 29. 6. 1933, gründete 1906 in Berlin eine Reformschule (›B.-O.-Schule‹), deren Lehr- und Unterrichtsverfahren er der natürl. Entwicklungsstufe der Schüler anzupassen suchte.

HW: Die Zukunftsschule, 2 Tle. (1901–14); Die Reformation der Schule (1912).

2) F r e i , Architekt, * Siegmar (Sachsen) 31. 5. 1925, gilt als führender Erforscher von Baukonstruktionen mit geringstem

Aufwand und hat die Theorie, techn. Verwirklichung und Gestaltung bes. der zugbeanspruchten und pneumat. Konstruktionen vorangetrieben.

3) Nikolaus August, Maschinenbauer und Unternehmer, * Holzhausen a. d. Heide (Nassau) 14. 6. 1832, † Köln 26. 1. 1891, erfand 1867 mit E. Langen einen atmosphär. Gasmotor und 1876 den Viertaktgasmotor mit verdichteter Ladung und Fremdzündung **(Ottomotor)**, der das Vorbild für den gesamten weiteren Verbrennungsmotorenbau gab. (BILD S. 112)

4) Rudolf, evang. Theologe, * Peine 25. 9. 1869, † Marburg 7. 3. 1937; in seinem Hauptwerk ›Das Heilige‹ (1917) hat er als die Eigenart des Religiösen das Empfinden für das Numinose (→ Numen) dargestellt. Auf dieser Grundlage strebte er eine Reform des Gottesdienstes an (→ Liturgische Bewegung).

5) Teo, Bühnenbildner, * Remscheid 4. 2. 1904, † Frankfurt a. M. 9. 6. 1968, war 1927–33 Bühnenbildner und Ausstattungschef der Staatstheater Berlin, emigrierte nach Zürich, schuf Bühnenbilder für B. Brecht, die Regisseure G. Gründgens, G. Strehler, F. Kortner u. a.

6) Walter F(riedrich), klass. Philologe, * Hechingen 22. 6. 1874, † Tübingen 23. 9. 1958, Prof. in Wien, Basel, Frankfurt a. M., Königsberg, arbeitete bes. über den grch. Mythos.

Ottobeuren, Marktgem. im Kr. Unterallgäu, Bayern, (1984) 7200 Ew. Die Benediktinerabtei, nach der Überlieferung 764 gegr., war vom 10. Jh. bis 1802 reichsunmittelbar. Klostergebäude (Neubauten 1711–25, u. a. Bibliothek), zweitürmige Basilika (Neubau 1737–66 v. a. durch J. M. Fischer), eine der bedeutendsten barokken Klosterkirchen Dtl.s. (BILD S. 112)

Ottobrunn, Gem. im Kr. München, Bayern, (1984) 20100 Ew.; Forschungszentrum der Messerschmitt-Bölkow-Blohm GmbH.

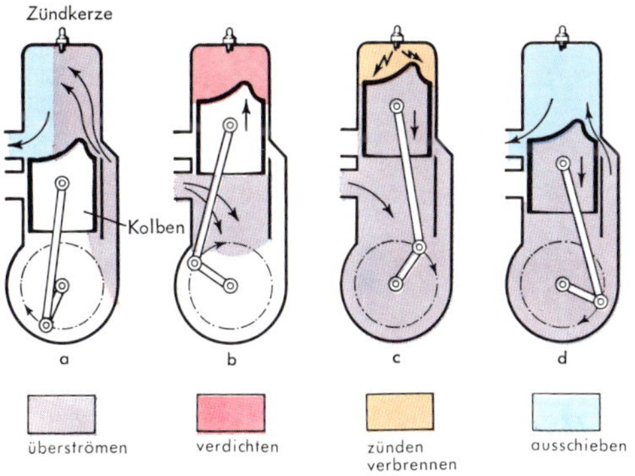

Ottomotor: Hubkolbenmotor, Zweitaktverfahren; a Überströmen des Kraftstoffgemisches, b Verdichten über und Ansaugen unter dem Kolben, c Verbrennen des Gemisches (Arbeitstakt), d Ausschieben und Beginn des Überströmens

Ottocento [-tʃ'ɛnto, ital. ›achthundert‹, kurz für 1800] *das, -s,* ital. Bez. für das 19. Jh. und seine Stile in Kunst und Literatur.

Otto Hahn [n. O. → Hahn] *die,* Name des 1. dt. Schiffes mit → Kernenergieantrieb, von 1968 bis 1979 in Betrieb.

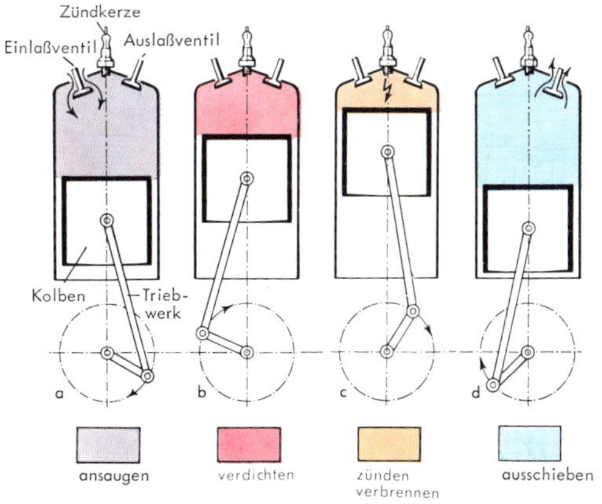

Ottomotor: Hubkolbenmotor, Viertaktverfahren; **a** Ansaugen, **b** Verdichten, **c** Zünden und Arbeiten, **d** Ausschieben

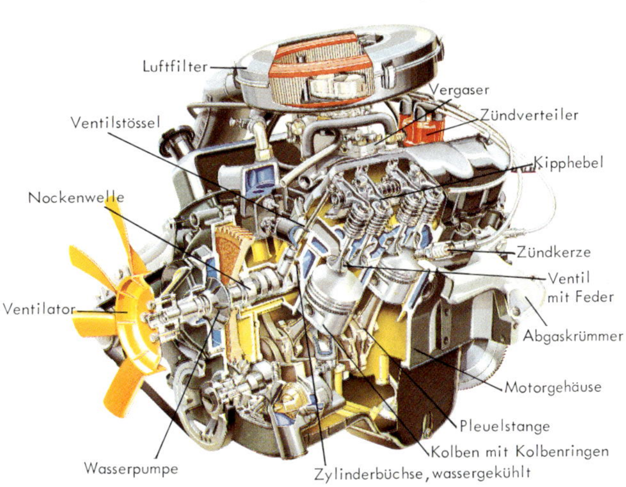

Ottomotor: 6-Zyl.-V-Motor (Ford), 2300 cm³, 80 kW (108 PS)

Ottokar, Otakar, Fürsten: Könige von Böhmen.

1) O. I. Přemysl [prʃ'ɛmisl] (1198–1230), * um 1155, † 15. 12. 1230, erwirkte 1198 bei Philipp von Schwaben, 1203 beim Papst, 1212 bei Friedrich II. Zuerkennung des Erbkönigtums für Böhmen, das er kulturell und wirtschaftlich förderte.

2) O. II. Přemysl [prʃ'ɛmisl] (1253–78), Enkel von 1), * 1233, † 26. 8. 1278, bemächtigte sich 1251 Österreichs, das nach dem Aussterben der Babenberger (1246) unter Reichsverwaltung gestellt worden war. 1260 gewann O. auch die Steiermark, 1269 Kärnten und Krain. Er unterstützte den Dt. Orden gegen die heidn. Prußen (Gründung des ihm zu Ehren benannten Königsberg), förderte die Einwanderung der Deutschen in Böhmen und Mähren und gründete zahlreiche Städte. Als mächtigster Reichs- und Kurfürst hoffte er, mit päpstl. Hilfe die Krone zu erlangen. Als 1273 der dt. König Rudolf von Habsburg gewählt wurde, verweigerte O. die Anerkennung; 1276 unterwarf er sich und verzichtete auf die österr. Lande. Bei dem Versuch, sie zurückzugewinnen, wurde er bei Dürnkrut auf dem Marchfeld von Rudolf im Bunde mit Ungarn besiegt und auf der Flucht erschlagen. – Trauerspiel von F. Grillparzer (1825) u. a.

Ottokraftstoffe [n. N. A. → Otto], Kraftstoffe zum Betrieb von Ottomotoren. O. werden durch Mischung versch. Benzine und eventuell anderer Komponenten hergestellt. Nach DIN wird zw. **O. Super** und **O. Normal** unterschieden. Beide haben versch. Oktanzahlen. Super muß eine ROZ (MOZ) von mindestens 97,4 (87,2), Normal von mindestens 91,0 (82,0) haben. Es wird außerdem zw. **Winter-** und **Sommer-O.** unterschieden. Winter-O. enthalten mehr leichtflüchtige Komponenten. Um best. Eigenschaften zu erzielen, werden O. Antiklopfmittel, Antioxidantien, Anti-Icings und Vergaserreinigungsmittel zugesetzt.

Ottoman [frz., aus türk.] *der, -s,* Gewebe mit starken Querrippen für Kleider, Möbelbezüge, Dekoration u. a.

Ottomane [zu Ottoman] *die, -/-n,* ꝏ gepolsterte Sitzbank mit halbrunden Armlehnen.

Ottomotor [nach N. A. → Otto], ein Verbrennungsmotor mit Fremdzündung. Er wurde zuerst nur als Hubkolbenmotor (Zweitakt, Viertakt), jetzt auch als Kreiskolbenmotor (Viertakt) gebaut. Beim **Vergaser-O.** saugt der Kolben in den Zylinder Luft ein, die das im Vergaser gebildete Gemisch von Tröpfchen, Nebel und Dampf des Kraftstoffes mitreißt. Dieses Kraftstoff-Luft-Gemisch wird vom zurückgehenden Kolben verdichtet auf 6:1 bis 20:1 und kurz vor Erreichen der oberen Totpunktlage des Kolbens gezündet. Bei der Verbrennung des Gemisches werden Drücke von 40 bis 60 bar und Temperaturen von 2500 °C erreicht. Die heißen, unter Druck stehenden Verbrennungsgase treiben den Kolben vor sich her, leisten dabei Arbeit und werden dann ausgestoßen. Beim **Einspritz-O.** wird Kraftstoff in die Saugleitung oder direkt in den Zylinder gespritzt, wodurch der Kraftstoffverbrauch verringert und die Betriebssicherheit erhöht wird. Durch zusätzl. → Aufladung, entweder vom Motor selbst **(Kompressormotor)** oder von einer durch die Abgase betriebenen Turbine **(Abgasturbolader)**, wird die Leistung des O. beträchtlich gesteigert. Die Höchstdrehzahlen gehen bei Pkw bis 7000, bei Krafträdern bis 10000, bei Rennmoto-

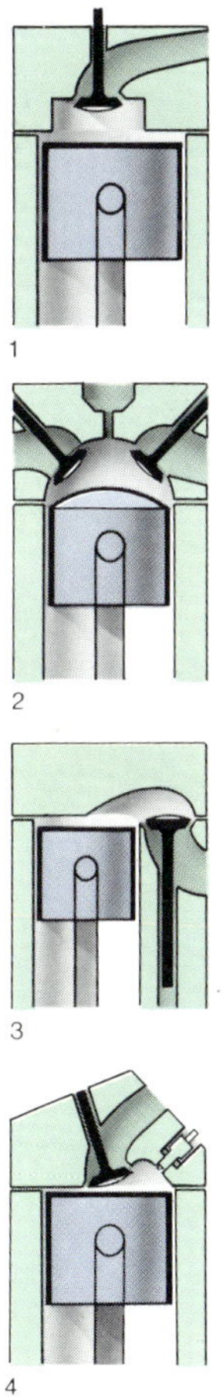

Ottomotor

Ottomotor: Brennräume, deren Form die Klopffestigkeit erhöht; **1** Abdeckung eines Teils der Kolbenfläche; **2** halbkugeliger Brennraum; **3** Ricardo-Kopf; **4** eine gebräuchlichere Abwandlung des Ricardo-Kopfes

ottonische Kunst: OBEN Mittelschiff der Stiftskirche in Gernrode; 2. Hälfte des 10. Jh. UNTEN Johannes der Täufer wird in den Kerker gelassen, Detail von der Säule des hl. Bernward; nach 1022 (Hildesheim, Dom)

ren bis 18000 U/min; die Leistungen auf 1 l Hubraum erreichen 220,65 kW/l (300 PS/l). Die leistungsstärksten O. waren Flugmotoren von etwa 2575 kW (3500 PS). O. arbeiten auch noch bei kleinsten Abmessungen (1 cm^3 Hubraum bei Modellflugzeugmotoren) einwandfrei.

Ottonen *Pl.,* Fürsten aus dem Geschlecht der →Liudolfinger, bes. Otto I.–III. *Adj.* **ottonisch.**

ottonische Kunst, die Kunst unter den sächs. Herrschern (919–1024), v. a. unter Otto II., Otto III. und Heinrich II. Die Eingliederung des Episkopats in die Reichsverwaltung durch Otto I. führte zu einer Einheit polit. und relig. Zielsetzungen und erschloß eine Schicht gleichgesinnter Mäzene (→Bernward). Traditionen der karoling. Kunst und bes. seit der Heirat Ottos II. mit Theophano einströmende byzantin. Elemente verbanden sich zu einer **otton. Renaissance:** Dom zu Magdeburg (955 begonnen), Stiftskirche Gernrode (959 gegr.), der otton. Vorgängerbau (992 geweiht) des Doms zu Halberstadt, Buchmalerei der ›Weserschule‹ (Evangeliar von Wolfenbüttel, Heiratsurkunde der Theophano, 972), siebenarmiger Bronzeleuchter im Essener Münster (972). In Köln entstanden der älteste erhaltene monumentale Kruzifixus (Gerokreuz im Dom, um 970) und das älteste vollrund gearbeitete Marienbild (›Goldene Madonna‹ im Essener Münster). In Trier förderte Erzbischof Egbert die o. K. Der Trierer ›Gregormeister‹ war zentrale Persönlichkeit der Buchmalerei und an dem reichgeschmückten ›Codex Egberti‹ beteiligt, der zur Grundlage der ›Reichenauer Malerschule‹ wurde. Ihr expressiver Linearismus im Evangeliar Ottos III. und im Perikopenbuch Heinrichs II. bezeichnet einen Höhepunkt o. K. Weitere Mittelpunkte o. K. waren Mailand, Lüttich, Fulda und Regensburg.

Luise Otto-Peters

Otto-Peters, Luise, Publizistin, Pseudonym Otto **Stern,** * Meißen 26. 3. 1819, † Leipzig 13. 3. 1895, Vorkämpferin der →Frauenbewegung, gründete die ›Frauenzeitung für höhere weibl. Interessen‹ (1849/50) und 1865 den ›Allg. dt. Frauenverein‹; ⚭ mit dem Erzähler und polit. Publizisten **August Peters** (* 1817, † 1864; Pseudonym: Elfried von Taura).

Otto-Suhr-Institut, →Hochschulen für Politik.

Otto Versand (GmbH & Co.), Hamburg, eines der größten westdt. Versandhäuser, gegr. 1949; seit 1982 auch auf dem amerikan. Markt (Übernahme der Spiegel Inc., Chicago).

Ouagadougou

Otto von Bamberg, der ›Apostel der Pommern‹, * um 1060, † Bamberg 30. 6. 1139, wurde 1102 Bischof von Bamberg, wirkte 1124/25 und 1128 in Pommern als Missionar und erreichte die Taufe des Volkes. Heiliger (seit 1189); Tag: 2. 7., auch 30. 6. und 30. 9.

Otto von Freising, Bischof und Geschichtsschreiber, Sohn des Markgrafen Leopold III. von Österreich und Onkel Friedrich Barbarossas, * nach 1111, † Morimond (Burgund) 22. 9. 1158, Zisterzienser und Abt in Morimond, 1138 Bischof von Freising; war oft an der Reichspolitik beteiligt, auch als Heerführer am 2. Kreuzzug 1147. Seine Weltchronik, die alle Geschichte als Ringen zw. Welt- und Gottesreich deutet, ist der bedeutendste geschichtsphilosoph. Versuch des MA. O. v. F. war einer der kundigsten Chronisten der frühen Stauferzeit.

Ottrelith *der, -s/-e* oder *-en/-en,* Mineral, →Chloritoid.

Ottweiler, Stadt im Kr. Neunkirchen, Saarland, (1984) 15900 Ew., an der Blies; v. a. Wohnstadt mit Gewerbebetrieben, eisenverarbeitende, Bau-, Textil-Ind.

Otunga, Maurice, Kardinal (1973), * Chebukwa (Kenia) Januar 1923, wurde 1971 Erzbischof von Nairobi.

ÖTV, Abk. für die Gewerkschaft **Öffentliche Dienste, Transport und Verkehr,** →Deutscher Gewerkschaftsbund.

Otway ['ɔtweɪ], Thomas, engl. Dramatiker, * Trotton (Sussex) 3. 3. 1652, begraben London 16. 4. 1685. Seine kunstvoll gebauten Blankverstragödien kreisen meist um den Widerstreit zw. Ehre und Liebe.

HW: Die Waise (1680); Das gerettete Venedig (1682).

Ötztal, das größte rechte Seitental des Ober-Inntales in Tirol, Österreich, von der Ötztaler Ache durchflossen, steigt stufenförmig von der Mündung (680 m) über Ötz (827 m), Umhausen (1036 m), Längenfeld (1180 m) und Sölden (1377 m) nach Zwieselstein (1450 m) an. Hier gabelt es sich in Venter Tal (**Vent** 1896 m) und Gurgltal (**Obergurgl** 1910 m). Die Rofenhöfe (2014 m) oberhalb von Vent sind die höchstgelegene bäuerl. Dauersiedlung Österreichs. Das Ö. ist eine bed. Fremdenverkehrsregion Tirols. (BILD S. 115)

Ötztaler Alpen, Gruppe der Zentralalpen zw. Ober-Inntal, Reschenpaß, Etschtal und Passeiertal; z. T. stark vergletschert; 15 Gipfel übersteigen 3500 m (Wildspitze 3774 m, Weißkogel 3736 m); der Hauptkamm bildet seit 1919 die österreichisch-ital. Grenze. Bed. Fremdenverkehr (Sölden u. a.); Energiewirtschaft.

Ouabain [uaba'i:n, frz. aus Somali] *das, -s,* kristallisiertes Glykosid aus dem Holz des Ouabaiobaums, eines ostafrikan. Hundsgiftgewächses, sowie aus Strophanthussamen, chemisch identisch mit g-Strophanthin. Verwendung als Pfeilgift bei Naturvölkern, medizinisch zur Behandlung der Herzschwäche.

Ouagadougou [wagadug'u, frz.], **Wagadugu,** Hptst. von Burkina Faso (früher: Obervolta), mit (1981) 168600 Ew.; Erzbischofssitz; Univ.; bed. Verkehrsknoten (Bahn nach Abidjan, internat. Flughafen); Nahrungsmittel-, Textil-, Holz-, Metall- u. a. Ind., Gerberei.

Ouargla [wa-, frz.], Oase in Algerien, →Wargla.

ottonische Kunst: Gerokreuz; um 970 (Köln, Dom)

Oud [ɔut], Jacobus Johannes Pieter, niederländ. Architekt, * Purmerend 9. 2. 1890, † Wassenaar 5. 4. 1963, bildete um 1917 als erster die architekton. Formen von De →Stijl und des späteren →Internationalen Stils aus; baute Arbeitersiedlungen, bes. in Rotterdam, wo er 1918–33 Stadtbaumeister war, Wohnhäuser der Weißenhofsiedlung in Stuttgart (1927), das Shell-Haus in Den Haag (1938–42) u. a. Seine Bauten sind von strenger, klar und harmonisch gestalteter Sachlichkeit.

Oudenaarde ['ɔudəna:rdə], frz. **Audenarde** [odn'ard], Stadt in der belg. Prov. Ostflandern, (1983) 27200 Ew.; spätgot. Rathaus (1525–36), Textil-, Lebensmittel-Ind. – Hier siegten im

Span. Erbfolgekrieg Prinz Eugen von Savoyen und Marlborough am 11. 7. 1708 über die Franzosen unter Vendôme.

Oujda [uʒd'a, frz.], Stadt in NO-Marokko, (1977) 393000 Ew.; Handelszentrum landwirtschaftl. Produkte, Zementfabrik.

Oulu, schwed. **Uleåborg** [y:ləo:b'ɔrj], Hptst. der Prov. O. in N-Finnland, (1980) 93800 Ew., an der inselreichen Deltamündung des Oulujoki; Univ., Tiefseehafen Topila; große Cellulosefabriken, Düngemittel- und Sprengstoffindustrie, Sägewerke, Mühlen, Seifen- und Lederfabrik.

Oum er-Rbia [umɛrbj'a, frz.], mit 555 km der längste ständig wasserführende Fluß Marokkos; Stauwerke.

ounce [aʊns, engl. ›Unze‹] *die, -/-s,* Einheitenzeichen **oz,** in Großbritannien und den USA Gewichts- und Masseneinheit: 1 oz = $^1/_{16}$ lb = 28,349523 g; im Troysystem (für Edelmetalle und Edelsteine): 1 troy ounce = 1 oz tr = 480 grain = 31,103477 g. Außerdem ein Hohlmaß für Flüssigkeiten, in Großbritannien: 1 fluid oz = 8 fl. drams = 28,4130 cm^3, in den USA: 1 fl. oz = 8 fl. drams = 29,5737 cm^3.

Our [u:r], **Ur** *die,* linker Nebenfluß der Sauer, Grenzfluß zw. der Bundesrep. Dtl. und Luxemburg.

Ourcq [urk] *der,* rechter Nebenfluß der Marne im nordöstl. Frankreich, 80 km lang.

Ouro Prêto ['oru pr'etu, brasilian. ›schwarzes Gold‹], Stadt im Staat Minas Gerais, Brasilien, (1980) 53400 Ew., barockes Stadtbild; hatte bereits im 18. Jh. dank reicher Goldvorkommen 40000 Ew.

Ourthe [urt] *die,* rechter Nebenfluß der Maas in Belgien, entspringt in den Ardennen und mündet bei Lüttich; 166 km lang.

Ouse [u:z], Flüsse in England: 1) der **nördliche O.,** 72 km lang, vereinigt sich mit dem Trent zum Humber. 2) Der **Große O.,** 258 km lang, entsteht im SW der Cty. Northamptonshire und mündet bei King's Lynn in den Wash.

out [aʊt, engl.], aus, draußen. *der* **Outcast** ['aʊtkɑ:st], *-s/-s,* gesellschaftl. Geächteter. *der* **Outlaw** ['aʊtlɔ:], *-s/-s,* Verfemter, Verbrecher.

Outokumpu, Bergbausiedlung in O-Finnland, größte europ. Kupfererzgrube.

Output ['aʊtpʊt, engl.] *der, -s/-s,* **1)** Elektrotechnik: Ausgangsinformation oder Ausgabe, auch die Ausgangsleistung oder Ausgangsgröße eines elektron. Geräts, einer Antenne u. a. Entsprechend werden die Eingangsdaten als **Input** bezeichnet. Häufig ist mit O. auch die Buchse für den Anschluß des Ausgabegerätes gemeint, während Input die Buchse für den Anschluß des Eingabegerätes (z. B. Mikrophon) bezeichnet. **2)** Wirtschaftswissenschaft: Produktionsausstoß. (→ Input-Output-Analyse)

outriert [u-, frz.], übertrieben.

Outsider ['aʊtsaɪdə, engl.] *der, -s/-,* der → Außenseiter.

Ouvertüre [uvɛrt'y:rə, frz. ›Eröffnung‹] *die, -/-n,* Instrumentalvorspiel zu Bühnenwerken (Oper, Ballett, Schauspiel) oder Oratorien. Die O. brauchte urspr. mit dem folgenden Bühnenwerk in keinem inhaltl. Zusammenhang zu stehen. Die **französische O.** geht wohl auf J. B. Lullys Instrumentaleinleitungen zu seinen Bühnenwerken zurück. Sie ist dreiteilig mit der Folge: langsam - schnell - langsam.

Die Gepflogenheit, O. und selbständige Instrumentalsätze (v. a. Tänze) aus Opern und Balletten zu Suiten zusammenzustellen, führte zum Komponieren solcher selbständiger Zyklen, der als O. zu bezeichnenden **Orchestersuite** [-sɥit], bes. in Dtl. (z. B. von J. S. Bach). - In Italien bürgerte sich seit dem Ende des 17. Jh. (A. Scarlatti) die neapolitan. **Sinfonia** (›Opern-Sinfonia‹) als Einleitung für Opern und Oratorien ein. Sie enthält 3 Sätze in der Folge schnell - langsam - schnell und bildet eine der wichtigsten Voraussetzungen für die Entstehung der vorklass. und klass. Sinfonie. Gegen Ende des 18. Jh. wurde sie durch die einsätzige O., der häufig nach dem Vorbild der Sinfonie eine langsame Einleitung vorangestellt war, verdrängt.

Die Theoretiker des 18. Jh. erhoben oft die Forderung, daß die O. eine Beziehung zum nachfolgenden Werk aufweisen müsse. Die Einbeziehung der O. in das Ganze des Bühnenwerks verwirklichten aber nach Ansätzen v. a. bei J.-Ph. Rameau und Chr. W. Gluck erst Komponisten des 19. Jh. Besonders C. M. v. Weber und R. Wagner in seinen frühen Opern bemühten sich, in der O. den Inhalt des Bühnenwerks mit musikal. Mitteln vorzuzeichnen. Im Ggs. dazu stellt die **Potpourri-O.** [p'ɔtpuri-] der komischen Oper des 19. Jh. und der Operette nur Melodien des nachfolgenden Werkes zusammen (A. Lortzing, J. Strauß).

Parallel zur **Opern-O.** entwickelte sich die sinfon. **Konzert-O.** (L. Cherubini, L. van Beethoven) über die Programm-O. (F. Mendelssohn-Bartholdy, H. Berlioz) zur sinfon. Dichtung, die bisweilen noch O. genannt wurde. An die Stelle der O. tritt bei R. Wagner oft das kürzere, in die Stimmung des Werkes einführende Vorspiel, bei G. Verdi die knappe Introduktion. Seit Verdis ›Othello‹ (1887) fallen instrumentale Vorspiele bei Opern meist fort.

Ouwater ['ɔuwa:tər], Albert van, holländ. Maler, um 1430–60 in Haarlem tätig, wo er die Malerei von J. van Eyck fortsetzte und die Haarlemer Malerschule begründete. Als gesichertes Werk ist nur die ›Auferstehung des Lazarus‹ erhalten, deren herbe Zeichnung, drast. Charakterisierung und feine Licht- und Raumwiedergabe bereits Grundzüge der holländ. Malerei zeigen.

Ötztal: Sölden

Ouzo ['uzo] *der, -(s)/-s,* grch. Anisbranntwein.

oval [zu lat. ovum ›Ei‹], länglichrund. *das* **Oval,** *-s/-e,* länglichrunde Form.

Ovamboland, Gebiet in N-Namibia, bewohnt von den Ovambo (→ Ambo); 1000–1200 m ü. M. gelegene Savanne, mit Sanden bedeckt, 500 mm jährl. Niederschlag (Sommer); Hackbau, Viehhaltung. Hauptorte: Ondangwa und Oshakati. Im O. findet die Auseinandersetzung zw. SWAPO und südafrikan. Armee statt.

Ovarium [lat.] *das, -s/...ri|en,* ♀ der → Eierstock. *Adj.* **ovarial.**

Ovation [lat.] *die, -/-en,* Huldigung, Beifallssturm; im alten Rom Auszeichnung für den siegreichen Feldherrn **(kleiner Triumph).**

Overall ['əʊvərɔ:l, engl. ›über allem‹] *der, -s/-s,* einteiliger Schutzanzug, Arbeits-, Sport- und Freizeitkleidung.

Overath, Gem. im Rheinisch-Berg. Kr., NRW, (1983) 22600 Ew.; Armaturenwerk u. a. Ind. - Propstei St. Cyriax (gegr. 1256); dreischiffige Pfeilerbasilika der kath. Pfarrkirche St. Walburga (um 1150; 1953–55 erweitert).

Overbeck, 1) Franz, evang. Theologe, * St. Petersburg 16. 11. 1837, † Basel 26. 6. 1905, dort 1870–97 Prof., war befreundet mit Nietzsche. O. sah scharf den Abstand des mit der Kultur mannigfach verwachsenen neuzeitl. Christentums vom weltflüchtigen Urchristentum. Seiner krit. Arbeit verdankt die Theologie wesentl. Beiträge zur literar. Methode in der Behandlung bibl. und altkirchl. Texte.

2) Johann Friedrich, Maler, * Lübeck 3. 7. 1789, † Rom 12. 11. 1869, gründete 1809 als Schüler der Akademie in Wien mit F. Pforr u. a. den **Lukasbund** und lebte seit 1810 als Führer der

Johann Friedrich Overbeck: Selbstporträt mit Gattin und Sohn, um 1820 (Lübeck, Behnhaus)

Arnulf Øverland

Robert Owen

COOH
|
COOH

Oxalsäure

Axel Oxenstierna (aus einem Gemälde von M. J. Mierevelt)

Oxford

Oxoniumverbindungen

$\left[\begin{matrix}H\\ \\H\end{matrix}\!\!>\overset{+}{O}-H\right]\left[ClO_4^-\right]$

Oxoniumperchlorat

→Nazarener in Rom, mit denen er die Fresken in der Casa Bartholdy (1816/17; seit 1888 Berlin, Nationalgalerie) und im Casino Massimo (1817–27) schuf. O. malte und zeichnete, angeregt bes. von Perugino und dem jungen Raffael, mit frischem Naturgefühl und zarter Empfindung. Später erstarrte seine Kunst in einer dogmatisch-religiös bedingten Idealität.

Overdrive ['əuvədraıv, engl.] *das, -(s)/-s,* Schnellgang-Zusatzgetriebe, das bei höherer Geschwindigkeit selbsttätig geschaltet wird und die Motordrehzahl herabsetzt.

Overhead-Projektor ['əuvəhed-, engl.], →Projektor.

Overijssel [ovər'ɛjsəl], Prov. der →Niederlande. O. gehörte seit dem 10. Jh. zum Bistum Utrecht, wurde 1528 durch Karl V. habsburgisch, dann eine der 7 Prov. der Utrechter Union von 1579.

Overkill ['əuvəkıl, engl.] *das, -(s),* Zustand der militär. Aufrüstung mit jener Menge nuklearer Sprengköpfe, die über das zur Vernichtung des Gegners nötige Potential hinausgeht.

Øverland ['ø:vərlan], Arnulf, norweg. Schriftst., * Kristiansund 27. 4. 1889, † Oslo 25. 3. 1968, setzte sich nach dem 1. Weltkrieg für Dtl. ein, schrieb in den 30er Jahren polit. Kampflieder für die Unterdrückten in allen Ländern; 1941–45 war er in nationalsozialist. Konzentrationslagern. Ø.s Dichtungen (Lyrik, Dramen, Novellen) zeichnen sich durch meisterhafte Form, Wahrheits- und Gerechtigkeitsliebe und geistreiche Ironie aus.

Ovid, lat. Publius **Ovidius** Naso, röm. Dichter, * Sulmo (heute Sulmona) 20. 3. 43 v. Chr., † Tomi(s) etwa 17 n. Chr., aus wohlhabender Ritterfamilie, war nach Horaz' Tod der gefeiertste Dichter der Hauptstadt, bis er 8 n. Chr. von Augustus aus Italien nach Tomi(s) am Schwarzen Meer (wohl als Mitwisser der Ausschweifungen von Augustus' Enkelin Julia) verbannt wurde. O. schrieb in seiner Jugend Liebesgedichte (›Amores‹), Liebesbriefe von Personen der grch. Heldensage (›Epistulae‹ oder ›Heroides‹) und das Lehrgedicht ›Ars amandi‹ (Liebeskunst) in Distichen. Es folgten 2 große erzählende Dichtungen, die ›Metamorphosen‹ (Verwandlungen, so von Menschen in Tiere, Pflanzen usw.), ein Kranz von Sagenerzählungen, und die nicht vollendeten ›Fasti‹, eine großangelegte Erklärung des röm. Festkalenders sowie damit verknüpfter Sagen, Namen und Kultbräuche. Aus O.s Verbannungszeit stammen die Trauerlieder (›Tristia‹) und die ›Epistulae ex Ponto‹ (Briefe vom Schwarzen Meer). O. ist der Dichter der gesicherten Augusteischen Friedensordnung und ihrer verwöhnten hauptstädt. Gesellschaft. Sein Stil ist voller Witz und Anmut, seine Phantasie unerschöpflich, sein Versbau formvollendet. Seine Dichtungen haben auf die Nachwelt stark gewirkt.

Oviedo [oβj'eðo], **1)** span. Prov. in Asturien, 10565 km², (1981) 1,127 Mio. Ew. **2)** Hptst. von 1), (1981) 190100 Ew.; Erzbischofssitz, Univ. (gegr. 1608); Bergbau, Metall-, chem., Leder- u. a. Ind.; got. Kathedrale (1388–1528), Bischofspalast (16. bis 18. Jh.), westgot. Kirche San Julián de los Prados. – O., das röm. **Ovetum**, war 757–914 die Hptst. des Kgr. Asturien.

Ovipari̱e [lat.] *die, -,* Ablage von Eiern, und zwar i. e. S. von Eiern, die noch unbefruchtet sind (z. B. Fische, Lurche) oder beim Ablegen befruchtet werden (z. B. Insekten). Die Ablage von Eiern, die bereits mehr oder weniger weiterentwickelt sind, heißt **Ovoviviparie**. *Adj.* **ovipar, ovovivipar.**

ÖVP, Abk. für →**Ö**sterreichische **V**olks**p**artei.

Ovulation [lat.] *die, -/-en,* ⚕ der Eisprung im →Eierstock. *der* **Ovulationshemmer**, *-s/-,* Hormonpräparat zur →Empfängnisverhütung.

o. W., Abk. für **oder Wert**, auch **o. S. n. K.** für **oder Sorten nach Kurs**, Wechselvermerk, berechtigt den Bezogenen, statt der genannten Währung Sorten einer anderen Währung zu verwenden.

Owen ['əuın], **1)** David Anthony, brit. Politiker (Labour Party; SDP), * Plympton (South Devon) 2. 7. 1938, Arzt, 1977–79 Außen-Min., trat 1981 aus der Labour Party aus, beteiligte sich führend an der Gründung der ›Social Democratic Party‹ (SDP) und ist seit 1983 deren Vors.

2) John, neulat. Dichter, * Plas Dhu im Kirchspiel Llanarmon (Wales) um 1560, † London 1622. Seine Epigramme gegen Laster und Torheit wirkten stark auf das dt. Epigramm des 17. Jh.

3) Robert, brit. Unternehmer und Sozialpolitiker, * Newton (Nordwales) 14. 5. 1771, † ebd. 17. 11. 1858, setzte sich für die Arbeiter durch Einführung sozialer Reformen in seinem Betrieb ein (Begrenzung von Kinderarbeit und Arbeitszeit, Kleinkinderschulen, Pensionskassen u. a.). O. war der geistige Urheber der engl. Genossenschafts- und Gewerkschaftsbewegung.

Owendo, Tiefwasserhafen bei Libreville, Gabun, 1973 eröffnet, für die Verladung der Eisenerze von Mékambo.

Owens ['əuınz], Jesse, amerikan. Leichtathlet, * Danville 12. 9. 1913, † Tucson (Ariz.) 31. 3. 1980, gewann 1936 vier olymp. Goldmedaillen (100-, 200-, 4 × 100-m-Lauf und Weitsprung), erzielte insges. 9 Weltrekorde.

Owens-Illinois Inc. ['əuınz ılın'ɔız-], Toledo (Ill.), Unternehmen zur Herstellung von Hohl- und Verpackungsglas; gegr. 1907, seit 1965 jetziger Name.

OWiG, Abk. für **O**rdnungs**wi**drigkeiten**g**esetz.

oxal... [grch.], sauer..., Bez. für die Atomgruppierung – CO – COOH.

Oxal|acetat, Oxo|bernsteinsäure, in allen Zellen vorkommendes Salz der Oxalessigsäure, $C_4H_4O_5$. O. ist wichtiges Zwischenprodukt im Zitronensäurezyklus, ohne das dieser Stoffwechselweg zum Erliegen kommt. O. spielt auch eine Rolle bei der Fixierung von Luftstickstoff durch Leguminosenknöllchen.

Oxalsäure, Äthan|disäure, Kleesäure, die einfachste Dicarbonsäure, stark giftig, im Pflanzenreich in Form ihrer Salze (**Oxalate**) sehr verbreitet, z. B. als saures Kaliumsalz im Sauerklee (**Kleesalz**), als Kalksalz in vielen Pflanzen und im Harn. Technisch wird sie durch therm. Dehydrierung von Natriumformiat oder durch Oxidation von Propylen oder Kohlenhydraten mit Salpetersäure hergestellt. Die O. und einige ihrer Salze, bes. das Kaliumsalz, finden Anwendung in der Kattundruckerei, in der Färberei, zum Beseitigen von Tinten- und Rostflecken, zum Bleichen von Stroh, Leder, Holz u. a.

Oxenstierna ['uksənʃæ:rna], Axel Graf (1645), schwed. Staatsmann, * Gut Fånö in Uppland 26. 6. 1583, † Stockholm 7. 9. 1654, wurde 1612 Reichskanzler Gustav Adolfs, leitete nach dessen Tod (1632) die schwed. Politik selbständig und erfolgreich. 1636 übernahm er die Vormundschafts-Reg. für Königin →Christine. O. führte tiefgreifende Verbesserungen auf administrativem, wirtschaftl., sozialem und kulturellem Gebiet durch.

Oxer [engl.] *der, -s/-,* Pferdesport: Hindernis bei Springprüfungen aus 2 hintereinander angeordneten Stangenhindernissen mit einem Busch oder einer Hecke in der Mitte.

Oxford ['ɔksfəd], Stadt und Distrikt in der engl. Cty. Oxfordshire, (1981) 98500 Ew., an der Mündung des Cherwell in die Themse; anglikan. Bischofssitz, älteste engl. Univ. (gegr. im 13. Jh.). Die bekanntesten der 40 Colleges sind: University College

Oxford: Radcliffe Camera

(1249), Balliol (1262), Merton (1263), Oriel (1326), Queen's (1341), New College (1379) und Lincoln College (1427). Zur Universität gehören bed. Bibliotheken, darunter die Bodleiana (→Bodley) und die Radcliffe Camera (1737–49 von J. Gibbs erbaut). Neben der Kathedrale (12.–14. Jh.) gibt es mittelalterl. Kirchen: St. Michael's, St. Peter-in-the-East, St. Mary the Virgin, St. Mary Magdalen. Im Vorort Headington liegt das O. College of Technology. Auto-, Elektro-, Nahrungsmittel- u. a. Industrie, Druckereien, Verlage.

Oxford-Bewegung ['ɔksfəd-], religiöse Bewegung, →Ritualismus.

Oxford-Gruppenbewegung ['ɔksfəd-], eine von F. Buchman gegr. Erneuerungsbewegung, →Moralische Aufrüstung.

Oxfordshire ['ɔksfədʃıə], Cty. in England, 2611 km², (1981) 515100 Ew., nördlich der Themse; VerwSitz: Oxford.

Oxford University Press ['ɔksfəd ju:nı'və:sıtı-], der Buchverlag der Univ. Oxford, mit eigener Druckerei (seit 1585 unter Aufsicht der Univ.); viele überseeische Zweigniederlassungen.

Oxhoft [nd., aus engl. hogshead ›Schweinskopf‹] *das, -(e)s/-e,* früheres dt. Flüssigkeitsmaß, bes. für Wein; meist 200–250 l.

oxid... [von grch. oxys ›scharf‹, ›sauer‹], ⚘ **oxyd...,** bei chem. Verbindungen: sauerstoffhaltig.

Oxid [grch.] *das, -(e)s/-e,* ⚘ **Oxyd**, chem. Verbindung eines Elements mit Sauerstoff, in der dieser der elektronegative Bestandteil ist. Nach der Anzahl der Sauerstoffatome im Molekül des O. spricht man von Monoxid, Dioxid, Trioxid, Tetroxid, Pentoxid. In der chem. Nomenklatur werden Ziffern zur Bez. der **Oxidationsstufen** verwendet, wobei die Ziffer die Wertigkeit des mit dem zweiwertigen Sauerstoff verbundenen Elements bedeutet, z. B. Kupfer(I)-oxid Cu_2O, Kupfer(II)-oxid CuO, Eisen(III)-oxid

Fe_2O_3. **Oxidsalze** enthalten neben dem Anion Sauerstoff, z. B. BiOCl, Wismutoxidchlorid; **Oxidhydrate** enthalten zusätzlich Wasser. (→ Peroxide)

Oxidasen [grch.] *Pl.,* Elektronen übertragende Enzyme, die bei vielen tier. und pflanzl. Stoffwechselvorgängen wichtig sind.

Oxidation [grch.-lat.] *die, -/-en,* urspr. die chem. Vereinigung von Elementen oder Verbindungen mit Sauerstoff. Sie kann als Verbrennung lebhaft und unter Selbsterhitzung (z. B. bei Kohle, Schwefel) oder auch langsamer bis fast unmerklich bei gewöhnl. Temperatur verlaufen (z. B. Korrosion). Als O. gilt auch die Wegnahme von Wasserstoff aus Verbindungen. Da nach der Atomtheorie der Oxidationsvorgang dadurch charakterisiert ist, daß die Elemente ihre Ladungsstufe erhöhen, hat man den Begriff O. vom Sauerstoff gelöst. Ein Stoff wird oxidiert, wenn ein darin befindl. Element einen positiven Zuwachs seiner Ladungsstufe erfährt, seine **Oxidationszahl, Oxidationsstufe,** seinen **Oxidationsgrad** erhöht oder Elektronen abgibt. *Vb. es* **oxidiert.**

Oxidationsmittel, Oxidantien, *Sg. das* **Oxidans,** -, Stoffe mit besonderer Fähigkeit, Elektronen aufzunehmen und die Oxidationsstufe anderer Stoffe zu erhöhen, wobei sie selbst reduziert werden; z. B. Sauerstoff, manche Oxide und sauerstoffreiche Verbindungen.

Oxidations-Reduktions-Systeme, die → Redoxsysteme.

Oxidationstherapie, Sammelbezeichnung für medizin. Außenseiterverfahren, mit denen eine bessere Sauerstoffversorgung des Körpers erreicht werden soll. Hierzu kann 1. ein Ozon-Sauerstoffgemisch direkt in die Blutbahn gegeben (Ozontherapie) oder 2. über eine Nasensonde zugeführt werden (Sauerstoffmehrschritt-Therapie) oder 3. Blut dem Körper entnommen und nach Ultraviolettbestrahlung wieder infundiert werden (›Blutwäsche‹).

Oxidationszone, ⚒ von der Erdoberfläche bis zum Grundwasserspiegel reichende Verwitterungszone der Erzgänge mit Sauerstoffüberschuß. Sie enthält Oxide, Hydroxide, Carbonate, Sulfate u. a. Schwermetallverbindungen von sulfid. Erzen. Die sich bildenden, oft durch Eisenverbindungen rotgefärbten porösen Massen werden bergmännisch als **Eiserner Hut** bezeichnet. (→ Zementationszone)

Oxidimetrie *die,* -, **Redoxtitration,** Methode der chem. Maßanalyse, bei der vollständige Oxidations- und Reduktionsreaktionen zur quantitativen Bestimmung chem. Stoffe genutzt werden. Oxidimetr. Verfahren sind u. a. die **Bromometrie:** Oxidationsmittel ist Bromlösung, Indikatoren Methylrot oder -orange, die zerstört werden; die **Jodometrie:** Oxidationsmittel Jodlösung oder Jodidionen, Titrierung mit Natriumthiosulfat-Lösung, Indikator Stärkelösung, die blau gefärbt wird.

Oxidkeramik, keram. Werkstoffe, deren Eigenschaften (hohe Verschleißfestigkeit und Härte, gute elektr. Isolations- und therm. Wärmeleitfähigkeit, hohe Resistenz gegenüber chemisch aggressiven Flüssigkeiten) sehr viele Einsatzmöglichkeiten bieten, u. a. als Sinterwerkstoffe mit besonderen dielektr. und magnet. Eigenschaften in der Elektrotechnik. Wichtig sind Aluminium-, Zirkon-, Beryllium- und Magnesiumoxid.

Oxidoreductasen, Biochemie: erste Hauptklasse der Enzyme; O. katalysieren Redox-Reaktionen (d. h. Reduktions-Oxidations-Reaktionen) zw. zwei Substraten.

Oxime [grch.], *Sg. das* **Oxim,** *-s,* **Isonitrosoverbindungen,** organ. Verbindungen, die durch Kondensation von Hydroxylamin mit Aldehyden **(Aldoxime)** oder Ketonen **(Ketoxime)** entstehen, enthalten die Atomgruppierung $>C=N-OH$. Aus Cyclohexanonoxim wird ε-Aminocaprolactam, der Ausgangsstoff für die ›Perlon‹-Herstellung, gewonnen.

Oxin *das, -s,* **8-Hydroxylchinolin,** kristalline organ. Verbindung, ein Desinfektionsmittel; ist Muttersubstanz von Antiseptika und Antimykotika.

Oxiran *das, -s,* das → Äthylenoxid.

Oxo..., ⌬ **1)** Bez. für das an ein Kohlenstoffatom doppelt gebundene Sauerstoffatom (= O) z. B. in Oxocarbonsäuren. **2)** Bez. für Verbindungen, die über die Oxosynthese hergestellt werden.

Oxocarbonsäuren, Carbonsäuren, in denen die Wasserstoffatome einer oder mehrerer CH_2-Gruppen durch ein doppelt gebundenes Sauerstoffatom (→ Oxo ... 1) ersetzt sind, z. B. Oxobuttersäure (Acetessigsäure), Oxovaleriansäure (Lävulinsäure).

Oxoniumverbindungen, chem. Verbindungen, die das Oxoniumion H_3O^+ als Kation enthalten, entsprechen ihrer Zusammensetzung nach den Ammoniumverbindungen. In organ. O. können die H-Atome des Oxoniumions durch andere einwertige Atomgruppen, z. B. Methylgruppen, ersetzt sein. (FORMEL S. 116)

Oxosäuren, 1) anorgan. Säuren mit koordinativ gebundenem Sauerstoff im Anion, z. B. Chlorsäure, $HClO_3$, Salpetersäure, HNO_3. **2) Organ. O.,** die Oxocarbonsäuren sowie verzweigte höhere Carbonsäuren aus der Oxosynthese.

Oxosynthese, Hydroformylierung, technisch wichtige Reaktion von Olefinen mit Kohlenmonoxid und Wasserstoff zu Aldehyden, wobei in Gegenwart von Katalysatoren gleichzeitig Kohlenmonoxid, CO, und Wasserstoff, H_2, an Doppel- oder Dreifachbindungen angelagert wird. Diese **Oxoaldehyde** werden meist zu Alkoholen **(Oxoalkohole)** weiterverarbeitet.

Oxus *der,* antiker Name des Flusses → Amu-Darja.

oxy..., ⌬ **1)** früher für Hydroxy... in Namen organ. Verbindungen. **2)** heute, wenn ein Sauerstoffatom an zwei Atome gebunden ist (– OR), z. B. Methoxy... **3)** in der anorgan. Chemie früher für Oxidsalze, z. B. Wismutoxychlorid, heute: Wismutoxidchlorid.

Oxyacetylierung, Acetoxylierung, technisch wichtige Reaktion organ. Verbindungen mit Sauerstoff und Essigsäure zu Essigsäureestern.

Oxychlorierung, Reaktion organ. Verbindungen mit Sauerstoff und Chlorwasserstoff.

oxyd..., ⚘ → oxid...

Oxydul [grch.] *das, -s/-e,* ⚘ für ein Oxid einer niederen Oxidationsstufe.

Oxygenasen *Pl.,* Enzyme, die die Reaktion von molekularem Sauerstoff katalysieren.

Oxygenium [grch.-lat.] *das, -s,* der Sauerstoff.

Oxyliquite [grch.-lat.], *Sg. das* **Oxyliquit,** *-s,* mit flüssigem Sauerstoff getränkte, brennbare Stoffe (Holzmehl, Kohlepulver, Torf) für Sprengungen im Bergbau.

Oxymoron [grch.] *das, -s/...ra,* Stilistik: widersprüchl. Verbindung von Gegensätzen in einer Äußerung, um eine nachhaltige stilist. Wirkung zu erreichen: *beredtes Schweigen.*

Oxyrhynchos, antike Stadt in Mittelägypten, bekannt durch Papyrusfunde in grch., kopt. und arab. Sprache.

Oxytocin, Ocytocin [grch.] *das, -s,* → Neurohormone.

Oxyuris [grch.] *die, -/...r'ides,* der → Madenwurm. *die* **Oxyuriasis,** *-/...ri'asen,* Erkrankung durch starken Befall mit O.

Oybin *der,* Sandsteinkuppe (513 m ü. M.) südwestlich von Zittau; Burgruine.

Oyo, Stadt in SW-Nigeria, (1975) 152000 Ew.; Kunsthandwerk; bis etwa 1840 Hptst. des mächtigsten Yoruba-Reiches.

Oyten ['ɔɪtən], Gem. im Kr. Verden, Ndsachs., (1983) 11900 Ew., am Rande Bremens.

oz, Einheitenzeichen für → ounce.

OZ, Abk. für → Oktanzahl.

Özal, T u r g u t, türk. Politiker (Mutterlandspartei), * Malatye 13. 10. 1927, Dipl.-Ingenieur, Wirtschaftsfachmann; Vors. der Mutterlandspartei, seit 1983 MinPräs.

Ozäna [grch.] *die, -/...nen,* $ die → Stinknase.

Ozark Mountains ['əuzɑ:k m'auntɪnz], waldiges Bergland zwischen Arkansas und Missouri, USA.

Ozawa, S e i j i, japan. Dirigent, * Hoten (Mandschurei) 1. 9. 1935.

Ozean [grch. okeanos] *der, -s/-e,* das → Meer.

Ozeanbodenzergleitung, svw. → Seafloor-Spreading.

Ozeanien, die Inseln des Pazif. Ozeans (ohne Galápagos-Inseln), insbes. die des südwestl. Teils dieses Ozeans (KARTE VI/VII, n. S. 320). In der allg. Länderkunde wurden bisher diese Inseln unter dem Namen O. zusammengefaßt und zu Australien gerechnet. Bes. im Bereich der physischen Geographie wird heute der Begriff Pazif. Ozean oder Pazifik dem Begriff Stiller Ozean vorgezogen, daher wird auch statt von O. von den **Pazifischen Inseln** gesprochen; im Bereich der Siedlungs- und Wirtschaftsgeographie sowie der Völkerkunde wird der Begriff O. für die Landfläche noch benutzt, obwohl die polit. Gliederung der Inselwelt im Vordergrund steht. Geographisch werden die Inseln eingeteilt in die östl. Pazif. Inseln (mit Hawaii-Inseln, Midway-, Wake- und Johnston-Inseln, Linien-, Phoenix-, Tokelau-, Samoa-, Tonga-, Cook-, Marquesas-, Gesellschafts-, Tubuai-, Gambier-Inseln, Osterinsel, Galápagos-Inseln u. a.), die zentralen Pazif. Inseln (mit Marianen, Karolinen, Marshall-Inseln, Nauru, Gilbert-, Ellice-, Fidschi-Inseln u. a.) und die südwestl. Pazif. Inseln (mit Neuguinea, Bismarckarchipel, Salomonen, Neuen Hebriden, Neukaledonien, Neuseeland u. a.). Die Völkerkunde bedient sich vorwiegend der Einteilung in → Melanesien, → Mikronesien und → Polynesien. Die weite Streuung der Inseln und ihre Unterschiede erfordern eine Betrachtung nach kleineren Gruppen.

Das K l i m a ist durch den Wechsel von SO- und NO-Passaten bestimmt, durch den Einfluß des Meeres aber ausgeglichen; gewöhnlich ist die O-Seite der höheren Inseln regenreich und die W-Seite regenarm. Mit Ausnahme Neuseelands und der nördl. Hawaii-Gruppe sind die Inseln tropisch. Tier- und Pflanzenwelt nehmen an Reichtum von W nach O ab.

Die B e v ö l k e r u n g besteht aus → Papua, → Melanesiern, → Polynesiern, → Mikronesiern. Eingewandert sind Weiße (Neu-

1

2

3

Ozeanien

Ozeanien: Kunst; **1** Bemalter Holzschild, Neubritannien. **2** Ahnenfigur aus bemaltem Holz, Höhe 127 cm, Neuirland. **3** Maske aus Baumfarn, Ton und einer Harzmischung, Höhe 114 cm, Malekula, Neue Hebriden (Abb. 1 Berlin-West, Museum für Völkerkunde, Abb. 2 und 3 Basel, Museum für Völkerkunde)

Ozeanien: Staatliche Gliederung[1])

Land[2])	Hauptstadt	km²	Ew.[3]) in 1000
Fidschi	Suva	18 274	650
Kiribati[4])	Bairiki	728	60
Nauru	Yaren	21	8
Neuseeland	Wellington	268 676[5])	3 160
Papua-Neuguinea[6])	Port Moresby	461 691	3 010
Salomonen[7])	Honiara	28 446	240
Samoa	Apia	2 842	160
Tonga	Nuku'alofa	699	100
Tuvalu[8])	Funafuti	158	7
Vanúatú[9])	Vila	14 763	120
Abhängige Gebiete			
Australien:			
Kokos-Inseln	Bantam	14	1
Norfolk-Insel	Kingston	36	2
Weihnachts-Insel	Flying Fish Cove	135	3
Großbritannien und Nordirland:			
Pitcairn	Adamstown	5	0
Frankreich:			
Neukaledonien[10])	Nouméa	19 058	140
Polynesien, Franz.-[11])	Papeete (Tahiti)	4 000	150
Neuseeland:			
Cook-Inseln	Avarua	236	20
Niuë	Alofi	259	3
Tokelau	Fakaofo	10	2
Vereinigte Staaten:			
Guam	Agaña	549	100[12])
Samoa, Amerikan.-Samoa	Fagatogo	197	32[12])
Sonstige[13])	–	14	5
Gebiete unter Treuhandverwaltung			
Pazifische Inseln (amerikanisch)[14])	–	1 779[15])	139

[1]) Nach: Statist. Jb. d. Bundesrep. Dtl. (1983). [2]) ohne West-Irian (Irian Jaya). [3]) 1981/82. [4]) ehem. Gilbert-Inseln, einschl. Weihnachts-Inseln u. a. [5]) Landfläche; Gesamtfläche einschl. Inselgebiete und Ross Dependency: 683 568 km². [6]) einschl. Bismarck-Archipel, Bougainville und Buka (Salomon-Inselgruppe). [7]) ohne Bougainville und Buka. [8]) ehem. Ellice-Inseln. [9]) ehem. Neue Hebriden. [10]) einschl. Wallis und Futura u. a. [11]) einschl. Austral-, Gambier-, Gesellschafts-, Marquesas-, Rapa- und Tuamoto-Inseln. [12]) einschl. US-Streitkräfte. [13]) Midway, Wake u. a. kleine Inseln. [14]) Karolinen- (einschl. Palau-Inseln/Belau), Marianen- und Marshall-Inseln. [15]) nur Fläche bewohnter Inseln.

seeland, Hawaii in der Überzahl), Inder, Javanen, Vietnamesen, Filipinos, Chinesen. Mischlinge hat Polynesien in größerer Zahl.

In der Wirtschaft werden Kopra, Zuckerrohr (Fidschi-Inseln, Hawaii), Kaffee (Hawaii), Vanille (Tahiti) erzeugt. Der Fischfang spielt für die Ernährung der Bev. eine bed. Rolle. Der Bergbau liefert Nickel, Mangan, Chrom (Neukaledonien), Phosphat (Nauru, Angaur, Makatea, Tahiti), Kupfer (Bougainville), ferner Erdöl (Neuguinea). Heute hat O. neben seiner verkehrsstrateg. Bed. zw. Nordamerika und Asien-Australien auch starken Fremdenverkehr (Hawaii, Fidschi, Tahiti).

Kunst. Das Kunstschaffen der Völker O.s ist infolge der Verschiedenheit ihrer Kulturen und der Materialien recht mannigfaltig. Alle künstler. Werke sind stark religiös gebunden. Auf Neuguinea zeigt das Sepik-Gebiet ornamentalen und formalen Reichtum, bes. bei Schnitzereien und Holzplastiken. Schädel- und Zeremonialmasken aus Rindenbast oder Holz finden sich auf Neubritannien, Plastiken und Brustschmuck aus Schildpatt auf Neuirland, menschl. und tier. Plastiken und Ahnenfiguren aus Holz oder Farn auf den Admiralitätsinseln, den Neuen Hebriden und auf Neukaledonien. In Mikronesien erreichten Plastik und Ornamentalkunst keine höhere Entwicklungsstufe. Aus Zentralpolynesien sind v. a. gedrungene Holzplastiken und Kerbschnittverzierungen erwähnenswert, aus Hawaii Feder- und Baststoffarbeiten, von der Osterinsel monumentale Steinplastiken. Hohe Kultfiguren aus Stein oder Holz gibt es auf den Marquesas-Inseln; auf Neuseeland entwickelten die Maori in der Schnitzkunst eine besondere Kurvenornamentik, in der Gesichtstatauierung eine Spiralornamentik.

Geschichte. Die Besiedlung O.s setzte im 2. Jahrtsd. v. Chr. ein und verstärkte sich im 1. Jahrtsd. n. Chr. (Osterinsel 858, Neuseeland und Hawaii seit 950). 1513 entdeckte → Balboa den Pazif. Ozean. Unter den Seefahrern, die O. seitdem erschlossen, ist J. Cook bes. hervorzuheben. Mit dem niederländ. Souveränitätsanspruch auf West-Neuguinea (1828) und der Errichtung des frz. Protektorats über die zentralpolynes. Inseln (Tahiti, Gesellschafts-Inseln, Tuamotu-Gruppe u. a., 1848) begann das koloniale Zeitalter in O. Die euroamerikan. Kolonialisierung veränderte die traditionellen Sozialstrukturen im ozean. Raum. Nach dem 1. Weltkrieg schied das Dt. Reich als Kolonialmacht in O. aus (→ Schutzgebiete). 1941–45 war O. Kriegsschauplatz (→ Weltkrieg II). 1946 ließen sich die USA von der UNO die japan. Besitzungen in O. als Treuhandgebiete übertragen. 1946 wurden die frz. Besitzungen als ›Überseegebiete‹ ein Teil der frz. Republik. Auch die von Staaten des Commonwealth abhängigen Gebiete erhielten Autonomierechte oder die Unabhängigkeit (1962 Westsamoa; 1970 die Fidschi-Inseln; 1978 Tuvalu, ehem. Ellice-Inseln). Die Niederlande traten ihren Teil Neuguineas (West-Irian) an Indonesien ab. 1975 wurde der östl. Teil Neuguineas (Papua-Neuguinea) unabhängig. 1959 wurde Hawaii 50. Bundesstaat der USA. Die Insel Guam ist seit 1898 der Mittelpunkt der amerikan. strateg. Planung im pazif. Raum; in Mikronesien finden seit 1946 amerikan. und in Frz.-Polynesien seit 1964 frz. Kernwaffenversuche statt.

ozeanische Sprachen, die auf den Pazif. Inseln gesprochenen → austronesischen Sprachen.

Ozeanographie [grch.] *die, -,* die → Meereskunde.

Ozellen [lat. ocellus ›Äuglein‹] *Pl.,* **Punkt|augen, 1)** einfachste Lichtsinnesorgane der Tiere. **2)** pflanzl. ›Lichtsinnesorgane‹ bei einigen Laubblättern, deren Reizung die Blätter in günstige Lage zum Licht einstellt.

Ozelot [mexikan.] *der, -s/-e,* **Mexikanischer Ocelot, Pardelkatze, Leopardus pardalis,** süd- und mittelamerikan. bräunlich-schwarz gezeichnete Kleinkatze, lebt meist nur auf Bäumen und verfolgt Vögel und kleine Säuger; eines der wertvollsten Pelztiere. (BILD Katzen)

Ozenfant [ozãf'ã], Amédé, frz. Maler und Kunstschriftst., * St. Quentin 15. 4. 1886, † Cannes 3. 5. 1966, war mit Le Corbusier Begründer des Purismus, den er auch als Schriftsteller und an den von ihm in Paris (1930), London (1935) und New York (1939) gegründeten Schulen vertrat.

Ozokerit [grch.] *der, -s/-e,* **Erdwachs,** natürl. Gemenge hochmolekularer fester Kohlenwasserstoffe, verharzte Rückstände paraffinreicher Erdöle, gelblich bis braun, wachsähnlich; kommt auf Erdspalten oder Erdgängen natürlich vor.

Ozon [grch. ›das Riechende‹] *das,* auch *der, -s,* Modifikation des Sauerstoffs, besteht aus dreiatomigen Molekülen: O_3, bildet sich aus gewöhnl. Sauerstoff bei Einwirkung von ultraviolettem Licht, von elektr. Entladungen, von sehr hohen Temperaturen und anschließender sehr rascher Abkühlung, bei langsamer Oxidation von weißem Phosphor an feuchter Luft u. a. chem. Vorgängen. Im **Ozonisator** erhält man bis zu 15% O. in Sauerstoff durch stille elektr. Entladungen. O. reizt die Atmungsorgane heftig und wirkt auch bei kleiner Konzentration giftig. Es ist das stärkste Oxidationsmittel. In der Atmosphäre ist es mit nur etwa $1\text{-}3 \cdot 10^{-6}$ Volumenprozent enthalten, es wird laufend durch die intensive Ultraviolettstrahlung der Sonne in der Stratosphäre gebildet. O. spielt eine außerordentlich wichtige Rolle im Strahlungshaushalt der Atmosphäre, da es die kurzwellige Ultraviolettstrahlung der Sonne absorbiert und in Wärme umsetzt, sowie für die Lebensbedingungen auf der Erde, da es den Lebensraum gegenüber der energiereichen kurzwelligen Sonnenstrahlung abschirmt. In neuerer Zeit wurde die (unterschiedlich hoch eingeschätzte) Gefährdung der O.-Schicht durch Anreicherung der als Treibgas in Spraydosen verwendeten Fluorkohlenwasserstoffe in der oberen Atmosphäre erkannt. In Bodennähe wird O. oft verwechselt mit gewissen Geruchsbeimengungen der Atmosphäre. Waldluft enthält nicht mehr O. als andere Freilandluft. – O. wird bei der Wasseraufbereitung **(Ozonung),** zum Konservieren und Bleichen verwendet.

Ozonide *Pl.,* **1)** Salze mit dem Anion O_3^-. **2)** organ. Verbindungen, die durch Reaktion olefin. Doppelbindungen mit Ozon (O_3) entstehen. Durch Hydrierung entstehen aus dem O. zwei Moleküle (Aldehyde oder Ketone).

Ozonschicht, Bereich der Stratosphäre mit starker Ozon-(O_3-)Anreicherung zw. 20 und 30 km Höhe (→ Atmosphäre).

P

p, P [pe:] *das, -/-,* **1)** Konsonant, der sechzehnte Buchstabe des dt. Alphabets, stimmloser, bilabialer Verschlußlaut. (ÜBERSICHT Aussprache)

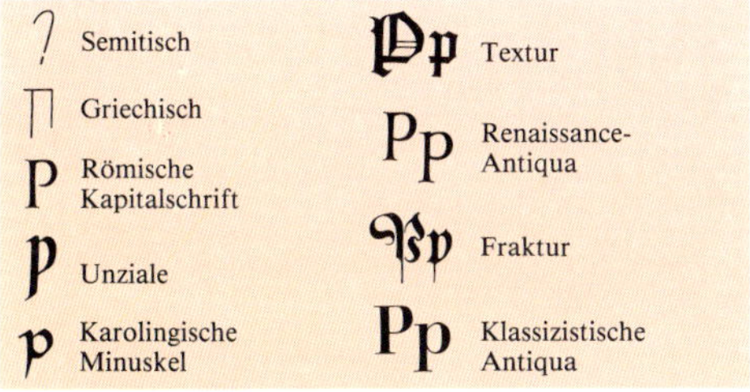

Entwicklung des Buchstaben **P**

2) Abk. **p.**, auch **pag.**, für **pagina**; auf Wechseln für **protestiert**; auch **pinx.**, für **pinxit**; **P** oder **P.**: auf röm. Inschriften u. a. **Publius**, **Populus**, **Pontifex**, **Proconsul**; in neuerer Zeit **Papa** (Papst), **Pastor**, **Pater**. **3)** ☜ **p**, Abk. für → para ... **P**, Symbol für → Phosphor. **4)** Maßeinheiten: **p**, Einheitenzeichen für → Pond und → typographischer Punkt; **p**, Vorsatzzeichen für → Piko, physikal. Symbol für → Proton; **P**, Einheitenzeichen für → Poise; **P**, Vorsatzzeichen für → Peta. **5)** Münzen: **p**, Abk. für die kleinen Währungseinheiten **Penny** und **Para**; **P**, Abk. für die Währungseinheit **Pula** (Botswana), den Philippin. Peso. **6)** ♪ **p**, Abk. für **piano**; **p.**, Abk. für **più** oder **poco**; **pp**, Abk. für pianissimo oder **più piano**.

p. a., **1)** Abk. für lat. **pro anno**, fürs Jahr. **2)** ☜ Abk. für **pro analysi**, analysenrein.

p. A., auf Postsendungen: **per Adresse**, bei.

Pa, 1) chem. Zeichen für → Protactinium. **2)** Einheitenzeichen für → **Pascal**.

Pa., postal. **PA,** Abk. für den Staat **Pennsylvania**, USA.

PA, 1) Abk. für **Patres Albi**, die → Weißen Väter. **2)** ☜ Abk. für → Polyamide.

Paar [ahd. par, zu lat. par ›gleich‹] *das, -(e)s/-e,* **1)** zwei zusammengehörige oder eng verbundene Menschen, Tiere, Dinge: *ein P. Schuhe,* ein linker und ein rechter Schuh; *ein P.,* Mann und Frau; *die Paare stellten sich auf; zu Paaren,* zu zweien. **2)** ⊠ a) **Teilchen-Antiteilchen-Paar**, → Paarerzeugung. b) **Elektron-Loch-Paar**, → Generation; **gebundenes Elektron-Loch-Paar**, → Exziton. c) **Cooper-Paar**, → Cooper 3). **paar, 1)** selten für: paarig, gepaart: *paare Flossen,* solche mit Gegenstück. **2)** nicht flektiert als unbestimmtes Zahlwort: einige, wenige: *gib mir ein paar Kirschen! ich* **paare, 1)** *sie,* stelle zu Paaren zusammen (zur Zucht): *der Züchter paart Tiere; Tiere paaren sich* (zur Begattung). **2)** *es,* Ü vereinige: *bei ihm paaren sich Geist und Bosheit.* **paarig**, paarweise, doppelt vorhanden, in zwei Stücken einander zugeordnet: *paarige Organe,* solche mit einem Gegenstück, wie Ohren, Augen, Hände. *ein* **paarmal**, einige Male; aber: *ein paar Male.* **paarweise**, in Paaren, zu zweit.

Paar|erzeugung, Paarbildung, ⊠ die aus der Äquivalenz von Energie und Masse folgende Möglichkeit, Energie in materielle Teilchen umzuwandeln, d. h. die spontane Umwandlung eines Lichtquants (Röntgen- oder γ-Quants), dessen Energie mindestens so groß ist wie die doppelte Ruheenergie eines Elektrons, in ein Elektron-Positron-Paar im starken Coulombfeld eines Atomkerns. Wegen der Erhaltungssätze von Energie und Impuls ist P. nur dann möglich, wenn auf einen weiteren Reaktionspartner, den Atomkern, Impuls übertragen werden kann. Die überschüssige Energie des Strahlungsquants wird als kinet. Energie auf die erzeugten Teilchen verteilt. Der umgekehrte Vorgang ist die Vernichtung eines Elektrons und eines Positrons **(Paarvernichtung, Annihilation, Zerstrahlung)** unter Bildung von 2 oder 3 Lichtquanten. Unter P. versteht man i. w. S. generell die Erzeugung von Teilchen-Antiteilchen-Paaren (→ Antiteilchen) bei der Wechselwirkung hochenerget. Elementarteilchen mit Materie.

Paarhufer, Paarzeher, Artiodactyla, Säugetierordn. (Nichtwiederkäuer, Schwielensohler, Wiederkäuer), bei der der 3. und 4. Zeh und der Mittelfußknochen bes. stark entwickelt sind; der 1. Zeh fehlt stets.

Paarlauf, Eis-, Rollkunstlauf: Wettbewerb für Paare (Dame und Herr), bei dem die Sprünge und Figuren aufeinander abgestimmt sein müssen. Der P. besteht im Eiskunstlauf aus Pflichtkür und Kürlaufen, im Rollkunstlauf nur aus dem Kürlaufen.

Paar|reim, Reim in der Form aa, bb usw.

Paarspektrometer, Gerät zum Bestimmen der Energie von Gammaquanten aus den Koinzidenzen von Elektronen und Positronen. Sie werden in einer dünnen Materiefolie durch → Paarerzeugung gebildet und durch ein Magnetfeld in entgegengesetzten Kreisbahnen abgelenkt. Aus der Lage des Streukörpers, der Stärke des Magnetfeldes und dem Abstand der Detektoren läßt sich die Energie der Gammaquanten ermitteln.

Paarung *die, -/-en,* **Paarbildung,** die Zusammenführung, Bildung oder Vereinigung von 2 Individuen, Organen, Gegenständen oder Elementen. **1)** Biologie: **sexuelle P.**, dient normalerweise der → Begattung und → Fortpflanzung. **2)** ⚔ die beiden Gegner (auch Mannschaften) in einem Wettkampf.

Paarvernichtung, → Paarerzeugung.

Paasche-Index [n. H. Paasche, * 1851, † 1922], Formel zur Indexberechnung, die das Gewichtungsproblem durch Verwendung des Gewichtsschemas der laufenden Periode löst (i. Ggs. zum → Laspeyres-Index). Der P.-I. wird in der Statistik u. a. zur Berechnung von Preis- und Mengenindizes benützt.

Paasikivi, Juho Kusti, finn. Politiker, * Tampere 27. 11. 1870, † Helsinki 14. 12. 1956, 1918 MinPräs., führte 1920 die Friedensverhandlungen mit dem bolschewist. Rußland, 1940 mit der UdSSR (zur Beendigung des ›Winterkriegs‹). Nach Ausbruch des ›Fortsetzungskriegs‹ (1941) mit der UdSSR leitete er 1944 die Waffenstillstandsverhandlungen auf finn. Seite. 1944–46 war er Min.-Präs., 1946–56 Staatspräs.; er setzte die Maßstäbe der finn. Außenpolitik (›Paasikivi-Linie‹, → Finnland, Geschichte).

Paasio, Kustaa Rafael, finn. Politiker (Sozialdemokrat), * Uskela 6. 6. 1903, † Turku 17. 3. 1980; Vors. seiner Partei (1963–75), MinPräs. (1966–68, Volksfront-Reg.; 1972).

Pabianice [-jan'itsɛ], Stadt in der poln. Wwschaft Lodz, (1979) 69000 Ew.; Textil-, chem. und Maschinenindustrie.

Pabst, G. W. (Georg Wilhelm), Filmregisseur, * Raudnitz (Böhmen) 27. 8. 1885, † Wien 29. 5. 1967, beeinflußte maßgeblich die Entwicklung des dt. Stumm- und frühen Tonfilms. – Filme: Die freudlose Gasse (1925); Die Büchse der Pandora (1928); Westfront 1918 (1930); Die Dreigroschenoper (1931); Kameradschaft (1931); Der Prozeß (1948) u. a.

Pace [peɪs, engl.] *die, -,* Schritt, Gang; beim Pferderennen die Geschwindigkeit, in der ein Rennen gelaufen wird.

Pacelli [-tʃ-], Eugenio, Papst → Pius XII.

Pacem in terris [lat. ›Frieden auf Erden‹], Enzyklika Johannes' XXIII. vom 11. 4. 1963, enthält eine systemat. Darstellung der kath. Friedenslehre mit konkreten Forderungen für die Gegenwart (darunter: Schaffung einer überstaatl. Weltgewalt, kontrollierte Abrüstung).

Pacer [p'eɪsə, engl.] *der, -s/-,* **Paßgänger,** Pferdesport: Pferd mit unreiner Gangart in Schritt und Trab; setzt beide Beine einer Seite gleichzeitig auf.

Pacheco Del Rio [patʃ'eko ðel-], Francisco, span. Maler, Kunstschriftst., getauft Sanlúcar de Barrameda 3. 11. 1564, † Sevilla 1654, malte im Stil der italienisch beeinflußten Manieristen.

Pachelbel [auch p'a-], Johann, Organist und Komponist, getauft Nürnberg 1. 9. 1653, † ebd. 3. 3. 1706, Orgelmeister der Generation vor J. S. Bach, dessen Schaffen er beeinflußte. Wertvoll sind bes. seine Choralbearbeitungen (Pachelbelscher Orgelchoral); er schrieb ferner Tokkaten, Fugen, Chaconnen, Kantaten, Motetten, 6 Triosonaten und Messen.

Pacher, Michael, Bildschnitzer und Maler, * Neustift bei Brixen(?) um 1435, † Salzburg(?) 1498. Maßgebend für seine Entwicklung war neben der Südtiroler Überlieferung die Malerei A. Mantegnas, die ihn zum Schöpfer einer neuen, modernen Raumvorstellung machte. Sein Hauptwerk ist der vollständig erhaltene Hochaltar von St. Wolfgang im Salzkammergut (1471–81; geschnitzter Mittelschrein: Krönung Mariä zw. hl. Wolfgang und Benedikt; auf den Flügeln: 4 Bilder aus dem Marienleben; nach Schließung der inneren Flügel: 8 Bilder aus dem Leben Christi; in ganz geschlossenem Zustand: 4 Bilder aus der Wolfgangslegende). Von einem Altar in der Kirche zu Bozen-Gries ist der geschnitzte Schrein mit der Marienkrönung erhalten (1471). Nur aus gemalten

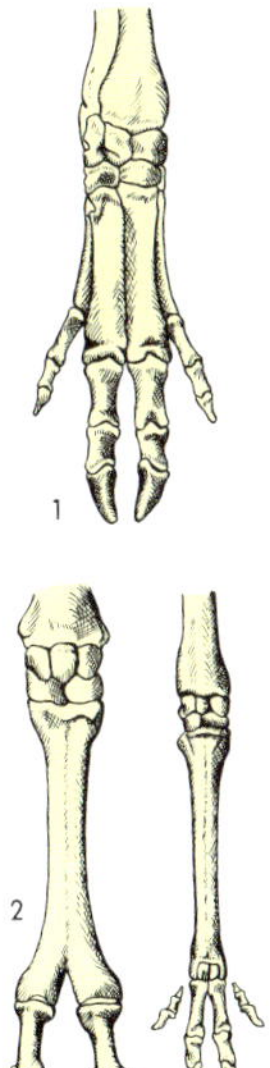

Paarhufer: Vorderfußknochen von Schwein **(1)**, Kamel **(2)** und Hirsch **(3)**

Michael Pacher: Der Hl. Augustinus und der Hl. Gregor, Ausschnitt aus dem Kirchenväter-Altar (München, Alte Pinakothek)

Tafeln besteht der Kirchenväter-Altar aus Kloster Neustift bei Brixen, 1486 (München, Alte Pinakothek).

Pachom(ius) der Ältere, Heiliger, * in Oberägypten um 287, † 14. 5. 347, durch die Klostergründung Tabennisi Begründer des klösterl. Gemeinschaftslebens der Mönche; Tag: 15. 5.

Pacht [lat. pactum ›Vertrag‹] *die, -/-en,* **1)** die Überlassung eines Gegenstandes an einen anderen **(Pächter)** zum Gebrauch und zur Nutzung, d. h. Fruchtziehung auf best. Zeit gegen Entgelt **(Pachtzins, Pachtgeld). 2)** Abgaben dafür. *ich* **pachte** *es,* nehme in P. *die* **Pachtung,** *-/-en,* **1)** Pachtvertrag. **2)** Pachtgut.

Packlage

§ Verpachtet werden können Sachen (z. B. Grundstücke), Rechte (z. B. Jagd- und Fischereirechte) und Unternehmen. Der Pächter erhält - im Unterschied zur Miete - neben dem Gebrauch des verpachteten Gegenstandes auch das Fruchtziehungsrecht, sowie die Früchte in einer ordnungsmäßigen Wirtschaft als Ertrag anzusehen sind (§ 581 BGB). Auf die P. finden die Vorschriften über die → Miete entsprechende Anwendung, jedoch gibt es Ausnahmen (§§ 582 ff. BGB). Für die Erhaltung des mitverpachteten Inventars hat der Pächter zu sorgen; bei der P. landwirtschaftl. Grundstücke hat er auch die gewöhnl. Ausbesserungen vorzunehmen. Eine Haftung des Verpächters für lohnenden Ertrag besteht nicht. Der Pachtzins ist i. d. R. nach Ablauf des Pachtjahres zu entrichten. Dem Verpächter steht ein gegenüber dem Vermieterpfandrecht erweitertes Pfandrecht zu, aber auch der Pächter hat ein gesetzl. Pfandrecht (§ 590 BGB). Die Kündigung ist, wenn nichts anderes vereinbart, nur für den Schluß des Pachtjahres mit halbjähriger Kündigungsfrist zulässig; Verweigerung der Unterpacht oder Tod des Pächters sind kein besonderer Kündigungsgrund. **Pachtschutz** besteht für Kleingarten- und → Landpacht. Nach dem **Pachtkreditgesetz** v. 5. 8. 1951 kann für ein Darlehen ein Registerpfandrecht ohne Besitzübertragung bestellt werden. - Im älteren Recht gab es: 1) Generalpacht (Verpachtung von Grundstücken, Steuern usw. im ganzen); 2) Halb- oder Teilpacht (→ Halbpacht); 3) Unter- oder Afterpacht (entspricht der Untermiete).

In der Dt. Dem. Rep. ist die P. in §§ 312-315 ZGB geregelt. In Österreich ist die P. als Bestandsvertrag zusammen mit der Miete in den §§ 1090-1122 ABGB geregelt. Der Pachtzins ist bei einjähriger Pachtdauer halbjährlich zu entrichten. Pachtschutz besteht für land- und forstwirtschaftlich genutzte Flächen und Kleingärten. - In der Schweiz (Art. 275-304 OR; Bundes-Ges. über die Erhaltung des bäuerl. Grundbesitzes v. 12. 6. 1951 i. d. F. v. 6. 10. 1972) bestehen Abweichungen über Pachtdauer, Kündigung; Pachtzinsminderung bei außergewöhnl. Umständen. Durch das Ges. über die Kontrolle der landwirtschaftl. Pachtzinse v. 21. 12. 1960 besteht eine Genehmigungspflicht.

Pachtgebiet, Völkerrecht: Gebiet eines Staates, das dieser durch Vertrag langfristig einem anderen Staat überläßt, bes. zur Nutzung von Häfen und zur Anlegung von Stützpunkten. Das P. bleibt Staatsgebiet des verpachtenden Staates, doch wird dem pachtenden Staat die Gebietshoheit eingeräumt.

Pacht-Leih-System, → Leih-Pacht-System.

Pachuca [patʃ'uka], amtl. **P. de Soto,** Hptst. des Staates Hidalgo, Mexiko, (1976) rd. 100000 Ew., 2446 m ü. M.; Univ. (seit 1961); Silberminen, Silberschmelzen.

Pachydermata [grch.] *Pl.,* ✿ die → Dickhäuter.

Pacific, P. Ocean [pəs'ɪfɪk 'əuʃən, engl.], der → Pazifische Ozean. **Pacific Islands** [-'aɪləndz, engl.], die Pazifischen Inseln (→ Ozeanien).

Pacioli [patʃ'ɔ:li], Luca, auch **Fra Luca di Borgo,** ital. Mathematiker, * San Sepolcro um 1445, † um 1510, gab als erster eine Beschreibung der doppelten Buchführung.

Pack [mnd.], **1)** *der, -(e)s/-e* oder *⸚e,* auch *der* **Packen,** *-s/-,* Bündel, Paket: *ein P. Bücher.* **2)** *das, -(e)s,* U Gesindel, Pöbel.

Package Tour [p'ækɪdʒ tu:r, engl. to pack ›verpacken‹] *die, - -/- -s,* Pauschalreise im eigenen Auto.

Päckchen *das, -s/-,* Postsendung (Gewicht bis zu 2 kg), die die Aufschrift P. tragen muß; sie darf im Inland offen oder verschlossen versandt werden und auch briefl. Mitteilungen enthalten.

Pack|eis, regellose Anhäufung von zusammengeschobenen und zusammengefrorenen Eisschollen, → Meereis.

packeln. *ich* **pack(e)le,** *österr.:* **1)** komme heimlich überein. **2)** schließe Kompromisse. **3)** betrüge beim Spiel.

packen [von Pack]. *ich* **packe, 1)** *ihn, es,* ergreife, fasse: *er packte ihn am Arm.* **2)** *es,* U bewältige, bringe zustande: *das werden wir schon p.* **3)** *es (in etwas),* ordne zum Versand, zur Beförderung: *ich muß noch meinen Koffer p.,* hineintun, was bei der Reise mitgenommen werden soll. **4)** *ihn,* U mache tiefen Eindruck, erschüttere: *eine packende Schilderung.* **5)** *mich,* U mache mich schnell davon: *packt euch! ich* **packe** *es* **ab,** verpacke in kleinere Mengen: *abgepackte Lebensmittel. ich* **packe an, 1)** *es, ihn,* fasse, greife an. **2)** *es,* U handhabe; beginne. *ich* **packe** *es ihm* **auf,** lade auf. *ich* **packe aus, 1)** *es,* nehme aus seiner Hülle, öffne (ein Paket). **2)** U berichte, schütte mein Herz aus, beichte. *ich* **packe** *es* **ein,** bringe in eine Hülle, mache zum Paket, verstaue (in den Koffer): *damit kannst du einpacken,* U das hat keinen Erfolg. *ich* **packe zu,** greife derb oder tatkräftig zu. **Packesel, 1)** Tragtier. **2)** U schwer beladener Mensch.

Packer *der, -s/-,* **1)** Lagerarbeiter, der Waren versandfertig macht; Möbeltransporteur, der Hausrat verpackt. **2)** ⚘ Hetzhund für Saujagden, der den → Keiler decken **(packen)** soll, im Unterschied zum Finder (Saufinder), der die Sauen nur verbellen soll.

Packfaschinenbau, Packwerk, Wasserbau: Kolk-Verbau aus kreuzweise eingebrachten und mit Pfählen befestigten → Faschinen oder → Wippen und Reisig, wobei die Hohlräume mit Kies, Steinen und Erde gefüllt werden.

Packlage, Unterbau oder Tragkonstruktion für Straßenfahrbahndecken aus großen Steinstücken, mit Bruchstücken ausgezwickt und gewalzt, etwa 20-25 cm dick.

Packsche Händel, polit. Verwicklungen der Reformationszeit, die dadurch entstanden, daß Otto von Pack, * um 1480, † Brüssel (hingerichtet) 8. 2. 1537, ein Rat Herzog Georgs von Sachsen (→ Georg 13), dem Landgrafen Philipp von Hessen 1528 gefälschte Dokumente über ein kath. Bündnis zur Vernichtung der Reformation zuspielte. Durch Aufdeckung der Fälschung wurde der Präventivkrieg der protestant. Fürsten verhindert.

Packung *die, -/-en,* **1)** ⚕ das Umhüllen des ganzen Körpers **(Ganzpackung)** oder eines Körperteils **(Umschlag, Wickel)** mit einem meist feuchtkalten Leintuch und darüber einer trockenen Wolldecke; in best. Fällen kann ein Umschlag auch heiß angelegt werden. **2)** ⚙ Dichtungsteil oder Dichtungsmasse, die - in eine → Stopfbüchse eingelegt - bewegte Teile (z. B. Wellen) gegen das Gehäuse abdichten. **3)** Umhüllung einer Ware mit Papier oder Pappe, auch einschließlich Ware.

Packungs|anteil, ⊠ die relative Abweichung $(A_r - A)/A$ der relativen Atommasse A_r von der ganzzahligen Massenzahl A. Der P. ist definitionsgemäß Null für das Kohlenstoffnuklid ^{12}C. Der P. ist für die meisten Nuklide negativ, nur für die leichtesten und schwersten ist er positiv. Statt des P. wird heute i. a. der → Massendefekt zur Charakterisierung der Kerne verwendet.

Packzettel, 1) Aufstellung, die einem Paket oder einer Kiste über die enthaltenen Waren beigelegt wird. **2)** Kontrollschein für Markenartikelpackungen.

Pacta sunt servanda [lat. ›Verträge müssen gehalten werden‹], ein Rechtsgrundsatz.

Pädagoge [grch. paidagogos ›Knabenführer‹] *der, -n/-n,* **1)** bei den Griechen Haussklave, der die Söhne betreute. **2)** heute Lehrer, Erzieher, Erziehungswissenschaftler (→ Pädagogik). *Adj.* **pädagogisch.**

Pädagogik [grch.] *die, -,* das erzieherische Handeln in seinen versch. Formen sowie das darauf bezogene Denken in Gestalt von Theorien. Ähnlich wie der komplexe Begriff der → Erziehung hat auch das Feld der P. Differenzierungen erfahren: Im Hinblick auf das Alter der Lernenden unterscheidet man eine P. der Altersstufen (P. der frühen Kindheit, Vorschul-P., P. der Kindheit, des Jugendalters, Erwachsenen-P.); unter dem Aspekt des Erziehungsträgers werden Familien-P., Kindergarten-P., Schul-P. (diese oft weiter untergliedert, z. B. Grundschul-P., Gymnasial-P.), Betriebs- oder Berufs-P. unterschieden. Nichtschulische, außerhalb der Familie vermittelte Erziehungshilfen faßt man unter dem komplexen Begriff →Sozialpädagogik zusammen. Die prakt. und theoret. Bemühungen um die Erziehung von geschädigten und behinderten Kindern werden als Heil- oder Sonder-P. (mit zahlreichen Untergliederungen) bezeichnet. Ferner bestehen aufgaben- und bereichsbezogene Einzelformen wie Sexual-P., Kunst-P., Medien-P., Wirtschafts-P., Religions-P., Kriminal-P. Unter Betonung der vorherrschenden Methode werden Bez. wie vergleichende P., historische P., experimentelle P. gebraucht. Auch normative Aspekte und die Voraussetzung eines bestimmten Menschen- und Gesellschaftsbildes führen zu bestimmten Richtungen, z. B. sozialistische P., psychoanalyt. P. Grundproblem der Allgemeinen P. ist es, die Struktur erzieherischen Handelns und Denkens in ihrem systemat. Zusammenhang herauszuarbeiten.

Da dem Menschen die für seine Lebensmeisterung notwendigen Kenntnisse, Fertigkeiten und Verhaltensformen nicht instinkthaft vorgegeben sind, muß er sie sich lernend aneignen. Innerhalb seiner Bezugsgruppen übernimmt der Heranwachsende Verhaltensmuster und Normen und lernt, Rollenerwartungen zu entsprechen (Sozialisation); er eignet sich die Kultur im weitesten Sinne, v. a. auch die Sprache, an (Enkulturation). Dabei gewinnt er nicht nur Anteil am gemeinsamen Leben und eigene Lebenstüchtigkeit, sondern vermag sich auch zunehmend gegenüber den an ihn herangetragenen Erwartungen selbständig zu verhalten und kritisch zu distanzieren sowie eigene Bedürfnisse durchzusetzen (Individualisation, Personalisation). Besondere Bedeutung hat Erziehung als Lernhilfe in den Fällen, in denen Lernhindernisse und Lernhemmungen subjektiver und objektiver Art zu überwinden sind.

P. hat von ihrem Wesen her einen Doppelcharakter: Einmal wirkt sie bewahrend und trägt zur Stabilisierung und z. T. Verbesserung der bestehenden Verhältnisse bei; zum anderen hat sie, als Hilfe zur Gewinnung individueller Selbständigkeit, Rollendistanz und Selbstverantwortlichkeit (Mündigkeit), aber auch emanzipative Momente, wobei jedoch der Entfaltungsspielraum des Einzelnen durch die soziokulturellen und geschichtlich-politischen Rahmenbedingungen bestimmt wird. Allgemein gilt, daß Bedeutung, Dauer und Intensität der Erziehung mit fortschreitender Arbeitsteilung, Differenzierung und Verwissenschaftlichung des Gesamtlebens zunehmen, Erziehungs- und Lernprozesse verstärkt institutionalisiert werden. Andererseits erstrecken sich Bemühungen zur Demokratisierung auch auf den Bereich der P. – Durch die Ausgliederung eines hauptberufl. Erzieherstandes gewinnt die pädagog. Theoriebildung starke Impulse: P. ist zunächst ›Kunstlehre‹ für die sich verselbständigenden Lehrerberufe mit besonderer Akzentuierung von Themen der Didaktik und Methodik, sodann als wissenschaftl. P. Voraussetzung professionellen Erzieherverhaltens unter Berücksichtigung der gesamtgesellschaftl. Verantwortung und unter Erschließung weiterer pädagogischer Berufsfelder.

Die wissenschaftl. P. war bis zum Beginn der Neuzeit in die philosoph. Besinnung einbezogen. Seit der späten Aufklärung entwickelte sich eine Theorie der pädagog. Ziele und Mittel, seit Pestalozzi eine soziale und polit. Volks-P., seit Herbart eine Theorie des erziehenden Unterrichts unter Bezugnahme auf Ethik und Psychologie. Die geisteswissenschaftl. P. der Dilthey-Nachfolger suchte eine Sinnanalyse des Erziehungsphänomens zu geben, während andere Ansätze ausschließlich mit erfahrungswissenschaftl. Methoden pädagog. Zusammenhänge zu klären suchen. Zw. den Vertretern der verschiedenen wissenschaftstheoret. Positionen ist die Diskussion um den Wissenschaftscharakter der P. noch kontrovers, vor allem die Frage, ob und wie mit unterschiedlichen Methoden (Empirie, Hermeneutik, Ideologiekritik u. a.) gewonnene Einsichten in einer Gesamttheorie für den handelnden Erzieher vereinigt und verfügbar gemacht werden können.

pädagogische Dokumentation, Gesamtheit der Maßnahmen zur Sammlung und Veröffentlichung von Informationen über Schulgesetzgebung und Schulorganisation, Lehrpläne, Ausbildungs- und Prüfungsbestimmungen, pädagogische Einrichtungen und Vorgänge aller Art, wissenschaftliche Untersuchungen zur pädagogischen Wirklichkeit und Beiträge zur Förderung internationaler Beziehungen im Bereich des Bildungswesens. Seit 1965 sind die Einrichtungen der p. D. im ›Dokumentationsring Pädagogik‹ (Leitstelle: Pädagogisches Zentrum, Berlin) zusammengefaßt. – Dt. Dem. Rep.: →Pädagogisches Zentralinstitut.

Pädagogische Hochschulen, Abk. **PH,** staatliche oder staatlich anerkannte Körperschaften zur Ausbildung von Grund-, Haupt-, Real-, Sonderschul- und Gewerbelehrern. In der Bundesrep. Dtl. wurden die meisten PH in bestehende Universitäten eingegliedert oder als selbständige wissenschaftl. Hochschulen ausgebaut. Selbständige PH gibt es nur noch in den Bundesländern Rheinland-Pfalz, Baden-Württemberg und Schleswig-Holstein.

Pädagogische Provinz nennt Goethe die Erziehungs-Utopie in ›Wilhelm Meisters Wanderjahren‹. Die Jünglinge werden dort erzogen: zur Ehrfurcht vor dem, was über uns, was uns gleich und was unter uns ist, und zuletzt zur Ehrfurcht vor uns selbst. Ähnliche Gedanken sind oft dargestellt worden, bes. in H. Hesses ›Glasperlenspiel‹ (1943).

Pädagogischer Austauschdienst, 1952 errichtete Zentralstelle in Bonn, seit 1955 beim Sekretariat der Ständigen Konferenz der Kultusminister. Aufgaben: Vorbereitung und Organisation des Lehreraustauschs, des Austauschs von Lehrassistenten und künftigen Grundschullehrern sowie Beratung von Reisegruppen ausländischer Schüler und Einrichtung von Sprachkursen.

Pädagogisches Zentralinstitut, Deutsches P. Z., Abk. **DPZI,** eine 1949 im sowjet. Sektor Berlins gegr. Behörde der Dt. Dem. Rep. zur Lenkung des Erziehungswesens (z. B. der Lehrerbildung, der Ausarbeitung der Lehrpläne). 1969 wurde das DPZI zu einer ›Akademie der Pädagog. Wissenschaften der DDR‹ mit Promotionsrecht weiterentwickelt. Es soll die ›zentrale Leiteinrichtung für die gesamte pädagogische Forschung der DDR‹ sein.

Pädagogium [grch.] *das, -s/...gi|en,* seit der Reformation Vorbereitungsinstitut an Universitäten zur Unterrichtung unzureichend vorgebildeter Studenten, seit dem 16. Jh. auch Gymnasium und Lyzeum. In neuerer Zeit werden z. T. auch höhere Schulen mit Heimerziehung P. genannt.

Padang, Hafenstadt an der W-Küste von Sumatra, Indonesien, (1980) 481000 Ew., Univ. (seit 1951); Flugplatz; Ausfuhr: Kaffee, Kopra, Kautschuk, Zimt und Kohle.

Padde *die, -/-n, nd.:* **1)** Frosch, Kröte, Kaulquappe. **2)** Trommelsucht des Rindes.

Paddel [von engl. paddle] *das, -s/-,* Kanusport: Schaft mit 2 bis zu 90° gegeneinander verdrehten Blättern, mit denen Paddelboote fortbewegt werden. Die Canadier haben →Stechpaddel. *ich* **padd(e)le, 1)** rudere mit P. **2)** schwimme nach Art eines Hundes. **Paddelboot,** ein durch P. bewegtes Boot (Canadier, Faltboot, Kajak).

Paddock [pˈædɔk, engl.] *der, -s/-s,* kleiner Laufhof für Pferde am Einzelstall.

Paddy [pˈædɪ, engl., zu Patrick] *der, -s/-s* oder *...dies,* Scherzname für Ire.

Päde *die, -,* eine Grasart, die Quecke.

Päderastie [grch. ›Knabenliebe‹] *die, -,* die erotisch-sexuellen Beziehungen männl. Erwachsener zu Jugendlichen gleichen Geschlechts. Sie stellen eine Form des homosexuellen Verhaltens (→Sexualität) dar, bei der der Erwachsene auf jugendl. Partner eines bestimmten Reifegrades fixiert ist. Die P. wurde in den Religionen des alten Iran und im A. T. bekämpft, war jedoch im alten Griechenland eine besondere Form der Erziehung; ethisches und sinnl. Moment standen gleichberechtigt nebeneinander.

Paderborn

Paderborn, Krst. im RegBez. Detmold, NRW, (1983) 109600 Ew., am Westfuß des Eggegebirges, an den Paderquellen. Arbeits-Ger.; Erzbischofssitz, Theolog. Fakultät, Gesamthochschule, Fachschulen, Museen, Bibliotheken, Archive. – Maschinenbau, Bundesbahnausbesserungswerk, Metallverarbeitung, chem., Kunststoff-, Textil- und Bekleidungsind., Brauereien, Betriebe für

Paderborn: links Dom, rechts Kirche des ehem. Klosters Abdinghof

Elektrotechnik, Druckereien und Papierverarbeitung, Zement- und Kalkwerke. Nach schwersten Zerstörungen (1945) und anschließendem Wiederaufbau besitzt P. noch eine Reihe bed. Bauten: Dom (bes. 13. Jh.; reicher Domschatz), roman. Gaukirche, Kloster Abdinghof (11. Jh.), Franziskaner- und Jesuitenkirche (17. Jh.), Rathaus mit Spätrenaissance-Schauseite; die alten Bürgerhäuser sind fast alle zerstört. – P., 777 erstmals erwähnt, war 1295 Mitgl. der Hanse. Die 1614 gegr. (Jesuiten-)Univ. wurde 1844

Ignacy Paderewski

in eine Philosophisch-Theolog. Lehranstalt umgewandelt, seit 1917 Akademie, seit 1966 Theolog. Fakultät mit kirchl. Promotionsrecht. – Das **Bistum P.**, ein zunächst von Würzburg betreutes Gebiet, erhielt 805/06 einen eigenen Bischof und gehörte zur Kirchenprov. Mainz. Der bedeutendste Bischof des MA. war Meinwerk (1009–36), der das Bistum erheblich vergrößerte; weitere Ausdehnungen im 14. Jh. Nach der Säkularisation 1802/03 fiel das Hochstift an Preußen. 1821 wurde das Bistum mit erweitertem Sprengel neu errichtet und Köln unterstellt. 1929/30 wurde P. **Erzbistum** mit den Suffraganbistümern Hildesheim und Fulda. 1973 wurde der in der Dt. Dem. Rep. gelegene Teil des Erzbistums P. zur Apostol. Administratur Magdeburg erklärt.

Paderẹwski, Ignacy Jan, poln. Pianist, Komponist und Politiker, * Kuryłówka (Podolien) 6. (18.) 11. 1860, † New York 29. 6. 1941, Klaviervirtuose; wirkte auch als Propagandist des poln. Nationalgedankens; 1914 wurde er Vizepräses des poln. Hilfskomitees in der Schweiz, für das er seit 1915 in den USA warb; war 1919 MinPräs., Außen-Min., 1920–21 Vertreter beim Völkerbund.

Pädiatrịe [grch.] *die, -,* die → Kinderheilkunde. *der* **Pädiạter,** *-s/-,* (Fach-)Arzt für P., Kinderarzt.

Padilla [paðˈiʎa], Juan de, span. Volksführer, * Toledo 1490, † Villalar 24. 4. 1521, einer der Führer des Heeres der aufständ. kastilischen Städte (›Comuneros‹) gegen Karl V. Nach seiner Niederlage bei Villalar (1521) wurde er gefangengenommen und hingerichtet.

Padischạh [pers. ›Beschützer-König‹], pers. Fürstentitel, v. a. von osman. Sultanen (›Großherr‹, ›Kaiser‹) und ind. Groß-Moguln geführt.

Pạdma *die, -,* die ind. Lotosblume.

Padua 2)

Pädogẹnesis [grch.] *die, -,* **Pädogenẹse,** Form der Jungfernzeugung, bei der bereits in der Larve aus unbefruchteten Eiern neue Lebewesen entstehen (so bei manchen Mücken).

Pädophilịe [grch.] *die, -,* die sexuelle oder erot. Neigung Erwachsener zu Kindern und Jugendlichen beiderlei Geschlechts. Eine Form der P. ist die Päderastie.

Padoukholz [padˈauk-], **Padạuk, Padụ,** das Holz des indischen → Flügelfruchtbaums.

Pạdua, ital. **Pạdova, 1)** Prov. Italiens, in Venetien, 2142 km², (1981) 809700 Ew. **2)** Hptst. von 1), (1981) 234700 Ew.; Univ. (gegr. 1222), wissenschaftl. Institute, Observatorium, ältester botan. Garten Europas (1545), Museum mit Pinakothek. Im Schnittpunkt der Verkehrswege der nordöstl. Poebene gelegen, hat P. wachsende Bedeutung in Handel (internat. Messen), Maschinen- (Eisenbahnausrüstung, Fahrräder), Leder-, Lebensmittelind. – Die vom Fluß Bacchiglione im N und W begrenzte Altstadt wurde um 1200 ummauert; große Teile der Ringmauer sind erhalten. Kirchen: Basilica di Sant' Antonio (›Il Santo‹, 13. Jh., mit Grab des hl. Antonius), Dom (16. Jh.), Kirche der Eremitani (13. Jh., mit Fresken von A. Mantegna; 1944 stark zerstört), Cappella degli Scrovegni, auch Arena-Kapelle (14. Jh., Fresken von Giotto); größter weltl. Bau des MA.: Palazzo della Ragione (1215–1306), ferner zahlreiche Bauten der Renaissance. – P., das röm. **Patạvium,** ist der Geburtsort des Livius. Im 12. Jh. wurde P. eine freie Stadt, kam 1337 unter die Herrschaft der Carrara und 1406 unter die Venedigs, mit diesem 1797 und wieder 1814 an Österreich, 1866 an das Kgr. Italien. In der Villa Giusti bei P. wurde am 3. 11. 1918 der österreichisch-ital. Waffenstillstand unterzeichnet.

Niccolò Paganini (aus einer Zeichnung von J. A. D. Ingres, 1819)

Paër [pˈa:ɛr], Ferdinando, ital. Komponist, * Parma 1. 6. 1771, † Paris 3. 5. 1839, schrieb etwa 50 Opern, die z. T. die ital. Buffooper, z. T. die frz. Schreckensoper der Revolutionszeit repräsentieren, darunter ›Camilla‹ (1799).

Paësịello, ital. Komponist, → Paisiello.

Pạestum, grch. **Poseidọnia,** grch. Kolonie an der südl. Küste des Golfs von Salerno, um 650 v. Chr. gegr., gegen 390 v. Chr. von den samnit. Lukanern erobert und in **Paistos** umbenannt. Im 9. Jh. wurde sie durch die Sarazenen, im 11. Jh. durch Robert Guiscard verwüstet. Erhalten sind Stadtmauern und -tore und bes. 3 dor. Tempel: der Enneastylos oder Basilica (um 540 v. Chr.), einer der frühesten aufrecht erhaltenen dor. Steinbauten, der Poseidon-Tempel (um 450 v. Chr.), beide der Hera geweiht, und der Athene-Tempel (um 490 v. Chr., früher nach Demeter-Ceres genannt). Aus dem 6. Jh. v. Chr. stammen die Baureste des Hera-Heiligtums an der Mündung des Silaris (Foce del Sele); der ältere kleinere Bau (um 540) ist mit 33 Original-Metopen im Museum rekonstruiert. (BILD griechische Kunst)

Marcel Pagnol

pạffen. *ich* **pạffe,** U **1)** schieße, knalle. **2)** rauche.

Pạg, jugoslaw. Insel in Norddalmatien, 285 km², bis 348 m hoch, rd. 8000 Ew., durch eine Brücke mit dem Festland verbunden; Wein-, Olivenbau, Schafzucht mit Käseerzeugung, Fischerei, Meersalzgewinnung; Fremdenverkehr.

pag., Abk. für → **Pagina.**

Pagạn, mittelalterl. Ruinenstadt, Hptst. des ersten Einheitsreiches der Birmanen am Irrawaddy; 849 v. Chr. gegründet, seit 1044 Hptst., 1287 zerstört. Von den ehem. etwa 5000 Pagoden und Tempeln sind etwa 1000 z. T. erhalten.

Paganịni, Niccolò, ital. Violinvirtuose und Komponist, * Genua 27. 10. 1782, † Nizza 27. 5. 1840, ein Wunderkind, bildete sich selbst zu einem der glänzendsten Geigenvirtuosen aus und errang Weltruhm. Von seinen Kompositionen sind noch bekannt: Violinkonzerte, 24 Capricci, Sonaten für Violine und Gitarre.

Paganịsmus [mlat. paganus ›heidnisch‹] *der, -/...nismen,* **1)** *ohne Pl.,* Heidentum. **2)** das Fortleben heidn. Anschauungen oder Gebräuche (besonders im Christentum).

Pagạt [ital.] *der, -(e)s/-e,* Trumpf im Tarockspiel.

Page [pˈa:ʒə, frz. aus ital.] *der, -n/-n,* **1)** Edelknabe, junger Adliger im Dienst am Fürstenhof, bis 1918 noch vereinzelt an dt. Höfen. **2)** livrierter Jugendlicher im Gaststätten- und Hotelgewerbe. **Pạgenkopf,** weibliche Haartracht.

Page [peɪdʒ, engl.], Datenverarbeitung: ein durch Aufteilung des gesamten Speichers in einzelne, gleich große Segmente entstandener, geschlossener Block von Speicherstellen.

Pagetsche Krạnkheit [pˈædʒɪt-, n. d. brit. Chirurgen Sir James Paget, * 1814, † 1899], **1) Osteodystrophia defọrmans (Ostịtis defọrmans),** schleichende, vorwiegend nach dem 40. Lebensjahr bes. bei Männern auftretende Knochenkrankheit mit Knochenumbau, gekennzeichnet bes. durch Verdickung und Verkrümmung von Knochen und Neigung zu spontan auftretenden Knochenbrüchen. Die Ursache der P. K. ist unbekannt. **2) Paget-Krebs,** im Bereich der Brustwarze und des Warzenvorhofs auftretende Form von Brustkrebs mit ekzemähnl. Aussehen.

Padua 2): Sant' Antonio; 1232 begonnen

Pạgina [lat.] *die, -/-s,* Abk. **p., pag.,** ⊜ Seite: *pagina 16, pag. 16. ich* **paginịere** *ein Buch,* versehe mit Seitenzahlen.

Pagnol [paɲˈɔl], Marcel, frz. Dramatiker, * Aubagne bei Marseille 28. 2. 1895, † Paris 18. 4. 1974, erzielte große Erfolge mit den Lustspielen ›Topaze‹ (1928) und ›Marius‹ (1929). Später wandte sich P. dem Film zu (›Des anderen Weib‹, 1938). P.s poet. Realismus war bestimmend für das frz. Filmschaffen der 30er Jahre. Dann widmete er sich wieder dem Theater.

WW: *Theaterstücke:* Gottes liebe Kinder (1952); Judas (1956) u. a. – *Romane:* Die Wasser der Hügel (1963); Die eiserne Maske (1965) u. a. – *Erinnerungen:* Marcel (1957/58); Marcel und Isabelle (1961). – *Filme:* Angèle (1934); Topaze (1950) u. a.

Pagan: Htilominlo-Tempel, Anf. 13. Jh.

Pagode [malaiisch, aus indisch] *die, -/-n,* europ. Bez. für die turmartigen Tempelbauten Ostasiens, auch ind. → Stupas. Die chines. P. sind auf polygonalem, auch rundem Grundriß aus Stein,

Pagode: Nyatapola-Tempel in Bhatgaon (Nepal) um 1700

Backstein, Holz, auch Eisen oder Bronze errichtete Bauten von 7 bis 13 Stockwerken, alle mit eigenem Vordach. Bekannt wurde vor allem die mit glasierten Tonreliefs verkleidete ›Porzellan-P.‹ in Nanking (1412–31, 84 m hoch, 1853 zerstört). Die japan. P. entwickelten sich aus den chines. und korean. Holzpagoden; die älteste steht im Horyuji bei Nara (7. Jh.). – In Europa werden zuweilen auch asiat. Götterbilder fälschlich P. genannt, bes. die aus Ostasien stammenden, oft nachgeahmten kleinen Porzellanfiguren mit nickendem Kopf. (Weiteres BILD koreanische Kunst)

Pago-Pago [p'ɑːŋəʊ-], Hafen von Amerikanisch-(Ost-)Samoa, (1974) 10700 Ew., Hauptort auf Tutuila.

Pahang, dünnbesiedelter, wenig erschlossener und flächenmäßig größter Teilstaat West-Malaysias (ÜBERSICHT Malaysia).

Pahlewi [pax-], **Pahlawi, Pählawi,** die 1925 von → Resa Schah gegründete Dynastie (→ Iran).

Pahlstek [nd.], **Palstek,** ⚓ ein Knoten (BILD Knoten).

Pahmi *das, -s/-s,* das Fell des Sonnendachses (→ Dachse).

Pahr, Willibald, österr. Politiker (parteilos), * Wien 5. 6. 1930, Jurist, 1975–76 Leiter der Sektion Verf.-Dienst im Bundeskanzleramt; 1976–83 Außenminister.

Pai, früheres thailänd. Gewicht = 2 Klam = 4 Klom = 0,469 g.

Paian, 1) grch. Mythos: der Götterarzt, dann Beiname der Götter Apoll und Asklepios. P. hieß ferner eine Art Chorlied, das besonders dem Apoll gesungen wurde. **2)** feierlicher Gesang.

Päijänne, langgestreckter, buchtenreicher See in S-Finnland, rd. 150 km lang, 23 km breit; am S-Ufer liegt Lahti, am N-Ufer Jyväskylä.

Pailleron [pajr'ɔ̃], Édouard, frz. Dramatiker, * Paris 17. 9. 1834, † ebd. 20. 4. 1899, schrieb Komödien, so eine Satire auf literar. Salons: ›Die Welt, in der man sich langweilt‹ (1881).

Paillette [paj'ɛtə, frz.] *die, -/-n,* **1)** auch **Pailletine** [pajət'inə], feiner Kleider- und Blusenstoff aus Seide, Chemieseide oder Fasermischungen in Atlasbindung. **2)** *meist Pl.,* bunte, glänzende, gelochte Metallplättchen zur Verzierung von Kleidern, Abendtaschen u. ä.

Paine, Payne [peɪn], Thomas, amerikan. Publizist und Politiker, * Thetford (Norfolk, England) 29. 1. 1737, † New York 8. 6. 1809, ging 1774 nach Amerika, wo er sich in Flugschriften (›Common sense‹, 1776; Der gesunde Menschenverstand) für die Unabhängigkeit der amerikan. Kolonien einsetzte. 1787 kehrte er nach England zurück, mußte aber nach Veröffentlichung seines grundlegenden Werkes ›The rights of man‹ (1791/92; Die Rechte des Menschen), in dem er Rousseausche Gedankengänge vertrat, nach Frankreich fliehen. Dort wurde er in den Nationalkonvent gewählt. Als Girondist 1793 inhaftiert, 1794 entlassen, begann er seine deist. Abhandlung ›The age of reason‹ (1794/95; Das Zeitalter der Vernunft). 1802 kehrte P. nach Amerika zurück.

Painlevé [pɛ̃lv'e], Paul, frz. Mathematiker und Politiker (Republikan. Sozialist. Partei), * Paris 5. 12. 1863, † ebd. 29. 10. 1933, arbeitete über Differentialgleichungen und ellipt. Funktionen, legte mathemat. Grundlagen für den Flugzeugbau. Er war MinPräs. (1917; 1925, Ausgleich mit Dtl.), Kriegs-Min. (1917; 1925–29, Heeresreform), Luftfahrt-Min. (1930–31, 1932–33).

Paionios, lat. **Päonius,** grch. Bildhauer des 5. Jh. v. Chr.; erhalten ist das in Olympia gefundene Marmorstandbild der Nike (um 420 v. Chr.).

pair [pɛːr, frz.], Roulett: die geraden Zahlen betreffend.

Pair [pɛːr, frz., zu lat. par ›gleich‹] *der, -s/-s,* in Frankreich der Angehörige eines politisch bevorrechtigten Kreises innerhalb des Hochadels. Die Pairswürde ging aus der Tätigkeit der königl. Vasallen als Urteilsfinder im königl. Lehnshof hervor. In Frankreich gab es seit Ende des 12. Jh. 6 geistl. und 6 weltl. P. Durch die Revolution und die Verfassung von 1791 wurden die **Pairien** [pɛrj'ɛ̃] (Pairswürden) beseitigt. 1814–48 bildeten die P. die **Pairskammer** (Erste Kammer). Über die P. in England → Peer.

Pairsschub [p'ɛəz-], die gleichzeitige Ernennung einer größeren Anzahl von Pairs (→ Peer) des brit. Oberhauses, um dort eine der Regierung günstige Mehrheit zu schaffen. Der Ausdruck P. ist auch für die Ersten Kammern anderer Staaten übernommen worden.

Paisa *die, -/...se,* **1)** kleine ind. Währungseinheit: 100 P. = 1 Ind. Rupie. **2)** *Pl.,* kleine Währungseinheit in Nepal: 100 P. = 1 Nepales. Rupie sowie in Pakistan: 100 P. = 1 Pakistan. Rupie.

Païsiello, Paësiello, Giovanni, ital. Komponist, * Tarent 9. 5. 1740, † Neapel 5. 6. 1816, neben Cimarosa und Piccini einer der ersten Vertreter der ital. Buffooper. Er schrieb rund 100 Opern, darunter ›Der Barbier von Sevilla‹ (1782), ferner Messen, Passionen, Sinfonien, Kammermusik.

Paisley [p'eɪzlɪ], Industriestadt in der Strathclyde Region, Schottland, (1981) 84800 Ew., westlich von Glasgow; Textil-, Chemie-, Nahrungs-, Genußmittel- und Maschinenind., Gerbereien, Eisen- und Messinggießereien; Abtei (1163 gegr.).

Paisley [p'eɪzlɪ], Jan, nordirischer Politiker (DUP), * Ballymena (Cty. Antrim) 6. 4. 1926, protestant. Geistlicher, seit 1951 Oberhaupt der ›Freien presbyterian. Kirche von Ulster‹, tritt als radikaler Gegner einer Teilhabe der nordirischen Katholiken an der polit. Machtausübung in Nordirland hervor. Er ist Vors. der ›Demokrat. Unionisten-Partei‹ (DUP).

Paiute, Pajute, nordamerikan. Indianerstämme aus der Sprachgruppe der Shoshone, etwa 4000 in Reservationen, bes. in Utah, Nevada, Kalifornien und Oregon.

Pak *die, -/-(s),* ⚔ Kurzwort für **P**anzer**a**bwehr**k**anone.

Paket [frz. paquet] *das, -(e)s/-e,* **1)** verschnürter oder zugeklebter Packen, bes. das **Postpaket,** Kleingutsendung (Höchstgewicht: 20 kg), die zu best., nach Entfernung und Gewicht gestaffelten Gebühren mit einer Paketkarte versandt wird. (→ Standardpakete)

Paketdienst, Dienstzweig der Post. Daneben gewinnen private P. an Bedeutung (in der Bundesrep. Dtl. beförderten private P. 1981 mehr als 20% aller Paketsendungen).

Pakistan, Islamische Republik P., Republik in Vorderindien, 803943 km² (ohne Jammu und Kashmir), (1983) 89,73 Mio. Ew.; Hauptstadt: Islamabad; Staatssprache: Urdu, daneben regionale Amtssprachen. Währungseinheit: 1 Pakistan. Rupie (pR) = 100 Paisa (Ps). *Adj.* **pakistanisch.** *der* **Pakistaner,** *-s/-,* und *der* **Pakistani,** *-s/-(s).* (KARTE IV/V, n. S. 320)

Staat. Nach dem Staatsstreich von 1977 steht Gen. Zia ul-Haq als ›Oberster Kriegsrechtsverwalter‹ und Vors. des Militärrats, seit 1978 zugleich als Präs. an der Spitze des Staats. 1981 wurde eine Interimsverf. für eine ›Islamische Republik‹ verkündet. – Verwaltungsmäßig ist P. in 4 Provinzen (Belutschistan, Sind, Pandschab, Nordwestprovinz) eingeteilt, die Hauptstadt und die zu keiner Provinz gehörenden Stammesgebiete werden zentral verwaltet. P. kontrolliert den westl. Teil von Kaschmir. – Recht. Neben dem auf brit. Tradition beruhenden gilt neuerdings z. T. wieder islam. Recht, bes. im Familien- und Erbrecht. – Streitkräfte. Freiwilligenarmee: 429000 Mann; Heer: 400000, Luftwaffe: 18000, Marine: 11000; paramilitärische Kräfte: 109000.

Landesnatur. P. hat im N Anteil an den Hochgebirgen des Hindukusch, Himalaya und Karakorum (Kaschmir), im W an den Grenzgebirgen gegen Afghanistan und Iran. Mehr als ein Drittel des Landes nehmen die Ebenen des mittleren und unteren Indusgebietes mit den Landschaften Pandschab und Sind ein. Das Klima ist subtropisch-kontinental, vorwiegend trocken, im O unter Monsuneinfluß.

Die Bevölkerung besteht aus Sindhi, Belutschen, Pandschabi und Pathanen, die vorwiegend verwandte indoarische Sprachen (→ indische Sprachen) sprechen. Karachi, Lahore und Lyallpur sind Millionenstädte, daneben gibt es etwa 10 Großstädte. – Bildung. Schulpflicht soll eingeführt werden. Es gibt 15 Univ., u. a. in Lahore (1882 gegr.; Techn. Univ., 1961 gegr.), Hyderabad, Peshawar, Karachi, Islamabad. – Religion. Der Islam ist Staatsreligion (96,8% der Bev. sind Muslime).

Thomas Paine

Paionios: Nike von Olympia, Höhe 2,16 m, um 420 v. Chr. (Olympia, Museum)

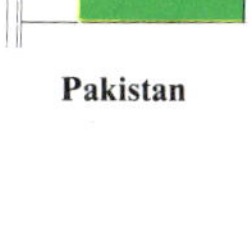

Pakistan

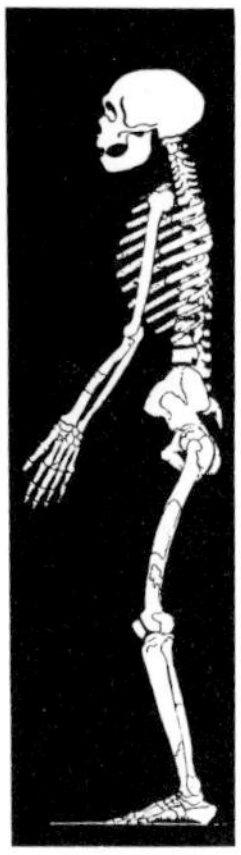

Paläanthropinen: Skelett eines Neandertalers (Fund von La Chapelle-aux-Saints)

George Emil Palade

Grundlage der Wirtschaft ist die Landwirtschaft, die 25% der Fläche nutzt (davon 2/3 mit Bewässerung aus Brunnen und Kanälen) und 53% der Erwerbstätigen beschäftigt. Angebaut werden Weizen (im Pandschab), Reis (im S des Indus-Tieflands), Baumwolle, Hülsenfrüchte, Zuckerrohr, Mais, Hirse, Tabak. Viehwirtschaft (Rinder, Schafe, Kamele, Ziegen) bes. auf den nicht bewässerten Flächen; im W und NW nomad. Viehhaltung. Die Erträge des Fischfangs sind gering. Im Bergbau haben Erdgas, Erdöl, Chromerz, Steinsalz, Kalkstein und Uran Bedeutung. Wichtigster Industriezweig ist die Herstellung von Baumwolltextilien; ferner Teppichweberei, Nahrungsmittel-, Schwer-, chem. Ind., Metallverarbeitung, Erdölraffinerien. Ausgeführt werden: Reis, Baumwolle, Baumwollgarne und -gewebe, Erdölprodukte, Leder, Textilwaren. Haupthandelspartner: Japan, USA. Hauptverkehrsträger ist die Eisenbahn (1980: 8823 km). Von den 95776 km Straßen sind 33374 km asphaltiert. Bed. Schiffahrt: Handelsflotte 478000 BRT. Haupthafen ist Karachi (seit 1980 moderner Hafen 40 km östlich). Internat. Flughäfen: Karachi, Rawalpindi-Islamabad, Lahore; nat. Fluggesellschaft: P. International Airlines.

Geschichte. Auf Betreiben der →Muslim-Liga wurde am 15. 8. 1947 aus den überwiegend muslim. Gebieten Britisch-Indiens der neue Staat P. geschaffen. Zum General-Gouverneur wurde der Führer der Muslim-Liga, M. A. Jinnah, ernannt. Die Innenpolitik wurde beherrscht von den Gegensätzen zwischen den beiden Landesteilen (Ost- und West-P.) und den Richtungskämpfen zwischen den orthodoxen und den liberalen Muslimen. In Ost-P. machten sich seit 1954 offene Bestrebungen zur Autonomie geltend. Unruhen mußten wiederholt unterdrückt werden. Der Ausnahmezustand wurde verhängt und am 24. 10. 1954 der Staatsnotstand verkündet. Ende Juli 1955 erzwang das Heer den Rücktritt des General-Gouv. Ghulam Mohammed (seit 1951), kurz danach auch den des MinPräs. (seit 1953) Mohammed Ali. Seitdem war der frühere Kriegsminister General Iskander Mirza General-Gouv., vom 5. 3. 1956 bis 27. 10. 1958 provisor. Präsident. Am 23. 3. 1956 wurde die Republik proklamiert. Das Verhältnis zu Indien blieb wegen →Kaschmir getrübt; Aug./Sept. 1965 kam es zu einer militär. Auseinandersetzung, die am 11. 1. 1966 mit dem Waffenstillstandsvertrag von Taschkent endete. Die Bindung P.s an den Westen lockerte sich zugunsten einer Annäherung an die kommunist. Staaten, bes. die VR China. Am 23. 3. 1956 hatte General M. Ayub Khan die Macht übernommen. Nach seinem Rücktritt im Frühjahr 1969 folgte ein Militärregime unter Führung von General M. Yahya Khan. Bei den ersten Wahlen des Landes Ende 1970 gewann in Ost-P. die Awami-Liga des Scheichs Mujibur-Rahman, in West-P. die Volkspartei Zulfikar Ali Bhuttos. Bestrebungen Ost-P.s, sich aus dem Staatenbund zu lösen und eine Rep. ›Bangladesh‹ auszurufen, führten im Frühjahr 1971 zum Bürgerkrieg. Nach der militär. Niederlage P.s gegen Indien (Dez. 1971), das die in der Awami-Liga organisierte Unabhängigkeitsbewegung Ost-P.s unterstützte, wurde im Jan. 1972 in Ost-P. der Staat Bangladesh ausgerufen. Das Territorium P.s beschränkt sich jetzt auf das Gebiet West-Pakistans. 1971 wurde Z. A. Bhutto MinPräs. Die chines. Unterstützung für P. im Konflikt um Bangladesh (1971) sowie die Furcht vor einer nuklearen Bedrohung durch Indien führten 1974 zu einer Annäherung an China. Ein Botschafteraustausch mit Bangladesh leitete eine gewisse Aussöhnung zw. beiden Staaten ein. Innenpolitische Maßnahmen waren die Verstaatlichung der Banken 1974, die Garantie größerer Rechte für die Minderheiten durch Verfassungsänderung 1975 und die Abschaffung einiger Vorrechte der feudalen Grundbesitzer (z. B. die Einbehaltung eines Sechstels der Ernte von Stammesmitgliedern). 1977 übernahm das Militär in einem unblutigen Putsch die Macht und setzte MinPräs. Z. A. Bhutto (hingerichtet 1979) ab. Die Führung des Landes übernahm Gen. Zia ul-Haq, der im Sept. 1978 das Amt des Staatspräsidenten übernahm. Nach der sowjet. Besetzung Afghanistans (Dez. 1979) besserten sich wieder die Beziehungen zu den USA, die mit dem Austritt (März 1978) P.s aus der CENTO einen Tiefpunkt erreicht hatten. Seither erhält P. wieder verstärkt amerikan. Wirtschafts- und Militärhilfe. Die seit Dez. 1979 aus Afghanistan nach P. einströmenden Flüchtlinge und die z. T. von hier aus operierenden afghan. Widerstandskämpfer stellen das Land vor schwierige polit. und wirtschaftl. Probleme.

Pakistan International Airlines Corp. [pa:kɪst'a:n (pækɪst'æn) ɪntən'æʃnl 'ɛəlaɪnz-], Abk. **PIA,** pakistan. Luftverkehrs-Ges. (Übersicht Luftverkehrsgesellschaften)

Pakt [lat.] *der, -(e)/-e,* Vertrag, bes. der Staatsvertrag; Bündnis. *ich* **paktiere** *mit ihm,* **1)** schließe einen Vertrag. **2)** Ü mache gemeinsame Sache.

PAL, Abk. für engl. **Phase Alternation Line** [feɪz ɔltən'eɪʃn laɪn, ›zeilenweise Phasenveränderung‹], das von den meisten europ. Staaten (Bundesrep. Dtl. seit 25. 8. 1967) eingeführte Farbfernsehsystem; eine von Loughlin und W. Bruch vorgeschlagene Änderung des amerikan. NTSC-Systems. Bei PAL werden im Übertragungsweg entstehende störende Einflüsse kompensiert, die Farbfehler bei der Wiedergabe verursachen würden. Hierzu wird ein mit den Farbsignalen amplitudenmodulierter Farbträger in Sender und Empfänger von Zeile zu Zeile in der Phase um ± 90° umgeschaltet. Da sich die Fehler von Zeile zu Zeile dadurch in entgegengesetzter Richtung auswirken, lassen sie sich durch Mittelung kompensieren.

Pala, Impala, Schwarzfersen|antilope, afrikan. Art der Horntiere mit weit geschwungenem Gehörn.

Paläanthropinen [grch.] *Pl.,* **Neandert(h)alergruppe,** fossile, zu den Eu-Homininen gehörende Hominiden, die von Westeuropa bis Asien verbreitet waren; benannt nach dem im →Neandertal gefundenen Skelett des **Homo sapiens neanderthalensis.** Der **Neandertaler** ist gekennzeichnet u. a. durch flache Stirn, Überaugenwülste, fliehendes Kinn, massiges Skelett, leichte Biegungen der Gließmaßenknochen (bes. des Oberschenkelbeins); er lebte wohl in der Würmeiszeit (70000–40000 v. Chr.).

Palä|anthropologie [grch.], die biologische Anthropologie des fossilen Menschen und seiner Vorgänger.

Palacio Valdés [pal'aθio βald'es], Armando, span. Schriftst., * Entralgo (Asturien) 4. 10. 1853, † Madrid 3. 2. 1938, schrieb realist. Romane, die sich durch oft humorvolle Schilderungen von Charakteren und durch farbige Sittenbilder auszeichnen. – ›Die Andalusierin‹ (1889); ›Kapitän Ribots Freude‹ (1899).

Palacký [p'alatski:], František, tschech. Historiker und Politiker, * Hotzendorf (Mähren) 14. 6. 1798, † Prag 26. 5. 1876, leitete 1848 den Slawenkongreß in Prag, gehörte seit 1861 als Führer der Alttschechen dem Herrenhaus des österr. Reichsrates und dem böhm. Landtag an.

HW: Gesch. von Böhmen, 5 Bde. (dt. 1836–67).

Palade [pəl'eɪd], George Emil, amerikan. Biochemiker, * Jassy (Rumänien) 19. 11. 1912, seit 1946 in den USA; erhielt für seine Arbeiten über Feinbau und Funktion von Zellbestandteilen (bes. der →Mitochondrien und →Ribosomen) 1974 mit A. Claude und C. de Duve den Nobelpreis für Physiologie und Medizin.

Paladin [frz.-ital., aus lat. palatinus ›zum röm. Berg Palatin und damit zum kaiserl. Palast gehörig‹] *der, -s/-e,* **1)** in der Dichtung des MA. Bez. für jeden der zwölf Helden um Karl d. Gr., z. B. Roland, Olivier. **2)** Ritter, Gefolgsmann.

Palagonit *der, -s/-e,* ⊕ wasserhaltiges vulkan. Glas, entstanden durch rasche Erstarrung basalt. Lava in Wasser oder Eis.

Palaio|imerologiten [grch. palaios ›alt‹, imera ›Tag‹] *Pl.,* eine nicht einheitl. Gruppe in der grch. Orthodoxie außerhalb der Staatskirche von Griechenland (Selbstbez. ›wahre orthodoxe Christen‹), die i. Ggs. zu dieser am alten (Julian.) Kalender festhält und theologisch konservativ ist. Die P. haben eigene Bischöfe und ein reges monastisches Leben.

Palaiologen *Pl.,* letzte Herrscherfamilie des →Byzantinischen Reiches (1258/61–1453).

Palais [pal'ɛ, frz.] *das, -/-,* Palast, Schloß. **P. Bourbon** [-burb'ɔ̃], Sitz der frz. Abgeordnetenkammer; **P. de l'Élysée** [-dəleliz'e], →Élysée-Palast. **P. Schaumburg,** früher der Amtssitz des Bundespräsidenten in Bonn.

Palamas, Kostis, ngrch. Dichter, * Patras 8. 1. 1859, † Athen 27. 2. 1943, Jurist. P. beeinflußte die Entwicklung der ngrch. Literatur nach der Einführung der Volkssprache als Literatursprache. In seinem umfangreichen Werk (Lyrik, Prosa, Drama, Kritik) bemühte er sich, die für die Griechen seiner Zeit wesentl. Probleme zu erfassen und eine Verbindung zu den Literaturströmungen und der Philosophie W-Europas herzustellen.

Palamedes, grch. Mythos: der wegen vieler Erfindungen (Buchstaben, Waage, Brettspiel) gerühmte Sohn des Nauplios. Er wurde, durch Odysseus des Verrats verdächtigt, von den Griechen vor Troja gesteinigt.

Palana, Hauptort des Autonomen Bezirks der Korjaken, Russ. SFSR, Fischereihafen an der W-Küste von Kamtschatka, rd. 3500 Ew.; Fischkonservenfabrik.

paläo... [grch.], alt..., ur...

Paläobiologie [grch.], Wissenschaft vom Leben der Organismen in der erdgeschichtl. Vergangenheit. Forschungsgebiete: Morphologie, Lebensumstände, Umweltbeziehungen **(Palä|ökologie)** und Ursachen des Aussterbens. Das Vergleichen der Skelette fossiler und heutiger Pflanzen- und Tierformen gestattet Rückschlüsse auf die Lebensweise; Fährten, Fraßbilder, Exkremente, krankhafte Veränderungen an Hartteilen **(Paläopathologie)** liefern wichtige Belege. Auch die Lichteinwirkung auf fossile Lebewesen wird untersucht **(Paläophotobiologie).**

Paläogeographie [grch.], Zweig der Geologie zur Erforschung der geograph. Verhältnisse der Vorzeit: ehem. Verteilung von Land und Meer, Verlauf der einstigen Gebirge, Ausdehnung der Vergletscherung, der Verbreitung von Vulkanen, der Gestalt der Flußsysteme u. a.

Paläographie [grch.] *die, -,* die von J. Mabillon und B. de Montfaucon Ende des 17. Jh., Anfang des 18. Jh. begründete Erforschung der Schriftformen des Altertums und des MA., Hilfswissenschaft der Geschichte und Philologie, wesentlicher Teil der Handschriftenkunde.

Paläoklimatologie [grch.], Lehre von der Klimageschichte der Erde. Organ. Reste, Bodenarten, Sedimentbildung, Verwitterungsvorgänge und Oberflächenformen geben Hinweise auf das Klima einzelner geolog. Zeiten, ferner Vereisungsspuren, Kohle-, Salz- und Riffbildungen. Durch moderne physikal. Verfahren (Temperaturmessung, Paläomagnetismus u. a.), durch Bohrungen in Eis und in der Tiefsee hat die P. v. a. in jüngeren Abschnitten der Erdgeschichte große Fortschritte gemacht. – Erhebliche Klimaänderungen sind schon von den frühesten Epochen der Erdgeschichte an bekannt.

Paläolithikum [grch.] *das, -s,* die → Altsteinzeit. *Adj.* **paläolithisch.**

Paläomagnetismus [grch.], vom Erdmagnetfeld bewirkte Ausrichtung ferromagnet. Minerale bei der Kristallisation aus der Schmelze oder bei Akkumulation von Sedimentmaterial. Die Untersuchung dieses remanenten Gesteinsmagnetismus erlaubt die Bestimmung des erdmagnet. Feldes und seiner Richtung zur Zeit der Bildung der betreffenden Gesteine. Da sich die magnet. Erdpole im Lauf der Erdgeschichte verlagert haben, dient die **Paläomagnetik** (Bestimmung des P.) als Hilfsmittel der stratigraph. Diagnose und als Stütze der Plattentektonik.

Paläontologie [grch.], die Wissenschaft von den fossilen, d. h. versteinerten Tier- und Pflanzenresten (Petrefakten). Mit den pflanzl. Resten beschäftigt sich die **Paläobotanik,** mit den tierischen die **Paläozo|ologie,** mit den menschlichen die **Paläanthropologie.** Die P. bestimmt den Bau und die Zugehörigkeit der Fossilien, verfolgt deren geolog. Auftreten, bes. für die Bewertung als → Leitfossilien best. Formationen **(Biostratigraphie,** wichtigstes Hilfsmittel der histor. Geologie). Mit der Einbettung der Lebewesen in das werdende Gestein **(Biostratonomie)** und dem Vorgang des ›Versteinerns‹ **(Fossilisation)** beschäftigt sich die **allgemeine P.** Die der botan. und zoolog. Systematik zugewendete P. ist bedeutsam für die Klärung der → Stammesgeschichte. Die P. der Kleinlebewesen **(Mikropaläontologie)** hilft bes. beim Untersuchen nutzbarer Lagerstätten, z. B. der Erdölvorkommen.

Paläophytikum [grch.] *das, -s,* Altzeit der Entwicklung der Pflanzenwelt vom Silur bis Unterperm.

Paläosibiri|er, Altsibiri|er, Alt|asiaten, Gruppe sprachlich isolierter Völker Sibiriens, nur noch in Resten vorhanden: Keten, Jukagiren, Tschuktschen, Korjaken und Giljaken.

Paläozän [grch.] *das, -s,* untere Abteilung des → Tertiär.

Paläozoikum [grch. zoon ›Lebewesen‹] *das, -s,* **Erd|altertum,** Zeitalter, Ära der Erdgeschichte, umfaßt die Systeme (Perioden) Kambrium, Ordovizium, Silur, Devon, Karbon und Perm. Die Grenzziehung an der Basis ist unsicher **(Präkambrium-Kambrium-Problem).** Vom Proterozoikum durch Fossilreichtum unterschieden, sind im P. schon alle Stämme der Tierwelt in großer Formenfülle entwickelt. In der Pflanzenwelt herrschen bis ins Rotliegende Gefäßkryptogamen vor, die dann von der mesozoischen Gymnospermenflora abgelöst wird. In das P. fallen die kaledon. und varisk. Gebirgsbildung, lebhafter Vulkanismus kennzeichnet manche Abschnitte, es bildeten sich große Steinkohlenvorkommen und, bes. im Perm, ausgedehnte Vereisungen. (→ geologische Systeme)

Paläozo|ologie [grch.], die Wiss. von den fossilen Tieren.

Palas [mhd. ›Palast‹] *der, -/-se,* Wohn- und Festsaalbau, nächst den Wehranlagen wichtigster Bau der Pfalz, dann der Burg.

Palast *der, -(e)s/-̈e,* schloßartiges Bauwerk.

Palästina [›Land der Philister‹], arab. **Filastin,** hebr. **Erez Jisrael** [ˈerɛz-], früher auch **Heiliges Land, Gelobtes Land,** histor. Landschaft in Vorderasien, mit in der Vergangenheit wechselnder Begrenzung, heute Bez. für das Gebiet zw. der Ostküste des Mittelmeeres im W und dem Jordangraben bis zum Toten Meer im O, zw. dem Libanon im N bis zum Nordsaum des Negev im S verwendet. 3 Großlandschaften geben P. das Gepräge: die Küstenebene im W, die östlich daran anschließenden Bergländer von Galiläa, Samaria und Judäa. Größter Fluß ist der Jordan. Hauptseen: das Tote Meer, ein Salzsee, und der See Genezareth. P. hat Mittelmeerklima mit reichlichen Winterniederschlägen im Gebirge (oft Schnee), geringeren an der Küste und spärlichen im südl. Jordantal. Die Sommer sind warm, die Winter an der Küste frostfrei. P. hat viele, dem Christentum, Judentum und Islam heilige Stätten.

Geschichte. Über die ältere Geschichte → Israel, → Juden. Durch Pompeius kam P. 63 v. Chr. unter röm. Hoheit, bildete seit dem 1. Jh. n. Chr. eine röm. Prov., war seit 395 oströmisch und stand 636–1918, abgesehen von der Zeit des Kgr. Jerusalem (1099–1187), unter muslim. Herrschaft. Während dieser Epoche war seine arabisch-muslim. Bevölkerung nur von jüd. und christl. Splittergruppen durchsetzt. 1880 begann die jüd. Einwanderung. Im 1. Weltkrieg wurde P. von den Engländern erobert (1918) und brit. Mandat (1923). Die zunehmende jüd. Einwanderung (1922: 83000 Juden, 71000 Christen, 589000 Araber; 1947: 614000 Juden, 146000 Christen, 1,09 Mio. Araber) führte zu Auseinandersetzungen mit den Arabern. 1939 wurde auf einer Konferenz in London die Errichtung eines unabhängigen binationalen Staates innerhalb von 10 Jahren beschlossen. Im 2. Weltkrieg war P. ein Stützpunkt für die brit. Nahostpolitik. Nach dem Krieg wurde ein brit. P.-Plan 1947 verworfen, darauf empfahlen die Vereinten Nationen eine Zweiteilung des Landes. Die Juden begrüßten diese Entscheidung, die Araber lehnten sie ab. Daraufhin beschloß die brit. Regierung die Beendigung des Mandats und die Zurückziehung der Truppen zum 14. 5. 1948. Am gleichen Tag wurde der Staat Israel ausgerufen. O-P. kam 1950 an → Jordanien; Ägypten verwaltete den Gaza-Streifen (→ Gaza). Die palästinens. Araber, die 1948/49 zum größten Teil vor den israel. Truppen geflohen oder von ihnen vertrieben worden waren, wurden in Lagern (v. a. in Ägypten, Jordanien, Libanon, Syrien) angesiedelt. Mit wachsender Intensität suchten seit den 50er Jahren palästinens. Guerilla-Gruppen ein arab. P. wiederherzustellen. 1967 besetzten israel. Truppen im Sechstage-Krieg das **Westjordanland** (auch **West Bank** [-bæŋk], früher O-P.) und den Gaza-Streifen; die seitdem von Israel in diesen Gebieten betriebene Siedlungspolitik wird v. a. von den arab. Staaten scharf kritisiert.

Palästinensische Befreiungs|organisation, engl. **Palestine Liberation Organization** [pˈæləstaɪn lɪbərˈeɪʃn ɔːgənaɪzˈeɪʃn], Abk. **PLO, Palästinensische Befreiungsfront,** 1964 gegr., seit 1969 von J. Arafat geführt, umfaßt die meisten palästinens. Guerilla-Organisationen, 1975 von der Arab. Liga als einzige Vertreterin der palästinens. Araber anerkannt. Ihre gegen Israel operierenden Kampfverbände wurden 1970 aus → Jordanien, 1982 aus dem Gebiet von Beirut vertrieben. 1983 sah sich Arafat einer von Syrien unterstützten Rebellion palästinens. Einheiten im nördl. Libanon konfrontiert.

Palästra [grch.] *die, -/...stren,* Ringerschule im alten Griechenland.

Palastrevolution, eine Empörung des Hofes gegen einen Herrscher oder Staatsmann.

Palatal [lat.] *der, -s/-e,* Vordergaumenlaut (→ Laut).

Palatin *der, -s,* lat. **Mons Palatinus,** einer der sieben Hügel Roms, der zuerst besiedelte, später vornehmste Stadtteil im alten Rom; im MA. verödet, heute unbewohnt. Auf dem P. bauten die röm. Kaiser ihre Paläste (Augustus, Tiberius, Claudius, Nero und die flavischen Kaiser); bed. Wandmalereien (pompejan. Stil) z. B. im Haus der Livia. Auch die weström. Kaiser residierten beim Aufenthalt in Rom auf dem P.

Palatin [lat.] *der, -s/-e,* **1)** im MA.: Pfalzgraf. **2)** in Ungarn bis 1848 der Stellvertreter des Königs.

Palatina [lat. ›die Pfälzische‹] *die, -,* die alte Heidelberger Bibliothek **(Bibliotheca P.),** galt als reichste Europas, kam 1623 nach Rom (als Entschädigung für päpstl. Kriegshilfe), ein Teil wurde 1816 zurückgegeben.

Pala|tschinke [magy., zu rumän. placinta] *die, -/-n, österr.:* gefüllter Eierkuchen.

Palatum [lat.] *das, -s/...ta,* der → Gaumen.

Palau-Inseln, Inselgruppe der westl. Karolinen (Mikronesien) im Pazif. Ozean, 458 km², (1980) 14800 Ew. Die ehemaligen Phosphorlager sind heute ausgebeutet. – Die P.-I. waren bis 1899 span., dann dt. Schutzgebiet, 1919–45 japan. Völkerbundsmandat, seitdem Treuhandgebiet der USA. Nach Inkrafttreten einer neuen Verf. (1. 1. 1981) treten die P.-I. als Rep. **Belau** in Erscheinung.

Palaver [portugies. palavra ›Unterredung‹] *das, -s/-,* im 18. Jh. Bez. für längere Verhandlungen zw. Weißen und Afrikanern, dann von den Afrikanern übernommen in der Bedeutung ›Versammlung‹; über das Englische in die dt. Umgangssprache (langes Hinundhergerede) eingegangen.

Palawan, gebirgige, bis 2065 m hohe Insel der Philippinen, bildet mit den Calamian-Inseln die Prov. P., 14896 km², (1970) 232600 Ew.; Reis-, Kokospalmenanbau, Fischerei. Hafen und Hptst.: Puerto Princesa.

Palazzeschi [-tsˈeski], Aldo, eigtl. A. **Giurlani** [dʒur-], ital. Schriftst., * Florenz 2. 2. 1885, † Rom 17. 8. 1974, begann als Anhänger des Futurismus, zeigt in seinen Novellen und Romanen Sinn für Komik und Psychologie (›Die Schwestern Materassi‹, 1934; ›Die Brüder Cuccoli‹, 1948).

Palazzini, Pietro, Kardinal (seit 1973), * Piobbico (Prov. Pesaro) 19. 5. 1912, seit 1980 Präfekt der Kurienkongregation für die Selig- und Heiligsprechungen.

Palazzo [ital.] *der, -/...l'azzi,* Palast, vornehmes Haus. **P. Comunale,** Rathaus.

Pale [zu pulen] *die, -/-n, nd.:* Schote. *ich* **pale** *Erbsen,* entschote.

Palembang, Hauptort der indones. Prov. Süd-Sumatra, (1980) 787000 Ew., bed. Hafenstadt am Musi; Univ.; Endpunkt von Erdöl- und Erdgasleitungen; Erdölraffinerien, Textil-Ind.; Ausfuhr: Erdöl, Gummi, Kaffee, Tee; Flugplatz. – P. war Hauptstadt des Großreiches Srividjaja (→ Indonesien, Geschichte).

Palencia [palˈenθia], **1)** Prov. in Spanien, Altkastilien, 8035 km², (1981) 186500 Ew. **2)** Hptst. von 1), (1981) 74100 Ew., am Carrión; Theater, archäolog. Mus.; Maschinen- und Textilind.; spätgotische Kathedrale (1321–1516).

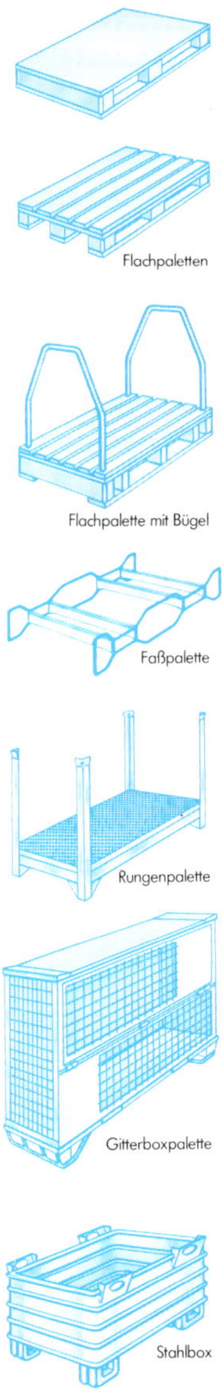

Palette 2)

Palenque: Der ›Palast‹, auf einer Terrasse (70 × 100 m), mit mehreren Innenhöfen und quadratischem, 15 m hohem Turm

Palenque [pal'eŋke], Ruinenstadt der klass. Maya-Kultur des 1. Jahrtsd. im mexikan. Staat Chiapas, mit Tempel- und Palastbauten; 1746 entdeckt. Bed. und einmalig in der Maya-Architektur ist ein vierstöckiger quadrat. Turm. Das unter der Basis des ›Inschriftentempels‹ 1949 entdeckte Grab eines Priesterfürsten gilt als weiterer Beweis, daß mittelamerikan. Pyramiden auch als Grabmäler errichtet worden sind.

Palermo, 1) Prov. Italiens, 5016 km², (1981) 1,199 Mio. Ew., auf Sizilien. **2)** Hptst. von 1), (1981) 701800 Ew., an der N-Küste der Insel am Fuß des Monte Pellegrino; wichtiger Hafen, Flughafen, wirtschaftl. und kultureller Mittelpunkt Siziliens; Erzbischofssitz; Univ. (gegr. 1805), wissenschaftl. Institute, Akademie für wissenschaftl. Literatur und schöne Künste, Medizin. Akademie, Kunstakademie, Lehrerseminar, Bibliotheken, Observatorium, Museen. Textil-, Zement-, Möbel-, chem., Lebensmittelind.; Fremdenverkehr. Bauwerke: Dom (im 12. Jh. von den Normannen erbaut; mit den Sarkophagen Rogers II., Heinrichs VI., Friedrichs II. u. a.), Palazzo Reale (11. Jh., mit prachtvollen Mosaiken in der Cappella Palatina). – P., das antike **Panormus,** wurde von den Phönikern gegründet und 254 v. Chr. von den Römern erobert. 535 n. Chr. nahm es Belisar für Byzanz in Besitz. 831 wurde es von den Arabern zur Hptst. Siziliens erhoben, 1072 von den Normannen erobert. P. erlebte unter dem Staufer Friedrich II. eine hohe Blüte. 1282 war P. der Schauplatz der blutigen Sizilian. Vesper. In der Folgezeit stand P. unter aragonisch-span., österr. und bourbon. Herrschaft. Von der Bourbonenherrschaft wurde P. 1860 durch G. Garibaldi befreit. (→ Sizilien, → Neapel)

Giovanni Palestrina (aus einer Radierung von F. Böttcher)

Palestrina, Stadt in Mittelitalien, (1981) 13300 Ew., östlich von Rom, das antike **Praeneste;** archäolog. Mus., röm. Tempelruinen (Tempio della Fortuna).

Palestrina, G i o v a n n i, eigtl. G. **Pierluigi da P.** [pjerlu'i:dʒi-], ital. Komponist, *Palestrina um 1525, † Rom 2. 2. 1594, ebd. Kapellmeister an der Laterankirche, an Santa Maria Maggiore und der Peterskirche, 1565 zum Komponisten der päpstlichen Kapelle ernannt. P. stellt mit Orlando di → Lasso u. a. einen ersten Höhepunkt der abendländ. Musik dar; er beeinflußte entscheidend die kirchenmusikal. Reformbestrebungen. Er verband die kunstvolle kontrapunktische Vielstimmigkeit der Niederländer mit dem neuen harmon. Empfinden der aufkommenden Dur-Moll-Tonalität. – HW: mehr als 100 Messen, darunter die sechsstimmige ›Missa Papae Marcelli‹ (um 1562), etwa 320 Motetten, zahlreiche Hymnen, Offertorien, Lamentationen, mehr als 180 Madrigale und Kanzonen.

Paletot [palət'o, frz.] *der, -s/-s,* Überzieher, Herrenmantel.

Palette [frz.] *die, -/-n,* **1)** ovale oder rechteckige Scheibe mit Daumenloch, auf der der Maler die Farben mischt; aus poliertem Holz, Blech, Kunststoff oder Porzellan. **2)** Hub-, Stapel- und Transportplatte aus Holz oder Stahl zum Zusammenfassen von Einzelstücken zu Ladungseinheiten (Eisenbahn, Lastwagen usw.). BILDER S. 125.

Max Pallenberg

Pali *das, -s,* die Sprache des buddhist. Kanons und einer Anzahl daran anschließender Texte, als Literatursprache Blütezeit bis zum 12. Jh.; Ausläufer bis zur Gegenwart in Sri Lanka, Birma und Thailand. (→ indische Sprachen)

Palimpsest [grch. ›wieder abgekratzt‹] *der* oder *das, -(e)s/-e,* alte Handschrift, auf der, um das kostbare Schreibmaterial (Papyrus, Pergament) wiederverwenden zu können, die urspr. Schrift beseitigt und durch eine jüngere ersetzt ist (bes. im MA. in den Schreibstuben der Klöster). Hilfsmittel zum Lesen der älteren Schrift waren früher chem. Reagenzien. Als modernes Hilfsmittel zur Entzifferung von P. eignet sich bes. die Fluoreszenzphotographie.

palin... [grch.], wieder...

Palindrom [grch. ›das Zurücklaufende‹] *das, -s/-e,* Lautreihe, die vor- und rückwärts gelesen einen Sinn ergibt, z. B. Otto, Reliefpfeiler, Neger, Gras; auch ein Wortspiel, das vor- und rückwärts gelesen den gleichen Wortlaut hat.

Palingenese, Palingenesis [grch.], **1)** Wiedergeburt. **2)** Biologie: Wiederholung stammesgeschichtlich älterer Formen in der Keimesentwicklung (→ biogenetische Grundregel). **3)** 🌐 Wiederaufschmelzung von Gesteinen und Neubildung eines Magmas.

Palin|odie [grch. ›Ode‹, ›Gesang‹] *die, -/...d'i|en,* dichterischer Widerruf, meist unter Verwendung der gleichen Vers- und Reimform.

Palisade [frz. aus lat.] *die, -/-n,* früher bei Befestigungen: dichte Reihe zugespitzter, 3–4 m langer Pfähle, als Hindernis in die Erde gerammt.

Palisadenwurm, 3–4 cm langer Fadenwurm; schmarotzt im Nierenbecken, z. B. des Hundes und des Pferdes; ruft die **P.-Krankheit** (Fohlenseuche) hervor.

Palisander [indian.] *der, -s/-,* sehr dichte, schwere Hölzer der Gattungen Dalbergie und Jacaranda (Jakarandaholz); wertvolles Möbelholz.

Palissy [palis'i], B e r n a r d, frz. Keramiker, * Agen um 1509/10, † Paris um 1589/90, in Paris für Katharina von Medici u. a. tätig, schuf mit Naturabgüssen kleiner Wassertiere, Pflanzen und Steine belegte, farbig glasierte Zierschüsseln, die bis ins 17. Jh. nachgeahmt wurden.

Palitzsch [-tʃ], **1)** Johann G e o r g, Bauer und Liebhaberastronom, * Prohlis bei Dresden 11. 6. 1723, † Leubnitz 22. 2. 1788, fand 1758 den Halleyschen Kometen wieder auf.

2) P e t e r, Regisseur, * Deutmannsdorf (Schlesien) 11. 9. 1918, Schüler B. Brechts, wirkte in Berlin, Stuttgart, Frankfurt a. M.

Palermo 2): S. Giovanni degli Eremiti; 1132 begonnen

Palkstraße, der nördl. Teil der Meerenge zw. Sri Lanka und SO-Indien.

Pall [nd.] *der, -s/-en,* ⚓ Sperrklinke an Drehwerken.

Palla [lat.] *die, -/-s,* viereckiger Überwurf, den Römerinnen im 2. und 1. Jh. v. Chr. einfach oder doppelt gelegt als Mantel trugen.

Palladio, A n d r e a, ital. Baumeister, * Padua (?) 30. 11. 1508, † Vicenza 19. 8. 1580, studierte die Baukunst der Antike in Rom und war seit etwa 1545 in Vicenza, nach 1560 meist in Venedig tätig. P. schuf, den Stil der Hochrenaissance fortentwickelnd, Bauten von strenger Klarheit und vollendeter Harmonie, rhythmisch bewegt durch Säulen und Pilaster, die meist durch mehrere Geschosse laufen (Kolossalordnung). Seine auf Vitruv und der Vermessung röm. Bauten fußenden Lehrbücher boten bis Ende des 18. Jh. die genaueste Kenntnis antiker Bauregeln. Der auf P. zurückgehende Stil **(Palladianismus)** wurde bes. in Holland und Frankreich angenommen und gelangte zur Vorherrschaft in England. Durch seine Bauten und Schriften wurde P. der maßgebende Lehrmeister des europ. → Klassizismus. – Bauten in Vicenza: ›Basilika‹ (Stadthaus, 1549ff.), Palazzo Chiericati (1551ff.), Villa Rotonda (1566/67ff.); in Venedig: Kloster und Kirche S. Giorgio Maggiore (1566–79), Kirche Il Redentore (1577–92). BILD S. 127.

Andrea Palladio: Villa Rotonda bei Vicenza; 1566/67 ff.

Palladium [lat., von Pallas] *das, -s/...di|en,* grch. **Palladion,** altertüml. hölzernes Kultbild der bewaffneten Pallas Athene, das den Bestand einer Stadt verbürgen sollte.

Palladium [nach dem Planetoiden Pallas] *das, -s,* **Pd,** Platinmetall (→ chemische Elemente), kommt in Platin-, Gold-, Silber- und Nickelerzen, bes. in Kanada und Südafrika, vor und besitzt hellen, silberähnl. Glanz, wird bei gewöhnl. Temperatur von Salz- und Schwefelsäure kaum angegriffen, löst sich aber in konzentrierter Salpetersäure und Königswasser. Es kann Wasserstoff bis zum 800fachen seines Eigenvolumens aufnehmen, kolloidal gelöstes P. sogar bis zum 3000fachen. Solch wasserstoffhaltiges P. wird als Katalysator für Reaktionen der Wasserstoffanlagerung, z. B. die Hydrierung ungesättigter organ. Verbindungen, bei niedrigem Druck und niedriger Temperatur benutzt. P. wird verwendet in der Dental- und Schmuck-Ind., u. a. für elektr. Kontakte, chemischtechn. Geräte, Spinndüsen.

Pallas [grch.], **1)** Beiname der Göttin Athene. **2)** ☆ ein → Planetoid.

Pallasch [ungar.] *der, -(e)s/-e,* langer, schwerer Säbel, früher die blanke Waffe der Kürassiere.

Pallavicini [-tʃ'i:ni], ital. Adelsgeschlecht, erlangte in Genua und Venedig das Patriziat. Der genues. Zweig kam nach Österreich-Ungarn und erhielt 1868 die Genehmigung, den Titel Markgraf zu führen.

Pallenberg, Max, Schauspieler, * Wien 18. 12. 1877, † (Flugzeugunglück) Karlsbad 26. 6. 1934, seit 1904 als Charakterkomiker in Wien, München, Berlin; ⚭ mit der Operettensängerin Fritzi Massary. (BILD S. 126)

palliativ [lat. pallium ›Mantel‹], ⚕ nur die Krankheitserscheinungen mildernd, ohne ihre Ursachen zu beheben. *das* **Palliativum,** *-s/... va,* ein palliativ wirkendes Arzneimittel.

Pallium [lat.] *das, -s/... li|en,* **1)** Kath. Kirche: mit 6 schwarzen Kreuzen bestickte, weißwollene Binde, die ringförmig auf den Schultern aufliegt. Das P. ist das liturg. Amtszeichen der Metropoliten. Auch der Papst trägt das P.; ehrenhalber kann es Erzbischöfen und Bischöfen verliehen werden. **2)** bei den Römern mantelähnl. Umhang, im MA. kaiserl. Mantel, Krönungsmantel.

Pall Mall [pæl m'æl, engl.], vornehme Straße im W Londons.

Pallottiner, Gesellschaft des katholischen Apostolats, lat. **Societas Apostolatus Catholici,** Abk. **SAC,** 1835 von Vinzenz Pallotti (* 1795, † 1850) gegr. Priestergenossenschaft ohne Gelübde für innere und äußere Mission. Weibl. Zweige **(Pallottinerinnen):** die Schwestern vom kath. Apostolat (gegr. 1843) und die Missionsschwestern vom kath. Apostolat (gegr. 1895 in Limburg).

Palm *der, -s/-e,* am Palmsonntag kirchlich geweihter Zweig, z. B. von blühender Salweide **(Palmkätzchen).**

Palm, 1) Johann Philipp, Buchhändler, * Schorndorf 18. 11. 1768, † (erschossen) Braunau am Inn 26. 8. 1806, verlegte in Nürnberg die anonyme antifrz. Flugschrift ›Dtl. in seiner tiefen Erniedrigung‹; auf Anweisung Napoleons I. zum Tod verurteilt.

2) Siegfried, Violoncellist und Intendant, * Wuppertal 25. 4. 1927, wurde 1975 Intendant der Dt. Oper Berlin.

Palma, 1) die Kanar. Insel → La Palma. **2)** → Palma de Mallorca.

Palma, 1) Jacopo, genannt **P. (il) Vecchio** [-v'ɛkkio, ›der Alte‹], ital. Maler, * Serina bei Bergamo um 1480, † Venedig 30. 7. 1528, entwickelte sich unter dem Einfluß von Giorgione und Tizian zu einem Hauptmeister der venezian. Hochrenaissance. Seine Werke sind durch ausgeglichene Komposition und fein abgestimmte Farbigkeit gekennzeichnet.

2) Jacopo, genannt **P. (il) Giovane** [-dʒ'o:vane, ›der Junge‹], Großneffe von 1), * Venedig 1544, † ebd. 1628, malte religiöse und geschichtliche Bilder manieristischer Art.

Johann Philipp Palm

Palma de Mallorca [-ðe maʎ'ɔrka], auch **Palma,** Hptst. und Hafen der Balearen, (1981) 290400 Ew., an der SW-Küste der Insel Mallorca, in der Bucht von P. de M.; Bischofssitz; Priester-, Lehrerseminar, Museen, Theater, Bibliothek, Botan. Garten; Leder-Ind., Weberei, Stickerei, Kunstgewerbe (bes. Gold-, Silberarbeiten); Fremdenverkehr; Ausfuhr: Frühgemüse, Südfrüchte; internat. Flughafen. Got. Kathedrale (begonnen um 1230), got. Börse (15. Jh.), ehem. Maurenburg, das spätere Königsschloß Almudaina.

Palmarosa|öl, äther. Öl aus dem ind. Rusagras; verwendet in der Seifenparfümierung und zur Herstellung von Geraniol.

Palmarum [lat.], der → Palmsonntag.

Palm Beach [pɑ:m bi:tʃ], Stadt im Staat Florida, USA, (1980) 9700 Ew., Winterbadeort; Straßenverbindung zum Winterkurort West P. B. (1980: 62500 Ew.).

Palme, Sven Olof, schwed. Politiker (Sozialdemokrat), * Stockholm 30. 1. 1927, Jurist, 1965–67 Verkehrs-Min., seit 1969 Vors. der Sozialdemokrat. Partei Schwedens, 1969–76 und seit 1982 MinPräs.; tritt im Rahmen der schwed. Neutralitätspolitik für eine kernwaffenfreie Zone in N-Europa ein.

Palma de Mallorca:
Blick vom Fischereihafen auf die gotische Kathedrale

Palmen [lat.], *Sg. die* **Palme,** -, Ordn. **(Arecales)** oder Fam. **(Arecaceae,** früher **Palmae)** der Einkeimblättrigen mit etwa 3400

Palma Vecchio: Judith (Florenz, Uffizien)

meist trop. Arten; in S-Europa einheimisch ist die **Zwergpalme.** Die meisten P. sind Bäume mit einfachem Stamm, nur wenig verzweigt. Der Blattnarben oder Blattstielreste tragende Stamm endet in einem Blattschopf, der Endknospe und den kolben- bis ährenförmigen Blütenständen, die oft Hunderte meist eingeschlechtiger Blütchen tragen. Nach der Form der Blätter (Wedel) unterscheidet man **Fieder-P.** (z. B. Dattelpalme) und **Fächer-P.** (z. B. Zwergpalme). Viele P. liefern Holz, Fasern, Blätter zum Dachdecken, Nahrungs- und Genußmittel (Palmwein, -zucker u. a.). Als Zierpflanzen gedeihen manche P. in Wintergärten, im Kalthaus, auch im Zimmer.

Palmendieb, Art der → Einsiedlerkrebse.

Palmenhaus, Gewächshaus zur Pflege hochwüchsiger trop. Pflanzen (Palmen, Bambus u. ä.). Aus den Orangerien des 18. Jh. entwickelten sich im 19. Jh. Großhäuser wie die P. in Chatsworth bei London, Herrenhausen (Hannover), Schönbrunn (Wien). Sie wurden bes. in öffentl. Gärten erbaut **(Palmengärten),** so in Frankfurt a. M., Köln, Leipzig, Bordighera.

Palmenkerne, Palmkerne, die Samen der → Ölpalme, die 40–52% Fett enthalten. Das aus ihnen gepreßte **Palmkernöl** dient zur Herstellung von Speisefetten und Leinseifen.

Palmen|orden, die → Fruchtbringende Gesellschaft.

Palmenroller, Unterfam. der Schleichkatzen in S-Asien und W-Afrika, katzengroß, marderähnlich; sie schlafen zusammengerollt in Baumhöhlen und auf Ästen.

Palmensäule, ägypt. Baukunst: eine der Form der Dattelpalme nachgebildete Säule.

Palmer, L i l l i, eigtl. Maria Lilli **Peiser,** Bühnen- und Filmschauspielerin, * Posen 24. 5. 1914, schrieb ›Dicke Lilli – gutes Kind‹ (1974).

Palmer-Archipel [p'ɑ:mə-], vergletscherte Inselgruppe in der Westantarktis, vor der W-Küste des Grahamlandes, bis 2870 m hoch; zuerst von dem amerikan. Walfänger N. Palmer 1821 gesichtet, von der Belgica-Expedition (1897–99) als Archipel erkannt; gehört zum British Antarctic Territory.

Palmerston [p'ɑ:məstən], H e n r y John **Temple** [templ], Viscount **P.,** brit. Politiker, * Broadlands (Hampshire) 20. 10. 1784, † Brocket Hall (Hertford) 18. 10. 1865, trat für die Unabhängigkeit Belgiens und die Erhaltung der Türkei ein; unterstützte Österreich gegen die ital., Dänemark gegen die dt. Einheitsbestrebungen. Als Premierminister (1855–58 und 1859–65) lehnte er demokrat. Reformen im Innern ab.

Palmerston North [p'ɑ:məstən nɔ:θ], Stadt auf der N-Insel von Neuseeland, (1981) 91800 Ew.; Univ.; Zentrum eines bed. Landwirtschaftsgebiets.

Palm|esel, lebensgroßes, fahrbares Holzbildwerk von Christus auf dem Esel; im MA. bes. in Süddtl. bei den Prozessionen am Palmsonntag mitgeführt. (BILD S. 129)

Palmette [frz.] *die, -/-n,* **1)** grch. Kunst: fächerförmiges Blattornament, oft in friesartiger Reihung verwendet. **2)** Spalierbaumform, an Wänden oder frei stehendem Gerüst gezogen.

Palmfarne, 1) Marattiales, Ordn. trop. Farne mit bis mehrere Meter langen, mehrfach gefiederten Blattwedeln. **2) Cycadales,** Ordn. der Fiederblättrigen Nacktsamer mit trop. zweihäusigen, immergrünen Holzpflanzen. Die ostasiat., in S-Europa kultivierte Art **Cycas revoluta** z. B. liefert in ihren Stämmen Stärkemehl (Sago).

Palmira, Stadt in Kolumbien, in der oberen Cauca-Ebene, (1980) 231000 Ew.; Handelszentrum eines Agrargebiets, Tabak- und Zuckerfabriken, landwirtschaftliche Versuchsstation.

Palmitin *das, -s,* das Triglycerid der → Palmitinsäure.

Palmitinsäure, Hexadecansäure, gesättigte Fettsäure, die als Glycerinester in fast allen pflanzl. und tier. Fetten und als Myricylester im Bienenwachs vorkommt. P. wird durch Verseifung von Fetten gewonnen und zu Seifen, Metallseifen, Fettalkoholen und Fettaminen verarbeitet.

Palmito [span.] *der,* die → Zwergpalme.

Palmkätzchen, *oberdt.:* Weidenkätzchen (→ Palm).

Palmkohl, ⊕ **1)** auch **Ital. Kohl,** bis 2 m hohe Zier- und Nahrungspflanze. **2)** trop. Gemüse aus den Endknospen einiger Palmen.

Palmlili|e, Yucca, Yukka, Gatt. der Agavengewächse in den südl. USA und in Mittelamerika. Die Arten **Yucca filamentosa** und **Yucca gloriosa** sind häufige Zierpflanzen.

Palmnicken, russ. **Jantarnyj,** Fischerdorf und Ostseebad an der Samlandküste, Ostpreußen, im Gebiet Kaliningrad, etwa 8500 Ew.; Bernsteinbergbau.

Palmen: 1 Blätter; **a** lang und gefiedert, **b** fächerförmig. **2** Ölpalme; **a** Fruchtstand, **b** einzelne Frucht. **3** Kokospalme; **a** geöffnete Kokosnuß, **b** geöffneter Kern der Kokosnuß, **c** junge Pflanze, die ihre Nährstoffe noch aus der Frucht bezieht. **4** Sagopalme; **a** Frucht. **5** Dattelpalme; **a** Fruchtstand, **b** einzelne Früchte, **c** getrocknete Frucht, **d** herausgelöste Samen. **6** Königspalme. **7** Zwergpalme; **a** Fruchtstand. **8** Doompalme

Palm|öl, Palmfett, Fett aus dem Fruchtfleisch der Ölpalme, riecht nach Veilchen; Verwendung zur Herstellung von Seifen, Kerzen, Speisefett, in Pharmazie und Kosmetik.

Palmesel von Hans Multscher, Mitte 15. Jh. (Ulm, Museum)

Palmsonntag, lat. **dies palmarum** [›Tag der Palmen‹], danach volkstümlich in den evang. Kirchen **Palmarum,** der Sonntag vor Ostern, kirchl. Festtag, benannt nach dem Palmenstreuen beim Einzug Christi in Jerusalem. In der Kath. Kirche findet am P. die Palmweihe (→Palm) und die Palmprozession statt; in den evang. Kirchen ist der P. vielfach Konfirmationstag.

Palmwedel, das Blatt der Palmen, auch der Palmfarne.

Palmwein, alkohol. Getränk aus dem Saft zuckerhaltiger Teile verschiedener Palmenarten.

Palmyra: Blick in die Säulenstraße durch den dreitorigen Durchgangsbogen

Palmyra, arab. **Tudmur,** Oasenstadt im N der syr. Wüste; alte Handelsstadt (aramäisch **Tadmor)** zw. Damaskus und dem mittleren Euphrat, in der Landschaft Palmyrene. Hier gründete der Stadtfürst Odaenathus um 260 n. Chr. das **Palmyren. Reich,** das unter seiner Witwe Zenobia bis nach Kleinasien und Ägypten reichte; nach kurzer Blüte wurde es mit P. von Aurelian 273 zerstört; Fundort von Inschriften in aramäischer (›palmyren.‹) Mundart.

Palmyrapalme, eine Fächerpalme, →Borassus.

Palmzucker, aus eingedicktem Palmensaft gewonnener Zukker südl. Länder, bes. von der Zucker- und Kokospalme.

Palolowurm [polynes.], Ringelwurm der Südsee, dessen Hinterende, das die Geschlechtsprodukte enthält, sich ablöst und selbständig im Meer bewegt. Dieses ›Schwärmen‹ tritt im Oktober und November ein.

Palomar, Mount P. [maʊnt pˈæləmɑː], 1871 m hoher Berg des Küstengebirges S-Kaliforniens, USA, zw. Los Angeles und San Diego. Die von G. E. Hale gegr. Sternwarte auf dem Mount P. mit einem der größten Spiegelteleskope (5 m Durchmesser), dem **Hale-Teleskop** [heɪl-], ist mit der Sternwarte auf dem Mount Wilson zum **Hale-Observatorium** vereinigt.

Palos de la Frontera, Stadt in der span. Prov. Huelva, von deren Hafen (heute verlandet) Kolumbus am 3. 8. 1492 seine erste Entdeckungsreise antrat.

Palpation [lat.] *die, -/-en,* ⚕ das Betasten als ärztl. Untersuchungsmethode. *Vb. ich* **palpiere** *ihn.* **palpabel,** tastbar.

Palpen [lat.], *Sg. der* **Palpus,** -, 🐈 **1)** bei Vielborstern und Gliederfüßern Tastanhänge des Kopfes. **2)** bei Gliederfüßern die die Sinneshaare tragenden Anhänge der Mundgliedmaßen.

Palstek [nd.], **Pahlstek,** ⚓ ein seemänn. Knoten.

Palucca, Gret, Tänzerin, * München 8. 1. 1902, Schülerin von M. Wigman, Meisterin des Ausdruckstanzes; gründete 1924 in Dresden die P.-Schule.

Paludan-Müller, Frederik, dän. Dichter, * Kerteminde (Fünen) 7. 2. 1809, † Kopenhagen 28. 12. 1876. Sein Werk, Ideendichtung von großer Formschönheit, steht zw. Romantik und Realismus. Sein iron., in Stanzen geschriebener Erziehungs- und Weltanschauungsroman ›Adam Homo‹ (1841–48) gibt ein pessimist. Zeitbild des Durchschnittsbürgers.

Palynologie [grch.], Wiss. von den Pollenkörnern und Sporen, neuerdings z. T. auch von anderen Mikrofossilien.

Pamir [türk. ›kalte Steppenweide‹] *der,* **Dach der Welt,** Hochland in Zentralasien, Knoten großer Gebirgssysteme: Tienshan, Alaigebirge, Transalai, Kun-lun, Karakorum und Hindukusch. Das innere Hochland ist in breite Becken (Pamire) aufgelöst, die tief mit Schutt gefüllt sind (Talsohlen 3500–4000 m ü. M.). Das Innere des P. ist eine Hochwüste mit sehr trockenem Höhenklima. In den großen Randtälern leben nomad. Volksstämme (Tadschiken, Kirgisen, Glatscha); Wanderviehzucht auf kargen Hochweiden. P. gehört zum größten Teil zur Sowjetrep. Tadschikistan. Die alte **Pamirstraße** (von Osch über den Alai und Transalai) ist für Kraftwagen ausgebaut.

Pampa [Ketschua ›Ebene‹] *die, -/-s, meist Pl.,* Landschaft in Argentinien, erstreckt sich etwa von 30 bis 39° s. Br., vom unteren Paraná bis zum Rande der Kordilleren; urspr. baum- und strauchlose Grasebene, heute wirtschaftl. Kernlandschaft Argentiniens (Weizen, Mais, Leinsaat; Rinderzucht, im S und W Schafzucht).

Pampasgras, Cortaderia selloana, bis 3 m hohe Grasart S-Brasiliens und Argentiniens; wegen der silberweißen, häufig rosenrot überlaufenen, langen Rispen (Silbergras) Schmuckpflanze.

Pampas|hasen, Maras *Pl.,* Unterfam. der Meerschweinchen, hasenartige Nagetiere der Steppen Argentiniens mit langen, dünnen Beinen und langen Ohren.

Pampas|hirsch, der →Sprossenhirsch.

Pampas-Indianer, Indianer in Argentinien, bes. die zu den →Araukanern gehörenden Pehuenche, die heute stark von einer anderen Araukaner-Gruppe, den Mapuche, überfremdet sind.

Pampas|strauße, die →Nandus.

Pampelmuse [niederländ.] *die, -/-n,* **Citrus maxima,** zitronengelbe, säuerlich-bittere Citrusfrucht im trop. Asien.

Pamphlet *das, -(e)s/-e,* Schmähschrift, Kampfschrift; das Wort geht wahrscheinlich auf den Titel ›Pamphilus‹ einer mittellat. Liebesdichtung zurück. *der* **Pamphletist,** *-en/-en,* Verfasser eines Pamphlets.

Pamphyli|en, antike Landschaft im südl. Kleinasien, zw. Antalya und Alanya. Die **Pamphyli|er** waren gemischt aus zugewanderten Griechen und einer einheimisch-kleinasiat. Schicht.

Pampine Sierren, Antikordilleren [-diʎˈe-], langgestreckte Schollengebirge im W Argentiniens zw. den Kordilleren und dem Brasilian. Bergland; die größte ist die **Sierra de Córdoba.**

Pamplona, bask. **Iruña** [irˈuɲa], Hptst. der span. Prov. Navarra, im Baskenland, (1981) 177900 Ew.; Erzbischofssitz; Musik-, Kunstschule, Archiv, Bibliotheken, Museen; Handel mit

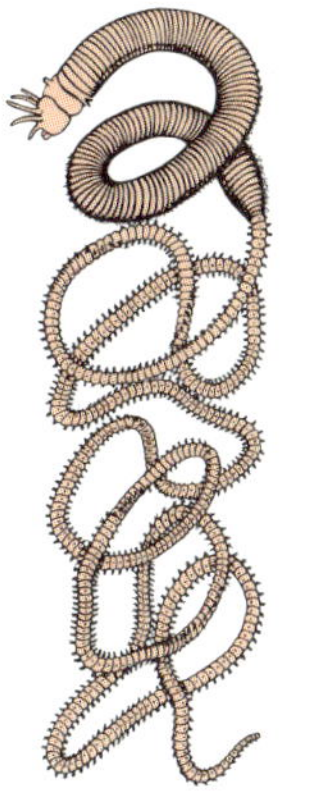

Palolowurm

Gret Palucca

Pampashasen: Großer Mara

Pampa in der Provinz Buenos Aires, Argentinien

landwirtschaftl. Erzeugnissen; Textil-, Kali-, Nahrungsmittel- u. a. Ind. – P. wurde von Pompeius 70 v. Chr. als **Pompaelo** gegr. Im 5. Jh. westgotisch, später arabisch, wurde es Anf. des 10. Jh. Hptst. des Kgr. Navarra, mit dem es 1512 an Kastilien fiel.

Pamukkale, Ort in der Türkei, das antike → Hierapolis.

pan... [grch.], ganz..., all...

Pan [poln.] *der, -(s)/-s,* Herr.

Pan, grch. Mythos: aus Arkadien stammender Hirtengott mit weitverbreitetem Kult, dargestellt mit halbtierischem Kopf, meist bis auf die Bocksbeine, -hörner und -ohren vermenschlicht; von den Römern dem Faun gleichgesetzt. P. galt als Erfinder der Syrinx **(Panflöte)** und Urheber plötzl. und unerklärl. (panischer) Schrekken. P. gesellte sich lüstern und verspielt den Nymphen zu, schloß sich auch dem Gefolge des Dionysos an.

Panade [frz.] *die, -/-n,* Semmel- oder Mehlbrei zum Binden feiner Farcen sowie zum → Panieren von Fleisch oder Fisch.

Pan-African Congress [pæn'æfrıkən k'ɔŋgrəs], Abk. **PAC,** polit. Partei in Südafrika, spaltete sich unter R. M. Sobukwe 1959 vom → African National Congress ab; vertritt einen militanten schwarzafrikan. Nationalismus; seit blutigen Demonstrationen 1960 verboten.

Panafrika-Bewegung, Pan|afrikanismus *der, -,* seit etwa 1900 (1. Panafrikan. Konferenz in London) kulturelle und polit. Bestrebungen, Gemeinsamkeiten zw. allen Menschen schwarzer Hautfarbe hervorzuheben, diese Menschen politisch zu organisieren und gegen ihre Diskriminierung zu protestieren. Nach dem 1. Weltkrieg wurde W. E. B. → Du Bois eine Zentralfigur der panafrikan. Bewegung. Er organisierte 4 Panafrikan. Kongresse (1919 in Paris, im Zusammenhang mit den Friedenskonferenzen, 1921 in London/Brüssel/Paris, 1923 in London/Lissabon, 1927 in New York), die maßgeblich von den Afroamerikanern bestimmt wurden. Nach dem 2. Weltkrieg (5. Panafrikan. Kongreß in Manchester, 1945) verlagerte sich der Schwerpunkt der P.-B. in die einzelnen afrikan. Länder. Ein gesamtafrikan. Bundesstaat wurde nicht geschaffen, da die unabhängig gewordenen afrikan. Staaten auf Wahrung ihrer Souveränität bedacht waren. 1963 wurde die → Organisation für die Einheit Afrikas gegründet. Auf dem 6. Panafrikan. Kongreß (Daressalam, 1974) wurde der Versuch unternommen, die Tradition der Zusammenarbeit von Afrikanern und Afro-Amerikanern neu zu beleben.

Panama

Panaitios, grch. Philosoph aus Rhodos im 2. Jh. v. Chr., war Leiter der stoischen Schule in Athen. Er prägte den Begriff der Humanität.

Panaji [p'ænædʒı], früher **Panjim** [pænʒ'i:m], Hafen und Hauptstadt des ind. Territoriums Goa, Daman und Diu, (1971) 35000 Ew.; kath. Erzbischofssitz.

Panama *der, -s/-s,* Gewebe in P.-Bindung, einer Abart der Leinwandbindung, bei der sich Kett- und Schußfäden würfelförmig kreuzen.

Panama, amtl. **República de Panamá,** Republik in Zentralamerika, 77082 km² (ohne Kanalzone), (1982) 2,04 Mio. Ew. Hauptstadt: Panama; Amtssprache: Spanisch. Währungseinheit: 1 Balboa (B/.) = 100 Centésimos (c, cts). *Adj.* **panamaisch.** *der* **Panamaer,** *-s/-.* (KARTE XII/XIII, n. S. 320)

Staat. Nach der Verf. von 1972 steht ein von der Nationalversammlung auf 6 Jahre gewählter Präs. an der Spitze des Staates. Die Nationalversammlung wird alle 6 Jahre gewählt, tagt aber nur einmal im Jahr und wird in der Zwischenzeit von einem legislativen Rat vertreten. Das Staatsgebiet ist in 9 Prov. eingeteilt. – Das Recht nach span. Vorbild wurde 1917 kodifiziert. – Streitkräfte. P. besitzt im wesentlichen nur eine Polizeitruppe (Nationalgarde) von 9500 Mann.

Panamakanal am Gaillard Cut

Landesnatur. P. umfaßt die gebirgige, meist mit trop. Wäldern bedeckte Landbrücke zw. Kolumbien und Costa Rica, die an der schmalsten Stelle 55 km breit ist.

Die Bevölkerung besteht vorwiegend aus Mestizen (rd. 60%), in den Küstengebieten leben bes. Neger und Mulatten (20%), daneben Weiße, Indianer, Asiaten. – Bildung. Allg. Schulpflicht vom 7.–15. Lebensjahr, unentgeltl. Unterricht. Der Alphabetisierungsgrad auf dem Land betrug (1981) nach offiziellen Angaben 57%, in der Stadt 91%. Staatsuniv. (1935) und kath. Univ. (1965) in Panama. – Religion. Die überwiegende Mehrheit der Bev. ist kath. (85%), 4,7% evang., 4,5% Muslime (ind. und arab. Händler).

Wirtschaft, Verkehr. P. hat sich zu einem bed. internat. Finanz- und Bankenzentrum Lateinamerikas entwickelt, daher spielt der Dienstleistungssektor eine große Rolle (Anteil von über 50% am BIP). Wichtige Einnahmequelle ist der → Panamakanal. – Die Landwirtschaft trägt zwar nur 10% zum BIP bei, beschäftigt aber mehr als ¹/₄ der Erwerbstätigen. Nur 23% der Gesamtfläche werden landwirtschaftlich genutzt, davon 26% als Ackerland. Wichtigste Erzeugnisse für die Ausfuhr sind Bananen, Zuckerrohr, Kaffee und Kakao, für den Eigenbedarf v. a. Reis, Mais, Bohnen und Tabak. Rd. 15% der Landesfläche sind Weiden; v. a. in den Savannen des westl. Bereichs der pazif. Seite werden Rinder gehalten. Rd. 54% der Landesfläche sind von Wald bedeckt; mangelnde Verkehrserschließung erschwert die Nutzung. Bed. für den Export ist die Fischerei. Die Bodenschätze sind noch nicht erschlossen. Es gibt Vorkommen von Bauxit, Antimon, Kalkstein, Eisen, Molybdän, Nickel, Zinn, Kaolin, Wolfram, Zink; vorbereitet wird die Nutzung der Kupfervorkommen von Cerro Colorado. Die Industrie, v. a. Kleinbetriebe, stellt bes. Nahrungsmittel, Getränke und Gebrauchsgüter her. Wichtig für die Ausfuhr ist die Erdölraffinerie bei Colón. Bed. Fremdenverkehr. – Von den rd. 8700 km Straßen haben 33% eine feste Decke. Die ›Carretera Panamericana‹, die auf einer Brücke seit 1961 den Panamakanal quert, endet 100 km östlich der Hauptstadt. Eine Eisenbahnlinie (77 km) quert den Isthmus entlang des Kanals zw. Balboa und Colón, das einer der wichtigsten Karibikhäfen, seine Freihandelszone einer der bedeutendsten internat. Handelsplätze ist. Die Handelsflotte umfaßt 3747 Schiffe mit 32,6 Mio. BRT (überwiegend → billige Flaggen). P. hat 3 Luftfahrt-Ges.; internat. Flughafen: Tocumen (26 km von der Hauptstadt entfernt).

Geschichte. Die atlant. Küste wurde 1502 von J. de la Cosa und R. de Bastidas entdeckt. 1510 gründeten die Spanier bei Veragua ihre ersten Siedlungen auf dem amerikan. Festland. 1513 überquerte V. Núñez de Balboa die Landenge. 1821 erklärte P. seine Unabhängigkeit von Spanien, um sich Großkolumbien anzuschließen. Im 20. Jh. führte der Bau des P.-Kanals durch ein nordamerikan. Unternehmen zur Selbständigkeitserklärung unter dem Schutz der USA (6. 11. 1903). Mitte der 1930er Jahre erwachte in P. ein gegen die USA gerichteter Nationalismus. Diese lockerten den Vertrag, behielten sich jedoch weiterhin die Verteidigung des Kanals für den Kriegsfall vor. Seit den 1950er Jahren häuften sich die antiamerikan. Ausschreitungen. In der 2. Hälfte 1977 kam es zu einer Einigung über einen neuen Vertrag. Wichtigste Punkte: Der Kanalvertrag und die Kanalzone gehen bis zum Jahr 2000 von den USA an P. über; mit Inkrafttreten des Vertrags übernimmt P. die Rechtsprechung in der Zone; die USA behalten das Recht und die Einrichtung, um den Kanal bei Kriegsgefahr zu verteidigen und auch nach der Übergabe militärisch eingreifen zu können. Beherrschende polit. Figur bes. in den 1970er Jahren war Gen. O. Torrijo Herrara (* 1929, † 1981). 1983 stimmte die Bev. einer neuen Verf. zu. Präs. ist seit 1984 N. Ardito Barletta.

Panama, span. **Ciudad de Panamá** [siuð'að ðe-], Hptst. und wichtigster Hafen der Rep. P., (1980) 388600 Ew., an der pazif. Seite der Landenge von P., 7 km vom Eingang des Panamakanals entfernt; Erzbischofssitz; Kulturzentrum, 2 Univ.; Kathedrale (1796 geweiht). – P. wurde 1519 von den Spaniern gegr.

Panamahut, breitkrempiger, elast. Hut, der aus Blättern der Panamapalme (→ Kolbenpalme) hergestellt wird, nach dem Ausfuhrhafen Guayaquil in Ecuador (dort liefern die Palmen die besten Fasern) auch **Guayaquilhut** [-k'il-] genannt.

Panamakanal, Seekanal, der die Landenge von Panama durchschneidet und den Atlant. mit dem Pazif. Ozean verbindet. Der P. ist 81,6 km lang (Durchfahrtszeit 7 bis 8 Stunden), 90–300 m breit und hat eine Mindesttiefe von 12,4 m. Von den Häfen Cristóbal und Colón (Atlantikseite) führt er zu der dreistufigen Doppelschleusenanlage von Gatun, in der die Schiffe um 26 m gehoben werden. Er fließt dann durch den künstlich aufgestauten Gatunsee und den Gaillard Cut, durch den der P. die bis 82 m hohe Wasserscheide zw. den beiden Ozeanen überwindet. Am Ende des Durchstichs führt eine Doppelschleuse zum Stausee von Miraflores hinab, von dem die Schiffe in 2 weiteren Doppelschleusen in den

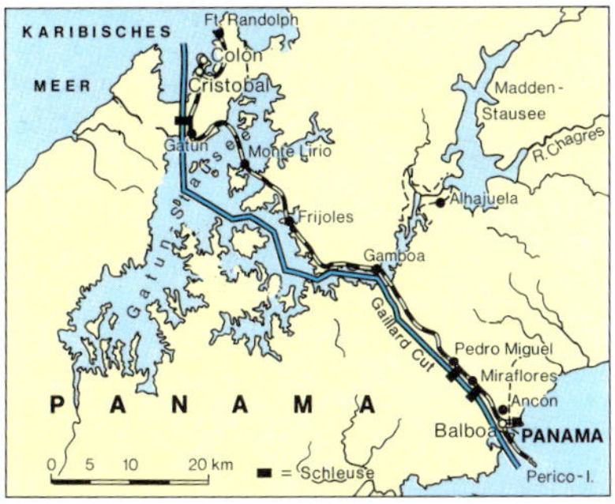

Panamakanal

pazif. Auslaufkanal und zu der Hafenstadt Balboa gelangen. Seit 1961 verbindet eine Hochbrücke bei Balboa die durch den P. getrennten Teile Panamas. – Der P. verkürzt den Seeweg New York–Yokohama um 7000 Seemeilen.

Geschichte. Eine frz. Gesellschaft unter Führung von F. de Lesseps begann 1879–81 den Bau des P., doch mußte die Gesellschaft 1889 den Bankrott ansagen; die innenpolit. Folge in Frankreich war der Panamaskandal von 1892 bis 1894, in dem viele Politiker der Bestechung beschuldigt wurden. 1901 sicherten sich die USA das Recht auf den Kanalbau und veranlaßten 1903 die Bildung eines Freistaats Panama, der ihnen die Kanalzone abtrat. Unter Leitung des Ingenieurs G. W. Goethals wurde nun der Bau 1906 begonnen und am 15. 8. 1914 der P. eröffnet. 1977 unterzeichneten Panama und die USA 2 Verträge (1979 in modifizierter Form in Kraft getreten) über eine Verwaltungsneuordnung. Waren die USA bisher alleiniger Verwalter von Kanal und Kanalzone, so werden diese nun bis zum 31. 12. 1999 von Panama und den USA gemeinsam, danach von Panama allein verwaltet.

Panamerican Highway [pænəm'erıkən h'aıweı, engl.], **Inter-American Highway** ['ıntə-], in Lateinamerika **Carretera Panamericana,** in Zentralamerika und Mexiko auch **Carretera Interamericana,** durchgehendes transkontinentales Straßensystem Amerikas. I. w. S. beginnt es in Fairbanks (Kanada) und schließt die Alaskastraße und Strecken des Interstate and Defense Highway Systems der USA ein. Der P. H. i. e. S. führt von der Grenze Mexikos nach S bis Puerto Montt (Chile). Der Hauptstrang verläuft an der W-Seite des Kontinents, Abzweigungen nach vielen größeren Städten. Zw. Panama und Kolumbien besteht noch eine Lücke (80 km).

Pan American World Airways, Inc. [pænəm'erıkən wə:ld 'εəweız-], Abk. **Pan Am,** nordamerikan. Luftverkehrs-Ges.; übernahm 1980 die ›National Airlines Inc.‹. (ÜBERSICHT Luftverkehrsgesellschaften)

Pan|amerikanische Bewegung, die Zusammenarbeit der Staaten Amerikas zur freien Entwicklung gemeinsamer polit. und wirtschaftl. Interessen. Aus der 1. Konferenz (Washington 1889) ging 1890 die ›Panamerikan. Union‹ (Sitz: Washington) hervor. Auf der 9. Konferenz (Bogotá 1948) entstand die → Organisation der Amerikanischen Staaten.

Pan|arabische Bewegung, Bestrebungen, die Araber zu gemeinsamem polit. Handeln und kultureller Zusammenarbeit zu bewegen; seit etwa 1880 entstanden als Folge des Eindringens der europ. Kolonialmächte in die von Arabern bewohnten Gebiete. Aus der P. B. ging 1945 die Gründung der → Arabischen Liga hervor. Der Kampf gegen Israel gab der P. B. eine neue Richtung.

Panaritium [lat.] *das, -s/...ti|en,* ⚕ → Fingerentzündung.

Panaschee [frz.] *das, -s/-s,* buntgestreiftes Speiseeis. *ich* **panaschiere,** 1) *es,* mustere streifig. 2) Verhältniswahl: stelle auf dem Stimmzettel Kandidaten aus versch. Parteien zusammen.

Panaschierung [frz.] *die, -,* **Buntblättrigkeit, Buntfleckigkeit,** ⊕ weiße Fleckung des Laubs durch fehlendes Blattgrün (→ Bleichsucht).

Pan|athenäen *Pl.,* das im antiken Athen seit Peisistratos alle 4 Jahre im Hochsommer gefeierte Hauptfest der Athene, mit Prozession, Opfermahl und Wettkämpfen.

Panax, Araliengewächs-Gatt., zu der u. a. → Ginseng gehört.

Panay, Insel der Philippinen, 11785 km², etwa 2 Mio. Ew.; Reis-, Tabak- und Zuckerrohranbau; Erze. Haupthafen: Iloilo.

Pancatantra [altind. ›Lehre in fünf Büchern‹], **Pantschatantra** *das, -,* die bekannteste, in vielen Fassungen überlieferte altind. Samml. von Fabeln, Erz. und Sprüchen, die in einprägsamer Weise die wichtigsten Regeln der Staatskunst und Weltklugheit lehrt.

Pančevo [p'a:ntʃεvɔ], dt. **Pantschowa,** Stadt in Jugoslawien, (1981) 70300 Ew., nordöstlich von Belgrad an der Donau; Handelsknotenpunkt, Erdölraffinerie, chem., Glas-, Flugzeug-, Lebensmittelind., Kunstdüngerfabrik, Baumwollweberei; mit Belgrad durch eine Brücke verbunden.

Panchayat [pʌntʃ'aıət], **Pantschajat** [ind. ›Fünferrat‹] *das, -,* das ausführende Organ der ländl. Selbstverwaltung in Indien, zuständig für Straßen, Brücken, öffentl. Gebäude, Schulwesen u. a. Mehrere Dörfer unterstehen einem Dorfgericht.

Pan-chen Rin-po-che [-tʃen --tʃe, tibet. ›Großes Gelehrtenjuwel‹], **Pantschen-Lama,** der Titel des neben dem Dalai Lama höchsten geistlichen Würdenträgers des → Lamaismus.

Pancho Villa [p'antʃo v'iʎa, span.], → Villa.

panchromatisch [grch.] ist ein Material, das für alle Farben empfindlich ist (photograph. Papiere, Filme, Platten).

Panda *der, -s/-,* Bez. von Arten der → Kleinbären. **1) Großer P.** oder **Bambusbär. 2) Kleiner P.** oder **Katzenbär.**

Pandämonium [aus grch.] *das, -s,* Versammlung(sort) aller bösen Geister, Hölle.

Pandang [malaiisch] *der, -s,* **Schraubenbaum, Schraubenpalme, Pandanus,** Gatt. der einkeimblättrigen Fam. Pandanggewächse **(Pandanaceae);** Bäume und Sträucher in Afrika, SO-Asien bis Australien und auf den Pazif. Inseln; liefern Fasern und Obst.

Pandekten [grch. ›alles enthaltend‹] *Pl.,* **Digesten** [lat.], die Sammlung des alten Juristenrechts Corpus iuris civilis (→ Corpus iuris). Im neuzeitl. Sprachgebrauch ist **Pandektenrecht** ein auf der Grundlage der P. erwachsenes modernes Rechtssystem.

Pandemie [grch.] *die, -/...m'i|en,* ⚕ über ganze Länder oder Erdteile sich ausbreitende → Epidemie, z. B. die Seuchenzüge der Pest, heute der Grippe. *Adj.* **pandemisch.**

Panda 1): Großer P. (Bambusbär)

Pandharpur, Stadt in Indien, an der Bhima, mit einem Vishnutempel, stark besuchter Wallfahrtsort des Deccan.

Pandit [Sanskrit ›klug‹, ›gelehrt‹], engl. **Pundit** [p'ʌndıt], Titel brahman. Gelehrter.

Pandit, Vijaya Lakshmi, ind. Politikerin, * Allahabad 18. 8. 1900, Schwester J. Nehrus, in der ind. Unabhängigkeitsbewegung tätig, war u. a. Vertreterin Indiens bei den Vereinten Nationen (1946–51, 1963), 1947–49 Botschafterin in Moskau und 1949–51 in Washington.

Lakshmi Pandit

Pandora [grch. ›Allgebende‹], **1)** grch. Mythos: eigtl. wohl eine Erdgöttin; nach Hesiod die verführerische Frau, die Zeus aus Zorn über den Feuerraub des Prometheus zum Unheil der Menschen von Hephaistos schaffen ließ. Zeus gab ihr ein Gefäß, die **Büchse der P.,** in der unter versch. Gaben auch Übel eingeschlossen waren, und schickte P. zu Epimetheus. Als P. die Büchse öffnete, flogen auch die Übel heraus und verbreiteten sich über die ganze Erde, nur die Hoffnung blieb darin. – Dichtungen von Herder (›Entfesselter Prometheus‹, 1802), Goethe (›P.s Wiederkunft‹, 1808), C. Spitteler (›Prometheus und Epimetheus‹, 1880/81). **2)** ♪ Zupfinstrument mit 6–7 Saitenchören, im 16./17. Jh. Generalbaßinstrument.

Pandschab [Hindi ›Fünfstromland‹], engl. **Punjab** [p'ʌndʒa:b], **1)** *der* oder *das,* Landschaft in Vorderindien, gebildet aus der Stromebene der 5 linksseitigen Zuflüsse des Indus: Jhelum, Chenab, Ravi, Beas, Sutlej. Der P. hat Binnenklima mit großen Temperaturgegensätzen. Durch ein Netz von Kanälen und Stauwerken wurde das steppenhafte Land zu einem der bedeutendsten Bewässerungsgebiete der Erde umgestaltet und ist das beste Weizen- und Baumwollgebiet Vorderindiens. – Der P. ist das älteste Kulturland Indiens (Induskultur um 3000 v. Chr.) und früheste indische Heimat der ersten arischen Siedler (2000 bis 1500 v. Chr.). Seit Alexander d. Gr. wurde es immer erste Beute aller von NW kommenden Eroberer. Im 16. Jh. entstand hier das Reich der → Sikh, das 1849 britisch wurde. 1947 wurde der P. zw. der Rep. Indien und Pakistan geteilt. **2)** Staat in → Indien (ÜBERSICHT). **2)** Provinz in Pakistan, 205345 km², (1981) 47,12 Mio. Ew.; Hptst.: Lahore.

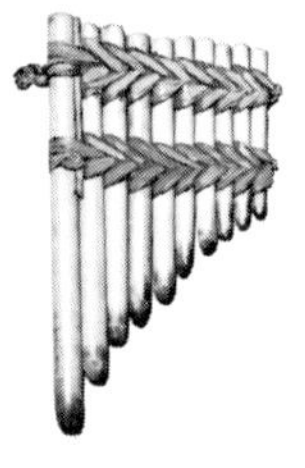

Panflöte

Otto Pankok: Selbstporträt; Holzschnitt, 1948

Pandschabi, neuind. Sprache, gesprochen auf beiden Seiten der Grenze zw. Indien und W-Pakistan.

Panduren [ungar.], *Sg. der* **Pandur,** *-en,* im 17./18. Jh. eine in Südungarn aufgestellte Truppe der österr. Armee, bes. im Kleinkrieg bewährt. 1741 errichtete Frhr. v. d. Trenck ein P.-Korps.

Paneel [niederländ.] *das, -s/-e,* vertieftes Feld in einer Holztäfelung; gesamte Wandbekleidung. **paneeliert,** getäfelt.

Pan|egyrikus [grch.] *der, -/... ken,* eigtl. ein Vortrag, der in einer (relig.) Festversammlung der alten Griechen, der **Pan|egyris,** gehalten wurde, dann allg. Lobrede. *Adj.* **pan|egyrisch.**

Panel [pænl, engl.] *das, -s/-s,* **1)** urspr. die Namensliste der zu ladenden Mitglieder eines Geschworenengerichts, dann auch diese Gruppe selbst. **2)** jede für eine best. Aufgabe ausgewählte Gruppe (z. B. zur Urteilsabgabe bei Warentests). **3)** Empir. Sozialforschung: Erhebungsmethode, bei der eine in ihrer Zusammensetzung stets gleichbleibende Personengruppe in regelmäßigen Zeitabständen befragt wird. Das P. dient der Feststellung von Meinungs-, Entscheidungs- und Verhaltensänderungen.

Panem et circenses [lat. ›Brot und Zirkusspiele‹], Zitat aus Juvenals Satiren 10, 81, nach dem das röm. Volk in der Kaiserzeit Ernährung und Vergnügen ohne Arbeit verlangt habe.

Pan|entheismus [grch.] *der, -,* die ›All-in-Gott-Lehre‹ von K. C. F. → Krause, nach der Gott und die Welt (Natur) eine Einheit bilden, jedoch nicht identisch sind wie im → Pantheismus. Der Ausdruck wird auch auf die religiösen Anschauungen anderer Philosophen (Plotin, Schelling) und Goethes angewendet.

Paneth, Friedrich Adolf, österr. Chemiker, * Wien 31. 8. 1887, † Mainz 17. 9. 1958, seit 1953 Direktor des Max-Planck-Instituts für Chemie in Mainz, arbeitete bes. über Radiochemie sowie deren Anwendung für Altersbestimmungen, entwickelte Methoden zur quantitativen Bestimmung kleinster Edelgasmengen.

Pan|europa-Bewegung, 1923 von Graf → Coudenhove-Kalergi begr. Bewegung mit dem Ziel des Zusammenschlusses der europ. Staaten (→ Europäische Einigungsbewegung). Präs. der **Paneuropa-Union** ist seit 1973 Otto (von) Habsburg-Lothringen.

Panfjorow, Fjodor Iwanowitsch, russ. Schriftst., * Pawlowka (Gouv. Simbirsk) 2. 10. 1896, † Moskau 10. 9. 1960. Sein Roman ›Bruski‹ (4 Bde., 1928–37) wurde zunächst als Vorbild eines Kollektivierungsromans und des Sozialist. Realismus gepriesen, dann aber von M. Gorkij scharf kritisiert.

Panflöte [n. dem grch. Hirtengott Pan], **Panpfeife, Syrinx,** die fast überall verbreitete Hirtenflöte der Antike aus mehreren verschieden langen Längsflöten (aus Rohr oder Bambus).

Pan|germanismus *der, -,* **1)** Schlagwort für ein angeblich gemeinsames Stammesbewußtsein aller Völker german. Herkunft. **2)** Bestrebungen nach Vereinigung aller Deutschsprechenden in einem Staat.

Pangolins [malaiisch ›pangoling‹] *Pl.,* die → Schuppentiere.

Pangwe, afrikan. Volk, → Fang.

Panier [frz. bannière ›Heerfahne‹] *das, -s/-e,* → Banner.

panieren [frz., von lat. panis ›Brot‹]. *ich paniere es,* wende Bratenstücke in geschlagenem Ei, Mehl oder geriebener Semmel (Panade), um die Krustenbildung zu fördern.

Panik [n. dem grch. Hirtengott Pan] *die, -/-en,* angstvolle, ›kopflose‹ Erregung, die bei plötzlich unerwartet hereinbrechender Gefahr (sei sie nun tatsächlich oder nur vermeintlich vorhanden) bei Einzelnen oder einer Gruppe auftritt. Charakteristisch sind ziellose Fluchtreaktionen bei lahmgelegter rationaler Kontrolle. Formen von P. gibt es auch bei Tieren.

Pan|islamische Bewegung, Pan|islamismus *der, -,* abendländ. Bez. für das Streben der islam. Welt nach Überwindung ihrer polit. Zersplitterung. Bemühungen einer Wiederherstellung des 1924 abgeschafften Kalifats scheiterten. Nach dem 2. Weltkrieg wurde Pakistan Zentrum einer P. B., in den 70er Jahren gewann die Islamische Konferenz größere Bedeutung.

Panizza, Oskar, Schriftst., * Bad Kissingen 12. 11. 1853, † Bayreuth 30. 9. 1921; zeitkrit. Pamphlete und Satiren (›Das Liebeskonzil‹, 1895, u. a.).

Panje [poln. pan ›Herr‹] *der, -s/-s,* scherzhaft für: poln. und russ. Bauer. **Panjepferd,** kleines russ. Pferd.

Panjim [pænʒ'i:m], früherer Name der ind. Stadt → Panaji.

Panke *die,* rechter Nebenfluß der Spree, mündet in Berlin.

Pankhurst [p'æŋkhə:st], Emmeline, geb. **Goulden** [g'u:ldən], brit. Frauenrechtlerin, * Manchester 14. 7. 1858, † London 14. 6. 1928, gründete 1903 die ›Women's Social and Political Union‹, die bis 1914 den radikalsten Flügel der Frauenwahlrechtsbewegung bildete (Suffragetten).

Pankok, 1) Bernhard, Architekt und Maler, * Münster (Westf.) 16. 5. 1872, † Baierbrunn (Oberbayern) 5. 4. 1943, tätig in München und Stuttgart, wo er die Kunstgewerbeschule leitete, schuf in phantasievoll-ornamentalen Jugendstilformen Innendekorationen und Entwürfe für das Kunsthandwerk; Porträts.

2) Otto, Maler, Graphiker, Bildhauer, * Mülheim (Ruhr) 6. 6. 1893, † Wesel 20. 10. 1966, widmete sich bes. sozialkritischen Themen in expressionistischem Stil.

Pankow [-ko], 19. VerwBez. der Stadt Berlin (Ost), (1982) 139 700 Ew., von der Panke durchflossen, an der die Schloßparks von Buch und Niederschönhausen und der P.er Bürgerpark liegen. Zu P. gehören Blankenburg, Blankenfelde, Buch, Buchholz, Heinersdorf, Karow, Niederschönhausen, Rosenthal. P. ist Sitz versch. Regierungsstellen der Dt. Dem. Rep. und wissenschaftl. Einrichtungen. – P. war, bes. in den Jahren nach dem 2. Weltkrieg, auch schlagwortartige Bez. für die Reg. der Dt. Dem. Rep.

Pankration [grch. ›Allkampf‹] *das, -s/-s,* in der altgrch. Athletik eine Mischung aus Faust- und Ringkampf, bei dem alle Mittel, den Gegner kampfunfähig zu machen, erlaubt waren.

pankratisches System, abbildendes opt. System, dessen Brennweite durch Verschieben von Linsen oder Linsengruppen stetig verändert werden kann. P. S. werden z. B. als photograph. Objektive (→ Varioobjektiv) verwendet.

Pankratius, Pankraz, einer der Eisheiligen und der 14 Nothelfer, wurde nach der Legende mit 14 Jahren (304?) in Rom enthauptet. Tag: 12. 5.

Pankreas [grch.] *das, -/... kre'aten,* die → Bauchspeicheldrüse.

Pankreasfibrose [grch.-lat.], **zystische P.,** → Mukoviszidose.

Pankreatin [grch.] *das, -s,* Bez. für Pankreasgewebe, das als Enzymquelle für Laborversuche und in der pharmazeut. Ind. zur Herstellung von Enzympräparaten dient.

Pankreatitis [grch.] *die, -/... t'iden,* Entzündung der Bauchspeicheldrüse. Die **akute P.** geht mit heftigen Krankheitserscheinungen (starke Schmerzen, Übelkeit, Erbrechen, Stuhlverhaltung, Kreislaufstörungen u. a.) einher. Die gefährlichste Form der P. ist die **akute Pankreasnekrose,** bei der es durch vorzeitige Aktivierung der Enzyme der Bauchspeicheldrüse zu einer Selbstverdauung des Organs kommt. Bei der **chronischen P.** treten oft in Schüben starke Schmerzen auf, daneben kommt es zu Verdauungsbeschwerden (Völlegefühl, Übelkeit, Erbrechen, Speisenunverträglichkeit, Blähungen u. a.); bindegewebige Entartung **(Fibrose)** der Bauchspeicheldrüse kann entstehen.

Behandlung: bei akuter P. Intensivtherapie im Krankenhaus, Schmerzmittel, Hemmung der Enzymsekretion (z. B. durch Atropin, totales Fasten), Antibiotika, ggf. Operation; bei chron. P. Diät (u. a. Alkoholverbot), Schmerzmittel, Enzympräparate, ggf. Operation.

Panlogismus [grch.] *der, -,* philosoph. Lehre, nach der die Vernunft als das eigentlich Wirkliche angesehen wird und die Welt als deren Verwirklichung. Ein P. ist z. B. der Idealismus von G. W. F. Hegel (›alles Wirkliche ist vernünftig‹).

Panmunjom [-dʒʌm], korean. Ort an der Demarkationslinie zw. Nord- und Süd-Korea, bei 38° n. Br.; im Korea-Krieg wurde hier am 27. 7. 1953 der Waffenstillstand abgeschlossen.

Panne [frz.] *die, -/-n,* **1)** Fahrzeugschaden: *Autopanne.* **2)** Betriebsstörung. **3)** U Fehler, Mißgeschick.

Pannekoek [-kuk], Antonie, holländ. Astronom, * Vaassen (Gelderland) 2. 1. 1873, † Amsterdam 28. 4. 1960. Arbeitsgebiete: Milchstraßensystem, Aufbau der Sternatmosphären.

Panniculitis [lat.] *die, -/... t'iden,* $ Form der → Fibrositis.

Pannonhalma [p'ɔnonhɔlmɔ], Benediktinerabtei in Ungarn, → Martinsberg.

Pannoni|en, lat. **Pannonia,** röm. Prov. zw. Ostalpen, Donau und Save; nach den illyr., z. T. keltisierten Pannoniern benannt, die von Tiberius 12–9 v. Chr. bekämpft und 6–9 n. Chr. nach Niederschlagung ihres Aufstandes der röm. Herrschaft unterworfen wurden. Gegen 400 n. Chr. wurde P. von den Hunnen, später von den Gepiden besetzt. Deren Reich wurde 567 von den Langobarden zerschlagen, die P. jedoch bei ihrem Abzug nach Italien 568 den Awaren überließen.

Pannwitz, Rudolf, Kulturphilosoph und Schriftsteller, * Crossen (Oder) 27. 5. 1881, † Astano bei Lugano 23. 3. 1969, gründete 1904 mit O. zur Linde die Literaturzeitschrift ›Charon‹. P. erstrebte einen neuen Humanismus im Geist von Dionysos und Apoll, eine Gesamterneuerung des europ. Menschen, seiner Kunst und Kultur; schrieb Essays, Lyrik, Epen, Dramen.

Panofsky, Erwin, Kunsthistoriker, * Hannover 30. 3. 1892, † Princeton (N. J.) 14. 3. 1968, ebd. Prof. seit 1935, schrieb: ›A. Dürer‹, 2 Bde. (1943), ›Grabplastik‹ (1964) u. a.

Pan|optikum [grch.] *das, -s/... ken,* Sammlung von Wachsfiguren; Schau von Kuriositäten.

Pan|orama [grch.] *das, -s/... men,* Rundsicht, Ausblick; auch dessen Darstellung in einem Rundblick.

Panowa, Wera Fjodorowna, russ. Schriftstellerin, * Rostow am Don 20. 3. 1905, † Leningrad 3. 3. 1973. Ihr Roman ›Jahreszeiten‹ (1953) war eines der HW der ›Tauwetterperiode‹ (→ russische Literatur); häufig behandeltes Thema ist die Welt des Kindes (›Serjoscha‹, 1955, u. a.).

Panpsychismus [grch.-lat.] *der, -,* (Ph) Allbeseelungslehre, die Annahme von seelischen Vorgängen in der gesamten, auch unbelebten Natur (Paracelsus, Fechner).

Pantheon in Rom

panschen, pantschen [Schallwort]. *ich* **pansche, pantsche,** U **1)** *es,* verfälsche mit Wasser (Wein, Milch). **2)** plansche im Wasser.

Pansen [lat.] *der, -s/-,* **1)** Magenteil der → Wiederkäuer. **2)** *nd.:* Magen.

Pansenstich, Stich in den Pansen eines Rinds mit einem Trokar zum Beseitigen einer Aufblähung.

Pansexualismus *der, -,* Ⓟs kritisch-polemisch gebrauchte Bez. gegen die Frühform der Psychoanalyse S. Freuds, die menschl. Verhalten fast nur auf sexuelle Triebkräfte zurückführte.

Pan|slawismus *der, -,* allslaw. Einigungsbewegung, die als wissenschaftlich-literar. P. eine einheitliche slaw. Kultur, als polit. P. die Vereinigung aller slaw. Völker in einem großen Reich, vielfach unter russ. Führung, erstrebte. Der P. kam 1830 bei der westslaw. Intelligenz auf (bei Ablehnung russ. Vormachtansprüche). Rußland erstrebte einen P. unter russ. Führung. Eine neue nationalist. und demokrat. Wendung setzte mit der russ. Revolution von 1905 ein (Neo-P.). Im 1. Weltkrieg war der P. bes. wirksam bei Tschechen und Serben; im 2. Weltkrieg lebte er in der slaw. Solidarität gegen Hitler erneut auf.

Pan|sophie [grch.] *die, -,* philosophisch-religiöse Bewegung bes. des 16. und 17. Jh., die neuplaton., auch alchimist. Gedanken fortführte (Paracelsus, Rosenkreuzer, J. A. → Comenius); wirkte noch weit ins 18. Jh.

Pan|spermielehre, Kosmozoenhypothese, von S. Arrhenius aufgestellte Theorie von der Entstehung irdischen Lebens durch Keime aus dem Weltall.

Pantaleon, † um 305, Märtyrer unter Diokletian in Nikodemia, Patron der Ärzte, einer der 14 Nothelfer, nach der Legende Leibarzt des Kaisers Maximian. Heiliger (Tag: 27. 7).

Pantaleoni, M a f f e o , ital. Nationalökonom und Politiker, * Frascati bei Rom 2. 7. 1857, † Mailand 29. 10. 1924; begründete mit V. → Pareto die mathemat. Richtung der ital. Volkswirtschaftslehre. Wirtschaftspolitisch vertrat er den Freihandel.

Pantalone [ital.] *der, -s/-s* oder *...ni,* komische Charaktermaske der Commedia dell'arte, seit 1565 nachweisbar: alter spitzbärtiger Venezianer mit roten Hosen (→ Pantalons), rotem Wams, rotem Käppchen, rotem, später schwarzem Mantel; Typ des geschäftigen Bürgers und geizigen Vaters. (BILD Commedia dell'arte)

Pantalons [pãtal'ɔ̃s, frz.] *Pl.,* röhrenförmige Männerhose, urspr. venezian. Tracht des 16. Jh.; setzte sich während der Frz. Revolution bei den Jakobinern (→ Sansculotten) durch.

Pantanal [portugies. ›Sumpf‹, ›Morast‹] *das, -,* Niederung in W-Brasilien (Mato Grosso), 90–100 m ü. M., zw. dem Brasilian. Bergland und dem Paraguay, etwa 100000 km² groß.

panta rhei [grch. ›alles fließt‹], ein Heraklit zugeschriebener Satz, der meint: Es gibt kein bleibendes Sein.

Pantelleria, vulkan. Insel südwestlich von Sizilien, zu Italien gehörig, 83 km², (1980) 8200 Ew.; bis 836 m hoch; Ausfuhr von Wein, Trauben, Feigen, Gemüse. Hauptort ist P.

Pantheismus [grch. ›Allgottlehre‹], alle religionsphilosoph. Lehren, in denen Gott und die Welt (die schöpferische Natur) identisch sind; in reinster Form bei Spinoza (›Deus sive natura‹). Nahezu jede neuere Metaphysik hat einen Einschlag zum P., so das identitätsphilosoph. System Schellings mit der Gleichsetzung von Geist und Natur, das panlogisch-evolutionist. System Hegels, nach dem sich Gott durch den dialekt. Prozeß der Welt selbst verwirklicht, sowie der vitalistische P. Bergsons. **Pantheist,** Anhänger des Pantheismus.

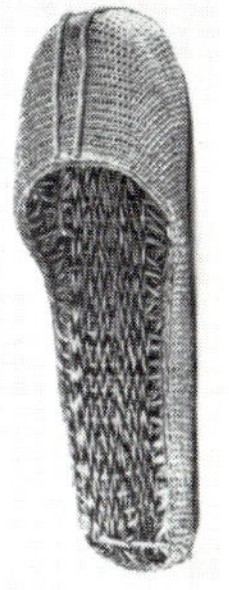

Pantoffel: Schlupf-P., aus Pflanzenfasern geflochten (Thailand)

Pantheon [grch.] *das, -s/-s,* die Gesamtheit der in einer polytheist. Religion verehrten Gottheiten und auch ein allen Göttern geweihtes Heiligtum, in der Neuzeit Gedächtnisstätte bed. Männer. **P. in Rom,** der größte Rundtempel und Kuppelbau der Antike, zw. 118 und 125/28 n. Chr. errichtet, ein zylindr. Backsteinbau mit Giebelvorhalle. Der Innenraum wird von einer halbkugelförmigen Kuppel (kreisrunde Lichtöffnung im Scheitel, ∅ 9 m) überwölbt. Durchmesser und Höhe des Raums sind gleich: 43,2 m. Das P. wurde 609 der Jungfrau Maria und allen Märtyrern als Kirche geweiht. **P. in Paris,** 1764–89 nach Plänen von J.-G. Soufflot erbaut, anfänglich Kirche, seit 1791 Ehrentempel und Grabstätte bedeutender Franzosen.

Panther [grch.] *der, -s/-,* Raubtier, → Leopard.

Pantherpilz, sehr giftiger → Wulstling.

Pantine [frz.] *die, -/-n, norddt.:* Pantoffel: *Holzpantinen.*

Pantoffel [frz. aus provenzal.] *der, -s/-n,* Fußbekleidung, die aus Sohle mit und ohne Absatz und Vorderkappe besteht. Der P. stammt aus dem Orient und ist weltweit verbreitet. Im 15. Jh. kam er nach Dtl. Aus Leder, Samt oder Seide wurde er von beiden Geschlechtern meist als Hausschuh getragen. Der P. gilt im Volksgebrauch als ein Zeichen der Überlegenheit und Gewalt (daher: *sie hat ihren Mann unter dem P.,* U beherrscht ihn). Mundartlich heißen sie in Niederdtl. Pampuschen, von Bayern bis Lothringen Papotschen, in Mitteldtl. Schlappen, oberdt. Schlapfen. **Pantoffelheld,** U Ehemann, der sich von seiner Frau beherrschen läßt.

Pantoffelblume

Pantoffelblume, Calceolaria, Gatt. vorwiegend südamerikan. Rachenblüter.

Pantoffeltierchen *das, -s/-,* **Paramecium,** zu den → Wimperinfusorien gehörige Gatt. einzelliger Tiere, die als Faulwasserbewohner v. a. von Bakterien leben.

Pantograph [grch.] *der, -en/-en,* **Storchschnabel,** Zeichengerät zum maßstabsgerechten Vergrößern oder Verkleinern einer mit einem Fahrstift nachgefahrenen Figur. Der einfachste P. besteht aus Stäben, die so zu einem Parallelogramm zusammengefügt werden, daß Schwenkpunkt, Fahrstift und Zeichenstift stets auf einer geraden Linie bleiben und ein festes, von Fall zu Fall einstellbares Abstandsverhältnis (Wahl des Vergrößerungs- oder Verkleinerungsmaßstabs) haben. Beim **opt. P.** wird die Zeichnung durch ein Objektiv vergrößert oder verkleinert und auf eine Mattscheibe übertragen.

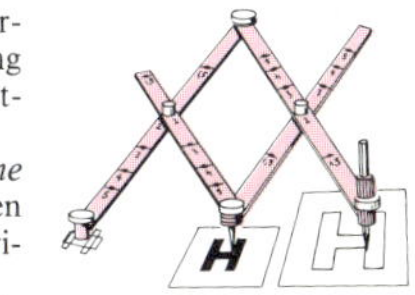

Pantograph

Pantokrator [grch. ›Allherrscher‹] *der, -s/... t'oren,* **1)** *ohne Pl.,* Ehrentitel für den höchsten Gott; auch für den auferstandenen Christus. **2)** Darstellung des thronenden und herrschenden Christus, in der christl., v. a. in der byzantin. Kunst.

Pantolette, *die, -/-n,* leichter Sommerschuh ohne Fersenteil.

Pantomime [von grch. pantomimos ›alles nachahmend‹], **1)** *die, -/-n,* theatral. Darstellung ohne Worte, bei der nur Gebärden, meist in Verbindung mit Musik und Tanz, die Handlung

Pantomime (Samy Molcho)

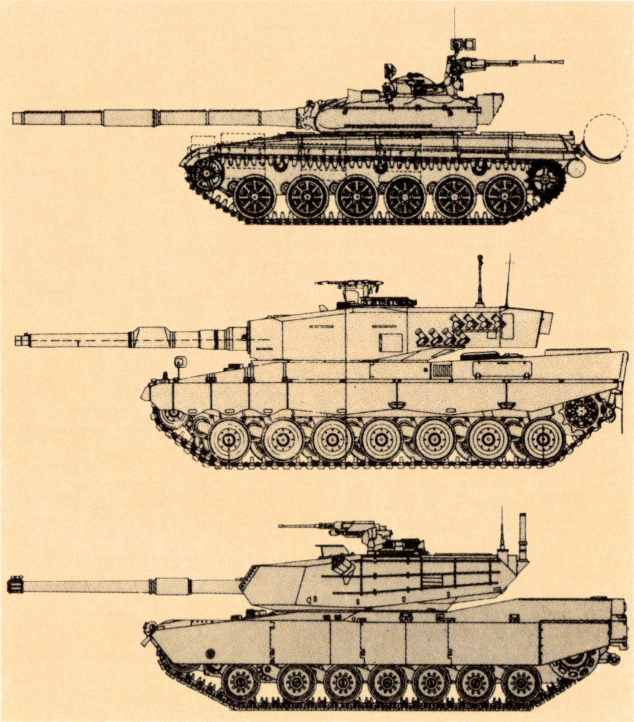

Panzer (Seitenansichten schematisch):
OBEN T-72 (UdSSR) 40 t Gewicht, etwa 515 kW (700 PS), 70 km/h, Länge 6,400 m (alle Angaben geschätzt); MITTE Leopard 2 (Bundesrep. Dtl.) 55 t Gewicht, 1100 kW (1500 PS), 70 km/h, Länge 7,667 m; UNTEN M1 ABRAMS (USA) 54,5 t Gewicht, 1117 kW (1519 PS), 72 km/h, Länge 7,610 m (Längenangabe jeweils ohne Bordkanone)

Papageien:
1 Arakakadu,
2 Blauwangenlori,
3 Gelbkopfamazone

ausdrücken. In der Antike hießen nicht die Bühnenstücke, sondern ihre Darsteller Pantomimen. Die P. erfreuten sich in Rom bis zum Ende der Kaiserzeit größter Beliebtheit. Künstler. Gestaltung fand die P. seit dem 17. und 18. Jh. v. a. im Ballett. Aus der 1940 in Paris von E. Decroux begründeten **Schule der P.** gingen J.-L. Barrault und M. Marceau hervor. **2)** *der, -n/-n,* Darsteller einer P. *Adj.* **pantomimisch.**

Pantomimik [grch.] *die, -,* Ausdrucksbewegungen des gesamten Körpers.

Pantothensäure, ein → Vitamin des Vitamin-B-Komplexes.

Pantry [p'æntrı, engl.] *die, -/-s,* auch *...ries,* Anrichte oder kleiner Raum dafür an Bord eines Schiffes oder Flugzeugs.

Pantschajat, → Panchayat.

Pantschatantra, → Pancatantra.

Pantschen-Lama, Oberhaupt der lamaist. Geistlichen, → Pan-chen Rin-po-che.

Panzer [aus lat. pantex ›Wanst‹] *der, -s/-,* **1)** Schutzbekleidung gegen feindl. Waffenwirkung, zuerst aus Leder **(Lederkoller),** später (7. Jh. v. Chr.) als **Vollpanzer** aus Bronze, dann auch aus Eisen. Seit dem 1. Jh. v. Chr. kam das **P.-Hemd** auf, zunächst als **Ring-** oder **Ketten-P.,** später als **Schuppen-P.** Seit dem 13. Jh. trat an ihre Stelle wieder der aus festen eisernen Platten bestehende **Harnisch. 2)** verfestigte Körperoberfläche bei versch. Tierarten, z. B. Krokodilen, Schildkröten, **Kutikular-P.** bei Gliederfüßern. **3)** *die* **Panzerung,** -, Stahlplattendeckung gegen feindl. Waffenwirkung (Geschosse, Bomben, Raketen). **4)** Abk. für Panzerfahrzeug. Man unterscheidet **Kampf-P.:** Vollkettenfahrzeug zum Kampf gegen P. und Infanterieziele, P.-Kanone und Maschinengewehr(e) im Drehturm. **Sturm-P.:** Unterstützungsfahrzeuge mit Schnellfeuerwaffen zum Kampf gegen Feldstellungen und Infanterieziele. **Jagd-P.:** zum Kampf gegen Kampf-P., Hauptwaffe: P.-Abwehrlenkraketen. **Aufklärungs-P.:** schnelle, leicht gepanzerte P. zur Aufklärung auf der Erde; man unterscheidet Aufklärungsschützen-P. und Späh-P. **Schützen-P.:** Kampffahrzeuge der mechanisierten Infanterie, Hauptausstattung der → Panzergrenadiere, Beförderung von Mannschaften oder sämtlicher schwerer Waffen der Infanterie (z. B. Mörser); Kampf vom Fahrzeug oder abgesessen. **Artillerie-P.:** i. w. S. alle P.-Fahrzeuge der Artillerie (Abwandlungen der versch. P.-Typen), i. e. S. Artilleriegeschütz mit geschlossenem Kampfraum für die Bedienungsmannschaft auf Vollkette (P.-Haubitze). **Pionier-P.** sind meist Abwandlungen von Kampf-P., die an Stelle der Waffen Pioniergeräte (Brücken, Räum- oder Bohrgeräte) tragen; man unterscheidet Brücken- und Räum-P. **Fla-P.** dienen der Flugabwehr auf dem Gefechtsfeld, sie gehören zur Heeresflugabwehrtruppe. **Selbstfahrlafetten** mit meist schwächerer oder ohne Panzerung tragen Waffen versch. Verwendungszwecke, meist schwerere Artilleriegeschütze. **Spezial-P.** sind Befehls-, Fliegerleit-, Flamm-, Transport-, Sanitäts-, Berge-P. u. a. *Vb. ich* **panz(e)re** *mich,* schütze mich durch einen P., umgebe mich mit einer Hülle: *gegen Bosheit gepanzert,* Ü unempfindlich.

Panzer, Friedrich, Germanist, * Asch (Böhmen) 4. 9. 1870, † Heidelberg 18. 3. 1956; Märchen- und Sagenforschung und Erforschung der höf. Epik um 1200, bes. des ›Nibelungenlieds‹.

Panzer|abwehr, die Bekämpfung von angreifenden Feindpanzern. Im 1. Weltkrieg v. a. durch Feldkanonen, in der Folge durch Panzerabwehrkanonen. Im 2. Weltkrieg kam als bewegl. P.-Waffe der Jagdpanzer hinzu. Seit Kriegsende wurden die Panzerabwehrkanonen durch P.-Leichtgeschütze und P.-Lenkwaffen ersetzt. Urspr. von Hand gelenkt (›1. Generation‹), wurde dann die halbautomat. Lenkung (›2. Generation‹) eingeführt. Derzeit wird an der Selbststeuerung der Flugkörper (›3. Generation‹) gearbeitet. Daneben werden zum Selbstschutz der Truppe Panzernahbekämpfungsmittel eingesetzt. Neben der erdgebundenen P.-Waffen gelangen auch Flugzeuge (Erdkampfflugzeuge, Jagdbomber) und Hubschrauber (Panzerabwehrhubschrauber) zum Einsatz. Zu den passiven P.-Waffen zählt die Panzermine, durch die ein Panzerangriff kanalisiert oder auf ein Gebiet mit künstl. oder natürlichen Hindernissen umgeleitet werden kann.

Panzer|abwehrhubschrauber, mit 4–8 Panzerabwehrlenkwaffen (→ Panzerabwehr) ausgestatteter Hubschrauber. Durch die Verwendung stabilisierter Visiere und der halbautomat. Lenkung ist eine Panzerbekämpfung auf Entfernungen bis rd. 4000 m möglich, womit der Einsatz außerhalb des Wirkungsbereiches der feindl. Fliegerabwehrwaffen erreicht werden kann.

Panzer|abwehrkanone, Abk. **Pak,** Spezialgeschütz zur → Panzerabwehr. Waffe mit gestreckter Flugbahn, großer Treffsicherheit und hoher Panzerdurchschlagsleistung; verfeuert vielfach Sondergeschosse.

Panzer|artillerie, Bez. für die mit Artilleriepanzern i. e. S. (bes. Panzerhaubitzen) ausgestatteten Artillerieeinheiten und -verbände.

Panzerbarsch, der → Rotbarsch.

panzerbrechende Waffen, Waffen, deren Geschosse – meist mit → Hohlladung – Panzerplatten durchschlagen.

Panzer|echsen, die → Krokodile.

Panzerfaust, Gattungsbez. für eine Panzernahbekämpfungswaffe, die von einem Mann bedient werden kann. Sie verfeuert meist Geschosse mit → Hohlladung, entweder mit Raketenantrieb oder aus rückstoßfreien Leichtgeschützen.

Panzerfische, Placodermi, Klasse ausgestorbener Fische mit starkem Außenskelett aus Hautknochenplatten und knorpeligem Innenskelett, die während des Paläozoikums lebten.

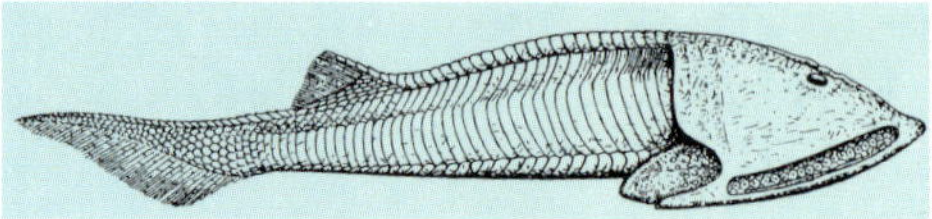

Panzerfisch (etwa 1/3 nat. Gr.)

Panzergeschoß, bei Gewehren und Maschinengewehren das Smk-Geschoß (Spitzgeschoß mit Kern), bei Geschützen die **Panzergranate** mit gehärtetem Kopf, entweder ein Vollgeschoß oder ein Geschoß mit kleiner Sprengladung.

Panzerglas, schußsicheres mehrschichtiges Verbundglas (→ Glas).

Panzergrenadiere, im 2. Weltkrieg Spezialtruppe zum Zusammenwirken mit Kampfpanzern; in der Bundeswehr die gesamte Infanterie ohne Jäger. Die P. sind voll mechanisiert und kämpfen aufgesessen vom Schützenpanzer (SPz), abgesessen, wenn Lage und Gelände es erfordern.

Panzerherz, → Herzbeutelentzündung.

Panzerjäger, Truppe mit der besonderen Aufgabe, feindl. Panzer zu vernichten. P. können mit ihren Jagdpanzern, die heute v. a. mit Panzerabwehrraketen ausgerüstet sind, den Kampf auf weite Entfernungen (etwa 3500 m) aufnehmen.

Panzerkrebse, Höhere Krebse ohne Scheren mit dickem, hartem Panzer; die Brustbeine haben Klauen (→ Languste).

Panzerlurche, Stegocephalia, ausgestorbene Lurche mit Hautknochen; lebten vom Oberen Devon bis zum Trias.

Panzermörser, ein Schützenpanzer, → Panzer 4).

Panzerpioniere, mit Schützen-, Pionier-, Räum- und Brükkenpanzern sowie Spezialgerät ausgestattete Truppe.

Panzerplatte, Stahlblech für die Bewehrung von Kriegsschiffen, Geschütztürmen u. a., 25–40 cm dicke Platten mit einer Grundplatte aus Schmiedestahl und einer aufgeschweißten Vorderseite aus Hartstahl (Compoundplatte).

Panzerschiff, generell ein gepanzertes Kriegsschiff (Panzerkreuzer, Schlachtschiff), speziell: 10000-t-Kriegsschifftyp der dt. Reichs- und Kriegsmarine, im Rahmen der Bestimmungen des Versailler Vertrags als Ersatz für die Linienschiffe der Kaiserl. Marine konzipiert. Später wurden sie zur Klasse der ›Schweren Kreuzer‹ gerechnet. Der Panzerschutz der früheren Großkampfschiffe besaß etwa die gleiche Stärke wie ihr Hauptkaliber. Bei den vorwiegend kleineren Einheiten der modernen Marinen spielt die Panzerung angesichts der Effizienz der neuzeitl. Angriffswaffen keine entscheidende Rolle mehr.

Panzerschrank, gepanzerter → Geldschrank oder → Tresor.

Panzersperren, ♧ künstl. Hindernisse gegen das Vordringen feindl. Panzerverbände: Gräben, Betonhöcker, Minenfelder u. a., ergänzt durch Panzerabwehrmittel und -waffen.

Panzertruppe, Truppengattung des Heeres, bestehend aus Panzer- und Panzeraufklärungsverbänden. Die Panzerverbände sind mit Kampfpanzern ausgestattet und durch ihre Beweglichkeit, Feuerkraft und Panzerung zu allen Kampfarten befähigt. Mehrere Panzerbataillone bilden den Kern der Panzerbrigaden, in deren Rahmen sie mit Panzergrenadieren, Panzerartillerie, Panzerpionieren u. a. Unterstützungstruppen zusammenwirken. Die Stärke der Panzerverbände liegt im Angriff.

Panzerwangen, Scorpaeniformes, Ordn. der Knochenfische mit verknöchertem Kopf, oft mit Stacheln bewehrt. Zu den P. gehören z. B. die Drachenköpfe (→ Meersau), Flughahnfische (→ Flughahn), Groppen (→ Seeskorpion), Knurrhähne.

Papageifische: Blaugrüner P.

Panzini, Alfredo, ital. Schriftst., * Senigallia (Ancona) 31. 12. 1863, † Rom 10. 4. 1939. Seine erzählende, stilistisch ausgefeilte Prosa gibt eigenwillige, humorvolle und iron. Darstellungen der Alltagswelt.

HW: Sokrates und Xanthippe (1914); Viaggio di un povero letterato (1919). *Wörterbuch:* Dizionario moderno (1905).

Pao, Sir Yue-Kong, Reeder, * in der Prov. Chekiang (VR China) 10. 11. 1918, lebt seit 1949 in Hongkong, wurde 1974 Vorstands-Vors. der World-Wide-Reederei-Gruppe; Aufsichtsrats-Mitgl. zahlreicher internat. Reederei- und Finanz-Ges.

Paolo Veronese, eigtl. P. **Caliari,** ital. Maler, * Verona 1528, † Venedig 19. 4. 1588, dort seit 1553 tätig, schuf in leuchtenden Farben Malereien für Kirchen und Paläste, darunter bibl. Gastmähler, die zugleich eine Vorstellung vom Venedig seiner Zeit vermitteln (Paris, Louvre; Mailand, Brera; Dresden, Galerie; Venedig, Akademie). Zu seinen HW gehören die Decken-, Wand- und Altarbilder in S. Sebastiano in Venedig (1555 ff.), die Fresken in der Villa Barbaro bei Vicenza (nach 1561) und Deckenmalereien im Dogenpalast in Venedig (1575–85).

Paolozzi, Eduardo, engl. Bildhauer, * Edinburgh 7. 3. 1924, verarbeitet in seinen kubischen Stahlkonstruktionen vorfabrizierte mechan. Teile, die Symbole einer technisierten Welt darstellen (Affenmensch, Japan. Kriegsgott u. a.).

Päoni|e [grch., n. dem Götterarzt Paion] *die, -/... ni|en,* die Gatt. → Pfingstrose.

Paoting, Pauting, amtl. chines. **Baoding,** Stadt in der chines. Prov. Hopeh, zw. 250000 und 500000 Ew., an der Bahn Peking-Wuhan; Textil-, Elektro- und Nahrungsmittelindustrie.

Paotou, Pautou, amtl. chines. **Baotou,** Stadt in der Inneren Mongolei, China, (1980) 846000 Ew., eines der großen Eisen- und Stahlzentren der VR China; Zucker- u. a. Industrie; Kraftwerke am Hwangho.

Papa [lat. von grch. pappas ›Vater‹], Lat. Kirche: urspr. Anrede für Bischöfe und Äbte, seit dem 11. Jh. alleiniger Titel des Papstes. In der Ostkirche ist die Anrede **Papas, Pappas** für Bischöfe üblich. *Adj.* → papal.

Paolo Veronese:
Die Hochzeit von Kana; 1562/63 (Paris, Louvre)

Papa, ∪ **Papa** [aus frz.] *der, -s/-s,* Vater.

Pápa [p'a:pɔ], ungar. Stadt im Bezirk Veszprém, an den NW-Ausläufern des Bakonywaldes, (1982) 32800 Ew.; Gießerei, Textil-, Elektro- und Nahrungsmittelindustrie.

Papabile [ital.] *der, -s/... li,* ein Kardinal, der Aussicht hat, zum Papst gewählt zu werden.

Papadopulos, Georgios, grch. Offizier und Politiker, * Elaeochorion (Peloponnes) 5. 5. 1919, führend am Militärputsch vom 21. 4. 1967 beteiligt, schlug als MinPräs. (1967–73) einen diktator. Kurs ein. 1973 schaffte er die Monarchie ab und war bis zu seinem Sturz (Ende 1973) Staatspräs. Nach dem Zusammenbruch der Militärherrschaft (1974) wurde er 1975 zum Tod verurteilt, jedoch später zu einer Haftstrafe begnadigt.

Papagallo [arab.-ital.] *der, -(s)/-s* oder *... g'alli,* Bez. für gegenüber ausländ. Touristinnen zudringlichen Italiener.

Papageiblume, Strelitzi|e, Strelitzia, südafrikan. Gatt. der Bananengewächse mit großen, farbenreichen Blüten, die von Vögeln (Honigsaugern) bestäubt werden.

Papageien [altfrz. aus westafrikan. pampakei, arab. babagha], *Sg.* der **Papagei,** *-en,* **Psittaciformes,** Ordn. trop. und subtrop. Vögel. Die oft farbenprächtigen P. haben Greiffüße mit Wendezehe und führen die Nahrung mit einem Fuß zum Schnabel. Der Oberschnabel ist an der Spitze raspelartig mit Querrillen besetzt und wird beim Klettern mitbenutzt. Die P. leben v. a. auf Bäumen, suchen dort ihre Nahrung und brüten meist in Höhlungen. Gedächtnis und Assoziationsvermögen der P. sind hoch entwikkelt. Große P. können älter als 60 Jahre werden. Zu den P. gehören u. a. → Kakadus, → Pinselzüngler, der → Graupapagei, → Unzertrennliche und → Sittiche. (Weitere BILDER S. 134)

Papageienkrankheit, die → Psittakose.

Papageifeder, ⊕ buntlaubige Zierpflanze, → Amarant.

Papageifische, Scaridae, Fam. der Barschartigen Fische, v. a. in trop. Meeren, mit schnabelartig verwachsenen Kiefer- und breiten Schlundzähnen; z. B. der **Blaugrüne Papageifisch.**

Papageitaucher, Art der → Alken.

Papagos, Alexandros, grch. Marschall (1949) und Politiker, * Athen 9. 12. 1883, † ebd. 4. 10. 1955, wiederholt bis 1951 Oberbefehlshaber des grch. Heeres, schlug im Bürgerkrieg mit seinen Truppen den kommunist. Aufstand nieder. 1952–55 war er MinPräs.

Papain *das, -s,* aus Pflanzen gewonnenes, eiweißspaltendes Enzym; dient zur Herstellung von Fleischzartmachern, in der Leder-, Tabak- und Textil-Ind. und für Enzympräparate.

papal [lat.], päpstlich. *der* **Papalismus,** -, **Papalsystem,** das System der päpstl. Kirchenhoheit i. Ggs. zum → Episkopalsystem. *der* oder *das* **Papat,** *-(e)s,* das Papsttum, die Papstwürde.

Papandreu, 1) Andreas, grch. Politiker (zunächst Zentrumsunion, später PASOK), Sohn von 2), * auf Chios 5. 2. 1919, Jurist und Wirtschaftswissenschaftler, 1964–65 Min. in der Reg. seines Vaters, nach Errichtung der Militärdiktatur (1967) zeitweilig in Haft, gründete nach deren Zusammenbruch (1974) die ›Panhellen. Sozialist. Union‹ (grch. Abk. PASOK). Nach dem Wahlsieg seiner Partei wurde er 1981 MinPräs.

2) Georgios, grch. Jurist und Politiker, Vater von 1), * Kalenzi (Achaia) 13. 2. 1888, † Athen 1. 11. 1968, wurde wegen seiner entschieden demokrat. Haltung als Abg. und Min. 1926 und 1938 verbannt. 1944 übernahm P. die Exilregierung in Kairo, mit der er

1

2

3

Papageien:
1 Graupapagei,
2 Arakanga oder Hellroter Ara,
3 Wellensittich

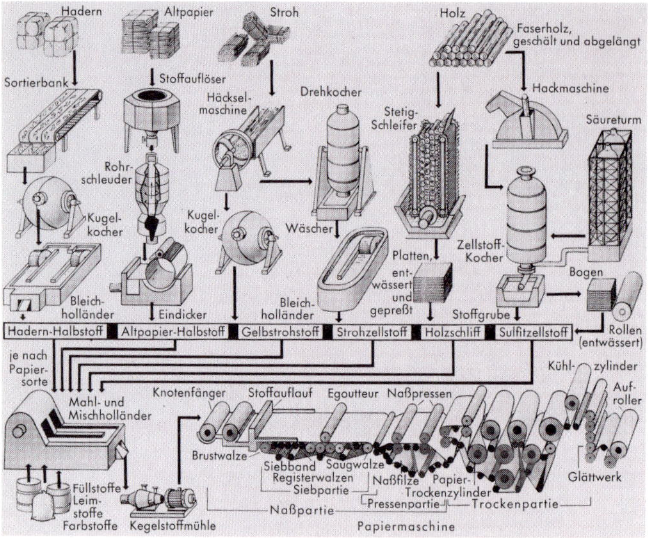

Papier 1): Papierherstellung (schematische Darstellung)

im Okt. in Athen einzog. Nach Jahren in der Opposition bildete er mit seiner 1961 gegr. Zentrumsunion 1963 die Reg. Der Rücktritt P.s im Juli 1965 löste eine Staatskrise in Griechenland aus. Nach dem Putsch vom 21. 4. 1967 stand P. unter Hausarrest.

Papanicolạo-Verfahren [n. dem grch. Pathologen G. N. Papanicolao, * 1883, † 1962], Verfahren der → Zytodiagnostik.

Papạnin, Iwan Dmitrijewitsch, sowjet. Polarforscher, * Sewastopol 26. 11. 1894, leitete 1937/38 die erste wissenschaftl. Forschungsstation ›Nordpol I‹ auf einer driftenden Eisscholle (Nähe des Nordpols bis zur SO-Küste Grönlands) und verwirklichte damit eine Idee von F. Nansen.

Papạntla, mexikan. Stadt im Staat Veracruz, etwa 50000 Ew.; Zentrum eines Agrargebiets; kath. Bischofssitz; Mittelpunkt der Totonaken; in der Nähe bedeutende Ruinen, darunter → El Tajín.

Pạpas [lat.], Ostkirchen: → Papa.

Papatzọnis, Takis, ngrch. Lyriker, * Eva (Messenien) 30. 1. 1895, † Athen 26. 7. 1976, schrieb moderne Lyrik mit religiöser Prägung und philosophischem Gedankengut.

Pạpau *der, -s/-e,* **Asimịna,** Gatt. der Flaschenbaumgewächse, Bäumchen und Sträucher im atlant. Nordamerika. Der **Dreilappige P. (Asimịna trịloba)** mit großen, einzelnen, braunen Blüten und fingerlangen, gelben, eßbaren Früchten **(Asimịnier)** ist in Europa Parkstrauch.

Papạver [lat.], die Pflanzengatt. → Mohn.

Papaverịn [lat.] *das, -s,* im → Opium enthaltenes Alkaloid mit krampflösender Wirkung auf glatte Muskulatur.

Papạya [span. aus karib.] *die, -/-s,* ⊕ → Melonenbaum.

Pạpe, Heinrich Eduard von, Jurist, * Brilon 13. 9. 1816, † Berlin 11. 9. 1888, war 1879–88 Präs. der Kommission zur Ausarbeitung eines BGB, beteiligt an Arbeiten zum HGB, zur ZPO und StPO.

Papeetẹ [frz.], Hauptort der Insel Tahiti und Hptst. von Frz.-Polynesien, (1977) 62700 Ew.; bed. Handelszentrum; Tourismus; Flughafen; kath. Bischofssitz. – Seit 1967 Basis der frz. Atomwaffenversuche im Pazif. Ozean.

Pạpel [lat.] *die, -/-n,* **Knọ̈tchen,** → Effloreszenz der Haut.

Pạpen, Franz von, Politiker, * Werl 29. 10. 1879, † Obersasbach (Baden) 2. 5. 1969, war 1918 Stabschef der türk. 4. Armee in Palästina; 1921–32 als Mitgl. des Zentrums Abg. im preuß. Landtag. Als Nachfolger Brünings war er Juni bis Nov. 1932 Reichskanzler, seit Juli 1932 auch Reichskommissar für Preußen. Am 30. 1. 1933 wurde er Vizekanzler (bis Juli 1934) und erneut Reichskommissar für Preußen (bis April 1933). Ende Juli 1934 ging P. als Gesandter (1936 Botschafter) nach Wien. 1939–44 war er Botschafter in der Türkei. Im Nürnberger Prozeß gegen die ›Hauptkriegsverbrecher‹ wurde P. freigesprochen, im Spruchkammerverfahren zu 8 Jahren Arbeitslager verurteilt; 1949 entlassen. – ›Der Wahrheit eine Gasse‹ (1952, Erinnerungen).

Pạpenburg, Stadt im Kr. Emsland, Ndsachs., (1984) 28300 Ew., östlich der Ems, mit dieser durch einen Kanal verbunden; Schiffswerften, Maschinen-, Metallwaren-, Textil-Ind., Sägewerke; Hafen (Holzimport). – P., 1379 erwähnt, entstand seit 1638 als größte dt. Fehnkolonie.

Paperback [pˈeɪpəbæk, engl.] *das, -s/-s,* ⊜ Kartonbroschur, gebunden nach dem → Lumbeckverfahren.

Paphlagọni|en, im Altertum gebirgige Landschaft im nördl. Anatolien (Kleinasien), stand seit dem 6. Jh. v. Chr. unter lydischer, später unter persischer und makedonischer Herrschaft. Im 1. Jh. v. Chr. wurde P. römisch.

Pạphos, im Altertum 2 Städte auf Zypern: das alte P. **(Palaipạphos)** mit einem Tempel der Aphrodite; 15 km nordwestlich davon das neue P. **(Neapạphos),** in röm. Zeit Hptst. der Insel.

Pạpias, Bischof von Hierapolis (Phrygien); sein nur in Fragmenten überliefertes Werk zur ›Erklärung von Aussprüchen des Herrn‹ (um 130) enthält aus mündl. Überlieferung Nachrichten zur Geschichte des Urchristentums.

Papi̯er [mhd. papier, zu grch. papyros ›Papyrusstrauch‹] *das, -s/-e,* **1)** *ohne Pl.,* flächiger Werkstoff v. a. aus Fasern meist pflanzl. Herkunft, bei Flächengewichten über etwa 150 g/m² als **Karton,** über 300 g/m² als **Pappe** bezeichnet (vgl. unten): *ich will es zu P. bringen,* aufzeichnen; *das steht nur auf dem P.,* ist angeordnet, ohne wirklich Geltung zu haben.

Papierherstellung. Die Rohstoffe (in erster Linie Holz) werden mechanisch aufbereitet (Holzschliff) oder chemisch aufgeschlossen (Halbzellstoff, → Zellstoff). Lumpen und Linters (Rohstoffe für **Fein-P.)** sowie Alt-P. erfahren besondere Aufbereitung. Die aufbereiteten Rohstoffe werden mit Wasser versetzt, vermischt, gemahlen (z. B. im → Holländer 2 oder Kegelaufschläger), gefärbt, geleimt (Leimung), mit → Füllstoffen versehen und gereinigt, z. B. durch Knotenfänger oder in Stoffschleudern. Dann wird der fertig zubereitete P.-Stoffbrei zu P. aufgearbeitet. Ältestes Verfahren ist das Schöpfen des P.-Breies mit metalldrahtbespannten Schöpfformen aus der Bütte **(Bütten-P.).** Auf der Langsiebmaschine fließt der dünne Faserstoff (1 Teil Fasern auf 100 bis 1000 Teile Wasser) auf ein endloses Metalltuch (Siebpartie). Unter dem letzten Teil des Langsiebes wird das Wasser durch Saugkästen abgesaugt. Mit der Gautschpresse wird die P.-Bahn zw. Walzen leicht ausgepreßt und vom Sieb abgehoben. Die folgende Pressenpartie entwässert die Bahn bis auf 55–65% Wasser. In der Trockenpartie wird die Bahn über dampfbeheizten Zylindern langsam getrocknet, gekühlt, geglättet, beschnitten und gerollt. Bei der Rundsiebmaschine tauchen umlaufende Siebzylinder in den P.-Brei. Der Stoff setzt sich außen fest, das Wasser wird seitlich abgelassen. Oben wird die P.-Bahn durch einen Filz abgenommen und der Gautschpresse zugeführt. Kombinierte Maschinen enthalten Lang- und Rundsiebe. Durch Vereinigung mehrerer P.-Blätter können dickere oder auf beiden Seiten verschieden gefärbte u. a. P. erzeugt werden. **Kunstfaser-P.** bestehen aus Gemischen von Kunst- und Zellstoffasern oder aus Kunststoffasern mit Bindemittel; sie sind sehr fest, elastisch und werden für Landkarten, Urkunden, Banknoten, Filter verwendet. Das fertige P. kann durch Aufspritzen von Farbstofflösungen oder Eintauchen in solche gefärbt werden. **Kunstdruck-P.** und **Pergament-P.** werden satiniert. Durch Gaufrieren können Muster eingeprägt werden. Die Herstellung von **Krepp-P.** (Toiletten-, Handtuch-P. u. a.) geschieht direkt auf der P.-Maschine, auch nachträglich auf der Kreppmaschine. Manche P. erhalten Lackanstriche. **Geleimtes P.** ist tintenfest. **Lösch-** und **Filter-P.** sind porös und saugfähig ohne Füllstoffzusatz. Echtes **Japanseiden-P.** wird aus Fasern von Maulbeerbaumarten erzeugt. Manche P. **(Urkunden-, Banknoten-P.)** haben ein → Wasserzeichen; Formate des P. → Papierformate.

Papier und Pappe: Produktion ausgewählter Länder

	1938 1000 t	1979 1000 t	1981 1000 t
Europa			
Bundesrep. Dtl.	3 536[3])	7 900	8 132
Dt. Dem. Rep.[1])	–	1 221	1 249
Finnland	686	5 546	6 002
Frankreich	1 173	5 261	5 148
Großbritannien[2])	2 656	4 253	3 419
Italien	479	5 101	4 914
Norwegen	344	1 400	1 373
Österreich	296[4])	1 559	1 670
Schweden	785	6 281	6 131
Schweiz	125	887	920
Sowjetunion	844	8 729	8 954
Amerika			
Kanada	4 180	13 486	13 414[5])
Verein. Staaten	10 323	60 413	60 280
Asien			
Japan	977	17 861	16 980

[1]) einschl. Berlin (Ost); [2]) einschl. Nordirland; [3]) Dt. Reich; [4]) 1937; [5]) 1980.

Papiergeld: LINKS 25 Rubel (UdSSR); RECHTS 1 US-$ (USA)

Wirtschaft. Die Papier- und Pappe-Ind. umfaßt papiererzeugende und papierverarbeitende Betriebe. Zur papiererzeugenden Ind. zählen die Holzschliff-, Zellstoff-, Papier- und Pappe-Ind. In der Bundesrep. Dtl. gab es 1981 in der papier- und pappeerzeugenden Ind. 137 Unternehmen mit 53000 Beschäftigten; Umsatz 13,1 Mrd. DM, Produktion (1000 t, 1982): von Holzschliff (1237), P. (unveredelt insges. 6620, davon 666 Zeitungs-P., 2542 Druck- und Schreib-P.), Pappe (unveredelt 1399). Die papier- und pappeverarbeitende Ind. erzielte (1981) in 779 Unternehmen mit 111000 Beschäftigten einen Umsatz von 15,8 Mrd. DM.

Durchschnittsgewichte gängiger Papier-Sorten in g/m²

Japanseiden-P.	10	Zeitungsdruck-P.	52
Seiden-P.	18	Schreib-P.	70
Luftpost-P.	18–28	starkes Pack-P.	120

Geschichte. P. war bereits um 105 n. Chr. in China bekannt und kam über die Araber nach Europa. Als erste dt. Papiermühle gilt die Gleismühle bei Nürnberg (1389). Die erste Papiermaschine wurde 1798 von N.-L. Robert erfunden.

2) Schriftstück, Aufzeichnung. **3)** *meist Pl.,* Ausweis. **4)** Aktie, Pfandbrief. **5)** Börse: Abk. **P.,** Börsenausdruck für Brief. **papieren, 1)** aus Papier. **2)** Ü lebensfern, nüchtern, phantasielos.

Papierblume, 1) Spreublume (Xeranthemum annuum), ein südeurop., zu den → Immortellen gehöriger Korbblüter. **2)** künstliche Blume aus Papier.

Papierboot, Papiernautilus, Argonauta argo, zu den → Kraken gehöriger Kopffüßer; Weibchen mit großer, papierdünner, spiralig gebauter Brutschale, Männchen zwerghaft klein.

Papierchromatographie, chromatograph. Trennverfahren für kleine Substanzmengen. Die Trennwirkung beruht auf der Verteilung der Komponenten zw. stationärer und mobiler Phase. Als stationäre Phase dient meist ein Filterpapierstreifen, als mobile Phase ein Laufmittelgemisch. Bei der eindimensionalen P. unterscheidet man aufsteigende und absteigende P. und die Zirkularchromatographie. Bei der zweidimensionalen P. wird zunächst das **Chromatogramm** in einer Richtung entwickelt. Danach wird es um 90° gedreht und die Substanzen erneut einem Laufmittel ausgesetzt. Dadurch können komplexere Gemische getrennt werden (z. B. hochmolekulare Eiweißgemische).

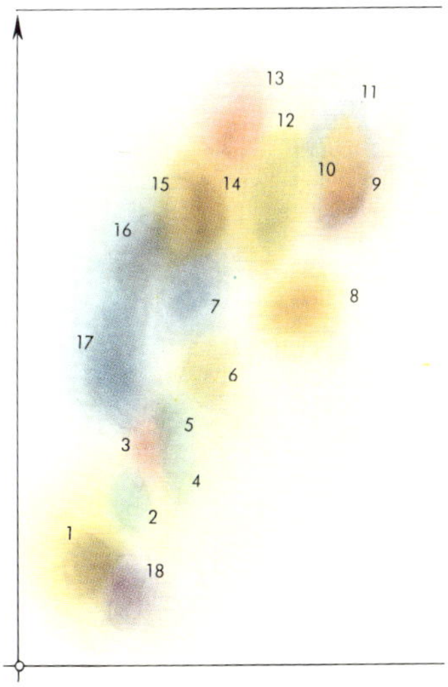

Papierchromatographie: Papierchromatogramm eines Peptons (Eiweißbestandteils) aus Fleisch: 1 Zystin, 2 Glutaminsäure, 3 Asparagin, 4 Serin, 5 Glykokoll, 6 Threonin, 7 Alanin, 8 Tyrosin, 9 Tryptophan, 10 Methionin, 11 Leuzin-Isoleuzin, 12 Valin, 13 Prolin, 14 Histidin, 15 Arginin, 16 Lysin, 17 Ornithin, 18 Asparaginsäure

Papierformate, die 1922 vom Dt. Normenausschuß eingeführten Formate **(DIN-Formate).** Grundform ist das Format A0, dessen Fläche 1 m² ist, bei einem Seitenverhältnis $1:\sqrt{2}$. Die Formate einer Reihe gehen durch Halbieren der größeren Bogenseite jeweils auseinander hervor.

Die Formate der Reihe A gelten als Fertigformate für Druckpapiere, ferner für Akten, Briefe, Zeichnungen u. a., die Reihen B und C als davon abhängig (Briefumschläge). Ältere Formate sind **Kanzleiformat** (33 × 42 cm) und **Folio** (21 × 33 cm).

Papierformate (A-Reihe)

Format	Reihe A mm	Reihe B mm	Reihe C mm
0	841 × 1 189	1 000 × 1 414	917 × 1 297
1	594 × 841	707 × 1 000	648 × 917
2	420 × 594	500 × 707	458 × 648
3	297 × 420	353 × 500	324 × 458
4	210 × 297	250 × 353	229 × 324
5	148 × 210	176 × 250	162 × 229
6	105 × 148	125 × 176	114 × 162
7	74 × 105	88 × 125	81 × 114
8	52 × 74	62 × 88	57 × 81

Papiergeld, aus Papier hergestellte Geldwertzeichen; i. d. R. als → Banknoten gesetzl. Zahlungsmittel.

Papiergewicht, Gewichtsklasse im Ringen bis 48 kg.

Papierkonservierung, das Haltbarmachen alter Schriftstücke, Zeichnungen, Bücher, Graphiken u. a. durch Behandeln und Stabilisieren mit einer neutralisierenden Flüssigkeit in Nebelform. Ultraviolette Bestrahlung mit Ozoneinwirkung wird zur Mikroorganismenabtötung angeschlossen.

Papiermaché [papjemaʃ'e:, frz. ›Papierteig‹] *das, -s/-s,* **Pappmaché** [-ʃ'e:], formbare Masse, die durch Auflösen von Altpapier in Wasser unter Zusatz von Leimlösung, Gummi oder Stärke, Gips, Kreide, Schwerspat oder Ton hergestellt, in geölte Formen gepreßt und bei höherer Temperatur getrocknet wird. Verwendung für Spielzeug, kunstgewerbliche Zwecke u. a.

Papiermacher, Ausbildungsberuf (3 Jahre) der Ind.; der P. kontrolliert die Maschinen zur Aufbereitung der Roh- und Hilfsstoffe sowie zur Herstellung der Produkte. Der **Papierverarbeitungstechniker** überwacht die Produktionsabläufe. **Dipl.-Ing. der Papiertechnik** werden an der TH Darmstadt und der FH München ausgebildet.

Papiermaß, → Ries.

Papiernautilus, Kopffüßer, → Papierboot.

Papiertopf, auch **paperpot** [engl. p'eɪpəpɔt], ⊕ Anzuchttopf, der aus mit pflanzenverträgl. Leim wabenförmig zusammengeklebten, an beiden Enden offenen Papierzylindern versch. Größe besteht, die zum Gebrauch ziehharmonikaartig auseinandergezogen, mit Anzuchterde gefüllt und dann besät oder bepflanzt werden. Bald lösen sich die inzwischen walzenförmigen Töpfe aus dem Verband; nach dem Auspflanzen werden sie durchwurzelt und lösen sich im Boden auf. P. sind monatelang haltbar.

Papierwährung, heute übliches Währungssystem, bei dem außer Scheidemünzen nur → Banknoten umlaufen. Die P. ist eine ›manipulierte‹ oder ›frei gestaltete‹ Währung, d. h., der Staat reguliert Geldmenge und Zahlungsverkehr. Zur Fälschung von P. → Münzfälschung.

Papierwerke Waldhof-Aschaffenburg AG, → PWA Papierwerke Waldhof-Aschaffenburg AG.

Papilionaceae [lat.] *Pl.,* ⊕ die → Schmetterlingsblüter.

Papilioniden [lat.] *Pl.,* Fam. der Tagfalter, → Ritter.

Papillarlini|en [lat.], **Hautleisten,** feine, leistenartige Riffelungen auf den Innenflächen der Finger und Zehen sowie der

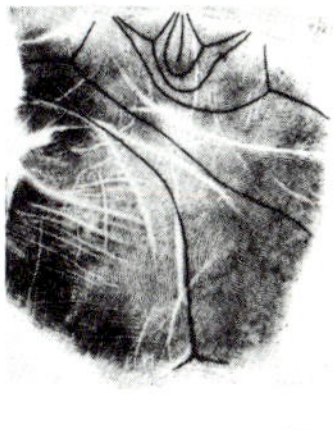

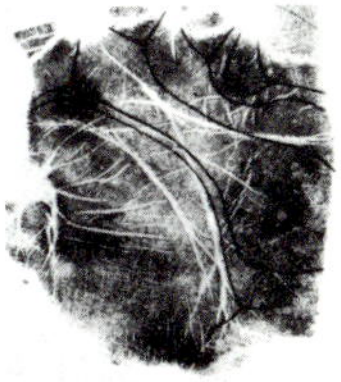

Papillarlinien

Papillarlinien: Handabdrücke mit eingezeichneten Grenzen und Treffpunkten der Leistenströme, OBEN das bei Europäern, UNTEN das bei Negern vorherrschende Leistenstrombild

Hand- und Fußflächen, die häufig Leistenfiguren (Muster) bilden. Die P. sind bis in alle Einzelheiten während des ganzen Lebens unveränderlich. Wegen dieser Stabilität und einer individuellen Ausprägung dienen die P. im polizeil. Erkennungsdienst (→ Fingerabdruckverfahren). Viele (gröbere) Merkmale der P. sind erblich.

Papille [lat.], *die, -/-n,* Anatomie: Wärzchen, Vorwölbung, z. B. des Sehnerven (→ Auge), der Zunge (→ Geschmack). **papillar,** warzenförmig.

Papin [pap'ɛ̃], Denis, frz. Arzt und Naturforscher, * Chitenay (bei Blois) 22. 8. 1647, verschollen nach 1712 in England, Prof. in Marburg und Kassel, baute (1679/80) einen Dampfkochtopf **(Papinscher Topf)** mit Sicherheitsventil, eine Zentrifugalpumpe, eine Versuchs-Dampfmaschine, eine Dampfpumpe.

Papini, Giovanni, ital. Schriftst., * Florenz 9. 1. 1881, † ebd. 8. 7. 1956. Seine anfangs schroffe Ablehnung des Christentums wandelte sich in mehreren kulturkritisch-philosoph. Schriften zu anerkennender Beurteilung (1919 Übertritt zum Katholizismus).

HW: Leben Jesu (1921); Der hl. Augustinus (1929); Dante (1933); Michelangelo und sein Lebenskreis (1949); Der Teufel (1953); Guckloch zur Welt (1955); Weltgericht (1957); Tagebücher (1962).

Papinianus, Aemilius, einer der bedeutendsten röm. Rechtslehrer, * um 140, wurde 212 ermordet, weil er es ablehnte, den Brudermord Kaiser Caracallas an Geta zu verteidigen.

Papirossa [russ.] *die, -/...r'ossy,* Zigarette mit langem Papiermundstück.

Papist [nlat.] *der, -en/-en,* verächtlich: päpstlich Gesinnter. *der* **Papismus,** -, verächtlich: Papsttum. *Adj.* **papistisch.**

Papp [Schallwort] *der, -(e)s/-e,* U **1)** Brei. **2)** Kleister. *ich* **pappe,** U **1)** *es auf etwas,* klebe. **2)** *es* **pappt,** klebt, ballt sich zusammen. **pappig,** klebrig, sich zusammenballend. **Pappschnee,** klebender, an den Skiern sich ballender Schnee.

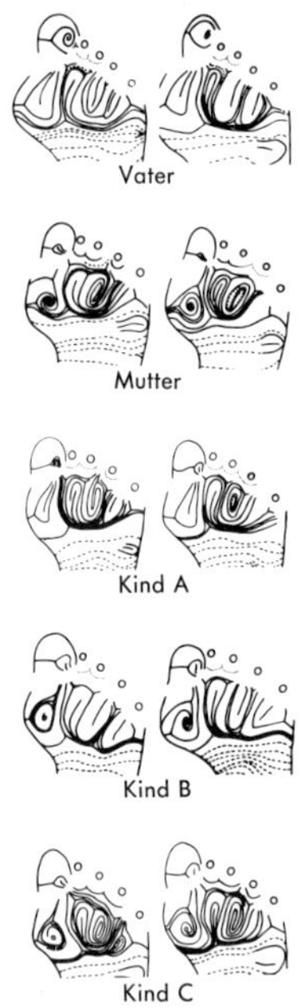

Papillarlinien: Schematische Nachzeichnung der Leistenfiguren des vorderen Fußabschnittes bei einem Elternpaar und drei Kindern; Kind A ähnelt stark dem Vater, Kind C stark der Mutter, Kind B zeigt eine Mischung von väterlichen und mütterlichen Merkmalen (die linken Füße sind zur Erleichterung des Vergleichs seitenverkehrt gezeichnet)

Denis Papin

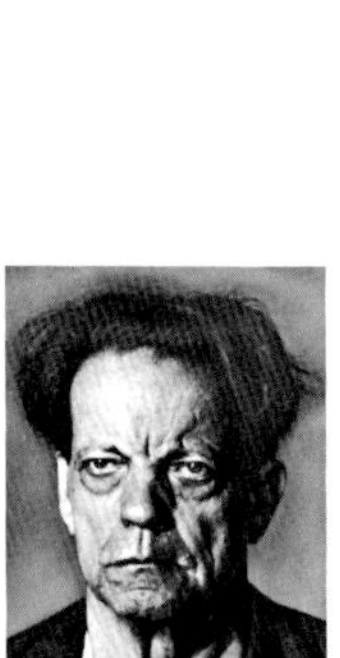

Giovanni Papini

Pappalardo, Salvatore, ital. Kardinal (1973), * Villafranca (Sizilien) 23. 9. 1918, seit 1970 Erzbischof von Palermo.

Pappas [grch. ›Vater‹], Ostkirchen: → Papa.

Pappatacifieber [-t'a:tʃi-, ital. ›Mücke‹], das → Dreitagefieber.

Pappe [mhd. pap ›Brei‹] *die, -/-n,* **1)** ein Papiererzeugnis mit Gewichten von 300–1 200 g/m²; wird aus mehreren Lagen feuchten Papierstoffes auf der Pappenmaschine (Rundsiebmaschine) oder durch Zusammengautschen mehrerer Papierbahnen hergestellt. Die gewöhnl. **Grau-P.** bestehen aus zerfasertem Altpapier, die weißen **Holz-P.** aus Weißschliff, die festeren **Braunholz-** oder **Leder-P.** aus Braunschliff, die gelblichen **Stroh-P.** für Kartonagen aus Strohstoff. **Asbest-P.** aus Asbestfasern mit Sulfatzellstoffzusatz für Dichtungen und Isolationen; ferner → Wellpappe, **Schuh-, Karosserie-, Koffer-, Dach-, Jacquard-P.** für die Textilindustrie u. a. (Wirtschaftliches: → Papier); *das ist nicht von P.,* U nicht schlecht, hat etwas zu bedeuten. **2)** *oberdt.:* Brei, Klebemasse.

Pappel [ahd. aus lat.] *die, -/-n,* **1) Populus,** Gatt. der Weidengewächse, Bäume mit zweihäusigen Kätzchen, neben Asien und Nordamerika in fast ganz Europa verbreitet, z. B. die **Espe (Aspe, Zitterpappel),** die bes. in Auwäldern Mitteleuropas wachsende **Silber-P.,** die im Windschutz bewährte **Grau-P.,** die **Schwarz-P.,** die **Balsam-P.** mit wohlriechendem Harz. – Anbauziel in der Holzerzeugung ist Starkholz für Furniere, Zündhölzer, Werkhölzer; Schwachholz wird verarbeitet zu Spanplatten, Zellstoff, Papier und Verpackungsmaterial (Holzwolle); Bild S. 140. **2)** Pflanzen anderer Gatt., z. B. → Malve 1 (mit Käse-, Roß-, Gänse-P., Rosen- oder Augen-P.).

Pappelblattkäfer, Art der Blattkäfer, größtenteils zinnoberrot, als Larve Pappel-, Weidenblattzerstörer. (Bild Käfer)

Pappelbock, Bez. für 2 Arten der Bockkäfer: **Großer P.** und **Kleiner P.**; die Larven sind Holzschädlinge.

Pappelspinner, die → Weidenspinner.

Pappenheim, fränkisch-schwäb. Reichsministerialengeschlecht; 1193 wurde das Marschallamt in der Familie erblich. Die reichsunmittelbare Gfsch. P. kam 1806 an Bayern. – Graf Gottfried Heinrich zu P., kaiserl. Reitergeneral des Dreißigjähr. Krieges, * Treuchtlingen 29. 5. 1594, † Leipzig 17. 11. 1632, trat 1623 in kaiserl. Dienste, warf 1626 den oberösterr. Bauernaufstand nieder und hatte 1631 Anteil an der Erstürmung Magdeburgs. In der Schlacht bei Lützen wurde er tödlich verwundet. Er und seine **Pappenheimer Kürassiere** waren als Draufgänger gefürchtet, als ritterl. Gegner geachtet. – Redensart: *ich kenne (daran erkenn' ich) meine Pappenheimer,* U ich kenne diese Leute, durchschaue sie.

Pappenstiel [Stiel des Löwenzahns, nd. Papierblume], U etwas Wertloses: *das ist keinen P. wert,* nichts.

Pappus [grch. pappos ›Großvater‹] *der, -/-,* auch **Pappi,** ⊕ die → Federkrone.

Pappus von Alexandria, grch. Mathematiker um 300 n. Chr., überlieferte in seinem Sammelwerk die mathemat. Kenntnisse des Altertums, lieferte wertvolle Beiträge zur projektiven Geometrie: **Satz des Pappus:** Auf 2 sich schneidenden Geraden seien je 3 vom Schnittpunkt verschiedene Punkte festgelegt: *A, B, C* und *A', B', C'*. Die kreuzweisen Verbindungsstrecken schneiden einander in 3 Punkten *P, Q, R.* Diese 3 Punkte liegen auf einer Geraden (Verallgemeinerung → Pascalscher Satz). Bild S. 140.

Paprika [serb.] *der, -s/-s,* **Capsicum,** südamerikan. Gatt. der Nachtschattengewächse; krautig und halbstrauchig, mit weißen Blüten und roten, kugeligen bis spindelförmigen Beeren (fälschlich **Paprikaschoten).** Einige Arten, z. B. **Capsicum annuum,** liefern mit ihrer durch das Alkaloid Capsaicin pfefferigen Fruchtschale das **P.-Gewürz** (Cayennepfeffer, Roter, Span., Ind. Pfeffer, Chilly), sie werden in wärmeren Gebieten angebaut, u. a. in SO-Europa. Die Früchte werden auch zu Mixed Pickles und Curry verwertet, ferner als Arzneimittel. Sorten mit fast schärfefreien Früchten sind als Gemüse beliebt. (Bild Gemüse)

Papst [lat. papa ›Vater‹] *der, -es/¨e,* Kath. Kirche: der Bischof von Rom als das Oberhaupt der Gesamtkirche. *Adj.* **päpstlich.** *das* **Papsttum,** *-s,* die Einrichtung des Papstamtes.

Nach kath. Lehre gab Christus seiner Kirche in Petrus ein sichtbares Haupt, das an seiner Stelle die Leitung der gesamten Kirche innehaben sollte (Mt. 16, 18). Dieser Vorrang des Petrus lebt als dauernde Verfassungseinrichtung der Kath. Kirche fort in den P.; nach der Entscheidung des Ersten Vatikan. Konzils (1869/70) umschließt der Vorrang (Primat) des P. die volle und oberste Gewalt in Sachen des Glaubens, der Sitte und allem, was die kirchl. Ordnung betrifft (→ Unfehlbarkeit). Dieser ›Jurisdiktionsprimat‹ ist untrennbar mit dem Amt des Bischofs von Rom verknüpft und jeder anderen kirchl. Gewalt (auch den Ökumen. Konzilien) übergeordnet. In der Ausübung des Primats wird der P. unterstützt von den Kardinälen, der Röm. Kurie, dem Bischofskollegium und der → Bischofssynode. Die Sitte, statt des Taufnamens einen anderen Namen anzunehmen, ist im 10. Jh. aufgekommen.

Anrede: Eure Heiligkeit, Heiliger Vater. Tracht: weißseidener Talar, roter Mantel und Hut; bei feierl. Anlässen außerhalb des Gottesdienstes trug der P. bis 1963 die Tiara.

Völkerrechtlich wird der P. als ein Souverän eigenen Rechts betrachtet. Diese päpstl. Souveränität beruht auf dem geistl. Amt des P., sie wird sichtbar im Kirchenstaat und im aktiven und passiven Gesandtschaftsrecht des P. Die Papstwahl erfolgt nach dem geltenden kirchl. Recht im Konklave (spätestens am 20. Tag nach Erledigung des päpstl. Amtes) durch die Kardinäle, die bei dessen Beginn noch nicht 80 Jahre alt sind, nach 3 Wahlarten: regelmäßig in geheimer Abstimmung (gewählt ist, wer wenigstens zwei Drittel und eine der Stimmen erhält), ausnahmsweise durch freiwillige einhellige Einigung aller Kardinäle auf eine best. Persönlichkeit oder durch Übertragung der Wahl auf einen Ausschuß von 9–15 Kardinälen. Durch Annahme der Wahl und (ggf.) Empfang der Bischofskonsekration ist der Gewählte kraft göttl. Rechts P. Die spätere Amtseinführung ist ohne rechtl. Bedeutung. Ob der P. seinen Nachfolger bindend bestimmen könnte (Designation), ist strittig; nur Felix IV. (526–30) ist es bisher mit Bonifatius II. (530–32) gelungen. Das Gegeneinander mehrerer Päpste (Gegenpapst) ist zuletzt 1439 (Felix V.) vorgekommen. Über die päpstl. Behörden → Kurie 3).

Geschichte des Papsttums. Die Entwicklung der urkirchl. Gemeindeverfassung zum monarch. Episkopat war auch in Rom Mitte des 2. Jh. abgeschlossen, so daß seitdem die aus den Bischofslisten bekannten führenden Geistlichen der röm. Gemeinde als Bischöfe im heutigen Sinn betrachtet werden müssen. Der Bischof von Rom gewann wegen der besonderen Beziehung seiner Gemeinde zu Petrus und Paulus allmählich einen Vorrang vor den anderen Bischöfen. Mit Gründung der Reichskirche durch Konstantin d. Gr. wurde auf dem Konzil zu Nikaia (325) die Amtsgewalt des röm. Bischofs über die Bischöfe des lat. Westens anerkannt (Italien, Gallien, Spanien, Illyricum, Afrika). In den Glaubenskämpfen des 4. bis 7. Jh. wurden die Entscheidungen hauptsächl. von den Reichskonzilien, den ökumen. Synoden, gefällt. Unter den beiden bedeutendsten P. des christl. Altertums, Innozenz I. (401–17) und Leo I. (440–61), wurden Ansehen und Einfluß des Röm. Stuhls stark erweitert. Unter dem oström. Kaiser Justinian I. (527–65) wurde die päpstl. Macht mehr und mehr eingeengt; seit Gregor d. Gr. (590–604) hob sich jedoch das Ansehen des Papsttums v. a. durch die Entstehung des → Kirchenstaates, zu dessen Begründung das Papsttum sich später auch der gefälschten → Konstantinischen Schenkung bediente. Karl d. Gr. beschränkte das Papsttum wieder auf seine geistl. Aufgabe. Unter seinen schwa-

(Zählung nach dem ›Annuario Pontificio‹ 1979; Gegenpäpste sind eingerückt)

Petrus	† 64 oder 67
Linus	67–76
Cletus	76–88
Klemens I.	88–97
Evaristus	97–105
Alexander I.	105–115
Sixtus I.	115–125
Telesphorus	125–136
Hyginus	136–140
Pius I.	140–155
Anicetus	155–166
Soter	166–175
Eleutherius	175–189
Viktor I.	189–199
Zephyrin	199–217
Calixtus I.	217–222
Hippolyt	217–235
Urban I.	222–230
Pontianus	230–235
Anterus	235–236
Fabianus	236–250
Cornelius	251–253
Novatian	251
Lucius I.	253–254
Stephan I.	254–257
Sixtus II.	257–258
Dionysius	259–268
Felix I.	269–274
Eutychianus	275–283
Caius	283–296
Marcellinus	296–304
Marcellus I.	308–309
Eusebius	309
Miltiades	311–314
Silvester I.	314–335
Markus	336
Julius I.	337–352
Liberius	352–366
Felix II.	355–365
Damasus I.	366–384
Ursinus	366–367
Siricius	384–399
Anastasius I.	399–401
Innozenz I.	401–417
Zosimus	417–418
Bonifatius I.	418–422
Eulalius	418–419
Cölestin I.	422–432
Sixtus III.	432–440
Leo I.	440–461
Hilarus	461–468
Simplicius	468–483
Felix III. (II.)	483–492
Gelasius I.	492–496
Anastasius II.	496–498
Symmachus	498–514
Laurentius	498; 501–505
Hormisdas	514–523
Johannes I.	523–526
Felix IV. (III.)	526–530
Bonifatius II.	530–532
Dioskurus	530
Johannes II.	533–535
Agapetus I.	535–536
Silverius	536–537
Vigilius	537–555
Pelagius I.	556–561
Johannes III.	561–574
Benedikt I.	575–579
Pelagius II.	579–590
Gregor I.	590–604
Sabinian	604–606
Bonifatius III.	607
Bonifatius IV.	608–615
Deusdedit (Adeodatus I.)	615–618
Bonifatius V.	619–625
Honorius I.	625–638
Severinus	640
Johannes IV.	640–642
Theodor I.	642–649
Martin I.	649–655
Eugen I.	654–657
Vitalian	657–672
Adeodatus II.	672–676
Donus	676–678
Agatho	678–681
Leo II.	682–683
Benedikt II.	684–685
Johannes V.	685–686
Konon	686–687
Theodor	687
Paschalis	687
Sergius I.	687–701
Johannes VI.	701–705
Johannes VII.	705–707
Sisinnius	708
Konstantin	708–715
Gregor II.	715–731
Gregor III.	731–741
Zacharias	741–752
Stephan II. (III.)	752–757
Paul I.	757–767
Konstantin	767–769
Philipp	768
Stephan III. (IV.)	768–772
Hadrian I.	772–795
Leo III.	795–816
Stephan IV. (V.)	816–817
Paschalis I.	817–824
Eugen II.	824–827
Valentin	827
Gregor IV.	827–844
Johannes	844
Sergius II.	844–847
Leo IV.	847–855
Benedikt III.	855–858
Anastasius Bibliothecarius	855
Nikolaus I.	858–867
Hadrian II.	867–872
Johannes VIII.	872–882
Marinus I.	882–884
Hadrian III.	884–885
Stephan V. (VI.)	885–891
Formosus	891–896
Bonifatius VI.	896
Stephan VI. (VII.)	896–897
Romanus	897
Theodor II.	897
Johannes IX.	898–900
Benedikt IV.	900–903
Leo V.	903
Christophorus	903–904
Sergius III.	904–911
Anastasius III.	911–913
Lando	913–914
Johannes X.	914–928
Leo VI.	928
Stephan VII. (VIII.)	928–931
Johannes XI.	931–935
Leo VII.	936–939
Stephan VIII. (IX.)	939–942
Marinus II.	942–946
Agapetus II.	946–955
Johannes XII.	955–964
Leo VIII.	963–965
Benedikt V.	964–966
Johannes XIII.	965–972
Benedikt VI.	973–974
Bonifatius VII.	974, 984–985
Benedikt VII.	974–983
Johannes XIV.	983–984
Johannes XV.	985–996
Gregor V.	996–999
Johannes XVI.	997–998
Silvester II.	999–1003
Johannes XVII.	1003
Johannes XVIII.	1004–1009
Sergius IV.	1009–1012
Benedikt VIII.	1012–1024
Gregor VI.	1012
Johannes XIX.	1024–1032
Benedikt IX.	1032–1044
Silvester III.	1045
Benedikt IX.	1045
Gregor VI.	1045–1046
Klemens II.	1046–1047
Benedikt IX.	1047–1048
Damasus II.	1048
Leo IX.	1049–1054
Viktor II.	1055–1057
Stephan IX. (X.)	1057–1058
Benedikt X.	1058–1059
Nikolaus II.	1059–1061
Alexander II.	1061–1073
Honorius II.	1061–1072
Gregor VII.	1073–1085
Klemens (III.)	1080, 1084–1100
Viktor III.	1086–1087
Urban II.	1088–1099
Paschalis II.	1099–1118
Theodorich	1100–1102
Albert	1102
Silvester IV.	1105–1111
Gelasius II.	1118–1119
Gregor VIII.	1118–1121
Calixtus II.	1119–1124
Honorius II.	1124–1130
Cölestin II.	1124
Innozenz II.	1130–1143
Anaklet II.	1130–1138
Viktor IV.	1138
Cölestin II.	1143–1144
Lucius II.	1144–1145
Eugen III.	1145–1153
Anastasius IV.	1153–1154
Hadrian IV.	1154–1159
Alexander III.	1159–1181
Viktor IV. (V.)	1159–1164
Paschalis III.	1164–1168
Calixtus III.	1168–1178
Innozenz III.	1179–1180
Lucius III.	1181–1185
Urban III.	1185–1187
Gregor VIII.	1187
Klemens III.	1187–1191
Cölestin III.	1191–1198
Innozenz III.	1198–1216
Honorius III.	1216–1227
Gregor IX.	1227–1241
Cölestin IV.	1241
Innozenz IV.	1243–1254
Alexander IV.	1254–1261
Urban IV.	1261–1264
Klemens IV.	1265–1268
Gregor X.	1271–1276
Innozenz V.	1276
Hadrian V.	1276
Johannes XXI.	1276–1277
Nikolaus III.	1277–1280
Martin IV.	1281–1285
Honorius IV.	1285–1287
Nikolaus IV.	1288–1292
Cölestin V.	1294
Bonifatius VIII.	1294–1303
Benedikt XI.	1303–1304
Klemens V.	1305–1314
Johannes XXII.	1316–1334
Nikolaus V.	1328–1330
Benedikt XII.	1334–1342
Klemens VI.	1342–1352
Innozenz VI.	1352–1362
Urban V.	1362–1370
Gregor XI.	1370–1378
Urban VI.	1378–1389
Bonifatius IX.	1389–1404
Innozenz VII.	1404–1406
Gregor XII.	1406–1415

Gegenpäpste der Oboedienz von Avignon

Klemens VII.	1378–1394
Benedikt XIII.	1394–1423
Klemens VIII.	1423–1429
Benedikt XIV.	1425–1430

Gegenpäpste der Oboedienz von Pisa

Alexander V.	1409–1410
Johannes XXIII.	1410–1415

Martin V.	1417–1431
Eugen IV.	1431–1447
Felix V.	1439–1449
Nikolaus V.	1447–1455
Calixtus III.	1455–1458
Pius II.	1458–1464
Paul II.	1464–1471
Sixtus IV.	1471–1484
Innozenz VIII.	1484–1492
Alexander VI.	1492–1503
Pius III.	1503
Julius II.	1503–1513
Leo X.	1513–1521
Hadrian VI.	1522–1523
Klemens VII.	1523–1534
Paul III.	1534–1549
Julius III.	1550–1555
Marcellus II.	1555
Paul IV.	1555–1559
Pius IV.	1559–1565
Pius V.	1566–1572
Gregor XIII.	1572–1585
Sixtus V.	1585–1590
Urban VII.	1590
Gregor XIV.	1590–1591
Innozenz IX.	1591
Klemens VIII.	1592–1605
Leo XI.	1605
Paul V.	1605–1621
Gregor XV.	1621–1623
Urban VIII.	1623–1644
Innozenz X.	1644–1655
Alexander VII.	1655–1667
Klemens IX.	1667–1669
Klemens X.	1670–1676
Innozenz XI.	1676–1689
Alexander VIII.	1689–1691
Innozenz XII.	1691–1700
Klemens XI.	1700–1721
Innozenz XIII.	1721–1724
Benedikt XIII.	1724–1730
Klemens XII.	1730–1740
Benedikt XIV.	1740–1758
Klemens XIII.	1758–1769
Klemens XIV.	1769–1774
Pius VI.	1775–1799
Pius VII.	1800–1823
Leo XII.	1823–1829
Pius VIII.	1829–1830
Gregor XVI.	1831–1846
Pius IX.	1846–1878
Leo XIII.	1878–1903
Pius X.	1903–1914
Benedikt XV.	1914–1922
Pius XI.	1922–1939
Pius XII.	1939–1958
Johannes XXIII.	1958–1963
Paul VI.	1963–1978
Johannes Paul I.	1978
Johannes Paul II.	seit 1978

Pappel 1): Schwarzpappel

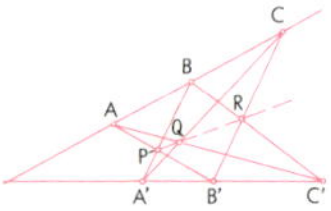

Pappus von Alexandria: Satz des Pappus

Papua-Neuguinea

chen Nachfolgern gewann es an Macht, wobei ihm bes. die → Pseudo-Isidorien dienlich waren, eine karoling. Fälschung des 9. Jh., welche die Selbständigkeit der Bischöfe gegenüber den Metropoliten fördern wollte. In der Folge wurden sittenlose P. zum machtlosen Werkzeug röm. Adelsparteien, bis zuerst Otto d. Gr. und dann wiederum Heinrich III. das Papsttum reformierten. Das reformierte Papsttum forderte jedoch unter dem Einfluß der cluniazens. Bewegung die völlige Freiheit der Kirche vom Staat. Die Ernennung der Bischöfe durch den König wurde angefochten und als Simonie gekennzeichnet. Aus dem P. wurde der Stellvertreter Gottes auf Erden, dem auch der Kaiser unterworfen sein solle. Mit diesen Ansprüchen, die Gregor VII. (1073–85) entscheidend gestaltete, legte das Papsttum den Grund zu der theokrat. Ordnung, die das Hochmittelalter beherrschen sollte, wie zu dem Anspruch auf maßgebl. Mitbestimmung des politischen und gesellschaftl. Lebens, der das Verhältnis der Kath. Kirche zum Staat bis heute beeinflußt. Heinrich IV. mußte sich in Canossa vor Gregor VII. beugen; seinem Sohn Heinrich V. gelang es mit großer polit. Kunst, im Wormser Konkordat die bisherigen staatl. Rechte in ihren wichtigsten Punkten noch einmal von der Kirche anerkennen zu lassen. Am entschiedensten wandte sich Friedrich I. gegen den Anspruch des Papsttums, daß auch das Kaisertum päpstl. Lehen sei. Gegen ihn und seine Erben verband sich das Papsttum mit den polit. Regionalgewalten in Italien und erreichte unter Innozenz III. (1198–1216) den Höhepunkt seiner weltl. Macht. Innozenz suchte nach dem frühen Tod Kaiser Heinrichs VI. mehrfach, einzelne Staaten von sich lehnsabhängig zu machen. Sein und seiner Nachfolger Kampf galt v. a. dem Reich, dessen Stellung über den Nationalstaaten sie zerstörten. Der Mißerfolg der Kreuzzüge, der Sturz des Lat. Kaiserreichs (1261), die drückenden Besteuerungen des Klerus und die zunehmende Verweltlichung der Kurie erschütterten jedoch das Ansehen des Papsttums. Bonifatius VIII. (1294–1303) forderte in übersteigerter Form den Gehorsam gegen den P. als Vorbedingung für die ewige Seligkeit (Bulle Unam sanctam, 1302), doch Frankreich und England trotzten den Herrschaftsansprüchen des Papsttums. Damit begann die Zeit der frz. Herrschaft über die P. (1305–78), die seit 1309 in Avignon residierten (›Babylonische Gefangenschaft der Kirche‹). Besonders während der großen Kirchenspaltung (Schisma; 1378–1417) verlor das Papsttum an Macht und Ansehen; die Reformkonzilien im 15. Jh. forderten vergeblich eine Erneuerung der Kirche an ›Haupt und Gliedern‹. Die P. der Renaissancezeit zeigten bei allen Verdiensten um Kunst und Wissenschaft für ihre geistl. Sendung nur wenig Verständnis; ihre Lebenshaltung und ihre Politik glichen der der anderen ital. Renaissancefürsten (Sixtus IV., Innozenz VIII., Alexander VI.). Erst die Reformation zwang das Papsttum zur Besinnung auf sein urspr. Amt. Auf dem Tridentin. Konzil (1545–63) wurde die Unvereinbarkeit der reformator. Lehren mit dem kath. Dogma festgestellt und damit die Grundlage für die → Gegenreformation geschaffen, in der die P. mit Hilfe der span. Politik noch einmal entscheidenden Einfluß gewannen (Jesuiten, Inquisition). Bereits im 18. Jh. setzte sich die Aufklärung durch; der Jesuitenorden mußte aufgelöst werden. In der Frz. Revolution und unter Napoleon I. büßte das Papsttum alle weltliche Macht ein. Im Laufe des 19. Jh. erstarkte es als geistl. Macht von neuem. Bes. reich an innerkirchl. Erfolgen war das Pontifikat Pius IX. (1846–78). Das Vatikan. Konzil von 1870 erhob die Unfehlbarkeit und den Universalepiskopat (Vormachtstellung) des P. zum Glaubenssatz, führte freilich auch zum → Kulturkampf. Obwohl 1870 der Kirchenstaat an Italien verlorenging, verstand es Leo XIII. (1878–1903), Ansehen und Einfluß des Papsttums weiter zu steigern. Während des 1. Weltkrieges bemühte sich Benedikt XV. (1914–22) erfolglos um den Frieden. Der gesteigerte polit. Einfluß des Papsttums nach dem 1. Weltkrieg zeigte sich bes. in der Neugründung zahlreicher Nuntiaturen. 1929 kam unter Pius XI. (1922–39) die Aussöhnung mit Italien durch die Lateranverträge zustande; das Papsttum erhielt in der Vatikanstadt einen sehr kleinen, aber souveränen Kirchenstaat zurück. Anfang 1939 wurde der Kardinalstaatssekretär Pacelli zum Papst gewählt; er hat als → Pius XII. die Weltstellung des Papsttums ausgebaut. Mit Johannes XXIII. (1958–63) begann ein neuer Abschnitt in der Geschichte des Papsttums und der Kath. Kirche; er und sein Nachfolger Paul VI. (1963–78) haben sich für die Erneuerung v. a. auf das 2. Vatikanische Konzil (1962–65) gestützt.

Die Hinwendung des P. zu unmittelbar polit. Betätigung unter Paul VI. ist auch in neuerer Zeit fortgesetzt worden. Drei Bereichen wendet sich diese bes. zu: 1) der ›Pastoralpolitik‹ zur Existenzsicherung der Kirche im Ostblock (vatikan. ›Ostpolitik‹) und bes. auch in den Ländern der Dritten Welt, allg. auch zum Ausdruck der gesamtkirchl. Sorge des P. innerhalb der Kirche; 2) der Gesellschafts- und Sozialpolitik (hier haben sich unter Paul VI. gegenüber seinen Vorgängern die Akzente zugunsten einer Zurückhaltung im Grundsätzlichen und einer – teilweisen – Anpassung an die konkreten Verhältnisse verschoben); 3) zur Friedenspolitik, die besonderes Gewicht auf die Erhaltung des Friedens für lange Zeit legt. Ihr soll bes. auch die Präsenz des Hl. Stuhles in den internat. Organisationen dienen. (→ Aggiornamento)

Mit dem Pontifikat Johannes Paul II. hat eine gewisse Konsolidierung eingesetzt, die den neuen Ansatz des 2. Vatikan. Konzils gleichwohl bewahrt. Auf häufigen Reisen spricht sich der Papst in Ländern der Dritten Welt für die Menschenrechte und soziale Gerechtigkeit aus und dringt in europäisch-westl. Ländern auf Wahrung des Glaubens und sittl. Normen.

Päpstin Johanna, angebliche Päpstin, → Johanna.

Papstkataloge, Verzeichnisse der röm. Bischöfe in zeitl. Reihenfolge, z. B. Liber pontificalis (→ Liber).

Papstkrone, 1) die → Tiara. **2)** Weichtier, → Mitraschnecken.

Päpstliche Bibelkommission, die seit 1971 so genannte frühere Päpstl. Kommission für die bibl. Studien; sie soll das kirchl. Lehramt bei der Auslegung der Hl. Schrift unterstützen. Ihr Präses ist der Präfekt der Glaubenskongregation.

Päpstliche Famili|e, die Geistlichen und Laien des → Päpstlichen Hauses (insgesamt auch **Familiaren** genannt), die den Papst umgeben, wenn er als Inhaber des Apostol. Stuhles oder als Souverän des Vatikanstaates öffentlich amtiert.

Päpstliche Hochschulen, die kirchl. Hochschulen mit Universitätsrang, bes. in Rom (→ Römische Hochschulen), u. a. die → Gregoriana.

Päpstliche Kapelle, die geistl. und weltl. Würdenträger des → Päpstlichen Hauses, die bei einem feierl. Gottesdienst die unmittelbare Umgebung des Papstes bilden.

Päpstliche Kundgebungen, die amtl. Äußerungen des Papstes, bes. die → Enzyklika und das → Motuproprio, daneben Predigten und Rundfunkansprachen.

päpstliche Orden, die vom Papst verliehenen Orden, bes. der Christusorden, der Orden vom Goldenen Sporn u. a., dann auch die Ehrenzeichen ›Pro Ecclesia et Pontifice‹ und die Medaille ›Benemerenti‹. Als kirchl. Ritterorden werden vom Hl. Stuhl der Orden vom Hl. Grabe und der Malteserorden anerkannt.

Päpstlicher Legat, Apostolischer Legat, → Legat 2).

Päpstlicher Segen, Apostolischer Segen, → apostolisch.

Päpstlicher Stuhl, Heiliger Stuhl, 1) die päpstl. Regierung (→ Kurie). **2)** der Apostolische Stuhl (→ apostolisch).

Päpstliches Bibel|institut, seit 1928 ein selbständiges Institut der → Gregoriana zur Förderung der Bibelwissenschaft (1932 erweitert um eine Fakultät für die Wiss. vom Alten Orient).

Päpstliches Haus, die Geistlichen und Laien, die den Papst bei feierl. liturg. Funktionen (→ Päpstliche Kapelle) und bei seinem Auftreten als Oberhaupt der Kirche (→ Päpstliche Familie) unterstützen. Reine Ehrenämter wurden 1968 abgeschafft.

päpstliches Wappen, der mit den päpstlichen Insignien (2 Schlüssel, Tiara) verbundene persönl. Wappenschild des regierenden Papstes.

päpstliche Vermögens- und Finanzverwaltung, die von der 1967 eingerichteten Präfektur der wirtschaftl. Angelegenheiten wahrgenommene Rechnungslegung, Etatprüfung und -aufstellung des Hl. Stuhls. Die Vermögensverwaltung des Apostol. Stuhls verwaltet sein Liegenschafts- und Finanzvermögen.

Papua, Papua [malaiisch], **1)** ehem. austral. Territorium im SO von → Neuguinea. **2)** *der, -(s)/-(s),* Eingeborener von Neuguinea, bes. nicht melanesisch sprechender. Die P. gehören zu einer Vielzahl von rassisch und sprachlich verschiedenen Stämmen.

Papua-Golf, engl. **Gulf of Papua** [gʌlf ɔv pˈɑːpʊə], weite offene Bucht im SO Neuguineas.

Papua-Neuguinea [-ginˈea], engl. **Papua New Guinea** [pˈɑːpʊə njuː gˈɪnɪ], Staat in Ozeanien, umfaßt die Osthälfte von Neuguinea, den Bismarck-Archipel, Bougainville, Buka u. a. Inseln, 461 961 km², (1981) 3,01 Mio. Ew. Hauptstadt: Port Moresby. Amtssprache: Englisch; Währungseinheit: 1 Kina (K) = 100 Toea (t). KARTE VI/VII, n. S. 320.

S t a a t. Das frühere austral. UNO-Mandatsgebiet ist seit dem 16. 9. 1975 unabhängig und Mitgl. des Commonwealth. Das Einkammerparlament besteht aus 109 Mitgl. Die Exekutive leitet ein Premierminister. Staatsoberhaupt ist die engl. Königin, vertreten durch den Generalgouverneur. Auf Grund von Sezessionsbestrebungen wurden einigen der 20 Prov. weitgehende Sonderrechte eingeräumt, insbes. der kupferreichen Prov. → Bougainville. – Das R e c h t beruht auf dem engl. Common Law, daneben Stammesrecht. – S t r e i t k r ä f t e: Die Freiwilligenarmee umfaßt 3 775 Mann; Polizeikräfte rd. 400.

L a n d e s n a t u r. Von der gesamten Landfläche entfallen 394 766 km² auf den östl. Teil von → Neuguinea, der Rest auf den → Bismarck-Archipel und die nördl. → Salomon-Inseln (Bougainville, Buka).

B e v ö l k e r u n g. Die überwiegend im O von Neuguinea ansässige Bev. gliedert sich in rd. 750 versch. Sprachgruppen (→ Papua-Sprachen). Die → Melanesier bilden die Mehrheit der Bev., sie siedeln zum größten Teil im Hochland. – B i l d u n g: Keine allg. Schulpflicht; 6jährige Primarschulen, 3–5jährige Sekundarschulen; Univ. in Port Moresby, TU in der Hafenstadt Lae auf Neuguinea (beide gegr. 1965). – Religion: Nach Schätzungen sind etwa ²/₃ der Bev. Christen. Trotzdem ist der Glaube an Geister und Magie noch verbreitet, daneben bestehen → Cargo-Kulte.

Wirtschaft. Verbreitet ist Wanderfeldbau mit Brandrodung: Süßkartoffeln, Taro, Yams, Bananen, Zuckerrohr, in Küstengebieten Kokos- und Sagopalmen; in Plantagen werden Kokospalmen, Kaffee, Kakao, Kautschuk, Bananen, Tee angebaut; Hühner- und Schweinezucht. Die Wälder (70% der Fläche) werden z. T. genutzt. Bed. Kupfer- und Goldabbau, bes. auf Bougainville, ferner wird Silber gewonnen; Chrom-, Nickel- und Kobaltlager sind bekannt. Holz-, Kokosnußverarbeitung, Zementwerke, Werften. Ausfuhr: Erze, Kopra, Kakao, Kaffee, Holz, Thunfisch, Palmöl, Tee, Kautschuk. Haupthandelspartner: Australien, Japan. Hauptverkehrsträger sind Flugzeuge und Küstenschiffahrt; keine Eisenbahn. Von den 19000 km Straßen sind 6000 km ganzjährig befahrbar (nur wenige asphaltiert). Internat. Flughafen: Port Moresby.

Geschichte. → Neuguinea, → Bismarck-Archipel, → Bougainville.

Papua-Sprachen, im größten Teil Neuguineas, auf benachbarten Inseln, im Zentrum und in Randgebieten des melanes. Raumes sowie im indones. Raum (z. B. auf Alor und N-Halmahera) gesprochene Sprachen (rd. 750 mit etwa 2,7 Mio. Sprechern). Sie bilden einen eigenen Sprachstamm.

Papyrus [lat.] *der, -/...ri,* grch. **Papyros** [ägypt. Lw. ›das des Pharao‹], **1)** Beschreibstoff in Rollen-, Blatt- und Buchform. Das entrindete Stengelmark der → Papyrusstaude wurde in dünnste Streifen geschnitten, dann kreuzweise geklebt und getrocknet. P. gelangten von Ägypten aus in die ganze antike Kulturwelt. Zum Schreiben diente ein schräg gekappter Binsenhalm, seit dem 3. Jh. v. Chr. der Rohrhalm mit gespaltener Spitze (Kalamos). Die Schrift wurde mit Lösungen von Kohlenschwärze (Ruß), auch mit Zinnober (rot), später mit Sepia- und Metalltinten ausgeführt. P. läßt sich in Ägypten für das 3. Jahrtsd. v. Chr. nachweisen, doch begegnet die P.-Rolle als Schriftzeichen (Hieroglyphe) schon im 4. Jahrtsd. Nach Griechenland kam die P.-Rolle wahrscheinlich im 6. Jh. v. Chr. Seit dem 2. Jh. n. Chr. wurde der P. allmählich durch das Pergament verdrängt. **2) Papyrustext,** beschriftetes P.-Blatt. In Ägypten haben sich beschriftete P.-Blätter, kurz **Papyri** genannt, in Bodenschichten erhalten, die dem Grundwasser unerreichbar blieben. Die ältesten und besterhaltenen sind die hieroglyph. Rollen, darunter der 40 m lange **Große P. Harris,** ein Taten- und Rechenschaftsbericht Ramses' III. Jenseitsdarstellungen finden sich in den ›Totenbuch‹ gen. religiösen Textsammlungen (→ ägyptische Kultur). Weitaus bedeutender und zahlreicher als alle anderen P.-Gruppen (u. a. koptische, aramäische, phönikische, kanaanäische, hebräische, arabische P.) sind die **grch. P.,** die seit Alexander d. Gr. für Jahrhunderte die wichtigsten Zeugen antiken Lebens (Urkunden) und antiken wie christl. Schrifttums (→ Bibel) sind. – **Papyruskunde,** *die* **Papyrologie,** -, histor. Hilfswissenschaft der Altertumskunde.

Papyrusstaude, Cyperus papyrus, vom trop. Afrika bis Sizilien verbreitete Art der Riedgräser. In Altägypten wurde sie v. a. als Nahrungsmittel und Baumaterial verwendet; aus ihr wurde u. a. → Papyrus hergestellt.

para... [grch.], **1)** neben..., bei...: *das Paraszenium,* Nebenbühne. **2)** entgegen: *paradox,* widersinnig. **3)** ⚗ Abk. **p,** Vorsilbe zur Kennzeichnung a) polymerer Formen; b) der 1.4-Stellung am Benzol-Ring; c) der Spezies in Verbindung mit Elementnamen (z. B. Parahelium) mit antiparallelem Spin; d) einer höheren Hydratationsstufe einer Säure (z. B. Parajodsäure).

Para *Pl.,* kleine Währungseinheit in Jugoslawien. 100 P. (p) = 1 jugoslaw. Dinar.

Pará [Tupí-Sprache ›Wasser‹], **1) Rio P.,** südl. Mündungsarm des Amazonas, bildet mit dem Tocantins eine trichterförmige Mündungsbucht. **2)** Staat im N von → Brasilien. Der Hauptteil P.s gehört der mit Urwald bedeckten Schwemmlandebene des Amazonas an; im N erstrecken sich die Ausläufer des Berglandes von Guayana, der S hat Anteil an der Abdachung des Brasilian. Berglandes.

Parabase [grch.] *die, -/-n,* Kernstück der alten attischen Komödie, gewöhnlich vor der Mitte des Stückes eingeschaltet. Die P. bestand aus 7 teils gesungenen, teils gesprochenen Teilen. Sie war eine Scheltrede an das Publikum, brachte persönl. Anliegen des Dichters vor, daneben Kritik an Zuständen und Personen von Athen; auch finden sich kultliedartige Stellen.

Parabel [grch.] *die, -/-n,* **1)** lehrhafte Erzählung, die eine allgemeine sittl. Wahrheit durch eine als Gleichnis zu deutende erdichtete Begebenheit veranschaulicht. P. sind z. B. das Gleichnis vom verlorenen Sohn und die Ringparabel in Lessings ›Nathan der Weise‹. **2)** △ ein → Kegelschnitt, dessen Punkte von einem festen Punkt (Brennpunkt) und einer festen Geraden (Leitlinie) den gleichen Abstand haben. Das Lot vom Brennpunkt auf die Leitlinie schneidet die P. im Scheitel und liefert die Symmetrieachse der P. Die von dem Brennpunkt zu einzelnen Punkten der P. gezogenen Geraden werden Brennstrahlen genannt. Die Scheitelgleichung der P. im kartes. Koordinatensystem lautet $y^2 = 2px$, worin der Parameter p die Form der P. bestimmt. *Adj.* **parabolisch.**

Parabiose [grch. ›Nebeneinanderleben‹] *die, -/-n,* das Zusammenleben und gegenseitige Beeinflussen miteinander verwachsener Lebewesen, z. B. Siames. Zwillinge. Mit künstlich erzeugten P. werden u. a. kreislaufphysiolog. Probleme erforscht.

Paraboloid [grch.] *das, -(e)s/-e,* △ gekrümmte Fläche ohne Mittelpunkt. Durch Drehung einer → Parabel um die Achse entsteht das **Umdrehungs-** oder **Rotations-P.,** ein spezielles **elliptisches P.** Man unterscheidet elliptische von **hyperbolischen P.** danach, ob ihre Schnittkurven mit einer bestimmten Schar paralleler Ebenen Ellipsen (im Sonderfall des Rotations-P. Kreise) oder Hyperbeln sind.

Paracas, Halbinsel im S Perus, 18 km südlich des Hafens Pisco. Die hier in vorkolumb. Zeit entstandene Kultur erstreckt sich über den gesamten Küstenstreifen von San Vicente de Canete bis Nazca und umfaßte 2 Stilphasen: **P.-Cavernas** (1000–um 300 v. Chr.) mit mächtigen unterird. Grabkammern sowie dickwandiger, nach dem Brand bemalter Keramik. **P.-Necropolis** (200/100 v. Chr.–300 n. Chr.), hier wurden in Gräbern viele Mumien mit reichen Grabbeigaben gefunden, darunter hervorragende Gewebe.

Paracelsus, eigtl. Theophrastus Bombastus **von Hohenheim,** Arzt und Naturforscher, * Einsiedeln (Kt. Schwyz) 1493, † Salzburg 24. 9. 1541, Sohn eines Arztes, scheint 1515 in Ferrara Doktor der Medizin geworden zu sein. 1527 nahm er, nach mehr als zehnjähriger Wanderschaft durch nahezu alle europ. Länder, die Stadtarztstelle in Basel an. Seine Angriffe gegen die damalige Schulmedizin brachten ihn in Basel in heftige Kämpfe mit Univ. und Ärzteschaft, in deren Verlauf er 1528 nach Salzburg fliehen mußte. P. ist der Begründer einer neuen Heilkunde. In seiner Naturphilosophie verbinden sich Züge aus MA. und Renaissance mit zukunftweisenden Gedanken: Im Mittelpunkt steht der Mensch als Mikrokosmos, seine Lebensvorgänge werden mit den Substanzen und Kräften des Makrokosmos in ›Konkordanz‹ gedacht. Aus dieser Anschauung entwickelte P. die Chemie als Lehre von den wirksamen Elementen, ihren Veränderungen und ihren bei der Heilung mithelfenden Wirkungen und wurde damit zum Begr. der → Iatrochemie. Heilung ist für ihn das Werk der Lebenskraft, die der Arzt und die Arznei nur unterstützen.

Paracelsusmedaille, Auszeichnung, die jährlich vom Deutschen Ärztetag an bes. verdiente Ärzte verliehen wird (seit 1952).

Parade [frz.] *die, -/-n,* **1)** allg.: Aufmarsch; ♧ Aufstellung und anschließend Vorbeimarsch **(Parademarsch)** aus feierl. Anlässen, u. a. zur Ehrung von Staatsmännern und hohen Offizieren. Die militär. Ehren bei einem Leichenbegängnis erweist eine **Trauerparade.** Die Bundeswehr führt nach Abschluß großer Übungen die **Feldparade** durch, wobei die Luftwaffe mit Formationsflügen beteiligt ist. Auch auf Kriegsschiffen wird unter entsprechender Aufstellung der Besatzungen paradiert. *Vb. ich* **paradiere. 2)** ⚔ Abwehr eines gegnerischen Angriffs, bes. beim Fechten: Abwehr und Ablenken von gegner. Hieben und Stößen durch Klingen- und Körperbewegungen, um dem Gegner die Trefffläche zu entziehen und den Angriff unwirksam zu machen. **3) Parieren,** Pferdesport: das Anhalten des Pferdes aus dem Gang **(ganze P.)** oder das Verkürzen des Tempos innerhalb einer Gangart **(halbe P.).** *Vb.* → parieren. **4)** Brettspiele: Abwehr einer Drohung, Durchkreuzen einer Absicht.

Paradeis [oberdt.] *das, -es,* Nebenform von Paradies. *der* **Paradeiser,** *-s/-,* **Paradeisapfel,** *österr.:* Tomate.

Paradentitis [grch.-lat.] *die, -,* ♧ für Parodontitis (→ Zahnbettschwund).

Paradentose [grch.-lat.] *die, -,* ♧ für Parodontose (→ Zahnbettschwund).

Paradies [grch. aus altpers.] *das, -es/-e,* **1)** *ohne Pl.,* spätjüd. Name des Gartens Eden, aus dem Gott die ersten Menschen nach dem Sündenfall vertrieb (1. Gen. 2f.); danach auch der Aufenthaltsort der Seligen. Neben dem urzeitl. heißt auch der endzeitl. Glückszustand gelegentlich P. – Der Glaube an einen urzeitl. und endzeitl. Glückszustand ist religionsgeschichtlich weit verbreitet (→ Islam, → Nirvana). **2)** Vorhof frühchristl. Basiliken, in dem der Reinigungsbrunnen stand, gleichbedeutend mit → Atrium (BILD Basilika). Nach Fortfall der ausgedehnten Atrien wurde der Name auch auf die Vorhallen der Kirchen übertragen, die für Büßer, kirchl. Verkündigungen und als Prozessionsstation dienten. **paradiesisch,** himmlisch.

Paradies|apfel, 1) Stammform von Veredlungsunterlagen für edle Apfelsorten. **2)** Tomate.

Paradiesbaum, ⊕ Art der → Ölweide und des → Zedrachs.

Paradiesvogel, lat. **Apus,** ☆ Sternbild des Südhimmels.

Paradiesvögel, Paradisaeidae, Singvogelfam. Neugui-

Paracelsus (Holzschnitt von A. Hirschvogel, 1540)

Paradiesvögel

Paradiesvögel: 1 Gelbkragen- oder Prachtparadiesvogel, 42 cm lang; **2** Königsparadiesvogel, 16 cm lang, ohne die mittleren Schwanzfedern; **3** Schmalschwanz-Sichelkopf oder Meyer-Sichelschnabel, 100 cm lang

Paradiesvogelblume

neas und Australiens, Waldbewohner. Die Männchen haben meist Prachtgefieder und besondere Schmuckfedern.

Paradiesvogelblume, Strelitzia reginae, südafrikan. stammlose Zierpflanze (Bananengewächs).

Paradieswitwe, ♙ Art der → Witwen.

Paradigma [grch.] *das, -s/... men* oder *... mata,* **1)** Beispiel, Muster. **2)** Ⓢ Beugungsmuster, Musterbeispiel. **3)** Ⓢ sprachl. Einheit, die im Kontext an Stelle einer anderen tritt, so daß sich beide gegenseitig ausschließen (z. B. er tanzt ›gut‹, ›schlecht‹). → Syntagma.

paradox [grch.], widersinnig; im Widerspruch zu etwas stehend, dem Erwarteten zuwiderlaufend. *das* **Paradox,** *-es/-e, das* **Paradoxon,** *-s/... xa,* paradoxe Behauptung. *die* **Paradoxie,** *-/... x'i|en,* in Philosophie, Theologie und Literatur wurde die paradoxe Aussage häufig verwendet, um eine höhere (bes. transzendente) Wahrheit aufzudecken (B. Pascal, Nikolaus von Kues, S. Kierkegaard, dialektische Theologie; religiöse Literatur) oder aber auch anzuzweifeln (Sophistik). In der Logik ist die Paradoxie ein scheinbar widersprüchlicher Satz. Während man 2 kontradiktor. Sätze meist als Antinomie bezeichnet, gebraucht man das Wort Paradoxie vor allem für beweisbare Sätze, die den Anschein der Absurdität erwecken. In der modernen Mathematik sind durch den Gebrauch des Mengenbegriffs neue Paradoxa aufgetreten. Antinomien sind dabei Paradoxa, die sich nur durch Revision des für gesichert gehaltenen Wissens beheben lassen. In der Physik ist ein Paradoxon ein in scheinbarem Widerspruch zu physikal. Gesetzen stehendes Phänomen, z. B. das **hydrostatische Paradoxon** (→ Hydrostatik), das → hydrodynamische Paradoxon, das → Zwillingsparadoxon, das → Olberssche Paradoxon.

Parafango, Heilschlamm, im Unterschied zu dem mit Wasser angerührten → Fango mit 6–10% Paraffin zubereitet; dadurch ist die Masse zäher und speichert die Wärme länger.

Paraffinbehandlung, Anwendung von Paraffin zu Heilzwecken: 1) innerlich als Stuhlgleitmittel; 2) äußerlich, bes. als **Paraffinpackung,** zur Überwärmung eines Körperteils oder des ganzen Körpers; letztere bewirkt starke Schweißabsonderung.

Paraffine [lat.], *Sg. das* **Paraffin,** *-s,* i. w. S. die → Alkane; i. e. S. bei Raumtemperatur feste, wachsartige (→ Wachse) Gemische von überwiegend unverzweigten Alkanen **(Normal-P.)** mit 18–32 C-Atomen. P. werden meist durch Entölung und Raffination aus dem bei der → Entparaffinierung von Erdölfraktionen anfallenden Gatsch erhalten. Unter 50 °C schmelzende P. werden als **Weich-P.,** über 50 °C schmelzende als **Hart-P.** bezeichnet. Sie dienen zur Herstellung von Kerzen, Lebensmittelverpackungen (z. B. Milchtüten), Kaugummi u. a. Gemische von flüssigen P. bilden das **Paraffinöl (Paraffinum liquidum),** das u. a. zur Herstellung von Salben sowie innerlich als Darmgleitmittel dient und v. a. ein wichtiges Ausgangsmaterial der chem. Industrie ist.

Parafiski, Hilfsfiski, intermediäre Finanzgewalten, Institutionen zw. dem öffentl. und dem privaten Bereich. Kennzeichnend ist, daß sie einerseits öffentl. Aufgaben erfüllen und andererseits über eigene Finanzquellen mit Zwangscharakter verfügen. Eindeutige P. sind die Sozialfiski (z. B. Sozialversicherung), die öffentl. Kreditfonds und die Ständefiski (z. B. Industrie- und Handelskammern), da sie beiden charakterist. Bedingungen genügen. Umstritten ist die Zurechnung der Kirchenfiski.

Paragenese [grch.] *die, -,* ⊕ die auf best. Bildungsbedingungen zurückzuführende Mineralgemeinschaft in einem Gestein oder auf einer Lagerstätte.

Paragesteine, → Orthogesteine.

Paragonit [grch.] *der, -s,* Mineral, natriumhaltiger → Glimmer 2).

Paragraph [grch. ›Randzeichen‹] *der, -en/-en,* kleiner Abschnitt in einem Schriftwerk, bes. Einzelvorschrift eines Gesetzes, einer Verordnung, bezeichnet durch das Paragraphenzeichen: §, *Pl.* §§. Verfassungen sowie Ges. des internat. Rechtes (z. B. Scheck-Ges.) werden nicht in P., sondern in Artikel eingeteilt.

Paraguay [indian. ›Papageienfluß‹], Fluß in Südamerika, rechter Nebenfluß des Paraná, 2549 km lang, entspringt in Mato Grosso, durchfließt vielfach sumpfiges Schwemmland und vereinigt sich bei Corrientes mit dem Paraná; er wird bis Corumbá mit größeren Schiffen befahren.

Paraguay, amtlich **República del P.,** Republik in Südamerika, 406752 km², (1982) 3,02 Mio. Ew. Hauptstadt: Asunción; Amtssprache: Spanisch; Währungseinheit: 1 Guaraní (₲) = 100 Céntimos (cts). *Adj.* **paraguayisch.** *der* **Paraguayer,** *-s/-.* (KARTE XIV/XV, n. S. 320)

Paraguay

S t a a t. Nach der Verf. v. 25. 8. 1967 übt der auf 5 Jahre direkt gewählte Präs. mit dem von ihm ernannten Kabinett die Exekutive aus; er hat das Recht, durch einen Staatsrat Dekrete zu erlassen, wenn das Parlament nicht tagt. Das Parlament (Congréso) besteht aus Senat (30 Mitgl.) und Abgeordnetenhaus (60 Abg.); es wird für 5 Jahre gewählt. Wahlpflicht für Bürger über 18 Jahre. – Verwaltungsmäßig ist P. in 19 Departamentos geteilt. Die Hauptstadt bildet einen eigenen Bezirk.

S t r e i t k r ä f t e. Allg. Wehrpflicht; 16070 Mann, Heer 12500, Luftwaffe 1070, Marine 2500; Sicherheitstruppen 1500.

L a n d e s n a t u r. P. ist ein Binnenstaat; er wird vom Río P. durchflossen. Östlich des Stromes erstreckt sich ein subtrop. Tafel- und Bergland, reich an Niederschlägen, mit immergrünen Wäldern; es bricht in einer Stufe zur fruchtbaren, weniger feuchten Paraná-Paraguay-Senke ab, in deren südl. Teil sich weite Sumpf- und Überschwemmungsgebiete erstrecken. Im W breitet sich die eintönige, trocken-heiße Aufschüttungsebene des Gran Chaco aus; sie ist überwiegend mit Savannen, Quebrachowäldern und Dornbuschformationen bedeckt.

B e v ö l k e r u n g. Rd. 95% der Ew. sind Mestizen, etwa 2% Indianer, die übrigen Europäer und Asiaten. Im SO des Landes liegen ausgedehnte dt. Siedlungsgebiete; rd. 3/4 der Bev. leben im Gebiet um die einzige Großstadt, die Hptst. Asunción.

Größe und Bevölkerung (1982)

Departamento (Hauptstadt)	km²	Ew. in 1000
Alto Paraná (Presidente Stroessner)	14 895	188
Alto Paraguay (Fuerte Olimpo)	45 982	4
Amambay (Pedro Juan Caballero)	12 933	68
Asunción[1]) (Asunción)	117	455
Boquerón (Dr. Pedro P. Pena)	46 708	15
Caaguazú (Coronel Oviedo)	12 298	299
Caazapá (Caazapá)	9 496	109
Canendiyú (Salto del Guairá)	14 667	69
Central (Areguá)	2 465	495
Chaco (Mayor Pablo Lagerenza)	36 367	0,3
Concepción (Concepción)	18 051	135
Cordillera (Caacupé)	4 948	195
Guairá (Villarrica)	3 022	143
Itapúa (Encarnación)	16 525	263
Misiones (San Juan Bautista)	9 556	79
Neembucú (Pilar)	12 147	71
Nueva Asunción (General Eugenio A. Garay)	44 961	0,2
Paraguarí (Paraguarí)	8 705	202
Presidente Hayes (Pozo Colorado)	72 907	44
San Pedro (San Pedro)	20 002	190

[1]) Hauptstadtbezirk.

B i l d u n g. Allg. Schulpflicht (vom 7. bis 14. Lebensjahr), die wegen des Mangels an Lehrpersonal und Schulen nicht überall durchgesetzt werden kann; unentgeltl. Unterricht. P. hat eine staatl. (1890 gegr.) und eine kath. Univ. in Asunción. – R e l i g i o n. 96% der Bev. sind katholisch; ferner etwa 56000 Protestanten und 1600 Juden.

W i r t s c h a f t. Etwa 45% der Erwerbstätigen sind in der Landwirtschaft (mit Forst- und Fischwirtschaft) beschäftigt. Nur etwa 2,5% der Gesamtfläche sind Ackerland. Als Hauptnahrungsmittel werden Maniok, Mais, Süßkartoffeln v. a. in Ost-P. entlang des Paraná-Flusses angebaut, ferner Bananen, Citrusfrüchte, Yerba-Mate, Zuckerrohr, Reis und, bes. für die Ausfuhr, Baumwolle, Tabak sowie Ölpflanzen. Rd. 37% der Gesamtfläche sind Wiesen und Weiden, v. a. in West-P.; sehr bed. ist die Rindviehhaltung (5,4 Mio.). Rd. 50% der Gesamtfläche sind von Wald bedeckt (Zedern u. a. Harthölzer), nur etwa 30% werden forstwirtschaftlich genutzt. Der Bergbau spielt keine Rolle; bekannt sind Vorkommen

Paraguay: Vegetation im Chaco Boreal (Gran Chaco)

von Eisen, Kupfer und Mangan, abgebaut werden nichtmetall. Mineralien (Sandstein, Kalk, Granit). Die Industrie verarbeitet v. a. land- und forstwirtschaftl. Rohstoffe; von Bedeutung sind Fleischverarbeitung, Ölmühlen sowie Holz-Ind. Mit dem Fortschreiten der Großbaustellen gewinnt die Energiewirtschaft an Bedeutung (Itaipú nahm 1982 z. T. den Betrieb auf). Die Handelsbilanz war mit Ausfuhren im Wert von 378 Mio. US-$ und Einfuhren im Wert von 586 Mio. US-$ auch 1982 defizitär.

Wichtigste Verkehrsträger für den Außenhandel sind die Flüsse Paraguay und Paraná; wichtigster Binnenhafen ist Asunción. P. hat Freihafenrechte in Buenos Aires, Santos, Paranaguá und Antofagasta. Einzig wichtige Eisenbahnstrecke ist die staatl. Verbindung von Asunción nach Encarnación (441 km). Von etwa 12000 km Straßen sind 10% asphaltiert. Es gibt 13600 Pkw. Staatl. Luftfahrt-Ges. ist die ›Líneas Aéreas Paraguayas‹ (LAP); internat. Flughafen: Asunción.

Geschichte. Das 1537 von Spanien gegr. Asunción wurde Kolonisationsmittelpunkt des oberen La-Plata-Gebietes. Aus den seit 1609 von Jesuiten gegr. und geführten Guaraní-Reduktionen entstand am Mittellauf des Uruguay und Paraná der **Jesuitenstaat.** 1767 wurden die Jesuiten vertrieben, und die unter Zivilverwaltung gestellten Reduktionen verfielen. 1811 erklärte es sich unabhängig und bildete unter dem Diktator J. Francia (1814–40) einen wirtschaftlich und politisch isolierten Freistaat. Unter Francias Nachfolger C. A. → López (1844–62) trieb P. wieder Außenhandel. 1864–70 führte dessen Sohn F. S. → López einen Krieg gegen Argentinien, Brasilien und Uruguay, in dem das Land wirtschaftlich völlig vernichtet wurde (nur 1/5 der Bevölkerung überlebte); es konnte sich erst im 20. Jh. wieder erholen. Im 1. Weltkrieg blieb P. neutral, in den 2. Weltkrieg trat es Febr. 1945 ein. Nach dem Chaco-Krieg gegen Bolivien (1932–35) erhielt P. im Friedensvertrag von Buenos Aires (21. 7. 1938) den größten Teil des umstrittenen Chaco zugesprochen. Nach vielfachem Wechsel der Regierungen ist seit 1954 General Alfredo Stroessner Präsident. Nach einer Periode diktator. Regierungsweise versucht dieser seit etwa 1963, zu einem demokrat. System überzuleiten. Im Februar 1977 fanden Wahlen für eine neue verfassungsgebende Versammlung statt, die A. Stroessners ›Nationaler Republikanischer Assoziation‹ rd. 85% der abgegebenen Stimmen erbrachten. Im Febr. 1983 wurde Stroessner zum 7. Mal wiedergewählt.

paraguayische Literatur, → lateinamerikanische Literatur.

Parahelium, ⊠ → Orthohelium.

Paraíba [Tupí-Sprache ›schlimmes Wasser‹], **1)** *der,* Fluß in Südbrasilien, 1058 km, entspringt im Staat São Paulo, durchfließt den Staat Rio de Janeiro, mündet unterhalb von Campos in den Atlantik. **2)** Staat im NO → Brasiliens. Der größte Teil P.s gehört der nordöstl. Abdachung des Brasilian. Berglands an. Das Dürregebiet des W ist durch Bewässerungsanlagen für Viehzucht und Baumwollanbau nutzbar gemacht worden. An der Ostabdachung und im Küstentiefland, beide dichter besiedelt, werden Baumwolle, Zuckerrohr, Tabak, Kaffee, Maniok, Sisal, Reis und Mais angebaut.

Paraklet [grch.] *der, -en/-en,* **1)** Fürsprecher, Helfer, **2)** *ohne Pl.,* Jesus als Fürsprecher sündiger Christen (1. Joh. 2, 1); nach Joh. 14ff. der Heilige Geist.

Parakristalle, ⚗ Substanzen wie biolog. Makromoleküle, Kolloide oder → flüssige Kristalle, bei denen die Bausteine zwar nicht in einem streng period. Kristallgitter angeordnet sind, deren Aufbau aber doch einen Ordnungszustand erkennen läßt, und die den Übergang zw. dem idealen Einkristall und dem amorphen Festkörper darstellen. Auch die Nahordnung in Schmelzen und Flüssigkeiten ist parakristallin.

Par|aldehyd, Para|acet|aldehyd, ⚗ trimeres, zykl. Polymerisationsprodukt von Acetaldehyd; unangenehm riechende und schmeckende, farblose Flüssigkeit; Lösemittel für Öle, Wachse, Gummi; Beruhigungsmittel; Zwischenprodukt für organ. Chemikalien.

Paralinguistik, Teilgebiet der Linguistik, das diejenigen Signale im Kommunikationsprozeß erforscht, die die sprachl. Äußerungen begleiten, ohne i. e. S. sprachl. Funktionen zu haben, z. B. Gestik, Mimik, Sprechtempo.

Paralipomena [grch. ›Beiseitegelassenes‹] *Pl.,* **1)** Ergänzungen, Nachträge. **2)** in der Septuaginta: Name der Bücher der → Chronik 2).

par|alisch, 🌐 in Küstennähe entstanden, daher mit marinen Bildungen wechsellagernd. – Ggs.: limnisch.

Parallaxe [grch. ›Abweichung‹] *die, -/-n,* der Winkel zw. 2 Geraden, die von versch. Standorten aus, deren Abstand voneinander bekannt ist, nach dem gleichen Punkt gerichtet sind. Er dient in der Astronomie zur Bestimmung der Entfernung eines (der Erde nahen) Gestirns. **Höhen-P.** ist der Winkel, unter dem vom Gestirn aus der zum Beobachtungspunkt zeigende Erdhalbmesser erscheint. Steht das Gestirn im Zenit, so ist sie gleich Null, steht es im Horizont, so hat sie ihren größten Wert **(Horizontal-P.).** Die **Fixstern-P.,** der Winkel, unter dem von einem Fixstern aus der Erdbahnhalbmesser erscheint, dient zur Bestimmung der Entfernung der Fixsterne. Die P. beträgt für den der Erde nächsten Stern Proxima Centauri 0,765 Bogensekunden, was einer Entfernung von

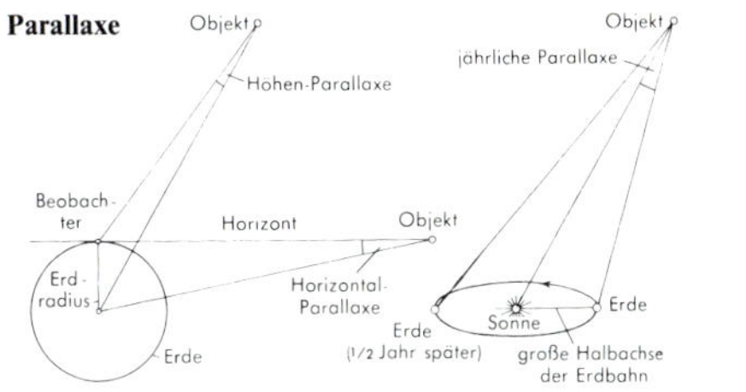

4,3 Lichtjahren entspricht. Die kleinste meßbare jährl. P. beträgt etwa 0,01 Bogensekunden (Entfernung ca. 326 Lichtjahre). *Adj.* **parallaktisch.**

Parallaxen|ausgleich, Photographie: Sofern der Sucher eines photograph. Geräts nicht den Strahlengang durch das Objektiv wiedergibt, z. B. seitlich über dem Objektiv angeordnet ist, stimmt insbes. bei kurzen Aufnahmeentfernungen der Sucherausschnitt nicht mit dem aufgenommenen Bild überein. Diese Verschiedenheit der Strahlengänge läßt sich durch Verändern der Stellung der Sucherlinse ausgleichen oder im Sucherfeld bes. kennzeichnen. Bei einäugigen Spiegelreflexkameras gibt es keine Parallaxe, da der Sucher im Objektivstrahlengang liegt.

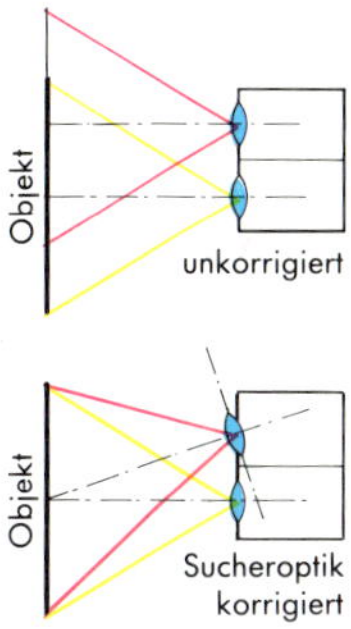

Parallaxenausgleich

Parallaxensekunde, ⊠ → Parsec.

Parallaxpanoramagramm *das, -s/-e,* **Parallaxstereogramm,** streifenweise ineinandergeschachtelte photograph. Aufnahmen von dicht nebeneinander liegenden Standpunkten aus, die einen echten Raumeindruck vermitteln. (→ Raumbildverfahren)

parallel [grch.], gleichlaufend; vergleichbar. *die* **Parallele,** *-/-n,* **1)** Geometrie: mit einer andern Geraden in der gleichen Ebene in best. Abstand gleichlaufende und sich mit ihr nirgends im Endlichen schneidende Gerade. Analog sind 2 Ebenen im dreidimensionalen Raum parallel, wenn sie keine Gerade gemeinsam haben. **2)** Ü Vergleich, Gegenüberstellung; ähnlicher, vergleichbarer Fall. *die* **Parallelität,** -, parallele Beschaffenheit.

Parallelbetrieb, 1) Zusammenarbeit elektr. Maschinen oder Geräte in Parallelschaltung. **2)** Betriebsart bei der Datenübertragung und -verarbeitung, bei der die Zeichen eines Wortes gleichzeitig und unabhängig voneinander – jedes in seinem eigenen Kanal – übertragen oder verarbeitet werden; Ggs.: Serienbetrieb.

Parallel|epiped [grch.] *das, -s/-e,* **Parallelflach,** → Parallelotop.

Parallelismus [grch.] *der, -/... men,* **1)** allg.: gleicher Verlauf; Nebeneinander ähnl. Vorgänge. **2)** Rhetorik und Stilistik: gleichgerichtete Wortfolge in entsprechenden und benachbarten Wortgruppen. Bei **tautologischem** und **synonymem P.** sagen die syntaktisch parallelen Satzglieder das gleiche aus; bei **antithetischem P.** wird Ungleiches gegenübergestellt. Der P. findet sich bes. häufig in der hebräischen Dichtung (Psalmen); er ist auch ein Wesenszug german. Dichtung. Beispiel: *Gott schuf den Menschen ihm zum Bilde, zum Bilde Gottes schuf er ihn.* **3)** Ⓟⓗ **psychophysischer P.,** → psychophysisches Problem.

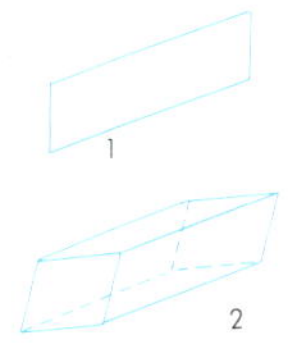

Parallelotop:
1 in der Ebene;
2 im Raum

Parallelkreis, 🌐 Breitenkreis, → Breite 5).

Parallelogramm [grch.] *das, -s/-e,* → Parallelotop.

Parallelotop [grch.] *das, -s/-e,* in der Ebene (zweidimensional): Stück der Ebene, das von 2 Paaren paralleler Geraden begrenzt wird **(Parallelogramm);** im Raum (dreidimensional): Teil des Raumes, der von 3 Paaren paralleler Ebenen begrenzt wird **(Parallel|epiped),** analog in höherdimensionalen Räumen.

Parallelplattenzähler, ⊠ der → Plattenzähler.

Parallelprojektion, → Projektion.

Parallelschaltung, Nebeneinanderschaltung, elektr. Schaltung, bei der alle elektr. Stromerzeuger oder -verbraucher R_1, R_2 parallel an der gleichen Spannung U liegen und die in den einzelnen Stromzweigen fließenden Ströme den Widerständen umgekehrt proportional sind. Der Gesamtstrom ist gleich der Summe der Einzelströme. Ggs.: → Reihenschaltung.

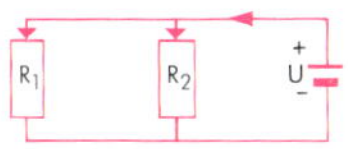

Parallelschaltung

Parallelschwung, Temposchwung, Skisport: Richtungsänderung bei hoher Geschwindigkeit mit völlig parallelen und möglichst eng zusammengeführten Skiern, Schwingen der Hüfte und knappem Anstemmen.

Parallelverschiebung, Bewegung einer ebenen Figur oder eines Körpers in der Weise, daß alle Punkte der Figur oder des Körpers in der gleichen Richtung um die gleiche Strecke verschoben werden.

Parallelwährung, Währungssystem, in dem 2 Edelmetalle (meist Gold und Silber) frei ausprägbar sind und als gesetzliches Zahlungsmittel gelten. Zw. den Metallen besteht im Unterschied zur → Doppelwährung kein festes Wertverhältnis.

Parallelwerk, früher und irreführend **Leitwerk,** in Fließrichtung liegendes Flußregelungsbauwerk zur seitl. Begrenzung des wirksamen Abflußquerschnitts.

Paralogismus [grch.] *der, -/... men,* der → Fehlschluß.

Paralyse [grch.] *die, -/-n,* ⚕ vollständige → Lähmung. Über **Paralysis agitans** (Schüttellähmung) → Parkinsonismus. Die **progressive P.,** fälschlich als ›Gehirnerweichung‹ bezeichnet, ist eine Spätform der → Syphilis, die mit fortschreitender Persönlichkeitsveränderung einhergeht. Die Erreger dringen in das Gehirn ein und bewirken dort zunächst Entzündungs-, später Entartungsvorgänge an den Ganglienzellen. – B e h a n d l u n g : Antibiotika. *ich* **paralysiere** *ihn, es,* lähme, mache unwirksam. *der* **Paralytiker,** *-s/-,* an P. Erkrankter. *Adj.* **paralytisch.**

paramagnetische Kernresonanz, → Kernspinresonanz.

Paramagnetismus, die magnet. Erscheinungen in Stoffen, die in einem Magnetfeld bei kleinen Feldstärken eine der Feldstärke proportionale Magnetisierung annehmen. Bei großen Feldstärken treten Abweichungen vom Proportionalgesetz auf. Nach der Atomtheorie tritt P. auf, wenn die Atome oder Moleküle der Substanz schon ohne Magnetfeld ein magnet. Moment besitzen. Paramagnet. Stoffe zeigen im äußeren magnet. Feld infolge Ausrichtung der atomaren magnet. Momente in Richtung des äußeren Feldes entgegen der Wärmebewegung eine von der Temperatur abhängige Magnetisierung in Feldrichtung (→ Curiesches Gesetz).

Paramaribo, Hauptstadt und -hafen der Rep. Surinam, (1980) 67 700 Ew., nahe der Mündung des Suriname.

Paramente [mlat.] *Pl.,* christl. Gottesdienst: die → liturgischen Gewänder sowie andere im Kult verwendete Textilien (Altarbehänge usw.). *die* **Paramentik,** *-,* die Lehre von den P.

Parameter [grch.] *der, -s/-,* **1)** △ a) eine neben den Ortskoordinaten (z. B. *x* und *y*) zusätzl. Hilfskonstante, bei deren stufenweiser Änderung man die entsprechenden Geraden oder Kurven (Kurvenschar) erhält. b) Hilfsvariable bei den Kegelschnitten, dargestellt durch die senkrecht zur Hauptachse durch den Brennpunkt

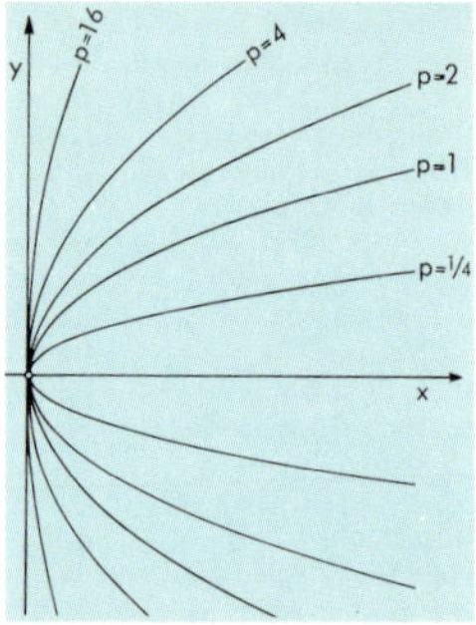

Parameter 1): Parabeln mit der Gleichung $y^2 = 2px$, dargestellt für verschiedene Parameter p

gehende Sehne. **2)** ⊠ v. a. Bez. für solche Variable, die bei der gerade durchgeführten Untersuchung konstant gehalten werden, von Untersuchung zu Untersuchung aber verändert werden können. **3)** Statistik: **Verteilungsparameter,** charakterist. Zahlenwerte einer → Verteilung, z. B. Mittelwerte, Streuungen, Regressions- und Korrelationskoeffizienten, die zumeist als in der Zeit konstant angenommen werden. Die durch P. charakterisierten statist. Verfahren heißen **parametrisch.**

parametrischer Verstärker, rauscharmer Verstärker für Mikrowellen, der die einer Kapazitätsdiode zugeführten Schwingungen im Takt einer ›Pumpfrequenz‹ vergrößert.

Parametritis [grch.] *die, -/... t'iden,* ⚕ Entzündung des Bekkenbindegewebes **(Parametrium)** zw. Gebärmutter und Beckenwand. Ursache ist das Einwandern von Entzündungskeimen (bes. Staphylokokken und Streptokokken), meist im Verlauf von Infektionen, die durch Verletzung des Gebärmutterhalses bei Schwangerschaftsabbruch oder Geburt entstehen. – B e h a n d l u n g : wie bei → Eileiterentzündung; bei Abszeßbildung chirurgisch.

Parametron [grch.] *das, -s/-s,* eine nichtlineare elektr. Schaltung mit stromabhängiger Induktivität zum Verstärken hochfrequenter Schwingungen.

paramilitärisch, 1) vormilitärisch, z. B. die Ausbildung vor der eigtl. Militärzeit. **2)** nebenmilitärisch, z. B. Grenzschutz, Gendarmerie.

Par|amnesie [grch.] *die, -/... s'i|en,* Erinnerungstäuschung (z. B. → Déjà-vu-Erlebnis); vgl. → Gedächtnisstörung.

Páramo [span.] *der, -(s)/-s,* Vegetationsstufe feuchter Tropengebirge, durch steif büschelige Gräser, Rosetten- und Polsterpflanzen sowie durch Wollkerzengewächse geprägt.

Paramorphose, Umwandlung der Modifikation eines Stoffes in eine andere, unter Beibehaltung der Kristallgestalt der ersteren; Form der → Pseudomorphose.

Paraná, 1) Strom in Südamerika, 3 780 km, entsteht aus den Quellflüssen Paranaíba und Rio Grande, die sich unter 20° s. Br. zum P. vereinigen, nimmt den Paraguay auf und mündet als → Río de la Plata; bis Santa Fé von Seeschiffen befahrbar. Am P. ist das größte Wasserkraftwerk der Erde im Bau. **2)** Staat im S → Brasiliens. P. gehört zum größten Teil dem südbrasilian. Hochland an; im O Viehzucht und Holzwirtschaft, im N Kaffee- (wichtigste Kaffeezone Brasiliens, Mittelpunkt: Londrina), Soja- und Weizenanbau. **3)** Prov.-Hptst. in Argentinien, (1980) 224 000 Ew., am Fluß P.; kath. Erzbischofssitz; Univ.; Handelszentrum (Flußhafen) für landwirtschaftliche Güter.

Paranaguá, Hafenstadt im Staat Paraná, Brasilien, (1970) 51 500 Ew.; Ausfuhrhafen für Kaffee, Holz, Zucker.

Paranaíba *der,* alte Schreibung **Paranahyba,** 860 km langer Quellfluß des Paraná in Mittelbrasilien.

Parandowski, J a n , poln. Schriftst., * Lemberg 11. 5. 1895, † Warschau 26. 9. 1978, seit 1933 Präs. des poln. PEN-Clubs; Erz., Romane, bes. über Themen der Antike (›Der olymp. Diskus‹, 1933; ›Himmel in Flammen‹, 1936); biograph. Romane, Essays.

Par|änese [grch.] *die, -/-n,* der Teil einer Predigt, der sich mit direkter Ermahnung an die Gemeinde wendet.

paranilotische Sprachen, von A. N. Tucker und M. Bryan eingeführte Bez. für den südlichsten Zweig der nilot. Sprachen.

Paranoia [grch.] *die, -,* Störung der Geistestätigkeit mit systematisiertem Wahn; früher als selbständiges Leiden betrachtet, heute als Erscheinungsform des schizophrenen Formenkreises verstanden. Der Wahn ist meist zu einem in sich schlüssigen System ausgebaut und durch Gegeneinwände nicht zu entkräften. Außer dem Wahn (Liebes-, Größen-, Verfolgungswahn) zeigen sich wenige Krankheitszeichen, die Persönlichkeit bleibt meist intakt. *Adj.* **paranoisch. paranoid,** der P. ähnlich. **paranoide Schizophrenie,** → Schizophrenie.

Par|anthropus [grch.] *der, -/... pi,* ' Frühmenschentyp, → Australopithecinen.

Paranuß [nach dem brasilian. Staat Pará], der schwärzl. dreikantige Samen des im nördl. Südamerika heimischen **Paranußbaumes (Brasilnußbaum, Bertholletia excelsa).** Die P. **(Brasilnüsse, Brasilkastanien)** sind wohlschmeckend, sehr nahrhaft. (BILD Südfrüchte)

Paraph [grch.-frz.] *der, -s/-e,* **Paraphe** *die, -/-n,* Namenszug, bes. der abgekürzte. *ich* **paraphiere** *es,* unterzeichne. *die* **Paraphierung,** *-/-en,* bei diplomat. Verhandlungen die vorläufige Unterzeichnung einer Vereinbarung ohne Rechtsverbindlichkeit.

Par|aphasie [grch.] *die, -,* → Sprachstörungen.

Paraphrase [grch.], **1)** Ⓢ Umschreibung eines Wortes als Erklärung oder Definition; auch die verdeutlichende Übertragung in eine andere Sprachform; ebenso freie Wiedergabe (Übersetzung) eines Textes, z. B. die P. des ›Hohen Liedes‹ des Abtes Williram (um 1065). **2)** ♪ frei ausschmückende Bearbeitung von Musikstükken, Phantasie über ein Tonstück. *der* **Paraphrast,** *-en/-en,* Verfasser einer P. *Vb. ich* **paraphrasiere** *es.*

Paraplü *der* oder *das, -s/-s,* frz. **Parapluie** [-plɥ'i], ✤ Regenschirm.

Paraproteine, Eiweiße im Blutserum, die normalerweise nicht vorhanden sind und nur bei best. Krankheiten **(Paraprote|inosen),** z. B. beim Plasmozytom, vorkommen.

Parapsychologie, Metapsychik, die Wissenschaft von den okkulten Erscheinungen, d. h. von außersinnl. Wahrnehmungen (Telepathie, Hellsehen, Präkognition, Prophetie) und von physikalisch unerklärbaren seel. Wirkungen auf materielle Vorgänge (Psychokinese oder Telekinese); die P. faßt diese heute als ›Psi-Phänomene‹ zusammen. Quellen der Forschung sind quantitativ-statist. Versuche mit beliebigen Versuchspersonen, spontane Erlebnisse (Ahnungen, Wahrträume, Visionen, Erscheinungen, Spuk usw.) und qualitative Versuche mit bes. begabten Sensitiven (Medien). In der P. gilt die außersinnl. Wahrnehmung als sicher erwiesen. Die Frage der Eingliederung in das wissenschaftliche Weltbild ist noch offen.

Parasange [grch.-pers.] *die, -/-es,* antikes Längenmaß (Athen): 30 grch. Stadien = 5 550 m.

Parasit [grch.] *der, -en/-en,* → Schmarotzer. **parasitär,** durch Schmarotzer hervorgebracht (Krankheiten). **parasitisch,** schmarotzend. *der* **Parasitismus,** *-,* Schmarotzertum. *die* **Parasitologie,** *-,* die Lehre von den P. *die* **Parasitose,** *-/-n,* durch P. ausgelöste Erkrankung bei Mensch, Tier, Pflanze.

Parasol [frz.], **1)** *der* oder *das, -s/-s,* ✤ Sonnenschirm. **2)** *der, -s/-e,* **Parasolpilz,** ein Speisepilz, → Schirmling.

Par|ästhesie [grch.] *die, -/... s'i|en,* ⚕ das → Einschlafen der Glieder.

Parasympathikus [grch.-lat.], Teil des vegetativen Nervensystems, Gegenspieler des → Sympathikus, im oberen Abschnitt eng gekoppelt mit dem III. und VII. bis X. **(Vagus)** Gehirnnerven (→ Gehirn), deren Tätigkeit z. B. die Verengung der Lidspalte und Pupille, Tränen- und Speichelfluß unter dem Einfluß von Gemütsbewegungen bewirkt. P. senkt den Blutdruck, verlangsamt den

Puls, beschleunigt die Magen-Darm-Bewegungen, verengt die Bronchien. Sein Überträgerstoff ist das Acetylcholin. Mit seinen unteren, vom Rückenmark ausgehenden Abschnitten beschickt der P. vor allem die Geschlechtsorgane, die Harnblase und den Mastdarm. – Bei **Parasympathikotonie (Vagotonie)** befindet sich der P. in einem Zustand gesteigerter Spannung; die von ihm versorgten Organe neigen dann zu best. Störungen, z. B. Magengeschwür, niedriger Blutdruck, Verstopfung.

parat [lat.], bereit, gebrauchsfertig.

Parataxe [grch.], Ⓢ Beiordnung von Sätzen in einer Verbindung mehrerer Hauptsätze (ÜBERSICHT Syntax). **parataktisch,** beiordnend.

Parathion [grch.] *das, -s,* Insektizid und Akarizid, eine organ. Phosphorverbindung, unter der Bez. **E 605** vertrieben; wirksam gegen viele Insekten, für Warmblüter sehr giftig.

Parathormon [grch.], das → Nebenschilddrüsenhormon Parathyrin.

Paratyphus [grch.], durch → Salmonellen hervorgerufene meldepflichtige Infektionskrankheit. Der P. verläuft ähnlich, jedoch durchschnittlich leichter als der → Typhus. Es gibt auch eine Verlaufsform, die nur als Magen-Darm-Katarrh in Erscheinung tritt. – Behandlung: wie bei Typhus.

Paravent [parav'ã, frz.] *der* oder *das, -s/-s,* Windschirm, Sichtschutz; → Spanische Wand.

par avion [-avj'ɔ̃, frz. ›durch Flugzeug‹], Luftpost.

par|axiales Gebiet, Optik: der Strahlenraum in Nähe der optischen Achse, in dem von Abbildungsfehlern abgesehen werden kann.

Parazentese [grch.] *die, -,* Durchstechung, bes. des Trommelfells (→ Mittelohrentzündung).

Parazoa [grch.], *Sg. das* **Parazoon,** *-s,* Teil des Tierreichs zw. Protozoen und Metazoen; einziger Tierstamm: → Schwämme.

Parcham [zu pferchen] *der, -s/-,* Zwinger, v. a. der ostdt. Ordensburgen.

Parchim, Krst. im Bez. Schwerin, (1982) 39 800 Ew., in hügeligem Moränengelände; Metall-, Nahrungsmittel- u. a. Ind.; Backsteinhallenkirchen St. Marien (13.–16. Jh.) und St. Georgen (13.–15. Jh.).

Parcours [park'u:r, frz.] *der, -/-,* **1)** Pferdesport: Hindernisbahn für Springprüfungen im Turniersport. **2)** Motorsport: Rennstrecke, bes. der Kurs für Motorräder oder Automobile bei Geschicklichkeitswettbewerben.

Pardel [grch.] *der, -s/-,* der → Leopard.

par distance [-dist'ãs, frz.], aus der Ferne, mit Abstand.

pardon! [pard'ɔ̃, frz.], Verzeihung!, entschuldigen Sie bitte! *der* **Pardon,** *-s,* Verzeihung, Nachsicht: *ich bitte um Pardon.*

Pardubitz, tschech. **Pardubice** [-tsɛ], Stadt im Ostböhm. Kr., ČSSR, (1982) 92 900 Ew., an der Mündung der Chrudimka in die Elbe; TU; chem., pharmazeut., Lebensmittelindustrie, Erdölraffinerie; Bartholomäuskirche (16. Jh.), ehem. kaiserl. Schloß mit hohem Wartturm.

Pardun [niederländ.] *das, -(e)s/-s,* **Pardune** *die, -/-n,* ⚓ starkes Drahttau zur Absteifung des Mastes seitlich nach hinten.

Parecattil, Joseph, ind. Kardinal, * Kidangoor (Kerala) 1. 4. 1912, seit 1956 Erzbischof von Ernakulam, seit 1969 Kardinal. P. gehört zur Syro-Malabarischen Kirche.

Par|enchym [grch.] *das, -s/-e,* **1)** bei Pflanzen füllendes Gewebe aus gleichmäßigen, einfachen Zellen in Polyeder-, Würfel- und Kugelgestalt, z. B. → Durchlüftungsgewebe. **2)** bei niederen Tieren (wie Plattwürmern, Nemertinen) Gewebe, in das die Organe gebettet sind. **3)** beim Menschen und bei Wirbeltieren die besonderen Gewebeteile eines Organs, z. B. der Leber. *Adj.* **parenchymatös.**

parental [lat.], ⚖ ⚕ elterlich. **Parentalgeneration,** Eltern- oder Ausgangsgeneration einer Kreuzung.

Parentali|en [lat.] *Pl.,* im alten Rom 9tägige Totenfeier (13.–21. Febr.), bes. zu Ehren der Eltern.

Parentel [lat.] *die, -/-en,* Gesamtheit der von einem gemeinschaftl. Stammvater Abstammenden (→ Erbfolge).

par|enteral [grch.], ⚕ unter Umgehung des Magen-Darm-Kanals, z. B. von Arzneimitteln, die injiziert werden.

Par|enthese [grch.] *die, -/-n,* **1)** Einschub in einen Satz, der dessen Gedankenfluß unterbricht, herausgehoben durch Gedankenstriche, Kommata oder Klammern. **2)** die Klammer selbst: *in P.,* in Klammern, Ü nebenbei. **parenthetisch,** beiläufig.

Parentis-en-Born [parãtizãb'ɔrn], Gem. im Dép. Landes, Frankreich, (1975) 4 300 Ew., am Ostufer des Étang de Biscarrosse; Erdölmuseum; nahebei Erdölförderung.

Par|erga [grch. ›Nebenwerke‹], *Sg. das* **Par|ergon,** *-s,* ✤ Anhang, Sammlung kleinerer Schriften eines Verfassers.

Parese [grch.] *die, -/-n,* unvollständige → Lähmung.

Pareto, Vilfredo Marquis, ital. Volkswirt und Soziologe, * Paris 15. 7. 1848, † Céligny bei Genf 19. 8. 1923, vertrat eine mathemat. Richtung der Volkswirtschaftslehre, war Mitbegr. der Lausanner Schule (→ Grenznutzenschule); auf P. geht die moderne Wohlfahrtstheorie zurück. Als Soziologe war er Pragmatist; er faßte die Gesellschaftsordnung als einen Mechanismus auf und sah ihre inneren Kräfte in den Trieben und Leidenschaften, nicht in den Gedanken. P. trug wesentlich zur Lehre von der → Elite bei. Seine Lehren beeinflußten die geistige Grundlegung des Faschismus. – HW: Trattato di sociologia generale (1916).

Paretz-Niederneuendorfer Kanal, → Havelkanal.

par excellence [-ɛksəl'ãs, frz.], vorzugsweise, besonders.

par exprès [-ɛkspr'ɛ, frz.], durch Eilboten. (→ Eilzustellung)

Parfait [parf'ɛ, frz.] *das, -s/-s,* Nahrungsmittel von höchster Qualität, z. B. Gänseleber-, Hummer-, Vanille-P.

par force [parf'ɔrs, frz.], mit Gewalt, heftig; unbedingt. **Parforcejagd,** Hetzjagd zu Pferde hinter Hunden; in Dtl. durch Schlepp- und Schnitzeljagden ersetzt.

Parfum [parf'œ̃, frz.] *das, -s/-s,* **Parfüm,** *das, -s/-e* oder *-s,* meist alkohol. oder alkoholisch-wäßrige Lösung von natürl. und synthet. → Riechstoffen. *die* **Parfümerie,** *-/...r'i|en,* Riechmittelherstellung oder -verkauf. *ich* **parfümiere** *mich, es,* mache mit Duftstoffen wohlriechend. – Der Kopfgeruch eines P. besteht meist aus Agrumenölen und flüchtigen Aldehyden, für die Blumennote verwendet man äther. Öle oder synthet. Riechstoffe, in Modeparfümen vorwiegend tier. Riechstoffe und Holzduftstoffe. Um das Haften der Düfte zu bewirken, werden Fixateure zugegeben. – Wirtschaftliches: → kosmetische Industrie.

Kulturgeschichte. Im Altertum verbrannte man Weihrauch, Myrrhe, Bernstein u. a. als aromat. Räuchermittel. Daneben wurden bereits Pflanzenöle destilliert und für kult. und kosmet. Zwecke verwendet. Griechen und Römer bezogen P. bes. aus Ägypten, Arabien, Persien (Sandelholz, Rosenöl, Moschus u. a.). Von den Arabern kam der Gebrauch alkohol. Lösungen nach Europa.

Parhelium, ⊠ → Orthohelium.

Pari [ital.] *das, -s,* Nennwert. **pari,** Börsensprache: zum Nennwert.

Paria, Halbinsel in NW-Venezuela, umschließt mit der Insel Trinidad den **Golf von Paria.**

Paria [engl. pariah ›Rechtloser‹ aus Tamil] *der, -s/-s,* **1)** Angehöriger einer niedrigen, auf die Urbevölkerung zurückgehenden Kaste von Webern, Landarbeitern, Totengräbern und Dienern in S-Indien, mit Dravidasprache. **2)** Ü Angehöriger einer ökonomisch, sozial und häufig auch rechtlich unterprivilegierten Gruppe in einer Gesellschaft. **3)** verwilderter Haushund, bes. in Städten und Dörfern Japans, Indiens, Nordafrikas, Kleinasiens und des Balkans.

Paricutín, Vulkan in Mexiko, rd. 350 km westlich der Hptst., 2717 m, wurde als erster Vulkan bei seiner Bildungstätigkeit (1943–52) genau beobachtet.

Paridae [lat.-grch.] *Pl.,* die Singvogelfam. → Meisen.

parieren [frz. parer zu lat. parare ›Vorkehrungen treffen‹]. *ich* **pariere, 1)** *einen Hieb* oder *Stoß,* wehre ab. **2)** *ein Pferd,* bringe zum Stehen (→ Parade). **3)** *Fleisch,* richte her.

parieren [lat. parere ›gehorchen‹]. *ich* **pariere,** U gehorche.

Parierstange [zu parieren 1], an Seitenwaffen kurze Querstange zwischen Griff und Klinge.

pari|etal [lat.], **1)** ⚕ a) nach der Körperwand zu liegend; b) dem Scheitelbein zugehörig. **2)** ⊕ wandständig.

Parini, Giuseppe, ital. Dichter, * Bosisio (bei Como) 23. 5. 1729, † Mailand 15. 8. 1799, einer der bedeutendsten ital. Vertreter des Neoklassizismus und der Aufklärung, beschrieb in dem satir. Epos ›Il giorno‹ (1763–66) den Tageslauf eines jungen Adligen.

Paris: Eiffelturm

Paris [frz. par'i], Hauptstadt und größte Stadt Frankreichs, zugleich Dép. (›Ville de P.‹), 105 km², (1982) 2,2 Mio. Ew. Das Stadtgebiet wird im wesentlichen umschlossen vom Ring der äußeren Boulevards, an die sich die Vorstädte (Faubourgs) anschließen. Die Region **Île-de-France** [ildəfr'ã:s] umfaßt die Dép. Ville de P., Hauts-de-Seine, Seine-St. Denis, Val-de-Marne, Val-d'Oise, Yvelines, Essonne und Seine-et-Marne, mit insgesamt 12 008 km² und (1982) 10,07 Mio. Ew. P. liegt beiderseits der Seine, im Pariser Bekken, das von z. T. steil abfallenden Plateaus (150–200 m ü. M.) umgeben ist, deren große Wälder (Forêts de Montmorency, St. Germain, Marly, Rambouillet, Fontainebleau, Sénart u. a.) als Erholungsgebiete dienen. Obgleich nicht im Mittelpunkt des Landes gelegen, hat sich P. zu einem Zentrum entwickelt, in dem stärker als in irgendeiner europ. Hptst. Bevölkerungsballung, polit. und Verwaltungsfunktionen, geistige, kulturelle und wirtschaftliche Aktivitäten konzentriert sind.

Das Stadtbild ist im Lauf der Zeit mehrfach einschneidend verändert worden, zuletzt bes. unter Napoleon III. Charakteristisch sind der Ring der inneren und äußeren Großen Boulevards, großräumige Straßen (Champs-Elysées) und Plätze (Place de la Concorde mit dem Obelisken von Luxor, Place Vendôme). P. ist reich an Bauwerken aus allen Epochen seiner Geschichte: Auf der **Île de la Cité** [ildəlasit'e] in der Seine, dem histor. Mittelpunkt der Stadt, die Kathedrale Notre-Dame (1163 begonnen), die Sainte-Chapelle (1242–48) und der Justizpalast. Am Südufer der Seine

Paris

Paris: Die Seine-Inseln Île de la Cité und Île Saint Louis. In der Bildmitte die Kathedrale Notre-Dame

findet sich das Zentrum des wissenschaftl., künstler. und polit. Lebens. Hier liegen das Quartier Latin mit Universitäten, das Künstlerviertel Montparnasse, das Panthéon, das Hôtel de Cluny (15. Jh.; Museum), die Kirche St. Germain-des-Prés (9.-12. Jh.), das Institut de France (1663-88), der Jardin du Luxembourg und das Palais du Luxembourg (1615-20; Sitz des Senats), das Palais Bourbon (Sitz der Nationalversammlung), der Invalidendom mit dem Grab Napoleons I. und das Marsfeld mit dem Eiffelturm (→Eiffel). Hier haben auch versch. Ministerien ihren Sitz (Außenministerium am Quai d'Orsay). Mehr als 30 Brücken verbinden den südl. mit dem nördl. Stadtteil, wo Industrie, Finanzen und Handel ihren Schwerpunkt haben. Hier liegen das Rathaus, im Tuileriengarten der →Louvre, das Palais Royal (1629-36; Sitz des Staatsrats), das Palais de l'Élysée (1718; Sitz des Staatspräs.), an der Place Charles-de-Gaulle (bis 1970 Place de l'Étoile), von der 12 Straßen sternförmig ausstrahlen, der Triumphbogen (1806-37; mit Grabmal des Unbekannten Soldaten), die Opéra (1875 eingeweiht). An die Wohnviertel im W schließt sich der →Bois de Boulogne an. Im N liegt →Montmartre mit der Kirche Sacré-Cœur (1876-1919), im O der Friedhof →Père-Lachaise.

Behörden. P. ist Sitz der frz. Regierung und der obersten Staats- und kirchl. Behörden (kath. Erzbischof), auch vieler internat. Organisationen (UNESCO, OECD u. a.).

Bildungsanstalten. P. hat mehrere Univ.; die →Sorbonne wurde in 13 Univ. aufgegliedert, von denen 4 nicht im Stadtgebiet von P. liegen, ferner zahlreiche andere Hochschulen (Grandes Écoles: École Polytechnique, École Nationale d'Administration u. a.) sowie Akademien und Forschungsinstitute. Die größte Bücherei ist die Nationalbibliothek; die bedeutendsten Museen sind: Louvre, Musée National d'Art Moderne, Musée de l'Homme, Armeemuseum im Invalidendom; seit 1977 Centre National d'Art et de Culture Georges Pompidou (›Centre Beaubourg‹), u. a. mit Museum für moderne Kunst. Bekannteste Theater: Opéra, die Opéra Comique, die Comédie Française.

Wirtschaft. Die Region P. ist mit 28% aller Industriebeschäftigten des Landes und 28% der Betriebe mit mehr als 200 Beschäftigten das größte Industriezentrum Frankreichs. Bes. stark vertreten sind Metall-, Auto-, Luftfahrt- und elektrotechn. Ind., Baubetriebe und chem. Ind. Eine Sonderstellung nehmen die ›Articles de Paris‹ ein (Parfümerie, Bijouterie, Haute Couture u. a.), die Weltgeltung erlangt haben. Der Energieversorgung dienen neben eigenen Großkraftwerken, die an das frz. Verbundnetz angeschlossen sind, u. a. zahlreiche Erdöl-, Erdgas-, Industriegas- und Fertigproduktenleitungen aus Groningen, Lacq, Lothringen und Le Havre. Ein wichtiger Wirtschaftsfaktor ist für P., das als internat. Tagungsort große Bedeutung hat, auch der Fremdenverkehr. P. ist Hauptknotenpunkt des frz. Eisenbahnnetzes (6 internat. Bahnhöfe), größter Binnenhafen des Landes (Umschlag jährlich rd. 20 Mio. t). Die Untergrundbahn (Métro) verfügt über ein Netz von über 200 km, das durch ein neues Schnellbahnsystem, auch über die Stadtgrenze hinaus, erweitert wird. Neuer Großflughafen Charles de Gaulle bei Roissy-en-France, internat. Flughafen in Orly. Die außerordentlich dichte Bebauung und der Mangel an Frei- und Grünflächen erfordern eine grundlegende Sanierung der Innenstadt. Für die abgerissenen Markthallen (Halles) wurde in Rungis (beim Flughafen Orly) ein neues Einkaufs- und Kulturzentrum gebaut. – Die Umgebung von P. ist reich an Naturschönheiten, geschichtl. Erinnerungen, Baudenkmälern und anderen Kunstschätzen: →Versailles, →Saint-Denis, →Sèvres, →Maisons-Laffitte, →Saint-Germain, →Meudon.

Geschichte. Das gall. **oppidum Lutetia Parisorum** auf der Île de la Cité, seit 52 v. Chr. römisch, wurde 486 vom Frankenkönig Chlodwig erobert und 508 Hptst. des Fränk. Reiches. Unter den Karolingern wieder zum Grafensitz abgesunken, wurde P. mit den Kapetingern Ende des 10. Jh. Mittelpunkt des frz. Reiches. 1420-36 war P. in engl. Händen. 1572 war das kath. gebliebene P. Schauplatz der →Bartholomäusnacht. Seit der Regierung Ludwigs XIV. war P. der geistige Mittelpunkt Europas. Mit dem Sturm auf die →Bastille in P. begann 1789 die Frz. Revolution. Der Zentralismus der Revolution und des Napoleon. Kaiserreichs festigte die Stellung der Stadt. In den Freiheitskriegen wurde P. 1814 und 1815 von den Verbündeten eingenommen. Die seit 1840 stark befestigte Hptst. wurde im Sept. 1870 von den dt. Truppen eingeschlossen und mußte sich am 18. 1. 1871 ergeben; kurz darauf brach der blutige Aufstand der Pariser →Kommune aus. Im 2. Weltkrieg war P. vom 14. 6. 1940 bis 28. 8. 1944 von dt. Truppen besetzt.

Paris, grch. Mythos: Sohn des trojan. Königs Priamos und der Hekabe (Hekuba), entschied einen durch →Eris entfesselten Streit der Göttinnen Hera, Athene und Aphrodite um den Preis der Schönheit zugunsten der Aphrodite **(Paris-Urteil)**, die ihm die schönste Frau, →Helena, zur Ehe versprach. Er entführte Helena und gab dadurch die Veranlassung zum Trojan. Krieg (→Troja). Die nachhomerische Dichtung erzählt, daß P. den Achilles durch einen Pfeilschuß tötete und selbst durch Philoktet fiel.

Paris, Graf von P., →Orléans (Herzogstitel).

Paris [par'is], Gaston, frz. Philologe, * Avenay-Val-d'Or 9. 8. 1839, † Cannes 5. 3. 1903, lehrte seit 1872 am Collège de France, leistete Grundlegendes für die Erforschung der frz. Literatur des MA.; gründete 1872 mit P. Meyer die Zeitschrift ›Romania‹.

Parise, Goffredo, ital. Schriftst., * Vicenza 8. 12. 1929; Romane ›Der schöne Priester‹ (1954), ›Der Chef‹ (1965) u. a.

Paris: Invalidendom

Pariser Becken, Seine-Becken [s'ɛn-], Plateaulandschaften in N-Frankreich, deren Mittelpunkt ungefähr durch Paris bezeichnet wird, aufgebaut aus schüsselförmig ineinanderliegenden Trias-, Jura-, Kreide- und Tertiärschichten. Der Wechsel von härteren und weicheren Schichten hat ringförmig verlaufende Schichtstufen herausgebildet, die nach außen zu steil abfallen (Côtes), nach innen sich sanft abdachen. Die der Abdachung folgenden Flüsse fließen im Beckenmittelpunkt zusammen und werden von der unteren Seine zum Meer geführt.

Pariser Bluthochzeit, → Bartholomäusnacht.

Pariser Friedensschlüsse, 1) 10. 2. 1763 zw. Großbritannien und Portugal, Frankreich und Spanien, → Siebenjähriger Krieg. **2)** 3. 9. 1783 Friedensvertrag zw. Großbritannien und den → Vereinigten Staaten. **3)** Die Friedensverträge vom 30. 5. 1814 (1. Pariser Friede) und vom 20. 11. 1815 (2. Pariser Friede) beendeten die → Freiheitskriege. **4)** 30. 3. 1856, → Krimkrieg. **5)** 10. 12. 1898 zw. Spanien und den USA. **6)** → Pariser Vorortverträge. **7)** Friedenskonferenz vom 27. 7. 1946 bis 10. 2. 1947 zum Abschluß der Friedensverträge der Siegermächte des 2. Weltkriegs mit Bulgarien, Finnland, Italien, Ungarn und Rumänien.

Pariser Kommune, → Kommune.

Pariser Konferenzen, 1) vom 24. bis 29. 1. 1921 über die Reparationsfrage (Pariser Beschlüsse), → Reparationen. **2)** Sachverständigenkonferenz vom 11. 2. bis 7. 6. 1929 über den → Young-Plan. **3)** Sechsmächtekonferenz zum Abschluß der → Montanunion am 18. 4. 1951. **4)** über die → Pariser Verträge (Okt. 1954). **5)** die Pariser Vietnam-Konferenz (seit 13. 5. 1968) mit dem Ziel einer Beendigung des Vietnam-Krieges. Teilnehmer: die Regierungen der USA, der Rep. (Süd-)Vietnam, der Dem. Rep. (Nord-)Vietnam und die Provisorische Revolutions-Regierung Südvietnams. Im März 1973 billigte die Konferenz das Waffenstillstandsabkommen für Vietnam (→ Vietnam-Krieg).

Pariser Seerechtsdeklaration, am 16. 4. 1856 unterzeichnete völkerrechtl. Grundsätze des Seekriegsrechts: Abschaffung der Kaperei, Aufstellung von Regeln für eine → Blockade, Schutz der neutralen Schiffahrt im Krieg.

Pariser Übereinkunft, Pariser Verbands|übereinkunft, Abk. **PVÜ, Pariser Union,** 1883 in Paris abgeschlossene **Internat. Konvention zum Schutz des gewerbl. Eigentums,** revidiert in Brüssel (1900), Washington (1911), Den Haag (1925), London (1934), Lissabon (1958), Stockholm (1967); internat. Büro in Bern. Der P. Ü. gehören die meisten Staaten der Welt (auch Bundesrep. Dtl., Dt. Dem. Rep., Österreich, Schweiz) an. Die Angehörigen der Verbandsländer genießen Rechtsschutz für Patente, Gebrauchs- und Geschmacksmuster, Warenzeichen, Handelsnamen, Herkunfts- und Ursprungsangaben sowie für die Unterbindung des unlauteren Wettbewerbs. – Sonderabkommen sind u. a. das **Madrider Markenabkommen** (1891), das Rechtsschutz in allen Vertragsstaaten bei Hinterlegung der Schutzmarke im Berner Büro gewährt; das **Madrider Herkunftsabkommen** (1891), das der Unterdrückung falscher Herkunftsangaben auf Waren dient; das **Haager Abkommen** von 1925 (revidiert in London 1934 und in Den Haag 1960) über die internat. Hinterlegung gewerbl. Muster und Modelle, das dem Schutz von Geschmacksmustern dient. – Nach dem 2. Weltkrieg wurden die dt. gewerbl. Rechte im Ausland weitgehend enteignet, doch haben zahlreiche Staaten den Schutz wiederhergestellt.

Pariser Verträge, am 23. 10. 1954 in Paris unterzeichnetes und am 5. 5. 1955 in Kraft getretenes Vertragswerk, das zum Gewinn der Souveränität für die Bundesrep. Dtl. und zu ihrer Einbeziehung in das westeuropäisch-amerikan. Bündnissystem führte. Vorausgegangen waren die Bonner Verträge von 1952 (→ Deutschlandvertrag), die nach dem Scheitern der → Europäischen Verteidigungsgemeinschaft nicht verwirklicht worden waren. Die P. V. beruhen auf der Londoner Neun-Mächte-Konferenz (28. 9.–3. 10. 1954). Sie bestehen aus dem Protokoll über die Beendigung des Besatzungsregimes, dem Vertrag über den Aufenthalt ausländ. Streitkräfte in der Bundesrep. Dtl. (Truppenvertrag), dem Protokoll über den Beitritt der Bundesrep. Dtl. und Italiens zum geänderten und ergänzten → Brüsseler Vertrag vom 17. 3. 1948 und damit zur → Westeuropäischen Union, dem Protokoll über den Beitritt der Bundesrep. Dtl. zum → Nordatlantikpakt und dem Abkommen über das Statut der Saar zw. Frankreich und der Bundesrep. Dtl. (→ Saarland).

Pariser Vorortverträge, die Friedensverträge (1919/20), die den 1. Weltkrieg beendeten: mit dem Dt. Reich (→ Versailler Vertrag), mit Österreich (→ Saint-Germain), Ungarn (→ Trianon), → Bulgarien (Neuilly) und der → Türkei (Sèvres).

Parität [lat.] *die, -/-en,* **1)** Gleichheit, Gleichberechtigung, Gleichstellung, z. B. von polit., sozialen und funktionalen Gruppen: *konfessionelle P.;* auch Besetzung eines Gremiums zu gleichen Anteilen: *Drittelparität.* **2)** Landwirtschaft: angestrebte wirtschaftl. und soziale Gleichstellung mit der gewerbl. Wirtschaft. **3)** Geldwesen: Austauschverhältnis einer Währung zum Gold (Gold-P.), zu → Sonderziehungsrechten oder zu einer anderen Währung, z. B. zum US-Dollar. Eine Änderung der P. besteht in einer Aufwertung oder einer Abwertung. Die P. im Verhältnis zur jeweiligen Binnenkaufkraft heißt **Kaufkraftparität. 4)** ⊠ eine Quantenzahl zur Kennzeichnung des Verhaltens von Zuständen oder Elementarteilchen gegenüber räuml. Spiegelungen am Koordinatenursprungspunkt, die die beiden Werte + 1 oder – 1 annehmen kann. Die frühere Annahme, daß bei Wechselwirkungen zw. Elementarteilchen grundsätzlich die P. erhalten bleibe **(Erhaltung der P.),** daß zu jedem Gegenstand auch sein Spiegelbild in der Natur realisierbar sein solle, wurde 1957 durch T. D. Lee und C. N. Yang (Nobelpreis für Physik 1957) entkräftet. Sie entdeckten die **Nichterhaltung der P. (Paritätsverletzung)** bei ›schwachen‹ Wechselwirkungen (Mesonenzerfälle, Betazerfall), die auf den Eigenschaften der dabei stets auftretenden Neutrinos beruht. Daraus folgt, daß Neutrino und Antineutrino nicht identische Teilchen sind (→ CPT-Theorem). – **paritätisch,** gleichwertig, aus verschiedenen Parteien gleichmäßig zusammengesetzt.

paritätische Mitbestimmung, Modell der → Mitbestimmung, bei dem in Unternehmungen und öffentlich-rechtl. Institutionen sowohl Arbeitnehmer als auch Anteilseigner oder Arbeitgeber in gleicher Stärke vertreten sind.

Paritätischer Wohlfahrtsverband, → Deutscher Paritätischer Wohlfahrtsverband e. V.

Park [engl.-frz. zu mlat. parricus ›Gehege‹] *der, -s/-s* oder *-e, schweizer.* selten auch: *⁻e,* **1)** urspr. Tiergehege (Wildpark), dann weiträumiger Garten, bes. der frei angelegte Landschaftsgarten (→ Gartenkunst und Landschaftsbau), auch unter Naturschutz stehendes Gebiet (Nationalpark). **2)** Gesamtheit der Fahrzeuge eines Unternehmens: *Fuhrpark; Wagenpark;* beim Militär Sammelstelle von Waffen, Munition, Gerät, Sanitätsbedarf.

Parka [engl. zu samojed. parka ›Schaf-, Rentier- oder Hundefell‹] *der, -(s)/-s* oder *die, -/-s,* anorakähnliches, knielanges, wattiertes und gestepptes Bekleidungsstück mit Kapuze.

Park-and-Ride-System [pɑ:k ənd r'aɪd-, engl.], Lösungsversuch für die Probleme des Großstadtverkehrs: An den Endpunkten der öffentl. Verkehrsmittel am Stadtrand werden Sammelparkplätze für Personenkraftwagen angelegt, die Reststrecke soll mit öffentl. Verkehrsmitteln zurückgelegt werden.

Parkbahn, Raumfahrt: die Umlaufbahn eines Raumflugkörpers um die Erde oder einen anderen Himmelskörper, von der aus der Flugkörper zu seinem eigtl. Ziel gestartet wird. Von einem auf einer P. befindl. Flugkörper kann auch ein zweiter mitgeführter Flugkörper gestartet werden.

Park Chung Hee, Pak Chonghŭi, südkorean. Politiker, * Sonsan-gun (Kyŏngsang-pukto) 30. 9. 1917, † (ermordet) Seoul 26. 10. 1979, stand nach dem Militärputsch vom 16. 5. 1961 von Juli 1961 bis Nov. 1963 als Vors. des ›Obersten Rats für Nationalen Wiederaufbau‹ an der Spitze einer Militärdiktatur. Als Staatspräs. (seit 1962) verfolgte er zunehmend einen autoritären Kurs.

parken [engl. to park]. *ich parke,* stelle ein Fahrzeug vorübergehend ab. Als Parken gilt jedes länger als 3 Minuten dauernde Halten (§ 12 StVO v. 16. 11. 1970). Das Parken ist generell verboten vor und hinter Kreuzungen bis zu 5 m von den Schnittpunkten der Fahrbahnkanten, bis zu je 15 m vor und hinter Haltestellenschildern, vor Grundstücksein- und -ausfahrten, auf Fußgängerüberwegen, schmalen Fahrbahnen u. a., ferner auf Grund entsprechender Verkehrszeichen. Das ›eingeschränkte Halteverbot‹ erlaubt das Halten z. B. zum Be- und Entladen. Das Kurzparken ist mit → Parkscheibe und → Parkuhr möglich. Gebührenpflichtige **Park(hoch)häuser** und **Parkplätze** sind in der Regel privat-rechtl., seltener öffentlich-rechtl. Natur. *ich* **parkiere,** *schweizer.:* parke. **Parklücke,** zw. anderen parkenden Fahrzeugen freigebliebener Raum, der das Parken eines Fahrzeugs ermöglicht.

Parker [p'ɑ:kə], **1)** Charlie, genannt **Yardbird** [j'ɑ:dbə:d], amerikan. Jazzmusiker (Altsaxophonist), * Kansas City 29. 8. 1920, † New York 12. 3. 1955. (BILD S. 148)

2) Dorothy, geb. **Rothschild,** amerikan. Schriftstellerin, * West End (N. J.) 22. 8. 1893, † New York 7. 6. 1967, Theater- und Literaturkritikerin, Kriegskorrespondentin im Span. Bürgerkrieg, Drehbuchautorin; Gedichte und Kurzgeschichten.

Parkesieren *das, -s,* **Parkes-Verfahren** [p'ɑ:ks-], wichtigstes Verfahren zur Gewinnung von Silber aus Werkblei. Durch Zugabe von Zink zu edelmetallhaltigem Werkblei scheidet sich beim Seigern eine feste Zink-Edelmetall-Legierung ab **(Reichschaum),** aus dem das Silber gewonnen wird.

Parkett [frz.] *das, -(e)s/-e,* **1)** Fußbodenbelag aus Holz in Form von Stäben, Riemen, Tafeln, Platten oder Mosaik-Lamellen. **P.-Stäbe** und **P.-Tafeln** sind ringsum genutet und durch Hirnholzfedern verbunden. **P.-Riemen** und **Massiv-P.-Dielen** haben angehobelte Nut und Feder. P.-Stäbe und P.-Riemen werden v. a. in Fischgrätmuster oder parallel mit wechselnden Stößen (›Schiffsboden‹) verlegt; P.-Tafeln sind aus einzelnen Hölzern zusammengesetzte, massive oder furnierte Verlegeeinheiten. Bei **Mehrschichten-P.-Dielen** und **-Tafeln** sind die Verlegeeinheiten aus P.-Hölzern auf Unterlagen aufgeleimt. Diese P.-Arten werden durch Aufkleben

Parkett (Verlegemuster)

Schiffsboden – Parkett

Fischgrät – Parkett

Flechtboden – Parkett

Würfel – Parkett

Tafel – Parkett

Tafel – Parkett

Parkett 1)

Charlie Parker

oder verdecktes Nageln verlegt. **Mosaik-P.-Lamellen** sind kleine P.-Hölzer, die zu Platten mit verschiedenen Mustern, meist Würfel-Muster, zusammengesetzt und auf den Unterboden geklebt werden. P. kann mit Fußbodenlack versiegelt werden. Industriell hergestellte, fertig oberflächenbehandelte Fußbodenelemente aus Holz, auch in Verbindung mit Holzwerkstoffen und anderen Baustoffen, werden als **Fertig-P.-Elemente** bezeichnet. **2)** Theater: Teil der Saalsitzplätze des Zuschauerraums. **3)** Börse: Gesamtheit der Kursmakler; der Markt der amtlich notierten Wertpapiere; urspr. der an der Pariser Börse für die amtl. Makler abgeteilte Raum. Ggs.: → Kulisse.

Parkhurst [p'ɑ:khə:st], Helen, amerikan. Pädagogin, * New York City 3. 1. 1887, † ebd. 14. 4. 1959, entwickelte nach Versuchen als Lehrerin einer einklassigen Landschule und Studium bei M. Montessori den schulreformerischen → Dalton-Plan; 1921-42 Leiterin der Universitätsschule in New York.

Parkinson [p'ɑ:kınsn], Cyril Northcote, engl. Historiker und Journalist, * Barnard Castle (Durham) 30. 7. 1909, stellte eine iron. Regel über das Wachsen der Bürokratie auf: Die bürokrat. Verwaltung wächst, auch wenn die Arbeit abnimmt **(1. Parkinsonsches Gesetz).**

HW: Parkinsons Gesetz u. a. Untersuchungen über die Verwaltung (1958); Alles von unserem Gelde (1960); Favoriten und Außenseiter (1962); Das Mañana-Gesetz (1971).

Parkinsonismus *der, -,* zusammenfassende Bez. für alle klin. Erscheinungen, die (obgleich auf anderen Ursachen beruhend) dem Bild der **Parkinsonschen Krankheit** entsprechen; diese ist eine zuerst von dem engl. Arzt J. Parkinson (* 1755, † 1824) beschriebene Erkrankung **(Schüttellähmung, Paralysis agitans);** ihre Symptome sind: Starre (Rigor) der Muskulatur, dadurch trippelnder kleinschrittiger Gang, Zittern der Hände und Finger.

Behandlung: Spezialpräparate (z. B. L-Dopa), Krankengymnastik; die früher durchgeführte stereotakt. Operation wird kaum noch angewendet.

Parkleuchten, ⇔ Leuchten an Personenkraftwagen, weiß nach vorn, rot nach hinten, zur Anzeige der seitl. Begrenzung beim Parken innerhalb geschlossener Ortschaften.

Parkscheibe

Parkscheibe, Einrichtung zur Kontrolle einer befristeten gebührenfreien Parkerlaubnis. In gekennzeichneten Bereichen darf nur mit P. und längstens für die angegebene Zeit geparkt werden. Die P. muß gut sichtbar am Fahrzeug angebracht werden.

Parkstudium [zu parken], U Überbrückungsstudium in einem anderen als dem gewünschten Fach, bis in diesem ein Studienplatz frei wird; wird seit 1976 nicht mehr anerkannt.

Park|uhr, Parkzeit|uhr, Gerät mit opt. Zeitanzeige zur Kontrolle von gebührenpflichtigem Parken. Die P. wird angewendet, wo wegen des knappen Parkraums für einen kurzfristigen Umschlag der parkenden Fahrzeuge gesorgt werden muß.

Parlament [mhd. parlament, zu frz. parler ›sprechen‹] *das, -(e)s/-e,* Volksvertretung aus einer oder zwei → Kammern. Der Eintritt in die Erste Kammer ist verschieden geregelt (außer durch Wahl durch Ernennung, Erblichkeit u. a.), die Zugehörigkeit zur Zweiten Kammer ergibt sich seit dem 19. Jh. i. d. R. aus Wahlen. Zu einem vollentwickelten P. gehört mindestens das Gesetzgebungs- und das Budgetrecht, in freiheitl. Staaten auch das Recht der unbehinderten Diskussion, der Interpellation und der Enquête (→ Untersuchungsausschuß). Die Beschränkung auf eine bloß beratende Tätigkeit ist aus demokrat. Sicht ein Kennzeichen von unentwickelten oder Schein-Verfassungen. Hat das P. entscheidenden Einfluß auf die Regierungsbildung, so entsteht das Regierungssystem des → Parlamentarismus. *Adj.* **parlamentarisch.** *der* **Parlamentari|er,** *-s/-,* Abgeordneter des Parlaments.

Das englische P. (Parliament) ist das Vorbild für die Volksvertretungen der Neuzeit, hervorgegangen aus den Beratungen am Hofe des Königs, zu denen von Fall zu Fall, außer den zum Hofe Gehörigen, hohe geistl. und weltl. Große, später Vertreter der Grafschaften (Gentry) und der Städte zusammenkamen. In der → Magna Charta machten die Barone u. a. die Erhebung neuer Abgaben von der Zustimmung durch den ›Allgemeinen Rat‹ (unter Heinrich III. zunehmend P. genannt) abhängig; seit etwa 1340 wirkte das P. an der Gesetzgebung mit. Die Trennung in ein für sich tagendes Oberhaus (hoher Adel, Geistlichkeit) und ein Unterhaus (Gentry und Bürger) wurde im 14. Jh. vollzogen. In den Revolutionen des 17. Jh. siegte das P. über die absolutist. Bestrebungen der Stuartkönige. Seit dem Beginn des 18. Jh. mußte sich die Krone auf die das P. beherrschende Partei stützen. Diese P.-Herrschaft war ausgesprochen aristokratisch. Erst durch die Reformen von 1829, 1832, 1867, 1884/85 und 1918 ist das Unterhaus, auf das sich das Gewicht mehr und mehr verlagert hatte, zu einer demokrat. Volksvertretung auf Grund allg. und gleichen Wahlrechts geworden.

Das P. in Frankreich (Parlement) war das oberste Hofgericht (bis 1790), entstanden aus der u. a. auch Recht sprechenden ›curia regis‹ (Hoftag), das seit der Mitte des 13. Jh. seinen festen Sitz in Paris hatte; später bildeten sich auch in anderen Städten P. Das Pariser P. leitete aus der Befugnis, die königl. Erlasse in seine Register einzutragen, ein Recht ihrer Überprüfung ab; es leistete im 16.-18. Jh. dem Absolutismus zeitweilig Widerstand. Ein P. im modernen Sinn entstand erst mit der Frz. Revolution.

In Deutschland sind die P. nach den Freiheitskriegen zunächst in den Einzelstaaten entstanden (Landtage). Das erste gesamtdt. P., die → Frankfurter Nationalversammlung (1848/49), hatte allerdings nur verfassunggebende Funktionen. Das P. des Norddt. Bundes (1866-70) umfaßte mehrere Staaten, alle Länder des Dt. Reiches waren im → Reichstag vertreten. In der Bundesrep. Dtl. gibt es den → Bundestag. Die Volksvertretungen der Länder heißen Landtag, Abgeordnetenhaus (Berlin) und Bürgerschaft (Bremen, Hamburg). Der → Bundesrat ist kein P., sondern ein Vertretungsorgan der Länder. In der Dt. Dem. Rep. heißt das P. Volkskammer.

In den USA heißt das P. Kongreß (Congress). Seine verfassungsrechtl. Stellung beinhaltet die Gesetzgebung des Bundes, die dem Veto des Präsidenten unterliegt, das der Kongreß mit Zweidrittelmehrheit überstimmen kann. Die Exekutivgewalt des Bundes liegt beim Präsidenten, der dem Kongreß nicht verantwortlich ist, aber durch Anklage (→ Impeachment) abgesetzt werden kann.

In Österreich und der Schweiz heißen die aus 2 Kammern (Nationalrat und Bundesrat oder Ständerat) bestehenden P. Bundesversammlung; vgl. dazu die Länderartikel → Österreich, → Schweiz.

Parlamentär [frz.] *der, -s/-e,* bevollmächtigter Unterhändler zw. kriegführenden Streitkräften, kenntlich an einer weißen Flagge, i. d. R. ein Offizier. Der P. ist nach dem Völkerrecht unverletzlich. Er verliert den Anspruch auf Unverletzlichkeit, wenn er seine Stellung für die Zwecke seiner Partei mißbraucht.

Parlamentarische Kontrollkommission, eine vom Bundestag aus dem Kreis seiner Mitgl. gewählte Kommission, die mindestens einmal im Vierteljahr zusammentritt (Nachrichtendienste-kontroll-Ges. v. 11. 4. 1978). Sie kontrolliert die Bundesreg. hinsichtlich der Tätigkeit des Bundesamtes für Verfassungsschutz, des Militär. Abschirmdienstes und des Bundesnachrichtendienstes.

parlamentarische Monarchie, Form der → Monarchie.

Parlamentarischer Rat, von den 11 Landtagen der westl. Besatzungszonen Deutschlands 1948 gewählte Versammlung von 65 Abg., die am 1. 9. 1948 in Bonn zur Beratung und Formulierung des Grundgesetzes zusammentrat. Dieses wurde am 8. 5. 1949 mit 53 : 12 Stimmen angenommen.

Parlamentarismus *der, -,* Regierungsform, in der die Regierung vom Parlament abhängig ist. Das Parlament ist dabei nicht nur Gesetzgebungs- und Kontrollorgan wie im Konstitutionalismus, sondern nimmt aktiv an der Regierungsbildung teil, indem es die Mitgl. der Regierung (oder wenigstens den Regierungschef) wählt oder die vom Staatsoberhaupt ernannten oder vorgeschlagenen Mitgl. der Regierung im Amt bestätigt. Deshalb sollen die Mitgl. der Regierung der Mehrheitspartei oder den Koalitionsparteien angehören oder nahestehen. Der P. hat sich zuerst in England entwickelt (→ Parlament). Auf dem Festland hat sich der P. im 19. Jh. weithin durchgesetzt, in Frankreich bei der Julirevolution von 1830 und wiederum seit der Errichtung der Dritten Republik (1870). Deutschland ging erst während des 1. Weltkrieges und dann im Rahmen der Weimarer Verfassung zum P. über. In Deutschland hat das Aufkommen des Nationalsozialismus, in anderen kontinentaleurop. Staaten die Einführung faschist. oder anderer autoritärer Regierungssysteme die Entwicklung des P. behindert. Seit der Wiederherstellung demokratisch-parlamentar. Verfassungen in der Bundesrep. Dtl. ist man deshalb bestrebt, den P. in einer Form zu verwirklichen, die dem Parlament Einfluß auf die Bildung und Abberufung der Regierung gewährt, jedoch die Stabilität der Regierung sichert (→ Bundestag). In Frankreich führte Ch. de Gaulle 1958 das Präsidialsystem ein. Von wesentl. Einfluß auf die moderne Entwicklung des P. ist es, daß sich die Willensbildung der Parlamente z. B. bei wichtigen Gesetzesvorlagen aus dem Parlament in die Parlamentsausschüsse und in die Entscheidungsgremien der Parteien verlagert. Diese Einengung der polit. Entscheidungsfreiheit der Parlamentarier ist jedoch begrenzt durch das freie → Mandat.

parlamentieren [frz.]. *ich* **parlamentiere,** ✤ unterhandle.

Parlaments|ausschüsse, die aus Abgeordneten zusammengesetzten Ausschüsse der Volksvertretung, die der Vorbereitung der Geschäfte (bes. Beratung der Gesetzentwürfe) oder der Geschäftsführung (Ältestenausschuß) dienen. Die P. sind entweder **ständige Ausschüsse** oder **besondere Ausschüsse.** Die Zahl der Mitgl. bestimmt das Parlament, die Zusammensetzung regelt sich nach dem Stärkeverhältnis der Fraktionen, diese benennen die Mitglieder.

parlando [ital.], ♪ Vortragsweise des Textes in gleichen Notenwerten bei leichter Tongebung, dem schnellen Sprechen ähnlich, bes. in Arien der kom. Opern. *Subst. das* **Parlando,** *-s.*

Parler, Steinmetzenfamilie des 14. Jh. Der Name entstand aus der urspr. Berufsbezeichnung ›Parlier‹ (Stellvertreter eines Bauhüttenmeisters). Heinrich P. (* zw. 1300 und 1310), nachweisbar zuerst am Kölner Dombau, übernahm 1351 den Bau des Hallenchors der Kreuzkirche in Schwäbisch Gmünd. Sein Sohn Peter (* Schwäbisch Gmünd 1330 oder 1333, † Prag 13. 7. 1399), von Kaiser Karl IV. 1353 als Leiter der Dombauhütte nach Prag berufen, vollendete vor 1385 den von Mathias von Arras begonnenen Chor des St.-Veits-Doms, für den er auch die Büsten des Triforiums, das Grabmal Přemysl Ottokars I. und die Statue des hl. Wenzel schuf. In Prag baute er ferner den Chor der Allerheiligenkirche auf dem Hradschin und die Karlsbrücke mit dem Altstädter Brückenturm (1380–90). Vom ihm stammen auch der Neubau der Stadtkirche in Kolin (1360–78) und der Chor von St. Barbara in Kuttenberg (BILDER Karl IV., Phönix, Wenzel). – Heinrich II. d. Ä. von Ulm gilt als Stammvater der süddt. Gruppe, deren Mitglieder sich jeweils nach ihrem Herkunftsort, also nicht mehr P., nannten. Man vermutet in ihm den Baumeister des 1377 begonnenen Chores des Ulmer Münsters, wo er zusammen mit Michael II. und Heinrich III. bis um 1383 tätig war. Zu diesem Familienzweig gehört auch Michael III. (* Freiburg i. Br. nach 1354), der 1383 als Dombaumeister am Straßburger Münster angestellt wurde.

parlieren [frz.]. *ich* **parliere,** ☘ rede, plaudere.

Parma 2): Baptisterium

Peter Parler: Selbstporträt am Triforium des Prager St.-Veits-Doms; 1374–85

Parnaíba, 1) Fluß in NO-Brasilien, 1700 km, von der Mündung in den Atlantik etwa 670 km weit schiffbar. **2)** wichtigste Handels- und Hafenstadt im Staat Piauí, Brasilien, (1980) 101600 Ew., am östl. Mündungsarm des P.

Parnaß *der, ... n'asses,* grch. **Parnassos, Liakura,** Kalkgebirgsgruppe in der Landschaft Phokis, Mittelgriechenland, 2457 m hoch; am S-Fuß liegt Delphi. Der P. galt im Altertum als Sitz des Apoll und der Musen; daher Sinnbild der Dichtkunst.

Parnassiens [parnasj'ɛ̃] *Pl.,* frz. Dichtergruppe der 2. Hälfte des 19 Jh., die i. Ggs. zur Romantik eine entpersönlichte, gegenstandsbezogene Dichtung pflegte und nach formaler Vollendung ihrer Werke strebte; genannt nach der Anthologie ›Parnasse contemporain‹ (1866). Als Führer galt Ch. Leconte de Lisle, weitere Vertreter: J.-M. de Hérédia, Sully Prudhomme, F. Coppée u. a.

Parnon, Gebirge in Griechenland, südöstl. Peloponnes (Lakonien); höchste Erhebung ist der Malevos (1935 m).

Parochie [grch.] *die, -/... ch'i|en,* Pfarrei, Kirchengemeinde. **Parochialzwang,** der Pfarrzwang. *Adj.* **parochial.**

Parodie [grch. ›Nebengesang‹] *die, -/... d'i|en,* **1)** Literatur: komisch-satir. Darstellungsart, die eine vorhandene ernste Dichtung, einen Stoff oder ganze Dichtungsgattungen ins Komische zieht, nach älteren Definitionen derart, indem sie Form und Ton des Vorbildes beibehält, diesem aber einen nicht mehr entsprechenden Inhalt unterschiebt, während die → Travestie umgekehrt verfährt (praktisch jedoch überschneiden sich P. und Travestie meist). Parodistisch wirkt auch die übersteigerte Nachahmung stilist. Eigentümlichkeiten. – Die P. ist in jeder literar. Form und Gattung möglich. Sie tritt bes. in Zeiten geistig-künstler. Umbrüche auf; die junge Generation bedient sich ihrer gegen das überlebte Alte, aber auch die alte Generation kann mit der P. das Neue bekämpfen. Homer wurde schon früh parodiert (→ Batrachomyomachie). In Italien parodierte T. Folengo (→ Makkaronische Dichtung), in Spanien Cervantes die Ritterromane. Meister der P. waren in Frankreich F. Rabelais, P. Scarron, N. Boileau, Voltaire; in England A. Pope, H. Fielding, W. M. Thackeray, G. B. Shaw; in der dt. Literatur K. A. Kortum (›Jobsiade‹, 1784), F. Nicolai (›Freuden des jungen Werthers‹, 1775), A. v. Platen (Literaturkomödie ›Die verhängnisvolle Gabel‹, 1826), F. Th. Vischer (›Faust III. Teil‹, 1862). Neuere deutsche Parodisten sind H. v. Gumppenberg, R. Neumann, A. Eichholz u. a. In der unterhaltenden Kleinkunst (bes. Kabarett) ist P. die Nachahmung von Politikern und Gesangsstars in bezug auf Stimme, Redeweise. **2)** ♪ Komposition, die nach einer mehrstimmigen Vorlage gearbeitet worden ist, z. B. das ›Weihnachtsoratorium‹ von J. S. Bach, das viele P. aus seinen weltlichen Kantaten enthält. Der P. entspricht beim Lied die → Kontrafaktur. *Vb. ich* **parodiere** *ihn, es. Adj.* **parodistisch.**

Parodontitis [grch.] *die, -,* → Zahnbettschwund.

Parodontose [grch.] *die, -/-n,* früher **Paradentose,** → Zahnbettschwund.

parole [par'ɔl, frz. ›Wort‹], Ⓢ von F. de Saussure geschaffene Bez. für den Sprechakt, die konkrete sprachl. Äußerung, im Unterschied zur → langue.

Parole [vgl. parole] *die, -/-n,* **1)** ☘ Losung, Kennwort.

Parma 2)

Parma, 1) Prov. in der Region Emilia-Romagna, Italien, 3449 km², (1981) 400200 Ew. **2)** Hptst. von 1), (1981) 179000 Ew., an der Verkehrslinie Mailand–Ancona, der altröm. Via Aemilia; Univ. (1065 gegr.); landwirtschaftl. Verarbeitungs-, Schuh-, Metall- u. a. Ind. Bed. Bauten: roman. Dom (12./13. Jh.; Relief der Kreuzabnahme von B. Antelami; Kuppelfresko von Correggio) und Baptisterium (begonnen 1196, Bau und Skulpturen von Antelami), Palazzo Pilotta (um 1583 begonnen; enthält die Galleria Nazionale mit Samml. von HW Correggios u. a.), Teatro Farnese (1618/19; lange Zeit das größte Theater Europas).

Geschichte. P., eine etrusk. Gründung, wurde 183 v. Chr. röm. Kolonie. Im MA. häufig zw. Guelfen und Ghibellinen umkämpft, kam es 1322 nominell an den Kirchenstaat, stand jedoch meist unter mailänd. und frz. (1500–12, 1515–21) Herrschaft; 1545–1860 Hauptstadt des Hzgt. P. und Piacenza.

Parmäne *die, -/-n,* Apfelsortengruppe der Goldrenetten, darunter die **Goldparmäne.**

Parmenides, grch. Philosoph aus Elea in Unteritalien, * um 540 v. Chr., † um 470 v. Chr., Begründer der Eleatischen Schule. Sein Lehrgedicht schildert, wie der Dichter von der Göttin Dike über die Wahrheit des einen Seins belehrt wird. Alles Einzelseiende in seiner Vielfalt und Veränderung ist für P. nur Erscheinung des einen unvergängl. Seins; dieses ist erkennbar durch Denken, nicht durch Sinneserfahrung.

Parmesan [n. der Stadt Parma] *der, -(s),* **Parmesankäse,** halbfetter, bes. zum Reiben geeigneter ital. Käse.

Parmigianino [parmidʒan'i:no], eigtl. Francesco **Mazzola,** ital. Maler und Radierer, * Parma 11. 1. 1503, † Casalmaggiore 24. 8. 1540, gelangte, beeinflußt von Correggio, zu einem spannungserfüllten manierist. Stil von raffinierter Eleganz, in dem er Bilder mit langgestreckten Gestalten in meist kühlen, gebrochenen Farben malte. – HW: Selbstbildnis ›im Spiegel‹, auf einer konvexen Holzscheibe (Wien, Kunsthistor. Museum); Amor als Bogenschütze (ebd.); Antea (Neapel, Nationalmuseum).

Parmigianino: Madonna dal collo lungo, 1534–40 (Florenz, Uffizien)

2) Schlagwort, Wahlspruch: *Parteiparole.* **parole d'honneur** [par'ɔl dɔn'œ:r], Ehrenwort.

Paroli [auch par'oli, Ü; lat.-ital.-frz.] *das, -s/-s,* Verdoppelung des Einsatzes beim Pharaospiel: *ich biete ihm P.,* setze meine Karten gegen ihn ein, Ü setze ihm Widerstand entgegen, zahle mit gleicher Münze heim.

Parömie [grch.] *die, -/... m'i|en,* Sprichwort.

Paronomasie [grch.] *die, -/... s'i|en,* die Wiederholung desselben Wortstamms in anderer synakt. Funktion zur Verstärkung des ausgedrückten Sinnes, auch zur Hervorhebung des Gegensatzes in Wortspielen wie ›betrogene Betrüger‹.

Paros, grch. Kykladeninsel, 194 km², (1971) 6800 Ew., bis 750 m hoch. Nahe der Hptst. P. (rd. 2000 Ew.) liegen die Brüche des reinweißen **Parischen Marmors.**

Parotis [grch.] *die, -/... t'iden,* die → Ohrspeicheldrüse. *die* **Parotitis,** *-/... t'iden,* Entzündung der Ohrspeicheldrüse (→ Mumps).

Paroxysmus [grch.] *der, -/... men,* **1)** anfallweises Auftreten von Krankheitserscheinungen oder deren anfallartige Steigerung. **2)** 🌐 gesteigerte vulkan. oder tekton. Aktivität. **paroxysmal,** in Anfällen auftretend; z. B. paroxysmale → Tachykardie.

Parricida [lat.] *der, -s/-s,* Verwandten- oder Vatermörder; Beiname von → Johann 7), gen. Parricida.

Parricidium [lat.] *das, -s/... di|en,* nach röm. Recht ein todeswürdiges Verbrechen; später Vater-, Verwandtenmord.

Parry-Inseln [p'ærı-, n. dem brit. Polarforscher Sir W. E. Parry, * 1790, † 1855], Inselgruppe im kanadisch-arkt. Archipel, heute unbesiedelt. Hauptinseln: Devon, Cornwallis, Bathurst, Melville und Prince Patrick.

Parsberg, Stadt im Kr. Neumarkt i. d. Oberpfalz, Bayern, (1984) 5650 Ew.; Metall-, Textil- u. a. Industrie.

Parsdorf, bis 1978 Name der Gem. → Vaterstetten.

Parsec *das,* Abk. für **Parallaxensekunde,** Einheitenzeichen **pc,** Längeneinheit in der Astronomie: 1 pc = $3{,}0856776 \cdot 10^{16}$ m. Das P. ist jene Entfernung, von der aus die → astronomische Einheit (AE) unter einem Winkel (→ Parallaxe) von einer Bogensekunde (1'') erscheint: 1 pc ≈ 206265 AE ≈ 3,263 Lichtjahre.

Parseier Spitze, Gipfel der Lechtaler Alpen, Tirol, Österreich, mit 3038 m der höchste Gipfel der Nördl. Kalkalpen.

Parsen [pers. ›Perser‹], *Sg. der* **Parse,** *-n,* die Anhänger des altiran. Propheten → Zarathustra in Iran (heute rd. 21000, meist in Teheran) und auch in Indien, wohin sie nach 642 (islam. Eroberung Persiens) auswanderten und bis heute eine geschlossene Gemeinschaft bilden (Raum Bombay). → Parsismus.

Parsenn, Wintersportgebiet im Kt. Graubünden, Schweiz, im Weißfluh- (2844 m) und Casannagebiet (2537 m).

Parseval, August von, Luftschiffer, * Frankenthal (Pfalz) 5. 2. 1861, † Berlin 22. 2. 1942, konstruierte 1897 mit H. Bartsch von Sigsfeld (* 1861, † 1902) den → Fesselballon, baute 1906 das erste unstarre **P.-Luftschiff.**

Parsifal, von R. Wagner gewählte Schreibung von → Parzival.

Parsismus *der, -,* die Form der urspr. monotheist. Lehre des → Zarathustra, die sich nach Untergang des Sassanidenreichs bei den → Parsen entwickelte, eine Weiterbildung der Awestalehren (→ Awesta). Die religiösen Handlungen, wie die Erhaltung des heiligen Feuers in den Tempeln und rituelle Waschungen, wurden beibehalten. Die Toten werden auf den ›Türmen des Schweigens‹ (Dakhma) den Vögeln zum Fraß ausgesetzt. Nach Auffassung des P. spielt sich das Leben nach dem Tod in Himmel, Hölle und einem Zwischenreich ab. Der Mensch bestimmt sein Schicksal selbst. Er ist aufgerufen, durch ›gutes Denken, gutes Reden, gutes Handeln‹ das ihm von Gott zugedachte irdische Glück und jenseitige Heil zu erringen.

Parsons [p'ɑ:snz], **1)** Sir Charles Algernon, engl. Ingenieur, * London 13. 6. 1854, † auf einer Reise nach den Westind. Inseln 11. 2. 1931, Erfinder der mehrstufigen Überdruck-Dampfturbine (**Parsonsturbine,** 1884 gebaut).

2) Talcott, amerikan. Soziologe, * Colorado Springs (Col.) 13. 12. 1902, † München 8. 5. 1979, einer der führenden Vertreter der theoret. Soziologie, trat v. a. durch sein abstrakt-analyt. Begriffssystem einer ›strukturell-funktionalen Theorie‹ der Gesellschaft hervor; schrieb ›Beiträge zur soziologischen Theorie‹ (1949), ›Sozialstruktur und Persönlichkeit‹ (1964).

Pars pro toto [lat. ›ein Teil fürs Ganze‹] *das, - - -,* Ⓢ Redefigur, ein Teilbegriff an Stelle des Gesamtbegriffs, z. B. Kopf für Mensch (ÜBERSICHT Redefiguren).

Part [frz.] *der, -(e)s/-e,* **1)** Anteil, Teil: *ich für meinen P.,* für meinen Teil. **2)** 𝅘𝅥𝅮 der für ein Instrument oder eine Singstimme vorgesehene Teil (Notenzeile) einer Partitur (Stimme, Partie). **Schiffspart,** Eigentumsanteil eines Mitreeders an Schiff und Zubehör. **Partenreederei,** gemeinschaftlich betriebene Reederei mehrerer Personen mit gemeinsamem Schiff.

Parte [ital.] *die, -/-n,* **Partezettel,** *österr.:* Todesanzeige.

Partei [mhd. partie, aus frz. parti, zu lat. pars ›Teil‹] *die, -/-en,* **1)** organisierte Gruppe von Gleichgesinnten, bes. im staatl. Leben (politische P., vgl. unten): *sie ergriff für ihn P.,* Ü unterstützte seine Argumente. **2)** ⚖ die Partner eines Vertrages; im Prozeßrecht die Person, die für sich (›Kläger‹) vor Gericht Rechtsschutz verlangt oder gegen die (›Beklagter‹) Rechtsschutz begehrt wird. **3)** Mieter: *ein Haus mit zwölf Parteien,* zwölf Mietwohnungen. **parteiisch,** befangen, voreingenommen. **parteilich, 1)** parteiisch. **2)** zu einer P. gehörig. **parteilos,** ohne P. *die* **Parteiung,** *-/-en,* Bildung feindlicher Gruppen. *der* **Parteigänger,** *-s/-,* Anhänger einer P.

Politische P. sind Verbindungen von Staatsbürgern, die auf Grund gleichgerichteter polit. Ideen oder Interessen Einfluß auf die staatl. Willensbildung, insbes. durch Teilnahme an der Wahl der Volksvertretung, erstreben. Sie sind frühzeitig in der engl. Parlamentsgeschichte (Tories und Whigs), dann in den USA seit der Verfassung von 1787 (Föderalisten und Republikaner) und in der Frz. Revolution (Girondisten und Jakobiner) entstanden, doch waren dies noch Parlamentsfraktionen ohne Mitgliedschaft ihrer Wähler. Die modernen P. sind zuerst in den USA um 1830 entstanden. In Dtl. haben sich seit den ersten Anfängen des parlamentar. Lebens nach 1815 P. gebildet (Demokraten, Liberale, Konservative). Demokrat. Staaten haben ein **Mehrparteiensystem:** ein Zweiparteiensystem die USA (früher auch Großbritannien), ein Dreiparteiensystem das heutige Großbritannien. Das Vielparteiensystem ist am weitesten verbreitet (Frankreich, Deutschland in der Weimarer Republik, in der Bundesrep. Dtl., in Italien u. a.). In totalitären Staaten (z. B. UdSSR, Italien unter dem Faschismus, Dtl. unter dem Nationalsozialismus) dagegen herrscht in der Regel das **Einparteisystem,** wobei die alleinherrschende P. ihre Macht im Gesellschaftskörper verankert, indem sie sich gleichgeschaltete Massenorganisationen für den sozialen, wirtschaftl., berufsständ., kulturellen, Frauen- und Jugend-›Sektor‹ angliedert. Eine Abart des Einparteisystems ist das **Blocksystem** der ›Volksdemokratien‹, in denen eine herrschende P. die neben ihr bestehenden P. unter ihrer Führung zu einem polit. Block zusammenschließt (Dt. Dem. Rep. u. a.).

Man unterscheidet **Patronage-P.,** aus denen sich das brit. und amerikan. Parteiwesen entwickelt haben, **Weltanschauungs-P.,** die best. religiöse, staatsphilosoph. oder sozialeth. Grundsätze verfechten, und **Interessen-P.,** die für die besonderen Belange einer Klasse, eines Berufsstandes oder einer anderen wirtschaftl. oder sozialen Gruppe eintreten. In den großen **Volks-P.** ringen Interessengruppen verschiedener Art um den Einfluß auf die Gestaltung der Politik dieser P. Unterschieden werden ferner **Gesamtstaats-P., regionale P.** und **kommunale P.** Die älteren P. des 19. Jh. waren durchweg **Honoratioren-P.,** lockere Vereinigungen von angesehenen Persönlichkeiten des öffentl. Lebens. Im modernen P.-Wesen hat sich vielfach der Typus der **Massen-P.** entwikkelt, die einen großen Teil ihrer Anhänger organisatorisch als Mitglieder zu gewinnen und zu aktiver P.-Arbeit zu mobilisieren versteht. Von den Honoratioren-P. und Massen-P. sind die **Kader-P.** zu unterscheiden. Diesen Parteitypus repräsentieren die kommunist. Parteien. Sie zielen nicht primär auf die Gewinnung möglichst vieler Mitglieder, sondern auf die Zusammenfassung einer ideologisch festgefügten und geschlossen auftretenden Mitgliedschaft. Parteien, die sich aus einer konkreten Unzufriedenheit (z. B. über die Verteilung der Steuerlasten) bilden, werden häufig **Protest-P.** genannt. P., die bei Wahlen nur einen sehr geringen Anteil an Stimmen gewinnen, werden als **Splitter-P.** bezeichnet. – Wichtigstes Kampfmittel ist die **Parteipropaganda,** die durch Presse (z. T. eigene Parteiorgane), Rundfunk, Versammlungen, Demonstrationen und Schulung der Funktionäre die öffentl. Meinung zu gewinnen oder zu beherrschen sucht. Wichtigstes Organisationsmittel ist der Aufbau eines **Parteiapparates,** der durch die **Parteibürokratie** gesteuert wird. In einer modernen Massendemokratie hat diese Parteimaschine eine außerordentl. Machtstellung; sie äußert sich in der mit allen Mitteln moderner Psychotechnik arbeitenden Beeinflussung der öffentl. Meinung und auch in der Besetzung der Staatsämter mit Parteianhängern (Ämter-Patronage). Die Leitung der P. liegt in der Hand eines **Vorstands,** in dem ein geschlossener Kreis von P.-Führern sich organisiert. Regelmäßige **Parteitage** dienen der Entwicklung des **Parteiprogramms** und der Festlegung der Taktik. In totalitären Staaten sind die Anhänger der herrschenden P. streng an die Parteidoktrin gebunden. In den Volksvertretungen schließen sich die Abgeordneten der gleichen Parteirichtung zu einer Fraktion zusammen, die in best. Fällen eine einheitliche Stimmabgabe durch **Fraktionszwang** herbeiführen kann.

In den liberalen Demokratien gilt der Grundsatz der freien P.-Bildung, in totalitären Staaten besteht ein Verbot aller polit. Vereinigungen außerhalb der herrschenden P. oder des von ihr beherrschten Blocks. Das GG der Bundesrep. Dtl. bekennt sich zur freien P.-Bildung, läßt aber ein Verbot verfassungsfeindl. P. durch das Bundesverf.-Ger. zu. Das am 24. 7. 1967 vom Dt. Bundestag verabschiedete P.-Ges. regelt die staatl. Mitfinanzierung der P.

Parteibetrieb, die Form des Zivilprozesses, die den Parteien Beginn und Durchführung des Prozesses überläßt; heute weitgehend durch den Offizialbetrieb (→ offizial) ersetzt.

Parteichinesisch, scherzhafter Ausdruck für unverständlichen politischen Jargon.

Partei der Arbeit, Abk. **PdA,** die KP in der Schweiz (→Kommunismus).

Parteienfinanzierung, die Deckung der laufenden Kosten aus der Arbeit polit. Parteien und ihrer z. T. beträchtl. Wahlkampfkosten. Die P. erfolgt aus Beiträgen von Mitgl. und Mandatsträgern, Einnahmen, die eine Partei z. B. aus ihrem Vermögen und Veröffentlichungen erzielt, Spenden und staatl. Zuschüssen. In der Bundesrep. Dtl. müssen die Parteien über die Herkunft ihrer Mittel öffentlich Rechenschaft ablegen. Den Parteien werden Wahlkampfkosten auf der Grundlage einer Pauschale pro Wahlberechtigten erstattet, die entsprechend dem Wahlergebnis nach einem best. Schlüssel auf die Parteien, die mindestens 0,5% der Zweitstimmen erreicht haben, verteilt werden. Die Spendenpraxis in der Bundesrep. Dtl. wird z. Z. heftig diskutiert.

Parteifähigkeit, die Fähigkeit, in einem Prozeß Partei zu sein. Parteifähig ist, wer rechtsfähig ist, also alle natürl. und jurist. Personen, ferner die offene Handelsgesellschaft und Kommanditgesellschaft; der nicht rechtsfähige Verein ist im Zivilprozeß nur passiv parteifähig, er kann nur verklagt werden, nicht aber selbst klagen (§ 50 ZPO; →Prozeßfähigkeit).

Parteilichkeit *die, -,* allg.: Parteinahme. In der marxistisch-leninist. Theorie und Praxis erhielt dieser Terminus insbes. durch Lenin spezifisch polit. Bedeutung. Danach soll alles Denken und Handeln durch P. im Sinne von Klassengebundenheit bestimmt sein; innerhalb des orthodoxen Marxismus wird P. für marxist. Ziele etwa von Kunst und Wiss. oder von der Rechtsprechung direkt gefordert.

Parteilinie, im polit. Sprachgebrauch die im Augenblick gültige Politik einer Partei. In kommunist. Parteien gilt das Abweichen von der P. als schwerer Verstoß gegen die Parteidisziplin und kann Parteiausschluß bewirken.

Parteiprozeß, Zivilprozeß, in dem die Partei sich selbst vertreten kann, also nicht dem →Anwaltszwang unterliegt. Ggs.: Anwaltsprozeß.

Parteivernehmung, Beweismittel im Zivilprozeß, nur zulässig über Tatsachen (nicht Rechtsfragen) und wenn andere Beweismittel nicht zur vollen Überzeugung des Gerichts geführt haben; das Gericht kann die Beeidigung (stets nur einer Partei) anordnen (§§ 445ff. ZPO). – In Österreich ist die P. in den §§371 ff. ZPO geregelt. – In der Schweiz kennen einzelne kantonale Zivilprozeßordnungen die Beweisaussage einer Partei; häufiger ist die Parteibefragung ohne Rechtsnachteile bei unrichtiger Aussage.

Parteiverrat, Prävarikation, das pflichtwidrige Beraten beider Parteien in derselben Rechtssache durch einen Rechtsbeistand, strafbar nach § 356 StGB mit Freiheitsstrafe bis zu 5 Jahren. Im österr. und schweizer. StGB ist der P. nicht bes. geregelt.

Partenkirchen, Ortsteil von →Garmisch-Partenkirchen.

Partenreederei, gemeinsam betriebene Reederei, →Part.

Partens, Val P., rätoroman. Name des →Prättigaus.

parterre [-t'ɛr, frz.], zu ebener Erde: *wir wohnen p.,* im Erdgeschoß. *das* **Parterre,** *-s/-s,* **1)** Erdgeschoß. **2)** Theater: früher der gesamte untere Zuschauerraum, später die Saalsitzplätze hinter dem Parkett.

Partheni|en *Pl.,* altgrch. Lieder für Jungfrauenchöre.

Parthenocissus [grch.-lat.], Pflanzengatt., →Jungfernrebe.

Parthenogenese [grch.] *die, -,* ⊕ ♘ die →Jungfernzeugung.

Parthenon [grch. ›Jungfrauengemach‹] *der, -s,* Marmortempel der Athene Parthenos auf der Akropolis von Athen, 447–432 v. Chr. von Perikles durch Iktinos und von Kimon durch Kallikrates unter Aufsicht des Phidias errichtet, im 6. Jh. n. Chr. in eine christl. Kirche, später in eine Moschee umgewandelt, 1687 bei der venezian. Beschießung durch Explosion stark beschädigt; die Restaurierungsarbeiten begannen 1834. Der P. ist ein dorischer Peripteros von 8 zu 17 Säulen. Im Kultraum, der Cella, stand das Gold-Elfenbein-Standbild der Athene Parthenos von Phidias. Ein Fries mit Reliefdarstellungen aus dem Festzug der Panathenäen lief rings um die Cella. Auf den 92 Metopen über dem Architrav des Säulenumgangs sind Kämpfe der Götter und Giganten, der Lapithen und Kentauren, der Athener mit den Amazonen und der Kampf um Troja dargestellt, die Giebelgruppen zeigen im O die Geburt der Athene, im W den Streit zw. Poseidon und Athene um Attika. Vermutlich hatte Phidias großen Einfluß auf die Gestaltung der Skulpturen. Die meisten befinden sich im Brit. Museum in London (→Elgin Marbles). BILD griechische Kunst.

Parthenos [grch. ›Jungfrau‹], Beiname der →Athene.

Parther, altpers. **Parthawa,** urspr. ein halbnomad. iran. Stamm, zw. Kasp. Meer und Oxus beheimatet. Um 250 v. Chr. besetzten sie unter Arsakes die seleukid. Prov. **Parthia** (im NW des heutigen Chorassan) und nahmen deren Namen an. Unter den →Arsakiden schufen sie das parth. Reich (mit der ersten Hauptstadt Nisa, der späteren Reichshauptstadt →Ktesiphon und der Sommerresidenz →Ekbatana), das, vom Euphrat bis zum Indus reichend, durch die Beherrschung der O-W-Handelswege Bedeutung hatte. Im 1. Jh. v. Chr. wurden die P. eine ständige Bedrohung für die Römer **(Partherkriege).** Im 3. Jh. wurden sie von den →Sassaniden unterworfen.

parthische Kunst, die pers. Kunst z. Z. des Partherreiches unter der Arsakiden-Dynastie (247 v. Chr.–224 n. Chr.), die sich im W bis zum Irak, im NW bis Aserbaidschan und im NO bis Turkmenistan erstreckte. In der Architektur geht die Entwicklung vom antiken Stützenbau (Säulenbauten in Persepolis) zur Massenbauweise mit Lehmziegeln oder Schalenmauerwerk und zur Monumentalisierung der Wölbetechnik (Tonnengewölbe, Kuppeln). Der →Iwan, die zum Hof geöffnete, auf der Rückseite geschlossene tonnengewölbte Halle, erstmals in parth. Palastanlagen (Nisa, Damgan, Assur, Uruk, Hatra) gebaut, wurde später von der islam. Kunst im Moscheebau übernommen. Stadtanlagen wurden rund oder polygonal gebaut (Ktesiphon, Merv, Hatra). – Plastik und Malerei lösten sich seit dem 1. Jh. v. Chr. von ihren pers. und hellenist. Vorbildern durch Bevorzugung der Frontalansicht; für die Wiedergabe der Bewegung wurde dabei der ›Spreizgang‹ angewendet (Wandmalerei in Dura Europos). Könige und Götter wurden als Reiter in der Steppentracht (Ärmelrock, lange Hose) der nordostiran. Stämme dargestellt. Jagdszenen und Reiterbilder sind neue Motive. Im Mithraskult gewann die Gottheit Vahran in Gestalt des Herakles große Bedeutung. Die Kleinkunst zeigt schöne Goldschmiedearbeiten: Trinkschalen, Gürtelbeschläge, Schmuck mit Zellenschmelz und Halbedelsteinen, aus Elfenbein geschnitzte Trinkhörner.

parthische Kunst: Gewandschnalle aus den Fürstengräbern von Armasi, Georgien

partial [lat.], ⚘ partiell. **Partialobligation,** ⚖ Teilschuldverschreibung (→Schuldverschreibung). **Partialtöne,** ♪ Teiltöne, →Obertöne.

Partialdruck, in einem Gemisch von Gasen oder Dämpfen der von einer Komponente des Gemisches ausgeübte Teildruck. Bei idealen Gasen verhalten sich die P. der einzelnen Komponenten so, als ob jede Komponente der Mischung den Raum allein ausfüllen würde. Die Summe der P. ist gleich dem Druck des Gemisches (Daltonsches Gesetz).

Partie [frz.] *die, -/...t'i|en,* **1)** Ausflug, kleine Reise: *ich bin mit von der P.,* ∪ komme mit, bin dabei. **2)** Spiel: *eine P. Schach.* **3)** Teil, Abschnitt: *die schönste P. des Höllentals.* **4)** ∪ Heirat: *sie hat eine gute P. gemacht,* einen wohlhabenden Mann geheiratet. **5)** Warenposten. **6)** ♪ Stimme (Noten für ein Instrument, Rolle eines Sängers): *Gesangspartie.* **7)** ♪ svw. →Part 2); die →Suite 3).

partiell [frz.], teilweise, nur einen Teil erfassend.

partielle Oxidation, Verfahren, bei dem Kohlenwasserstoffe mit einer zur vollständigen Verbrennung nicht ausreichenden Sauerstoffmenge bei 1200–1400 °C unter Druck vergast werden. Das Verfahren hat Bedeutung für die Herstellung von Synthesegas.

Partikel [lat.] *die, -/-n,* **1)** Teilchen, Stückchen. **2)** ⊠ das →Teilchen. **3)** Ⓢ nicht flektierbares Wort (Präposition, Konjunktion, Adverb). **partikular, 1)** einen Teil betreffend. **2)** einzeln, bes. einzelstaatlich.

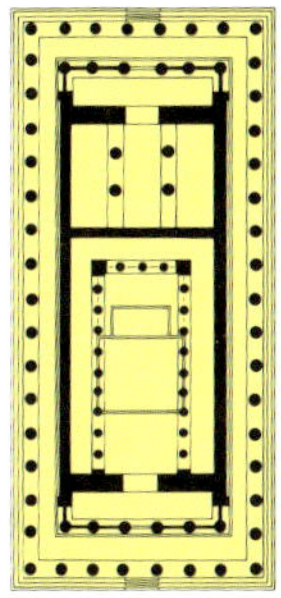

Parthenon (Grundriß)

Partikularismus [lat.] *der, -,* abwertendes Schlagwort für das Bestreben der Bewohner eines Einheits- oder Bundesstaates, Sondervorteile mittels Dezentralisation oder Autonomie zu erlangen. Im wertfreien Sinn heißt dieses Verlangen im Einheitsstaat ›Regionalismus‹, im Bundesstaat ›Föderalismus‹. Wird die Gesetzlichkeit der Staatszugehörigkeit überhaupt in Frage gestellt, so spricht man von ›Separatismus‹. Obwohl der Sprachgebrauch schwankend ist, bezeichnet der Begriff allg. die Verfolgung lokaler und regionaler Interessen auf Kosten des Gesamtwohls. – In der dt. Geschichte hat sich der P. der Stämme, später der fürstl. Landesherrschaften, als eine Macht erwiesen, die das alte Dt. Reich fortdauernd schwächte und aushöhlte (Duodezfürsten). Im 19. Jh. hat sich der P. trotz der nat. Einheitsbewegung zunächst innerhalb des Dt. Bundes behauptet. Im Bismarckschen Reich wurde der P. durch den Reichsgedanken zurückgedrängt, ohne völlig zu verschwinden. Auch in der Weimarer Republik und erneut nach 1945 haben sich wieder partikularist. Tendenzen gezeigt. *der* **Partikularist,** *-en/-en,* Anhänger des P.

Partikular|recht, das →Landesrecht.

Partikulier [lat.] *der, -s/-e,* **Privatschiffer, Einzelschiffer,** Binnenschiffahrt: Schiffseigner, der im Unterschied zum Reeder sein Schiff selbst führt (oder durch einen angestellten Schiffsführer führen läßt) und i. d. R. nicht mehr als 3 Schiffe besitzt.

Partisan [frz.-ital.] *der, -s* oder *-en/-en,* Anhänger, Parteigänger; i. e. S. Freischärler, Widerstandskämpfer. P. sind Gruppen oder Verbände von Freiwilligen, die sich aus den Bewohnern eines besetzten Gebietes bilden, um außerhalb des Verbandes der Streitkräfte den Kampf gegen den eingedrungenen Kriegsgegner zu führen. Der Begriff des P. deckt sich z. T. mit dem des Guerilleros. Das ältere Völkerrecht ließ sie als ›Irreguläre‹ schutzlos, die Haager Landkriegsordnung vom 18. 10. 1907 erstreckte ihren Schutz auf ›Freiwilligenkorps‹ nur, sofern sie einen verantwortl. Führer haben, ein bestimmtes ständig benutztes und aus der Ferne erkennbares Abzeichen tragen, die Waffen offen führen und die Gesetze und

Partitur: Anfang der 8. Sinfonie von Beethoven

Bräuche des Krieges achten. Unter denselben Voraussetzungen sind die P. durch das Genfer Abkommen zur Verbesserung des Loses der Verwundeten und Kranken der Streitkräfte im Felde und durch das Genfer Abkommen über die Behandlung der Kriegsgefangenen geschützt (beide vom 12. 8. 1949). **Guerillakrieg, Partisanenkrieg,** → Guerilla.

Partisane [frz.] *die,-/-n,* als Stoßwaffe dienender Spieß mit blattförmiger Klinge und seitl. Nebenspitzen; kam im 15. Jh. auf; Paradewaffe bis ins 19. Jh. (BILD Stichwaffen)

Partita [ital.] *die, -/... ten,* ♪ die → Suite.

Partition [lat.] *die, -/-en,* (Ein-)Teilung. **partitiv,** Ⓢ teilend.

partitiver Artikel, frz. Grammatik: der mit einer Teilungspartikel (de) verbundene bestimmte Artikel zur Bez. einer unbestimmten Menge, z. B. de l'eau ›Wasser‹.

Partitur [ital.] *die, -/-en,* ♪ die Aufzeichnung sämtl. Stimmen eines Musikstücks in Notenschrift auf übereinanderliegenden Liniensystemen, so daß die gleichzeitig erklingenden Noten untereinanderstehen. Für die Reihenfolge der Instrumente hat sich seit der Wiener Klassik die Anordnung herausgebildet (von oben nach unten): Holzbläser (Flöten, Oboen, Klarinetten, Fagotte), Blechbläser (Hörner, Trompeten, Posaunen, Tuba), Pauken und anderes Schlagzeug (hier auch Harfe, Klavier, Celesta, Xylophon u. a.), Streichquintett. Chor- und Solostimmen stehen zw. den Bratschen und Bässen oder, wie i. d. R. die konzertierenden Instrumente, über der ersten Geige. Die **Klavier-P.** ist ein Klavierauszug, der die Singstimmen in P.-Form enthält. Die P. dient als Unterlage für den Dirigenten und zum Studium des Musikwerks. **P.-Lesen** und **P.-Spiel,** die Fertigkeit, aus einer P. eine Vorstellung des vollständigen Klangbilds zu gewinnen oder in den wesentl. Zügen auf dem Klavier darzustellen, bilden wichtige Voraussetzungen für den Dirigenten.

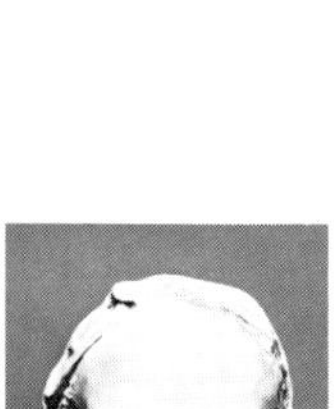

Blaise Pascal
(Totenmaske)

Partizip [lat.] *das, -s/...pi|en,* **Partizipium** *das, -s/...pia,* Mittelwort (ÜBERSICHT Verb).

partizipieren [lat.]. *ich* **partizipiere** *an ihm,* beteilige mich, nehme teil. **Partizipationsgeschäft,** Handelsgeschäft, das von mehreren zu einer Gelegenheitsgesellschaft zusammengeschlossenen Personen, den **Partizipienten,** auf gemeinsame Rechnung durchgeführt wird; bei nur 2 Beteiligten spricht man von → Metageschäft. *die* **Partizipation,** *-/-en,* Teilnahme.

Partnach *die,* rechter Nebenfluß der Loisach in den oberbayer. Alpen, entspringt 1500 m ü. M. an der Zugspitze, durchfließt die **P.-Klamm,** mündet bei Garmisch.

Partner [engl.] *der, -s/-,* **1)** Teilhaber, Teilnehmer: *Geschäftspartner; Ehepartner.* **2)** Mitspieler, Gegenspieler: *Tennispartner. die* **Partnerin,** *-/-nen,* weibl. Partner. *die* **Partnerschaft,** -, die Gemeinsamkeit und Zusammenarbeit zw. gleichberechtigten Personen (Partnern). – Im Geschäftsleben ist der P. der Teilhaber oder Mitgesellschafter. – Im Bereich des Arbeitsverhältnisses bedeutet Partnerschaft die Zusammenarbeit zw. Unternehmer und Mitarbeiter, bes. bei Beteiligung der Arbeitnehmer am Gewinn oder am Kapital. **Partnerstadt,** → Städtepartnerschaft.

partout [part'u:, frz.], U durchaus, unbedingt.

Parts per... [pɑ:ts pə:, engl.], Teile je..., verwendet als **parts per million** [-m'ɪljən], Abk. **ppm; parts per billion** [-b'ɪljən], Abk. **ppb; parts per trillion** [-tr'ɪljən], Abk. **ppt;** Einheiten für Konzentrationsangaben (→ pp-Einheiten).

Party [engl. p'ɑ:tɪ] *die, -/... ties,* zwanglose Geselligkeit, Fest.

Partytomaten [p'ɑ:ti-], die Cocktailtomaten.

Parure [par'y:r, frz.] *die, -/-n,* Schmuckstück, das sich in mehrere einzeln verwendbare Teile zerlegen läßt (z. B. Diadem oder Kollier in Brosche und Ohrclips).

Parusie [grch.] *die, -,* Christi Wiederkehr am Jüngsten Tag zur Abhaltung des Endgerichts; Abschluß der gegenwärtigen Weltzeit, Beginn der endgültigen Gottesherrschaft.

Parvenü [frz.] *der, -s/-s,* Emporkömmling, Neureicher.

Parzen [lat.] *Pl.,* 3 röm. Göttinnen (Nana, Decima, Morta), den grch. Moiren (→ Moira) gleichgesetzt.

Parzelle [frz.] *die, -/-n,* **Flurstück,** als Einheit vermessener Teil der Erdoberfläche, im Grundbuch numeriert; eine oder mehrere P. bilden ein Grundstück. *ich* **parzelliere** *es,* teile in P. auf. **Parzellenwirtschaft,** landwirtschaftl. Betrieb, dessen Grundstücke als P. in Gemengelage zerstreut liegen.

Parzival [-f-], **Parsival, Parsifal,** mittelalterl. Sagenheld, das Urbild des christl. Ritters, der in schweren Kämpfen Ritterpflicht und Pflicht gegen Gott, Frauen- und Gottesminne zu vereinigen sucht. Die Sage von P. ist der Artussage (→ Artus) angegliedert. Die Gestalt des P. gelangte zum ersten Mal durch Chrétien de Troyes ›Perceval oder Li Conte de Gral‹ ins ritterlich-höf. Schrifttum. Dieses Werk war die Hauptquelle für Wolfram von Eschenbachs ›Parzival‹ (um 1210). Wolfram läßt P. nach dem frühen Tod seines Vaters Gahmuret, des Königs von Anschouwe, unter Leitung seiner Mutter Herzeloide in einsamer Wildnis aufwachsen. Als unerfahrener Jüngling zieht dann P. aus, den Hof des Königs Artus zu suchen. Ritterlich-höf. und kirchl. Unterweisung erhält er auf der Burg des Gurnemanz. Er vermählt sich mit Kondwiramurs, deren Schloß er von den Belagerern befreit. Dann zieht er nach der Gralsburg; da er dort nach dem Leiden des Gralskönigs Amfortas zu fragen versäumt, muß er weiterziehen. Er wird nach manchen Abenteuern am Artushof aufgenommen, doch da er auf der Gralsburg versagt hat, wird er von der Gralsbotin Kundrie aus der Tafelrunde ausgeschlossen und verflucht. Jahrelang irrt er nun umher, von Trotz gegen Gott erfüllt. Bei dem frommen Klausner Trevrizent vollzieht sich seine Versöhnung mit Gott, und er erfährt das Gralsgeheimnis. Auf der Gralsburg stellt er die Erlösungsfrage. Amfortas wird geheilt und P. König des Grals. Bühnenweihfestspiel ›Parsifal‹ von R. Wagner (1879 vollendet).

Pas [pa, frz. ›Schritt‹] *der, -/-,* Tanzschritt, auch Tanzformation je nach Zahl der Tänzer: *P. de deux,* Tanz zu zweit.

Pa s, Pa · s, Einheitenzeichen für → **Pa**scalsekunde.

Pasadena [pæsəd'i:nə], Stadt in Kalifornien, USA, (1980) 119000 Ew., Wohnvorort von Los Angeles; Technolog. Institut (gegr. 1891), heute v. a. Forschungszentrum für amerikan. Weltraumunternehmungen; Museen. Nördl. von P. der Mount Wilson mit Observatorium.

Pasardschik, Hptst. des Gebiets P., Bulgarien, links der Maritza, (1980) 73400 Ew.; Konserven-, Holz-, Möbel- u. a. Industrie; Akkumulatorenwerk.

Pasargadae, Pasargadai, Ruinenstätte der Residenz des Achaimenidenkönigs Kyros II. (559–529 v. Chr.) auf einer weiten Hochebene (1900 m ü. M.) in S-Iran mit den Resten von 3 Palastanlagen, einer Zitadelle, zweier Grabbauten und einem hl. Bezirk mit Feuertempel und -altären.

Pascal, B l a i s e , frz. Religionsphilosoph, Mathematiker und Physiker, * Clermont-Ferrand 19. 6. 1623, † Paris 19. 8. 1662; in ihm vereinte sich christl. Frömmigkeit mit philosoph. Denkkraft und mathemat. Scharfsinn. Er baute die Kombinationslehre und die Wahrscheinlichkeitsrechnung aus, entdeckte die Eigenschaften der Zykloide, erörterte das → Pascalsche Dreieck, arbeitete an der Konstruktion einer Rechenmaschine, wies die Abnahme des Luftdrucks mit der Höhe durch Messungen mit dem Barometer nach und entdeckte das Gesetz der kommunizierenden Röhren. Im Kloster Port Royal wandte er sich dem → Jansenismus zu (niedergelegt im ›Mémorial‹, 1654); seine ›Lettres à un Provincial‹ (1656/57) sind ein scharfer Angriff gegen den Probabilismus der Jesuiten. Eine seit etwa 1654 geplante Schrift zur Verteidigung des Christentums konnte er wegen seiner Krankheit nicht mehr vollenden (veröffentlicht u. d. T. ›Pensées sur la religion‹, 1670). – Obwohl selbst Naturwissenschaftler, war P. im Religiösen der große Gegenspieler des naturwiss. Rationalismus und Optimismus. Wenn er auch die Geltung der wissenschaftl. Erkenntnisse einschränkt, so überträgt er doch die Logik auf den religiösen Bereich. Sie soll die genaue Grenze angeben, wo der Glaube beginnt, und die vom Glauben erzwungenen Widersprüche so exakt wie möglich formulieren. P. begründet seine Glaubensbeweise in Anlehnung an die geometr. Axiomatik und an die Wahrscheinlichkeitsrechnung. So kommt die Vernunft zur Einsicht ihrer Unzulänglichkeit und zu dem Entschluß, im Absurden und im logischen Widerspruch das Zeichen der höchsten Wahrheit zu erkennen. Viele Züge dieser Glaubenslehre kehrten später wieder, auf protestant. Boden bei Kierkegaard, auf katholischem in der ›Logik des Herzens‹ bei M. Scheler.

Pascal [n. B. Pascal], Einheitenzeichen **Pa**, abgeleitete SI-Einheit des Druckes; 1 Pa = 1 Newton/ m^2 = 10^{-5} bar.

PASCAL, nach B. Pascal benannte höhere → Programmiersprache für technisch-wissenschaftl. Probleme, bes. geeignet zur strukturierten Programmierung.

Pascal-Gesetz, das Grundgesetz der → Hydrostatik.

Pascalscher Satz. Auf einem regulären Kegelschnitt seien sechs Punkte P_i, $i = 1, 2, \ldots, 6$, gegeben. Die folgenden drei Punkte liegen dann auf einer Geraden, der **Pascalschen Geraden:** die

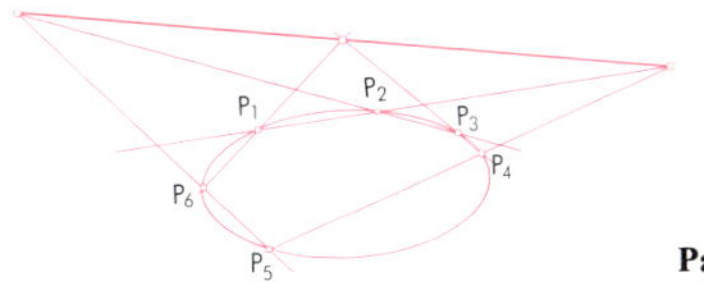

Pascalscher Satz

Schnittpunkte der Geraden durch P_1P_2 und P_4P_5, durch P_2P_3 und P_5P_6, durch P_3P_4 und P_6P_1. Im Spezialfall kann der Kegelschnitt ein Geradenpaar sein. Dann erhält man hieraus den Satz des Pappus.

Pascalsches Dreieck, ein von B. Pascal in Form eines gleichschenkligen Dreiecks aufgestelltes Zahlenschema. Durch Addition zweier nebeneinanderstehender Zahlen erhält man die in der Lücke darunter befindliche Zahl. Die Zahlen der $(n+1)$ten Reihe sind die → Binomialkoeffizienten von $(a+b)^n$.

1
1 1
1 2 1
1 3 3 1
1 4 6 4 1
. . . .

Pascalsches Dreieck

Pascalsekunde, Einheitenzeichen **Pa s, Pa · s,** SI-Einheit der dynam. → Viskosität, 1 Pa s = 1 Ns/m^2, ersetzt die bis 1977 gültige Einheit Poise, Einheitenzeichen P, 1 P = 0,1 Pa s.

Pasch [frz.] *der, -(e)s/-e,* Würfelspiel: Wurf mit gleicher Augenzahl auf jedem Würfel; auch Dominostein mit gleicher Punktzahl auf beiden Seiten. *ich* **pasche,** würfele einen P.

Pascha [türk.] *der, -s/-s,* **1)** im Osman. Reich Titel der obersten Offiziere und Beamten. In der Türkei wurde der Titel 1934, in Ägypten 1953 abgeschafft. **2)** Ü anspruchsvoller, herrischer Mann, der sich von Frauen bedienen läßt.

Pas|chalis, Päpste (vgl. ÜBERSICHT Päpste):

1) P. I. (817–24), † Rom 11. 2. 824, erhielt von Ludwig I., dem Frommen, den Besitz des Kirchenstaates und die Freiheit der Papstwahl bestätigt; nahm sich der im östl. Bilderstreit Verfolgten an. Heiliger; Tag: 14. 5.

2) P. II. (1099–1118), * Bieda di Galeata (Romagna), † Rom 21. 1. 1118, beendete den Investiturstreit in England und Frankreich, indem er gegen den Investiturverzicht des Königs die Belehnung der Bischöfe durch den König duldete; wurde von dem dt. König Heinrich V. 1111 in Rom gefangengenommen, der von ihm das Recht der Investitur und die Kaiserkrönung erzwang. Von der gregorian. Partei wegen dieser Zugeständnisse angegriffen, nahm P. sie 1112 zurück und verbot 1116 erneut die Laieninvestitur.

paschen [wohl aus Zigeunersprache]. *ich* **pasche,** G schmuggle, hehle. *der* **Pascher,** *-s/-,* G Schmuggler, Hehler.

Paschen, Friedrich, Physiker, * Schwerin 22. 1. 1865, † Potsdam 25. 2. 1947, Prof. in Tübingen und Bonn, 1924–33 Präs. der Physikal.-Techn. Reichsanstalt und Prof. an der Univ. Berlin; dehnte die Balmersche Formel auf die infraroten Linien des Wasserstoffspektrums aus **(Paschen-Serie),** entdeckte, mit E. Back (* 1881, † 1959), den in starken Magnetfeldern auftretenden **P.-Back-Effekt** für die Aufspaltung der Linien eines Atomspektrums.

Paschto *das, -,* iran. Sprache, von den Paschtunen in Afghanistan, dem Pandschab und in NO-Belutschistan gesprochen; seit 1936 Amtssprache Afghanistans.

Paschtunen, in Pakistan **Pathanen** *Pl.,* Volk mit iran. Sprache (→ Paschto) in NW-Pakistan (etwa 6 Mio.) und als staatsbildender Bevölkerungsteil → Afghanistans (9 Mio.); mit vielen Stämmen (Durrani, Ghalsai, Afridi, Jussufsai und Mohmand). Die P. sind Muslime.

Pascoaes, Teixeira de P. [teiʃ'eira də paʃku'aiʃ], eigtl. Joaquim **Pereira Teixeira de Vasconcelos** [pər'eira - ðə vaʃkõs'eluʃ], portugies. Dichter, * Gatão (Amarante) 2. 11. 1877, † ebd. 4. 12. 1952, gelangte in seiner Lyrik zu einer inneren Schau der Dinge; Verkünder des ›Saudosismo‹ (→ portugiesische Literatur). P. war auch Erzähler und Essayist.

Pascoli, Giovanni, ital. Dichter, * San Mauro di Romagna 31. 12. 1855, † Bologna 6. 4. 1912, zuletzt Prof. der ital. Lit. in Bologna. Seine Lyrik zeigt innerste Übereinstimmung von Landschaft und gestaltendem melancholischem Gemüt; seine einfache Sprache verwendet auch Volks- und Kindersprachliches. Teile der Ilias und Odyssee übertrug er in ital. Hexameter. Durch Anthologien und seine ›Storia della poesia lirica in Roma fino alla morte d'Orazio‹ (1904) wirkte P. auf die klass. Bildung in Italien.

Pas de Calais [padkal'ɛ], frz. Name der Straße von → Dover.

Pas-de-Calais [padkal'ɛ], Dép. in N-Frankreich, 6752 km², (1982) 1,412 Mio. Ew., an der Kanalküste; Hptst.: Arras.

Pasewalk, Krst. im Bez. Neubrandenburg, (1982) 15800 Ew.; Maschinen-, Mühlen- und Nahrungsmittelind.; got. Marien- und Nikolaikirche. Die Befestigung der 1177 erwähnten, schachbrettartig angelegten Stadt ist z. T. erhalten.

Pašić [p'aʃitsj], Nikola, serb. Politiker, * Zaječar 1. 1. 1846, † Belgrad 10. 12. 1926, leitete 1904–18 als MinPräs. die Politik Serbiens in enger Anlehnung an Rußland mit dem Ziel der Vereinigung der Serben mit den Südslawen Österreich-Ungarns. Als jugoslaw. MinPräs. (1921–26) förderte er den großserb. Zentralismus gegenüber den Kroaten und Slowenen.

Pasigraphie [grch. ›Allgemeinschrift‹] *die, -/...ph'i|en,* eine Zeichenschrift, die unabhängig von jeder lautsprachl. Form Begriffe und Gedanken ausdrückt, z. B. Ziffern, die internat. Flaggensprache, Verkehrszeichen. Die P. wird auch **Ideographie** (Ideenschrift) genannt.

Pasing, seit 1938 Ortsteil von München.

Pasipha|e, 1) grch. Mythos: Tochter des Helios, Gemahlin des Minos und Mutter des Minotaurus. **2)** ☆ ein Mond des Planeten → Jupiter.

Paso doble [span. ›Doppelschritt‹] *der, --/--,* urspr. Marschkomposition im 2/4- oder 6/8-Takt; als Tanz ein Nachfolger des Onestep. Nach dem 2. Weltkrieg wurde er Turniertanz.

Pasolini, Pier Paolo, ital. Schriftst., Filmregisseur und -schauspieler, * Bologna 5. 3. 1922, † (ermordet) Ostia 1. 11. 1975, schrieb Lyrik und realist. Romane, in denen er wie in seinen ersten Filmen das menschl. Elend bes. in der röm. Vorstadt darstellte. Harte Gesellschaftskritik übte er auch in seinen späteren Filmen.

HW: *Romane:* Ragazzi di vita (1955); Vita violenta (1959); Der Traum von einer Sache (1962); Teorema oder die nackten Füße (1968). *Filme:* Accattone (1961); Mamma Roma (1962); Das 1. Evangelium Matthaeus (1964); Teorema (1968); Medea (1969); Die 120 Tage von Sodom (1975) u. a.

Pier Paolo Pasolini

Paspel [frz.] *der, -s/-* oder *die, -/-n,* Zierstreifen in Nähten oder an Kanten von Uniformen und Kleidungsstücken.

PA-Sprengstoffe, die → Ammonite.

Pasquill [ital.] *das, -s/-e,* Schmähschrift; der Name geht auf eine volkstümlich **Pasquino** genannte antike, bruchstückhaft erhaltene Marmorgruppe in Rom zurück, an die ein Schneider Pasquino, nach ihm auch Dichter, Professoren und Studenten, scharfe satir. Epigramme zu heften pflegten. *der* **Pasquillant,** *-en/-en,* Verf. einer Schmähschrift.

Paß [von lat. passus ›Schritt‹] *der, P'asses/P'ässe,* **1)** ein für den Grenzübertritt und den Aufenthalt im Ausland bestimmtes Legitimationspapier, das auch im Inland als Ausweis (→ Personalausweis) gilt. Sein Inhaber genießt diplomat. und konsular. Schutz. Seit dem 1. Weltkrieg besteht zw. fast allen Staaten **Paßzwang,** häufig ergänzt durch einen Sichtvermerkszwang (→ Sichtvermerk). Zw. den meisten west- und nordeurop. Staaten genügt inzwischen für den Grenzübertritt die Vorlage des Personalausweises.

In der Bundesrep. Dtl. unterliegt das Paßwesen der ausschließl. Gesetzgebung des Bundes (Art. 73 Ziff. 3 GG), die Ausführung obliegt den Ländern. Maßgebend ist das Ges. über das Paßwesen v. 4. 3. 1952 mit ergänzenden Vorschriften (Durchführungs-VO zum P.-Ges. v. 12. 6. 1967, VO über Reiseausweise, Paßgebühren-VO u. a.). Als **Paßersatz** sind zugelassen: Sammellisten (bei gemeinschaftl. Grenzübertritt), Passierscheine (bei Binnenschiffern), Grenzausweise, Grenzkarten oder Grenzpassierscheine (im kleinen → Grenzverkehr), Landgangsausweise (für Schiffsbesatzungen), Lizenzen und Besatzungsausweise (für Fluglinienpersonal), von den Vereinten Nationen ausgestellte Durchlaßscheine

Passau: Zusammenfluß von Inn (vorn), Donau (Mitte) und Ilz; im Hintergrund die Feste Oberhaus

(Laissez-passer), vom P.-Kontrolldienst ausgestellte Notreise-Ausweise u. a. Deutsche P. werden als Reise-(Einzel- oder Familien-)P. auf 5 Jahre an Deutsche im Sinn des Art. 116 Abs. 1 GG ausgestellt. Der P. (auch Paßersatz, Notreise-Ausweis), auf dessen Ausstellung jeder Deutsche einen im Verwaltungsstreitverfahren verfolgbaren Anspruch hat, kann aus best. Gründen versagt oder entzogen werden. **Paßbehörden** im Inland sind die unteren Verwaltungsbehörden (Paßämter), im Ausland ermächtigte Auslandsvertretungen. Nichtdeutsche ohne gültigen P. können unter best. Voraussetzungen einen **Fremdenpaß** (im allg. auf 2 Jahre beschränkt) erhalten. Die **Paßkontrolle** obliegt dem Grenzschutz (Bundespaßkontrolldienst). Verstöße gegen die Paßvorschriften sind strafbar.

In der D t . D e m . R e p . ist das Paßwesen durch Ges. v. 15. 9. 1954 i. d. F. vom 11. 12. 1957 geregelt. Danach besteht für Deutsche und Ausländer bei jedem Grenzübertritt ein Paßzwang und meist Visumzwang. Ein P. wird i. d. R. nur mit Gültigkeit für best. Länder erteilt und kann ohne Angabe von Gründen versagt werden. Verletzungen der gesetzl. Bestimmungen werden mit Freiheitsstrafe (in schweren Fällen bis zu 5 Jahren) geahndet.

In Ö s t e r r e i c h ist das Paßwesen, geregelt im P.-Ges. v. 22. 10. 1969, nach Art. 10 Abs. 1 Ziff. 3 der Bundesverf. Bundessache in Gesetzgebung und Vollziehung. Paßbehörden sind die Bezirksverwaltungs-(Bundespolizei-), im Ausland die Vertretungsbehörden.

In der S c h w e i z werden nach der Paß-VO v. 17. 7. 1959 P. von den zuständigen kantonalen Paßstellen, im Ausland durch die Konsulate ausgestellt. Die Kontrolle liegt bei den Kantonen. Seit dem 1. 4. 1985 wird ein neugestalteter fälschungssicherer P. ausgegeben; der bisherige verliert zum 1. 1. 1991 seine Gültigkeit.

Paß 5): Sechspaß

2) 🌐 von der Natur vorgezeichnete begeh- oder befahrbare, meist schmale Einsattelung an einer Wasserscheide, v. a. im Hochgebirge; zur **Paßhöhe** führen die **Paßstraßen** als Zugangswege. Ein schmaler steilwandiger P. heißt **Engpaß.** Über Alpenpässe vgl. ÜBERSICHT Alpenstraßen, Alpenbahnen, Alpenpässe. **3) Paßgang,** eine Gangart der Vierfüßer (z. B. beim Kamel, seltener beim Pferd), bei der die beiden Füße derselben Seite fast gleichzeitig bewegt werden. **4)** Wechsel des kleinen Haarwildes (Hasen-, Fuchspaß). **5)** got. Maßwerkfigur, gebildet aus Kreisbögen gleichen Durchmessers: Nach deren Zahl unterscheidet man Dreipaß, Vierpaß usw. **6)** vgl. zupaß, zupasse. **7)** Zuspiel, bes. im Fußball. **Doppelpaß,** Ballwechsel zw. 2 Spielern der gleichen Mannschaft.

passabel [frz.], leidlich, erträglich.

Passacaglia [-k'aʎʎa, ital.] *die, -/... gli|en,* ital. Tanz aus dem 17. Jh. in langsamem 3/4-Takt, im 18. Jh. in Frankreich nur Bühnentanz. In der Instrumentalmusik des 17./18. Jh. ist die P. eine wesentliche Variationsform: Die Variationen bauen sich über einer ständig wiederholten vier- oder achttaktigen Baßmelodie (Basso ostinato) auf. Bes. bekannt ist die Orgel-P. von J. S. Bach.

Passage [pas'a:ʒə, frz.] *die, -/-n,* **1)** Durchgang, Durchfahrt. **Nordöstliche Durchfahrt,** → Nordostpassage; **Nordwestliche Durchfahrt,** → Nordwestpassage. **2)** ♪ schnelle Tonfolge aus tonleiterartigen Gängen (Tonleiter-P.) oder gebrochenen Akkorden (Akkord-P.). **3)** Reitübung der Hohen Schule, eine Ausführung des Trabes in höchster Versammlung. **4)** Textabschnitt.

Passage|instrument [pas'aʒə-], ✫ das → Durchgangsinstrument.

Passagier [-ʒ'i:r, frz.] *der, -s/-e,* Fahr-, Fluggast, Reisender.

Passah [hebr.] *das, -,* jüd. Fest zur Erinnerung an den Auszug der Israeliten aus Ägypten (2. Mos. 12); gefeiert am Abend des 14. Nissan, d. h. des ersten Frühlingsvollmonds, mit einem Familienmahl aus einem Lamm (Osterlamm) oder einer jungen Ziege, ungesäuerten Broten (Mazza) und bitteren Kräutern.

Passaic [pəs'eɪɪk], Stadt in New Jersey, USA, (1980) 52463 Ew., nördlich von Newark; Gummi-, Textil-, Werkzeug-, Nahrungsmittelindustrie.

Passamezzo [ital.] *der, -s/... zzi,* altital., beschleunigter Schreittanz im geraden Takt; in der Kunstmusik bis etwa 1730 als Suitensatz anzutreffen.

Passant [frz.] *der, -en/-en,* Vorübergehender; Fußgänger.

Passarge *die,* Fluß in Ostpreußen, entspringt bei Hohenstein, mündet ins Frische Haff; 120 km.

Passarge, S i e g f r i e d , Geograph, * Königsberg i. Pr. 26. 2. 1867, † Bremen 26. 7. 1958, reiste in Kamerun, Südafrika und dem nördl. Südamerika; 1908–35 Prof. in Hamburg; Landschaftskunde.

Passarowitz, dt. Name für → Požarevac.

Passat [niederländ.] *der, -(e)s/-e,* **Passatströmung,** in weiten Teilen der Tropen vorherrschende östl. Luftströmung, die in den unteren Schichten durch Erdrotation und Bodenreibung etwas nach der äquatorialen Tiefdruckrinne abgelenkt wird, auf der Nordhalbkugel also aus NO, auf der Südhalbkugel aus SO weht. Der P. entwickelt sich rein nur auf den Meeren, wird jedoch auf dem Ind. Ozean, in SO-Asien und in manchen äquatorialen Küstengebieten durch westl. Winde verdrängt (→ Monsun). Als Teil der allg. → Zirkulation der Atmosphäre befördert der **Antipassat** (Westwind) Energie aus den Tropen bis in polare Gebiete.

Passau, kreisfreie Stadt und VerwSitz des Landkreises P., RegBez. Niederbayern, (1983) 52100 Ew., am hochwassergefährdeten Zusammenfluß von Donau, Inn und Ilz; kath. Bischofssitz; Univ. (gegr. 1972), Fachschulen. Industrie: Wäsche, opt. Werke, Druckereien, Brauereien. P. ist Umschlagplatz der Donauschifffahrt und dt.-österr. Grenzstadt. – Auf der hügeligen Landzunge zw. Donau und Inn liegt die Altstadt (mit bed. Bauwerken und alten Bürgerhäusern in engen Gassen), rechts am Inn die Innstadt (mit der Wallfahrtskirche Mariahilf, 1627), an Donau und Ilz die ehem. Fischer- und Schoppersiedlung (Schiffbauer) Ilzstadt. In der Altstadt steht der Dom St. Stephan (Krypta 1261, spätgot. Chor, sonst 1668–78) mit einer der größten Kirchenorgeln (1924–28), südlich die alte bischöfl. Residenz (14. Jh., 1662–80 erneuert, jetzt LdGer.), östlich die Neue Residenz (1771 vollendet). Weitere Bauwerke: Severinskirche (etwa 9. Jh., Chor um 1476), Heiligengeistspital (1345) mit Kirche (1442), Salvatorkirche (1479), St. Paul (1678), Marianische Votivkirche (1619) u. a. Kirchen; Rathaus (Kernbau 1393, Binnenhöfe und Laubengänge 16./17. Jh.). Links der Donau Schloß Freudenhain (Ende 18. Jh.), über der Stadt die ehem. Feste Oberhaus (1219 begonnen) und auf der Landspitze zw. Donau und Ilz die Feste Niederhaus (wohl seit dem 14. Jh.). – P. steht auf dem Boden des kelt. **Boiodurum** und des Römerkastells **Batavis.** 999 wurden die Bischöfe die Stadtherren von P. Der Handel auf Inn, Donau und dem goldenen Steig nach Böhmen bildete die Quelle des städtischen Reichtums.

Das **Bistum P.** wurde 737 gegr. und 739 von Bonifatius bestätigt. Der mit Missionsaufgaben im SO betraute Sprengel reichte bis an die Enns und wurde nach 804 bis zur Raab, 874 bis zur March erweitert. Im Umkreis des Bischofs Wolfger (1191–1204) entstand vermutlich das Nibelungenlied. Er war auch Gönner Walthers von der Vogelweide. Seit 1217 waren die Bischöfe Reichsfürsten. Reformation und Bauernaufstände brachten schwere Erschütterungen. 1469 wurde das Bistum Wien, 1783 Linz und 1785 St. Pölten abgetrennt. 1728 wurde P. exemt. 1803 kam das Hochstift an Bayern. 1817/21 entstand die neue Diözese P. als Suffraganbistum von München-Freising.

Passauer Vertrag, zw. → Moritz von Sachsen und König Ferdinand I. geschlossener Vertrag, am 15. 8. 1552 von Karl V. bestätigt, machte dessen Erfolge im Schmalkald. Krieg zunichte: Er setzte Johann Friedrich von Sachsen und Philipp von Hessen wieder in Freiheit, hob das Augsburger Interim (1548) auf und bereitete den Augsburger Religionsfrieden (1555) vor.

Passe [frz.] *die, -/-n,* **Sattel,** abgeteilte Schnittform bei Kleidungsstücken an Schulter oder Hüfte. (→ Koller)

passé [frz.], U überholt, vergangen, vorbei.

Passeier, ital. **Val Passiria,** linkes Seitental der Etsch in Südtirol, 34 km, von der **Passer** durchflossen, die, vom Timmelsjoch kommend, bei Meran mündet; Heimat Andreas → Hofers. Hauptort: Sankt Leonhard. (BILD S. 155)

passen [mhd., aus frz.] *ich passe* (habe gepaßt), **1)** *zu ihm,* eigne mich dafür, bin ihm angemessen: *die beiden passen gut zueinander; ein Kleid paßt,* sitzt gut. **2)** Kartenspiel: verzichte, mache kein Spiel. **3)** Fußball u. a.: spiele den Ball (flach) zu. **4)** *auf etwas,* ⚭ warte ungeduldig, lauere. *ich* **passe** *es, ihn* **ab,** lauere auf einen günstigen Augenblick, auf sein Kommen: *der Zeitpunkt war gut abgepaßt. ich* **passe an, 1)** *es,* halte probeweise an. **2)** *es,* Ü stimme ab, bringe in Einklang. **3)** *mich ihm,* Ü richte mich danach. *ich* **passe auf, 1)** bin aufmerksam: *aufgepaßt!,* Achtung! **2)** *auf ihn, etwas,* achte: *sie hat nicht auf das Kind aufgepaßt.*

Passepartout [paspart'u, frz.] *das* oder *der, -s/-s,* **1)** ⚭ Hauptschlüssel. **2)** ⚭ Dauereintrittskarte. **3)** Umrahmung aus Karton für eine Zeichnung, Graphik oder Photographie.

Passepied [paspj'e, frz.] *der, -s/-s,* alter französischer Rundtanz in raschem 3/4- oder 3/8-Takt, vom 16. bis 18. Jh. beliebter Hof- und Gesellschaftstanz. Der P. kommt auch als Satz in der Suite vor.

Paßgang, → Paß 3). *der* **Paßgänger,** *-s/-,* Tier, das Paß geht.

passieren [frz.]. *ich* **passiere, 1)** *es,* gehe oder fahre durch (hinüber), überschreite, werde durchgelassen: *wir passierten die Grenze ohne Zwischenfälle.* **2)** *es,* siebe oder presse durch (Speisen). **3)** *es passiert,* kommt vor, geschieht, widerfährt: *es ist ihm nichts passiert.* **passierbar,** durchschreitbar, überschreitbar.

Passiergewicht, gesetzl. Mindestgewicht umlaufender Münzen; auch Gewichtsstück zur Prüfung von Münzgewichten.

Passierschein, → Paß 1).

Passierschein|abkommen, vier Abkommen, zw. 1963 und 1966 von Vertretern des West-Berliner Senats und der Dt. Dem. Rep. unterzeichnet. Danach konnten die Bewohner W-Berlins zu bestimmten Zeiten (z. B. Ostern, Weihnachten) Verwandte in Ost-Berlin besuchen. Bei einer Passierscheinstelle für Härtefälle konnten Westberliner Passierscheine zum Betreten Ost-Berlins erhalten. Ihre Tätigkeit endete mit dem Inkrafttreten des → Berlin-Abkommens sowie des → Verkehrsvertrages und der Vereinbarung zw. der Dt. Dem. Rep. und dem Berliner Senat (v. 20. 12. 1971) über den Besuch von Westberlinern im Ostteil der Stadt und in der Dt. Dem. Rep. Diese Vereinbarung regelt seither den Besuchsverkehr der Westberliner in O-Berlin.

Passeier vom Jaufenpaß aus gesehen, im Vordergrund Sankt Leonhard

Passiflora [lat.], Pflanzengattung, die → Passionsblume.

Passion [lat.] *die, -/-en,* **1)** Leidenschaft; Vorliebe, Liebhaberei. **2)** Leiden, insbes. das Leiden und Sterben Jesu Christi (Mt. 26f., Mk. 14f., Lk. 22f., Joh. 18f.); ihrer Betrachtung dienen die in der **Fasten-** oder **Passionszeit,** bes. in der Karwoche, gehaltenen Passionspredigten (→ Passionsspiele). **3)** Bildliche Darstellungen aus der Leidensgeschichte Christi waren seit frühchristl. Zeit ein Hauptgegenstand der Malerei und Plastik, seit dem 12. Jh. auch in geschlossenen Folgen (Glasmalereien in der Kathedrale von Chartres, Lettnerreliefs im Naumburger Dom, Fresken Giottos in der Arenakapelle in Padua, graph. Folgen von Schongauer und Dürer). **4) Passionsmusik,** die Vertonung der Leidensgeschichte Christi, ein für die kirchl. Feier des Karfreitags bestimmtes Gesangswerk. Bei der in ihren Anfängen auf das 13. Jh. zurückgehenden Form der **Choralpassion** wird der Bibeltext von drei Einzelsängern, den Soliloquenten, mit verteilten Rollen (Evangelist, Christus, übrige Gestalten) fast durchweg im Sprechgesang des Gregorian. Chorals vorgetragen. In der mehrstimmigen niederländ. Musik des 15. Jh. entwickelte sich die **Motettenpassion,** in der der gesamte Bibeltext, auch die Worte der Einzelpersonen, in mehrstimmigem Chorsatz a cappella motettenartig durchkomponiert ist (Cyprian de Rore, J. Gallus, B. Gesius, L. Lechner, J. Chr. Demantius); im 20. Jh. griff K. Thomas (Markuspassion) darauf zurück. In einer dramatischen Zwischenform werden die eigtl. Erzählung des Evangelisten und gewöhnlich auch die Worte der verschiedenen Bibelgestalten von Einzelsängern in einem freieren Sprechgesang vorgetragen, dagegen die von mehreren Personen, vom Volk u. a. gesprochenen Worte der Bibel vom mehrstimmigen Chor gebracht; Hauptmeister des 16. Jh.: Orlando di Lasso, J. Walther; des 17. Jh.: M. Vulpius, Chr. Schulz, A. Hammerschmidt und bes. H. Schütz. Die reichste Form ist das im 17. Jh. entstandene **Passionsoratorium** für Einzelsänger (Evangelist, Christus usw.), Chor und Orchester; es bringt außer dem Bibeltext lyrische und lehrhafte Betrachtungen in Rezitativ- und Arienform für die Einzelsänger, ferner Kirchenlieder und selbständige Chorstücke. Viel vertont wurde die P. des Hamburger Ratsherrn B. H. Brockes, die sich ziemlich weit vom Bibeltext entfernt hatte (1712), u. a. von R. Keiser, G. F. Händel, J. Mattheson, G. Ph. Telemann. Passionsoratorien wurden auch von A. Scarlatti, N. Jomelli, G. Païsiello, J. A. Hasse, L. van Beethoven, F. Liszt, H. Kaminski geschaffen. Der überragende Hauptmeister ist J. S. Bach: P. nach den Evangelisten Johannes (1723) und Matthäus (1729); er erreichte den vollkommenen Ausgleich zw. episch-dramat. Behandlung des Bibelworts und lyrisch-betrachtenden Ruhepunkten (Choräle, Arien, Chorsätze). Eine Abart des Passionsoratoriums ist die **Passionskantate:** ›Tod Jesu‹, Dichtung von K. W. Ramler, Musik von K. H. Graun (1755). Im 20. Jh. griff man im Anschluß an die Wiedererweckung der P.-Musik von H. Schütz vor allem auf A-cappella-Formen zurück (H. Distler, J. Ahrens, E. Pepping). In der Lukas-P. von K. Penderecki (1966) ist der P.-Text unter Verwendung modernster musikal. Mittel mit Psalmen u. a. liturgischen Texten verbunden.

Passiergewicht
(Preußen)

Passional [von Passion] *das, -s/-e,* **Passionale** *das, -s/-,* **Passionar** *das, -s/-e,* ein im MA. beim Chorgebet gebrauchtes Buch mit den Legenden der Heiligen und Märtyrer. ›Passional‹ heißt auch eine fast 110000 Verse umfassende Legendensamml. aus dem Ende des 13. Jh. von einem unbekannten Dichter, der im Umkreis des Dt. Ordens vermutet wird.

passionato [ital.], **appassionato,** ♪ leidenschaftlich.

passioniert [von Passion], leidenschaftlich (eingenommen für etwas), begeistert: *ein passionierter Angler.*

Passionisten *Pl.,* eine 1720 von Paulus vom Kreuz gegr. Priesterkongregation für Volksmission und Exerzitien mit dem Sitz des Generalpräpositus in Rom.

Passionsblume, Passiflora, Gatt. der zweikeimblättrigen Fam. Passionsblumengewächse **(Passifloraceae)** mit rd. 400 Arten; meist kletternde Halbsträucher oder Stauden, vorwiegend im trop. Amerika. Die bis melonengroßen Früchte (Grenadillen, Granadillen) sind bei einigen amerikan. Arten eßbar. P. sind beliebte Zimmerpflanzen.

Passionsspiele, geistl. Schauspiele, die das Leiden und Sterben Christi zur Darstellung bringen. Urspr. waren sie Erweiterungen der → Osterspiele. Bes. hervorzuheben sind: das St. Gallener (14. Jh.), Alsfelder (1501), Egerer P., die tirolischen von Hall, Erl, Sterzing, Bozen, die nd. von Hamburg, Hildesheim. In kath. Gegenden haben sie sich vereinzelt bis heute gehalten, so vor allem in → Oberammergau.

passiv [auch -s'i:f; lat.], **1)** untätig, leidend; willensträge: *passives Wahlrecht,* das Recht, gewählt zu werden. *das* **Passiv,** *-s/-e,* **Passivum,** *-s/...va,* Ⓢ Leideform des Verbs, z. B. *ich werde gesehen* (Übersicht Verb). **2)** belastend, Schulden verursachend: *passive Handelsbilanz,* das Überwiegen der Einfuhr.

Passiva, Passiven *Pl.,* auf der Passivseite der → Bilanz ausgewiesene Posten; Ggs.: → Aktiva.

passiver Widerstand, passive Resistenz, eine Form der Auflehnung, die unter Verzicht auf Gewaltmaßnahmen durch Einstellen geschuldeter Leistung u. a. die Machtträger unter Druck zu setzen versucht, z. B. → Civil Disobedience.

Passivgeschäft, Geschäft einer Bank zur Beschaffung von Geldkapital; Ggs.: → Aktivgeschäft.

Passivierung *die, -,* **1)** ↻ natürl. Bildung oder künstl. Erzeugung eines elektrochem. Zustandes von Metalloberflächen, wodurch die Metalle chem. Widerstandsfähigkeit (Passivität) gewinnen, z. B. durch Bildung einer porenfreien dünnen Oxiddeckschicht beim Aluminium, Nickel oder Chrom, die das darunterliegende Metall schützt. P. wird erreicht durch anod. Strom oder Oxidationsmittel. Bestimmte Metalle und Legierungen (z. B. ›nichtrostender Stahl‹) werden an der Luft spontan passiv. Durch Chloridionen kann die Passivschicht örtlich zerstört werden. **2)** Buchungsvorgang im betriebl. Rechnungswesen, der zu einer Erhöhung der Posten auf der Passivseite der → Bilanz führt.

Passionsblume:
Blaue P.

Passivität *die, -,* passives Verhalten, Teilnahmslosigkeit.

Passivlegitimation, ⚖ die Frage nach dem sachlich richtigen Beklagten. (→ Sachlegitimation)

Passivmasse, ⚖ die → Schuldenmasse.

Paßmeter, ein Feinmeßgerät mit Fühlhebel und beweglichem Zeiger, das Abweichungen eines bearbeiteten Werkstücks vom Sollmaß oder das Einhalten der Toleranzen prüft. **Passameter** dienen zu Außenmessungen, **Passimeter** zu Innenmessungen.

Passung *die, -/-en,* ⚙ die Beziehung zw. gepaarten Teilen (z. B. Welle und Lager), die durch den Maßunterschied bestimmt wird, den die Teile vor dem Paaren haben. Da in der Fertigung das auf einer Zeichnung eingetragene Nennmaß (= Sollmaß) bei wirtschaftlich vertretbarem Aufwand nur mit einer bestimmten Genauigkeit erzielbar ist, muß für die Herstellung ein Spielraum (Toleranz) für das Maß des fertigen Werkstückes (Istmaß) vorgegeben werden. Das geschieht durch die internationalen ISO-P. Diese legen u. a. die zulässigen Toleranzen, gestuft nach Genauigkeitsgraden (Qualitäten), sowie die Lage der Abweichungen (Toleranzfeld) fest, fassen zur Vereinfachung die Nennmaße zu Durchmesserbereichen zusammen, innerhalb derer Größe der Toleranzeinheit und Lage der Toleranz gleichbleiben. Man unterscheidet **Spiel-P.** (nach dem Paaren ist Spiel vorhanden), **Preß-P.** (nach dem Paaren besteht eine Pressung zw. den Teilen) und **Übergangs-P.** (es kann Spiel oder Pressung vorhanden sein). Nach der Art der Paßflächen unterscheidet man **Rund-, Flach-** und **Kegel-P.** Zum Messen werden Grenzlehren (→ lehren) benutzt.

Passus [lat.] *der, -/-,* Abschnitt, Stelle einer Schrift.

Passy [pas'i], Frédéric, frz. Volkswirtschaftler, * Paris 20. 5. 1822, † Neuilly 12. 6. 1912, liberaler Abgeordneter, erhielt für seine Tätigkeit in der Interparlamentarischen Union 1901 mit H. → Dunant den Friedensnobelpreis.

Pasta asciutta [pastaʃ'utta, ital.] *die, --,* ital. Gericht aus Spaghetti, Fleisch, Tomaten, Käse u. a.

Paste [ital.] *die, -/-n,* **Pasta** *die, -/...sten,* streichbare Masse, knetbarer Teig: *Zahnpasta; Sardellenpaste.*

Pastell [ital.] *das, -s/-e,* ein mit Pastellfarben gemaltes Bild. Die **Pastellfarben** werden aus Farbpaste in Stiftform gepreßt. Sie haften nur leicht auf der Oberfläche und können zu feinsten Übergängen verrieben werden; unfixiert sind sie gegen Berührung sehr empfindlich. Die zarten, duftigen Farben des P. entsprachen bes. dem Geschmack des 18. Jh., in dem Rosalba Carriera das Bildnispastell zur Vollendung entwickelte und bed. Nachfolger in M. Q. de La Tour, J.-B. Perronneau und J.-E. Liotard fand. In neuerer Zeit malten und zeichneten mit P.-Farben bes. E. Manet, E. Degas (BILD Maltechnik) und M. Liebermann.

Boris Pasternak

Pasternak, Boris Leonidowitsch, russ. Dichter, Sohn des Malers Leonid P. (* 1862, † 1945), * Moskau 10. 2. 1890, † Peredelkino bei Moskau 30. 5. 1960, studierte in Moskau und Marburg; in seiner Lyrik und in Verserzählungen Meister einer bildreichen, musikal. Sprache; fand weltweite Beachtung durch seinen Roman ›Dr. Schiwago‹ (zuerst in ital. Übersetzung 1957; verfilmt), der das Leben eines Arztes und Dichters im ersten Drittel des 20. Jh. beschreibt und wegen seiner eigenwilligen Auffassung und Darstellung der Oktoberrevolution in der UdSSR nicht erscheinen durfte. P. war auch ein hervorragender Übersetzer, u. a. von Shakespeare, Hans Sachs, Goethe, Kleist, Rilke. Den Nobelpreis (1958) mußte er ablehnen.

WW: *Gedichtsammlungen:* Meine Schwester, das Leben (1922); Themen und Variationen (1923); Zweite Geburt (1932); Irdische Weite (1945); Wenn es aufklart (1959). – *Prosa:* Lüvers Kindheit (1922); Geleitbrief (1931).

Pasterze *die,* größter Gletscher der Ostalpen am Fuß des → Glockners (ÜBERSICHT Gletscher).

Pastetchen *das, -s/-,* gebackene Hülsen aus Blätterteig, mit einem pikanten Kleinragout von Fisch, Krustentieren, Fleisch, Geflügel oder Wild gefüllt.

Pastete [lat.] *die, -/-n,* ein meist in einer Teigumhüllung gebakkenes schnittfähiges Erzeugnis aus Fleisch, Fisch, Geflügel, Wild oder Gänseleber mit einer Einlage von Trüffeln, Pökelzunge, Speck, Pistazien u. a.

Louis Pasteur

Pasteur [past'œ:r], Louis, frz. Chemiker und Biologe, * Dôle 27. 12. 1822, † Villeneuve l'Étang (bei Paris) 28. 9. 1895, Prof. in Dijon, Straßburg, Lille, Paris, leitete seit 1888 das Pariser Institut Pasteur (für Mikrobiologie und Hygiene). P. entdeckte die Beteiligung von Kleinlebewesen an der Gärung, wies nach, daß auch Bakterien nie durch → Urzeugung entstehen, sondern daß ihre Dauerformen (Sporen) in vorher keimfreie Stoffe gelangen, und erkannte, daß solche Keime durch Hitze abgetötet werden können (→ pasteurisieren). Damit schuf er die Grundlage der Bakteriologie, des Keimfreihaltens (Asepsis), der Keimabtötung (Antisepsis, Sterilisierung). P. stellte Impfstoffe gegen Tollwut, Milzbrand, Rotlauf, Hühnercholera her. Seine Theorie der Infektionskrankheiten wurde erst nach heftigen Meinungsverschiedenheiten medizin. Allgemeingut. Er war einer der Schöpfer der Stereochemie.

Pasteur-Effekt [past'œ:r-], Biochemie: von L. Pasteur entdeckter regulativer Zusammenhang zw. Traubenzuckerumsatz und Sauerstoffverbrauch (Atmung), der zur Deckung des Energiebedarfs für Zellen wichtig ist, die sich einem schwankenden Sauerstoffangebot anpassen müssen.

Pasteurellen [-ø-, n. L. → Pasteur] *Pl.,* Gatt. von Bakterien, die bei Tieren, seltener beim Menschen septische Krankheitsbilder hervorrufen. Früher wurden auch die Erreger der → Pest und der → Tularämie zu den P. gerechnet.

pasteurisieren [-tør-, n. L. → Pasteur]. *ich* **pasteurisiere** *es,* mache Lebensmittel, bes. Getränke, haltbar. Durch Erhitzen auf etwa 60–80 °C (Zeiten 1 s bis 60 min) werden alle Hefe- und Schimmelpilze sowie die vegetativen Formen der meisten Bakterien und Viren abgetötet, nicht jedoch hitzebeständige Dauerformen. Das Pasteurisieren wird z. B. bei Milch, Obstsäften, Bier und zum Abtöten pathogener Keime im Faulschlamm angewendet.

Pasticcio [past'ittʃo, ital.] *das, -s/-s* oder *...cci,* Bild oder Bildwerk, das die Art eines anderen Künstlers, oft in betrüger. Absicht, nachahmt; auch Oper aus Stücken versch. Komponisten.

Pastillen [lat.], *Sg. die* **Pastille,** -, **Plätzchen, Täfelchen,** Arzneizubereitungen, die mit einem Bindemittel (Zucker, Gummi u. a.) in feste Form gebracht werden.

Pastinak [lat.] *der, -(e)s/-e,* **Pastinake** *die, -/-n,* **Pasternak, Pastinaca sativa,** ein Doldenblüter mit gelben Dolden; Küchenpflanze mit weißer möhrenähnl. Wurzel. (BILD Gemüse)

Pasto, San Juan de P. [san xu'an de-], Hptst. des Dep. Nariño, Kolumbien, (1980) 214000 Ew., 2594 m ü. M., am Fuß des Vulkans Galeras (4267 m); Univ.; Konsumgüterindustrie.

Pastor [lat. ›Hirt‹] *der, -s/...st'oren,* Seelsorger, bes. in der protestant. Kirche übliche Bez. für den Geistlichen (→ Pfarrer). **pastoral, 1)** pfarramtlich. **2)** feierlich, würdig. **3)** hirtenmäßig; ländlich (→ Pastorale). *das* **Pastorat,** *-(e)s/-e,* Pfarramt oder -haus.

Pastor, Ludwig Frhr. von **Campersfelden** (1916), Historiker, * Aachen 31. 1. 1854, † Innsbruck 30. 9. 1928, wurde ebd. 1887 Prof., 1901 Direktor des Österr. Histor. Instituts in Rom, 1920 österr. Gesandter beim Vatikan, vertrat eine streng kath. Geschichtsauffassung. – HW: ›Geschichte der Päpste seit dem Ausgang des MA. (1477–1799)‹, 16 Bde. (1886–1933).

Pastoral|assistenten, Kath. Kirche: Seelsorgeberuf für Diplomtheologen im Laienstand, zuerst eingeführt in einigen vom Priestermangel bes. betroffenen süddt. Diözesen, seit 1978 nach der 2. Dienstprüfung: **Pastoralreferenten.**

Pastoralbriefe, im N. T. die Briefe des Paulus an Timotheus und Titus mit Anweisungen zur Führung des bischöfl. (Hirten-) Amtes. Die paulin. Herkunft ist umstritten.

Pastorale [ital. ›Hirtenstück‹] *das, -s/-s,* auch *die, -/-n,* **1)** Schäferspiel (mit Chören), → Schäferdichtung. **2)** Instrumentalmusik: a) Instrumentalsatz im 6/8- oder 12/8-Takt, das Schalmei-Spiel der Hirten nachahmend; v. a. in den kirchl. Weihnachtsmusiken des 17. bis 18. Jh. beliebt, so im Weihnachtsoratorium von J. S. Bach, im ›Messias‹ von G. F. Händel, in V. Manfredinis ›Weihnachtskonzert‹ und A. Corellis ›Concerto grosso Nr. 8‹. Aus dem P. haben sich eigene, für die Weihnachtszeit bestimmte **Pastoralmessen** entwickelt. b) Instrumentalmusikwerk, das Natur und Landleben künstlerisch gestaltet, z. B. die 6. Sinfonie, die ›Sinfonia pastorale‹, von L. van Beethoven. **3)** Bischofsstab.

Pastoralpsychologie, eine Hilfswiss. der → praktischen Theologie, die bes. in den USA entwickelt wurde. Sie ist Teil einer umfassenden Seelsorgebewegung, die gleichzeitig das psychotherapeut. Seelsorgegespräch und eine klin. Seelsorgeausbildung betreibt und erforscht.

Pastoralsoziologie, Kirchensoziologie, Pfarrsoziologie, untersucht die soziale Struktur der Kirchengemeinde, die Häufigkeit des Gottesdienstbesuches, die Einstellung zu religiösen oder sittlichen Fragen u. ä.

Pastoraltheologie, die Lehre von der Seelsorge (→ praktische Theologie).

pastos [ital.], Malerei: mit dickem Farbauftrag.

pastös [frz.], ⚕ gedunsen, aufgeschwemmt.

Pastourelle [pastur'ɛl, frz. ›Schäferlied‹] *die, -/-n,* altfrz. und altprovenzal. kurzes lyrisches Gedicht mit Zwiesprache zw. Schäferin und werbendem Schäfer oder Ritter.

Pasyryk, Pazyryk [-z-], in das Tal des Ulagan mündendes Trockental im östl. Altai. Im P. wurden 1929 und 1947–49 fünf größere und neun kleinere Kurgane ausgegraben, in denen das Bodeneis die Beigaben aus organischem Material konserviert hatte, z. T. sind auch die Weichteile der Leichen erhalten geblieben. Die einbalsamierten Toten, Nomadenhäuptlinge des 5.–3. Jh. v. Chr., sind in ihren Festgewändern, mit kostbarem Hausrat sowie mit ihren Reit- und Zugpferden, bestattet worden.

Patagoni|en, Landschaft im S Südamerikas. Das chilen. **West-P.** ist ein waldreiches, feuchtkühles Gebirgsland; die Kordilleren sind hier in zahlreiche Inselgruppen aufgelöst oder durch Fjorde zerschnitten. Das Innere trägt große Eisfelder (Patagonisches Inlandeis). West-P. ist wirtschaftl. noch wenig erschlossen. Das argentin. **Ost-P.** zw. Colorado und Magellanstraße ist dünn besiedelt. An den Ostabfall der Kordilleren mit einem Saum glazialer Seen schließt sich ein Tafelland an, das stufenweise zur Küste abfällt. Die Kordillerenhänge südlich 46° s. Br. tragen Buchen- und Nadelwälder. Das regenarme Tafelland ist mit Gras- und Strauchsteppen bedeckt. In den Talauen wird Bewässerungsanbau (Luzerne, Wein, Obst) betrieben, auf dem Tafelland fast nur Schafzucht. Westl. von Neuquén und an der Küste bei Comodoro Rivadavia liegen große Erdöl- und Erdgasfelder, bei El Turbio Steinkohlenlager.

Patan, auch **Lalitpur,** Stadt in Nepal südl. von Katmandu, (1977) 135 000 Ew.; Nahrungsmittel-, Holzind.; buddhist., hinduist. Tempel.

Patchwork [p'ætʃwɔ:k, engl. ›Flickarbeit‹] *das, -s,* **1)** Aneinanderfügen von Textil- und Lederflicken verschiedener Farben, Formen und Muster in harmon. Buntheit zu Kleidern, Kissen, Dekken, Taschen u. a. **2)** *Pl. -s,* in dieser Technik hergestellte Gegenstände.

Pate [aus lat. pater ›Vater‹] *der, -n/-n,* **Patin** *die, -/-nen, mitteldt.:* **Petter,** *oberdt.:* **Gode,** *schweizer.:* **Götti,** der Tauf- und Firmzeuge; im Verhältnis zum P. auch Täuflinge und Firmlinge **(Patenkinder).** Die P. übernehmen die Mitverantwortung für die christl. Erziehung der P.-Kinder. Nach kath. Kirchenrecht sollen dem Täufling ein oder zwei, dem Firmling ein P. bestellt werden, die katholisch und frei von Kirchenstrafen sind. Nach evang. Kirchenrecht sollen mindestens zwei evangelisch konfirmierte Tauf-P. bestellt werden. **Patengeschenk,** Geschenk, das der Täufling bei der Taufe vom P. erhält. *die* **Patenschaft,** *-/-en,* Amt und Verpflichtung eines P.; Ü freiwillige Verpflichtung eines Einzelnen oder einer Gemeinschaft, für jemanden in bestimmten Dingen zu sorgen.

Patella [lat.] *die, -/...len,* **1)** Schale, Schüssel. **2)** Kniescheibe (→Knie). **Patellar-Reflex,** der →Kniesehnenreflex.

Patene [lat.] *die, -/-n,* in der christl. Kirche die flache Schale für die Hostien, Gerät bei Abendmahl und Messe.

Patene aus Stift Wilten (Innsbruck), Ende des 12. Jh.

Patent [lat. ›offener Brief‹] *das, -(e)s/-e,* Urkunde über eine öffentl. Rechtshandlung, durch die einem Privaten ein Recht verliehen wird (z. B. Jagd-P.), früher auch die Bestallungsurkunde für Beamte und Offiziere (Offiziers-P.), heute noch bei der Handelsmarine (Kapitäns-P.); im besonderen die Urkunde, durch die für eine Erfindung ein Schutzrecht erteilt wird, auch: das Schutzrecht selbst. **patent,** U brauchbar, tüchtig, geschickt. *ich* **patentiere** *es,* **1)** sichere durch P. (vgl. unten ⚖). **2)** Metallurgie: erwärme Stahldraht oder Stahlband auf 850–1 100 °C und kühle das Gut danach z. B. in einem Blei- oder Salzbad von 400 bis 550 °C ab, um ein für die Kaltverformung (Ziehen, Kaltwalzen) günstiges Gefüge zu erhalten.

⚖ Ein P. ist das dem Erfinder oder seinem Rechtsnachfolger vom Staat erteilte, zeitlich begrenzte Monopol für die wirtschaftl. Nutzung einer Erfindung (z. T. anders bei →Arbeitnehmererfindungen). Das P.-Recht ist geregelt im P.-Ges. v. 5. 5. 1936 i. d. F. vom 16. 12. 1980. Patentfähig sind nur techn. Erfindungen (keine wissenschaftl. Theorien, mathemat. Methoden, Pläne und Verfahren für gedankl. Tätigkeiten, Heilverfahren u. ä.), die neu sind (einen wesentl. Fortschritt der Technik bedeuten), auf einer erfinder. Tätigkeit beruhen und die eine gewerbl. Verwertung gestatten. Haben mehrere eine Erfindung unabhängig voneinander gemacht, so steht das Recht auf das P. dem zu, der die Erfindung zuerst beim →Patentamt angemeldet hat.

P. werden auf schriftl. Antrag und nach Überweisung einer Anmeldungsgebühr beim Patentamt erteilt, das die Erfindung nach Form und Inhalt prüft, und in die **Patentrolle** eingetragen. Vom 3. Jahr der Schutzzeit an ist eine sich steigernde Jahresgebühr zu entrichten. Schutzdauer: 20 Jahre.

Dem P.-Inhaber steht das alleinige Recht zu, den patentierten Gegenstand gewerbsmäßig herzustellen, in Verkehr zu bringen, feilzuhalten oder zu gebrauchen. Das P. kann auf einen anderen übertragen (P.-Veräußerung) oder zur Benutzung (Lizenzerteilung) überlassen werden; auch ist es vererblich. Die Verletzung eines P. kann zivil- und (auf Antrag) strafrechtlich verfolgt werden. Bei Vorliegen eines öffentl. Interesses u. a. Voraussetzungen muß das Patentamt die Lizenz auch gegen den Willen des Patentinhabers erteilen (Zwangslizenz).

In der Dt. Dem. Rep. gilt das P.-Ges. v. 6. 9. 1950 i. d. F. v. 31. 7. 1963, ergänzt durch die Schutzrechts-VO vom 1980. P. werden durch das Patentamt in Berlin (Ost) erteilt in Form von **Wirtschafts-P.,** bei denen neben dem P.-Inhaber die Benutzung demjenigen zusteht, dem eine Benutzungserlaubnis (mit Vergütungspflicht an den P.-Inhaber, seit 1963 nur noch durch einmalige Abfindung von höchstens 30 000 Mark) durch das Patentamt erteilt ist, oder in Form von **Ausschließungs-P.,** deren Benutzung nur dem Inhaber zusteht. Letztere können auf Antrag des P.-Inhabers oder zwangsweise bei wirtschaftl., sozialen oder kulturellen Notwendigkeiten (gegen Entschädigung) in Wirtschafts-P. umgewandelt werden. Eine P.-Anmeldung im Ausland ist erst nach Registrierung in der Dt. Dem. Rep. möglich.

In Österreich ist das P.-Recht durch die P.-Gesetze von 1970 (zuletzt geändert am 1. 4. 1982) geregelt. Die Anmeldung erfolgt beim Patentamt in Wien. Oberste Rechtsmittelstelle ist der Patent- und Markensenat. In der Schweiz beruht das P.-Recht im wesentlichen auf dem dt. (Ges. v. 25. 6. 1954). P. werden vom Eidgenöss. Amt für geistiges Eigentum in Bern erteilt und im P.-Register eingetragen.

Einen Weltpatentschutz gibt es noch nicht, jedoch wichtige zwischenstaatl. Vereinbarungen, insbes. die →Pariser Übereinkunft v. 20. 3. 1883. Das **Europäische Patentamt** in München (Zweigstelle in Den Haag) arbeitet seit 1. 6. 1978. Ein von diesem Amt erteiltes europ. P. gibt in jedem Vertragsstaat dieselben Rechte wie ein nationales P.

Ein Anspruch auf Erfinderschutz (›geistiges Eigentum‹) kam erstmals in der Verf. der USA und in der Frz. Revolution (Ges. v. 1791) zum Ausdruck. Hieran knüpfen die P.-Ges. des 19. Jahrhunderts an.

Patent|amt, dem Bundesjustiz-Min. unterstellte Behörde in München, 1948 als Nachfolgerin des 1877 gegr. Reichs-P. (das bis 1944 insgesamt rd. 760 000 Deutsche Reichspatente erteilte) errichtet. Es hat erteilende und verwaltende Funktion in Patent-, Gebrauchsmuster- und Warenzeichensachen. Seit 1978 gibt es das Europäische P. (→Patent).

Patent|anwalt, gesetzl. Bez. eines akadem. Beraters auf dem Gebiet des gewerbl. Rechtsschutzes und Vertreter vor dem Dt. sowie Europ. Patentamt und den Patentgerichten.

Patentgericht, Bundespatentgericht, Bundesgericht für die Entscheidung über Beschwerden gegen Beschlüsse des Patentamtes sowie über Klagen und Erklärung der Nichtigkeit oder Zurücknahme von Patenten und auf Erteilung von Zwangslizenzen. Sitz: München. Rechtsmittelinstanz: Bundesgerichtshof.

Patentjagd, Jagdberechtigung im Bereich eines Patentjagdkantons der Schweiz auf Grund des Jagdpatentes (Jagdlizenz).

Patentstreitsachen, Klagen, durch die ein Anspruch aus einem der im Patent-Ges. oder Arbeitnehmererfindungs-Ges. (→Arbeitnehmererfindung) geregelten Rechtsverhältnisse geltend gemacht wird; zuständig sind die Landgerichte.

Pater [lat. ›Vater‹] *der, -s/-* oder *...tres,* Abk. *Sg.* **P.,** *Pl.* **PP.,** kath. Ordensgeistlicher. **P. familias,** altröm. Bez. für den Hausherrn. **P. patriae,** ›Vater des Vaterlandes‹, im alten Rom Ehrentitel Caesars und der röm. Kaiser. **P. peccavi,** ›Vater, ich habe gesündigt‹ (Lk. 15, 18 und 21). *die* **Paternität,** -, ⚖ Vaterschaft.

Pater [p'eıtə], Walter Horatio, engl. Schriftst., * London 4. 8. 1839, † Oxford 30. 7. 1894, Prof. ebd., vertrat in formvollendeter Prosa eine ästhet. Weltanschauung, schrieb den philosoph. Bildungsroman ›Marius der Epikureer‹, 2 Bde. (1885), ferner ›Imaginäre Porträts‹ (1887).

Paternoster [lat. ›Vater unser‹], **1)** *das, -s/-,* das Vaterunser. **2)** *der, -s/-,* ein →Aufzug.

Paternoster|erbse, Abrus precatorius, in allen Tropengebieten weit verbreiteter Kletterstrauch der Schmetterlingsblüter. Aus dem roten Samen mit schwarzem Fleck werden Rosenkränze und Schmuckperlen gefertigt; sein Giftstoff Abrin wurde zur Behandlung von Hornhauttrübung verwendet.

Paterson [p'ætəsən], Stadt in New Jersey, USA, (1980) 137 900 Ew., nördlich von Newark; Textilind., Maschinen-, Motorenbau.

path..., patho... [grch.], leiden..., krankheit...

Pathanen *Pl.,* →Paschtunen.

Pathelin, Patelin [patl'ɛ̃, frz. ›Schmeichler‹, ›Schwindler‹], Hauptfigur der anonymen, gegen 1470 verfaßten Farce ›Maistre Pierre P.‹. Das Stück wurde oft nachgedichtet (in Dtl. von J. Reuchlin und Hans Sachs, neu v. A. Graf Wickenburg, 1883); bedeutendstes frz. Lustspiel vor Molière.

Joachim Patinir: Überfahrt über den Styx (Madrid, Prado)

Pathétique [patet'ik, frz.] *die, -,* Titel musikal. Kompositionen: 1) **Grande sonate pathétique,** Klaviersonate op. 13 in c-Moll von L. van Beethoven. 2) **Symphonie pathétique,** sechste Sinfonie in h-Moll (op. 74) von P. Tschaikowskij.

pathetisch [zu Pathos], (übertrieben) erhaben, feierlich.

Pathet Lao, kommunistisch gelenkte nationalist. Bewegung in → Laos, gegr. während des Indochinakrieges.

pathogen [grch.], krankheitserregend. *die* **Pathogenese,** -, Gesamtheit der zu einer Krankheit führenden Faktoren.

Pathologie [grch.] *die, -,* Krankheitslehre und Krankheitsforschung. Die **spezielle P.** beschäftigt sich mit morpholog. Veränderungen der Organe bei den einzelnen Krankheiten. Die **allgemeine P.** untersucht Geschehensabläufe in Organen und Geweben unter krankhaften Bedingungen (**Pathophysiologie**). Die **experimentelle P.** arbeitet mit dem Tierversuch. Die **vergleichende P.** stellt Forschungsergebnisse der P. bei Mensch und Tier einander gegenüber und befaßt sich ferner mit Erbanlage- und Umwelteinflüssen. Ein neuer Zweig ist die **Umwelt-P.,** die sich, bes. in den Industrieländern, mit schädigenden Umwelteinflüssen auf die Gesundheit beschäftigt. Die **patholog. Anatomie** untersucht krankhafte Veränderungen des menschl. Körpers bes. mit den Verfahren der Sektion, der mikroskop. Anatomie (Histologie), der Chemie und der Elektronenmikroskopie. Sie klärt Todesursachen und erarbeitet bei unklaren Krankheitsfällen aus der Untersuchung von Gewebsproben u. a. Diagnosen für die ärztl. Behandlung. Die P. ist Aufgabengebiet des (Fach-)Arztes für P. (**Pathologe**) an patholog. Instituten, Krankenhäusern u. a. **pathologisch, 1)** die P. betreffend. **2)** krankhaft.

Pathos [grch.] *das, -,* Feierlichkeit, Leidenschaftlichkeit.

Patiala, Stadt im Staat Pandschab, Indien, (1971) 151900 Ew., Univ. (seit 1962); Handelsstadt, Baumwoll- und Seidenweberei, Schuh-, Elektro- u. a. Ind.

Patience [pasj'ãs, frz.] *die, -/-n,* Geduldspiel, Kartenspiel (meist) für eine Person: *sie legt Patiencen.*

Patient [patsj'ent, lat.] *der, -en/-en,* **Patientin** *die, -/-nen,* Kranke(r) in ärztlicher Behandlung.

Patina [lat.] *die, -,* **Edelrost,** durch Einwirkung von Chemikalien oder der Atmosphäre entstehende Schicht auf Metallen, bes. die helle, graugrüne, seidigglänzende Schicht auf Kupfer und seinen Legierungen. **Natürliche P.** bestand früher vorwiegend aus bas. Carbonaten, heute aus bas. Sulfaten (Schwefeldioxidgehalt der Luft) des Kupfers. **Künstliche P.** wird mit Ammoniumsalzen, Essigsäure, feuchtem Kohlendioxid oder Pflanzensäften erzeugt (häufig bei Kopien oder Fälschungen von Kunstwerken). Bei **imitierter P.** wird eine Grünfärbung durch Auftragen löslicher Kupfersalze hervorgebracht. Die Untersuchung der P. kann Aufschluß über Alter und Echtheit antiker Bronzen geben. *ich* **patiniere** *es,* versehe mit künstlicher P.

Patinir, Patinier, Joachim, niederländ. Maler, * Dinant (oder Bouvignes) um 1485, † Antwerpen vor dem 5. 10. 1524. In seinen Bildern erscheinen kleine, meist bibl. Figuren in Landschaften – Felsen, Wälder, Städte, Flüsse unter hohem Horizont –, die sich in die Ferne erstrecken.

Patio [span.] *der, -s/-s,* der Innenhof span. Häuser.

Pâtisserie [frz.] *die, -/... r'i|en,* feines Kleingebäck; Feinbäckerei. *der* **Pâtissier** [patisj'e], *-s/-s,* Spezialberuf des Konditorhandwerks.

Patmos, grch. Insel des Dodekanes, 28 km², etwa 2500 Ew. Der Evangelist Johannes soll hier die ›Geheime Offenbarung‹ (Apokalypse) geschrieben haben; Kloster des hl. Johannes (gegr. 1088).

Patna, Hptst. von Bihar, Indien, (1981) 916000 Ew., am Ganges; Univ., bed. Oriental. Bibliothek; Textil-, Metall-, Teppich- u. a. Industrie, Getreidehandel.

Patois [patw'a, frz.] *das, -,* urspr. Bez. für ländl. frz. Ortsmundarten, häufig mit leicht verächtl. Nebensinn. Seit dem Verfall der frz. Mundarten wird P. auch für Mundart überhaupt gebraucht und gelegentlich für eine unklare, unkorrekte Sprache.

Paton [peɪtn], Alan, südafrikan. Schriftst., * Pietermaritzburg 11. 1. 1903, schrieb die Romane ›Denn sie sollen getröstet werden‹ (1948), ›Aber das Wort sagte ich nicht‹ (1953) und die Erzählung ›Und deinen Nächsten wie dich selbst‹ (1960).

Patras, grch. **Patrai** [p'atrɛ], Hptst. des grch. Nomos Achaia, (1981) 140900 Ew., am Golf von P.; orth. Erzbischofssitz, Univ.; wichtigster Hafen der Peloponnes (Ausfuhr: Wein, Korinthen).

Patres, Pl. von → Pater.

Patria [lat.], Vaterland.

Patria potestas [lat.], die vom Familienoberhaupt (Pater familias) ausgehende väterliche Gewalt, besonders im röm. Recht.

Patriarch [grch.] *der, -en/-en,* **1)** im A. T. israelit. Erz- und Stammväter: Abraham, Isaak, Jakob. **2)** nach der Vernichtung des jüd. Staates Ehrentitel der Vorsteher des Synedriums. **3)** seit dem 3. und 4. Jh. n. Chr. Oberbischof eines Verbandes von Kirchenprovinzen: die Bischöfe von Rom, Konstantinopel, Alexandria, Antiochia und Jerusalem. **4)** bei allen Ostkirchen der Titel des Oberbischofs. **5)** Titel der lat. Bischöfe von Goa (P. von Ostindien), Lissabon und Venedig. **patriarchalisch, 1)** nach Sitte und Art der Vorfahren, altehrwürdig. **2)** vaterrechtlich. *das* **Patriarchat,** *-(e)s/-e,* **1)** Amt und Amtsbereich eines P. **2)** A. T.: Würde des Stammvaters. **3)** *ohne Pl.,* Vaterherrschaft, -recht.

Patricius [lat.], **1)** im alten Rom der → Patrizier 1). **2)** im frühen MA. der Titel des Schutzherrn von Rom, den der Exarch von Ravenna als Vertreter des byzantin. Kaisers führte. Papst Stephan II. (III.) verlieh den Titel 754 dem Frankenkönig Pippin und dessen Nachfolgern.

Patrick [p'ætrɪk], **Patricius,** Heiliger, ›Apostel‹ und Schutzpatron Irlands, * in Britannien um 385, † in Nordirland 461; Tag: 17. 3.

patrilineare Abstammung, patrilineare Deszendenz, die Zuordnung der Nachkommen zur Verwandtschaftsgruppe des Vaters.

patrimonial [lat.], väterlich ererbt.

Patrimonialgerichtsbarkeit, früher die mit dem Besitz eines Ritterguts (Patrimonium) verbundene niedere Gerichtsbarkeit, wurde in der Regel durch einen auf Vorschlag des Gutsherrn vom Staat bestellten Gerichtshalter (Justitiar) ausgeübt. Die Reste der P. wurden 1877 in Dtl. abgeschafft.

Patrimonium [lat.] *das, -s/... ni|en,* röm. Recht: das väterl. Erbgut. **P. Petri,** das Besitztum der röm. Kirche, → Kirchenstaat.

Patriot [frz. aus grch.] *der, -en/-en,* Vaterlandsfreund. **patriotisch,** vaterländisch. *der* **Patriotismus,** -, Vaterlandsliebe.

Patmos: Kloster des hl. Johannes

Patriotische Front, engl. **Patriotic Front** [pætrɪ'ɔtɪk frʌnt], Abk. **PF,** 1976 von R. Mugabe und J. Nkomo gegründete schwarzafrikan. Befreiungsbewegung, kämpfte gegen die weiße Minderheitsherrschaft in Rhodesien (später Simbabwe-Rhodesien). Seit der Entlassung dieses Landes unter dem Namen Simbabwe in die Unabhängigkeit (1980) tritt dort eine von J. Nkomo geführte polit. Gruppe als P. F. auf.

Patristik [von lat. pater ›Vater‹] *die, -,* **Patrologie,** Wiss. von Lehre und Schriften der Kirchenväter (→ frühchristliche Literatur).

Patrize [lat.] *die, -/-n,* **Vaterform,** Münz-, Drucktechnik: Stempel mit positivem Bild zur Herstellung der → Matrize.

Patrizi|er [lat.], *Sg. der* **P.**, *-s,* **1)** im alten Rom die Mitglieder des Geburtsadels **(Patriziat),** die in der ältesten Zeit die polit. Macht besaßen, im Unterschied zu den Plebejern. **2)** in den mittelalterl. Städten die Oberschicht (Kaufleute, Ministerialen, Großgrundbesitzer); aus ihrer Mitte ergänzte sich zunächst der Rat. Gegen die Herrschaft der P. setzten sich seit der Mitte des 13. Jh. in den meisten Städten die Zünfte der Handwerker durch oder erlangten eine Art ›Mitbestimmung‹.

Patroklos, bei Homer Freund und Waffengenosse des Achill; im Trojan. Krieg von Hektor getötet.

Patrologie [grch.] *die, -,* Kirchengeschichte: in der kath. Theologie übliche Bezeichnung der → Patristik.

Patron [lat.] *der, -s/-e,* **1)** im alten Rom der Herr im Verhältnis zu seinen Freigelassenen und Klienten. **2) Schutzpatron,** der → Schutzheilige. **3)** Gönner, Schutzherr. **4)** Kirchenrecht: → Patronat. **5)** Schiffsherr. **6)** U unliebsamer Mensch.

Patronage [-n'a:ʒ(e), frz.] *die, -,* **1)** Patronatsrecht (→ Patronat). **2)** Günstlingswirtschaft.

Patronat [lat. ›Schutzherrschaft‹] *das, -(e)s/-e,* **1)** im alten Rom: urspr. das Verhältnis des Grundherrn zu seinen Hintersassen, später das des Freilassers zum Freigelassenen, des Anwalts zum Klienten, des einflußreichen Römers zu außerstädt. oder fremden Völkern, Städten, Vereinigungen oder Einzelpersonen. **2)** kath. Kirchenrecht: das von der Kirche geordnete Rechtsverhältnis eines Stifters **(Patron)** oder seines Rechtsnachfolgers zu einer Kirche oder einem kirchl. Benefizium (bes. Pfarrbenefizium), für die er die Vermögensausstattung ganz oder teilweise gestiftet hat. Das Hauptrecht des Patrons ist das Vorschlagsrecht (Präsentation) für die Besetzung des betreffenden Kirchenamtes, die Hauptpflicht das Tragen der Baulast und/oder der Kultus- und Personalkosten, soweit die Erträge des Kirchenvermögens nicht ausreichen. Das P. ist im 12. Jh. aus dem Eigenkirchenrecht (→ Eigenkirche) durch Umwandlung des Besetzungsrechtes der Laien in ein Vorschlagsrecht entstanden. Es kann seit dem Inkrafttreten des CIC (→ Codex) nicht mehr neu begründet werden und erlischt bei Verzicht des Patrons mit Rechten und Pflichten. Durch ein Dekret des II. Vatikan. Konzils werden P. abgeschafft, soweit sie nicht auf Konkordaten oder Verträgen beruhen (auch verbleibende P. sollen durch Verhandlungen aufgehoben werden). Das kath. P.-Recht wurde in der Reformation von den lutherischen Landesherren übernommen und in staatlich abgewandelter Form später auf die kath. Territorien ausgedehnt. **3)** kath. Kult: das schützende Verhältnis eines Heiligen zu der Person oder dem Sachbereich, für die er als Patron angerufen wird. **4) Missions-P.**, kath. Missionsrecht: die seit der Entdeckungszeit vom Hl. Stuhl anerkannten oder hingenommenen Ansprüche Portugals und Spaniens, in ihren Kolonien als Gegenleistung für die staatl. Förderung und finanzielle Dotierung der kath. Mission die Kleriker für die leitenden kirchl. Ämter, teilweise sogar bis hinab zu den Pfarrstellen, der Kirche bindend zu präsentieren. Die Verträge vom 7. 5. 1940 und 18. 7. 1950 hoben das P. Portugals für Indien praktisch auf, während es für Afrika in einem anderen Rechtsgewand fortbestand. – In den Spanien verbleibenden Ländern blieb das P., wurde aber, bes. in Afrika, sehr gelockert.

Patrone [frz. aus lat.] *die, -/-n,* **1)** bei Feuerwaffen: urspr. die aus Papier, Leinwand oder wollenem Zeug, seit Mitte des 19. Jh. aus Metall gefertigte Hülle für die Treibladung. Heute die zu einem Stück vereinigte, Geschoß, Treibladung, Zündhütchen und Metallhülse umfassende Munition der Faustfeuer-, Handfeuer- und Maschinenwaffen, z. T. auch der Geschütze. Spezielle P. ohne Geschoß sind die **Platz-P.** (nur Knallsatz), **Gas-P.** (Tränengas) und **Leucht-P.** (Treibsatz und Leuchtsatz) zu Übungs-, Selbstverteidigungs- und Signalzwecken. Bei **Schrot-P.** besteht die Hülse aus Pappe oder Kunststoff, der Hülsenboden aus Metall. Bei Mehrladegewehren werden die P. der Waffe mittels P.-Rahmen (Ladestreifen), bei automat. Waffen mittels Magazin oder Gurt zugeführt. Derzeit werden fast nur **Zentralfeuer-P.** verwendet, bei denen die Zündung der Treibladung durch Auftreffen des Schlagbolzens auf das in der Mitte des Bodens angeordnete Zündhütchen erfolgt. Vereinzelt werden für Jagdwaffen, am häufigsten für Sportwaffen, **Randfeuer-P.** verwendet, bei denen die Zündmasse in den Hülsenboden eingegossen ist und durch Aufschlag auf den verbreiterten Rand gezündet wird. **2)** Weberei, Wirkerei: techn. Zeichnung zur Herstellung von Geweben, Gewirken oder Gestricken, nach der die Steuerung der versch. Maschinenarten festgelegt wird, z. B. Exzenter, Schaft- oder Jacquardkarten, Gliederketten. **Patroniert** wird auf kariertem Papier **(Patronenpapier)** durch besondere Fachkräfte, die **Patroneure** [patron'ørə]. **3)** in Schreibgeräten auswechselbarer Tinten- oder Tuschebehälter, mit dem man nicht direkt schreiben kann (im Unterschied zur Mine).

Patronymikon [grch.] *das, -s/... ka,* Personenname, der vom Namen eines Vorfahren, meist des Vaters, abgeleitet ist. P. werden entweder durch Suffix aus dem Vatersnamen gebildet (z. B. grch. Peliades ›Sohn des Peleus‹, dt. Henning zu Hans, Hartung zu Hartwig, russ. Fjodorowitsch, Fjodorowna zu Fjodor) oder als Zusammensetzungen von Vatersnamen mit einem Wort für ›Sohn‹ oder ›Tochter‹ (z. B. norddt. und skandinav. Petersen, Peterson). Häufig werden P. zu Geschlechtsnamen, z. B. grch. Achaimeniden, german. Amelunge.

Patrouille [patr'uljə, aus frz.] *die, -/-n,* Spähtrupp; Streife, Erkundung. *ich* **patrouilliere,** mache eine Streife.

Patrozinium [lat.] *das, -s/... ni|en,* **1)** christl. Liturgie: der Heilige oder das Glaubensgeheimnis, dem eine Kirche geweiht ist. **P., Patronatsfest,** der Festtag des Kirchenpatrons. **2)** röm. Recht: die Verteidigung vor Gericht durch einen Patron oder Anwalt; in der späten Kaiserzeit Schutz der Bauern vor Übergriffen von Staat und Stadt durch einflußreiche Gutsherren **(P.-Bewegung).**

patsch! [Schallwort], Ausruf für etwas Niederklatschendes. *der* **Patsch,** *-es/-e,* **1)** klatschender Schlag. **2)** U Ohrfeige. *ich* **patsche, 1)** *auf etwas,* schlage mit klatschendem Geräusch darauf, bes. auf, in flaches Wasser. **2)** *es patscht, oberdt.:* trocknet, wird rissig. *die* **Patsche,** *-/-n,* U **1)** Hand, Händchen. **2)** *ohne Pl.,* Straßenschlamm, Schneematsch: *er steckt in der Patsche,* ist in Bedrängnis, in einer unangenehmen Lage. **3)** Pritsche zum Schlagen. *die* **Pätsche,** *-/-n,* Steuerruder am Floß. *das* **Patscherl,** *-s/-, oberdt.:* Kindchen, Kerlchen. **Patschhand,** U Hand von Kindern. **patschig,** *mitteldt.:* ungeschickt. **patschnaß,** U völlig durchnäßt, triefend naß.

Patscherkofel, Aussichts- und Skiberg südl. von Innsbruck, Tirol, Österreich, 2247 m hoch.

Patschkau, poln. **Paczków** [p'atʃkuf], Stadt in der poln. Wwschaft Opole (Oppeln), (1975) 9000 Ew., ehem. im Kr. Neisse, Oberschlesien, rechts an der Glatzer Neiße; Mauergürtel (14.–16. Jh.), drei Tortürme und Pfarrkirche (dreischiffige Pfeilerhalle, Ende 14.–16. Jh.).

Patschuli|öl [aus Hindustani], äußerst intensiv und anhaftend riechendes Öl aus den fermentierten Blättern des südasiat. Lippenblüters **Pogostemon cablin;** zur Parfümherstellung und Seifenparfümierung verwendet.

patt [frz.], Schachspiel: bewegungsunfähig. *das* **Patt,** *-s/-s,* **1)** Schachspiel: die Stellung, in der kein Stein der am Zug befindl. Partei ziehen kann und im Unterschied zum Matt ihr König nicht direkt bedroht ist; gilt seit Mitte des 19. Jh. als unentschieden. **2)** Politik: Stimmengleichheit bei Abstimmungen: *parlamentarisches Patt.*

Patte [frz.] *die, -/-n,* **1)** Schneiderausdruck für Taschenklappe, auch ein mehrfacher Stoffstreifen für Kleidverschlüsse. **2)** Ärmelaufschlag.

Pattensen, Stadt im Kr. Hannover, Ndsachs., (1983) 13400 Ew., an der Leine; Zweigmagazin des Niedersächs. Hauptstaatsarchivs, Museum im Schloß Marienburg (1857–66).

Pattern [p'ætən, engl. ›Muster‹] *das, -s/-s,* **1)** Muster. **2)** Verhaltensforschung: → Verhaltensmuster. **3)** Ⓢ Strukturmodell, z. B. für einen Satz (etwa Artikel + Adjektiv + Substantiv), nach dem eine unbegrenzte Anzahl gleich strukturierter Sätze mit unterschiedl. lexikal. Elementen gebildet werden kann.

Pattern-Painting [p'ætən peɪntɪŋ], dekorative Richtung in der Malerei der 70er Jahre (Ausgangspunkt New York), die mit Schablonen Ornamente der nicht westlichen Kulturen zu farbenfrohen Kompositionen vereinigt.

Patthaya, Badeort am Golf von Thailand, rd. 120 km südöstlich von Bangkok (rd. 60000 Ew.), von ausländ. Touristen viel besucht.

patzen [zu Batzen]. *ich* **patze,** U **1)** verderbe etwas, bin ungeschickt; kleckse. **2)** ♪ spiele falsch, komme aus dem Takt. *der* **Patzen,** *-s/-, oberdt.:* Klecks, Batzen. *der* **Patzer,** *-s/-,* U Ungeschicklichkeit, verpatzte Stelle. **patzig, 1)** U schroff abweisend. **2)** *oberdt.:* klebrig, schleimig.

Pau [po:], Hptst. des frz. Dép. Pyrénées-Atlantiques, (1982) 83800 Ew.; Univ.; Textil-, Leder- und Metallind., Fremdenverkehr, Schloß (14.–16. Jh.). – P. wurde 1460 die Hptst. der Gfsch. → Béarn, 1512 des Kgr. Navarra.

Pauke [mhd.] *die, -/-n,* **Kesselpauke,** ital. **Timpano,** fell- oder kunststoffbespanntes Schlaginstrument mit best., veränderbarer Tonhöhe (im Unterschied zur → Trommel); halbkugeliger Metall- oder Kunststoffkessel mit darübergespanntem Fell (meist Kalbfell), das mit Schlegeln geschlagen wird. Das Fell kann durch Verschraubung eines Eisenreifens verschieden straff angespannt und dadurch in versch. Tonhöhen gestimmt werden. Die im 19. Jh. erfundene **Maschinen-P. (Kurbel-, Pedal-** und **Drehkessel-P.)** läßt sich auch während des Spiels umstimmen und dadurch streckenweise melodisch einsetzen. Die P. wurde bis zur Mozart-Zeit paarweise verwendet, in Sinfonie- und Opernorchestern der neueren Zeit drei-, vier- und mehrfach. – Die P. entwickelte sich aus den seit dem 10. Jh. durch die span. Araber und später die Kreuzfahrer bekannt gewordenen, relativ kleinen P. der islam. Länder.

pauken. *ich* **pauke, 1)** schlage die Pauke, trommle, schlage auf etwas. **2)** Studentensprache: fechte. **3)** *(es),* U lerne angestrengt. *ich* **pauke** *es ihm* **ein,** U übe so lange mit ihm, bis er es endlich lernt. *ich*

Schrotpatrone

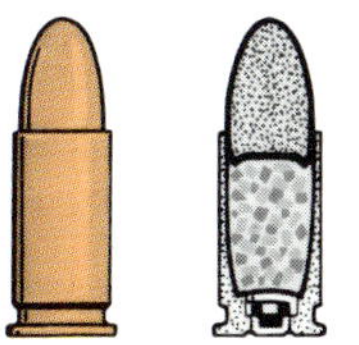

Pistolenpatrone 9 mm

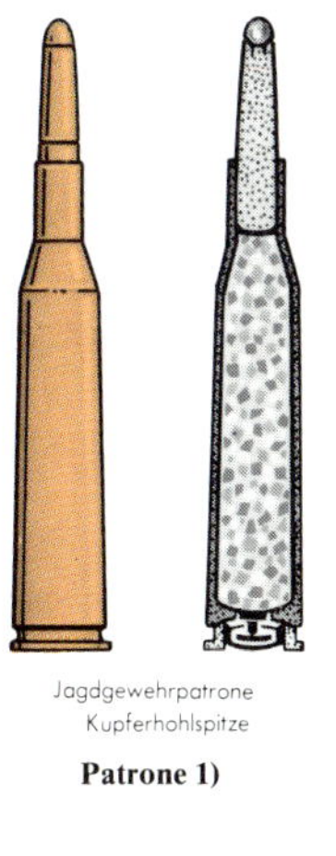

Jagdgewehrpatrone
Kupferhohlspitze

Patrone 1)

Paul VI.

Wolfgang Pauli

Linus Pauling

Paulownie: Blütenstand und Blätter

pauke *ihn* **heraus,** U helfe ihm aus einer Verlegenheit. *der* **Pauker,** *-s/-,* **1)** Paukenschläger. **2)** U Lehrer. *der* **Paukant,** *-en/-en,* Studentensprache: Fechter bei einer → Mensur.

Paukenhöhle, $ Teil des → Ohrs.

Paul [möglicherweise zu lat. paulus ›klein‹, ›gering‹], männl., **Paula,** weiblicher Vorname.

Paul, Päpste (vgl. ÜBERSICHT):

1) P. III. (1534–49), vorher Alessandro **Farnese,** * Canino Febr. 1468, † Rom 10. 11. 1549. Sein Pontifikat bedeutet den Übergang von Renaissance-Papsttum zur Reform. Er bestätigte 1540 den Jesuitenorden, eröffnete 1545 das Tridentinische Konzil; übertrug Michelangelo den Weiterbau der Peterskirche. Seinem natürl. Sohn verlieh er die Herzogtümer Parma und Piacenza (→ Farnese).

2) P. IV. (1555–59), vorher Giampietro **Carafa,** * Capriglio 28. 6. 1476, † Rom 18. 8. 1559, stiftete 1524 mit Cajetanus von Thiene den Theatinerorden, wirkte für Kirchenreform und Neubelebung des Katholizismus, leitete persönlich die Inquisition.

3) P. V. (1605–21), vorher Camillo **Borghese** [-g'e:-], * Rom 17. 9. 1552, † ebd. 28. 1. 1621, war in der europ. Politik wie in innerkirchl. Auseinandersetzungen auf Ausgleich bedacht; verbot die gegenseitige Verketzerung von Dominikanern und Jesuiten.

4) P. VI. (1963–78), vorher Giovanni Battista **Montini,** * Concesio bei Brescia 26. 9. 1897, † Castel Gandolfo 6. 8. 1978, war seit 1922 im päpstl. Staatssekretariat tätig (1923 bei der Nuntiatur in Warschau), seit 1937 Substitut unter Kardinal Pacelli (später Pius XII.), von 1952 an Prostaatssekretär. 1954 wurde er Erzbischof von Mailand, 1958 Kardinal. P. VI. führte das Zweite Vatikanische Konzil zu Ende. Große Reisen (u. a. ins Hl. Land, zur UNO nach New York, in den Fernen Osten) dienten der missionar. und ökumen. Präsenz des Papsttums. Die Enzykliken (1964: Ecclesiam suam, 1965: Mysterium fidei [Eucharistie], 1967: → Populorum progressio und Sacerdotalis Caelibatus, 1968: → Humanae vitae) fanden ein weites Echo. P. VI. verstand sich im Auftrag des Zweiten Vatikan. Konzils der Kirchenreform verpflichtet (Liturgiereform, Kurienreform); er ging dabei den Weg der Mitte. Mit den Ländern unter kommunist. Herrschaft suchte er einen Modus vivendi zu erreichen.

Paul, Fürsten:

Griechenland. **1) P. I.,** König der Hellenen (1947–64), * Athen 14. 12. 1901, † Tatoi (bei Athen) 6. 3. 1964, dritter Sohn König Konstantins I., ⚭ seit 1938 mit Friederike.

Jugoslawien. **2) P. Karadjordjević** [-karadzj'ɔ:rdzjɛvitsj], Prinzregent, * St. Petersburg 27. 4. 1893, † Paris 14. 9. 1976, Vetter König Alexanders I., nach dessen Ermordung am 10. 10. 1934 Regent für Peter II., brachte den Ausgleich mit den Kroaten (1939) zustande. P. wurde 1941 gestürzt; lebte in Paris.

Rußland. **3) P. I.,** russ. **Pawel I. Petrowitsch,** Kaiser (1796 bis 1801), * St. Petersburg 1. 10. 1754, † ebd. 23./24. 3. 1801, Sohn Katharinas II., kämpfte 1798 gegen Frankreich, verband sich aber 1800 mit Napoleon. Er wurde bei einer Offiziersverschwörung ermordet.

Paul, 1) Bruno, Architekt, * Seifhennersdorf (Oberlausitz) 19. 1. 1874, † Berlin 17. 8. 1968, war als Illustrator (für den ›Simplicissimus‹ u. a.), später als Architekt und bes. im Möbelbau tätig, schuf typisierte Möbel bester handwerklicher Technik.

2) Hermann, Germanist, * Salbke bei Magdeburg 7. 8. 1846, † München 29. 12. 1921, Prof. in Freiburg i. Br. und München, gehörte mit W. Braune und E. Sievers zu den Führern der Junggrammatiker, die die strenge Gesetzlichkeit der Lautveränderungen zum Grundsatz erhoben. In der von P. begründeten ›Altdt. Textbibliothek‹ erschienen mustergültig edierte Texte der mittelalterl. Literatur. Hg. von ›Grundriß der german. Philologie‹ (2 Bde., 1891–93), ›Dt. Wb.‹ (1897), ›Dt. Grammatik‹ (5 Bde., 1916–20).

3) Jean, Schriftst., → Jean Paul.

Paul-Ehrlich-Institut, Bundes|anstalt für Sera und Impfstoffe, 1896 in Berlin mit P. Ehrlich als erstem Leiter gegr. Seit 1972 selbständige Bundesbehörde in Frankfurt a. M.; dient der staatl. Prüfung immunbiolog. Produkte (Heilseren, Impfstoffe u. a.).

Paulhan [pol'ã], Jean, frz. Schriftst., * Nîmes 2. 12. 1884, † Boissise-la-Bertrand 10. 10. 1968, leitete 1925–40 die ›Nouvelle Revue Française‹ (N. R. F.), war Mitgründer der ab 1941 heimlich erschienenen Widerstands-Zeitschrift ›Les Lettres Françaises‹, wurde dann Hg. der 1953 neuerstandenen ›Nouvelle N. R. F.‹. P. schrieb Essays zu sprachkünstler. Fragen und Erzählungen.

Pauli, 1) Gustav, Kunsthistoriker, * Bremen 2. 2. 1866, † München 13. 7. 1938, seit 1899 Direktor der Kunsthalle in Bremen, seit 1914 in Hamburg. – ›Die Kunst des Klassizismus und der Romantik‹ (1924), ›Die dt. Kunst des 19. und 20. Jh.‹, in: G. Dehio: ›Geschichte der dt. Kunst‹, 4 (1934).

2) Wolfgang, Physiker, * Wien 25. 4. 1900, † Zürich 15. 12. 1958, Prof. in Zürich, arbeitete über Relativitäts- und Quantentheorie und stellte 1924 das nach ihm benannte Ausschließungsprinzip auf (→ Pauliprinzip). Dafür erhielt er 1945 den Nobelpreis für Physik.

Paulikianer, Paulizianer, Paulicianer, um 650 im Bereich der byzantin. Kirche entstandene dualist. Sekte, von ihren Gegnern nach ihrer Verehrung des Apostels Paulus so benannt (Selbstbezeichnung ›Christen‹); sie lehnte Kult und Hierarchie ab. Nachdem zunächst Einverständnis mit den bilderfeindl. Kaisern (→ Bilderverehrung) bestanden hatte, zogen im 9. Jh. die Kaiser Michael I. und Theophilos gegen sie; die P. verbanden sich daher mit dem islam. Emir von Melitene. 872 wurden sie besiegt und nach Thrakien verpflanzt. Durch ihre Propaganda unter den Balkanslawen entstand die ihnen verwandte Sekte der → Bogomilen.

Pauling [p'ɔ:lɪŋ], Linus Carl, amerikan. Chemiker, * Portland (Oregon) 28. 2. 1901, trat durch quantenmechan. Arbeiten über die chem. Bindung hervor. Für die Aufstellung des Helix-Modells der Proteine erhielt er 1954 den Nobelpreis für Chemie. 1962 wurde ihm der Friedensnobelpreis für seine Arbeit in der internat. Friedensbewegung verliehen.

Paulinzella, Gem. im Kr. Rudolstadt, Bez. Gera, im nördl. Thüringer Wald, 369 m ü. M., (1973) 200 Ew. Zu einer ehem. Benediktinerabtei gehörte die dreischiffige flachgedeckte Basilika (Anfang 12. Jh.); seit dem 17. Jh. Ruine.

Pauliprinzip [nach W. → Pauli], **Paulisches Äquivalenzverbot, Paulisches Ausschließungsprinzip,** Prinzip der Elementarteilchenphysik, dem alle Elementarteilchen mit halbzahligem Spin (Fermionen) gehorchen. Danach kann in Fermionen-Systemen jeder durch einen Satz von Quantenzahlen charakterisierte Zustand nur durch ein Teilchen besetzt werden. Das P. erklärt die Gesetzmäßigkeiten des Atombaus, weil niemals 2 Elektronen eines Atoms für alle ihre 4 Quantenzahlen übereinstimmende Werte haben können. Hierauf beruht der Schalenbau der Elektronenhülle der Atome und damit auch das Periodische System der Elemente. Für Teilchen mit ganzzahligem Spin (Bosonen) gilt das P. nicht.

Paulisten *Pl.,* **Genossenschaft der Missionspriester vom hl. Apostel Paulus,** engl. **Paulist Fathers** [p'ɔ:lɪst f'ɑ:ðəz], 1858 gegr. Weltpriestergenossenschaft; Sitz des Generalsuperiors in New York.

Paulowni|e *die, -/...ni|en,* **Kaiserbaum, Paulownia,** Röhrenblütergatt. mit 5 Arten in Ostasien. **Paulownia tomentosa,** südjapan. Holzgewächs mit großen eiförmigen, gegenständigen Blättern und Rispen rötlichvioletter, duftender, röhrig-glockenförmiger Blüten; Parkbaum. Blätter und Blüten der P. **(Kiri)** sind das Familienwappen des japan. Kaisers.

Paulsen, Friedrich, Philosoph und Pädagoge, * Langenhorn (Schleswig) 16. 7. 1846, † Berlin-Steglitz 14. 8. 1908, verband in seiner Ethik utilitarist. und idealist. Motive, trat für die Gleichberechtigung des Realgymnasiums mit dem humanist. Gymnasium ein.

HW: Gesch. des gelehrten Unterrichts auf den dt. Schulen und Univ. (1885); System der Ethik (2 Bde., 1889); Pädagogik (1909).

Paulskirche, evang. Kirche in Frankfurt a. M., nahe dem Römer gelegen, in frühklassizist. Stil 1786–1833 nach Plänen J. A. Liebhardts erbaut, war 1848/49 Tagungsort der → Frankfurter Nationalversammlung, die häufig selbst P. genannt wird. Die P. wurde im 2. Weltkrieg zerstört, dann in der alten äußeren Form wiederaufgebaut; seither Tagungsstätte.

Paulskirche

Paulus, mit jüd. Namen **Saul(us),** der Heidenapostel, * Tarsus (Kilikien) um 10 n. Chr., † (hingerichtet) Rom 64 (?), aus einer streng jüd. Familie, erbte das tars. und das röm. Bürgerrecht, war zuerst Gegner der Christen, wurde aber um 34 vor Damaskus durch eine wunderbare Erscheinung (→ Damaskuserlebnis) zum Jünger Jesu bekehrt. Unmittelbar danach begann seine Missionstätigkeit. Seine Reisen erstreckten sich auf Zypern, Kleinasien, bes. Ephesos, Makedonien, Griechenland, bes. Korinth. Überall entstanden lebendige Gemeinden, mit denen P. in regem persönl. und schriftl. Verkehr stand. Auf Betreiben von Juden in Jerusalem wurde P. von den Römern gefangengenommen, darauf über 2 Jahre in Caesarea, dann in Rom gefangengehalten und hier unter Nero vermutlich um 64 hingerichtet. - Die Lehre des P. ist in seinen Briefen im N. T. (→ Paulusbriefe) enthalten. Ihren Mittelpunkt bildet die Botschaft von Jesus Christus, von dessen Tod, Auferstehung und Erhöhung. Den Glauben an ihn hat P. zur Klarheit des theolog. Gedankens erhoben und die neue Lehre in ihrer Selbständigkeit gegenüber der jüd. Frömmigkeit behauptet. P. errang für das Heidenchristentum die Freiheit vom jüd. Gesetz, ohne dabei aber das Band mit dem Judenchristentum auf palästinens. Boden zu zerreißen. Durch seine Leistung als Missionar, kirchl. Organisator und Theologe ist P. die bei weitem bedeutendste Gestalt des Urchristentums. Nachwirkungen seiner Theologie finden sich bei Augustinus und Luther; in neuerer Zeit in der Dialektischen Theologie und in der kath. Theologie der neuesten Zeit. - Heiliger; Tage: 29. 6. (**Peter-und-Pauls-Tag**), 25. 1. (**Pauli Bekehrung**). - Für den in der bildenden Kunst oft zusammen mit Petrus dargestellten P. bildete sich früh ein feststehender Typus aus: längliches Gesicht, fast kahler Kopf, langer Bart. Attribute: Buch und Schwert.

Paulus, Friedrich, GFM (1943), * Breitenau (heute Guxhagen, Schwalm-Eder-Kr.) 23. 9. 1890, † Dresden 1. 2. 1957, war 1942 mit der 6. Armee in Stalingrad eingeschlossen; der von ihm vorgeschlagene Ausbruchsversuch wurde von Hitler abgelehnt. P. führte am 31. 1./2. 2. 1943 die Reste der 6. Armee in sowjet. Kriegsgefangenschaft, wo er sich nach dem 20. Juli 1944 dem → Nationalkomitee Freies Deutschland anschloß; 1953 aus sowjet. Kriegsgefangenschaft entlassen, ließ er sich in Dresden nieder.

Paulusbriefe, Paulinische Briefe, die unter dem Namen des Apostels Paulus im N. T. enthaltenen 13 Sendschreiben (Episteln): Römerbrief, 2 Korintherbriefe, Galaterbrief, Epheserbrief, Philipperbrief, Kolosserbrief, 2 Thessalonicherbriefe, Philemonbrief, 3 Pastoralbriefe (2 an Timotheus, einer an Titus). Die alte Kirche rechnete seit dem 3. Jh. auch den Hebräerbrief zu den P. In der heutigen Forschung werden Epheserbrief und Pastoralbriefe weithin für unecht gehalten, von vielen Forschern auch Kolosser- und 2. Thessalonicherbrief.

Paulus Diaconus, Geschichtsschreiber, * um 720, † nach 787, aus langobard. Adel, am Königshof in Pavia erzogen, wurde um 774 Mönch in Monte Cassino. Seit 782 schrieb er am Hofe Karls d. Gr. die Gesch. der Bischöfe von Metz, ein Vorbild späterer Bistumsgesch. Neben einer ›Vita‹ Papst Gregors I., Gedichten u. a. verfaßte er die Gesch. seines Volkes ›Pauli Historia Langobardorum‹.

Paulus vom Kreuz, vorher Paolo Francesco **Danei**, Ordensstifter, * Ovada in Piemont 3. 1. 1694, † Rom 18. 10. 1775, stiftete 1720 die → Passionisten. Heiliger; Tag: 19. 10.

Paulus von Theben, Mönchsheiliger, der erste Einsiedler, * angeblich um 228, † um 341.

Pauly, August, klass. Philologe, * Benningen (Württ.) 9. 5. 1796, † Stuttgart 2. 5. 1845, begründete die nach ihm benannte ›Real-Encyclopädie der class. Altertumswissenschaft‹ (1837 ff.).

Paumgartner, Bernhard, Dirigent, Komponist und Musikforscher, * Wien 14. 11. 1887, † Salzburg 27. 7. 1971, Mitgründer der Salzburger Festspiele, auch Herausgeber älterer Musik und Verfasser von Musikerbiographien.

Paumotu-Inseln, frz. Inselgruppe im Pazif. Ozean, → Tuamotu-Inseln.

pauperieren [lat.]. *ein Bastard* **pauperiert,** Genetik: zeigt ein Merkmal in geringerer Ausprägung als bei seinen Eltern, z. B. Minderwuchs. Ggs.: luxurieren.

Pauperismus [lat.] *der, -,* im 19. Jh. gebräuchliche Bez. für eine dauernde Massenarmut.

Paupini, Giuseppe, Kardinal (1969), * Mondavio 25. 2. 1907, seit 1973 Großpaenitentiar.

Pausanias, 1) spartan. Feldherr und Staatsmann, befehligte in der Schlacht bei Plataä (479 v. Chr.) die verbündeten Griechen (→ Perserkriege). Nach der Einnahme von Byzanz führte er dort ein tyrann. Regiment. Von den Athenern vertrieben, wiegelte er in Sparta die Heloten auf und mußte vor den Euphoren in den Tempel der Athene fliehen, wo er verhungerte (469 v. Chr.?). Biographie von Cornelius Nepos.

2) grch. Schriftsteller aus Kleinasien, schrieb zw. 160 und 180 n. Chr. einen Reisebericht über Griechenland (›Periegesis tes Hellados‹), wichtige Quelle für die Geschichte, Kunstgeschichte, Archäologie und bes. Religionsgeschichte Griechenlands.

Pausback [zu mhd. phusen ›sich aufblähen‹] *der, -(e)s/-e,* Mensch, bes. Kind mit runden, vollen Backen. **Pausbacken** *Pl.,* runde, volle Backen. *Adj.* **pausbackig, pausbäckig.**

pauschal [zu Bausch], in Bausch und Bogen, alles zusammen, zum Sammelpreis. *die* **Pauschale,** *-/-n, das* **Pauschal,** *-s/...li|en,* **Pauschalsumme,** Gesamtbetrag, Abfindungssumme (statt Einzelzahlungen): *Pauschalpreis.* **Pauschbetrag,** Gesamtbetrag ohne Berücksichtigung von Einzelposten.

Pauschalreisen, durch Reisebüros zusammengestellte Reisen, die Beförderung, Verpflegung (ohne Getränke), Ausflüge u. ä. einschließen. P. können Einzel- oder Gruppenreisen sein.

Pauschalversicherung, besondere Form der Generalversicherung; deckt alle Risiken der im Vertrag genannten Art mit vorgeschriebenem Tagesmaximum; bes. in der Transportgüterversicherung.

Pauschbesteuerung, Pauschalierung *die, -/-en,* Art der Besteuerung, bei der die Steuern mit einem **Pauschbetrag** erhoben werden (z. B. in Ausnahmefällen bei der Einkommensteuer). Ferner wird aus Vereinfachungsgründen eine Pauschalierung von Abzügen vorgenommen, z. B. von best. Werbungskosten und Sonderausgaben.

Pausche [zu Bausch] *die, -/-n,* **1)** Wulst am Sattel. **2)** Turnen: die Griffbügel auf dem Rücken des Seitpferdes (→ Pferd 2).

Pause [grch.] *die, -/-n,* **1)** Unterbrechung, kurze Rast; Ruhepause; Zwischenzeit zw. Schulstunden oder Arbeiten. **2)** ♪ das Schweigen einer, mehrerer oder aller Stimmen (→ Generalpause) für einen zeitlich begrenzten Abschnitt; wird durch besondere Zeichen angegeben. Die P. kann ein bloßes Aussetzen bedeuten oder ist notwendiger Bestandteil eines Motivs oder einer Phrase. **3) Pausenzeichen,** (ψ) akust. oder opt. Signal zur Sender- oder Kanalkennzeichnung und zur Programmverbindung: musikal. oder rhythm. Motiv, im Fernsehen Bild (Zeituhr, Hinweistext u. a.). *ich* **pausiere** *in einer Tätigkeit,* halte inne, unterbreche sie.

pausen [frz.]. *ich* **pause** *es,* zeichne durch, stelle eine Pause her. *die* **Pause,** *-/-n,* Durchzeichnung; auch → Lichtpause. **Pauspapier, 1)** Blaupapier, Kohlepapier. **2)** durchscheinendes, pergamentpapierartiges Papier.

Paustowskij, Konstantin Georgijewitsch, russ. Schriftst., * Moskau 31. 5. 1892, † ebd. 14. 7. 1968; stellte in stimmungsvollen Romanen und Erz. bes. den sowjet. Alltag dar, behandelt daneben histor. Themen; Reiseabenteuer.

HW: *Romane:* Kara-Bugaz (1934); Segen der Wälder (1948). *Autobiographie:* Erzählungen vom Leben, 6 Bde. (1945-63).

Pavane [span. ›Pfauentanz‹] *die, -/-n,* würdevoll geschrittener Hof- und Gesellschaftstanz des 16. Jh. in breitem Vierviertelttakt ohne Auftakt, auch als Einleitung zu Festlichkeiten getanzt; Nachtanz war die lebhafte → Gaillarde. Ende des 17. Jh. wurde die P. durch die → Courante abgelöst. In der Instrumentalmusik bildete die P. das Kernstück der dt. Tanzsuiten um 1600 bis 1650.

Pavarotti, Luciano, ital. Sänger (lyrischer Tenor), * Modena 12. 10. 1935, debütierte 1961 und tritt seitdem an allen großen Opernhäusern und bei Festspielen auf.

Pavelić [-litsj], Ante, kroat. Diktator, * Bradina (Herzegowina) 14. 7. 1889, † Madrid 28. 12. 1959, emigrierte 1929 nach Italien, leitete von dort aus, an den Ideen des ital. Faschismus orientiert, die Unabhängigkeitsbewegung in Kroatien (→ Ustascha), wurde 1941 Staatschef des ›Unabhängigen Staates Kroatien‹; mußte 1945 fliehen, bildete 1949 in Argentinien eine **Ustascha-Exilregierung;** ging 1957 nach Spanien.

Pavese, Cesare, ital. Schriftst., * S. Stefano Belbo (Cuneo) 9. 9. 1908, † (Selbstmord) Turin 27. 8. 1950, übersetzte Melville, Steinbeck, Faulkner, Joyce, Dos Passos; schilderte den gesellschaftl. Auflösungsprozeß bei der Begegnung von Menschen vom Lande mit industrieller Zivilisation. Sein Tagebuch (1935-50) ›Das Handwerk des Lebens‹ (1952) spiegelt seinen in menschl. Vereinsamung wurzelnden tiefen Pessimismus.

WW: *Romane und Erzählungen:* Unter Bauern (1941); Am Strand (1942); Der Genosse (1947); Da er noch redete, krähte der Hahn (2 Kurzromane, 1949); Der schöne Sommer (1949; darin u. a.: Die einsamen Frauen); Junger Mond (1950); Das große Feuer (mit Bianca Garufi, entstanden 1946, hg. 1959). Essays, Gedichte.

Pavia, 1) Prov. in der ital. Region Lombardei, 2965 km², (1981) 512900 Ew. **2)** Hptst. von 1), (1981) 85000 Ew., vor der Mündung des Tessin in den Po; Bischofssitz; Univ. (gegr. 1361); ehemals bed. Handelsplatz, vielseitige Ind.; Kastell der Visconti (1360-65); Kirchen: Dom (begonnen 15. Jh., ein Hauptwerk der lombard. Renaissance), Basilika S. Michele (1155 geweiht). BILD S. 162.

Geschichte. P., das röm. **Ticinum,** später **Papia,** war eine der Residenzen Theoderichs und 572-774 die Hptst. des Langobardenreichs. Später hielt sich P. meist zu den dt. Kaisern, bis es 1359 von den Visconti unterworfen und später dem Hzgt. Mailand einverleibt wurde. In der Schlacht bei P. (24. 2. 1525) erlitt Franz I. von Frankreich eine vollständige Niederlage durch das von Frundsberg und Pescara geführte Heer Kaiser Karls V.

Paviane [niederländ. aus altfrz. babouin, von baboue ›Maul‹], *Sg. der* **Pavian,** *-s,* **Papio,** Affengatt. der Fam. Meerkatzenartige mit langer, hundeähnl. Schnauze, kleinen Augen und Gesäßschwielen; Arten sind z. B. der **Mantelpavian** mit wallender Kopf- und Rückenmähne, der **Gelbe Babuin** und der große **Tschakma (Bärenpavian)** Südafrikas. (BILD Affen)

Paulus
(vom Nordportal der Kathedrale von Reims)

Pavillon [pˈavilјɔ̃, frz.] *der, -s/-s,* kleiner Bau; Gartenhäuschen, Ausstellungsgebäude.

Pavia 2): Kastell der Visconti

Pavo, Pfau, ein Sternbild am Südhimmel.

Pawlodar, Hptst. des Gebiets P. im N der Kasach. SSR, am Irtysch, (1980) 281 000 Ew.; Hafen mit Werft, Umschlagplatz an der Südsibir. Bahn, verschiedene Industrie.

Iwan Pawlow

Pawlow, Iwan Petrowitsch, russ. Physiologe, * Rjasan 14. 9. 1849, † Leningrad 27. 2. 1936, erhielt 1904 den Nobelpreis für Physiologie und Medizin für seine Arbeiten zur Physiologie der Verdauung. Wenig später entdeckte er die → bedingten Reflexe, in deren Ausbildung (›Konditionierung‹) er das Prinzip jeder ›seel.‹ Tätigkeit sah. – Für die sowjetruss. Philosophie und Psychologie bedeutete die Entdeckung P.s den Nachweis der ›materiellen Natur der psych. Tätigkeit‹. Im amerikan. Behaviorismus wurde das Konditionieren zu einer viel verwendeten Versuchstechnik in Lernexperimenten.

Pawlowa, Anna Pawlowna, russ. Tänzerin, * St. Petersburg 12. 2. 1881, † Den Haag 23. 1. 1931, bis 1909 Prima danseuse der kaiserl. Oper in St. Petersburg, 1909–11 Solistin und Partnerin von W. F. Nijinskis in Diaghilews ›Ballets Russes‹, bereiste mit eigenem Ensemble alle Erdteile; bes. bekannt war der 1905 von M. Fokine für sie choreographierte Tanz ›Der sterbende Schwan‹ (Musik von C. Saint-Saëns).

Pawtucket [pɔːtˈʌkɪt], Stadt im Staat Rhode Island, USA, (1980) 71 200 Ew.; Textil-, Maschinen- und Holzindustrie.

Pax [lat.] *die, -,* **1)** Friede. **2)** röm. Friedensgöttin; ihr wurde in Rom unter Augustus die → Ara Pacis Augustae errichtet. **3)** lat. Liturgie: Bezeichnung für den → Friedenskuß.

Pax Christi

Pax Christi [lat. ›Friede Christi‹], kath. internat. Friedensbewegung, 1944 in Frankreich entstanden, seit 1951 organisiert.

Pax Romana [lat. ›röm. Friede‹], in der röm. Kaiserzeit die durch ethische und Rechtsnormen gesicherte Gesittung in der Kulturwelt des röm. Weltreichs, bes. im 1. Jh. des Prinzipats. Da die allg. Wohlfahrt dem Kaiser zu verdanken war, gab es auch den Ausdruck **Pax Augusta** (i. Ggs. dazu: **Pax Augusti,** die einzelne, den Frieden herbeiführende Reg.-Handlung).

Payer, Julius Ritter von, österr. Polarforscher, * Schönau bei Teplitz 1. 9. 1842, † Veldes 30. 8. 1915, führte 1872–74 die österr.-ungar. Nordpolarexpedition, die das Franz-Josef-Land entdeckte. Nach ihm ist die **P.-Spitze** in O-Grönland benannt (2 000 m hoch).

Payerne [pajˈɛrn], dt. **Peterlingen,** Bezirks-Hptst. im Kt. Waadt, Schweiz, (1980) 3 700 Ew.; Tabak- u. a. Ind. – Eine Kirche des frühen MA. wurde um die Mitte des 10. Jh. von der Kaiserin Adelheid dem Kloster Cluny geschenkt; Stiftskirche der Benediktinerabtei (11. Jh.).

Pay-tv [pˈeɪ tiːviː, engl.], **Münzfernsehen,** Abnahme von Teilen eines Fernsehprogramms durch Münzeinwurf in entsprechende Geräte; v. a. in den USA im Rahmen des kommerziellen Kabelfernsehens (bes. in Hotels).

Paysandú, Hptst. des Dep. P., Uruguay, (1978) 81 000 Ew., Flußhafen am Uruguay; Fleischverarbeitung u. a. Ind.

Paz [pas], Octavio, mexikan. Schriftst., * Mexiko 31. 3. 1914, seit 1943 im diplomat. Dienst. In seiner visionären, u. a. vom Surrealismus beeinflußten Lyrik drückt sich die Spannung zw. Dichtung und Gesellschaft aus. Bedeutend ist er auch als Essayist (›Das Labyrinth der Einsamkeit‹, 1950); 1984 erhielt P. den Friedenspreis des Dt. Buchhandels.

Paz Estenssoro [pas-], Victor, bolivian. Politiker, * Tarija 2. 10. 1907, Jurist, gründete 1940 den Movimiento Nacionalista Revolucionario (MNR) und wurde 1951 zum Präs. gewählt (1952 bis 1956 im Amt). P. E. leitete in Bolivien eine soziale Revolution ein (Verstaatlichung der Zinnminen, Agrarreform). Seit 1960 erneut Präsident, wurde er 1964 gestürzt.

Pazifik *der, -s,* anglisierter Name für → Pazifischer Ozean.

Pazifikation [lat.] *die, -,* **Pazifizierung,** ☙ Befriedung.

Pazifik-Pakt, Pazifischer Sicherheitsvertrag, ANZUS-Pakt (Abk. für **A**ustralia, **N**ew **Z**ealand, **U**nited **S**tates), der am 1. 9. 1951 in San Francisco von Australien, Neuseeland und den USA abgeschlossene Vertrag zu gegenseitigem Beistand; ergänzt 1954 durch den → Südostasiatischen Sicherheitsvertrag (SEATO).

Pazifische Inseln, engl. **Pacific Islands** [pəsˈɪfɪk ˈaɪləndz], die Inselwelt des Pazifischen Ozeans, → Ozeanien.

Pazifischer Krieg, Salpeterkrieg, → Chile, Geschichte.

Pazifischer Ozean, Pazifik, engl. **Pacific Ocean** [pəsˈɪfɪk ˈəʊʃən], **Großer** oder **Stiller Ozean,** der größte der 3 Ozeane, zw. Asien und Australien im W und Amerika im O, erstreckt sich im N bis zur Beringstraße (66° n. Br.), im S bis zum Südpolargebiet (im Ross-Meer). Zum P. O. gehören ein großes Mittelmeer (Australasiatisches) und 6 Randmeere (Bering-, Ochotskisches, Japanisches, Ostchinesisches mit Gelbem Meer, Arafurasee mit Carpentaria-Golf und Kalifornischer Golf) mit insges. 181,34 Mio. km^2, das entspricht 35,5% der Erdoberfläche und enthält 714,41 Mio. km^3 Wasser. Die größte Tiefe beträgt 10 924 m (im Marianengraben).

Der P. O. ist von einem Gürtel erloschener und tätiger Vulkane umgeben; zahlreiche Inselgruppen sind vulkan. Entstehung. Parallel dazu finden sich am Rand des P. O. die Herde der pazif. Erdbeben, die häufig zur Entstehung der gefürchteten Tsunamis führen. Kennzeichnend für die wechselreiche Tiefengliederung sind die durch Bodenschwellen (Rücken) getrennten Mulden und Becken und die Tiefseegräben. Hauptströmungen sind der Nordäquatorialstrom, Äquatorialer Gegenstrom, Südäquatorialstrom. Der Nordäquatorialstrom findet seine Fortsetzung in dem warmen Kuro Shio, einem Gegenstück zum Golfstrom des Atlant. Ozeans. Seine Ausläufer reichen mit der Westwinddrift bis zur nordamerikan. Küste. Als regelmäßige Winde sind die Passate und Monsune von Bedeutung. In den Tropen sind Orkane gefürchtet, in den ostasiat. Gewässern die Taifune. Die kalten Strömungen der chilen., der peruan. und der Küste Alaskas sowie die ostasiat. Gewässer sind sehr fischreich. – Wichtige Stützpunkte des heutigen Schiffs- und Luftverkehrs: Hawaii-Inseln, Guam, Samoa-, Fidschi-Inseln u. a. Große Häfen: die japan. Häfen, ferner Wladiwostok, Tsingtau, Schanghai, Hongkong, Manila, Saigon, Bangkok, Djakarta, die Häfen Ostaustraliens und Neuseelands, Vancouver, Seattle, San Francisco, Los Angeles, Callao und Valparaíso sowie Singapur, Honolulu und Panama.

Die erste Überquerung des P. O. gelang Magalhães 1520/21 auf der ersten Weltumseglung. Bedeutende Forschungs- und Entdekkungsarbeit leisteten J. Cook (1768–80), F. G. v. Bellingshausen (1819–21) und J. C. Ross (1841/42). Die Tiefseeforschung setzte 1874 mit dem engl. Expeditionsschiff ›Challenger‹ und der dt. ›Gazelle‹ ein.

Pazifismus [lat.] *der, -,* radikal-idealist. Bewegung, die aus ethischen Gründen Gewaltanwendung sowie militär. Vorbereitung eines Krieges verwirft. Der P. unterscheidet sich damit von den Friedensbemühungen, die es für notwendig halten, zur Selbstverteidigung gerüstet zu sein (→ Friedenssicherung). Der radikale P. auf christl. Grundlage wurde von myst. Spiritualisten des 16. Jh. sowie von den Mennoniten und Quäkern vertreten. Der moderne P. hat sich im 19. Jh. in den **Friedensgesellschaften** entwickelt. Bertha v. Suttner gründete 1891 die Österreichische, A. H. Fried 1892 die Dt. Friedensgesellschaft (1945 neu gegr. mit dem Zusatz ›Bund der Kriegsgegner‹). Das Internationale Friedensbüro (Bern, 1919–51 Genf) entstand 1891 als Zentrale sämtl. Friedensgesell-

Anna Pawlowna Pawlowa als ›Der sterbende Schwan‹

schaften. Im 1. Weltkrieg äußerte sich der radikale P. auch literarisch (H. Barbusse), ferner praktisch in den Gruppen, die die Kriegsdienstverweigerung verfochten. Durch den Nationalsozialismus wurde der P. in Dtl. unterdrückt. Unter dem Eindruck des 2. Weltkriegs und der weltpolit. Spannungen, die er hinterließ, sowie angesichts der Entwicklung thermonuklearer Waffen erhielt der P. neue, starke Impulse (→ Ostermarsch-Bewegung; → Kriegsdienstverweigerung). Angesichts der rüstungspolit. Entwicklung seit dem Ende der 1970er Jahre v. a. im Spannungsfeld zw. NATO und Warschauer Pakt entwickelte sich die → Friedensbewegung. Auf den P. gehen viele Ansätze der → Friedensforschung zurück. *Adj.* **pazifistisch.** *der* **Pazifist,** *-en/-en,* Anhänger des P.

Pázmány [p'a:zma:nj], Péter, ungar. Kirchenfürst, * Großwardein 4. 10. 1570, † Preßburg 19. 3. 1637, Sohn calvinist. Eltern, wurde 1583 katholisch, 1587 Jesuit, 1616 Erzbischof von Gran, 1629 Kardinal, war die stärkste Persönlichkeit der ungar. Gegenreformation. P. trug zur Ausbildung des Neuungarischen ähnlich bei wie Luthers Schriften zum Neuhochdeutschen.

Paznaun *das,* **Paznauntal,** Seitental des vom Arlberg nach Landeck führenden Stanzer Tals in Tirol, Österreich, 35 km lang. Hauptorte: Kappl (1256 m), Ischgl (1376 m), Galtür (1584 m); Fremdenverkehr.

Pb, chem. Symbol für → Blei.

PB, Abk. für → **P**oly-1-**b**uten.

pc, Einheitenzeichen für → **Parsec.**

PC, 1) Abk. für → **P**ersonal **C**omputer. **2)** Abk. für → **Polycar**bonate.

PCB, Abk. für → **P**oly**c**hlor**b**iphenyle.

p. Chr. (n.), Abk. für **post Christum (natum),** → post.

PCM, Abk. für → **P**uls-**C**ode-**M**odulation.

PCP, Abk. für → **P**enta**c**hlor**p**henol.

Pd, chem. Symbol für → Palladium.

PdA, Abk. für **Partei der Arbeit,** → Kommunismus, Schweiz.

pdl, Einheitenzeichen für → **poundal.**

PD-Regler, → Regler.

Peace Corps [pi:s kɔ:, engl.] *das, - -,* → Friedenskorps.

Max Pechstein: Stilleben, um 1913 (Mannheim, Kunsthalle)

Peace River [pi:s r'ɪvə, engl. ›Friedensfluß‹], Fluß in Kanada, 1923 km lang, 2 Quellflüsse aus den Rocky Mountains (Williston-Stausee mit 7 Mrd. m³ Stauinhalt), vereinigt sich mit dem Athabasca zum Großen Sklavenfluß.

Peacock [p'i:kɔk], Thomas Love, engl. Schriftst., * Weymouth 18. 10. 1785, † Lower Halliford (Surrey) 23. 1. 1866, schrieb humorvolle satir. Romane um geistreiche Sonderlinge (›Nightmare Abbey‹, 1818, ›The misfortunes of Elphin‹, 1829).

Peak [pi:k, engl.] *der, -(s)/-s,* Bergspitze.

PEARL, Abk. für **Process And Experiment Automation Realtime Language** [pr'ouses ænd ɪksp'erɪmənt ɔ:təm'eɪʃn r'ɪəltaɪm l'æŋwɪdʒ, engl.], eine → Programmiersprache für die Lösung von Aufgaben im Bereich der Automatisierung.

Pearl Harbor [pə:l h'ɑ:bə], Flottenstützpunkt der USA auf der Hawaii-Insel Oahu, westlich von Honolulu. Am 7. 12. 1941 vernichtete ein vor der Kriegserklärung durchgeführter Überraschungsangriff japan. Luft- und Seestreitkräfte einen Großteil der im Hafen P. H. versammelten amerikan. Pazifikflotte.

Pears [p'i:əs], Peter, engl. Sänger (Tenor), * Farnham (Surrey) 22. 6. 1910; bekannt durch Interpretationen von Partien aus Werken B. Brittens, die für ihn geschrieben wurden.

Pearson [p'ɪəsn], Lester Bowles, kanad. Politiker (Liberaler), * Toronto 23. 4. 1897, † Rockcliffe bei Ottawa 27. 12. 1972, hatte maßgebl. Anteil an der Planung und Gründung des Nordatlantik-Pakts; 1948–57 Außen-Min., 1958–68 Vors. der Liberalen Partei, 1963–68 MinPräs. 1957 erhielt er den Friedensnobelpreis.

Peary [p'ɪərɪ], Robert Edwin, amerikan. Nordpolarforscher, * Cresson Springs (Pa.) 6. 5. 1856, † Washington 20. 2. 1920, stellte 1901 durch Umfahrung im N die Inselnatur Grönlands fest, erforschte 1905 Grinnell- und Grantland, erreichte am 6. 4. 1909 als erster die unmittelbare Nähe des Nordpols. (→ Cook)

Peć [pɛ:tsj], alban. **Peja,** Stadt in Serbien, Jugoslawien, (1981) 42100 meist muslim. Ew.; Lebensmittel-, Leder-, Holzind., Zukkerfabrik, Seidenraupenzucht. Im W das Patriarchenkloster mit 3 miteinander verbundenen Kirchen (13./14. Jh.). – P., 1202 erstmals erwähnt, wurde 1463 türkisch, kam 1918 zu Jugoslawien.

Pecannuß, Frucht eines → Hickory.

PeCe-Faser, Handelsname für Chemiefasern auf der Grundlage von Polyvinylchlorid.

Pech [ahd. peh, beh; aus lat. pix] *das, -(e)s/-e,* **1)** schwarzer, thermoplast. Rückstand der Teerdestillation, der vorwiegend aus polyzyklischen Aromaten besteht. P. wird meist nach der Herkunft benannt, z. B. **Steinkohlenteer-P., Braunkohlenteer-P.,** oder nach dem Erweichungspunkt: **Weich-P.** (Erweichungspunkt 35–60 °C), **mittelhartes P.** (60–75 °C), **Hart-P.** (75–90 °C). P. wird u. a. als Bindemittel bei der Herstellung von Kohlenstoffanoden und Steinkohlenbriketts, zur Herstellung von P.-Koks, P.-Lacken sowie von Teerpappen und als Weichmacher für Kautschuk verwendet. – Redensarten: *das klebt wie P.; sie halten zusammen wie P. und Schwefel.* **2)** *ohne Pl.,* Unglück, Mißgeschick: *ich habe P. bei, in, mit etwas.* **Pechdraht,** mit P. getränktes Hanfgarn. **Pechvogel,** U jemand, der häufig P. hat. **pechig,** schwarz und klebrig.

Pechblende, ein Mineral, → Uranpecherz.

Pechel, Rudolf, Publizist und Essayist, * Güstrow 30. 10. 1882, † Zweisimmen 28. 12. 1961, Hg. und Chefredakteur der ›Deutschen Rundschau‹ (1919 bis zum Verbot 1942 und wieder seit 1949; 1963 Erscheinen eingestellt), 1942–45 im Konzentrationslager; Vertreter des ›inneren Widerstands‹.

Pechiney Ugine Kuhlmann S.A. [pɛʃin'ɛ yʒ'i:n kylm'an-], Abk. **PUK,** Paris, bed. frz. Ind.-Konzern (seit 1982 verstaatlicht) mit den Sparten: Chemie, NE-Metalle, Stahl, nukleare Materialien; 1971 durch Fusion der Cie. Pechiney S. A. (gegr. 1855) mit der Ugine Kuhlmann S. A. (gegr. 1825) entstanden.

Pechnase, Pech|erker, kleiner, unten offener Ausbau an den oberen Stockwerken mittelalterl. Befestigungen, von dem man siedendes Pech u. a. auf den Angreifer hinabgoß.

Pechnase

Pechnelke, Klebnelke, Leimkraut, Viscaria vulgaris, Gemeine P., staudiges, europäisch-asiat. Nelkengewächs mit klebrigen Stengelteilen unter den oberen Knoten und karminroten Blüten, auf kalkarmem Grasboden; Gartenzierpflanze.

Pechstein, ein natürl., wasserhaltiges, glasartiges Gestein, braun, rot, grün oder schwarz, pechglänzend; hat muscheligen Bruch und meist kleine, spärl. Einsprenglinge von Quarz, Feldspat, Augit, Hornblende, Biotit.

Pechstein, Max, Maler, * Zwickau 31. 12. 1881, † Berlin 29. 6. 1955, tätig in Dresden als Mitgl. der → Brücke, 1914 auf den Palau-Inseln, von denen er aus japan. Gefangenschaft nach Dtl. entfloh, 1923–33 und seit 1945 Prof. an der Berliner Akademie. In seinen graph. Arbeiten und starkfarbigen Gemälden entwickelte er vor allem die dekorativen Möglichkeiten des dt. Expressionismus. (Weiteres Bild A. Holz)

peck *das,* in Großbritannien Hohlmaß für Flüssigkeiten (auch in Apotheken) und Trockensubstanzen: 1 peck = 2 gallons = 9,09218 dm³; in den USA (Einheitenzeichen **pk**) Hohlmaß für Trockensubstanzen: 1 pk = 8 dry quarts = 8,80976 dm³.

Peck, Gregory, amerikan. Filmschauspieler, * La Jolla (Calif.) 5. 4. 1916. – Filme: ›Ein Herz und eine Krone‹ (1953), ›Moby Dick‹ (1956), ›Wer die Nachtigall stört‹ (1962) u. a.

Peckinpah [p'ekɪŋpɑ:], Sam, eigtl. David Samuel **P.,** amerikan. Filmregisseur, * Fresno (Cal.) 21. 2. 1925, † Inglewood (Cal.) 28. 12. 1984. – Filme: ›Sacramento‹ (1961); ›Wer Gewalt sät...‹ (1971); ›Steiner‹ (1976) u. a.

Pécs [pe:tʃ], ungar. Name von → Fünfkirchen.

Pedal [lat.] *das, -s/-e,* mit dem Fuß zu betätigender Hebel (**Fußhebel**) oder Kurbel (**Tretkurbel**) zum Übertragen oder Auslösen einer Bewegung, z. B. Fahrrad-P., Gas-P. sowie bei Musikinstrumenten (Harfe, Klavier, Orgel, Pauke).

Pechnelke

Pedant [ital.] *der, -en/-en,* Kleinigkeitskrämer, kleinl. Mensch. *die* **Pedanterie,** *-/...r'i|en,* kleinl. Verhalten, übertriebene Genauigkeit. *Adj.* **pedantisch.**

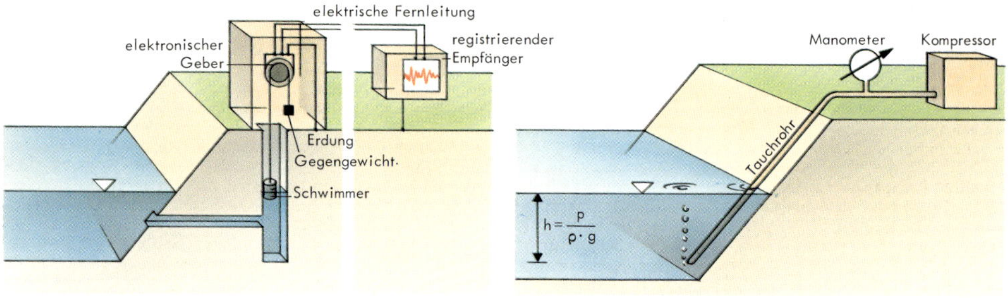

Pegel 1): LINKS elektrischer Fernpegel, der elektronische Geber sendet wasserstandsabhängige Impulse oder Frequenzen. RECHTS Druckluftpegel, der Kompressor hält den Druck $p = h \cdot \varrho \cdot g$ (ϱ = Wasserdichte, g = Erdbeschleunigung) im Tauchrohr, das Manometer mißt und registriert den Druck

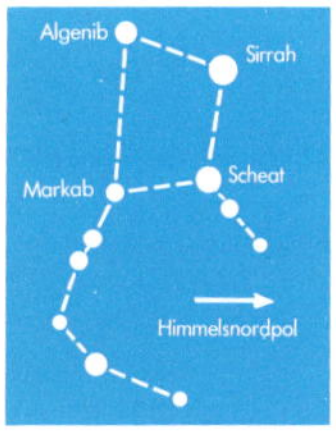

Pegasus 2)

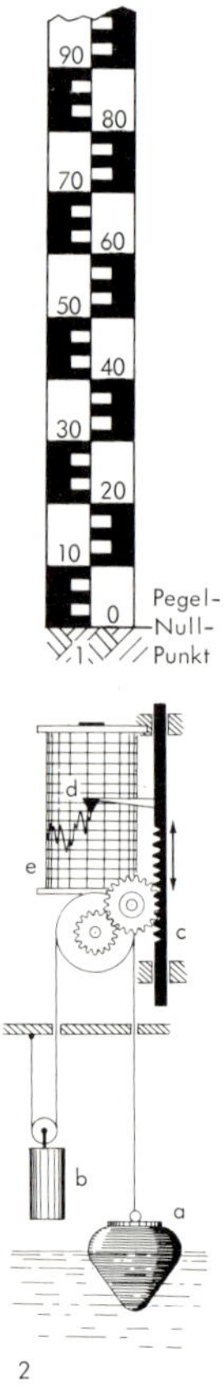

Pegel 1): 1 Latten-P. 2 Mechanischer Schreib-P. (System Wilcke-Ott); a Schwimmer, b Gegengewicht, c Zahnstange, d Schreibfeder, e Registriertrommel

pedden. *ich* **pedde,** *nd.:* trete.

Peddigrohr [nd.], **Spanisches Rohr, Stuhlrohr, Rotan** oder **Rotang,** die dünnen Stämme der → Schilfpalme.

Pedell [mlat.] *der, -s/-e,* Hausmeister in Schulen, Hochschulen und Gerichten.

Pedigree [p'edıgri:, engl.] *der, -s/-s,* ⚘ Abstammungsnachweis von Tieren, besonders Pferden.

Pediküre [aus frz.] *die, -/-n,* **1)** *ohne Pl.,* Fußpflege. **2)** Fußpflegerin.

Pedion *das,* einflächige Kristallform.

Pedologie [grch.] *die, -,* die → Bodenkunde.

Pedosphäre [grch.] *die, -/-n,* die oberste, meist etwa 5 m tiefe Bodenschicht, die von Lebewesen besiedelt ist. Regenwürmer wurden noch in 8 m (im südl. Ural), Termitengänge in 25–50 m Tiefe (Madagaskar) gefunden.

Pedrell, Felipe, span. Musiker und Musikforscher, * Tortosa 19. 2. 1841, † Barcelona 19. 8. 1922, erstrebte eine nationale Erneuerung der italienisch eingestellten span. Musik.

Pedro, spanische und portugiesische Fürsten, → Peter.

Peel [pi:l], Sir Robert, brit. Politiker, * Chamberhall (Lancashire) 5. 2. 1788, † London 2. 7. 1850, stand als konservativer Parteiführer 1834/35 und 1841–46 an der Spitze der Regierung. Im Sinne des Freihandels führte er 1842 die Einkommensteuer ein, brachte 1844 die → Bankakte und 1846 die Aufhebung der Getreidezölle durch. Letzteres führte zu seinem Sturz.

Peele [pi:l], George, engl. Dramatiker, * London um 1556, † ebd. Nov. 1596, schrieb lyr. Bühnenwerke: ›The love of King David and Fair Bethsabe‹ (1588), ›The old wives tale‹ (um 1592).

Peene *die,* **1)** der westl. Mündungsarm der Oder zw. Festland und Insel Usedom, mündet bei Peenemünde in die Ostsee. **2)** Fluß in Mecklenburg, 112 km, durchfließt Malchiner und Kummerower See, mündet östlich von Anklam in die P. 1).

Peenemünde, Gem. im Kr. Wolgast, Bez. Rostock, N-Zipfel der Insel Usedom; war bis 1945 Forschungsstelle und Versuchsfeld für Raketen- und ferngelenkte Waffen; nach 1945 zum Marinestützpunkt der Dt. Dem. Rep. ausgebaut.

Peepshow [p'i:pʃəu, engl. peep ›verstohlener Blick‹], Form der gewerbl. Nacktdarbietung (v. a. Frauen) auf einer von Einzelkabinen mit Sichtfenstern umgebenen Kleinbühne; durch Münzeinwurf wird ein Guckloch eine begrenzte Zeit geöffnet.

Peer [p'ıə, von frz. Pair] *der, -s/-s,* in Großbritannien Mitgl. des hohen → Adels (→ Lord); sein wichtigstes Vorrecht: Recht auf Sitz und Stimme im Oberhaus. Die geistl. und richterl. Lords im Oberhaus sind nicht P. im vollen Rechtssinn. *die* **Peerage** [p'ıərıdʒ], -, **1)** Würde eines P., erblich in direkter männl. Linie, ausnahmsweise in weibl. und Nebenlinie; seit 1958 ist außerdem Ernennung zum P. auf Lebenszeit möglich. **2)** Gesamtheit der Peers.

peer groups [p'ıə gru:ps, engl.], ein v. a. von der amerikan. Jugendsoziologie gebrauchter Begriff, der die Bezugsgruppe, d. h. die Gruppe, in der der Einzelne lebt und auf die er sein Denken und Verhalten bezieht, von Kindern und Jugendlichen bezeichnet.

Peese [von pesen ›eilen‹] *die, -/-n,* **Pese,** Antriebselement von Filmrollen bei Projektoren: endlos verbundene Spiralfeder, Gummi- oder Lederring, Keilriemen.

Pegasus, **1)** grch. Mythos: das geflügelte Roß, das aus dem Rumpf der Medusa entsprang und von Bellerophon eingefangen und gezähmt wurde; als Bellerophon sich auf ihm zum Himmel emporschwingen wollte, warf es ihn ab. Durch den Hufschlag des P. entstand die → Hippokrene. Danach bedeutet P. Musen- oder Dichterroß. – Redensart: *er will den P. besteigen,* dichten, reimen. **2)** *der, -,* ☆ ein Sternbild des nördlichen Himmels.

Pegau, Stadt im Kr. Borna, Bez. Leipzig, (1973) 6700 Ew., an der Weißen Elster; Schuh-, Lederwaren-, Textilind., Landmaschinenbau. – P. entstand im Anschluß an ein 1091 von → Wiprecht von Groitzsch gegr. Kloster. Die Laurentiuskirche (vor 1189) enthält das Sandsteingrabmal Wiprechts; Rathaus (1559).

Pegel [zu mlat. pagella ›Maßstab‹] *der, -s/-,* **1)** Meßeinrichtung zur Bestimmung des Wasserstandes von Gewässern, des Grundwassers und in Behältern. I. a. liegt der P.-Nullpunkt unter dem niedrigsten bekannten Wasserstand, es gibt aber auch höher liegende P.-Nullpunkte und damit negative Pegelwerte, die immer in cm angegeben werden. **Latten-P. (Limnimeter)** sind senkrechte oder schräge **(Schräg-P.)** Meßlatten aus Holz, Stahl oder Kunststoff mit einer Teilung von 2 zu 2 cm. **Schreib-P. (Limnographen)** zeichnen den P.-Stand laufend auf und können als mechanische **Schwimmer-P., Druckluft-P.** oder **elektr. Fern-P.** ausgeführt werden. P.-Fernübertragung hat sich stark durchgesetzt. Die laufenden P.-Ablesungen bilden auch die Grundlagen für die Feststellung der abfließenden Wassermengen. **2)** logarithmiertes Verhältnis zweier Energie- oder Feldgrößen gleicher Art, wovon die Nennergröße eine festgelegte Bezugsgröße ist. Z. B. ist beim → Schalldruckpegel die Bezugsgröße $p_0 = 2 \cdot 10^{-5}$ Pa. Energiegrößen sind Größen, welche der Energie proportional sind, z. B. Leistung. Feldgrößen sind Größen, deren Quadrate in linearen Systemen der Energie proportional sind, z. B. Spannung, Stromstärke, Schalldruck. Der Logarithmus kann ein Zehnerlogarithmus (lg), ein natürl. (ln) oder auch ein Zweierlogarithmus (lb) sein. Die P. sollen von der Wahl der Basen der Logarithmen unabhängig sein; dies verlangt das Hinzufügen von hinweisenden Kurzzeichen, z. B. dB für → Dezibel, Np für → Neper. – In der Digitaltechnik → Logikpegel.

Pegmatit [grch.] *der, -s/-e,* groß- bis riesenkörniges, meist relativ helles Ganggestein. P. kristallisieren aus Restschmelzen, die sich am Ende der Hauptkristallisation von Tiefengesteinen bilden und an Wasser, Bor, Fluor u. a. leichtflüchtigen Bestandteilen angereichert sind; Vorkommen oft gangförmig. Am häufigsten ist **Granit-P.,** der bes. Quarz, Kalifeldspat, Muskovit oder Lithiumglimmer, oft Turmalin, bisweilen Topas oder Beryll enthält, wobei Quarz die Grundmasse mitunter stengelig durchwächst **(Schriftgranit).** P. sind Träger wichtiger Mineral- und Erzlagerstätten.

Pegnitz, **1)** *die,* Nebenfluß der Rednitz im nördl. Bayern (Franken), 85 km lang, entspringt in der Stadt P., versinkt beim Eintritt in die Fränk. Alb in Karströhren des Weißjura (320 m unterirdischer Lauf). **2)** Stadt im Kr. Bayreuth, Bayern, (1983) 13300 Ew., im Talkessel der Pegnitzquelle; vielseitige Industrie.

Pegnitz|orden, Pegnesischer Blumen|orden, Gekrönter Blumen|orden, 1644 in Nürnberg von G. Ph. Harsdörffer und J. Klaj gegr., von S. v. Birken und M. D. Omeis fortgeführte Sprachges., bei der fast ausschließlich poet. Bestrebungen und ästhet. Theorie im Mittelpunkt standen. Der Kreis pflegte eine Dichtung von gesellig-anmutigem Charakter und betonte formale Virtuosität, bes. in bezug auf Reim- und Klangspiele.

Pegu, Stadt in Niederbirma, (1973) 254800 Ew., nördl. von Rangun; Nahrungsmittel-, Holz-, Textil-Ind.; Pagoden. – 573 n. Chr. gegr., Hptst. des Mon-Reiches P., das im 18. Jh. von Birmanen erobert wurde.

Péguy [peg'i], Charles, frz. Schriftst., * Orléans 7. 1. 1873, † (gefallen) bei Villeroy 5. 9. 1914, gründete 1900 die einflußreiche literar.-polit. Zeitschrift ›Cahiers de la quinzaine‹, bekannte sich seit 1908 zum Katholizismus. In seinen Werken verbinden sich religiöse, soziale und nationale Motive: Mysteriendichtungen (›Das Mysterium der Erbarmung‹, 1910; ›Das Mysterium der Hoffnung‹, 1911), lyr. Dramen, Versdichtungen (›Eve‹, 1914), Prosa und der Philosophie H. Bergsons nahestehende theoret. Arbeiten.

Pehlewi [p'εç-; eigtl. ›Parthisch‹] *das, -,* die mittelpers. Sprache aus der Zeit von 300 v. Chr. bis 950 n. Chr. (→ iranische Sprachen). Von der **P.-Literatur,** dem einst umfangreichen Schrifttum der Parsen in mittelpers. Sprache und Schrift, ist wenig erhalten, bes. religiöse, auch einige geschichtl. Werke. Es gab eine eigene **P.-Schrift.**

Pejes [hebr.] *Pl.,* Schläfenlocken der orthodoxen Juden.

Peikiang [chines. ›Nordfluß‹], chines. **Beijiang** [bɛɪdʒjaŋ], Fluß in der südchines. Prov. Kwangtung, 480 km lang, schiffbar, mündet mit mehreren Armen im Stromgeflecht des ›Kanton-Deltas‹ (›Perlfluß‹).

peilen [zu Pegel]. *ich* **peile** *es,* **1)** ermittle eine Richtung (vgl. unten). **2) loten,** messe die Wassertiefe mit dem Peillot, der Peilstange oder dem Echolot. **3)** stelle den Flüssigkeitsstand in einem Tank mit einem Peilstab durch das Füllrohr oder ein besonderes Peilrohr fest. **4)** U erkunde; schätze: *ich muß erst einmal die Lage peilen; über den Daumen gepeilt. ich* **peile** *es* **an,** nehme als Richtpunkt.

Durch das Peilen wird eine Richtung, meist gegenüber der Nordrichtung oder der Längsrichtung eines Fahrzeugs, bestimmt. Man unterscheidet **optisches Peilen,** bei dem ein Gegenstand (Peilobjekt) mit einem Peildiopter über einen → Kompaß anvisiert wird (→ Navigation), und **Funkpeilung.** Bei der letzteren wird der Einfallswinkel (das → Azimut) einer elektromagnet. Welle an einem Peilort gegenüber einer Bezugsrichtung (meist N) bestimmt. Dazu werden bei der **Fremdpeilung** die von wenigstens 2 festen Peilstationen ermittelten Einfallsrichtungen der vom Bordsender ausgesandten elektromagnet. Wellen zur Ortsbestimmung dem zu peilenden Fahrzeug übermittelt. Bei der **Eigenpeilung** werden mit dem Bordpeiler die Einfallsrichtungen der Funkwellen von wenigstens 2 Sendern bekannten Standorts (z. B. → Funkfeuer) zur Ortsbestimmung ermittelt.

Funkpeilungen werden ausgeführt mit **Peilgeräten,** Empfangsgeräten mit einer drehbaren Rahmenantenne mit genauer Kreisteilung (Peilrahmen) oder mit feststehendem Antennensystem, aber veränderlicher Ankopplung (→ Adcock). Der **Nachlaufpeiler (Radiokompaß)** entspricht im Prinzip dem Drehrahmenpeiler, der **Dopplerpeiler** beruht auf der Anwendung des → Doppler-Effekts; sehr genau arbeiten **Großbasispeiler,** bei denen eine Vielzahl von Antennenelementen gleichmäßig auf dem Umfang eines Kreises verteilt sind. – Eine Peilung ergibt eine Peilstandlinie; der Schnittpunkt von 2 Peilstandlinien zeigt im Idealfall den Standort an **(Kreuzpeilung).** → Funknavigation; → Funkortung.

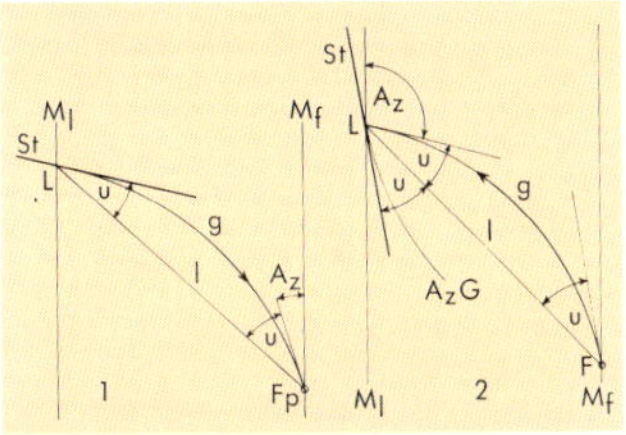

peilen 1): Eintragung einer Funkpeilung in die Seekarte: **1** Fremdpeilung: Der von der Peilstelle F_p mit dem Meridian M_f ermittelte Azimutwert A_z wird mit der Peilbeschickung u äquatorwärts verbessert, als Loxodrome l vom Peiler F_p aus eingetragen und der Schnittpunkt L (Leitpunkt) mit dem Meridian M_l gewonnen. Die Anbringung von u in L an l polwärts gibt als Tangente an den Peilstrahl (die Orthodrome) g die Standlinie St. Der mit der Standlinie einer anderen Peilung gebildete Schnittpunkt ist der Standort. **2** Eigenpeilung: Die nach Anbringung der Funkbeschickung am Bordpeiler ermittelte Peilung A_z des Senders F wird um die Peilbeschickung u äquatorwärts verbessert, als Loxodrome von F aus eingetragen und der Schnittpunkt L mit dem Meridian M_l gewonnen. Die nochmalige Antragung von u an die Loxodrome in L äquatorwärts gibt als Tangente an die Azimutgleiche A_zG (die an l gespiegelte Orthodrome g) die Standlinie St. Der Standort ist der Schnittpunkt mit einer zweiten Standlinie

Pein [ahd. pina, zu lat. poena ›Buße‹] *die, -,* Qual, Schmerz. *ich* **peinige** *ihn,* quäle. *der* **Peiniger,** *-s/-,* jemand, der einen anderen peinigt. *die* **Peinigung,** -, Mißhandlung, Marter. *Adj.* → peinlich.

Peine, Krst. im RegBez. Braunschweig, Ndsachs., (1983) 46900 Ew., am Mittellandkanal; Schuh-, eisenverarbeitende u. a. Ind. – Die um 1220 gegr. Stadt gehörte bis 1802 zum Hochstift Hildesheim, 1813 kam sie an Hannover.

Peinemann, Edith, Violinistin, * Mainz 3. 3. 1937; seit 1978 Prof. an der Musikhochschule in Frankfurt a. M.

peinlich [zu Pein], **1)** ein beklemmendes Gefühl erregend, unangenehm, beschämend. **2)** übergenau, fast übertrieben ordentlich und sorgfältig. **3)** ♊ Leib und Leben betreffend. *Subst. die* **Peinlichkeit,** -. **peinliche Befragung,** im Inquisitionsprozeß die Hauptvernehmung des Angeschuldigten, später auch die letzte Frage an ihn, ob er gestehe; auch die Befragung während der Folter (→ foltern). **peinliche Gerichtsbarkeit,** ♧ Strafgerichtsbarkeit. **Peinliche Gerichtsordnung,** die → Carolina. **peinlicher Prozeß,** ♧ Strafprozeß.

Peintre-graveur [pˈɛ̃trə gravˈœ:r, frz.], → Maler-Radierer.

Peiping [chines. ›befriedeter Norden‹], 1928–49 Name von → Peking.

Peipussee, russ. **Tschudskoje Osero,** estn. **Peipsijärv,** viertgrößter See Europas, an der Grenze der Estn. SSR zur Russ. SFSR, 3550 km² groß, 125 km lang, bis 50 km breit, nach N durch die Narwa zum Finn. Meerbusen entwässert; fischreich.

Peirce [pˈi:əs], Charles Sanders, amerikan. Philosoph, * Cambridge (Mass.) 10. 9. 1839, † Milford (Pa.) 19. 4. 1914, als Begründer des → Pragmatismus und der Relationenlogik von bedeutendem Einfluß auf die amerikan. Philosophie.

Peisistratos, lat. **Pisistratus,** Tyrann von Athen, * um 600 v. Chr., † wohl 527 v. Chr., bemächtigte sich um 546 v. Chr. der Alleinherrschaft, wurde zweimal vertrieben, herrschte maßvoll bis zu seinem Tod in Attika. Er und seine Söhne → Hipparch und → Hippias förderten das geistige Leben in Athen.

Peißenberg, Markt im Kr. Weilheim-Schongau, Oberbayern, (1983) 10500 Ew., am Fuß des → Hohen Peißenbergs; Wallfahrtskirche Maria Aich.

Peiting, Markt im Kr. Weilheim-Schongau, Oberbayern, (1983) 11000 Ew., unweit des Lech; Wachswaren-, Leichtmetall-, Photozubehör-, Textil- u. a. Industrie; Fremdenverkehr.

Peitsche [aus westslaw.] *die, -/-n,* Schlaggerät, bes. der Fuhrleute. *ich* **peitsche** *ihn, es,* **1)** schlage mit der P. **2)** *es peitscht,* U schlägt heftig: *der Sturm peitscht das Meer. ich* **peitsche** *ihn* **auf, 1)** wühle auf. **2)** bringe in starke Erregung. *ich* **peitsche** *ihn* **aus,** schlage derb mit der Peitsche. *ich* **peitsche durch, 1)** *ihn,* schlage mit der P. **2)** *es,* U bringe vorschnell zum Abschluß: *das Gesetz wurde noch vor den Parlamentsferien durchgepeitscht.*

Peitschenhiebverletzung, → Schleudertrauma.

Peitschenkaktus, lang- und dünntriebige Kakteen, meist hängend.

Peitschenwurm, ein schmarotzender Fadenwurm, der bei Tieren eine Darmentzündung **(P.-Krankheit)** hervorrufen kann; auch beim Menschen verursacht er Gesundheitsstörungen.

pejorativ [lat.], die Bedeutung eines Worts verschlechternd.

Pekař [pˈɛkarʒ], Josef, tschech. Historiker, * Klein Rohozec (Nordböhmen) 12. 4. 1870, † Prag 23. 1. 1937, seit 1901 Prof. an der tschech. Univ. Prag, bekannte sich zur deutsch-tschech. Kultursynthese in Böhmen.

HW: Jan Žižka und seine Zeit, 4 Bde. (1927–33); Wallenstein 1630–1634, 2 Bde. (1937).

Pekaris [karib.], *Sg. das* **Pekari,** *-s,* **Nabelschweine,** → Schweineartige.

Pekesche [aus poln.] *die, -/-n,* Jacke mit Schnüren.

Pekinese *der, -n/-n,* **Pekingese,** langhaariger Zwerghund aus China. (BILD Hunde)

Peking [chines. ›nördliche Hauptstadt‹], amtl. chines. **Beijing,** [bɛɪdʒɪŋ], 1928–49 **Peiping,** Hptst. der VR China, (1982) 9,23 Mio. Ew., im äußersten N der Großen Ebene; Sitz der obersten Verwaltungs-, Justiz-, Militärbehörden; geistiger Mittelpunkt Chinas; mehrere Univ., Hoch-, Fachschulen, Museen, Bibliotheken; Kernforschungszentrum. Starke industrielle Entwicklung: Porzellan-, Textil-, Maschinen-, Werkzeug-, Elektro-, chem., Eisen-, Stahl- u. a. Ind. Über einen zum Paiho führenden Kanal hat P. Schiffsverbindung mit Tientsin. P. ist seit 1949 um 1/3 seiner bisherigen Fläche gewachsen. Im NW entstand ein neues Hochschulviertel, im O ein neues Ind.-Viertel. – Der Grundriß der alten Stadt ist ganz regelmäßig. Die von einer 6 m hohen Mauer mit 11 mächtigen Toren umgebene, fast quadratische **Innere** oder **Mandschustadt** im N enthält die ehem. Kaiserstadt, diese wieder die von einer roten Mauer eingeschlossene einstige **Verbotene** oder **Rote Stadt** mit dem ehem. Kaiserpalast, in ihm die größte Samml. chines. Kunst. In der Kaiserstadt befinden sich der künstl. Kohlenhügel (50 m), künstl. Seen mit dem Winterpalast, zahlreiche Tempel und Paläste, in der Inneren Stadt ehem. Prinzenpaläste, der große Kungtse- und der Lamatempel, Pagoden und Hochschulen, im SO der Inneren Stadt das frühere Gesandtschaftsviertel. Die rechteckige, ebenfalls von einer Mauer umgebene **Äußere** oder **Chinesenstadt** im S enthält den Himmels- und den Ackerbautempel. – In der Umgebung von P. viele Tempel, Klöster, Paläste, Kaisergräber.

Geschichte. Seit 1000 v. Chr. war P. Hptst. versch. Staaten, 1264–1368 Hauptresidenz der Mongolen, seit 1421 Sitz der chines. Kaiser; es blieb Hptst. bis zur Einnahme durch die Kuomintang (1928). 1937–45 war P. von den Japanern besetzt, 1949 wurde es von den Kommunisten erobert und Hptst. der VR China.

Peking-Ente, eine Hausente, → Enten.

Pekinger Volkszeitung [chines. Jen-min ji-pao ›Volkstageblatt‹], führende Tageszeitung Chinas, in der alle offiziellen Verlautbarungen erscheinen.

Peking-Mensch, der → Sinanthropus.

Peking-Oper, bekannteste Bühnenspielform Chinas, Anfang des 19. Jh. aus der Verschmelzung nord- und südchines. Sing- und Schauspieltechniken entstanden; Bearbeitungen klass. chines.

Stoffe; in der → Kulturrevolution umfunktioniert; danach wieder aufgenommen.

Pektine [grch.], *Sg. das* **Pektin**, *-s,* in den Zellwänden höherer Pflanzen vorkommende Polysaccharide, die das Gelieren von Säften bewirken. Den P. steht die → Alginsäure nahe.

Pektorale [lat. von pectus ›Brust‹] *das, -(s)/-s* oder *... li|en,* **1)** kostbarer, verzierter Brustschmuck, im MA. auch die Bruststücke eines Harnischs oder einer Pferderüstung. **2)** das → Brustkreuz hoher Geistlicher.

Pekuliarbewegung, der Anteil an der scheinbaren Bewegung eines Fixsterns an der Sphäre, allein verursacht durch dessen eigene räuml. Bewegung gegenüber den Sternen in seiner Umgebung.

pekuniär [lat.], geldlich, finanziell.

Pelagial [grch. pelagos ›Meer‹] *das, -s,* die Zone des freien Wassers im Meer und in Seen (Ggs. Benthal) mit **Pelagialfauna** und **Pelagialflora.** *Adj.* **pelagial, pelagisch.**

Pelagianer, Anhänger des Mönches **Pelagius** (* in Britannien, † nach 418), der die Erbsünde leugnete, die Willensfreiheit des Menschen hervorhob und eine natürliche Fähigkeit des Menschen zum Guten behauptete. Der **Pelagianismus** wurde von Augustinus bekämpft und die P. von den weström. Kaisern verbannt (418). Danach fanden sie im Osten Zuflucht. Auf dem Konzil von Ephesos (431) wurden sie auch hier verurteilt. In Afrika, bes. aber in den Klöstern Südgalliens, bildete sich der **Semipelagianismus,** der 529 verurteilt wurde.

Pelagische Inseln, vulkan. ital. Inselgruppe südlich von Sizilien, 28 km², (1980) 4600 Ew.; Fischfang, Fremdenverkehr.

Pelargoni|e [grch.] *die, -/-n,* **Pelargonium,** Pflanzengatt. der Fam. **Geraniaceae,** auch selbst **Geranium** genannt; meist südafrikan., krautige und holzige Arten mit zweiseitig-symmetrischen, gespornten Blüten und ätherischem Öl (Geraniumöl), z. T. beliebte Zierpflanzen, so die **Zitronen-** oder **Muskat-P. (Muskatkraut, Pelargonium odoratissimum)** mit wohlriechenden Blättern und weißen Blütchen.

Pelargonsäure, Nonansäure, ölige Carbonsäure, die durch Abbau von Ölsäure in ranzigen Fetten entsteht.

Pelasger, auch **Karer, Leleger,** vorindogerman. Bevölkerung der ägäischen Welt. Auch grch. Stämme, bes. die Bewohner der nordthessal. Landschaft Pelasgiotis, wurden P. genannt.

Pelayo [-jo], span. Nationalheld, † Cangas de Onís 18. 9. 737, ein geflüchteter Westgote oder gebürtiger Asturer, der in den astur. Bergen den Widerstand gegen die Araber anführte; wurde 718 oder 722 König von Asturien.

Pelé, eigtl. Edson **Arantes do Nascimento** [-dunasim'entu], brasilian. Fußballspieler, * Três Coracões 21. 10. 1940, gewann mit der Nationalmannschaft Brasiliens 3 Weltmeisterschaften (1958, 1962, 1970).

Pelée, Montagne Pelée [mɔ̃taɲpəl'e, frz. ›kahles Gebirge‹] *die,* **Mont Pelé** [mɔ̃pəl'e], tätiger Vulkan auf der Insel Martinique, 1397 m hoch. Ein Ausbruch 1902 vernichtete die Stadt Saint-Pierre mit rd. 30000 Ew.

Pelerine [von frz. pèlerin ›Pilger‹] *die, -/-n,* halb- bis dreiviertellanger, ärmelloser Umhang.

Peleus, grch. Mythos: Sohn des Aiakos, Gatte der Nereide Thetis, die ihm → Achill gebar.

Pelias, grch. Mythos: Sohn des Poseidon und der Tyro, wurde mit seinem Zwillingsbruder Neleus ausgesetzt und von Hirten aufgezogen. Später verdrängte er seinen Halbbruder Aison aus der Herrschaft über Iolkos und sandte dessen Sohn Iason nach dem Goldenen Vlies aus. Nach Iasons Rückkehr wurde er auf den tückischen Rat von Iasons Gattin Medea von seinen Töchtern (außer Alkestis) zu einem angebl. Verjüngungszauber zerstückelt und gekocht.

Pelikan

Pelikan [grch.] *der, -s/-e,* **Pelecanus,** Gatt. der Ruderfüßer, in allen Erdteilen; an Rumpf, Beinen und Hals gänseähnlich, schwanengroß, mit schwertförmigem, vorn hakigem Oberschnabel und ebenso langem Unterschnabel, zw. dessen Unterkieferästen die Kehlhaut einen großen, dehnbaren, fangnetzartigen Hautsack bildet. An seichten Binnengewässern SO-Europas brüten der **Gemeine P. (Pelecanus onocrotalus;** weiß und rosenrot) und der **Krauskopf-P. (Pelecanus crispus)** mit gekräuselten Scheitelfedern und schwarzen Flügeln; sie nisten gesellig im Schilf. Der **Braun-P. (Pelecanus occidentalis)** Amerikas lebt von Meeresfischen, auf die er sich aus der Höhe herabstürzt. - Nach dem Volksglauben soll der P. seine Jungen mit dem eigenen Blut ernähren; er galt daher als Sinnbild aufopfernder Mutterliebe und des Opfertodes Christi.

Pelion *der,* ngrch. **Pilion** *das,* Gebirge an der O-Küste Thessaliens, Griechenland, 1681 m hoch.

Pelite [grch. pelos ›Ton‹] *Pl.,* feinkörnige Trümmergesteine mit Korngrößen unter 0,02 mm.

Pelorie
am Fingerhut

Pella, 1) Hptst. des alten Makedonien bei Saloniki, Griechenland. Ausgrabungen (seit 1957) legten bed. Baureste und Mosaiken aus hellenist. Zeit frei. **2)** antike Stadt in Palästina, östlich des Jordan, etwa 30 km südlich des Sees Genezareth.

Pella, Giuseppe, ital. Politiker (DC), * Valdengo (bei Vercelli) 18. 4. 1902, † Rom 31. 5. 1981, Finanz- und Wirtschaftswissenschaftler, mehrfach Min. (u. a. Äußeres 1953-54, 1957-58, 1959-60), stellv. MinPräs. (1957-58), MinPräs. (1953-54).

Pellagra [ital.] *das, -s,* chron., durch unzureichende Zufuhr von Nicotinsäureamid (→ Vitamine) mit der Nahrung hervorgerufene Vitaminmangelkrankheit; tritt meist auf infolge einseitiger Ernährung, z. B. bei ausschließl. Maisernährung. Krankheitserscheinungen sind bes. Hautveränderungen (Entzündung und Pigmentierung der Haut an Stellen, die dem Sonnenlicht ausgesetzt sind), Störungen der Verdauung (Erbrechen, Durchfall) und des Zentralnervensystems (u. a. Nervosität, Angst-, Erregungs- und Verwirrtheitszustände). - Behandlung: vollwertige Ernährung, Vitaminpräparate.

Pelle [lat.] *die, -/-n, norddt.:* Haut, Schale, bes. von Kartoffeln und Wurst. *ich* **pelle** *es,* schäle: *wie aus dem Ei gepellt,* U sorgfältig gekleidet. *ich* **pelle** *ihn, mich* **aus,** U ziehe aus. **Pellkartoffel,** mit der Schale gekochte Kartoffel.

Pellegrini, Alfred Heinrich, Maler, * Basel 10. 1. 1881, † ebd. 5. 8. 1958, Schüler von A. Hoelzel in Stuttgart, malte klar und ausdrucksstark gestaltete Wandbilder, figürl. Gemälde, Bildnisse und Landschaften.

Pellegrino, Monte Pellegrino, Vorgebirge Siziliens, nördl. von Palermo, bis 606 m hoch; Grottenkirche, Kloster Santa Rosalia.

Pellets [p'ælıts, engl.] *Pl.,* in der Hüttentechnik in angefeuchtetem Zustand aus feinkörnigem Erz geformte Kugeln gleichen Durchmessers (Ergänzung zum Sinterverfahren). Ihr Einsatz im Hochofen bewirkt verbessernde indirekte Reduktion und Verminderung des Koksverbrauchs. In der Kerntechnik Bez. für gesinterte Brennstofftabletten (∅ 8-15 mm, Länge 10-15 mm) zur Füllung von Brennstoffhüllrohren.

Pellico, Silvio, ital. Dichter, * Saluzzo 25. 6. 1789, † Turin 31. 1. 1854; 1820 als Carbonaro (→ Carboneria) verhaftet und 10 Jahre eingekerkert (›Le mie prigioni‹, 1832); Trauerspiel ›Francesca da Rimini‹ (1815).

Pellworm, eingedeichte Marschinsel im nordfries. Wattenmeer, Schlesw.-Holst., 37,2 km², (1983) 1200 Ew.; Viehwirtschaft, Fremdenverkehr; bis zur Sturmflut von 1634 mit Nordstrand verbunden.

Peloide, Sammelbez. für aus geolog. Vorgängen entstandene organ. und anorgan. Stoffe, die wegen ihrer Feinkörnigkeit und guten Wärmeeigenschaften zu medizin. Packungen und Bädern verwendet werden, z. B. Schlamm, Torf, Heilerde.

Pelopidas, Thebaner, war 379 v. Chr. an der Befreiung Thebens beteiligt, entschied 371 die Schlacht bei Leuktra, fiel 364 bei Kynoskephaleia; Biographien von Plutarch und Cornelius Nepos.

Pelopiden *Pl.,* grch. Mythos: das von → Pelops stammende Herrschergeschlecht in Mykene, dem Atreus, Thyestes und Agamemnon angehörten.

Peloponnes *die,* auch *der,* grch. **Peloponnesos,** auch **Morea,** südl. Halbinsel Griechenlands, 21410 km², durch den Isthmus von Korinth mit Mittelgriechenland verbunden. Die rauhen und menschenleeren Gebirge (bis 2400 m) stehen in schroffem Gegensatz zu den fruchtbaren, dichtbesiedelten Tallandschaften. Geschichte: → griechische Geschichte.

Peloponnesischer Krieg, der Krieg zw. Athen und dem von Sparta geführten Peloponnesischen Bund, 431-404 v. Chr. (→ griechische Geschichte).

Pelops, grch. Mythos: Sohn des Tantalos, Ahnherr der → Pelopiden; er wurde von seinem Vater geschlachtet und den Göttern als Speise vorgesetzt, um ihre Allwissenheit zu prüfen, von ihnen aber neu belebt.

Pelori|e [grch.] *die, -/... ri|en,* strahlig gebaute Blüte statt normaler zweiseitig-symmetr. Form, z. B. bei Fingerhut, Löwenmaul.

Pelota [span. ›Ball‹] *die, -,* in Lateinamerika auch **Jai-Alai** [xai-], ein tennisartiges Rückschlagspiel, bei dem ein Ball von 2 Spielern oder Mannschaften (bis zu 10 Personen) mit einem oval geschwungenen Schläger (Chistera) gegen eine Mauer (Fronton) geschlagen wird; heute z. T. als Berufsspiel in Spanien (auch im frz. Baskenland), Lateinamerika und auf den Philippinen ausgeübt.

Pelotas, Stadt im Staat Rio Grande do Sul, Brasilien, (1980) 256000 Ew.; kath. und landwirtschaftl. Univ., Mühlen, Schuh-, Textil- u. a. Industrie, Schlachthäuser.

Peloton [pəlot'ɔ̃, frz.] *das, -s/-s,* ⚘ militär. Unterabteilung.

Pelotte [frz.] *die, -/-n,* Druckpolster, z. B. beim Bruchband.

Peltasten [grch.] *Pl.,* eine nach thrak. Vorbild gebildete athenische Söldnertruppe.

Peltier-Effekt [peltj'e-], nach dem frz. Uhrmacher J. Ch. A. Peltier (* 1785, † 1845) benannter, 1834 entdeckter thermo-elektr. Effekt (→ Thermoelektrizität), die Umkehrung des Seebeck-Effekts. Wird an einen metall. Leiter A zu beiden Seiten ein metall. Leiter B angelötet und durch BAB ein Gleichstrom geschickt, so erwärmt sich die eine Lötstelle, während sich die zweite abkühlt. Die Wärmemenge Q **(Peltier-Wärme),** die an der Verbindungsstelle von A und B (zusätzlich zur Jouleschen Wärme) erzeugt oder aufgenommen wird, ist der Stromstärke I des von A nach B fließenden Stromes und der Zeit t proportional, $Q = \Pi_{AB} \cdot I \cdot t$. Die Proportionalitätskonstante Π_{AB} heißt **Peltier-Koeffizient** für die Substanzen A und B, $\Pi_{AB} = -\Pi_{BA}$. Typ. Werte liegen zw. etwa 0,5 und 5 mJ/C. Der bes. starke P.-E. von Halbleitern kann zum Bau von **Halbleiterkühlelementen (Peltier-Elementen)** genutzt werden.

Pelton-Turbine, 1880 von L. A. Pelton (* 1829, † 1908) erfundene Freistrahlturbine für Wasserkraftwerke (→ Wasserturbine).

Peltsche [lat.-grch.] *die, -/-n,* ⊕ die → Kronwicke.

Peluschke [slaw.] *die, -/-n,* die Ackererbse, → Erbse.

Pelusium, altägypt. Hafenstadt an der östlichsten Nilmündung. Durch seinen Sieg bei P. (525 v. Chr.) begründete Kambyses die Perserherrschaft über Ägypten.

Pelvoux [pɛlv'u], **Massif du P.** [-dy-], gletscherreiche Berggruppe der Dauphiné-Alpen in Frankreich; höchste Gipfel: Les Ecrins (4102 m), La Meije (3983 m), Mont P. (3946 m). Der Nationalpark P. umfaßt 13414 ha.

Pelz [ahd. pelliz, aus lat.] *der, -es/-e,* **1)** Tierfell (→ Pelztiere; über die Veredlung von Tierfellen → Rauchwarenveredlung). **2)** Pelzbekleidungsstück, z. B. Pelzmantel. **3)** Spinnerei: der in der Krempel durch Übereinanderlegen mehrerer Faserschichten gebildete dicke Faserflor. **4)** U Haut: *er will mir auf den P. rücken,* mich mit etwas bedrängen, belästigen. *ich* **pelze, 1)** *ein Tier,* ziehe das Fell ab. **2)** *Pflanzen,* pfropfe, veredle. **3)** *es, schweizer.:* esse mit Stumpf und Stiel auf. **4)** *ihn, schweizer.:* verprügele, bewerfe mit Steinen oder Schneebällen. **5)** *ihn, schweizer.:* schmähe. **6)** *es, schweizer.:* schlage darauf (Nagel). **pelzig, 1)** haarig, filzig. **2)** ein taubes Gefühl gebend (Zunge). **3)** faserig, trocken (Obst). **Pelznickel,** *oberdt.:* Weihnachtsmann.

Pelzflatterer *der, -s/-,* katzengroßes, den Insektenfressern nahestehendes Baumsäugetier des malaiischen Gebiets, mit seitlichen Fallschirmhäuten **(Flatter-** oder **Flugmaki).**

Pelzkäfer, ein → Speckkäfer.

Pelzmütze, aus Tierfellen angefertigte Kopfbedeckung; seit vorgeschichtl. Zeit und im Altertum in Gebrauch. Bei den europ. und asiat. Volkstrachten sind P. weit verbreitet.

Pelztiere, Tiere mit verarbeitbaren Fellen, wie Lamm und Schaf (bes. Persianer), Nerz, Fuchs, Kaninchen, Bisamratte, Biber, Nutria, Waschbär, Zickel, Fohlen, Kalb, Bärenrobbe, Seehund, Chinchilla, Zobel, Marder, Otter, Leopard, Nebelparder, Jaguar, Ozelot, Luchs.

Die Anfänge der **Pelztierzucht** liegen in Kanada (1872); in Dtl. verbreitete sie sich seit 1923. Die Zuchtbetriebe **(Pelztierfarmen)** stellen hohe Anforderungen. Die meisten Züchtungen wurden aus Raub- und Nagetieren entwickelt. Zu den Raubtieren gehören die Fuchs- und Marderarten, zu den Nagern Sumpfbiber (Nutria) und Chinchilla. Mutationen ergaben viele Neuzüchtungen (Rassen), beim Rotfuchs z. B. Schwarz-, Silber-, White face-, Platin-Fuchs, beim Polarfuchs die Blau- und Weißfüchse. Marderzüchtungen ergaben vor allem Zobel, Baum- und Steinmarder und den Mink (Nerz). Beim Mink hat eine große Zahl von Farbmutationen zu Neuzüchtungen, den ›Mutationsnerzen‹, geführt (bes. White, Black Cross, Saphir, Silverblue, Aleute, Pastell, Palomino, Pearl, Violet u. a.). – Alle P. benötigen in der Futtermischung Beistoffe (Vitamine, Spurenelemente, Mineralstoffe). Das **Pelzen** (Gewinnen der Pelze) wird im Nov./Dez. nach dem Haarwechsel vorgenommen, wenn das Fell die ›Rauche‹ zeigt. – P. in Farmen sind bes. gefährdet durch Seuchen, parasitäre Krankheiten, Mangelkrankheiten, Stoffwechselstörungen und Futtervergiftungen. Bes. empfindlich sind die Chinchillas, am wenigsten anfällig die Nutrias.

Pemba, 1) früher **Porto Amélia** [p'ortu am'ɛlja], Hafenstadt in NO-Moçambique, (1975) rd. 30000 Ew.; Handel mit Sisal, Kopra, Cashewnüssen. **2)** Koralleninsel vor der Küste Ostafrikas, mit Sansibar Teil von Tansania, 984 km², (1978) 206000 Ew.; Hptst.: Chake; Ausfuhr von Gewürznelken und Kopra.

Pembroke [-brʊk], Stadt in der Cty. Dyfed, Wales, (1981) 15600 Ew., an einer Bucht der Milford Haven Bay; Schiffsreparatur, Erdölraffinerien, Woll- u. a. Leicht-Ind. – Ruinen einer normann. Burg (11.–13. Jh.). Das P. Dock war 1814–1926 eines der größten Arsenale der brit. Kriegsflotte.

PEM-Effekt, Abk. für → **p**hoto**e**lektro**m**agnetischer Effekt.

Pemmerl *das, -s/-, bair., österr.:* **1)** Kügelchen. **2)** Reh- und Ziegenlosung.

Pemmikan [Cree-Sprache] *der, -s,* haltbar gemachtes Fleisch bei nordamerikan. Indianern; heute: Konserve aus Fleischpulver und Fett.

Pemphigus [grch.] *der, -,* der → Blasenausschlag.

P. E. N., PEN, Abk. für engl. **Poets, Essayists, Novelists** [p'əʊɪts, 'esеɪɪsts, n'ɔvəlɪsts, ›Dichter, Essayisten, Romanschriftsteller‹], internat. Schriftstellervereinigung, London (Globe House), gegr. 1921 von der Schriftstellerin C. A. Dowson-Scott; Präs. (seit 1979): P. Wästberg. Die Vereinigung will eine Art geistiger Völkerbund von Leuten der ›Feder‹ (engl. pen ›Schreibfeder‹) sein. Mitglieder werden durch Wahl aufgenommen nach Unterschreiben der Charta, die sich gegen Völker- und Rassenhaß und Unterdrückung der freien Meinungsäußerung wendet. 1951 wurde das **Deutsche PEN-Zentrum der Bundesrep. Dtl.** gebildet; Sitz: Darmstadt, Präs. (seit 1982): M. Gregor-Dellin. Daneben besteht seit 1951 das **PEN-Zentrum Dt. Dem. Rep.** (1951–67 als PEN-Zentrum Ost und West); Präs. (seit 1974): H. Kamnitzer. Der österr. **PEN-Klub** wurde 1922 gegr., 1938 aufgelöst, wiedererrichtet 1947; Sitz: Wien, Präs. (seit 1972): E. Schönwiese. In der Schweiz bestehen Sektionen in Basel, Zürich, Genf.

Peña [p'ɛɲa, span.] *die, -/-s,* Berggipfel, Fels.

Penalty [p'ənəltɪ, engl.] *der, -/... ties,* ⚽ Strafstoß (Fußball), Strafschuß (Eishockey).

Penang, Bundesstaat in → Malaysia.

Penaten [lat.] *Pl.,* altröm. Hausgötter: *zu den P. zurückkehren,* P heimkommen.

Pence [pens, engl.], *Pl.* von → Penny.

Penck, 1) Albrecht, Geograph, * Leipzig 25. 9. 1858, † Prag 7. 3. 1945, schrieb grundlegende Arbeiten zur Geomorphologie (bes. Glazialmorphologie): ›Morphologie der Erdoberfläche‹, 2 Bde. (1894); ›Die Alpen im Eiszeitalter‹ (mit E. Brückner, 1901–09).

2) Walther, Geologe, Sohn von 1), * Wien 30. 8. 1888, † Stuttgart 29. 9. 1923, arbeitete 1912–14 als argentin. Landesgeologe, war 1915 Prof. in Konstantinopel, 1919 in Leipzig; schrieb ›Die morpholog. Analyse‹ (1924).

Pencz [pɛnts], Georg, Maler und Graphiker, * Nürnberg um 1500, † Leipzig 11. 10. 1550; 1532 Stadtmaler in Nürnberg; gehört als Stecher zu den → Kleinmeistern. Seine mythologischen und religiösen Gemälde haben ital. Vorbilder; meisterhaft sind seine Bildnisse.

Pendant [pãd'ã, frz.] *das, -s/-s,* **1)** Gegenstück. **2)** ꙮ Ohrgehänge.

Pendel [lat.] *das, -s/-,* ein um eine Achse **(ebenes P.)** oder um einen Punkt **(räuml. P.)** frei drehbarer Körper, der unter dem Einfluß einer Kraft, meist der Schwerkraft, eine period. Schwingung um einen Ruhepunkt ausführen kann. Beim ebenen **mathemat. P.,** dessen Masse man sich in einem Punkt am Ende eines masselosen Fadens, der nicht dehnbar ist, vereinigt denkt, und bei dessen Behandlung der Luftwiderstand und die Reibung im Aufhängungspunkt vernachlässigt werden, ist die Schwingungsdauer unabhängig von der Masse m und bei kleinen Ausschlägen proportional der Wurzel aus der P.-Länge l. Bewegt sich der Massenpunkt nicht auf einem Kreis, sondern auf einer Zykloide **(Zykloiden-P.),** dann ist die Schwingungsdauer von der Amplitude unabhängig. – Das ebene **physikal. P.** ist ein um eine Achse A drehbarer Körper, die Schwingungsdauer ist kleiner als die eines gleich langen mathemat. P. Beim **Ausgleichs-** oder **Minimal-P.** ist die Schwingungsdauer von der Pendellänge und den sie beeinflussenden Größen, z. B. der Temperatur, nahezu unabhängig. Die bisher genauesten astronom. Pendeluhren haben ein elektromagnetisch angetriebenes Minimal-P. **(Schuler-Uhr).** Eine andere Möglichkeit, Temperatureinflüsse auszugleichen, bieten die **Kompensations-P.** Beim **Kegel-P.** durchläuft ein Massenpunkt einen horizontalen Kreis, so daß der Aufhängefaden den Mantel eines Kegels erzeugt. Außer der Schwerkraft können auch Feder- und Torsionskräfte zum Bau von P. ausgenutzt werden. Zw. zwei gleich langen P. mit gleicher Masse, die durch eine Feder oder einen belasteten Faden gekoppelt sind **(sympathische P.),** tritt Resonanz auf, da sie dieselbe Schwingungsdauer haben. Bei Anstoß eines P. wird die Schwingungsenergie abwechselnd von einem P. auf das andere übertragen. Ein Spezialfall der gekoppelten P. ist das **Doppelpendel.** Ein ebenes P. behält wegen seiner Trägheit seine Schwingungsebene im Raum bei, falls nicht zusätzl. Kräfte wirken, wie z. B. die Coriolis-Kräfte auf der sich drehenden Erde; bei genügend großer P.-Länge und P.-Masse beschreibt ein ebenes P. infolge der Ablenkung aus seiner Ebene durch die Erddrehung eine gut beobachtbare, räuml. ›Rosettenbahn‹ **(Foucaultscher Pendelversuch,** L. Foucault, 1850).

Pendel|achse, ⚙ v. a. für Hinterachsen von Personenkraftwagen verwendete Achsbauart mit unabhängig voneinander abgefederten Rädern.

Pendelhoden, ⚕ → Kryptorchismus.

Pendelmühle, eine → Fliehkraftmühle.

pendeln, *ich* **pend(e)le, 1)** U bewege mich ständig zwischen zwei Orten hin und her, z. B. zwischen Wohnort und Ort der Arbeitsstätte. **2)** *es pendelt,* schwingt hin und her. *ich* **pend(e)le** *es* **aus,** messe mit dem Pendel. **Pendeltür,** Windfangtür.

Pendelschlagwerk, Schlaggewicht, an einem Pendelarm schwingend, für Kerbschlagbiegeversuch u. a. Schlagprüfungen.

Pendel|uhr, 1) jede Uhr, deren Gang durch ein Pendel geregelt wird. **2)** ✫ lat. **Horologium,** südliches Sternbild.

Pendelverkehr, 1) Verkehr durch nacheinander für Hin- und Rückfahrt eingesetzte Verkehrsmittel. **2)** durch → Pendelwanderung veranlaßte Verkehrsleistungen.

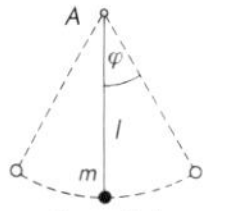

mathematisches Pendel

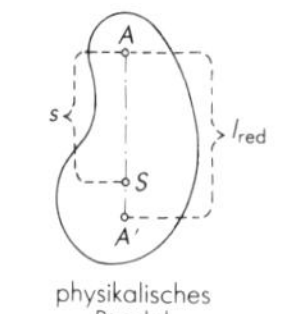

physikalisches Pendel

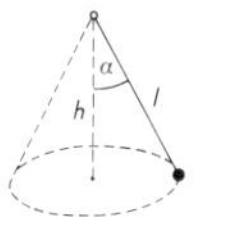

Kegelpendel

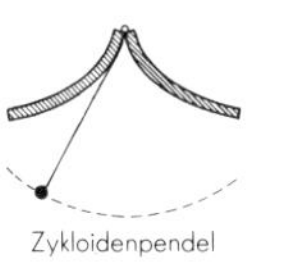
Zykloidenpendel

sympathische Pendel

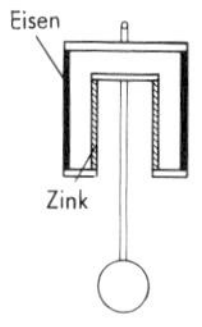

Kompensationspendel

Doppelpendel

Pendel

Krzysztof Penderecki

Pendelwagen, im Bergbau schienen- und zugseilgebundene, zunehmend auch selbstfahrende, gummibereifte **Fahrlader** mit Fassungsvermögen bis zu 40 t für die Förderung auf kurze Distanz. (→ LHD-Technik)

Pendelwanderung, Berufsverkehr zw. Wohnort und Arbeitsplatz oder Schule, auch der Verkehr zw. Wohnort und Unterkunft am Arbeitsort. Die Beteiligten heißen **Pendler** (von seiten des Wohnortes **Auspendler,** von seiten des Betriebsortes **Einpendler).**

Pendentif [pãdã'if, frz.] *das, -s/-s,* ⌸ Gewölbeteil in Form eines sphär. Dreiecks (Zwickel), der von den Ecken eines quadrat. Grundrisses zum Kreisrund einer Kuppel überleitet. (BILD Kuppel)

Penderecki [-r'ɛtski], Krzysztof, poln. Komponist, * Dębica 23. 11. 1933, führender Vertreter der poln. Avantgarde. – ›Stabat mater für drei Chöre‹ (1962), ›Lukaspassion‹ (1965), ›Dies irae‹ (Oratorium, 1967), ›Die Teufel von Loudun‹ (Oper, 1969), ›Paradise Lost‹ (1978), ›Te Deum‹ (1980), Werke für Streichinstrumente und für Orchester.

Peneios [ngrch. pini'ɔs] *der,* Hauptfluß von Thessalien, Griechenland, 205 km lang, entspringt am Zygos- oder Katara-Paß (1705 m ü. M.), durchfließt das Tempetal und mündet ins Ägäische Meer.

Penelope, grch. Mythos: Gattin des Odysseus, Mutter des Telemachos; hielt die Freier, die sie während der Irrfahrten des Odysseus bedrängten, mit dem Vorwand hin, erst für Laertes ein Leichengewand fertigen zu müssen. Mit dieser Arbeit wurde sie aber nie fertig, da sie das am Tage Gearbeitete stets nachts wieder auftrennte, bis sie verraten wurde. Endlich versprach sie ihre Hand dem, der im Wettschießen mit dem Bogen des Odysseus siegte. Aber nur der unerkannt heimgekehrte Odysseus selbst vermochte den Bogen zu spannen und erschoß die Freier.

Peneplain [p'iːnəpleɪn, engl.], 🌐 die → Rumpffläche.

penetrant [lat.], **1)** durchdringend scharf, beißend. **2)** U aufdringlich. *die* **Penetration,** -, Durchdringung; das Eindringen. *Vb. es* **penetriert** *etwas.*

Pengő [magyar, pengeni ›klingen‹, ›klingende Münze‹] *der, -(s)/-s,* 1925–46 ungar. Währungseinheit, vom Forint abgelöst.

Pengpu, amtl. chines. **Bengbu,** Stadt in der chines. Prov. Anhwei, (1970) etwa 400 000 Ew., am Huaiho; Handelszentrum, Nahrungs-, Textil-, Maschinen- u. a. Industrie.

penibel [frz.], peinlich genau, äußerst sorgfältig, gewissenhaft.

Penicillamin, ℧ dem Penicillin verwandtes Therapeutikum bei chron. Gelenkrheuma und Leberentzündungen.

Penicilline [lat.], *Sg. das* **Penicillin,** *-s,* Gruppe von → Antibiotika, deren erster aus dem Schimmelpilz **Penicillium** stammender Vertreter 1928 von A. Fleming entdeckt wurde. Obwohl heute synthet. herstellbar, werden P. aus wirtschaftl. Gründen noch vollständig oder z. T. **(halbsynthetische P.)** aus Schimmelpilzen gewonnen. P. hemmen den Zellwandaufbau einer Reihe von Bakterien (z. B. Streptokokken, Pneumokokken), sind hochwirksam und besitzen günstige pharmakolog. Eigenschaften bei geringer Toxizität. Bei den **Breitband-P. (Breitspektrum-P.)** ist eine wesentl. Erweiterung des Wirkungsspektrums (Kreis der empfindl. Erreger) durch halbsynthet. Abwandlung gelungen. Mögliche Nebenwirkungen der P. sind besonders Allergien.

Penig, Stadt im Kr. Rochlitz, Bez. Karl-Marx-Stadt, (1973) 9300 Ew., an der Zwickauer Mulde; Papier-, Maschinen-, Textil- u. a. Industrie; Stadtkirche (1515).

Penis [lat. urspr. ›Schwanz‹] *der, -/-se* oder *...nes,* **Rute, männliches Glied, Phallus, Membrum virile,** männl. Begattungsorgan (→ Geschlechtsorgane), das hauptsächlich aus Schwellkörpern und der darin eingebetteten Harnröhre besteht. Am vorderen Ende befindet sich eine Schwellkörperverdickung **(Eichel),** die von einer zurückstreifbaren Hautverdoppelung **(Vorhaut)** kappenartig überzogen wird. Der im erschlafften Zustand beim Menschen meist zw. 7,5 und 11,5 cm lange P. versteift sich bei der → Erektion und vergrößert sich dabei durch vermehrte Blutfüllungen der Schwellkörper auf etwa 12–16 cm. Die Größe des P. hat keine Bedeutung für die sexuelle Potenz und Befriedigung des Sexualpartners.

William Penn (Stich nach einem Gemälde von Kneller)

Penki, amtl. chines. **Benxi** [-sji], Schwerindustriezentrum in der Prov. Liaoning, 7800 km². Die Stadt P., (1981) 643 000 Ew., ist seit 1915 nach Anshan das wichtigste Stahlzentrum NO-Chinas (Kokskohle- und Eisenerzvorkommen in unmittelbarer Nähe); ferner Zementindustrie, Bauxitvorkommen.

Penn, William, Gründer von Pennsylvania, * London 14. 10. 1644, † Ruscombe (Berkshire) 30. 7. 1718, war als einflußreicher Quäker Verfolgungen ausgesetzt; erwarb 1674–82 West New Jersey, 1681 nördlich von Maryland ein großes Gebiet (Pennsylvania), dazu 1682 das Gebiet von Delaware; 1683 gründete er Philadelphia. P. schuf auf der Grundlage religiöser Toleranz und freundschaftlich-nachbarl. Beziehungen mit den Indianern eine Freistatt für Quäker u. a. Sektenangehörige.

Pennal [lat.] *das, -s/-e,* ✤ **1)** Federkasten. **2)** Oberschule. *der* **Pennäler,** *-s/-,* U Schüler, der die Oberschule besucht.

pennen [jidd. pannai ›müßig‹]. *ich* **penne,** U schlafe. *ich* **penne ein, 1)** (bin eingepennt), U schlafe ein. **2)** *ihn,* G sperre ein. *die* **Penne,** *-/-n,* **1)** G schlechte Herberge, Kneipe. **2)** U Pennal, Oberschule. **Pennbruder,** *der* **Penner,** *-s/-,* U Landstreicher.

Penni *der, -(s)/...niä,* Abk. **p,** finnische Münzeinheit; 1 P. = 1/100 Finnmark.

Penninische Alpen, die → Walliser Alpen.

Penninisches Gebirge, engl. **Pennines** [p'enaɪnz], Gebirgszug in N-England, im Cross Fell 893 m; engl. Hauptwasserscheide.

Pennsylvania [pensɪlv'eɪnjə, engl. ›Penns Waldland‹], Abk. **Pa.,** postal. **PA,** einer der mittleren atlant. Staaten der USA, 117412 km², (1980) 11,867 Mio. Ew.; Hptst.: Harrisburg. P. reicht von der atlant. Küstenebene über Piedmont und Appalachen mit dem Großen Appalachental und dem Alleghenyplateau bis zum Eriesee; Hauptflüsse sind Delaware, Schuylkill, Susquehanna und die Quellflüsse des Ohio; Waldanteil etwa 6 Mio. ha. Angebaut werden Mais, Weizen, Kartoffeln, Obst, Gemüse; bed. Viehzucht. Bergbau auf Kohle, Erdöl und Eisenerz; Kalkgewinnung, Zementind., Eisen- und Stahlerzeugung (an erster Stelle in den USA), Nahrungsmittel-, Maschinen-, Elektrogeräte-, Metallwaren- und chem. Ind. Industrieller Mittelpunkt ist Pittsburgh, Haupthafen und Staatsuniv. in Philadelphia.

Geschichte. Gründer der Kolonie P. war W. → Penn. 1683 ließen sich dt. Mennoniten unter Pastorius hier nieder (Germantown). 1776 wurde P. einer der Gründerstaaten der Union. Die Eigenart des dt. Bevölkerungsanteils hat sich in Sprache (Pensylvaniadeutsch) und Lebensweise z. T. erhalten.

Penny [p'enɪ], *Pl.* als Wert **Pence** [pens], als Stückzahl **Pennies. New P.** [njuː-], Abk. **p** [piː], kleine Währungseinheit und Münze in Großbritannien und Irland auf den Falkland-Inseln und in Gibraltar; nach der Umstellung der brit. Währung auf das Dezimalsystem (1971) 1 £ = 100 New P.

pennyweight [p'enɪweɪt, engl. ›Pfenniggewicht‹] *das, -/-,* in Großbritannien und den USA (dort Einheitenzeichen **dwt)** Gewichts- und Masseneinheit des Troy-Systems (für Edelmetalle und Edelsteine): 1 p. = 1 dtw = 24 grain = 1,555174 g.

Pensa, Hptst. des Gebiets P., Russ. SFSR, an der Sura, (1981) 500 000 Ew.; Hoch-, Fachschulen, Theater, Museen u. a. Maschinen-, pharmazeut., Papier-, Nahrungsmittel-, Bekleidungsindustrie.

Pensacola [pensək'əʊlə], Stadt und Seehafen in Florida, USA, (1980) 57600 Ew., am P.-Haff; Holz-, Papierind., Nylonherstellung; kath. Bischofssitz; Univ.; Stützpunkt der Marineluftwaffe; Luftfahrtschule.

Pensée [pãs'eː, frz.] *das, -s/-s,* Garten-Stiefmütterchen.

Pension [pãsj'on, auch: pen-, aus frz.] *die, -/-en,* **1)** Arbeitsrecht: das → Ruhegeld; Beamtenrecht: das → Ruhegehalt. **2)** Ruhestand. **3)** Haus mit Unterkunft und Verpflegung für Gäste. **4)** Wohnungs- und Verpflegungsgeld (Fremdenheim, Erziehungsheim). *der* **Pensionär,** *-s/-e, die* **Pensionärin,** *-/-nen,* **1)** jemand, der P. bezieht. **2)** Gast in einer P. *ich* **pensioniere** *ihn,* versetze ihn in den Ruhestand: *ein pensionierter Beamter.*

Pensionat *das, -s/-e,* privates Erziehungsinstitut für junge Mädchen.

Pensionsgeschäfte, vorläufiger Verkauf (i. d. R. durch Kreditinstitute) von Wertpapieren oder Forderungen. Es besteht eine Rückkaufsverpflichtung gegenüber dem Käufer (i. d. R. Zentralbank) zu einem im voraus festgelegten Preis und Termin.

Pensionskasse, versicherungsähnl. Einrichtung, die im Alters- und Invaliditätsfalle ihren Mitgl. oder deren Hinterbliebenen gegen Beitragszahlung Renten zahlt, auf die ein Rechtsanspruch besteht. Bei vielen Unternehmen gibt es **Betriebs-P.,** die eine Altersversorgung zusätzlich zur → Rentenversicherung gewähren.

Pensionsrückstellungen, Steuerrecht: Rückstellungen für Pensionsverpflichtungen der Unternehmen; wirken gewinnmindernd.

Pensum [lat.] *das, -s/...sen* oder *...sa,* Aufgabe, Arbeit für eine bestimmte Zeit; Lehrstoff: *Arbeitspensum.*

pent..., penta... [grch.], fünf...

Pentachlorphenol, Penta, Abk. **PCP,** farb- und geruchloser, giftiger organ. Stoff, der u. a. bakterizid, algizid und fungizid wirkt; wird deshalb als Konservierungs- und Imprägnierungsmittel (z. B. für Holz) verwendet; MAK 0,5 mg/m³.

Pentade [grch. ›Fünfheit‹] *die, -/-n,* Zeitraum von fünf Tagen.

Pentagon [grch.] *das, -s/-e,* Fünfeck.

Pentagon [p'entəgən, engl.] *das, -s,* das auf fünfeckigem Grundriß aufgebaute Verteidigungsministerium der USA außerhalb von Washington; erbaut 1941/42.

Pentagramm [grch.] *das, -s/-e,* regelmäßiges Sternfünfeck; entsteht durch die Diagonalen eines regelmäßigen Fünfecks. – Das P. galt im MA. als magisches Zeichen.

Pentameter [grch.] *der, -s/-,* antiker Vers (ÜBERSICHT Metrik). Meist wird der P. in Verbindung mit dem Hexameter im → Distichon verwendet.

Pentane [grch.], *Sg. das* **Pentan**, *-s*, ⚗ drei isomere Alkane mit fünf C-Atomen.

Pentanole *Pl.*, **Amylalkohole**, Alkohole mit fünf C-Atomen, die zu 60–80% in Fuselölen enthalten sind. P. und ihre Ester dienen als Lösemittel.

Pentapolis [grch. ›Fünfstadt‹] *die*, im Altertum Landschaftsname, z. B. für die Cyrenaica; im frühen MA. für Rimini, Pesaro, Fano, Senigallia und Ancona.

Pentateuch [grch. ›das fünfteilige Buch‹] *der, -s*, die alexandrinische Bez. der fünf Bücher Mose: Genesis (›Schöpfung‹), Exodus (›Auszug‹), Leviticus (›Levitengesetze‹), Numeri (›Zählung des Volkes‹), Deuteronomium (›Wiederholung des Gesetzes‹). Der P. ist das Gesetzbuch (Thora) des Judentums. Der Zeit Jesu galt der P. als ein unantastbares (Mt. 5,18) Werk des Moses (Mt. 19,8). – In der protestant. Forschung, die seit dem 18. Jh. mehrere Quellenschriften annimmt, so ›Elohist‹, ›Jahwist‹, ›Priesterschrift‹, wurde unter literarkrit. und rechtshistor., später auch unter formgeschichtl. Gesichtspunkten eine Entstehungsgeschichte des P. entworfen.

Pentathlon [grch.] *das, -s*, der altgrch. Fünfkampf: Lauf, Weitsprung, Diskus-, Speerwurf, Ringen.

Pentatonik [grch.] *die, -*, fünfstufiges Tonsystem, das sich urspr. auf fünf Töne innerhalb des Oktavzwischenraumes beschränkt und in ihrer urspr. Form **(anhemitonische P.)** keine Halbtöne in der Melodiebildung hat: f g a. c d. f g. Diese Form findet sich in der Musik der Südsee, Ostasiens und Afrikas, kommt aber auch in manchen europ. Volks- und Kinderliedern als Restgut der urspr. pentaton. Musikkultur des nördl. Europa vor. Die jüngere **hemitonische P.** (z. B. e f. a h c. e f) beherrscht bes. die japan. Musik, in der es auch Mischformen aus beiden Arten gibt.

Pentelikon *der* oder *das*, Berg in der grch. Landschaft Attika, 1108 m; Marmorbrüche **(Pentelischer Marmor)**.

Pentene [grch.], **Amylene** *Pl.*, ⚗ Alkene mit 5 Kohlenstoffatomen C_5H_{10}, Isomerengemische in Krackgasen; die niedrig siedenden, leicht brennbaren Flüssigkeiten oder Gase dienen u. a. zu organ. Synthesen und zur Erhöhung der Oktanzahl im Benzin.

Pentere [grch.] *die, -/-n*, lat. **Quinquereme**, Kriegsschiff im Altertum, hatte rd. 300 Ruderer, in 5 Reihen übereinander.

Penthesilea, grch. Mythos: Königin der Amazonen, die im Trojan. Krieg von Achill getötet wurde. – Trauerspiel von H. v. Kleist (1808).

Penthouse [p'enthaus, engl.] *das, -/-s*, bungalowartige Wohnung auf dem Flachdach eines mehrstöckigen Wohnhauses.

Pentlandit [nach J. B. Pentland, * 1800, † 1873] *der, -(e)s/-e*, Mineral, Eisennickelkies (Ni, Fe)$_9$S$_8$, hell tombakbraun bis bronzegelb; wichtigstes Nickelerz.

Pentode [grch.] *die, -/-n*, eine als Verstärkerröhre verwendete → Elektronenröhre mit fünf Elektroden.

Pentosen [grch.], *Sg. die* **Pentose**, -, einfache Zucker (Monosaccharide) mit fünf Kohlenstoffatomen und der Bruttoformel $C_5H_{10}O_5$.

Pentose|phosphat-Zyklus, Pentose|phosphat-Weg, Abk. **PP-Weg**, ein bes. von O. H. Warburg untersuchter Mechanismus der Glykolyse, der über 6-Phosphogluconsäure und Ribulose-5-Phosphat verläuft.

Pentyl..., Bez. für die Kohlenwasserstoffgruppe $-C_5H_{11}$.

Penumbra [lat. ›Halbschatten‹] *die, -*, ☆ halbdunkler Saum, der den dunklen Kern eines Sonnenfleckens umgibt.

Penzance [penz'æns], Hafenstadt und Seebad in der engl. Cty. Cornwall and Isles of Scilly, (1981) 19500 Ew.

Penzberg, Stadt im Kr. Weilheim-Schongau, Oberbayern, (1983) 12800 Ew.; Maschinen-Ind., Biochemiewerk u. a.

Penzias, Arno Allan, dt.-amerikan. Physiker, * München 29. 4. 1933, erhielt mit R. W. Wilson die Hälfte des Nobelpreises für Physik 1978 für die Entdeckung der kosm. → Hintergrundstrahlung. Die andere Hälfte ging an P. L. Kapiza.

Penzig, poln. **Pieńsk** [pjeĩsk], Stadt in der poln. Wwschaft Jelenia Góra (Hirschberg im Riesengebirge), (1975) 5500 Ew., rechts an der Lausitzer Neiße in Niederschlesien; Glashütten.

Penzoldt, Ernst, Schriftst. und Bildhauer, * Erlangen 14. 6. 1892, † München 27. 1. 1955, schrieb Erz. (›Der arme Chatterton‹, 1928, ›Die Powenzbande‹, 1930, ›Korporal Mombour‹, 1941, ›Sqirrel‹, 1954), Komödien (›Die Portugalesische Schlacht‹, 1931), Essays (›Causerien‹, 1949).

Peonage [-n'a:ʒə, frz. von span. peón ›Tagelöhner‹] *die, -*, früheres Lohnsystem, bes. in Mexiko durch die Spanier in der Pflanzungswirtschaft und im Bergbau eingeführt; bewirkte eine künstliche Verschuldung durch Lohnvorschüsse.

Peoria [pɪ'ɔ:rɪə], Stadt in Illinois, USA, (1980) 124200 Ew., am Illinois River, Univ.; kath. Bischofssitz; Schlachthäuser, Bau von Raupenschleppern, Kohlengruben, Maisbrennereien.

Peperoni [ital.] *Pl.*, meist in Essig eingelegte Schoten des span. Pfeffers, auch frische Pfefferschoten (Paprikaschoten) (Bild Gemüse)

Pepi, Peppi, *oberdt.*: Diminutiv von Josef, Josefine.

Pepita [span.], **1)** *das, -s/-s*, kleines Hahnentrittmuster. **2)** *der, -s/-s*, Stoff mit diesem Muster: *Pepitakostüm.*

Peplos [grch.] *der, -/...plen*, ärmelloses grch. Frauen-, (auch) Männergewand, oft in der Hüfte gegürtet mit Bausch (Kolpos). Ein Überschlag auf dem Oberkörper konnte gegürtet oder frei fallengelassen werden. Der P. blieb auf der rechten Längsseite offen oder wurde zugesteckt. (Bild Kleidung)

Pepping, Ernst, Komponist, * Duisburg 12. 9. 1901, † Berlin 1. 2. 1981, schrieb neben Orchester- und Klavierwerken vor allem Orgelwerke und Chorsätze. P. ist einer der namhaftesten Komponisten der evang. Kirchenmusik des 20. Jh.

PepsiCo, Inc., Purchase (N. Y.), Hersteller alkoholfreier Getränke, gegr. 1903; eine Tochter-Ges. ist die **Pepsi-Cola GmbH**, Offenbach am Main.

Pepsin [grch.] *das, -s/-e*, wichtigstes eiweißabbauendes Enzym des Magensaftes, aus der Magenschleimhaut von Schlachttieren gewonnen und als verdauungsförderndes Mittel verwendet.

Peptidasen [grch.], *Sg. die* **Peptidase**, -, Enzyme aus der Gruppe der Hydrolasen, die Peptidbindungen spalten. P. kommen in Magen, Pankreas, Dünndarm und Blutplasma vor.

Peptide [grch.], *Sg. das* **Peptid**, *-(e)s*, organ. Verbindungen, entstanden durch Kondensation zweier oder mehrerer Aminosäuren derart, daß die Carboxylgruppe (–COOH) des einen Moleküls unter Wasseraustritt mit der Aminogruppe (–NH_2) eines anderen Moleküls verknüpft wird. Nach der Anzahl der säureamidartig verketteten Aminosäuren unterscheidet man **Dipeptide** (2), **Tripeptide** (3),... **Oligopeptide** (bis 10), **Polypeptide** (10–100 Aminosäuren) und **Proteine** (mehr als 100 Aminosäuren). Die CO–NH-Bindung heißt **Peptidbindung.** Die P. sind Zwischenprodukte beim Abbau von Eiweiß; sie werden durch Säuren und Peptidasen in ihre Bausteine (Aminosäuren) zerlegt. Polypeptide spielen in vielen biochem. Vorgängen eine wichtige Rolle; viele pflanzl. Wirkstoffe, Gifte, Hormone u. a. sind Polypeptide.

Peptidyl-peptidhydrolasen *Pl.*, → Proteasen.

Peptone [grch.], *Sg. das* **Pepton**, *-s*, Polypeptidgemische, die beim partiellen Eiweißabbau entstehen. I. e. S. wird dabei das unter Pepsin-Einfluß aus Nahrungsprotein entstehende Gemisch verstanden. Verwendung als Eiweißpräparate und als Nährboden für Bakterien in der Bakteriologie.

Pepusch, John Christopher (Johann Christoph), Komponist, * Berlin 1667, † London 20. 7. 1752, schrieb als Theaterkapellmeister (seit 1715) in London die Musik zum Singspiel ›The beggar's opera‹ (›Die Bettleroper‹, 1728, nach der 1928 die ›Dreigroschenoper‹ von Brecht und Weill entstand), eine Parodie auf die ernste Oper.

per [lat.], **1)** durch, für, mit: *p. Bahn; p. Schiff.* **2)** zeitlich: bis, am: *p. 1. März 1986,* Fälligkeitstag. **3)** Buchführung: die Kennzeichnung des Kontos, das zu belasten ist; in neuerer Zeit meist weggelassen oder durch ›von‹ ersetzt. **p. Adresse**, Abk. **p. A.**, (wohnhaft) bei. **p. aval**, gegen Bürgschaft (Wechselvermerk). **p. cassa**, gegen Barzahlung. **p. Erscheinen**, Börse: der Freiverkehr mit neuen Effekten; Lieferungstag dieser Papiere ist der Erscheinungstag. **p. pedes**, U zu Fuß. **p. procura**, Abk. **p. p., ppa.**, Zusatz zur Firma bei Unterschrift durch einen Prokuristen (→ Prokura). **p. saldo**, zum Ausgleich. **p. ultimo**, Abk. **ult.**, am Monatsende zurückzuzahlen.

per..., ⚗ Vorsilbe zur Kennzeichnung 1) von Verbindungen mit einem Element sehr hoher oder höchster Oxidationsstufe, z. B. Kaliumpermanganat, $KMnO_4$; 2) des Vorhandenseins der Atomgruppierung $-O_2-$ im Molekül, z. B. Bariumperoxid, BaO_2; 3) der gesättigten Form einer Grundverbindung, z. B. Perchloräthylen, C_2Cl_4. Früher statt der Vorsilbe per... Hyper... oder Super...

Per, Abk. für **Perchlor|äthylen**, das Tetrachloräthylen, → Chlorkohlenwasserstoffe.

Peräa [grch.], zur Zeit Jesu das östlich vom Jordan gelegene Land mit stark heidnisch durchsetzter Bevölkerung.

Peragallo, Mario, ital. Komponist, * Rom 25. 3. 1910, Vertreter der Zwölftontechnik; Madrigale, Opern, Klavierkonzerte, Violinkonzert, Kammermusik, Lieder, Chorwerke.

Perak, Bundesstaat in → Malaysia (Übersicht).

per aspera ad astra [lat.], ›über rauhe (Pfade) zu den Sternen‹, d. h. durch Kampf zum Sieg; freie Übersetzung von Vers 289 aus Hesiods ›Werken und Tagen‹.

Perborate *Pl.*, Borverbindungen, → Bor.

Perch [pə:tʃ, engl.] *das*, früheres irisches Längenmaß = 7 Yard = 6,4 m.

Perche [pɛrʃ, frz. ›Stange‹] *die, -/-n*, **1)** elastische Bambusstange, an der die Akrobaten Balancen u. a. Kunststücke vorführen. **2)** früheres frz. Längenmaß, als Feldrute: 1 P. = 3 Toise = 5,847 m; als Forstrute: 1 P. = 3²/₃ Toise = 7,146 m.

Perche [pɛrʃ] *die*, hügelige Landschaft in der Normandie, Frankreich. Die lange vorherrschende Zucht von Ackerpferden **(Percherons** [pɛrʃər'ɔ̃]) wurde weitgehend von Schweinezucht abgelöst.

Perchten:
Maske aus Kirchseeon

Javier Pérez de Cuéllar

Adolfo Pérez Esquivel

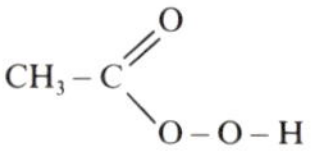

Peressigsäure

Perchlor|äthylen, Abk. **Per,** das Tetrachloräthylen, → Chlorkohlenwasserstoffe.

Perchlorsäure, $HClO_4$, farblose, rauchende Flüssigkeit, eine der stärksten Säuren, zersetzt sich beim Erwärmen; verdünnte Lösungen sind beständig. Ihre Salze sind die **Perchlorate.**

Perchten, Berchten, *Sg. der* **Percht, Bercht,** *-s, die* **Perchta, Perchte,** -, Gestalten der Sage und des Brauchs der Mittwinterzeit, bes. der Nacht vor Epiphanias **(Perchtentag** und **-nacht). Frau Perchta** wirkt helfend oder Schaden stiftend; gebietsweise, bes. im Alpenraum, in unterschiedl. Brauchformen dargestellt. Im Salzburger Land und in Oberbayern entwickelte sich das **Perchtenlaufen:** Vermummte Gestalten mit dämonisch-grotesken Holzlarven und Schellen ziehen in den Zwölfnächten umher.

Perchtoldsdorf, Marktgem. im Bez. Mödling, NÖ, (1981) 13 600 Ew., am Ostabfall des Wienerwaldes zum Wiener Becken; Weinbau, Wachswaren-, Spirituosen-, Maschinen- und pharmazeut. Ind.; spätgot. Pfarrkirche (14./15. Jh.), Pestsäule (1713).

Percier [pɛrsj'e], Charles, frz. Baumeister, * Paris 22. 8. 1764, † ebd. 5. 9. 1838, arbeitete mit P. F. L. → Fontaine.

Percy [p'ə:sɪ], Thomas, anglikan. Bischof von Dromore (1782), * Bridgenorth (Shropshire) 13. 4. 1729, † Dromore (Irland) 30. 9. 1811, Hg. einer Samml. alter engl. und schott. Volkslieder und Balladen (›Reliques of ancient English poetry‹, 3 Bde., 1765), die auch auf die dt. Literatur wirkte (Herder, G. A. Bürger).

perdendo [ital.], Abk. **perd.,** ♪ abnehmend, verhallend. **perdendosi,** bis zur Unhörbarkeit abnehmend.

Perdikkas, Feldherr Alexanders d. Gr., * um 365 v. Chr., † (ermordet) 321; nach Alexanders Tod (323 v. Chr.) Regent im asiat. Reichsteil.

perdu [pɛrd'y, frz.], U verloren, entzwei, auf und davon.

pereat! [lat. ›er möge zugrunde gehen‹], nieder mit ihm!

Peregrinus [lat. ›Fremder‹] *der,* röm. Recht: der Nichtrömer, für den das ius civile (→ Ius) grundsätzlich nicht galt und der in Rom keine politischen Rechte genoß.

Pereira, Hptst. des Dep. Risaralda, Kolumbien, (1980) 261 000 Ew., 1467 m ü. M.; TU; Kaffee-, Viehhandelsplatz.

Perekop-Land|enge, Landenge in der Ukrain. SSR, 30 km lang, 8 bis 23 km breit; verbindet das Festland mit der Halbinsel Krim; Steppen- und Halbwüstenvegetation.

Père-Lachaise [pɛr laʃ'ɛ:z], **Cimetière de l'Est** [simtj'ɛ:r də l'ɛst], Friedhof im NO von Paris, reich an Grabmälern bedeutender Persönlichkeiten; benannt nach dem Jesuitenpater F. de La Chaise (Beichtvater Ludwigs XIV.).

per|emptorisch [lat.], ♎ vernichtend.

per|ennierend [lat.], ⚘ ausdauernd, überwinternd; mehrjährig (Stauden); ganzjährig fließend (Flüsse).

Peres, Shimon, israel. Politiker (Israel. Arbeitspartei), * in Polen 15. 8. 1923, seit 1948 im Staatsdienst, hatte maßgebl. Anteil am Aufbau der israel. Armee. Er war 1974–77 Verteidigungs-Min.; 1977 wurde er Vors. der Israel. Arbeitspartei, 1984 zugleich MinPräs., Innen-Min. und Min. für religiöse Angelegenheiten.

Pereskia *die, -/... ki|en,* **Laubkaktus,** eine Kakteengattung mit Laubblättern.

Per|essigsäure, stechend riechende in konzentrierter Form hochexplosive Peroxycarbonsäure mit keimtötenden Eigenschaften, verwendet zur Desinfektion und als Bleichmittel.

Pérez [p'ereθ], Carlos Andrés, venezolan. Politiker (Acción Democrática), * Rubio (Táchira) 27. 10. 1922; war 1974–79 Staatspräsident.

Pergamon: Pergamonaltar (Berlin-Ost, Pergamon-Museum)

Pérez de Ayala [p'erɛð ðe aj'ala], Ramón, span. Schriftst., * Oviedo 9. 8. 1881, † Madrid 5. 8. 1962, Lyriker und Erz.; Romane: ›Belarmino und Apolonia‹ (1921), ›Tiger Juan‹ (1926).

Pérez de Cuéllar [p'eres ðe ku'eʎar], Javier, peruan. Diplomat, * Lima 19. 1. 1920, Jurist, langjähriger Botschafter, 1971–81 ständiger Vertreter seines Landes bei den Verein. Nationen, ist seit dem 1. 1. 1982 deren Gen.-Sekr.

Pérez de Hita [p'erɛð ðe 'ita], Ginés, span. Schriftst., * Multa (Murcia) um 1544, † nach 1619, schrieb den geschichtl. Roman ›Historia de las guerras civiles de Granada‹ (1595–1604), der großen Einfluß auf die europ. Lit., bes. der Romantik, hatte.

Pérez Esquivel [p'ereθ eskiβ'el], Adolfo Maria, argentin. Bildhauer und Menschenrechtskämpfer, * Buenos Aires 26. 9. 1931, Prof. für bildende Kunst in La Plata, gründete die Menschenrechtsbewegung ›Dienst für Frieden und Gerechtigkeit‹ (›Servicio Paz y Justicia‹), 1977–78 inhaftiert, bis 1980 unter Hausarrest. 1980 erhielt P. E. den Friedensnobelpreis.

Pérez Galdós [p'erɛð-], Benito, span. Schriftst., * Las Palmas 10. 5. 1843, † Madrid 4. 1. 1920. In den Romanreihen ›Episodios nacionales‹ (46 Bde., 1873–1912) stellte er die soziale und polit. Gesch. Spaniens im 19. Jh. dar. – WW: ›Marianela‹ (1878), ›Freund Manso‹ (1882), ›Miau‹ (1888); Dramen.

Pérez Jiménez [p'ereθ xim'enes], Marcos, venezolan. Politiker, * Michelina (Prov. Táchira) 25. 4. 1914, Offizier, errichtete 1948 eine Militärdiktatur, 1953–58 Präs., wurde 1958 gestürzt und floh ins Ausland; kehrte 1973 zurück.

perfekt [lat.], **1)** vollendet, vollkommen (ausgebildet): *eine perfekte Köchin.* **2)** gültig, abgeschlossen: *der Vertrag ist perfekt. das* **Perfekt,** *-(e)s/-e,* Ⓢ Zeitform, in der die Handlung vollendet ist (ÜBERSICHT Verb). *Adj.* **perfektiv.** *die* **Perfektibilität,** -, Vervollkommnungsfähigkeit. *die* **Perfektion,** -, Vollkommenheit. *der* **Perfektionismus,** -, Streben nach äußerster Perfektion.

perfid(e) [lat.-frz.], heimtückisch, hinterlistig, treulos. *Subst. die* **Perfidie,** *-/... d'i|en.*

Perforation [lat. ›Durchbohrung‹] *die, -/-en,* **1)** ⚕ das Durchbrechen eines Krankheitsprozesses durch eine Organwand, z. B. des Magengeschwürs in die Bauchhöhle. **2)** ⚒ das Durchlöchern der Futterrohre bei Tiefbohrungen, damit das Fördergut (z. B. Erdöl, Erdgas) aus dem abzubauenden Lagerstättenhorizont in das Innere der Bohrleitung eintreten kann.

Perforator [lat.] *der, -s/... t'oren,* schreibmaschinenartige Konstruktion (›Taster‹) zum Stanzen von Lochkombinationen (Codes) in den Lochstreifen, mit dem Rechenanlagen, Setzmaschinen, Fernschreiber, automat. Werkzeugmaschinen u. ä. gesteuert werden. Die Lochstreifensteuerung ist heute vielfach ersetzt durch magnet. Speicherung auf Band oder Diskette.

perforieren [lat.]. *ich* **perforiere** *es,* loche, durchbohre.

Performance [pəf'ɔ:məns, engl.] *die,* -, allg. Aufführung oder Vorstellung, i. e. S. bes. von avantgardist. Künstlern (J. Gerz, A. Rainer, D. Roth u. a.). Die **Performance Art** [-ɑ:t] steht in der Nachfolge des Happening und bildet seit den 60er Jahren einen typ. Bestandteil der → zeitgenössischen Kunst.

Performanz *die,* -, Ⓢ der aktuelle Sprachvorgang, die Sprachverwendung in einer konkreten Sprechsituation im Unterschied zur Kompetenz (→ kompetent 2).

Pergament [nach Pergamon] *das, -(e)s/-e,* Beschreibstoff aus enthaarten, geglätteten, ungegerbten und unter Spannung getrockneten Tierhäuten (Schaf-, Ziegen-, Kalbfelle). Herstellung und Gebrauch von P. waren im Vorderen Orient seit dem ausgehenden 2. Jahrtsd. v. Chr. bekannt. Die Bibliothek von Pergamon besaß viele Codices aus P. Von Rom und Byzanz aus verbreitete sich seine Verwendung über das Abendland. In großen Klöstern, z. B. in St. Gallen, gab es im MA. eigene Werkstätten zur Herstellung von P. Seit dem späten MA. wurde das P. mehr und mehr durch das Papier ersetzt. Von den ersten Buchdruckern wurde P. auch für Druckwerke verwendet, die stark benutzt wurden **(Pergamentdrucke),** sowie zum Einbinden von Büchern.

pergamentieren, transparentieren, Textilveredlung: Baumwollgewebe zw. Vor- und Nachmercerisation kurzzeitig mit starker Schwefelsäure behandeln, wodurch das Gewebe durchscheinend und dauerhaft versteift wird. (Glasbatist).

Pergamentpapier, mit Hilfe von Chemikalien (Schwefelsäure) fettdicht, naßfest und kochfest gemachtes Papier aus Zellstoff.

Pergamon, Pergamos, antike Stadt im nordwestl. Kleinasien bei der heutigen Stadt Bergama, Hptst. des **Pergamenischen Reichs,** das, um 280 v. Chr. von Philetairos gegr., unter König Eumenes II. (197–160/59 v. Chr.) eines der mächtigsten Kleinasiens war. Der letzte König, Attalos III. († 133 v. Chr.), vermachte es den Römern, die aus den westl. Teilen 131 v. Chr. die Prov. Asia bildeten.

P. wurde durch die seit 1878 von C. Humann und A. Conze, später von W. Dörpfeld und Th. Wiegand geleiteten Ausgrabungen freigelegt. Die aus einer Bergfeste entstandene Stadt reichte in der

Königszeit bis zum Fuß des Berges hinab. Über dem Markt der Oberstadt (Obere Agora) erhob sich der unter Eumenes II. geschaffene Zeus-Altar (**P.-Altar**) mit einem 120 m langen Relieffries (Kämpfe zw. Göttern und Giganten) und darüber einer Säulenhalle mit einem niedrigen Fries (Reliefs aus dem Leben des Telephos, des sagenhaften Gründers von P.). Oberhalb des Zeus-Altars lag der Athene-Tempel, das Hauptheiligtum der Stadt, dessen Bezirk Attalos I. mit Bildwerken schmückte (durch kaiserzeitl. Kopien bekannt: der sterbende Gallier, Rom, Kapitolin. Mus. u. a.). Eumenes II. umgab ihn mit einer Säulenhalle; hier befanden sich die Bibliothek und die Kunstsammlung. Durch Ausgrabungen weiterer Stadtteile wurden Tempel, der Königspalast, das Theater, Kasernen u. a. freigelegt, auch die röm. Stadt in der Ebene. Außerhalb von P. lag das Asklepios-Heiligtum (im 3. Jh. v. Chr. gegr.). – Die bei den ersten Ausgrabungen gemachten Funde, bes. die Reliefs des Zeus-Altars, kamen nach Berlin, wo für sie das **P.-Museum** gebaut wurde (1930); die späteren blieben in der Türkei.

Pergola [ital.] *die, -/...len,* Laubengang.

Pergolesi, Pergolese, Giovanni Battista, ital. Komponist, * Iesi (Ancona) 4. 1. 1710, begraben Pozzuoli 17. 3. 1736, ein Hauptmeister der neapolitan. Schule. Sein Singspiel ›La serva padrona‹ (1733) war als Urform der komischen Oper epochemachend. P. bereitete das musikal. Theater W. A. Mozarts vor. P.s Melodik fand in seinem letzten Werk, dem ›Stabat Mater‹ für Sopran und Alt mit Streichorchester und Orgel, ihre Vollendung.

peri... [grch.], um..., herum, über..., hin.

Peri, Jacopo, ital. Komponist, * Rom 20. 8. 1561, † Florenz 12. 8. 1633, neben G. Caccini der Hauptvertreter der florentin. Schule, die die Monodie und das dramat. Rezitativ entwickelte und die Form der Oper schuf.

Periastron [grch.] *das, -s,* ☆ die Sternnähe (→Apside).

Periderm [grch.] *das, -s/-e,* **1)** pflanzliches Hautgewebe, der →Kork. **2)** Schutzschicht bei Hohltieren.

Peridot [frz.] *der, -s/e,* Edelsteinvarietät des →Olivin. – **Peridotit,** ein Tiefengestein. – **Peridotitschale,** Teil der unteren Erdkruste, →Erde.

Perigäum [grch.] *das, -s/...g'ä|en,* ☆ Erdnähe (→Apside).

periglazial [grch.-lat.], Bez. für Räume, Erscheinungen, Zustände und Vorgänge im Umkreis von Gletschern und Inlandeis. In seinem Einflußbereich erstreckt sich das **Periglazialgebiet** mit **Periglazialerscheinungen** wie Kryoturbation, Solifluktion, Blockmeere, Löß, Binnendünen.

Perigon [grch.] *das, -s/-e,* Blütenhülle mit gleichgestalteten Blumen- und Kelchblättern (→Blüte).

Périgord [perig'ɔ:r], Landschaft im SW Frankreichs, bekannt durch ihre Trüffeln; Hptst.: Périgueux. Die Gfsch. P., als Grenzlandschaft in den Kriegen zw. Frankreich und England im MA. umkämpft, wurde von Heinrich IV. mit der frz. Krone vereint. Im P. liegen die meisten altsteinzeitl. Fundstätten Frankreichs.

Périgordien [perigɔrdj'ɛ̃, frz. von Périgord] *das, -(s),* Kulturstufe der Altsteinzeit, Teil des Aurignacien.

Perigraph [grch.] *der, -en/-en,* der →Diagraph.

Périgueux [perig'ø], Hptst. des frz. Dép. Dordogne in SW-Frankreich, (1982) 35 400 Ew., an der Isle; Handelszentrum, Herstellung von Eisenbahnmaterial, Metall-, Textil-, Holz- u. a. Ind.; galloröm. Baureste, Kirchen Saint-Front (begonnen um 1120) und Saint-Étienne (11.–12. Jh.). – P. war die Hptst. der Gfsch. Périgord, 1360–99 englisch, im 16. Jh. ein Stützpunkt der frz. Protestanten.

perigyn [grch.], eine Blüte mit mittelständigem Fruchtknoten.

Perihel [grch.] *das, -s/-e,* ☆ Sonnennähe, →Apside.

Periheldrehung, die im Lauf sehr langer Zeiten eintretende Drehung der großen Achse der Planetenellipse in der Bahnebene um die Sonne, die im Rahmen der klass. Mechanik nicht als Gravitationseinfluß der restl. Planeten auf die Bahnbewegung erklärbar ist; sie wurde im 18. Jh. bei →Merkur entdeckt, auch bei Venus und Erde nachgewiesen und durch die Relativitätstheorie erklärt.

Perikard [grch.] *das, -s/-e,* ⚕ der Herzbeutel (→Herz). *die* **Perikarditis,** *-/...dit'iden,* ⚕ die →Herzbeutelentzündung.

Perikarp [grch.] *das, -(e)s/-e,* die Fruchtwand (→Frucht).

Perikles, grch. **Perikles,** athen. Staatsmann, * bald nach 500 v. Chr., † (an der Pest) 429, 461 Führer der radikalen Demokraten. Gegen Sparta und Persien betrieb er einen Zweifrontenkrieg, der nach großen Erfolgen scheiterte. Er erreichte die Anerkennung der attischen Seeherrschaft und leitete seit 443 die Geschicke Athens. In der Friedenszeit seit 445 suchte P. den Attischen Seebund vollends zu einer Herrschaftsorganisation Athens umzuwandeln und machte die Stadt kulturell zur ersten in Griechenland (**Perikleisches Zeitalter**); er schuf die Bauten der Akropolis. 431 führte er Athen wohlgerüstet (Bau der Langen Mauern, 460–445) in den Peloponnes. Krieg (→griechische Geschichte).

Perikope [grch.] *die, -/-n,* Bibelabschnitt, der als Lesetext bei Gottesdienst und Predigt verwendet wird. Die in der Kath. Kirche amtlich vorgeschriebenen P. bilden eine Reihe von Lesestücken aus dem A. T. und dem N. T.; ähnlich in den luther. Kirchen.

Perilla, Schwarznessel, Lippenblütergatt. Asiens. Das schnell trocknende Samenöl der bes. in Japan angebauten weißblütigen **P. ocymoides** wird als Lacköl u. a. verwendet.

Perim, arab. **Mejum** oder **Mehun,** Insel an der Südspitze Arabiens, 13 km², rd. 300 Ew., an der Meerenge Bab el-Mandeb; Fischfang. – 1799–1801 und seit 1857 war P. britisch, heute gehört es zur Demokrat. VR Jemen; Hafen; Flugplatz.

Perimeter [grch.] *das, -s/-,* Gerät zum Messen des Gesichtsfeldes bei der augenärztlichen Untersuchung.

perinatal [grch.-lat.], um die Zeit der Geburt herum, d. h. zw. dem Beginn des letzten Schwangerschaftsmonats und dem Ende der 2. Lebenswoche des Kindes. *die* **Perinatologie,** -, befaßt sich mit den physiolog. und patholog. Vorgängen dieser Zeit.

Periode [grch.] *die, -/-n,* **1)** regelmäßige Wiederkehr best. Erscheinungen, auch der dadurch abgegrenzte räuml. oder zeitl. Abschnitt: a) ☆ die Umlaufzeit von Gestirnen und das kleinste Zeitintervall, in dem sich die regelmäßige Wiederkehr gleicher Helligkeit bei →veränderlichen Sternen wiederholt; b) △ die Wiederholung regelmäßig best. Ziffernfolgen in period. Dezimalzahlen (period. Dezimalbrüchen), z. B. 0,673673673..., oder auch die ständige Wiederholung best. Werte bei einer Funktion, wenn das Argument um einen festen Betrag (die P.) angewachsen ist: $f(x+a)=f(x)$, c) ⚗ →Periodensystem: d) ⊠ die Wiederholung gleicher Zustände eines physikal. Systems in regelmäßigen Zeitabständen (→Periodendauer), z. B. bei period. Bewegungen (Schwingung des Pendels), manchmal auch in regelmäßigen räuml. Abständen, z. B. die P. eines Kristallgitters. **2)** Zeitraum, Bildungszeitraum eines stratigraph. Systems in der Erdgeschichte, früher Formation genannt; in der Geschichte ein längerer Zeitraum, der durch eine besondere Idee (z. B. Absolutismus) bezeichnet wird; in der Meteorologie ein Zeitabschnitt mit mehr oder weniger einheitl. Witterungsgepräge (Schönwetter-P.); in der Physik die Dauer einer Schwingung, d. h. das Zeitintervall zw. zwei identischen Zuständen des schwingungsfähigen Systems. **3)** ⓢ eine Folge von Hauptsätzen oder Verbindung eines Hauptsatzes mit Gliedsätzen zu einem stilistisch vollkommenen Satzgefüge. **4)** ⚕ die →Menstruation. **5)** ♪ in sich geschlossener, i. d. R. achttaktiger Abschnitt, der in einen Vorder- und einen ähnlich gebauten Nachsatz gegliedert ist. **periodisch,** regelmäßig wiederkehrend. *Subst. die* **Periodizität,** -. *ich* **periodisiere** *es,* teile in Zeitabschnitte ein.

Periodendauer, kurz auch **Periode,** die Zeit, nach der sich ein regelmäßig wiederkehrender Vorgang (period. Vorgang) wiederholt, z. B. die bei einer gleichmäßigen Kreisbewegung für einen vollen Umlauf erforderl. Zeit (**Umlaufdauer**) oder bei einer harmon. Schwingung die für eine volle Schwingung benötigte Zeit (**Schwingungsdauer**).

Perioden-Leuchtkraft-Beziehung, Perioden-Helligkeits-Beziehung, Beziehung zw. der Periode des Lichtwechsels und der absoluten Helligkeit der →Cepheiden. Aus der beobachteten Periode und der scheinbaren Helligkeit kann die Entfernung eines Cepheiden bestimmt werden. Die P.-L.-B. wird insbes. zur Entfernungsmessung von Sternsystemen (anhand darin enthaltener Cepheiden) benutzt.

Periodensystem, eine Anordnung der chem. Elemente nach ihrem Atombau und ihren davon abhängigen chem. und physikal. Eigenschaften, gefunden 1869 gleichzeitig und unabhängig von D. J. Mendelejew und L. Meyer. Die periodische Wiederkehr bestimmter physikal. und chem. Eigenschaften macht es möglich, ähnliche Elemente untereinander zu stellen und führt so zu einer rechteckigen Anordnung. Für einige Leerstellen sagte Mendelejew neue Elemente, z. B. Gallium, Germanium, Scandium, Technetium, Promethium, mit ihren Eigenschaften voraus, die später entdeckt oder durch Kernumwandlung künstlich hergestellt wurden. Anfängliche Unstimmigkeiten in der Reihenfolge wurden durch die spätere Erkenntnis beseitigt, daß nicht die Atommasse, sondern die Ordnungszahl die für die chem. Eigenschaften maßgebende Größe ist; sie ist durch die Anzahl der Elektronen der neutralen Atome gegeben (→Atom). Die Erklärung des P. liefert die Quantentheorie, insbes. die Anwendung des Pauliprinzips auf den Bau der Atomhülle. Danach unterscheiden sich die Atome der versch. Elemente äußerlich durch die Anzahl der Elektronen, die den Kern umgeben; diese gruppieren sich in ›Schalen‹ zu 2, 8, 18, 32, ..., wobei die Achtergruppe in den höheren Schalen als Untergruppe immer wieder auftritt. Sie hauptsächlich spiegelt sich in den Perioden des P. wider. Abweichungen von der Achtereinteilung geben die Vervollkommnung der höheren Schalen zu 18, 32 usw. Elektronen sowie Unregelmäßigkeiten in der nacheinanderfolgenden Auffüllung der Schalen mit Elektronen wieder (z. B. →Lanthanoide). Bes. charakteristisch sind die Gruppen der Alkalimetalle (Gruppe I a), der Halogene (Gruppe VII b) und die der Edelgase (Gruppe 0). ÜBERSICHT S. 172.

Periodikum [grch.] *das, -s/...ka,* meist *Pl.,* das in regelmäßigen Zeitabständen erscheinende Schrifttum (bes. Zeitschriften).

Periöken [grch.] *Pl.,* im Altertum, bes. in Sparta, eine persönlich freie, aber politisch rechtlose Bevölkerungsschicht.

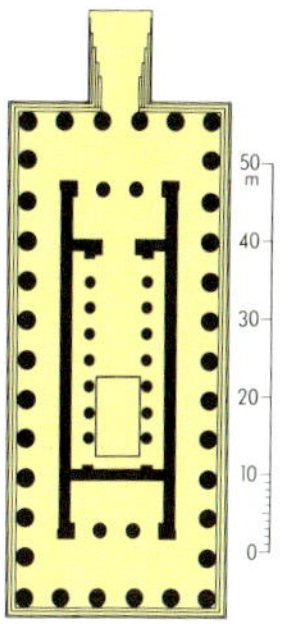

Peripteros: Grundriß des Zeustempels von Olympia, um 460 v. Chr.

Perikles: röm. Marmorkopie nach der Statue des Kresilas, um 430 v. Chr., (Rom, Vatikan. Museen)

Periodensystem der Elemente

Periode	Gruppe 0	Gruppe I (a b)	Gruppe II (a b)	Gruppe III (a b)	Gruppe IV (a b)	Gruppe V (a b)	Gruppe VI (a b)	Gruppe VII (a b)	Gruppe VIII		
1	0 n Neutron 1,00867	1 H Wasserstoff 1,00797									
2	2 He Helium 4,00260	3 Li Lithium 6,941	4 Be Beryllium 9,01218	5 B Bor 10,811	6 C Kohlenstoff 12,01115	7 N Stickstoff 14,0067	8 O Sauerstoff 15,9994	9 F Fluor 18,9984			
3	10 Ne Neon 20,179	11 Na Natrium 22,98977	12 Mg Magnesium 24,305	13 Al Aluminium 26,98154	14 Si Silicium 28,086	15 P Phosphor 30,97376	16 S Schwefel 32,064	17 Cl Chlor 35,453			
4	18 Ar Argon 39,948	19 K Kalium 39,098	20 Ca Calcium 40,08	21 Sc Scandium 44,9559	22 Ti Titan 47,90	23 V Vanadium 50,9414	24 Cr Chrom 51,996	25 Mn Mangan 54,9380	26 Fe Eisen 55,847	27 Co Kobalt 58,9332	28 Ni Nickel 58,71
		29 Cu Kupfer 63,546	30 Zn Zink 65,38	31 Ga Gallium 69,72	32 Ge Germanium 72,59	33 As Arsen 74,9216	34 Se Selen 78,96	35 Br Brom 79,904			
5	36 Kr Krypton 83,80	37 Rb Rubidium 85,4678	38 Sr Strontium 87,62	39 Y Yttrium 88,9059	40 Zr Zirkonium 91,22	41 Nb Niob 92,9064	42 Mo Molybdän 95,94	43 Tc Technetium [99]	44 Ru Ruthenium 101,07	45 Rh Rhodium 102,9055	46 Pd Palladium 106,4
		47 Ag Silber 107,868	48 Cd Cadmium 112,40	49 In Indium 114,82	50 Sn Zinn 118,69	51 Sb Antimon 121,75	52 Te Tellur 127,60	53 J Jod 126,9045			
6	54 Xe Xenon 131,30	55 Cs Caesium 132,9054	56 Ba Barium 137,34	57–71 Lanthanoide s. u.¹)	72 Hf Hafnium 178,49	73 Ta Tantal 180,9479	74 W Wolfram 183,85	75 Re Rhenium 186,2	76 Os Osmium 190,2	77 Ir Iridium 192,22	78 Pt Platin 195,09
		79 Au Gold 196,9665	80 Hg Quecksilber 200,59	81 Tl Thallium 204,37	82 Pb Blei 207,2	83 Bi Wismut 208,9804	84 Po Polonium [209]	85 At Astatium [210]			
7	86 Rn Radon [222]	87 Fr Francium [223]	88 Ra Radium 226,025	89–103 Actinoide s. u.²)	104 (Unq) Element 104 [261]	105 (Unp) Element 105 [262]		106 (Unh) Element 106 [263]	107 (Uns) Element 107 [262]	108 Element 108 [265]	109 Element 109 [266]

¹) Lanthanoide

57 La Lanthan 138,9055	58 Ce Cer 140,12	59 Pr Praseo- dym 140,9077	60 Nd Neo- dym 144,24	61 Pm Prome- thium [145]	62 Sm Sama- rium 150,4	63 Eu Euro- pium 151,96	64 Gd Gadoli- nium 157,25	65 Tb Ter- bium 158,9254	66 Dy Dyspro- sium 162,50	67 Ho Hol- mium 164,9304	68 Er Er- bium 167,26	69 Tm Thu- lium 168,9342	70 Yb Ytter- bium 173,04	71 Lu Lute- tium 174,97

²) Actinoide

89 Ac Acti- nium [227]	90 Th Tho- rium 232,0381	91 Pa Protac- tinium 231,0359	92 U Uran 238,029	93 Np Neptu- nium 237,0482	94 Pu Pluto- nium [244]	95 Am Ameri- cium [243]	96 Cm Curium [247]	97 Bk Ber- kelium [247]	98 Cf Califor- nium [251]	99 Es Einstei- nium [254]	100 Fm Fer- mium [257]	101 Md Mende- levium [258]	102 No Nobe- lium [259]	103 Lr Lawren- cium [260]

Periodensystem der Elemente nach den Ordnungszahlen und mit den Atommassen, jeweils bezogen auf das Isotop ^{12}C (Stand: 1985).
In [] Masse des langlebigsten der bekannten Isotope; für Tc, Pm und Po die Masse der am besten untersuchten Isotope.

¹) Nach ›Handbook of Chemistry and Physics‹, 57th Edition 1976/77, CRC PRESS, Inc. Cleveland, Ohio (USA).
²) Für das Element 106, das 1974 unabhängig an Ionenbeschleunigern in Dubna (UdSSR) und Berkeley (USA) erzeugt worden ist, ist bisher noch kein Name vorgeschlagen worden.

Periost [grch.] *das, -s/-e,* die Knochenhaut (→Knochen). *die* **Periostitis**, -, die →Knochenhautentzündung.

Peripatetiker [nach grch. peripatos ›Wandelgang‹, in dem die Vorträge gehalten wurden] *der, -s/-,* Aristoteles und seine Schüler. *Adj.* **peripatetisch.**

Peripetie [grch.] *die, -/...t'i|en,* Schicksalsumschwung, bes. im Drama und Roman der entscheidende Wendepunkt.

Peripherie [grch.] *die, -/...r'i|en,* **1)** △ der Umfang von Flächen, z. B. des Kreises. **2)** Ü Rand, Außenseite: *er wohnt an der P.,* am Stadtrand. *Adj.* **peripher(isch).**

Peripheriegeräte, Einrichtungen für die elektron. Datenverarbeitung, die als Verbindungsglieder zw. Computer und Umwelt (Mensch-Maschine-Kommunikation) die Ein- und Ausgabe von Daten und Informationen ermöglichen. Zu den i. a. mit der Zentraleinheit verbundenen P. (On-line-Betrieb) gehören: Eingabetastaturen, Ausgabeeinheiten, Drucker, Plotter, Displays, externe Speicher, Umsetzer, Datenendstationen, Hilfsrechner.

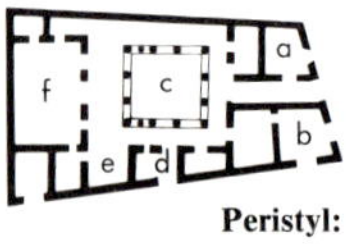

Peristyl: ›Haus des Dreizack‹, Delos; Peristylhaus, etwa 2. Jh. v. Chr.; a und b Laden, c Peristyl, d Treppenhaus zu Schlafräumen im Oberstock, e Exedra, f Oikos

Periphrase [grch.], Umschreibung eines Begriffs. *Adj.* **periphrastisch.**

Periplus [grch. ›Umfahrt‹] *der, -/...ploi,* auch *...plen, ...pli,* im Altertum Beschreibung von Meeresküsten, Erdteilen, Inseln, auch mit nautisch-techn. Angaben (Tiefe der Häfen, Landmarken). Einer der ältesten Periploi (4. Jh. v. Chr.) trägt den Namen des Skylax von Karyanda. Im MA. hießen solche Schifferhandbücher →Portolane.

Peripteros [grch.] *der, -/-* oder *...pt'eren,* grch. Tempel mit ringsum laufender einfacher Säulenreihe. (BILD S. 171)

Periskop [grch.] *das, -s/-e,* **Sehrohr,** opt. Gerät (Fernrohr), mit dem von einem getauchten U-Boot aus der Raum über dem Wasser beobachtet werden kann. Das Objektiv des P. ragt aus dem Wasser heraus, und das von ihm erfaßte Bild wird über mindestens zwei Prismen (zur Umlenkung des Strahlengangs) sowie ein System von Linsen in die Zentrale des U-Bootes gelenkt. Die Sehrohrlänge beträgt 8–10 m. **periskopisch,** schwach durchgebogene Linsenform bei Brillengläsern.

Peristaltik [grch.] *die, -,* bei Hohlorganen (Magen, Darm, Harnleiter) wellenförmig fortschreitende Zusammenziehung der Ringmuskulatur zum Vorwärtstreiben des Inhalts, dient beim Regenwurm der Fortbewegung. Die gegenläufige Bewegung **(Antiperistaltik)** kann rückläufige Entleerung (z. B. Erbrechen) bewirken.

Peristyl [vgl. peri... und grch. stylos ›Säule‹] *das, -s/-e,* lat. **Peristylium,** ein von Säulen umgebener Raum, besonders der gartenartig ausgestaltete Säulenhof des grch. und röm. Hauses. (BILD S. 172)

Peritonaeum [grch.-lat.] *das, -s/...n'ae|en,* ⚕ das Bauchfell. *die* **Peritonitis,** *-/...t'iden,* ⚕ die → Bauchfellentzündung.

Peritonealdialyse [grch.], ⚕ Form der → künstlichen Niere.

Perkal [pers.] *der, -s/-e,* feinfädiges Nesselgewebe aus Baumwolle, wird naturfarbig als Inlettstoff und für techn. Zwecke (Drucktücher, Ballonhüllen), farbig bedruckt **(Druck-P.)** für Oberhemden, Schürzen, Kleider verwendet. **Batist-P.** ist die feinste Qualität, **Schnürchen-P.** durch Effektfäden verziert.

Perkeo, Klemens, aus Tirol gebürtiger, zwergwüchsiger Hofnarr (um 1720) des Kurfürsten Karl Philipp von der Pfalz in Heidelberg; Holzstandbild neben dem Großen Faß im Schloßkeller ebd.

Perkin [p'ə:kın], Sir William Henry, brit. Chemiker, * London 12. 3. 1838, † Sudbury (heute zu London) 14. 7. 1907, stellte 1856 durch Oxidation von Anilin den ersten synthetischen organ. Farbstoff, das Mauvein, her, dessen industrielle Herstellung er seit 1857 in Greenford bei Harrow betrieb.

Perkolation [lat.] *die, -/-en,* **1)** Bodenkunde: Durchsickern des Bodenwassers durch die Makroporen des Bodens. **2)** ℞ Verfahren zur Extraktion von Wirkstoffen aus Pflanzenteilen.

Perkolator [lat.] *der, -s/...t'oren,* Filtergerät, besonders ein pharmazeutisches Gerät zur Herstellung pflanzlicher Extrakte. (BILD S. 174)

Perkonig, Josef Friedrich, Schriftst., * Ferlach (Kärnten) 3. 8. 1890, † Klagenfurt 8. 2. 1959; volkstüml. Erz. und Romane aus Kärnten.

Perkunas [litauisch], baltischer Himmels- und Donnergott, wahrscheinlich dem slaw. **Perun** verwandt.

Perkussion [lat.] *die, -/-en,* **1)** Erschütterung, Stoß, Schlag. **2)** ⚕ Beklopfen der Körperoberfläche, um aus dem Schall Schlüsse auf die Beschaffenheit innerer Organe zu ziehen, bes. zur Erkennung von Krankheiten der Brust- und Bauchorgane. *Vb. ich* **perkutiere** *ihn.*

Perkussionswaffen, histor. Feuerwaffen (Gewehr, Pistole, Revolver) mit Perkussionsschloß (i. a. Vorderlader), bei denen die Ladung durch Schlag des Hahns auf ein Zündhütchen gezündet wurde; um 1830 eingeführt. (→ Gewehr)

Perkussions|instrumente, ♪ die Gruppe der Schlaginstrumente, gelegentlich auch Klavier, Hackbrett u. a., auch Schlagwerk des Orchesters oder der Jazz- und Unterhaltungskapellen, ebenso die dem Rhythmus dienenden Klangwerkzeuge außereuropäischer Ensembles.

perkutan [lat.], ⚕ durch die unverletzte Haut hindurch; p. wirken z. B. Einreibungsmittel gegen Rheumatismus.

Perl [von Perle] *die, -,* Schriftgrad von 5 typograph. Punkten, → Schriften.

Perlboote, Gatt. der Kopffüßer, → Nautilus.

Perle [aus lat. perna ›Art Muschel‹ und sphaerula ›kleine Kugel‹] *die, -/-n,* **1)** mattglänzendes Kügelchen v. a. aus Muscheln, das zu Schmucksachen verarbeitet wird (vgl. unten). **2)** Sinnbild hohen Werts: *das Höllental, die P. des Schwarzwalds,* ein Glanzstück; *Hilde ist eine P.,* U eine tüchtige Hilfe, bes. Hausangestellte; *er wirft Perlen vor die Säue,* U gibt etwas an jemanden, der es nicht würdigen kann (nach Mt. 7,6). **3)** perlenähnliches Gebilde: *unechte P.; Glasperlen; Schweißperlen,* Schweißtropfen. **4)** 🦌 perlartige Auswüchse am Geweih und Gehörn. **5)** *nd.:* Gerstenkorn am Auge. **perlig,** perlartig, tropfig, mattglänzend. *es* **perlt, 1)** tropft: *der Schweiß perlt ihm von der Stirn.* **2)** Ü fällt eins nach dem anderen, wie Perlen von der Perlenkette: *ihr perlendes Lachen,* Ü. **3)** wirft kleine perlenähnliche Bläschen: *der Sekt perlt im Glase.* **perl...,** **1)** getupft: *Perleule,* getupfte Schleiereule; *Perlhuhn.* **2)** tropfig: *Perlkies,* feiner Kies.

Entstehung und Arten. P. sind Wucherungen im Innern vieler Weichtiere, bes. der Perlmuschel, meist mohnkorn- bis erbsengroß, selten bis walnußgroß, die auf einen örtl. Reiz hin durch das Eindringen von Fremdkörpern, meist Parasiten (Finnen, Milben), entstehen. Die Muschel sondert dann Stoffe ab, die den Fremdkörper in konzentrischen Schalen umschließen. Zw. Schale und Mantel entsteht eine Einbuchtung im Bindegewebe, die sich bis zu einer Blase ausbildet **(Perlsack),** in dem sich die P. entwickelt. Meist entstehen durch Ausscheiden von Perlmutt **Perlmutterperlen. Süßwasser-P.** haben einen farbigen Lüster (Haut). P. bis Erbsengröße entstehen in einem Zeitraum von 10 bis 50 Jahren. Chemisch bestehen P. zu etwa 92% aus Calciumcarbonat, rd. 6% organ. Substanz und etwa 2% Wasser. Fundorte: Persischer Golf, Sri Lanka (Orient-P.), Australien, die Südseeinseln, Venezuela, Mexiko, Panama u. a., Fluß-P. oder Süßwasser-P. im Mississippi und Hudson, vereinzelt auch in mitteleurop. Flüssen. Das Abbrechen der Muscheln von den Felsen in rd. 20 m Meerestiefe durch Perlfischer (Perltaucher) wird immer seltener. – Ein ständig größeres Ansehen gewinnt die **Zucht-** oder **Kultur-P.** Durch Einschieben eines kleinen Fremdkörpers oder Injizieren einer Ölmasse in den Mantel best. Seeperlmuscheln wird das Tier gereizt und umgibt den Fremdkörper mit der P.-Substanz, die der echten P. entspricht. Äußerlich sind Zucht-P. von den echten P. oft nicht zu unterscheiden. Die Züchtung von P., seit Jahrtausenden in China üblich, wurde seit dem 1. Weltkrieg in großem Umfang von dem Japaner Mikimoto (* 1858, † 1955) betrieben. Im gesamten P.-Handel spielen fast nur die Zucht-P. eine Rolle.

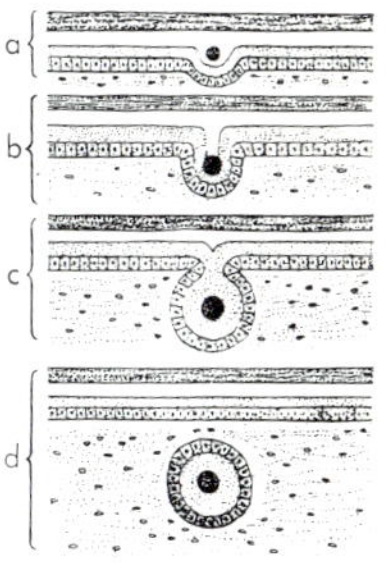

Perle 1)

Perle 1): Entstehung einer Perle in einem Perlsäckchen; **a–c** ein frei zwischen Schale und Mantel liegender Fremdkörper wird vom Mantelepithel umwuchert; **d** von diesem löst sich ein Perlsäckchen ab, in dem der Fremdkörper überperlmuttert wird (stark vergr.)

Perleberg, Krst. im Bez. Schwerin, in der W-Prignitz, (1983) 14600 Ew.; Holz-, Konserven- und Maschinenindustrie; Rathaus mit Gerichtslaube (15. Jh.) und steinernem Roland (1546), Pfarrkirche St. Jacob (Halle, 14. Jh.).

Perlen|inseln, span. **Archipiélago de las Perlas** [artʃi-], zu Panama gehörige Inselgruppe im Golf von Panama, rd. 400 km², rd. 2800 Ew.; Perlenfischerei.

Perlfluß, Kantonfluß, Chukiang, chines. **Zhujiang** [dʒudʒjaŋ], Flußgeflecht in der chines. Prov. Kwangtung, besteht aus den Mündungsarmen von Sikiang, Peikiang und Tungkiang; öffnet sich bei der Stromenge Bocca-Tigris zu einem bis 30 km breiten Mündungstrichter; bei Flut für kleinere Seeschiffe bis Kanton schiffbar.

Perlgras, Melica, Gras-Gatt. in gemäßigten Gebieten der Nordhalbkugel, Südamerikas und Südafrikas, z. B. **Nickendes P. (Flohgras).**

Perlhühner, Numidinae, afrikan. Unterfam. der Fasanartigen. Das **Helm-P. (Numida meleagris)** ist Stammform des Haus-P. und wird auch als Zier- und Hausgeflügel gehalten.

Perlis, Bundesstaat in → Malaysia (ÜBERSICHT).

Perlit *der, -(e)s/-e,* **1) Perlstein,** natürl., wasserhaltiges Gesteinsglas, z. B. des Rhyoliths u. a. Ergußgesteine, mit fein kugeligem, tropfenartigem Innengefüge **(P.-Gefüge). 2)** Eutektoide Gefügeform des Stahls, Gemisch aus Ferrit (reinem Eisen) und Zementit (Eisenkarbid), enthält 0,9% Kohlenstoff. P. entsteht bei normaler Abkühlung von höheren Temperaturen durch Zerfall der Austenitkristalle.

Perlmutter *die, -* oder *das, -s,* **Perlmutt** *das, -,* innerste Schicht der Schale von Muscheln und Schnecken aus vielen dünnen, flach aufeinanderliegenden Kalkblättchen; sie irisiert stark und läßt sich schnitzen, drechseln, sägen; wird auch künstlich erzeugt.

Perlmutterfalter, meist braune Schmetterlinge aus der Fam. Fleckenfalter; Hinterflügel unterseits mit perlmutterfarbigen oder silbrigen Flecken. (BILD S. 174)

Perlmutterwolken, die irisierenden → Wolken.

Perlon *das, -s,* dt. Handelsname für eine Polyamidfaser.

Perlpilz, Perl(en)schwamm, Speisepilz, → Wulstling.

Perlstab, 🏛 der → Astragalos.

Perlstein, Gesteinsglas, der → Perlit 1).

perlustrieren [lat.]. *ich* **perlustriere** *ihn,* ☘ *noch österr.:* durchsuche, besehe genau (Verdächtige). *Subst. die* **Perlustration,** *-/-en.*

Perlwein, Wein, der durch Umgärung gewonnene natürl. oder durch Imprägnierung zugesetzte Kohlensäure enthält.

Perlzwiebel, Perl|lauch, perlenähnlich schimmernde Brutzwiebelchen verschiedener Laucharten. (BILD Gemüse)

Perm, permische Formation [nach Perm in der UdSSR], jüngstes System (Periode) des Paläozoikums, in Dtl. in → Rotliegendes und → Zechstein geteilt; die ältere Bez. für P. ist **Dyas.** (ÜBERSICHT geologische Systeme)

Perm, 1940–57 **Molotow,** Gebiets-Hptst. in der Russ. SFSR, im westl. Uralvorland, an der Kama, (1982) 1,028 Mio. Ew.; Univ., mehrere Hochschulen; wichtiger Bahnknoten und Hafen; Maschi-

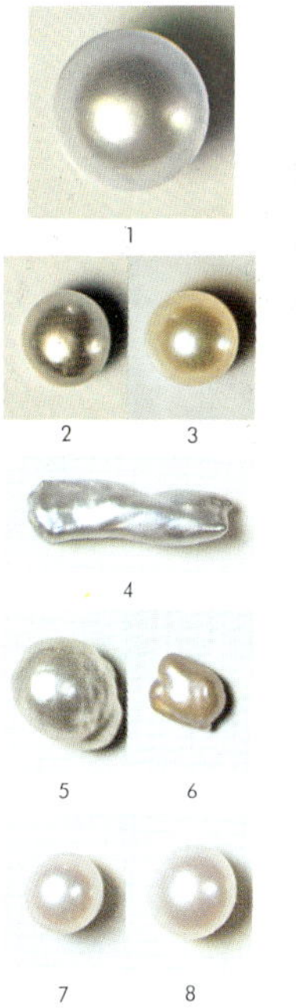

Perle 1)

Perle 1): 1 Mabé-Zuchtperle (hohle Perle mit Perlmutt ausgelegt); **2** und **3** Südsee-Zuchtperlen in Phantasiefarben; **4** Keshi-Zuchtperle (Salzwasserperle ohne Kern); **5** Tropfenzuchtperle Barock; **6** Biwa-Zuchtperle (Süßwasserperle ohne Kern); **7** Voll-Zuchtperle; **8** Bouton-Zuchtperle

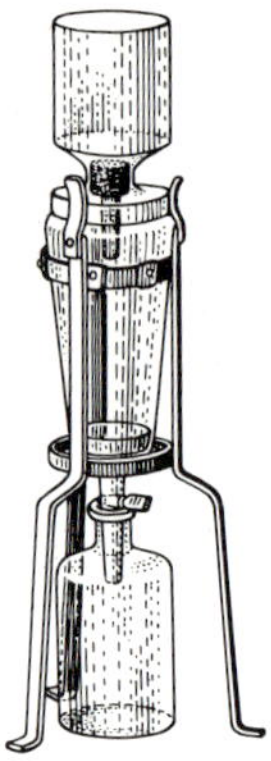

Perkolator mit Glashahn

Perlmutterfalter UNTEN Unterseite

Balthasar Permoser: Satyrhermen am Wallpavillon des Dresdner Zwingers, 1711–22

Juan Perón

nenbau, Erdölraffinerie, chem., elektrotechn., Nahrungsmittel-, Papier-, Zellulose-, Holz-, Baustoff-Ind.; bed. Wärmekraftwerk. – P. wurde 1723 mit dem Bau einer Kupferhütte gegründet.

Permafrost [p'ə:məfrɔst], in der angelsächsischen Literatur gebräuchl. Bezeichnung für → Dauerfrostboden.

Permalloy [engl.] *das, -,* Nickel-Eisen-Legierung mit hoher Anfangspermeabilität (→ Permeabilität 2), enthält etwa 70–80% Nickel, Rest Eisen, geringe Zusätze an Kohlenstoff, Kupfer, Chrom und Molybdän; wichtig für die Elektro- und Nachrichtentechnik, z. B. als Material für Spulenkerne.

permanent [lat.], ständig, fortdauernd, ununterbrochen. *die* **Permanenz**, *-,* Beharrlichkeit, ununterbrochene Dauer.

permanente Revolution, → Trotzkismus.

Permanganate *Pl.,* übermangansaure Salze, Salze der Permangansäure $HMnO_4$; Oxidations- und Desinfektionsmittel.

Permeabilität [lat.] *die, -,* **1)** Durchlässigkeit von Scheidewänden (Membranen, Zellwände, Tonzylinder) für best. Stoffe. **2)** Formelzeichen μ, in magnetisch isotropen Stoffen Proportionalitätsfaktor zw. der magnet. Induktion $\boldsymbol{B}$ und der magnet. Feldstärke $\boldsymbol{H}$, $\boldsymbol{B}=\mu\boldsymbol{H}=\mu_0\mu_r\boldsymbol{H}$. Im Vakuum ist μ gleich der magnetischen Feldkonstante μ_0 (→ Induktion). Daher wurde μ_0 früher auch als **absolute P.** des Vakuums bezeichnet; die **Permeabilitätszahl** μ_r ist somit für Vakuum gleich Eins. $\mu_r=\mu/\mu_0$ ist die P. eines Stoffes bezogen auf μ_0, daher wurde μ_r auch **relative P.** genannt. Bei diamagnet. und paramagnet. Substanzen ist die P. eine Materialkonstante, bei ferromagnet. Materialien hängt ihr Wert von der Feldstärke ab. *Adj.* **permeabel**, durchlässig, durchdringend.

Permi|er, finnisch-ugrische Völkergruppe, die sich im 8.–10. Jh. in → Syrjänen und Wotjaken (→ Udmurten) teilte. Zur Zeit ihrer Volks- und Spracheinheit bewohnten sie das Kama-Wjatka-Gebiet. **Permische Sprachen**, die sich nahestehenden finnisch-ugrischen Sprachen Syrjänisch, Komi-Permjakisch und Wotjakisch.

Permiß [lat.] *der, ... m'isses/... m'isse,* **Permission** *die, -/-en,* Erlaubnis: *mit P.,* mit Verlaub. *Vb. ich* **permittiere** *es.*

Permissible level [pəm'ɪsəbl levl, engl.], Bez. für die duldbare Menge von Rückständen aus Pflanzenschutzmitteln in und auf Nahrungsmitteln in mg/kg Körpergewicht unter Beachtung von ADI-Wert und Verzehrmenge, die bei tägl. Aufnahme kein Gesundheitsrisiko erwarten läßt.

Permit [p'ə:mɪt, engl.] *das, -s/-s,* Erlaubnis, Erlaubnisschein.

Permitted level [pəm'ɪtɪd levl, engl.], Bez. für die tatsächlich geduldete Höchstmenge von Rückständen aus Pflanzenschutzmitteln unter Berücksichtigung des (gegenüber → Permissible level) Mindestbedarfs bei Feldanwendung: Toleranzwert oder Höchstmenge der Höchstmengenverordnung; liegt weit unter dem → ADI-Wert, eine Überschreitung wirkt nicht giftig.

Permittivität [lat.] *die, -,* Quotient der Beträge von elektr. Flußdichte und elektr. Feldstärke bei nichtlinearen Dielektrika, ausgedrückt durch die **Permittivitätszahl;** im Unterschied zur → Dielektrizitätskonstanten.

Permjaken, russ. **Komi-permjaki**, Name der Syrjänen (Komi) im ehem. Gouv. Perm. **Autonomer Bezirk der Komi-P.**, → Komi Autonome Sozialistische Sowjetrepublik.

Permokarbon *das, -s,* Bez. der Systeme Karbon und Perm, dort, wo diese nicht scharf zu trennen sind, bes. auf den Südkontinenten.

Permoser, Balthasar, Bildhauer, getauft Kammer bei Traunstein 13. 8. 1651, † Dresden 20. 2. 1732, lernte in Salzburg und Wien, lebte lange in Italien und wurde 1689 Hofbildhauer in Dresden, wo er die Skulpturen des Zwingers schuf (1711–22; z. T. Gesellenarbeit, eigenhändig bes. die Satyrhermen am Wallpavillon). Seine Kunst ist das wichtigste Verbindungsglied zw. der ital. und dt. Barockskulptur. Unter seinen zahlreichen anderen Arbeiten ragen hervor: Jahreszeiten und mytholog. Figuren (Kleinbildwerke aus Elfenbein, Dresden, Grünes Gewölbe, und Braunschweig, Museum), die Apotheose des Prinzen Eugen (1718–21; Wien, Barockmuseum) und die monumentalen Gestalten der Kirchenväter Augustinus und Ambrosius (1725 für die Dresdner Hofkirche; Bautzen, Museum).

Permutation [lat.] *die, -/-en,* Vertauschung, Umstellung. *Vb. ich* **permutiere** *es.*

Permutite [lat. ›Austauscher‹], *Sg. das* **Permutit**, *-s,* kristalline Substanzen, die best. Stoffe aus wäßrigen Lösungen gegen eigene austauschen können, z. B. Minerale vom Zeolith-Typ sowie synthet. anorgan. Ionenaustauscher.

Pernambuc, Pernambukholz, Fernambuc, Brasilholz, braungelbes bis dunkelrotes Holz der Hülsenfrüchterart **Caesalpinia echinata** (südöstl. Südamerika); Drechsler- und Ausstattungsholz.

Pernambuco, **1)** Staat im NO von → Brasilien (ÜBERSICHT); Hptst. und Ausfuhrhafen: Recife. In der Küstenebene Anbau von Zuckerrohr, Tomaten, Bananen, Baumwolle, Kaffee, Tabak, Kokospalmen. Im Binnenland mit der heißen und dürren Hochfläche Sertão (3/4 des Staatsgebiets) wird bes. Viehzucht betrieben; Zukker- und Textil-Ind. – Ab 1534 wurden die Franzosen durch die Portugiesen aus NO-Brasilien vertrieben; von P. aus wurde dann der ganze N Brasiliens besiedelt. **2)** früherer Name von → Recife.

Pernau, estn. **Pärnu**, Hafenstadt und Kurort in der Estn. SSR, an der Rigaer Bucht, (1982) 52000 Ew.; Nahrungsmittel-, Holz-, Leder-, Maschinenbau-, Leinenindustrie.

Pernik, 1949–62 **Dimitrowo**, Gebiets-Hptst. in W-Bulgarien, an der Struma, (1980) 92700 Ew.; Kohlenbergbau, Elektrizitätswerke, Maschinen-, Stahl- u. a. Ind.; Bergwerksinstitut.

perniziös [lat.-frz.], bösartig (Krankheit).

perniziöse Anämie, Biermersche Krankheit, chron. → Anämie, bei der die Neubildung der roten Blutkörperchen durch Mangel an Vitamin B_{12} gestört ist (Reifungshemmung). Zum Vitaminmangel kommt es durch Fehlen einer im Magen gebildeten Substanz (›instrinsic factor‹), die zur Aufnahme des mit der Nahrung zugeführten Vitamins erforderlich ist; in vielen Fällen ist die Ursache eine Autoimmunkrankheit. Krankheitszeichen sind Abgeschlagenheit, Atemnot, fahlgelbe Hautfarbe, Brennen und lackartige Beschaffenheit der Zunge, Parästhesien, Muskelschwäche u. a. Im Blutbild finden sich vermehrt Megalozyten. – Behandlung: regelmäßige Einspritzung von Vitamin B_{12}.

Pernod [pɛrn'o, frz.] *der, -(s)/-(s),* aus echtem Wermut, Anis und anderen Kräutern hergestelltes alkoholisches Getränk.

Pernstein, tschech. **Pernštejn** [-ʃtein], eine der bedeutendsten Burgen Mährens (13.–16. Jh.), nordwestlich von Brünn.

Perón, Juan Domingo, argentin. General und Politiker, * Lobos (Prov. Buenos Aires) 8. 10. 1895, † Buenos Aires 1. 7. 1974, beteiligt an den Staatsstreichen 1942–44, wurde 1944 und 1944/45 Kriegs-Min., zugleich Vizepräs. 1945 wurde er gestürzt, gewann jedoch durch sein Programm sozialer Reformen die Besitzlosen und Gewerkschaften, war vom Febr. 1946 bis Sept. 1955 Staatspräs. Wegen seines zunehmend diktator. Regimes wurde er gestürzt. P. ging ins Exil. Seit 1960 in Spanien, konnte er von dort seinen starken Einfluß auf die Innenpolitik seines Landes behaupten (→ Peronisten). 1972 durfte er nach Argentinien zurückkehren, im Sept. 1973 wurde er zum Präs. gewählt. – Anteil an seinem Aufstieg hatte seine erste Frau Evita, früher Maria Eva **Duarte** (* Los Todos 7. 5. 1919, † Buenos Aires 26. 7. 1952). Sie setzte sich für den Schutz der Besitzlosen (›Descamisados‹, die ›Hemdlosen‹) ein, für das Frauenwahlrecht und gründete ein soziales Hilfswerk. P.s zweite Frau Isabel, früher Maria Estela **Martinez** [-nɛs] (* La Rioja 4. 2. 1931), wurde 1973 Vizepräs., nach P.s Tod Staatspräs., im März 1976 durch einen Militärputsch unter F. → Videla gestürzt.

Peronisten *Pl.,* Anhänger von J. D. → Perón. 1945 schlossen sich die P., die sich v. a. unter den Mitgl. der Gewerkschaftsorganisation CGT befanden, zum ›Partido Laborista‹ (Arbeiterpartei) zusammen. 1946–55 war dieser die maßgebliche Partei Argentiniens und vertrat z. B. die Verstaatlichung ausländ. Gesellschaften, Aufhebung der Trusts und ein umfassendes Sozialprogramm. Nach dem Sturz Peróns 1955 verboten, waren die Gewerkschaften die Stütze des Peronismus. Politisch spalteten sich die P. in mehrere Organisationen. Nach der Aufhebung des Parteienverbots von 1966 fanden sich 1971 die P. in der ›Frente Justicialista de Liberación‹ zusammen. 1973–74 war Perón erneut Präs., nach seinem Tod (1974) seine Frau Isabel Perón (1976 gestürzt). Bei den Wahlen von 1983 unterlag der peronist. Kandidat, I. A. Luder.

Peronosporaceae, Pilz-Fam. mit Falschem → Mehltau.

Perosi, Lorenzo, ital. Komponist, * Tortona 21. 12. 1872, † Rom 12. 10. 1956, Kapellmeister an der Markuskirche in Venedig, später an St. Peter in Rom; er schrieb Chorwerke, Oratorien, Kantaten, Messen, Kammermusik.

Perotin, auch **Perotinus magnus**, Musiker, lebte um 1200 als Kapellmeister von Notre-Dame in Paris, Hauptmeister der Pariser Notre-Dame-Schule. Seine Organa sind erster Höhepunkt in der Entwicklung der mehrstimmigen Musik. (→ Organum).

Perowo, Vorstadt im SO von Moskau, 1960 eingemeindet; Sitz vieler Institute und der Zentralschule des Komsomol.

Perowskit [n. dem russ. Politiker Graf L. A. Perowskij, * 1792, † 1856] *der, -s,* Mineral, $CaTiO_3$, schwarz, seltener durchscheinend; in Chloritschiefern und Basalten, abbauwürdig in Magnetit-Lagern.

Per|oxidasen *Pl.,* Enzyme, die Substrate unter Verwendung von Wasserstoffperoxid oxidieren, z. B. in Leukozyten, Milch.

Peroxide *Pl.,* Abkömmlinge des → Wasserstoffperoxids (H_2O_2), in denen der Wasserstoff salzartig durch Metallionen oder durch organ. Reste ersetzt ist. P. werden als Desinfektions- und als Bleichmittel verwendet.

Peroxysom [grch.] *das, -s/-en,* Zellorganell (∅ 0,5–1,5 µm), das zu den Microbodies gehört. In P. kommt es zur Biosynthese der Aminosäure Glycin und zur nur im Licht beobachteten Abgabe von Kohlendioxid (Lichtatmung) vieler Pflanzen.

peroxo..., Vorsilbe, die in anorgan. chem. Verbindung mit dem Trivialnamen einer Säure die Substitution von -O- durch -O-O- anzeigt, z. B. Peroxodischwefelsäure, $H_2S_2O_8$. Die Salze der Peroxosäuren sind starke Oxidationsmittel.

peroxy..., ⚗ Vorsilbe in Namen von organ. Persäuren, mit der allg. Formel R-C(O)-OOH.

Perpendicular Style [pəːpənd'ıkjʊlə staıl, engl.], in der → englischen Kunst der Stil der spätgot. Architektur, genannt nach dem senkrechten Stabwerk, das als Gliederungssystem der Fenster und Wände die Senkrechte betont.

Perpendikel [lat.] *das* oder *der, -s/-,* **1)** Pendel, bes. bei einer Pendeluhr (Wanduhr, Standuhr). **2)** Lot. **perpendikular, perpendikulär,** lotrecht.

perpetuell [lat.], **perpetuierlich,** ⚘ unaufhörlich.

Perpetu|um mobile [lat. ›dauernd beweglich‹] *das, --(s)-/--(s)* oder ... *tua ... b'ilia,* ⊠ Gerät, das ohne Energiezufuhr von außen

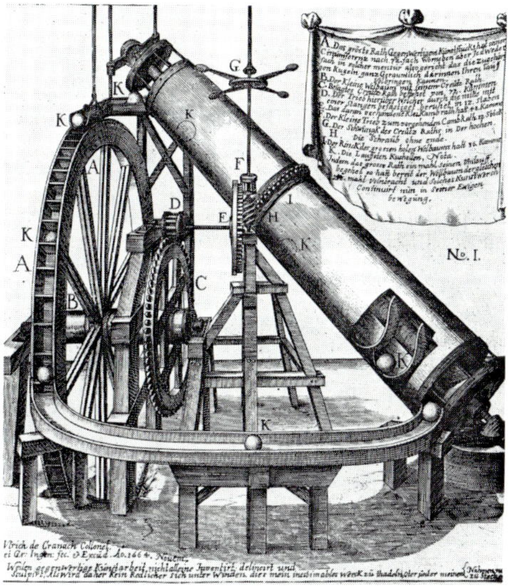

Perpetuum mobile, Entwurf von Ulrich von Cranach, 1664

dauernd Arbeit verrichtet **(P. m. 1. Art)** oder aus der Wärmeenergie eines großen Wärmespeichers dauernd mechan. Energie erzeugt, ohne daß dabei in der übrigen Umgebung bleibende Veränderungen entstehen **(P. m. 2. Art).** Das P. m. 1. Art ist mit dem Energiesatz, das 2. Art mit dem Entropiesatz unverträglich. Seit Newton und Leibniz ist die Unmöglichkeit eines P. m. erwiesen.

Perpignan [pɛrpiɲ'ã], Hptst. des frz. Dép. Pyrénées-Orientales, an der Têt, (1982) 111700 Ew.; Univ. (1349-1792, wieder seit 1971); Handelszentrum für Wein, Obst, Frühgemüse; Metall-, Lebensmittel-Ind. Altes Stadtbild mit Kathedrale (14.-16. Jh.) u. a. Kirchen, Loge, ehem. Börse von 1397 und 1540, Zitadelle mit Palast der Könige von Mallorca (13.-16. Jh.). - P. war die Hptst. der Gfsch. → Roussillon.

perplex [lat.], bestürzt, verwirrt. *Subst. die* **Perplexität,** -.

per procura [ital.], → per.

Perrault [pɛr'o], **1)** Charles, frz. Schriftst., Bruder von 2), * Paris 12. 1. 1628, † ebd. 16. 5. 1703, verfocht den Vorrang der modernen Schriftsteller vor denen der Antike (›Querelle des anciens et des modernes‹, 1688ff.). Durch seine Märchensammlung ›Contes de ma mère l'Oye‹ (1697; Gänsemütterchens Märchen) gelangte er zu Weltruhm.

2) Claude, frz. Baumeister, Bruder von 1), * Paris 25. 9. 1613, † ebd. 8. oder 9. 10. 1688, schuf den Entwurf für die 1667 begonnene Säulenfassade der Ostfront des Louvre, die monumental, klar gegliedert und maßvoll in den Formen ist.

Perret [pɛr'ɛ], Auguste, frz. Architekt, * Brüssel 12. 2. 1874, † Paris 4. 3. 1954; Wegbereiter des Stahlbetons in der Architektur: Wohnhaus Rue Franklin 23, Paris (1903), Kirche Notre Dame, Le Raincy (1922-23), Wiederaufbau von Le Havre (nach 1945) u. a.

Perrin [pɛr'ɛ̃], Jean Baptiste, frz. Physiker und Chemiker, * Lille 30. 9. 1870, † New York 17. 4. 1942, wies 1895 die negative Ladung der Kathodenstrahlen nach, erhielt für seine Arbeiten über die diskontinuierl. Struktur der Materie, bes. die Entdeckung des Sedimentationsgleichgewichts, 1926 den Nobelpreis für Physik.

Perron [pɛr'ɔ̃, frz.] *der, -s/-s,* **1)** ⚘ Bahnsteig. **2)** Rampe.

Perronneau [pɛrɔn'o], Jean-Baptiste, frz. Maler, * Paris 1715, † Amsterdam 20. 11. 1782 oder 19. 11. 1783, bedeutendster Pastellmaler des frz. Rokoko neben M. Quentin de La Tour.

Persante *die,* Küstenfluß (127 km) in Hinterpommern, entspringt bei Neustettin, mündet bei Kolberg in die Ostsee.

Persäuren, ⚗ nichtsystemat. Bez. für die Peroxosäuren (→ peroxo...) und Peroxysäuren (→ peroxy...). Ihre Salze heißen **Persalze.**

per se [lat. ›durch sich‹], von selbst: *das versteht sich per se.*

Perse [pɛrs], frz. Schriftst., → Saint-John Perse.

Perseiden *Pl.,* Sternschnuppenschwarm, → Sternschnuppen.

Persenning [niederländ. aus lat.] *die, -/-e(n),* **Presenning,** starkfädiges, wasserdicht ausgerüstetes Segeltuch zum Abdecken von Segelbooten und Autos, für Wagenplanen und Zelte.

Persephone, lat. **Proserpina,** grch. Mythos: Tochter des Zeus und der Demeter, von Pluton in die Unterwelt entführt und zu seiner Gemahlin gemacht. Zeus gestattete ihr auf Bitten ihrer Mutter, zwei Drittel des Jahres in der Oberwelt zuzubringen. Sie wurde bes. in Eleusis, Kyzikos, Unteritalien, Sizilien verehrt und in der Kunst als junge, ernste Frau mit Fackeln dargestellt.

Persepolis [grch. ›Perserstadt‹], antike Palastanlage, nordöstlich von Schiras, gegr. von Dareios I. (Hauptbauzeit 518 bis etwa 460 v. Chr.); 330 v. Chr. durch Alexander d. Gr. erobert und in Brand gesteckt. P. war eine Festung auf künstlicher, ummauerter Terrasse mit Palästen, Schatzkammern, Speichern, mit Zugang über eine Doppeltreppe; Palastwände und Treppen reich mit Reliefs geschmückt; die Anlage von P. stellt einen Höhepunkt achaimenid. Bau- und Bildkunst dar. (Weitere BILDER persische Kunst)

Perser, Stammesgruppe der → Iranier. Die P. siedelten nordwestlich von Medien. Sie wanderten nach 690 v. Chr. südostwärts und besetzten die nach ihnen benannte Landschaft **Persis** (heute **Fars**), unterjochten dort die Elamer, deren Kultur große Einwirkungen auf die persische hatte. Unter Kyros d. Gr. beseitigten die P. die Mederherrschaft; sie wurden damit zur eigtl. geschichtsbildenden Macht Irans.

Perserkriege, die Kriege zw. Persern und Griechen 500-479 v. Chr., i. w. S. bis 448 v. Chr. Sie wurden ausgelöst durch den Ionischen Aufstand (500-494) gegen die Perserherrschaft (→ Ionier). Die Verbindung der Ionier mit Athen veranlaßte die Perser nach der Niederwerfung der Ionier zu einem Rachezug gegen Athen. Der erste Zug unter Mardonios (492) scheiterte durch den Untergang der pers. Flotte am Vorgebirge Athos. Ein 2. Heer wurde 490 v. Chr. nach der Landung an der O-Küste Attikas bei Marathon von den Athenern unter Miltiades geschlagen. 480 versuchte Xerxes I. ganz Griechenland zu erobern. Die Mehrzahl der Griechen schloß sich unter Spartas Führung gegen ihn zusammen. Die grch. Stellung an den Thermopylen unter → Leonidas wurde verraten (von Ephialtes) und genommen. Xerxes zerstörte Athen, wurde aber im Sund von Salamis vernichtend geschlagen (480). 479 erfolgte der entscheidende Sieg der Griechen zu Land bei Platää (→ Pausanias). Die Perser zogen sich aus Griechenland zurück,

Charles Perrault (aus einem Stich von Edelinck, 1694)

Persepolis: Luftaufnahme der teilrestaurierten Palastruine

persische Kunst: Mohammed auf dem Thron (links) und der Feldzug gegen die Ungläubigen, Miniatur

Kriegsschauplatz wurde die kleinasiat. Küste. Mit der Gründung des →Attischen Seebundes (477) übernahm Athen die Führung der Griechen. Im Kalliasfrieden 449/48 zw. Athen (unter Perikles) und Persien erkannte dieses die Zugehörigkeit der kleinasiat. Griechenstädte zum Attischen Seebund an, Athen überließ Persien die Städte auf Zypern.

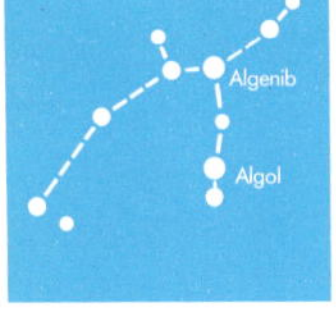

Perseus 3)

Perseus, 1) grch. Mythos: Sohn des Zeus und der Danae, tötete, von König Polydektes von Seriphos ausgesandt, die Gorgone Medusa, befreite Andromeda von einem Seeungeheuer und vermählte sich mit ihr. Dann befreite er seine Mutter von Polydektes, den er in Stein verwandelte, indem er ihm das Haupt der Medusa zeigte. P. wurde oft dargestellt, mit dem Haupt der Medusa von B. Cellini, bei Befreiung der Andromeda von Tizian, P. P. Rubens, G. R. Donner u. a. **2)** der letzte König von Makedonien (179–168 v. Chr.), wurde von den Römern bei Pydna 168 besiegt und starb in röm. Gefangenschaft. **3)** ☆ Sternbild des nördl. Himmels mit dem Stern →Algol.

Perseveranz [lat.] *die, -,* ꝏ Beharrlichkeit, Ausdauer.

Perseveration [lat.] *die, -,* (Ps) das individuell verschieden starke Haftenbleiben, Nachwirken und Wiederkehren von Gedanken, Erlebnissen u. ä.

Pershing [pˈəːʃɪŋ, n. dem amerikan. General J. J. Pershing, * 1860, † 1948], amerikan. Mittelstrecken-Boden-Boden-Rakete mit zweistufigem Feststoff-Raketenantrieb, für den Abschuß mit nuklearem Sprengkopf von mobilen Startrampen geeignet. Die seit 1983 in der Bundesrep. Dtl. stationierte **P. II** hat eine Reichweite bis zu 1800 km.

Persianer *der, -s/-,* Felle der zw. dem 1. und 3. Tag nach der Geburt getöteten Lämmer des urspr. aus dem alten Persien und dem Gebiet um Buchara stammenden Karakulschafs. Die Wollhaare bilden rollenartige Locken. Felle von Frühgeburten haben je nach Entwicklungsstufe keine Zeichnung (Galjak), eine schwache Zeichnung (Galjak-Moiré) oder ein ausgeprägtes Moiré mit flachbreiten Locken (Breitschwanz). Die Felle werden naturell oder gefärbt in Schwarz, Braun und Modefarben zu Mänteln, Jacken, Besätzen u. a. verarbeitet.

Persi|en, islam. Rep. in Vorderasien, →Iran.

Persiflage [-flˈaːʒə, frz.] *die, -/-n,* geistvolle (literar.) Verspottung. *Vb. ich* **persifliere** *es.*

Persipan *das, -s/-e,* marzipanähnliche Masse aus entbitterten Pfirsich-, Aprikosen-, Mandelkernen.

persische Kunst, bes. die altpers. Kunst vom 7. Jh. v. Chr. bis 330 v. Chr.; i. w. S. auch die Kunst der Parther, der Sassaniden und die Kunst Persiens in islam. Zeit (→parthische Kunst, →sassanidische Kunst, →islamische Kunst). Die p. K. geht zwar auf die ältere vorderasiat. Tradition zurück, hat sich aber unabhängig davon weiterentwickelt. Hauptwerke der altpers. Baukunst sind die in

persische Kunst: achaimenidische Säule mit Tierkopf-(Protomen-)Kapitell vom Palast Dareios' I. in Persepolis, um 510 v. Chr. (Teheran, Museum)

bed. Resten erhaltenen achaimenid. Königspaläste in →Persepolis und →Susa mit ihren gewaltigen Säulenhallen, das Grab des Kyros in Pasargadä, ein frei stehendes Giebeldachhaus, und die Felsgräber bei Persepolis und Naksch-e Rostam (BILD). Die Palastwände und Treppen waren mit Reliefs von schreitenden Gestalten (Leibwache des Xerxes), auch Tierkampfszenen u. a. geschmückt, die Einblicke in das altpers. Hofleben geben. In Persepolis ist assyr. Tradition deutlich spürbar, doch wird sie durch die Tätigkeit grch. Meister verändert; in Susa zeigen sich babylon. Einflüsse (Reliefs aus farbig glasierten Ziegeln: Bogenschützen, Löwen, Fabeltiere). Hochentwickelt war auch die Kleinkunst: Gold-, Silberschmiedearbeiten, Steinschnitt (Siegelzylinder und Gemmen). Weiteres BILD S. 177.

persische Literatur, i. w. S. das Schrifttum der Perser seit dem Altertum, also mit Einschluß der altpers. Inschriften und der Pehlewi-Literatur (Literatur in mittelpers. Sprache), i. e. S. nur die neupersische Literatur in neupers. Sprache und arabischer Schrift. (→iranische Sprachen)

Die arab. Eroberung Irans um die Mitte des 7. Jh. und die mit ihr einsetzende Islamisierung unterbrach für Generationen jede weitere Entwicklung des pers. Schrifttums. Erst mit dem Aufkommen lokaler einheimischer Herrschaftsbereiche (→Kalif) erlebten auch die offizielle pers. Sprache und Literatur im Nordosten Irans, in Chorassan unter den →Samaniden, ihre Wiedergeburt. Der erste bed. Dichter war Rudaki († 941). Er übernahm für seine Poesie die Form der →Kasside und mit ihr die arab. Metren; sie wurde für die panegyr. Dichtung bis ins 20. Jh. hinein beibehalten. Ihre klass. Ausprägung erfuhr sie in den Gedichten des Anwari († um 1190) und Chakani († 1199). Das gleichfalls von den Arabern übernommene →Ghasel wurde so vollständig adaptiert, daß es die Form der pers. Liebespoesie schlechthin wurde. Unübertroffener Meister dieses Genres ist Hafis (* um 1326, † 1390) aus Schiras, dessen zeitlose Lyrik in Sprache, Gestalt und Inhalt höchste Vollendung erfahren hat. Immer wieder nachgeahmt, blieben Hafissche Verse in ihrer tiefgründigen Ambivalenz unerreicht. Ihnen ist etwas von jenen echt iran. Sinngedichten (Ruba'ijat) eines Omar-i Chajjam (* 1048, † 1131) eigen, die in ihrer Freizügigkeit und Skepsis gegenüber dem Geschehen in dieser Welt orientalische Weisheit vermitteln.

Das Epos, der am stärksten von nationaler Thematik bestimmte Zweig der pers. Dichtung, erlebte im gewaltigen ›Schah-Name‹ des Firdausis (* um 940, † 1020) mit der poet. Gestaltung der glorreichen iran. Vergangenheit nach mittelpers. Vorlagen seinen Höhepunkt. Die romant. Liebes-Epen des Nisami (* wohl 1141, † 1209), z. B. seine ›Sieben Bilder‹ oder sein ›Chosrau und Schirin‹, gehören zur Weltliteratur. In gleichem Atemzug sind die symbolisch-myst. Epen von Attar (* 1190[?], † wohl 1230), z. B. seine ›Sprache der Vögel‹, oder das große sufische Lehrgedicht (Mesnewi) des Djelal od-Din Rumi (* 1207, † 1273) zu nennen.

Die reiche Schöne Literatur (adab) in Prosa mit eingestreuten Versen gipfelt in dem ›Rosengarten‹ (Gulistan) des weisen Scheichs Sa'di (* wohl zw. 1213 und 1219, † 1292), der den Menschen in seinem Alltag beschreibt und berät. Hierher gehören auch die Fürstenspiegel (z. B. ›Kalila und Dimna‹) und die märchenhaften Erzählungen (z. B. Sindbad). Ein wichtiger Zweig der pers. Prosa ist die Geschichtsschreibung eines Djoweini (* 1225, † 1283) oder Raschid od-Din (* um 1248, † 1318) sowie die Memoiren von Schah Tahmasp (* 1514, † 1576) und die Reisebeschreibungen von Schah Nasir od-Din (* 1831, † 1896).

Die moderne pers. Dichtung hat nach tastenden Versuchen zw.

persische Kunst: Dareios I. auf seinem Thron, Relief in Persepolis

Tradition und westl. Vorbild einen eigenen Weg gefunden. Begründer des neuen Erzählstils unter Einbeziehung der Umgangssprache ist Mohammed Ali Djemal-Sade (* 1894). Sadek Hedajat (* 1903, † 1950), der die jüngere Generation stark beeinflußt hat, erinnert in seinem Werk an Kafka. Djelal Al-e Ahmed (* 1923, † 1969) veröffentlichte Erzählsammlungen mit engagierter sozialpolit. Thematik. Jüngere folgen ihm, wie Mahmud Dolatabadi (* 1940) oder Huschang Golschiri (* 1937), mit Kurzgeschichten, Romanen, die auch verfilmt werden, und Theaterstücken von sprachl. Ausdruckskraft und psycholog. Verständnis. Die Poesie hat durch Nima Juschidj (* 1897, † 1960) ihre neue, freie Gestaltung gefunden. Soziale Probleme bilden das Hauptthema. Es wird vertieft und weitergeführt von Ahmed Schamlu (* 1924), Mehdi Achawan (* 1930) oder Forugh Farrochsad (* 1934, † 1967). Surrealist. und groteske Bilder sind in die Lyrik von Bidjan Elahi (* 1945) und E. N. Pajam (* 1943) eingegangen.

Persischer Golf, Arabischer Golf, flaches Nebenmeer des Ind. Ozeans, zw. Iran, Irak und Arabien, durch die Straße von Hormus mit dem Golf von Oman (Ind. Ozean) verbunden, im Mittel 25 m, maximal 170 m tief. Salzgehalt bis 41‰, die Wassertemperatur kann bis 35,5 °C ansteigen. Dank günstiger geolog. Voraussetzungen befinden sich um den P. G. die derzeit bedeutendsten Erdöllagerstätten der Welt; 9 der insgesamt 11 Erdölfelder der Welt mit je mehr als 1 Mrd. t sicheren Reserven liegen hier. Seit einigen Jahren werden in zunehmendem Maße auch Erdölfelder im P. G. selbst erschlossen. Über die Erdölförderung von Saudi-Arabien, Iran, Kuwait, Irak → Erdöl.

Im Sept. 1980 kündigte der Irak den Grenzvertrag mit dem Iran, ließ seine Truppen in die iran. Prov. Chusistan einmarschieren und löste damit den Golf-Krieg aus. Es kam zu schweren Kämpfen v. a. um die Städte Chorramschahr, Abadan und Desfull. Nach Gegenoffensiven 1981/82 gelang es dem Iran, die irak. Truppen über die iranisch-irak. Grenze zurückzudrängen; in mehreren Offensiven drang er seitdem seinerseits auf irak. Gebiet vor. Seit Beginn des Kriegs unternahmen verschiedene Mächte den Versuch, zwischen den kriegführenden Parteien zu vermitteln.

persistent [lat.], beharrend, beharrlich. *Subst. die* **Persistenz,** -.

Persius, Aulus P. Flaccus, lat. Dichter, * Volaterrae (Etrurien) 34 n. Chr., † 62; verfaßte Satiren im Geist der stoischen Moralphilosophie.

Person [mhd. aus lat., urspr. ›Maske‹] *die, -/-en,* **1)** der durch seinen Eigennamen gekennzeichnete Mensch, bes. die Einheit seiner Eigenschaften, in denen seine Einmaligkeit und Einzigkeit besteht; jedes menschliche Wesen mit der Anlage zu freiem, vernünftigem Wollen und Handeln (vgl. unten Psychologie); *er urteilte ohne Ansehen der P.,* nur um die Sache, um Gerechtigkeit bemüht; *das Schiff faßt tausend Personen,* Fahrgäste; *die Tiere treten in Fabeln als Personen auf,* wie Menschen. **2)** der äußere Mensch in seiner besonderen Eigenart: *eine unansehnliche P.; unscheinbar von P.,* äußerlich, körperlich unscheinbar. **3)** Träger einer Handlung, Gestalt eines Schauspiels: *die Personen in Schillers ›Tell‹.* **4)** weibl. Wesen, häufig verächtlich: *diese unmögliche P.* **5)** ⚖ jemand, der Träger von Rechten und Pflichten sein kann (vgl. unten Recht). **6)** Ⓢ die 3 Formen des Verbs (ÜBERSICHT Pronomen und Fragewort). **personal,** personell. *das* **Personal,** *-s,* Gesamtheit der Belegschaft, Dienerschaft, Angestellten- oder Arbeiterschaft: *fliegendes Personal,* Angestellte der Luftfahrt, die selbst mitfliegen (im Unterschied zum Bodenpersonal). **Personalien** *Pl.,* Angaben über Name, Geburtstag, Beruf u. a. *die* **Personalität,** -, Persönlichkeit. **personaliter,** ⚘ in P., selbst. **personell, personal,** die P. oder das Personal betreffend, persönlich. **persönlich, 1)** zu einer P. gehörig: *er kam persönlich,* selbst; *mein persönlicher Besitz,* eigener. **2)** *er wurde persönlich,* U unsachlich, beleidigend. **3)** *das persönliche Fürwort,* das Personalpronomen (ÜBERSICHT Pronomen und Fragewort). *Subst. die* → Persönlichkeit.

⚖ P. ist, wer Rechte und Pflichten haben kann: jeder Mensch (natürliche P.); jede → juristische Person, z. T. auch andere Personenvereinigungen und organisatorische Einheiten. Ⓟ Die leiblich-seelische Ganzheit des Menschen als Gefüge von Eigenschaften und Verhaltensweisen **(personale Struktur),** die sich aus dem Wechselspiel von Ich und sozialer Umwelt entwickelt. (→ Persönlichkeitsforschung)

Persona grata [lat.] *die, --,* beliebter, in Gunst stehender Mensch. **Persona non grata, Persona ingrata,** unbeliebter, in Ungnade stehender Mensch, eine als diplomat. Vertreter unerwünschte Person.

Personalakten, Sammlung der die dienstl. und persönl. Verhältnisse der Beamten, Richter, Soldaten und Arbeitnehmer betreffenden Schriftstücke (außer Prüfungsakten). Es besteht ein Recht des Betroffenen auf Einsicht in die vollständigen Personalakten.

Personalausweis, in der Bundesrep. Dtl. der durch Ges. v. 19. 12. 1950 eingeführte einheitl. Inlandsausweis. Ausweispflicht besteht für Personen über 16 Jahren, soweit sie der → Meldepflicht

persische Kunst: Treppe zur großen Empfangshalle (Apadana) in der Palastruine von Persepolis

(→ Meldewesen) unterliegen. Als Legitimation ist auch ein gültiger → Paß zulässig. Im Verkehr mit einigen westeurop. Staaten ist der P. als Grenzdokument ausreichend. Bestimmte Zuwiderhandlungen gegen die Ausweispflicht können nach § 3 mit einem Bußgeld geahndet werden. Der P. hat die Kennkarte abgelöst. In Vorbereitung ist ein Gesetz über die Einführung eines maschinenlesbaren, fälschungssicheren Personalausweises. Diskutiert wird die Einführung eines Personenkennzeichens (Abk. PKZ), gegen das verfassungs- und datenschutzrechtl. Bedenken erhoben werden.

In der Dt. Dem. Rep. muß nach der VO v. 23. 9. 1963 jede Person über 14 Jahren, die sich dort aufhält, einen P. besitzen und mit sich führen. In Österreich besteht nach dem Ges. v. 22. 10. 1969 neben dem → Paß ein eigener P., dessen Geltung sich auch auf jene Staaten erstreckt, die österr. Staatsbürgern die Einreise mit dem P. gestatten. In der Schweiz dienen außer dem Schweizerpaß die Identitätskarte und der → Heimatschein als Identitätsausweis.

Personalberater, Fachmann, der Unternehmungen bei der Personalsuche und -auswahl berät; mitunter ist er schon bei der Personalplanung beteiligt.

Personal Computer [pˈəːsənl kɔmpjˈuːtə, engl.], Abk. **PC, Business Computer** [bˈɪznəs-], **Home Computer** [həum-], ein elektron. Tischrechner für den persönlichen und (in begrenztem Ausmaß) professionellen, arbeitsplatzorientierten Anwendungsbereich. Der P. C. ist universell einsetzbar, in Büro, Labor und Fertigung z. B. zur Kalkulation und Fakturierung, aber auch zur privaten Nutzung als Adressenspeicher, für Bildschirmspiele u. a. (→ Mikrocomputer)

Personalführung, betriebl. → Menschenführung.

Personalgutachterausschuß, → Wehrrecht.

Personalhoheit, die Hoheitsgewalt des Staates über seine Staatsangehörigen; i. e. S. die Befugnis des Dienstherrn (bes. auch

Persischer Golf: Insel Charak, Erdölverschiffungshafen, Iran

der Gemeinden), Bedienstete einzustellen, zu befördern und zu entlassen.

Personalismus [lat.] *der, -,* Ⓟⓗ i. e. S. von F. Schleiermacher geprägte Bez. für den Glauben an einen persönl. Gott; i. w. S. verschieden ausgeprägte philosoph. Richtung, die den Menschen als handelnde geistige Wesenheit in den Mittelpunkt stellt. Der P. kann als theolog. Lehre (→Theismus), als ethisch-geschichtsphilosoph. Position und als metaphysisch-kosmische Anschauung auftreten und ist auch innerhalb der philosoph. Anthropologie i. S. einer dialog. Struktur der Grundbeziehungen menschl. Daseins entwickelt worden. (→dialogische Philosophie)

Personalitätsprinzip, 1) im älteren dt. Recht der Grundsatz der persönl. (angeborenen) Rechte, wonach jeder - auch in der Fremde - nach seinem angeborenen Stammesrecht beurteilt wurde (→germanische Volksrechte); im MA. wurde das P. durch das →Territorialitätsprinzip verdrängt. **2)** Im geltenden Recht besteht das P. als Staatsangehörigkeitsprinzip: Für die Rechtsstellung einer Person ist in best. Umfange das Recht ihres Heimatstaates maßgebend; geregelt im internat. Privatrecht und Strafrecht.

Personalkredit, →Kredit.

Personal-Leasing [-l'i:zıŋ, engl.], Form der →Arbeitnehmerüberlassung, Einsatz von Leiharbeitnehmern zur vorübergehenden (maximal 3 Monate) Befriedigung von Personalbedarf.

Personalnebenkosten, →Lohnnebenkosten.

Personalpronomen, →Pronomen (Übersicht Pronomen und Fragewort).

Personalrat, →Personalvertretung.

Personal|union, durch die Person des Herrschers hergestellte Verbundenheit von Staaten, die deren Selbständigkeit nicht berührt.

Personalvertretung, die Vertretung der Beamten, Angestellten und Arbeiter des öffentlichen Dienstes.

In der Bundesrep. Dtl. schreibt das **Bundespersonalvertretungs-Ges.** v. 15. 3. 1974 (in Kraft seit 1. 4. 1974) die Bildung von P. (Personalrat, Jugendvertretung, Personalversammlung) bei jeder Dienststelle vor. Die Regelung entspricht ungefähr der des →Betriebsverfassungsgesetzes. Der Schwerpunkt liegt beim **Personalrat,** der für jeweils 3 Jahre von den Beamten, Angestellten und Arbeitern anteilsmäßig gewählt wird. Er arbeitet in best. allg. Angelegenheiten mit der Dienststelle zusammen und ist teils durch Mitwirkung (z. B. in den personellen Angelegenheiten der Beamten), teils durch Mitbestimmung an der Entscheidung der sozialen und personellen Angelegenheiten beteiligt.

Für die P. in Verwaltungen und Betrieben der Länder, Gemeinden u. a. nicht bundesunmittelbaren Körperschaften, Anstalten und Stiftungen des öffentl. Rechts stellt das P.-Ges. nur Rahmenvorschriften auf; die Einzelregelung ist der Landesgesetzgebung überlassen. Seit 1962 haben alle Bundesländer P.-Ges. erlassen.

Personalwesen, betriebliches P., alle Institutionen und Maßnahmen zur Beschaffung, Erhaltung und Förderung des geeigneten Mitarbeiterstabs einer Unternehmung. Hauptbereiche sind: Beschaffung der Mitarbeiter auf dem Arbeitsmarkt; Einsatz der Arbeitskräfte in den Betriebsprozeß; laufende Betreuung der Beschäftigten; Gestaltung der Arbeitsbedingungen; Sozialfürsorge und Sozialpolitik; Festlegung des Arbeitsentgelts. Die Ausgestaltung des betriebl. P. ist das Ergebnis der **Personalpolitik,** die als Bestandteil der gesamten (integrierten) Unternehmenspolitik zu verstehen ist. In allen größeren Unternehmungen ist für das betriebl. P. eine **Personalabteilung** zuständig.

Friedrich Christoph Perthes
(Steinzeichnung von F. C. Gröger, 1824)

Personenfirma, Firma, deren Firmenname aus Personennamen gebildet ist, im Unterschied zur **Sachfirma,** deren Name vom Gegenstand des Unternehmens abgeleitet wird oder aus Phantasiewörtern besteht.

Personengesellschaft, Handelsgesellschaft, deren Gesellschafter für die Verbindlichkeiten der Ges. persönlich haften.

Personenkilometer, Abk. **Pkm,** im Personenverkehr: das Produkt aus der Zahl der beförderten Personen und der von ihnen zurückgelegten Entfernungen (im Güterverkehr: **Tonnenkilometer).**

Personenverkehr: öffentlicher P. nach Verkehrszweigen (in Mio.)

Verkehrszweige	1978 beförderte Personen	1978 Pkm	1980 beförderte Personen	1980 Pkm	1982[1]) beförderte Personen	1982[1]) Pkm
Eisenbahnverkehr	1 049	36 798	1 165	38 862	1 167	40 605
Straßenverkehr	6 480	70 292	6 730	73 901	6 528	73 677
allg. Linienverkehr ..	5 759	37 779	6 002	39 341	5 841	38 407
Sonderformen des Linienverkehrs[2]) ..	617	11 203	619	11 287	579	9 434
Gelegenheitsverkehr .	104	21 310	109	23 273	108	25 836
Luftverkehr	33	9 898	36	10 960	35	10 683

[1]) vorläufiges Ergebnis; [2]) Berufsverkehr, Schülerfahrten u. a.

Personenkonto, Buchführung: Konto für den geschäftl. Verkehr mit einer Person oder Personengruppe; Ggs.: Sachkonto.

Personenkraftwagen, Abk. **Pkw,** →Kraftwagen.

Personenkult, kommunist. Schlagwort, von N. S. Chruschtschow auf dem XX. Parteitag der KPdSU (1956) im Hinblick auf den Führungsstil Stalins gebraucht; kennzeichnet innerhalb der kommunist. Partei und Staatsführung die Macht- und Autoritätsanhäufung bei einer Person und deren übertriebene persönliche Verehrung. Seit 1956 gilt P. als Abweichung vom Prinzip der kollektiven Führung.

Personenname, Familien- oder Vorname (Übersicht Namen).

Personenrecht, Rechtssätze, die Rechtsverhältnisse regeln, in deren Mittelpunkt die Person steht; Ggs.: Vermögensrecht.

Personenruf|anlage, elektr. Anlage zum Rufen von Personen in einem Gebäude, Werksgelände u. a. von einer Zentrale aus auf drahtgebundenem oder drahtlosem Wege. P. mit drahtgebundener Übertragung werden als Lichtrufanlagen (→Lichtsignalanlagen) ausgeführt. Bei P. mit drahtloser Übertragung tragen die Personen Empfänger in Taschenformat. Zur Übertragung der Rufsignale werden meist Ultrakurzwellen oder auch hochfrequente Wechselströme, die durch in den Gebäudewänden verlegte Drahtschleifen geschickt werden und durch Induktion im Empfänger nachweisbar sind, benutzt. - Durch Anwendung eines Selektivrufverfahrens, das auf der Kombination von 2 Tonfrequenzen beruht, spricht nur der angerufene Empfänger mit einem optischen oder akust. Signal an, worauf sich die angerufene Person z. B. über Telephon meldet. Bei hochwertigen Anlagen kann die gerufene Person über einen mit dem Empfänger zusammengebauten kleinen Sender den Empfang bestätigen. Dann ist meist Sprechverkehr in beiden Richtungen möglich.

Personensorge, →elterliches Sorgerecht.

Personenstand, das familienrechtl. Verhältnis einer Person zu einer anderen. Die Beurkundung des P. erfolgt in den **Personenstandsbüchern** (Heirats-, Geburten-, Familien-, Sterbebuch), sie ist im P.-Ges. v. 8. 8. 1957 und den Ausführungs-VO i. d. F. v. 25. 2. 1977 geregelt. An Stelle des Familienbuchs am Eheschließungsort ist das Familienbuch des jeweiligen Wohnsitzes getreten. Die P.-Bücher beweisen bei ordnungsgemäßer Führung die in ihnen enthaltenen Angaben und bilden die Grundlage für die Ausstellung von **Personenstandsurkunden** (Geburts-, Heirats-, Sterbeurkunden u. a.).

Personenstandsfälschung, die vorsätzl. Falschangabe oder Unterdrückung des P. eines anderen, bes. gegenüber dem Standesbeamten, sowie das Unterschieben eines Kindes (§ 169 StGB). Während die StGB der Dt. Dem. Rep. und Österreichs den Begriff der P.-Fälschung nicht kennen, entspricht die schweizer. Regelung (Art. 216 StGB) dem Recht der Bundesrep. Dtl.

Personensteuern, Personalsteuern, Subjektsteuern, Steuern, die die Leistungspflicht an eine Person anknüpfen; sie werden nach der Leistungsfähigkeit dieser Person bemessen, z. B. Einkommensteuer, Vermögensteuer.

Personentarife, →Eisenbahntarife.

Personenverkehr, Beförderung von Personen durch Land-, See- und Luftverkehrsmittel. Man unterscheidet zw. öffentl. P., Beförderung mit öffentl. Verkehrsmitteln (Eisen-, Untergrund-, Straßenbahn, Omnibus, Flugzeug, Schiff), und Individualverkehr (im eigenen Fahrzeug).

Die Beförderung von Personen ist in der Bundesrep. Dtl. geregelt im Personenbeförderungsgesetz (PBefG) v. 21. 3. 1961.

Personenversicherung, →Versicherung.

Personenzug, →Eisenbahn.

Personifikation [lat.] *die, -/-en,* **Personifizierung,** Verkörperung, Darstellung als Person. *Vb. ich* **personifiziere** *es.*

persönliche Dienstbarkeit, →Dienstbarkeit.

Persönlichkeit [lat.] *die, -/-en,* **1)** ohne *Pl.,* die ausgeprägte Individualität eines Menschen (→Person). **2)** in sich gefestigter, bedeutender Mensch: *trotz seiner Jugend ist er eine P.*

Persönlichkeitsforschung, Teilbereich der Psychologie, der auf die Erforschung und theoret., gesetzmäßige und modellhafte Beschreibung der menschl. Person in ihrer individuellen Eigenart und Entwicklung gerichtet ist. Die P. entstand nach dem 2. Weltkrieg unter angloamerikan. Einfluß und übernahm die Forschungsziele der traditionellen →Charakterkunde, geht jedoch v. a. durch Einbeziehung sozialpsycholog. Aspekte und überwiegende Verwendung empir. Methoden über diese hinaus. Neben der z. T. nach tiefenpsycholog. Voraussetzungen konzipierten (Charlotte Bühler), z. T. mehr testpsycholog. und an Längsschnittuntersuchungen orientierten Lebenslaufforschung (R. Heiss, H. Thomae) wurden v. a. feldtheoret. (K. Lewin) und faktorenanalyt. (Ch. Spearman, J. P. Guilford, R. B. Cattell, H. J. Eysenck) Modelle der Persönlichkeit entworfen.

Persönlichkeitsrecht, das Recht des Einzelnen auf Achtung seiner Menschenwürde und seines Eigenwerts als individuelle Persönlichkeit **(allgemeines P.)**, bes. das Recht auf Achtung der Ehre, der privaten Geheimsphäre, der Gewissensfreiheit, der freien Berufswahl, garantiert in der Verfassung (Art. 1 und 2 GG). **Besondere P.** sind die im Privatrecht bes. geregelten subjektiven Rechte, die die Person und ihre Sphäre in bestimmten Einzelbeziehungen schützen, z. B. Namensrecht, Recht am eigenen Bild. Entsprechende Bestimmungen finden sich für die Dt. Dem. Rep. in Art. 19 Abs. 2 der Verfassung und §§ 7, 327 ZGB. Das österr. Recht schützt die ›jedem Menschen angeborenen, durch die Vernunft einleuchtenden Rechte‹ (§§ 16, 17 ABGB). Das schweizer. Recht unterscheidet zw. dem P. als privatrechtl. Anspruch gegenüber allen anderen Rechtssubjekten (Art. 28 ZGB) und den Freiheitsrechten (lt. Verf.) des Bürgers gegenüber dem Staat.

Persönlichkeitsspaltung, Bez. für ein Grundsymptom der → Schizophrenie.

Perspektiv [lat.] *das, -s/-e,* ⚘ kleines Fernrohr.

Perspektive [lat.] *die, -/-n,* **1)** die für den Beobachter scheinbare Verkürzung entfernterer Strecken und das Zusammenlaufen von ihm hinweggerichteter paralleler Geraden; z. B. scheinen für den Straßenpassanten alle zur Fahrbahn parallelen Geraden wie Gehwege, Häusersimse und Dachfirste nach einem einzigen Punkt zusammenzulaufen. **2)** die Darstellung dieser räuml. Verhältnisse in einer ebenen Zeichenfläche. Jede P. ist eine Zentralprojektion **(Zentralperspektive)**, da sich die Sehstrahlen im Auge als Zentrum vereinigen (→ Projektion). Soll eine beliebige gerade Linie *t* des Raumes abgebildet werden, so liegen alle nach ihren einzelnen Punkten gezogenen Sehstrahlen in einer Ebene, die durch die abzubildende Gerade und den **Augenpunkt** bestimmt ist. Die Schnittlinie dieser Ebene mit der Bildebene ist das perspektivische Bild der Originalgeraden. Der Sehstrahl zum unendlich fernen Punkt dieser Geraden ist parallel zu ihr; sein Schnittpunkt mit der Bildebene heißt **Fluchtpunkt** oder **Verschwindungspunkt** der Geraden. In ihm vereinigen sich die Bilder aller zu *t* parallelen Geraden. Die ganze waagerechte Ebene bildet sich in einem Streifen ab, der zw. *m n* und einer um die Augenhöhe *O O'* von *m n* entfernten Horizontalen, dem **Horizont**, liegt. Ist die Augenhöhe *O O'* sehr groß gegen die Höhe des Objekts, spricht man von einer **Vogelperspektive**, im umgekehrten Fall von einer **Froschperspektive. 3)** Bildende Kunst: Die Malerei der Spätantike gab Raumtiefe und Verkürzungen wieder, doch ohne bis ins Detail ausgeführte Perspektivkonstruktion. Im MA. wurde die Tiefenraumdarstellung in got. Zeit wiedergewonnen (Giotto u. a.). Als Entdecker der Zentralperspektive in der Frührenaissance gilt F. Brunelleschi (um 1420), sie wurde von Masaccio zuerst angewandt, von L. B. Alberti theoretisch begründet (um 1435). Im Norden stellten J. van Eyck u. a. Innenräume perspektivisch dar, ohne jedoch zur Zentralperspektive zu gelangen. Farben-, Licht- und Luftperspektive wurden bes. von niederländ. Malern des 17. Jh. ausgebildet. Der Impressionismus stellte den Wert der tiefenräuml. linearperspektivischen Illusion in Frage. In der Folgezeit kam es zu einer völlig aperspektivischen Darstellungsweise, die von den häufig übersteigerten P. des Surrealismus durchbrochen wird. **4)** Ausblick, weitreichender Durchblick. **5)** Ü Zukunftsaussicht; Gesichtspunkt. *Adj.* **perspektivisch.**

Perspektivismus [lat.] *der, -,* die philosophisch-erkenntnistheoret. Lehre, daß die Wirklichkeit nur unter bestimmten Perspektiven, abhängig von Standpunkt oder Eigenschaften des Erkennenden, gegeben sein kann; u. a. von Leibniz, Nietzsche und Ortega y Gasset vertreten.

Perspektivität [lat.] *die, -/-en,* besondere projektive Abbildung, durch die die Schnittpunkte zweier Geraden mit einem Geradenbüschel einander zugeordnet werden.

Perspektograph [lat.-grch.] *der, -en/-en,* Gerät zum Zeichnen des perspektivischen Bildes eines Gegenstandes aus Grundriß und Aufriß.

Persuasion [lat.] *die, -/-en,* **1)** Rhetorik, Kommunikationswissenschaft: die beiden Kommunikationseffekte des Überredens und Überzeugens. Ggs.: Dissuasion. **2)** Ⓟ Methode der stützenden Psychotherapie, die eine suggestive und rationale Beeinflussung des Patienten anstrebt.

Perth [pə:θ], **1)** Stadt in O-Schottland in der Tayside Region, an der Mündung des Tay, (1981) 42000 Ew.; Färbereien, Maschinen-, Fahrzeugbau, Webereien, Jutefabrikation, Druckereien, Glasverarbeitung. – P., eine röm. Gründung (kelt. **Bertha,** röm. **Victoria)**, wurde 1106 Stadt und war bis etwa Mitte des 15. Jh. schott. Hptst. **2)** Hptst. und einzige Großstadt von Western Australia, oberhalb der Mündung des Schwanenflusses, (1981) 918000 Ew.; kath. und anglikan. Erzbischofssitz, Univ., techn. Fachschulen; Ausgangspunkt der Transkontinentalbahn, internat. Flughafen; Raffinerien, Schwer-Ind.

Perthes, 1) Friedrich Christoph, Buchhändler und Verleger, * Rudolstadt 21. 4. 1772, † Gotha 18. 5. 1843, gründete 1796 in Hamburg mit J. H. Besser die erste reine Sortimentsbuchhandlung Dtl.s. 1822 schied er aus und gründete in Gotha einen Verlag. Er gehörte zu den Gründern des Börsenvereins der Dt. Buchhändler. (BILD S. 178) **2)** Johann Georg Justus, Verleger, * Rudolstadt 11. 9. 1749, † Gotha 1. 5. 1816, Onkel von 1), gründete 1785 in Gotha die Geograph. Verlagsanstalt Justus Perthes. 1953 wurde das Gothaer Stammhaus enteignet. Der Verlag Justus P. ist seitdem in Darmstadt ansässig.

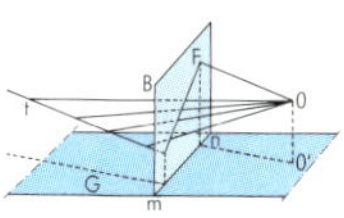

Perspektive 2)

Perspektive 2): t Linie im Sehraum, B Bildebene, F Fluchtpunkt, G Grundebene, m n Schnittlinie beider Ebenen, O Augenpunkt, O O' Augenhöhe

Pertinenz [lat.] *die, -/-en,* das Zubehör, Zugehörigkeit.

Pertini, Alessandro (Sandro), ital. Politiker (Sozialist), * Stella (bei Savona) 25. 9. 1896, 1968–76 Präs. der Abgeordnetenkammer, seit Juni 1978 Staatspräsident.

Pertubation [lat.] *die, -/-en,* ⚕ die → Tubendurchblasung.

Perturbation [lat.] *die, -/-en,* ✰ → Störungen.

Pertussis [lat.] *die, -,* ⚕ der → Keuchhusten.

Pertz, Georg Heinrich, Historiker, * Hannover 28. 3. 1795, † München 7. 10. 1876, leitete 1823–73 die → Monumenta Germaniae Historica, deren Aufbau und Grundsätze er festlegte.

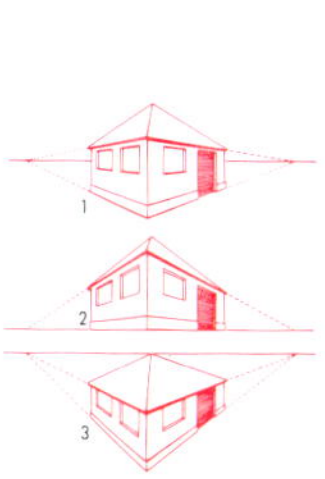

Perspektive 2)

Perspektive 2) mit zwei Fluchtpunkten: **1** Zentral-, **2** Frosch-, **3** Vogelperspektive

Peru, amtl. **República del Perú,** Rep. im nordwestl. Südamerika, 1,285 Mio. km², (1982) 18,223 Mio. Ew.; Hauptstadt: Lima; Amtssprache: Spanisch, seit 1975 auch Ketschua; Währungseinheit: 1 Sol (S/.) = 100 Centavos (cents). *Adj.* **peruanisch.** *der* **Peruaner,** *-s/-.* (KARTE XIV/XV, n. S. 320)

Staat. Nach der Verf. von 1980 ist P. eine Präsidiale Rep. (Amtszeit des Präs. 5 Jahre). Zweikammerparlament: Abgeordnetenhaus (180 Mitgl.) und Senat (60 Mitgl.). Verwaltungsgliederung in 25 Departamentos. – Recht. Das Zivilgesetzbuch ist von dt. und schweizer. Recht beeinflußt. Die Richter des Obersten Gerichtshofs in Lima werden von einem Nat. Rechtskonzil gewählt. – Streitkräfte: selektive Wehrpflicht (2 Jahre). Gesamtstreitkräfte: 135500 Mann; Heer: 75000, Luftwaffe: 40000, Marine: 20500; paramilitär. Kräfte: 31500.

Peru

Landesnatur. P. gliedert sich in 3 Großlandschaften: die flache, 50–140 km breite Küstenzone am Pazifik **(Costa)**, das von Hochbecken erfüllte Gebirgsland **(Sierra)** der Anden (höchster Berg: Huascarán, 6768 m) und das östl., feuchtheiße, bes. im Amazonasbecken weithin unerschlossene Waldland (an den Gebirgsflanken **Montaña,** in der Ebene **Selva)**. Die wasserreichen Flüsse (Marañón, Ucayali u. a.) fließen in den Anden in schluchtartigen Tälern zum Amazonassystem; im SO hat P. Anteil am Titicacasee. Das tropische Klima wird an der Küste durch den kühlen Humboldtstrom beeinflußt; die Küstenebene ist wüstenhaft trokken, mit Kakteen und Dornensträuchern, unterbrochen von Flußoasen. Die Waldgrenze reicht in den Bergen bis 3500 m. Ackerbau ist bis 4000 m möglich. Die Schneegrenze liegt bei 5000 m. (Weitere BILDER Machu Picchu, Südamerika)

Bevölkerung. Es überwiegen Indianer (49%) und Mestizen (33%), 12% sind Weiße (Kreolen), der Rest Neger und Asiaten.

Perspektive 3): LINKS Beginn der Zentral-P.; Masaccio, Dreifaltigkeit, Fresko um 1427 (Florenz, S. Maria Novella); RECHTS perspektivischer Aufbau mit mehreren Fluchtpunkten; Jan van Eyck, Maria mit Kind (Dresden, Gemäldegalerie)

Größe und Bevölkerung (1980)

Departamento (Hauptstadt)	km²	Ew. in 1000	Ew. je km²
Amazonas (Chachapoyas)	41 297	304	7
Ancash (Huaráz)	36 308	903	25
Apurímac (Abancay)	20 655	338	16
Arequipa (Arequipa)	63 528	715	11
Ayacucho (Ayacucho)	45 503	536	12
Cajamarca (Cajamarca)	35 418	1 112	31
Callao (Callao)[1]	74	436	5 892
Cuzco (Cuzco)	84 141	858	10
Huancavelica (Huancavelica)	22 871	374	16
Huánuco (Huánuco)	35 315	506	14
Ica (Ica)	21 251	481	23
Junín (Huancayo)	32 354	897	28
La Libertad (Trujillo)	23 241	1 001	43
Lambayeque (Chiclayo)	16 586	713	43
Lima (Lima)	33 895	5 101	150
Loreto (Iquitos)[2]	478 336	675	1
Madre de Dios (Pto. Maldonado)	78 403	25	0
Moquegua (Moquegua)	16 175	104	6
Pasco (Cerro de Pasco)	21 854	213	10
Piura (Piura)	33 067	1 063	32
Puno (Puno)	72 382[3]	900	12
San Martín (Moyobamba)	53 064	299	6
Tacna (Tacna)	14 767	131	9
Tumbes (Tumbes)	4 732	99	21
Peru (Lima)	**1 285 216**[4]	**17 784**[5]	**13**

[1]) untersteht direkt der Regierung. [2]) nach 1980 wurde aus 2 Provinzen des Dep. Loreto das neue Dep. Ucayali gebildet; Hptst.: Pucallpa. [3]) davon 4996 km² Anteil am Titicacasee. [4]) Differenz durch Rundungen. [5]) Volkszählung 1981: 17,031 Mio.; Fortschreibung 1982: 18,223 Mio.

Etwa 50% der Bev. leben im Küstengebiet, 39% in der Sierra, 10% in der Selva (auf 2/3 der Gesamtfläche); rd. 65% in Städten; Groß-Lima hat etwa 5 Mio. Ew. Das jährl. Wachstum der Bev. betrug (1975–80) 2,8%. – Bildung. Trotz Schulpflicht (6.–15. Lebensjahr) besucht etwa ein Viertel der Kinder keine Schule. Von den über 30 Univ. und Hochschulen ist die staatl. Univ. in Lima die älteste des amerikan. Festlands (1551 gegr.); weitere ältere Univ. sind Ayacucho (1677), Trujillo (1824), Arequipa (1828). – Religion. Die Kath. Kirche (95% der Bev.) steht unter Staatsschutz (bei allg. Glaubensfreiheit).

Wirtschaft, Verkehr. Nach der weitgehend staatlich gelenkten Wirtschaftsordnung der 70er Jahre ist die Wirtschaft Mitte der 80er Jahre überwiegend marktwirtschaftlich ausgerichtet und befindet sich in einer tiefen Rezession, begleitet von hoher Arbeitslosigkeit und Inflation (Inflationsrate 1983: rd. 130%) sowie Auslandsverschuldung (über 11 Mrd. US-$). – Wichtigster Wirtschaftsbereich ist die Landwirtschaft (40% der Erwerbstätigen, 24% des Ausfuhrwerts). In den 70er Jahren wurde eine Landreform durchgeführt (Enteignung der Großgrundbesitzer, Zusammenlegung unrentabler Minifundien). Die landwirtschaftl. Nutzfläche umfaßt 1/4 der Gesamtfläche (z. T. bewässert); angebaut werden v. a. Baumwolle und Zuckerrohr, ferner Reis, Mais, Erdnüsse, Weinreben, Tabak, Oliven und Früchte. Der extensive Anbau im Hochland dient v. a. der Selbstversorgung mit Quinoa, Bohnen, Mais, Kartoffeln, Weizen, Gerste und Gemüse. Die Montaña liefert hochwertigen Kaffee, ferner Kakao, Tee, in den Tälern Reis, Zuckerrohr und Baumwolle. Im trop. Amazonastiefland spielen Anbau von Reis und Bananen sowie Kautschukgewinnung eine Rolle. Die Viehwirtschaft liefert Fleisch, Wolle, Häute v. a. für den Export. Obgleich 57% der Fläche bewaldet sind, ist die Forstwirtschaft wegen der geringen Erschließung unbed. P. gehört zu den großen Fischereinationen der Erde. Der Bergbau erbringt mit nur rd. 2% der Erwerbstätigen rd. die Hälfte des Ausfuhrwerts. Zentrum ist das Bergland. Bed. sind v. a. die Förderung von Kupfer, Silber, Wismut; ferner Eisenerz, Blei, Zink, Gold, Kohle, Phosphat. Die Erdölförderung im N des Landes und vor der N-Küste deckt seit 1978 den heim. Bedarf; zunehmend wird Erdöl exportiert. In der Industrie (22% der Erwerbstätigen) überwiegt die Erzeugung von Konsumgütern: Nahrungsmittel- (Zucker-, Fisch-), Textil-, Papier- u. a. Ind. Bedeutung gewinnen auch chem., petrochem., Elektro-Ind., Kraftfahrzeug- und Maschinenbau; ferner Eisen- und Stahlerzeugung, Verhüttung von Kupfer und Verarbeitung von Erdöl. 70% der Ind.-Betriebe sind um Lima/Callao konzentriert. Die bed. Heim-Ind. geht auf alte indian. Traditionen zurück. Der Fremdenverkehr bringt mit jährlich rd. 250000 Auslandstouristen beachtl. Deviseneinnahmen. Die Handelsbilanz war Anfang der 80er Jahre mit steigender Tendenz defizitär. – Die Eisenbahn (2500 km) führt mit Stichbahnen von den Pazifikhäfen in die Hochgebirgstäler. Von den Straßen (58500 km) sind rd. 11% asphaltiert; wichtigste sind die Carretera Panamericana (entlang der Küste) und die Transandenstraße (Lima–Pucallpa). Die Handelsflotte verfügt über 694 Schiffe mit 826500 BRT (18% entfallen auf Tanker); wichtigste Handelshäfen am Pazifik: Lima/Callao, Matarani, Salaverry, San Juan, Ilo, Talara. Binnenschiffahrt auf dem Titicacasee und auf den Flüssen im Amazonasgebiet (über den Amazonas Zugang zum Atlantik). Staatl. Flug-Ges.: AEROPERU; internat. Flughafen: Lima.

Geschichte. Das heutige P. war das Kernland des indian. Großreichs der → Inka. Dieses wurde 1532/33 von → Pizarro unterworfen. Das span. Vizekgr. P. umfaßte fast das ganze span. Südamerika; im N wurde 1739 das Vizekgr. Neugranada, im S 1776 das Vizekgr. Río de la Plata abgetrennt. Durch seinen Silberreichtum war P. eine der wertvollsten Kolonien Spaniens. Im Unabhängigkeitskampf Südamerikas (seit 1810) blieb P. eine Stütze der span. Herrschaft. Nach Einzug des argentin. Generals San Martín in Lima wurde 1821 die Unabhängigkeit ausgerufen, durch die Siege Bolívars bei Junín und des Generals Sucre gefestigt (1824). Nach langjährigen blutigen Wirren erlebte das Land um die Mitte des 19. Jh. durch den Guano der Küsteninseln und den Salpeter der Südprovinzen einen großen wirtschaftl. Aufschwung, der sein Ende mit dem Salpeterkrieg (seit 1879) durch die im Frieden von Ancon (1883) erzwungene Abtretung der Salpeterprovinzen (Tarapaca, Arica und Tacna) an Chile fand. Brit. und nordamerikan. Kapital hatte nun vorherrschenden Einfluß in P.; nur langsam erholte sich das Land. 1908–12 und 1919–30 regierte Präs. P. A. Leguía als Diktator, wobei es ihm 1929 gelang, Tacna von Chile zurückzuerhalten. Nach seinem Sturz wurde die innenpolit. Lage labil. Die Konferenz von Rio de Janeiro (1942) entschied im Streit mit Ecuador um die Zugänge zum oberen Amazonas zugunsten P.s. 1947 errichtete Gen. M. A. Odría Amoretti (1950–56 Präsident) eine Militärdiktatur, die 1956 jedoch wieder einem verfassungsgemäßen Reg.-System weichen mußte. 1963 verhinderte das Militär die Amtsübernahme des zum Präs. gewählten Führers der proindian. Bewegung ›Alianza Popular Revolucionaria Americana‹ (APRA). Nach erneut angesetzten Wahlen wählte die Bev. den reformorientierten Kandidaten der ›Volksaktion‹, F. Belaúnde Terry (Präs.: 1963–68). Obwohl er eine Aufteilung des Großgrundbesitzes einleitete, sah er sich mit einer wachsenden Guerilla-Bewegung konfrontiert. Ein Militärputsch zwang ihn 1968, zugunsten von G. J. Velasco Alvarado zurückzutreten. An der Spitze eines linksnationalist. Revolutionsrats führte Präs. Velasco Alvarado (1968–75) – bei Unterdrückung der polit. Opposition – eine Landreform durch und enteignete die nordamerikan. Öl-Gesellschaften. Nach Verabschiedung einer neuen Verf. wählte die Bev. 1980 Belaúnde Terry erneut zum Präs., der mit marktwirtschaftl. Mitteln die Entwicklung P.s vorantreiben und die sozialen Konflikte lösen will, sich dabei jedoch den Aktivitäten der Guerilla-Organisation ›Sendero Luminoso‹ (›Erleuchteter Pfad‹) gegenübergestellt sieht.

peruanische Literatur, → lateinamerikanische Literatur.

Perubalsam, Indischer Balsam, Wundbalsam, an der Luft nicht eintrocknende dickl. Flüssigkeit von vanilleartigem Geruch des südamerikan. **P.-Baums (Myroxylon balsamum var. pereirae),** als Wundheilmittel sowie in der Parfümerie verwendet.

Peru: Flußoase des Casma in der Küstenwüste N-Perus

Perücke [frz.-ital.] *die, -/-n,* künstl. Haartracht aus Haaren, pflanzl. oder synthet. Fasern, getragen als Ersatz für fehlendes Kopfhaar oder als Modetracht (Allonge-, Stutz-P., Haarbeutel, Zopf-P.; → Haare). *der* **Perückenmacher,** *-s/-,* **Haarformer,** Teilberuf des Friseurhandwerks, fertigt Ersatz und Nachahmungen von Haupt- und Barthaar, auch für Theater, Film, Fernsehen.

Perückenstrauch, ein → Sumach.

Perugia [-dʒa], **1)** Prov. in der ital. Region Umbrien, 6334 km², (1981) 581000 Ew. **2)** Hptst. von 1), zw. Tiber und Trasimen. See, (1981) 142300 Ew.; Erzbischofssitz, Univ. (1200 gegr.), Univ. für Ausländer (1925 gegr.), Akademie der schönen Künste; Lebensmittel-Ind. (Schokolade), Streichholzfabrik, Kunsttöpferei; got. Dom (1345–1490), Kirchen San Pietro (Kern um 1000), San Severo mit Fresko Raffaels (1505), San Domenico (14./18. Jh.), got. Palazzo Comunale (Ende 13./14. Jh.) mit Biblioteca Augusta und Gemäldegalerie. – P., das antike **Perusia,** war ein Stadtstaat der

Perugia: Palazzo Comunale, rechts der Große Brunnen

Etrusker; 295 v. Chr. wurde es von Rom unterworfen. Im ›Perusin. Krieg‹ wurde hier 41/40 v. Chr. Antonius' Bruder von Oktavian (Augustus) belagert, die eroberte Stadt zerstört. 754 kam P. zum Kirchenstaat, behielt aber eine freistädt. Verfassung. 1540 kam es nach kurzer Adelsherrschaft im 15. Jh. wieder fest in päpstliche Hand, 1860 zum neuen Italien.

Perugino [-dʒ'i:no], eigtl. Pietro **Vannucci** [vann'uttʃi], ital. Maler, * Città della Pieve um 1448, † Fontignano 1523, der bedeutendste Maler Umbriens vor Raffael, dessen Lehrer er war. In seiner Kunst verbinden sich florentinische Monumentalität und Wirklichkeitstreue mit der milden Anmut der umbrischen Schule. Seine Bilder sind einfach und klar komponiert, die Figuren rhythmisch bewegt.

HW: Fresken in der Sixtin. Kapelle des Vatikans (seit 1480; Schlüsselübergabe an Petrus u. a.); Madonna mit Heiligen (1493; Florenz, Uffizien); Grablegung Christi (1495; ebd., Palazzo Pitti); Vision des hl. Bernhard (1489; München, Alte Pinakothek).

Perutz, 1) Leo, Schriftst., * Prag 2. 11. 1882, † Bad Ischl 25. 8. 1957; phantast. Romane (›Der Meister des jüngsten Tages‹, 1923).

2) Max Ferdinand, österr.-brit. Chemiker, * Wien 19. 5. 1914, Dir. der Abt. für Molekularbiologie des Medical Research Council in Cambridge, ermittelte, zus. mit J. C. Kendrew, den räuml. Aufbau des Hämoglobinmoleküls durch Röntgenstrukturanalyse. Hierfür erhielten beide 1962 den Nobelpreis für Chemie.

Max Ferdinand Perutz

pervers [lat.], verkehrt, widernatürlich. *die* **Perversion,** *-/-en,* Verdrehung, Umkehrung; ein hauptsächlich entwicklungsbedingtes Abweichen von der als Norm angenommenen Betätigung des Geschlechtstriebes (z. B. Sadismus). *die* **Perversität,** *-/-en,* abnorme Form geschlechtlicher Befriedigung. *es* **pervertiert** (ist pervertiert), weicht vom Normalen ab.

Perwo|uralsk, Stadt im Gebiet Swerdlowsk, Russ. SFSR, (1982) 132000 Ew.; bed. Röhrenwalzwerk, Hütten-, Maschinenbau-, chem. Ind.; Hüttentechnikum.

Perzent [lat.] *das, -(e)s/-e,* und nach Zahlen -, *österr.:* Prozent.

Perzeption [lat.] *die, -/-en,* Wahrnehmung (die nach Leibniz nicht bewußt ist, im Unterschied zur bewußten → Apperzeption). *ich* **perzipiere** *es,* nehme wahr.

Pesade [frz.] *die, -/-n,* Reitkunst: Übung der Hohen Schule: Das kurz aufgebäumte Pferd hat angezogene Vorderbeine und stützt die untergesetzte Hinterhand auf.

pesante [ital.], ♪ schwer, wuchtig.

Pesaro, Seebad und Hptst. der ital. Prov. Pesaro e Urbino, an der Mündung der Foglia in das Adriat. Meer, (1981) 90400 Ew.; Bischofssitz; Fachschulen, Musikschule; Schwefelraffinerie, Musikinstrumenten-, Motorradfabrik, keram. Ind.; Herzogspalast (15./16. Jh.). – P., das antike **Pisaurum,** wurde 184 v. Chr. röm. Kolonie und kam später vom Byzantin. Reich an den Kirchenstaat. Herren der Stadt waren seit 1285 die Malatesta, seit 1445 die Sforza, seit 1512 die della Rovere. 1631–1860 gehörte P. wieder zum Kirchenstaat.

Pesaro e Urbino, Prov. in der ital. Region Marche, 2892 km², (1981) 333500 Ew.; Hptst.: Pesaro.

Pescadores *Pl.,* chines. **Penghu,** Inselgruppe in der Formosastraße, 127 km², etwa 112000 Ew.; Hptst.: Makung. Die P. gehören seit 1949 zu Taiwan. Seit 1970 verbindet eine 2160 m lange Brücke die Hauptinseln Penghu, Paisha und Hsiyü.

Pescara, 1) Prov. in der ital. Region Abruzzen, 1225 km², (1981) 333500 Ew. **2)** Hptst. von 1), an der Mündung des Flusses P. in das Adriat. Meer, (1981) 131300 Ew.; Bischofssitz; Seebad, Fischereihafen; Zementfabrik, Kunsttöpferei, Farbwerke.

Pescara, Fernando (Ferrante) Francisco **de Ávalos** [ðə 'aβalɔs], Marqués de, Feldherr Kaiser Karls V., * Neapel 1490, † Mailand 3. 12. 1525, ⚭ mit Vittoria → Colonna. Er zeichnete sich bes. in den Schlachten bei Bicocca (1522) und Pavia (1525) aus, wo er verwundet wurde. Einer gegen Karl geplanten Verschwörung schloß er sich nur zum Schein an und entdeckte den Plan dem Kaiser. – Novelle von C. F. Meyer ›Die Versuchung des P.‹ (1887).

Peschel, Oscar, Geograph, * Dresden 17. 3. 1826, † Leipzig 31. 8. 1875, Wegbereiter der Geomorphologie.

HW: Neue Probleme der vergleichenden Erdkunde (1870); Physische Erdkunde, 2 Bde. (1879–80).

Peschelrohr, gefalztes Stahlblechrohr ohne isolierende Einlage, Schutzrohr für elektrische Leitungen.

Peschita [›die Einfache‹] *die, -,* die syr. Bibelübersetzung.

Peschmerga [iranisch ›die dem Tod Geweihten‹], Eigenbez. der um die Unabhängigkeit ihres Volkes kämpfenden Kurden.

Pesel [nd.] *der, -s/-,* Prachtstube in alten Bauernhäusern in Schlesw.-Holst.

pesen [von lat. pes ›Fuß‹; Schülerwort]. *ich* **pese** (bin gepest), U gehe schnell, haste.

Peseta [von Peso] *die, -/-s* oder ... *ten* und bei Wertangaben -, span. Währungseinheit: 1 P. (Pta) = 100 Céntimos (cts).

Peshawar [-ʃ-], Prov.-Hptst. in Pakistan, am Ausgang des Khyberpasses, (1981) 131300 Ew.; Univ.; Handelszentrum, Textil-, pharmazeut., Nahrungsmittel-Ind. – Als bed. Grenzfestung wurde P. 1849 von Großbritannien besetzt.

Pesne [pɛ:n], Antoine, frz. Maler, * Paris 23. 5. 1683, † Berlin 5. 8. 1757, wo er seit 1710 Hofmaler war, malte Wand- und Deckenbilder, Tanz- und Theaterszenen und v. a. Porträts von Mitgliedern der königl. Familie und des preuß. Hofs.

Antoine Pesne (Selbstporträt)

Peso [span. ›Gewicht‹] *der, -(s)/-s* und bei Wertangaben -, Währungseinheit in Argentinien, Bolivien, Chile, der Dominikan. Rep., Guinea-Bissau, Kolumbien, Kuba, Mexiko, den Philippinen (1 P. = 100 Centavos) sowie in Uruguay (1 P. = 100 Centésimos); ursprünglich war der P. eine von Karl V. in Spanien eingeführte Silbermünze.

Peso, Mexiko 1967

Pessar [lat.] *das, -s/-e,* **Mutter|ring,** Ring aus Hartgummi, Metall, Porzellan oder Kunststoff zum Stützen der Gebärmutter und zur → Empfängnisverhütung.

Pessimismus [aus lat. pessimum ›das Schlechteste‹] *der, -,* eine Einstellung oder Lebensanschauung, die geneigt ist, bei allem Geschehen einen schlechten Ausgang für wahrscheinlich zu halten oder vorwiegend die Schattenseiten des Daseins zu sehen. P. kann als persönl. Einstellung durch individuelle Anlage oder schlechte Erfahrungen bedingt sein, er kann aber auch auf einer tiefer begründeten, einer Religion oder philosophisch-metaphys. Lehre entstammenden Welt- und Lebensanschauung beruhen. Unter den Religionen wird ein konsequenter P. im Hinajana-Buddhismus und der Advaita-Mystik vertreten, in der Philosophie v. a. bei A. Schopenhauer, E. v. Hartmann, F. Nietzsche. Einen kulturgeschichtl. P. enthält das Werk von O. Spengler. Ggs.: Optimismus. *der* **Pessimist,** *-en/-en. Adj.* **pessimistisch.**

Pessoa, Fernando, portugies. Lyriker, * Lissabon 13. 6. 1888, † ebd. 30. 11. 1935, wuchs in S-Afrika auf, studierte in Kapstadt und Lissabon. Seine frühen Gedichte (z. T. in engl. Sprache) sind von den frz. Symbolisten und den engl. Romantikern beeinflußt. Seit 1914 schrieb er auch unter den Namen Alberto Caeiro, Álvaro de Campos und Ricardo Reis, die er als selbständige dichterische Persönlichkeiten aufgefaßt sehen wollte.

Fernando Pessoa (Zeichnung von Almada-Negreiros)

Pessoa Câmara, Hélder, brasilian. Erzbischof, * Fortaleza 7. 2. 1909, 1964–84 Erzbischof von Olinda und Recife; 1968 rief er die Bewegung ›Aktion, Friede und Gerechtigkeit‹ ins Leben, um Armut und soziale Ungerechtigkeit zu bekämpfen. P. C. erhielt 1974 in Oslo den ›Friedenspreis des (norweg.) Volkes‹, in Frankfurt a. M. den dt. ›Alternativ-Friedenspreis‹.

Pest [lat. pestis ›Seuche‹] *die, -,* **Pestilenz** *die, -/-en,* historisch sehr bed., akute bakterielle Infektionskrankheit. Die P. ist in erster Linie eine Tierkrankheit, die von Nagetieren (bes. Ratten) durch Rattenflöhe auf den Menschen übertragen werden kann. Der Erreger, das 1894 von A. Yersin und S. Kitasato entdeckte

Johann Heinrich Pestalozzi

Georg Petel: Hl. Sebastian, um 1630/31

Peter I., der Große (Bronzeabguß nach der Totenmaske)

Pestbakterium **(Yersinia pestis),** findet sich im Eiter und Auswurf der Kranken. Zunächst zeigen sich schmerzhafte Schwellungen an Leisten-, Achsel- und Halslymphknoten **(Beulen-P., Bubonen-P.)** und Karbunkel **(Haut-P.)** als Folge der Flohstiche. Nach Überschwemmung des Bluts mit Keimen **(P.-Sepsis)** entstehen Lungenerkrankungen. Diese **Lungen-P.** wird von Mensch zu Mensch durch Tröpfcheninfektion übertragen. Zur Bekämpfung der P. müssen zunächst die Ratten vernichtet werden. Die P. ist eine gemeingefährl. und → meldepflichtige Krankheit; pestkranke und -verdächtige Personen müssen sich der → Quarantäne unterziehen. Schutzimpfung gegen P. ist möglich, erzeugt jedoch nur unvollständigen Impfschutz. Behandlung: Chemotherapeutika (Tetracycline).

Geschichtliches. Für den **Schwarzen Tod,** der Europa 1347–52 heimsuchte, werden viele Millionen Opfer angegeben. Im 15.–18. Jh. folgten verschieden heftige Epidemien; 1890 bedrohte die P. noch einmal, von Innerasien aus, die Welt; als Seuche trat die Lungenpest 1910/11 in der Mandschurei auf. Auf Malta kam es noch 1936 zu einer P.-Endemie mit 28 Erkrankungsfällen.

Volkskundliches. Die Kath. Kirche kannte etwa 60 Schutzheilige gegen die P., bes. Sebastian, Rochus, Karl Borromäus, die 14 Nothelfer. Zur Abwendung der P. wurden seit dem 15. Jh. Pestblätter mit Gebeten und Holzschnitten gedruckt. Zum Gedenken an Pestzeiten wurden Pestkapellen und -altäre, in Österreich, Süd-Dtl. und Schlesien auch Pestsäulen errichtet. Auch P.- und Leichenspiele, meist religiösen Inhalts, wurden aufgeführt. Das Oberammergauer Passionsspiel ist die Erfüllung eines Gelübdes anläßlich einer Pestepidemie 1633/34.

Pest [pɛʃt], Stadtteil von Budapest, bis 1872 selbständig, auf der Ostseite der Donau gegenüber von Buda (Ofen).

Pestalozzi, Johann Heinrich, Erzieher und Sozialreformer, * Zürich 12. 1. 1746, † Brugg 17. 2. 1827, war zunächst als Landwirt tätig, gründete den Neuhof auf dem Birrfeld im Aargau, errichtete dort 1774 auch eine Erziehungsanstalt für arme Kinder, die bis 1779 bestand. Nach kürzeren pädagog. Unternehmungen (Burgdorf, Buchsee) wirkte er 1805–25 im waadtländ. Iferten (Yverdon). Von dort ging eine europ. Erziehungserneuerung größten Umfangs aus. P. gilt als geistiger Schöpfer der modernen Volksschule. Die Erziehung suchte er auf die ›Anschauung‹ als den inneren Sinn des Menschen für die Ordnung der Welt, auf ›Liebe‹ und ›Glauben‹ zu gründen. Er betonte die bildende Kraft der Arbeit und des Gemeinschaftslebens. Vorbild aller Erziehung war ihm die Familie.

HW: Lienhard und Gertrud, 4 Bde. (1781–87); Meine Nachforschungen über den Gang der Natur in der Entwicklung des Menschengeschlechts (1797); Wie Gertrud ihre Kinder lehrt (1801).

Pestalozzianum *das, -s,* die älteste schweizer. Schulausstellung in Zürich, gegründet 1875; seit 1929 Institut zur Förderung des Schul- und Bildungswesens sowie der Pestalozziforschung.

Pestalozzidörfer, Gruppe der → Kinderdörfer, die verwaiste Kinder aus allen Ländern zusammenführen, ihnen die Familie ersetzen sowie die Gegensätze der Nationen und Rassen überbrücken helfen sollen. Die P. entstanden nach dem Vorbild des Kinderdorfs Pestalozzi in Trogen (Schweiz). P. gibt es u. a. in der Bundesrep. Dtl. und England; in zahlreichen anderen Ländern bestehende Kinderdörfer wirken in ähnl. Weise, ohne daß sie ausdrücklich als P. bezeichnet sind.

Pestalozzi-Fröbel-Haus, Berlin, 1874 von Henriette Schrader als Verein für den Volkskindergarten gegr., seit 1944 Stiftung öffentl. Rechts, ist Träger einer Berufsfachschule und Fachschule für Erzieher (Ausbildung zum Erzieher) und versch. Einrichtungen der sozialpädagog. Praxis (Kindertagesstätten, heilpädagog. Heim, Familienberatung, Nachbarschaftsheim).

Pestalozzi-Fröbel-Verband e. V., 1873–1938 **Dt. Fröbel-Verband,** Fachverband, der bes. durch Elternberatung und -bildung sowie durch sozialpädagog. Wirken in familienergänzenden Einrichtungen (Kindergarten, Hort u. ä.) die frühkindl. Erziehung und Bildung zu fördern sucht.

Pestizide [lat.], **Biozide** *Pl.,* Schädlingsbekämpfungsmittel, die als Pflanzenschutzmittel und gegen Krankheitserreger (z. B. Insektizide, Molluskizide) verwendet werden.

Pestwurz, Petasites, staudige Korbblütergatt. mit kräftigem Wurzelstock, großen, grundständigen Blättern, im Vorfrühling mit schuppig beblättertem Schaft und traubig oder rispig geordneten Körbchen mit Röhrenblüten. In Mitteleuropa kommt bes. an Flußufern die **Rote P. (Petasites hybridus)** vor, deren Blätter nach der Blüte erscheinen. Die **Weiße P. (Petasites albus)** wächst in feuchten Bergwäldern Europas, der Kaukasusländer und des Altai. Manche Arten sind Zierpflanzen.

Peta, Vorsatzzeichen **P,** Vorsatz vor Einheiten für den Faktor 10^{15} (Billiarde); z. B. **1 Petameter** = 1 Pm = 10^{15} m.

Petah Tiqwa [p'ɛtax-], Stadt in Israel, östlich von Tel Aviv, (1981) 121 700 Ew.; 1878 als jüd. landwirtschaftl. Siedlung gegr., Anbau von Citrusfrüchten; Maschinen-, Textil- u. a. Industrie, Fahrzeugbau.

Pétain [pet'ɛ̃], Philippe, frz. Marschall (1918) und Politiker, * Cauchy-à-la-Tour (Dép. Pas-de-Calais) 24. 4. 1856, † Port-Joinville (Insel Yeu) 23. 7. 1951, leitete 1916 die erfolgreiche Verteidigung von Verdun, wurde 1917 Oberbefehlshaber. 1922–31 war er Generalinspekteur der Streitkräfte und Vizepräs. des Obersten Verteidigungsrats, 1934 Kriegs-Min. Am 18. 5. 1940 wurde er Vizepräs. des Kabinetts Reynaud, am 17. 6. MinPräs. Als solcher schloß er den Waffenstillstand mit Dtl. und Italien. Als Staatschef (seit 11. 7. 1940) versuchte er mit Dtl. zusammenzuarbeiten. 1944 interniert, ging er im April 1945 in die Schweiz und stellte sich am 26. 4. freiwillig dem frz. Obersten Gerichtshof. Am 5. 8. 1945 wurde P. zum Tode verurteilt, jedoch zu lebenslanger Haft begnadigt und auf die Insel Yeu verbannt.

Petaling Jaya, Satellitenstadt 10 km östlich von Kuala Lumpur, W-Malaysia, etwa 100 000 Ew.; 1951 gegr. als Wohnvorort für Kuala Lumpur, seit 1957 Industrieansiedlung.

Petel, Georg, Bildhauer, * Weilheim (Oberbayern) um 1601/02(?), † Augsburg vor dem 29. 1. 1635, lernte in München, Italien und Antwerpen, wo er Rubens kennenlernte, und ließ sich 1625 in Augsburg nieder. Seine Kunst ging vom späten Manierismus aus und fand durch selbständige Verarbeitung v. a. der von Rubens empfangenen Eindrücke den Weg zum Barock. P. schuf Holzskulpturen für Augsburger Kirchen (Christus Salvator in St. Moritz u. a.), Bronzebildwerke (Kruzifix mit klagender Magdalena; Regensburg, Niedermünster) und Elfenbeinarbeiten (Humpen mit trunkenem Silen, Wien, Kunsthistorisches Museum).

Peter [lat. Petrus], **1)** männl. Vorname. **St. P.,** der heilige → Petrus. **2)** *der, -s/-,* U Kerl: *ein langweiliger P.* **3) Schwarzer P.,** Kartenspiel, bei dem eine Karte, der ›Schwarze Peter‹, übrigbleibt.

Peter, Fürsten:

Aragonien. **1) P. (Pedro) II.,** König (1196–1213), * 1174, † Muret 13. 9. 1213, besiegte im Bund mit Kastilien die maurischen Almohaden 1212 bei Navas de Tolosa. Als Bundesgenosse der Albigenser fiel er in der Schlacht bei Muret.

2) P. (Pedro) III., der Große, König (1276–85), * zw. 1238 und 1243, † Villafranca del Panadés (Prov. Barcelona) 10. 11. 1285, Schwiegersohn des Staufers Manfred, unterstützte die Sizilianische Vesper (1282) und behauptete Sizilien im Kampf gegen Karl I. von Anjou.

Brasilien. **3) P. (Pedro) I. de Alcántara,** Kaiser (1822–31), Sohn des portug. Königs Johann VI., * Lissabon 12. 10. 1798, † ebd. 24. 9. 1834, wurde 1821 Prinzregent in Brasilien, rief am 7. 9. 1822 die Unabhängigkeit aus und wurde am 1. 12. zum Kaiser gekrönt. 1826 nahm er als Peter IV. den Titel eines Königs von Portugal an, trat jedoch gleich darauf zurück zugunsten seiner Tochter Maria da Gloria (→ Portugal, Geschichte).

4) P. (Pedro) II. de Alcántara, Kaiser (1831–89), Sohn von 3), * Rio de Janeiro 2. 12. 1825, † Paris 5. 12. 1891, bis 1840 unter Vormundschaft, führte erfolgreich Kriege gegen Argentinien (1851/52) und Paraguay (1865–70); förderte die Wirtschaft, die europ. Einwanderung, Kunst und Wissenschaft. Die Aufhebung der Sklaverei führte zum Sturz des Kaisertums.

Jugoslawien. **5) P. II. Karadjordjević** [-vitsj], König (1934–45), * Belgrad 6. 9. 1923, † Los Angeles 3. 11. 1970, folgte seinem 1934 ermordeten Vater Alexander I. unter der Regentschaft seines Onkels Paul. Nach dem Putsch vom 27. 3. 1941 übernahm er selbst die Reg.; seit April 1941 lebte P. in der Emigration.

Mainz. **6) P. von Aspelt,** Kurfürst und Erzbischof (1306–20), * Aspelt bei Luxemburg um 1240, † Mainz 5. 6. 1320, war 1296–1306 Bischof von Basel und Kanzler des Königs von Böhmen. Als Gegner der Habsburger unterstützte er die Wahl Heinrichs VII. (1308), dessen Sohn Johann er zum König von Böhmen krönte, und Ludwigs des Bayern (1314); Grabmal im Mainzer Dom.

Rußland. **7) P. I., der Große (Pjotr Aleksejewitsch),** Zar und Kaiser (1682–1725), Sohn des Zaren Aleksej Michajlowitsch, * Moskau 9. 6. 1672, † St. Petersburg 8. 2. 1725, folgte 1682 seinem Bruder Fjodor III. zunächst mit seinem schwachsinnigen Halbbruder Iwan V., seit 1689 allein. Er war bemüht, seinem Reich die Kultur Westeuropas zu übermitteln. 1697/98 bereiste er das Ausland, erlernte in Holland und England den Schiffbau und hielt nach seiner Rückkehr ein blutiges Strafgericht über die aufständischen Strelitzen. Im Nordischen Krieg (→ Nordische Kriege 3) wurde er am 30. 11. 1700 von dem Schwedenkönig Karl XII. geschlagen, vernichtete, nachdem er 1703 die neue Residenzstadt St. Petersburg gegründet hatte, die Schweden in der Schlacht bei Poltawa (8. 7. 1709), mußte zwar den Türken 1711 das 1696 eroberte Asow zurückgeben, errang aber im Frieden von Nystad (1721) die Anerkennung Rußlands als europ. Großmacht an Stelle Schwedens; er nahm den Kaisertitel an. P. ordnete einschneidende innere Reformen an: Vergrößerung des Heers, Ostseeflotte, Umgestaltung der Behördenverfassung, Produktionssteigerung, Schulen, staatl. Kirchenaufsicht (Ersetzung des Patriarchats durch den Hl. Synod), neuer Dienstadel. Seine 2. Gemahlin und Nachfolgerin war Katharina I.; seinen Sohn Aleksej aus 1. Ehe, der zu den Altgläubigen gehörte, ließ er 1718 zu Tode foltern. (BILD Falconet)

8) P. II. (Pjotr Aleksejewitsch), Kaiser (1727-30), Sohn von →Aleksej 3), * St. Petersburg 23. 10. 1715, † Moskau 29. 1. 1730, folgte Katharina I. auf den Thron. Mit ihm erlosch der Mannesstamm des Hauses Romanow.

9) P. III. (Pjotr Fjodorowitsch), Kaiser (1762), Sohn von Anna Petrowna, einer Tochter Peters d. Gr., und des Herzogs Karl Friedrich von Holstein-Gottorp, * Kiel 21. 2. 1728, † Ropscha (bei Peterhof) 17. 7. 1762, verheiratet mit Sophie Augusta von Anhalt-Zerbst, der späteren Kaiserin Katharina II., schloß mit Friedrich d. Gr. Frieden, wurde von Anhängern seiner Gemahlin gestürzt und unter nie ganz geklärten Umständen ermordet. Gründer des Hauses Romanow-Holstein-Gottorp.

Peterborough [p'i:təbrə], Stadt in der engl. Cty. Cambridgeshire, am Nen, (1981) 115400 Ew.; vielseitige Ind.; anglonormann. Kathedrale (1118 begonnen). P. geht auf die 654 gegr. Abtei Medeshamstede zurück. 1967 wurde es zur ›Neuen Stadt‹ erklärt.

Peterhead [pi:təh'ed], Hafenstadt in der Grampian Region, Schottland, (1981) 17000 Ew.; Hauptstation für den schott. Heringsfang, Fisch- und Gemüsekonservenherstellung.

Peterhof, bis 1944 Name von →Petrodworez.

Peterich, Eckart, Schriftst., * Berlin 16. 12. 1900, † Florenz 13. 4. 1968, schrieb Abhandlungen über Mythos, Religion und Kunst der Antike, Dramen und Gedichte.

Peter-I.-Insel, Insel der W-Antarktis, 243 km², bis 1220 m hoch, fast ganz mit Eis bedeckt; 1821 von F. G. v. Bellingshausen entdeckt, nach Peter d. Großen benannt; seit 1929 norwegisch.

Petermann, August, Geograph und Kartograph, * Bleicherode 18. 4. 1822, † Gotha 25. 9. 1878; arbeitete ebd. seit 1854 in Justus Perthes' Geograph. Verlagsanstalt, bes. an Stielers Handatlas. Er regte mehrere Afrika- und die ersten dt. Polarexpeditionen an; gründete 1855 die später nach ihm benannte Zeitschrift ›Petermanns Geographische Mitteilungen‹.

Petermännchen, Bez. für 2 Knochenfischarten (20 und 45 cm lang) an europ. Küsten. Die erste Rückenflosse ist giftig.

Petermann-Spitze, 2940 m hoher Gipfel an der Ostküste Grönlands, nach A. Petermann benannt.

Peters, 1) Carl, Kolonialpionier, * Neuhaus a. d. Elbe 27. 9. 1856, † Bad Harzburg 10. 9. 1918, erwarb Ende 1884 die Kerngebiete des späteren Deutsch-Ostafrikas (→Schutzgebiete), wofür die Reichsregierung 1885 einen Schutzbrief ausstellte. Nachdem sie an die Stelle der von P. gegr. ›Deutsch-Ostafrikan. Gesellschaft‹ getreten war, machte sie P. zum Reichskommissar des Schutzgebiets Deutsch-Ostafrika. 1889/91 glaubte er, auch Uganda gewinnen zu können, aber im Helgoland-Sansibar-Vertrag verzichtete das Dt. Reich darauf. 1895 führte der parlamentar. Kampf gegen die Methoden von P. zu seiner Entlassung.

2) Carl Friedrich, Verleger, * Leipzig 30. 3. 1779, † ebd. 20. 11. 1827, übernahm 1814 den von dem Komponisten F. A. Hoffmeister und dem Organisten A. Kühnel 1800 gegr. Musikverlag, in dem seit 1867 die **Edition Peters** erschien (nach der Enteignung 1949 in Leipzig als ›VEB Edition Peters‹, seit 1950 in Frankfurt a. M. im ›Musikverlag C. F. Peters‹ fortgeführt).

Petersberg, 1) früher auch **Lauterberg (Mons serenus),** 248 m, Rest einer Porphyrdecke, nördlich von Halle. Auf dem P. liegt das Augustiner-Chorherrenstift St. Peter, gegr. 1124; die Kirche (1184 geweiht), zeitweise wettin. Grablege, wurde 1538 durch Brand zerstört (1853-57 wiederhergestellt). Die Chronik des Klosters (1124-1225; um 1230 verfaßt) ist eine wichtige Geschichtsquelle des MA. **2)** vulkan. Kuppe im Siebengebirge, 331 m, bei Königswinter. Das Hotel P. war 1946-51 Sitz der Alliierten Hochkommissare; hier wurde am 22. 11. 1949 das **Petersberger Abkommen** geschlossen (u. a. Gewährung von konsular. und Handelsbeziehungen für die Bundesrep. Dtl.; teilweiser Demontagestopp).

Petersberg, Gem. im Kr. Fulda, Hessen, (1983) 12800 Ew. Die Kirche enthält in der Krypta (9. Jh.) karoling. Wandmalereien, die zu den ältesten in Dtl. zählen.

Petersburg, St. P., bis 1914 Name von →Leningrad.

Petersdorf, poln. **Piechowice** [pjɛxɔv'itsɛ], Stadt und Luftkurort in der poln. Wwschaft Jelenia Góra (Hirschberg im Riesengebirge), (1975) 6300 Ew., ehem. Gem. in Niederschlesien, am Fuß des Riesengebirges, 400-500 m ü. M.; Glas-, Metall-, Holz-, Papierindustrie.

Petersen, 1) Julius, Literarhistoriker, * Straßburg 5. 11. 1878, † Murnau 22. 8. 1941, schrieb u. a. ›Die Wesensbestimmung der dt. Romantik‹ (1926), ›Die Wissenschaft von der Dichtung‹, 1 (1939); auch als Herausgeber tätig.

2) Nis Johan, dän. Schriftst., * Vamdrup 22. 1. 1897, † Laven 9. 3. 1943; Gedichte, Novellen, Romane und Aphorismen. Welterfolg hatte sein Roman ›Die Sandalenmachergasse‹ (1931), in dem er im Stil des Schelmenromans aus dem alten Rom erzählt.

3) Peter, Pädagoge, * Großenwiehe bei Flensburg 26. 6. 1884, † Jena 21. 3. 1952, entwickelte und erprobte als Leiter der dortigen Universitätsschule seinen →Jena-Plan (›Der Jena-Plan‹, 3 Bde., 1930-34); setzte sich bes. für ein freies Arbeiten im Gruppenunterricht mit sozialpädagog. Tendenz ein.

Petershagen, Stadt im Kr. Minden-Lübbecke, NRW, (1983) 23600 Ew., an der Weser; 1973 wurde P. mit 28 Gem. zusammengeschlossen; Tonwaren-, Möbel- und Kleiderfabriken; Burg (Renaissance, um 1545). Kraftwerk im Ortsteil Lahde.

Petersilie [grch. ›Steineppich‹] *die, -/...lien,* **Peterle, Silk, Silge, Petroselinum crispum,** südosteurop. Doldenblüter mit doppelt bis dreizählig gefiederten Blättern, grünlichgelben Blüten. Seit dem Altertum Küchengewürz, hoher Gehalt an Vitamin C; als **Blatt-P.** und **Wurzel-P.** (Gemüse); *ihm ist die P. verhagelt,* U es ist ihm etwas mißglückt.

Peterskirche, ital. **S. Pietro in Vaticano,** die in der Vatikanstadt gelegene Repräsentationskirche des Papstes in Rom, in der er auch die liturg. Feier gesamtkirchl. Akte (Heiligsprechungen, Dogmenverkündigung) vollzieht. Der älteste Bau, eine fünfschiffige Basilika, wurde unter Kaiser Konstantin um 324 begonnen. Er wurde über einem vorwiegend heidnisch belegten Friedhof

Peterskirche: Kuppel bis zum Tambour von Michelangelo (1564)

neben dem Zirkus des Nero so angelegt, daß ein als Grab des Apostels Petrus angesehenes Grab zum kult. und architekton. Mittelpunkt wurde. Der Grundstein zu der heutigen, unter Julius II. von Bramante begonnenen Kirche wurde 1506 gelegt. Bramante plante einen quadrat. Zentralbau mit einer Rundkuppel über grch. Kreuz, 4 Nebenkuppeln und 2 Türmen; bald jedoch wurde aus Gründen der Tradition wieder die Rückkehr zum lat. Kreuz gefordert. Unter Raffael, B. Peruzzi und A. Sangallo d. J. kam der Bau nur langsam voran. Michelangelo, seit 1547 Bauleiter, nahm den Plan des Zentralbaus wieder auf und entwarf nach dem Vorbild des Florentiner Doms eine Rippenkuppel, die nach seinem Plan G. della Porta und D. Fontana 1588-90 vollendeten. Paul V. ließ von C. Maderna das dreischiffige Langhaus im O mit der Vorhalle errichten. 1626 wurde der Bau geweiht. Die P. ist der größte Kirchenbau der Erde (Länge mit Vorhalle 211,5 m, äußere Höhe bis zur Kreuzspitze 132,5 m, Kuppeldurchmesser 42 m). Über dem Papstaltar unter der Kuppel errichtete L. Bernini den Bronzebaldachin auf 4 gewundenen Säulen (1624-33). Unter den Bildwerken ragen hervor die Bronzefigur des thronenden Petrus (13. Jh.), die Pietà von Michelangelo (1498-1500) und viele Grabmäler von Päpsten. Vor der P. legte Bernini den **Petersplatz** an, ein um den 1586 von D. Fontana aufgerichteten Obelisken und 2 Brunnen geschlossenes Queroval aus vierfachen Kolonnaden, das durch schräglaufende Galerien mit der Fassade verbunden ist.

Oscar Peterson

Peterson [p'i:təsn], Oscar, kanad. Jazzpianist, * Montreal 15. 8. 1925, ging 1949 in die USA. P. beherrscht alle stilist. Mittel des Swing und Modern Jazz.

Peterspfennig, im Früh-MA. die jährl. Abgabe Englands, seit dem 12. Jh. auch anderer Länder, die als Lehen des Apostol. Stuhles betrachtet wurden, an den Papst; seit dem 16. Jh. nicht mehr entrichtet. Der moderne P. ist eine seit 1860 in kath. Ländern übliche freiwillige Spende als Beitrag für die Aufgaben des Papstes.

Peterstal-Griesbach, Bad P.-G., Gem. im Ortenaukreis, Bad.-Württ., (1983) 3300 Ew., im Schwarzwald; Mineral- und Moorbad, Kneippkurort, Thermalquelle (66 °C); Heilbad seit 1360.

Peterswaldau, poln. **Pieszyce** [pjɛʃ'itsɛ], Stadt in der poln. Wwschaft Wałbrzych (Waldenburg/Schl.), (1975) 11600 Ew., am NO-Fuß des Eulengebirges in Niederschlesien; Textil-Ind., Uhrenfabrik. In P. spielt G. Hauptmanns Drama ›Die Weber‹, das den Weberaufstand von 1844 behandelt.

Sándor Petőfi

Peter und Paul, kath. Fest der Apostel Petrus und Paulus am 29. Juni.

Peter von Ailly [-aj'i], **Pierre d'Ailly** [pjɛrdaj'i], **Petrus de Alliaco,** frz. Theologe, Philosoph und Kirchenpolitiker, * Compiègne 1350, † Avignon 9. 8. 1420, wurde 1397 Bischof von Cambrai und 1411 von dem Gegenpapst Johannes XXIII. zum Kardinal erhoben. Auf dem Konstanzer Konzil hatte er großen Anteil an der Überwindung des Schismas. Philosophisch war er ein Anhänger W. von Ockhams.

Peter (Petrus) von Amiens [-amj'ɛ̃], Augustinerchorherr, * Amiens um 1050, † Kloster Neufmoustier bei Huy 8. 7. 1115, predigte für den von Papst Urban II. geplanten Kreuzzug und führte eine ungeordnete Schar von Franzosen, Deutschen und Niederländern vor dem eigtl. Kreuzfahrerheer nach Kleinasien, wo sie am 21. 10. 1096 vernichtet wurde. P. v. A. selbst schloß sich dem Ritterheer an. Seliger; Tag: 8. 7.

Peter (Petrus) von Dusburg, erster Chronist des Dt. Ordens, schrieb als Ordenspriester das lat. ›Chronicon terrae Prussiae‹ (die Geschichte des Ordens bis 1326), wohl von ihm selbst bis 1330 fortgesetzt und bald darauf von dem Kaplan Nikolaus von Jeroschin in dt. Verse gebracht.

Peter von Vinea, Petrus de Vinea, Pier della Vigna [-v'iɲa], ital. Jurist, Staatsmann und Dichter, * Capua um 1190, † (Selbstmord) San Miniato bei Pisa April 1249, wurde am Hof Kaiser Friedrichs II. 1225 Richter, dann Großkanzler, vertrat seit 1246 den Kaiser im obersten Richteramt und verfaßte dessen Briefe, Manifeste und Gesetze. Von Rivalen des Amtsmißbrauchs verdächtigt, wurde er 1249 gefangengesetzt und geblendet, worauf er sich selbst tötete. Als Dichter machte er die provenzal. Minnedichtung in Italien heimisch.

Peterwardein, dt. Name für → Petrovaradin.

Petingen, frz. **Pétange** [pet'ã:ʒ], Gem. im Kt. Esch, Luxemburg, (1981) 12100 Ew.; Eisenhütten- und Walzwerk.

Petipa, Marius, frz. Tänzer und Choreograph, * Marseille 11. 3. 1818, † Gurzuf (bei St. Petersburg) 14. 7. 1910.

Choreographien: Don Quichote (1869); Bajadere (1877); Dornröschen (1890); Schwanensee (1895, mit L. Iwanow); Raymonda (1898).

Petit [pti, frz. ›klein‹] *die, -,* Schriftgrad von 8 Punkten.

Petit [pti], **1)** Alexis Thérèse, frz. Physiker, * Vesoul (Haute-Saône) 2. 10. 1791, † Paris 21. 6. 1820, untersuchte gemeinsam mit P. L. Dulong die Wärmeausdehnung fester Körper und fand die → Dulong-Petit-Regel.

2) Roland, frz. Tänzer und Choreograph, * Villemomble (Seine-St. Denis) 13. 1. 1924.

Choreographien: Le jeune homme et la mort (1946); Les demoiselles de la nuit (1948); Carmen (1949); Cyrano de Bergerac (1959); Notre Dame de Paris (1965); Paradis perdu (1967); Les intermittences du cœur (1974); Die Fledermaus (1979).

Petitgrain|öl [ptigr'ɛ̃-], äther. Öl aus den Blüten, Zweigen und grünen Früchten der bitteren Orange, für Parfümerie und Seifenherstellung.

Petition [lat.] *die, -/-en,* Bitte, Gesuch, bes. das Bittgesuch an Staatsoberhaupt, Volksvertretung oder Behörde. *ich* **petitioniere,** reiche eine P. ein. – Das **Petitionsrecht,** urspr. ein Recht der Volksvertretung gegenüber dem Herrscher, ist in den Verf. als Grundrecht der Bev. gegenüber der Reg., dem Parlament oder den höchsten Verwaltungsbehörden meist ausdrücklich gewährleistet (z. B. für die Bundesrep. Dtl. in Art. 17 GG).

Petition of Right [pɪt'ɪʃn ɔv raɪt, engl. ›Bittschrift um Herstellung des Rechts‹], eine Aufzählung der Rechte der Untertanen, deren Anerkennung das engl. Parlament 1628 von Karl I. erreichte. Die P. of R. galt in der Folge als Garantie der bürgerl. Freiheit; an ihrer Auslegung entzündete sich 1642 die Revolution.

Petitio principii [lat. ›Beanspruchung des Beweisgrundes‹] *die, --,* log. Beweisfehler, bei dem die zu beweisende Behauptung selbst als Voraussetzung dient (→ Zirkelschluß).

Petitpierre [ptipj'ɛ:r], Max, schweizer. Politiker (Freisinnig-demokrat. Partei), * Neuenburg 26. 2. 1899, Jurist, gehörte 1942–44 dem Ständerat an und war 1944–61 Leiter des Polit. Departements (Außenpolitik) des Bundesrats; 1950, 1955 und 1960 Bundespräsident.

Petit point

Petit point [ptipw'ɛ̃] *das* oder *der, --,* eine Nadelarbeit, bei der mit Perlstich (halber Kreuzstich) auf → Canevas mit bunten Garnen die Muster gestickt werden (bis zu 25 Stiche auf 1 cm); in Wien beheimatet **(Wiener Arbeit).**

Petits fours [pti f'u:r, frz.] *Pl.,* kleine trockene oder glasierte Gebäckstücke.

Petkow, Nikola Dimitrow, bulgar. Politiker, * Sofia 1889, † (hingerichtet) ebd. 23. 9. 1947; 1944/45 stellv. MinPräs., dann Führer der Opposition gegen die Umwandlung Bulgariens in eine Volksdemokratie; in einem Schauprozeß zum Tode verurteilt.

Petljura, Simon Wassiljewitsch, ukrain. Politiker, * Poltawa 17. 5. 1879, † (ermordet) Paris 26. 5. 1926, Mitgl. der ukrain. Freiheitsbewegung, wurde 1918 Oberster Hetman des Heeres, 1919 Vors. des ›Direktoriums der Ukrain. Nationalrepublik‹, das den Entente-Mächten zuneigte. Sein Versuch, mit poln. Hilfe die im Dez. 1919 in die Ukraine eingedrungenen bolschewist. Truppen zurückzudrängen und die staatliche Unabhängigkeit wiederherzustellen, schlug nach Anfangserfolgen (Mai 1920 Einnahme Kiews) fehl.

Petőfi [p'ɛtø:fi], Sándor, ungar. Dichter, * Kiskőrös 1. 1. 1823, † (gefallen) bei Segesvár (Schäßburg) 31. 7. 1849, Sohn eines Metzgermeisters; war Schauspieler, Hauslehrer, Soldat u. a. 1844 erschien die 1. Samml. seiner Gedichte. P. überbrückte die Kluft zw. der Literatur der höheren Kreise und der des Volks, indem er das einfache Volkslied als Ausdrucksmittel verwendete. Sein Märchenepos ›Held János‹ (1845) bildet einen Höhepunkt der ungar. Literatur. Sein polit. Programm umfaßte den Sturz der Habsburg. Monarchie, die nat. Unabhängigkeit Ungarns und die Befreiung der Leibeigenen. P. fiel als eine der Führergestalten der Revolution von 1848 im Unabhängigkeitskrieg. **Petőfikreis,** → ungarische Literatur.

Petr., Abk. für **Petr**usbrief (N. T.).

Petra [zu Petrus], weiblicher Vorname.

Petra [zu Petrus], Ruinenstätte und Felsenburg im südl. Jordanien, Residenz der Nabatäerkönige bis zur Errichtung der röm. Provinz Arabia Petraea durch Trajan (106 n. Chr.), Handelsplatz

Petra: Fassade des Felsengrabes el-Khazne; 1. Hälfte des 2. Jh. n. Chr.

im Karawanenverkehr von Südarabien nach Syrien; nach der Eroberung durch die Araber (629/32) wurde die Stadt verlassen. Die kunstvollen Fassaden der in die Felshänge gearbeiteten mehrgeschossigen Grabanlagen (2. Jh. n. Chr.) zeigen eine eigenartige Mischung hellenist.-röm. Tempel- und Fassadenarchitektur.

PETRA, Abk. für **Positron-Elektron-Tandem-Ring-beschleuniger-Anlage,** → Deutsches Elektronen-Synchrotron.

Petrarca, Francesco, ital. Dichter, Humanist und Philologe, * Arezzo 20. 7. 1304, † Arquà bei Padua 18. 7. 1374, Sohn eines aus Florenz verbannten Notars, studierte die Rechte in Montpellier, von 1320 an in Bologna; 1326 trat er in Avignon in den geistl. Stand, wurde bald als Dichter bekannt und stand 1330–47 im Dienst des Kardinals Colonna. Nach langen Reisen (seit 1333) lebte er meist auf seinem Landgut in der Vaucluse im Tal der Sorgue bei

Petrarca: Initialbild aus der Handschrift ›De remediis utriusque fortunae‹, um 1380 (Venedig, Biblioteca Nazionale di San Marco)

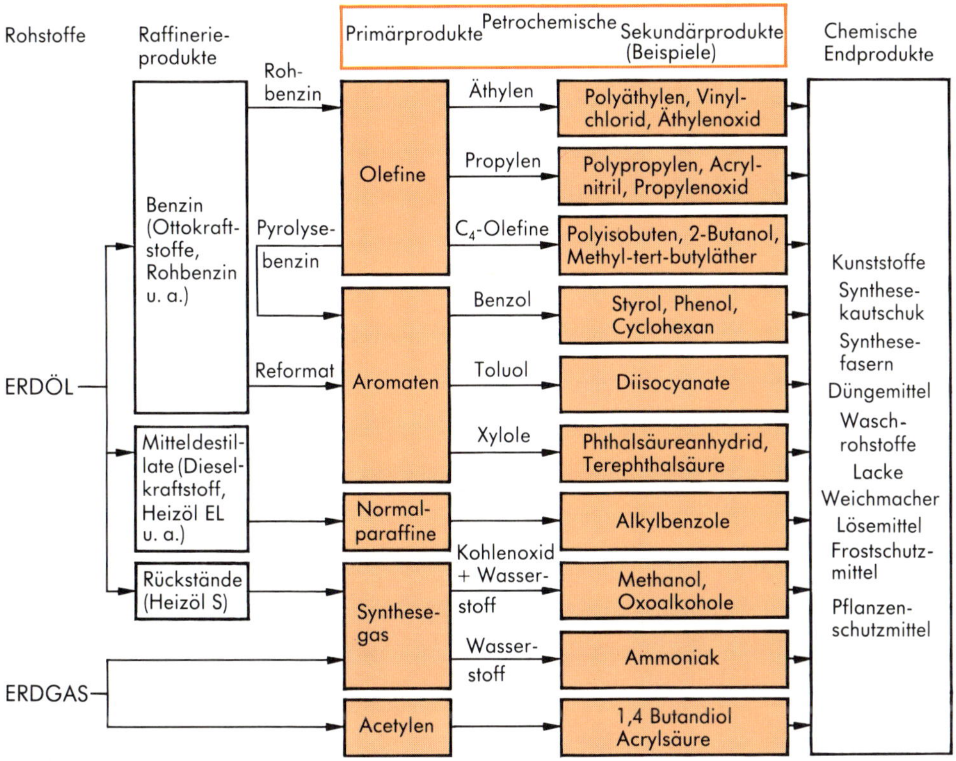

Petrochemie

Avignon. 1341 wurde er in Rom zum Dichter gekrönt. 1342 lernte er den Tribunen Cola di Rienzo kennen, dessen Versuch der Wiedererrichtung der röm. Rep. ihm entgegenkam. P. lebte 8 Jahre in Mailand bei den Visconti, als deren Gesandter er 1356 in Prag bei Kaiser Karl IV. war, dann in Venedig, Padua und Arquà.

P. ist der erste repräsentative ital. Humanist (→ Humanismus). Seine Gedichte (Sonette, Kanzonen) auf Leben und Tod der Madonna → Laura (von ihm selbst nach 1366 u. d. T. ›Rerum vulgarium fragmenta‹ vereinigt, meist als ›Canzoniere‹ oder ›Le rime‹ zitiert) zeigen eine differenzierte Kunst psycholog. Analyse der leidenden Seele, mit steter Rückwendung auf sich selbst. P.s Lyrik übte auf die europ. Lyrik der folgenden Jahrhunderte stärkste Wirkung aus **(Petrarkismus).** Ein vollendetes allegor. Gedicht ›I trionfi‹ (1357 begonnen) schildert den Triumph von Liebe, Keuschheit, Tod, Ruhm, Zeit und Ewigkeit. P. gilt als Begründer der nlat. Literatur. In seinen lat. Dichtungen (Eklogen, Epistolae metricae) und im lat. Epos ›Africa‹, das nach Vergils ›Aeneis‹ den älteren Scipio als röm. Helden feiert, fällt der antiken Formenwelt eine entscheidende Rolle zu. Von P.s moralphilosoph. Schriften (›De contemptu mundi‹, 1342/43 entstanden; ›De vita solitaria‹, 1346–54), die in engem Zusammenhang mit der grch.-röm. Moralphilosophie stehen, hat das europ. Geistesleben eine Fülle von Anregungen empfangen. P.s Ruhm im 14. und 15. Jh. beruht bes. auf der Schrift ›De remediis utriusque fortunae‹ (1366), einer Anleitung zum glückl. Leben im christl. Sinne, aber nicht ohne Einfluß der stoischen Philosophie.

Petrassi, Goffredo, ital. Komponist, * Zagarolo 16. 7. 1904, begann im Gefolge des Neoklassizismus A. Casellas und ließ sich später von der Zwölftonmusik A. Schönbergs sowie von neueren seriellen Techniken anregen; Orchesterkonzerte, Chorwerke, Kammermusik, Opern, Filmmusik.

Petrefakt [grch.-lat.] *das, -(e)s/-e* oder *-en,* ♧ Versteinerung von Pflanzen und Tieren. **Petrefaktenkunde,** ♧ → Paläontologie.

Petri Heil!, Anglergruß, nach Petrus, dem Patron der Fischer.

Petri, 1) Laurentius, schwed. Reformator, Bruder von 2), * Örebro 1499, † Uppsala 26. 10. 1573, leitete als luther. Erzbischof von Uppsala die erste schwed. Bibelübersetzung (Gustav-Wasa-Bibel, 1541); Verfasser der schwed. Kirchenordnung (1571).

2) Olaus, schwed. Reformator, Bruder von 1), * Örebro 6. 1. 1493, † Stockholm 19. 4. 1552, studierte bei Luther und Melanchthon, war 1531–33 Kanzler Gustav Wasas. Seine volkstüml., reformator. Schriften (Übersetzung des N. T. 1526, Katechismus 1526, Gesangbuch 1528, Postille 1530 u. a.) bereiteten der Reformation in Schweden den Weg.

Petrie [p'i:trɪ], Sir (1923) William Matthew **Flinders** [fl'ɪndəz], brit. Ägyptologe, * Charlton (London) 3. 6. 1853, † Jerusalem 28. 7. 1942, Begründer der wissenschaftl. Ausgrabungen in Ägypten.

Petrifikation [grch.-lat.] *die, -/-en,* Versteinerung.

Petrikau, 1) poln. **Piotrków** [pj'ɔtrkuf], Wwschaft (seit 1975) in Polen, 6261 km², 613000 Ew. **2)** poln. **Piotrków Trybunalski** [-tri-], Hptst. von 1), (1981) 73700 Ew.; got. Pfarrkirche (14.–15. Jh.), barocke Jesuitenkirche, Klosterkirchen des 14. und 17. Jh.

Petri-Schale [n. dem Arzt J. R. Petri, * 1852, † 1921], flache Glasschale mit Deckel, v. a. zur Züchtung von Bakterien und Kleinpilzen.

Petrochemie, Petrolchemie, der Teil der chem. Großind., der Chemierohstoffe aus Erdöl und Erdgas herstellt und damit Bindeglied zw. der Erdölverarbeitung (Raffinerien) und der eigtl. chem. Ind. ist. Das wichtigste Verfahren der P. ist das → Steamcracken, bei dem Rohbenzin (in Zukunft in verstärktem Maße wohl Gasöl und Flüssiggas) zu Äthylen, Propylen, Pyrolysebenzin u. a. Produkten gespalten wird. Aus Pyrolysebenzin und Reformat werden Aromaten isoliert, aus Erdgas oder Erdölrückständen Synthesegas erzeugt. Diese Primärprodukte der P. werden in weiteren Verfahrensstufen zu Sekundärprodukten (z. B. Vinylchlorid, Styrol, Phenol) verarbeitet, die schließlich zur Herstellung einer Vielzahl chem. Produkte dienen.

Die P. nahm nach 1950 in Europa einen großen Aufschwung, als Erdöl billig zur Verfügung stand. In dieser Zeit wurden viele traditionelle Stoffe (z. B. Baumwolle, Glas, Stahl) durch Produkte petrochem. Herkunft (z. B. Kunststoffe, Synthesefasern) ersetzt. Heute werden etwa 95% der organ. Chemikalien, aber auch Anorganika wie Ammoniak aus Erdöl oder Erdgas hergestellt. Nach 1970 war die Entwicklung durch steigende Erdölpreise gekennzeichnet. Rohbenzin (Naphtha) verteuerte sich von 80 DM/t (1972) auf 650 DM/t (1981). Da die für die Herstellung von Kunststoffen, Synthesekautschuk, Synthesefasern, Lacken u. a. erforderl. Grundchemikalien aus Erdöl mit besserer Ausbeute und geringerem Aufwand an Anlagenkapital und Energie hergestellt werden können als aus Kohle (→ Kohlechemie), wird die P. wohl auch in Zukunft ihre Bedeutung behalten. Es wird geschätzt, daß der Anteil des chemisch genutzten Erdöls bis zum Jahre 2000 auf etwa 20% (1980: etwa 10%) ansteigt.

Wirtschaftliches. Die P. wurde von den beiden Preisschüben des Rohstoffs Erdöl 1973/74 und 1979/80 bes. hart getroffen. V. a. die weltweite Rezession seit 1980 führte zu Überkapazitäten. Führend bei der Produktion petrochem. Erzeugnisse sind die USA und Japan. In W-Europa trägt die P. zu rd. 1/3 zum wertmäßigen Umsatz der chem. Ind. bei. In der Bundesrep. Dtl. stellte die Rheinpreussen AG zuerst petrochem. Produkte her. Heute ist die Bundesrep. Dtl. das wichtigste Verbraucherland in W-Europa, und fast alle westdt. Mineralöl-Ges. und Unternehmen der Großchemie produzieren petrochem. Erzeugnisse.

Petro|dollars, Erd|öldollars, Schlagwort für die Einnahmen der erdölexportierenden Staaten in US-$. (→ Recycling)

Petrodworez, bis 1944 **Petergof,** dt. **Peterhof,** westl. Vorort von Leningrad, (1982) 74000 Ew., Hafen am Finn. Meerbusen mit der Sommerresidenz der russ. Kaiser; 1714 unter Peter d. Gr. begonnen und später von B. Rastrelli weiter ausgebaut (Großes Schloß, Schlößchen Monplaisir, die Wasserschlösser Eremitage und Marly, Park mit Wasserspielen). Die Schäden des 2. Weltkriegs sind behoben.

Pétrofina S. A., Brüssel, einer der bedeutendsten Konzerne der europ. Erdöl-Ind.; gegr. 1920. Eine Tochter-Ges. ist die **Dt. Fina GmbH,** Frankfurt a. M.

Petrogenese, die Gesteinsbildung.

Petrograd, 1914–24 Name von → Leningrad.

Petrographie [grch.] *die, -,* Zweig der Gesteinskunde, → Petrologie.

Petrokrepost, Stadt in der UdSSR, → Schlüsselburg.

Petrolatum [grch.-lat.] *das, -s,* die → Vaseline.

Petróleo Brasileiro S. A. [petr'ɔleu brazil'ɛiru-], Abk. **Petróbras,** Rio de Janeiro, staatl. brasilian. Erdöl-Ges., gegr. 1954.

Petróleos Mexicanos S. A. [-mɛxi-], Abk. **Pemex,** Mexiko, staatl. mexikan. Erdöl-Ges., gegr. 1938.

Petrole|um [aus grch. petros ›Stein‹ und lat. oleum ›Öl‹] *das, -s,* Fraktionen des Erdöls, Siedebereich 150–250 °C; früher fast ausschließlich als **Leuchtöl** verwendet, auch als Heilmittel. Heute als Flugturbinen-Kraftstoff bedeutend (→ Kerosin). In der engl. Sprache ist P. gleichbedeutend mit Erdöl. **P.-Lampen** (früher Dochtlampen) werden heute in Form der **P.-Glühlicht-Drucklampen** und der **P.-Starklichtlampen** v. a. für Baustellen, Wochenendhäuser u. a. verwendet.

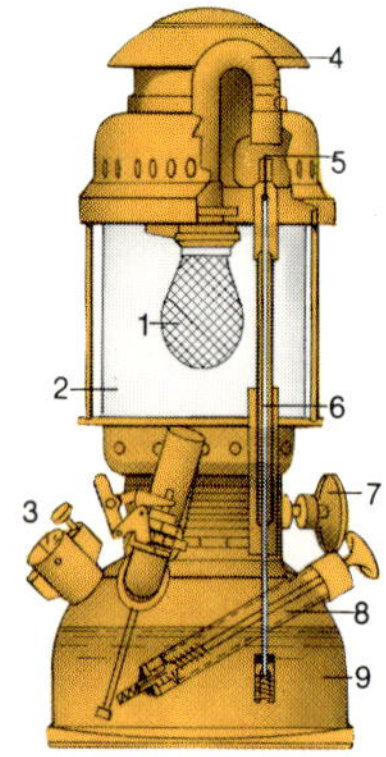

Petroleum: Petroleumlampe; 1 Glühstrumpf, 2 Glaszylinder, 3 Druckablaß, 4 Mischrohr, 5 Zerstäuberdüse, 6 Vergaser, 7 Reglerschraube, 8 Luftpumpe, 9 Behälter mit Petroleum

Petrolkoks, Koks mit geringem Aschegehalt, der durch therm. Cracken von Erdölfraktionen (meist Destillationsrückständen) hergestellt wird; dient zur Herstellung von Elektroden und von Elektrographit sowie als Heizmaterial.

Petrologie [grch.] *die, -,* **Gesteinskunde,** das Teilgebiet der Mineralogie, das die Geschichte der Gesteine, bes. ihre Herkunft, ihre Bildungs- und Umbildungsbedingungen erforscht. Die P. gliedert sich in 2 Arbeitsrichtungen: Die **Petrographie** beschreibt und klassifiziert die natürl. Gesteine nach Auftreten, Gesteinsgefüge, Mineralbestand, chem. Zusammensetzung, physikal.-techn. Eigenschaften usw. Die **experimentelle P.** untersucht in erster Linie die physikalisch-chem. Bedingungen bei der Bildung eines Gesteins, die durch Hochdruck-Hochtemperatur-Experimente im Labor simuliert werden.

Petrolsulfonate, bei der Behandlung von Gasöl- und Schmierölfraktionen mit Oleum oder Schwefeltrioxid entstehende viskose Flüssigkeiten, die als Emulgatoren, Schmieröldetergentien und zum Tensidfluten von Erdöllagerstätten verwendet werden.

Petronius Arbiter, röm. Schriftst., † (Selbstmord) 66 n. Chr., lebte am Hof Neros als Meister der Kunst feinsten Lebensgenusses **(arbiter elegantiae),** wurde der Verschwörung gegen den Kaiser beschuldigt und zum Selbstmord getrieben. Sein in Bruchstücken erhaltener Roman ›Satyricon‹ gibt mit der Erz. der Abenteuer eines jungen Mannes eine glänzende Sittenschilderung von zügellosem Witz und Realismus. Am besten erhalten ist die ›Cena Trimalchionis‹, das Gastmahl eines Emporkömmlings.

Petropawlowsk, 1) Hptst. des Gebiets N-Kasachstan, Kasach. SSR, (1982) 215000 Ew., wichtiger Bahnknoten, Schwerpunkt der Neulandgewinnung; Nahrungsmittel-, Maschinenbau-, Buntmetall-, Tabak-, Leder-, Bekleidungs- und Baustoffind. **2) P.-Kamtschatskij,** Hptst. des Gebiets Kamtschatka, Russ. SFSR, (1982) 232000 Ew., eisfreier Hafen; Hochseefischerei- und Flottenstützpunkt; Schiff- und Maschinenbau, Baustoffindustrie.

Petrópolis, Stadt im Staat Rio de Janeiro, Brasilien, (1980) 246000 Ew., 813 m ü. M., in einem Hochtal des Küstengebirges, Kurort. – P. wurde 1843 von Kaiser Peter II. gegr. und mit Deutschen besiedelt, war Sommerresidenz. – Im **Vertrag von P.** (1903) trat Bolivien den größten Teil des Acre-Gebiets an Brasilien ab.

Petrosawodsk, Hptst. der Karel. ASSR, Russ. SFSR, Hafen am W-Ufer des Onegasees und Umschlagplatz an der Murman-Bahn, (1982) 243000 Ew.; Univ., Zweigstelle der Akademie der Wiss.; Maschinenbau-, Holz-, Bekleidungs-, Baustoffindustrie.

Petrosjan, Tigran Wartanowitsch, sowjet. Schachspieler, * Tiflis 17. 6. 1929, † Moskau 14. 8. 1984, gewann die Weltmeisterschaft 1963 gegen M. Botwinnik, unterlag 1969 B. Spasskij.

Petrossa, Pi|etroasa, Dorf im rumän. Bez. Buzău, in dessen Nähe 1837 ein reicher Fund von Silber- und Goldschmiedearbeiten (Kannen, Trinkschalen, Fibeln, Ringe) geborgen wurde, der im Museum Bukarest aufbewahrt wird. Der Fund ist z. T. spätantiker, z. T. german. Herkunft.

Petrovaradin, dt. **Peterwardein,** Vorstadt von Novi Sad in der autonomen Prov. Wojwodina der Sozialist. Rep. Serbien, Jugoslawien. P. war im 17.–18. Jh. österr. Grenzfestung gegen die Türken, die Prinz Eugen von Savoyen 1716 hier besiegte. Es kam 1867 zur ungar. Reichshälfte, 1918 an Jugoslawien.

Petrus [grch. petros ›Fels‹], männl. Vorname.

Petrus, Beiname des **Simon,** einer der 12 Jünger (Apostel) Jesu, Sohn des Jonas oder Johannes, Fischer in Kapernaum am See Genezareth, gehörte mit Johannes und Jakobus zu den vertrautesten Jüngern Jesu und erscheint gelegentlich als Wortführer der Zwölf; in den Apostelverzeichnissen steht P. stets an 1. Stelle. So erhielt er von Jesus nach Mt. 16,18 den Beinamen **Kephas** (aram. ›Fels‹, grch. **Petros).** Nach Jesu Tod wurde er zunächst zur führenden Persönlichkeit der jungen Kirche; zusammen mit Johannes, Jakobus und später auch Paulus genoß er das höchste Ansehen in der Urgemeinde. Später wirkte er auch außerhalb Palästinas (über die Einzelheiten seiner Missionsreisen ist nichts bekannt). In Rom erlitt er nach der Überlieferung unter Nero 64 den Märtyrertod am Kreuz. Die Tradition des Apostelgrabes (unter der heutigen Peterskirche) geht bis ins 2. Jh. zurück (neue Ausgrabungen 1940–49). Die Kath. Kirche betrachtet ihn unter Berufung auf Mt. 16,18 f. als das von Jesus Christus eingesetzte Oberhaupt der Christenheit (→ Papst). Heiliger; Tag: 29. 6. (Peter und Paul). – In der christl. Legende erscheint P. oft als ›Himmelspförtner‹, im Volksglauben auch als Wettermacher. Er wird v. a. als Patron der Schiffer und Fischer verehrt. – Die bildende Kunst fand schon früh einen feststehenden Typus: rundliches Gesicht, Lockenkranz, Vollbart, Schlüssel als Attribut, auch Kreuzstab oder Handkreuz, Hahn, Schiff, Ketten. Oft wird er mit Paulus oder in Szenen aus seinem Leben dargestellt.

Petrus|apokalypse, dem Petrus zugeschriebene apokryphe Schrift, wohl aus der 1. Hälfte des 2. Jh.

Petrusbriefe, im N. T. 2 der → Katholischen Briefe, die den Namen des Apostels Petrus tragen. Der erste ist ein Mahnschreiben an kleinasiat. Gemeinden, dessen Hauptthema die Bewährung des christl. Glaubens und Lebens in Leiden und Verfolgungen bildet; der zweite enthält eine Warnung vor Irrlehren. Ob der erste P. von Petrus stammt, ist umstritten, für den zweiten wird das verneint.

Petrus Damiani, → Damiani.

Petrus Lombardus, scholast. Theologe, * Lumellologno bei Novara um 1095, † Paris 21./22. 7. 1160, seit 1159 Bischof ebd., verfaßte um 1150 die 4 Bücher der Sentenzen (›Libri quattuor sententiarum‹), eine Zusammenfassung der Theologie, die wegen ihrer systemat. Klarheit und knappen Fassung das wichtigste theologische Handbuch des MA. wurde.

Petrus Venerabilis [lat. ›der Ehrwürdige‹], Abt von Cluny, * Montboissier (Auvergne) 1094, † Cluny 25. 12. 1156, Reformator des Klosters → Cluny, unterstützte Papst Innozenz II. gegen den gleichzeitig gewählten Anaklet II. Heiliger; Tag: 25. 12.

Petrus von Alcántara, Ordensgründer, * Alcántara (Spanien) 1499, † Arenas bei Avila 18. 10. 1562, gründete 1555 die strengste Form der Franziskaner-Observanten **(Alcantariner);** 1669 heiliggesprochen; Tag: 19. 10.

Petsamo [finn.], russ. **Petschenga,** Grenzgebiet im äußersten NW der UdSSR, an der Barentssee, 10481 km², birgt in den P.-Bergen reiche Kupfer-Nickelerzlager. Am 15 km langen eisfreien **P.-Fjord** liegen der Hafen Liinahamari und als Hauptort der Hafen P. (etwa 4000 Ew.). P. kam 1920 an Finnland und wurde im Frieden von Paris (1947) an die UdSSR abgetreten.

Petschaft [mhd. petschaft zu tschech. pečet ›Siegel‹] *das, -s/-e,* Siegel, bestehend aus einem Stiel und einer Platte aus Metall oder Stein. Auch Ringe mit gravierter Platte werden als P. benützt **(Siegelringe).** *Vb. ich* **petschiere** *es.*

Petschenegen *Pl.,* vorwiegend türksprachiger Stammesverband, 834 nördlich vom Kasp. Meer erstmals erwähnt, stieß 969 in die heutige Ukraine vor, später vom Kiewer Staat nach Bulgarien abgedrängt. Im 12. Jh. gingen die P. in Kämpfen mit den Byzantinern zugrunde.

Petschenga, russ. Name von → Petsamo.

Petschora *die,* Fluß im NO des europ. Teils der UdSSR, 1809 km, entspringt im N-Ural und mündet in einem 45 km breiten Delta durch die P.-Bucht in die Barentssee. Wichtige Nebenflüsse: Ussa, Ischma, Zilma. Im Becken der P. befinden sich Kohlenlager von rd. 100000 km² Fläche, die bes. seit dem 2. Weltkrieg abgebaut werden, v. a. bei Workuta, Worgaschor, Inta, Chalmer-Ju.

Pettau, dt. Name der jugoslaw. Stadt → Ptuj.

Petten, Ortsteil der Gem. Zijpe, Niederlande, nordwestlich von Alkmaar; Kernreaktor der Europ. Atomgemeinschaft.

Pettenkofer, Max von (1883), Hygieniker, * Lichtenheim bei Neuburg (Donau) 3. 12. 1818, † (Selbstmord) München 10. 2. 1901, schuf die Grundlagen der neuzeitlichen Hygiene.

Petticoat [-kəut, engl.] *der, -s/-s,* weiter, gesteifter Unterrock, modern Ende der 50er, Anfang der 60er Jahre des 20. Jh.

Petting [engl. to pet ›liebkosen‹] *das, -s,* sexuell erregende Berührungen ohne Geschlechtsverkehr.

petto, → in petto.

Petty, Sir William, engl. Volkswirtschaftler, * Ramsey (bei London) 26. 5. 1623, † London 16. 12. 1687, führte statist. und demograph. Methoden in die polit. Ökonomie ein; entwickelte die Arbeitswertlehre.

Petuni|e [Tupí: petyn ›Tabak‹] *die, -/...ni|en,* **Petunia,** krautige Gatt. der Nachtschattengewächse, bes. in S-Brasilien, mit drüsigklebrigen Blättern und windenähnl. Blüten. Die P. wird in vielen Sorten als Zierpflanze kultiviert.

Petz [wohl urspr. Koseform zu Bernhard] *der, -es/-e,* der braune Bär (in der Fabel): *Meister Petz.*

Petze *die, -/-n,* **1)** [zu Petz], Bärin, Hündin. **2)** U Angeber(in), Verräter(in). *ich* **petze, 1)** *(es),* U gebe an, verrate (den Mitschüler). **2)** *ihn, mitteldt.:* kneife.

peu à peu [pø a pø, frz.], nach und nach.

Peuckert, Will-Erich, Volkskundler und Kulturhistoriker, * Töppendorf (Niederschlesien) 11. 5. 1895, † Darmstadt 25. 10. 1969; wissenschaftl. Darstellungen und Erz. aus der mystisch-magischen Überlieferung des 16./17. Jh. und aus seiner schles. Heimat.

HW: Die Rosenkreutzer (1928); Pansophie (1936); Theophrastus Paracelsus (1941); Volksglaube des Spätmittelalters (1942); Die große Wende (1948); Geheimkulte (1951).

Peugeot S. A. [pøʒ'o-], frz. Kfz-Unternehmen, fusionierte 1976 mit der Citroën S. A. zur **P. S. A. (Peugeot-Citroën),** Paris. 1978 wurden die europ. Filialen der amerikan. Chrysler Corp. übernommen.

Peul, Volk in W-Afrika, → Fulbe.

Peutinger, Konrad, Humanist, * Augsburg 15. 10. 1465, † ebd. 28. 12. 1547, nach jurist. Studium in Italien Stadtschreiber in Augsburg, veröffentlichte lat. Schriften, bes. zur german. Altertumskunde. P. besaß die nach ihm benannte **Peutingersche Tafel,** eine vermutlich aus dem 13. Jh. stammende Kopie einer röm. Karte sämtl. Straßen des Röm. Reichs (Wien; Nationalbibl.).

Pevsner, 1) [pevsn'ɛ:r], Antoine, russisch-frz. Maler und Bildhauer, * Orel (Rußland) 18. 1. 1886, † Paris 12. 4. 1962, lebte nach Aufenthalten in Paris 1914–17 in Oslo, übersiedelte 1920 nach Moskau, wo er mit seinem Bruder N. Gabo das ›Realistische Manifest‹ veröffentlichte, zog 1923 nach Paris. P. schuf bes. konstruktivist. Raumplastiken aus Draht, Blech, Nylonfäden, Glas u. a. (→ Konstruktivismus).

2) [p'evsnər], Sir (1969) Nikolaus, Kunsthistoriker, * Leipzig 30. 1. 1902, † London 18. 8. 1983, gab wesentl. Anstöße zur Erforschung der Kunst des 19. Jh.

HW: Die ital. Malerei vom Ende der Renaissance bis zum ausgehenden Rokoko (1928–32); Europ. Architektur von den Anfängen bis zur Gegenwart (1943); Architektur und Design (1968).

Peymann, Claus, Regisseur, * Bremen 7. 6. 1937, wirkte in Frankfurt a. M., Berlin, 1974–79 Schauspiel-Dir. in Stuttgart, dann in Bochum, ab 1986 am Wiener Burgtheater.

Peynet [pɛn'ɛ], Raymond, frz. Zeichner, * Paris 16. 11. 1908.

HW: *Bildbände:* Verliebte Welt (1950 u. ö.); Aus lauter Liebe (1958 u. ö.); Amor auf Weltreise (1959); Das Rendezvous der Liebe (1959 u. ö.); Mit den Augen der Liebe (1966) u. a.

Peyotl [aztek. ›Wurzel‹] *die, -,* **Peyote, Pellote** [pej'ɔtə], **Piule,** die Stammpflanze des → Mescalin.

Peyrefitte [perf'it], Roger, frz. Schriftst., * Castres (Tarn) 17. 8. 1907, bis 1945 im diplomat. Dienst; schrieb Romane, die ›Geheimnisse‹ z. B. aus der Welt der Diplomaten, des Vatikans, der Freimaurer enthüllen; die dokumentar. Darstellung mischt sich häufig mit Kolportagehaftem.

HW: Diplomaten (1951); Die Schlüssel von St. Peter (1955); Die Söhne des Lichts (1961); Die Natur des Prinzen (1963); Manouche (1973).

pF, Einheitenzeichen für **Pikofarad** (→ Farad, → Piko); 1 pF = 10^{-12} F.

Pf, Abk. für **Pfennig.**

Pfab, Josef, kath. Theologe (Kirchenrecht), * Gebenbach (Opf.) 7. 8. 1922, wurde 1973 vom Generalkapitel der Redemptoristen als erster Deutscher zum Generaloberen gewählt.

Pfad [ahd.] *der, -(e)s/-e,* schmaler Weg.

Pfadfinder, internat. Jugendbewegung, die zu Gemeinschaftsgeist und naturgemäßer Lebensführung in Heimabenden, Fahrten und Lagern erziehen will. Zu den in den P.-Gesetzen festgehaltenen ethischen Regeln gehört bes. die Verpflichtung zur tägl. ›guten Tat‹. Abzeichen ist die P.-Lilie, bei den Pfadfinderinnen das Kleeblatt. Gegliedert sind die P. nach Altersgruppen in **Wölflinge (Cubs** [kʌbz], 8–12 Jahre), **Pfadfinder (Scouts** [skauts], 12–16 Jahre), **Junioren** (16–18 Jahre), **Rovers** ([r'əuvəz], über 18 Jahre).

Die P.-Bewegung wurde 1907/08 in Großbritannien von Sir R. St. S. → Baden-Powell gegründet. In Dtl. gibt es P. seit 1911. Sie bildeten seit 1919 in mehreren Bünden einen Teil der Bündischen Jugend in der dt. Jugendbewegung und wurden 1933 verboten. 1948 entstanden in der Bundesrep. Dtl. erneut P.-Bünde. Seit 1949 sind sie zusammengeschlossen im ›Ring Dt. Pfadfinderverbände‹, der die kath. ›Dt. Pfadfinderschaft St. Georg‹, den evang. ›Verband christl. Pfadfinderinnen und Pfadfinder‹ und den ›Bund der Pfadfinder‹ umfaßt. Im ›Ring Dt. Pfadfinderinnenbünde‹ sind die kath. ›Pfadfinderinnenschaft St. Georg‹ und der interkonfessionelle ›Bund Dt. Pfadfinderinnen‹ zusammengeschlossen. 1967 wurde der ›Verband Dt. Altpfadfindergilden e. V.‹ gegr. – Die P.-Bewegung umfaßt rd. 14 Mio. männl. und rd. 8 Mio. weibliche Mitglieder in über 100 Ländern.

Petunie

Pfäfers, Gem. im Kt. St. Gallen, Schweiz, (1980) 1800 Ew., südwestlich von Ragaz. Die Benediktinerabtei P. (im 8. Jh. gegr., 1838 aufgehoben) gründete das **Bad P.** (Thermen von 52 °C); barocke Klosterkirche (1688–93).

Pfaff, Johann Friedrich, Mathematiker, * Stuttgart 22. 12. 1765, † Halle a. d. S. 21. 4. 1825, untersuchte Differentialgleichungen und Differentialformen **(Pfaffsche Formen).**

Pfaff, G. M. Pfaff AG, Kaiserslautern, Nähmaschinenfabrik; gegr. 1862, seit 1970 reine Holding-Ges. durch Zusammenfassung der Produktionszweige Ind.-Maschinen in der ›Pfaff Ind.-Maschinen GmbH‹, Kaiserslautern, und Haushaltmaschinen in der ›Pfaff Haushaltmaschinen GmbH‹, Karlsruhe-Durlach.

Pfaffe [ahd. pfaffo, aus grch.] *der, -n/-n,* urspr. Ehrenname eines Geistlichen, heute meist verächtlich. *Adj.* **pfäffisch.**

Pfaffengasse, volkstüml. Name für das Rheintal aus der Zeit des Dt. Reichs bis 1806, als sich dort die geistl. Territorien Chur, Konstanz, Basel, Straßburg, Speyer, Worms, Mainz, Trier, Köln und Utrecht aneinanderreihten.

Pfaffenhofen an der Ilm, Krst. im RegBez. Oberbayern, (1983) 16700 Ew., im SW der Hallertau; Hopfenbaufachschule; Nährmittel-, Textil-Ind.; Hopfenhandels- und -aufbereitungsplatz.

Pfaffenhütchen, ⊕ ein → Spindelstrauch, eine → Winde.

Pfäffikon, Bezirkshauptort im Kt. Zürich, Schweiz, (1982) 8300 Ew., am N-Ufer des **Pfäffiker Sees** (3,3 km²); versch. Industrien. Am Seeufer wurden vorgeschichtl. Uferrandsiedlungen (›Pfahlbauten‹) der Jungsteinzeit und Bronzezeit gefunden. Östlich von P. liegen die Grundmauern des Römerkastells **Irgenhausen** aus der Zeit Kaiser Diokletians.

Pfahl [ahd. pfal, zu lat. palus] *der, -(e)s/-̈e,* **1)** ⛩ langer, unten zugespitzter Körper aus Holz, Stahlbeton oder Stahl zur Gründung von Bauwerken **(Rost-** oder **Grundpfähle)** oder als Halterung **(Zaunpfähle, Baumpfähle** usw.). **Ortpfähle** werden am Einbauort hergestellt. In den Boden einzementierte **Wurzelpfähle** dienen zur Aufnahme von Zugkräften. Grenzzeichen: *in meinen vier Pfählen,* U bei mir zu Hause; *ein P. im Fleisch,* U etwas, das einen ständig beunruhigt, belästigt. **2)** ⛉ senkrecht über die Mitte des Schildes gezogener Streifen von etwa 1/3 der Schildbreite. *ich* **pfähle, 1)** *einen Baum,* binde an die Stütze. **2)** *ihn,* ⚘ richte hin; spieße auf einen P. auf.

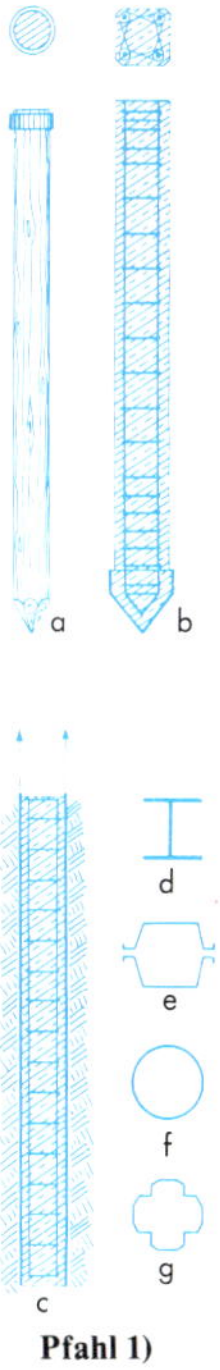

Pfahl 1)

Pfahl 1): a hölzerner Pfahl, Pfahlkopf durch eisernen Ring geschützt; **b** Stahlbeton-Rammpfahl; **c** Ortpfahl, im Boden hergestellt (eingerammtes Mantelrohr wird mit Stahlbeton gefüllt, es kann wieder herausgezogen werden); d–g Profile von Stahlpfählen: **d** Peiner-Profil, **e** Union-Kasten-Profil, **f** Rohr, **g** Krupp-Pfahl

Pfahl, Quarzausfüllung einer geradlinigen tekton. Spalte im Bayer. Wald, riffartig aus Gneisen und Graniten herausgewittert, etwa 140 km lang, zw. Aigen a. d. Mühl und der Naab. Ähnlich ist der **Böhmische P.** zwischen Furth i. W. und Tachau.

Pfahlbauten, zum Schutz gegen Überschwemmungen, Bodenfeuchtigkeit, wilde Tiere, vielleicht auch gegen feindl. Überfälle frei über dem Erdboden oder dem Wasser errichtete Wohnstätten. Auf einer hölzernen Plattform, die auf im Boden eingerammten Pfählen ruhte, wurden Holzhütten gebaut. Die Bewohner, deren Hütten meist Dörfer bildeten, waren Fischer und Jäger und betrieben Ackerbau. Das prähistor. Fundgut zw. den Pfählen, das im Wasser gut erhalten blieb, ist sehr reichhaltig. Außer Erzeugnissen einer Stein- und Bronzeindustrie blieben auch Holzgeräte und Holzgefäße erhalten. Aus dem ganzen Alpengebiet, N-Italien und Jugoslawien sind mehrere hundert prähistor. Fundstellen nachgewiesen. Sie gehören meist der Jungsteinzeit und Urnenfelderzeit an (um 3000/2500 v. Chr. und 1000/700 v. Chr.). Der Großteil der P. ist in alter Zeit wegen niedrigerer Wasserstände der Seen (in trockenheißen Klimaperioden) nicht im Wasser, sondern auf dem Strand in normaler ebenerdiger Bauweise errichtet und erst später vom steigenden Wasser überdeckt worden. Rekonstruktion von P. gibt es u. a. in Unteruhldingen am Bodensee. - Echte P. oder unechte P. (bei denen Fußboden und Dach auf verschiedenen Pfahlsystemen ruhen) kommen bei Naturvölkern v. a. in SO-Asien und Ozeanien vor.

Pfahlbürger [in den mit Pfählen umgrenzten Dörfern wohnende Bürger], **1) Ausbürger, Schutzbürger,** im MA. Landbewohner, die das Bürgerrecht einer Stadt erworben hatten. **2)** Ü Spießbürger.

Pfahlmuschel, die → Miesmuschel.

Pfahlrost, bei Pfahlgründungen ein über die Pfähle gelegter Rost, der eine gleichmäßige Belastung aller Pfähle bewirkt.

Pfahlwurm, die → Schiffsbohrmuschel.

Pfalz [ahd. aus lat. palatium] *die, -/-en,* im Frankenreich und im Dt. Reich des MA. ein befestigter Wohnsitz der Könige und Kaiser **(Königs-** oder **Kaiserpfalz).** Die P. waren über das ganze Reichsgebiet verstreut; in ihnen hielten sich die Herrscher auf Reisen durch das Reich mit ihrem Hofstaat vorübergehend auf. P. der Karolinger waren v. a. Worms, Ingelheim, Frankfurt a. M., Forchheim, Nimwegen, Aachen, bei den sächs. Königen Quedlinburg, Magdeburg; weitere P.: Speyer, Trebur, Mainz, Gelnhausen, Eger, Goslar, Nürnberg, Köln, Wimpfen. Die aus P. hervorgegangenen ›Pfalzstädte‹ bildeten die ältesten Reichsstädte.

Pfalz, 1) 1945-68 RegBez. in Rheinland-Pfalz, → Rheinhessen-Pfalz. **2)** historische Landschaft am Mittelrhein.

Geschichte. 1156 belehnte Friedrich I. seinen Halbbruder Konrad von Staufen mit der Pfalzgrafschaft bei (am) Rhein, die aus der lothring. Pfalzgrafschaft, salisch-stauf. Hausbesitz und Vogtei- oder Lehnsrechten über Kirchengut, bes. von Speyer, Worms und Lorsch, bestand. 1214 kam sie an die wittelsbach. Herzöge von Bayern, 1329 an eine eigene wittelsbach. Linie (mit dem Hauptteil des bayer. Nordgaus, der Oberpfalz) und erhielt in der Goldenen Bulle (1356) die Kurwürde. Ruprecht I. stiftete 1386 die Universität Heidelberg. Mit der Teilung von 1410 entstanden 4 Linien: Kurpfalz (Heidelberg, Amberg), Oberpfalz (Neumarkt), Zweibrücken-Simmern und Mosbach. Die Linie Oberpfalz erlosch 1448, beerbt von Mosbach und Zweibrücken; die Linie Mosbach starb 1499 aus, beerbt von der Kurlinie. 1505 fiel die ›Junge P.‹ (Neuburg) ebenfalls an die Kurpfalz. Mit Otto Heinrich, der 1556 das Luthertum einführte, starb 1559 die Kurlinie aus. Ihr folgte die Linie P.-Simmern, die sich seit 1563 zum Calvinismus bekannte. Nachdem Friedrich V. 1619 die böhm. Königskrone angenommen hatte (›Winterkönig‹), verlor er durch die Schlacht am Weißen Berg 1620 Land und Kur an Bayern; sein Sohn Karl Ludwig erhielt 1648 die Rheinpfalz zurück, dazu die neu geschaffene 8. Kur, während Bayern die alte Kur und die Oberpfalz behielt. Aus der Linie P.-Zweibrücken stammen die Schwedenkönige Karl X. Gustav, Karl XI. und Karl XII. (1654-1718). 1685 folgte die kath. Linie P.-Neuburg (hervorgegangen aus der Linie P.-Zweibrücken). Wegen der von Ludwig XIV. von Frankreich erhobenen Erbansprüche brach 1688 der → Pfälzische Erbfolgekrieg aus. An Stelle Heidelbergs wurde Mannheim 1720 die kurpfälz. Hauptstadt. 1742 erbte Karl Theodor aus der kath. Linie P.-Sulzbach die Kurpfalz und gelangte 1777 auch in Bayern zur Regierung; ihm folgte 1799 in allen wittelsbach. Landesteilen Maximilian I. Josef aus der letzten (auch kath.) Nebenlinie P.-Zweibrücken-Birkenfeld. In den Frz. Revolutionskriegen kam die linksrhein. P. 1797/1801 an Frankreich, die rechtsrhein. 1803 an Hessen-Darmstadt und Baden. Der größte Teil der linksrhein. P. gelangte 1815 (Wiener Kongreß) wieder an Bayern. Nach der Ablehnung der Frankfurter Reichsverf. durch Bayern kam es 1849 (Mai/Juni) zum ›Pfälzer Aufstand‹. 1918-30 war die linksrhein. P. von den Franzosen besetzt, die 1923/24 die Bewegung zur Bildung einer eigenen ›pfälzischen Republik‹ begünstigten (→ Separatismus). Der westlichste Teil der P. kam 1920 durch den Versailler Vertrag zum Saargebiet. 1945 kam die P. zur frz. Besatzungszone und gehört seitdem zum Land → Rheinland-Pfalz.

Pfälzer, die südwestl. Gruppe des fränk. Stammes zw. Hunsrück, Odenwald und Elsaß. Ihre Mundart ist fränkisch mit alemann. Einschlag im S. Das ländl. Siedlungsgebiet beherrschen große Dörfer oft städt. Prägung. Das Bauernhaus in der nördl. Pfalz, im Rheintal und an der Haardt zeigt die Form des geschlossenen, umbauten, mehrfirstigen fränk. Gehöfts; beim Winzerhaus umschließt das Erdgeschoß noch Kelterraum und Küferwerkstatt; im W gibt es mehr offene einfirstige Hofanlagen.

Pfälzer Bergland, Nordpfälzer Bergland, die Landschaft zw. der Haardt (Pfälzer Wald) im S und dem Hunsrück im N, geht gegen W in das Saarland über; wechselvolle Formen: sanfte Flächen in Schichtgesteinen, Bergmassen (Donnersberg 687 m) und felsige Flußdurchbrüche (Nahe) in den Eruptivgesteinen; Laubholzhöhen, Wiesentäler, Äcker, unter 300 m Rebhänge.

Pfälzer Wald, neuere Bez. für den pfälz. Teil der → Haardt, umfaßt 1350 km² des Buntsandsteingebiets nördlich der Vogesen; Naturpark.

Pfälzer Weine, Pfalzweine, Haardtweine, die Weine der ehemals bayer. Rheinpfalz, jetzt im Land Rheinland-Pfalz. In 3 Reblandschaften bringt die Pfalz fast ein Drittel der dt. Weinernte hervor: die Oberhaardt zw. der elsäss. Grenze und Neustadt an der Weinstraße, die Mittelhaardt von Neustadt bis Herxheim mit den Weinorten Deidesheim, Ruppertsberg, Forst, Wachenheim und die Unterhaardt im Norden.

Pfalzgraf, lat. **comes palatinus,** seit dem 6. Jh. ein Hofbeamter, unter den Karolingern der Vertreter des Königs im Königsgericht. Seit Otto d. Gr. gab es P. in den Stammesherzogtümern Lothringen, Bayern, Schwaben, Sachsen, als Vertreter der königl. Rechte ein Gegengewicht gegen die Herzogsgewalt. Die größte Bedeutung erlangte der P. von Lothringen (Sitz: Aachen), später P. bei (am) Rhein genannt (Sitz: Heidelberg); er war Kurfürst, Vertreter des Königs im Hofgericht und Reichsvikar bei Thronvakanz. Die übrigen Pfalzgrafschaften erloschen früh.

Pfälzischer Erbfolgekrieg (1688-97), **Orléansscher Krieg** [ɔrle'ã-], ausgelöst durch die Erbansprüche, die Ludwig XIV. von Frankreich für seine Schwägerin, Herzogin Elisabeth Charlotte von Orléans (→ Elisabeth 5), auf Teile der Pfalz erhob. Ihm stellte sich eine ›Große Allianz‹ zw. Kaiser Leopold I., England, den Generalstaaten, Spanien, Savoyen u. a. entgegen. Ludwig ließ 1689 durch E. Mélac die Pfalz verwüsten (Zerstörung von Heidelberg). Der Herzog von Luxemburg, frz. Marschall, siegte wiederholt über die Verbündeten (Fleurus 1. 7. 1690, Steenkerken 3. 8. 1692, Neerwinden 29. 7. 1693). Dagegen unterlag die frz. Flotte in der Schlacht bei La Hogue (29. 5. 1692) den vereinigten engl. und niederländ. Flotten. Im Frieden von Rijswijk (29. 9./30. 10. 1697) gab Frankreich seine rechtsrhein. Eroberungen und Lothringen zurück; es verzichtete auf die Pfalz, behielt aber Straßburg und die elsäss. Reunionen.

Pfand [zu lat. pondus ›Gewicht‹, einer Vergleichsmünze auf der Münzwaage] *das, -(e)s/¨er,* **1)** die zur Sicherung einer Verpflichtung in die Verfügungsmacht des Berechtigten gegebene Sache (→ Pfandrecht): *ich lasse, biete, gebe meine Uhr als P.; ich löse mein P. ein.* **2)** *nd.:* Deichanteil. **pfändbar,** zum Pfänden geeignet. *ich* **pfände** *ihn, es ihm,* beschlagnahme von seinem Eigentum zur Befriedigung einer Forderung. *Subst.* → Pfändung. *der* **Pfänder,** *-s/-, oberdt.:* Gerichtsvollzieher.

Pfand|anstalt, Pfandhaus, → Leihhaus.

Pfandbrief, Hypothekenpfandbrief, festverzinsliche → Schuldverschreibung eines Realkreditinstituts (→ Pfandbriefanstalten), durch deren Ausgabe es sich Kapital beschafft. Dieses gibt es gegen Bestellung von Hypotheken als Darlehen, insbes. für den Wohnungsbau, weiter (→ Hypothekenbank). Der P., ein mündelsicheres Wertpapier, gewährt keine Rechte an den belasteten Grundstücken, sondern verbrieft nur eine Forderung gegen die Bank. Der Zeitpunkt der Rückzahlung wird durch Auslosung ermittelt, ein Kündigungsrecht des Gläubigers besteht nicht.

Pfandbrief|anstalten, Realkreditinstitute, deren Hauptaktivgeschäft in der Gewährung von langfristigen Krediten besteht, wobei die Beschaffung der Finanzierungsmittel durch Ausgabe von → Pfandbriefen und Kommunalobligationen erfolgt; v. a. öffentlich-rechtl. Institute, z. B. Dt. Pfandbriefanstalt.

Pfandbruch, ⚖ der → Verstrickungsbruch.

Pfänder *der,* Aussichtsberg bei → Bregenz.

Pfandkehr *die, -,* ein Antragsdelikt, das vorliegt, wenn jemand seine eigene bewegl. Sache oder eine fremde dem Nutznießer, Pfandgläubiger oder dem Gebrauchs- oder Zurückbehaltungsberechtigten in rechtswidriger Absicht zugunsten des Eigentümers wegnimmt; nach § 289 StGB mit Freiheitsstrafe bis zu 3 Jahren oder Geldstrafe bedroht; ähnlich im schweizer. StGB (Art. 147). Dem österr. Strafrecht ist die P. als besonderer Tatbestand fremd; ebenso dem StGB der Dt. Dem. Rep.

Pfandleihe, das Ausleihen von Geld auf Pfänder. Die P. wird bes. von kommunalen Pfandleihanstalten (→ Leihhaus) betrieben. Die gewerbsmäßige P. durch private Pfandleiher bedarf der behördlichen Erlaubnis (§ 34 GewO).

Pfandrecht, das Recht eines Gläubigers, eine fremde Sache zur Befriedigung seines Anspruchs zu verwerten. Man unterscheidet P. an bewegl. Sachen (§§ 1204-1258 BGB), an Rechten (§§ 1273-1296 BGB) und an Grundstücken (→ Hypothek, → Grundschuld, → Rentenschuld, §§ 1113 ff. BGB). Das **P. an bewegl. Sachen** entsteht entweder dadurch, daß der Eigentümer die Sache an den Gläubiger übergibt und beide darüber einig sind, daß dem Gläubiger das P. zustehen soll, oder kraft Gesetzes (z. B. das des Vermieters, §§ 559 ff. BGB). Es berechtigt grundsätzlich nur zum Besitz des Pfandes, nicht zu dessen Nutzung; das Pfand ist bei Erlöschen des P. zurückzugeben. Zum Pfandverkauf, der durch öffentl. Versteigerung erfolgt, ist der Gläubiger erst einen Monat nach Androhung gegenüber dem Eigentümer und nach Fälligkeit der gesicherten Forderung berechtigt. Zeit und Ort sind öffentlich bekanntzumachen. Dieses P. wird, weil es ein **Faustpfand** ist, mehr und mehr durch die → Sicherungsübereignung verdrängt, bei der dem Schuldner Besitz und Nutzung der Sache verbleiben. – Die Bestellung des **P. an einem Recht** erfolgt nach den für die Übertragung des Rechts geltenden Vorschriften (→ Forderungsübergang). Schließlich gibt es ein **Pfändungs-P.**, das durch Pfändung im Wege der → Zwangsvollstreckung entsteht (§§ 803 ff. ZPO; → Lohnpfändung). – In der Dt. Dem. Rep. ist das P. in den §§ 443–449 ZGB geregelt. Das österr. Recht hat ähnl. Regelungen wie das der Bundesrep. Dtl., weicht jedoch in Einzelheiten stark von den dt. Vorschriften ab (§§ 447–470, 1368–1374 ABGB und andere Gesetze). In der Schweiz ist der Grundsatz des Faustpfands noch stärker durchgeführt (Art. 884 ff. ZGB).

Pfändung *die, -/-en,* ⚖ im Zivilprozeß eine Rechtshandlung, durch die zur Sicherung oder Befriedigung des Gläubigers dem Schuldner der Besitz oder die Verfügung über einen Gegenstand entzogen wird. Regelmäßig erfolgt die P. durch → Zwangsvollstreckung in das bewegl. Vermögen des Schuldners. Sie setzt die vollstreckbare Ausfertigung eines Vollstreckungstitels voraus. Die P. bewirkt die öffentlich-rechtl. Verstrickung (Beschlagnahme), die für den Gläubiger ein **Pfändungspfandrecht** entstehen läßt (→ Pfandrecht). Die P. bewegl. Sachen erfolgt durch den Gerichtsvollzieher, indem dieser sie in Besitz nimmt oder ein Siegel (›Kuckuck‹) anbringt. Die gepfändeten Sachen werden i. d. R. öffentlich versteigert. Die P. von Forderungen und anderen Vermögensrechten des Schuldners erfolgt durch **Pfändungsbeschluß** des Amtsgerichts. Er verbietet dem Drittschuldner, an den Vollstreckungsschuldner Leistungen zu erbringen, und gebietet letzterem, sich jeder Verfügung über die Forderung zu enthalten. Die Verwertung erfolgt i. d. R. durch Überweisung der gepfändeten Forderung an den Gläubiger zur Einziehung. Zur Sicherung des notwendigen Lebensbedarfs des Schuldners sind best. Sachen und Forderungen (→ Lohnpfändung) unpfändbar.

Pfauen: Blauer Pfau in Balzstellung

Pfanne [ahd. phanna, zu grch. patane ›Schüssel‹] *die, -/-n,* **1)** flaches Bratgefäß: *Bratpfanne; man hat ihn in die P. gehauen,* U ihn gedemütigt. **2)** Transport- und Gießgefäß (Gießpfanne) aus Stahlblech, für flüssiges Metall, feuerfest ausgekleidet, und für flüssige Schlacken. **3)** ⚕ konkav geformtes Gelenkende (→ Gelenk 1). **4)** Maschinenbau: hohlkugelförm. Ende eines Kugelgelenks (→ Gelenk 3). **5)** Zündpfanne am Steinschloßgewehr. **6)** Hohlziegel, → Dachziegel. **7)** kapholländ. **Pan,** flache Hohlmulde in Trokkengebieten mit dauernder oder zeitweiliger Wasserführung, bes. im südwestl. Afrika, mit Tonen, Mergeln oder Kalkablagerungen gefüllt, oft salzhaltig (Salzpfanne, z. B. → Etoscha-Pfanne).

Pfauenauge: Abendpfauenauge

Pfänner [von Pfanne] *der, -s/-,* ⚒ Besitzer eines Anteils an einem Salzbergwerk. *die* **Pfännerschaft,** *-/-en,* Gemeinschaft der P., alte Organisationsform der dt. Salz- und Solgutbesitzer.

Pfannkuchen, 1) *norddt.:* in Fett gebackener Kuchenteigballen, oft mit Füllung: *Berliner P.* **2)** *süddt.:* Eierkuchen, Omelette.

Pfarre [ahd. pfarra, zu grch. paroikia] *die, -/-n,* **Pfarrei** *die, -/-en,* Kirchspiel, Pfarramt, Pfarrhaus.

Pfarrer *der, -s/-,* **1)** kath. Kirchenrecht: ein → Priester, der vom Bischof zum verantwortl. Seelsorger einer Pfarre bestellt ist. Er kann nur durch kanon. Prozeß abgesetzt werden. **2)** evang. Kirchenrecht: der selbständige Träger des geistl. Amtes in einer Kirchengemeinde (Parochie) oder im außergemeindl. Dienst (Jugend, Presse, Industrie, Studenten, Militär u. a.). Er hat das Evangelium zu verkündigen, die Sakramente zu verwalten, christl. Unterweisungen und Seelsorge auszuüben und in Gemeinschaft mit den Presbytern die Kirchengemeinde zu leiten. Die **Pfarrwahl** (Pfarrstellenbesetzung), durch Kirchengesetz geregelt, erfolgt durch die Gemeinde, den Kirchenpatron oder die Kirchenleitung. – Ausbildung. Studium der Theologie (mindestens 8 Semester), Abschluß durch die 1. theolog. Prüfung; darauf meist 2–3jähr. prakt. Ausbildung an einem Predigerseminar und als Vikar in einer Gemeinde; Abschluß durch die 2. theolog. Prüfung und die → Ordination. Zunächst Verwendung als Hilfsgeistlicher, danach Anstellung in der Regel auf Lebenszeit. – In den dt. evang. Landeskirchen sind auch evang. Theologinnen zum Gemeindepfarramt als **Pfarrerin** zugelassen.

Pfarrer von Ars, Patron der Pfarrer, → Vianney.

Pfarrgemeinderat, kath. Kirchenrecht: ein in jeder Pfarrei bestehendes, gewähltes Gremium von Laien, das die Pfarrgeistlichen bei ihrer pastoralen Arbeit beraten und unterstützen soll.

Pfarrhelfer, in den meisten evang. Landeskirchen ein Träger des geistl. Amtes mit Befugnis zur Predigt und meist zur Sakramentsverwaltung, der nicht die volle akadem. theologische Ausbildung hat, sondern auf Predigerschulen oder kirchl. Seminaren ausgebildet wurde. Die Amtsbezeichnung ist: Prediger (Evang. Kirche der Union), Pfarrverwalter (Bayern), → Pfarrvikar (Hann. Luther. Kirche), Hilfsprediger (Mecklenburg), bei Diakonen, die ihrer Bruderschaft angeschlossen bleiben, Pfarrdiakon.

Pfarrkirchen, Krst. des Kr. Rottal-Inn, RegBez. Niederbayern, (1983) 9 700 Ew., im Rottal; roman. Pfarrkirche (um 1500 umgebaut); Zentrum der Rottaler Pferdezucht.

Pfarrschulen, im MA. vom Pfarrer betreute Elementarschulen; verfielen im 18. Jh.

Pfarrvikar, 1) kath. Kirchenrecht: vom Bischof ernannter Geistlicher, der statt eines Pfarrers oder zu seiner Unterstützung tätig ist. **2)** evang. Kirchenrecht: jüngerer Geistlicher als Stellvertreter oder Gehilfe des Pfarrers; auch der → Pfarrhelfer. *die* **Pfarrvikarin,** *-/-nen,* evang. Theologin vor der endgültigen Einstellung als Pfarrerin.

Pfarrzwang, Parochialzwang, 1) kath. Kirchenrecht: die Bindung feierl. kirchlicher Amtshandlungen in einer Pfarre an die Zustimmung des Pfarrers. **2)** evang. Kirchenrecht: die Zuweisung der Gemeindeglieder an den für ihren Wohnsitz zuständigen Pfarrer; heute als bloße Ordnungsvorschrift weniger wichtig.

Pfau, lat. **Pavo,** ✰ ein Sternbild am Südhimmel.

Pfauen [ahd. pfawo, zu lat. pavo], *Sg. der* **Pfau,** *-(e)s,* Fasanartige Indiens (z. B. **Pavo cristatus,** Blauer Pfau), gesellige, truthahngroße Waldvögel, mit langen, durch Augenflecken geschmückten Oberschwanzdeckfedern (die beim Hahn bei der Balz zum ›Rad‹ fächerartig aufgerichtet werden können), Federkrönchen auf dem Kopf und blau, grün, rot schillerndem Gefieder. – In der frühchristl. Kunst erscheint der P. als Sinnbild der Auferstehung des Fleisches. Die Neuzeit faßt den radschlagenden P. als Sinnbild der Eitelkeit auf. In Indien Nationalvogel.

Pfauen: Blauer Pfau, OBEN Männchen, UNTEN Weibchen

Pfauen|auge, Schmetterling mit Augenfleck auf verschiedenfarbigen Flügeln: 1) **Tagpfauenauge (Inachis io, Vanessa io),** Tagfalter aus der Fam. der Fleckenfalter, mit Vorder- und Hinterflügelauge, als Raupe an Nesseln. 2) **Abendpfauenauge (Smerinthus ocellata),** Schwärmer, rotbraun, mit Hinterflügelauge, als Raupe an Weiden u. a. 3) Gatt. **Nachtpfauenauge (Saturnia),** Augenspinner mit hellgrauen, schwärzlich gezeichneten Flügeln, Vorder- und Hinterflügelauge.

Pfauen|augenbarsch, Fisch, Art der → Sonnenbarsche.

Pfauen|insel, Havelinsel und Naturschutzgebiet im Verw.-Bez. Zehlendorf von Berlin (West), mit Gartenanlage und Schlößchen in Form einer Burgruine (1794–96).

Pfeffel, Gottlieb Konrad, Schriftst., * Colmar 28. 6. 1736, † ebd. 1. 5. 1809 als Präs. des evang. Konsistoriums, schrieb Fabeln mit sozialkrit. und polit. Lehrgehalt, ferner erzählende Gedichte (›Die Tabakspfeife‹).

Pfeffer [ahd. pfeffar, zu grch. peperi] *der, -s/-,* **1) Piper,** tropische, zweikeimblättrige Pflanzengatt. der Fam. **Pfeffergewächse (Piperaceae),** mit etwa 700 Arten. Die Blätter sind herzförmig, die einfachen Blüten stehen oft in Ähren, die Früchte sind Steinfrüchte. Der mit Haftwurzeln kletternde **Schwarze P. (Piper nigrum),** der heute in allen Tropenländern kultiviert wird, liefert aus unreif geernteten getrockneten Früchten den ›Schwarzen P.‹, aus reifen, ›geschälten‹ Früchten den ›Weißen P.‹. Beide enthalten das Pfefferöl, ein äther. Öl, das das Aroma, und das Alkaloid Piperin, das den brennenden Geschmack des P. bewirkt. Andere, als Ge-

Pfeffer 1): Schwarzer P.

Pfefferfresser: Regenbogentukan

würz dienende Arten sind der **Guinea-** oder **Aschanti-P.** und der **Lange P.** Die Blätter des **Betel-P. (Piper betle)** werden im trop. Asien als Genußmittel mit Zusätzen gekaut (→ Betel). Die Wurzelstöcke von **Piper methysticum** ergeben das narkot. Rauschmittel → Kawa. **Piper cubeba** im Malaiischen Archipel liefert die in der Medizin (harntreibend, verdauungsfördernd) verwendeten Kubeben (fructus Cubebae). – P. ist Sinnbild für Schärfe. Redensart: *geh hin, wo der P. wächst!,* U möglichst weit weg. **2)** auch Name für andere scharfe, z. T. als Gewürz dienende Pflanzen und Pflanzenteile: **Spanischer P.** (→ Paprika), **Stein-, Mauerpfeffer** (→ Fetthenne), **Bergpfeffer (Deutscher P.,** → Seidelbast). **3) P. und Salz,** fein schwarz-weiß gemustert (Textilien). **4)** Soldatensprache: Schießpulver: *da liegt der Hase im P.,* U das ist die Wurzel des Übels. *ich* **pfeff(e)re** *es,* **1)** würze mit P., allg.: würze stark; *gepfefferte Witze,* U derbe; *gepfefferte Preise,* U sehr hohe. **2)** U werfe, schieße: *er hat das Buch vor Wut an die Wand gepfeffert.* **Pfeffersack,** ꝏ reicher Kaufmann.

Pfefferfresser, Tukane, Rhamphastidae, sehr bunte, den Spechten verwandte Urwaldvögel Mittel- und Südamerikas, mit Wendezehe und großem, oft buntem Schnabel mit sägeart. Kerbung des Randes; nisten in Baumhöhlen und nähren sich bes. von Früchten. Der **Toko** oder **Riesen-Tukan** wird 57 cm lang.

Pfefferkuchen, würzige Honig- oder Lebkuchen. **Lebkuchen, Lebzelten,** Gebäcke, die nicht nur aus Honigteig, sondern auch aus Sirup- oder Zuckerteig mit Trieb, Gewürz und Fruchteinlagen bereitet werden.

Pfefferküste, 1) veralteter Name für die → Malabâr-Küste. **2)** westlichster Teil der Guinea-Küste, benannt nach dem ursprünglichen Hauptausfuhrprodukt.

Pfefferling *der, -s/-e,* Speisepilz, → Pfifferling.

Pfefferminze, Pflanze, → Minze.

Pfeffernuß, kleiner runder Pfefferkuchen.

Pfeffer|rinde, Pfefferstaude, → Seidelbast.

Pfeffersche Zelle [n. dem Chemiker und Botaniker W. Pfeffer, * 1845, † 1920], → Osmose (BILD).

Pfeife [aus lat. pipa] *die, -/-n,* **1)** Rohr, in dem durch Anregung von Luftschwingungen ein Ton erzeugt wird, als → Blasinstrument, als Teil der → Orgel, als → Querpfeife, → Dampfpfeife u. a. (vgl. unten Physik); *alle tanzen nach seiner P.,* U gehorchen ihm widerstandslos. **2)** Rauchgerät: *Tabakspfeife, Wasserpfeife, Friedenspfeife.* **3)** röhrenförmiges Gerät mit breiter Mündung, z. B. Glasbläserpfeife. *ich* **pfeife** (habe gepfiffen), **1)** *(eine Melodie),* bringe durch den gespitzten Mund meist helle Töne hervor: *er pfiff den Schlager vor sich hin; ich pfeife darauf,* U lege keinen Wert darauf, verzichte. **2)** blase mit einer Signalpfeife: *er pfeift auf dem letzten Loch,* U ist am Ende. **3)** *Tierepfeifen* (z. B. Gemse, Muffelwild, Fischotter, Murmeltier), ⚘ warnen. **4)** *der Wind pfeift,* heult. *ich* **pfeife** *es* **ab,** ⚽ gebe das Zeichen zum Aufhören (als Schiedsrichter). *ich* **pfeife an, 1)** *es,* ⚽ gebe das Zeichen zum Beginn (als Schiedsrichter). **2)** *ihn,* U schnauze an, weise grob zurecht: *er wurde vom Chef angepfiffen. ich* **pfeife** *ihn, es* **aus,** verhöhne durch laute Pfiffe.

⊠ Bei den **Lippenpfeifen (Labialpfeifen)** wird ein Luftstrom aus einem schmalen Spalt gegen eine scharfe Kante, die Lippe, geblasen. Dabei entstehen periodisch sich ablösende Luftwirbel an der Schneide, die die Eigenschwingungen der Luftsäule anregen. Bei der **offenen P.** ist die Wellenlänge des Grundtons doppelt so groß wie die Länge der P., bei der oben geschlossenen P., der **gedackten P.,** viermal so groß, so daß der Grundton der gedackten P. um eine Oktave tiefer ist als der Grundton der gleich langen offenen P. Bei den **Zungenpfeifen** tritt die Luft durch eine Öffnung, die durch die Schwingungen eines elastischen Metallstreifens periodisch geschlossen und wieder geöffnet wird. Die Tonhöhe der Zungenpfeife hängt in erster Linie von der Eigenfrequenz der Zunge und außerdem von der Länge der Luftsäule, auf die die Schwingungen der Zunge übertragen werden, ab.

Pfeifenfische, Knochenfische mit röhrenförmig verlängerter Schnauze und Stacheln auf der ersten Rückenflosse, so die bis 2 m lange **Tabakspfeife** an der Ostküste Amerikas und die bis zu 18 cm lange **Meerschnepfe (Schnepfenfisch)** im Mittelmeer.

Pfeifenstrauch, 1) Falscher → Jasmin. **2)** → Osterluzei.

Pfeif|ente, Schwimmente, Erpel mit heller Blesse am rotbraunen Kopf.

Pfeifer [zu Pfeife] *der, -s/-,* **1)** jemand, der pfeift. **2)** im MA. die Spieler von Blasinstrumenten, dann die freien Musikanten und Spielleute, die sich seit dem 13. Jh. zu **Musikantenzünften** (bis 1803) zusammenschlossen. In Dtl. und Frankreich verbanden sich die P. zu landschaftl. Organisationen unter einem **Pfeiferkönig** und hielten jährlich feierl. Gerichtssitzungen **(Pfeifergerichte** oder **Pfeifertage).**

Pfeifer von Niklashausen, → Böhm 3).

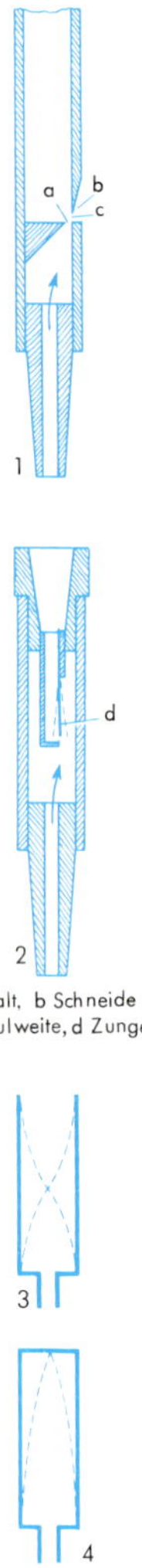

a Spalt, b Schneide
c Maulweite, d Zunge

Pfeife 1): **1** offene Lippenpfeife; **2** offene Zungenpfeife; **3** Grundschwingung in einer offenen, **4** in einer gedackten P.

Pfeiffer, Richard, Bakteriologe, * Zduny (Prov. Posen) 27. 3. 1858, † Landeck i. Schl. 15. 9. 1945, Mitarbeiter R. Kochs, entdeckte den Influenza-Bazillus und fand im Serum cholerakranker Tiere spezifisch wirkende Antikörper (Bakteriolysine). Grundlegend waren seine Studien über Resistenz und Immunität. Auf ihn gehen die Immunisierungsverfahren beim Typhus zurück.

Pfeiffersches Drüsenfieber, ⚕ das → Drüsenfieber.

Pfeifhasen, Pikas, Ochotonidae, Fam. der Hasentiere, so Gatt. **Ochotona,** etwa meerschweinchengroße Hochsteppentiere Eurasiens und Nordamerikas; ihre durchdringenden Pfeiftöne liegen z. T. im Ultraschallbereich.

Pfeifsatz, → Feuerwerk.

Pfeil [ahd. pfil. zu lat. pilum] *der, -(e)s/-e,* **1)** Geschoß, mit Bogen, Armbrust oder Blasrohr geschossen, besteht aus dem geraden, hinten oft gefiederten Holz- oder Rohrschaft und der oft mit

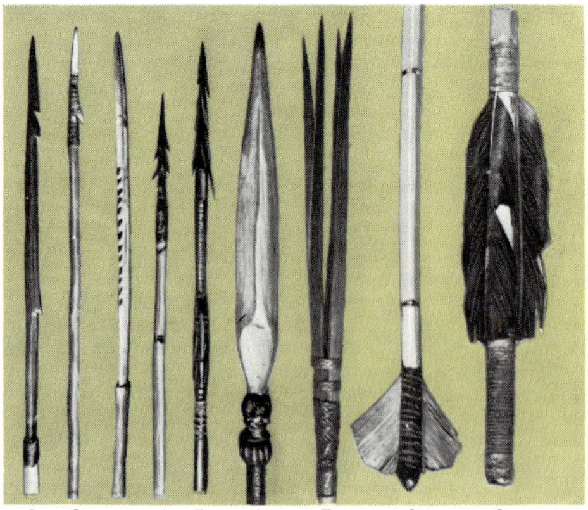

1 2 3 4 5 6 7 8 9

Pfeil 1): Naturvölker; **1** Hartholz-P., Gran Chaco. **2** P. mit Knochenspitze, Kolumbien. **3** P. mit Knochenspitze, König-Georg-Sund, SW-Australien. **4** P. mit eisernen Widerhaken, Afrika. **5** Bambus-P. mit Widerhaken aus Knochen, Salomon-Inseln. **6** Bambus-P., Neuguinea. **7** Fisch-P., Neuguinea. **8** Radialfiederung von 1. **9** Tangentialfiederung von 2

Widerhaken versehenen Spitze aus Hartholz, Bambus, Stein, Metall, Knochen, die mit → Pfeilgift überzogen sein kann. Der P. ist Sinnbild der Schnelligkeit: *er schoß davon wie ein P.,* schnell, schnurgerade; *er ist von Amors P. getroffen,* P verliebt; *mit P. und Bogen.* **2)** Richtungsanzeiger in Form eines P. **3)** ☆ *ohne Pl.,* lat. **Sagitta,** Sternbild des nördl. Himmels. **pfeilgeschwind, pfeilschnell,** sehr rasch.

Pfeiler [ahd. philari, zu lat. pilarius] *der, -s/-,* **1)** 🏛 Stütze aus Stein, Mauerwerk, Stahl oder Stahlbeton zur Unterstützung von Decken, Trägern, Balken, Bogen oder Gewölben. **Wand-P.** springen aus einer Wand hervor; **Strebe-P.** haben außer der senkrechten Last noch den Seitenschub eines Gewölbes aufzunehmen und werden nach unten zu stufenförmig verbreitert. **Pendel-P.** sind am Kopf und Fuß gelenkig gelagert und können dadurch bei Formänderung des aufgelagerten Tragwerks pendelnd nachgeben. **Brükken-P.** tragen den Überbau als **Land-** und **Strom-P.** Sie haben i. d. R. die gesamten auf die Brücke entfallenden Längskräfte (z. B. Bremskräfte, einseitige Gewölbeschübe) aufzunehmen. **Stahlbeton-P.** werden bis zu den größten Höhen als **Hohl-P.** ausgeführt (BILD S. 191). **2)** ⚒ durch allseitiges Umfahren mit Strekken für den Abbau stehengelassener Teil einer Lagerstätte.

Pfeilflügel, eine Tragflügelform an Flugzeugen für hohe Fluggeschwindigkeiten. **Positive P.** sind nach hinten, **negative P.** nach vorn abgewinkelt (→ Flugzeug).

Pfeilgift, von Naturvölkern verwendetes Gift zum Bestreichen der Pfeilspitzen, meist aus Pflanzen (z. B. von Strychnosarten, → Curare), seltener von Schlangen, Käfern oder verwesenden Kadavern. Das Fleisch getroffener Tiere wird durch das P. nicht ungenießbar.

Pfeilhechte, → Barrakudas.

Pfeilhöhe, Stich, 🏛 der größte Abstand eines Bogens von der Bogensehne (BILD Bogen 4).

Pfeilkraut, Sagittaria, Gatt. der Froschbißgewächse mit 20 Arten, meist im temperierten und trop. Amerika; in der Alten Welt nur 3 Arten, darunter in Mitteleuropa **Sagittaria sagittifolia** mit pfeilförm. Blättern und weißen Blüten, an Sumpf- und Teichrändern.

Pfeilkreuzler, 1935–45 faschist. Partei in Ungarn.

Pfeilnaht, die Sagittalnaht (→ sagittal).

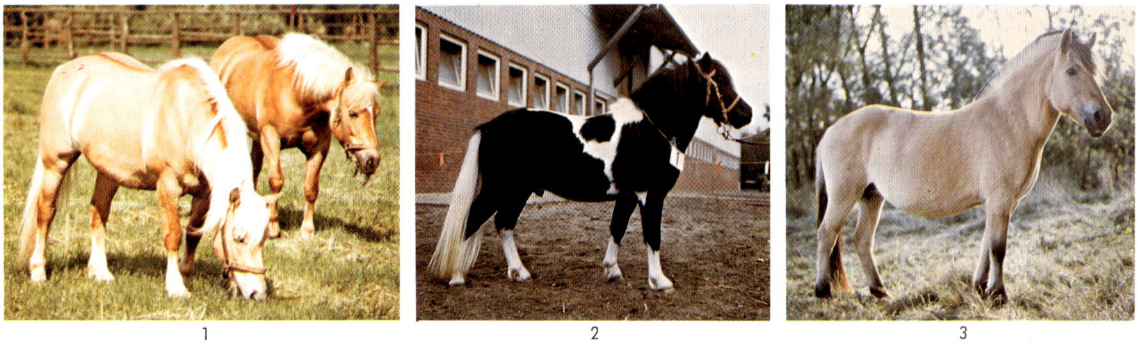

Pferde: Pferderassen; **1** Haflinger, **2** Shetlandpony, **3** Norweger

Pfeilschwänze, Schwertschwänze, Molukkenkrebse, Xiphosura, Ordn. im Meer lebender Gliedertiere, bis über 1/2 m lang; Kopfbruststück und Hinterleib haben je 6 Gliedmaßenpaare, das Hinterende trägt einen Stachel. Die P. sind auf dem Rücken gepanzert. Sie wühlen im Flachseegrund nach Kleintieren, so der **Molukkenkrebs (Tachypleus gigas)** und die **Königskrabbe (Limulus polyphemus)** der nordamerikan. Küsten.

Pfeilstern, ☆ → Barnard 2).

Pfeilwürmer, Borstenkiefer, Chaetognatha, räuberische, glasig-durchsichtige, etwa 3 bis 100 mm lange, pfeilförmige Tiere im Plankton aller Meere mit Greifhaken am Mund und Augen; zwittrig.

Pfeilwurz, Nutzpflanze, → Marante.

Pfemfert, Franz, Publizist, * Lötzen (Ostpr.) 20. 11. 1879, † Mexiko 26. 5. 1954, gab 1911–32 die von ihm gegr. sozialrevolutionäre Zeitschrift ›Die Aktion‹, auch Sprachrohr der expressionist. Kunst, heraus; war zuletzt Gegner des Kommunismus.

Pfennig [aus → Pfand] *der, -(e)s/-e,* Abk. **Pf** oder ₰ (d, Denar), kleinste dt. Münzeinheit: 1/100 D-Mark; *das kostet 5 P.* oder: *Pfennige.* Im MA. war der P. fast die einzige Silbermünze Europas, nach der Münzordnung Karls d. Gr. = 1/12 Schilling = 1/240 Pfund Silber. Auf dieser Einteilung beruhte die brit. Währungsordnung bis zur Einführung der Dezimalrechnung (1971); der P. heißt hier penny. Durch die dauernde Münzverschlechterung wurde der P. allmählich zur Scheidemünze und schließlich ganz aus Kupfer geprägt. *der* **Pfennigfuchser,** *-s/-,* U Geizhals.

Pfennigkraut, ein → Weiderich.

Pferch [ahd. pferrih] *der, -(e)s/-e,* **Hordenschlag,** mit Horden umgebenes Landstück, worin Weideschafe eingeschlossen werden. *ich* **pferche** *ihn, es,* dränge zusammen.

Pferd [ahd. pfärfrit aus mlat. paraveredus ›Postpferd auf Nebenlinien‹] *das, -(e)s/-e,* **1)** → Pferde; *er arbeitet wie ein P.,* U arbeitet hart; *er setzt sich aufs hohe P.,* U tut hochmütig; *mit ihm kann man Pferde stehlen,* U auf ihn ist Verlaß. **2)** Turngerät für Sprung-, Stütz- und Schwungübungen. Es besteht aus einem gepolsterten, lederüberzogenen Holzkasten, der von 4 schräg nach außen gestellten, in der Höhe verstellbaren Beinen getragen wird. Das **Seitpferd,** eines der 6 olymp. Turngeräte für Herren, ist 160 bis 163 cm lang, 135 cm hoch, 35 cm breit und hat im mittleren Teil 2

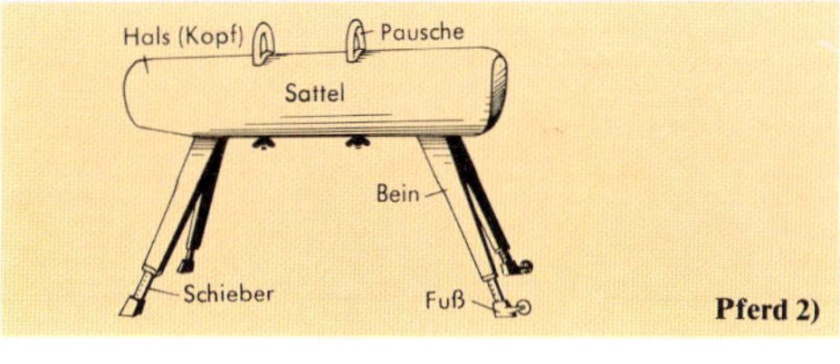

Pferd 2)

mit Leder überzogene Griffe (Pauschen). Für den Pferdsprung (Herren) wird das pauschenlose **Langpferd** (Länge: 160 cm, Höhe: 135 cm) verwendet, die Damen springen über das pauschenlose **Seitpferd** (Höhe 120 cm). Der Pferdsprung ist olymp. Disziplin. **3)** Springer im Schachspiel. **4)** Haltetau für das Segel.

Pferde, Equidae, Fam. der Unpaarhufer (Einhufer) mit der einzigen erhaltenen Gatt. **Equus** (Bild Unpaarhufer) und den Arten: Esel, Halbesel, 3 Arten Zebras sowie Wildpferd, Urwildpferd oder Przewalskipferd. Der **Esel (Equus asinus),** dessen Wildformen ausschließlich in den nordafrikan. Halbwüsten vorkommen, hat schmale, hohe Hufe, lange Ohren (›Eselsohren‹) und Quastenschwanz; charakterist. ist auch der typ. Eselsschrei. Hausrassen sind z. B. **Riesenesel** (Frankreich, Spanien; 160 cm hoch), **Zwergesel** (Sardinien, Sri Lanka; 76 cm). Über Kreuzungen mit Pferden: → Maultier, → Maulesel. Die sehr genügsamen **Hausesel** finden sich v. a. in Südeuropa und Nordafrika, aber auch im Orient ostwärts bis China überwiegend als Last- und Reittiere. Die in den trockenen Berg- und Wüstensteppen lebenden **Halbesel (Equus hemionus)** sind rötlichbraun mit deutlichem Aalstrich von der Mähne bis zur Schwanzquaste, Unterseite hell. Unterarten sind z. B. der dunkelfarbige **Tibetan. Halbesel** oder **Kiang,** mit etwa 130 cm Schulterhöhe der größte Halbesel, der hellere **Persische Halbesel** oder **Onager** und der **Mongol. Halbesel** oder **Kulan.**

Die **Zebras** oder **Tigerpferde** sind schwarz-weiß oder braun-weiß quergestreift und leben in Herden in den Steppen O- und S-Afrikas. Die 3 Arten sind: das **Grévy-Zebra (Equus grévyi)** mit einer Rückenhöhe von 150–160 cm das größte Zebra, das **Bergzebra (Equus zebra)** mit einem kleinen Kehlzipfel am Hals (Unterarten: das heute seltene Kap-Bergzebra S-Afrikas, das Hartmann-Zebra) und das **Steppenzebra (Equus quagga).** Von den Unterarten des Steppenzebras sind das Quagga seit 1883 und das Burchell-Zebra seit 1911 ausgestorben. Beim Böhm-Zebra verändert sich nach S die rein schwarze Zeichnung; es tritt ein Schattenstreifen auf. Beim Chapman- oder Damara-Zebra sowie beim Selous-Zebra wird die Grundfarbe bräunlich-gelb.

Das **Przewalskipferd (Equus przewalskii),** mit einem mittleren Körpergewicht von 300 kg und einer Schulterhöhe von etwa 135 cm, unterscheidet sich von dem von ihm abstammenden Hauspferd durch kurze Ohren, Kastanien (Hornwarzen) und einen von der Wurzel an behaarten Schweif.

Die **heutigen P.** lassen sich von hasengroßen, fünfzehigen Formen **(Hyracotherium, Eohippus)** aus dem frühen Tertiär ableiten. Sie sind hochbeinige Herdentiere, die nur mit der Spitze der mit einem breiten Huf bekleideten Mittelzehe (3. Zehe) auftreten. Die zweiten und vierten Mittelfußknochen sind zu schmalen Stäben verkümmert (Griffelbeine). Die Schneidezähne tragen eine tütenartige Schmelzeinstülpung (Kunde, → Bohne 3), die Eckzähne sind nur beim Hengst erhalten, die Backenzähne besitzen Schmelzfalten. Das Alter der P. kann bis zu 40 Jahre betragen, im Mittel 16–18 Jahre; es kann auf Grund der Abnutzung des Gebisses bestimmt werden. Das männl. P. heißt **Hengst,** kastriert **Wallach,** das weibliche **Stute,** das junge **Fohlen (Füllen).**

Das **Hauspferd** mit seinen zahlreichen Rassen stammt vom Wildpferd ab. Halbwilde oder verwilderte Hauspferde sind der **Mustang** und das **Dülmener P.** Nach neueren Untersuchungen war der **Tarpan** ebenfalls ein verwildertes Haus-P. Reste der Vorfahren der heutigen P. sind Wild-P. im Altai (Przewalski-P.) und die Landrassen Eurasiens von Schottland bis zur Mongolei und Hokkaido. Es sind kleine P., ausdauernd, genügsam und kräftig. Aus den Steppen-P. entwickelten die zentral- und vorderasiat. Völker Reit-P., die von den Persern (Iranern) und Mongolen in den Mittelmeerraum und nach Europa gebracht wurden. Der Farbe nach unterscheidet man Schimmel, Fuchs, Isabelle, Rappe; Braune und Falben haben stets schwarze Mähne, Unterfüße sowie schwarzen Schweif. P. mit größeren weißen Flecken nennt man Schecken (Tiger-, Schabrackenscheck). Unterscheidungsmerkmale von P. sind auch → Abzeichen 3). P. brauchen Kraftfutter mit einem Eiweißverhältnis 1 : 4 zusätzlich zu Hafer und Heu sowie täglich 20–30 l Wasser. Die Geschlechtsreife tritt im 2. Lebensjahr ein, Trächtigkeitsdauer: zw. 320 und 336 bis 360 Tage; das Fohlen soll 4–5 Monate saugen. Über die Bewegungsarten der P. → Gangarten.

Man unterscheidet nach Größe, Gewicht, Verwendungszweck,

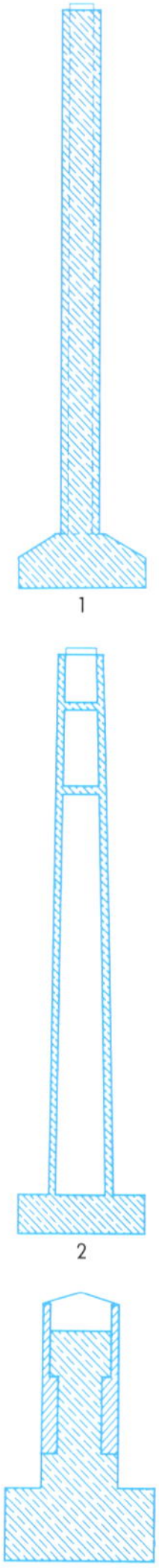

Pfeiler 1)

Pfeiler 1): **1** und **2** Stahlbeton-P. aus Sichtbeton für hohe Talbrücken; **1** Massiv-P., **2** Hohl-P. **3** Stahlbeton-P. mit Steinmauerwerk-Verblendung für Flußbrücken

1

2

3

4

5

6

Pferde: Pferderassen; **1** Araber, **2** Engl. Vollblut, **3** Trakehner, **4** Hannoveraner, **5** Lipizzaner, **6** Süddt. Kaltblut

Blutanteil und Zuchtgebiet. Die von oriental. Rassen (Araber, Turkmenen, Berber u. a.) abstammenden Vollblüter gelten als die am höchsten gezüchteten P. Das **Engl. Vollblut,** heute meist im Pferderennsport verwendet, wurde im 17. Jh. durch Kombination von (Kelten-)Land-P. und Arabern mit Hilfe von Rennleistungsprüfungen gezüchtet. Es wird in den Zuchtbüchern mit xx, der Araber mit ox gezeichnet. Im 18. und 19. Jh. entstanden die **Halbblut-** oder **Warmblutrassen** mit versch. Anteil an Araber-, Anglo-Araber- u. a. Vollblut-Erbmassen (30% bei den Hannoveranern, rd. 50% bei Trakehnern).

Das **Kaltblut** (Zug- und Last-P.) wurde in den Handelsländern aus den Arbeits- und Ritter-P. des MA. gezüchtet. Es zeichnet sich durch ruhiges Temperament, Zugwillen und -kraft aus. Nach der Größe unterscheidet man Ponys (unter 120 cm Widerristhöhe), Klein-P. wie Fjord-P. und Haflinger (121–147 cm) sowie Groß-P. (über 147 cm, meist 150–165 cm). Nach Verwendung und Leistung unterscheidet man: Renn-P. (Galopp-P., Traber), Wagen- und Reit-P. (geeignete Rassen: Trakehner, Oldenburger, Hannoveraner u. a.), Jagd-P. (Hunter), Spring-P., Dressur-P. und Kunstreit-P. (z. B. Lipizzaner), Spezial-P. (für Polo), Gebirgs-P. (z. B. Haflinger) und Zuglast-P.

R a s s e n i n d e r B u n d e s r e p. D t l. Vollblut, Araber, Traber, Trakehner, Hannoveraner, Holsteiner, Oldenburger, Süddt. Kaltblut, Rhein-dt. Kaltblut, Schleswiger, Klein-P., Ponys. Trakehner wurden z. T. 1945 nach West-Dtl. gebracht und weitergezüchtet. Hannoveraner wurden entwickelt durch Einkreuzung arab. und engl. Vollblüter in einheim. P. (hervorragende Vielseitigkeits-P.). Das Westfäl. Warmblut und z. T. der Holsteiner beruhen auf der Zuchtgrundlage der Hannoveraner. In Oldenburger und Ostfriesen wurden engl. Vollbluthengste eingekreuzt.

Die **Pferdezucht** bemüht sich um das Herauszüchten bestimmter Rassemerkmale je nach dem Verwendungszweck. In Leistungsprüfungen (Renn-, Trab-, Spring-, Dressur-, Vielseitigkeits-, Gespann- und Zugkraftprüfungen) werden Kraft, Ausdauer, Geschwindigkeit, Gehorsam und Temperament getestet.

In der Bundesrep. Dtl. sind rd. 50% der Zuchthengste als Staatsbesitz in Landgestüten und werden während der Deckperiode in Deckstationen aufgestellt, wo ihnen von privaten Züchtern die Stuten zugeführt werden. Private Gestüte sind oft mit Renn- oder Turnierstellen gekoppelt.

Pferdekrankheiten sind: → Dämpfigkeit, → Druse, Fohlenlähme (→ Lähme der Jungtiere), → Kolik 2), → Mauke, → Pferdestaupe, → Rehe, → Rotz, → Schwarze Harnwinde, Wurmerkrankungen u. a. – **Untugenden** der P. sind: Beißen, Schlagen, Durchgehen, Steigen, Weben, Sattelzwang, Kleben u. a. – Als **Hauptmängel** im P.-Handel gelten: Rotz, Dummkoller, Dämpfigkeit, Kehlkopfpfeifen, periodische Augenentzündung, Koppen.

K u l t u r g e s c h i c h t e. In der ausgehenden Altsteinzeit wurde das P. als wertvolles Fleischtier nur gejagt. Die Domestikation begann in Nord- und Westeuropa sowie im Donauraum vermutlich im ausgehenden Neolithikum des 3. Jahrtsd. v. Chr., mit Sicherheit aber zu Beginn der Bronzezeit. Aus Susa (Südwestiran) stammt die erste überlieferte Reiterdarstellung, eine Ritzzeichnung auf einem Knochen um 2800 v. Chr. Schon früh wurden P. zum Ziehen von Streitwagen benutzt (China seit 1300 v. Chr., im ostkleinasiatisch-syrisch-mesopotam. Raum seit dem 16. Jh. v. Chr.; Kreta um 1400 v. Chr.). In Griechenland spielte die Reiterei nur eine geringe Rolle. Da weder Sattel noch Steigbügel (z. B. in Indien seit dem 2. Jahrtsd. v. Chr. bekannt) benutzt wurden, fehlte der Halt auf dem P. Auch die Römer erkannten erst spät die Bedeutung eines schlagkräftigen Reiterheeres. Die Germanen besaßen gut ausgebildete Reiterheere. Von alters her hatte das P. in vielen, bes. den indoeuropäischen Religionen große Bedeutung. Es galt als Amme des Menschen (man trank Stutenmilch und daraus hergestellten Kumys) und wurde oft zum Träger der Seelen Verstorbener. Als wertvollster Besitz wurde es den Toten ins Grab mitgegeben. Viele Götter waren beritten, andere wurden in P.-Gestalt dargestellt. Sowohl bei den Sumerern (Schamasch) als auch bei den Iraniern (Mithra), Griechen (Helios) und Römern (Sol) fuhr der Sonnengott vierspännig über den Himmel, den Wagen des Hindu-Sonnengottes Surya zogen 7 P. In der ›Edda‹ wird die Sol von ihren P. Arvakr und Alsvidr gezogen. Auf einem bei → Trundholm ge-

Pferde: LINKS Grévy-Zebra, RECHTS Hausesel

fundenen bronzenen Kultwagen (1500 v. Chr.) zieht ein P. die goldene Sonnenscheibe. P.-Opfer sind für viele Völker bezeugt. P.-Schädel wurden in Bäumen und an Giebeln aufgehängt als Schutz gegen Dämonen, Unwetter, Seuchen. Die christl. Kirche hat den P.-Kult und den Genuß des Opferfleisches bekämpft; die Abneigung gegen den Genuß von P.-Fleisch geht z. T. darauf zurück.

Wirtschaftliches. Der Pferdebestand der Welt ging von (1938) 94,6 Mio. auf (1982) 65 Mio. zurück; die größten Bestände hatten (1982) VR China (11 Mio.), USA (10,2 Mio.), Mexiko (6,7 Mio.), Brasilien (5,1 Mio.), UdSSR (5,6 Mio.). In der Bundesrep. Dtl. gab es (1982) 364000 P., in der Dt. Dem. Rep. 76000, in Österreich 42000, in der Schweiz 45000 P. – Rechtliches. Für Reiter und Führer von P. gelten die für den gesamten Fuhrverkehr einheitlichen Verkehrsregeln sinngemäß (§ 28 StVO). – Über Pferdeversicherung → Tierversicherung.

Pferdebahn, Vorläufer der → Straßenbahn und → Eisenbahn.

Pferdeböcke, Säbel|antilopen, Hippotragini, Horntiere, die mit 4 Arten über Arabien verbreitet sind, z. B. die schwarze **Rappenantilope** (BILD Antilopen), die gelbweiße **Mendesantilope** mit schraubigem Gehörn und der **Spießbock** mit der rötlichgrauen, weißgezeichneten Unterart **Gemsbock (Passan).**

Pferdebohne, svw. Saubohne, → Bohne.

Pferdefuß, Abzeichen des Teufels; bildlich: *da sieht der P. hervor,* Ü das Bedenkliche, die mögliche Gefahr.

Pferdekopfnebel, ☆ Dunkelnebel (→ Dunkelwolke) im Sternbild Orion, etwa in Form eines Pferdekopfes, der sich von hell erleuchteten Nebelpartien abhebt; nur auf lang belichteten Aufnahmen zu erkennen.

Pferde(magen)bremse, eine Fliege, → Magenbremsen.

Pferderennen, Eignungsprüfung der Pferde auf der Rennbahn auf Ausdauer, Schnelligkeit und Gesundheit, eingeteilt in Galopp- und Trabrennen. Weitere Einteilungen ergeben sich aus der Beschränkung auf bestimmte Pferde (Halbblut-, Inländerrennen, Rennen für Zwei- oder Dreijährige), best. Reiter (Berufsjockeys, Amateure) oder Fahrer. Durch **Zuchtrennen** sollen zur Zucht geeignete Pferde ermittelt werden. **Galopprennen** sind ausgeschrieben als Flachrennen, je nach Distanzen zw. 1000 und 4000 m, oder → Hindernisrennen (Distanzen zw. 2800 und 6800 m). Die Rennen werden als Altersgewichtsrennen (Aufgewichtsrennen), als Ausgleiche sowie in verschiedenen anderen Kategorien (z. B. mit Amateur- und Nachwuchsreitern) gelaufen. Gestartet wird bei Flachrennen aus Startboxen, bei Hindernisrennen durch Startbänder. **Trabrennen** werden einspännig vor dem einachsigen, gummibereiften Sulky gefahren. Die speziell gezüchteten Pferde müssen während des Rennens sauber traben; Galoppieren über mehrere Stangen (in 20 m Abstand) führt zu Disqualifikation. Gestartet wird entweder fliegend (hinter einem Startauto) oder in Ausgleichsrennen mit Bänderstart. P. werden als Leistungsprüfungen mit in der Ausschreibung definierten Kriterien oder Ausgleichsrennen (in denen der Ausgleich durch Weg- oder Gewichtsvorgabe der schwächeren Pferde erzielt wird) gelaufen. Die Ausschreibung legt die Streckenlänge (1400–4800 m), Alter und Geschlecht der startberechtigten Pferde, mögliche Vorgaben sowie die Gewinnsummen fest. Die Geldmittel für Rennpreise, Unterhaltung der Rennbahnen und Durchführung der Rennen stammen aus Rennwett- und Lotteriesteuern, Eintrittsgeldern und Stiftungen. – Bei der Meldung zu einem P. ist ein **Nenngeld** zu entrichten; bei Streichung verfallen die Zahlungen zugunsten des Veranstalters **(Reugeld).** Die Aufsicht haben im Galoppsport der Bundesrep. Dtl. das Direktorium für Vollblutzucht und Rennen (Sitz: Köln) und im Trabsport der Hauptverband für Traber-Zucht und -Rennen (Sitz: Kaarst). In der Dt. Dem. Rep. wird der gesamte Pferdesport vom Dt. Pferdesportverband der DDR geleitet. Für P. sind in Österreich der Jockey Club für Österreich (Galoppsport) sowie die Zentrale für Traber-Zucht und -Rennen, in der Schweiz der Schweizer Pferderennsportverband (Galoppsport) und der Schweizer. Trabrenn-Verband zuständig.

Pferdeschwanz, Mädchenfrisur (etwa seit den 50er Jahren des 20. Jh.), bei der das am Hinterkopf hochgebundene Haar wie ein P. lose herabfällt.

Pferdesport, Sammelbezeichnung für alle Sportarten, bei denen Pferde verwendet werden: → Pferderennen, Turniersport wie → Dressurreiten (→ Hohe Schule), → Springreiten, → Military, → Fahren, ferner → Polo, → Jagdreiten, → Voltigieren sowie das Reiten als Freizeitbeschäftigung. Für alle Veranstaltungen des Turniersports (→ Reit- und Fahrturnier), für die Eintragung der Pferde und für die Genehmigung der Geldpreise ist in der Bundesrep. Dtl. die Deutsche Reiterliche Vereinigung (Sitz: Warendorf), in der Dt. Dem. Rep. der Dt. Pferdesportverband der DDR, in Österreich der Bundesfachverband für Reiten und Fahren und in der Schweiz der Schweizer. Zentralverband für P. verantwortlich.

Pferdespringer, → Springmäuse.

Pferdestärke, Einheitenzeichen **PS,** nicht gesetzl. Einheit der → Leistung 3). 1 PS = 75 kp·m/s = 0,73549875 kW.

Pferdestaupe, Pferdegrippe, Influenza, meist gutartige, fieberhafte, ansteckende Viruskrankheit des Pferdes mit Schlafsucht, Ödemen, Lidschwellungen.

Pferdesterbe *die,* -, meist tödliche (90–100%), durch blutsaugende Insekten übertragene Virusseuche der Einhufer in Mittel- und Südafrika.

Pferdmenges, Robert, Bankier und Politiker (CDU), * Mönchengladbach 27. 3. 1880, † Köln 28. 9. 1962; 1931–54 Teilhaber des Bankhauses S. Oppenheim jr. & Cie., Köln, 1949–62 MdB., Vertrauter K. Adenauers bes. in Wirtschafts- und Finanzfragen.

Hans Pfitzner

Pferderennen: OBEN Trabrennen; UNTEN LINKS Hindernisrennen (Jagdrennen); UNTEN RECHTS Boxenstart zum Galopprennen

Pflanzen: Systematische Übersicht

Es gibt rd. 400000 heute noch lebende Arten. Zugrunde gelegt ist die Systematik in ›Lb. der Botanik‹ von E. Strasburger ([31]1978). Über die systemat. Zuordnung bestehen z. T. unterschiedl. Auffassungen. Diese Übersicht stellt lediglich eine Auswahl dar. Unter den Stichwörtern zu den einzelnen Klassen und Ordnungen findet sich meist eine weitere Unterteilung. Die jeweils am Ende der Abteilungen und Klassen stehenden Zahlen geben die ungefähre Zahl der beschriebenen Arten an.

A. Reich der Prokaryoten (Prokaryota)
Pflanzen ohne echten Zellkern
Abteilung: **Spaltpflanzen** (Schizophyta)
mit den Klassen Bakterien (Kokken, Bazillen, Spirillen) und Blaualgen — 3500

B. Reich der Eukaryoten (Eukaryota)
Pflanzen mit echtem Zellkern
Abteilung: **Algen** (Phycophyta)
mit den Klassen Dinoflagellaten, Goldalgen, Grünalgen (Darmalge, Meersalat, Wassernetz, Federtang), Rotalgen sowie Fam. Xanthophyceae und Braunalgen (Beeren-, Blasen-, Blatt-Tange) — 14400
Abteilung: **Pilze** (Mycophyta)
mit den Klassen Schleim-, Algen-, Schlauchpilze (Becherling, Trüffeln, Hefe-, Mehltaupilze) und Basidienpilze (Bauch-, Haut-, Blätter-, Rost-, Brand-, Ohrlappen-, Zitterpilze, Bovist, Erdstern, Porlinge, Judasohr) — 27600
Abteilung: **Flechten** (Lichenes)
mit den Klassen Schlauch- und Basidienflechten (Krusten-, Laub-, Strauch- und Fadenflechten) — 20000
Abteilung: **Moose** (Bryophyta)
mit den Klassen Lebermoose (Hornmoose, Brunnenlebermoose, Beckenmoos) und Laubmoose (Torf-, Klaff-, Schirm-, Astmoose) — 24000
Abteilung: **Farnpflanzen** (Pteridophyta)
mit den Klassen Urfarnpflanzen (Rutenfarne), Bärlappgewächse (Bärlapp, Moosfarn, Brachsenkraut), Farne (Adler-, Blasen-, Wurmfarn, Natterzungen-, Königs-, Baum-, Wasserfarne) und der Ordn. Schachtelhalmpflanzen — 20000
Abteilung: **Samenpflanzen** (Spermatophyta)
Unterabteilung: **Gabel- und Nadelblättrige Nacktsamer** (Coniferophytina)
mit den Klassen (Ginkgopflanzen und Nadelhölzer (Tanne, Fichte, Kiefer, Lärche, Zeder, Zypresse, Lebensbaum, Wacholder, Mammutbaum, Eibe) — 1200
Unterabteilung: **Fiederblättrige Nacktsamer** (Cycadophytina)
mit den Klassen Samenfarne, Palmfarne, Bennettitatae (den Palmfarnen ähnlich) und Gnetatae (Gnetumpflanzen) — 150
Unterabteilung: **Decksamer** (Magnoliophytina)
Klasse: Zweikeimblättrige (Magnoliatae, Dicotyledoneae) mit den Ordn. Magnolien-, Pfeffer-, Osterluzeipflanzen, Mohnartige, Buchenpflanzen (Buche, Birke, Hasel, Erle), Nesselpflanzen (Ulme, Maulbeere, Hanf, Hopfen), Walnuß-, Rosenpflanzen, Hülsenfrüchter, Silberbaum-, Myrtenpflanzen (Myrte, Weidenröschen, Eukalyptus), Doldenblütige (Efeu, Sellerie, Kümmel, Bärenklau), Wolfsmilch-, Weiden-, Kürbis-, Malvenpflanzen (Malve, Linde, Kakao), Heidekraut-, Schlüsselblumenpflanzen (Alpenveilchen, Gilbweiderich, Goldprimel), Röhrenblüter, Korbblüter (Klette, Eberwurz, Sonnenblume, Alant, Edelweiß, Aster, Gänseblümchen, Huflattich, Kamille, Beifuß, Schafgarbe) u. a. — 250000
Klasse: Einkeimblättrige (Monocotyledoneae)
mit den Ordn. Helobiae (Laichkraut-, Blumenbinsengewächse), Lilienartige Pflanzen (Lilie, Agave, Narzisse, Yamswurzel, Schwertlilie), Zingiberales (Banane, Ingwer), Spelzblüter (Weizen, Gerste, Roggen, Hafer, Hirse, Bambus, Zuckerrohr, Mais, Reis), Pandanales (Schraubenbaum, Igelkolben, Rohrkolben), Palmen u. a. — 50000

Pfingstrose: Korallenpäonie

Pfette [aus spätlat. patena ›Firstbaum‹] *die, -/-n,* ▥ die parallel zum Dachfirst verlaufenden Hölzer oder Stahlprofile, auf denen die Sparren oder die Dachplatten aufliegen. **Pfettendach,** → Dach.

pfetzen [mhd.]. *ich* **pfetze** *ihn, oberdt.:* kneife.

Pfiesel [zu Pesel] *der, -s/-, oberdt.:* **1)** heizbare Bauernstube. **2)** Trockenraum in Salzwerken.

Pfiff [von pfeifen] *der, -(e)s/-e,* **1)** schriller Ton, wie er beim Pfeifen erzeugt wird. **2)** Ü Kniff, Trick; Reiz einer Sache: *ein Kleid mit P.* **3)** ♧ kleines Flüssigkeitsmaß in Österreich. **pfiffig,** listig, schlau, verschlagen. *Subst. die* **Pfiffigkeit,** -. *der* **Pfiffikus,** *-(ses)/-se,* U Schlaukopf.

Pfifferling [ahd. phifera, zu Pfeffer] *der, -s/-e,* **Pfefferling, Cantharellus cibarius,** dottergelber, leicht pfefferig schmeckender Speisepilz mit vielen Namen (z. B. **Eierschwamm, Gelbschwämmchen, Gelbling, Gänschen;** BILD Pilze. Der orangefarbene **Falsche P.** ist nicht schmackhaft. Ü Sinnbild des Wertlosen: *dafür gebe ich keinen P.,* nichts.

Pfingstbewegung, Sammelbezeichnung für Glaubensgemeinschaften, die mit den erneuerten Pfingstgaben des Zungenredens, der Prophetie und der Krankenheilung die Heiligung ihrer Mitglieder zu erreichen suchen. Die geistl. Stärkung der Gemeindemitglieder, die Begnadung, wird auf die charismatische Kraft des Heiligen Geistes zurückgeführt. 1906 in Los Angeles entstanden (weltweit verbreitet). Ihre Anhängerschaft wird auf 15-35 Mio. geschätzt.

Pfingstblume, Pflanzen, die in der Pfingstzeit blühen, z. B. Besenginster, Aronstab, Pfingstrose.

Pfingsten [grch. pentekoste ›der fünfzigste (Tag nach Ostern)‹] *das, -,* auch *nur Pl.,* christl. Fest der Ausgießung des Hl. Geistes über die Jünger Jesu und der Begründung der Kirche (Apostelgesch. 2); es wird am 50. Tag nach Ostern gefeiert. Das Pfingstfest ist mit vielen alten Bräuchen verknüpft (→ Mai): Flurumritte, Ringreiten (Pfingstreiten), Königsschießen (Schützenfest), Jahrmärkte. Mancherorts wird ein geschmückter **Pfingstochse** durch die Straßen geführt. *Adj.* **pfingstlich.**

Pfingstrose, Päoni|e, Paeonia, Gichtrose, Gatt. der Pfingstrosengewächse **(Paeoniaceae),** meist Stauden mit farbenprächtigen Blüten; vielfach Zierpflanzen. Die Korallenpäonie **(Paeonia officinalis)** hat 3zählige Blätter und karminrote Blüten.

Pfinzgau, oberrhein. Landschaft zw. Schwarzwald und Kraichgau.

Pfinztag [grch. Lw. ›der Fünfte‹] *südostdt.:* Donnerstag.

Pfinztal, Gem. im Kr. Karlsruhe, Bad.-Württ., (1983) 14700 Ew., 1974 durch Zusammenschluß von 4 Gem. entstanden.

Pfirre *die, -/-n, schweizer.:* **1)** Kreisel. **2)** liederliche Frau. **3)** munterer Mensch. **4)** schnarrendes Blasinstrument.

Pfirsich [mhd., zu lat. malum persicum ›persischer Apfel‹] *der, -(e)s/-e,* **Pfirsichbaum, Prunus persica,** pflaumenartiges Steinobstgewächs asiat. Herkunft mit rosaroten Blüten und apfelgroßen, fleischigen, saftigen Früchten mit wolliger Schale; glattschalige P. nennt man **Nektarinen.** Es gibt weiß- und gelbfleischige, stein- und nichtsteinlösende P.-Sorten. (BILD Obst)

Pfister [ahd., zu lat. pistor] *der, -s/-, oberdt.:* Bäcker.

Pfitzner, Hans, Komponist, * Moskau 5. 5. 1869, † Salzburg 22. 5. 1949, war 1908-18 Dirigent und Opernleiter in Straßburg, 1919-29 Prof. an der Akademie der Künste in Berlin, danach an der Akademie der Tonkunst in München. P. gelangte, von der Romantik ausgehend, zu einer eigenen Tonsprache modernen Charakters. Seine von Wagner, Schumann, Brahms beeinflußte Musik kennzeichnen großgeschwungene Melodik, polyphone Stimmführung und eine stark erweiterte, aber auf der Tonalität beruhende Harmonik. (BILD S. 193)

HW: Opern: Der arme Heinrich (1891-93); Die Rose vom Liebesgarten (1897-1900); Palestrina (1912-15) u. a.; Musik zu Kleists ›Käthchen von Heilbronn‹ (1905). Chorwerke mit Orchester: Kolumbus (1905); Von deutscher Seele (1921); Das dunkle Reich (1930); Urworte orphisch (unvoll., Uraufführung 1952); ferner Sinfonien, Violin-, Klavier-, Violoncellokonzerte; Kammermusik, Lieder.

Pflanze [ahd. phlanza, aus lat. planta] *die, -/-n,* Lebewesen, das i. a. durch den Besitz von Blattgrün (→ Chlorophyll) gekennzeichnet ist, mit dessen Hilfe es unter der Wirkung des Lichts (→ Photosynthese) seine körpereigenen Stoffe selbst aufbaut (→ Assimilation) und sich autotroph ernährt (→ Ernährung 3). P. ohne Blattgrün (z. B. Bakterien, Pilze, vereinzelt auch höhere P.) sind, wie Mensch und Tier, auf fertige Nährstoffe angewiesen (heterotrophe Ernährung); die Parasiten unter ihnen entnehmen diese Stoffe lebenden Organismen, die Saprophyten entnehmen sie toten organischen Materialien. Bei niederen P. ist die Unterscheidung zw. P. und Tier schwierig, da sich viele von ihnen mixotroph, d. h. teils autotroph-pflanzlich, teils phagotroph-tierisch ernähren. Die P.-Zelle ist von einer festen Zellwand aus Cellulose (bei vielen Pilzen Chitin) umgeben, die tierische Zelle wird dagegen als ›nackt‹ bezeichnet. C. v. Linné faßte 1735 in seinem ersten ›künstl. System‹ alle nichtblühenden Pflanzenstämme als **Kryptogamen** zusammen und stellte diesen als **Phanerogamen** 23 Blütenpflanzen-Klassen gegenüber. Die Einteilung erfolgte nach rein äußerl. Blütenmerkmalen. Demgegenüber ordnet das neuere ›natürl. System‹ (ÜBERSICHT S. 194) die rd. 400000 inzwischen beschriebenen lebenden Pflanzenarten nach vermuteten stammesgeschichtl. Zusammenhängen. Den beiden als **Thallophyta** (Lagerpflanzen) zusammengefaßten Stammgruppen der **Phycophyta** (Algen) und der **Mycophyta** (Pilze) stehen die Stammesgruppen **Bryophyta** (Moose), **Pteridophyta** (Farngewächse) und **Spermatophyta** (Blüten- oder Samenpflanzen) als **Embryophyta** gegenüber. Die Lehre von den P. heißt Botanik (→ Pflanzenkunde). – Über bedrohte Pflanzenarten → Rote Liste.

pflanzen. *ich* **pflanze** *es,* **1)** Gartenbau: setze Jungpflanzen oder Stecklinge, auch Knollen der Nutzpflanzen oder Zierpflanzen ins freie Land oder in Kulturgefäße. **2)** P schaffe, wirke: *sie hat dem Kind die Nächstenliebe ins Herz gepflanzt.* **3)** U setze, stelle fest hin: *er pflanzt die Fahne auf den Wall.* **4)** *oberdt.:* pfropfe, veredle. **5)** *ihn, österr.:* ärgere, foppe; necke, halte zum besten. *ich* **pflanze** *es* **an,** baue an: *Kaffee wird nur in warmen Ländern angepflanzt. ich* **pflanze auf, 1)** *es,* richte auf: *das Zeichen des Sieges wurde aufgepflanzt.* **2)** *es,* stecke auf; pfropfe auf. **3)** *mich vor ihm,* U stelle mich breit (und drohend) vor ihn. *ich* **pflanze** *es* **aus,** bringe aus dem Saatbeet auf das eigtl. Beet. *ich* **pflanze** *es* **ein,** setze zum Wachstum in die Erde. *ich* **pflanze fort, 1)** *mich,* habe Nachkommen. **2)** *es pflanzt sich fort,* Ü breitet sich aus. *ich* **pflanze** *mich* **hin,** U stelle, lege, setze mich breit hin. *der* **Pflanzer,** *-s/-,* **1)** jemand, der pflanzt. **2)** Ansiedler in Übersee, Plantagenbesitzer. *der* **Pflänzling,** *-s/-e,* zum Auspflanzen bestimmte junge Pflanze. *die* **Pflanzung,** *-/-en,* **1)** *ohne Pl.,* das Pflanzen. **2)** (größeres) mit Nutzgewächsen bepflanztes Stück Land, Plantage. **3)** ⚘ Waldstück mit Baumschößlingen.

Pflanzen|arzt, umgangssprachlich für Phytopathologe.

Pflanzenfarbstoffe, 1) chem. Verbindungen, die in Pflanzenorganen eine Färbung bewirken: **chymochrome P.** sind wasserlöslich (z. B. in Blüten- und Laubblättern), **plasmochrome P.** fettlöslich (das Chlorophyll), **membranochrome P.** sind in die Zellwände eingelagert (Strohblumen); außerdem gibt es **euchrome, parachrome, kryptochrome P. 2)** pflanzl. Farbstoffe und ihre Vorstufen, die technisch genutzt werden: Krapp, Farbhölzer, Indigo u. a.

Pflanzenformationen, Pflanzenges. von einheitl. Aussehen und best. Wuchsform, z. B. Laubwald, Tundra, trop. Regenwald.

Pflanzenfresser, Phytophagen, Tiere, die sich von Pflanzen ernähren, → Ernährung 2).

Pflanzengeographie, Geobotanik, Phytogeographie, Teilgebiet der Biogeographie, untersucht die Verteilung der Pflanzen auf der Erde. Die **floristische P.** (Floristik) erforscht die von den einzelnen Arten besiedelten Räume (Areale) und stellt Florenreiche auf (z. B. Holarktis, Neotropis). Die **genetische** oder **historische P.** beschäftigt sich mit den geolog. Voraussetzungen der Pflanzenverteilung. **soziologische P.,** → Pflanzensoziologie; **ökologische P.** → Vegetationskunde.

Pflanzengesellschaft, aus verschiedenen Pflanzenarten zusammengesetzte Gemeinschaft von Pflanzen mit gleichen oder ähnlichen ökologischen Ansprüchen.

Pflanzenheilkunde, 1) Lehre von der Krankenbehandlung mit Arzneipflanzen (→ Naturheilkunde). **2)** → Phytomedizin.

Pflanzenhormone, Phytohormone, Wirkstoffe, die Wachstum, Wundheilung und Entwicklung der Pflanzen steuern: Auxine, Gibberelline u. a.; **Gamone** (pflanzliche Geschlechtshormone) werden u. a. von Einzellern, Algen und Pilzen nach außen abgegeben **(Ektohormone),** um das Finden des Geschlechtspartners zu erleichtern.

Pflanzenkrankheiten, alle Abweichungen vom normalen Verlauf der Lebensvorgänge und Veränderungen im Bau des pflanzl. Organismus, die die Pflanze oder ihre Teile bedrohen.

Pflanzenkunde, Botanik, Wiss. von den Pflanzen, ein Teilgebiet der → Biologie. Aufgabe der **allgemeinen P.** ist es, das für die gesamte Pflanzenwelt Kennzeichnende zu schildern. Die **Pflanzenmorphologie (Zytologie, Anatomie, Histologie)** lehrt den Bau der Pflanzen kennen und verstehen; die **Pflanzenphysiologie** befaßt sich u. a. mit Wuchsstoffen, Zitronensäurezyklus und Photosynthese, die **Pflanzengenetik** erforscht die Vererbung, die **Pflanzenökologie** die Beziehungen zu ihrer Umwelt. Die **spezielle Botanik** beschreibt die einzelnen Pflanzen, die **Pflanzensystematik (Taxonomie)** versucht, die einzelnen Pflanzenarten nach dem Grad ihrer Ähnlichkeit und stammesgeschichtl. Zusammenhänge **(Phylogenie)** zu ordnen. Mit der Verbreitung und Vergesellschaftung der Pflanzen befassen sich die **Pflanzengeographie** und die **Pflanzensoziologie,** mit den ausgestorbenen Pflanzen die **Paläobotanik.** Die **Phytopathologie** untersucht Pflanzenkrankheiten. Weitere Gebiete sind Pflanzenbau, → Pflanzenzüchtung und → Pharmakognosie. – Schon Aristoteles und Theophrast haben wertvolle pflanzenkundl. Beobachtungen mitgeteilt. Der grch. Arzt Dioskurides beschrieb 50 n. Chr. rd. 600 Arzneipflanzen der Mittelmeerländer. Im 15./16. Jh. begr. die ›Väter der Botanik‹ (O. Brunfels, H. Bock, L. Fuchs) die neuere Namengebung der Pflanzen. 1694 entdeckte R. J. Camerarius die pflanzl. Sexualität; 1779 erkannte J. Fugenhousz den Vorgang der Photosynthese; 1806 begründete J. Sachs die experimentelle Pflanzensoziologie; 1888 entdeckte E. Strasburger die Befruchtung bei den Blütenpflanzen.

Pflanzenläuse, → Blattläuse, → Pflanzensauger.

Pflanzen|ökologie, Phyto|ökologie [grch.], Lehre von den Wechselbeziehungen zw. Pflanzen und Umwelt (→ Ökologie).

Pflanzensauger, Insektenordnung, rd. 33000 Arten, mit einem Saugrüssel und 4 weichhäutigen Flügeln, die bei vielen Arten zurückgebildet sind; weltweit verbreitet; z. T. Pflanzenschädlinge; Ernährung: Pflanzensäfte. Man unterscheidet 5 Gruppen: Zikaden, Blattflöhe, Mottenläuse, Blatt-, Schildläuse, von denen z. B. die Blatt- und Schildläuse auch als Pflanzenläuse bezeichnet werden.

Pflanzenschutz, 1) Kulturpflanzenschutz, Schutz der Kulturpflanzen gegen Krankheiten (Phytomedizin) und Schädlinge. Der **Pflanzenschutzdienst** ist durch § 19 des P.-Gesetzes i. d. F. v. 2. 10. 1975 geregelt, nach dem in den Ländern den P.-Ämtern (→ Biologische Bundesanstalt für Land- und Forstwirtschaft) die Durchführung des Ges. obliegt. **Pflanzenschutzmittel** sind chem. Stoffe zur Bekämpfung von Pflanzenkrankheiten und Pflanzenschädlingen. Pflanzenschutzmittel gegen Schädlinge heißen allg. auch **Pestizide,** die insbes. gegen Insekten (Insektizide) oder Unkräuter (Herbizide) als Berührungs-(Kontakt-), Ätz-, Fraß- oder Atemgifte einwirken; sie werden als Gase, Staub, Granulat oder flüssig angewendet; auch hormonale Wirkstoffe, biologisch wirksame Präparate, u. a. sind Pflanzenschutzmittel; Rückstände werden bei Verzehr oder Verfütterung aufgenommen; sie können so auch umweltgefährdend sein und zu gesundheitl. Schäden führen. Das P.-Ges. unterwirft auch Wachstumsregler einer amtl. Einzelprüfung und -zulassung. Höchstmengen von Pflanzenschutzmitteln auf Lebensmitteln werden durch die Biolog. Bundesanstalt und durch das Bundesgesundheitsamt vor Zulassung unter Berücksichtigung folgender Angaben geprüft: → No-effect-level, → ADI-Wert, → Permissible level und → Permitted level; → Höchstmenge. **Pflanzenschutzmittelvergiftungen** werden v. a. durch chlorierte Kohlenwasserstoffe (z. B. DDT) und die äußerst giftigen Phosphorsäureester (z. B. Parathion) verursacht (→ Phosphor). **2)** der botan. → Naturschutz der Wildpflanzen.

Pflanzenseele, ein zu Beginn des 20. Jh. im Zusammenhang mit Reizreaktionen der Pflanzen und im Vergleich mit der Tierseele geprägter Ausdruck. Die Problematik einer P. wurde wieder aktuell, als C. Bakster glaubte festgestellt zu haben, daß Pflanzen auf seelisch erregende Geschehnisse mit Aktionsstromstößen reagieren. Diese Experimente konnten jedoch exakten Nachprüfungen nicht standhalten und erwiesen sich als durch physikal. Umstände bewirkt. Ein Beweis für eine P. konnte damit nicht geliefert werden.

Pflanzensoziologie, soziologische Pflanzengeographie, Lehre von der Entstehung, Entwicklung und Zusammensetzung der Pflanzengesellschaften.

Pflanzenwespen, Sägewespen, Symphyta, eine 5 Familien umfassende Unterordnung der Hautflügler, gekennzeichnet durch breit ansitzenden Hinterleib, also ohne ›Wespentaille‹. Die Weibchen setzen mit einem sägeartigen Legebohrer die Eier in Pflanzen. Die Larven leben in oder an Pflanzen und spinnen zur Verpuppung Kokons; z. T. Garten- und Forstschädlinge (→ Holzwespen, von den Blattwespen die → Buschhorn-Blattwespen).

Pflanzenzüchtung, das Züchten neuer Sorten von Kulturpflanzen. Die P. baut auf den Gesetzen der Vererbung auf und entwickelt Kulturpflanzen, die an die bes. Standortverhältnisse der Anbaugebiete angepaßt sind. Die wichtigsten Methoden sind: **Auslesezüchtung; Kreuzungszüchtung (Kombination); Hybridzüchtung; Mutationszüchtung;** ferner **Klonzüchtung** und **Selbst-**

Pflanzenkrankheiten

1

2

3

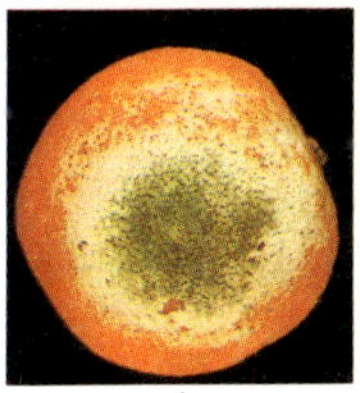

4

5

6

Pflanzenkrankheiten: 1 und **2** Abiotische Ursachen. **1** Physiolog. Trockenheit, Blattrandnekrosen bei Roßkastanie infolge Anwendung von Auftausalzen im Winter; **2** Immission, Blattnekrose und -verfärbung bei Ahorn infolge Einwirkung von Schwefeldioxyd. **3–6** Biotische Ursachen. **3** Fruchtfäule an Sauerkirschen, Erreger Pseudomonas morsprunorum; **4** Fruchtfäule an Citrus, Erreger Penicillium digitatum; **5** Triebinfektion, Feuerbrand an Feuerdorn, Erreger Erwinia amylovora; **6** Mutterkorn an Getreide, bei Roggen und Weizen, Erreger Claviceps purpurea

1

2

3

Pflanzenzüchtung: **1** Züchtung auf kurzstrohige Getreidearten zur Verbesserung der Standfestigkeit. **2** Isolieren durch Eintüten. **3** Modernes Versuchsfeld der Züchtungsforschung

bestäubung (Autogamie). Wichtigstes Zuchtziel ist der hohe Ertrag des jeweils genutzten Pflanzenteils oder der Gesamtpflanze. – In der Bundesrep. Dtl. werden neu gezüchtete Sorten vom **Bundessortenamt** auf Neuheit, hinreichende Homogenität und Beständigkeit **(Sortenregister)** sowie auf ihren Wert **(Wertprüfung)** geprüft. Die zugelassene Sorte bedarf der **Erhaltungszüchtung** durch Stammes- oder Linienzüchtung oder Massenauslese. Die Erzeugung des zertifizierten Saatguts überwachen die Landesbehörden oder deren Beauftragte (Landwirtschaftskammern u. a.). Rechtsgrundlage ist das Saatgut-Ges. (Weitere BILDER S. 197)

Pflanzholz, Setzholz, zugespitzter Stab zum Bohren von Löchern zum Einsetzen junger Pflanzen.

Pflaster [ahd. aus grch.] *das, -s/-,* **1)** ein Belag für Straßenflächen, Hallenböden, Uferböschungen u. a.: *B. ist ein teures P.,* Ü das Leben in B. ist kostspielig. **2)** ⚕ Mittel zum Versorgen von Wunden und zum Befestigen von Verbänden; Ü Trost, Linderungsmittel: *Trostpflaster. ich* **pflast(e)re** *es,* belege mit P., besetze dicht. **Pflasterstein, 1)** Stein zum Befestigen der Straßendecke. Von Naturgesteinen werden meist benutzt: Basaltlava, Gabbro, Diorit, Melaphyr, Granit und Grauwacke. **Künstliche P.-Steine** werden aus Hochofenschlacke oder Zementbeton gegossen, oder man verwendet Klinker. **2)** runder, derber Pfefferkuchen.

pflatschen [zu platschen]. *ich* **pflatsche,** *mitteldt.:* **1)** *es,* tränke mittels Walzen mit Farbstoff (billiges Gewebe). **2)** *es pflatscht,* schlägt klatschend auf. *der* **Pflatsch,** *-es/-e, der* **Pflatschen,** *-s/-, mitteldt.:* verschüttete Flüssigkeit, Regenguß.

Pflaum [zu lat. pluma ›Feder‹] *der, -(e)s, oberdt.:* → Flaum. *die* **Pflaume,** *-/-n,* U neckende oder boshafte Bemerkung. *ich* **pflaume** *ihn* **an,** U necke ihn, mache eine leicht boshafte Bemerkung. **pflaumweich,** *oberdt.:* flaumweich.

Pflaume [ahd. aus lat. prunum] *die, -/-n,* **1)** ein Steinobst. **Pflaumenbaum, Prunus domestica,** formenreiche Steinobstart der Rosengewächse **(Rosaceae)** mit Frucht- und Ziergehölzen. Nach Fruchtcharakter und Abstammung unterscheidet man: **Rundpflaume, Eierpflaume, Reineclaude** [rɛ:nkl'od, frz.], **Mirabelle** und **Kriechenpflaume, Zwetschgen** (Zwetschen, Quetschen; Früh-, Spätzwetschgen); BILD Obst. P. sind in der gemäßigten Zone verbreitet, sie benötigen genügend Bodenfeuchte. Die wichtigsten Trockenpflaumenzentren sind Dalmatien und Kalifornien.

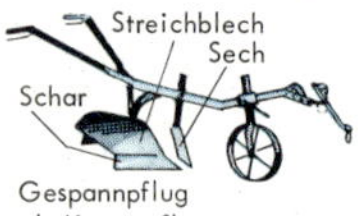

Gespannpflug als Karrenpflug

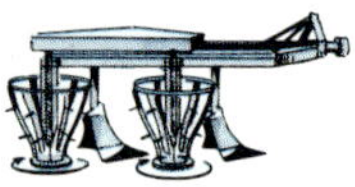

Kreiselpflug

Beetpflug, einseitig wendend

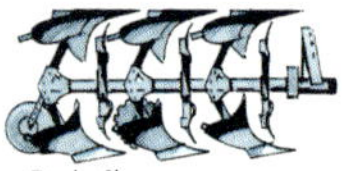

Drehpflug, zweiseitig wendend

Pflug

Außer für Frischgenuß dienen P. bes. für Kompotte, Mus (Powidl), Konfitüren, Marmeladen, Trockenfrüchte, Backwaren, alkohol. Getränke (Likör, Sliwowitz). **2)** U ein Mensch, der nicht ernst genommen wird, der Unfug redet.

Pflaumenpilz, der → Mehlpilz.

Pflausich [Kunstwort aus Pflaume und Pfirsich] *der, -s/-e,* ⊕ die → Nektarine.

Pflegekennzeichen, nach internationaler Vereinbarung in Textilien unverlierbar eingenähtes Etikett mit Symbolen als Hinweis auf deren sachgemäße Reinigung und Pflege.

Pflegekind, ein Kind, das dauernd oder nur für einen Teil des Tages in fremde Pflege und Erziehung (Familien, Heime) gegeben ist. Nach dem Jugendwohlfahrts-Ges. i. d. F. v. 25. 4. 1977 ist vor Aufnahme eines P. unter 16 Jahren die Erlaubnis des Jugendamtes einzuholen, dem auch die Aufsicht über die P. unter 16 Jahren zusteht. Bei unmittelbarer Gefährdung ist es berechtigt, das P. sofort aus der Pflegestelle zu entfernen und vorläufig anderweitig unterzubringen. Der Pflegekinderschutz für die in Heimen untergebrachten Kinder steht den Landesjugendämtern zu.

pflegeleichte Textilien, Stoffe, die bei Einhaltung der durch ihre Pflegekennzeichen vorgeschriebenen Waschanleitung nach dem Trocknen wieder weitgehend knitterfrei und glatt sind, so daß sie nicht oder nur leicht gebügelt werden müssen. Diese Eigenschaft wird durch best. Ausrüstungen und/oder durch Verarbeitung von Chemiefasern erreicht. P. T. dürfen sich durch Waschen in den Abmessungen, der Oberflächenstruktur und Färbung nur geringfügig ändern.

pflegen [ahd.]. *ich* **pflege, 1)** *ihn, es,* sorge für sein Wohl, seine Instandhaltung: *die Schwester pflegt den Kranken; in dieser Familie wird gute Musik gepflegt,* Ü fleißig und liebevoll ausgeübt; *ein gepflegtes Äußeres,* sorgsam gehaltenes. **2)** *es zu tun,* habe die Gewohnheit. **3)** (auch: habe gepflogen) *seiner,* P beschäftige mich damit, tue es. *die* **Pflege,** *-/-n,* **1)** *ohne Pl.,* Obhut, Fürsorge, Wartung, Instandhaltung. **2)** ♧ Amt und Bezirk eines Pflegers. *Adj.* **pflegerisch.** *der, die, das* **Pflegebefohlene,** *-n/-n, ein -r, eine -,* Pflegekind, Pflegling. *der* **Pfleger,** *-s/-,* **1)** → Krankenpfleger. **2)** gerichtlich bestellter Fürsorger oder Vermögensverwalter (→ Pflegschaft). **3)** ♧ Verwalter eines Amts, Vorsteher eines Bezirks: *Landpfleger. die* **Pflegerin,** *-/-nen,* → Krankenpflegerin; → Kinderpflegerin. **pfleglich,** sorgsam, fürsorglich. *der* **Pflegling,** *-s/-e,* Schutz- oder Pflegebefohlener.

Pflegesatz, pauschaler Kostensatz für Unterbringung, Betreuung und Behandlung in Krankenhäusern, Pflegeheimen und Einrichtungen zur Rehabilitation Behinderter; wird vom Maßnahmeträger zus. mit den Sozialleistungsträgern festgesetzt.

Pflegschaft, Kuratel, die Fürsorge für eine in rechtl. Hinsicht hilfsbedürftige Person oder ein Vermögen. Im Unterschied zur Vormundschaft (→ Vormund) bezieht sich die P. nur auf einzelne Angelegenheiten (§§ 1909 ff., 1961 BGB), z. B. Gebrechlichkeits-, Abwesenheits-, Nachlaßpflegschaft oder P. für ein noch ungeborenes Kind. Auf Antrag des Jugendamtes oder der werdenden Mutter kann eine P. angeordnet werden, wenn anzunehmen ist, daß die Geburt nichtehelich erfolgen wird. Zudem erhält nach § 1706 BGB das nichtehel. Kind für die Wahrnehmung folgender Angelegenheiten einen (Amts-)Pfleger: Feststellung der Vaterschaft, Eltern-Kind-Verhältnis, Familienname, Unterhaltsansprüche u. a. Nach Art. 12, § 7 Nichtehelichen-Ges. v. 19. 8. 1969 wird der bisherige Vormund eines nichtehel. Kindes Pfleger. Die Bestellung der P. obliegt dem Vormundschaftsgericht, die der Nachlaßpflegschaft dem Nachlaßgericht. Den **Pfleger,** dem die Fürsorge übertragen wird, ernennt das Gericht. In der Dtl. Dem. Rep. sind die Vorschriften über die P. in den §§ 104 ff. Familiengesetzbuch enthalten. In Österreich ist die P. in den §§ 269 ff. ABGB geregelt; der Pfleger heißt hier **Kurator.** Der P. entspricht im schweizer. Recht die **Beistandschaft** (Art. 392 ff. ZGB, → Beistand 3).

Pflicht [von pflegen] *die, -/-en,* **1)** das unbedingte Gebot, sittlich zu handeln; es kann als Wert erlebt (Pflichtgefühl) oder als von

Pflegekennzeichen

Waschen	95 °C Koch- oder Weißwäsche	60 °C Buntwäsche	30 °C Feinwäsche	30 °C Schonwaschgang	nicht waschen
Chloren	Cl chloren möglich				nicht chloren
Bügeln	starke Einstellung	mittlere Einstellung	schwache Einstellung		nicht bügeln
Chemisch-Reinigen	A allgemein übliche Lösungsmittel	P Perchloräthylen oder Benzin	F nur Benzin	F milde Behandlung	nicht chemisch reinigen

der Vernunft geboten erscheinen (Pflichtbewußtsein). P. gegen sich selbst fordern eine sittl. Gesinnung, P. gegen andere oft nur ein best. äußeres Verhalten. – Dienstl. Anforderung, Obliegenheit: *er tut seine P.; Schulpflicht.* **2)** *oberdt.:* → Plicht. **3)** **Pflichtübung,** festgelegte Übungen bei vorgeschriebenem Programm, v. a. im Kunstturnen, Eiskunst- und Rollkunstlauf, Kunstflug **(Pflichtprogramm),** Kunstspringen und Synchronschwimmen. **pflichtbewußt,** gewissenhaft. *Subst.* **Pflichtbewußtsein.** *ich* **pflichte** *ihm* **bei,** stimme zu. **Pflichteifer,** Eifer in der Erfüllung der P. **Pflichtgefühl,** Pflichtbewußtsein. **pflichtgemäß,** den P. entsprechend. **pflichtschuldigst,** wie es die P. gebietet, sich gehört. **pflichtvergessen,** an seine P. nicht denkend.

Pflicht|arbeit, → Dienstverpflichtung.

Pflichtenkollision, im Falle des rechtfertigenden (strafbefreienden) → Notstands (§ 34 StGB) Konflikt des Täters hinsichtlicht zweier Verhaltenspflichten, bei der er durch Erfüllung der einen zwangsläufig die andere verletzt.

Pflicht|exemplar, das von jedem in der Bundesrep. Dtl. erscheinenden Druckwerk binnen einer Woche nach Beginn der Verbreitung an die Dt. Bibliothek in Frankfurt a. M. abzuliefernde Exemplar (§ 18 Ges. über die Dt. Bibliothek v. 31. 3. 1969).

Pflichtprüfung, gesetzlich vorgeschriebene Prüfung der Rechnungslegung best. Unternehmen. Sie ist durch öffentlich bestellte Wirtschaftsprüfer oder Wirtschaftsprüfungs-Ges., genossenschaftl. Prüfungsverbände u. a. vorzunehmen. Prüfungspflichtige Unternehmen sind Aktien-Ges., Bausparkassen, Genossenschaften, Kreditinstitute, Versicherungsunternehmen, best. Großunternehmen und Konzerne, Wirtschaftsbetriebe der öffentl. Hand.

Pflichtschulen, Schulen, deren Besuch für alle gesetzlich vorgeschrieben ist, sofern von den Erziehungsberechtigten keine weiterführenden Schulen gewählt werden (Grund- und Hauptschule als Vollzeitschulen und Berufsschulen als Teilzeitschulen).

Pflicht|teil, der Anteil am Nachlaß, den der Erblasser seinen Abkömmlingen, seinen Eltern und seinen Ehegatten nur dann durch Verfügung von Todes wegen entziehen kann (§ 2336 BGB), wenn diese sich best. schwere Verfehlungen haben zuschulden kommen lassen (z. B. Lebensnachstellung, unsittl. Lebenswandel). Der P. besteht in der Hälfte des Werts des gesetzl. Erbteils. Er kann als schuldrechtl. Anspruch den Erben gegenüber geltend gemacht werden. Ein P. steht auch dem nichtehel. Kind zu, wenn der Vater am 1. 7. 1970 oder später gestorben ist und das nichtehel. Kind nach dem 1. 7. 1949 geboren ist (Art. 12, § 10 Nichtehelichen-Ges.). Dagegen erlischt mit dem Tod des Vaters der Unterhaltsanspruch (§ 1615 BGB). Voraussetzung für den P. ist nach § 2338a, daß der → Erbersatzanspruch durch Verfügung von Todes wegen entzogen worden ist. Der P.-Anspruch verjährt in 3 Jahren (§ 2332 BGB). In der Dt. Dem. Rep. ist der P. in §§ 396–398 ZGB geregelt; der P.-Anspruch beträgt 2/3 des Wertes des gesetzl. Erbteils. In Österreich ist der P. (Noterbrecht) in den §§ 762–796 ABGB, in der Schweiz in Art. 471, 477, 522 ZGB z. T. abweichend geregelt.

Pflichtversicherungen, Zwangs-, obligatorische Versicherungen, kommen auf Grund gesetzl. Verpflichtungen zustande, so in der → Sozialversicherung. Ferner sind P. die Gebäude-Feuer-, die Seuchen- und Schlachtvieh-, die Kfz-Versicherung u. a.

Pflichtverteidigung, Strafrecht: → Verteidigung.

Pflimlin [pflimlˈɛ̃], Pierre, frz. Politiker (MRP, CD), * Roubaix 5. 2. 1907, Rechtsanwalt, 1956–59 Vors. des MRP, mehrfach Min. (u. a. Landwirtschaft), tritt für die Integration Europas ein. Als MinPräs. suchte er der durch einen Aufstand in Algier ausgelösten Staatskrise Herr zu werden und spielte eine maßgebl. Rolle bei der Berufung von Gen. Ch. de Gaulle zum MinPräs. 1959–83 war P. Oberbürgermeister von Straßburg. 1984 wurde er Präs. des Europäischen Parlaments.

Pflock [mhd.] *der, -(e)s/⸗e,* Stab, Zapfen, Pfahl zum Einstekken, bes. um Schnüre daran zu befestigen und zum Feststecken. *ich* **pflöcke** *es* **(an),** befestige an oder mit Pflöcken.

pflücken [mhd.]. *ich* **pflücke, 1)** *es (von etwas),* breche ab, nehme von einer Pflanze ab. **2)** *Vögel,* rupfe, entfedere. *ich* **pflücke** *es* **ab,** entferne durch Pflücken. *die* **Pflücke,** *-, schwäb.:* Obst- oder Hopfenernte. *der* **Pflücker,** *-s/-,* **1)** Arbeiter, der Obst pflückt. **2)** Gerät zum Pflücken. *das* **Pflücksel,** *-s/-,* Faserzeug, Zerrupftes.

Pflug [ahd. phluog] *der, -(e)s/⸗e,* Ackergerät zum Wenden, Mischen, Lockern und Krümeln des Bodens (vgl. unten Landwirtschaft). *ich* **pflüge** *(es),* (be)arbeite mit dem P.: *das Schiff pflügt die Wellen,* U durchfurcht sie. *ich* **pflüge** *es* **um,** wende die Erdschollen mit dem P. um. *die* **Pflugschar,** *-/-en,* oder *das, -(e)s/-e,* der schneidende Teil am P.

Landwirtschaft. Es gibt die gezogenen **Schar-P.** und **Scheiben-P.** mit nicht angetriebenen Arbeitswerkzeugen und **zapfwellengetriebene P.,** wie Kreisel-P. oder Schrauben-P. Die früher von Gespannen, heute von Schleppern gezogenen Schar-P. sind weitaus am meisten verbreitet. Sie schneiden mit Sech und Schar aus dem Boden einen Streifen (›Erdbalken‹) heraus, wenden ihn mit Hilfe des Streichbleches und zerkleinern ihn dabei; durch das Wenden wird der Erdbalken seitlich verlagert, und an seiner urspr. Stelle entsteht eine Furche, die beim nächsten Durchgang von dem nächsten Erdbalken gefüllt wird. Ähnlich arbeiten die Scheiben-P., die an Stelle von Schar und Streichblech ein drehbar angebrachtes, aber nicht angetriebenes Scheibenschar besitzen.

Man unterscheidet weiterhin: **Anhänge-, Aufsattel-** und **Anbau-P.** sowie zw. den nur einseitig wendenden **Beet-P.** und den wechselseitig wendenden **Kehr-P.,** die wiederum als **Dreh-, Kipp-** und **Wechsel-P.** ausgebildet werden. Beet-P. fahren zum Bearbeiten des Ackers um ein immer kleiner werdendes ›Beet‹ herum. Kehr-P. können an einer Feldseite hin- und herfahren; bei der Hinfahrt wird z. B. der nach rechts wendende Pflugkörper, bei der Rückfahrt der nach links wendende in den Boden gebracht. Der **Dampf-P.,** eine Dampflokomobile mit Seilwinde zum Ziehen von P., wird heute kaum noch verwendet. – Notwendig ist das Tiefpflügen **(Rigolen)** bei Tiefwurzlern. Zur Herstellung eines Saatbettes **(Saatfurche)** wird weniger tief (rd. 20 cm) gepflügt. Kurz nach der Ernte wird die Oberfläche der Krume (rd. 10 cm) geschält **(Schälfurche).** BILDER S. 196.

Geschichte. Die urtüml. Pflugform ist der → Hakenpflug. Der Räder-P. ist nach röm. Überlieferung eine Erfindung des rätischen Oberitalien zu Beginn der Zeitrechnung.

Pforr, Franz, Maler, * Frankfurt a. M. 5. 4. 1788, † Albano Laziale bei Rom 16. 6. 1812, studierte an der Akademie in Wien, gründete dort mit F. Overbeck den Lukasbund (→ Nazarener) und lebte seit 1810 in Rom. P. malte bes. Bilder aus Geschichte und Legende des MA.

Pforta, Pforte, Schulpforte, ehem. Zisterzienserkloster, seit 1952 Stadtteil von Bad Kösen, 1132 gegr., seit 1543 als **Schulpforta** eine der von Moritz von Sachsen errichteten Fürstenschulen (Schüler: Fichte, Klopstock, Nietzsche, Ranke u. a.); heute besteht in P. eine erweiterte Oberschule mit Internat. Seit 1968 führt das Internat in Meinerzhagen die Tradition von P. fort.

Pfort|ader, Vene, die das Blut aus den Bauchorganen sammelt und zur Leber führt (→ Blutkreislauf).

Pfort|aderhochdruck, → Leberzirrhose.

Pforte [ahd., zu lat. porta] *die, -/-n,* **1)** kleine Tür. **2)** von einem Pförtner bewachter Eingang (in Heimen, Krankenhäusern, Betrieben u. a.). **3)** Öffnung in der Seitenwand des Schiffes: *Geschützpforte; Ruderpforte.* **4)** alte Völker- und Verkehrsstraße in einer Senke zw. Gebirgen, z. B. die → Burgundische Pforte. **5)** → Hohe Pforte. *der* **Pförtner,** *-s/-,* **1)** Angestellter, der den Zutritt zu einem Gebäude überwacht (Portier). **2)** Magenausgang (→ Magen).

1

2

3

Pflanzenzüchtung

Pflanzenzüchtung: 1 Züchtung tiefwurzelnder Gründüngungspflanzen zur Verbesserung der Ertragsfähigkeit landwirtschaftlicher Böden. **2** Samenträger einer tetraploiden Rettichkultur. **3** Tomatensorten in der Leistungsprüfung

Pforzheim, Stadtkreis und VerwSitz des Enzkreises, Bad.-Württ., (1983) 105 200 Ew., am N-Rand des östl. Schwarzwaldes am Zusammenfluß von Enz und Nagold; ArbeitsGer., Fachhochschulen (Wirtschaft, Gestaltung), Berufsfach- und Fachschulen; Theater; Zentrum der dt. Schmuck- und Uhrenind., elektrotechn., feinmechan. Betriebe, Werkzeugbau, Papier- und Strumpffabriken. Aus P. stammt J. → Reuchlin. Das moderne Reuchlinhaus enthält eine ständige Kunst- und Schmuckausstellung. – Die z. T. über der Römersiedlung **Portus** (daher der Name) entstandene Stadt war bis 1565 bad. Residenz.

Pforzheim

Pfosten [ahd., zu lat. postis ›Türpfosten‹] *der, -s/-,* auf Druck beanspruchtes Rund- oder Kantholz, z. B. Stuhl-P. in stehenden Dachstühlen, Wand-P. in Fachwerkhäusern.

Pfote [frühnhd., wohl aus kelt.] *die, -/-n,* **1)** Hand und Fuß bei Katzen, Hunden, Mardern, Nagern, Hasen u. a. **2)** U Hand. **3)** *ohne Pl.,* U schlechte Handschrift.

Pfriem [mhd.] *der, -(e)s/-e,* **Pfriemen** *der, -s/-,* **Pfrieme** *die, -/-n,* Schuhmacherei: die → Ahle; *Meister P., Hans P.,* Scherzname für den Schuster. *ich* **pfrieme** *es,* bohre mit dem P.

Pfriemengras, Stipa, Grasgatt. mit 250 Arten, bes. auf steppenhaftem Boden; in Mitteleuropa das **Haar-P.** mit langen, dünnen Grannen und das **Federgras** mit reiherfederähnl. Grannen.

Pfronten, Luftkurort und Wintersportplatz im Kr. Ostallgäu, Bayern, (1984) 6900 Ew., am N-Rand der Allgäuer Alpen, 850–885 m ü. M.; feinmechanische, optische Industrie.

pfropfen [mhd.]. *ich* **pfropfe, 1)** *eine Pflanze,* veredle durch ein Reis (→ Veredelung). **2)** *es in etwas,* U presse, stopfe (gewaltsam) hinein. *ich* **pfropfe** *es* **an,** verlängere, stücke an (Pflanze, Balken). *ich* **pfropfe** *eine Flasche* **zu,** korke zu. *der* **Pfropfen,** *-s/-, der* **Pfropf,** *-(e)s/-e,* **1)** Kork, Stöpsel, Zapfen. **2)** kleine geballte Masse, z. B. Blutgerinnsel. **3)** Veredelungsreis. **4)** angepfropftes Balkenstück. *der* **Pfröpfling,** *-s/-e,* **Pfropfreis,** Veredelungsreis.

Phaistos: Freitreppe und Westfassade des jüngeren Palastes über dem Rampensockel des Vorgängerbaues; rechts der Westhof

Pfründe [ahd., zu mlat. praebenda ›Unterhalt‹] *die, -/-n,* **1) Präbende, Benefizium,** kath. Kirchenrecht: ein Kirchenamt, das mit einer Vermögensausstattung (Land, Geldvermögen, laufende Einnahmen) verbunden ist. **2)** U nicht mit Mühe verbundenes Einkommen. *der* **Pfründner,** *-s/-,* **Präbendar, Benefiziat,** Inhaber einer P.

Pfuhl [ahd.] *der, -(e)s/-e,* Lache, sumpfiger See; Sinnbild des Schmutzes und der Sünde: *Sündenpfuhl.*

Pfühl [ahd.] *der* oder *das, -(e)s/-e,* P weiches Lager, Bett, Sofa; großes Kissen.

pfui! [mhd.], Ausruf der Mißbilligung oder des Ekels.

Pfullingen, Stadt im Kr. Reutlingen, Bad.-Württ., am Fuß der Schwäb. Alb, (1983) 15800 Ew.; Textil-, Maschinen-, Holz-, Kunststoff- u. a. Ind.; spätgot. Pfarrkirche (1463), Fachwerkrathaus (1886), Gesellschaftshaus ›Pfullinger Hallen‹ (1905/06 von T. Fischer).

Pfund [ahd., zu lat. pondo] *das, -(e)s/-e,* und bei Maß- und Wertangaben *Pl. -,* **1) metrisches Pfund,** Einheitenzeichen ℔ (entstanden aus → Libra 2), vom Dt. Zollverein 1857 eingeführte, heute gesetzlich nicht mehr zulässige Massen- und Gewichtseinheit: 1 ℔ = 0,5 kg. Bis zur Einführung des metr. Systems war das P. die Einheit des Gewichts in vielen Staaten mit wechselnder Benennung und Größe (Libra, Lira, Pound). **2)** Währungseinheiten in vielen Nachfolgestaaten des Osman. Reichs: Ägypt. P. (ägypt £) = 100 Piasters (PT) = 1000 Milliemes; Libanes. P. (L £) = 100 Piastres (P. L.); Syr. P. (syr £) = 100 Piastres (PS); Türk. P. (TL.) = 100 Kuruş (krş.) sowie das Zypern-P. (Z £) = 100 Cents (c). - In Großbritannien das P. Sterling, engl. Pound Sterling (£) = 100 New Pence (p); weiterhin gibt es das Irische P. (Ir£), Gibraltar-P. (Gib £) und Falkland-P. (FI £), jeweils zu 100 New Pence. Ü Vermögen: *man soll mit seinem P. wuchern,* seinen Besitz, seine Fähigkeiten wohl nutzen. **...pfünder,** Gegenstand oder Tier mit einem bestimmten Gewicht: *ein Zehnpfünder.* **...pfündig,** ... Pfund schwer: *zehnpfündig.* **pfundig,** U großartig. **Pfundskerl,** U tüchtiger Mensch.

Pfund-Seri|e [n. dem Physiker A. H. Pfund, * 1879, † 1949], 1924 entdeckte (infrarote) Spektralserie des Wasserstoffatoms.

Pfungstadt, Stadt im Kr. Darmstadt-Dieburg, Hessen, vor der Bergstraße, (1984) 23600 Ew.; vielfältige Ind.; Spargelanbaugebiet. Das **Pfungstädter Moor** ist Naturschutzgebiet.

pfuschen [Schallwort]. *ich* **pfusche, 1)** arbeite schlecht, flüchtig, unfachmännisch: *ich lasse mir nicht ins Handwerk pfuschen,* Ü verbitte mir fremde Einmischung in meine eigenen Angelegenheiten. **2)** pflüge die Stoppeln unter. *Subst. die* **Pfuscherei,** -. *der* **Pfuscher,** *-s/-,* jemand, der pfuscht. *Adj.* **pfuscherhaft.**

Pfütze [ahd. pfuzza ›Brunnen‹, aus lat.] *die, -/-n,* kleine Flüssigkeitsansammlung, Regenwasserlache.

ph, statt f in grch. Fremdwörtern, → Phi.

pH, ⚗ der → pH-Wert.

PH, Abk. für **P**ädagogische **H**ochschule.

Phäaken, Phaiaken *Pl.,* in Homers ›Odyssee‹ glücklich und sorglos lebendes Seefahrervolk auf der Insel Scheria (angeblich Korfu), dessen König Alkinoos den schiffbrüchigen Odysseus gastfreundlich aufnahm und nach Ithaka geleiten ließ; zur Strafe dafür verwandelte Poseidon Schiff und Besatzung in Stein.

Phädra, grch. Mythos: Gemahlin des Theseus, eine Tochter des Minos, verleumdete ihren Stiefsohn Hippolytos, der ihre Liebe nicht erwiderte, bei Theseus und veranlaßte seinen Tod; darauf tötete P. sich selbst. Trauerspiele von Euripides (›Hippolytos‹, 428 v. Chr.), Racine (›Phèdre‹, 1677; dt. von Schiller, 1805).

Phaeton 2)

Phaedrus, erster lat. Fabeldichter, tätig bis ungefähr 50 n. Chr., Freigelassener des Kaisers Augustus, schrieb in volkstüml. lat. Versen Schwänke, Anekdoten und Tierfabeln, in denen er Äsop folgt.

Phaëton [›der Leuchtende‹], **1)** grch. Mythos: Sohn des Sonnengottes Helios. Als ihm sein Vater einmal erlaubt hatte, den Sonnenwagen zu lenken, setzte er dabei die Erde in Brand und wurde von Zeus durch einen Blitzstrahl in den Fluß Eridanos geschleudert. **2) Phaeton** *der, -s/-s,* leichter vierrädriger Kutschwagen. **3) Phaeton,** ✫ hypothet. Planet, der nach Ansicht einiger Astronomen früher die Lücke in der → Titius-Bodeschen Reihe zw. Mars und Jupiter gefüllt haben könnte.

Phagen [grch. phagein ›fressen‹], *Sg. der* **Phage,** *-n,* **1)** die → Bakteriophagen. **2) Phagozyten,** → Phagozytose.

Phagentypisierung [grch.], Zuordnung von Bakterienstämmen innerhalb einer Art zu einem best. Typ mit Hilfe von Bakteriophagen. Praktisch bedeutsam ist die P. als diagnost. Verfahren bei Infektionen des Menschen durch Typhus-, Paratyphus- und Ruhrbakterien sowie durch Staphylokokken.

Phagozytose [grch.] *die, -,* Aufnahme von Bakterien, Protozoen und anderen körperfremden und körpereigenen Substanzen durch **Phagozyten** (Freßzellen) und ihr Abbau. Die wichtigsten Phagozyten, die weißen Blutkörperchen, phagozytieren als Wanderzellen im Körpergewebe, z. B. in einem Entzündungsherd. Als Eiterkörperchen vernichten sie durch P. Krankheitserreger.

Phaidon, latinisiert **Phaedon,** grch. Philosoph, ein Lieblingsschüler des Sokrates; nach ihm ist Platons Dialog über die Unsterblichkeit der Seele benannt.

Phaistos [ngrch. fɛst'ɔs], Palast auf Kreta; eine ältere Anlage (um 2000 v. Chr.) wurde in minoischer Zeit überbaut, die spätestens 1400 v. Chr. zerstört wurde (→ ägäische Kultur).

Phalanx [grch.] *die, -/... l'angen,* **1)** geschlossene, mehrere Glieder tiefe Schlachtreihe des grch. Fußvolks der Antike; Sinnbild einmütigen Widerstandes. **2)** ⚕ Finger- und Zehenknochen.

Phaleron [ngrch. f'alirɔn], der Hafen des antiken Athen, heute Stadtteil von Piräus.

phallische Phase [zu Phallus], nach S. Freud eine Phase der menschl. (kindl.) Sexualentwicklung, in der sich die sexuellen Wünsche auf die eigenen Geschlechtsteile konzentrieren (→ Autoerotik). Die p. P. folgt auf die orale und anale Phase und bereitet die genitale Phase vor.

Phallo|idin [zu Phallus] *das, -s,* Biochemie: Gift des grünen Knollenblätterpilzes **(Amanita phalloides),** führt zu meist irreversiblen Leberschädigungen mit tödl. Ausgang.

Phallus [grch. phallos] *der, -/... llen, ... lli* oder *-se,* das (erigierte) männl. Glied (→ Penis); als Sinnbild der Zeugungskraft aus Holz, Stein u. ä. geformt, dient er als Fruchtbarkeitszauber, bes. in Ackerbaukulturen **(Phallusdienst),** im Altertum bes. im Dionysoskult. *Adj.* **phallisch.** (→ Linga)

Phanerogamen [grch.] *Pl.,* ⚘ für die → Samenpflanzen.

Phanerozoikum [grch.] *das, -s,* 🌐 Zeit deutlich erkennbaren Lebens, vom Kambrium bis heute.

Phänologie [grch.] *die, -,* biolog. und meteorologisch-klimatolog. Forschungsrichtung, untersucht Lebenserscheinungen und Entwicklungsvorgänge bei Pflanzen und Tieren in ihren Beziehungen zum Witterungsablauf.

Phänomen [grch.] *das, -s/-e,* **1)** Ⓟⓗ Erscheinung, Gegebenheit eines Dinges; zunächst auf das empirisch Wahrnehmbare, später auf alles sich im Bewußtsein Zeigende angewendet. **2)** U Wunder. **3)** ⊠ Naturerscheinung, die wiederholt in gleicher Weise beobachtet werden kann. **phänomenal, 1)** zur Welt der Erscheinungen gehörig. **2)** U großartig.

Phänomenologie [grch.] *die, -,* **1)** die Lehre von den Erscheinungen. **2)** philosoph. Lehre von der Entstehung und Form der Erscheinungen im Bewußtsein; i. e. S. die um 1900 von E. Husserl begr. philosoph. Richtung: Das im Bewußtsein Gegebene soll unter Ausklammerung der Frage nach seiner Realität rein in seiner Wesenheit zur Anschauung gebracht werden **(Wesensschau),** dadurch sollen die ihm innewohnenden Zusammenhänge einsichtig gemacht werden. Die P. beschreibt die intentionalen Akte, in denen die Bewußtseinsinhalte gegeben sind (→ Intentionalität), sowie die in den Akten gegebenen gegenständl. Gehalte. Diese Wendung zum Objektiven hat bes. in der Logik, Ethik, Ästhetik erneuernd gewirkt, indem sie den Psychologismus überwand. Husserl selbst und einige seiner Anhänger entwickelten die P. in Richtung auf eine Transzendentalphilosophie des reinen Bewußtseins weiter. Andere bildeten auf der Grundlage der P. eine neue Ontologie oder Metaphysik aus; so hat z. B. die Neuscholastik vielfach phänomenolog. Methoden und Einsichten verwendet; auch die Existenzphilosophie ist auf dem Boden der P. entstanden (Heidegger). **3)** Beschreibung und Klassifikation der Gegenstände eines Wissenschaftsbereichs. *der* **Phänomenologe,** *-n/-n,* Vertreter der P. *Adj.* **phänomenologisch.**

Phänotyp [grch.], **Phänotypus**, Genetik: Erscheinungsbild eines Lebewesens; es entsteht aus dem Zusammenwirken der Erbanlagen (→ Gene) und der Umweltbedingungen; Ggs.: Genotyp. – **phänotypisch**, zum P. gehörend.

Phantasie [grch.] *die, -/...s'i|en,* **1)** *ohne Pl.,* Ⓟⓗ Ⓟⓢ Vorstellung, Vorstellungsvermögen, Einbildungskraft; die schöpfer. Fähigkeit des menschl. Geistes, neue Vorstellungsbilder hervorzubringen und zu kombinieren. **2)** ♪ **Fantasie,** ital. **Fantasia,** frei gestaltetes Instrumentalstück; im 16. und 17. Jh. war die Fantasia ein kontrapunktisch gearbeitetes Instrumentalstück mit Imitationen und findet sich häufig als Titel bei Übertragungen von Vokalkompositionen, Tänzen oder Tanzliedern auf die Laute oder auf Tasteninstrumente. *ich* **phantasiere, 1)** träume, überlasse mich dem Wechsel lebhafter Vorstellungen. **2)** rede im Fieber, rede irre. **3)** spiele ohne Noten, nach freier Eingebung oder Erinnerung. **phantastisch, 1)** traumhaft, unwirklich, kühn, erfunden. **2)** ∪ großartig, sehr schön. *der* **Phantast,** *-en/-en,* Schwärmer, Träumer, überspannter Mensch.

Phantasma [verwandt mit Phantasie] *das, -s/...men* oder *-ta,* Sinnestäuschung, Trugbild. *die* **Phantasmagorie,** *-/...r'i|en,* Wahngebilde.

Phantom [frz. aus grch.] *das, -s/-e,* **1)** Trugbild, Hirngespinst, Geistererscheinung (z. B. Spuk). **2)** ⚕ zu Lehrzwecken nachgebildeter Körperteil: *Übungen am P.*

Phantombild, Kriminalistik: Bild eines Gesuchten, das nur nach Zeugenaussagen hergestellt wird.

Phantomschmerz, ⚕ Schmerz, der von den Nervenenden im Stumpf einer amputierten Gliedmaße ausgeht.

Phä|ochromozytom [grch.] *das, -s/-e,* meist gutartige, besonders vom Nebennierenmark ausgehende Geschwulst, die durch übermäßige Hormonproduktion (Adrenalin und Noradrenalin) zu dauerndem oder anfallsweisem Bluthochdruck, Kopfschmerzen, Schweißausbrüchen, Herzklopfen u. a. führt. – Behandlung: Operation.

Pharao [aus ägypt. ›großes Haus‹], **1)** *der, -s/...'onen,* Titel der altägypt. Könige. **2)** *das, -s,* **Pharo,** ein Kartenglücksspiel.

Pharisäer [von hebr. peruschim ›Abgesonderte‹] *der, -s/-,* **1)** Angehöriger einer religiös-polit. Partei der Juden, die wahrscheinlich im 2. Jh. v. Chr. entstanden ist. Die P. waren Gegner der Sadduzäer, hielten streng am Wortlaut des Mosaischen Gesetzes fest und gewannen als Schriftgelehrte zur Zeit Jesu, bes. aber nach der Zerstörung Jerusalems (70 n. Chr.), mit ihren Gesetzesschulen entscheidenden Einfluß auf das jüdische Volk. **2)** ∪ selbstgerechter Heuchler. *Adj.* **pharisäisch.**

Pharmaberater, Pharmareferent, Beruf zur Information des Arztes über Arzneimittel, der nach abgeschlossenem Studium oder Assistentenausbildung in Pharmazie, Chemie, Biologie, Human- oder Veterinärmedizin oder nach einjähriger Ausbildung und Prüfung ausgeübt werden darf.

Pharmaka [grch.], *Sg. das* **Pharmakon,** *-s,* die → Arzneimittel.

Pharmakodynamik [grch.], die Lehre von dem Wirkungsmechanismus der Arzneimittel und Gifte im Stoffwechsel der Zellen und in der Funktion der Organe.

Pharmakogenetik [grch.], Teilgebiet der Pharmakologie, das sich mit erbbedingten Unterschieden in der Empfindlichkeit von Einzelindividuen und Gruppen gegenüber Arzneimitteln und Giften beschäftigt.

Pharmako|gnosie [grch.] *die, -,* die Lehre von der Herkunft, dem Aussehen und den Inhaltsstoffen der Arzneirohdrogen aus dem Pflanzen- und Tierreich und die Kunst, sie makroskopisch und mikroskopisch zu erkennen und nachzuweisen.

Pharmakologie [grch.] *die, -,* Wissenschaft von den → Arzneimitteln und Giften.

Pharmakopöe [grch.] *die, -/-n,* das → Arzneibuch.

Pharmako|therapie [grch.], Lehre von der Anwendung der Arzneimittel zu Heilzwecken.

Pharmazeut [grch.] *der, -en/-en,* Fachmann für → Pharmazie, Apotheker. *Adj.* **pharmazeutisch.**

pharmazeutische Industrie, der Zweig der chem. Ind., der Arzneimittel herstellt. In der Weltrangliste der Produzentenländer nimmt die Bundesrep. Dtl. (1982 Erzeugnisse im Wert von 13,178 Mrd. DM) den 3. Platz hinter Japan und den USA ein.

Pharmazie [grch.] *die, -,* die Wissenschaft von den Arzneimitteln: Kenntnis der chem. Zusammensetzung, der Herkunft und der Verfälschung der Arzneimittel, sachgemäße Herrichtung der einzelnen Arzneiformen. Die P. wird in den **Pharmazeutischen Instituten** der Univ. und Technischen Hochschulen gelehrt.

Pharos, lat. **Pharus,** im Altertum Insel (jetzt Halbinsel) bei Alexandria. Der → Leuchtturm von P. war eines der Sieben Weltwunder; daher: Pharus im Lateinischen und in daraus abgeleiteten Formen in den roman. Sprachen = Leuchtturm.

Pharsalos, lat. **Pharsalus,** ngrch. **Pharsala,** Stadt in Thessalien; bekannt durch Caesars Sieg über Pompeius (48 v. Chr.).

Pharynx [grch.] *die* oder *der, -/...r'yngen,* der → Schlund. *die* **Pharyngitis,** *-/...t'iden,* ⚕ der → Rachenkatarrh.

Phase [grch.] *die, -/-n,* **1)** Entwicklungsstufe, Erscheinungsform, Zustand. **2)** ☆ die durch die unterschiedl. Stellung zu Erde und Sonne verursachten wechselnden Lichtgestalten von Mond und Planeten, die alle Formen zw. Kreisscheibe und Sichel zeigen. Von den Planeten haben nur Merkur, Venus und Mars (mit Fernrohr) wahrnehmbare Phasen. **3)** theoret. Mechanik: der durch Ortskoordinaten und Impulse bestimmte Zustand eines mechan. Systems, z. B. eines Teilchens. **4)** Wellenlehre: der durch Frequenz und Anfangszustand **(Phasenkonstante)** und zeitl. Abstand vom Anfang bestimmte Zustand einer Welle (Schwingung). Die Differenz der Phasenkonstanten zweier gleichfrequenter Schwingungen heißt **Phasendifferenz (Phasenverschiebung). Phasengeschwindigkeit** heißt die Geschwindigkeit, mit der sich die P. einer Welle fortpflanzt. Sie ist gleich dem Produkt aus Wellenlänge und Frequenz. **5)** Thermodynamik: ein in sich homogener Bereich eines heterogenen Systems, z. B. die nebeneinander bestehenden Aggregatzustände (feste, flüssige, gasförmige P.) eines Stoffes oder die nebeneinander bestehenden Stoffbereiche zweier Reaktionspartner (→ Phasenübergang).

Phasen|anschnittsteuerung, elektron. Steuerung eines Wechselstroms derart, daß nur ein Teil der Halbschwingungen des Wechselstroms durchgelassen wird. Das Ein- und Ausschalten des Wechselstroms geschieht durch steuerbare Halbleiterbauelemente (früher durch Thyratrons). Soll nur eine Halbwelle zur P. genutzt werden, setzt man → Thyristoren ein, zur Ausnutzung beider Halbwellen dienen → Triacs. Durch zeitl. Verschieben der Einschaltimpulse kann die Leistungsaufnahme elektr. Verbraucher verlustfrei geregelt werden, z. B. die Drehzahl eines Elektromotors oder die Helligkeit einer Glühlampe mit einem Dimmer.

Phasendiagramm, ein → Zustandsdiagramm, das die Existenzbereiche der → Phasen 5) eines Stoffs oder Stoffgemischs zeigt.

Phasendiskriminator, Funktechnik: → Diskriminator, der die Frequenzabhängigkeit der Phase einer Schwingkreisspannung ausnutzt.

Phasengang, → Frequenzgang.

Phasengeschwindigkeit, → Phase 4), → Lichtgeschwindigkeit.

Phasen|interferometer, Mach-Zehnder-Interferometer, ein opt. Gerät zum Sichtbarmachen der Dichteunterschiede von ebenen Strömungen mit Hilfe von Interferenzverfahren. Ein Lichtstrahl wird durch einen halbdurchlässigen Spiegel in 2 Teilstrahlen aufgespalten, von denen einer die Meßkammer durchsetzt, der andere wird um sie herumgeführt. Hinter der Meßstrecke werden beide Strahlen mit Hilfe eines 2. halbdurchlässigen Spiegels wieder vereinigt, wobei auf einem Bildschirm ein Muster von parallelen Interferenzstreifen entsteht. Bei Strömung des Gases verformen sich diese Streifen durch die auftretenden Dichteunterschiede. Das P. wird auch zur interferometr. Brechzahlbestimmung und als Interferenzmikroskop verwendet.

Phasenkontrast|analyse, Verfahren der Metallmikroskopie, das sehr geringe Unebenheiten (2 nm) des Objekts sichtbar machen kann. Es beruht darauf, daß das an einer Metalloberfläche reflektierte Licht unterschiedl. Phasenverschiebungen in Abhängigkeit von Einfallswinkel und Material erleidet.

Phasenschieber, elektr. Energietechnik: ⚘ Blindleistungserzeuger und Blindleistungsverbraucher. Als **ruhende P.** dienen Blindleistungskondensatoren und Drosselspulen; **rotierende P.** sind leerlaufende Synchronmaschinen, bei denen durch den Erregerstrom die Blindleistungsabgabe oder -aufnahme eingestellt werden kann. Hierdurch tragen die Phasenschieber zur Spannungshaltung in elektr. Netzen bei.

Phasenschiebergenerator, Elektronik: Oszillatorschaltung zur Erzeugung sinusförmiger Wechselspannungen. Die Ausgangsspannung eines Verstärkers (Transistor, Operationsverstärker), die gegenüber der Eingangsspannung um 180° phasenverschoben ist, wird über einen Mitkopplungszweig um weitere 180° phasenverschoben und auf den Eingang zurückgeführt. Der Generator schwingt dann (ausreichende Verstärkung der Schaltung vorausgesetzt) mit der durch frequenzbestimmende RC-Glieder festgelegten Frequenz.

Phasen|übergang, Phasen|umwandlung, Übergang eines Vielteilchensystems von einer thermodynam. Phase (→ Phase 5) in eine andere, wobei sich seine makrophysikal. Eigenschaften (z. B. Dichte, elektr. Leitfähigkeit, Magnetisierung) und/oder die räuml. Symmetrie der Struktur in Abhängigkeit von der Temperatur, dem Druck, der elektr. oder magnet. Feldstärke oder einem anderen intensiven Parameter stark ändert. Qualitativ lassen sich 2 Arten von P. unterscheiden: **Diskontinuierl. P. (P. I. Art)** und **kontinuierl. P. (P. II. Art),** bei denen sich die Zustandsgrößen als Funktion des intensiven Parameters am Umwandlungspunkt sprunghaft bzw. stetig ändern. P. I. Art sind u. a. die Umwandlungen eines Stoffes in die versch. Aggregatzustände, d. h. Verdampfen, Schmelzen, Sublimieren, Kondensieren und Erstarren, sowie die Umwandlung der Kristallstruktur in Festkörpern. P. II. Art

Phenanthren

Phenazin

Phenol

Phenoläther

Biphenyläther

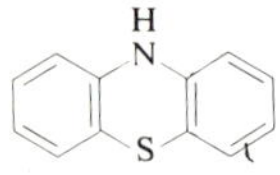

Phenothiazin

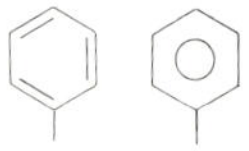

Phenyl . . .

Phenylen . . .

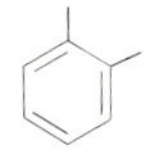

o-Phenylen

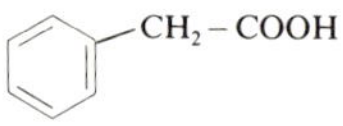

Phenylessigsäure

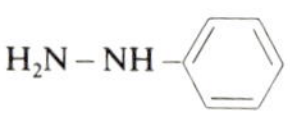

Phenylhydrazin

Phidias: Athene Parthenos (Kopie)

Philadelphia 2)

sind u. a. die Übergänge von Festkörpern vom paramagnet. in den ferromagnet. Zustand, der Übergang eines Metalls von normaler elektr. Leitfähigkeit zur Supraleitung, das Entstehen von Suprafluidität.

Phasenvergleicher *der, -s/-,* **Phasen|indikator, Synchronoskop,** elektr. Gerät zum Feststellen der Phasengleichheit beim Synchronisieren eines Wechselstrom- oder Drehstromgenerators vor dem Aufschalten auf ein Netz. Bei Frequenzdifferenz zw. Netz- und Generatorspannung bewegt sich der Zeiger mit einer der Differenz proportionalen Geschwindigkeit. Bei Frequenzgleichheit bleibt der Zeiger stehen, wobei er um den Phasenwinkel zw. Generator- und Netzspannung von der Nullage abweicht. Bei Nullage des Zeigers kann synchronisiert werden.

Phasing [f'eɪzɪŋ, engl.] *das, -s,* Elektroakustik: elektron. Klangaufbereitung durch einen zw. Musikinstrument (z. B. Elektrogitarre, elektron. Orgel) oder Mikrophon und Verstärker angeschlossenen **Phaser** [f'eɪzə]. Der phasenverschobene Klang entsteht dadurch, daß dem Originalton ein um wenige Millisekunden verzögerter Ton folgt, wodurch es zu Interferenzen zw. den beiden Schwingungen kommt.

Phazeli|e [grch.-lat.] *die, -/...li|en,* **Büschelschön, Phacelia,** Gatt. der Wasserblattgewächse **(Hydrophyllaceae)**; mit Fiederblättern, blauen oder violetten Blüten in Doppelwickeln. Die kaliforn. **Rainfarnblättrige P.** ist Zwischenfutterpflanze.

PHB-Ester, nach dem dt. Lebensmittelgesetz zugelassener Konservierungsstoff: Ester der **p**ara-**H**ydroxy**b**enzoesäure mit Methyl-, Äthyl- oder Propylalkohol sowie deren Natriumsalze.

Phekda, Stern 2. Größe, γ im Sternbild Großer → Bär 2).

Phenakit [grch. phenax ›Betrüger‹] *der, -s,* farbloses bis weingelbes Mineral, $Be_2[SiO_4]$, wird wegen seines lebhaften Glanzes und seiner Härte (7,5–8) als Edelstein verschliffen; Fundorte: Norwegen, Ural, Brasilien, Colorado, S-Afrika.

Phenanthren [grch.] *das, -s,* kristalliner, kondensierter aromat. Kohlenwasserstoff, zur Herstellung von Pflanzenschutzmitteln. (FORMEL S. 199)

Phenazin [grch.] *das, -s,* heterozykl. Verbindung und Grundbaustein der **Phenazinfarbstoffe.** (FORMEL S. 199)

Phenetidin [grch.] *das, -s,* Aminophenyläthyläther, u. a. zur Herstellung von Arzneimitteln sowie Farb- und Riechstoffen.

Phenol [grch.] *das, -s/-e,* **Hydroxybenzol,** aromat. Verbindung, farblose, sich an der Luft rötlich färbende, kristalline Substanz von charakterist. Geruch. Die wäßrige Lösung reagiert schwach sauer. P. wird v. a. zur Herstellung von P.-Harzen (etwa 40%), Caprolactam (etwa 23%), Bisphenol A und Adipinsäure verwendet. Das wichtigste Herstellungsverfahren beruht auf der katalyt. Oxidation von Cumol zu Cumolhydroperoxid und dessen Spaltung: Techn. Bedeutung hat auch die Oxidation von Toluol über Benzoesäure als Zwischenprodukt. – P. wurde 1834 von F. F. Runge im Steinkohlenteer entdeckt und **Carbolsäure** genannt. Heute werden nur noch etwa 3% des P. direkt aus Steinkohlenteer isoliert. – **Di|methylphenole,** die → Xylenole. (FORMEL S. 199)

Phenolvergiftung (Carbolvergiftung) kann nach Aufnahme von P. in den Magen oder durch die Haut, in gewerbl. Betrieben auch beim Einatmen von P.-Dämpfen entstehen. Anzeichen: bläul. Gesichtsverfärbung, Erbrechen, Schwindel, Bewußtlosigkeit, Krämpfe, aussetzende Atmung, Pupillenverengung, Kollaps u. a. In größerer Konzentration verursacht P. auf der Haut schmerzhafte Verätzungen. Erste Hilfe: Äußerlich: Abspülen mit Wasser. Innerlich: Speiseöl oder Eiweiß trinken, Erbrechen hervorrufen, medizin. Kohle. Notfalls künstliche Atmung. Notruf!

Phenol|äther *Pl.,* Äther, in denen das Sauerstoffatom an mindestens eine Phenylgruppe gebunden ist. P. sind meist angenehm riechende Flüssigkeiten oder Kristalle, die bei der Herstellung von Riechstoffen eine Rolle spielen (z. B. Gujakol). – **Phenol|äther|aldehyde** dienen als Riechstoffe und Speisearomen. (FORMEL S. 199)

Phenole *Pl.,* aromat. Verbindungen, bei denen Wasserstoffatome des Benzolkerns durch die Hydroxylgruppe – OH ersetzt sind. Nach der Anzahl der Hydroxylgruppen unterscheidet man **1wertige P.**, z. B. das gewöhnl. Phenol, die Kresole; **2wertige P.**, z. B. Resorcin, Hydrochinon; **3wertige P.**, z. B. Pyrogallol, und **mehrwertige P.** Die P. sind feste, kristalline Stoffe, ihre wäßrigen Lösungen sind schwache Säuren, die mit Alkalilaugen Salze **(Phenolate)** bilden. Die P. sind in der Natur weit verbreitet, z. B. in Pflanzenfarb-, Pflanzengerb- und Pflanzenwuchsstoffen.

Phenolharze, Phenoplaste *Pl.,* gelbe bis braune Kunstharze, die durch Polykondensation von Phenolen mit Aldehyden (meist Formaldehyd) hergestellt werden. In Gegenwart von Basen und bei Formaldehydüberschuß bilden sich flüssige oder lösl., selbsthärtende Kondensationsprodukte, die **Resole.** Die Härtung verläuft über schmelzbare Zwischenstufen **(Resitol)** zu unschmelzbarem **Resit.** Wasserlösl. Resole werden als Holzklebstoffe sowie als Bindemittel für Gießereisande, Fasern (zu Matten, Dämmplatten) und Schleifmittel verwendet. Bei der Polykondensation in Gegenwart von Säuren und bei Phenolüberschuß entstehen **Novolake** mit Molekülketten, in denen Phenoleinheiten über Methylengruppen miteinander verknüpft sind. Novolake sind thermoplast. Kunststoffe, die nicht selbst härten. Ihre Moleküle können aber mit Hexamethylentetramin als Härtungsmittel bei 140–160 °C vernetzt werden. Sie dienen als Bindemittel in härtbaren Formmassen, für Schleifscheiben, Bremsbeläge u. a. Mit Kolophonium modifizierte P. finden als Bindemittel für Lacke und Druckfarben Verwendung.

Phenol|phthalein, → Phthaleine.

Phenothiazin [grch.] *das, -s,* kristalline heterozykl. Verbindung, Zwischenprodukt für Arzneimittel (Psychopharmaka, Antihistaminika) und Grundkörper der Thiazinfarbstoffe.

Phenyl... [grch.], Bez. für die einwertige Atomgruppe – C_6H_5.

Phenyl|acet|aldehyd, nach Hyazinthen duftende, unbeständige, synthet., flüssige organ. Verbindung; Parfümeriestoff.

Phenyl|alanin *das, -s,* eine essentielle Aminosäure.

Phenyl|amin *das, -s,* das → Anilin.

Phenyl|äthanole *Pl.,* **Phenyl|äthyl|äthanole,** farblose, aromatisch riechende Flüssigkeiten. Verwendet in der Parfümerie, zu Aromen, Lösungsmittel für Öle und Harze.

Phenylen..., Bez. für die zweibindige Kohlenwasserstoffgruppe – C_6H_4 –.

Phenylen|diamine *Pl.,* $C_6H_4(NH_2)_2$, farblose Kristalle, zur Herstellung von Azofarbstoffen, photograph. Entwicklern und Antioxidantien.

Phenyl|essigsäure, farblose, nach Honig riechende Kristalle zur Herstellung von Penicillin G, z. T. auch in der Riechstoff- und Pharmaindustrie.

Phenyl|hydrazin, wegen ihrer Reaktionsfähigkeit wichtige organ. Base, dient zur Identifizierung von Aldehyden und Ketonen, Zwischenprodukt bei der Herstellung vieler Farbstoffe und Arzneimittel.

Phenylketon|urie [grch.] *die, -,* **Brenztraubensäure-Schwachsinn,** erbliche Störung des Aminosäurenstoffwechsels (Umwandlung von Phenylalanin in Tyrosin), die unbehandelt zu Schwachsinn führt. Die Früherkennung mit Hilfe eines routinemäßig bei Säuglingen durchgeführten mikrobiolog. Tests **(Guthrie-Test)** und phenylalaninarme Diät ermöglichen eine normale geistige Entwicklung.

Phenylquecksilberverbindungen, stark giftige metallorgan. Verbindungen. **Phenylquecksilberchlorid** und **-acetat** werden als Fungizide zum Beizen von Saatgut verwendet.

Pheromone [grch.] *Pl.,* **Ektohormone,** chem. Substanzen, die in sehr geringer Konzentration der Kommunikation von Individuen einer Art untereinander dienen und Sozialfunktionen erfüllen. Zu den P. gehören bei Insekten **Sexuallockstoffe** und **Alarmsubstanzen, Abwehrstoffe, Angriffsstoffe** und (bei Säugetieren und staatenbildenden Insekten) **Markierungsstoffe.** Die Anwendung der P. in der Schädlingsbekämpfung steht in der Erprobung.

Phi *das, -(s)/-s,* (Φ, φ), der 21. Buchstabe des grch. Alphabets.

Phiale [grch.] *die, -/-n,* Opferschale, flache Schale.

Phidias, grch. **Pheidias,** att. Bildhauer des 5. Jh. v. Chr., schuf die Goldelfenbeinbildwerke der stehenden Athene Parthenos im Parthenon in Athen (438 geweiht, mehr als 12 m hoch; bekannt durch kleine Marmornachbildungen und Kopien der Reliefs ihres Schildes) und des sitzenden Zeus in dessen Tempel in Olympia (Wiedergaben auf Münzen erhalten). In Olympia wurde die Werkstatt des P. ausgegraben. P. leitete im Auftrag des Perikles die Bau- und Bildhauerarbeiten auf der Akropolis und dürfte an den Parthenon-Skulpturen maßgebend beteiligt gewesen sein. Die Zuschreibung einiger durch kaiserzeitl. Kopien bekannter Bildwerke zu P. ist umstritten, ebenso die der bei → Riace 1972 gefundenen Bronzefiguren. P. soll, der Veruntreuung von Elfenbein oder der Gottlosigkeit angeklagt, im Gefängnis gestorben oder nach Elis geflohen sein. – P. war der Schöpfer der hochklass. attischen Kunst, der künstlerisch und geistig vielseitigste unter den großen grch. Künstlern seiner Epoche.

phil..., vor Mitlauten **philo...** [grch], lieb..., ...freund.

Phil., Abk. für **Phil**ipperbrief (N. T.).

Philadelphia, 1) Stadt in Lydien (Kleinasien), heute **Alaşehir** [-ʃɛ-], an der Straße von Sardeis nach Kolossä, von Attalos II. Philadelphos (159–138 v. Chr.) gegr. In röm. Zeit auch **Neocaesarea** genannt, war P. einer der hellenist. Hauptorte Kleinasiens und Sitz einer frühchristl. Gemeinde. **2)** [fɪləd'elfjə], Stadt in Pennsylvania, USA, (1980) 1,688 Mio. Ew. (Metropolitan Area: 4,717 Mio.). Hafen am Delaware, großenteils schachbrettartig angelegt; bed. Wirtschafts- und Kulturzentrum der USA. Sitz eines kath. und eines uniert-ukrain. Bischofs, des Exarchen der unierten Ruthenen und zweier prot. Bischöfe; Univ. von Pennsylvania (1740 gegr.), Temple-Univ. (1884 gegr.), medizin., Kunst- u. a. Hochschulen, Akademie der Naturwiss., Akademie der Schönen Künste, Bibliotheken und Museen; Elektromaschinen-, Schiff-, Textil-, chem. u. a. Ind., Hüttenwerke, Erdölverarbeitung u. a. – Geschichte. P. wurde 1683 von W. → Penn gegr. Hier wurde am 4. 7. 1776 die Unabhängigkeitserklärung der USA erlassen.

1790–1800 war P. die Bundes-Hptst.; P., bes. die Vorstadt Germantown, ist ein Mittelpunkt des Deutschamerikanertums.

Philae, Nilinsel südlich von Assuan, zw. dem alten und dem neuen Staudamm, mit bed. Tempeln aus dem 4.–2. Jh. v. Chr. (Isistempel u. a.), die bis über die Hälfte im Stausee versunken waren. Nach Trockenlegung von P. wurden sie auf die Insel Agilkia verlegt (1972–80, mit Mitteln der UNESCO).

Philanthrop [grch.] *der, -en/-en,* Menschenfreund, Wohltäter der Menschheit. *die* **Philanthropie,** -, Menschenliebe. *Adj.* **philanthropisch.**

Philanthropismus [grch.], **Philanthropinismus** *der, -,* pädagog. Reformbewegung, von J. B. Basedow und seinen Anhängern (J. H. Campe, C. G. Salzmann, I. Iselin u. a.), den **Philanthropen,** Ende des 18. Jh. vertreten. Sie erstrebte eine natur- und vernunftgemäße Erziehung. Die Schule sollte zu weltbürgerl. und natürl. Entfaltung führen. Das Schulvorbild war das von Basedow 1774 in Dessau gegr. **Philanthropin.**

Philatelie [grch.] *die, -,* Briefmarkenkunde. *Adj.* **philatelistisch.** *der* **Philatelist,** *-en/-en,* Briefmarkensammler.

Philemon, grch. Dichter, vielleicht aus Syrakus, * 365/60 v. Chr., † um 264 v. Chr., neben Menander Vertreter der neuen grch. Komödie; 2 oder 3 seiner Komödien wurden von Plautus in lat. Sprache bearbeitet.

Philemonbrief, im N. T. einer der Gefangenschaftsbriefe des Apostels Paulus an **Philemon,** einen von ihm bekehrten Christen in Kolossä.

Philemon und Baucis, nach einer in Ovids ›Metamorphosen‹ aufgenommenen Sage ein bejahrtes, treues Ehepaar in Phrygien; es nahm trotz Armut Jupiter und Merkur gastfreundlich auf, als diese in Menschengestalt das Land durchwanderten, und erbat sich als Lohn den gleichzeitigen Tod: Philemon wurde in eine Eiche, Baucis (auch Baukis) in eine Linde verwandelt; in der bildenden Kunst von A. Elsheimer, P. P. Rubens u. a. dargestellt. P. u. B. erscheinen u. a. auch in Goethes Faustdichtung (2. Teil, 5. Akt).

philharmonisch [grch.], die Harmonie, das Harmonische liebend; Bez. für künstler., v. a. musikal. Körperschaften oder Gesellschaften (schon im 17., bes. seit Anfang des 19. Jh.); der Name ging auf Konzertsäle und einige Orchester über: Berliner Philharmoniker, Wiener Philharmoniker, London Philharmonic Orchestra u. a. *Subst. die* **Philharmonie,** -.

Philhellenen [grch.], ›Griechenfreunde‹, Ausländer, die seit 1821 den Freiheitskampf der Griechen gegen die Türken unterstützten: Ludwig (I.) von Bayern, die Dichter W. Müller, A. von Chamisso, V. Hugo, Lord Byron u. a.

...philie [grch.], ...liebe, ...freundschaft.

Philip, Prinz (seit 1957), Herzog von Edinburgh (seit 1947), * Korfu 10. 6. 1921, Sohn des Prinzen Andreas von Griechenland und der Prinzessin Alice, Tochter Ludwig Alexanders von → Battenberg, seit 1947 brit. Staatsbürger, nahm von seinem Onkel, dem Earl Mountbatten of Burma, den Namen Mountbatten an. Seit 1947 ⚭ mit der brit. Königin → Elisabeth II.

Philipe [fil'ip], Gérard, frz. Schauspieler, * Cannes 4. 12. 1922, † Paris 25. 11. 1959, spielte in J. Vilars ›Théâtre National Populaire‹. Seit 1944 war P. auch im Film tätig (›Den Teufel im Leib‹, 1947; ›Fanfan der Husar‹, 1951; ›Rot und Schwarz‹, 1954).

Philipp [grch. ›Pferdefreund‹], männl., **Philippine,** weibl. Vorname.

Philipp, Fürsten:

Deutscher König. **1) P. von Schwaben** [1198–1208), jüngster Sohn Kaiser Friedrichs I., * vor 1178, † Bamberg 21. 6. 1208, erhielt 1196 das Hzgt. Schwaben. Über den Gegenkönig Otto IV., für den auch Papst Innozenz III. Partei ergriff, erlangte P. die Oberhand. Er wurde vom Pfalzgrafen Otto von Wittelsbach ermordet; Grab im Dom zu Speyer.

Burgund, Herzöge. **2) P. II. der Kühne** (1363–1404), Sohn des frz. Königs Johann des Guten, * Pontoise 17. 1. 1342, † Hal (Brabant) 27. 4. 1404, erhielt 1363 das Hzgt. Burgund und erwarb durch Heirat 1384 Flandern, Artois, Nevers, Rethel und die Freigrafschaft Burgund.

3) P. III. der Gute (1419–67), Enkel von 2), * Dijon 31. 7. 1396, † Brügge 15. 6. 1467, kämpfte im Hundertjährigen Krieg auf engl. Seite gegen den frz. König Karl VII. (bis 1435). Durch die Erwerbung von Holland, Hennegau, Namur, Brabant, Limburg und Luxemburg stieg Burgund zu höchster Macht und wurde ein Zentrum der abendländ. Kultur. 1430 stiftete P. den Orden vom → Goldenen Vlies 2).

Frankreich, Könige. **4) P. II. August** (1180–1223), * Paris 21. 8. 1165, † Mantes 14. 7. 1223, nahm am 3. Kreuzzug teil, eroberte 1203–08 fast den ganzen engl. Festlandbesitz (Normandie, Bretagne) zurück. Verbündet mit Friedrich II., besiegte er bei Bouvines 1214 Otto IV. und die Engländer.

5) P. IV. der Schöne (1285–1314), * Fontainebleau 1268, † ebd. 29. 11. 1314, ließ 1303 Papst Bonifatius VIII. gefangennehmen, 1305 den von ihm abhängigen Papst Klemens V. wählen (Sitz: Avignon); erzwang seit 1312 die Vernichtung des Templerordens. P. war innen- und kirchenpolitisch einer der frühesten Verfechter absoluter Staatsgewalt.

6) P. VI. von Valois [-valw'a], (1328–50), Neffe von 5), * 1293, † Nogent-le-Roi 22. 8. 1350, besiegte 1328 die flandr. Städte bei Cassel; unter ihm begann 1338 der Hundertjährige Krieg.

Hessen. **7) P. der Großmütige,** Landgraf (1509–67), * Marburg 13. 11. 1504, † Kassel 31. 3. 1567, kämpfte 1522/23 gegen Franz von Sickingen und 1525 gegen die aufständ. Bauern in Thüringen. Er führte 1526 die Reformation ein und gründete 1527 in Marburg die erste prot. Univ. Durch das Marburger Religionsgespräch von 1529 erstrebte P. Einigung zw. den Protestanten. 1534 gewann er Württ. für Herzog Ulrich zurück. 1540 ging er neben seiner Ehe mit Herzogin Christine von Sachsen eine Nebenehe mit Margarete von der Saale ein, wodurch er zur Rücksichtnahme auf den Kaiser gezwungen wurde, was verhängnisvoll für den Fortgang der Reformation war. Nach der Niederlage von Mühlberg wurde er 1547–52 von Kaiser Karl V. gefangengehalten.

Kastilien. **8) P. I. der Schöne,** Regent und König (1506), Sohn Maximilians I., * Brügge 22. 7. 1478, † Burgos 25. 9. 1506, verwaltete seit 1494 die burgund. Länder und heiratete 1496 Johanna die Wahnsinnige (→ Johanna 2). Seine Söhne sind die Kaiser Karl V. und Ferdinand I.

Köln. **9) P. von Heinsberg,** Erzbischof (1167–91) und Kanzler Kaiser Friedrich Barbarossas, * um 1130, † 13. 8. 1191, Hauptgegner Heinrichs des Löwen, nach dessen Sturz er 1180 das Hzgt. Westfalen bekam. 1190 begleitete er Heinrich VI. nach Italien, wo er bei der Belagerung Neapels starb.

Makedonien, Könige. **10) P. II.** (359–336 v. Chr.), Sohn Amyntas' III., Regent seit 359, Vater Alexanders d. Gr., * um 382 v. Chr., † (ermordet) 336 v. Chr., schuf den makedon. Einheitsstaat und begründete ein ›Balkanreich‹, dem er auch Griechenland angliederte. – Ein in → Vergina freigelegtes Grab (aus der 2. Hälfte des 4. Jh. v. Chr.) mit reichen Beigaben ist von dem Ausgräber M. Andronikos 1977 als Grabstätte P.s gedeutet worden.

11) P. V. (221–179 v. Chr.), * 238 v. Chr., † 179 v. Chr., verbündete sich mit Hannibal und kämpfte gegen die Römer und Ätoler. 205 schloß er ein Bündnis mit → Antiochos III.; er wurde 197 bei Kynoskephaleia (Kynoskephalai) von den Römern geschlagen.

Spanien. **12) P. II.,** König (1556–98), Sohn Kaiser Karls V., Enkel von 8), * Valladolid 21. 5. 1527, † El Escorial bei Madrid 13. 9. 1598, erbte von seinem Vater Spanien mit den reichen Kolonien in Amerika, die Niederlande, die Freigfsch. Burgund, Mailand, Neapel, Sizilien und Sardinien. P. wurde als Vorkämpfer des strengen Katholizismus die beherrschende Gestalt der Gegenreformation. 1559 beendete er siegreich den Krieg gegen Frankreich; er kämpfte auch mit Erfolg gegen die Türken (Seesieg bei Lepanto 1571) und nahm 1580 Portugal in Besitz. Sein und des Herzogs von → Alba Vorgehen gegen die Niederlande führte zu deren Abfall. Im Krieg gegen Elisabeth I. von England, deren kath. Vorgängerin Maria seine 2. Frau gewesen war, wurde die span. → Armada 1588 vernichtet. Vergebens bekämpfte P. auch die Thronbesteigung Heinrichs IV. in Frankreich. Seine langen Kriege erschöpften die wirtschaftl. Kraft Spaniens. Im Innern verfolgte er eine absolutistische Richtung. Als Residenz seines Weltreichs erbaute er den → Escorial bei Madrid. Bekannt ist sein Zerwürfnis mit dem Thronfolger Don → Carlos 1).

Philippe [fil'ip], Charles-Louis, frz. Schriftst., * Cérilly (Allier) 4. 8. 1874, † Paris 21. 12. 1909, seine Romane handeln (›Bübü‹, 1901; ›Marie Donadieu‹, 1904) vom Schicksal der Ärmsten.

Philipperbrief, N. T.: Brief des gefangenen Apostels Paulus an die Gemeinde in Philippi; Ort und Zeit der Abfassung sind unsicher (um 60).

Philippeville [filipv'il], bis 1963 Name der alger. Stadt → Skikda.

Philippi, antike Stadt in Thrakien, gehörte nach der Eroberung durch Philipp II. zu Makedonien. Bei P. siegten 42 v. Chr. Antonius und Oktavian über Cassius und Brutus. 50 gründete Paulus in P. eine Christengemeinde.

Philippika *die, -/...ken,* **1)** *Pl.,* urspr. die Reden des Demosthenes gegen Philipp von Makedonien, danach Ciceros 14 ›orationes Philippicae‹ gegen Antonius. **2)** Straf-, Haßrede.

Philippinen, in Tagalog **Republika ñg Pilipinas** [-naŋ-], span. **República de Filipinas,** engl. **Republic of the Philippines** [rɪp'ʌblɪk ɔv ðə f'ɪlipi:nz], Inselgruppe und Rep. im Malaiischen Archipel, 300 000 km², (1982) 50,7 Mio. Ew.; Hptst.: Manila. Amtssprachen: Englisch, Tagalog, Spanisch. Währungseinheit: 1 Philippin. Peso (₱) = 100 Centavos (c). *Adj.* **philippinisch.** *der* **Philippiner,** *-s/-.* (KARTE VI/VII, n. S. 320)

Staat. Nach der 1976 und 1981 geänderten Verf. von 1973 steht ein auf 6 Jahre gewählter Präs. an der Spitze von Staat und Regierung, er ernennt den MinPräs. und die Minister. Die Nationalversammlung übt die Gesetzgebung aus. Der Präs. besitzt eine Vetorecht gegen Gesetze des Parlaments, das er auch jederzeit auflösen kann. 1972–81 standen die P. unter Kriegsrecht. – Die P. sind in

Gérard Philipe

Philipp II.
(Medaille von J. da Trezzo, 1555, Orig.-Gr. 6,3 cm ∅; London, National Portrait Gallery)

Philipp III. der Gute
(nach einem Gemälde von Rogier van der Weyden)

Philipp der Großmütige
(aus einem Gemälde von H. Krell)

Philippinen: Landschaft in der Nähe von Cebu, Visayan Islands

Philippinen

13 teilautonome Regionen mit zus. 73 Prov. gegliedert. – Recht. Das Zivilrecht folgt spanischem, das Prozeßrecht amerikanischem Vorbild. Oberster Gerichtshof in Manila. – Streitkräfte. Freiwilliger Wehrdienst; Gesamtstärke: 104800 Mann; Heer: 60000; Luftwaffe: 16800; Marine: 28000; paramilitär. Kräfte: 65000 (Ziviler Heimatschutz) und 43500 (Bezirkspolizei).

Landesnatur. Die P. bestehen aus über 7100 Inseln, die in 3 geograph. Großräume eingeteilt sind: 1) Luzon (mit Mindoro und Palawan); 2) die Visayan-Inseln (mit den 7 Hauptinseln: Masbate, Panay, Negros, Cebu, Bohol, Samar und Leyte) und 3) Mindanao (mit den Sulu-Inseln). Die Inseln sind aufgetauchte Teile ehemals zusammenhängender, durch spätere Einbrüche stark aufgelöster submariner Gebirgsketten mit z. T. noch tätigen Vulkanen. Erdbeben sind häufig. Das Klima ist tropisch mit Monsuneinfluß und häufigen Taifunen. Die O-Seite hat teils immergrünen Regenwald, teils Monsunwald, die W-Seite ist wintertrocken mit Savannen und laubabwerfenden Wäldern. (Weiteres BILD Vulkanismus)

Die Bevölkerung besteht überwiegend aus malaiischen Stämmen, Polynesiern und Negritos (Aëta), ferner aus Chinesen, Indern, Europäern, Amerikanern, Arabern. Zusammenfassend werden die Bewohner der P. als Filipinos bezeichnet. Die bedeutendsten Stämme der Jungmalaien sind Bisaya, Tagalen, Iloco, Pampanganen, Bikol u. a., die der Altmalaien Ifugao, Igoroten, Kalinga u. a. Die P. haben etwa 80 Städte mit über 50000 Ew.; hohes Bevölkerungswachstum (1975–80: jährlich 2,7%). – Bildung. Allg. Schulpflicht (4 Jahre); Unterrichtssprache Englisch, z. T. auch Tagalog; Analphabetenquote etwa 11%. Über 40 z. T. private Univ., die meisten besitzt Manila. – Religion. 84,1% der Bev. gehören der Kath. Kirche an, 6,2% versch. philippin. kath. Kirchen, 3,5% sind Protestanten, 4,3% Muslime, ferner Buddhisten und Anhänger von Naturreligionen.

Wirtschaft. Haupterwerbszweig ist die Landwirtschaft, die (1980) 43% der Erwerbstätigen beschäftigt. Angebaut werden bes. Reis (z. T. in Terrassenkulturen), Mais, Kokospalmen, Zuckerrohr, Manilahanf, Tabak u. a. Die P. liefern etwa 40% der Welterzeugung an Kopra. Die trop. Regenwälder (etwa 40% der Landesfläche) sind bes. auf Mindanao wichtiger Edelholzlieferant. Bed. Fischfang. Der Bergbau fördert Kupfer-, ferner Eisen-, Chromerze, Gold, Silber u. a.; Off-Shore-Erdölvorkommen vor der Insel Palawan. Industrie: Nahrungs- und Genußmittel- sowie Textil-Ind. überwiegen, daneben Holzverarbeitungswerke, Zementfabriken, Erdölraffinerien, Hochofen- und Eisenwalzwerke. Haupthandelspartner: USA, Japan.

Verkehr. Die Eisenbahn spielt eine geringe Rolle; Bahnlinien (1979: 1800 km) auf Luzon und Panay. Das Straßennetz (1982: 153528 km) ist nur auf Luzon gut ausgebaut. Der ›Pan-Philippine-Highway‹ (2162 km fertiggestellt) verläuft von Aparri in N-Luzon bis nach Davao in S-Mindanao. Von besonderer Bedeutung sind Küstenschiffahrt und Flugverkehr. Handelsflotte (1981) 2,5 Mio. BRT. Wichtigste Häfen: Manila, Cebu, Iloilo. Internat. Flughafen: Manila. Staatl. Fluggesellschaft: ›Philippine Airlines‹ (PAL).

Geschichte. Die P. wurden 1521 von Magalhães entdeckt, für Spanien in Besitz genommen und 1543 nach Philipp II. benannt. Die Eingeborenen wurden bald zum kath. Christentum bekehrt. Seit 1872 fanden heftige Aufstände gegen die span. Herrschaft statt. Nach dem spanisch-amerikan. Krieg von 1898 mußte Spanien die P. an die USA abtreten. Die Amerikaner verliehen ihnen 1916 eine beschränkte Selbstverwaltung, 1934 den Dominionstatus (›Philippine Commonwealth‹). Nach Ausbruch des Pazifischen Krieges eroberten die Japaner 1941/42 die P. Gegen die japan. Besatzungsmacht bildete sich die kommunist. Widerstandsbewegung der Hukbalahups (Abk. Huks). Nach dem militär. Zusammenbruch kapitulierte Japan am 16. 8. 1945. Am 4. 7. 1946 wurden die P. unabhängig. Nach Niederwerfung der letzten kommunist. Partisanen (1954) festigte sich der Staat unter Präs. R. Magsaysay (1953–57). Seit der Unabhängigkeit des Landes bestanden die engen wirtschaftl. und militär. Bindungen zu den USA fort. Seit 1965 ist F. E. Marcos Präs. Zeitweilig unterstützten die P. die amerikan. Vietnam-Politik mit der Entsendung eines kleineren Truppenkontingents. Nach einer Welle von Terroranschlägen verfügte Marcos das Kriegsrecht (1981 aufgehoben) und proklamierte 1973 eine neue Verf. (Ausstattung des Präs. mit diktator. Vollmachten). Unter dem Schlagwort ›Neue Gesellschaft‹ ist er um Reformen bemüht (Verkündung einer Landreform, 1979). Gegen den innenpolit. Kurs des Präs. bildete sich eine starke Opposition; die Ermordung (1983) des Oppositionspolitikers B. Aquino löste Demonstrationen gegen Präs. Marcos aus. Der Aufstand der muslim. Bev. (seit Beginn der 70er Jahre) auf Mindanao und den Sulu-Inseln dauert an (hohe Verluste an Menschenleben).

Philippus;
Holzplastik von Tilman Riemenschneider, 1490

Philippinengraben, langgestreckte Senke im Pazifischen Ozean, östlich der Philippinen; größte Tiefe 10540 m.

Philippisten *Pl.,* die Anhänger → Melanchthons.

Philippsburg, Stadt im Kr. Karlsruhe, Bad.-Württ., an einem Altrheinarm, (1983) 10800 Ew.; Reifen-, Maschinenbau; Kernkraftwerk.

Philippson, Alfred, Geograph, * Bonn 1. 1. 1864, † ebd. 28. 3. 1953, schrieb ›Grundzüge der allg. Geographie‹ (2 Bde., 1921–24), ›Die grch. Landschaften‹ (4 Bde., 1950–59; mit E. Kirsten).

Philippus, einer der 12 Apostel Jesu, aus Bethsaida in Galiläa. Heiliger; Tag: 3. 5.; in der grch. Kirche: 14. 11.

Philips, N. V. P.' Gloeilampenfabrieken [-xl'u:jlampəfabr'i:kə], Eindhoven (Niederlande), größter europ. Elektrokonzern, tätig in 72 Ländern; gegr. 1891 von G. L. F. und A. F. Philips, seit 1912 jetziger Name. – Holding-Ges. für die westdt. Beteiligungen ist die **Allg. Dt. Philips Ind. GmbH** (Alldelphi), Hamburg. (→ Grundig AG)

Philister [hebr.] *der, -s/-,* **1)** *Pl.,* Volk westl. Herkunft an der SW-Küste des nach ihnen benannten Palästina (kurz nach 1200 v. Chr.). Die P. waren in einem Fünfstädtebund (Gaza, Asdod, Askalon, Gath, Ekron) zusammengeschlossen und kämpften zunächst erfolgreich gegen die israelit. Stämme. Die assyr. Besetzung machte ihrer Selbständigkeit ein Ende. **2)** Spießbürger, engherziger Mensch. **3)** Studentensprache: Nichtstudent, oft auch der ›Alte Herr‹ einer Studentenverbindung. **philisterhaft, philiströs,** spießbürgerlich, engstirnig. *Subst. das* **Philistertum,** *-s.*

Phillipsit [n. dem engl. Mineralogen W. Phillips, * 1773, † 1828] *der, -,* **Kalkharmotom, Kreuzstein,** monoklines Mineral, $KCa[Al_3Si_5O_{16}] \cdot 6\,H_2O$, ein → Zeolith.

Phillips-Kurve, graph. Darstellung des Zusammenhangs zw. dem Grad der Arbeitslosigkeit und dem Ausmaß der Nominallohnsteigerungen, benannt nach dem brit. Ökonometriker und Statistiker A. W. Phillips. Die modifizierte P.-K. zeigt dagegen den Zusammenhang von Arbeitslosenquote und Preissteigerungsrate und soll das Dilemma der Wirtschaftspolitik verdeutlichen, zw. Inflation und Arbeitslosigkeit wählen zu müssen.

Philodendron [grch.] *das, -s/...dren,* tropisch-amerikan. Gatt. der Aronstabgewächse, z. T. Kettersträucher mit Haftwurzeln; Zierpflanzen. Über **P. pertusum** → Monstera.

Philoktet, grch. Mythos: Held, dem Herakles seinen Bogen und seine Pfeile schenkte, wurde auf dem Zug gegen Troja wegen einer übelriechenden Wunde auf Lemnos ausgesetzt, später aber von Odysseus und Diomedes mit einer List nach Troja zurückgeholt. P. tötete Paris mit den Waffen des Herakles, worauf Troja fiel. – Trauerspiel von Sophokles.

Philologe [grch.] *der, -n/-n,* Forscher und Lehrer auf dem Gebiet der → Philologie; Lehrer an höheren Schulen. Der **Altphilologe** befaßt sich bes. mit der grch. und lat. Sprache und ihren Sprachdenkmälern, der **Neuphilologe** mit den lebenden Sprachen Europas.

Philologie [grch. ›Liebe zum Wort‹] *die, -/...g'i|en,* i. e. S. die Wissenschaft, Texte zu deuten, i. w. S. die Erforschung der geistigen Entwicklung und Eigenart eines Volks oder einer Kultur auf Grund seiner Sprache und Literatur. Die **Klass.** oder **Alt-P.** beschäftigt sich mit grch. und lat. Texten. Ihre erste Hochblüte hatte sie im Zeitalter des → Humanismus. Die P. im modernen Sinn beginnt mit dem → Neuhumanismus. Als **Neu-P.** faßt man die P. der neueren Sprachen zusammen, bes. Germanistik, Anglistik (Amerikanistik), Romanistik, Slawistik. Aus der P. haben sich → Sprachwissenschaft und → Literaturwissenschaft entwickelt. Darüber hinaus ist sie eine Wurzel aller neuzeitlichen geschichtl. Wissenschaften (Geschichte, Archäologie usw.). *Adj.* **philologisch.**

Philomela, grch. Mythos: Tochter des athen. Königs Pandion, wurde von Tereus, dem Gemahl ihrer Schwester Prokne, vergewaltigt, darauf der Zunge beraubt, damit es geheim bliebe. Nach Aufdeckung der Schandtat und Verfolgung der Schwestern durch Tereus wurde Prokne von den Göttern in eine Nachtigall, P. in eine Schwalbe verwandelt (in röm. Überlieferung meist umgekehrt); daher P **Philomele** für Nachtigall.

Philon von Alexandria, jüdisch-hellenist. Religionsphilosoph, * Alexandria 13 v. Chr., † ebd. 45/50, suchte die platonisch-aristotelische Philosophie mit dem mosaischen Gesetz durch allegor. Schriftauslegung zu verbinden. Seine Auslegung des A. T. wirkte lange nach, bes. bei christlichen Schriftstellern.

Philopoimen, grch. Feldherr, * Megalopolis (Arkadien) um 253 v. Chr., † Messene 183 v. Chr., der ›letzte der Hellenen‹, zwang Sparta, in den Achaiischen Bund einzutreten (192). Er wurde von den Messeniern umgebracht.

Philosemit [grch.] *der, -en/-en,* Judenfreund.

Philosoph [grch.] *der, -en/-en,* Forscher, Lehrer der Philosophie; jemand, der sich mit philosoph. Fragen befaßt.

Philosophem [grch.] *das, -s/-e,* philosophischer Lehrsatz.

Philosophia perennis [lat. ›immerwährende Philosophie‹] *die, --,* der unvergängl., seit dem Altertum durch alle Wandlungen bleibende Kern der abendländ. Philosophie.

Philosophie [grch. ›Liebe zur Weisheit‹] *die, -/...ph'i|en,* das systemat. Streben des Menschen nach Erkenntnis seiner selbst, des Wesens und der Zusammenhänge der Dinge und der gültigen Prinzipien und Inhalte eth. Handelns. Die P. richtet sich auf das Ganze der Wirklichkeit und deren Grundbestimmungen, während sich die Einzelwissenschaften mit der Erforschung der Gesetzmäßigkeiten best., umgrenzter Gegenstandsbereiche befassen. Sie ist ihrem Wesen nach theoret. Erkenntnis und hat in den meisten ihrer Systeme diesen Charakter aufrechterhalten. I. a. bedient sie sich eines Systems streng definierter Begriffe, kann im Einzelfall aber auch künstler. Formen annehmen. Im Verhältnis zur Religion hat sie gegensätzl. Einstellungen hervorgebracht; die neuzeitl. Entwicklung wird durch die Loslösung von der Theologie in der nachklass. Phase eingeleitet. Obgleich ihre Aussagen i. d. R. Wahrheit im Sinne der Allgemeingültigkeit beanspruchen, hat sie im Laufe der Geistesgeschichte eine Fülle von Systemen entwickelt, die jedoch durch das Bleibende der Fragestellungen und best. Grundprobleme verbunden erscheinen **(Philosophia perennis).**

Systematik. Platons Unterscheidung nach Logik, Ethik und Ästhetik wirkte lange nach. Die Systematik des Aristoteles ergab sich aus den Grundmöglichkeiten menschl. Verhaltens: Betrachten **(theoret. P.,** Metaphysik, Mathematik, Physik, d. h. Natur-P., Psychologie), Handeln **(prakt. P.,** Ethik, Politik) und Schaffen **(poet. P.,** Poetik, Ökonomik). In der Scholastik gliederte sich P. in Metaphysik (Ontologie und Theologie), Physik (Kosmologie und Psychologie) und Ethik (Politik). Die in der akadem. P. seit dem 18. Jh. gültige Einteilung war die in → Metaphysik (oder → Ontologie), → Logik, → Ethik, → Ästhetik, → Erkenntnistheorie (und Psychologie); sie wird z. T. noch heute aufrechterhalten. Daneben trat eine Reihe von Sonderdisziplinen in Erscheinung, wie Rechts-P., Geschichts-P., Sprach-P., Sozial-P., Kultur- und Religions-P. Die modernen exakten Wissenschaften gehörten zum großen Teil urspr. zur P. und wurden dann selbständig: Die Ausgliederung der Naturwissenschaften zog sich bis ins 17. und 18. Jh. hin; Kunstwissenschaft, Psychologie, Pädagogik, Soziologie und andere Zweige wurden im 18. und 19. Jh. unabhängige Disziplinen.

Geschichte. Ohne Zusammenhang mit der abendländ. P. entwickelten sich die ind. P. (→ indische Philosophie und Religion) und die → chinesische Philosophie, mit später mannigfachen Wechselwirkungen zu ihnen die → japanische Philosophie. Die europ. P. hat ihren Ursprung in Griechenland; auf der → griechischen Philosophie baute die gesamte abendländ. P. auf. Ein neues philosoph. Lehrgebäude entstand seit den ersten christl. Jahrhunderten aus der Verschmelzung antiker Denkinhalte und christl. Glaubensbestandteile; sein Höhepunkt liegt in der → Scholastik. Die arab. P. (→ arabische Kultur, Abschn. arab. Wissenschaft; → islamische Philosophie) hatte seit dem 12. und 13. Jh. zeitweise bed. Einfluß. Seit der Renaissance entfaltete sich die abendländ. P. in sachlich abgrenzbaren Richtungen wie → Idealismus und → Materialismus, → Rationalismus und → Empirismus, oder in räumlich-national beschreibbaren Beiträgen (→ deutsche Philosophie, → englische Philosophie, → französische Philosophie, → italienische Philosophie, → russische Philosophie, → amerikanische Philosophie u. a.). In der P. der Gegenwart herrschen vor: → Existenzphilosophie und → Hermeneutik; → Neopositivismus und → Kritischer Rationalismus, die sich v. a. um die Entwicklung der → Wissenschaftstheorie bemüht haben; ferner von Materialismus und → Marxismus bestimmte ideologisch-gesellschaftstheoret. Strömungen. *Adj.* **philosophisch.**

Philosophikum *das, -s,* Prüfung im Rahmen der Staatsprüfung für das Gymnasiallehramt als Abschluß eines philosoph. und/oder erziehungswissenschaftl. Begleitstudiums; in den einzelnen Ländern der Bundesrep. Dtl. unterschiedlich gestaltet. Dieses Begleitstudium wurde im Laufe der 70er Jahre zum erziehungswissenschaftlich-gesellschaftswissenschaftl. Grundstudium erweitert, sein Abschluß in die Staatsprüfung integriert.

philosophische Anthropologie, → Anthropologie 2).

Philosophisch-Theologische Hochschulen, → kirchliche Hochschulen.

Philotas, Jugendfreund Alexanders d. Gr., Führer der makedon. Adelsreiterei, wurde 330 v. Chr. wegen angebl. Hochverrats zum Tode verurteilt und hingerichtet.

Phimose [grch.] *die, -/-n,* ⚕ die → Vorhautverengung.

Phineus, grch. Mythos: blinder Seher am Schwarzen Meer, wurde von den Harpyien (→ Harpyie) gepeinigt und durch die Boreaden (→ Boreas) befreit; er belehrte die → Argonauten über die Weiterfahrt nach Kolchis.

Phiole [zu Phiale] *die, -/-n,* birnenförmiges Glasgefäß mit langem, engem Hals.

Phlebitis [grch.] *die, -/...t'iden,* ⚕ die → Venenentzündung.

Phlegma [grch. ›Brand‹, ›(entzündlicher) Schleim‹] *das, -s,* Trägheit, Mangel an Erregbarkeit. *der* **Phlegmatiker,** *-s/-,* träger, schwerfälliger Mensch (→ Temperament). *Adj.* **phlegmatisch.**

phlegmatisieren [grch.], die Empfindlichkeit brisanter Explosivstoffe gegen Schlag und Reibung durch Zusatz von Wachs oder Kunststoffen herabsetzen.

Phlegmone [grch.] *die, -/-n,* ⚕ die → Zellgewebsentzündung.

Phlegräische Felder, ital. **Campi Flegrei,** vulkan. Hügelland westl. von Neapel, mit Kraterwällen, Kraterseen, Solfataren und heißen Quellen; im grch. Mythos Schauplatz des Kampfs zw. Göttern und Giganten.

Phleum, ⊕ die Gatt. → Lieschgras.

Phlm., Abk. für **Philem**onbrief (N. T.).

Phloem [grch.] *das, -s/-e,* Teil der → Gefäßbündel.

Phlogistontheorie [grch. phlogiston ›verbrannt‹], von G. E. Stahl Anfang des 18. Jh. aufgestellte Theorie, nach der alle brennbaren Körper, aber auch die unedlen Metalle, einen materiellen Bestandteil (Phlogiston) enthalten, der bei der Verbrennung entweicht. Die P. wurde für rund 100 Jahre die herrschende, die Forschung anregende Theorie des Verbrennungsvorgangs; nach der Entdeckung des Sauerstoffs von A. L. Lavoisier widerlegt.

Phlogopit [grch.] *der, -s,* Mineral, ein → Glimmer; pegmatitisch (→ Pegmatit), pneumatolytisch (→ Pneumatolyse) oder metamorph gebildet.

Phloricin [grch.] *das, -s,* **Phlorrhizin, Phlorrizin,** Glykosid in Obstbaumwurzeln, das ohne Erhöhung des Blutzuckerspiegels zu einer nichtdiabet. Glucoseausscheidung führt.

Phloroglucin [grch.] *das, -s/-e,* ein dreiwertiges Phenol, $C_6H_3(OH)_3$. P. ist in Gegenwart von Salzsäure ein sehr empfindliches Reagens auf Holzsubstanz (Lignin), die sich damit rot färbt. In der Medizin wird es zum Nachweis der überschüssigen Salzsäure im Mageninhalt verwendet.

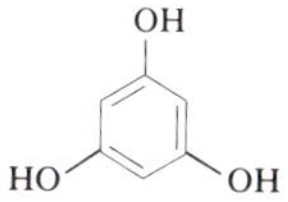

Phloroglucin

Phlox [grch. ›Flamme‹] *der, -es/-e* oder *die, -/-e,* **Flammenblume,** Pflanzengatt. mit rd. 60 Arten in N-Amerika und O-Sibirien, mit schmalen Blättern und Doldentrauben weißer oder roter Trichterblüten; Gartenblumen.

Phlox

Phnom-Penh: Eingangstor zum Königspalast

Phnom-Penh [phnɔmpenj], Hptst. von Kambodscha, am Mekong, (1981) etwa 400000 Ew.; nach Vertreibung von Vietnamesen und Chinesen und eines großen Teils der Khmer-Stadtbevölkerung war P.-P. 1975–81 nur noch Verwaltungsmetropole, kleinindustrielles Verarbeitungszentrum für Zucker, Reis, Tabak, Baumwolle und Holz (Papierfabrik). 1970 hatte die Stadt etwa 2 Mio. Einwohner.

Phobie [grch.] *die, -/...b'i|en,* krankhafte Angst, z. B. die → Platzangst.

Phobos [grch.] *der, -,* **1)** ✩ der innere Mond des →Mars. **2)** grch. Mythos: die Verkörperung des Schreckens.

Phöbus [›der Glänzende‹], Beiname des grch. Gottes Apoll.

Phoebe [›die Glänzende‹], **1)** ✩ ein Mond des →Saturn. **2) Phoibe, Phöbe,** grch. Mythos: Titanin; auch Artemis, die Schwester des Phöbus Apoll, als Mondgöttin. **3)** N. T.: Diakonisse der Gemeinde von Kenchreä bei Korinth.

Phoenix, die →Dattelpalme.

Phoenix [f'i:nɪks], Hptst. des Staates Arizona, USA, am Salt River, (1980) 765000 Ew. (Agglomeration: 1,508 Mio.); Univ.; elektrotechn., elektron., Textil- u. a. Ind., Flugzeugbau; Fremdenverkehr. In der Nähe liegen altindian. Ruinen.

Phoenix AG, Hamburg-Harburg, bed. Unternehmen der westdt. Kautschuk-Ind.; gegr. 1856, seit 1978 jetziger Name.

Phoenix-Inseln, Gruppe von 8 unbewohnten Atollen im westl. Pazif. Ozean, nördlich Samoa, 50 km²; gehören zu →Kiribati.

Phokäa, grch. **Phokaia,** antike Stadt in W-Kleinasien, nördlich der Hermosmündung, im 7. und 6. Jh. v. Chr. bed. Handelsplatz und Mutterstadt der grch. Kolonien Lampsakos, Massalia (Marseille) und Emporion.

Phokis, lat. **Phocis,** Landschaft in Mittelgriechenland, mit Parnaß und Delphi im S und der Ebene des Kephissos im N.

Phönix 1) (Konsolfigur von Peter Parler im Prager Dom)

Phokomelie [grch. ›Seehundflosse‹] *die, -,* Gliedmaßenmißbildung, bei der unmittelbar an den Schultern oder Hüften die Hände oder Füße oder nur einzelne fingerähnliche Glieder angewachsen sind, verursacht u. a. durch →Thalidomid.

Phon [grch.] *das, -s/-e,* **1)** Kurzzeichen **phon,** Hinweiswort (keine Maßeinheit im übl. Sinn) für die subjektiv empfundene →Lautstärke, bezogen auf den Pegel des Normaltones von 1000 Hz. Die Phonskala reicht von 0 P. (Hörschwelle) bis etwa 130 P. (Schmerzschwelle). Der Wert 0 P. entspricht dem Bezugsschalldruck p_o von $2\cdot10^{-5}$ N/m^2 = $2\cdot10^{-4}$ µbar. Für jeden anderen Schalldruck p gilt beim Normalton: Lautstärke in P. = $20 \lg \frac{p}{p_o}$.
Nur beim Normalton stimmen die Zahlenwerte des →Schalldruckpegels und der Lautstärke in phon überein, sonst nicht, da die Lautstärkeempfindung für tiefere und höhere Frequenzen geringer als die für die mittleren Frequenzen um 1000 Hz ist. Das P. sollte durch ein objektives Lautstärkemaß, das **DIN-phon,** ergänzt werden; es hat sich jedoch das dB(A) durchgesetzt (→Schallpegelmesser). **2)** Ⓢ →Phonem.

Phonem [grch.] *das, -s/-e,* elementare Einheit, die sich aus einer funktionellen Analyse der Laute einer Sprache ergibt. Die funktionelle Analyse besteht darin, daß nur solche Lautmerkmale phonologisch berücksichtigt werden, die Wörter der betreffenden Sprache voneinander zu unterscheiden vermögen. Ein System von P. ist charakteristisch für jede Einzelsprache. Das in einer konkreten sprachl. Äußerung auftretende P. heißt **Phon** (also die Realisierung eines P. durch verschiedene Sprecher). Theorie und Praxis der Phonemanalyse werden als →Phonologie oder Phonematik bezeichnet.

Phonematik [grch.] *die, -,* die →Phonologie.

Phonetik [grch.] *die, -/-en,* **Lautlehre,** die Wiss. von den physikal., physiolog. und psychophys. Bedingungen menschl. Kommunikation mit gesprochener Sprache. Die traditionelle Bestimmung der P. als der Wiss. von den Sprachlauten ist im Hinblick auf die moderne phonet. Forschung zu eng. Die **artikulator. P.** erforscht die Artikulation der einzelnen Sprachlaute. Die **auditive P.** beschäftigt sich mit der Wahrnehmung und Verarbeitung von artikulierten Lauten durch den Hörer. Die **akust. P.** analysiert die Sprachschallsignale und erforscht die physikal. Prozesse der Sprachschallerzeugung. Die **physiolog. P.** untersucht die neurolog. Vorgänge, die die Artikulationsorgane steuern und die der Signalverarbeitung beim Hörer dienen. Gegenstand der **psycholog. P.** sind die Gesetzmäßigkeiten und Zusammenhänge der auf der Reizgrundlage der Sprachschallsignale beruhenden Wahrnehmungen. Die **phänomenolog. P.** untersucht die Gestalt und Gliederung, in der phonet. Größen auftreten (→Laut, →Akzent, →Silbe, →Prosodie). Über die **funktionelle P.** →Phonologie. Neben den genannten Teilgebieten der P. tritt häufig als zusammenfassender Titel für Theorie und Praxis des inzwischen reichhaltigen elektron. und mechan. Instrumentariums die Bez. **Instrumental-P.** auf. **Experimental-P.** heißt derjenige Teil der P., der methodisch durch empir. Forschung mit Experimenten gekennzeichnet ist. **phonet. Transkription** →Lautschrift.

Phönikien, Phönizien, grch. **Phoinike** [eigtl. ›Land des Purpurs‹], im Altertum der schmale Landstrich an der Mittelmeerküste des heutigen Syrien, Libanon und N-Israel, etwa von Latakia bis zum Karmel. Die Bewohner waren das semit. Seefahrervolk der **Phöniker** (auch **Kanaanäer, Sidonier,** in Nordafrika **Punier** genannt). Sie gründeten zahlreiche Handelskolonien, u. a. Karthago. Unter den selbständigen phönik. Städten errang Tyros (Sor) die Vorherrschaft. Im 8. Jh. v. Chr. unterwarfen sich die Stadtfürsten P.s den Assyrern, 538 v. Chr. dem Perserkönig Kyros II. Sidon wurde 351 v. Chr., Tyros 332 v. Chr. zerstört. 63 v. Chr. wurde P. von Pompeius dem Röm. Reich einverleibt. – Die Religion der Phöniker ist nach den bisher zugängl. Quellen am stärksten der kanaanäischen Religion verwandt. Verehrt wurde als höchster Gott El, die einzelnen Städte hatten ihren Baal (z. B. Tyros den Melkart); bevorzugte weibl. Gottheit war Astarte. Durch die Kolonisation wurde der Kult phönik. Götter im gesamten Mittelmeerraum verbreitet.

phönikische Kunst, die Kunst in Phönikien etwa vom 10.–7. Jh. v. Chr. (bei manchen Wissenschaftlern auch die Kunst dieses Gebiets seit dem 3. Jahrtsd. v. Chr.). Sie hat wenig Eigenständigkeit besessen. Die Baukunst verwendete große Blöcke als Baumaterial, Tempel folgten meist dem syrischen Typ, die Gräber sind oft in den Felsen gehauen, die Toten in großen Marmortheken bestattet. Der Sarkophag des Königs Achirom von Byblos (um 1000 v. Chr.) ist das bedeutendste Denkmal der Skulptur. Sowohl die Reliefs als auch die Kleinkunst sind von Ägypten, dem östl. Mittelmeerraum und Mesopotamien beeinflußt. Das Kunsthandwerk bildete v. a. die Techniken der Fayence und des Niello aus. Phönikische Gewebe und luxuriöse Gegenstände waren im übrigen Mittelmeerraum geschätzt.

phönikische Sprache, die dem Hebräischen nahestehende Sprache der Phöniker; sie gehört zum kanaanäischen Zweig der semit. Sprachen. Man kennt sie fast nur aus Inschriften, deren älteste die am Sarkophag des Königs Achirom von Byblos ist (um 1000 v. Chr.). Eine jüngere Form der p. S. ist die **punische Sprache** in Karthago und dessen Einflußbereich in Nordafrika, Spanien, auf Sizilien und Sardinien; sie zeigt geringe Abweichungen vom Phönikischen. – Die **phönikische Schrift,** die Buchstabenschrift des nordsemitischen Typus, ist verwandt mit den kanaanäischen und aramäischen Schriften.

Phönix *der, -,* grch. **Phoinix, 1)** Mythologie: bei den Ägyptern ein heiliger Vogel; sollte sich in best. Zeitabständen selbst verbrennen und aus der Asche neu aufsteigen. In der Kunst erscheint der P. als Sinnbild von Auferstehung und Unsterblichkeit; das P.-Motiv ist auch in viele Märchen eingedrungen. **2)** ✩ grch.-lat. **Phoenix,** Sternbild des südl. Himmels.

phono... [grch.], schall..., laut..., ton...

Phonographie [grch.] *die, -/...ph'i|en,* die →Schallaufzeichnung.

Phonolith [grch.] *der, -s/-e,* **Klingstein,** graugrünes, seltener bräunliches Ergußgestein; wird als Baustein verwendet, leucitreiche Arten auch gemahlen als Kalidünger.

Phonologie [grch.] *die, -,* **Phonematik,** die Lehre von der sprachl.-funktionellen Gliederung (Segmentierung) des Sprachschalls in elementare Einheiten (→Phonem). Ein System solcher Phoneme wird als charakteristisch für eine Sprache angesehen.
Der zentrale Begriff des Phonems ist in seiner Definition abhängig von den versch. theoret. Ansätzen und Analysationsverfahren der P. Man kann vor allem 3 phonolog. Schulen unterscheiden: 1) die P. von N. S. Trubetzkoj und der Prager Schule (R. Jakobson u. a.), 2) die P. des klass. amerikan. Strukturalismus, 3) die generative P.
N. S. Trubetzkoj entwickelte eine funktionelle Phonetik. Zentral ist die Idee der bedeutungsunterscheidenden Funktion, welche die Wortlautungen insgesamt gegeneinander ausüben. – Da der linguist. Strukturalismus in Amerika semant. Betrachtungen ausklammerte, konnte die dort entwickelte phonolog. Analyse sich nicht auf Wortbedeutungen beziehen. Es wurde das Verfahren der Distributionsanalyse entwickelt, das mit systemat. Vergleichen von Klassen lautlicher Umgebungen der zuvor transkribierten Lautsegmente arbeitet. – Die generative P. ist ein Verfahren der Formalisierung lautgeschichtl. Entwicklungen.

Phonon *das, -s/-en,* ⊠ Schwingungsquant einer elast. Deformationswelle in einem Festkörper; ein →Quasiteilchen.

Phonotypistin [grch.] *die, -/-nen,* nach →Diktiergerät arbeitende weibliche Schreibkraft.

Phorminx [grch.] *die, -/...m'ingen,* grch. Leier mit 4 Saiten, aus der die →Kithara entstand.

Phoronomie [grch.] *die, -,* ⚘ die →Kinematik.

Phosgen [grch.] *das, -s,* $COCl_2$, sehr giftige, bei 8 °C siedende Flüssigkeit, wird katalytisch aus Kohlenmonoxid und Chlor hergestellt; diente im 1. Weltkrieg als Gaskampfstoff (Grünkreuz), heute in der Kunststoff- und Arzneimittel-Ind. verwendet. Die **P.-Vergiftung** hat Lungenödem zur Folge. – Erste Hilfe: Ruhigstellung, Sauerstoff. Notruf!

Phosphagene *Pl.,* energiereiche substituierte Guanidin-Phosphate, die der Zelle (z. B. Muskel) als Energiespeicher dienen.

Phosphane *Pl.,* anorganische Phosphorwasserstoff-Verbindungen.

Phosphate [grch.], *Sg. das* **Phosphat,** *-(e)s,* Salze und Ester der versch. Phosphorsäuren (→Phosphor), bes. der Orthophosphorsäure. P. und Phosphorsäure sind wichtige Handelsdünger. Die v. a. in Waschmitteln enthaltenen P. spielen eine bedenkl. Rolle bei der →Eutrophierung von Gewässern. – **Natur-P.** sind Apatit und Phosphorit. Der Phosphorgehalt best. Eisenerze fällt

Gewinnung von Naturphosphaten (in 1 000 t)

Land	1959	1979	1981
USA	16 123	51 611	53 624
UdSSR[1])	6 000	28 405	30 950
Marokko	7 164	20 032	19 696
Rep. Südafrika	—	19 296	17 712
Tunesien	2 185	4 184	4 925
Jordanien	338	2 825	3 523
Israel	—	2 086	1 919
Algerien	—	1 084	858
Ägypten	—	623	700
Welt	**37 000**	**132 913**	**138 630**

[1]) geschätzt.

bei der Verhüttung als Thomasmehl an. – **Meta-P.** und **Pyro-P.** heißen die Salze der Meta- und Pyrophosphorsäure. – Biologisch wichtige Phosphorsäureester sind z. B. die Lecithine, Kephaline und Phosphatide.

Phosphatide [grch.] *Pl.,* **Phospholipide, Phospholipoide,** Gruppe zellwichtiger Lipide (Lipoide), die bes. am Aufbau wasserabstoßender Membranen der Zellen im Organismus beteiligt sind. Zu ihnen gehören u. a. die Lecithine, Kephaline und Plasmalogene.

phosphatieren, Metallschutz: unlösl. Schutzschichten auf Eisen, Zink u. a. Metallen erzeugen durch Einwirken phosphorsäurehaltiger Lösungen von Metallphosphaten, bes. von Zink und Mangan. Sie entstehen unter Wasserstoffentwicklung und bilden einen guten Haftgrund für Anstriche und, mit Öl u. ä. imprägniert, auch einen Rostschutz. Das P. wird auch angewendet zur Erleichterung des Ziehens von Rohren und Drähten und zur Verbesserung der Gleiteigenschaften von Maschinenteilen.

Phosphatmethoden, Verfahren zur Sondierung vor- und frühgeschichtl. Siedlungen und von Wüstungen, da dort der Phosphatgehalt des Bodens beträchtlich höher ist als in der Umgebung.

Phosphide [grch.] *Pl.,* Verbindungen von Metallen und Nichtmetallen mit → Phosphor.

Phosphine [grch.] *Pl.,* übelriechende, stark giftige, teils selbstentzündl. organ. Verbindungen, die sich vom Phosphorwasserstoff ableiten.

Phosphite *Pl.,* Salze und Ester der Phosphorigen Säure.

Phosphor [grch. ›Lichtträger‹] *der, -s,* **P,** nichtmetall. Element (→ chemische Elemente), kommt in der Natur nur in chemisch gebundener Form, meist in den → Phosphaten vor; die wichtigsten sind → Apatit und → Phosphorit. In kleinen Mengen kommen Phosphate überall in Gesteinen und im Boden vor; auch lebende Organismen (Nerven- und Knochensubstanz) enthalten sie. Zur Darstellung von P. wird Calciumphosphat mit Quarzsand und Kohle im elektr. Ofen hoch erhitzt. Dabei entsteht dampfförmiger P., der durch Destillation unter Luftabschluß und Abschrecken in kaltem Wasser gereinigt wird. Fester elementarer P. tritt in 3 Modifikationen auf. Beim Abkühlen von P.-Dampf entsteht **weißer P.** als weißer, wachsweicher Stoff. Er ist in Wasser kaum, in Schwefelkohlenstoff, Äther, Benzol und fetten Ölen dagegen gut löslich und sehr giftig. An der Luft oxidiert er schon bei gewöhnl. Temperatur unter weißer Nebelbildung zu P.-pentoxid, leuchtet daher im Dunkeln. Bei Erwärmung auf über 50 °C entzündet er sich selbst und verbrennt mit helleuchtender Flamme, daher Aufbewahrung unter Wasser. Bei Erhitzung oder Lichteinwirkung wandelt sich weißer P. unter Wärmeentwicklung in **roten (violetten) P.** (Dichte 2,2 g/cm³). Dieser ist geruchlos, schmilzt nicht und ist unlöslich, oxidiert nicht an der Luft, leuchtet daher auch nicht im Dunkeln, entzündet sich, falls rein, erst oberhalb 400 °C und ist nicht giftig. Er wird für die Reibflächen der Streichholzschachteln verwendet. **Schwarzer** (metall.) **P.** entsteht bei hohen Drücken und unter dem Einfluß von Katalysatoren aus weißem P. Er ist ein guter Strom- und Wärmeleiter.

Verbindungen. P. tritt in seinen Verbindungen mit den Oxidationsstufen −3 bis +5 auf; mit Wasserstoff bildet P. die anorgan. **Phosphane** und die organ. **Phosphine. Phosphorwasserstoff,** PH_3 entsteht bei der Umsetzung von Phosphiden mit Wasser als stark riechender, giftiger und z. T. selbstentzündl. Stoff; dient u. a. für organ. Synthesen und als Begasungsmittel. Die wichtigsten Sauerstoffverbindungen des P. sind **Phosphortrioxid,** P_2O_3, eine weiße kristalline Masse, und **Phosphorpentoxid,** P_2O_5; dieses bildet sich als weiße, geruchlose, flockige Masse, wenn P. mit viel Sauerstoff verbrennt. Die **Phosphorsäuren** haben die Zusammensetzung H_3PO_n **(Ortho-säure)** oder HPO_{n-1} **(Meta-säure;** n = 2 − 5) und $H_4P_2O_n$ (n = 4 − 8). Daneben gibt es noch viele **Polyphosphorsäuren.** Von allen sind die entsprechenden Salze bekannt. Die wichtige **(Ortho-)Phosphorsäure,** H_3PO_4, wird durch Umsetzung von Calciumphosphat mit Schwefelsäure oder durch Lösen von Phosphorpentoxid in Wasser erhalten. Phosphorsäure bildet harte, geruchlose und in Wasser leicht lösl. Kristalle. Ihre Salze sind die Phosphate. Erhitzt man die gewöhnl. Orthophosphorsäure auf über 200 °C, so geht sie unter Wasserabspaltung in die **Pyrophosphorsäure,** $H_4P_2O_7$, über, die bei Temperaturen über 300 °C erneut Wasser abgibt und die **Metaphosphorsäure,** HPO_3, liefert. Die wäßrigen Lösungen von Pyro- und Metaphosphorsäure gehen bei längerem Stehen wieder in die Orthophosphorsäure über. Die **Phosphorige Säure,** H_3PO_3, entsteht aus Phosphortrichlorid und Wasser als farblose, kristalline, wasserlösl. Masse. Ihre Salze und Ester heißen **Phosphite.** – Aus weißem Phosphor und heißer Alkalilauge entsteht die **Phosphinsäure (Hypophosphorige Säure),** H_3PO_2, farblose, wasserlösl. Kristallblättchen. Ihre Salze werden **Phosphinate (Hypophosphite)** genannt. Beide Säuren und ihre Salze sind starke Reduktionsmittel.

Mit den Halogenen (X) bildet Phosphor Verbindungen des Typs PX_3, PX_5, P_2X_4 und POX_3. Am wichtigsten ist **Phosphorpentachlorid,** PCl_5. Aus diesem und Ammoniak entsteht **Phosphornitriddichlorid,** $PNCl_2$, das beim weiteren Erhitzen in hochpolymere Verbindungen mit kautschukartigen Eigenschaften (›anorgan. Kautschuk‹) übergeht. Es sind auch viele organ. P. bekannt, die teils esterartig gebundene, teils direkt mit Phosphoratomen verbundene organ. Reste enthalten. Einige sind wichtige Insektizide und Pflanzenschutzmittel (z. B. E 605). Die Phosphorwasserstoffe sind starke Stoffwechselgifte und rufen bes. Schädigungen von Leber und Niere hervor **(Phosphorvergiftung).** Die als Pflanzenschutzmittel benutzten organ. Phosphorsäureester verursachen schwere Krankheitserscheinungen. – Behandlung: hohe Dosen Atropin, Cortisonpräparate u. a.

Biologie. P. ist ein für alle Lebewesen unentbehrl. Element. Es ist an wichtigen Bausteinen der Zelle, z. B. Nucleinsäuren, Phosphatiden und Enzymen, beteiligt, ebenso wie an allen Vorgängen des Energiewechsels und an zahlreichen Stoffwechselreaktionen, z. B. Stärkebildung, Eiweißsynthese, Knochenbau.

In der Wirtschaft ist P. Grundstoff der Handelsdünger- und Arzneimittelherstellung. In der Kriegstechnik wird er zur Erzeugung künstl. Nebels und als Brandmittel (P.-Brandbomben) verwendet.

Phosphoreszenz [grch.] *die, -/-en,* Art der → Lumineszenz, Eigenschaft mancher Stoffe **(Phosphore),** nach der Einwirkung von Licht-, Röntgen- oder Kathodenstrahlen eine Zeitlang Licht auszusenden (nachzuleuchten). Anwendung bei Leuchtfarben, Oszillographen- und Fernsehbildröhren (→ Leuchtstoffe). *Vb.* **phosphoreszieren.**

Phosphorit [grch.] *der, -(e)s/-e,* ein Phosphatmineral, feinkristalliner Apatit, u. a. aus der Verwitterung apatithaltiger Gesteine und Organismenresten entstanden; Düngemittel.

Phosphoros [grch. ›der Lichtbringende‹] *der, -,* lat. **Lucifer,** Morgenstern, im Unterschied zu → Hesperos.

Phosphorsäure, → Phosphor.

Phosphorylierung *die, -/-en,* i. a. Einführung von Phosphor in eine organ. Verbindung; i. e. S. die Einführung der Atomgruppe $(HO)_2P(O)O-$ in Alkohole und Amine, bes. bedeutend in der Biochemie.

Photios, lat. **Photius,** byzantin. Theologe, Schriftst., * Konstantinopel um 815–20, † in der Verbannung 2. 2. zw. 891 und 898, Patriarch von Konstantinopel 858–867 und 877–886. P.' Name ist mit dem Beginn der Auseinandersetzung der röm. und der östl. Kirche verbunden. Seine kirchenpolit. Erfolge und wissenschaftl. Leistungen sind außerordentlich.

photo... [grch.], eingedeutscht **foto,** licht... *das* **Photo, Foto,** *-s/-s,* → Photographie.

Photobiologie, die Lehre von der Lichtabhängigkeit biolog. Vorgänge (→ Photosynthese), der Einwirkung des Lichts auf Lebewesen (z. B. → Tropismus) und der Anwendung von Licht in Biologie und Medizin (→ Lichtbehandlung).

Photochemie, Lehre von den durch elektromagnet. Strahlung (ultraviolettes, sichtbares oder infrarotes Licht) ausgelösten chemischen Reaktionen; der Aufbau von Stoffen heißt **Photosynthese,** der Abbau **Photolyse.** In der P. besteht die Primärreaktion stets in einer Absorption von Licht, wodurch die Moleküle oder Atome in einen angeregten Zustand überführt wurden. Die anschließenden Sekundärreaktionen unterscheiden sich nicht prinzipiell von den therm. Umsetzungen. – Ein modernes Teilgebiet der P. ist die Laserchemie.

photochromes Glas [grch. chroma ›Farbe‹], **phototropes Glas,** → lichtempfindliche Gläser.

Photochromie [grch.] *die, -/...m'i|en,* Bez. für Vorgänge bei best. chem. Verbindungen, bei denen durch Einwirkung von Licht eintretende stoffl. Umsetzungen zu reversiblen Farbänderungen führen; nutzbar für photograph. Verfahren und zur Informationsspeicherung.

Photodetektoren, Photo|empfänger, Lichtdetektoren, Bauelemente der → Optoelektronik, die eine auftreffende elektromagnet. Strahlung (ultravioletter, sichtbarer, infraroter

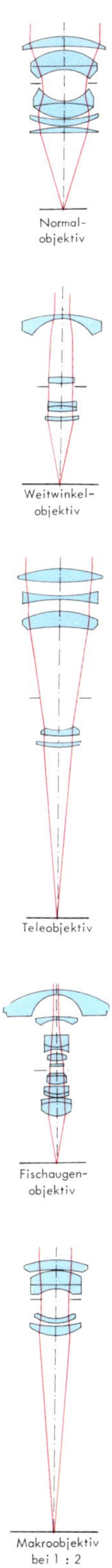

Photographie 2): Objektive

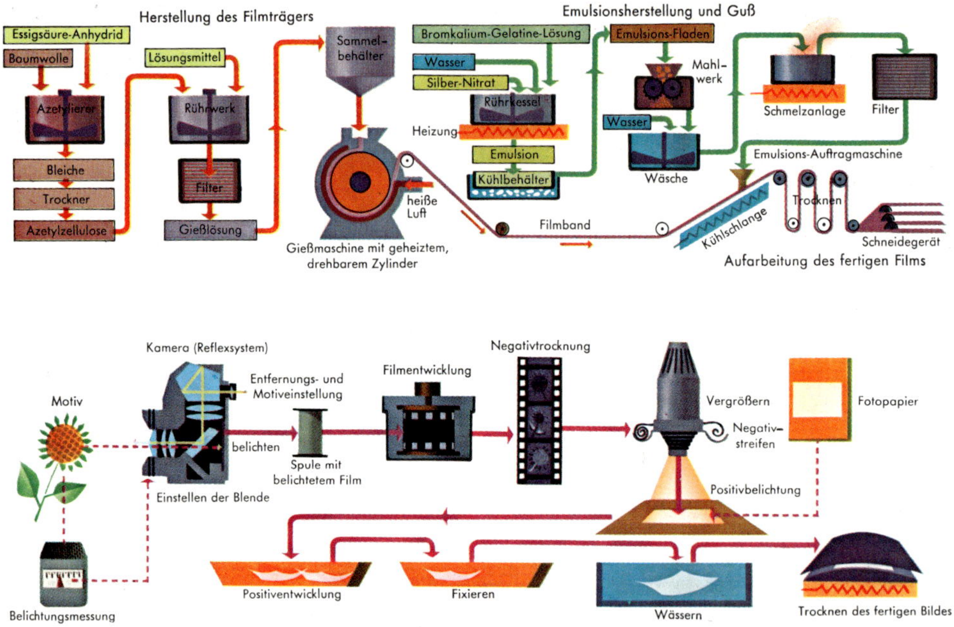

Photographie 2): OBEN Schema der Filmherstellung; UNTEN Entstehung einer photograph. Schwarzweißaufnahme (schematisch)

Bereich) in elektr. Signale umwandeln. 1) P. mit äußerem → Photoeffekt: Elektronen werden durch Photonenanregung aus dem Festkörper herausgeschlagen, z. B. → Photozelle, Photomultiplier, Röhrendiode. 2) P. mit innerem Photoeffekt: Ladungsträger werden durch Photonen aus dem Valenzband in das Leitungsband gebracht, z. B. beim → Photowiderstand. Bes. wichtig sind die Halbleiter-P. mit Sperrschicht, bei denen die Ladungsträger durch Lichtabsorption innerhalb einer Sperrschicht erzeugt werden, z. B. → Photodiode, → Photoelement, → Solarzelle.

Photodiode, in Sperrichtung betriebene Halbleiterdiode, die bei Belichtung des pn-Übergangs (Grenzfläche der beiden Halbleiter unterschiedlichen Leitungstyps) auf Grund des inneren → Photoeffekts ihren elektr. Widerstand so ändert, daß ein erhöhter Strom fließt. Anwendungen finden P. zur Messung von Lichtintensitäten und zur Umwandlung von Lichtschwankungen in Stromschwankungen (→ Photoelement).

Photo|effekt, licht|elektrischer Effekt, photo|elektrischer Effekt, Vorgang, bei dem durch Lichtquanten mit einer bestimmten materialspezif. Mindestenergie (der P. besitzt eine langwellige Grenze) Atomelektronen aus ihrem Bindungszustand gelöst und für den elektr. Ladungstransport verfügbar sind, angewandt z. B. beim → Photoelement, bei der → Photozelle, beim → Photowiderstand und bei der → Photodiode. Beim **äußeren P. (Hallwachseffekt),** der an fast allen festen Körpern, insbes. an Metallen, beobachtet wird, z. B. wenn UV-Licht auf eine Zinkplatte trifft, verlassen die Elektronen **(Photo|elektronen)** den Festkörper **(Photo|emission);** die Photoelektronen können in einem elektr. Feld einen Strom erzeugen. Derselbe Effekt tritt auf, wenn im Hochvakuum Metallelektroden mit dünnen Alkalimetall-Überzügen von sichtbarem Licht getroffen werden. Der **innere P.** tritt auf, wenn elektromagnet. Wellen Halbleiterkristalle (Zinksulfid, Cadmiumsulfid) treffen, die im Dunkeln gute Isolatoren sind. Durch Bestrahlung werden die vorher fest gebundenen Elektronen der Gitterbausteine teilweise im Kristall frei beweglich, der Halbleiter oder Isolator erhält eine kleine elektr. Leitfähigkeit, zu der auch die Defektelektronen einen Beitrag liefern. Bei Bestrahlung einiger Kristalle (z. B. Kupferoxid, Zinksulfid) tritt der **Kristall-P. (Dember-Effekt)** auf. Die Konzentration der Elektronen ist von der Lichtintensität abhängig (maximale Konzentration an der Eintrittsfläche). Das Konzentrationsgefälle führt zur Bildung einer Photospannung. Bestrahlt man Sperrschichten in Halbleitern, so tritt der **Sperrschicht-P. (Photo-Volta-Effekt)** auf, der zu einer Photospannung an der Sperrschicht führt. Beim **atomaren P. (Photo|ionisation)** wird ein Licht-, Röntgen- oder γ-Quant durch die Elektronenhülle eines freien Atoms vollständig absorbiert, wobei die Photonenenergie auf ein Elektron übergeht, das die Atomhülle verläßt. - Sehr harte Gammastrahlung kann den → Kernphotoeffekt auslösen.

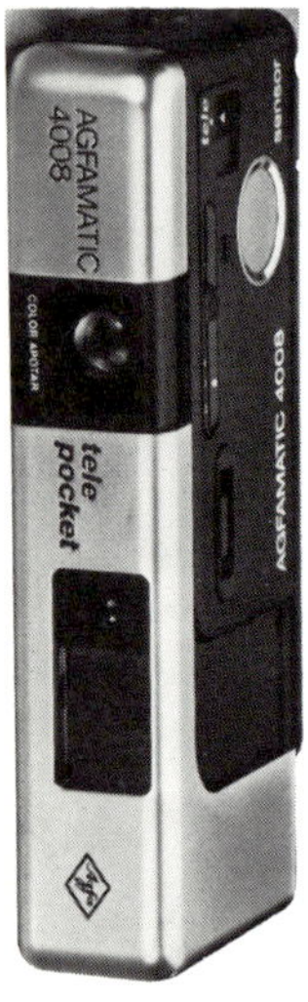

Photographie 2): Pocketkamera AGFAMATIC tele pocket mit 2 eingebauten Objektiven

photo|elektromagnetischer Effekt, Abk. **PEM-Effekt,** tritt in Halbleitern bei Lichteinstrahlung auf, wenn senkrecht zum Lichtstrom ein Magnetfeld angelegt ist. Der durch den Dember-Effekt (→ Photoeffekt) ins Innere fließende Diffusionsstrom der Elektronen und Defektelektronen wird durch das Magnetfeld in entgegengesetzter Richtung abgelenkt. So bildet sich senkrecht zum Magnetfeld und senkrecht zum Lichtstrom ein Spannungsunterschied aus. Es liegt damit ein Hall-Effekt **(Photo-Hall-Effekt)** vor, der verursacht wird von den durch Photoeffekt erzeugten freien Ladungsträgern.

Photo|elektronenspektroskopie, → ESCA.

Photo|element, aus Halbleitermaterial bestehendes optoelektron. Bauelement, das bei Lichteinstrahlung eine elektr. Spannung abgibt. I. Ggs. zur → Photodiode benötigt das P. keine von außen angelegte Spannung, sondern erzeugt selbst auf Grund der durch die Beleuchtung hervorgerufenen Photospannung einen im Außenkreis (Verbraucher) fließenden Strom; Anwendung z. B. als → Solarzelle zur Stromversorgung.

Photo|emission, der äußere → Photoeffekt.

Photofarbstoffe, organ. Farbstoffe, die in der Photographie zur Sensibilisierung lichtempfindl. Schichten für langwelligere Spektralbereiche verwendet werden.

photogen [grch.], als photograph. Objekt geeignet: *ein photogenes Gesicht.*

Photogeologie, Luftbildgeologie, die geolog. Auswertung von Luft- und Satellitenbildern, die Aussagen über Schichtenverlauf und -lagerung, Tektonik und Faltenstrukturen (z. B. bei Erdölsuche) ermöglichen.

Photogrammetrie [grch.] *die, -/... tr'i|en,* **Bildmessung,** Wiss. und Technik der Aufnahme und Auswertung photograph.

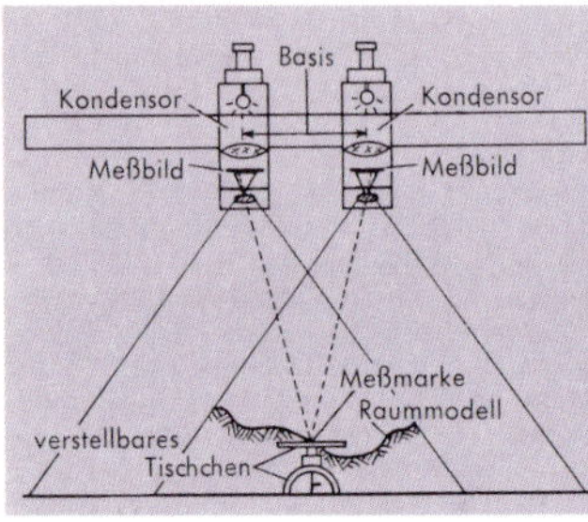

Photogrammetrie: Schema eines Doppelprojektors

a **Photographie 2):** b

a Aufnahme mit einem Zoom-Objektiv ($f = 250 - 85$ mm); während der Belichtung wurde gleichzeitig gezoomt und die Kamera gedreht. **b** Agfacontour-Umwandlung von einem Farbnegativfilm ($f = 500$ mm)

Meßbilder zur Bestimmung von Form, Größe und Lage beliebiger Objekte. Hauptanwendungsgebiet der P. ist die → Geodäsie. Die **terrestrische P. (Erdbildmessung),** bei der die Meßbilder von erdfesten Standpunkten aus aufgenommen werden (→ Phototheodolit), dient v. a. für Hochgebirgs-, Architektur- und ballist. Vermessungen. Bei der **Aero-P. (Luftbildmessung)** werden die Meßbilder vorwiegend zur Herstellung topograph. Karten, für Katastermessungen und Aerotriangulationen mit einer → Meßkammer vom Flugzeug aus mit 60% Längsüberdeckung aufgenommen (→ Luftbild). Nach der Anzahl der verwendeten Bilder werden die Verfahren der Einbild-, Zweibild- (Stereo-P.) und Mehrbildmessung unterschieden. Die Meßbilder werden in Einzelbild-Auswertegeräten entzerrt oder an stereoskop. Doppelbild-Auswertegeräten in drei Dimensionen ausgemessen.

Die P. dient z. B. auch zu Deformationsmessungen an Bauwerken, zu Wellenmessungen im Wasserbau, zur Erfassung kriminalist. Tatbestände. Als Photointerpretation gewinnt sie zunehmend Bedeutung für Geologen, Geographen und den Umweltschutz.

Photograph [grch.] *der, -en/-en,* **Lichtbildner,** handwerkl. Ausbildungsberuf (3 Jahre); der P. photographiert, entwickelt, vergrößert, macht Abzüge, berät und verkauft; Beschäftigung in photograph. Werkstätten, im graph. Gewerbe, in der Industrie, als Werk-P. und Bildberichterstatter (Presse). Der **Phototechniker** arbeitet in Laboratorien (Dokumentation, Kartographie), der **Photo-Designer** [-dɪzˈaɪnə] ist in der Werbung, Verhaltensforschung und Psychologie tätig.

Photographie [grch.] *die, -/-n, Adj.* **photographisch.** *Vb. ich* **photographiere** *es, ihn.* **1)** auch **Photo,** das Lichtbild. **2)** *ohne Pl.,* die Erzeugung dauerhafter Abbildungen durch photographisch wirksame Strahlung auf einem strahlungsempfindl. Material. Neben dem sichtbaren Licht werden ultraviolette, infrarote, Röntgen-, Elektronen-, Ionen- und Gammastrahlen benutzt. Das Licht kann physikalisch und chemisch auf Substanzen der lichtempfindl. Schicht wirken. Bei physikal. Wirkung bleiben diese stofflich unverändert (es ändert sich z. B. nur die Oberflächenform), während sie bei chem. Wirkung zersetzt werden. Fast alle heute gebräuchl. photograph. Verfahren beruhen auf der Lichtempfindlichkeit der Silberhalogenide. Bei der photograph. Aufnahme (auch beim Film) wird durch ein abbildendes opt. System ein Bild auf der lichtempfindl. Schicht erzeugt, die sich auf einem Träger (Glasplatte, Blankfilm, → Film) befindet. Hierbei entsteht, z. B. durch Reduktion der Salze an den belichteten Stellen zu metall. Silber, ein unsichtbares ›latentes‹ Bild. Dieses wandelt man durch Entwickler in ein sichtbares Bild um. Noch unentwickelte, lichtempfindl. Substanzen bleiben dabei zunächst in der Schicht. Das Bild heißt Negativ, weil die hellen Stellen schwarz und die Schatten hell erscheinen **(Negativprozeß).** Durch → Fixieren 5) werden die unbelichteten und unentwickelten Substanzen herausgelöst. So entsteht ein lichtbeständiges Negativ. Bei der Wässerung werden die Produkte des Fixierprozesses ausgewaschen; dann folgt die Trocknung. Die ursprüngl. Helligkeitsverhältnisse ergeben sich wieder, wenn das Negativ in Kontakt mit einer lichtempfindl. Schicht gebracht oder mit Hilfe einer Optik auf dieser abgebildet und belichtet wird (→ kopieren). Analog zum Negativprozeß entsteht jetzt nach Entwicklung usw. das helligkeitsgetreue Bild **(Negativ-Positiv-Prozeß).** Beim Direkt-Positivverfahren (Umkehrentwicklung) wird an Stelle des Negativs sofort ein Positiv erzeugt. Bei den sogenannten künstler. Kopierverfahren wird die Bildwirkung durch besondere Prozesse bei der Lichtgebung und der Entwicklung gewandelt. Bei der → Sofortbildkamera findet die Entwicklung in der Kamera selbst statt. (→ Farbphotographie)

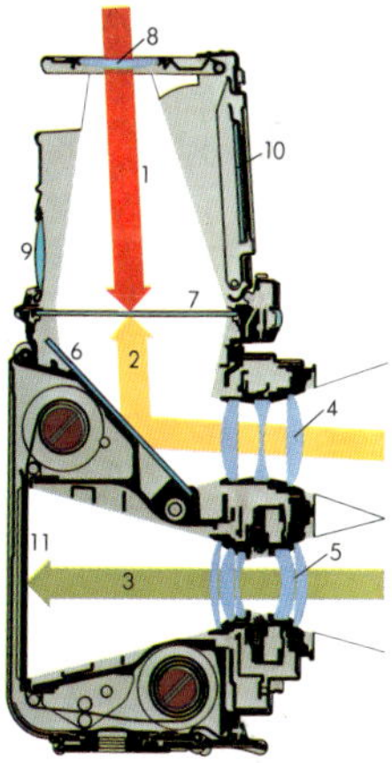

Photographie 2):
Zweiäugige Spiegelreflexkamera: LINKS Tele-Rolleiflex (Objektiv: C. Zeiss Sonnar, fünflinsig, 1:4/135 mm). RECHTS Schnittzeichnung der Rolleiflex: 1 Einblick in den Lichtschacht (rot), 2 Sucherbild-Strahlengang (gelb), 3 bilderzeugender Strahlengang (grün), 4 Sucherobjektiv, 5 Aufnahmeobjektiv, 6 Reflexspiegel, 7 Sucherbildebene, 8 und 9 Sucherokulare, 10 Reflexspiegel, 11 Bildebene

Photograph. Materialien, die für nahes Infrarotlicht (700–900 nm) sensibilisiert sind, werden u. a. für unbemerktes Photographieren mit Infrarotblitz und bei Landschaftsaufnahmen zur Ausschaltung von Dunst und atmosphär. Störungen benutzt (Infrarotphotographie). Da die Materialien auch für sichtbares Licht empfindlich sind, verwendet man bei der Aufnahme Rot- und Infrarotfilter.

Zur opt. Abbildung eines Gegenstands auf einer licht- oder strahlungsempfindl. Schicht dient die **photograph. Kamera.** Sie besteht aus einem lichtdichten Gehäuse, einer Halterung und ggf. Transportvorrichtung für das lichtempfindl. Material (Platte, Rollfilm, Kassette), dem photograph. Objektiv, einer Blende, dem → Verschluß zur zeitl. Begrenzung der Belichtung, einer Einrichtung zur Motivbeobachtung (Sucher, Mattscheibe) und meist einem → Belichtungsmesser. Die aus vielen sich überlappenden Lamellen bestehende Irisblende ist von Hand einstellbar oder mit einer → Belichtungsautomatik gekoppelt. Je kleiner die Blendenöffnung und damit das Öffnungsverhältnis gewählt wird, um so

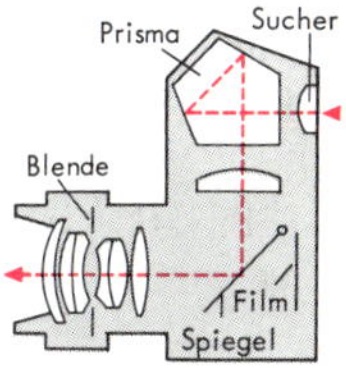

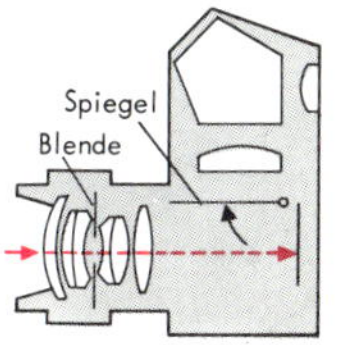

Photographie 2): Schema einer einäugigen Spiegelreflexkamera; OBEN Strahlengang vor, UNTEN während der Aufnahme

Photographie 2)

1

2

3

4

5

6

Photographie 2): Brennweitenvergleich;
1 17-mm-Objektiv, **2** 35-mm-Objektiv, **3** 100-mm-Objektiv, **4** 300-mm-Objektiv, **5** 600-mm-Objektiv, **6** 1200-mm-Objektiv

größer ist die Schärfentiefe (Tiefenschärfe); bei zu starker Abblendung kann sich die Bildgüte durch Beugungserscheinungen verschlechtern. Bei der **einäugigen Spiegelreflexkamera** wird durch einen in den Strahlengang eingebauten Klappspiegel, der während der Aufnahme kurzzeitig aus dem Strahlengang herausgeschwenkt wird, ein außerhalb des Aufnahmematerials liegendes Mattscheibenbild erzeugt. Die **zweiäugige Spiegelreflexkamera** hat dafür ein gesondertes 2. Objektiv, das mit dem Aufnahmeobjektiv gekoppelt ist. Die Sucher anderer Kameratypen **(Sucherkamera)** sind vom Strahlengang des Objektivs unabhängig; bei diesen ist es erforderlich, die einzustellende Entfernung zu schätzen oder mit Hilfe eines Entfernungsmessers zu bestimmen. Spiegelreflexkameras hingegen bieten Einstellhilfen zur Scharfeinstellung in Form eines auf der Mattscheibe sichtbaren **Schnittbildentfernungsmessers** und/oder eines **Mikroprismenrasters.** Die automatische Entfernungseinstellung **(Autofocus)** erfolgt meist nach dem Prinzip des Doppelbildsystems oder auch auf Ultraschall- oder Infrarotbasis. Der **Belichtungsmesser** ist oft mit Zeit und Blende so gekoppelt, daß nach Voreinstellung der gewünschten Belichtungszeit die Blende zur richtigen Einstellung der Belichtung so lange verändert wird, bis eine im Sucherfeld sichtbare Anzeige optimale Einstellung signalisiert **(Blendennachführung).** Bei automat. Kameras wird diese Einstellung vom Belichtungsmesser selbständig gesteuert **(Zeit-, Blenden-, Programmautomatik).** Meist ist ein Einstellen bei voller Objektivöffnung, d. h. bei hellem Sucherbild, möglich. Im Moment der Auslösung springt die Blende vom vollen Öffnungswert auf den vorgewählten Wert **(Springblende).** Wegen des geringen Platzbedarfs hochempfindlicher Belichtungsmesser läßt sich die Lichtmessung innerhalb einäugiger Spiegelreflexkameras durchführen (Belichtungsmessung durch das Objektiv, TTL-[Through-the-lens-]Messung). **Blitzlichtgeräte** werden auf die Kameras aufgesetzt oder, wenn getrennt verwendet, durch ein Kabel mit der Kamera verbunden. Bei einigen automat. Kamerasystemen wird in Verbindung mit systemkonformen Elektronenblitzgeräten deren Funktion von der Kamera gesteuert. Ein **Winder** [wˈaɪndə, engl.] dient dem motorischen Filmtransport, eine **Datenrückwand** zur zusätzlichen Belichtung des Films mit gewünschten Daten (z. B. Datum der Aufnahme).

Photoapparate lassen sich nach dem Aufnahmeformat unterscheiden: 1) **Großformatkameras** in Form von Balgenkameras, überwiegend für professionelle Zwecke; häufigste Formate 6,5 × 9; 9 × 12 oder 18 × 24 cm. 2) **Mittelformatkameras** im Format ab 4 × 4 cm. 3) **Kleinbildkameras,** mit den Formaten 24 × 36, 24 × 24 oder 18 × 24 mm. Aufnahmematerial ist perforierter Kinefilm in Patronen oder Kassetten 126 (28 × 28 mm). **Kleinbild-Sucherkameras,** wegen ihrer gedrängten Bauweise auch **Kompaktkameras** genannt, ermöglichen heute einfachste Bedienung (Blenden- und/oder Belichtungsautomatik, z. T. automat. Entfernungseinstellung). **Systemkameras** (Format meist 24 × 36 mm) werden wegen des vielseitigen Zubehörs (v. a. Wechselobjektive) für gehobene Ansprüche verwendet. 4) **Kleinstbildkameras** mit den Formaten 8 × 11 (Minox) oder 13 × 17 mm (Pocket 110). Bes. die **Pocketkameras** (mit einfachem Fixfocus-Objektiv oder neuerdings z. T. mit Mehrfach- oder Wechselobjektiven und Spiegelreflexsystem) haben sich beim Amateur stark verbreitet. 5) Die neu entwickelte **Disc-Kamera** verwendet keinen Rollfilm mehr, sondern eine 5,5 mm dicke Kassette, die eine Filmscheibe mit 15 kreisförmig angeordneten Filmnegativen enthält. 6) **Sofortbildkameras** sind Sucher- oder Spiegelreflexkameras für versch. Mittel- oder Großformate. 7) **Spezialkameras** sind z. B. die Stereo-, Panorama-, Luftbild-, Unterwasser-, Reproduktions- oder Dreifarbenkamera (Strahlenteilerkamera). 8) Vollelektronisch arbeitet eine neuartige, vom japan. Hersteller als **Video-Einzelbildkamera** bezeichnete Kleinbildkamera, die äußerlich kaum von herkömml. Spiegelreflexkameras zu unterscheiden ist. Der Aufnahmeablauf und das Aufnahmematerial weichen jedoch grundsätzlich vom photograph. Verfahren ab. Ein Teil des durch das Objektiv fallenden Lichts wird durch einen Strahlenteiler zum opt. Sucher gelenkt, der andere Teil trifft auf einen Halbleitersensor, der das Licht in elektr. Signale umwandelt. Eine elektron. Schaltung bereitet die Informationen auf, so daß sie auf einer Magnetscheibe in Kassette aufgezeichnet werden können. Eine Magnetscheibe faßt 50 Aufnahmen, die mit Hilfe eines normalen Fernsehgeräts und eines besonderen Abspielgeräts sichtbar gemacht werden.

Filme und Papier haben die Glasplatten fast vollständig verdrängt. Jedes photograph. Material besteht aus mehreren Schichten (Schichtträger, Haftschicht, lichtempfindl. Emulsion und als Abschluß eine dünne Schutzschicht gegen Reibungen, Kratzer und ›Verblitzen‹). Negativschichten erhalten zusätzlich noch eine Lichthofschutzschicht, die sich bei der Verarbeitung entfärbt. Die meisten Papiere zur Herstellung von positiven Aufsichtsbildern besitzen einen beidseitig mit Polyäthylen kaschierten Träger und

Photographie 2): Sucherkamera für Kleinbildformat (Kompaktkamera)

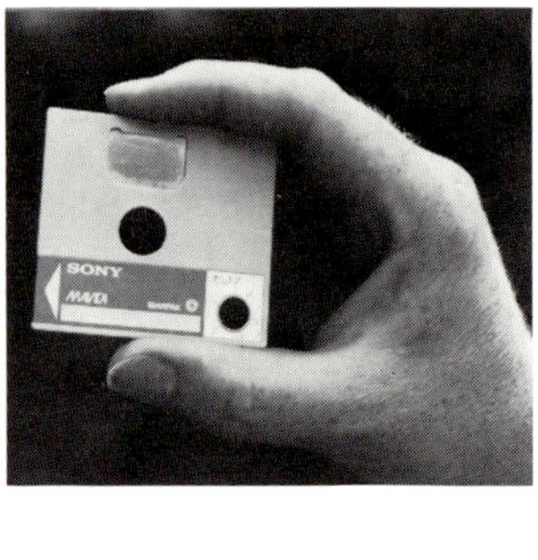

Photographie 2): LINKS Video-Einzelbildkamera; RECHTS Magnetscheibe in Kassette, auf der die Aufnahmen aufgezeichnet werden

Empfindlichkeit des photograph. Aufnahmematerials

DIN	12	15	18	21	24	27	30
ASA	12	25	50	100	200	400	800

unterscheiden sich für Kontaktabzüge und Vergrößerungen in ihrer Empfindlichkeit. Die photograph. Empfindlichkeit **(Lichtempfindlichkeit)** wird in Dtl. durch logarithmisch abgestufte DIN-Zahlen gekennzeichnet, in den USA durch ASA-Werte, die arithmetisch abgestuft sind.

Die **photograph. Objektive** bilden das Objekt in der Ebene des lichtempfindl. Materials ab. Die Brennweite (Abstand von Filmebene bis Objektivmittelpunkt bei Einstellung auf unendlich) entspricht bei **Standardobjektiven** (Bildwinkel bei Kleinbildkameras etwa 35-50°) meist etwa der Diagonalen des Bildformats und schwankt daher zw. etwa 10 mm für das kleinste Schmalfilmformat und über 1 m für die größten Reprokameras. **Fixfokusobjektive** haben eine unveränderbare, meist kurze Brennweite. **Teleobjektive** sind langbrennweitige Objektive (etwa ab 85 mm) für Aufnahmen in größerer Ferne. Bei **Spiegelobjektiven** wird die lange Brennweite bei kürzestmöglicher Baulänge durch die Verwendung von Spiegeln, die den Strahlengang umlenken, erreicht. Zur Erfassung größerer Bildwinkel (60-140°) dienen **Weitwinkelobjektive** mit entsprechend kürzerer Brennweite (35 mm und darunter) und **Fischaugenobjektive,** engl. **Fish-eye** [f'ɪʃaɪ], Bildwinkel bis zu 220°, Brennweite 6-12 mm. **Shiftobjektive** [ʃɪft-] sind Weitwinkelobjektive mit exzentrisch verstellbarer opt. Achse zum Ausgleich stürzender Linien (z. B. bei Architekturphotographie). Objektive mit veränderl. Brennweite (→ Varioobjektiv) werden bes. bei Filmkameras verwendet, um Bildausschnitt und Größenverhältnis kontinuierlich ändern zu können. **Makro|objektive** sind speziell für den Nahbereich korrigiert und gestatten bei der Aufnahme Abbildungsmaßstäbe bis 1 : 1 und größer. Die relative Lichtstärke der Photoobjektive wird durch das Verhältnis des wirksamen Blendendurchmessers zur Brennweite gekennzeichnet **(relative Öffnung, Öffnungsverhältnis).** Um kürzere Belichtungszeiten zu ermöglichen, werden Objektive mit immer größerer Lichtstärke entwickelt, praktisch bis zu 1 : 1,2; für Sonderzwecke, z. B. die Röntgenschirmbildphotographie, bis zu 1 : 0,75. Für die einfachsten Kameras genügt ein aus 2 verkitteten Linsen zusammengesetztes Standardobjektiv **(Achromat).** Weit verbreitet ist das aus 3 Linsen zusammengesetzte Triplet. Höheren Ansprüchen genügt das Objektiv aus 4 Linsen, z. B. Tessar. Objektive mit größeren Öffnungsverhältnissen (1 : 2 bis 1 : 1,4) erfordern eine weitere Steigerung der Linsenzahl auf i. a. 6-7 Linsen, z. B. Sonnar. Bei Spiegelreflexkameras und einigen hochwertigen Meßsucherkamerasystemen ist ein vollständiges Auswechseln der Objektive möglich **(Wechselobjektive** mit Schraub- oder Bajonettfassung). Besondere Effekte lassen sich durch opt. Vorsatzfilter (z. B. UV-, Polarisationsfilter, Weichzeichner) erzielen. (Weitere BILDER S. 205 und 206)

Photographie 2):
Aufnahme mit einem Fischaugenobjektiv ($f = 7{,}5$ mm)

§§ Eine photograph. Aufnahme ist ohne Rücksicht auf den Gegenstand der Aufnahme für den Photographen geschützt. Handelt es sich um Lichtbilder, die kein Merkmal einer individuellen Gestaltung aufweisen, genießen sie Leistungsschutz (→ Leistungsschutzrechte), sonst Urheberrechtsschutz. Die P. eines geschützten Werkes der bildenden Kunst darf nur mit Genehmigung des Schutzberechtigten hergestellt und verbreitet werden. Über Herstellung und Verbreitung von P. einer Person → Bildnis, → Porträt.

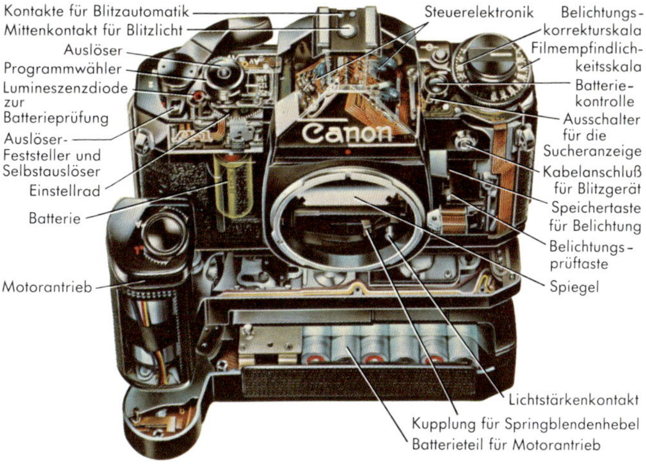

Photographie 2):
Teilschnitt durch eine Spiegelreflexkamera ohne Objektiv

W i r t s c h a f t l i c h e s : → optische und feinmechanische Industrie, → Film.

G e s c h i c h t l i c h e s . Die Camera obscura (→ Lochkamera) war schon im Altertum bekannt. Die Lichtempfindlichkeit der Silbersalze entdeckte 1727 J. H. Schulze. J. N. Niepce machte 1824 Aufnahmen im Asphaltverfahren. L. J. M. → Daguerre erfand 1837 Verfahren zur Entwicklung und Fixierung latenter Jodsilberbilder (Daguerreotypie), R. L. Maddox 1871 die Bromsilbergelatine-Trockenplatten. 1887 verwendete H. Goodwin den Celluloidfilm als Träger der lichtempfindl. Schicht. Durch die Entwicklung von Sensibilisatoren wurde der Anwendungsbereich der P. erweitert. Seit 1950 wurde die → Xerographie entwickelt. - Auch die künstler. P. hat, als Spiegelung und Deutung der Epochen, ihre eigene, an Varianten reiche Stilgeschichte in den letzten Jahrzehnten noch bereichert durch die Gestaltungsmöglichkeiten der Farbphotographie. Sie ist zu einem alle Bevölkerungskreise erfassenden Kommunikationsmittel ersten Ranges geworden, aus dem Film und Fernsehen entwickelt werden konnten.

Photogravüre, die → Heliogravüre.

Photo-Hall-Effekt, → photoelektromagnetischer Effekt.

Photo|ionisation, → Photoeffekt, → Ion.

Photokathode, Elektrode, aus der bei Lichteinfall durch den äußeren → Photoeffekt Elektronen ausgelöst werden.

Photokopie, Bez. für eine maßstabsgetreue oder verkleinerte Wiedergabe von Dokumenten, Buchseiten u. a. durch ein photograph. Kopierverfahren (→ kopieren). Beglaubigte P. haben Urkundenwert. Rechtliches, → Vervielfältigungsrecht.

Photolaborant(in), zweijähriger Ausbildungsberuf in Industrie und Handwerk. Die Tätigkeit umfaßt Entwickeln von Filmen und Platten, Anfertigen von Abzügen, Vergrößerungen, Diapositiven, Photokopien und Reproduktionen.

Photolacke, Lacke mit polymeren Verbindungen, die bei Einwirkung ultravioletter Strahlung ihre Löslichkeit ändern. P. dienen zur Herstellung feiner Strukturen (z. B. integrierte Schaltkreise, Scherfolien von Rasierapparaten).

Photolithographie, 1) Drucktechnik: lithograph. Verfahren (→ Lithographie), bei denen nach der Vorlage ein photograph. Negativ, bei Halbtönen mit Rasterzerlegung, angefertigt wird, das nach Retusche (Tonwertkorrektur) auf Stein, heute direkt auf Metallplatten (›Litho‹), kopiert wird. Die Bearbeitung der Kopiervorlagen für den Offsetdruck wird vielfach nicht mehr als P., sondern als **Offsetretusche** bezeichnet. **2)** Halbleitertechnologie: → Lithographie.

Photolumineszenz [grch.-lat.], → Lumineszenz.

Photolyse [grch.] *die, -/-n,* die Dissoziation oder Zersetzung einer chem. Verbindung durch Absorption von elektromagnet. Strahlung (→ Photochemie, → Photosynthese).

Photometer [grch.] *das, -s/-,* Gerät zur Strahlungsmessung (→ Photometrie).

Photometrie [grch.] *die, -,* Arbeitsgebiet der → Lichttechnik, befaßt sich mit Definition und Messung der photometrischen Größen. Im Ggs. zu den **Strahlungsgrößen,** die das Licht nach seiner Energie oder Leistung bewerten, liegt den **photometr. Größen** die Helligkeitsempfindung des menschl. Auges zugrunde. So ist der **Lichtstrom** Φ die mit der → Hellempfindlichkeitskurve gewichtete Strahlungsleistung einer Lichtquelle. SI-Einheit des Lichtstroms ist das Lumen (lm), lm = cd · sr (Candela mal Steradiant). Der Quotient aus dem Lichtstrom und dem durchstrahlten Raumwinkel Ω ist die **Lichtstärke** *I*, $I = \Phi/\Omega$. Die Lichtstärke ist im Internat. Einheitensystem die photometr. Grundgröße. SI-Einheit ist → Candela (cd). Das Verhältnis der Lichtstärke in einer Richtung, die den Winkel α mit der Flächennormalen einschließt, zu der aus dieser Richtung gesehenen Größe $A \cdot \cos \alpha$ der leuchtenden Fläche *A* ist die in der Einheit cd/m² gemessene **Leuchtdichte** *L*, $L = I/A \cdot \cos \alpha$. Die **spezif. Lichtausstrahlung** *M* ist das Verhältnis des abgestrahlten Lichtstroms zur Strahlerfläche, $M = \Phi/A$, SI-Einheit ist lm/m². Die Helligkeit (Leuchtdichte) einer beleuchteten Fläche hängt von der → Beleuchtungsstärke ab. Liegt die Beleuchtungsstärke *E* (SI-Einheit ist Lux) während der Zeit *t* auf der Fläche, so erfährt sie (bei zeitunabhängiger Beleuchtungsstärke) die **Belichtung** $H = E \cdot t$. SI-Einheit der Belichtung ist die Luxsekunde (lx·s). Für die **Lichtmenge** *Q* gilt $Q = \Phi \cdot t$, wenn Φ zeitlich konstant ist. SI-Einheit der Lichtmenge ist die Lumensekunde (lm·s).

Meßtechnik. Zur Messung dienen die **Photometer.** Mit ihnen werden die Strahlungen einer bekannten und der zu messenden Lichtquelle mit dem Auge verglichen **(visuelle P.).** Durch besondere Vorrichtungen muß die gleichzeitige Beobachtung beider Strahlungen in scharf aneinander grenzenden Gesichtsfeldteilen möglich sein. Dazu dient der Photometeraufsatz nach Lummer-Brodhun. Zur meßbaren Schwächung der Strahlung einer der beiden Lichtquellen werden der rotierende Sektor, die Polarisation **(Martens-Photometer)**, Blendenveränderung **(Pulfrich-Photometer)** oder Graukeile verwendet. Jedes visuelle Photometer muß ein zweiteiliges Gesichtsfeld haben, dessen Teile symmetrisch liegen und scharf aneinander grenzen müssen. Es wird auf gleiche Helligkeit (Leuchtdichte) oder gleichen Kontrast der Gesichtsfeldhälften eingestellt.

Die spektrale Empfindlichkeit der jetzt meist verwendeten lichtelektr. Strahlungsempfänger **(physikal. P.**, Photoelemente, Photozelle) muß durch Filter sorgfältig an die spektrale Hellempfindlichkeit des Normalbeobachters angepaßt sein. Zur direkten Messung des Lichtstroms dient die **Ulbrichtsche Kugel**, eine innen mattweiß gestrichene Hohlkugel, in deren Mitte die zu messende Lichtquelle gesetzt wird. Die auf der Kugelwand erzeugte Beleuchtungsstärke ist dem Gesamtlichtstrom proportional.

Die visuelle P. liefert nur dann zuverlässige Werte, wenn die zu vergleichenden Lichter annähernd gleichfarbig sind. Bei Verschiedenfarbigkeit müssen besondere Verfahren angewandt werden **(heterochrome P.)**, z. B. das Flimmerverfahren, wobei die beiden Strahlungen in mäßig raschem, periodischem Wechsel dem Auge dargeboten werden **(Flimmerphotometer).** Die Frequenz wird so hoch gewählt, daß infolge der Trägheit des Auges das Farbflimmern verschwindet und ein einheitlicher Farbeindruck für das gesamte Gesichtsfeld entsteht. Anschließend wird auf gleiche Helligkeit der Gesichtsfeldhälften eingestellt. Bei anderen Photometern wird durch bekannte Lichtfilter eine Farbangleichung der Lichtquellen herbeigeführt (Filterverfahren). P. in monochromatischem Licht **(Spektral-P.)** dient zur Bestimmung der Strahlungsverteilung von Quellen oder der Reflexion und der Transmission von Proben in einem gewissen Spektralbereich.

photometrisches Strahlungs|äquivalent, das Verhältnis des Lichtstroms einer monochromat. Strahlung (in Lumen) zur physikalischen Leistung dieser Strahlung (in Watt).

Photomodell, photogene Person, die für Photos und Werbespots Modell steht.

Photomontage [-ta:ʒə, grch.-frz.], das Zusammensetzen von Teilen versch. Aufnahmen zu einem neuen Bild und nochmalige photograph. Aufnahme; bes. in der Werbung.

Photomorphogenese, durch Lichteinwirkung ausgelöste → Morphogenese.

Photonastie [grch.] *die, -,* ⊕ durch Licht bewirkte → Nastie.

Photonen [grch.], *Sg. das* **Photon,** -, die → Lichtquanten.

Photonen|antrieb, ein von E. Sänger vorgeschlagenes Antriebssystem für Flugkörper im Weltraum, bei dem ein gerichtetes Bündel elektromagnet. Wellen (z. B. Licht) ausgestoßen wird, dessen Rückstoß Schub erzeugt (→ Raketentriebwerk).

Photonenzähler, photoelektr. Strahlungsmeßgerät zur Messung sehr kleiner Lichtintensitäten (bis zu einzelnen Photonen). Als Detektor dient die Photokathode eines → Photovervielfachers.

Photophobie [grch.], die → Lichtscheu. **photophob,** lichtscheu, z. B. Nacht- oder Dämmerungstiere.

Photorealismus, eine Kunstrichtung, → Realismus.

Photosatz, Fotosatz, Filmsatz, ein mit **Film-** oder **Lichtsetzmaschinen** (→ Setzmaschine) hergestellter Schriftsatz.

Photosphäre *die, -,* die 400–500 km dicke Oberflächenschicht der → Sonne, aus der der überwiegende Anteil des Sonnenlichts abgestrahlt wird; Sitz der Sonnenflecken.

photostabil, lichtstabil.

Photosynthese, der Aufbau chem. Verbindungen durch Einwirkung von elektromagnet. Strahlung (i. e. S. Licht), bes. die Bildung organ. Stoffe aus Kohlendioxid und Wasser bei grünen Pflanzen (→ Assimilation 1). Wasser wird in Wasserstoff und Sauerstoff gespalten (Photolyse); der Sauerstoff wird abgegeben, der Wasserstoff dient in enzymatisch gesteuerten Dunkelreaktionen der Reduktion und Hydrierung des Kohlendioxids, wodurch Kohlenhydrate gebildet werden. Der vollständige Reaktionsverlauf wurde 1956 von M. → Calvin aufgeklärt.

Phototheodolit, Verbindung von → Theodolit und → Meßkammer zur Herstellung von Meßbildern (→ Photogrammetrie).

Phototransistor, ein → Transistor mit pnp- oder npn-Schichtenfolge, dessen Basis-Kollektor-Sperrschicht einer externen Lichtquelle zugänglich ist. Der P. ist viel empfindlicher als eine Photodiode, da er gleichzeitig als Verstärker wirkt.

phototropes Glas [grch.], das photochrome Glas (→ lichtempfindliche Gläser).

Phototypie [grch.] *die, -/...p'i|en,* ✇ photomechanisch hergestellte Druckplatte für den Buchdruck.

Photovervielfacher, Sekundär|elektronenvervielfacher *der, -s/-,* **Photomultiplier** [-mʌltɪplaɪə, engl.], eine Vakuumphotozelle mit Photokathode, Anode und mehreren zusätzlichen Elektroden (Dynoden), an denen durch die auftreffenden Elektronen, die durch ein elektr. Feld zw. den Dynoden beschleunigt werden, Sekundärelektronen erzeugt werden. Bei 10–14 hintereinander angeordneten Dynoden erreichen die P. eine 10^6–10^8fache rauscharme Verstärkung des urspr. Photostroms, der durch Einfall von Lichtquanten auf die Photokathode ausgelöst worden ist.

Photovoltaik *die, -/-,* Gebiet, das sich mit der direkten Umsetzung von Lichtenergie in elektr. Energie befaßt. Ausgenutzt wird der **photovoltaische Effekt (Sperrschicht-Photoeffekt,** → Photoeffekt) in Halbleitermaterialien, mit denen u. a. photovoltaische → Sonnenkraftwerke aufgebaut werden können.

Photowiderstand, Photoleiter, ein Halbleiterbauelement der Elektronik, dessen elektr. Widerstand bei Strahlungseinwirkungen durch photoelektrisch erzeugte Elektronen-Loch-Paare vermindert wird (→ Halbleiter), z. B. Cadmiumsulfid, Cadmiumselenid, Kupfer(I)-oxid, Bleisulfid. Techn. Anwendungen finden die P. bei Relais und Signalanlagen.

Photozelle, licht|elektrische Zelle, lichtempfindl. Bauelement (Röhre), dessen Wirkungsweise auf dem äußeren → Photoeffekt beruht. Die **Vakuum-P.** ist ein hochevakuiertes Glas- oder Quarzgefäß, das eine lichtempfindl. Schicht enthält **(Photokathode)**, meist Silber-Cäsiumoxid-Cäsium **(Alkali-P.)**, der eine meist netz- oder schleifenförmige Elektrode (Anode) gegenübersteht; Photokathode und Anode sind mit dem negativen bzw. positiven Pol einer Spannungsquelle verbunden. Daher saugt die Anode die bei Lichteinfall aus der Photokathode ausgelösten Elektronen ab. Der **Photostrom** ist proportional der Intensität des eingestrahlten Lichtes und folgt dessen Schwankungen bis zu Frequenzen von 1 bis 10 GHz trägheitslos; er ist aber so gering (10^{-9} bis 10^{-8} A/lx), daß er verstärkt werden muß. Die Empfindlichkeit zeigt eine ausgeprägte Wellenlängenabhängigkeit. In **gasgefüllten P.** wird der Photostrom etwa fünfmal verstärkt. Der → Photovervielfacher mit bis zu 10^8facher Verstärkung dient zum Nachweis sehr geringer Lichtstärken. – Auf dem inneren Photoeffekt beruhen der → Photowiderstand, das → Photoelement (Solarzelle), die → Photodiode und der → Phototransistor (→ Photodetektoren).

Phrase [grch.] *die, -/-en,* **1)** Satz. Redewendung; auch Teil eines Satzes (→ Nominalphrase, → Verbalphrase). **2)** Wortschwall, leere Rede, abgegriffener Satz. **3)** ♪ in sich geschlossene Motivfolge. **phrasenhaft,** hohl, leer, nur Gerede.

Phraseologie [grch.] *die, -/...g'i|en,* Lehre oder Sammlung der einer Sprache eigentüml. Redewendungen.

Phrasierung [grch.] *die, -,* ♪ die Sinngliederung eines Stücks, d. h. die dem musikal. Sinn gemäße Abgrenzung und Verbindung der Einzelteile, aus denen ein zusammenhängender Satz besteht. *ich* **phrasiere** *es,* ♪ gliedere ein Musikstück sinngemäß.

phreatischer Vulkanausbruch, Bez. für einen plötzlichen vulkan. Ausbruch, z. B. wenn eine magmat. Schmelze mit Wasser zusammenkommt und dieses verdampft.

Phrenesie [grch.] *die, -/...s'i|en,* ✇ für Geistesstörung mit Irrereden und Tobsucht. **phrenetisch,** irrsinnig, rasend.

Phrenologie [grch.] *die, -,* von F. J. → Gall vertretene Schädellehre.

Phrygi|en, antike Landschaft im westl. Inneranatolien. Die indogerman. **Phryger,** um 1200 v. Chr. aus Europa eingewandert, bildeten zunächst ein selbständiges Reich. Seit 546 v. Chr. stand P. unter persischer, seit Alexander d. Gr. unter makedon. Herrschaft, 133 v. Chr. wurde es röm. Provinz. Das **Phrygische,** eine indogerman. Sprache, ist seit dem Ende des Altertums ausgestorben. *Adj.* **phrygisch.**

phrygische Mütze, kegelförmige Zipfelmütze der Phryger und kleinasiat. Griechen aus Stoff oder Leder. Die frz. Revolutionäre trugen die der p. M. nachgebildete → Jakobinermütze.

phrygischer Schluß, ♪ bei der phryg. Kirchentonart die kennzeichnende Schlußwendung mit abwärtsgerichtetem Halbtonschritt.

phrygische Tọn|art, 1) Tonart der → griechischen Musik. **2)** eine der → Kirchentonarten.

Phryne, grch. Hetäre des 4. Jh. v. Chr., soll Praxiteles' Modell für seine Aphrodite von Knidos gewesen sein.

Phthalạte [grch.], *Sg. das* **Phthalat,** *-s,* Bez. für Ester und Salze der Phthalsäure.

Phthaleịne [grch.], *Sg. das* **Phthaleịn,** *-s,* Gruppe synthet. Triphenylmethan-Farbstoffe. Sie dienen als Säure-Basen-Indikatoren (Umschlag bei pH 8,0–9,2). Wichtigste Vertreter: Eosin, Fluorescein, Phenolphthalein. Letzteres dient in der Medizin als Abführmittel.

Phthalocyanịne [grch.], *Sg. das* **Phthalocyanịn,** *-s,* sehr beständige blaue bis grüne organ. Farbmittel, Verbindungen aus Phthalsäureanhydrid und komplex gebundenen Metallen (z. B. Kupfer); ergeben durch Einführung von Sulfogruppen wasserlösl. Textil-, Papier- und Lederfarbstoffe.

Phthạlsäure [grch.], farblose Kristalle, die beim Erhitzen in das Anhydrid übergehen. **P.-Anhydrid** ist ein bed. Zwischenprodukt, das durch katalyt. Luftoxidation von o-Xylol oder Naphthalin bei 400 °C hergestellt wird. Wichtiger Ausgangsstoff für Weichmacher, Alkydharze und Farbstoffe.

Phthịsis [grch.] *die, -/...sen,* ⚕ für → Tuberkulose.

Phuket, thailänd. Insel westlich der Malaiischen Halbinsel, 801 km^2, (1977) 124 000 Ew. Hauptort ist P. (1972: 38 500 Ew.); Bergbau auf Zinn, Wolfram; Straßenverbindung mit dem Festland (über Dämme mit Brücke). P. ist das wichtigste Tourismusziel im S. Thailands.

pH-Wert, pH [von lat. potentia hydrogenii ›Stärke des Wasserstoffs‹], ⚗ **1)** negativer dekad. Logarithmus der Aktivität der Hydroniumionen in einer Lösung (→ Wasserstoffionenkonzentration). **2)** von dem dän. Chemiker S. P. L. Sørensen 1912 eingeführte Maßzahl für die Konzentration der Hydroniumionen in einer Lösung. Reines Wasser hat einen pH-W. von 7, saure Lösungen haben einen kleineren, alkalische einen größeren pH-W. als 7.

Phygoịdbewegung [grch. phyge ›Flucht‹], Längsbewegung eines Flugzeugs in Form einer sinusartigen Bahnschwingung großer Schwingungsdauer, die von einer Nickschwingung überlagert und mit kleinen Änderungen der Fluggeschwindigkeit verbunden ist. Da bei Hochleistungsflugzeugen diese Schwingung nur schwach gedämpft ist, wird sie meist durch Dämpfungsregler (Teil eines Flugreglers) unterdrückt.

phyl... [grch.], ...abstammung, ...stamm.

Phyle [grch. ›Volksstamm‹] *die, -/-n,* Unterabteilung altgrch. Stämme und Staaten (drei dor.; vier ion.; zehn in Athen seit Kleisthenes; 13 seit Hadrian); urspr. auf familienrechtl. Grundlage.

phylẹtisch [grch.], die Stammesgeschichte betreffend.

...phyll, phyllo... [grch.], ...blatt...

Phỵllis, grch. **Phyllịs,** häufig Name von Schäferinnen in Hirtengedichten.

Phyllịt [grch.] *der, -s/-e,* Gruppe metamorpher Gesteine der Epizone mit schiefrigem Gefüge; grüngrau, violettgrau, auch schwarz (Graphit), feinkörnig, seidiger Flächenglanz; Mineralbestand: Sericit, Chlorit, Quarz; ferner z. B. auch Albit, Carbonate, Chloritoid. P. sind Paragesteine (→ Orthogesteine).

Phyllochinọn *das, -s,* Vitamin K_1 (→ Vitamine).

Phyllọdium [grch.] *das, -s/...di|en,* blattartig verbreiterter Blattstiel, der die Aufgaben des Blattes erfüllt, so bei vielen Akazienarten.

Phyllokaktẹen [grch.], ⊕ die → Blattkakteen.

Phyllokḷadium [grch. klados ›Sprößling‹] *das, -s/...di|en,* ⊕ der → Flachsproß.

Phyllọm [grch.] *das, -s/-e,* ⊕ jedes Blattgebilde.

Phyllomanịe [grch.], **Blạttsucht,** ⊕ die → Verlaubung der Blüten.

Phyllo|sphäre [grch.], die von Mikroorganismen (Bakterien, Pilzen) besiedelte Oberfläche der Blätter und Blattscheiden. Die Organismen leben von organ. Blattausscheidungen. Ggs.: → Rhizosphäre.

Phylogenẹse [grch.] *die, -/-n,* die → Stammesgeschichte der Lebewesen. *die* **Phylogenịe,** *-/...n'i|en,* **Phylogenẹtik,** Lehre von der P.

phys..., physio... [grch.], ...wuchs..., ...natur...

Physịk [grch.] *die, -,* die Lehre von den Naturvorgängen im Bereich der unbelebten Materie sowie von deren Eigenschaften, die der experimentellen Erforschung, der messenden Erfassung und mathemat. Darstellung zugänglich sind und allgemeingültigen Gesetzen unterliegen. Von der Chemie, die ebenfalls exakte Naturgesetze erforscht, bei der aber die Stoffanalyse und -umwandlung im Vordergrund der Untersuchungen stehen, unterscheidet sich die P. durch stärkere Konzentration auf das Quantitative, mathematisch Ausdrückbare, und auf solche Gesetzmäßigkeiten, die auch von der Auswahl der untersuchten Substanzen unabhängig sind; das Grenzgebiet der **Physikal. Chemie** nimmt hier eine Zwischenstellung ein. Die Einteilung der **klass. P.** in → Mechanik, Akustik (→ Schall), → Thermodynamik, Elektrodynamik (→ Elektrizität), → Optik – wobei die Optik der Elektrodynamik eingeordnet werden kann (→ Maxwellsche Theorie) – entspricht nicht mehr ganz den durch die Entwicklung der **modernen P.** seit 1900 (→ Relativitätstheorie und → Quantentheorie) herbeigeführten Wandlungen. Wesentlicher ist die moderne Unterscheidung von **Makrophysik** (welche die klass. P. enthält) und **Mikrophysik.** Obwohl die Relativitätstheorie zur Makrophysik gezählt wird, gelten ihre Gesetze auch für die Mikrophysik, in der die Atomistik und die Quantenerscheinungen voll zur Geltung kommen. Im heutigen Stand der Erkenntnis sind die quantentheoret. Gesetze der Mikrophysik grundsätzlich geklärt, soweit es sich um die Elektronenhüllen der → Atome handelt **(Atomphysik);** im Prinzip sind damit auch die chem. Valenzkräfte erklärt, so daß die Chemie der P. eingeordnet wird, obwohl sie praktisch selbständig bleibt. Die für die Atomkerne geltenden Gesetze sind weithin, aber nicht ohne Rest (z. B. sind die Kenntnisse über die Wechselwirkungen der Kernbausteine noch relativ gering) theoretisch verstanden (→ Kernphysik). Darüber hinaus hat sich jedoch ein weiteres Forschungsfeld eröffnet durch die Entdeckung neuer → Elementarteilchen **(Elementarteilchenphysik).** Die hier gültigen Naturgesetze sind erst zum Teil bekannt. Weitere moderne Teilgebiete der P. sind u. a. die → Festkörperphysik, wozu u. a. die → Halbleiterphysik und die → Oberflächenphysik gehören, die → Tieftemperaturphysik, die Schwerionenphysik (→ Schwerionenforschung) und die Plasmaphysik (→ Plasma, → Kernverschmelzung). Durch die erfolgreiche Anwendung physikal. und chem. Methoden auf komplizierte biolog. Systeme **(Biophysik,** Biochemie), die zu wesentl. Fortschritten beim Verständnis und der Aufklärung von deren Eigenschaften, Strukturen und Funktionsweisen geführt haben, wird in zunehmendem Maße auch eine scharfe Abgrenzung der P. von der Biologie immer schwieriger. P. und Astronomie sind durch **Astrophysik** und **Kosmologie** auf das engste miteinander verknüpft. Die **Geophysik** stellt die Verbindung zw. P. und den Geowissenschaften her.

G e s c h i c h t e. Der physikal. Gedanke eines Urstoffes wurde von den grch. Philosophen Thales von Milet (Wasser), Anaximander (das ›Unbegrenzte‹), Anaximenes (Luft) in versch. Weise entwickelt. Weitergehende theoret. Annahmen vertraten Anaxagoras (Homöomorienlehre), Empedokles (Vier-Elementen-Lehre), die Atomisten Leukipp und Demokrit (Atome) sowie Aristoteles (geozentrische Kosmologie). Fachwissenschaftl. Entwicklungen, die sich teils schon auf erste planmäßige Versuche (Experimente) stützten, stammten von Ktesibios, Philon von Byzanz (techn. Mechanik, Pneumatik), Euklid (geometr. Optik), Archimedes (Statik, Hydrostatik). Zu wichtigen Erkenntnissen gelangten ferner Heron von Alexandria (Begriff des virtuellen Hebelarms, erstes Minimalprinzip der P.), Ptolemäus (Strahlenbrechung) und Pappus (Aräometer, Guldinsche Regeln) sowie Eratosthenes (Ausmessung der Erdkugel). Das grch. Wissen wurde seit dem 9. Jh. von islam. Gelehrten fortgebildet und an das Abendland weitergegeben. Vertreter der Pariser Nominalistenschule (Buridan, Oresme, Albert von Sachsen) gestalteten nach dem 12. Jh. die Grundlagen der Mechanik um; Kopernikus schuf das heliozentrische Weltbild, Kolumbus, Mercator u. a. machten im Zusammenhang mit dem Beweis der Kugelgestalt der Erde durch die Entdeckung Amerikas wichtige magnetische Entdeckungen. Das 17. Jh. sah den Sieg des Kopernikanisch-Keplerschen Systems, die Ausbildung der Lehre vom Erdmagnetismus (Gilbert) und der Kinematik von Fall und Wurf (Galilei). Jungius, Gassendi und Boyle erneuerten die Atomistik, Torricelli, Pascal und Guericke schufen die Lehre vom Luftdruck und die Vakuumtechnik; Statik und Dynamik machten durch Stevin und Huygens, die Optik durch Kepler, Descartes und Snell entscheidende Fortschritte. Newton und Huygens skizzierten erstmals die gegensätzl. Auffassungen vom Licht als Teilchen- und als Wellenerscheinung. Eine Krönung dieser Epoche bildete Newtons Zusammenfassung der neue Statik und Dynamik und seine Aufstellung des Gravitationsgesetzes (1682). Im Anschluß an Newton entwickelten die Bernoullis, d'Alembert, Euler, Lagrange u. a. im 18. Jh. die theoret. Mechanik weiter. Die Wärmelehre wurde durch Fahrenheit, Réaumur, Celsius, die Photometrie durch Lambert, die Elektrizitätslehre durch Hawksbee, Coulomb u. a. gefördert; ausgebaut und vertieft wurde sie im 19. Jh. durch Volta (galvanische Stromerzeugung), Ørsted (Elektromagnetismus), Ampère (Elektrodynamik) und Faraday (Induktionserscheinungen, elektrochem. Grundgesetze). Neue Entdeckungen führten zum Sieg der Wellentheorie des Lichts (Young, Fresnel), die 1865 durch Maxwell (Theorie des elektromagnet. Feldes) mit der Elektrodynamik vereinigt wurde. Inzwischen hatte sich auch die Wärmelehre zu einem umfangreichen Forschungsgebiet entwickelt. J. R. Mayer hatte 1842 das Prinzip von der Erhaltung der Energie entdeckt; A. Krönig, R. Clausius, J. C. Maxwell und L. Boltzmann war es gelungen, die Gasgesetze mit Hilfe der kinetischen Gastheorie statistisch zu begründen; sie gab in Verbindung mit den sich häufenden Hinweisen auf die atomistische Struktur der Materie und der Elektrizität an der Wende des 20. Jh. den An-

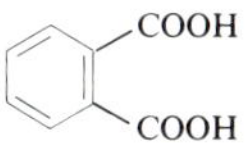

Phthalsäure

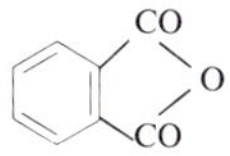

Phthalsäureanhydrid

Phygoidbewegung: typische Bahnkurven

physikalische Konstanten: die wichtigsten Fundamentalkonstanten der Physik

Gravitationskonstante	G	$= (6{,}6720 \pm 0{,}0041) \cdot 10^{-11}\,\mathrm{Nm^2kg^{-2}}$
Vakuumlichtgeschwindigkeit	c	$= 2{,}99792458 \cdot 10^{8}\,\mathrm{m\,s^{-1}}$
Magnetische Feldkonstante (früher: Induktionskonstante)	μ_0	$= 1/\varepsilon_0 c^2 = 4\pi \cdot 10^{-7}\,\mathrm{H\,m^{-1}} = 1{,}25663706 \cdot 10^{-6}\,\mathrm{H\,m^{-1}}$
Elektrische Feldkonstante (früher: Influenzkonstante)	ε_0	$= 1/\mu_0 c^2 = 8{,}85418782 \cdot 10^{-12}\,\mathrm{F\,m^{-1}}$
Ruhemasse des leichten Wasserstoffatoms	$m(^1\mathrm{H})$	$= (1{,}673559 \pm 0{,}0000085) \cdot 10^{-27}\,\mathrm{kg}$
Ruhemasse des Protons	m_p	$= (1{,}6726485 \pm 0{,}0000086) \cdot 10^{-27}\,\mathrm{kg}$
Ruhemasse des Neutrons	m_n	$= (1{,}6749543 \pm 0{,}0000086) \cdot 10^{-27}\,\mathrm{kg}$
Ruhemasse des Elektrons	m_e	$= (9{,}109534 \pm 0{,}000047) \cdot 10^{-31}\,\mathrm{kg}$
Verhältnis Ruhemasse des Protons zu Ruhemasse des Elektrons	$m_\mathrm{p}/m_\mathrm{e}$	$= (1{,}83615152 \pm 0{,}00000070) \cdot 10^{3}$
Elementarladung	e	$= (1{,}6021892 \pm 0{,}0000046) \cdot 10^{-19}\,\mathrm{C}$
Planck-Konstante	h	$= (6{,}626176 \pm 0{,}000036) \cdot 10^{-34}\,\mathrm{J\,s}$
	$\hbar$	$= h/2\pi = (1{,}0545887 \pm 0{,}0000057) \cdot 10^{-34}\,\mathrm{J\,s}$
Stefan-Boltzmann-Strahlungskonstante	σ	$= (\pi^2/60)k^4/\hbar^3c^2 = (5{,}67032 \pm 0{,}00071) \cdot 10^{-8}\,\mathrm{Wm^{-2}K^{-4}}$
Sommerfeld-Feinstrukturkonstante	α	$= \mu_0 c e^2/2h = (7{,}2973506 \pm 0{,}0000060) \cdot 10^{-3}$
Rydberg-Konstante	R_∞	$= \mu_0^2 m_\mathrm{e} e^4 c^3/8h^3 = (1{,}097373177 \pm 0{,}000000083) \cdot 10^{7}\,\mathrm{m^{-1}}$
Bohr-Radius (des Wasserstoffatoms)	a_0	$= \alpha/4\pi R_\infty = (5{,}2917706 \pm 0{,}0000044) \cdot 10^{-11}\,\mathrm{m}$
(klass.) Elektronenradius	r_e	$= \alpha^2 a_0 = (2{,}817938 \pm 0{,}000007) \cdot 10^{-15}\,\mathrm{m}$
Bohr-Magneton	μ_B	$= e\hbar/2m_\mathrm{e} = (9{,}274078 \pm 0{,}000036) \cdot 10^{-24}\,\mathrm{JT^{-1}}$
Kernmagneton	μ_N	$= e\hbar/2m_\mathrm{p} = (5{,}050824 \pm 0{,}000020) \cdot 10^{-27}\,\mathrm{JT^{-1}}$
Compton-Wellenlänge des Elektrons	$\lambda_{\mathrm{C,e}}$	$= h/m_\mathrm{e}c = (2{,}4263089 \pm 0{,}0000040) \cdot 10^{-12}\,\mathrm{m}$
Avogadro-Konstante	N_A	$= (6{,}022045 \pm 0{,}000031) \cdot 10^{23}\,\mathrm{mol^{-1}}$
Atommassenkonstante	m_u	$= 1\,\mathrm{u} = (10^{-3}\,\mathrm{kg\,mol^{-1}})/N_\mathrm{A} = (1{,}6605655 \pm 0{,}0000086) \cdot 10^{-27}\,\mathrm{kg}$
Universelle (molare) Gaskonstante	R	$= (8{,}31441 \pm 0{,}00026)\,\mathrm{Jmol^{-1}K^{-1}}$
Boltzmann-Konstante	k	$= R/N_\mathrm{A} = (1{,}380662 \pm 0{,}000044) \cdot 10^{-23}\,\mathrm{JK^{-1}}$
Molares Volumen des idealen Gases	V_m	$= RT_0/p_0 = (2{,}241383 \pm 0{,}000070) \cdot 10^{-2}\,\mathrm{m^3\,mol^{-1}}$ ($T_0 = 273{,}15\,\mathrm{K}, p_0 = 101325\,\mathrm{Pa}$)
Loschmidt-Konstante	n_0	$= N_\mathrm{A}/V_\mathrm{m} = (2{,}686754 \pm 0{,}000086) \cdot 10^{25}\,\mathrm{m^{-3}}$
Faraday-Konstante	F	$= N_\mathrm{A}e = (9{,}648455 \pm 0{,}000027) \cdot 10^{4}\,\mathrm{Cmol^{-1}}$

laß zur Aufstellung der Quantenhypothese durch M. Planck (1900), die den Ursprung der Quantentheorie darstellt und Einstein zur Annahme einer teilchenartigen Struktur des Lichts bewog (Welle-Teilchen-Dualismus). Der Einbruch in die Mikrophysik wurde ferner durch die Entdeckung der Röntgenstrahlen (Röntgen) und der Radioaktivität (Becquerel, P. u. M. Curie, G. C. Schmidt, Rutherford) vorbereitet. Die folgerichtige Entwicklung führte zur Theorie des Atombaues (Bohr, 1913) und zur Quantenmechanik und Wellenmechanik der Atome (de Broglie, Heisenberg, Schrödinger, Born, Jordan, Dirac). Fast unabhängig davon lieferte die Relativitätstheorie (Einstein) unerwartete Einblicke in die Zusammenhänge von Raum und Zeit und in die Natur der Gravitation. Durch die Entdeckung der Äquivalenz von Masse und Energie (Einstein) wird die strenge Unterscheidung der klassischen P. zw. Materie und Feldern weitgehend aufgehoben. Das Komplementaritätsprinzip und die Heisenbergsche Unschärferelation führten zu einem Umsturz im Weltbild der P., da das im Rahmen der klass. P. uneingeschränkt geltende Prinzip der Determiniertheit allen physikal. Geschehens im Bereich der Mikrophysik außer Kraft gesetzt wurde. Die aus der quantenmechan. Interpretation der mikrophysikal. Vorgänge folgende Ungültigkeit des Kausalgesetzes hat über den Bereich der P. hinaus tiefgreifende Konsequenzen für die allg. Erkenntnistheorie gehabt. Die Experimentalphysik erlebte ab 1930, gefördert durch immer größeren materiellen Aufwand, eine neue Blüte in der Atom-, Molekül- und Kernphysik. Arbeiten von Hahn, Meitner u. a. führten zur Entdeckung der Uranspaltung und schließlich zur Gewinnung von Kernenergie (Fermi u. a.). Im Mittelpunkt des gegenwärtigen Interesses stehen die Forschungen zur Nutzung der Kernfusion, die nur im großen, kostspieligen Teilchenbeschleunigern durchzuführenden Untersuchungen über die Natur der Elementarteilchen (**Hochenergiephysik**) sowie die auch für praktische Zwecke (Entwicklung von Substanzen mit optimalen Eigenschaften) sehr interessante **Festkörperphysik.** Parallel dazu laufen theoretische Überlegungen zur Kosmologie (Einstein, de Sitter u. a.) und zur Kosmogonie (Hoyle, Jordan).

Die Hauptaufgabe wird von der theoret. P. in einer Synthese von Quantentheorie und Relativitätstheorie gesehen; die eng damit zusammenhängenden Fragen nach der Struktur der Elementarteilchen und der Struktur von Raum und Zeit versucht man auf mathemat. und experimentellem Wege einer Lösung näherzubringen (Schaffung einer einheitlichen Feldtheorie der Materie).

Physikalische Chemie, Physikochemie, Grenzgebiet zw. Chemie und Physik, das sich mit theoret. und prakt. Fragen auseinandersetzt; zur P. C. gehören z. B. die Photo- und Elektrochemie, die Reaktionskinetik.

physikalische Größen, kurz **Größen,** → groß 4).

physikalische Konstanten, Naturkonstanten, in den physikal. Gesetzen vorkommende universelle (nicht von einem speziellen Material abhängige) Konstanten, z. B. die Lichtgeschwindigkeit (vgl. ÜBERSICHT).

physikalische Therapie, Physiotherapie, →Therapie.

Physikalisch-Technische Bundes|anstalt, Abk. **PTB,** Sitz: Braunschweig (mit Institut in Berlin), dem Bundeswirtschaftsministerium nachgeordnete, für das Prüfungs-, Eich- und Zulassungswesen zuständige Bundesoberbehörde, entstanden aus den gegen Ende des 2. Weltkriegs nach West-Dtl. verlagerten Teilen der 1887 gegr. **Physikalisch-Technischen Reichsanstalt (PTR).** Für die Dt. Dem. Rep. ist aus der PTR das **Dt. Amt für Maße und Gewichte** hervorgegangen (→ Deutsches Amt für Meßwesen und Warenprüfung).

Physiker [grch.] *der, -s/-,* wissenschaftl. Beruf, ausgeübt in Wiss. und Forschung, in der Industrie, in Behörden und Verwaltungen oder im Lehramt (mit zusätzl. Prüfung). Man unterscheidet im wesentlichen zw. theoret. und experimentellen P. Die Ausbildung erfolgt an wissenschaftl. Hochschulen oder an Fachhochschulen. Abschluß durch Diplom-, Doktorprüfung oder durch Prüfung zum graduierten Ingenieur.

Physikum [grch.] *das, -s,* früher übliche 2. ärztl. Vorprüfung. Nach der Reform der Approbationsordnung für Ärzte von 1970 gibt es nur noch eine ärztl. Vorprüfung, die nach 2jährigem Medizinstudium abgelegt werden kann.

Physiogeographie [grch.], **Naturgeographie,** neben der Anthropogeographie einer der beiden Hauptzweige der allg. Geographie; umfaßt Geomorphologie, Klimatologie, Hydrographie und Biogeographie (Pflanzen- und Tiergeographie).

Physiognomik [grch.] *die, -,* Deutung der Wesensart eines Menschen aus seiner Körpergestalt, bes. aus den Gesichtszügen (**Physiognomie**). Ansätze zu einer P. liegen schon in der Antike und Renaissance vor. Zu Beginn der Neuzeit wurde sie von G. B. de la Porta aufgegriffen. Zu größerer Ausbreitung gelangte sie jedoch erst durch die Schriften J. C. Lavaters (›Physiognomische Fragmente‹, 1775–79), an denen Herder und Goethe mitwirkten. Im 19. Jh. entwickelte J. → Gall von den Voraussetzungen der P. aus die

Phrenologie. In neuerer Zeit versuchte u. a. C. Huter eine Fortführung dieser Lehre. Eine Konstitutionstypologie entwickelten E. Kretschmer und W. H. Sheldon. Sie geht von der Entsprechung zwischen Körperbau und Temperament aus.

Physiokratismus [grch. ›Naturherrschaft‹] *der, -,* von F. → Quesnay im 18. Jh. in seiner Schrift ›Tableau économique‹ entwickelte Wirtschaftstheorie, nach der die **Physiokraten** den naturrechtl. Gedanken von der allem menschl. Zusammenleben innewohnenden Harmonie auf das Wirtschaftsleben übertrugen und forderten, daß dieses frei nach der in ihm angelegten ›natürlichen Ordnung‹ ablaufen solle (›laissez-faire, laissez-passer, le monde va de lui-même‹).

Nach dem P. erzielt nur die Landwirtschaft einen Reinertrag (›produit net‹), für den die einzige Steuer (›impôt direct et unique‹) gefordert wird. Quesnay teilt die Bev. in 3 Klassen ein: 1) classe productive (Bauern, Pächter), 2) classe distributive, auch classe des propriétaires (Grundbesitzer), 3) classe stérile (Handwerk, Handel); die Lohnarbeiterschaft (classe passive) hat er nicht berücksichtigt. Die Verflechtung aller wirtschaftl. Vorgänge stellte er in dem Schema des Güterkreislaufs dar. Die vom → Merkantilismus betriebene staatl. Reglementierung lehnte der P. ab. Weitere Vertreter: in Frankreich A. R. J. Turgot, V. de Riqueti de Mirabeau, P. S. Dupont de Nemours u. a., in Dtl. J. A. Schlettwein, Markgraf Karl Friedrich von Baden.

Physiologie [grch.] *die, -,* Wiss. von den Lebensvorgängen der Zellen, Gewebe und Organe der Lebewesen und von den Gesetzen ihrer Verknüpfung im Gesamtorganismus. Bei der Analyse von Lebensprozessen bedient sich der Physiologe vorwiegend chem. und physikal. Methoden. Nach der Art der untersuchten Vorgänge unterscheidet man **Zell-P.**, **Gen-P.**, **Entwicklungs-P.**, **Stoffwechsel-P.**, **Hormon-P.**, **Sinnes-** und **Nerven-P.**, **Bewegungs-P.**, **Verhaltens-P.** u. a., nach der Organismenart **Pflanzen-P.**, **Tier-P.** (Insekten-P., Wirbeltier-P. u. a.). In der Medizin befaßt sich die P. mit den Lebensprozessen im Menschen. Sie ist eng verbunden mit der physiolog. oder biolog. Chemie (Biochemie des Menschen). Die **patholog. P.** versucht, Einsicht in die Krankheitsvorgänge zu gewinnen. *Adj.* **physiologisch.**

physiologische Chemie, Lehre von der chem. Funktion der Lebensvorgänge (Assimilation, Atmung, Aufbau und Abbau im Stoffwechsel usw.) und ihre Erforschung mit chem. und physikal. Methodik; Grenzgebiet zw. Biochemie und Physiologie.

Physiologus [grch.], eine seit altchristlicher Zeit verbreitete Gruppe von Zusammenstellungen christlicher Natursymbolik, entstanden wahrscheinlich gegen Ende des 2. Jh. in Alexandrien oder Syrien. Das älteste überlieferte Werk (bearb. v. F. Lauchert 1889) beruft sich auf einen P., einen nicht genannten naturkundigen Meister. Dieser erzählt von den Eigenschaften z. T. sagenhafter Tiere (Löwe, Phönix, Sirene, Einhorn, Hyäne u. a.), die er religiös deutet. Auf dieser grch. Fassung beruht u. a. der lat. P. (›Bestiarius‹), aus dem die christl. Enzyklopädisten schöpften; er liegt auch dem altfrz. → Bestiaire zugrunde. Im 11. und 12. Jh. wurde der P. auch ins Deutsche übersetzt. Die durch den P. allgemein geläufigen Vorstellungen der Tiersymbolik durchdrangen die mittelalterl. Dichtung und die bildende Kunst, bes. in der Romantik.

Physiotherapie [grch.], → Therapie.

Physis [grch.] *die, -,* Natur-, Körperbeschaffenheit. **physisch, 1)** körperlich. **2)** in der Natur gegeben.

Physostigmin [grch.] *das, -s,* **Eserin,** giftiges Alkaloid der Kalabarbohne, wirkt erregend auf das parasympath. Nervensystem; in der Medizin zur Senkung des Augeninnendrucks bei Glaukom verwendet.

Phytal [grch.] *das, -s/-e,* Zone des bodenständigen pflanzl. Lebens im Meer.

Phytinsäure [grch.], → Inosite.

phyto... [grch.], pflanzen...

Phytochemie, Biochemie der Pflanzen und Pflanzenphysiologie.

Phytochrom [grch.] *das, -s/-e,* pflanzl. blau-grünes Chromoproteid, das an der Steuerung lichtabhängiger Entwicklungsvorgänge von Pflanzen beteiligt ist.

phytogen [grch.], aus Pflanzen entstanden, z. B. Kohlen.

Phytogeographie, die → Pflanzengeographie.

Phytohormone, die → Pflanzenhormone.

Phytol [grch.] *das, -s,* ungesättigter Alkohol, der sich verestert im Chlorophyll findet, auch Bestandteil der Vitamine E und K_1.

Phytomedizin, Pflanzenheilkunde, dient dem Schutz der Pflanzen vor Krankheiten und Schädlingsbefall, der Behandlung kranker Pflanzen u. a. (→ Pflanzenschutz).

Phytonzide [grch.] *Pl.,* von höheren Pflanzen gebildete Stoffe, die in und außerhalb der Pflanzen gegen Mikroorganismen (Protozoen, Bakterien, Pilze) wirksam sind; sie stellen induzierte Abwehrstoffe dar oder treten als Stoffwechselprodukte gasförmig oder flüssig aus und wirken durch → Allelopathie.

Phytopathologie [grch.], Lehre von den Pflanzenkrankheiten.

phytophag, pflanzenfressend. **Phytophagen** *Pl.,* pflanzenfressende Tiere.

Phytosynthese, Synthese von Inhalts- und Wirkstoffen im pflanzlichen Stoffwechsel.

Phytotelmal [grch.] *das, -s/-e,* Ökologie: Kleinstbiotop-Typ der pflanzl. Wasserbehälter: Baumhöhlen, Blattachseln von Bananen und Bromelien, Luftknollen epiphyt. Orchideen, trichterförmige Blätter und Blüten, in denen Wasser gespeichert wird, das eine kennzeichnende Kleinlebensgemeinschaft beherbergt (→ Phytotelmon); charakteristisch für den trop. Regenwald, mitunter auch in Gewächshäusern.

Phytotelmon [grch.] *das, -s/-e,* Ökologie: dem Phytotelmal zugehörender Typ einer Kleinstlebensgemeinschaft. Das P. umfaßt als extremes Ökosystem meist artenarme individuenreiche Gesellschaften von Wasserorganismen. Im trop. Regenwald können neben zahlreichen Einzellern, Zuck- und Stechmückenlarven sowie Insekten (Libellen, Fliegen, Käfer) auch Frösche vorkommen, in wärmeren Bereichen die Larven der die Gelbfieber-Erreger übertragenden Aedes-Mücken.

Phytotelmozön, Phytotelmocoen [grch.] *das, -s/-e,* Ökologie: Ökosystem im Bereich wassererfüllter tümpelartiger Pflanzenteile; besteht aus dem → Phytotelmal und dem → Phytotelmon.

Phytotop [grch.] *das, -s/-e,* Biotopanteil, → Lebensraum.

Pi *das, -(s)/-s,* **1)** Π, π, der 16. Buchstabe des grch. Alphabets. **2)** △ π, Zeichen für die **Ludolphsche Zahl,** die **Kreiszahl** π = 3,1415926536..., eine transzendente reelle Zahl, die bei der Flächenberechnung eines Kreises mit dem Radius 1 als Flächeninhalt auftritt. **3)** ⊠ π, physikal. Symbol für das **Pion (π-Meson,** → Mesonen).

Pl, Abk. für → Polyimide.

Pia [lat. ›die Fromme‹], weibl. Vorname.

Piacenza [piatʃ'ɛntsa], **1)** Prov. in der ital. Region Emilia-Romagna, 2590 km^2, (1981) 278400 Ew. **2)** Hptst. von 1), (1981) 109000 Ew., Zentrum eines reichen Landwirtschaftsgebiets; Erzbischofssitz, Kunstakademie, Museen und Bibliothek; Lebensmittel-, chem., landwirtschaftl. Maschinen-, Zement-Ind.; got. Rathaus (1281), Dom (1122–1233), Kirche S. Sisto (1499–1511), mehrere Paläste aus der Frührenaissance. – P. wurde 218 v. Chr. von den Römern als **Colonia Placentia** gegr. In der Stauferzeit gehörte es dem lombard. Städtebund an. 1336 kam es an Mailand, 1512 an den Kirchenstaat; 1545–1860 bildete es mit → Parma einen selbständigen Kleinstaat.

piacevole [piatʃ'e:vole, ital.], ♪ anmutig, gefällig, lieblich.

Pia desideria [lat. ›frommes Verlangen‹], Ü fromme Wünsche, die keine Aussicht auf Erfüllung haben.

Piaf, Edith, eigtl. E. Giovanna **Gassion** [gasj'ɔ̃], frz. Chansonsängerin, * Paris 19. 12. 1915, † ebd. 11. 10. 1963; begann als Straßensängerin und errang seit 1935 große Erfolge mit z. T. eigenen Chansons.

Edith Piaf

Piaffe [frz.] *die, -/-n,* Figur im Dressurreiten: trabartige Bewegung des Pferdes auf der Stelle in diagonaler Fußfolge. (BILD Hohe Schule)

pia fraus [lat. ›frommer Betrug‹], Zitat aus Ovids Metamorphosen; zur Bez. einer Lüge, die einem guten Zweck dienen soll.

Piaget [pjaʒ'ɛ], Jean, schweizer. Psychologe, * Neuenburg 9. 8. 1896, † Genf 16. 9. 1980, einer der Hauptvertreter der Entwicklungspsychologie; war Direktor des Internat. Erziehungsbüros ebd.; Untersuchungen zur kindl. Entwicklung von Sprache, Denken, Raum-, Zeit- und Kausalvorstellungen.

HW: Vernünftiges Denken und Urteil beim Kinde (1925); Das moralische Urteil beim Kinde (1932); Die Bildung des Zeitbegriffs beim Kinde (1946); Die Psychologie des Kindes (1966); Biologie und Erkenntnis (1972).

Pianino [ital.] *das, -s/-s,* kleines → Klavier.

piano [ital.], Abk. **p,** ♪ musikal. Vortragsbezeichnung: leise, schwach. **pianissimo,** Abk. **pp,** sehr leise. **ppp,** so leise wie irgend möglich. **più p.,** leiser, schwächer. **m(ezzo) p.,** halbschwach.

Piano, Pianoforte [ital.] *das, -s/-s,* das → Klavier. *der* **Pianist,** *-en/-en,* Klavierspieler. *die* **Pianistin,** *-/-nen,* Klavierspielerin.

Pianola [ital.] *das, -s/-s,* Klavierspielapparat, der die Einrichtung für halb selbsttätiges Spiel besitzt.

Piaristen *Pl.,* **Kalasantiner, Scolopi,** 1617 in Rom gegr. Klostergenossenschaft für Schulunterricht.

Piassave [portug. aus Tupí] *die, -/-n,* Blatt-(Bast-)Faser versch. Palmen zur Herstellung von Besen, Bürsten, Seilen, Matten.

Piasten *Pl.,* poln. und schles. Herrschergeschlecht, das angeblich von Piast, einem Bauern, abstammte. Mieszko I. (um 960 bis 992) ist der erste histor. Vertreter dieses Hauses, das in Polen mit Kasimir d. Gr. 1370, in Nebenlinien in Masowien 1526, in Schlesien 1675 ausstarb.

Piaster [ital.] *der, -s/-,* kleine Währungseinheit in Ägypten, Libanon, Sudan, Syrien.

Piatigorsky, Gregor, amerikan. Violoncellist russ. Herkunft, * Jekaterinoslaw 17. 4. 1903, † Los Angeles 6. 8. 1976.

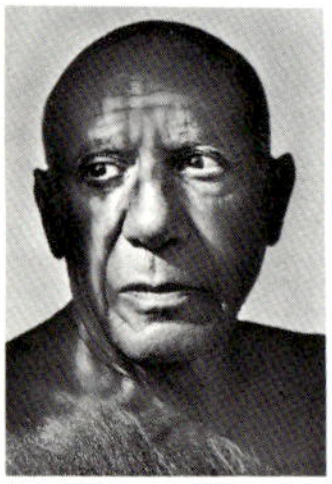

Pablo Picasso

Piauí [Tupí-Sprache ›Fischwasser‹], **1)** rechter Zufluß des Parnaíba in Brasilien. **2)** Staat im N von → Brasilien.

Piave *der,* Fluß in N-Italien, 220 km, entspringt in den Karnischen Alpen und mündet ins Adriat. Meer.

Piazza [ital.] *die, -/...ze,* (Markt-)Platz. *die* **Piazetta,** *-/...te,* kleine Piazza.

Piazzetta, Giovanni Battista, ital. Maler, * Venedig 13. 2. 1682, † ebd. 28. 4. 1754, malte Altar- und Genrebilder sowie Porträts. Durch ihn erhielten sich plastisch gesehene Form und großfiguriger Bildaufbau bis ins Rokoko, dessen Farbgebung in den lichten Tönen seines Helldunkels erscheint.

PIB, Abk. für → **Polyisobutene.**

Pibul Songgram, Phibun Songgram, thailänd. Marschall (1943), * Nondaburi 14. 7. 1897, † Tokio 11. 6. 1964; 1938–44 und 1948–57 MinPräs., errichtete eine faschistisch orientierte Diktatur; arbeitete im 2. Weltkrieg eng mit Japan zusammen.

Picabia, Francis, eigtl. **F. Martinez de Picabia** [mart'ineθ-], frz. Maler, Graphiker und Schriftst. span. Abkunft, * Paris 22. 1. 1879, † ebd. 30. 11. 1953, wichtiger Anreger der Kunst des 20. Jh., besonders für den Dadaismus.

Picachy [pɪk'ɑ:tʃɪ], Lawrence Trevor, Kardinal (seit 1976), * Lebong (Darjeeling) 7. 8. 1916, seit 1969 Erzbischof von Kalkutta.

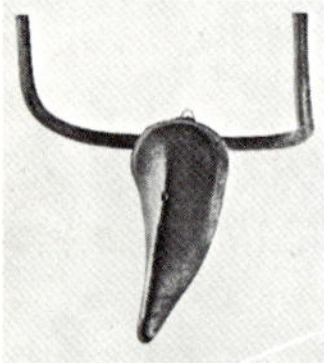

Pablo Picasso: Stierkopf, 1943

Picard [pik'a:r], Max, Schriftst., * Schopfheim (Baden) 5. 6. 1888, † Neggio bei Lugano 3. 10. 1965, kam von der Betrachtung der Kunst zur Physiognomik als ganzheitl. Lebensdeutung (›Das Menschengesicht‹, 1930; ›Die Grenzen der Physiognomik‹, 1937). – WW: ›Die Flucht vor Gott‹ (1934), ›Hitler in uns selbst‹ (1946).

Picardie *die,* geschichtl. Landschaft, ehemals Prov., heute Region im N Frankreichs, beiderseits der Somme, ein Kreide-Tafelland mit fruchtbaren Böden; Hptst.: Amiens. Die P. gehörte 1435–82 zu Burgund.

Picasso, Pablo (P. ist der Name der Mutter), eigtl. **Ruiz y P.** [ru'iθ i-], span. Maler, Graphiker, Bildhauer, Keramiker und Dichter, * Málaga 25. 10. 1881, † Mougins (Südfrankreich) 8. 4. 1973, besuchte die Kunstschule in Barcelona, zeitweilig auch in Madrid und ließ sich 1904 in Paris nieder. Dort hatte er bereits bei kürzeren Aufenthalten den Stil seiner frühen Werke gefunden: schwermütige Figurenbilder, die er seit 1901 auf einen blauen Ton stimmte (Büglerin, Absinthtrinker u. a.), seit 1905 auf einen rosa Ton (Harlekine, Zirkusleute). Schockierend und wegbereitend zugleich waren die ›Mädchen von Avignon‹ von 1906/07. Um diese Zeit begann er, bes. von der Kunst der Naturvölker beeinflußt, die Form expressionistisch zu übersteigern. 1908 schuf er gleichzeitig mit G. Braque die ersten Bilder des → Kubismus, seit 1917 auch Werke eines neuen klassizist. Stils, in dem ihm vor allem Umrißzeichnungen von zarter Linienschönheit gelangen. Mitte der 20er Jahre begann er mit immer krasser werdenden surrealistischen Verzerrungen zu malen, die als Ausdruck einer zerrütteten Zeit auch die Schreckensvision seines großen Wandbilds ›Guernica‹ (1937) bestimmen und Abscheu vor dem Krieg bildnerisch zu realisieren suchen. Von 1944 bis 1956 gehörte P. der kommunist. Partei an. Kennzeichnend für P. ist die sich ständig wandelnde Vielfalt seiner Kunst, die Werke gegensätzlicher Art gleichzeitig hervorzubringen vermag (Keramik seit 1947). So entstanden in neuerer Zeit neben monströsen Gebilden auch realist. Darstellungen, v. a. Lithographien (seit 1945) und heiter-parodistische Zeichnungen (Maler und Modell, etwa 70 Blätter, 1963/64). 1968 entstand eine Folge von 347 Radierungen. Nach Themen und Motiven alter Meister schuf er eigenwillige Metamorphosen (Las Meninas, 1957). – Seine Werke sind über viele Museen und Privatsammlungen der Welt verstreut; P.-Sammlungen haben u. a. Museen in Antibes, Barcelona, Mougins, Vallauris. (Weiteres BILD S. 215 und BILDER Apollinaire, Kubismus, Kupferstich, Lithographie, Strawinsky, Zeichnung)

Auguste Piccard

Pablo Picasso:
Guernica, 1937 (Madrid, Casón de Buon Retiro/Prado)

Piccadilly [pɪkəd'ɪlɪ], Geschäftsstraße im W der Londoner City. **P. Circus** [-s'ə:kəs], großer Platz, in den P. einmündet.

Giovanni Battista Piazzetta: Strandidylle; um 1740 (Köln, Wallraf-Richartz-Museum)

Piccard [pik'a:r], Auguste, schweizer. Physiker, * Lutry (Kt. Waadt) 28. 1. 1884, † Lausanne 25. 3. 1962, unternahm 1931/32 die ersten Stratosphärenflüge im Ballon (16940 m Höhe), erreichte 1953 bei Tiefseetauchfahrten mit einem selbst entworfenen Tauchschiff (→ Bathyskaph) 3150 m Tiefe; sein Sohn Jacques (* Brüssel 28. 7. 1922) drang 1960 mit dem Tauchboot ›Trieste‹ im Marianengraben bis 10900 m Tiefe vor.

Piccini, Piccinni [pitʃ'i:ni], Niccolò Vito, ital. Komponist, * Bari 16. 1. 1728, † Passy bei Paris 7. 5. 1800, ein Meister der ital. kom. Oper. Die Zahl seiner Opern wird auf über 120 geschätzt, bes. erfolgreich ›L'Olimpiade‹ (1761); Kirchenmusik.

piccolo [ital.], klein. (→ Pikkolo)

Piccolomini, 1) Enea Silvio, Papst Pius II. (→ Pius 1).

2) Ottavio **P.-Pieri** [-pj'eri], Fürst (1650), Herzog von **Amalfi** (1639), kaiserl. General, * Florenz 11. 11. 1599, † Wien 11. 8. 1656, Vertrauter Wallensteins, gleichwohl 1634 führend bei dessen Sturz. 1642 wurde er von den Schweden bei Breitenfeld besiegt. Sein von ihm adoptierter Neffe Joseph Silvio Max P. fiel 1645 als Oberst. Beide P. sind mit dichter. Freiheit in Schillers ›Wallenstein‹ dargestellt.

Pichegru [piʃgr'y], Charles, frz. General, * bei Arbois (Jura) 16. 2. 1761, † (Selbstmord) Paris 6. 4. 1804, eroberte 1794/95 Holland, schlug im April 1795 den Jakobineraufstand in Paris nieder, beteiligte sich dann an royalist. Verschwörungen gegen das Direktorium; später Gegner Napoleons.

picheln [zu Pegel]. *ich* **pich(e)le,** U trinke, zeche. *die* **Pichelei,** *-/-en,* Zechgelage.

Pichelsteiner Fleisch, Eintopf aus Rind-, Kalb-, Hammel- und Schweinefleisch, Zwiebeln, Gemüse, Kartoffeln.

Picht, Georg, Philologe, Pädagoge, Religionsphilosoph, * Straßburg 9. 7. 1913, † Hinterzarten 7. 8. 1982; trat bes. durch seine krit. Untersuchungen zum dt. Bildungswesen hervor (›Die dt. Bildungskatastrophe‹, 1964).

Pichurimbohne [pitʃ'urim-, Tupí-Sprache], **Sassafrasnuß, Brasilische Bohne,** der vanillinreiche Samen des südamerikan. Lorbeergewächses **Nectandra puchury.**

Pick [Schallw.] *der, -s/-e,* das Zuhacken, Stoß. *ich* **picke, 1)** *Vögel picken es, nach etwas,* hacken mit dem Schnabel danach. **2)** [zu Pech] *es, bair., österr.:* klebe: *es pickt,* klebt, bleibt haften. *die* **Picke,** *-/-n,* Spitzhacke.

Pickel *der, -s/-,* **1)** [zu Pick], Spitzhacke, bes. der → Eispickel des Bergsteigers. **2)** [von Pocke], $ kleines Hautknötchen, meist entzündlich gerötet und eiterhaltig, z. B. bei → Akne.

Pickelhaube, Lederhelm mit Metallbeschlag und -spitze, 1842 von der preuß. Armee eingeführt; hielt sich in abgewandelter Form im dt. Heer bis zum 1. Weltkrieg. (BILD Helm)

Pickelhering, Pickelhäring [›Pökelhering‹], komische Bühnengestalt bei den → Englischen Komödianten des 17./18. Jh.

Pickering, Edward Charles, amerikan. Astronom, * Boston 19. 7. 1846, † Cambridge (Mass.) 3. 2. 1919, seit 1877 Direktor des Harvard-Observatoriums, führte die dauernde photograph. Überwachung des Himmels ein. Sein umfangreiches Beobachtungsmaterial ist die Grundlage der Stellarstatistik (→Stellarastronomie) und des Studiums der →Veränderlichen Sterne.

Pickford [p'ɪkfəd], Mary, eigtl. Gladys Mary **Smith** [smɪθ], amerikan. Filmschauspielerin, * Toronto (Kanada) 8. 4. 1893, † Santa Monica (Calif.) 29. 5. 1979, wurde 1909 von D. Griffith entdeckt, spielte meist das unschuldige junge Mädchen; beliebter Stummfilm-Star.

Picknick [frz.] *das, -s/-s* oder *-e,* Mahlzeit im Freien.

Pick-up [p'ɪkʌp, engl.] *der, -s/-s,* Tonabnehmer des Plattenspielers.

Pico [ital. p'i:ko, span. p'iko, portugies. p'iku, brasilian. p'iko], **1)** Bergspitze. **2)** Insel der portugies. →Azoren.

Pico, P. della Mirandola, Giovanni, ital. Humanist und Philosoph, * Mirandola (Modena) 24. 2. 1463, † bei Florenz 17. 11. 1494, gehörte zum Kreis Lorenzos des Prächtigen; philosophisch von Marsilio Ficino beeinflußt, erstrebte er die Überhöhung des christl. Weltbildes i. S. eines Bildungshumanismus. Nach ihm ist der Mensch ein ›Mikrokosmos‹, d. h. sein eigener freier Bildner und Überwinder, in dem alle Möglichkeiten angelegt sind und der sich, entsprechend den Seinsstufen, für das Elementarische, Tierische oder Himmlische entscheiden kann. Seine Rede ›De dignitate hominis‹ (Über die Würde des Menschen) ist eins der schönsten Bekenntnisse des Lebensgefühls der Renaissance. P. war bis kurz vor seinem Tod im päpstl. Bann.

Pico de Orizaba [-θ'aβa], **Citlaltépetl** [s-, aztek.], Vulkan am Südrand des Hochlands von Mexiko, höchster Berg des Landes, etwa 5700 m; ständig mit Schnee bedeckt.

Picoline *Pl.,* **Methylpyridine,** flüssige heterozykl. Verbindungen, die im Steinkohlenteer vorkommen.

Picrasma, Gatt. der Bitterholzgewächse, zu der u. a. die →Quassie gehört.

Pictor [lat.] *der, -,* **Malerstaffelei, Maler,** ✯ Sternbild des südl. Himmels.

Pidgin English [p'ɪdʒɪn 'ɪŋglɪʃ, aus engl. business ›Geschäft‹] *das, -(s),* seit dem 17./18. Jh. entwickelte Verkehrssprache zw. Chinesen und Europäern in Ostasien, mit chines. Satzbau und engl. Wortschatz, den Sprechgewohnheiten der Eingeborenen angepaßt (l für r usw.). Auch das Beach-la-mar wird P. E. genannt; es ist durch melanes. Sprachen beeinflußt.

PID-Regler, Grundtyp eines →Reglers.

Pieck, Wilhelm, Politiker (KPD, SED), * Guben 3. 1. 1876, † Berlin 7. 9. 1960; Mitgr. des Spartakusbundes (1917) und der KPD (1918/19), 1928–33 MdR., emigrierte 1933 nach Frankreich, 1934 in die UdSSR. 1938–43 war er Gen.-Sekr. der Komintern; 1943 maßgeblich an der Gründung des Nationalkomitee Freies Deutschland beteiligt; betrieb in der SBZ als Vors. der KPD deren Zusammenschluß mit der SPD zur SED (1946), deren Vorsitz er bis 1954 mit O. Grotewohl innehatte. 1949–60 war P. Präs. der Dt. Dem. Rep.

Pi|edestal [frz.] *das, -s/-e,* Sockel, Fußgestell.

Piedmontfläche [p'i:dmənt-, engl.], 🌐 flachwellige Rumpffläche am Fuß eines Berglandes.

Piek [nd. aus engl.] *die, -/-en,* ⚓ **1)** spitzes Ende, z. B. das oberste Ende eines Gaffelsegels. **2)** unterster enger Raum im Schiff ganz vorn und hinten.

pieken, pieksen [zu Pike]. *ich pieke, norddt.,* **piekse,** *ihn,* U steche.

Piel, Harry, Filmschauspieler und -regisseur, * Düsseldorf 12. 7. 1892, † München 27. 3. 1963, schuf zahlreiche Sensations- und Abenteuerfilme (oft mit Raubtierdressuren).

Pielach *die,* **Bielache,** rechter Nebenfluß der Donau in Niederösterreich, 70 km, mündet bei Melk.

Pi|emont, ital. **Pi|emonte,** frz. **Piémont** [pjem'ɔ̃], Region und Landschaft Italiens, 25399 km², (1981) 4,479 Mio. Ew.; umfaßt den westl. Teil der Poebene und das anschließende Alpengebiet bis zur frz. und schweizer. Grenze, mit den Prov. Alessandria, Asti, Cuneo, Novara, Turin, Vercelli; Hptst.: Turin. P. ist eines der wichtigsten Industriegebiete Italiens (Hüttenwerke, Maschinen-, Automobil-, chem., Textil-, Leder- und Lebensmittelindustrie).

Geschichte. P. war mit seiner Hptst. Turin das Kernland des von dem Haus →Savoyen geschaffenen Mittelstaates. Die Grafen (seit 1416 Herzöge) von Savoyen erwarben seit dem 11. Jh. P., Aosta, die Waadt (1536 an Bern), 1388 Nizza. Im 17. Jh. geriet P. in völlige Abhängigkeit von Frankreich (→Pinerolo). Um sich von ihr zu befreien, schloß sich Viktor Amadeus II. (1675–1730) den europ. Koalitionen gegen Ludwig XIV. an; im Span. Erbfolgekrieg rettete ihn der Sieg des Prinzen Eugen von Savoyen bei Turin (1706) vor den Franzosen, und der Utrechter Friede (1713) sprach ihm das Hzgt. Monferrato sowie Teile des Hzgt. Mailand und Sizilien mit der Königskrone zu; Sizilien ging an Spanien verloren (1717), Österreich trat 1720 Sardinien ab. Seine Nachfolger gewannen 1736, 1743 und 1748 neue lombard. Grenzgebiete, verloren aber in den frz. Revolutionskriegen 1796/97 ihr ganzes Land bis auf die Insel Sardinien; doch erhielten sie es 1814/15 zurück, dazu das Gebiet von Genua. Mit Karl Albert (1831–49) gelangte die Nebenlinie Savoyen-Carignan auf den Thron. Er stellte sich in der Revolution von 1848/49 offen an die Spitze der nationalen Einheitsbewegung Italiens gegen die Fremdherrschaft Österreichs und gab P. eine liberale Verfassung, dankte aber nach den Niederlagen durch Radetzky zugunsten seines Sohnes Viktor Emanuel II. ab. Erst dem piemontes. Staatsmann Cavour gelang mit Hilfe des frz. Kaisers Napoleon III., der sich dafür Savoyen und Nizza abtreten ließ, 1859–61 die Einigung Italiens. (→italienische Geschichte)

Pablo Picasso: Stierkampfarena, 1901 (Privatsammlung)

Piep [Schallw.] *der, -(e)s/-e,* dünner hoher Ton, wie ihn Vögel hören lassen: *er konnte nicht mehr P. sagen,* U keinen Ton mehr hervorbringen. *die* **Piepe,** *-/-n, norddt.:* Pfeife. *ich* **piepe,** bringe Pieptöne hervor: *die Maus piept; bei dir piept's wohl?,* U du bist wohl verrückt? *es ist zum Piepen,* U zum Totlachen. **Piepen** *Pl.,* U Geld. **Piepmatz, 1)** Kindersprache: Vogel. **2)** U Verrücktheit. *der* **Pieps,** *-es/-e,* U Piepton. *ich* **piepse,** U piepe. *der* **Piepser,** *-s/-,* U Piepton. **piepsig, 1)** U hoch und schwächlich klingend. **2)** U schwach, kränklich.

Wilhelm Pieck

Pieper *der, -s/-,* **Anthus,** weltweit verbreitete, zu den Stelzen gehörende bräunl. Singvögel; sie brüten am Boden, in Europa der **Baumpieper** und als Wintergast der **Wiesenpieper.**

Pieper, Josef, Philosoph, * Elte bei Rheine 4. 5. 1904; von der thomist. Ethik ausgehende Schriften.

Pier [engl.] *die, -/-s* oder *der, -s/-e* oder *-s,* →Kai.

Piero della Francesca: Porträt des Federigo da Montefeltro; 1465–66 (Florenz, Uffizien)

Piero di Cosimo: Darstellung aus der Prometheussage (München, Alte Pinakothek)

Pierlot [pjɛrl'o], Hubert, Comte (1946), belg. Politiker (Kath. Partei; Christl. Volkspartei), *Cugnon 23. 12. 1883, †Brüssel 13. 12. 1963, Rechtsanwalt, u. a. 1934–35 Innen-, 1939 Außen-Min., trat 1940 als MinPräs. (1939–45; 1940–44 in London) für die Fortsetzung des Kriegs ein und geriet damit in Gegensatz zu König Leopold III.

Piero della Francesca [-frantʃ'ɛska], ital. Maler, *Borgo San Sepolcro zw. 1415 und 1420, begraben ebd. 12. 10. 1492, verband perspektivische Raumdarstellung mit maler. Bildgestaltung in lichten Farben. Neben der Linearperspektive, der er eingehende theoret. Studien widmete, bildete er die Luftperspektive aus, mit der er für seine groß gesehenen Figuren eine lichterfüllte Atmosphäre schuf. Verhaltenheit des Ausdrucks und der Bewegung, Klarheit der Formen und ein ausgeprägter architekton. Sinn verleihen seinen Werken Monumentalität. Sein Hauptwerk sind die Fresken aus der Legende des hl. Kreuzes im Chor von S. Francesco in Arezzo (nach 1452, vollendet 1466). Von anderen Fresken ist bes. die Auferstehung Christi (Rathaus zu Borgo San Sepolcro) erhalten. Tafelbilder: Bildnisse des Herzogs Federigo da Montefeltro und seiner Gattin, 1461–72 (Florenz, Uffizien); Madonna mit Heiligen und Federigo da Montefeltro als Stifter, um 1470 (Mailand, Brera); Geburt Christi (London, National Gallery). BILD S. 215.

Jean-Baptiste Pigalle: Graf Henri-Claude d'Harcourt; vom Grabmal in Notre-Dame, Paris, 1769–76

Piero di Cosimo, eigtl. P. **di Lorenzo,** ital. Maler, *Florenz 1461 oder 1462, †ebd. 1521, malte religiöse und mytholog. Bilder von eigenartiger Erfindung und oft seltsamer Formensprache.

Pierre [pjɛ:r, frz.], frz. männl. Vorname (Peter).

Pierre [p'i:ə], Hptst. von South Dakota, USA, (1980) 11900 Ew., am Missouri; Handelszentrum.

Pierre [pjɛ:r], **Abbé P.,** eigtl. Henri-Pierre **Grouès** [gru'ɛs], *Lyon 5. 8. 1912, kath. Geistlicher, war seit 1942 in der →Résistance tätig, 1945–51 Abg. (unabhängig); schuf eine Siedlung für Obdachlose (Emmaus, östlich von Paris).

Pierrot [pjɛr'o:, frz. ›Peterchen‹] *der, -s/-s,* komische Figur des ital. Theaters in Paris, seit 1637 nachweisbar, trug weite weiße Kleider und war weiß geschminkt. *die* **Pierrette,** *-/-n,* die weibliche Maske.

piesacken [nd.]. *ich* **piesacke** *ihn,* U quäle, peinige, belästige.

Piešťany [pj'ɛʃtjani], solwak. Name von →Pistyan.

Piesteritz, Industrievorort von →Wittenberg.

Pi|età [ital. ›Frömmigkeit‹] *die, -/-s,* **Vesperbild,** Darstellung der trauernden Maria mit dem Leichnam Christi, →Andacht.

Pi|etät [lat. pietas ›Frömmigkeit‹] *die, -,* Anhänglichkeit, Ehrfurcht, Überlieferungstreue, Frömmigkeit.

Pietermaritzburg, Hptst. der Prov. Natal, Rep. Südafrika, (1980) 179000 Ew.; anglikan. Bischofssitz; Univ., Bibliothek, Museen, botan. Garten; Möbel-, Schuh-, Nahrungsmittel- u. a. Ind., Bahnknoten, Flughafen; 1838 von Buren gegründet.

Arthur Cecil Pigou

Pi|etismus [lat. pietas ›Frömmigkeit‹] *der, -,* eine im 17. Jh. einsetzende religiöse Bewegung im Protestantismus, die mit der Erneuerung des frommen Lebens die Kirche reformieren wollte. Ihre Anhänger wurden urspr. spottweise **Pietisten** (›Frömmler‹) genannt. Der Begründer des P. war Ph. J. →Spener mit der Errichtung pietist. Erbauungszirkel (Collegia pietatis). Hauptsitze des älteren P. waren Halle (A. H. Francke), Württemberg (J. Bengel), niederrhein. Gebiete (G. Tersteegen), Westfalen und die Herrnhuter Brüdergemeine (N. L. v. Zinzendorf). Der P. war vor allem eine Gegenströmung gegenüber der Betonung des Verstandesmäßigen in der Aufklärung und des Dogmatismus der Orthodoxie. An die Stelle der ›Rechtfertigung‹ trat die ›Wiedergeburt‹. ›Lebendiger Glaube‹ wurde in der Liebe zum Nächsten realisiert, daher der soziale Grundzug des P. Die Besinnung auf das subjektiv-persönliche Verhältnis des Menschen zu Gott führte zu einer Verinnerlichung und Verfeinerung des psycholog. Vermögens. Die Dichtkunst erhielt neue Impulse (→Empfindsamkeit); es entstanden Kirchenlieder, doch wurde die Kirche als Institution mit geistl. Amt, Sakramenten und Liturgie vernachlässigt. Im 19. Jh. wurde der P. in den →Erweckungsbewegungen, bes. in der →Gemeinschaftsbewegung, erneuert.

Pietra Dura [ital. ›harter Stein‹] *die, -,* **Pietra-Dura-Mosaik,** ornamentales Mosaik, das aus verschieden geformten Platten von farbigem Marmor, auch mit Einlagen von Edelsteinen, Korallen und Perlmutter, fugenlos aneinandergefügt und poliert wird; bes. in Florenz seit Mitte des 16. Jh. für Antependien, Tischplatten u. a. (Florentiner Mosaik).

Pieyre de Mandiargues [pjɛ:r də mɑ̃dj'arg], André, frz. Schriftst., *Paris 14. 3. 1909, vertritt einen originellen Surrealismus in Lyrik und Romanen, die Phantastisches und Absurdes verschmelzen. – ›Das Motorrad‹ (1963).

Piezo|elektrizität [grch.], die von J. und P. Curie 1880 entdeckte Erscheinung, daß Quarzkristalle sich bei Deformation unter mechan. Beanspruchungen (Druck, Zug, Torsion) auf Prismenflächen (senkrecht zu polaren Richtungen) elektrisch positiv und negativ aufladen. P. wird in Isolator-Kristallen ohne Symmetriezentrum beobachtet, deren Struktur durch eine oder mehrere ausgezeichnete (polare) Achsen gekennzeichnet ist. Die Art der Aufladung ist von der Richtung der Kraft abhängig. Bei dieser als **piezo|elektr. Effekt (Piezoeffekt)** bekannten Erscheinung können die mechan. Beanspruchungen unterschiedl. Verschiebungen von positiven und negativen Ladungsträgern in den polaren Richtungen Dipolmomente verursachen. Technisch sind nur solche Kristallarten verwendbar, die in hinreichend großen Kristallen verfügbar sind und zugleich ausreichende elast., therm., lösungsresistente und piezoelektr. Eigenschaften haben, wie z. B. kristalliner Quarz und Turmalin. Die Umkehrung der P. ist die →Elektrostriktion **(umgekehrter Piezoeffekt).** Bringt man die Quarzplatte in ein elektr. Wechselfeld, so wird sie zu mechan. Schwingungen angeregt **(Schwingquarz).** Verwendet werden Schwingquarze in Quarzuhren, in piezoelektr. Lautsprechern, Mikrophonen, Tonabnehmern, zur Druckmessung und zur Ultraschallerzeugung. Außer den natürl. piezoelektr. Kristallen haben best. keram. Materialien (z. B. Titanate, Niobate) gute piezoelektr. Eigenschaften, die eine techn. Anwendung zulassen (z. B. als Sensoren oder in Feuerzeugen als **Piezozünder).** Für spezielle Anwendungen wurden Kunststoffe, die P. zeigen, entwickelt. (→Pyroelektrizität)

Pi|ezometer [grch.] *das, -s,* Gerät zur Messung der Kompressibilität von Flüssigkeiten. Die Flüssigkeit füllt einen oben geschlossenen Glaskolben, der nach unten in eine Röhre ausläuft. Diese taucht in eine Wanne mit Quecksilber, das die Flüssigkeit abschließt. Das Ganze befindet sich in einem Gefäß mit Wasser, das von außen unter Druck gesetzt wird. Aus dem Steigen des Quecksilberspiegels kann die Volumenabnahme der Flüssigkeit bestimmt werden.

Pigalle [pig'al], Jean-Baptiste, frz. Bildhauer, *Paris 26. 1. 1714, †ebd. 21. 8. 1785, schuf Bildwerke, in denen sich barocke Gestaltung und Formen des beginnenden Klassizismus mischen.

HW: Statuette des sich die Flügelschuhe bindenden Merkur (1744, Louvre; Wiederholung in großem Maßstab, 1748, Geschenk Ludwigs XV. an Friedrich d. Gr., Berlin, Staatl. Museen; Gegenstück: Sitzende Venus, ebd.); Grabmal des Marschalls Moritz v. Sachsen (1762–70, Straßburg, St. Thomas).

Pigmentdruck, Verfahren zum Färben und Bedrucken von textilen Flächen durch Festlegen der Farbpartikel mit Hilfe von Bindern wie z. B. Lack oder Kunstharz.

Pigmente [lat.], *Sg. das* **Pigment,** *-(e)s,* Farbstoff. **1)** Biologie: in den Zellen der Organismen vorkommender Stoff mit Eigenfarbe, z. B. bei Mensch und Tieren die P. des →Auges, der →Haare, der Haut (→Hautfarbe); ferner Pflanzenfarbstoffe. Zu den P. gehören Melanine, Karotinoide, Purin-Farbstoffe u. a. Durch besondere Vorgänge in den Pigmentzellen der Haut kommt es zu einem →Farbwechsel. Über erbbedingtes Fehlen von P. →Albinismus; über krankhafte Verfärbung **(Pigmentierung)** →Melanose 1). **2)** Mal-, Anstrich- und Drucktechnik: im Anwendungsmedium unlösliche anorgan. oder organ. →Farbmittel. Durch Fällen von gelösten Farbstoffen mit Fällungsmitteln erzeugte P. werden als **Farblacke** bezeichnet. Besondere Bedeutung haben synthetische anorganische und organ. P. **Leucht-P.** werden durch kurzwelliges Licht oder ultraviolette Strahlung zu Fluoreszenz oder Phosphoreszenz angeregt.

Pigou [p'ɪgu:], Arthur Cecil, brit. Volkswirtschaftler, *London 18. 11. 1877, †Cambridge 7. 3. 1959, trug grundlegend zur Entwicklung der Wohlfahrtsökonomie sowie zur Analyse antizyklischer Konjunkturerscheinungen bei.

Pijade, Moša, jugoslaw. Politiker (Kommunist), *Belgrad 4. 1. 1890, †Paris 15. 3. 1957, war 1925–41 wegen Hochverrats im

Zuchthaus, nahm am Partisanenkrieg teil, wurde 1948 Mitgl. des Politbüros und 1954 Präsident der Nationalversammlung.

Pijper [pʼɛjpər], Willem, niederländ. Komponist, * Zeist 8. 9. 1894, † Leidschendam 18. 3. 1947, war ein Hauptvertreter der Neuen Musik in den Niederlanden (Sinfonien, Konzerte, Kammermusik, Chöre, Lieder).

Pik [russ.] *der, -s/-e,* Berggipfel. – Mit P. zusammengesetzte Begriffe suche man unter dem Eigennamen.

Pik [frz. pique], **1)** *das, -s/-s,* auch **Schippen,** Farbe des frz. Kartenspiels, stellt einen schwarzen Spaten dar und entspricht dem Grün (Schippe) der dt. Spielkarten. **2)** *der, -s,* Ü heimlicher Groll: *ich habe einen P. auf ihn.*

Pikador [span.] *der, -s/-es,* berittener Stierkämpfer mit Lanze.

pikant [frz.], **1)** scharf gewürzt. **2)** Ü lüstern, prickelnd; anzüglich. *Subst. die* **Pikanterie,** *-/...r'i|en.*

pikaresker Roman [span. picaro ›Schelm‹], **Picaro-Roman,** der → Schelmenroman.

Pike [frz.] *die, -/-n,* Langspieß, Stoßwaffe des Fußvolks in den Heeren des 16. und 17. Jh.: *von der P. auf dienen,* Ü als einfacher Soldat, von der untersten Stufe an, beginnen. *der* **Pikenier,** *-s/-e,* mit der P. Bewaffneter. *ich* **pike** *ihn,* Ü steche.

Anton Pilgram: Selbstporträt an der Kanzel in St. Stephan in Wien; 1514/15

Pikee, Piqué [pik'e, frz.] *der* oder *das, -s/-s,* Gewebe mit reliefartiger Musterung.

Pikes Peak [p'aɪks pi:k, engl.], Berg am O-Rand der Rocky Mountains, im Staat Colorado, USA, 4 301 m hoch.

Pikett [frz.] *das, -(e)s/-e,* **1)** ✤ kleine Truppenabteilung. **2) Rummel-P., Feldwache,** Kartenspiel zu zweit.

pikieren [frz.], *ich* **pikiere** *Sämlinge,* verpflanze auf größeren Abstand. **pikiert,** Ü gekränkt, verletzt, peinlich berührt.

Pikkolo [ital. ›klein‹] *der, -s/-s,* **1)** Kellnerlehrling. **2)** kleines Fläschchen Sekt (0,2 l).

Pikkoloflöte, ♪ die kleine → Flöte.

Piko, Vorsatzzeichen **p,** ein Vorsatz vor Einheiten für den Faktor 10^{-12} (Billionstel); z. B.: 1 Pikofarad = 1 pF = 10^{-12} F.

Pikör *der, -s/-e,* frz. **Piqueur** [pik'œ:r], reitender Jäger, der bei der Hetzjagd die Hundemeute führt.

Pikrinsäure [grch.], **2,4,6-Tri|nitrophenol,** gelbe, bitter schmeckende Kristalle. P. oder ihre Salze **(Pikrate)** wurde früher zum Färben von Wolle und als Sprengstoff verwendet. In Lösung mit Zitronensäure dient P. zur Eiweißbestimmung im Urin (Esbachs Reagens).

Pikten *Pl.,* röm. Name für die vorkelt. oder keltischen Stämme in Schottland (Kaledonien) nördl. des Antoninuswalls (→ Antoninus Pius), zw. Forth- und Clyde-Mündung, die seit dem späten 3. Jh. das röm. Britannien bedrängten.

Piktogramm, Pictogramm *das, -s/-e,* allgemein verständl. Bildsymbol, z. B. Totenkopf für Gift.

Pilar [span.] *der, -en/-en,* Hilfsmittel der Pferdedressur: zwei Pfosten, zwischen denen das Pferd am Zügel festgemacht wird.

Pilaster [ital.] *der, -s/-,* 🏛 mit der Wand verbundener, nur wenig aus ihr hervortretender Pfeiler, im Unterschied zur → Lisene mit Basis und Kapitell.

Pilatus *der,* mehrgipfliger Bergstock der Voralpen an der Grenze der Kantone Luzern und Unterwalden, Schweiz, südlich von Luzern, im Tomlishorn 2 120 m. Von Alpnachstad führt eine Zahnradbahn (bis 48% Steigung), von Kriens eine Seilbahn zum Hotel Pilatuskulm (2 070 m). BILD Weggis.

Pilatus, Pontius, röm. Prokurator von Judäa (26–36 n. Chr.), beteiligt an der Hinrichtung Jesu. Wegen seiner despot. Regierung wurde er später auf Verlangen der Juden abberufen.

Pilatus|akten, apokrypher Bericht, den Pilatus an den Kaiser Tiberius über die Verurteilung und den Tod Jesu geschickt haben soll; wohl Ende des 2. Jh. verfaßt.

Pilau [türk.] *der, -s,* **Pilaf, Pilaw,** verbreitetes oriental. Gericht aus Reis und Hammelfleisch, auch mit Geflügel.

Pilchard [p'ɪltʃəd, engl.] *der, -s/-s,* Fisch, → Sardine.

Pilcomayo, Fluß in Südamerika, 1 100 km, entspringt im Hochland von Bolivien und mündet unterhalb von Asunción in den Paraguay.

Pile [paɪl, amerikan.] *das, -s/-s,* Bez. für → Reaktor.

Pileolus [lat.] *der, -/...li* oder *...le'olen,* Kath. Kirche: nichtliturg. Kopfbedeckung, von den zum Gebrauch der Pontifikalien berechtigten Klerikern in der Farbe ihres Ranges getragen.

Pilger [ahd.] *der, -s/-,* **1)** Wallfahrer zu einem heiligen Ort, in der christl. Kirche bes. nach dem Heiligen Land, im MA. ausgestattet mit braunem oder grauem Gewand (Pilgerkleid), breitkrempigem, mit Muscheln (→ Kamm-Muscheln) verziertem Pilgerhut, einem Pilgerstab und → Gurde. Besondere Bedeutung erlangten im MA. die **Pilgerstraßen,** entlang derer sich Motive der Architektur und Bauplastik durch Europa verbreiteten, so z. B. an den durch Frankreich und Spanien führenden Pilgerstraßen nach Santiago di Compostela in der Zeit der Romanik. **2)** Ü Wanderer nach fernen Zielen. *Vb. ich* **pilg(e)re** *zu ihm. der* **Pilgrim,** *-s/-e,* Pilger.

Pilger 1) (Holzschnitt von Lucas Cranach d. Ä.)

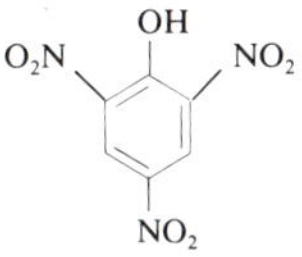

Pikrinsäure

Pilgerschrittverfahren, Walzverfahren mit abwechselnd vor- und rückwärtsgehender Bewegung, bes. zur Herstellung nahtloser Rohre.

Pilgerväter, die ersten puritan. Ansiedler in Neuengland, die auf der ›Mayflower‹ 1620 den Atlantik überquerten und die nordamerikan. Kolonie Plymouth gründeten.

Pilgram, Anton, Bildhauer und Baumeister, * Brünn um 1460, † Wien 1515, tätig in Südwestdtl., dann in Brünn und seit 1511 in Wien als Leiter der Dombauhütte, schuf, bes. von der oberrhein. Kunst beeinflußt, Bildwerke von ausdrucksstarkem Realismus: Kanzelträger aus Öhringen (Berlin); Orgelfuß (1513) und Kanzel mit den Büsten der vier Kirchenväter (1514/15) im Stephansdom in Wien (beide mit Selbstbildnis).

Pilgrim, Piligrim, Bischof von Passau (971–91), † ebd. 20./21. 5. 991, erwarb sich Verdienste um die dt. Besiedlung der Ostmark und die Missionierung Ungarns. Vergeblich versuchte er, mit gefälschten Urkunden (Lorcher Fälschungen) aus Passau eine von Salzburg unabhängige Metropole für Österreich, Mähren, Ungarn zu machen. Im Nibelungenlied, dessen lat. Aufzeichnung er angeblich veranlaßt hat, ist er der Onkel Kriemhilds und ihrer Brüder.

Pilisgebirge [p'iliʃ-], Teil des ungar. Mittelgebirges im Donauknie (Pilisberg 757 m).

Pillau, russ. **Baltijsk,** Stadt im Gebiet Kaliningrad (Königsberg/Pr.), Russ. SFSR, auf der S-Spitze der Samlandküste, am **Pillauer Tief** (Verbindung zw. Frischem Haff und der Ostsee) und am Ende des Königsberger Seekanals (42 km), (1970) 20 000 Ew., Hafen. Schon 1550 befestigt, war P. eine wichtige Zollstelle; wurde 1680 brandenburg. Kriegshafen, 1725 Stadt. P. ist Stützpunkt für Kreuzer, Zerstörer und Sitz des Kommandos der Balt. Flotte.

Pille [lat.] *die, -/-n,* Arzneizubereitung in Kugelform: *sie mußte die bittere P. schlucken,* Ü die unangenehme Sache auf sich nehmen. **Anti-Baby-Pille** [-b'eɪbɪ-, engl.], → Empfängnisverhütung.

Pillendreher, Gruppe der Kotkäfer (→ Skarabäus).

Pillenfarn, Pillenkraut, Pilularia globulifera, Wasserfarn an Teichufern, mit Pfriemenblättchen und grundständigen, pillenähnlichen Sporenfrüchten.

Pillenknick, Ü Geburtenrückgang infolge der Anti-Baby-Pille.

Pillenwespe, → Lehmwespen.

pillingfrei [engl. to pill ›Pillen drehen‹], Web- und Strickwaren: glatt bleibend, ohne daß sich Knötchen ablösen.

Pillkallen, 1938–45 **Schloßberg,** russ. **Dobrowolsk,** Ort im Gebiet Kaliningrad (Königsberg/Pr.), UdSSR, bis 1945 Kreisstadt in Ostpreußen, (1939) 5 800 Ew.; P., in beiden Weltkriegen umkämpft, ist Sperrgebiet und hat die Stadtrechte verloren.

Pillnitz, südöstl. Ortsteil von Dresden mit Schloßanlage an der Elbe. Das Wasser- und Bergpalais wurden 1720–23 von M. D. Pöppelmann erbaut (Sommerresidenz des sächs. Hofes). Im Neuen Palais (1818–26) sind seit 1918 Kunstsammlungen untergebracht. (BILD S. 218)

Pilnjak, Boris Andrejewitsch, eigtl. B. A. **Wogau,** russ. Schriftst., * Moschajsk 11. 10. 1894, † (hingerichtet?) 1937, wurde durch Erz. (›Gewesenes‹, 1919) zu einem der meistbeachteten Erzähler der jungen sowjetruss. Lit., später verfemt.

HW: *Romane:* Maschinen und Wölfe (1924); Die Wolga mündet ins Kaspische Meer (1930).

Pilon [pil'ɔ̃], Germain, frz. Bildhauer, * Paris um 1536, † ebd. 3. 2. 1590, schuf Stein-, Bronzebildwerke, Münzen, Medaillen, in deren klarer, geschlossener Form sich die frz. Renaissance-Plastik zur Reife entwickelte (Figuren für das Grabmal Heinrichs II. und der Katharina von Medici, 1565 ff., Saint-Denis).

Pinguine: OBEN Brillenpinguin; MITTE Felsenpinguin; UNTEN Kaiserpinguin

Pillnitz: Schloß (Neues Palais)

Józef Piłsudski

Wilhelm Pinder

Pilot [frz.] *der, -en/-en,* **1)** Flugzeugführer; Hochseesteuermann, Lotse; Rennfahrer. **2)** schweres atlasbindiges Baumwollgewebe für Arbeits- und Sportkleidung. **3)** der → Lotsenfisch.

Pilot|anlage, im kleineren Maßstab betriebene Versuchsanlage, in der techn. Erfahrungen in der Prozeßführung gesammelt und die techn. und wirtschaftl. Parameter optimiert werden.

Pilotballon, Wetterballon, kleiner, unbemannter, frei fliegender Ballon, dessen Abdrift durch Radar-, Funk- oder opt. Peilung gemessen wird. Dadurch lassen sich bei bekannter Steiggeschwindigkeit die Richtung und Geschwindigkeit des Windes in der Höhe berechnen. (→ Radiosonde)

Pilotfrequenz, zus. mit der Nachricht übertragene Hilfsfrequenz, z. B. zur Pegelregelung von Leitungsverstärkern.

Pilot-Studi|e [aus engl.], Versuchsprogramm kleinen Maßstabs, um Leistungen und Kosten eines Gesamtprogramms unverbindlich zu erkunden; in der amerikan. Sozialwissenschaft vorläufige, unverbindliche, aber eventuell wegweisende empirische Untersuchung mit relativ geringen Kosten.

Piloty, Karl von (1860), Maler, * München 1. 10. 1826, † Ambach bei München 21. 7. 1886, eignete sich in Belgien und bei P. Delaroche in Paris den farbenreichen Stil der realist. Historienmalerei an, deren bedeutendster Vertreter er in Dtl. wurde (Seni an der Leiche Wallensteins, 1855, München).

Pilsen, tschech. **Plzeň** [p'lzenj], Hptst. des Westböhm. Kr., ČSSR, (1982) 173000 Ew.; Hochschule für Maschinenbau und Elektrotechnik, Medizin. Fakultät; Theater, Museen; bed. Wirtschaftsmittelpunkt mit den W.-I.-Lenin-Werken mit Stahlwerk, Schmieden und Pressen, Gießereien, Lokomotiven-, Fahrzeug- und Maschinenbauwerken, Waffenfabrik, Brauereien, Glas-, Stein-, Papier- und Schuh-Ind.; in der Umgebung Stein- und Braunkohlengruben. – P. wurde Ende des 13. Jh. an der Kreuzung wichtiger Handelsstraßen als königl. Stadt gegr. Im Winter 1633/34 bewog Wallenstein in P. seine Kommandeure zur Unterzeichnung des Pilsener Revers.

Pilsner Bier, helles untergäriges Vollbier mit starkem Hopfenaroma und höchstens 12,5% Stammwürzegehalt (→ Bier).

Piłsudski, Józef, poln. Politiker und Marschall, * Zułowo (bei Wilna) 5. 12. 1867, † Warschau 12. 5. 1935, wurde nach Verbannung in Ostsibirien 1893 Mitbegründer der ›Polnischen Sozialistischen Partei‹. 1914–16 kämpfte er mit seiner poln. Legion auf österr. Seite gegen Rußland. Als politisch-militär. Rückgrat der poln. Unabhängigkeitsbewegung gründete P. (zunächst geheim) die ›Poln. Militärorganisation‹. Auf sie gestützt, wandte er sich immer stärker gegen die Mittelmächte (1917–18 in dt. Haft). Nach deren Zusammenbruch übernahm er im Nov. 1918 die vollziehende Gewalt des unabhängigen Polen. 1918–22 war P. poln. Staatschef. 1920 sicherte er im Krieg gegen die UdSSR die poln. Unabhängigkeit. Im Mai 1926 errichtete er, gestützt auf die Armee, ein diktator. Reg.-System und übte seitdem als Kriegs-Min. (zeitweilig auch MinPräs.) die tatsächl. Herrschaft aus.

Piltdown [p'ıltdaʊn], Ortschaft in der engl. Cty. Sussex; dort wurden 1911–15 gefälschte Hominiden-Fossilien geborgen.

Pilum [lat.] *das, -s/...len,* der 1,6–2 m lange Wurfspieß der röm. Legionäre, bestand je zur Hälfte aus hölzernem Schaft und eiserner Spitze.

Pilzdecke, kreuzweise bewehrte, mit den Stahlbetonstützen biegefest verbundene, ebene Stahlbetondecke ohne Unterzüge und Balken.

Pilze [ahd.], *Sg. der* **Pilz,** *-es,* lat. **Fungi,** grch. **Mycetes,** in ihren Großformen auch **Schwämme** genannt, die blattgrünfreien Thalluspflanzen mit Ausnahme der Bakterien und Schleimpilze; ein großer Teil der P. gehört zu den mikroskopisch kleinen, niederen P. – Die Lehre von den P. ist die **Pilzkunde (Mykologie).** – Die meisten P. bilden Zellfäden (Hyphen), die zu Myzelien zusammentreten und als feste geformte Gebilde erscheinen, z. B. die Fruchtkörper der Hutpilze. Da die P. nicht, wie die grüne Pflanze, ihren Kohlenstoffbedarf durch Assimilation decken können, sind sie in ihrer Ernährung heterotroph. Als Saprophyten ernähren sich manche P. z. B. von abgestorbenen Pflanzenteilen, als Parasiten (Schmarotzer) von der lebenden Substanz des Wirtes; andere leben in Symbiose (→ Mykorrhiza) mit höheren Pflanzen.

Viele Großpilzarten sind eßbar **(Speise-P.);** ihr Nährwert ist gering (Wassergehalt frischer P. um 90%), doch liegt der Eiweißgehalt (2–5%) höher als der von Blattgemüse, außerdem enthalten sie kleine Mengen Vitamin D. Als Zuchtpilz eignet sich vor allem der → Champignon. – **Gift-P.** können schwere bis tödliche Vergiftungen (→ Pilzvergiftung) verursachen.

P. werden verwendet zum Bereiten von Back- und Trockenhefe, von alkohol. Getränken, zum Gewinnen von Zitronensäure (Kolbenschimmel); viele Penicillium-Arten (→ Pinselschimmel) sind an der Käsereifung beteiligt, andere liefern Antibiotika. Die durch P. verursachten Schäden sind groß; viele P. erregen **Pilzkrankheiten (Mykosen),** bes. → Hautpilzkrankheiten, andere zerstören z. B. auch Holz (→ Hausschwamm); die Schimmel-P. (→ Schimmel) sind am Verderb von Lebensmitteln beteiligt. Über P.-Bekämpfungsmittel → Fungizide. (Weitere BILDER S. 219, 220, 221)

Pilzfelsen, durch schnellere Abtragung der bodennahen Schichten (Sand-, Windschliff) pilzartig geformter Einzelfels.

Pilzvergiftung, Gesundheitsschädigung durch den Genuß alter oder verdorbener Speisepilze, roher Pilze, die nur gekocht eßbar sind, und bes. nach dem Verzehr giftiger Pilze. Die schwersten P. werden durch den → Knollenblätterpilz hervorgerufen. Bei P. durch den Fliegenpilz kommt es zu Erscheinungen wie nach Vergiftungen durch → Muscarin, daneben werden durch Muscaridin u. a. Inhaltsstoffe Krämpfe, Rauschzustände u. a. bewirkt. Die Vergiftungserscheinungen bilden sich dabei meist innerhalb eines Tages zurück; ein tödlicher Ausgang ist selten. P. durch die → Lorchel ist der durch den Knollenblätterpilz ähnlich. Gefährlich bei P. ist bes. das oft späte Auftreten der Vergiftungserscheinungen (häufig erst nach 10 Stunden).

Erste Hilfe. Erbrechen hervorrufen, medizin. Kohle, Anruf bei Vergiftungszentrale, Notruf oder Arztruf!

Behandlung: Magenspülung, Flüssigkeits- und Elektrolytersatz, je nach Pilzart Gabe von Atropin, Antitoxin u. a.

Pilze: Saprophytische Pilze; **1** Schlauchpilz: Monilia-Fruchtfäule auf Apfel. **2–4** Ständerpilze: **2** Hausschwamm in einer Zimmerecke, **3** Schuppenporling. **4** Birnenbovist

1

2

3

4

Pimen, eigtl. Sergej Michajlowitsch **Iswekow,** russisch-orthodoxer Geistlicher, * Bogorodsk bei Moskau 13. 7. 1910, seit 1971 Patriarch von Moskau und ganz Rußland.

Piment [lat.] *der* oder *das, -(e)s/-e,* **Nelkenpfeffer, Jamaikapfeffer,** die getrockneten, unreifen, pfefferartigen Beeren des westind. Myrtengewächses **Pimenta dioica (Pimentbaum),** verwendet als Gewürz im Haushalt und in der Backwarenind. Das äther. **Pimentöl** riecht ähnl. wie Nelkenöl, wird für Parfüms, Seifen, Liköre verwendet.

Pimpernell [lat.] *der, -s/-e,* → Pimpinelle.

Pimpernuß [von pimpern ›klappern‹], **1) Blasen-, Klappernuß (Staphylea),** strauchige Pflanzengatt. der zweikeimblättrigen Ordnung Seifennußartige; mit gegenständigen, dreizähligen oder gefiederten Blättern, Rispen oder Trauben meist weißer Blüten und blasiger Frucht mit kugeligen Samen, die in der reifen Frucht klappern. Die **Gefiederte P. (Maiblumenstrauch, Totenköpfchenstrauch)** ist Zierstrauch. **2)** Pistaziensamen.

Pimpf *der, -(e)s/-e,* **1)** U *meist verächtlich:* kleiner Junge. **2)** Nationalsozialismus: Mitglied des Jungvolks (→ Hitler-Jugend).

Pimpinelle [zu lat. piper ›Pfeffer‹] *die, -/-n,* **Pimpernell, Bibernelle, 1) Pimpinella,** Doldenblütergatt., zumeist in Eurasien und Afrika. Außer dem → Anis gehört hierher z. B. die auf trockenen Wiesen Europas und Westasiens heimische **Kleine P. (Stein-P., Dt. Theriakwurzel, Wilder Kümmel, Pimpinella saxifraga),** bis 60 cm hohe Staude mit rosafarbenen Dolden; ihre jungen Blätter dienen als Gemüse und Salat, der scharfschmeckende Wurzelstock gibt schleimlösende Arznei. **2)** → Wiesenknopf.

Pinakothek [grch.] *die, -/-en,* in Athen die Sammlung von Weihgeschenktafeln auf der Akropolis, in Pergamon und Rom der Raum für Tafelbilder in einem Palast. Wiederverwendet wurde die Benennung seit dem Humanismus bes. in Italien, in München für die **Alte P.** (1824–36 von L. v. Klenze) und die **Neue P.** (1846–53 von A. v. Voit), deren Gebäude im 2. Weltkrieg zerstört wurden. Die Alte P. wurde wieder aufgebaut und 1957 eröffnet, der Neubau der Neuen P. wurde 1981 eröffnet.

Pinang-Palme, Palmengatt. Indonesiens und Neuguineas.

Pinar del Río, Prov.-Hptst. auf Kuba, (1981) 95 500 Ew., Kupfererzabbau, chem., Tabakindustrie, Tabakanbau.

Pinasse [lat.] *die, -/-n,* **1)** Segelschiff mit 3 Masten im 17. Jh. **2)** motorgetriebenes Beiboot der Kriegsschiffe.

Pinay [pin'ɛ], Antoine, frz. Politiker (Unabhängiger Republikaner), * Saint-Symphorien-sur-Coise (Dép. Rhône) 30. 12. 1891, war wiederholt Min., zuletzt 1958–60 Finanz- und Wirtschafts-Min. (Einführung des ›Nouveau Franc‹).

Pincenez [pɛ̃sn'e, frz.] *das, -,* Kneifer.

Pinch-Effekt [p'ɪntʃ-, engl.], **Quetsch|effekt,** ⊠ das Zusammenziehen des Querschnitts eines von genügend großen elektr. Strömen durchflossenen → Plasmas (Gasentladung, elektr. Lichtbogen) durch das eigene Magnetfeld, das durch die parallelen Stromfäden entsteht (Anziehung paralleler Ströme). Der P.-E. wird bes. zur Aufheizung und Begrenzung eines Plasmas für extrem hohe Temperaturen, wie sie bei der → Kernverschmelzung benötigt werden, genutzt.

Pincio [p'intʃɔ], **Monte P.,** lat. **Mons Pincius,** Hügel im N Roms, einst mit den Gärten des Lucullus und Sallust, heute mit großem Park um die Villa Borghese.

Pincus [p'ɪŋkəs], Gregory, amerikan. Physiologe, * Woodbine (N. J.) 9. 4. 1903, † Boston 22. 8. 1967, entdeckte die Verwendbarkeit weibl. Geschlechtshormone (Ovulationshemmer, Anti-Baby-Pille) zur Empfängnisverhütung.

Pindar, grch. Dichter, * Kynoskephalai (bei Theben) 522 oder 518 v. Chr., † Argos nach 446 v. Chr., trat kurz nach 500 als Dichter und Komponist lyr. Chorlieder auf, in denen Vers, Musik und Tanzbewegung eine Einheit bildeten. P. steht am Ausgang der archaischen Zeit. P.s Lyrik deutet die Welt als einen gottgewirkten Sinnzusammenhang. Seine Gedichte mit Beispielen aus dem Mythos und den zahlreichen Sentenzen sind durch strengen Aufbau, hohes Pathos und einen bildhaften, schon im Altertum als dunkel empfundenen Stil gekennzeichnet. Der Verlust der Musik erschwert das Verständnis seiner Metrik. Von seinen Werken sind die Siegesgesänge (Epinikien) für die Preisträger der Olymp., Pythischen, Nemeischen und Isthmischen Wettkämpfe erhalten. Von seinen Paianen und Dithyramben wurden Bruchstücke gefunden.

Pinder, Wilhelm, Kunsthistoriker, * Kassel 25. 6. 1878, † Berlin 13. 5. 1947, veröffentlichte maßgebende Bücher über dt. Kunst, bes. über mittelalterl. Plastik, Baukunst, Plastik des Barock. (BILD S. 218)

HW: Dt. Barock (1912); Die dt. Plastik vom Ausgange des MA. bis zum Ende der Renaissance, 2 Bde. (1914–28); Der Naumburger Dom (1925); Der Bamberger Dom (1927); Dt. Barockplastik (1933); Vom Wesen und Werden dt. Formen, 4 Bde. (1935–51).

pin-Diode, aus 3 Schichten aufgebaute Halbleiterdiode. Zw. der p- und der n-leitenden Schicht befindet sich zusätzlich eine hochohmige i-Zone (i, Abk. für intrinsic, ›eigenleitend‹). Anwendung als Photodiode und zum Gleichrichten hoher Spannungen.

Pilze: Speisepilze

Pilze: giftige und ungenießbare P.

Pindos, Gebirgskamm in Griechenland, im Smolikas 2637 m, trennt Epirus von Thessalien.

Pinene [lat.] *Pl.,* ungesättigte bizykl. Terpenkohlenwasserstoffe, die in Terpentinölen enthalten sind (α-P. bis zu 95%). P. dienen zur Herstellung von Kampfer und Riechstoffen.

Pine|öl [p'aın-, engl.], aus nordamerikan. Kieferarten destilliertes Öl; Rohstoff für zahlreiche Riechstoffe.

Pinerolo, Stadt in der ital. Prov. Turin, (1981) 35900 Ew.; Papier-, Textil-, Elektro-, Maschinen-Ind.; Dom (11. Jh.). – Früher piemontes. Festung, wiederholt von Frankreich besetzt (1536–74, 1631–96).

pingelig, *rhein.:* pedantisch, kleinlich.

Pinget [pɛ̃ʒ'ɛ], Robert, frz.-schweizer. Schriftst., * Genf 19. 7. 1920, schrieb phantastisch-satir. Romane und Erzählungen von parodist. Charakter; später Vertreter des → Nouveau roman.

HW: Ohne Antwort (1959); Inquisitorium (1962); Passacaglia (1969); Apokryph (1980).

Pingo [eskimoisch], **Hydro|lakkolith, Eisvulkan,** kleine Hügel (bis über 10 m) im Dauerfrostboden der arkt. und subarkt. Gebiete.

Ping-Pong [Schallwort] *das, -s,* das → Tischtennis.

Pinguine [frz. von lat. pinguis ›fett‹, ›plump‹], *Sg. der* **Pinguin,** *-s,* **Sphenisci,** Ordnung flugunfähiger Meeresvögel der südl. Halbkugel, deren Körper und Flügel mit harten Federchen bedeckt sind. Beim Tauchen nach Nahrung (Fische, Krebse) dienen die Flügel als Ruder, die mit Schwimmhäuten versehenen Füße als Steuer. An Land stehen die P. aufrecht und benutzen die steifen Schwanzfedern als Stütze. Die größte Art ist der 115 cm lange **Kaiser-P.** Das einzige Ei wird vom Männchen etwa 63 Tage lang auf den Füßen gehalten und in einer Brutfalte des Bauches bebrütet; erst nach dem Schlüpfen des Jungen hilft das Weibchen beim Füttern. Nach 4–5 Monaten kann das Junge sich selbst ernähren. Weitere P. sind der **Brillen-P.** SW-Afrikas und der **Felsen-P.** mit Brutkolonien auf den Falklandinseln. (BILDER S. 217)

Pini|e [lat.] *die, -/... ni|en,* **Pinus pinea,** im Mittelmeergebiet verbreiteter, bis zu 25 m hoher Baum der Gatt. Kiefer mit schirmförmig-flacher Krone. Der Samen **(Piniennuß, Piniole, Pignole),** mit harter Schale und ölreichem Kern, ist wohlschmeckend. Der vielschuppige Pinienzapfen war in der Antike und im frühen MA. ein Lebenssymbol.

Pinke [neuhebr. ›Schüssel‹] *die, -,* ∪ Geld; urspr. Geldbüchse.

Pinkel [jidd.] *der, -s/-,* ∪ Geck: *feiner P.*

pinkeln [norddt.]. *ich* **pink(e)le,** ∪ derb: uriniere.

Pinkert [vom Finkenruf pink] *der, -s/-e,* Lockvogel.

Pink Floyd [-flɔɪd], englische Rockgruppe, 1965 gegr., mit Syd Barrett (* 1946; Gitarre), 1968 durch Dave Gilmour (* 1944) ersetzt, Rick Wright (* 1945; Keyboard), Roger Waters (* 1944; Baßgitarre; alle drei auch Gesang) und Nick Mason (* 1945; Schlagzeug). P. F. entwickelte einen eigenen Sound mit intensiver Verwendung elektronisch erzeugter Klänge; besonderen Erfolg hatten sie mit der Rockoper ›The wall‹ (1979).

Pinne [lat. Lw.] *die, -/-n,* **1)** kurzer Nagel mit breitem Kopf. **2)** ⚓ Hebel zum Bedienen des Steuerruders. **3)** der spitze oder schmale Teil des Hammers. **4)** Stift des Kompasses, auf dem die Magnetnadel ruht. *ich* **pinne** *es* **an, fest,** nagle an, stecke fest.

Pinneberg, Krst. in Schlesw.-Holst., (1984) 36200 Ew., an der **Pinnau** (44 km lang); Motoren-, Dachpappen-, Textil- und Elektro-Ind., Mittelpunkt bed. Baumschul- und Rosenzuchtgebiete.

Pinochet Ugarte [pinotʃ'e(t)-], Augusto, chilen. General und Politiker, * Valparaíso 25. 11. 1915; wurde im Aug. 1973 Oberkommandierender des Heeres, führte im Sept. 1973 den blutigen Militärputsch gegen Präs. S. Allende Gossens. 1973–81 war er Vors. der regierenden Militärjunta; seit 1974 zugleich Staatspräs., errichtete eine harte Militärdiktatur (→ Chile). Durch eine neue Verf. mit diktator. Vollmachten ausgestattet, trat er 1981 als Staatspräs. eine 8jährige Amtsperiode an.

Pinot [pin'o, frz.] *der,* **Burgunder|rebe,** Name meist hervorragender Rebensorten: 1) **P. noir** [-nwa:r], Blauer Spätburgunder; 2) **P. gris** [-gri], Grauer Burgunder, Ruländer; 3) **P. blanc** [-blã], Weißer Burgunder; 4) **P. Meunier** [-mœnj'e], Müllerrebe.

Pinscher [von engl. to pinch ›kneifen‹] *der, -s/-,* alte Hunderasse, glatthaariger Schnauzer, früher ›Rattler‹ genannt, da er guter Mäuse- und Rattenfänger ist.

Pinsel [mhd. aus lat.] *der, -s/-,* **1)** Handwerkszeug zum Auftragen von Flüssigkeiten oder zum Reinigen. **2)** Ψ Haarbüschel an der Vorhaut beim Schalenwild und am Ohr von Luchs und Eichhörnchen. **3)** ∪ einfältiger Mensch: *Einfaltspinsel. ich* **pins(e)le, 1)** male schlecht. **2)** schreibe sorgfältig. **3)** *es,* bemale (mit Farbe), bestreiche (mit Arznei). *ich* **pins(e)le** *es* **an,** bemale, bestreiche mit Farbe. *die* **Pinselei,** *-/-en,* schlechte Malerei. *der* **Pins(e)ler,** *-s/-,* ∪ schlechter Maler.

Pinsel|äffchen, Art der → Krallenaffen.

Pinselschimmel, Penicillium, Schlauchpilz-Gatt.; manche Arten leben auf eingeweckten Früchten und Brot, andere liefern → Penicillin.

Pinselzüngler, Loris, australisch-papuanische Papageiengruppe mit hornigem Faserpinsel an der Zunge, der zum Aufnehmen von Pollen, Nektar und Kleingetier dient.

Pinsk, Stadt im SW der Weißruss. SSR, (1980) 93000 Ew., Flußhafen an der Pinamündung in den Pripet; Bekleidungs-, Nahrungsmittel-, Holzindustrie. – P. wurde 1097 erstmals erwähnt, kam 1318 an Litauen, 1793 an das Russ. Reich, 1921 an Polen, 1939 und endgültig 1945 an die UdSSR.

pint [paɪnt], Hohlmaß in Großbritannien: 1 pint = 1/8 gallon = 0,568261 dm³; in den USA für Flüssigkeiten: 1 **liquid pint** [l'ɪkwɪd-] = 1 liq pt = 4 gills = 0,473179 dm³ und für Trockensubstanzen: 1 **dry pint** [draɪ-] = 1 dry pt = 0,550610 dm³.

Pinte [lat.-frz.] *die, -/-n, nd.:* **1)** im 16. und 17. Jh. gebräuchl. Steinzeugkrug. **2)** altes Flüssigkeitsmaß (Kanne, Quart). **3)** ∪ Wirtshaus, Kneipe.

Pinter [p'ɪntə], Harold, engl. Schriftst., * Hackney (London) 10. 10. 1930. In seinen frühen Stücken dem absurden Theater verpflichtet, nähert er sich später einem neuen Realismus; Sprach- und Denkklischees werden enthüllt, erot. Problematik versinnbildlicht die Schwierigkeiten zwischenmenschl. Verständigung.

HW: Die Geburtstagsfeier (1957); Der Hausmeister (1959); Die Kollektion (1961, Fernsehspiel; 1962, Theaterstück); Der Liebhaber (1962); Die Heimkehr (1965); Schweigen (1969); Alte Zeiten (1971); Monolog (1973); Niemandsland (1975); Betrogen (1978).

Pinturicchio [pintur'ikkjo], eigtl. Bernardino **di Betto Biagio** [-bi'a:dʒo], ital. Maler, * Perugia 1454 (?), † Siena 11. 12. 1513, schloß sich Perugino an, mit dem er 1481–83 in der Sixtin. Kapelle in Rom zusammenarbeitete.

HW: Fresken in einer Kapelle in S. Maria in Aracoeli (um 1485), in der Bibliothek des Domes in Siena (1502–08). BILD S. 221.

Pin-up-girl [pɪn 'ʌp gə:l, engl.] *das, -s/-s,* aus Illustrierten ausgeschnittenes, an die Wand geheftetes Bild eines hübschen, meist leicht bekleideten Mädchens.

pinxit [lat. ›hat gemalt‹], Abk. **p., pinx.,** auf Gemälden, Stichen u. a. oft dem Namen des Malers beigefügt.

Pinyin-Transkription, seit Anfang 1979 in der Volksrep. China auch im Verkehr mit dem Ausland einheitlich verwendete Transkription der chines. Begriffszeichen mit lat. Buchstaben (20 Konsonanten, 6 Vokale), wurde innerhalb des Landes schon seit 1956 eingeführt und Ende 1957 offiziell genehmigt, hat aber die Zeichenschrift bisher (mit einzelnen Ausnahmen, z. B. Telegraphie) noch nicht ersetzt.

Pinzette [frz.] *die, -/-n,* **Federzange,** zangenartiges Instrument mit federnden Armen zum Fassen und Halten kleiner Gegenstände und zum ärztlichen Gebrauch. (BILDER S. 222)

Pinzettfisch, Chelmon rostratus, Borstenzähnerart mit bes. langer Schnauze, mit der u. a. kleine Krebse aus Korallenstöcken im trop. Indopazifik gezogen werden; beliebter Zierfisch. (BILD S. 222)

Pinzgau, das Längstal der oberen Salzach, zw. Kitzbüheler Alpen und Hohen Tauern, Österreich; Pferde- und Rinderzucht (›Pinzgauer‹); Stubach-, Kaprun-Kraftwerk.

Piombino, Hafenstadt in Mittelitalien, Toskana, gegenüber der Insel Elba, (1981) 39400 Ew.; Eisenhütten, Stahlwerke, Werften; Zitadelle (15. Jh.).

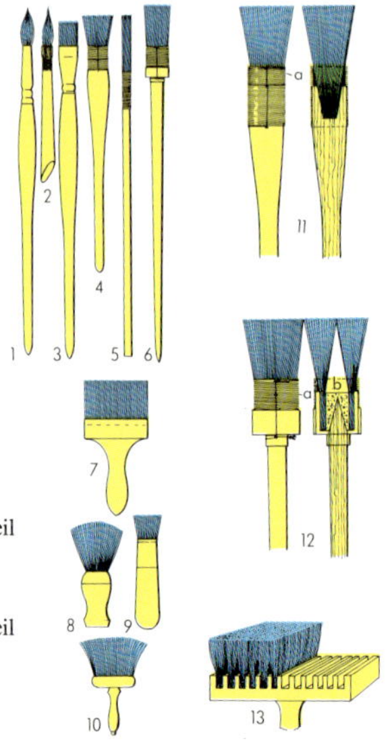

Pinsel 1):
1 Marderhaarpinsel,
2 Fischpinsel,
3 Flachpinsel (für Ölmalerei),
4 Kluppenpinsel,
5 Strichzieher (Schlepper),
6 Ringpinsel (abgebunden),
7 Flachpinsel (zum Verputzen),
8 Rasierpinsel,
9 Schablonenpinsel,
10 Staubpinsel,
11 Kluppenpinsel (*a* ablösbarer Schnurteil zur Verlängerung der Borsten),
12 Ringpinsel (*a* ablösbarer Schnurteil zur Verlängerung der Borsten, *b* Hohlraum),
13 Weißbinderpinsel

Piombo, ital. Maler, → Sebastiano del Piombo.

Pioneer [paɪən'ɪə], Raumsonden der NASA zur Erforschung des Sonnensystems. Seit 1958 (P. 1) wurden 15 P.-Sonden gestartet; darunter waren 7 Fehlschläge. Die bisher letzten und erfolgreichsten Geräte waren P. 10 (Start 1972) und P. 11 (1973). P. 10 passierte im Dez. 1973 den Planeten Jupiter in 131 400 km, P. 11 den gleichen Planeten im Dez. 1974 in nur 42 000 km Abstand, den Planeten Saturn im Sept. 1979 als erster Raumflugkörper (daher in **P.-Saturn** umbenannt) in einer Entfernung von etwa 21 400 km, wobei neben vielen wissenschaftl. Meßdaten die ersten Nahaufnahmen des Saturns und seines Ringsystems übertragen wurden. P. 10 kreuzte am 13. 6. 1983 die Neptunbahn, die derzeit äußerste Planetenbahn, und verließ damit als erster das Sonnensystem.

Pinturicchio: Friedensmadonna; Ausschnitt (S. Severino Marche, Kathedrale)

Pioneer-Venus [paɪən'ɪə v'i:nəs, engl.], amerikan. Venus-Planetenforschungsprogramm v. a. zum Studium der Venusatmosphäre und -wolken; bestand aus einem Orbiter und aus einer Eintauchsonde, diese mit 4 Raumkapseln (Abstiegskapseln). Alle 1978 gestarteten Flugkörper erreichten noch im gleichen Jahr die Venus.

Pionen, *Sg. das* **Pion,** *-s,* die π-Mesonen (→ Mesonen). **Pionentherapie,** Einsatz von energiereichen Pionen zur Strahlenbehandlung; befindet sich noch im experimentellen Stadium.

Pionier [frz. ›Fußgänger‹] *der, -s/-e,* **1)** Soldat einer Truppe, der vorwiegend techn. Aufgaben zufallen: die Herstellung von Flußübergängen und Feldbefestigungen, Sprengungen, das Verlegen und Suchen von Minen. **2)** Ü Wegbereiter, Vorkämpfer.

Pionier|organisation ›Ernst Thälmann‹, früher **Junge Pioniere,** in der Dt. Dem. Rep. die Kinderorganisation der FDJ, gegr. 1948, trägt seit 1952 den Namen E. Thälmanns. Die Organisation wird von der → Freien Deutschen Jugend geleitet.

Pionium, ein → exotisches Atom.

Piontek, Heinz, Schriftst., * Kreuzburg (Oberschles.) 15. 11. 1925, bevorzugt in seiner Lyrik traditionelle Formen (›Die Furt‹, 1952; ›Klartext‹, 1966; ›Wie sich Musik durchschlug‹, 1978); schrieb auch Erzählungen, Essays, Hörspiele, Romane (›Die mittleren Jahre‹, 1967; ›Dichterleben‹, 1976); ›Juttas Neffe‹, 1979; ›Zeit meines Lebens‹, 1984).

Piovene, Guido, ital. Schriftst., * Vicenza 27. 7. 1907, † London 12. 11. 1974, schrieb psycholog. Romane und Erzählungen: ›Mörder vor dem Anruf‹ (1943), ›Mitleid unerwünscht‹ (1946), ›Die kalten Sterne‹ (1969).

Pipa [indian.] *die, -/-s,* **Pipakröte, Wabenkröte, Pipa pipa,** Froschlurch Guayanas und Brasiliens, bis 20 cm lang. Das Weibchen legt sich die Eier mit Hilfe der schlauchartig verlängerten Kloake auf den Rücken, wo sie nach der Besamung durch das Männchen bis zum Schlüpfen der Jungen von wabigen Hautwucherungen umschlossen sind.

Pipal [Hindi] *der, -s,* ein Feigenbaum (→ Feige).

Pipe *die, -/-n,* **Pip** *die, -/-en,* **1)** *nd.:* Pfeife. **2)** *österr.:* Faßhahn. **3)** schmales Wein- oder Ölfaß.

Pipe [paɪp] *das* oder *die, -/-s,* **1)** engl. Hohlmaß unterschiedl. Größe: zw. 572,5 *l* (**Imperial P.** [ɪmp'ɪərɪəl-]) und 409,2 *l* für Wein und Branntwein, in den USA 476,9 *l.* **2)** 🌐 vulkan. → Durchschlagsröhre.

Pipeline [p'aɪplaɪn, engl.] *die, -/-s,* Rohrleitung zum Transport von Flüssigkeiten (Rohöl, Mineralöle) und Gasen (Erdgas, Kokereigas) über große Entfernungen. Bei kürzeren Entfernungen werden P. auch für Milch und techn. Gase sowie für den pneumat. Transport fester Stoffe (Getreide, Zement, Kohle, Eisenerz) benutzt. Fernleitungen bis etwa 1 m Durchmesser werden aus Stahlrohren zusammengeschweißt und 2,0 bis 2,5 m tief im Boden frostsicher verlegt, mitunter auch wärmeisoliert auf Stützen über der Erde. Die zur Beförderung des Gutes erforderl. Druckdifferenz wird von Pumpstationen aufrechterhalten, die in best. Abständen in das Leitungsnetz eingebaut sind. Die P. haben auch militär. Bedeutung, bes. für Benzin und Flugturbinenkraftstoffe.

Pipeline-Theorie [p'aɪplaɪn-, engl.], ⊠ Hypothese, nach der u. a. die Ausbreitung von Radiowellen in der hohen Atmosphäre dadurch begünstigt oder ermöglicht wird, daß dort die Elektronenverteilung eine längs der erdmagnetischen Kraftlinien ausgerichtete (›fibröse‹) Struktur aufweist, wodurch die Wellen längs der Magnetfeldlinien wie in Hohlleitern geführt werden.

Piper [lat.], ⊕ die Pflanzengatt. → Pfeffer.

Piper [p'aɪpə], John, engl. Maler, * Epsom (Surrey) 13. 12. 1903, malte zunächst abstrakt, später realistisch vor allem Landschaften und Architekturdarstellungen.

Piperazin [lat.] *das, -s,* ⚗ kristalline, basische, heterozykl. Verbindung; dient in der Human- und Veterinärmedizin als Wurmmittel.

Piperidin [lat.] *das, -s,* ⚗ giftige bas. Flüssigkeit, die als Zwischenprodukt für Pharmazeutika dient. P.-Derivate sind u. a. die Alkaloide **Piperin** (im Pfeffer, daher der Name) und → Coniin.

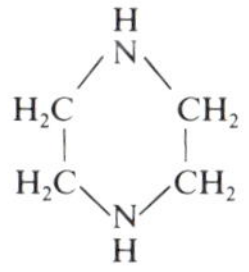

Piperazin

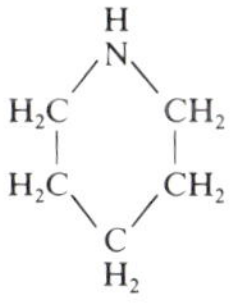

Piperidin

Piperonal [lat.] *das, -s,* das → Heliotropin.

Pipette [frz.] *die, -/-n,* geeichter Stechheber (→ Heber) zum Abmessen von Flüssigkeiten. (BILD S. 222)

Pippau *der, -s,* **Grundfeste, Crepis,** Korbblüter-Gatt.; meist Kräuter mit Doldentrauben oder Rispen gelber Blütenkörbchen. In Mitteleuropa wächst bes. **Wiesen-P. (Crepis biennis),** auf Hochgebirgsmatten der **Gold-P. (Crepis aurea)** mit orangeroten Blütenkörbchen.

Pippin, Pipin, fränk. Hausmeier und Fürsten aus dem Hause der → Karolinger (→ Fränkisches Reich):

1) P. der Ältere, P. I., † 640, Hausmeier Dagoberts I. zusammen mit Arnulf von Metz.

2) P. der Mittlere, P. II., P. von Heristal, * um 635, † 714, Enkel von 1), seit 687 Hausmeier des ganzen Frankenreichs, dessen weiteren Zerfall er verhinderte.

3) P. der Jüngere, P. III., fälschlich ›der Kleine‹, ›der Kurze‹, Sohn Karl Martells, Enkel von 2), * 714, † Saint-Denis 24. 9. 768, erhielt als Hausmeier 741 Neustrien, Burgund und die Provence, sein Bruder Karlmann Austrasien, Alemannien und Thüringen. Sie setzten 743 Childerich III. als König ein. 747 vereinigte P. das ganze Frankenreich und ließ sich 751 zum König wählen. 754 und 756 unterstützte er Papst Stephan III. gegen die Langobarden und machte ihm die **Pippinsche Schenkung** (→ Kirchenstaat). Vor seinem Tod teilte P. das Reich unter seine Söhne Karlmann und Karl (d. Gr.).

Pipras, Pipridae, Fam. der Sperlingsvögel, die mit 61 meisen- bis drosselgroßen Arten das trop. Amerika bewohnt. Bei den kurzschwänzigen Arten sind die Weibchen grünlich; die Männchen sind bunt und balzen in Gesellschaft.

Pips [lat. pituita ›Verschleimung‹] *der, -es,* Bez. für Erkrankungen der Luftwege bei Geflügel, → Geflügelkrankheiten.

Pique [pik, frz.] *das, -s/-s,* Spielkarte, → Pik.

Piqué [pik'e, frz.] *der* oder *das, -s/-s,* Gewebe, → Pikee.

Piqueur [pik'œ:r, frz.] *der, -s/-e,* → Pikör.

Pir [pers.-türk.], Islam: Alter, Vorsteher eines geistl. Ordens, Schutzpatron eines Handwerks; entspricht dem arab. Scheich.

Piracicaba [pirasik'aba], Stadt im brasilian. Staat São Paulo, (1970) 125 000 Ew.; landwirtschaftl. Hochschule; Nahrungsmittelindustrie, Zuckerfabriken.

Pilze: giftige und ungenießbare P.

Pinzettfisch

Pipette

Pirmasens

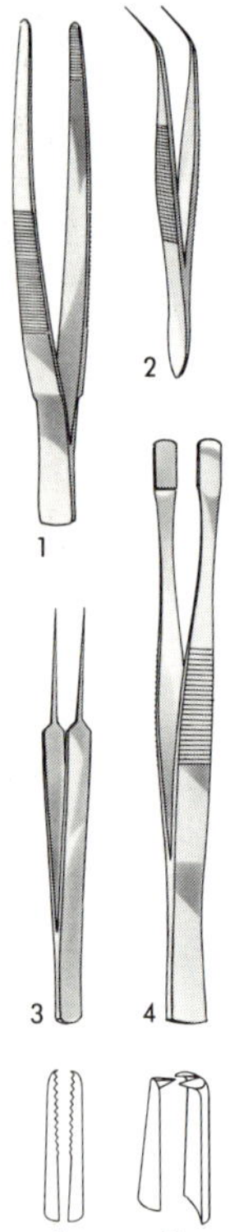

Pinzette: **1** P. für allgemeine Verwendungszwecke; **2** College-P.; **3** Uhrmacher-P.; **4** Wärmeableit-P. (Kühl-P.); **5a** Greifstück einer anatomischen, **5b** einer chirurgischen P.

Pirandello, Luigi, ital. Schriftst., *Agrigent 28. 6. 1867, †Rom 10. 12. 1936. Als Erzähler fußte er auf der großen ital. Novellentradition. Seine bühnenwirksamen Dramen mit Problemen wie Spaltung und Auflösung der Persönlichkeit, Fragwürdigkeit des Ichbewußtseins, Grenzen zw. Sein und Schein fanden nach den Erschütterungen des ersten Weltkriegs überall starken Anklang. In den letzten Jahrzehnten wandte sich das Interesse stärker P.s Romanen und Novellen zu. Kennzeichnend für ihn ist auch eine bohrende moderne Psychologie. 1934 erhielt er den Nobelpreis für Literatur. (BILD S. 223)

HW: *Dramen:* So ist es, wie Sie meinen (1917); Sechs Personen suchen einen Autor (1921); Heinrich IV. (1922); Man weiß nicht wie (1935); Die Riesen vom Berge (1937). *Romane:* Mattia Pascal (1904); Einer, keiner, hunderttausend (1926). Novellen für ein Jahr, 15 Bde. (1922–37).

Piranesi, Giovanni Battista, ital. Kupferstecher und Baumeister, *Mogliano (Veneto) 4. 10. 1720, †Rom 9. 11. 1778, schuf Ansichten von Rom, die in malerischer, durch Helldunkelgegensätze gesteigerter Monumentalität vor allem antike und barocke Baudenkmäler darstellen (›Vedute di Roma‹, 137 Blätter seit etwa 1748), ferner Aufnahmen röm. Altertümer (›Antichità Romane‹, 4 Bde., 1756) und Raumphantasien (›Carceri‹); Umgestaltung der Kirche S. Maria del Priorato in Rom (1765).

Piranha [pir'aɲa] *der, -(s)/-s,* Raubfisch, → Piraya.

Pirat [mhd. aus lat.] *der, -en/-en,* Seeräuber.

Piratenküste, Seeräuberküste, engl. **Pirate Coast** [p'aɪrət kəʊst], die Küstenlandschaften Arabiens im SO des Persischen Golfs. Viele geschützte Buchten dienten hier früher den Seeräubern als Schlupfwinkel.

Piratensender, private Rundfunksender, die ohne fernmelderechtl. Lizenz und Sendefrequenz von Bord eines Schiffes oder von einer künstl. Insel außerhalb der Küstengewässer von hoheitsfreiem Gebiet wie auch versteckt, teils mit wechselndem Standort, vom Festland aus Hörfunk- oder Fernsehsendungen verbreiten. Ein europ. Übereinkommen gegen P. wurde am 22. 1. 1965 getroffen.

Piraterie [zu Pirat] *die, -/...r'i|en,* **Seeräuberei,** Gewalttaten, Freiheitsberaubungen oder Plünderungen, die auf hoher See von einem privaten Schiff oder Luftfahrzeug gegen ein anderes Schiff oder Luftfahrzeug begangen werden. Auch die Eroberung eines Seefahrzeugs durch meuternde Mannschaft oder Fahrgäste wird P. genannt. Jeder Staat kann ein der P. verdächtiges Schiff auf hoher See anhalten und durchsuchen. (→ Luftpiraterie)

Piräus, grch. **Peiraieus,** ngrch. **Piraeefs** [pirɛ'efs], grch. Hafenstadt am Golf von Ägina, (1981) 196400 Ew. P. ist ein Teil der Agglomeration Groß-Athen und wichtigster Hafen Griechenlands; Textil-, Maschinen-, chem. Ind., Schiffbau. – Der Hafen von P. wurde 493 v. Chr. von Themistokles ausgebaut und nach 460 v. Chr. durch die ›Langen Mauern‹ mit Athen verbunden, 86 v. Chr. von Sulla zerstört.

Piraya [span.] *die, -(s)/-s,* **Piranha** [pir'aɲa, indian.-portugies.] *der, -(s)/-s,* **Sägesalmler,** mittelgroßer Raubfisch im trop. Südamerika, der badende Großtiere und Menschen in Schwärmen anfällt und mit scharfen Zähnen zerfleischt; zu ihnen gehört der **Karaibenfisch (Serrasalmus nattereri).**

Pirchan, Emil, Bühnenbildner, Maler und Architekt, *Brünn 27. 5. 1884, †Wien 2. 12. 1957, Bühnenbildner der 20er Jahre v. a. in Berlin und Wien. – Schriften: ›Bühnenmalerei‹ (1946, 1950), ›2000 Jahre Bühnenbild‹ (1949), ›Kostümkunde‹ (1952).

Pire [pi:r], Dominique Georges, Dominikaner (seit 1928), *Dinant 10. 2. 1910, †Löwen 30. 1. 1969, gründete 1950 die ›Hilfe für heimatlose Ausländer und deren Europadörfer‹ (Sitz: Huy, Belgien), 1959 den Verband ›Die Welt des offenen Herzens‹ zur Linderung menschlichen Elends. Friedensnobelpreis 1958. (BILD S. 223)

Pirelli S. p. A., Mailand, Unternehmen der Kautschuk-Ind., gegr. 1920. (→ Dunlop Holdings Ltd.)

Pirenne [pir'ɛn], Henri, belg. Historiker, *Verviers 23. 12. 1862, †Uccle (Brüssel) 24. 10. 1935, Prof. in Gent, bedeutender Vertreter bes. der Wirtschafts- und Sozialgeschichte. ›Histoire de Belgique‹, 7 Bde. (1900–32), ›Geburt des Abendlandes‹ (1937).

Pirin-Gebirge, bulgar. **Pirin planina,** waldreiches Hochgebirge in SW-Bulgarien, im Wichren 2915 m.

Pirkheimer, Pirckheimer, Willibald, Humanist, *Eichstätt 5. 12. 1470, †Nürnberg 22. 12. 1530, Freund Dürers, studierte in Padua und Pavia und ließ sich 1495 in Nürnberg nieder, wo er Ratsherr wurde; befehligte die Nürnberger Hilfstruppe im ›Schwabenkrieg‹ Maximilians (1499), übersetzte grch. Schriftsteller ins Lateinische. (BILD S. 223)

Pirmasens, kreisfreie Stadt und VerwSitz des Landkr. P., RegBez. Rheinhessen-Pfalz, Rheinl.-Pf., (1983) 47600 Ew., im Pfälzer Wald; ArbeitsGer., Dt. Schuhfachschule, Pfälz. Schuhmuseum, Bürkel-Galerie; bed. Schuh-Ind. mit internat. Messe für Schuhfabrikation, ferner Maschinenbau, Investitionsgüter- und chem. Ind. – P. gehörte zur Gfsch. Hanau-Lichtenberg, die 1736 an Hessen-Darmstadt kam. 1769 erhielt P. Stadtrecht, 1816 kam es an Bayern. 1924 erhoben sich die Bürger gegen die Separatisten. (→ Separatismus)

Pirminius, Pirmin, Abt und Wanderbischof, †wahrscheinlich 3. 11. 753, wohl westgot. Herkunft, gründete viele Klöster, u. a. Reichenau (Bodensee), Murbach (Elsaß), Niederalteich (Bayern), Hornbach (Pfalz); seine Schriften sind wertvolle Quellen für das Christentum im 8. Jh. – Heiliger; Tag: 3. 11.

Pirna, Krst. im Bez. Dresden, (1983) 48200 Ew., am Austritt der Elbe aus dem Elbsandsteingebirge; Institut für Fasertechnologie; Cellulose- und Kunstseidewerke, Glas-, Möbel-, elektrotechn., Sandsteinind.; Bürgerhäuser, Marienkirche (1502–46), Rathaus (16. Jh.), Kapitelhaus (15. Jh., heute Museum) eines ehem. Dominikanerklosters; über der Stadt Schloß Sonnenstein. – P. wurde erstmals im 13. Jh. erwähnt.

Pirog [russ.] *der, -s/-en,* **Pirogge** *die, -/-n,* Pastete aus Hefeteig, mit Fleisch, Fisch, Kohl, Pilzen, Eiern gefüllt.

Piroge [span. aus karaibisch piragua] *die, -/-n,* **Plankenboot,** indian. Einbaum, dessen Bordwände zum Wellenschutz durch Aufsetzen von Planken erhöht sind.

Pirol [mhd. piro, nach dem Gesang] *der, -s/-e,* **Gold|amsel, Oriolus oriolus,** starengroßer, gelbschwarzer, als Weibchen grüngrauer Singvogel des Laubwaldes, der in seinem europ. Brutgebiet Ende April aus Afrika eintrifft und bis August bleibt. Das Männchen läßt einen flötenden Ruf (›Vogel Bülow‹) vernehmen. (BILD S. 224)

Pironio, Eduardo, argentin. Kardinal (1976), *Nueve de Julio (Prov. Buenos Aires) 3. 12. 1920, wurde 1972 Bischof von Mar del Plata (Argentinien); 1976–84 Präfekt der Kongregation für die Ordensleute und Säkularinstitute, seit 1984 Präs. des Päpstl. Rats für die Laien.

Piroplasmen [lat.-grch.], *Sg. das* **Piroplasma,** *-s,* Protozoen, die besonders in roten Blutkörperchen leben und diese zerstören, z. B. → Babesia und Theileria (→ Küstenfieber). **Piroplasmosen,** durch P. verursachte Tierkrankheiten, gekennzeichnet durch Blutharnen, Blutarmut, Gelbsucht. Behandlung: Chemotherapie, Impfung.

Pirouette [piru'ɛtə, frz.] *die, -/-n,* **1)** Ballett, Eis-, Rollkunstlauf: schnelle Drehung auf dem Standbein um die eigene Achse. **2)** Pferdesport: Figur im Dressurreiten und in der Hohen Schule: Drehung im Galopp um einen Hinterfuß.

Piraya

Pirquet [-k'ɛ], Clemens Freiherr von, Kinderarzt, *Hirschstetten (bei Wien) 12. 5. 1874, †Wien 28. 2. 1929, erzielte wesentl. Ergebnisse auf dem Gebiet der Immunologie (Serumkrankheit, Allergie, Tuberkulinprobe) und Kinderernährung.

Pirsch [frz. Lw.] *die, -,* das vorsichtige Begehen des Jagdreviers, um nahe an Wild zu kommen. *ich* **pirsche, 1)** jage. **2)** schleiche mich an Wild an. *ich* **pirsche** *mich an ihn, etwas* **an, heran,** schleiche mich an meine Beute heran.

Pisa, 1) ital. Prov. in der Region Toskana, 2448 km², (1981) 388800 Ew. **2)** Hptst. von 1), (1981) 104500 Ew., am Arno, 12 km oberhalb seiner Mündung; Erzbischofssitz, Univ. (gegr. 1343), landwirtschaftl. und tierärztl. Institut, Ingenieurschule, Museen; Fahrzeug-, Textil-, Porzellan-, pharmazeut. Ind., Marmor- und Alabasterverarbeitung; Flughafen. Bed. Bauten: Dom, eine fünfschiffige roman. Basilika (1063–1118) mit der Kanzel Giovanni Pisanos, Baptisterium (1152 begonnen) mit der Kanzel Niccolò Pisanos, Campanile (›Schiefer Turm‹, 1173 begonnen, durch Senkung des Sandbodens um 4,27 m nach S geneigt), Friedhof (→ Camposanto). BILDER S. 223.

Geschichte. P., im Altertum **Pisae,** war eine Etruskerstadt und seit 180 v. Chr. röm. Kolonie. Im MA. wurde es eine der bedeutendsten Handelsstädte Italiens. Im 11. Jh. kamen Sardinien und Korsika in den Besitz P.s. Nach der unglückl. Seeschlacht von Meloria (1284) begann der polit. und wirtschaftl. Abstieg. 1299 mußte P. Korsika an Genua, kurz darauf Sardinien an Aragonien abtreten. 1406 kam die Stadt an Florenz. Durch die Versandung des Hafens und den Aufstieg Livornos (Ende des 16. Jh.) verlor P. seine frühere Stellung.

Pisanello, eigtl. Antonio **Pisano,** ital. Maler und Medailleur, * Pisa vor dem 22. 11. 1395, † Rom (?) vermutl. Okt. 1455,

Pisanello: Porträt einer Fürstin aus dem Hause Este, um 1435/39 (Paris, Louvre)

wurde bes. mit seinen meisterhaften Bildnismedaillen Bahnbrecher der Renaissance in Oberitalien. In seinen Fresken (Verkündigung Mariä, Aufbruch des hl. Georg zum Drachenkampf; Verona, S. Fermo) und Handzeichnungen verbindet sich feinster ornamentaler Geschmack mit oft überraschender Naturtreue, bes. in seinen Tierdarstellungen.

Andrea Pisano: Überführung des Leichnams Johannes des Täufers; Relief am Südportal des Baptisteriums in Florenz, 1330–36

Pisaner Konzil, 1) das erste Konzil von Pisa, 1409 zur Beendigung des Großen Schismas zw. Avignon und Rom einberufen; erst das → Konstanzer Konzil konnte das Schisma beseitigen. **2) das zweite Konzil von Pisa,** 1511 gegen Julius II. einberufen, Ende 1512 in Lyon aufgelöst.

Pisang [malaiisch] *der, -s/-e,* eine → Banane.

Pisangfresser, trop. Waldvögel, die → Turakos.

Pisano, 1) Andrea, ital. Baumeister und Bildhauer, Vater von 5), * Pontedera bei Pisa um 1295, † vor 1358, schuf in Florenz die älteste der 3 Bronzeportale des Baptisteriums mit Reliefs aus dem Leben Johannes des Täufers in 28 got. Vierpaßrahmen (vollendet 1336), ferner die sechseckigen Marmorreliefs am Untergeschoß des Campanile mit Darstellungen der Handwerke und der freien Künste.

2) Antonio, ital. Maler, Medailleur, genannt → Pisanello.

3) Giovanni, ital. Baumeister und Bildhauer, Sohn von 4), * Pisa (?) um 1250, † bald nach 1314 (begraben in Siena), Mitarbeiter seines Vaters an der Kanzel in Siena (1265–68) und am Brunnen in Perugia (1278); wurde 1284 Dombaumeister in Siena und mit dem Bau der Westfassade betraut, für die er die Skulpturen schuf; 1297 Dombaumeister in Pisa, wo die Bildwerke der got. Geschosse des Baptisteriums von ihm stammen. P. hat 2 große Kanzeln geschaffen, 1297–1301 für S. Andrea in Pistoia, 1302–12 die überaus reiche, von vielen Stützfiguren getragene des Doms in Pisa, außer diesen bes. Madonnen (Pisa, Camposanto und Baptisterium; Padua, Arena-Kapelle; Prato, Dom). Seine anfänglich an den antikisierenden Stil des Vaters anknüpfende Kunst setzt die Kenntnis der frz. Gotik voraus, unterscheidet sich aber von dieser durch ihr leidenschaftl., den Ausdruck dramatisch steigerndes Temperament. (BILD S. 224)

4) Niccolò, ital. Bildhauer, Vater von 3), * in Apulien (?) um 1225, † in der Toskana bald nach 1278, ging wohl aus der antikisierenden Hofbildhauerwerkstatt Friedrichs II. in Süditalien hervor, griff oft auf antike Vorbilder zurück, nahm aber auch Anregungen der frz. Gotik auf. An der Kanzel des Baptisteriums in Pisa (1260) erscheinen die ersten im got. Sinn gestalteten Gewandfiguren. Stärker von der frz. Gotik beeinflußt ist die Kanzel des Doms in Siena (1265–68), die er, wie den Brunnen auf dem Domplatz in Perugia (1278), mit seinem Sohn Giovanni schuf. Mit dem von ihm begründeten Stil beginnt eine neue Epoche der ital. Bildhauerkunst. (BILD S. 224)

5) Nino, ital. Bildhauer, Sohn von 1), * Pisa (?) um 1315, † ebd. (?) vor dem 8. 12. 1368, schuf in Anlehnung an frz. Plastik Grabmäler und Madonnenbildwerke.

Piscator, Erwin, Regisseur und Theaterleiter, * Ulm (Kr. Wetzlar) 17. 12. 1893, † Starnberg 30. 3. 1966, suchte seit 1920 in Berlin ein ›Proletar. Theater‹ als polit. Kampfmittel zu verwirklichen (Berliner Volksbühne, P.-Bühne). 1931 verließ er Berlin, war bis 1936 in der UdSSR, dann in Paris und New York; kehrte 1951 nach Europa zurück; war seit 1962 Intendant der Freien Volksbühne in Berlin (West). BILD S. 224.

Pisces [lat.], ☆ das Sternbild → Fische.

Pischpek, bis 1926 Name der kirgis. Hptst. → Frunse.

Piscis austrinus [lat.], **Südlicher Fisch,** ☆ ein Sternbild am Südhimmel.

Pisé|bau [frz. pisé ›Stampferde‹], jede Bauart, bei der die Wände aus breiigem, später erhärtendem Material (Lehm, Kalksand, kein Beton) durch Einstampfen zw. hölzernen Schalungen hergestellt werden.

Pisidi|en, antike Berglandschaft im südl. Kleinasien, nördlich der pamphyl. Ebene. Die Burgen der kriegerischen **Pisider** waren für Perser und Makedonier uneinnehmbar.

Pisolith [grch.-lat.] *der, -en/-en,* → Aragonit.

Pissa *die,* Fluß in Ostpreußen, 109 km, fließt östlich von Insterburg in die Angerapp.

Pissarew, Dmitrij Iwanowitsch, russ. Kritiker, * Snamenskoje (Gouv. Orel) 14. 10. 1840, † (ertrunken) Dubbeln bei Riga 16. 7. 1868, forderte eine Lit., die Widerspiegelung der polit. und sozialen Wirklichkeit sein solle zum Zweck ihrer progressiven Veränderung; Hauptvertreter des russ. ›Nihilismus‹.

Pissarro, Camille, frz. Maler und Graphiker, * auf St. Thomas (Antillen) 10. 7. 1830, † Paris 13. 11. 1903, seit 1855 in Paris, malte anfangs dunkeltonige, dann impressionistische, das Licht in hellen Farben erfassende Bilder von Landschaften, später auch von belebten Großstadtstraßen. (BILD S. 224)

Pissek *die,* seit 1936 **Galinde,** poln. **Pisa,** Abfluß des Spirdingsees (Ostpreußen), mündet in Polen bei Nowogród in den Narew.

pissen [frz.]. *ich* **pisse,** V uriniere. *die* **Pisse,** -, V Urin. *das* **Pissoir** [piswˈa:r], *-s/-e* oder *-s,* Bedürfnisanstalt für Männer.

Pistazi|e [grch. aus pers.] *die, -/...zi|en,* **Pistacia,** Gatt. der Sumachgewächse am Mittelmeer und in Asien; harzige Sträucher und Bäume mit immergrünen, meist fiedrigen Blättern, rispig oder traubig stehenden, zweihäusigen Blütchen, Steinfrucht (mit ölreichem Samen) und leicht polierbarem Holz (Mastixholz). Die im Mittelmeergebiet angepflanzte **Echte P.** liefert die eßbaren Pistazienmandeln oder -nüsse, die rotblütige **Mastix-P.** den Mastix

Luigi Pirandello

Dominique Georges Pire

Willibald Pirkheimer (Kreidezeichnung von Albrecht Dürer, 1503)

Pisa 2)

Pisa 2): Dom (1118 geweiht) und Schiefer Turm (1173 begonnen)

Pirol

Giovanni Pisano: Engel an der Kanzel in S. Andrea in Pistoia; 1297–1301

Erwin Piscator

(Harz); von der baumförmigen **Terpentin-P. (Terebinthe)** gewinnt man das Terpentin von Chios und Zypern und die durch den Stich einer Blattlaus an den Blättern entstandenen, schwarz färbenden Galläpfel Judäa- oder Judenschoten (BILD Südfrüchte).

Pistazit *der, -s,* Mineral, pistaziengrüner, eisenreicher Epidot.

Piste [frz.] *die, -/-n,* **1)** Einfassung der Manege im Zirkus. **2)** nicht ausgebauter Verkehrsweg. **3)** ✈ Start- und Landebahn auf einem Flughafen. **4)** ⛷ Skirennstrecke bei alpinen Wettbewerben, Rodelbahn, Rennbahn im Rad- und Motorsport.

Pistill [lat.] *das, -s/-e,* **1)** Mörserkeule, Stampfer. **2)** der Stempel (→ Fruchtknoten).

Pistis Sophia [grch. ›Glaube‹ – ›Weisheit‹], nur in kopt. Übersetzung erhaltenes spätgnost. Buch aus dem 3. Jh., das die Schicksale der aus dem Himmel gestürzten Weisheit (Sophia) erzählt.

Pistoia, 1) Prov. der ital. Region Toskana, 965 km², (1981) 265 000 Ew. **2)** Hptst. von 1), (1981) 92 300 Ew.; Metallwaren-, Leder-, Schuh-, Textil-Ind.; Dom (gegr. im 5. Jh., neu erbaut 12./13. Jh.), Baptisterium (1338–59), Arkadenfront des Ospedale del Ceppo (1514), Palazzo del Comune (gegr. 1294), viele Kirchen. – P. ist das röm. **Pistoria,** wo Catilina 62 v. Chr. Schlacht und Leben verlor. 1401 kam es an Florenz.

Pistole *die, -/-n,* **1)** [frz.], anfangs die von Philipp II. von Spanien eingeführten doppelten Goldescudo oder Doblon (→ Dublone). Seit 1640 ahmte Frankreich die P. als → Louisdor nach. Ihm folgten die meisten Länder (Augustdor, Friedrichsdor) bis in die Mitte des 19. Jh. Eine P. galt je nach ihrer Herkunft 20 Goldfranken und mehr. **2)** [aus tschech. pištal], urspr. einschüssige, heute i. a. mehrschüssige Faustfeuerwaffe mit Stangenmagazin für den Nahkampf und als Selbstverteidigungswaffe. Bei den derzeit verwendeten **Selbstlade-P.** wird nach dem Schuß durch den Rückstoß die Hülse ausgeworfen und die P. von selbst neu geladen und gespannt. – Die Stammform der P. ist das im 16. Jh. aufkommende Faustrohr. Der Schloßmechanismus folgte dem des Gewehres: Im 16./17. Jh. herrschte das Radschloß vor, dann bis ins 19. Jh. das Steinschloß. Mit dem Perkussionsschloß (um 1830) und der im 17./18. Jh. erreichten Hinterladung war die moderne P. geschaffen. 1840 führte Preußen die Hinterlader-P. ein. Seit 1890 entwickelte P. Mauser die Selbstlade-Pistole.

Redensarten: *man will ihm die P. auf die Brust setzen,* Ü ihn zwingen; *wie aus der P. geschossen,* plötzlich und schnell.

Pistolenschießen, alle Wettbewerbe im Schießen mit Pistolen und Revolvern. Offizielle Wettbewerbe sind Luftpistole 10 m, Freie Pistole 50 m, Schnellfeuerpistole 25 m, Sportpistole (Kleinkaliber) 25 m, Sportpistole (Großkaliber) 25 m, Standardpistole 25 m. Daneben gibt es Wettbewerbe des Vorderladerschießens: Perkussionsrevolver 25 m, Perkussionspistole 25 m und Steinschloßpistole 25 m. Damenwettbewerbe gibt es in den Disziplinen Sportpistole (Kleinkaliber) 25 m und Perkussionsrevolver 25 m.

Piston [pist'ɔ̃, frz.] *das, -s/-s,* **1)** Blechblasinstrument, Kornett mit Pumpventilen. **2)** bei Vorderladerwaffen mit Perkussionszündung durchbohrter Stahlkegel, der das Zündhütchen trägt.

Piston [p'ıstn], Walter, amerikan. Komponist, * Rockland (Me.) 20. 1. 1894, † ebd. 8. 11. 1976, schrieb neoklassizistische Sinfonien sowie Konzerte und Kammermusik.

Pistonphon *das, -s/-e,* Gerät zur Erzeugung eines Wechseldrucks mit Hilfe eines in einem Zylinder bewegten Kolbens, eingesetzt zur Druckeichung von Mikrophonen im unteren Frequenzbereich.

Pistyan [p'ıstjan], slowak. **Piešťany** [pj'ɛʃtjani], Kurort, Bezirksstadt in der ČSSR, (1978) 29 100 Ew., im Waagtal; Schwefelquelle, Moorbäder.

Camille Pissarro: Die roten Dächer; 1877 (Paris, Louvre)

Pisum [lat.], die Pflanzengatt. → Erbse.

Pitaval, François Gayot de, frz. Rechtsgelehrter, * Lyon 1673, † ebd. 1743, gab ›Berühmte und interessante Rechtsfälle‹ heraus (20 Bde., 1734 ff.). Der Name P. galt später allgemein für Sammlungen von Strafrechtsfällen.

Niccolò Pisano: Kanzel des Doms in Siena

Pitcairn [p'ıtkeən], brit. Insel im südl. Pazif. Ozean, 4,6 km², etwa 50 Ew., Nachkommen von 1790 nach P. gekommenen meuternden Matrosen der ›Bounty‹ und Tahitierinnen. Spuren früherer polynes. Besiedlung (Grabfunde, Kultstätten).

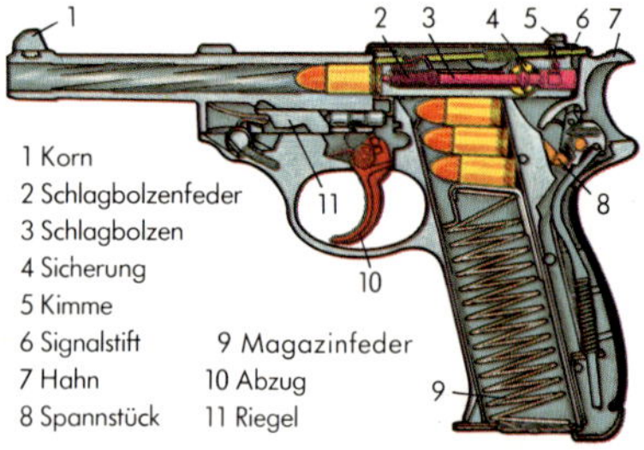

Pistole 2)

Pitești [pit'eʃtj], Stadt in Rumänien, am Argeș, (1980) 139 000 Ew.; kultureller Mittelpunkt, petrochem. und Holzverarbeitungskombinat, Lebensmittel-, Baustoff- und Leder-Ind.; in der Umgebung Erdöllagerstätten.

Pithecanthropus [grch. ›Affenmensch‹] *der, -/...pi,* **Homo erectus erectus,** die auf Java gefundenen → Archanthropinen, die mit → Sinanthropus **(Homo erectus pekinensis)** als **Homo erectus** zusammengefaßt werden. P. ist gekennzeichnet durch geringen flachen Schädel, starke Überaugenwülste, kleines Gehirn, Negativkinn, den → Neanthropinen ähnliche Gliedmaßen. Der Name P. wurde 1866 von E. Haeckel geprägt; er bezeichnete damit 1868 die von ihm vorausgesagte Übergangsform (→ missing link) zw. Menschenaffe und Mensch. 1890/91 fand E. Dubois bei Trinil (Java) wenige Knochenreste, die er im Sinne Haeckels als **P. erectus** beschrieb. 1935–41 wurden von G. H. R. v. Koenigswald weitere P.-Reste auf Java geborgen. (→ Altsteinzeit)

Pithos [grch.] *der, -/...thoi,* lat. **Dolium,** großes tönernes Vorratsgefäß des Altertums, v. a. im ägäischen Kulturraum vorkommend; P. wurden auch zur Bestattung gebraucht.

Pitot-Rohr, Pitotsche Röhre [pit'o-, n. dem frz. Ingenieur H. Pitot, * 1695, † 1771], Gerät zur Messung des Gesamtdruckes in einem strömenden Medium; meist als Teil eines Staurohres (→ Staudruck) angeordnet.

Pitt, William, brit. Staatsmänner:

1) P. der Ältere, 1. Earl of **Chatham** [tʃ'ætəm] (1766), Vater von 2), * London 15. 11. 1708, † Hayes (Kent) 11. 5. 1778, gewann im Unterhaus eine maßgebende Stellung, war 1756/57 und nach kurzer Unterbrechung wieder 1757–61 leitender Min. Durch seine Leidenschaft und Tatkraft wurde er der Lenker der brit. Außenpolitik, der im See- und Kolonialkrieg mit Frankreich (→ Siebenjähriger Krieg) den Seemachttendenzen Großbritanniens neue Impulse gab. Sein Werk war die Zerschlagung der frz. Macht auf den Meeren und in Übersee. Nach dem Regierungsantritt Georgs III. (1760) mußte P. 1761 zurücktreten. 1766–68 war er noch einmal Min.

2) P. der Jüngere, Sohn von 1), * Hayes (Kent) 28. 5. 1759, † Putney (London) 23. 1. 1806, wurde 1781 Mitgl. des Unterhauses, 1782/83 Schatzkanzler und Ende 1783 Premier-Min. Er sammelte eine neue Torypartei um sich, konnte aber eine Reform des Wahlrechts nicht durchsetzen. P. wurde der Führer der europ. Koalitionen gegen Frankreich mit dem Ziel eines neuen europ. Gleichgewichts und der Festigung des brit. Besitzes in Übersee. 1800 erreichte er die Vereinigung Irlands mit Großbritannien. 1801 trat er zurück, übernahm jedoch 1804 wieder die politische Führung.

Pittakos aus Mytilene auf Lesbos, einer der → Sieben Weisen der grch. Antike, um 600 v. Chr., Befreier seiner Vaterstadt von der Tyrannis, Gesetzgeber.

Pittermann, Bruno, österr. Politiker (Sozialist), * Wien 3. 9. 1905, † ebd. 19. 9. 1983, Fachschullehrer, dann Arbeiterkammersekretär, 1945–71 Abg. im Nationalrat, 1957–67 Parteivors., 1964–76 Präs. der Sozialist. Internationale.

Pitti, florentin. Patrizierfamilie. Der **Palazzo P.,** Palast in Florenz, 1458 für Luca P. begonnen, nach Erwerb durch die Medici seit 1558 von B. Ammanati ausgebaut, im 18. Jh. erweitert (1865–70 Residenz des Königs von Italien), seither Gemäldegalerie.

pittoresk [ital. pittoresco, zu pittore ›Maler‹], malerisch.

Pittsburgh [p'ɪtsbə:g], Stadt im Staat Pennsylvania, USA, (1980) 424 000 (Metropolitan Area 2,26 Mio.) Ew., am Zusammenfluß von Allegheny und Monongahela zum Ohio; Sitz des Carnegie-Instituts für Technologie, der Carnegie-Bibliothek, der 1787 gegr. P.-Univ., der Carnegie-Mellon-Univ., ferner mehrerer Bischöfe. P. liegt im Mittelpunkt reicher Erdgas- und Erdölfelder und großer Steinkohlenlager; zahlreiche Hüttenwerke, elektrotechn., Schwer-, Metall-, Nahrungsmittel- u. a. Ind., Herstellung von Eisenbahnmaterial, Schwermaschinen- und Brückenbau. In den Forschungsinstituten von P. wurden die Reaktoren für das Kernkraftwerk in Shippingport und das Unterseeboot ›Nautilus‹ entwickelt. P. besitzt ein dichtes Verkehrsnetz; eine durch das Stadtgebiet führende Schnellstraße (Penn-Lincoln Parkway) verbindet P. mit der Autobahn (Pennsylvania Turnpike). Der Hafen ist einer der bedeutendsten Binnenhäfen der USA. – 1754 wurde hier das frz. Fort Duquesne angelegt, 1759 von den Engländern in Fort Pitt umbenannt. 1764 wurde P. als Handelsposten gegründet (Stadtrechte 1816).

Pittura Metafisica [ital. ›metaphysische Malerei‹], Richtung der modernen ital. Malerei. Die Bez. wurde zuerst von G. De Chirico (Bild) und C. Carrà (Bild) für ihre 1917 in Ferrara entstandenen Bilder verwendet, die i. Ggs. zum → Futurismus ein neues Verhältnis zur Dingwelt suchten. In ihren hart und plastisch gestalteten Bildern stellten sie alltägl. Gegenstände dar, die sie durch ungewohnte Verbindungen mit anderen Dingen (z. B. mit Gliederpuppen) verfremdeten. Die P. M. beeinflußte die moderne Malerei.

Pityusen *Pl.,* eine Inselgruppe der → Balearen.

Pitztal, Hochgebirgstal in Tirol, rechtes Seitental des Inns in den Ötztaler Alpen, vom Pitzbach durchflossen, 40 km lang, Hauptorte: Arzl, Wenns und St. Leonhard; Fremdenverkehr.

più [pju, ital.], Abk. **p.,** mehr; ♪ z. B. **p. forte,** stärker; **p. piano,** schwächer.

Piura, früher **San Miguel de P.** [-γ'ɛl-], Hptst. des Dep. P. in Peru, (1981) 186 000 Ew., kath. Erzbischofssitz, TU (gegr. 1962); Baumwollhandel; Zentrum des Haupterdölgebietes von Peru.

Pius [lat. ›der Fromme‹], männl. Vorname.

Pius, Päpste (vgl. Übersicht)

1) P. II. (1458–64), vorher Enea Silvio **de' Piccolomini,** lat. **Aeneas Silvius,** * Corsignano (Pienza bei Siena) 18. 10. 1405, † Ancona 15. 8. 1464, setzte sich auf dem Basler Konzil für die kirchl. Reform ein, wurde 1442 Rat Kaiser Friedrichs III., 1447 Bischof von Triest, 1449 von Siena, 1456 Kardinal; bed. Staatsmann, humanistisch gebildeter Dichter und Gelehrter.

2) P. IV. (1559–65), vorher Giovanni Angelo **Medici** [-tʃi], nicht verwandt mit den Florentiner Medici, * Mailand 31. 3. 1499, † Rom 9. 12. 1565, führte von 1562 an das Tridentin. Konzil fort und veröffentlichte 1564 dessen Beschlüsse, darunter das allg. kath. Glaubensbekenntnis (›Professio fidei Tridentinae‹); gewährte Bayern und Österreich den Laienkelch.

3) P. V. (1566–72), vorher Michele **Ghislieri** [gis-], * Bosco (bei Alessandria) 17. 1. 1504, † Rom 1. 5. 1572, Dominikaner, wurde 1557 Kardinal, 1558 Großinquisitor, eifriger Vorkämpfer der Gegenreformation. P. führte den ›Catechismus Romanus‹ (1566), das ›Breviarium Romanum‹ (1568) und das ›Missale Romanum‹ (1570) ein. Heiliger (1712); Tag: 30. 4.

4) P. VI. (1775–99), vorher Giovanni Angelo **Braschi** [-ski], * Cesena 25. 12. 1717, † Valence 29. 8. 1799, wurde 1773 Kardinal, wehrte sich als Papst erfolgreich gegen den → Jansenismus und den → Febronianismus, ohne Erfolg gegen den → Josephinismus, wurde 1798 nach Besetzung des Kirchenstaates von den Franzosen als Gefangener nach Frankreich gebracht.

5) P. VII. (1800–23), vorher Barnaba (Gregorio) **Chiaramonti** [kja-], * Cesena 14. 8. 1742, † Rom 20. 8. 1823, Benediktiner, wurde 1785 Kardinal, weihte Napoleon nach dessen Selbstkrönung 1804 in Paris zum Kaiser, verlor 1809 die Restgebiete des Kirchenstaates an Napoleon, gegen den er daraufhin den Bann aussprach; 1809–14 Gefangener der Franzosen, zog nach dem Sturz Napoleons 1814 wieder in Rom ein, stellte den Jesuitenorden wieder her und gab 1816 dem neugegründeten Kirchenstaat eine Verfassung.

6) P. IX. (1846–78), vorher Giovanni Maria **Mastai-Ferretti,** * Senigallia (Prov. Ancona) 13. 5. 1792, † Rom 7. 2. 1878, wurde 1840 Kardinal, floh vor dem Volksaufstand von 1848 nach Gaëta, kehrte 1850 zurück und führte die päpstl. Politik fortan in entschiedener Gegnerschaft zur liberalen Zeitströmung. 1860 verlor er die Romagna, Umbrien und die Marken, 1870 auch Rom an Italien. Er verkündete 1854 das Dogma von der Unbefleckten Empfängnis Mariä, 1864 legten die Enzyklika ›Quanta cura‹ und der ›Syllabus‹ der ›hauptsächlichsten Irrtümer unserer Zeit‹ die polit. Eigengesetzlichkeit der Kirche gegenüber dem religiös neutralen Staat fest (→ politischer Katholizismus). Das Vatikan. Konzil erhob am 18. 7. 1870 die → Unfehlbarkeit des Papstes in Glaubens- und Sittenfragen zum Dogma.

7) P. X. (1903–14), vorher Giuseppe **Sarto,** * Riese (Prov. Treviso) 2. 6. 1835, † Rom 20. 8. 1914, war als Papst weniger von polit. als von religiösen und innerkirchl. Motiven bestimmt. So hat er die seit 1870 schwelende Auseinandersetzung mit der laizist. Frz. Rep. entschlossen und unter Opferung des zur leeren Form gewordenen Konkordats von 1801 zur Trennung von Kirche und Staat geführt (1904–06). Im kirchenpolit. Bereich löste er sich vom polit. Katholizismus; in Frankreich wie in Italien schritt er gegen die christlich-demokrat. Bewegung ein. Theologisch hat er die bes. von frz. Theologen (→ Loisy) getragenen Versuche vereitelt, die Bedeutung der Dogmen mit den neueren philosoph., religionspsycholog. und geschichtskrit. Auffassungen auszugleichen (→ Modernismus 1). Organisatorisch schuf P. mit dem Codex Iuris Canonici (→ Codex 2) die Kodifizierung des kirchl. Rechts. Heiliger (1954); Tag: 21. 8.

8) P. XI. (1922–39), vorher Achille **Ratti,** * Desio (bei Mailand) 31. 5. 1857, † Rom 10. 2. 1939, wurde 1921 Erzbischof von Mailand und Kardinal. Er hat durch eine ausgedehnte Konkordatspolitik (18 Konkordate und Abkommen, darunter mit Bayern 1924, Preußen 1929, Baden 1932, mit dem Dt. Reich und mit Österreich 1933) die Stellung der Kirche in Mittel- und Osteuropa nach den Umwälzungen des 1. Weltkriegs neu geordnet. Ein polit. Erfolg war v. a. die Lösung der Röm. Frage durch die → Lateranverträge. Er schuf die Kath. Aktion und erweiterte in seiner Enzyklika ›Quadragesimo anno‹ (1931) die Soziallehre Leos XIII.

9) P. XII. (1939–58), vorher Eugenio **Pacelli** [-tʃ'e-], * Rom 2. 3. 1876, † Castel Gandolfo 9. 10. 1958, war 1917 Titularerzbischof von Sardes und Nuntius für Bayern (bis 1925), 1920 zugleich Nuntius für das Dt. Reich (bis 1929), 1929 Kardinal, 1930 Kardinalstaatssekr. Die Konkordate mit Bayern (1924), Preußen (1929), Baden (1932) und das Reichskonkordat (1933) dürfen als seine persönl. Leistung betrachtet werden. Als Papst hat er, wie sein Vorgänger, weite Bereiche der kirchl. Lehre und des kirchl. Lebens durch große Enzykliken und eingreifende Reformen, z. B. auf dem

William Pitt der Jüngere (aus einem Gemälde von J. Hoppner)

Pittsburgh

Pius X.

Pittsburgh: Der Zusammenfluß (Golden Triangle) von Allegheny und Monongahela zum Ohio

Pius XI.

Pius XII.

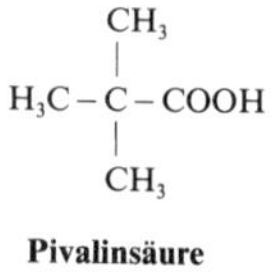
Pivalinsäure

Francisco Pizarro

Max Planck

Gebiet der Liturgie, neu gestaltet. Er setzte die Dogmatisierung der Himmelfahrt Mariens (→ Maria) und (1954) die Heiligsprechung Pius' X. durch. Seine Stellung zu der nat.-soz. Judenverfolgung und seine polit. Haltung während des 2. Weltkriegs sind umstritten.

Pius-Orden, päpstl. Orden, gestiftet 1847 von Pius IX.

Pivalinsäure [aus **Pi**nakolin und **Val**eriansäure], **Trimethyl|essigsäure**, ⌒ tertiäre Carbonsäure. **P.-Ester** sind sehr hydrolysestabil und werden deshalb zur Herstellung hitzebeständiger Schmiermittel und witterungsbeständiger Lacke (Polyvinylester) verwendet.

Pixel [aus engl. ›picture element‹], Bez. für das kleinste auf dem Bildschirm eines Fernsehapparates/Monitors oder photograph. Film darstellbare Bildelement mit eindeutig zugeordneter Intensität und meist auch Farbe. Die Anzahl der P. ist ein Maß für das Auflösungsvermögen der Darstellungsfläche. Zu jedem P. gehört ein best. Informationsgehalt, der bei der → graphischen Datenverarbeitung von einem Computer zur Darstellung von Bildern und Graphiken geliefert wird.

Piz [pɪts; ladin. pits, aus kelt.] *der,* Berggipfel, z. B. der **Piz Buin** in der → Silvretta und der **Piz Palü** in der → Bernina.

Pizarro [piθ'arɔ], **1)** Francisco, Eroberer Perus, Halbbruder von 2), * Trujillo (Prov. Cáceres) um 1478, † (ermordet) Ciudad del los Reyes (heute Lima) 26. 6. 1541, außerehel. Sohn eines span. Hauptmanns, ging 1502 nach Westindien und eroberte von Panama aus 1531–33 mit einer kleinen Streitmacht das Inkareich; den Inkaherrscher Atahualpa ließ er hinrichten. 1534 wurde er zum Marqués de los Charcas y de los Atabillos erhoben und gründete 1535 die neue Landeshauptstadt Lima.

2) Gonzalo, Halbbruder von 1), * Trujillo (Prov. Cáceres) 1502 oder 1511, † (hingerichtet) Sacsayhuaman (Cuzco) 10. 4. 1548, wurde 1538 zum Statthalter von Quito ernannt, empörte sich 1546 gegen den Vizekönig B. Nuñez de Vela, wurde 1548 besiegt und enthauptet.

Pizza [ital.] *die, -/-s,* flaches neapolitan. Gebäck aus Hefeteig mit Tomaten, Käse, Sardellen, Oliven u. a. *die* **Pizzeria**, *-/-s* oder *...r'i|en,* kleine Gaststätte, in der P. serviert wird.

Pizzetti, Ildebrando, ital. Komponist, * Parma 20. 9. 1880, † Rom 13. 2. 1968, verband Verdische Dramatik mit spätromant. und impressionist. Anregungen. Opern: ›Fra Gherardo‹ (1928), ›Ifigenia‹ (1950) u. a.; Chor-, Orchester-, Kammermusik, Lieder.

pizzicato [ital.], Abk. **pizz.**, gezwickt. ♪ Spielanweisung bei Streichinstrumenten: die Saiten mit den Fingern gezupft, gerissen; Ggs.: coll'arco. *Subst. das* **Pizzikato**, *-s/-s* oder *... ti.*

Pizzo Rotondo *der,* höchster Gipfel (3192 m) der Gotthardgruppe in der Schweiz.

Pja, Pya, Abk. **P**, kleine Währungseinheit in Birma. 1P. = 1/100 Kyat.

Pjatigorsk, Kurort im Gau Stawropol, Russ. SFSR, im N-Kaukasus, in einem Kessel am Fuß der Pjatigora (russ. ›5 Berge‹), (1982) 115000 Ew.; radioaktive und Schwefelquellen, Moorbad; Nahrungsmittel-, Bekleidungs- und elektrotechn. Industrie.

Pjöngjang, Hptst. von N-Korea, → Pyŏngyang.

pk, Einheitenzeichen für → **peck.**

pK-Wert, ⌒ Abk. für den negativen dekad. Logarithmus der Gleichgewichtskonstante einer chem. Reaktion, meistens zur Kennzeichnung der Stärke schwacher Basen und schwacher Säuren und von Komplex-Ionen.

Pkm, Abk. für **P**ersonen**k**ilo**m**eter.

Pkw, PKW *der, -(s)/-(s),* Abk. für **P**ersonen**k**raft**w**agen.

Pl., pl., Abk. für lat. **pluralis,** Plural.

PL/1, Abk. von engl. **Programming Language No. 1** [pr'əʊgræmɪŋ l'æŋgwɪdʒ n'ʌmbə wʌn], problemorientierte → Programmiersprache.

Placebo [lat.] *das, -s/-s,* einem Arzneimittel nachgebildetes Präparat (›Falsum-Präparat‹, Scheinmedikament), das jedoch keine medikamentösen Wirkstoffe enthält. Man kann die subjektiv-psych. von der objektiv-pharmakologischen Wirkung eines Arzneimittels trennen, wenn man statt dessen ein P. verabreicht.

Placenta [lat.] *die, -/-s* oder *... ten,* der Mutterkuchen.

Placet [lat.] *das, -s/-s,* das → Plazet.

Plache [ahd. blaha] *die, -/-n,* Wagenplane, → Plane.

placieren [-s'i:-, frz.], **plazieren.** *ich* **placiere, plaziere, 1)** *ihn, es,* bringe in einer Stellung unter, stelle an einen Platz. **2)** *Kapital,* lege an (Geld); bringe unter (eine Anleihe). **3)** *einen Ball,* bringe ans Ziel, spiele gut zu. **4)** *mich,* ⚔ erringe einen vorderen Platz. *Subst. das* **Placement** [plasm'ã], *-s/-s, die* **Placierung, Plazierung,** *-/-en.*

Placken [mhd. ›Fleck‹, aus lat.] *der, -s/-,* **Plack** *der, -s/-e, norddt.:* **1)** Flecken; Flicken. **2)** Knoten im Stoff. **3)** Fläche. *ich* **placke** *es, norddt.:* setze Flecke darauf.

Placken [zu plagen] *der, -s/-, norddt.:* Plage, Mühe, Last. *ich* **placke** *mich,* quäle, mühe mich. *der* **Placker**, *-s/-,* Schinder, Plager, Quälgeist. *die* **Plackerei**, *-/-en,* U Schinderei, schwere Arbeit, Schererei.

pladdern [Schallwort]. *ich* **pladd(e)re,** *norddt.:* **1)** plätschere, wate. **2)** *es pladdert,* regnet stark.

plädieren [frz.]. *ich* **plädiere** *für etwas,* vertrete eine Sache mündlich. *das* **Plädoyer** [plɛdwaj'e:], *-s/-s,* der zusammenfassende Vortrag vor Gericht, bes. die Schlußausführungen von Staatsanwalt und Verteidiger im Strafprozeß.

Plafond [plaf'ɔ̃, frz.] *der, -s/-s,* **1)** Zimmerdecke. **2)** Höchstbetrag, z. B. gesetzl. Obergrenze für die Kredite der Zentralnotenbank an den Staat, auch Höchstsatz einer Steuerprogression (z. B. bei der Einkommensteuer).

plagal [mlat.], neben. **plagaler Schluß,** ♪ Schlußbildung mit der Harmoniefolge Subdominante-Tonika im Unterschied zum ›authentischen‹ Schluß (→ Kadenz 1). **plagaler Ton,** Bez. einer Gruppe von Tonarten der griechischen Musik und der Kirchentonarten.

Plage [spätahd. aus lat.] *die, -/-n,* **1)** mühsame Arbeit, Belästigung, Mühe. **2)** B göttl. Heimsuchung, Not. *ich* **plage** *ihn, mich (mit etwas), für ihn,* mühe, quäle oder zwinge zu harter Arbeit.

Plagge [verw. mit Plack(en)] *die, -/-n,* mit der **Plaggenhacke** abgehauenes Rasen-, Heide-, Moorstück; dient u. a. als Streu.

Plagiat [frz. aus lat. plagium ›Menschenraub‹] *das, -s/-e,* geistiger Diebstahl, Verletzung des → Urheberrechts an literar., musikal. oder bildner. Werken. *Vb. ich* **plagiiere** *ihn. der* **Plagiator,** *-s/... t'oren,* jemand, der ein P. begeht; Abschreiber.

Plagioklase [grch. ›Schiefspalter‹], *Sg. der* **Plagioklas**, *-es,* eine Reihe trikliner, weiß bis mattgrüngrauer → Feldspate.

Plaid [pleɪd, engl.] *der, das, -s/-s,* **1)** Umhang der Schotten aus kariertem Wollstoff. **2)** Reisedecke.

Plakat [frz., verwandt mit Placken ›Flecken‹] *das, -(e)s/-e,* engl. **Poster** [p'əʊstə], eine öffentlich angeschlagene Bekanntmachung oder Werbung in Schrift und Bild: Außen-P. an P.-Tafeln, P.-Säulen, Fahrzeugen; Innen-P. in Läden, Verkehrseinrichtungen u. ä., mit Text-, Farb-, Leuchtwerbung. Künstlerisch gestaltete, auf Fernwirkung berechnete P. sind seit Ende des 19. Jh. ein Zweig des → Graphik-Design. – Seit dem 16. Jh. gibt es kleinformatige P. Mit Errichtung von P.-Säulen im 19. Jh. kam es zu größeren Formaten und auffälligerer Gestaltung. Von starkem Einfluß auf die P.-Kunst waren der Kubismus, der Expressionismus und der Bauhausstil. Nach dem 2. Weltkrieg suchte man durch P.-Wettbewerbe und Auszeichnungen die künstler. Qualität zu erhöhen. 1970 entstand das **Dt. Plakat-Museum** in Essen. **Plakatsäule,** Anschlagsäule. *Vb. ich* **plakatiere** *es.* **plakativ,** wie ein P. (BILD S. 227)

Plakette [frz.] *die, -/-n,* **1)** kleine, meist rechteckige Relieftafel aus Bronze oder anderem Metall mit einer religiösen, mythologischen, allegorischen Darstellung oder auch einem Bildnis, eng verwandt mit der Medaille, zu deren Blütezeit in der Renaissance auch die künstlerisch bedeutendsten P. entstanden. Sie dienten als Schmuck an Möbeln, Geräten und Kleidung, kamen auch selbständig vor, bes. im kirchl. Gebrauch. **2)** Preß- oder Gußtäfelchen als Abzeichen oder zur Erinnerung.

plan [lat.], eben, flach, glatt.

Plan [frz.] *der, -(e)s/⸗e,* **1)** Grundriß, Karte eines kleinen Gebiets in großem Maßstab. **2)** Absicht, Vorhaben: *wir wollen Pläne schmieden.* **3)** Entwurf, Skizze. **4)** Regelung, Einteilung: *Arbeitsplan; Zeitplan. ich* **plane** *es,* beabsichtige, entwerfe. *ich* **plane** *es* **ein,** rechne damit, berücksichtige. **planlos,** undurchdacht, ohne Plan, ungeordnet. *Subst. die* **Planlosigkeit,** -. **planmäßig,** nach einem Plan, wie verabredet. *die* **Planung,** *-/-en,* durchdachte Vorbereitung. **planvoll,** wohldurchdacht.

Plan [zu plan] *der, -(e)s/⸗e,* **1)** freier Platz, Rasenplatz, bes. Kampfplatz oder Brunftplatz der Hirsche: *ein neuer Kämpfer trat auf den P.* **2)** ☘ Fläche zum Bemalen: *der vordere P. des Bildes.*

Planari|en [lat.], *Sg. die* **Planari|e**, -, Gatt. der → Strudelwürmer.

Planartechnik, Prozeßschritte zur Herstellung von diskreten Halbleiterbauelementen und integrierten Schaltungen. Dabei wird das Halbleitermaterial an ausgewählten Bereichen der Oberfläche dotiert, so daß ›planare‹, d. h. der Oberfläche parallele und flache Strukturen entstehen.

Planchon [plãʃ'ɔ̃], Roger, Regisseur, Theaterleiter und Schriftsteller, * Saint-Chamond 12. 9. 1931, seit 1957 Leiter des ›Théâtre de la Cité de Villeurbanne‹ (seit 1972 ›Théâtre national populaire‹) bei Lyon, schuf dort bed. Inszenierungen mit gesellschaftskrit. Akzent; auch Dramatiker.

Planck, 1) Gottlieb, * Göttingen 24. 6. 1824, † ebd. 20. 5. 1910, Richter, seit 1867 Abg. in Preußen und im Norddt. Bund, war maßgeblich an der Ausarbeitung des BGB (›Kommentar zum BGB‹, 7 Bde., 1887–1902) und der ZPO beteiligt.

2) Max, Physiker, * Kiel 23. 4. 1858, † Göttingen 4. 10. 1947, 1930–37 und 1945–46 Präs. der Kaiser-Wilhelm-Gesellschaft zur Förderung der Wiss. (→ Max-Planck-Gesellschaft zur Förderung der Wissenschaften e. V.). Durch die von P. begründete → Quantentheorie ist die Physik grundlegend umgestaltet worden. Hauptarbeitsgebiete waren Strahlungstheorie und Thermodynamik. 1918 erhielt er den Nobelpreis für Physik. Die Dt. Physikal. Gesell-

Plakat: LINKS P. von J. Wiertz, 1929; MITTE Filmplakat von H. Hillmann; RECHTS Zirkusplakat von M. Urbaniec

schaft stiftete 1928 die Max-Planck-Medaille, deren 1. Preisträger er war.

HW: Vorlesungen über Thermodynamik (1897); Einführung in die theoret. Physik, 5 Bde. (1916–32); Die Quantenhypothese (1969).

Plancksches Strahlungsgesetz beschreibt die Ausstrahlung elektromagnet. Energie (Wärme-, Licht- u. a. Strahlung) durch einen → schwarzen Körper **(Planckscher Strahler)** in Abhängigkeit von der Temperatur des Körpers und der Wellenlänge der Strahlung. Bei der Ableitung des P. S. ist von Planck die Quantelung der Strahlungsenergie postuliert worden, um die theoret. Ergebnisse mit den experimentellen Beobachtungen in Einklang zu bringen. Diese Hypothese war Ursprung der → Quantenmechanik.

Plancksches Wirkungsquantum, Planck-Konstante, Formelzeichen *h*, physikal. Konstante mit der Dimension einer Wirkung, die eine fundamentale Rolle im Bereich der Mikrophysik spielt, u. a. als Proportionalitätsfaktor in der Beziehung zw. Energie E eines Strahlungsquants und Frequenz ν einer elektromagnet. Strahlung: $E = h \cdot \nu$, $h \approx 6{,}626 \cdot 10^{-34}$ Js. Häufig wird auch die Größe $\hbar$, $\hbar = h/2\pi$, verwendet. → Quantentheorie

Plane [ahd. blaha] *die, -/-n,* dichtes Segeltuch zur Überdekkung von Wagenladungen u. a.

Plane *die,* 60 km langer linker Nebenfluß der Havel, entspringt im Fläming.

Pläner [zu plan] *der, -s/-,* tonige Kalksteine oder Mergel der oberen Kreide, in Westfalen, Harzvorland, Sachsen.

Planet, 1) *der, -en/-en,* → Planeten. **2)** Name eines Forschungsschiffs der Bundesrep. Dtl. (1850 BRT, seit 1967 im Dienst), für alle Bereiche der Meeresforschung, einschließlich der maritimen Meteorologie und Radiometeorologie (→ Meereskunde) ausgestattet.

planetarische Grenzschicht, der am Boden anliegende Teil der Atmosphäre, in dem der Wind zusätzlich durch die Reibung beeinflußt wird.

planetarische Nebel, ☆ besondere gasförmige → Nebel.

Planetarium [grch.-lat.] *das, -s/...ri|en,* Vorrichtung zur anschaul. Darstellung des Sternhimmels, der scheinbaren Bahnen der Gestirne, auch zur Vorführung vieler Vorgänge aus Astronomie und Raumfahrt. Der Zuschauer sitzt in einem verdunkelten halbkugelförmigen Raum. Durch opt. Projektion an die Innenfläche der Halbkugel können das Bild des Fixsternhimmels und die Stellung von Sonne, Mond und Planeten für beliebige Erdorte in Vergangenheit und Zukunft wiedergegeben werden. Durch programmgesteuerte Motoren und Getriebe, die die Projektoren mechanisch bewegen, werden die Bewegungen der Himmelskörper (im Zeitraffertempo) simuliert. In der Bundesrep. Dtl. gibt es Groß-P. in Berlin, Bochum, Hamburg, München, Nürnberg, Stuttgart. – Das 1. mechan. P. baute Archimedes um 220 v. Chr. Das 1. Projektions-P., entwickelt von W. Bauersfeld (Firma Zeiss), wurde 1923 in Jena aufgestellt. Die heutigen P.-Kuppeldurchmesser liegen um 20 m.

Planeten [mhd. planet, zu grch. planetes ›die Umherschweifenden‹], *Sg. der* **Planet,** *-en,* **Wandelsterne,** nicht selbstleuchtende Himmelskörper, die sich nach den Keplerschen Gesetzen in ellipt. Bahnen um die Sonne bewegen. Die heute bekannten 9 P. sind: → Merkur, → Venus, → Erde, → Mars, → Jupiter, → Saturn, → Uranus, → Neptun und → Pluto. Die letzten drei sind mit bloßem Auge nicht sichtbar. Die mit bloßem Auge sichtbaren P. waren schon im Altertum bekannt. Uranus wurde 1781 (W. Herschel), Neptun 1846 (J. G. Galle), Pluto 1930 (C. Tombaugh) entdeckt. Die 4 ersten heißen die **erdähnlichen,** die übrigen (außer Pluto) die **großen P. (jupiterähnl. P., Riesen-P.)**; beide Gruppen unterscheiden sich durch einen andersartigen inneren Aufbau. Die Erdbahn trennt die **inneren P. (unteren P.)** Merkur und Venus von den **äußeren (oberen).** Jene entfernen sich auf ihrer scheinbaren Bahn am Himmel nie weit von der Sonne und sind deshalb nur als Abendstern oder Morgenstern sichtbar. Die äußeren P. können den ganzen Gürtel der Ekliptik durchlaufen und daher auch in Opposition

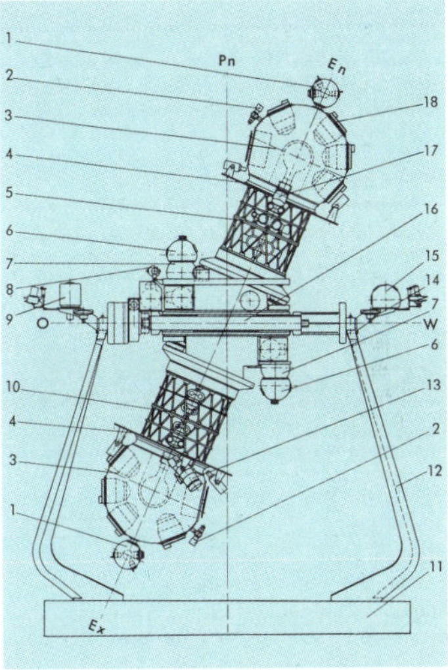

Planetarium: Schema (Pn = Polarachse, senkrecht zur Äquatorebene; En–Ex = Ekliptikachse, senkrecht zur Erdbahnebene; bildet mit der Polarachse einen Winkel von 23,5°; O–W = Horizontalachse). **1** Kugeln mit je 10 einzeln schaltbaren Projektoren für nördl. und südl. Sternbildfiguren; **2** Projektoren für nördl. und südl. Präzessionsziffernblatt; **3** nördl. und südl. Fixsternkugeln mit je 16 Projektoren; **4** nördl. und südl. Montageplatte mit insgesamt 11 Sonderprojektoren für die hellsten Fixsterne und 3 Projektoren für veränderliche Sterne; **5** Planetengerüst Nord mit Doppelprojektoren und Getriebe für Sonne, Mond und Saturn; **6** Kugeln mit je 5 Projektoren für äquatoriales Gradnetz; **7** Kugeln mit je 4 Projektoren zur Darstellung der Ekliptik; **8** Tragring für die Einrichtung zur Darstellung der Mittleren Sonne und des Nautischen Dreiecks mit Vertikalkreis- und Stundenkreisprojektor; **9** Wolkenprojektor; **10** Planetengerüst Süd mit Doppelprojektoren und Getriebe für Merkur, Venus, Mars und Jupiter; **11** Verkleidung für Tragegestell; **12** Tragegestell; **13** Sirius-Projektor mit Parallaxen- und Aberrationseinrichtung; **14** Horizontalleuchten für Dämmerung; **15** Kugel mit 4 Projektoren für Meridian; **16** Mittelstück mit Getriebe und stufenlos regelbare Antriebe für die Polhöhen-, Tages-, Jahres- und Präzessionsbewegung; **17** nördl. Milchstraßenprojektor; **18** Fixsternprojektor mit Helligkeitsregelung

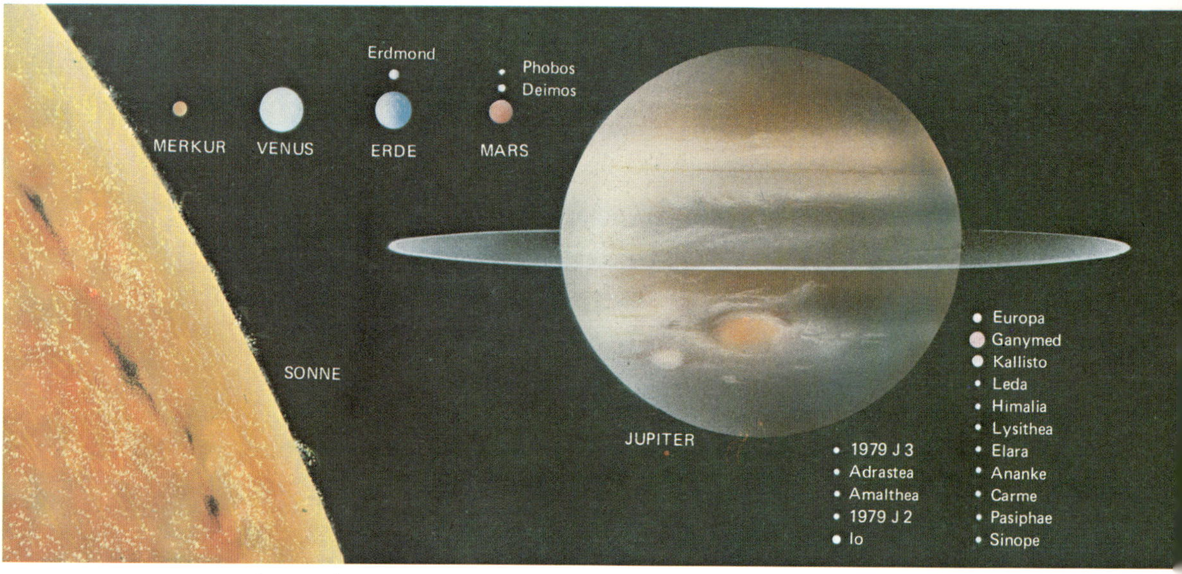

Planeten: Ein Teil der hier mit den vorläufigen Bezeichnungen aufgeführten Monde hat endgültige Namen erhalten (ÜBERSICHT Jupiter, ÜBERSICHT Saturn)

zur Sonne gelangen. Die P. drehen sich rechtläufig um ihre Achse, deren Neigung gegen die Bahnebene nicht sehr vom ird. Wert (67°) abweicht. Nur bei Uranus liegt die Rotationsachse fast in seiner Bahnebene, und bei Venus ist eine entgegengerichtete Drehung gemessen worden. Die Abstände der P. von der Sonne unterliegen einer gewissen Gesetzmäßigkeit (→ Titius-Bodesche Reihe). Zw. den Bahnen von Mars und Jupiter laufen die → Planetoiden um die Sonne. Die P. sind (ausgenommen Merkur) mit einer mehr oder weniger dichten Atmosphäre umgeben. Über das **P.-System** → Sonnensystem. Ein **P.-Jahr** ist die Zeit, in der ein Planet die Sonne einmal umkreist. Außer bei den inneren P. sind bei allen P. → Monde bekannt. *Adj.* **planetarisch.**

Planetengetriebe, ein → Umlaufrädergetriebe.

Planetensonden, → Raumsonden.

Planetoiden [grch. ›Planetenähnliche‹], *Sg. der* **Planetoid,** *-en,* **Asteroiden, Kleinplaneten,** große Gruppe (nur im Fernrohr sichtbarer) kleiner Himmelskörper, die sich in Keplerschen Bahnen fast ausschließlich zw. Mars und Jupiter um die Sonne bewegen. Sie füllen damit die Lücke in der → Titius-Bodeschen Reihe der Planetenabstände aus. Unter Umständen existiert ein weiterer P.-Gürtel jenseits der Jupiterbahn (→ Chiron 2). Eine Gruppe von P. umläuft die Sonne im gleichen Abstand wie Jupiter, jedoch jeweils 60 Grad vorauseilend oder nachfolgend (→ Trojaner). Die Gesamtzahl der P. bis zu einer Helligkeit von 19. Größenklasse (entsprechend einem Durchmesser von etwa 100 m) wird auf 40000 geschätzt; ihre Gesamtmasse wird mit $^{4}/_{10000}$ der Erdmasse angegeben, Bahnelemente kennt man nur von rd. 2300 P. Die Exzentrizitäten sind bei den P. oft bedeutend größer als bei den Planeten. Die Bahnneigungen zur Ekliptik liegen i. a. unter 15°, im Extremfall bei 52°. Die Bahnbewegung ist rechtläufig. Die 4 hellsten und größten P. sind **Ceres** mit rd. 1000 km Durchmesser, **Pallas** (∅ rd. 560 km), **Vesta** (∅ rd. 525 km) und **Juno** (∅ 190 km). Die kleinsten bis jetzt bekannten P. haben Durchmesser von einigen hundert Metern. Die Umlaufzeiten der meisten P. liegen bei etwa 4,5 Jahren, schwanken aber von 1,5 (Hermes) bis 13,7 Jahren **(Hidalgo).** Die Bahnen der P. **Adonis, Hermes, Apollo, Icarus** (→ Apollo-Objekte) liegen bei größter Sonnennähe innerhalb der Venusbahn, letztere sogar innerhalb der Merkurbahn. Hermes ist 1937 der Erde bis auf doppelte Mondentfernung nahe gekommen, die Bahn von Hidalgo reicht bis fast an die Saturnbahn heran. Aus den period. Helligkeitsschwankungen kann man schließen, daß selbst die größten P. nicht annähernd kugelrund sind, sondern die Form roher Felsblöcke besitzen müssen. Die P. verdanken ihre Existenz möglicherweise der Zerstörung eines Mutterplaneten (→ Phaeton 3). – Seit 1978 häufen sich Beobachtungshinweise, die auf die Existenz von **P.-Monden** hindeuten (→ Herculina).

Planfeststellung, ⚖ das bei zahlreichen großen Neubauvorhaben erforderl. Verfahren (Bundesfernstraßen, Eisenbahnschienen, Kanäle, Kernreaktoren, Flugplätze, Mülldeponien u. a.), grundlegend geregelt in §§ 72–78 Verwaltungsverfahrensges. v. 25. 5. 1976, ferner in den Ges. der einzelnen Sachgebiete. Die P. soll umfassende Stellungnahmen aller in Betracht kommenden Beteiligten ermöglichen und nach Berücksichtigung von Einwänden die Baugenehmigung rechtsverbindlich feststellen. Die P. ist (bindende) Voraussetzung für das sich ggf. anschließende Verfahren einer → Enteignung.

Planfläche, Optik: ebene Begrenzungsfläche bei Prismen, Linsen oder Spiegeln.

Planica [plan'i:tsa], Ort in Slowenien, Jugoslawien, in den Jul. Alpen, bed. Wintersportgebiet mit Sprungschanzen.

planieren [frz.]. *ich planiere es,* **1)** Erd-, Straßen-, Eisenbahnbau: ebne eine Fläche ein. **2)** Metallbearbeitung: richte Werkstückflächen durch Prägen zw. ebenen Werkzeugen oder Eindrücken rasterförmiger Vertiefungen.

Planier|raupe, ein Flachbagger mit vorn angebrachtem, verstellbarem Schild, → Bagger.

Planeten

Planet	astronom. Zeichen	Masse (Erde = 1)	mittlere Dichte (g/cm³)	Äquatordurchmesser (km)	Rotationsperiode	mittlerer Sonnenabstand (AE)	siderische Umlaufszeit (Jahre)	kleinster Erdabstand (AE)	größter Erdabstand (AE)
Merkur	☿	0,055	5,44	4878	58d 15h 30min	0,39	0,24	0,5	1,5
Venus	♀	0,815	5,24	12104	243d 3h 50min	0,72	0,62	0,3	1,3
Erde	♁	1	5,52	12756	23h 56min 4,09s	1,00	1	–	–
Mars	♂	0,107	3,92	6789	24h 37min 22,6s	1,52	1,88	0,4	2,7
Jupiter	♃	317,9	1,31	142796	9h 55min 30s	5,2	11,86	4,0	6,4
Saturn	♄	95,2	0,69	120870	10h 39min 24s	9,54	29,46	8,0	11,1
Uranus	⛢	14,5	1,19	51800	22,5h ± 2h	19,18	84,01	17,3	21,2
Neptun	♆	17,63	1,76	48600	18h 12min ± 24min	30,06	164,79	28,8	31,3
Pluto	♇	0,003	1,5	≈ 3000	6d 9h 22min	39,6	248	28,7	50,5

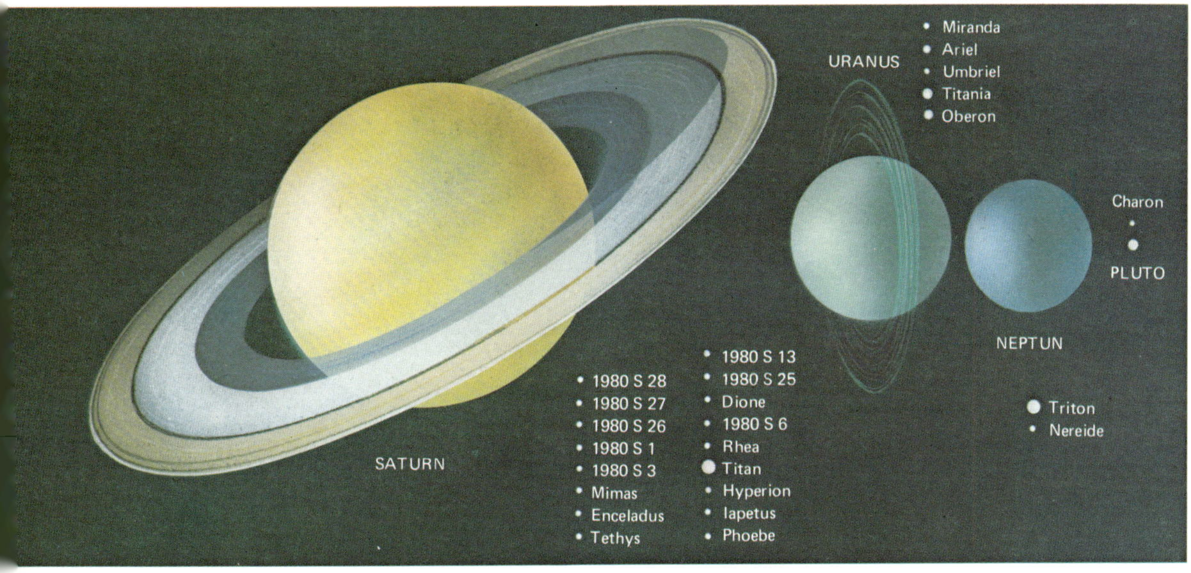

Planifikation [frz.] *die, -/-en,* volkswirtschaftl. Gesamtplanung in einer Marktwirtschaft mit Hilfe eines alle oder die wichtigsten Wirtschaftszweige umfassenden, langfristigen Rahmenplanes, der die unternehmer. Dispositionen in Richtung auf die Erfüllung best. wirtschaftspolit. Ziele beeinflußt. Dazu gehört eine in allen Teilen abgestimmte Wirtschaftspolitik. Der Begriff P. geht auf die umfassende ›planification‹ in Frankreich zurück.

Planiglob [lat.] *das, -s/-en,* kartograph. Wiedergabe der Erdoberfläche in zwei Kreisflächen (Erdhalbkugelkarten).

Planimeter [lat.-grch.] *das, -s/-,* mathemat. Gerät zum Messen des Flächeninhalts ebener Figuren, meist durch Umfahren der Umrandungslinie. Beim **Polar-P.** geschieht dies mit dem freien Ende des Fahrstabes, dessen anderes Ende auf einer Kreisbogenführung um den beliebig gelegenen Pol gleitet. Der Fahrstab trägt eine Meßrolle, die auf dem Papier zugleich rollt und gleitet, und deren Drehung dem umfahrenen Flächeninhalt proportional ist. Die Meßgenauigkeit liegt bei 0,1 cm^2. Mit dem **Kompensations-P.** kann man durch doppeltes Umfahren Fehler infolge Achsenschiefe der Meßrolle ausschalten. Andere Arten sind **Linear-, Scheiben-, Radial-, Schneiden-,** und **Beil-P., Integrimeter** (→ Integriergerät), **Potenz-P.** u. a. (→ Stieltjes-Planimeter, → harmonische Analyse). P. werden zunehmend durch Computer und Rechenverfahren ersetzt.

Planimetrie [lat.-grch.] *die, -,* die ebene → Geometrie.

Planinc [pl'anints], M i l k a , jugoslaw. Politikerin (Kommunistin), * Drniš (Kroatien) 21. 11. 1924, schloß sich 1943 den Partisanen Titos an; wurde 1971 Vors. des ZK ihrer Partei in Kroatien, 1982 MinPräs. von Jugoslawien.

Planisphäre [grch.], **1)** das → Astrolabium. **2)** Kartographie: zusammenhängende Wiedergabe der gesamten Erdoberfläche mit ellipt. Umriß, auch mit Darstellung der Pole als Linien.

Planke [mhd. aus spätlat.] *die, -/-n,* **1)** Brett, Bohle, Bauholz. **2)** Bretterwand zur Einfriedung. **3)** *Pl., nd.:* Schiff. *ich* **planke** *ein Leck* **ab,** dichte mit Bohlen. *ich* **planke** *es* **ein,** umfriede mit einer Bretterwand.

plänkeln [mhd. blenkeln ›hin- und her bewegen‹]. *ich* **plänk(e)le, 1)** *mit dem Feind,* liefere ihm kleine Gefechte. **2)** *mit ihm,* Ü streite mich neckend. **3)** ⚘ pendele, schwinge. *die* **Plänkelei,** *-/-en,* **1)** unbed. Schießerei, Kleingefecht. **2)** neckender Streit.

Plankommission, in Systemen der Planwirtschaft (z. B. in der Dt. Dem. Rep.) die oberste Planungsbehörde.

plankonkav [lat.], mit einer ebenen und einer nach innen gewölbten, **plankonvex,** mit einer ebenen und einer nach außen gewölbten Fläche (→ Linse).

Plankostenrechnung, zukunftsbezogene Kostenrechnung zur Kontrolle der Wirtschaftlichkeit von Leistungsprozessen in Unternehmungen, damit zugleich wichtiges Lenkungs- und Steuerungsinstrument. Die tatsächlich entstandenen Kosten **(Istkosten)** einer abgelaufenen Rechnungsperiode werden den für diese Periode geplanten Kosten gegenübergestellt. Die durch die Kostenplanung ermittelten **Sollkosten** werden auf Kostenstellen (Verantwortungsbereiche) aufgegliedert und den Kostenstellenleitern als Richtschnur für ihre Entscheidungen gegeben.

Plankton [grch. planktos ›umherirrend‹] *das, -s,* die Gesamtheit der im Wasser frei schwebend lebenden Tiere **(Zoo-P., Schwebefauna)** und Pflanzen **(Phyto-P., Schwebeflora),** mit geringer oder ohne Eigenbewegung. Hinsichtlich des Vorkommens unterscheidet man das **Meeres-P. (Hali-P.)** und das **Süßwasser-P. (Limno-P.).** Die zum P. gehörigen Lebewesen bezeichnet man als **Planktonten** oder **Plankter.** Zum Zoo-P. gehören Radiolarien, Geißeltierchen, Quallen, Krebstiere u. a.; das Phyto-P. setzt sich vor allem aus Kiesel-, Geißel- u. a. Algen zusammen. Die Zusammensetzung des P. ist von Temperatur, Salzgehalt, Sauerstoff und Licht abhängig. Planktonarmes Meerwasser erscheint blau, planktonreiches grün. P. spielt eine Rolle als Nahrung für viele Fische (Wale sind P.-Fresser) und Tiefseetiere und als Sauerstofflieferant. Die Ölverschmutzung der Meere bedeutet eine Gefahr für das P. *Adj.* **planktonisch.**

Planobogen, flachliegende ungefalzte Papier- oder Druckbogen. – **Planodruck,** Einzelbogendruck, i. Ggs. zum Rotationsdruck von der Rolle.

planparallele Platte, eine von 2 parallelen Ebenen begrenzte Platte, z. B. eine Glasplatte für optische Zwecke.

Planscheibe, ⚙ Scheibe zum Aufspannen großer Arbeitsstücke auf der Drehbank, mit radial verschiebbaren Klauen.

planschen [Schallwort]. *ich* **plansche,** tummle mich im Wasser, spritze. **Planschbecken,** seichtes Wasserbecken für Kinder.

Plansee, Gebirgssee südöstlich von Reutte (N-Tirol), Österreich, 976 m ü. M., 2,8 km^2 groß, bis 76 m tief.

Plansichter *der, -s/-,* Müllerei: Müllereimaschine, bestehend aus übereinandergesetzten, schwingenden Siebkästen mit versch. Maschenweite zum Trennen und Sichten der Mahlerzeugnisse Schrot, Grieß, Dunst und Mehl.

Planspiel, → Unternehmensspiele.

Planta, schweizer. Adelsgeschlecht aus Graubünden, Stammsitz Zuoz (Engadin). In den Wirren des 16. und 17. Jh. waren die P. Führer der katholisch-spanisch-österr. Partei; P o m p e j u s von P. wurde 1621 von Georg (Jürg) Jenatsch ermordet; sein Bruder R u d o l f war 1639 an der Ermordung von Jenatsch beteiligt.

Plantage [plant'a:ʒə, frz.] *die, -/-n,* auf die Erzeugung landwirtschaftl. Produkte ausgerichteter Großbetrieb; auch Bez. für die einzelne Pflanzung, z. B. **P.-Obstbau.**

Plantagenet [plænt'ædʒınıt], **Anjou-P.** [ãʒ'u-], engl. Königshaus, das in direkter Linie 1154–1399, in den Zweiglinien Lancaster und York 1399–1485 herrschte. Der Name stammte von der Helmzier Graf Gottfrieds (frz. Geoffroi) V. von → Anjou (1129–51), einem Ginsterbusch (lat. planta genista). → Großbritannien und Nordirland, Geschichte, → Lancaster, → York.

Plantin [plãt'ɛ̃], C h r i s t o p h , Buchdrucker und Verleger, * St. Avertin bei Tours um 1520, † Antwerpen 1. 7. 1589, gründete 1555 eine Druckerei und Verlagsbuchhandlung in Antwerpen, druckte 1569–72 eine achtbändige Polyglottenbibel in 5 Sprachen **(Antwerpener Polyglotte).** P.-Drucke (über 1600) zählen zu den typograph. Meisterwerken (Kupferstichillustration). Die Antwerpener Firma kam an seinen Schwiegersohn Jan Moretus († 1610), bestand bis 1876; seither **P.-Moretus-Museum.**

Christoph Plantin: Druckerzeichen

Planum *das, -s,* im Eisenbahn-, Erd- und Straßenbau die verdichtete Oberfläche des Erdkörpers zur Aufnahme des Straßenunter- oder Eisenbahnoberbaues.

Planungsraum, räuml. Objekte der Stadt- und Landesplanung sowie der Raumordnung, z. B. Sanierungsgebiete, City.

Planungsrechnung, mathematische P., mathematische Optimierung, mathematische Programmierung, engl. **mathematical programming** [mæθəm'ætɪkl pr'əʊgræmɪŋ], neuerer Zweig der angewandten Mathematik, das wichtigste Teilgebiet des Operations Research. In der P. werden Probleme behandelt, bei denen eine Funktion, die Zielfunktion, unter Berücksichtigung mindestens einer Nebenbedingung zu maximieren oder zu minimieren ist. Je nachdem, ob die Optimierungsaufgabe auf ein System von linearen oder nichtlinearen Gleichungen und Ungleichungen führt, dessen Lösungen bestimmt werden müssen, unterscheidet man zw. linearer und nichtlinearer Programmierung. Die P. wird in der industriellen Praxis u. a. zur Berechnung gewinnmaximaler Produktionsprogramme angewandt. Hier ist zur Behandlung von Problemen mit oft einigen tausend Varianten und mehreren hundert Nebenbedingungen der Einsatz von elektron. Datenverarbeitungsanlagen erforderlich.

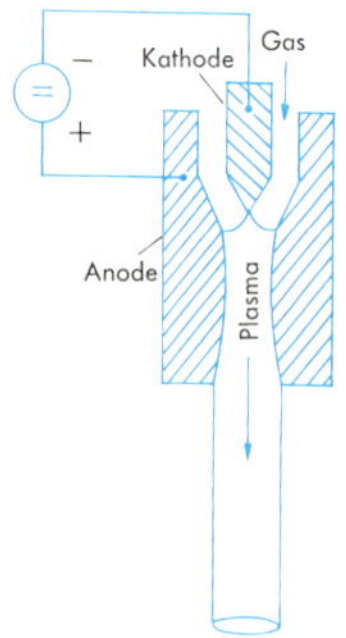

Plasmabrenner: Lichtbogen-P.

Planungsrecht, die Gesamtheit aller öffentlich-rechtl. Rechtsnormen, die sich mit der zukünftigen Nutzung der Landschaft (z. B. Verkehrsgesamtplan), aber auch mit den Strukturen von Institutionen (z. B. Schulentwicklungsplan) befassen. Entwicklungsgeschichtlich hervorgegangen aus dem Städtebau, ist das P. nur in Teilen bundesrechtlich geregelt, z. B. im Baurecht (Bundesbauges. i. d. F. v. 18. 8. 1976) und im Raumordnungsrecht (Raumordnungsges. v. 8. 4. 1965). In vielen Ländern, RegBez., Kreisen und Verbänden gibt es Rechtsvorschriften des P. in Form von Gesetzen, Satzungen, Verwaltungsverordnungen u. a.

Planungswert|ausgleich, die Abschöpfung von Wertzuwächsen bei Grundstücken, die auf Änderung von Bebauungsplänen oder auf öffentl. Investitionen beruhen, z. Z. steuerrechtlich nur im Spekulationsgewinn erfaßt.

Planwirtschaft, Wirtschaftsordnung, bei der das gesamte wirtschaftl. Geschehen von einer zentralen Stelle aus gelenkt wird (**Zentralverwaltungswirtschaft,** Bez. von W. Eucken). Während in der → Marktwirtschaft alle Haushalte und Betriebe eigene Pläne aufstellen, die über den Markt und den Preis koordiniert werden, ist in der P. alleiniger Planträger für die Gesamtwirtschaft der Staat. Seine Eingriffe werden auch als Dirigismus bezeichnet. In einem einheitl. Plan (→ Wirtschaftsplan) werden Produktion, Investition, Güterverteilung, z. T. auch Berufs- und Arbeitsplatzwahl, Einkommensverwendung und Konsumwahl festgelegt; dadurch wird die Entfaltung freier Initiative durch Produzenten und Konsumenten erschwert. Da die Preise festgesetzt werden, haben sie keine regulierende Funktion. Die zentrale Erfassung und Lenkung aller wirtschaftl. Vorgänge ermöglicht den Einsatz der wirtschaftl. Mittel für polit. Zwecke, deshalb bedienen sich bes. die totalitären Staaten der P., aber auch demokrat. Entwicklungsländer, die einen beschleunigten Aufbau eigener Industrien anstreben. In der P. der kommunist. Länder sind die Produktionsmittel einschließlich Grund und Boden verstaatlicht; Jugoslawien führte in den 50er Jahren eine Art → Konkurrenzsozialismus mit Arbeiterselbstverwaltung in den Betrieben ein. Planwirtschaftl. Charakter tragen die staatl. Eingriffe in den Marktmechanismus bei Notständen (Kriege, Krisen), die die gerechte Verteilung lebenswichtiger Güter, die Verhütung von Arbeitslosigkeit, den Schutz inländ. Erzeugergruppen u. a. gewährleisten sollen.

Planzeiger, rechter Winkel mit Maßstabsteilung auf beiden Schenkeln zur Bestimmung der Lage eines Punktes auf einer Karte mit Gitternetz.

plappern [Schallwort]. *ich* **plapp(e)re,** U schwatze, rede schnell, viel und geistlos: *sie plapperte munter drauflos. ich* **plapp(e)re** *es* **aus,** U plaudere aus. *ich* **plapp(e)re** *es* **nach,** U spreche gedankenlos nach. *die* **Plapperei,** -, U das Plappern, Geschwätz. *der* **Plapp(e)rer,** *-s/-,* **Plappermaul, Plappertasche,** U jemand, der unaufhörlich plappert. **plapperhaft,** U geschwätzig.

Plaque [plak, frz. ›Blatt‹] *die, -/-s,* ⚕ 1) Hautfleck. 2) Zahnbelag.

plärren [mhd. blerren]. *ich* **plärre,** U **1)** schreie, weine laut und ungezogen (bes. von Kindern). **2)** *(es),* singe laut und falsch.

Pläsier [frz.] *das, -s/-e,* ✿ Vergnügen. *Adj.* **pläsierlich,** ✿.

Plasma [grch. ›Gebilde‹] *das, -s/...men,* **1)** Biologie: das Zytoplasma der → Zelle. **2)** Physiologie: gerinnbare Flüssigkeit, z. B. des → Blutes. **3)** Mineralogie: Name für den durch Chlorit grün gefärbten Jaspis. **4)** ⊠ ein ionisiertes heißes Gas, das sich aus Ionen, Elektronen und neutralen Teilchen zusammensetzt. Ein P. ist quasineutral, es hat im Mittel die gleiche Anzahl von positiven und negativen Ladungen. P. hat eine große elektr. Leitfähigkeit und ist diamagnetisch. Die wichtigsten Parameter zur Beschreibung des **Plasmazustands** (oft als 4. Aggregatzustand der Materie bezeichnet) sind Dichte, Druck und Temperatur seiner Komponenten und die mittlere freie Weglänge zw. 2 Stößen. Ein P. wird im Laboratorium durch hohes Aufheizen eines Neutralgases hergestellt; bei Temperaturen von mehreren Mio. °C verdampfen alle Stoffe, und aus den neutralen Atomen oder Molekülen entstehen durch Ionisation freie Elektronen und Ionen. Um diese Temperaturen zu erreichen, schickt man durch das Gas, das sich in zylinder- oder ringförmigen Röhren befindet, extrem starke elektr. Entladungen. Das Eigenmagnetfeld der Entladungsströme schnürt durch den → Pinch-Effekt das Plasma zu einem dünnen Schlauch zusammen, wodurch es sich stark erhitzt; das umgebende Vakuum verhindert die unmittelbare Wärmeübertragung auf die materiellen Wände. In anderen Geräten wird das zusammenhaltende Magnetfeld durch Ströme in äußeren Spulen erzeugt. Die Lorentz-Kraft bewirkt, daß sich die geladenen Teilchen auf schraubenförmigen Bahnen um die Feldlinien bewegen. Neben der Heizung mit elektr. Strom (Stromheizung) kann das P. auch durch den Einschuß schneller neutraler Teilchen (Neutralteilcheneinschuß), die im Ggs. zu geladenen Teilchen in ein Magnetfeld eindringen können, oder durch Radiowellen (Hochfrequenzheizung) erhitzt werden. In den Industriestaaten werden große Anstrengungen unternommen, um ein P. aus Deuterium oder Tritium von so hoher Temperatur und Dichte zu erzeugen, daß eine kontrollierte Kernfusion stattfindet. Ein Fusionsreaktor soll die dabei frei werdende Energie in technisch nutzbare Energie umwandeln. Um das hochaufgeheizte P. von den Wänden der Apparatur fernzuhalten, wählt man bei den großen P.-Maschinen besondere Formen des Magnetfelds, z. B. Verdrillungen (→ Kernverschmelzung). – In der Natur findet man P. in den höchsten Atmosphärenschichten, im Weltraum (interstellares Gas), in den Sternatmosphären und im Inneren der Sterne. P. treten auch in Büschel- oder Koronaentladungen, bei elektr. Durchschlägen, Blitzen oder in Flammen auf. – **Ambiplasma** ist ein P.-Gemisch aus Materie und Antimaterie (z. B. Protonen und Antiprotonen).

Plasma|antrieb, Bez. für elektrotherm. und elektromagnetische Raketenantriebe (→ Raketentriebwerk).

Plasmabrenner, Gerät zur Erzeugung eines heißen Plasmastrahls (bis 20000 K) durch Aufheizung eines Gasstrahls in einem Lichtbogen durch Elektronenstoß. Anwendung zum Aufspritzen (**Plasmapistole**) von Materialien als hochtemperaturfeste Überzüge auf Werkstücken oder zum Schweißen, Schmelzen und Schneiden von nichtleitenden Werkstoffen, zur Spektralanalyse, zur Synthese von Kristallen aus hochschmelzenden Verbindungen u. a.

Plasma|chemie, Teilgebiet der Hochtemperatur- und Niedertemperatur-Chemie, das sich mit den Eigenschaften von Stoffen und dem Ablauf von chem. Reaktionen in Plasmen befaßt. Die Reaktionen der P. sind hauptsächlich Ionen-Molekül-Reaktionen, z. B. die Bildung von Acetylen aus Methan.

Plasma|ersatzmittel, Plasma|expander, Plasmavolumen|expander, ⚕ überwiegend isoton. Kolloidlösungen auf Dextran- oder Gelatinebasis, die meist zur Kreislaufstabilisierung nach akuten Blutverlusten als intravenöse Infusion verabreicht werden. Die P. sind keine echten Blutersatzmittel, da zwar das Blutvolumen normalisiert, nicht aber ein Mangel an roten Blutkörperchen beseitigt wird und ihre Verweildauer im Blut nur Stunden beträgt.

Plasma|gen [grch.], Erbanlage im Zellplasma (→ Gene).

Plasmaphysik, Teilgebiet der Physik, befaßt sich mit Eigenschaften und Anwendungen ionisierter Gase (→ Plasma).

Plasmaproteine [grch.], Gemisch aus etwa 100 unterschiedl. Proteinen und Proteiden (meist Glykoproteiden), die im Blutplasma in einer Gesamtkonzentration von 60 bis 80 g/l vorkommen und v. a. in der Leber synthetisiert werden.

Plasmatron [grch.] *das, -s/...tr'one,* auch *-s,* als Leistungsverstärkerröhre verwendbare, stetig steuerbare Gasentladungsröhre.

Plasmavolumen|expander, ⚕ → Plasmaersatzmittel.

Plasmawellen, Wellen in einem Plasma (→ magnetohydrodynamische Wellen).

Plasmazellen, Zellen des lymphat. Gewebes (Milz, Lymphknoten) und des Knochenmarks, die vermehrt bei best. Krankheiten (chron. Infekte, Virusinfekt, Plasmozytom) auftreten. P. entstehen aus B-Lymphozyten und sind eine wichtige Bildungsstätte der → Antikörper.

Plasmodium [grch.-lat.] *das, -s/...di|en,* **1)** Zytoplasmakörper mit mehreren Zellkernen, z. B. bei Amöben und Schleimpilzen. **2)** Erreger der → Malaria.

Plasmolyse [grch.] *die, -/-n,* bei vakuolisierten Pflanzenzellen die Ablösung des Protoplasten von der Zellwand, eine künstlich auslösbare osmot. Erscheinung in einer hyperton. Lösung eines Salzes oder Nichtelektrolyten, deren osmot. Druck höher ist als der des Zellsaftes; dabei wird der Zelle Wasser entzogen. – Ersetzt

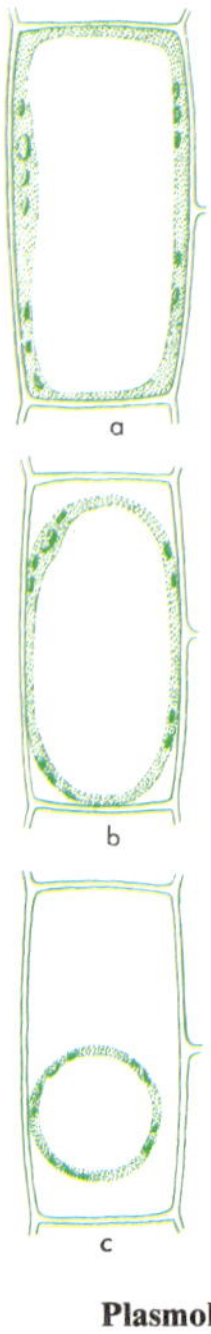

Plasmolyse: in einer Pflanzenzelle: **a** Ausgangszustand, **b** Abhebung des Protoplasmas, **c** starke Zusammenziehung (schematisch, stark vergr.)

man die hyperton. Lösung durch Wasser, so tritt der rückläufige Vorgang, die **Deplasmolyse,** ein. (→ Osmose)

Plasmon *das, -s/-en,* Schwingungsquant der Plasmawellen, die bei kollektiven Anregungen von Elektronen in Festkörpern auftreten; ein → Quasiteilchen.

Plasmozytom [grch.] *das, -s/-e,* **Kahlersche Krankheit,** geschwulstartige Wucherung der Plasmazellen des Knochenmarks **(multiples Myelom),** einhergehend mit der Bildung von Paraproteinen, die zu den Immunglobulinen gehören, mit starken Knochenschmerzen und Knochenzerstörung. – Behandlung: zytostatische Mittel u. a.

Plassenburg, Festung über → Kulmbach in Bayern.

Plast *der, -es/-e, meist Pl.,* auch **Plaste** *die, -/-n,* **1)** i. w. S. → Kunststoffe, i. e. S. Thermoplaste. **2)** in der Dt. Dem. Rep. Bezeichnung für Kunststoffe (Plastik).

Plastiden *Pl.,* pflanzl. Zellorganellen, die bes. der Photosynthese dienen und eigene informationstragende DNS besitzen (→ Gene).

Plastik [frz. aus grch.] *die, -/-en,* **1)** Werk der → Bildhauerkunst. **2)** *ohne Pl.,* körperhafte Ausprägung, Anschaulichkeit. **3)** *das, -s/-s,* engl. **Plastics** [pl'æstɪks], die → Kunststoffe. **plastisch, 1)** körperhaft. **2)** Ü anschaulich, bildhaft. **3)** geschmeidig, formbar. **4)** ⚕ plastische Operation, Maßnahme der → plastischen Chirurgie. *ich* **plastifiziere** *es,* mache einen elast. Werkstoff (Holz, Kunststoffe, synthet. Fasern u. a.) durch besondere mechan., therm. und/oder chem. Behandlung plastisch.

Plastikbomben, Mischungen aus 80–90% eines brisanten Sprengstoffes (z. B. Hexogen) und Plastifizierungsmitteln (z. B. Vaseline, Wachse).

Plastilin [ital.] *das, -s,* **Plastilina** *die, -,* Knetmasse.

plastische Chirurgie, Zweig der Chirurgie, der sich mit dem Ersatz verlorengegangener Gewebsteile **(Wiederherstellungschirurgie)** durch Gewebelappen aus dem Körper des zu Operierenden selbst **(Autoplastik),** eines anderen Menschen **(Homoplastik)** oder durch gewebefreundliches, fremdes Material **(Alloplastik)** beschäftigt (→ Transplantation). Auch die Behandlung angeborener oder erworbener Verunstaltungen gehört zu den Aufgaben der p. C. **(kosmetische Chirurgie,** → Kosmetik 2). Das Wiederanheilen abgetrennter Körperteile (Zehen, Finger) heißt **Anaplastik.** Wichtige plast. Operationen sind Gesichtsplastik, bes. Nasenplastik **(Rhinoplastik),** Ohrenplastik **(Otoplastik),** Lippen- und Lidplastik, Operationen bei Hasenscharte, Gaumenspalte und bei Narbenverziehung.

plastisches Holz, der → Holzkitt.

plastisches Hören, zweiohriges Hören (binaurales Hören, Richtungshören), bei elektroakust. Anlagen v. a. durch → Stereophonie und Pseudo-Stereophonie hervorgerufen.

plastisches Sehen, zweiäugiges Sehen (binokulares Sehen), ermöglicht die Tiefenwahrnehmung. (→ Raumbildverfahren)

Plastizität [zu Plastik] *die, -,* Geschmeidigkeit; die Eigenschaft von festen Körpern, sich durch äußere Kräfte verformen zu lassen und die Verformung nach Aufhören der Beanspruchung beizubehalten (im Unterschied zur → Elastizität). Spröde Werkstoffe (z. B. Marmor, Glas, Kristalle) sowie Metalle und Kunststoffe werden plastisch, wenn die Fließgrenze überschritten, die Bruchgrenze aber noch nicht erreicht ist.

Plastomere *Pl.,* → Kunststoffe.

Plastoponik *die, -,* Bodenverbesserung (v. a. Auflockerung) durch Zugabe von 4 bis 12 mm großen Kunststoff-Flocken.

Plastron [plastr'ɔ̃, frz.] *der* oder *das, -s/-s,* **1)** Schutzpolster (Fechten). **2)** breiter Schlips, so die weiße Krawatte der Reiter.

Plataä, grch. **Plataiai,** antike Stadt in Südböotien. Hier siegten 479 v. Chr. die Griechen unter Pausanias über die Perser.

Platane [grch.] *die, -/-n,* **Platanus,** Pflanzengatt., die allein die zweikeimblättrige Fam. **Platanaceae** bildet; bis 30 m hohe Bäume mit ahornähnl., wechselständigen Blättern. Die eingeschlechtigen, grünl. Blüten sitzen in kugeligen Köpfchen. Die Früchte sind borstenumstandene Nüsse. Die frostempfindl. **Morgenländische P.** und die in Nordamerika heim. **Abendländische P.** werden in Europa seltener angepflanzt als der Bastard aus beiden, die **Ahornblättrige P.** Die graue Borke der P. löst sich in Platten, wobei die junge, gelbgrüne Rinde freigelegt wird. (Bild Rinde)

Plateau [plat'o, frz.] *das, -s/-s,* Hochebene, Tafelland.

Platen, August Graf von **P. Hallermund** (Hallermünde), Dichter, * Ansbach 24. 10. 1796, † Syrakus 5. 12. 1835, schlug zuerst die Offizierslaufbahn ein, studierte dann in Würzburg, seit 1819 in Erlangen. Seit 1826 hielt er sich in Italien auf. Gegenüber romant. Formauflösung forderte P. noch einmal die makellose Vollkommenheit von Form und Gestalt. Als Lyriker bevorzugte er die anspruchsvollen Formen des Sonetts, der Ode oder des Ghasels; sie sind meist Ausdruck von Schwermut und inneren Konflikten; daneben steht freiheitl. polit. Lyrik. Breitere Wirkung hatte er nur mit einzelnen Balladen und Romanzen (›Das Grab im Busento‹).

WW: *Lyrik:* Ghaselen (1821); Sonette aus Venedig (1825); Gedichte (1828). *Schauspiele:* Der gläserne Pantoffel (1823, Komödie); Die verhängnisvolle Gabel (1826, Literaturkomödie); Der Schatz des Rhampsinit (1828, Lustspiel); Die Liga von Cambrai (1833, Geschichtsdrama). Die Abbassiden (1835, Versepos). Tagebücher.

August Graf von Platen

Plateresken-Stil [span. plateresco ›silberschmiedeartig‹], gegen Ende des 15. Jh. aufgekommener Stil der span. Baukunst, der, hervorgegangen aus dem → Mudéjar-Stil, Schmuckformen der Spätgotik und Renaissance aufnahm und sich in Fassadendekorationen zu überreicher Pracht entwickelte.

Platforming [pl'ætfɔ:mɪŋ, engl.], → Reformieren.

Plat|helminthen *Pl.,* die → Plattwürmer.

Platin [österr. -t'i:n, span. platina, Verkleinerung von plata ›Silber‹] *das, -s,* **Pt,** Edelmetall aus der Gruppe der → Platinmetalle (Übersicht chemische Elemente). P. ist ein hellgraues, silberglänzendes, nicht sehr hartes Metall, geschmeidig, hämmer- und walzbar, zu feinstem Draht ausziehbar und bei Weißglut schweißbar. P. ist chemisch äußerst beständig, wird von Sauerstoff und Flußsäure auch bei höchsten Temperaturen nicht angegriffen. Dagegen reagieren Chlor, Schwefel, Phosphor, Arsen, Antimon oder Königswasser mit P.

Vorkommen und Gewinnung. Gediegenes P. findet sich in Verbindung mit Eisen (Eisen-P., Ferro-P.), mit anderen Metallen (Iridium-P., palladiumreiches P., Kupfer-P., Nickel-P.), weiter in Chromeisen- und Nickelmagnetkieserzen; Hauptlagerstätten sind Ural, Sibirien, Kanada, Kolumbien, Südafrika. Die Gewinnung des reinen P. erfolgt aus Roh-P. (75–90% P.) und aus Anodenschlämmen, die bei der Aufarbeitung von z. B. Nickelerzen anfallen. P. wird mit Königswasser zu Hexachloroplatinsäure, $H_2PtCl_6 \cdot 6H_2O$, gelöst, als P.-Salmiak, $(NH_4)_2PtCl_6$, gefällt und zu P. verglüht. P.-Verbindungen enthalten P. in den Oxidationsstufen 0 bis +6 (mit Ausnahme von +3). – Erzeugung von P. (1981): UdSSR 104,2 t, Rep. Südafrika 93,3 t, Kanada 12,4 t, Japan 1,1 t, USA 0,2 t; Weltproduktion: 212,2 t.

Verwendung zu Schmuck, in der Medizintechnik, Luft- und Raumfahrt-Ind., zur Herstellung von Schmelztiegeln, Schalen, Drähten, Elektroden, Blechen. P. hat fast den gleichen Ausdehnungskoeffizienten wie Glas, so daß es sich vollkommen dicht in Glas einschmelzen läßt. Wichtig sind die starken katalytischen Eigenschaften des P. (→ Katalysator), die es namentlich in fein verteilter Form als **P.-Asbest, P.-Schwamm, P.-Mohr** zeigt. Sie werden bei der Herstellung von Schwefelsäure sowie für Hydrierungs-, Dehydrierungs- und Oxidationsprozesse in der organ. Chemie ausgenutzt. Auch die Entzündung von Wasserstoff bei Gasselbstzündern wird durch fein verteiltes P. bewirkt. Meist wird P. legiert mit den anderen P.-Metallen verwendet. Härtung und Minderung der Säurelöslichkeit bewirkt Iridium. P.-Rhodium-Legierungen dienen zur Herstellung von Thermoelementen. P.-Kupfer-Legierungen braucht man zu Schmuck, P.-Gold-Silber-Legierungen wurden zu Zahnfüllungen und Gebißplatten verwendet. P.-Salze finden Verwendung in der Photographie, Röntgentechnik, Keramik usw.

Platane: Ahornblättrige P.

Platine [frz.] *die, -/-n,* **1)** Walzerzeugnis (Halbzeug) von 6 bis 50 mm Dicke und 150–500 mm Breite. **2)** spanlose Formung: das zurechtgeschnittene ebene Ausgangswerkstück, z. B. aus Blech. Die runde P. heißt auch **Ronde. 3)** Textiltechnik: allg. haken- oder schieberartiges Gerät an Web-, Wirk- und Strickmaschinen. **4)** Elektronik: svw. Leiterplatte, → gedruckte Schaltung.

Platinmetalle, Bez. für das in der VIII. Nebengruppe des Periodensystems stehende Element Platin und die ihm ähnl. Metalle: Ruthenium, Rhodium, Palladium **(leichte P.)** und Osmium, Iridium **(schwere P.),** die fast nur gediegen, und zwar meist legiert mit dem vorherrschenden Platin vorkommen.

Platitüde [frz.] *die, -/-n,* Plattheit, nichtssagende Redensart.

Platon, lat. **Plato,** grch. Philosoph, * Athen 427 v. Chr., † ebd. 347 v. Chr., aus adligem Geschlecht, entscheidend geprägt von seinem Lehrer Sokrates. Nach dessen Tod (399) begab er sich auf Reisen (nach Megara zu Euklid, nach Unteritalien und Sizilien sowie möglicherweise nach Ägypten), die seine Weltkenntnisse erweiterten. In Syrakus jedoch scheiterten seine Hoffnungen, hier sein Staatsideal zu verwirklichen. Nach 387 gründete P. in Athen die → Akademie.

Seine Philosophie nimmt das fragende Gespräch des Sokrates (→ Dialog 1) auf und gibt ihm eine ausgewogene künstler. Form. Ihr Kernstück ist die Ideenlehre. Die Ideen sind danach die Urgestalt (›eidos‹) der sinnlich erfahrbaren Dinge und machen ihren Sinngehalt aus. Da sie über den Sinnen stehen, unveränderlich und ewig gültig sind, ist ihre denkende Erfassung nicht Erfahrung, sondern Besinnung, ›Erinnerung‹. Die der sinnl. Erfahrung zugänglichen Dinge sind in ihrem Bestand durch ›Teilhabe‹ an den Ideen konstituiert; sie sind deren Abbilder oder ›Schatten‹ (›Höhlengleichnis‹ im Dialog ›Politeia‹, 7. Buch). Von ihnen gibt es daher kein strenges ›Wissen‹, sondern nur ein ›Meinen‹. Die Ideen ihrerseits stehen zueinander ebenfalls in einem Verhältnis der Teilhabe und bilden in der Idee des Guten eine Sinn-Einheit. Ist die → Dia-

Platon, röm. Kopie nach einer Bronzestatue um 360 v. Chr. (Rom, Vatikan)

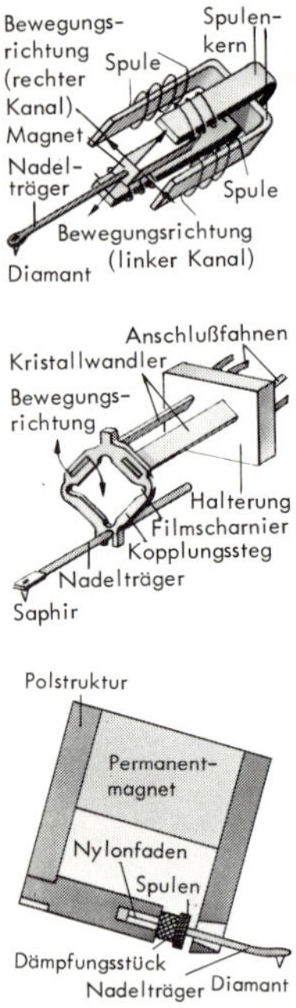

Plattenspieler: OBEN magnetischer, MITTE Stereo-Kristall-, UNTEN dynamischer Tonabnehmer

Platterbse: Knollige P.

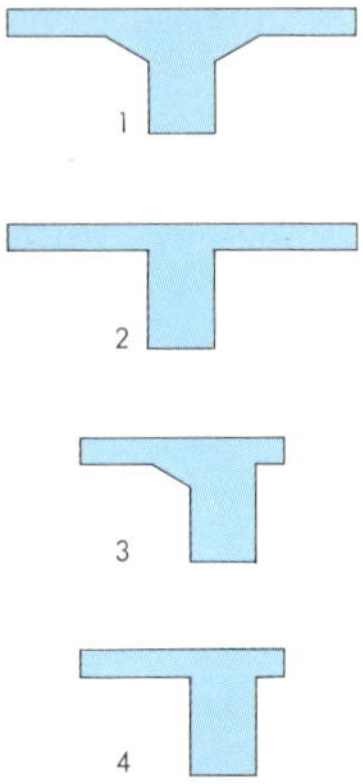

Plattenbalken: **1** P. mit beidseitigen Vouten; **2** P. ohne Vouten; **3** einseitiger P. mit Voute; **4** einseitiger P. ohne Voute

lektik auch für Platon das Instrument seines Denkens, so kennzeichnet er doch ihre Grenzen im Mythos, der das im Gespräch nicht völlig Erfaßbare nun in gestalthafter Weise zu erfassen sucht. – Seine Ethik verbindet die Fragestellung des Sokrates mit der von ihm selbst bezeichneten Idee des an sich Gültigen (des ›Guten‹, des sittlich ›Schönen‹) und unterscheidet diese von allen sinnl. Werten, die relativ sind. Diese beherrschen das veränderl. ›Begehren‹, jenes Gute aber bleibt und wird von P. als das göttl. Weltprinzip angenommen. Um den Weg zu ihm offenzuhalten, soll daher in der Seele die ›Denkkraft‹ über das ›Muthafte‹ und das ›Begehren‹ herrschen. Dann ergibt sich als ihre rechte Ordnung die Grundtugend der ›Gerechtigkeit‹. – Entsprechend den 3 ›Seelenteilen‹ soll der für P. ideale Staat aufgebaut sein: Über dem erwerbenden Stand erhebt sich, scharf von ihm geschieden, der Kriegerstand. Aus ihm werden durch Bewährung die Herrscher ausgewählt, die – in der Ideenschau lebend – den Staat regieren. Dieser wird als ein umfassendes Erziehungssystem verstanden. – Seinem ersten Staatsentwurf (›Politeia‹) ließ P. in dem Alterswerk ›Die Gesetze‹ (›Nomoi‹) eine Darstellung des ›zweitbesten Staates‹ folgen, die an die Stelle der Philosophen-Könige die Idee des Gesetzes treten läßt. Im einzelnen bildete P.s Philosophie die Grundlage des metaphys. und ethischen Idealismus, der zunächst in der Akademie (bis 529 n. Chr.) weiterentwickelt und später von der neuplaton. Geisteshaltung (→ Neuplatonismus) durchdrungen wurde. Unter den Kirchenvätern waren viele, bes. Augustinus, von P. beeinflußt. Schon hier, bes. aber in der Scholastik sowie in der jüd. und arab. Philosophie, flossen platon. Gedanken mit neuplaton. zusammen. 1428 kam der vollständige grch. Text der Werke P.s von Konstantinopel nach Venedig. Von der Platon. Akademie in Florenz (gegr. 1459) aus verbreitete sich der **Platonismus** über ganz Europa, eine eigtl. platon. Schule bildete sich jedoch nur in England (Cambridger Schule, → englische Philosophie). Der Dt. Idealismus des 19. Jh. brachte eine Neubelebung der platon. und neuplaton. Denkrichtung (Hegel). In neuerer Zeit zeigte sich ein tiefgreifender Einfluß P.s in der Phänomenologie E. Husserls und in der Wertphilosophie.

Weitere erhaltene Dialoge: Apologie (Verteidigungsrede des Sokrates), Protagoras (gegen die Sophisten), Gorgias (gegen die Sophisten), Phaidon (von der Unsterblichkeit), Symposion (von der Liebe), Theaitet (Erkenntnislehre), Phaidros (Ideenlehre), Timaios (Naturphilosophie).

platonisch [zu Platon], auf Platon bezüglich: *Platonische Schriften.* **platonische Liebe,** Ü geistige, nicht sinnliche Liebe. **platonische Körper,** → Körper 1).

Platonisches Jahr, → Präzession 1).

platschen [Schallwort]. *ich* **platsche,** U **1)** (bin geplatscht), schlage breit hin, schlage auf dem Wasser auf. **2)** *es platscht* (hat geplatscht), regnet heftig.

plätschern [Schallwort]. *ich* **plätsch(e)re, 1)** (habe geplätschert) *in etwas,* plansche, schwimme spritzend. **2)** *es plätschert* (hat, ist geplätschert), murmelt leise: *der Brunnen plätschert; die Rede plätschert,* Ü fließt endlos, eintönig.

platt [nd. aus grch.-frz.], **1)** flach, eben, breitgedrückt: *platte Nasen; das platte Land,* die Ebene; *p. vor dem Winde,* ↘ mit genauem Rückenwind. **2)** Ü abgeschmackt, erfindungslos, plump, alltäglich: *platte Scherze,* geistlose. **3)** kurz für: plattdeutsch. **4)** U verblüfft, verdutzt: *da bis du p. Subst. die* **Plattheit,** *-/-en. ich* **platte** *es* **(ab),** glätte, drücke breit.

Plattdeutsch, Platt *das, -(s), dem -,* die niederdt. Mundart (ÜBERSICHT Mundarten). **plattdeutsche Literatur,** → niederdeutsche Literatur.

Platte [mhd. plate, blate, zu mlat. platta ›Steinplatte‹] *die, -/-n,* **1)** ebenes Gebilde von meist geringer Dicke: *Herdplatte.* **2)** Bautechnik: biegesteifes Flächentragwerk, das senkrecht zur Mittelebene belastet und punkt- oder linienförmig unterstützt wird. **3)** Glasscheibe mit lichtempfindl. Schicht für Lichtbildaufnahmen. **4)** Druckplatte. **5)** sehr flache Schüssel zum Anrichten von Speisen: *Bratenplatte.* **6)** Speise: *kalte P.,* Aufschnitt. **7)** U Glatze. **8)** ⊕ ebene Landoberfläche (→ Plattentektonik). **9)** kurz für: Schallplatte.

Platte, Rudolf, Schauspieler, * Dortmund 12. 2. 1904, † Berlin 18. 12. 1984; Theater-, Film- und Fernsehrollen.

platteln [zu platt]. *ich* **platt(e)le,** *bair.:* **1)** schnelle Steinchen über das Wasser. **2)** tanze den **Plattler** (→ Schuhplattler).

plätten [zu platt]. *ich* **plätte,** bügele (→ bügeln).

Plattenbalken, Balkenform des Stahlbetonbaus: Die Druckplatte ist mit dem Balken (oder der Rippe) durch Bewehrung schubfest so verbunden, daß ein T-förmiger Verbundkörper entsteht, oft verstärkt durch Vouten. **P.-Decke,** die Stahlbeton-Rippendecke (→ Decke 7).

Plattenkalk, dichter Kalkstein mit plattenförm. Absonderung, z. B. im rhein. Kulm, im Muschelkalk, bes. im Malm (Solnhofener lithograph. Kalkstein). P. läßt sich schneiden, schleifen, polieren; wird v. a. zu lithograph. Druckplatten verarbeitet.

Plattenleger, → Fliesen-, Platten- und Mosaikleger.

Plattenschneider, Gerät zur Herstellung von → Schallplatten. Auf einem gleichmäßig drehenden Plattenteller liegt eine Metallplatte mit Kunststoffschicht, in die von einem Stichel in mechan. Schwingungen umgesetzte Schallschwingungen eingeschnitten werden.

Plattensee, ungar. **Balaton** [bˈɔlɔton], See in Ungarn, am Südostfuß des ungar. Mittelgebirges, mit 591 km² der größte See Mitteleuropas, 106 m ü. M., 78 km lang, bis zu 15 km breit, durchschnittlich 3 m tief (größte Tiefe 11 m), fischreich; viele Wein- und Badeorte.

Plattenspieler, Abspielgerät für → Schallplatten (Toninformationen liegen in analoger Form vor), → Compact Discs (Toninformationen in digitaler Form) und → Bildplatten (Bild- und Toninformationen in digitaler Form). Zum Abtasten der digitalen Informationen sind spezielle Abspielgeräte erforderlich, die optische oder kapazitive Verfahren verwenden.

Der herkömml. mechanisch abtastende P. besteht aus Laufwerk, Tonarm und Tonabnehmersystem. Das **Laufwerk** wird von einem Motor durch Reibrad, Riemen (›Belt Drive‹) oder direkt (›Direct Drive‹, z. T. mit Quarzsteuerung des Antriebsmotors) angetrieben und dreht den **Plattenteller.** Üblich sind Drehzahlen von 33¹/₃ und 45 Umdrehungen pro Minute, selten noch 78 wie für ältere Schallplatten mit Normalrillen. Die Winkelgeschwindigkeit soll möglichst konstant sein (Gleichlauf). Die Rillen der Schallplatte werden von einem **Abtastkopf** abgetastet, der an dem schwenkbaren **Tonarm** befestigt ist. Der Abtastkopf besteht aus einem Abtaststift (heute Saphir- oder Diamantnadeln) und dem **Tonabnehmer,** einem mechanisch-elektr. Wandler, der die seitl. Schwingungen der Nadel in den Plattenrillen in elektr. Spannungen umwandelt. Bei dem am meisten verbreiteten elektromagnet. Tonabnehmer, kurz Magnet-Tonabnehmer, bewegt die Nadel einen kleinen Permanentmagneten relativ zu einer feststehenden Spule und induziert dadurch entsprechende Spannungen in der Spule. Daneben gibt es dynam. Tonabnehmer mit festem Magneten und bewegter Spule. Bekannt sind ferner Kristall-, Keramik-, Kondensator- und photoelektr. Tonabnehmer. Die vom Tonabnehmer gelieferten Wechselspannungen werden verstärkt und einem Lautsprecher zugeführt. Moderne P. arbeiten häufig automatisch (selbsttätiges Aufsetzen des Abtastkopfes auf den Rillenanfang der Platte, am Schluß selbsttätige Abschaltung).

Stereo-P. enthalten einige Elemente im Tonabnehmer doppelt und werten die in den Rillen von Stereo-Schallplatten gespeicherten Informationen (Zweikomponentenschrift) für die Aussteuerung der beiden beim Stereo-Verfahren erforderl. Kanäle getrennt aus. Die so gewonnenen beiden Wechselspannungen werden auch getrennt verstärkt und über 2 Lautsprecher abgestrahlt. Für Quadrophonie sind Vierkanal-Tonabnehmer erforderlich.

Plattentektonik, auch **Großschollentektonik,** wissenschaftl. Hypothese zur Erklärung der Großtektonik, die v. a. auf geophysikal. und geolog. Untersuchungen im ozean. Bereich fußt. Danach besteht die → Lithosphäre aus 6 großen mehr oder weniger starren Platten, zw. die kleinere Platten eingeschaltet sind, die sich auf der Asthenosphäre bewegen. Wo diese Platten auseinanderdriften, entstehen Dehnungsfugen (→ Seafloor-Spreading), in denen aufsteigende vulkan. Schmelzen untermeer. Schwellen bilden, deren Umgebung sich durch hohe Seismizität und starke Wärmestrahlung auszeichnet. Zugleich wird ständig neue ozean. Kruste gebildet, die sich symmetrisch nach beiden Seiten ausbreitet. Dort, wo sich die Platten aufeinander zu bewegen, werden durch Unterschiebung der einen unter die andere Platte (Subduktionszone) die überlagernden Sedimente gestaucht und zu Kettengebirgen oder Inselbögen aufgefaltet. Bei Transformströmungen bewegen sich Platten horizontal aneinander vorbei. Argumente gegen die P. werden vorgebracht. (→ Kontinentalverschiebungstheorie)

Plattenwechsler *der, -s/-,* ein → Plattenspieler mit Stapelachse für mehrere Schallplatten, der nach Abtasten einer Platte automatisch die nächste Platte im Stapel abspielt. Plattenspielautomaten → Musikbox.

Plattenzähler, Parallelplattenzähler, gasgefülltes Nachweisgerät für geladene Teilchen (→ Zählrohr) mit 2 Elektroden aus planparallelen Metallplatten, die sich in geringem Abstand gegenüberstehen.

Platter, Thomas, schweizer. Humanist, * Grächen (Wallis) 10. 2. 1499, † bei Basel 26. 1. 1582, zuerst Ziegenhirt, durchzog als wandernder Schüler Deutschland, wurde Buchdrucker und Verleger Calvins, 1544–78 Leiter der lat. Stadtschule in Basel. Seine Selbstbiographie ist eine der bedeutendsten des 16. Jh. Die halb deutsch, halb lateinisch geschriebenen Briefe an seinen Sohn Felix sind ein ergreifendes Dokument der dt. Briefliteratur.

Platt|erbse, Lathyrus, artenreiche, krautige Schmetterlingsblütergatt., mit paarig gefiederten Blättern, teils pfeil-, teils spießförmigen Nebenblättern und langgestielten, einseitswendigen Blütentrauben, später mit zweiklappig aufspringenden Hülsenfrüchten. Eine Stachelspitze an der Blattspindel haben z. B. **Frühlings-P. (Walderbse, Frauenschühlein, Lathyrus vernus)** und **Schwarze P. (Lathyrus niger).** Wickelranken als Ende der Blattspindel und nur ein Fiederblattpaar haben z. B. **Wiesen-P. (Gelbe P., Lathyrus pratensis)** mit gelben Blüten, auf Wiesen Europas, Nordafrikas und des gemäßigten Asien; **Wald-P. (Eselsohr, Wolfsschote, Lathyrus silvester),** mit langen Ausläufern, oft breit geflügelten Stengeln und Blattstielen, rosafarbenen Blüten. Die ausdauernde **Knollige P. (Ackernuß, Erdeichel, Lathyrus tuberosus),** mit karminroten, duftenden Blüten, hat braune, haselnußgroße, herbe, stärke- und fettreiche Wurzelknollen, die gegessen werden, auch als Schweinefutter, Kaffee-Ersatz und zur Gewinnung von Speiseöl dienen. Einige Arten sind Kulturpflanzen für Futter, Nahrungsmittel (Erbsen): **Saat-P. (Deutsche Kicher, Walachische** oder **Rumänische Linse, Lathyrus sativus).**

Platte River [plæt rɪvə], **Nebraska River** [nɪbrˈæskə-] *der,* rechter Nebenfluß des Missouri, USA, 500 km, mündet bei Omaha.

Plattfische, Flachfische, Pleuronectiformes oder **Heterosomata,** Ordn. der Knochenfische. Wenn die frei schwimmende, zweiseitig symmetrische Larve zum Bodenleben übergeht,

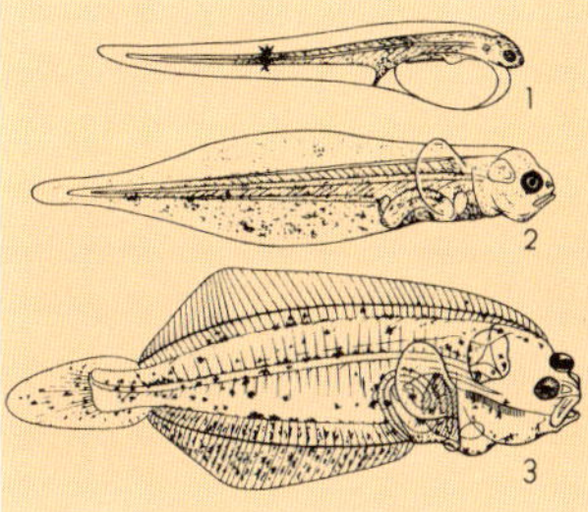

Plattfische:
1 Larve aus einem aus dem Plankton gefischten, 2 Tage alten Ei (3,1 mm lang). **2** Larve kurz vor Beginn der Flossenstrahlenbildung (7,2 mm lang). **3** Larve in Umwandlung mit dem Auge auf der Körperkante (10,2 mm lang); nach Scheuring, München

werden Teile des Kopfskeletts mit einem Auge auf die (spätere) obere Seite verlagert. Die ›blinde Unterseite‹ (bei den meisten Arten die linke) bleibt hell oder farblos. Das Maul zieht sich schief auf die Augenseite. Alle P. leben am Grunde und wühlen sich z. T. in den Sand ein. Sie schwimmen durch wellenförmige Bewegungen des Körpers oder kriechen mit dem Flossensaum auf dem Grund. Von den Fam. der P. sind am ursprünglichsten und barschähnlichsten die **Ebarmen (Psettodidae)** durch die Stachelstrahlen an der Rücken- und Afterflosse. Sie leben mit nur 2 Arten im Indopazifik und an der W-Küste Afrikas. Alle übrigen Fam. haben keine Stachelstrahlen. Die weltweit verbreiteten **Butte** (Fam. **Bothidae)** sind stets linksäugig. In europ. Gewässern lebt der **Steinbutt (Tarbutt),** der bis 1 m lang wird und als Nutzfisch einen hohen Marktwert hat, und der bis 70 cm lange **Glattbutt (Kleist, Margaretenbutt).** Bei den **Schollen** (Fam. **Pleuronectidae)** sind die Augen meist auf der rechten Seite. Die größte Art in europ. Gewässern ist der **Heilbutt (Pferdezunge),** ein geschätzter Speisefisch, der im Süden des Ostatlantik bis zur Biscaya vorkommt (bis 2,5 m, maximal 4 m lang und 300 kg schwer). Er bewohnt bes. Tiefen von 50 bis 2000 m. Die **Doggerscharbe** oder **Scharbenzunge (Hippoglossoides platessoides)** wird etwa 50 cm lang und ist vom Weißen Meer bis zur südl. Nordsee verbreitet. Die **Scholle,** auch **Goldbutt (Pleuronectes platessa),** wird bis 95 cm lang und 50 Jahre alt. Sie bewohnt das Eismeer und den Nordatlantik bis zum westl. Mittelmeer. Bei ihren Laichwanderungen legen die Schollen durchschnittlich 30 km täglich zurück (BILD Fische). Die **Flunder,** auch **Graubutt (Platichthys flesus),** wird höchstens 50 cm lang. Sie ist zwar vorwiegend rechtsäugig, doch gibt es auch zahlreiche Linksflundern. Sie bewohnt die Küstengewässer von Nordnorwegen bis zum Schwarzen Meer; dringt auch häufig z. B. in die Elbe und in den Rhein vor, früher sogar bis zum Main und zur Mosel. Gelegentlich werden auch Scholle-Flunder-Bastarde gefunden. Die **Kliesche** oder **Scharbe (Limanda limanda),** Handelsname auch Limande, wird selten über 40 cm lang. Ihr Verbreitungsgebiet erstreckt sich von Nordnorwegen bis zur Biscaya. Ein geschätzter Speisefisch ist die **Rotzunge (Glyptocephalus cynoglossus),** die bis 50 cm lang wird und den nördl. Atlantik bis zur Biscaya bewohnt. Die **Zungen, Seezungen** oder **Echten Zungen** (Fam. **Soleidae)** sind meist rechtsäugig und haben einen schlanken Körper. Die **Gemeine Seezunge** oder **Zunge (Solea solea)** wird bis 50 cm lang und bewohnt den Ostatlantik bis Nordafrika und das Mittelmeer. Sie gehört zu den meistgeschätzten Speisefischen. Das gleiche Verbreitungsgebiet hat auch die **Zwergzunge (Buglossidium luteum),** die nur 13 cm lang wird und von geringer wirtschaftl. Bedeutung ist. Die **Hundszungen** (Fam. **Cynoglossidae)** sind stets linksäugig. Sie bewohnen die Küstengebiete trop. und gemäßigter Meere, fehlen aber im europ. Raum.

Plattform [frz. plate-forme], **1)** künstlich hergestellter, meist erhöhter flacher Platz, z. B. P. eines Aussichtsturms oder die Hub-P. der Offshore-Technik. **2)** Rednerbühne. **3)** zum Ein- und Aussteigen dienender Raum in Verkehrsmitteln (Eisenbahn-, Straßenbahnwagen, Omnibussen). **4)** im marxistisch-leninist. Sprachgebrauch das von der Generallinie der Partei abweichende polit. Programm einiger Mitgl. Das Aufstellen einer P. gilt neben der Fraktionsbildung als Verstoß gegen die Parteidisziplin (→ Fraktionalismus). **5)** Ü (programmat.) Basis: *Wahlplattform,* gemeinsame Basis für eine Wahl.

Plattfuß, ⚕ eine Form der → Fußdeformitäten.

Platthuf, Flachhuf, krankhafter Huf mit abgeflachter Sohle.

plattieren [zu platt]. *ich plattiere es,* **1)** Metallbearbeitung: bringe eine höherwertige Metallschicht auf ein anderes Metall auf, z. B. durch Angießen, Aufwalzen, Aufschweißen oder durch Verfahren der Galvanotechnik (Elektro-P.). P. mit Gold ergibt → Dublee. **2)** Textiltechnik: überdecke ein Haar- oder Fadensystem mit einem anderen oder umwickle einen minderwertigen Faden mit einem besseren, um das Aussehen oder (und) die Gebrauchseigenschaften zu verbessern.

Platting [norddt.] *die, -,* ⚓ Tauwerk aus Kabelgarn.

Plattkopf, geweihloser Hirsch, → Mönch 3).

Plattling, Stadt im Kr. Deggendorf, Niederbayern, (1984) 10200 Ew., an der Isar; Orgelbau, Maschinen-, Fleischwarenfabrik; romanische Jakobskirche (12. Jh.).

Plattmuschel, Tellmuschel, mit 2–3 cm langen, fast kreisrunden Schalen, innen rosenrot; vom Nördl. Eismeer bis Westafrika verbreitet.

Plattmuschel

Plattwürmer, Plat|helminthes, Klasse der Würmer mit plattgedrücktem Körper; viele als Schmarotzer mit stark vereinfachtem Körperbau und Schwund der Sinnes- und Verdauungsorgane. Zu den P. gehören Strudel-, Saug- und Bandwürmer.

Platyr|rhina [grch. ›Breitnasen‹], die Neuweltaffen, → Affen.

Platz [grch.-lat.] *der, -es/¨e,* **1)** Stelle, Ort, bes. zu einem best. Zweck: *Bauplatz, Arbeitsplatz;* im Geschäftsverkehr: *Handelsplatz; Bankplatz; Börsenplatz; solche Scherze sind hier nicht am P.,* Ü. **2)** Ortschaft, Stadt, Geschäftsort: *das einzige Kaufhaus am P.,* in dieser Stadt. **3)** Städtebau: freier Raum innerhalb der Bebauung, der versch. Aufgaben erfüllt: *Marktplatz; Parkplatz; Kinderspielplatz.* **4)** geschlossene Anlage, bes. Sportplatz. **5)** *ohne Pl.,* verfügbarer Raum: *ist hier noch P.?; der Kofferraum bietet P. für viel Gepäck.* **6)** Raum für eine Person, bes. Sitzplatz: *das Theater hat 2000 Plätze; nehmen Sie P.,* setzen Sie sich; *P.!,* Befehl an den Hund. **7)** Anstellung: *jeder an seinem P.,* auf dem für ihn passenden Posten. **8)** 🦌 Waldblöße, auf der die Hirsche kämpfen. **9)** Pferderennen: auf den Sieger folgende Rangstellen, soweit sie noch mit Preisen bedacht werden; die **Platzwette** ist eine Wette, die gewonnen wird, wenn das Pferd sich placiert, im Unterschied zur **Siegwette,** der Wette auf die Placierung an 1. Stelle: *ich wette auf P.* **10)** *oberdt.:* Plätzchen (Gebäck). *das* **Plätzchen,** *-s/-,* **1)** Diminutiv zu Platz. **2)** kleines Gebäck, Keks, kleine Süßigkeit. **Platzmeister, Platzwart,** Verwalter eines Sport- oder Spielplatzes.

Platz|angst, grch. **Agoraphobie,** eine Phobie, die Ausdruck einer Neurose, gelegentlich auch anderer psych. Störungen ist. Der von P. Befallene wagt nicht, freie Plätze oder Straßen (v. a. allein) zu überqueren. Es entsteht ein lähmendes Angstgefühl.

Platzbuchungs|anlage, elektron. Datenverarbeitungsanlage, deren Hauptbestandteil ein Rechner mit großer Speicherkapazität ist. Sie dient zur Erfassung, Auswertung und Sicherung von Platzbelegungswünschen in öffentl. Verkehrsmitteln, bes. im Luft- und Eisenbahnverkehr.

Platzdorf, ländl. Siedlung, bei der sich die Gebäude um einen kleinen Platz anordnen, besonders im Gebiet rechts der Elbe. (→ Dorf)

platzen [Schallwort]. *es* **platzt** (ist geplatzt), **1)** zerbirst, zerspringt, explodiert: *ein Wechsel platzt,* U wird nicht eingelöst; *ich platze vor Neugier,* Ü. **2)** fährt ungestüm hinein: *die Botschaft platzte in unser Gespräch. es* **platzt ab,** springt los, löst sich gewaltsam. *es* **platzt auf,** bekommt einen Riß, öffnet sich ruckartig. *ich* **platze heraus,** U **1)** *mit einer Sache,* plaudere sie aus. **2)** lache plötzlich los. *ich* **platze hinein,** U komme unerwartet hinein.

plätzen [von platzen]. *ich* **plätze, 1)** *mitteldt.:* schlage, daß es knallt. **2)** *der Hirsch plätzt,* schlägt die Bodenoberfläche mit den Vorderläufen weg.

Platzhirsch, der stärkste Hirsch am Brunftplatz.

Platzkarte, Anrechtsschein auf einen best. Sitzplatz in öffentlichen Verkehrsmitteln.

Platzkostenrechnung, verfeinerte Plankostenrechnung: die Fertigungskostenstellen sind in einzelne Handarbeits- und Maschinenplätze (›Maschinenstundensatzrechnung‹) unterteilt.

Platzpatrone, → Patrone 1).

Platzregen, kurzer, ergiebiger Regenguß.

Platzverweis, ⚔ Fußball, Handball u. a., → Feldverweis. **P. auf Zeit,** in versch. Sportarten (z. B. Fußball/Amateure) sofortiger, zeitlich befristeter Spielausschluß.

Plauen: Altmarkt mit Altem Rathaus

Platzwechsel, Wechsel, bei dem der Ausstellungsort auch Zahlungsort ist. Ggs.: → Distanzwechsel.

Platzziffer, Form der Wertung in physikalisch nicht meßbaren Sportarten (z. B. Eis-, Rollkunstlauf, Turniertanz), bei der die Wettkampfteilnehmer von jedem Kampfrichter in einer best. Rangfolge (nach Plätzen) eingeordnet werden. Die Addition dieser versch. Plätze ergibt die P.

Plau, Stadt im Kr. Lübz, Bez. Schwerin, (1975) 7000 Ew., am Ausfluß der Elde aus dem → Plauer See; Burgruine, Stadtkirche mit Schnitzaltar (um 1500); Bootsbau, Ziegelwerk.

plaudern [Schallwort]. *ich* **plaud(e)re),** spreche zwanglos; unterhalte mich gemütlich. *ich* **plaud(e)re** *es* **aus,** verrate geschwätzig. *die* **Plauderei,** *-/-en,* **1)** leichte, zwanglose Unterhaltung. **2)** *über etwas,* kurzweiliger Vortrag oder Zeitungsaufsatz. *der* **Plauderer,** *-s/-,* anregender Unterhalter. **Plaudertasche,** U Klatschbase.

Plauen, Stadtkreis und Krst. im Bez. Karl-Marx-Stadt, (1983) 78700 Ew., an der Weißen Elster; Mittelpunkt der vogtländ. Textil-Ind. (Gardinen, Spitzen, Wäsche, Zellstoff, Bekleidung) und des Maschinenbaus; ferner Draht- und Kabelwerke, Herstellung von Fernmelde- und Starkstromleitungen u. a. Ind. Auf dem linken Flußufer liegt der alte Stadtkern um den Altmarkt mit dem Alten Rathaus (1508, nach Stadtbrand 1548 erneuert), der Johanniskirche (1122 geweiht; nach 1548 erneuert), der Lutherkirche (1693–1722) und dem in 3 Patrizierhäusern (18. Jh.) untergebrachten Vogtländ. Museum. – Die Stadt P., gegen 1220 an einer alten Straßenkreuzung entstanden, fiel 1466 an die Wettiner; seit dem 15. Jh. blühende Tuchmacherei, seit dem 17. Jh. Zeugmacherei; im 2. Weltkrieg stark zerstört.

Plauenscher Grund, das von der Weißeritz durchflossene Engtal zwischen Dresden-Plauen und Freital.

Plauer Kanal, 1743–45 erbaute, 35 km lange Wasserstraße zw. Elbe und Havel. Seit dem Ausbau des P. K. (1920–30) und des bei Bergzow südwestl. anschließenden Ihle-Kanals (1925–38) für 1000-t-Schiffe werden beide Schiffahrtswege Elbe-Havel-Kanal (→ Elbe) genannt.

Plauer See, 1) See in Mecklenburg, Bez. Schwerin, 38,7 km² groß, bis 28 m tief. **2)** seenartige Erweiterung der Havel, Bezirk Potsdam, 17 km² groß.

Plausch [zu plaudern] *der, -es/-e,* U gemütl. Unterhaltung, Plauderei. *ich* **plausche,** U plaudere, unterhalte mich gemütlich.

plausibel [frz.], einleuchtend, glaubhaft.

Plautus, Titus Maccius, lat. Komödiendichter, * Sarsina (Umbrien) um 250 v. Chr., † 184, bearbeitete ausschließlich grch. Komödien für die röm. Bühne. Von seinen vielen Komödien sind 21 erhalten, darunter ›Amphitruo‹, ›Aulularia‹ (Der Goldtopf), ›Menaechmi‹ (Die Zwillinge), ›Miles gloriosus‹ (Der ruhmredige Soldat). Dem Handlungsverlauf der grch. Vorlagen folgte er nur in den Grundzügen. Seine Komödien sind von sprudelnder, oft derber Komik, lebendig im Dialog und sehr bühnenwirksam; sie wirkten wegweisend für die Komödie der europ. Völker.

Plauze [poln. płuca ›Lunge‹], *die, -/-n, ostmitteldt.:* **1)** Lunge: *er hat es auf der P.,* hat schweren Husten. **2)** Bett: *er liegt auf der P.,* krank im Bett.

Playback [pl'eıbæk, engl.] *das, -,* Verfahren des Rückspielens bereits aufgezeichneter Sprach- oder Musikdarbietungen: bei Schallplattenaufnahmen z. B. der Begleitmusik bei der Aufzeichnung von Gesang o. ä., beim Fernsehen etwa das Abspielen eines vorher aufgezeichneten Gesangs, wobei der Darsteller nur die Lippen bewegt.

Playboy [pl'eıbɔı, engl.] *der, -s/-s,* meist junger, modebewußter, wohlhabender, v. a. dem Vergnügen lebender Mann; analog **Playgirl** [pl'eıgə:l].

Playboy [pl'eıbɔı, engl.], amerikan. Herrenmagazin, 1953 gegr. von H. Hefner; neben der amerikan. versch. andere Ausgaben (u. a. eine dt.).

Plazenta [lat.] *die, -/...ten,* **Placenta,** der → Mutterkuchen. **Plazentatiere, Placentalia, Plazentalier,** Säugetiere, deren Embryonen stets durch eine P. ernährt werden.

Plazet, Placet [lat. placet ›es gefällt‹] *das, -s/-s,* **1)** Zustimmungsformel, bes. bei Kirchenkonzilien. **2) landesherrliches P.,** lat. **Placetum regium, Exequatur,** das aus eigener Macht beanspruchte Recht des Staates, kirchl. Erlasse vor ihrer Veröffentlichung zu prüfen und zu genehmigen. Das P. wurde durch die Weimarer Verfassung beseitigt.

plazieren, eingedeutscht für → placieren.

Plebejer [lat.] *der, -s/-,* **1)** Angehöriger der → Plebs 1). **2)** U verächtlich: unfeiner, gewöhnlicher Mensch. *Adj.* **plebejisch.**

Plebiszit [lat. ›Volksbeschluß‹] *das, -(e)s/-e,* **1)** im alten Rom der in den Versammlungen der → Plebs 1) gefaßte, zunächst nur für sie verbindl. Beschluß; seit 287 v. Chr. von gleicher Geltung wie ein vom röm. Volk erlassenes Gesetz. **2)** die → Volksabstimmung. *Adj.* **plebiszitär,** *eine plebiszitäre Demokratie.*

Plebographie, die → Venographie.

Plebs [lat. ›Menge‹], **1)** *die, -,* im röm. Staat urspr. die gesamte Bev., die nicht zu den altadligen Fam., den → Patriziern, gehörte; in der späteren Rep. die nicht dem Senatoren- oder Ritterstand, seit der Kaiserzeit auch die nicht der geistigen Oberschicht angehörende Bev. **2)** *der, -es,* U verächtlich: niederes Volk, Pöbel, breite Masse.

Plechanow, Georgij Walentinowitsch, einer der Gründer und Führer der russ. Sozialdemokratie, * im Gouv. Tambow 11. 12. 1856, † Terijoki (Finnland) 30. 5. 1918. P. bekämpfte als überzeugter Marxist die agrarsoziale Anschauung der Narodniki und forderte eine marxist. Arbeiterpartei. 1889 war er Delegierter der 2. Internationale und gehörte bis 1904 ihrer Exekutive an. Auf dem von P. eröffneten 2. Parteikongreß der russ. Sozialdemokratie, der zur Spaltung zw. Bolschewiki und Menschewiki führte (1903), stand er auf der Seite Lenins, schloß sich dann jedoch den Menschewiki an; schrieb ›Über die Rolle der Persönlichkeit in der Geschichte‹ (1898) u. a.

Pléiade [plej'ad; nach Pleias], frz. Dichterschule des 16. Jh., die in wechselnder Zusammensetzung 7 Dichter umfaßte (P. Ronsard, J. Du Bellay, E. Jodelle u. a.) und die als kennzeichnender Ausdruck der frz. Renaissance die Dichtung nach antiken und ital. Vorbildern zu erneuern suchte.

Pleias [grch. ›Siebengestirn‹] *die, -,* im alten Alexandria die sieben erfolgreichsten Tragiker, die am Hof Ptolemaios' II. (285–246 v. Chr.) eine Nachblüte der attischen Tragödie hervorbrachten.

Plein|air *das, -s,* **Plein|airmalerei** [plɛn'ɛ:r-, frz. ›freie Luft‹], die → Freilichtmalerei.

Pleinpouvoir [plɛ̃puvw'a:r, frz.] *das, -s,* unbeschränkte Vollmacht, freie Hand.

Pleiße *die,* rechter Nebenfluß der Weißen Elster, 90 km, kommt aus dem Vogtland, mündet in Leipzig.

Pleißenland, im MA. Gebiet beiderseits der Pleiße um Altenburg, Chemnitz und Zwickau, nach 1158 Reichsgutsbezirk, wurde seit der Mitte des 13. Jh. nach und nach wettinisch.

Pleistozän [grch.] *das, -s,* ✿ **Diluvium,** das quartäre Eiszeitalter (→ Quartär, → Eiszeit).

Pleite [aus hebr. peleta ›Flucht‹] *die, -/-n,* U Zahlungseinstellung, Bankrott. **pleite,** U zahlungsunfähig. **Pleitegeier,** U Sinnbild der P. (eigtl. Pleitegeher).

p-Leitung, die Defektelektronenleitung (→ Halbleiter).

Plejaden *Pl.,* **1)** grch. Mythos: die 7 Töchter des Atlas und der Pleïone, von Zeus als Siebengestirn an den Himmel versetzt. **2)** ☆ **Siebengestirn,** mit bloßem Auge sichtbarer offener Sternhaufen (M 45) im Sternbild Stier, der wahrscheinlich aus 300 bis 500 Sternen besteht. 6 Sterne sind heller als 5^m, 9 heller als 6^m (→ Größenklasse). Die P.-Sterne sind in interstellare Staubmaterie eingebettet, die im Streulicht dieser Sterne leuchtet und den auf photograph. Aufnahmen erkennbaren **P.-Nebel** bildet.

Plektron [grch.] *das, -s/...tra* oder *...tren,* Plättchen aus Holz, Schildpatt, Horn, Elfenbein oder Metall zum Anreißen oder Schlagen der Saiten von Zupfinstrumenten.

Plempe *die, -/-n,* **1)** ✿, scherzhaft: Seitengewehr, Säbel. **2)** U dünnes Getränk. *ich* **plemp(e)re, 1)** U plansche, spritze. **2)** *(es),* U gieße; wässere. **2)** *mitteldt.:* gehe müßig.

plem|plem, U verrückt.

Plenarium [lat. ›vollständiges‹ Buch] *das, -s/...ri|en,* liturg. Sprachgebrauch des MA.: 1) Zusammenstellung aller Lesungen der Messe. 2) Zusammenstellung aller Teile der Messe; also ein Missale. 3) Meßerklärung, Vorläufer der späteren Postillen.

Plenarsitzung, → Plenum.

plentern [zu blenden]. *ich* **plent(e)re** *den Wald,* lichte aus, haue aus. **Plenterwald,** Forst mit Femelschlagbetrieb.

Plenum [lat. ›voll‹] *das, -s/...na,* die Vollversammlung eines Kollegiums **(Plenarsitzung, Vollsitzung).**

Plenzdorf, Ulrich, Drehbuchautor und Schriftst., * Berlin 26. 10. 1934; wurde durch sein Drama ›Die neuen Leiden des jungen W.‹ (1972; auch als Erz.), das an Goethes ›Leiden des jungen Werther‹ anknüpft, bekannt. P. schrieb auch Drehbücher (u. a. ›Die Legende von Paul und Paula‹, 1973), Erzählungen.

pleo..., pleio..., plio... [grch.], mehr..., mehrfach.

Pleo|chroismus [grch. ›Mehrfarbigkeit‹] *der, -,* die Eigenschaft doppelbrechender Kristalle, in versch. Richtung verschiedenfarbiges Licht durchzulassen. Die Absorption hängt außer von der Durchstrahlungsrichtung noch vom Polarisationszustand des Lichts ab.

Pleo|morphismus [grch. ›Vielgestaltigkeit‹] *der, -/...men,* Biologie: der → Polymorphismus.

Pleonasmus [grch. ›Überfluß‹] *der, -/...men,* überflüssige Häufung sinnverwandter Wörter, z. B. *ich pflege das gewöhnlich so zu tun;* als Redefigur des Nachdrucks wegen verwendet (→Tautologie). **pleonastisch,** überflüssig, gehäuft.

Pleonast [grch.] *der, -s,* Mineral, eisenreicher Spinell.

Plerom [grch.] *das, -s/-e,* ⊕ zentraler Gewebezylinder der Wurzel.

Plesio|sauri|er [grch.], Saurier mit langem Hals, kleinem Schädel, kurzem Schwanz und paddelartigen Gliedmaßen. Vollständige Skelette wurden bes. im Lias von Schwaben, Franken und England gefunden.

Pleskau, dt. Name der russ. Stadt → Pskow.

Pleß, poln. **Pszczyna** [pʃtʃ'ina], Stadt in der poln. Wwschaft Katowice (Kattowitz), (1981) 36000 Ew., in Oberschlesien, Schloß (16. Jh., 1743–67 und 1870–74 umgebaut); P. war Residenz der Fürsten von P. 1922 kam es an Polen.

Pleß, fürstl. Geschlecht aus Schlesien, entstammt der Fam. v. Hochberg, die 1683 in den Reichsgrafenstand erhoben wurde und 1847 die **Standesherrschaft P.** erwarb (seit 1850 preuß. Fürstentitel). Der Erstgeborene des Hauses führt seit 1881 den Prinzentitel. Die Kohlengruben und der größte Teil des Grundbesitzes kamen 1922 an Polen.

Plessey, The P. Company Ltd. [ðə pl'esı k'ʌmpənı-], Ilford (Großbritannien), brit. Elektrokonzern, gegr. 1925.

Plessner, Helmuth, Philosoph, * Wiesbaden 4. 9. 1892, Prof. in Köln, Groningen, 1951–63 in Göttingen; schrieb Werke zur philosoph. Anthropologie, zur Soziologie und Politik. – ›Lachen und Weinen‹ (1941), ›Diesseits der Utopie‹ (1966).

Plessur|alpen, von der **Plessur** durchflossene Gebirgsgruppe im Kt. Graubünden, Schweiz, zw. Rheintal, Albula, Davoser Tal und Prättigau, im Aroser Rothorn 2980 m hoch.

Plethon, Georgios Gemistos, byzantin. Philosoph, * Konstantinopel um 1355, † Mistra 25. 6. 1452, trug entscheidend zur Erneuerung des Studiums platon. und neuplaton. Schriften im Abendland bei und regte Cosimo von Medici in Florenz zur Gründung der Platonischen Akademie an.

Plettenberg, Stadt im Märkischen Kr., NRW, (1984) 27700 Ew.; Walzwerke, Gesenkschmieden, Kleineisenindustrie u. a.

Plettenberg, Wolter (Walter) von, livländ. Deutschordensmeister (1494–1535), * in Westfalen um 1450, † Wenden 28. 2. 1535, behauptete durch den Sieg am Smolinasee 1502 die Ordensherrschaft gegen die Russen, 1526 wurde er Reichsfürst.

Pleuelstange, Schub-, Kurbel-, Treibstange, beim Kurbelgetriebe von Kraft- und Arbeitsmaschinen der Teil, der die hin- und hergehende Bewegung, z. B. des Kolbens, in eine rotierende, z. B. der Kurbel, umwandelt und umgekehrt.

Pleura [grch.] *die, -/...ren,* ⚕ das Brustfell (→Lunge). *die* **Pleuritis,** *-/...t'iden,* die → Rippenfellentzündung. **Pleura|erguß,** Rippenfellerguß. **Pleurapunktion,** der → Bruststich.

Pleureuse [plør'øz, frz., zu pleurer ›(be)weinen‹] *die, -/-n,* **1)** ✂ Trauerbesatz; Trauerrand am Briefpapier. **2)** Straußenfeder als Hutschmuck um 1910.

Pleuston [grch.] *das, -s,* alle Lebewesen, die auf oder in der Wasseroberfläche treiben, z. B. Quallen, Wasserpflanzen.

Pleven [plev'ɛn], René, frz. Politiker, * Rennes 13. 4. 1901, Jurist, arbeitete während des 2. Weltkriegs in der Widerstandsbewegung, 1944–46 Finanz-, 1949–50 und 1952–54 Verteidigungs-, 1969–73 Justiz-Min., 1950–51 und 1951–52 MinPräs., schlug nach Ausbruch des Korea-Kriegs (1950) die Gründung einer → Europäischen Verteidigungsgemeinschaft vor **(P.-Plan).**

Plewen, Bezirks-Hptst. in Bulgarien, (1980) 127700 Ew.; Handelsmittelpunkt; Lebensmittel-, chem., Zementind. – P. widerstand im russ.-türk. Krieg (1878) 3 Monate der russ. Belagerung.

Plexiglas, Handelsname für harte, thermoplast., glasartig durchsichtige Kunststoffe aus → Polymethacrylat.

Plexus [lat.] *der, -,* **Geflecht,** ⚕ netzartige Verbindung von Nerven (z. B. das → Sonnengeflecht) oder Blutgefäßen.

Pleydenwurff, Hans, Maler, * Bamberg um 1420, begraben Nürnberg 9. 1. 1472, dort seit 1457 nachweisbar. Mit ihm setzte sich der durch niederländ. Anregungen geweckte Wirklichkeitssinn in der Nürnberger Malerei durch (Bild Auferstehung Christi). HW: Hochaltar für St. Elisabeth in Breslau (Tafeln in Breslau, Museum, und Nürnberg, German. Nat.-Museum); Kreuzigung (München, Alte Pinakothek). – Sein Sohn Wilhelm, † Nürnberg 1494, schuf mit M. Wolgemut die Holzschnitte für die Weltchronik von H. → Schedel.

Pli [frz. ›Falte‹] *der, -s,* Gewandtheit, feines Benehmen.

Plicht [ahd. ›Vorbank‹] *die, -/-en,* verbildet **Pflicht,** auch **Cockpit,** ⛵ der offene, tiefgelegene Sitzraum auf Segel- und Motorbooten.

plieren. *ich* **pliere,** *norddt.:* **1)** *auf ihn,* starre. **2)** bin naß, schmutzig. **plierig,** *norddt.:* triefäugig, schmutzig.

Plievier [plivj'e], Theodor, Pseudonym **Plivier,** Schriftst., * Berlin 12. 2. 1892, † Avegno (Schweiz) 12. 3. 1955, beteiligte sich 1918 am Matrosenaufstand in Wilhelmshaven, emigrierte 1933 auf Umwegen in die UdSSR, kehrte 1945 nach Dtl. zurück, übersiedelte 1947 von Weimar nach West-Dtl., wo er gegen den kommunist. Totalitarismus Stellung nahm, und dann in die Schweiz. In seinen Romanen ›Stalingrad‹ (1945), ›Moskau‹ (1952), ›Berlin‹ (1954) gab er realist., reportageartige Schilderungen von Kämpfen des 2. Weltkriegs.

WW: Des Kaisers Kuli (1929, als Drama 1932); Der Kaiser ging, die Generäle blieben (1932).

Plinius, 1) P. der Ältere, Gaius P. Secundus, lat. Schriftst., * Como 23 oder 24 n. Chr., † 79 beim Vesuvausbruch, lernte als Offizier große Teile des Röm. Reichs kennen. Von seinen Schriften ist die ›Naturgeschichte‹ (›Naturalis historia‹) in 37 Büchern erhalten, in der er als erster in enzyklopäd. Kompilation alle Erscheinungen der Natur in überlegter Ordnung dargestellt hat.

2) P. der Jüngere, Gaius P. Caecilius Secundus, röm. Redner und Schriftst., Neffe und Adoptivsohn von 1), * Como 61 oder 62 n. Chr., † um 113, war unter Trajan Konsul und später Statthalter von Bithynien. Seine in 9 Büchern (97–109) veröffentlichten Briefe geben ein anschauliches Bild der zeitgenöss. röm. Gesellschaft; gesondert überliefert ist sein Briefwechsel mit Trajan.

Plink *die, -/-e, nd.:* Augenlid. **Plinken** *Pl.,* Wimpern. *ich* **plinke, plink(e)re,** *nd.:* blinzle (ihm zu).

Plinse, Plinze [sorb. blinc] *die, -/-n, ostmitteldt.:* **1)** in der Pfanne gebackener Eierkuchen. **2)** Kartoffelpuffer.

plinsen. *ich* **plinse,** *norddt.:* weine.

Plinthe [grch.] *die, -/-n,* Platte unter Säulenbasen oder Fußprofilen von Monumenten, Standbildern, Wandsockelprofilen.

Pliozän [grch.] *das, -s,* 5., jüngste Abteilung des → Tertiär.

Plisnier [plinj'e], Charles, belg. Schriftst., * Ghlin (bei Mons) 13. 12. 1896, † Brüssel 17. 7. 1952, schrieb meist sozialkrit. Romane: ›Menschen‹, 2 Bde. (1936), ›Du sollst nicht begehren‹, 3 Bde. (1946–49) u. a.

Plissee [frz. ›gefaltet‹] *das, -s,* **Plissé,** Gewebe oder Maschenwaren mit Falten, die durch **Plissieren** (in der Hitze fixieren), durch Kreppgarne, geschrumpfte und ungeschrumpfte Chemiefäden, besondere Webtechnik (Hohlschußbindung), besondere Wirkbindungen (Kettenwirkbindungen) oder durch örtl. Einwirken von Laugen entstehen. *Vb. ich* **plissiere** *es.*

Plitvicer Seen [pl'itvitsər-], serbokroat. **Plitvička Jezera** [pl'itvitʃka jɛz'ɛra], Seenkette in der Sozialist. Rep. Kroatien, Jugoslawien; 16 durch Stromschnellen oder Wasserfälle verbundene Seen, von Bergen eingerahmt; Nationalpark. (Bild S. 236)

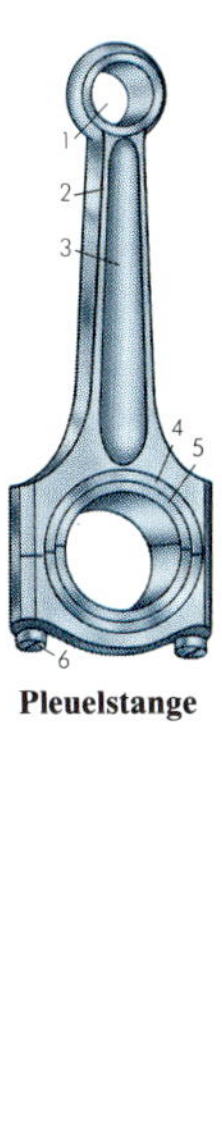

Pleuelstange

Pleuelstange eines Verbrennungsmotors: 1 Kolbenbolzenauge, 2 Schaft, 3 Steg, 4 Pleuellager, 5 Lagerschalen, 6 Pleuelschrauben

PLL, Abk. für **Phase Locked Loop** [feız lɔkt lu:p, engl. ›phasenverriegelte Schleife‹], Elektronik: geschlossener Phasenregelkreis, der z. B. zur Beseitigung von Phasendifferenzen dient oder in einem modernen Rundfunkempfänger in Verbindung mit einem Oszillator für sehr genaue Einstellung des Senders sorgt.

PL/M, Abk. für **Programming Language for Microprocessors** [pr'əʊgræmıŋ l'æŋgwıdʒ fɔ: m'aıkrəʊprəʊsesəz, engl.], speziell für Mikrocomputer geschaffene, höhere → Programmiersprache.

PLO, Abk. für **Palestine Liberation Organization** [p'æləstaın lıbər'eıʃn ɔ:genaız'eıʃn, engl.], → Palästinensische Befreiungsorganisation.

Plochingen, Stadt im Kr. Esslingen, Bad.-Württ., (1984) 12400 Ew., an der Einmündung der Fils in den Neckar; Maschinen-, elektrotechnische, Kunststoffindustrie.

Plöckenpaß, ital. **Passo di Monte Croce** [-kr'o:tʃe], 1360 m hoher Straßenpaß in den Karnischen Alpen zw. dem Oberen Gailtal (Österreich) und dem Tagliamento-Tal (Italien).

Plöckenstein, tschech. **Plechý** [pl'ɛxi:], Bergkuppe des Böhmerwalds, an der Dreiländerecke (zw. dt., österr. und tschech. Staatsgebiet), mit dem Hauptgipfel (1378 m) auf österr. Gebiet; auf tschech. Gebiet der **Plöckensteinsee,** ein Karsee.

Plockwurst [westdt.], eine Art Servelatwurst.

Ploetz, Karl, Gymnasiallehrer, * Berlin 8. 7. 1819, † Görlitz 6. 2. 1881, schrieb den weitverbreiteten ›Auszug aus der alten, mitt-

Plitvicer Seen

leren und neueren Geschichte‹ (1863), ›Hauptdaten der Weltgeschichte‹ (1863) und weitere histor. Nachschlagewerke.

Ploiești [ploj'eʃtj], Stadt in Rumänien, (1980) 211 500 Ew., am SO-Abhang der Karpaten, inmitten reicher Erdölvorkommen; PH, Technikum für Erdölingenieure; Erdölraffinerien, Werk für Erdölausrüstungen, Kombinat der Petrochemie u. a. Ind.; Erdölleitungen nach Constanța und Giurgiu.

Plombe [frz.] *die, -/-n,* **1)** Sicherungssiegel an Waren, z. B. im Zollverkehr. **2)** U Zahnfüllung (→ Füllung 3). *Vb. ich* **plombiere** *es.*

Plön, Krst. in Schlesw.-Holst., (1984) 10 700 Ew.; Luftkurort in der Holstein. Schweiz zw. dem **Kleinen** und dem **Großen Plöner See;** Max-Planck-Institut für Limnologie. – Die Marktsiedlung P. erhielt 1236 Lübisches Stadtrecht. Das Schloß (1633–36) war bis 1761 Sitz der Herzöge von Schleswig-Holstein-Sonderburg-Plön. (BILD Holsteinische Schweiz)

Plot [engl.] *der* oder *das, -s/-s,* in literar. Werken, bes. Dramen, die Entwicklung des tragenden Konflikts.

Plotin, grch. **Plotinos,** grch. Philosoph, * Lykopolis (Ägypten) um 205 n. Chr., † Minturnä (Kampanien) 270, war um 245 Leiter einer Schule der Philosophie in Rom. Seine Vorlesungen wurden von seinem Schüler Porphyrios herausgegeben (›Enneaden‹). P. ist der bedeutendste Denker des → Neuplatonismus. Als Quelle des Seins nimmt seine Philosophie das Eine (Gott, ›das Gute‹) an. Aus ihm geht die Weltvernunft hervor, in der die Ideen ihre Stätte haben, dann die Weltseele. Körperwelt und Materie werden als Spiegelung der Ausstrahlung des Einen im Nichtseienden verstanden. Dieser Emanation entspricht umgekehrt die Sehnsucht nach dem göttl. Ursprung, die allen Wesen innewohnt und die der Mensch in ekstat. Schau erreichen kann; so findet er zu seinem eigtl. Selbst zurück. – P. wirkte auf die Kirchenväter, z. B. auf Augustinus, auf die Scholastik und Mystik, später auf G. Bruno, Berkeley, Shaftesbury, Goethe, Novalis und Schelling. Hegel sah in P. die grch. Philosophie vollendet.

Plotter [pl'ɔtə, engl. ›Zeichner‹] *der, -s/-,* computergesteuerte Ausgabeeinheit (Peripheriegerät) zur graphischen Darstellung von Kurven **(Kurvenschreiber),** Schriften, Zeichen u. a. Der **Tisch-P.** besitzt einen beweglich angeordneten Zeichenstift, der auf einem festeingespannten Zeichenblatt auf Grund von Steuerbefehlen des Computers alle für die Zeichnung notwendigen Bewegungen durchführt. Beim **Trommel-P.** liegt das Zeichenblatt auf einer rotierenden Trommel, der Schreibstift bewegt sich in Querrichtung.

Plötze [poln. płoć] *die, -/-n,* **Rot|auge, Schwal, Rutilus rutilus,** ein mitteleurop. Weißfisch, bis 30 cm lang, mit roter Iris und roten Flossen. (BILD Fische)

plötzlich [zu altem Schallwort Plotz], **1)** unerwartet, mit einem Mal, blitzartig eintretend: *ein plötzlicher Entschluß.* **2)** U sofort, schnell: *aber nun etwas p.!*

Plowdiw, früher **Philippopel,** Bezirks-Hptst. in S-Bulgarien, (1980) 350 400 Ew., an der Maritza; Hochschulen, Forschungsinstitute, mehrere Theater, Museen, Iwan-Wasow-Nationalbibliothek; Verkehrsknoten; Textilkombinat, Leder-, Glas-, Nahrungsmittel- u. a. Ind., Blei- und Zinkhütten. – P., das thrak. **Pulpudeva,** wurde 342/41 v. Chr. von Philipp II. von Makedonien erobert **(Philippopolis).** Seit 46 n. Chr. war es römisch (Hptst. der Prov. Thrakien, Ausgrabungen). Im MA. stand es abwechselnd unter bulgar. und byzantin. Herrschaft; 1364 von den Türken erobert **(Filibe).** 1878–85 Hptst. von Ostrumelien.

Plowshare-Programm [pl'auʃeə-, engl. ›Pflugschar-Programm‹], Anwendung von Kernexplosionen zur friedlichen Nutzung (Aufschließung von Erdöl- und Erdgaslagerstätten, Anwendung für den Hafen- und Kanalbau).

Plozk, poln. **Płock** [płɔtsk], **1)** Wwschaft (seit 1975) in Polen, 5 117 km², (1981) 497 100 Ew. **2)** Hptst. von 1), (1981) 103 800 Ew., an der Weichsel; petrochem. Kombinat, Maschinenbau, Flußwerft; roman. Dom (12. Jh.). – P. war 1138–1351 Residenz der Herzöge von Masowien, kam 1495 zu Polen.

pludern [mhd. ›flattern‹], *es* **pludert,** bauscht sich, ist zu weit. **pludrig,** aufgeplustert. **Pluderhose,** weite Kniehose.

Pluhar, Erika, Schauspielerin, * Wien 28. 2. 1939.

Plumbicon *das, -s/-s,* eine Fernsehaufnahmeröhre, die, abgesehen vom Speichersystem, nach demselben Prinzip wie das → Vidicon arbeitet, aber eine Photoleiterschicht aus Bleimonoxid verwendet, die gute Lichtempfindlichkeit besitzt und geringe Bildträgheit (Ladungsabbau innerhalb 0,02 s) ermöglicht.

Plum-cake [pl'ʌmkeɪk, engl. plum ›Pflaume‹, ›Rosine‹ und cake ›Kuchen‹] *der, -/-s,* schwerer Kuchen mit Sultaninen u. a. Früchten, Gewürzen und Rum.

Plumeau [plym'o:, frz.] *das, -s/-s,* kleines Federdeckbett.

plump [mhd.], **1)** unförmig, von groben Formen: *plumpe Füße.* **2)** schwerfällig, derb: *ein plumper Gang.* **3)** U nicht fein, taktlos, ungeschickt: *plumpe Witze. Subst. die* **Plumpheit,** *-/-en.*

Plumpbeutler, ♘ Beuteltiere, → Wombats.

plumpen [Angleichung an: plumps]. *ich* **plumpe** *(es), mitteldt.:* pumpe. *die* **Plumpe,** *-/-n, mitteldt.:* Pumpe.

plumps! [Schallwort], Ausruf bei einem Fall, schweren Schlag oder Tritt. *der* **Plumps,** *-es/-e,* U Fall, Sturz; polternder Schlag. **Plumpsack,** Kinderspiel, bei dem ein Säckchen oder Tuch mit Knoten gesucht werden muß. *ich* **plumpse** (bin geplumpst), U stürze, falle mit einem Plumps. *der* **Plumpser,** *-s/-,* U Fall, Plumps.

Plumpudding [pl'ʌm-, engl. plum ›Rosine‹], in England als Weihnachtsspeise beliebter Pudding mit Nierenfett, Rosinen, Zitronat, Gewürz, der mit Würfelzucker belegt, mit Rum oder Weinbrand übergossen und angezündet wird.

Plunder [mhd.] *der, -s,* altes Zeug, Trödel, Wertloses. **Plundergebäck,** Gebäck aus blättrigem Hefeteig.

plündern [zu Plunder]. *ich* **plünd(e)re** *es, ihn,* raube aus, nehme ihm alles weg. *der* **Plünderer,** *-s/-,* jemand, der (im Krieg) plündert. *die* **Plünderung,** *-/-en,* im Krieg die in Zueignungsabsicht begangene Ansichnahme oder Abnötigung einer fremden Sache unter Ausnutzung der Kriegsverhältnisse. Die Aneignung von Gegenständen des Kriegsbedarfs im Rahmen des dringenden Bedürfnisses **(Requirierung)** gilt nicht als Plünderung. Die Plünderung stellt ein strafbares Kriegsverbrechen dar (Art. 47 Haager Landkriegsordnung; Art. 33 Abs. 2, 146 Genfer Abkommen zum Schutz von Zivilpersonen in Kriegszeiten von 1949).

Plunkett [pl'ʌŋkɪt], Edward John, Lord **Dunsany** [dʌns'eɪnɪ], irischer Erzähler und Dramatiker, * London 24. 7. 1878, † Dublin 25. 10. 1957, schrieb phantastisch-iron. Erzählungen (›Jorkens borgt sich einen Whisky‹, 1954), Dramen und Romane (›Die Königstochter aus Elfenland‹, 1924).

Plunze [slaw.] *die, -/-n, südostdt.:* Blutwurst.

Plural [lat.] *der, -s/-e,* Abk. **Pl., pl.,** Ⓢ Form des Substantivs und Pronomens, die mehr als einen Gegenstand oder eine Person bezeichnet, sowie die dazugehörigen Formen von Adjektiv, Artikel und Verb (ÜBERSICHTEN Adjektiv, Pronomen und Fragewort, Substantiv, Verb). *Adj.* **pluralisch.** *das* **Pluraletantum,** *-s/-s* oder *...liat'antum,* Substantiv, das ausschließlich im P. vorkommt (z. B. Ferien, Masern). *die* **Pluralität,** *-/-en,* Mehrheit, Vielheit. *der* **Pluralis maiestatis** oder **maiestaticus,** seit dem 5. Jh. n. Chr. zuerst an den hellenist. Höfen bevorzugte Sitte, daß Regierende von sich im P. sprechen (Wir ...); entsprechend wird auch beim Anredepronomen aus Ehrerbietung der P. gebraucht, so: **Pluralis reverentiae,** Höflichkeitsplural (bei der Anrede). **Pluralis modestiae,** Autorenplural, Gebrauch des P., um das anspruchsvolle ›ich‹ zu vermeiden.

Pluralismus [lat.] *der, -,* **1)** Ⓟⓗ jede Lehre, die eine Vielheit von Prinzipien, Elementen oder Bereichen der Wirklichkeit annimmt, im Unterschied zum Monismus und Dualismus. **2)** Politik: eine Staats- und Gesellschaftstheorie, die in der Koexistenz und freien Entfaltung einer im Prinzip unbegrenzt großen Zahl von Gruppen das tragende Element einer demokrat. Ordnung erblickt. Der P. setzt sich für ihre Autonomie, freie Entfaltung und aktive Mitwirkung am Prozeß der polit. Willensbildung im Staat und der Ausgestaltung der wirtschaftl., sozialen und kulturellen Bemühungen in der Gesellschaft ein. Der P. steht in bewußtem Gegensatz zum extrem liberalen ebenso wie zum totalitären Staatsdenken. Die moderne P.-Theorie geht z. T. auf die Gedanken O. v. Gierkes zurück und fand vor dem 1. Weltkrieg v. a. in England großen Anklang (H. Laski). Der nach 1945 als Antipode zum Totalitarismus entstandene **Neo-P.** (E. Fraenkel) wurde in neuerer Zeit heftig von der Neuen Linken angegriffen und gehört heute zu den besonders kontroversen Problemen der dt. Staats- und Gesellschaftslehre.

Pluralwahlrecht, Mehrstimmenwahlrecht, Wahlordnung, bei der einem Teil der Wähler eine mehrfache Stimme zusteht (z. B. wegen höheren Lebensalters, für Familienväter, für Eigentümer). In Dtl. bestand bis 1918 in einigen Ländern ein P., allerdings nicht in Preußen (→ Dreiklassenwahlrecht).

Plurre *die, -/-n, norddt.:* dünnes Getränk, bes. Kaffee, Tee.

Plus [lat. ›mehr‹] *das, -/-,* **1)** Überschuß, Mehrbetrag. **2)** U Vorteil, Gewinn. **plus,** Zeichen: +, **1)** über dem Gefrierpunkt: *p. 5°*, 5° Wärme. **2)** △ Symbol für die Verknüpfung zweier Zahlen *a* und *b* zu ihrer Summe $a + b$. Das Vorzeichen + gibt an, daß eine reelle Zahl positiv ist, z. B. $+\sqrt{2}$.

Plüsch [frz. peluche ›Wollsamt‹] *der, -es/-e,* **1)** Florgewebe, das auf dem Rutenwebstuhl oder im Doppelwebverfahren hergestellt wird; für Möbelbezüge, Vorhänge und Mäntel verwendet.

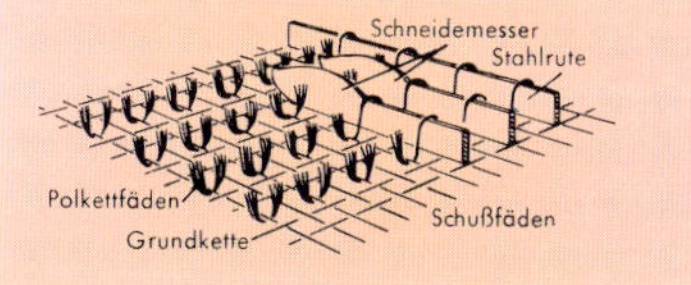

Plüsch 1): Herstellung (schematisch)

2) Wirk- oder Strickware, deren Plüschdecke durch längere Maschen einen starken Rauheffekt ergibt, z. B. für Bademäntel oder Fellimitationen.

plusen, *ich* **pluse** *es, nd.:* **1)** zause. **2)** plustere auf. **plusig,** zerzaust, unordentlich (Federn, Haare).

Pluspol, → Pol 3).

Plusquamperfekt [lat. ›mehr als vollendet‹], Ⓢ Verbalform zur Bez. einer in der Vergangenheit schon abgeschlossenen Handlung (ÜBERSICHT Verb).

plustern, *ich* **plust(e)re** *es, mich,* blähe auf. *ich* **plust(e)re** *mich* **auf, 1)** U tue wichtig. **2)** *Vögel plustern sich,* sträuben die Federn, vergrößern sich scheinbar.

Plutarch, grch. **Plutarchos,** grch. Philosoph und Historiker, * Chaironeia um 50 n. Chr., † um 125, wurde in Athen zum Anhänger der Philosophie Platons erzogen. Seine ›Bioi paralleloi‹, 44 vergleichende Lebensbeschreibungen bed. Griechen und Römer (z. B. Pyrrhos-Marius, Alexander-Caesar), haben ihren Reiz in der lebendigen Darstellung und anekdotenhaften Charakterzeichnung; mit ihnen wurde ein wichtiger Schritt zum inneren Ausgleich der Doppelkultur der grch.-röm. Kaiserzeit getan. Die zweite Gruppe seiner Schriften, ›Moralia‹, enthält erzieherische Werke, ethisch-philosoph. und gelehrte antiquar. Studien, polit. Abhandlungen. P.s Schriften wurden seit dem 15. Jh. ins Lateinische, Französische (Befruchtung der dramat. Kunst Frankreichs im 17. Jh.), Englische übersetzt (Einfluß auf Shakespeare). In Dtl. beachtete man ihn stärker erst seit Ende des 18. Jh. (Schiller, Goethe, Jean Paul, Beethoven, Nietzsche).

Pluto, 1) grch. Gott der Unterwelt, → Pluton. **2)** *der, -,* ☆ Zeichen ♇, der von der Sonne aus gezählt 9. → Planet im Sonnensystem. P. bewegt sich in rd. 248 Jahren (= 1 Plutojahr) auf einer stark ellipt. Bahn (die mit rd. 0,25 die größte Exzentrizität unter den Planetenbahnen aufweist) mit einer mittleren Entfernung von 5,92 Mrd. km oder 39,6 astronom. Einheiten um die Sonne (Periheldistanz 4,44 Mrd. km, Apheldistanz 7,4 Mrd. km); die P.-Bahn ist um mehr als 17 Grad zur Ekliptik geneigt (größte Bahnneigung unter den Planetenbahnen).

P. wurde 1930 von C. Tombaugh als Stern 15. Größe entdeckt, nachdem mehrere Jahrzehnte nach ihm gesucht wurde, weil nach Berücksichtigung der Neptunstörung noch Unregelmäßigkeiten in der Uranusbewegung verblieben. Wie neuere Durchmesser- und Massebestimmungen ergaben, die durch die Entdeckung eines P.-Mondes (1978) möglich wurden, reicht die Gravitationswirkung von P. nicht aus, um die beobachteten Reststörungen von Uranus- und Neptunbahn zu erklären, was auf einen mögl. weiteren Planeten **Transpluto** hindeutet. P. hat einen Durchmesser von etwa 3 000 km, sein – rund halb so großer – Mond **Charon** umkreist ihn in 6,4 Tagen in einer Entfernung von annähernd 20 000 km, woraus sich die Masse des Gesamtsystems zu etwa 15 Trillionen Tonnen oder 0,003 Erdmassen bestimmen läßt. Die mittlere Dichte des P. beträgt etwa 1,5 g/cm³. Da man für P. eine Rotationsdauer von ebenfalls 6,4 Tagen bestimmt hat, vollführen beide Körper als Folge ihrer gegenseitigen Gezeitenkräfte eine ›doppeltgebundene‹ Rotation (›Hantelrotation‹). Geht man davon aus, daß Charon sich in der Äquatorebene des P. bewegt, dann ist die Drehachse des P. je nach Drehsinn um rund 80 oder 100 Grad geneigt. 1976 konnte im Infrarotspektrum des P. Methaneis nachgewiesen werden; vermutlich ist die Atmosphäre bei Temperaturen unter −230 °C ›ausgefroren‹.

Plutokratie [grch. ›Herrschaft der Reichen‹] *die, -/... t'i|en,* Geldherrschaft; Staatsform, bei der die polit. Vormachtstellung der Herrschenden nur durch den Besitz begründet ist. *der* **Plutokrat,** *-en/-en,* Träger der Macht in einer Plutokratie.

Pluton [grch.], lat. **Pluto,** grch. Mythos: urspr. der Gott des Reichtums, der aus der Erde kommt, Gemahl der → Persephone, mit der er im Kult verbunden ist. Erst nach der Gleichsetzung mit **Hades** wurde er zum Herrscher über die Unterwelt und die Verstorbenen. Die Römer nannten ihn **Dis** und **Orcus.** Die Kunst stellte ihn ähnlich wie Zeus und Poseidon dar, aber mit düsterem Ausdruck, oft mit Schale und Zepter. **plutonisch,** der Tiefe angehörig.

Pluton *der, -s/-e,* ⊕ Tiefengesteinskörper von verschiedenartiger Form und Größe (bis mehrere 100 km Durchmesser), entstanden aus von der tieferen Erdkruste emporgedrungenem, langsam erstarrtem Magma.

Plutonismus *der, -,* ⊕ alle Erscheinungen, die mit der Bewegung des Magmas in der Erdkruste zusammenhängen, i. Ggs. zum **Vulkanismus.** Auch die wesentl. Gestaltungskräfte der Erde aus dem Erdinnern.

Plutonite [von Pluton], *Sg. der* **Plutonit,** *-s,* die → Tiefengesteine.

Plutonium *das, -s,* **Pu,** ⚗ radioaktives → chemisches Element aus der Gruppe der → Transurane und → Actinoide. Es sind mehr als 15 meist künstlich hergestellte instabile Isotope bekannt, die langlebigsten ^{244}Pu mit 82,6 Mio. und ^{242}Pu mit 376 300 Jahren Halbwertszeit. In der Natur kommt P. in sehr kleinen Mengen in Uranmineralen vor, wo es aus natürl. Uran entsteht. Das technisch wichtigste Isotop ^{239}Pu (α-Strahler, Halbwertszeit 24 110 Jahre) wird in größeren Mengen im Brutreaktor erzeugt. Es kann, ähnlich wie ^{235}U, durch Einfang therm. Neutronen zur Kernspaltung veranlaßt werden; zur krit. Masse angehäuft, kann es dabei zu einer kernphysikal. Kettenreaktion kommen. Es wird daher als Spaltstoff **(Kernbrennstoff)** für gewisse Kernreaktoren und für Kernwaffen verwendet. Außerdem dient P. als Ausgangsstoff für die Herstellung radioaktiver Isotope und weiterer Transurane. – P. ist ein silberweißes unedles Metall, das in seinen Verbindungen mit den Oxidationszahlen +2 bis +7 auftritt, von denen +3 und +4 bevorzugt sind. In seinem chem. Verhalten ähnelt es dem Uran; es bildet entsprechend **Plutonylverbindungen** mit dem $(PuO_2)^{2+}$-Ion, z. B. das Nitrat, $PuO_2(NO_3)_2 \cdot H_2O$. – P. kommt in 6 allotropen Modifikationen vor. Die δ-Phase zeigt einen negativen Ausdehnungskoeffizienten. – Wegen seiner hohen α-Aktivität und seiner starken Neigung zur Ablagerung im Knochenmark gehört P. zu den gefährlichsten giftigen Stoffen, Einatmung kann Lungenkrebs hervorrufen.

Plutos, altgrch. Gott des Getreidevorrats, dann des Reichtums, Sohn des Iasion und der Demeter, meist als Knabe mit Füllhorn dargestellt.

Pluviale [mlat. ›Regenmantel‹] *das, -s/-,* **Cappa,** mantelähnliches Obergewand des Priesters und Bischofs bei liturg. Handlungen (Prozessionen, Stundengebet, sakramentaler Segen).

Pluvialzeit [lat.], ⊕ während der Eiszeit in wärmeren Ländern eine Periode stärkerer Niederschläge.

Pluviograph [lat.-grch. ›Regenschreiber‹] *der, -en/-en,* ein selbstschreibender Niederschlagsmesser.

Pluvius [lat. ›regenspendend‹], Beiname des röm. Gottes Jupiter.

Plymouth [pl'ɪməθ], Stadt in der engl. Cty. Devon, (1981) 243 900 Ew., am Plymouth-Sund, als Hafen, Verkehrsknoten und Handelsplatz das überragende Zentrum SW-Englands; chem., Textil-, feinmechan. und elektron. Ind., Apparate- und Schiffbau. – P. war in elisabethan. Zeit der wichtigste engl. Kriegshafen und Ausgangspunkt der großen Entdeckungsfahrten von F. Drake. 1620 segelten von P. aus die Pilgerväter mit der ›Mayflower‹ nach Neuengland.

Plymouthbrüder [pl'ɪməθ-], eine ab 1826 von J. N. Darby geprägte Heiligungsbewegung in Plymouth ohne eigtl. Organisation; seit 1847 auch in Dtl.; versch. Abspaltungen: ›Offene Brüder‹ (1848), ›Exklusive Brüder‹, von ihnen die ›Raven'schen Brüder‹.

Plzeň [p'lzɛnj], Stadt in der Tschechoslowakei, → Pilsen.

Pm, ⚗ Zeichen für → Promethium.

p. m., Abk. für lat.: **1) post meridi|em,** nachmittags. **2) pro mille,** auf das Tausend. **3) pro memoria,** zum Andenken. **4) post mortem,** nach dem Tode.

PMMA, Abk. für **Polymethylmeth|acrylat,** → Polymethacrylate.

PMR-Spektroskopie, ⊠ → NMR-Spektroskopie.

Pneu *der, -s/-s,* kurz für: **1)** Pneumothorax. **2)** Luftreifen.

pneum..., pneumo... [grch.], atem..., luft...

pochen: Pochbrett

Pneuma [grch.] *das, -s,* der Heilige Geist (pneuma hagion); bei den Gnostikern der göttl. Lebenskeim in der Welt, im Unterschied zu dem bloß materiellen Lebenskeim (Psyche).

Pneumatik [grch.] *die, -,* ⚙ die Anwendung von Gasen, v. a. Luft (Druckluft), in Maschinenanlagen als Energieträger für Arbeitsprozesse und Steuerungen oder Regelungen. **pneumatisch, 1)** auf Luft oder Gase bezüglich. **2)** mit Luft gefüllt. **3)** durch Luftdruck getrieben. **4)** *Adj.* zu → Pneuma.

pneumatische Konstruktionen, durch Druckdifferenz von Gasen (im Normalfall Luft) in ihrer Lage und Form stabilisierte biegeweiche Membranen, angewendet z. B. bei **pneumatischen Baukonstruktionen** (→ Traglufthalle).

pneumatische Wanne, wannenartiges, mit Wasser, wäßriger Salzlösung oder Quecksilber gefülltes Gefäß zum Auffangen von Gasen im → Eudiometer.

Pneumatolyse [grch.] *die, -/-n,* Petrographie: lagerstättenbildender Vorgang, Endstadium der magmatischen Kristallisation, in dem überkritische Gase wirksam werden.

Pneum|enzephalographie [grch.], Darstellung von Gehirnstrukturen im Röntgenbild; wird heute zunehmend durch die Computertomographie ersetzt.

Pneumokokken [grch.] *Pl.,* grampositive, lanzettförmige, meist zu zweit (Doppelkokken, ›Diplokokken‹) nebeneinanderliegende und bekapselte Bakterien; Erreger bes. der Lobärpneumonie, einer → Lungenentzündung; beim Gesunden leben P. als Saprophyten auf den Schleimhäuten des Nasen-Rachen-Raumes.

Pneumon|ektomie [grch.] *die, -/...m'i|en,* eine → Lungenoperation.

Pneumonie [grch.] *die, -/...n'i|en,* die → Lungenentzündung.

Pneumothorax [grch.], Luftansammlung in der Brustfellhöhle (→ Lunge), kann durch Verletzung entstehen; dabei wird der normalerweise herrschende Unterdruck aufgehoben, die Lunge fällt zusammen. – Behandlung: umgehend chirurgisch (Drainage, Absaugen der Luft u. a.).

pnp-Transistor, ein bipolarer → Transistor.

pn-Übergang [Abk. für **p**ositiv-**n**egativ], ⊠ der Übergang von einem p- zu einem n-leitenden Bereich in einem → Halbleiter. Das starke Konzentrationsgefälle der Ladungsträger an der Grenze bewirkt, daß einige Löcher in den n-leitenden und einige Elektronen in den p-leitenden Bereich diffundieren und dort mit den Majoritätsladungsträgern rekombinieren. Da die Akzeptoren und Donatoren, die die Ladung der Elektronen und Löcher kompensieren, ortsfest eingebaut sind, führt das wechselseitige Eindringen von Elektronen und Löchern in das andere Gebiet zu einer elektr. Aufladung des pn-Ü., und zwar führen die Donatoren zu einer positiven Aufladung des n-Gebiets, die Akzeptoren zu einer negativen Aufladung des p-Gebiets. Da das elektr. Feld dieser Raumladungen der Diffusion entgegenwirkt, bildet sich ein Gleichgewichtszustand aus, der durch Anlegen einer äußeren elektr. Spannung beeinflußt werden kann. Liegt der Pluspol der Spannungsquelle an der n-leitenden, der Minuspol an der p-leitenden Seite, hat das elektr. Feld die gleiche Richtung wie das Raumladungsfeld und verstärkt dessen Wirkung **(Sperrfall),** d. h., es kann kein Strom durch den pn-Ü. fließen. Ein geringer **Sperrstrom** fließt jedoch auch im Sperrfall, weil durch therm. Energie in der Raumladungszone ständig Elektron-Loch-Paare gebildet werden, die vom Raumladungsfeld getrennt werden. Bei Umkehrung der Polung (Pluspol an der p-Seite, Minuspol an der n-Seite) wird das Raumladungsfeld reduziert, so daß laufend neue Ladungsträger über die Grenze fließen und einen Strom aufrechterhalten, der steil mit der angelegten Spannung anwächst **(Flußfall).** Auf dieser Gleichrichterwirkung beruht die techn. Bedeutung des pn-Ü. Sie wird in Halbleiterdioden und Transistoren zur Steuerung elektr. Ströme ausgenutzt.

Po [pɔ] *der,* lat. **Padus,** Strom in Oberitalien, der größte Fluß Italiens, 652 km. Er entspringt 2020 m ü. M. am Nordfuß des Monte Viso in den Cott. Alpen, tritt bei Saluzzo in die → Po-Ebene ein. Bei Ferrara zweigt er mehrere Nebenarme ab und mündet in einem Delta, das infolge der reichen Sinkstoffe immer weiter (jährlich um 70–80 m oder 50 ha) in das Adriat. Meer hinauswächst. Der Unterlauf ist von Dämmen eingefaßt, die das Strombett über die Ebene erhöht haben. Wichtige Nebenflüsse sind von den Alpen Tessin, Adda, Oglio, Mincio, vom Apennin Tanaro, Trebbia, Taro und Secchia. Der Po führt im Frühjahr und Herbst Hochwasser; die Schiffahrt ist unbedeutend. Kanäle verbinden den Po (über Etsch und Brenta) mit Chioggia und Venedig.

Po [Abk. für Podex] *der, -s/-s,* U Gesäß.

Po, ☉ Zeichen für → Polonium.

Poaceae [lat.], die → Gräser.

Pobedy, Pik P. [russ. ›Siegesberg‹], höchster Gipfel des Tienshan, Kirgis. SSR, 7439 m. Erstbesteigung 1938.

Pöbel [mhd. bovel, zu lat. populus ›Volk‹] *der, -s, abwertend:* gemeines, rohes Volk, niedere Masse. *ich* **pöb(e)le** *ihn* **an,** belästige mit gemeinen Reden. **pöbelhaft,** gemein, gewöhnlich, frech.

Pocci [p'ɔtʃi], Franz Graf von, Zeichner, Schriftst. und Musiker, *München 7. 3. 1807, †ebd. 7. 5. 1876, gehörte zum ›Münchner Dichterkreis‹, bebilderte gemüt- und humorvoll im Vignettenstil der Zeit fremde und eigene Dichtungen, zeichnete auch satirisch für die ›Fliegenden Blätter‹; schrieb Kasperlstücke für das Marionettentheater mit Themen aus der Märchen- und Sagenwelt (›Lustiges Komödienbüchlein‹, 6 Bde. 1859–77), Kindergesch. für den ›Münchener Bilderbogen‹, Volksschauspiele, Jäger- und Studentenlieder. Als Komponist vertonte P. v. a. eigene Dichtungen.

pochen [mhd.]. *ich* **poche, 1)** *an, gegen etwas,* klopfe: *wer pocht an die Tür, gegen das Fenster?* **2)** *Erz,* zerklopfe. **3)** *auf etwas,* Ü bestehe darauf, rühme mich seiner trotzig: *er pocht auf sein Recht.* **4)** spiele Poch. **5)** *das Herz pocht,* schlägt. *ich* **poche** *bei ihm* **an,** klopfe an. *das* oder *der* **Poch,** *-(e)s,* **Pochspiel,** ein Kartenglücksspiel, bei dem man wettet (pocht), die höchste Zahl von Karten des gleichen Wertes oder entsprechende Kartenkombinationen zu besitzen. **Pochbrett,** Spielbrett für das Pochspiel mit 9 Vertiefungen, wobei die mittlere die Einzahlung für den Gewinner enthält, die anderen Vertiefungen sind für die Spieleinsätze. *die* **Poche,** -, *mitteldt.:* Prügel.

Poch|erze, Erze, die im → Pochwerk zerkleinert werden.

Pochette [pɔʃ'ɛt, frz. ›Täschchen‹] *die, -/-n,* **Taschengeige,** im 16. Jh. entstandenes drei- bis viersaitiges kleines Streichinstrument, war anfangs höchstes Instrument im Streicherensemble, dann bis ins 19. Jh. Soloinstrument der Tanzmeister und erhielt eine länglich-schlanke Form, um in der Rocktasche getragen werden zu können. Eine Abart der P. ist die in einem Spazierstock unterzubringende **Stockgeige** des 18. Jh.

pochieren [-ʃ'i:-, frz.]. *ich* **pochiere, 1)** *eine Speise,* lasse sie mit wenig Flüssigkeit gar ziehen. **2)** *Eier,* schlage sie in kochendes Essigwasser und lasse sie gar werden: *pochierte Eier.*

Pochkäfer, der → Klopfkäfer.

Pöchlarn, Stadt im Bez. Melk, NÖ, (1983) 3600 Ew., rechts an der Donau. – P. ist das **Bechelaren** des Nibelungenlieds.

Pochwerk, Anlage zum Schlagzerkleinern spröder Stoffe: Ein mechanisch oder hydraulisch angetriebener schwerer **Pochstempel** fällt senkrecht auf die **Pochsohle** und zerkleinert dabei das Gut; heute noch zur Golderzaufbereitung benutzt.

Pockels-Effekt [n. dem Physiker F. C. A. Pockels, *1865, †1913], **linearer elektro|optischer Effekt,** das Auftreten oder die Verstärkung der Doppelbrechung in Kristallen mit best. Symmetrieeigenschaften in elektr. Feldern auf Grund der unterschiedl. Änderung der Brechzahlen mit der Feldstärke für die versch. Kristall- und Schwingungsrichtungen. Die **Pockels-Zelle** ist ein Modulator und Schalter für polarisiertes Licht auf der Grundlage des P.-E.

Pocken [nd. Pocke ›Blase‹, ›Blattermal‹] *Pl.,* **Blattern,** lat. **Variola,** sehr ansteckende Krankheit, deren Erreger ein gegen Austrocknen widerstandsfähiges Virus ist; es wird meist durch

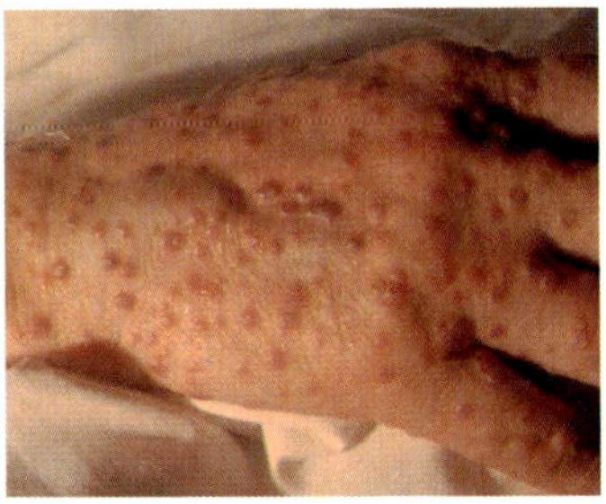

Pocken

Tröpfcheninfektion übertragen. Überstehen der P. hinterläßt lebenslängl. Immunität. Krankheitsbild: Etwa 13 Tage nach der Ansteckung beginnt die mittelschwere Form der P. **(Variola vera)** mit Kopf- und Gliederschmerzen, Erbrechen und rasch steigendem, hohem Fieber. Am 2. Tag tritt oft eine ausschlagartige Hautrötung an Gesicht und Körper auf, die nach 1 Tag wieder zurückgeht. Am 4. Krankheitstag fällt auch das Fieber wieder auf unter 38 °C; dann erscheint erst der eigtl. P.-Ausschlag (Eruptionsstadium); zuerst linsengroße rote Flecken mit einem Knötchen in der Mitte; dieses bildet ein in der Mitte mit einer Delle **(P.-Nabel)** versehenes Bläschen, das eine anfangs klare Flüssigkeit enthält, die sich später eitrig trübt **(P.-Pustel).** Das mit Ausbruch der Pusteln nachlassende Fieber steigt wieder, oft unter Delirien und Schüttelfrost. Gegen den 10.–12. Tag trocknen die Pusteln unter Borkenbildung aus, das Fieber sinkt, und in günstigen Fällen setzt dann die Genesung ein. Die abfallenden Borken hinterlassen die **P.-Narben.** Die Sterblichkeit liegt um 30%. Die schwersten Formen der P. sind die stets tödl. **Schwarzen Blattern (Variola haemorrhagica),** mit Blutungen in den Pusteln, und die **Purpura variolosa,** bei denen es zu ausgedehnten Hautblutungen, auch zu Blutungen in Schleimhäuten und inneren Organen kommt. Die abgeschwächt verlaufenden P. bei Geimpften nennt man **Variolois.** Als Nachkrankheiten können auf P. z. B. Abszesse, Blutvergiftung, Entzündungen der Lungen oder des Rippenfells folgen.

Behandlung: allgemeine symptomat. und pfleger. Maßnahmen, ggf. antikörperhaltiges menschl. Serum (Gammaglobulin) und Chemotherapeutika. – Vorbeugung: →Schutzimpfung. P. sind eine →meldepflichtige Krankheit; Absonderungspflicht (→Quarantäne 1) für P.-Kranke und Krankheitsverdächtige.

Geschichtliches. Nach ind. Quellen sollen die P. schon mehr als 1000 Jahre v. Chr. in China und Indien bekannt gewesen sein. In Europa fällt die erste Epidemie ins 6. Jh.; im 13. Jh. traten die P. in England, Ende des 15. Jh. in Dtl. auf. Ihre Opfer betrugen alljährlich etwa 100000 Menschen. Seit der Einführung der gesetzl. P.-Schutzimpfung (in Dtl. 1874) sind P.-Erkrankungen rapide zurückgegangen. In den 70er Jahren des 20. Jh. gelang es der WHO, die noch vorhandenen P.-Endemiegebiete durch Massenimpfungen zu sanieren; in der Bundesrep. Dtl. besteht seit 1976 keine allg. gesetzl. Impfpflicht mehr.

P. bei Tieren. P. treten beim Schaf **(Schafpocken),** seltener bei Schwein und Ziege, auf. Bei Rind **(Rinderpocken, Kuhpocken)** und Pferd **(Pferdepocken)** sind sie meist auf einzelne Hautstellen beschränkt; Hauptansteckungsquelle ist hier der gegen P. schutzgeimpfte Mensch. Über **Geflügelpocken** →Geflügelkrankheiten. Als **Pockenkrankheiten** bezeichnet man auch verschiedene Pflanzenkrankheiten, z. B. der Kartoffelknolle (→Grind 2), der Zwetschgen und Aprikosen (→Scharka). **pockig,** blatternarbig.

Pocket-book [p'ɔkıt bʊk, engl.] *das, -s/-s,* Taschenbuch.

Pockholz, Guajakholz, das Holz des →Guajakbaumes.

poco [ital.], ♪ wenig, etwas; **p. allegro,** etwas schnell; **p. forte,** etwas stark.

Podagra [grch. ›Fußschlinge‹] *das, -s,* Fußgicht (→Gicht).

Podĕbrad [p'ɔdjɛbrat], König von Böhmen, →Georg 2).

Podest [grch.] *der* oder *das, -es/-e,* **1)** Treppenabsatz. **2)** Bühne, erhöhter Tritt.

Podestà [ital. von lat. potestas ›Macht‹, ›Obrigkeit‹] *der, -(s)/-s,* **1)** im mittelalterl. Italien einerseits der von den Staufern eingesetzte kaiserl. Vogt, andererseits ein adliges Stadtoberhaupt, das der örtl. Familienfehden wegen zur unparteiischen Verw. der Stadt von auswärts berufen wurde. **2)** 1815–1918 der Bürgermeister einer Stadt in den österr. Teilen Italiens; 1926–43 (45) auch der von der faschist. Reg. ernannte Bürgermeister.

Podex [lat.] *der, -(es)/-e,* U Gesäß.

Podgorica [-tsa], bis 1945 Name der Stadt →Titograd.

Podgornyi, Nikolaj Wiktorowitsch, sowjet. Politiker, * Karlowka (bei Poltawa) 18. 2. 1903, † Moskau 11. 1. 1983; 1960–66 Mitgl. des Präsidiums, 1966–77 des Politbüros der KPdSU, 1965–77 Vors. des Präsidiums des Obersten Sowjets der UdSSR (Staatsoberhaupt). Von 1964 bis in die 2. Hälfte der 70er Jahre gehörte P. zum Führungskern der UdSSR.

Podhalen *Pl.,* die Bewohner der Landschaft Podhale zw. Beskiden und Tatra in Polen. Die Überlagerung der poln. Kernbevölkerung im MA. durch dt. Bauern und rumän. Hirtenvölker sowie slowak. und ungar. Einflüsse ließen die gesonderte Volkskultur der P. entstehen.

Podium [lat.] *das, -s/...di|en,* Bühne, erhöhte Fläche. **Podiumsgespräch,** Diskussion vor Zuhörern über ein aktuelles Thema.

Podiumtempel, in der italisch-etrusk. Baukunst ein Tempel auf hohem Unterbau mit Freitreppe an der Frontseite.

Podlachi|en, poln. **Podlasie** [-l'asjɛ], Landschaft in Polen, zw. Narew und mittlerem Westlichen Bug; die wichtigsten Städte sind Białystok und Siedlce.

Podmokly, tschechisch für den Stadtteil Bodenbach von →Tetschen.

Podoli|en, histor. Landschaft in der westl. Ukraine, ein von Tälern zerschnittenes fruchtbares Tafelland; Hauptstadt ist Kamenez-Podolskij. – P. kam nach dem Zerfall des Kiewer Reiches (1260) in tatar., um 1370 in litauischen Besitz. West-P. wurde 1430 an Polen abgetreten, 1569 auch Ost-P. 1672–99 war es in türk. Hand. Durch die 2. Teilung Polens (1793) kam P. an Rußland.

Podolsk, Stadt im Gebiet Moskau, Russ. SFSR, (1982) 206000 Ew.; Maschinenbau-, elektrotechn. und Baustoff-Ind.

Podsol [russ. ›unter Asche‹] *der, -s/-e,* ein Bodentyp, →Bleicherde 2).

Poe [pəʊ], Edgar Allan, amerikan. Schriftst., * Boston 19. 1. 1809, † Baltimore 7. 10. 1849, Hauptvertreter der amerikan. Romantik, einflußreich auch in Europa durch seine Gedichte und bes. seine Erz., die techn. Muster der ›Kurzgeschichte‹ darstellen. P.s Scharfsinn mit Phantastik verbindende Begabung und sein Hang zum Unheimlichen zeigen sich bes. in seinen spannungsvollen Erz. (›Der Untergang des Hauses Usher‹, ›Ligeia‹, ›Premature burial‹, ›Grube und Pendel‹) sowie in seinen Kriminalgesch., die Vorbilder der modernen, logisch deduzierenden Kriminalgesch.

Po-Ebene: Reisbestellung

sind (›Der Doppelmord in der Rue Morgue‹, ›Das Geheimnis der Marie Rogêt‹, ›Der goldene Skarabäus‹, ›Der entwendete Brief‹). In seiner ›Philosophy of composition‹ (1846) vertrat P. den auf die moderne Ästhetik verweisenden Gedanken der rational gesteuerten Verwendung der dichterischen Mittel.

Po-Ebene, ital. **Padania,** das vom Po durchflossene Tiefland Oberitaliens, zw. Alpen und Apennin, etwa 50000 km², sehr fruchtbar (Weizen, Mais, Reis, Futterpflanzen, Obst und Wein; intensive Viehzucht), dicht besiedelt; bed. Großind., bes. in den Großräumen Mailand und Turin.

Poel [pø:l], Ostseeinsel in der Wismarer Bucht, 37 km².

Poelzig, Hans, Architekt, * Berlin 30. 4. 1869, † ebd. 14. 6. 1936, lehrte in Breslau und Dresden, ab 1920 arbeitete er in Berlin,

Hans Poelzig:
Zuschauerraum des Großen Schauspielhauses in Berlin, 1919

fand zu einer städtebaulich wirksamen Bauauffassung kraftvoller, einfacher Massengliederung.

Poem [grch.] *das, -s/-e,* größere Versdichtung; auch abwertend: Gedicht. *der* **Poet,** *-en/-en,* ⚭, noch ironisch: Dichter. *der* **Poetaster,** *-s/-,* verächtlich: schlechter Dichter. **poetisch, 1)** dichterisch. **2)** Ü stimmungsvoll.

Poeschel, Carl Ernst, Buchdrucker und Verleger, * Leipzig 2. 9. 1874, † Scheidegg (Allgäu) 19. 5. 1944, Wegbereiter einer neuen Buchkultur in Dtl., bes. als Leiter der Druckerei P. & Trepte in Leipzig; 1902 gliederte er einen handelswissenschaftl. Verlag an (C. E. Poeschel Verlag). 1909 gründete er mit mehreren Verlegern den Tempel-Verlag (Klassikerausgaben), 1919 mit A. Kippenberg die Insel-Presse.

Po|esie [grch.] *die, -/...s'i|en,* **1)** Dichtung, Dichtkunst. **2)** Ü Stimmungsgehalt. **poesielos,** ohne Stimmungsgehalt. *Subst. die* **Poesielosigkeit,** -.

Poésie pure [poezip'y:r, frz. ›reine Dichtung‹], Begriff der Dichtungstheorie, taucht erstmals 1830 bei Ch.-A. Sainte-Beuve auf und spielt im frz. Symbolismus (St. Mallarmé, P. Valéry u. a.) eine Rolle. Er bezeichnet eine bes. im 19. und 20. Jh. gepflegte Dichtung, bei der alle Inhalte (Stoffe, Erlebnisse, Ideen usw.) hinter dem poetischen Akt zurücktreten und die klanglichen Mittel der Sprache zum Selbstzweck werden **(absolute Dichtung).**

Edgar Allan Poe

poeta laureatus [lat.] *der, --/...tae...ti,* **Laureat,** lorbeergekrönter Dichter. Mit Petrarcas Krönung (1341) setzt, dem antiken Brauch folgend, die Überlieferung ein, Verfasser lat. Dichtungen öffentlich auszuzeichnen und dem p. l. ähnliche Rechte wie dem Doktor zuzuerkennen. Den Titel erhielten in Dtl. C. Celtis, U. v. Hutten, M. Opitz u. a., doch ist er nie zu der Bedeutung gelangt wie in England, wo der **Poet Laureate** seit Eduard IV. als Hofbeamter ein kleines Gehalt bezieht.

Poetik [grch.] *die, -,* die Lehre von der → Dichtung, ihrem Wesen und ihrer Wirkung, ihren Erscheinungsweisen, ihren Form- und Gattungsgesetzen und ihren Gestaltungsmitteln. Als Theorie der Poesie gehört sie in den Bereich der → Literaturwissenschaft, als Besinnung über Wesen und Wirkung der poet. Kunstformen ist sie zugleich Teilgebiet der Ästhetik. Die P. der Antike (Aristoteles; ›Ars poetica‹ des Horaz) war wesentlich gesetzgebend (normativ). Die lange Periode vom Renaissance-Humanismus bis zum Barock brachte eine Blütezeit der Poetiken; sie bestanden im wesentl. in einer Auslegung der antiken P. Erst der Geniebegriff des ausgehenden 18. Jh. und die geschichtl. Auffassung der Dichtung durch G. B. Vico und J. G. Herder bewirkten, daß die normative P. einer verstehenden wich, die ihre Einsichten aus der Deutung der Dichtung aller Zeiten zu gewinnen suchte. Die moderne Literaturwissenschaft befaßt sich bes. mit Untersuchungen zur gesellschaftl. Gebundenheit und Wirkungsweise künstler. Zeichensprache und Strukturen, so in der Produktions- oder Schaffenspoetik (Schaffensbedingungen, Ausführung), Werk- oder Darstellungspoetik (Struktur des Werkes), Rezeptions- und Wirkungspoetik.

Pofel [zu Bafel] *der, -s, oberdt.:* Schund, Auswurf.

Pofist *der, -(e)s/-e, nd.:* Bovist.

Pogatsche(rl) [ungar.] *die, -/-n, bair., österr.:* rund ausgestochenes, gebackenes Teiggericht.

Pogge *die, -/-n, nd.:* Frosch, Kröte.

Poggendorff, Johann Christian, Physiker, * Hamburg 29. 12. 1796, † Berlin 24. 1. 1877, Hauptarbeitsgebiete: Elektrizität und Magnetismus, erfand u. a. das Galvanoskop und die Spiegelablesung, gab seit 1824 die ›Annalen der Physik und Chemie‹ heraus. - **Poggendorffische Täuschung,** nach P. benannte geometr. → optische Täuschung (BILD).

Poggio di Guccio Bracciolini [p'ɔddʒo di g'uttʃo brattʃol'i:ni], Gian Francesco, Humanist, * Terranuova b. Florenz 11. 2. 1380, † Florenz 30. 10. 1459, Sekretär mehrerer Päpste, entdeckte in Klosterbibliotheken Dtl.s, der Schweiz und Frankreichs viele Werke der klass. röm. Lit. Seine Briefe, Dialoge, Traktate haben für die Gesch. des Humanismus größte Bedeutung. Oft übersetzt wurde sein ›Liber facetiarum‹ (zw. 1438 und 1452), eine Samml. z. T. sehr gewagter Anekdoten und Schwänke.

Pogonophoren *Pl.,* **Pogonophora,** ♎ die → Bartträger.

Pogrom [russ.] *der,* auch *das, -s/-e,* Hetze mit Gewalttaten gegen eine Bevölkerungsgruppe, besonders gegen Juden.

Poher [po'ɛ:r], Alain, frz. Politiker (MRP; später Demokrat. Zentrum), * Ablon-sur-Seine (Dép. Val-de-Marne) 17. 4. 1909, Jurist und Ingenieur, 1966-69 Präs. des Europ. Parlaments, seit 1968 Präs. des Senats, 1969 und 1974 interimist. Staatspräs., unterlag bei den Präsidentschaftswahlen 1969 G. Pompidou.

Pohjanmaa [p'ɔxjamma:], finnisch für → Österbotten.

Pohjois-Karjala [p'ɔxjɔis-], **Nordkareli|en,** östlichste Prov. Finnlands, 21585 km² groß (davon 3476 km² Wasserfläche) mit (1981) 176700 Ew. Die Prov. umfaßt das Wald- und Seengebiet im Nahbereich der sowjet. Grenze. Hptst.: Joensuu.

Pohl, Robert Wichard, Physiker, * Hamburg 10. 8. 1884, † Göttingen 5. 6. 1976, war 1916-52 Prof. ebd., arbeitete über Röntgenstrahlen und den lichtelektr. Effekt, schuf die Grundlage für die moderne Festkörperphysik; entwickelte eine neue physikal. Demonstrationstechnik, setzte für die Didaktik der Physik neue Maßstäbe (›Elektrizitätslehre‹, 1927; ›Mechanik, Akustik und Wärmelehre‹, 1930; ›Optik‹, 1940).

Pöhl, Talsperre nordöstlich von Plauen, Bez. Karl-Marx-Stadt, staut die Trieb (63 Mio. m³).

Pöhl, Karl Otto, Volkswirtschaftler, * Hannover 1. 12. 1929, urspr. Journalist, seit 1980 Präs. der Dt. Bundesbank.

Pohlheim, Stadt im Landkreis Gießen, Hessen, (1984) 14200 Ew.; Büromöbelfabrik u. a. Ind.; 1970 durch Zusammenschluß von 6 Gemeinden entstanden.

Poikile, Stoa P. [grch. ›bunte Halle‹] *die,* antike Halle an der N-Seite des Marktes von Athen, benannt nach ihren Wandgemälden aus dem Sagenkreis und der att. Gesch., als deren Meister Polygnot, Mykon und Panainos überliefert sind. In der Stoa P. lehrte Zenon, dessen philosoph. Lehre danach **Stoa** genannt wurde.

Poincaré [pwɛ̃kar'e], **1)** Jules Henri, frz. Physiker und Mathematiker, Vetter von 2), * Nancy 29. 4. 1854, † Paris 17. 7. 1912, arbeitete über Himmelsmechanik, begründete die moderne Topologie, lieferte Beiträge zur Lösung des Dreikörperproblems und von Differentialgleichungen. Bes. nachgewirkt haben seine Bücher über die Grundlagen der Wiss. (›Wissenschaft und Hypothese‹, 1902; ›Der Wert der Wissenschaft‹, 1905).

2) Raymond, frz. Politiker, Vetter von 1), * Bar-le-Duc 20. 8. 1860, † Paris 15. 10. 1934, Rechtsanwalt, war 1912-13 MinPräs. und Außen-Min., 1913-20 Staatspräs. Seine Außenpolitik war von der Sorge vor der wachsenden dt. Macht bestimmt; er führte die dreijährige militär. Dienstzeit ein. 1920 war er Vors. der Reparationskommission. Als MinPräs. (1922-24) veranlaßte er die Besetzung des Ruhrgebiets. 1926-29 war er nochmals MinPräs. und gleichzeitig (bis 1928) Finanz-Min.; sanierte den Staatshaushalt und stabilisierte den Franc.

Poinsetti|e *die, -/-n,* ⚘ eine Art der → Wolfsmilch.

Point *der, -s/-s,* **1)** [pwɛ̃, frz.], Punkt, Spitze; Stich (im Spiel); Auge (im Würfelspiel). **2)** [pɔɪnt, engl.], ⚖ kleinste Bewertungseinheit für die Preisnotierung, bes. von standardisierten Naturgütern (z. B. Baumwolle). **point d'honneur** [-dɔn'œ:r], Ehrensache.

Pointe [pw'ɛ̃t(ə), frz.] *die, -/-n,* Hauptpunkt, auf den es bei einem Witz ankommt; Schlußwirkung, Überraschungseffekt. *ich* **pointiere** [pwɛ̃-] *es,* betone nachdrücklich, hebe hervor. **pointiert** [pwɛ̃-], zugespitzt, geistreich, gezielt.

Pointe Noire [pwɛ̃tnw'a:r], Hafenstadt in der VR Kongo, (1980) 185100 Ew.; einziger Hafen des Landes, über den auch der Erzexport aus Gabun und ein großer Teil des Exports der Zentralafrikan. Rep. und der Rep. Tschad läuft; Eisenbahn nach Brazzaville, wichtiges Industriezentrum (Fischkonserven, Werft, Palmölraffinerie u. a.), Erdölraffinerie.

Pointer [p'ɔıntə, engl.] *der, -s/-,* ein Jagdhund (→ Hunde).

Pointillismus [pwɛ̃-, von frz. point ›Punkt‹] *der, -,* **Neo|impressionismus,** Richtung der Malerei, die sich aus dem → Impressionismus entwickelte; wurde von G. → Seurat begründet.

Poise [pwaz, frz., n. dem frz. Arzt J. L. M. Poiseuille, * 1799, † 1869] *das,* Einheitenzeichen **P,** nicht gesetzl. Einheit der dynam. Viskosität: 1 P = 1 dyn·s/cm² = 0,1 Pa·s (Pascalsekunde).

Poisson [pwas'ɔ̃], Siméon Denis, frz. Mathematiker und Physiker, * Pithiviers (Dép. Loiret) 21. 6. 1781, † Paris 25. 4. 1840, Hauptarbeitsgebiete: Elektrizität und Thermodynamik. P. trug zum Ausbau der Potentialtheorie bei. - **Poissonverteilung** [pwas'ɔ̃-], nach P. benannter Grenzfall der Binominalverteilung, bei der die Wahrscheinlichkeit für das Eintreffen eines best. Ereignisses sehr klein, die Anzahl der unabhängigen Wiederholungen sehr groß ist.

Poitiers [pwatj'e], Hptst. des Dép. Vienne, Frankreich, (1982) 79400 Ew.; Bischofssitz; Univ., Hochschulen, bischöfl. Seminar; Handel mit landwirtschaftl. Erzeugnissen, Maschinen-, Elektro-, Leder-, Holz-Ind.; zweitürmige Kathedrale (12.-15. Jh.), roman. Kirchen St. Hilaire-le-Grand und Notre-Dame-la-Grande (11.-12. Jh.), Taufkapelle St. Jean (4. Jh.). - P., das galloröm. **Limonum** oder **Civitas Pictonum,** war im MA. die Hptst. der Gfsch. Poitou. Durch den Sieg bei P. (17. 10. 732) konnte Karl Martell das Vordringen der Araber aufhalten.

Poitou [pwat'u], histor. Landschaft in W-Frankreich, ein fruchtbares Plateau; umfaßt heute im wesentl. die Dép. Vienne, Deux-Sèvres und Vendée. Hptst. war Poitiers. - Der galloröm. **Pictavus pagus** kam 418 n. Chr. an die Westgoten, 507 zum Frankenreich. Die Grafen von P. wurden im 10. Jh. zugleich Herzöge von Aquitanien; die Gfsch. war 1152/54-1204/24 und 1360-70/73 in der Hand der engl. Könige und fiel 1416/17 an die frz. Krone.

Pojanghu, See in China, → Poyanghu.

Pokal [ital. aus grch.] *der, -s/-e,* kelchartiges Trinkgefäß mit Fuß, Schaft, oft auch mit Deckel; im Sport oft Siegespreis.

Pokalsystem, ⚒ eine Wettkampfart um einen Pokal, bei der der Verlierer einer Begegnung ausscheidet, daher auch **K.-o.-System.** Bei unentschiedenem Ausgang von Pokalspielen gibt es Verlängerungen (im Fußball 2mal 15 min) und/oder Wiederholungen. In manchen Sportarten entscheidet bei fortgesetztem Unentschieden das Los oder ein Strafstoßschießen (Fußball).

Pökel [mnd.] *der, -s,* Lake, Salz- oder Salpeterlösung zum Einpökeln: *Pökelfleisch; Pökelhering. ich* **pök(e)le** *Fleisch* **(ein),** mache zur Dauerware durch Einlegen in P.

Poker [engl., verwandt mit dt. pochen] *das, -s,* urspr. amerikan. Glücksspiel mit 52 frz. Karten, von beliebig vielen Personen zu spielen. *ich* **pok(e)re, 1)** spiele P. **2)** Ü verhandele gewagt, ohne meine Absichten erkennen zu lassen.

Pokorny, Julius, Sprachforscher und Keltologe, * Prag 12. 6. 1887, † Zürich 8. 4. 1970, Prof. in Berlin, Bern, Zürich, München; schrieb ›Altirische Grammatik‹ (1925), ›Zur Urgeschichte der Kelten und Illyrer‹ (1938), ›Indogerman. etymolog. Wörterbuch‹, 2 Bde. (1948-69).

Pokrowsk, bis 1931 Name der sowjet. Stadt → Engels.

pokulieren [lat.]. *ich* **pokuliere,** ⚘ zeche.

Pol [grch.-lat. ›Drehpunkt‹, ›Achse‹] *der, -s/-e,* **1)** ⊕ ☆ Durchstoßpunkt der Rotationsachse eines sich drehenden Körpers durch die Oberfläche. Bei Himmelskörpern, bes. der Erde, werden → Nordpol und → Südpol unterschieden. Die **Himmelspole** sind die Durchstoßpunkte der Rotationsachse der Erde durch die → Himmelskugel. **2)** △ auf der Kugel ausgezeichneter Punkt zur Festlegung eines Systems von Polarkoordinaten; in der analyt.

Geometrie → Polare; in der Funktionentheorie eine Singularität, d. h. eine Stelle, an der der Wert der Funktion unendlich groß ist. **3)** ⊛ Anschlußklemme einer Spannungs- oder Stromquelle: **Plus-, Minuspol.** Der P. bei → Elektromotoren besteht aus dem **Polkern,** der die meist mit Gleichstrom erregte **Polwicklung** trägt, und dem **Polschuh** (verbreitertes Ende des P.). Vom Polschuh tritt der magnet. Fluß über den Luftspalt zum anderen Maschinenteil über. **4)** ⊠ das Ende eines elektr. oder magnet. Dipols (meist ein langgestreckter Körper), das zugleich Ein- und Austrittsstelle eines elektr. oder magnet. Feldes ist (→ Magnetismus, → Erdmagnetismus). **5)** Textilkunde: aus Schnitt- und Zugnoppen gebildete rechte Warenseite der Teppiche, Plüsch- und Samtgewebe.

Pola, ital. Name der jugoslaw. Stadt → Pula.

Polaben [›Elbanwohner‹] *Pl.,* westslaw. Stamm des frühen MA. nördlich der unteren Elbe, gehörte zu den Abodriten; i. w. S. alle zw. der unteren Elbe und der Oder ansässigen Slawenstämme. Ihre Sprache hielt sich am längsten bei den → Drawenen.

Polacke [poln. ›Pole‹] *der, -n/-n,* verächtlich: Pole.

Polacy [-tsi], *Sg.* **Polak,** eigener Name der Polen.

Polanica Zdrój [-n'itsa zdruj], poln. Name von Bad → Altheide.

Polanski, R o m a n, poln. Drehbuchautor und Filmregisseur, * Paris 18. 9. 1933, drehte Filme in Polen, Großbritannien und den USA, mit Betonung des Makabren und Phantastischen.

Filme: Das Messer im Wasser (1961); Ekel (1964); Wenn Katelbach kommt (1965); Tanz der Vampire (1966); Rosemaries Baby (1967); Macbeth (1970); Was? (1972); Chinatown (1974); Der Mieter (1976); Tess (1979).

polar [lat.], **1)** die Pole, bes. die Erdpole betreffend. **2)** entgegengesetzt wirkend.

Polar|achse, 1) Umdrehungsachse der Erde. **2)** △ → Koordinaten.

Polardiagramm, diagrammat. Darstellung der aerodynam. Eigenschaften eines Tragflügels oder eines Flugzeugs in einem rechtwinkligen Koordinatensystem durch einen als **Polare** bezeichneten Kurvenzug. Jeder Punkt dieser Kurve beschreibt für einen zugehörigen und beigeschriebenen Anstellwinkel α Größe und Richtung der resultierenden Luftkraft F_R durch deren Komponenten Widerstandskraft F_W (in Zuströmrichtung) und Auftriebskraft F_A (senkrecht dazu). An Stelle dieser Kraftkomponenten können auch deren dimensionslose Beiwerte (Widerstandsbeiwert C_W und Auftriebsbeiwert C_A) aufgetragen werden.

Polare [lat.] *die, -/-n,* **1)** △ die Verbindungsgerade der Berührungspunkte A und B der beiden Tangenten durch einen Punkt P der Ebene an einen Kegelschnitt. P. heißt der Pol zur P. in bezug auf den gegebenen Kegelschnitt. **2)** Flugmechanik: → Polardiagramm.

polare Achsen, Kristallkunde: einseitige Symmetrieachsen (Richtung und Gegenrichtung sind nicht gleichwertig).

polare Bindung, Art der → chemischen Bindung.

polare Moleküle, Moleküle mit permanentem elektr. Dipolmoment.

Polarforschung, die Erforschung der Polargebiete, zunächst Entdeckungsfahrten, dann zugleich wissenschaftl. Feststellungen in geograph., geolog., geophysikal., wetter- und meereskundl., biolog. und wirtschaftl. Hinsicht, verbunden mit der Erkundung von Verkehrsmöglichkeiten (Schiff, Flugzeug), neuerdings auch mit strateg. Planungen. Hilfsmittel: das Forschungsschiff, gegen Eispressung bes. querverstärkt, auch als Eisbrecher gebaut; der von Polarhunden gezogene Schlitten; Motorschlitten (erstmals 1910/11), jetzt stärkste Raupenschlepper. Den ersten Versuch des Vordringens auf dem Luftweg unternahm 1897 S. → Andrée; das Flugzeug, seit 1914 verwendet, hat zur photogrammetrischen Vermessung, auch zur Versorgung der Forschungsstationen am Südpol größte Bedeutung erlangt. Den ersten Versuch, das Unterseeboot zur P. zu verwenden, machte 1931 der Australier G. H. Wilkins. Neuerdings haben feste Beobachtungsstationen (Nordpolargebiet etwa 150, Südpolargebiet etwa 160) bes. Bedeutung. – E x p e d i t i o n e n: 1) Nordpolarexpeditionen: 1845–47 J. → Franklins Expedition, 1878/79 gelang A. E. → Nordenskiöld die Nordostpassage, 1893–96 durchquerte F. → Nansen das Nordpolarmeer, 1903–06 führte R. → Amundsen die Nordwestl. Durchfahrt durch, 1909 gelangte R. E. Peary in Polnähe, 1921–24 durchquerte K. Rasmussen die amerikan. Arktis von Grönland bis Alaska, 1926 überflogen R. Amundsen, L. Ellsworth und U. Nobile den Nordpol mit dem Luftschiff ›Norge‹, 1930 erreichten 2 russ. Eisbrecher 81°47′ n. Br., 1929/30 die Grönlandexpedition von A. → Wegener, 1958 unterquerte das erste Unterseeboot mit Atomantrieb (›Nautilus‹, USA) den Nordpol, ebenfalls 1958 wurde das kanadische ›Polar Continental Shelf Project‹ zur interdisziplinären Erforschung der Küsten des Nordpolargebietes eingerichtet, 1969 nutzte der Eisbrecher-Tanker ›Manhattan‹ die Nordwestpassage. 2) Südpolarexpeditionen: 1819–21 erforschte G. F. v. Bellingshausen im russ. Auftrag das südpolare Meer, 1838–42 amerikan. Expedition unter C. Wilkes, 1898 dt. Valdivia-Expedition, 1901–03 dt. Expedition unter E. v. → Drygalski, 1908/09 unternahm E. H. → Shackleton einen Vorstoß zum Südpol (bis 88°23′ s. Br.), Amundsen (14. 12. 1911) und R. F. → Scott (18. 1. 1912) erreichten den Südpol; 1911/12 dt. Expedition unter W. → Filchner; 1928–48 R. E. → Byrds Antarktisexpeditionen. Am 31. 10. 1956 landeten die Amerikaner auf dem geograph. Südpol, im Jan. 1958 erreichte E. → Hillary als dritter den Pol, wenige Tage später der Engländer V. E. Fuchs.

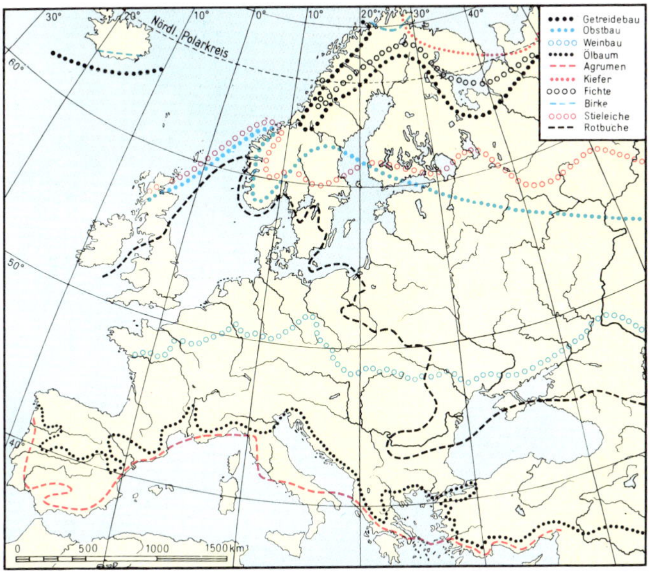

Polargrenzen von Pflanzen (Auswahl)

Polarfront, 1) Meereskunde: Grenze zw. den kalten polaren und subpolaren Wassermassen der Kaltwassersphäre und den warmen subtrop. Wassermassen der Warmwassersphäre. **2)** Meteorologie: die → Front zw. der urspr. polaren Kaltluft und der tropisch-subtrop. Warmluft.

Polarfuchs, eine Art der → Füchse.

Polargebiete, zusammenfassende Bez. für das → Nordpolargebiet und das → Südpolargebiet.

Polargrenzen, Begrenzungen für best. Lebens- und Kulturbedingungen nach den Polen hin, v. a. bedeutsam für Wälder und für wichtige Kulturpflanzen. Die P. entsprechen in vielem den Höhengrenzen in den Gebirgen.

Polarimeter [lat.-grch.] *das, -s/-,* Gerät zum Messen der Drehung der Polarisationsebene von Licht durch ein optisch aktives Material, z. B. eine Zuckerlösung **(Saccharimeter);** besteht in der einfachsten Form aus Polarisator und Analysator, zw. die die zu untersuchende Probe gestellt wird (→ Polarisation 3).

Polarisation [lat.] *die, -/-en,* **1)** Elektrizitätslehre: a) **dielektrische P.,** durch ein äußeres elektr. Feld hervorgerufene Verschiebung der zuvor zusammenfallenden Schwerpunkte der negativen und positiven elektr. Ladungen durch Deformation der Elektronenhüllen oder Verschiebung geladener Atome oder Atomgruppen in Kristallen **(Elektronen-P.** bzw. **Atom-P.).** b) **parelektr. P.,** die Verstärkung und Ausrichtung vorhandener permanenter elektr. Dipolmomente in parelektr. Substanzen durch Vergrößerung des Abstands der Ladungsschwerpunkte polarer Moleküle **(Atom-P.)** oder Ausrichtung der vorher regellos orientierten Dipolmomente **(Orientierungs-P.).** c) Als quantitatives Maß für die Erscheinungen der dielektr. und der parelektr. P. wird die vektorielle Feldgröße $\boldsymbol{P}$, die **elektrische P.,** verwendet, $P = D - \varepsilon_0 E$ (D = elektr. Flußdichte, E = elektr. Feldstärke, ε_0 = elektr. Feldkonstante). d) Als quantitatives Maß für die Magnetisierung dient die analog zu c) gebildete **magnetische P.** $\boldsymbol{J}$, $J = B - \mu_0 H$ (B = magnet. Flußdichte, H = magnet. Feldstärke, μ_0 = magnet. Feldkonstante). BILD S. 242. **2) elektrochemische (galvan.** oder **elektrolyt.) P.** Stört man das Gleichgewicht eines elektrochem. Elements, indem man es Arbeit leisten läßt oder ihm solche zuführt, so müssen zur Aufrechterhaltung des elektr. Stroms an den Elektroden chem. Reaktionen ablaufen. Ist dieser Stoffumsatz zu langsam im Vergleich zur Belastung der Zelle, kommt es zu Veränderungen gegenüber dem Gleichgewichtspotential, die man P. nennt. **3)** Optik: die Eigenschaft des Lichts – allgemeiner: aller elektromagnet. Wellen –, unter best. Bedingungen eine ›innere Ausrichtung‹ senkrecht zur Ausbreitungsrichtung zu zeigen. Sie erklärt sich aus dem trans-

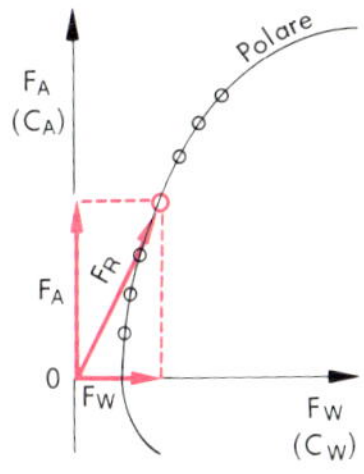

Polardiagramm

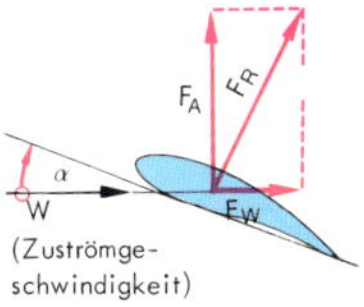

Polardiagramm: zu einem Punkt des P. zugehöriger Kräfteplan

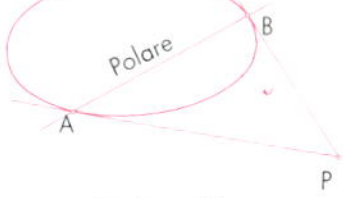

Polare 1)

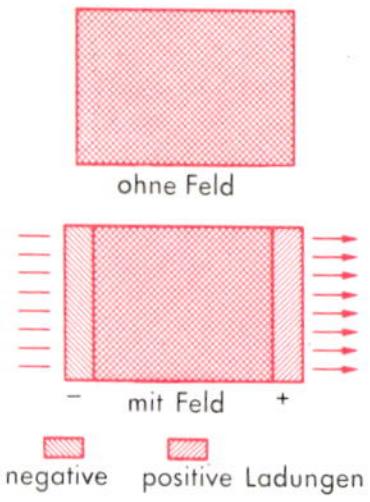

Polarisation 1): dielektrische P.

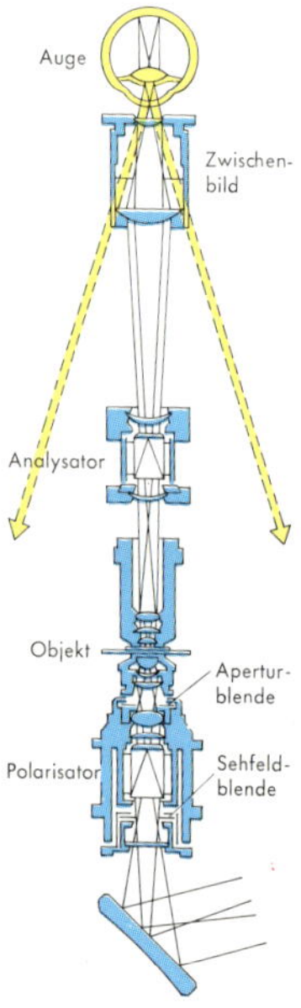

Polarisationsmikroskop: orthoskopischer Strahlengang

Polarlicht: ›Rote Draperie‹

versalen Charakter der elektromagnet. Wellen: In einer ebenen Welle schwingen die elektr. und die magnet. Feldstärke senkrecht aufeinander und senkrecht auf der Ausbreitungsrichtung. In natürl. Licht ändert sich die Richtung dieser Schwingungen fortgesetzt derart, daß im zeitl. Mittel alle Richtungen senkrecht zum Strahl gleich häufig vorkommen. Alle Lichtquellen mit Ausnahme der Laser emittieren unpolarisiertes Licht. Beim Durchgang des Lichts durch eine best. optische Vorrichtung **(Polarisator)** werden jedoch nur best. Richtungen als Schwingungsrichtungen zugelassen. Bei **linearer P.** bleibt die Schwingungsrichtung zeitlich konstant; bei **zirkularer P.** läuft der Endpunkt des elektr. Vektors mit best. Geschwindigkeit auf einem Kreis um (Drehfeld), bei **ellipt. P.** auf einer Ellipse. Polarisatoren zur Erzeugung polarisierten Lichts sind in erster Linie **Polarisationsprismen** wie das Nicolsche Prisma (→Nicol); immer häufiger werden **Polarisationsfolien** benutzt. Das aus dem Polarisator kommende Licht wird von einer zweiten Vorrichtung der gleichen Art **(Analysator)** nur dann voll durchgelassen, wenn deren Vorzugsrichtung zur ersten parallel steht. Im anderen Fall wird es je nach der Verdrehung des Analysators gegen den Polarisator geschwächt und in der 90°-Stellung ausgelöscht (gekreuzte Stellung). – Läßt man natürl. Licht unter einem Einfallswinkel von etwa 57° **(Brewster-** oder **Polarisationswinkel)** auf eine ebene Glasplatte fallen, so ist das reflektierte Licht vollständig linear polarisiert. Weitere Methoden zur Erzeugung polarisierten Lichts nutzen die Doppelbrechung oder die versch. Absorbierbarkeit der beiden senkrecht zueinander linear polarisierten Anteile des natürl. Lichtes in gefärbten doppelbrechenden Kristallen (→Dichroismus) wie Turmalin und Herapathit (schwefelsaures Jodchinin) aus. Auch bei der Streuung an Teilchen, die klein gegenüber der Wellenlänge sind, wird das gestreute Licht teilweise polarisiert. Eine Drehung der Polarisationsrichtung um die Fortpflanzungsrichtung als Achse bewirken Stoffe, deren Moleküle eine schraubenartige Struktur haben, Kristalle (Quarz) und auch Lösungen (Zucker). Je nach dem Drehsinn dieses **opt. Drehvermögens** unterscheidet man links- und rechtsdrehende Stoffe (→optische Aktivität). Künstlich erzeugte elektromagnet. Wellen (Radiowellen, Funkwellen) sind immer linear polarisiert. Die P.-Richtung ist vertikal bei Lang-, Mittel- und Kurzwellen und horizontal bei den Ultrakurzwellen des Funkverkehrs (wegen geringen Störungseinflusses). **4)** Materiewellen heißen polarisiert, wenn die Spins der Elementarteilchen, z. B. Elektronen, Protonen, parallel ausgerichtet sind. **5) P. des Vakuums, Vakuumpolarisation,** eine der dielektr. P. der Materie analoge Eigenschaft des Vakuums, die z. B. eine geringfügige Abschirmung eines Elektrons bewirkt.

Polarisationsfilter, →Lichtfilter.

Polarisationsmikroskop, ein mit linear polarisiertem Licht arbeitendes Mikroskop zur Untersuchung von Kristallen, Mineralien und Gesteinen und bes. der auf der Doppelbrechung des Lichts beruhenden Interferenzerscheinungen. Das Objekt liegt zw. Analysator und Polarisator (→Polarisation 3) und wird zunächst unter Ausschaltung des Polarisators beobachtet. Nach dessen Einführung erscheint es in den durch seine Doppelbrechung und Dicke bedingten Interferenzfarben. Durch das Objekt geht annähernd parallelstrahliges Licht (orthoskopische Beobachtung). Undurchsichtige Mineralien werden mit einem halbdurchlässigen Spiegel oder einem Prisma durch das Objektiv beleuchtet und im reflektierten Licht beobachtet.

Polarisator [lat.] *der, -s/...t'oren,* →Polarisation.

Polarisierung [lat.] *die, -,* Schlagwort für die Verhärtung von Gegensätzen innerhalb einer Gesellschaft, bes. für die Spannung zw. Standpunkten sozialer und polit. Gruppen u. a. *ich* **polarisiere, 1)** *Licht,* unterwerfe es der Polarisation. **2)** *es,* Ü hebe 2 gegensätzliche Auffassungen voneinander ab.

Polarität [lat.] *die, -/-en,* das Verhältnis der Gegensätzlichkeit zw. 2 voneinander abhängigen, sich gegenseitig bedingenden Momenten oder Prinzipien.

Polaritäts|profil, Ⓟs Skalierungsverfahren (→Skalierung) zur Objektivierung subjektiver Erlebnisse und Vorstellungen (Reize, Vorstellungskomplexe, Begriffsvorstellungen), das von C. E. Osgood (›semantisches Differential‹) und P. R. Hofstätter entwickelt wurde. Es wird dabei von 1 bis 2 Dutzend aus adjektivischen Gegensatzpaaren (z. B. aktiv–passiv, schön–häßlich) gebildeten ›mehrstufigen Skalen‹ ausgegangen, innerhalb derer die Versuchsperson bei der Beurteilung die ihren Eindrücken entsprechende Zuordnung trifft. Die polare Eingrenzung soll dabei dem Kontinuitäts-Charakter der Erlebnisqualitäten gerecht werden. Die Verbindung der einzelnen Skalenpunkte ergibt das P.

Polariton *das, -s/...t'onen,* ein→Quasiteilchen in einem Festkörper, das bei starker Wechselwirkung von Photonen (Licht) mit nichtlokalisierten Anregungszuständen eines Kristalls (z. B. Phononen) erzeugt wird.

Polarko|ordinaten, →Koordinaten.

Polarkreis, Breitenkreis von 66° 33′ nördl. **(nördl. P.)** und von 66° 33′ südl. **(südl. P.)** Breite. Die P. trennen (im mathemat. Sinn) die Polarzonen von den gemäßigten Zonen.

Polarlicht, bes. in den Polargebieten auftretende farbige Lichterscheinung der hohen Atmosphäre, auf der Nordhalbkugel auch **Nordlicht,** auf der Südhalbkugel **Südlicht** genannt. Das P. wird verursacht durch Elektronen und Protonen, die von der Sonne zeitweise emittiert werden, längs der erdmagnet. Kraftlinien in die hohe Atmosphäre eindringen und dort Atome ionisieren und zum Eigenleuchten anregen. P. kommt am häufigsten in etwa 100 km Höhe vor (von etwa 70 km bis über 1000 km). Zu einem festen Zeitpunkt tritt das P. in 2 ellipt. Streifen auf, die gegenüber den magnet. Achsenpolen der Erde nach der Mitternachtsseite verschoben sind. P. ist eine regelmäßige Begleiterscheinung von ionosphär. und magnet. Stürmen und gibt Aufschlüsse über den Teilchentransport in der Magnetosphäre. Es hat eine ähnliche, aber um 2–3 Jahre verschobene Periode wie die Sonnenaktivität.

Polarisation 3): Aus einem transversal schwingenden Lichtbündel wird durch P. Licht herausgefiltert, das nur in einer Ebene schwingt

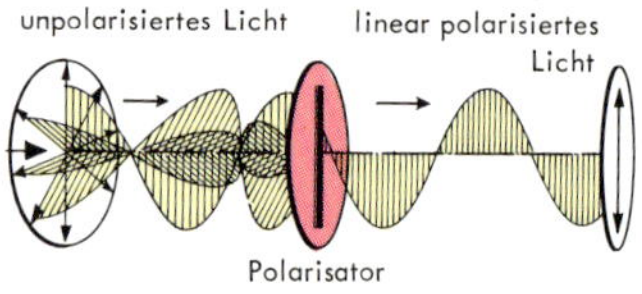

Polarmeere, →Nordpolarmeer, →Südpolarmeer.

Polarnacht, die Zeit, während der die Sonne in den Polarzonen länger als 24 Stunden unter dem Horizont bleibt; die Länge der P. nimmt nach den Polen hin zu. Infolge der Lichtbrechung in der Erdatmosphäre erscheint die Sonne über den Horizont gehoben; deshalb ist die P. an den Polen in Wirklichkeit kürzer als ein halbes Jahr. **Polartag,** die Zeit, während der in den Polarzonen die Sonne länger als 24 Stunden über dem Horizont bleibt **(Mitternachtssonne).**

Polarographie [lat.-grch.] *die, -/...ph'i|en,* Verfahren der chem. Analyse zur qualitativen und quantitativen Bestimmung gelöster Stoffe durch elektrolyt. Abscheidung von Ionen. Für jeden elektrolytisch abzuscheidenden Stoff ist eine best. Mindestspannung notwendig. Die Art und Menge der abgeschiedenen Stoffe läßt sich daher aus der Strom-Spannungs-Kurve bestimmen. Die treppenförmigen Kurvenbilder **(Polarogramm)** werden mit **Polarographen** registriert.

Polaroid Corp. [p'əulərɔid-], Cambridge/Mass., eines der größten Unternehmen der photograph. Ind. der Welt, gegr. 1937 von E. H. Land (* 1909), dem Erfinder der →Sofortbildkamera.

Polaron *das, -s/...r'onen,* ein →Quasiteilchen in einem Festkörper, das den kombinierten Zustand aus einem Elektron und der durch seine elektr. Ladung hervorgerufenen lokalen Gitterdeformation beschreibt.

Polarpflanzen, Polarflora, die Pflanzen der Polargebiete, →Nordpolargebiet, →Südpolargebiet.

Polar|route [-ru:tə], die kürzeste Flugroute von Europa über Grönland nach der Westküste der USA (Los Angeles) und die Flugverbindung über den Nordpol nach Japan.

Polarstern, Nordpolarstern, Nordstern, Polaris, Stern 2. Größe, α im Sternbild des Kleinen Bären (→Bär 2), an dessen Schwanzende; so benannt, weil er z. Z. nur etwa 1° vom Nordpol des Himmels entfernt steht.

Polartag, →Polarnacht.

Polartiere, Polarfauna, die Tiere der Polargebiete, →Nordpolargebiet, →Südpolargebiet.

Polarzonen, kalte Zonen, die beiden Kugelkappen der Erde jenseits der beiden →Polarkreise.

Polbewegung, die →Polhöhenschwankung.

Polder [niederländ.] *der, -s/-,* fries. **Koog,** durch Eindeichung gewonnenes und gegen Überflutung geschütztes Neuland. (→Landgewinnung)

Poldi, *oberdt.:* kurz für Leopold, Leopoldine.

Pol|distanz, Polardistanz, der Winkelabstand eines Gestirns vom Nordpol der Sphäre, gezählt von 0° über 90° (Äquator) bis 180° (Südpol).

Poldl, *oberdt.:* Leopold.

pole [pəul, engl.], Längeneinheit in Großbritannien, →rod.

Polei [ahd., zu lat. pule(g)ium ›Flohkraut‹] *der, -(e)s/-e,* ♧ Art der →Minze.

Polemik [grch. polemos ›Krieg‹] *die, -/-en,* Streit, publizist. Fehde. *Adj.* **polemisch.** *ich* **polemisiere** *gegen ihn,* bekämpfe seine Ansichten (scharf, häufig unsachlich).

Polemologie [grch.] *die, -,* die Konfliktforschung. (→Friedensforschung)

polen [zu Pol]. *ich* **pole** *es,* Metallurgie: entferne Gase und Oxide aus der Metallschmelze durch Einleiten von Wasser, Wasserdampf oder Druckluft (urspr. durch Eintauchen frischen Holzes). *ich* **pole um, 1)** *es,* ⚡ vertausche Plus- und Minuspol. **2)** *ihn,* U versuche zu ändern.

Polen *Pl.*, poln. **Polacy** [-tsi], westslaw. Volk, das Staatsvolk Polens; große poln. Gruppen leben auch in den USA, Australien, Frankreich und in der UdSSR. – Die P. entstanden aus der Zusammenfassung der im Flußgebiet der Oder und Weichsel ansässigen westslaw. Stämme unter Führung der namengebenden Polanen. Die Siedlungsgebiete dieser Stämme bilden seit dem 9./10. Jh. die Kernräume der polit. Landschaften Polens; als solche waren sie bis zum Ende des 18. Jh. erkennbar.

Einzelne Gruppen (Kaschuben, Kujawen, Kurpen, Krakowiaken, Podhalen, Goralen u. a.) haben z. T. ihre Eigenart in Sprache und Brauchtum bewahrt.

Polen, amtl. poln. **Polska Rzeczpospolita Ludowa** [-ʒɛtʃpɔs-], Volksrepublik, zw. Karpaten und Ostsee, 312683 km^2, (1983) 36,571 Mio. Ew. Hauptstadt: Warschau; Amtssprache: Polnisch. Währungseinheit: 1 Złoty (Zł) = 100 Groszy (Gr, gr). *Adj.* **polnisch.** *der* **Pole,** *-n/-n.* (KARTE X/XI, n. S. 320)

Staat. Nach der 1976 geänderten Verf. von 1952 ist die VR Polen ein sozialist. Staat. Oberstes gesetzgebendes Organ ist das Parlament (Sejm) mit 460 auf 4 Jahre gewählten Abg. Dieses wählt den Staatsrat (17 Mitgl.), der v. a. die Funktion eines Staatsoberhauptes wahrnimmt sowie die Regierung (Ministerrat) mit dem MinPräs. Das polit. Leben wird von der kommunist. Polnischen Vereinigten Arbeiterpartei beherrscht. Verwaltungsmäßig ist P. seit 1975 in 49 Woiwodschaften, darunter die Städte Warschau, Lodz und Krakau, gegliedert. – Streitkräfte. Allg. Wehrpflicht: 340000 Mann; Heer 230000, Luftwaffe 88000 (705 Kampfflugzeuge), Marine 22000 (4 U-Boote, 1 Zerstörer, 13 Raketen-Schnellboote); Sicherheitskräfte 85000, Miliz rd. 200000 Aktivisten.

Landesnatur. P. ist größtenteils Tiefland (mehr als 50%). Es ist aus Geschieben und Sanden der Eiszeiten aufgebaut und durch vorwiegend ostwestlich verlaufende Niederungen (Urstromtäler) gegliedert. An die Jungmoränenlandschaft im N (Baltischer Landrücken) mit ihren Seenplatten und Endmoränenzügen schließt sich die schwachwellige Altmoränenlandschaft an. Nach S tauchen aus der glazialen Decke die z. T. lößüberkleideten Tafeln und Stufenlandschaften des Berglandes auf; sie werden vom poln. Mittelgebirge mit der Łysica (611 m) überragt. Das Becken von Sandomierz und die geolog. Mulde des oberschles. Beckens trennen das Bergland vom Gebirgsgürtel der Sudeten und Karpaten; die höchsten Zonen sind Riesengebirge und Hohe Tatra (Meeraugspitze, poln. Rysy, 2499 m). Hauptflüsse sind Weichsel und Oder. Das Klima ist gemäßigt; die Kontinentalität nimmt von der Küste zum Binnenland und nach O zu. In der Pflanzen- und Tierwelt ist P. ein Übergangsland zwischen Mittel- und Osteuropa.

Bevölkerung. Im poln. Staatsgebiet von 1923 bis 1939 waren 68,9% der Bev. Polen, fast 1/3 waren ukrain., jüd., russ., weißruss. und dt. Abstammung. Heute sind 98–99% Polen; von den 1–2% Angehörigen nationaler Minderheiten sind (nach poln. Schätzungen) rd. 200000 Deutsche, 180000 Ukrainer, 170000 Weißrussen. Etwa 57% leben in Städten; Großstädte mit über 1/2 Mio. Ew. sind Warschau, Lodz, Krakau, Breslau und Posen. – Bildung. Allg. Schulpflicht vom 7. bis 15. Lebensjahr, unentgeltl. Unterricht; gut ausgebautes Vorschulwesen (obligator. Vorschuljahr), 8jährige Primarschulen, 4jährige allgemeinbildende Sekundarschulen sowie Berufs- und beruflich-techn. Fachschulen, die zur Hochschulreife führen. Rd. 90 Hochschuleinrichtungen, darunter Universitäten in Breslau (gegr. 1811), Danzig (1970), Kattowitz (1968), Krakau (1364), Lodz (1945), Lublin (kath., 1918; staatl., 1944), Posen (1919), Thorn (1945), Warschau (1818). Akad. der Wiss. (gegr. 1952). – Religion. Die Bev. ist zu 81% kath.; 1,2% sind Orthodoxe, 0,1% Protestanten. Kein Religionsunterricht an den Schulen.

Wirtschaft. Vor dem 2. Weltkrieg war P. vorwiegend ein Agrarstaat. Seit 1947 förderten Mehrjahrespläne die Entwicklung zu einem Industriestaat. Die Schlüsselindustrien sowie Banken, Verkehr, Außen- und Binnenhandel wurden verstaatlicht oder stehen unter Staatskontrolle. Die Landwirtschaft nutzt (1981) mehr als 60% der Fläche (davon 3/4 als Ackerland). Etwa 80% der Nutzfläche werden privat bewirtschaftet; Kleinbetriebe herrschen vor. Anbau bes. von Roggen, Kartoffeln, Futterpflanzen und Weizen, ferner Zuckerrüben, Raps (1. Stelle in Europa), Gemüse. Bed. Rinderzucht, ferner Schweine- und Geflügelhaltung (Export); zweitgrößter Pferdebestand Europas (1,7 Mio.). Der Wald nimmt etwa 1/4 der Fläche ein und gehört zu 82% dem Staat; über 80% des Bestands sind Nadelbäume. Seefischerei: (1981) 642000 t. Eine wichtige Rolle spielt der Bergbau; P. hat große Steinkohlenlager (3. Stelle in der Welterzeugung), v. a. in Oberschlesien. Die Braunkohle (Türchau, Konin, Turek) wird in Großkraftwerken verstromt. In Niederschlesien werden große Kupfervorkommen abgebaut und verhüttet. Ferner werden Blei-, Zink- und Eisenerze sowie Schwefel, Salz und Erdgas gefördert. – Industrie: Große Bedeutung haben Eisen- und Stahlerzeugung, Metallverarbeitung, Maschinen- und Fahrzeugbau, ferner Textil-, Lebensmittel-, chem., Holz- und Papier-Ind. Schwerpunkt ist der oberschles. Großraum einschl. Tschenstochau und Krakau. Die Werft-Ind. (Danzig, Gdingen, Stettin) nimmt in der Ausfuhr den 2. Platz nach der Kohle ein. Haupthandelspartner: UdSSR, Dt. Dem. Rep., ČSSR.

Verkehr. Verkehrsträger sind bes. die staatl. Eisenbahnen mit (1982) 24300 km Länge. Das Straßennetz beträgt (1981) 254090 km, davon 148907 km mit fester Decke. Binnenwasserstraßen: Oder-Gleitwitzkanal mit Anschlüssen zum Elbe-Kanalsystem und dem sowjet. Wasserstraßennetz. Wichtigste Häfen sind Stettin, Danzig und Gdingen; Handelsflotte (1981) 322 Schiffe mit etwa 3 Mio. BRT; internat. Flughafen: Warschau; staatl. Fluggesellschaft: LOT.

Geschichte. Erster bekannter Herrscher eines poln. Staates war Herzog Mieszko I. (um 960–92) aus dem Geschlecht der Piasten. Sein Reich umfaßte v. a. den Raum um die mittlere Weichsel und Warthe sowie um den Goplo-See. 966 trat er zum lat. Christentum über. Unter seinem Sohn Bołeslaw I. Chrobry (992–1025) gewann P. vorübergehend Mähren, Pommern und die Lausitz und stieß bis Kiew (1018) vor; zugleich wurde es durch die Gründung des Erzbistums Gnesen (1000) auch kirchlich selbständig. Nach der Teilung (1138) entwickelten sich die einzelnen Fürstentümer auseinander, u. a. Schlesien seit 1163 und Pommern, das 1181 an das

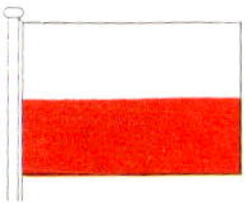

Polen

Größe und Bevölkerung (Dez. 1981)

Woiwodschaft[1])	Fläche km^2	Ew. in 1000	Ew. je km^2	Verwaltungssitz
Biała Podlaska	5348	288200	54	Biała Podlaska
Białystok	10055	646600	64	Białystok
Bielsko (Bielitz)	3704	840400	227	Bielitz-Biala
Bydgoszcz (Bromberg) . . .	10349	1042800	100	Bromberg
Chełm (Cholm)	3866	232800	60	Cholm
Ciechanów	6362	407200	64	Ciechanów
Częstochowa (Tschenstochau)	6182	751200	121	Tschenstochau
Elbląg (Elbing)	6103	446400	73	Elbing
Gdańsk (Danzig)	7394	1345000	182	Danzig
Gorzów (Landsberg)	8484	461800	54	Landsberg/Warthe
Jelenia Góra (Hirschberg) .	4378	494600	113	Hirschberg i. Rsgb.
Kalisz (Kalisch)	6512	672800	103	Kalisch
Katowice (Kattowitz)	6650	3805900	572	Kattowitz
Kielce	9211	1073600	116	Kielce
Konin	5139	444300	86	Konin
Koszalin (Köslin)	8470	465300	55	Köslin
Kraków[2]) (Krakau)	3254	1176800	361	Krakau
Krosno	5702	452700	79	Krosno
Legnica (Liegnitz)	4037	465600	115	Liegnitz
Leszno (Lissa)	4154	360900	87	Lissa
Łódź[2]) (Lodz)	6792	944100	139	Lodz
Łomża	6684	328200	49	Łomża
Lublin	1523	1136500	746	Lublin
Nowy Sącz (Neusandez) . .	5576	634600	114	Neusandez
Olsztyn (Allenstein)	12327	690000	56	Allenstein
Opole (Oppeln)	8535	979000	114	Oppeln
Ostrołęka (Ostrolenka) . .	6498	372800	57	Ostrolenka
Piła (Schneidemühl)	8205	442000	54	Schneidemühl
Piotrków Trybunalski (Petrikau)	6266	613000	98	Petrikau
Płock (Plozk)	5117	497100	97	Plozk
Poznań (Posen)	8151	1249200	153	Posen
Przemyśl	4437	381700	86	Przemyśl
Radom	7295	705800	97	Radom
Rzeszów	4397	656000	149	Rzeszów
Siedlce	8499	620400	73	Siedlce
Sieradz	4869	392200	80	Sieradz
Skierniewice	3959	399400	101	Skierniewice
Słupsk (Stolp)	7453	374400	50	Stolp
Suwałki	10490	426100	40	Suwałki
Szczecin (Stettin)	9981	906700	91	Stettin
Tarnobrzeg	6283	560400	89	Tarnobrzeg
Tarnów	4151	613100	147	Tarnów
Toruń (Thorn)	5348	615800	115	Thorn
Wałbrzych (Waldenburg) .	4168	718400	172	Waldenburg/ Schlesien
Warszawa[3]) (Warschau) . .	3788	2341800	618	Warschau
Włocławek	4402	415400	94	Włocławek
Wrocław (Breslau)	6287	1082600	172	Breslau
Zamość	6980	475500	68	Zamość
Zielona Góra (Grünberg) .	8868	615200	69	Grünberg i. Schlesien
Insgesamt	**312683**	**36062300[4])**	**115**	

[1]) Die Woiwodschaften sind nach den Hptst. benannt; in Klammern dt. Namen. [2]) Stadtwoiwodschaften. [3]) Hptst.-Woiwodschaft. [4]) Fortschreibung 1983: 36,571 Mio.

Polen: Podhale und die Hohe Tatra

Reich fiel. Im 13. Jh. breitete sich dt. Recht und dt. Siedlung im Zuge der → ostdeutschen Siedlung aus.

Herzog Władisław Łokietek errang zu Anfang des 14. Jh. die Oberherrschaft über ganz P. und ließ sich 1320 in Krakau zum König krönen. Sein Sohn Kasimir III. d. Gr. (1333–70), der letzte der Piasten, verzichtete zugunsten des Dt. Ordens auf Pommerellen (Westpreußen) und dehnte das Reich nach SO (Galizien, Wolhynien, Podolien) aus. Er schuf ein allg. poln. Landrecht und gründete die Univ. Krakau (1364). Nach kurzer Personalunion mit Ungarn (1370–82) gelangte 1386 mit dem litauischen Großfürsten Jagiełło (Władisław II.) das Haus der Jagiellonen auf den poln. Thron; dadurch wurde Litauen, das auch Weißrußland und die Ukraine umfaßte, mit P. vereinigt. Dieser Übermacht unterlag der Dt. Orden 1410 bei Tannenberg und dann im ›Dreizehnjährigen Krieg‹ (seit 1454). Im 2. Thorner Frieden von 1466 mußte er für das ihm verbliebene Ostpreußen die poln. Lehnshoheit anerkennen, während Pommerellen mit dem Culmer Land und Ermland ein besonderer Ständestaat unter der Herrschaft des Polenkönigs wurde. 1561 kam auch Livland an P., und Kurland wurde poln. Lehen. Durch die Lubliner Union von 1569 wurden Litauen und der westpreuß. Ständestaat ganz mit P. verschmolzen; doch behaupteten die dt. Städte Thorn, Elbing und v. a. Danzig sowie das Bistum Ermland ihre Selbständigkeit. Der eindringende Protestantismus wurde durch die Gegenreformation unter Führung der Jesuiten überwunden. Die Königsgewalt war schon seit dem 15. Jh. durch die wachsende Macht des Adels, der ›Schlachta‹, verringert worden, die ihren polit. Mittelpunkt im poln. Reichstag fand.

Seitdem die Jagiellonen 1572 mit Sigismund II. August ausgestorben waren, wählte der poln. Adel ausländ. Fürsten zu Königen, so Stephan Báthory von Siebenbürgen. P. verlor 1629 Livland an Schweden und mußte 1657/60 zugunsten Brandenburgs auf die Lehnshoheit über Ostpreußen verzichten. In der Ukraine brach ein großer Aufstand der Kosaken aus, die sich 1654 unter die Herrschaft der russ. Zaren stellten. Weitere Ostgebiete (Kiew) gingen im Frieden von Andrussowo (1667) verloren. Äußeren Glanz brachten noch einmal die Türkenkriege unter Johann III. Sobieski (1674–96), in denen das verlorene Podolien zurückgewonnen wurde. Im 18. Jh. wurde Warschau, seit 1596 Hauptstadt, ausgebaut. Die Wahl des sächs. Kurfürsten August des Starken (1697–1706, 1709–33) verstrickte P. in den Nord. Krieg (→ Nordische Kriege), in dem Rußland bereits als die ausschlaggebende Macht in P. auftrat. Sein Sohn August III. (1733–63) konnte sich im Poln. Thronfolgekrieg nur dank der russ. Hilfe gegen Stanislaus Leszczyński durchsetzen, und der letzte poln. König Stanislaus Poniatowski (1764–95) mußte sich ganz den Wünschen Katharinas II. beugen. So kam es zu den 3 Teilungen P.s von 1772, 1793 und 1795, wobei sich Rußland (zu etwa $^2/_3$), Preußen und Österreich (zu je etwa $^1/_6$) des Landes bemächtigten. Vergebens erhob sich P. 1793/94 unter Führung T. Kościuszkos gegen die Aufteilung.

Die ›polnische Frage‹ blieb ein Gegenstand der europ. Politik. Die Errichtung eines Hzgt. Warschau (1807) durch Napoleon I. aus den poln. Gebieten Preußens und Österreichs unter dem König von Sachsen diente nur der frz. Politik. Auf dem Wiener Kongreß 1815 wurde außer Galizien (Österreich), Posen und Westpreußen (Preußen) sowie dem Freistaat Krakau (bis 1846) das ehem. P. an Rußland gegeben. Das Hzgt. Warschau wurde als Kgr. P. (Kongreßpolen) unter dem Zaren Alexander I. in Personalunion mit eigener Verfassung, Verwaltung und Armee ausgestattet, die es aber nach dem Aufstand von 1830/31 verlor. 1846 und 1848 kam es in Galizien und Posen zu poln. Aufstandsversuchen, 1863/64 in Kongreßpolen noch einmal zu einer großen Erhebung. Seitdem führten die Polen lange Zeit den Kampf um ihre Nationalität nur durch Pflege ihrer Kultur, ihrer Sprache und Erhaltung ihres Grundbesitzes. In Galizien erlangten sie 1867 Sprachenrecht und Anteil an der Verwaltung; in Posen kämpften sie gegen die preuß. Ostmarkenpolitik; das russ. P. stand zwar unter hartem Druck, nahm jedoch einen starken wirtschaftl. Aufschwung. Um die Wende zum 20. Jh. entstanden die von R. Dmowski geführte Nationaldemokrat. Partei, die in Anlehnung an Rußland und im Kampf gegen das Dt. Reich und Österreich-Ungarn eine Wiederherstellung P.s plante, und die von J. Piłsudski geführte Poln. Sozialist. Partei, die den poln. Staat nach wie vor im Kampf gegen Rußland aufbauen wollte. Die Bildung eines unabhängigen poln. Staates erfolgte – von der Proklamation eines poln. Staates durch die Mittelmächte (5. 11. 1916), einer entsprechenden Erklärung der russ. Provisor. Reg. (30. 3. 1917) und Wilsons Vierzehnpunkte-Programm (Punkt 13) vorweggenommen – von innen heraus: Am 22. 11. 1918 wurde Piłsudski zum ›vorläufigen Staatschef‹ proklamiert.

Im Versailler Vertrag bekam P. den größten Teil der Prov. Westpreußen (›Polnischer Korridor‹) und fast die ganze Prov. Posen. Oberschlesien, wo trotz mehrerer poln. Aufstände die Abstimmung vom 20. 3. 1921 eine dt. Mehrheit ergab, wurde geteilt (→ Schlesien, Geschichte). Von Österreich erhielt P. → Galizien; das Teschener Gebiet mußte 1920 mit der Tschechoslowakei geteilt werden. Als Ostgrenze wurde 1920 die Curzon-Linie (→ Curzon 2) vorgeschlagen. Im Frühjahr 1920 kam es deswegen zum Polnisch-Sowjetischen Krieg; der poln. Angriff auf Kiew scheiterte, ebenso der russ. Gegenstoß in der Schlacht bei Warschau (13.–16. 8. 1920, das ›Wunder an der Weichsel‹), und der Friede von Riga (18. 3. 1921) legte die Grenze zugunsten P.s fest. Im Okt. 1920 brachte ein Handstreich das Wilnagebiet in poln. Besitz. Im Dez. 1922 wurde Piłsudski als Staatspräsident abgelöst. Am 12. 5. 1926 unternahm er jedoch einen Staatsstreich; er ließ J. Mościcki zum Staatspräsidenten wählen, übte jedoch selbst als Kriegsminister fortan in autoritärer Form die Macht aus. Er führte einen langsamen Umbau des Staates durch, der, ohne die Parteien zu zerschlagen, in der autoritären Verf. vom April 1935 gipfelte. Die poln. Außenpolitik war anfangs v. a. durch die enge Bindung an Frankreich und durch den Gegensatz zum Dt. Reich bestimmt. Erst Außenminister J. Beck erstrebte eine selbständige Großmachtstellung für P., wenn auch das Bündnis mit Frankreich vom 19. 2. 1921 bestehenblieb. Mit dem Dt. Reich schloß er den Nichtangriffspakt vom Jan. 1934 ab. Im Sept. 1938 annektierte er das Olsa-Gebiet und trug damit selbst zum Zusammenbruch des Versailler Systems bei. Im Frühjahr 1939 versteifte sich jedoch der poln. Widerstand gegen die dt. Forderungen nach Zusammenarbeit gegen die UdSSR und Lösung der Korridorfrage. Nach der poln. Teilmobilmachung und wegen der brit. Garantie vom 31. 3. 1938 kündigte Hitler den Nichtangriffspakt, und am 23. 8. 1939 einigten sich W. M. Molotow und J. Ribbentrop in Moskau über eine Abgrenzung der dt. und russ. Interessensphären im poln. Raum. Der dt. Angriff vom 1. 9. 1939 löste den 2. Weltkrieg aus. Die Sowjetregierung erklärte am 17. 9. den poln. Staat für nicht mehr bestehend und besetzte ›zum Schutz der ukrain. und weißruss. Bev.‹ die ostpoln. Gebiete. In der Folge bildete sich eine poln. Exilregierung in Paris (seit Juni 1940 in London). Am 28. 9. wurde die dt.-sowjet. Demarkationslinie weiter nach O verlegt. Nach Übergabe Wilnas an Litauen (10. 10. 1939) gliederte sich die UdSSR die bisher poln. Ostgebiete ein. Hitler verleibte die 1919 abgetrennten Gebietsteile u. a. dem Dt. Reich ein.

Das restl. P. bildete das Generalgouvernement (Sitz: Krakau). Die entrechteten → Juden wurden 1940 in das Warschauer Ghetto zusammengedrängt und später in Konzentrationslagern zum größten Teil ermordet.

Seit Nov. 1939 begann sich in P. eine Widerstandsbewegung zu organisieren. Der u. a. durch Umsiedlungen, Geiselerschießungen, Schul- und Kirchenpolitik der dt. Besatzungsmacht genährte Haß förderte bes. die Bildung der von der Londoner Exil-Reg. geführten ›Armee im Lande‹ (Armija Krajowa, AK) und der Kommunist. Volksarmee. Höhepunkt der Tätigkeit der AK war der Warschauer Aufstand (1944), der von der bereits in der Nähe stehenden sowjet. Armee nicht unterstützt wurde. Die 1941 aufgenommenen Beziehungen der Londoner Exil-Reg. zur UdSSR wurden polnischerseits 1943 abgebrochen (→ Katyn).

In Rivalität zur Londoner Exilregierung bildete sich 1944 das kommunistisch gelenkte ›Polnische Komitee der nationalen Befreiung‹ (auch Lubliner Komitee genannt). Durch den Vormarsch der Roten Armee begünstigt, übernahm es in P. Regierungsfunktionen und nannte sich ab 1. 1. 1945 ›Vorläufige Regierung‹. Im Juni 1945 trat eine ›Regierung der nationalen Einheit‹ zusammen, in der die Kommunisten das Übergewicht behielten. Auf der Grundlage der Curzon-Linie legte ein polnisch-sowjet. Staatsvertrag (16. 8. 1945) die poln. Ostgrenze fest. Die Minderheiten wurden ausgetauscht. Das Olsa-Gebiet kam an die Tschechoslowakei zurück. Nach dem Potsdamer Abkommen (1945) erhielt P. die Verwaltungsbefugnis über die dt. Gebiete östlich der →Oder-Neiße-Linie; die deutsche Bevölkerung wurde zum größten Teil vertrieben. Unter starkem Druck auf die oppositionellen Kräfte setzte sich bei den Wahlen von 1947 der kommunistisch geführte ›Demokrat. Block‹ durch. B. Bierut (Kommunist) wurde Staatspräs. (1947-52) und J. Cyrankiewicz (Sozialist) wurde MinPräs. (1947-52, 1954-70). Mit der Annahme der ›Kleinen Verfassung‹ (1947) und der unter großem Druck auf die Sozialisten im Dez. 1948 vollzogenen Vereinigung von Kommunisten und Sozialisten zur kommunistisch orientierten ›Poln. Vereinigten Arbeiterpartei‹ (poln. Abk.: PZPR) trat der Umbau des poln. Staates zur Volksdemokratie in eine entscheidende Phase. Vor dem Hintergrund des sowjetisch-jugoslaw. Streits um das Recht des kommunist. Jugoslawien auf einen ›eigenen Weg zum Sozialismus‹ hatte u. a. Bierut 1948/49 auf Betreiben Stalins den Sturz und die gerichtliche Verfolgung W. →Gomułkas, bis 1948 Gen.-Sekr. der kommunist. Parteiorganisation, betrieben; Gomułka waren dabei von den poln. Stalinisten eine allzu große ideolog. Nähe zu den nationalkommunist. Tendenzen Jugoslawiens vorgeworfen worden. Nach der Übernahme der Führung der PZPR durch Bierut (1948-56) vollzog sich die weitgehende Angleichung P.s an das Vorbild der sowjet. Gesellschaftsordnung. 1952 wurde eine neue Verf. verkündet (neuer Staatspräs.: A. Zawadzki, 1952-64; Nachfolger: E. Ochab, 1964-68). Außenpolitisch eng an die UdSSR angelehnt, fügte sich P., seit 1949 Mitgl. des COMECON, seit 1955 Mitgl. des Warschauer Pakts, in den Ostblock ein.

Unter dem Eindruck der auf dem XX. Parteitag der KPdSU verkündeten →Entstalinisierung kam es 1956 zu Wandlungen in P., deren Höhepunkte der Posener Aufstand (Juni), eine Massenwallfahrt nach Tschenstochau (August) und die Rückkehr Gomułkas an die Parteispitze (Okt.) waren. Dieser stoppte die Kollektivierung der Landwirtschaft, tolerierte stärker die Kath. Kirche und wandte sich dem poln. Patriotismus zu. Die Liberalisierung des kulturellen Lebens wurde jedoch schon in den 60er Jahren eingeschränkt. Es kam zu Spannungen mit der Kath. Kirche, als deren Sprecher immer stärker Erzbischof S. Wyszyński hervortrat. In seiner Außenpolitik beteiligte sich P. 1968 am Einmarsch der Warschauer-Pakt-Staaten in die Tschechoslowakei. 1970 schloß es mit der Bundesrep. Dtl. den →Warschauer Vertrag ab.

Radikale Preiserhöhungen lösten 1970 blutige Unruhen aus. Daraufhin trat Gomułka als Erster Sekretär der PZPR zugunsten von E. Gierek zurück; neuer MinPräs. wurde P. Jaroszewicz (1970-80). 1972 übernahm H. Jabłoński das Amt des Staatsratsvors. (Staatspräs.). Die neue Partei- und Staatsführung suchte in den 70er Jahren mit Hilfe großer Finanzanleihen die Wirtschaft zu modernisieren und die Produktion zu steigern. Unter dem Eindruck der scharfen Unterdrückung erneuter Unruhen (1976) bildeten sich, bestärkt durch die Schlußakte von Helsinki (→Europäische Sicherheitskonferenz), Bürgerrechtsbewegungen.

Ausgelöst durch die Ankündigung von Preiserhöhungen, breitete sich im Juli 1980, von den Küstenstädten (u. a. Danzig und Stettin) aus eine Streikbewegung über P. aus (Höhepunkt: Aug. 1980). Im →Danziger Abkommen zwangen die Streikenden die Regierung (MinPräs. J. Pinkowski, 1980), ihre Forderungen anzuerkennen. Nach der Amtsenthebung E. Giereks (Sept. 1980) suchte sein Nachfolger, S. Kania, als Erster Sekretär der PZPR die Führungsrolle der Partei gegenüber der von L. →Wałesa geführten, gegr. Gewerkschaftsorganisation ›Solidarität‹ zu behaupten.

Die Kath. Kirche unter Führung von Erzbischof Wyszyński, seit dessen Tod (1981) unter Erzbischof J. Glemp, suchte zw. Staat und ›Solidarität‹ zu vermitteln. Unter dem Druck v. a. der Sowjetunion unterdrückte Gen. W. →Jaruzelski (seit Febr. 1981 MinPräs., seit Okt. 1981 zugleich Erster Sekretär der PZPR) durch Verhängung des Ausnahmezustands (Dez. 1981-Juli 1983) die ›Solidarität‹ und deren Reformbestrebungen. Die Ermordung des Priesters J. →Popieluszko (1984) löste erneute Spannungen aus.

Polenta [ital.] *die, -/-s* oder *... ten,* dicker Maismehlbrei, in Stücke geschnitten, gebraten und mit Käse bestreut.

Polente [Rotwelsch polent ›Rathaus‹] *die, -,* G Polizei.

Polentz, Polenz, Georg von, Bischof von Samland (seit 1519), * im Meißnischen 1478, † Schloß Balga (Ostpreußen) 28. 4. 1550, 1522-25 Regent für den abwesenden Hochmeister Albrecht von Brandenburg; führte die Reformation im Ordensland ein und förderte die Gründung der Univ. Königsberg.

Polesi|en, russ. **Polessje,** Niederung im S der Weißruss. SSR und NW der Ukrain. SSR, rd. 270000 km², umfaßt das Einzugsgebiet des Pripet und erstreckt sich über den Dnjepr bis zur Desna. Das dünnbesiedelte Gebiet besteht zu einem Viertel aus Sümpfen.

Polessk, russ. Name von →Labiau.

Poletti, Ugo, ital. Kardinal (seit 1973), * Omegna 19. 4. 1914, päpstl. Generalvikar (1973) für die Diözese Rom und Großkanzler der lateranensischen Universität.

Polflucht der Kontinente, 🌐 langsames Verschieben der Kontinente in Richtung auf den Äquator, verursacht durch die Erdrotation und die durch Schwereverteilung bedingte Polfluchtkraft (→Kontinentalverschiebungstheorie).

Alfred Polgar

Polgar, Alfred, Schriftst., * Wien 17. 10. 1875, † Zürich 24. 4. 1955, war Theaterkritiker in Wien, Berlin (1925-33), emigrierte von Paris 1940 in die USA, kehrte 1947 nach Europa zurück. Als Meister der kleinen Form schrieb P. Glossen, Skizzen, Essays, Novellen mit der geistvoll ironischen Skepsis der Wiener Tradition, daneben Komödien.

HW: *Kritiken und Essays:* An den Rand geschrieben (1926); Ja und Nein, 4 Bde. (1926/27); Standpunkte (1953). *Erzählungen:* Geschichten ohne Moral (1943); Begegnung im Zwielicht (1951).

Polhöhe, die in Winkeleinheiten gemessene Höhe des Himmelspols über dem Nordhorizont; gleich der geograph. Breite.

Polhöhenschwankung, Polschwankung, Polbewegung, Breitenschwankung, Geophysik: die dauernde, geringe Verlagerung der Rotationsachse der Erde im Erdkörper; sie wird dadurch verursacht, daß Rotationsachse und Symmetrieachse nicht zusammenfallen. Die Verlagerung der Rotationsachse bedingt eine dauernde, geringe Änderung der geographischen Breite aller Erdorte.

Poliakoff, Serge, russ. Maler, * Moskau 8. 1. 1906, † Paris 12. 10. 1969, malte seit 1938 (Begegnung mit W. Kandinsky) abstrakt. In seiner Farbenmystik verbindet sich östl. Geistigkeit mit westl. Strenge der Flächengliederung.

Serge Poliakoff: Komposition (Saarbrücken, Saarland-museum)

Police [pɔl'iːsə, frz. aus grch.] *die, -/-n,* Versicherungsschein.

Polier [zu frz. parler ›sprechen‹, eigtl. ›Wortführer‹] *der, -s/-e,* Vorarbeiter der Maurer und Zimmerleute.

polieren [lat.]. *ich poliere es,* mache Oberflächen glatt und hochglänzend. Holz wurde früher mit **Politur** aus gelöstem Schleiflack und Bimsmehl durch Verreiben mit einem Textilballen poliert. Heute werden polierte Flächen mit Lacken erzeugt. – Metalle werden poliert mit gröberem, dann mit feinerem, mit Öl oder Alkohol versetztem Pulver wie Eisenoxid **(Polierrot),** geschlämmter Knochenasche, Wiener Kalk u. a. auf einer rotierenden Scheibe aus weichem Tuch oder Leder **(Glanzschleifen),** harte Metalle auch mit **Polierstahl,** weiche Metalle mit Achat **(Polierstein).** – Glas wird glattgeschliffen, dann unter Zugabe von Wasser mit Eisenoxid, Mischungen von feinstkörnigen Oxiden oder Kieselgur poliert. **Feuerpolitur** entsteht durch kräftige Wärmeeinwirkung. – Kunststoffe werden von Hand, mit Schwabbelscheiben, Kleinteile auch in umlaufenden Trommeln mit Hochglanzkugeln und Polierflüssigkeit poliert.

Poliklinik [eigtl. Stadtklinik, zu grch. Polis], Abteilung eines Krankenhauses zur ambulanten Beratung und Behandlung.

Poliomyelitis [grch.] *die, -/... t'iden,* kurz **Polio,** die spinale →Kinderlähmung.

Polis [grch. ›Stadt‹] *die, -/P'ole|is,* die verbreitetste Staatsform im altgrch. Siedlungsgebiet, der ›Stadtstaat‹, d. h. ein Staat mit einem einzigen städt. Mittelpunkt. Gebunden an ein kleines Gebiet und eine beschränkte Zahl von Bürgern, die **Politen,** war die P. eine polit. und religiöse Gemeinschaft mit der Verfassungsform der Oligarchie oder Demokratie. Ansässige Fremde **(Metöken)** und Unfreie blieben außerhalb des Kreises der Politen, so daß auch bei demokrat. Verfassung eine Art von aristokrat. Struktur bestand. Die Vollbürger waren die Träger der Souveränität. Sie konnten in den Rat gewählt oder durch Los aufgenommen werden. Alle großen polit. Fragen entschied die Volksversammlung. Die Blütezeit der P. war im 6.–4. Jh. v. Chr.

POLISARIO, Frente POLISARIO, Abk. für span. **Frente Popular para la Liberación de Saguia el Hamra y Río de Oro** [-liberaθj'ɔn ðe saɣ'ia el 'amra i-], dt. ›Volksfront für die Befreiung von Saguia el Hamra und Río de Oro‹, gegr. 1973, kämpft v. a. mit Hilfe Algeriens für die Errichtung eines unabhängigen Staats in der →Westsahara.

Politbüro, kurz für **Politisches Büro,** das vom →Zentralkomitee (ZK) gewählte Führungsgremium der kommunist. Parteien, besteht aus stimmberechtigten **Vollmitgliedern** und nicht stimmberechtigten **Kandidaten.** Vorbild ist das 1919 auf dem 8. Parteitag der russ. Kommunisten (Bolschewiki) als ständiges Parteiorgan geschaffene P. der KPdSU.

Politeia [von grch. polis] *die,* -, im alten Griechenland das Bürgerrecht, die Gesamtheit der Bürger (Politen), der Staat; Titel von Platons Werk über den Idealstaat.

Politesse [frz.] *die, -/-n,* **1)** *ohne Pl.,* ✿ Höflichkeit. **2)** Hilfspolizistin für best. Aufgaben.

Politik [frz. von grch. politike (techne) ›Kunst der Staatsverwaltung‹] *die,* -, **1)** konsequentes und zielbewußtes Handeln, das auf die ordnende Gestaltung des Gemeinwesens bezogen ist (vgl. unten). **2)** zielbewußtes Handeln in nichtstaatl. Bereichen: *Personalpolitik; Unternehmenspolitik.* **3)** Ü berechnendes Verhalten: *der Geschäftsmann verfolgte eine schlaue P. der* **Politiker,** *-s/-,* **1)** im öffentlichen, bes. im staatlichen Leben tätiger Mann. **2)** U jemand, der seine Ziele bes. geschickt verfolgt. *das* **Politikum,** *-s/... ka,* ins Politische gezogene Angelegenheit. *der* **Politikus,** *-/-se,* U Schlaukopf. **politisch,** die P. betreffend, staatsmännisch: *politische Ökonomie,* Volkswirtschaftslehre. *ich* **politisiere, 1)** rede über P. **2)** *es,* mache zum Politikum. *Subst.* →Politisierung. *der* **Politologe,** *-n/-n,* Politikwissenschaftler. *die* **Politologie,** -, die →Politikwissenschaft. *Adj.* **politologisch.**

Die P. vollzieht sich i. d. R. innerhalb gewisser durch Konvention oder Satzung festgelegter Normen (z. B. Völkerrecht, Verfassung, Gesetze), die ihren Handlungsspielraum abgrenzen. Sie ist charakterisiert entweder durch ihr Ziel oder ihren Gegenstand (z. B. Wirtschafts-, Bildungs-, Sozial-P.), durch den Bereich (z. B. Außen-, Landes-, Kommunal-P.), durch den Handlungsträger (z. B. Partei-, Gewerkschafts-, Verbands-P.) oder durch Verhaltensweisen (z. B. Real-, Macht-, Interessen-P.).

Von der Antike (Platon, Aristoteles) über das MA. (Thomas von Aquino, Scholastik) bis ins 18. Jh. war die P. der prakt. Philosophie zugeordnet. Im MA. leiteten sich die Grundregeln des polit. Handelns aus der Einheitlichkeit des christl. Weltbilds ab. Seit Beginn der Renaissance bildete sich der moderne weltl. Begriff der P. heraus. In der Lehre von der Staatsräson (N. Machiavelli) sind Erwerb, Gebrauch und Verlust von Macht durch den Staat Hauptinhalt der P. Die moderne Naturrechtslehre (S. v. Pufendorf, J. Locke) knüpft zwar an die Scholastik an, doch begreift sie P. als auf diesseitige Ziele ausgerichtetes Handeln zum Wohl des Gemeinwesens. Die Lehre von der Staatsräson setzte sich stärker im kontinentalen Europa durch, das seitdem das polit. Handeln vornehmlich dem Staat und seinen Organen zuordnete. Dieser Grundauffassung folgte der Hauptstrom des polit. Denkens vom 16. (J. Bodnin) bis zum 19. Jh. (G. F. W. Hegel). Dabei wirkte die Erfahrung der Macht-P. des Absolutismus und der Hegemonial-P. Napoleons I. mit; später entsprach die Real-P. O. v. Bismarcks dieser Auffassung. Einflußreich für das Verständnis des 20. Jh. wurde M. Weber, der unter P. v. a. den Kampf um die Macht verstand, während C. Schmitt P. als unversöhnl. Freund-Feind-Verhältnis begriff. Neuere Strömungen wenden sich gegen die Einengung des Politischen auf seine Machtstruktur und verweisen auf die gesellschaftl. Ordnung als Wirkungsbereich polit. und sozialen Handelns. Im marxist. Verständnis ist P. klassengebunden; nach Lenin ist sie der Kampf der Klassen um die Herrschaft im Staat. In den angelsächs. Ländern wurde die Bindung an die Forderungen der prakt. Philosophie nie völlig aufgegeben. Gesellschaft und Staat werden als Einheit gesehen; der Staat ist das Instrumentarium, das den Interessen der Gesellschaft dienlich zu machen ist.

Die Ziele polit. Handelns sind entweder prakt. oder ideeller Natur. Neben der Vertretung reiner Gruppeninteressen gilt der Gegenwart infolge des Auftretens polit. Ideologien wieder die Verwirklichung des Gemeinwohls als erstes Ziel der P. Die Ideologien führen auf 2 entgegengesetzte Zielvorstellungen hin, die heute die stärksten Antriebskräfte aller P. bilden: Die erste erstrebt die Schaffung einer restlos befriedigenden Welt für den Einzelmenschen (Liberalismus), die zweite die Gestaltung eines das Kollektiv restlos befriedigenden Gemeinwesens (Nationalismus, Marxismus-Leninismus). Zu den polit. Systemen →Staat.

Politikwissenschaft, politische Wissenschaft, Politologie, Zweig der Sozialwissenschaften, von der →Soziologie nicht durchweg scharf zu trennen; befaßt sich sowohl theoretisch mit dem menschl. Zusammenleben im Gemeinwesen als auch praktisch mit der Analyse polit. Ordnungen und polit. Vorgänge. Die P. wird heute meist in 3 große Gebiete gegliedert: 1) Die Verfassungs-, Regierungs- und Verwaltungslehre behandelt polit. Kräfte, Führungsmechanismen und Institutionen eines Staats v. a. unter histor., soziolog. und rechtl. Gesichtspunkten. 2) Als Lehre von der internat. Politik beschäftigt sie sich mit der Gesamtheit der Kräfte, die an der Gestaltung der internat. Beziehungen beteiligt sind. 3) Die polit. Theorie erarbeitet (als normative Theorie) Ordnungsmodelle für das polit. Leben, analysiert die großen Entwürfe der polit. Ideengeschichte und systematisiert (als Theorie im strengen Sinne) Erkenntnisse von der Struktur polit. Vorgänge, polit. Verhaltens und polit. Systeme.

politische Dichtung, politische Literatur, Bez. für literar. Werke, in denen polit. Inhalte unter best. Aspekten dargestellt werden; dabei geht es v. a. um die Herbeiführung oder Bekämpfung best. Staats- und Gesellschaftsordnungen. I. e. S. hat sie erst in den neuzeitl. polit. Kämpfen um die Form der Staats- und Gesellschaftsordnung schärfere Konturen gewonnen, wenn sie auch schon früher hervortrat, z. B. bei Aristophanes, Walther von der Vogelweide und Ulrich von Hutten. Mit der gegen Fürstenwillkür gerichteten Dichtung (C. D. F. Schubart, Gebrüder Stolberg, Schiller) setzte die p. D. in der 2. Hälfte des 18. Jh. in Dtl. ein. In den 30er Jahren des 19. Jh. war es v. a. die Gruppe des →Jungen Deutschland, die in der Literatur die wirksamste Waffe im Kampf gegen den Polizeistaat sah. Das Verlangen nach der dt. inneren Einheit und Freiheit brachte eine Welle freiheitlich-revolutionärer Lyrik hervor (F. Freiligrath, G. Herwegh u. a.). Die mißglückte Revolution von 1848 und der bürgerl. Wohlstand des Kaiserreichs ließen die p. D. zurücktreten. Nach dem 1. Weltkrieg erstarkte die p. D. wieder (E. Toller, L. Frank, J. R. Becher, F. v. Unruh, B. Brecht); viele sozialist. Autoren waren im ›Bund Proletarisch-Revolutionärer Schriftsteller‹ (BPRS) vereinigt. Die sich herausbildenden totalitären Ideologien machten sich auch die Literatur für ihre polit. Ziele dienstbar. In der Gegenwart gibt es Tendenzen zu p. D. bes. in marxistisch bestimmter Literatur, etwa im politisch-agitator. Theater, in der dokumentar. Arbeiterliteratur und in neuerer polit. Lyrik.

politische Erziehung, die Gesamtheit der pädagog. Bemühungen, Jugendliche und Erwachsene an das Verständnis, die Mitverantwortung und die kritisch aktive Teilnahme am polit. Geschehen heranzuführen. Im Schulwesen tritt die p. E. als ›Unterrichtsprinzip‹ innerhalb verschiedener Fächer (z. B. im Geschichts-, Geographie- und Literaturunterricht) auf, seit der Weimarer Rep. als eigenes Fach (Staatsbürgerkunde, Gemeinschaftskunde, Gesellschaftskunde, Sozialkunde und polit. Unterricht). In totalitären Staaten ist die p. E. Instrument des ideologischen Kampfes (›polit. Schulung‹).

politische Geographie, Zweig der →Geographie; erforscht die Zusammenhänge zw. den geograph. Gegebenheiten und den polit. Zuständen, Vorgängen und Entwicklungen.

Politische Kommissare, in den kommunist. Staaten Beauftragte der jeweiligen Kommunist. Partei in den Streitkräften des Landes. Sie wurden im bolschewist. Rußland von L. D. Trotzkij beim Aufbau der Roten Armee eingeführt. In der Dt. Dem. Rep. entsprechen den P. K. die →Politoffiziere.

politische Ökonomie, urspr. die Bez., v. a. der Klassiker, für die Volkswirtschaftslehre; heute wird p. Ö. v. a. von marxist. Autoren verwendet, um ihre Betrachtungsweise von der ›unpolitischen‹ der bürgerl. Autoren abzuheben. Die **Neue p. Ö.** ist ein nichtmarxist. wissenschaftl. Ansatz zur Formulierung ökonomisch-politischer Gesamtmodelle.

politische Polizei, auch **Geheimpolizei, Staatspolizei,** Teil der Sicherheitspolizei, der dem Schutz des Staats und der Verf. gegen staats- und verfassungsfeindl. Bestrebungen dient, ferner (soweit verfassungsrechtlich zulässig) der Überwachung von Vereinigungen, Versammlungen und Presse sowie der Abwehr von Unruhen. Die p. P. kann ein Teil der allg. Polizeiverwaltung sein (so im →Rechtsstaat), sie kann auch als Sonderorganisation mit außerordentl. Vollmachten eingerichtet werden. Unterschieden werden **Nachrichtendienst** (Beschaffung und Auswertung von Material) und **Vollzugsdienst,** der im Rechtsstaat ausschließlich Sache der allg. Polizeiverwaltung ist. In der Bundesrep. Dtl. liegt der Nachrichtendienst der p. P. bei den Verfassungsschutzämtern der Länder und dem Bundesamt für Verfassungsschutz. Zur p. P. der Dt. Dem. Rep. →Staatssicherheitsdienst.

politische Psychologie, Teilbereich der Psychologie, der sich mit den Gesetzmäßigkeiten der auf die Erhaltung oder Veränderung von Machtverhältnissen abzielenden Verhaltensweisen (z. B. von Parteien, Politikern) beschäftigt.

politischer Katholizismus, das Eintreten für die katholisch-kirchl. Weltanschauung mit polit. Mitteln, um so – i. S. einer liberalen Gruppendemokratie – im öffentl. Leben den Einfluß des Staats in jenen kulturellen und geistigen Bereichen zurückzudrängen, die von den weltanschaul. Gruppen selbst gestaltet werden sollten. Geschichtlich ist damit der p. K. eng mit dem Aufstieg des Liberalismus und der Demokratie im 19. Jh. verknüpft und nicht

1

2

3

4

5

Polizei: 1 Streifenkrad mit Funkausrüstung. **2** Funkstreifenwagen, davor ausgebreitet die Bordausrüstung. **3** Mobiler Fernsehübertragungswagen (Verwendungszweck: Identifikation von Straftätern, Verkehrsüberwachung und Katastropheneinsatz). **4** Polizeidiensthunde bei der Gruppenausbildung. **5** Blick in eine Polizei-Funksprechvermittlung

mit einem integralen Katholizismus (→ Integralismus) gleichzusetzen. Verbunden mit ihm ist jedoch der Gedanke, daß die polit. Interessen des Bürgers, Standes oder Staats den katholisch-weltanschaul. Programmen unterzuordnen seien, wenn beide nicht zugleich verwirklicht werden könnten. Aktive Träger des p. K. sind in W-Europa bes. die → christlich-soziale Bewegung, in Lateinamerika und den USA die → Katholische Aktion und der Klerus. Seine Wirkung hat nach dem Zweiten Vatikan. Konzil abgenommen.

politische Soziologie, Teilbereich der Soziologie, untersucht die Voraussetzungen der Aufrechterhaltung der polit. Ordnung (der polit. Struktur), so die sozialen Grundlagen des polit. Verhaltens der einzelnen Bürger sowie den Einfluß von polit. Institutionen, Interessengruppen und Parteien.

politisches Testament, die (oft geheimen) Richtlinien, die ein Fürst oder Staatsmann seinem Nachfolger gibt.

politische Theologie, in den christl. Kirchen die theolog. Begründung von Einzelweisungen und Normen für die polit. Ordnung und Betätigung weltl. Gemeinschaften (Staat, Gesellschaft), dann bes. für das Verhältnis von Staat und Kirche. Die neuere p. T. hat sich mehr der rechten Ordnung der Welt zugewandt und in der Folge zunächst eine geschlossene Soziallehre entwickelt. Gegenwärtig fordert sie bes. eine polit. Gewährleistung der sozialen Gerechtigkeit zw. den Einzelnen und den Staaten. Sie versteht damit die polit. Ordnung als Dienerin der sozialen.

politische Verbrechen und Vergehen, alle gegen Bestand und Sicherheit des eigenen oder eines fremden Staats sowie gegen ein Staatsoberhaupt, eine Regierung und die Ausübung staatsbürgerl. Rechte gerichteten Straftaten (bes. → Hochverrat, → Landesverrat, → Staatsgefährdung). In völkerrechtl. Verträgen hat der polit. Verbrecher häufig ein → Asylrecht gegenüber dem Auslieferungsverlangen.

Politisierung *die, -,* Schlagwort für die polit. Aktivierung von bisher politikfreien Bereichen (z. B. der Wiss., des Sports).

Polit|offiziere, in der D t . D e m . R e p . Offiziere in Truppenstäben der Nat. Volksarmee, die für die Durchführung des kommunistischen Schulungsprogramms verantwortlich sind.

Politruk *der, -/-s,* russ. Kw. für **politischeskij rukowoditel** [›Polit. Leiter‹], bis 1942 in den sowjet. Streitkräften Mitglied der KPdSU, das für die polit. und militär. Erziehung der Einheit (zugleich deren Personalchef) verantwortlich war. Ab 1942 erhielten die P. gleiche Rangbezeichnungen wie die Offiziere.

Politur *die, -/-en,* → polieren.

Polizei [mlat. policia, aus grch. politeia ›Staat‹, ›Verfassung‹] *die, -,* sowohl die Polizeigewalt als auch die Polizeibehörden und Polizeibeamten; Ü auch das Polizeigebäude.

In der Bundesrep. Dtl. ist die P. grundsätzlich eine Angelegenheit der Bundesländer (Polizeihoheit der Länder). Sie regeln die Polizeiorganisation des Landes und erlassen allg. Polizeigesetze. Der Bund hat eine Regelungsbefugnis hinsichtlich einiger nur ihm zustehender Polizeibehörden; ferner kann er zahlreiche, v. a. der Gefahrenabwehr dienende Spezialmaterien wie das Gewerbe-, Lebensmittel-, Gesundheits-, Umweltschutz- und Verkehrsrecht regeln.

O r g a n i s a t i o n

T r ä g e r s c h a f t . Träger der P. sind fast nur die Länder. Auf einigen Gebieten hat der Bund jedoch eigene Polizeibehörden, so den → Bundesgrenzschutz, das → Bundeskriminalamt, die Bahnpolizei der Deutschen Bundesbahn, die Strom- und Schiffahrtspolizei auf Bundesgewässern, den Zollgrenz- und Zollfahndungsdienst.

P o l i z e i b e h ö r d e n . Die Aufgaben und Befugnisse der Gefahrenabwehr wurden in Preußen von den mit allseitiger Zuständigkeit ausgestatteten ordentlichen Polizeibehörden (Landes-, Kreis- und Ortspolizei) und den Sonderpolizeibehörden für einzelne Verwaltungszweige (z. B. Fischereipolizei, Gewerbeaufsicht) wahrgenommen. Die Verwaltungspolizei wurde nach 1945 in einigen Bundesländern meist als **Ordnungsverwaltung** in die allg. Verwaltung eingegliedert und von der **Vollzugspolizei** deutlich unterschieden. Andere folgten dem preußischen Modell.

G l i e d e r u n g u n d Z u s t ä n d i g k e i t der Vollzugspolizei. Die Vollzugspolizei umfaßt v. a. den uniformierten allg. Polizeivollzugsdienst **(Schutzpolizei).** Er ist in den einzelnen Bundesländern unterschiedlich organisiert. So ist er z. T. den Bezirksregierungen und Landratsämtern (Landkreisen) zugeordnet, z. T. bestehen, insbesondere auf Landkreisebene, keine organisatorischen Verbindungen. Weitgehend verselbständigt sind **Kriminalpolizei, Bereitschaftspolizei, Wasserschutzpolizei** und (in Bayern) **Grenzpolizei.**

Die Vollzugspolizei wird tätig, soweit die **Gefahrenabwehr** durch andere Behörden (insbes. Ordnungsverwaltung) nicht oder nicht rechtzeitig möglich erscheint (unaufschiebbare Maßnahmen). In anderen Fällen, z. B. bei Anwendung unmittelbaren Zwangs, ist sie ihnen zur Vollzugshilfe verpflichtet.

T ä t i g k e i t d e r P o l i z e i

U m f a n g u n d V o r a u s s e t z u n g e n . Aufgabe der P. ist die Gefahrenabwehr. Darüber hinaus ist ein wesentl. Bestandteil polizeilicher Tätigkeit die Mitwirkung bei der Verfolgung strafbarer Handlungen und Ordnungswidrigkeiten (§ 163 StPO, § 152 GVG).

Die Gefahrenabwehr kann mit eigenen Mitteln der P. oder durch

Polizei: LINKS Geschwindigkeitsüberwachung mit Radarwagen. RECHTS Radar-Beweisphoto mit Geschwindigkeitsanzeige bei elektronisch ausgeblendetem Gegenverkehr

Einschreiten gegen Dritte erfolgen. Grundlage ist die polizeiliche Generalermächtigung **(polizeiliche Generalklausel** der allg. Polizeigesetze), sofern nicht Spezialermächtigungen (z. B. nach Gewerbeordnung, Immissionsschutzgesetz, Abfallbeseitigungsrecht, Landesbauordnungen) in Betracht kommen. Nach der Generalermächtigung ist Voraussetzung für ein Einschreiten das Vorhandensein einer Gefahr für die Allgemeinheit oder den Einzelnen, durch die die öffentliche Sicherheit oder Ordnung (die Rechtsordnung, die herrschenden Wertvorstellungen) bedroht wird. Eine Gefahr besteht bei erkennbarer, hinreichender Wahrscheinlichkeit eines Schadenseintritts. Gefahrenabwehr ist auch die Beseitigung bereits eingetretener Störungen. Ein Einschreiten erfolgt nach pflichtgemäßem Ermessen (Opportunitätsprinzip); i. d. R. hat der Bürger darauf keinen Anspruch. Die Maßnahmen unterliegen dem Grundsatz der Verhältnismäßigkeit. Zu den ›polizeilichen Standardmaßnahmen‹ gehören Identitätsfeststellung von Personen, Mitnahme zur Dienststelle (Sistierung), erkennungsdienstliche Maßnahmen, Vorladung und Vorführung, Verwahrung (Schutzhaft), Durchsuchung von Personen und Wohnungen, Beschlagnahme.

Polizeipflichtige Personen. Grundsätzlich sind Maßnahmen der P., die durch das polizeiwidrige Verhalten von Personen oder den polizeiwidrigen Zustand von Sachen erforderlich werden, gegen den **Störer** (Polizeipflichtigen) zu richten. Störer ist, wer für das polizeimäßige Verhalten (Verhaltenshaftung oder Verantwortlichkeit) oder den ordnungsgemäßen Zustand von Sachen verantwortlich ist. Diese Zustandshaftung trifft den Eigentümer oder den Inhaber der tatsächlichen Herrschaft über die Sache. Andere als die bezeichneten Personen (unbeteiligte Dritte) dürfen nur in Anspruch genommen werden, wenn eine eingetretene oder unmittelbar bevorstehende Gefahr nicht anders beseitigt werden kann (polizeilicher Notstand). Ihnen steht eine Entschädigung zu.

Formen polizeilichen Handelns. Zu unterscheiden sind rein tatsächliche Handlungen (Realakte) und Rechtshandlungen (Regelungen) wie Polizeiverordnungen, Polizeiverfügungen und polizeiliche Erlaubnisse. **Polizeiverordnungen** sind der Gefahrenabwehr dienende Gebote oder Verbote, die für eine unbest. Anzahl von Fällen an eine unbest. Anzahl von Personen gerichtet sind. **Polizeiverfügungen** sind Verwaltungsakte, die der Regelung von Einzelfällen dienen; sie richten sich an best. Personen oder einen best. Personenkreis **(Allgemeinverfügung)**. Sie können mündlich, schriftlich oder durch Zeichen erlassen werden. **Polizeiliche Erlaubnisse** sind bes. da erforderlich, wo eine Betätigung mit Gefahr verbunden ist (Verbot mit Erlaubnisvorbehalt).

Polizeilicher Zwang. Vollstreckungsfähige Polizeiverfügungen können mit Zwangsmitteln durchgesetzt werden (Polizeizwang). Ohne vorausgehende Verfügung kann Zwang angewendet werden, wenn dies zur Gefahrenabwehr notwendig ist. Zwangsmittel sind: Ausführung einer zu erzwingenden Handlung auf Kosten des Pflichtigen **(Ersatzvornahme)**, Festsetzung eines **Zwangsgeldes** und Einwirkung auf Personen oder Sachen durch **körperliche Gewalt**, ihre Hilfsmittel und durch Waffen. Die polizeiliche Strafverfügung ist nach 1945 abgeschafft worden (→Polizeistrafrecht). Bei Ordnungswidrigkeiten ist unter best. Voraussetzungen neben gebührenfreier die gebührenpflichtige Verwarnung zulässig.

Dt. Dem. Rep. · Österreich · Schweiz

In der Dt. Dem. Rep. heißt die P. **Deutsche Volkspolizei (DVP).** Sie untersteht der zentralen Leitung durch die Hauptverwaltung DVP im Ministerium des Inneren. Die DVP ist in die Schutz-P., Verkehrs-P., Kriminal-P., Transport-P. und das Paß- und Meldewesen gegliedert. Auf den nachgeordneten Ebenen bestehen Bezirksbehörden der DVP, Volkspolizei-Kreisämter und Volkspolizei-Reviere (in Berlin-Ost das P.-Präsidium mit Volkspolizei-Inspektionen in den 8 Stadtbezirken).

In Österreich bestehen nebeneinander – mit unterschiedlichen Zuständigkeiten – Bundespolizeibehörden, Bezirksverwaltungsbehörden und die Gemeinden (als Träger der Ortspolizei). Sie nehmen sowohl Bundes- (z. B. Sicherheits-, Fremden-, Gewerbe-, Gesundheitspolizei) als auch Landesaufgaben (z. B. Straßen-, Bau-, Sittlichkeitspolizei) wahr. Ihnen stehen als Exekutivorgane **(Wachkörper)** die Bundessicherheitswache und die Gendarmerie (beide uniformiert), z. T. auch Gemeindewachen bei. Übergeordnet sind ihnen die jeweilige Landesregierung oder der jeweilige Landeshauptmann; letztlich der zuständige Bundesminister.

In der Schweiz sind primär die Kantone zuständig für den Erlaß polizeil. Vorschriften. Sie verfügen über stehende Polizeitruppen und andere Kontrollorgane. Die kantonale Polizeihoheit erstreckt sich nur auf das Gebiet des betreffenden Kantons, doch sind die Kantone bes. bei der Strafverfolgung zu gegenseitiger Rechtshilfe verpflichtet. Der Bund hat hier nur eine beschränkte Gesetzgebungskompetenz. Der Vollzug der bundesrechtl. Erlasse erfolgt weitgehend durch die Kantone. Zum Schutz der öffentl. Ordnung vor unmittelbarer Gefahr können die kantonalen Regierungen sowie der Bundesrat ohne entsprechende gesetzl. Grundlage Verordnungen oder Einzelverfügungen erlassen.

Polizei|aufsicht, früher die im Strafurteil ausgesprochene Freiheitsbeschränkung; seit 1. 1. 1975 durch die →Führungsaufsicht ersetzt.

Polizeibeamte, alle im Polizeidienst stehenden Personen mit Beamteneigenschaft. In der Bundesrep. Dtl. sind **Polizeivollzugsbeamte** und **Polizeiverwaltungsbeamte** zu unterscheiden. Erstere sind zur Anwendung unmittelbaren Zwangs befugt. Sie unterstehen den Beamtengesetzen, soweit nicht Sondervorschriften erlassen sind, z. B. hinsichtlich Laufbahn, Gemeinschaftsunterkunft, Dienstkleidung. Polizeianwärter werden i. d. R. nach einer Grundausbildung in die Bereitschaftspolizei übernommen. Polizeiverwaltungsbeamte erfüllen Verwaltungsaufgaben; ihre Rechtsverhältnisse regeln sich nach allg. Beamtenrecht (Bundespolizeibeamten-Ges. i. d. F. v. 3. 6. 1976 und Landesbeamtengesetze).

Polizeihunde, Diensthunde mit besonderer Ausbildung als Begleit-, Schutz- und Aufklärungshund.

polizeiliches Führungszeugnis, →Führungszeugnis.

Polizeipräsident, der Leiter der Polizei (Polizeipräsidium) in größeren Städten. **Polizeidirektor,** der Leiter einer Polizeibehörde oder -dienststelle (Polizeidirektion) ohne P.

Polizeirufanlagen, fernmeldetechn. Einrichtungen zum Alarmieren der Polizei in Notfällen. Öffentl. P. sind das Fernsprechnetz (→Notruf) und die →Fernsprech-Notrufsäulen. Daneben gibt es nichtöffentl. P. zum Schutz von Banken, Geschäften u. a., die von Hand ausgelöst werden oder automatisch als Raumschutzanlagen arbeiten.

Polizeischule, staatl. Schule zur staatsbürgerl. Erziehung der Polizeibeamten sowie zur Vermittlung des allgemeinen und fachl. Wissens im Polizeidienst.

Polizeisoziologie, neuerer Teilbereich der Soziologie, der sich v. a. mit dem gesellschaftl. Eigen- und Fremdbild der Polizei, ihrer Funktion in gesellschaftl. und polit. Krisensituationen und den Ursachen und Folgen von unverhältnismäßigen Reaktionen bei der Amtsausübung (z. B. bei Demonstrationen) beschäftigt.

Polizeistaat, der ›Verwaltungsstaat‹ des →Absolutismus, bes. im 17. und 18. Jh., der die staatl. Machtmittel für Wohlfahrt und öffentl. Ordnung gemäß dem damaligen weiten Polizeibegriff (→Polizei) einsetzte (Wohlfahrts- und Ordnungsstaat im weitesten Sinn). Im 19. Jh. wurde er durch den Verfassungs- und →Rechtsstaat abgelöst. Die totalitären Staaten des 20. Jh. nähern sich mit ihrer Beseitigung der rechtsstaatl. Garantien wieder dem P.

Polizeistrafrecht, früher der Teil des Polizeirechts, der für die Verletzung best. polizeil. Gebots- und Verbotsvorschriften Kriminalstrafen vorsah. An die Stelle des P. ist heute das Recht der →Ordnungswidrigkeiten getreten.

Polizeistunde, Sperrstunde, Gaststättenschlußzeit, der Zeitpunkt, zu dem Gast-, Schank- oder Speisewirtschaften sowie öffentl. Vergnügungsstätten geschlossen werden müssen, ferner die Zeitspanne, während der ein Verweilen darin verboten ist. Verstöße werden mit Geldbußen bis zu 10000 DM geahndet (§§ 18, 28 Abs. 2 Nr. 4 Gaststätten-Ges. vom 5. 5. 1970, Landesverordnungen). In Österreich kann die P. (Sperrstunde) vom Landeshauptmann, in der Schweiz von den Gemeinden angeordnet werden.

Poliziano, Angelo, eigtl. Angiolo **Ambrogini** [-dʒ'i:ni], ital. Humanist und Dichter, * Montepulciano (Prov. Siena) 14. 7. 1454, † Florenz 29. 9. 1494, erzog die Söhne von Lorenzo de' Medici, erhielt 1480 den Lehrstuhl für grch. und röm. Literatur der Univ. Florenz. P. war der führende klass. Philologe Italiens im 15. Jh.; er übersetzte aus dem Griechischen. P.s anmutige Tanzlieder, aber auch seine lat. und grch. Gedichte gehören zu den schönsten der Renaissance. Er schrieb die unvollendete ital. Dichtung ›Stanze per la giostra‹ (1494) und die ›Favola d'Orfeo‹ (1471, gedr. 1494), die erste szen. Behandlung eines profanen Stoffs.

Polje [serbokroat. ›Ebene‹, ›Feld‹] *das, -/-n,* 🌐 großes, wannenförmiges Becken in Karstgebieten, mit flachem Boden.

Polk [pəʊk], James Knox, 11. Präs. der USA (1845–49), * Mecklenburg County (N. C.) 2. 11. 1795, † Nashville (Tenn.) 15. 6. 1849; Demokrat. Unter ihm wurde 1846–48 der Krieg gegen Mexiko geführt, außerdem regelte er durch Vertrag (1846) mit Großbritannien die Grenzfrage in Oregon.

Pölk [nd.] *das, -(e)s/-e,* kastriertes Ferkel.

Polka [wohl zu tschech. polka ›Polin‹] *die, -/-s,* böhm. Rundtanz im lebhaften 2/4-Takt; nach 1830 europ. Gesellschaftstanz.

polken. *ich* **polke,** *norddt.:* bohre, stochere, klaube.

Poll [pəʊl, engl.] *der, -s/-s,* urspr. der Stimmzettel, in den USA bes. die Wählerliste; allg. die Stimmabgabe, Ü auch die Meinungsumfrage: **opinion poll** [əp'ɪnjən-, engl.].

Pollack *der, -s/-s,* **Pollak,** bis 1,2 m lange Art der Schellfische.

Pollaiuolo, Antonio del, ital. Goldschmied, Bildhauer, Maler, Kupferstecher, * Florenz 1431 oder 1432, † Rom 4. 2. 1498, tätig in Werkstattgemeinschaft mit seinem Bruder Piero (* 1443, † 1496), malte Bilder, die sich durch plast. Klarheit, bes. der anatom. Durchbildung des männl. Körpers auszeichnen, den er auch in Kupferstichen und Kleinbronzen darstellte (Taten des Herakles u. a.). Seine Hauptwerke sind die für die Peterskirche in Rom geschaffenen Bronzegrabmäler für Sixtus IV. (1481–93; Freigrab mit dem liegenden Papst) und Innozenz VIII. (1493–97; Wandgrab mit dem liegenden und dem thronenden Papst).

Antonio del Pollaiuolo: Herakles, den Antaios erwürgend; um 1485 (Florenz, Bargello)

Pollen [lat. ›Staubmehl‹] *der, -s/-,* **Blütenstaub,** meist staubähnl. Absonderung der Staubbeutel **(Pollensäcke)** der → Blüte, die männl. Keimzellen der Samenpflanzen; das einzelne **Pollenkorn** hat 0,0025 bis 0,25 mm ∅; es bewirkt nach der → Bestäubung die → Befruchtung. Die P. von z. B. insektenblütigen Pflanzen sind außen mit Warzen, Stacheln, Leisten oder Klebstoff überzogen, die die P.-Übertragung erleichtern. Bei manchen Pflanzen (so den Orchideen) ist die gesamte P.-Menge eines Staubbeutels zu einem **Pollinium** verkittet. Der P. ist eine wichtige Nahrung der → Biene. Auf Überempfindlichkeit gegenüber P. **(Pollenallergie)** beruht der → Heuschnupfen.

Der in sehr langen Zeiträumen in Moore und andere Bodenflächen hineingewehte lange haltbare, leicht nach der Stammpflanze bestimmbare P. ermöglicht es, den vorzeitl. Pflanzenwuchs eines Gebiets zu erforschen **(Pollen|analyse, Palynologie).** Man berechnet in Bodenproben unter dem Mikroskop die Prozentzahlen der Pollenkörner für die einzelnen Pflanzenarten **(Pollendiagramm).** So konnte die Waldgeschichte Mitteleuropas bis zum Tertiär zurückerforscht werden.

Poller [nd.] *der, -s/-,* ⚓ kurzer, oben meist verdickter Pfahl zum Festmachen der Leinen eines Schiffes.

Polling [p'əʊlɪŋ, engl.] *das, -,* **Sende|aufruf,** Betriebsweise zum Datenabruf bei EDV-Anlagen. Die Zentrale sendet ein vereinbartes Zeichen an eine Datenendstation mit der Aufforderung, ihre Daten dem Empfänger zu übermitteln.

Pollini, Maurizio, ital. Pianist, * Mailand 5. 1. 1942.

Pollinium [lat.] *das, -s/...ni|en,* Form des → Pollens.

Pollock, 1) Friedrich, Soziologe, * Stuttgart 22. 5. 1894, † Montagnola 16. 12. 1970, Mitbegründer (1923) des Instituts für Sozialforschung, Frankfurt a. M.

2) [p'ɔlək], Jackson, amerikan. Maler, * Cody (Wyoming) 28. 1. 1912, † Easthampton (New York) 11. 8. 1956, malte seit 1940 abstrakt; bekanntester Vertreter des → Action-Painting.

Pollucit [grch.-lat.] *der, -s,* Mineral, $Cs[AlSi_2O_6] \cdot {}^1/_2\, H_2O$, weißlich-trüb; meist derbe Massen in Granitpegmatiten. Haupt-Cäsium-Erz.

Pollution [lat.] *die, -/-en,* **1)** Verschmutzung der Umwelt (Luft, Wasser) durch Zivilisationseinflüsse. **2)** nächtl. Samenerguß, oft mit sexuellen Träumen verknüpft; in der Pubertät häufig, bei Erwachsenen zu Zeiten geschlechtl. Enthaltsamkeit. P. sind natürliche Ausgleichsvorgänge.

Pollux, 1) grch. **Polydeukes,** grch. Mythos: einer der → Dioskuren. **2)** *der, -,* ✫ Stern 1. Größe, β im Sternbild Zwillinge.

polnische Kunst. Die sich in engem Zusammenhang mit der mitteleurop. Kunst entwickelnde p. K. des MA., aus deren Frühzeit nur wenige Rundkapellen und einige roman. Basiliken erhalten sind, entfaltete sich nach dem Mongolensturm (1241) v. a. in den nach dt. Recht gegr. Städten. Die Vereinigung mit Litauen bewirkte im 15. Jh. ein teilweises Eindringen byzantinisch-osteurop. Stilformen (Fresken der Schloßkapelle, Lublin). Bes. in Krakau, wo in spätgot. Zeit V. Stoß (Hochaltar der Marienkirche), H. v. Kulmbach u. a. Künstler aus Nürnberg wirkten, bestanden enge Beziehungen zu SW-Dtl. Mit den im 16. Jh. nach Polen gekommenen ital. Künstlern setzte sich die Renaissance durch, in deren Spätzeit sich nationale Sonderformen zu entwickeln begannen, so im 17. Jh. der europ. und oriental. Einflüsse verschmelzende ›sarmatische‹ Stil. Zentrum des höf. Barock war die Residenz Wilanów (BILD); dort entstanden u. a. die Frühwerke Andreas Schlüters. Im 18. Jh. glich sich die p. K. wieder mehr der europ. an. Dt. Anteil trat unter den sächs. Königen bes. in Warschau stärker hervor. Die Baukunst des Klassizismus war international. Eine nationale Richtung wurde jedoch vorherrschend in der Malerei, der das erstarkte Nationalbewußtsein neue Inhalte gab, so v. a. in den die Unterdrückung des poln. Volks anklagenden Bildern von A. Grottger und den Historienbildern von J. Matejko. Zw. den Weltkriegen gab es nicht nur poln. Angehörige der Schule von Paris, sondern auch einen vielfältigen Widerhall der jüngsten westl. Richtungen. Nach dem 2. Weltkrieg leistete die poln. Architektur Hervorragendes beim Neuaufbau zerstörter Städte, wobei sie historisch getreue Rekonstruktion alter Stadtkerne mit modernem Städtebau zu verbinden suchte (BILD Denkmalpflege). In Malerei und Plastik wurden nach Überwindung eines allzu einseitigen Sozialist. Realismus fast alle Tendenzen der zeitgenöss. Kunst aufgegriffen, wobei die graph. Techniken bes. hervorragen. Weiterhin spielen die naive Kunst und die Volkskunst eine bed. Rolle.

polnische Literatur. Die ersten literar. Zeugnisse, in lat. Sprache abgefaßt, sind religiöse und historiograph. Prosawerke; die Lyrik blieb auf Kirchenlieder und Herrscherlobpreise beschränkt. Seit dem 14. Jh. entstanden Predigten, Lieder, Bibelübersetzungen, Legenden und Apokryphen in poln. Sprache.

Renaissance (1500–1620)

Unter dem Einfluß der ital. Renaissance entstand der poln. Humanismus, der erstmals eine umfangreiche Lit. in poln. Sprache hervorbrachte: zunächst Prosaübersetzungen mittelalterl. Stoffe (z. B. Alexandreis, dt. Volksbücher), dann poln. Originalprosa. Erster bed. Vertreter ist M. Rej. Die moralisch-didakt. und publizist. Ausrichtung zeigte sich bes. in den polit. Traktaten von A. Frycz Modrzewski und seines Gegners S. Orzechowski, in den historiograph. Werken von M. Bielski und B. Paprocki sowie in den Heiligenviten und Predigten des Jesuiten P. Skarga. Höhepunkt dieser Epoche ist die Lyrik J. Kochanowskis.

Barock (1620–1764)

Die wechselvollen Ereignisse (Kriege, Kosakenaufstände) spiegeln sich in der Literatur wider: histor. Epen (W. Potocki), histor. Gesänge (W. Kochowski) und Reimchroniken (S. Twardowski). Die Satiren K. Opalińskis geben ein Bild des von ständigen Unruhen geplagten Landes. Die Lyrik erlebte durch den ›Christlichen Horaz‹, K. M. Sarbiewski (Sarbevius), durch Sz. Zimorowic und J. A. Morsztyn, die den Konzeptismus und den Marinismus übernahmen, einen neuen Aufschwung. Mitte des 18. Jh. schrieben W. Rzewuski und U. Radziwiłłówna an frz. Vorbildern ausgerichtete Dramen.

Aufklärung (1764–95)

Sie stand im Zeichen der polit. Erneuerung Polens. Kritik an den bestehenden Mißständen übten Satiren (A. Naruszewicz, I. Krasicki, F. Bohomolec), Fabeln (I. Krasicki, F. D. Kniaźnin, S. Trembecki) und Komödien (F. Bohomolec, F. Zabłocki, J. U. Niemcewicz). Am Anfang des modernen poln. Romans stehen die sittenschildernden und belehrenden Prosawerke I. Krasickis. Die Lyrik war durch die empfindsamen Gedichte F. Karpińskis sowie die patriot. Lieder und Liebesgedichte F. D. Kniaźnin vertreten. Neben der empfindsamen ›comédie larmoyante‹ hob sich die von der

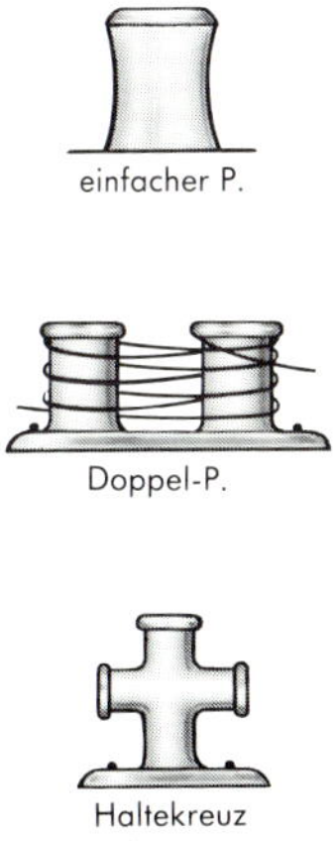

Poller

Folklore beeinflußte komische Oper ›Die Krakauer und die Goralen‹ (1794) von W. Bogusławski, dem Schöpfer des poln. Theaters, ab. Während des ›Großen Sejm‹ (1788–93) erschienen viele polit. Traktate.

Klassizismus und Empfindsamkeit (1795–1822)

Nach der letzten poln. Teilung setzte der ›Warschauer Klassizismus‹ die aufklärerischen Tendenzen fort, predigte Traditionspflege als Garantie des nationalen Fortbestands (histor. Gesänge von J. U. Niemcewicz, 1816), förderte die Entwicklung der poln. Sprache und die Ausbildung der Tragödie (A. Feliński), Ode (K. Koźmian) und Satire (J. Potocki). Fast gleichzeitig erschienen sentimentalische Werke, wie die ›Dumy‹ (eine Art von Balladen) von J. U. Niemcewicz, die Idylle ›Wiesław‹ (1820) von K. Brodziński und der empfindsame Roman ›Malwina‹ (1816) von Maria Wirtemberska. Durch ›Balladen und Romanzen‹ (1822) und ›Grażyna‹ sowie ›Dziady, II und IV‹ (1823) von A. Mickiewicz kam die Romantik zum Durchbruch. Der Novemberaufstand entschied die Entwicklung zugunsten der Romantiker.

Romantik (1822–63)

Nach dem Verlust der Staatlichkeit übernahm die Lit. die polit. Aufgabe, die nationale Einheit zu wahren und die staatl. Wiedergeburt vorzubereiten. Die Werke der 3 großen Romantiker A. Mickiewicz, J. Słowacki und Z. Krasiński sahen in diesem Sinn v. a. im poet. Drama die den persönl. und gesellschaftl. Konflikten des Menschen am besten entsprechende Form. Die von Mickiewicz formulierte messianist. Ideologie vom Polen als Christus der Völker wurde im dramat. Schaffen Słowackis philosophisch überhöht (›Der silberne Traum der Salome‹, 1844) und wich dann der myst. Vorstellung einer Revolution aus dem Geist (Poem ›Schöpfung aus dem Geist‹, 1844). Beide Dichter ragten auch als Lyriker hervor. Die zeitgenöss. Bühne wurde von histor. Dramen und Komödien beherrscht (A. Fredro ›Zemsta‹, 1834). In der Versepik sind das poln. Nationalepos ›Herr Tadeusz oder der letzte Einfall in Litauen‹ (1834) von Mickiewicz und der ›Beniowski‹ (1841) von Słowacki zu nennen. Die große Prosaform wurde entscheidend gefördert durch die histor. Romane J. I. Kraszewskis und die fiktiven Memoiren alter poln. Adliger (H. Rzewuski, I. Chodźko).

Positivismus (1864–90)

Nach Tendenzromanen und -erzählungen setzte sich unter dem Einfluß von Ch. Dickens, I. Turgenjew, L. Tolstoj u. a. der kritische Realismus mit verschärfter sozialer Problematik durch (Eliza Orzeszkowa, H. Sienkiewicz, B. Prus). Daneben gab es histor. Romane, die Patriotismus predigten (J. I. Kraszewski u. a.) oder die aktuelle Situation z. T. verschlüsselten (B. Prus, H. Sienkiewicz). In der Dramatik ragten die Tragödien und Komödien C. K. Norwids hervor.

Modernismus (1890–1918)

Er wird auch Junges Polen (Młoda Polska) genannt. Die Lyrik nahm, von westeuropäischen Symbolisten beeinflußt, neuen Aufschwung mit der emotionalen Natur- und Liebeslyrik von K. Przerwa-Tetmajer, der ›l'art-pour-l'art‹-Dichtung S. Przybyszewskis, den hymnischen Liedern von J. Kasprowicz und der Reflexionslyrik L. Staffs. Beim Drama heben sich die Bühnenwerke von S. Wyspiański hervor (›Die Hochzeit‹, 1901; histor. Dramen), auch die gesellschaftskrit. Komödien Gabryela Zapolskas, die histor. Tragödien K. H. Rostworowskis und die expressionist. Dramen T. Micińskis. Im Roman wurden die positivist. Tendenzen zunächst fortgesetzt (W. St. Reymont ›Die Bauern‹, 1904–09). S. Żeromski behandelte gesellschaftl. und geschichtl. Themen. W. Berent und K. Irzykowski setzten sich mit jungpoln. Konzeptionen auseinander. Große Bedeutung hatte die Literaturkritik.

Zwischenkriegszeit (1918–39)

Um die Zeitschrift ›Skamander‹ bildete sich eine Dichtergruppe, die für alltägl. Sprache und Inhalte in der Poesie eintrat, sonst aber das ›Programm der Programmlosigkeit‹ verkündete (J. Tuwim, A. Słonimski, J. Lechoń, K. Wierzyński, J. Iwaszkiewicz). Um ›Zdrój‹ gruppierten sich die Expressionisten J. und W. Hulewicz, J. Wittlin u. a., entscheidende Impulse kamen von den Futuristen T. Czyżewski, A. Stern. Die ›Krakauer Avantgarde‹ scharte sich um T. Peiper und die Zeitschrift ›Zwrotnica‹, deren Konzeption in ›Linia‹ von A. Ważyk, J. Przyboś und J. Kurek weiterentwickelt wurde. Die Prosa beschäftigte sich hauptsächlich mit dem Weltkrieg und dem polit. und wirtschaftl. Wiederaufbau des Staates (S. Żeromski, A. Strug, J. Kaden Bandrowski, J. Weyssenhof). Höhepunkte der Romanliteratur sind die Familiensaga ›Nächte und Tage‹ (1932–34) von Maria Dąbrowka, Zofia Nałkowskas psycholog. Gesellschaftsanalyse ›Die Schranke‹ (1935), die psycholog. Romane M. Choromańskis und Maria Kuncewiczowas, der proletar. Roman Wanda Wasilewskas sowie die antirealistischen, grotesken Romane von S. I. Witkiewicz, B. Schulz und W. Gombrowicz. In der Dramatik überragte S. I. Witkiewicz mit groteskabsurden Werken.

Kriegs- und Nachkriegszeit (seit 1939)

Kriegs- und Besatzungszeit forderten unter den Schriftstellern viele Opfer (T. Boy-Żeleński, B. Schulz). Nach 1945 herrschten in der Prosaliteratur zunächst Themen wie Kriegszeit (Zofia Nałkowska, W. Żukrowski), KZ-Erlebnisse (T. Borowski), Nachkriegswirren (J. Andrzejewski ›Asche und Diamant‹, 1948) vor. In der Lyrik spiegelte sich der Krieg in den Gedichten des jungen T. Różewicz wider, daneben dichteten die älteren: L. Staff, J. Tuwim, W. Broniewski, J. Przyboś, Cz. Miłosz; bes. beliebt war K. I. Gałczyński mit seinen grotesk-satir. Gedichten und Liebeslyrik. Der 1949 beschlossene Sozialist. Realismus wurde mit der organisator. und personellen Gleichschaltung des Kulturlebens begonnen und führte zum Verlust der künstler. Vielfalt. Viele Schriftsteller zogen sich zurück. Die künstler. Monotonie wurde 1954 durch L. Staffs Gedichtband ›Wiklina‹ durchbrochen, 1955 begann die Kritik an der staatl. Kulturpolitik. Als programmat. Schrift des ›Tauwetters‹ gilt A. Ważyks ›Gedicht für Erwachsene‹ (1955), der eine Welle der ›Abrechnungsliteratur‹ auslöste (K. Brandys, J. Andrzejewski, J. Broszkiewicz). Dem polit. Umbruch im Okt. 1956 folgte eine Welle von Übersetzungen moderner Werke, von formalen und themat. Experimenten. In der Prosa entstanden große Romane (J. Iwaszkiewicz), histor. Erzählwerke und Science-fiction-Literatur (S. Lem), doch bald trat die kleine Erzählform in den Vordergrund: in der Darstellung des sozialist. Alltags (M. Hłasko, A. Brycht, S. Grochowiak, M. Nowakowski, W. Odojewski), in der Schilderung des Dorflebens (E. Bryll), in grotesken und surrealen Sujets (S. Mrożek, S. Zieliński). Bes. reich an formalen Versuchen und themat. Varianten ist die Lyrik nach 1956. Zu den bereits bekannten Dichtern (T. Rożewicz, W. Woroszylski, W. Wirpsza, Z. Herbert) trat eine neue Generation, für die künstler. Raffinement und iron. Haltung kennzeichnend sind (W. Szymborska, S. Grochowiak, J. Harasymowicz). Als Dramatiker haben sich v. a. S. Grochowiak und S. Mrożek durchgesetzt.

Eine neue Krise des literar. Lebens begann 1968; die student. März-Unruhen veranlaßten einige Schriftsteller zur Solidarisierung (z. B. L. Kołakowski), die August-Ereignisse in der Tschechoslowakei wurden u. a. von J. Andrzejewski und S. Mrożek und W. Wirpsza scharf verurteilt; letzterer konnte daraufhin, ebenso wie S. Mrożek, aus seinem Auslandsaufenthalt nicht mehr zurückkehren. In der Lyrik hat sich seit 1971 eine ›Neue Welle‹ formiert, die gesellschaftl. Engagement gegen Konformismus und Uniformität im polit. und kulturellen Leben fordert (K. Karasek, J. Kornhauser, A. Zagajewski). Mit der Diskussion um die Bürgerrechte hat sich die polit. Polarisierung in der p. L. verschärft. Während die dem parteioffiziellen Standpunkt zuneigenden Schriftsteller ihre ideolog. Arbeit verstärkten (1975 Gründung der marxist. Künstlergruppe ›Kuźnica‹), erhielten andere, die der gesellschaftl. Situation kritisch gegenüberstanden, nicht selten Publikationsverbot. Den staatl. Zensurmaßnahmen begegnete man durch Veröffentlichungen im westl. Ausland sowie durch illegale Drucke im Land.

polnische Musik. Die alten poln. Volkslieder benutzen fünfstufige Tonleitern (→ Pentatonik) und Kirchentonarten. Stark ausgeprägt war das Tanzlied. Instrumente waren Geige, Dudelsack, Hirtenflöte. Die Tänze des 16. Jh. weisen vorwiegend dt. und ital. Züge auf. Seit der Renaissance gleicht sich die poln. Volksmusik noch stärker an die westeurop. Tonalität an, während sich in der charakterist. Rhythmik der Tänze nationale Eigentümlichkeiten zeigen (Polonaise, Mazurka, Polka, Krakowiak); ihre Form ging später auch in die Kunstmusik ein (bes. F. → Chopin).

Erste kunstmusikal. Zeugnisse entstanden im 14. Jh. in Anlehnung an die dt. und niederländ. Vokalmusik. Im 17. und 18. Jh. entwickelte sich, angeregt durch in Polen wirkende ital. und dt. Künstler, die Instrumentalmusik. Getragen von der nationalen Welle des 19. Jh., gründete der Schlesier F. X. Elsner in Warschau eine Musikschule, aus der u. a. F. Chopin hervorging. S. Moniuszko schuf die poln. Nationaloper ›Halka‹ (1847). Zu einem eigenen Klangstil gelangte K. Szymanowski. Durch J. Koffler fand die Zwölftontechnik Eingang in die p. M. In den 30er und 40er Jahren des 20. Jh. herrschten Folklorismus und Neoklassizismus (A. Tansman, A. Panufnik) vor. Die Techniken der seriellen und experimentellen Musik nahmen insbesondere W. Lutosławski und K. Penderecki auf (seit 1956).

polnische Philosophie. Die Anfänge der p. P. liegen im 14.–15. Jh. Bis zum 18. Jh. war weitgehend die Scholastik bestimmend. Einflüsse der frz. Aufklärung kamen in der 2. Hälfte des 18. Jh. zur Geltung (H. Kołłątaj, S. Staszic, J. Śniadecki). Die Folgezeit war stark von einer romantisch-idealist. Strömung bestimmt. Von der frz. Philosophie (A. Comte) beeinflußt, entwickelte sich die v. a. szientistisch und sozial geprägte Richtung des poln. Positivismus. Von der dt. Philosophie wirkte v. a. F. Brentano auf seinen Schüler K. Twardowski, auf dessen Schule nahezu der gesamte, für die p. P. des 20. Jh. bezeichnende, teils vom Neopositivismus beeinflußte Antiirrationalismus zurückgeht. Eine herausragende Stellung gewann in diesem Zusammenhang die Warschauer Schule der Logik (J. Łukasiewicz, S. Leśniewski, A. Tarski, K. Ajdukiewicz, T. Kotarbiński). Neben dieser analyt. Richtung der Philosophie und der von R. Ingarden vertretenen Phänomenologie wurde nach dem 2. Weltkrieg v. a. die marxist. Philosophie bestimmend (A. Schaff, L. Kołakowski).

Polnischer Korridor, → Korridor.

Polnischer Thronfolgekrieg, der europ. Krieg von 1733 bis 1735/38. Gegenüber dem von Rußland und Österreich unterstützten Sohn Augusts des Starken, dem Kurfürsten Friedrich August II. von Sachsen, wollten die Franzosen Stanislaus Leszczyński auf den poln. Thron bringen. Die Russen vertrieben ihn; der Sachse wurde als August III. von Polen 1734 anerkannt. Doch setzte Frankreich im Bund mit Spanien und Sardinien den Krieg gegen Österreich am Rhein und in Italien erfolgreich fort. Im Wiener Frieden (1738) wurde Leszczyński für Lebzeiten mit Lothringen entschädigt. Neapel-Sizilien wurde Sekundogenitur der span. Bourbonen.

polnische Sprache. Die p. S. gehört zum westl. Zweig der → Slawischen Sprachen und bildet innerhalb dieses Sprachzweigs mit dem Kaschubisch-Slowinzischen und dem Polabischen die **lechische Gruppe.** Kennzeichnende Merkmale sind die Erhaltung der urslaw. Nasale und die feste Betonung auf der vorletzten Silbe sowie das fein differenzierte System palataler Zischlaute (ś, ź, ć). Geschrieben wird das Polnische mit lat. Buchstaben. Für die spezifisch poln. Laute benutzt man Buchstabenkombinationen oder diakrit. Zeichen, z. B. ą [ɔ̃], cz [tʃ], ę [ɛ̃], ł [unsilbisches kurzes u], rz [ʒ], sz [ʃ], ż [ʒ]. Die ältesten poln. Sprachzeugnisse stammen frühestens aus dem 14. Jh. Im 16. Jh. wurde die p. S. unter dem Einfluß von Renaissance, Buchdruck und Reformation zu voller literar. und künstler. Entfaltung gebracht, bes. durch M. Rej, J. Kochanowski und P. Skarga. Die Spracherneuerung begann Ende des 18. Jh. und wurde von den romant. Dichtern (A. Mickiewicz und J. Słowacki) entscheidend gefördert.

Polo [tibetan.] *das, -s/-s,* **1) Pferdepolo,** reiterl. Ballspiel, bei dem 2 Mannschaften von je 4 Spielern mit einem hammerartigen Schläger einen Hartball aus Bambusholz von höchstens 8,25 cm Durchmesser ins gegnerische Tor treiben. **2)** → Radpolo.

Polo 1)

Polo, Marco, der bedeutendste Asienreisende des MA., * Venedig 1254, † ebd. 8. 1. 1324. Er reiste mit seinem Vater Niccolò und dessen Bruder Maffeo 1271 über Bagdad zum Pers. Golf, von Hormus aus durch Iran zum oberen Oxus und durch den Pamir am Lop-nor vorbei nach China (Kathai) zur Stadt Kambaluk (Peking). P. gewann die Gunst des Großchans und wurde Statthalter der Prov. Kiangnan. 1292 verließen die P.s den Chan, fuhren durch das Südchines. Meer, besuchten die Sunda-Inseln und Vorderindien und landeten in Hormus. Von hier kehrten sie über Persien, Armenien und Trapezunt reichbegütert nach Venedig zurück. 1298/99 war P. in genues. Gefangenschaft, hier diktierte er einem Mitgefangenen seinen Reisebericht. Sein Buch war im MA. grundlegend für die Kenntnis Zentral-, Ost- und Südostasiens.

Polonaise [pɔlɔn'ɛ:z, frz. ›poln. Tanz‹], *die, -/-n,* geschrittener Tanz im 3/4-Takt, oft als Einleitung von Bällen ausgeführt.

Polonia, lat. Name für Polen.

Polonium [lat.] *das, -s,* **Po,** silberweiß glänzendes Metall (Übersicht chemische Elemente). Von den mehr als 30 instabilen Isotopen kommen viele in den radioaktiven Uran-, Radium-, Actinium- und Thorium-Zerfallsreihen vor und tragen eigene Bez., z. B. **Radium F.** für ^{210}Po, **Radium A.** für ^{218}Po, **Thorium A.** für ^{216}Po. ^{209}Po hat mit 102 Jahren die größte Halbwertzeit. P. wurde 1898 von Pierre und Marie Curie aus der Pechblende gewonnen und nach Frau Curies poln. Heimat benannt. P. gehört zu den seltensten Elementen, ist chemisch dem Tellur ähnlich, etwa so edel wie Silber und läßt sich elektrochemisch rein darstellen. – Verbindungen: P.-Wasserstoff, PoH_2, ist wenig beständig. Mit Sauerstoff reagiert P. zu P.-Dioxid, PoO_2, von dem eine gelbe und eine rote Form auftreten; mit Halogensäuren, Salpeter- und Schwefelsäure bildet es Salze.

Polowzer, russ. Name der → Komanen.

Pol Pot, kambodschan. Politiker, * in der Prov. Kompong Thom 19. 5. 1928, Mitbegr. der Kambodschan. KP (KPK), seit 1963 Sekretär des ZK der KPK, wurde 1976 MinPräs., nach dem Einmarsch vietnames. Truppen (1979) verdrängt, trat im gleichen Jahr als Regierungschef der von der UNO anerkannten Reg. Kambodschas zurück. Er blieb Führer der Roten Khmer. Während seiner Reg.-Zeit kam es im Rahmen polit. Umerziehungsmaßnahmen zu systemat. Ausrottung von Bev.-Gruppen, wofür er als einer der Hauptverantwortlichen gilt.

Polreagenzpapier, mit einer alkohol. Lösung von Phenolphthalein oder Lackmus und Natriumsulfat getränktes ungeleimtes, holzfreies Papier. Durch Einwirkung von elektr. Strom entsteht am Minuspol eine alkal., am Pluspol eine saure Reaktion.

Polschuhe, ⚡ → Pol 3).

Polschwankung, → Polhöhenschwankung.

Polsequenz, um den Nordpol des Himmels gruppierte Anzahl von Sternen mit abnehmender, genau bestimmter Helligkeit, dient als Standard bei der Helligkeitsbestimmung anderer Sterne.

Polskie Linie Lotnicze [p'ɔlskjɛ l'injɛ lɔtn'itʃɛ], Abk. **LOT,** polnische staatl. Luftverkehrsgesellschaft; Sitz: Warschau (Übersicht Luftverkehrsgesellschaften).

Polstärke, magnetische P., magnetostat. Größe, die der elektr. Ladung der Elektrostatik entspricht (›magnet. Ladung‹). Einheit: Vs (Voltsekunde).

Polster [ahd.] *das, österr.: der, -s/-,* **1)** festes Kissen; Auflegematratze. **2)** weiche Unterlage. **3)** U Fettansammlung: *Fettpolster. ich* **polst(e)re** *es,* fülle weich aus. *ich* **polst(e)re** *Möbel* **auf,** erneuere die P. *ich* **polst(e)re** *es* **aus,** stopfe weich aus.

Polsterer *der, -s/-,* Ausbildungsberuf der Industrie (3 Jahre). Der P. stellt Matratzen und Polstermöbel meist industriell her.

Polsterpflanzen, ausdauernde, polsterig-buschig verästelte und dichtbeblätterte Wüsten-, Felsen-, Alpenpflanzen; im Gartenbau als Rasenersatz, zum Bepflanzen von Trockenmauern u. ä.

Poltawa, Hptst. des Gebiets P., Ukrain. SSR, (1982) 286000 Ew.; wichtiger Verkehrsknoten; Observatorium der Ukrain. Akademie der Wissenschaften; Nahrungsmittel-, Maschinenbau-, elektrotechn., Leder- und Baustoffindustrie. – Im Nordischen Krieg siegte hier Peter d. Gr. 1709 entscheidend über den Schwedenkönig Karl XII.

Polter|abend, der Abend vor der Hochzeit; als Volksbrauch ist oft Zerschlagen von Geschirr üblich (poltern).

poltern [spätmhd.]. *ich* **polt(e)re, 1)** verursache durch Bewegung einen dumpf dröhnenden Lärm: *ein Wagen poltert über die Brücke.* **2)** schelte mit rauher Stimme (oft gutmütig). **3)** feiere den Polterabend. *Adj.* **polt(e)rig.** *der* **Polt(e)rer,** *-s/-,* jemand, der gern schimpft (oft gutmütig). **Poltergeist,** Klopfgeist (ein Hauskobold).

Polwanderung, 🌐 vermutete Verlagerung der Rotationspole der Erde relativ zur Erdoberfläche im Lauf der Erdgeschichte.

poly... [grch.], **1)** viel... **2)** ⚗ Vorsilbe für Verbindungen mit sich wiederholenden Atomgruppen, → Polymerisation.

Polyacrylate, die → Polyacrylsäureester.

Polyacrylharze, Acrylharze, Polymere der Acrylsäure und der Methacrylsäure sowie deren Ester, Amide und Nitrile.

Polyacrylnitril *das, -s, -e,* Abk. **PAN,** durch Fällungspolymerisation von Acrylnitril hergestellter Thermoplast. P. spielt als Kunststoff keine Rolle, kann aber zu Synthesefasern versponnen werden.

Polyacrylsäure, wasserlösl. Polymere von Acrylsäure. P., P.-Amid und ihre Copolymere haben v. a. Bedeutung als Flokkungshilfsmittel.

Polyacrylsäure|ester, Polyacrylate, zähflüssige, bis weichgummiartige, farblose Polymerisationsprodukte der Acrylsäureester ($CH_2 = CH - COOR$), wobei R ein Alkylrest ist; Copolymere mit Styrol, Vinylchlorid oder -acetat, Methacrylsäureester mit Acrylnitril werden u. a. für elast. Harze, Appreturen, Klebstoffe und als Acrylkautschuk für Dichtungsmassen verwendet.

Polyaddition, Reaktion meist versch. Monomerer zu Polymeren **(Polyaddukte)** unter Anlagerung reaktionsfähiger Gruppen (z. B. -OH) an Mehrfachbindungen (z. B. Polyurethane) oder unter Öffnung ringförmiger Moleküle (z. B. Epoxidharze). Die P. verläuft ohne Abspaltung niedermolekularer Stoffe (z. B. Wasser). Bild Kunststoff.

Polyamide, Abk. **PA,** Thermoplaste mit der wiederkehrenden Gruppe -CO-NH-. P. werden durch Polykondensation von Ami-

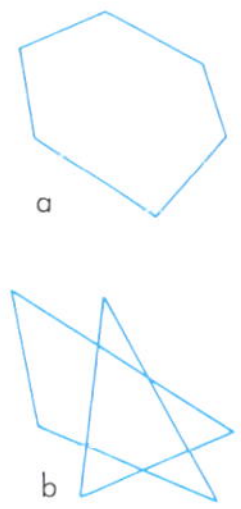

Polygon:
a gewöhnliches sechsseitiges P.,
b überschlagenes P.

Polyklet:
Diadumenos;
römische Marmorkopie,
(Athen, National-
museum)

Polonaise:
Grundrhythmus

Polyamide

|
NH
|
$(CH_2)_6$
|
NH
|
CO
|
$(CH_2)_4$
|
CO
|
NH
|
$(CH_2)_6$
|
NH
|

Polyamid 66

Polyäthylen

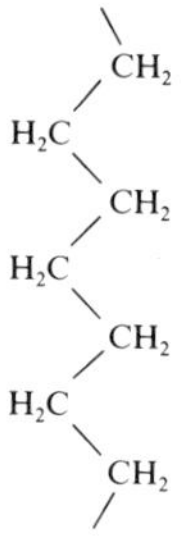

unverzweigte Molekülkette von HDPE

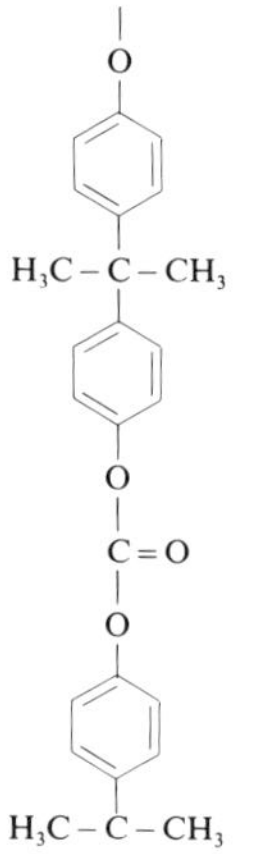

Polycarbonate

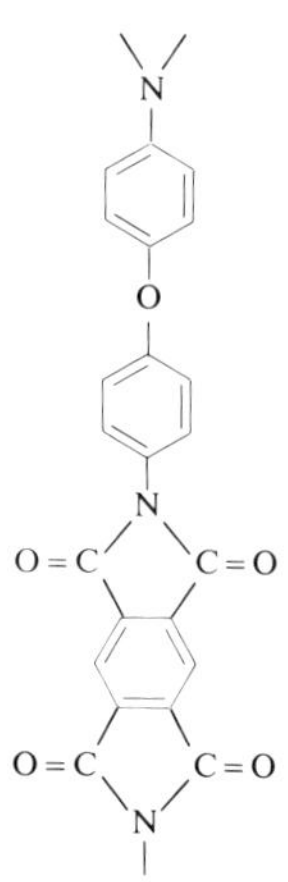

Polyimide

nocarbonsäuren oder von Diaminen mit Dicarbonsäuren, aber auch durch Polymerisation von Lactamen (bes. Caprolactam) in Gegenwart von etwas Wasser gewonnen. Wegen ihrer großen Reißfestigkeit und Verschleißfestigkeit dienen P. v. a. zur Herstellung von Textilfasern (**Polyamidfasern**, z. B. Nylon, Perlon) und haben Bedeutung in der Elektrotechnik, im Maschinen- und Apparatebau und für Verpackungsfolien.

Polyandrie *die, -,* eine Form der Polygamie, → Ehe.

Polyarchie *die, -/. . . ch 'i|en,* die Herrschaft mehrerer in einem Staat; Ggs.: Monarchie.

Polyarthritis, Entzündung mehrerer Gelenke, → Gelenkkrankheiten.

Polyäther *der, -s,* Polymere versch. Struktur, in denen Bausteine der Polymerkette durch Sauerstoffatome (Ätherbindungen) miteinander verknüpft sind.

Polyäthylen, internat. **Polyethylen,** Abk. **PE,** einer der wichtigsten thermoplast. Kunststoffe, chemikalienbeständig, elektrisch isolierfähig, auch zu Folien und Folienbändchen verarbeitbar. Herstellung durch Polymerisation von Äthylen nach mehreren Verfahren: **Weich-P.** (Abk. **LDPE**) bei hohem, **Hart-P.** (Abk. **HDPE**) bei niederem Druck (mit Katalysatoren, → Ziegler-Natta-Verfahren). Verwendung als Isoliermaterial, Kabelumhüllung, Rohrleitungen, Haushaltswaren, Tragetaschen, Transportkästen, Mülltonnen, Tankbehälter, Flachgarn, Spielzeug.

Polybios, grch. Geschichtsschreiber, * Megalopolis in Arkadien um 200 v. Chr., † um 120 v. Chr., war 170/69 Reiterführer des Achaiischen Bundes, kam 167 als Geisel nach Rom, wurde Erzieher und Freund des Scipio Aemilianus. Er verfaßte eine die Epoche von 264 bis 144 v. Chr. umfassende Weltgeschichte in 40 Büchern (nur Buch I–V vollständig erhalten).

Poly-1-buten *das, -s, -e,* Abk. **PB,** durch Polymerisation von 1-Buten mit Ziegler-Natta-Katalysatoren hergestellter thermoplast. Kunststoff. Es wird für Heißwasserleitungen und Folien verwendet.

Polycarbonate, Abk. **PC,** Polyester der Kohlensäure, die durch Polykondensation von Diphenole mit Phosgen oder Diphenylcarbonat erhalten werden. P. sind bes. schlagzähe, glasklare Kunststoffe mit Dauereinsatztemperaturen bis etwa 135°C. Sie werden, z. T. glasfaserverstärkt, für Gehäuse (Trafos, Kameras u. a.), Verglasungen, Schutzhelme, Verkehrszeichen, Eßgeschirr u. a. verwendet.

Polychlorbiphenyle, polychlorierte Biphenyle, Abk. **PCB,** organ. Verbindungen, die durch Substitution mehrerer H-Atome durch Chlor aus Biphenyl entstehen. P. sind wegen ihrer hohen therm. und chem. Stabilität und ihres hohen elektr. Widerstandes als Isolier-, Hydraulik- und Kühlflüssigkeiten bes. geeignet. Durch P. können Leberschäden, Hautkrankheiten (Chlorakne) und Schädigung des Fötus im Mutterleib hervorgerufen werden. Wegen ihrer hohen Beständigkeit und Fettlöslichkeit besteht die Gefahr der Anreicherung über die Nahrungskette. Die Anwendung von P. ist deshalb heute auf geschlossene Systeme beschränkt.

polychromatisches Glas, für das gesamte Farbspektrum photoempfindl. Glas, bei dem durch Belichtung und einen geeigneten ›Entwicklungs‹-Prozeß Farbmuster in dem zunächst transparenten oder undurchsichtigen Glas erzeugt werden.

Polychromie *die, -/. . . m 'i|en,* Vielfarbigkeit, bes. in der bildenden Kunst und im Kunsthandwerk; Ggs.: Monochromie. **polychrom,** vielfarbig, bunt. Polychrom sind die Kunst der Naturvölker und die Volkskunst; ebenso war in der Plastik und weitgehend auch in der Architektur vom Altertum bis zur Frührenaissance P. selbstverständlich; dies zeigen die altoriental. und minoischen Paläste, die ägypt. Plastik, die grch. Tempel und die grch. Plastik, die mittelalterl. Baukunst (→ Inkrustation ital. Fassaden) und Plastik (Naumburger Stifterfiguren), vor allem die Holzbildwerke, die, wie später noch im Barock, farbig gefaßt waren. Die in der Renaissance aufkommende Einfarbigkeit der Plastik setzte sich im Klassizismus durch.

Polydeukes, lat. **Pollux,** grch. Mythos: → Dioskuren.

Polyeder *der, -s/-,* **Vielflach,** aus Vielecken zusammengesetzte geschlossene Fläche oder der von ihr begrenzte Körper.

Poly|elektrolyte, Polymere, an deren Molekülketten negativ (anion. P.) oder positiv (kation. P.) geladene Atomgruppen gebunden sind und die dadurch wasserlöslich sind. Techn. Bedeutung bei der Flockung und beim Polymerfluten (Erdöl) haben z. B. Copolymere aus Acrylamid und Acrylsäure.

Polyene *Pl.,* organ. Verbindungen mit mehreren C = C-Doppelbindungen, z. B. → Diene.

Polyester, Polymere mit der wiederkehrenden Gruppe – CO – O –, die durch Polykondensation von Dicarbonsäuren mit mehrwertigen Alkoholen hergestellt werden. **Gesättigte P.,** amorphe oder teilkristalline **Thermoplaste** mit hoher Steifigkeit und Härte, werden meist aus Terephthalsäure und Äthylenglykol oder 1,4-Butandiol hergestellt. Sie werden zur Erzeugung von Synthesefasern (Handelsnamen z. B. Diolen, Trevira, Terylene), Folien und techn. Artikeln sowie als Lackharze verwendet. Bei der Polykondensation von Alkoholen mit ungesättigten Dicarbonsäuren (z. B. Maleinsäure) entstehen **ungesättigte P.** (Abk. **UP**), die meist in Styrol gelöst als flüssige Reaktionsharze in den Handel kommen. Die Doppelbindungen der ungesättigten P. können mit der des Styrols nach Zugabe von Härtern in der Wärme (Warmhärtung) oder bei Raumtemperatur (Kalthärtung) zu vernetzten, unlösl. und unschmelzbaren Massen polymerisieren (**P.-Kitte**). Ungesättigte P. werden ohne Zusätze als Gießharze sowie als Bindemittel in härtbaren Formmassen und Lacken verwendet. Durch schichtweisen Aufbau aus ungesättigten P. und Glasgeweben (Laminieren) werden z. B. Tanks, Schwimmbecken, Bootskörper u. a. hergestellt.

Polygamie *die, -/. . . m 'i|en,* **Viel|ehe, Mehr|ehe,** Oberbegriff für eine Form der → Ehe; Ggs.: Monogamie.

Polygenie *die, -/. . . n 'i|en,* Genetik: das Zusammenwirken mehrerer Gene bei der Ausbildung eines Merkmals, z. B. Körpergröße.

Polyglobulie *die, -,* → Polyzythämie.

polyglott, vielsprachig, in mehreren Sprachen abgefaßt oder viele Sprachen sprechend.

Polyglotte *die, -/-n,* mehrsprachige Ausgabe von Texten, besonders Bibelausgaben.

Polygnot, grch. **Polygnotos,** grch. Maler der 1. Hälfte des 5. Jh. v. Chr., schuf nach den Perserkriegen bed., aus Beschreibung des Pausanias bekannte Wandgemälde, z. B. den ›Freiermord des Odysseus‹ (Athenatempel von Platää).

Polygon *das, -s/-e,* **Viel|eck,** offener oder geschlossener Streckenzug in der Ebene oder im Raum, z. B. Dreieck oder Pentagramm. (BILD S. 251)

Polygonboden, ⊕ in Periglazialgebieten auftretender Strukturboden, der durch polygonale, meist sechseckige Spaltensysteme gekennzeichnet ist.

Polygraph *der, -s/-en,* Gerät zur gleichzeitigen Registrierung mehrerer Vorgänge. P. werden in der Medizin z. B. zur Aufnahme von → Elektrokardiogrammen und → Elektroenzephalogrammen verwendet. In der Kriminologie dienen sie als → Lügendetektor.

Polygynie *die, -,* eine Form der Polygamie, → Ehe.

Polyhalit, Mineral, $K_2Ca_2Mg[SO_4]_4 \cdot 2H_2O$, rot, gelb und weiß; Kristalle klein, meist derb. P. kommt in großen Mengen in Salzlagern vor.

Polyhistor *der, -s/. . . st 'oren,* Gelehrter, der über das Gesamtwissen seiner Zeit verfügt. Diese umfassende Bildung (Enzyklopädismus) galt bes. dem 17. und 18. Jh. als Ideal. Bed. P. waren Aristoteles, Maimonides, Albertus Magnus und Leibniz. Auch die Philosophie des 19. und des beginnenden 20. Jh. zeigt z. T. einen Zug zum Enzyklopädismus (A. Comte, G. F. W. Hegel, W. Wundt, E. v. Hartmann, O. Spengler).

polyhybrid sind Bastarde, deren Eltern sich in mehr als einem Erbmerkmal unterscheiden.

Polyhymnia, Polymnia, grch. Mythos: die Muse des Tanzes, der Pantomime und des ernsten Liedes.

Poly|imide, Abk. **PI,** hochtemperatur- und chemikalienbeständige Kunststoffe, die Imidgruppen enthalten. Kettenförmige P. haben hohe Festigkeit und können bis zu Dauertemperaturen von 260°C (kurzfristig bis 650°C) eingesetzt werden. Anwendungsgebiete liegen in der Elektrotechnik, Elektronik, Flugzeug- und Raumfahrttechnik.

Poly|isobutene, Abk. **PIB,** durch kation. Lösungspolymerisation von i-Buten hergestellte Thermoplaste. **Niedermolekulares P.** (M = 330–1 600 g/mol) ist ein viskoses Öl, das als Klebrigmacher in Klebstoffen und Dichtungsmassen sowie als Isolieröl dient. **Mittelmolekulares P.** (M = 20000–100000 g/mol) ist klebrig-plastisch. Es ist Bestandteil von Klebstoffen und Dichtungsmassen sowie Verbesserer des Viskositätsindex. **Hochmolekulares P.** (M > 1 Mio.) ist gummiartig, wenig fest und neigt zur Kriechverformung. Es wird in Form von Folien für Behälterauskleidungen, Abdichtungen u. a. verwendet.

Polykarp, Bischof von Smyrna, † 155/56 (spätestens gegen 168/69), Märtyrer und Heiliger (Tag: 23. 2. in der lat. Kirche; 25. 1. und 23. 2. in der Ostkirche).

Polyklet, grch. **Polykleitos,** grch. Bildhauer der 2. Hälfte des 5. Jh. v. Chr. Seine Bronzestatuen, bes. des Doryphoros und Diadumenos, sind in zahlreichen röm. Marmorkopien erhalten. Ob P. das Goldelfenbeinbild der Hera in Argos (Kopf auf Münzen wiedergegeben) geschaffen hat, ist unsicher. Seine Schrift ›Kanon‹ (→ Kanon 5) legte die Maßverhältnisse des menschl. Körpers fest. Seine gedrungenen Gestalten verkörperte er im klass. Kontrapost (BILD Kontrapost und BILD S. 251).

Polykondensation, Reaktion, bei der meist 2 versch., mit reaktionsfähigen Gruppen ausgestattete Monomere unter Abspaltung kleinerer Moleküle (z. B. H_2O, CH_3OH) zu Polymeren (Polykondensatoren) umgesetzt werden (z. B. → Polyester).

Polykrates, Tyrann von Samos (um 538 v. Chr.), beherrschte mit seiner großen Flotte weithin das Ägäische Meer. Er entfaltete eine großartige Bautätigkeit und zog Dichter und Künstler an seinen Hof. Durch den pers. Satrapen Oroites wurde er nach Magnesia gelockt und getötet (522). - Schiller: ›Der Ring des P.‹ (1797).

Polykristall, Vielkristall, aus vielen Kristalliten (Kriställchen) aufgebautes **Kristallaggregat;** Ggs.: Einkristall.

Polymere [grch. ›vielfältig‹], *Sg. das* **Polymer,** *-s, das* **Polymere,** *-n,* ⚗ Verbindungen, deren Moleküle aus einer großen Anzahl Struktureinheiten **(Monomere)** aufgebaut sind. Die **Homopolymere** bestehen aus gleichen, die **Copolymere** aus versch. Struktureinheiten. Die mittlere Anzahl der im P.-Molekül enthaltenen Struktureinheiten wird **Polymerisationsgrad** genannt. **Bio-P.** sind am Aufbau der belebten Natur beteiligt, z. B. Cellulose, Stärke, Nucleinsäuren. **Synthet. P.** werden durch Polyreaktionen (Polymerisation, Polykondensation, Polyaddition) hergestellt. Sie haben als Kunststoffe große Bedeutung.

Polymerie [zu Polymere] *die, -/... r'i|en,* Genetik: additives Zusammenwirken mehrerer Erbfaktoren.

Polymerisation *die, -/-en,* Reaktion zur Synthese von Polymeren, bei der ungesättigte Monomere (meist mit Doppelbindungen) an aktive Atomgruppen (Radikale, Ionen) angelagert werden. Die P. wird durch Energie (Wärme, Strahlung) und/oder Initiatoren eingeleitet und läuft als Kettenreaktion ab. Zum Start radikalischer P. dienen Initiatoren, die beim Erwärmen in Radikale zerfallen (Dibenzoylperoxid u. a.). Der Start einer P. ist auch durch Ionen oder Metallkomplexe möglich.

Polymerisationsgrad, → Polymere.

Polymeth|acrylate, thermoplast. → Kunststoffe, die durch radikalische Polymerisation von Methacrylsäureestern hergestellt werden. Besondere Bedeutung hat **Polymethylmeth|acrylat** (Abk. **PMMA),** das sich durch opt. Klarheit und Witterungsbeständigkeit auszeichnet und eine etwa sechsmal höhere Schlagzähigkeit als Glas hat. Es wird als **Acrylglas** für Verglasungen, Zeichengeräte, Einbettungen empfindl. Präparate u. a. verwendet. Formteile werden u. a. im Sanitärbereich eingesetzt.

Polymetrik, Polymetrie, in der mehrstimmigen Musik das gleichzeitige Gegeneinanderstellen versch. metrischer Bildungen, z. B. eine Gruppe im 3/4- gegen eine Gruppe im 4/4-Takt.

Polymorphie *die, -,* **1)** Vielgestaltigkeit. **2)** ⚗ die Erscheinung, daß ein chem. Element oder eine Verbindung in zwei **(Dimorphie)** oder mehr **(Tri-, Tetramorphie)** kristallinen Phasen (polymorphe Modifikationen) auftreten kann, z. B. FeS_2: Pyrit-Markasit; SiO_2: Quarz-Tridymit-Cristobalit-Coesit; TiO_2: Rutil-Anatas-Brookit; $CaCO_3$: Calcit-Aragonit. Die Modifikationen eines Stoffs unterscheiden sich oft durch ihre Kristallklassenzugehörigkeit, stets aber nach dem Kristallgitter. Modifikationsänderungen verlaufen entweder nur in eine Richtung (Monotropie) oder erfolgen an einem scharf definierten Umwandlungspunkt beliebig oft nach beiden Seiten (Enantiotropie). → Allotropie. Weicht die äußere Symmetrie bei Kristallen von der inneren ab, spricht man von **Heteromorphie. 3)** der → Polymorphismus.

Polymorphismus *der, -,* **Polymorphie, Pleomorphismus, 1)** Ausbildung versch. Formen der Individuen einer Art, z. B. Verschiedengestaltigkeit der beiden Geschlechter **(Sexualdimorphismus),** geschlechtl. und ungeschlechtl. Generation bei Generationswechsel oder der Individuen zeitl. getrennter Generationen **(Saisondimorphismus).** Bei staatenbildenden Insekten ist meist ein **sozialer P. (Kasten-P.)** vorhanden. **2)** das gleichzeitige Vorkommen mehrerer genetisch versch. diskontinuierl. Phänotypen (→ Variabilität) innerhalb einer Population als Folge chromosomaler Strukturveränderung **(Chromosomen-P.).**

Polyneikes, grch. Mythos: Bruder der Antigone und des Eteokles.

Polyneside [von Polynesien] *Pl.,* das rass. Grundelement der Inselbevölkerung Mikronesiens und Polynesiens. Die P. gehören nach E. v. Eickstedt als Nebenrasse zum europiden Rassenkreis und sind gekennzeichnet durch übermittelgroßen, kräftigen Wuchs, lichtbraune Haut, lange braune Haare, braune, auch braungrünliche Augen, vorspringende, oft scharfrückige Nase, regelmäßige Gesichtszüge mit vorwiegend südeuropidem Gepräge.

Polynesi|en, die Inselgruppen im zentralen Pazif. Ozean, östlich von Melanesien und Mikronesien, zusammengefaßt nach der einheitl. eingeborenen Bevölkerung (→ Polynesier), rd. 45000 km², etwa 1,4 Mio. Ew. (ohne Neuseeland). Zu P. gehören die Hawaii-Inseln, die Zentralpolynes. Sporaden, Phoenix-, Tokelau-, Samoa-, Tonga-, Cook-, Gesellschafts-, Tubuai-, Tuamotu-, Marquesas-Inseln. Im O reicht P. bis zur Osterinsel, im SW schließt es die Kermadec-Inseln und Neuseeland ein; die Fidschi-Inseln sind Übergangsgebiet zu Mikronesien (KARTE VI/VII, n. S. 320).

Die Inseln sind meist Korallenatolle oder vulkan. Ursprungs. Das Klima ist überwiegend tropisch. Anbau von Kokospalmen, Zuckerrohr, Bananen, Pandang u. a.; daneben Fischfang; früher Perltauchen. Die Inseln sind strateg. Basen und Stützpunkte im Transpazifikverkehr. - Politisch ist P. zw. den USA, Großbritannien, Frankreich, Chile und Neuseeland aufgegliedert; West-Samoa, Tonga und Fidschi sind selbständig.

Polynesi|er *Pl.,* die einheim. Bewohner → Polynesiens, die rassisch (→ Polyneside), sprachlich und kulturell eng verwandt sind. Einer ersten Besiedlung Zentralpolynesiens (Tonga, Samoa) um 1200 v. Chr. folgten Ausbreitungen zu allen bewohnbaren Inseln, z. T. mit Mehrfachbesiedlungen. Als Herkunftsland nennen die P. ein im W liegendes Hawaiki. Trotz der großen Entfernungen zeigen die Inselgruppen Gemeinsamkeiten: Polytheismus, Priester als Verbindung zu den Gottheiten, eine soziale Schichtung in Adlige, Freie und z. T. auch Sklaven sowie - anders als in den anderen Kulturen Ozeaniens - eine Berufsgruppe von Handwerkern und Künstlern, die sogar einen eigenen Gott hatte. Aus Holz, seltener aus Stein (→ Osterinsel) gefertigte figurale Götterdarstellungen haben bes. auf Hawaii (hier neben vorzügl. Federarbeiten), den Marquesas-Inseln, Neuseeland (Maori) und auf Nukuoro ein hohes Maß an künstler. Entfaltung erreicht. Hervorragende Beispiele sind die Darstellung des Gottes Te Rongo und die Stabgötter von den Cook-Inseln, v. a. von Rarotonga. Eine bed. Rolle spielt die ornamentale Oberflächengestaltung, die sich an die Tatauierung menschl. Gesichter anlehnt, in geradlinig-geometr. (Tonga-, Samoa-, bes. Cook- und Tubuai-Inseln) oder kurvig-linearen Mustern (Neuseeland, Marquesas-Inseln). Hochentwickelt waren Bootsbau und Navigation. Wesentl. Vorstellungen der P. waren Mana (die überaus wirkungsvolle Kraft) und Tabu (der Inbegriff des zu Meidenden). Von den Europäern wurden die P. in der Spätaufklärung als Naturmenschen verherrlicht; im 19. Jh. wurde unter europ. Einfluß ihre Zahl dezimiert, ihre Kultur weitgehend zerstört.

Polyneuritis [grch.], Nervenentzündung, die mehrere Nerven befällt. Anzeichen: Einschlafen der Glieder, Schmerzen, Muskelschwäche, schließlich schlaffe Lähmungen. Ursachen sind Infektions-, Stoffwechsel-, Mangelkrankheiten, Vergiftungen u. a. Behandlung: je nach Grundkrankheit.

Polynom [grch.] *das, -s/-e,* ein mathemat. Ausdruck aus 2 oder mehr additiv oder subtraktiv verknüpften Gliedern, in denen neben Zahlen (Koeffizienten) eine oder mehrere Unbestimmte $x, y, z \ldots$ auftreten; z. B. $P(x) = 3 + 7x - 2x^3$. Bei P. mit einer Unbestimmten heißt der größte auftretende Exponent der Unbestimmten der Grad des P. (im Beispiel: 3). P. sind einfache → Funktionen. Jedes Glied eines P. heißt ein **Monom.**

Polynucleotide, → Nucleinsäuren.

Poly|olefine, Kunststoffe, Polymerisate von Olefin-Kohlenwasserstoffen, → Polyäthylen, → Polypropylen, → Poly-1-buten, → Polyisobutene.

Polyosen *Pl.,* die → Hemicellulosen.

Polyoxymethylen, Abk. **POM,** thermoplast. Kunststoff, dessen Molekülketten aus Oxymethyleneinheiten $-CH_2-O-$ aufgebaut sind und der zu den Polyäthern gehört. P. wird durch Polymerisation von Formaldehyd oder Trioxan hergestellt. Es ist milchig-trüb und zeichnet sich durch hohe Härte, Steifigkeit, Zähigkeit und Formbeständigkeit in der Wärme aus. P. wird als Konstruktionswerkstoff häufig an Stelle von Metallen verwendet.

Polyp [grch. ›Vielfuß‹] *der, -en/-en,* **1)** die festsitzende Form der → Hydrozoen und der → Scheibenquallen. **2)** $ gutartige, meist gestielt aufsitzende Wucherung der Schleimhäute. P. kommen vor im Magen, in der Gebärmutter oder in der Nase; sie können bes. im Darm zahlreich auftreten **(Polyposis).** Da ihre bösartige Entartung möglich ist, sollten alle P. entfernt oder zumindest regelmäßig kontrolliert werden. - Volkstümlich werden auch → adenoide Wucherungen der Rachenmandeln als P. bezeichnet.

Polyphem, grch. Mythos: einer der → Kyklopen. Er wurde von Odysseus überlistet und geblendet.

Polyphonie *die, -,* ♪ die Mehrstimmigkeit einer Komposition, bei der jeder Stimme selbständige melod. Bedeutung zukommt; Ggs.: Homophonie. Die Lehre von der Nebeneinanderführung versch. selbständiger Stimmen ist der → Kontrapunkt. Ein wichtiges Kunstmittel der P. ist die → Nachahmung. Blütezeiten des rein polyphonen Stiles liegen im 14. Jh. (G. de Machaut) und im 16. Jh. (A-cappella-P. von Palestrina und Orlando di Lasso) sowie im frühen 18. Jh. (harmon. P., J. S. Bach) und im frühen 20. Jh. (atonale P., A. Schönberg). - *Adj.* **polyphon.**

polyphyletisch, von mehrfachem Ursprung (→ Polyphylie).

Polyphylie *die, -,* **Mehrstämmigkeit,** Biologie: stammesgeschichtl. Herkunft systemat. Gruppen von Organismen von nicht miteinander verwandten Vorformen.

Polyplo|idie *die, -,* das Vorhandensein von mehr als 2 Chromosomensätzen im Zellkern. Die P. entsteht durch Mutation oder künstlich z. B. durch Colchicin; sie war vermutlich bei der stammesgeschichtl. Entwicklung der Organismen von Bedeutung. Heute wird P. in der Züchtung neuer Kulturpflanzen genutzt.

Polypol, eine → Marktform, bei der vielen kleinen Anbietern viele kleine Nachfrager gegenüberstehen.

Polypropylen, Abk. **PP,** durch Polymerisation von Propylen hergestellter thermoplast. Kunststoff. Bei 30-80 °C, niedrigem Druck (1-5 bar) und in Gegenwart von Ziegler-Natta-Katalysatoren wird überwiegend **isotakt. P.** gebildet. Es ist teilkristallin und

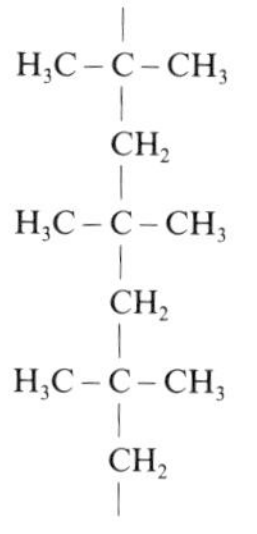

Polyisobuten

Polymere

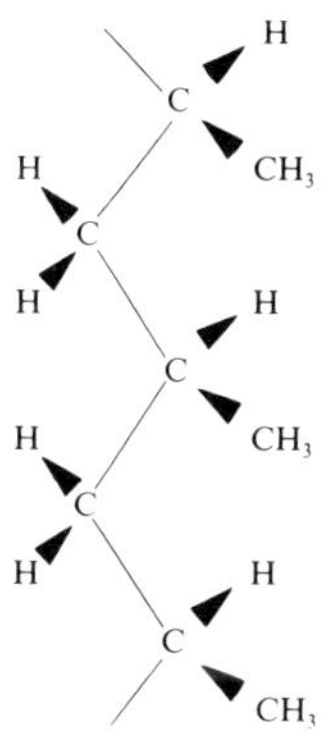

isotaktisches Polypropylen

Polymethacrylate

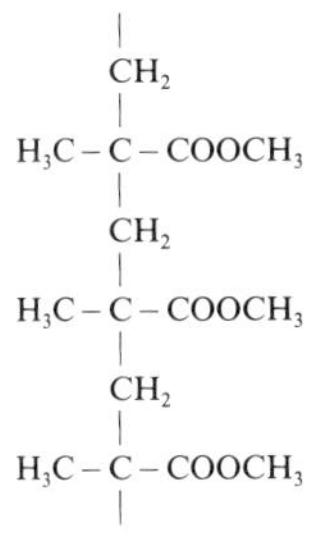

Polymethylmethacrylat

1 Zeile einbringen

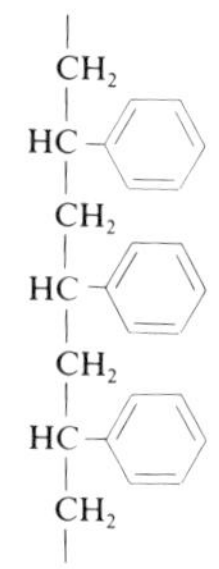

Polystyrol

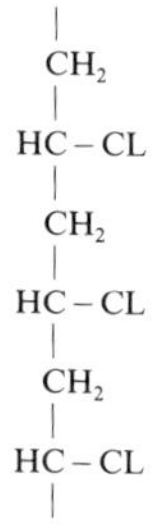

Polyvinylchlorid

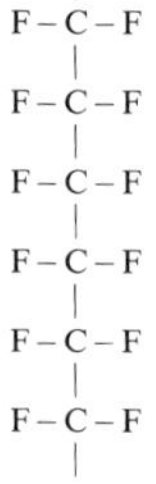

Polytetrafluoräthylen

hat höhere Festigkeit und eine höhere Erweichungstemperatur als Polyäthylen. Es wird u. a. zu Spritzgießteilen für die Elektrotechnik, den Automobilbau, Chemieapparate, Haushaltsgeräte und zu Rohren verarbeitet.

Polyrhythmik, gleichzeitiges Auftreten versch., nicht ohne weiteres miteinander vereinbarer Rhythmen.

Polysaccharide, Glykane, hochpolymere Kohlenhydrate, in denen Monosaccharide oder ihre Derivate durch glykosid. Bindungen miteinander verknüpft sind, z. B. Cellulose, Stärke, Pektine.

Polysäuren, chem. Verbindungen, die durch Wasserabspaltung aus einfachen anorgan. Säuren entstehen, z. B. Kieselsäure.

Polysemie *die -,* Ⓢ Mehrdeutigkeit eines sprachl. Zeichens, z. B. eines Satzes (›er tötete den Mann mit der Pistole‹, d. h. ›den Mann, der eine Pistole bei sich trug‹ oder ›durch einen Pistolenschuß‹).

Polystyrol, Abk. **PS,** durch Polymerisation von Styrol hergestellter amorpher, thermoplast. Kunststoff. P. ist glasklar, hat mittlere Festigkeit und Härte sowie geringe Schlagzähigkeit. Die maximale Dauereinsatztemperatur liegt bei etwa 50°C. P. ist ein billiger Massenkunststoff, der durch Extrudieren, Spritzgießen u. a. Verfahren zu Bauteilen für Radio- und Fernsehgeräte, Einwegverpackungen für Lebensmittel, Textilien und Spielzeug, Tablettenröhrchen u. a. verarbeitet wird. **Schlagfestes P.** ist ein Zweiphasensystem aus hartem P. und darin eingelagerten feinen Kautschukpartikeln, die dem Werkstoff höhere Zähigkeit verleihen.

Polysulfone, hochtemperaturbeständige, thermoplastische Kunststoffe mit der wiederkehrenden Gruppe $-C_6H_4-SO_2-C_6H_4-$; z. B. in der Elektrotechnik, für thermisch beanspruchte Bauteile von Haushaltsgeräten oder heißsterilisierbare medizinisch-techn. Teile verwendet.

Polysyndeton *das, -s/... ta,* Ⓢ Aneinanderreihung einer Anzahl von Begriffen durch Konjunktion: ›Und es wallet und siedet und brauset und zischt‹. Ggs.: Asyndeton (Übersicht Redefiguren).

polysynthetisch, vielfach zusammengesetzt; ein Sprachtypus, → Sprache.

Polytänchromosomen, Riesenchromosomen, überdimensionale Chromosomen, die z. B. in den Kernen der Speicheldrüsenzellen von Taufliegenlarven vorkommen. P. entstehen durch Chromosomenpaarung und unter dauernder ›Selbstverdoppelung‹ der Desoxyribonucleinsäure bis zu vielsträngigen (polytänen) Strukturen, in denen die Feingliederungen als Querscheiben zu erkennen sind.

Polytechnikum, ⚲ höhere technische Fachschule.

polytechnische Bildung, umfassende naturwissenschaftlich-techn. Ausbildung, die für alle allgemeinbildenden Schulen der kommunist. Staaten verpflichtender Bestandteil ist. Sie wird als Teil der allg. und der berufl. Ausbildung verstanden. Die p. B. wird in enger Verbindung zw. Schule und sozialist. Produktion der Betriebe vermittelt. Die pädagog. Absicht, auf den Eintritt in die industrielle Arbeitswelt vorzubereiten und dabei die schulische Ausbildung als Moment gesellschaftl. Erneuerung zu nutzen, läßt sich heute in ähnl. Form in allen Industriestaaten feststellen.

Polytetrafluor|äthylen, Abk. **PTFE,** durch Polymerisation hergestellter Kunststoff. P. läßt sich nicht unzersetzt schmelzen, so daß eine Formgebung nur durch Pressen und Sintern möglich ist. Es ist chemikalien- und temperaturbeständig, unbrennbar und zeichnet sich außerdem durch geringe Haftfähigkeit und sehr gute Gleiteigenschaften aus; Verwendung im chem. Apparatebau, in der Elektrotechnik, zum Beschichten von Bratpfannen u. a.

Polytetrahydrofuran, dickflüssige bis wachsartige Polymere mit dem Strukturelement $-O-CH_2-CH_2-CH_2-CH_2-$. Das zu den Polyäthern gehörende P. wird zur Herstellung von Elastomerfasern verwendet.

Polytheismus, Vielgötterei, Anerkennung und Verehrung mehrerer Götter, bes. ausgeprägt in den antiken Religionen, in den mesoamerikan. Hochkulturen, im späteren Hinduismus und in Naturreligionen; Ggs.: Monotheismus; Zwischenform zw. beiden ist der → Henotheismus.

polytonal, eine Musik, die versch. Tonarten gleichzeitig verwendet. **Polytonalität** findet sich in vielen Werken seit 1910, so bei I. Strawinsky, D. Milhaud.

Polyurethane, Abk. **PUR,** durch Polyaddition aus Polyalkoholen und Di- sowie Polyisocyanaten gebildete, linear aufgebaute oder vernetzte Kunststoffe, die als kennzeichnendes Bindeglied die Urethangruppe $-NH-CO-O-$ enthalten. Als Polyalkohole dienen bevorzugt OH-Gruppen enthaltende Polyester und Polyäther. P. werden für Schaumstoffe, für sehr beständige Anstriche und Beschichtungen, Spezialklebstoffe, Fasern und elast. Kunststoffe (→ Kunstkautschuk) verwendet.

Polyurie *die, -,* **Harnflut,** ⚕ die → Harnruhr.

Polyvinyl|acetale, Kunststoffe, die durch Polykondensation von Polyvinylalkohol mit Aldehyden oder Ketonen hergestellt werden. Verwendung u. a. auf dem Lack- und Anstrichgebiet, zur Herstellung von Klebstoffen, Fasern und als Zwischenschichtfolien für Sicherheitsglas.

Polyvinyl|acetat, → Polyvinylester.

Polyvinyl|alkohol, durch Verseifen von Polyestern, bes. Polyvinylacetat, erhaltener wasserlösl. Polymeres; Verwendung z. B. für Klebstoffe, Appreturen, als Seifenzusatz und Imprägnierungsmittel, zur Herstellung von treibstoffesten Schläuchen und Dichtungen, Folien.

Polyvinyl|äther, öl-, harz- oder gummiartige Polymerisate von Vinyläthern, zur Herstellung von Klebstoffen, Klebebändern; z. T. auch Verwendung in der Gummiindustrie.

Polyvinylchlorid *das, -s/-e,* Abk. **PVC,** thermoplast. Kunststoff, der aus Vinylchlorid durch Polymerisation hergestellt wird. P. ist wegen seines hohen Chlorgehalts schwer entflammbar und gegen Chemikalien sehr beständig. Es dient deshalb ohne Weichmacherzusatz als **Hart-PVC** im chem. Apparatebau zum Auskleiden von Behältern oder für Rohrleitungen (Abflußrohre, Dachrinnen) sowie zur Herstellung von Formteilen. P. wird z. B. im Spritzguß- und Strangpreßverfahren verarbeitet, läßt sich biegen, schweißen, verformen und verschäumen. Das durch Weichmacher ›weichgestellte‹ P., **Weich-PVC,** dient zur Isolierung und Ummantelung von Drähten und Kabeln, zur Herstellung von Wand- und Betonbelägen, Schläuchen, Profilen, Folien, Schaumstoffen und Kunstleder sowie zur Beschichtung von Blechen.

Polyvinyl|ester, durch Polymerisation von Vinylestern hergestellte Polymere. **Polyvinylacetat,** der wichtigste P., zeichnet sich durch hohe Licht- und Wetterbeständigkeit aus. Verwendung als Bindemittel für Dispersionsfarben und in Klebstoffen sowie zur Herstellung von Polyvinylalkohol.

Polyvinylharze, Kunstharze (→ Harze), die durch Polymerisation von Monomeren mit Vinylgruppe erhalten werden, z. B. Polyvinylester, Polyvinyläther, Polyvinylchlorid.

Polyvinylidenchlorid, Abk. **PVDC,** durch Polymerisation von Vinylidenchlorid hergestellte Polymere. Copolymere mit Vinylchlorid, Acrylnitril u. a. zeichnen sich durch geringe Wasserdampfdurchlässigkeit aus und werden zum Beschichten von Papier, Cellophan u. a. verwendet.

Polyzentrismus *der, -,* kommunist. Schlagwort, von P. Togliatti zur Kennzeichnung der in den einzelnen Ländern unterschiedl. Arbeitsbedingungen der kommunist. Parteien verwendet; in der nichtkommunist. Welt gebraucht, um best. Vorgänge in der kommunist. Welt zu verdeutlichen: die Bildung von 2 rivalisierenden kommunist. Führungszentren, Moskau und Peking, und den begrenzten Spielraum für andere kommunist. Staaten.

polyzyklische Aromaten, polyzyklische aromatische Kohlenwasserstoffe, Abk. **PAK,** Kohlenwasserstoffe, die aus mehreren kondensierten Benzolringen aufgebaut sind. Sie kommen im Steinkohlenteer, Zigarettenrauch und Autoabgasen vor. P. A. mit 4 bis 6 Benzolringen, z. B. → Benzo(a)pyren, gehören zu den krebserzeugenden Stoffen.

Polyzythämie *die, -/... m'i|en,* deutl. Erhöhung der Anzahl der roten Blutkörperchen (**Polyglobulie, Hyperglobulie**) infolge vermehrter Blutbildung im Knochenmark. Auch die Zahl der weißen Blutkörperchen und der Blutplättchen ist erhöht. Milz und Leber sind meist etwas vergrößert, der Blutdruck ist häufig erhöht. Das Herz wird durch die gesteigerte Viskosität des Blutes erheblich belastet, wodurch Herzinsuffizienz entsteht. Die Kranken zeigen eine auffallend rote, etwas ins Bläuliche spielende Farbe der Haut und der Schleimhäute und neigen zu Thrombosen. Die Ursache der P. ist unbekannt. Behandlung: radioaktiver Phosphor, Zytostatika. – Eine **symptomat. P.** kann auftreten bei länger währendem Aufenthalt in größeren Höhen, ferner bei Herzfehlern und Lungenkrankheiten.

Polzin, Bad P., poln. **Połczyn Zdrój** [p'ɔłtʃin zdruj], Stadt in der poln. Wwschaft Koszalin (Köslin), (1975) 8000 Ew., ehem. im Kr. Belgard, in der Pommerschen Schweiz; Moor-, Sol- und Stahlbad.

POM, Abk. für → **Polyoxymethylen.**

Poma, Antonio, ital. Kardinal, * Villanterio (Prov. Pavia) 12. 6. 1910, seit 1968 Erzbischof von Bologna.

Pomade [frz. pommade] *die, -/-n,* ⚲ wohlriechende Haarsalbe. **pomadig,** U langsam, schwerfällig, stumpf. *ich* **pomadisiere** *das Haar,* bestreiche mit P.

Pomaken *Pl.,* bulgar. **Pomazi,** muslim. Bulgaren, bes. in den Tälern des Rhodope-Gebirges und des mittleren Balkans, rd. 120000 Menschen.

Pombal [pɔ̃mb'al], Sebastião José **de Carvalho e Mello** [de karv'aʎu ɛ m'ɛlu], Graf von **Oeyras** [o'ɛjraʃ] (1755), Marquis von P. (1770), portugies. Staatsmann, * Lissabon 13. 5. 1699, † Pombal 8. 5. 1782; 1750–77 leitender Min. König Josephs I., führte im Geist des aufgeklärten Absolutismus Reformen im Schul-, Finanz-, Rechts- und Heerwesen durch, die aber nach seinem Sturz meist aufgehoben wurden. 1759 vertrieb er die Widerstand leistenden Jesuiten aus Portugal und den portugies. Kolonien. Seine Wirtschaftspolitik war merkantilistisch; P. leitete tat-

Pombal

kräftig den Wiederaufbau Lissabons nach dem schweren Erdbeben von 1755.

Pombe [Suaheli] *das, -s,* bierartiges, sättigendes Getränk aus gemalztem Hirsekorn (Sorghum), bes. in O- und SO-Afrika.

Pomeranze [ital.-pers.] *die, -/-n,* **Bitter|orange, Citrus aurantium,** in SO-Asien beheimateter, im Mittelmeerraum kultivierter Baum; Früchte, Fruchtschalen und Blätter werden in der Parfümerie-, Likör- und Limonadenfabrikation verwendet.

Pomesani|en, altpreuß. Landschaft am rechten Weichselufer von Graudenz bis Elbing. Seit 1243 gab es ein Bistum P. 1283 begann die dt. Besiedlung. Der zum Hzgt. Preußen gehörende Teil des Bistums wurde 1525 lutherisch. Die kath. Teile kamen 1821 an das Bistum Ermland.

Pommer *der, -s/-,* altes Holzblasinstrument, der → Bomhart.

Pommerellen, Pomerellen, poln. **Pomorze** [pɔm'ɔʒɛ], Landschaft westlich der unteren Weichsel und nördlich der Netze, ist im wesentlichen auf die Wwschaften Gdańsk (Danzig) und Bydgoszcz (Bromberg) aufgeteilt. Im N bilden die Weichselhöhen waldige Hügel, die Mitte und den S nehmen sandige, bewaldete Ebenen ein.

Geschichte. Das von → Kaschuben und seit dem 13. Jh. auch von Deutschen dünnbesiedelte slaw. Hzgt. P. (Hptst.: Danzig) reichte im W bis zur Persante. Als das Herzogshaus 1294 ausstarb, kam das westl. P. an Pommern und der östl. Hauptteil 1309 an den Dt. Orden. Dieses Gebiet kam 1466 unter poln. Hoheit und bildete als eigene Woiwodschaft mit Marienburg, dem Culmer Land und Ermland das ›Königliche Preußen‹, das 1569 seine Sonderstellung weitgehend verlor. 1772 kam P. an Preußen, 1919 an Polen.

Pommern, dt. Neustamm an der Ostseeküste zw. Rügen und der Danziger Bucht, seit dem 12. Jh. entstanden aus einer Mischung westslaw. Urbevölkerung mit geringen ostgerman. Beimischungen und niederdt., holländ. und wenigen schwed. Kolonisten. In Sprache und Kultur überwogen in Vorpommern niedersächs., in Mittelpommern niederfränk. und in O-Pommern mitteldt. Züge. Im W galt urspr. Lübisches, in Mittelpommern Magdeburger, im O vereinzelt Culmer Recht. Siedlungsformen waren das Straßen- oder das Angerdorf. Die P. wurden aus den seit 1945 polnisch verwalteten Gebieten ausgewiesen und sind über die Bundesrep. Dtl. und die Dt. Dem. Rep. verstreut.

Pommern, ehem. preuß. Prov., (1933) 30208 km², 1,88 Mio. Ew., Hptst.: Stettin. (FARBTAFEL Deutsche Wappen und Flaggen)

Landesnatur. P. erstreckt sich südlich der Ostsee von der Darßer Nehrung im W bis zum Zarnowitzer See im O. Die untere Oder mit Dammschem See, Papenwasser und Stettiner Haff trennt **Vorpommern** (West-P.) von **Hinterpommern** (Ost-P.). Die Oberflächengestalt P.s ist von eiszeitlichen Aufschüttungen geformt worden. Ost-P. wird von der **Pommerschen Seenplatte,** die durch die Erhebungen (200–260 m), tief eingeschnittenen Flußtäler, zahlreichen Seen bewegte Formen aufweist, durchzogen; am reizvollsten ist die Pommersche Schweiz bei Polzin. Dem Hügelland ist eine breite Ausgleichsküste mit Strandseen (u. a. Jamunder, Garder, Lebasee) vorgelagert. Die flache Küste Vorpommerns ist durch buchtenreiche Inseln (Rügen, Hiddensee, Greifswalder Oie, Usedom, Wollin), Bodden und Haffe reich gegliedert. Flüsse: die Oder mit ihren Mündungsarmen und den Nebenflüssen Plöne, Ihna, Stepenitz, Uecker, Peene; in Hinterpommern die Küstenflüsse Rega, Persante, Wipper, Stolpe, Lupow und Leba. Die bedeutendsten Seen neben dem Stettiner Haff und den Küstenseen sind Madü-, Plöne-, Dratzig-, Vilm-, Groß-Lübbe-See. In der Wirtschaft überwogen Land- und Forstwirtschaft (Roggen, Hafer, Kartoffeln, Zuckerrüben, Gerste, Weizen; Pferde-, Rinder-, Schweinezucht); in der Ostsee Fischerei. Die Industrie war bes. in Stettin konzentriert (Maschinen, Textilien, Papier, Schiffbau u. a.). P. hatte in den Seebädern bed. Fremdenverkehr.

Geschichte. Nach dem Abzug ostgerman. Stämme wanderten bis zum 6./7. Jh. Slawen ein, die das Land Pomorje (›Küstenland‹) nannten. Der Christianisierung durch Bischof Otto von Bamberg (1124–28) und der Gründung des Bistums Wollin 1140 (1176 nach Cammin verlegt) folgte die allmähliche Eindeutschung. Die slaw. Herzöge wurden 1181 Reichsfürsten. Wiederholt wurde P. geteilt (1295 in P.-Wolgast und P.-Stettin). 1317 kamen Schlawe und Stolp, 1325 Rügen an P. 1534 wurde die Reformation eingeführt. 1637 starb das Herzogtum der Greifen aus. Dadurch wurde der Erbvertrag mit Brandenburg wirksam, doch konnte Kurfürst Friedrich Wilhelm 1648 nur Hinter-P. gewinnen. Vor-P. fiel an Schweden. 1720 erhielt Preußen das Gebiet bis zur Peene, 1815 den Rest (Neuvor-P. mit Stralsund und Rügen). Die 1815 gebildete Prov. P. gliederte sich in die RegBez. Köslin, Stettin und (bis 1932) Stralsund. 1938 wurde der nördl. Hauptteil der Grenzmark Posen-Westpreußen als RegBez. Schneidemühl an P. angegliedert. 1945 kam durch die Oder-Neiße-Linie Vor-P. bis westlich von Stettin zur sowjet. Besatzungszone (1952 auf die Bez. Rostock und Neubrandenburg verteilt), das übrige P. unter poln. Verwaltung: im wesentlichen Woiwodschaften Szczecin (Stettin) und Koszalin (Köslin).

Pommersches Haff, das → Stettiner Haff.

Pommersfelden, Gem. im Kr. Bamberg, Bayern, (1984) 2200 Ew. – Das prunkvolle Barockschloß Weißenstein wurde für Fürstbischof Lothar Franz von Schönborn 1711–18 von J. Dientzenhofer und J. L. v. Hildebrandt erbaut.

Pommes frites [pɔmfr'it, frz.] *Pl.,* roh in Stäbchen geschnittene, dann schwimmend in Fett gebackene Kartoffeln.

Pomo [p'əuməu], Stamm der kaliforn. Indianer, bekannt durch geflochtene, mit Federn verzierte Korbwaren.

Pomo: Geflochtenes ovales Körbchen mit Federn und Muschelscheiben verziert

Pomodoro, Arnaldo, ital. Bildhauer, * Morciano di Romagna 23. 6. 1926, wurde mit seinem Bruder Giò (* Orciano di Pesaro 17. 11. 1930) bes. durch Metallplastiken bekannt.

Pomologie [lat.] *die, -,* Obstsortenkunde. *der* **Pomologe,** *-n/-n. Adj.* **pomologisch.**

Pomona [lat.], altröm. Göttin der reifenden Früchte.

Pomona [pəm'əunə], die Orkney-Insel → Mainland.

Pomoranen [›Küstenbewohner‹, von pomorje, pomorze ›Küstenland‹] *Pl.,* ostseeslaw. Stammesgruppen zw. Oder, Weichsel, Netze, zu denen bes. die Kaschuben gehörten.

Pomorze [pɔm'ɔʒɛ, poln. ›am Meer‹], poln. Name von Pommern und Pommerellen.

Pomp [frz.] *der, -(e)s,* Gepränge, Pracht, feierlicher Aufwand. *Adj.* **pomphaft, pompös.**

Pompadour [p'ɔmpadu:r, auch pɔ̃pad'u:r, frz.] *der, -s/-e* oder *-s,* ꝏ beutelförmige Damentasche.

Marquise de Pompadour (aus einem Gemälde von F. Boucher, 1758)

Pompadour [pɔ̃pad'u:r], Jeanne Antoinette **Poisson** [pwas'ɔ̃], Marquise de (1745), Geliebte König Ludwigs XV. von Frankreich, * Paris 29. 12. 1721, † Versailles 15. 4. 1764, von einfacher Herkunft. Sie war intelligent und ehrgeizig, förderte Künstler und Literaten und übte auch polit. Einfluß aus. An dem Bündnis mit Österreich gegen Preußen und England 1756, das Frankreich in den Siebenjährigen Krieg hineinzog, hatte sie mitgewirkt.

Pompeius, Name eines röm. plebejischen Geschlechts: Gnaeus **P. Magnus,** Feldherr und Staatsmann, * 29. 9. 106 v. Chr., † 28. 9. 48 v. Chr., kam als Anhänger Sullas empor (Triumph 79); er schlug die Erhebung des Sertorius in Spanien nieder, war 70 mit M. Licinius Crassus Konsul, bekämpfte 67 die Seeräuber, 66–63 Mithridates VI. und regelte die vorderasiat. Angelegenheiten. 60 schloß er mit Caesar und Crassus das erste Triumvirat, das 56 erneuert wurde. Dies sicherte ihm das Konsulat für 55 und die Verwaltung Spaniens auf 5 Jahre. Im Streit mit Caesar vertrat er die Sache des Senats. Im Bürgerkrieg unterlag er 48 bei Pharsalos, wurde auf der Flucht in Ägypten ermordet. – Sein jüngerer Sohn Sextus **P. Magnus** (* um 70 v. Chr., † 35 v. Chr.) kämpfte gegen Caesar, wurde 36 in der Seeschlacht bei Naulochos von Octavian und Agrippa besiegt, 35 in Milet hingerichtet.

Gnaeus Pompeius Magnus (Hadrian. Kopie, um 60–50 v. Chr.)

Pompeji, ital. **Pompei,** bis 1928 **Valle di Pompei,** Stadt in der ital. Prov. Neapel, (1981) 23400 Ew., südöstlich des Vesuvs; Wallfahrtsort; geophysikal. Observatorium mit Vesuvmuseum. Westlich von P. die Ruinenstätte des antiken P.

Pompeji: Wandgemälde, um 60–70 n. Chr. (Neapel, National-museum)

Pompeji: Forum

Die antike Stadt P., seit dem 7. Jh. v. Chr. besiedelt, zunächst von Oskern, dann Etruskern und Samniten, wurde 80 v. Chr. röm. Kolonie und von da an beliebter Wohnort der röm. Mittelschicht; außerhalb der Stadt entstanden bed. Landvillen (Mysterien-Villa). Durch ein Erdbeben 62 n. Chr. schwer beschädigt und erst z. T. wieder aufgebaut, wurde die Stadt (etwa 12000–15000 Ew.) durch den Vesuvausbruch vom 24. 8. 79 n. Chr. völlig verschüttet. 1748 begannen die offiziellen Ausgrabungen. Die städtebaul. Anlage ist in den versch. Planungsphasen gut erhalten; mehrere Befestigungsanlagen sind nachweisbar, die letzte, mit Mauern und Türmen, aus der Zeit um 100 v. Chr. Im SW lag der Altstadtkern mit dem Forum und seiner zweigeschossigen umlaufenden Säulenhalle, umgeben von Tempeln, Amtsgebäuden, Wirtschaftsbetrieben und Basilika, im S das Große und Kleine Theater, im SO das Amphitheater und die große Palästra. Unter den Thermenanlagen sind die Stabianer Thermen im Zentrum der Stadt am bedeutendsten. Bei den Wohnhäusern dominiert das Atriumhaus, später oft um das aus Griechenland übernommene Peristyl erweitert. Zu den bekanntesten Häusern gehören v. a. das ›Haus des Fauns‹, in dem ein Mosaikbild der →Alexanderschlacht gefunden wurde, das ›Haus der Vettier‹ und das ›Haus der vergoldeten Amoretten‹, beide mit reicher Skulpturenausstattung. Unter den ausgegrabenen antiken Städten gibt P. – neben dem reicheren Herculaneum – die lebendigste Vorstellung vom Aussehen und Leben einer späthellenist. und frühkaiserzeitl. Stadt. Wandinschriften geben Auskunft über Begebenheiten des tägl. Lebens: Geschäftsanzeigen, Wahlagitationen, Gladiatorenscherze, Liebesgeständnisse sowie pornograph. Darstellungen. Von bes. Bedeutung sind die Wandmalereien weniger wegen ihrer Qualität als wegen ihrer großen Zahl und oft guten Erhaltung (→römische Kunst).

Georges Pompidou

Pompidou [pɔ̃pid'u], G e o r g e s, frz. Politiker (Gaullist), * Montboudif (Dép. Cantal) 5. 7. 1911, † Paris 2. 4. 1974, Gymnasiallehrer; seit 1944 enger Mitarbeiter von de Gaulle, 1954–62 auch in der Wirtschaft tätig (Generaldirektor im Bankhaus Rothschild), 1958–59 Kabinettsdirektor de Gaulles, 1959–62 Mitglied des Verfassungsrates, 1962–68 MinPräs. Nach de Gaulles Rücktritt wurde er 1969 zum 19. Präs. der Rep. gewählt. P. verfolgte eine Politik des ›modernisierten Gaullismus‹. In der Außenpolitik zeigte sich dies bes. in einer beweglicheren frz. Haltung in Fragen des atlant. Bündnisses und der Zustimmung zum Eintritt v. a. Großbritanniens in die EG. – Nach P. wurde das ›Centre national d'art et de culture Georges Pompidou‹ in Paris benannt.

Pompon [pɔ̃p'ɔ̃, frz.] *der, -s/-s,* Wollknopf, Troddel.

Pomponazzi, P i e t r o, lat. **Pomponatius,** P e t r u s, ital. Philosoph, * Mantua 16. 9. 1462, † Bologna 18. 5. 1525, lehrte i. Ggs. zu →Averroes, daß der Geist nur individuell existiere.

pompös [frz.], mit viel →Pomp.

Pomposa, ehem. Benediktiner-Abtei südlich des Po-Deltas, bed. geistiges Zentrum im 11./12. Jh.; Abteikirche 8./9. und 11. Jh. mit Fresken des 14. Jh.

Pomuchel [-x-, aus kaschub.] *der, -s/-, ostnd.:* Dorsch. *der* **Pomuchelskopp,** *-s/⸗̈, ostnd.:* dummer, plumper Bursche.

Pön [lat. poena ›Strafe‹] *die, -/-en,* älteres Recht: Strafe, bes. Geldstrafe, Buße. **pönal,** die Strafe betreffend.

Ponape, vulkan., sehr fruchtbare Insel der östl. Karolinen, mit Mt. Totolom 865 m hoch, (1980) 22300 Ew.

Ponce [p'ɔnsɛ], Stadt auf Puerto Rico, (1980) 189000 Ew.; Univ.; Zuckerrohranbau, Konsumgüter-Ind.

ponceau [pɔ̃s'o, frz. ›Klatschmohn‹], hochrot.

Ponceau-Farbstoffe [pɔ̃s'o-], leuchtendrote Azo- und Bisazofarbstoffe, verwendet u. a. als Lebensmittelfarbstoffe und als Standards für die Histochemie.

Poncho 1):
P. eines Häuptlings der Guaraní in Paraguay

Ponce de León [p'ɔnθe-], J u a n, span. Konquistador, * Santevós de Campos um 1460, † auf Kuba Juni 1521, begleitete vermutlich Kolumbus 1493 nach Westindien und eroberte 1509 Puerto Rico; von dort aus entdeckte er auf der Suche nach einem sagenhaften Jungbrunnen 1513 Florida, dessen Ost- und Westküste er befuhr.

Poncelet [pɔ̃sl'ɛ], J e a n V i c t o r, frz. Ingenieur und Physiker, * Metz 1. 7. 1788, † Paris 22. 12. 1867, ein Begründer der techn. Mechanik, Schöpfer der projektiven Geometrie (→Dualität 1), erfand 1826 das radial beaufschlagte Wasserrad **(P.-Rad).**

Ponchielli [pɔŋkj'ɛlli], A m i l c a r e, ital. Komponist, * Paderno Fasolaro bei Cremona 31. 8. 1834, † Mailand 16. 1. 1886, komponierte bes. Opern (›La Gioconda‹, 1876).

Poncho [p'ɔntʃo, span.] *der, -s/-s,* **1)** altes südamerikan. Männerkleidungsstück aus einem rechteckigen Stück Stoff mit einem Längsschlitz in der Mitte. **2)** →Kotze 2).

Pond [lat.] *das, -s/-,* Einheitenzeichen **p,** nicht gesetzl. Einheit der Kraft; SI-Einheit ist Newton (N). 1 p = 9,80665 · 10^{-3} N = 0,001 kp (Kilopond).

ponderabel [lat.], ☍ wägbar. **Ponderabili|en** *Pl.,* faß- und wägbare Dinge; Ggs.: Imponderabilien. *die* **Ponderation,** *-/-en,* Bildhauerkunst: Ausgleich der Gewichtsverhältnisse des Körpers.

Pondicherry [pɔndɪtʃ'erɪ, engl.], **Pondichéry** [pɔ̃diʃer'i, frz.], Unionsterritorium an der SO-Küste →Indiens; Hptst.: P. – Das Gebiet von P. wurde 1672 von der Frz.-Ostind. Kompanie erworben, 1693–97 war es in holländ., 1761–1817 (mit Unterbrechungen) in brit. Gewalt, 1954 kam es an Indien.

Pongau, Gebirgsgau im österr. Bundesland Salzburg, umfaßt das breitsohlige Salzachtal von Taxenbach bis zum Paß Lueg sowie das oberste Ennstal; Hauptort: Bischofshofen.

Ponge [pɔ̃ʒ], F r a n c i s, frz. Schriftst., * Montpellier 27. 3. 1899, beschreibt in Prosaskizzen Objekte, die er, von Gefühls- und Gedankentradition unbelastet, gleichsam erstmalig in Form und Funktion zu erkennen sucht (›Einführung in den Kieselstein‹, 1942; ›Die Seife‹, 1967).

Poniatowski, poln. Adelsgeschlecht. **1)** J ó z e f, Fürst, poln. General, napoleon. Marschall, * Wien 7. 5. 1763, † 19. 10. 1813, anfangs österr. Offizier, trat 1789 als Generalmajor ins poln. Heer über, war im Aufstand unter T. Kościuszko 1794 Divisionskommandeur, wurde 1807 Kriegs-Min. und führte im Russ. Feldzug von 1812 das poln. Korps der Großen Armee, deckte Napoleons Rückzug bei Leipzig. Schwer verwundet, ertrank er in der Elster.

2) S t a n i s ł a w A u g u s t, König von Polen, →Stanislaus 2).

Pönitentiar [lat.] *der, -s/-e,* Bußpriester; Kath. Kirche: Stellv. des Bischofs mit besonderen Lossprechungsvollmachten.

Pönitenz [lat.] *die, -/-en,* Kath. Kirche: Beichte, Buße, Bußwerk. *der* **Pönitent,** *-en/-en,* Beichtender.

Ponomarjow, B o r i s Nikolajewitsch, sowjet. Politiker und Historiker, * Sarajsk (Gouv. Rjasan) 17. 1. 1905, seit 1961 Sekretär des ZK der KPdSU, seit 1972 Kandidat des Politbüros, ist als Leiter der Internat. Abteilung des ZK für die Beziehungen zu den anderen Kommunist. Parteien zuständig.

Ponor [serbokroat.] *der, -s/...n'ore,* die →Katavothre.

Ponta Delgada, Stadt und Hafen auf der portugies. Azoreninsel São Miguel, (1970) 20000 Ew.; Sakral- und Profanbauten (16.–18. Jh.); Flughafen.

Ponta Grossa, Stadt im brasilian. Bundesstaat Paraná, (1980) 171100 Ew.; landwirtschaftl. Forschungsanstalt; Holzhandel.

Pont-Aven [pɔ̃tav'ɛn], Gem. im frz. Dép. Finistère, Bretagne, (1975) 3600 Ew. Eine Gruppe von Malern (P. Gauguin, E. Bernard, P. Sérusier) arbeitete hier in den 80er Jahren des 19. Jh.

Pont du Gard [pɔ̃dyg'a:r], röm. Aquädukt, →Gard 1).

Ponte, Da P., L o r e n z o, ital. Operndichter, →Da Ponte.

Ponten, J o s e f, Schriftst., * Raeren bei Eupen 3. 6. 1883, † München 3. 4. 1940, schrieb Reisebücher, Erz., Romane, stellte in dem Zyklus ›Volk auf dem Wege‹ (unvollendet, erschienen 6 Bde., 1931–42) die Schicksale der Auslandsdeutschen dar.

Pontevedra [-β'eðra], **1)** span. Prov. in N-Galicien, 4477 km², (1981) 883300 Ew. **2)** Hptst. von 1), (1981) 64200 Ew., Marine-, Handelshafen; Sardinenfischerei.

Ponthieu [pɔ̃tj'ø], Landschaft in N-Frankreich, nördlich der unteren Somme. Die Gfsch. P. war 1279–1369 englisch, 1435–77 burgundisch.

Pontiac [p'ɔntɪæk], Stadt im Staat Michigan, USA, (1980) 76700 Ew.; gehört zur Metropolitan Area von Detroit; 3 Werke der General Motors Corp.

Pontiac [p'ɔntɪæk], Indianerhäuptling der Ottawa, * um 1720, † (ermordet) 1769, organisierte 1763/64 den größten und erfolgreichsten Indianerkrieg gegen die Engländer im 18. Jh.

Pontianak, Hafenstadt an der W-Küste Borneos, Indonesien, (1980) 304000 Ew.; Univ., Ausfuhr trop. Produkte.

Ponticello [pɔntitʃ'ɛllo, ital.] *der, -s/-s* oder *...c'elli,* ♪ der →Steg der Saiteninstrumente. **sul ponticello,** nahe am Steg (streichen).

Pontifex [lat.] *der, -/...t'ifices,* **1)** im alten Rom Mitglied des höchsten Priesterkollegiums, an dessen Spitze der **P. maximus** stand. **2)** Kath. Kirche: **P. maximus,** ital. **Sommo Pontefice** [-fitʃe], amtliche Bez. des Papstes. **pontifikal, 1)** priesterlich. **2)** päpstlich, bischöflich.

Pontifikal|amt, feierliches Hochamt des Bischofs (→Messe 1).

Pontifikale [lat.] *das, -(s)/...li|en,* kirchenamtl. Sammlung liturg. Formulare für bischöfl. Amtsverrichtungen (nicht für die Meßfeier). 1596 wurde das Pontificale Romanum für die ganze lat. Kirche eingeführt; ein neues P., das den Vorschriften des 2. Vatikan. Konzils entspricht, ist (1985) noch nicht abgeschlossen.

Pontifikali|en [lat.] *Pl.,* Kath. Kirche: **1)** best., den Bischöfen und gleichgestellten Prälaten vorbehaltene Amtsverrichtungen, z. B. Firmung, Ordinationen, Kirchenkonsekrationen. **2)** die dem Bischof und best. Prälaten (z. B. Äbten) vorbehaltenen gottesdienstl. Gewänder und Amtsabzeichen (Mitra, Brustkreuz, Bischofsring, Stab).

Pontifikat [lat.] *der* oder *das, -(e)s/-e,* Amt, Amtszeit, Regierung des Papstes oder eines Bischofs.

Pontinische Inseln, die →Ponza-Inseln.

Pontinische Sümpfe, ital. **Agro Pontino,** ehemals versumpfte, malariaverseuchte Lagune südöstlich von Rom, am Fuß der Albaner und Volskerberge, seit 1928 urbar gemacht. Hauptorte: Sabaudia, Pontinia und Latina.

pontisch [grch. pontos ›Meer‹], 🌐 ⊕ aus südost- und osteurop. Steppenzonen stammend.

Pontisches Gebirge, Nord|anatolisches Randgebirge, das Gebirgssystem, das den Nordrand von Anatolien bildet, bis 3937 m hoch, Steinkohle bei Ereğli-Zonguldak.

Pontius Pilatus, röm. Prokurator von Judäa (→Pilatus): *ich mußte von Pontius zu Pilatus laufen,* U mit einem Anliegen von einer Stelle zur anderen gehen.

Ponto, 1) Erich, Schauspieler, *Lübeck 14. 12. 1884, †Stuttgart 4. 2. 1957; Charakterdarsteller, auch Filmrollen.

2) Jürgen, Bankfachmann, *Bad Nauheim 17. 12. 1923, †(von Terroristen ermordet) Oberursel 30. 7. 1977, Jurist, seit 1959 Vorstandssprecher der Dresdner Bank.

Pontoise [pɔ̃tw'a:z], Teil der ›Neuen Stadt‹ →Cergy-Pontoise.

Pontok [malaiisch-niederländ.] *der, -s/-s,* Hütte der Hereros, Hottentotten u. a. Stämme in S- und SW-Afrika: ein halbkugeliges Gerüst aus in den Boden gesteckten Ästen, mit Matten, Fellen, Gras bedeckt und mit Lehm oder Kuhmist verschmiert.

Ponton [pɔ̃t'ɔ̃, frz. ›Brückenboot‹] *der, -s/-s,* kastenförmiger Schwimmkörper, meist aus Stahl. Nebeneinander festgemacht, sind die P. die Träger von **P.-Brücken** (Behelfsbrücken für militär. Zwecke, Baustellen), ferner Schwimmkörper von Docks, Schwimmkränen, Anlegestellen u. a.

Pontoppidan, Henrik, dän. Schriftst., *Fredericia 24. 7. 1857, †Kopenhagen 21. 8. 1943. P. schilderte pessimistisch und verbittert den kulturellen und moralischen Verfall Dänemarks vor und während des 1. Weltkriegs. Mit seinen ersten Novellen setzte die dän. Proletarierdichtung ein. Er erhielt 1917 mit K. Gjellerup den Nobelpreis für Literatur.

HW: *Romane:* Das gelobte Land, 3 Tle. (1891–95); Hans im Glück, 3 Bde. (1898–1905); Totenreich, 5 Tle. (1912–16).

Pontormo, Jacopo da, eigtl. J. **Carrucci** [karr'uttʃi], ital. Maler, *Pontormo bei Empoli 24. 5. 1494, begraben Florenz 2. 1. 1557, wandte sich vom klass. Stil der Hochrenaissance ab und malte, angeregt auch von nord. Kunst (A. Dürer), Bilder von zunehmend unwirklicher werdender Formgebung in kühlen transparent erscheinenden Farben (Fresken der Passion Christi im Klosterhof der Certosa bei Florenz, 1523–24).

Pontos [grch. ›Meer‹, ›Meeresküste‹] *der,* lat. **Pontus, 1)** nördl. Küstenlandschaft des antiken Kleinasien. Mithridates V. (seit 281 v. Chr. König) schuf das Reich P., das Mithridates VI. auf die O- und N-Küste des Schwarzen Meeres ausdehnte. Nach dessen Niederlage durch Pompeius (63 v. Chr.) wurde der westl. Teil von P. röm. Provinz, der östl. Teil 3/2 v. Chr. und 63 n. Chr. ebenfalls. **2) Pontos Euxeinos** [grch. ›gastliches Meer‹], lat. **Pontus Euxinus,** der antike Name für das Schwarze Meer.

Pontresina, Kurort im Kt. Graubünden, Schweiz, (1980) 1700 Ew., im Oberengadin, 1800 m ü. M.; Wintersportplatz.

Pontypool [pɔntɪp'u:l], Stadt in der Cty. Gwent, Wales, (1981) 36800 Ew.; Kunstfaser-, Glas-, Stahl- und Weißblech-Ind.

Pontypridd [pɔntɪpr'i:ð], Stadt in der Cty. Mid Glamorgan, Wales, (1981) 33000 Ew.; Steinkohlenbergbau, Metall- und Leichtindustrie.

Pony [engl.], **1)** *das, -s/-s,* kleine Pferderasse (bis 120 cm Widerristhöhe; Bild Pferde). **2)** *der, -s/-s,* in die Stirn gekämmtes, gleichmäßig beschnittenes Haar.

Ponza-Inseln, Pontinische Inseln, ital. **Isole Ponziane,** vulkan. Inselgruppe vor der Westküste Italiens. Die größte der 6 Inseln ist **Ponza** (7,5 km²) mit dem gleichnamigen Hafen; Fremdenverkehr. Im Altertum waren die P.-I. Verbannungsorte.

Pool [pu:l, engl.] *der, -s/-s,* **1)** Spieleinsatz. **2)** Geschäftsgemeinschaft, Interessengemeinschaft mit gemeinsamer Gewinnverteilung. **Aktien-P.,** Zusammenfassung des Effektenbesitzes versch. Aktionäre zur gemeinsamen Interessenvertretung. **3)** Art des →Billards (American P., P.-Billard).

Poole [pu:l], Hafenstadt in der Cty. Dorset, (1981) 118900 Ew., auf einer Halbinsel am buchtenreichen **Poole Harbour** [-h'ɑ:bə], einem Naturhafen an der S-Küste Englands, mit dem benachbarten Bournemouth zusammengewachsen. Schiffbau und -ausrüstung, Ziegeleien, chem. u. a. Ind.; Fremdenverkehr.

Poona [p'u:nə], **Puna,** Stadt in Maharashtra, Indien, (1981) 1,203 Mio. Ew., Univ. Militärinstitute, Forschungsanstalten; Textil- und pharmazeut. Ind., Maschinenbau. – 1974–81 war P. Zentrum der Bhagwan-Bewegung.

Poop [pu:p, engl.] *die, -/-s,* →Hütte 3).

Po|opó, Lago de P., Lago Aullagas [-auj'aγas], See in Bolivien, 3690 m ü. M., 2600 km² groß, fast 100 km lang, bis 50 km breit, 3 m tief, mit stark salzhaltigem Wasser.

Popanz [wohl aus westslaw.] *der, -es/-e,* **1)** Schreckgespenst. **2)** Ü willenloser Mensch.

Pop Art [p'ɔpɑ:t, engl. popular ›volkstümlich‹ und art ›Kunst‹] *die, --,* Strömung der zeitgenöss. Kunst seit Ende der 1950er Jahre. Ihre Grundidee ist, Realität als Kunst zu bieten, banale Objekte des Massenkonsums durch Isolierung, Ausschnitt, Vergrößerung, Reihung entweder der Objekte selbst oder genauer Imitationen zu verfremden, zu parodieren oder zu fetischisieren. Die P. A. will die Kunst aus ihrer Isolation herausführen und mit moderner Lebenswirklichkeit verbinden. Jeder Gegenstand des tägl. Lebens bis hin zur Konservendose hat Darstellungswert. Grelle Farbzusammenstellungen (›Popfarben‹) dominieren. Die P. A. wurde in den fünfziger Jahren vorbereitet durch R. Rauschenberg (Bild), J. Johns u. a. Namhafte Künstler: R. Hamilton, R. Lichtenstein (Bild), C. Oldenburg (Bild), J. Rosenquist, G. Segal (Bild), A. Warhol (Bild), T. Wesselmann (Bild).

Pop Art:
Richard Hamilton, ›Just what it is that makes today's home so different, so appealing?‹; Collage, 1956 (Tübingen, Kunsthalle)

Popayán, Hptst. des Dep. Cauca, Kolumbien, (1978) 107800 Ew., 1760 m ü. M., am Fuß des tätigen Vulkans Puracé; Erzbischofssitz; Universität; Handelszentrum. Die prächtige Kolonialarchitektur wurde durch ein Erdbeben 1983 stark zerstört.

Popcorn [p'ɔpkɔ:n, engl.] *das, -s,* **Puffmais,** Maiskörner, die mit Fett, Zucker oder Salz geröstet werden und flockig aufplatzen.

Pope [von grch. papas ›Geistlicher‹] *der, -n/-n,* früher volkstüml., heute z. T. herabsetzende Bezeichnung für ostkirchl. Priester, auch übertragen auf andere Geistliche.

Pope [pəʊp], Alexander, engl. Dichter, *London 21. 5. 1688, †Twickenham bei London 30. 5. 1744, Hauptvertreter des Klassizismus in England. Auf preziöse Schäferdichtung und sentimentale Naturbeschreibung folgte sein HW, das kleine komischheroische Epos ›The rape of the lock‹ (1712–14). Zum Problem der Dichtung und der Welt nahm P. in zwei Versabhandlungen Stellung (›Essay on criticism‹, 1711 und 1713; ›Essay on man‹, 1732–34). Seine Shakespeare-Ausgabe verwickelte ihn in einen Streit mit L. Theobald, an dem er sich mit einer Satire (›The Dunciad‹, 1728, erweiterte Fassung 1743) zu rächen suchte.

Henrik Pontoppidan

Alexander Pope

Matthäus Daniel Pöppelmann:
Kronentor des Dresdner Zwingers; 1711–28

Popel *der, -s/-,* **1)** U verhärteter Nasenschleim. **2)** *mitteldt., fränk.:* kleines Kerlchen. *ich* **pop(e)le,** U bohre in der Nase. **pop(e)lig,** U **1)** gewöhnlich, armselig. **2)** knauserig.

Popelin [frz.] *der, -s/-e,* **Popeline** *die, -,* feingeripptes, leinwandbindiges Gewebe aus Baumwolle, Wolle, Seide, Chemiefaser, auch aus Faser- oder Fadenmischungen, für Oberhemden, Kleider, Mäntel u. a.

Popfarben, grelle Farben, wie sie in der Pop Art verwendet werden.

Popieluszko [pɔpjɛl'uʃkɔ], Jerzy, poln. Priester (seit 1972), * Okopy (Ostpolen) 1947, † (ermordet) Okt. 1984, betreute als Seelsorger im Aug. 1980 die streikenden Arbeiter in Warschau und verurteilte in vielen Predigten die Ausrufung des Ausnahmezustands (Dez. 1981) und das Verbot der Gewerkschaftsorganisation ›Solidarität‹. – Die an P.s Entführung und Ermordung unmittelbar Beteiligten (Angehörige poln. Sicherheitskräfte) wurden zu langjährigen Freiheitsstrafen verurteilt.

Popitz, Johannes, Politiker, * Leipzig 2. 12. 1884, † (hingerichtet) Berlin-Plötzensee 2. 2. 1945, Jurist, 1933 bis Juli 1944 preuß. Finanzminister. Er stand der Widerstandsbewegung nahe und wurde nach dem mißlungenen Attentat auf Hitler (20. 7. 1944) am 3. 10. 1944 zum Tod verurteilt.

Rodney Robert Porter

Popmusik [engl., vgl. Pop Art], eine Musikform, die sich aus dem Rock 'n' Roll der Zeit um 1955 (B. Haley, E. Presley) entwikkelt hat, später von engl. Musikgruppen (Beatles, Rolling Stones) fortgeführt wurde, seit 1968 Bez. für jede, bes. durch Massenmedien verbreitete Art von Unterhaltungsmusik (Schlager, Filmlied, kommerzialisierte Folklore, Operette, Musical, Country Music, Tanzmusik), als Gegensatz zur ernsten Musik. (→ Rockmusik)

Popo *der, -s/-s,* U Gesäß.

Popocatépetl, Vulkan am Rand des Hochlands von Mexiko, südöstlich der Hauptstadt, 5452 m hoch.

Popović [-vitsj], Koča, jugoslaw. General und Politiker (Kommunist), * Belgrad 14. 3. 1908, war 1945–53 Generalstabschef, 1953–65 Außen-Min., 1966–67 Vizepräs., gehörte 1971–72 dem Staatspräsidium an.

Pöppelmann, Matthäus Daniel, Baumeister, * Herford 3. (?) 5. 1662, † Dresden 17. 1. 1736, seit 1686 im Dienst des kursächs. Hofs, begründete die sächs. Baukunst z. Z. Augusts des Starken. P. schuf den → Dresdner Zwinger, baute ferner das Elbschloß in Pillnitz (1720–23), Bürgerhäuser und die 1907 abgebrochene Augustusbrücke in Dresden.

Popper *der,* poln. und slowak. **Poprad** *der,* rechter Nebenfluß des Dunajec, entspringt im **Poppersee** in der Hohen Tatra, mündet zwischen Alt- und Neusandez; 150 km lang.

Popper [engl.] *der, -s/-,* Bez. für Jugendliche, die auf manirierte Weise gepflegtes Äußeres zur Schau stellen und gesellschaftlich angepaßtes Verhalten demonstrieren.

Karl Raimund Popper

Popper, Sir (1964) Karl Raimund, engl. Philosoph österr. Herkunft, * Wien 28. 7. 1902, war 1947–69 Prof. in London; entwickelte seine Philosophie in der Auseinandersetzung mit dem Neopositivismus des ›Wiener Kreises‹. Als Theoretiker des → Kritischen Rationalismus entwarf er eine wissenschaftstheoret. Methodenlehre, zu deren Hauptmomenten das log. Prinzip der permanenten Fehlerkorrektur (Falsifikation) innerhalb der Theorienbildung gehört. Gesellschaftstheoretisch wandte er sich gegen alle Sozialutopien und Geschichtsprophetien seit Platon, Hegel, Marx und forderte demgegenüber die Planung sozialen Wandels auf der Grundlage einer ›offenen‹, durch rationale Reformen veränderbaren Gesellschaft. Dadurch geriet er in scharfen Ggs. zu den Vertretern der ›Frankfurter Schule‹ (Positivismusstreit). P. schrieb ›Logik der Forschung‹ (1935), ›Die offene Gesellschaft und ihre Feinde‹, 2 Bde. (1945–58), ›Das Elend des Historizismus‹ (1957), ›Objektive Erkenntnis‹ (1972).

poppig, wie in der Pop Art, mit Popfarben.

Poprad, 1) dt. **Deutschendorf,** Stadt im Ostslowak. Kr., ČSSR, (1981) 38200 Ew., am Fuß der Hohen Tatra am Popper; Maschinen-, Holz- u. a. Ind.; Fremdenverkehr. P. gehörte zu den im 12. Jh. gegr. freien dt. Städten der Zips. **2)** Fluß, → Popper.

populär [lat.], **1)** volkstümlich, beliebt. **2)** gemeinverständlich. *ich* **popularisiere** *es,* **1)** mache gemeinverständlich. **2)** bringe an die Öffentlichkeit. *Subst. die* **Popularisierung,** -. *die* **Popularität,** -, Volkstümlichkeit, Beliebtheit.

Popularklage, im röm. Recht die jedem Bürger (nicht nur dem Verletzten) im öffentl. Interesse zustehende Klage, z. B. wegen Störung an geheiligten Orten. – Im gegenwärtigen öffentl. Recht ist die P. i. d. R. nicht zulässig; Ausnahmen sind möglich, z. B. im Patentrecht.

Popularphilosophen, eine Gruppe von Schriftst. des 18. Jh., die die Lehren der Aufklärung für weite Kreise verständlich (populär) zu machen suchten: F. Nicolai, M. Mendelssohn, Chr. Garve, K. Kautsky u. a. **Popularphilosophie,** Anpassung philosoph. Gedankengänge an das Verständnis weitester Kreise.

Population [lat.] *die, -/-en,* **1)** Bevölkerung, vorhandener Bestand einer Gruppe. **2)** Biologie: vorhandener Bestand einer Organismenart eines Gebietes. **3)** ✰ **Sternpopulationen,** Sterngruppen, die sich in ihren physikal. Eigenschaften, ihrem Alter und ihrer räuml. Verteilung in unserer Galaxis voneinander unterscheiden. Nach der Anordnung der Sterne im Hertzsprung-Russell-Diagramm unterschied W. Baade 1944 die **P. I** in der galakt. Ebene von der **P. II** des galakt. Halos (→ Milchstraßensystem). Heute unterscheidet man 5 P.: die **extreme P. I,** die **ältere P. I,** die **Scheiben-P.,** die **Zwischen-P. II** und die **Halopopulation II.**

Populationsgenetik, Zweig der allg. Genetik, der die Gesetzmäßigkeiten der Evolution untersucht. Die Häufigkeit jedes einzelnen Gens im Gen-Pool der Population kann durch Mutationen, Auslese, gerichtete Partnerwahl, zufallsbedingte Bevorteilung, Populationsgröße u. a. Faktoren verändert werden. Die Evolution kann deshalb als Veränderung der Genhäufigkeit definiert werden.

Populismus [lat.] *der, -,* **1)** frz. **populisme** [pɔpyl'ism], frz. literar. Bewegung, begründet 1929 von L. Lemonnier und A. Thérive, um der in gehobenen Gesellschaftsschichten spielenden Romanliteratur Werke vom Leben des einfachen Volkes zur Seite zu stellen. **2)** Schlagwort (mit z. T. negativer Tendenz) für eine um ›Volksnähe‹ bemühte, programmatisch unscharfe Politik, die Stimmungen der Unzufriedenheit und akute Konfliktlagen aufgreift.

Populorum progressio [lat.], Enzyklika Pauls VI. vom 26. 3. 1967 über die ›Entwicklung der Völker‹, behandelt die kath. Soziallehre und Entwicklungshilfe.

populus [lat.], Volk. **P. Romanus,** die röm. Bürgerschaft.

Populus [lat.], ⊕ Gatt. der Weidengewächse, → Pappel.

Pordenone, 1) Prov. (seit 1968) in der Region Friaul-Julisch-Venetien, Italien, 2273 km², (1981) 275900 Ew. **2)** Hptst. von 1), (1981) 52100 Ew., südwestlich von Udine; Baumwoll-, keram., Fahrrad-, Elektroindustrie.

Pore [grch.] *die, -/-n,* **1)** feinster Zwischenraum, Lücke im Bau der Körper. **2)** ⚕ Öffnung eines Kanals, z. B. des Ausführganges einer Schweißdrüse. *Adj.* **porig.**

Poreč [p'ɔretʃ], Stadt und Seebad in Kroatien, Jugoslawien, (1980) 4300 Ew., an der Küste Istriens; kath. Bischofssitz; Dom (6. Jh.), venezianisch-gotische Bauten.

Porenvolumen, Porenraum, Gesamtheit der mit Gasen und Flüssigkeiten erfüllten Hohlräume von Gesteinen und Böden; bei unverfestigten Tonen bis mehr als 80 Vol.-%.

Pori [p'ɔri], schwed. **Björneborg** [-b'ɔrj], Stadt in SW-Finnland, (1980) 79400 Ew., am Kokemäenjoki nahe seiner Mündung in den Bottn. Meerbusen; Buntmetallhütte, Sägewerke, Papier-, Cellulose-, Zündholzfabriken, Maschinenbau, Weberei; 2 Außenhäfen. – P., eine 1365 von Schweden gegr. Stadt, wurde wegen der Landhebung des Ostseeraums mehrmals verlegt.

Porifera [lat.], die → Schwämme.

Porkkala, Halbinsel südwestlich von Helsinki, Finnland, 1944–56 an die UdSSR als Marinestützpunkt verpachtet.

Porling *der, -s/-e,* → Löcherpilz.

porno... [grch. porne ›Dirne‹], pornographisch: *Pornofilm.*

Pornographie [grch.] *die, -,* meist künstlerisch wertlose, sexuelle Vorgänge in den Mittelpunkt stellende Werke in Form von sprachl. und/oder bildl. Darstellungen. Die pornograph. Literatur ist Grenzbereich der → erotischen Literatur. Der **Pornofilm** wurde, von skandinav. Ländern ausgehend, seit Ende der 60er Jahre zu einer eigenen film. Gattung. *Adj.* **pornographisch.**

§ Das Verbreiten, Abbilden oder Darstellen von P. kann in best. Fällen nach § 184 StGB bestraft werden; Jugendliche unter 18 Jahren sind generell geschützt, Erwachsene sollen nicht gegen ihren Willen von P.-Schriften Kenntnis nehmen müssen. Die Schriften unterliegen ggf. der → Einziehung 1) und → Unbrauchbarmachung. (→ Schundliteratur)

porös [frz.], mit Poren versehen, löcherig; schwammartig, durchlässig. *Subst. die* **Porosität**, -.

Porphin [grch.] *das, -s,* dunkelrote kristalline Substanz. Vom heterozykl. Ringsystem des P. leiten sich wichtige Naturfarbstoffe ab (z. B. Hämoglobin, Chlorophyll).

Porphyr [von grch. porphyreos ›purpurfarbig‹] *der, -s/-e,* Eruptivgestein, das in dichter oder feinkörniger Grundmasse makroskop. Einsprenglinge, d. h. porphyrische Struktur, zeigt und insbes. Alkali-Feldspat führt. Der Name wird heute nur noch in Zusammensetzungen gebraucht wie Granit- und Quarzporphyre, die v. a. zu Pflastersteinen, Schotter und Splitt verarbeitet werden.

Porphyrie [grch.] *die, -/...r'i|en,* Gruppe von Stoffwechselkrankheiten, die teils erbbedingt sind, teils durch äußere Ursachen (z. B. Blei- oder Alkoholvergiftung) hervorgerufen werden. Gemeinsam ist ihnen vermehrte Bildung und Ausscheidung **(Porphyrinurie)** verschiedener → Porphyrine und Porphyrinvorstufen.

Porphyrine [grch.], *Sg. das* **Porphyrin**, *-s,* körpereigene Farbstoffe, die sich vom Porphin durch Substitution der Wasserstoffatome in den CH-Gruppen der Pyrrolkerne durch Methyl-, Vinyl-, Essigsäure- und Propionsäurereste ableiten. Die P. sind mit Ausnahme der **Ätioporphyrine** biochemisch sehr wichtig. P.-Derivate sind Chlorophyll, Hämoglobin und Myoglobin sowie Enzyme.

Porphyrios, grch. Philosoph, * Tyros um 233 n. Chr., † Rom um 304, Neuplatoniker, bes. als Aristoteles-Kommentator bedeutend. P. gab die Werke Plotins heraus.

Porphyrite [grch.], *Sg. der* **Porphyrit**, *-s,* Ergußgesteine, die in dichter Grundmasse Einsprenglinge von Plagioklas und Biotit, Hornblende oder Pyroxen enthalten. Verwendung für Schotter und Bruchsteine, Dekorations- und Skulptursteine.

Porphyroblast [grch.] *der, -en/-en,* metamorph gebildete große, einzelne Mineralkörner in feinkörnigem Gesteinsgrundgewebe.

Porphyroid [grch.] *das, -s/-e,* schwach dynamometamorphes Gestein der Epizone mit erkennbarer Struktur des Ausgangsgesteins.

Porphyropsin [grch.] *das, -s,* der Sehfarbstoff → Sehviolett.

Porree [frz. aus lat. porrum ›Lauch‹] *der, -s/-s,* **Lauch, Breislauch, Breitlauch, Allium porrum,** eine als Gemüse und Würzkraut dienende zweijährige Art → Lauch aus Südeuropa mit stengelförmiger, weißer, sehr milder Zwiebel. (BILD Gemüse)

Porrentruy [pɔrãtrɥ'i, frz.], dt. **Pruntrut,** Bezirksstadt im Kt. Jura, Schweiz, (1980) 7000 Ew., an der Allaine; Uhren-, Strumpf- und Schuhind.; Schloß. P. war von der Reformation bis 1792 Sitz der Fürstbischöfe von Basel.

Porridge [p'ɔrɪdʒ, engl.] *das* oder *der, -s,* ein aus Hafergrütze oder Haferflocken in Salzwasser gekochter Brei, mit Butter, Milch oder Sahne, in Großbritannien und Nordamerika zum Frühstück gegessen; auch Kinder- und Krankenkost.

Porsangerfjord, breiter norweg. Fjord östlich des Nordkaps, 123 km lang.

Porsche, F e r d i n a n d, Kraftwagenbauer, * Maffersdorf (Böhmen) 3. 9. 1875, † Stuttgart 30. 1. 1951, konstruierte Personen- und Lastwagentypen, bes. seit 1934 den Volkswagen. 1931 gründete P. in Stuttgart ein eigenes Konstruktionsbüro. 1948/49 entwickelte er mit seinem Sohn F e r d i n a n d (Ferry; * 1909) den P.-Sportwagen, der seit 1950 in Stuttgart **(Dr.-Ing. h. c. F. Porsche AG)** gebaut wird.

Porsenna, etrusk. König von Clusium (heute Chiusi), Ende des 6. Jh. v. Chr., belagerte und eroberte nach der Vertreibung der Tarquinier Rom.

Porst *der, -es/-e,* **1) Ledum,** Pflanzengatt. der **Ericaceae** mit dem **Sumpf-P. (Ledum palustre, Tannen-, Kienporst),** einem bis 1,5 m hohen Strauch mit ledrigen, immergrünen, am Rand nach unten gerollten, unten rotbraun-filzigen Blättern und weißen bis blaßrosa reichblütigen Doldentrauben; auf Mooren Mitteleuropas; er steht unter Naturschutz. **2)** andere Pflanzen, z. B. → Gagel.

Porst, Photo Porst GmbH & Co. KG, Schwabach bei Nürnberg, Photohandelsgruppe; gegr. 1919.

Port [lat. portus] *der, -(e)s/-e,* **1)** P Hafen. **2)** Einrichtung zur Informationsein- und -ausgabe bei Datenverarbeitungsanlagen.

Portable [p'ɔ:təbl, engl. ›tragbar‹] *der* oder *das, -s/-s,* tragbarer Fernsehapparat.

Portal [lat.] *das, -s/-e,* Eingang eines Gebäudes, architektonisch, oft auch plastisch reich ausgestaltet, bes. an Kirchenbauten des MA.

Portament *das, -(e)s/-e,* ital. **portamento,** beim Gesang und Streichinstrumentenspiel das (unbetonte) Hinüberschleifen von einem Ton zum andern.

Porta Nigra [lat. ›schwarzes Tor‹] *die, - -,* röm. Stadttor in → Trier.

Port Arthur [pɔ:t 'ɑ:θə, engl.], **1)** früherer Name von Lüshun, einem Teil der chines. Stadt → Lüta. **2)** Hafenstadt in Texas, USA, (1980) 61 200 Ew., am Sabine Lake; petrochem. Ind. **3)** ehem. Stadt in der kanad. Prov. Ontario, gehört seit 1970 zu → Thunder Bay.

Portatile [lat.] *das, -(s)/...t'ili|en,* der Tragaltar (→ Altar).

Portativ [frz.] *das, -s/-e,* kleine tragbare Orgel mit etwa 6–28 Pfeifen (1–2 Oktaven Umfang) und einer Klaviatur; die eine Hand des Spielers mußte die an der Rückseite liegenden Bälge bedienen. Das P. war besonders beliebt im 13.–15. Jh.

portato [ital.], ♪ breit, getragen, aber nicht gebunden; Zeichen: Striche über den einzelnen Noten.

Port-au-Prince [pɔrtopr'ɛ̃s], Hptst. der Rep. Haiti, (1982) 450 000 Ew., an der W-Küste der Insel Hispaniola, im Innern des Golfes von Gonaïves; Erzbischofssitz, Univ.; wichtigster Hafen und Wirtschaftszentrum des Landes.

Porta Westfalica [lat.] *die,* die → Westfälische Pforte.

Porta Westfalica, Stadt und Luftkurort im Kr. Minden-Lübbecke, NRW, (1983) 33 900 Ew., bei der Westfäl. Pforte; 1973 durch Gem.-Zusammenschluß entstanden; elektrotechn. Ind., Herstellung von Rohren, Armaturen, Betonfertigteilen.

Port Darwin [pɔ:t d'ɑ:wɪn], Stadt in Australien, → Darwin.

Port d'Envalira, Col du Port d'Envalira [kɔl dy pɔrdãvalir'a], Paß in den Französ. Pyrenäen, verbindet Andorra mit dem Ariègetal, 2407 m; höchste Paßstraße der Pyrenäen (1931 erbaut).

Portechaise [pɔrtʃ'ɛ:z, frz.] *die, -/-n,* Sänfte, Tragsessel.

Portefeuille [pɔrtf'œj, frz.] *das, -s/-s,* **1)** ☍ Brieftasche, Aktenmappe. **2)** Politik: Geschäftsbereich eines Ministers. Ein **Minister ohne P.** ist ein Minister ohne eigenen Geschäftsbereich. **3)** Bestand an Wertpapieren.

Port Elizabeth [pɔ:t ɪl'ɪzəbəθ], Hafenstadt in der Kapprovinz, Rep. Südafrika, (1980) 492 100 Ew.; Kulturzentrum, Univ., Textilforschungsinstitut, Ozeanarium; Wollbörse; Handels- und Industriezentrum (Gießerei, Automontage, Maschinenbau, Nahrungs- und Genußmittel, Sägewerke, Zementfabrik). – P. E. wurde 1820 von engl. Siedlern gegründet.

Portemonnaie [pɔrtmɔn'ɛ, frz.] *das, -s/-s,* Geldbörse.

Porten, H e n n y, Bühnen- und Filmschauspielerin, * Magdeburg 7. 1. 1890, † Berlin 15. 10. 1960, beliebte Darstellerin in ernsten wie in komischen Rollen. – Filme: ›Anna Boleyn‹ (1920), ›Königin Luise‹ (1931).

Portepee [frz. ›Degenträger‹] *das, -s/-s,* silberbestickter Lederriemen mit geschlossener versilberter Quaste (Faustriemen), wurde in Dtl. bis 1945 an der Seitenwaffe der Offiziere und Feldwebel (Wachtmeister) getragen.

Porter [engl. p'ɔ:tə] *der* oder *das, -s,* engl. dunkles, alkoholreiches obergäriges Bier; **deutscher P.** ist ein alkoholarmes Malzbier.

Porter [p'ɔ:tə], **1)** C o l e, amerikan. Komponist, * Peru (Indiana) 9. 6. 1891, † Santa Monica (Calif.) 15. 10. 1964; Musicals (›Kiss me, Kate‹, 1948, u. a.).

2) Sir (1972) G e o r g e, brit. Chemiker, * Stainforth (York) 6. 12. 1920, erhielt für Untersuchungen der Kinetik von äußerst schnellen chem. Umsetzungen zusammen mit R. G. W. Norrish und M. Eigen 1967 den Nobelpreis für Chemie.

3) K a t h e r i n e A n n e, amerikan. Schriftstellerin, * Indian Creek (Texas) 15. 5. 1890, † Silver Springs (Md.) 18. 9. 1980, schrieb Kurzgeschichten und dramatisch zugespitzte Erzählungen: ›Unter heißem Himmel‹ (1930), ›Der schiefe Turm‹ (1944). – Roman: ›Das Narrenschiff‹ (1962).

4) R o d n e y R o b e r t, brit. Biochemiker, * Ashton 8. 10. 1917, erhielt 1972 mit G. M. Edelman den Nobelpreis für Physiologie und Medizin für die Erforschung und Aufklärung der Struktur der an der Immunabwehr beteiligten Antikörper. (BILD S. 258)

5) W i l l i a m S i d n e y, amerikan. Schriftsteller, → Henry, O.

Port-Étienne [pɔretj'ɛn, frz.], → Nouadhibou.

Portfolio|investition [ital.], **indirekte Investition,** Kapitalanlage in langfristigen Wertpapieren (Aktien, Renten), die von der erwarteten Rendite und/oder der Aussicht auf Kursgewinne bestimmt wird, i. Ggs. zur → Direktinvestition. Die Bez. P. wird v. a. auf internat. Kapitalbewegungen angewendet.

Port-Francqui [pɔrfrãk'i], die zairische Stadt → Ilebo.

Port Fuad, früherer Name der ägypt. Stadt → Port Sadat.

Port-Gentil [pɔrʒãt'il], Hafenstadt in Gabun, (1980) 164 000 Ew., im Delta des Ogowe; Wirtschaftszentrum mit bed. Holzverarbeitung und Erdölraffinerien, Düngemittelfabrik; Tiefwasserhafen; internat. Flughafen.

Port Harcourt [pɔ:t h'ɑ:kət], Hptst. des Staates Rivers, Nigeria, (1979) 268 000 Ew., am O-Rand des Nigerdeltas; Univ. (seit 1975); zweitwichtigster Hafen des Landes; Palmöl-, Weizenmühlen; Zigaretten-, Schuh-, Glasfabrik; südöstlich von P. H. in Alesa-Elema Erdölraffinerie, in Bonny Erdölhafen; internat. Flughafen.

Portici [p'ɔrtitʃi], Hafenstadt und Seebad in der ital. Prov. Neapel, (1981) 80 400 Ew., am W-Fuß des Vesuvs.

Ferdinand Porsche

Porst 1): Sumpfporst

Port-au-Prince

Henny Porten

Cole Porter

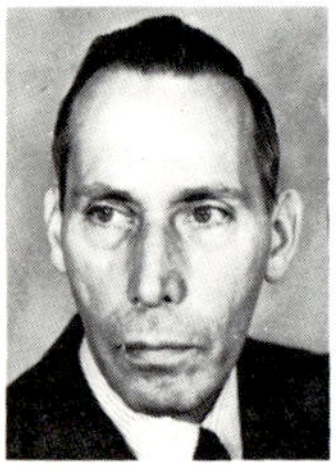

Adolf Portmann

Portier [pɔrtj'e:, frz.] *der, -s/-s,* Pförtner.

Portiere [pɔrtj'ɛ:rə, frz.] *die, -/-n,* Türvorhang.

portieren [frz.]. *ich portiere ihn, schweizer.:* stelle als Kandidaten zur Wahl auf.

Portikus [lat.] *der, -/-,* grch. **Stoa,** Säulenhalle mit geschlossener Rückwand, im Unterschied zur offenen Kolonnade.

Portion [frz.] *die, -/-en,* **1)** zugemessene Menge Essen (→Eiserne Ration). **2)** Anteil, Maß.

Portiuncula [lat.], Kapelle bei Assisi, Lieblingsaufenthalt des Franz von Assisi. **P.-Ablaß,** ein seit dem 13. Jh. am 2. 8. oder am Sonntag darauf zu gewinnender Ablaß.

Port Jackson [pɔ:t dʒ'æksn], die fjordartige Bucht in Australien, an der Sydney liegt.

Port Kembla [pɔ:t k'emblə], →Wollongong.

Port Klang, →Klang.

Portland [p'ɔtlənd], **1) Isle of P.** [aıl ɔv-], Halbinsel der engl. Kanalküste (Cty. Dorset), mit der Stadt P. (1981: 10900 Ew.) und dem Kriegshafen P. Harbour. **2)** Hafenstadt im Staat Maine, USA, (1980) 61600 Ew., an der Cascobai; Fischfang; vielseitige Ind. **3)** Stadt und Seehafen im Staat Oregon, USA, (1980) 366400 Ew., am Willamette-River; Erzbischofssitz; 2 Univ.; Holzverarbeitung, Stahlwerk, Aluminiumhütte, Maschinen- und Schiffbau, Textil-, Fischkonserven- u. a. Industrie.

Portland-Zementwerke Heidelberg AG, seit 1978 **Heidelberger Zement AG,** Heidelberg, bed. Unternehmen der westdt. Zementindustrie; gegr. 1889.

Port Louis [pɔ:t l'uıs, engl.], Hauptstadt und -hafen der Insel und des Staates Mauritius, (1980) 146000 Ew.; Elektro-, Textil-, Möbel- u. a. Industrie, Zuckerfabrik. – 1735 von Franzosen gegr.

Port Lyautey [pɔrljot'ɛ, frz.], 1932–56 Name der marokkan. Hafenstadt →Kenitra.

Portmann, Adolf, schweizer. Zoologe, * Basel 27. 5. 1897, † ebd. 28. 6. 1982, beschäftigte sich mit der Entwicklungsgeschichte der Tiere und des Menschen, dessen biolog. Sonderstellung er bes. an der Entwicklung während des ersten nachgeburtl. Lebensjahres nachwies.

HW: Einführung in die vergleichende Morphologie der Wirbeltiere (1948); Die Tiergestalt (1948); Biologie und Geist (1956); Entläßt die Natur den Menschen? (1970); An den Grenzen des Wissens (1974).

1

2

Porträt:
1 Vorderansicht (en face); Mumienporträt eines jungen Mädchens, 2./3. Jh. n. Chr. (Frankfurt am Main, Liebieghaus).
2 Seitenansicht (Profil); Tizian, Franz I. (Paris, Louvre).
3 Doppel-P.; Thomas Gainsborough, Die Töchter des Malers, um 1760–61 (London, National Gallery).
4 J. A. D. Ingres, Madame de Senonnes, 1814 (Nantes, Museum)

3

4

Port Moresby [pɔ:t m'ɔ:zbı], Hptst. von Papua-Neuguinea, an der steilen Südküste Neuguineas am Papua-Golf, (1982) 122800 Ew.; Erzbischofssitz; Univ. (1965), Institut für Technologie; internat. Flughafen. P. M. ist in Ortsteile gegliedert: u. a. Hafen, Geschäftsviertel, Regierungsviertel **Konedobu.**

Port Natal [pɔ:t nət'æl], 1824–35 Name von →Durban.

Pörtner, Rudolf, Schriftst., * Bad Oeynhausen 30. 4. 1912, † München 16. 11. 1984, Sachbuchautor (›Mit dem Fahrstuhl in die Römerzeit‹, 1959; ›Operation Heiliges Grab‹, 1977, u. a.).

Porto [ital.] *das, -s/-s* oder ... *ti,* Gebühr für die Beförderung von Postsendungen (→Postgebühren).

Porto [p'ortu, portug. ›Hafen‹], **Pôrto,** früher **Oporto,** Hptst. des Distrikts P. in Portugal, (1981) 330000 Ew., am Douro, 5 km oberhalb seiner Mündung; wichtigste Hafen- und Handelsstadt im N des Landes; Univ.; Herstellung von →Portwein; Maschinen-, Textil-, Leder-, Nahrungsmittel- u. a. Ind.; Fremdenverkehr; Flughafen. Kathedrale (12. Jh.), barocker Bischofspalast. – P. ist das antike **Portus cale;** die suebische, dann westgot. Siedlung wurde 716 von den Arabern eingenommen und 825 zerstört. Ende des 10. Jh. wurde die Stadt als **Portus Gallorum** (namengebend für Portugal) wiederaufgebaut.

Pôrto Alegre [p'ortu al'ɛgri, portug.], Hptst. des Staates Rio Grande do Sul, Brasilien, (1980) 1,221 Mio. Ew., Hafen an der Mündung des Rio Guaíba in die Lagoa dos Patos; Erzbischofssitz, Universitäten; Handels- und Industriezentrum: Brauereien, Spinnereien, Webereien, Schiffswerften, Maschinen-, Möbel-, Schuhfabriken; Flughafen. – Die Stadt wurde 1742 gegründet.

Porto Amélia [p'ortu am'ɛlja], →Pemba.

Portoferraio, Hptst. der ital. Insel Elba, (1980) 11000 Ew.; Hafen; Handelsplatz und Seebad.

Portofino, Seebad an der ital. Riviera, (1980) 800 Ew., am Vorgebirge von P. (610 m). BILD S. 261.

Port of Spain [pɔ:t əv speın], Hptst. von Trinidad und Tobago, auf Trinidad, (1980) 66000 Ew., am Golf von Paria; Botan. und Zoolog. Garten; Erzbischofssitz; wichtigstes Industrie- und Handelszentrum der Insel, bed. Schiffsverkehr, internat. Flughafen.

Portolane, Portulane [lat.-ital.] *Pl.,* Schifferhandbücher des MA. mit Küstenbeschreibungen. In den **Portolankarten** sind die Windstrahlen (Rumben) im Kartenbild eingetragen. (→Periplus)

Porto Novo, Hptst. der Rep. Benin, W-Afrika, (1980) 123000 Ew., an einer Lagune; früher bed. Hafen, durch →Cotonou weit überflügelt. – 1752 von Portugiesen gegründet.

Porto Rico, Portoriko, →Puerto Rico.

Porto Santo [p'ɔrtu s'antu], portugies. Insel 41 km nordöstlich von →Madeira 1), 62 km² groß, etwa 3900 Ew.; bis 517 m hoch, vulkan. Ursprungs (Aschen, Tuffe über einem Trachyt- und Basaltkern; Südküste mit Sandstrand). Dauernd wasserführende Flüsse fehlen; Wasser wird eingeführt. Weizen- und Weinbau. Weilerartige Siedlungen in der Inselmitte und an der Südküste (Hafen P. S.). Flughafen; tourist. Erschließung seit 1978.

Portoviejo [-βj'ɛxɔ], **Puertoviejo,** Hptst. der Prov. Manabí, Ecuador, im pazif. Küstentiefland, rd. 60000 Ew.; TH; Handelszentrum.

Port Pirie [pɔ:t p'ırı], Hafenstadt in Südaustralien, (1977) 15600 Ew., am Spencer-Golf; Bleichschmelze, Ausfuhr von Zinkkonzentraten; Endpunkt der Erzbahn von Broken Hill.

Porträt, Portrait [pɔrtr'ɛ, frz.] *das, -s/-s,* die künstler. Darstellung eines Menschen, vornehmlich seines Antlitzes. Ein P. kann ein Werk der Bildhauerkunst, der Malerei, eine Zeichnung, Graphik oder Photographie sein. Nach der Wendung des Kopfes unterscheidet man Vorderansicht (en face) und Seitenansicht (Profil, auch Halbprofil). Außer Einzel-P., zu denen auch die Selbst-P. gehören, gibt es Doppel-P., Gruppenbilder (Familienbild, →Doelenstück u. a.) und P. im Zusammenhang anderer Darstellungen (Stifterbildnisse auf religiösen Bildern).

Das P. gehörte zu den Hauptaufgaben der Kunst, die jedoch bis zum Ausgang des MA. meist nicht auf äußere Ähnlichkeit ausging, sondern, wie im Alten Orient (mit Ausnahme der Amarnazeit), in Griechenland (bis zum 4. Jh. v. Chr.) und im MA. (bis ins 14. Jh.), aus der Vorstellung gestaltete Idealbildnisse schuf und den Dargestellten durch den allg. Typus, auch durch Inschrift, Wappen, Kleidung usw., kennzeichnete. Das individuell ähnliche P. dagegen setzte eine realist. Kunst wie die hellenistische, die römische und die europäische seit Beginn der Neuzeit voraus. – ⚖ →Bildnis. – *ich* **porträtiere** *ihn,* male (sein Bildnis). **literarisches P.,** Beschreibung einer Persönlichkeit.

Port Royal des Champs [pɔ:r rwaj'al de ʃã], 1204 gegr. Zisterzienserinnenkloster bei Versailles, im 17. Jh. Mittelpunkt der jansenist. Bewegung, 1709 aufgehoben und 1710–12 zerstört.

Port Sadat, bis 1974 **Port Fuad,** ägypt. Kleinstadt, rd. 4000 Ew., 1926 als Wohnvorort von →Port Said von der Suezkanalgesellschaft gegr.; im Krieg (1967) stark zerstört.

Port Said, arab. **Bur Sa'id,** Hafenstadt in Ägypten, (1977) 272000 Ew., am N-Ende des Suezkanals, auf einer schmalen Nehrung zw. Mittelmeer und Mensalehsee. Der Stadtbezirk ist seit 1975 Freihandelszone; Sitz der Suezkanalverw.; chem. und Nahrungsmittel-Ind., Erdölraffinerie; internat. Flughafen.

Pörtschach am Wörther See, Badekurort in Kärnten, Österreich, (1983) 2300 Ew., am N-Ufer des Sees, 446 m ü. M.

Portsmouth [p'ɔ:tsmɛθ], **1)** Stadt in der engl. Cty. Hampshire, (1981) 179400 Ew., an der Kanalküste, auf der Halbinsel Portsea, an der Einfahrt zum P. Harbour, nördl. der Insel Wight; Docks, Werften, Flugzeugbau u. a. Ind.; Seebad. – P., schon in angelsächs. Zeit Handelsplatz, erhielt 1194 Marktrecht, wurde seit 1496 zum Hauptkriegshafen und seit Heinrich VIII. zum Hauptmarinearsenal Englands ausgebaut. **2)** Hafenstadt im Staat Virginia, USA, (1980) 104600 Ew., Marinewerft, Fischerei, chem. Industrie.

Port Stanley [pɔ:t st'ænlɪ], früherer Name der Stadt → Stanley (Falkland-Inseln).

Port Sudan, arab. **Bur Sudan,** Hafenstadt in der Rep. Sudan, (1980) 205000 Ew., am Roten Meer; Erdölraffinerie, Baumwollentkörnung, Meersalzgewinnung; Flughafen.

Port Swettenham [pɔ:t sw'etnəm], → Klang.

Port Talbot [pɔ:t t'ælbət], Hafenstadt in der Cty. West Glamorgan, Wales, Großbritannien, (1981) 47300 Ew., Stahlwalzwerk, Hüttenwerke, chem. Ind., Schiffs- und Maschinenbau.

Portugal, amtl. portugies. **República Portuguesa** [-purtuɣ'eza], Republik auf der Westseite der Iberischen Halbinsel, am Atlant. Ozean, umfaßt einschl. der zum Mutterland zählenden Inselgruppen Azoren und Madeira 92082 km², (1981) 9,803 Mio. Ew. einschließlich Rückwanderer. Hauptstadt: Lissabon; Amtssprache: Portugiesisch; Währungseinheit: 1 Escudo (Esc) = 100 Centavos (c, ctvs). *Adj.* **portugiesisch.** *der* **Portugiese,** *-n/-n.* (KARTE VIII/IX, n. S. 320)

Staat. Nach der 1982 abgeänderten Verf. von 1976 ist P. eine Republik auf parlamentarisch-demokrat. Grundlage; die urspr. sozialist. Tendenzen wurden 1982 abgeschwächt. An der Spitze von Staat und Exekutive steht ein vom Volk auf 5 Jahre gewählter Staatspräs., beraten von einem Staatsrat. Der Staatspräs. ernennt die von einem MinPräs. geleitete Regierung. Diese ist amtlich dem Staatspräs., politisch dem auf 4 Jahre als Organ der Legislative gewählten Parlament verantwortlich. Der 1976 mit ›Wächterfunktionen‹ ausgestattete Revolutionsrat wurde 1982 durch ein Verfassungs-Ger. (Aufsicht über die zivile Gesetzgebung) und einen Obersten Verteidigungsrat (Aufsicht über die militär. Gesetzgebung) ersetzt.

Verwaltung. Gliederung in 22 Distrikte (Distritos), davon 18 Festlands- und 4 Inseldistrikte. Von den ehemals portugiesischen Besitzungen in Afrika und Asien steht nur noch Macao unter portugiesischer Verwaltung. – Streitkräfte. Allg. Wehrpflicht 63500 Mann; Heer 41000; Luftwaffe 9500; Marine 13000; paramilitärische Kräfte 37100.

Landesnatur. Im N und O hat P. Anteil am inneren Hochland der Halbinsel mit Gebirgen bis fast 2000 m (Serra da Estrêla 1993 m). An der Küste und im S herrscht Tiefland vor, nur stellenweise mit kleineren Gebirgen. Die Hauptflüsse Tejo, Douro, Guadiana, Minho kommen in engen Tälern vom span. Hochland herunter und sind nur im Unterlauf schiffbar. Das Klima ist im N mild und feucht; bis über 2500 mm Niederschlag fällt im nordwestl. Bergland, nach O und zum subtrop. sommerheißen S nimmt er bis auf 400 mm ab. Seine Konzentration auf das Winterhalbjahr bringt Schwankungen in der Wasserführung der Flüsse mit sich, die zu den höchsten der Welt zählen. Die nördl. Gebirge sind reich an sommergrünen Wäldern (Eichen, Kastanien), im S herrschen immergrüne Buschheiden, Kork-, Eichen- und Olivenhaine vor.

Die Bevölkerung besteht fast ausschließlich aus kath. (94,1%) → Portugiesen, konzentriert in einem rd. 50 km breiten Küstenstreifen von der N-Grenze bis Lissabon. Großstädte: Lissabon und Porto.

Bildung. Allg. Schulpflicht vom 7. bis 14. Lebensjahr. Der Anteil der Analphabeten im Alter von 15 Jahren und darüber wurde 1970 mit rd. 30% angegeben. Der Unterricht in den Volksschulen erfolgt unentgeltlich. 9 Universitäten, davon 3 in Lissabon und 1 TU ebd.

Religion. Es bestehen 3 kath. Kirchenprovinzen: Braga, Évora und Lissabon (Patriarchat).

Wirtschaft. P., ein rohstoffarmes Land, geriet nach Ende der Diktatur (1974) und nach Aufgabe der Kolonien in tiefgreifende Umstrukturierung: Verstaatlichung von Banken, Versicherungen, Transportwesen, Energiewirtschaft; Enteignung von Großgrundbesitz; Einwanderung von Flüchtlingen v. a. aus Angola und Moçambique. – Die Landwirtschaft beschäftigt (1981) 26% der Erwerbspersonen und nutzt als Ackerland (einschl. Brache) 45% der Staatsfläche. Angebaut werden bes. Weizen (im feuchten NW statt dessen Mais, im Bergland Gerste und Roggen), Wein, Oliven und Baumwolle. In der Viehwirtschaft überwiegt die Schafhaltung, ferner Schweine, Rinder, Ziegen. Der Wald nimmt 28% der Fläche ein; Korkeichen liefern über die Hälfte der Welterzeugung an Kork. Aufforstung und Bewässerung (Alentejo-Bewässerungsprojekt) werden gefördert. Wichtig ist die Küstenfischerei (Sardinen, Thunfisch). An Bodenschätzen werden Wolfram, Eisen, Zinn, Kupfer, Mangan, Gold und etwas Kohle gewonnen; bed. Uranlager sind bekannt. Die Industrie, bisher schwach entwickelt, wird mit staatl. Hilfe ausgebaut (→ Sines mit petrochem. Ind.); traditionelle Industriezweige sind Textilindustrie, Kork- und Fischverarbeitung. Schwerindustrie bei Lissabon und Porto. Etwa 90% aller Betriebe haben kleinindustriellen oder handwerkl. Charakter. – Ausfuhr: Textilrohstoffe und -erzeugnisse, Kork, Wein, Fischkonserven, Holz. Wichtige Einnahmequelle ist der Fremdenverkehr (1980: 7 Mio. Auslandsgäste). Haupthandelspartner: Großbritannien, Bundesrep. Dtl., USA.

Verkehr. Das Eisenbahnnetz umfaßt (1980) 3588 km, das Straßennetz 54625 km. Haupthäfen: Lissabon und Porto; Handelsflotte: (1982) 356 Handelsschiffe mit 1,4 Mio. BRT, Hauptflughäfen: Lissabon, Porto, Faro; nationale Fluggesellschaft: Transportes Aéreos Portugueses (TAP).

Portofino: Hafen

Portugal

Größe und Bevölkerung (1981)

Distrikt (Hauptstadt)	km²	Ew. in 1000
Aveiro (Aveiro)	2708	624
Beja (Beja)	10240	186
Braga (Braga)	2730	701
Bragança (Bragança)	6545	181
Castelo Branco (Castelo Branco)	6704	232
Coimbra (Coimbra)	3956	443
Évora (Évora)	7393	179
Faro (Faro)	5072	323
Guarda (Guarda)	5496	205
Leiria (Leiria)	3516	423
Lissabon (Lissabon)	2762	2062
Portalegre (Portalegre)	5889	141
Porto (Porto)	2282	1551
Santarém (Santarém)	6689	455
Setúbal (Setúbal)	5152	649
Viana do Castelo (Viana do Castelo)	2108	254
Vila Real (Vila Real)	4239	265
Viseu (Viseu)	5019	421
Azoren:		
Angra do Heroísmo (Angro do Heroísmo)	710	77³)
Horta (Horta)	780	36³)
Ponta Delgada (Ponta Delgada)	854	147³)
Madeira:		
Funchal (Funchal)	797	265³)
	91641¹)	**9803²)**

¹) ohne Mündungsgebiete des Tejo u. a. Flüsse (441 km²).
²) Abweichung durch Abrundung. ³) 1979.

Geschichte. Im Kampf gegen die arab. Herrschaft auf der Iberischen Halbinsel belehnte König Alfons VI. von Kastilien 1095 seinen Schwiegersohn, den Grafen Heinrich von Burgund, mit dem heutigen Nordportugal. Heinrichs Sohn Alfons I., der Eroberer (1128–85), nahm den Königstitel an, schüttelte die Oberhoheit Kastiliens ab und entriß den Mauren 1147 Lissabon. Mit der Eroberung von Algarve (Südportugal) kam um 1250 die portugies. Reconquista zum Abschluß. Der Sieg von Aljubarrota (1385) über Kastilien sicherte die Unabhängigkeit P.s. Durch Johann I. (1385–1433), Alfons V., den Afrikaner (1438–81), Johann II. (1481–95) und Emanuel I., d. Gr. (1495–1521), stieg P. zur führenden See- und Kolonialmacht Westeuropas auf. Prinz Heinrich der Seefahrer veranlaßte seit 1418 Entdeckungsfahrten längs der Westküste Afrikas; zugleich wurden Madeira, die Azoren und die Kapverd. Inseln besiedelt. In Marokko eroberten die Portugiesen Ceuta (1415), Tanger (1471) u. a. Küstenplätze. Vasco da Gama gelangte 1498 als erster auf dem Seeweg um Afrika herum nach Ostindien, wo durch Almeida und Albuquerque 1505–15 die wichtigsten Handelsstätte (Goa, Hormus, Diu, Malakka) portugiesisch wurden; als P. dann auch Ceylon (1518) und die Molukken (1512/29) gewonnen hatte, beherrschte es den ganzen Handel im Ind. Ozean. Ferner setzte es sich an der west- und ostafrikan. Küste fest, und seine amerikan. Kolonie wurde seit 1500 Brasilien. Im Geist des strengen Katholizismus vertrieb Emanuel d. Gr. den größten Teil der Juden und Mauren. König Sebastian fiel 1578 bei einem Angriff auf Marokko, und als dann 1580 das portugies. Königshaus ausstarb, nahm Philipp II. von Spanien das Land in Besitz. Unter der Herrschaft der span. Könige verlor P. seine wertvollsten ostind. Kolonien (Molukken, Ceylon) an die Holländer. Ein Volksaufstand erhob den Herzog Johann von Bragança zum König von P. (1640–56), doch erst 1668 erkannte Spanien die Unabhängigkeit P.s an. Die engl. Hilfe hierbei führte zur Abhängigkeit von England. Als Minister König Josephs (1750–77) regierte Pombal im Geist des aufgeklärten Absolutismus und vertrieb 1759 die Jesuiten. 1807 ließ Napoleon P. besetzen (→ Napoleonische Kriege 3), während der Prinzregent Johann VI. (seit 1792,dann 1816–26 König) nach Brasilien floh; 1808–14 war P. Stützpunkt des brit. Feldherrn Wellington.

Die liberale Revolution von 1820 hatte die Einführung einer Verfassung zur Folge. 1822 machte sich Brasilien unabhängig, dessen Kaiser Johanns ältester Sohn Pedro wurde. Pedros Tochter Maria da Gloria erhielt 1826 die portugies. Krone; sie wurde 1828 von Johanns jüngerem Sohn Dom Miguel verdrängt, bis Pedro 1832–34 den Thron für seine Tochter zurückeroberte. Maria vermählte sich 1836 mit einem Prinzen von Sachsen-Coburg; so entstand das neue Königshaus Sachsen-Coburg-Bragança. Ende des 19. Jh. dehnte P. seinen Kolonialbesitz an der west- und ostafrikan. Küste (Angola, Moçambique) ins Hinterland aus. König Karl I. wurde 1908 von Republikanern ermordet, Emanuel II. 1910 gestürzt. Aber auch die Republik setzte die Mißwirtschaft der Parteien fort. 1916–18 nahm P. im Gefolge Großbritanniens am 1. Weltkrieg teil. Ende Mai 1926 errichtete Gomes da Costa eine Diktatur in P., trat jedoch im Juni die Macht an General Carmona ab, der 1928–51 Staatspräs. war. Sein leitender Minister Oliveira Salazar wurde 1932 MinPräs. und schuf die ständisch-autoritäre Verf. v. 1933. Aus dem 2. Weltkrieg hielt sich P. heraus. 1951 wurde General Craveiro Lopes, 1958 Admiral A. Thomaz Staatspräsident. 1968 wurde O. Salazar von Marcello Caetano als MinPräs. abgelöst. – Das autoritäre Regime fand wiederholt starke Opposition. In Angola wurde 1961 ein Aufstand niedergeschlagen, in Portugiesisch-Guinea und in Moçambique führten Unabhängigkeitsbestrebungen zu einem erbitterten Kolonialkrieg. Im Dez. 1961 besetzten ind. Truppen Portugiesisch-Indien. Am 25. 4. 1974 stürzte die ›Bewegung der Streitkräfte‹ (portugies. Abk. MFA) das diktator. Reg.-System Salazars und seines Nachfolgers (M. Caetano). Eine Militärjunta unter Gen. A. S. R. de Spínola übernahm die Regierung (Ausarbeitung einer Verf., freie Wahlen, Selbstbestimmungsrecht für die Kolonien); Parteien konstituierten sich neu, u. a. die ›Sozialist. Partei‹ (M. Soares), die KP (A. Cunhal) und die ›Demokrat. Volkspartei‹. Nach Spannungen mit der stark linkssozialistisch ausgerichteten MFA mußte Spínola zurücktreten. Unter seinem Nachfolger Präs. F. da Costa Gomes (1974–76) und Min.-Präs. V. dos Santos Gonçales (1974–75) gewann die KP zeitweilig großen Einfluß. Im März 1975 scheiterte ein Putschversuch konservativer, im Nov. 1975 ein solcher linksradialer Kräfte. 1976 trat eine neue Verf. in Kraft. Bei den Wahlen zur Nationalversammlung (1976) siegte die ›Sozialist. Partei‹ und stellte mit Soares den MinPräs. (1976–78). Mit der Wahl von Gen. A. R. Eanes zum Staatspräs. (Juni 1976, wiedergewählt im Dez. 1980) setzten sich gemäßigte Kräfte durch. Bei den Wahlen von 1979 und 1980 errang die ›Demokrat. Allianz‹ (Koalition u. a. aus ›Demokrat. Volkspartei‹, ›Demokratisch-Sozialem Zentrum‹) die absolute Mehrheit. Die von ihr gestellten Regierungen unter F. Sá Carneiro (1980) und F. Pinto Balsemão (1981–82) setzten eine Verf.-Reform (Abschaffung des Revolutionsrates, 1982) durch und bemühten sich um eine Reprivatisierung von Teilen der Wirtschaft. Nach den Wahlen von 1983, bei denen die Sozialisten wieder stärkste Gruppen im Parlament wurden, übernahm Soares erneut das Amt des MinPräs.

Nach der Revolution von 1974 entließ P. seine afrikan. Besitzungen Angola, Moçambique und Portugiesisch-Guinea in die Unabhängigkeit. Portugiesisch-Timor wurde 1976 von Indonesien annektiert. Seit 1977 bemüht sich P. um Aufnahme in die Europäischen Gemeinschaften.

Portugal|öl, äther. Öl aus den Fruchtschalen der Pomeranzen.

Portugiesen *Pl.,* roman. Volk in Portugal, mit den nördlich benachbarten Galiciern nahe verwandt; römisch-kath. Glaubens. Außerhalb des Mutterlandes leben P. in den USA, in Macao, den ehem. portugies. Überseegebieten und bilden den Grundstock der brasilian. Bevölkerung. Sie sind eine ethn. Mischung aus ligur. Urbevölkerung im S, Iberern in der Mitte und Kelten im N. Der Süden wurde früh romanisiert und durch die arabisch-berber. Einwanderung stark beeinflußt. Im N wanderten durch die Wiederbesiedlung der Reconquista bes. Bewohner aus Galicien und León ein.

Portugieser *der, -s/-,* eine Rebsorte (→Weinstock).

portugiesische Kunst. Die ältesten, aus roman. Zeit stammenden Kirchen (Kathedrale in Coimbra u. a.) schlossen sich span. Vorbildern an. Mit den Zisterziensern kam die Gotik nach Portugal, deren Hauptwerk die reich ausgestattete Kirche S. Maria in Batalha ist. Zu ihrer vollen Blüte entwickelte sich die Baukunst im 16. Jh. im Emanuelstil (→ Emanuel 1), in dem sich frz.-gotische, maurische und indische Formen zu märchenhaft exot. Pracht verbanden (Kreuzgänge in Batalha und Belém). Seit Mitte des 16. Jh. herrschte ital. Einfluß vor. Die Bildhauerkunst schuf im MA. v. a. Grabmäler und entfaltete sich am reichsten zur Zeit des Emanuelstils, der ihr hauptsächlich bauplast. Aufgaben bot. Der bedeutendste portugies. Maler ist Nuño Gonçalves (tätig um 1450–80), der, an niederländ. Vorbildern geschult, den Vinzenz-Altar schuf (Lissabon, Museum; Bild Gonçalves). Niederländ. Einfluß blieb maßgebend bis um die Mitte des 16. Jh., als er von dem der ital. Malerei abgelöst wurde. – Das 17. Jh. brachte einen kulturellen Rückgang. Von den Bildhauern des 18. Jh. ist Joaquim Machado de Castro, von den Malern Francisco Vieira und Domingo Antonio de Sequeira zu nennen. Die Bildhauer und Maler des 19. Jh. (Miguel Angelo Lupi, Antonio Carvalho da Silva Porto) schlossen sich der frz. Entwicklung an. Heute findet die portugiesisch-frz. Malerin Maria-Elena Vieira da Silva größte Beachtung.

portugiesische Literatur. Vom Ende des 12. bis in das 14. Jh. hinein blühte in Portugal und Galicien eine lyrische höf. Dichtung, die von der frz.-provenzal. Dichtung angeregt war. Einer der ältesten Dichter ist der portugies. König Sancho I. Zu den begabtesten gehören João Garcia de Guilhade und der König D. Dinis. Die galicische Hofdichtung wurde auch von Kastiliern gepflegt. Von der Lyrik König Alfonsos des Weisen von Kastilien sind nur seine ›Cantigas de Santa Maria‹ erhalten. Die Prosa begann im 14. Jh. mit Adels- und Geschlechterbüchern, Chroniken, Heiligenlegenden, asket. und religiös-belehrenden Schriften. Der phantast. Ritterroman →Amadis von Gaula ist nur in der span. Fassung überliefert.

In der Renaissancezeit (15. und 16. Jh.) drang der Humanismus ein. Die ›Palastdichtung‹, die der höf. Unterhaltung diente, wurde von Garcia de Resende gesammelt (›Cancioneiro geral‹). Bernardim Ribeiro und Cristóvão Falcão vertraten die neue Richtung gefühlsbetonter bukol. Dichtung, bes. von unglückl. Liebe, Francisco Sâ de Miranda führte seit 1526 ital. Dichtungsformen ein. Er beeinflußte u. a. Diogo Bernardes. Der größte portugies. Lyriker und Epiker war Luís de Camões (Epos ›Die Lusiaden‹, 1572).

Reich entfaltet ist im 16. Jh. neben der myst. Lyrik auch die myst. Prosa. Eine Nachahmung des Amadis-Romans ist der ›Palmeirim de Inglaterra‹ (1544) von Francisco de Morais. Melancholisch ist der Grundton von Bernardim Ribeiros Liebesroman ›Saudades‹. Montemôr (Montemayor) schrieb den Schäferroman ›Diana‹ in span. Sprache. Der hervorragende Historiker des 16. Jh. ist Jão de Barros, der die Geschichte der Portugiesen in Indien behandelt. Fernão Mendes Pinto schildert seine abenteuerlichen Irrfahrten im Fernen Osten (›Peregrinação‹).

Der Schöpfer des portugies. Dramas ist Gil Vicente. Sâ de Miranda führte die klassizist. Komödie ein, deren wichtigstes Stück die ›Eufrosina‹ des Jorge Ferreira de Vasconcellos ist. In Anlehnung an antike Vorbilder entstand die klass. Tragödie (António Ferreira: ›Inês de Castro‹, 1557?).

17. und 18. Jh. Zum Teil bedingt durch die Personalunion zw. Spanien und Portugal (1580–1640) ist die p. L. des 17. Jh. stärker durch die literar. Strömungen in Spanien beeinflußt. Francisco Rodrigues Lobo schrieb idyll. Schäferdichtungen. Die Liebesbriefe der Nonne Mariana Alcoforado sind nur in frz. Übersetzungen erhalten.

Im 18. Jh. stand Portugal unter dem Einfluß der Ideen der frz. Aufklärung, auch der engl. Philosophie. In der zweiten Hälfte des 18. Jh. wirkten die literar. Gesellschaften der ›Arcádia Lusitana‹ (1757–74) und der ›Nova Arcádia‹ (1790–94); sie bekämpften die

Auswüchse der Lyrik der Akademien und führten zu einem Wiederaufleben des Bukolismus. Wichtigste Dichter: António Dinís da Cruz e Silva, Anastácio da Cunha, Francisco Manuel do Nascimento, der Satiriker Nicolau Tolentino, Barbosa du Bocage.

Im 19. Jh. erfolgte durch die Romantiker eine Erneuerung aller literar. Gattungen. Alexandre Herculano wurde der Schöpfer des histor. Romans; Almeida Garrett war Epiker und Lyriker und wurde zum Erneuerer des portugies. Dramas. Bürgerl. Sittenromane schrieb Camilo Castelo Branco (kurz ›Camilo‹ genannt), während Júlio Dinis den ländlichen Liebesroman pflegte.

Der Realismus wurde seit 1865 durch die ›Generation von Coimbra‹ unter Führung von Antero de Quental und Eça de Queirós in die p. L. eingeführt. Guerra Junqueiro wirkte bes. als Satiriker. Der bedeutendste Romanschriftsteller des Realismus ist Eça de Queirós; neben ihm Francisco de Teixeira de Queirós und Abel Botelho.

20. Jh. Die Lyrik erlebte eine Hochblüte. Die hervorragendsten Vertreter des Symbolismus sind Eugénio de Castro, Camilo Pessanha und António Nobre. Fernando Pessoa, der bedeutendste unter den modernen portugies. Lyrikern, und José Régio leiteten den ›Modernismus‹ ein. Teixeira de Pascoaes bemühte sich um eine Deutung portugies. Wesens von der Idee des schwermütig-sehnsuchtsvollen ›Saudosismo‹ her. Weitere Lyriker sind José Gomes Ferreira, Eugénio de Andrade, Alberto de Lacerda. – In der erzählenden Literatur ist der Regionalismus (→ Regionalliteratur) bes. durch Aquilino Ribeiro vertreten. Neurealistisch-sozialkrit. Romane schrieben José Maria Feirreira de Castro, António Alves Redol, Fernando Namora und Carlos de Oliveira. – Als Dramatiker waren erfolgreich Júlio Dantas und Alfredo Cortês.

portugiesische Musik. Die portugies. Volksmusik berührt sich nur teilweise mit der spanischen; manche Melismen dürften auf maur. Einfluß zurückgehen. Die Rhythmik ist oft vom Gruppentakt unabhängig, in der Tonalität überwiegen die Kirchentonarten; bisweilen findet sich improvisierte Mehrstimmigkeit. Im Fado verbinden sich folklorist. Elemente mit der jeweiligen Modeströmung der Unterhaltungsmusik. – Die Kunstmusik stand bis zum 17. Jh. unter span. und niederländ. Einfluß. J. D. Bomtempo (* 1775, † 1842) begründete die neuere p. M., deren bedeutendster Vertreter J. V. da Motta (* 1868, † 1948) wurde.

portugiesische Sprache, roman. Sprache, wird in Portugal, auf Madeira und den Azoren, im portugies. Überseegebiet und in Brasilien gesprochen. Eine eng verwandte Mundart ist das Galicische in NW-Spanien. Die Schriftsprache und maßgebende Aussprache (lingua geral) beruht auf der Sprache von Coimbra und Lissabon. Das Portugiesische ist entwicklungsgeschichtlich altertümlicher als das Spanische; außerdem zeigt es eigenartige Erscheinungen wie Nasalierung und Ausfall von Konsonanten zw. Vokalen, Umlaut und deklinierten Infinitiv. Das brasilian. Portugiesisch weicht verschiedentlich von der Sprache Portugals ab.

Portugiesisch-Guinea [-gin'ea], → Guinea-Bissau.

Portugiesisch-Indi|en, ehem. portugies. Besitzungen in Indien: Damão, Diu, Goa. 1961 marschierten ind. Truppen in P.-I. ein. Es wurde der Rep. Indien eingegliedert (→ Goa, Daman und Diu).

Portugiesisch-Ostafrika, → Moçambique.

Portugiesisch-Timor, → Timor.

Portugiesisch-Westafrika, → Angola.

Portulak [lat.] *der,-s/-e* oder *-s,* **1) Gemüseportulak, Burzelkraut (Portulaca oleracea),** zweijährige Gemüse- und Würzpflanze mit fleischigen Blättern und dickem, saftigem Stengel (20–25 cm hoch). **2) Wasserportulak (Peplis portula),** einjähriges, auf Überschwemmungsböden Europas und N-Afrikas wachsendes, kriechendes, rotüberlaufenes Weiderichgewächs mit blattwinkelständigen Einzelblütchen.

Portwein [nach der Stadt Porto], portugies. roter und weißer Dessertwein vom Stromgebiet des Duero.

Porz am Rhein, ehem. Stadt in NRW, seit 1975 Stadtteil von Köln; Dt. Forschungs- und Versuchsanstalt für Luft- und Raumfahrt; Glas- und Elektro-Ind., Motoren- und Fahrzeugbau.

Porzellan [ital.] *das, -s/-e,* das edelste keram. Erzeugnis. **porzellanen,** aus Porzellan.

P. besteht aus 40–65% Kaolin (P.-Erde), 18–30% Kalifeldspat, 12–35% Quarz. Zur Aufbereitung wird Rohkaolin mit Wasser geschlämmt, um die groben Beimengungen abzuscheiden. Der Kaolinbrei wird dann mit feingemahlenem Feldspat und Quarz in einem Rührwerk innig vermischt und in Filterpressen ausgepreßt, bis er nur noch etwa 20–30% Wasser enthält. Die Masse muß dann feucht lagern (mauken); heute wird sie meist ohne vorheriges Lagern in Vakuumstrangpressen durchgewalkt, entlüftet und zerteilt.

Zur Formgebung wurden runde Gegenstände (Teller, Tassen, Schüsseln) früher auf der Töpferscheibe gedreht, heute werden sie durch Eindrehen in Gipsformen mit einer Schablone geformt. Figuren, Vasen, Terrinen u. ä. werden in Gipsformen mit einer durch wenig Wasser und Alkali flüssig gemachten P.-Masse

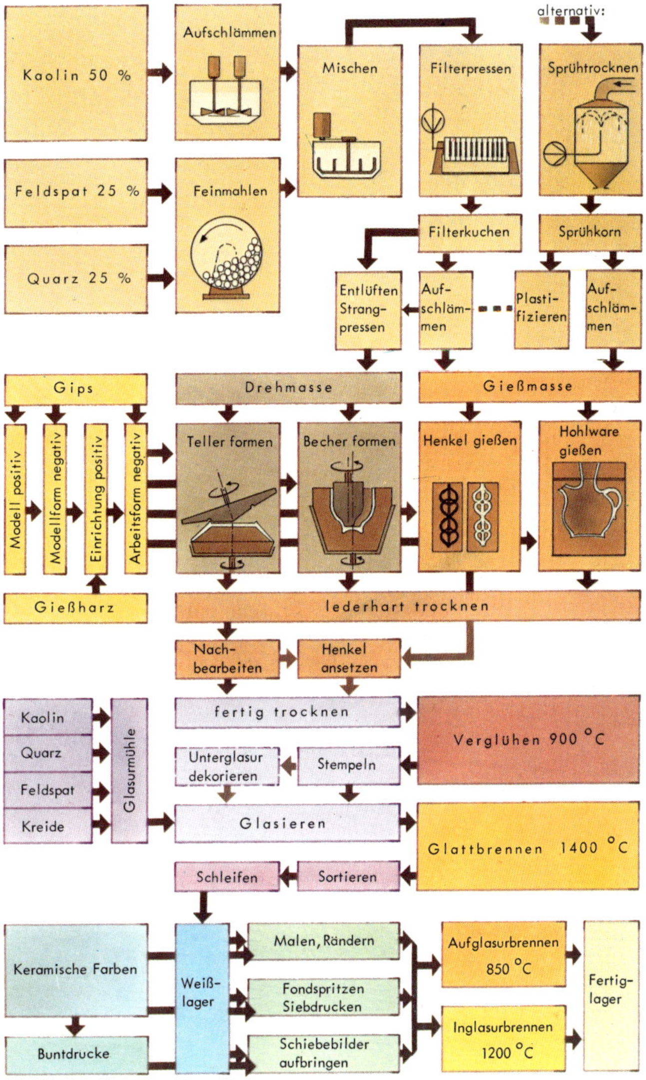

Porzellan: Schema der Herstellung

gegossen. Henkel, Ausgüsse und Teile von Figuren werden in halbfeuchtem Zustand mit breiartiger Masse angesetzt (angarniert). Kleine Massenartikel werden in Metallformen gepreßt.

Glasieren, Brennen. Nach dem Trocknen werden die Gegenstände bis etwa 900 °C verglüht, um die Struktur zu festigen; sie werden dabei porös. Die vorgebrannte Ware wird nun in die Glasuraufschlämmung getaucht. Beim folgenden Gut-, Gar- oder Glattbrand (1300–1460 °C) erhält das P. erst seine charakterist. Eigenschaften.

Verzieren. Bei der Unterglasurmalerei wird der verglühte Scherben mit färbenden, hochtemperaturbeständigen Oxiden (CoO, Cr_2O_3 u. a.) bemalt, glasiert und gutgebrannt. Die Aufglasurmalerei verwendet auf der fertigen, glasierten Weißware feinst gemahlene, leicht schmelzende Farbgläser und Terpentin; dann folgt das Einbrennen in einer Muffel bei 700–920 °C. Edelmetalle (Silber, Gold, Platin) werden als sehr feines Pulver, mit Öl vermischt oder als organ. Verbindung vor dem Brennen aufgetragen.

Eigenschaften. Weißes P. hat einen völlig dichten, durchscheinenden Scherben mit schwach glänzendem, meist muscheligem Bruch; es ist härter als Stahl (7 der Mohsschen Skala). P. ist ein guter elektr. Isolator, beständig gegen Säuren (außer Flußsäure) und mäßig konzentrierte Alkalien.

Arten. Die größte wirtschaftl. Bedeutung hat **Hart-P.;** es wird bei 1380–1445 °C gutgebrannt. **Weich-P.** sind von geringer wirt-

Porzellan: OBEN Terrine und Schüssel; Worcester um 1760/70 (Düsseldorf, Hetjensmuseum). UNTEN Kanne und Becken, Sèvres 1757 (München, Bayer. Nationalmuseum). – Weitere BILDER Bustelli, chinesische Kunst, Kändler, Meißener Porzellan

schaftl. Bedeutung. Sie haben hohen Feldspat- und Quarzgehalt und können schon bei 1240–1320 °C gutgebrannt werden. **Knochen-P. (Bone China** [bəun tʃ'aınə]) besteht aus 40–50% Knochenasche, der Rest etwa zu gleichen Teilen aus Kaolin und Pegmatit (feldspathaltiges Gestein). Haupterzeugungsland ist England. **Fritten-P.** ist dem echten P. äußerlich sehr ähnlich, steht aber in der Zusammensetzung dem Glas viel näher; es hat nur noch histor. Bedeutung. **Ostasiatisches P.** leitet mit seinem oft graugrün getönten Scherben über zum Feinsteinzeug. **Seger-P.** wurde von H. Seger in Anlehnung an ostasiatisches P. entwickelt für Versuche mit reicher Scharffeuermalerei und Kunstglasuren. – Die Herkunft feinerer Porzellangegenstände wird gekennzeichnet durch Buchstaben, Zeichen, Stempel **(Porzellanmarken).**

Bed. Unternehmen, Bundesrep. Dtl.: Hutschenreuther AG, Selb; Porzellanfabrik Schirnding AG, Schirnding; Porzellanfabrik Waldsassen Bareuther & Co. AG, Waldsassen; Rosenthal AG, Selb; Villeroy & Boch Keramische Werke KG, Mettlach/Saar. Dt. Dem. Rep.: VEB Staatl. Porzellanmanufaktur Meißen, Meißen. Österreich: Österr. Sanitär-, Keramik- und Porzellan-Industrie AG, Wien. Schweiz: Porzellanfabrik Langenthal AG, Langenthal.

Geschichte. Das Mutterland des P. ist China, wo es vermutlich vom 7. Jh. n. Chr. an hergestellt wurde. Seit Ende des 13. Jh. gelangten Einzelstücke chines. P. nach Europa. Im 17. Jh. betrieben die Holländer über die Ostindische Kompanie einen regelrechten Einfuhrhandel. Versuche, P. nachzuahmen, wurden seit dem 16. Jh. in Italien unternommen. Im 17. Jh. schufen die Holländer eine Ersatzware in den Delfter Fayencen (→Delft). In Dtl. vermochte E. W. v. Tschirnhaus bereits rotes Steinzeug nach chines. Vorbild zu erzeugen. Ihm und seinem Gehilfen J. F. Böttger gelang es 1708, weißes Hart-P. herzustellen. Die erste Manufaktur wurde 1710 gegr. (→Meißener Porzellan). Bald wurde auch in anderen Manufakturen P. hergestellt (→Berliner Porzellan, →Capodimonte, →Chelsea, →Frankenthal (Pfalz), →Höchst, →Kopenhagener Porzellan, →Ludwigsburger Porzellan, →Nymphenburger Porzellan, →Sèvres-Porzellan, →Wiener Porzellan, →Worcester-Porzellan).

Porzellan: Porzellanmarken; **1** Meißen (1725–63, 1813–1924 und gegenwärtig). **2** Wien (unterglasurblau ab 1749). **3** Nymphenburg (1754 bis um 1800). **4** Ludwigsburg (um 1758–93). **5** Capodimonte (bis 1759). **6** Frankenthal (1762–98). **7** Fürstenberg (18. und 19. Jh.). **8** Berlin, Königl. Manufaktur (1763–1837). **9** Höchst (um 1765–78). **10** Sèvres (1793–1800). **11** Kopenhagen, Königl. Manufaktur (Marke seit 1885). **12** Rosenthal (Neuzeit)

Porzellanblümchen, →Steinbrech und →Wintergrün.

Porzellan|erde, →Kaolin.

Porzellanschnecke, Tigerschnecke, die →Kauri.

Posadas, Hptst. der Prov. Misiones, Argentinien, (1980) 140000 Ew., am Paraná; Handelszentrum.

Posadowsky-Wehner, Arthur Graf von, Politiker, * Glogau 3. 6. 1845, † Naumburg/Saale 23. 10. 1932, wurde 1893 Staatssekr. des Reichsschatzamts, 1897 des Reichsamts des Innern, Stellvertreter des Reichskanzlers und preuß. Staats-Min. (bis 1907); er führte sozial- und wirtschaftspolit. Reformen durch.

Posamenten [frz.], *Sg. das* **Posament,** *-(e)s,* Besatzwaren, z. B. Bänder, Borten, Fransen, Litzen, Quasten, Schnüre.

Posaune [mhd.; frz. aus grch.-lat.] *die, -/-n,* ital. **Trombone,** tiefes Blechblasinstrument, besteht als **Zugposaune** aus zwei Teilen: Über die offenen Röhrenenden der beiden geraden Schenkel des Hauptstücks wird eine zweite U-förmige Röhre, der Zug, geschoben. Je nachdem, inwieweit man die Rohrlänge durch Ausziehen des Zuges vergrößert, wird jeder angeblasene Naturton bis zu sechs chromat. Halbtönen vertieft (BILD Blasinstrumente). Die **Ventilposaune** (ohne bewegl. Zug) wird fast nur für tiefste Lagen (Kontrabaßventilposaune) verwendet. Die P. hat sich im 15. Jh. entwickelt; im 16. Jh. vereinigte man mehrere P. zu Chören, bes. in der Oper (Monteverdi) und in der Kirchenmusik (Gabrieli). *ich* **posaune, 1)** spiele die P. **2)** U erzeuge gewaltigen Schall. *ich* **posaune** *es* **aus,** U verrate, verkünde überall.

Poschiavo [poski'a:vo], dt. **Puschlav,** Landschaft im Kt. Graubünden, Schweiz, zw. Berninapaß und ital. Grenze, von Berninabahn und -straße durchzogen. Hauptort: P. (1980: 3300 Ew.).

Pose [ahd.] *die, -/-n,* **1)** *nd.:* Feder, bes. Federkiel. **2)** ein Schwimmer als Angelzubehör. (BILD Angel)

Pose [frz.] *die, -/-n,* Stellung, Gebärde, auf Wirkung berechnete Haltung. *der* **Poseur** [poz'ø:r], *-s/-e,* Wichtigtuer. *ich* **posiere, 1)** nehme eine P. ein. **2)** benehme mich gekünstelt, schauspielere.

Poseidon, grch. Mythos: Gott des Meeres, Sohn des Kronos und der Rhea, Bruder des Zeus und des Hades, von den Römern dem Neptun gleichgesetzt; seine Gemahlin ist Amphitrite, Begleiter sind Tritonen und Nereiden. Bei Homer trägt er die Beinamen Gaieochos, ›Erdumfasser‹, Ennosigaios, ›Erderschütterer‹. Seine Attribute waren Dreizack, Fisch und Delphin.

Poseidonios, grch. Philosoph, * Apameia (Syrien) 135 v. Chr., † Rom 51 v. Chr., wichtigster Vertreter der mittleren Stoa, Lehrer Pompeius' und Ciceros. Seine Lehre war von größtem Einfluß auf die Philosophie des späten Altertums.

Posemuckel [norddt.], U Kleinstadt, unbedeutender Ort.

Posen, polnisch **Poznań** [p'ɔznajn], **1)** 1815–30 preuß. Groß-Hzgt., 1830–1919 preuß. Prov., 28991 km², (1910) 2,1 Mio. Ew. (davon 0,74 Mio. Deutsche); Wappen: FARBTAFEL Deutsche Wappen und Flaggen. – P. wurde 1815 gebildet aus wiedergewonnenen ehemals poln. Gebieten, die 1919 an Polen zurückfielen. Kleine beim Dt. Reich verbliebene Randgebiete wurden in die Prov. Grenzmark Posen-Westpreußen einverleibt.

Posen 2): Rathaus

2) Hptst. der poln. Wwschaft Poznań (P.), (1981) 558000 Ew., an der Warthe; Erzbischofssitz, Univ., TH, mehrere Hochschulen

(Landwirtschafts-, Wirtschafts-, Musik-, Kunsthochschule u. a.), Institut der Poln. Akademie der Wiss. u. a. Institute, Bibliotheken, Museen, Theater; chem., metallverarbeitende, Landmaschinen-, Glasind., Herstellung von Dieselmotoren, Textilien, kosmet. Artikeln; internat. Messen; Verkehrsknotenpunkt, Flughafen. - Dom (1453 begonnen, im 18. Jh. barock umgestaltet, nach dem 2. Weltkrieg in alter Gestalt wiederaufgebaut), Renaissance-Rathaus (1550-60 um- und ausgebaut), Schloß (Anfang 20. Jh.).

Geschichte. Um eine frühslaw. Burg des 8./9. Jh. entstanden, war P. im 10. Jh. Hauptsitz der poln. Herzöge, seit 968 Bischofssitz und seit 1138 Sitz der Herzöge von Großpolen. 1253 legten dt. Kaufleute die Neustadt nach dt. Recht an. Im 15. Jh. verlor das dt. Element in der Bürgerschaft das Übergewicht (bis 1501 war das Deutsche in schles. Prägung Urkundensprache), blieb aber bedeutend. Die Stadt, die 1394 das Stapelrecht erworben hatte, erlebte im 16. Jh. eine wirtschaftl. und kulturelle Blüte. Ein erneuter Aufschwung setzte Ende des 18. Jh. ein, der sich unter preuß. Herrschaft (1793-1806 und 1815-1918) und z. Z. des Hzgt. Warschau fortsetzte (seit 1815 Provinzhauptstadt, seit 1848 Bahnknotenpunkt). 1848 war P. Zentrum der poln. Nationalbewegung in Preußen. Durch den Aufstand vom 27. 12. 1918 fiel die Stadt in poln. Hand. In den folgenden Jahren sank der dt. Bevölkerungsanteil rasch ab. Im 2. Weltkrieg (1939-45) wieder in dt. Hand, war P. zu dieser Zeit Hauptort des Reichsgaues Wartheland. Der **Posener Aufstand** (Juni 1956) führte im Okt. 1956 zu einer Umbesetzung der Partei- und Staatsführung in Polen.

Posen-Westpreußen, ehemalige preuß. Prov., → Grenzmark Posen-Westpreußen.

Posidoni|enschiefer, **1)** Schiefer des unteren Karbon im östl. Rhein. Schiefergebirge und Harz. **2)** Schiefer des oberen Lias; beide benannt nach ausgestorbenen Muschelgattungen.

Posillipo, Posilipo, Hügelzug aus Tuffstein südwestlich von Neapel.

Position [lat.] *die, -/-en,* **1)** Stellung, Ort, Lage. **2)** Navigation: Standort eines Wasser-, Luft- oder Raumfahrzeugs. **3)** ✫ Ort eines Gestirns an der Himmelskugel (→ astronomischer Ort). **Positionsastronomie,** die → Astrometrie. **4)** Anstellung. **5)** Einzelposten, z. B. des Haushaltsplans. **6)** ⚽ Stellung eines Sportlers oder einer Mannschaft in einer Tabelle (Klassement). **7)** Tanz: die Stellung der Füße (die 5 P. sind Grundlage der Ballettechnik). **8)** Ü Standpunkt (bes. ideologisch, politisch).

Positionslampen, Positionslaternen, Positionslichter, an einem Schiff, Flugzeug oder einer festen Station, z. B. Boje, bes. bei Nacht betriebene Lampen, auch Hochfrequenzsender; kennzeichnen Fahrtrichtung und Lage des diese Lampen tragenden Fahrzeugs für einen Beobachter (→ Lichterführung).

positiv [lat.], **1)** feststehend, tatsächlich: *ich weiß es p.,* sicher. **2)** bejahend, bereit zur Mitarbeit. **3)** △ p. heißen Zahlen, die größer als 0 sind. Zeichen: +. Eine Drehung heißt p., wenn sie der Drehung des Uhrzeigers entgegengesetzt ist. **4)** ⚡ **positiv geladen,** Eigenschaft einer der beiden elektr. Ladungsarten. **5)** ⚕ auf das Bestehen einer Krankheit hindeutend: *ein positiver Befund. das* **Positiv,** *-s/-e,* **1)** Photographie: Bild mit hellen Lichtern und dunklen Schatten, im Unterschied zum Negativ, bei dem Hell und Dunkel vertauscht sind. **2)** kleine Orgel ohne festen Standort mit einem Manual und nur wenigen Stimmen in hoher Lage von hellem Klang; auch als selbständiges Werk der Orgel eingefügt (Rück-, Kron- und Brustpositiv). *der* **Positiv,** *-s/-e,* Ⓢ Grundstufe, die ungesteigerte Form des Adjektivs (ÜBERSICHT Adjektiv).

Positivismus [lat.] *der, -,* die grundsätzliche Beschränkung der Gültigkeit menschl. Erkenntnis auf das erfahrungsmäßig Gegebene (›Positive‹), die durch Erfahrung beweisbaren ›Tatsachen‹, deren Regelmäßigkeiten in Beziehung und Ablauf festgestellt werden sollen. Dieser Tatsachenstandpunkt ist z. T. im Sinn des Realismus und Empirismus auf das Empirische, z. T. im Sinn eines ›Bewußtseinsidealismus‹ auf die vermittelnde Empfindung (bes. Empiriokritizismus) gerichtet. Als Ideal der Erkenntnis gilt die in den exakten Naturwissenschaften erstrebte und großenteils erreichte, auf dem Experiment beruhende Feststellung von Gesetzmäßigkeiten in mathemat. Form; dieser Typus des Denkens soll nach Möglichkeit auch in den Geisteswissenschaften verwirklicht werden. Nur das wissenschaftlich Gesicherte soll gelten. Der P. schlug sich in Form bestimmter Richtungen in vielen Bereichen nieder: in der Geschichtsschreibung, in der evang. Theologie, in den Sozialwissenschaften, in der Pädagogik, in der Psychologie und v. a. in der Rechtswissenschaft (→ Rechtspositivismus). Ansätze zum P. finden sich im Altertum bei einigen Sophisten. In der Neuzeit vertraten D. Hume, J. St. Mill, E. Mach, R. Avenarius, E. Dühring, E. Laas, H. Vaihinger u. a. ein positivist. Weltbild. A. → Comte erhob den P. zu dem Wissenschaftsideal, das seit etwa 1850 mehrere Jahrzehnte herrschend wurde. Radikalisiert wurde der positivistische Ansatz im → Neopositivismus. *Adj.* **positivistisch.**

Positivismusstreit, gesellschaftstheoret. Auseinandersetzung der 1960er Jahre, in der die Vertreter der neomarxist. Frankfurter Schule gegenüber den Wissenschaftstheoretikern des Krit. Rationalismus den Vorwurf des Positivismus erhoben.

Positivmodulation, Fernsehen: → Negativmodulation.

Positiv-Positiv-Verfahren, Umkehrverfahren zur Herstellung positiver Duplikate von positiven Vorlagen auf photograph. Weg in einem Kopierprozeß mit besonderem, lichtempfindl. Material.

Positron [lat.] *das, -s/...tr'onen,* Symbol e^+, Elementarteilchen aus der Gruppe der → Leptonen mit gleicher Masse und dem Betrag nach gleicher Ladung wie das → Elektron, jedoch mit positivem Vorzeichen der Ladung. Das P. ist das → Antiteilchen des Elektrons (ÜBERSICHT Elementarteilchen). Die Existenz des P. wurde 1928 von Dirac auf Grund seiner relativist. Theorie des Elektrons postuliert, 1932 wurde es von C. D. Anderson in der kosm. Strahlung nachgewiesen. P. entstehen beim Zerfall bestimmter künstl. radioaktiver Isotope, durch → Paarerzeugung und beim Zerfall positiv geladener Myonen. Energiearme P. zerstrahlen mit einem Elektron zu 2 oder 3 Gammaquanten.

Positronen-Emissions-Tomographie, erlaubt die Stoffwechseluntersuchung von Körpergeweben, speziell des Hirngewebes. Biochemisch wichtige Grundstoffe, z. B. Glucose, werden mit einem Radionuklid gekoppelt, das Positronen ausstrahlt. Diese reagieren mit den Elektronen des Gewebes unter Aussendung einer energiereichen Gammastrahlung, deren Intensität und Entstehungsort gemessen und im Computer verarbeitet wird. Dadurch entstehen Stoffwechselbilder, die krankhafte Vorgänge erkennen lassen.

Positronium [lat.] *das, -s/...troni|en,* Symbol **Ps,** ein → exotisches Atom.

Positur [lat.] *die, -/-en,* Stellung, herausfordernde Haltung: *sie setzte sich in P.*

Posse [von frühnhd. bosse, posse ›Zierat‹, ›Scherzfigur‹] *die, -/-n,* derbkomisches Theaterstück, bisweilen mit kultur- und zeitkrit., auch literaturkrit. Einschlag, oft mit der komischen Person als Mittelpunkt; auch mit Gesang- und Tanzeinlagen. **Lokalpossen** spielen in örtl. bestimmter Umwelt, **Bauernpossen, Bauernschwänke** im Bauernmilieu. Die **Zauberposse** (F. Raimund) läßt Feen, Dämonen, Geister in die Handlung eingreifen.

Die P. ist aus dem → Mimus 2) hervorgegangen; im röm. Theater erscheint sie in der Form der → Atellanen. Die komischen Einlagen in geistl. Spielen des MA. entwickelten sich in Frankreich zu den frz. Farcen (→ Pathelin). In Dtl. gab es seit Anfang des 15. Jh. die → Fastnachtsspiele. In Italien entwickelte sich um 1550 die → Commedia dell'arte. Possenhaftes spielten auch die → Englischen Komödianten. Die neuere P. deckt sich in weitem Umfang mit dem Mundartstück oder mundartlich eingefärbten Werken: Bauerntheater, Vorstadttheater in den Großstädten (F. Raimund, J. Nestroy u. a. in Wien, E. E. Niebergall in Darmstadt). Neuere dt. Possen- und Schwankdichter waren F. v. Schönthan, G. v. Moser, O. Blumenthal, G. Kadelburg, A. Arnold und E. Bach, in Frankreich A. Bisson, in England B. Thomas. Auch B. Brecht schrieb P., z. B. ›Die Hochzeit‹. Possenhafte Züge hat mitunter das absurde Theater.

Possehl, L. P. & Co. mbH, Lübeck, Holdinggesellschaft des Eisen-/Stahl-, Brennstoff- und Sanitärartikelgroßhandels; gegr. 1847, seit 1915 jetziger Name. - Alleiniger Gesellschafter ist die **P.-Stiftung,** Lübeck (errichtet 1919), die bes. der Förderung sozialer Einrichtungen in Lübeck dient.

Possen *der, -s/-, meist Pl.,* derber, übermütiger Streich, Schabernack: *dem müssen wir einen P. spielen!; er sollte nicht so viele P. reißen. der* **Possenreißer,** *-s/-,* derber Spaßmacher.

Possessio [lat.] *die, -,* Besitz. *der* **Possessor,** *-s/...s'oren,* Besitzer. **possessorische Klage (Besitzstörungsklage),** die dem Besitzer einer Sache gegen Entziehung oder Störung seines Besitzes zustehende Klage (→ Besitz 2).

Possessiv [lat.] *das, -s/-e,* **Possessivpronomen,** besitzanzeigendes Fürwort (ÜBERSICHT Pronomen und Fragewort).

possierlich [zu Posse], drollig, spaßig.

Pößneck, Krst. in Thüringen, im Bez. Gera, (1982) 18300 Ew.; Textil-, Leder- u. a. Ind.; Verlagsdruckereien; Stadtkirche St. Bartholomäus (1349), Rathaus (1478-1531).

Poßruck, Bergzug in der Steiermark, nördlich der Drau, bis 1049 m hoch, seit 1919 österr.-jugoslaw. Grenze.

post [lat.], nach, hinter. **p. Christum (natum),** Abk. **p. Chr. (n.),** nach Christi Geburt. **p. festum** [›nach dem Fest‹], nachträglich, zu spät. **p. meridi|em,** Abk. **p. m.,** nachmittags. **p. mortem,** Abk. **p. m.,** nach dem Tod.

Post [ital. von mlat. posita ›Standort (für Pferdewechsel)‹] *die, -/-en, Pl. selten,* **1)** in allen Ländern bestehende Einrichtung zur Übermittlung von Nachrichten durch Briefe u. a. Sendungen oder auf leitungsgebundenem (Kabel, Lichtleiter) oder leitungsungebundenem Weg (Funk, Fernsehen), ferner zur Beförderung von Personen, Gütern sowie zur Abwicklung von Geldverkehr (vgl. unten). **2)** Postamt. **3)** eingelaufene Postsendungen. **4)** 📯 Personenverkehr mit der Postkutsche, auch diese selbst. *Adj.* **postalisch.**

Post 1):
OBEN Paketförder- und -verteilanlagen (Endstellen), München;
UNTEN Briefverteilanlage, Frankfurt am Main

Organisation. In den meisten Ländern ist die P. eine staatl. Einrichtung. Das Fernmeldewesen wird in Europa überwiegend staatlich verwaltet; in Übersee, z. B. den USA, wird es oft unter staatl. Aufsicht von Privat-Ges. betrieben. Die internat. Postsprache ist Französisch (→Weltpostverein). Die P. untersteht einem eigenen Minister (→Deutsche Bundespost) oder unter der Aufsicht eines Ministeriums einem Generaldirektor (z. B. in Österreich und der Schweiz). In der Bundesrep. Dtl. gliedert sich die Verwaltung der P. in die Zentralbehörde (Bundespostministerium), Mittelbehörden (→Oberpostdirektionen) und Ortsbehörden (P.- und Fernmeldeämter). Daneben bestehen zentrale Sonderämter wie Bahnpost-, Postscheckamt. Die P.-Ämter nehmen den P.-Dienst und die Abwicklung des P.-Betriebs wahr, z. B. die Annahme von P.-Sendungen und Telegrammen. Das P.-Amt ist eine untere Bundesbehörde, wird von einem Amtsvorsteher geleitet und untersteht unmittelbar einer Oberpostdirektion.

Post 1): LINKS Codierplatz, Berlin (West); RECHTS Nachforschungsstelle mit Belegverwaltung und Mikroverfilmung, Essen

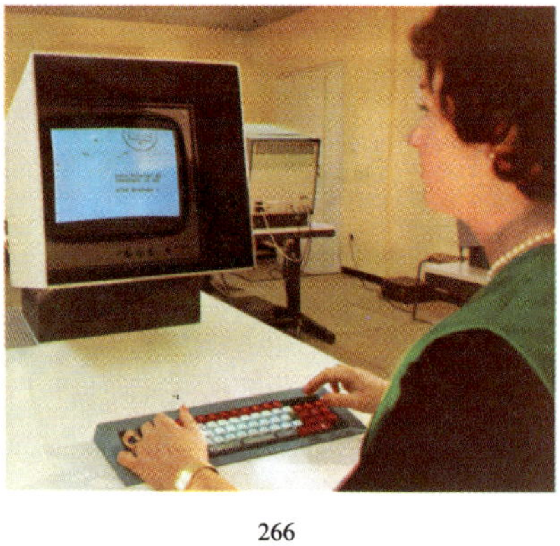

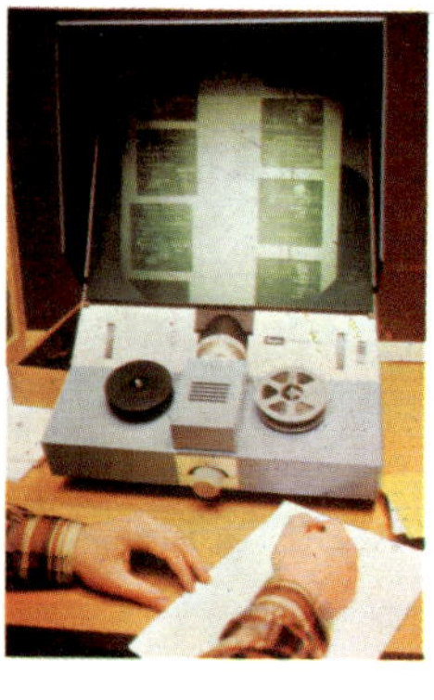

Postdienste. Die P. stellt ihren Benutzern Dienstleistungen auf den Gebieten des P.- und Fernmeldewesens sowie der Sonderdienste zur Verfügung. Im P.-Wesen gibt es z. B. den Brief-, Paket-, Zeitungs-, Postscheck-, Postsparkassen- und Postreisedienst. Im Fernmeldewesen betreibt die P. den Telegraphendienst mit Telegramm-, Telexdienst u. a., den Fernsprechdienst mit Sprechstellen und Nebenstellenanlagen u. a. sowie den Funkdienst. Daneben gibt es Sonderdienste (→Postzustellungsauftrag, →Postprotestauftrag). Neue Postdienste wie ›Bildschirmtext‹ und ›Dateldienst‹ wurden eingeführt. In der Postbetriebstechnik werden zunehmend techn. Hilfsmittel und EDV-Anlagen eingesetzt.

Recht. In der Bundesrep. Dtl. ist das P.-Recht im P.-Verwaltungs-Ges. v. 24. 7. 1953, im P.-Ges. v. 28. 7. 1969 und in den Benutzungs-VO für die einzelnen Dienstzweige wie der P.-Ordnung v. 16. 5. 1963 geregelt. Für den internat. P.-Verkehr gelten die Bestimmungen des Weltpostvertrags. Ferner →Fernmelderecht. – Das P.-Recht beruht auf der P.-Hoheit des Staates. Träger der ausschließl. Gesetzgebung über das P.- und Fernmeldewesen ist in der Bundesrep. Dtl. der Bund. Durch das P.-Gesetz v. 1969 ist an die Stelle des formellen P.-Zwangs für Briefe ein Beförderungsvorbehalt getreten. Danach ist das Errichten und Betreiben von Einrichtungen zur entgeltl. Beförderung von Sendungen mit schriftl. Mitteilungen oder mit sonstigen Mitteilungen von Person zu Person allein der P. vorbehalten. Andererseits hat jedermann Anspruch auf die Benutzung der Einrichtungen des P.-Wesens, wenn er die dafür vorgesehenen Bedingungen erfüllt (Zulassungspflicht). Die Haftung der P. für Schäden bei der Benutzung der Einrichtungen des P.- und Fernmeldewesens richtet sich nicht nach bürgerlich-rechtl. Grundsätzen, sondern ist bes. geregelt; z. B. haftet die P. für die gewöhnl. Briefsendungen nicht.

In der Dt. Dem. Rep. wird das P.-Recht durch das Ges. über das Post- und Fernmeldewesen v. 1959 geregelt. Post- und Fernmeldeanlagen gelten als Volkseigentum. Die Organisation der →Deutschen Post ist in der Anordnung über das Statut der Dt. P. v. 1976 geregelt.

Österreich. Die Vollziehung des Post- und Fernmeldewesens ist Aufgabe der →Österreichischen Post- und Telegraphenverwaltung.

Schweiz. Die →Schweizerischen Post-, Telephon- und Telegraphenbetriebe, Abk. PTT, sind ein innerhalb der Gesetzgebung selbständiger Betrieb. Seit 1921 betreibt die Schweiz das Postwesen im Fürstentum Liechtenstein auf dessen Rechnung.

Geschichte. Die erste ununterbrochene P.-Verbindung wurde um 1495 von F. v. Taxis zw. Wien und Brüssel eingerichtet. 1516 schloß Karl V. mit diesem einen Vertrag, der der Ausgangspunkt für den weiteren Ausbau der Taxisschen P. war, die sich zu einer länderumfassenden Verkehrseinrichtung entwickelte. 1596 wurde eine allg. P.-Ordnung festgesetzt, 1597 das P.-Wesen zum kaiserl. Regal erklärt. Als kaiserl. Reichs-P. gelangte die Taxissche P. zu neuer Blüte und breitete sich trotz der Einrichtung von Landes-P. immer mehr aus. Frankfurt a. M. wurde der Mittelpunkt eines P.-Netzes und 1729 Sitz der P.-Verwaltung der Taxis. Mehr und mehr wurde die P. der staatl. Verwaltung der Länder unterstellt. Um sie bei dem dichten Liniennetz lebensfähig zu machen, wurde das P.-Regal durch den P.-Zwang ergänzt. 1850 wurde der Deutsch-Österr. P.-Verein gegr., 1868 von Preußen die Norddt. Bundes-P., die Vorläuferin einer einheitl. dt. P. war. 1880 wurde als selbständige oberste Reichsbehörde das Reichspostamt eingerichtet. Nach dem 1. Weltkrieg trat an seine Stelle das Reichspostministerium. 1924 wurde die Reichs-P. als Dt. Reichs-P. weitgehend verselbständigt. 1950 wurden die neugebildeten Verwaltungen in der Bundesrep. Dtl. dem Bundes-Min. für das P.- und Fernmeldewesen unterstellt und die Dt. Bundes-P. geschaffen.

Post, Herbert, Schriftkünstler, Buchgestalter, * Mannheim 13. 1. 1903, † auf der Reise nach Salzburg 9. 7. 1978; seine aus der Schreibschrift entwickelten Druckschriften fanden weite Verbreitung.

Post|agentur, ♧ Poststelle.

Postament [lat.] *das, -(e)s/-e,* Sockel, Untergestell.

Post|amt, →Post.

Post|anweisung, Zahlungsauftrag an die Post, einen bar eingezahlten Geldbetrag an den Empfänger auszuzahlen. Die Gebühr ist nach Höhe des Postanweisungsbetrages gestaffelt; gegen besondere Gebühr wird die P. telegraphisch übermittelt.

Post|auftrag, →Postzustellungsauftrag, →Postprotestauftrag.

Postbedienstete, Beamte, Angestellte und Arbeiter der Dt. Bundespost. Postbeamte sind Bundesbeamte; Arbeiter und Angestellte unterliegen den Tarifverträgen. 1982 gab es 503943 P., davon waren 294608 Beamte und 45099 Angestellte.

Posten [ital. Lw.] *der, -s/-,* **1)** Stelle, die jemandem angewiesen wird; Amt, berufl. Stellung. **2)** ⚔ wachehaltender Soldat (Einzel-, Doppel-, Vorposten): *er muß P. stehen; die P. werden abgelöst.* **3)** Teil einer Rechnung, einer Warenliste. **4)** Warenmenge: *wir haben einen P. Hemden geliefert bekommen.* **5)** △ Summand. **6)** ♈ die stärksten Sorten Schrot von 6–8 mm Durchmesser (Reh-, Sauposten); in der Bundesrep. Dtl. bei der Jagd auf Schalenwild und Seehunde verboten.

Poster [p'əustə, engl.] *das,* auch *der, -s/-(s),* dekoratives Plakat, oft Nachdruck von klass. oder modernen Plakaten, Photos.

poste restante [pɔstrɛst'ãt, frz.], postlagernd.

Posteri [lat.] *Pl.,* die Nachkommen. *die* **Posteriorität,** *-,* ⚘ Spätersein, zeitliches Nachstehen oder dem Rang nach. *die* **Posterität,** *-,* ⚘ Nachwelt, Nachkommenschaft.

Postfach, Postschließfach, verschließbares Fach, über das Postsendungen beim Zustellpostamt auch außerhalb der Schalterstunden abgeholt werden können.

postfrisch, bei Briefmarken: unbenutzt, ungestempelt.

Postgebühren, Entgelte für die Inanspruchnahme der Dienstleistungen der Post. Die P. bestehen aus Grundgebühren, die nach Gewicht und Entfernung gestaffelt sein können, sowie aus Zuschlaggebühren, die nur für besondere Verlangen zu entrichten sind: Wertangabe, Einschreiben, Eilzustellung, Nachnahme u. a. P.-Schuldner ist, wer die jeweilige Dienstleistung in Anspruch nimmt, i. a. der Absender, ausnahmsweise auch der Empfänger (z. B. bei der Paketzustellgebühr). P. sind grundsätzlich bei Einlieferung der Sendung zu entrichten, ausnahmsweise auch als Nachgebühr mit Zuschlag. Sie können entrichtet werden durch Postwertzeichen, Freistempelung, Barfreimachung.

Postgeheimnis, der in Art. 10 GG mit dem → Briefgeheimnis und Fernmeldegeheimnis als Grundrecht gewährleistete Schutz des Postverkehrs gegen jede unbefugte Kenntnisnahme. Eine Verletzung des P. durch Postbedienstete ist strafbar und stellt darüber hinaus ein schweres Dienstvergehen dar.

postglazial [lat.], nacheiszeitlich.

Postglossatoren [lat.], **Kommentatoren,** die Mitgl. einer ital. Rechtsschule der 2. Hälfte des 13. und des 14. Jh. (bes. Bartolus de Sassoferrato und Baldus de Ubaldis), die auf den Leistungen der → Glossatoren fußten; die Begründer der modernen europ. Rechtswissenschaft.

Postgut, Kleingutsendung (Standardpakete) für Selbstbucher (Großeinlieferer) zu ermäßigten Gebühren.

Posthalter *der, -s/-,* **1)** früher vertraglich verpflichteter Unternehmer, der Pferde und Postillione stellte. **2)** heute Vorsteher einer Poststelle. *die* **Posthalterei,** *-/-en,* früher Stelle für Pferdewechsel und Umladungen.

Posthorn, kleine Abart des ein- oder zweimal gewundenen ventillosen Signalhorns, urspr. ein Naturhorn; Sinnbild der Post.

Posthörnchen, Spirula spirula, in wärmeren Meeren lebender zehnarmiger Kopffüßer mit Leuchtorgan und vielkammeriger innerer Schale, die gasgefüllt ein Schweben ermöglicht.

Posthornschnecke, Planorbarius corne|us, Wasserlungenschnecke mit scheibenförmigem, bis 3 cm breitem Gehäuse; lebt in pflanzenreichen Kleingewässern.

posthum, fälschlich für → postum.

postieren [frz., zu Posten]. *ich* **postiere** *ihn, mich an einer Stelle,* stelle dort auf: *vor dem Gebäude war eine Wache postiert.*

Postille [lat.] *die, -/-n,* Sammlung von Predigten, Andachtsbuch. P. verfaßten auf evang. Seite bes. J. K. W. Löhe und M. Frommel; auf kath. Seite war die Haus-P. (1690) von L. Goffiné am weitesten verbreitet.

Postillion *der, -s/-e,* **Postillon** [pɔstij'ɔ̃, frz.], Postkutscher. *der* **Postillon d'amour** [-dam'u:r], *--/-s -,* Liebesbote.

post|industrielle Gesellschaft [lat. post ›nach‹], → nachindustrielle Gesellschaft.

Postkarte, offene Mitteilungskarte mit aufgeklebtem oder eingedrucktem Postwertzeichen; 1870 von den dt. Postverwaltungen als ›Korrespondenzkarte‹ eingeführt, seit 1872 P. genannt.

Postkutsche, früher Kutsche zum Befördern von Personen und Post.

Postl, K a r l, Schriftsteller, → Sealsfield.

postlagernd, frz. **poste restante** [pɔstrɛst'ãt], engl. **to be called for** [tu bi: k'ɔ:ld fɔ:], Vermerk für Postsendungen, die nicht zugestellt, sondern beim Zustellpostamt 14 Werktage zur Abholung bereitgehalten werden sollen. Briefsendungen werden jedem Abholer gegen Ausweis, eingeschriebene Brief-, Wert- und Paketsendungen sowie Postanweisungen nur dem Empfänger gegen Ausweis ausgeliefert.

Postleitzahl, mehrstelliger Zahlenzusatz zur Ortsbezeichnung bei Postsendungen zur Beschleunigung und Vereinfachung des Brief- und Paketverkehrs. In der Bundesrep. Dtl. bezeichnet die erste von 4 Ziffern die **Leitzone,** die beiden ersten den **Leitraum,** die 3 ersten den **Leitbereich,** alle 4 Ziffern den **Postort.** Die Bundesrep. Dtl. ist in 8 Leitzonen, 64 Leiträume und 492 Leitbereiche eingeteilt. P. wurden 1941 in Dtl. eingeführt, 1961 in der Bundesrep. Dtl. durch die jetzige Gliederung ersetzt; in der Schweiz seit 1964, in der Dt. Dem. Rep. seit 1965, in Österreich seit 1966 in Gebrauch sowie in vielen anderen Ländern. Bei Auslandssendungen wird das Nationalitätskennzeichen für Kraftfahrzeuge der P. vorangesetzt.

post meridi|em, → post.

Postmonopol, verbreitete Bez. für die Fernmeldehoheit der Dt. Bundespost und das ihr vorbehaltene Recht, Briefe zu befördern (→ Post, → Fernmelderecht).

post mortem, → post.

postnumerando [lat. post ›nach‹, numerare ›zahlen‹], nachträglich zahlbar oder gezahlt; Ggs.: pränumerando.

Postojna, ital. **Postumia,** dt. **Adelsberg,** Stadt in Slowenien, Jugoslawien, (1971) 6300 Ew., auf dem Karst. **Adelsberger Grotten,** eines der großartigsten Tropfsteinhöhlensysteme, z. T. seit 1213 bekannt; Länge der Hauptgrotte 4300 m, des ganzen bisher bekannten Systems 22 km.

Postposition, Ⓢ Präposition, die ihrem Bezugswort folgt, z. B. ›der Umstände halber‹, ›der Leute wegen‹.

Postprotest|auftrag, Vorzeigen von Wechseln (bis 1000 DM) zur Zahlung durch die Post und, falls die Zahlung unterbleibt, das Erheben von Protest mangels Zahlung nach den Vorschriften des Wechselrechts.

Postregal, früher das ausschließlich dem König, Landesherrn, Staat vorbehaltene Recht, Postanstalten zu errichten und zu betreiben, insbes. best. Gegenstände allein zu befördern. Jetzt gilt der Beförderungsvorbehalt (§ 2 Postges. v. 28. 7. 1969).

Postreisedienst, Beförderung von Personen in Straßenfahrzeugen durch die Dt. Bundespost. Die Benutzung des P. unterliegt den Bestimmungen der Postreiseordnung zu den Gebühren der Postreisegebührenordnung. – 1981 gab es 1422 posteigene Omnibusse.

Postscheckdienst, bargeldlose und halbbare Übermittlung von Geldbeträgen durch die Post. Die **Postscheckämter** führen die Girokonten der Postscheckteilnehmer und übersenden ihnen nach jeder Buchung Kontoauszüge. Ein **Postscheckkonto** wird auf Antrag jedermann eröffnet. – Der P. bestand im Dt. Reich seit 1909.

Postskript *das, -(e)s/-e,* **Postskriptum** *das, -s/...ta,* Abk. **PS,** Nachschrift (zu einem Brief).

Postsparkassendienst, die Annahme und Verzinsung von Spareinlagen mit gesetzlicher oder vereinbarter Kündigungsfrist durch die Post. **Postsparbücher** (Mindesteinlage 1 DM) gibt jedes Postamt aus. Der Sparer kann an allen Postschaltern Beträge einzahlen (Einlagen) oder abheben (Rückzahlung). Rückzahlungen in der jeweiligen Landeswährung sind in den meisten europ. Ländern möglich. – Die Postsparkasse wurde 1861 in Großbritannien eingeführt, 1883 in Österreich, 1939 im Dt. Reich.

Poststelle, Postannahme- und Postvertriebsstelle mit öffentl. Fernsprechstelle in ländl. Gegenden; ihr steht ein Posthalter vor.

Poststempel, Stempel zur Entwertung von Postwertzeichen auf Postsendungen, auch Beweismittel für Ort und Zeit der Einlieferung; man unterscheidet nach dem Inhalt Tages- und Sonderstempel, nach dem techn. Vorgang des Stempelns Hand- und Maschinenstempel. (→ Frankiermaschine)

Postulat [lat.] *das, -(e)s/-e,* **1)** Forderung. **2)** unbeweisbare, aber unentbehrliche Annahme; nach Kant sind die Willensfreiheit, die Unsterblichkeit der Seele und das Dasein Gottes P. der prakt. Vernunft. *ich* **postuliere** *es,* fordere, stelle zur Bedingung.

postum [lat. postumus ›der letzte‹], fälschlich **posthum, 1)** nachgeboren, nach dem Tod des Vaters geboren. **2)** nach dem Tod des Verfassers veröffentlicht.

Postumia, ital. Name für → Postojna.

Postvollmacht, eine schriftliche Vollmacht zum Empfang von Postsendungen durch Dritte **(Postbevollmächtigte).**

Postwertsendungen, Briefe und Pakete, die gegen besondere Gebühr unter Wertangabe versandt werden. Die Post haftet innerhalb best. Grenzen. Die Wertangabe muß in der Aufschrift der Sendung angegeben werden. Über Geldsendungen → Postanweisung.

Postwertzeichen, Wertzeichen zum Freimachen von Postsendungen, → Briefmarke. – Seit 1981 sind in der Bundesrep. Dtl. (in Großstädten) → Münz-Wertzeichendrucker aufgestellt.

Postwurfsendungen, aufschriftlose Drucksachen oder Warensendungen mit gleichem Inhalt, werden nach Verteilgebieten von der Post an alle Haushalte zugestellt.

Postzeitungsdienst, die Vermittlung von Zeitungsbestellungen zw. Bezieher und Verleger sowie die Beförderung von Zeitungen als Zeitungspostsendungen.

Postzustellungsauftrag, Auftrag an die Post, Schriftstücke, deren förml. Zustellung gesetzlich vorgesehen oder gerichtlich angeordnet ist, nach der ZPO zuzustellen (§ 39 Postordnung). Den P. (gewöhnl. Brief mit Umschlag nach amtl. Muster) können nur aktenzeichenführende Stellen (Gerichte, Notare, Behörden) verwenden.

Posthornschnecke

Potage [pɔt'a:ʒ, frz.] *die, -/-n,* Suppe.

Potamologie [grch.] *die, -,* **Flußkunde,** Teilgebiet der Gewässerkunde, das sich mit den fließenden Gewässern befaßt.

Pot-au-feu [pɔtof'ø, frz.] *der* oder *das, -(s)/-s,* frz. Suppe aus Rindfleisch, zuweilen mit Geflügel, und Gemüsen.

Potée [pɔte, frz.], geschlämmtes Eisenoxidrot zum Polieren von Glas, Metall, Stein u. a.

Potemkin, → Potjomkin.

potent [lat.], **1)** mächtig, einflußreich; leistungsfähig; wohlhabend. **2)** beischlafs-, zeugungsfähig.

Potentat [zu potent] *der, -en/-en,* Machthaber, Herrscher.

potential, potentiell [lat.], möglich, als Möglichkeit denkbar. *der* **Potentialis,** *-/... les,* Ⓢ Aussageweise der Möglichkeit.

Potsdam 2)

Potential [lat. ›Vermögen‹, ›Kraft‹] *das, -s/-e,* die Gesamtstärke der für einen best. Zweck einsetzbaren Mittel (z. B. Industrie-P., Kriegs-P.). ⊠ eine skalare ortsabhängige Zustandsgröße eines physikal. Systems, die nur von den Koordinaten abhängt und nicht von dem Weg, der zu dem betreffenden Zustand geführt hat; z. B. das **Gravitations-P.** eines Massenpunktes im Schwerefeld, das **elast. P.** bei Verformungen eines elast. Körpers, das **Geschwindigkeits-** und **Strömungs-P.** bei der Bewegung von Flüssigkeiten. Das **elektr. P.** wird je nach der Verteilung der Ladungen als P. von einer oder mehreren Ladungen, eines Dipols, einer Flächen-, einer Doppelschicht und von stetig im Raum verteilten Ladungen unterschieden. Die **P.-Differenz** zweier Raumpunkte ist die elektrische Spannung. I. w. S. bezeichnet man als **thermodynamische P.** best. Funktionen der Thermodynamik wie innere Energie, Enthalpie u. a., aus denen die wichtigsten Zustandsgrößen wie Energie, Druck, Volumen abgeleitet werden können. Bei Stoffgemischen wird als weitere Größe das **chemische P.** eingeführt, oder wenn geladene Teilchen vorliegen das **elektrochemische P.**

Potentialbeschleuniger, → Linearbeschleuniger.

Potentialwall, → Tunneleffekt.

Potentilla [lat.], die Pflanzengattung → Fingerkraut.

Potentiometer [lat.-grch.] *das, -s/-,* **Spannungs|teiler,** elektr. Widerstand mit regelbarem Abgriff (Schleifkontakt, c), an dessen Enden (a und b) eine Spannungsquelle angeschlossen ist; durch Verschieben kann die Spannung am Mittelabgriff kontinuierlich variiert werden. Verwendung z. B. zur Lautstärkenregelung in Rundfunkempfängern.

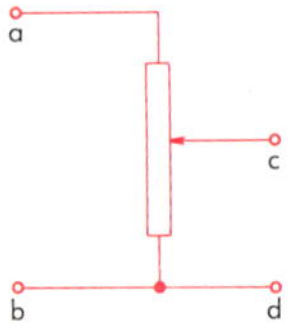

Potentiometer: Von einer an den Klemmen a und b angelegten Spannung erscheint zw. den Klemmen c und d eine Teilspannung, die dem abgegriffenen Widerstandsteil proportional ist

Potentiometrie [lat.-grch.] *die, -/...tr'ien,* maßanalyt. Bestimmungsverfahren, bei dem das elektrochem. → Potential einer Elektrolytlösung als Indikator für deren Zusammensetzung verwendet wird.

Potenz [lat.] *die, -/-en,* **1)** Macht, Leistungsfähigkeit. **2)** Fähigkeit zum Geschlechtsverkehr (lat. **potentia coeundi),** Zeugungsfähigkeit (lat. **potentia generandi);** Ggs.: → Impotenz. **3)** △ das Produkt (→ Multiplikation) einer Anzahl n gleicher Faktoren a, geschrieben a^n (gesprochen a hoch n oder a in der $n$ten P.); a heißt Grundzahl (Basis), n Hochzahl (Exponent); z. B. $a \cdot a = a^2$ (zweite P. oder Quadrat von a); $a \cdot a \cdot a = a^3$ (dritte P. oder Kubus von a). **4)** bei homöopath. Mitteln der Verdünnungsgrad (→ Homöopathie). **5)** Ⓟⓗ Möglichkeit, Vermögen, innewohnende Kraft. Von Aristoteles und von der Scholastik wird P. (grch. dynamis) vom **Akt** (der Wirklichkeit eines Seienden, grch. energeia) unterschieden. **6)** Biologie: die Fähigkeit einer Zelle oder der Anlage eines Körperteils oder Organs zu Entwicklungsleistungen. *ich* **potenziere, 1)** *es,* steigere, verstärke. **2)** *eine Zahl,* erhebe zur Potenz.

Potenza, 1) Prov. in der Region Basilicata, Italien, 6545 km², (1981) 406600 Ew. **2)** Hptst. der Prov. P. und der Region Basilicata, (1981) 64400 Ew.; Handels-, Verwaltungs- und Schulstadt; Verkehrsknotenpunkt.

Potestas [lat.] *die, -,* Gewalt, Macht; im antiken Rom die politische und administrative Handlungsfähigkeit verleihende Amtsgewalt der Magistrate sowie der Volkstribunen. Über die Gewalt des Familienvaters → Patria potestas.

Grigorij Potjomkin

Pot|hast, Pott|harst [nd. ›Topfbraten‹] *der, -s,* westfäl. Eintopfgericht aus Stückchen vom Rippenstück des Rindes, mit Zwiebeln und viel Pfeffer gewürzt.

Potiphar, im A. T. ein ägypt. Beamter, dessen Frau versuchte, Joseph zu verführen (Gen. 39); in der bildenden Kunst beliebtes Motiv (u. a. von Rembrandt).

Potjomkin, Potemkin, G r i g o r i j Aleksandrowitsch, Fürst (1783) **Tawritscheskij,** russ. Feldherr und Staatsmann, * Tschischowo 24. 9. 1739, † bei Jassy 16. 10. 1791, seit 1774 Günstling und polit. Ratgeber Katharinas II.; besetzte 1783 die Krim. P. bewirkte neben ländlicher Kolonisation Stadtgründungen. **P.sche Dörfer,** die angeblich von P. rasch aufgebauten Dorfattrappen in der Krim, die der Kaiserin Wohlstand vorspiegeln sollten; später allgemeine Bez. für Blendwerk, leerer Schein.

Potocki [pɔt'ɔtski], J a n Graf, poln. Historiker und Schriftst., * Pików (Ukraine) 8. 3. 1761, † Uładówka (Podolien) 2. 12. 1815, untersuchte in histor. und archäolog. Arbeiten die Vorgeschichte der Slawen; reich an phantast. Abenteuern ist sein Roman ›Die Handschrift von Saragossa‹ (1803–15).

Potomac [pət'əuməк] *der,* Fluß im O der USA, 670 km, entspringt im Allegheny-Gebirge, durchbricht die Blaue Kette und mündet in die Chesapeake Bay. – Die Gegend am P. war der Hauptschauplatz des nordamerikan. Sezessionskrieges.

Potosí, Hptst. des Dep. P., Bolivien, (1982) 103200 Ew., 3976 m ü. M., am Fuß des Cerro P. (4829 m); Univ.; Zinnbergbau (früher Silber). P. wurde 1545 gegründet.

Potpourri [p'ɔtpuri, frz.] *das, -s/-s,* **1)** Verschiedenerlei. **2)** seit dem 18. Jh. Bez. für eine Folge von Melodien und Melodiefragmenten.

Potsdam, 1) Bezirk der Dt. Dem. Rep., 12568 km², (1983) 1,12 Mio. Ew.; umfaßt die Stadtkreise Brandenburg (Havel) und P., die Landkreise Belzig, Brandenburg, Gransee, Jüterbog, Königs Wusterhausen, Kyritz, Luckenwalde, Nauen, Neuruppin, Oranienburg, P., Pritzwalk, Rathenow, Wittstock und Zossen. P. entstand 1952 aus dem Westteil Brandenburgs und einem Teil von Sachsen-Anhalt.

2) Hptst. von 1), Stadtkreis und VerwSitz des Landkreises P., (1983) 134200 Ew., südwestlich von Berlin, an der Mündung der Nuthe in die Havel, die sich im NO und SW der Stadt zu mehreren

Potsdam 2): Rathaus (Kulturhaus)

Seen erweitert; Sitz mehrerer Behörden, PH, Astrophysikal. und Meteorolog. Observatorium, Geodät. Institut der Akademie der Wissenschaften, Dt. Hochschule für Filmkunst, Dt. Akademie für Staats- und Rechtswissenschaften, Hauptarchiv der Dt. Dem. Rep. (Zentralarchiv für geschichtswissenschaftl. Forschung); Industrie: Bootsbau, Elektrotechnik, Feinmechanik, Klimaanlagen, Metallverarbeitung, Konserven; im Ortsteil Babelsberg Filmstudios. Die Altstadt mit ihren Erweiterungen (z. B. dem ›Holländ. Viertel‹) bis zu den noch heute vorhandenen Toren wird von einem Vorstadtring umschlossen (Berliner, Nauener, Jäger-, Brandenburger und Teltower Vorstadt). Der histor. Stadtkern mit seinen barocken und klassizist. Bauten wurde 1945 durch Bomben schwer beschädigt. Die Ruine des Stadtschlosses (1660–82, 1745–56 durch G. W. v. Knobelsdorff umgestaltet) wurde 1959/60 abgerissen, die Nikolaikirche (1830–37 von K. F. Schinkel) bis auf die Kuppel wiederhergestellt; die Garnisonkirche (1730–35 von Ph. Gerlach) ist zerstört (Turmstumpf 1968 abgebrochen). Am W-Ufer des Heiligen Sees liegen der Neue Garten mit dem Marmorpalais (1787–90, vollendet 1845; seit 1961 Dt. Armeemuseum) und Schloß Cecilienhof (1913–17), auf dem Pfingstberg das Belvedere (1849–63), auf einem Weinberg im W von P. Schloß und Park → Sanssouci. Im S erheben sich der Brauhausberg und der Telegraphenberg mit dem Einsteinturm und dem Helmertturm (zentraler Triangulierungspunkt).

G e s c h i c h t e . P., 993 in einer Urkunde Kaiser Ottos III. erwähnt, dann Grenzburg unter Albrecht dem Bären, kam 1416 in den Besitz Friedrichs I. und teilte seitdem die Geschicke des Hauses Hohenzollern. Der Große Kurfürst wählte P. zur Residenz neben Berlin; seit Friedrich Wilhelm I. und Friedrich d. Gr., die das Stadtbild prägten, wurde P. zum Sinnbild der preußisch-dt. Geschichte. – Im **Edikt von P.** (8. 11. 1685) gewährte der Große Kurfürst den frz. Hugenotten Glaubensfreiheit, Niederlassung und wirtschaftliche Privilegien in Brandenburg und Preußen.

Potsdamer Abkommen, die am 2. 8. 1945 zw. H. S. Truman, Stalin und C. Attlee, der an Stelle W. Churchills getreten war, auf der **Potsdamer Konferenz** (17. 7.–2. 8.) geschlossene Vereinbarung, der Frankreich am 7. 8. 1945 unter Vorbehalten zustimmte. Vereinbart wurden u. a.: Grundsätze der polit. und wirtschaftl. Behandlung Dtl.s, das von einem Alliierten →Kontrollrat geleitet wurde, Reparationen, Demontagen, Übertragung der Verwaltung der dt. Ostgebiete an die UdSSR und an Polen bis zu einer Friedensregelung, wobei der UdSSR die Unterstützung ihrer Forderung auf Königsberg und den N-Teil von Ostpreußen zugesagt wurde; die Ausweisung der dt. Bevölkerung aus den osteurop. Gebieten wurde unter der Voraussetzung humaner Praxis gebilligt. Frankreich und China wurden eingeladen, einem Fünfmächte-Rat der Außenminister (Sitz: London) beizutreten, der zunächst den Friedensvertrag mit Italien, dann die übrigen Friedensverträge ausarbeiten sollte. Für Dtl. wurde die Herstellung der wirtschaftl. Einheit und die Einsetzung zentraler Verwaltungsstellen vereinbart. Die Ausführung scheiterte auf den versch. Außenministerkonferenzen (Moskau, London 1947, Paris 1949). Seitdem haben die Westmächte und die UdSSR sich wiederholt gegenseitig den Bruch des P. A. vorgeworfen, zu einer Aufkündigung ist es jedoch von keiner Seite gekommen.

Pott [nd.] *der, -(e)s/⸚e,* **1)** Topf. **2)** U Schiff. **3)** altes Flüssigkeitsmaß. **4)** Spieleinsatz.

Pott|asche [nd.], Kaliumcarbonat, K_2CO_3, →Kalium.

Pottenstein, Stadt im Kr. Bayreuth, Bayern, (1984) 4900 Ew., Luftkurort in der Fränk. Schweiz; in der Umgebung Tropfsteinhöhlen (urgeschichtliche Funde im Museum).

Potter, 1) Paulus, holländ. Maler, getauft Enkhuizen 20. 11. 1625, begraben Amsterdam 17. 1. 1654, malte in meist kleinformatigen, helltonigen Bildern Weiden mit Vieh in sonniger Beleuchtung.

2) Philip Alford, westind. methodist. Theologe, * Dominica (Antillen) 19. 8. 1921; 1960–68 Präs. der Weltföderation der christl. Studentenvereinigungen, dann Präs. der Abteilung für die Einheit des Glaubens im Ökumen. Rat der Kirchen, 1973–84 Generalsekretär dieses Rates.

Potteries [pˈɔtərɪ:z, engl. ›Töpfereien‹], **Pottery District** [pˈɔtərɪ dˈɪstrɪkt], Industriegebiet im westl. Mittelengland, im Tal des oberen Trent; Hauptstandort der engl. Steingut- und Porzellanindustrie.

Pottle [pɔtl] *das, -(s)/-s,* früheres engl. Hohlmaß; 1 P. = ½ Gallone (gallon) = 2,273 l.

Pottwale [zu Pott ›Topf‹, nach der Kopfform], Fam. der Zahnwale mit zwei Arten, die in wärmeren Meeren leben; ihr Schädel enthält in großen Hohlräumen das ölige →Walrat. Der P. wird im männl. Geschlecht 18–20 m lang, der **Zwergpottwal,** mit kurzem Kopf, nur 3–4 m.

Pouillet [pujˈɛ], Claude Servais Mathias, frz. Physiker, * Cusance (Dép. Doubs) 16. 12. 1790, † Paris 13. 6. 1868, erfand 1837 die Tangenten- und die Sinusbussole sowie ein ›Pyrheliometer‹ und ein Aktinometer zur Messung der Sonnenstrahlung.

Poujade [puʒˈad], Pierre, frz. Politiker, * Saint-Céré (Dép. Lot) 1. 12. 1920, gründete 1954 eine extremist. Partei, deren Anhänger bes. Bauern und Handwerker waren **(Poujadisten).** Sie kritisierten v. a. die frz. Steuer- und Wirtschaftspolitik. In der V. Rep. verloren sie an Bedeutung, seit 1962 sind sie parlamentarisch nicht mehr vertreten.

Poularde [pu-, frz.] *die, -/-n,* noch nicht geschlechtsreifes männl. oder weibl. Masthuhn.

Poule [pu:l, frz. ›Huhn‹] *die, -/-n,* Spieleinsatz.

Poulenc [pulˈɛ̃k], Francis, frz. Komponist, * Paris 7. 1. 1899, † ebd. 30. 1. 1963, komponierte in neoklassizist. Stil Lieder, Klavier-, Kirchen-, Filmmusik sowie zwei Opern.

Poulet [pulˈɛ, frz.] *das, -s/-s,* sehr junges (8–12 Wochen altes) Masthuhn oder -hähnchen.

Poulsen [pˈɔulsən], Valdemar, dän. Radiotechniker, * Kopenhagen 23. 11. 1869, † New York 6. 8. 1942, erfand 1898 die Fixierung von Tönen auf einem Stahldraht, das erste betriebsfähige Magnet-Ton-Gerät (›Telegraphon‹), 1903 den P.-Generator (Lichtbogensender zur Erzeugung ungedämpfter elektr. Wellen).

Pound [paʊnd, engl. ›Pfund‹] *das, -/-s,* **1)** Einheitenzeichen **lb** (von ›libra‹), in Großbritannien und den USA Gewichts- und Masseneinheit des →Avoirdupois-System. Der vereinheitlichte Wert beträgt: 1 lb = 0,45359237 kg. **2)** engl. Währungseinheit, →Pfund 2).

Pound [paʊnd], Ezra, amerikan. Schriftst., * Hailey (Idaho) 30. 10. 1885, † Venedig 1. 11. 1972, lebte 1922–45 in Rapallo, wurde wegen seines Eintretens für den Faschismus 1945 in ein Straflager der amerikan. Armee, später in eine Heilanstalt in Washington übergeführt, 1958 entlassen; lebte seitdem wieder in Italien. P. begann seine literar. Laufbahn als Haupt der Imagisten (→Imagismus 1) und in enger Verbundenheit mit W. B. Yeats, T. S. Eliot und J. Joyce. 1917 begann er den Zyklus der ›Cantos‹, daneben schrieb er weitere große Gedichte (›Hugh Selwyn Mauberley‹, 1920). P. verband einen ästhet. Avantgardismus mit Zeitkri-

Nicolas Poussin: Landschaft mit Diogenes; 1648 (Paris, Louvre)

tik (an der demokratisch-techn. Zivilisation, bes. der kapitalist. Geldwirtschaft) und beschwor Mythen und Traditionen; zur Erneuerung der Sprache griff er u. a. auf den provenzal. Minnesang und die Antike zurück; Essays (›Nô – vom Genius Japans‹, 1916; ›ABC des Lebens‹, 1934, u. a.), Übersetzungen.

poundal [paʊndl], Einheitenzeichen **pdl,** Krafteinheit in Großbritannien, 1 pdl = 0,13825495 N (Newton).

pound-force [pˈaʊnd fɔ:s], Einheitenzeichen **lbf,** Krafteinheit in Großbritannien, 1 lbf = 4,4482216 N (Newton).

Pour le mérite [purləmerˈit, frz. ›für das Verdienst‹] *der,* **1)** höchster preuß. Verdienstorden, 1740 von Friedrich d. Gr. gestiftet, 1810–1918 nur als Kriegsorden (Bild Orden). **2) Orden P. le m. für Wissenschaften und Künste.** Die Friedensklasse des Ordens P. le m. wurde als höchste Auszeichnung für wiss. und künstler. Verdienste 1842 von Friedrich Wilhelm IV. gestiftet; 1952 wiederbelebt. Dem Orden sollen mindestens 30 dt. und höchstens 30 ausländ. Mitgl. angehören; Ergänzung durch Zuwahl.

Pour le mérite 2)

Pourpoint [purpwˈɛ̃, frz.] *der, -s/-s,* urspr. das im 14. Jh. unter dem Harnisch getragene kurze Wams, das bald zum bürgerl. Obergewand wurde und in Frankreich weiter P. hieß.

Pourtalès [purtalˈɛs], Guy de, frz.-schweizer. Schriftst., * Berlin 4. 8. 1881, † Lausanne 12. 6. 1941; Musiker-Biographien (Chopin, R. Wagner), kultur- und literaturhistor. Studien und Romane (›Der wunderbare Fischzug‹, 1937).

Pousseur [pusˈœ:r], Henri, belg. Komponist, * Malmedy 23. 6. 1929, schreibt serielle und elektronische Musik.

poussieren [pu-, frz.], *ich* **poussiere,** ⚘ **1)** *mit ihr,* habe eine Liebelei. **2)** *ihn,* umschmeichle ihn (um etwas zu erreichen). *die* **Poussade, Poussage** [pusˈa:ʒə], *-/-n,* ⚘ **1)** Liebelei. **2)** Geliebte.

Poussin [pusˈɛ̃], **1)** Gaspard, eigtl. **Dughet** [dygˈɛ], frz. Maler, * Rom 7. 6. 1615, † ebd. 25. 5. 1675, nannte sich nach seinem Schwager (→Poussin 2), in dessen Art er Landschaften malte, die von romantischem Stimmungsgehalt erfüllt sind.

2) Nicolas, frz. Maler, * Villers-en-Vexin (Eure) Juni (?) 1594, † Rom 19. 11. 1665, tätig in Rom. P. malte, an der Antike, an Raffael und Tizian geschult, Bilder aus der antiken Welt (Reich der Flora; Dresden, Galerie), religiöse Darstellungen (Rebekka am Brunnen, 1648; Paris, Louvre) und südl. Landschaften mit mytholog. und bibl. Figuren; mit seinem die Natur ins Erhabene steigernden Stil schuf er die heroische Landschaft (→heroisch). In der durchdachten Ordnung seiner Bildkompositionen fanden Maß und Klarheit der frz. Klassik ihre Vollendung.

Powell [pˈəuəl, pˈauəl], **1)** Bud, amerikan. Jazzpianist, * New York 27. 9. 1924, † ebd. 2. 8. 1966.

2) Cecil Frank, engl. Physiker, * Tonbridge 5. 12. 1903, † bei Bellano (Italien) 9. 8. 1969, führte mit W. Heitler und G. Fertel die Kernphotoplatte in die Kernphysik ein, entdeckte 1947 gemeinsam mit G. P. S. Occhialini die π-Mesonen (Pionen) und klärte 1949 den Zerfall des π-Mesons. 1950 erhielt er den Nobelpreis für Physik.

power [frz. pauvre], ⚘ arm, armselig. *ich* **pow(e)re** *ihn* **aus,** beute aus.

Power [pˈauə], engl. Bez. für die physikal. Leistung, U Kraft, Stärke.

Power-Fail-Logik [pˈauə feɪl-, engl.], bei Computeranlagen eine Schaltung zur Sicherung der in flüchtigen Halbleiterspeichern erfaßten Daten.

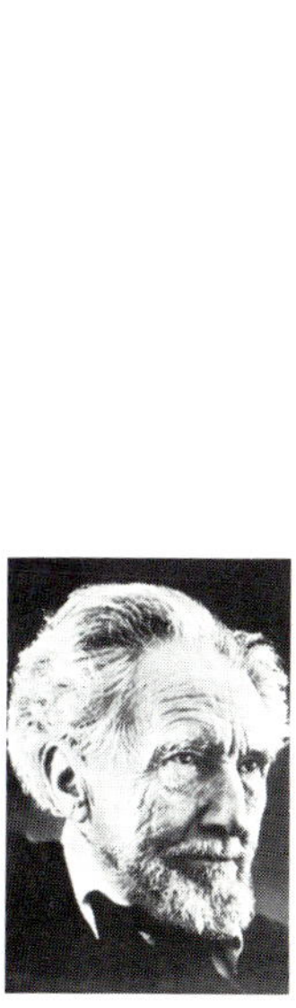

Ezra Pound

Prachtlein

Powerplay [pˈauəpleɪ, engl. ›Kraftspiel‹] *das, -(s)/-s,* Eishockey: Angriffsserie einer überlegenen Mannschaft, die die gegner. Mannschaft in ihr Spieldrittel zurückdrängt; auch auf andere Ballsportarten übertragen.

Powerslide [pˈauəslaɪd, engl. ›Kraftrutschen‹] *das, -(s),* Motorsport: Kurventechnik im Rennsport; scharfes Anfahren der Kurve, das Heck wird nach außen getragen, da die Antriebskraft die Bodenhaftung der Reifen übersteigt. Die Wagenbewegung wird durch dosiertes Gasgeben und Gegenlenken kontrolliert.

Powidl [tschech.] *der, -s, österr.:* Pflaumenmus.

Powys [pˈəuɪs], Cty. in Wales, 5077 km², 110500 Ew., gebildet am 1. 4. 1974 aus den Counties Montgomeryshire, Radnorshire und Teilen der Cty. Brecknock.

Powys [pˈəuɪs], **1)** John Cowper, engl. Schriftst., Bruder von 2), * Shirley (Derbyshire) 8. 10. 1872, † Blaneau Ffestiniog (Wales) 17. 6. 1963, verbindet kelt. Mystik und gedankentiefe Symbolik.

HW: *Romane:* Wolf Solent (1929); A Glastonbury romance (1932). Gedichte, Biographien, Essays.

2) Theodore Francis, engl. Schriftst., Bruder von 1), * Shirley (Derbyshire) 20. 12. 1875, † Sturminster Newton (Dorset) 27. 11. 1953; Romane, Kurzgeschichten von streng puritan. Grundhaltung.

HW: *Romane:* Mr. Tasker's gods (1925); Mr. Weston's guter Wein (1927).

Poyanghu, Pojanghu, amtl. chines. **Poyang Hu,** natürl. Rückstausee des Jangtsekiang in der chines. Prov. Kiangsi, der durch sein Sommer-Hochwasser den Kankiang und drei weitere Flüsse vor der Einmündung zu einem riesigen See (bis zu 5160 km²) anschwellen läßt. Im Winter läuft der größte Teil der Seefläche trocken; durch Eindeichung wurden Anbaugebiete für Weizen und Raps gewonnen.

Požarevac [pˈɔʒarɛvats], dt. **Passarowitz,** Stadt in Serbien, Jugoslawien, (1974) 33100 Ew. - Im Frieden von P. (21. 7. 1718) mußte die Türkei das Banat, das nördl. Bosnien, das nördl. Serbien mit Belgrad und die Kleine Walachei an Österreich, Venedig die Peloponnes an die Türkei abtreten.

Poza Rica de Hidalgo [pˈosa rˈika-], Stadt in der nördl. Golfküstenebene Mexikos, (1979) 198000 Ew.; Zentrum eines Erdöl- und Erdgasfeldes, petrochemische Industrie.

Poznań [pˈɔznajn], poln. Name von → Posen.

Pozsony [pˈoʒonj], ungar. Name von → Preßburg.

Pozzo, Andrea, ital. Maler und Baumeister, * Trient 30. 11. 1642, † Wien 31. 8. 1709, Jesuiten-Laienbruder, führte die scheinräumliche Wand- und Deckenmalerei zur Vollendung und schuf damit die Grundlagen der illusionist. Raumbehandlung des Spätbarock.

Pozzuoli, ital. Hafenstadt in der Prov. Neapel, (1981) 70000 Ew.; Bischofssitz; Fremdenverkehr. Ruinen zweier röm. Amphitheater, Markt mit Säulen (früher als Serapistempel gedeutet), von Meeresmuscheln angefressen (Beweis für wiederholte Hebungen und Senkungen des Festlandes); in neuerer Zeit Hebungen bis zu 7 cm monatlich (1970).

pp, ♪ Abk. für pianissimo. **ppp,** für piano pianissimo.

pp., Abk. für **perge, perge** [lat. ›fahre fort!‹], und so weiter.

PP, Abk. für →**Poly**propylen.

PP., Abk. für lat. **Patres,** → Pater.

P. P., 1) Abk. für frz. **Port payé** [pɔrpɛjˈe], Porto bezahlt, Handelsklausel. **2)** auch **p. p.,** Abk. für **Praemissis praemittendis** [lat. ›nach Vorausschickung des Vorauszuschickenden‹], Ersatz für Anrede und Titel, als Überschrift in Rundschreiben und dgl.

ppa., auch **pp.,** Abk. für **per procura,** → Prokura.

pp-Einheiten dienen für Konzentrationsangaben u. a. in der Chemie, **parts per million** [pɑːts pə mˈɪljən, engl.], Einheitenzeichen **ppm,** bedeutet 1 Teil auf 1 Mio. Teile, **parts per billion** [-bˈɪljən], Einheitenzeichen **ppb,** 1 Teil auf 1 Mrd. Teile, und **parts per trillion** [-trˈɪljən], Einheitenzeichen **ppt,** 1 Teil auf 1 Billion Teile. Die pp-E. entsprechen nicht dem SI-System. Korrekt muß es heißen: 1 g/t an Stelle 1 ppm, 1 mg/t an Stelle 1 ppb und 1 µg/t an Stelle 1 ppt.

Pr, chem. Symbol für → Praseodym.

PR, Abk. für → **P**ublic **R**elations.

prä... [lat. prae...], vor..., vorher... *das* **Prä,** *-: sie hat das Prä,* U den Vorrang; *er hat ein Prä ihm gegenüber,* U einen Vorteil.

Präambel [lat.] *die, -/-n,* Vorspruch, Eingang, z. B. bei Staatsverträgen, Verfassungsurkunden.

Prä|animismus [lat.], früher angenommene Vorstufe des Animismus (→ Dynamismus 2).

Präavis [lat.], Anzeige vor Lieferung der Ware.

Präbende [lat.] *die, -/-n,* die → Pfründe 1).

Präbichl, Prebichl, 1227 m hoher Paß in der Steiermark, in den Eisenerzer Alpen zwischen Eisenerz und Leoben.

Pracht [ahd. praht] *die, -,* etwas, das durch Glanz, Aufwand, auffällige Schönheit oder Kraft beeindruckt: *bei diesem Fest wurde verschwenderische P. entfaltet; es ist eine (wahre) P., wie der Junge gedeiht,* U eine Freude. **Prachtausgabe,** 📖 bes. wertvoll ausgestattetes Buch. *ich* **prachte,** *oberdt.:* prahle, tue groß. *ich* **prächt(e)le,** *oberdt.:* verschwende, treibe Aufwand. **Prachtexemplar,** hervorragendes Beispiel seiner Gatt. **Prachtfassade,** 🏛 reich verzierte Haus-, Palastfront. **prächtig, prachtvoll, 1)** herrlich, reich, üppig. **2)** sehr gut, großartig. **Prachtkerl, Prachtmensch,** U jemand, über den man sich freuen, den man bewundern kann.

Prachtfinken, Unterfam. der → Webervögel.

Prachtkäfer, Buprestidae, eine bes. in den Tropen artenreiche Käferfamilie; meist Blütenstaubfresser mit prächtigen Metallfarben, so der **Große Kiefern-P.;** die vorn blasenförmigen Larven bohren in Holz. (Bild Käfer)

Prachtlein, Großblumiger Lein oder **Flachs, Linum grandiflorum,** aus N-Afrika stammende, rotblühende Zierpflanze der Gattung Flachs.

Prachtnelke, 1) die → Donie. **2)** wilde Nelke in Mitteleuropa.

Pracht|stücke, Wappenteile außerhalb des eigtl. Wappens.

Prädestination [lat.] *die, -,* **1)** die Vorherbestimmung. *Vb. es* **prädestiniert** *ihn für, zu etwas.* **prädestiniert** *für, zu etwas,* vorherbestimmt, geschaffen. **2) Prädestinationslehre,** in den christl. Kirchen die verschieden ausgelegte Lehre, daß Richtung und Ausgang des menschlichen Handelns durch einen von Ewigkeit her feststehenden Willensentschluß Gottes festgelegt seien. Diese Lehre war schon im N. T. vorgebildet (Röm. 8, 29-30; 9, 16-24), stand jedoch in einem gewissen Ggs. zu der Überzeugung von dem allen Menschen zugewandten Heilswillen Gottes. Augustinus löste dieses Problem mit dem Gedanken, daß dieser Heilswille nur für die Begnadigten gelte. Das MA. hat in zahlreichen Auseinandersetzungen, unter denen der Streit um Gottschalk von Orbais im 9. Jh. bes. stark wirkte, die Lösung des Augustinus zwar theologisch geklärt, aber nicht verlassen. Die Reformatoren bildeten die Lehre von der einfachen P. als der Vorherbestimmung zur Seligkeit zu der einer doppelten P. als der Vorherbestimmung zu Seligkeit oder Verdammnis aus. Für Luther und Zwingli stand die Verdammnis (Reprobation) nicht so im Vordergrund wie für Calvin. Für diesen war die P. unwiderstehlich und z. T. durch den Lebenserfolg erfahrbar. - Die kath. P.-Lehre läßt die zur Seligkeit best. Menschen durch Gottes **Gnadenwahl** ihr Ziel erreichen, während die anderen wegen ihrer von Gott vorhergesehenen Sünden, also nicht ohne Rücksicht auf ihr Verdienst, verworfen werden. Die nachkonziliare kath. Theologie neigt dazu, die bibl. und kirchl. Aussagen über die negative P. der Lehre von dem allg. Heilswillen Gottes unterzuordnen. - Die luther. Dogmatik lehnt seit der → Konkordienformel die doppelte P. als der Allgemeinheit des göttl. Heilswillens widersprechend ab. Den bibl. Akzenten der P.-Lehre sucht sie insofern gerecht zu werden, als nach ihrer Lehre Gott sein Volk, seine Gemeinde erwählt habe zum Zeichen dafür, daß er sein Heil der ganzen Welt zuwenden will (Röm. 8, 29 f.; Eph. 1, 3-14). - Auch der Islam vertritt eine P.-Lehre, die eine menschl. Entscheidung für Gut oder Böse aber nicht ausschließt.

prädeterminiert [lat.], vorausentschieden.

Prädikant [lat.] *der, -en/-en,* Prediger. **Prädikantenorden,** → Dominikaner.

Prädikat [lat.] *das, -(e)s/-e,* **1)** Ⓢ Satzaussage, Übersicht Syntax. **2)** Zensur, Note, Bewertung. **3)** Titel, Rangbezeichnung: *Adelsprädikat.* **prädikativ,** die Satzaussage betreffend. **Prädikatsnomen,** Teil des Prädikats, Übersichten Adjektiv, Substantiv.

Prädikatenlogik, log. Disziplin, → mathematische Logik.

prädisponiert [lat.], **1)** vorausbestimmt, verfügt. **2)** ⚕ empfänglich, anfällig (für Krankheiten) infolge äußerer Umstände, i. Ggs. zur erbl. → Disposition 4). *Subst.* **Prädisposition.**

prädizieren [lat.]. *ich* **prädiziere** *es,* sage aus, lege einem Ding eine Eigenschaft bei.

Prado [span. ›Wiese‹] *der, -s,* **1)** öffentl. Parkanlage in span. Städten, bes. in Madrid. **2) Museo del P.,** (seit 1868) das span. Nationalmuseum in Madrid, von 1785 an erbaut, enthält die auf königl. Besitz zurückgehenden Samml. der Malerei und Bildhauerkunst; Werke der europäischen, v. a. der span. Kunst des 15.-19. Jh. (Giorgione, G. B. Tiepolo, Tizian, P. P. Rubens, A. van Dyck, El Greco, D. Velázquez, B. E. Murillo, F. de Goya u. a.).

Prado [prˈaðo], Pedro, chilen. Dichter, * Santiago de Chile 8. 10. 1886, † Viña del Mar 1. 3. 1952. Gedankenlyrik, Romane aus dem chilen. Bauernleben.

prädominieren [lat.]. *es* **prädominiert,** herrscht vor, überwiegt.

Praeceptor Germaniae, → Präzeptor.

praecox [lat.], ⚕ frühreif, frühzeitig, z. B. → Pubertas praecox. Ejaculatio praecox (→ Ejakulation).

Praeferendum [lat.] *das, -s,* **Behaglichkeitszone,** Ökologie: vom Organismus bevorzugte Zone, deren Reize optimal mit seinen Umweltansprüchen übereinstimmen.

Praeneste, alte Stadt in Latium, heute → Palestrina.

Praepositus [lat.] *der, -/...ti,* Vorsteher; Propst.

Praeputium [lat.] *das, -s/...tˈi|en,* die Vorhaut des → Penis und der Clitoris (→ Kitzler).

Praesepe [lat.], ✫ der Sternhaufen → Krippe 4).

praeter propter [lat.], ungefähr.

Praetorius, Michael, Komponist und Musikschriftst., * Creuzburg (Thüringen) 15. 2. 1571, † Wolfenbüttel 15. 2. 1621, einer der bedeutendsten dt. Musiker des 17. Jh., bes. wichtig für die evang. Kirchenmusik. Sein Werk spiegelt den Übergang vom spätpolyphonen, mehrchörigen Satz zum ital. konzertierend-monod. Stil und umfaßt: ›Musae Soniae‹, 9 Tle. (1605–10), das theoret. Werk ›Syntagma musicum‹, 3 Tle. (1615–20); Psalmen, Kirchenlieder, Motetten, Magnifikate, Tanzstücke.

Michael Praetorius

Prä|existenz [lat.], früheres Dasein, z. B. der Welt als Idee vor Erschaffung der sichtbaren Welt, der menschl. Seele vor der Zeugung des Körpers.

Präfation [lat. ›Vorrede‹] *die, -/-en,* in der latein. Liturgie der veränderliche Teil des Hochgebets der Messe.

Präfekt [lat.] *der, -en/-en,* Titel hoher Beamter: **1)** Röm. Reich: **Praefectus,** Amtsträger in Verwaltung oder Heer. **2)** frz. **Préfet** [pref'ɛ], Verwaltungsbeamter in Frankreich (oberster Verwaltungsbeamter eines Dép.); ihm untersteht der **Unter-P., Sous-préfet** [su-]; in Italien **prefetto** (oberster Verwaltungsbeamter einer Prov.). **3)** kath. Kirchenrecht: → apostolisch 3). *die* **Präfektur,** *-/-en,* Amt und Sitz eines P.

Präferenz [lat.] *die, -/-en,* Vorzug, Vorrang.

Präferenzsystem, gegenseitige handelspolit. Vorzugsbehandlung zw. 2 oder mehreren Ländern. Die beteiligten Staaten vereinbaren bes. niedrige Zollsätze **(Vorzugszölle, Präferenzzölle).** Das P. beeinträchtigt das Meistbegünstigungsprinzip. Größere weltwirtschaftl. Bedeutung erlangten die Präferenzzölle zunächst im Commonwealth in den Verträgen von Ottawa (1932, ›Empire-Präferenzen‹). Seit Gründung der EWG haben mehrere Staaten mit dieser Assoziierungsverträge abgeschlossen, die Zollpräferenzen einräumen.

Präfix [lat.] *das, -es/-e,* Ⓢ Vorsilbe, ÜBERSICHT Grammatik.

Prag, tschech. **Praha,** Hptst. der ČSSR, 496 km², (1982) 1,184 Mio. Ew., liegt auf 5 Hügeln beiderseits der Moldau. P. ist Sitz des Staatspräs. und des Bundesparlaments, eines Erzbischofs, eines Patriarchen der Tschechoslowak. Hussit. Kirche (bis 1971 Tschechoslowak. Nationalkirche). Bildungseinrichtungen: mehrere Univ., darunter die Karls-Univ. (1348 gegr., älteste Univ. des Dt. Reichs), TH, Landwirtschafts-, Wirtschafts-, Eisenbahn-Hochschule, Kunstakademie, Konservatorium, viele Bibliotheken, wiss. Gesellschaften, darunter Tschechoslowak. Akademie der Wiss., mehrere Museen, Theater; Kernforschungsinstitut. P. ist Verkehrsknotenpunkt; Moldau-Elbe-Schiffsverkehr; Ruzyně ist wichtigster Flughafen der ČSSR. Mit chem., Gummi-, Maschinen-, Fahrzeug-, Bekleidungs-, Papier-, Nahrungs- und Genußmittel-Industrie ist die Stadt eines der wirtschaftlichen Zentren der ČSSR.

P. ist eine geschichtl. bed. Stadt mit strengem geschlossenem Stadtbild aus der Gotik, hauptsächlich der Zeit Karls IV. (14. Jh.), und dem Barock (17./18. Jh.). **Altstadt:** Altstädter Ring mit Laubengängen, dem Teynhof (ehem. Handels- und Lagerplatz für fremde Kaufleute), der got. Teynkirche (14./15. Jh.), dem Altstädter Rathaus (14./19. Jh., mit einer Erkerkapelle und einer astronom. Uhr, 1490) und dem barocken Palais Kinsky, dem barocken Palais Clam-Gallas nach einem Entwurf von Fischer von Erlach, dem Clementinum (gegr. 1556; ehem. Jesuitenhochschule, heute National-, Staats- und Universitätsbibliothek). **Neustadt:** der großzügige Wenzelsplatz (mit Standbild des hl. Wenzel, 1912–13), der Karlsplatz; v. a. neuere öffentl. Gebäude. Der **Wyschehrad** im S war zeitweilig Fürstensitz. Die künstlerisch bedeutendste Brücke ist die von Peter → Parler begonnene got. Karlsbrücke mit got. Brückentürmen und barocken Standbildern. Sie führt von der Altstadt zur **Kleinseite** mit der barocken St.-Nikolaus-Kirche (von Dientzenhofer), zahlreichen Adelspalästen (u. a. dem Waldstein-Palais, 1624–30 für Wallenstein erbaut) und dem dahinter aufragenden Stadtteil **Hradschin:** die großen Anlagen der ehem. Hofburg mit 707 Gemächern (1333–1774), jetzt Sitz des tschechoslowak. Staatspräs., mit dem Wladislawsaal (1486–1502), got. St.-Veits-Dom (1344 begonnen und von Peter Parler 1356–85 weitergeführt, das Langhaus erst 1929 vollendet), in dem Chor das marmorne Königsmausoleum (Gruft der böhm. Herrscher), das silberne Grabmal des hl. Nepomuk (1733–36), die Grabmäler Ottokars I. und II., in der Wenzelskapelle (1347–67) der Reliquienschrein des hl. Wenzel; Erzbischöfl. Palais im Barockstil (1675–79, umgebaut 1754–67), Schwarzenbergpalais im Renaissancestil (1543–63), ehemaliges Palais der Großherzöge von Toskana (1690), das Renaissancelustschloß Belvedere (1538–60), Palais Czernin (seit 1670, heute Außenministerium), Kloster Strahov (gegr. 1140). Die **Josefstadt** ist das ehem. Ghetto mit der Altneusynagoge (älteste erhaltene Synagoge Europas), der Hohen oder Ratssynagoge und dem alten jüd. Friedhof (1439–1787). Die Pinkas-Synagoge ist Gedächtnisstätte für die unter Hitler ermordeten Juden der böhm. Länder.

Geschichte. 973 wurde das Bistum P. gegr. (seit 1344 Erzbistum). Zw. den Burgen auf dem Hradschin und dem Wyschehrad entwickelte sich die dt. Altstadt (Stadtrecht von 1255). Die Kleinseite erhielt 1257 Stadtrecht; Kaiser Karl IV., unter dem P. eine Glanzzeit erlebte, gründete 1348 die Neustadt und die Univ., die erste in Mitteleuropa, die seit 1945 nur noch in der 1882 von ihr abgespaltenen tschech. Univ. weiterbesteht. – Das Kuttenberger Dekret König Wenzels IV., das das Stimmenverhältnis an der Univ. zugunsten der böhm. Nation verschob, veranlaßte 1409 die dt. Professoren und Studenten, nach Leipzig zu ziehen. Durch den **Ersten Prager Fenstersturz** am 30. 7. 1419 (aus dem Neustädter Rathaus) wurden die blutigen Hussitenkriege eingeleitet; erst 1433 kamen die **Prager Kompaktaten** mit den gemäßigten → Hussiten zustande. Am 23. 5. 1618 führte die Unzufriedenheit der böhm. Protestanten zum **Zweiten Prager Fenstersturz** (von der Burg), der den Dreißigjährigen Krieg eröffnete; in der Schlacht am Weißen Berg bei P. (8. 11. 1620) unterlagen die Aufständischen den Kaiserlichen. Im **Prager Frieden** vom 30. 5. 1635 trat der Kaiser die Lausitz an Kursachsen ab. Im Siebenjährigen Krieg besiegte Friedrich d. Gr. am 6. 5. 1757 in der **Schlacht bei P.** die Österreicher und belagerte sie, bis er nach der Niederlage bei Kolín (18. 6. 1757) den Rückzug antreten mußte. Einen tschech. Aufstand in P. (12.–15. 6. 1848) warf der Feldmarschall Fürst Windischgraetz nieder. Der **Prager Friede** vom 23. 8. beendete den Dt. Krieg von 1866. Noch im Jahr 1857 betrug der Anteil der Deutschen in P. rd. 50%. Mit der zunehmenden Industrialisierung sank der Einfluß des meist bürgerl. Deutschtums, dennoch gab es in P. ein dt. Kulturleben. 1939–45 war P. die Hptst. des Protektorats Böhmen und Mähren. – Aus P. stammen deutschsprachige Schriftst. von starker Auswirkung auf das dt. Geistesleben (R. M. Rilke, F. Kafka, F. Werfel, M. Brod, J. Urzidil u. a.).

Prag

Praga, Stadtteil von → Warschau.

Prägedruck, 1) Drucktechnik: der von gravierten oder tiefgeätzten Platten auf Druckmaschinen hergestellte reliefartige Druck, z. B. für Buchdecken, Packungen, Werbeartikel. **2)** Textiltechnik: **Gaufrage** [gofr'a:ʒ, frz.], ein Verfahren zur Erzielung von modischen Effekten oder eines gleichmäßigen Warenbildes (→ gaufrieren).

prägen [ahd. prahhen, zu brechen]. *ich* **präge, 1)** *es,* stelle mit dem Prägestempel einen reliefartigen Druck (→ Münzprägung, → Prägedruck, → Kaltformgebung) her: *Münzen, Medaillen werden geprägt.* **2)** *es, ihn,* Ü gebe einer Sache, einem Menschen eine best. Eigenart: *er wurde durch sein musisches Elternhaus geprägt. es* **prägt** *sich* **aus,** Ü kommt deutlich zum Vorschein: *ausgeprägte Charakterzüge,* stark hervortretende. *ich* **präge** *es* **ein, 1)** versehe mit einem Prägezeichen, drücke tief ein. **2)** *ihm,* Ü bringe eindringlich zum Bewußtsein: *ich habe mir seinen Namen eingeprägt,* im Gedächtnis behalten. **3)** *es prägt sich ein,* Ü bleibt im Gedächtnis. *die* **Präge,** *-/-n,* Münzanstalt. *der* **Präger,** *-s/-,* jemand, der etwas prägt, Münzmeister.

Prager Frühling, Bez. für den Liberalisierungs- und Demokratisierungsprozeß (→ Reform-Kommunismus) in der ČSSR, 1968 von den Truppen des Warschauer Pakts gewaltsam niedergeschlagen, → Tschechoslowakei, Geschichte.

Prager Schule, 1926 gegründeter (von V. Mathesius, * 1882, † 1945), bis heute bestehender Kreis von Linguisten (bekannteste Vertreter: R. → Jakobson, S. → Trubetzkoy), hatte bes. Bedeutung für den Ausbau der → Phonologie. Ähnlich den phonolog. Systemen wird auch die Sprache selbst als ein System betrachtet, dessen Glieder durch wechselseitige Beziehungen semant. und funktioneller Art miteinander verbunden sind (→ Strukturalismus), die Verbindung von Sprach- und Literaturwiss. und Stilistik wird methodisch berücksichtigt (→ Linguistik).

Prag: Karlsbrücke mit Hradschin

präglazial [lat.], voreiszeitlich.

Pragmatik [grch. pragma ›Tat‹] *die, -/-en,* **1)** Sachkunde, bes. die Geschäftsordnung im Staatsdienst. **2)** *ohne Pl.,* Teilbereich der → Semantik. **3)** *ohne Pl.,* Sinn für prakt. Nutzen und Tatsachen.

pragmatisch [grch.], **1)** sach- oder handlungsbezogen, auf Tatsachen, Erfahrungen beruhend. *Subst. der* **Pragmatiker,** *-s/-.* **2)** den → Pragmatismus betreffend. **3)** Die **pragmatische Geschichtsschreibung** verfolgt über die bloße Darstellung der Geschehnisse hinaus deren Ursache und Wirkung bes. auch im Hinblick auf zukünftiges Handeln.

Pragmatische Sanktion, grundlegendes Staatsgesetz, bes. **1)** die P. S. von Bourges, ein frz. Grundgesetz, das König Karl VII. am 7. 7. 1438 auf Grund der Beschlüsse des Basler Reformkonzils unterzeichnete (→ Gallikanische Kirche). **2)** von Kaiser Karl VI. am 19. 4. 1713 verkündetes Hausgesetz der Habsburger; es sprach die Unteilbarkeit des habsburg. Länderbesitzes und die Regelung der Erbfolge nach dem Erstgeburtsrecht im männl. und weibl. Stamm aus. Obwohl Karl VI. sich unter großen Opfern um die Zustimmung der europ. Mächte bemühte, mußte seine Tochter Maria Theresia ihr Erbe im Österr. Erbfolgekrieg verteidigen.

Pragmatismus [zu → Pragmatik] *der, -,* Ⓟ von Ch. S. Peirce 1878 begründete, von W. James und J. Dewey ausgebildete philosoph. Lehre, die das Handeln als Voraussetzung oder Ziel des Erkennens betrachtet. Das Erkennen erhält hierdurch den Charakter eines Instrumentes der Lebenspraxis (Instrumentalismus); Begriffe und Hypothesen müssen induktiv erweisbar sein (Empirismus); Wert und Wahrheit einer Aussage sind durch ihren Nutzen bestimmt (→ Utilitarismus). Dies gilt auch für die Ethik, die von Lebenserfahrungen ausgeht und als ›Instrument‹ dem Leben in der menschl. Gemeinschaft dient. Da der Mensch und sein Tun im Mittelpunkt stehen, bezeichnete der Engländer F. C. S. Schiller diese Denkweise als Humanismus. Als System war der P. bes. im angloamerikan. Raum wirksam; er beeinflußte den → Behaviorismus und findet sich als Tendenz auch im ausgehenden 19. Jh.

prägnant [lat.], treffend, genau im Ausdruck. *Subst. die* **Prägnanz,** -.

Prägung *die, -/-en,* **1)** Formgebung durch Prägen. **2)** Verhaltensforschung: nach K. Lorenz ein Anpassungsvorgang, der ein angeborenes Verhaltensschema mit dem Einfluß von Erfahrung verbindet. Bei Tieren ist die Fixierung des Jungtiers (z. B. Entenküken auf Muttertier, bei künstlich ausgebrüteten Enten auch auf den zuerst erblickten menschl. Pfleger) nicht auslöschbar.

Prallbrecher

Praha, tschech. Name von → Prag.

Prähistorie [lat.], → Vorgeschichte. *Adj.* **prähistorisch.**

prahlen [mhd.]. *ich* **prahle** *mit etwas,* rühme mich, tue groß, mache mich wichtig. *Subst. die* **Prahlerei,** *-/-en. Adj.* **prahlerisch.** *der* **Prahler,** *-s/-,* U **Prahlhans,** *-es/¨e,* jemand, der prahlt.

Prahm [tschech. prám ›Fahrzeug‹] *der, -(e)s/-e* oder *¨e,* **1)** flacher, offener, breitbordiger Lastkahn. **2)** *nd.:* Seilfähre.

Praia, Hptst. der Rep. Kap Verde, (1980) 37 500 Ew., auf der Insel São Tiago; katholischer Bischofssitz.

Präjudiz [lat. ›vorausgegangenes Urteil‹] *das, -es/-e,* **Präjudikat, 1)** Vorurteil, Vorentscheidung, vorgefaßte Ansicht. **2)** Prozeßrecht: Entscheidung einer Frage oder eines Rechtsstreits, die für den Ausgang eines anderen Prozesses maßgeblich oder bindend **(präjudiziell)** ist. *ich* **präjudiziere** *es,* nehme vorweg, greife einer Entscheidung vor. **präjudiziert,** nicht ordnungsgemäß protestiert (Wechsel).

Präkambrium, der gesamte Zeitraum seit Entstehung der Erdkruste vor dem Kambrium, der von größerer Dauer war als die ganze spätere Erdgeschichte zusammen. Beginn vor rd. 4 600 Mio. Jahren, das älteste Gestein (Grönland) mit biogenem Kohlenstoff ist rd. 3 800 Mio. Jahre alt. Die Frühzeit der Erde wird als **Archaikum** bezeichnet und in das **Abiotikum** (früher **Azoikum**), die Zeit ohne überlieferte Lebensspuren, sowie das **Archaeozoikum,** die Zeit ersten Lebens, gegliedert. **Proterozoikum** nennt man die Zeit und die Ablagerungen aus der Frühzeit der Entwicklung des Tierlebens. Die paläogeograph. Lage der Kontinente war im P. vermutlich völlig anders als heute.

Präkanzerosen [lat. cancer ›Krebs‹] *Pl.,* **Vorkrebskrankheiten,** → Krebs. *Adj.* **präkanzerös.**

Präklusion [lat.] *die, -/-en,* **1)** Ausschließung. **2)** ⚖ Bestimmte Rechtshandlungen können nach Ablauf einer Ausschlußfrist **(P.-Frist)** nicht mehr vorgenommen werden (häufig im Prozeßrecht); die Versäumnis beseitigt das Recht selbst. *Adj.* **präklusiv.** *Vb. ich* **präkludiere** *es, ihn.*

Präkognition [lat.] *die, -/-en,* Parapsychologie: Form der außersinnl. Wahrnehmung; sie besteht im Wissen um zukünftige Ereignisse.

Präkonisation [lat.] *die, -/-en,* päpstliche Bestätigung eines neuen Bischofs. *Vb. ich* **präkonisiere** *ihn.*

Prakrit [altind. prakrta ›urtümlich‹, ›gewöhnlich‹] *das, -s,* mittelind. Mundarten, die seit Buddhas Zeit (etwa 500 v. Chr.) bis um 1000 n. Chr. neben der Hochsprache, dem Sanskrit, gebraucht wurden (→ indische Sprachen).

Praktik [grch.] *die, -/-en,* **1)** Ausübung einer Tätigkeit, Handhabung. **2)** *meist Pl.,* (nicht korrekte) Methode, Kniff, Kunstgriff. **3)** ♣ Bauernkalender. **praktikabel, 1)** zweckdienlich, brauchbar. **2)** Theater: begehbar, echt, nicht nur gemalt oder markiert: *eine praktikable Tür. der* **Praktikant,** *-en/-en,* Auszubildender im Praktikum, → Volontär. *der* **Praktiker,** *-s/-,* jemand mit praktischer Erfahrung. *das* **Praktikum,** *-s/... ka* oder *... ken,* praktische Tätigkeit als Teil der Gesamtausbildung. **praktisch, 1)** auf die Praxis bezüglich. **2)** zweckentsprechend, für das tätige Leben nützlich: *die Küche ist sehr praktisch eingerichtet.* **3)** geschickt, findig: *ein praktischer Mensch.* **4)** U so gut wie, beinahe: *ich bin praktisch fertig mit der Arbeit. ich* **praktiziere, 1)** übe eine Tätigkeit aus: *praktizierender Arzt; praktizierender Katholik.* **2)** *es,* setze in die Praxis um, führe aus, durch. **3)** *es irgendwohin,* U bringe unbemerkt hin.

praktischer Arzt, volkstümlich für Arzt mit Allgemeinpraxis. In der Bundesrep. Dtl. kann sich der p. A. mit Genehmigung der Ärztekammer auch als ›Arzt für Allgemeinmedizin‹ bezeichnen, wenn er nachweist, daß er sich nach der Approbation noch 4 Jahre lang durch Tätigkeit in versch. Fachbereichen vorbereitet hat; ähnlich in der Dt. Dem. Rep., Österreich und der Schweiz.

praktische Theologie, die theolog. Wissenschaft, die sich mit den Bedingungen und Formen des kirchl. Handelns befaßt. In der kath. Theologie umfaßt die p. T. (inoffizieller Name, vom 2. Vatikan. Konzil nicht gebraucht) die Disziplinen des Kirchenrechts und der Pastoraltheologie (Lehre von der Seelsorge sowie Katechetik, Homiletik und Liturgik); in der evang. Theologie ist die p. T. gegliedert in Homiletik, Katechetik, Liturgik, ferner in die Lehre vom Amt und von der Verfassung (Kybernetik), von der Seelsorge (Poimenik), von der prakt. Lebenshilfe (Diakonik).

Prälat [mhd. prelate, zu lat. praelatus ›vorgezogen‹, kirchenlat. ›Vorsteher‹] *der, -en/-en,* hoher kirchl. Amtsträger: 1) Kath. Kirche: → Ordinarius. Daneben gibt es die sehr zahlreiche Gruppe der **Ehren-P.,** die durch Titel, violette Kleidung und z. T. durch Insignien den Amts-P. nahestehen, aber keine Amtsbefugnis haben. **Infulierte P.,** früher die apostol. Protonotare, dürfen beim Hochamt die Mitra tragen. 2) evang. Kirche: in der EKD Titel der 4 Leiter der mittleren Aufsichtsbezirke (Sprengel) in Württemberg und Baden und der Vertreter der EKD bei der Bundesreg.

Präliminarien [lat.] *Pl.,* Vorverhandlungen; vorläufige Abmachungen. **Präliminarfrieden,** Vorfrieden (→ Friedensvertrag).

Praline [frz.] *die, -/-n,* älter *das* **Praliné,** *-s/-s,* Konfekt mit Schokoladenüberzug, gefüllt mit Marzipan, Likör, Creme u. a.

prall [mhd.], **1)** straff gespannt, voll, stramm: *pralle Segel.* **2)** stark darauf scheinend: *in der prallen Sonne. der* **Prall,** *-(e)s/-e,* kräftiger Stoß, Aufprall. *ich* **pralle** (bin geprallt) *an, gegen etwas,* stoße heftig dagegen: *bei einem Verkehrsunfall prallte er mit dem Kopf gegen die Windschutzscheibe. ich* **pralle** *von etwas* **ab,** fahre, schnelle federnd zurück. *ich* **pralle** *an etwas* **an,** stoße heftig daran. *ich* **pralle** *auf etwas* **auf,** falle heftig darauf. *ich* **pralle zurück,** pralle ab, weiche zurück. **prallvoll,** ganz voll (Beutel).

Prallbrecher, Prallmühle, Zerkleinerungsmaschine. Das aufgegebene Gut wird von einem rasch umlaufenden Schlagwerk grob gebrochen und gegen Prallplatten geschleudert, wobei es weiter zerkleinert wird.

Prallhang, Prallufer, der steile, äußere Talhang einer Flußkrümmung, gegen den die Hauptströmung des Wassers gerichtet ist, im Unterschied zum gegenüberliegenden, sanfteren Gleithang.

Prallhöhe, die Höhe, in der ein am Erdboden unvollständig gefüllter Luftballon (oder ein Luftschiff) durch die Ausdehnung des Gases prallvoll wird. Die P. hängt ab von Luftdruck, Temperatur und Füllgas.

Pralltriller, Schneller, ♪ Verzierung eines Tones durch einmalige schnelle Berührung der oberen Sekunde von einem Hauptton aus. Zeichen: 𝆗. Die Umkehrung des P. ist der → Mordent.

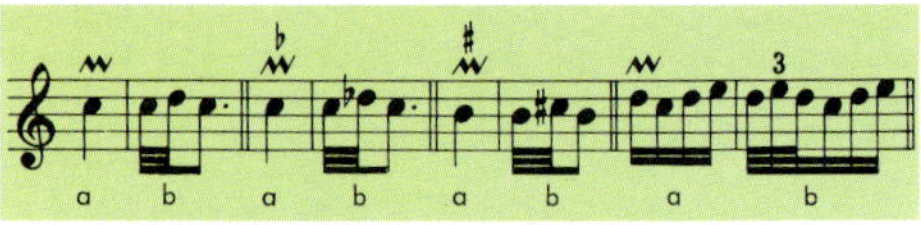

Pralltriller: a Notierung, b Ausführung

Präludium [lat.] *das, -s/... dien,* ♪ seit dem späten 17. Jh. ein einleitendes instrumentales Vorspiel, auf das z. B. eine Fuge, ein Suitensatz folgt. Eine Sonderart des P. ist das Choralvorspiel. *Vb. ich* **präludiere.**

Prämaturität [lat.] *die, -,* ⚕ Frühreife.

Prämie [lat. praemium ›Vorrecht‹, ›Gewinn‹, ›Preis‹] *die, -/... mien,* **1)** Belohnung, Preis für besondere Leistung. *ich* **präm(i)iere** *ihn, es,* spreche einen Preis zu. *die* **Präm(i)ierung,** *-/-en,* Preiserteilung. **präm(i)iert,** preisgekrönt. **2)** Zuschuß (z. B. **Ausfuhr-P.**). **P.-Lohn,** → Lohn. **3)** Versicherung: regelmäßiger, vom Versicherten zu zahlender Beitrag **(laufende P.)**; auch **Einmal-P.**

Präposition

Arten: Es gibt eigentliche Präpositionen, die ursprünglich nur Raumverhältnisse bezeichnen: *auf, in, nach* usw., und uneigentliche Präpositionen, die entstanden sind aus a) Substantiven: *trotz, wegen,* b) Adjektiven: *gemäß, unweit,* c) Partizipien der Vergangenheit: *ausgenommen,* d) Partizipien der Gegenwart: *entsprechend, während.*

Gebrauch: Die Präpositionen stehen bei Substantiven und Personalpronomen: *nach Hause, nach dir; entsprechend den Vorschriften, ihnen entsprechend.*

Stellung: Meist stehen sie vor dem Wort, das sie bestimmen: *mit der Faust, ohne dich.* Zuweilen können sie (bes. die uneigentlichen Präpositionen) auch nachgesetzt werden: *gegenüber dem Hause, dem Hause gegenüber; nach meiner Meinung, meiner Meinung nach;* die wichtigsten von ihnen sind: *entgegen, gegenüber, nach, wegen, entlang.* Immer nachgestellt werden: *zuliebe, zuwider.*

Einteilung in Hinsicht auf den Kasus, den sie verlangen:

a) Mit dem **Genitiv** stehen:

angesichts	jenseits	um . . . willen
anläßlich	kraft	unbeschadet
anstatt	längs[1])	unfern
außerhalb	laut	ungeachtet
diesseits	mittels	unterhalb
hinsichtlich	oberhalb	unweit
infolge	seitens	vermöge
inmitten	statt	während
innerhalb	trotz[2])	wegen[1])
		zufolge[3])
		zugunsten[3])
		zuungunsten[3])

b) Mit dem **Dativ** stehen:

ab[4])	gegenüber	samt
aus	gemäß	seit
außer	mit	von
bei	nach	zu
binnen	nächst	zuliebe
entgegen	nebst	zunächst
entsprechend	ob	zuwider

c) Mit dem **Akkusativ** stehen:

durch	gegen	um
für	ohne	wider
	sonder	

[1]) auch mit dem Dativ.
[2]) noch mit dem Dativ: trotz allem, trotz alledem, trotzdem.
[3]) mit dem Dativ, wenn das Substantiv voransteht.
[4]) bei Zeitangaben U auch mit Akkusativ.

Wechsel zwischen Akkusativ und Dativ zeigen die P., die Bewegung (Frage: **wohin?**) und Ruhe (Frage: **wo?**) ausdrücken: an, auf, hinter, in, neben, unter, über, vor, zwischen.

sind üblich. **P.-Rückgewähr** wird vereinzelt gegen Zuschlag oder bei Schadensfreiheit vereinbart, z. B. in der Aussteuer- und Rentenversicherung bei Tod des Versicherten vor dem Fälligkeitstermin der Versicherungssumme oder -rente. **4)** Lotterie: Zusatzgewinn. **5)** Börse: Reugeld beim Prämiengeschäft. **6)** ⚔ bes. im Berufssport übliche Sonderzahlung (**Tor-, Sieg-, Runden-P.** u. a.). **7)** Risikozuschlag (→ Risiko).

Prämi|en|anleihe, verzinsl. Lotterieanleihe, → Lotterie.

Prämi|engeschäft, Dontgeschäft [d'ɔ̃-, frz.], bedingtes Termingeschäft, das den Rücktritt gegen Zahlung einer Prämie zuläßt.

Prämi|ensparen, 1) Sparverfahren v. a. bei Volksbanken und Sparkassen mit monatlich vom Sparer fest zu erbringenden Raten (auch im Rahmen des Vermögensbildungs-Ges.), auf die am Ende der Laufzeit (i. d. R. 7 Jahre) von dem Kreditinstitut eine Prämie gezahlt wird. **2)** → Wohnungsbauprämie.

Prämisse [lat.] *die, -/-n,* die Vorbedingung, aus der in einem log. Schluß auf das Ergebnis (Konklusion) geschlossen wird.

Prämolaren [lat.] *Pl.,* **vordere Backenzähne,** → Zähne.

Prämonstratenser, lat. **Ordo Praemonstratensis,** Abk. **OPraem,** auch **Norbertiner** [n. dem Ordensstifter], kath. Orden, mit Sitz des Generalabtes in Rom, (1982) rd. 1 320 Mitgl. in 52 Klöstern. Die Tracht der P. ist weiß. Der Orden, der 1120 vom hl. Norbert von Xanten in Prémontré mit der Augustinerregel gegründet wurde, hat viel für die Christianisierung N-Dtl.s getan. Ein weibl. Zweig (**Prämonstratenserinnen**) wurde ebenfalls vom hl. Norbert gegründet.

Prampolini, Enrico, ital. Maler, Architekt, Bühnenbildner und Kunsttheoretiker, * Modena 20. 4. 1894, † Rom 17. 6. 1956, Futurist, beteiligte sich 1916 an den Manifestationen der Dada-Bewegung in Zürich, lebte 1925–37 meist in Paris und gehörte der Gruppe Abstraction-Création an. P. forderte die Realisierung des Kunstprogramms der ›Futuristen‹ auf der Bühne; Theatergründungen in Rom, Mailand und Paris.

pränatal [lat.], die Zeit vor der Geburt betreffend.

pränatale Diagnostik, vorgeburtl. Krankheitserkennung, → Schwangerschaftsuntersuchungen.

pränatale Psychologie, neuer Zweig der Entwicklungspsychologie, der sich mit der Erforschung seel. Vorgänge, Reaktionen und Inhalte des Menschen vor, während und unmittelbar nach seiner Geburt befaßt. Danach können schwere seel. Störungen der Mutter während der Schwangerschaft (Stress, Angstneurosen, feindselige Einstellung zum Kind) je nach Zeitpunkt zu körperl. Mißbildungen der Frucht oder zu psychosomat. und psychot. Erkrankungen im späteren Leben des Kindes führen; auch schwere Geburten (→ Geburtstrauma) begünstigen spätere neurotische Störungen.

Prandtauer, Prandauer, Jakob, Baumeister, * Stanz bei Landeck (Tirol) 16. 7. 1660, † St. Pölten 16. 9. 1726, der bedeutendste Klosterbaumeister des österr. Barock, baute Stift → Melk (seit 1702), eine gewaltige Anlage, die in dem hoch über der Donau aufragenden Westbau der Kirche mit vorgelagerter Terrasse, Doppelturmfront und Kuppel gipfelt. Neben Stift Melk leitete er auch andere Klosterbauten, bes. in St. Florian, wo das Treppenhaus von ihm stammt. (Bild Melk)

Prandtl, Ludwig, Physiker, * Freising 4. 2. 1875, † Göttingen 15. 8. 1953, Direktor des Kaiser-Wilhelm-Instituts für Strömungsforschung in Göttingen, Begründer der modernen Aero- und Hydrodynamik. Seine Forschungsergebnisse (Unterschall- und Überschallströmung) führten zu wichtigen Verbesserungen im Schiff- und Flugzeugbau. **Prandtl-Rohr, Prandtlsches Staurohr,** → Staudruck.

prangen [mhd., verwandt mit Prunk]. *ich* **prange, 1)** *mit ihm,* trage es stolz zur Schau. **2)** *es* **prangt,** glänzt, leuchtet, fällt auf.

Pranger [mhd., zu pfrengen ›drücken‹] *der, -s/-,* **Schandpfahl,** steinerner oder hölzerner Pfahl, an dem im MA. Verbrecher zur Schau gestellt wurden. *ich* **prangere** *ihn, es* **an,** stelle an den P., gebe öffentlich der Schande preis, stelle bloß, enthülle.

Pranke [lat.] *die, -/-n,* Tatze großer Raubtiere, → Branten.

Prantl, 1) Karl von (1872), Philosoph, * Landsberg (Lech) 28. 1. 1820, † Oberstdorf 14. 9. 1888, von Hegel beeinflußt.

2) Karl, österr. Bildhauer, * Pöttsching 5. 11. 1923, schuf Steine und Bronzen in geschlossener blockhafter Form mit zeichensetzenden Vertiefungen (›Meditationsplastiken‹).

pränumerando [lat.], im voraus zahlbar oder gezahlt. Ggs.: postnumerando. *ich* **pränumeriere,** zahle voraus. *die* **Pränumeration,** *-/-en,* Vorauszahlung.

Präparand [lat.] *der, -en/-en,* ⚘ jemand, der in der Vorbereitung steht. **Präparandenanstalt,** vorbereitende Schule für das Lehrerseminar; nach 1921 mit den Lehrerseminaren aufgehoben.

Präparat [lat.] *das, -(e)s/-e,* **1)** gebrauchsfertiges Arzneimittel. **2)** zu Lehrzwecken zugerichtetes Schaustück. Beim Präparieren zur Konservierung von Pflanzen und Tieren, auch von menschl. Körperteilen, werden möglichst naturgetreue **Dauer-P.** hergestellt. **mikroskopische P.,** → Mikroskopie. *der* **Präparator,** *-s/ . . . t'oren,* Hersteller von P. *ich* **präpariere, 1)** *es,* richte zur Aufbewahrung, als Schaustück her: *präparierte Tiere.* **2)** *ihn, mich, auf etwas,* bereite vor. *Subst. die* **Präparation,** *-/-en.*

präparative Chemie, Teilgebiet der Chemie, befaßt sich mit der Herstellung von chem. Verbindungen in chem. Laboratorien im kleinen Maßstab (Grammengen).

Präposition [lat.] *die, -/-en,* Verhältniswort (vgl. Übersicht). *Adj.* **präpositional.**

präpotent [lat.], **1)** ⚘ übermächtig. **2)** *österr.:* aufdringlich, überheblich. *Subst.* **Präpotenz.**

Präquark *das, -s/-s,* ⊠ → Elementarteilchen.

Präraffaeliten *Pl.,* eine 1848 von D. G. Rossetti, W. H. Hunt, J. E. Millais u. a. unter dem Namen **Pre-Raphaelite Brotherhood** [pri:r'æfəlaɪt br'ʌðəhud, ›Präraffaelitische Bruderschaft‹] gegr. Vereinigung engl. Maler, die, angeregt von den → Nazarenern, eine Reform der Kunst erstrebten, indem sie, i. Ggs. zur Londoner Akademie, an die ital. Maler vor Raffael anzuknüpfen suchten. Die Vereinigung gab eine kurzlebige Ztschr. ›The Germ‹ (1850) heraus; literar. Wortführer war J. Ruskin. In der Malerei und Dichtung

Präraffaeliten: Edward Burne-Jones ›Das Schreckenshaupt‹; aus dem Perseus-Zyklus, 1887 (Stuttgart, Staatsgalerie)

Rossettis mischte sich Madonnen- und weltl. Liebeskult, bei W. Morris, der neben E. Burne-Jones zu den bedeutendsten P. gerechnet wird, Religiosität des MA. und moderner Sozialismus, in der Ästhetik von J. Ruskin Klassizismus und Romantik. Die Kunst der P. war eine der Voraussetzungen des engl. Jugendstils.

Prärie [frz. prairie, zu lat. pratum ›Wiese‹] *die, -/... r'i|en,* das große Steppengebiet auf den Hochebenen Nordamerikas, östlich der Rocky Mountains, zw. Saskatchewan im N und Golf von Mexiko im S. Der östl. Teil, die eigtl. P., hatte vor der Kolonisierung dichten, hohen Graswuchs (jährl. Niederschlag: 500–1000 mm), der westl., die **Great Plains** [greıt pleınz], bei größerer Trockenheit (350–500 mm Niederschlag) eine schüttere Grasnarbe. Während in den eigtl. P. heute der Anbau von Weizen, Mais und Baumwolle vorherrscht, hat sich in den Great Plains mit Hilfe von Bewässerung und Trockenfarmen oder Dryfarming neben der Viehzucht der Anbau von Getreide, Baumwolle, Obst und Gemüse ausgedehnt. (BILD Kanada)

Präriehunde: Nordamerikan. P.

Präriehunde, Cynomys, Gatt. der Hörnchen, vorwiegend in Nordamerika. Die P. graben Wohnhöhlen; sie haben eine bellende Stimme. Der **Schwarzschwanz-P. (Cynomys ludovicianus)** errichtet um seine Höhleneingänge Schutzwälle gegen Regen.

Prärie- und Plains-Indianer [-pleınz-], die auf den riesigen Grasländern zw. Mississippi und Rocky Mountains lebenden Indianer-Stämme Nordamerikas; im populären Sprachgebrauch in Dtl. als **Prärie-Indianer,** in Nordamerika als **Plains-Indianer** bezeichnet. Die Prärie, im O mit fruchtbaren Schwarzerdeböden, wurde v. a. in den Flußtälern von seßhaften, Bodenbau treibenden Stämmen bewohnt. Die westlich gelegenen, nicht zum Bodenbau geeigneten ›Plains‹ wurden in größerem Umfang erst mit der Intensivierung der Bisonjagd besiedelt, die nach Einführung des Pferdes durch die Spanier möglich geworden war. Die seßhaften Prärie-Stämme wohnten in festen Häusern aus Balken mit Erd- und Grasabdeckungen. Die nichtseßhaften Jägerstämme der Plains lebten in kegelförmigen Stangenzelten (Tipis). Nahrung, Kleidung, Unterkunft und Werkzeuge lieferten Bison u. a. Jagdtiere.

Präriewolf, Heulwolf, Coyote, Kojote, Canis latrans, Art der Wildhunde in Prärien und Wäldern von Nordamerika bis Costa Rica; mit dickem grauem oder gelbbraunem Fell und weißlichem Lippenrand; Nasenrücken und Ohren rostbraun.

Prärogative [lat.] *die, -/-n,* **Prärogativ** *das, -s/-e,* Machtbefugnis des Staatsoberhauptes, z. B. Sanktion von Gesetzen, Begnadigung.

Prasad, Radjendra, ind. Politiker, * Zeeradai (Bihar) 3. 12. 1884, † Saduguat Ashram bei Patna 26. 2. 1963, Jurist, mehrmals Vors. des Nationalkongresses, 1946 Vors. der Verfassunggebenden Versammlung; 1950–62 Staatspräs. der Ind. Union.

Präsens [lat.] *das, -/... s'entia* oder *... s'enzi|en,* Ⓢ Gegenwart als Verbform (ÜBERSICHT Verb). **präsent,** anwesend, gegenwärtig; verfügbar. *das* **Präsent,** *-(e)s/-e,* Geschenk, Gabe. **präsentabel,** ansehnlich, stattlich.

Präsentation [lat.] *die, -/-en,* Handelsrecht: das Vorzeigen, Vorlegen, z. B. eines Wertpapiers zwecks Ausübung der Rechte aus dem Papier **(P.-Papier).** Im Wechselrecht unterscheidet man die P. zur Annahme, nämlich zur Erteilung des Akzepts, und die P. zur Zahlung bei dem Akzeptanten oder dessen Bürgen.

präsentieren. [lat.]. *ich* **präsentiere, 1)** *es ihm,* überreiche, biete dar. **2)** *eine Urkunde, einen Wechsel,* lege vor, z. B. zur Unterschrift, zur Einlösung. **3)** *ihn,* schlage (für ein Amt) vor. **4)** *das Gewehr,* erweise eine militär. Ehrenbezeigung. **5)** *mich,* Ü zeige mich. **Präsentierteller,** eigtl. Teller, auf dem Besuchskarten, Briefe u. a. überreicht werden: *er sitzt auf dem Präsentierteller,* Ü ist allen Blikken ausgesetzt.

Präsenz [lat.] *die, -,* Anwesenheit, Gegenwart. **Präsenzbibliothek,** Bibliothek, die keine Bücher aus dem Haus gibt. **Präsenzliste,** Anwesenheits-, Besuchsliste.

Präsenzfilter, elektr. Filter zum Hervorheben des Frequenzbereichs in elektroakust. Anlagen, der bes. für eine deutliche Sprachwiedergabe wichtig ist.

Praseodym [von grch. prasios ›lauchgrün‹, wegen der grünen Farbe seiner Salze] *das, -s,* **Pr,** Metall aus der Gruppe der → Lanthanoide (ÜBERSICHT chemische Elemente), von dem nur ein stabiles Isotop (Massenzahl 141) existiert. P. ist ein relativ unedles Metall, wird elektrochemisch oder metallothermisch dargestellt. Praseodym(III)-oxid, Pr_2O_3, und die grüngefärbten Pr^{3+}-Salze werden in der Porzellanmalerei verwendet.

Präservativ [lat.] *das, -s/-e,* der → Kondom.

Präserven [lat.] *Pl.,* Lebensmittel, die durch kombinierte Anwendung von Wärme und chem. Konservierungsmitteln befristet haltbar (Verfallsdatum ist anzugeben) gemacht sind; z. B. Fischwaren, Krabben in Mayonnaise u. ä.

präservieren [lat.]. *ich* **präserviere** *es,* **1)** bewahre vor einem Übel, verhüte, schütze, beuge vor. **2)** mache haltbar.

Präses [lat. ›Beschützer‹, ›Vorsteher‹] *der, -/... sides* oder *... s'iden,* evang. Kirchen: der Vors. der Gesamtsynode oder einer Landessynode; in den Evang. Landeskirchen von Rheinland und Westfalen auch der Vors. der Kirchenleitung (entspricht dem Bischofsamt in anderen Kirchen).

Präside [lat.] *der, -n/-n,* Leiter eines Kommerses.

Präsident [lat.] *der, -en/-en,* Vorsitzender, Amtstitel in staatl. Organen und Behörden, z. B. für das republikan. Staatsoberhaupt **(Reichs-P., Bundes-P.),** für den Leiter von Gerichten **(P. des Bundesgerichtshofs),** Verwaltungsbehörden **(Polizei-P.)** und Berufskammern **(P. der Industrie- und Handelskammer)** sowie von Hochschulen; vielfach auch Titel in privaten Vereinigungen oder Veranstaltungen. *ich* **präsidiere** *bei etwas,* führe den Vorsitz.

Präsidenten-Pokal, Pferdesport: Ehrenpreis der Internat. Reiterl. Vereinigung für Nationenpreis-Mannschaften; seit 1968.

Präsidentschaft, engl. **Presidency** [pr'ezıdənsı], im früheren Britisch-Indien Name der ältesten Provinzen Bengalen, Bombay und Madras.

Präsidialgewalt, die Autorität und Macht eines republikan. Staatspräsidenten.

Präsidialkanzlei, im Dt. Reich 1934–45 die aus dem Büro des Reichspräs. entwickelte Kanzleibehörde des Reichsoberhaupts (im Unterschied zur → Reichskanzlei). Der P. entspricht heute das **Bundespräsidialamt** (im Unterschied zum Bundeskanzleramt).

Präsidialrat, Organ der Richtervertretung, das nach §§ 55 ff. des Dt. Richtergesetzes vor jeder Ernennung oder Wahl eines Richters zu beteiligen ist. Auf Antrag der obersten Dienstbehörde gibt es eine schriftlich begründete Stellungnahme ab über die persönl. und fachl. Eignung des Bewerbers. Der P. besteht beim Bundesgerichtshof und beim Bundespatentgericht aus dem Präs. als Vors., seinem Vertreter und fünf weiteren Mitgl. In den Bundesländern ist für jeden Gerichtszweig ein P. zu bilden, der aus dem Präsidenten eines Gerichts und aus Richtern besteht.

Präsidialsystem, System republikan. Regierungsverfassung, in dem der Staatspräs. auf Grund eigener Autorität und Legitimität die Staatsgewalt mit einer von ihm abhängigen Regierungsbehörde ausübt; die Regierung ist entweder verfassungsrechtlich oder tatsächlich vom Vertrauen des Parlaments unabhängig. Grundlage des P. ist meist die Volkswahl des Präs. Musterbeispiel des P. ist das Regierungssystem der USA; ihm entspricht auch der ›Präsidentialismus‹ vieler lateinamerikan. Rep. – Daneben gibt es Mischformen, d. h. Verf., die Elemente des P. und des Parlamentarismus verbinden (z. B. die Weimarer Reichsverfassung oder die Verf. der V. Frz. Republik). Häufig wird die vom Reichspräs. P. v. Hindenburg in der Endphase der Weimarer Republik (1931–33) ausgeübte Reg.-Form als P. bezeichnet. Es war aus der Verbindung des Notverordnungsrechts (Art. 48 Weimarer Reichsverf.) und des Rechts zur Reichstagsauflösung – beide in der Hand des Reichspräs. – ohne formelle Verfassungsänderung entstanden.

Präsidium *das, -s/... di|en,* eine den Vorsitz führende Personenmehrheit als Kollegialorgan. **Präsidium des Zentralkomitees der KPdSU,** in der UdSSR 1952–66 Bez. für das Politbüro der KPdSU. **präsidial,** den Präsidenten oder das P. betreffend.

Prasiolith [span. prasiolita ›grüner Stein‹] *der, -s/-e,* Bez. für den durch Brennen grün gewordenen Amethyst.

Präskription [lat.] *die, -/-en,* ☘ für → Verjährung.

prasseln [mhd. brasteln, zu bersten]. *es* **prasselt,** trommelt, knattert: *Regen prasselt aufs Dach; Feuer prasselt,* knistert laut.

prassen [nd., Schallwort]. *ich* **prasse,** schwelge, schlemme, lebe in Saus und Braus. *Subst. die* **Prasserei,** *-/-en. der* **Prasser,** *-s/-,* jemand, der praßt.

prästabiliert [lat.], ☘ vorher festgesetzt, vorausbestimmt. **prästabilierte Harmonie,** eine Lehre von G. W. von → Leibniz.

präsumieren [lat.]. *ich* **präsumiere** *es,* setze voraus, vermute. *die* **Präsumtion,** *-/-en,* Vermutung. **präsumtiv,** mutmaßlich.

Prätendent [lat.] *der, -en/-en,* jemand, der auf etwas Anspruch erhebt; i. e. S. ein Fürst, der Erbansprüche auf einen ihm vorenthaltenen Thron geltend macht **(Thron-P.).** *ich* **prätendiere** *es,* beanspruche. *die* **Prätension, Prätention,** *-/-en,* **1)** Anspruch. **2)** Anmaßung. **prätentiös,** anspruchsvoll; anmaßend.

Prater [ital. prato, lat. pratum ›Wiese‹] *der, -s,* großer Naturpark und Vergnügungsplatz (Riesenrad, Karussells u. a.) in Wien.

Präteritum [lat.] *das, -s/...ta,* Ⓢ Imperfekt (ÜBERSICHT Verb). **Präteritopräsentia,** in der Grammatik der german. Sprachen solche Vergangenheitsformen, die Gegenwartsbedeutung angenommen haben, z. B. ›ich weiß‹ (eigentlich ›ich habe gesehen‹ = lat. vidi); ›ich kann‹ (eigtl. ›ich habe erkannt‹). Im Dt. sind die Präteritopräsentia im Unterschied zu den übrigen Präsentien in der 3. Person Singular endungslos (›er mag‹, gegenüber ›er macht‹).

Prätext [lat.] *der, -es/-e,* ☘ Vorwand.

Prati, Giovanni, ital. Schriftst., * Campomaggiore (Trient) 27. 1. 1814, † Rom 9. 5. 1884, Hofdichter des Hauses Savoyen, schrieb die romantisch-bürgerl. Verserz. ›Edmenegarda‹ (1841), die Sonettensammlungen ›Psiche‹ (1876) und ›Iside‹ (1878).

Prätigau, Hochtal in der Schweiz, → Prättigau.

Prato, Stadt in der ital. Prov. Florenz, (1981) 160 200 Ew., am Bisenzio; Bischofssitz; Zentrum der Textilind. (bes. Wolle), Lederwarenind. - Dom (auf das 9. Jh. zurückgehend, mit Außenkanzel von Donatello und Michelozzo), Renaissancekirche Santa Maria delle Carceri (15. Jh.), Kastell Kaiser Friedrichs II. (1250).

Pratolini, Vasco, ital. Schriftst., * Florenz 19. 10. 1913, wandte sich seit 1941 ganz dem Roman mit meist sozialer Thematik zu und entwickelte einen wirkungsvollen lyr. Realismus.

HW: Chronik armer Liebesleute (1947); Metello, der Maurer (1955); La costanza della ragione (1963); Allegoria e derisione (1966). - Geheimes Tagebuch (1956); ferner Novellen, Gedichte.

Prätor [lat. praetor] *der, -s/...t'oren,* urspr. wohl der Heermeister des röm. Königs; in der Frühzeit der Rep. die obersten Magistrate, seit 367 v. Chr. der für die Zivilgerichtsbarkeit unter röm. Bürgern zuständige Beamte **(praetor urbanus),** zu dem später noch ein zweiter P. kam, der für Prozesse zw. röm. Bürgern und Fremden zuständig war **(praetor peregrinus).**

Prätorianer [lat.] *Pl.,* persönl. Schutzgarde röm. Feldherren, seit Augustus die Leibwache der Kaiser.

Pratteln, Gem. im Kt. Basel-Landschaft, (1982) 15 600 Ew., am Rhein; Waggon-, chem., Autoreifen-, Teer-, Metall-, Waschmittel- u. a. Industrie.

Prättigau, Prätigau [›Wiesengau‹] *der* oder *das,* rätoroman. **Val Partens,** das Tal der in den Rhein mündenden Landquart in Graubünden, Schweiz, 40 km lang, zw. dem Rätikon und den Plessuralpen, von einer Straße und der Rätischen Bahn durchzogen. Hauptorte: Klosters, Schiers, Seewis, Serneus und Fideris; Fremdenverkehr.

Prätur [lat.] *die, -/-en,* das Amt des röm. Prätors.

Pratze [nhd., zu lat. bracchium ›Arm‹] *die, -/-n, oberdt.:* Tatze.

Prau [malaiisch] *die, -/-e,* malaiisches Boot, Segelboot.

Praunheim, Rosa von, eigtl. Holger **Mischwitzky,** Filmregisseur, * Riga 25. 11. 1942; seit 1970 teils aggressiv-parodist., auch gesellschaftskrit. Filme (bes. über Minderheiten).

prävalieren [lat.]. *es* **prävaliert,** überwiegt, ist überlegen. *Subst. die* **Prävalenz,** -.

Prävarikation [lat.] *die, -/-en,* der → Parteiverrat.

Prävention [lat.] *die, -/-en,* **1)** das Zuvorkommen, Verhütung. **2)** ⚖ im Strafrecht im Sinn von Vorbeugung: Die Strafe sucht künftigen Verbrechen vorzubeugen durch abschreckende Wirkung **(General-P.)** oder Schutz der Gesellschaft vor einem best. Verbrecher durch erzieher. Einwirkung oder Sicherung **(Spezial-P.). 3)** ⚕ Maßnahmen der **Präventivmedizin,** der vorbeugenden (prophylakt.) Medizin, die Krankheiten zu verhüten sucht; ein zunehmend wichtiger werdender Zweig der Medizin; auch Begriff der Sozialversicherung (→ Gesundheitsvorsorge, → Vorsorgeuntersuchungen, Maßnahmen zum → Umweltschutz).

präventiv [lat.], vorbeugend, verhütend. **Präventivkrieg,** Angriffskrieg, mit dem man dem vom Gegner geplanten Krieg zuvorkommen will. **Präventivmedizin,** → Prävention 3). **Präventivverkehr,** Geschlechtsverkehr unter Anwendung empfängnisverhütender Mittel **(Präventivmittel).**

Prawda [russ. ›Wahrheit‹] *die,* sowjet. Tageszeitung, das Organ des ZK der KPdSU, hg. in Moskau seit 1918, erscheint in 30 Ausgaben; auch andere Zeitungen und Ztschr. in der UdSSR führen das Wort P. im Titel, z. B. die → Komsomolskaja Prawda.

Prawdinsk, russ. Name von → Friedland 2).

Praxis [grch.] *die, -,* **1)** Ausübung, Anwendung. **2)** Erfahrung. **3)** Üblichkeit, Brauch. **4)** Tätigkeit, auch Berufsausübung (Arzt u. a.). **5)** *Pl. ...xen,* Geschäftsräume (z. B. eines Anwalts).

Praxiteles, grch. Bildhauer des 4. Jh. v. Chr., Schüler seines Vaters Kephisodot, neben Skopas der bekannteste Marmorbildner der Spätklassik, schuf Götterbilder von liebenswürdig vermenschlichter Gestalt. Durch kaiserzeitl. Kopien bekannt sind der ›einschenkende Satyr‹, die halbbekleidete ›Aphrodite von Arles‹, die ›Aphrodite von Knidos‹, in der die Schönheit des nackten Frauenkörpers wohl zum ersten Mal in der grch. Kunst der klassischen männl. Gestalt entsprechend verkörpert wurde, und der ›Apollon Sauroktonos‹ (›Eidechsentöter‹), der einen myth. Vorgang ins Spielerische abwandelt. Der in Olympia gefundene ›Hermes mit dem Dionysosknaben‹ ist wahrscheinlich ein Spätwerk des P. (BILD griechische Kunst)

Präzedens [lat.] *das, -/...d'enzi|en,* früherer Fall.

Präzedenz [lat.] *die, -/-en,* Vorrang, Vortritt, bes. in der kirchl. Rangordnung. **Präzedenzfall,** Musterfall, der späteren Sachverhalten als Vorbild dienen kann, z. B. in der polit. Verwaltung. Für gerichtl. Entscheidungen → Präjudiz. Im Staats- und Völkerrecht wirken P.-Fälle oft rechtserzeugend.

Präzeptor [lat. praeceptor] *der, -s/...t'oren,* ☘ Erzieher, Hauslehrer. **Praeceptor Germaniae** (›Lehrer Dtl.s‹), Beiname bed. Gelehrter, z. B. für Hrabanus Maurus, Ph. Melanchthon.

Präzession [lat. ›das Vorangehen‹] *die, -/-en,* **1)** ☆ Verlagerung der Rotationsachse der Erde v. a. auf Grund des von Sonne und Mond auf die abgeplattete Erde ausgeübten Drehmoments **(Lunisolar-P.).** Entsprechend dem Kreiselverhalten bewegt sich dadurch die Erdachse auf einem Kegelmantel um den Pol der Ekliptik in rechtläufiger Drehung. Der halbe Öffnungswinkel des P.-Kegels ist gleich der Schiefe der Ekliptik (23°27′). Ein voller Umlauf dauert etwa 25 700 Jahre **(Platon. Jahr).** Der P. überlagert ist eine period. Schwankung von etwa 19 Jahren, die Nutation. Auf Grund der Nutation beschreibt die Rotationsachse der Erde keinen glatten, sondern einen gewellten P.-Kegel (BILD). Die Einwirkung der Planeten auf die Erde bewirkt die **Planeten-P.** Lunisolar- und Planeten-P. ergeben zus. die **allg. P.,** die bewirkt, daß der Frühlingspunkt auf der Ekliptik jährlich um 50,26″ zurückläuft. - Durch die P. verschiebt sich auch die Lage der Himmelspole. Dadurch kann jeder Stern Polarstern werden, der um den Betrag der Schiefe der Ekliptik von deren Pol entfernt ist. **2)** ⊠ a) **reguläre P.,** die allg. Bewegung des kräftefreien symmetr. → Kreisels, bei der die Figurenachse des Kreisels um die raumfeste Drehimpulsachse den **P.-Kegel** beschreibt. Zuweilen wird diese Bewegung auch **Nutation,** der P.-Kegel auch **Nutationskegel** genannt. b) **pseudoreguläre P.,** die allg. Bewegung des rasch rotierenden schweren symmetr. Kreisels, die sich von der regulären P. nur durch kleine überlagerte → Nutationen unterscheidet.

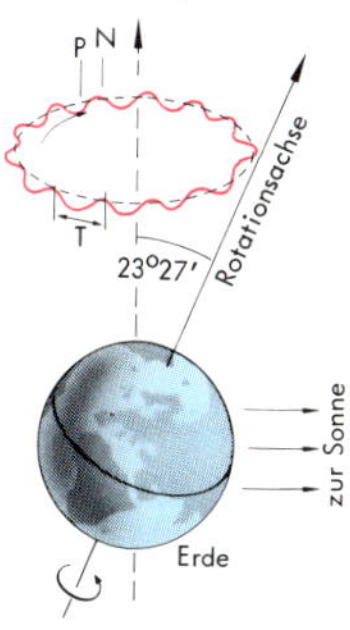

P = Präzession
N = Nutation
T = Nutations-Schwankung

Präzession 1): P. und Nutation

Präzipitat [lat.] *das, -(e)s/-e,* ⚗ ☘ Niederschlag, Bodensatz. *die* **Präzipitation,** -, Trübung, Fällung. **Präzipitinreaktion,** nach R. Kraus (1897) eine Antigen-Antikörperreaktion, die auftritt beim Zusammenbringen von Blutserum eines Menschen oder Tieres, dem eine körperfremde Eiweißart eingespritzt wurde, und einer Lösung eben dieses körperfremden Eiweißes; sie dient als Nachweis von Bakterien, Viren u. a. Mikroben, ferner zur Bestimmung von Blutarten (Verwandtschaftsreaktionen) sowie zur Unterscheidung von Fleisch- und Milcheiweiß in den Lebensmittelkontrollen.

präzis(e) [frz.], genau, exakt. *Subst. die* **Präzision,** -. *ich* **präzisiere** *es,* gebe genauer an.

Präzisions|uhren, Uhren mit einer hohen Ganggenauigkeit, z. B. Quarzuhren, Atomuhren.

Pré, Jacqueline du, brit. Cellistin, * Purley (Surrey) 26. 1. 1945; ⚭ mit D. → Barenboim.

Precieuses [presj'ø:z, frz. ›die Kostbaren‹] *Pl.,* Gruppe gebildeter Damen der Pariser Aristokratie, die in der 1. Hälfte des 17. Jh. bes. im Salon der Marquise de → Rambouillet zusammenkamen, um die Umgangsformen und die Sprache der hohen Gesellschaft zu veredeln; sie legten den Grund für die frz. Kultur des geselligen Gesprächs und bereiteten mit der von ihnen geschaffenen Kunstsprache den Stil der frz. Hochklassik vor. Die späteren Übertreibungen des Preziösentums verspottete Molière in der Komödie ›Les précieuses ridicules‹ (›Die lächerlichen Preziösen‹, 1659).

Pred., Abk. für **Pred**iger (A. T.).

Predeal *der,* **Tömöscher Paß,** wichtigster Paß (1 033 m) der Südkarpaten in Rumänien, von der Bahnlinie Kronstadt-Bukarest in zwei Tunneln (1 015 m) unterfahren. Südlich des Passes liegt der Kurort Predeal (1982) 7 900 Ew.; Wintersport.

Predella [ital. ›Stuhl‹, ›Sockel‹] *die, -/-s* oder *...d'ellen,* **Altarstaffel,** Unterbau eines Flügelaltars, → Altar.

predigen [ahd. aus lat.]. *ich* **predige, 1)** halte die → Predigt im Gottesdienst. **2)** *es ihm,* U ermahne ihn häufig zu etwas. *der* **Prediger,** *-s/-,* in einigen evang. Landeskirchen theologisch nicht vorgebildete geistl. Hilfskraft, die nach Besuch einer Predigerschule und Bewährung das Predigtamt ausübt.

Prediger|orden, der Orden der → Dominikaner.

Prediger Salomo, hebr. **Kohelet,** grch. **Ekklesiastes,** König Salomo zugeschriebenes Buch des A. T. vom 3. Jh. v. Chr.

Predigerseminar, Ausbildungsstätte für evang. Theologen, die diese nach Studium und einjährigem Lehrvikariat zur Vorbereitung auf die praktischen Aufgaben des Pfarramtes besuchen.

Predigt *die, -/-en,* die Verkündigung und Auslegung des Wortes Gottes und der Kirchenlehre. Sie ist in der Kath. Kirche Teil der Liturgie (Wortgottesdienst) und steht in den evang. Kirchen oft im Mittelpunkt des Gottesdienstes (P.-Gottesdienst). Das P.-Amt obliegt in der Kath. Kirche dem Bischof und in seinem Auftrag dem einzelnen Seelsorger, in den evang. Kirchen i. d. R. dem ordinierten Geistlichen. – Die P. will bekehren und ist daher ein wesentl. Element der Mission. Unterschieden wird die sich an best. Textstellen der Hl. Schrift anschließende Text-P. (Homilie) von der themat. P., die versch. theolog. Themen behandelt. Tiefe Wirkungen verdankt die kath. P. bes. den Bettelorden (Dominikaner, Franziskaner), ihre Kirchen sind meist auf den Zweck der P. ausgerichtet (Hallenkirchen). Auf die Bedeutung der P. in den evang. Kirchen weist hin, daß der P.-Ort, die Kanzel, meist in den Mittelpunkt des Raumes gestellt ist.

Predil *der,* Paß in den Julischen Alpen (1 156 m), an der italienisch-jugoslaw. Grenze, verbindet Gailtal mit Isonzotal.

Předmost [prʃ'ɛdmost], amtlich tschech. **Předmostí** [prʃ'ɛdmostji:], Dorf bei Prerau (Přerov) in Mähren, ČSSR. Hier wurden die Überreste von fast 1 000 Mammuts und ein Massengrab mit Skelettresten von 20 Menschen gefunden. Die altsteinzeitl. Funde gehören mehreren Kulturschichten an. Besondere Bedeutung haben einige Knochenskulpturen und Gravierungen.

Prednisolon *das, -s,* dem → Prednison ähnliches Nebennierenrindenhormon.

Prednison *das, -s,* synthetisch herstellbarer Abkömmling des Nebennierenrindenhormons Cortison, als → Glucocorticoid viermal stärker wirksam als Cortison.

Emil Preetorius: Initiale zu ›Der hinkende Teufel‹ von Lesage

Preetorius, Emil, Bühnenbildner und Illustrator, * Mainz 21. 6. 1883, † München 27. 1. 1973, bestimmte mit seinem malerisch vereinfachenden Impressionismus eine Phase in der Entwicklung des modernen Bühnenbilds (v. a. für Bayreuther Festspiele und Münchner Kammerspiele). P. illustrierte auch ›Peter Schlemihl‹ von A. v. Chamisso, ›Tartarin de Tarascon‹ von A. Daudet, ›Datterich‹ von E. E. Niebergall, ›Aus dem Leben eines Taugenichts‹ von J. v. Eichendorff u. a. (Weiteres BILD Exlibris).

Preetz, Stadt im Kr. Plön, Schlesw.-Holst., (1984) 14 900 Ew., an der Schwentine; Luftkurort; Nahrungsmittel- und Spirituosenfabrik. Fundort eines german. Gräberfeldes (3.–4. Jh.).

Pregel *der,* russ. **Pregolja,** Fluß in Ostpreußen, 127 km, entsteht bei Insterburg aus Inster und Angerapp, mündet westlich von Königsberg ins Frische Haff; wichtige Nebenflüsse: Auxinne und Alle von links, Deime von rechts.

Pregl, Fritz, österr. Chemiker, * Laibach 3. 9. 1869, † Graz 13. 12. 1930, gilt als der Schöpfer der quantitativen Mikroanalyse organ. Verbindungen; erhielt 1923 den Nobelpreis für Chemie.

P-Regler, Grundtyp eines → Reglers.

Pregnan *das, -s/-e,* gesättigter Steroidkohlenwasserstoff, Baustein der Gelbkörper- und Nebennierenrinden-Hormone.

Preis [mhd. pris ›Lob‹, ›Ruhm‹, ›Preis‹, zu lat. pretium ›Wert‹] *der, -es/-e,* **1)** in Geld ausgedrückter Gegenwert einer Ware, auch einer Leistung (vgl. unten Wirtschaft): *die Preise fallen, sinken, werden gesenkt,* es wird billiger; *die Preise steigen, klettern in die Höhe,* es wird teurer; *das Kaufhaus wird die Preise drücken,* durch billige Angebote andere zum Billigerwerden zwingen; *um jeden P.,* koste es, was es wolle, Ü auf jeden Fall. **2)** Siegergewinn bei Wettkämpfen oder Wett-(Glücks-)Spielen. **3)** Auszeichnung für besondere Verdienste, v. a. auf künstler. und wissenschaftl. Gebiet (z. B. Nobel-P.). **4)** *ohne Pl.,* P Ruhm. **Preisabschlag,** Preissenkung. *ich* **preise** (habe gepriesen) *ihn, es,* lobe, rühme: *er kann sich glücklich preisen. ich* **preise** *es ihm* **an,** lobe es, bes. um es ihm verkaufen zu können, auch: rate ihm dazu. **Preisfrage, 1)** Gegenstand eines Wettbewerbs. **2)** U schwere Frage. *die* **Preisgabe,** -, das Preisgeben, die Auslieferung. **preisgekrönt,** mit einem P. ausgezeichnet. **preisgünstig, preiswert,** nicht zu teuer. **preislich,** den P. betreffend. **Preisrichter,** jemand, der über die Verteilung der P. bei Wettbewerben entscheidet. **Preistreiber,** jemand, der Waren zu verteuern sucht. *die* **Preistreiberei,** *-/-en,* künstl. Warenverteuerung (→ Wucher).

Wirtschaft. In der freien Marktwirtschaft bilden sich die P. durch Ausgleich von → Angebot und → Nachfrage **(Preisbildungsprozeß).** Eine Vermehrung des Angebots bewirkt bei gleichbleibender Nachfrage ein Sinken, eine Erhöhung der Nachfrage bei gleichbleibendem Angebot ein Ansteigen der P. Angebot und Nachfrage bestimmen die Preishöhe und werden selbst rückwirkend in ihrer Größe durch die P. bestimmt. So wird der P. zu einem zentralen Steuerungsmittel der Wirtschaft. Das Ausmaß, mit dem Angebot oder Nachfrage des Preises reagieren, ist die Preiselastizität des Angebots und der Nachfrage; das Ausmaß, in dem der P. auf Änderungen des Angebots oder der Nachfrage reagiert, wird als Preisflexibilität bezeichnet. Daneben wirken die P. der Konkurrenzgüter auf die Preishöhe. Zw. allen P. besteht ein Zusammenhang (Interdependenz), bes. zw. P. von Substitutionsgütern (Margarine für Butter), von Kuppelprodukten (Gütern, die nur zusammen verlangt werden). – Voraussetzung für das automat. Einspielen der Markt-P. ist freier → Wettbewerb **(Konkurrenzpreise).** → Monopole können ihre marktbeherrschende Stellung zum Herauftreiben oder Herabdrücken der P. wahrnehmen **(Monopol-P.),** auch zur Festsetzung unterschiedl. P. für versch. Käuferschichten **(Preisdifferenzierung,** z. B. → Dumping). – In der Planwirtschaft werden die P. behördlich festgesetzt. Da staatl. Fest-P. keinen automat. Ausgleich von Angebot und Nachfrage bewirken, sind ergänzende Maßnahmen der Produktions- und Verbrauchslenkung nötig. – Veränderungen der Waren-P. **(Preisbewegungen)** sind eine Erscheinungsform der wirtschaftlichen Wellenbewegungen (→ Konjunktur). Generelle Preisbewegungen (Veränderungen des allg. Preisniveaus) bedeuten ein Sinken oder Steigen des Geldwerts (→ Inflation, → Deflation).

Preistheorien sind Erklärungen für die Preisrelationen zw. versch. Gütern. Parallel zu den Werttheorien unterscheidet man objektive und subjektive Preistheorien. Die objektiven basieren auf der → Arbeitswerttheorie. Die subjektive Wert- und Preislehre (→ Grenznutzenschule) stellt die subjektiven Wertschätzungen der Käufer und Verkäufer in den Mittelpunkt: die subjektive Fassung des Gebrauchswertes eines Gutes als Nutzen. – Die heutige Preistheorie bezieht objektive und subjektive Elemente in ihre Analysen ein: Zu den objektiven gehören u. a. die Marktformen, die Produktionsbedingungen, zu den subjektiven die Bedürfnis- und Präferenzskalen, die Zielsetzungen und Verhaltensweisen der Wirtschaftssubjekte (Anbieter, Nachfrager).

Nach der Handelsstufe unterscheidet man zw. dem **Erzeugerpreis,** d. h. dem P., den der erste Abnehmer an den Erzeuger zahlt, dem **Großhandelspreis (Engrospreis),** den der Einzelhändler an den Großhändler zahlt, und dem **Einzelhandels-, Kleinhandels-** oder **Ladenpreis (Detailpreis),** den der Verbraucher für den Erwerb einer Ware aufwenden muß. Der **Selbstkostenpreis** gibt die Höhe der für die Erzeugung oder den Erwerb eines Gutes aufgewendeten eigenen Kosten an. Wird Ware ohne Rücksicht auf die Selbstkosten bes. billig abgesetzt, so spricht man von **Schleuderpreisen.** Dagegen sind **Liebhaberpreise** bes. hohe P., die für eine bes. begehrte Ware (z. B. Gemälde, Antiquitäten, Erstausgaben von Büchern) angelegt werden. Der **Weltmarktpreis** gilt bei Gütern, die in größerer Menge und einheitl. Qualität auf den Weltmarkt gelangen, bes. wenn der P. börsenmäßig festgestellt wird.

Preisrecht. In der Bundesrep. Dtl. ist die staatl. Preisbewirtschaftung in großem Umfang abgebaut **(Preisfreigabe,** insbes. VO v. 12. 12. 1967). Ausnahmen bestehen z. B. bei der Mietpreisbindung (→ Miete), bei der Energieversorgung, bei öffentl. Aufträgen, Krankenhauspflegesätzen, Arzneimitteln sowie bei landwirtschaftl. P. im Rahmen der EWG. Durch die **Preisüberwachung** (der Länder) wird die gesamte Preisentwicklung beobachtet und reguliert. Verstöße gegen Preisvorschriften werden nach dem Wirtschaftsstraf-Ges. geahndet.

Preis|ausschreiben, die öffentl. Aussetzung einer Belohnung für eine Leistung binnen einer best. Frist. Im Unterschied zur gewöhnl. → Auslobung ist beim P. erst die Zuerkennung des Preises, meist durch ein Preisgericht, entscheidend (§ 661 BGB). Bei bes. leichten P. zu Werbezwecken liegt oft ein verdeckter → Lotterievertrag vor. In Österreich sind die Bestimmungen ähnlich (§§ 860/860b ABGB), in der Schweiz entsprechen die Bestimmungen denen der Auslobung (Art. 8 OR).

Preisbindung der zweiten Hand, vertikale Preisbindung, Vertragssystem, in dem sich der Abnehmer gegenüber dem Hersteller in einer Urkunde (Revers) verpflichtet, beim Weiterverkauf einer Ware den vom Hersteller festgesetzten Preis einzuhalten und die weiteren Abnehmer ebenfalls zur Einhaltung best. Preise zu verpflichten. Mit Wirkung vom 1. 1. 1974 ist die Preisbindung (außer für Verlagserzeugnisse) aufgehoben. Unverbindl. **Preisempfehlungen** (bei Markenartikeln) sind weiterhin gestattet, unterliegen jedoch verschärfter Mißbrauchsaufsicht.

Preis der Nationen, Nationenpreis, Pferdesport: Mannschaftswettbewerb im Springreiten von Equipen verschiedener Nationen.

Preiselbeere

Preiselbeere [tschech. bruslina ›Streifbeere‹], **Kronsbeere, Vaccinium vitis idaea,** Heidekrautgewächs auf trockensauren Heideböden, im N von Europa, Asien und Nordamerika, zwergstrauchig, mit wintergrünen, oben dunklen Blättern, dichten Träubchen rötlichweißer Blüten und erbsengroßen, scharlachroten, festen, herben Beeren (wertvolles Beerenobst).

Preis|empfehlung, → Preisbindung der zweiten Hand.

Preiser, Erich, Wirtschaftswissenschaftler, *Gera 29. 8. 1900, † München 16. 8. 1967; bed. Beiträge zur Wirtschaftstheorie. HW: Die Zukunft unserer Wirtschaftsordnung (1949); Wirtschaftspolitik heute (1967); Polit. Ökonomie im 20. Jahrhundert (1970).

Preisführerschaft, Preispolitik von Anbietern, an der sich die Konkurrenten auf dem Markt orientieren.

Preisgleitklausel, vertragl. Vereinbarung, bei der die Fixierung des endgültig zu zahlenden Preises von der Preisentwicklung best. Kostenelemente (z. B. Lohnkosten) abhängig gemacht wird.

Preis|index, → Lebenshaltungskosten.

Preislied, episches Lied in der altgerman. Dichtung, das im Unterschied zum Heldenlied nicht vergangene Heldentaten ins Mythische erhebt, sondern eine zeitgenöss. Persönlichkeit oder ein bed. Ereignis unmittelbar verherrlicht. Die Gatt. ist literar. bezeugt (z. B. in der ›Ilias‹ und im Bericht des Priscus über Attilas Trauerfeier).

Preisnachlaß, → Rabatt.

Preisniveau [-nivo], Durchschnitt mehrerer Güterpreise; zur Berechnung dient ein repräsentativer Preisindex.

Preisnotierung, Börse: die in der Bundesrep. Dtl. gebräuchlichste Art der Kursfeststellung (→ Kurs 4).

Preispolitik, 1) Betriebswirtschaft: Maßnahmen, die im Hinblick auf die betriebl. Zielsetzung zum richtigen Preisgebot auf dem Beschaffungsmarkt und zur richtigen Preisforderung auf dem Absatzmarkt führen (Absatzpreis). **2)** Volkswirtschaft: Maßnahmen der Preisüberwachung, örtl. Preiskontrolle und Preisfestlegung (→ Festpreis, → Richtpreis) durch den Staat oder einzelne Wirtschaftsverbände; i. e. S. Maßnahmen des Staates zur Beeinflussung des Preisniveaus, best. Preisrelationen oder einzelner Preise.

Preis|schere, bildl. Bez. für das Verhältnis der Preisindizes zweier Güter im Zeitablauf zueinander, geprägt für die scherenartig auseinanderstrebenden Preisbewegungen von Agrar- und Ind.-Erzeugnissen (z. B. landwirtschaftl. Maschinen, Düngemittel).

Preis|statistik, Teilgebiet der Wirtschaftsstatistik. Zu den wichtigsten Methoden zählt die Berechnung von Preisindizes (v. a. des Preisindex für die Lebenshaltung).

Preis|stopp, Festhalten der Preise auf dem erreichten Stand als Maßnahme der staatl. Preispolitik, um Preissteigerungen bei einer Angebotsverknappung oder inflationären Entwicklung zu verhindern.

Preis|theorie, → Preis.

prekär [frz.], bedenklich, unsicher, mißlich, heikel.

Prellball, Hallenspiel mit einem Hohlball zw. 2 Parteien von je 4 Spielern. Der Ball wird innerhalb des eigenen Spielfelds so mit der Faust auf den Boden geschlagen (geprellt), daß er über einen 35–40 cm hohen Prellbock (auch Leine, Schwebebalken, auf den Kopf gestellte Turnbank) in das Spielfeld des Gegners springt. Die Regeln gleichen denen des Faustballs. P. kam Mitte der 20er Jahre auf. Meisterschaften: im Dt. Turnerbund (eigene Bundesliga) und im Behindertensport.

Prellbock, bockartiger Abschluß an Gleisenden zum Auffangen der Fahrzeuge.

prellen [mhd.]. *ich* **prelle** (bin geprellt), **1)** *auf etwas,* stoße mit voller Wucht darauf. **2)** *Wild, der Jagdhund prellt,* ⚘ läuft rasch und heftig. *ich* **prelle** (habe geprellt), **1)** *ihn um etwas,* betrüge, bringe mit List darum: *er wollte die Zeche prellen,* nicht bezahlen. **2)** *mich,* ziehe mir eine Prellung zu. *der* **Preller,** *-s/-,* **1)** Betrüger, der sich einer Zahlungspflicht entzieht: *Zechpreller.* **2)** heftiger Schlag. **3)** → Prellschuß. *die* **Prellerei,** *-/-en,* → Zechprellerei.

Preller, 1) Friedrich d. Ä., Maler, Vater von 2), *Eisenach 25. 4. 1804, † Weimar 23. 4. 1878, schuf, von J. A. Koch beeinflußt, heroische Landschaften mit Staffage in romantisch-klassizist. Tradition und realist. Landschaftsstudien aus Italien, Norwegen, Rügen und dem Riesengebirge.

2) Friedrich d. J., Maler, Sohn von 1), *Weimar 1. 9. 1838, † Dresden 21. 10. 1901, setzte die Stilrichtung seines Vaters fort.

Prellschuß, Schuß, bei dem das Geschoß ein oder mehrere Male aufschlägt und wieder abprallt. Als → Querschläger können P. schwere Verwundungen verursachen.

Prellung *die, -/-en,* Verletzung durch stumpfe Gewalt (Schlag, Stoß, Auffallen); oft sehr schmerzhaft, stets mit Bluterguß verbunden. – Behandlung: kalte Umschläge, Ruhigstellung; heparinhaltige Salben.

Prelog, Vladimir, schweizer. Chemiker jugoslaw. Herkunft, *Sarajevo 23. 7. 1906. Für Untersuchungen über den räuml. Bau organ. Moleküle erhielt er 1975 mit J. W. Cornforth den Nobelpreis für Chemie.

Prélude [prel'yd, frz.] *das, -s/-s,* ♪ Vorspiel, → Präludium.

Premier [prəmj'e, frz.] *der, -s/-s,* kurz für: **Premierminister,** erster Minister. **Prime Minister** [praım m'ınıstə], in Großbritannien und den Ländern des Commonwealth der Regierungschef (MinPräs.).

Premiere [-j'e:rə, frz.] *die, -/-n,* Ur- oder Erstaufführung eines Bühnenstücks; erste Aufführung eines neuinszenierten Stücks.

Preminger, Otto Ludwig, amerikan. Regisseur und Filmproduzent, *Wien 5. 12. 1906, drehte in Hollywood, z. T. in eigener Produktion, viele Filme: ›Carmen Jones‹ (1954), ›Der Mann mit dem goldenen Arm‹ (1955), ›Porgy and Bess‹ (1959), ›Exodus‹ (1960), ›Der Kardinal‹ (1963), ›Bunny Lake ist verschwunden‹ (1965) u. a.

Premnitz, Stadt im Kr. Rathenow, Bez. Potsdam, (1977) 11700 Ew., an der Havel; Kunstseidenindustrie.

Přemysl [prʃ'ɛmisl], **Przemysl** [pʃ'ɛmisl], nach der Sage Gemahl der Libussa und Stammvater der böhm. Dynastie der **Přemysliden** (Przemysliden), die zu Anfang des 10. Jh. erscheint, 1198 die erbl. Königswürde erwarb und 1306 ausstarb.

Prenzlau, Krst. im Bez. Neubrandenburg, (1978) 22500 Ew.; wichtigste Stadt der Uckermark, inmitten reicher landwirtschaftl. Umgebung am N-Ende des Unter-Ueckersees; Maschinen-, Zukker- u. a. landwirtschaftl. Ind., Eisengießerei. Die Marienkirche (14. Jh.), 1945 stark zerstört, wird wiederhergestellt. Erhalten sind Reste der Stadtmauern mit Tortürmen, die frühgot. Dominikanerkirche mit Klostergebäuden, die frühgot. Franziskaner- (jetzt Dreifaltigkeits-)Kirche. – P. wurde 1234 an Stelle einer älteren slaw. Siedlung als dt. Stadt von Herzog Barnim I. von Pommern gegründet; kam 1250 an Brandenburg.

Prenzlauer Berg, der 4. VerwBez. der Stadt Berlin (Berlin-Ost), mit (1983) 173700 Ew., entwickelte sich längs der Ausfallstraßen Schönhauser Allee, Prenzlauer Allee und Greifswalder Straße. Im Bezirk, dessen S-Teil im 2. Weltkrieg schwere Schäden erlitt, liegen u. a. Zentralviehhof, Werner-Seelenbinder-Halle und die Verwaltung der HO-Betriebe.

Preradović [-vitʃ], Paula von, Schriftstellerin, *Wien 12. 10. 1887, † ebd. 25. 5. 1951, schrieb formstrenge Lyrik und Erzählungen, verfaßte den Text der neuen österr. Bundeshymne.

Prerau, tschech. **Přerov** [prʃ'ɛrɔf], Stadt im Nordmähr. Kr., ČSSR, an der Betschwa, (1982) 50700 Ew.; Maschinen-, chem., opt. Ind.; Renaissance-Schloß, roman. Georgskirche. P. war Zentrum der Böhm. Brüder.

Presanella *die,* ein Hauptmassiv der → Adamellogruppe.

Presbyopie [grch.-lat.] *die, -,* die → Alterssichtigkeit.

Presbyter [grch. presbyteros ›der Ältere‹] *der, -s/-,* der Älteste als Amtsträger im Judentum und Christentum. **1)** Judentum: urspr. Familien- oder Stammesoberhaupt, dann Mitgl. des Gemeindevorstands. **2)** Urkirche: angesehenes, mit der Aufsicht betrautes Mitgl., seit dem 2. Jh. vom Bischof geleitet. **3)** Kath. Kirche: der Priester. **4)** evang. Kirchen: ein von der Gem. in den Gemeindekirchenrat gewählter Vertreter (›Kirchenältester‹). *das* **Presbyterat,** *-s/-e,* die Weihestufe des kath. Priesters. *das* **Presbyterium,** *-s/... ri|en,* **1)** Kath. Kirche: die Gesamtheit der Priester einer Diözese. **2)** evang. Kirchen: Gemeindekirchenrat, → Kirchenvorstand. **3)** kirchl. Baukunst: der Hochaltarraum in der Apsis (da in der Urkirche Bischof und P. dort ihren Sitz hatten).

Presbyterianer *Pl.,* reformiert-evang. Kirchen, deren Name sich von der bes. Stellung der → Presbyter 4) herleitet. Diese werden von den gleichberechtigten Gliedern der Gem. gewählt und bilden die Kreis-, Provinzial- und Generalsynoden. Die P. sind (1982) bes. in Schottland (insges. 2,5 Mio., → Schottische Kirche) und den USA (5,008 Mio.) verbreitet; in afrikan. Ländern 3,4 Mio. Die P. gehören dem Reformierten Weltbund an (→ Reformierte).

preschen [zu pirschen]. *ich* **presche** (bin geprescht), ∪ eile, renne, jage.

Prešeren [preʃ'erən], France, slowen. Dichter, *Vrba bei Bled 3. 12. 1800, † Kranj 8. 2. 1849, romant. Lyriker, führte die slowen. Dichtung aus ihrer Begrenzung auf das Volkslied heraus, wurde zum Schöpfer der modernen slowen. Literatursprache.

Presidios [span. ›Festungen‹] *Pl.,* ehem. Bez. der span. Besitzungen an der Nordküste Marokkos: die noch heute span. Städte Ceuta und Melilla und die seit 1956 marokkan. Inseln Peñón de Vélez, Al-Hoceima und Chafarinas.

Presley [pr'eslı], Elvis Aron, amerikan. Popsänger und Gitarrist, *Tupelo (Miss.) 8. 1. 1935, † Memphis (Tenn.) 16. 8. 1977, wurde zu einem der erfolgreichsten amerikan. Showstars. P. steht am Beginn der Entwicklung der Rockmusik.

Prešov [pr'ɛʃɔu], dt. **Eperi|es,** auch **Preschau,** ungar. **Eperjes** ['ɛpɛrjɛʃ], Stadt im Ostslowak. Kr., ČSSR, (1982) 74800 Ew.; Abt. der Univ. Kaschau; Maschinen-, Zement- und Nahrungsmittelind.; spätgot. und Renaissancebauten. – P. wurde um 1200 von Deutschen gegründet.

Prespa|see, einer der → Dessaretischen Seen.

pressant [zu pressieren], dringlich, eilig.

Preßburg, slowak. **Bratislava,** ungar. **Pozsony** [p'oʒonj], Hptst. der Slowak. Sozialist. Rep., ČSSR, links der Donau, am Fuß der Kleinen Karpaten, (1982) 391600 Ew.; Sitz von Verwaltungsbehörden, Slowak. Akademie der Wiss., Komenský-Univ., TH, Wirtschafts-, Kunsthochschule, Slowak. Nationalgalerie, Slowak. Nationalmuseum; Maschinenbau, chem. und Lebensmit-

Vladimir Prelog

Preßburg: Schloß und St.-Martins-Dom

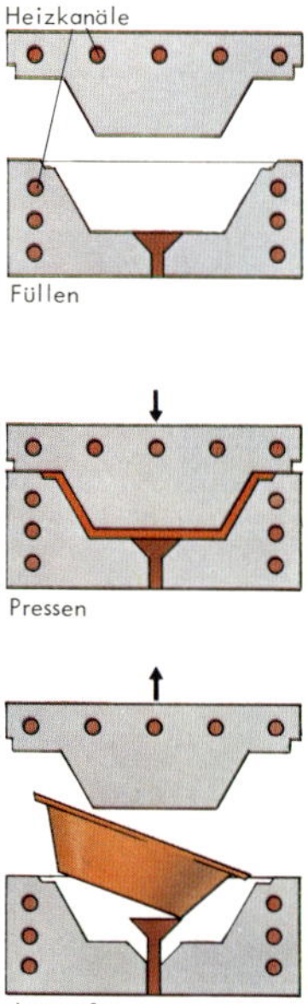

Presse 1): Pressen in der Kunststofftechnik

tel-Ind., Weinbau an den Hängen der Kleinen Karpaten; wichtiger Donauhafen; urspr. got. Rathaus, got. Franziskanerkirche, got. St.-Martins-Dom (bis 1580 Krönungskirche der ungar. Könige) und ehem. königl. Residenz auf dem Schloßberg (1811 ausgebrannt, seit 1953 wiederhergestellt).

Geschichte. P. wird erstmals als Burg des großmähr. Herzogs Wratislaw (›Brezalauspurc‹) 907 erwähnt. Um die Wende zum 13. Jh. entstand die damals rein dt. Stadt. P. war 1541–1784 die Landes-Hptst. Ungarns, 1918 kam es an die Tschechoslowakei und war 1939–45 die Hptst. der selbständigen Slowakei. Über den Frieden von P. (26. 12. 1805) → Napoleonische Kriege.

Presse [ahd. zu mlat.] *die, -/-n,* **1)** Maschine, welche die zur Formgebung in bildsamen Zustand erforderl. Formänderungsarbeit durch Druckkräfte aufbringt (vgl. unten Technik). **2)** kurz für: Druckerpresse (Druckmaschine). **3)** *ohne Pl.,* die Erzeugnisse der Druckerpresse (vgl. unten Publizistik; auch Gesamtheit der Redakteure, Journalisten und Herausgeber von Presseerzeugnissen sowie des Rundfunks und Fernsehens). **4)** *ohne Pl.,* Kritik, Beurteilung in Zeitungen: *die Ausstellung hatte eine schlechte P.* **5)** U Schule zur beschleunigten Vorbereitung auf Prüfungen. *ich* **presse, 1)** *ihn, es,* drücke, bearbeite durch Druck: *man kann Blumen pressen; mit gepreßter Stimme.* **2)** U werbe gewaltsam (Soldaten, Matrosen). **3)** *sie,* dränge zusammen: *gepreßt wie die Heringe.* **4)** *Segel,* ⚓ führe zuviel Segel. *ich* **presse** *es ihm* **ab,** erzwinge von ihm. *ich* **presse aus, 1)** *es,* drücke (Saft) heraus. **2)** *ihn,* U frage weitestgehend aus. **Preßbengel,** Buchdruck: Hebel zum Niederdrükken der Handpresse.

Technik. Ein Gestell enthält den festen oder bewegl. P.-Tisch und den in Führungen bewegl. P.-Schlitten (Stößel), die jeweils Ober- und Unterwerkzeug (Gesenk, Matrize) aufnehmen. P. werden als **Ständer-P.** oder **Säulen-P.** gebaut. Mechanische P. (Antrieb durch Schwungmasse und mechan. Getriebe) sind: **Kurbel-P., Exzenter-P., Kniehebel-P., Spindel-P., Reibspindel-** oder **Friktions-P.** Hydraulische oder Kolben-P. (Antrieb über Kolben und Zylinder; Medien: Wasser, Öl, Luft, Dampf) sind einfach- und mehrfachwirkend. Zur Massivumformung dienen: **Schmiede-P., Strang-P.** zum Herstellen von Profilen durch Pressen des Werkstoffs durch eine profilierte Düse; **Fließ-P.** z. B. zum Tubenpressen, **Richt-P.** zum Richten von Maschinenteilen, z. B. Wellen. In der Blechbearbeitung werden verwendet: **Tiefzieh-P.; Streckzieh-P.; Abkant-P.**

In der Kunststofftechnik dienen P. zum Herstellen von meist duroplast. Formteilen und Halbzeugen. Zum Pressen von Formteilen aus härtbaren Formmassen sind Stempel und Gesenk der

Presse 1)

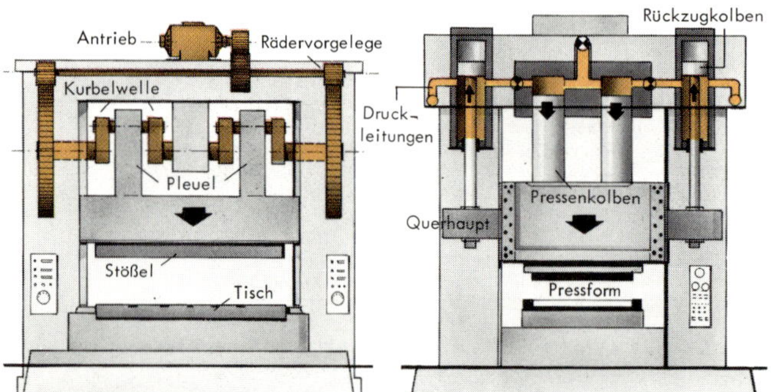

Form beheizt und fest auf den Tischen der P. montiert. In der Holzverarbeitung verwendet man heizbare P. zur Formgebung von Sperrholzteilen u. a., **Furnier-P.** und **Verleim-P.**

Publizistik. Urspr. auf alle durch Druckerpresse hergestellten Druckschriften bezogen, bezeichnet P. seit Mitte des 19. Jh. nur noch period. Druckschriften (Zeitungen, Zeitschriften). Das Kommunikationsmittel P. hat entscheidende Bedeutung sowohl als Informationsquelle wie auch für die Darstellung der öffentl. Meinung; seine Entwicklung ist eng mit der Entfaltung der bürgerl. Freiheiten verknüpft, bes. mit der Idee der Pressefreiheit. – Die ersten Presseerzeugnisse wurden Ende des 15. Jh. verbreitet (Einblattdrucke, Flugschriften). Die ersten Zeitungen entstanden Anf. des 17. Jh. in Europa, die erste Tageszeitung 1650 in Leipzig. Zu einer Trennung von Zeitung und Zeitschrift kam es im Lauf des 18. Jh. (über die Geschichte im einzelnen → Zeitung, → Zeitschrift). Der Beruf des Journalisten kam im 19. Jh. auf. Die Zensur war seit dem Absolutismus bes. wirksam (→ Pressefreiheit).

Im letzten Drittel des 19. Jh. setzte sich in Dtl. nach frz. und englisch-amerikan. Vorbildern der Mehrzeitungsverlag, die Pressegruppe (Pressekonzern) durch, deren hohe Auflagen **(Massenpresse)** durch Rotations- und Setzmaschinen ermöglicht wurde. Die Pressekonzentration wurde zum Problem gegen Ende der 1920er Jahre, dann nach dem 2. Weltkrieg. Das heutige Bild der P. ist durch Annäherung der versch. Typen (Politisierung der Massenpresse, breiter Raum für Unterhaltendes in den meisten Zeitungen), zugleich aber auch durch große qualitative Unterschiede (wesentl. Einfluß auf die internat. öffentl. Meinung durch herausragende Blätter einzelner Länder: die **Weltpresse**) gekennzeichnet.

Presse, Die P., unabhängige österr. Tageszeitung, erscheint seit 1946 in Wien.

Presse|agentur, svw. → Nachrichtenagentur.

Presse|amt beim Vorsitzenden des Ministerrats, gegr. 1949 als **Amt für Information,** 1953–63 **Presseamt beim Ministerpräsidenten der DDR,** die höchste publizist. Verwaltungsorganisation der Dt. Dem. Rep., der die polit. und wirtschaftl. Aufsicht und Planung für den gesamten Bereich des Nachrichten- und Pressewesens unterstehen.

Pressedienst, heute meist **Nachrichten-** oder **Informationsdienst,** → Nachrichtenagentur.

Pressefreiheit, die Freiheit der Verbreitung von Meinungen, Nachrichten, Mitteilungen und sonstigen Gedankenguts durch Druck, Hörfunk, Film und Fernsehen. In der Bundesrep. Dtl. ist die P. verfassungsmäßig gewährleistet durch Art. 5 GG. Sie findet ihre Grenze an den allg. Gesetzen, den Jugendschutzgesetzen und dem Recht der persönl. Ehre. Bei Mißbrauch zum Kampf gegen die freiheitlich-demokrat. Grundordnung wird die P. nach Maßgabe einer Entscheidung des Bundesverfassungsgerichts verwirkt (Art. 18 GG). – In der Dt. Dem. Rep. ist die P. in Art. 27 Abs. 2 der Verf. zugesichert, jedoch ist durch die Organisation der Presseverlage und Filmunternehmen als Volkseigene Betriebe, der Nachrichtenagentur und des Rundfunks als staatl. Behörden die SED-Parteilinie maßgebend. Österreich (Art. 13 Staatsgrundgesetz) und die Schweiz (Art. 55 Bundes-Verf.) erkennen grundsätzlich die P. an.

Geschichte. Im MA. und im absoluten Staat gab es keine P. Seit der Aufklärung war die P. stets ein Bestandteil der Forderung nach einer freiheitl. Staatsordnung, doch setzte sie sich erst allmählich, nach manchen Rückschlägen, durch. Im Dt. Reich führte das Presse-Ges. v. 7. 5. 1874 eine beschränkte P. ein; die Weimarer Verfassung verbürgte sie. 1933–45 war die P. durch nat.-soz. Gleichschaltung aufgehoben. Nach Kriegsende führten die Besatzungsmächte ein Lizenzsystem ein; mit Inkrafttreten des GG wurde die P. wiederhergestellt.

Pressegeheimnis, Redaktionsgeheimnis, das Zeugnisverweigerungsrecht der Personen, die bei der Vorbereitung, Herstellung oder Verbreitung von period. Druckwerken oder Rundfunksendungen berufsmäßig mitwirken oder mitgewirkt haben, über die Person des Verfassers, Einsenders oder Gewährsmanns von Beiträgen und Unterlagen sowie über die ihnen im Hinblick auf ihre Tätigkeit gemachten Mitteilungen, soweit es sich um Beiträge, Unterlagen und Mitteilungen für den redaktionellen Teil handelt (§ 53 Abs. 1 Nr. 5 StPO). Das P., das zugleich einen Teil der Pressefreiheit darstellt, besteht in diesem Umfang seit dem Ges. v. 25. 7. 1975. Die Beschlagnahmemöglichkeit ist nach §§ 97, 98, 111m, 111n StPO entsprechend eingeschränkt.

Pressekonferenz, Veranstaltung für Vertreter von Nachrichtenagenturen, Presse, Fernsehen und Funk, auf der der **Pressesprecher** einer Gruppe oder Institution vor der Öffentlichkeit Stellungnahmen oder Erklärungen abgibt oder über Entwicklungen und Ereignisse berichtet.

Pressekonzentration, wirtschaftl. Konzentration von Presseunternehmen, bes. von Zeitungs- und Zeitschriftenverlagen. Die P. hat meist wirtschaftliche Gründe, stellt jedoch eine Gefahr für die Pressefreiheit dar. Zur Eindämmung der P. dient das Ges. v. 28. 6. 1976, das das Kartellges. durch pressespezifische Bestimmungen ergänzt. Sie zielen auf wirksame Fusionskontrolle im Pressewesen ab: Anzeigepflicht bei Zusammenschlüssen von Presseunternehmen auf 25 Mio. DM Umsatz herabsetzen, die Toleranzgrenze für Maßnahmen des Bundeskartellamtes reduzieren.

Presserecht, die Rechtsnormen, die die öffentlich-rechtl. Beziehungen zw. Presse, Staat und Allgemeinheit regeln. Es sind Vorschriften über den Schutz der → Pressefreiheit und solche, die Staat und Allgemeinheit gegen die von der Presse ausgehenden Gefährdungen bewahren sollen. Das P. gilt nicht nur für Druckschriften i. e. S., sondern auch für alle sonstigen durch mechan. oder chem. Mittel bewirkten und zur Verbreitung bestimmten Vervielfältigungen von Schriften und bildl. Darstellungen und von Musikalien mit Text oder Erläuterungen. In der Bundesrep. Dtl. galt bis zum 1. 7. 1966 das Reichspressegesetz von 1874. Seither gelten in den Bundesländern die Landespressegesetze. Das GG hat die Gesetzgebungskompetenz zw. Bund und Ländern aufgeteilt. Ausschließlich in der Kompetenz des Bundes liegt der Schutz der Pressefreiheit. Über die allg. Rechtsverhältnisse der Presse kann der Bund nur Rahmenvorschriften erlassen. Ein Bundespressegesetz ist noch nicht ergangen. In der Dt. Dem. Rep. bedürfen Presseerzeugnisse einer Lizenz durch das Presseamt der Reg. beim Vors. des Ministerrats. Obwohl eine Zensur nicht stattfindet, steht die Presse infolge einer Reihe polit. Kontrollmechanismen unter staatl. Kontrolle. In Österreich ist die Pressefreiheit verfassungsgesetzlich gewährleistet. Das P. beruht auf dem Ges. v. 7. 4. 1922 (Novelle v. 8. 6. 1966). Die Grundsätze sind im wesentlichen dieselben wie in der Bundesrep. Dtl. In der Schweiz gewährleistet die Bundesverfassung (Art. 55) die Pressefreiheit. Die Kantone besitzen z. T. besondere Pressegesetze.

Pressestelle, Informations|abteilung, heute oft **Abteilung für Öffentlichkeits|arbeit** genannt, Einrichtungen im Dienst von Staat, Behörden, Parteien, Wirtschaft, kulturellen Vereinigungen, die den publizist. Medien Informationen über die Arbeit ihrer Organisation liefern. Daneben hat die P. oft die Aufgabe, die Presse- und Rundfunkmeldungen auszuwerten sowie leitenden Persönlichkeiten Bericht zu erstatten.

Presse- und Informations|amt der Bundesregierung, Abk. **BPA,** gegr. 1949, Sitz in Bonn mit einer Vertretung in Berlin (West), die höchste publizist. Verwaltungsorganisation der Bundesrep. Dtl. im Rang einer obersten Bundesbehörde. Das BPA unterrichtet die Bundesreg. über die Veröffentlichungen der dt. und internat. Presse sowie die Presse über die Arbeit der Bundesregierung.

Preßglas, → Glas.

Preßhefe, Backhefe, gezüchtete → Hefe, die von ihrer Nährflüssigkeit (Melasselösung) durch Zentrifugen abgetrennt, gewaschen und gepreßt wird.

Preßholz, durch hohe Drücke (bis 400 bar) bei hohen Temperaturen (bis 180 °C) verdichtetes Holz, das infolge der zusammengedrückten Zellhohlräume eine erhöhte Dichte und entsprechend erhöhte Festigkeit hat. **Preßvollholz** wird bes. aus Buchen- und Birkenvollholz hergestellt; bei **Preßlagenholz** wird nach Aufbau **Preßschicht-, Preßsperr-** und **Preßsternholz** unterschieden. **Kunstharz-Preßlagenholz** wird mit Phenolharz imprägniert.

pressieren [frz.]. *es* **pressiert,** U eilt.

Preßkopf *der, -(e)s,* **Preßsack,** sülzenartige Wurst aus Schweinefleisch (Bein, Kopf) mit Schwartenbrühe, in Därme, Schweinemagen oder Blasen gepreßt **(Preßsülze).**

Preßluft, ⚘ für → Druckluft.

Preßluft|atmer, frei tragbares → Atemschutzgerät, das den Träger aus Druckluftflaschen mit frischer Atemluft versorgt.

Preßmassen, ⚘ für härtbare → Formmassen.

Preßsintern, ein Sintern unter Druck. Thermoplastische, aber nicht spritzgießbare Kunststoffe, z. B. Polytetrafluoräthylen, werden als Pulver kalt in einer Form gepreßt und bei hoher Temperatur zu Halbzeug oder einfachen Formteilen gesintert.

Pretoria:
Church Square im Zentrum Pretorias mit dem Krüger-Denkmal

Preßspan, äußerst feste, dünne, gelbbraune, aus Hadern, Zellstoff und Papierabfällen gefertigte Pappe mit glänzender, glatter Oberfläche **(Glanzpappe);** dient u. a. als Isoliermaterial in der Elektroindustrie.

Pressure group [prˈeʃə gru:p] *die, -/-s,* urspr. amerikan. Bez. für eine organisierte Interessengruppe, die durch Beeinflussung der öffentl. Meinung und von Regierungsorganen (→ Lobby), Demonstrationen usw. Druck auf polit. Entscheidungsgremien auszuüben versucht; heute allg. Bez. für die in den westl. Industrieländern bestehenden Interessenverbände.

Preßwehen, Austreibungswehen (→ Geburt).

Prestige [prestˈi:ʒ, frz.] *das, -s,* Geltung, Ansehen.

presto [ital. ›schnell‹], ♪ sehr schnell (Zeitmaß). **prestissimo,** so schnell wie möglich.

Preston [prˈestən], Stadt in der engl. Cty. Lancashire, (1981) 143700 Ew.; VerwSitz der Cty., Teil der ›Neuen Stadt‹ Central Lancashire; Seehafen; Textilfabriken, Textilmaschinen-, Kessel-, Schiffs-, Fahrzeugbau u. a. Industrie.

Prestwich [prˈestwɪtʃ], Stadt in der engl. Metrop. Cty. Greater Manchester, (1981) 31200 Ew.; Textilindustrie.

Pretiosen [lat.] *Pl.,* Kostbarkeiten, Schmuck, Edelsteine.

Pretoria, Hptst. der Rep. Südafrika und der Prov. Transvaal (seit 1860), (1980) 528400 Ew.; Bahn- und Straßenknoten; Sitz eines kath. Erzbischofs und eines anglikan. Bischofs sowie der Südafrikan. Akademie für Wiss. und Kunst, 2 Univ., techn. Fachschulen u. a. Bildungseinrichtungen, Forschungsinstitute; Stahl- und Walzwerk, Auto-, elektrotechn., Nahrungs- und Genußmittel-, keram. u. a. Ind., Eisenbahnwerkstätten. – Die 1855 gegr. Stadt, nach dem Burenführer Andries Pretorius (* 1799, † 1853) benannt, hat schachbrettartigen Grundriß.

Preugo, Abk. für **Preußische Gebührenordnung für Ärzte,** 1924 erlassen, 1965 durch die → Gebührenordnung für Ärzte ersetzt.

Preuß, Hugo, Staatsrechtslehrer, * Berlin 28. 10. 1860, † ebd. 9. 10. 1925, entwarf die Verfassung der Weimarer Republik und war Februar bis Juni 1919 Reichsinnenminister.

Preussag AG, Hannover, Mehrbereichskonzern (v. a. Grundstoff-Ind., Dienstleistungssektor, Bau), gegr. 1923 vom preuß. Staat zur Übernahme der staatseigenen Montanbeteiligungen, seit 1959 privatisiert.

Preußen *Pl.,* **1)** ehem. balt. Volksstamm, → Prußen. **2)** die Einwohner des ehem. preuß. Staates, bes. seiner östl. Provinzen (Ost-, Westpreußen, Posen, Pommern, Brandenburg, Schlesien).

Preußen, 1) ehem. Hzgt., hervorgegangen aus dem Gebiet des → Deutschen Ordens, dessen Rest der Hochmeister Markgraf Albrecht von Brandenburg 1525 in ein weltl. prot. Hzgt. der Hohenzollern unter poln. Lehnshoheit verwandelte. Nach dem Tod seines geisteskranken Sohnes Albrecht Friedrich fiel das Hzgt. P. 1618 an Kurbrandenburg (→ Ostpreußen, Geschichte).

2) bis 1945 das größte Land des Dt. Reiches. (FARBTAFEL Deutsche Wappen und Flaggen)

Geschichte. Über die frühere Geschichte → Brandenburg, Geschichte.

1640–1713. Der Aufstieg des brandenburgisch-preuß. Staates begann mit dem Regierungsantritt des Großen Kurfürsten Friedrich Wilhelm. Im Westfäl. Frieden von 1648 erwarb er Hinterpommern (ohne die Odermündung), Halberstadt, Minden und die Anwartschaft auf Magdeburg, das ihm 1680 zufiel. Nach dem Nord. Krieg (1655–60) erlangte er im Frieden von Oliva die Souveränität im Hzgt. P. Vorpommern erhielt er trotz des Sieges 1675 bei Fehrbellin über die Schweden nicht. Voraussetzung für die selbständige Außenpolitik des Großen Kurfürsten war die Durchsetzung des Absolutismus gegenüber den Landständen. Mit der Zentralisierung der Verwaltung und der Schaffung eines stehenden Heeres als gesamtstaatl. Einrichtung legte er den Grund für den entstehenden Einheitsstaat. Seine Pläne führten zum Bau einer Kriegsflotte und zur Gründung einer Kolonie an der Goldküste. Die Aufnahme der hugenott. → Réfugiés (1685) förderte die gewerblich-industrielle Entwicklung. Der Nachfolger Friedrich III. erreichte auf Grund

Größe und Bevölkerung

Provinzen	Fläche[1]) km²	Ew. 1910 in 1000	Fläche[2]) km²	Ew. 1933 in 1000
Ostpreußen	37 047	2 064,2	36 992	2 333,3
Westpreußen	25 550	1 703,5		
Grenzmark Posen-Westpr.			7 715	337,6
Posen	28 987	2 099,8		
Pommern	30 130	1 716,9	30 208	1 920
Brandenburg	39 844	4 092,6	39 095	2 726,3
Berlin	63	2 071,3	884	4 242,5
Schlesien	40 330	5 226		
Niederschlesien			26 592	3 204
Oberschlesien			9 715	1 482,8
Sachsen	25 265	3 089,3	25 528	3 400,6
Schleswig-Holstein	19 018	1 621	15 684	1 420,3
Hannover	38 510	2 942,4	38 704	3 236,9
Westfalen	20 215	4 125,1	20 215	5 040
Hessen-Nassau	15 702	2 221	16 845	2 584,8
Rheinprovinz	26 998	7 121,1	24 477	7 690,3
Hohenzollern	1 142	71	1 142	73
Insgesamt (abgerundet)	**348 800**	**40 165**	**293 796**	**39 692**

[1]) Stand bis 1918. [2]) Stand 26. 1. 1937.

seiner Souveränität in P. (das außerhalb des Dt. Reiches lag) und durch seine Anlehnung an den Kaiser im Span. Erbfolgekrieg 1701 in Königsberg die Krönung als Friedrich I., König in Preußen.

1713–86. König Friedrich Wilhelm I., der ›Soldatenkönig‹, schuf in Heerwesen und Verwaltung die Grundlagen des preuß. Verwaltungs- und Militärstaats; der dem absoluten Fürstenstaat entsprechende Offiziersstand bildete nun den ersten Stand im Staat. Im Nord. Krieg gewann er 1720 Vorpommern (mit Stettin) bis zur Peene. Friedrich II., der Große, nutzte die moderne, schlagkräftige Armee zur Vergrößerung seines Staats. In den → Schlesischen Kriegen (1740–42, 1744/45) eroberte er im Bündnis mit Frankreich fast ganz Schlesien und die Gfsch. Glatz. Der ›Umsturz der Bündnisse‹, d. h. Friedrichs d. Gr. Westminster-Konvention mit Großbritannien (1756) und die Koalition Österreichs mit Frankreich und Rußland, führten zum → Siebenjährigen Krieg (1756–63); der Friede von Hubertusburg bestätigte den Besitz Schlesiens und die europ. Großmachtstellung P.s. Bei der ersten Teilung Polens erhielt P. 1772 Westpreußen (ohne Danzig), das Ermland und den Netzedistrikt; aus dem ›König in P.‹ wurde der ›König von P.‹. Der Ggs. zu Österreich beherrschte auch die spätere Außenpolitik Friedrichs (Bayer. Erbfolgekrieg 1778/79, Fürstenbund 1785). Im Innern führte er das Werk seines Vorgängers im Geist des ›aufgeklärten Absolutismus‹ fort. Eine großzügige Siedlungspolitik wurde betrieben (Urbarmachung des Oderbruchs), der Steinkohlenbergbau in Oberschlesien und an der Ruhr gefördert. Ein weiterer Ausbau des Heeres erfolgte. Die Reformen im Rechtswesen führten zur Schaffung des → Preußischen Allgemeinen Landrechts. Friedrich gewährleistete die volle Glaubens- und Gewissensfreiheit; als ›Philosoph von Sanssouci‹ war er selbst der Mittelpunkt eines auserlesenen Kreises der europ. Aufklärung. Durch seine Persönlichkeit und seine Leistungen erwachte in P. eine eigene Staatsgesinnung.

1786–1815. Unter Friedrich Wilhelm II. und Friedrich Wilhelm III. verfiel der preuß. Staat der inneren Erstarrung. Im Bund mit Österreich führte er den Ersten Koalitionskrieg gegen Frankreich (→ Französische Revolutionskriege), zog sich aber 1795 im Baseler Frieden aus dem Krieg zurück, da er durch die poln. Frage in Anspruch genommen war. 1793 und 1795 kamen außer Danzig und Thorn auch weite, vorwiegend polnisch und litauisch besiedelte Gebiete bis nach Warschau an P. Die Neutralitätspolitik wurde zunächst fortgesetzt. Erst 1806 wurde P. in die → Napoleonischen Kriege verwickelt. Die Niederlagen bei Jena und Auerstedt führten zum Zusammenbruch. Im Tilsiter Frieden von 1807 verlor P. alle westelb. und poln. Besitzungen, die Hälfte des Staatsgebiets, und wurde überdies wirtschaftlich und finanziell schwer belastet. Doch nun setzte eine innere Erneuerung des preuß. Staates ein. Führende Männer der Reform waren v. a. K. Frhr. vom Stein, K. A. Fürst v. Hardenberg, G. v. Scharnhorst, A. N. v. Gneisenau, H. v. Boyen, W. v. Humboldt (1810 Gründung der Univ. Berlin); eng verbunden mit den Bestrebungen der Reformzeit waren J. G. Fichte, F. E. D. Schleiermacher, B. G. Niebuhr. Freiherr vom Stein als leitender Minister hob im Herbst 1807 die bäuerl. Erbuntertänigkeit auf und verlieh durch die Städteordnung von 1808 den Stadtgem. die Selbstverwaltung. Scharnhorst begann, Boyen beendete die Neuordnung des Heeres auf Grund der allg. Wehrpflicht. Fürst von Hardenberg, 1810 zum Staatskanzler berufen, führte die inneren Reformen fort (Bauernbefreiung, Gewerbefreiheit, Judenemanzipation). Im Frühjahr 1813 erhob sich P. unter der Führung Blüchers und Gneisenaus in den → Freiheitskriegen gegen die Napoleon. Fremdherrschaft (→ Yorck von Wartenburg). Durch den Wiener Kongreß von 1814/15 wurde P. als Großmacht wiederhergestellt; es erhielt die Prov. Posen zurück, ferner die nördl. Hälfte Sachsens, den Rest Vorpommerns, Westfalen und das Rheinland, mit dessen Besitz es die Sicherung der dt. Westgrenze übernahm.

1815–71. Im Dt. Bund überließ P. dem von Metternich gelenkten Österreich die Führung und teilte dessen reaktionäre Politik gegen nationale und liberale Bestrebungen (›Demagogenverfolgungen‹). Hardenbergs Versuch, eine konstitutionelle Verf. einzuführen, scheiterte. Wirtschaftspolitisch wurde jedoch eine liberale Linie durchgehalten. 1828–34 gründete P. den Dt. Zollverein, der auf wirtschaftl. Gebiet die dt. Einigung vorbereitete. Die günstigen Auswirkungen der Agrarreformen und z. T. auch des gewerbl. Ausbaus führten zu einem unvorhergesehenen starken Bevölkerungsanstieg, der eine Grundlage der preuß. Großmachtbildung wurde (z. B. hinsichtlich der Heeresstärke). Unter dem konservativen Friedrich Wilhelm IV. verschärfte sich der Ggs. zum bürgerl. Liberalismus. 1848 brach in Berlin die Revolution (›Märzrevolution‹) aus; sie führte dazu, daß der König liberale Minister berief und eine preuß. Nationalversammlung wählen ließ. Doch im Nov. 1848 leitete er einen konservativen Umschwung ein. Die preuß. Nationalversammlung wurde aufgelöst; der König lehnte im Frühjahr 1849 auch die Kaiserkrone ab, die ihm die kleindt. Mehrheit der → Frankfurter Nationalversammlung antrug. Am 31. 1. 1850 kam eine konservative Verf. zustande; der preuß. Landtag setzte sich aus dem nach dem → Dreiklassenwahlrecht gewählten Abgeordnetenhaus und dem 1854 eingerichteten Herrenhaus zusammen. In der dt. Frage unternahm J. M. v. Radowitz als Vertrauter des Königs im Sommer 1849 noch den Versuch, eine von P. geführten kleindt. Bundesstaat ohne Österreich zu schaffen, aber P. mußte in der Olmützer Punktation vom Nov. 1850 unter dem Druck Rußlands darauf verzichten. Danach herrschte unter dem Ministerium Manteuffel die schroffste Reaktion.

Als 1858 Wilhelm I. als Prinzregent Friedrich Wilhelm IV. ablöste, brachte die ›Neue Ära‹ zunächst eine Annäherung an die gemäßigten Liberalen. Aber die liberale Mehrheit des Abgeordnetenhauses trat der Heeresreform Wilhelms I. und seines Kriegsministers Roon entgegen. Dieser ›Verfassungskonflikt‹ wurde zum Machtkampf zw. Krone und Parlament, den Bismarck (seit Herbst 1862 MinPräs. und Außen-Min.) mit aller Entschiedenheit führte. Außenpolitisch lehnte sich P. eng an Rußland an, dem es im poln. Aufstand 1863 Unterstützung anbot. Nach dem Krieg gegen Dänemark 1864 fühlte sich Bismarck zur kleindt. Lösung gedrängt. Nach dem Sieg über Österreich im → Deutschen Krieg von 1866 wurden Schleswig-Holstein, Hannover, Hessen-Kassel, Nassau und Frankfurt a. M. dem preuß. Staat einverleibt; der Dt. Bund wurde aufgelöst, P. gründete den → Norddeutschen Bund. Nach Beendigung des Verfassungskonflikts (1866) verbündete sich Bismarck mit den Nationalliberalen, eine wesentl. Voraussetzung für die Reichsgründung, die durch den → Deutsch-Französischen Krieg von 1870/71 abgeschlossen wurde.

1871–1918. Die Vorrangstellung P.s im Dt. Reich kam neben dem wirtschaftl. Übergewicht auch darin zum Ausdruck, daß der Reichskanzler zugleich preuß. Außen-Min. und fast immer preuß. MinPräs. war. Umgekehrt mußte ein großer Teil der preuß. Eigenstaatlichkeit zugunsten des Reichs aufgegeben werden; neben der Außenpolitik wurden auch Marine, Kolonialpolitik und finanziell das Heer eine Sache des Reichs, ebenso wesentl. Gebiete der Wirtschafts- und Sozialpolitik. Innerpreuß. Auseinandersetzungen betrafen das ganze Reich, so der → Kulturkampf nach 1871 und die Ostmarkenpolitik. Die preuß. Gesch. verband sich daher fortan

Die brandenburgischen Kurfürsten und (seit 1701) preußischen Könige aus dem Hause Hohenzollern

Friedrich I.	1415–40	Joachim Friedrich	1598–1608	Friedrich II., der Große	1740–86
Friedrich II.	1440–70	Johann Sigismund	1608–19	Friedrich Wilhelm II.	1786–97
Albrecht Achilles	1470–86	Georg Wilhelm	1619–40	Friedrich Wilhelm III.	1797–1840
Johann Cicero	1486–99	Friedrich Wilhelm,		Friedrich Wilhelm IV.	1840–61
Joachim I.	1499–1535	der Große Kurfürst	1640–88	Wilhelm I.	1861–88
Joachim II.	1535–71	Friedrich III. (als König: F. I.)	1688–1713	Friedrich III.	1888
Johann Georg	1571–98	Friedrich Wilhelm I.	1713–40	Wilhelm II.	1888–1918

mit der dt. Gesch. Ein spezifisch preuß. Problem war hingegen die Stellung des Adels der preuß. Ostprovinzen. Er stand der nationalliberalen Reichsgründung ablehnend gegenüber, wuchs aber in die neuen Verhältnisse hinein, bes. seit Bismarck 1879 die Wende vom Freihandel zum Schutzzoll vollzog und sich von den Nationalliberalen abwandte. Seit 1880 waren die Konservativen infolge des Dreiklassenwahlrechts die ausschlaggebende Partei des Abgeordnetenhauses, während im Reichstag durch das allgemeine, gleiche und unmittelbare Wahlrecht neben der Zentrumspartei die Sozialdemokratie immer stärker wurde. Als Vorkämpfer der ostelb. Landwirtschaft wandten sich nach Bismarcks Sturz (1890) die preuß. Konservativen scharf gegen L. v. Caprivis Herabsetzung der Getreideschutzzölle und gegen den Plan des Mittellandkanals (1899). Mit dem Ansiedlungsges. von 1886 setzte eine entschiedenere Ostmarkenpolitik ein (→ Posen). Finanzminister J. v. Miquel verwirklichte 1891 eine Steuerreform. In den letzten Jahren vor dem 1. Weltkrieg bekämpften die Linksparteien heftig das preuß. Dreiklassenwahlrecht. Aber die Wahlrechtsreform wurde durch konservativen Widerstand verzögert, bis die → Novemberrevolution 1918 die Monarchie beendete.

1918–47. Durch die Verf. vom 30. 11. 1920 wurde P. zum Freistaat mit demokratisch-parlamentar. Verf. Von den Gebietsabtretungen infolge des → Versailler Vertrags wurde P. stark betroffen, blieb aber das größte Land des Dt. Reichs. Seit 1920 war meist der Sozialdemokrat O. Braun MinPräs., während die Reichsregierungen überwiegend von den bürgerl. Mittelparteien getragen wurden. Daneben übte der Sozialdemokrat C. Severing als Innen-Min. großen Einfluß aus. Die Reg. Braun-Severing blieb auch nach der Landtagswahl vom April 1932, durch die sie ihre knappe Mehrheit verlor, zunächst im Amt. Am 20. 7. 1932 wurde sie durch den zum Reichskommissar für P. ernannten Reichskanzler F. v. Papen abgesetzt. Im April 1933 wurde H. Göring von Hitler zum preuß. Innen-Min., bald darauf auch zum MinPräs., ernannt. P. unterlag wie die anderen Länder der Gleichschaltung durch den Nationalsozialismus. Während 1929 Waldeck preußisch geworden war, kamen durch Gebietsaustausch 1937 Geesthacht, Cuxhaven und 6 hamburg. Gem., Stadt und Land Lübeck an P.; die Städte Altona, Wandsbek, Harburg-Wilhelmsburg und 29 Gem. wurden an Hamburg, ferner Wilhelmshaven an Oldenburg abgetreten. Auch mit Mecklenburg fand ein kleiner Gebietsaustausch statt. Nachdem durch den Zusammenbruch 1945 der preuß. Staat faktisch aufgehört hatte zu bestehen, erklärte das Kontrollratsges. v. 25. 2. 1947 P. für aufgelöst.

Das preuß. Staatsvermögen ist in der Bundesrep. Dtl. auf die Nachfolgeländer übergegangen; die Kulturgüter des ehemaligen preuß. Staates sind in der → Stiftung Preußischer Kulturbesitz vereinigt. In der Dt. Dem. Rep. und in den Ostgebieten unter poln. und sowjet. Verwaltung ist das preuß. Vermögen im Besitz des jeweiligen Staates.

Preußischblau, das → Berliner Blau.

Preußische Elektrizitäts-AG, Abk. **Preußen|elektra,** Hannover, Konzern der westdt. Elektrizitätswirtschaft; gegr. 1927; Großaktionär: VEBAG.

Preußischer Landrücken, Masurischer Landrücken, Teil des → Baltischen Landrückens zw. Memel und Weichsel mit Seesker Höhe (309 m) und Kernsdorfer Höhe (313 m).

Preußisches Allgemeines Landrecht, Allgemeines Landrecht für die preußischen Staaten, Abk. **ALR,** die von Friedrich d. Gr. angeordnete, von J. H. v. → Carmer und C. G. → Svarez bearbeitete Zusammenfassung des Staats-, Stände-, Lehn-, Kirchen-, Straf- und Privatrechts. Nicht aufgenommen sind Verwaltungs-, Prozeß- und Militärrecht. Das ALR trat unter Friedrich Wilhelm II. am 1. 6. 1794 in Kraft. Es beruht auf dem römisch-gemeinen Recht, bildete dieses aber unter naturrechtl. Einfluß vielfach in deutschrechtl. Sinne fort. Es galt im wesentlichen nur in den altpreuß. Provinzen und erlosch bis auf wenige Bestimmungen mit Inkrafttreten des BGB (1. 1. 1900).

Preußische Staatsbank (Seehandlung), rechtfähige Anstalt des öffentl. Rechts, Sitz: Berlin (West); 1772 von Friedrich d. Gr. als **See-Handlungs-Gesellschaft** in Berlin gegr., um mit eigener Flotte unter preuß. Flagge Handel zu treiben; seit 1820 selbständiges Geld- und Handelsinstitut des Staates. Die P. S. nahm die Interessen des preuß. Staates auf dem Kapital- und Geldmarkt wahr und betrieb reguläre Bankgeschäfte. 1950 wurde sie zur Abwicklung der Verpflichtungen im Bundesgebiet anerkannt (Sitz bis 1960 Hamburg); jetzt ruhende Altbank.

Preußische Staatsbibliothek, 1918–45 Name der 1661 als ›Churfürstl. Bibliothek zu Cölln an der Spree‹ in Berlin eröffneten Bibliothek (1701–1918 ›Königliche Bibliothek‹). Sie entwickelte sich im 19. Jh. zur größten dt. Bibliothek. 1909 wurde der Neubau (von E. von Ihne) Unter den Linden bezogen. Das im 2. Weltkrieg schwer beschädigte Gebäude wurde wiederhergestellt. Von den ausgelagerten Beständen kam nach 1945 ein erheblicher Teil nach Marburg, wo er in der ›Westdeutschen Bibliothek‹ treuhänderisch verwaltet wurde. Als ›Staatsbibliothek der Stiftung Preußischer Kulturbesitz‹ wurden diese Bestände seit 1964 nach Berlin (West) übergeführt, seit 1978 im neuen Gebäude (nach Entwurf von H. B. Scharoun). Die in Berlin (Ost) verbliebene P. S. wurde 1945 in ›Öffentliche Wissenschaftliche Bibliothek‹, 1955 in ›Dt. Staatsbibliothek‹ umbenannt.

Preußisch Eylau, russ. **Bagrationowsk,** Stadt in Ostpreußen, Gebiet Kaliningrad (Königsberg/Pr.), mit (1968) 4300 (1939: 7500) Ew. Über die Schlacht bei P. E. → Napoleonische Kriege.

Preußisch Holland, poln. **Pasłęk** [p'asłɛŋk], Stadt in der poln. Wwschaft Elbląg (Elbing), (1975) 8100 Ew., ehem. Krst. in Ostpreußen. P. H., von niederländ. Einwanderern gegr., erhielt 1297 Stadtrecht; Ordensburg (14.–16. Jh.; heute z. T. Ruine) und Stadt bildeten eine starke Festung.

Preußisch Oldendorf, Stadt im Kr. Minden-Lübbecke, NRW, (1984) 10000 Ew., Luftkurort; holzverarbeitende, Textil-, Metall-, Nahrungsmittel-Ind.; Pfarrkirche (1492–1510).

Preußisch Stargard, poln. **Starogard Gdański** [-gd'aiski], Stadt in der poln. Wwschaft Gdańsk (Danzig), (1979) 42000 Ew.; Holz- und chem. Ind. – P. S., seit 1348 Stadt, gehörte 1772–1920 zur preuß. Provinz Westpreußen.

Preußler, Otfried, Schriftst., * Reichenberg (Böhmen) 20. 10. 1923, schreibt Kinderbücher (›Der kleine Wassermann‹, 1956; ›Die kleine Hexe‹, 1957; ›Der Räuber Hotzenplotz‹, 1963). – Roman: ›Die Flucht nach Ägypten‹ (1979).

Prevelakis, Pantelis, ngrch. Schriftst., * Rethymnon (Kreta) 18. 2. 1909, behandelt v. a. Themen aus dem kret. Leben.

HW: Trilogie (Der Kreter): Der Baum (1948), Die erste Freiheit (1949), Die Stadt (1950); Trilogie: Die Sonne des Todes (1959), Das Haupt der Medusa (1963), Das Brot der Engel (1966); Der Engel im Brunnen (1970). – Gedichte, Dramen, Essays.

Jacques Prévert

Prévert [prev'ɛ:r], Jacques, frz. Schriftst., * Neuilly-sur-Seine 4. 2. 1900, † Omonville-la-Petite (Manche) 11. 4. 1977, urspr. Surrealist. Mit seiner Lyrik in Alltagssprache ist er ein Dichter des fröhlichen Absurden. P. schrieb auch Drehbücher zu Filmen von M. Carné (›Hafen im Nebel‹, 1938; ›Kinder des Olymp‹, 1943–45).

HW: Gedichte und Chansons (1946); Spectacles (1951); Wenn es Frühling wird in Paris (1955).

Prevesa, Prewesa, Hptst. des Nomos P., in Epirus, Griechenland, (1981) 13600 Ew.; orthodoxer Bischofssitz; Hafen.

Prevorst, Ortsteil von Oberstenfeld, Kr. Ludwigsburg, Bad.-Württ.; Geburtsort der durch J. Kerner als ›Seherin von Prevorst‹ bekannt gewordenen Friederike Hauffe.

Prévost [prev'o], Marcel, eigtl. Eugène **Marcel** [mars'ɛl], frz. Schriftst., * Paris 1. 5. 1862, † Vianne (Dép. Lot-et-Garonne) 8. 4. 1941, schrieb psycholog. Romane (›Halbe Unschuld‹, 1894; ›Starke Frauen‹, 1900).

Antoine-François Prévost d'Exiles

Prévost d'Exiles [prev'o dɛgz'il], Antoine-François, genannt **L'abbé Prévost** [lab'e-], frz. Schriftst., * Hesdin (Dép. Pas-de-Calais) 1. 4. 1697, † Courteuil bei Chantilly 23. 11. 1763, war Jesuitenschüler, Soldat, Benediktiner, entfloh dem Orden (1728), als die ersten 4 Bände seiner ›Mémoires et adventures d'un homme de qualité‹ (1728–31) erschienen waren, und führte ein Abenteuerleben; nach Aussöhnung mit der Kirche wurde er 1735 Weltgeistlicher. Der letzte (siebente) Band der ›Mémoires‹ enthält die ›Histoire du chevalier Des Grieux et de Manon Lescaut‹, ein Meisterwerk frz. Erzählkunst und des psycholog. Romans. Durch seine Übersetzungen der Romane S. Richardsons trug er zur Verbreitung der engl. empfindsamen Literatur in Frankreich bei.

Prey, Hermann, Opern- und Konzertsänger (lyrischer Bariton), * Berlin 11. 7. 1929.

Preysing-Lichtenegg-Moos, Konrad Graf von, Kardinal (1946), * Kronwinkl bei Landshut 30. 8. 1880, † Berlin 21. 12. 1950, 1935 Bischof von Berlin, war führend im Widerstand der Kath. Kirche gegen die nationalsozialistische Kirchenpolitik.

Prez, Josquin des P. [ʒɔsk'ɛ̃ depr'e], franko-niederländ. Komponist, → Josquin Desprez.

preziös [frz.], **1)** geziert. **2)** ☙ kostbar. *die* **Preziosität,** -, frz. **Préciosité** [presjɔzit'e], Gekünsteltheit, Geziertheit; als literar. Bewegung um 1650 in Pariser Salons entstanden, → Précieuses.

Priamel [aus lat. praeambulum ›umständliche Vorrede‹] *die, -/-n,* auch *das, -s/-,* oft scherz- und lehrhafter Spruch, bei dem mehrere Vordersätze in einem Nachsatz auslaufen, der den Spruch wie mit einer epigrammatischen Spitze abschließt; als literarische Gattung in Deutschland besonders im 15. Jh.

Priamos, lat. **Priamus,** grch. Mythos: König von Troja, Gemahl der Hekabe; Vater von 50 Söhnen, darunter Hektor und Paris, und mehreren Töchtern, u. a. Kassandra. Bei der Eroberung Trojas wurde P. erschlagen.

Priapismus [zu Priapus] *der, -,* abnorm lang anhaltende, oft schmerzhafte Erektion des Penis ohne geschlechtl. Erregung; meist Zeichen einer ernsten Erkrankung.

Priapswürmer, Priapulida [zu Priapus], artenarme Tiergruppe im Schlick oder Weichgrund der nördl. Meere mit warzenförm. Körper, vorstülpbarem, hakenbesetztem Rüssel; ohne sekundäre Leibeshöhle.

John Priestley

Priapus, grch. **Priapos**, Fruchtbarkeitsgott vorgrch. Herkunft, dessen Kult sich seit dem 3. Jh. v. Chr. über die grch. und bald auch über die röm. Welt verbreitete. Er wurde mit übergroßem Zeugungsglied und oft mit Früchten dargestellt. Seine bes. in Gärten aufgestellten hölzernen Abbilder wurden gern mit witzig-obszönen Aufschriften **(Priapea)** versehen. **priapisch, priapeisch, 1)** zu P. gehörig. **2)** ꝏ unzüchtig, zotig.

Příbram [prʃ'i:bram], Stadt im Mittelböhm. Kr., ČSSR, (1980) 36000 Ew.; Erzabbau (Blei, Zink) und -verarbeitung; Maschinenbau, elektrotechn. Industrie.

Price [praɪs], **1)** Leontyne, amerikan. Opern- und Konzertsängerin (Sopran), * Laurel (Miss.) 10. 2. 1927.

2) Margaret, brit. Sängerin (Sopran), * Tredegar (Wales) 13. 4. 1941, trat als Mozart-Interpretin hervor.

Pricke [vgl. pricken] *die, -/-n, nd.:* **1)** svw. **Bricke**, → Neunaugen. **2)** ⚓ dünner Baum oder Ast als Schiffahrtszeichen zur Fahrwassermarkierung.

prickeln [zu pricken]. *es* **prickelt, 1)** juckt wie mit feinen Stichen: *Kohlensäure prickelt im Munde.* **2)** Ü erregt, reizt: *der prickelnde Reiz des Neuen. Adj.* **prick(e)lig.**

pricken [von nd. Prick ›Stachel‹]. *ich* **pricke** *es, nd.:* **1)** steche, bohre aus. **2)** bezeichne, stecke ab. **3)** ⚓ versehe das Fahrwasser mit Seezeichen.

Priel [nd.] *der, -(e)s/-e,* **Piep, Ley,** verzweigte Rinne im Wattenmeer, in der bei Flut das Wasser zu-, bei Ebbe mit starker Saugwirkung abgeführt wird; die P. können auch bei Niedrigwasser noch Wasser führen. Schiffbare P. heißen **Balje.**

Priel, 2 Gipfel in OÖ; der **Große P.** ist mit 2514 m die höchste Erhebung des → Toten Gebirges; der **Kleine P.** ist 2134 m hoch.

Priem [aus niederländ. ›Pflaume‹] *der, -(e)s/-e,* Stück Kautabak. *ich* **prieme,** kaue Tabak.

Prien, Günther, Korvettenkapitän, * Osterfeld 16. 1. 1908, † Nordatlantik 8. 3. 1941, versenkte mit seinem U-Boot 1939 das brit. Schlachtschiff ›Royal Oak‹ in der Bucht von Scapa Flow.

Prien am Chiemsee, Markt, Luft- und Kneippkurort im Kr. Rosenheim, Oberbayern, 532 m ü. M., (1984) 9100 Ew.; Kirche Maria Himmelfahrt (1472; 1735-40 umgebaut; Stuck und Fresken von J. B. Zimmermann).

Priene, antike Stadt im westl. Kleinasien, urspr. gegenüber Milet am Latmischen Meerbusen gelegen, später durch das Schwemmland des Mäander vom Meer getrennt. Die 1895-98 durch dt. Ausgrabungen freigelegte Ruinenstadt (Mitte des 4. Jh. v. Chr. neu gegr., im 13. Jh. n. Chr. verödet) mit rechtwinkligem Straßennetz steigt in Terrassen am Bergabhang auf (Theater, Athena-Tempel).

Prießnitz, Vincenz, Naturheilkundler, * Gräfenberg bei Freiwaldau 4. 10. 1799, † ebd. 28. 11. 1851, Landwirt, wandte kaltes Wasser in versch. Krankheitsfällen an **(Prießnitzumschlag,** feuchte Packung, mit Wollstoff bedeckt); einer der Begründer der → Naturheilkunde.

Priester [aus grch. presbyteros ›der Ältere‹] *der, -s/-,* der Bevollmächtigte und Stellvertreter einer kult. Gemeinschaft bei Gebet und Opfer, häufig auch der Mittler zur Gottheit. In der Frühzeit wird ihm eine besondere Kraftbegabung zugesprochen, die ihn zu den Sakralhandlungen befähigt. Zuweilen läßt sich seine Funktion nur schwer von der des Mantikers, Zauberers und Medizinmanns unterscheiden; kennzeichnend für ihn ist stets die Aufgabe des Opfers. Das Priestertum kann erblich sein oder durch Handauflegung, Weihen u. a. übertragen werden. Meist bilden die P. eine in sich geschlossene und abgestufte Hierarchie.

In Babylon war der P. mit dem König identisch und verwaltete den der Gottheit gehörenden Grund und Boden. Später war die Befähigung zum P.-Amt bestimmten Familien vorbehalten. Unterschieden wurden Kultsänger, Opferschauer und Beschwörungs-P. Im alten Ägypten übten die P. ihr Amt in Stellvertretung des Königs. Ein besonderer P.-Stand bildete sich im Alten Reich aus. Seit der Ramessidenzeit zogen dann einflußreiche Familien immer mehr die reich ausgestatteten Ämter an sich. Um die Jahrtausendwende errichteten die Hohen-P. von Theben sogar eine Art Teilkönigtum über Oberägypten. Im grch. wie im röm. Kult wurden dem P. z. T. übersinnl. Kräfte zugeschrieben, die ihn zur Deutung von Vorzeichen und ekstat. Weissagung befähigten, er übte jedoch kein besonderes Lehramt aus. - Das jüd. Priestertum bildete sich im 7. Jh. v. Chr., es verlor seine Bedeutung mit dem Ende des Tempelkults (70 n. Chr.).

In der Kath. Kirche ist der P. ein Kleriker, der nach dem Studium der Theologie und der prakt. Ausbildung im Priesterseminar die Priesterweihe (→ Weihe) empfangen hat. Die evang. Kirchen kennen keinen P.-Stand (→ Priestertum der Gläubigen).

Priesterschrift, Priesterkodex, die jüngste Quellenschrift des → Pentateuch (6.-5. Jh. v. Chr.), enthält überwiegend priesterl. Traditionen. Die Geschichtsdarstellung der P. reicht von der Erschaffung der Welt bis zum Tod des Moses.

Priestertum der Gläubigen, die bes. nach evang. Lehre allen Gläubigen zukommende Aufgabe, das durch den Kreuzestod Jesu allen Menschen zugedachte Heil in Wort und Tat zu verkünden. Grundsätzlich wird damit eine Unterscheidung von Klerus und Laien abgelehnt, in der geschichtl. Entwicklung hat sich jedoch in den Reformationskirchen ein besonderes geistl. Amt herausgebildet, das aber nicht durch die Weihe als besonderer kirchlicher Stand konstituiert ist.

Priesterweihe, → Weihe.

Priestley [pr'i:stlɪ], **1)** John Boynton, engl. Schriftst., * Bradford 13. 9. 1894, † Stratford-upon-Avon 14. 8. 1984, schrieb an Dickens erinnernde Romane; neigt in seinen Dramen zur Gesellschaftskritik, ging hier aber auch häufig von der Problematik des Zeitablaufs aus (›Die Zeit und die Conways‹, 1937; ›Ein Inspektor kommt‹, 1945).

WW: *Romane:* Die guten Gefährten (1929); Engelgasse (1930) u. a. *Dramen:* Gefährliche Kurven (1932); Familie Prof. Linden (1948); Schafft den Narren fort! (1956).

2) Joseph, engl. Philosoph, Theologe und Naturforscher, * Fieldhead bei Leeds 13. 3. 1733, † Northumberland (Pa.) 6. 2. 1804, war Prediger in Dissentergemeinden, emigrierte 1794 nach Amerika. P. suchte die Assoziationspsychologie physiologisch zu begründen. Er entdeckte u. a. Sauerstoff (1774), Ammoniak, Chlorwasserstoff, Kohlenoxid.

Prignitz *die,* **Priegnitz,** waldarme Landschaft in der früheren Mark Brandenburg, von zahlreichen vermoorten Rinnen durchzogene, flachwellige Grundmoränenplatte. Hauptorte: Perleberg, Kyritz, Wittenberge, Pritzwalk.

Prigogine [prigɔʒ'i:n], Ilya, belg. Physikochemiker, * Moskau 25. 1. 1917; 1977 Nobelpreis für Chemie für Untersuchungen zur irreversiblen Thermodynamik und zu dissipativen Strukturen (ungleichgewichtige Systeme, v. a. in der belebten Natur).

Přihoda [prʃ'ihɔda], Váša, tschech. Geiger, * Vodňany (Böhmen) 22. 8. 1900, † Wien 26. 7. 1960.

Prilep, Stadt in Makedonien, Jugoslawien, (1981) 63600 Ew.; Handelszentrum, Mittelpunkt der Tabakverarbeitung.

Prim [vgl. Prima] *die, -/-en,* **1)** Kath. Kirche: im Stundengebet Gebetszeit zur Eröffnung der tägl. Arbeit; entfällt seit 1964. **2)** Fechten: Einladung, bei der die Blöße senkrecht vom Kopf nach unten führt (BILD Fechten). **3)** ♪ → Prime.

Prima [lat. ›die Erste‹] *die, -/...men,* **1)** ꝏ im Schulwesen Bez. für die 12. und 13. Klasse (8. und 9. Klasse der Gymnasien; **Unter-P.** und **Ober-P.**); in Österreich die unterste Klasse. **2)** Klassenbeste. **prima,** *nicht flektierbar,* U **1)** ꝏ Ia, erste Güte, feinste Qualität. **2)** hervorragend, erstklassig. *der* **Primaner,** *-s/-,* ꝏ Schüler der P.

Primaballerina [ital.], erste Solotänzerin.

Primadonna [ital.], erste Sängerin.

Primage [prim'a:ʒ(ə), frz.] *die, -/-n,* Frachtanteil oder -zuschlag, der dem Kapitän gewährt wird.

Primamalerei, einschichtige Maltechnik ohne Untermalung.

primär [lat.], **1)** ursprünglich, anfänglich; unmittelbar entstanden. **2)** ⚗ Abk. **prim.** In **p. Salzen** ist nur ein Wasserstoffatom einer mehrbasigen Säure durch Metall ersetzt. **Primäraffekt,** → Syphilis. **Primärharn,** → Niere. **Primärherd, Primärinfekt,** ⚕ der bei Erstinfektion mit einem sich später ausbreitenden Erreger an der Eintrittspforte in den Organismus entstehende örtl. Gewebsvorgang. **Primärkomplex,** → Tuberkulose. **Primärstadium,** das erste Stadium einer Krankheit. **Primärtumor,** Erstgeschwulst, im Unterschied zur Tochtergeschwulst oder Metastase.

Primar|arzt, Primarius *der, -/...ri|en,* in Österreich leitender Arzt einer selbständigen Krankenhausabteilung.

Primär|elemente, die → galvanischen Elemente.

Primär|energie, Energieinhalt der natürl. Energieträger, z. B. Kohle, Erdöl, Erdgas, Wasserkraft und Uran (als Ausgangsstoff für Kernspaltung). Aus P. durch Umwandlung gewonnene Wärme, mechan. Arbeit oder elektr. Energie werden als **Sekundärenergie** bezeichnet.

primärer Sektor, einer der → Wirtschaftssektoren.

Primärgruppe, engl. **primary group** [pr'aɪmərɪ gru:p], von dem amerikan. Soziologen C. H. Cooley geprägter Begriff: Kleingruppe (z. B. Familie, Nachbarschaft, Freundschaftsgruppe, Bürgerinitiativen), die zu den Grundgebilden des sozialen Lebens zählt und durch bes. starken Zusammenhalt der Mitgl. gekennzeichnet ist, im Unterschied zu den größeren, weniger überschaubaren und lockerer gefügten **Sekundärgruppen,** z. B. Belegschaften großer Betriebe. (→ Gruppe)

Primärliteratur, der dichterische Text, die Dichtung selbst im Unterschied zur → Sekundärliteratur.

Primarschule, früher → Volksschule, heute allg. die allen Schülern gemeinsame Eingangsstufe des Pflichtschulbereichs **(Primarbereich, Primarstufe),** an die sich die → Sekundarschulen anschließen. Ihre Dauer ist unterschiedlich: Sie beträgt in der Bundesrep. Dtl. meist 4 Jahre, als Unterstufe in der Dt. Dem. Rep. 3 Jahre. In Österreich dauert die Unterstufe der Volksschulen 4 Jahre. In der Schweiz bestehen Unterschiede von Kanton zu Kanton (→ Schweiz, Bildung).

Primärstruktur, ⟲ Makromolekülen zugrunde liegende Sequenz der Monomeren, bes. die Sequenz der Aminosäuren.

Primärwicklung, Wicklung bei Induktionsmaschinen und Transformatoren, die Leistung aufnimmt.

Primary [prˈaɪmərɪ] *die, -/...ries,* in den Einzelstaaten der USA die Abstimmung innerhalb einer Partei zur Aufstellung der Kandidaten für öffentl. Ämter und Parlamentssitze. In vielen Einzelstaaten werden auch die Delegierten zu den nationalen Parteikonventen, denen die Nominierung des Präsidentschaftskandidaten obliegt, durch P. bestimmt. Es gibt 2 Grundtypen der P.: die ›open‹ (offene) P. (der Abstimmende braucht keine Parteiangehörigkeit nachzuweisen) und die ›closed‹ (geschlossene) P. (nur Anhänger und Mitgl. der Partei sind abstimmungsberechtigt).

Primärzellen, galvan. Elemente (→Batterie), deren elektrochem. Reaktionen nur in einer Richtung ablaufen.

Primas [von lat. primus ›der Erste‹] *der, -/-se,* **1)** *Pl.* auch *...m'aten,* Kath. Kirche: die hierarch. Mittelstufe zw. →Patriarch und →Metropolit. Dem P. steht gegenüber den Bischöfen seines Landes ein (allerdings gesamtkirchlich nicht überall anerkanntes) Vorrecht zu. Oft ist P. nur noch ein Ehrentitel; so ist der Papst P. von Italien. Nichtoffiziell werden P. genannt: die Erzbischöfe von Salzburg, Mecheln, Prag, Gnesen-Warschau, Toledo, Gran. **2)** der Generalobere im Benediktinerorden: **Abtprimas. 3)** [prˈi-maʃ, ungar.], ♪ Vorgeiger einer Zigeunerkapelle (Zigeunerprimas).

Primat [lat.] *der* oder *das, -(e)s/-e,* **1)** Vorrang, Vorzug. **2)** Kath. Kirche: der Vorrang (Universalepiskopat) des Bischofs von Rom (Papst) als des Stellvertreters Christi und Nachfolgers Petri (Papalsystem), bes. die oberste Rechts- und Lehrgewalt des Papstes, zugleich seine Unfehlbarkeit in Glaubens- und Sittenfragen.

Primaten [lat.], *Sg. der* **Primat,** *-en,* **Primates, Herrentiere,** Ordn. der Säugetiere mit den Unterordn. Halbaffen und Affen, schließen im zoolog. System neben den tier. P. die Menschen ein. *die* **Primatologie,** -, Lehre von den P.

Primaticcio [-tˈittʃo], Francesco, ital. Maler und Baumeister, * Bologna 30. 4. 1505, † Paris 1570, neben G. B. Rosso der Führer der Schule von Fontainebleau, die den Manierismus in Frankreich zu einem höfischen Stil von dekorativer Eleganz entwickelte.

prima vista [ital.], **1)** auf den ersten Blick, bei erster Überlegung. **2)** ♪ vom Blatt zu spielen.

Prime [lat.] *die, -/-n,* **1)** Signatur auf der ersten Seite eines Druckbogens. **2)** ♪ **Prim,** die erste Stufe, der Ausgangs- und

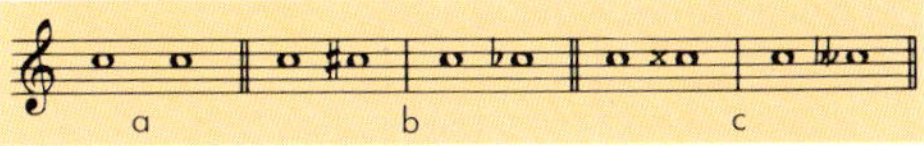

Prime 2): a reine, b übermäßige, c doppelt übermäßige P.

Grundton einer Tonleiter oder eines Akkords. Bei der P. als Intervall unterscheidet man **reine P.** (Einklang, c-c), **übermäßige P.** (c-cis, c-ces) und **doppelt übermäßige P.** (c-cisis, c-ceses).

Primel [von prima ›die Erste‹, wegen der frühen Blüte] *die, -/-n,* **Primula,** die →Schlüsselblume.

Primelkrankheit, Überempfindlichkeit (→Allergie) gegen das Sekret der Drüsenhärchen der Becherprimel, ruft Nesselsucht, Ekzem, asthmaähnliche Erkrankungen hervor. – Behandlung: antiallergische Mittel.

Prime Minister [praɪm mˈɪnɪstə, engl.], **Premierminister** [prəmjˈe-], →Premier.

Prime rate [praɪm rˈeɪt, engl.] *die,* in den USA der Zinssatz, zu dem von den Großbanken kurzfristige Kredite an ›erste Adressen‹ (bes. Großkunden) vergeben werden. Die Zinssätze für alle anderen Kreditarten orientieren sich an der Höhe der P. r.

Primgeiger, Primarius, der erste Geiger im Streichquartett oder in einer Kammermusikgruppe.

primitiv [lat.], **1)** ursprünglich, urtümlich. **2)** einfach, ohne Aufwand. **3)** geistig wenig entwickelt. *Subst. die* **Primitivität,** -.

Primitive *Pl.,* ✿ Bezeichnung für →Naturvölker.

primitive Kunst, die Kunst der prähistor. Jägervölker, heute meist als alt- und mittelsteinzeitl. Kunst bezeichnet. Die in den englischsprachigen Ländern auch für die Kunst der →Naturvölker übliche Bez. (›primitive art‹) wird im Dt. kaum verwendet.

Primiz [von lat. primitiae ›Erstlinge‹] *die, -/-en,* in der Kath. Kirche die erste Messe eines neu geweihten Priesters.

Primo de Rivera y Orbaneja [-ðe rriβˈera i ɔrβanˈɛxa], Miguel Marqués de **Estella** [estˈeʎa], span. General und Staatsmann, * Jerez de la Frontera 8. 1. 1870, † Paris 16. 3. 1930, errichtete im Einverständnis mit König Alfons XIII. am 13. 9. 1923 eine Militärdiktatur. Trotz erfolgreicher Beendigung des Aufstandes in Marokko und trotz seiner Leistungen für die Reorganisation von Verwaltung und Wirtschaft entließ ihn der König am 28. 1. 1930 auf Druck der öffentl. Meinung. Sein Sohn José Antonio (* Madrid 21. 4. 1903, † Alicante 20. 11. 1936) gründete 1933 die →Falange. Er wurde im Span. Bürgerkrieg nach Gefangennahme durch Anhänger der Volksfront erschossen.

Primogenitur [lat.] *die, -/-en,* die Erstgeburt. Nach der in den dt. Fürstenhäusern zur Vermeidung der Zersplitterung des Hausguts herausgebildeten P.-Ordnung (zuerst für die Kurhäuser durch die →Goldene Bulle 1356) war zur Thronfolge und zur Erbfolge in das Hausgut der Erstgeborene des regierenden Herrn und dessen Linie mit Ausschluß aller jüngeren Linien berufen. Die P.-Ordnung wurde auch für Majorat und →Fideikommiß übernommen. Unterschied: →Seniorat, →Sekundogenitur.

prim|ordial [lat.], uranfänglich, ursprünglich.

prim|ordiale Nuklide, →Radioaktivität.

Primrose [prˈɪmrəʊz], Sir (1953) William, brit. Bratschist, * Glasgow 23. 8. 1903, † Provo (Utah) 1. 5. 1982.

Primus [lat.] *der, -/-se* oder *...mi,* der Erste, Klassenbester. **primus inter pares,** der Erste unter Ranggleichen.

Primzahlen, alle von 1 verschiedenen und nur durch 1 und sich selbst teilbaren natürlichen Zahlen, z. B. 2, 3, 5, 7, 11, 13, 17, 19. Es gibt unendlich viele P. (Euklid).

Prince Edward Island [prɪns ˈedwəd ˈaɪlənd], kanad. Insel südlich vom St.-Lorenz-Golf, durch die Northumberland-Straße vom Festland getrennt, kleinste Prov. Kanadas, 6000 km², (1981) 122 500 Ew.; Hptst.: Charlottetown. P. E. I. ist vorwiegend eben; Haupterwerbszweige: Ackerbau und Viehzucht, Verarbeitung landwirtschaftl. Erzeugnisse und Fischfang (Austern, Hummern). – Die Insel, 1534 von J. Cartier entdeckt, 1758 von den Engländern erobert, 1763 an sie abgetreten, wurde 1873 kanad. Provinz.

Prince Edward Islands [prɪns ˈedwəd ˈaɪləndz], 2 unbesiedelte jungvulkan. Inseln im südl. Ind. Ozean, seit 1947 zur Rep. Südafrika gehörend.

Prince of Wales [prɪns ɔv wˈeɪlz], Titel des brit. Thronfolgers.

Princeps [lat. ›die erste Stelle einnehmend‹] *der, -/...cipes,* **Prinzeps,** im alten Rom allg.: hervorragende, einflußreiche Persönlichkeit; seit Augustus selbstgewählte Bez. des Kaisers.

Princeton [prˈɪnstən], Stadt im Staat New Jersey, USA, (1980) 12 000 Ew. Die P. University ist eine der bedeutendsten der USA: Rockefeller-Institut für medizin. Forschung, kath. St. Joseph's College, Institute for Advanced Study (gegr. 1930).

Príncipe [prˈĩsipə], portugies. **Ilha do P.** [ˈiʎa du -, ›Prinzeninsel‹], vulkan. Insel im Golf von Guinea, 128 km², Teil der Rep. →São Tomé e Príncipe. Hauptort: Santo António. In Plantagen werden v. a. Zuckerrohr, Kokos- und Ölpalmen angebaut.

Printe [nd. prenten ›drücken‹] *die, -/-n,* Pfefferkuchen aus Sirup, Wasser, Zucker, Mehl, Orangeat, Gewürzen.

Prinz [frz. ›Fürst‹, aus lat. princeps] *der, -en/-en,* **Prinzessin** *die, -/-nen,* nichtregierendes Mitgl. eines Fürstenhauses. **P. von Preußen** (ohne Einfügung des Vornamens), Titel des preuß. Thronfolgers, wenn er nicht Kronprinz war. **Prinzgemahl,** Gemahl einer regierenden Herrscherin. **Prinzregent,** Angehöriger eines Herrscherhauses, der stellvertretend für den Monarchen die Regentschaft führt.

Prinz-Georg-Land, eine der 4 großen Inseln im Nordpolarmeer, im W des sowjet. Archipels →Franz-Josef-Land, rd. 2900 km² groß, bis 416 m hoch, zu 90% mit Eis bedeckt.

Prinzhorn, Hans, Nervenarzt und Psychologe, * Hemer 8. 6. 1886, † München 16. 6. 1933; lenkte als erster die Aufmerksamkeit auf die künstlerischen Arbeiten von Geisteskranken.

Prinzip [lat. ›Anfang‹] *das, -s/...pi|en* oder *-e,* Grundsatz, Grundgesetz. *Adj.* **prinzipiell. Prinzipienreiter,** U kleinlicher Mensch, der seine Grundsätze nie verläßt.

Prinzipal [lat.], **1)** *der, -s/-e,* ✿ Geschäfsinhaber, Lehrherr. **2)** *das, -s/-e,* ♪ im 17./18. Jh.: tiefe Trompete im Unterschied zum →Clarino. Bei der Orgel die Hauptstimmen, die die Grundlage des Orgelklangs bilden, offene Lippenpfeifen von weiter (ital. P.), mittlerer (dt. P.) oder enger Mensur (Geigenprinzipal).

Prinzipat [lat.] *der* oder *das, -(e)s/-e,* Bez. für das röm. Kaisertum des Augustus und seiner Nachfolger; zu unterscheiden von **Dominat,** Bez. für das absolute Kaisertum seit Diokletian.

Prionen *Pl.,* $ Eiweißkörper, kleiner als ein Viroid, von denen man annimmt, daß sie die Erreger versch. neurolog. Erkrankungen sind (z. B. Traberkrankheit, Alzheimersche Krankheit).

Prior [lat. ›der Vordere (von zweien)‹] *der, -s/...ˈoren,* **Priorin** *die, -/-nen,* Stellvertreter eines Abtes (einer Äbtissin), Leiter(in) einer Zweigniederlassung eines Klosters. *das* **Priorat,** *-(e)s/-e,* **1)** Würde eines P. **2)** Filiale einer Abtei.

Priorität [lat.] *die, -/-en,* **1)** Vorrang; §§ der Vorrang des älteren Rechts vor dem jüngeren (z. B. bei mehreren Pfandrechten an einer Sache) oder die aus anderen Gründen gewährte Besserstellung (z. B. Art. 31 GG: Bundesrecht bricht Landesrecht). **2)** *nur Pl.,* Wertpapiere, die vor anderen gleicher Art bevorzugt sind.

Pripet *der,* russ. und ukrain. **Pripjat,** rechter Nebenfluß des Dnjepr, 775 km lang, durchfließt Polesien, mündet in den Kiewer Stausee.

Prischwin, Michail Michajlowitsch, russ. Schriftst., * Gut Chruschtschowo (Gouv. Orel) 4. 2. 1873, † Moskau 16. 1. 1954, schrieb Erz. v. a. über die Randgebiete Rußlands, die stilistisch an die Naturschilderungen I. S. Turgenjews anknüpfen (›Ginseng‹, 1932; ›Der Sonnenspeicher‹, 1945), ferner Romane (›Die Kette Kaschtschejs‹, 1930).

Priscillian, Asket, † (hingerichtet) Trier 385, entfachte in Spanien und Gallien eine asket. Erweckungsbewegung, die hier mit dem verweltlichten Klerus in Konflikt geriet; auf Betreiben seiner kirchl. Gegner vom weström. Kaiser Maximus zum Tode verurteilt. Seine Lehre **(Priscillianismus)** hielt sich bis ins 6. Jh.

Prise [frz. ›das Genommene‹] *die, -/-n,* **1)** Völkerrecht: das von einem kriegführenden Staat nach Seekriegsrecht weggenommene feindl. oder neutrale Schiff oder Ladungsgut. Oberster Grundsatz des **Prisenrechts** ist, daß ein aufgebrachtes Schiff oder Ladungsgut nur auf Grund eines ordnungsgemäßen Verfahrens vor einem staatl. Prisengericht des nehmenden Staates eingezogen werden darf (Kondemnation), das nach der staatl. Prisengesetzgebung und nach den Regeln des Völkerrechts entscheidet. **2)** kleine Menge, mit 2 Fingern faßbar, z. B. Schnupftabak, Salz.

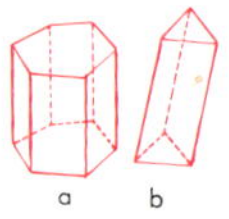

Prisma 1):
a gerades sechsseitiges P., **b** schiefes dreiseitiges P.

Prisma [grch. ›Zersägtes‹] *das, -s/...men,* **1)** Geometrie: Körper, dessen Grund- und Deckfläche parallele, kongruente Vielecke sind. Rauminhalt: Grundfläche mal Höhe. **2)** Optik: prismat. Körper aus lichtdurchlässigem und lichtbrechendem Stoff zur spektralen Zerlegung des Lichts, z. B. in P.-Spektralapparaten **(Dispersions-** oder **Refraktions-P.)** oder zur Richtungsänderung abbildender Strahlen und zur Bilddrehung **(Reflexions-P.).** Ein Lichtbündel wird durch ein P. infolge Brechung und → Dispersion spektral zerlegt, wenn Ein- und Austrittsfläche einen Brechungswinkel

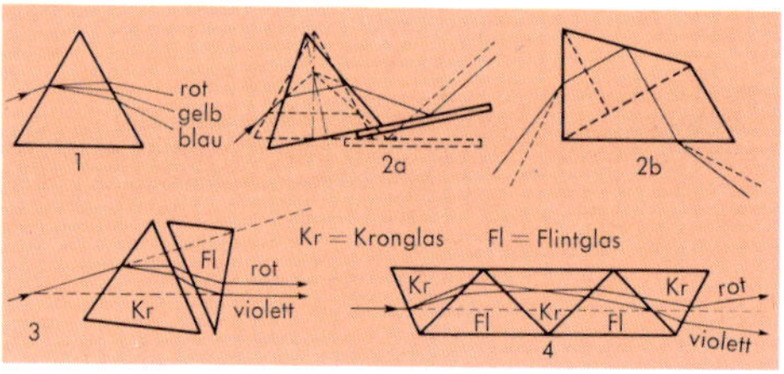

Prisma 2)

miteinander bilden; einfachster Fall ist das **Dreikant-P.** Minimale Ablenkung erhält man bei symmetr. Strahlengang durch das P. (BILD 1). **Wadsworth-** und **Abbe-P.** sind Beispiele für P. konstanter Ablenkung (BILD 2a, 2b). Durch Kombination von P. versch. Glasarten erhält man **achromat. P.** (Ablenkung ohne spektrale Zerlegung; BILD 3) und **geradsichtige P.** (spektrale Zerlegung ohne Ablenkung des Schwerpunktstrahls; BILD 4). Das **Cornu-P.** ist eine symmetr. Kombination aus rechts- und linksdrehendem Quarz für spektrale Untersuchungen im Ultraviolett. Weitere P. und P.-Sätze ermöglichen best. Ablenkungen mit Reflexion, Bilddrehungen mit und ohne Ablenkung, Bildumkehr, Versetzung der opt. Achse u. dgl. **Polarisations-P.** aus doppelbrechenden Materialien (Kalkspat, kristalliner Quarz) dienen zur Zerlegung unpolarisierten Lichts in 2 senkrecht zueinander linear polarisierte Teilstrahlen. Sie bestehen meist aus 2 oder mehr Teilprismen: Glan-Thompson-P., Nicolsches P. (→ Nicol), Wollaston-P. **3)** Kristallform. *Adj.* **prismatisch.**

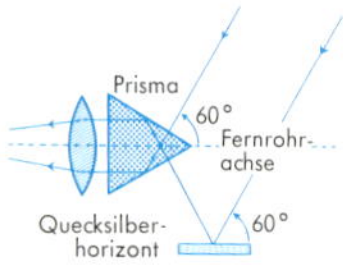

Prismenastrolabium

Prismen|astrolabium [grch.-lat.], Instrument zur Bestimmung der Zeit, der geograph. Breite und der Länge durch Beobachtung von Sterndurchgängen durch eine Höhe von 60°. Es besteht aus einem waagerecht liegenden Fernrohr, vor dessen Objektiv sich ein gleichseitiges Prisma befindet, und einem davor aufgestellten Quecksilberhorizont (vgl. BILD). Die Koinzidenz der beiden ins Fernrohr fallenden Bilder bestimmt den Zeitpunkt, in dem die Höhe des Gestirns genau 60° ist.

Prismenglas, Feldstecher auf der Grundlage des Keplerschen → Fernrohrs mit einem Prismensatz zur Bildumkehr.

Prismen|instrumente, Vermessungskunde: opt. Geräte zum Abstecken konstanter Winkel im Gelände. Prismen zum Abstecken rechter Winkel beruhen auf der Ablenkung eines einfallenden Lichtstrahls durch je zweimalige Brechung und Spiegelung (z. B. mit einem Pentorprisma). Die Prismenkreuze oder Kreuzvisiere zum Abstecken von gestreckten Winkeln sind Kombinationen von 2 gleichartigen Rechtwinkelprismen. In der Prismentrommel ist ein dreiseitiges Prisma drehbar angeordnet; damit können auch beliebig große Winkel abgesteckt werden. (→ Sextant)

Priština [pr'iʃtina], Hptst. der Autonomen Prov. Kosovo, Serbien, Jugoslawien, (1981) 69500 Ew.; Univ.; Textil- u. a. Ind., Metallverhüttung; altes Stadtviertel mit Moscheen; in der Nähe Kloster Gračanica (1315 gegr.) und das Denkmal der Schlacht auf dem → Amselfeld (1389).

Pritchett [pr'ıtʃət], Sir Victor Sawdon, engl. Schriftst. und Kritiker, * Ipswich 16. 12. 1900, schrieb Romane und Kurzgeschichten über merkwürdige Charaktere, ferner Essays; 1974–76 als Nachfolger H. Bölls Präsident des internat. P. E. N.

Pritsche [zu Brett] *die, -/-n* **1)** einfache Lagerstätte. **2)** Schlaggerät: *Narrenpritsche.* **3)** Fläche eines Lastkraftwagens mit herunterklappbaren Seitenwänden: *Pritschenwagen.* **4)** Kutschersitz am Schlitten. **5)** Schlegel zum Lehmglätten u. a. **6)** *schweizer.:* Bewässerungsrinne mit Schleusen. **7)** *oberdt.:* Wehr. **8)** Reitsport: **Pritschensattel,** engl. → Sattel. *ich* **pritsche** *ihn,* schlage mit der P. **Pritsch(en)meister,** Ordner auf Volksfesten.

Prit|stabel [aus russ.] *der, -s/-, märk.:* Fischereiaufseher.

Pritzwalk, Krst. im Bez. Potsdam, in der Prignitz, (1983) 12300 Ew.; Spielwaren-, Nahrungsmittel- u. a. Ind.; Stadtpfarrkirche St. Marien und Nikolai (Hallenkirche, 14./15. Jh.).

Privas [priv'a], Hptst. des Dép. Ardèche in SO-Frankreich, (1982) 10300 Ew.; Textil-(Seiden-), Nahrungsmittel- u. a. Ind.

privat [lat.], nicht öffentlich, persönlich. *der* **Privatier** [-tj'e], *-s/-s,* jemand, der ohne Beruf vom Vermögen lebt. **privatim,** nicht öffentlich. **privatissime,** im engsten Kreis; Hochschule: nur für beschränkte Teilnehmerzahl. *ich* **privatisiere, 1)** lebe als Privatier. **2)** *es,* wandle staatl. Vermögen in privates um (→ Privatisierung). **Privatmann, 1)** Mensch im außerberufl. Leben. **2)** Privatier.

Privatbahnen, Eisenbahnen im Eigentum von Privatunternehmen im Unterschied zu Staatsbahnen. P. sind die ältere und in manchen Staaten vorherrschende Form (z. B. in den USA). In der Bundesrep. Dtl. sind P. die **nichtbundeseigenen Eisenbahnen** (NE-Bahnen). In der Dt. Dem. Rep. gibt es keine P. mehr.

Privatbanken, i. w. S. alle privatrechtl. Banken, im Unterschied zu den öffentlich-rechtl. Banken; i. e. S. die von **Privatbankiers** als Einzelfirmen, offene Handels-Ges., Kommandit-Ges., teilweise auch als GmbH betriebenen Banken im Unterschied zu den in Form von Aktien-Ges. betriebenen Großbanken (→ Banken). In der Bundesrep. Dtl. gibt es (1984) 76 Privatbankiers, in Österreich (1978) 12 Bankiersfirmen, in der Schweiz (1978) 25 Privatbankiers. In der Dt. Dem. Rep. bestehen keine P. mehr.

Privatbeamter, ♂♀ in einigen Berufszweigen gebräuchlich für Angestellte (z. B. Bank-, Versicherungs-, Gutsbeamter); sie sind keine Beamten im öffentlich-rechtl. Sinn.

Privatbeteiligter, österr. Recht: der durch eine strafbare Handlung Geschädigte (§§ 47ff., 365ff. StPO). Er genießt eine dem Nebenkläger (→ Nebenklage) ähnliche Rechtsstellung.

Privatdiskonten, Wechsel, akzeptiert von zum P.-Markt zugelassenen Banken. Die P. müssen von ›guten‹ Industrie- oder Handelsunternehmen ausgestellt sein und der Finanzierung internat. Warengeschäfte dienen. Sie sollen Angaben über das zugrunde liegende Geschäft tragen, dürfen höchstens 90 Tage laufen und müssen auf 100000 DM bis 1 Mio. DM lauten. 1959 wurde in der Bundesrep. Dtl. der P.-Markt eröffnet.

Privatdozent, → Dozent.

Privatdruck, für einen kleineren Kreis bestimmter Druck, der außerhalb des Buchhandels in beschränkter Auflage erscheint.

Privat|eigentum, das in die persönliche Verfügungs-, Bestimmungs- und Nutzungsmacht des Einzelnen gestellte → Eigentum, im Unterschied zum Eigentum der öffentl. Hand und zum → Gemeineigentum. Freiheitliche Staats- und Rechtsordnungen gewährleisten das P., um die persönl. Initiative, das selbstverantwortl. Schaffen und die private Atmosphäre zu wahren. Es ist dann nicht nur eine grundlegende Einrichtung des Rechts- und Wirtschaftslebens, sondern auch des gesellschaftl., staatl. und kulturellen Lebens. Das unbeschränkte P. stellt die Verfügungsmacht in das freie Belieben des Eigentümers, während das gebundene P. das Eigentum sozialer Verantwortung unterwirft. Die im 19. Jh. entwickelte freie Markt-(Wettbewerbs-)Wirtschaft gründet sich auf die Freiheit des P.; sie führte nicht nur zur Konzentration ausgedehnter Eigentumsmassen in privater Hand, sondern auch zur Bildung eigentumsbeherrschender Kapitalgesellschaften, bei denen oft unerkennbar wird, wer Träger der wirtschaftl. Verfügungsmacht ist (anonymes P.). Deshalb ist der moderne Sozialstaat bemüht, durch wirtschaftl., sozialrechtl. und steuerl. Maßnahmen eine breitgestreute Eigentumsbildung (→ Vermögensbildungsgesetze) herbeizuführen. Dagegen hält er an der verfassungsmäßigen Garantie des P. auch für Großvermögen fest. – In der Bundesrep. Dtl. ist gegenüber → Enteignung und → Sozialisierung der Substanzwert des P. durch die unabdingbare Entschädigungspflicht zugunsten des Eigentümers gesichert. Andererseits ist die Verfügungs- und Nutzungsmacht durch soziale Bindungen und durch die allg. Sozialstaatsklausel beschränkt. – Ähnliches gilt in Österreich (Art. 5 StGG) und der Schweiz (Art. 23 der Bundesverfassung). In der Dt. Dem. Rep. wird zw. → sozialistischem Eigentum und persönlichem Eigentum unterschieden.

privater Verbrauch, Ausgaben der privaten Haushalte für Waren und Dienstleistungen, ein Teil der Verwendung des Sozialprodukts (in der Bundesrep. Dtl. rd. 55%).

Privation [lat.] *die, -/-en,* Beraubung, Entziehung. **privativ,** beraubend; ausschließend.

Privatisierung *die, -/-en,* Überführung eines Teils des Staatsvermögens in Privateigentum mit dem sozialpolit. Ziel möglichst breiter Vermögensbildung. **Reprivatisierung** ist die Rückführung verstaatlichter Unternehmen in Privathand. In der Bundesrep. Dtl. wurden z. B. teilweise privatisiert: Preussag AG (1959), Volkswagenwerk AG (1961), VEBA AG (1965 und 1984).

Privatklage, Privat|anklage, die Verfolgung strafbarer Handlungen durch den Verletzten selbst. Die dt. StPO (§§ 374 bis 394) kennt die P. nur als Ausnahme, z. B. bei Hausfriedensbruch, Beleidigung, Körperverletzung, Sachbeschädigung. Die P. kann vom Verletzten oder seinem gesetzl. Vertreter ohne vorherige Anrufung des Staatsanwalts erhoben werden. Dieser erhebt bei Zulässigkeit der P. die öffentl. Klage nur dann, wenn es im öffentl. Interesse liegt (Opportunitätsprinzip); auch nach erhobener P. kann er jederzeit bis zur Rechtskraft des Urteils die P. übernehmen; dann wird die P. zur → Nebenklage. Die Erhebung der P. erfolgt zu Protokoll der Geschäftsstelle oder durch Einreichung der Anklageschrift beim Gericht. Die Klage wird dem Beschuldigten zur Erklärung mitgeteilt. Nach deren Eingang oder nach Ablauf der gestellten Frist sowie nach Zahlung des Gebührenvorschusses beschließt das Gericht über die Eröffnung des Hauptverfahrens. Der P. muß regelmäßig ein Sühneversuch vorausgehen (→ Schiedsmann). Die StPO der Dt. Dem. Rep. sieht keine P. vor. Die österr. StPO kennt neben der P. den → Privatbeteiligten (§§ 46–50 StPO). Die Schweiz kennt die P. nur in einzelnen kantonalen Prozeßordnungen.

Privatkonto, Zwischenkonto bei Einzelfirmen und Personengesellschaften, auf dem Entnahmen und Einlagen der Inhaber verbucht werden.

Privatnotenbanken, im Dt. Reich bis Ende 1935 die neben der Reichsbank zur Ausgabe von Noten berechtigten Banken. P. waren die Badische Bank (Mannheim), die Bayerische Notenbank (München), die Sächsische Bank (Dresden) und die Württembergische Notenbank (Stuttgart). Die P. sind teils in Regionalbanken umgewandelt, teils mit anderen Banken zusammengeschlossen worden. In der Bundesrep. Dtl., der Dt. Dem. Rep., der Schweiz und in Österreich sind keine P. zugelassen.

Privatrecht, der Teil der Rechtsordnung, der die auf dem Boden der Gleichordnung erwachsenen Rechtsbeziehungen der Einzelnen und der privatrechtl. Verbände und Gesellschaften regelt, im Unterschied zum → öffentlichen Recht. Hauptgebiete sind bürgerl. Recht, Handelsrecht, Teile des Arbeitsrechts; Nebengebiete z. B. Aktienrecht, GmbH-Recht, Genossenschaftsrecht, Wertpapier-, Wechsel- und Scheckrecht. Rechtsverhältnisse des P., beruhend auf der **Privatautonomie,** werden durch private Willenserklärungen (→ Rechtsgeschäft) begründet, bes. durch Vertrag. Privatrechtl. Streitigkeiten gehören nach § 13 GVG vor die ordentl. Gerichte. – **Internationales P.,** Inbegriff der Rechtssätze, die die Anwendung des staatl. Rechts auf Rechtsverhältnisse mit Auslandsbeziehung regeln (→ Kollisionsnormen).

Privatschulen, alle nichtöffentl. Schulen, d. h. Schulen, die nicht vom Staat oder von Selbstverwaltungsskörperschaften betrieben werden, darunter die konfessionellen P. Sie werden als ›Schulen in freier Trägerschaft‹ aus weltanschaul., pädagog. oder wirtschaftl. Selbstverantwortung gegr. und unterhalten (gewöhnlich mit Staatszuschüssen). Die P. arbeiten auf gemeinnütziger Grundlage, z. T. sind sie auch erwerbswirtschaftlich organisiert (z. B. private Vorbereitungsanstalten und die Mehrzahl der privaten berufsbildenden Schulen). Das Schulrecht unterscheidet P., die an Stelle der öffentl. Schulen **(Ersatzschulen),** und solche, die neben diesen oder zusätzlich **(Ergänzungsschulen)** besucht werden können. In der Bundesrep. Dtl. gibt es P. als Allgemeinbildende Schulen, als Sonder-, Berufs- und Berufsaufbau-, Berufsfachschulen, Fach- und höhere Fachschulen sowie als Schulen des Gesundheitswesens. In der Dt. Dem. Rep. sind P. verboten. In Österreich unterstehen die P. staatlicher Aufsicht. In der Schweiz ist das Verhältnis zw. Staatsschulen und P. kantonal geregelt.

Privatweg, → Wegerecht.

Privatwirtschaft, die auf Privateigentum an Produktionsmitteln beruhende wirtschaftl. Tätigkeit von Einzelwirtschaften. **Privatwirtschaftslehre,** ✧ Betriebswirtschaftslehre.

Privileg [lat.] *das, -s/...gi|en* oder *-e,* Sonderrecht, Vorrecht; im Recht eine von der allg. Regelung sich abhebende Sonderregelung zugunsten einer Person oder einer Gruppe von Rechtsverhältnissen (z. B. Verleihung eines Monopols). P. sind sowohl die Regelung des Sonderrechts **(P. im objektiven Sinn)** wie die aus der Regelung für den Einzelnen sich ergebende Rechtsstellung **(P. im subjektiven Sinn),** auch die Urkunde über das P. Es kann auf Gesetz oder Verwaltungsakt beruhen; früher war es häufig mit dem Grundeigentum verknüpft **(Real-P.,** z. B. Mühlengerechtigkeit). Bis ins 19. Jh. lebten ganze Stände nach Sonderrecht (z. B. Adel, Geistliche, **privilegierte Stände),** ebenso hing der Betrieb vieler Gewerbe von obrigkeitl. P. ab **(privilegierte Gewerbe).** – *ich* **privilegiere** *ihn,* statte mit einem P. aus.

privilegiertes Delikt, wegen besonderer Verhältnisse milder bestrafte Tat, z. B. Kindestötung gegenüber Mord.

Privilegium de non appellando et de non evocando, ius de non appellando et evocando, das auf der → Goldenen Bulle von 1356 beruhende Recht der Kurfürsten, keine Berufung von Rechtsstreitigkeiten an Reichsgerichte und keine → Evokation des Kaisers zu dulden.

Prix [pri, frz.] *der, -/-,* Preis. **Grand P.** [grã-], großer Preis.

Prizren [prˈizrɛn], Stadt in der Autonomen Prov. Kosovo, Serbien, Jugoslawien, (1981) 41 700 Ew.; Handelszentrum, Kunstgewerbe; alte Kirchen (z. B. Muttergotteskirche, 1306/07) und Moscheen (z. B. Sinau-Pascha-Moschee, 1615).

pro [lat.], für, je: *p. anno,* Abk. p. a., aufs Jahr; *p. Stück,* je Stück. **pro...,** **1)** vor, vorher, zuvor, vorwärts: *progressiv.* **2)** für jemanden oder etwas: *prodeutsch.* **3)** stellvertretend: *Prodekan. das* **Pro und Kontra,** Für und Wider.

probabel [lat.], wahrscheinlich. *die* **Probabilität,** -, *der* **Probabilismus,** -, in der kath. Moraltheologie Bez. der Lehre, daß bei notwendiger Entscheidung zw. mehreren sittl. Normen einem freien sittl. Urteil zuzustimmen ist, wenn die ›wahrscheinlicheren‹ Gründe dafür sprechen.

Proband [lat. probandus ›der erprobt werden soll‹] *der, -en/-en,* **1)** Person, deren Ahnentafel aufgestellt wird. **2)** $ Ⓟs Untersuchungs-, Testperson.

probat [lat.], erprobt, bewährt: *ein probates Mittel.*

Probe [lat.] *die, -/-n,* **1)** Beweisverfahren; Bewährungsversuch: *ich werden ihn auf die P. stellen; auf P.,* als Versuch; *das ist die P. aufs Exempel; Mutprobe.* **2)** Muster, Prüfungsstück, Teilmenge eines zu prüfenden Stoffes: *Stoffproben; Weinprobe.* **3)** Bühne: Vorbereitung für die Aufführung: *Leseprobe; Stellprobe; Hauptprobe.* **4)** Verfahren zum Nachweis der Richtigkeit einer Rechnung. *ich* **probe** *es,* mache Aufführungsproben, übe es. *ich* **probe** *es* **durch,** übe gründlich von Anfang bis Ende. **Probeabzug,** ✐ Korrekturabzug. **Probenummer,** Werbeexemplar einer Zeitung, Zeitschrift. **probeweise,** auf P.

Probe|arbeitsverhältnis, Arbeitsverhältnis, über dessen Fortsetzung erst nach einer **Probezeit** entschieden wird. Eine Höchstdauer der Probezeit wird oft in Tarifverträgen festgelegt. Das P. wird entweder auf best. Zeit abgeschlossen, dann endet es, wenn der Arbeitnehmer nicht vor Fristablauf fest eingestellt wird; oder es wird ein Dauerarbeitsverhältnis vereinbart, dessen erste Wochen oder Monate als Probezeit gelten sollen. Für die Probezeit werden dann kurze Kündigungsfristen vereinbart. In der Dt. Dem. Rep. sind P. grundsätzlich nicht vorgesehen (§ 22 GBA). Nach österr. bürgerl. Recht kann die Probezeit während des 1. Monats von beiden Teilen jederzeit gelöst werden (§ 1158 ABGB). In der Schweiz kann ein P. (höchstens 3 Monate) zum Ende einer Woche mit siebentätiger Frist gekündigt werden (Art. 334 OR).

Probedruck, 1) Druckerei: zugerichteter Abzug für den Auftraggeber. **2)** Graphik: erste Abzüge bei Kupferstich und Radierung, meist vor der Signatur. **3)** ⚙ über dem Betriebsdruck liegender Druck, mit dem Rohrleitungen und Druckbehälter auf Dichtheit und Betriebssicherheit geprüft werden.

Probe|exzision, operatives Entfernen kleiner Gewebsteile zur feingewebl. Untersuchung (z. B. bei Krebsverdacht).

Probeglas, Paßglas, feinoptische Fertigung und Feinmeßtechnik: Vorrichtung aus Glas oder Quarz zur Flächenkontrolle durch Interferenz (→ Interferometer).

Probezeit, → Probearbeitsverhältnis.

probieren [lat.]. *ich* **probiere** *es,* versuche, koste, prüfe. *ich* **probiere** *es* **an, auf,** ziehe an, setze auf, um zu sehen, wie es paßt. *ich* **probiere** *es* **aus,** versuche, stelle durch Erfahrung fest.

Probierglas ⚗ das → Reagenzglas.

Probierkunst, Dokimasie, Verfahren zur schnellen Bestimmung einzelner Edelmetallbestandteile in Erzen, Zwischen- und Enderzeugnissen, um von dem erhaltenen Ausbringen auf den Metallgehalt und den Wert des Erzes zu schließen. Die P. schon im Altertum angewandt, ist Vorläufer der chem. Analyse.

Probierstein, schwarzer → Kieselschiefer.

Problem [grch.] *das, -s/-e,* Aufgabe, Schwierigkeit, bes. noch ungelöste wissenschaftl. Frage. *die* **Problematik,** -, Gesamtheit der P. eines Sachverhalts; Fragwürdigkeit; Ungelöstheit. **problematisch,** schwierig, schwer zu lösen; fragwürdig: *diese Aufgabe ist für mich problematisch.*

Problemkäfig, Skinner-Box [skˈɪnə-, n. B. F. → Skinner], engl. **Problem Box** [prˈɔbləm-], Käfig zum Studium von Lernvorgängen bei Tieren. Das Versuchstier soll lernen, einen Mechanismus zu betätigen, der die Tür zum Futter öffnet oder direkt Futter freigibt.

Probstei *die,* Landschaft im Kr. Plön, Schlesw.-Holst., zw. Kieler Förde, Ostsee und Selenter See; früher durch den Propst des Klosters Preetz verwaltet (daher der Name).

Prọbus, Marcus Aurelius, röm. Kaiser (276–82), * Sirmium 19. 8. 232, † ebd. 282 (von unzufriedenen Soldaten erschlagen), sicherte Gallien und die Rheingrenze gegen german. Stämme.

Procaịn *das, -s,* Mittel zur Lokalanästhesie.

pro cẹntum [lat.], Abk. **p. c.,** Zeichen: %, für hundert, auf das Hundert, von Hundert.

Process Design [prˈəʊses dɪzˈaɪn, engl.], Planung verfahrenstechn. Anlagen, um im Anschluß an eine → Feasibility-Studie u. a. die optimalen Betriebsbedingungen (z. B. Druck, Temperatur) sowie Art und Dimensionierung von Apparaten festzulegen.

Procházka [prˈɔxa:ska], **1)** Jan, tschech. Schriftst., * Eibenschitz (Ivančice) bei Brünn 4. 2. 1929, † Prag 20. 2. 1971, beschrieb in Romanen und Erz. kritisch den tschechoslowak. Alltag (›Eine Kutsche nach Wien‹, 1967); polit. Essays.

2) Rudolf Frhr. von, Jurist und Komponist, * Prag 23. 2. 1864, † ebd. 23. 2. 1936, verdient um die Pflege der Musik (auch des Volkslieds) in Böhmen.

Prọchorow, Aleksandr Michajlowitsch, sowjet. Physiker, * Atherton (Australien) 11. 7. 1916, arbeitete auf dem Gebiet der Quantenelektrodynamik; erhielt für die Entwicklung von Molekularverstärkern und -oszillatoren (Maser und Laser) 1964 den Nobelpreis für Physik mit N. G. Bassow und C. H. Townes.

Procida [prˈɔtʃida], vulkan. Insel im NW des Golfs von Neapel, 3,75 km^2; der Hauptort P. hat (1981) 10400 Ew.

Procter & Gamble Co. [prˈɔktə ænd gˈæmbl-], Cincinnati, größter Seifen- und Waschmittelhersteller der Welt; gegr. 1837. – Westdt. Tochter-Ges.: **P. & G. GmbH,** Schwalbach am Taunus.

Proctor [prˈɔktə], Richard, engl. Astronom, * Chelsea 23. 3. 1837, † New York 12. 9. 1888, untersuchte den Bau des Milchstraßensystems und entdeckte den ersten Sternstrom im Sternbild des Großen Bären.

Proculiạner, von dem röm. Juristen Marcus Antistius Labeo (* vor 42 v. Chr., † nach 22 n. Chr.) begr. röm. Rechtsschule, der vom Beginn der Kaiserzeit bis zur Zeit des Gaius die Schule der **Sabiniạner** gegenüberstand.

Prọdekan, an wissenschaftl. Hochschulen der Stellvertreter des amtierenden Dekans.

Prodịgium [lat.] *das, -s/...gi|en,* im alten Rom ein außergewöhnl. Naturereignis, im MA. allg. ein wunderbares Ereignis.

Prọdikos, grch. Sophist aus Julis auf der Insel Keos, Zeitgenosse des Sokrates (um 450 v. Chr.), Verfasser der durch Xenophon überlieferten Erzählung ›Herakles am Scheidewege‹.

pro dọmo [lat. ›fürs Haus‹], in eigener Sache, zum eigenen Nutzen, für sich selbst.

Prọdromos [grch.] *der, -/...drˈomen,* **Prodrọm** *das, -s/-e,* lat. **Prọdromus,** ⚘ Vorläufer, Vorrede. **Prodromạlerscheinungen,** erste Anzeichen einer Krankheit. **Prodromạlstadium,** bei manchen Infektions-, bes. Viruskrankheiten das meist 1–3tägige fieberhafte Generalisationsstadium, bei dem die für die Krankheit kennzeichnenden Merkmale (z. B. Hautausschlag bei Masern) noch fehlen.

Producer [prədjˈu:sə, engl. ›Hersteller‹] *der, -s/-,* (Film-) Produzent, Fabrikant.

Prodụkt [lat.] *das, -(e)s/-e,* **1)** Erzeugnis. **2)** △ Ergebnis der Multiplikation. **Prodụktenbörse,** Warenbörse. **produktịv,** schöpferisch, fruchtbar. *ich* **produzieren, 1)** *es,* erzeuge, bringe hervor. **2)** *mich,* stelle zur Schau; dränge in den Vordergrund. *der* **Produzẹnt,** *-en/-en,* Erzeuger, Hersteller.

Prodụktenhandel, 1) der Handel mit landwirtschaftl. Erzeugnissen. **2)** der → Rohproduktenhandel.

Produktiọn [lat.] *die, -/-en,* **1)** Herstellung, Erzeugung, Fertigung von Waren und Gütern, auch die Erzeugnisse selbst, z. B. landwirtschaftliche, industrielle, handwerkliche, literarische P. **2)** Biologie: der Aufbau von körpereigener Substanz durch Pflanzen, Tiere und Bakterien aus dem anorgan. und organ. Material ihrer Umwelt. Bei der Primär-P. entsteht diese organ. Substanz überwiegend aus anorgan. Stoffen mit Hilfe besonderer Energiequellen (z. B. Sonnenlicht). Die Lebewesen mit Primär-P. (z. B. Algen, Moose, Farne, Blütenpflanzen) bilden meist die Nahrung (Energie) für Organismen mit **Sekundär-P.** (bes. Tiere, auch Bakterien und Pilze). Eine künstl. Steigerung der P. wird durch Düngung erreicht. **3)** Volkswirtschaft: der rein techn. Vorgang der Herstellung von Erzeugnissen, der dem Überwinden der natürl. Knappheit aller Güter und der Befriedigung menschl. Bedürfnisse dient. Die P. gliedert sich in **Urproduktion** (Land-, Forstwirtschaft, Bergbau), **Weiterverarbeitung** und ferner in die Erbringung von **Dienstleistungen** (Handel, Banken, Versicherungen, öffentl. Verwaltung). Man unterscheidet demnach auch zw. **primärer, sekundärer** und **tertiärer P.** Ein Abbild der volkswirtschaftl. P.-Struktur ist die Input-Output-Tabelle (→ Input-Output-Analyse). Sie zeigt die interindustrielle Verflechtung der einzelnen Wirtschaftszweige und gibt damit Aufschluß über die Kostenstruktur eines einzelnen Sektors. **4)** Betriebswirtschaft: Die P. vollzieht sich mit Hilfe der Planung und der Betriebsorganisation als Kombination der elementaren → Produktionsfaktoren. Die P. kann auf die Herstellung eines einzelnen Produktes **(Einfach-P.)** oder auf die mehrerer Produkte **(Mehrfach-P.)** gerichtet sein. Letztere kommt als **Simultan-P.** (Herstellung von technisch völlig voneinander unabhängigen Erzeugnissen), als **alternative P.** (die Herstellung des einen Erzeugnisses beeinflußt die des anderen) und **verbundene** oder **Kuppel-P.** (Herstellung von mehreren Produkten in einem techn. Zusammenhang, wobei ein **Hauptprodukt** – der eigtl. Zweck des P.-Prozesses – und ein oder mehrere **Nebenprodukte** entstehen, z. B. Koks – Kokereigas, Ammoniak – Teer) vor.

Die P. setzt eine gedankl. Vorbereitung des P.-Prozesses voraus, deren Ergebnis in einem **P.-Plan** festgehalten wird. Bei einer kurzfristigen Planung steht der **P.-Kapazität** (die bei den gegebenen techn. und personellen Daten mögliche maximale Erzeugungsmenge je Zeitabschnitt) die tatsächlich hergestellte Menge je Zeiteinheit gegenüber **(P.-Volumen,** auch **P.-Geschwindigkeit).** Langfristig wird die P.-Kapazität vom Investitionsplan bestimmt, der ein Teil des Gesamtplans des Unternehmens ist. Das **P.-Programm** stellt die Erzeugnisse zusammen, mit denen ein Betrieb auf dem Markt als Anbieter auftritt oder aufzutreten beabsichtigt.

Produktiọnsfaktoren, in der Volkswirtschaftslehre die 3 elementaren Kräfte der Gütererzeugung: Arbeit, Boden, Kapital. Ursprüngliche P. sind nur Arbeit und Boden, das Kapital geht als ›produziertes Produktionsmittel‹ selbst aus dem Produktionsprozeß hervor. In neuerer Zeit hat man den techn. Fortschritt als weiteren P. bezeichnet. In der Betriebswirtschaftslehre unterscheidet man die P.: Arbeit, Werkstoffe, Betriebsmittel, Betriebsführung.

Produktiọnsgenossenschaften, gewerbl. oder landwirtschaftl. → Genossenschaften, die der Steigerung der Produktion ihrer Mitglieder dienen; die P. veredeln, verarbeiten, verkaufen diese Erzeugnisse (Verwertungsgenossenschaften), z. B. Molkerei, Winzergenossenschaften, oder stellen Erzeugnisse zur Förderung der Erwerbs- und Unterhaltswirtschaft her, z. B. Saatgut-, Viehzuchtgenossenschaften. Über die P. in kommunist. Ländern → Landwirtschaftliche Produktionsgenossenschaften.

Produktiọns|statistik, einer der wichtigsten Zweige der Wirtschaftsstatistik. Zur P. gehören: 1) die Statistik des **Produktionsausstoßes** (primär auf die einzelnen Produkte bezogen), 2) die Statistik der **Produktions-** und **Materialverbrauchsmengen** (bezieht auch den Verbrauch der wichtigsten Roh- und Hilfsstoffe ein), 3) die Statistik der **Nettoproduktion** (liefert v. a. Unterlagen für die Beiträge der Wirtschaftszweige zum → Sozialprodukt; v.a. wertmäßige, weniger mengenmäßige Betrachtung).

Produktiọnsteuer, Fabrikatiọnsteuer, Erhebungsform vieler Verbrauchsteuern, knüpft an Merkmale der Werkseinrichtungen, Rohstoffe, Halbfabrikate (z. B. Bierwürze) an.

Produktiọns|theorie. Die betriebl. (mikroökonom.) P. untersucht mit Hilfe von Produktionsfunktionen die technisch effizienten Kombinationen von Produktionsfaktoren (›Inputs‹) zur Gütererzeugung (›Output‹). Die makroökonom. P. interessiert die Erstellung des Sozialprodukts durch die zusammengefaßten volkswirtschaftl. Produktionsfaktoren Arbeit, Kapital und, bei dynam. Betrachtung, techn. Fortschritt.

Produktiọnsverhältnisse, Grundbegriff des → Marxismus.

Produktiọnswert, in der Industriestatistik der gesamte zu Verkaufspreisen bewertete Ausstoß der Industrieunternehmen in einem Geschäftsjahr als Maßstab für die Leistung wirtschaftl. Unternehmen.

Produktịvgenossenschaften sind → Genossenschaften, bei denen die Mitgl. zugleich Kapitaleigentümer (Träger) und Beschäftigte des Genossenschaftsbetriebs sind, im Unterschied zu den Hilfs- oder Ergänzungsgenossenschaften, die für die angeschlossenen Mitgliederbetriebe oder -haushalte lediglich Teilfunktionen übernehmen, z. B. Absatz. **Voll-P.** beschäftigen nur Mitgl., **unechte P.** auch Lohnarbeiter. Produktivgenossenschaftlich organisiert sind z. B. die Kibbuzim in Israel.

Produktivität [lat.] *die, -,* schöpferische Kraft, Ergiebigkeit. – In der Wirtschaft eine Verhältniszahl, mit der die Ergiebigkeit der Produktion gemessen werden soll, und zwar für einzelne Betriebe, Wirtschaftszweige oder die Gesamtwirtschaft. Die P. ist das Verhältnis von Produktionsmenge (›Output‹) und Faktoreneinsatz (›Input‹) bezogen auf einen Produktionsfaktor als Arbeits-P. oder Kapital-P. Die **P.-Messung** soll Aufschluß über das Ausmaß des techn. Fortschritts geben, der sich in Verbesserungen der Produktionsmethoden äußert (Prozeßinnovation). Eine erhöhte P. kann auch auf Verbesserung des Auslastungsgrads der Kapazitäten, auf verbesserte Organisation u. a. zurückgehen.

Produktịvkräfte, Grundbegriff des → Marxismus.

Prodụktmanagement [-mænɪdʒmənt], Organisationsform in Unternehmen, bei dem eine Person **(Produktmanager)** oder eine Gruppe **(Produktteam)** ein Produkt oder eine Produktgruppe von der Planung bis zum Absatz betreut.

Produzẹntenhaftung, die Haftung des Herstellers für Folgeschäden (Personen-, Sach- und Vermögensschäden) aus der Benutzung seiner mit Fehlern behafteten Produkte. Der Anspruch wird überwiegend als deliktischer (§ 823 BGB) Anspruch betrachtet.

Nach neuerer Rechtsprechung des BGH muß der Hersteller beweisen, daß ihn hinsichtlich der Entstehung des Mangels kein Verschulden trifft.

Produzentenräte, serbokroat. **vijeća proizvodjača** [vij'ɛtsja prɔizv'ɔdjatʃa], zw. 1952 und 1957 geschaffene besondere Vertretungskörperschaften der Arbeiter in Jugoslawien. Sie bestehen neben den durch allgemeine Wahl gebildeten Räten der Gemeinden, Kreise, Republiken und des Gesamtstaates. Die Mitgliedszahl eines Produzentenrats regelt sich nach dem Produktionswert der einzelnen Wirtschaftszweige.

Produzierendes Gewerbe, → Industrie.

Pro|enzyme [grch.], **Profermente,** inaktive Vorstufen von Enzymen, die durch Abspaltung eines Peptidrests aktiviert werden.

Prof., Abk. für **Professor.**

Pro familia, Deutsche Gesellschaft für Sexualberatung und Famili|enplanung e. V., gegr. 1952 (Sitz: Frankfurt a. M.), überkonfessionelle und überparteil. Vereinigung mit Landesverbänden und Beratungsstellen für Ehe- und Sexualberatung.

profan [lat.], **1)** unheilig, weltlich. **2)** Ü alltäglich. *ich* **profaniere** *es,* **1)** entweihe, entheilige. **2)** Ü ziehe ins Alltägliche. *Subst. die* **Profanation, Profanierung,** -.

Profeß [lat.], **1)** *die, -/...f'esse,* Ablegung der Ordensgelübde. **2)** *der, ...f'essen/...f'essen,* Ordensmitgl., das die P. abgelegt hat.

Profession [lat. ›Bekenntnis‹] *die, -/-en,* Beruf, Gewerbe. **professionell,** berufsmäßig.

Professor [von lat. profiteri ›öffentlich bekennen‹] *der, -s/...ss'oren,* **1)** in der röm. Kaiserzeit ein öffentl. Lehrer, bes. der Grammatik und Rhetorik. **2)** Amtsbez. für Hochschullehrer. In der bis 1971 geltenden Lehrkörperstruktur wurde unterschieden zw. dem **planmäßigen P.** (auf Lebenszeit in eine Planstelle im Hochschulhaushalt berufener Beamter), der entweder einen ordentl. (›Ordinarius‹) oder einen außerordentl. (›Extraordinarius‹) Lehrstuhl innehatte, und dem **außerplanmäßigen P.** Zu außerplanmäßigen P. konnten Dozenten (Privatdozenten) ernannt werden, die sich i. d. R. seit 6 Jahren in Forschung und Lehre bewährt, aber keinen Ruf erhalten hatten. Entsprechend dem bis 1980 in allen Bundesländern der Bundesrep. Dtl. berücksichtigten Hochschulrahmengesetz wird die Bez. P. gegenwärtig ausschließlich und einheitlich für die erste ›Funktionsgruppe‹ des ›wissenschaftl. und künstler. Personals‹ an wissenschaftl. Hochschulen (Forschung und Lehre oder nur Forschung) und Fachhochschulen (bes. Lehre) gebraucht. Einstellungsvoraussetzungen sind i. d. R. entweder die Habilitation (auch gleichwertige wissenschaftl. Leistungen) oder besondere Leistungen bei der Anwendung wissenschaftl. Erkenntnisse und Methoden in einer mindestens fünfjährigen Berufspraxis. Zu **Honorar-P.** können qualifizierte Wissenschaftler ernannt werden, die nebenamtlich an den Hochschulen lehren. – In der Dt. Dem. Rep. wird seit 1968 zw. ordentl. P. und P. mit künstler. Lehrtätigkeit als hauptamtl., Honorar-P. als nebenamtl. und außerordentl. P. unterschieden. **3)** vom Kultusmin. verliehener Titel für Künstler mit besonderen Leistungen. **4)** in einigen Ländern auch Titel für Lehrer an höheren Schulen, z. B. in Österreich und in der Schweiz.

Profi *der, -s/-s,* Kurzwort für **Professional** [prəf'eʃənl, engl.], → Berufssportler.

proficiat! [lat.], wohl bekomm's!

Profil [ital.] *das, -s/-e,* **1)** Seitenansicht, bes. des menschl. Gesichts. **2)** Ü ausgeprägte Eigenart: *ein Politiker ohne P.* **3)** 🏛 die Umrißlinie eines Schnittes durch einen Baukörper (Haus, Brücke, Damm), einen Wasserlauf, ein Hafenbecken u. a. **4)** Fertigungstechnik: → Profilmaterial. **5)** Strömungslehre: Querschnitt eines Tragflügels oder einer Turbinenschaufel. **6)** 🚗 → Reifen. **7)** Geographie: Aufrißzeichnung eines Teils der Erdoberfläche zum Veranschaulichen der Höhenverhältnisse **(Relief-P.)** und/oder seiner Natur- und Kulturausstattung. **8)** Geologie: graph. Darstellung der Schichtenfolge in einem geolog. Aufschluß zur Verdeutlichung der Lagerungsverhältnisse der Gesteinsschichten (BILD Kohle). *ich* **profiliere, 1)** *es,* versehe mit einem P. **2)** *es,* stelle im P. dar. **3)** *mich,* Ü entwickle meine Fähigkeiten und gewinne damit P.: *eine profilierte Persönlichkeit; er versucht, sich mit dieser Arbeit zu profilieren.*

Profilmaterial, Halbzeug oder Fertigerzeugnis mit verschiedenen gestaltetem, über die ganze Länge unverändert bleibendem Querschnitt, aus Metall, Kunststoff, Holz oder Gummi (z. B. Draht, Kasten, Rohr, Schlauch, Stab, Winkel- oder U-Profil).

Profilstrahlröhre, eine Klasse von Elektronenstrahlröhren, bei denen der Elektronenstrahl in seinem Verlauf einen anderen als den übl. kreisförmigen Querschnitt annimmt, z. B. Charactron.

Profit [frz.] *der, -(e)s/-e,* Gewinn, Vorteil; im → Marxismus der Mehrwert. *Vb. ich* **profitiere** *von ihm* oder *etwas.* **profitabel,** gewinnbringend, vorteilhaft. **profitlich,** *oberdt.:* sparsam.

Profit Center [pr'ɔfɪt s'ɛntə, engl.] *das, - -s/- -,* Abk. **P. C.,** aus dem Angelsächsischen in die dt. Organisationslehre übernommene Bez. für Teile einer Unternehmung (z. B. einzelne Produktsparten), die verselbständigte Führungseinheiten mit eigener Ergebnisrechnung darstellen.

Pro-Form, ⓢ sprachl. Ausdruck, der einen im Kontext vorausgegangenen wieder aufgreift oder einen im Kontext folgenden Ausdruck vorwegnimmt (z. B. ›Der Mann schlief, er ...‹, ›die, die er gesehen hatte ...‹).

pro forma [lat.], um der Form zu genügen; zum Schein.

Profos *der, -es/-e* oder *-en/-en,* **Profoß** [lat. propositus ›Vorgesetzter‹] *der, ...f'osses/...f'osse* oder *...f'ossen/...f'ossen,* früher, bes. in Landsknechtsheeren, der dem → Generalgewaltigen unterstehende Hauptmann, der die Regimentspolizei leitete.

profund [lat. ›tief‹], gründlich: *profundes Wissen.*

Profundal [grch.] *das, -s,* die tiefe Bodenzone der Seen.

profus [lat.], ✿ verschwenderisch, übermäßig.

Progenie [grch.-lat.] *die, -/...n'i|en,* ⚕ Kieferanomalie (→ Kiefer).

Progesteron [grch.-lat.] *das, -s,* → Geschlechtshormone.

Proglottiden [grch.-lat.], *Sg. der* **Proglottid,** *-en,* die Glieder der → Bandwürmer.

Prognathie [grch.-lat. ›Vorderkiefrigkeit‹] *die, -/...th'i|en,* **1)** Anthropologie: schnauzenartige Form der Kiefer, häufig bei Negriden, im Unterschied zur → Orthognathie. **2)** ⚕ Kieferanomalie (→ Kiefer).

Prognos AG, Europäisches Zentrum für angewandte Wirtschaftsforschung, Basel, Wirtschaftsforschungsinstitut für Auftragsarbeiten; gegr. 1959. Die Forschung erstreckt sich auf die Bereiche Wirtschaftspolitik, Handel, Regionalplanung, Stadtentwicklung, Industrieberatung, Marktforschung u. a.

Prognose [grch.] *die, -/-n,* **1)** allg.: Vorhersage, Ankündigung. **2)** ⚕ die vorausschauende Beurteilung des Verlaufs und des Ausgangs einer Krankheit. **3)** Sozialwissenschaften: wissenschaftlich begründete Aussage über die Beschaffenheit eines in angebbarer Zukunft zu erwartenden Ereignisses oder Sachverhalts als Grundlage der wissenschaftlich fundierten Planung (Wirtschafts-, Bildungs-, Umweltplanung). **4)** Statistik, Ökonometrie: Vorhersage des zukünftigen Werts einer statist. Zufallsvariablen. Nach dem Zeithorizont unterscheidet man ultrakurzfristige (einige Monate), kurzfristige (1–3 Jahre), mittelfristige (4–6 Jahre) und langfristige P.; letztere werden oft als Projektionen bezeichnet oder aufgefaßt. Bei Punkt-P. wird ein fester Wert vorhergesagt, bei Intervall-P. ein Intervall (Prognoseverteilung). Weiterhin unterscheidet man bedingte und unbedingte P.; bei ersteren wird eine Bedingung oder ein Bedingungskomplex hypothetisch vorgegeben. Strenggenommen sind alle P. bedingt. Von passiven P. spricht man, wenn die P. ohne Wirkung auf die prognostizierte Erscheinung ist, andernfalls von aktiven P. Wirtschaftliche P. sind meist aktiv. Man unterscheidet des weiteren Wachstums- und Konjunktur-P. *Vb. ich* **prognostiziere** *es. Adj.* **prognostisch.**

Programm [grch.] *das, -s/-e,* **1)** Spielfolge, Folge von Darbietungen, auch gedrucktes Heft hierfür. **2)** Arbeitsplan, Vorhaben, Ziel: *das P. einer Partei.* **3)** zeitl. Aufeinanderfolge von Schaltvorgängen. **4)** Technik und Informationsverarbeitung: eine vollständige Anweisung für automatisch gesteuerte Maschinen wie Werkzeugmaschinen, Textilmaschinen, → Rechenanlagen, nach der die zur Bearbeitung einer Aufgabe erforderl. Arbeitsgänge nacheinander, z. T. auch gleichzeitig, ablaufen sollen. Bei der Ausführung ist das P. gespeichert, z. B. in kontinuierl. Form in Kurvenscheiben oder digital in Lochstreifen, Magnetbändern, -platten oder Halbleiterspeichern; ein **P.-Werk, Leitwerk,** ruft es nach und nach auf und steuert die ausführenden Maschinenteile in zeitgerechtem Ablauf.

Bei der Datenverarbeitung mit digitalen Rechenanlagen ist der Lösungsgang einer auszuführenden Aufgabe derart in allen Einzelheiten darzustellen (zu programmieren), daß der Computer eindeutige Anweisungen für den Arbeitsablauf erhält. Um von techn. Besonderheiten eines Rechenanlagentyps frei zu sein und um das P. mit verschiedenen Anlagen ausführen zu können, wird meist eine eigens für die vorliegende Aufgabenart (z. B. kaufmännisch, wissenschaftlich, steuerungstechnisch) entworfene, problemorientierte → Programmiersprache verwendet. Die bei der Ausführung benutzte Rechenanlage übersetzt das P. selbsttätig in ihre eigene Maschinensprache. Der Übersetzungsvorgang wird durch ein **Übersetzer-P.** (Assembler oder Compiler) gesteuert, das zur P.-Grundausstattung (Software) der Rechenanlage gehört. Die **Struktur** des für eine Aufgabe ausgearbeiteten P. ist im **P.-Ablaufplan (P.-Flußdiagramm)** dargestellt, der alle beim P.-Ablauf mögl. Operationsfolgen zeigt. – **programmatisch,** einem P. entsprechend, richtungweisend. **programmgemäß,** wie vorgesehen. *Vb. ich* **programmiere** *es.*

Programmierer *der, -s/-,* nicht geschützte Berufs-Bez. für planer. und prakt. Tätigkeit an Datenverarbeitungsanlagen.

Profilmaterial

Profilmaterial: Walzstahlprofile;
1 I-Träger, **2** T-Stahl, **3** U-Stahl, **4** Z-Stahl, **5** Winkelstahl

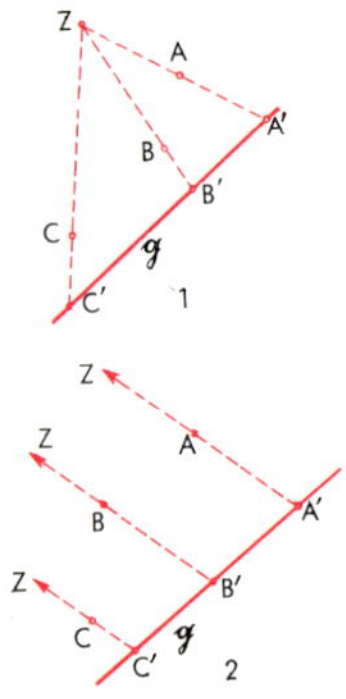

Projektion 1)

Programmiersprache, Datenverarbeitung: zum Abfassen von→Programmen für digitale →Rechenanlagen geschaffene Sprache. Als **Maschinensprache** werden alle direkt vom Rechner interpretierbaren Befehle und ihre Verknüpfungen bezeichnet. In Maschinensprache geschriebene Programme zeichnen sich durch minimalen Speicherplatzbedarf und hohe Rechengeschwindigkeit aus, erfordern aber einen sehr hohen Zeitaufwand und gute Maschinenkenntnisse bei der Abfassung. Um dem Benutzer die Programmierung zu erleichtern, sind höhere P. entwickelt worden. In einer **maschinenorientierten P.** kennzeichnet jede Anweisung einen Befehl oder eine Befehlsfolge eines best. Rechenanlagen-Typs in leicht merkbarer Form. Während der Ausführung bildet die Rechenanlage nach einem übergeordneten Übersetzer-Programm, dem **Assemblierer (Assembler** [əs'emblə, engl.]), aus jeder Anweisung die entsprechende Befehlsfolge in Maschinensprache. Die **problemorientierte P.** ist auf ein best. Anwendungsgebiet zugeschnitten und lehnt sich an die hier übl. Sprech- und Schreibweisen an. Beispiele: ALGOL und FORTRAN für technisch-wissenschaftl. Berechnungen auf Datenverarbeitungsanlagen, BASIC für techn. Berechnungen und als Dialogsprache, z. B. bei Personal Computern, COBOL für kaufmännische Aufgaben, PL/1 für kommerzielle und technisch-wissenschaftl. Anwendungen, PASCAL für strukturierte Programmierung numerischer und nichtnumer. Probleme, PEARL für Automatisierungsaufgaben, ADA als Neuentwicklung auch für Mikroprozessoren geeignet, ferner z. T. für spezielle Anwendungen PL/M, APL, C, LISP, FORTH u. a. Als Übersetzerprogramm dient hier der **Kompilierer (Compiler** [kəmp'aılə, engl.]), mit dem die Rechenanlage das **Maschinenprogramm** meist in einem getrennten Arbeitsgang gewinnt und für spätere Bearbeitung speichert.

programmierter Unterricht, programmiertes Lernen, Lehr- und Lernverfahren ohne direkte Beteiligung einer Lehrperson, bei dem Auswahl und Gliederung der Lernschritte durch Programme in Form von Fragebogen, Lehrbüchern, Tonband, Bild, Film und →Lehrmaschinen übernommen werden. Der Schüler kann nach individuellem Lerntempo fortschreiten und seine Erfolge selbst kontrollieren. Ansätze zu einem p. U. gab es in den USA seit etwa 1926; eine verstärkte Förderung wurde seit 1954 unternommen, in der Bundesrep. Dtl. seit 1964.

Programmsteuerung, Datenverarbeitung: selbsttätige Steuerung von Arbeitsabläufen, Bewegungsvorgängen u. ä. nach vorgegebenem →Programm; als **zeitabhängige P.** z. B. bei Verkehrssignalanlagen, Waschmaschinen, Lichtreklamen, als **wegabhängige P.** z. B. bei Nockensteuerung an Werkzeugmaschinen.

Program|musik, Instrumentalmusik mit einem begrifflich faßbaren Inhalt, die durch Tonmalerei, bildhafte rhythm. und melod. Motive sowie durch Klangfarbenwahl best. Gedankenverbindungen auszulösen sucht; Ggs.: →absolute Musik. – Schon früh versuchte man, äußere Geschehnisse tonmalerisch zu erfassen und durch besondere Titel zu kennzeichnen: so in Chansons von C. Janequin (Anfang 16. Jh.), Klavierstücken von F. Couperin, J. P. Rameau, J. Kuhnau, J. S. Bach u. a. Die Gatt. der P. im eigtl. Sinn schuf H. Berlioz mit sinfon. Dichtungen; Hauptvertreter waren u. a. F. Liszt, B. Smetana, R. Strauss.

Progress, erstmals 1978 von der UdSSR eingesetztes unbemanntes Weltraum-Transportfahrzeug zur Versorgung der Raumstationen vom Typ Saljut und deren Besatzungen mit Treibstoff, Gasen, Ausrüstungen und Lebensmitteln von der Erde; im Prinzip ein modifiziertes Raumschiff vom Typ Sojus.

Progreß [lat.] *der, ...gr'esses/...gr'esse,* Fortschritt.

Progression [lat.] *die, -/-en,* **1)** Fortschreiten, Stufengang, Staffelung, Steigerung. **2)** Steuerrecht: Ausgestaltung des Tarifs, nach der die zu zahlende Steuer mit steigender Höhe der Bemessungsgrundlage (z. B. Einkommen) nicht nur absolut (proportional), sondern auch relativ (überproportional) zunimmt; anders die Steuer-Degression (→Degression 3). *der* **Progressist,** *-en/-en,* Fortschrittler. **progressiv,** fortschreitend; fortschrittlich.

Progressive Movement [prəugr'esıv m'u:vmənt, engl.], eine etwa 1900–17 in den USA beide großen Parteien erfassende politisch-soziale Reformbewegung. Sie erstrebte u. a. Schutz der Arbeiterschaft vor Ausbeutung, Gesundheitsschutz, Beseitigung sozialer Mißstände, polit. Reformen, Umweltschutz, öffentl. Kontrolle wichtiger Wirtschaftszweige. Im Rahmen dieser Bewegung spaltete sich 1912 die **Progressive Party** [-p'ɑ:tı] unter T. Roosevelt von der Republikan. Partei ab. Als Führer einer Partei gleichen Namens errang R. M. La Follette 1924 rd. 5 Mio. Wählerstimmen. Eine Splittergruppe gleichen Namens unter H. A. Wallace blieb 1948 ohne größere Bedeutung.

Progymnasium [grch. ›Vorgymnasium‹], eine höhere Schule, die bis zur Klasse 10 führt.

prohibieren [lat.]. *ich* **prohibiere** *es,* ⚘ verbiete, verhindere. **prohibitiv, prohibitorisch,** verbietend, verhindernd.

Prohibitine [zu lat. prohibere ›abwehren‹] *Pl.,* in Pflanzen gebildete Stoffe, die als chem. Barrieren deren Resistenz gegenüber Krankheitserregern und pflanzenfressenden Tieren bewirken.

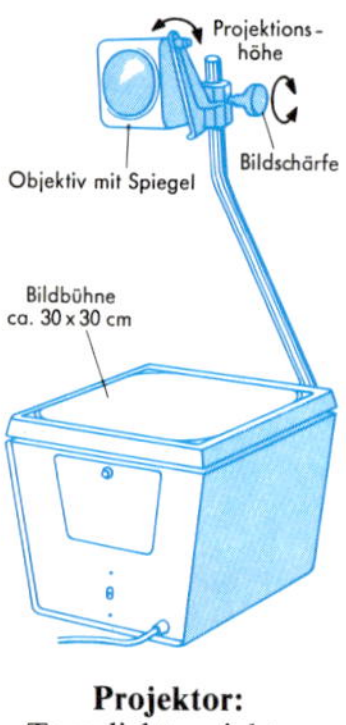

Projektor:
Tageslichtprojektor

Prohibition [engl. prəuıb'ıʃn] *die, -/-en,* staatl. Verbot von Herstellung, Transport und Verkauf alkohol. Getränke. In den USA wurde die P., nachdem mehrere Gliedstaaten Sondergesetze erlassen hatten (trockene Staaten), 1917 auf Kriegszeit, 1919 auch weiterhin für die Union eingeführt (Verfassungsgesetz von 1920), 1933 aufgehoben.

Prohibitivzoll, hoher Zoll, der die Einfuhr best. Waren erschweren oder verhindern soll.

Prohormone, Biochemie: inaktive Vorstufen von Hormonen, die erst durch einen Sekretionsreiz in die biologisch aktive Form überführt und freigesetzt werden (z. B. Insulin, Glukagon).

Projekt [lat.] *das, -(e)s/-e,* Plan; Entwurf. *ich* **projektiere** *es,* plane, beabsichtige.

Projektil [frz.] *das, -s/-e,* Geschoß.

Projektion [lat.] *die, -/-en,* **1)** △ in der Geometrie die Abbildung von räuml. Gebilden mittels Strahlen auf einer Ebene (Zeichenebene). Die **Zentralprojektion** des Punktes *A* vom Augenpunkt oder Projektionszentrum *Z* aus auf eine mit *Z* und *A* in der gleichen Ebene liegende Gerade *g* ist der Schnittpunkt *A'* des Sehstrahls von *Z* durch *A* mit *g* (BILD 1). Wenn der Augenpunkt *Z* ›unendlich weit entfernt‹ ist, wird die P. zur **Parallelprojektion** (BILD 2). Entsprechend ist im Raum die P. von Punkten auf eine Ebene erklärt. Die Darstellung räuml. Gebilde auf einer ebenen Zeichenfläche durch Zentral-P. nennt man **Zentralperspektive,** durch Parallel-P. **Parallelperspektive** (→Perspektive). In der darstellenden Geometrie gewinnt man durch Parallel-P. auf 3 zueinander senkrechte Ebenen Grund-, Auf- und Seitenriß räuml. Gebilde. **2)** Optik: die Wiedergabe von Bildern auf einem Schirm mit einem →Projektor. **3)** Ⓟⓢ psychische Vorgänge, bei denen subjektive Qualitäten als Eigenschaften äußerer Gegenstände oder anderer Personen erlebt werden, bes. bei Affekten und Gefühlszuständen (→Einfühlung). Nach S. Freud stellt die P. einen Abwehrmechanismus dar, der eigene verdrängte Bedürfnisse, minderwertig scheinende Eigenschaften oder Wünsche zur Entlastung nach außen projiziert. Hierauf bauen die projektiven Testverfahren auf, die aus der Gestaltung eines Testmaterials Rückschlüsse auf die Persönlichkeit ziehen. **4)** Statistik, Ökonometrie: meist eine langfristige→Prognose 4), bei der die Bedingungen (bes. die polit. und sozialen Begleitumstände) nicht mitprognostiziert werden. P. in diesem Sinn haben oft einen stärker hypothet. Charakter als Prognosen.

Projektions|apparat, der →Projektor.

Projektionslampe, Lampe mit bes. aufgebautem Leuchtkörper mit möglichst hoher Leuchtdichte für Projektionsgeräte, heute Halogenglühlampen und Gasentladungslampen (Xenon).

Projektionsröhre, in Fernsehempfängern eine Bildröhre, bei der das Bild nicht direkt betrachtet wird (Direktsichtempfänger), sondern von dem kleinen Leuchtschirm mit einer Optik auf eine Mattscheibe (Durchprojektion) oder Leinwand (Aufprojektion) projiziert wird; Anwendung für Großprojektionen.

Projektionswand, Bildwand, Darstellungsfläche für das vom →Projektor abgestrahlte Bild. Bei P. für die Aufprojektion werden Weißpigmente mit hoher Reflexionswirkung auf feste Wände, Textil- oder Kunststoffbahnen gebracht **(Leinwand).** Zur Erhöhung der Rückstrahlung können P. mit kleinsten Glasperlen beschichtet sein **(Perlwand).** Für die Durchprojektion werden durchscheinende P. verwendet.

projektive Ebene, projektiver Raum, △ die Ebene und der Raum der **projektiven Geometrie,** die außer den eigentlichen auch die ›uneigentlichen‹ Punkte (›unendlich ferne Punkte‹, Fernpunkte) enthalten (→Geometrie).

projektive Verfahren, Projektions|tests, psychodiagnost. Untersuchungsverfahren (→Test), die von der Grundannahme ausgehen, daß sich Erlebnisinhalte und Persönlichkeitsstrukturen eines Menschen in seinen Wahrnehmungen, Schilderungen oder Gestaltungen projiziert ausdrücken (→Projektion 3). Dem zu Testenden werden Kleckse zum Deuten (→Rorschach-Test), vage Bilder zum Erzählen von Geschichten (Thematischer Apperzeptionstest oder Murray-Test), angefangene Zeichen zum Ergänzen (Wartegg-Test), Bildgeschichten zum Erfinden eines Textes, Spielmaterial u. ä. vorgelegt. P. V. sind v. a. in der psycholog. und psychiatr. Praxis weit verbreitet, werden jedoch nur als beschränkt zuverlässig und gültig beurteilt.

Projektivität [lat.] *die, -/-en,* **projektive Abbildung,** △ eine Abbildung der projektiven Ebene oder des projektiven Raums auf sich selbst. Bei P. bleibt das →Doppelverhältnis zw. 4 Punkten unverändert.

Projektmanagement [-mænıdʒmənt], Konzeption der Führung für ein außergewöhnliches, zeitlich befristetes Projekt, umfaßt Planung, Organisation, Durchführung und Kontrolle, geleitet von einem **Projektmanager** [-mænıdʒə].

Projektor [lat.] *der, -s/...t'oren,* **Projektionsapparat, Bildwerfer,** Gerät zur optisch vergrößerten Wiedergabe von Bildvorlagen auf einer →Projektionswand. Zur Wiedergabe von durchsichtigen Stehbildern (→Diapositiv) wird ein **Diaprojektor**

verwendet (Diaskop). Undurchsichtige Stehbilder werden mit dem **Episkop** projiziert. P. für beide Bilderarten heißen **Epidiaskop.** Moderne Diaprojektoren besitzen z. T. hohen Bedienungskomfort, z. B. automat. Bildwechsel durch Fernbedienung (mit oder ohne Kabel) oder Zeitschalter; Autofocus (automat. Schärferegulierung); Tonbandanschluß für die Tonprojektion. Sonderformen sind u. a. **Tageslichtprojektor** (Overhead-, Schreib-, Zeichen-, Arbeitsprojektor), der die Projektion von bewegl. Arbeitsvorlagen und ein Schreiben und Zeichnen während der Projektion gestattet; **Mikrofilmlesegerät; Stereoprojektor** (Raumbildwerfer); **Röntgenprojektor** zur Projektion von Röntgenaufnahmen; **Mikroprojektor** (Mikroskopprojektor) zur Wiedergabe mikroskopischer Präparate.

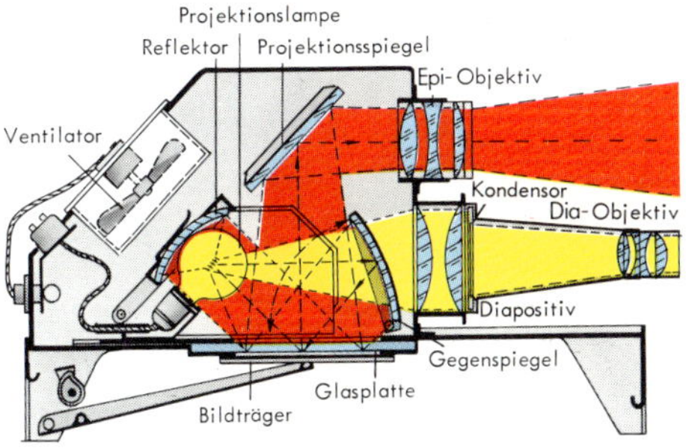

Projektor: Epidiaskop, als Episkop (roter Strahlengang) und als Diaskop (gelber Strahlengang) schaltbar

Große P. für Kinefilme (Kino-, Filmprojektoren) enthalten zusätzlich Vorrichtungen zum Filmtransport und ein Tonlaufwerk zur opt. Abtastung der Tonspur. Amateur-Schmalfilmprojektoren sind einfacher, haben heute aber hohen Bedienungskomfort und ggf. versch. Zusatzeinrichtungen: automat. Filmeinfädelung, Einzelbildprojektion, Zeitraffer- und -dehnereinrichtung, Kassettentonbandanschluß u. a.

projizieren [lat.]. *ich* **projiziere** *es,* **1)** zeichne das Bild eines Körpers in einer Fläche. **2)** gebe mit einem Projektor wieder. **3)** *auf ihn, etwas,* Ü übertrage, z. B. eigene Wünsche auf einen anderen Menschen.

Pro Juventute [lat. ›für die Jugend‹], schweizer. Stiftung, Sitz: Zürich; gegr. 1912. Sie leistet Einzelhilfe und befaßt sich mit sozialen Fragen aller Altersstufen, auch mit Problemen der Freizeitgestaltung.

Proklamation [lat.] *die, -/-en,* förml. Kundgebung, Aufruf, insbes. eine amtl. Kundmachung der Regierung in feierl. Form über wichtige Staatsangelegenheiten; im Völkerrecht: die Verlautbarung mehrerer Staaten über gemeinsame Grundsätze ihrer Politik; auch rechtsverbindl. Anordnung einer Besatzungsmacht. *Vb. ich* **proklamiere** *es.*

proklitisch [grch.], Ⓢ unbetont vorangestellt.

Proklos, lat. **Proclus,** Diadochos, grch. Philosoph, * 411, † 485, leitete die athen. Akademie, war der letzte bed. Neuplatoniker. Wichtig sind seine Kommentare zu Platon und Euklid. Im MA. hielt man sein Werk für aristotelisch, erst Thomas von Aquino erkannte den wahren Zusammenhang. Hegel schätzte ihn hoch wegen seiner Idee einer im Dreischritt gehenden Dialektik.

Prokofi|eff, Serge, **Prokofjew,** Sergej Sergejewitsch, russ. Komponist, * Gut Sonzowka (Gouv. Jekaterinoslaw) 23. 4. 1891, † Moskau 5. 3. 1953, seit 1918 in Westeuropa und den USA, kehrte 1934 in seine Heimat zurück. P. verband gesangl. Melodik, Virtuosität und klassizist. Haltung zu einem Stil von gemäßigter Modernität, schrieb Opern (›Die Liebe zu den drei Orangen‹, 1921), Ballette (›Romeo und Julia‹, 1940), Orchesterwerke (›Skythische Suite‹, 6 Sinfonien), das musikal. Märchen ›Peter und der Wolf‹ (1936), 5 Klavier- und 2 Violinkonzerte, Klavierwerke (8 Sonaten), Lieder, Filmmusik.

Prokonsuln und **Proprätoren,** vorjährige röm. Konsuln und Prätoren mit verlängerten Amtsbefugnissen, meist Statthalter von Provinzen.

Prokop, Prokopios von Kaisareia, byzantin. Geschichtsschreiber, * Caesarea Palaestina um 500, † nach 562, schrieb eine Gesch. der Kriege des Kaisers Justinian I. gegen die Perser, Wandalen und Goten, einen Bericht über die Bauten Justinians, ein Pamphlet gegen Justinian und Theodora.

Prokopjewsk, Stadt im S des Kusnezker Beckens, Russ. SFSR, an der Aba, (1982) 268000 Ew.; Bergbau-Forschungsinstitute, Kohlenbergbau, Maschinenbau-, elektrotechn., Nahrungsmittel-, Baustoff-, Leichtindustrie.

Prokrustes, grch. Mythos: ein Riese, der alle, die in seine Hände fielen, auf ein Bett legte. Wenn sie zu kurz waren, streckte er sie; waren sie zu lang, hackte er ein Stück ab. Theseus überwältigte ihn. **Prokrustesbett,** Ü Schema, in das alles gewaltsam hineingezwängt werden soll.

Prokura [lat.] *die, -/...ren,* umfassende Vollmacht, die nur ein Vollkaufmann oder sein gesetzl. Vertreter erteilen kann. Die P. ermächtigt den Empfänger **(Prokurist)** zu allen Arten von Rechtsgeschäften und gerichtl. Handlungen, die zum Gegenstand eines Handelsgewerbes gehören können. Ausgeschlossen sind nur Veräußerung und Belastung von Grundstücken und Handlungen, die der Geschäftsinhaber persönlich vornehmen muß, z. B. Anmeldungen zum Handelsregister. Dritten gegenüber ist der Umfang der P. unbeschränkbar, im Innenverhältnis muß der Prokurist etwaige Beschränkungen bei Vermeidung einer Schadensersatzpflicht beachten. Der Prokurist zeichnet mit der Firma, der er seinen Namen mit einem die P. andeutenden Zusatz beifügt, i. a. ppa. Die P. ist jederzeit widerruflich (§§ 48 ff. HGB).

Prokurator [lat.] *der, -s/...t'oren,* **1)** Sachwalter, Bevollmächtigter. **2)** Röm. Reich: Amtsbez. für kaiserl. Beamte aus dem Ritterstand, die der Zentral-, Finanz- und Domänenverwaltung vorstanden; auch Statthalter in kleineren Provinzen. **3)** Frankreich: **Procureur** [prɔkyr'œ:r], der Staatsanwalt. **4)** kath. Klosterwesen: → Generalprokurator 1).

Prokurist *der, -en/-en,* Inhaber der → Prokura.

Prokyon [grch.] *der, -(s),* Stern 1. Größe, α im Sternbild des Kleinen Hundes.

Pröl *der, -s, nd.:* Wust, Lumpenzeug.

Prolactin [lat.] *das, -s,* **Prolaktin,** Hormon des Vorderlappens der Hirnanhangdrüse (Übersicht Hormone).

Prol|amine [lat.], in den Samen der Getreidearten vorkommende Pflanzenproteine (→ Eiweiß).

Prolaps [lat.] *der, -es/-e,* ⚕ → Vorfall.

Prolegomenon [grch.] *das, -s/...mena, meist Pl.,* Vorbemerkung, Einführung.

Prolepsis [grch. ›Vorwegnahme‹] *die, -/...l'epsen,* **1)** vorzeitiges Erscheinen eines Pflanzenorgans (herbstliche Obstblüten). **2)** Ⓢ Vorwegnahme eines sprachl. Elements, eines Lauts oder eines Satzglieds.

Prolet [von Proletarier] *der, -en/-en,* verächtlich: **1)** Proletarier. **2)** ungehobelter, roher Mensch.

Proletariat [aus lat. proles ›Nachkomme‹, ›Sprößling‹] *das, -(e)s,* **1)** im alten Rom die Bürger, die außerhalb der 5 Klassen der Zenturienordnung standen, weil ihr Vermögen den Mindestsatz nicht erreichte (proletarii). Ihre Aufgabe für die Gemeinschaft war die Erzeugung von Nachkommenschaft (proles). Später wurden sie auch zum Heeresdienst herangezogen. **2)** nach K. Marx und F. Engels die Klasse der Lohnarbeiter (→ Klasse 8) in einer auf dem Privateigentum an den Produktionsmitteln gegr. bürgerl. Gesellschaft. Ohne Besitz an den Produktionsmitteln, lebt das P. allein vom Verkauf seiner Arbeitskraft. Der von ihm erwirtschaftete → Mehrwert der industriellen Erzeugung kommt allein den Produktionsmittelbesitzern, der Klasse der Bourgeoisie, zugute. Historisch gesehen bes. aus ehem. Handwerkern, Manufakturarbeitern und verarmten Landarbeitern entstanden (in Großbritannien seit etwa 1770, in Dtl. seit etwa 1830), umfaßt das P. nach Marx jene Menschen, die durch den Verkauf ihrer Arbeitskraft als Ware an die Produktionsmittelbesitzer sich selbst entfremdet sind und durch gegenseitige Konkurrenz auf dem Arbeitsmarkt nur ein Existenzminimum erreichen (Verelendungstheorie). Nach Marx ist es die histor. Aufgabe des P., sich seiner Klassenlage bewußt zu werden und durch den → Klassenkampf sowie durch die proletar. Revolution die Diktatur des P. (→ Diktatur) zu errichten und die klassenlose Gesellschaft zu verwirklichen. Über die Lehren von Marx und Engels hinaus soll nach Lenin das P. diese Ziele im Bündnis mit den Bauern sowie unter Anleitung und Führung der ›Partei neuen Typs‹ (d. h. der Kommunist. Partei) verfolgen. *Adj.* **proletarisch.**

Serge Prokofieff

Proletari|er *der, -s/-,* Angehöriger des → Proletariats.

Proletari|er aller Länder, vereinigt euch!, der Schlußsatz des → Kommunistischen Manifests; später Wahlspruch der sich zur 2. Internationale (gegr. 1889) bekennenden Sozialisten, seit 1920 der Kommunist. Internationale (Komintern). 1918 wurde der Satz Wahlspruch im Wappen der Russ. Sozialist. Föderativen Sowjetrep., später der UdSSR und ihrer Gliedstaaten.

Proletarischer Internationalismus, marxistisch-leninist. Grundprinzip der Zusammenarbeit kommunist. Parteien und Staaten, wendet sich gegen Nationalismus und alle weltbürgerlich humanist. Bestrebungen liberaler oder sozialist. Prägung.

Proletkult *der, -s,* Abk. für **Proletarskaja kultura,** sowjetruss. Bewegung, die unter Ausschaltung der traditionellen Kultur eine proletar. Massenkultur entwickeln wollte. Der P. entfaltete sich in den ersten Jahren der Sowjetherrschaft, verlor jedoch um 1921 die Unterstützung Lenins. 1932 wurde dem P. ein Ende gesetzt. Die Dichtung, formal oft vom Futurismus beeinflußt, feierte die Macht der Revolution und des Arbeiterkollektivs. Vorgestellt wurden Massenschauspiele unter Mitwirkung der modernen Tech-

$CH_3 - CH_2 - CH_3$

Propan

nik. Die bildenden Künstler standen meist dem → Konstruktivismus nahe.

Proliferation [lat.] *die, -/-en,* **1) Prolifikation,** ⊕ Versprossung, durch Parasiten oder genetisch verursachte Blütenmißbildung (→ Durchwachsung). **2)** ⚕ Wucherung des Gewebes infolge Zellvermehrung bei regenerativen oder entzündl. Vorgängen. **3)** [engl. prəʊlɪfər'eɪʃn] *ohne Pl.,* Ü Weitergabe oder mißbräuchl. Verwendung, bes. von spaltbarem Material (z. B. für die Herstellung von Kernwaffen). *Adj.* **proliferativ.** *Vb. es* **proliferiert.**

Prolin *das, -s,* Abk. **Pro,** ⚗ nichtessentielle Aminosäure.

Prolo, Bez. für Jugendliche, die in der Auffassung anderer Gruppierungen (→ Popper) nach Kleidung und Verhalten unter der Norm liegen; als Adj. auch Bez. für Billig-(Massen-)Ware.

Prolog [grch. prologos] *der, -(e)s/-e,* Vorrede. Im antiken Drama sowie im Drama des MA. und der Renaissance diente der P. der Einführung in die Handlung. Auch Vorspiele, die ein abgeschlossenes Ganzes bilden, heißen bisweilen P. (›P. im Himmel‹ in Goethes ›Faust‹). Fest-P. werden bei feierl. Gelegenheiten einer Aufführung vorangeschickt. Gegenstück ist der → Epilog.

Prolongation [lat.] *die, -/-en,* **1)** Verlängerung, insbes. einer Zahlungsfrist. **2)** Börse: **P.-Geschäft,** → Report 2 (→ Deport). **3)** Wechselrecht: Stundung der Wechselverpflichtung gegen Ausstellung eines neuen Wechsels **(P.-Wechsel)** mit hinausgeschobener Verfallzeit, mit dessen Verkaufserlös der Erstwechsel bezahlt wird. *Vb. ich* **prolongiere** *es.*

PROM, Abk. für **Programmable Read Only Memory** [pr'əʊgræməbl ri:d 'əʊnlɪ m'emərɪ, engl.], Halbleiter-Festwertspeicher (→ Speicher) für die elektron. Datenverarbeitung.

Prome [prəʊm], früherer Name der birman. Stadt → Pyè.

Promemoria [lat. ›zur Erinnerung‹] *das, -s/...ri|en,* Denkschrift. **Posten pro memoria,** der Erinnerungsposten.

Promenade [frz.] *die, -/-n,* **1)** Spaziergang. **2)** angelegter Spazierweg. *ich* **promeniere** (bin promeniert), spaziere.

Prometheus [grch. ›Vorbedacht‹], grch. Mythos: einer der Titanen, Bruder des Atlas und Epimetheus. Er galt als Schöpfer des Menschen und der Anfänge menschl. Kultur. Da er gegen den Willen des Zeus den Menschen das Feuer brachte, wurde er an einen Felsen im Kaukasus geschmiedet, wo ihm ein Adler die immer wieder wachsende Leber aushackte. Später befreite ihn Herakles. Dramen von Aischylos ›Der gefesselte P.‹, ›Der befreite P.‹. Dichtungen von Goethe, P. B. Shelley, K. Spitteler, A. Gide. **promethe-isch,** titanenhaft, voll urgewaltigen Trotzes.

Promethium [n. Prometheus] *das, -s,* **Pm,** radioaktives chemisches Element (Übersicht chemische Elemente), ein → Lanthanoid, in Form radioaktiver Isotope aus den Spaltprodukten von Kernreaktoren gewonnen. Massenzahl des längstlebigen (Halbwertszeit rd. 18 Jahre) Isotops: 145 P. tritt in seinen Verbindungen zumeist dreiwertig auf.

Promille [lat. pro mille] *das, -(s)/-,* Abk. **p. m.,** Zeichen ‰, für, auf oder vom Tausend; 1 P. = 1/10 Prozent.

prominent [lat.], hervorragend, tonangebend. *der, die* **Prominente,** *-n/-n, ein -r, eine -,* bekannte Persönlichkeit. *die* **Prominenz,** -, **1)** ⚖ hervorragende Bedeutung. **2)** Gesamtheit prominenter Personen.

Promiskuität [lat. promiscuus ›vermischt‹] *die, -,* **1)** Völkerkunde: die Vorstellung, daß es menschl. Gemeinschaften ohne ehel. Bindungen gäbe (→ Ehe). **2)** Geschlechtsverkehr mit häufig wechselnden Partnern.

Promorphologie [grch.], **Grundformenlehre,** nach E. Haeckel die Wissenschaft von den stereometr. Grundformen und Formverhältnissen der Lebewesen (z. B. radialsymmetr. Körper, → Symmetrie 3).

Promoter [engl. prəm'əʊtə] *der, -s/-,* Veranstalter, bes. von Box-, Ringkämpfen.

Promotion [lat.], **1)** *die, -/-en,* Verleihung der Würde eines → Doktors. **2)** [engl. prəm'əʊʃn] *die, -,* Motivation der Käuferschichten in der Werbewirtschaft, → Sales-promotion. *ich* **promoviere, 1)** *ihn,* verleihe ihm die Doktorwürde. **2)** erlange die Doktorwürde einer Fakultät.

Promotor [lat.] *der, -s* oder *...t'oren/...t'oren,* **1)** Manager, Förderer. **2) P. iustitiae,** der Vertreter des kirchl. Interesses im kirchlichen Prozeß. **3)** ⚗ → Aktivator 1).

prompt [lat.], rasch, pünktlich.

Promptgeschäft, → Kassengeschäft.

Promulgation [lat.] *die, -/-en,* ⚖ Verkündung, bes. eines Gesetzes. *Vb. ich* **promulgiere** *es.*

Pronomen [lat.] *das, -s/-* oder *...mina,* Fürwort, Wortart, die an Stelle eines → Nomens steht, hierzu Übersicht S. 291.

prononciert [prɔnɔ̃s'i:rt, frz.], deutlich ausgesprochen, betont, ausgeprägt.

Pronunciamiento [prɔnunθiami'ɛntɔ, span.] *das, -s/-s,* fälschlich **Pronunziamento,** Militärputsch, urspr. Kundgebung.

Pronyscher Zaum [-n'i-, n. dem frz. Ingenieur M. R. de Prony, * 1755, † 1839], **Bremsdynamometer,** → Dynamometer.

Proömium [grch.] *das, -s/...mi|en* oder *...mia,* Vorspiel, Eingang einer Rede oder eines Gedichts, Vorrede.

Propädeutik [grch.] *die, -,* **philosophische P.,** philosoph. Einführungsunterricht. *Adj.* **propädeutisch.**

Propaganda [lat.] *die, -,* eine Form der Werbung, bes. für best. geistige Ziele und polit., religiöse, wirtschaftl., aber auch künstler. oder humanitäre Ideen; allg. die publizist. Beeinflussung, ihre Inhalte und Methoden. Im russ., vorrevolutionären Kommunismus war P. die Bez. für revolutionären Aktivismus. Der Marxismus-Leninismus nennt diese aktivist. P. Agitation, dagegen ist P. die Bez. für die Parteischulung (›Kaderinstruktion‹). Nach Lenin vermittelt die P. wenigen viele Ideen, die Agitation vielen wenige Ideen. *der* **Propagandist,** *-en/-en,* i. w. S. jemand, der P. treibt, i. e. S. Werbeberuf für die Einführung eines Produkts **(Haus-P., Vorführ-P.).** *Adj.* **propagandistisch.** *ich* **propagiere** *es,* werbe dafür.

Propagandakongregation, Evangelisationskongregation, Röm. Kurie: die 1968 in → Missionskongregation umbenannte Kurienkongregation für die Ausbreitung des Evangeliums unter den Völkern.

Propan *das, -s,* ⚗ gasförmiges → Alkan, das bei der Erdölverarbeitung und durch Kondensation aus Erdgas gewonnen wird. P. gehört zu den Flüssiggasen. Es dient als Brenngas (Heizwert 93 450 J/m³; komprimiert in Stahlflaschen), Kraftstoff für Ottomotoren und chem. Rohstoff (z. B. für das Steamcracken).

Propandiol *das, -s,* **1,2-Propandiol,** ⚗ → Propylenglykol.

Propan|disäure, ⚗ die → Malonsäure.

Propanol *das, -s,* **1-Propanol, n-Propylalkohol,** ⚗ mit Wasser und organ. Lösemitteln mischbarer Alkohol, der im Fuselöl enthalten ist. P. wird aus Äthylen hergestellt. Es dient als chem. Zwischenprodukt und in geringerem Maß als → Isopropylalkohol als Lösemittel.

Propanon *das, -s,* ⚗ das → Aceton.

Propansäure, ⚗ die → Propionsäure.

Propeller [engl.] *der, -s/-,* → Luftschraube, → Schiffsschraube.

Propeller-Turbinen-Luftstrahltriebwerk, Abk. **PTL-Triebwerk, Turbo-Prop,** ein Gasturbinen-Flugtriebwerk, bei dem der größte Teil der frei werdenden Energie dem Antrieb eines Propellers dient, während der aus der Schubdüse austretende Abgasstrom nur wenig Schub liefert, → Strahltriebwerk.

Propen *das, -s,* ⚗ das → Propylen.

Propenal *das, -s,* ⚗ das → Acrolein.

proper [frz.], sauber, nett, ordentlich.

Properz, Sextus Propertius, Klassiker der röm. Elegiendichtung, Freund des Vergil, * Asisium (Assisi) um 50 v. Chr., † nach 16 v. Chr. Von P. sind 4 Bücher eleg. Gedichte erhalten (bes. im 1. Buch: Liebesgedichte auf ›Cynthia‹). Die Nachwirkung des P. war zunächst sehr groß (Ovid), hörte aber im MA. fast ganz auf. Erst im 14. Jh. wurde er wiederentdeckt und wirkte später bes. auf Goethe (›Römische Elegien‹).

Prophage [lat.-grch.], Biologie: zeitweilig inaktiver Bakteriophage.

Prophase, Biologie: die 1. Phase der Zellteilung, die Chromosomen werden im Zellkern sichtbar.

Prophet [grch.] *der, -en/-en,* Verkünder oder Deuter einer Gottesbotschaft; Weissager, Seher. *die* **Prophezeiung,** *-/-en,* Weissagung (→ Prophetie 1). *Vb. ich* **prophezeie** *es. Adj.* **prophetisch.**

Religionsgeschichte. Die Gottesoffenbarung empfangen die P. oft in ekstatischem Zustand, durch Schauen von Gesichten (Vision) oder Hören himml. Stimmen (Audition); diese ›Erlebnisse‹ werden als Wirkung einer unmittelbaren Berührung mit der Gottheit oder Einwohnung eines Geistwesens (Dämons) gedeutet. Von besonderer Bedeutung sind die P. Israels. Sie traten zuerst zur Zeit Samuels in Scharen und Gilden auf. Neben den Prophetengilden, z. T. i. Ggs. zu ihnen, standen einzelne Persönlichkeiten, deren Wirken seit der Mitte des 8. Jh. v. Chr. meist in ihren eigenen Worten überliefert ist. Das Entscheidende ihrer Botschaft ist die Ankündigung des verdienten Gerichts Jahwes über sein Volk, ebenso über andere Völker, die seinen Zorn durch Hochmut oder Grausamkeit erregt haben. Den Übergang zur Heilsprophetie bildet die Mahnung zur Umkehr, die mit Jahwes Erziehungshandeln an Israel oder mit dem vollkommenen Heil unter einem künftigen Herrscher aus Davids Stamm rechnet. – Nach dem Umfang der auf die späteren P. zurückgehenden Aufzeichnungen in der Bibel wird unterschieden zw. 4 großen P. (Jesaja, Jeremia, Hesekiel/Ezechiel, Daniel) und 12 kleinen P. (Hosea, Joel, Amos, Obadja, Jona, Micha, Nahum, Habakuk, Zephanja, Haggai, Sacharja, Maleachi). Das frühe Christentum las die prophet. Schriften des A. T. als Ankündigung des durch Christus vollendeten Heils. In der christl. Kunst des MA. wurden die 4 großen P. oft den 4 Evangelisten, die 12 kleinen P. den 12 Aposteln gegenübergestellt.

Prophetie [grch.] *die, -,* **1) Prophezeiung,** das Voraussagen künftiger Ereignisse, die Verkündigung der Propheten, auch das

1. Personalpronomen

Kasus	Singular					Plural		
	1. Person	2. Person	3. Person			1. Person	2. Person	3. Person
			Maskulinum	Femininum	Neutrum			
Nominativ	ich	du	er	sie	es	wir	ihr	sie
Genitiv	meiner	deiner	seiner	ihrer	seiner	unser	euer	ihrer
	(⚘ mein)	(⚘ dein)	(⚘ sein)		(⚘ sein)			(⚘ ihr)
Dativ	mir	dir	ihm	ihr	ihm	uns	euch	ihnen
Akkusativ	mich	dich	ihn	sie	es	uns	euch	sie

In Briefen schreibt man die Personalpronomen der Anrede (2. Person Singular und Plural: *du, deiner, dir, dich; ihr, euer, euch, euch)* sowie die entsprechenden Possessivpronomen groß. Die Personalpronomen der 3. Person Plural werden auch als Höflichkeitsform in der Anrede benutzt; man schreibt sie in diesem Fall stets groß (nicht nur in Briefen): *Sie, Ihrer, Ihnen, Sie.*

2. Das Reflexivpronomen

sich tritt an die Stelle des Dativs oder Akkusativs der 3. Person des Personalpronomens, wenn sich das Objekt auf das Subjekt zurückbezieht: *er verteidigt sich; sie gönnt es sich.* Bei den anderen Personen tritt das Personalpronomen ein: *ich schade mir; wir waschen uns.*

3. Das reziproke Pronomen

Hier bezeichnen *sich, uns, euch* eine gegenseitige Bezüglichkeit (statt der einseitigen Rückbezüglichkeit des Reflexivpronomens). Daneben tritt oft *einander* auf: *wir hatten uns* (oder *einander) lange nicht gesehen.*

4. Das Possessivpronomen

mein, dein, sein, ihr, sein; unser, euer, ihr; Ihr. Die Deklination ist stark wie bei *ein,* wenn das Possessivpronomen attributiv gebraucht wird: *der Umschlag meines Buches.* In diesem Fall steht der Artikel nie davor.

Steht der Artikel vor dem Possessivpronomen, so wird das Pronomen substantivisch gebraucht und schwach flektiert: *der meine.* Häufig wird diese Form mit ... *ig* erweitert: *der meinige.*

Also: *mein Vater - der meine - der meinige.*

5. Das Demonstrativpronomen

Dazu gehören *der, die, das; dieser, diese, dieses; jener, jene, jenes; derjenige, diejenige, dasjenige; derselbe, dieselbe, dasselbe; solcher, solche, solches; selbst, selber.*

Die einfachen Demonstrativpronomen werden stark flektiert: *dieses Tages, jenes Tages.* Die mit dem Artikel verbundenen Demonstrativpronomen flektieren den zweiten Teil schwach: *desselben Tages, eines solchen Tages.*

Kasus	Singular			Plural
	Maskulinum	Femininum	Neutrum	Maskulinum, Femininum und Neutrum
Nominativ	der	die	das	die
Genitiv	dessen	deren,	dessen	deren,
	(⚘ des)	derer (der)	(⚘ des)	derer (der)
Dativ	dem	der	dem	denen
Akkusativ	den	die	das	die
Nominativ	dieser	diese	dieses, dies	diese
Genitiv	dieses	dieser	dieses	dieser
Dativ	diesem	dieser	diesem	diesen
Akkusativ	diesen	diese	dieses, dies	diese
Nominativ	derjenige	diejenige	dasjenige	diejenigen
Genitiv	desjenigen	derjenigen	desjenigen	derjenigen
Dativ	demjenigen	derjenigen	demjenigen	denjenigen
Akkusativ	denjenigen	diejenige	dasjenige	diejenigen

Nicht flektiert werden *selbst* und *selber; ihm selbst* (U *selber).*

Wie *dieser, diese, dieses* werden auch die Reflexivpronomen *welcher, welche, welches* sowie die Indefinitpronomen *jeder, jede, jedes* und *mancher, manche, manches* flektiert.

Die Demonstrativpronomen *der, die, das* unterscheiden sich von den bestimmten Artikeln durch stärkere Betonung. Will man noch stärker hinweisen, kann *dieser* stehen, das ungefähr bedeutet: *der da, gerade der.* Eine schwächer betonte Nebenform zu *dieses* ist das unflektierte *dies,* das besonders alleinstehend gebraucht wird: *dies und das,* manches, verschiedenes.

jener, jene, jenes kommen nur als Gegensatz zu *dieser, diese, dieses* vor: *Mond und Sonne leuchten am Himmel, diese bei Tag, jener bei Nacht.*

Die verstärkten Formen *derjenige, diejenige, dasjenige* finden sich neben *der, die, das* vor einem Reflexivpronomen, das einen Relativsatz einleitet: *derjenige von euch* oder *der von euch, der mich zuerst sieht, darf mitkommen.* Der Genitiv *deren* wird nur gebraucht, wenn das Demonstrativpronomen sich auf etwas Vorangegangenes zurückbezieht: *das sind die stets Uneinsichtigen; es gibt deren viele.* Sonst wird der Genitiv *dessen* und *derer* verwendet: *ich erinnere mich dessen nicht; das ist die Meinung derer, die uns kennen.*

6. Das Relativpronomen

a) *der, die, das; welcher, welche, welches.* Die Deklination stimmt mit dem Demonstrativpronomen überein, jedoch heißt der Genitiv nur *dessen* und *deren* (nie *derer).* Der Genitiv von *welcher* ist ungebräuchlich. Die Relativpronomen *der, die, das* sind vorzuziehen. Sie leiten Nebensätze ein, die sich auf ein bestimmtes Substantiv beziehen. Die Relativpronomen *welcher, welche, welches* werden wegen ihrer Schwerfälligkeit selten und fast ausschließlich in der Schriftsprache gebraucht. Man verwendet sie bes. dann, wenn *der, die, das* oder zu viele gleiche Wörter zusammentreffen: *der Mann, dem ich gestern begegnete; es sind immer die, welche es am wenigsten nötig hätten.*

b) *wer, was* dienen als Relativpronomen in der Bedeutung *jeder der, jedes das: wer das glaubt, irrt sich; was du damit beabsichtigst, kann ich mir denken.*

7. Das Fragewort (Interrogativpronomen und -adverb)

Fragewörter zählt man zu den Pronomen, wenn sie ein Substantiv vertreten (Interrogativpronomen: *wer, was, welcher, welche, welches)* und zu den Adverbien (Interrogativadverbien), wenn sie nach Art und Weise, Ort, Zeit oder Grund fragen.

a) Interrogativpronomen:

nur alleinstehend gebraucht: *wer?, was?*

Nominativ: wer?, was?
Genitiv: wessen? (⚘ wes?)
Dativ: wem?
Akkusativ: wen?, was?

wer will mitkommen?; wem gehört das?

alleinstehend oder attributiv gebraucht: *welcher?, welche?, welches?: welcher Fluß fließt hier?; da paßt ein Wort Goethes. Welches?*

b) Interrogativadverb:

wie? fragt nach Art und Weise; dazu: *wieso?, inwiefern?, inwieweit?*

wo? fragt nach dem Ort; dazu: *woher?, wohin?*

wann? fragt nach der Zeit.

warum? fragt nach dem Grund; dazu: *weshalb?, wodurch?, womit?, wozu?*

8. Das Indefinitpronomen

Es bezeichnet Personen oder Gegenstände in ganz unbestimmter Weise, was durch Beifügung von *irgend* verstärkt werden kann. Es wird teils substantivisch, teils adjektivisch gebraucht und, wie die anderen Pronomen, stets klein geschrieben.

Dazu gehören *alle, beide, einer, einige, (irgend) etwas, irgendeiner, jeder, jedermann, (irgend) jemand, keiner, man, manche, mehrere, nichts, niemand, viele, wenige.*

Nach *alles, etwas* oder *nichts* schreibt man alleinstehende flektierte Adjektive groß: *alles Gute, etwas Schönes, nichts Neues.*

$HC \equiv C - CH_3$

Propin

$CH_3 - CH_2 - COOH$

Propionsäure

Wahrsagen der individuellen Zukunft. **2)** Parapsychologie: Form der außersinnl. Wahrnehmung, die sich in Ahnungen, Wahrträumen, Visionen u. a. äußert.

Prophylaxe [grch.] *die, -/-n,* **Vorbeugung,** Maßnahmen, die Krankheiten verhüten sollen (→Gesundheitsvorsorge, →Vorsorgeuntersuchungen. *Adj.* **prophylaktisch.**

Propin *das, -s,* **Allylen, Methyl|acetylen,** unangenehm riechendes, sehr reaktionsfähiges Gas der Alkin-Reihe. Verwendung als Schweiß- und Schneidgas und für organ. Synthesen.

Propionsäure [lat.], **Propansäure,** stechend riechende Carbonsäure, u. a. im Pansen von Wiederkäuern. Ihre Salze heißen **Propionate.** Sie dient zur Konservierung von Futtermitteln und zur Herstellung von Estern, **Calcium-** und **Natriumpropionat** werden zur Schimmelverhütung bei Backwaren verwendet.

Propolis [grch. ›Außenstadt‹] *die, -,* Wabenbaustoff der →Biene.

proponieren [lat.]. *ich* **proponiere** *es,* beantrage, schlage vor.

Proportion [lat.] *die, -/-en,* **1)** Verhältnis. **2)** △ eine Gleichheit von Verhältnissen, z. B. 5 : 15 = 6 : 18, allgemein $a : b = c : d$. **proportional,** verhältnismäßig. *Subst. die* →Proportionalität. **proportioniert,** im richtigen Verhältnis stehend, gut abgestimmt.

Proportionalität *die, -,* liegt bei 2 variablen Größen x und y dann vor, wenn der aus beiden Größen gebildete Quotient $y/x = c$ einen festen (konstanten) Wert hat; c heißt dann **Proportionalitätskonstante.** Die Größen x und y sind **(direkt) proportional** (zueinander); Formelschreibweise $y \sim x$. Die graph. Darstellung von $y = cx$ ergibt eine Gerade durch den Nullpunkt des von x und y aufgespannten Koordinatensystems. – **Indirekte P.,** auch **umgekehrte P.,** zw. 2 Variablen liegt vor, wenn ihr Produkt konstant ist. Die graph. Darstellung indirekt proportionaler Größen ergibt Hyperbeln.

Proportionalsteuer, im gleichen Verhältnis mit der Höhe der Bemessungsgrundlage ansteigende Steuer.

Proportionalzähler, ⊠ ein →Zählrohr, dessen Stromimpulse proportional der von den Teilchen erzeugten Ionisation sind und das dadurch verschiedene Teilchensorten zu unterscheiden gestattet; auch zur Bestimmung der Teilchenenergie geeignet.

Proporz [zu Proportion] *der, -es/-e,* **1) Proportionalwahl,** Verhältniswahl, →Wahlrecht. **2)** ein System, in dem Ämter in der Weise an Mitgl. der polit. Parteien, u. U. auch der Konfessionen, vergeben werden, daß diese entsprechend ihrer zahlenmäßigen Stärke vertreten sind. Besondere Bedeutung kommt dem P. bei der Vergabe von Ministerämtern in Koalitionsregierungen zu. *Adj.* **proportionell.**

Proposition [lat.] *die, -/-en,* **1)** Vorschlag. **2)** bes. im Pferdesport Ausschreibung der Bedingungen. **3)** Ⓢ Inhalt einer sprachl. Äußerung.

Proprium [lat.] *das, -s,* **1)** die Eigenheit, Besonderheit einer Person oder Sache. **2)** Liturgie: die wechselnden oder Eigenteile in Messe und Stundengebet sowie im evang. Gottesdienst zu besonderen Anlässen.

Propst [aus lat. propositus ›Vorgesetzter‹] *der, -es/¨e,* **1)** Kath. Kirche: der Leiter der äußeren Angelegenheiten eines Kapitels (Stifts-P., Dom-P.). Der Titel ging auch auf Pfarrer geschichtlich bed. Pfarreien über. **2)** evang. Kirchen: in einigen Landeskirchen der Leiter eines mittleren, in anderen der eines unteren Aufsichtsbezirks. *die* **Propstei,** *-/-en,* Amt und Bezirk eines P.

propter hoc [lat.], wegen diesem, bewirkt durch dieses; im Unterschied zu **post hoc** (zeitlich) nach diesem.

propulsiv [lat.], Ⓟ dranghaft und ungerichtet vorantreibend, die Eigenart elementarer Antriebserlebnisse.

Propusk *der, -s/-e,* russ. Bez. für Passierschein, Ausweis.

Propyl [grch.] *das, -s/-e,* die einwertige, vom Propan abgeleitete Kohlenwasserstoffgruppe $CH_3 - CH_2 - CH_2 -$.

Propyläen [grch. ›vordere Toranlage‹] *Pl.,* **1)** Torbau zu Heiligtümern, Palästen, öffentl. Gebäuden, bes. die P. der Akropolis von Athen (438–432 v. Chr.), ein Vorbild für viele spätere Bauten, z. B. die P. in München von L. v. Klenze (1846–62). **2)** Titel einer von Goethe 1798–1800 hg. Ztschr., in der er einige seiner wichtigsten kunsttheoretischen Aufsätze veröffentlichte.

Propyl|alkohol, →Propanol.

Propylen *das, -s,* **Propen,** gasförmiger Kohlenwasserstoff aus der Gruppe der →Alkene. P. wird beim Steamcracken von Benzin gewonnen und ist eines der wichtigsten Primärprodukte der Petrochemie. Es dient zur Herstellung von Polypropylen, Acrylnitril, Oxo-Alkoholen, Propylenoxid, Cumol und Isopropylalkohol.

Propylenglykol, 1,2-Propandiol, ölige, hygroskop. Flüssigkeit, dient als Gefrierschutzmittel, ist Bestandteil von Hydraulikflüssigkeiten und Feuchthaltemitteln, wird auch zur Herstellung von Polyestern, Epoxidharzen, Polyurethanen sowie als Bestandteil von Kosmetika verwendet.

Propylenoxid

Propylen|oxid, ätherartig riechende Flüssigkeit, die zur Herstellung von Polyurethanen, Propylenglykol und Tensiden dient.

Prorektor [lat.], an Hochschulen der Stellv. des →Rektors 2).

Prorogation [lat.] *die, -/-en,* **1)** Aufschub, Vertagung. **2)** ⚖ Zuständigkeitsvereinbarung zw. Prozeßparteien: Ein an sich unzuständiges Gericht wird, auch durch rügeloses Verhandeln, für den Rechtsstreit zuständig. *ich* **prorogiere** *es,* schiebe auf. *Adj.* **prorogativ.**

Prosa [lat. prosa oratio ›geradeaus gehende Redeweise‹] *die, -,* freie, nicht durch die Gesetze des Verses gebundene Sprachform. Mittel künstler. P.-Formung sind Wortwahl, Satzbau, Vergleich, Bild und sonstige Stilfiguren. Die klangl. Form wird bestimmt durch den Prosarhythmus (Lage und Zahl der Betonungen, Pausen; Länge der Wörter u. a.) und die Sprechmelodie. In der Kunstdichtung erscheint die P. als literar. Darstellungsform erst nach der versgebundenen Aussageweise. In der Neuzeit tritt die erzählende und die essayist. P. in den Vordergrund (Roman, Novelle, Erz., Essay); auch das Drama geht, nach Ansätzen im 18. Jh., im 19. mehr und mehr zur P.-Form über. Gleichzeitig tritt die seit Renaissance und Humanismus in Anknüpfung an Cicero und an die Spätantike gepflegte rhetor. P. immer mehr zurück. **prosaisch, 1)** in Prosa. **2)** Ü nüchtern, sachlich. *der* **Prosaist,** *-en/-en,* P. schreibender Schriftst. *der* **Prosaiker,** *-s/-,* **1)** Prosaist. **2)** Ü nüchterner Mensch.

Prosektur [lat.] *die, -/-en,* Einrichtung an Kliniken, oft Teil eines Patholog. Institutes, in der Sektionen (Leichenöffnungen) durchgeführt werden. *der* **Prosektor,** *-s/...t'oren,* Leiter der P.

Proselyt [grch. ›Hinzugekommener‹] *der, -en/-en,* der von einer Partei oder Religion zu einer anderen Übertretende. *der* **Proselytenmacher,** *-s/-,* zudringlicher Bekehrer.

Pros|enchym [grch.] *das, -s/-e,* ⊕ Gewebe aus gestreckten, spitzendigen Zellen. **prosenchymatisch,** wie P. beschaffen.

Proserpina, lat. Name der Göttin →Persephone.

prosit! [lat. ›es möge nützen‹], kurz **prost!,** Zuruf beim Zutrinken: wohl bekomm's! *Subst. das* **Prosit,** *-s/-s.*

Proskription [lat.] *die, -/-en,* im alten Rom Bekanntmachung durch Anschlag; seit Sulla, der die Namen seiner geächteten Gegner bekanntgab: Ächtung. *Vb. ich* **proskribiere** *ihn, es.*

Proskurow, früherer Name von →Chmelnizkij.

Proskynese [grch. proskynein ›fußfällig verehren‹] *die, -/-n,* die Verehrung der Gottheit (Adoration) – urspr. des antiken Herrschers – im Zeichen der völligen Unterwerfung (Niederwerfen und Berühren des Bodens mit der Stirn).

Prosobranchia [grch.], die Vorderkiemer, Ordnung der →Schnecken.

Prosodie [grch.] *die, -/...d'i|en,* **Prosodik** *die, -/-en,* in der Antike die Lehre von dem, was bei der Aussprache zu den bloßen Lauten noch ›hinzugetönt‹ wurde, v. a. relative Tonhöhe und →Quantität 2); heute: Untersuchung der Wörter nach ihrer Eignung, sich in den Vers zu fügen. *Adj.* **prosodisch.**

Prospekt [lat.] *der, -(e)s/-e,* **1)** Ansicht, Aussicht. **2)** Werbeschrift. **3)** Bank, Börse: Bekanntmachung über Wertpapiere, die zur Börse zugelassen werden sollen; aus ihr muß eine Beurteilung der Wertpapiere möglich sein (§§ 38 ff. des Börsen-Ges.). **4)** der (gemalte) Hintergrund der Bühne. **5)** bildl. Darstellung von Straßen, Plätzen, Städten ohne besondere künstler. Absicht (Prospektmalerei). **6)** sichtbarer Teil des Orgelgehäuses. **prospektiv,** vorausschauend.

Prospektion [lat.] *die, -/-en,* das Aufsuchen und Untersuchen von Lagerstätten mit geowissenschaftlichen und bergmännischen Methoden.

prosperieren [lat.]. *es* **prosperiert,** gedeiht, geht (wirtschaftlich) gut voran. *die* **Prosperität,** -, engl. **Prosperity** [prɔsp'erɪtɪ], **1)** Wohlstand, wirtschaftl. Gedeihen. **2)** Konjunkturaufschwung.

Pross, Helge, Soziologin, * Düsseldorf 14. 7. 1927, † Gießen 2. 10. 1984, schrieb u. a. ›Die Wirklichkeit der Hausfrau‹ (1975); ›Die Männer‹ (1978). – Hg.: Familie – wohin? (1979).

prossen. *Wild* **proßt** *Bäume,* schält ab.

Proßnitz, tschech. **Prostějov** [pr'ɔstjɛjɔf], Stadt im Südmähr. Kr., ČSSR, (1982) 50620 Ew.; Bekleidungs-, Maschinen-, Lebensmittel-Ind.

prost! [Kurzform von lat. prosit], →prosit!

Prostaglandine *Pl.,* Gruppe von Gewebshormonen, chemisch Abkömmlinge ungesättigter Fettsäuren. Sie wurden zuerst in menschl. Samenflüssigkeit nachgewiesen und sind Bestandteile vieler tier. und menschl. Gewebe. P. zeigen vielfältige Eigenschaften: Stimulation der glatten Muskulatur, Beeinflussung von Herzfrequenz und Blutdruck, Auslösung von Geburtswehen (zum Schwangerschaftsabbruch verwendet); sie greifen an verschiedenen Stellen in den Stoffwechsel ein, werden bei Entzündungsreaktionen freigesetzt und erzeugen Schmerz.

Prostata [grch.] *die, -/...tae,* **Vorsteherdrüse,** bei Mensch und Säugetieren unpaare Geschlechtsdrüse, Anhangsorgan der männl. →Geschlechtsorgane. Die muskulös-drüsige, etwa kastaniengroße P. umschließt ringförmig den Anfangsteil der Harnröhre zw. Blasengrund und Beckenboden. Die P. liefert den Hauptteil der bei der Ejakulation entleerten Samenflüssigkeit und verursacht deren charakterist. Geruch; ihr dünnflüssiges, milchiges Sekret wird unter dem Einfluß des männl. Geschlechtshormons Testosteron gebildet. Hauptaufgabe des P.-Sekrets ist die Aktivierung der Spermienbeweglichkeit.

Prostata|adenom, Prostata|hypertrophie, gutartige Vergrößerung des die Harnröhre umgebenden Drüsenanteils der Prostata, tritt bei etwa 50% aller Männer über 60 Jahren auf. Ein P. kann beschwerdefrei verlaufen, oft kommt es zu häufigem Harndrang, erschwerter Harnentleerung, später zu Zurückbleiben von Harn in der Harnblase (›Restharn‹), ständigem Harnträufeln oder Ischurie (→ Harnverhaltung 2), Nierenschädigung.

Behandlung: In den Anfangsstadien medikamentös, bei Harnverhaltung Blasenentleerung durch Katheter, später Operation (elektr. Resektion des P. durch die Harnröhre).

Prostatakrebs, bei Männern nach dem 50. Lebensjahr häufig auftretende bösartige Geschwulst, die anfangs keine Beschwerden verursacht, später zu Harnentleerungsstörungen, evtl. Blutungen u. a. führt. Da der P. frühzeitig in das Skelett metastasieren kann, treten auch Knochenschmerzen auf. Eine frühzeitige Diagnose ist durch rektale (Vorsorge-)Untersuchung möglich.

Behandlung durch weibliche Geschlechtshormone, Operation, Bestrahlung.

Prostějov [pr'ɔstjɛjɔf], tschech. Name der Stadt → Proßnitz.

prosthetische Gruppe, ⚗ **1)** der nichteiweißartige Bestandteil im Molekül bei Proteiden (→ Eiweiß). **2)** Wirkungsgruppe (Coenzym) bei → Enzymen, soweit diese chemisch Proteide sind.

prostituieren [lat. prostituere ›vorn (öffentlich) hinstellen‹]. *ich* **prostituiere, 1)** *ihn,* ♧ stelle bloß. **2)** *mich,* gebe mich preis, biete mich zur → Prostitution an. *Subst. die* **Prostituierte,** *-n/-n.*

Prostitution [zu prostituieren] *die, -,* die gewerbsmäßige und wahllose Hingabe des eigenen Körpers zu geschlechtl. Zwecken. Prostituierte können Männer oder Frauen sein.

Geschichte. Bei den monogamen Kulturvölkern des Altertums findet sich eine ausgedehnte P. als anerkanntes Gewerbe. Daneben gab es im Orient (z. B. bei Babyloniern, Juden, Indern) die religiöse P. (Tempel-P.). In Griechenland und Rom war die profane P. weit verbreitet (→ Hetäre).

Die christl. Lehre mit ihrer sittl. Bindung des Geschlechtstriebes schränkte die P. im abendländ. frühen MA. zunächst ein, konnte sie jedoch nicht ausrotten. Seit der Renaissance erlangten die den antiken Hetären vergleichbaren Kurtisanen gesellschaftl. Anerkennung, zuerst in Italien, dann in Frankreich, Dtl. u. a. Ländern. Im ›galanten‹ 18. Jh. erreichte die P. einen Höhepunkt.

Mit der Industrialisierung im 19. Jh. breitete sich die P. bes. in den Großstädten aus. 80–90% der Dirnen betreiben die P. als freies Gewerbe. Heute ist die Call-Girl-P. verbreitet.

Recht. Bes. die von England ausgehende abolitionist. Bewegung (Josephine Butler) setzte sich mit ihren Forderungen nach Abschaffung der Reglementierung und Kasernierung, Gewerbefreiheit für die Prostituierten, Gesundheitskontrolle u. a. in den meisten Ländern durch, in Dtl. v. a. nach dem 1. Weltkrieg (Ges. zur Bekämpfung der Geschlechtskrankheiten v. 18. 2. 1927, heute ersetzt durch das Ges. v. 23. 7. 1953). Die P. kann in Gem. unter 50000 Ew. ganz und in Gem. über 50000 Ew. für einzelne Bezirke verboten werden; sie ist außerdem verboten, wenn sie geeignet ist, einzelne Personen oder die Allgemeinheit zu belästigen (z. B. in der Nähe von Schulen, Kirchen). Ferner → Kuppelei, → Zuhälter, → Homosexualität. In der Dt. Dem. Rep. ist die Ausnutzung und Förderung der P. (Kuppelei) strafbar (§ 123 StGB). In Österreich ist die männl. P. nach § 210, die Kuppelei nach § 213 StGB strafbar. In der Schweiz ist die gewerbsmäßige Kuppelei strafbar (Art. 198 ff. StGB).

Prostration [lat.] *die, -/-en,* **1)** liturg. Ausdruck der tiefen Verehrung (Auf-dem-Boden-Liegen). **2)** ⚕ Erschöpfung.

Prostylos [grch.] *der, -/...loi,* grch. Tempel, bei dem nur die Eingangsfront mit Säulen versehen ist.

Pro|szenium [aus grch. proskenion] *das, -s/...ni|en,* vorderster Teil der Bühne, Übergang vom Zuschauerraum zum Bühnenraum, auf beiden Seiten meist begrenzt durch die Proszeniumslogen (Bühnenlauben).

prot..., → proto...

Prot|actinium [grch.] *das, -s,* **Pa,** radioaktives Metall aus der Gruppe der → Actinoide (ÜBERSICHT chemische Elemente), gehört zu den seltensten Elementen der Erde. Zahlreiche Isotope wurden künstlich hergestellt. In der Natur in Uranmineralen kommen die Isotope ^{234}Pa (β-Strahler, Halbwertszeit 1,18 min) und ^{231}Pa (Halbwertszeit 32500 Jahre), das als α-Strahler zu Actinium zerfällt, vor. P. wurde 1918 von O. Hahn und Lise Meitner entdeckt. Es ist glänzend grauweiß, tritt in seinen Verbindungen meist fünfwertig auf und ähnelt in seinem chem. Verhalten Tantal.

Protagonist [grch.] *der, -en/-en,* im altgrch. Drama der erste Schauspieler; danach jemand, der maßgeblich für eine Sache eintritt.

Protagoras, grch. Philosoph, der bedeutendste der Sophisten, * Abdera um 481 v. Chr., † um 411, wurde in Athen wegen Gottlosigkeit verurteilt, ertrank auf der Flucht. Er lehrte die Abhängigkeit aller Wahrnehmungen von den menschl. Sinnen. Sein Satz: ›Der Mensch ist das Maß aller Dinge‹ ist die Grundlage seines Relativismus (alles ist, wie es dem Einzelnen erscheint), mit dem sich Platon auseinandersetzte.

Prot|amine [grch.], Eiweißkörper mit einem Molekulargewicht von 1000 bis 5000 (→ Eiweiß).

Prot|andrie [grch.] *die, -,* **Proter|andrie,** Biologie: bei zwittrigen Lebewesen das frühere Reifen der männl. Geschlechtsprodukte (z. B. beim Weidenröschen; bei parasit. Würmern), i. Ggs. zur **Protogynie (Proterogynie),** bei der die Reifung der weibl. Geschlechtsprodukte vorangeht (z. B. beim Wegerich; bei Salpen). P. und Protogynie verhindern eine Selbstbefruchtung.

Proteasen, *Sg. die* **Protease,** *-,* **Prote|inasen,** Bez. für Enzyme, die Peptidbindungen in Eiweißstoffen spalten **(Peptidylpeptidhydrolasen):** Pepsin, Rennin (→ Labferment), Trypsin, Papain u. a. **Endo-P.** spalten die Peptidkette innerhalb des Moleküls, **Exo-P.** greifen am Ende der Peptidkette an.

Protégé [prɔteʒ'e, frz.] *der, -s/-s,* Schützling, Günstling. *ich* **protegiere** [prɔteʒ'i:rə] *ihn,* begünstige, fördere.

Proteide [grch.], *Sg. das* **Proteid,** *-(e)s,* zusammengesetzte Eiweißkörper, deren Moleküle auch nichtaminosäureartige Bausteine enthalten (→ Eiweiß).

Prote|inbiosynthese, zykl. Mehrstufenprozeß, bei dem freie Aminosäuren der Zellen zu genetisch festgelegten Sequenzen synthetisiert werden.

Proteine [grch.], *Sg. das* **Protein,** *-s,* einfacher Eiweißkörper, → Eiweiß.

Prote|in|urie [grch.] *die, -/...r'i|en,* **Eiweißharnen,** vermehrtes Vorkommen von Eiweiß (z. B. Albumin, **Albuminurie)** im Harn; kann auftreten infolge größerer Durchlässigkeit der Niere für Eiweiß bei Nierenentzündung, Nephrose und Nierenbeckenentzündung; ferner infolge Ausscheidung atyp. Bluteiweißkörper.

Protektion [lat.-frz.] *die, -/-en,* Förderung, Gönnerschaft, Schutz. *der* **Protektor,** *-s/...t'oren,* Schirmherr, Gönner.

Protektionismus [lat.-frz.] *der, -,* dem → Freihandel entgegengerichtetes handelspolit. System, das die inländ. Erzeugung einzelner Wirtschaftsbereiche (z. B. Landwirtschaft oder einzelne Industriegruppen) durch Schutzzölle, Einfuhrkontingente oder -verbote vor der ausländ. Konkurrenz zu schützen sucht. Das → GATT wirkt auf den allmähl. Abbau des P. seiner Mitgliedsstaaten hin. *der* **Protektionist,** *-en/-en,* Anhänger des P.

Protektorat [lat.] *das, -(e)s/-e,* **1)** Völkerrecht: Schutzherrschaft eines Staates oder einer Staatenmehrheit über einen anderen Staat, der der Schutzmacht (Protektor) i. d. R. die Führung seiner Außenvertretung und den militär. Schutz ganz oder großenteils anvertraut und ihr oft auch Einfluß auf seine inneren Angelegenheiten gewährt. Das P. wird i. d. R. durch Vertrag begr. Ein P. kann dem Schutz eines kleinen Landes dienen (z. B. P. Frankreichs über Monaco). Häufiger ist P. die Form einer kolonialen Abhängigkeit, die erweiterter oder voller Selbständigkeit weichen kann (z. B. brit. P. in Ägypten 1914–22). **2)** Staatsrecht: früher auch die Schutzgewalt eines Staates über seine Kolonien (Schutzgebiete). **3)** Gönnerschaft. **4)** Ehrenvorsitz.

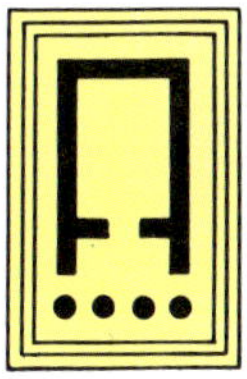

Prostylos

Protektorat Böhmen und Mähren. Unter Bruch des → Münchener Abkommens vom 29. 9. 1938 erzwang Hitler am 15. 3. 1939 vom tschech. Staatspräsidenten E. → Hácha und Außen-Min. F. Chvalkovský die Aufgabe der staatl. Souveränität der Tschechoslowakei und gliederte nach der Verselbständigung der Slowakei das böhmische und mährische Restgebiet mit 49000 km² und 7,3 Mio. Ew. dem Dt. Reich an (bis zum 8. 5. 1945).

Proteolyse *die, -,* hydrolyt. Aufspaltung von Eiweißen durch **proteolyt. Enzyme** (Proteasen, Peptidasen) oder Säuren.

Proter|andrie [grch.] *die, -,* Biologie: → Protandrie.

Proterogynie [grch.] *die, -,* Biologie: → Protandrie.

Proterozoikum [aus grch. proteros ›erste‹ und zoon ›Lebewesen‹] *das, -s,* früher auch **Eozoikum** oder **Algonkium,** Abschnitt der Erdgeschichte, der auf das Archaikum folgt, beide bilden das → Präkambrium.

Protest [lat. protestari ›öffentlich bezeugen‹] *der, -(e)s/-e,* **1)** Widerspruch, Einspruch. **2)** Politik: scharfer öffentl. Widerspruch gegen Maßnahmen oder Planungen staatl. oder kommunaler Organe, Verbände, Institutionen oder polit. Gruppierungen. Mittel des P. sind heute u. a. → Demonstrationen, Sitzstreiks, Flugblattaktionen, auch offene Briefe. P. wird auch in künstler. Form vorgebracht (→ Protestsongs, → Straßentheater). **3)** Wechselrecht: die öffentl. Beurkundung einer vergebl. Präsentation des Wechsels zur Annahme oder Zahlung (P. mangels Annahme, P. mangels Zahlung), Art. 44, 79 ff. Wechselgesetz. Der P. wird auf den Wechsel oder ein mit ihm verbundenes Blatt gesetzt. Er ist an Fristen gebunden, deren Versäumung zum Verlust der Ansprüche (→ Wechsel) führt. Die Ansprüche gegen den Akzeptanten bleiben bestehen. Durch den auf den Wechsel gesetzten Vermerk ›ohne P.‹ wird die Verpflichtung zum P. beseitigt. Auch ein Scheck kann bei Nichteinlösung zu P. gehen.

Protestant [lat.] *der, -en/-en,* **1)** jemand, der protestiert. **2)** Angehöriger einer der aus der Reformation hervorgegangenen evang. Glaubensgemeinschaften. *Adj.* **protestantisch.**

Protestantenverein, Deutscher P., gegr. 1863 in Frankfurt a. M., um die evang. Kirchen im Sinn der liberalen Theologie (→ Neoprotestantismus) zu erneuern und die der Kirche Entfremdeten wieder zu ihr zurückzuführen; seit 1956 ›Dt. Bund für freies Christentum‹.

Protestantisch-bischöfliche Kirche Nord|amerikas, engl. **Protestant Episcopal Church in the United States** [prɔ'tɪstənt ɪp'ɪskəpəl tʃə:tʃ ɪn ðə ju:n'aɪtɪd steɪts], der seit 1789 selbständige Zweig der Anglikan. Kirchengemeinschaft in den USA (1982: 2,786 Mio. Mitgl.).

Protestantische Union, die Union der protestant. Fürsten (→ Union 3).

Protestantismus [lat.] *der, -,* die aus der → Reformation 2) hervorgegangenen christl. Kirchen und Gemeinschaften, im weitesten Sinn alle christl. Organisationsformen, die nicht zur → Katholischen Kirche oder zur → Ostkirche gehören. Ihre Vielfalt reicht von der straffen Ordnung der Anglikanischen Kirche (→ Kirche von England) bis zur subjektiven Freiheit der Freikirchen.

›Protestantisch‹ erinnert an die Protestation der evang. Stände auf dem 2. Reichstag zu Speyer (1529): Sie erhoben Einspruch gegen den Beschluß der Mehrheit, die weitere Ausbreitung der Reformation zu untersagen. Hieran anknüpfend ist P. die Verwahrung gegen jede Bindung göttl. Offenbarung und Gnade an irdische Institutionen (Papsttum, Klerus, bindendes Lehramt, Tradition), die als fehlerhafte Entwicklung angesehen wird. Indem der P. auf das Evangelium, wie es die Hl. Schrift darbietet, zurückgeht, das Wort Gottes als alleinige Autorität anerkennt (Schriftprinzip), stellt er als Kern der christl. Botschaft die Rechtfertigung des Sünders allein aus dem Glauben hin. Der Glaube wird geschenkt allein aus Gottes Gnade. Hieraus werden als Forderungen abgeleitet: die Bewährung des Glaubens in der Welt, das Priestertum aller Gläubigen, die Gemeinde als Gemeinschaft der Glaubenden (an Stelle einer hierarchisch-rechtl. Institution, → Rechtskirche). Der P. hat die abendländ. Kircheneinheit gesprengt, selbst aber nicht zu einer organisator. Einheit gefunden. Nach dem Vorbild der → Augsburgischen Konfession wurde das Bekenntnis entscheidend für die Kirchenbildung. Zum P. gehören die großen Bekenntnisgemeinschaften der → Lutheraner und der → Reformierten mit vielen nationalen, landeskirchl. und freikirchl. Formen, die Unionskirchen und überkonfessionellen Gruppen (›Vereinigte Brüder in Christo‹ u. a.), die → Altlutheraner und Altreformierten, ferner die kleineren in der Reformationszeit entstandenen (Schwenkfelder, Mennoniten, Unitarier) oder erneut angeregten Gemeinschaften (→ Waldenser, → Brüdergemeine); vom englisch-amerikan. Bereich ausgehend die → Independenten, → Baptisten, → Quäker, der → Methodismus und die mannigfachen freikirchl. Gemeinschaften und Gemeinden; aus der evang. Missionsarbeit entwickelten sich in neuerer Zeit die → Jungen Kirchen. Eine Sonderstellung nimmt die Anglikanische Kirche ein. Gleichgesinnte Gemeinschaften und Kirchen sind zu größeren Kirchenbünden zusammengefaßt. So bestehen die Pananglikanische Bischofskonferenz (Lambeth-Konferenz, gegr. 1867), der Reformierte Weltbund (gegr. 1921/1875), der Lutherische Weltbund (gegr. 1947/1923), die Ökumenische Methodistenkonferenz (gegr. 1881), die Internationale Vereinigung der kongregationalistischen Kirchen (gegr. 1891, 1970 mit dem Reformierten Weltbund zusammengeschlossen), die Weltallianz der Baptisten (gegr. 1905). Auf nationaler Grundlage entstanden: 1895 ›National Free Church Council‹ in England, 1908 ›Federal Council of the Churches of Christ‹ in Amerika, 1919 ›Fédération Protestante de France‹, 1920 der Schweizer. Evangelische Kirchenbund, 1922 der Deutsche Evang. Kirchenbund, aus dem sich 1948 die Evangelische Kirche in Deutschland und daraus 1969 der ›Bund der Evang. Kirchen in der DDR‹ entwickelte, 1926 die Vereinigung Evang. Freikirchen in Deutschland, 1929 ›Church of Scotland‹ u. a. Aus dem immer stärker werdenden Gesamtbewußtsein der Evangelischen entstand die → Ökumenische Bewegung. – Zahlenangaben über die Ausbreitung des P. enthält die ÜBERSICHT Weltreligionen; vgl. ferner die Abschnitte Religion der Länderartikel.

Über die Geschichte des P. → Reformation, → Luther, → Lutheraner, → Reformierte, → Neuprotestantismus, → Evangelische Kirche in Deutschland.

Protestat [lat.] *der, -es/-e,* Wechselrecht: derjengie, gegen den → Protest erhoben wird.

Protestbewegung, eine Bewegung, die auf relativ breiter personeller Basis Unzufriedenheit mit allg. gesellschaftlich-polit. Verhältnissen oder mit konkreten – als Mißstand empfundenen – Zuständen in Einzelbereichen (Bürgerrechte, Menschenrechte, Umwelt, kriegerische Verwicklungen) artikuliert, z. B. in Demonstrationen.

protestieren. *ich* **protestiere, 1)** *gegen ihn, etwas,* verwahre mich dagegen, erhebe Einspruch. **2)** *einen Wechsel,* lasse zu Protest gehen.

Protest|songs [lat.-engl.], seit etwa 1960 Bez. für Lieder der protestierenden Jugend, bes. der ›Neuen Linken‹ mit stark politischem, zeit- und gesellschaftskrit. Einschlag. Die Form der P. überschneidet sich oft mit der des → Folksong.

Proteus, grch. Mythos: weissagender Meergreis, der die Gabe hatte, sich in viele Gestalten zu verwandeln.

Prothallium [grch.-lat.] *das, -s/. . . li|en,* ⊕ fädiger, flächiger oder knollenförmiger, ober- oder unterirdisch lebender Gametophyt (→ Gamet) der Farnpflanzen.

Prothese [grch.] *die, -/-n,* **1)** Ⓢ Vorschaltung eines Lautes vor den Anlaut. **2)** ⚕ Ersatz für einen verlorengegangenen Körperteil. Als **Endoprothese** bezeichnet man funktionsfähige Fremdkörper, die in den Körper eingesetzt werden, z. B. Hüft-, Arterien-, Herzklappenendoprothese (→ Arthroplastik). P. sind i. d. R. Gliedmaßenersatzstücke mit verschiedenen Aufgaben. Die **Sofortprothese** wird sogleich nach der Amputation im Operationssaal angelegt. Die heute sehr gebräuchl. **Frühprothese** erhält der Patient 8–21 Tage nach der Operation. Wegen der Schwellung des Stumpfes kann eine **normale (endgültige) P.** erst 2–3 Monate nach der Operation angepaßt werden. Die **Modularprothese** wird aus elektronisch gesteuerten Fertigteilen (Modulen) zusammengesetzt. **Fremdkraftprothesen,** die myoelektrisch gesteuert werden, geben bei Armverlust die Muskelfunktion nachahmende Impulse wieder.

P. der unteren Gliedmaßen. Amputationen im Mittel- und Rückfuß werden durch orthopädietechn. Schuhzurichtungen kompensiert. Ein Unterschenkelstumpf wird heute mit der ›Kondyleneinbettung Münster‹ (KBM) versorgt, der bisher übliche Oberschenkelschnürschaft wird dadurch entbehrlich. – Jüngeren

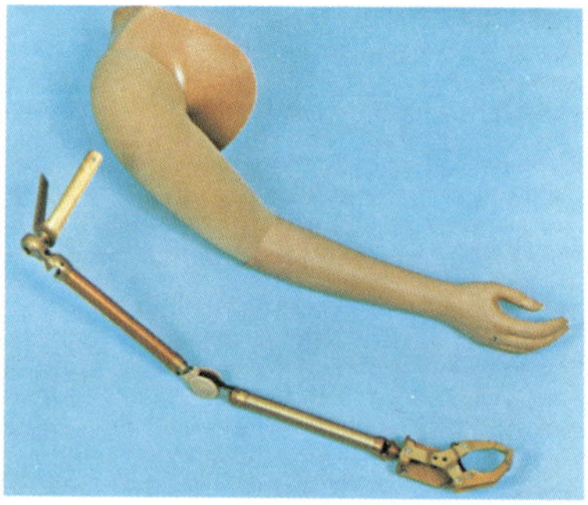

Prothese 2): Schulterexartikulations-P.

Prothese 2): von links nach rechts: Hüftexartikulations-P., Oberschenkel-P., Unterschenkel-P.

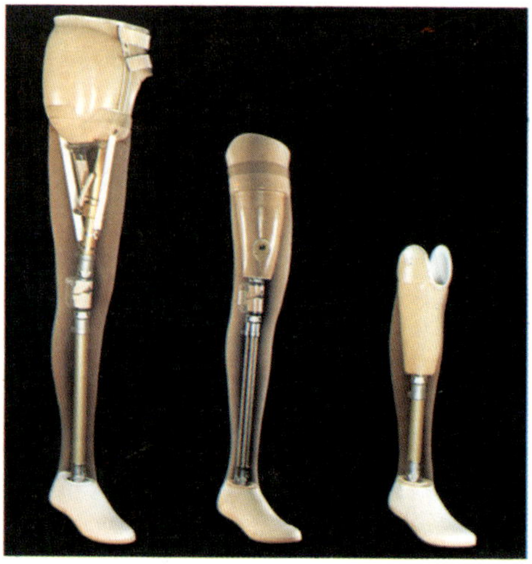

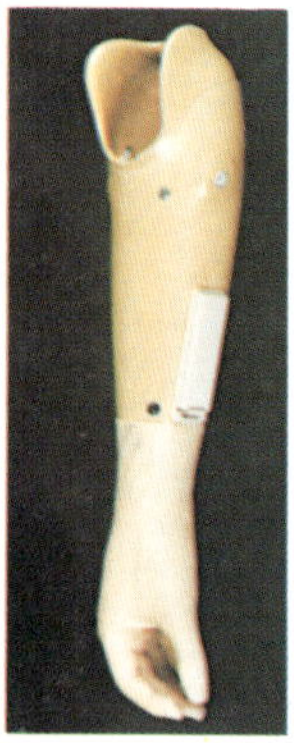

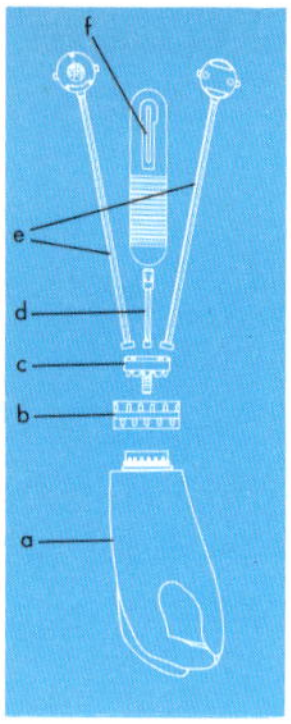

Prothese 2): Myoelektrisch gesteuerte Unterarm-P.; a Elektrohand, b Handgelenk-Ersatz mit Kugellaufbahn, c Einsatz zum Anschluß von Elektrohand, Elektroden und Akkumulator, d Akkumulator-Anschlußkabel, e Elektroden, f Akkumulator

Datums sind die P. für Oberschenkelstümpfe, die im Kniegelenkspalt amputiert wurden (Knieexartikulation). Heute ist auch eine ausreichende prothetische Versorgung nach operativer Entfernung des kompletten Beins aus der Hüfte oder nach Entfernung einer Beckenschaufel möglich. Durch Einsatz moderner, leichter Kunststoffe mit unterschiedlicher Elastizität, Entwicklung neuer Fertigungstechniken und neuer Gelenktypen (z. B. Kniegelenk mit Feststellung oder automatischer Bremse bei plötzlicher Beugung) gelingt es, fast jedem Amputierten prothetisch einwandfrei zu versorgen.

P. der oberen Gliedmaßen. Der Ersatz von Arm und Hand ist wegen der vielseitigen Bewegungsanforderungen noch nicht befriedigend gelöst. Viele Amputierte ziehen es daher vor, überhaupt keine P. zu benutzen. Für die Doppelhandamputierten bringt die Operation nach H. → Krukenberg (* 1863, † 1935) eine große Hilfe. Aus beiden Unterarmknochen wird eine Greifzange, der ›Krukenbergarm‹, gebildet. Für den **Arbeitsarm** können entweder starre, nur passiv verstellbare Behelfe (passiver Arbeitsarm) oder durch versch. Mechanismen willkürlich bewegbare Behelfe verwendet werden (Eigenkraft-P.). Die Eigenkraft-P. kann aktiv durch Kraftzüge (z. B. Schulterzug) sowie durch pneumat., biomechan. oder elektr. Kraftquellen bewegt werden.

Früher waren die Armprothesenträger an Lederhandschuhen erkennbar. Heute kann man Form und Farbe der Handoberfläche in Weichplastik nachbilden. Bei allen Hand- und Arm-P. stört aber das tote Gefühl beim Anfassen und die Schwierigkeit, die komplizierten Bewegungsabläufe der Hand zu imitieren. Die Schmuckhand und der Schmuckarm sind unbewegliche P., sie imitieren lediglich das Aussehen von Fingern, Hand und Arm, ohne eine Funktion auszuüben. - Über Zahn-P. → Zahnersatz.

Pro|thrombin [grch.], im Blut vorkommende physiolog. Vorstufe des → Thrombins.

Protisten [grch. protistos ›Allererster‹], *Sg. der* **Protist**, *-en,* **Einzeller**, nach E. Haeckel die einzelligen Lebewesen.

Protium [grch.] *das, -s,* **^{1}H**, das Wasserstoffisotop mit der Massenzahl 1 (relative Atommasse 1,007825).

proto... [grch. protos ›erster‹], vor Vokalen auch **prot...**, erst..., vor..., ur...

Protogynie *die, -,* **Proterogynie**, Biologie: → Protandrie.

Protokoll *das, -s/-e,* **1)** Niederschrift von öffentl. oder privaten Verhandlungen, die den Verlauf und Inhalt beurkundet und in beweismäßiger Form, oft mit Unterzeichnung durch die Beteiligten, festlegt (bes. im Zivil- und Strafprozeß, in der freiwilligen Gerichtsbarkeit, im Völkerrecht). **2)** die im diplomat. Verkehr festgelegten Regeln der Höflichkeit und Form; verantwortlich ist der **Chef des P.** *Adj.* **protokollarisch.** *der* **Protokollant**, *-en/-en,* jemand, der das P. führt. *ich* **protokolliere** *es,* nehme zu P., schreibe urkundlich nieder.

Protokolle der Weisen von Zion, angebliche Protokolle (1905) einer jüd. Tagung (1897), die einen Plan zur Aufrichtung der jüd. Weltherrschaft unter einem König aus dem Hause Zion enthalten. Es handelt sich um eine Fälschung zur Bekämpfung der Juden in Rußland. Obwohl mehrfach Prozesse zum Nachweis ihres fiktiven Charakters geführt wurden, dienten sie wiederholt antisemit. Kreisen zur Begründung judenfeindl. Maßnahmen.

Protokollsatz, Wissenschaftstheorie: vom Forscher protokollmäßig festgelegte Beobachtungen; Grundlage jeder Erfahrungswiss.; nach Auffassung des Positivismus einzige zuverlässige und unkritisierbare Aussageform und Erkenntnisgrundlage jeder Wissenschaft. (→ Basissatz)

Proton *das, -s/...t'onen,* Symbol **p**, zu den → Baryonen gehörendes positiv geladenes Elementarteilchen, mit dem Neutron zus. Baustein der Atomkerne. P. und Neutron lassen sich als 2 versch. Zustände des Nukleons auffassen. Das P. ist Träger einer positiven Elementarladung ($e \approx 1{,}602 \cdot 10^{-19}$C), seine Ruhemasse beträgt $m_p \approx 1{,}673 \cdot 10^{-27}$ kg, sein Spin $^1/_2$ (Weiteres ÜBERSICHT Elementarteilchen). Das P. bildet den Kern des leichtesten Wasserstoffisotops mit Massenzahl 1 und kann aus diesem gewonnen werden, indem man den Wasserstoff ionisiert (Ionisierungsenergie 13,53 eV). Bei zahlreichen Kernprozessen entstehen freie P. In der Physik benutzt man in Beschleunigern erzeugte, energiereiche (nahezu auf Lichtgeschwindigkeit beschleunigte) **Protonenstrahlen**, um Kernreaktionen zur Herstellung künstl. Nuklide durchzuführen, zur Gewinnung anderer Elementarteilchen oder um die Natur der Kernkräfte zu untersuchen. Die P. bilden den wesentl. Teil der → kosmischen Strahlung. Das Antiteilchen des P., das **Antiproton**, wurde 1955 beim Beschuß von Kupfer mit hochenerget. P. entdeckt. Die Georgi-Glashow-Theorie, die einen ersten Ansatz zur Vereinheitlichung der starken mit der elektroschwachen → Wechselwirkung darstellt, sagt eine Lebensdauer des P. von 10^{31} Jahren (zum Vergleich: das Alter des Universums wird auf $1{,}5 \cdot 10^{10}$ Jahre geschätzt) voraus, was i. Ggs. zur bisherigen Annahme einer unendlich langen Lebensdauer steht.

Protonenabstrahlung, Protonenemission, Art des radioaktiven Zerfalls (→ Radioaktivität).

Protonenmikroskop, ein → Feldionenmikroskop, das mit Wasserstoffgas arbeitet. Durch Feldionisation entstehen Protonen, die die Struktur des Materials der Probenspitze, d. h. die Anordnung der Gitterbausteine, abbilden.

Protonenpräzessionsmagneto|meter, → Kerninduktion.

Protonenresonanz, die → Kerninduktion oder → Kernspinresonanz von Protonen. - **P.-Spektroskopie**, → NMR-Spektroskopie.

Protonenstürme, in seltenen Fällen von der Sonne ausgestoßene Protonen, die so energiereich sind (Teilchengeschwindigkeit bis zu $^1/_3$ Lichtgeschwindigkeit), daß sie die Erdatmosphäre durchdringen und eine merkliche Zunahme der Intensität der kosm. Strahlung auf dem Erdboden bewirken. Im interplanetar. Raum stellen P. wegen ihrer biolog. Wirkung eine erhebl. Gefahr für die bemannte Raumfahrt dar. I. a. wurde weniger als ein P. pro Jahr beobachtet. Am Erdboden sind die P. ungefährlich.

Protonenzahl, die → Kernladungszahl.

Protonium *das, -s,* ein → exotisches Atom.

Protonotar [grch.-lat.], im MA. höhergestellter Angehöriger der Papst-, Kaiser- und Fürstenkanzlei. **Apostol. P.**, heute Mitgl. eines Kollegiums der päpstl. Kanzlei oder ein von der Kurie an Geistliche verliehener Ehrentitel.

Proton-Proton-Reaktion, ein Kernumwandlungsprozeß (→ Kernverschmelzung), der nach H. A. Bethe und C. L. Critchfield als Energiequelle im Innern der Sterne betrachtet werden kann. Aus 2 zusammenstoßenden Protonen (^{1}H) entstehen ein Deuteron, ein Positron (e^+) und ein Neutrino (ν). Dabei wird eine Energie von 1,44 MeV frei. Eine Weiterführung des Prozesses führt zur Bildung von Heliumkernen; Bilanz:

$$4\,{}^1\text{H} \rightarrow {}^4\text{He} + 2e^+\,2\nu + 2\gamma + 26{,}21\,\text{MeV}.$$

Es wird vermutet, daß bei Temperaturen unter 15 Mio. K bes. P.-P.-R. auftreten, bei höheren Temperaturen der → Bethe-Weizsäcker-Zyklus vorherrscht.

proton pseudos [grch.] *das, --,* Logik: Grundirrtum; ein falscher Vordersatz führt notwendig zu falschem Schluß.

Protophyten *Pl.,* die → Urpflanzen.

Protoplasma, ♧ für **Zytoplasma**, → Zelle.

Protopopow, Oleg, russ. Eiskunstläufer, * Leningrad 16. 7. 1932, war mit seiner Ehefrau Ludmilla Belousowa (* 22. 11. 1935) 1964 und 1968 Olympiasieger, 1965–68 Europameister und Weltmeister im Paarlauf; seit 1979 im schweizer. Exil.

Protosphäre, → Atmosphäre 3).

Protostern, Vorstufe bei der → Sternentwicklung.

Protostomi|er, Protostomia, Bauchmarktiere, Gruppe von Tierstämmen (z. B. Schlauchwürmer, Weichtiere, Gliedertiere), bei denen der Urmund der Gastrula (→ Entwicklung 2) zum endgültigen Mund wird und der After sich neu bildet. Das Nervensystem liegt auf der Bauchseite. Bei den **Deuterostomi|ern** oder **Rückenmarktieren** wird i. Ggs. zu den P. der Urmund zum After; der Mund entsteht neu, das Nervensystem ist auf die Rückenseite konzentriert. Hierzu gehören Stachelhäuter, Pfeilwürmer, Kragentiere und Chordaten (Wirbeltiere und Manteltiere).

Prototyp, auch [-t'y:p], **1)** Urbild, Muster, Inbegriff. **2)** erste betriebsfähige Ausfertigung, z. B. eines Autos.

Protozoen, *Sg. das* **Protozoon**, *-s,* **Urtiere**, meist mikroskopisch kleine, einzellige Lebewesen. Die einfachsten P. (→ Amöben) bestehen nur aus einem Plasmaklümpchen mit Zellkern, die meisten besitzen jedoch besondere, vor allem der Ernährung und Fortbewegung dienende Organellen (→ Organ). Der Fortbewegung dienen formveränderliche Plasmafortsätze (Pseudopodien), einzelne Geißeln oder viele Wimpern. Die Nahrung, entweder an beliebiger Stelle oder durch einen besonderen Zellmund aufgenommen, wird in Vakuolen verdaut. Bei den P. des Süßwassers dienen pulsierende Bläschen (kontraktile Vakuolen) der Ausscheidung. Die P. pflanzen sich ungeschlechtlich durch Zweiteilung, Knospung oder Zerfall in Sporen fort; außerdem gibt es geschlechtl. Fortpflanzung, wobei zwei Zellen entweder verschmelzen (Kopulation) oder während vorübergehender Verbindung Kerne austauschen (Konjugation). Die meisten P. leben im Meer oder Süßwasser, einige auch in feuchter Erde; manche sind (z. T. krankheitserregende) Schmarotzer. Manche P. (z. B. → Nummuliten) haben mit ihren Kalkschalen in der Erdgeschichte ganze Gesteinsschichten aufgebaut. Zu den P. gehören: → Flagellaten, Rhizopoden (→ Wurzelfüßer), Sporozoen (→ Sporentierchen), Ziliaten (→ Wimpertierchen). **Protozoenkrankheiten**, von P. erregte Infektionskrankheiten, sind beim Menschen z. B. Malaria, Amöbenruhr (→ Ruhr), Schlafkrankheit, → Leishmaniasen, bei Haustieren die Piroplasmosen, die Tsetsekrankheit, die Beschälseuche u. a.

Protuberanz [lat. protuberare ›hervorschwellen‹] *die, -/-en,* **1)** ⚕ (Knochen-)Vorsprung. **2)** ☆ am Sonnenrand bei Sonnenfinsternis oder im Koronographen sichtbare leuchtende Gaswolken sehr geringer Dichte (10^{-9} der Erdatmosphäre), die aus der → Chromosphäre der Sonne emporgeschleudert werden. Sie bestehen in der Hauptsache aus ionisiertem Wasserstoff, Helium und Calcium.

Pierre-Joseph Proudhon

In eruptiven P., die explosionsartig in wenigen Stunden Hunderttausende von Kilometern über der Sonnenoberfläche geschleudert werden, treten auch Metalldämpfe auf. Die größte bisher gemessene Aufstiegsgeschwindigkeit betrug fast 1000 km/s, die größte Aufstiegshöhe bis 2 Mio. km (rd. 5fache Entfernung Erde–Mond). Bei einzelnen bes. großen P. kann man auch die Loslösung einer Wolke beobachten, die sich von der Sonne fortbewegt. Solche fortgeschleuderten Gasmassen können die Erde treffen und verursachen dann Polarlichter und magnetische Störungen.

Protz [frühnhd., urspr. ›Kröte‹] *der, -en/-en* oder *-es/-e,* U Wichtigtuer, Angeber, Prahler: *Geldprotz; Muskelprotz.* **2)** *oberdt.:* Kröte. *ich* **protze** *mit etwas,* U prahle, mache mich wichtig. *Subst. das* **Protzentum,** *-s, die* **Protzerei,** *-/-en. Adj.* **protzig.**

Protze [ital. biroccio ›zweirädriges Fuhrwerk‹] *die, -/-n,* zweirädriger Wagen, früher bes. der Vorderwagen pferdebespannter Geschütze, der zum Fahren mit der Lafette verbunden **(aufprotzen),** zum Schießen von ihr getrennt wird **(abprotzen).**

Proudhon [prud'ɔ̃], Pierre-Joseph, frz. Sozialist, * Besançon 15. 1. 1809, † Passy (Paris) 19. 1. 1865, griff in seiner Schrift ›Qu'est-ce que la propriété?‹ (1840) die herrschende Eigentumsverfassung scharf an (›Eigentum ist Diebstahl‹). In seinem Werk ›Système des contradictions économiques‹ (2 Bde., 1846) wandte er sich gegen das Privateigentum. Zu K. Marx und dem Kommunismus geriet er nach anfänglich positivem Verhältnis in schroffen Ggs. Die Lösung der sozialen Frage suchte er in einer Reform des Güterumlaufs. Als Staatstheoretiker gehört P. zu den Begründern des → Anarchismus.

Marcel Proust

Proust [pru:st], Marcel, frz. Schriftst., * Paris 10. 7. 1871, † ebd. 18. 11. 1922, zog sich 1906 wegen seines Asthmaleidens vom gesellschaftl. Leben zurück. Sein HW, der siebenteilige Roman ›A la recherche du temps perdu‹ (›Auf der Suche nach der verlorenen Zeit‹, 1913–27; Teile: ›In Swanns Welt‹, ›Im Schatten junger Mädchenblüte‹, ›Die Welt der Guermantes‹, ›Sodom und Gomorra‹, ›Die Gefangene‹, ›Die Entflohene‹, ›Die wiedergefundene Zeit‹), in der Form eines autobiograph. Berichts gehalten, behandelt stofflich Aristokratie und großbürgerl. Gesellschaft der Jahrhundertwende. P. erfaßte das Wirkliche auf neue Weise, indem er Vorgänge und Personen in der freien Abfolge darstellte, in der sie von der Erinnerung aufgegriffen werden; dabei tritt ihr seelisch bedeutsamer Gehalt hervor. Der Einfluß P.s auf die moderne Lit. beruht auch auf der eindringlichen Gestaltung sinnl. Details und einer aufs äußerste verfeinerten Psychologie. – WW: Gedichte, Prosaskizzen, fragmentar. Jugendroman ›Jean Santeuil‹; Briefwechsel.

Proustit [prust'it] *der, -s/-s,* Mineral, → Rotgültigerz.

Provence [prɔv'ãs] *die,* geschichtl. Landschaft Südfrankreichs, zw. Rhônetal und Italien, umfaßt die Dép. Bouches-du-Rhône, Alpes-de-Haute-Provence, Var, Vaucluse; diese bilden mit den Dép. Alpes-Maritimes und Hautes-Alpes die Region P.-Côte d'Azur. Die P. ist vorwiegend Gebirgsland, in den tieferen, küstennahen Lagen mit mildem subtrop. Klima. Die Bewohner, die → Provenzalen, treiben Ackerbau, Schaf- und Ziegenzucht, an der Küste Anbau von Gemüse, Obst, Wein und Südfrüchten sowie Blumenzucht; lebhafter Fremdenverkehr an der Riviera. Hauptwirtschaftsraum ist das Gebiet von Marseille.

Geschichte. Die P., Teil der röm. ›Provincia Gallia Narbonensis‹, kam 470–77 an die Westgoten, 509 an die Ostgoten, 536 an die Franken. Karl Martell entriß sie eingefallenen Arabern, die sich aber in den Küstengebirgen (Garde-Freinet) bis 983 hielten. Seit 879 gehörte die P. zum Kgr. Niederburgund. 934 kam sie an Hochburgund, 1033 mit diesem an den dt. König als Oberherrn. Seit dem 10. Jh. waren die Grafen von Arles Herren der P. (Hptst.: Aix-en-Provence). 1246 kam die P. an das Haus Anjou und 1481 an die frz. Krone.

Provence: Les Beaux

Provenienz [lat.] *die, -/-en,* Herkunft, Ursprung (von Waren).

Provenzalen *Pl.,* i. e. S. die Bewohner der Provence, i. w. S. die Südfranzosen im Bereich der Langue d'oc. Sie sind urspr. Ligurer mit starker grch. und phönik., später röm. Überlagerung.

provenzalische Literatur, die früheste voll ausgebildete roman. Lit., blühte in Südfrankreich vom Ende des 11. bis ins 13. Jh. mit der auf ganz Europa ausstrahlenden Lyrik der → Troubadoure. In den Albigenserkriegen wurde diese höfische Kultur vernichtet, die Dichter an die Höfe Spaniens und Siziliens vertrieben; die Minnelyrik sank zu Meistersang und Zunftdichtung herab. Größere Bedeutung hatte nur noch der Versroman ›Flamenca‹ (1234). Erst in der Romantik lebte die p. L. im Kreis der → Félibres wieder auf.

provenzalische Sprache, allg. die Mundarten Südfrankreichs, i. e. S. die Mundart der Provence. Im MA. entstand auf der Grundlage der zw. Rhône und Garonne gesprochenen Mundarten, bes. der des Limousin, eine Kunstsprache, in der die Trobadore (Troubadoure) dichteten (→ provenzalische Literatur). Seit dem 13. Jh. nannte man sie ›provenzalisch‹ (lat. provincialis), was dann als Sammelname für die südfrz. Mundarten blieb. Nach der südfrz. Bejahungsformel oc (aus lat. hoc) heißt das Südfranzösische auch ›langue d'oc‹. Bes. in Frankreich wird es auch okzitanisch (occitan, occitanien) genannt.

Proverb [lat.] *das, -s/-en,* ✤ Sprichwort. *Adj.* **proverbial(isch), proverbiell.**

Proviant [ital.] *der, -(e)s,* Mundvorrat, Lebensmittel.

Providence [pr'ɔvidəns], Hptst. des Staates Rhode Island, USA, (1975) 167 700 Ew., Hafen an der Narragansett Bay, einer Bucht des Atlant. Ozeans; Univ.; Silber-, Juwelierwaren-, Textil- u. a. Ind., Textil-, Werkzeugmaschinenbau. – 1636 von dem Puritaner R. Williams (* um 1604, † 1683) gegründet.

providentiell [lat.], ✤ von der Vorsehung gesandt, bestimmt.

Providenz [lat.] *die, -,* ✤ Vorsehung.

Provinz [lat.] *die, -/-en,* **1)** im alten Rom ein Verwaltungsbezirk in außerital. Gebiet. **2)** Landesteil, Verwaltungsbezirk mit einer gewissen Selbständigkeit. – Staatsrecht: In Preußen waren die P. seit Erlaß der **Provinzialordnungen** (1875–88) sowohl staatl. Verwaltungseinheiten als auch Gebietskörperschaften **(Provinzialverbände).** An der Spitze der staatl. Verwaltung stand der Oberpräs. Beschlußbehörde für best. staatl. Aufgaben war der **Provinzialrat.** Die Organe der Provinzialverbände waren: der die → Provinzialstände ablösende **Provinziallandtag,** der aus seiner Mitte gewählte **Provinzialausschuß,** der vom Provinziallandtag auf 6–12 Jahre gewählte Landesdirektor oder -hauptmann. Unter dem Nationalsozialismus wurden 1933 die Provinzialorgane aufgelöst, der Oberpräs. wurde zugleich Leiter der Selbstverwaltung der P., der Landeshauptmann sein ständiger Vertreter, der Provinzialrat beratendes Organ. Die Provinzialverbände bestanden ohne eigene Bedeutung fort, bis sie nach 1945 beseitigt wurden. Den preuß. P. entsprechende Gebietskörperschaften gab es in den übrigen Ländern nur in Hessen. In den Ländern der Bundesrep. Dtl. gibt es keine P.; die Selbstverwaltungsaufgaben der früheren P. werden hier von den Regierungsbezirken wahrgenommen. **3)** kath. Kirchenrecht: → Kirchenprovinz. **Klosterprovinz,** die Vereinigung mehrerer Klöster unter einem **Provinzial. 4)** *ohne Pl.,* Ü Gebiet außerhalb der großen Städte; Sinnbild für kulturelle Rückständigkeit. **provinzial...,** auf eine P. bezüglich. *der* **Provinzialismus,** *-/...men,* **1)** mundartl. Ausdruck in der Hochsprache. **2)** *ohne Pl.,* Ü kleinbürgerl., engstirnige Haltung. **provinziell, 1)** die P. betreffend. **2)** U kleinstädtisch, beschränkt (in Ansichten), kulturell rückständig. *der* **Provinzler,** *-/-,* **1)** *verächtlich:* Bewohner der Provinz. **2)** Ü Mensch ohne Weitblick und Sinn für zeitgemäße Entwicklung.

Provinzialstände, in Preußen 1823/24 geschaffene, aus gewählten Abg. der Stände (Ritterschaft, Städte, Landgemeinden) bestehende Vertretung einer Provinz, beratendes Organ, beschlußfassend nur in Angelegenheiten der Selbstverwaltung. Nach 1875 wurden die P. durch die Provinziallandtage ersetzt (→ Provinz 2).

Provision [lat.] *die, -/-en,* **1)** Vermittlungsgebühr, Gewinnanteil. **2)** Handelsrecht: Entgelt bei der kaufmänn. Geschäftsbesorgung (§ 354 HGB), das nach Prozentsätzen des Umsatzes oder Gewinns berechnet wird. Anspruch auf P. haben namentlich der Handelsvertreter, der Spediteur, der Kommissionär, der Makler. Auch Angestellte erhalten nicht selten als zusätzliche Vergütung eine P. – Das österr. Recht hat im wesentl. gleiche Bestimmungen (§§ 354, 394, 409 HGB; Art. 48, 49 Wechsel-Ges.; Art. 45 Scheck-Ges.). Ähnl. Bestimmungen enthält das schweizer. Obligationsrecht. **3)** Kath. Kirche: die ordnungsgemäße (kanonische) Besetzung eines Kirchenamts.

Provisionsreisender, kaufmänn. Angestellter, der außerhalb des Sitzes des Unternehmens die Kundschaft besucht und einen Teil seines Gehalts in einem Prozentsatz der erzielten Umsätze erhält (→ Handelsvertreter).

Provisor [lat.] *der, -s/...s'oren,* **1)** ☘ Verwalter einer Apotheke. **2)** *österr.:* Pfarrer, der vertretungsweise eingesetzt wird.

provisorisch [lat.], vorläufig, einstweilig; behelfsmäßig. *Subst. das* **Provisorium,** *-s/...ri|en.*

Provisorische Regierung, Bez. für Reg. in Krisen und Übergangszeiten; so bildeten 1944 bis (Januar) 1947 General Ch. de Gaulle u. a. P. R. (→ französische Geschichte). In Österreich stand K. Renner nach dem 1. Weltkrieg (Okt. 1918 bis März 1919) und nach dem 2. Weltkrieg (April bis Dez. 1945) an der Spitze einer P. R. (→ Österreich, Geschichte). In Rußland führten nach dem Ausbruch der Februarrevolution und dem Sturz der Monarchie die MinPräs. Fürst G. E. Lwow (bis 21. 7. 1917) und A. F. → Kerenskij (bis zur Oktoberrevolution) P. R.

Provitamine, Vorstufen der → Vitamine. Carotin ist z. B. das P. des Vitamins A.

Provo [Abk. von Provokant] *der, -s/-s,* Vertreter einer in den Niederlanden 1965 entstandenen Protestbewegung von Jugendlichen und Studenten.

Provokation [lat.-frz.] *die, -/-en,* Herausforderung, Aufreizung, z. B. einer polit. Bewegung oder Gruppe zu Gewalttaten. *der* **Provokateur** [prɔvɔkat'øːr], *-s/-e,* ☘ **Provokant,** *-en/-en,* jemand, der andere zu unbedachten Handlungen aufreizt. **provokatorisch, provokativ,** herausfordernd, aufreizend. *ich* **provoziere, 1)** *ihn zu etwas,* fordere heraus, reize. **2)** *es,* rufe hervor, beschwöre herauf. *Subst. die* **Provozierung,** *-/-en.*

Proxima Centauri, sonnennächster Fixstern (→ Alpha Centauri).

proximal [lat. proximus ›der Nächste‹], zum Mittelpunkt, zur Mitte hin gelegen; Ggs.: distal.

prozedieren [lat.]. *ich* **prozediere, 1)** ☘ verfahre, gehe vor. **2)** *schweizer.:* prozessiere. *das* **Prozedere,** *-/-,* Gang des Verfahrens, Prozedur. *die* **Prozedur,** *-/-en,* **1)** Verfahren; Rechtsgang. **2)** unangenehme, schwierige Behandlung. **3)** Programm(teil).

Prozent [ital. per cento ›für hundert‹] *das, -(e)s/-e,* in Österreich auch **Perzent, Abk. p. c., Proz., %, vom Hundert** (Abk. **v. H.),** Zusatz zu Zahlenangaben, die auf die Vergleichszahl 100 bezogen sind. *Adj.* **prozentual, ... prozentig.** 60prozentiger Alkohol hat in 100 Gewichtsteilen Flüssigkeit 60 Gewichtsteile Alkohol; eine 5prozentige Anleihe gibt 5 DM Zinsen pro Jahr auf 100 DM Nennwert des Kapitals.

Prozeß [lat.] *der, ...z'esses/...z'esse,* **1)** Vorgang, Geschehen: *ein chemischer P.* **2)** ⚖ gerichtl. Verfahren zur Entscheidung von Rechtsstreitigkeiten. Man unterscheidet den → Zivilprozeß, den → Strafprozeß, den Arbeitsgerichtsprozeß (→ Arbeitsgerichtsbarkeit), den Finanzgerichtsprozeß (→ Finanzgerichte), den Sozialgerichtsprozeß (→ Sozialgerichte), den Verfassungsgerichtsprozeß (→ Verfassungsgerichtsbarkeit), den Verwaltungsgerichtsprozeß (→ Verwaltungsgerichtsbarkeit). Das **P.-Recht** (Verfahrensrecht), das den Verlauf des P., zumeist zwingend, regelt, ist ein Teil des öffentl. Rechts und meist in **P.-Ordnungen** enthalten. *ich* **prozessiere** *gegen ihn, um etwas,* gehe vor Gericht. **3)** Soziologie: Soziale P. heißen alle Vorgänge zw. Einzelnen oder Gruppen, die i. d. R. über längere Zeit hinweg gegeneinander- oder zusammenwirken. Man unterscheidet u. a. Kooperation, Konkurrenz, Konflikt, Anpassung, Spezialisierung. Das Einzelmoment eines sozialen P. heißt soziale Struktur, die Gesamtheit der P. bildet die Gesellschaft **prozessual,** einen Gerichtsstreit betreffend.

Prozeß|agent, → Rechtsbeistand.

Prozeßbeschleunigung, Zivilprozeßrecht: Das Ges. zur Vereinfachung und Beschleunigung gerichtl. Verfahren (Vereinfachungsnovelle) v. 3. 12. 1976 strebt eine schnellere Erledigung der Prozesse an. Das Verfahren einer Instanz soll in einem einzigen Haupttermin zur mündl. Verhandlung zur Entscheidungsreife gebracht werden. Zur Vorbereitung des Haupttermins kann das Gericht entweder ein schriftl. Vorverfahren oder einen ›frühen ersten Termin‹ anordnen. Den Parteien werden Schriftsatz- und Erklärungsfristen gesetzt. Verspätetes Vorbringen kann ausgeschlossen werden. Das Gericht hat vorbereitende Maßnahmen vor dem Termin zu erlassen; es kann schon vor der mündl. Verhandlung einen Beweisbeschluß erlassen (§§ 272–283, 296, 358a, 528 ZPO).

Prozeßdampf, → Prozeßwärme.

Prozeßfähigkeit, ⚖ die Fähigkeit, einen Prozeß selbst oder durch selbstbestellte Vertreter zu führen. Eine Person ist insoweit prozeßfähig, als sie sich durch Verträge verpflichten kann (§ 52 ZPO). Eine Partei kann auch nur für gewisse Arten von Prozessen prozeßfähig sein (z. B. § 113 BGB). Die P. ist als Prozeßvoraussetzung in jeder Lage des Verfahrens von Amts wegen zu prüfen, ihr Fehlen führt zur Abweisung der Klage.

Prozeßformel, röm. Recht: Charakteristikum des Formularprozesses, enthält neben Einsetzung und Ermächtigung des Richters Angaben des Prozeßgegenstands (der Verurteilungsvoraussetzungen), deren Verschiedenheit die einzelnen Klagetypen kennzeichnet.

Prozeßgericht, Begriff der ZPO, um das im Urteilsverfahren entscheidende Gericht zu bezeichnen, i. Ggs. zum → Vollstreckungsgericht.

Prozession [lat. processio ›Umzug‹] *die, -/-en,* kath. und ostkirchl. Liturgie: feierl. Umzug der Geistlichkeit und der Gläubigen (→ Bittgang, → Flurumgang, → Echternach, → Palmsonntag).

Prozessions|spinner, Thaumetopoeidae, Nachtschmetterlinge, den Zahnspinnern verwandt. Die Raupen wandern nachts in prozessionsartig geordneten Zügen vom Ruheplatz zum Futterplatz in die Baumkronen; ihre leicht ausfallenden Gifthaare (z. B. die des grauen **Eichen-P.)** erzeugen bei Mensch und Vieh schmerzhafte Bläschen.

Prozessionsspinner: Raupen des Eichen-P.

Prozeßkosten, ⚖ die durch einen Prozeß verursachten Kosten, z. B. Gerichts-, Anwalts- und Zeugengebühren, sonstige Auslagen (→ Gerichtskosten). **Prozeßkostenhilfe,** → Armenrecht.

Prozeßlüge, ⚖ das Vorbringen wissentlich falscher Prozeßbehauptungen. Nach heutigem Recht trifft beide Parteien die Rechtspflicht, ihre Erklärungen über tatsächl. Umstände vollständig und wahrheitsgemäß abzugeben (§ 138 ZPO). Eine P. kann als **Prozeßbetrug** nach § 263 bestraft werden.

Prozessor *der, -s/-s'oren,* allg. Bez. für die aus Steuer- und Rechenwerk bestehende Funktionseinheit (Zentraleinheit) in elektron. Datenverarbeitungsanlagen. Große Anlagen können mehrere P. enthalten (›Multiprozessor‹).

Prozeßrechner, Sonderform einer meist digital arbeitenden, elektron. Rechenanlage zur Steuerung gleichförmiger industrieller Prozesse **(Prozeßsteuerung),** z. B. in der chem. Ind., bei Walzstraßen, in Dampfkraftwerken, oder komplizierter wiss. Experimente. Der P. ist Teil eines Regelkreises und steuert den Prozeß auf Grund ständig übermittelter Meßwerte (Meßwerterfassung) und eines im Rechenprogramm niedergelegten Prozeßmodells so, daß auch bei Rohstoffwechsel oder anderen Arbeitsbedingungen ein gleichmäßiges Produkt erzielt wird.

Prozeßregler, Regler, die in verfahrenstechn. Anlagen (Raffinerien, Chemieanlagen, Eisenhüttenbetrieben, Kraftwerken u. a.) eingesetzt sind, um einen automat. Ablauf der vorliegenden Prozesse zu gewährleisten.

Prozeßvollmacht, die zur Vertretung bei allen den Rechtsstreit betreffenden Prozeßhandlungen ermächtigende Vollmacht. Sie ist durch eine zu den Akten zu gebende Urkunde nachzuweisen, im Anwaltsprozeß jedoch regelmäßig nur auf Rüge des Gegners. Ein Widerruf der P. ist möglich. Im Anwaltsprozeß ist eine Vertretung durch einen Rechtsanwalt Pflicht. Über P. im Strafprozeß → Verteidigung.

Prozeßwärme, therm. Energie, die bei chem., physikal. oder kernphysikal. Vorgängen (z. B. in der Form von **Prozeßdampf)** frei wird und im Produktionsprozeß wiederverwendet (z. B. beim Hochofenprozeß) oder anderweitig genutzt werden kann (→ Abwärme).

Prschewalskij, Prževalskij [prʒə-], Nikolaj Michajlowitsch, russ. General und Asienforscher, * Kimborowo bei Smolensk 6. 4. 1839, † Karakol (jetzt Prschewalsk) 1. 11. 1888, erforschte das Ussurigebiet und reiste in Zentralasien durch die Gobi, ins Tarimbecken, wo er den Lop-nor und den Astyn (Astin-)tagh (900 km lange Doppelkette am S-Rand des Tarimbeckens) entdeckte; gelangte über das Marco-Polo-Gebirge bis vor Lhasa, zum Quellgebiet des Hwangho und zum oberen Jangtsekiang. P. entdeckte u. a. das asiatische Wildpferd.

prüde [frz.], zimperlich, übertrieben schamhaft (in erot., sexueller Hinsicht). *Subst. die* **Prüderie,** -.

Prudel *der, -s/-, schles.:* **1)** Fehler. **2)** Strudel, Wallung. *ich* **prud(e)le,** *schles.:* **1)** pfusche, nähe schlecht. **2)** *es prudelt,* brodelt. *die* **Prudelei,** *-, schles.:* Pfuscherei.

Prudentius, Aurelius P. **Clemens,** der bedeutendste christlich-lat. Dichter des Altertums, * Spanien 348, † nach 405, trat als hochgebildeter Heide zum Christentum über und hinterließ eine Reihe christl. Dichtungen, die stark nachwirkten (u. a. die allegor. Dichtung ›Psychomachia‹).

Prudhomme [pryd'ɔm], frz. Dichter, → Sully Prudhomme.

Prud'hon [pryd'ɔ̃], Pierre-Paul, frz. Maler, * Cluny 4. 4. 1758, † Paris 16. 2. 1823, seit 1784 in Rom, seit 1789 in Paris, überwand die Härte der klassizist. Form durch ein weiches, an A. Correggio erinnerndes Helldunkel. Meisterhaft sind seine Zeichnungen (BILD Talleyrand).

HW: Bildnis der Kaiserin Joséphine (1805; Paris, Louvre); Gerechtigkeit und Rache, das Verbrechen verfolgend (1808; ebd.); Psyche von den Winden entführt (1808; ebd.).

Pierre-Paul Prud'hon: Mädchenakt, Kreidezeichnung (Paris, Samml. Eugène Laporte)

Prudnik, poln. Name von → Neustadt (in Oberschlesien).

prüfen [zu lat. probare ›erproben‹]. *ich* **prüfe** *ihn, es,* suche seine Eignung festzustellen, untersuche auf Leistung, Richtigkeit: *ich prüfe die Rechnung; ein Ausschuß prüft die Examenskandidaten; ein schwergeprüfter Mensch,* Mensch mit einem schweren Schicksal. *ich* **prüfe** *es* **nach,** prüfe noch einmal, überprüfe. *der* **Prüfer,** *-s/-,* Prüfender, Examinator. *der* **Prüfling,** *-s/-e,* jemand, der geprüft wird. **Prüfstein,** Ü Probe, Gradmesser, etwas, wodurch man sich beweisen kann. *die* **Prüfung,** *-/-en,* **1)** Untersuchung auf Eignung. **2)** Untersuchung auf Kenntnisse, Examen: *schriftliche, mündliche Prüfung.* **3)** B Heimsuchung, Leid.

Prüf|feld, Prüfeinrichtungen der Produktions- und Entwicklungsabteilungen eines Betriebs zur Erprobung von Neuentwicklungen, Stichproben oder Prototypen auf Zuverlässigkeit, Gebrauchstauglichkeit und Wirtschaftlichkeit unter normalen bis extremen Versuchsbedingungen, z. B. bei Motoren, elektr. Geräten, Sicherheitseinrichtungen.

Prüfstand, Versuchsanlage zur Prüfung von Maschinen und Geräten unter Betriebsbedingungen. (→Versuchsfeld)

Prüfungsverbände, früher **Revisionsverbände,** Verbände, die mit der Durchführung der für die Genossenschaften gesetzlich vorgeschriebenen Pflichtprüfungen betraut sind. Die P. bestehen meist auf regionaler Ebene, daneben gibt es auch branchenspezif. P. (→Genossenschaft 2).

Prüfungsverfahren, ⚖ Teil des Konkursverfahrens **(Prüfungstermin),** →Konkurs.

Prüfzeichen, amtlich vorgeschriebene Kennzeichen für Fahrzeugteile, elektr. Geräte u. a., deren Bauart gesetzl. Vorschriften entsprechen muß. Ausgestaltung der P. und das Verfahren bestimmt der Bundesverkehrsminister.

Prügel [spätmhd. brügel ›Knüppel‹] *der, -s/-,* **1)** grober Stock, Knüppel. **2)** *nur Pl.,* Hiebe, Schläge: *du verdienst eine Tracht P.; er bezog P. ich* **prüg(e)le** *ihn,* schlage, bestrafe ihn, bestrafe mit Stock- oder Peitschenhieben: *er hat sich mit ihm geprügelt,* geschlagen. *die* **Prügelei,** *-/-en,* Schlägerei. **Prügelknabe,** jemand, der die P. bekommt, die ein anderer verdient.

Prügelstrafe, Bestrafung mit Peitschen-, Stock- oder Rutenhieben; früher häufig angewendet, seit der Frz. Revolution allmählich verdrängt und in den meisten dt. Ländern 1848, in Österreich 1867 endgültig verboten. (→Züchtigung)

Prüm, Stadt im Kr. Bitburg-P., Rheinl.-Pf., (1983) 5200 Ew.; Holz-, metallverarbeitende u. a. Ind., Fertighausbau. In der Abteikirche (18. Jh.) des 721 gegr. Benediktinerklosters ist Kaiser Lothar I. († 855) beigesetzt.

Prünelle [frz.] *die, -/-n,* **1)** gedörrte Pflaume. **2)** Pflaumen- oder Schlehenbranntwein oder -likör; Branntwein wird aus Nektarinenpfirsichen oder wildwachsenden Schwarzwaldpflaumen, Likör aus Dörrobst (Backpflaumen) hergestellt.

Prunk [mhd.] *der, -(e)s,* Üppigkeit, große Pracht, zur Schau getragener Reichtum. *ich* **prunke** *mit etwas,* zeige es prahlend.

Pruntrut, schweizer. Bezirksstadt, →Porrentruy.

Prunus [lat. ›Pflaume‹], Gatt. der Rosengewächse, Sträucher und Bäume mit weißen bis rosafarbenen Blüten, deren Fruchtknoten eine Steinfrucht gibt; zur Gattung P. gehören alle Arten von Steinobst sowie viele Ziersträucher.

Pruritus [lat.] *der, -,* $ Juckreiz (→jucken).

Prus, Bolesław, Pseudonym des poln. Schriftst. Aleksander **Głowacki** [-v'atski], * Hrubieszów 20. 8. 1847, † Warschau 19. 5. 1912, strebte als Hauptvertreter des literar. Positivismus eine realist. Behandlung der Zeitfragen an. – HW: *Romane:* ›Palais und Hütte‹ (1874), ›Pharao‹ (3 Bde., 1895–97).

pruschen. *ich* **prusche,** *norddt.:* pruste, blase, niese.

Prußen, Altpreußen *Pl.,* ehem. balt. Volksstamm zw. der unteren Weichsel und der Memel. Der Bekehrung zum Christentum, die zuerst Adalbert von Prag († 997) versuchte, setzten sie großen Widerstand entgegen, bis sie 1231–83 durch den Dt. Orden unterworfen wurden. Die P. verschmolzen dann mit den dt. Neusiedlern. Ihr Name ging als **Preußen** auf alle Landesbewohner, 1701 auf den Staat Preußen über.

Prussia, nlat. Name für das Land Preußen.

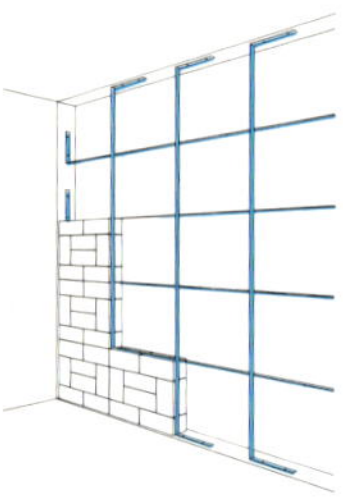
Prüßwand

Prüßwand, freitragende Backsteinwand, die durch waagerechte und senkrechte Stahlbänder bewehrt ist.

prusten [mitteld., Schallw.]. *ich* **pruste,** atme geräuschvoll aus, niese laut.

Pruth *der,* rumän. **Prut,** linker Nebenfluß der Donau, 953 km, entspringt in den Ostkarpaten, z. T. Grenzfluß zw. Rumänien und der UdSSR.

Prytaneum [lat.] *das, -s/...n'e|en,* grch. **Prytaneion,** in altgrch. Staaten das Rathaus; Sitz der regierenden Behörde, der obersten Beamten **(Prytanen).**

Przemyśl [pʃ'ɛmysjl], Hptst. der poln. Wwschaft P. (→Polen) mit (1981) 62200 Ew., am San, wichtiger Bahnübergang nach der UdSSR; Schloß (17./18./19. Jh.), Dom (urspr. gotisch), viele Klöster. – P. war seit 981 Grenzburg des Kiewer Reichs, kam 1349 an Polen, 1772 an Österreich, 1918 an Polen.

Przemysliden [pʃɛ-] *Pl.,* **Přemysliden** [prʃ-], →Přemysl.

Przybyszewski [pʃibiʃ'ɛfski], Stanisław, polnischer Schriftst., * Łojewo (Kujawien) 7. 5. 1868, † Jaronty (Kujawien) 23. 11. 1927, von F. Nietzsche und A. Strindberg beeinflußt, schrieb anfangs in dt. Sprache Essays, lyr. Prosa und Romane (›Homo sapiens‹, 1895–98; ›Satans Kinder‹, 1897); seine Schrift ›Confiteor‹ (1899) gilt als Manifest der modernist. Bewegung ›Junges Polen‹. In poln. Sprache schrieb P. Schauspiele und Romane.

Przywara [pʃi-], Erich, Jesuit (seit 1908), * Kattowitz 12. 10. 1889, † Hagen bei Murnau 28. 9. 1972, schrieb religions- und kulturphilosoph. Arbeiten: ›Analogia entis‹, 2 Bde. (1932, 1962), ›Christl. Existenz‹ (1934), ›Was ist Gott?‹ (1947), ›Humanitas‹ (1952), ›Kath. Krise‹ (1967).

ps, Einheitenzeichen für **Pikosekunde,** 1 ps = 10^{-12} s (→Sekunde).

PS, 1) Einheitenzeichen für →**P**ferde**s**tärke; →SAE. **2)** Abk. für **P**ost**s**kriptum. **3)** Abk. für →**P**oly**s**tyrol.

Ps., Abk. für **Ps**alm (A. T.).

Psalmen [grch. psalmos, ›Saitenspiel‹, ›Gesang‹, ›Loblied‹], *Sg. der* **Psalm,** *-s,* im A. T. die im **Psalter** vereinigten 150 religiösen Lieder Israels und der jüd. Gemeinde. Die Samml. ist spätestens im 2. Jh. v. Chr. aus älteren Teilsammlungen entstanden, die nach versch. Gesichtspunkten angelegt waren und Lieder aus der Zeit von etwa 1000 bis 165 v. Chr. enthielten. Die Zählungen der P. im hebräischen Text (und damit übereinstimmend in der Lutherbibel) weichen von denen in der Septuaginta und Vulgata ab. *der* **Psalmist,** *-en/-en,* Psalmendichter.

Psalmodie [grch.] *die, -/...d'i|en,* Psalmengesang, Vortrag von Psalmen u. a. bibl. Texten im christl. Gottesdienst in einem auf eine best. Tonhöhe beschränkten Gesang, der nur bei Satzeinschnitten durch best. melodische Wendungen belebt wird. Haupttypen der P.: Responsorialgesang (Wechselgesang zw. Priester und Gemeinde) und Antiphonalgesang (Wechselgesang zw. 2 Chören). – *Vb. ich* **psalmodiere.**

Psalter [grch.] *der, -s/-,* **1)** das Buch der →Psalmen. **2)** ♘ der Blättermagen der Wiederkäuer.

Psalterium *das, -s/...ri|en,* **1)** Psalter 1). **2)** eine meist trapezförmige Kastenzither, deren Darmsaiten mit den Fingern oder einem Plektron gezupft werden.

Psammetich, Psamtek, ägypt. Könige der 26. Dynastie. **P. I.** (664–610 v. Chr.) befreite das Land von der assyr. Oberhoheit. **P. III.** (526–525) verlor 525 v. Chr. Ägypten an die Perser.

Psammite [grch.], *Sg. der* **Psammit,** *-s,* Trümmersedimente mit Korngrößen zw. 0,02 und 2 mm, z. B. Sand, Sandstein.

Psammophyten [grch.] *Pl.,* Sandpflanzen.

P-Schale, die zur Hauptquantenzahl $n = 6$ gehörige Hauptschale der →Atome, die maximal 72 Elektronen aufnehmen kann.

Psephite [grch.], *Sg. der* **Psephit,** *-s,* Trümmersedimente mit Korngrößen über 2 mm, z. B. Kies, Konglomerat.

pseud..., pseudo... [grch.], falsch..., schein..., irr...

Pseud|arthrose, Falschgelenk, abnorme Beweglichkeit von Knochenteilen, entsteht gelegentlich durch gestörte Heilung von Knochenbrüchen.

Pseud|epigraphen, Schriften, die fälschlich einem bed. Autor der jeweiligen Literaturgattung zugeschrieben wurden, so einzelne Epen dem Homer (z. B. Batrachomyomachie), die Gedichte ›Culex‹, ›Ciris‹ u. a. dem Vergil, Elegien dem Tibull und Ovid, ein Alexanderroman dem Kallisthenes, philosoph. Schriften Platon und Aristoteles, Reden Demosthenes, Briefe dem Phalaris, theolog. Schriften Dionysius Areopagita. P. gibt es auch zum A. T., z. B. die Psalmen Salomos und das Buch Henoch.

Pseudo|herm|aphroditismus, Scheinzwittertum, die Erscheinung, daß bei getrenntgeschlechtl. Organismen die geschlechtl. Differenzierung der Gonaden mit einer zum entgegengesetzten Geschlecht tendierenden Ausbildung der übrigen Genitalien verbunden ist. Männl. **Pseudohermaphroditen** ähneln äußerlich dem weibl. Geschlecht; besitzen aber Hoden **(P. masculinus).** Weiblicher P. liegt vor, wenn Ovarien vorhanden sind, aber durch abnormes Wachstum der Klitoris und Verlagerung der Eierstöcke in die großen Schamlippen das männl. Geschlecht vorgetäuscht wird **(P. femininus).** (→Zwittertum)

Pseudo-Isidori|en, Pseudo|isidorische Fälschungen, eine um 850 in der Kirchenprov. Reims entstandene Samml. größtenteils gefälschter kirchl. Rechtsquellen; benannt nach einem Isidorus Mercator, der einen Teil der P.-I. verfaßt haben will. Unmittelbares Ziel der P.-I. war die Stärkung der bischöfl. Macht gegenüber dem König und den Metropoliten; als Hilfskonstruktion dafür diente die Erhöhung der päpstl. Zentralgewalt. Diese wurde aber schließlich, bes. durch die Gregorian. Reform, zum Hauptergebnis der Fälschungen. Die P.-I. wurden im MA. oft kritisiert, als Fälschung jedoch erst von dem reformierten Theologen D. Blondel 1628 endgültig erkannt.

Pseudo-Klementinen, eine fälschlich →Klemens von Rom zugeschriebene Schrift des Judenchristentums; ein Roman in grch. Sprache um Petrus und Klemens.

Pseudo-Krupp, →Krupp.

Pseudologie *die, -/...g'i|en,* krankhaft gesteigerte Lügenhaftigkeit.

Pseudomorphose, stoffliche Umwandlung eines Minerals unter Beibehaltung seiner äußeren Form.

Pseudonym [grch.] *das, -s/-e,* Deckname, Künstlername, bes. von Schriftst., Bühnenkünstlern, Filmschauspielern, Artisten gebraucht. Das P. genießt den vollen Namensschutz des § 12 BGB

(→Name). Bei Werken, die unter einem P. erschienen sind, ist der Herausgeber oder Verleger befugt, die Rechte des Urhebers wahrzunehmen (§ 10 Urheberrechtsges.). – *Adj.* **pseudonym.**

Pseudopodium [grch.] *das, -s/...di|en,* **Scheinfüßchen,** ein der Fortbewegung und Ernährung dienender Protoplasmafortsatz, besonders der →Wurzelfüßer.

Pseudo-Quadrophonie, →Quadrophonie.

Pseudo-Stereophonie, →Stereophonie.

Pseudotetraden, →Tetrade.

Psi *das, -(s)/-s,* (Ψ, ψ) vorletzter Buchstabe des grch. Alphabets. – Parapsychologie: →Psi-Phänomene.

psychedelisch: Psychedelische Kunst; Cosmic orchid von Isaac Abrams, 1967 (Zürich, Sammlung Bruno Bischofsberger)

Psichari [psiʃarˈi], **1)** Ernest, frz. Schriftst., Sohn von 2), * Paris 27. 9. 1883, † (gefallen) Saint-Vincent 22. 8. 1914, Schüler und Freund Ch. Péguys, trat 1912 vom grch.-orthodoxen zum röm.-kath. Glauben über, ergab sich einem von mystischer Religiosität getragenen Patriotismus. – ›Der Wüstenritt des Hauptmanns‹ (1916; postum, literar. Bearbeitung seines Tagebuchs).

2) Jean, →Psycharis, Jannis.

Psilocybin *das, -s,* ein Alkaloid des mexikan. Pilzes **Psilocybe mexicana,** eines der bekanntesten Rauschmittel.

Psilomelan [grch. ›Kahlschwarz‹] *der, -s/-e,* **Schwarzer Glaskopf,** schwarzes Mineral in traubigen Formen, das im wesentlichen Manganoxide enthält; wichtiges Manganerz.

Psiloritis, Gebirgsstock auf Kreta, →Ida.

Psi-Phänomene [grch.], Parapsychologie: die Erscheinungen der ›außersinnlichen Wahrnehmung‹ und der Psychokinese.

Psi-Teilchen, 1974 von B. Richter und S. C. C. Ting (der es **J-Teilchen** nannte) entdecktes schweres Meson (aufgebaut aus einem Quark-Antiquark-Paar $c\bar{c}$) mit einer Ruhemasse von 3098 MeV. Durch den Nachweis des P.-T. sind die Vorstellungen vom Aufbau der →Elementarteilchen und von den zw. ihnen wirkenden Kräften grundlegend verändert worden. Zur Erklärung seiner Eigenschaften mußten eine neue ladungsartige Quantenzahl Charm und die Existenz eines 4. →Quarks c (Charm-Quark) postuliert werden. Das P.-T. wird als Grundzustand des →Charmoniums aufgefaßt.

Psittakose [grch.] *die, -/-n,* **Papageienkrankheit, Ornithose,** durch Chlamydien hervorgerufene Infektionskrankheit, die bes. Vögel befällt und von diesen auf den Menschen übertragen werden kann. Die P. kann leicht fieberhaft beginnen und zu einer Lungenentzündung führen; Behandlung mit Antibiotika.

Pskow, Pleskau, Gebietshptst. in der Russ. SFSR, südöstl. des Peipussees, an der Welikaja, (1982) 182000 Ew.; Verkehrsknoten; Textil-, Maschinenbau-, elektrotechn. u. a. Ind.; Pädagog. Institut, Theater, Museen; Kreml (12.–16. Jh.) mit Dreifaltigkeitskirche (1682–99 erneuert) u. a. Kirchen des MA. im Stadtgebiet.

Psoriasis vulgaris [grch.-lat.] *die, --,* die →Schuppenflechte.

pst! [Schallw.], **pscht!,** still!

psych... [grch.], **psycho...,** seelisch, seelen...

Psych|agogik [grch. psyche ›Seele‹, agein ›führen‹], seel. Führung, tiefenpsycholog. Behandlungsmethode einer Fehlentwicklung und gestörter Erlebnisverarbeitung bei Kindern und Jugendlichen. Ziel ist Förderung der Reifung und Erweiterung des Selbstvertrauens als Vorstufe zur eigtl. aktiv-klinischen Psychotherapie.

Psycharis, Jannis, frz. Jean **Psichari** [psiʃarˈi], ngrch. Erzähler und Essayist, * Odessa 3. 5. 1854, † Paris 30. 11. 1929, seit 1868 in Frankreich, seit 1900 Prof. für ngrch. Philologie in Paris, hatte maßgebl. Anteil an der Einführung der Demotike (Volkssprache) als Lit.-Sprache; Erz.: ›Meine Reise‹ (1888); Romane u. a.

Psyche [grch. ›Seele‹, ›Hauch‹, ›Leben‹] *die, -/-n,* Seele; Wesen, Eigenart. In der antiken Kunst wird die P. oft als kleines geflügeltes Wesen, als Vogel, als Mischbildung von Vogel und Mensch oder als Schmetterling dargestellt. P.-Darstellungen zus. mit Eros (röm. Kaiserzeit und Neuzeit) sind v. a. durch das Märchen von Apuleius ›Amor und P.‹ angeregt.

psychedelisch [grch. delosis ›Offenbarung‹], Bez. für einen durch Drogen (z. B. LSD) oder durch psychische Vorgänge (z. B. durch Meditation) erreichten Zustand gesteigerter Wahrnehmungsfähigkeit und Erlebnisbereitschaft; p. bezeichnet ebenso die diese Wirkungen hervorrufenden Substanzen, Objekte oder Vorgänge. **Psychedelische Kunst,** bildnerische Darstellung von rational nicht mehr erfahrbaren, unter Drogeneinfluß oder nach Drogenerfahrung gewonnenen Erlebnisräumen und halluzinator. Zeichen; seit etwa 1964.

Psychiatrie [grch.] *die, -,* **Seelenheilkunde,** Fachgebiet der Medizin, das sich mit der Diagnose, Erforschung und Behandlung von psych. Störungen (Neurosen, Süchte), Verhaltensauffälligkeiten (→Psychopathie) und seel. Krankheiten (Psychosen) befaßt. Die Behandlung erfolgt mit Hilfe von Medikamenten, versch. psychotherapeut. Verfahren (→Psychotherapie) und Übungsbehandlung (Krankengymnastik, Beschäftigungstherapie). Auch die soziale Wiedereingliederung psychisch Kranker ist Aufgabe der P. (→Kinder- und Jugendpsychiatrie). *Adj.* **psychiatrisch.** *der* **Psychiater,** *-s/-,* (Fach-)Arzt für P.

psychisch [zu Psyche], seelisch; Ggs.: physisch.

psychische Krankheiten, →seelische Krankheiten.

Psycho|analyse, Verfahren zur Heilung von Neurosen und Hysterie, das um 1900 von S. →Freud entwickelt und zu einer psycholog. Theorie ausgebaut wurde. Die P. sucht die ins Unbewußte verdrängten Erlebnisse zu rekonstruieren und ein Bild von den seel. Krankheitsursachen zu gewinnen. Die verdrängten Erlebnisse, die meist schon aus früher Kindheit stammen, äußern sich in Symptomen wie Fehlhandlungen, Träumen, Ängsten und nervösen Störungen und setzen der Wiedererinnerung Widerstand entgegen. Bei der P. wird das Verdrängte ins Bewußtsein zurückgerufen und im Gespräch sowie mit Hilfe der →Übertragung verarbeitet.

Psilomelan: tropfenförmig (Siegen, Westfalen)

Die den Konflikten zugrunde liegenden Erlebnisse sind nach Freud im Kern stets triebhafter Art; dabei schien Freud die entscheidende Triebdynamik sexueller Natur zu sein **(Libido).** Hier unterschied er die orale Phase des Säuglings, die analsadistische Phase, dann eine inzestuöse Bindung an den gegengeschlechtl. Elternteil (frühe genitale Phase). Werde diese Bindung jedoch nicht normal abgelöst, so komme es zu Verdrängung, deren Folge **Komplexe** (Ödipuskomplex), später Neurosen und körperliche Symptome als Niederschlag des Verdrängten seien.

Perversionen verstand Freud als Entwicklungshemmungen, als **Fixierungen** an Frühformen der Libido oder als Rückfall **(Regression)** auf kindl. Libidostufen. – Verdrängte Triebe können auch in geistiger Verarbeitung **sublimiert** werden: Die Werke der Kunst, Wissenschaft und Religion sah Freud bes. als Entladungen oder Investitionen einer überschüssigen, ins Schöpferische sublimierten Libido an. – Neben dem Sexualtrieb, der dem Lustprinzip untersteht, aber auch vom Realitätsprinzip gehemmt oder kontrolliert wird, nahm er seit etwa 1920 noch einen entgegengesetzten Destruktions- oder Todestrieb an.

Freud unterschied 3 seelische Schichten: das **Es** als Bereich der Triebperson, das **Ich** als die bewußte, nach außen und innen stellungnehmende Persönlichkeit, das **Über-Ich** als Verkörperung der Sollensforderungen der Gesellschaft in der Person.

Der von Freud vertretene Sexualismus erregte schon in seinem Schülerkreis Widerspruch. C. G. Jung, A. Adler, L. Binswanger, Karen Horney, V. Frankl u. a. entwickelten abweichende und z. T. eigene Auffassungen, die die Bedeutung anderer Triebe, bes. der nach Macht oder Sicherheit, den Einfluß der Umwelt u. a. hervorhoben (→Tiefenpsychologie). Die **Neo-Psychoanalyse** (H. Schultz-Henke, Karen Horney, H. S. Sullivan, E. Fromm u. a.) hebt die Bedeutung der Umwelt des Menschen hervor; sie betrachtet z. B. das Fehlen von Gemeinschaft und Wärme als Ursache von Neurosen, sie will heilen durch Hilfe bei der aktiven Gestaltung des eigenen Lebens, durch Versöhnung des Menschen mit seiner Welt **(Psychosynthese).** Die P. hat die Deutung vieler psych. Erscheinungen gefördert; als therapeut. Verfahren wird sie heute durch viele andere Verfahren ergänzt oder ersetzt (→Gruppentherapie, →Verhaltenstherapie). *Adj.* **psychoanalytisch.**

Psychochirurgie, Gehirnoperationen zur Behandlung seel. Krankheiten (z. B. →Leukotomie, →stereotaktische Operationen); seit Einführung der →Psychopharmaka selten.

Psychodrama, psychotherapeut. Methode, bei der die Patienten ihre Konfliktsituationen schauspielerisch darstellen. Damit soll zum einen die Dynamik sozialer Beziehungen aus der Sicht des Patienten erkannt werden, zum anderen soll die Darstellung der Konflikte eine Abreaktion und ein Bewußtwerden bewirken. Das P. ist in der Kurztherapie von Bedeutung.

psychogen [grch.], seelisch bedingt, z. B. Herzklopfen durch Angst. *die* **Psychogenese,** -, **1)** seel. Entwicklung. **2)** Entstehung körperlicher Krankheiten durch psychische Momente.

Psychographie *die, -/...ph'i|en,* **1)** Ⓟ die psycholog. Beschreibung einer Person mit dem Ziel, ein Persönlichkeitsbild mit anschaul. Einzelheiten zu erhalten, die in einem **Psychogramm** schematisch dargestellt werden. **2)** Parapsychologie: das automat. Schreiben oder Buchstabieren unbewußter Inhalte mit Geräten wie dem **Psychographen.**

Psychohygiene, Lehre von der Erhaltung der Gesundheit, bes. im seelisch-geistigen und sozialen Bereich. Zu den Aufgaben der P. gehören: Förderung der persönl. Entfaltung des Einzelnen, Vorbeugung bei seel. Störungen, soziale Integration mit Ehe- und Familienberatung, Familienplanung und Jugendstrafvollzug, Erhaltung der berufl. Leistungsfähigkeit u. a.

Psychoid [grch.] *das, -s,* seelenähnliche Ganzheit bei niederen Organismen, die eine Erscheinungsform der →Entelechie darstellt; nach E. Bleuler und C. G. Jung ein dem vegetativen Geschehen zugehöriger Seelenbereich.

Psychokinese [grch.] *die, -,* Abk. **PK,** Parapsychologie: physikalisch nicht geklärte psych. Wirkung auf materielle Dinge, z. B. das Bewegen von Gegenständen, ohne sie zu berühren (→Telekinese). *Adj.* **psychokinetisch.**

Psycholinguistik, sprachwissenschaftl. Disziplin, die die psych. Voraussetzungen des Gebrauchs der Sprache untersucht.

Psychologie [grch.] *die, -,* Wiss. von den Formen und Gesetzmäßigkeiten des Erlebens und Verhaltens und ihrer Deutung. *Adj.* **psychologisch.** *der* **Psychologe,** *-n/-n,* jemand, der eine wissenschaftlich-psycholog. Ausbildung durchlaufen hat.

Hauptforschungsgebiete sind die theoret. und die angewandte P.; zur **theoretischen P.** gehören die Allgemeine P. (Modelle allgemeinen menschl. Erlebens und Verhaltens, Denkens und Lernens), Differentielle P. einschließlich Persönlichkeits-P. oder Charakterologie (durch Umwelt und Anlage bedingte Besonderheiten von Individuen und Gruppen), Entwicklungs-P. (Zusammenhang von Seelenleben und Alter) mit pränataler P. (vorgeburtliche seel. Einflüsse), Sozial-P. mit Gruppendynamik und Massen-P. (Gruppenbildung und -beziehung), Kultur-P. (Entstehung und Wirkung von Sprache, Mythos, Kunst u. a.) und Völker-P. (Persönlichkeitsstruktur innerhalb versch. Völker und Rassen); zw. Allgemeiner P. und Persönlichkeits-P. steht die Ausdrucks-P. als Sondergebiet der Wahrnehmungs- und Motivations-P. (Handlungs-P.). Die **angewandte P.** gliedert sich in Arbeits-, Berufs-, Betriebs- und Wirtschafts-P. (Methoden der Leistungs- und Eignungsprüfung, Betriebs- und Berufsgestaltung), Markt-, Werbe-, Verkehrs-P., Militär-P., Politische P. (öffentl. Meinung, Propaganda), Pädagog. P. (Erziehungsberatung, Schul-P.), Forensische P. (Gerichts-P.) und Klinische und Medizin. P. (Psycholog. Beratung, Diagnose, Pflege, seelisch-leibl. Wechselwirkung, abnorme seel. Entwicklung), Pharmako-P. (psych. Wirkung chem. Substanzen) u. a.; einer Reihe von Disziplinen dient die Psychodiagnostik (Test-P., Ausdrucksanalysen).

Die P. des von der Norm abweichenden Verhaltens ist sowohl Gegenstand der Psychotherapie wie auch der Psychopathologie und der Psychiatrie; die Erb-P. (Vererbung psych. Anlagen) ist Zweig der Erbbiologie, die Vergleichende Verhaltensforschung knüpft Verbindungen zw. Human- und Tier-P., die Para-P. untersucht außergewöhnliche (›okkulte‹) Erscheinungen.

Methoden. Grundlegend sind Selbst- und Fremdbeobachtung. Erlebnisse und Bewußtseinsvorgänge, Affekte, Stimmungen u. a. sind teils unmittelbar dem Subjekt selbst bewußt, teils anderen Personen als Ausdruck, Aussage oder Verhalten gegeben. Von den in großer Zahl eingesetzten Verfahren sind bes. wichtig die sinnes-, denk- und willenspsycholog. Experimente, Assoziations- und Lernversuche und eine Fülle von Tests, ferner die Psychographie, die Lebenslaufforschung, unter sozialem Aspekt das Soziogramm, das Gruppengespräch, auch Feldforschung u. a. Ein weiterer Zugang ist die ›geisteswissenschaftlich-psycholog.‹ Werkanalyse. In hohem Maße werden heute mathemat., bes. statist. Hilfen verwendet.

Geschichte. Die P. erreichte bei Aristoteles wissenschaftl. Rang, wurde aber als Teil der Philosophie betrachtet, eine Vorstellung, die bes. in Dtl. bis ins 20. Jh. nachgewirkt hat. Im 19. Jh. suchte man strenge mathematisch-experimentelle naturwissenschaftl. Verfahren in die P. einzuführen. Die so entstandene Psychophysik und die Physiolog. P. wurden auf wahrnehmungspsycholog. Gebiet weiterentwickelt. Unter ihren Vertretern gilt W. Wundt, der 1879 in Leipzig ein psycholog. Laboratorium gründete, als der eigtl. Begründer der wissenschaftl. P. 1870 leitete Chr. von Ehrenfels die Gestalt- oder Ganzheits-P. ein. W. Dilthey setzte der naturwissenschaftlich-kausal erklärenden die geisteswissenschaftlich-motivierende ›Verstehende P.‹ entgegen. Um 1890 begannen die bahnbrechenden Untersuchungen über das Unbewußte, vorbereitet von J. F. Herbart, F. Nietzsche u. a., auf denen S. Freud die →Psychoanalyse aufbaute. Ihre Richtungen und Fortsetzungen werden heute häufig unter dem Begriff Tiefenpsychologie zusammengefaßt. Aus der grundsätzlichen Ablehnung der Methode der Selbstbeobachtung als rein ›subjektiv‹ haben die Vertreter der russ. ›Psycho-Reflexologie‹ (I. P. Pawlow, W. Bechterew) und des amerikan. →Behaviorismus (J. B. Watson) die Konsequenz gezogen, daß die P. als Wiss. sich nur mit dem durch andere Personen beobachtbaren Verhalten und dessen Abwandlung durch Lernvorgänge zu beschäftigen habe; das führte zunächst zu einer Bevorzugung des Tierexperiments (vor allem Lern- und Konditionierungsversuche). Seit der Einführung der Faktorenanalyse durch Ch. Spearman spielen mathemat. Modelle und die statist. Auswertung von Beobachtungen in der P. eine große Rolle. Schwerpunkte in neuerer Zeit sind Aggressions-, Konflikt- und Intelligenzforschung sowie Lern-P.

psychologische Kriegführung, planvoller Einsatz der Publizistik, um Meinungen und Verhaltensweisen gegner., neutraler oder befreundeter Gruppen zur Erreichung best. Ziele zu beeinflussen; i. e. S. Maßnahmen der Beeinflussung des militär. Gegners, seiner Streitkräfte und seiner Zivilbevölkerung zur Erlangung bestimmter taktischer oder strategischer Ziele.

Psychologismus [grch.] *der, -,* allg. die Überbewertung psycholog. Aspekte, i. e. S. krit. Bez. der philosoph. Richtungen, die sich methodisch auf die psycholog. Erkenntnisweise gründen wollen oder die Psychologie als Grundwiss. ansehen.

Psychometrie [grch.] *die, -,* **1)** die quantitative Messung psych. Funktionen in der experimentellen Psychologie; auch das Forschungsgebiet, in dem diese Messungen durchgeführt werden. **2)** In der →Parapsychologie ist P. ein Verfahren, außersinnl. Wahrnehmungsleistungen eines paranormal begabten Mediums durch Verwendung eines Gegenstandes hervorzurufen, der mit der geforderten ›hellseher.‹ Aufgabe zusammenhängt (›Metrie‹). Als ›psychometr. Objekte‹ oder ›Induktoren‹ sollen Briefe, Ringe, Photographien, Kleidungsstücke u. ä. dienen, die mit einer Person oder erfragten Situation in Beziehung stehen.

Psychomotorik, willkürl. Bewegungsabläufe (z. B. Gehen, Sprechen, Mimik und die verschiedenen grob- und feinmotor. Koordinationsleistungen der Muskulatur). Motor. Tests finden im Rahmen von Eignungsprüfungen in der Arbeitspsychologie Anwendung. In der klin. Psychologie gilt psychomotor. Unruhe als Kennzeichen des nervösen Menschen, u. U. auch als Hinweis auf eine Hirnschädigung u. a. Krankheiten.

Psychopathie [grch.] *die, -,* häufig anlagebedingte psych. Normabweichung, die eine extreme Variante menschl. Wesensart darstellt und im Unterschied zu den Psychosen nicht auf einem Krankheitsprozeß beruht. **Psychopathen** (heute eher wertneutral als ›gestörte Persönlichkeiten‹ bezeichnet) kommen infolge ihres Andersseins mit sich und ihren Mitmenschen schwer zurecht. Die Behandlung wird dadurch erschwert, daß sich die P. oft nicht sicher erfassen und abgrenzen läßt. *Adj.* **psychopathisch.**

Psychopathologie, die allg. Wissenschaft von den krankhaften (psychot., psychosomat., neurot.) und abnormen seel. Zuständen und Vorgängen. Sie beschreibt die seel. Phänomene, stellt Deutungen (Interpretationen) zurück und bedient sich dabei des Erklärens (Aufweisen von Kausalzusammenhängen) und des Verstehens (Rückführung von Seelischem auf Seelisches).

Psychopharmaka, *Sg. das* **Psychopharmakon,** *-s,* chemisch uneinheitl. Gruppe von Substanzen, die bes. psych. Funktionen hemmen oder anregen, das Verhalten, Erleben und Befinden beeinflussen. P. werden daher v. a. zur Behandlung psych. Störungen (→seelische Krankheiten) verwendet. Man kann sie nach ihrer Wirkung einteilen in: 1) **Ataraktika (Tranquillantien, Tranquilizer** [tr'æŋkwɪlaɪzə]); sie beseitigen Angst und innere Spannung, daneben werden sie z. B. bei vegetativen Störungen und unterstützend bei Neurosen verwendet. 2) Die **Neuroleptika (Neuroplegika)** dämpfen den Antrieb und die emotionale Erregbarkeit; durch sie können Halluzinationen, Wahnvorstellungen und psychomotor. Erregung beseitigt werden (z. B. bei Psychosen). 3) Die Gruppe der **Antidepressiva** umfaßt Thymoleptika und Thymeretika. Die **Thymoleptika** sind Stoffe mit mehr stimmungshebender, die **Thymeretika** mit mehr antriebssteigernder Wirkung. Beide beeinflussen Depressionen und reaktiv depressive Verstimmungen. 4) **Psychotonika (Psychostimulantien, Psychoanaleptika, Psychoenergetika)** steigern den Antrieb und verringern Müdigkeit und Unlust. 5) **Psychodysleptika (Psychotomimetika, Halluzinogene)** vermögen psychoseähnl. Zustände mit Halluzinationen und Störung der Ichempfindung hervorzurufen.

Psychopharmakologie, Lehre von der Beeinflussung seel. Störungen durch beruhigende oder anregende Arzneimittel, Teilgebiet der Neuropharmakologie.

Psychophysik, 1860 von G. T. Fechner begründetes Teilgebiet der Sinnespsychologie und -physiologie, das die Gesetzmäßigkeit der Beziehungen zw. physikal. Reizen und Sinnesempfindungen untersucht. Aufbauend auf den Arbeiten von H. Weber entwickelte Fechner ein psychophys. Grundgesetz (→Weber-Fechnersches Gesetz), das im Bereich mittlerer Reizgrößen heute noch Geltung hat.

psychophysischer Parallelismus, philosoph. Theorie zum Problem der Leib-Seele-Beziehung (→ psychophysisches Problem).

psychophysisches Problem, das philosoph. Leib-Seele-Problem, die sich aus der dualist. Ontologie (Platonismus, Rationalismus) ergebende Frage der Beziehung zw. psych. und phys. Geschehen. Hierbei wurden v. a. 3 Lösungsversuche unternommen. Descartes nahm eine Wechselwirkung zw. leibl. und seel. Geschehen an, die durch die Verknüpfung beider Systeme über die Zirbeldrüse (lat. ›influxus physicus‹) ermöglicht werde. Der → Okkasionalismus meint, daß durch göttl. Eingriff bei ›Gelegenheit‹ der psych. Vorgänge das entsprechende phys. Ereignis eintrete. Der **psychophysische Parallelismus** verneint den okkasionellen Eingriff Gottes und behauptet eine ›prästabilierte Harmonie‹ (G. W. Leibniz) beider Bereiche durch die einmalige göttl. Schöpfungstat. In der neuzeitl. Psychologie und Sinnesphysiologie ist der Parallelismus als Modellvorstellung z. T. wieder aufgegriffen worden (W. Wundt). Die modernen Theorien arbeiten mit Teilbeschreibungen, die Wechselwirkungs- und Identitätsprinzip nebeneinander auf versch. Bereichen annehmen.

Psychosen [grch.], *Sg. die* **Psychose,** -, → seelische Krankheiten.

Psychosomatik [grch.] *die, -,* **psychosomatische Medizin,** ganzheitliche, seelisch-körperl. Betrachtungsweise, welche bei Erkrankungen neben Organschädigungen und Organfunktionsstörungen auch die emotionalen und sozialen Ursachen sowie die gesamte Persönlichkeit und das Lebensschicksal berücksichtigt. Die P. beschäftigt sich einerseits mit solchen Erkrankungen, die eine vegetative Reizreaktion auf chronische psych. Konflikte (Somatisierung) darstellen, zum anderen auch mit den psych. Rückwirkungen, die eine schwerwiegende körperl. Erkrankung (z. B. Herzinfarkt, Krebs) hervorruft. Die Psychoanalyse sieht in den Organstörungen die körperl. Auswirkung von Affektverdrängungen (Organneurose). Zu den typ. Störungen gehören: Magengeschwüre, Bronchialasthma, Hypertonie, Hyperthyreose, Migräne u. a.

Psychotechnik, ♧ Bez. für die Anwendung der Psychologie in verschiedenen Lebensbereichen (Wirtschaft, Recht, Erziehung, Kunst u. a.). Heute werden die Aufgaben der P. von der angewandten Psychologie wahrgenommen.

Psychotherapie, Behandlungsverfahren, die mit psycholog. Mitteln emotionale und Verhaltensstörungen beheben wollen. Zu den elementaren Formen der Behandlung gehören suggestive Einwirkungen in allen ihren Abwandlungen (Hypnose, → Suggestion, → autogenes Training), auch kathartische Maßnahmen, die der Auslösung und Entladung der Affekte dienen, z. B. Aussprache, Erzählenlassen, Exploration und Anamnese. Bei schweren seel. Störungen versucht der Therapeut, in die seel. Tiefenschichten einzudringen, v. a. mit Verfahren der → Psychoanalyse oder → Tiefenpsychologie und verwandten Methoden (→ Gruppentherapie). Eine andere Methode der P. neigt dazu, die äußerst langwierige ›klassische‹ analyt. Therapie im Sinne von S. Freud mit Hilfe von Traumanalyse o. ä. zugunsten einer vereinfachten ›Kurztherapie‹ zurücktreten zu lassen. Auch die bloße unvermerkte psychagog. Beeinflussung im Sinne einer ›nicht-direktiven‹ P. (C. Rogers), die den Patienten durch Sichaussprechen erfaßt und entlastet, hat zunehmend Erfolge. Ferner werden Entspannung, Autohypnose, Atmen, rhythm. Bewegung, Beschäftigung, Spiel, auch Exerzitien als Hilfen benutzt. Die lerntheoret. Richtung erklärt i. Ggs. zur Psychoanalyse psych. Störungen nicht auf Grund eines traumat. Erlebnisses, sondern durch einen fehlerhaften Lernprozeß, der dementsprechend in der P. durch einen entgegengesetzten Lernvorgang korrigiert werden müsse (Verhaltenstherapie). *Adj.* **psychotherapeutisch.**

Psychoto|mimetika [grch.], *Sg. das* **Psychoto|mimetikum,** *-s,* auch **Psychodysleptika,** Gruppe der → Psychopharmaka.

Psychrometer [grch.] *das, -s/-,* Gerät zur Messung der Luftfeuchtigkeit. Das P. hat 2 Thermometer; die Kugel des einen wird feucht gehalten (durch die Verdunstung des Wassers zeigt das Thermometer eine tiefere Temperatur = Feuchttemperatur), die des anderen ist trocken. Meist wird die Luft durch einen kleinen Ventilator an den Thermometern vorbeigesaugt (**Aspirations-P.**). Beide zeigen verschiedene Werte an; daraus wird die Luftfeuchte berechnet.

Psychrophyt [grch.] *der, -en/-en,* Pflanze kalter Standorte, z. B. des Hochgebirges. **psychrophil,** kälteliebend.

Pszczyna [pʃtʃ'ina], poln. Name der oberschles. Stadt → Pleß.

pt, Einheitenzeichen für → **pint.**

Pt, chem. Symbol für → Platin.

Ptah, ägypt. menschengestaltige Ortsgottheit von Memphis, neben Amun und Horus die Hauptgottheit Ägyptens, Schutzherr der Handwerker und Künstler.

Ptah

Pteridophyta [grch.], **Pteridophyten** *Pl.,* die → Farnpflanzen.

Pterine [grch.], *Sg. das* **Pterin,** *-s,* Stoffklasse, die sich vom bizykl. Ringsystem des **Pteridins** ableitet. P. sind u. a. das gelbe Xanthopterin und das farblose Leucopterin in Schmetterlingsflügeln sowie das Vitamin Folsäure.

Pterine:

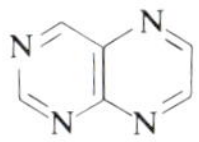

Pteridin, $C_6H_4N_4$

Pterodactylus [grch.], eine Gatt. der → Flugsaurier.

Pteropoda [grch.], Schneckengruppe, → Ruderschnecken. **Pteropodenschlamm,** eine kalkreiche Tiefseeablagerung.

Pterosauria [grch.], die → Flugsaurier.

Pterygium [grch.] *das, -s/...gi|en,* das → Flügelfell.

PTFE, Abk. für **Polytetrafluor|ethylene,** → Polytetrafluoräthylen.

PTH, Abk. für **Para**thyrin und **Para**thormon.

Ptolemäer, Ptolemaier, die makedon. Dynastie, die seit Alexanders d. Gr. Tod Ägypten beherrschte (323-30 v. Chr.). **Ptolemaios** (lat. Ptolemäus) **I. Soter,** * um 367, † 283 v. Chr., Generaladjutant und Freund Alexanders d. Gr., erhielt 323 die Satrapie Ägypten und nahm 305/04 den Königstitel an. Sein Reich umfaßte Ägypten, Cyrenaica, Südsyrien, Küstenstriche Kleinasiens und Ägäisinseln. Sein Sohn **Ptolemaios II. Philadelphos** (285-246) machte Alexandria zum Mittelpunkt der hellenist. Weltkultur und knüpfte Verbindungen u. a. mit Rom und Karthago an. **Ptolemaios III. Euergetes** (246-221) behauptete die Machtstellung des Reiches. Unter **Ptolemaios IV. Philopator** begann der Abstieg. Die letzte Ptolemäerin war → Kleopatra.

Ptolemäus, Claudius, grch. **Ptolemaios,** Klaudios, grch. Naturforscher, * Ptolemais (Oberägypten) um 100, † Canopus nach 160. P. wirkte im zweiten Drittel des 2. Jh. n. Chr. in Alexandria. Er faßte die astronom. Beobachtungen und Entdeckungen seiner Vorgänger, namentlich des Hipparch, in einem System zusammen, das nach ihm das **Ptolemäische System** heißt; es nahm die Erde als Mittelpunkt der Welt an und blieb durch das ganze Mittelalter bis auf Kopernikus maßgebend. Sein Werk, das urspr. den Titel ›Großes astronom. System‹ führte, wurde um 800 ins Arabische übersetzt (›Almagest‹), seit dem 12. Jh. mehrfach ins Lateinische. Ein weiteres Werk von großer Wirkung war seine ›Tetrabiblos‹ (Vierbücherwerk), eine wissenschaftl. Begründung der Astrologie als Physik des Weltalls. Seine ›Anleitung zur Erdbeschreibung‹ sind in der Hauptsache Tabellen, die die Lage der Orte nach den Graden der Länge und Breite angeben. Die Geographie des P. wurde beim Wiederaufleben der Wissenschaften im 15. Jh. Grundlage der wissenschaftl. Erdkunde.

Ptomain [grch. ptoma ›Sturz‹, ›Leichnam‹] *das, -s/-e,* giftiges, bei Eiweiß- und Leichenfäule entstehendes Amin.

Ptosis, Ptose [grch.] *die, -,* **1)** Herabhängen des Oberlides, meist bedingt durch Lähmung des Oberlidmuskels, häufig angeboren (ein- oder doppelseitig) oder bei neurolog. Störungen (z. B.

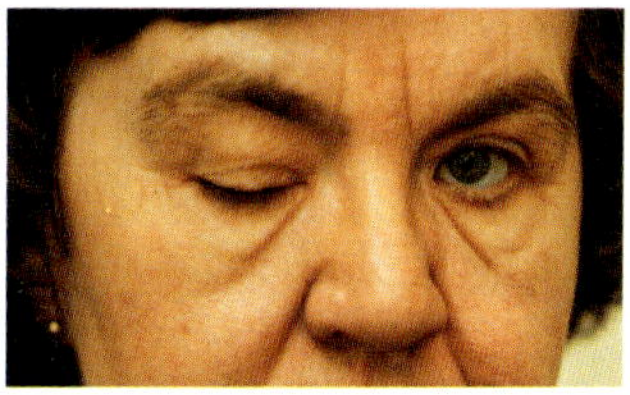

Ptosis 1)

Lähmung des III. Gehirnnerven). Behandlung: je nach Grundleiden, bei angeborener P. operativ. **2) Enteroptose,** Senkung innerer Organe (→ Eingeweidesenkung).

PTT, Abk. für die → Schweizerischen Post-, Telephon- und Telegraphenbetriebe.

Ptuj, dt. **Pettau,** Stadt in Slowenien, Jugoslawien, (1971) 9400 Ew., an der Drau; Weberei, Weinbau und -handel; in der Nähe Aluminiumhütte. – P., das antike **Poetovio,** besitzt noch viele Zeugnisse aus der Römerzeit. Es wurde 1555 steiermärkisch.

Ptyalin [grch.] *das, -s,* ♧ für α-Amylase (→ Amylasen).

Pu, chem. Symbol für → Plutonium.

Pub [pʌb, engl.] *das, -s/-s,* Kurzwort für **public house** [p'ʌblıkhaus, engl.], Wirtshaus im engl. Stil, Bar.

Pubertas praecox [lat.] *die, --,* das verfrühte Auftreten sekundärer Geschlechtsmerkmale und geschlechtl. Reifezeichen, bei Mädchen (Brustentwicklung, Schambehaarung) etwa vor dem 8., bei Jungen (Hodenvergrößerung) vor dem 9. Lebensjahr, das auf einer vorzeitig erhöhten Produktion von Geschlechtshormonen beruht. Diese dürfte auf zu früh einsetzende Impulse übergeordneter Zentren zurückzuführen sein. Wenn organ. Ursachen wie Hirnerkrankungen, Hoden-, Eierstock- oder Nebennierengeschwülste zugrunde liegen, spricht man auch von **Pseudopubertas praecox.**

Pubertät [lat.] *die, -,* die Geschlechtsreifung, ausgelöst durch die beginnende Ausschüttung von Geschlechtshormonen, die ihrerseits von Zentren im Zwischenhirn gesteuert wird; körperlich gekennzeichnet bes. durch Entwicklung der Geschlechtsorgane und der sekundären Geschlechtsmerkmale. Die 1. puberale Phase beginnt in Mitteleuropa bei Mädchen mit 10–11 Jahren, bei Knaben mit etwa 12 Jahren. Sie ist durch Längenwachstumsschub und Unausgeglichenheit von Körpergestalt und nervl. Funktionen gekennzeichnet. Das seel. Leben erfährt eine Umgestaltung, die mit dem Beginn psychosexueller Strebungen und einer Unsicherheit des sozialen Verhaltens einhergeht. Ihr Ende erreicht diese Phase bei Mädchen mit der ersten Menstruation, bei Knaben mit etwa 13 Jahren mit nächtl. Erstpollution. Die 2. Phase reicht bei Mädchen bis zum 16. oder 17., bei Knaben bis zum 18. oder 19. Jahr. In dieser Zeit werden Gestalt, Bewegungsformen und körperl.-seel. Funktionsgefüge wieder ausgeglichener, männl. und weibl. Verhalten werden ausgeprägter. Die Lebensgestaltung wird in eigene Verantwortung übernommen, Partnerbeziehungen bilden sich aus.

Pubertätsmagersucht, → Magersucht.

publice [lat.], ♧ öffentlich.

Publicity [pʌblˈɪsɪtɪ, engl.] *die, -,* Aufmerksamkeit für Menschen, Dinge, Ereignisse, die mit publizist. Mitteln (P.-Kampagnen) erregt wird.

Public Relations [pˈʌblɪk rɪlˈeɪʃnz, engl. ›öffentl. Beziehungen‹] *Pl.,* Abk. **PR,** Bemühen um öffentl. Vertrauen (Vertrauenswerbung), die öffentl. Meinungs- und Beziehungspflege mit publizist. Mitteln, bes. durch Wirtschaftsunternehmen und -verbände, aber auch durch Einzelpersonen (Politiker, Künstler). Behörden, Verwaltungen, Parteien u. a. öffentl. Einrichtungen nennen ihre P. R. meist **Öffentlichkeitsarbeit.** – Die P. R. sollen der Allgemeinheit oder einem best. Kreis von Personen ein möglichst positives Bild (→ Image) des Auftraggebers vermitteln.

Public Schools [pˈʌblɪk skuːlz, engl. ›öffentl. Schulen‹], in England Privatschulen der Sekundarstufe mit angeschlossenem Internat. Hauptziel ist die Persönlichkeitsentfaltung, bes. durch Gemeinschaftsgeist (Sport) und Teilnahme an der Schulverwaltung. Zu den bedeutendsten P. S. gehören: Charterhouse, Eton, Harrow, Rugby, Shrewsbury, Westminster, Winchester. – In den USA bezeichnet man mit P. S. die öffentl. Schulen.

Wsewolod I. Pudowkin

publik [lat.], öffentlich, offenkundig, bekannt. *die* **Publikation,** *-/-en,* Veröffentlichung, Bekanntmachung; Druckschrift. *das* **Publikum,** *-s,* Öffentlichkeit; Gesamtheit der an einer Veranstaltung Teilnehmenden; Zuhörer-, Leserschaft. *ich* **publiziere** *es,* veröffentliche. *die* **Publizität,** -, öffentl. Darlegung, öffentl. Bekanntsein.

Publizistik [nlat.] *die, -,* **1)** der öffentl. und aktuelle Austausch von Wissen unter Menschen, unvermittelt (Mundpublizistik) oder vermittelt (Medienpublizistik). **2)** gelegentlich Bez. für die → Publizistikwissenschaft. *der* **Publizist,** *-en/-en,* **1)** Zeitungsschriftsteller, Journalist. **2)** Lehrer der P. *Adj.* **publizistisch.**

Publizistikwissenschaft, Forschung, Lehre und Studium vom vermittelten (über die Medien Presse, Film, Funk) und unvermittelten (Mundpublizistik) Austausch von Wissen unter Menschen als Information, Kommentar und Unterhaltung, entstanden aus der Zeitungswissenschaft; meist direkt verbunden mit der **Kommunikationswissenschaft** (→ Kommunikation).

Giacomo Puccini

Publizitätspflicht, die Pflicht zur Offenlegung best. Rechtsverhältnisse und Tatsachen durch Eintragung ins Grundbuch und andere Register; bei Unternehmen best. Größenordnung und Rechtsformen (Bilanzsumme, Umsatz, Arbeitnehmerzahl) die Pflicht zur Veröffentlichung ihres Jahresabschlusses, §§ 1, 3 Publizitäts-Ges. v. 15. 8. 1969.

Publizitätsprinzip, → öffentlicher Glaube.

Pucallpa, Stadt im östl. Tiefland von Peru, (1972) 57500 Ew., Handelszentrum, Endpunkt der Straße von Lima über die Anden (846 km), Flußhafen am Ucayali; Sägewerke, Erdölraffinerie; südlich von P. Erdölförderung.

Puccini [puttʃˈiːni], Giacomo, ital. Komponist, * Lucca 22. 12. 1858, † Brüssel 29. 11. 1924, Hauptvertreter der ital. Oper nach Verdi, wurzelt im Stil der lyr. Oper J. Massenets, wurde aber auch stark berührt von der naturalist. Opernkunst (Verismo); er verarbeitete die harmon. und klangl. Neuerungen des frz. Impressionismus.

HW: *Opern:* Manon Lescaut (1893); La Bohème (1896); Tosca (1900); Madame Butterfly (1904); Das Mädchen aus dem goldenen Westen (1910); Der Mantel, Schwester Angelica, Gianni Schicci (Einakter, 1918); Turandot (ergänzt von F. Alfano, 1926).

Pucelle [pysˈɛl], Jean, frz. Buchmaler der 1. Hälfte des 14. Jh., überwand die strenge Flächengebundenheit, indem er, wohl unter ital. Einfluß, körperhafte Gestaltung erstrebte. Die Ränder der Buchseite schmückte er mit realist. Drolerien.

Puchheim, Gem. im Kr. Fürstenfeldbruck, Oberbayern, (1984) 19100 Ew.; Wohngem. des Großraums München.

Puchta, Georg Friedrich, Jurist, * Cadolzburg 31. 8. 1798, † Berlin 8. 1. 1846, lehrte röm. Recht, gilt als das Haupt der jüngeren Histor. Rechtsschule; schrieb ›Lehrbuch der Pandekten‹ (1838), ›Cursus der Institutionen‹, 3 Bde. (1841–47).

Puck [engl.] *der, -s/-s,* **1)** Kobold, kleiner Dämon. **2)** Hartgummischeibe beim → Eishockey.

Puckel [von Buckel] *der, -s/-, norddt.:* **1)** Rücken. **2)** Buckel.

Pückler, Hermann Fürst (1822) von **P.-Muskau,** Schriftst., * Muskau 30. 10. 1785, † Branitz bei Cottbus 4. 2. 1871; seine Parkanlagen (Muskau, Schloß Branitz) erlangten Weltruf (›Andeutungen über Landschaftsgärtnerei‹, 1834); beliebter Reiseschriftsteller (›Briefe eines Verstorbenen‹, 4 Bde., 1830–32, Tagebuch aus England, Wales, Irland, Frankreich; ferner u. a. Reisebücher über Nordafrika, Vorderasien).

Pückler-Eis, Fürst-Pückler-Eis, 1) Gefrorenes aus Schlagsahne, kleingeschnittenen Makronen, Maraschino, Erdbeermark, geriebener Schokolade in Kuppelform. **2)** aus 3 Lagen (Erdbeer, Vanille, Schokolade) bestehendes Speiseeis.

Pud [russ.] *das, -(e)s/-e* und bei Maßangaben -, altes russ. Handelsgewicht zu 40 Pfund = 16,381 kg.

Puddeln [engl. ›rühren‹] *das, -s,* ⚙ veraltetes Verfahren zur Herstellung von → Stahl.

Pudding [engl.] *der, -s/-s* oder *-e,* **1)** Mehlspeise aus Butter, Eiern, Zucker, Mehl, Grieß oder Reis und Rosinen oder Früchten, Gewürzzutaten, in einer Form gekocht oder gebacken. Es gibt auch Gemüse-, Fleisch- und Fischpudding. **2)** kalte Süßspeise aus Milch, Fruchtmark, Eierkrem, Sahne u. ä. **Puddingpulver,** Stärkepuder mit Geschmacksstoffen.

Pudel [zu mundartl. puddeln ›im Wasser planschen‹] *der, -s/-,* **1)** Haushundrasse (BILD Hunde), urspr. als Jagdgebrauchshund gezüchtet: *das also ist des Pudels Kern,* Ü der Kern des Ganzen (nach ›Faust‹, I. Teil, Studierzimmer). **2)** U Fehlwurf beim Kegeln. *ich* **pud(e)le,** U **1)** schwimme wie ein Hund. **2)** mache Fehler, schieße vorbei, z. B. beim Kegeln. **Pudelmütze,** zottige Mütze. **pudelnackt,** U nackt (wie der am Hinterleib geschorene P.). **pudelnaß,** U triefnaß. **pudelwohl,** U sehr wohl.

Puder [frz.] *der, -s/-,* pulverförmige Zubereitungen zur Hautpflege oder -behandlung, bestehen aus einem oder mehreren Pudergrundstoffen (meist Talkum), enthalten adsorbierende (Titandioxid, Zinkoxid, Kieselsäure u. a.), hautpflegende (Fette oder fettähnl. Stoffe), keimhemmende und/oder desodorierende, auch medikamentöse Zusätze (Schwefel), ferner Riech- und auch Farbstoffe. Die Erhöhung des Fettanteils ergibt **Kompaktpuder.** *Vb. ich* **pud(e)re** *es, ihn, mich.*

Pudowkin, Wsewolod Illarionowitsch, sowjet. Filmregisseur, * Pensa 28. 2. 1893, † Riga 30. 6. 1953, schrieb grundlegende filmtheoret. Werke. Stummfilme: ›Die Mutter‹ (nach M. Gorkij, 1926), ›Sturm über Asien‹ (1928) u. a.

Pudus [araukan.], *Sg. der* **Pudu,** *-s,* kleinste Gatt. der Trughirsche aus dem westl. Südamerika mit einer Rückenhöhe von nur 30–35 cm; das kurze Spießgeweih ist in dem Stirnschopf fast verborgen. P. leben im Busch.

Puebla [puˈeβla], **1)** Staat in der Rep. Mexiko (ÜBERSICHT). **2) P. de Zaragoza** [-ðe saraɣˈosa], Hptst. von 1), (1979) 711000 Ew., 2140–2170 m ü. M., in weitem Hochtal, rings von hohen Bergen überragt; Erzbischofssitz, Univ., Museen; Auto-(VW), Textil-, Glas-, Keramik- u. a. Ind.; viele Bauten aus der span. Kolonialzeit, Kathedrale (1575–1649). – P., 1531 von den Spaniern gegr., war 1862/63 der Mittelpunkt des mexikan. Widerstands gegen das Expeditionsheer Napoleons III.

Pueblo [puˈebləʊ], Stadt im Staat Colorado, USA, (1980) 101700 Ew., 1430 m ü. M. am Arkansas, am Fuß der Rocky Mountains; Handels- und Ind.-Zentrum; Stahl-Ind., Maschinenbau.

Pueblo [span. ›Dorf‹] *das, -s/-s,* → Pueblo-Indianer.

Pueblo-Indianer, Gruppe kulturverwandter Indianerstämme (Hopi, Zuni u. a.) im SW Nordamerikas, Nachkommen der Träger der prähistor. → Anasazi-Kultur. Die etwa 30000 P.-I. leben in Reservaten in Arizona und New Mexico. Sie erhielten ihren Namen nach ihren großen Wohnanlagen (Pueblo), zusammenhängende, terrassenartig gestaffelte Häuser, die aus Sicherheitsgründen früher nur über Leitern durch Luken im Dach betreten werden konnten. Die P.-I. haben von allen nordamerikan. Indianern am besten ihre Tradition bewahrt.

pu|eril [lat.], **1)** kindlich. **2)** kindisch, zurückgeblieben. *Subst. die* **Puerilität,** *-/-en.*

Pu|erperalfieber [lat.], ⚕ das → Wochenbettfieber.

Puerto Cabello [-kaβˈejo], Hafenstadt in Venezuela, (1975) 70600 Ew.; Auto-, Lebensmittel- u. a. Ind.; nahebei Erdölraffinerie.

Puerto de la Cruz [-kruθ], Stadt an der N-Küste von Teneriffa, Kanar. Inseln, (1981) 39200 Ew.; Fremdenverkehr.

Puerto del Rosario, Hauptort der Insel Fuerteventura, Kanar. Inseln, (1976) 10000 Ew.; Flugplatz.

Puerto La Cruz [-krus], Hafenstadt in Venezuela, (1971) 63300 Ew.; Erdölraffinerien, Lebensmittel-Ind.

Puertollano [puɛrtoʎ'ano], Stadt in der span. Prov. Ciudad Real, (1981) 48700 Ew.; Bergbau (Steinkohle, Blei u. a.), chem. Industrie, Erdölraffinerie (Pipeline von Málaga).

Puerto Montt, Hptst. der Prov. Llanquihue, Chile, (1982) 89000 Ew., Erzbischofssitz; Handels- und Fischereihafen am Reloncaví-Golf; 1853 von dt. Einwanderern gegründet.

Puerto Plata, Hafenstadt in der Dominikan. Rep., → San Felipe 2).

Puerto Rico [span. ›reicher Hafen‹], amtl. span. **Estado Libre Asociado de P. R.** [est'aðo - asosj'aðo-], engl. **Commonwealth of P. R.** [k'ʌmənwelθ ɔv pwə:təʊr'i:kəʊ], früher **Porto Rico,** kleinste Insel der Großen Antillen und Commonwealth der USA, mit Nebeninseln 8897 km², (1982) 3,95 Mio. Ew.; Hauptstadt: San Juan. Amtssprachen sind Spanisch und Englisch. Währungseinheit: 1 US-Dollar (US-$) = 100 Cents (c, ¢). *Adj.* **puertoricanisch.** *der* **Puertoricaner,** *-s/-.* (KARTE XIV/XV, n. S. 320)

Staat, Recht. Nach der Verfassung von 1952 ist P. R. ein assoziierter freier Staat ohne Gliedstaatseigenschaft. Die Legislative liegt beim Senat (27 Mitgl.) und Repräsentantenhaus (51 Mitgl.). Reg.-Chef ist der auf 4 Jahre vom Volk gewählte Gouv. P. R. ist im Kongreß der USA nicht stimmberechtigt. Das Recht ist teils span., teils amerikan. Ursprungs.

Streitkräfte. Keine eigene Armee; Verteidigung durch die USA, die Militärstützpunkte im Lande unterhalten.

Landesnatur. Die Insel wird in ihrer Längsrichtung von einer Gebirgskette (im Cerro de Punta 1338 m ü. M.) durchzogen. Ihr schließen sich im N und S Bergländer an, die sich zu den schmalen Küstenebenen senken. Das trop. Klima ist im N und O sehr feucht und regenreich, im S trockener.

Bevölkerung. Die Puertoricaner sind eine relativ einheitl. Mischlingsbev., Nachkommen v. a. von Spaniern und Negern. Der früher hohe Bevölkerungszuwachs geht zurück (Geburtenrate 1975: 22,3‰). In Großstädten leben (1980) 66,8% der Bev., neben der Hptst. gibt es 4 weitere Großstädte. – Bildung: Allg. Schulpflicht vom 6. bis 18. Lebensjahr; 5 Univ.: Bayamón, Internado Santurce, Río Piedras, Ponce, San Juan; Analphabetenquote (1976): 8,7%. – Religion: Die Bev. ist zu 91,5% katholisch, 4,7% sind Protestanten.

Wirtschaft, Verkehr. Neben der Landwirtschaft, die rd. 87% der Fläche nutzt (Anbau von Zuckerrohr, ferner Tabak, Ananas, Bananen, Mais u. a.), gibt es vielseitige Industrie (Textil-, Nahrungsmittel-, Maschinen-, Elektro-, chem., Grundstoffindustrie), durch Investitionen der USA gefördert; staatl. Entwicklungsplanung; bed. Fremdenverkehr. – Ausgeführt werden Industrie- und landwirtschaftl. Erzeugnisse. Haupthandelspartner: USA. – Gut ausgebautes Straßennetz (16800 km). Haupthafen und internat. Flughafen: San Juan.

Geschichte. P. R. wurde 1493 von Kolumbus entdeckt (San Juan Bautista) und seit 1508 von Spaniern kolonisiert; die indian. Bevölkerung starb durch eingeschleppte Krankheiten und Zwangsarbeit rasch aus. 1897 wurde P. R. autonom. 1898 besetzten die USA P. R., unter deren Verwaltung es blieb. 1900 wurde es als ›organisiertes, aber nicht inkorporiertes Territorium‹ der Union eingegliedert. 1917 erhielt die Bevölkerung das Bürgerrecht der USA und beschränkte Selbstverwaltung. 1948 wurde zum ersten Mal ein Gouv. gewählt (L. Muñóz Marín). 1967 sprachen sich in einer Volksabstimmung 0,6% der Stimmberechtigten für volle Unabhängigkeit, 38,9% für die Umwandlung in einen US-Bundesstaat und 60,5% für den bisherigen Status aus.

Pufendorf, Samuel Frhr. von (1694), Jurist und Historiker, * Dorfchemnitz (Sachsen) 8. 1. 1632, † Berlin 26. 10. 1694, 1677 schwed. Historiograph und Staatssekretär in Stockholm, 1688 brandenburg. Historiograph in Berlin. Die unter dem Namen Severinus **de Monzambano** veröffentlichte staatsrechtlich-polit. Abhandlung ›De statu imperii germanici‹ (1667) legte die Schwächen der Reichsverfassung dar. Sein Hauptwerk ›De jure naturae et gentium‹ (1672) beeinflußte die Theoretiker der amerikan. Unabhängigkeitsbewegung. (→ Naturrecht)

Puff [Schallwort], **1)** *der, -(e)s/-̈e,* auch *-e,* U Stoß, Aufprall. **2)** *der, -(e)s/-e,* gepolsterter Behälter: *Wäschepuff.* **3)** *der, -(e)s/-e,* ⚘ Bausch, Wulst. **4)** *das, -(e)s,* Tricktrack, ein Brettspiel (BILD Brettspiele). **5)** *der,* auch *das, -s/-s,* U Bordell. **Puffärmel,** bauschender Ärmel. **Puffbohne,** → Bohne.

puffen. *ich* **puffe, 1)** *ihn,* U stoße. **2)** U schieße: *er hat in die Luft gepufft.* **3)** *es,* bausche, besetze mit Bauschfalten. **4)** *es pufft,* U knallt.

Puffer *der, -s/-,* **1)** Vorrichtung an Eisenbahnwagen zur Aufnahme der Stoßkräfte, → Eisenbahnkupplungen. **2)** physikalische Chemie: Stoffgemische, deren → Wasserstoffionenkonzentration (pH-Wert) verhältnismäßig unempfindlich gegen einen Zusatz von Säure oder Base ist. Zur Pufferung von Säuren und Basen eignen sich Lösungen, die eine schwache Säure oder schwache Base enthalten (d. h. wenig dissoziiert sind, → Dissoziation) und die außerdem eines ihrer stark dissoziierten Salze enthalten; Beispiele: Essigsäure und Natriumacetat oder Ammoniak und Ammoniumchlorid. Verschiedene P. sind nur innerhalb gewisser pH-Bereiche wirksam, durch Zusatz des geeigneten P. kann man den pH-Wert einer Lösung einstellen. Blut besitzt auf Grund seines Gehaltes an Salzen und Eiweißen ein gutes Pufferungsvermögen, das den pH-Wert zw. 7,28 und 7,40 hält. **3)** bei digitalen Rechenanlagen ein Zwischenspeicher, der Daten vor der weiteren Verarbeitung vorübergehend aufnimmt, bes. zw. Einrichtungen verschiedener Arbeitsgeschwindigkeiten. **4)** in der Pfanne gebackener flacher Kuchen aus rohen geriebenen Kartoffeln (Kartoffelpuffer, Reibekuchen).

Puerto Rico: Die neueren Stadtteile der Hauptstadt San Juan, im Vordergrund ein Teil der alten span. Befestigung

Pufferbatterie, Akkumulator, der die hohen, stoßweise auftretenden elektrischen Stromentnahmen in Gleichspannungs-Leitungsnetzen ausgleicht **(Pufferbetrieb).**

Pufferstaat, kleinerer Staat zw. größeren Mächten. (→ Kleinstaat)

Puffmais, das → Popcorn.

Puff|otter, Bitis arietans, giftige, bis 1,5 m lange Viper im subtrop. Afrika. (BILD Schlangen)

Pugatschow, Pugačev, Jemeljan Iwanowitsch, Führer eines russ. Volksaufstandes, * als Kosakensohn am Don um 1742, † (hingerichtet) Moskau 21. 1. 1775, gab sich für den ermordeten Kaiser Peter III. aus, zettelte 1773 einen Kosakenaufruhr an, der großen Zulauf fand, aber nach anfänglichen Erfolgen 1774 zusammenbrach.

Puget [pyʒ'ɛ], Pierre, frz. Bildhauer, Maler und Baumeister, * Marseille 16. 10. 1622, † Château-Follet bei Marseille 2. 12. 1694, begann in Marseille als Galionsfigurenschnitzer, bildete sich in Italien, schuf, an ital. Barockplastik geschult, spannungsgeladene, lebendige Skulpturen, die im Ggs. zur klass. Richtung der frz. Kunst seiner Zeit standen. Zu seinen Hauptwerken gehören die Marmorgruppen: ›Milo von Kroton‹ (1682), ›Perseus befreit Andromeda‹ (1684), beide im Louvre.

Puget Sound [pj'u:dʒɪt saʊnd], stark verzweigte, inselreiche Bucht an der Grenze der USA und Kanadas, durch die Juan-de-Fuca-Straße zum Pazif. Ozean geöffnet; mit natürlichen Häfen, wie Tacoma und Seattle.

Pugwash-Bewegung [p'ʌgwɔʃ-], Vereinigung von Wissenschaftlern aus Ost und West, die in Symposien und Konferenzen die Öffentlichkeit auf die Probleme und Gefahren aufmerksam machen will, die sich aus dem techn. Fortschritt, der Entwicklung von Massenvernichtungswaffen und dem Wettrüsten ergeben. Die 1. Pugwash-Konferenz 1957 in Pugwash (Neuschottland, Kanada) geht wesentlich auf die Initiative von B. Russell zurück.

P'u-i, Pu-Yi, letzter Kaiser von China (1908–12), aus der Dynastie der Manchu, * Peking 1906, † ebd. 17. 10. 1967. Nach dem Ausbruch der chines. Revolution (1911) mußte er am 12. 2. 1912 abdanken. 1924 stellte er sich unter japan. Schutz. 1932 setzte ihn die japan. Regierung als Regenten, 1934 als Kaiser ihres Satellitenstaates Mandschukuo ein. 1945 geriet er in sowjet. Gefangenschaft. 1950 an die VR China ausgeliefert und bis 1959 inhaftiert, lebte er seitdem als Arbeiter und Angestellter in Peking. – Memoiren: ›Ich war Kaiser von China‹ (dt. 1973).

Puig [pu'iγ], Manuel, argentin. Schriftst., * General Villegas (Buenos Aires) 1933, schrieb den Roman ›Der schönste Tango der Welt‹ (1969) u. a.

Puerto Rico

Samuel von Pufendorf (aus einem Kupferstich von J. von Sandrart)

Pula: röm. Amphitheater

Pula, ital. **Pola,** Stadt im südwestl. Istrien, Kroatien, Jugoslawien, (1981) 56000 Ew.; Filmfestivals; Ind.: Dieselmotoren, Zement, Möbel, Textilien, Lebensmittel, Schiffswerften; Fremdenverkehr; röm. Amphitheater. – P., im 4. Jh. v. Chr. von Illyrern gegr., wurde 42 v. Chr. röm. Militärkolonie (**Pietas Iulia**). 1148 kam es an Venedig, 1797 an Österreich (Österreichs wichtigster Kriegshafen), 1920 an Italien, 1947 an Jugoslawien.

Pülcher [zu Pilger] *der, -s/-s, österr.:* Strolch, Rohling.

Pulcinella [pultʃin'ɛlla, ital. ›kleines Hähnchen‹] *der, -(s)/ ...n'elle,* frz. **Polichinelle** [poliʃin'ɛl] *der, -s/-s,* Charaktermaske, die aus südital. Volkspossen Ende des 16. Jh. in die Commedia dell'arte aufgenommen wurde. P. ist der gefräßige, listige Diener, im 18. und 19. Jh. Lieblingsgestalt des neapolitan. Volks- und Marionettentheaters. Er trägt einen hohen spitzen Hut und eine schwarze Halbmaske mit Vogelnase.

Pulcinella (Kupferstich von J. de Gheyn)

Pulex [lat.], eine Gatt. der → Flöhe.

Pulfrich, Carl, Optiker, * Sträßchen bei Burscheid 24. 9. 1858, † (durch Unfall) Timmendorfer Strand 12. 8. 1927, Mitarbeiter von E. Abbe bei der Fa. Carl Zeiss, Jena; entwickelte und konstruierte viele opt. Meßgeräte: Refraktometer, stereoskop. Entfernungsmesser, Stereokomparator, Phototheodoliten, Photometer.

Pulheim, Stadt im Erftkreis, NRW, (1984) 47000 Ew.; Museum für Holographie.

Puli *der, -(s)/-s,* ungar. Haushunderasse mit langem, gewelltem, dichtem, leicht verfilzbarem Fell; schwarz, rotschwarz, grau oder weiß; ausgezeichneter Hirtenhund. Widerristhöhe: 37–44 cm.

Pulitzer [p'ʊlɪtsə], Joseph, amerikan. Verleger, * Makó (Ungarn) 10. 4. 1847, † Charleston (S. C.) 29. 10. 1911, Besitzer mehrerer Zeitungen, stiftete den **P.-Preis,** erstmals 1917 verliehen, seither jährlich ausgeschrieben für Leistungen einer Zeitung im Dienst der Öffentlichkeit und für individuelle Leistungen auf dem Gebiet der Berichterstattung, der Literatur, der Dichtung und der Karikatur.

Pulk [poln., zu russ. polk ›Regiment‹] *der, -(e)s/-s* oder *-e,* **1)** Truppenabteilung. **2)** Flugzeugverband. **3)** Anhäufung (von Fahrzeugen).

Pulkowo, südl. Stadtteil von Leningrad mit dem astronom. Hauptobservatorium der Akademie der Wissenschaften der UdSSR. Die 1839 erbaute Nikolaj-Sternwarte kennzeichnete bis 1917 den Nullmeridian für die russ. Kartenwerke.

Pullach i. Isartal, Gem. im Kr. München, Obb., (1984) 7700 Ew.; Sitz der Zentrale des Bundesnachrichtendienstes.

Pulle [nd., aus lat. ampulla] *die, -/-n,* U Flasche.

pullen [engl. to pull ›ziehen‹]. *ich* **pulle, 1)** ⛵ rudere. **2)** *ein Pferd pullt,* drängt scharf vorwärts gegen die Hand des Reiters. **3)** [Schallwort], U derb: harne.

Joseph Pulitzer (aus einem Gemälde von J. S. Sargent)

Pullman [p'ʊlmən], George Mortimer, amerikan. Unternehmer, * Brocton (N. Y.) 3. 3. 1831, † Chicago 19. 10. 1897, baute seit 1858 die ersten luxuriösen Reisezugwagen (P.-Wagen). Die von ihm 1867 gegr. P.-Palace Car Co., Chicago (später P. Car Co.), wurde eine der bedeutendsten Waggonfabriken der Welt.

Pullover [engl. ›Überzieher‹] *der, -s/-,* kurz: **Pulli,** über den Kopf zu ziehendes gestricktes Oberbekleidungsstück.

Pullunder [engl. ›Unterzieher‹] *der, -s/-,* ärmel- und kragenloser Pullover, unter dem ein Hemd oder eine Bluse getragen wird.

Pully [pyj'i], Stadt im schweizer. Kt. Waadt, (1983) 14900 Ew.

Pulmonata [lat.], **Pulmonaten** *Pl.,* → Lungenschnecken.

Pulp [frz. aus grch. polypus], **1)** *der, -s/-e,* Kopffüßer, → Kraken. **2)** *der, -s/-en,* → Pulpe.

Pulpa [lat.] *die, -/...pae,* ⚕ das Zahnmark (→ Zähne). *die* **Pulpitis,** *-/...t'iden,* Zahnmarkentzündung.

Pulpe [lat.] *die, -/-n,* **Pülpe, Pulp, 1)** die Schnitzelteilchen in den Rohsäften der Zuckerfabrikation. **2)** **Obstpülpe,** gedämpftes Obst und Beerenobst für die Marmeladenindustrie.

Pulque [p'ulke, span.] *der, -(s),* berauschendes mexikan. Getränk, gegorener Agavensaft.

Puls [lat. pulsus ›Schlag‹] *der, -es/-e,* **1)** **Pulsschlag,** Erweiterung von Blutgefäßen, bes. Arterien, die durch die stoßartige, rhythm. Einpressung des Blutes in die Arterien bei jeder Herzzusammenziehung (Systole) erzeugt wird. Die Zahl der Pulsschläge je min (Pulszahl, Pulsfrequenz) beträgt für den gesunden Erwachsenen in Ruhe 60–80, erheblich mehr für das Kind (beim Säugling gegen 130). Beim Pulsfühlen legt man Zeige- und Mittelfinger einer Hand an die Daumenseite des Handgelenks, wo eine Arterie (Pulsader) dicht unter der Haut über das Ende der Speiche läuft; auf dieser Knochenunterlage läßt sich der P. leicht tasten. Die Beschaffenheit des P. hängt von Herztätigkeit (→ Herz, → Blutkreislauf), Blutdruck und dem Zustand der Arterien ab. Krankhaft verändert ist der P. z. B. bei Herzkrankheiten und bei Fieber. Über Pulsbeschleunigung → Tachykardie; über Pulsverlangsamung → Bradykardie. Venen- und Kapillarpulse sind nur unter bestimmten Kreislaufbedingungen deutlich wahrnehmbar. **2)** ⚙ eine regelmäßige Impulsfolge (→ Impulstechnik). *es* **pulsiert, pulst,** schlägt, klopft; Ü regt sich lebhaft.

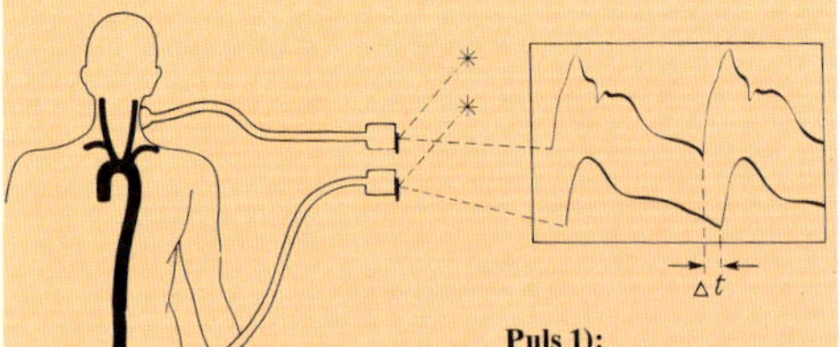

Puls 1): Pulsregistrierung an der (herznahen) Hals- und der (herzfernen) Schenkelarterie zur Messung der Pulswellengeschwindigkeit (schematisch); Δ t Pulswellenverspätung (nach O. Frank und K. Wezler)

Pulsare [lat.], *Sg. der* **Pulsar,** *-s,* ✫ Quellen kosm. Radiofrequenzstrahlung, die regelmäßig Strahlungspulse von sehr kurzer Dauer abstrahlen. Die Perioden der Pulse schwanken zw. 0,0016 und mehreren Sekunden. Der 1. P. wurde 1967 von J. Bell und A. Hewish entdeckt; heute sind mehr als 300 P. bekannt. 1969 gelang es, einen P. mit einem opt. Objekt zu identifizieren, dem Zentralstern des einem Supernova-Ausbruch zugeschriebenen → Crab-Nebels. Die Stärke der sichtbaren und der Röntgen-Strahlung dieses Sterns ändert sich im gleichen Rhythmus wie die der Radiostrahlung. Auch andere P. scheinen Überreste von Supernovae zu sein. P. werden als schnell rotierende → Neutronensterne angesehen, deren Rotationsdauer der Pulsperiode entspricht. Ihre starken Magnetfelder beschleunigen die vom Stern als Plasmawolke abströmenden Protonen und Elektronen nahezu auf Lichtgeschwindigkeit. Die hierbei gebildete gerichtete Radiofrequenzstrahlung überstreicht auf Grund der Rotation des Neutronensterns periodisch die Erde. Einige P. wurden als Partner eines Doppelsternsystems identifiziert (**Binär-P.**). **Röntgen-P.,** → Röntgenstern.

Pulsatille, ✿ für die Gatt. **Pulsatilla,** die inzwischen von der Gatt. Anemone abgetrennt wurde (→ Kuhschelle).

Pulsation [lat.] *die, -/-en,* **1)** das Klopfen, bes. des Herzens, der Pulsschlag. **2)** ✫ die period. Änderung des Radius bei best. Typen von → Veränderlichen Sternen, den **Pulsationsveränderlichen.**

Pulsations|theorie, 🌐 Gebirgsbildungstheorie, die einen gesetzmäßigen Wechsel von Einengungs- und Ausweitungsetappen vertritt, die tekton. Strukturen erzeugen. Zykl. Erwärmung und Abkühlung der innerird. Materie sollen die langsame Volumenänderung (Pulsationen) der Erde bewirken. Die P. kann als modifizierte Kontraktionstheorie angesehen werden.

Puls-Code-Modulation [-k'o:d-], Abk. **PCM,** universelles Verfahren zur digitalen Übertragung elektr. Signale. Das zeitkontinuierl., analoge Signal wird durch Abtasten und Quantisierung in ein zeitdiskretes digitales Signal umgewandelt. Übertragen wird lediglich in regelmäßigen Abständen ein Zeichen für die jeweilige Quantisierungsstufe, meist binär, jedoch prinzipiell durch → Codierung den Eigenschaften des für die Nachrichtenübertragung zur Verfügung stehenden Kanals weitgehend anpaßbar.

Pulse-Jet [p'ʌls dʒet, engl.], Verpuffungsstrahltriebwerk, → Strahltriebwerk.

Pulsnitz, Stadt im Bez. Dresden, (1975) 7000 Ew.; Textil- und Papierindustrie, Pfefferkuchenherstellung.

Pulsotriebwerk, → Strahltriebwerk.

Pult [mhd., aus lat.] *das, -(e)s/-e,* Tisch oder Tischaufsatz mit schräger Schreibfläche; Auflage für Bücher, Noten u. a. **Pultdach,** einseitig schräges Dach (BILD Dach).

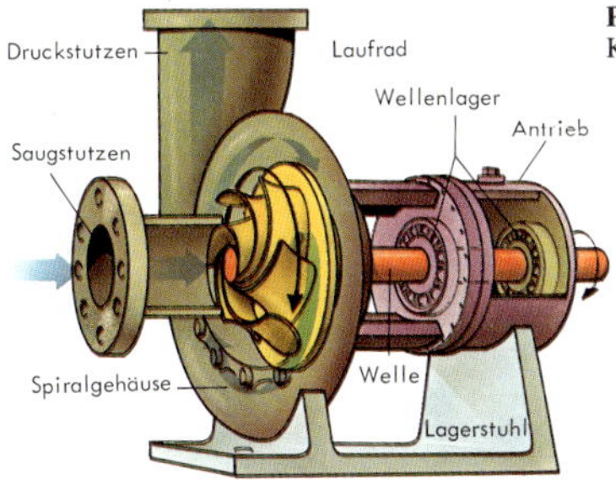

Pumpe: Kreiselpumpe

Pulver [mhd., aus lat. ›Staub‹] *das, -s/-,* **1)** sehr fein zerteilter fester Stoff. Das **Pulverisieren** geschieht entweder mit Reibkeulen (Pistillen) in Reibschalen (Mörsern) oder in Mühlen. Bes. feine P. erhält man durch Fällung aus Lösungen. **2)** Schießpulver: *der hat sein P. verschossen,* Ü nichts erreicht; *er hat das P. nicht erfunden,* Ü ist dumm; *es ist keinen Schuß P. wert,* Ü nichts. **3)** *ohne Pl.,* U Geld. *ich* **pulv(e)re, 1)** *es,* pulverisiere. **2)** schieße, knalle. *ich* **pulv(e)re** *ihn* **auf,** U ermuntere, mache ihm Mut oder Lust: *der Kaffee hat mich aufgepulvert. ich* **pulv(e)re zu,** U zahle drauf. **Pulverfaß,** *wir sitzen auf dem Pulverfaß,* Ü befinden uns in einer gefährlichen Lage. **pulv(e)rig,** fein zerstäubt.

Pulvermaar, 74 m tiefes Maar (40 ha) bei Gillenfeld in der Eifel. (BILD Vulkan)

Pulvermanns Grab [n. seinem Erfinder, dem Reiter E. F. Pulvermann, der daran oft scheiterte], Springreiten: dreifaches Kombinationshindernis beim Dt. Springderby in Hamburg-Klein Flottbek; besteht aus Einsprung über ein 1,40 m hohes Rick, 7,50 m abfallender Strecke, 2 m breitem Wassergraben, 7,50 m aufsteigender Strecke und Aussprung über 1,40 m hohes Rick.

Pulvermetallurgie, früher **Metallkeramik** oder **Sintermetallurgie,** die Herstellung von Formkörpern aus Metallpulvern, -körnern, -pellets oder -spänen durch Sintern vorgepreßter Teile bei Temperaturen unterhalb des Schmelzpunktes des Metalls; angewendet für Werkzeuge und Geräteteile aus Hartmetall.

Pulverschnee, lockerer, nicht ballender Schnee, der bei Temperaturen unter 0 °C gefallen ist.

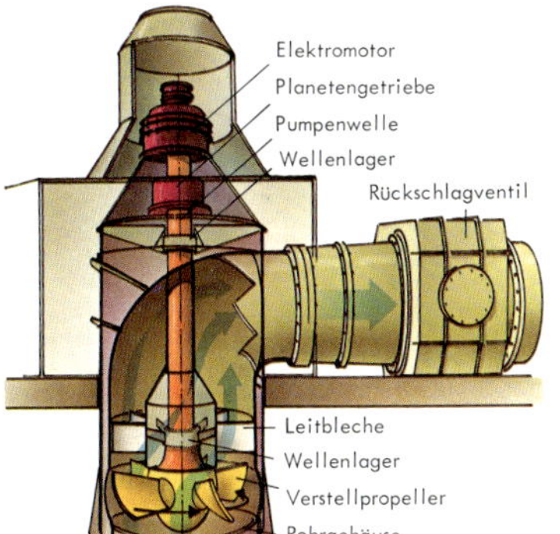

Pumpe: Propellerpumpe

Pulververschwörung, engl. **Gunpowder plot** [g'ʌnpaudə plɔt], die Verschwörung engl. Katholiken (u. a. Guy Fawkes), um König Jakob I. und das Parlament in die Luft zu sprengen; der Plan wurde am Tag vor der geplanten Ausführung (5. 11. 1605) verraten. Das Parlament erklärte den 5. Nov. zum Tag des Dankes; er wird seitdem in England mit Feuerwerk und Verbrennen von Strohpuppen (›guys‹) begangen.

Puma [Ketschua] *der, -s/-s,* **Kuguar, Berglöwe, Silberlöwe, Puma concolor,** über Nord- und Südamerika verbreitete Art der Katzen. Erwachsene Tiere haben ein graues, graubraunes oder gelbrotes Fell, Jungtiere sind gefleckt. Auffallend sind der kleine Kopf und der lange Schwanz. (BILD Katzen)

Pummel [norddt.] *der, -s/-,* **Pummelchen** *das, -s/-,* U dickl. Mensch, bes. rundl. Kind. **pumm(e)lig,** U dicklich, rundlich.

Pump [Rotwelsch], *auf P.,* U geborgt. *ich* **pumpe** *es ihm, es von ihm,* U borge, leihe. *ich* **pumpe** *ihn um etwas* **an,** U bitte, es mir zu leihen.

Pumpe [mittelniederländ.] *die, -/-n,* Gerät oder Maschine zum Fördern von Flüssigkeiten oder Gasen. Die P. überträgt i. a. die Energie, die zum Strömen in Leitungen in der gewünschten Richtung notwendig ist, auf das geförderte Gut. Nach der Wirkungsweise unterscheidet man:

Kreisel-P., Strömungsmaschinen mit rotierenden Laufrädern, wobei die von den Laufradschaufeln übertragene Energie eine gleichmäßig stetige Förderung bewirkt. Die Strömungsgeschwindigkeit der Förderflüssigkeit am Laufradaustritt wird bei kleiner Druckhöhe in dem das Laufrad umschließenden Spiralgehäuse, bei mittleren Druckhöhen im Leitrad größtenteils in Druck umgesetzt. Für große Druckhöhen wird die Kreisel-P. mehrstufig (mit hintereinander geschalteten Laufrädern) gebaut. Kreisel-P. werden mit radialen, halbaxialen oder axialen Laufrädern ausgeführt. Regeln kann man Kreisel-P. durch Drosselung, Rücklauf des überschüssigen Förderstromes (Umlaufregelung) oder durch Drehzahländerung. Unter den einstufigen Kreisel-P. werden die **Propeller-P.** für große Fördermengen bei kleinen Förderhöhen bevorzugt. Kreisel-P. mit halbaxialen oder axialen Laufrädern werden auch durch Verstellen der Laufradschaufeln (**Kaplan-P.**) oder der Schaufeln eines vorgeschalteten Leitrades (Vordrallregelung) geregelt. Zu Beginn der Förderung müssen die Laufräder mit Flüssigkeit gefüllt sein. Wegen der Unfähigkeit der Kreisel-P., die Saugleitung selbst zu entlüften, geschieht dies bei den nicht selbst ansaugenden Kreisel-P. durch Auffüllen der P., bei den selbstansaugenden P. durch konstruktive Maßnahmen. Vorteile: kleiner Platzbedarf, geringes Gewicht, stetige Förderung, kann mit schnellaufenden Antriebsmaschinen direkt gekuppelt werden.

Bei **Verdränger-P.** findet die Energieübertragung in einem sich periodisch vergrößernden und verkleinernden Arbeitsraum statt. **Kolben-P.** erzielen diese Wirkung durch oszillierende Bewegung des Kolbens in einem feststehenden Arbeitsraum. Entsprechend dieser absatzweisen Förderung treten in der Förderflüssigkeit Druckschwankungen auf, die durch Einschalten besonderer Ausgleichsbehälter geglättet werden. Verdränger-P. sind selbstentlüftend. Je nach Ausbildung des Kolbens unterscheidet man: Scheibenkolben-, Tauchkolben-, Differentialkolben-, Membran- und Dampfdruck-P. (Pulsometer). Handkolben-P. werden als Schwengel-P. ausgeführt. **Rotations-P.** erzielen die Verdrängungswirkung durch Ineinandergreifen von Zahnrädern (Zahnrad-P.), Gewindegängen (Schraubenspindel-P.), einer Schnecke in ein Schneckenrad (Schnecken-P.), ferner durch Abwälzen von zwei Abwälzkolben (Wälzkolben-P.) oder durch einen in einem zylindrischen Gehäuse exzentrisch angeordneten Walzenkolben mit radial verschiebbaren Schiebern (Zellen-P.) oder schließlich durch einen Scheibenkolben mit radialen, in einem mitrotierenden Wasserring eintauchenden Schaufeln (Wasserring-P.). Rotations-P. brauchen keine Ventile, sie fördern gleichförmig.

Bei **Strahl-P.** saugt der aus einer Düse mit hoher Geschwindigkeit austretende Strahl eines Treibmittels, z. B. Wasser (Wasserstrahl-P.) oder Dampf (Dampfstrahl-P.), die Förderflüssigkeit an und mischt sich mit ihr. Das Gemisch strömt durch einen Diffusor in die Druckleitung. Strahl-P. gibt es ein- und zweistufig. Zur Evakuierung luftdichter Gefäße verwendete P. werden als → Vakuumpumpen bezeichnet. **Hydraulischer Widder,** → Stoßheber. *ich* **pumpe** *(es),* betätige eine P. *ich* **pumpe** *es* **aus,** leere durch Pumpen. **ausgepumpt, 1)** durch Pumpen geleert. **2)** Ü erschöpft: *die Fußballspieler waren ausgepumpt.*

Pumpernickel [nach dem Nickel (Kobold), der das ›Pumpern‹ im Leib nach dem Genuß des Brotes verursacht] *der, -s/-,* ein urspr. aus Westfalen stammendes, sehr dunkles Roggenbrot.

Pumphose [nd. Pump ›Bausch‹], weite Kniehose.

Pumps [pœmps, engl.], *Sg. der* **Pumps,** -, Damenhalbschuhe mit höherem Absatz ohne Schnürung.

Pump|speicherwerk, ein → Wasserkraftwerk.

Puna, Stadt in Indien, → Poona.

Puna *die,* das Hochland oberhalb 3500 m Höhe im Bereich der mittleren Kordilleren, Südamerika; im chilenisch-argentin. Grenzbereich die wüstenhafte **P. de Atacama.**

Punakha, Stadt in Bhutan, im Himalaya, rd. 1500 m ü. M., (1970) rd. 12000 Ew., ehem. Hauptstadt.

Punch [pʌntʃ, engl., nach ital. Pulcinella], **1)** *der, -s/-s,* Gestalt der engl. Komödie des 18. Jh. und des engl. Puppenspiels, entspricht dem dt. Kasperl (BILD Handpuppen). **2)** *nur Sg.,* nach 1) benanntes satir. Wochenblatt in London, gegr. 1841. **3)** Boxschlag, auch Schlagkraft eines Boxers.

Punchingball [p'ʌntʃiŋ-, engl.], birnenförmiger Lederball, Übungsgerät für Boxer.

Punctum puncti [lat.] *das,* Hauptpunkt, bes. das Geld als Entscheidendes. *das* **Punctum sali|ens,** der springende Punkt.

Pünder, Hermann, Politiker, * Trier 1. 4. 1888, † Fulda 3. 10. 1976; 1945 Mitbegründer der CDU, 1948/49 Oberdirektor

Zahnradpumpe

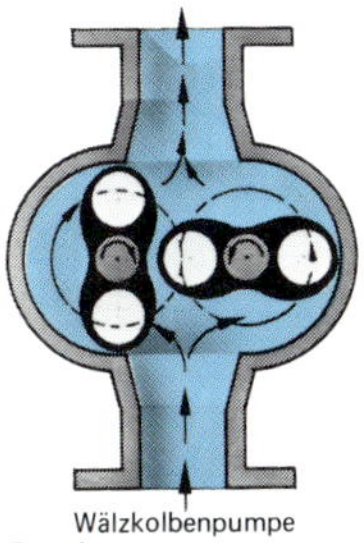

Wälzkolbenpumpe

Rotationspumpen

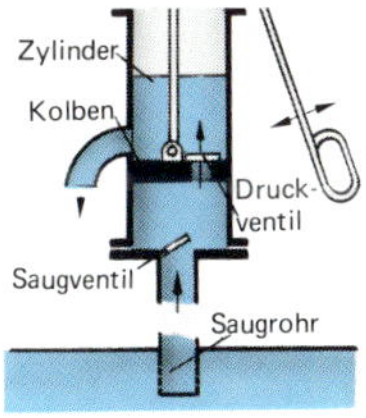

Handpumpe als Saugpumpe

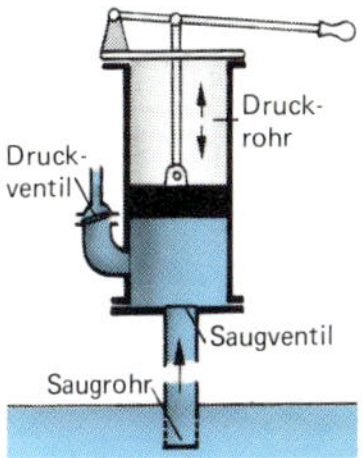

Handpumpe als Druckpumpe

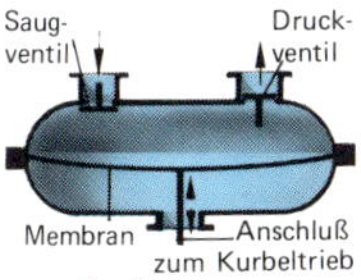

Membranpumpe

Kolbenpumpen

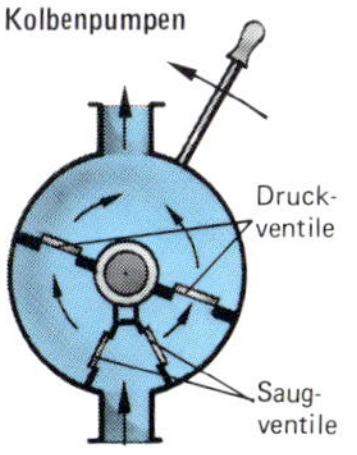

Flügelpumpe

Pumpe: Verdrängerpumpe

des Verwaltungsrats des Verein. Wirtschaftsgebiets, 1949–57 MdB., 1952–57 Vizepräs. der Hohen Behörde der Montanunion.

Puni|er, lat. **Poeni** [›Phöniker‹] *Pl.,* röm. Name der Karthager. *Adj.* **punisch.**

Punische Kriege, die 3 Kriege der Römer gegen die Karthager (Punier) um die Vormacht im westl. Mittelmeer: Der **1. Punische Krieg** (264–241 v. Chr.) war ein Ringen um Sizilien. Die Römer besiegten die Karthager 241 entscheidend bei den Ägatischen Inseln. Karthago mußte auf Sizilien verzichten; 237 erzwang Rom noch die Abtretung Sardiniens. Der **2. Punische Krieg** (218–201 v. Chr.) begann in Spanien. Hannibal überschritt die Alpen und vernichtete in den Schlachten am Trasimenischen See (217) und bei Cannae (216) die röm. Heere. Die Römer behaupteten sich jedoch mit äußerster Kraft, und Hannibal mußte Italien verlassen (203). Bei Zama fiel 202 mit dem Sieg Scipios d. Ä. über Hannibal die Entscheidung; Karthago wurde auf sein afrikan. Gebiet beschränkt. Im **3. Punischen Krieg** (149–146 v. Chr.) konnte Scipio Aemilianus 146 nach erbittertem Kampf die Stadt Karthago erobern und zerstören.

Punjab [pʼʌndʒɑ:b], engl. Schreibung für → Pandschab.

Punk [pʌŋk, engl. ›Schund‹] *der, -s,* Begriff der subkulturellen Jugend- und Protestbewegung; bringt die allg. Ablehnung der herrschenden Gesellschaft, ihrer Erscheinungsformen und Vertreter zum Ausdruck. Die Anhänger des P., die **Punks** oder **Punker,** verstehen sich als ›zukunftslose‹ Aussteiger und zeichnen sich durch grelle, häufig provozierende, abstoßende und schockierende Erscheinung, Kleidung und Aufmachung aus, vielfach durch herausforderndes, auch obszönes wie aggressives Verhalten. Als namengebend gilt der → Punkrock.

Punkrock [pʼʌŋk-, engl.], Stilart der Rockmusik in der 2. Hälfte der 60er Jahre, erlebt seit 1976 eine Renaissance.

Punkt [mhd., aus lat.] *der, -(e)s/-e,* **1)** sehr kleiner Fleck, Tupfen: *das Flugzeug war nur noch ein P. am Himmel.* **2)** △ ausdehnungsloses Gebilde; Grundbegriff der Geometrie. **3)** best. Stelle, best. Ort oder Augenblick: *der höchste P. des Ortes ist der Wasserturm; von diesem P. aus betrachtet; ein wunder P.,* Ü eine unangenehme Angelegenheit; *der springende P.,* Ü Kernpunkt, das, worauf es ankommt; *der tote P.,* Ü Stelle, wo man ohne neuen Antrieb nicht weiter kann (bei Maschinen: wenn Kurbel und Pleuelstange in einer Linie stehen); *P. 12 Uhr,* auf die Sekunde genau. **4)** best. Sache, bes. Teilfrage, Untergebiet, Abschnitt: *in diesem P. sind wir einig; der nächste P. der Verhandlungen; P. für P.,* eine Teilfrage nach der andern. **5)** ⚒ Wertungseinheit für alle Wett- und Mehrkämpfe, bei denen ein Ergebnis nicht nach Toren, Zeiteinheiten, Gewicht oder Entfernung unzweifelhaft festgestellt werden kann (Punktwertung). **6)** Wertungseinheit für schul. Leistungen (insbes. in der gymnasialen Oberstufe). **7)** Ⓢ Satzzeichen am Satzende (ÜBERSICHT Satzzeichen). **8)** ♪ über oder unter einer Note: Zeichen für den gestoßenen Vortrag (staccato); rechts neben einer Note: Zeichen für die Verlängerung des Zeitwerts der Note um die Hälfte. **9)** ⊘ Abk. **p,** der → typographische Punkt. **10)** Börse: DM-Betrag, um den die Aktie steigt oder fällt. *ich* **punkte, 1)** *es,* versehe mit Punkten, tüpfele, punktiere. **2)** ⚒ sammle Punkte. *ich* **punkte** *ihn* **aus,** Boxsport: zähle nach Punkten aus. *ich* **pünkt(e)le,** mache lauter kleine Punkte. **pünktlich, 1)** zur richtigen Zeit. **2)** genau, gewissenhaft. *Subst. die* **Pünktlichkeit,** -. **Punktum,** *und damit Punktum,* Schluß damit! **Punktniederlage, Punktsieg,** Boxsport, Ringen u. a.: Niederlage oder Sieg, insofern sie nicht durch Niederschlag o. a. erfolgen, sondern nach Punkten errechnet werden.

Punktation [lat.] *die, -/-en,* **1)** ⚖ nicht bindende Abrede im Hinblick auf einen demnächst abzuschließenden Vertrag. **2)** → hebräische Schrift.

Punktball, Übungsgerät des Boxers, ein kleiner (etwa tennisballgroßer) frei hängender Lederball.

punktieren [lat.]. *ich* **punktiere, 1)** *es,* Bildhauerkunst: lege die wichtigsten Punkte bei der Übertragung vom Modell auf den Steinblock durch Tasterzirkel oder Punktiermaschine fest. **2)** *es,* übertrage Muster mit einem → Punktierrad. **3)** *ihn,* ⚕ nehme eine → Punktion vor.

Punktierkunst, die Deutung der Zukunft aus wahllos in Erde oder Sand markierten oder nach einer Regel auf Papier verteilten Punkten. Im MA. wurde die P. mit der **Geomantie,** dem Wahrsagen aus Erdbeben und Erdgeräuschen, in Verbindung gebracht. Sie stammt aus dem Orient.

Punktiermanier, ein graph. Verfahren, bei dem die Darstellung aus feinen Punkten gebildet wird.

Punktier|rad, an einem Handgriff befestigtes Rad mit Spitzen zum Übertragen von Zeichnungen auf Kleiderstoffe, Leder, Papier u. dgl.

Punktion [lat.] *die, -/-en,* ⚕ Einstich in den Körper mit einer Hohlnadel zum Entnehmen von Flüssigkeit (z. B. Lumbal-P.) oder Gewebe (z. B. Leber-P.) zu diagnost. oder therapeut. Zwecken.

Punktschrift, → Blindenschrift.

Punkt-Vier-Programm, das vom amerikan. Präs. H. S. Truman neben den drei Grundlagen seiner Außenpolitik (Vereinte Nationen, Marshall-Plan, Nordatlantik-Pakt) am 20. 1. 1949 als Punkt 4 geforderte Erschließungsprogramm für Entwicklungsländer. Der Erfolg blieb u. a. auf Grund technischer, sozialer und psychologischer Schwierigkeiten begrenzt.

Puno, San Carlos de P., Hptst. des Dep. P., Peru, (1972) 48 500 Ew., am Titicacasee, 3 850 m ü. M.; TU; Handel mit Alpaka- und Lamawolle und -fellen.

Punsch [engl. aus altind. pañca ›fünf‹] *der, -es/-e,* Mischgetränk aus Arrak (Rum) und Wasser (Tee) mit Zucker, Gewürz, auch Zitronensaft, meist heiß getrunken.

Punt, in den ägypt. Inschriften häufig genanntes Land an der afrikan. Somaliküste (?), nach dem die Ägypter schon im 3. Jahrtsd. v. Chr. Handelsfahrten unternahmen, um Weihrauch, Harze und Edelhölzer zu holen.

Punta [span., ital.] *die,* Spitze, Vorgebirge.

Punta Arenas, Hptst. der Prov. Magallanes, Chile, (1980) 77 500 Ew., Hafen an der Magellanstraße; Mittelpunkt eines Schafzucht- und Erdölgebietes; Verarbeitung und Ausfuhr von Fleisch, Häuten und Fellen.

Punta Argentera [-ardʒɛntʼera], höchster Gipfel (3 297 m) in den ital. Seealpen, an der ital.-frz. Grenze.

Punta del Este, Seebad in Uruguay, 160 km östlich von Montevideo. Auf der **Konferenz von P. d. E.** (1961) beschloß die OAS (gegen die Stimme Kubas) die ›Charta von P. d. E.‹ (Förderung der sozialen, wirtschaftl. und polit. Entwicklung Lateinamerikas).

Puntarenas, Hptst. der Prov. P. und wichtigster Hafen an der pazif. Küste von Costa Rica, (1981) 33 400 Ew.; Bananen-, Kaffee-Export; Fischereihafen.

Punze [ital.] *die, -/-n,* **Punzen** *der, -s/-,* Stahlstab von etwa 10 cm Länge zum Treiben (Ziselieren) von Reliefs in Metall oder Leder. Auch das Beschauzeichen (→ Beschau 3) in Edelmetallen wird mit einer P. geschlagen (Punzierstempel). *ich* **punze, punziere** *es,* **1)** stemple mit dem Prüfungszeichen (z. B. Gold auf Feingehalt). **2)** treibe (Metall). *Subst. die* **Punzierung,** *-/-en.*

pupillar(isch) [lat.], das Mündel betreffend: *pupillarische Sicherheit,* Mündelsicherheit.

Pupille [lat.] *die, -/-n,* das Sehloch im → Auge.

Pupin-Spule [nach M. Pupin, * 1858, † 1935], Gerät zur Verminderung der Dämpfung und der durch die Dämpfung bedingten Verzerrung in Fernsprechkabeln: 2 Spulen, die auf einen gemeinsamen magnet. Kern gewickelt sind. Man schaltete sie in gleichmäßigen Abständen (meist 1,7 km) in Kabeldoppelleitungen ein **(Pupinisierung).**

Pupipara [lat.], **Pupiparen** *Pl.,* die → Lausfliegen.

Puppe [lat. pupa], **1)** Nachbildung der menschl. Gestalt (mit Bekleidung) in verkleinerter Form als Spielzeug, im Kasperle- und Puppentheater oder in Lebensgröße als Modell.

Holz-P. mit bewegl. Gliedern als Kinderspielzeug wurden in Ägypten schon um 2000 v. Chr. hergestellt, ebenso P.-Kleider und P.-Stuben. Die Herstellung der P. ist ein wichtiger Zweig der Spielwarenindustrie, früher meist in Heimarbeit, bes. in Thüringen, Oberbayern, im Schwarzwald und in Tirol; handwerkl. Herstellung ist seit dem 15. Jh. für Nürnberg bezeugt. P. von künstler. Qualität fertigte Käthe → Kruse (BILDER S. 307). **2)** Figur im Puppentheater (→ Figurentheater); Sinnbild für Unselbständigkeit. **3)** Gestell zum Anprobieren oder Ausstellen von Kleidung: *Schneiderpuppe; Schaufensterpuppe.* **4)** U (aufgeputztes) Mädchen. **5)** Gruppe mehrerer zusammengestellter Getreidegarben zum Trocknen. **6)** ♘ Entwicklungsstufe der → Insekten, ein Ruhezustand, in dem das Tier, in einer festen Haut liegend, die vollkommene Verwandlung von einem Zustand der Larve zum ausgebildeten Vollkerf (Imago) vollzieht. **7)** *bis in die Puppen,* U sehr lange. **puppig,** reizend, niedlich, wie (für) eine P. *ein Insekt* **puppt** *sich* **ein,** verpuppt sich.

Puppenräuber, ein → Laufkäfer.

Puppentheater, Puppenspiel, → Figurentheater.

puppern [Schallwort]. *es* **puppert,** U klopft, pocht (Herz).

Puppis [lat.], **Heck des Schiffes,** ☆ Sternbild des Südhimmels.

pur [lat.], rein, lauter, unvermischt.

PUR, Abk. für → **Polyurethane.**

Purana [Sanskrit] *das, -s,* Gruppe von anonymen Sanskrit-Texten der religiösen hinduist. Literatur, die, mit der Weltschöpfung beginnend, Mythen, Legenden, Sagen, ritterliche und religiöse Vorschriften des Vishnu- und Shivakults enthalten.

Purcell [pə:sl], **1)** Edward Mills, amerikan. Physiker, * Taylorville (Ill.) 30. 8. 1912, arbeitete über Kernmagnetismus **(Purcell-Methode,** → Kernspinresonanz), Astrospektroskopie, erhielt 1952 mit F. Bloch den Nobelpreis für Physik.

2) Henry, engl. Komponist, * London (?) 1659, † ebd. 21. 11. 1695, der bedeutendste engl. Musiker der Barockzeit. Seine 54 Bühnenwerke sind mit Ausnahme von ›Dido und Äneas‹ (1689) keine eigtl. Opern, sondern Dramen mit Musikeinlagen. Auf dem Gebiet der Kirchenmusik (Anthems mit Orchester, auch mit Orgel) wirkte er nachhaltig auf G. F. Händel; bedeutend sind auch seine Instrumentalwerke (Triosonaten, Phantasien, Klavierstücke), ferner Oden, Festkantaten.

Puppe 1): LINKS Pariser Modepüppchen aus Wachs, Frankreich, letztes Drittel des 18. Jh.; MITTE Puppe aus gewachstem Papiermaché mit Schlafaugen, Deutschland, um 1850; RECHTS Puppen (Kaiserpaar) für das japanische Mädchenpuppenfest, um 1900

Püree [aus frz. purée] *das, -s/-s,* Brei, Mus von Kartoffeln, Gemüsen, Hülsenfrüchten, Fleisch u. a.

Purex-Verfahren, Abk. für **Plutonium-Uranium refining by extraction** [plu:tˈəʊnjəm jʊrˈeɪnjəm rɪfˈaɪnɪŋ baɪ ɪkstrˈækʃn, engl.], chem. Verfahren zur Wiederaufarbeitung von Kernbrennstoffen, wobei Uran und Plutonium von den Spaltprodukten getrennt werden.

Purgans [lat.] *das, -/...gˈanzi|en* oder *...gˈantia,* ⚕ Abführmittel. *das* **Purgatorium,** *-s,* Fegefeuer. *ich* **purgiere, 1)** *es,* reinige. **2)** *es purgiert,* ⚕ führt ab.

Purgierwinde, ⊕ → Jalape, → Winde.

Puri, Stadt in Orissa, Indien, (1971) 72700 Ew., am Mahanadidelta; ein Wallfahrtsort der Hindus, bes. der Vishnuverehrer. Der Haupttempel ist dem Gott Krishna geweiht, der als → Jagannath verehrt wird.

Purifikation [lat.] *die, -/-en,* Kath. Kirche: Reinigung des Kelches am Ende der Eucharistiefeier.

Purimfest, Losfest, jüd. Freudenfest am 14. Adar (Febr./März) zur Erinnerung an die Errettung der pers. Juden durch Esther und Mardochai (Esther 9, 17–19).

Purinbasen *Pl.,* am Aufbau von Nucleosiden, Nucleotiden und Nucleinsäuren beteiligte bas. Verbindungen, die sich vom Purin ableiten, z. B. Adenin, Guanin und Xanthin.

Purine [lat.], *Sg. das* **Purin,** *-s,* im Tier- und Pflanzenreich weitverbreitete Stoffklasse, die sich von dem stickstoffhaltigen bizyklischen Ringsystem Purin ableitet. Wichtige P. sind Harnsäure, Adenin, Guanin, Coffein und Theobromin.

Purismus [lat.] *der, -,* übertriebenes Bemühen, die Muttersprache von fremdsprachl. Elementen freizuhalten, in Dtl. seit dem 17. Jh. *der* **Purist,** *-en/-en,* Anhänger des P. *Adj.* **puristisch.**

Hans Purrmann: Häuser in Porto d'Ischia, 1957

Puritaner [von lat. purus ›rein‹], **1)** seit etwa 1560 in England die Vertreter einer Reinigung des Kultus von katholisierenden Formen und einer strengen persönl. Heiligungsforderung im Geiste des Calvinismus. Die P. wollten u. a. die bischöfl. Verfassung der anglikan. Staatskirche durch eine presbyterian. Synodalverfassung ersetzen. Aus den P. sind neben den eigtl. Presbyterianern auch die Independenten, Baptisten und Quäker hervorgegangen. Wegen des Widerstands der Staatskirche begannen die P. seit 1620 nach Nordamerika auszuwandern (→ Pilgerväter). Die Zurückbleibenden verbanden sich mit der polit. Opposition gegen das absolute Königtum (→ Großbritannien und Nordirland, Geschichte). Die geschichtl. Bedeutung des **Puritanismus** geht über den Rahmen der kirchl. Kämpfe hinaus. Die sittl. Forderungen der P., strenge Selbstzucht und verstandesmäßige Beherrschung des Trieblebens, schufen das Ideal der gefühlsbeherrschten, unabhängigen Persönlichkeit. Die Heiligung der Berufsarbeit (in Ansätzen schon bei Calvin) zeigte günstige Auswirkungen auf den frühbürgerl. Unternehmungsgeist. **2)** Ü Mensch von tugendhafter, strenger Lebensführung. *Adj.* **puritanisch.**

Purine:

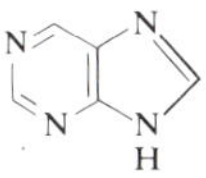

Purin, $C_5N_4H_4$

Purpur [ahd. aus lat.] *der, -s,* überwiegend aus rotviolettem Dibromindigo bestehender Farbstoff, der als Leukoverbindung in der Hypobronchialdrüse von P.-Schnecken vorkommt. Heute durch Küpenfarbstoffe ersetzt. P. wurde im Altertum bis zum 13. Jh. zum Färben kostbarer Gewänder verwendet und war wegen seiner Seltenheit Sinnbild höchster Macht und Würde; der P.-Mantel war das Abzeichen der höchsten Beamten und des Kaisers von Rom. Die Stauferkaiser trugen purpurne Krönungsmäntel aus Palermo. In der Kath. Kirche ist der P. die Farbe des Kleides der Kardinäle; daher: *er trägt den P.,* Ü ist Kardinal. *Adj.* **purpurn.**

Purpura [lat.] *die, -/...rae,* die → Blutfleckenkrankheit.

Purpurglöckchen, Heuchera sanguinea, Art der Steinbrechgewächse mit meist roten Blüten und lederartigen Blättern; Zierpflanze.

Purpurin *das, -s,* **Krapp-Purpur,** ein das → Alizarin begleitender Farbstoff der Krappwurzel. P. wird aus Alizarin durch Oxidation hergestellt.

Purpurschnecken, Stachelschnecken, Muricidae, Vorderkiemer mit dickwandigem Gehäuse, bes. in warmen Meeren. Die Abscheidung einer Drüse gibt den Purpurfarbstoff.

purren [Schallwort]. *ich* **purre, 1)** *in etwas, norddt.:* stochere, stöbere. **2)** *ihn,* ⚓ wecke zur Schiffswache.

Purrmann, Hans, Maler, * Speyer 10. 4. 1880, † Basel 17. 4. 1966, ging 1906 nach Paris, wo er als Schüler und Freund von H. Matisse seine eigene, vom Expressionismus unberührte malerische Form fand. P. schuf Stilleben, figürl. Bilder und meist südl. Landschaften, wohlabgewogen komponiert, in leuchtkräftigen Farben.

pürschen, Nebenform von pirschen (→ Pirsch).

purulent [lat.], ⚕ eitrig.

Purus *der,* span. **Purús** [n. den Puru-Indianern], rechter Nebenfluß des Amazonas in Südamerika, 3148 km lang, entspringt in der Montaña O-Perus, mündet oberhalb von Manaus.

Purzel [zu Bürzel] *der, -s/-,* Ü Knirps, flinker kleiner Kerl. *der* **Pürzel,** *-s/-, mitteldt., oberdt.:* Bürzel. **Purzelbaum,** Rolle um die eigene Querachse auf dem Boden. *ich* **purz(e)le** (bin gepurzelt) **(hin),** falle.

Aleksandr Puschkin (aus einem Gemälde von W. A. Tropinin, 1827)

Pusan, japan. **Fusan,** bedeutendster Handelshafen S-Koreas, (1980) 3,160 Mio. Ew., an der Koreastraße; 2 Univ.; Handelszentrum, Nahrungsmittel-, Textil-, Maschinen-, Fahrzeug-, chem., Gummi-Ind., Werften; Kernkraftwerk nordöstlich von P. Fährverkehr mit Japan (Shimonoseki). Im → Korea-Krieg war P. Brükkenkopf der USA.

Puschel *die, -/-n, norddt.:* **1)** Quaste. **2)** Liebhaberei.

Puschkin, bis 1918 **Zarskoje Selo** [›Zarendorf‹], 1918–37 **Detskoje Selo** [›Kinderdorf‹], Stadt im Gebiet Leningrad, Russ. SFSR, (1982) 90000 Ew.; Maschinenbau, Baustoff-, elektrotechn. Ind. – Russisch-klassizist. Alexander-Schloß, Palast Katharinas I. (1718–23), seit 1725 Sommerresidenz der russ. Herrscher. Im 2. Weltkrieg wurden die Paläste stark beschädigt. Wiederaufgebaut, sind sie heute Museen.

Puschkin, Aleksandr Sergejewitsch, russ. Dichter, * Moskau 6. 6. 1799, † St. Petersburg 10. 2. 1837, aus alter Adelsfamilie, mütterlicherseits Urenkel des Mohren Peters d. Gr., trat 1817 in den Dienst des Außenministeriums, wurde wegen polit. und satir. Epigramme 1820 nach S-Rußland versetzt, 1824 auf das Gut Michajlowskoje (Gouv. Pleskau) verbannt. 1826 hob Nikolaus I. die Verbannung auf, unterstellte ihn aber seiner persönl. Zensur. P. starb an den Folgen eines Duells.

P. gab der russ. Schriftsprache ihre endgültige Gestalt und gilt als der eigtl. Schöpfer der neuen russ. Literatur. Anfangs stand er unter dem Einfluß Byrons. Shakespeare-Studien und die Berührung mit der Volksdichtung bildeten dann die Grundlage für einen künstlerisch vertieften Realismus. Schwerpunkt des Gesamtwerks ist die Versdichtung. Seine Lyrik umfaßt die ›leichte‹ Poesie ebenso wie reife Liebeslyrik oder polit. Stellungnahme. ›Byronistisch‹ sind die im Kaukasus entstandenen Poeme ›Der Gefangene im Kaukasus‹ (1822), ›Der Springbrunnen von Bachtschisaraj‹ (1824) u. a. Sein HW, der Versroman ›Eugen Onegin‹ (1825, erste Gesamtausg. 1833; danach Oper von P. Tschaikowskij), ist der erste bed. psychologisch-gesellschaftskrit. Roman der russ. Literatur. Neben historisch-heroischen Verserz. (›Poltawa‹, 1829; ›Der eherne Reiter‹, 1833) stehen komische Epen (›Das Häuschen in Kolomna‹, 1830). Später wandte sich P. stärker der Prosa zu. 1836 gründete er die Ztschr. ›Sowremennik‹ (Der Zeitgenosse). Bild S. 307.

WW: *Verserz.:* Ruslan und Ludmilla (1820); Die Zigeuner (1827). *Prosa:* Der Mohr Peters d. Gr. (1828; unvollendet); Die Erzählungen Belkins (1831); Dubrowskij (1832/33); Pique Dame (1834); Die Hauptmannstochter (1836). *Dramen:* Boris Godunow (1825); Der steinerne Gast (1830).

Puschlav, schweizer. Landschaft, → Poschiavo.

Pusey [pjˈu:zɪ], Edward Bouverie, engl. hochkirchl. Theologe, * Pusey (Berkshire) 22. 8. 1800, † Ascot Priory (Berkshire) 16. 9. 1882, wurde nach J. H. Newmans Übertritt zum Katholizismus der theolog. Führer der Oxford-Bewegung. (→ Ritualismus)

Pushball [pˈʊʃbɔ:l, engl.], Ballspiel für 2 Mannschaften, die einen Ball von 1,83 m Durchmesser ins gegner. Mal zu schieben versuchen; auch zu Pferde und im Wasser gespielt.

pusseln [norddt.]. *ich* **pussele, pußle,** U halte mich mit Kleinigkeiten auf. **pusselig, pußlig,** übereifrig in Kleinigkeiten (Mensch); Ausdauer verlangend (Arbeit).

Pußta *die, -/...ten,* magyar. **Puszta** [pˈustɔ, ›Heide‹, ›Wüste‹], in Mittel- und O-Ungarn Bez. für ehem. fast baumlose, spärlich mit Gras bewachsene Gebiete, heute größtenteils urbar gemacht; es bleiben Naturschutz-Reservate und ethnolog.-histor. Gedenkstätten erhalten. Im westl. Ungarn Name für größere Wirtschaftshöfe.

Puste [nd.] *die, -,* **1)** U Atem: *ich bin ganz außer P.* **2)** U Kraft; Geld. *ich* **puste,** blase, atme, keuche: *ich werde dir was pusten!,* U deinen Wunsch nicht erfüllen.

Pustel [lat. Lw.] *die, -/-n,* kleine Eiterblase der Haut.

Pustertal [kelt. Bustrissa, nach einem Personennamen Busturus], ital. **(Val) Pusteria,** etwa 100 km langes Alpental, zw. den Zillertaler Alpen und Hohen Tauern im N, den Dolomiten und den Karnischen Alpen im S; reicht von der Mühlbacher Klause (Rienz) über die Talwasserscheide zw. Rienz und Drau (Toblacher Feld, 1204 m ü. M.) zur Lienzer Klause (Drau); Hauptorte: Bruneck und Toblach. Österreichisch-ital. Grenze zw. Sillian und Innichen. Seitentäler sind von N Tauferer Tal, Antholzer Tal, von S Gadertal und Tal von Ampezzo. Bahn: Lienz-Franzensfeste.

putativ [lat.], vermeintlich, irrtümlich. **Putativdelikt,** → Wahnverbrechen. **Putativnotwehr** liegt vor, wenn der Handelnde die tatsächl. Voraussetzungen der → Notwehr irrtümlich für gegeben hält. Beruht der Irrtum auf Fahrlässigkeit, so erfolgt Bestrafung wegen Fahrlässigkeit, sofern die fahrlässige Tat strafbar ist.

Putbus, Stadt und Ferienort im Kr. Rügen, Bez. Rostock, (1975) 6300 Ew., im S der Insel Rügen; Theater. Das Schloß, 1371 erwähnt, im 16. Jh. erweitert, um 1830 umgebaut, wurde 1960 abgetragen.

Pute [nach dem Lockruf put put] *die, -/-n,* **1)** Truthenne, weibl. Tier des Truthuhns. **2)** U eingebildete dumme Person. *der* **Puter,** *-s/-,* Truthahn. **puterrot,** rot wie der Fleischlappen des zornigen Truthahns.

Püterich von Reichertshausen, Jakob, bayer. Ritter, * um 1400, † 1469, sammelte ältere dt. Dichtung, dichtete 1462 in der Titurelstrophe einen ›Ehrenbrief‹ an die Erzherzogin Mechthild zu Rottenburg am Neckar, der neben genealog. Mitteilungen ein wichtiges Verzeichnis der ihm bekannten Dichtungen des 12. und 13. Jh. enthält.

Putrament, Jerzy, poln. Schriftst., * Minsk 14. 11. 1910, 1950–56 Gen.-Sekr., seit 1959 Vize-Präs. des poln. Schriftstellerverbandes; zeitkrit. Romane.

HW: Wirklichkeit (1947); September (1952); Die Stiefkinder (1963); Der Keiler (1964); Der General (1969); Akropolis (1975).

Putsch [schweizer. ›Stoß‹] *der, -es/-e,* Umsturzversuch, Aufruhr, → Staatsstreich. *ich* **putsche, 1)** (habe geputscht), versuche einen Staatsstreich. **2)** (bin geputscht), *schweizer.:* stoße heftig an; stürme los. *ich* **putsche** *ihn* **auf, 1)** hetze auf. **2)** *es putscht mich auf,* reizt mich auf, macht mich munter, z. B. Kaffee. *der* **Putschist,** *-en/-en,* jemand, der einen P. versucht.

Pütt *der, -s, rhein., westfäl.:* ⚒ Schacht, Bergwerk.

Putte [ital.] *die, -/-n,* → Putto.

putten [engl.]. *ich* **putte** *es* **(aus),** Golf: loche ein. *der* **Putter,** *-s/-,* Golfschläger zum Einlochen.

Pütter, Johann Stephan, Staatsrechtslehrer, * Iserlohn 25. 6. 1725, † Göttingen 12. 8. 1807, war einer der bedeutendsten dt. Staatsrechtslehrer und der beste Kenner des Privatfürstenrechts seiner Zeit. – HW: Histor. Entwicklung der heutigen Staatsverf. des Teutschen Reichs, 3 Bde. (1786/87).

Puttgarden, Fährhafen an der N-Küste der Insel Fehmarn, Schlesw.-Holst., für Eisenbahn- und Kraftwagenverkehr nach Rødbyhavn auf Lolland (Dänemark) nördlich des Fehmarnbelts, auf der → Vogelfluglinie.

Püttjer *der, -s/-, nd.:* **1)** Töpfer. **2)** Kleinigkeitskrämer. **püttjerig,** *nd.:* umständlich, pedantisch.

Puttkamer, pommerellisches Adelsgeschlecht slaw. Ursprungs, beginnt 1240 seine Stammreihe; einige Zweige wurden in den preuß. Freiherrenstand erhoben.

Robert von, * Frankfurt a. d. Oder 5. 5. 1828, † Karzin (Kr. Stolp) 15. 3. 1900, 1879–81 preuß. Kultus-Min., 1881–88 Min. des Innern, vertrat eine streng konservative Richtung.

Püttlingen, Stadt im Stadtverband Saarbrücken, Saarland, im Köllertal, (1984) 20200 Ew.; Maschinenbau, Holzverarbeitung.

Püttmaschine, bes. in Marschen verwendete Maschine zum Fördern der fruchtbaren Erde an die Oberfläche.

Putto [ital.] *der, -s/Pˈutti* oder *Pˈutten,* **Putte,** Kunst: kleiner Knabe mit oder ohne Flügel, nackt oder leicht bekleidet. P. erscheinen als eine Verbindung von got. Kinderengeln und antiken Eroten erstmals in der ital. Frührenaissance. In der weltl. Kunst, wo sie bes. in der Spätrenaissance und im Barock dargestellt wurden, heißen sie auch **Amoretten.**

Putumayo *der,* im brasilian. Unterlauf **Içá,** linker Nebenfluß des oberen Amazonas, 1580 km lang, bildet die Grenze zw. Kolumbien und Peru; bed. Wasserstraße.

Putz [zu putzen] *der, -es,* **1)** **Putzwaren,** Spitzen, Stickereien, Bänder, Schnüre, Federn, Pailletten u. a. zur Verzierung von Kleidungsstücken. **2)** 🏛 an Wandflächen oder Deckenflächen einlagig oder mehrlagig aufgetragener Mörtelbelag. P. an Innenflächen wird **Innenputz,** P. an Außenflächen **Außenputz** genannt. Eine obere Putzlage wird als **Oberputz,** darunterliegende Putzlagen als **Unterputz** bezeichnet. Die Putzweise kennzeichnet die Oberfläche, z. B. bei **Kratzputz, Spritzputz** oder **Scheibenputz. Putzdichtungsmittel** werden dem Mörtel vor der Verarbeitung zugesetzt, um den Feuchtigkeitsdurchgang herabzusetzen oder zu verhindern (→ Sperrstoffe). **3)** das Putzen, Reinigen: *Hausputz; Putzeimer; Putzlappen; Putzmittel.*

Putz [pu:ts, mhd. butze ›Poltergeist‹] *der, -es/-e,* **Puz, 1)** *mitteldt.:* kleines Kind. **2)** *oberdt.:* Kobold.

Pütze [niederländ.] *die, -/-n,* ⚓ Eimer.

putzen [spätmhd.]. *ich* **putze** *es, ihn, mich,* **1)** reinige, säubere, mache sauber: *putz dir die Nase!,* schneuz dich!; *ich muß noch Schuhe putzen.* **2)** schmücke, ziere. *ich* **putze** *es* **ab, 1)** säubere durch Abwischen. **2)** Haus: bewerfe mit Mörtel, verputze. *ich* **putze** *ihn* **an,** kleide prächtig, schmücke. *ich* **putze auf,** U **1)** *es,* entferne durch Putzen, wische fort. **2)** *mich,* schmücke übermäßig. *ich* **putze** *es* **aus, 1)** reinige von Schmutz. **2)** schmücke. *ich* **putze** *mich* **heraus,** U kleide mich prächtig. *ich* **putze** *ihn* **herunter,** U schelte derb. *ich* **putze** *es* **weg,** U **1)** entferne durch Putzen. **2)** esse auf, verputze. *der* **Putzer,** *-s/-,* jemand, der (berufsmäßig) etwas putzt: *Fensterputzer. die* **Putzerei,** *-/-en, österr.:* chemische Reinigung. *die* **Putzete,** *-/-n, schweizer.:* das Reinemachen. **Putzfrau,** U Frau, die gegen Entgelt Wohn- und Geschäftsräume säubert.

Putz 2): 1 Kratzputz, grob. 2 Münchener Rauhputz. 3 Patschputz. 4 Nesterputz. 5 Runder Kellenstrich. 6 Kammputz, Rillenputz. (Nach H. Leithäuser, Werkkunde)

putzig, **1)** drollig, erheiternd-niedlich. **2)** *mitteldt.:* klein zwergenhaft.

Putziger Nehrung, Halb|insel Hela, poln. **Mierzeja Helska, Hel, Mierzeja Pucka** [mjɛʒ'ɛja p'utska], Dünenhalbinsel, 34 km lang, Abschluß des W-Teils der Danziger Bucht **(Putziger Wiek,** mit dem Fischereihafen Putzig); an der Spitze der Halbinsel die Gemeinde → Hela.

Putzmacherin *die, -/-nen,* **Modistin,** Ausbildungsberuf v. a. des Handwerks mit dreijähriger Ausbildungszeit. Die P. entwirft, fertigt und ändert Kopfbedeckungen für Frauen.

Putzmaschinen, Baumaschinen zum Anwerfen oder Auftragen von Putzmörtel, mit Druckluft oder elektrisch angetrieben.

Putzmittel, Reinigungsmittel aus feinpulvrigen Polier- und Schleifmitteln (Schmirgel, Kaolin, gefälltes Calciumcarbonat) und Zusätzen von Seifen und fettemulgierenden Stoffen (Soda, Alkaliphosphat, Tenside), Bindemitteln und organ. Lösungsmitteln oder oxidauflösenden chem. Beizen.

Puvis de Chavannes [pyv'is də ʃav'an], P i e r r e, frz. Maler, * Lyon 14. 12. 1824, † Paris 24. 10. 1898, schuf v. a. monumentale Wandmalereien für Fest- und Repräsentationsräume, die in gedämpften Farben ruhig bewegte Menschen in idealen Landschaften darstellen.

Puy [pɥ'i, frz.], **1)** *der,* in der Auvergne: Berg; z. B. der Puy de Sancy (→ Mont-Dore) und der → Puy de Dôme. **2)** → Le Puy.

Puy de Dôme [pɥidəd'o:m] *der,* der höchste Berg der vulkan. Gebirgskette **Chaîne des Puys** [ʃɛ:ndɛp'ɥi] in der Auvergne, Frankreich, 1465 m hoch; Observatorium seit 1876.

Puy-de-Dôme [pɥidəd'o:m], Dép. in Mittelfrankreich, 7955 km², (1982) 594400 Ew.; VerwSitz: Clermont-Ferrand.

Puzo [p'u:zəʊ], M a r i o, amerikan. Schriftst., * New York 15. 10. 1920, beschrieb in dem Roman ›Der Pate‹ (1969) den Kampf zw. zwei Mafia-Clans in New York.

WW: Arena (1955); Mamma Lucia (1964); Narren sterben (1978).

Puzzle [pʌzl, auch dt. p'usəl, engl. ›Rätsel‹] *das, -s/-s,* i. w. S. jedes Geduldspiel, das Kombination und Geschicklichkeit erfordert (bes. Zusammenlegspiele). **Boss P., Fünfzehnerspiel,** Geduldspiel mit 15 numerierten Steinen, die auf einem quadrat. Brett von 16 Feldern durch Verschieben in die richtige Reihenfolge gebracht werden müssen.

Puzzolan|erde, vulkan. Bimsasche, seit dem Altertum bei Herstellung von Mörtel beigemischt, um dessen Wasserbeständigkeit zu erhöhen.

PVC, Abk. für → **P**oly**v**inyl**c**hlorid.

PVCC, ⚗ Abk. für **c**hloriertes → **P**oly**v**inyl**c**hlorid.

PVDC, ⚗ Abk. für → **P**oly**v**inyli**d**en**c**hlorid.

PVD-Verfahren, Abk. für engl. **Physical Vapour Deposition-Verfahren** [f'ɪzɪkl v'eɪpə depəz'ɪʃn-], die Beschichtung vorzugsweise metallischer Werkstoffe durch physikal. Dampfabscheide-Prozesse mit Hilfe plasmaaktivierter Verfahren. Abgeschieden werden Hartstoffverbindungen mit hoher Verschleißbeständigkeit, wobei im Gegensatz zum → CVD-Verfahren die Hartstoffverbindung im Fein- und Hochvakuumbereich aus den Ausgangselementen synthetisiert wird.

PWA Papierwerke Waldhof-Aschaffenburg AG, München, bed. Unternehmen der Zellstoff- und Papier-Ind.

PWR, Abk. für **Pressurized Water Reactor** [pr'eʃəraɪzd w'ɔ:tə rɪ'æktə, engl.], svw. Druckwasserreaktor (→ Reaktor).

P. X. Läden, Abk. für **Post-Exchange-Läden** [p'əʊst ɪkstʃ'eɪndʒ-, engl.], Läden auf Kostendeckungsbasis zur Versorgung der im Ausland stationierten Angehörigen der Streitkräfte der USA und deren Familien.

Pyämie [grch.] *die, -/...m'i|en,* ⚕ → Sepsis.

Pyŏngyang: das Große Theater

Pydna, antike Hafenstadt in Makedonien. Bei P. siegten die Römer 168 v. Chr. über Perseus von Makedonien.

Pyè, früher engl. **Prome** [prəʊm], Stadt in Birma, (1973) 148000 Ew., Flußhafen am Irrawaddy, inmitten eines Reis- und Baumwollanbaugebiets.

Pyelitis [grch.] *die, -/...t'iden,* die → Nierenbeckenentzündung.

Pyelographie [grch.] *die, -/...ph'i|en,* frühere Bez. für → Urographie.

Pyelonephritis, → Nierenbeckenentzündung.

Pygmäen [grch. pygmaios ›faustgroß‹] *Pl.,* die zu den → Pygmiden gehörenden kleinwüchsigen Menschen, die als Jäger und Sammler in trop. Regenwaldgebieten Zentralafrikas leben. Unter den etwa 150000 P. gelten die 3000 Bambuti (mit Aka, Sua, Efe) im Iturigebiet (Zaire) als die ursprünglichsten. In Gabun und S-Kamerun leben die Baka, in Kongo und der südl. Zentralafrikan. Rep. die Bayaka, in Zaire, Angola, Ruanda, Burundi und Uganda die Twa, z. T. stärker mit Großwüchsigen vermischt **(Pygmiforme).** Die meisten P. sprechen die Sprachen ihrer Nachbarvölker, mit denen sie in Symbiose leben oder von denen sie versklavt sind. Die Existenz der P. ist, v. a. durch die fortschreitende Einengung ihres Lebensraums (Reduzierung des trop. Regenwaldes), unmittelbar bedroht.

Pygmalion, sagenhafter König von Kypros (Zypern), der sich (nach Ovid) in das von ihm selbst geschaffene Standbild einer Jungfrau verliebte. Die Göttin Aphrodite erweckte die Jungfrau zum Leben, und P. nahm sie zur Gemahlin.

Pygmide *Pl.,* nach E. v. Eickstedt eine Gruppe von zwergwüchsigen Stämmen (Durchschnittsgröße des Mannes 144 cm, der Frau 137 cm), zu denen neben den eigtl. Pygmäen auch die → Negritos (Negritide) in SO-Asien, auf den Philippinen und in Melanesien (Neuguinea, Neue Hebriden) gerechnet werden.

Pyhrn *der,* Paß zw. den Ennstaler und den Ausseer Alpen (Österreich), 945 m.

Pyhrn|autobahn, Nord-Süd-Verbindung zw. oberösterr. und steirischem Zentralraum, z. T. noch im Bau.

Pyjama [pɪdʒ'a:ma, auch py-, engl., zu Hindi] *der,* auch *das, -s/-s,* Schlafanzug.

Pykniker [grch.] *der, -s/-,* Konstitutionstyp (→ Konstitution). *Adj.* **pyknisch.**

Pyknometer [grch.] *das, -s/-,* Wägefläschchen mit eingeschliffenem Stopfen, durch den eine Kapillare führt. P. dienen der Dichtemessung von Flüssigkeiten oder zerkleinerten Feststoffen bei Raumtemperatur. Soll die Dichte bei höheren oder niedrigeren Temperaturen bestimmt werden, benutzt man ein P. mit Thermometer.

Pylades, grch. Mythos: Freund des → Orest.

Pylon [grch. ›Tor‹] *der, -en/-en,* **Pylone** *die, -/-n,* **1)** ägypt. Baukunst: Tempeltor mit 2 turmartigen Seitenbauten. **2)** Brückenbau: Stahl- oder Betonstütze, die hoch über die Fahrbahn von Hänge- oder Schrägseilbrücken ragt und an der die Tragkabel gelagert sind. **3)** stielförmiger Träger unter Flugzeugtragflügeln zur Befestigung von Triebwerken, Abwurf- oder Raketenwaffen oder von Kraftstoffzusatzbehältern.

Pylorospasmus, der → Magenpförtnerkrampf.

Pym [pɪm], F r a n c i s Leslie, brit. Politiker (Konservativer), * Abergavenny 13. 2. 1922; 1967–73 Chefeinpeitscher (→ Einpeitscher), 1979–81 Verteidigungs-, 1982–83 Außenminister.

Pyonephrose, eitrige Entzündung des gestauten Nierenbekkens, kann als Folge einer Nierenbeckenentzündung entstehen. Krankheitszeichen: hohes Fieber, trüber, eitriger Harn mit hohem Eiweißgehalt, Schmerzen in der Nieren- und Harnleitergegend.

B e h a n d l u n g: Bettruhe, Wärme, Antibiotika; Spülungen des Nierenbeckens; operative Beseitigung eines Harnabflußhindernisses.

Pyŏngyang, Pjöngjang, Hptst. von N-Korea, am Taedonggang, (1981) 1,7 Mio. Ew.; wirtschaftl. und kultureller Mittelpunkt; Anthrazit-, Eisen- und Alunit-Vorkommen; Zentrum der Schwer-Ind., weiter Aluminium-, Flugzeug-, Textil-, Nahrungsmittel- und chem. Ind. – P. gilt als das älteste Kulturzentrum Koreas, war Hptst. des ersten Reiches Choson und Ort der frühgeschichtl. Festung Wanggom des Wi-Man-Reiches. Der Name P. datiert aus der chines. Zeit (108 v. Chr. bis 313 n. Chr.). 472 wurde P. Hptst. des Koguryo-Reiches. 1910–45 unter japan. Herrschaft, entwickelte sich P. zur Industriestadt. 1948 wurde es Hptst. von N-Korea.

pyr... [grch.], → pyro...

Pyra, I m m a n u e l J a k o b, * Cottbus 25. 7. 1715, † Berlin 14. 7. 1744, Gymnasialkonrektor ebd., befreundet mit S. G. Lange, vertrat seine ästhet. Ansichten in dem Lehrgedicht ›Der Tempel der wahren Dichtkunst‹ (1737), verfaßte eine Streitschrift gegen J. C. Gottsched; hatte großen Einfluß auf F. G. Klopstock.

Pyramide [grch. aus ägypt.] *die, -/-n,* **1)** △ spitz zulaufender geometr. Körper, der dadurch entsteht, daß die Ecken eines ebenen Vielecks mit einem Punkt außerhalb der Ebene des Vielecks ver-

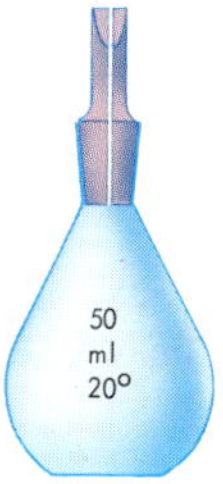

Pyknometer

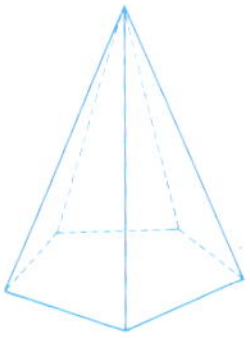

Pyramide 1)

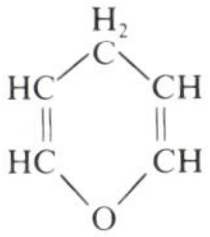

Pyran

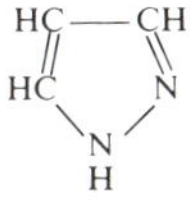

Pyrazol

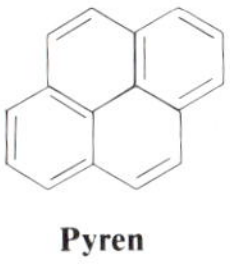

Pyren

Pyramide 2): LINKS Stufen-P. des Königs Djoser bei Sakkara, Ägypten (um 2500 v. Chr.); RECHTS Nischen-P. in El Tajín, NO-Mexiko (600–1200 n. Chr.)

bunden werden. Der Inhalt einer P. ist gleich $^1/_3\, gh$ (g = Inhalt der Grundfläche, h = Höhe). Ist die Grundfläche ein regelmäßiges Vieleck und liegt die Spitze auf der Senkrechten im Flächenmittelpunkt, so wird die P. als gerade (regelmäßig), sonst als schief bezeichnet. **2)** das auf quadrat. Grundfläche aufgebaute, spitz zulaufende Grabmal der altägypt. Könige (→ägyptische Kultur). Sein Vorläufer war die Stufenpyramide des Königs Djoser bei Sakkara mit rechteckigem Grundriß. Das Kernmauerwerk besteht meist aus Muschelkalk, die Bekleidung aus Blöcken von feinkörnigem weißem Kalkstein, auch von Granit. Die meisten P. liegen auf dem westl. Nilufer bei Kairo, die größten sind die P. des →Cheops und des →Chephren bei Giseh (BILDER Giseh, ägyptische Kultur). – Pyramidenartige Bauten, meist von einem Tempel gekrönt, wurden auch von den Völkern der altamerikan. Kulturen errichtet. Hinterind. P. sind oft als Stufenpyramiden über natürl. Hügeln aufgeführt. Kleinere Stufenpyramiden gibt es in Ozeanien (z. B. auf Tahiti und Tonga). Nach ägypt. Vorbild erbaut wurde die →Cestius-Pyramide in Rom. Die P. Mesoamerikas (Chichén Itzá, El Tajín u. a.) sind (meist) in stufenförmigen Absätzen aufgeführt und mit einer Plattform für das Heiligtum auf der abgestumpften Spitze versehen. **3)** Sportakrobatik: der aus dynam. und stat. Übungsteilen bestehende Aufbau einer Kolonne; auf den Schultern der Untermänner stehen die Obermänner. **pyramidal, 1)** pyramidenförmig. **2)** U riesenhaft, gewaltig.

Pyrolusit: Kristallaggregate auf weißem Schwerspat (Ilmenau, Dt. Dem. Rep.)

Pyramidenbahn, bei Mensch und Säugetieren Nervenfasern, die in der Großhirnrinde entspringen, z. T. auf die andere Seite kreuzen und in der Pyramidenseitenstrangbahn zu den motor. Vorderhornzellen des Rückenmarks ziehen. Sie vermitteln die Impulse, die zur Funktion der willkürlichen Muskulatur unerläßlich sind. Die ungekreuzt verlaufenden Fasern bilden den Pyramidenvorderstrang. Eine Unterbrechung der P. hat beim Menschen eine Bewegungseinschränkung zur Folge.

Pyrenäen: Col du Tourmalet, mit 2115 m zweithöchster Straßenpaß der Pyrenäen

Pyramus und Thisbe, nach einer Verserzählung Ovids Liebespaar in Babylon, das bei einer nächtlichen Zusammenkunft durch das Erscheinen einer Löwin getrennt wird; in dem Wahn, seine Geliebte sei von der Löwin zerrissen worden, gibt sich Pyramus den Tod, worauf auch Thisbe, als sie Pyramus auffindet, sich tötet. Als Posse behandelten diesen Stoff Shakespeare im ›Sommernachtstraum‹ und A. Gryphius in ›Herr Peter Squentz‹.

Pyran [grch.] *das, -s/-e,* heterozykl. Verbindung mit sauerstoffhaltigem Sechsring. **Pyrone** sind vom P. abgeleitete Ketone. Von P. leiten sich viele Naturstoffe u. a. chem. Verbindungen ab. (FORMEL S. 309)

Pyranometer [grch.] *das, -s/-,* Gerät zur Messung der auf eine horizontale Fläche fallenden Globalstrahlung, die sich aus der direkten Sonnen- und der diffusen Himmelsstrahlung zusammensetzt.

Pyranosen, *Sg. die* **Pyranose,** -, Zuckerarten, →Zucker.

Pyrargyrit [grch.] *der, -s/-e,* Mineral, →Rotgültigerz.

Pyrazol [grch.] *das, -s,* schwach basische, kristalline heterozykl. Verbindung. Durch stufenweise Hydrierung entstehen aus P. **Pyrazolin** und **Pyrazolidin,** Grundstoffe vieler Verbindungen. (FORMEL S. 309)

Pyrazolone, *Sg. das* **Pyrazolon,** *-s,* farblose bis gelbe kristalline Verbindungen, die wichtige Ausgangsstoffe für Arzneimittel (z. B. Pyramidin) und Azofarbstoffe sind (Anwendung als Arzneimittel seit 1982 wegen mögl. Nebenwirkungen eingeschränkt).

Pyren *das, -s,* farblose, blau fluoreszierende kristalline Substanz im Steinkohlenteer, zur Synthese von Farbstoffen. (FORMEL S. 309)

Pyrenäen *Pl.,* junges Faltengebirge im SW Europas, erstreckt sich von der Biscaya (Atlant. Ozean) bis zum Golfe du Lion (Mittelmeer), 435 km lang, im Pico de Aneto (Maladetta) 3404 m hoch. Längs der P. verläuft die Grenze zw. Spanien und Frankreich. Im O liegt die Zwergrepublik Andorra.

Die P. bilden eine geschlossene Erhebung mit einheitl. Kamm und hohen Pässen. Das Gipfelgebiet weist Hochgebirgsformen auf; die Grenze des ewigen Schnees liegt auf der Nordseite in 2700–2800 m, auf der trockeneren Südseite in 3000 m Höhe. Im Unterschied zur meist öden und kahlen Südseite ist die Nordabdachung mit höheren Niederschlägen bes. im W reich bewaldet (Buchen, Eichen, Edelkastanien). Trotz seiner Geschlossenheit läßt sich das Gebirge durch größere Pässe in die Zentral-, Ost- und West-P. gliedern. Der 1631 m hohe Col du Somport im W und der 1915 m hohe Col de Puymorens begrenzen den geschlossenen Kamm der Zentral-P., wo in dem Granitmassiv der Maladetta die höchsten Erhebungen (mit dem einzigen kleinen Gletscher) auftreten. Die Ost-P. gipfeln im Puigmal (2909 m). Die West-P. (bis 2504 m) haben den Charakter eines Mittelgebirges, sind dicht bewaldet und leicht überschreitbar. Infolgedessen haben sich hier auch die Basken über beide Gehänge des Gebirges ausgebreitet. Die Zentral-P. bilden dagegen eine scharfe Scheide zw. dem span. und frz. Sprachgebiet. Erst in dem ebenfalls niedrigen Ostende des Gebirges greift die katalon. Sprache über das Gebirge nach Südfrankreich über. In der Landwirtschaft steht die Viehzucht (Schafe, Rinder) im Vordergrund. In den Tälern werden auf der span. Seite mit Bewässerung Mais, Weizen, Roggen, bis 800 m Höhe Oliven, bis 1000 m Wein angebaut. Im W der frz. P. werden bes. Mais, im O Wein, Obst, Gemüse angebaut. Die Industrie hat auf span. Seite geringe Bedeutung; genutzt wird die Wasserkraft zur Energiegewinnung. In den frz. P. ist chem. und metallurgische (Aluminiumherstellung) Industrie entstanden, begünstigt durch die zahlreichen Wasserkraftwerke. – Zunehmende Bedeutung hat der Fremdenverkehr in Kurorten (Thermalquellen; u. a. Bagnères-de-Bigorre, Bagnères-de-Luchon), Wintersportorten und Wallfahrtsorten (Lourdes; BILD Lourdes). – Die P. werden von Straßen und Bahnlinien durchquert.

Pyrenäenfrieden, zw. Frankreich und Spanien auf der neutralen Fasaneninsel im Fluß Bidassoa (bei Hendaye) am 7. 11. 1659 geschlossener Frieden, der den 1635 eröffneten Krieg (Sieg Frankreichs) beendete. Die Vormachtstellung in Europa ging von Spanien auf Frankreich über. Spanien trat das Roussillon sowie Gebiete im Artois, Hennegau und in Luxemburg ab.

Pyrenäenhalb|insel, Iberische Halb|insel, → Iberien.

Pyrénées [piren'e, frz. ›Pyrenäen‹], 3 Départements in SW-Frankreich: **1) P.-Atlantiques** [-atlãt'ik, ›atlant. Pyrenäen‹], bis 1969 Basses-Pyrénées, 7629 km², (1982) 555700 Ew.; Hptst.: Pau. **2) P.-Orientales** [-ɔriãt'al, ›Ostpyrenäen‹], 4087 km², (1982) 334600 Ew.; Hptst.: Perpignan. **3)** → Hautes-Pyrénées.

Pyrethrum [grch.] *das, -s,* aus Blütenköpfen von Chrysanthemen gewonnenes Insektizid, das bes. in Japan, Kenia und Brasilien erzeugt wird. Für Warmblüter ist es ungefährlich.

Pyrgeometer [grch.] *das, -s/-,* Gerät zur Messung der vom Erdboden (entsprechend seiner Temperatur) emittierten langwelligen elektromagnet. Strahlung.

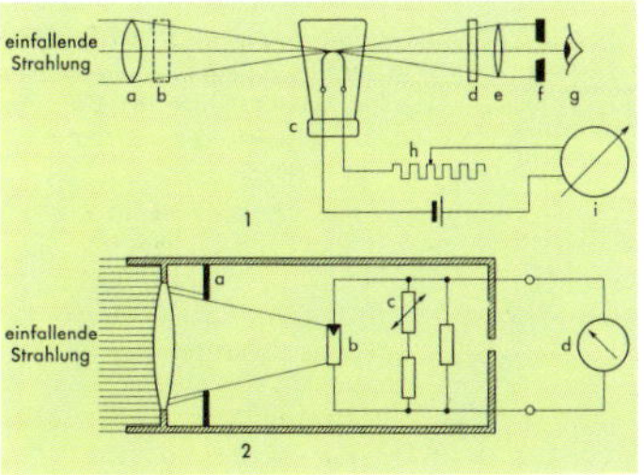

Pyrometer: **1** Glühfaden-Pyrometer (nach Holborn-Kurlbaum); a Objektiv, b Graufilter, c Glühfadenlampe, d Farbfilter, e Okular, f Blende, g Beobachter, h Drehwiderstand, i Meßgerät. **2** Photoelement-Pyrometer (Siemens); a Blende, b Photoelement, c Widerstand für Temperatur-Kompensation, d Meßgerät

Pyrgos, ngrch. **Pirgos,** Hptst. des grch. Nomos Elis, in der westl. Peloponnes, (1981) 22000 Ew.; orth. Bischofssitz; Nahrungsmittelindustrie, Weinanbau.

Pyr|heliometer [grch.] *das, -s/-,* Gerät zum Messen der absoluten Strahlungsintensitäten der direkten Sonnenstrahlung.

Pyridin [grch.] *das, -s,* heterozykl. Verbindung mit aromat. Eigenschaften. P. ist eine unangenehm riechende, mit Wasser mischbare, schwach bas. Flüssigkeit, die aus Steinkohlenteer isoliert oder synthetisch hergestellt wird. Im Gemisch mit Picolinen (**P.-Basen)** wird es zum Denaturieren von Alkohol verwendet. P.-Derivate sind Nicotinsäure sowie bed. Arzneimittel und Herbizide.

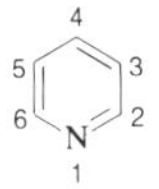

Pyridin
C_5H_5N

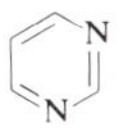

Pyrimidin
$C_4H_4N_2$

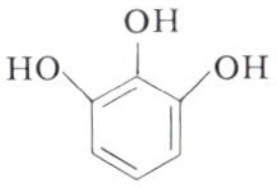

Pyrogallol
$C_6H_3(OH)_3$

Pyridoxine [grch.], *Sg. das* **Pyridoxin,** *-s,* Bez. für die Pyridinderivate, die Vitamin-B_6-Aktivität aufweisen, z. B. **Pyridoxol.**

Pyrimidin *das, -s,* **1,3-Diazin,** heterozykl. organ. Base; P.-Derivate sind wichtige Naturstoffe wie Vitamin B_1 und Nucleinsäurebausteine.

Pyrit [grch.] *der, -s/-e,* das Mineral → Eisenkies.

Pyritz, poln. **Pyrzyce** [pi͡ʒ'itsɛ], Stadt in der poln. Wwschaft Szczecin (Stettin), ehem. Krst. in Pommern, (1979) 11000 Ew.; Baustoff- und landwirtschaftl. Ind. – Die nahe einer slaw. Burgsiedlung im 13. Jh. entstandene dt. Siedlung erhielt 1263 Stadtrecht. Im 2. Weltkrieg wurde P. schwer beschädigt; die Stadtmauer mit einigen Türmen und Toren und die Mauritiuskirche (13.–15. Jh.) blieben erhalten.

Pyrmont, Bad P., Stadt im Kr. Hameln-P., Ndsachs., an der Emmer, einem linken Nebenfluß der Weser, (1984) 21900 Ew.; niedersächs. Staatsbad mit Eisensäuerlingen und kohlensäurereichen Kochsalzquellen; Berufsförderungswerk. – Das kleine Territorium P. war 1494–1557 Besitz der Grafen von Spiegelberg, die 1526 eine Wasserburg errichteten, später der Grafen (Fürsten) von Waldeck. 1706 wurde an Stelle der Wasserburg das Schloß erbaut.

pyro... [grch.], **pyr...,** feuer..., durch Hitze bewirkt.

Pyro|elektrizität, die Fähigkeit mancher Kristalle, sich bei plötzl. Erwärmung oder Abkühlung auf gegenüberliegenden Flächen entgegengesetzt elektrisch aufzuladen. Die Umkehrung des **pyro|elektrischen Effekts,** d. h. die Entwicklung von Wärme an einem pyroelektr. Kristall im elektr. Feld, heißt **elektrokalorischer Effekt.**

Pyrogallol [grch.] *das, -s,* **1,2,3-Trihydroxybenzol,** wird aus Gallussäuren hergestellt und als photograph. Entwickler, Haarfärbemittel sowie beim Galvanisieren und zur Sauerstoffbestimmung verwendet.

pyrogen [grch. ›im Feuer entstanden‹] heißen Gesteine und Minerale, die aus glühendheißen magmat. Schmelzen auskristallisiert sind.

Pyrogene [grch.] *Pl.,* **Fieberstoffe,** ⚕ Stoffe, die im Körper Temperaturerhöhung hervorrufen. Darin werden Endotoxine von Bakterien und Viren vermutet, d. h. hochmolekulare proteinfreie Lipopolysaccharide.

Pyrolusit [grch.] *der, -s,* Mineral, β-MnO_2; wichtigstes sedimentäres Manganerz. (BILD S. 310)

Pyrolyse [grch.] *die, -/-n,* therm. Spaltung chem. Verbindungen. Von techn. Bedeutung sind die P. von Benzin zu Olefinen bei etwa 850 °C **(Mitteltemperatur-P.)** und von Erdgas zu Acetylen bei etwa 1500 °C **(Hochtemperatur-P.).** Neuerdings wird die P. von Abfällen (z. B. Autoreifen, Klärschlamm) zur Erzeugung von chem. Rohstoffen und Brennstoffen in Erwägung gezogen. P. findet auch bei der ›trockenen Destillation‹ statt.

Pyromanie [grch.] *die, -,* Brandstiftungstrieb. *der* **Pyromane,** *-n/-n,* Brandstifter.

Pyrometer [grch.] *das, -s/-,* Gerät zur berührungsfreien Messung der Temperatur eines Meßgegenstandes aus der von ihm ausgehenden Temperaturstrahlung **(Strahlungs-P.).** Mit P. sind Temperaturen oberhalb 700 °C mit einer Genauigkeit von etwa ± 5 °C meßbar. Man unterscheidet **Spektral-P.** mit einer Empfindlichkeit in einem sehr engen Spektralbereich, **Bandstrahlungs-P.** mit einem weiteren Bereich und **Gesamtstrahlungs-P.,** die als Strahlungsempfänger ein Thermoelement verwenden, das bei Erwärmung eine Thermospannung liefert. Eine häufig verwendete Bauform der Spektral-P. ist das **Glühfaden-P.** Bei ihm wird die einfallende Strahlung mit der Strahlung einer geeichten Glühlampe verglichen, deren Spannung so verändert wird, daß der gleiche Helligkeitseindruck (gleiche Leuchtdichte) für Meßfläche und Glühfaden entsteht. Der Heizstrom oder die Stellung des Widerstands im Heizstromkreis der Glühlampe dient als Maß der Temperatur. Höhere Temperaturen als die Glühfadentemperaturen werden durch Einfügen eines Graufilters meßbar. Das **Photoelement-P.** hat als Meßfühler ein Photoelement (→ Photozelle), dessen Empfindlichkeit im sichtbaren Bereich des Spektrums oder in seiner Nähe liegt. *die* **Pyrometrie,** -, Temperaturmessung mit P.

Pyromorphit [grch.] *der, -s,* Mineral, $Pb_5Cl(PO_4)_3$, weiß oder farblos, gelb, orangerot, am häufigsten grün **(Grünbleierz** z. T.) oder braun **(Braunbleierz).**

Pyrone [grch.], *Sg. das* **Pyron,** *-s,* in Pflanzen vorkommende heterozykl. organ. Verbindungen, → Pyran.

Pyrop [grch.] *der, -s,* Mineral, dunkelroter → Granat.

pyrophor [grch.] heißen feinst verteilte Metalle, die sich bei Berührung mit dem Luftsauerstoff unter normalen Temperaturen durch die bei der Oxidation frei werdende Wärme entzünden. Häufig werden **pyrophore Legierungen** verwendet, z. B. für Taschenfeuerzeuge, Gasanzünder, Grubenlampen. Die erste wurde 1903 von C. Auer von Welsbach (→ Auer 1) in Form einer Cer-Eisen-Legierung entdeckt.

Pyrotechnik, Feuerwerkerei, Herstellung und Anwendung von Feuerwerks-, Sprengkörpern. **Pyrotechniker,** Feuerwerker.

Pyroxene [grch.], *Sg. das* **Pyroxen,** *-s,* wichtige Gruppe gesteinsbildender Minerale, nach dem verbreitetsten Mineral der Gruppe (Augit) unkorrekt auch als **Augite** bezeichnet. Makroskopisch sind P.-Kristalle erkennbar am nahezu rechten Winkel (rd. 87°) der Spaltrisse im Kopfbild (Aufsicht). Wegen kettenförmiger Anordnung der SiO_4-Tetraeder in der Kristallstruktur gehören die P. zu den Kettensilicaten (BILD Silikate). P. sind meist monoklin. **Diopsid,** $CaMg[Si_2O_6]$, ist rein farblos bis gelblich, der **Diallag** grünlichgrau bis bräunlich. Meist sind P. durch zunehmenden Einbau von Eisen an Stelle von Magnesium dunkelgrün bis grünschwarz bis hin zum schwarzgrünen bis schwarzen **Hedenbergit,** $CaFe[Si_2O_6]$. Oft ist daneben noch Aluminium für Silicium eingebaut, die Farbe ist dann grün bis schwarz. Alkalihaltige monokline (Klino-)P. sind **Ägirin,** $NaFe[Si_2O_6]$, grün bis schwarz; **Jadeit,** $NaAl[Si_2O_6]$, grünlichweiß; **Spodumen,** $LiAl[Si_2O_6]$, farblos bis grünlich. Orthorhombische (Ortho-)P. sind calcium- und aluminiumfreie Mischungen hypothet. Magnesium- und Eisenendglieder, z. B. **Enstatit,** $Mg_2[Si_2O_6]$, gelb bis grünlich; **Bronzit,** $(Mg, Fe)_2[Si_2O_6]$, bronzefarben; **Hypersthen,** $(Fe, Mg)_2[Si_2O_6]$, schwarzgrün.

Pyroxenit [grch.] *das, -s/-e,* Gruppe dunkler, feldspatfreier Tiefengesteine, meist nach der vorherrschenden Pyroxenvarietät benannt (z. B. Bronzitit, Hypersthenit).

Pyrrhon von Elis, grch. Philosoph, * Elis 360 v. Chr., † 270 v. Chr., begründete in Athen die erste skeptische Schule **(Pyrrhoneische Schule).** Er stellte alle Erkenntnis in Abrede, da jeder

Pyromorphit: grüner kristalliner Überzug (Wildberg, Bergisches Land)

Pyroxene: Augit, Kristalle (Daun, Eifel)

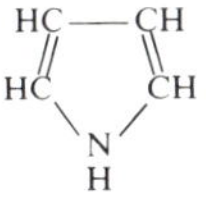

Pyrrol
C_4H_5N

Pythagoras (röm. Kopie, Ende 4. Jh.)

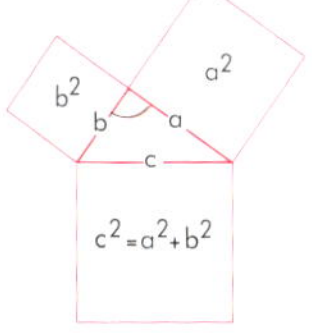

Pythagoreischer Lehrsatz

Behauptung nur eine subjektive Kenntnis von Erscheinungen zugrunde liege und letztlich ein ›Gleichgewicht der Gründe‹ für und wider sie eintrete.

Pyrrhos, lat. **Pyrrhus,** König von Epirus, * 319 v. Chr., † Argos 272 v. Chr., siegte 280 bei Herakleia am Siris und 279 bei Asculum in Apulien über die Römer, aber mit ungeheuren Verlusten (daher **Pyrrhussieg).** Nach der Niederlage von Benevent 275 kehrte P. nach Griechenland zurück. - Lebensbeschreibung von Plutarch.

Pyrrhotin [grch.] *der, -s,* Mineral, der → Magnetkies.

Pythonschlangen: Tigerpython

Pyrrol [grch.] *das, -s,* heterozykl. Verbindung des Steinkohlenteers. Das Ringsystem des P. ist u. a. im Hämoglobin, Chlorophyll und in Gallenfarbstoffen enthalten. Durch stufenweise Hydrierung entstehen aus P. Pyrolin und Pyrrolidin. P.-Derivate dienen u. a. zur Herstellung von Polymeren. (FORMEL S. 311)

Pyruvat [grch.] *das, -s/-e,* Salz oder Ester der Brenztraubensäure; wichtiges Zwischenprodukt bei der → Glykolyse.

Pythagoras, grch. Philosoph aus Samos, * um 570 v. Chr., † Metapont um 497/96 v. Chr., gründete in Kroton in Unteritalien einen bis ins 4. Jh. verbreiteten Bund mit religiösen, wissenschaftl., polit. und eth. Zielen **(Pythagoreer).** Die Entdeckung best. rationaler Zahlenverhältnisse in der Natur führte ihn zu der Lehre, daß das Wesen der Wirklichkeit die Zahl sei. Mathematik, Astronomie und Akustik verdanken den Pythagoreern wichtige Erkenntnisse. Pythagoreer waren bes. Eurytos, Archytas von Tarent, Hippasos von Metapont, Ekphantos, Hiketas. (BILD S. 311)

Pythagoreischer Lehrsatz, dem Pythagoras zugeschriebener (in Babylonien wohl schon um 1700 v. Chr. bekannter) Lehrsatz der Geometrie: Im rechtwinkligen Dreieck ist die Summe der Flächeninhalte der Quadrate über den Katheten a und b gleich dem Flächeninhalt des Quadrats über der Hypotenuse c, also $a^2 + b^2 = c^2$. (BILD S. 311)

Pytheas aus Massalia, Geograph, Astronom und Mathematiker, unternahm um 330 v. Chr. von Massalia (Marseille) eine Reise nach Spanien, nach Thule, in die Ostsee und zur Dt. Bucht. Er führte Messungen der Sonnenhöhe mit dem Gnomon aus und stellte die Lage des Himmelspols genauer fest. Von ihm stammen die ersten genauen Angaben über die Gezeitenbewegungen, als deren Ursache er bereits den Mond ansah. - HW: Vom Ozean (grch., nur in Bruchstücken erhalten).

Pythia, die weissagende Priesterin des Orakels zu → Delphi. **pythisch,** U dunkel, orakelhaft.

Pythische Spiele, musische und sportl. Wettkämpfe, urspr. alle 8, seit 582 v. Chr. alle 4 Jahre in Delphi zu Ehren des Apoll gefeiert. Sie gehörten zu den großen panhellen. Festspielen.

Python *der, -s,* grch. Mythos: Drache, der in Delphi das Orakel seiner Mutter Gaia bewachte. Apoll tötete ihn und bemächtigte sich so des Orakels.

Pythonschlangen, Unterfam. der Riesenschlangen, darunter der bis 4 m lange **Tigerpython** in S-Asien, der bis 9 m lange **Netzpython (Gitterschlange)** in SO-Asien und der 7 m lange **Felsenpython (Assala)** in Afrika. (Weiteres BILD Schlangen)

Pyxis [grch. ›Büchse‹] *die, -/...x'iden* oder *...x'ides,* **1)** Gefäß zum Aufbewahren der Hostie; U auch **Ciborium. 2)** *nur Sg.,* ☆ **(Schiffs-)Kompaß,** Sternbild des Südhimmels.

Q

q, Q [ku:] *das, -/-,* Konsonant, der 17. Buchstabe des dt. Alphabets, im Deutschen immer zusammen mit u: qu. Lautwert [kv]. Der Buchstabe entstand aus dem semit. Koph über altgrch. Koppa und lat. q, das auf die Stellung vor konsonantischem u beschränkt war.

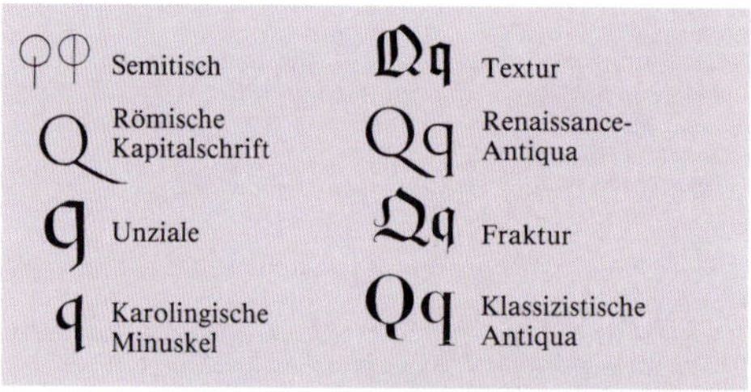

Entwicklung des Buchstaben **Q**

q, 1) bei Flächeneinheiten gesetzlich nicht mehr zulässig für Quadrat ...; z. B. **qm,** Quadratmeter (m^2); **qkm,** Quadratkilometer (km^2); **qmm,** Quadratmillimeter (mm^2); **qcm,** Quadratzentimeter (cm^2). **2)** in roman. Sprachen Abk. für Quintal (Zentner).

›Q‹, wissenschaftl. Bez. der ›Logienquelle‹ (→ Evangelium).

Qanat [kan'at, arab.], **Foggara,** unterird. Stollen, der das Grund- und Sickerwasser unter den Schuttfächern der Gebirge sammelt und zutage leitet. In vielen Oasen der iran. Wüsten und Steppen beruhte die Bewässerungswirtschaft ausschließlich auf Q., bis sie zum Teil durch Grundwasserbrunnen mit Motorpumpen ersetzt wurden.

Qantas Airways Ltd. [kw'ɔntəs 'eəweiz-], Abk. **QF,** austral. Luftverkehrsgesellschaft (ÜBERSICHT Luftverkehrsgesellschaften).

Qattara [kat-], → Kattara.

QC-Verkehrsflugzeug, Abk. für **Quick Change-Verkehrsflugzeug** [kwɪk tʃeɪndʒ-, engl. ›Schnellumrüstung‹], durch schnelles Umrüsten der Kabinenausstattung für Passagier-, Fracht- oder Postbeförderung einsetzbares Flugzeug.

q. e. d., Abk. für → **q**uod **e**rat **d**emonstrandum.

Q-Fieber, Queensland-Fieber [kw'i:nzlənd-], **Balkanfieber,** eine von Haustieren (durch Fleisch- und Milchgenuß) oder infektiösem Staub auf den Menschen übertragbare, durch die Rickettsien-Art **Coxiella burneti** hervorgerufene Infektionskrankheit, mit Fieber und Lungenentzündung. Der Verlauf ist gutartig und dauert 1-3 Wochen. Q-F. tritt bes. bei Angehörigen landwirtschaftl. Berufe auf. - Behandlung: Breitspektrum-Antibiotika.

Will Quadflieg

Q-Gruppen, im Sprechfunkverkehr verwendete Kürzel, die aus 3 Buchstaben (beginnend mit einem Q) bestehen.

Qindarka [k-] *Pl.,* kleine Währungseinheit in Albanien: 100 Q = 1 Lek.

Qilian Shan [tʃilian ʃan], amtl. chines. für das → Richthofengebirge.

Qingdo [tʃiŋ-], amtl. chines. für die Stadt → Tsingtau.

Qinghai [tʃiŋ-], amtl. chines. für die Prov. → Tsinghai.

Qinhuangdao [tʃin-], amtl. chines. für die Stadt → Chinhuangtao.

Qinlingshan [tʃinliŋ ʃan], amtl. chines. für das Gebirge → Tsinlingshan.

Qiqihar [tʃitʃi-], amtl. chines. für die Stadt → Tsitsikar.

Q-Schale, die zur Hauptquantenzahl $n = 7$ gehörige Hauptschale der → Atome, die maximal 98 Elektronen aufnehmen kann.

qt, Einheitenzeichen für → **quart.**

Quabbe [nd.] *die, -/-n, nd.:* Fettwulst. *der* **Quabbel,** *-s/-,* U weiche Masse; Gallert. *Adj.* **quabb(e)lig, quabbig.** *es* **quabbelt,** U fühlt sich gallertig an, ist widerlich weich.

quackeln [mittelniederländ. kwakken ›schwatzen‹]. *ich* **quakk(e)le,** U rede unnütz, nörgele. *Subst. die* **Quackelei,** *-/-en.*

Quacksalber [mittelniederländ.] *der, -s/-,* Laie, der Kranke unsachgemäß behandelt, Kurpfuscher.

Quaddel [nd.] *die, -/-n,* Nesselmal der Haut (→ Nesselsucht).

Quaden *Pl.,* westgerman. Stamm, wohl z. Z. Caesars unter dem Namen Sweben nördlich des Mains, erschien 21 v. Chr. in Mähren und verbündete sich mit den Markomannen gegen die Römer. Nach Niederlagen durch die Römer zog ein Teil Anfang des 5. Jh. mit den Wandalen nach Spanien, wo er unter dem Namen Sweben in Galicien ein Reich gründete; ein anderer Teil bildete bis Ende des 5. Jh. zw. Waag und Gran einen eigenen Staat. Reste der Q. zogen 568 mit den Langobarden nach Italien.

Quader [lat.] *der, -s/-(n),* **1)** △ Prisma, das von 6 paarweise kongruenten Rechtecken begrenzt wird. **2)** ▥ Mauerstein von prismatischer Form, mit bruchrauhen oder vom Steinmetz bearbeiteten Ansichtsflächen.

Quadflieg, Will, Schauspieler, * Oberhausen 15. 9. 1914, spielte in Berlin, Hamburg, bei den Salzburger Festspielen und den Ruhrfestspielen. Bed. Rollen: Hamlet, Tasso, Faust. - ›Wir spielen immer‹ (Erinnerungen, 1976).

Quad-in-line-Gehäuse [kwɔd ın l'aın-, engl.], Abk. **QUIL,** Gehäuseform für integrierte Schaltungen, deren Anschlußstifte in 4 Reihen angeordnet sind.

Quadragesima [lat.] *die, -,* 40tägige Fastenzeit vor Ostern.

Quadragesimo anno [lat. ›im vierzigsten Jahr‹ nach → Rerum novarum], Enzyklika Pius' XI. vom 15. 5. 1931 über die berufsständische Ordnung, die sie als die christl. Sozialordnung darstellt (→ Soziallehren der christlichen Kirchen).

Quadrant [lat.] *der, -en/-en,* **1)** △ Fläche oder auch Umfang eines Viertelkreises, z. B. des Äquators (Erdquadrant), der Windrose. **2)** ☆ ⚓ früher vielbenutztes Instrument zur Messung von Höhen, z. B. von Gestirnen, im Meridian.

Quadrat [lat.] *das, -(e)s/-e,* **1)** Geometrie: ebenes Viereck mit 4 gleichen Seiten (a) und 4 rechten Winkeln; Flächeninhalt: $a \cdot a = a^2$. **2)** Arithmetik: die zweite → Potenz. **Quadrat . . ., 1)** in Verbindung mit Längenmaßeinheiten: eine Flächenmaßeinheit, z. B. Quadratmeter. **2)** U Riesen . . .: *Quadratlatschen,* große Füße oder Schuhe. *Adj.* **quadratisch.**

Quadratur [lat.] *die, -/-en,* **1)** ☆ Quadrat- oder Geviertschein, → Aspekt. **2)** △ die Berechnung des Inhalts einer von Kurven begrenzten Fläche (→ Integralrechnung). **3)** Geometrie: die Umwandlung einer von krummen Linien begrenzten ebenen Fläche in eine gleich große rechtwinklige, von vier gleich langen Geraden begrenzte Figur (Quadrat). Die **Q. des Kreises,** die Verwandlung des Kreises in ein flächengleiches Quadrat, ist mit alleiniger Anwendung von Zirkel und Lineal unmöglich, was mit Mitteln der höheren Algebra bewiesen werden kann (Transzendenz der Zahl π); U eine unlösbare Aufgabe.

Quadratwurzel, die 2. Wurzel aus einer Zahl $a > 0$; sie ist die nichtnegative Zahl *x*, deren Quadrat *a* ist, geschrieben $\sqrt{a}$; z. B. ist die 5 die Q. von 25.

Quadratzahlen, △ die Quadrate ganzer Zahlen.

quadrieren. *ich* **quadriere** *es,* **1)** △ erhebe (eine Zahl) in die 2. Potenz. **2)** 🏛 ahme im Putz Quadermauerwerk nach. **3)** überziehe eine Zeichnung mit einem Quadratnetz.

Quadriga [lat.] *die, -/. . . gen,* Viergespann, Kampf- und Jagdwagen im alten Orient, Rennwagen der Griechen und Römer, bei

Quadriga: Weihrelief (5. Jh. v. Chr.)

den Römern auch Wagen des Triumphators; in freiplast. Nachbildung oft Weihgabe für Siege im Krieg und bei Rennen sowie Bekrönung von Tempeln, Grabmälern, Triumphbögen, auch in neuerer Zeit (→ Brandenburger Tor).

Quadrille [kadr'i:j, frz., eingedeutscht kadr'iljə] *die, -/-n,* **1)** frz. Gesellschaftstanz aus mehreren Teilen (Figuren) für je 4 Paare. **2)** Pferdesport: synchrones Gruppenreiten nach Musik.

Quadrillion [lat.] *die, -/-en,* die 4. Potenz einer Million, 10^{24}.

Quadrireme [lat.] *die, -/-n,* Vierreihenruderer, ein röm. Kriegsschiff.

Quadrivium [lat.] *das, -s,* ein Teil der → Freien Künste.

Quadrophonie [lat.-grch.] *die, -,* **Vierkanal-Stereophonie,** Übertragungsverfahren von Sprech- und Musikdarbietungen mit 4 Mikrophonen und 4 Lautsprechern (Lautsprechergruppen) zur Verbesserung der Wiedergabe der akust. Raumwirkung des Aufnahmeraumes gegenüber der Stereophonie. **Pseudo-Q.** ist die Wiedergabe von Darbietungen, die in Zweikanal-Stereophonie aufgenommen wurden, über 4 Lautsprecher(-gruppen). Die Kanäle sind bei der Aufnahme und Wiedergabe den Richtungen rechts, links, vorn und hinten oder rechts vorn, links vorn, rechts hinten und links hinten zugeordnet.

Quadros [kw'adrus], J â n i o , brasilian. Politiker, * Campo Grande (Mato Grosso) 25. 1. 1917; 1955–59 Gouv. des Bundesstaates São Paulo, Jan. bis Aug. 1961 Staatspräs. Der Widerstand gegen seine Reformpolitik veranlaßte ihn zum Rücktritt. 1964 wurden ihm die polit. Rechte auf 10 Jahre entzogen.

Quadrumanen [lat. ›Vierhänder‹], *Sg. der* **Quadrumane,** *-n,* 🐾 Halbaffen und Affen.

Quadrumvirn [lat. ›vier Männer‹] *Pl.,* Bez. für die Faschisten I. Balbo, E. de Bono, C. M. de Vecchi und M. Bianchi, die 1922 den ›Marsch auf Rom‹ leiteten.

Quadrupeden [lat.], *Sg. der* **Quadrupede,** *-n,* 🐾 Vierfüßer.

Quadrupel [lat.] *der, -s/-,* △ Verallgemeinerung des Begriffes ›Paar‹ auf 4 Dinge.

Quadrupol, → Multipol.

Quadrupol|linse, elektronen- und ionenopt. Instrument zur Führung und Fokussierung von geladenen Teilchen, das aus 4 parallel zur opt. Achse angeordneten Elektroden **(elektr. Q.)** oder Polschuhen **(magnet. Q.)** besteht.

Quagga [Bantusprache] *das, -s/-s,* ausgestorbene Unterart des Steppenzebras (→ Pferde; BILD Aussterben).

Quai [ke] *der, -s/-s,* frz. Schreibung für Kai. **Q. d'Orsay** [-dɔrs'e], Straße am südl. Seineufer in Paris; Ü das an dieser Straße liegende frz. Außenministerium.

quak!, Schallwort für den Ruf der Frösche und Enten. *ich* **quake, 1)** U spreche viel und töricht. **2)** *Frösche quaken. ich* **quäke,** U jammere kläglich. *die* **Quäke,** *-/-n,* 🦌 Lockinstrument: *Hasenquäke.*

Quakenbrück, Stadt im Kr. Osnabrück, Ndsachs., an der Hase, (1984) 9700 Ew.; Fahrrad-, Maschinenfabrik, Bau von Rohrleitungen; ehemalige Stiftskirche (um 1300, Turm und Chor 1470), Fachwerkhäuser des 16.–18. Jh.

Quäker, engl. **Quakers** [kw'eɪkəz, ›Zitterer‹], urspr. Spottname einer religiösen Gemeinschaft, die sich selbst **Religiöse Gesellschaft der Freunde (RGdF),** engl. **Society of Friends** [səs'aɪətɪ əv frendz], nennt und bes. in Großbritannien und den USA verbreitet ist; Gesamtzahl rd. 200 000. Die Q. setzen auf dem Boden der Reformation die Tradition der Wiedertäufer fort. Ihr Grundgedanke ist die Lehre von einem in jedem Menschen vorhandenen ›inneren Licht‹ als Quelle göttlicher Offenbarungen und Weisungen. Darum gilt das organisierte Kirchentum mit seinen Dogmen, Kultformen und Sakramenten als überflüssig. An die Stelle des Gottesdienstes tritt die ›schweigende Andacht‹ als meditative Versenkung. Die Q. sind Pazifisten und verwerfen den Eid. Nach beiden Weltkriegen veranstalteten bes. die amerikan. Q. Hilfsaktionen in den notleidenden Gebieten. Für ihre Friedensbemühungen erhielten sie 1947 den Friedensnobelpreis. Sie sind lose in örtl. Gruppen organisiert, die länderweise in der ›Jahresversammlung‹ und in gelegentl. Weltversammlungen ohne zentrale Spitze zusammentreten. – Die Gemeinschaft wurde Mitte des 17. Jh. in England von G. Fox gegründet. Wegen religiöser Verfolgungen wanderten viele Q. nach Nordamerika aus, wo W. → Penn eine Freistatt für sie u. a. Sektenangehörige schuf.

Quäkerhut, großer Filzhut mit flachem Kopf und breiter, leicht geschwungener Krempe, wie er der Mode entsprechend von den um 1660 nach Amerika ausgewanderten Quäkern getragen wurde; um 1780 in Europa wieder modisch.

Qual [ahd. quala] *die, -/-en,* großer körperl. oder seel. Schmerz. *ich* **quäle** *ihn, mich,* bereite Q., peinige, mißhandle. *ich* **quäle** *mich* **ab,** mühe mich ab, strenge mich an. *der* **Quäler,** *-s/-,* Peiniger. *die* **Quälerei,** *-/-en,* **1)** Peinigung, Mißhandlung, Grausamkeit. **2)** U Anstrengung, mühsame Arbeit. *Adj.* **quälerisch. Quälgeist,** jemand, der lästig fällt, bes. ein Kind. **qualvoll,** Schmerzen bringend.

Qualifikation [lat.] *die, -/-en,* Befähigung; Berechtigung; Eignung. *ich* **qualifiziere, 1)** *es,* beurteile, bezeichne. **2)** *ihn,* erteile ihm Q. **3)** *mich,* beweise meine Eignung. **qualifiziert** *zu etwas,* geeignet, berechtigt. Ein **qualifiziertes Verbrechen** ist ein wegen erschwerender Umstände strenger bestraftes Verbrechen (z. B. gefährl. Körperverletzung, § 223 a StGB).

qualifizierte Mehrheit, über der Hälfte der abgegebenen Stimmen liegende, für best. Zwecke erforderliche Mehrheit, z. B. 2/3-Mehrheit für Verfassungsänderungen nach dem GG.

Qualität [lat.] *die, -/-en,* **1)** Eigenschaft, Beschaffenheit, bes. im Unterschied zur → Quantität. **2)** Güte, Wertstufe: *Qualitätsarbeit; Qualitätswaren.* **3)** Ⓢ Klangfarbe der Vokale. **4)** Schach: Klassifizierung der Schachfiguren nach ihrem Wert, bes. der höhere Wert des Turms gegenüber Springer oder Läufer. **qualitativ,** dem Wert nach.

Qualitätskontrolle, die Überwachung der Qualität von techn. Erzeugnissen, z. B. durch Sichtprüfung, Fertigungskontrolle, Funktionstest.

Qualitäts|sicherung, alle Maßnahmen, die nötig sind, um eine dem Verwendungszweck angemessene Beschaffenheit (Qualität, Güte) eines Erzeugnisses sicherzustellen, auch von ärztl. oder medizinisch-techn. Leistungen. Mittel sind Kontroll- und Prüfplanung, Analysen, Qualitätskontrollen, Funktions-, Umweltsimulations-, Qualifikations- und Abnahmetests.

Qualitätswein, nach dem dt. Weingesetz vom 16. 7. 1969 geschützte Bez. für Q. best. Anbaugebiete (Q. b. A.). Der Wein muß v. a. aus empfohlenen Rebsorten stammen und im Weinanbaugebiet hergestellt worden sein; das Ausgangsmostgewicht darf nicht unter 65° Öchsle (bei spätreifenden Trauben 62°) liegen. Q. mit Prädikat (Prädikatswein): Kabinett, Spätlese, Auslese, Beerenauslese, Trockenbeerenauslese und Eiswein haben ein Mostgewicht über 75° (72°) Öchsle.

Qualle [zu quellen] *die, -/-n,* **Meduse,** die frei schwimmende Form der → Hydrozoen und → Scheibenquallen.

Qualm [zu quellen] *der, -(e)s,* **1)** dicker Rauch. **2)** *oberdt.:* Dunst, Brodem: *er soll nicht solchen Q. machen,* U Lärm um nichts. *ich* **qualme, 1)** *(es),* U rauche (stark): *er qualmt täglich 40 Zigaretten.* **2)** *es qualmt,* raucht stark: *der Schornstein qualmt.* **qualmig,** voller Q. **Qualmwasser,** bei einseitigem Anstau eines Deiches durch diesen und den Untergrund durchquellendes Sickerwasser.

Qualster [zu quellen] *der, -s/-, nd.:* Schleim, Auswurf. *ich* **qualst(e)re,** *nd.:* werfe Schleim aus. **qualst(e)rig,** schleimig.

Helmut Qualtinger

Qualtinger, Helmut, Schauspieler und Kabarettist, * Wien 8. 10. 1928, trat zuerst mit seiner mit C. Merz verfaßten Satire ›Der Herr Karl‹ (1961) hervor, spielt bes. Nestroy-Figuren. Sein Stück ›Die Hinrichtung‹ wurde 1961 in Wien uraufgeführt.

Quandt-Gruppe, Unternehmensverbund, der von Günther Quandt (* 1881, † 1954) geschaffen und von seinen Söhnen Herbert (* 1910, † 1982) und Harald (* 1921, † 1967) ausgebaut wurde; Verwaltungssitz: Bad Homburg v. d. Höhe. Nach dem Tod von Harald Quandt gaben seine Erben 1973–76 ihre unternehmer. Beteiligung im wesentlichen ab. Die Erben von Herbert Quandt halten eine maßgebende Beteiligung bei der Bayerische Motorenwerke AG, München, der Altana-Industrie - Aktien und Anlagen AG, Bad Homburg v. d. Höhe, sowie der Varta AG, ebd.

Quant [lat. quantus ›wie groß‹, quantum ›wieviel‹] *das, -s/-en,* manchmal auch **Quantum,** kleinste, unteilbare Menge einer physikal. Größe, z. B. der elektr. Ladung **(elektr. Elementarquantum,** die → Elementarladung), der Wirkung (→ Plancksches Wirkungsquantum) oder des magnet. Flusses **(Flußquant).** Aufnahme und Abgabe von elektromagnet. Strahlungsenergie geschehen in Form von **Energiequanten** (Energieportionen). Auch die elektromagnet. Strahlungsenergie selbst tritt in Form von Quanten auf (→ Quantentheorie). Diese → Lichtquanten (Photonen) sind die → Feldquanten der elektromagnet. Wechselwirkung.

Quantelung *die, -/-en,* die → Quantisierung; **zweite Q.,** → Quantenelektrodynamik.

Quanten *Pl.,* **1)** ⊠ → Quant. **2)** U Füße.

Quantenbiologie, das Forschungsgebiet, das den Nachweis best. quantenphysikal. Vorgänge als wesentlicher, steuernder Ereignisse des biologischen Geschehens anstrebt.

Quantenchemie, Zweig der physikal. Chemie, der mit den Grundlagen der Quantentheorie und -mechanik z. B. eine genauere Analyse und theoret. Berechnungen der Bindungskräfte sowie der chem. und physikal. Eigenschaften der Moleküle ermöglicht.

Quanten|chromodynamik, Abk. **QCD, Farbdynamik,** in Anlehnung an die Quantenelektrodynamik entwickelte Theorie zur Beschreibung der starken → Wechselwirkung zw. den → Quarks. Das dem Photon entsprechende → Feldquant ist das → Gluon; der Ladung entspricht die **Farbe** (auch **Farbladung)** der Quarks, wobei mit dem Begriff Farbe ein neuer Freiheitsgrad der Quarks bezeichnet wird, der 3 als ›rot‹, ›blau‹ und ›grün‹ bezeichnete Zustände annehmen kann. Somit kann also jede Quarkart (›Up‹, ›Down‹, ›Strange‹ usw.) in 3 verschiedenen Farbzuständen auftreten. Bei Absorption oder Emission eines Gluons wird eine ›Farbeinheit‹ zw. dem Quark und dem Gluon ausgetauscht. Die Quarks müssen beim Aufbau eines Hadrons so kombiniert sein, daß Hadronen ›farblos‹ sind, was entweder durch Kombination von 3 Quarks mit den 3 Quarkfarben (Baryonen) oder durch Bildung eines Quark-Antiquark-Paars (Mesonen) erreichbar ist.

Quanten|elektrodynamik, die Anwendung des in der Atomtheorie bewährten mathemat. Formalismus der Quantenmechanik auf das elektromagnet. Feld und das Wellenfeld der Elektronen (sowie der Myonen, Tauonen und der zugehörigen Antiteilchen). Die Q. ist die mathemat. Theorie zur Beschreibung der elektromagnet. → Wechselwirkung von Elementarteilchen. Die Quantelung des elektromagnet. Feldes in Abwesenheit von Elektronen liefert eine Theorie, in der die dualist. Natur des Lichts (Interferenzfähigkeit einerseits, Existenz von Lichtquanten andererseits) in exakter Weise zum Ausdruck kommt. In ähnl. Weise kann auch das Materiewellenfeld der Elektronen behandelt werden **(2. Quantelung).** Dadurch wird das Auftreten von Teilchen im Elektronenwellenfeld in grundsätzlich gleicher Weise gedeutet wie etwa das Auftreten diskreter Energiewerte (Lichtquanten) in der elektromagnet. Strahlung. Die Q. konnte u. a. Feinheiten in den Spektren von Atomen (Lamb-Verschiebung, → Lamb) erklären und wurde zum Vorbild für andere → Quantenfeldtheorien.

Quanten|elektronik, Grenzgebiet zw. angewandter Physik und Elektronik, das sich mit der Wechselwirkung elektromagnet. Schwingungen mit in atomaren Systemen oder Kristallen gebundenen Elementarteilchen, insbes. Elektronen, befaßt. Anwendungsbeispiele: elektron. Bauelemente und Geräte, bei denen Phänomene der Quantenmechanik eine Rolle spielen (Maser, Laser).

Quantenfeldtheorie, Verallgemeinerung von klassischer Feldtheorie und Quantentheorie durch Quantisierung der Felder **(Quantentheorie der Wellenfelder).** Die Q. dient zur Beschreibung des Verhaltens von Elementarteilchen und deren Wechselwirkungen. Zunächst wurde eine Q. für die Wechselwirkung der Photonen (der → Feldquanten des elektromagnet. Feldes) mit den Elektronen und Positronen entwickelt, die → Quantenelektrodynamik, auf deren Formalismus aufbauend weitere Q. (→ Quantenchromodynamik, → Weinberg-Salam-Theorie) zur Beschreibung der anderen fundamentalen → Wechselwirkungen aufgestellt wurden.

Quantenflavourdynamik [-fl'eɪvə-], Abk. **QFD,** die → Weinberg-Salam-Theorie.

Quantengeo|metrodynamik, Abk. **QGD,** Quantenfeldtheorie zur Beschreibung der → Gravitation.

Quantenmechanik, physikal. Theorie, die eine widerspruchsfreie Beschreibung aller nichtrelativist. Vorgänge in der Mikrophysik (Moleküle, Atome, Festkörper) gestattet. Obwohl die mathemat. Gesetze der Q. formale Ähnlichkeit mit denen der klass. Mechanik besitzen, sind die zugrunde liegenden Begriffe und Vorstellungen wesentlich verschieden und neuartig: in der klass. Mechanik stetige Bewegungsabläufe (Bahnkurven), in der Q. unstetige Energiestufen und → Quantensprünge nach den Gesetzen der → Quantentheorie. - In der um 1925 von W. Heisenberg, P. Jordan, M. Born und P. A. M. Dirac formulierten Form der Q., der **Matrizenmechanik,** werden beobachtbare Größen (Observable) wie Ort, Impuls, Energie durch Operatoren in Form von Matrizen dargestellt, für die **Vertauschungsrelationen** (die die Quantisierungsvorschriften enthalten) gelten. In der klass. Mechanik besitzen Ort und Impuls eines Teilchens in jedem Augenblick ganz bestimmte Werte, in der Q. besitzen diese Werte eine von Ort zu Ort wechselnde Wahrscheinlichkeit (statist. Deutung). - E. Schrödinger fand einen 2. Zugang zu den Gesetzen der Q. in der Form der → Wellenmechanik, die sich als mathematisch äquivalent herausstellte. Eine Ausdehnung der Q. auf relativist. Vorgänge ist nur für einzelne Teilchen möglich; für Elektronen gilt die → Diracsche Wellengleichung. Für die Beschreibung mehrerer relativistischer Teilchen mit Wechselwirkung muß die → Quantenfeldtheorie herangezogen werden.

Quanten|optik, Gebiet der Optik, das sich v. a. mit denjenigen opt. Erscheinungen beschäftigt, die nicht mit der Wellennatur des Lichts, sondern nur aus dessen Korpuskeleigenschaften (→ Lichtquanten) im Rahmen der Quantentheorie erklärt werden können, z. B. Photoeffekt, Comptoneffekt, Absorption und Emission von Strahlung, Funktionsweise von Masern und Lasern.

Quantensprung, Quantenübergang, Übergang eines mikrophysikal. Systems von einem stationären Zustand in einen anderen, wobei sich der Energieinhalt nicht stetig, sondern sprunghaft (portionsweise) ändert.

Quantenstatistik, die Verallgemeinerung der → statistischen Mechanik durch die → Quantentheorie; Q. ist also die Zurückführung der Gesetze der Thermodynamik auf die quantentheoret. Reaktionsgesetze und Quantenzustände der einzelnen Atome. Die Q. liefert u. a. eine Begründung des **3. Hauptsatzes der Thermodynamik.** Ferner ergibt sich aus ihr die **Gasentartung:** Sie beruht auf der → Nichtunterscheidbarkeit der Elektronen, Atome, Lichtquanten usw. Dabei ergibt sich je nach der Art der Teilchen des Gases die → Fermi-Dirac-Statistik oder die → Bose-Einstein-Statistik.

Quantentheorie, die Theorie des physikal. Verhaltens mikrophysikal. Systeme (wie Moleküle, Atome). Sie berücksichtigt, daß das mikrophysikal. Geschehen nicht stetig, sondern sprunghaft (quantenhaft) ist (→ Quantensprung). Die Q. wurde 1899/1900 von M. Planck begründet, 1905 zunächst von A. Einstein vertieft, seit 1913 von N. Bohr auf die Fragen des Atombaus angewandt und von zahlreichen Forschern bis zur vollständigen mathemat. Präzisierung (1925) weiter ausgebaut. Den Zugang zur Q. lieferte eine von Planck entwickelte Strahlungsformel, die die Intensitätsverteilung der Strahlung des → schwarzen Körpers über das ganze Spektrum empirisch richtig wiedergibt. Die theoret. Begründung dieser Formel führte auf die Vorstellung, daß die Atome Strahlungsenergie nicht stetig in jeder beliebigen Größe, sondern nur stoßweise in best. **Quanten** (Energieportionen) aussenden oder aufnehmen. Die Größe der Energiequanten E ist gegeben durch die Frequenz ν der betreffenden Strahlungsart, multipliziert mit dem → Planckschen Wirkungsquantum h, $E = h \cdot \nu$. Auf dieser Grundlage gelang es N. Bohr, eine Theorie des Spektrums des Wasserstoffatoms zu begründen; diese deutete die Gesetzmäßigkeit im Wasserstoffspektrum und ermöglichte rasche Fortschritte in der Deutung der übrigen Atomspektren. Aus der Q. der Atomspektren ergab sich schließlich um 1925, vorbereitet durch das Bohrsche → Korrespondenzprinzip, die → Quantenmechanik (zunächst in Form der Matrizenmechanik) als eine mathematisch exakte Theorie. Sie konnte die Lücken der behelfsmäßigen älteren Theorie schließen und ihre inneren Widersprüche beseitigen. Matrizenmechanik und → Wellenmechanik erwiesen sich als mathematisch äquivalent und wurden durch die statist. Transformationstheorie (P. A. M. Dirac, P. Jordan) in einer höheren Einheit zusammengeschlossen.

Die Q. gibt grundsätzlich Rechenschaft von allen die Elektronenhüllen der Atome betreffenden Vorgängen und Zustandsmöglichkeiten, einschließlich der Moleküle, der chem. Valenzkräfte, der Physik der Festkörper usw. Auch die Gesetze der Atomkerne konnten durch die Q. weitgehend aufgeklärt werden, doch verbleiben hier noch ungelöste Aufgaben, die auf eine tiefere Schicht des Naturgeschehens hinweisen (→ Quantenfeldtheorie, → Elementarteilchen).

Quantenzahlen bezeichnen die versch., nach der Quantentheorie möglichen diskreten Zustände eines mikrophysikal. Systems (Atom, Atomkern, Elementarteilchen, Molekül usw.). Der Zustand eines derartigen Systems wird durch Angabe eines vollständigen Satzes von Q. eindeutig bestimmt. Nach dem Bohr-Sommerfeldschen Atommodell wird der Aufenthalt eines Elektrons in versch. Schalen der Elektronenhülle eines Atoms durch die **Haupt-Q.** $n = 1, 2, 3, \ldots$, unterschieden, versch. Bahndrehimpulse in den Schalen durch die **Azimutal-Q. (Bahndrehimpuls-Q.)** $l = 0, 1, 2, \ldots$ $(l < n)$. Die Orientierung der Bahnebene bezügl. einer Vorzugsrichtung, z. B. der Richtung eines äußeren Magnetfeldes, wird durch die **magnet. Q.** $m = -l, -(l\text{-}1), \ldots, l$ festgelegt. Unterschiedl. Eigendrehimpulse (Spins) eines Teilchens werden durch die **Spin-Q.** gekennzeichnet. Weitere innere Q. der Elementarteilchen haben keine unmittelbar anschauliche Bedeutung (Isospin, Strangeness u. a.). Im Molekülverband sind bes. die **Rotations-** und **Schwingungs-Q.** wichtig.

Quantifizierung [lat., vgl. Quant; außerdem facere ›machen‹] *die, -/-en,* **Quantifikation,** allg. die Rückführung von Qualitäten auf Quantitäten; die Zuordnung eines metrischen Begriffs, einer Funktion, deren Werte Zahlen sind, zu einem qualitativen Begriff (Metrisierung), z. B. Farben auf Schwingungszahlen. Als Methode der Sozialwissenschaften wurde die Q. bes. im Zusammenhang mit dem Behaviorismus in den USA bestimmend. Dabei dienten die exakten Naturwissenschaften und die Ökonometrie als Vorbild. Die Q. verlangt streng operationalisierte Begriffe und Verfahren (→ Operationismus). Durch diese method. Einengung können aber wesentl. Fragestellungen ausgeklammert werden.

Quantisierung [lat., zu Quant] *die, -/-en,* **1)** Nachrichtentechnik: Umwandlung eines analogen in ein digitales Signal, z. B. bei der → Puls-Code-Modulation. **2)** ⊠ **Quantelung,** Ersetzung kontinuierl. Zustände und Übergänge durch diskrete, d. h. ganz bestimmte Zustände und Übergänge, zw. denen keine anderen erlaubt sind. Die Q. kennzeichnet den Übergang der klass. Mechanik in die → Quantenmechanik. - Die Q. der Feldgrößen eines Feldes in der → Quantenfeldtheorie heißt **Feld-Q. (Feldquantelung).**

Quantität [lat., zu Quant] *die, -/-en,* **1)** Menge, Größe; Ggs.: → Qualität. **2)** Metrik: Silbendauer (Länge und Kürze) im Griechischen und im klass. Lateinischen, im Unterschied zur Silbenbetonung (betonte und unbetonte Silben), z. B. im Deutschen (→ Metrik). **quantitativ,** der Q. nach. *ich* **quantitiere** *Silben,* messe nach ihrer Quantität.

Quantitätstheorie, Geldtheorie, die einen ursächl. Zusammenhang zw. Veränderungen der Geldmenge und der Güterpreise annimmt. - Die Q. bei J. → Bodin: Eine Veränderung der Geldmenge verursacht eine entsprechende Veränderung des allg. Preisniveaus. Die modifizierte Q. (D. Hume, J. Locke) dagegen: Nur das umlaufende Geld beeinflußt das Preisniveau, und dementsprechend ist die Umlaufsgeschwindigkeit des Geldes zu berücksichtigen; durch Einbeziehung des Handelsvolumens wurde schließlich der Einfluß von Veränderungen auf der Güterseite erfaßt. - Die weitere Entwicklung der Q. setzt an der Neuinterpretation der Umlaufsgeschwindigkeit an (K. Wicksell und die Cambridge-Schule, u. a. A. Marshall, A. C. Pigou): Die Umlaufsgeschwindigkeit wird als die gesamtwirtschaftl. Resultante der individuellen Kassenhaltungen definiert. - Die Neo-Q. geht auf die Chicago-Schule (M. Friedman) zurück. Auf Friedmans Gedanken fußt die Schule der Monetaristen (→ Monetarismus).

Quantité négligeable [kãtit'e negliʒ'abl, frz.] *die, --,* Größe oder Tatsache, die nicht berücksichtigt zu werden braucht; Belanglosigkeit.

Quantum [lat.] *das, -s/...ten,* **1)** Menge, Anzahl. **2)** ⊠ → Quant.

Quantz, Johann Joachim, Komponist, *Oberscheden bei Göttingen 30. 1. 1697, † Potsdam 12. 7. 1773, Flötenlehrer und Hofkomponist Friedrichs d. Gr., komponierte für ihn rd. 300 Flötenkonzerte und 200 Kammermusikwerke mit Flöte.

Quarks: Diagramme der Wechselwirkung zwischen einem Proton (p) und einem Neutron (n), z. B. in einem Atomkern. Im oberen Diagramm ist die Wechselwirkung als Austausch eines Pi-Mesons oder Pions (π^+) dargestellt. Darunter ist die gleiche Reaktion durch ein Quarkliniendiagramm dargestellt

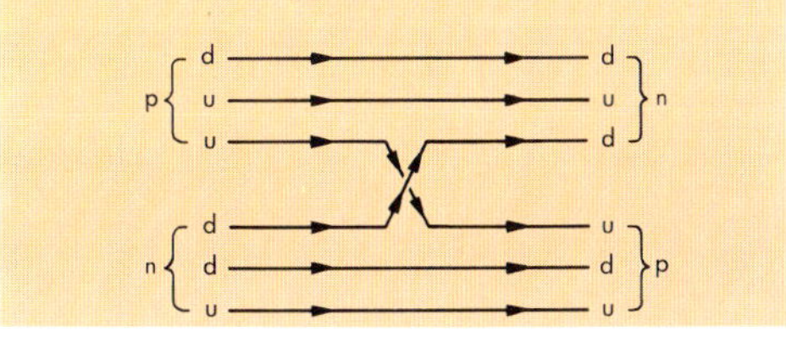

Quappe [mhd. quappe ›Aalquappe‹] *die, -/-n,* **1),** die → Aalrutte. **2) Kaulquappe,** die Larve der → Froschlurche.

Quarantäne [ka-, frz. quarantaine ›Anzahl von vierzig‹] *die, -/-n,* **1)** Maßnahme gegen die Einschleppung von Menschen- und Tierseuchen durch den Land-, See- und Luftverkehr, die in Absonderung, Impfung, Beobachtung und Desinfektion besteht und für den internat. Reiseverkehr durch internat. Gesundheitsvorschriften geregelt wird. Der Q. unterliegen bes. Personen mit Verdacht auf Cholera, Gelbfieber, Pest und Pocken. Besondere **Q.-Stationen** werden in der Bundesrep. Dtl. für Aufnahme von Pockenkranken oder Ansteckungsverdächtigen unterhalten. Schiffe, über die Q. verhängt ist, führen die gelbe **Q.-Flagge. 2)** völkerrechtlich seit der Kuba-Krise (1962) eine schwächere Form der Friedensblockade: Schiffe mit bestimmten Warenladungen (z. B. Waffen) werden zurückgehalten.

Quargel [vgl. Quark] *der* oder *das, -s/-,* **Quärgel,** *österr.:* kleiner runder Sauermilchkäse, Roller.

Quark [mhd. twarc, aus niedersorb. twarog] *der, -s,* **1) Weißkäse, Matte, Topfen, Glumse,** Käsestoff aus gesäuerter Magermilch, Grundmasse des Sauermilchkäses, leicht verdaulich und eiweißreich; Q. wird auch zu Nährpräparaten verarbeitet. **2)** U lächerliche Kleinigkeit: *er regt sich über jeden Q. auf.*

Quarks [engl. kwɔ:ks, von M. Gell-Mann eingeführt nach einem Kunstwort von J. Joyce] *Pl.,* fundamentale Bausteine der Materie, die bisher nicht als freie Elementarteilchen nachgewiesen werden konnten, weil sie möglicherweise nur in gebundener Form als Bestandteile der Hadronen (d. h. der stark wechselwirkenden → Elementarteilchen) existieren. Man nimmt an, daß alle Hadronen aus Q. aufgebaut sind, und zwar Baryonen aus je 3 Q. (qqq), Antibaryonen aus je 3 **Antiquarks** $(\bar{q}\bar{q}\bar{q})$, Mesonen dagegen aus je einem Quark und einem Antiquark $(q\bar{q})$. Bisher kennt man 6 Q.-Arten (**Up** [ʌp], **Down** [daʊn], **Strange** [streɪndʒ], **Charm** [tʃɑ:m], **Beauty** [bj'u:tɪ] oder **Bottom** [b'ɔtəm]), **Truth** [tru:θ] oder **Top.** Zu jeder Q.-Art gibt es die entsprechende Antiquark-Art. Q. weisen drittelzahlige Elementarladungen auf, Up (u) die Ladung $2/3e$ (e = Elementarladung), Down (d) $-1/3e$, Strange (s) $-1/3e$, Charm (c) $2/3e$, Beauty (b) $-1/3e$, Truth (t) $2/3e$, bei den entsprechenden Antiquarks ändert sich das Vorzeichen. - Bis 1974 reichten die von M. Gell-Mann eingeführten 3 Q.-Arten (Up, Down, Strange) zus. mit den 3 zugehörigen Anti-Q. aus, um alle bis dahin bekannten Hadronen aufzubauen. Die Entdeckung des → Psi-Teilchens zwang zur Einführung der 4. Q.-Art (Charm), die Auffindung des → Y-Teilchens zur Einführung der 5. Q.-Art (Beauty oder Bottom). Die versch. Q.-Arten unterscheiden sich durch ihren Geschmack (engl. flavour), der als eine Art Ladung aufzufassen ist, die für die schwache Wechselwirkung verantwortlich ist. - ›Gewöhnliche‹ Materie ist nach dem Q.-Modell lediglich aus Up-Q. (u) und Down-Q. (d) aufgebaut, da nur diese in den Protonen und Neutronen der Atomkerne vorkommen. Das Proton wird von 2 Up-Q. und einem Down-Q. gebildet (Formel: uud); für das Neutron gilt die Formel udd. Die Bindung der Nukleonen im Kern, d. h. die Kraft zw. den Nukleonen, kommt durch den Austausch von Q. zustande (BILD). Q. und → Leptonen werden heute als die fundamentalen Bausteine der Materie betrachtet. Man nimmt an, daß die Kraftwirkung zw. 2 Q. durch den Austausch von → Gluonen hervorgerufen wird. Die Kräfte scheinen unabhängig von der Q.-Art zu sein. Als ihre Quelle wird die ›Farbe‹ der Q. (→ Quantenchromodynamik) angesehen.

Quarnero [kuarn'ɛ:ro], ital. Name für → Kvarner.

quarren [ahd. queran ›seufzen‹]. *ich* **quarre,** *nd.:* quäke; nörgele. *die* **Quarre,** *-/-n, nd.:* nörgelnde Frau. *Adj.* **quarrig.**

quart [kwɔ:t], Hohlmaß in Großbritannien : 1 quart = 2 pints = 1,13652 l (Liter); in den USA für Flüssigkeiten: **1 liquid quart** [l'ɪkwɪd-] = 1 liq qt = 2 liq pt = 0,946357 l, und für Trockensubstanzen: **1 dry quart** [draɪ-] = 1 dry qt = 2 dry pt = 1,101221.

Quart [lat. quartum ›Viertel‹, von quartus ›der vierte‹], **1)** *das, -s/-e* und nach Mengenangaben -, ein Viertel vom Ganzen. **2)** *das, -s,* Papier- und Buchformat: Kurzzeichen 4°, die Blattgröße 22,5 × 29 cm; heute durch DIN A4 (21 × 29,7 cm) ersetzt. **3)** *das, -s/-e* und bei Mengenangaben -, früheres dt. Flüssigkeitsmaß: ein Viertelliter, aber auch bis über 1 Liter, → quart. **4)** *die, -/-en,* Fechten: Hieb gegen die obere innere Blöße, eine von der linken Schläfe oder Schulter zur rechten Hüfte gedachte Linie. **5)** ♪ die → Quarte.

Quarta [zu Quart] *die, -/...ten,* früher die 3. Klasse eines Gymnasiums (urspr. die viertletzte Klasse); heute das 7. Schuljahr. *der* **Quartaner,** *-s/-,* Schüler der Q.

Quartal [zu Quart] *das, -s/-e,* Vierteljahr. **quartal(s)weise,** vierteljährlich. **Quartalssäufer,** jemand mit periodisch auftretender Trunksucht (Dipsomanie).

Quarz

1

2

3

4

5

Quarz: 1 Amethystdruse (Idar-Oberstein); **2** Rosenquarz, Kristallbruchstück (Böhmen, ČSSR); **3** Milchquarzader in Gestein (Georgenborn, Taunus); **4** Bergkristall (Schweizer Alpen); **5** Rauchquarz, Kristall (Sankt Gotthard, Schweiz)

Quarz (geschliffen): OBEN Rosen-Q., UNTEN Rauch-Q.

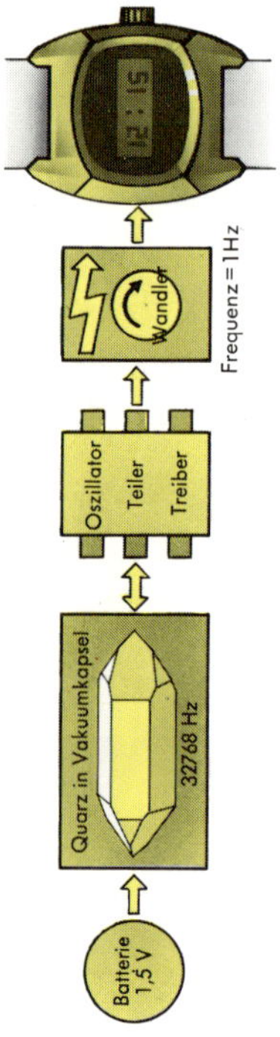

Quarzuhr (Schema)

Salvatore Quasimodo

quartan... [zu Quart], viertagig, alle vier Tage.

Quartär [zu Quart] *das, -s,* das jüngste, bis in die Gegenwart reichende geologische System der Erdneuzeit, mit dem älteren **Pleistozän (Diluvium, Eiszeit)** und dem jüngeren **Holozän (Alluvium, Postglazial).** Im Q. bewirkte die seit dem Tertiär beobachtete Temperaturabnahme die 3-4phasige, größte Vereisung der Erdgeschichte (mehr als 30% gegenüber heute 10% der Festlandsfläche), in niedere Breiten eine **Pluvialzeit.** Die **Glazialzeiten** waren durch **Warmzeiten (Interglaziale),** mit z. T. höheren Temperaturen als heute, getrennt. Gletscher- und Schmelzwassersedimente kennzeichnen den Glazial- und Periglazialbereich, Windsedimente (→ Löß), Strandverschiebungen und fluviatile Formen und Ablagerungen das eisfreie Gebiet. Die deutliche Verarmung der Fauna und Flora Mitteleuropas spiegelt die Klimageschichte wider. Zu Beginn des Q. tritt der Mensch in die Erdgeschichte ein (Java, Peking), dessen Entwicklungsformen und Lebensspuren zur Gliederung dienen (ÜBERSICHT geologische Systeme).

quartäre Verbindungen, ⌒ Verbindungen, bei denen ein Zentralatom, wie Kohlenstoff oder Stickstoff, an 4 Kohlenwasserstoffgruppen gebunden ist.

Quartärstruktur, durch Zusammenlagerung mehrerer identischer oder nichtidentischer tertiärstrukturierter Peptidketten entstehendes biolog. aktives Proteinmolekül.

Quartation [zu Quart] *die, -,* → Gold-Silber-Scheidung.

Quarte [lat.] *die, -/-n,* **Quart,** ♪ der 4. Ton der diaton. Leiter und das Intervall, das 3 diaton. Tonschritte enthält; sie kann rein (2 Ganztöne und ein Halbton), übermäßig (3 Ganztöne, ›Tritonus‹) oder vermindert (ein Ganzton, 2 Halbtöne) sein.

quarter [kw'ɔ:tə] *der,-s/-,* Einheitenzeichen **qr, 1)** engl. Hohlmaß = 8 bushels = 64 gallons = 2,90950 hl. **2)** engl. Handelsgewicht = 28 pounds = 12,700586 kg.

Quarterdeck, der hintere, etwas erhöhte Teil des Schiffsdecks, auf Segelschiffen Platz der Schiffsführung. **Quartermeister,** in der Handelsschiffahrt der Vollmatrose, der das Schiff steuert.

Quartett [ital.] *das, -(e)s/-e,* **1)** ♪ Musikstück für 4 Instrumente oder Singstimmen; auch die Gruppe der 4 Ausführenden. Zur bedeutendsten Q.-Form entwickelte sich das **Streichquartett** (2 Geigen, Bratsche, Violoncello). Es entstand in der 1. Hälfte des 18. Jh. aus der Triosonate für 2 Geigen und Generalbaß. Der eigtl. Schöpfer des Streichquartetts ist J. Haydn, der mit seinen späteren Werken der Gatt. ihre klass. Gestalt gab. Die Streichquartette Haydns, Mozarts und Beethovens sind Höhepunkte der europ. Musik. Nach dem Vorbild der Klassik pflegten F. Schubert, F. Mendelssohn-Bartholdy, R. Schumann, J. Brahms, F. Smetana, A. Dvořák, P. Tschaikowskij, in neuerer Zeit A. Schönberg, B. Bartók, P. Hindemith, D. Schostakowitsch u. a. das Streichquartett. Andere Formen: **Klavierquartett** (Klavier, Geige, Bratsche, Violoncello), **Bläserquartett** (meist Flöte, Klarinette, Fagott, Oboe). **2)** Kartenspiel unter beliebig vielen Mitspielern; 4 Karten bilden eine Gruppe (Quartett). Jeder Spieler versucht, durch Anfordern fehlender Karten möglichst viele Q. zu erhalten.

Quartier [frz., zu lat. quartarius ›Viertel‹] *das, -s/-e,* **1)** Wohnung, Nachtunterkunft: *zunächst müssen wir uns hier Q. suchen.* **2)** Truppenunterkunft: *vier Mann kommen ins Q.; Standquartier.* **3)** *oberdt.:* Stadtviertel. **4)** ⚓ Ruhezeit; Wache während dieser Zeit. **5)** früheres norddt. Flüssigkeitsmaß, bes. für Getränke, etwa 0,9 l. *ich* **quartiere** *ihn* **aus,** kündige ihm das Q. *ich* **quartiere** *ihn, mich* **ein,** bringe unter. *ich* **quartiere** *ihn, mich* **um,** wechsele das Q. *der* **Quartiermacher,** *-s/-,* Soldat, der neue Unterkünfte vorbereitet. **Quartiermeister,** im dt. Heer bis 1945 Generalstabsoffizier, der die Versorgung eines Armeekorps bearbeitete.

Quartier latin [kartj'e lat'ɛ̃, frz. ›lateinisches‹ (d. h. gelehrtes) Viertel] *das, --,* Hochschulviertel in Paris, auf dem linken Ufer der Seine gelegen.

Quartole [lat.] *die, -/-n,* ♪ das Auftreten vierteiliger Rhythmen in dreizeitiger Taktart.

Quarton [kart'ɔ̃], **Charonton** [ʃarɔ̃t'ɔ̃], Enguerrand, frz. Maler, * Diözese Laon um 1410, nachweisbar 1444-61 in Avignon. Seine Marienkrönung über einer Landschaft mit Szenen aus dem Jüngsten Gericht ist ein Hauptwerk der frz. Malerei der Spätgotik (1453/54; Villeneuve-lès-Avignon, Hospiz).

Quartsext|akkord, ♪ die 2. Umkehrung des → Dreiklangs, Akkord aus Grundton, Quarte und Sexte.

Quarz [mhd.] *der, -es/-e,* engl. und frz. Schreibung **Quartz,** weitverbreitetes, gesteinsbildendes Mineral, reine Kieselsäure, SiO_2, trigonal, oberhalb 573 °C hexagonal, Dichte 2,65 g/cm³, Mohshärte 7. Reiner Q. ist farblos und wasserhell. Q. zeigt opt. Aktivität und Piezoelektrizität. Man unterscheidet: **Bergkristall,** die reinste Art des Q., aus Klüften und Gesteinshohlräumen (Kristallkellern), z. B. in den Alpen; **Regenbogen-Q.,** in Geschieben zu **Rheinkieseln** abgerundet, mit irisierendem Farbenspiel; **Rauch-Q.** (im Handel fälschlich ›Rauchtopas‹), hell- bis dunkelbraun gefärbt; den violetten → Amethyst, der gebrannt als tiefgelber **Goldtopas,** hellgelber **Citrin** oder grüner **Prasiolit** gehandelt wird; den **gemeinen Q.** (oft trübe, in Drusen, ein Gemengteil vieler Gesteine, fast allein den Quarzit, den Sandstein und den Quarzsand bildend) mit einer Menge Abarten: Milchweiß ist der **Milch-Q.,** rosafarbig der **Rosen-Q.,** indigoblau durch eingewachsene Krokydolithfasern der **Saphir-Q.,** grünlich-weiß bis graugrün infolge eingelagerter Amiantfasern das **Katzenauge,** braun und gelb schillernd das **Tigerauge,** blau durch Hornblendefasern das **Falkenauge,** rotbraun durch Glimmerschüppchen der **Aventurin,** rot durch Eisenoxid der **Eisenkiesel.**

Feinkristallin ist der → Chalcedon mit seinen Abarten Jaspis und Hornstein. Schönfarbige Arten des Q. werden zu Schmucksteinen verschliffen. Bergkristall wird in opt. Instrumenten (für UV-durchlässige Linsen und Prismen, Quarzlampen) benutzt; in der Funktechnik als → Schwingquarz und zur Erzeugung von Ultraschall; geschmolzener Q. für hitze- und feuerbeständige Laborgeräte und opt. Bauelemente (→ Quarzglas). Weitere BILDER S. 315.

Quarzfilter, Kristallfilter, elektr. Filter, das wenigstens einen Quarzkristall als Schwingkreis (→ Schwingquarz) enthält.

Quarzglas, Kieselglas, hochwertiges Sonderglas aus reinem Quarz für hitzebeständige, korrosionsfeste, ultraviolettdurchlässige Geräte und opt. Gläser. Q. ist im Unterschied zum Quarzkristall (→ Quarz) optisch isotrop.

Quarzit *der, -s/-e,* **1)** metamorphes, durch Umkristallisation aus Quarzsandstein gebildetes, meist hellfarbenes, splittrig-hartes Gestein **(Felsquarzit). 2)** Sandstein, durch Kieselsäure verkittet, die von außen zugeführt wurde (Einkieselung): **Tertiär-, Süßwasser-, Braunkohlen-Q.**

Quarzlampe, aus Quarz geblasener, röhrenförmiger Brenner, in dem eine Gasentladung in Quecksilberdampf brennt, die blaßbläuliches Licht ausstrahlt, das hohe Anteile an Ultraviolettstrahlung enthält. Verwendung z. B. als Heimsonnen und Solarien. (→ Quecksilberdampflampe)

Quarzporphyr, rötliches, aber auch andersfarbenes, paläozoisches Ergußgestein mit feinkristalliner Grundmasse von großen Quarz-, aber auch Feldspat- und Glimmer-Einsprenglingen **(porphyrisches Gefüge).** Gleicher Zusammensetzung ist der tertiäre **Rhyolith.**

Quarzsteuerung, die Steuerung (Stabilisierung) hochfrequenter Schwingungen mit einem → Schwingquarz.

Quarz|uhr, von den Physikern A. Scheibe und U. Adelsberger 1933/34 entwickeltes Zeitmeßgerät hoher Genauigkeit, in dem die Schwingungsdauer eines temperaturstabilisierten piezoelektr. Schwingquarzes zur Zeitmessung ausgenutzt wird. Die am Kristall abnehmbare Wechselspannung best. Frequenz wird nach Verstärkung und Frequenzteilung zum Antrieb einer Uhr benutzt, entweder über ein Schrittschaltwerk (Sekundarspringer, 1 Hz) oder über einen Synchronmotor oder durch Synchronisieren eines elektr. Unruhschwingers. Bei optimalen Bedingungen erreicht man Gangschwankungen von weniger als 0,0003 s pro Tag.

Quasar *der, -s/-e,* Abk. für **quasistellare Radioquelle,** astronom. Objekt von sternähnl. Aussehen im opt. Spektralbereich, jedoch mit extrem starker Radiofrequenzstrahlung. Das Spektrum ist neben einer starken Abstrahlung im UV- und Infrarot-Bereich durch eine extreme Rotverschiebung der Spektrallinien gekennzeichnet. Zu den Q. werden aber auch die **quasistellaren Objekte** gezählt, die sich von den Q. nur dadurch unterscheiden, daß sie keine intensive Radiostrahlung aussenden. Der erste Q. wurde 1960 von A. R. Sandage entdeckt. 1973 wurde der Q. OQ 172 mit der extremen → Rotverschiebung von $z = 3{,}53$ gefunden. Wird diese mit dem Doppler-Effekt als Folge einer Fluchtbewegung (→ Hubble-Effekt) gedeutet, so müßte OQ 172 eine Entfernung von mehr als 15 Mrd. Lichtjahren aufweisen, d. h., Q. wären damit die fernsten noch erfaßbaren astronom. Objekte. Bei Annahme dieser als gesichert geltenden **kosmolog. Hypothese** der Q. übertrifft ihre Leuchtkraft weit mehr als das 100fache einer großen Galaxis. Es wird angenommen, daß die Q. in den Zentren von Galaxien liegen. Für den Fall des Q. 3C48 konnte dies mit dem 5-m-Teleskop am Mount-Palomar-Observatorium in Kalifornien bestätigt werden. Die derzeit gängigen Erklärungsversuche für den gigant. Energieausstoß der Q. gehen davon aus, daß dieser durch das Hineinstürzen von Gasmassen in einen kompakten massereichen Kern zustande kommt. Dabei könnte es sich um ein übermassereiches → Schwarzes Loch von etwa 100 Mio. Sonnenmassen oder um eine Vorstufe davon handeln. – Das 1979 entdeckte **Quasarzwillingspaar** 0957 + 561 A, B zeigte erstmals die Existenz einer → Gravitationslinse an. 1982 wurde die Entdeckung eines Q. (PKS 2000-330) mit einer noch größeren Rotverschiebung als bei OQ 172 gemeldet ($z = 3{,}78$).

quasi [lat.], gleichsam, als ob.

Quasi|atome, → Quasimoleküle.

quasikristallin ist ein Stoff, wenn er nur in kleinen Bereichen Kristallstruktur aufweist (Staubzucker).

Quasimodo, Salvatore, ital. Schriftst., * Syrakus 20. 8. 1901, † Amalfi 14. 6. 1968, neben G. Ungaretti und E. Montale einer der bedeutendsten modernen Lyriker Italiens, beschwört in seinen frühen ›hermetischen‹ Gedichten die Landschaft Siziliens und die Antike, strebte später nach einer neuen Einfachheit. Nobelpreis für Literatur 1959.

Quasi modo geniti [lat. ›wie neugeborene Kindlein‹], der 1. Sonntag nach Ostern, nach den Anfangsworten seines Introitus (1. Petr. 2,2); auch → Weißer Sonntag.

Quasimoleküle, Reaktionsprodukte, die kurzzeitig entstehen, wenn 2 schwere Atomkerne mit den Kernladungszahlen Z_1 und Z_2 (z. B. in einem Schwerionenbeschleuniger) kollidieren, wobei die Elektronen in den Atomhüllen molekulare Zustände bilden. Im Grenzfall kommt es zur Bildung von **Quasi|atomen,** d. h., die Elektronenhüllen der beiden Stoßpartner lagern sich kurzzeitig so zu einer gemeinsamen Elektronenhülle um, als ob sich im Zentrum ein superschwerer Kern mit der Kernladungszahl $Z = Z_1 + Z_2$ befände. Es können so atomphysikal. Effekte an Kernen mit $Z > 109$ untersucht werden, die weder in der Natur vorkommen noch bisher künstlich dargestellt werden konnten.

quasi|optisch heißen die Ultrakurzwellen, da sie im Ausbreitungsverhalten (Geradlinigkeit, Reichweite) ähnlich dem Licht sind.

Quasi|steuern, ⚖ nichtsteuerl. öffentl. Sonderabgaben, die ihrer Ausgestaltung nach zw. Steuern und Gebühren liegen (in der Bundesrep. Dtl. z. B. Kohlepfennig, Schwerbehindertenabgabe).

Quasi|teilchen, Bez. für die sich wie Teilchen verhaltenden Elementaranregungen in Vielteilchensystemen, die i. Ggs. zu Elementarteilchen aber nie als freie Teilchen auftreten, sondern nach der begrenzten Lebensdauer des angeregten Zustands wieder verschwinden. Q. sind z. B. → Defektelektronen, → Phononen, → Exzitonen, → Magnonen, → Plasmonen, → Polaronen, → Polaritonen in Festkörpern oder die Cooper-Paare (→ Cooper 3) in Supraleitern.

quasseln [zu nd. dwas ›töricht‹]. *ich* **quassele, quaßle,** U rede unaufhörlich. **Quasselstrippe,** U jemand, der viel redet.

Quassi|e *die, -/-n,* **Quassia amara,** tropisch-südamerikan. Bäumchen der Bitterholzgewächse, mit gefiederten, flügelstieligen Blättern und roten, ährigen Blütenständen. Das Holz liefert den Bitterstoff **Quassin.** Die **Quassiabrühe** war früher u. a. ein für Menschen unschädl. Fliegen- und Mückengift **(Fliegenholz, Mückenholz).**

Quaste [mhd. queste] *die, -/-n,* Büschel aus Fransen, Schnüren, Borsten.

Quastenflosser, Krossopterygi|er, Crossopterygi|i, *Pl.,* seit dem Devon bekannte Gruppe der Fische, heute nur noch durch die 1938 entdeckte Art **Latimeria chalumnae** vertreten. Diese lebt als Bodenbewohnerin im Ind. Ozean in Tiefen bis 400 m; der 1,5 m lange, bis 80 kg schwere Fisch besitzt eine rudimentäre Lunge und kann mit den beinartigen Brust- und Bauchflossen kürzere Strecken auf dem Meeresboden kriechen.

Quästor [lat.] *der, -s/...st'oren,* **1)** in der röm. Republik: oberster Finanzbeamter; anfangs gab es 2 Q., seit Sulla 20. **2)** an Hochschulen: alte Bez. des obersten Kassenbeamten. *die* **Quästur,** *-/-en,* Amt und Amtsraum des Quästors.

Quatember [aus lat. quattuor tempora ›vier Zeiten‹] *der, -s/-,* lat. Liturgie: 3 Buß- und Fastentage **(Quatemberfasten** oder **Fronfasten)** mit besonderem Gottesdienst (Mittwoch, Freitag, Samstag) zu Beginn der 4 Jahreszeiten (1. Fastenwoche, Pfingstwoche, nach dem 14. 9. und 13. 12.).

quaternär [lat., zu quaterni ›je vier‹], aus 4 Teilen (Elementen, Komponenten) bestehend.

Quaternionen [lat.], *Sg. der* **Quaternion,** *-s,* die einfachsten hyperkomplexen Zahlen (Elemente der Q.-Algebra) nächst den → komplexen Zahlen, die in einem vierdimensionalen Vektorraum über dem Körper der reellen Zahlen durch eine spezielle Multiplikationsregel für die Basiselemente definiert sind. Bei den Q. kann der Fall eintreten, daß die Multiplikation zweier Faktoren je nach der Reihenfolge der Faktoren zu versch. Ergebnissen führt.

Quatrain [katr'ɛ̃, frz.] *der, -s/-s,* Strophe von 4 Verszeilen.

Quatsch [wohl zu nd. quat ›schlecht‹] *der, -es,* **1)** U dummes Gerede, Unsinn: *ach Q.!* **2)** *nd.:* Matsch, weicher Brei. **quatsch!,** U albern!, dumm! *ich* **quatsche, 1)** U rede Unsinn. **2)** *mit ihm,* U unterhalte mich ungezwungen. **3)** *nd.:* wate durch Matsch. **4)** *es quatscht, nd.:* ist weich, matschig. *die* **Quatscherei,** *-/-en,* U törichtes Gerede.

Quattrocento [kwatrotʃ'ɛnto, ital. ›vierhundert‹, Abk. für 1400] *das, -(s),* ital. Bezeichnung für das 15. Jh. und seinen Stil (Frührenaissance).

Quatz [aus niederländ.] *der, -es/-e, nd.:* früheres Ostseefischerboot. *die* **Quatze,** *-/-n, nd.:* **1)** Zugnetz, Zuggarn. **2)** Quatz.

Quebbe *die, -, norddt.:* Moorboden.

Quebec [kwɪb'ek, engl.], frz. **Québec** [keb'ɛk], **1)** größte Prov. Kanadas, 1,541 Mio. km², davon 184000 km² Gewässer, (1981) 6,438 Mio. Ew. (davon etwa 80% Frankokanadier); Hauptstadt: Quebec, Amtssprache: Französisch. Q. umfaßt den größten Teil der Halbinsel Labrador und das südlich anschließende Gebiet am St.-Lorenz-Strom. Q. ist seenreich, von vielen Flüssen durchzogen, diese sind bed. für den Holztransport und die Wasserkraft. Wichtige Wirtschaftsgrundlage ist der Wald (über 50% Waldfläche), Verarbeitung u. a. zu Papier und Zellstoff, weiterhin Aluminium-, chem., Textil-, Maschinen-, Fahrzeug-, Nahrungsmittel-, Lederwaren-, Tabak-Ind., Schiff- und Flugzeugbau. An der Grenze Labradors wurden große Eisenerzlager erschlossen, außerdem wird Bergbau auf Kupfer, Asbest und Eisenerz betrieben. – Zur Geschichte → Kanada, Geschichte. **2)** Hptst. von 1), (1981) 166500 Ew., Metrop. Area 576100 Ew.; Mittelpunkt des frankokanad. kulturellen Lebens mit der 1852 gegr. kath. Laval-Univ., Sitz eines kath. und anglikan. Erzbischofs; bed. Flußhafen und Industriezentrum (Leder, Pelz, Bekleidung, Nahrungsmittel u. a.) am hier 1200 m breiten St.-Lorenz-Strom, besteht aus der Oberstadt auf einer 60–110 m über dem Fluß aufragenden Felshochfläche und der Unterstadt an deren Nordfuß. Der Hafen ist von Dezember bis April wegen Eisgangs unbenutzbar. – Q., 1608 von S. de Champlain gegr., war die Hptst. des frz. Kolonialreichs in Nordamerika. 1759 wurde es von Großbritannien erobert.

Quebec 2): Hotel ›Château Frontenac‹

Quebec 2)

Quebrachin [kebratʃ'i:n, span.] *das, -s,* das → Yohimbin.

Quebracho [kebr'atʃɔ, span. ›Axtzerbrecher‹] *der, -s,* **Schinopsis quebracho-colorado,** südamerikan. Baum der Sumachgewächse, dessen dunkelrotes, schweres, hartes Holz **(Quebrachoholz)** als Wasserbauholz dient, außerdem enthält es Gerbstoffe.

Quechua [k'etʃua], Indianersprache, → Ketschua.

Quecke *die, -/-n,* **Quicke, Agropyron,** Gras-Gatt. mit der **Gemeinen Q., Agropyron repens,** ausdauerndes Gras, Feldunkraut mit zählebigen Wurzelstöcken und kriechenden Ausläufern, in der nördl. gemäßigten Zone (Bild Gräser). Der zucker-, schleim- und klebstoffreiche Wurzelstock **(Queckenwurzel)** dient als Volksheilmittel (Tee). **queckig,** voller Quecken.

Quecksilber, lat. **Hydrargyrum, Hg,** silberweißes metall. → chemisches Element, das bei gewöhnl. Temperatur flüssig ist und merklich verdampft; es erstarrt bei −38,87 °C (weicher als Blei), siedet bei 356,58 °C. Der Q.-Dampf ist, wie jedes lösliche Q.-Salz, sehr giftig (MAK-Wert 0,1 mg/m³). Von verdünnter Salz- und Schwefelsäure wird Q. nicht angegriffen, löst sich aber in Salpetersäure und Königswasser. Q. löst die meisten Metalle auf (außer Eisen, Nickel, Mangan, Antimon) und bildet dabei → Amalgame.

V o r k o m m e n. Wichtigstes Q.-Erz ist der **Zinnober,** Q.-Sulfid, HgS, der bes. in Almaden (Spanien), Idria (Jugoslawien) und Toskana (Italien) vorkommt. Als Begleiter des Zinnobers findet sich zuweilen gediegenes Q. in kleinen Tröpfchen. Andere Erze sind **Q.-Fahlerz** (Ungarn) und **Q.-Hornerz,** Hg_2Cl_2 (Texas).

Zur G e w i n n u n g des Q. werden zinnoberhaltige Erze in Öfen bei 400–700 °C abgeröstet und die entweichenden Q.-Dämpfe in Vorlagen kondensiert. Das so erhaltene flüssige Q. ist bereits verhältnismäßig rein.

V e r b i n d u n g e n. Q. tritt in Verbindungen ein- und zweiwertig auf. Es oxidiert erst bei längerem Erhitzen auf 300 °C zu rotem **Q.-Oxid,** HgO, das beim Glühen wieder zerfällt. Mit den Halogenen verbindet sich Q. schon bei gewöhnl. Temperatur. **Q.(I)-chlorid (Kalomel),** u. a. für Porzellanmalerei, Galvanoplastik, Kalomelelektroden. **Q.(II)-chlorid, Sublimat,** $HgCl_2$, ist ein starkes

Quecksilbererzeugung[1]) (in t)			
Land	1972	1980	1982
Sowjetunion	2200[2])	1800[2])	1700[2])
Spanien	1633	1721	1656
Verein. Staaten	253	1058	888
VR China	1000[2])	800[2])	800[2])
Algerien	461	827	600[2])
Türkei	279	154	229
Mexiko	776	145	225
Welt	**9953**	**6804**	**6533**

[1]) Hüttenproduktion; [2]) geschätzt.

Gift und ein sehr wirksames Desinfektionsmittel. Das Komplexsalz **Kalium-Q.-Jodid,** K_2HgJ_4, ist ein wichtiges Reagens für den Nachweis von Ammoniak (Neßlersches Reagens). **Kupfer(I)-Q.-Jodid,** Cu_2HgJ_4, und **Silber-Q.-Jodid,** Ag_2HgJ_4, zeigen Thermochromie; bei 70°C verändern sie reversibel ihre Farbe von Rot nach Schwarz, bei 40°C von Hellgelb nach Orange. **Q.-Rhodanid, Q.-Thiocyanat,** $Hg(SCN)_2$, ein weißes Salz, läßt sich anzünden, glimmt langsam und bläht sich dabei zu schwarzen, schaumigfesten, oft seltsam geformten Massen auf (Pharaoschlangen). **Q.-Fulminat, Knall-Q.,** $Hg(ONC)_2$, detoniert bei Zündung oder durch Schlag sehr heftig, dient als Initialzünder. Die organ. Q.-Verbindungen sind gegen Luft und Wasser sehr beständig. **Diphenyl-Q.,** $Hg(C_6H_5)_2$, und **Phenyl-Q.-Acetat,** $C_6H_5-Hg-OOCCH_3$, dienen als Fungizide, **o-Chlorphenol-Q.-Hydroxyd,** $C_6H_3Cl \cdot OH \cdot HgOH$, dient zum Beizen von Saatgut und zur Schädlingsbekämpfung.

Biolog. Bedeutung. Im Organismus spielt Q. keine physiolog. Rolle, es wirkt jedoch toxisch und muß daher in der Reinhaltung von Luft und Wasser beachtet werden. Q. wurde angereichert in Thunfischen festgestellt. In Japan wurde die Minamata-Krankheit (→ Umweltkrankheiten) durch Methyl-Q.-Abfälle über die Nahrungskette Muschel–Fisch–Mensch verursacht.

Verwendung. Elementares Q. wird zur Herstellung von Thermometern und anderen wissenschaftl. Instrumenten benutzt, ferner für Q.-Dampflampen und Batterien, als Kathodenmaterial bei der techn. Elektrolyse, zur Amalgamation, zur Trennung von Metallgemischen u. a. Der größte Teil des Q. dient zur Herstellung von Quecksilberverbindungen.

Geschichte. Das Q. war schon im Altertum bekannt. Die Alchemisten gaben ihm den Namen Merkurius (Zeichen ☿), woher die heute noch üblichen frz. und engl. Bez. (frz. mercure, engl. mercury) sowie die früheren dt. Namen Merkuro- und Merkurisalze für Quecksilbersalze mit ein- und zweiwertigem Q. stammen. Trotz der Giftigkeit spielte es bis etwa Ende des 18. Jh.s eine wichtige Rolle als Heilmittel, v. a. gegen Syphilis.

Quecksilberdampflampe, eine Gasentladungslampe mit Quecksilberdampffüllung. **Niederdrucklampen** haben geringe Lichtausbeute, aber relativ großen Anteil an Ultraviolettstrahlung; sie eignen sich als → Quarzlampen, ferner als Lichtquellen, am besten in der Form der Leuchtstofflampen, und in der Leuchtwerbung. **Hochdrucklampen** zeigen gute Lichtausbeute bei grünlichweißer Lichtfarbe, lassen sich für Straßenbeleuchtung und ähnl. Zwecke verwenden. Sie haben ein ausgeprägtes Linienspektrum mit empfindlichem Mangel an roten Linien, daher schlechte Farbwiedergabeeigenschaften (rote Farben erscheinen dunkelbraun bis fast schwarz, purpurartige Farben sehen blauviolett aus). Durch Zusätze anderer Elemente (insbes. Halogene) erhält man Q. mit wesentlich besseren Farbwiedergabeeigenschaften. **Höchstdrucklampen** zeigen neben dem Linienspektrum ein kräftiges Kontinuum, wodurch die Farbwiedergabe erheblich verbessert wird; sie haben sehr hohe Leuchtdichte bei eng zusammengedrängter Entladung, daher sind sie eine für Scheinwerfer und Projektion sehr geeignete Lichtquelle. Außer für Beleuchtungszwecke werden Q. angewendet als Entkeimungslampen, als Strahlungsquelle in Heimsonnen und Solarien, als Diagnostikgeräte in der Kriminologie und für Gemäldeprüfungen.

Quecksilberschalter, lageabhängiger elektr. Schalter.

Quecksilbervergiftung, Mercurialismus [zu mercurium, der alchemist. Bez. für Quecksilber] *der, -,* Metallvergiftung, durch Aufnahme von Quecksilberdämpfen oder Quecksilberverbindungen hervorgerufen; oft als Berufskrankheit. Die **akute Q.** ist gekennzeichnet bes. durch Entzündung und Nekrose von Haut (z. B. der Mundhöhle) und Schleimhaut (z. B. des Dünn- und Dickdarms) sowie Nierenfunktionsstörungen. – Erste Hilfe: Milch trinken, Erbrechen auslösen, medizinische Kohle, Arztruf! Bei der **chron. Q.** treten neben unspezif. Allgemeinsymptomen u. a. Quecksilberränder am Zahnfleisch, Durchfälle, Leber- und Nierenfunktionsstörungen sowie später Störungen des Nervensystems auf.

Quedlinburg, Krst. im Bez. Halle, an der Bode, am Fuß des aus Kreidesandstein bestehenden Quedlinburger Höhenzuges, (1983) 28800 Ew.; vielseitige Ind.: Meßgeräte-, Werkzeugfabriken, Hartgußwerk, Blech- und Drahtwaren. Schloßberg mit Renaissanceschloß (16.–17. Jh.) und Stiftskirche, einer roman. Basilika (1129 geweiht), in deren Krypta (10. Jh.) Heinrich I. und Mathilde beigesetzt sind. In der Stadt roman. Wigberti-Kirche (mit Krypta, 9. Jh.), got. Ägidius-, Benediktus-, Nikolauskirche, Renaissance-Rathaus (1613–15), Fachwerkhäuser (16.–17. Jh.); Klopstockhaus. – Im Schutz eines 922 erwähnten sächs. Königshofs entwickelten sich 2 Siedlungen, die zu einer Stadt verschmolzen, nachdem 994 Otto III. dem reichsunmittelbaren Frauenstift auf dem Schloßberg Münz- und Zollrecht verliehen hatte. Dieses Stift, gegr. 936 von Otto I. und seiner Mutter Mathilde, war im 10./11. Jh. eine bed. Stätte des Geisteslebens; es wurde 1540 protestantisch, kam 1698 von Kursachsen an Brandenburg.

Quedlinburg: Schloß und Stiftskirche

Queen [kwi:n, engl.] *die, -/-s,* Königin.

Queen Charlotte Islands [kwi:n ʃ'ɑ:lət 'aɪləndz], engl. Name für die → Königin-Charlotte-Inseln.

Queen Elizabeth Islands [kwi:n ɪl'ɪzəbəθ 'aɪləndz, engl.], 11 Inseln des kanadisch-arktischen Archipels, 1953 nach Königin Elisabeth II. von England benannt.

Queens [kwi:nz], Stadtbezirk von New York auf Long Island.

Queensland [kw'i:nzlənd], Staat des Austral. Bundes, im NO des Kontinents (→ Australien), 1727200 km² mit (1981) 2,345 Mio. Ew. Hauptstadt: Brisbane. Dem parallel zur Küste laufenden Gebirge (Great Dividing Range, 1611 m) mit zahlreichen Hochebenen ist im O eine schmale, stark gegliederte und fruchtbare Küstenebene vorgelagert. Ins Innere fällt Q. zum abflußlosen Großen Artesischen Becken ab, das durch die niedrigen Erhebungen der Selwyn Ranges vom breiten, wenig gegliederten Küstenland um den Golf von Carpentaria getrennt ist. Das Klima ist im N und NO tropisch mit reichen Niederschlägen und trop. Regenwald, der im SO in Eukalyptuswälder übergeht. Das Innere gehört zu den Trokkengebieten mit Baum-, Busch- und Grassteppen. – Q. hat große Rinderbestände, ferner Schafe und Pferde. Im östl. Küstengebiet werden Zuckerrohr und trop. Früchte angebaut, in den Hochebenen der Gebirge bes. Weizen, Hirse, Mais. Q. ist reich an Bodenschätzen (Kupfer, Kohle, Blei, Zink, Silber, Bauxit, Erdöl, Gold). Die Industrie hat ihre Standorte in den Küstenstädten (Brisbane, Gladstone), die zugleich als Häfen Bedeutung haben. Das → Große Barrier-Riff behindert z. T. die Schiffahrt, ist jedoch mit den zahlreichen Inseln eine Attraktion für den Fremdenverkehr. – Die engl. Besiedlung begann 1824 (Strafkolonie Brisbane). 1859 wurde Q. von Neusüdwales abgetrennt, seit 1901 ist es im Austral. Bund.

Queirós [keir'ɔʃ], portugies. Schriftst., → Eça de Queirós.

Queis *der,* linker Nebenfluß des Bober, in Schlesien, 105 km, entspringt auf dem Hohen Iserkamm, mündet zw. Sprottau und Sagan; 2 Talsperren.

Quelimane [kəlim'anə], Distriktshauptstadt in Mittel-Moçambique, (1980) 184000 Ew.; Hafen, Handelszentrum, Kokospalmenkulturen, Zuckerrohranbau und -verarbeitung.

Quelle *die, -/-n,* **1)** Ausströmen von Flüssigkeit (zu Wasser vgl. unten Gewässerkunde), Gas oder Öl aus der Erde. **2)** Ü jede Art von Herkunft, Ursprung: *die Q. aller meiner Leiden; ich weiß es aus guter Q.* **3)** überlieferter Text für wissenschaftl. Studien: *historische Quellen, Quellenforschung.* **4)** U eine Stelle, wo man gut bedient wird: *er hat eine gute Q. für Obst; der sitzt an der Q.,* Ü hat einflußreiche Verbindungen. **5)** ⚔ die Stelle eines → Feldes, in der Feldlinien beginnen. **6)** Elektronik: engl. **source** [sɔ:s], eine Elektrode des Feldeffekttransistors. *der* **Quell,** *-(e)s/-e,* P, *auch oberdt.:* Quelle, Brunnen; Bach; Wasser. **Quellstein,** *mitteldt.:* Brunnendeckel.

Gewässerkunde. Das zutage tretende Quellwasser entstammt dem Grundwasser, also den atmosphär. Niederschlägen, nur selten dem tiefen Erdinnern; in einzelnen Fällen, wo nahe der Küste Land unter dem Meeresspiegel liegt, können Q. auch vom Meer gespeist werden. Ist die austretende Wassermenge so gering, daß es nur zu einer Durchfeuchtung des Bodens ohne Abfließen kommt, so bezeichnet man die Erscheinung als **Naßgalle** oder **Rasengalle.** Sehr große Q. treten in schalenförmigen **Quelltöpfen** oder **-mulden** zutage. Fließt das Wasser aus lockeren Bodenschichten, so ist es eine **Grundwasserquelle** i. e. S.; quillt es aus Klüften des Felsens unmittelbar, so ist es eine **Spalt-, Schicht-, Stau-, Überlauf-, Verwerfungsquelle.** Als **Thermen** werden Quellen mit Temperaturen über 20°C bezeichnet; **heiße Quellen** haben über 50°C. **Mineralquellen** enthalten Karbonate, Chlorate, Sulfate, Sulfide, Phosphate, Eisen, Radium (→Heilquellen). Q. mit mehr als 1 g Kohlensäure in 1 kg Wasser heißen **Säuerlinge** oder **Sauerbrunnen.** Bei **Sprudeln** wird der Auftrieb durch gepreßte Gase (Kohlensäure, Wasserdampf, Kohlenwasserstoffe) erzeugt. **Springquellen** (Q., die in kurzen Zeitabständen fließen oder ausbrechen) aus vulkan. Böden heißen →Geysir. **Solquellen** werden zur Kochsalzgewinnung und Heilbehandlung genutzt.

Volkskundliches. Quellenkult war in den meisten alten Kulturen verbreitet. Q. galten oft als Sitz weibl. Gottheiten und wurden bes. verehrt, wenn sie heilkräftiges Wasser spendeten. Man wallfahrtete zu den Q., warf Geld, Schmuckstücke als Quellopfer hinein. In christl. Zeit wurden an Q. zuweilen Gotteshäuser erbaut.

Quelle, Großversandhaus Q. Gustav Schickedanz KG, Fürth, bed. europ. Versandunternehmen (Tochter-Ges. in Österreich, Frankreich, Italien, Schweden und der Schweiz); gegr. 1927 von G. Schickedanz (* 1895, † 1977). Bed. Beteiligung: Großversandhaus Schöpflin GmbH, Lörrach (Baden).

quellen [ahd. quellan]. *ich* **quelle, 1)** (habe gequellt) *es,* lege zum Einweichen und Aufschwellen in Wasser: *Linsen muß man vor dem Kochen quellen.* **2)** *es quillt* (ist gequollen), dringt stark hervor, fließt heraus, rinnt: *Wasser quillt aus der Erde, Blut aus der Wunde.* **3)** *es quillt* (ist gequollen), schwillt, wird größer durch Feuchtigkeit: *Holz quillt im Winter; Reis quillt beim Kochen. ich* **quelle auf, 1)** (habe aufgequellt) *es,* vergrößere durch Quellen. **2)** *es quillt auf* (ist aufgequollen), wird durch Quellen größer; steigt in die Höhe. **Quellenangabe,** Nachweis, woher ein Zitat, wissenschaftl. Kenntnisse oder eine Nachricht stammen. **Quellfleisch,** *norddt.:* Wellfleisch. **Quellkartoffel,** *norddt.:* Pellkartoffel.

Queller [norddt.] *der, -s/-,* ⊕ der →Glasschmalz.

Quellfest|ausrüstung, Verfahren, um Gewebe aus Cellulosefasern durch Behandlung mit Kunstharzen naßfester, krumpfechter und waschbeständiger zu machen.

Quellinus, fläm. Künstlername: **1)** Artus d. Ä., getauft Antwerpen 30. 8. 1609, † ebd. 23. 8. 1668, Hauptmeister der fläm. Barockskulptur; schuf stark bewegte Bildwerke für Kirchen und für das Amsterdamer Rathaus (1648–55; heute Königl. Palast), auch Bildnisbüsten.

2) Artus d. J., Neffe von 1), getauft Sint-Truiden 20. 11. 1625, † Antwerpen 22. 11. 1700, Mitarbeiter seines Onkels, schuf später v. a. Kanzeln und Grabmäler.

Quellkuppe, Vulkanschlot, mit ehemals zähflüssiger Lava erfüllt, die im Unterschied zur **Staukuppe** nicht bis an die Erdoberfläche gelangte. Bei der **Stoßkuppe** wird die fast starre Lavafüllung im Schlot hochgepreßt (Montagne Pelée).

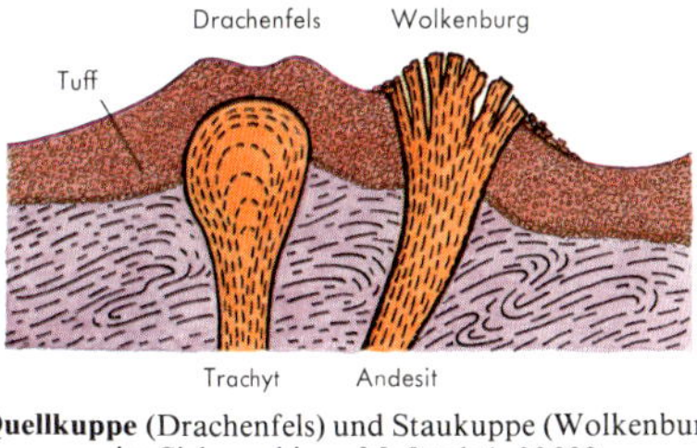

Quellkuppe (Drachenfels) und Staukuppe (Wolkenburg) im Siebengebirge, Maßstab 1:30000

Quellmittel, Quellungsmittel, die →Verdickungsmittel.

Quellung [zu quellen] *die, -,* Vorgang der Volumenzunahme und Gestaltänderung eines Festkörpers bei Einwirkung von Flüssigkeiten, Dämpfen und Gasen. **Unbegrenzte Q.** führt die quellende Substanz über in eine Lösung oder in eine Suspension.

Quelpart, Insel vor der S-Küste Koreas, →Cheju.

Quemoy [kɪm'ɔɪ, engl.], chines. **Kinmen,** chines. Insel, liegt 2300 m vor dem Festland bei Amoy; seit 1949 von nationalchines. Truppen besetzt als Festung für die Verteidigung Taiwans.

Quempas [aus lat. Quem pastores laudavere ›den die Hirten lobeten‹] *der, -,* **Quempas-Singen,** im 15. Jh. aufgekommener Brauch, alte, auf die Weihnachtsgeschichte bezogene Wechselgesänge bei Umzügen und Weihnachtsgottesdiensten zu singen.

Quenching [kw'entʃɪŋ, engl.] *das, -,* **Quenchen,** Abschrecken von heißen Reaktionsprodukten mit Wasser, Öl, Gas u. a., um die chem. Reaktion zum Stillstand zu bringen.

Quendel [ahd. aus grch.] *der, -s/-,* Name für verschiedene Pflanzenarten, v. a. für den Feldthymian.

Queneau [kən'o], Raymond, frz. Schriftst., * Le Havre 21. 2. 1903, † Paris 25. 10. 1976, stellte mit Ironie eine absurde Welt dar, spielte dabei mit allen Möglichkeiten der Sprache; schrieb die Romane ›Zazie in der Metro‹ (1959), ›Intimes Tagebuch der Sally Mara‹ (1962) u. a., ferner Lyrik, Essays: ›Stilübungen‹ (1947, Erprobung aller erdenklichen Stile an einem Thema).

quengeln [mhd. twengen ›bedrängen‹]. *ich* **queng(e)le,** U bin weinerlich (bes. kleine Kinder), rede unzufrieden, nörgele. *Subst. die* **Quengelei,** *-/-en. Adj.* **queng(e)lig.**

Quent [aus mlat. quentinus ›Fünftel‹] *das, -(e)s/-e* und nach Maßangaben -, **Quentchen, Quint, Quintlein,** früheres dt. Gewicht: *nur ein Quentchen,* U sehr wenig.

Quental [kent'al], Antero Tarquínio de, portugies. Schriftst., * Ponta Delgada (Azoren) 18. 4. 1842, † (Selbstmord) ebd. 11. 9. 1891, schrieb philosoph. Lyrik, einflußreich im portugies. Geistesleben.

Jacopo della Quercia: Vertreibung aus dem Paradies; Marmorrelief am Hauptportal von S. Petronio, Bologna; 1425–38

quer [mhd. twer], **1)** *zu ihm, nicht flektierbar,* die Längsausdehnung kreuzend, in die Breite, von Seite zu Seite: *q. durch den Wald; er ging q. über die Straße,* aber: *er wohnt querüber; kreuz und q.,* ziellos. **2)** U verkehrt, störend: *das kam mir q., es geht q., ist quergegangen,* mißrät. **3)** U verdreht, verschroben: *der Alte ist q. im Kopf. Subst. die* **Quere,** -, meist in festen Redeweisen: *da kam ihm ein Fußgänger in die Quere,* kreuzte störend seinen Weg. *ich* **quere** *es,* kreuze, überschreite: *diese Straßenbahnlinie quert die Hauptstraße.* **Querbahnsteig,** die Bahnsteige verbindender breiter Gang. **querfeldein,** mitten durch freies Gelände, ohne Weg. **Querformat,** Format, bei dem die Breite größer ist als die Höhe. **Querfrage,** Zwischenfrage, die eine Frage durchkreuzt. **Querkopf,** U starrköpfiger Mensch. **Quertreiber,** U jemand, der die Absichten anderer zu durchkreuzen sucht. *die* **Quertreiberei,** *-/-en,* U Durchkreuzung fremder Absichten. **querüber,** schräg gegenüber.

Querbaum, Turnen: ein 8–10 m langes, 20 cm hohes und 8 cm breites Gerät (Balken) zum Hangeln (hoch oder schräghoch gestellt) oder für Gleichgewichtsübungen (niedrig gestellt).

Quercia [ku'ɛrtʃa], Jacopo della, ital. Bildhauer, * bei Siena vermutlich 1374, † Siena 20. 10. 1438, einer der großen Bahnbrecher der ital. Renaissance. Er schuf neben noch got. Arbeiten kraftvoll bewegte, mit dem neuen Körpergefühl der Renaissance gestaltete Bildwerke, so v. a. die Marmorreliefs aus dem A. T. am Hauptportal von S. Petronio in Bologna (seit 1425). Bes. bekannt ist auch das Grabmal der Ilaria del Carretto im Dom zu Lucca.

Quercus [lat.], die →Eiche.

Querder *der, -s/-,* die Larve des →Neunauges.

Querele [auch ke-; lat.] *die, -/-n,* Klage, Beschwerde; Streit.

Querétaro [ke-], **1)** Staat der Rep. →Mexiko (Übersicht). **2)** Hptst. von 1), 1813 m ü. M., (1979) 186000 Ew.; 2 Univ.; aufblühender Industriestandort. – In Q. wurde 1867 Kaiser Maximilian gefangengenommen und erschossen.

Querfeldeinlauf, →Cross Country.

Querflöte, →Flöte.

François Quesnay

Querfurt, Krst. im Bez. Halle, im Quernetal, (1975) 7500 Ew.; Lebensmittel-Ind. (Weißzuckerfabrik), Steinbruch, Kalk- und Zementwerk. – Die Herren von Q., deren Burg die Stadt schützte, wurden 1137 Lehnsträger des Magdeburger Erzbischofs. 1635 kam Q. an Kursachsen, 1815 an Preußen.

Querlage, bei etwa 1% aller Geburten auftretende Kindslage, bei der die Körperachse der Frucht quer zur Körperachse der Mutter verläuft. Die Q. macht eine natürliche Geburt unmöglich.

Behandlung: rechtzeitige →Wendung vor oder kurz nach dem Blasensprung. Ist der günstige Zeitpunkt für diesen Eingriff verpaßt, so muß eine Schnittentbindung vorgenommen werden.

Querpaß, Fußball u. a.: Ballabgabe zum Mitspieler quer zur Torrichtung.

Querpfeife, Trommlerpfeife, Schweizerpfeife, Holzblasinstrument, kleine Querflöte mit seitlichem Blasloch und zuerst 6, später 7 Grifflöchern ohne Klappen. Sie wird zus. mit der Trommel seit dem späten MA. zur Marschmusik verwendet.

Quer|rolle, Bildrolle im Querformat, alte Bildform in China (etwa seit dem 5. Jh.) und in Japan (seit dem 8. Jh.; japanisch **Makimono).** Die Q. wird von rechts nach links entrollt und gelesen. Ggs. → Hängerolle.

Quer|ruder, Klappen an den Hinterkanten der Tragflügel eines Flugzeugs, die durch gegensinnigen Ausschlag zur Steuerung von Bewegungen um die Längsachse sowie zusammen mit dem Seitenruder zum Kurvenflug dienen.

Querschiff, Querhaus, Transept, bei größeren Kirchenbauten ein dem Langhaus im O oder W quer vorgelagerter oder dieses durchkreuzender Raum. Roman. Kirchen haben zuweilen ein Q. im O und W.

querschiffs, rechtwinklig zur Kielrichtung des Schiffs.

Querschlag, ⚒ eine rechtwinklig zum Schichtverlauf aufgefahrene Strecke.

Querschläger, Geschosse, die durch Ablenkung eine unregelmäßige Flugbahn erhalten und schräg oder quer einschlagen.

Querschnitt, △ ebener Schnitt durch einen Körper senkrecht zur Längs- oder Drehachse; läßt die äußere Umrißform und innere Beschaffenheit erkennen. Unter Q. wird auch die zeichnerische Darstellung des Schnittes verstanden.

Querschnittslähmung, durch vollständige oder teilweise Unterbrechung der Leitungsbahnen des Rückenmarks verursachte Lähmung. Sie kann durch Verletzung (z. B. Wirbelbruch), Blutung, Entzündung oder Geschwulst entstehen. Es tritt je nach Lage der Schädigung eine Lähmung beider Beine, des After- und Blasenschließmuskels mit Empfindungslosigkeit ein. Im oberen Teil des Rückenmarks, also vom Halsmark an aufwärts, wirkt Q. sofort tödlich. Die Behandlung richtet sich nach der Ursache; Rehabilitationsmaßnahmen sind von besonderer Wichtigkeit.

Quetzalcoatl: Darstellung an einem Tempel in Teotihuacán

Querschnittsregel, Flächenregel, im Schallgrenzbereich gültige Aussage über den Einfluß der Querschnittsverteilung eines Flugzeugs auf dessen Strömungswiderstand. Die Anwendung der Q. führt zur Einschnürung des Rumpfes im Bereich der Tragflügel (Wespentaillenrumpf).

Querstand, 𝅘𝅥𝅮 das Zusammentreffen eines Tons und seiner chromat. Veränderung (z. B. e und es) in 2 aufeinanderfolgenden Akkorden, wenn diese beiden Töne in versch. Stimmen oder

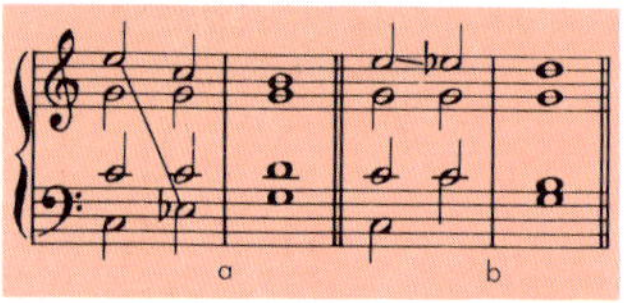

Querstand: a schlechter Q., b Lösung ohne Q.

Oktavlagen auftreten, sich also nicht zu sinnvoll-chromat. Stimmführung fügen, z. B. bei unvermittelter Folge von Dur- und Mollklang.

Quersumme, die Summe der Ziffern einer natürlichen Zahl; z. B. ist 18 die Q. von 1863, da 1 + 8 + 6 + 3 = 18. Ist die Q. einer Zahl durch 3 oder 9 teilbar, dann ist es auch die Zahl selbst.

Querulant [lat.] *der, -en/-en,* ein Mensch, der dazu neigt, ständig gegen tatsächl. oder vermeintl. Unrecht aufzubegehren, wobei Anlaß und Ausmaß der Reaktion in keinem rechten Verhältnis mehr stehen. *ich* **queruliere,** quengele, nörgle oder beklage mich ständig ohne hinreichenden Grund.

Querverband, in einem Bauwerk, einem Fahrzeug (Schiff, Flugzeug) quer zur Längsrichtung der Hauptverbände angeordnetes Bauglied.

Quesada [kes'aða], **1)** Ernesto, argentin. Jurist und politisch-histor. Schriftst., * Buenos Aires 1. 6. 1858, † Spiez (Schweiz) 9. 2. 1934, Generalstaatsanwalt und Prof. in Buenos Aires. Seine 82000 Bde. umfassende Bibliothek schenkte er dem preuß. Staat als Grundstock für das Ibero-Amerikan. Institut.

2) Gonzalo **Jiménez** [xim'eneθ] de, span. Konquistador, * Granada (?) vor 1500, † Mariquita (Kolumbien) 16. 2. 1579, unternahm seit 1536 Entdeckungsvorstöße vom Río Magdalena auf das Hochland von Kolumbien, unterwarf die → Muisca und gründete 1538 Bogotá. 1561 stieß er ins Orinoco-Gebiet vor.

Quese [wohl zu quetschen] *die, -/-n, norddt.* **1)** Blase unter der Haut. **2)** Schwiele. **3) Gehirnquese,** Finne des Hundebandwurms (→ Drehkrankheit). *ich* **quese,** U quengele. **quesig,** verdreht.

Quesnay [kɛn'ɛ], François, frz. Nationalökonom und Arzt, * Méré bei Versailles 4. 6. 1694, † Versailles 16. 12. 1774, Leibarzt Ludwigs XV. und der Marquise de Pompadour, Mitarbeiter an der Enzyklopädie von Diderot und d'Alembert, schuf mit seinem ›Tableau économique‹ das Denkmodell eines geschlossenen ökonom. Kreislaufs und begr. damit das erste nationalökonom. Lehrsystem; Haupt der Schule der Physiokraten (→ Physiokratismus).

Quételet [ketl'ɛ], Lambert Adolphe Jacques, belg. Astronom und Statistiker, * Gent 22. 2. 1796, † Brüssel 17. 2. 1874, ebd. Leiter der Sternwarte, Begründer der modernen Sozialstatistik.

Quetsche *die, -/-n, rheinfränk.:* Zwetschge, Pflaume.

Quetsch|effekt, der → Pinch-Effekt.

quetschen [mhd.]. *ich* **quetsche, 1)** *es,* drücke, mache zu Brei. **2)** *ihn, mich,* verwunde durch Druck: *gequetschte Finger.* **3)** *mich in etwas,* U zwänge mich hinein. *ich* **quetsche aus, 1)** *es,* presse aus. **2)** *ihn,* U suche von ihm zu erfahren. *die* **Quetsche,** *-/-n,* U **1)** Gerät zum Quetschen: *Kartoffelquetsche.* **2)** kleiner, unbedeutender Ort oder Betrieb. *der* **Quetscher,** *-s/-,* **1)** Billard: der eigene, an der Bande liegende Ball, der durch einen Stoß wieder ins Spiel gebracht werden soll. **2)** Münzpräger.

Quetschhahn, Metallklemme zum Verschluß von elast. Schläuchen.

Quetschung *die, -/-en,* **Kontusion,** Verletzung des Körpergewebes durch stumpfe Gewalt, wobei Haut und darunterliegende Weichteile oder Organe geschädigt werden und zerreißen können. Es kommt zu einem Bluterguß, einer Quetschwunde oder einer Verletzung innerer Organe (z. B. Gehirnquetschung).

Behandlung: feuchte, kühle Umschläge, später Bewegungsübungen, ggf. Massage.

Quetta [kv'ɛta], Stadt in Pakistan, (1981) 285000 Ew., Hptst. von Belutschistan; Univ.; Handelszentrum, Nahrungsmittel-, chem., Textil- u. a. Ind. Q. wurde 1935 durch Erdbeben fast völlig zerstört, danach wiederaufgebaut.

Quetzal [kɛts'al, indian.] *der, -(s)/-(s),* Währungseinheit von Guatemala: 1 Q. (Q) = 100 Centavos (c, cts), benannt nach dem zu den → Trogons gehörigen Urwaldvogel Quetzal.

Quetzalcoatl [k'ɛtsalk'oatl, Nahuatl ›Grünfederschlange‹], eine der wichtigsten Gottheiten im vorkolumb. Mexiko (bes. Teotihuacán, Azteken). Im 10. Jh. war Q. Name eines legendären toltek. Priesterfürsten aus Tula, soll gegen Ende des Jh. unter dem Maya-Namen Kukulkan die Maya im nördl. Yucatan unterworfen haben.

Queue [kø, frz. ›Schwanz‹], **1)** *das, -s/-s,* Billardstock. **2)** *die, -/-s,* Schlange von Wartenden.

Quevedo y Villegas [keβ'eðo i βiʎ'eγas], Francisco Gómez de, span. Schriftst., getauft Madrid 26. 9. 1580, † Villanueva de los Infantes 8. 9. 1645, ein Hauptvertreter span. Prosa im Stil des → Konzeptismus, schrieb Gedichte (Sonette der Einsamkeit oder Vergänglichkeit), den Schelmenroman ›Vida del Buscón‹ (um 1608, gedruckt 1626) und die ›Sueños‹, Höllengesichte, deren burleske Phantastik der lasterhaften Welt den Spiegel vorhält (ersch. 1627). Sie wurden u. a. von J. M. Moscherosch nachgeahmt.

Quezaltenango [kesal-], Hptst. des Dep. Q., mit (1980) 65800 Ew. die zweitgrößte Stadt von Guatemala, 2330–2380 m ü. M. am Fuß des Vulkans Santa Maria (3768 m); Kultur- und Handelszentrum, verschiedene Industrien.

Quezon City [k'eθɔn s'ɪtɪ], 1950–76 Hptst. der Philippinen, (1980) 1,166 Mio. Ew., gehört zu Metropolitan Manila (→ Manila); Universität, Kernforschungsinstitut.

Qufu [tʃyfu], amtl. chines. für die Stadt → Küfow.

Quibdó [kiβð'o], Hptst. des Dep. Chocó in Kolumbien, (1978) 48800 Ew.; in der Umgebung Gold- und Platingewinnung.

Quiche [kiʃ, frz.] *die, -/-s,* **Kiche,** eine heiß zu essende Tortenart, bes. in Lothringen und im Elsaß, aus Blätter- oder Mürbteig mit einer Speck- oder Käsefüllung mit Eiern und Sahne.

Quiché [kitʃ'e], Indianerstamm der Maya im Hochland von Guatemala.

quick [zu keck], *nd.:* lebhaft, munter. **Quickborn,** Jungbrunnen, **Quickholder,** *nd.:* Wacholder. **quicklebendig,** U sehr lebhaft. **Quicksand,** unfester Flugsand.

Quickborn, kath. Jugendorganisation, 1909 in Schlesien entstanden, fördert bes. die musische Erziehung; 1939 aufgelöst und 1946 wieder gegr.; seit 1967 im Bund Christl. Jugendgruppen und im Q.-Arbeitskreis zusammengeschlossen. Mitglied des Bundes der Dt. Kath. Jugend.

Quickborn, Stadt im Kr. Pinneberg, Schlesw.-Holst., (1983) 18300 Ew.; Wetternachrichtenzentrale; Schallplatten-, Schokoladenindustrie.

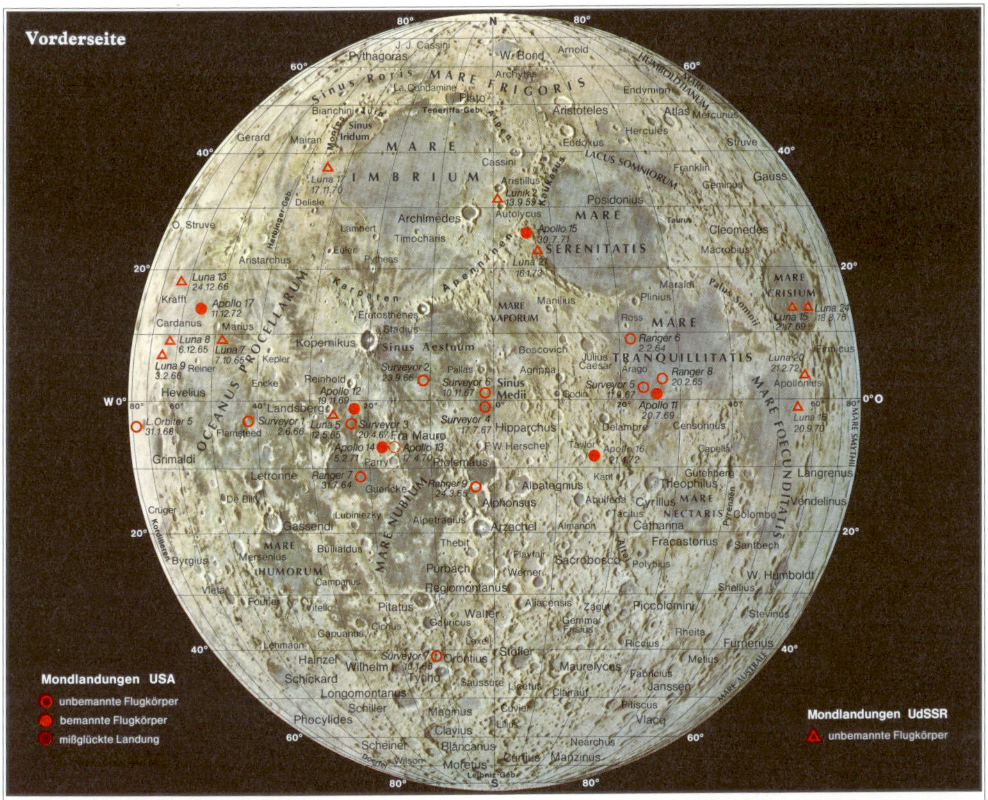
Vorderseite
N
S
W 0°
0° O
Mondlandungen USA
unbemannte Flugkörper
bemannte Flugkörper
mißglückte Landung
Mondlandungen UdSSR
unbemannte Flugkörper
MARE FRIGORIS
MARE IMBRIUM
Sinus Roris
Sinus Iridum
MARE SERENITATIS
MARE VAPORUM
MARE TRANQUILLITATIS
MARE CRISIUM
MARE FOECUNDITATIS
MARE NECTARIS
MARE NUBIUM
MARE HUMORUM
OCEANUS PROCELLARUM
Sinus Aestuum
Sinus Medii
LACUS SOMNIORUM
Palus Somnii
J. J. Cassini
Pythagoras
W. Bond
Arnold
La Condamine
Archytas
Plato
Endymion
Bianchini
Aristoteles
Atlas
Hercules
Gerard
Mairan
Eudoxus
Struve
Cassini
Franklin
Gauss
Aristillus
Geminus
Delisle
Lunik 2
13.9.59
Posidonius
Autolycus
Archimedes
Cleomedes
O. Struve
Lambert
Timocharis
Apollo 15
30.7.71
Macrobius
Euler
Luna 21
16.1.73
Aristarchus
Pytheas
Luna 13
24.12.66
Manilius
Maraldi
Plinius
Krafft
Apollo 17
11.12.72
Eratosthenes
Luna 24
18.8.76
Luna 15
Cardanus
Marius
Stadius
Ross
Luna 8
6.12.65
Luna 7
7.10.65
Kopernikus
Ranger 6
2.2.64
Kepler
Boscovich
Luna 9
3.2.66
Reiner
Surveyor 2
23.9.66
Pallas
Agrippa
Julius Caesar
Arago
Luna 20
21.2.72
Encke
Reinhold
Surveyor 6
10.11.67
Ranger 8
20.2.65
Hevelius
Apollo 12
19.11.69
Surveyor 5
11.9.67
Apollonius
Landsberg
Godin
Apollo 11
20.7.69
L. Orbiter 5
31.1.68
Surveyor 1
2.6.66
Luna 5
12.5.65
Surveyor 3
20.4.67
Surveyor 4
17.7.67
Fra Mauro
Hipparchus
Delambre
Censorinus
Luna 16
20.9.70
Flamsteed
Apollo 14
5.2.71
Apollo 13
17.4.70
Taylor
Grimaldi
Parry
Ptolemaeus
F. W. Herschel
Apollo 16
21.4.72
Capella
Langrenus
Letronne
Ranger 7
31.7.64
Kant
Gutenberg
Guericke
Ranger 9
24.3.65
Albategnius
Theophilus
Alphonsus
Cyrillus
Vendelinus
Crüger
Lubiniezky
Alpetragius
Arzachel
Almanon
Catharina
Colombo
Gassendi
Fracastorius
Santbech
Bullialdus
Thebit
Playfair
Byrgius
Mersenius
Purbach
Werner
Sacrobosco
Polybius
W. Humboldt
Regiomontanus
Campanus
Vieta
Fourier
Pitatus
Zagut
Piccolomini
Stevinus
Walter
Gemma Frisius
Capuanus
Rheita
Furnerius
Lehmann
Surveyor 7
10.1.68
Orontius
Stöfler
Metius
Hainzel
Wilhelm
Tycho
Maurolycus
Fabricius
Schickard
Saussure
Licetus
Janssen
Longomontanus
Schiller
Cuvier
Pitiscus
Phocylides
Magnus
Clavius
Vlacq
Scheiner
Blancanus
Nearchus
Curtius
Manzinus
Moretus
Leibnitz-Geb.
Tenerifa-Geb.
MARE AUSTRALE
MARE SMYTHII
80°
60°
40°
20°

Rückseite
N
S
W 0°
0° O
Schwarzschild
Belkovich
Rowland
BIRKHOFF
Carnot
Compton
D'ALEMBERT
CAMPBELL
Landau
Evershed
Lorentz
Lomonosov
Joliot-Curie
MARE MOSCOVIENSE
Sharp
Larmor
Mach
Poynting
Freundlich
Anderson
Ostwald
MENDELEEV
Tsander
HERTZSPRUNG
KOROLEV
Chaplygin
Daedalus
Keeler
Heaviside
PASTEUR
Galois
Aitken
Tsiolkovsky
GAGARIN
FERMI
Montes Cordillera
MARE ORIENTALE
Milne
Jules Verne
MARE INGENII
Oppenheimer
APOLLO
Chebyshev
Leibnitz
Von Kármán
Mendel
MARE AUSTRALE
PLANCK
POINCARÉ
SCHRÖDINGER
Antoniadi
Zeeman
Ganswindt
80°
60°
40°
20°

ATLANTISCHER
Mittelmeer
Schwarzes Meer
Kasp. Meer
Rotes Meer
Golf v. Aden
Golf v. Guinea
Pers. Golf
Adriat. Meer
Kanarische In. (span.)
Madeira (port.)
Azoren (port.)
KAPVERDEN
SAHARA
Libysche Wüste
Nubische Wüste
Nördl. Wendekreis
Äquator
MAROKKO
ALGERIEN
TUNESIEN
LIBYEN
ÄGYPTEN
SUDAN
TSCHAD
NIGER
MALI
MAURETANIEN
Westsahara
SENEGAL
GAMBIA
GUINEA-BISSAU
GUINEA
SIERRA LEONE
LIBERIA
ELFENBEIN-KÜSTE
GHANA
TOGO
BENIN
NIGERIA
KAMERUN
ZENTRALAFRIKANISCHE REP.
ÄQUAT.-GUINEA
GABUN
KONGO
ZAIRE
UGANDA
KENIA
ÄTHIOPIEN
SOMALIA
DJIBOUTI
BURKINA FASO
RUANDA
BURUNDI
SAUDI-ARABIEN
JEMEN
IRAK
IRAN
SYRIEN
JORDANIEN
ISRAEL
LIBANON
TÜRKEI
ZYPERN
GRIECHENLAND
ALBANIEN
BULGARIEN
JUGOSLAWIEN
ITALIEN
SPANIEN
PORTUGAL
KAIRO
ALGIER
TUNIS
TRIPOLIS
RABAT
KHARTUM
ADDIS ABEBA
NAIROBI
MOGADISCHU
KINSHASA
LAGOS
ACCRA
DAKAR
MADRID
LISSABON
ROM
ATHEN
ISTANBUL
ANKARA
BAGDAD
TEHERAN
DAMASKUS
ER-RIAD

INDISCHER OZEAN
MADAGASKAR
Kanal von Moçambique
SAMBIA
SIMBABWE
ANGOLA
NAMIBIA
BOTSWANA
SÜDAFRIKA
KALAHARI
Kapprovinz
Transvaal
Oranje-Freistaat
LESOTHO
SWASILAND
MALAWI
KOMOREN
Maskarenen
MAURITIUS
Réunion (fr.)
Südl. Wendekreis
KAPSTADT
Kap d. Guten Hoffnung
Kap Agulhas
Höhenschichten
Depressionen
0–200 m
200–500 m
über 500 m
KAIRO Städte über 1 Mill. Einw.
Accra Städte von 100 000 – 1 Mill. Einw.
Luxor Städte unter 100 000 Einw.
Oasen
Ruinen
periodische Gewässer
Salzseen
Sümpfe
Unterstreichung Hauptstädte
Grenzen
Eisenbahnen
Maßstab 1:40 Mill.
Maßstab 1 : 20 Mill.
Deutschland in den Grenzen von 1937
im Maßstab der Hauptkarte (1:40 Mill.)

PAZIF.
Aleuten
Kurilen
Beringmeer
Ochotskisches Meer
Japanisches Meer
Honshu
Hokkaido
Sachalin
Kamtschatka
Petropawlowsk-K.
Magadan
Kolyma-Geb.
Korjaken-Geb.
Anadyr-Golf
Tschuktschen-See
Bering-Str.
VEREINIGTE ST.
Alaska
Brooks-Kette
Beaufort-See
Wrangel-I.
Ostsibirische See
Laptewsee
Werchojansker Geb.
Lena
Jakutsk
Tscherskij-Geb.
Nordpolarmeer
Nordpol
Sewernaja Semlja
Taimyr-H.-I.
Franz-Josef-Ld.
Spitzbergen (norw.)
Nowaja Semlja
Karisches Meer
Barents-see
Grönland-see
Ellesmereland
GRÖNLAND
Melville-Bucht
Dänemark-Str.
ISLAND
Reykjavik
ATLANTISCHER OZEAN
Europäisches Nordmeer
Jan Mayen (norw.)
Nordsee
Ostsee
SOWJETUNION
Mittelsibirisches Bergland
Westsibirisches Tiefland
Jenissej
Ob
Irtysch
Ural
Wolga
Osteuropäisches Tiefland
Kasachensteppe
MONGOLEI
Ulan-Bator
Baikalsee
Irkutsk
Krasnojarsk
NOWOSIBIRSK
OMSK
SWERDLOWSK
TSCHELJABINSK
PERM
MOSKAU
LENINGRAD
Helsinki
STOCKHOLM
Oslo
KOPENHAGEN
BERLIN
WARSCHAU
MINSK
KIEW
CHARKOW
ODESSA
BUKAREST
ISTANBUL
ANKARA
Schwarzes Meer
Kaspisches Meer
Astrachan
Wolgograd
Archangelsk
Murmansk
Nordkap
Weißes Meer
Lofot-In.
Drontheim
Bergen
Göteborg
Danzig
Riga
Tallinn
Smolensk
Gorkij
Kasan
Kuibyschew
Saratow
Orenburg
Rostow
Sewastopol
Krasnodar
Baku
Tobolsk
Surgut
Tomsk
Barnaul
Semipalatinsk
Karaganda
Norilsk
Dudinka
Igarka
Salechard
Workuta
Petschora
Syktywkar
Chabarowsk
Wladiwostok
Komsomolsk
Sapporo

INDISCHER OZEAN
Golf von Bengalen
Arabisches Meer
Südchinesisches Meer
Andamanisches Meer
Rotes Meer
INDIEN
CHINA
THAILAND
INDONESIEN
PHILIPPINEN
Deutschland in den Grenzen von 1937
Höhenschichten
Depressionen
0-200 m
200-500 m
über 500 m
Gletscher
PEKING Städte über 1 Mill. Einw.
Kabul Städte von 100000 – 1 Mill. Einw.
Aldan Städte unter 100000 Einw.
Unterstreichung Hauptstädte
Grenzen
Eisenbahnen
Ruinen
Chin. Mauer
periodische Gewässer
Salzseen
Sümpfe
Maßstab 1 : 40 Mill.

CHINA
Hengyang
Kweiyang
Kweilin
Kanchow
Foochow
Amoy
TAIPEI
Shantou
Liuchow
KANTON
Nanning
Macao (port.)
HONGKONG (br.)
KAOHSIUNG
TAIWAN (Formosa)
Formosa-Str.
Ryukyu-In.
Naha
Okinawa (japan.)
-7507
Borodino-In. (USA)
Vulkan-In. (japan.)
-9156
Bonin-In. (japan.)
Tongking
HAIPHONG
HANOI
Chanchiang
Golf v. Tongking
Haikou
1897
Hainan
Vinh
Batan-In.
Babuyan-In.
Laoag
Luzon
S. Fernando
2924 Pulog
Baguio
Tarlac
MANILA
QUEZON CITY
Batangas
Legaspi
Mindoro
PHILIPPINEN
Philippinen-becken
Asuncion
Agrigan
Pagan
Marianen (USA)
Saipan
Rota
Agaña
Guam (USA)
Hué
Da Nang
Paracel-In.
LAOS
VIETNAM
KAMBODSCHA
Mekong
Ubon
Qui Nhon
Südchinesisches Meer
HO-CHI-MINH-STADT (Saigon)
Longxuyen
Samar
Panay
Iloilo
Bacolod
Negros
Cebu
Leyte
-10497 (Cape-Johnson-Tiefe)
Surigao
Butuan
Mindanao
Apo 2955
Davao
Zamboanga
Basilan
Palawan
Sulu-See
Balabac-Str.
Yap
-8527
-11022 (Vitiaz-Tiefe)
MIKRONESIEN
BELAU (Palau-In.)
Koror
-8138
Karolinen (USA)
Truk-In.
Malaien-See
Kinabalu
Kota Kinabalu
4101
Sandakan
Sabah
Bandar Sri Begawan
BRUNEI
Sulu-In.
Celebes-See
Talaud-In.
Sangihe-In.
Tarakan
MALAYSIA
Bunguran-In. (Natuna-In.)
Sarawak
Borneo
Kuala Lumpur
Malakka
Johore Bahru
SINGAPUR
Str. v. Malakka
Kuching
Kapuas
Samarinda
Makasar-Str.
Menado
Ternate
Halmahera
Waigeo
Manokwari
Vogelkop
Schouten-In.
MELANESIEN
Molukken-See
Obi
Misool
Geelvink-Bai
Kapingamarangi
Admiralitäts-In.
Lorengau
Manus
Lavongai
Kavieng
Pakanbaru
Pontianak
Balikpapan
Barito
Celebes
Sula-In.
Ceram
Buru
Ambon
Fakfak
Irian-Jaya (Westirian)
Gunung Jaya 5030
Zentral-Geb.
Neuguinea
Jayapura
Wewak
Sepik
PAPUA-
Bismarck-archipel
New Ireland
Rabaul
Kerinci 3805
Jambi
Bangka
Belitung
Palembang
Banjarmasin
Ujung Pandang (Makasar)
3455
INDONESIEN
Butung
Banda-See
-7440
Kai-In.
Aru-In.
Madang
Goroka
Lae
Wau
NEUGUINEA
New Britain
Lubuklinggau
Sumatra
Java-See
Tanjungkarang
Sunda-Str.
Serang
JAKARTA
BANDUNG
Semarang
Surakarta
Madura
SURABAYA
Jogyakarta
Malang
Java
Banyuwangi
Bali
Lombok
Sumbawa
Flores-See
Flores
Sumba
Alor
Wetar
Dili
Timor
Babar
Tanimbar-In.
Kolepom-I.
Merauke
Fly River
Papua-Golf
Port Moresby
Torres-Str.
Arafura-See
D'Entrecasteaux-In.
Samarai
Louisiade-Arch.
-9140 (Planet)
Christmas I. (austr.)
-7450 (Planet-Tiefe)
Timor-See
Melville-I.
Darwin
Rum Jungle
Arnhem-land
Wessel-In.
K. Arnhem
Carpentaria-Golf
Groote Eylandt
Weipa
Kap-York-H.-I.
K. York
Großes Barrier-Riff
Korallenmeer
Bonaparte-Arch.
Joseph-Bonaparte-Golf
Ord River
Wyndham
Koolan-I.
Yampi Sound
853
Kimberley-Plateau
927
Tasmanland
Derby
Halls Creek
Fitzroy
Broome
Birdum
Barkly-Tafelland
Wellesley-In.
K. Flattery
Cooktown
Cairns
Normanton
Croydon
Forsayth
Townsville
INDISCHER OZEAN
Northern Territory
Tanami-Wüste
Tennant Creek
Camooweal
Mary Kathleen
Mount Isa
Dobbyn
Cloncurry
Hughenden
Winton
Dajarra
Great Dividing Range
Mackay
Chesterfield
Port Hedland
Marble Bar
Canning-Wüste
Wittenoom
Hamersley Ra.
1227
L. Mackay
Gibson-Wüste
Nordwestkap
Macdonnell-Kette
1510
Alice Springs
Queensland
Großes Australisches Becken
Longreach
Blair Athol
Mt. Morgan
Rockhampton
Gladstone
Bundaberg
Gr. Sandy-I.
Maryborough
AUSTRALIEN
L. Amadeus
Simpson-Wüste
Yaraka
Charleville
Quilpie
Roma
Toowoomba
BRISBANE
Gold Coast
Lismore
Südlicher Wendekreis
Carnarvon
Dirk-Hartogs-I.
Gascoyne
Murchison
Western Australia
Carnegie
Wiluna
Meekatharra
Mount Magnet
1660
Musgrave Ra.
Oodnadatta
Finke
Große Victoria-Wüste
Laverton
Coober Pedy
L. Eyre
Cooper Creek
Grey Range
South Australia
Bourke
Darling
Walgett
Geraldton
L. Barlee
Kalgoorlie
Nullarbor-Ebene
Eucla
Andamooka
Woomera
L. Torrens
Flinders Ra.
L. Frome
Broken Hill
Radium Hill
New South Wales
Tamworth
Dubbo
Orange
Newcastle
Cessnock
SYDNEY
Wollongong
Port Kembla
-5944
Darling Range
Swanland
Merredin
Norseman
Perth
Fremantle
Kwinana
Bunbury
Collie
Augusta
K. Leeuwin
Albany
Esperance
Große Australische Bucht
Penong
Gairdner
Whyalla
Port Augusta
Port Pirie
Eyre-H.-I.
Spencer-Golf
Port Lincoln
Adelaide
Känguruh-I.
Mildura
Murray
Lachlan
Canberra
Queanbeyan
Albury
Victoria
Bendigo
Ballarat
Great Dividing Range
Mt. Kosciusko 2230
Orbost
Mount Gambier
Warrnambool
MELBOURNE
Geelong
K. Wilson
King-I.
Bass-Str.
Furneaux-In.
Redpa
Mt. Ossa 1594
Launceston
Queenstown
Tasmania
Hobart
Südostkap
-5604
-5761
Tasmansee
Höhenschichten
0-200 m
200-500 m
über 500 m
SYDNEY Städte über 1 Mill. Einw.
Cebu Städte von 100000 – 1 Mill. Einw.
Darwin Städte unter 100000 Einw.
Unterstreichung Hauptstädte
Grenzen
Eisenbahnen
periodische Gewässer
Salzseen
Sümpfe
0 500 1000 1500 km
Maßstab 1 : 40 Mill.
110°
120°
130°
140°
150°
20°
10°
0°
30°
40°
90°
100°
50°
160°

Midway-In.
Hawaii-In.
Lisianski-I.
Laysan-I.
Gardner-I.
Datumsgrenze
Nördlicher Wendekreis
Necker-I.
Hawaii (USA)
Nihoa
Niihau
Kauai
Oahu
Honolulu
Molokai
Maui
4208
Hilo
Hawaii
Wake I. (USA)
Taongi
Johnston-I. (USA)
Eniwetok
Bikini
PAZIFISCHER OZEAN
Ratak-In.
Ralik-In.
Marshall-Inseln (USA)
Ponape
Majuro
Jaluit
Makin
Palmyra-I. (USA)
Linieninseln
Zentralpolynesische Sporaden (brit.)
Tarawa
Bairiki
Yaren
NAURU
Banaba (Ocean-I.)
Gilbert-In. (Kiribati)
KIRIBATI
Beru
Howland-I.
Baker-I. (USA)
Teraina (Washington-I.)
Tabuaeran (Fanning-I.)
(Kiribati)
Kiritimati (Christmas I.)
Choiseul
Santa Isabel
New Georgia
Honiara
Malaita
Guadalcanal
SALOMONEN
San Cristobal
-7316
-8310
Rennell-I.
Santa-Cruz-In.
-6150
Abariringa (Canton-I.)
Phoenix-In. (Kiribati)
Butaritari (Makin-I.)
Nikumaroro (Gardner-I.)
Enderbury-I.
Rawaki (Phoenix-I.)
Orona (Hull-I.)
Manra (Sydney-I.)
Jarvis-I. (USA)
Äquator
TUVALU (Ellice-In.)
Funafuti
Funafuti
Tokelau-In. (neuseel.)
Atafu
Malden-I.
Starbuck-I.
-9165
Banks-In.
Espiritu Santo
Malekula
Ambrim
Efate
Vila
Erromango
Tana
VANUATU (Neue Hebriden)
Rotuma
Wallis u. Futuna (franz.)
Uvéa
Hoorn-In.
SAMOA
Savaii
Upolu
Apia
Samoa-In.
Pago Pago
Tutuila (USA)
Danger I.
Nassau-I. (neuseel.)
Suworow-In.
Manihiki
Tongareva
FIDSCHI
Vanua Levu
Nggamea
Viti Levu
Suva
Kandavu
Îs. Loyauté
Lifou
Maré
Neukaledonien (franz.)
Nouméa
-7570 (Planet-Tiefe)
-6584
TONGA
Tongatapu-In.
Nuku'alofa
-10024
Niue (neuseel.)
Vostok-I.
Caroline-I.
Flint-I.
Palmerston-I.
Aitutaki
Cook-In. (neuseel.)
Hervey-In.
Atiu
Rarotonga
Mangaia
-5267
-6040
Gesellschafts-In. (franz.)
Raiatea
Papeete
Tahiti
Rangiroa
Rotoava
Fakarava
Tuamotu-Inseln (franz.)
Anaa
Marokau
Nengonengo
Hao
Vanavana
Mururoa
-10882 (Vitiaz)
Norfolk-I. (austr.)
Lord-Howe-I. (austr.)
Kermadec-In. (neuseel.)
-10047 (Vitiaz)
Maria-In.
Rurutu
Tubuai
Raivavae
Tubuai-In. (franz.)
Nordkap
Whangarei
Nordinsel
Auckland
Manukau
Hamilton
New Plymouth
Ruapehu
2797
Ostkap
Gisborne
Napier
NEUSEELAND
Westport
Cook-Str.
Hutt
Wellington
Neuseeländ. Alpen
3764
Südinsel
Christchurch
Timaru
Dunedin
Invercargill
Stewart-I.
Südkap
Bounty-In. (neuseel.)
Chatham-In. (neuseel.)
Rapa (franz.)
Deutschland in den Grenzen von 1937
Königsberg
HAMBURG
BERLIN
Hannover
Leipzig
Breslau
Bonn
Frankfurt
Stuttgart
MÜNCHEN
Im Maßstab der Hauptkarte (1 : 49 Mill.)

Europäisches Nordmeer
ATLANTISCHER OZEAN
Nördlicher Polarkreis
ISLAND
Reykjavik
Akureyri
Ísafjörður
Seyðisfjörður
Hekla 1491
Vatnajökull 2119
Torshavn
Färöer (dän.)
Rockall (brit.)
Shetland-In. (brit.)
Orkney-In.
Hebriden
Britische Inseln
GROSSBRITANNIEN
IRLAND
Dublin
Cork
Galway
Limerick
Donegal
Londonderry
Belfast
Cavan
Wexford
St.-Georgs-K.
Irische See
Man
GLASGOW
Edinburgh
Aberdeen
Dundee
Inverness
Wick
Highlands
1343
Prestwick
Carlisle
Newcastle upon Tyne
Sunderland
Middlesbrough
LEEDS
MANCHESTER
LIVERPOOL
Kingston upon Hull
Sheffield
BIRMINGHAM
Swansea
Cardiff
Bristol
Oxford
LONDON
Norwich
Ipswich
Dover
Brighton
Southampton
Plymouth
Cornwall
Penzance
Kap Land's End
Ärmelkanal
Str. v. Dover
Nordsee
Skagerrak
Kattegat
NORWEGEN
Bergen
Haugesund
Stavanger
Alesund
Drontheim
Dombås
Lillehammer
2472
Oslo
Drammen
Skien
Moss
Arendal
Kristiansand
Namsos
Bodø
Mo
Narvik
Tromsø
Lofot-Inseln
Nordkap
Hammerfest
Vadsø
Alta
Kirkenes
Skandinavisches Gebirge
SCHWEDEN
Kiruna
Gällivare
2123
Luleå
Boden
Skellefteå
Umeå
Östersund
Härnösand
Sundsvall
Hudiksvall
Söderhamn
Falun
Gävle
Dalälv
Västerås
Uppsala
Karlstad
Örebro
STOCKHOLM
Vänersee
Vättersee
Norrköping
Linköping
Jönköping
Göteborg
Borås
Halmstad
Kalmar
Öland
Visby
Gotland
Karlskrona
Hälsingborg
Malmö
Bornholm (dän.)
Lappland
Bottnischer Meerbusen
FINNLAND
Inari
Ivalo
Rovaniemi
Kemijärvi
Kemi
Oulu
Kokkola
Pietarsaari
Vaasa
Kaskinen
Jyväskylä
Tampere
Pori
Rauma
Lahti
Turku
HELSINKI
Espoo
Hanko
Ålands-In.
Finnischer Meerbusen
Ostsee
DÄNEMARK
Ålborg
Århus
Esbjerg
Odense
KOPENHAGEN
Frederikshavn
Flensburg
Kiel
Lübeck
Rostock
Rügen
Stolp
HAMBURG
Bremerhaven
Bremen
Wilhelmshaven
Oldenburg
Groningen
AMSTERDAM
Haarlem
Den Haag
ROTTERDAM
NIEDERLANDE
Antwerpen
Ostende
BRÜSSEL
BELGIEN
Lüttich
Luxemburg
Calais
Lille
Hannover
Braunschweig
Münster
Bielefeld
Dortmund
Essen
Duisburg
Düsseldorf
Köln
Bonn
Kassel
DDR
BERLIN
Potsdam
Magdeburg
Halle
Leipzig
Dresden
Cottbus
Erfurt
Gera
Karl-Marx-Stadt
Neubrandenburg
Stettin
Frankfurt
Mainz
Mannheim
Saarbrücken
Nürnberg
Stuttgart
Regensburg
Augsburg
Ulm
MÜNCHEN
Freiburg
Bundesrep. Dtl.
Schneidemühl
Danzig
Königsberg
seit 1945 unter poln. Verw.
seit 1945 u. sowj. Verw.
Allenstein
Bromberg
Posen
POLEN
WARSCHAU
Lodz
Radom
Lublin
Kielce
Breslau
Tschenstochau
Kattowitz
Gleiwitz
Krakau
Przemyśl
Białystok
Grodno
Görlitz
Sudeten
TSCHECHOSLOWAKEI
PRAG
Pilsen
Brünn
Olmütz
Ostrau
Böhmerwald
Erzgeb.
Karpaten
Kaschau
Preßburg
WIEN
Linz
Graz
Salzburg
Innsbruck
ÖSTERREICH
Klagenfurt
BUDAPEST
UNGARN
Miskolc
Debrecen
Kecskemét
Szeged
Fünfkirchen
Tilsit
Memel
Libau
Windau
Riga
Rigaer Bucht
Ösel
Reval
Dorpat
Schaulen
Kaunas
Dünaburg
Wilna
Baranowitschi
Brest
Pinsk
Kowel
Luzk
Wolhynien
Lemberg
Tarnopol
Czernowitz
Großwardein
Klausenburg
Neumarkt
Arad
Temesvar
Hermannstadt
Siebenbürgen
RUMÄNIEN
Südkarpaten
Turnu Severin
Craiova
Plewen
BULGARIEN
Gabrowo
Balkan
SOFIA
Plovdiv
Rhodope
Le Havre
Cherbourg
Caen
Normandie
Rouen
Amiens
Brest
Bretagne
Rennes
Angers
Le Mans
Nantes
Tours
Orléans
Versailles
PARIS
Reims
Metz
Nancy
Straßburg
Troyes
Mülhausen
Besançon
Dijon
Poitiers
La Rochelle
FRANKREICH
Angoulême
Limoges
Clermont-Ferrand
Zentral-massiv
LYON
St. Étienne
Grenoble
Montblanc 4810
Bordeaux
Périgueux
Garonne
Agen
Albi
Toulouse
Montpellier
Nîmes
Avignon
Marseille
Cannes
Nizza
MONACO
Toulon
Perpignan
Golfe du Lion
Bayonne
Pau
Béziers
Rhône
Loire
Seine
SCHWEIZ
Basel
Zürich
Bern
Genf
Rhein
LIECHT.
Vaduz
3797
Bozen
MAILAND
TURIN
Bergamo
Verona
Venedig
Udine
Triest
Ljubljana
Genua
San Remo
La Spezia
Parma
Reggio nell' Emilia
Bologna
Pisa
Florenz
Livorno
Ligurisches Meer
S. MAR.
Rimini
Ancona
Perugia
Terni
ITALIEN
ROM
L'Aquila
Pescara
NEAPEL
Pompeji
Vesuv 1270
Salerno
Foggia
Barletta
Bari
Brindisi
Tarent
Lecce
Str. v. Otranto
Cosenza
Catanzaro
Reggio
Messina
Str. v. Messina
Palermo
Trapani
Marsala
Caltanissetta
Ätna 3263
Catania
Syrakus
Ragusa
Gela
Sizilien
Pantelleria
MALTA
La Valletta
Korsika
Bastia
Ajaccio
2710
Aleria
Sardinien
Sassari
Olbia
Nuoro
Oristano
1834
Carbonia
Cagliari
Tyrrhenisches Meer
Mittelmeer
Adriatisches Meer
Ionisches Meer
Ionische Inseln
JUGOSLAWIEN
Zagreb
Rijeka
Osijek
Subotica
Novi Sad
BELGRAD
Slav. Brod
Save
Tuzla
Sarajevo
Zadar
Split
Mostar
Dubrovnik
Dinarisches Gebirge
Dalmatien
Titograd
Priština
Niš
Kragujevac
Skopje
Bitola
ALBANIEN
Tirana
Skutari
Elbasan
GRIECHENLAND
Saloniki
Kavala
Florina
Katerini
Olymp 2911
Larissa
Volos
Ioannina
Prevesa
Pindos
Lamia
Delphi
Patras
Korinth
Mykene
Olympia
Pyrgos
Peloponnes
Kalamata
ATHEN
Ägäisches Meer
Chania
2456
PORTUGAL
Porto
Coimbra
Santarém
LISSABON
Setúbal
Beja
Kap da Roca
Kap São Vicente
Faro
SPANIEN
La Coruña
El Ferrol del Caudillo
Santiago
Vigo
Lugo
Orense
Oviedo
Gijón
Santander
León
Kantabrisches Geb.
Bilbao
San Sebastián
Vitoria
Pamplona
Burgos
Logroño
Golf von Biscaya
Pyrenäen
3404
ANDORRA
Andorra la Vella
Lérida
Ebro
Saragossa
Duero
Valladolid
Salamanca
Ávila
Kastil. Scheidegeb.
2592
MADRID
Toledo
Cáceres
Badajoz
Guadiana
Cuenca
BARCELONA
Tarragona
Castellón de la Plana
Valencia
Albacete
Sierra Morena
Córdoba
Linares
Andalusien
Sevilla
Huelva
Jerez de la Frontera
Cádiz
Algeciras
Granada
3481
Málaga
Almería
Lorca
Murcia
Alicante
Elche
Cartagena
Balearen
Menorca
Palma de Mallorca
Mallorca
Pityusen
Str. v. Gibraltar
Gibraltar (br.)
Tanger
Ceuta (sp.)
Tétouan
Ksar el-Kebir
Rifgebirge
Melilla (sp.)
Meknès
Fès
MAROKKO
Moulouya
Oujda
Hoher Atlas
3757
Tell-Atlas
Sahara-Atlas
Hochland der Schotts
ALGERIEN
ALGIER
Oran
Tlemcen
Sidi-bel-Abbès
Mostaganem
El-Asnam
Blida
2308
Boghari
Tizi-Ouzou
Bejaia
Sétif
Skikda
Constantine
Annaba
Batna
2328
Biskra
Laghouat
Aïn-Sefra
Figuig
Béchar
Touggourt
TUNESIEN
Tunis
Bizerta
Karthago
Kap Bon
Sousse
Kairouan
Sfax
Gafsa
Tozeur
Gabès
Djerba
Kl. Syrte
30°
20°
10°
0°
70°
60°
50°
20° östl. L. v. Gr.

Höhenschichten
Depressionen 0–200 m 200–500 m 500–1500 m über 1500 m Gletscher
BERLIN Städte über 1 Mill. Einw.
Helsinki Städte von 500 000–1 Mill. Einw.
Tirana Städte von 100 000–500 000 Einw.
Vaduz Städte bis 100 000 Einw.
Ruinen
Unterstreichung Hauptstädte
Grenzen
Eisenbahn
periodische Gewässer
Salzseen
Sümpfe
0 250 500 750 km
Maßstab 1:20 Mill.
Barentssee
Kolgujew-I.
H.-I. Kola
H.-I. Kanin
Weißes Meer
Murmansk
Archangelsk
Nordrussisches Tiefland
Timanrücken
Ural
LENINGRAD
MOSKAU
GORKIJ
KASAN
KUIBYSCHEW
PERM
SWERDLOWSK
TSCHELJABINSK
OMSK
S O W J E T U N I O N
Nordrussischer Landrücken
Mittelrussische Platte
Wolgaplatte
Mugodscharen
Kasachensteppe
Aralsee
Ust-Urt-Platte
Kaspische Senke
Kaspisches Meer
Wolgograd
Astrachan
Gurjew
KIEW
CHARKOW
DNJEPROPETROWSK
DONEZK
ODESSA
Rostow
Krasnodar
Manytschniederung
Kaukasus
Elbrus 5633
TIFLIS
ERIWAN
BAKU
Schwarzes Meer
Sewastopol
Simferopol
Krim
Asowsches Meer
Constanța
BUKAREST
Warna
Burgas
ISTANBUL
Bosporus
ANKARA
Pontisches Gebirge
Anatolien
T Ü R K E I
Taurus
Armenien
Ararat 5165
Erzurum
Izmir
Adana
Konya
Kayseri
Aleppo
S Y R I E N
Syrische Wüste
Hama
Homs
Latakia
Tripolis
LIBANON
Beirut
DAMASKUS
ZYPERN
Nikosia
Kreta
Rhodos
Karpathos
I R A K
Mesopotamien
Mosul
BAGDAD
Basra
Persischer Golf
I R A N
Täbris
TEHERAN
Elbursgebirge
Hochland von Iran
Zagrosgebirge
Isfahan
Kara-Bogas-Gol
Krasnowodsk
Ahwas
Abadan
JORD.
ISR.

Höhenschichten
Watten
Depressionen
0–200 m
200–500 m
500–1500 m
1500–3000 m
über 3000 m
Gletscher
BERLIN Städte über 1 Mill. Einw.
Essen Städte von 500 000–1 Mill. Einw.
Kiel Städte von 100 000–500 000 Einw.
Passau Städte bis 100 000 Einw.
Beginn der Schiffbarkeit (ab 600 t in Deutschland u. Beneluxländern)
Ballungsraum
Grenzen
Eisenbahn
Autobahn
Straßen
Straßentunnel
Eisenbahntunnel
im Bau
Kanal
Kaisersl. = Kaiserslautern
W. = Wuppertal
M.-Gladb. = Mönchengladbach
Ludw. = Ludwigshafen
G. = Gelsenkirchen
P. = Potsdam
Deutsche Ostgebiete: Stand vom 31. 12. 1937
0 50 100 150 200 km
Maßstab 1:5,5 Mill.
2° östl. L. v. Gr.
Nordsee
Deutsche Bucht
DÄNEMARK
NIEDERLANDE
BELGIEN
LUXEMBURG
FRANKREICH
SCHWEIZ
BUNDESREP. DEUTSCHLAND
GROSS-BRITANNIEN
HAMBURG
AMSTERDAM
ROTTERDAM
BRÜSSEL
PARIS
LYON
MAILAND
MÜNCHEN
KOPENHAGEN

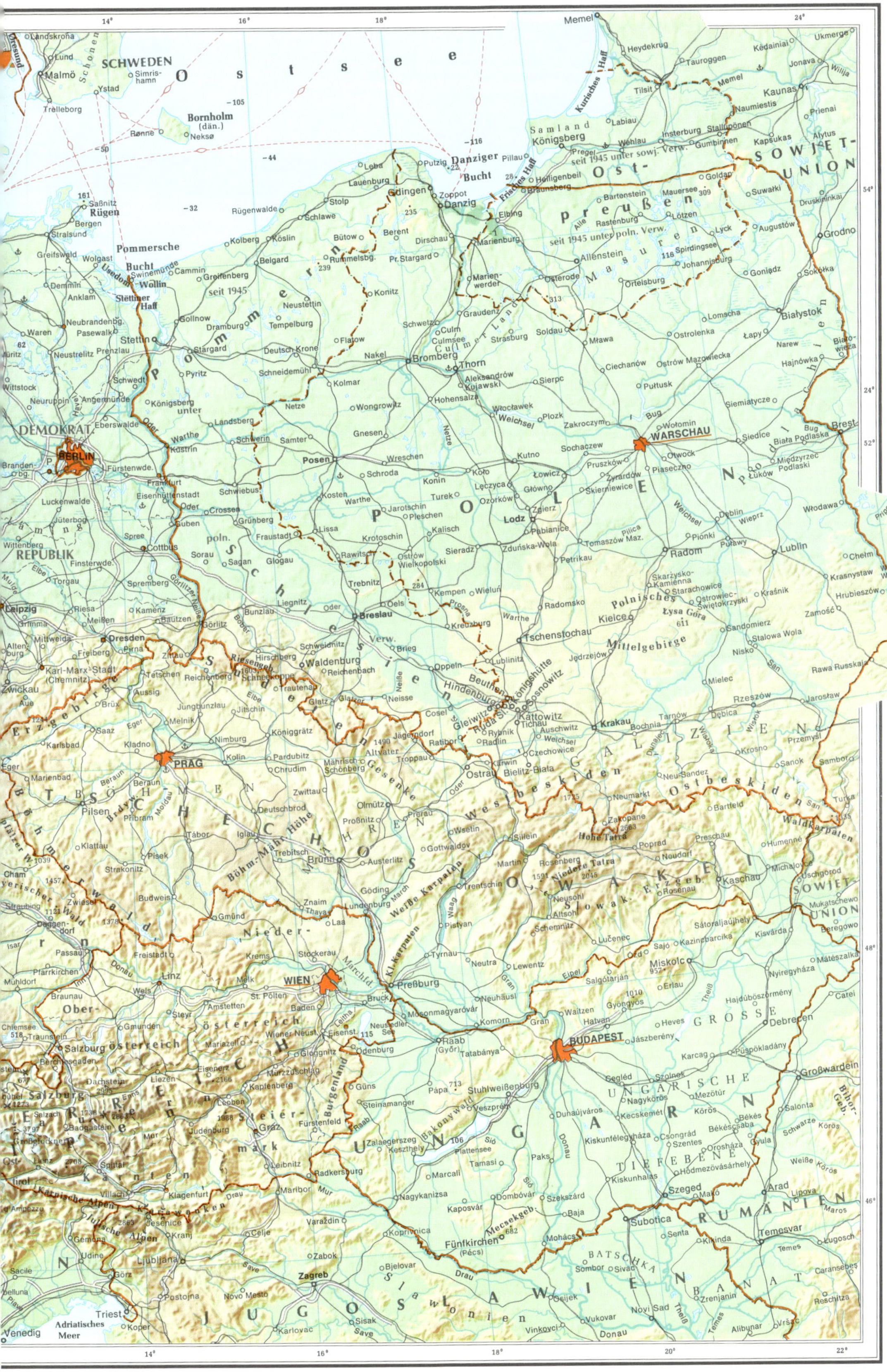
O s t s e e
SCHWEDEN
Malmö
Ystad
Trelleborg
Landskrona
Lund
Simrishamn
Bornholm (dän.)
Rønne
Neksø
Danziger Bucht
Memel
Heydekrug
Tauroggen
Tilsit
Kaunas
Jonava
Kedainiai
Ukmerge
Naumiestis
Prienai
Alytus
Kapsukas
Samland
Königsberg
Pillau
Labiau
Wehlau
Insterburg
Stallupönen
Gumbinnen
seit 1945 unter sowj. Verw.
SOWJET-UNION
Ost-preußen
seit 1945 unter poln. Verw.
Masuren
Suwałki
Druskininkai
Grodno
Augustów
Goniądz
Sokółka
Białystok
Łapy
Lomscha
Ostrolenka
Bartenstein
Rastenburg
Lötzen
Lyck
Mauersee
Goldap
Spirdingsee
Johannisburg
Allenstein
Ortelsburg
Osterode
Marienburg
Elbing
Braunsberg
Heiligenbeil
Frisches Haff
Kurisches Haff
Rügen
Saßnitz
Bergen
Stralsund
Greifswald
Wolgast
Demmin
Anklam
Pommersche Bucht
Usedom
Swinemünde
Wollin
Stettiner Haff
Cammin
Greifenberg
seit 1945
Pommern
Kolberg
Köslin
Belgard
Rummelsbg.
Rügenwalde
Schlawe
Stolp
Lauenburg
Leba
Putzig
Gdingen
Zoppot
Danzig
Bütow
Berent
Dirschau
Pr. Stargard
Konitz
Neustettin
Tempelburg
Dramburg
Neubrandenbg.
Pasewalk
Waren
Neustrelitz
Prenzlau
Stettin
Gollnow
Stargard
Pyritz
Schwedt
Angermünde
Neuruppin
Wittstock
Königsberg
Eberswalde
Oder
DEMOKRAT.
REPUBLIK
BERLIN
Fürstenwde.
Frankfurt
Eisenhüttenstadt
Küstrin
Warthe
Landsberg
Schwerin
Samter
Posen
Gnesen
Wongrowitz
Netze
Schneidemühl
Deutsch Krone
Flatow
Nakel
Bromberg
Thorn
Culm
Culmsee
Graudenz
Schwetz
Marienwerder
Strasburg
Soldau
Mława
Ciechanów
Pułtusk
Ostrów Mazowiecka
Narew
Hajnówka
Siemiatycze
Bug
Brest
Biała Podlaska
Międzyrzec Podlaski
Łuków
Siedlce
Wołomin
WARSCHAU
Otwock
Piaseczno
Pruszków
Żyrardów
Skierniewice
Sochaczew
Zakroczym
Płock
Włocławek
Weichsel
Aleksandrów Kujawski
Hohensalza
Sierpc
Kutno
Łowicz
Głowno
Lodz
Zgierz
Pabianice
Łęczyca
Ozorków
Koło
Konin
Turek
Wreschen
Schroda
Kosten
Jarotschin
Pleschen
Kalisch
Sieradz
Zduńska-Wola
Tomaszów Maz.
Pilica
Radom
Pionki
Puławy
Lublin
Dęblin
Wieprz
Włodawa
Chełm
Krasnystaw
Hrubieszów
Zamość
Kraśnik
Rawa Russkaja
Jarosław
Przemyśl
Sambor
Rzeszów
Mielec
Nisko
Stalowa Wola
Sandomierz
San
Ostrowiec-Świętokrzyski
Starachowice
Skarżysko-Kamienna
Łysa Góra
Kielce
Polnisches Mittelgebirge
Jędrzejów
Radomsko
Tschenstochau
Petrikau
Warthe
Wieluń
Kempen
Kreuzburg
Prosna
Ostrów Wielkopolski
Krotoschin
Rawitsch
Lissa
Fraustadt
Grünberg
Crossen
Guben
Cottbus
Spree
Sorau
Sagan
Glogau
Trebnitz
Oels
Breslau
Liegnitz
Bunzlau
Görlitz
Bautzen
Kamenz
Dresden
Pirna
Meißen
Riesa
Leipzig
Torgau
Elbe
Finsterwde.
Spremberg
Luckenwalde
Jüterbog
Wittenberg
Schlesien
Schweidnitz
Waldenburg
Reichenbach
Hirschberg
Brieg
Oppeln
Neisse
Cosel
Gleiwitz
Hindenburg
Beuthen
Königshütte
Sosnowitz
Kattowitz
Tichau
Auschwitz
Krakau
Bochnia
Tarnów
Dębica
Krosno
Sanok
Neu-Sandez
Neumarkt
Zakopane
Ostbeskiden
Waldkarpaten
Galizien
Weichsel
Ratibor
Rybnik
Jägerndorf
Troppau
Ostrau
Karwin
Bielitz-Biala
Czechowice
Altvater
Gesenke
Glatz
Trautenau
Schneekoppe
Riesengeb.
Zittau
Reichenberg
Tetschen
Aussig
Brüx
Chemnitz
Karl-Marx-Stadt
Zwickau
Freiberg
Mittweida
Erzgebirge
Karlsbad
Saaz
Eger
Kladno
PRAG
Nimburg
Kolin
Königgrätz
Jitschin
Pardubitz
Chrudim
Melnik
Jungbunzlau
Pilsen
Beraun
Příbram
Moldau
Marienbad
Böhmerwald
Klattau
Strakonitz
Písek
Budweis
Tábor
Iglau
Deutschbrod
Zwittau
Mährisch Schönberg
Olmütz
Proßnitz
Prerau
Brünn
Trebitsch
Böhm.-Mähr. Höhe
Austerlitz
Gottwaldov
Wsetin
Göding
Lundenburg
Znaim
Thaya
Gmünd
Laa
March
Weiße Karpaten
Trentschin
Sillein
Martin
Rosenberg
Hohe Tatra
Poprad
Niedere Tatra
Neusohl
Altsohl
Schemnitz
Lučenec
Kaschau
Prešov
Humenné
Michalovce
Uschgorod
Mukatschewo
Beregowo
Slowakei
Slowak. Erzgeb.
Rosenau
Sátoraljaújhely
Kisvárda
Mátészalka
Nyíregyháza
Miskolc
Ózd
Sajó
Kazincbarcika
Eger
Erlau
Salgótarján
Gyöngyös
Hatvan
Waitzen
Gran
Komorn
Neuhäusl
Preßburg
Neutra
Tyrnau
Pistyan
Waag
Kl. Karpaten
WIEN
Stockerau
Krems
Melk
St. Pölten
Baden
Wiener Neust.
Eisenst.
Neusiedler See
Ödenburg
Gloggnitz
Mürzzuschlag
Mariazell
Burgenland
Raab (Győr)
Mosonmagyaróvár
Tatabánya
Pápa
BUDAPEST
Jászberény
Heves
Cegléd
Szolnok
Karcag
Püspökladány
Debrecen
Hajdúböszörmény
Carei
Großwardein
Bihor-Geb.
Salonta
Békéscsaba
Békés
Gyula
Orosháza
Hódmezővásárhely
Szentes
Csongrád
Kecskemét
Nagykőrös
Kiskunfélegyháza
Kiskunhalas
Szeged
Makó
Arad
Lipova
Maros
Temesvar
Lugosch
Caransebeş
Reschitza
Vršac
Alibunar
Zrenjanin
Kikinda
Senta
Subotica
Sombor
Batschka
Banat
Novi Sad
Theiß
Temes
Vukovar
Vinkovci
Osijek
Donau
Baja
Mohács
Szekszárd
Paks
Dunaújváros
Stuhlweißenburg
Veszprém
Bakonywald
Plattensee
Siófok
Keszthely
Zalaegerszeg
Tamási
Marcali
Kaposvár
Dombóvár
Nagykanizsa
Fünfkirchen (Pécs)
Mecsekgeb.
Koprivnica
Bjelovar
Varaždin
Zabok
Zagreb
Save
Drau
Slawonien
Sisak
Karlovac
Novo Mesto
Postojna
Triest
Koper
Adriatisches Meer
Venedig
Görz
Udine
Ljubljana
Kranj
Celje
Maribor
Mur
Radkersburg
Leibnitz
Graz
Steiermark
Fürstenfeld
Güns
Steinamanger
Leoben
Judenburg
Kapfenberg
Liezen
Dachstein
Enns
Linz
Steyr
Wels
Gmunden
Traunstein
Salzburg
Berchtesgaden
Passau
Pfarrkirchen
Braunau
Mühldorf
Freistadt
Ober-Österreich
Nieder-Österreich
Österreich
Kärnten
Klagenfurt
Villach
Spittal
Karnische Alpen
Karawanken
Julische Alpen
Jesenice
Gemona
Tirol
Hohe Tauern
Gasteiner
Bad Gastein
Großglockner
Lienz
Amplezzo
Sacile
Belluno
Piave
Jugoslawien
Ungarn
Ungarische Tiefebene
Große
Rumänien
Tschechoslowakei
Polen
Bayerischer Wald
Deggendorf
Zwiesel
Straubing
Cham
Isar
Donau
Mähren
Böhmen
Sudeten
Beskiden
Oder
Neisse
Bober
Culmer Land
Prosna
Pilica
Bug
Pripet
Wladimir Wolynskij
Drau
Save
14°
16°
18°
20°
22°
24°
54°
52°
48°
46°

Nordpol
Nord- polarmeer
Europäisches Nordmeer
Grönlandsee
GRÖNLAND
ISLAND
Reykjavík
Dänemark-Str.
Davis-Str.
Baffinbai
Baffinland
Labrador-See
ATLANTISCHER OZEAN
Hudsonbai
Hudsonstraße
Foxe-Becken
LABRADOR
Neufundland
Neuschottland
Beaufort-See
Victoria-Insel
Banksland
Ellesmereland
Barren Grounds
KANADA
ALASKA
Brooks-Kette
Alaskagebirge
Mackenzie Mts.
Golf von Alaska
Beringmeer
Beringstr.
PAZIFISCHER
SOWJETUNION
Winnipeg
Edmonton
Calgary
Vancouver
Seattle
Montreal
Quebec

ATLANTISCHER OZEAN
PAZIFISCHER OZEAN
Golf von Mexiko
Karibisches Meer
Große Antillen
VEREINIGTE STAATEN
MEXIKO
Höhenschichten
Depressionen
0–200 m
200–500 m
über 500 m
Gletscher
CHICAGO Städte über 1 Mill. Einw. (in USA: Metropolitan Areas)
Memphis Städte von 500 000 – 1 Mill. Einw.
San José Städte von 100 000 – 500 000 Einw.
Hamilton Städte bis 100 000 Einw.
Unterstreichung Hauptstädte
Grenze
Eisenbahn
periodische Gewässer
Salzseen
Sümpfe
Maßstab 1 : 30 Mill.
0 250 500 750 1000 km
Deutschland in den Grenzen von 1937
Im Maßstab der Hauptkarte (1 : 30 Mill.)

Höhenschichten
Depressionen
0–200 m
200–500 m
über 500 m
Gletscher
BOGOTÁ Städte über 1 Mill. Einw.
Belém Städte von 500 000 – 1 Mill. Einw.
Brasília Städte von 100 000 – 500 000 Einw.
Cayenne Städte bis 100 000 Einw.
Unterstreichung Hauptstädte
Grenze
Eisenbahn
periodische Gewässer
Salzseen
Sümpfe
0 250 500 750 1000 km
Maßstab 1 : 30 Mill.
A T L A N T I S C H E R
O Z E A N
Karibisches Meer
Große Antillen
Kleine Antillen
B R A S I L I E N
Brasilianisches Bergland
Bergland von Guayana
Hochland von Mato Grosso
VENEZUELA
KOLUMBIEN
ECUADOR
PERU
BOLIVIEN
GUYANA
SURINAM
Franz.-Guayana
PANAMA
COSTA RICA
NICARAGUA
HONDURAS
EL SALVADOR
GUATEMALA
BELIZE
MEXIKO
KUBA
JAMAIKA
HAITI
DOM. REP.
Äquator
60° westl. L. v. Gr.
HAVANNA
CARACAS
BOGOTÁ
LIMA
Quito
Manáus
Belém
FORTALEZA
RECIFE
SALVADOR
MEDELLIN
CALI
GUAYAQUIL
Galápagos-In. (ecuad.)

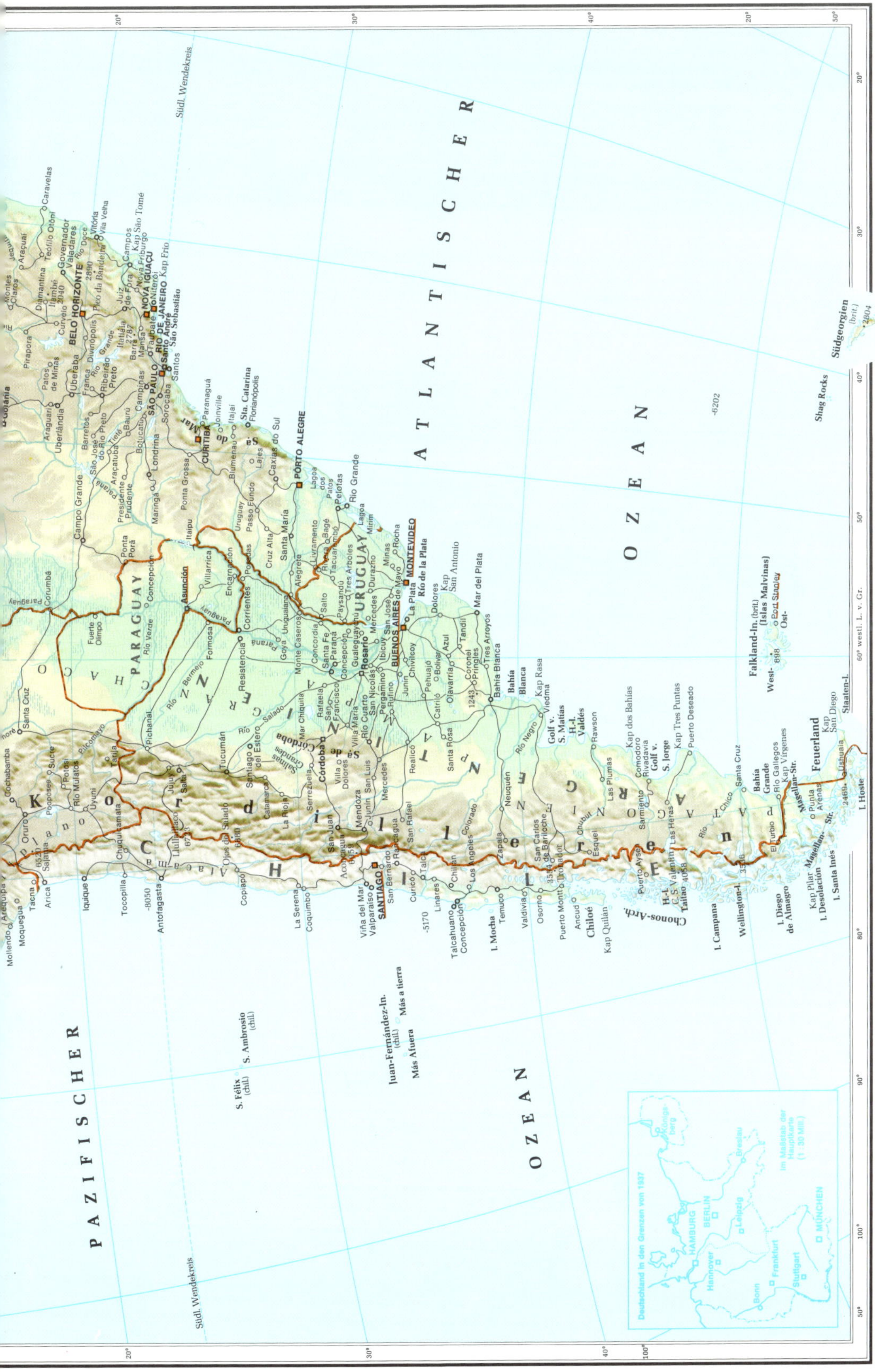
ATLANTISCHER OZEAN
PAZIFISCHER OZEAN
PARAGUAY
URUGUAY
Südl. Wendekreis
CHACO
Gran Chaco
RIO DE JANEIRO
SÃO PAULO
BELO HORIZONTE
NOVA IGUAÇU
CURITIBA
PORTO ALEGRE
MONTEVIDEO
BUENOS AIRES
SANTIAGO
Asunción
Córdoba
Rosario
Río de la Plata
Falkland-In. (brit.) (Islas Malvinas)
Südgeorgien (brit.)
Shag Rocks
Feuerland
Magellan-Str.
Staaten-I.
Juan-Fernández-In. (chil.)
S. Félix (chil.)
S. Ambrosio (chil.)
Chiloé
Chonos-Arch.
Golf v. S. Matias
Golf v. S. Jorge
Bahía Blanca
Mar del Plata
Deutschland in den Grenzen von 1937
im Maßstab der Hauptkarte (1:30 Mill.)
HAMBURG
BERLIN
MÜNCHEN
Hannover
Leipzig
Breslau
Königsberg
Frankfurt
Stuttgart
Bonn

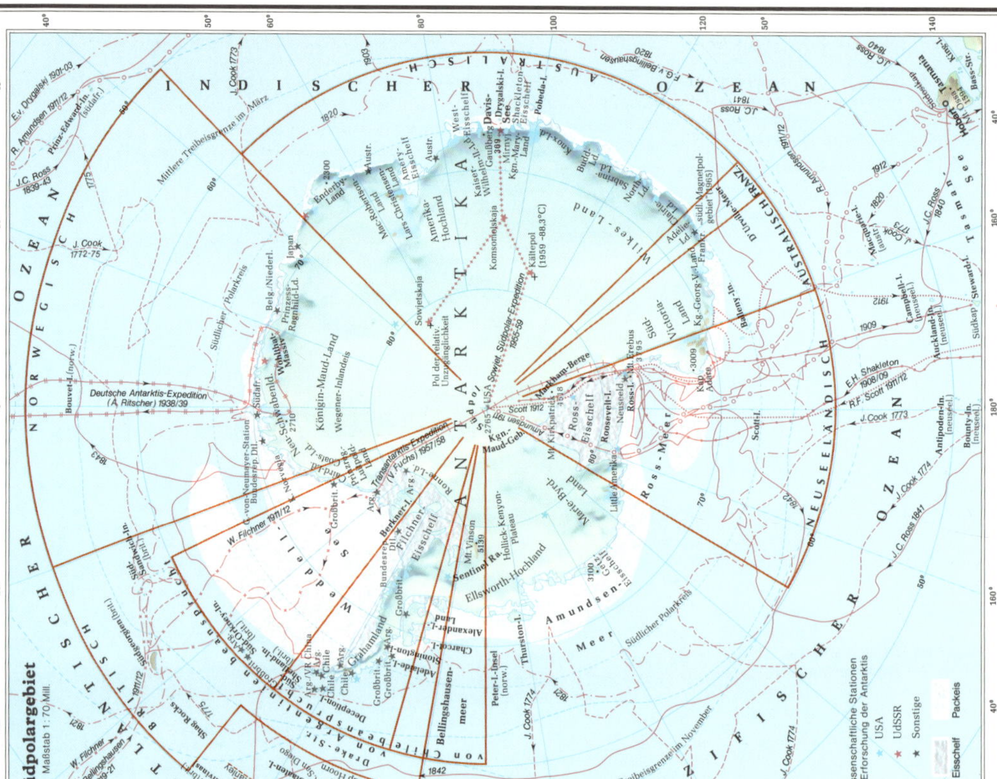

Südpolargebiet
Maßstab 1:70 Mill.
Wissenschaftliche Stationen zur Erforschung der Antarktis
USA
UdSSR
Sonstige
Eisschelf
Packeis

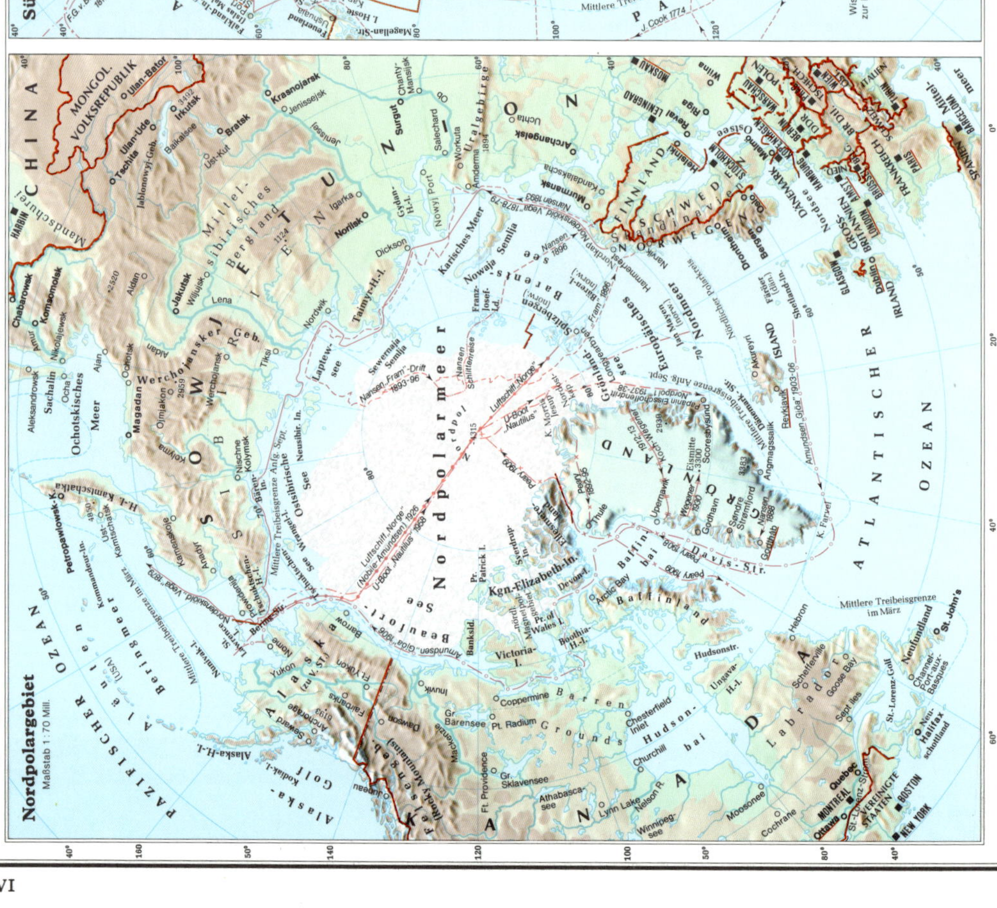

Nordpolargebiet
Maßstab 1:70 Mill.

Quickstep [kwˈɪkstep, engl.] *der, -s/-s,* Gesellschaftstanz im 4/4-Takt; schneller Foxtrott.

Quick-Test [n. dem amerikan. Arzt A. J. Quick, *1894, †1978], Labortest, der einen best. Wert **(Quick-Wert)** für die Blutgerinnungszeit liefert und eine Aussage über best. Stufen der Blutgerinnung möglich macht. Seine Bestimmung dient bes. der Kontrolle einer Therapie mit blutgerinnungshemmenden Mitteln.

Quickton, schluffiger bis feinsandiger, sehr wasserhaltiger Ton, der bei Erschütterung oder Überbelastung kurzzeitig flüssig (→Thixotropie) wird.

Quidde, Ludwig, Historiker und Politiker, *Bremen 23. 3. 1858, †Genf 5. 3. 1941, bereits vor 1900 bekannte er sich als Pazifist und trat für die Abrüstung ein, war 1914–29 Vorsitzender der Dt. Friedensgesellschaft, seit 1920 auch des Dt. Friedenskartells, erhielt 1927 mit F. É. Buisson den Friedensnobelpreis. Seit 1933 lebte er in Genf.

Ludwig Quidde

Quidproquo [lat. ›dies für das‹] *das, -s/-s,* Verwechslung, Mißverständnis.

quiek!, Schallwort für den Laut der Schweine. *ich* **quieke, 1)** stoße einen hohen, hellen Laut aus: *die Kinder quiekten vor Schreck; es war zum Quieken,* U sehr komisch. **2)** *Schweine quieken,* machen quiek. *ich* **quiekse,** U quieke. *der* **Quiekser,** *-s/-,* U quiekender Laut.

Quierschied, Gem. im Stadtverband Saarbrücken, Saarland, (1983) 15900 Ew., im Fischbachtal; Kohlebergwerke, Textil-Ind.

Qui|etismus [lat. quies ›Ruhe‹] *der, -,* die Überzeugung, daß nur die Hingabe dem religiösen Gefühl angemessen sei und nicht das aktive Wollen. Sie war bes. im Katholizismus des 17. Jh. wirksam und erstrebte die Einigung mit Gott durch affekt- und willenloses Sichergeben in den Willen Gottes. Streitpunkt war der Q. in Frankreich zw. dem gemäßigten F. Fénelon und J. B. Bossuet. Den Q. vertraten auch die frz. Mystikerin Jeanne Marie de Guyon (*1648, †1717) und der Spanier M. de Molinos (*1628, †1696). *der* **Qui|etist,** *-en/-en,* Anhänger des Q. *Adj.* **qui|etistisch.**

quieto [ital.], ♪ ruhig.

quietschen [zu quieken]. *es* **quietscht,** gibt einen schrillen Ton von sich: *die Tür quietscht; die Zuschauer quietschten vor Vergnügen.* **quietschvergnügt,** U sehr lustig.

Quillajarinde [ki-], **Panamarinde,** →Seifenbaum.

Quimper [kɛ̃pˈɛːr], Hptst. des frz. Dép. Finistère, (1982) 60200 Ew., am schiffbaren Odet; Steingut-, Nahrungsmittel-, Textil- u. a. Industrie; Kathedrale (13.–16. Jh.).

Quincey [kwˈɪnsɪ], **De Q.,** Thomas →De Quincey.

Quincke, Georg Hermann, Physiker, *Frankfurt (Oder) 19. 11. 1834, †Heidelberg 13. 1. 1924, untersuchte die Molekularkräfte in Flüssigkeiten, erfand das →Interferenzrohr.

Quincy [kwˈɪnsɪ], Hafenstadt in Massachusetts, USA, (1980) 85000 Ew.; Schiff- und Maschinenbau, Granitbrüche.

quinkelieren [mhd.]. *ich* **quinkeliere,** U trillere, trällere.

Quinn, Anthony, amerikan. Filmschauspieler, *Chihuahua (Mexiko) 21. 4. 1915, seit 1936 im amerikan. Film tätig, wirkte auch in europ. Filmen als Charakterdarsteller mit. ›La Strada‹ (1954); ›Vincent van Gogh‹ (1956); ›Der Glöckner von Notre-Dame (1956); ›Alexis Sorbas‹ (1964), ›Satisfaction‹ (1981).

Quinquagesima [lat. ›die fünfzigste‹] *die, -,* der 50. Tag vor Ostern, der Sonntag vor Aschermittwoch, in der evang. Kirche der Sonntag Estomihi.

Quint [lat.] *die, -/-en,* **1)** ♪ →Quinte. **2)** *das, -(e)s/-e,* Quent. **3)** Fechten: Stoß oder Hieb gegen eine von der rechten Hüfte zur linken Schulter oder Schläfe angenommene Linie.

Quinta [lat.] *die, -/...ten,* früher die zweite Klasse des Gymnasiums, heute ersetzt durch die für alle Schularten gültige einheitl. Bezeichnung ›sechste Klasse‹. *der* **Quintaner,** *-s/-,* Schüler der Quinta.

Quintana [kin-], Manuel José, span. Dichter, *Madrid 11. 4. 1772, †ebd. 11. 3. 1857, bedeutender Kritiker und Historiker, schrieb Oden, auch klassizistische Tragödien.

Quintana Roo [kintˈana roˈo], Staat der Rep. →Mexiko, im O der Halbinsel Yucatán; Hptst.: Chetumal.

Quinte [lat. ›die fünfte‹] *die, -/-n,* **Quint,** ♪ **1)** die 5. Stufe der diaton. Leiter. **2)** das Intervall, das vier diaton. Tonschritte enthält. Neben der **reinen Q.** (drei Ganztöne und ein Halbton) kommen durch Stellung in der Skala oder Alteration **übermäßige Q.** aus vier Ganztönen, z. B. es–h, oder **verminderte Q.** aus zwei Ganz- und zwei Halbtönen, z. B. h–f, zustande (→Tritonus). Der **Quintenzirkel** ist der Rundgang, der unter Zugrundelegung der temperierten →Stimmung von einem beliebigen Grundton aus nach 12 Q.-Intervallen wieder zum enharmonisch gleichen Ton zurückführt. Er kann in beiden Richtungen, im Sinn fallender Q. c–f–b–es–as usw. oder steigender Q. c–g–d–a–e usw., durchschritten werden. Von der Vorstellung des Q.-Zirkels ausgehend bildete sich gegen 1700 in der abendländ. Musik das geschlossene System der →Tonarten mit entsprechender Tonartvorzeichnung aus (12 Dur- und 12 Mollarten), das der Harmonik vielfältig neue Möglichkeiten erschloß.

Quint|essenz [lat. ›das fünfte Wesen‹], **1)** allg.: der wesentl. Hauptinhalt; urspr. der von Aristoteles zu den 4 Elementen hinzugefügte Äther. **2)** Im MA. entsprach die Q. bei den Alchemisten dem lebenerzeugenden und -erhaltenden ›Spiritus‹.

Quintett [ital.] *das, -(e)s/-e,* ♪ Tonstück für 5 Singstimmen oder 5 Instrumente (z. B. Streich-Q., Bläser-Q.); auch die Gruppe der fünf Ausführenden.

Quintieren [lat.] *das, -s* ♪ Eigenart einzelner Blasinstrumente (z. B. Klarinette), beim Überblasen statt wie gewöhnlich in die Oktave (zweiter Teilton) in den dritten Teilton, also die Quinte über der Oktave, umzuschlagen.

Quintilian, Marcus Fabius **Quintilianus,** *Calagurris (Spanien) etwa 30 n. Chr., †um 96, wirkte seit 68 als Redner in Rom, schrieb im Alter die 12 Bücher seiner ›Institutio oratoria‹. Die formal-rhetor. Ausbildung ist für ihn die Grundlage der Erziehung. Sein Werk, 1350 von Petrarca teilweise, 1416 von Poggio di Guccio Bracciolini ganz wiederentdeckt, wirkte stark auf die Humanisten.

Quintillion [lat.] *die, -/-en,* △ die fünfte Potenz einer Million, geschrieben: 1 mit 30 Nullen (= 10^{30}).

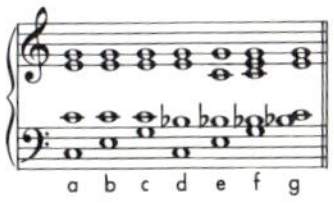

Quintlage

Quintlage: a Grund-, b Sext-, c Quartsext-, d Sept-, e Quintsext-, f Terzquart-, g Sekundakkord in Q.

Quintlage, Harmonielehre: im vier- und mehrstimmigen Tonsatz die Gestalt eines Akkords, bei dem die Quinte des Grundtons den obersten Ton bildet.

Quintole [lat.] *die, -/-n,* ♪ das Auftreten fünfteiliger Rhythmen in vierzeitiger Taktart.

Quintole

Quintole: in der Oberstimme eine für vier Noten eintretende Figur von fünf Noten gleicher Form

Quint|sextakkord [lat.], ♪ die erste Umkehrung des Septimenakkords mit der Terz als Baßton.

Quiproquo [lat. ›der für den‹] *das, -s/-s,* Personenverwechslung.

Quipu [kˈipu, Ketschua] *das, -(s)/-(s), der, -,* **Knotenschnur,** Schriftersatz der Inka aus vielen verknoteten Schnüren von etwa 55 cm Länge, die an einer Querschnur oder einem Stock befestigt sind. Sie dienten vorwiegend als Register für Volkszählungen, Steuereingänge usw.

Quiriguá [kiriγuˈa], Ruinenstätte in Guatemala, am Golf von Honduras; bedeutender Fundort von Maya-Stelen.

Quirinal *der,* lat. **Collis Quirinalis,** einer der sieben Hügel Roms. Auf dem Q. wurde der Palazzo del Quirinale (16.–18. Jh.) als Sommerresidenz der Päpste errichtet, seit 1870 Residenz der Könige von Italien, seit 1947 des Präs.; so Ü ›der Staatspräsident‹.

Quirinus, altröm. Gott, urspr. der Haupt- und Kriegsgott der Hügelgemeinde auf dem Quirinal, später mit dem Stadtgründer Romulus gleichgesetzt.

Quiriten [lat.], *Sg. der* **Quirit,** *-en,* im antiken Rom die Bürger, bes. Anrede in der Volksversammlung und bei den Komitien.

Quirl [ahd.] *der, -(e)s/-e,* **1)** Küchengerät zum Rühren. **2) Wirtel,** in einem Knoten büschelartig stehende Pflanzenteile (Blatt-Q., Zweig-Q.). **3)** U unruhiger Mensch. *ich* **quirle, 1)** *(es),* rühre mit dem Q. **2)** Ü wirbele umher. **quirlig,** U sehr lebhaft.

Quiroga [ki-], Horacio, uruguayischer Schriftst., *Salto 31. 12. 1878, †Buenos Aires 19. 2. 1937, ein Meister der Kurzgeschichte; Schauplatz seiner Erzählungen ist oft die Wildnis, wo Mensch und Tier den Naturgewalten ausgesetzt sind.

qui s'excuse s'accuse [ki sɛksk'yːz sak'yːz, frz.], wer sich (ohne beschuldigt zu sein) entschuldigt, klagt sich an.

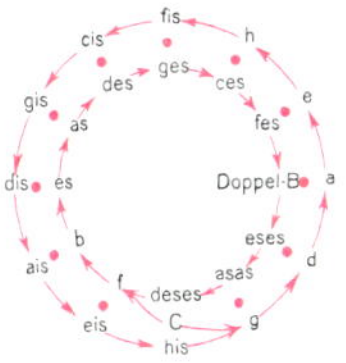

Quinte 2): Quintenzirkel

Quisling, Vidkun, norweg. Politiker, *Fyresdal (Telemarken) 18. 7. 1887, †(erschossen) Oslo 24. 10. 1945, Offizier, war 1922–26 Mitarbeiter F. Nansens in Rußland, 1931–32 Kriegs-Min., gründete 1933 die Partei ›Nasjonal Samling‹, Dez. 1939 warnte er Hitler vor der bevorstehenden brit. Besetzung norweg. Häfen. Unter der dt. Besatzung bildete er am 1. 2. 1942 eine ›nationale Regierung‹. Nach dem Zusammenbruch wurde er wegen Hochverrats zum Tod verurteilt. Sein Name wurde allg. zur Bezeichnung für einen Kollaborateur.

Quisquili|en [lat.] *Pl.,* Kleinigkeiten, Nichtigkeiten.

qui tacet, consentire videtur [lat.], wer schweigt, scheint zuzustimmen.

Quito [kˈito], Hptst. von Ecuador und der Prov. Pichincha, (1981) 844000 Ew., liegt fast am Äquator, 2850 m ü. M., in einem von Vulkanen umrahmten Hochbecken; Erzbischofssitz, 2 Univ., Nationalbibliothek; Textil-, Schuh-, Metallfabriken; Hausgewerbe (Heiligenbilder, Woll- und Baumwollgewebe, Goldschmiedearbeiten). Die Altstadt im Stil der Kolonialzeit mit vielen Kirchen, Klöstern und Adelspalästen. – Q. gehörte zum Inkareich; 1533 wurde es von den Spaniern erobert, 1534 neu gegr. und Hptst. von Ecuador. (BILD S. 322)

Quito

Quitte 1): Birnen-Q.; OBEN blühender Zweig, UNTEN Frucht

quitt [mhd. aus frz.], *nicht flektierbar:* frei, ledig, ohne Verbindlichkeiten: *wir sind q.,* zw. uns ist alles ausgeglichen.

Quitte [grch. melon kydonion ›kydonischer Apfel‹, lat. malum cotoneum, ahd. Kutina] *die, -/-n,* **1) Echte Q. (Cydonia oblonga),** apfelartiger Kernobststrauch oder -baum aus SO-Europa und dem Orient. Die Frucht ist groß, gelb, behaart, stark gerippt, birnen- **(Birnen-Q.)** oder apfelförmig **(Apfel-Q.).** Das Fleisch gibt Kompott, Gelee, Marmelade, Aroma. Der Strauch dient als Pfropfunterlage für kleine Baumformen der Birne und liefert Drechsler- und Tischlerholz (weitere BILDER Obst). **2)** andere Rosengewächse: **Japan. Q. (Feuer-, Scharlachquitte, Chaenomeles japonica),** ein in Mitteleuropa als Zierstrauch (BILD Ziersträucher) beliebter Dornstrauch mit glänzendem Laub, roten Blüten und eigroßen, grünlichen Früchten, die in der Heimat quittenartig ausreifen; ferner die Steinmispel **(Berg-, Steinquitte). quitte(n)gelb,** leuchtend gelb.

quittieren [frz.]. *ich* **quittiere** *es,* **1)** verlasse: *er muß den Dienst quittieren.* **2)** *(ihm),* bescheinige schriftlich den Empfang: *quittieren Sie mir bitte die Rechnung!,* stellen Sie eine Quittung aus.

Quittung *die, -/-en,* Empfangsschein, ⚖ schriftl. Empfangsbekenntnis des Gläubigers, die Leistung erhalten zu haben. Der Schuldner hat einen Rechtsanspruch auf Erteilung einer Q. Die Kosten hat der Schuldner zu tragen. Der Überbringer einer Q. gilt als ermächtigt, die Leistung zu empfangen (§§ 368 ff. BGB).

Quitzow [-o], brandenburg. Adelsgeschlecht, gelangte im 14. Jh. zu großer Macht, bis der spätere Kurfürst Friedrich I. von Hohenzollern 1414 es niederwarf.

Quivive? [kiv'i:v, frz.] *das, -s/-s,* Postenruf: wer da?: *man muß auf dem Q. sein,* U aufpassen, vorsichtig sein.

qui vivra, verra [ki vivr'a ver'a, frz.], wer es erlebt, wird es sehen; die Zukunft wird es lehren.

Quixote [kix'ote], → Don Quijote.

Quiz [kvɪz, engl.] *das, -/-,* Frage-und-Antwort-Spiel. **Quizmaster** [-ma:stər], Fragesteller beim Q.

Qumran, Chirbet Q. [arab. ›Ruine von Q.‹], Ort am Nordwestende des Toten Meeres und Austritt des Wadi Q. aus dem Gebirge. Dort liegen die Überreste einer 68 n. Chr. zerstörten klosterähnl. Siedlung einer jüd. religiösen Gemeinschaft (wahrscheinlich der → Essener). Seit 1947 wurden in den Höhlen des Wadi Q. und benachbarter Täler wesentl. Stücke ihrer Lit. wiedergefunden, bes. Handschriften von Büchern des A. T. (ein vollständiges Jesajabuch, größere oder geringere Reste der meisten kanon. Bücher des A. T. mit Kommentaren, z. T. in althebräischer Schrift, hebräische und aramäische Bruchstücke von Apokryphen, geringe Stücke der Septuaginta). Ferner fand man an Lit. der Bruderschaft die Ordensregel, die Kriegsrolle, die Damaskusschrift, die Tempelrolle u. a. Die Bedeutung der Funde (2. Jh. v. Chr. bis 1. Jh. n. Chr.) liegt für die Textkritik in dem hohen Alter der Handschriften; für die Sprachgeschichte in der Tatsache, daß sich bisweilen Formen finden, die im späteren Hebräisch verschwunden, im Samaritanischen aber erhalten sind; weiter geben sie Einblick in Leben und Lehre einer vom Jerusalemer Tempel und seiner Priesterschaft gelösten jüd. Bruderschaft des 2. und 1. vorchristlichen Jh.

quod erat demonstrandum [lat. ›was zu beweisen war‹], Abk. **q. e. d.,** (Ph) in der Logik auf Euklid zurückgehende Formel, die das Ende eines Beweises anzeigt.

Quodlibet [lat. ›was gefällt‹] *das, -s/-s,* **1)** buntes Durcheinander, willkürl. Zusammenstellung. **2)** ♪ scherzhafte Musizierweise, in der versch. Melodien mit den jeweils dazugehörigen Texten (oft aus dem Stegreif) kontrapunktisch zu einem mehrstimmigen Tonsatz verknüpft werden.

Quito: Kloster San Francisco, gegr. 1535

quod licet Jovi, non licet bovi [lat. ›was Jupiter erlaubt ist, ist dem Ochsen nicht erlaubt‹], eines schickt sich nicht für alle.

Quorum [lat. ›von denen‹] *das, -s,* ⚖ die Anzahl von Mitgliedern einer Körperschaft, die gesetzlich bei einer Beschlußfassung anwesend sein muß.

Quotation [lat.] *die, -/-en,* Börsenausdruck für Kursnotierung.

Quote [lat.] *die, -/-n,* rechnungsmäßiger Anteil. Statistik: die → Gliederungszahl. *ich* **quotiere** *es,* bewerte, gebe einen Preis an. *ich* **quotisiere,** verteile anteilsmäßig. *die* **Quotisierung,** *-/-en,* Berechnung der Anteile.

Quoten|akti|e, eine in den USA gebräuchl. Aktie, die i. Ggs. zur in der Bundesrep. Dtl. allein zulässigen Summenaktie auf keinen best. Nennwert lautet, sondern ähnlich wie der Kux einen Anteil am Gesellschaftsvermögen verkörpert, der der Zahl der ausgegebenen Q. entspricht.

Quotenkartell, ein → Kartell, bei dem die angeschlossenen Unternehmen untereinander best. Erzeugungs- oder Verkaufsquoten einhalten.

Quotidiana *die, -/... nen,* **Quotidianfieber** [lat.], eine Form der Malaria mit täglichen Fieberanfällen.

Quotient [lat.] *der, -en/-en,* △ das Ergebnis der → Division.

Quo vadis? [lat.], vollständig: **Domine, q. v.?** [›Herr, wohin gehst du?‹], nach der Legende die Frage, die der aus dem Kerker entflohene Petrus dem ihm erscheinenden Christus stellte. – Titel eines Romans von H. Sienkiewicz (1896).

Qwaqwa, Homeland in der Rep. Südafrika, ein Landstück im Oranje-Freistaat, 457 km², (1980) 24800 Ew., an der Grenze zu Lesotho; Hauptort ist Phuthaditjhaba.

R

r, R [ɛr] *das, -/-,* **1)** Konsonant (ÜBERSICHT Aussprache); der 18. Buchstabe des dt. Alphabets, entstanden aus dem grch. Rho.

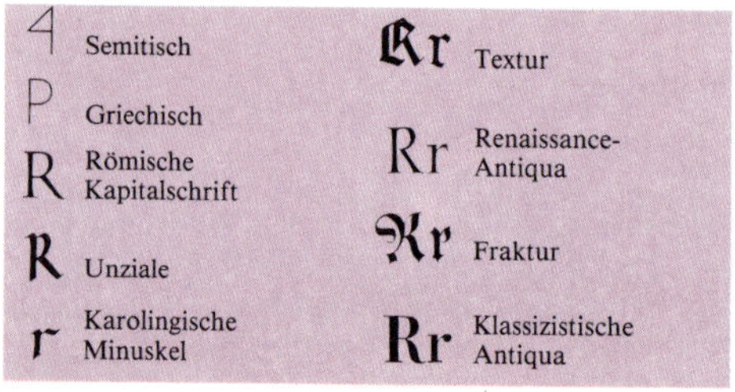

Entwicklung des Buchstaben **R**

Der Buchstabe r bezeichnete urspr. den Zungenspitzlaut [r]. Die Aussprache als Zäpfchen-r [R] kam im 17. Jh. in Paris auf und verbreitete sich im 18. Jh. auch nach Dtl.; die Aussprache im Hochdeutschen ist i. a. [R], in Österreich, Bayern und den Ostseeländern [r].

2) *r,* Formelzeichen für Radius. **3)** Börse: repartiert (auf dem Kurszettel). **4) r.,** Abk. für: rechts. **5) R,** Abk. auf röm. Inschriften für Roma, Romanus, Rex u. a. **6)** △ rechter Winkel. **7)** *R,* Formelzeichen für die universelle molare Gaskonstante (→ Gas). **8)** Formelzeichen für die Rydberg-Konstante. **9)** Einheitenzeichen für → Röntgen. **10)** auf Uhren: (frz. retarder) verlangsamen. **11)** in Briefmarken- und Münzkatalogen: selten (von lat. rarus). **12)** ⚗ Abk. für **Rest,** bezeichnet beliebige einbindige Kohlenwasserstoffgruppen.

°R, Einheitenzeichen für → Grad Rankine und → Grad Reaumur.

Ra, chem. Symbol für → Radium.

Ra, ägypt. Sonnengott, → Re.

Raa *die, -/-en,* ⚓ → Rah.

Raab, 1) *die,* magyar. **Rába** [r'a:bɔ], rechter Nebenfluß der Donau, 283 km lang, entspringt in der Mittel-Steiermark und mündet unterhalb der Stadt R. **2)** magyar. **Győr** [djø:r], Hptst. des Verw.-Bez. R. in W-Ungarn, (1982) 126300 Ew., oberhalb der Mündung der R. in die Donau; Waggon-, Kraftwagen-, Textil-, Leder-Ind.; Dom (13. Jh.), Bischofspalast. – R., das röm. **Arrabona,** wurde 1001 ungar. Bischofssitz, 1271 königl. Freistadt.

Raab, Julius, österr. Politiker (ÖVP), * St. Pölten 29. 11. 1891, † Wien 8. 1. 1964, 1938 Handels- und Verkehrsminister, 1945 Mitgründer der Österr. Volkspartei (1952–60 deren Obmann), 1953–61 Bundeskanzler; förderte den wirtschaftl. und sozialen Wiederaufbau Österreichs und erreichte den Abschluß des Österr. Staatsvertrages.

Raabe, Wilhelm, Schriftst., * Eschershausen (Braunschweig) 8. 9. 1831, † Braunschweig 15. 11. 1910, lebte als freier Schriftst. in Wolfenbüttel, Stuttgart und Braunschweig. In seinem umfangreichen Schaffen zeigt sich R. als Erzähler des ›poetischen Realismus‹. Seine frühen Bücher sind voll verhaltener Melancholie über das Schwinden der alten Zeit, wie ›Die Chronik der Sperlingsgasse‹ (1857) aus dem Milieu Alt-Berlins, der Erziehungsroman ›Die Leute aus dem Walde‹ (1863). Unter dem Einfluß von Schopenhauers Pessimismus entstanden die Entwicklungsromane ›Der Hungerpastor‹ (1864) und ›Abu Telfan‹ (1867) sowie ›Der Schüdderump‹ (1870), worin der Pestkarren Sinnbild des menschl. Schicksals wird. R. schrieb ferner histor. Erzählungen und Romane (›Die schwarze Galeere‹, 1865; ›Das Odfeld‹, 1889; ›Hastenbeck‹, 1899). Als Figuren bevorzugte er die Sonderlinge und seltsamen Käuze, die, äußerlich oft scheiternd, innerlich frei geblieben sind. Allgemein haben bei R. die Charakterschilderungen gegenüber der Handlung Vorrang.

WW: Horacker (1876); Wunnigel (1879); Alte Nester (1880); Stopfkuchen (1891, Kriminalerz.); Die Akten des Vogelsangs (1895); Altershausen (1911, Romanfragment) u. a. Erz.

Raab-Karcher AG, Essen, Handelsunternehmen (bes. Mineralöl); Tochter-Ges. der zur VEBA AG gehörenden Gelsenberg AG.

Rab, ital. **Arbe,** Insel im Quarnero, Kroatien, Jugoslawien; üppige Vegetation. Der Hauptort R. (1975: 1700 Ew.) ist Touristenzentrum; mittelalterliches Stadtbild.

Rabanus Maurus, karoling. Kleriker, → Hrabanus Maurus.

Rabat, Ar-Ribat, Hptst. von Marokko, (1982) 518600 Ew., an der Mündung des Bou-Regreg in den Atlant. Ozean; Residenz des Königs, Erzbischofssitz, zahlreiche Verwaltungsgebäude, Univ.;

Rabat: Hasan-Turm

Flugplatz. Der Hasan-Turm, das Minarett einer unvollendeten Moschee, ist heute das Wahrzeichen der Stadt; einheim. Gewerbe (Teppiche, Bekleidung), Leder- und Nahrungsmittel-Ind. – R. wurde im 12. Jh. als **Ribat el-Fath** gegr., war im 17. Jh. Hauptstadt eines selbständigen Korsarenstaats; seit 1912 Verwaltungssitz unter frz. Herrschaft.

Rabatt [ital. ›Abschlag‹] *der, -(e)s/-e,* Preisnachlaß oder Mengenzuschlag, der dem Käufer gewährt wird. Man unterscheidet den R. für schnelle Zahlung **(Barzahlungs-R.),** für den Bezug größerer Mengen **(Mengen-R.),** für Dauerbezug **(Treue-R.),** zur Neueinführung von Waren **(Einführungs-R.),** sowie nach dem Abnehmerkreis den R. an Werksangehörige **(Personal-R.),** Händler-R. **(Funktions-R.),** Großverbraucher-R. Rechtl. Grundlage in der Bundesrep. Dtl. ist das R.-Ges. v. 25. 11. 1933. – Versicherung: Nachlaß auf den Beitrag (z. B. Schadenfreiheits-R. in der Kfz-Haftpflichtversicherung).

Rabatte [niederländ. aus frz.] *die, -/-n,* Einfassungsbeet.

Rabau [niederländ. aus frz.] *der, -s/-e* oder *-en/-en, niederrhein.:* **1)** ein Apfel. **2)** Rabauke. *der* **Rabauke,** *-n/-n,* U Rüpel.

Rabaul, Hafen und wichtigste Handelsstadt des Bismarckarchipels auf New Britain, (1980) 15000 Ew.; Ausfuhr von Kokosöl, Kopra, Kakao und Holz; Flughafen.

Rabbi [hebr. ›mein Lehrer‹, ›Meister‹] *der, -(s)/-s* und *Rabb'inen,* auch **Rabbuni,** zur Zeit Christi Ehrentitel der jüd. Schriftgelehrten (Matth. 23,7 f.), der auch Jesu gegeben wurde.

Rabbiner [von → Rabbi] *der, -s/-,* urspr. der anerkannte Schriftgelehrte einer jüd. Gem., heute der von einer jüd. Gemeinde berufene Religionslehrer, Prediger und Seelsorger. Die R. haben die Kontinuität des Judentums erhalten und die jüd. Tradition wesentlich geprägt.

Rabe [ahd. hraban, Schallwort] *der, -n/-n,* **Corvus, 1)** Vogel, → Raben: *der R. krächzt; er stiehlt wie ein R.,* U viel; *ein weißer R.,* U etwas ganz Seltenes, eine große Ausnahme. **rabenschwarz,** ganz schwarz. **2)** ☆ **Corvus** [lat.], Sternbild des Südhimmels. **Rabenaas,** U Galgenvogel, schlechter Kerl. **Rabeneltern,** *der* **Rabenvater,** *die* **Rabenmutter,** U lieblose Eltern.

Rabel, Ernst, Jurist, * Wien 28. 1. 1874, † Zürich 7. 9. 1955, Prof. u. a. in Basel (1906) und Berlin (1926), wo er das Kaiser-Wilhelm-Institut für ausländ. und internat. Privatrecht leitete. Durch den Nationalsozialismus vertrieben, lehrte er in den USA. R. hat der übernationalen Vereinheitlichung im Privatrecht vorgearbeitet.

Rabelais [rabl'ɛ], François, frz. Schriftst. und Humanist, * La Devinière (bei Chinon) wahrscheinlich um 1494, † Paris 9. 4. 1553, trat früh in den Franziskanerorden ein, wurde 1524 Benediktiner, 1527 Weltgeistlicher, führte ein Wanderleben und wirkte zeitweise als Arzt in Lyon. Er veröffentlichte dort medizin. Schriften sowie Übersetzungen von Hippokrates und Galen in lat. Sprache. 1551 erhielt er als Pfründe 2 Pfarreien, darunter die von Meudon bei Paris. 1532 verfaßte er unter einem Pseudonym das von Satire, Witz und Phantasie übersprudelnde Buch vom Leben des Riesen Pantagruel. 1534 folgte ein zweites Buch, die Geschichte von Pantagruels Vater Gargantua, 1546 und 1552 noch ein drittes und viertes Buch über die Abenteuer Pantagruels und seiner Gefährten. (Ein fünftes Buch postum; Gesamtausgaben später unter dem Kurztitel: ›Gargantua und Pantagruel‹.) In diese z. T. wüsten Geschichten in oft derbster Darstellungsart und einer mit zahlreichen Neologismen durchsetzten Sprache verflocht er humanist. Begeisterung für Bildung und Wissenschaft und scharfe Zeitkritik.

Raben, die größeren Vertreter der Rabenvogel-Gatt. **Corvus,** bes. der → Kolkrabe. Die kleineren Arten heißen → Krähen; weitere R. wie die Alpendohle → Rabenvögel. Der R. gilt wegen seiner Farbe, seines Krächzens und seiner Frechheit im Glauben vieler Völker, bes. im Märchen, als Unglücks- oder Seelenvogel, der Tod und Krieg ankündigt.

Rabener, Gottlieb Wilhelm, Schriftst., * Wachau bei Leipzig 17. 9. 1714, † Dresden 22. 3. 1771, veröffentlichte in den ›Bremer Beiträgen‹ den Hauptteil seiner Prosa-Satiren gegen die Torheiten bes. der mittleren Stände (gesammelt, 4 Bde., 1751–55).

Rabenschlacht, mhd. Epos in sechszeiligen Strophen aus dem Sagenkreis um → Dietrich von Bern (entstanden wohl um 1270 in Österreich); erzählt von der Schlacht um Ravenna (dt. Raben), in der Dietrich mit Hilfe der Hunnen sein Reich von → Ermanrich zurückgewinnt. Damit verknüpft ist die Sage vom Tod der jungen Etzelsöhne und Dietrichs Bruder Diether (von Witege ermordet).

Rabenvögel, Corvidae, Fam. der Singvögel; zu ihnen gehören → Kolkrabe und → Krähen, ferner → Dohle, → Elster, Häher (so → Eichelhäher, → Tannenhäher). Die **Alpendohle (Pyrrhocorax graculus),** mit schwarzem Gefieder und gelbem Schnabel, bewohnt höhere Gebirge des südl. Europa; ähnlich verbreitet ist die **Alpenkrähe (Pyrrhocorax pyrrhocorax),** schwarz, mit gebogenem rotem Schnabel. (BILD S. 324)

Rabi [r'eɪbɪ], Isaac Isidor, amerikan. Physiker, * Rymanów (Galizien) 29. 7. 1898, Prof. in New York, wies den Kernspin des Natriums nach, bestimmte magnet. Kernmomente und die Hyperfeinstruktur von Spektrallinsen mit einer von ihm entwickelten Resonanzmethode an Molekularstrahlen. 1944 erhielt er den Nobelpreis für Physik.

rabiat [zu Rabies], wütend, rasend vor Zorn.

Rabi|es [lat. ›Wut‹] *die, -,* die → Tollwut.

Rabin, Itzhak, israel. Politiker, * Jerusalem 1. 3. 1922, trat 1940 der jüd. Selbstschutzorganisation ›Palmach‹ bei. Nach der Gründung des Staates Israel stieg er innerhalb der israel. Armee zum Generalstabschef auf (1964–67). Im Sechstagekrieg (Juni 1967) leitete er die erfolgreichen Operationen der israel. Armee. 1968–73 war R. Botschafter in Washington, 1974 Arbeitsminister, 1974–77 MinPräs., seit 1984 Verteidigungsminister.

Rabitzdecke, → Drahtputzdecke.

Rabitzwand, → Drahtputzwand.

Julius Raab

Wilhelm Raabe

François Rabelais

Elster

Kolkrabe

Nebelkrähe

Eichelhäher

Rabenvögel

Rachenbremsen: Rehwild-R.

Sergej W. Rachmaninow

Rabulist [lat. rabula ›Schreier‹] *der, -en/-en,* Rechts-, Wortverdreher. *die* **Rabulistik,** -, Rechtsverdrehung, Wortklauberei. *Adj.* **rabulistisch.**

Racemate *Pl.,* ⊙ Gemisch gleicher Mengen der rechts- und linksdrehenden Form optisch aktiver Verbindungen (→ Stereochemie, → optische Aktivität). **Racemisierung** heißt der Übergang einer optisch aktiven Substanz in das entsprechende R.

Racematmethode, die → Aminosäuredatierung.

Rachbeere, volkstüml. Name des → Seidelbastes.

Rache [ahd. rahha] *die, -, für etwas, an ihm,* Ahndung eines Vergehens, Vergeltung für erlittenes Unrecht: *wir fordern R.! ich* **räche, 1)** *ihn, es, mich,* vergelte: *der Mord ist gerächt; Rachedurst; Rachsucht.* **2)** *mich an ihm für etwas,* verschaffe mir Genugtuung: *ich werde mich für diese Beleidigung rächen.* **3)** *es rächt sich,* hat üble Folgen.

Rachel *der,* zweithöchste Berggruppe des hinteren Bayerischen Waldes, **Großer R.** 1453 m, **Kleiner R.** 1399 m; an der Ostseite der **R.-See** (1071 m ü. M.).

Rachel, weibl. Vorname, → Rahel.

Racheln *Pl.,* vielverzweigte Regenfurchen, die die Bildung einer zusammenhängenden Vegetationsdecke verhindern.

Rachen [ahd.] *der, -s/-,* **1)** der → Schlund. **2)** Maul, Schlund: *im R. des Löwen; wir müssen ihm den R. stopfen,* U ihm etwas geben, um ihn zufriedenzustellen. **3)** P gähnende Öffnung, tiefer Schlund: *der R. des Todes.* **Rachenputzer,** U saurer Wein, scharfer Schnaps.

Rachenblüter, Braunwurzgewächse, Scrophulariaceae, zweikeimblättrige Pflanzenfam., Kräuter oder Sträucher mit gegen- oder quirlständigen Blättern und fünfgliedrigen, zuweilen einen Sporn tragenden Blüten; Blumenkrone meist zweilippig; Frucht meist eine Kapsel.

Rachenbremsen, plumpe, über 1 cm große, pelzig behaarte, sehr fluggewandte Fliegen, deren Larven sich im Nasen- und Rachenraum von Hirscharten entwickeln. Die lebendgeborenen Larven werden im Flug in die Nasenöffnung des Wirtstieres abgelegt, das sie zur Verpuppung im Boden verlassen. Bes. bekannt ist die **Rehwild-R.**

Rachenkatarrh, Rachen|entzündung, Pharyngitis, Entzündung der Rachenschleimhaut. Der **akute R.** tritt auf bes. bei Virusinfekten der oberen Luftwege, bei Kindern oft auch mit Fieber. Symptome sind Kratzen im Hals, Schluckbeschwerden. Behandlung: Wärme, Halswickel, Lutschpastillen, Gurgeln z. B. mit Kamillentee. Der **chronische R.** ist meist gekennzeichnet durch trockene Schleimhäute, Fremdkörpergefühl, Schluckbeschwerden und wird hervorgerufen durch chron. Reizeinwirkungen von Staub, chem. Stoffen, Zigarettenrauch u. a. oder tritt auf als Folgeerscheinung ständiger Mundatmung z. B. bei einer Nebenhöhlenentzündung. Behandlung: durch die Nase eingeträufelte Öle, Inhalieren und Gurgeln mit salzhaltigen Lösungen, Beseitigung der Ursache.

Rachenmandel, $ → Mandel.

Rachis|chisis [grch.] *die, -,* $ die Spina bifida (→ Spina).

Rachitis [grch.] *die, -,* **Englische Krankheit,** Krankheitsbild, das durch Vitamin-D-Mangel hervorgerufen wird und bes. Veränderungen an den Knochen bewirkt. Dieses Vitamin (D_3, Cholecalciferol) ist in Nahrungsmitteln, v. a. im Lebertran, enthalten, wird jedoch v. a. aus einer in der Leber entstehenden und in der Haut gespeicherten Vorstufe (7-Dehydrocholesterin) unter Einfluß des Sonnenlichts gebildet und in der Leber und den Nieren in die eigtl. Wirkform (1,25 Dihydroxicholecalciferol) umgewandelt. R. tritt nur in sonnenärmeren geograph. Breiten und bes. im Winter auf. Es kommt zu verminderter Calciumaufnahme aus dem Darm und zu vermindertem Calciumeinbau und damit zu abnormer Biegsamkeit und Verformung von Knochen, so des Schädels (›rachit. Weichschädel‹), des Brustkorbs (›Hühnerbrust‹) und der Beine (O-Beine), Auftreibungen an der Knochen-Knorpel-Grenze der Rippen (›rachit. Rosenkranz‹), daneben zu vegetativen Störungen und verminderter Infektabwehr. R. tritt bes. im Säuglingsalter auf; auf Grund der vorbeugenden Gabe von Vitamin D (400–1000 Einheiten täglich) in diesem Alter ist sie fast verschwunden. – Behandlung: Vitamin D, ggf. Calcium.

Rachmaninow, Sergej Wassiljewitsch, russ. Komponist, Pianist und Dirigent, * Oneg (Gouv. Nowgorod) 1. 4. 1873, † Beverly Hills (Cal.) 28. 3. 1943, lebte seit 1919 in den USA; Orchesterwerke, 4 Klavierkonzerte, Klavierstücke und Lieder in wirkungsvollem, an Tschaikowskij anknüpfendem Stil.

Rachmanowa, Alja, russ. Schriftstellerin, eigtl. Galina **von Hoyer,** * im Ural 27. 6. 1898, lebt seit 1945 in der Schweiz. – Erlebnisberichte; biograph. Romane u. a. über Tolstoj, Dostojewskij.

Racine [rəs'i:n], Hafenstadt in Wisconsin, USA, (1980) 86000 Ew., an der Mündung des Root River in den Michigansee; Landmaschinen-, Kraftwagenzubehör-, Elektro-, Bekleidungsindustrie.

Racine [ras'in], Jean, frz. Bühnendichter, * La Ferté-Milon 21. 12. 1639, † Paris 21. 4. 1699, aus jansenistisch gesinnter Familie, Schüler von Port-Royal. Seine ersten Tragödien ›La Thébaïde‹ (1664) und ›Alexandre le Grand‹ (1665) zeigen noch den Einfluß Corneilles. Die Komödie ›Les Plaideurs‹ (1668) gestaltete er mit satir. Witz. Die Tragödien ›Andromaque‹ (1667), ›Britannicus‹ (1669), ›Bérénice‹ (1670), ›Mithridate‹ (1673), ›Iphigénie en Aulide‹ (1675), ›Phèdre‹ (1677) zeigen R. auf der Höhe seiner Kunst. Später schrieb er noch die alttestamentl. Tragödien ›Esther‹ (1689) und ›Athalie‹ (1691), verfaßte geistl. Lyrik (›Cantiques spirituels‹, 1695) und arbeitete am ›Abrégé de l'histoire de Port-Royal‹. R.s Dramen sind der Höhepunkt der klassischen frz. Bühnendichtung. In der antiken Schicksalsidee (bes. bei Euripides) erkannte R. die mögliche Übereinstimmung mit dem augustinisch-jansenist. Gedanken der Prädestination sowie mit dem allg. christl. Begriff der Erbsünde. Im Unterschied zu Corneille, der heroische Willensnaturen verherrlicht, läßt er in einer Sprache voll Klangzauber, Adel und Maß die Menschlichkeit des Herzens sprechen, die zwar der überpersönl. Ordnung weichen muß, aber im Untergang leidvoll ihrer selbst gewahr wird. Die Humanisierung der trag. Erfahrung wird v. a. durch Frauengestalten verwirklicht. (BILD S. 325)

Rack, 1) *das, -s/-e,* Stahllager, in dem die Rah bei Segelschiffen am Mast befestigt wird. **2)** [ræk, engl.] *das, -s/-s,* Gestell, Rahmen, Regal; Rechen, Zahnstange.

Racken [lautmalend nach dem Ruf], *Sg. die* **Racke,** -, **Raken, Coraciidae,** Fam. altweltlicher, bunter Baum- und Bodenvögel. In Europa heimisch ist nur die → Blauracke.

Racker [norddt. ›Schinder‹] *der, -s/-,* Ü Kind, das gern Dummheiten macht, Schlingel. *ich* **rack(e)re** *mich* **ab, 1)** U arbeite schwer, plage mich. **2)** *oberdt.:* spare.

Racket [r'ækıt, engl.] *das, -s/-s,* **1)** Tennisschläger. **2)** in den USA: Erpresserbande.

Rackjobber [r'ækdʒɔbə, engl.], Lieferant im Einzelhandel, der ihm zur Verfügung gestellte Verkaufsflächen mit Produkten ausstattet und die damit zusammenhängenden Dienstleistungen übernimmt.

Raclette [-kl'ɛt] *die, -,* auch *das, -s,* schweizer. Käsegericht, bereitet aus geschmolzenem Hartkäse.

rad, Einheitenzeichen für → Radiant.

Rad, Abk. für **radiation absorbed dose** [reıdı'eıʃn əbs'ɔ:bd dəʊz, engl.], Einheitenzeichen **rd,** nicht gesetzl., jedoch bis zum 31. 12. 1985 zugelassene Einheit der Energiedosis (→ Dosis): 1 rd = 0,01 J/kg = 0,01 Gy (Gray).

Rad [ahd. rad] *das, -(e)s/¨er,* **1)** Maschinenteil für drehende (rollende) Bewegung, Rollkörper (vgl. unten Technik): *der Wagen läuft auf vier Rädern; man kann dem Schicksal nicht ins R. greifen,* Ü den Lauf der Dinge aufhalten; *er wird noch unter die Räder kommen,* Ü zugrunde gehen; *er ist das fünfte R. am Wagen,* Ü überflüssig. **2)** kurz für: Fahrrad: *ich fahre gern R.,* aber: *ich bin radgefahren, will radfahren.* **3)** kurz für: Mühlrad. **4)** kurz für: Spinnrad. **5)** Strahlenkörper, z. B. Blüte, Feuerwerk. **6)** gespreizter Schwanz des Truthahns, Pfaus: *der Pfau schlägt ein R.* **7)** Turnen: Überschlag: *er schlägt ein R.,* aber: *er kann radschlagen.* **8)** Hinrichtungswerkzeug im MA.: *Verbrecher wurden aufs R. geflochten. das* **Rädchen,** *-s/-,* **1)** *Pl. auch: R'äderchen,* kleines Rad. **2)** Gerät zum Schneiden von Kuchenrändern, Schnittmustern u. a. *ich* **rad(e)le** (habe, bin geradelt), U fahre Rad. *ich* **räd(e)le** *es* **(aus),** zeichne mit einem Rädchen. *ich* **räd(e)re, 1)** → Rädern. **2)** *ich bin wie gerädert,* U bin sehr erschöpft. **...räd(e)rig,** mit ... Rädern: *ein zweirädriger Karren.* **Radfahrer, 1)** jemand, der mit dem Fahrrad fährt. **2)** Ü jemand, der Vorgesetzte hofiert. *der* **Radler,** *-s/-,* Radfahrer.

⚙ Ein Rollkörper, dessen äußerer Kranz (Radkranz, Felge) durch Speichen oder durch eine Scheibe mit der Nabe verbunden ist; durch diese ist das R. fest oder drehbar an der Achse befestigt. **Wagen-R.** aus Holz (z. B. für Fuhrwerke) sind meist mit einem eisernen Reifen umgeben. **Kraftwagen-R.** sind Scheiben-R. (mit einer Scheibe aus Stahl oder Leichtmetall zw. Nabe und Felge) oder Drahtspeichen-R. (mit vielen dünnen Speichen aus Stahldraht) oder Stahlblechspeichen-R. oder gegossene Leichtmetall-R. **Eisenbahn-R.** tragen am Umfang des Radkörpers einen stählernen Spurkranz, der mit seiner erhöhten inneren Kante das R. in den Schienen hält. **Zahn-R.** und **Reibungs-R.** dienen zur Kraftübertragung. Das R. ist ein wichtiges Maschinenelement.

Älteste R.-Darstellungen stammen aus dem sumerischen Ur etwa 3000 v. Chr. Wagen-R. mit Speichen finden sich um 2000 v. Chr. in N-Mesopotamien und um 1600 v. Chr. bei dem ägypt. Streitwagen. In China kannte man bereits im 4. Jh. v. Chr. R. mit schräg eingesetzten Speichen, in Europa erst im 15./16. Jh. n. Chr. – Kultische Bedeutung hatte das R. als Bewegungs- und Sonnenzeichen. Im alten Indien war es das Symbol des Weltbeherrschers. Ähnlich wurde von Buddha gesagt, daß er das R. der Lehre in Bewegung setze.

Radagais, german. Heerkönig, † Fiesole 23. 8. 406, brach 405 n. Chr. mit einem Heer von Ostgoten und anderen Germanen in Oberitalien ein, wurde bei Fiesole von Stilicho geschlagen, gefangen und hingerichtet.

Radar *das,* auch *der, -s/-s,* Abk. für engl. **Radio Detection and Ranging** [r'eɪdɪəʊ dɪt'ektʃn ænd r'eɪndʒɪŋ], früher **Funkmeßtechnik,** die Anwendung der Funktechnik zur Erfassung und Entfernungsbestimmung sowie meist zur gleichzeitigen Richtungs- und Ortsbestimmung ortsfester wie auch bewegl. Gegenstände über größere Entfernungen hinweg und ohne Behinderung durch Dunkelheit und nur wenig Behinderung durch Nebel, Regen und Schnee. Von einem Sender gerichtet (gebündelt) ausgestrahlte elektromagnet. Wellen (Wellenlänge zw. mehreren Millimetern und mehreren Metern) werden von Gegenständen im Beobachtungsgebiet reflektiert und am Beobachtungsort als Echosignale empfangen und somit die Gegenstände erfaßt; aus der Empfangsrichtung der Echosignale kann auf die räuml. Anordnung der reflektierenden Gegenstände in bezug auf den Empfangsort geschlossen werden (Primär-R.). Die Enfernung der reflektierenden Gegenstände vom Empfangsort wird meist aus der Laufzeit der sich mit Lichtgeschwindigkeit fortpflanzenden elektromagnet. Wellen ermittelt. Aus der Frequenzdifferenz zw. den ausgestrahlten und den empfangenen Schwingungen erhält man auf Grund des → Doppler-Effektes eine Information über die Relativgeschwindigkeit der Gegenstände in bezug auf den Empfangsort. Im Ggs. zum Primär-R. wird beim → Sekundärradar ein Abfragefunkfeuer verwendet, auf dessen Anfrage vom Boden ein Antwortgerät an Bord antwortet.

G e r ä t e . Sender und Empfänger eines R.-Geräts sind über eine Sende-Empfangsweiche an eine gemeinsame Richtantenne angeschlossen, über die periodisch Hochfrequenzimpulse ausgestrahlt werden. Die Länge jedes dieser Impulse beträgt z. B. 1 Mikrosekunde, die Impulsperiode 1 Millisekunde. Die Impulse gelangen auch auf das empfängerseitige Auswertegerät. Die während der Zeitintervalle zw. den Sendeimpulsen empfangenen Echosignale gelangen über die Sende-Empfangsweiche in den Empfänger und gleichfalls zum Auswertegerät, dem auch laufend Informationen über die augenblickl. Winkelstellung der Richtantennen zugeführt werden. Bei dem einfachsten Verfahren zur Entfernungsmessung wird ein von links nach rechts mit konstanter Geschwindigkeit wandernder Elektronenstrahl auf dem Bildschirm einer Elektronenstrahlröhre vertikal am linken Zeilenende vom Sendeimpuls und daran anschließend (horizontal versetzt) von den empfangenen Nutz- und Störschwingungen abgelenkt. Die Zeitbasis ist hierbei als Entfernungsskala eichbar. Auf dem Bildschirm erscheint hierbei eine ununterbrochene leuchtende Linie mit den Störsignalen entsprechenden, kleinen Zacken und markanten, den Sende- und Echoimpulsen entsprechenden Auslenkungen (Zeichnung 1). Sehr gebräuchlich ist die Darstellung in Form von Landkarten der **Rundsuch-** oder **Panorama-R.-Geräte** (PPI-Sichtgeräte), die mit einem drehbaren Richtantennensystem arbeiten (Zeichnung 2). In diesem Fall werden die Echosignale zur Intensitätsmodulation des Elektronenstrahls der Anzeigeröhre benutzt, so daß die erfaßten Objekte als helle Punkte auf dem dunklen Bildschirm erscheinen. Bei **3-D-R.-Geräten** (3-D = dreidimensional) wird als dritte Dimension die Zielhöhe angezeigt (Zeichnung 3). Neben den am meisten verbreiteten **Impuls-R.-Geräten** werden nach dem Dauerstrichverfahren arbeitende, ununterbrochen sendende und empfangende (impulsfreie) **CW-R.-Geräte** (CW = continuous waves = ungedämpfte, unmodulierte Wellen) verwendet. Zur Entfernungsbestimmung wird bei diesen die Phasenlage der empfangenen Schwingung bezüglich der Phase der ausgestrahlten Schwingung ausgewertet. **Langpuls-R.-Geräte** sind vorteilhaft zur Anzeige von einzelnen, sehr tief fliegenden Luftzielen, von fahrenden Schiffen bei starkem Seegang und von bewegten Zielen im Gebirge.

A n w e n d u n g . Das R.-Anzeigegerät auf Schiffen kann den eigenen Kurs und den der georteten fremden Schiffe anzeigen. Beim **Fluß-R.** befinden sich am Ufer (bes. in Kurven) und vor Hindernissen Reflektoren, die in Verbindung mit dem bordseitigen R.-Gerät die Navigation ermöglichen. Beim **Hafen-R.** werden die Lotsen auf Grund des R.-Bildes des gesamten Hafens in der Lotsenstation mit Hilfe von Funksprechgeräten über durchzuführende Kursänderungen unterrichtet. Zur Luftraumüberwachung werden die R.-Informationen in Computern mit voreingegebenen Flugplänen verglichen. Korrekturdaten werden den Piloten drahtlos übermittelt oder können auch zur automat. Flugzeugsteuerung dem Autopiloten direkt aufgeschaltet werden. **Bord-R.-Anlagen** können die Geschwindigkeit über Grund und die Abdrift sowie eine genaue Höhenmessung und Kollisionskursanzeige bestimmen. **Wetter-R.-Geräte** ermöglichen das frühzeitige Erkennen von Wolkenbildungen, Gewitterfronten, Regengebieten, Hagel- und Schneefällen, Sturmzentren. In der Astronomie dienen R.-Geräte z. B. zur Bahnvermessung von Sternschnuppen oder Meteoren und zur Untersuchung des Nordlichtes (→ Radarastronomie, → Radioastronomie). Zur polizeil. Geschwindigkeitsüberwachung von Straßenfahrzeugen dienen mobile **Verkehrs-R.-Geräte,** die meist mit automat. Kameras kombiniert sind. Bei militär. Überwachungs-R.-Geräten orten in aktiven Luftabwehr-Waffensystemen bordseitige R.-Geräte das gegnerische Ziel nach dem aktiven Zielsuchverfahren und ermöglichen einen direkten Anflug darauf. Bei Einsatz bodenseitiger R.-Geräte wird sowohl das gegnerische Ziel als auch das dem Waffensystem zugehörige Flugzeug oder die zugehörige Abwehrrakete geortet; vom Boden werden laufend Korrekturkommandos zur Verringerung der Ortungs-Differenzwerte gegeben.

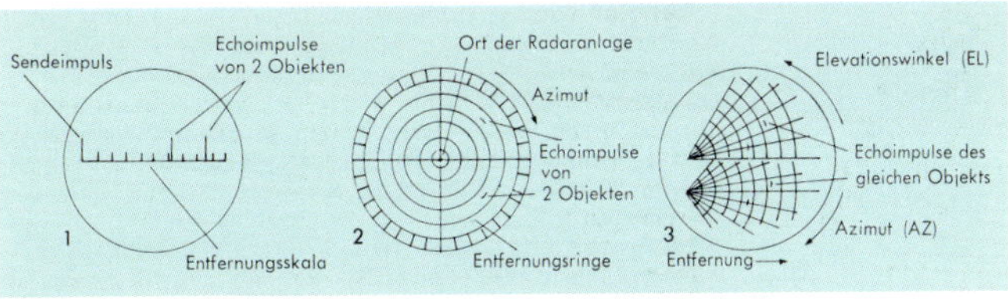

Radar: Anzeigearten; **1** Entfernungsdarstellung der A-Schirmbildanzeige. **2** Richtungs- und Entfernungsdarstellung der PPI-Rundsuchanzeige. **3** Dreidimensionale Zieldarstellung der AZ-EL-Anzeige

Radarastronomie, der Teil der Astronomie, der die Verfahren der Radartechnik zur Untersuchung erdnaher, astronom. Objekte (Mond, Planeten, Meteore) verwendet.

Radarmeteorologie, der Einsatz des Radars für meteorolog. Aufgaben, bes. zur Wetterbeobachtung und Erforschung der Atmosphäre und zur Ortung der → Radiosonden. Das Radar wird zum Auffinden und Verfolgen von Schauern und Gewittern, Tornados und Hurrikanen eingesetzt. Da die großen Niederschlagstropfen ein wesentlich stärkeres Echo geben als Wolkentropfen, kann es der Erforschung der Niederschlagsbildung dienen.

Radau [Schallwort] *der, -s,* U Lärm, Krach. **Radaubruder, Radaumacher,** U verächtlich: Unruhestifter.

Radaune *die,* Fluß in Pommerellen, 98 km, kommt aus dem Radaunensee am Turmberg, mündet südlich von Danzig in die Mottlau.

Radball, Ballspiel vom Fahrrad aus: Mit dem Vorder- oder Hinterrad des Rades sucht der Spieler den Ball in das gegner. Tor zu treiben. Im **Hallen-R.** stehen sich 2 Zweier-, im **Rasen-R.** 2 Sechsermannschaften gegenüber.

Radbod, Ratbod, Herzog der Friesen, † 719, wurde von Pippin dem Mittleren 689 (?) bei Dorestad besiegt und verlor Westfriesland; er gewann es unter Chilperich II. zurück und drang 716 bis Köln vor.

Radbruch, G u s t a v, Rechtsphilosoph und Politiker, * Lübeck 21. 11. 1878, † Heidelberg 23. 11. 1949, Prof. in Königsberg, Kiel und Heidelberg; 1920–24 MdR. (SPD), 1921/22 sowie 1923 Reichsjustiz-Min. R. war Vorkämpfer einer humanen und sozialen Strafrechtspflege.

HW: Einführung in die Rechtswissenschaft (1910); Rechtsphilosophie (1914).

Radcliffe [r'ædklɪf], A n n, geb. **Ward** [wɔ:d], engl. Schriftstellerin, * London 9. 7. 1764, † ebd. 7. 2. 1823; Autorin von Schauerromanen (›Gothic novels‹): ›Die Geheimnisse von Udolpho‹ (1794).

Radcliffe-Brown [r'ædklɪf braʊn], A l f r e d R e g i n a l d, brit. Ethnologe, * Birmingham 17. 1. 1881, † London 24. 10. 1955, einer der Begründer des → Funktionalismus in der Völkerkunde.

Raddampfer, ein durch Schaufelräder am Heck oder an den Seiten angetriebenes Dampfschiff.

Rade [ahd.] *die, -/-n,* Name versch. Pflanzen, z. B. → Kornrade.

Radeberg, Stadt im Kreis und Bez. Dresden, (1982) 16400 Ew.; Glas-, Metall-, Möbel-, elektrotechnische Ind., Bierbrauerei.

Radebeul, Stadt im Kr. und Bez. Dresden, in der Lößnitz, (1982) 35000 Ew.; Indianer-Mus. (ehem. Karl-May-Museum), Weinbau-Mus.; pharmazeutische, Schuh-, Bekleidungsindustrie; Weinbau.

radebrechen [mhd. ›jemandem die Glieder mit dem Rade brechen‹]. *ich* **radebreche** *eine Sprache,* spreche sie stümperhaft.

Radecki [rad'ɛtski], S i g i s m u n d von, Schriftst., * Riga 19. 11. 1891, † Gladbeck 13. 3. 1970, schrieb Essays und Feuilletons, übersetzte besonders aus dem Russischen.

Radek, K a r l Bernhardowitsch, früher **Sobelsohn,** sowjet. Politiker, * Lemberg 1885 (1883 ?), † 1939 (?), arbeitete seit 1918 in Berlin am Aufbau der KPD mit, wurde 1919 ausgewiesen, seit 1920 in Moskau als Mitgl. des Exekutivkomitees der Komintern; kehrte 1923 nach Dtl. zurück, um einen kommunist. Aufstand vorzubereiten. Als Anhänger Trotzkijs wurde er 1927–29 verbannt, 1938 in Moskau zu 10 Jahren Gefängnis verurteilt. R. gilt als einer der brillantesten bolschewistischen Pamphletisten.

Radekrankheit, Krankheit des Weizens und des Roggens, verursacht durch das Getreideälchen (→ Fadenwürmer); bildet zw. den Spelzen der Ähren rundliche dunkle Gallen, die wie Samen der Kornrade aussehen.

Jean Racine (aus einem Kupferstich von G. Edelinck)

Gustav Radbruch

Karl Radek

Radetzky (aus einer Medaille von J. M. Scharff, 1849)

Sarvepalli Radhakrishnan

Rädertiere: 1 Keratella. 2 Philodina (beide Abb. stark vergr.). – Nach P. Brohmer, Fauna von Deutschland

Rädelsführer [n. der kreisförmigen Aufstellung von Landsknechten], Anführer einer Verschwörung, eines Aufruhrs oder Unfugs. R. bei der Weiterführung für verfassungswidrig erklärter Organisationen (§§ 84, 85 StGB) und bei Meutereien von Soldaten (§ 27 Wehrstraf-Ges.) werden strenger bestraft als die übrigen Beteiligten. Auch die StGB der Dt. Dem. Rep., Österreichs und der Schweiz sehen bei einigen Straftaten schärfere Strafen für den R. vor.

Rädergetriebe, → Getriebe.

Rädern, bei den Römern und im Spät-MA. gegen Staatsverbrecher und Räuber gebräuchl. Art der Todesstrafe, bei der dem Verurteilten die Glieder durch ein Rad zerschlagen wurden. Vielfach wurde der noch Lebende mit gebrochenen Gliedern in die Speichen eines Rades geflochten und zur Schau gestellt.

Rädertiere, Rotatoria, Klasse der Schlauchwürmer, meist mikroskopisch kleine, durchsichtige Wassertiere; teils frei schwimmend, teils festsitzend, mit klauenartigem Schwanzanhang. Am Vorderende besitzen sie einen einziehbaren ›Räderapparat‹, mit dessen Hilfe sie sich fortbewegen und die Nahrung herbeistrudeln. Die R. haben z. T. Chitinpanzer, in die sie sich zurückziehen können. Sie pflanzen sich im Sommer durch unbefruchtete Eier fort, aus denen stets Weibchen entstehen. Im Herbst werden Eier erzeugt, aus denen sich unbefruchtet kleine Männchen, befruchtet wieder Weibchen entwickeln.

Radetzky, Joseph Graf **R. von Radetz,** österr. Feldmarschall (1836), * Trzebnitz (Böhmen) 2. 11. 1766, † Mailand 5. 1. 1858, hatte als Stabschef Schwarzenbergs in den Freiheitskriegen 1813/14 am Feldzugsplan entscheidenden Anteil. 1831–57 war er Oberbefehlshaber in der Lombardei und Venetien, wo sein Ausbildungssystem bald europ. Ruf erlangte. 1848 besiegte er die Italiener bei Custoza, 1849 bei Novara. R. war einer der volkstümlichsten österr. Heerführer. **R.-Marsch,** nach R. genannter Marsch von Johann Strauß (Vater).

Radevormwald, Stadt im Oberberg. Kr., NRW, (1983) 23 000 Ew., im Bergischen Land; Maschinenbau, Werkzeug-, feinmechan. und Textilfabriken, Kunststoffverarbeitung. – R. gehörte zum Hzgt. Berg und ist 1363 als Stadt bezeugt.

Radfahrweg, der → Radweg.

Radfenster, speichenartig gegliedertes Rundfenster spätroman. und got. Kirchen, frühe Form der → Fensterrose.

Radhakrishnan [-ʃ-], Sarvepalli, ind. Philosoph und Politiker, * Tiruttani (Südindien) 5. 9. 1888, † Madras 16. 4. 1975; 1952–62 Vizepräs., 1962–67 Präs. der Rep. Indien; schrieb viele Werke über ind. Denken und ind. Religion und ihre Beziehungen zur geistigen Welt Europas. Als Philosoph vertrat er einen weltaufgeschlossenen Vedanta (→ indische Philosophie und Religion). R. war seit 1954 Träger des dt. Ordens ›Pour le mérite‹ und erhielt 1961 den Friedenspreis des Dt. Buchhandels.

Radi [zu Radieschen] *der, -s/-, bair., österr.:* Rettich.

radial [lat.], **1)** von einem Mittelpunkt ausgehend; strahlenförmig in der Richtung des Umfangs; Ggs.: axial. **2)** ⚕ auf der Seite der Speiche (Radius) am Unterarm gelegen (Seite des Daumens); Ggs.: ulnar.

Radialgeschwindigkeit, 1) ⊠ die Geschwindigkeit, mit der sich ein Körper radial von einem Festpunkt entfernt. **2)** ✫ die Geschwindigkeitskomponente eines Gestirns in Richtung auf die Erde zu oder von ihr weg; sie wird mit dem → Doppler-Effekt spektrographisch gemessen und in km/s angegeben.

Radialislähmung, Lähmung des Speichennerven (Nervus radialis) des Armes, häufig bei Brüchen des Oberarmes oder durch Druckeinwirkung in Oberarmmitte (z. B. im Schlaf, Alkoholrausch; ›Parkbanklähmung‹). Kennzeichnend sind u. a. ein Herabhängen von Hand und Fingern (›Fallhand‹). Die R. bildet sich häufig von selbst zurück, sonst operative Behandlung.

Radialturbine, in radialer Richtung durchströmte Turbine; entsprechend **Radialverdichter.** Ggs.: Axialturbine, entsprechend Axialverdichter.

Radiant [lat.] *der, -en/-en,* **1)** △ Einheitenzeichen **rad**, die SI-Einheit des ebenen Winkels im → Bogenmaß, der aus dem Kreisumfang einen Bogen von der Länge des Radius herausschneidet. $1\ \text{rad} = 1\ \text{m/m} = 180°/\pi \approx 57{,}2958°$. **2)** ✫ scheinbarer Ausstrahlungspunkt eines Sternschnuppenschwarms am Himmel.

radiär [lat.], strahlig, rings um eine Längsachse gleichmäßig gebaut.

Radiästhesie [lat.-grch.] *die, -,* die Lehre von angeblichen Strahlenwirkungen, die von belebten und unbelebten Objekten ausgehen und von Sensitiven (›Radiästheten‹) durch Wünschelrute oder Pendel feststellbar sein sollen.

Radiation [lat.] *die, -/-en,* Strahlung, Ausstrahlung.

Radiator [lat.] *der, -s/...t'oren,* ein Zentralheizungs-Heizkörper mit großer Oberfläche (Wärmeabstrahlung) aus Gußeisen oder Stahlblech.

Radić [r'a:ditsj], Stjepan, kroat. Politiker, * Trebarjevo Desno (bei Rijeka) 11. 7. 1871, † Zagreb 8. 8. 1928, gründete 1904 die kroat. Bauernpartei, stand seit 1918 mit wenigen Unterbrechungen in Opposition gegen den großserb. Zentralismus; 1925/26 Unterrichts-Min. Er starb an den Folgen eines Mordanschlags.

radieren [lat. ›schaben‹]. *ich* **radiere** *(es),* **1)** entferne Geschriebenes oder Gezeichnetes mit **Radiergummi** (Erfinder E. Cairne, * 1726, † 1806) oder **Radiermesser. 2)** Kupferstechkunst: stelle eine **Radierung** her (→ Kupferstich). *Subst. der* **Radierer**, *-s/-. ich* **radiere** *es* **aus,** tilge, schabe weg.

Radieschen [lat. radix ›Wurzel‹] *das, -s/-,* Rettich, bes. der kleine, würzige, rote Monatsrettich. (Bild Gemüse)

Radiguet [-g'ɛ], Raymond, frz. Schriftst., * Saint-Maur-des-Fossés 18. 6. 1903, † Paris 12. 12. 1923; seine Romane (›Den Teufel im Leib‹, 1923; ›Der Ball des Comte d'Orgel‹, 1924) zeichnen sich durch Feinheit der psycholog. Analysen aus.

radikal [lat.], **1)** bis auf die Wurzel, von Grund aus. **2)** scharf, bis zum Äußersten gehend. **3)** vollständig, rücksichtslos: *Unkraut r. beseitigen.*

Radikal [lat.] *das, -s/-e,* **1)** △ ein Ausdruck, der sich durch rationale Rechenoperationen und Wurzelziehen aus einer oder mehreren Zahlen oder Unbestimmten bilden läßt. **2)** ⟲ **Radikale,** Atome oder Moleküle mit ungepaarten Elektronen (gekennzeichnet durch einen Punkt) und dadurch mit paramagnet. Eigenschaften. R. können unter Einwirkung von UV-Licht oder Wärme gebildet werden. Sie sind meist sehr reaktiv und reagieren miteinander unter Kupplung, mit ungesättigten Verbindungen unter Addition oder mit anderen Molekülen unter Abstraktion eines Atoms. Bei den Reaktionen entstehen häufig neue R., die in einer Kettenreaktion weiterreagieren. Relativ stabil sind R. mit konjugierten Doppelbindungen oder aromat. Ringsystemen. Wichtige chem. Reaktionen wie radikal. Polymerisation, Autoxidation, therm. Cracken und Chlorierung laufen über R. ab, **Bi-R.** enthalten zwei ungepaarte Elektronen.

Radikalenerlaß, Bez. für Grundsätze zur Auslegung von gesetzl. Vorschriften über die Treuepflicht von Beamten. Diese Grundsätze wurden am 28. 1. 1972 von den MinPräs. der Länder verabschiedet und in einer zusammen mit dem Bundeskanzler abgegebenen Erklärung bestätigt. Danach begründet die Mitgliedschaft eines Bewerbers in einer Organisation mit verfassungsfeindl. Zielen Zweifel an seiner Verfassungstreue, so daß die Ablehnung eines Angestelltenvertrages i. d. R. gerechtfertigt ist. Die praktische Handhabung des R. (Überprüfungsverfahren) ist in der öffentl. Meinung z. T. heftig kritisiert worden. Nachdem im Febr. 1976 eine Gesetzesvorlage zur Neuregelung der Frage im Bundesrat scheiterte, haben die von SPD und FDP regierten Länder den R. aufgekündigt und durch Bestimmungen entsprechend der Vorlage ersetzt. Einige Bundesländer verzichten heute auf die **Regelanfrage** (beim Verfassungsschutz) bei allen Bewerbern für eine Anstellung im öffentlichen Dienst.

Radikalismus *der, -,* **1)** Unbedingtheit, Schärfe der Anschauungen, bis zum Äußersten gehende Richtung. **2)** Politik: jede Richtung, die ihre Ideen und Interessen ohne Verständigungsbereitschaft mit anderen Kräften und Gruppen verfolgt. Im 19. Jh. bezeichneten sich die entschiedenen Verfechter demokrat. Vorstellungen als Radikale (heute zur polit. Mitte zählend). Als ›linksradikal‹ gelten heute i. a. alle marxistisch-leninist. Parteien, als ›rechtsradikal‹ v. a. alle an den Faschismus oder Nationalsozialismus anknüpfenden Parteien. **3)** christl. Theologie: die Qualifizierung einer theolog. Anschauung als Abweichung von der kirchl. Mitte, jede theolog. Überspitzung. In der evang. Theologie spricht man von R. im Blick auf das Urchristentum, das den Glauben als unbedingtes, gehorsames Vertrauen allein auf die Gnade Gottes verstand.

Radikaloperation, chirurg. Eingriff, bei dem ein Krankheitsherd vollständig beseitigt wird.

Radikalsozialisten, Radikalsozialistische Partei, Radikale Partei, frz. Partei, gegr. 1901 als **Parti républicain radical et radical-socialiste** [part'i repyblik'ɛ̃ radik'al e radikalsɔsjal'ist], Präs. (seit 1983): A. Rossinot. Die R. suchen ihren polit. Standort zw. Gaullismus und Kommunismus neu zu bestimmen. In Anlehnung an die Radikalen (seit 1880) um G. Clemenceau entstanden, beriefen sich die R. wie diese auf die Jakobiner. Sie betrachteten sich als die Erben der Frz. Revolution und damit als Sachwalter der individuellen Freiheitsrechte und des republikan. Gedankens. Sie bekämpften den Führungsanspruch angebl. Eliten (›alle Macht ist monarchistisch‹) und mißtrauten sozialen Autoritäten (z. B. Militär, Adel, Kirche, Finanzwelt, Bürokratie). Die Trennung von Staat und Kirche (1905) betrachteten sie als ihr Werk. Im Ggs. zu den marxistisch bestimmten Sozialisten treten die R. für die Erhaltung des privaten Eigentums an Produktionsmitteln ein und lehnen den Klassenkampf ab. Die ›gerechte‹ Ordnung soll nicht durch die soziale Revolution, sondern durch politische Reformen erreicht werden.

Die R. spielten in der III. Rep. (1871–1940) eine maßgebliche

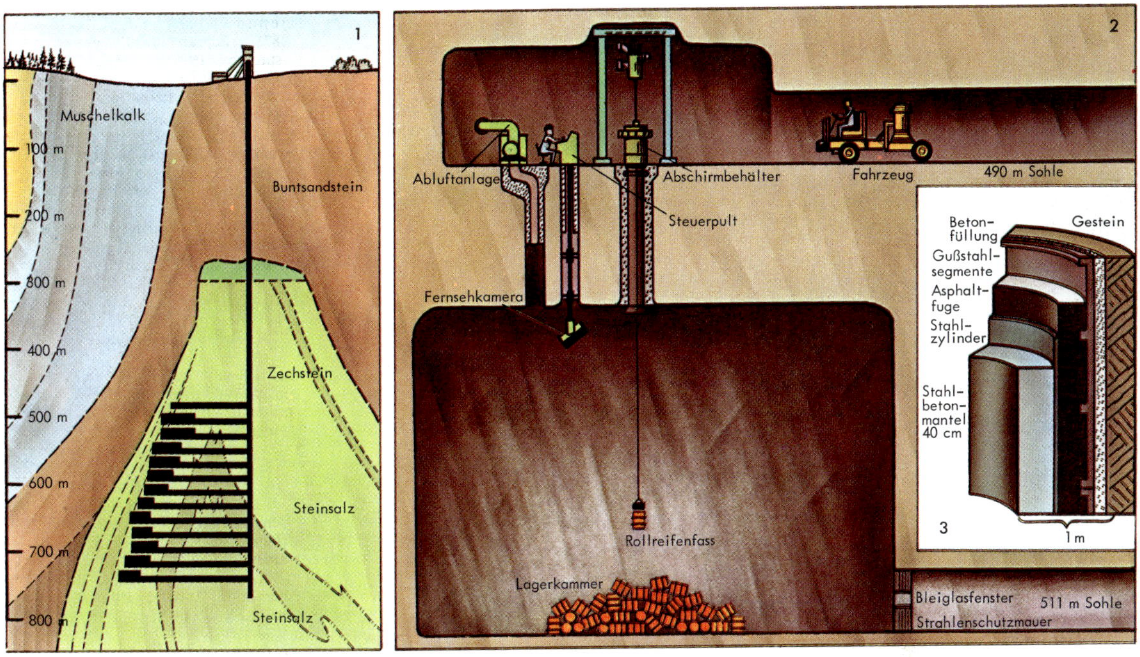

radioaktive Abfälle: 1–3 Schematische Darstellung der Einlagerung von r. A. in Gesteinsformationen des tieferen geologischen Untergrundes. Für verschiedene r. A. ist eine Langzeitlagerung (30 bis 300 Jahre) erforderlich. Als Deponien werden oft stillgelegte Salzbergwerke verwendet. **1** Schnitt durch ein stillgelegtes Salzbergwerk. **2** Schema der Einlagerung r. A. **3** Die schalenförmige Zusammensetzung des Schachtausbaus, die das Entweichen r. A. in die Biosphäre verhindern soll

Rolle. Sie wurden zu einem ›Regulator‹ im polit. System und hatten im Senat beherrschenden Einfluß. An vielen Kabinetten beteiligt, stellten sie eine große Zahl von MinPräs. (u. a. E. Combes, J. Caillaux, E. Herriot, E. Daladier, C. Chautemps, A. Sarraut). Auch in der IV. Republik (1945–58) besaßen die R. großen Einfluß; aus ihren Reihen kamen die MinPräs. A. Marie, R. Mayer, H. Queuille, P. Mendès-France, E. Faure. 1958 unterstützte die Mehrheit der Partei die Gründung der V. Republik; 1965 schlossen sich die R. der Linksföderation an. 1972 spaltete sich der linke Flügel der Partei ab und schloß sich als ›Bewegung der Linksradikalen‹ dem Volksfrontbündnis an. 1974–81 gehörten die R., die sich 1978 der → Union pour la Démocratie Française anschlossen, zur Regierungsmehrheit unter Präs. V. Giscard d'Estaing.

Radikand [lat.] *der, -en/-en,* △ die Zahl, aus der die Wurzel gezogen wird, z. B. ist 5 der R. von $\sqrt{5}$.

Radio [lat. radius ›Strahl‹] *das, -s/-s,* Kurzwort für → Rundfunk, auch für das **Radiogerät**, Rundfunkgerät. **Radiosender**, Rundfunksender.

radioaktive Abfälle, die Abfallstoffe, die bei der wissenschaftl. und techn. Benutzung von radioaktiven Materialien, bes. beim Betrieb von Kernreaktoren, entstehen. Sie können gasförmig, flüssig oder fest auftreten. **Gasförmige r. A.** können in Adsorptionsfiltern festgehalten werden, **flüssige r. A.** niedriger Aktivität werden häufig eine Zeitlang aufbewahrt, damit die kurzlebigen Radioisotope abklingen können. Flüssige r. A. mit höheren Aktivitäten werden nach Möglichkeit verdichtet und verfestigt. Die **festen r. A.** können, meist in Stahlbehältern eingeschlossen und durch Beton abgeschirmt, entweder vergraben oder im Meer versenkt werden. Die kontrollierte Beseitigung und Lagerung von r. A. ist Teil der → Entsorgung und des → Umweltschutzes und stellt eines der schwierigsten Probleme bei der großtechn. Nutzung der Kernenergie dar.

radioaktiver Niederschlag, ein Niederschlag, der radioaktive Partikel natürl. oder künstl. Ursprungs enthält. Letztere gelangen bes. bei Explosionen von Kernwaffen in die Atmosphäre. Auch aus Kernkraftwerken und kernverfahrenstechn. Anlagen werden radioaktive Edelgase und Aerosole an die Atmosphäre abgegeben. Das Absetzen fester Teilchen (Staub) heißt **Fallout** [fɔːl'aʊt], das Ausscheiden der Aerosole über die atmosphär. Niederschläge **Rainout** [reɪn'aʊt] (Aerosole wirken als Kondensationskeime bei der Wolkenbildung) und **Washout** [wɔʃ'aʊt] (bei Anlagerung an fertige Niederschlagströpfchen).

Radioaktivität *die, -,* die Eigenschaft bestimmter Atomkerne, sich spontan, d. h. ohne äußere Einwirkung, in andere Atomkerne umzuwandeln **(radioaktiver Zerfall, Kernzerfall),** wobei Energie in Form von Teilchen und meist auch elektromagnetischer Strahlung frei wird. **Natürl. R.** tritt bei den in der Natur vorkommenden radioaktiven Atomkernen auf. Zu diesen instabilen Atomkernen gehören die **primordialen Nuklide,** die eine so lange Lebensdauer haben, daß sie seit der Entstehung der Elemente noch nicht vollständig zerfallen sind. Durch die kosm. Strahlung werden ständig in der Atmosphäre natürlich radioaktive Kerne erzeugt, z. B. C 14. **Künstl. R.** tritt bei den durch Kernreaktionen (z. B. in Kernreaktoren) künstlich hergestellten instabilen Atomkernen auf. – Der radioaktive Zerfall verläuft nach rein statist. Gesetzen. Welcher einzelne Atomkern aus einer Anzahl radioaktiver Atomkerne **(Radionuklide)** in einem Zeitabschnitt zerfallen wird, läßt sich nicht voraussagen, jedoch zerfällt je Zeiteinheit bei einem einheitl. radioaktiven Stoff stets der gleiche, der vorhandenen Gesamtmenge proportionale Bruchteil; von N_0 radioaktiven Atomkernen zur Zeit $t = 0$ sind zur Zeit t nur noch $N = N_0 e^{-\lambda t}$ vorhanden. Die Zahl λ heißt **Zerfallskonstante.** Sie gibt an, welcher Bruchteil einer vorhandenen Menge von Atomen eines Isotops in der Zeiteinheit radioaktiv zerfällt. Sie ist gleich dem natürl. Logarithmus von 2 dividiert durch die → Halbwertszeit.

N a t ü r l i c h e R. Die von natürl. Strahlern ausgesandte Strahlung besteht aus Heliumkernen (→ Alphastrahlen), Elektronen (→ Betastrahlen) und Gammaquanten (energiereichen Lichtquanten, → Gammastrahlung). Da die Heliumkerne die Massenzahl 4 und die positive Ladung von 2 Elementarladungen haben, verwandelt sich ein Alphastrahler bei seinem radioaktiven Zerfall in ein Nuklid eines neuen Elements, dessen Ordnungszahl um 2 und dessen Massenzahl um 4 Einheiten geringer sind als die des Ursprungskerns. Bei einem Betastrahler tritt praktisch kein Massenverlust ein; die Ordnungszahl wird jedoch um eine Einheit erhöht. Gammastrahlen werden von angeregten Kernen, die z. B. nach Aussendung eines Alpha- oder Betateilchens zurückbleiben, beim Übergang in einen energetisch tieferen Zustand emittiert. Die Materiedicke, nach deren Durchstrahlung die Gammastrahlungs-Intensität auf die Hälfte abgeklungen ist, heißt Halbwertsdicke. Sie beträgt z. B. für die γ-Strahlung von Wismut 214 in Blei 1,3 cm.

Man kann 4 Zerfallsreihen für die radioaktiven Elemente mit

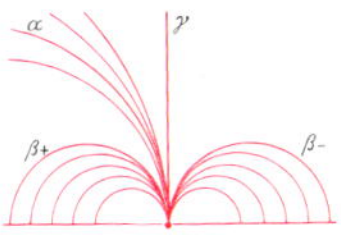

Radioaktivität

Radioaktivität: Ablenkung der radioaktiven Strahlen im Magnetfeld. Das Magnetfeld ist senkrecht zur Papierebene gerichtet. α = Alphastrahlen, β^- = Betastrahlen (Elektronenstrahlen), β^+ = Positronenstrahlen, γ = Gammastrahlen

Ordnungszahlen größer als 80 aufstellen, in denen die durch radioaktiven Zerfall auseinander entstehenden Kernarten angeordnet sind: die **Uran-Radium-Reihe** (Ausgangsnuklid Uran 238), die **Thoriumreihe** (Ausgangsnuklid Thorium 232), die **Uran-Actinium-Reihe** (Ausgangsnuklid Uran 235), die **Neptuniumreihe.** Letztere kommt in der Natur nicht vor, da ihr längstlebiges Glied und Ausgangsnuklid, das Neptunium 237, seit Entstehung des Sonnensystems praktisch vollständig zerfallen ist. In Uranerzen stehen sämtl. Folgeprodukte des Urans mit diesem und untereinander in radioaktivem → Gleichgewicht. Die 3 in der Natur vorkommenden Zerfallsreihen enden alle bei stabilen → Isotopen des Bleis. Aus der Menge des Bleis in Uranerzen kann man auf die Menge des zerfallenen Urans und damit auf das Alter des betreffenden Erzes schließen. Dies erlaubt Rückschlüsse auf das Alter der Erde überhaupt. Geolog. Bedeutung hat auch die R. des (primordialen) Kaliumisotops ^{40}K (Halbwertszeit 1,28 Mrd. Jahre). Wegen seiner großen Häufigkeit in Gesteinen ist die bei seinem Zerfall entstehende Wärme eine Hauptquelle der Erdwärme. Zur Altersbestimmung von organ. Stoffen wird das Kohlenstoffisotop ^{14}C benutzt (→ Radiokarbonmethode). Eine spezielle Form der R. ist die bei sehr schweren Kernen auftretende → Kernspaltung.

K ü n s t l i c h e R. Die künstlich entstandenen Nuklide sind fast durchweg Beta- und Gammastrahler; zusätzlich emittieren jedoch viele solcher Kerne Positronen (Positronenstrahler), wodurch sich ihre Ordnungszahl um eine Einheit vermindert und das Element im Periodischen System um eine Stelle nach links rückt. Daneben gibt es bei künstlich radioaktiven Nukliden den K-Einfang (K-Strahlung, → Einfangprozesse). Man kennt heute viele Hunderte durch Kernreaktionen herstellbare radioaktive Nuklide, die sich durch $\beta\pm$-Zerfälle oder durch K-Einfänge weiter umwandeln. Bei der Gesellschaft für Schwerionenforschung in Darmstadt wurde 1981 eine weitere Art des radioaktiven Zerfalls (bei Atomen mit sehr großem Protonenüberschuß) gefunden, bei dem durch Aussendung eines Protons der Atomkern des Elements mit der Ordnungszahl Z in einen Atomkern des Elements mit der Ordnungszahl Z-1 umgewandelt wird. (→ Isotopenindikatoren)

M e s s u n g d e r R. Die SI-Einheit der → Aktivität eines radioaktiven Stoffes ist das → Becquerel (ältere Einheit Curie). Die physikalische und in gewissen Grenzen auch die biolog. Wirkung der radioaktiven Strahlung wird gekennzeichnet durch die Ionendosis (→ Dosis), gemessen in Coulomb/Kilogramm (ältere Einheit Röntgen), und die Energiedosis gemessen in → Gray (ältere Einheit Rad), die biolog. Wirkung am menschl. Körper durch die Äquivalentdosis gemessen in → Sievert (ältere Einheit Rem). Zur Messung der R. ermittelt man entweder mit Elektrometern, die mit einem Präparat bekannter Stärke geeicht sind, die Ionisation einer Luftmenge, oder man zählt die Teilchen einzeln im Zählrohr oder macht ihre Bahnen in der Nebelkammer sichtbar. Auch die Schwärzung von Photoplatten und die Dichte und Zahl der Szintillationen auf fluoreszierenden Oberflächen bilden ein Maß für die R. In der Bundesrep. Dtl. wird die R. von Luft, Wasser, Boden und Lebensmitteln durch zahlreiche Laboratorien und Meßstellen des Bundes und der Länder ständig überwacht.

B i o l o g i s c h e W i r k u n g. Alphastrahlen sind wegen ihrer kurzen Reichweite nur schädlich, wenn α-aktive Stoffe in den tierischen oder menschl. Körper hineingelangt sind. Betastrahlen haben ebenfalls nur eine geringe Reichweite, erzeugen aber beim Abbremsen sekundäre Gammastrahlung (Bremsstrahlung). Diese kann auch von außerhalb des Körpers gelegenen Strahlenquellen aus wirken und führt bei höherer Intensität oder längerer Einwirkung zur Zellzerstörung. Radioaktive Nuklide finden in der Nuklearmedizin Verwendung zur → Strahlenbehandlung und zur Diagnostik (→ Szintigramm). Die Gammastrahlung wird ferner zur Strahlensterilisation von Lebensmitteln und Operationsinstrumenten genutzt. Über den Schutz vor radioaktiven Strahlungen → Strahlenschutz. Radioaktive Teilchen können auch in die menschl. Nahrung gelangen und vorübergehend oder dauernd einverleibt werden (bes. Strontium in Knochen). Durch → radioaktive Abfälle ist auch die Lebewelt der Gewässer und dadurch wieder der Mensch gefährdet. Die Kontrolle, Lagerung und Beseitigung gehören daher zum → Umweltschutz. Über radioaktive Heilquellen und radioaktiven Schlamm → Radium, → Heilquellen.

G e s c h i c h t e. Natürliche R. wurde zuerst (1896) von A. H. Becquerel am Uran nachgewiesen (›Becquerelstrahlen‹), 1898 fand das Ehepaar Pierre und Marie → Curie in der Pechblende Polonium und Radium. Die künstliche R. wurde 1934 von Frédéric und Irène Joliot-Curie (→ Joliot) entdeckt.

Radioastronomie, Teilgebiet der Astronomie, das sich der Radiofrequenzstrahlung der Himmelsobjekte zu deren Erforschung bedient. Zur Untersuchung der Radiofrequenzstrahlung, die im Wellenlängenbereich von einigen Zehntel Millimetern (**Submillimeterwellen-Astronomie**) bis etwa 30 m auf die Erde gelangt, dienen die → Radioteleskope. Mit dem Nachweis der Radiostrahlung der Milchstraße 1931 durch K. G. Jansky nahm die R. ihren Anfang. Die 1951 nachgewiesene, von H. C. van de Hulst 1944 vorhergesagte **21-cm-Strahlung** des interstellaren neutralen atomaren Wasserstoffs hatte für die Klärung der Spiralstruktur des Milchstraßensystems besondere Bedeutung. 1960 wurde von A. R. Sandage der erste → Quasar (Abk. für quasistellare Radioquelle) entdeckt, 1967 der erste → Pulsar von J. Bell und A. Hewish. Die 1965 von A. A. Penzias und R. W. Wilson radioastronomisch nachgewiesene kosm. → Hintergrundstrahlung ist für das Verständnis der kosmolog. Entwicklung des Weltalls entscheidend. Mit Hilfe der R. wurden in der interstellaren Materie mehr als 50 verschiedene Molekülarten nachgewiesen.

Radiolarien: Hexacontum asteracanthium mit innerem Kieselskelett, bestehend aus Radiärstäben und drei konzentrischen Gitterkugeln. Von diesen sind zwei innerhalb der Zentralkapsel (a) entwickelt, die innerste ist vom Kern (b) umgeben, c Pseudopodien (nach R. Hertwig)

Radio Bremen, Abk. **RB,** dt. Rundfunkanstalt öffentl. Rechts (1948); 1945 von den Amerikanern gegründet.

Radiochemie, Teilgebiet der Kernchemie, das sich mit der Herstellung und dem chem. Verhalten von → Radionukliden beschäftigt. Gearbeitet wird v. a. im Submikromaßstab. Zur R. gehören auch die Aufbereitung von Brennelementen, die Herstellung von Strahlungsquellen (z. B. Röntgenröhren) und von markierten Verbindungen. – Radiochem. Methoden werden heute in nahezu allen Bereichen der Naturwissenschaften und Medizin eingesetzt, z. B. in der Archäologie zur Altersbestimmung metall. Gegenstände durch die Aktivierungsanalyse oder als radiochem. Analyse, wie der **Hevesy-Paneth-Analyse.** Bei dieser wird die Menge eines radioaktiven Stoffes durch die Messung seiner Radioaktivität bestimmt. Mittels Isotopenindikatoren (Tracer) werden Reaktionsmechanismen in Chemie und Biochemie sowie Stoffwechselprozesse in der klin. Chemie aufgeklärt. Der Umgang mit Aktivitäten mit mehr als $37 \cdot 10^{10}$ Becquerel wird als **heiße Chemie** oder im techn. Bereich als → Kernchemie bezeichnet. Die **Chemie der heißen Atome** beschäftigt sich dagegen mit den chem. Reaktionen, die durch Rückstoßenergie bei Kernprozessen ablaufen. Mit radiochem. Methoden wiesen O. Hahn und F. Straßmann 1938 die Kernspaltung nach.

Radio Corporation of America [rˈeɪdɪəʊ kɔːpərˈeɪʃn ɔv əmˈerɪkə], → RCA Corporation.

Radio|element, nach DIN ein Element, das nur instabile Isotope hat (d. h. Technetium, Promethium und Elemente mit Ordnungszahlen größer als 83), nach ISO ein Element, das ein oder mehrere natürl. Radioisotope hat, z. B. Wasserstoff, Kalium, Rubidium, Platin, nicht dagegen Technetium, Promethium, Astatin, Francium und die Transurane.

Radio Free Europe [rˈeɪdɪəʊ friː jˈʊərəp, engl.], amerikan. Rundfunkges., Sitz: München, gegr. 1949; verbreitet Hörfunkprogramme für Bulgarien, Polen, Rumänien, die Tschechoslowakei und Ungarn.

Radiofrequenzstrahlung, → Radioastronomie.

Radio|immuno|assay [reɪdɪəʊɪmjˈuːnəʊəsˈeɪ, engl.], Abk. **RIA, Radio|immuntest,** spezifische und empfindliche radioimmunolog. Nachweismethode für kleinste Mengen (ng-Bereich) antigen wirkender Substanzen (z. B. Enzyme, Serumproteine, Hormone, Vitamine, Pharmaka, Tumorantigene u. a.).

Radio|indikatoren, radioaktive → Isotopenindikatoren.

Radio|isotope, natürl. oder künstl. radioaktive → Isotope eines best. chem. Elements.

Radiojod|test, Verfahren zur Prüfung der Schilddrüsenfunktion. Dabei wird dem Patienten eine geringe Menge radioaktiv markierten Jods verabreicht und dessen Aufnahme, Verteilung und Umsatzgeschwindigkeit gemessen und registriert.

Radiojodtherapie, Behandlungsmethode mit radioaktivem Jod bes. bei Schilddrüsenüberfunktion (z. B. Basedowsche Krankheit). Durch Betastrahlung wird dabei gezielt und dosisabhängig ein Teil des Schilddrüsengewebes zerstört.

Radiokarbonmethode, Radiocarbonmethode, Kohlenstoffmethode, Radiokohlenstoffdatierung, C 14-Datierung, von W. F. → Libby 1947 entwickeltes Verfahren zur Altersbestimmung geolog. und histor. Gegenstände organ. Ursprungs durch Ermittlung ihres Gehaltes an dem radioaktiven Kohlenstoffisotop ^{14}C (Halbwertszeit 5730 ± 40 Jahre). Dieses stammt aus dem Kohlendioxid der Luft und verringert sich in toten Organismen im Laufe der Zeit gesetzmäßig durch radioaktiven Zerfall, da nicht durch Stoffwechselprozesse laufend wieder neues ^{14}C aus der Luft aufgenommen werden kann.

Radiokardiographie, diagnost. Verfahren zur Erkennung von Herzkrankheiten, bei dem mittels eines radioaktiven Isotops Herzkammerinhalt, Kreislaufzeiten und -größen oder nekrotische Bezirke (Herzinfarkte) festgestellt werden können.

Radiolari|en [lat.], *Sg. die* **Radiolari|e,** -, oder *das* **Radiolar,** *-s/-e,* **Radiolaria, Strahlentierchen,** im Meer lebende Wurzelfüßer mit fadenförmigen Scheinfüßchen (Pseudopodien) und innerem Kieselskelett. Der Plasmakörper ist durch eine Membran

(Zentralkapsel) zweigeteilt. Nur der Innenteil ist zellkernhaltig, der Außenteil schaumig. Die vielgestaltigen Skelette können aus ineinandergeschachtelten, durchbrochenen Hohlkugeln, Urnen-, Glockengebilden und strahlig angeordneten Stäben bestehen. Die R. leben als → Plankton in der Hochsee. Die Skelette abgestorbener R. sinken auf den Meeresboden und bilden dort rote, tonige Ablagerungen **(Radiolarienschlamm).**

Radiolarit *der, -s,* ⊕ kieseliges, oft tonhaltiges Sedimentgestein, das kieselschalige Radiolarien enthält.

Radiologie [lat.-grch.] *die, -,* Lehre von den Strahlen (bes. radioaktiven und Röntgenstrahlen, d. h. ionisierenden Strahlungen) und ihrer Anwendung. Die medizin. R. befaßt sich mit Diagnose und Therapie von Krankheiten mit Hilfe von → Röntgenstrahlen (→ Strahlenbehandlung, → Röntgenographie) und → Radioaktivität (z. B. von → Radium). *der* **Radiologe,** *-n/-n,* der (Fach-)Arzt für Radiologie.

Radiolyse [grch.] *die, -/-n,* ⟲ Zersetzung eines chem. Stoffes durch ionisierende Strahlung, z. B. Röntgen-, Neutronen-Strahlung.

Radiometer *das, -s/-,* Strahlungsmeßgerät, bes. im Infrarot, besteht aus 2 auf einer Seite geschwärzten, an einem Faden drehbar aufgehängten Flügeln in einem Glasgefäß mit niedrigem Gasdruck. Durch auffallende Strahlung erwärmt sich die geschwärzte Seite stärker als die nicht geschwärzte und stößt die Gasmoleküle mit größerer Geschwindigkeit zurück: das Flügelrad beginnt sich zu drehen (Erhaltung des Impulses). Die **Crookessche Lichtmühle** [kruks-] ist ein physikal. Spielzeug auf gleicher Grundlage.

Radiometrie, ⟲ Methode der qualitativen und quantitativen Analyse auf Grund der von den Stoffen emittierten radioaktiven Strahlung.

Radionuklidbatterie, ⊠ die → Kernbatterie.

Radionuklide, ⊠ radioaktive, instabile Nuklide (Atomkerne) können künstlich hergestellt oder natürl. Herkunft sein.

Radioquelle, ☆ relativ eng begrenztes Gebiet von Radiofrequenzstrahlung am Himmel. (→ Radioastronomie)

Radiosextant, Winkelmeßgerät auf Schiffen, das durch sehr scharf bündelnde Richtantennen die von best. Objekten im Weltraum ausgesandte Radiostrahlung zur Ortsbestimmung anpeilt.

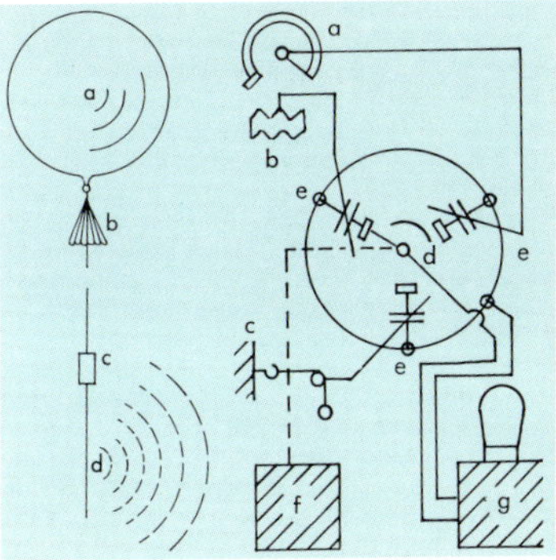

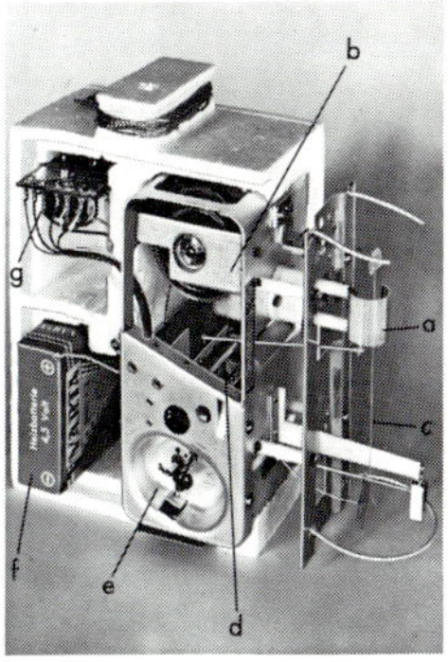

Radiosonde:
LINKS a mit Wasserstoff gefüllter Gummiballon, b Fallschirm (geschlossen), c Radiosonde (700 g schwer, 21 × 11 × 20 cm groß), d Antenne. MITTE und RECHTS Darstellung der Radiosonde (links c): a Bimetall-Thermometer, b Aneroid-Barometer, c Haarhygrometer, d Kontaktwalze, e Motor, f Batterie (4,5 V), g Sender

Radiosonde, Meteorologie: wichtigstes Beobachtungsgerät der Aerologie, besteht aus einem → Pilotballon mit Meßgeräten (für Luftdruck, Temperatur und Feuchte), der bis zu Höhen zw. 25 und 35 km aufsteigt, und einem Kurzwellensender zum Übermitteln der Meßwerte. Durch Anpeilen der R. von der Erde kann auch über den Wolken der Höhenwind genau gemessen werden. Im Rahmen des Wetterdienstes werden auf der ganzen Erde von über 400 Stationen aus täglich zweimal (00 und 12 Uhr Weltzeit) Aufstiege mit R. durchgeführt. Nach Zerstörung des Ballons gleiten die Instrumente an einem Fallschirm zu Boden.

Radioteleskop, ☆ Instrument der → Radioastronomie zum Empfang der von kosm. Objekten (Radioquellen) oder aus dem

Radioteleskop:
1 Very Large Array (VLA), Antennenanlage in Y-Form bei Socorro, New Mexico, mit 27 Radioteleskopen auf den 21, 21 und 19 km langen Armen des Y.
2 Das größte zusammenhängende R. (Durchmesser 305 m) in einem Talkessel bei Arecibo (Puerto Rico). Das ortsfeste Sphäroid kann auf Grund seiner Unbeweglichkeit nur einen etwa 15 Grad breiten Himmelsstreifen beobachten, der sich aber wegen der Erdrotation rund um die gesamte Sphäre erstreckt.
3 Das größte frei schwenkbare R. mit 100 m Reflektordurchmesser in Effelsberg, Münstereifel

1

2

3

Weltraum (→ Hintergrundstrahlung) kommenden Radiofrequenzstrahlung. **Einzelteleskope** empfangen mit einem metall. Parabolspiegel die Radiostrahlung, die auf einen Dipol oder ein Antennensystem im Brennpunkt fokussiert und anschließend verstärkt und aufgezeichnet wird. Sie können frei schwenkbar montiert, unbeweglich (wie das R. von Arecibo, BILD 2) oder nur im Meridian schwenkbar sein. Das größte frei schwenkbare R. (∅ 100 m) steht bei Effelsberg südlich von Bonn (BILD 3); weitere große frei schwenkbare R. stehen in England (Jodrell Bank, ∅ 76 m), Kalifornien (Goldstone, ∅ 64 m) und Australien (Parkes, New South Wales, ∅ 64 m). Das Auflösungsvermögen eines Einzelteleskops ist vom Reflektordurchmesser und der benutzten Wellenlänge abhängig und beträgt beim 100-m-Spiegel von Effelsberg maximal rd. 4 Bogenminuten. Eine wesentl. Verbesserung der Auflösung ist mit Interferometeranordnungen möglich. Dabei werden die von mindestens 2 getrennten Antennen empfangenen Signale elektronisch überlagert. Bei **Arrays** [ərˈeɪz, engl.] oder **Syntheseteleskopen** werden mehrere mittelgroße Radioteleskope auf Schienen, die kreuz-, Y- oder T-förmig angeordnet sind, so verändert, daß ein möglichst großes Auflösungsvermögen erzielt wird. Das bei Socorro in New Mexico (USA) errichtete **Very Large Array** [vˈerɪ la:dʒ-] besteht aus 27 bewegl. Parabolantennen (Durchmesser je 25 m), die in Form eines Y angeordnet sind, wobei die Einzelteleskope längs der 21 km langen Arme des Y verschoben werden können (BILD 1). Es erreicht das Auflösungsvermögen einer Parabolantenne von rd. 35 km ∅. – Bei **Langstrecken-Interferometern** haben die Antennen einen sehr großen Basisabstand (z. T. über Kontinente hinweg). Die größte bisher verwirklichte Basisstrecke betrug etwa 12 000 km. Bei dieser **Großbasis-Interferometrie,** auch **VLB-Interferometrie,** Abk. **VLBI** von engl. **Very Long Baseline Interferometry** [vˈerɪ lɔŋ bˈeɪslaɪn ɪntəferˈɔmətri:], lassen sich Auflösungsvermögen von mehr als 0,001 Bogensekunden erzielen.

Radio- und Fernsehtechniker, Ausbildungsberuf des Handwerks (3½ Jahre).

Radischtschew, Aleksandr Nikolajewitsch, russ. Schriftst., * Moskau 31. 8. 1749, † (Selbstmord) St. Petersburg 24. 9. 1802, Verfechter der revolutionären Aufklärung in Rußland; sein HW ›Reise von Petersburg nach Moskau‹ (1790), das im Stil an L. Sternes ›Empfindsame Reise‹ anknüpft, ist eine scharfe Anklage gegen die gesellschaftl. Mißstände. R. wurde nach Sibirien verbannt, 1796 begnadigt.

Radium [zu Radius] *das, -s,* **Ra,** radioaktives → chemisches Element aus der Gruppe der Erdalkalimetalle. Von den mehr als 20 meist künstlich hergestellten Isotopen kommen einige auch in der Natur in den Zerfallsreihen vor (→ Radioaktivität). Das wichtigste und langlebigste Isotop ist ^{226}Ra (Halbwertszeit 1 600 Jahre), das in der Uranzerfallsreihe auftritt und letztlich zu Blei (^{206}Pb) zerfällt **(Uranblei).** R. kommt daher in allen Uranmineralen vor. Zur techn. Gewinnung dient überwiegend die Pechblende, die etwa 0,14 g R./t enthält. R. wurde 1898 vom Ehepaar P. und Marie Curie entdeckt und 1910 von Marie Curie erstmals rein dargestellt. – R. ist in seinen Eigenschaften dem Barium sehr ähnlich. **Radiumbromid,** $RaBr_2$, läßt sich durch Umkristallisieren gut reinigen und ist die gebräuchlichste R.-Verbindung. R. und seine Verbindungen färben die Flamme intensiv rot. In der ersten Hälfte des 20. Jh. hatte R. große Bedeutung für die Erforschung der Radioaktivität und der Radiochemie, v. a. aber zur medizin. R.-Behandlung, die jedoch durch künstl. Radionuklide stark zurückgegangen ist.

⚕ **Radiumpräparate** dienen zur **Radiumbehandlung (Emanationstherapie,** Behandlung mit natürlich-radioaktiven Stoffen, z. B. ^{226}Ra, Radon). Zur Bestrahlung oberflächlich gelegener Geschwülste, z. B. Zungenkrebs, werden R. enthaltende Hohlnadeln unmittelbar in das erkrankte Gebiet gestochen (Spick-Methode). Bei Geschwülsten der Gebärmutter und der Scheide ist die R.-Behandlung durch Einlage von Stiften, Platten oder Zylindern eine wesentl. Ergänzung zur äußeren Strahlentherapie. Anwendung und Umgang mit R. unterliegen den gesetzl. Bestimmungen der Strahlenschutzverordnung.

Radium-Emanation, → Radon.

Radius [lat. ›Strahl‹] *der, -/...di|en,* **1)** △ Abk. **r**, Halbmesser. **2)** ⚕ Speiche, ein Unterarmknochen.

Radiusvektor, Fahrstrahl, Leitstrahl, △ der Vektor zu einem (bewegten) Punkt von einem festen Punkt aus, insbes. dem Ursprung im Polarkoordinatensystem (→ Koordinaten).

Radix [lat.] *die, -/...dizes* oder *...dices,* **1)** → Wurzel. **2)** der Stiel beim Pilzkörper. *ich* **radiziere** *eine Zahl,* △ ziehe die Wurzel daraus. (→ Wurzel)

Radixschreibweise, △ die häufigste Form der Stellenschreibweise von Zahlen: Jeder Stelle entspricht eine Potenz der zur Zahlendarstellung benutzten Grundzahl, Basis oder Radix, z. B. steht im Dezimalsystem mit der Basis 10 die Zahl 357,4 für $3 \cdot 10^2 + 5 \cdot 10^1 + 7 \cdot 10^0 + 4 \cdot 10^{-1}$.

Radkarten, Mönchskarten, mittelalterl. runde oder ovale Abbildungen der Erde als rings vom Ozean umgebene Scheibe (→ Ebstorfer Weltkarte).

Radkersburg, Bad R., Bezirksstadt in der Steiermark, Österreich, (1982) 1 900 Ew., an der Mur; Thermalbad, Weinbau; Pfarrkirche (15. Jh.), Rathaus und mehrere Palais (15.–18. Jh.). – 1546–86 wurde R. als Festung gegen die Türken ausgebaut.

Radnetzspinnen, Radweber, Araneidae, Fam. der Spinnentiere, deren Netze aus radialen Fäden mit aufgewebter Spirale von Fangfäden bestehen; so u. a. bei der → Kreuzspinne.

Radolfzell am Bodensee, Stadt und Kneippkurort im Kr. Konstanz, Bad.-Württ., Große Kreisstadt, (1983) 23 900 Ew., am Zeller See, einer Bucht des Bodensees, 400 m ü. M.; Textil-, Apparate-, Metall- u. a. Ind.; got. Münster (1466 vollendet) mit Grab des Gründers (Bischof Radolt von Verona); Scheffelmuseum (im Scheffelschlößchen auf der Halbinsel Mettnau). – R. a. B., um 826 gegr., erhielt um 1100 Markt-, 1267 Stadtrecht und gehörte 1454–1806 zu Vorderösterreich, danach zu Baden.

Radom, Abk. für **radar dome** [rˈeɪdɑ: dəʊm, engl.], **Radarkuppel,** ein Gehäuse für Radar- und Funknavigationsgeräte, bes. für deren Antenne, zum Schutz gegen die Witterung, bei Luftfahrzeugen zusätzlich als aerodynam. Verkleidung **(Radarnase, Radarbug).** Material und Formgebung sollen elektromagnet. Wellen möglichst wenig dämpfen oder ablenken; R. werden meist aus Kunststoffen in Mehrschichtbauweise ausgeführt.

Radom, 1) poln. Wwschaft (seit 1975), 7295 km², (1981) 705 800 Ew. **2)** Hptst. von 1), (1981) 194 400 Ew.; Leder-, metallverarbeitende, Maschinen- und Tabak-Ind.; Rohrleitung zu den Erdgasfeldern von Jasło-Krosno. – Got. Bernhardinerkirche und Pfarrkirche.

Radon *das, -s,* **Rn,** früher auch **Emanation, Em,** radioaktives → chemisches Element (ÜBERSICHT) aus der Gruppe der Edelgase. R. ist ein farbloses Gas, das im festen Zustand phosphoresziert. Es sind mehr als 20 Isotope bekannt, die z. T. in den natürl. radioaktiven Zerfallsreihen (→ Radioaktivität) auftreten und dann nach ihren Muttterelementen bezeichnet werden, z. B. ^{219}Rn, **Actinium-Emanation, Actinon;** ^{220}Rn, **Thoron,** wurde 1899 von E. Rutherford entdeckt, ^{222}Rn, **Radium-Emanation,** 1901 von dem Physiker F. E. Dorn. Elementares R. wird ausschließlich für therapeut. Zwecke verwendet. Das in der Natur in vielen Heilquellen, Heilschlämmen und Höhlen mit radioaktivem Gestein vorkommende R. wird als Heilmittel in der Emanationstherapie verwendet (→ Radium).

Radowitz, Joseph Maria von, preuß. General und Politiker, * Blankenburg (Harz) 6. 2. 1797, † Berlin 25. 12. 1853, war seit 1836 Militärbevollmächtigter am Bundestag in Frankfurt a. M., 1848/49 einer der Führer der Rechten in der Frankfurter Nationalversammlung. Als Vertreter des Königs, zuletzt als Außen-Min. (Herbst 1850), leitete er die Unionspolitik von 1849/50, die einen kleindt. Bundesstaat unter preuß. Führung erstrebte; sie wurde aber angesichts der Gegnerschaft Österreichs in der Olmützer Punktation (→ Olmütz) vom Nov. 1850 preisgegeben und R. vom König fallengelassen.

Radpolo, Ballspiel mit Torwertung für Zweier-Damenmannschaften auf dem Fahrrad mit Schlagstöcken. Die Regeln ähneln dem → Radball der Herren.

Radrennbahn, 200–500 m lange, ovale Bahn, mit nach innen leicht geneigten Geraden (in Hallen meist aus Holz).

Radsatz, der aus der Achswelle und den beiden aufgepreßten Rädern bestehende Rollkörper der Schienenfahrzeuge. Die Räder bestehen aus dem **Radkörper** (Radnabe, Radscheibe, Felgenkranz) und dem warm aufgezogenen **Radreifen** (mit → Spurkranz), der durch den eingewalzten Sprengring befestigt ist.

Radscha [Sanskrit ›König‹] *der, -s/-s,* **Raja, Rajah** [rˈɑ:dʒə], Titel der Hindu-Fürsten Indiens und des Malaiischen Archipels, in erhöhter Form **Maharadscha** (Großkönig).

Radschloß, → Gewehr.

Radschputen, → Rajputen.

Radsport, sportl. Wettkämpfe auf Fahrrädern. Man unterscheidet: **Straßenrennsport** (Straßen-, Rundstrecken-, Berg-, Etappen- und Querfeldeinrennen, Kriterium- und Zeitfahren); **Bahnwettbewerbe** (Flieger-, Verfolgungs-, Tandem-, Steher-, Sechstage-, Vorgaberennen, Omnium, Ausscheidungs- und Zeitfahren); **Hallen-** oder **Saalradsport** (→ Kunstfahren, → Radball, → Radpolo). Der R. wird von Amateuren und Berufsfahrern (Straßen- und Bahn-R.) ausgeübt. Sie starten fast stets getrennt, nur bei Querfeldeinrennen können sie gemeinsam starten. Für Amateure und Berufsfahrer gibt es nationale und internationale Meisterschaften (Weltmeisterschaften). Zu den wichtigsten Straßenrennen der Berufsfahrer zählen die seit 1903 jährlich ausgetragene Tour de France, der Giro d'Italia (seit 1909) und die Tour de Suisse (seit 1933), für Amateure die Tour de l'Avenir (seit 1961) und die Friedensfahrt (die mit wechselndem Start- und Zielort Warschau, Berlin (Ost) und Prag berührt, seit 1948). Olympische Disziplinen sind Straßenrennen über rd. 180 km, Zeitfahren über 100 km, 1 000-m-Fliegerrennen, 1 000-m-Zeitfahren, 2 000-m-Tandemfahren, 4 000-m-Einzel- und -Mannschaftsverfolgungsfahren. Bei den Weltmeisterschaften werden auch Wettbewerbe für Damen ausgetragen. In der Bundesrep. Dtl. ist Dachorganisation für den R. der **Bund Deutscher Radfahrer** (Sitz: Gießen), in der Dt. Dem. Rep. der **Deutsche Radsport-Verband der DDR** (Sitz: Berlin-Ost), in Österreich der **Österreichische Radsport-Verband** (Sitz: Wien), in der Schweiz der **Schweizerische Rad- und Motorfahrer-Bund** (Sitz: Zürich). Höchste internat. Instanz ist die **Union Cycliste Internationale** [ynj'ɔ̃ sikl'ist ɛ̃tɛrnasjɔn'al], Sitz: Genf.

Radstadt, Stadtgem. im Pongau, Salzburg, (1983) 4000 Ew.; Knotenpunkt der Straßen von Salzburg in die Steiermark und nach Kärnten über den Paß **Radstädter Tauern** (1739 m hoch); Pfarrkirche mit spätroman. Langhaus und spätgot. Chor.

Radstand, bei Kraftfahrzeugen der Abstand zw. den einzelnen Achsmitten; bei Schienenfahrzeugen → Achsstand.

Radsturz, Sturz, bei Vierrad-Straßenfahrzeugen die Schrägstellung der Vorderräder zur Fahrbahn, wobei der Abstand von Rad zu Rad unterhalb der Achse gemessen kleiner ist als oberhalb der Achse **(positiver Sturz)** oder umgekehrt **(negativer Sturz).** Positiver R. bewirkt bei gewölbter Fahrbahn gleichmäßige Reifenabnutzung, leicht negativer R. erhöht die Seitenführungskraft.

Radula [lat.] *die, -/... lae,* **Reibzunge,** bei Weichtieren (außer Muscheln) Organ in der Mundhöhle mit Zähnchenreihen.

Radweg, Radfahrweg, bes. gekennzeichneter Weg mit Benutzungspflicht für Radfahrer (auch für Fahrräder mit Hilfsmotor, die nicht schneller als 25 km/h fahren).

Radziwill, poln. **Radziwiłł** [radzj'ivił], litauisch **Radvila,** poln. Magnatengeschlecht litauischer Herkunft, 1515/18 und 1547 in den Reichsfürstenstand erhoben. Fürst Anton Heinrich (* Wilna 1775, † Berlin 1833), Komponist und Förderer F. Chopins, war 1815–31 Statthalter des Großherzogtums Posen.

Raeder, Erich, Großadmiral (1939), * Wandsbek bei Hamburg 24. 4. 1876, † Kiel 6. 11. 1960, im 1. Weltkrieg Kommandant eines Kreuzers, 1928 Chef der Marineleitung, 1935–43 Oberbefehlshaber der Kriegsmarine; 1946 in Nürnberg zu lebenslängl. Gefängnis verurteilt, 1955 entlassen.

RAF, 1) Abk. für → **R**oyal **A**ir **F**orce. **2)** Abk. für **R**ote-**A**rmee-**F**raktion (→ Baader-Meinhof).

Rafe [mhd.] *die, -/-n, oberdt.:* Dachsparre.

Raff, Joseph Joachim, Komponist, * Lachen am Zürichsee 27. 5. 1822, † Frankfurt a. M. 24. 6. 1882; Orchesterwerke (u. a. 11 Sinfonien), Kammermusik, Chorwerke und Klaviermusik in einem klassizist. Stil zw. F. Mendelssohn-Bartholdy und F. Liszt.

Raffa|el, Rapha|el, eigtl. Raffaello **Santi (Sanzio),** ital. Maler und Baumeister, * Urbino vermutlich 6. 4. 1483, † Rom 6. 4. 1520, war Gehilfe seines Vaters Giovanni Santi († 1494), dann Schüler P. Peruginos, ging 1504 nach Florenz und 1508 nach Rom, wo er seit 1515 Bauleiter der Peterskirche und Konservator der antiken Denkmäler war.

Raffael: Rötelstudie zum Relief unter der Statue des Apoll in der ›Schule von Athen‹ (Oxford, University Galleries)

R. ging von Perugino aus und fand unter dem Eindruck der Kunst Leonardos, Fra Bartolommeos und Michelangelos seinen eigenen, durch die Anschauung der Antike geläuterten Stil, in dem sich das von der Hochrenaissance erstrebte Ideal harmonisch in sich geschlossener, klar und edel gestalteter Form am vollkommensten verwirklichte. Die schlichte Größe seiner bis aufs letzte durchdachten Werke wurde zum Inbegriff klass. Vollendung. Die Innigkeit seiner anmutig ernsten Madonnenbilder machte ihn zugleich volkstümlich. Das R.-Bild des 19. Jh. und z. T. noch des 20. Jh. ist weitgehend bestimmt durch die Idealisierung der Nazarener und → Präraffaeliten.

Die noch in Perugia entstandenen Altarwerke und kleinen Tafelbilder (Die drei Grazien, Chantilly; Hl. Michael, Paris; Madonnen) übertrafen bereits seinen Lehrer Perugino an Klarheit und Erfindungsreichtum, so bes. die ›Vermählung Mariä‹, in der sich Figurendarstellung und Architekturhintergrund zu zentral komponierter Einheit verbinden (1504; Mailand, Brera). In den Florentiner Jahren reifte seine Kunst zu überlegen gemeisterter Darstellung

Raffael: Donna Velata, um 1513 (Florenz, Palazzo Pitti)

der Menschengestalt und kontrastreich gestalteter Ordnung bewegter Gruppen (Grablegung Christi, um 1507; Rom, Galleria Borghese). Aus dieser Zeit stammen einige seiner schönsten Madonnenbilder (Madonna im Grünen, Wien; Madonna mit dem Stieglitz, Florenz). Die größten Aufgaben bot ihm Rom, wo er vom Papst den Auftrag erhielt, die → Stanzen des Vatikans auszumalen. In den Fresken der Stanza della Segnatura (1508–11) schließt sich die reich bewegte, die geistige Welt der Renaissance vergegenwärtigende Gestaltenfülle zu klarer, das Ganze durchdringender Ordnung zusammen. Spannungsreicher sind bereits die des zweiten Raums, der Stanza d'Eliodoro (1511–14), die Siege der Kirche verherrlichen. In den größtenteils von Schülern ausgeführten des dritten, der Stanza dell'Incendio (1514–17), begegnen bereits erste Anzeichen des Manierismus. In den Wandteppichen, die R. für die Sixtinische Kapelle entwarf (1515/16), ist die Erzählung auf typische Gestalten verdichtet, die jahrhundertelang als Vorbild fortwirkten. Für die Chigi-Kapelle von S. Maria del Popolo schuf er die Mosaiken Gottvaters im Gestirnkreis (1515) als Sinnbild der harmon. Weltordnung, in den Amor- und Psyche-Fresken der Villa Farnesina (um 1518) ließ er die antike Götterwelt neu erstehen. Gleichzeitig malte er Bildnisse (Julius II., Florenz; Leo X. mit zwei Kardinälen, ebd., Donna Velata, ebd.) und Madonnenbilder (Sixtinische Madonna, Dresden; Madonna della Sedia, Florenz, u. a.). Sein letztes großes Altarbild, die dramatisch bewegte Verklärung Christi (Vatikan, Pinakothek), wurde von Schülern vollendet, denen er, in späteren Jahren mit Arbeit überbürdet, die Ausführung seiner Werke überließ, z. B. die Loggien des Vatikans. (Weiteres BILD Dante Alighieri)

Raffel *die, -/-n,* **1)** Reibeisen. **2)** Flachskamm. **3)** Klapper. **4)** *oberdt.:* schwatzhaftes, böses Weib. *ich* **raff(e)le,** *oberdt.:* **1)** *es,* reibe, schabe, rasple, hechele. **2)** klappere. **3)** klatsche, verleumde.

raffen [mhd.]. *ich* **raffe** *es,* **1)** nehme, wo und wieviel ich kann, fasse gierig, spare geizig. **2)** hebe hoch und ziehe an mich: *vor der Treppe raffte sie ihre Schleppe.* **3)** lege in Falten: *geraffte Gardinen. ich* **raffe auf, 1)** *es,* hebe hastig, gierig auf. **2)** *mich zu etwas,* U zwinge mich dazu, nehme alle Kraft zusammen. *Krankheit, der Tod* **rafft** *ihn* **dahin,** läßt ihn sterben. **Raffgier,** Gewinnsucht, Habgier, Geiz.

Raffiabast, Bast aus der Blatthaut von → Raphia.

Raffinade [frz.] *die, -,* bes. gereinigter Zucker.

Raffination, Reinigung und Veredelung von chem. Produkten, Nahrungsmitteln u. a.

Raffinement [rafinəm'ɑ̃, frz.] *das, -s/-s,* **Raffinesse** *die, -/-n,* **1)** Überfeinerung, verfeinerter Geschmack. **2)** Durchtriebenheit, schlaue Berechnung.

Raffineriegase, alle Gase, die in einer Raffinerie anfallen: Wasserstoff und leichtsiedende Kohlenwasserstoffe.

raffinieren [frz.]. *ich* **raffiniere** *es,* reinige, säubere. *die* **Raffinerie,** *-/... r'i|en,* techn. Anlage zum Reinigen und Veredeln von Naturprodukten, bes. Öl und Zucker. **raffiniert, 1)** gereinigt: *raffinierter Zucker.* **2)** Ü verfeinert, überfeinert: *raffinierter Luxus.* **3)** Ü schlau, durchtrieben: *raffinierter Gauner.*

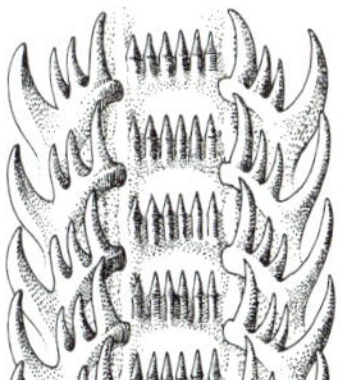

Radula der Wellhornschnecke (nach G. Pauschmann)

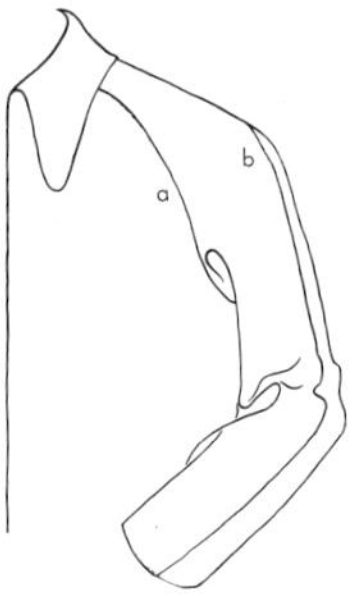

Raglan:
a Armlochnaht,
b Schulternaht

Karl Rahner

Friedrich Wilhelm Raiffeisen

Ferdinand Raimund
(Lithographie von J. Kriehuber, 1835)

Raffinose *die, -,* **Melitose, Pluszucker,** ein Zucker (Trisaccharid), aus Fructose, Traubenzucker und Galaktose aufgebaut, der bes. in der Melasse des Rübenzuckers vorkommt.

Raffke [zu raffen] *der, -s/-s,* Ü abschätzig: habgieriger Mensch; ungebildeter Neureicher: *Herr und Frau R.*

Rafflesi|e *die, -/-n,* **Riesenblume, Schmarotzerblume, Rafflesia,** hinterindisch-indones. Pflanzengatt. der Schmarotzerblumengewächse. Ihr Hauptkörper schmarotzt pilzfadenförmig in Wurzeln der Klimme (→ Cissus). Die Blüten haben bei der Art **Rafflesia arnoldii** 0,50 m Durchmesser.

Ragaz, Bad R., Kurort im Kt. St. Gallen, Schweiz, (1980) 3700 Ew., am Austritt der Taminaschlucht ins Rheintal, 502 m ü. M.; Heilanstalten, die die von Pfäfers herangeleitete mäßig radioaktive Therme benutzen.

Ragaz, Leonhard, evang. Theologe, * Tamins (Graubünden) 28. 7. 1868, † Zürich 6. 12. 1945, Vertreter des religiösen Sozialismus in der Schweiz.

Rage [r'a:ʒə, frz.] *die, -,* Wut, Raserei, Übereifer.

ragen [mhd.]. *es* **ragt auf, empor,** steht steil in die Höhe. *ich* **rage heraus, hervor, 1)** bin sichtbar höher als die Umgebung. **2)** *unter ihnen,* Ü bin besser, übertreffe sie.

Raglan [engl. r'æglən; nach Lord Raglan, * 1788, † 1855], Schnittform von Ärmeln mit angeschnittenen Schulterteilen.

Ragnarök [altnord. ›Götterverhängnis‹] *Pl.,* nord. Mythos: der Kampf der Götter mit den feindl. Mächten, ihr Untergang und die Vernichtung der Erde. Odin fällt im Kampf gegen den Fenriswolf (→ Fenrir), Thor erschlägt die Midgardschlange, stirbt aber von ihrem giftigen Hauch; Freyr wird vom Feuerriesen Surt getötet, der dann die Erde und den Sitz der Götter mit Feuer vernichtet. Die Mythe von den R. findet sich v. a. in der → Völuspá. An sie knüpft R. Wagner in seinem ›Ring des Nibelungen‹ an.

Ragnit, russ. **Neman,** Stadt im Gebiet Kaliningrad, Russ. SFSR, links an der Memel; ehem. Stadt in Ostpreußen, (1939) 9500 Ew.; Flußhafen, Holzind.; Burg des Dt. Ordens (1397–1409).

Ragout [rag'u, frz. ragoût] *das, -s/-s,* Gericht aus mehrerlei Fleisch, auch Fisch, mit Champignons, Trüffeln, kleinen Zwiebeln u. a., in gewürzter Soße. Das **R. fin** [-fɛ̃, ›feines R.‹], ein R. aus Kalbsmilch, Kalbfleisch, Gehirn oder Geflügelfleisch, in feiner weißer Soße, mit Parmesankäse bestreut, oft in Muschelschalen überbacken (**R. fin en coquille** [-fɛ̃ ã kɔk'ij]).

Ragtime [r'ægtaım, engl.] *der, -(s),* Musikform, die sich seit etwa 1870 in den USA ausbreitete und wohl aus der afroamerikan. Folklore entstand; verbreitetste Altform ist der Cakewalk. Der R. ist eine Frühform des Jazz für Klavier. Charakteristisch für den R. ist u. a. die Nachschlag-Synkope, d. h. das Anschlagen eines Melodietons nacheinander auf Beat und Offbeat, die kunstvolle Verschleierung der Melodie durch rhythmische Brechungen.

Ragusa, 1) Prov. Italiens, 1614 km², (1981) 274600 Ew., im S Siziliens. **2)** Hptst. von 1), (1981) 64500 Ew.; Bischofssitz; Kunststoff-Ind., in der Umgebung Asphaltbergbau, Erdöllagerstätten; barocker Dom (1706–60), got. Portal der Kirche S. Giorgio Vecchio. **3)** ital. Name der Stadt → Dubrovnik.

Ragwurz, versch. Orchideen; i. e. S. die Gatt. **Ophrys (Frauenträne, Insektenorche),** mit locker ährig stehenden, insekten- oder spinnenähnl. Blüten und je 2 kugeligen Knollen, die → Salep liefern; mitteleuropäische Arten: **Fliegen-R., Spinnen-R., Bienen-R.;** sie stehen unter Naturschutz.

Rah, Rahe, Raa [mhd.] *die, -/-n,* ⚓ am Mast von Segelschiffen quer angebrachte Stange für das trapezförmige **Rahsegel,** auf Nicht-Segelschiffen zum Anbringen von Leinen für Flaggensignale **(Signalrah)** oder von Antennen **(Funkrah).**

Rahden, Stadt im Kr. Minden-Lübbecke, NRW, (1983) 13000 Ew.; Maschinen-, Fahrzeug-, Drahtwarenindustrie.

Rahel, hebr. und Vulgata **Rachel** [hebr. ›Mutterschaf‹], weibliche Vornamen; im A. T. Tochter Labans, Frau Jakobs.

Rahm [mhd.] *der, -s,* aus Milch durch Abtrennen der Magermilch erhaltenes fettreiches Erzeugnis. R. ist Ausgangsstoff für Butter und Käse. Kaffeerahm, Trinkrahm muß mindestens 10%, Schlagrahm mindestens 28% Fett enthalten. Redensart: *er hat den R. schon abgeschöpft,* das Beste für sich genommen. *ich* **rahme** *Milch* **ab,** entsahne. **rahmig,** sahnig. **Rahmkäse,** mit Lab hergestellter Weichkäse aus R.

Rähm *der, -(e)s/-e,* ⊞ waagerechte Hölzer zur Längsaussteifung des Dachtragwerks.

Rahman [-x-], **Mujib ur-R.** [m'udʒib-], pakistan. Scheich, Politiker in Bangladesh, * 1920, † (ermordet) Dacca 15. 8. 1975, seit 1952 Generalsekr., 1966–74 Vors. der → Awami-Liga; setzte sich seit 1966 für die Autonomie, seit 1969 für die staatl. Unabhängigkeit Ost-Pakistans ein. Nachdem Indien im Krieg mit Pakistan (Dez. 1971) die Errichtung einer unabhängigen Rep. Bangladesh durchgesetzt hatte, übernahm R. 1972 die Reg.-Gewalt, 1975 als Staatspräs. (mit diktator. Vollmachten). Im Aug. 1975 wurde er durch einen Militärputsch gestürzt.

Rahmen [ahd. rama ›Stütze‹] *der, -s/-,* **1)** ⊞ → Rahmentragwerk. **2)** Umfassung, Einfassung, z. B. von Bildern, Spiegeln, auch von Fenstern, Türen. **3)** Gestell zum Spannen von Stoff, z. B. Stickrahmen. **4)** Gestell, das die Triebwerksteile der Maschine oder eines Fahrzeugs trägt und die entwickelten Kräfte aufnimmt. **5)** Schuhfabrikation: Sohlleder- oder Kunstharzstreifen am Schuhrand, an dem Sohle und/oder Zwischensohle durch Annähen (Doppeln), Kleben (Kitten) oder Anschweißen befestigt werden. **6)** Ü Umwelt, Umgebung: *das Lied paßt schlecht in den R., fiel aus dem R. des Konzerts.* **7)** Sammelbestimmung, in die sich Sonderbestimmungen einfügen: *im R. der Vorschriften. ich* **rahme** *es* **(ein),** umgebe mit einem R.

Rahmen|erzählung, Umschließung einer oder mehrerer Erzählungen durch eine andere. Die zyklische R., bei der der Rahmen mehrere Novellen zusammenfaßt, stammt aus dem Orient (›1001 Nacht‹), wurde in der Renaissance zu künstler. Höhe entwickelt (Boccaccio ›Decamerone‹, Chaucer ›Canterbury Tales‹) und seit Goethes ›Unterhaltungen deutscher Ausgewanderten‹ im 19. Jh. wieder häufig angewandt (E. T. A. Hoffmann ›Serapionsbrüder‹, G. Keller ›Das Sinngedicht‹).

Rahmengesetz, Mantelgesetz, Gesetz mit allg. Richtlinien; die Regelung im einzelnen erfolgt durch bes. Rechtsvorschriften. In der Bundesrep. Dtl. kann der Bund für best. Rechtsgebiete (Hochschule, Presse, Film, Jagd, Naturschutz, Raumordnung, Wasserhaushalt, Melde- und Ausweiswesen) R. erlassen (Art. 75 GG).

Rahmenplan, Kurzbez. für den vom Dt. Ausschuß für das Erziehungs- und Bildungswesen 1959 vorgelegten ›R. zur Umgestaltung und Vereinheitlichung des allgemeinbildenden öffentl. Schulwesens‹. Der R. wurde 1970 abgelöst durch den Strukturplan für das Bildungswesen (→ Schule).

Rahmenrichtlini|en, (Pä) neuere Form von Lehranweisungen nach den Vorschlägen des Dt. Bildungsrates. R. werden von den Kultusbehörden der Länder erlassen. Im Ggs. zum herkömml. → Lehrplan sollen sie mehr Möglichkeiten zur Eigenverantwortung bei der Organisation von Lehr- und Lernprozessen eröffnen. Sie sollen z. T. verbindl. Vorgaben, z. T. Anregungen geben; möglichst konkret und überprüfbar gefaßte Lernziele sollen dem Unterricht einen zuverlässigen Rahmen setzen.

Rahmentarif, der → Manteltarif.

Rahmentragwerk, ⊞ Rohbauskelett, bes. des Stahlbetonbaus, aus biegefest miteinander verbundenen waagerechten, senkrechten wie auch schiefen biegesteifen Stäben, angewendet als Einfach-, Mehrfach- und Stockwerkrahmen. Ggs.: → Fachwerk.

Rahner, Karl, kath. Theologe, Jesuit, * Freiburg i. Br. 5. 3. 1904, † Innsbruck 30. 3. 1984, führender Konzilstheologe und als Dogmatiker und Religionsphilosoph einer der Wegbereiter der kath. Erneuerung. – Mithg. des ›Lexikons für Theologie und Kirche‹; ›Schriften zur Theologie‹ (seit 1954).

Raiatéa, die zweitgrößte der → Gesellschaftsinseln, 194 km², mit (1977) 6400 Ew.; bis 1032 m hoch.

Raid [reıd, schott.] *der, -s/-s,* bewaffneter Einfall, Streifzug.

Raife [verwandt mit Riffel] *die, -/-n,* **Afterraife,** Tast- oder Klammerorgan am Hinterleibsende vieler Insekten.

Raiff|eisen, Friedrich Wilhelm, Begründer des dt. landwirtschaftl. Genossenschaftswesens, * Hamm a. d. Sieg 30. 3. 1818, † Neuwied 11. 3. 1888, Bürgermeister, widmete sich dann ganz dem Genossenschaftswesen, bes. durch Gründung ländl., genossenschaftl. Spar- und Darlehnskassen **(R.-Vereine, R.-Kassen,** → Kreditgenossenschaften; **R.-Verband,** → Deutscher Genossenschafts- und Raiffeisenverband e. V.). Ein besonderer Zweig ist die **R.-Versicherungsgruppe** (R + V-Versicherungsgruppe, Abk. für **R.-** und Volksbanken-**Versicherungsgruppe,** Wiesbaden), die Sach-, Lebens- u. a. Versicherungen betreibt.

Raigras, ⚘ das → Raygras.

Raimar, Reimar [aus ahd. ragin ›Rat‹, ›Beschluß‹ und mari ›berühmt‹], männliche Vornamen.

Raimondi, Marcantonio, ital. Kupferstecher, * Bologna um 1480, † ebd. gegen 1530/34, bildete sich nach den graph. Werken Dürers, von denen er viele in Kupferstichen kopierte. Um 1510/27 arbeitete er in Rom v. a. nach Zeichnungen Raffaels.

Raimund [aus ahd. ragin ›Rat‹, ›Beschluß‹ und munt ›Schutz‹], männlicher Vorname.

Raimund, Ferdinand, eigtl. **Raimann,** Schauspieler und Dramatiker, * Wien 1. 6. 1790, † Pottenstein 5. 9. 1836 an den Folgen eines Selbstmordversuchs, war als Schauspieler in Wiener Volkstheatern Meister gemütl. lokaler Komik. Nach seiner Zauberposse ›Der Barometermacher auf der Zauberinsel‹ (1823) ging R. in den Märchenstücken ›Das Mädchen aus der Feenwelt oder der Bauer als Millionär‹ (1826), ›Der Alpenkönig und der Menschenfeind‹ (1828), ›Der Verschwender‹ (1834) zu einer Komik auf ernstem Hintergrund über und gestaltete bildhaft die Probleme von Vergänglichkeit, Wahrheit und Treue. Das Wiener Volksstück erreicht hier seinen dichterischen Höhepunkt.

Rain [ahd. ›Schutzwehr‹] *der, -(e)s/-e,* **1)** Bodenerhebung als Ackergrenze. **2)** *süddt.:* Abhang. *ich* **raine** *ein Feld,* umgrenze, grenze ab. *ich* **raine** *an ihn* **an,** *oberdt.:* bin sein Feldnachbar.

Rainald von Dassel, Erzbischof von Köln (1159–67), * um 1120, † bei Rom 14. 8. 1167, leitete als Reichskanzler seit 1156 die Politik Friedrich Barbarossas (→ Friedrich, Fürsten, 1). Er war ein leidenschaftl. und erfolgreicher Verfechter (auch als Heerführer) des Kaisertums gegenüber dem Papsttum und den lombard. Städten.

Rainer [Kurzform von Reinhard], **Reiner,** männl. Vornamen.

Rainfarn, Art der Korbblütergatt. → Chrysanthemum.

Rainier [rˈeɪnɪə], **Mount R.** [maʊnt-], auch **Mount Tacoma** [-təkˈəʊmə], 4392 m hoher Vulkankegel im Staat Washington, USA, im Kaskadengebirge; **M.-R.-Nationalpark,** 978 km² groß.

Rainier III. [rɛnjˈe], Fürst von Monaco (seit 1949), * Monaco 31. 5. 1923, heiratete 1956 Grace → Kelly.

Rainkohl, Lapsana communis, Korbblüterstaude mit Rispen gelber, zungenblütiger Köpfchen, leier- bis eiförmigen Blättern und Milchsaft, in Laubwald und auf Äckern.

Rainout [reɪnˈaʊt, engl.] *das, -,* → radioaktiver Niederschlag.

Rainwater [rˈeɪnwɔtə], Leo James, amerikan. Kernphysiker, * Council (Id.) 9. 12. 1917, lehrt seit 1947 an der Columbia University in New York. Für Arbeiten über die Struktur deformierter Atomkerne erhielt er 1975 mit A. N. Bohr und B. Mottelson den Nobelpreis für Physik. (BILD S. 334)

Rainweide, Pflanzengatt., → Liguster.

Raipur, Stadt in Madhya Pradesh, Indien, (1981) 338000 Ew.; Univ.; Lebensmittel-, Holz- u. a. Industrie.

Ra'is [arab. ›Oberhaupt‹], in den arab. Ländern urspr. Titel für leitende Persönlichkeiten (z. B. Bürgermeister) oder höhere militär. Ränge (z. B. ›Hauptmann‹); in neuerer Zeit oft Ehrenbez. für Persönlichkeiten mit charismat. Ausstrahlung (z. B. Abd el-Nasser).

Raison [rɛzˈɔ̃, frz.] *die, -,* → Räson.

Raisting, Gem. im Kr. Weilheim-Schongau, Oberbayern, (1983) 1500 Ew., südlich des Ammersees; in der Nähe die Breitband-Erdefunkstelle der Dt. Bundespost.

Raitenau, Wolf Dietrich von, Erzbischof von Salzburg (1587–1612), * Schloß Lochau bei Bregenz 26. 3. 1559, † Salzburg 16. 1. 1617, gestaltete das Stadtbild Salzburgs im Geist des ital. Frühbarocks neu. Im Krieg um die Nutzung der Salinen im bayerisch-salzburg. Grenzgebiet von Herzog Maximilian von Bayern gefangengenommen, lebte er seit 1611 in Haft auf der Hohensalzburg.

Raj, Rai, Ray, Rey, Stadt in Iran, in der Nähe von Teheran, (1975) rd. 120000 Ew.; Textil-Ind., Zement-, Transformatorenfabrik, Ziegelei; bed. schiit. Wallfahrtsort. R. steht an der Stelle des antiken → Rhagai.

Rajah, Raja [rˈɑːdʒə], indischer Fürst, → Radscha.

Rajahmundry, Rajamundry [rˈɑːdʒəmˈʌndrɪ, engl.], Stadt in Andhra Pradesh, Indien, (1981) 268000 Ew., an der Spitze des Godavari-Deltas; Handelszentrum, Papier-, Zucker-, Tabak-, Jutefabriken.

Rajasthan [rˈɑːdʒəstɑːn], Staat im NW → Indiens. Hptst.: Jaipur; Sprache: Rajasthani (steht heute dem Hindi nahe). – Die Grenzen R.s decken sich im wesentlichen mit der Region Rajputana, dem Land der Rajputen, bis zum Eindringen islam. Eroberer im 11. Jh. von mehreren Rajput-Dynastien beherrscht. Nach wechselnder Herrschaft (Mogulkaiser, → Marathen) wurden die Fürstentümer 1818 formell autonom, blieben jedoch faktisch bis 1947 unter brit. Oberherrschaft. Am 18. 4. 1948 wurde R. als Staatenunion von mehreren Fürstentümern geschaffen, zu denen 1949 und 1956 weitere hinzukamen.

Rajk [rɔjk], László, ungar. Politiker (Kommunist), * Székelyudvarhely (Siebenbürgen) 8. 3. 1909, † (hingerichtet) Budapest 15. 10. 1949, Innen-Min. (1946–48), seit 1949 Außen-Min. Am 30. 5. 1949 als ›imperialistischer Agent‹ und ›Titoist‹ verhaftet, wurde er in einem der wichtigsten Schauprozesse der Nachkriegszeit **(Rajk-Prozeß)** zum Tod verurteilt; 1956 rehabilitiert.

Rajkot [rˈɑːdʒkɔt], Stadt in Gujarat, Indien, (1981) 445000 Ew., auf der Halbinsel Kathiawar; Univ.; Wirtschaftszentrum mit bed. Industrie (Textilien); Flugplatz.

Rajneesh [rˈɑːdʒniːʃ], Chandra Mohan, gen. Sri Bhagwan R., * Kuchwada (Madhya Pradesh) 11. 12. 1931, Begründer der → Bhagwan-Bewegung.

Rajputen [-dʒ-, aus altind. ›Königssohn‹], **Radschputen** *Pl.,* **Rajputs** [rˈɑːdʒpʊts], große indo-arische Stammeskaste in Nordindien (rd. 10 Mio.), die sich von der Kaste der → Ksatriya ableiten; heute meist Grundbesitzer und Ackerbauern. Viele ind. Fürstenfamilien gehören zur Kaste der R.

Rake *die, -/-n,* Vogel, ♧ für Racke.

Rakel [frz. racle ›Schabeisen‹] *die, -/-n,* dünne, elastisch anliegende Schiene oder Messer aus Holz, Metall oder Gummi; streift an Druck- und Appretiermaschinen überschüssige Farbe ober überschüssiges Appretiermittel von den Druckwalzen oder von der Ware ab.

räkeln. *ich* **räk(e)le** *mich,* häufig für → rekeln.

Rakete [ital.] *die, -/-n,* ein Flugkörper mit Strahlantrieb, im einfachsten Fall ein vorn geschlossener, hinter offener längl. Behälter, der alle Mittel für die Erzeugung eines Antriebsstrahles (Energie und Masse) mit sich führt. Die R. ist deshalb nicht, wie die luftatmenden → Strahltriebwerke, an die umgebende Lufthülle als Sauerstofflieferant gebunden und so das einzige Antriebsprinzip für die → Raumfahrt. Wegen seiner hohen Energiedichte und Unabhängigkeit von der Lufthülle wird der chem. R.-Antrieb auch für militär. Flugkörper verwendet (→ Raketenwaffen).

Eine R. besteht i. a. aus einem Behälter- und Versorgungssystem, das den Treibstoff, die Bordgeräte und die Energieversorgungszellen birgt, aus dem Raketentriebwerk mit Brennkammer, Düse und Treibstoff-Fördereinrichtung und aus der im R.-Kopf untergebrachten Nutzlast (Satellit, Raumkapsel, wissenschaftliche Geräte, Sprengladung). Die freigesetzte und im Triebwerk beschleunigte Strahlmasse tritt durch die Schubdüse als gerichteter Strahl mit großem Impuls aus; die R. erhält dadurch einen gleich großen, entgegengesetzt gerichteten Impuls (Schub), der sie vorwärtstreibt (Impulserhaltung).

Die R.-Bahn umfaßt während der Wirkungszeit des Antriebs die Antriebsbahn und nach Beendigung der Treibstoffwirkung im Brennschlußpunkt die Freiflugbahn. Zur Erreichung größerer Weiten und Höhen baut man **Mehrstufen-R.,** die aus mehreren (meist 2–4) hintereinandergeschalteten Teilen (Stufen) mit jeweils eigenem Antrieb bestehen. Nach Verbrauch ihres Treibstoffs wird die jeweilige Stufe abgetrennt und die nächste gezündet; der verbleibende Restflugkörper fliegt, um die Leermasse der abgetrennten Stufe erleichtert, weiter.

Kleine Feststoff-R. werden als **Feuerwerks-, Signal-** und **Leucht-R.** verwendet. Kleinere Feststoff-R. dienen als **Seenotrettungs-R.,** größere als **Starthilfe-R.** für Flugzeuge oder als Haupttriebwerk von → Raketenflugzeugen oder → Raketenschlitten für die Forschung. **Forschungs-R.** sind Feststoff- oder Flüssigkeits-R., die als Höhenforschungs-R. meteorolog. und geophysikal. Zwecken dienen. Die **Träger-R.** der Raumfahrt sind meist Flüssigkeits-R., in Grundstufen seltener, in Oberstufen häufiger Feststoff-R. Die kleinen R.-Triebwerke zur Bahnänderung und Lagesteuerung von Flugkörpern sind Flüssigkeits- und Katalyse-R. sowie elektr. R. Für Raketenwaffen werden sowohl Feststoff- als auch Flüssigkeits-R. verwendet. R. werden seit 1957 als Satellitenträger, seit 1959 als Träger von Raumsonden, seit 1961 für die bemannte Raumfahrt benutzt (ÜBERSICHT Raumfahrt).

Geschichte. R. sind seit dem 12. Jh. in China bekannt, seit dem 13. Jh. in Europa. Seit 1925 wurden Versuche mit R. als Antrieb für Wagen (1928) und Flugzeuge (1929) durchgeführt. Mit Beginn der Grundlagenforschung in den 30er Jahren setzte die systemat. Entwicklung der R. ein, die im 2. Weltkrieg stark vorangetrieben wurde und zu den R.-Waffen führte. Seit 1945 wurden bes. in den USA und der UdSSR Forschungs- und Träger-R. und Interkontinental-R. mit Atomgefechtsköpfen entwickelt. Die wichtigsten R.-Forscher im 20. Jh. sind K. E. Ziolkowski, R. H. Goddard, H. Oberth, W. v. Braun, H. Walter. (Weitere BILDER S. 334 und 336)

Raketenflugzeug, Flugzeug, dessen Hauptantrieb von einem Raketentriebwerk geliefert wird. Das erste R. (He 176) flog 1939, ein amerikan. R. durchbrach 1947 erstmals die Schallmauer, das amerikan. R. X-15 erreichte 7250 km/h.

Raketenschlitten, auf Schienen gleitender, durch Raketentriebwerke angetriebener Schlitten, der Überschallgeschwindigkeit erreicht; dient der Luftfahrtforschung, z. B. für aerodynam. Messungen an Flugzeugbauteilen, für physiolog. Untersuchungen an Menschen bei hohen Beschleunigungen und Verzögerungen sowie zur Erprobung von Schleudersitzen.

Raketenstart|anlagen, Raketenbasen, für kleine und mittlere militär. Raketen meist kurze, mobile Startgestelle; auch die Zusatzanlagen (Generatoren, Prüfgeräte, Zielverfolgungsradar, Lenkkommandosystem) sind auf Fahrzeugen installiert. Interkontinentale Raketen werden senkrecht stehend in Betonröhren für den Start vorbereitet und entweder aus den Silos direkt oder von Rampen an der Erdoberfläche gestartet. Die Zusatzanlagen sind unterirdisch angelegt. Für Forschungs- und Raumfahrtraketen werden oberirdische Startrampen und fahrbare, bis 100 m hohe Montagetürme sowie die Zusatzanlagen angelegt.

Raketentreibstoffe, energiereiche chem. Systeme, deren Energie durch chem. Reaktionen freigesetzt und zum Antrieb von Raketen ausgenutzt werden kann. **Flüssig-R.** sind meist **Di|ergole,** d. h. Oxidationsmittel und Brennstoff werden aus getrennten Tanks in die Brennkammer gefördert. Die Komponenten können

Rainier III.

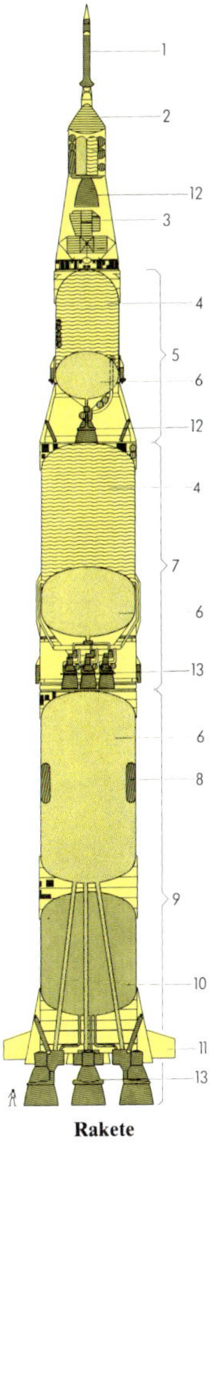

Rakete

Rakete: Trägerrakete ›Saturn 5‹ des Apollo-Mondlandeprogramms (Höhe 111 m, Startgewicht über 2700 t); **1** Rettungsrakete, **2** Apollo-Kapsel, **3** Mondfähre, **4** Flüssigwasserstofftank, **5** dritte Stufe, **6** Flüssigsauerstofftank, **7** zweite Stufe, **8** Heliumtank, **9** erste Stufe, **10** Kerosintank, **11** Leitwerkflosse, **12** ein Triebwerk, **13** fünf Triebwerke

Leo James Rainwater

sich beim Zusammentreten hypergol entzünden oder sie können extern gezündet werden. **Monergole** bestehen aus nur einer Flüssigkeit (z. B. Wasserstoffperoxid, Hydrazin), die durch Katalysatoren oder Zündung zum Zerfall gebracht wird. Sie werden meist für Hilfstriebwerke verwendet. Bei **Lithergolen** ist eine Treibstoffkomponente fest, die andere flüssig oder gasförmig. **Fest-R.** sind bei Raumtemperatur beständige, feste Stoffe, **Doppelbasige (DB) R.** bestehen aus einem Gel von Nitrocellulose und Nitroglycerin. **Composite-R.** [k'ɔmpəzɪt-, engl.] sind heterogene feste Systeme, die Perchlorate oder Nitrate als Oxidationsmittel, Metallpulver (z. B. Aluminium) als Brennstoff und organ. Polymere (z. B. Polyurethane, Polybutadien) als Brennstoffbinder und gaserzeugende Komponente enthalten.

Raketentriebwerk, ein Antriebssystem für → Raketen, unterschieden nach der Art seiner Energiequelle. Am verbreitetsten und weitesten entwickelt sind die **chem. R.,** zu denen die Feststoff- und Flüssigkeitsraketen gehören. **Feststoffraketen** haben einen konstruktiv einfachen Aufbau; der feste Treibsatz enthält die chemisch gebundenen Energieträger (→ Raketentreibstoffe). Feststoff-R. sind zuverlässig, lagerfähig, haben hohe Startbeschleunigung. Nachteile gegenüber Flüssigkeits-R.: geringere Leistung, geringere Brennzeiten, weniger gute Regelbarkeit, Abschalt- und Wiederzündbarkeit.

Flüssigkeitsraketen haben getrennte Behälter für beide Treibstoffkomponenten und hiervon getrennte Brennkammer, in die sie durch Druckgas oder Pumpen gefördert werden. Die energiereichste der heute regelmäßig verwendeten Treibstoffkombination ist Flüssigwasserstoff/Flüssigsauerstoff. Nachteile gegenüber Feststoff-R. sind der komplizierte Aufbau und die lange Betankungszeit. Die bei den hohen Verbrennungstemperaturen (bis zu 4000 °C) auftretenden Kühlprobleme werden meist durch Zwangsumlauf- und Schleierkühlung gelöst. – **Hybridraketen** sind eine Kombination von Feststoff- und Flüssigkeitsraketen (flüssiger Oxidator im Tank, fester Brennstoff in der Brennkammer).

Elektrische R. benutzen die von einer Sonnenbatterie, Isotopenbatterie oder einem kleinen Kernreaktor erzeugte elektr. Energie zur Beschleunigung der Masseteilchen eines Arbeitsmediums. Hohe Ausströmgeschwindigkeiten, aber geringer Massendurchsatz machen die elektr. Raketenantriebe für den schwerelosen Raum und für Lagesteuerung, nicht aber für Trägerraketen geeignet. Man unterscheidet elektrostat. oder Ionentriebwerke, elektrotherm. oder Lichtbogentriebwerke, elektromagnet. oder magnetohydrodynam. oder MHD-Triebwerke. Davon ist der → Ionenantrieb am weitesten entwickelt; die beiden anderen Systeme, in denen ein Hochtemperaturplasma erzeugt und beschleunigt wird, heißen auch Plasmatriebwerke.

Kernenergie-R. (›**Atomraketen**‹) sollen die Energie der Kernspaltung, möglicherweise der Kernfusion zum Vortrieb ausnutzen, sei es durch einen Festkern oder Gaskernreaktor, sei es durch Zündung thermonuklearer Mikrobomben im Brennpunkt eines magnet. Reflektors.

Photonenraketen sollen nach einem Vorschlag von E. Sänger ein gerichtetes Bündel elektromagnet. Wellen (z. B. Licht) ausstoßen und so einen Schub erzeugen. Der Photonenantrieb ist noch im Stadium theoretischer Studien.

Raketenwaffen, mit Gefechtsköpfen versehene → Flugkörper mit Raketenantrieb, die ungelenkt oder gelenkt sein können. R. haben größere Schußweiten als aus Rohrwaffen verschossene Geschosse und benötigen keine rückstoßaufnehmenden Abschußvorrichtungen, wodurch größere Gefechtsköpfe auch von einzelnen Schützen (Panzerabwehrlenkraketen) oder leichten Trägerfahrzeugen (Artillerie-Raketenwerfer) verschossen werden können. Als Abschußvorrichtungen dienen Startschienen und leichte Führungsrohre sowie bei vertikaler Startrichtung auch Starttische oder Startschächte (verbunkerte Startanlagen für interkontinentale Fernwaffen). Gegenüber üblichen Geschossen ist die Treffgenauigkeit ungelenkter R. meist geringer, diejenige gelenkter R. zumindest bei großen Schußweiten größer und häufig schußweitenunabhängig. Als Antriebe werden bislang ausschließlich chem. Raketentriebwerke verwendet, wobei wegen guter Lagerfähigkeit und kurzer Startvorbereitungszeit die einfacheren Feststofftriebwerke bevorzugt werden. Triebwerke mit flüssigen Treibstoffen erlauben jedoch eine feinfühligere Schubregulierung und sind nach Abstellen zumeist wiederzündbar, was für best. Aufgabenstellungen vorteilhaft sein kann. Je nach Einsatzzweck werden konventionelle oder atomare Gefechtsköpfe verwendet; bei R. für interkontinentale Reichweiten auch Gefechtsköpfe mit mehreren einzeln lenkbaren Sprengköpfen. – R. werden nach ihrer militär. Zweckbestimmung, nach ihrer Reichweite (Mittelstreckenraketen bis 5000 km, Interkontinentalraketen über 9000 km) und nach der Lage von Start- und Zielort unterschieden: Boden-Boden-R., Boden-Luft-R. (Fla-Raketen), Luft-Luft-R., Luft-Boden-R. (Flugzeugraketen), Unterwasser-Boden-R. – Die systemat. Entwicklung der R. begann im 2. Weltkrieg: Bekannte Nahkampf- und takt. R. waren die Panzerfaust, der sowjet. Raketenwerfer ›Stalinorgel‹ und der dt. ›Nebelwerfer‹, ein Raketenwerfergestell (nach seinem Erfinder Prof. Nebel genannt). Die ersten Fernraketen waren die → V-Waffen. (BILDER S. 335)

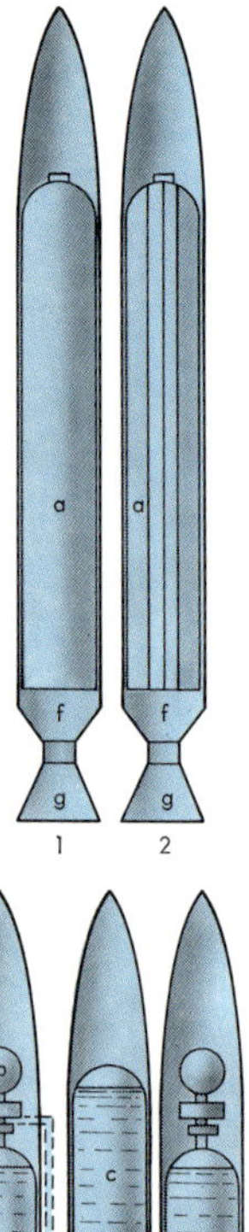

1 2

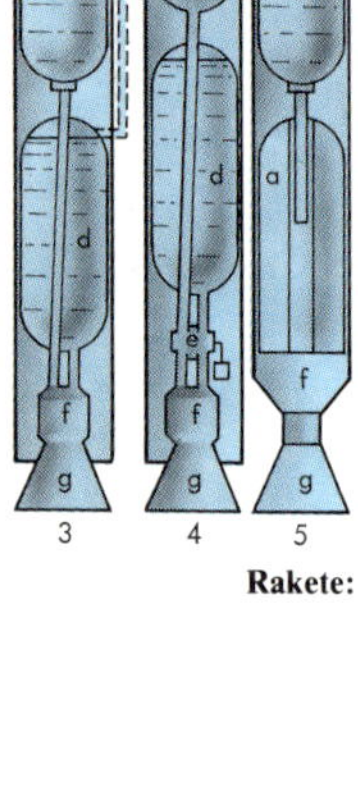

3 4 5

Rakete: chemische Raketentriebwerke;
1 und **2** Feststoffraketen; **1** Stirnbrenner, **2** Innenbrenner. **3** und **4** Flüssigkeitsraketen (Zweistoffsystem); **3** mit Druckgasförderung, **4** mit Turbopumpenförderung. **5** Hybridrakete. – a fester Treibstoff, b Druckgasbehälter, c flüssiger Treibstoff, d flüssiger Oxidator, e Turbopumpe, f Brennkammer, g Schubdüse

Raketenwerfer, i. e. S. Startvorrichtung für → Raketenwaffen, i. w. S. das Fahrzeug mit einer solchen Startvorrichtung.

Raki, Rake [türk.] *der, -(s)/-s,* Branntwein mit 43–50% Alkohol aus Rosinen, mit Anissamen destilliert.

Rákóczi [r'a:ko:tsi], ungar. Adelsgeschlecht, 1756 im Mannesstamm ausgestorben. **Georg I.** war 1630–48 protestant. Fürst von Siebenbürgen, ebenso 1648–60 sein Sohn **Georg II.** Dessen Enkel **Franz II.** (* Borsi 27. 3. 1676, † Rodostò am Marmarameer 8. 4. 1735) stellte sich während des Span. Erbfolgekriegs 1703 an die Spitze einer ungar. Erhebung gegen die habsburg. Herrschaft; er wurde 1704 zum Fürsten von Siebenbürgen, 1705 auch zum Fürsten von Ungarn gewählt. 1711 brach seine Freiheitsbewegung zusammen; er emigrierte 1713 nach Frankreich und 1717 nach Konstantinopel.

Rákóczimarsch [r'a:ko:tsi-], ungar. Nationalmarsch, genannt nach Franz II. → Rákóczi.

Rákosi [r'a:koʃi], Mátyás, ungar. Politiker (Kommunist), * Ada (Südungarn) 9. 3. 1892, † Gorkij 5. 2. 1971, Volkskommissar unter B. Kun, wurde mehrmals als Agent verurteilt, ging 1940 in die UdSSR, kehrte 1944 nach Ungarn zurück und wurde Gen.-Sekr. der kommunist. Partei, 1945–52 stellv. MinPräs., 1952/53 MinPräs.; 1956 als Stalinist seiner Ämter enthoben.

RAL, Kurzname für ›Ausschuß für Lieferbedingungen und Gütesicherung e. V.‹ (früher **R**eichs**a**usschuß für **L**ieferbedingungen), gegr. 1925, seit 1973 selbständiger Verein. Der RAL führt eine Gütezeichen-Liste, berät und begutachtet.

Raleigh [r'ɔ:lɪ], Hptst. von North Carolina, USA, (1980) 134200 Ew.; Handels-, Verwaltungs-, Bildungs- und Forschungszentrum; vielfältige Ind.

Raleigh [r'ɔ:lɪ], Sir (1584) Walter, engl. Seefahrer, * Hayes Barton (Devonshire) um 1552, † (hingerichtet) London 29. 10. 1618; Günstling Elisabeths I. In ihrem Auftrag unternahm er mehrere Beute- und Entdeckungsfahrten nach Übersee, die sich gegen die span. Weltmachtstellung richteten. So fuhr er 1595 nach Guayana, auf der Suche nach dem sagenhaften Dorado. Auch auf dem nordamerikan. Festland faßte er vorübergehend Fuß (→ Virginia). Als es 1617 bei einem neuen Unternehmen nach Guayana zu Kämpfen mit den Spaniern kam, ließ Jakob I., um den Frieden mit Spanien zu halten, das schon 1603 verhängte Todesurteil vollstrecken. R. schrieb Gedichte, politisch-volkswirtschaftl. Schriften und eine ›Weltgeschichte‹. (BILD S. 335)

Ralf [aus Radolf, ahd. ›Rat‹ und ›Wolf‹], **Ralph,** männliche Vornamen.

Rallen [frz.], *Sg. die* **Ralle,** -, über alle Erdteile verbreitete Fam. der Kranichvögel, mit seitlich meist zusammengedrücktem Körper, mäßig langen Beinen, langen Zehen, weichem Gefieder, sperlings- bis hühnergroß; das Flugvermögen ist zuweilen rückgebildet; die Eier sind meist gefleckt. In Europa brüten: die **Wasserralle (Rallus aquaticus),** oben dunkelbraun, unten aschgrau, Körperseiten schwarzweiß gebändert, ferner → Bleßhuhn, → Sumpfhühner, → Teichralle, → Wiesenralle. (BILD S. 335)

rallentando [ital.], Abk. **rallent.** oder **rall.,** ♪ langsamer werdend.

Rallis, Georgios, grch. Politiker (ND), * Athen 26. 12. 1918, Rechtsanwalt; 1961–63 und 1974 Innen-, 1978–80 Außen-Min., 1980–81 MinPräs.; seit 1980 Vors. der ›Neuen Demokratie‹ (grch. Abk.: ND).

Rallye [r'ali, frz.], engl. **Rally** [r'ælɪ] *die, -/-s, schweizer.: das, -s/-,* früher **Sternfahrt,** Wettbewerb für homologierte (für Rennzwecke vorbereitete und zugelassene) Fahrzeuge in einer oder mehreren Etappen mit Sonderprüfungen. Die R. führt von mehreren Standorten über verschiedene Kontrollstellen zu einem Zielort.

RAM, Abk. für **Random Access Memory** [r'ændəm 'æksəs m'emərɪ, engl.], Schreib-Lese-Speicher (→ Speicher) für die elektron. Datenverarbeitung.

Ramadan [arab.; pers. und türk. Aussprache ramaz'a:n] *der, -(s),* der 9. Monat des muslim. Mondjahres. Bei Tage wird gefastet, nachts werden religiöse Übungen, auch Belustigungen abgehalten. Den Abschluß bildet das Fest des Fastenbrechens (→ Bairam).

Ramadier [ramadj'e], Paul, frz. Politiker (Sozialist), * La Rochelle 17. 5. 1888, † Rodez (Dép. Aveyron) 14. 10. 1961; 1928–40 Abg., zw. 1938 und 1957 wiederholt Min., 1947 MinPräs.; schloß im Mai 1947 unter dem wachsenden Druck des Kalten Krieges die Kommunisten aus seinem Kabinett aus.

Ramakrishna [-ʃ-], eigtl. Gadadhar **Chatterjee** [-tʃ'ɑ:tədʒɪ], ind. Mystiker, * Karmapukur (Westbengalen) 18. 2. 1836, † Kalkutta 16. 8. 1886, stammte aus der Brahmanenkaste, war Priester am Tempel der Kali bei Kalkutta. R. vertrat die Überzeugung, daß alle Religionen in der visionären Erfassung Gottes übereinstimmen. Die von seinen Schülern gegr. **R.-Mission,** Hauptsitz in Belur bei Kalkutta (seit 1897), hat seine Lehre auch in Europa und den USA verbreitet.

Raman, Sir (1929) Chandrasekhara Venkata, ind. Physiker, * Tiruchirapalli 7. 11. 1888, † Bangalur 21. 11. 1970, entdeckte 1928 den von A. Smekal 1923 vermuteten **(Smekal-)Raman-Effekt,** der darin besteht, daß bei der Streuung von Licht einheitl. Wellenlänge in einer festen, flüssigen oder gasförmigen Verbindung das Spektrum des gestreuten Lichtes außer der Linie des einfallenden Lichts noch die schwachen **Raman-Linien** sowohl mit größerer als auch kleinerer Wellenlänge enthält. Diese entstehen dadurch, daß das einfallende Licht durch Anregung von oder Wechselwirkung mit den Schwingungen und Rotationen der Moleküle geändert wird. Die Verschiebung der R.-Linien ist eine materialspezif. Größe. R. erhielt 1930 den Nobelpreis für Physik.

Ramanujan [-dʒ-], Srinivasa, ind. Mathematiker, * Erode (Südindien) 22. 12. 1887, † Kumbakonam 26. 4. 1920, beschäftigte sich vorwiegend mit der mit unendlichen Reihen arbeitenden analyt. Zahlentheorie. R. wurde als erster Inder Fellow der Royal Society und des Trinity College.

ramassieren [frz.]. *ich* **ramassiere** *es,* ⚘ sammle, fasse zusammen, erhalte. **ramassiert,** ⚘ gedrungen, untersetzt.

Ramat Gan, Stadt in Israel, (1982) 120400 Ew.; 1920 als Gartenvorstadt von Tel Aviv gegr.; Univ. (gegr. 1955); Textil-, Elektro-, Lebens- und Genußmittel-Ind.; Diamantenbörse.

Ramayana [Sanskrit ›Ramas Lebenslauf‹] *das,* das 2. große Nationalepos der Inder neben dem Mahabharata, i. Ggs. zu diesem ein Kunstepos, das einem Dichter Valmiki zugeschrieben wird, entstanden zw. dem 4./3. Jh. v. Chr. und dem 2. Jh. n. Chr., später beträchtlich erweitert (24000 Doppelverse). Das R. erzählt, wie der Königssohn Rama, eine Verkörperung des Gottes Vishnu, seine von einem Riesen geraubte Gattin Sita mit Hilfe des Königs der Affen und seines Ministers wiedergewinnt.

Ramberg, Granitmassiv im Unterharz, in der Victorshöhe 582 m.

Rambouillet [rãbuj'ɛ], Stadt im Dép. Yvelines, Frankreich, (1982) 21400 Ew. Das Schloß (14. Jh., unter Ludwig XVI. im 18. Jh. ausgebaut) ist heute Sommerresidenz des frz. Staatspräsidenten.

Rambouillet [rãbuj'ɛ], Catherine Marquise de, * Rom um 1588, † Paris 2. 12. 1665, gründete in ihrem Palais in Paris, dem ›Hôtel de R.‹, um 1610 einen Salon, der Mittelpunkt der → Précieuses wurde.

Ramboux [rãb'u], Johann Anton, Maler, * Trier 5. 10. 1790, † Köln 2. 10. 1866, Schüler von J. L. David in Paris, schloß sich in Rom den Nazarenern an, zu deren besten Leistungen seine Landschaftsbilder, bes. aquarellierte Zeichnungen, aus Italien und seiner Heimat sowie seine Porträts gehören.

Raketenwaffen: amerikan. Interkontinentalrakete MX. Der 21 m lange Flugkörper (Reichweite über 11000 km) kann 10 unabhängig voneinander lenkbare Atomsprengköpfe tragen. Das Waffensystem MX soll ab 1986 einsatzbereit sein

Rameau [ram'o], Jean-Philippe, frz. Komponist, getauft Dijon 25. 9. 1683, † Paris 12. 9. 1764, knüpfte an J. B. Lully an. Seine 28 Opern (›Hyppolite et Aricie‹, 1733; ›Castor et Pollux‹, 1737) und Ballette verkörpern den Höhepunkt der klass. frz. Oper. Seine feingliedrige Cembalomusik hat bahnbrechend gewirkt. Als Theoretiker ist R. der Begründer der modernen Harmonielehre.

Ramie [malaiisch] *die, -/...m'i|en,* **Chinagras,** Bastfaser der Nesselgewächs-Gatt. **Boehmeria,** die im subtrop. Asien, in Afrika und Brasilien angebaut wird. Rohfasern werden zu Seilerwaren verarbeitet, die Einzelfasern von 120–250 mm Länge werden zu **Ramiegarn** versponnen (auch mit Baumwoll-, Woll- und Chemiefasern vermischt); Verwendung: Tisch- und Bettwäsche, Feuerwehrschläuche, techn. Gewebe.

Sir Walter Raleigh

Ramin, Günther, Organist und Chordirigent, * Karlsruhe 15. 10. 1898, † Leipzig 27. 2. 1956, Thomaskantor. (BILD S. 336)

Ram Jet [r'æm dʒet, engl.], das Staustrahltriebwerk, → Strahltriebwerk.

Ramler, Karl Wilhelm, Lyriker, * Kolberg 25. 2. 1725, † Berlin 11. 4. 1798; 1748–90 Prof. der Kadettenanstalt ebd., 1786–96 Mitdirektor der Kgl. Schauspiele in Berlin, befreundet mit Lessing, E. v. Kleist und F. Nicolai; galt vielen Dichtern seiner Zeit als Vorbild durch Oden in antiken Versmaßen.

HW: Lieder der Deutschen, 4 Bde. (1766); Oden (1767); Lyr. Gedichte (1772).

Rallen: Wasserralle

Ramm [ahd.] *der, -(e)s/-e,* **1)** ⚘ Rammsporn (bei Schiffen). **2)** Verlagerung der Kniescheibe bei Pferd und Rind; durch Operation heilbar. **3)** *schwäb.:* Schafbock. **rammdösig,** U benommen, schwindlig. **rammspörig,** *mitteldt.:* mürrisch.

Ramme *die, -/-n,* Bautechnik: Gerät zur Bodenverdichtung, zum Eintreiben von Pfählen u. ä. Die **Hand-R.,** einen eisernen Stempel, läßt man frei auffallen. Bei **Explosions-** oder **Diesel-R.**

Raketenwaffen: LINKS NIKE-Raketenstellung. Die amerikan. Boden-Luft-Rakete NIKE dient zur Flugabwehr bis in große Höhen (Reichweite 30–150 km); RECHTS dt.-frz. Panzerabwehr-Waffensystem MILAN. Mit der von 2 Mann bedienten MILAN können durch Draht gelenkte Panzerabwehrraketen auf eine Entfernung bis zu 2000 Metern verschossen werden

Günther Ramin

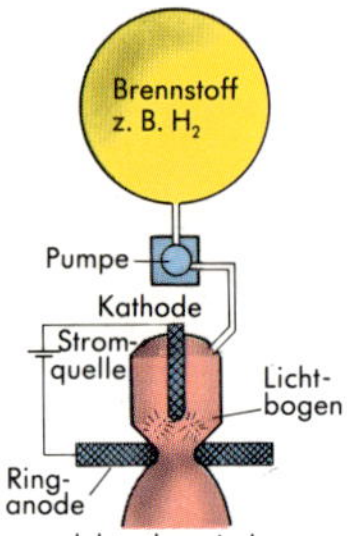

elektrothermischer Antrieb

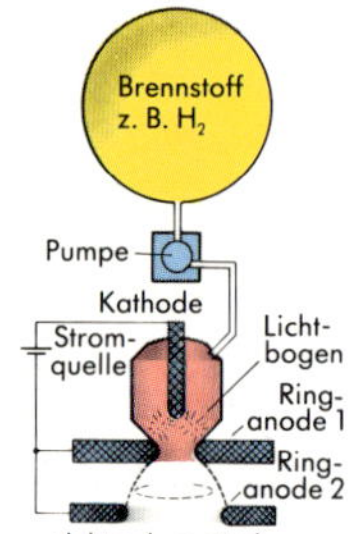

elektrodynamischer Antrieb

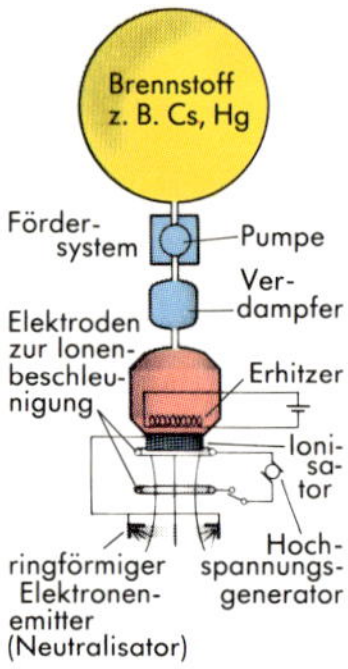

elektrostatischer Antrieb (Ionentriebwerk)

Rakete: elektrische Triebwerke (schematisch):
OBEN elektrothermisch, MITTE elektrodynamisch,
UNTEN elektrostatisch

wird in einer Explosionskammer ein Kraftstoff-Luft-Gemisch verbrannt, das nach der Zündung einen Stempel nach unten und die R. nach oben treibt. Das gesamte Gerät besteht aus Unterwagen mit Antrieb, Rammgerüst zur Führung der Rammbären und des Rammkörpers. Man unterscheidet Dampf-, Druckluft- und Dieselantrieb. *ich* **rammе, 1)** *es in etwas,* treibe tief ein, stoße, bes. mit der R. **2)** *ihn, es,* stoße, fahre ihm in die Seite und beschädige, verletze dabei: *unser Schiff wurde gerammt.*

rammeln. *ich* **ramm(e)le, 1)** *ihn, mitteldt.:* stoße, rempele, drücke zusammen. **2)** *Kaninchen, Hasen rammeln,* sind brünstig, begatten sich. **3)** V habe Geschlechtsverkehr. *ich* **ramm(e)le** *mit ihm* **zusammen** (bin zusammengerammelt), *mitteldt.:* stoße zusammen. *die* **Rammelei**, -, **1)** *mitteldt.:* Gestoße, Gedränge. **2)** V Geschlechtsverkehr. **ramm(e)lig,** brünstig. *der* **Rammler,** *-s/-,* männliches Tier bei Hase und Kaninchen.

Rammelsberg, Berg im Oberharz, südlich Goslar, 636 m ü. M., mit reichen Erzlagerstätten (Blei, Zink, Kupfer, Silber, Gold), die seit 968 abgebaut werden.

Ramón y Cajal [-i kax'al], Santiago, span. Mediziner, * Petilla de Aragón (Prov. Navarra) 1. 5. 1852, † Madrid 7. 10. 1934, verdient um die feinere Anatomie des Nervensystems. 1906 erhielt er mit C. Golgi den Nobelpreis für Physiologie und Medizin.

Rampe [frz. ›Erdaufwurf‹] *die, -/-n,* **1)** flach ansteigende schiefe Ebene zur stufenlosen Überbrückung von Höhenunterschieden, z. B. bei Verkehrsanlagen **(Laderampe). 2)** Theater: der vorderste Rand des Bühnenbodens: *im Rampenlicht der Öffentlichkeit,* Ü.

Rampolla, Mariano, Marchese **del Tindaro,** Kardinal (1887), * Polizzi (Prov. Palermo) 17. 8. 1843, † Rom 16. 12. 1913, wurde 1882 Titularerzbischof und Nuntius in Madrid, 1887–1903 Kardinalstaatssekr. Leos XIII.; suchte die polit. Macht des Papsttums durch enge Zusammenarbeit mit Frankreich zu fördern.

ramponieren [mittelniederl.]. *ich* **ramponiere** *es,* U beschädige stark.

Ramsar-Konvention [n. dem Ort Ramsar in Iran], internat. Abkommen zum Schutz von Feuchtgebieten, bes. als Lebensraum für Wat- und Wasservögel; im Dez. 1975 in Kraft getreten.

Ramsau *die,* **1)** Hochfläche auf der S-Seite des Dachsteins, in der Steiermark, 1000–1200 m ü. M. **2)** Talwand der Ramsauer Ache in den Berchtesgadener Alpen.

Ramsauer, Carl Wilhelm, Physiker, * Osternburg (Oldenburg) 6. 2. 1879, † Berlin 24. 12. 1955, Hauptarbeitsgebiete: Gasentladungsphysik und Absorption von Elektronen in Gasen; führte 1915 den Begriff des Wirkungsquerschnittes ein und fand 1919–21 im **R.-Effekt** die erste Andeutung für die Wellennatur des Elektrons.

Ramsay [r'æmzɪ], **1)** Allan, schott. Dichter, * Leadhills (Lanarkshire) 15. 10. 1686, † Edinburgh 7. 1. 1758, sammelte heimische volkstüml. Poesie, war Wegbereiter für R. Burns; schrieb das Hirtenspiel ›The gentle shepherd‹ (1725).

2) Sir (1902) William, brit. Chemiker, * Glasgow 2. 10. 1852, † High Wycombe (Buckinghamshire) 23. 7. 1916, entdeckte mit Lord Rayleigh das Argon, später allein Helium, Krypton, Neon und Xenon. 1904 erhielt er den Nobelpreis für Chemie.

Ramsch [frz.] *der, -(e)s/-e,* **1)** *ohne Pl.,* Ausschußware, Minderwertiges, Warenreste: *er hat im R. verkauft,* in Bausch und Bogen, zu Schleuderpreisen. **2)** Skat: Spiel, bei dem kein Spieler reizt und derjenige, der die meisten Punkte erhält, verliert. *ich* **ramsche, 1)** Skat: spiele einen R. **2)** *es,* kaufe Ramschware, kaufe billig auf.

Ramsel *die, -/-n,* volkstüml. Name versch. Pflanzen: Ginsterarten, Kreuzblume, Lauch.

Ramses, ägypt. **Ramesse** [›Re hat ihn geboren‹], ägypt. Könige der 19. und 20. Dynastie. Durch ihre großartigen Bauten sind bes. **R. II.** (1290–1224 v. Chr.; Abu Simbel; BILDER Denkmalpflege, Abydos, Luxor) und **R. III.** (1184–1153 v. Chr.; Medinet Habu) bekannt. (BILD S. 337)

Ramsey [r'æmzɪ], Arthur Michael, anglikan. Theologe, * Canterbury 14. 11. 1904, wurde 1952 Bischof von Durham, 1956 Erzbischof von York, 1961–74 von Canterbury und damit Primas der Anglikan. Kirchengemeinschaft. R. war bes. in der ökumen. Bewegung tätig.

Ramsgate [r'æmsgɪt], Hafenstadt und Seebad an der O-Küste der Cty. Kent, Großbritannien, (1981) 39600 Ew.; Yachthafen, Leichtindustrie.

Ramsnase [engl. ram ›Widder‹], im Profil stark konvex gebogene Nase bei Pferderassen, z. B. Kladruber, Noriker. **Ramskopf,** Pferdekopf mit R.

Ramstein-Miesenbach, Gem. im Kr. Kaiserslautern, Rheinl.-Pf., (1984) 7700 Ew.; Textil- u. a. Ind.; Hauptquartier des Kommandos der Luftstreitkräfte ›Europa-Mitte‹ und der 4. ATAF der NATO.

Ramtill [neuind.] *der, -s,* **Gingellikraut, Nigersaat, Guizotia abyssinica,** Art der Korbblüter, deren Früchte **(Gingellisamen)** Niger- oder Ramtillöl liefern.

Ramu *der,* Fluß im NO von Neuguinea, rd. 650 km.

Ramus, Petrus, eigtl. Pierre **de la Ramée** [-ram'e], frz. Humanist und Philosoph, * Cuts (Dép. Oise) 1515, † (in der Bartholomäusnacht ermordet) Paris 24. 8. 1572, trat 1562 zum Calvinismus über und lehrte zeitweise in Heidelberg; schuf eine nichtaristotelische Logik mit dem Ziel einer Verschmelzung von Logik und Rhetorik. Seine 1555 veröffentlichte ›Dialectique‹ ist das erste philosophische Buch in frz. Sprache.

Ramuz [ram'y], Charles Ferdinand, frz.-schweizer. Schriftsteller, * Cully-sur-Lausanne (Kt. Waadt) 24. 9. 1878, † Pully bei Lausanne 23. 5. 1947, gestaltete in seinen Romanen den Lebenskampf der Bergbewohner gegen die Naturgewalten. (BILD S. 337)

HW: *Romane:* Das große Grauen in den Bergen (1926); Bergsturz auf Derborence (1934); Der junge Savoyarde (1936) u. a. – *Dichtungen:* Das Dorf in den Bergen (1903); Die Gesch. vom Soldaten (1918; Musik von I. Strawinsky), Erz., autobiograph. Schriften.

Ran, altnord. Mythos: Göttin des Meeres, Gattin des Ägir, sucht mit ihrem Netz alle zu fangen, die sich aufs Meer wagen.

Rancagua [raŋk'aɣua], Hptst. der Prov. O'Higgins, Chile, (1982) 140000 Ew.; Verwaltungssitz der Kupfermine → El Teniente.

Rance [rãs] *die,* Fluß in NW-Frankreich, 110 km lang, mündet bei St. Malo in den Ärmelkanal. In seinem Mündungstrichter wurde 1960–67 das erste → Gezeitenkraftwerk errichtet; es nutzt den hohen Tidenhub (8,5 m) aus.

Ranch [ræntʃ, engl. aus span.] *die, -/-(e)s,* Farm im nordamerikan. Westen mit Viehwirtschaft. *der* **Rancher** [r'æntʃə], *-s/-,* Viehzüchter, Besitzer einer R.

Rand [ahd.] *der, -(e)s/¨er,* **1)** Grenzstreifen, Umgrenzung; Kante: *Stadtrand; Waldrand; der Kranke hatte dunkle Ränder um die Augen,* Ringe; *am Rande bemerkt,* nebenbei; *das versteht sich am R.,* von selbst; *außer R. und Band,* Ü sehr ausgelassen; *damit kommst du nie zu Rande,* Ü wirst du nie fertig. **2)** U derb: Mund: *halt den R.!* **Randbemerkung, 1)** Anmerkung auf dem R. einer Seite. **2)** Ü Nebenbemerkung; abfällige Bemerkung.

Rand [engl. rænd] *der, -s/-s* und bei Wertangaben -, Währungseinheit in der Rep. Südafrika, 1 R. (R) = 100 Cents (c).

Randal [nhd. zu Rand ›Possen‹ und Skandal] *der, -s/-e,* lärmender Unfug. *Vb. ich* **randaliere.**

Rand|ausgleich, Einrichtung bei Setz- und manchen Schreibmaschinen zum Erzielen gleich langer Zeilen (Blocksatz).

Rand Corporation [rænd kɔ:pər'eɪʃn], Santa Monica (Calif.), größte Forschungsges. der Erde auf gemeinnütziger Basis, gegr. 1946 als ›Research and Development Co.‹ von der amerikan. Luftwaffe, seit 1948 jetziger Name.

rändeln. *ich* **ränd(e)le** *es,* **1)** umrande. **2)** präge mit dem Rändeleisen Rillen ein, z. B. auf dem äußeren Rand von Münzen; das Einprägen gekreuzter Rillen heißt **Kordieren.**

Randers [r'anərs], Hafen- und Handelsstadt in O-Jütland, Dänemark, (1981) 62200 Ew.; Nahrungsmittel-, Metall-Ind.

Ränderware, Wirk- oder Strickware mit laufmaschenfestem Rand, meist in elast. Bindungen (Rechts-Rechts-Maschentechnik) gearbeitet.

Randfeuer, Randbefeuerung, ✈ Leuchten, die eine Start- und Landebahn (weiße Festfeuer) oder Rollbahn (blaue Festfeuer) begrenzen und deren Verlauf angeben.

Randgruppen, Sozialwissenschaft: Personengruppen, die aus unterschiedl. Gründen (z. B. mangelndes Einkommen, körperliche und seelische Gebrechen, Zugehörigkeit zu einer anderen Rasse) in die ›Kerngesellschaft‹ nur unvollständig integriert sind.

Randstad Holland, Städteballung in den Niederlanden mit den ringförmig gelegenen Städten: Utrecht, Amsterdam, Haarlem, Leiden, Den Haag, Rotterdam, Dordrecht.

Raney-Katalysatoren [r'eɪnɪ-, n. dem amerikan. Ingenieur M. Raney, * 1885, † 1966], Hydrierungs- und Dehydrierungs-Katalysatoren aus hochaktiven, feinverteilten Metallen, die durch chem. Auflösung des inaktiven Bestandteils einer Legierung des katalytisch aktiven Metalls mit einem unedlen Metall, meist Aluminium, erhalten werden. Die R.-K. sind pyrophor.

Ranft [ahd., verwandt mit Rahmen] *der, -(e)s/¨e,* **Ränftchen** *das, -s/-, sächs.:* Anschnitt oder Endstück des Brotes, Rand.

Rang [frz. rang ›Reihe‹, ›Ordnung‹] *der, -(e)s/¨e,* **1)** Stufe in einer Ordnung; gesellschaftl. Stellung: *Personen hohen Ranges; ein Künstler von R.; er will mir den R. ablaufen,* Ü mir zuvorkommen, mich überflügeln (eigtl. den → Rank ablaufen, die Krümmung des Weges abschneiden und mir so zuvorkommen); *er will ihm den R. streitig machen,* seine Stellung einnehmen. **2)** Offiziersdienstgrad. **3)** Platz in einer Reihenfolge von Rechten (vgl. unten Rechtliches). **4)** Theater: Stockwerk im Zuschauerraum: *der erste, zweite, dritte R.* **5)** Gewinnklasse bei Toto und Lotto.

⚖ Bei mehreren Rechten an derselben (beweglichen) Sache, z. B. mehreren Pfändungspfandrechten (→Zwangsvollstreckung), geht regelmäßig das früher entstandene dem später entstandenen Recht vor; für den R. mehrerer Rechte, bes. mehrerer Hypotheken, an einem Grundstück, die durch Eintragung in das Grundbuch entstehen, ist nach § 879 BGB die Aufeinanderfolge der Eintragungen in das Grundbuch maßgebend. Das Rangverhältnis der Rechte zueinander bestimmt, in welcher Reihenfolge sie im Falle der Versteigerung befriedigt werden.

Rang|abzeichen, die Dienstgradabzeichen.

Ran|gau, histor. Gau Ostfrankens, im heutigen Mittel- und Oberfranken, entstand im 6. Jh. von einem Königshof an der Ranna bei Windsheim aus.

Range [mhd.] *die, -/-n,* U Wildfang, ungebärdiges Kind.

rangeln [mhd.]. *ich* **rang(e)le,** *norddt.:* balge mich, raufe, klettere, bewege mich ungebärdig, wälze.

Ranger [r'eɪndʒə], **1)** *der, -s/-s,* in den USA Angehöriger einer bes. ausgebildeten und ausgerüsteten Militär- oder Polizeitruppe für den Sondereinsatz. **2)** amerikan. Raumsondenserie 1961–65 zur Erforschung des Mondes als Vorbereitung des Mondlandeprogramms.

rangieren [rãʒ-, frz.]. *ich* **rangiere, 1)** *Eisenbahnwagen,* verschiebe. **2)** stehe in einem Rang, werde bewertet: *er rangiert an zweiter Stelle. ich* **rangiere** *ihn, es* **aus,** lege beiseite, sortiere aus, werfe weg, stelle außer Dienst. **Rangierbahnhof,** Verschiebebahnhof (→Bahnhof). **Rangierfunk,** Sprechfunkverbindung beim Rangieren.

Rangkrone, Standeskrone, die Krone des jeweiligen Adelsranges, zur Kennzeichnung des Adelsgrades über dem Wappenschild oder dem Monogramm.

Rangliste, 1) ✠ nach Truppengliederung und Dienstgraden geordnetes Namenverzeichnis der aktiven Offiziere. **2)** ⚔ Liste, in der die Vertreter best. Sportarten (Golf, Tennis, Boxen u. a.) nach ihren Leistungen eingestuft werden; national und international.

Rangström, Anders Johan Ture, schwed. Komponist, * Stockholm 30. 11. 1884, † ebd. 11. 5. 1947, der Spätromantik verpflichtet; später entwickelte er einen Stil mit dissonanten Elementen; Liederkomponist; Opern, Sinfonien.

Rangun, engl. **Rangoon** [ræŋg'u:n], Hptst. von Birma und Handelshafen, (1983) 2,459 Mio. Ew., an einem Mündungsarm des Irrawaddy; Erzbischofssitz, Univ., TH; Flughafen. Die Industrie (chem., Holz, Textil, Erdölraffinerien) liegt außerhalb der eigtl. Stadt. Die Shwe-Dagon-Pagode, ein 116 m hoher, mit Gold überzogener Bau, soll im 6. Jh. gegr. worden sein (heutiger Bau von 1564, nach Erdbeben 1930 wiederhergestellt). – R., 1753 aus einem buddhist. Heiligtum entstanden, wurde im 19. Jh. von Briten erobert. Seit 1948 ist es Hptst. des unabhängigen Birma.

rank [mhd.], *norddt.:* **1)** schlank, biegsam. **2)** ⚓ sich leicht neigend (Schiff mit zu hohem Schwerpunkt).

Rank [mhd.] *der, -(e)s/⁻e, oberdt.:* Knick, Wegkrümmung: *er wird den R. finden, schweizer.:* sich zu helfen wissen, einen Ausweg finden.

Rank [ræŋk], Joseph Arthur, Baron **R. of Sutton Scotney** [-əv sʌtn sk'ɔtnɪ] (1957), brit. Filmunternehmer, * Kingston upon Hull (Yorkshire) 23. 12. 1888, † Winchester 29. 3. 1972, gründete mehrere Filmgesellschaften, die er 1955 zur ›Rank Organization Ltd.‹ zusammenfaßte.

°Rank, Einheitenzeichen für →Grad Rankine.

Rankcereen *Pl.,* kletternde, meist reich verzweigte Kakteen des trop. Regen- oder Buschwaldes; manche haben große, nachts geöffnete Blüten, z. B. die →Königin der Nacht; auch der →Schlangenkaktus gehört zu den R.

Ranke [ahd.] *die, -/-n,* ein fadenförmiges, verzweigtes oder unverzweigtes, reizempfindl. Befestigungsorgan der Kletterpflanzen (→Lianen). *es* **rankt** *(sich),* treibt R., klettert empor; schlängelt sich um etwas: *Bohnen ranken sich um Stangen.* **Rankenwerk,** Verzierung aus ineinander verschlungenen R.

Ranke, Leopold von (1865), Historiker, * Wiehe (Kr. Artern) 21. 12. 1795, † Berlin 23. 5. 1886; 1825–71 Prof. in Berlin. 1841 wurde er Historiograph des preuß. Staates. 1832–36 gab er die gemäßigt konservative ›Historisch-polit. Zeitschrift‹ heraus. R. ist der Begründer der modernen Geschichtswissenschaft auf der Grundlage strenger Quellenkritik und unbedingter Sachlichkeit. Der Historiker solle nicht richten und lehren, sondern nur zeigen, ›wie es eigentlich gewesen ist‹.

HW: Die röm. Päpste, ihre Kirche und ihr Staat im 16. und 17. Jh., 3 Bde. (1834–36); Dt. Gesch. im Zeitalter der Reformation, 6 Bde. (1839–47); Neun Bücher preuß. Gesch., 3 Bde. (1847–48; u. d. T. Zwölf Bücher preuß. Gesch., 5 Bde., 1874); Frz. Gesch., vornehmlich im 16. und 17. Jh., 5 Bde. (1852–61); Engl. Gesch., vornehmlich im 16. und 17. Jh., 7 Bde. (1859–68); Weltgesch., 9 Tle. in 16 Bdn. (1881–88; bis ins MA.). – Zur eigenen Lebensgesch. (1890).

Ränke [zu Rank] *Pl.,* List, tückisches Vorgehen, Intrige: *er schmiedet R.* **Ränkeschmied,** tückischer Mensch, Intrigant.

Rangun: Shwe-Dagon-Pagode

ränkeln [zu Rank]. *ich* **ränk(e)le,** *oberdt.:* **1)** *mit ihm,* rangele, ringe, streite. **2)** mache Umwege; schmiede Ränke.

Ranken *der, -s/-, oberdt.:* derbes Stück Brot.

Rankenfüßer, Rankenfußkrebse, Cirripedia, im Meer lebende Krebstiere; festsitzend, z. T. durch ihre kalkige äußere Schale weichtierähnlich, mit rankenhaft verlängerten Beinen, die als Nahrung kleinste Lebewesen und frisches Atemwasser herbeischaffen; meist zwittrig. Hierzu gehören z. B. **Seepocken (Meereicheln** oder **Balaniden)** mit kegelförmiger Schale und **Entenmuscheln** mit zweiklappiger, muschelähnl. Schale an einem starken Stiel, ferner der →Sackkrebs. (BILD S. 338)

Ranker *der, -s/-,* flachgründiger, stark vom silikatischen Muttergestein abhängiger Boden mit kaum sichtbarer Humusbildung; meist genetische Vorstufe anderer Bodentypen.

Rankine [r'æŋkɪn], William John Macquorn, schott. Ingenieur, * Edinburgh 5. 7. 1820, † Glasgow 24. 12. 1872, entwickelte die erste, auf der mechan. Wärmelehre aufgebaute Theorie der Dampfmaschine (1850 ff.). **R.-Skale,** eine absolute Temperaturskale, deren Nullpunkt (0 °Rank) mit dem absoluten Nullpunkt zusammenfällt (– 273,15 °C) und deren Einheit der gleichen Temperaturdifferenz wie der Fahrenheit-Grad entspricht. (→Grad Rankine)

Rankmade, die Raupe der →Wachsmotten.

Ranković [-vitsj], Aleksandar, jugoslaw. Politiker (KP), * Draževac (bei Belgrad) 28. 11. 1909, † Dubrovnik 19. 8. 1983, seit 1941 einer der bed. Organisatoren des Partisanenkrieges, baute als Innen-Min. (1946–53) die Geheimpolizei auf, 1963–66 einer der Vizepräs. der Rep.; 1966 aller Ämter enthoben.

Rankūne [frz.] *die, -/-n,* Groll, heimliche Feindschaft.

Rank Xerox Ltd. [ræŋk z'ɪərɔks-], London, bed. Hersteller von Kopier- und Vervielfältigungsmaschinen.

Ranque-Effekt [r'ãk-, nach dem Physiker G. Ranque], →Wirbelrohr.

Ransom [r'ænsəm], John Crowe, amerikan. Schriftst., * Pulaski (Tenn.) 30. 4. 1888, † Gambier (Ohio) 3. 7. 1974, gehörte zu den Hauptvertretern der Lit. des amerikan. Südens; als Kritiker gehörte er zum →New Criticism. R. schrieb Gedichte witziger, preziöser Stilart.

Rantzau, holstein. Adelsgeschlecht, politisch und militärisch vielfach in schleswig-holstein. und dän. Diensten.

Ranunkelstrauch, Goldnessel, die →Kerrie.

Ranz des Vaches [rã(s)dev'aʃ], der →Kuhreihen.

ranzen [spätmhd.]. *ich* **ranze, 1)** *(mich) mit ihm, oberdt.:* balge mich. **2)** *oberdt.:* laufe unruhig hin und her. **3)** *Wild ranzt,* 🦌 ist brünstig. *ich* **ranze** *ihn* **an,** U schelte derb.

Ranzen [mhd.] *der, -s/-,* **1)** auf dem Rücken zu tragende Tasche, Tornister: *Schulranzen.* **2)** U Bauch.

ranzig [frz.], nicht mehr frisch, schlecht schmeckend und riechend (Fett) infolge Zersetzung durch Sauerstoff, Licht, Wasser, Bakterien, Schimmelpilze.

RAO, Abk. für **R**eichs**a**bgaben**o**rdnung.

Raoul [ra'ul, frz. zu Radolf], frz. männlicher Vorname.

Raoult [ra'ul], François Marie, frz. Chemiker, * Fournès-en-Weppes (Dép. Nord) 10. 5. 1830, † Grenoble 1. 4. 1901, Prof. ebd., entdeckte die zur molaren Konzentration proportionale Gefrierpunktserniedrigung und Siedepunktserhöhung bei Lösungen und die sich darauf gründende Molekulargewichtsbestimmung gelöster Stoffe.

Ramses: Sitzbildnis Ramses II., Karnak, Ausschnitt (Turin, Museo di Antichità)

Charles Ramuz

Leopold von Ranke

Rankenfüßer: Entenmuschel

Adam Rapacki

Raphia: Blüten- und Fruchtstand

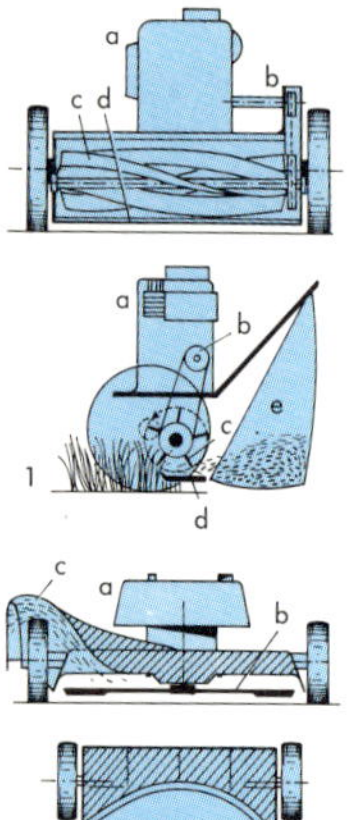

Rasenmäher: 1 Spindelmäher; a Motor, b Kraftübertragung, c Schneidzylinder, d Untermesser, e Grasfang. 2 Sichelmäher; a Motor, b Propellermesser, c Schwadenblech

Rapacki [-tski], Adam, poln. Politiker (Kommunist), * Lemberg 24. 12. 1909, † Warschau 10. 10. 1970, 1949 führend beim Zusammenschluß der Sozialisten und Kommunisten zur ›Arbeiterpartei‹ (PZPR), 1956–68 Außen-Min., trat 1957 mit dem Plan einer kernwaffenfreien Zone in Mitteleuropa hervor **(R.-Plan).**

Rapallo, ital. Kurort in Ligurien, (1981) 28 900 Ew., an der Riviera di Levante.

Rapallo-Vertrag, 1) Vertrag zw. Italien und Jugoslawien (12. 11. 1920) über die Bildung des Freistaats Fiume (→ Rijeka). **2)** dt.-sowjet. Vertrag (16. 4. 1922), in dem das Dt. Reich und die Russ. Sozialist. Föderative Sowjetrep. auf alle finanziellen Forderungen verzichteten, die sofortige Aufnahme diplomat. und konsular. Beziehungen vereinbarten und wirtschaftl. Annäherung nach dem Meistbegünstigungsrecht beschlossen.

Rapfen *der, -s/-,* **Schied, Aspius aspius,** bis 90 cm langer karpfenartiger Fisch Mittel- und Osteuropas.

Rapha|el [hebr. ›Gott heilt‹], männlicher Vorname.

Rapha|el [hebr.], einer der Erzengel, Schutzheiliger der Apotheker und Reisenden; als Reisebegleiter des jungen Tobias und Schutzherr der Pilger mit Stab und Kürbisflasche dargestellt. Tag: 29. 9.

Rapha|el, ital. Maler, → Raffael.

Rapha|el, Günter, Komponist, * Berlin 30. 4. 1903, † Herford 19. 10. 1960, schrieb Orchestermusik, geistl. Chorwerke, Kammermusik, Orgel- und Klavierwerke.

Raphe [grch.] *die, -/-n,* ⚕ ⊕ → Naht.

Raphia [Malagasy] *die, -/. . .phi|en,* afrikan. Palmen-Gatt. mit 10–20 m langen Fiederblättern und tannenzapfenähnlich beschalten Früchten, so die Art **Weinpalme.** Die Blatthaut gibt den **Raphia-** oder **Raffiabast,** der als Bindematerial von Gärtnern und Winzern verwendet wird, die Blattscheidenfaser Piassave, der Blattstiel einen bambusartigen Werkstoff.

rapid(e) [frz., zu lat.], reißend, schnell, blitzartig. *die* **Rapidität,** -, Blitzesschnelle, Ungestüm.

Rapier [frz.] *das, -s/-e,* **Rappier,** Fechtdegen (→ Degen).

Rapp [mhd., aus frz.] *der, -s/-e, oberdt.:* abgebeerter Stiel der Weintraube. **rappig,** *oberdt.:* nach mitvergorenem R. schmekkend.

Rappbode *die,* rechter Nebenfluß der Bode, im Ostharz, mit der drittgrößten Talsperre der Dt. Dem. Rep., 109 Mio. m³ Stauraum; in Betrieb seit 1959.

Rappe [Nebenform von Rabe] *der, -n/-n,* **1)** schwarzes Pferd: *auf Schusters Rappen,* Ü zu Fuß. **2)** *oberdt.:* Rabe.

Rappel, 1) [mhd. raffeln ›sich klappernd bewegen‹] *der, -s/-,* U verrückte Laune, Tobsuchtsausbruch: *er hat einen R.* **2)** [zu Rapp] *die, -/-n, nd.:* Raspel. *ich* **rapp(e)le, 1)** klappere, rassele. **2)** *es rappelt bei ihm,* U er ist verrückt. *ich* **rapp(e)le** *mich* **auf,** U nehme mich zusammen, raffe mich auf, werde gesund. **rapp(e)lig,** U unruhig, nervös, verrückt. **Rappelkopf,** U jähzorniger Mensch, Starrkopf.

Rappen [zu Rappe wegen der Farbe] *der, -s/-,* schweizer. Münzeinheit: 1 R. (Rp) = 1/100 Schweizer Franken (sfr).

Rappen|antilope, Art der → Pferdeböcke.

Rappenau, Bad R., Stadt im Kr. Heilbronn, Bad.-Württ., (1984) 14 200 Ew., im Kraichgau; Saline, Solbad.

Rapperswil, Gem. im Kt. St. Gallen, Schweiz, (1980) 7 800 Ew., am N-Ufer des Zürichsees; interkantonales Technikum; Textil-, Lebensmittel-, Maschinen- u. a. Ind.; 930 m langer Damm zum südl. Ufer des Sees. Schloß (13./14. Jh.; Museum für Burgenkunde), Rathaus mit Ratssaal (1471); Kapuzinerkloster (1603–05).

Rappoltsweiler, frz. **Ribeauvillé** [ribovil'e], Stadt im frz. Dép. Haut-Rhin, (1975) 4 400 Ew., am Rand der Vogesen; Textilind.; Weinbau; Fremdenverkehr; Sakral- und Profanbauten seit dem MA. – R. gehörte im MA. den Herren von Rappoltstein; diese waren als ›Pfeiferkönige‹ die Schutzherren der fahrenden Spielleute des Elsaß. Die Gfsch. kam 1673 an Pfalz-Birkenfeld, 1734 an Pfalz-Zweibrücken, 1789/1801 wurde sie mit dem übrigen Elsaß vereinigt.

Rapport [frz.] *der, -(e)s/-e,* **1)** ♧ Bericht, Meldung. **2)** regelmäßige Wiederkehr derselben Fadenverkreuzung **(Bindungs-R.)** oder desselben Musters **(Muster-R.)** bei Textilien und Tapeten. **3)** Ⓟ → Hypnose. *ich* **rapportiere** *es ihm,* berichte, melde, trage zu.

Raps [lat.] *der, -es/-e,* **Kohlsaat, Brassica napus var. napus,** gelbblütiger Kreuzblüter, wichtigster Öllieferant in Mittel- und Osteuropa sowie in Kanada. Aus den Samen wird das **Rüb|öl,** aus den Rückständen der **Rapskuchen** gewonnen, der an Milchvieh verfüttert wird. (Bild S. 339)

rapsen, rapschen [zu raffen]. *ich* **rapse, rapsche,** *norddt.:* greife schnell und begierig nach etwas, grapsche.

Rapsrüßler *der, -s/-,* ein → Rüsselkäfer.

Raptus [lat.] *der, -,* **1)** *Pl. -,* ⚕ anfallartiger Erregungszustand, z. B. bei Hysterie. **2)** *Pl. -se,* U Koller, Rappel.

Rapunzel [mlat. rapuncium] *die, -/-n,* ⊕ **1) Rapunze, Rapünzchen,** der → Feldsalat. **2)** die → Teufelskralle.

Rapuse, Rapusche [tschech.] *die, -/-n, mitteldt.:* **1)** Wirrwarr. **2)** Raub, Plünderung, Beute: *es wird noch in die R. gehen,* U verlorengehen. **3)** ein Kartenspiel.

rar [lat.], selten, knapp und deshalb begehrt, kostbar: *er macht sich r.,* U läßt sich kaum blicken. *die* **Rarität,** *-/-en,* Seltenheit, Sammlerstück.

Rarotonga, die bedeutendste der → Cook-Inseln, 66 km² groß.

Ras [arab. ›Kopf‹] *der, -/-,* **1)** Haupt, Oberhaupt. **2)** 🌐 Gipfel, Vorgebirge. **3)** in Äthiopien früher Titel für den 3. Fürstenrang.

Ras Algethi [arab. ›Kopf des Knienden‹], ☆ der veränderliche Doppelstern α im Sternbild Herkules.

Ras Alhague [arab. ›Kopf des Schlangenträgers‹], ☆ Stern 2. Größe, α im Sternbild Schlangenträger.

Ras al-Khaimah, Ras al-Khayma [-x'aıma], Scheichtum der → Vereinigten Arabischen Emirate.

Rasamala [malaiisch] *die,* **Altingia excelsa,** riesiger, hochstämmiger Baum der Hamamelisgewächse, vom östl. Himalaya bis Java, liefert Edelholz und Balsamharz.

rasant [frz.], **1)** flach verlaufend (Flugbahn eines Geschosses). **2)** U schnell, blitzartig. **3)** U attraktiv: *ein rasantes Weib. Subst. die* **Rasanz,** -.

rasch [ahd.], schnell, geschwind, flink: *er ist ein Mann von raschen Entschlüssen. Subst. die* **Raschheit,** -.

Raschdorff, Julius, Baumeister, * Pleß (Schlesien) 2. 7. 1823, † Wald-Sieversdorf (Mark) 13. 8. 1914, baute in histor. Stilformen (Berliner Dom, 1894–1904, u. a.).

Raschelmaschine [wohl nach der frz. Schauspielerin E. Rachel], Kettenwirkmaschine mit vielseitiger Mustermöglichkeit für Trikotagen, Jersey, Tücher, Bänder, Spitzenstoffe, Gardinen, Netze, Plüsch u. a.

rascheln [Schallw.]. *ich* **rasch(e)le,** erzeuge ein Geräusch wie Papier, Laub: *ich raschele mit der Zeitung.*

Raschi, Abk. von **Rabbi Schelomo Jizchaki,** jüd. Gelehrter, * Troyes (Champagne) 1040, † ebd. 30. 7. 1105, einflußreicher Bibelkommentator; sein Kommentar zum Talmud wird heute noch allen Ausgaben beigegeben.

Ras Daschan *der,* der höchste Berg Äthiopiens, im nördl. Hochland, 4 550 m.

Raselmsee, rumän. **Razelm** [raz'elm], fischreicher Strandsee, südlich der Donaumündung in Rumänien.

rasen [mhd.]. *ich* **rase, 1)** (habe gerast), bin wütend, tobe: *er rast im Fieber, vor Zorn.* **2)** (bin gerast), U renne oder fahre sehr schnell. **rasend, 1)** wild, heftig. **2)** sehr schnell: *der rasende Sturm.* **3)** U sehr: *ich habe mich rasend gefreut. die* **Raserei,** -, **1)** Wahnsinn, Tobsucht. **2)** U unsinnige Geschwindigkeit.

Rasen [mnd. wrase, oberdt. wasen] *der, -s/-,* Gartenkunst: jede künstlich angelegte, nur aus Süßgräsern bestehende und durch regelmäßigen Schnitt (Schur) kurzgehaltene Pflanzendecke, die als Grün- oder Sportfläche dienen soll. Damit der R. dicht, dauerhaft und betretbar wird, werden geeignete Ober- und Untergräsersamen gemischt. Eine teppichartige Grasnarbe ergeben die niedrigen, feintriebigen Untergräser, während die mittelhohen Füll- oder Obergräser sich gut bestocken und dem R. seine Festigkeit verleihen (Sport-R.). Der R. verträgt keine stauende Nässe oder stark sauren Boden; eine Humusgabe im Herbst ist zu empfehlen. Die günstigste Aussaatzeit ist im Frühjahr; die Aussaat kann aber auch bis etwa Sept. vorgenommen werden. Entstehende Lücken können durch → Rasenplaggen oder Neusaat ausgefüllt werden. **Japan. Blumen-R.** ist ein Gemisch niedriger Sommerblumen ohne Graszusatz. **Rasenblumen** sind niedrige Zwiebelgewächse, die in den R. gelegt werden. **Rasenbildende Gräser** sind Gräser, die durch Ausläufer einen dichten R.-Teppich bilden.

Rasen|eisen|erz, Sumpf|erz, Wiesen|erz, meist unreines, dunkelbraunes bis schwarzes, amorphes Brauneisen, oft manganhaltig, am Boden flacher, sumpfiger Senken.

Rasenkraftsport, sportl. Dreikampf für Männer (Hammerwerfen, Gewichtwerfen, Steinstoßen).

Rasenmäher, Gerät zur Rasenpflege. Handbetriebene R. haben eine um eine waagerechte Achse angeordnete Messertrommel oder Schneidzylinder **(Spindelmäher).** Bei Motor-R. (mit Verbrennungs- oder Elektromotor) werden meist um eine senkrechte Achse umlaufende Propellermesser **(Sichelmäher)** verwendet. Beim **schwebenden R.** wird mit einem Gebläse unter dem R. ein Luftpolster erzeugt, so daß dieser über dem Rasen schwebt. Größere Motor-R. arbeiten mit einem Frontschneidwerk wie Mähmaschinen. Manche R. können zu Vertikutiergeräten umgerüstet werden (→ vertikutieren).

Rasenplaggen, Rasensoden, aus Rasenflächen gewonnene, verwurzelte Rasenstücke, etwa 25 × 25 cm groß und 6–8 cm stark, zum schnellen Befestigen oder Ausbessern von Böschungen.

Rasenquelle, die → Naßgalle.

Rasensport, Sammelbez. für alle Sportarten, die auf Rasenplätzen ausgeübt werden, z. B. Fußball, Golf, Handball, Hockey, Kricket, Krocket, Polo, Rugby, Rasenkraftsport, z. T. Leichtathletik, Pferdesport, Tennis.

Ras Hafun, Kap der Somali-Halbinsel, Ostafrika.

Rasht, Stadt im Iran, → Rescht.

rasieren [frz.]. *ich rasiere ihn, mich, den Bart, die Haare,* entferne nach Einseifen mit **Rasierseife** oder **-creme** mit dem **Rasiermesser** oder der in den **Rasierapparat** eingespannten Rasierklinge die Haare. Beim **Trockenrasieren** mit einem elektr. Apparat werden die Haare abgeschoren. Dabei werden Messer hinter einer durchbrochenen Folie bewegt **(geschlossenes Schersystem)** oder eine gezahnte Klinge hinter einem Kamm **(offenes Schersystem).** – **Rasierstein,** Kalialaun mit Zusatz von Vaselinöl zum Schließen kleiner Hautwunden.

Rasierwasser, After shave [ˈɑːftəʃeɪv, engl.], alkohol. Lotionen mit 40–50%igem Alkohol zum ›Nachwaschen‹ nach dem Rasieren. Sie enthalten schwache Säuren (Wein- oder Milchsäure), adstringierende Zusätze (Borsäure oder Kampfer), desinfizierende, erfrischende und kühlende Mittel (Menthol).

Rasin, Stepan Timofejewitsch, Kosakenführer, * Simowejskaja Staniza um 1630, † (hingerichtet) Moskau 6. 6. 1671, Führer eines Volksaufstandes am Don und an der unteren Wolga. In Sage und Lied lebt **Stenka R.** als Vorkämpfer der Unterdrückten fort.

Rask, Rasmus Kristian, dän. Sprachforscher, * Brœndekilde auf Fünen 22. 11. 1787, † Kopenhagen 14. 11. 1832, Prof. der Literaturgesch. und der oriental. Sprachen ebd.; entdeckte die regelmäßigen Lautentsprechungen zw. den indogerman. Sprachen und regte dadurch J. Grimm zu seiner Theorie der german. Lautverschiebung an; sammelte wertvolle Awesta- und Pali-Handschriften.

Raskolniki [russ. raskol ›Spaltung‹] *Pl.,* die nach den liturg. Reformen des Patriarchen → Nikon von der russ. Staatskirche abgespaltenen Altgläubigen. Sie erkannten die Vereinheitlichung des Gottesdienstes im ganzen Staat und die Annäherung der russ. Kirche an die anderen orthodoxen Kirchen nicht an.

Rasmus [zu Erasmus], männlicher Vorname.

Rasmussen, Knud Johan Victor, dän. Polarforscher, * Jakobshavn (Grönland) 7. 6. 1879, † Kopenhagen 21. 12. 1933, nahm 1902–04 an der Grönlandexpedition von L. Mylius-Erichsen teil, leitete 1912–33 von Thule aus sieben Polarexpeditionen, auf deren fünfter er von der Hudsonbai bis zur Beringstraße vordrang.

HW: In der Heimat des Polarmenschen (1919); Die große Schlittenreise (1932).

Räson, [rɛzˈɔ̃, frz. raison, zu lat. ratio ›Vernunft‹] *die, -,* Vernunft, Einsicht: *nimm endlich R. an!; man muß ihn zur R. bringen. der* **Räsoneur** [rɛːzɔnˈøːr], *-s/-e,* Krittler, Nörgler. *ich* **räsoniere** *über etwas,* nörgle, schimpfe.

Raspa *die, -/-s,* Modetanz mexikanisch-span. Herkunft (gleichzeitiges Hüpfen auf beiden Beinen) um 1950, meist im 6/8-Takt.

Raspel [verwandt mit Rapp ›Reibeisen‹], **1)** *die, -/-n,* Werkzeug aus gehärtetem Stahl zur Formgebung und Glättung von Holz, Horn, Kunststoffen, Leder u. ä., eine Art grober Feile. **2)** *der, -s,* geraspelte Späne. *ich* **rasp(e)le** *es,* feile, bearbeite mit der R. oder einem rauhen Gegenstand; *Süßholz raspeln,* Ü schöntun.

Rasputin, Grigorij Jefimowitsch, russ. Abenteurer, * Pokrowskoje bei Tjumen (Sibirien) 1864 oder 1865, † Petrograd 30. 12. 1916, Bauernsohn, Wanderprophet. Seit 1907 am Zarenhof, gewann er durch seine angebl. Fähigkeit, dem an der Bluterkrankheit leidenden Thronfolger durch magnet. und hypnot. Kräfte helfen zu können, steigenden Einfluß auf das Zarenpaar. Da seine Machtgier, Anmaßungen und Ausschweifungen sich zu einer moral. Belastung für die Monarchie auswuchsen, wurde R. von Angehörigen der Hofgesellschaft ermordet.

Ras Schamra, Ruinenstätte von → Ugarit.

Rasse [frz.] *die, -/-n,* Gruppe von Lebewesen, die sich durch gemeinsame Erbanlagen von anderen Artangehörigen unterscheiden. R.-Merkmale zeigen sich im Körperbau und in der Lebensweise; **physiolog. R.** unterscheiden sich in den Lebensvorgängen; **geograph. R. (Lokal-R., Standort-R.)** entstehen in zusammenhängenden geograph. Räumen; **histor. R.** sind durch die zeitl. Aufeinanderfolge vor einer Vermischung bewahrt geblieben; **ökolog. R.** leben in der gleichen Umwelt, sind aber im Biotop oder in ihrer Fortpflanzungszeit getrennt; **verhaltensbiolog. R.** sind durch paarungsbiolog. Isolationsmechanismen getrennt; **chromosomale R.** erzeugen miteinander keine oder keine vollfertilen Bastarde. **rassisch,** die R. betreffend. **rassig,** von ausgeprägter R., feurig.

Anthropologie. Über die natürlichen systemat. Untergruppen der Art Mensch **(Systemrassen)** → Menschenrassen. Da die versch. R. vermutlich nie vollständig räumlich voneinander getrennt gewesen sind, gab es immer in Übergangsgebieten **Rassenmischung (Rassenkreuzung).** Über die Mischung räumlich weit getrennter R. → Bastard.

Botanik, Zoologie. Pflanzen- oder Tiergruppe, der **Unterart** (→ Systematik) entsprechend. Die Tierzucht unterscheidet innerhalb der R. noch: ›Schlag‹, ›Stamm‹, ›Zucht‹ (›Herde‹), ›Familie‹, ›Individuum‹. Diese Begriffe haben sich, mit Ausnahme von ›Schlag‹, auch in der Pflanzenzucht eingebürgert, die noch den Begriff der ›reinen Linie‹ kennt. **Kulturrassen** werden bes. im Hinblick auf Widerstandsfähigkeit gegen Krankheiten, auf Ertragsreichtum und Anpassung an best. Umweltbedingungen gezüchtet.

Rassel [Schallwort] *die, -/-n,* Geräuschinstrument, bei dem durch Bewegen des Gesamtinstrumentes dessen lose Teile gegeneinander oder gegen den festen Teil schlagen. Man unterscheidet Reihen-R., z. B. Sistrum, Rahmen-R., z. B. Schellenreif, und Gefäß-R., z. B. die aus Fruchtkapseln mit darin eingeschlossenen Samenkörnern entwickelte Rollschelle, und die Kinder-R. **Rasselbande,** U lärmende, wilde Kinderschar. *ich* **rassele, raßle, 1)** *mit etwas,* bringe ein klirrendes Geräusch hervor, klappere metallisch: *der Gefangene rasselte mit seinen Ketten.* **2)** (bin gerasselt), komme rasselnd daher: *Panzerwagen rasselten durch die Straße; er ist durch die Prüfung gerasselt,* U durchgefallen.

Rassemblement [rasãbləmˈã, frz. ›Sammlung‹] *das,* oft Namensbestandteil von Parteien im frz. Sprachraum.

Rassemblement Démocratique Africain [rasãbləmˈã demokratˈik afrikˈɛ̃], Abk. **RDA,** dt. ›Demokratisch-Afrikanische Sammlungsbewegung‹, die stärkste überregionale polit. Organisation im ehem. Französisch-West- und Äquatorialafrika, befürwortete eine Zusammenarbeit mit Frankreich; zerfiel seit 1958 in Landesverbände.

Rassemblement du Peuple Français [rasãbləmˈã dy pˈœpl frãsˈɛ], Abk. **RPF,** dt. ›Sammlungsbewegung des französischen Volkes‹, von General de Gaulle 1947 gegr. Partei mit dem Ziel, alle polit. Kräfte außer den Kommunisten auf ein Mindestprogramm zu einigen; nach der Spaltung von 1952 als Parlamentsfraktion 1953 aufgelöst.

Rassemblement pour la République [rasãbləmˈã pur la repyblˈik], Abk. **RPR,** 1976 aus der ›Union des Démocrates pour la République‹ (UDR) hervorgegangene polit. Partei der frz. Gaullisten unter der Führung von J. Chirac.

Rassenfrage, Sammelbez. für die polit. und gesellschaftl. Probleme, die sich aus dem Zusammenleben von Menschen verschiedener Rasse in einem Staat ergeben können. – R. gibt es in der neueren Geschichte in größerem Umfang seit der Ausbreitung der Europäer über die Erde; der Sklavenhandel (→ Sklaverei) hat durch die Zwangsansiedlung von Negern vor allem auf dem amerikan. Kontinent viel zu ihrem Entstehen beigetragen.

Die in den USA sonst weithin geglückte Einschmelzung von Minderheiten scheiterte bei andersfarbigen Rassen am religiös, kulturell und rassisch begründeten Überlegenheitsanspruch der Weißen. In den Südstaaten folgten der nach dem Bürgerkrieg 1865–67 durchgeführten Emanzipation rassische Reaktion und Terror (→ Ku Klux Klan). Seit dem 1. Weltkrieg setzte eine starke Wanderung von Negern aus dem agrar. Süden in die Industriestädte des Nordens ein, wo sich große Elendsviertel (›Ghettos‹) bildeten. Die Wirtschaftskrise nach 1929 traf die Negerbevölkerung bes. hart: Die Arbeitslosigkeit lag bei ihr doppelt so hoch wie bei den Weißen. – Seit dem Koreakrieg kam die Integration der Streitkräfte in Gang; durch ein Grundsatzurteil des Supreme Court wurde der Abbau der Rassentrennung in Schulen u. a. öffentl. und sozialen Einrichtungen eingeleitet. Dieser Prozeß machte nur langsame Fortschritte und rief den Widerstand konservativer Weißer hervor. Deshalb kam es um 1960 zu einer unter M. L. King u. a. meist kirchl. Führern und Organisationen zunächst gewaltlosen → Bürgerrechtsbewegung (›Civil Rights Movement‹). Obwohl noch immer die große Mehrheit der farbigen Bevölkerung die Integration anstrebt, radikalisierten sich Gruppen der Bürgerrechtsbewegung (›Black Power‹) seit 1966 zunehmend (›Black Muslims‹, → Malcolm X); ihren harten Kern bildet die ›Black Panther Party for Self-Defense‹, eine parteiähnl., auf Gewaltanwendung ausgerichtete Gruppe. – Im Anschluß an die Bürgerrechtsbewegung der Neger bemühen sich auch die Indianer, ihre Stellung in der Gesellschaft zu verbessern.

In Lateinamerika tritt die R. gegenüber den allgemeinen wirtschaftlichen und sozialen Problemen in den Hintergrund.

Die britische Kolonialpolitik war von einem stark kommerziell gefärbten Paternalismus bestimmt, zog gegenüber andersrassigen Mehrheiten jedoch gesellschaftl. Rassenschranken (bes. in Afrika). Je mehr sich Großbritannien aus seinen Kolonien zurückzog, desto stärker traten in den weißen Siedlungskolonien Afrikas Rassenspannungen auf. Die Weißen verloren das Bewußtsein, in Europa ihre eigentl. Heimat zu besitzen. In → Rhodesien löste der Versuch der europastämmigen Bevölkerungsminderheit, ihre Vormachtstellung zu behaupten, einen Bürgerkrieg aus. Mit Hilfe einer Politik der → Apartheid suchen in der Rep. → Südafrika die Weißen (unter ihnen bes. die Buren) ihre Minderheitsherrschaft zu festigen.

In Frankreich entstanden die Ideen der ›Assimilation‹ und der ›Assoziation‹ (d. h. der wohlwollenden väterl. Beherrschung)

Raps

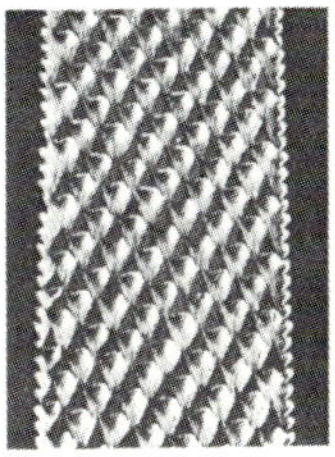

Raspel 1)
(Ausschnitt etwa Orig.-Gr.)

Grigorij Rasputin

Rassel:
Gefäß-R.

1
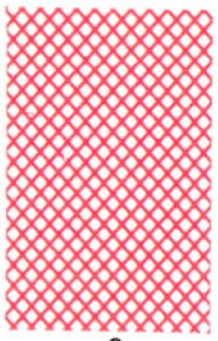
2

3
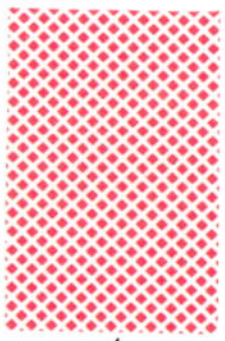
4

5
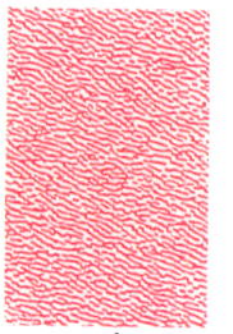
6

7

8

Raster 2): **1** Strichraster, **2** gekreuzter Strichraster, **3** Autotypieraster, **4** Punktraster (eckige Punkte), **5** Wellenraster, **6** Kornraster, **7** Fischgrätraster, **8** Geweberaster

der Einheimischen. Es gelang, das Entstehen einer offiziellen, abgesehen von Algerien auch einer gesellschaftl. Rassenschranke zu verhindern. Nach dem 2. Weltkrieg forderten die Afrikaner zunächst die Verwirklichung der alten Assimilationsidee, d. h. das frz. Bürgerrecht mit allen Konsequenzen. Erst allmählich erstrebten sie Autonomie und dann staatl. Unabhängigkeit von Frankreich. (→ Négritude)

Nach der Entlassung afrikan. und asiat. Länder in die Unabhängigkeit traten auch Konflikte zw. nichteuropiden Rassengruppen auf. In Kenia kam ein bis dahin latenter Gegensatz zw. Schwarzafrikanern und Indern zum Ausbruch. In Sansibar entluden sich Rassenspannungen in einem blutigen Aufstand der Neger gegen die arab. Herrenschicht. Unter Präs. I. Amin (1971–79) wurden große Teile der ind. Minderheit aus Uganda vertrieben. Nachdem sich Großbritannien und die Niederlande aus ihren Kolonien in SO-Asien zurückgezogen hatten, kam es in Malaysia und Indonesien zu Zusammenstößen zw. Malaien und Chinesen. In Europa führte v. a. die jahrhundertealte Judenfeindschaft (→ Antisemitismus) zu Ausschreitungen gegen die ›fremdrassigen‹ Juden. Unter dem Nationalsozialismus gipfelte dies im Versuch, die Juden im dt. Machtbereich auszurotten (→ Juden). Nach dem Abbau der Kolonialreiche Frankreichs und Großbritanniens kam es zu einem starken Zustrom nichteuropider Menschen in diese Länder. Frankreich ist grundsätzlich bereit, Arabern und Negern die volle Gleichberechtigung zu gewähren. Trotz prinzipieller Offenheit für alle Angehörigen des Commonwealth ist die Einwanderung nach Großbritannien seit 1968 nur noch begrenzt möglich.

Rassengesetze, Bez. für Gesetze zur Verwirklichung rassenideolog. Vorstellungen durch Diskriminierung von Angehörigen best. ethn. oder rass. Gruppen, so v. a. die unter nat.-soz. Herrschaft ergangenen Gesetze gegen die Juden. Nach dem **Reichsbürgergesetz** konnten diese nicht Reichs- und Gemeindebürger sein. Nach dem **Blutschutzgesetz** war die Eheschließung von Juden mit Angehörigen ›deutschen oder artverwandten Blutes‹ verboten; eine trotzdem geschlossene Ehe galt als nichtig. Die verbotswidrige Eheschließung wurde als **Rassenverrat,** der außereheliche Geschlechtsverkehr als **Rassenschande** bestraft. Diese Vorschriften waren Teil der ›Nürnberger Gesetze‹ vom 15. 9. 1935.

Rassenhygi|ene, von A. Ploetz eingeführte Bez. für Maßnahmen zur Erhaltung und Verbesserung der Erbstruktur von Bevölkerungen. Dieser Begriff spielte bes. während des Nationalsozialismus in Dtl. eine Rolle.

Rassenkunde, Teilgebiet der biolog. → Anthropologie, das sich mit der Beschreibung und Gliederung der → Menschenrassen beschäftigt, ihre Entstehung und Entwicklung in Raum und Zeit **(Rassengeschichte)** und ihre Lebensäußerungen **(Rassenbiologie)** erforscht. In neuerer Zeit ist die R. bestrebt, die Rassenmerkmale auf die ihnen zugrunde liegenden Erbanlagen (→ Gene) sowie deren Häufigkeit und Verteilung zurückzuführen und so zur biologisch-genet. Grundlage der Rassendifferenzierung vorzudringen.

Rassentheori|en, allgemein Theorien, die sich mit der Entstehung und Evolution der → Menschenrassen befassen. Neben der ausschließlichen biolog. Betrachtungsweise bildeten sich im Rahmen der Wissenschaftsgeschichte der Anthropologie Theorien heraus, die einen Kausalzusammenhang zu finden suchten zw. einer Kultur und der rass. Beschaffenheit ihrer Schöpfer und Träger. Der biolog. Begriff der → Rasse wurde dabei mit dem ethnisch-soziolog. Begriff ›Volk‹ vermengt und häufig wertend umgedeutet. Es entstanden rass. Zielbilder (z. B. ›Germane‹, ›nordischer Mensch‹, → Arier). Schon vor Beginn des 20. Jh. wurden hinter der R. polit. Motivationen deutlich. Im 19. Jh. bes. einflußreich war A. Graf → Gobineau; beeinflußt von dessen Theorie einer zur Herrschaft berufenen Eliterasse waren F. Nietzsche, R. Wagner, H. S. → Chamberlain. Zugleich gingen in die R. sozial-darwinist. Interpretationen der Darwinschen Theorie der Auslese mit ein.

Vor dem Hintergrund rassentheoret. Überlegungen in der Wissenschaftsgeschichte verschmolzen im 20. Jh. nationalist. und rassentheoret. Gedankengänge, bes. in Verbindung mit dem → Antisemitismus, zu rassist. Ideologien, v. a. im → Nationalsozialismus. In seinem ›Mythus des 20. Jh.‹ suchte A. Rosenberg die rassist. Ziele des Nationalsozialismus weltanschaulich zu untermauern. Einen schwer meßbaren, aber doch großen Anteil hatte die rassistisch bestimmte Trivialliteratur.

Rassismus [zu Rasse] *der, -,* Schlagwort für eine Haltung, bei der Menschen einer Rasse die Angehörigen anderer Rassen oder ethn. Gruppen als minderwertig ansehen; damit ist regelmäßig der Glaube an die Überlegenheit der eigenen Rasse oder ethn. Gruppe verbunden. Zu den vielfältigen Ursachen und Motiven von R. (teilweise von → Rassentheorien unterstützt) gehören u. a. Aggressionen, Neid, Ressentiments sowie der Versuch, den eigenen polit. oder wirtschaftl. Vorherrschaftsanspruch zu untermauern. Bei den vom R. betroffenen Gruppen ergibt sich als Reaktion oft ein gesteigertes Solidaritätsgefühl, das sich u. U. seinerseits zu einer Art von R. entwickeln kann.

Da der R. den Menschen nicht nach seiner Persönlichkeit, sondern nach seiner Rasse beurteilt, ist er unvereinbar sowohl mit den i. S. des liberalen Rechtsstaates verstandenen Grundrechten des Einzelnen wie auch mit den Normen der christl. und der allg., auf den Menschenrechten aufbauenden Ethik. Er kann sich bis zum Haß steigern und hat, z. B. durch den → Antisemitismus, zu Verfolgung, Mord und Ausrottung ganzer Gruppen geführt.

Rast [ahd.] *die, -/-en,* **1)** *ohne Pl.,* Ruhepause, Unterbrechung: *wir machen R.* **2)** der mittlere kegelförmige Teil des Hochofens. *ich* **raste,** ruhe aus, mache R. *es* **rastet aus** (ist ausgerastet), springt aus seiner Befestigung. *es* **rastet ein** (ist eingerastet), verhakt sich in seiner Befestigung. **rastlos,** nie zur Ruhe kommend.

Rastafari, afro-amerikan. Erlösungsbewegung, in den 30er Jahren auf Jamaika aus den Lehren von M. Garvey (* 1887, † 1940) entstanden; benannt nach dem früheren äthiop. Kaiser Haile Selassi (vor der Krönung Ras Tafari ›Prinz Tafari‹), von den Anhängern **(Rastafarier)** in der Hoffnung auf Rückkehr in ein ›erlöstes Afrika‹ als wiedererstandener Christus verehrt. Ausdruck ist die Musik des → Reggae.

Rastatt, Krst. im RegBez. Karlsruhe, Bad.-Württ., Große Krst., (1984) 37 300 Ew., in der Rheinebene, an der Murg; Akkumulatoren-, Automaten-, Waggon-, Möbel-, Kunststoff-, Werkzeug-, Maschinen- u. a. Fabriken. R. wurde im 18. Jh. nach einheitl. Plan im Barockstil neu angelegt; Schloß (1699–1707) nach Versailler Vorbild, prunkvolle Schloßkirche (1719–23); Stadtkirche (1756–64), Rathaus (1750); im Schloß Erinnerungsstätte für die Freiheitsbewegungen in der dt. Geschichte und wehrgeschichtl. Museum. Bei R. liegt das Barockschloß **Favorite** (1710–12) mit kostbarer Innenausstattung. – R. wurde 1700 Stadt und war dann bis 1771 Sitz der Markgrafen von Baden-Baden. Der **Rastatter Friede** vom 7. 3. 1714 beendete den Span. Erbfolgekrieg auch zw. Österreich und Frankreich; er bestätigte den Utrechter Frieden von 1713. Der **Rastatter Kongreß** vom 9. 12. 1797 bis 23. 4. 1799 bewilligte die Abtretung des linken Rheinufers an Frankreich; bei seiner Auflösung wurden zwei frz. Gesandte am 28. 4. 1799 ermordet **(Rastatter Gesandtenmord),** der Anlaß ist ungeklärt. R. war Mittelpunkt der bad. Revolution von 1849.

Rastede, Gem. im Kr. Ammerland, Ndsachs., (1984) 17 500 Ew.; Radiatoren-, Kesselwerk, Kunststoff-, Holzverarbeitung, Lack-, Baustoff-Ind.; frühklassizist. Schloß (Ende 18. Jh.) an der Stelle eines abgebrochenen Benediktinerklosters, mit engl. Park.

Rastelli, Enrico, ital. Jongleur, * Samara 1896, † Bergamo 12. 12. 1931.

Rastenburg, poln. **Kętrzyn** [kʹentʃin], Stadt in der poln. Wwschaft Olsztyn (Allenstein), ehem. Krst. in Ostpreußen, (1979) 25 000 Ew.; Lebensmittel-, elektrotechn., Holz-, Bekleidungs-Ind.; Ordensburg (14. Jh., im 17. Jh. umgebaut).

Raster [lat. ›Hacke‹] *der, -s/-,* **1)** 🏛 ein Liniennetz mit quadrat. (seltener rechteckigen) Feldern für Entwürfe von Grund- und Aufrissen. Der Linienabstand des R. entspricht einem immer wiederkehrenden Grundmaß (Modul) der Baumaßordnung. Zum perspektivischen Skizzieren legt man unter das Transparentpapier einen **Perspektiv-R.,** das ist ein vorgezeichnetes Fluchtbild-Liniennetz. **2)** Drucktechnik: bei der Druckformherstellung verwendete Glasplatte oder Folie mit regelmäßigen Linien, Punkten, Flächen oder unregelmäßigem Korn. Mit R. lassen sich die Tonwerte von Halbtonvorlagen in druckfähige Elemente zerlegen (→ Autotypie). Je nach der R.-Weite enthalten R. auf den Zentimeter 20–120 Linien. **3)** Fernsehen: der Anteil der Zeilen eines Bildes, der während einer Bewegung des Abtaststrahles von oben nach unten abgetastet wird. Die **R.-Frequenz, Teilbildfrequenz, Vertikalfrequenz,** gibt die Anzahl der je Sekunde abgetasteten Teilbilder und ist bei den üblicherweise verwendeten 2 Teilbildern je vollständigem Bild doppelt so groß wie die Bildfrequenz. – *ich* **rast(e)re** *es,* **1)** versehe mit R. **2)** zerlege in R.

Rasthäuser, Gaststätten für Reisende, bes. an den Autobahnen, oft mit Hotelbetrieb.

Rastral [zu Raster] *das, -s/-e,* Gerät aus Messingblech mit fünf Zinken zum Ziehen von Notenlinien. *Vb. ich* **rastriere** *es.*

Rastrelli, Bartolomeo Francesco Graf, ital.-russ. Baumeister, * Paris (?) um 1700, † St. Petersburg 29. 11. 1771, seit 1736 Hofarchitekt am Zarenhof, Hauptmeister des von ihm geschaffenen **russ. Rokoko,** das er aus der Verschmelzung des ital. Barock mit frz., österr. und süddt. Elementen und ihrer Umprägung in überlieferte russ. Bauformen entwickelte.

HW: Umbau und Erweiterung von Schloß Petrodworez (1747 bis 1752); Smolnyj-Kloster (1748–64) und Winterpalais (1754–63) in Leningrad; Großes Palais (1752–57) in Puschkin.

Rasur [lat.] *die, -/-en,* **1)** ausradierte Stelle. **2)** das Rasieren.

Raszi|en, lat. **Rascia, Raxia,** serbokroat. **Raška** [rʹaʃka], das Kerngebiet des serb. Reiches der Nemanjiden im MA. (Zentrum Novi Pazar).

Rat [ahd.] *der, -(e)s,* **1)** hilfreiche Empfehlung, etwas zu tun; Vorschlag zur Abhilfe, Beeinflussung: *auf meinen R. hin; dürfte ich Sie um R. bitten?; da müssen wir den Facharzt zu Rate ziehen, um R. fragen, uns bei ihm R. holen; er stand mir mit R. und Tat zur Seite,* mit jeglichem Beistand. **2)** ⚖ → Raterteilung. **3)** Beratung, gemeinsame Überlegung: *wir wollen über die Sache R. halten.* **4)** *Pl.* *"e,* beratende und beschließende Körperschaft: *der R. der Stadt; Bundesrat.* **5)** *Pl.* *"e,* oberstes Organ der Evang. Kirche in Dtl. und der Evang. Kirche der Union. **6)** *Pl.* *"e,* Kath. Kirche: kollegiales Organ zur Beratung eines Amtsträgers. **7)** *Pl.* *"e,* Titel für höhere Beamte: *Forstrat; Studienrat; Ministerialrat; der lustige R.,* ꝏ ein Hofnarr. **8)** ꝏ Wille, Beschluß: *Gottes R. ist wunderbar. ich* **rate** (riet, habe geraten; du rätst, er rät), **1)** *es ihm, ihm zu etwas,* empfehle, es zu tun. **2)** *es,* errate, löse, enträtsele. *ich* **rate ab, 1)** *ihm von etwas,* empfehle, es nicht zu tun. **2)** *es mit ihm, oberdt.:* beschließe. *ich* **rate** *es ihm* **an,** empfehle, es zu tun. *ich* **rate** *ihm zu etwas* **zu,** empfehle (dringend), es zu tun: *er hat mir zugeraten.* **Ratgeber,** jemand, der einen berät. *die* **Rätin,** *-/-nen,* Titel für höhere Beamtinnen: *Studienrätin.* **rätlich,** ꝏ ratsam. **ratlos,** keinen Rat wissend, hilflos. **ratsam,** empfehlenswert, zweckmäßig, nützlich. **Ratschlag,** Rat, Empfehlung. *ich* **ratschlage** *mit ihm,* berate mit ihm, beratschlage. **Ratschluß,** Beschluß, Wille: *nach Gottes unerforschlichem Ratschluß verschied...* **Ratskeller,** Gastwirtschaft im Untergeschoß eines Rathauses.

Rät, Rhät [n. den Rätischen Alpen] *das,* 🌐 Stufe des → Keuper.

Ratatoskr [altnord. ›Nagezahn‹] *der,* nord. Mythos: Name des Eichhörnchens, das an der Weltesche Yggdrasill auf und ab klettert und die feindl. Worte zw. dem Adler im Wipfel und dem an der Wurzel nagenden Drachen Nidhögg übermittelt.

Rat der Republik, frz. **Conseil de la République** [kɔ̃sˈɛj dəlarepybl'ik], 1946–58 die Zweite Kammer des frz. Parlaments, seither wieder **Senat.**

Rat der Volksbeauftragten, in Dtl. die während der Novemberrevolution gebildete vorläufige Regierung (9. 11. 1918 bis 10. 2. 1919); ihr gehörten an: F. Ebert, P. Scheidemann und O. Landsberg (alle SPD) sowie H. Haase, W. Dittmann und E. Barth (alle USPD). Ende Dez. 1918 schieden die USPD-Vertreter aus und wurden durch die SPD-Mitgl. G. Noske und R. Wissel ersetzt.

Rat der Volkskommissare, russ. **Sowjet Narodnych Komissarow,** Abk. **Sownarkom,** in der UdSSR 1917–46 das oberste Exekutivorgan; heißt seither **Ministerrat.**

Rat des Deutschen Handels, Dachverband zur gemeinsamen Vertretung des westdt. Handels, gegr. 1961. Mitgl. sind Verbände des Einzel-, Groß-, Versandhandels sowie der Genossenschaften.

Ratdolt, Erhard, Drucker, Verleger, * Augsburg 1447, † ebd. 1527/28, druckte in Venedig und Augsburg. Die Typographie und Illustration seiner Drucke machten die venezian. Buchkunst der Renaissance in Dtl. heimisch. R. wendete als erster den Farbholzschnitt in drei und vier Farben und den Golddruck an.

Rate [lat.] *die, -/-n,* **1)** verhältnismäßiger Anteil oder Beitrag: *Pachtrate.* **2)** Teilzahlung, Teil: *er ist mit der dritten R. im Rückstand.* **Ratengeschäft,** → Abzahlungsgeschäft. **ratenweise,** in mehreren (regelmäßigen) Zahlungen. **Ratenzahlung,** Zahlung einzelner R., auch: Kauf auf R. **3)** Grundwort für eine aus einer zeitlich sich ändernden physikal. Größe durch Bezug auf die Zeit gebildete neue Größe bei zeitlich stochastischen Vorgängen, z. B. ist die **Reaktionsrate** gleich der Anzahl der Reaktionen geteilt durch die Zeit.

Ratekau, Großgem. im Kr. Ostholstein, Schlesw.-Holst., (1983) 13 100 Ew., besteht aus 14 z. T. ländl. Ortschaften; Fremdenverkehr; kleine Industrie- und Gewerbebetriebe.

Ratemeter [r'eɪt-, engl.] *das, -s/-,* elektronisches Zählgerät zur Anzeige der mittleren Zählrate (Impulse je Sekunde) eines Zählrohrs oder anderen Strahlungsmessers.

Rat|erteilung, die Erteilung eines Rates oder einer Auskunft. Eine unrichtige R. verpflichtet nur bei Vertrag oder einer unerlaubten Handlung zum Schadensersatz (§ 676 BGB).

Rätestand, kath. Kirchenrecht: kanon. Stand, der die → Evangelischen Räte befolgt. Er umfaßt: den Klosterstand (Gelübde, gemeinsames Leben; → Orden), den klosterähnl. Stand (gemeinsames Leben ohne Gelübde) und die → Weltlichen Institute.

Rätesystem, Rätedemokratie, radikale Form der direkten Demokratie, in der Wählervollversammlungen als Vertreter die an ihr Mandat gebundenen und jederzeit abberufbaren Räte wählen. Die auf dem R. beruhende Regierungs- und Verwaltungsordnung geht ideologisch meist von der Herrschaft bestimmter Klassen aus, insbes. der Arbeiterklasse (›Diktatur des Proletariats‹). Das R. steht i. Ggs. zur Repräsentativverfassung. Erstmals in der Pariser Kommune 1871 verwirklicht, wurde das R. in den russ. Revolutionen 1905/06 und 1917 Organisationsprinzip revolutionärer Selbstverwaltung (→ Sowjet), hatte aber nach der Novemberrevolution nur noch formale Bedeutung. Arbeiter- und Soldatenräte entstanden auch in Dtl. 1918. Neu belebt wurde die Idee des R. durch Theorien der → Neuen Linken in den USA und in Westeuropa. Räte können auch eine nur wirtschaftl. und soziale Interessenvertretung gegenüber privaten und öffentlichen Arbeitgebern darstellen (→ Betriebsrat); als solche bestehen sie auch in den Demokratien, die nicht nach dem R. aufgebaut sind.

Rat für gegenseitige Wirtschaftshilfe, Abk. **RGW** oder **RgW,** engl. **Council for Mutual Economic Assistance** [k'aʊnsl fɔː mj'uːtjʊəl iːkən'ɔmɪk əs'ɪstəns], Abk. **Comecon,** am 25. 1. 1949 von Vertretern der UdSSR, Bulgariens, Ungarns, Polens, Rumäniens und der ČSSR gegr.; am 23. 2. 1949 Aufnahme Albaniens (seit Dez. 1961 nur noch formell Mitgl.), am 29. 9. 1950 der Dt. Dem. Rep., am 26. 7. 1962 der Mongol. Volksrepublik, am 11. 7. 1972 Kubas, im Juni 1978 Beitritt Vietnams, am 12. 11. 1964 Beitritt Jugoslawiens als assoziiertes Mitgl.; mit Finnland besteht seit 1973 ein Abkommen über wirtschaftl. Zusammenarbeit.

Organe. Die **Ratstagung** ist formell das höchste Organ. Sie setzt sich aus Reg.-Vertretern der Mitgl.-Länder zusammen, behandelt die Hauptprobleme der wirtschaftl. Zusammenarbeit, legt die Richtung der Tätigkeit des Rates fest und prüft den Bericht des **Exekutivkomitees.** Dieses ist v. a. zuständig für die Plankoordinierung und Kooperation der Produktion. Die ihm unterstellten **Ständigen Kommissionen** sind in erster Linie techn. Arbeitsgremien. Das **Sekretariat,** ebenfalls dem Exekutivkomitee unterstellt, arbeitet Wirtschaftsanalysen aus. Ergänzende Einrichtungen sind die 1963 gegr. Internat. Bank für wirtschaftl. Zusammenarbeit und die 1970 geschaffene Internat. Investitionsbank.

Ziele sind die planmäßige Entwicklung der Wirtschaft, Ind., Wiss. und Technik sowie Steigerung der Arbeitsproduktivität in den Mitgl.-Ländern. Die Mittel zur Verwirklichung dieser Ziele bestehen gemäß dem Beschluß des RGW v. 17. 6. 1962 in der ›Koordinierung der Volkswirtschaftspläne‹ und der Produktion innerhalb des sozialist. Lagers. Die koordinierende Tätigkeit beschränkte sich zunächst auf den Außenhandel der Mitgl.-Länder. Bes. seit 1955 wird stärkeres Gewicht auf die Koordinierung im Bereich der Produktion und Investition gelegt. Seit 1957 wird den Mitgl.-Ländern empfohlen, Perspektivpläne auszuarbeiten und miteinander abzustimmen.

Erfolgreich waren die Arbeiten bes. für den Austausch von techn. Informationen, die Koordinierung der Forschung, den Austausch von Wissenschaftlern und Fachleuten, die Standardisierung und Typenbereinigung, die Planung und den Aufbau von Verbundnetzen in eigener Regie (Erdölleitungen, Elektrizitätsnetze, Verkehrswege), die Planung und Verwirklichung von Ind.-Projekten.

Die Verschuldung der Länder des RGW in OECD-Ländern wuchs bis 1981 an auf 74,7 Mrd. US-$, 1983 ging die Verschuldung auf 64,5 Mrd. US-$ zurück. Polen ist mit (1983) 25 Mrd. US-$ das am höchsten verschuldete RGW-Land.

Erhard Ratdolt: Druckerzeichen

Ratgeb, Jerg (Jörg), Maler, * Schwäb. Gmünd um 1480, † Pforzheim 1526, malte 1514–17 die Fresken im Karmeliterkloster in Frankfurt a. M. und vollendete 1519 den Altar der Stiftskirche in Herrenberg (8 große Flügelbilder aus dem Leben Christi, Stuttgart, Staatsgalerie). Im Bauernkrieg stand er auf seiten der Bauern, nach deren Niederlage er gevierteilt wurde. Aus der seltsamen Phantastik seiner Bilder, die relig. Szenen mit oft krassem Naturalismus darstellen, spricht die Unruhe der Zeit.

Rathaus, Gebäude für die Gemeindeverwaltung und die städt. Ämter. – Aus der grch. Antike bekannt ist v. a. das R. in Milet (2. Jh. v. Chr.). Im MA. errichteten die Städte ihre R. meist an den Marktplätzen, oft mit offenen Bogenhallen im Erdgeschoß für den Gerichts- oder Handelsverkehr. Die ältesten monumentalen R. wurden in Italien gebaut (Volterra, 1208–57; Siena, 1297–1310; Florenz, 1298–1314). Zu den bedeutendsten in Dtl. gehören die im MA. errichteten R. in Lübeck, Stralsund (BILD), Danzig, Braunschweig, Lüneburg, Regensburg, Ulm, Breslau, Goslar, der ›Römer‹ in Frankfurt am Main und die aus der Renaissance- und Barockzeit stammenden, z. T. aus älteren Bauten entstandenen in Rothenburg, Heilbronn, Paderborn, Augsburg (BILD), Nürnberg. Die am reichsten durchgebildeten R. bauten die flandrischen Städte Brügge, Brüssel, Löwen (BILD). Sie wirkten bes. auf die R. des Deutsch-Ordens-Gebietes (Danzig, Thorn). Im 19. Jh. wurden neue große R. in meist histor. Stilen errichtet. Bed. Werke der neueren Architektur: R. in Stockholm von R. Oestberg (1911–23), in Hilversum von W. M. Dudok (1931), von A. Aalto in Säynätsalo, Finnland (1950–52), von G. Böhm in Bensberg (1968), von A. Jacobsen in Mainz (1968–74).

Rathausparteien, in der Bundesrep. Dtl. Gruppen, die als Freie Wählergemeinschaften nur bei Kommunalwahlen Kandidaten aufstellen und sich für örtliche Interessen einsetzen.

Walther Rathenau

Rathenau, 1) Emil, Großindustrieller, Vater von 2), * Berlin 11. 12. 1838, † ebd. 20. 6. 1915, gründete 1883 die spätere Allg. Elektricitäts-Ges. (AEG), 1884 die Berliner Elektricitätswerke, 1903 zus. mit W. v. Siemens die Telefunken Ges. für drahtlose Telegraphie mbH.

2) Walther, Politiker und Industrieller, Sohn von 1), * Berlin 29. 9. 1867, † (ermordet) ebd. 24. 6. 1922. Zu Beginn des 1. Weltkrieges leitete er die Kriegsrohstoffabteilung im preuß. Kriegsministerium und wurde 1915 Präs. der AEG. 1919 war er bei den Vorbereitungen zur Friedenskonferenz tätig, 1921 wurde er Wiederaufbau-Min., 1922 Reichsaußen-Min. Als solcher schloß er den → Rapallo-Vertrag mit der UdSSR ab. Von nationalist. und antisemit. Gruppen heftig befehdet, wurde er das Opfer eines Attentats. - R. schrieb Werke zu polit., sozialen und wirtschaftl. Problemen; wies bes. auf die Gefahren einer ›Mechanisierung‹ des Lebens hin.

HW: Zur Kritik der Zeit (1912); Zur Mechanik des Geistes (1913); Die neue Gesellschaft (1919).

Rathenow [-no], Krst. im Bez. Potsdam, (1982) 31 900 Ew., an der Havel; opt., elektrotechn., Nahrungsmittel- u. a. Ind., Landmaschinenbau, Betonwerk, Armaturen-, Reißverschlußfabrik; Stadtpfarrkirche (13., 15. und 16. Jh.), Rathaus (16. Jh.). - R. wurde 1288 erstmals erwähnt.

Rathke, Heinrich, Theologe, * Mölln 12. 12. 1928, seit 1971 Landesbischof von Mecklenburg; leitender Bischof der VELK (Dt. Dem. Rep.).

Ratibor, poln. **Racibórz** [ratsj'ibuʃ], Stadt in der poln. Wwschaft Katowice (Kattowitz), (1979) 51 000 Ew., ehem. Krst. in Oberschlesien, beiderseits der von hier ab schiffbaren Oder; Elektroden-, Maschinen-, Werkzeug-, Zucker-, Süßwaren-, Tabak-, Papier-, Seifenfabrik. - Bei einer 1108 erwähnten Burg an der Oderfurt bestand schon 1217 eine dt. Marktsiedlung, die vor 1235 planmäßig zur Stadt ausgebaut wurde. 1281-1532 war R. Hptst. eines Fürstentums, seit 1532 habsburgisch, seit 1742 preußisch. 1821 wurde R. Mediatfürstentum eines Landgrafen von Hessen-Rotenburg. 1834 fiel es an die Fürsten zu Hohenlohe-Schillingsfürst (seit 1840 mit dem Titel Herzöge von R.).

Räti|en, lat. **Raetia,** im Altertum das von **Rätern** bewohnte Gebiet. Es umfaßte Graubünden, Tirol und das Alpenvorland zw. Schwäbischer Alb und Inn. Die Räter waren vorkelt. Indogermanen mit kelt. und etrusk. Einflüssen. R. wurde unter Augustus 15 v. Chr. erobert und unter Tiberius zu einer röm. Provinz. Im 5. Jh. n. Chr. besetzten die Alemannen den westl., die Bajuwaren den östl. Teil; die christianisierte rätoroman. Bevölkerung erhielt sich in gebirgigen Rückzugsgebieten (Ladiner, Walchen). *Adj.* **rätisch.** (→ Rätoromanen, → rätoromanische Sprache)

Ratifikation [lat.] *die, -/-en,* **Ratifizierung, 1)** Genehmigung, Gutheißung. **2)** Staatsrecht: die verfassungsrechtlich vorgesehene Bestätigung von Staatsverträgen durch das Parlament. **3)** Völkerrecht: die Inkraftsetzung eines Vertrages durch das zur Vertretung des Staates nach außen berufene Organ (Staatsoberhaupt oder Vertreter). Die Form der R. ist zumeist der Austausch der vom Staatsoberhaupt vollzogenen R.-Urkunden. *Vb. ich* **ratifiziere** *es.*

Rätikon *der,* **Rhätikon,** der südwestlichste Teil der Nördl. Kalkalpen in Vorarlberg, Graubünden und Liechtenstein, zw. Ill, Landquart und Rhein, in der Schesaplana 2965 m hoch.

Ratingen, Stadt im Kr. Mettmann, NRW, (1983) 87 900 Ew.; Kesselbau, Elektro-, Metall-, keram. u. a. Ind.; Pfarrkirche mit zwei roman. Türmen und got. Hallenlanghaus (vor 1300); Naturschutzgebiet ›Blauer See‹ mit Naturbühne; am Autobahnkreuz die Miniaturstadt ›Minidomm‹. - R. wurde 1276 Stadt.

Ratio [lat.] *die, -,* **1)** Vernunft, Verstand, log. Denkvermögen. **2)** Grund, Seinsursache. **rational,** vernunftmäßig, vernünftig, begrifflich faßbar. *Subst.* → Rationalismus. *ich* **rationalisiere** *es,* gestalte wirtschaftlich, vereinfache. *Subst.* → Rationalisierung. **rationell,** zweckmäßig, haushälterisch.

Ratio-Detektor, → Diskriminator.

Ration [lat.] *die, -/-en,* das zugeteilte Maß, der Tagesbedarf, tägl. Verpflegungssatz. *ich* **rationiere** *es,* erfasse und verteile planmäßig einen beschränkten Vorrat: *im Krieg waren Lebensmittel rationiert. Subst. die* **Rationierung,** *-/-en.*

Rationale [lat.] *das, -,* Schulterschmuck einiger kath. Bischöfe (z. B. Paderborn und Eichstätt) aus zwei auf Brust und Rücken aufliegenden Stoffblättern, im MA. bes. verbreitet.

rationale Zahlen, alle Zahlen, die sich mit Hilfe der vier Grundrechnungsarten aus den positiven ganzen Zahlen darstellen lassen: die positiven und negativen ganzen Zahlen und Brüche und die Null. Jede r. Z. kann als endl. oder unendl. period. Dezimalzahl dargestellt werden und umgekehrt.

Rationalisierung [zu Ratio] *die, -/-en,* **1)** die Ersetzung herkömmlicher Verfahren durch verstandesmäßig durchdachte, zweckmäßigere. **2)** Betriebswirtschaft: Durchführung von Maßnahmen zur Verbesserung bestehender Zustände im Betrieb. Auswirkungen der R.: a) höherer techn. Wirkungsgrad (Technizität, Effektivität), z. B. durch elastischere Betriebsmittel, besser ausgebildete Arbeitskräfte oder reibungslosere Arbeitsorganisation, b) höherer ökonom. Wirkungsgrad (Wirtschaftlichkeit, Effizienz), z. B. in geringeren Zeiten oder Kosten und/oder höheren Umsätzen oder Gewinnen. Im günstigsten Fall bedeutet R. die Realisierung einer optimalen, d. h. besten oder zielentsprechenden Handlungsmöglichkeit. Vielfach führt R., unterstützt durch Normung und Typung industrieller Erzeugnisse sowie durch zwangsläufige Produktionsprozesse, zur Mechanisierung und Automatisierung und damit zu veränderten Arbeitsbedingungen für den Menschen. **3)** Ⓟⓢ das unbewußte Verdrängen und Austauschen der dem eigenen Bewußtsein zugängl. Beweggründe des Handelns. Unverständliche oder moralisch negativ bewertete Motive werden durch vorgeschobene vernünftige (rationale) Gründe verdrängt.

Rationalisierungs-Kuratorium der Deutschen Wirtschaft e. V., Abk. **RKW,** gemeinnützige Organisation zur Pflege und Förderung der Rationalisierungsbestrebungen, gegr. 1921 als Reichskuratorium für Wirtschaftlichkeit in Ind. und Handwerk (RKW) in Berlin von Verbänden der Wirtschaft mit Unterstützung des Reiches; 1947 Neugründung als **Rationalisierungs-Ausschuß der Dt. Wirtschaft (RAW);** seit 1950 jetziger Name.

Rationalismus [zu Ratio] *der, -,* die Überzeugung, daß die Welt der Vernunft gemäß, d. h. von logischer, gesetzmäßig berechenbarer Beschaffenheit sei. Der **philosoph. R.** geht, i. Ggs. zum → Empirismus, davon aus, daß es Vernunftwahrheiten gebe, die von aller Erfahrung unabhängig (a priori) und von höherem Rang seien als die aus der Erfahrung geschöpften Erkenntnisse, und daß auf ihnen das Gebäude der Philosophie zu errichten sei. Der R. hat mit der Aufklärung den Optimismus des Glaubens an die grenzenlose menschliche Erkenntniskraft gemein.

Als Vorbild reiner Vernunfterkenntnis gelten die Mathematik und die Naturwissenschaften. Nach rationalist. Auffassung sind alle geschichtl. Erscheinungen, bes. die Kulturgebilde, aus vernunftgeleiteten Erwägungen und Entschlüssen der handelnden Menschen entstanden, z. B. der Staat aus bewußter Vereinbarung, Sprache und Kunst aus absichtsvoller Erfindung, Religion ohne Offenbarung. Soweit andere Kräfte nicht geleugnet werden können, werden sie im rationalist. Sinn umgedeutet oder als minderwertig, als ›Aberglaube‹ abgewertet. Gegen die mit Descartes beginnenden und in der Philosophie von Leibniz und Chr. Wolff gipfelnden rationalist. Systeme wandte sich Kants Kritik; er wies das Zusammenwirken von Begriff und der nicht aus der Vernunft ableitbaren Erfahrung im Erkenntnisvorgang nach und sprach den Vernunftideen lediglich regulative Bedeutung zu. Die Auswirkungen des R. waren, bes. in der Religionswissenschaft und protestant. Theologie, vom 17. bis zum 19. Jh. groß (Überprüfung der Glaubenslehre an den Maßstäben der Vernunft, Umdeutung der Dogmen in Vernunftwahrheiten, der Wunder in natürl. Vorgänge); → Kritischer Rationalismus. *der* **Rationalist,** *-en/-en,* Anhänger des R., Verstandesmensch. **rationalistisch,** vernunftgemäß; oft abschätzig: lediglich verstandesmäßig.

Rätische Alpen, ostschweizer. Gebirgsgruppen nördlich des Oberengadins vom Splügen- und Septimer- bis zum Flüelapaß.

Rätische Bahn, schweizer. Schmalspurbahn in Graubünden. Die Linie der **Albulabahn** unterfährt den Albulapaß im Albulatunnel (→ Albula).

Ratke, Ratichius, Ratich, Wolfgang, Schulreformer, * Wilster (Holstein) 18. 10. 1571, † Erfurt 27. 4. 1635, suchte den Unterricht auf Anschauung und die Muttersprache zu gründen. Seine eigenen Unterrichtsversuche schlugen fehl, doch haben seine Lehren auf J. A. Comenius u. a. großen Einfluß gehabt.

Rätoromanen *Pl.,* roman. Volksgruppen mit eigener Sprache im Alpengebiet: die **Bündner Romanen** im schweizer. Kt. Graubünden, die **Ladiner** (→ Ladiner) in Südtirol, die **Friauler** in Friaul. Die R. sind Nachkommen der frühzeitig romanisierten Räter (→ Rätien) und sprechen verschiedene Dialekte (→ rätoromanische Sprache).

rätoromanische Sprache, Rätoromanisch, romanische Sprache im Zentralalpengebiet und in Friaul. Das Sprachgebiet erstreckt sich mit Unterbrechungen vom St. Gotthard bis an den Golf von Triest; politisch gehört es zur Schweiz und zu Italien. Das Rätoromanische kämpft seit Jahrhunderten um seinen Bestand. Man kann drei große Mundartengruppen unterscheiden: 1) das Westrätische, (Grau)bündnerische oder Bündnerromanische (Romontsch, Rumantsch), früher auch Churwelsch. Dazu gehören u. a. das Surselvische oder Oberländische, das Sutselvische oder Mittelbündnerische (das Unter- und Oberhalbsteinische), das Surmeirische mit dem Bergünischen, das Unter- und Oberengadinische, das Münstertalische. 1938 wurde das Bündnerromanische vierte Landessprache der Schweiz. 2) das Mittelrätische in Teilen Südtirols (→ Ladiner). 3) das Friaulische oder Furlanische mit dem Karnischen. Das Rätoromanische in Graubünden wird von rd. 40 000 Menschen gesprochen, in Tirol von etwa 16 500, das Friaulische von etwa einer halben Million.

In einzelnen Mundarten ist eine Lit. entstanden: oberengadinisch (J. v. Travers, † 1563; C. de Flugi, † 1874; G. F. Caderas, † 1891), unterengadinisch (G. Chiampel: Gesangbuch, 1562), oberländisch (St. Gabriel, † 1638), friaulisch (H. di Colloredo, † 1692; K. Favetti, † 1892).

Ratpert aus Zürich, Mönch in St. Gallen, † ebd. 25. 10. nach 884, verfaßte lat. Hymnen, den dt. ›Lobgesang auf den hl. Gallus‹ und den ersten Teil des historisch bed. ›Casus Sancti Galli‹.

ratsch, Schallwort für ein knirschendes Geräusch, etwa das Reißen von Leinwand: *ritsch, ratsch. ich* **ratsche, rätsche,**

1) *oberdt.:* mache Lärm mit einer Schnarre. **2)** U rede schnell, viel oder oberflächlich. **3)** *Flachs, nd.:* breche ihn.

Ratsche, Rätsche [zu ratsch] *die, -/-n,* **1)** *oberdt.:* Schnarre, Klapper. **2)** Zahnkranz mit ein- oder ausschaltbarer Sperrklinke zum Feststellen eines Getriebeteils, z. B. der Handbremse beim Kraftwagen, oder mit aufsteckbaren Werkzeugen, z. B. zum Anziehen und Lösen von Muttern. **3)** *nd.:* Flachsbreche. **4)** U geschwätzige Frau.

Rätsel [mhd., von raten] *das, -s/-,* **1)** Denkaufgabe; Umschreibung eines Begriffs oder Dinges, das der Leser oder Hörer finden soll, meist durch Deutung eines Gleichnisses oder Auflösung eines scheinbaren Widerspruchs.

Rätselarten sind das Silbenrätsel (→ Scharade), das Zahlenrätsel (Arithmogriph), bei dem an Stelle der Buchstaben Zahlen stehen, und das Buchstaben- oder Worträtsel (Logogriph), bei dem ein Wort durch Hinzusetzen oder Wegnehmen eines oder mehrerer Buchstaben jedesmal eine andere Bedeutung erhält; ein durch Bilder und Zeichen dargestelltes R. ist das Bilderrätsel (Rebus), verwandt damit der Rösselsprung (→ Rössel); als R. können behandelt werden → Anagramm, → Homonym und → Palindrom. Eine bes. beliebte Form ist das → Kreuzworträtsel. Das Scherz-R. ist eine Parodie der Scharfsinnsfragen, seine Lösung ist nicht ratbar.

Geschichte. Das R. ist eine Urform der Dichtung. Sehr beliebt war es bei Indern, Arabern, Persern, Griechen (religiöse R.: Orakelsprüche; R. der Sphinx, das Ödipus löst), bei den Römern der Kaiserzeit, dann v. a. bei den german. Völkern. Man findet bei diesen eine reiche volkstüml. Überlieferung seit der german. Urzeit, in der mhd. Dichtung den Rätselwettstreit im → Wartburgkrieg, dann die gelehrt-allegorischen R. des Meistergesanges im 14. und 15. Jh., die Kunsträtsel Schillers (›Turandot‹), Goethes, W. v. Humboldts, Th. Körners, F. Rückerts, der Philosophen G. Th. Fechner und F. Brentano, die Erneuerung volkstümlicher R. bei J. P. Hebel. Heute sind Rätselspiele (Quiz) bes. im Fernsehen beliebt. **2)** U Geheimnis, undurchschaubare Sache: *der Tod, das ewige R. ich* **räts(e)le,** rate, mutmaße. *Subst. die* **Rätselei,** -. **rätselhaft,** dunkel, unverständlich.

Rats|pensionär, niederländisch **Raadpensionaris** [r'a:tpɛnʃonarəs], in der niederländ. Prov. Holland urspr. der Landesanwalt; seit 1572, bes. seit 1584, der Führer der holländ. Vertretung bei den Generalstaaten, der leitende Beamte der holländ. Landstände und damit praktisch eine Art MinPräs., im 17. Jh. oft i. Ggs. zu den Oraniern.

Ratte [ahd.] *die, -/-n,* **1) Ratten, Rattus,** Nagetiergatt., zur Fam. der → Mäuse gehörig, urspr. altweltlich, durch den Menschen über die ganze Erde (außer Madagaskar) verbreitet, mit zahlreichen Schwanzschuppenringen, Sohlenballen am Hinterfuß. **Haus-** oder **Dachratte (Rattus rattus;** mit schwärzlichem Pelz, unterseits braun, 16–22 cm Körper- und 17–24 cm Schwanzlänge) und **Wanderratte (Rattus norvegicus;** oberseits bräunlichgrau, unterseits grauweiß, 22–26 cm Körper- und 18–22 cm Schwanzlänge) kommen in vielen Abarten vor. R. sind Allesfresser, sie schaden v. a. als Krankheitsüberträger (Pest, Trichinen usw.) und als Vernichter von Nahrungsmitteln (z. B. Getreide, Zuckerrohr, Sojabohnen, auch Baumwolle), wovon bes. stark die Länder der Dritten Welt betroffen sind. Bekämpfung durch Giftstoffe, Fallenfang, Räucherpatronen, Katzen und Hunde. – Redensart: *Die Ratten verlassen das sinkende Schiff,* hier ist nichts mehr zu gewinnen. **2)** andere Nagetiere (→ Bisamratte, → Trugratten, → Wasserratte) und Beuteltiere (→ Beutelratten). **3)** U jemand, der etwas mit großem Eifer betreibt: *Leseratte, Ballettratte, Wasserratte.*

Rattenbißfieber, Sodoku [japan.], durch Bisse von Ratten übertragbare Krankheit des Menschen, die mit einem Geschwür an der Bißstelle, Lymphknotenschwellung und zeitweise wiederkehrenden Fieberanfällen einhergeht. Erreger sind, bes. in Japan, Spirillen, in Nordamerika meist Streptobazillen (Haverhill-Fieber). – Behandlung: Antibiotika.

Rattenfänger von Hameln, mittelalterl. Sage, nach der 1284 ein Pfeifer 130 Kinder aus Hameln entführt haben soll. Sie ist mit einer verbreiteten Wandersage verbunden, die von einer Austreibung aller Ratten durch einen dämon. Rattenfänger erzählt. Rattenfängerlied von Goethe, Ballade von K. Simrock.

Rattenkönig, 1) junge Ratten, deren Schwänze vom Nestleben her miteinander verschlungen und verklebt sind; bei Haus-, Wanderratten und Feldmäusen beobachtet. **2)** U etwas Unentwirrbares, ein Komplex von Fehlern und Mißverständnissen.

Rattenpfeffer, Ritterspornsamen als Rattengift.

Rattenschwanz, 1) Pflanzenarten: Natternkopf, Schachtelhalm. **2)** U dünner Zopf. **3)** U endlose Folge: *ein R. von Prozessen.*

Rattenschweif, der Verlust der Schweifhaare bei Haustieren infolge eines Hautekzems.

Rätter [ahd.] *der, -s/-* oder *die, -/-n,* Aufbereitung: Siebapparat mit mehreren waagerecht übereinander angeordneten Sieben, früher vielfach zum Klassieren der gewaschenen Steinkohle benutzt. *ich* **rätt(e)re** *es,* siebe.

rattern [Schallwort]. *es* **rattert,** rasselt, knattert: *der Wagen rattert über das Pflaster.*

Rattigan [r'ætɪgən], Sir (1971) Terence Mervyn, engl. Dramatiker, * London 10. 6. 1911, † Hamilton (Bermuda) 30. 11. 1977; Gesellschaftslustspiele, zeitnahe Problemstücke: ›Liebe in Müßiggang‹ (1944), ›Der Fall Winslow‹ (1946), ›Tiefe blaue See‹ (1952) u. a.

Ratz [von Ratte] *der, -es/-e, oberdt.:* **1)** Ratte. **2)** Iltis (→ Marder). **3)** Hamster. *die* **Ratze,** *-/-n,* U **1)** Ratte. **2)** Fehlwurf beim Kegeln. **ratzekahl,** U völlig, ganz und gar.

Ratzeburg, Krst. des Kr. Hzgt. Lauenburg, Schlesw.-Holst., (1983) 12700 Ew., Kurort auf einer Insel im **Ratzeburger See** (14 km²), die durch drei Dämme mit den Vorstädten am W- und O-Ufer verbunden ist; Barlachmuseum, Ruderakademie, europ. Segelzentrum. Roman. Backsteindom (1154 gegr., 1170–1220 erbaut). – Der Hauptteil der Gfsch. R. bildete seit dem 13. Jh. das Hzgt. → Lauenburg; die Stadt R. war zeitweilig der Herzogssitz. Ein Teil der Gfsch. kam an das 1154 gegr. Bistum R., dieses 1648 als Fstt. an Mecklenburg-Schwerin, 1701 an Mecklenburg-Strelitz.

Ratzel, Friedrich, Geograph, * Karlsruhe 30. 8. 1844, † Ammerland (Starnberger See) 9. 8. 1904, hat v. a. die Anthropogeographie gefördert. Auf seine ›Politische Geographie‹ berief sich zu Unrecht oft die Geopolitik.

Ratzinger, Joseph, Kardinal (1977), * Marktl (Kr. Altötting) 16. 4. 1927, 1977–82 Erzbischof von München-Freising, seit 1981 Präfekt der Glaubenskongregation in Rom.

Rau, 1) Heinrich, Politiker (KPD, SED), * Stuttgart 2. 4. 1899, † Berlin (Ost) 23. 3. 1961, Metallarbeiter, nahm als Kommandeur der XI. Internat. Brigade am Span. Bürgerkrieg teil; 1943–45 im KZ inhaftiert. 1948–49 war er Vors. der Dt. Wirtschaftskommission in der SBZ, 1949–52 Vors. der Staatl. Plankommission in der Dt. Dem. Rep., 1950–61 stellv. MinPräs.

2) Johannes, Politiker (SPD), * Wuppertal 16. 1. 1931; 1970–78 Min. für Wiss. und Forschung in NRW, wurde dort 1978 MinPräs.; seit 1982 auch stellv. Vors. der SPD.

Johannes Rau

3) Karl Heinrich, Nationalökonom, * Erlangen 29. 11. 1792, † Heidelberg 18. 3. 1870, teilte die Nationalökonomie ein in Wirtschaftstheorie, -politik und Finanzwissenschaft.

Raub [ahd.] *der, -(e)s,* **1)** etwas, das anderen abgenommen wurde, Diebesgut, Beute: *die Diebe verteilen ihren R.; das Haus wurde ein R. der Flammen,* U von ihnen vernichtet. **2)** gewaltsames Wegnehmen: *viele Tiere leben vom R., gehen auf R. aus.* **3)** ⚖ der durch Gewalt gegen eine Person oder mittels Drohungen mit gegenwärtiger Gefahr für Leib oder Leben begangene → Diebstahl. Er wird nach § 249 StGB mit Freiheitsstrafe nicht unter einem Jahr bestraft. Gleich dem R. werden bestraft die räuber. → Erpressung (§ 255 StGB) und der räuber. Diebstahl (§ 252 StGB), bei dem der Dieb, auf frischer Tat betroffen, Gewalt gegen eine Person verübt oder gefährl. Drohungen anwendet, um sich im Besitz des gestohlenen Gutes zu erhalten. Schwerer R. (§ 250 StGB, z. B. R. mit Schußwaffe) wird mit Freiheitsstrafe nicht unter fünf Jahren, R. mit leichtfertig verursachter Todesfolge mit Freiheitsstrafe nicht unter zehn Jahren bestraft (§ 251 StGB). Die StGB der Dt. Dem. Rep. (§ 126), Österreichs (§§ 142 f.) und der Schweiz (Art.

Ratte 1): LINKS Wanderratte, RECHTS Hausratte

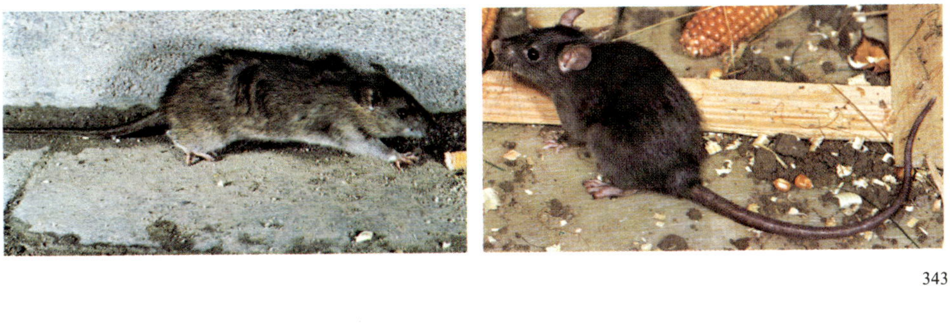

Christian Daniel Rauch: Selbstporträt, 1828

139) enthalten ähnl. Bestimmungen. *ich* **raube, 1)** *es ihm,* nehme gewaltsam weg, plündere. **2)** *ihn,* entführe ohne seinen Willen. **3)** *es,* ⚒ entferne den Ausbau aus einer aufgegebenen Grube. *ich* **raube** *ihn* **aus,** plündere. *Subst.* → Räuber. *ich* **räub(e)re,** Ü stehle.

Raub|bau, Raubwirtschaft, Wirtschaftsführung, die möglichst hohen Ertrag anstrebt, ohne Rücksicht auf die Erhaltung der Erzeugungsgrundlagen.

Raubdruck, ⎙ unerlaubter → Nachdruck.

Räuber *der, -s/-,* **1)** jemand, der Raub begeht. **2)** ⊕ starkwüchsiger Baumtrieb, der an altem Holz oder Schnittflächen aus ruhender Knospe entspringt (Wasserzweig, -schoß, -reiser, -lode). *Adj.* **räuberisch. Räubergeschichte, 1)** → Räuberromane. **2)** Ü unwahrscheinliche Geschichte, Lüge. **Räuberhauptmann,** ♧ Bandenführer. **Räuberpistole,** Ü Räubergeschichte.

Räuber|romane, verbreitete Gattung des Unterhaltungsromans im Ausgang des 18. Jh. Sie wurde zusammen mit den Ritterromanen, die dem neuerwachten Interesse am MA. ihre Beliebtheit verdankten, gefördert durch Goethes ›Götz‹ und Schillers ›Räuber‹. Die R. bevorzugen das sich in Schillers Karl Moor verkörpernde Sturm-und-Drang-Ideal des edlen Verbrechers und ›großen Kerls‹, der sich gegen Gesetze und Willkür auflehnt und für Gerechtigkeit und Unterdrückte eintritt. Die Romanfigur dieses ›ritterlichen‹ Räubers gipfelt in H. Zschokkes ›Abällino‹ (1793) und Ch. A. Vulpius' ›Rinaldo Rinaldini‹ (1798).

Raubfisch, Fisch, der sich von anderen Fischen, auch kleineren Vögeln oder Säugetieren, ernährt, z. B. Hai, Hecht; Ggs.: Friedfisch.

Raubfliegen, Mordfliegen, Habichtsfliegen, Wolfsfliegen, Asilidae, Fliegenfam. mit rd. 5000 Arten, behaart, mit kräftigen Beinen. R. lauern sitzend auf Insekten, die sie im Flug ergreifen und aussaugen. Bis über 2 cm lang wird die **Hornissenartige R.** mit gelbem Hinterleibsende, $1^1/_2$ cm lang die glänzendschwarze, braunflüglige **Habichtsfliege.**

Raubkäfer, versch. räuberisch lebende und zu mehreren Fam. gehörende Käfer wie Lauf-, Schwimmkäfer. (Bild Käfer)

Raubmarder, eine Unterfam. der → Marder.

Raubmord, ⚖ die Verbrechen → Raub und → Mord in Tateinheit.

Raubmöwen, räuberische, überwiegend braun gefärbte Möwenvögel der nord. Tundren, die außerhalb der Brutzeit über das Meer weit nach S wandern. Die europ. Arten **Skua, Spatel-, Schmarotzer-** und **Falken-R.** erscheinen auf dem Zug oder als Irrgast auch in Mitteleuropa.

Raubritter, Angehörige des Ritterstandes, die im sozialen und wirtschaftl. Umbruch des 14. und 15. Jh. (wachsende Bedeutungslosigkeit der Ritterheere, allmähliche Zurückdrängung der Natural- durch die Geldwirtschaft, steigendes Gewicht bürgerl. Kaufmanns- und Gelehrtenschichten, letzterer auch an den fürstl. Höfen) entwurzelt waren und ihre Notlage durch Straßenraub mit Erpressung von Lösegeld zu wenden suchten. Ihre ungesetzl. Fehden einzudämmen, war ein wesentl. Ziel der → Landfrieden.

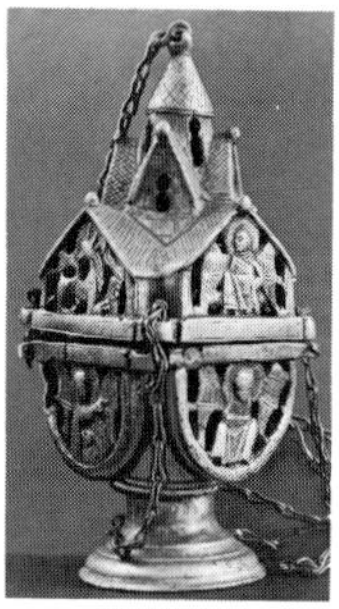

Rauchfaß: romanisches R. (Trier, Domschatz)

Raubtiere, i. w. S. alle Tiere, die sich von lebendig ergriffener Beute nähren; i. e. S. die **Karnivoren, Carnivora,** eine Ordnung der Säugetiere mit den beiden Unterordnungen → Robben und **Land-R. (Fissipedia).** Landlebende R. haben starke Zehenbewaffnung (Krallen), kegelförmige Eckzähne (Fangzähne), weiter hinten in den Kiefern jederseits oben und unten einen scharfzackigen Reißzahn. Das Gehirn ist meist hoch entwickelt; ihre Jungen werden als Nesthocker geboren. Zu den R. gehören: Katzen, Schleichkatzen, Hyänen, Hunde, Marder, Bären, Kleinbären.

Raubvögel, früherer Name der → Greifvögel.

Raubwild, alle jagdbaren Raubtiere und Greifvögel.

Raubzeug, nichtjagdbare Tiere, die Nutzwild schädigen, z. B. wildernde Hunde, Krähen, Elstern.

Rauch [ahd.] *der, -(e)s,* **1)** Gas, insbes. Luft, mit feinverteilten flüssigen oder festen Schwebstoffen. Das Gas-Schwebstoff-Gemisch kann als kolloides System mit dem Gas als Dispersionsmittel aufgefaßt werden. Sind die Schwebeteilchen flüssig, so spricht man auch von Nebel (→ Aerosol). I. w. S. werden mit R. die **Rauchgase,** d. h. die Abgase aus Feuerungen, bezeichnet, die im wesentlichen aus Kohlendioxid, Stickstoff, Wasserdampf, unverbrauchter Luft, Schwefeldioxid und -trioxid bestehen, aber auch feinverteilte Schwebeteilchen wie Ruß, Flugasche, Flugkoks, Flugstaub, Teertröpfchen enthalten; bei unvollständiger Verbrennung enthalten sie auch Wasserstoff, Kohlenmonoxid und Kohlenwasserstoffe. Rauchgase können zu **Rauchgasschäden** (Korrosion von Metallen, Schäden an Bauwerken, Schädigung der Atmungsorgane von Mensch und Tier, Schäden an Pflanzen bis zu deren völliger Vernichtung) führen. Sie vermindern die Sonneneinstrahlung und begünstigen die Nebelwirkung, z. B. durch → Smog. Zur Verringerung der Schwefelverbindungen im Rauchgas **(Rauchgasentschwefelung)** dienen Filteranlagen, die z. B. mit Aktivkohle oder Kalkmilch betrieben werden (→ Luftverschmutzung). **2)** falsch für: Dampf, Nebel (→ Höhenrauch). *ich* **rauche, 1)** *(es),* genieße → Tabak: *er raucht zu viel; er raucht Zigaretten, Zigarren.* **2)** *es raucht,* R. steigt auf: *der Schornstein raucht; mir raucht der Kopf vom vielen Lesen,* Ü. **Raucher, 1)** *der, -s/-,* jemand, der gewohnheitsmäßig raucht. **2)** *das, -s/-,* U kurz für Raucherabteil, Eisenbahnabteil, in dem geraucht werden darf.

Matthias Rauchmüller: Bacchantenhumpen, Elfenbein, 1676 (Wien, Samml. Liechtenstein)

Rauch [mhd. ruch ›haarig‹] *der, -(e)s,* Rauchwarenhandel: das dichte und lange Haar bei Pelzfellen. **rauch,** ♧ dicht und lang behaart.

Rauch, Christian Daniel, Bildhauer, *Arolsen 2. 1. 1777, † Dresden 3. 12. 1857, war kgl. Kammerdiener in Berlin, bildete sich, vom Königspaar gefördert, bei J. G. Schadow, dann, von A. Canova und B. Thorvaldsen beeinflußt, in Rom und arbeitete seit 1811 in Berlin. R. war der bedeutendste Bildhauer des dt. Klassizismus nach Schadow, dem R.s gefälligere, Formenschönheit mit Realismus verbindende Kunst bald vorgezogen wurde. Sein Werk umfaßt Sarkophage (der Königin Luise, 1811–15, und Friedrich Wilhelms III., 1846; beide Charlottenburg, Mausoleum), Standbilder (Feldherren vor der Neuen Wache in Berlin u. a.), das Reiterdenkmal Friedrichs d. Gr. (1839–51, Unter den Linden in Berlin, nach dem 2. Weltkrieg im Park von Sanssouci, seit 1981 wieder am alten Ort) und Bildnisbüsten (Goethe, 1820, u. a.).

Rauchbier, aus geräuchertem Malz gebrautes obergäriges Bier (Bamberger, Lichtenhainer, Grätzer).

Rauchbombe, eine Markierungsbombe mit starker Rauchentwicklung (Fliegerbombe).

Raucherbein, U Durchblutungsstörungen bes. im Bereich der Unterschenkel, die mit erhebl. Schmerzen und intermittierendem → Hinken einhergehen können und mit starkem Nikotinkonsum ursächlich zusammenhängen.

räuchern. *ich* **räuch(e)re, 1)** Konservierung: mache durch Rauch haltbar (vgl. unten). **2)** Land- und Gartenbau: verbrenne stark rauchende, auch angefeuchtete Stoffe in Weinbergen oder Feldern, um durch den Rauchschleier Pflanzen vor Nachtfrost zu schützen. **3)** verbrenne Räucherstoffe, z. B. ›Räucherkerzen‹, Riechmittel, Weihrauch oder Entkeimungsmittel. Als Kulthandlung wurde das Räuchern zuerst im Morgenland ausgeübt. Es ist häufig Bestandteil des Gottesdienstes (z. B. Kath. Kirche, → Rauchfaß). *ich* **räuchere** *es* **an,** räuchere ein bißchen. *ich* **räuchere** *ihn, es* **aus,** vertreibe Schädlinge durch Rauch: *das Wespennest wurde ausgeräuchert. Subst. die* **Räucherung,** *-/-en.* **räuch(e)rig, rauchig,** raucherfüllt, angeräuchert. **Räucherwaren,** geräucherte Fleisch- und Wurstwaren. **Rauchfleisch,** geräuchertes Fleisch.

Räuchern ist ein Verfahren zur → Konservierung von Fleisch- und Fischwaren, das ihnen einen bestimmten Geschmack verleiht. Die Ware wird in eine mit Spänen oder Sägemehl von Buche, Eiche, Erle oder Wacholder geheizte **Räucherkammer (Rauchkammer)** gehängt. Der beim Schwelen entstehende Rauch enthält Kreosot, Phenol, Kreosole, Formaldehyd, Essigsäure u. a. Diese Stoffe lassen das Eiweiß gerinnen, wirken bakterientötend und erzeugen den Geschmack; durch die Wärme des Rauchs wird der Ware, besonders oberflächlich, Wasser entzogen.

Rauchfang, 1) trichterförmige Haube über frei brennenden Feuern (z. B. Kamin), die die Rauchgase in den Schornstein leitet. **2)** *österr.:* Schornstein.

Rauchfaß, Rauchpfanne, Räuchergefäß, Behälter für kultische Räucherungen. Im kath. Kult besteht das R. aus einer an drei Ketten getragenen kelchartigen Schale mit einem kleinen Kohlenbecken und einem durchbrochenen Deckel darüber, durch den der Rauch aufsteigt.

Rauchgase, → Rauch.

Rauchgasprüfer, chemisch und physikalisch arbeitende Geräte zur Rauchgasanalyse (→ Gasprüfer).

Rauchgasverwitterung, Korrosionsschäden an Metallflächen und Verwitterung an Gestein (Zerstörung von Bauwerken), verursacht durch Kohlen- und Schwefelsäure, die sich aus flüchtigen Verbrennungsprodukten fester Brennstoffe bilden.

Rauchglas, das → Sonnenglas.

Rauchkammer, 1) Teil der Feuerungsanlage bei Dampflokomotiven. **2) Räucherkammer,** → räuchern.

Rauchmantel, das → Pluviale der kath. Priester.

Rauchmüller, Rauchmiller, Matthias, Bildhauer, *Radolfzell 11. 1. 1645, † Wien 15. 2. 1686, war in seiner Wanderzeit wohl in den Niederlanden, seit 1676 in Wien, schuf Grabmäler (für Bischof K. v. Metternich, um 1675, Trier, Liebfrauenkirche) und Elfenbeinarbeiten (Bacchantenhumpen, Wien, Sammlung Liechtenstein, u. a.). Sein Terrakotta-Bozzetto für den hl. Nepomuk auf der Karlsbrücke in Prag (1681) ist das Urbild der in ganz Europa verbreiteten Darstellungen des Brückenheiligen.

Rauchnächte, die → Rauhnächte.

Rauchquarz, Mineral, → Quarz.

Rauchtabak, zum Rauchen in der Pfeife oder zur Selbstherstellung von Zigaretten geeigneter → Tabak. R. mit Schnittbreite bis etwa 1 mm heißt Feinschnitt, breiterer Krüllschnitt.

Rauchtopas, falsche Bez. für Rauchquarz (→ Quarz).

Rauchvergiftung, meist eine → Kohlenoxidvergiftung.

Rauchverzehrer *der, -s/-,* kleines Gerät zum Verdunsten einer mit Geruchsstoffen (Formalin, Fichtennadel-, Rosmarinöl u. ä.) versetzten Lösung.

Rauchwacke *die, -/-n,* **Rauhwacke, Zellenkalk, Zellendolomit,** ein zellig-poröser → Dolomit, der durch selektive Herauslösung leichtlöslicher Bestandteile entsteht.

Rauchwaren, 1) veredelte Pelzfelle, die vom Kürschner zu Pelzen verarbeitet werden (→ Rauch, → Pelztiere, → Rauchwarenveredlung). **2)** U Tabakwaren.

Rauchwarenhandel kauft die rohen Wild- und Zuchtfelle (→ Pelztiere) auf den Sammelstellen der Ursprungsländer, meist auf Auktionen, ein. Die wichtigsten Ursprungsgebiete für Wildfelle sind Nord- und Südamerika, Sibirien und Zentralasien. Weltauktionsplätze sind New York, London und Leningrad. Die rohen Felle werden vom R. größtenteils zugerichtet und veredelt in größeren Partien oder Kürschnersortimenten (Fellbunde) an Kürschner, Konfektionäre und Warenhäuser weiterverkauft. Mittelpunkt des dt. R. war bis 1945 Leipzig, heute ist es Frankfurt a. M. In Frankfurt a. M. findet jedes Frühjahr die Internat. Pelzmesse statt. Die Bundesrep. Dtl. ist größter Pelzhersteller und größtes Pelzkonsumland vor den USA und Japan. Dachorganisation: Verband der Dt. Rauchwaren- und Pelzwirtschaft e. V., Frankfurt a. M.

Rauchwarenveredlung, das Zurichten, Färben und Veredeln von Pelzfellen aller Art. Wegen der doppelten Struktur (Haar und Leder) berücksichtigen die Methoden der R. Verfahren und Erfahrungen der Lederindustrie wie der Textilveredlung. Unter Zurichtung versteht man die spezielle Gerbung roher Pelzfelle. Das getrocknete Pelzfell wird geweicht, gewaschen und die Lederseite von anhaftendem Fett und Bindegewebe befreit (entfleischt). Die Beize (Gerbung) besteht meist aus Bädern, in denen als Gerbstoffe überwiegend Kalialaun, Chromsalz, Formaldehyd, aber auch synthet. Produkte in Verbindung mit Kochsalz und organ. Säuren Verwendung finden. Die Fettung des Leders wird durch Bürstauftrag maschinell oder von Hand durchgeführt. Man verwendet synthet. oder tier. Fettstoffe in wasserlösl. Form. Nach dem Trocknen werden Haar und Leder in rotierenden Trommeln mit feuchten oder trockenen harzfreien Sägespänen aufgelockert (geläutert). Die zw. und nach dieser Behandlung vorgenommene mechan. Bearbeitung, überwiegend Handarbeit, verleiht dem Pelzleder Weichheit und Zügigkeit. Die zugerichteten Felle werden ›naturell‹ verarbeitet oder gefärbt.

Man färbt Pelzfelle vorwiegend mit Oxidationsfarbstoffen. Sie benötigen zur Pigmentierung des Haares eine Beize mit Schwermetallsalzen sowie Wasserstoffperoxid. Daneben werden Farbstoffe der Textilindustrie angewendet, für die eine Chromgerbung erforderlich ist. Auch pflanzl. Farbstoffe wie Blauholz (Campecheholz), Rotholz oder Gelbholz sind in Verbindung mit Metallsalzen und vegetabil. Gerbstoffen auf Grund der sehr schonenden Anwendungsmöglichkeit und Lichtechtheit gebräuchlich. Modische Effekte werden, soweit erforderlich, durch Anbleichen des Naturpigments mit Oxidations- oder Reduktionsmitteln und nachfolgende Färbung erzielt. Gefärbt wird im Bad-, Streich- oder Spritzverfahren (Blenden). Kanin, Zickel, Kalb und Lammfell werden auch mit Wildfellzeichnungen von Leopard, Ozelot und Tiger bedruckt. – Die Veredlung umfaßt auch das Entfernen der Grannenhaare (Rupfen) bei Biber, Otter, Seal und Nutria sowie das Bügeln und Scheren.

Rauchwarenwirtschaft umfaßt in der Bundesrep. Dtl. die Pelztierzucht (→ Pelztiere), den → Rauchwarenhandel, die → Rauchwarenveredlung, die industrielle und handwerkl. Herstellung von Pelzbekleidung (→ Rauchwarenzurichter, → Kürschner). An 1. Stelle der Lieferländer steht die Rep. Südafrika, gefolgt von Dänemark, der UdSSR, den USA und Afghanistan.

Rauchwarenzurichter, industrieller Lehrberuf mit dreijähr. Ausbildungszeit, zur Verarbeitung (Zurichten) der Felle zu Pelzen.

räud, *oberdt.:* knorrig (Holz).

Räude [ahd.] *die, -/-n,* **1) Krätze, Grind, Schäbe,** Hautkrankheit der Haustiere, verursacht durch in oder an der Haut fressende **Räudemilben** der Gattungen **Grabmilben (Sarcoptes), Nagemilben (Chorioptes)** und **Saugmilben (Psoroptes).** Die **Fußräude (Fußkrätze)** des Geflügels tritt als Elefantenbeine (Kalkbeine) und als R. der befiederten Teile in Erscheinung, daneben kommt eine R. an Hals und Brust vor. Veterinärpolizeilich erfaßt und anzeigepflichtig sind die Sarcoptes- und Psoroptesräude der Einhufer und die Psoroptesräude der Schafe. – Alle R.-Arten gehen mit Juckreiz, Haar-(Feder-)Ausfall und krustigen Hautveränderungen einher. – B e h a n d l u n g : Begasen mit Schwefeldioxid, Räudebäder (Hexachlorcyclohexan- und Schwefelkalkbäder), Wasch- und Schmierkuren. Über **Demodexräude** (Haarbalgmilbenausschlag) → Haarbalgmilbe. **2)** *oberdt.:* Schorf. *Adj.* **räudig.**

Raudische Felder, → Vercelli.

Raudnitz an der Elbe, tschech. **Roudnice nad Labem** [rˈɔudnjitsɛ nˈad labem], Stadt im Nordböhm. Kr., ČSSR, (1981) 14000 Ew.; Maschinen-, chemisch-pharmazeut. Ind.; Barockschloß der Fürsten Lobkowitz (reiche Bibl., Kunstschätze).

raufen [ahd.]. *ich* **raufe, 1)** *es,* rupfe, reiße ab (Flachs): *ich könnte mir die Haare (aus)raufen vor Ärger,* Ü. **2)** *mich mit ihm,* prügele mich. *ich* **raufe** *es* **aus,** *oberdt.:* reiße heraus. *die* **Raufe,** *-/-n,* Futtergestell im Stall. *der* **Raufbold,** *-(e)s/-e,* jemand, der gern rauft. **Raufdegen,** Fechtwaffe für Stoß und Stich des 16./17. Jh., Rapier. *die* **Rauferei,** *-/-en,* Schlägerei. **Rauflust,** Freude am Raufen. *Adj.* **rauflustig.**

Raufhandel, Schlägerei oder von mehreren verübter Angriff, durch den der Tod eines Menschen oder eine schwere Körperverletzung verursacht wird.

Räuft [zu Ranft] *der, -(e)s/-e, schweizer.:* Brotrinde.

Raugrafen, fränk. Adelsgeschlecht, Zweig des alten Grafenhauses des Nahegaus, mit Sitz auf der Altenbaumburg (1129 erwähnt) bei Bad Kreuznach. Ihre Besitzungen kamen bis 1457 an die pfälz. Kurfürsten, die den Titel übernahmen. 1667 erhob Kurfürst Karl Ludwig seine morganat. Gattin Louise von Degenfeld zur Raugräfin; der Titel ging auf ihre Nachkommen über.

rauh [ahd.], **1)** uneben, rissig: *rauhe Hände; ein rauher Weg; die rauhe Seite (eines Fells); bei ihm steckt ein weicher Kern in einer rauhen Schale,* Ü hinter seiner Grobheit steckt Gutmütigkeit. **2)** kalt, hart: *ein rauher Wind.* **3)** Ü grob, schroff, ungeschliffen, unfreundlich: *ein rauhes Benehmen; ein rauher, aber herzlicher Ton.* **4)** leicht heiser: *seine Stimme klingt r.; ein rauher Hals. der* **Rauhbauz,** *-es/-e,* **Rauhbein,** U Mensch mit grobem Benehmen. *ich* **rauhe, 1)** *es,* rauhe auf. **2)** *ein Vogel rauht sich,* mausert sich. *ich* **rauhe** *es* **auf,** mache etwas r., z. B. Holz mit der Raspel, Filztuch mit Kardätschen. *die* **Rauheit,** -, **1)** rauhe Beschaffenheit. **2)** rauhes Wesen.

Rauhbank, ein langer Hobel.

Rauhes Haus [eigtl. ›Ruges (des Erbauers?) Haus‹], Anstalt zur Betreuung gefährdeter männl. Jugendlicher, 1833 von J. H. Wichern in Hamburg-Horn gegr., mit angeschlossener Ausbildungsanstalt für die Erzieher. Es wurde 1943 zerstört, nach dem Krieg wiedererrichtet. Dem R. H. ist ein Verlag angegliedert.

Rauhfaserpapier, sehr voluminöses, stark asche-, meist holzschliffhaltiges, einseitig sehr unebenes, unbedrucktes Papier verschiedener Färbung, das wie Tapete als Wand- und Deckenbekleidung verwendet wird.

Rauhfußhühner, Waldhühner, Tetraoninae, Unterfam. der Hühnervögel mit befiederten Läufen; in Europa leben Auer-, Birk-, Hasel- und Schneehuhn.

Rauhgewicht, Schrot, das Bruttogewicht einer Münze im Unterschied zum Feingewicht (→ Feingehalt).

Rauhnächte, Rauchnächte, in Süddtl. und Österreich drei oder vier der nach dem Volksglauben von Spuk erfüllten mittwinterl. → Zwölfnächte, in denen auf den Altären der Kirchen Weihrauch entzündet wurde, womit man in alter Zeit offiziell Herrschafts- und Amtsgebäude, bes. Rathäuser, feierlich ›ausräucherte‹. Das Räuchern in Wohnräumen und Stallungen an Dreikönig hat sich in katholischen Gebieten bis heute erhalten.

Rauhreif, Rauhfrost, durch Lufteinschlüsse milchig erscheinende Eisanlagerungen aus Nadeln **(Haarfrost)** oder körnigen Teilchen an Gegenständen, entsteht durch Sublimation oder durch Anfrieren unterkühlter, nicht zerfließender Wassertröpfchen.

Rauhwacke, 🌐 die → Rauchwacke.

Räuk *die, -/-e, nd.:* Ordnung, Pflege. *ich* **räuke** *ihn,* pflege, tue ihm Handreichungen.

Rauke [lat. eruca] *die, -/-n,* **Ruke, Rauche, Runke, 1)** manche Kreuzblüter, die als **Rauken-** oder **Senfkohl** Ölpflanzen oder Wildgemüse sind (→ Ölrauke); ferner → Knoblauchrauke. **2)** wilde Resedaarten.

Raum [ahd.] *der, -(e)s/¨e,* **1)** *ohne Pl.,* Länge, Breite, Höhe; Platz, Weite; das Nebeneinander- und Gegenübersein der Dinge und Lebewesen (in der Physik, Astronomie, Mathematik, Philosophie, Psychologie vgl. unten): *R. und Zeit; luftleerer R.* **2)** *ohne Pl.,* kurz für: Weltraum. **3)** *ohne Pl.,* Platz, Möglichkeit, etwas unterzubringen: *gebt R.!,* macht Platz!; *hier ist kein R. für Scherze,* Ü; *ich muß dafür R. schaffen, finden.* **4)** Sammelbez. für: Zimmer, Saal, Diele, Küche, Keller usw.: *dies Haus hat acht Räume; Schiffsraum; Laderaum.* **5)** ⚓ Loch in der Mitte eines Blockes. **6)** geographisch oder wirtschaftlich zusammenhängendes Gebiet, auch die von Menschen bewohnte Fläche: *Mittelmeerraum; im R. Bonn; die Manöver erstreckten sich über weite Räume Süddeutschlands.* **raum,** *nd.:* **1)** weit: *die raume See,* hohe See. **2)** ⚓ schräg von hinten (Wind).

P h y s i k u n d A s t r o n o m i e . Urspr. die in drei zueinander senkrechten Richtungen ausmeßbare Leere, die von den materiellen Körpern und Feldern ausgefüllt werden kann. Die Längen und Winkel der Figuren im R. unserer näheren Umgebung sind hinreichend genau durch die Gesetze der euklidisch-metrischen → Geometrie bestimmt. Die von der klass. Physik angenommene Existenz eines absoluten R., der isotrop und homogen und dessen Eigenschaften unabhängig von den darin vorhandenen materiellen Gegenständen und deren Veränderungen sein sollten, ist von der allg. Relativitätstheorie widerlegt worden. In kosmischen Ausdeh-

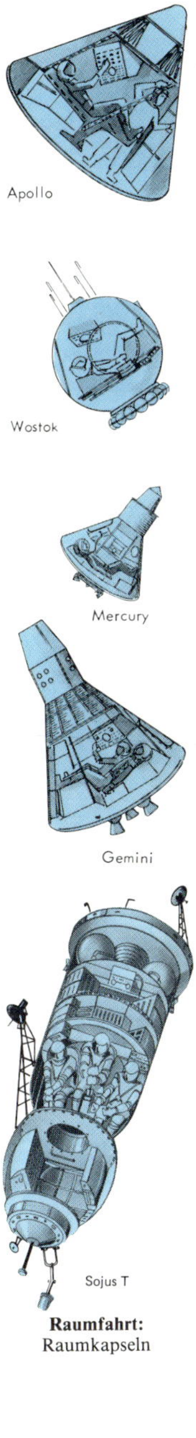

Raumfahrt: Raumkapseln

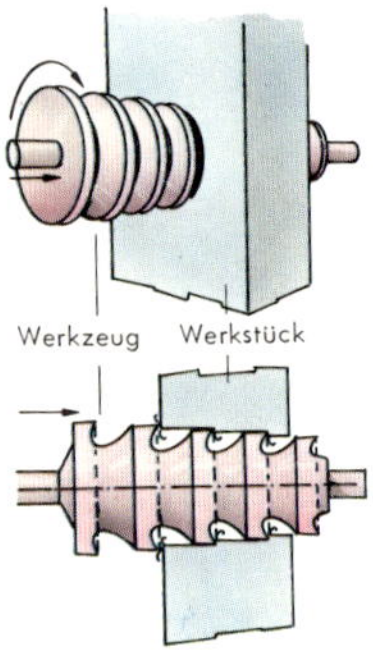

räumen 3): Innenziehräumen

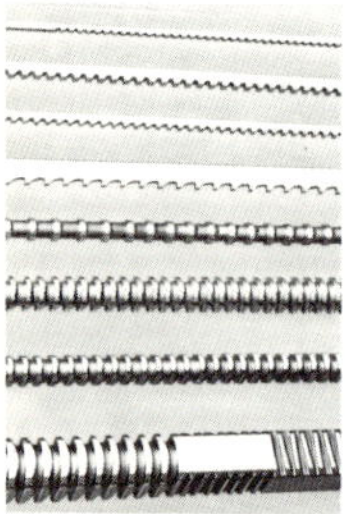

räumen 3): Formen verschiedener Räumnadeln

nungen müssen nach der allg. Relativitätstheorie zur Ausmessung des R. die allgemeineren Gesetze der → Riemannschen Geometrie berücksichtigt werden. Danach hängen die Maßverhältnisse im R. von der in ihm enthaltenen Materie ab, was experimentell durch die Lichtablenkung in starken Gravitationsfeldern bestätigt wird. Bei sehr schnellen Bewegungen (Geschwindigkeit im Größenbereich der Lichtgeschwindigkeit) macht sich zusätzlich die Verschmelzung der Zeit mit dem R. bemerkbar derart, daß die Abtrennung der vierten ›zeitlichen‹ Dimension von den drei ›räumlichen‹ Dimensionen des vollständigen **Raum-Zeit-Kontinuums** (kurz **Raumzeit**) je nach dem Bewegungszustand des Beobachters verschieden ausfällt. An Stelle der Unendlichkeit des R. nimmt man in kosmolog. Untersuchungen heute meist seine Unbegrenztheit an. Damit ist gemeint, daß der R. eine innere ›Krümmung‹ besitze derart, daß man zwar nach allen Seiten unbegrenzt fortschreiten könne, aber ähnlich wie auf der kugelförmigen Erdoberfläche nach Zurücklegen einer zwar ungeheuer großen, aber endlichen Strecke rückwärtiger Richtung zum Ausgangspunkt zurückgelange. Wie die Kugeloberfläche einen endlichen Flächeninhalt habe, so besitze der im großen gleichmäßig ›gekrümmte‹ Weltraum einen endlichen Rauminhalt. Auch im Bereich sehr kleiner Entfernungen (von der Größenordnung der Planckschen → Elementarlänge) scheinen die gewohnten R.-Gesetze nicht mehr anwendbar zu sein; vielmehr scheint hier das Raum-Zeit-Kontinuum ständigen Fluktuationen unterworfen zu sein (Quantentheorie der Gravitation). – Die theoret. Physik macht auch Gebrauch von abstrakten R., insbes. solchen höherer Dimensionszahl. Zu ihnen gehören z. B. der **Phasenraum** der statist. Mechanik und der **Koordinatenraum** der Wellenmechanik; ferner der zu den quantenmechanischen Operatoren gehörige **Hilbert-R.**

Mathematik. Urspr. der aus der Erfahrung entnommene, durch Länge, Breite, Höhe bestimmte physikal. R., in dem zur Untersuchung geometr. Gesetze abstrakte, aus Punkten aufgebaute Figuren angenommen werden; dann allgemeiner die dreidimensionale Gesamtheit von Punkten überhaupt. An Stelle der Punkte als Elemente eines R. können auch Geraden, Ebenen o. dgl. treten, wenn es auf deren eigene Struktur nicht ankommt. **Abstrakte R.**, auch mit mehr als drei Dimensionen, können in diesem Sinn aus beliebigen Elementen aufgebaut sein. In der analyt. Geometrie untersucht man auch Räume, deren Koordinaten nicht mehr notwendig reelle Zahlen, sondern auch komplexe Zahlen sein können oder einem beliebigen Körper entnommen sind.

Die Philosophie stellt die Frage nach dem Wesen des R. Dabei wird R. grundsätzlich als reale, endlich oder unendlich gedachte Ordnung oder als subjektive Anschauungsform verstanden, die im Dt. Idealismus im Sinne der Erkenntnis als notwendig, im Empirismus als nicht notwendig gekennzeichnet wird. Nach I. Kant sind R. und Zeit als ›apriorische Anschauungsform‹ die Bedingung der Möglichkeit von Erfahrung überhaupt.

Die Psychologie untersucht den R. als **Wahrnehmungs-R.**: Die Wahrnehmungspsychologie ist auf die Gesetze des phänomenalen R. und der R.-Wahrnehmung, die Entwicklungspsychologie auf den Aufbau des R.-Erlebens in der menschl. Entwicklung gerichtet (Mund-R., Greif-R., Fern-R.). Die neuere Forschung bedient sich bes. kybernetischer Modelle (→ Raumsinn, → Wahrnehmung).

Rauma, schwed. **Raumo** [r'aumu], Hafenstadt in der Prov. Turku-Pori, Finnland, (1980) 30600 Ew.; am Bottn. Meerbusen; Seefahrts- und Techn. Hochschule; vielseitige Ind. (Holz, Werft).

Raum|akustik, die Berücksichtigung der Akustik beim Neubau von Räumen aller Art, bes. Konzertsälen, Kinos, Hörsälen. Wichtig ist die Nachhallzeit.

Raum|anzug, hermetisch abgeschlossene Schutzkleidung für Raumfahrer, wird meist nur während der Start- und Wiedereintritts-(Lande-)phasen bemannter Raumfahrzeuge sowie außerhalb davon bei Arbeiten im Weltraum getragen. Anforderungen an den R.: Schutz vor Strahlung, Hitze, Kälte und Mikrometeoriten; Gewährleistung ausreichender Beweglichkeit; anschließbar an ein Klimaversorgungsgerät (Belüftung, Kühlung/Erwärmung, Atemsauerstoff); Möglichkeit der Nahrungsaufnahme und der Verrichtung natürlicher Bedürfnisse.

Raum|ausstatter *der, -s/-,* Ausbildungsberuf des Handwerks (3 Jahre) mit Gesellen- und Meisterprüfung mit den Zweigen: Polsterer, Dekorateure, Tapezierer, Parkettleger, Fußbodenbeleger.

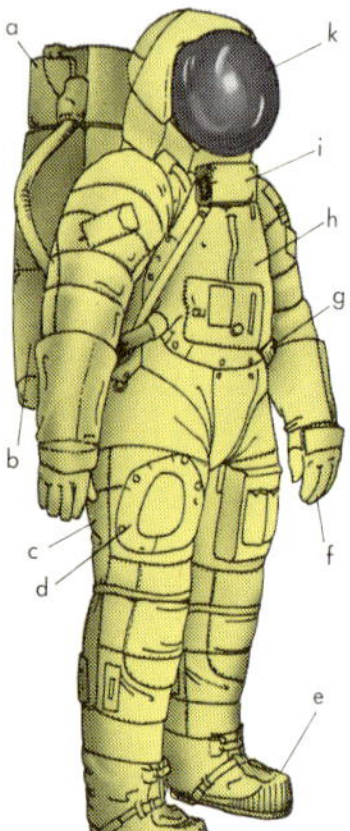

Raumanzug: Flexibler R., der beim Apollo-Programm für Arbeiten auf dem Mond getragen wurde; a Sauerstoff-Regenerator, b Lebenserhaltungs- und Nachrichtenübermittlungs-System, c Wärme/Meteorit-Schutzanzug, d Biomedizinischer Verschluß (Urine Transfer), e Mond-Überschuhe, f Arbeits-Handschuhe für den Aufenthalt außerhalb des Raumfahrzeugs, g Anschluß (Nachrichten, Ventilation, Kühlung), h Abdeckung für Anschlüsse, i Regelgerät, k Helm mit ›Mond‹-Visier

Raumbildverfahren, Stereoskopie, Verfahren zur Herstellung von Bildern, bei deren Wiedergabe **(Stereoprojektion)** wie beim natürl. Sehen jedem Auge nur das ihm zugeordnete Teilbild vermittelt wird, wodurch im Gehirn ein räuml. Eindruck entsteht. Bei der Aufnahme werden entweder zusammengebaute Einzelkameras verwendet oder durch ein Vorsatzgerät vor eine normale Kamera zwei Teilbilder vom halben Bildformat hergestellt (Bild). Die Teilbilder liegen nebeneinander, ineinander oder übereinander.

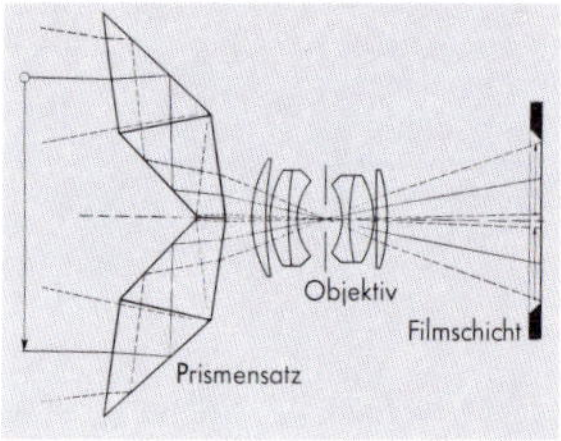

Raumbildverfahren: Strahlengang in einer Stereokamera

Zur Wiedergabe können die Stereobildpaare mit dem → Stereoskop betrachtet werden. Größere Bedeutung haben heute Verfahren erlangt, die eine Brille mit zwei verschiedenen Gläsern benutzen. Beim **Anaglyphenverfahren** geschieht dies durch Verwendung von Komplementärfarben. Die beiden Halbbilder werden durch komplementär gefärbte Filter projiziert, der Betrachter trägt dabei eine Brille mit komplementär gefärbten Gläsern. Ein anderes Verfahren benutzt polarisiertes Licht, bei dem die Schwingungsrichtungen der Teilbilder senkrecht aufeinanderstehen, und eine Polarisationsbrille **(Vektographenverfahren).** Während das Anaglyphenverfahren nur Schwarz-Weiß-Bilder ergibt, ist bei den R. mit polarisiertem Licht auch eine Farbwiedergabe möglich. Beim **freisichtigen R.** (ohne Brille) werden beide Bilder streifenweise ineinandergeschachtelt und das ›falsche‹ Bild durch einen Raster verdeckt, durch dessen Zwischenräume jedes Auge nur die Streifen des ›richtigen‹ Bildes sieht.

raumen. *der Wind* **raumt,** ⚓ dreht so, daß er mehr von achtern (raumer) einfällt als von querab (beim Segeln); Ggs.: → schralen.

räumen [zu Raum]. *ich* **räume, 1)** *es,* mache leer; gebe auf, verlasse: *das Haus muß wegen Einsturzgefahr geräumt werden; das Geschäft will die Lager räumen,* 🏛 alte Bestände billig abstoßen. **2)** *ihn, es aus dem Weg,* schaffe beiseite. **3)** *es,* forme spanend (vgl. unten Technik). *ich* **räume** *es* **ab,** nehme weg: *(das Geschirr) der Tisch muß abgeräumt werden. ich* **räume auf, 1)** *es,* bringe in Ordnung: *du mußt dein Zimmer aufräumen.* **2)** *mit etwas,* Ü mache Schluß, beende es energisch: *mit dieser Schlamperei muß aufgeräumt werden.* **3)** *Seuchen haben früher unter der Bevölkerung sehr aufgeräumt,* gewütet. *ich* **räume** *es* **aus,** entferne durch Räumen, entleere: *ich habe heute alle Schubladen ausgeräumt; Diebe haben die Wohnung ausgeräumt. ich* **räume** *es* **ein, 1)** stelle, lege hinein: *wir müssen die neuen Möbel (in das Zimmer), den Schrank einräumen.* **2)** *ihm,* trete ab: *er räumte ihm seinen Platz ein.* **3)** *ihm,* gestehe zu: *immer werden ihm Vergünstigungen eingeräumt. der* **Räumer,** *-s/-,* jemand, der etwas räumt, säubert: *Möbelräumer; Kanalräumer.* **räumig,** *nd.:* geräumig, weit. **räumlich,** den Raum betreffend: *räumliche Ausdehnung,* in drei Dimensionen. *die* **Räumlichkeit,** *-/-en,* **1)** *ohne Pl.,* Körperlichkeit. **2)** *meist Pl.,* Raum, Zimmer.

Raumfahrt: Sowjet. Raumsonde ›Luna 9‹, der am 3. 2. 1966 die erste weiche Landung auf dem Mond gelang

Bemannte Raumflüge

Raumfahrzeug	Besatzung	Staat	Start	Umläufe/Bemerkungen	Flugdauer
Wostok 1	J. Gagarin	UdSSR	12. 4. 1961	1	1h48min
Wostok 2	G. Titow	UdSSR	6. 8. 1961	17	1d 1h18min
Mercury-Atlas 6	J. Glenn	USA	20. 2. 1962	3	4h55min
Mercury-Atlas 7	S. Carpenter	USA	24. 5. 1962	3	4h56min
Wostok 3	A. Nikolajew	UdSSR	11. 8. 1962	64 gegenseitige	3d22h25min
Wostok 4	P. Popowitsch	UdSSR	12. 8. 1962	48 Annäherung	2d22h59min
Mercury-Atlas 8	W. Schirra	USA	3. 10. 1962	6	9h13min
Mercury-Atlas 9	G. Cooper	USA	15. 5. 1963	22	1d10h20min
Wostok 5	W. Bykowskij	UdSSR	14. 6. 1963	81 gegenseitige	4d23h 6min
Wostok 6	Walentina Tereschkowa	UdSSR	16. 6. 1963	48 Annäherung	2d23h10min
Woschod 1	W. Komarow, K. Feoktistow, B. Jegorow	UdSSR	12. 10. 1964	16	1d 0h17min
Woschod 2	P. Beljajew, A. Leonow	UdSSR	18. 3. 1965	17 erstmals EVA	1d 2h 2min
Gemini-Titan 3	V. Grissom, J. Young	USA	23. 3. 1965	3	4h53min
Gemini-Titan 4	J. McDivitt, E. White	USA	3. 6. 1965	62	4d 1h57min
Gemini-Titan 5	G. Cooper, C. Conrad	USA	21. 8. 1965	120	7d22h56min
Gemini-Titan 7	F. Borman, J. Lovell	USA	4. 12. 1965	206	13d18h35min
Gemini-Titan 6	W. Schirra, T. Stafford	USA	15. 12. 1965	16	1d 1h52min
Gemini-Titan 8	N. Armstrong, D. Scott	USA	16. 3. 1966	7 erste Kopplung	10h42min
Gemini-Titan 9	T. Stafford, E. Cernan	USA	3. 6. 1966	44	3d 0h21min
Gemini-Titan 10	J. Young, M. Collins	USA	18. 7. 1966	43	2d22h46min
Gemini-Titan 11	C. Conrad, R. Gordon	USA	12. 9. 1966	44 1372 km Höhe	2d23h17min
Gemini-Titan 12	J. Lovell, E. Aldrin	USA	11. 11. 1966	59	3d22h35min
Sojus 1	W. Komarow	UdSSR	23. 4. 1967	18 Landeunglück	1d 2h45min
Apollo 7/Saturn 1B	W. Schirra, D. Eisele, W. Cunningham	USA	11. 10. 1968	163	10d20h 9min
Sojus 3	G. Beregowoj	UdSSR	26. 10. 1968	64	3d22h51min
Apollo 8/Saturn 5	F. Borman, J. Lovell, W. Anders	USA	21. 12. 1968	2 Erd-, 10 Mondumläufe	6d 3h
Sojus 4	W. Schatalow	UdSSR	14. 1. 1969	48 erste Kopplung	2d23h23min
Sojus 5	B. Wolynow, A. Jelissejew, J. Chrunow	UdSSR	15. 1. 1969	49 bemannter Raumfahrzeuge	3d 0h56min
Apollo 9/Saturn 5	J. McDivitt, D. Scott, R. Schweikart	USA	3. 3. 1969	151	10d 1h 1min
Apollo 10/Saturn 5	T. Stafford, J. Young, E. Cernan	USA	18. 5. 1969	2 Erd-, 31 Mondumläufe	8d 0h 3min
Apollo 11/Saturn 5	M. Collins, N. Armstrong, E. Aldrin	USA	16. 7. 1969	20. 7. Mondlandung, 30 Mondumläufe	8d 3h19min
Sojus 6	G. Schonin, V. Kubassow	UdSSR	11. 10. 1969	80	4d22h42min
Sojus 7	A. Filipschenko, W. Wolkow, W. Gorbatko	UdSSR	12. 10. 1969	80	4d22h41min
Sojus 8	W. Schatalow, A. Jelissejew	UdSSR	13. 10. 1969	80	4d22h50min
Apollo 12/Saturn 5	C. Conrad, R. Gordon, A. Bean	USA	14. 11. 1969	19. 11. Mondlandung, 45 Mondumläufe	10d 4h36min
Apollo 13/Saturn 5	J. Lovell, F. Haise, J. Swigert	USA Mondlandung beabsichtigt, wegen Havarie abgebrochen	11. 4. 1970	2 Erdumläufe, 1/2 Mondumlauf	5d22h50min
Sojus 9	A. Nikolajew, W. Sewastjanow	UdSSR	1. 6. 1970	287	17d16h59min
Apollo 14/Saturn 5	A. Shepard, S. Roosa, E. Mitchell	USA	31. 1. 1971	5. 2. Mondlandung, 34 Mondumläufe	9d 0h 2min
Sojus 10	W. Schatalow, A. Jelissejew, N. Rukawischnikow	UdSSR	23. 4. 1971	32 Kopplung mit Saljut 1	1d23h46min
Sojus 11/Saljut 1	G. Dobrowolskij, W. Pazajew, W. Wolkow	UdSSR	6. 6. 1971	382 Kopplung mit Saljut 1 Besatzung kam ums Leben	24d18h
Apollo 15/Saturn 5	A. Worden, D. Scott, J. Irwin	USA	26. 7. 1971	30. 7. Mondlandung, 74 Mondumläufe	12d 7h12min
Apollo 16/Saturn 5	J. Young, C. Duke, T. Mattingly	USA	16. 4. 1972	20. 4. Mondlandung, 63 Mondumläufe	11d 1h51min
Apollo 17/Saturn 5	E. Cernan, R. Evans, H. Schmitt	USA	6. 12. 1972	11. 12. Mondlandung, 75 Mondumläufe	12d13h52min
Skylab 1/Saturn 1B	C. Conrad, P. Weitz, J. Kerwin	USA	25. 5. 1973	Kopplung einer Apollokapsel mit Skylab, 404 Erdumläufe	28d 0h49min
Skylab 2/Saturn 1B	A. Bean, O. Garriot, J. Lousma	USA	28. 7. 1973	Kopplung einer Apollokapsel mit Skylab, 858 Erdumläufe	59d11h 9min
Sojus 12	W. Lasarew, O. Makarow	UdSSR	27. 9. 1973	31	1d23h16min
Skylab 3/Saturn 1B	G. Carr, E. Gibson, W. Pogue	USA	16. 11. 1973	Kopplung einer Apollokapsel mit Skylab, 1214 Erdumläufe	84d 1h16min
Sojus 13	P. Klimuk, W. Lebedejew	UdSSR	18. 12. 1973	127	7d20h55min
Sojus 14/Saljut 3	P. Popowitsch, J. Artjuchin	UdSSR	3. 7. 1974	252 Kopplung mit Saljut 3	15d17h30min

Bemannte Raumflüge

Raumfahrzeug	Besatzung	Staat	Start	Umläufe/Bemerkungen	Flugdauer
Sojus 15	G. Sarafanow, L. Djomin	UdSSR	26. 8. 1974	32 erste Nachtlandung	*2d 0h 12min*
Sojus 16	A. Filiptschenko, N. Rukawischnikow	UdSSR	2. 12. 1974	96	*5d 22h 24min*
Sojus 17/Saljut 4	A. Gubarjow, G. Gretschko	UdSSR	10. 1. 1975	467 Kopplung mit Saljut 4	*29d 13h 20min*
Sojus 18/Saljut 4	P. Klimuk, W. Sewastjanow	UdSSR	24. 5. 1975	993 Kopplung mit Saljut 4	*62d 23h 20min*
Sojus 19 } ASTP	A. Leonow, W. Kubassow	UdSSR	15. 7. 1975	96 17. 7. Kopplung	*5d 22h 31min*
Apollo } ASTP	T. Stafford, D. Slayton, V. Brand	USA	15. 7. 1975	138	*9d 8h 58min*
Sojus 21	B. Wolynow, W. Scholobow	UdSSR	6. 7. 1976	790 Kopplung mit Saljut 5	*49d 6h 24min*
Sojus 22	W. Bykowskij, W. Aksjonow	UdSSR	15. 9. 1976	127	*7d 21h 53min*
Sojus 23	W. Sudow, W. Roschdestwenskij	UdSSR	14. 10. 1976	33 erste ungeplante Wasserung der UdSSR	*2d 0h 5min*
Sojus 24	W. Gorbatko, J. Glaskow	UdSSR	7. 2. 1977	284 Kopplung mit Saljut 5	*17d 17h 23min*
Sojus 25	W. Kowaljonok, W. Rjumin	UdSSR	9. 10. 1977	33 Kopplung mit Saljut 6 mißlungen	*2d 0h 46min*
Sojus 26	J. Romanenko, G. Gretschko	UdSSR	10. 12. 1977	1522 Kopplung mit Saljut 6	*96d 10h* (Rückkehr mit Sojus 27)
Sojus 27	W. Dschanibekow, O. Makarow	UdSSR	10. 1. 1978	96 Kopplung mit Saljut 6/ Sojus 26	*5d 22h 59min* (Rückkehr mit Sojus 26)
Sojus 28	A. Gubarew, W. Remek (ČSSR)	UdSSR	2. 3. 1978	127 Kopplung mit Saljut 6/ Sojus 27	*7d 22h 17min*
Sojus 29	W. Kowaljonok, A. Iwantschenko	UdSSR	15. 6. 1978	2240 Kopplung mit Saljut 6	*140d 0h 47min*
Sojus 30	P. Klimuk, M. Hermaszewski (Polen)	UdSSR	27. 6. 1978	127 Kopplung mit Saljut 6/ Sojus 29	*7d 22h 4min*
Sojus 31	W. Bykowskij, S. Jähn (Dt. Dem. Rep.)	UdSSR	26. 8. 1978	126 Kopplung mit Saljut 6/ Sojus 29	*7d 20h 49min*
Sojus 32	W. Ljachow, W. Rjumin	UdSSR	26. 2. 1979	2800 Kopplung mit Saljut 6	*175d*
Sojus 33	N. Rukawischnikow, G. Iwanow (Bulgarien)	UdSSR	10. 4. 1979	37 Kopplung mit Saljut 6 mißlungen	*1d 23h 1min*
Sojus 34	unbemannt	UdSSR	6. 6. 1979	1184 Rückkehrfahrzeug für Ljachow und Rjumin	*74d*
Sojus 35	L. Popow, W. Rjumin	UdSSR	9. 4. 1980	Kopplung mit Saljut 6	*184d 20h*
Sojus 36	W. Kubassow, B. Farkas (Ungarn)	UdSSR	26. 5. 1980	Kopplung mit Saljut 6	*7d 20h*
Sojus T-2	J. Malyschew, W. Aksjonow	UdSSR	5. 6. 1980	Kopplung mit Saljut 6	*3d 21h*
Sojus 37	W. Gorbatko, Pham Tuan (Vietnam)	UdSSR	23. 7. 1980	Kopplung mit Saljut 6	*7d 20h*
Sojus 38	J. Romanenko, A. Tamayo Mendez (Kuba)	UdSSR	18. 9. 1980	Kopplung mit Saljut 6/ präzise Nachtlandung	*7d 20h*
Sojus T-3	L. Kizim, O. Makarow, G. Strekalow	UdSSR	27. 11. 1980	Kopplung mit Saljut 6	*12d 19h*
Sojus T-4	W. Kowaljonok, V. Sawinych	UdSSR	12. 3. 1981	14. 3. Kopplung mit Saljut 6	*75d*
Sojus 39	W. Dschanibekow, S. Gurragtschaa (Mongolei)	UdSSR	22. 3. 1981	Kopplung mit Saljut 6	*7d 20h*
STS-1 ›Columbia‹	J. Young, R. Crippen	USA	12. 4. 1981	36 erster Erprobungsstart des Space shuttle	*2d 6h 20min*
Sojus 40	L. Popow, D. Prunariu (Rumänien)	UdSSR	14. 5. 1981	Kopplung mit Saljut 6	*7d*
STS-2 ›Columbia‹	J. Engle, R. Truly	USA	12. 11. 1981	36 Landung 3 Tage früher als geplant	*2d 6h 13min*
STS-3 ›Columbia‹	J. Lousma, G. Fullerton	USA	22. 3. 1982	129 wiss. Experimente	*8d 0h 5min*
Sojus T-5	A. Beresowoj, W. Lebedejew	UdSSR	13. 5. 1982	Kopplung mit Saljut 7	*211d*
Sojus T-6	W. Dschanibekow, A. Iwantschenko, J. L. Chrétien (Frankreich)	UdSSR	24. 6. 1982	Kopplung mit Saljut 7	*8d*
STS-4 ›Columbia‹	T. Mattingly, H. Hartsfield	USA	27. 6. 1982	113 Experimente mit militär. Geräten	*7d 1h 9min*

Raumfahrt

Bemannte Raumflüge

Raumfahrzeug	Besatzung	Staat	Start	Umläufe/Bemerkungen	Flugdauer
Sojus T-7	L. Popow, A. Serebrow Swetlana Sawitzkaja	UdSSR	19. 8. 1982	Kopplung mit Saljut 7 erste Frau in einer gemischten Besatzung	8*d*
STS-5 ›Columbia‹	V. Brand, R. Overmyer, L. Lenoir, J. Allen	USA	16. 11. 1982	Absetzen von 2 Nutzsatelliten	5*d* 2*h* 16*min*
STS-6 ›Challenger‹	P. Weitz, K. Bobko, D. Peterson, S. Musgrave	USA	4. 4. 1983	80 Absetzen eines Satelliten/EVA	5*d* 0*h* 23*min*
Sojus T-8	W. Titow, G. Strekalow, A. Serebrow	UdSSR	20. 4. 1983	Kopplung mit Saljut 7 mißlungen	2*d* 0*h* 20*min*
STS-7 ›Challenger‹	R. Crippen, F. Hauck, Sally Ride, J. Fabian, N. Thagard	USA	18. 6. 1983	erste Amerikanerin im All Absetzen und Einfangen von Satelliten	6*d* 3*h* 24*min*
Sojus T-9	W. Ljachow, A. Alexandrow	UdSSR	27. 6. 1983	Kopplung mit Saljut 7	149*d*
STS-8 ›Challenger‹	R. Truly, D. Brandenstein, G. Bluford, D. Gardner, W. Thornton	USA	30. 8. 1983	Start und Landung nachts Tests mit Greifarm	6*d*
STS-9 ›Columbia‹	J. Young, B. Shaw, O. Garriot, R. Parker, B. Lichtenberg, U. Merbold (Bundesrep. Dtl.)	USA	28. 11. 1983	erstmals Spacelab als Nutzlast Wiss. Experimente	10*d* 7*h* 47*min*
STS-10 ›Challenger‹	V. Brand, R. Gibson, R. McNair, B. McCandless, R. Stewart	USA	3. 2. 1984	erstmals Landung in Cape Canaveral / EVA mittels ›Düsenrucksack‹ (MMU)	7*d* 23*h* 44*min*
Sojus T-10	L. Kisim, W. Solowjow, O. Atkow	UdSSR	8. 2. 1984	bisheriger Dauerflugrekord	237*d*
Sojus T-11	J. Malischew, G. Strekalow, Rakesh Sharma (Indien)	UdSSR	3. 4. 1984	Rückkehr mit Kapsel T-10	8*d*
STS-11 ›Challenger‹	R. Crippen, D. Scobee, T. Hart, G. Nelson, J. v. Hoften	USA	6. 4. 1984	Bergung, Reparatur und Wiederaussetzen eines Satelliten	6*d* 23*h* 59*min*
Sojus T-12	W. Dschanibekow, I. Volk, Swetlana Sawitzkaja	UdSSR	17. 7. 1984	erstmals EVA einer Frau	12*d*
STS-12 ›Discovery‹	H. Hartsfield, M. Coates, Judy Resnik, R. Mullane, S. Hawley, C. Walker	USA	30. 8. 1984	Start viermal verschoben Vereisungsprobleme	6*d* 0*h* 57*min*
STS-13 ›Challenger‹	R. Crippen, J. McBride, D. Leetsma, Sally Ride, Kathryn Sullivan, P. Scully-Power, M. Garneau (Kanada)	USA	5. 10. 1984	erstmals 7 Besatzungsmitglieder, darunter 2 Frauen	8*d* 5*h* 24*min*
STS-14 ›Discovery‹	F. Hauck, D. Gardner, J. Allen, Anna Fisher, D. Walker	USA	8. 11. 1984	2 Nachrichtensatelliten ausgesetzt, 2 fehlgesteuerte geborgen	7*d* 23*h* 44*min*
STS-15 ›Discovery‹	-	USA	24. 1. 1985	militär. Mission, Spionagesatellit ausgesetzt	3*d* 1*h* 23*min*
STS-16 ›Discovery‹	K. Bobko, D. Williams, Rhea Seddon, D. Griggs, J. Hoffman, C. Walker, J. Garn	USA	12. 4. 1985	2 Nachrichtensatelliten ausgesetzt, davon 1 Antriebsversager	7*d*

⚙ Das Räumen ist ein Verfahren der spanenden Bearbeitung von Werkstücken zur Herstellung von ebenen oder beliebig gekrümmten Oberflächen, bei dem Werkzeug und Werkstück Relativbewegungen ausführen. Die Ausführung der **Räumwerkzeuge** mit großer Schneidenbreite und gleichzeitigem Eingriff mehrerer Zähne erlaubt bei hoher Oberflächengüte eine hohe Zerspanungsleistung. Nach Art des Räumens und des herzustellenden Profils unterscheidet man Außenräumwerkzeuge (Außenflächenbearbeitung), Innenräumwerkzeuge (Innenflächen-, Bohrungsbearbeitung), Außenrund-, Drall- oder Spiralräumwerkzeuge.

Raumer, Friedrich von, Historiker, * Wörlitz 14. 5. 1781, † Berlin 14. 6. 1873. Seine romantisch verklärte Darstellung der Stauferzeit ›Geschichte der Hohenstaufen und ihrer Zeit‹ (6 Bde., 1823–25) wirkte weniger auf die Geschichtsschreibung als auf die dramat. Literatur. Mit dem Verlag F. A. Brockhaus gründete er 1830 das ›Historische Taschenbuch‹.

Raumfahrt: Bahnparameter von Satellitenbahnen

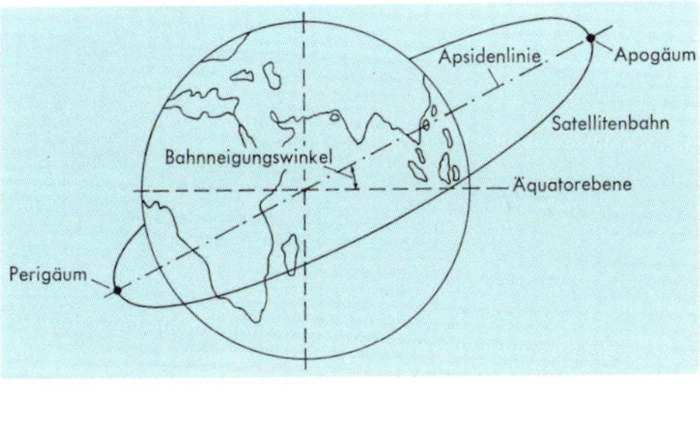

Raumfähre, andere Bez. für Raumtransporter, → Space shuttle.

Raumfahrer, Astronaut, Kosmonaut, der Insasse eines Raumfahrzeuges, Pilot oder wissenschaftl. Besatzungsmitglied.

Raumfahrt, Weltraumfahrt, Astronautik, Kosmonautik, die Durchquerung und Erforschung des Weltraumes außerhalb der irdischen Atmosphäre. Die Voraussetzung, sich im luftleeren und schwerelosen Raum zu bewegen, erfüllt ausschließlich das Antriebsprinzip der → Rakete. Raketen sind die Träger und Steuerorgane der → Raumfahrzeuge, → Raumflugkörper, → Satelliten, → Raumsonden, → Raumkapseln, → Raumstationen, → Raumtransporter, → Mondfähre.

R.-Antriebe und -Flugbahnen. Zum Antrieb von Raumfahrzeugen liefern derzeit nur die chem. Raketentriebwerke (Flüssig- und/oder Feststoffraketen) genügenden Schub. Als Lage- und Bahnregelungstriebwerke kommen neben chem. auch elektr. Raketentriebwerke in Frage, insbes. der → Ionenantrieb. Die Bewegung eines Körpers im Weltraum hängt nur von Größe und Richtung seiner Geschwindigkeit und den auf ihn wirkenden Kräften (Schwerefelder) anderer Himmelskörper ab. Damit er nicht wieder auf die Erde zurückfällt, muß er die **Kreisbahn-** oder

Raumfahrt

Raumfahrt: Saturn-5-Rakete mit Apollo 11 startet zum Mondflug (Cape Kennedy 16. 7. 1969)

Satelliten- oder **1. kosm. Geschwindigkeit** von 7,9 km/s erreichen, die eine elliptische oder kreisförmige Erdumlaufbahn ermöglicht. Mit steigender Höhe wird die Kreisbahngeschwindigkeit niedriger, während die Umlaufzeit wächst; in rd. 36000 km Höhe beträgt die Kreisbahngeschwindigkeit 3 km/s, die Umlaufzeit 24 Stunden (geostationäre Umlaufbahn von Synchronsatelliten). Um den Anziehungsbereich der Erde zu verlassen, ist die **Flucht-** oder **2. kosm. Geschwindigkeit** von 11,2 km/s erforderlich (→kosmische Geschwindigkeiten). Unter Ausnutzung der Schwerefelder von Himmelskörpern läßt sich die Flugbahn stark beeinflussen (Fly-by-Methode), was beim Flug zu den äußeren Planeten genützt werden kann. Aber selbst bei sehr großen Reisegeschwindigkeiten, etwa nahe der Lichtgeschwindigkeit, würde die Reise zu einem der nächsten Fixsterne Jahre dauern.

Der aktive Teil der Flugbahn, die **Antriebsbahn,** dauert nur Minuten und damit einen kleinen Bruchteil des passiven Teils, der als **Freiflugbahn** antriebslos zurückgelegt wird. Bei Raumflügen zu anderen Himmelskörpern bringt man die letzte Raketenstufe mit der Nutzlast zunächst in eine Erdumlaufbahn **(Parkbahn),** auf der zu einem best. Zeitpunkt das Triebwerk wieder gezündet wird, um die Nutzlast auf Fluchtgeschwindigkeit zu beschleunigen. So läßt sich die Genauigkeit für den Einschuß in die berechnete Richtung (z. B. ›Mondkorridor‹) erzielen. Der **Einschußkorridor** liegt für einen jeweiligen Tag im Raum fest; er ist u. a. bestimmend für den oder die möglichen Starttage **(Startfenster).**

Die gesamte Flugbahn wird durch Computer vorausberechnet. Das Programm wird in Form von Steuerbefehlen gespeichert und nach dem Start automatisch durchgeführt (Programmsteuerung) und mit Hilfe der →Trägheitsnavigation korrigiert. Daneben können die Kommandosteuerung von der Erde aus und die manuelle Steuerung durch die Besatzung treten. Die für die elektron. Geräte u. a. benötigte Energie wird aus Brennstoffzellen, chem. Batterien und Solarzellen bezogen.

G e s c h i c h t e , P r o g r a m m e . Die **unbemannte R.,** aus Versuchen mit Höhenforschungsraketen hervorgegangen, wird insbesondere mit Satelliten und Raumsonden betrieben.

Die **bemannte R.** hat v. a. das Ziel, Menschen auf anderen Himmelskörpern landen und in Raumstationen längere Zeit verweilen zu lassen. Als Vorbereitung hierzu gelten die zahlreichen bemannten Flüge auf Satellitenbahnen, die Erforschung der Probleme der →Raumfahrtmedizin, die Vorversuche mit Hunden und Affen, mit Raketenschlitten und Raketenflugzeugen. Techn. Hauptprobleme waren und sind, die Raumfahrzeuge und die Raumanzüge gegen das Vakuum und die Strahlung des Weltraums abzudichten, in ihnen die lebensnotwendigen Umweltbedingungen zu sichern (Sauerstoff, Wiederaufbereitung der Luft, Temperatur), die Betriebssicherheit durch Einbau von Mehrfachsystemen zu erhöhen, die Reibungshitze, die beim Wiedereintritt in die Atmosphäre 3000 °C betragen kann, durch eine bestimmte Formgebung und durch einen Hitzeschild vom Innenraum abzuhalten, die weiteren Landephasen zu beherrschen. Die amerikan. Raumkapseln wasserten bis zum Einsatz des landefähigen Space shuttle ausnahmslos, die sowjetischen landeten fast ausschließlich auf festem Boden, wobei zu den Fallschirmen noch eine zusätzl. Raketenbremsung trat.

Nach 1945 nutzten die USA und die UdSSR das dt. Know-how der Raketentechnik und begannen eigene Raketenentwicklungen. Am 4. 10. 1957 startete in der UdSSR mit dem 83,5 kg schweren Sputnik 1 der erste Satellit. Der erste amerikan. Satellit, Explorer 1 (14 kg), folgte am 31. 1. 1958. Die bemannte R. begann mit dem Start des Russen J. Gagarin (Wostok 1) am 12. 4. 1961, dem noch Wostok 2 folgte, bevor als erster Amerikaner J. Glenn mit Mercury 6 am 20. 2. 1962 die Erde dreimal umkreiste. Die Bemühungen der USA waren zu Beginn des R.-Zeitalters konsequent auf eine bemannte Landung auf dem Erdmond ausgerichtet. Ihr dienten das →Mercury-Programm, das →Gemini-Programm und das →Apollo-Programm, in dessen Rahmen zw. 1969 und 1972 sechs erfolgreiche Mondlandungen stattfanden. Der Mond als bisher einziger außerirdischer Himmelskörper wurde zuerst am 21. 7. 1969 von N. Armstrong (Apollo 11) betreten. Dagegen steht bei den sowjet. Unternehmungen die Aufgabe der Steigerung der Aufenthaltsdauer von Kosmonauten-Mannschaften im nahen Erdorbit im Vordergrund, v. a. im Blick auf bemannte Raumstationen. Die erste experimentelle Raumstation →Saljut richtete 1971 die UdSSR ein. Mit Hilfe der Raumstation Saljut 7 gelang 1982/83 A. Beresowoj und W. Lebedejew mit rd. 211 Tagen ein Dauerrekord, der 1984 von L. Kisim, W. Solowjow und O. Atkow mit rd. 237 Tagen noch überboten wurde. Seit 1978 nehmen auch Kosmonauten aus anderen Ostblockländern sowie aus Vietnam, Kuba, der Mongolei, aus Frankreich und Indien als Kopiloten der zwei- oder dreiköpfigen Sojus-Besatzungen teil. Auf diese Weise war S. Jähn (Dt. Dem. Rep.) 1978 der erste Deutsche im Weltall. Die erste Frau im Weltall war Walentina Tereschkowa 1963 an Bord von Wostok 6, die nächste Swetlana Sawitzkaja 1982 an Bord von Sojus T-7/Saljut 7.

Der amerikan. Dauerrekord von 84 Tagen an Bord von →Skylab datiert bereits von 1973/74. Nach dem sowjetisch-amerikan. Raumflug →Apollo-Sojus (1975) fand der nächste amerikan. bemannte Raumflug erst 1981 mit dem ersten Testflug des Raumtransporters (Space shuttle) statt. Dessen Orbiter ist das erste wiederverwendbare Raumfahrzeug, das mit Hilfe aerodynam. Auftriebserzeugung landen kann. Eine seiner wichtigsten Nutzlasten ist das europ. Raumlabor →Spacelab, mit dem U. Merbold als er-

Raumfahrt: OBEN Der selbsttätig fahrende Instrumententräger ›Lunochod 1‹, den die sowjet. Mondsonde ›Luna 17‹ am 17. 11. 1970 auf dem Mond absetzte; UNTEN zeichnerische Darstellung vom Apollo-Sojus-Rendezvous, links das amerikan., rechts das sowjet. Raumfahrzeug

Raumfahrt: Mondlandung von Apollo 15 (30. 7. 1971); Mondlandefähre ›Falcon‹; rechts Elektrowagen ›Rover‹ (im Hintergrund die Mond-Apenninen)

ster Deutscher aus der Bundesrep. Dtl. 1983 zu einem Raumflug kam. Als erste Amerikanerin gelangte Sally Ride 1983 mit dem Space shuttle in den Weltraum. 1984 entfernten sich zwei Amerikaner ohne Sicherheitsleine im Weltraum von Bord eines Space shuttle mit Hilfe eines Düsenrucksacks (engl. Manned Maneuvring Unit, Abk. MMU). Weitere BILDER und ÜBERSICHT S. 345-348, 352 und 353.

Unmittelbare Todesopfer der R. wurden 1967 drei Amerikaner bei einem Bodentest (V. Grissom, E. White und R. Chaffee), der sowjet. Kosmonaut W. M. Komarow in Sojus 1, 1971 die sowjet. Kosmonauten G. Dobrowolskij, W. Wolkow und W. Pazajew in Sojus 11 nach ihrem 22tägigen Aufenthalt in Saljut 1.

Wissenschaftl. Nutzen ziehen aus der R. v. a. Geophysik, Geologie, Geographie, Meteorologie, Astronomie und Astrophysik. Wirtschaftl. Nutzen bringen bes. Erderkundungs-, Wetter-, Nachrichten- und Navigationssatelliten. Zunehmend kommen andere kommerzielle Ziele hinzu (Prospektion, Bergung von Nachrichtensatelliten). Indirekter Nutzen wird gewonnen aus den Erzeugnissen, Werkstoffen und techn. Verfahren, die für die R. entwickelt wurden, bes. auf dem Gebiet der Elektronik, Metallurgie und der Kunststoffe. Die Forderung nach ultraleichter Bauweise, nach höchster Leistung und Zuverlässigkeit hebt den techn. Entwicklungsstand insgesamt. Fast alle diese Erkenntnisse und Errungenschaften sind auch von militär. Wert. Die polit. Weltlage führte zu einer Prestige-Rivalität zw. den großen R.-Nationen USA und UdSSR, andererseits zwang der finanzielle Aufwand für R.-Programme zu internationaler Zusammenarbeit.

Über das Recht der R., Abkommen und Organisationen → Weltraumrecht.

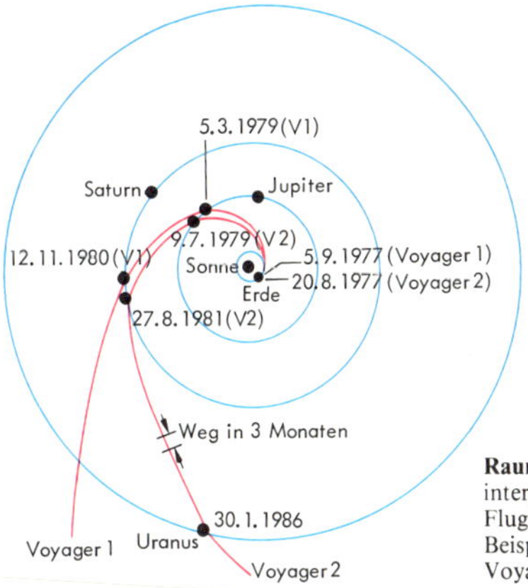

Raumfahrt: interplanetare Flugbahnen am Beispiel von Voyager 1 und 2

Raumfahrtmedizin, medizin. Fachgebiet, befaßt sich mit dem Einfluß des (bes. langzeitigen) Raumfluges auf die menschl. Organe und deren Funktionen. Die biodynam. Untersuchungen gelten bes. dem Einfluß der Schwerelosigkeit auf Kreislauf, Herztätigkeit, Atem-, Sinnesorgane, Stoffwechsel, Blutzusammenset-

Raumfahrt: der zusammengekoppelte sowjetische Raumfahrt-Komplex mit einer Gesamtlänge von 35 m

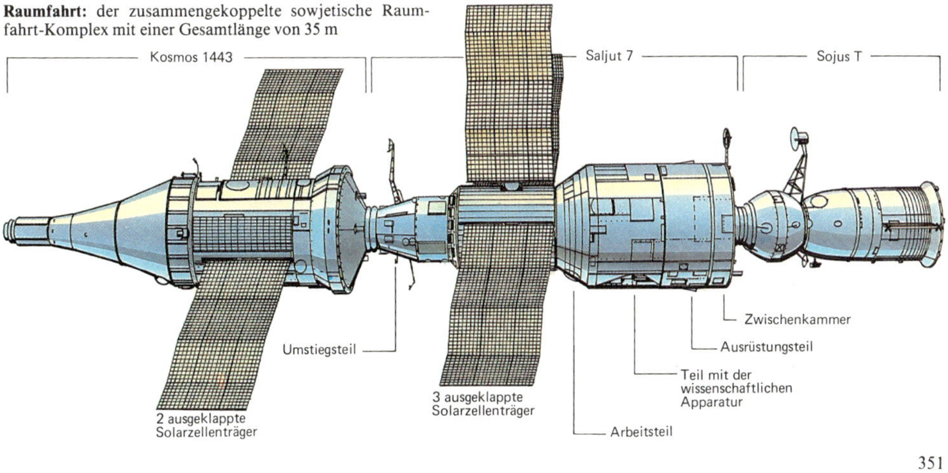

zung, Muskulatur, dem Leistungsabfall, den Beschleunigungsbelastungen, dem Einfluß von Lärm und Vibrationen sowie dem der kosm. Strahlung. Weitere Probleme: Erhaltung der Lebens- und Arbeitsfähigkeit unter Weltraumbedingungen, psycholog. Belastungen (Einsamkeit, Raumenge). Fühl- und Telemetriesysteme erlauben die Überwachung der Raumfahrer von der Erde aus.

Raumfahrzeug, i. d. R. bemanntes Raumfluggerät für wissenschaftl., wirtschaftl., militär. und techn. Aufgaben (z. B. Raumkapsel, Raumstation, Raumtransporter).

Raumflugkörper, i. d. R. unbemanntes Raumfluggerät für wissenschaftl., wirtschaftl. und militär. Zwecke. R. auf Umlaufbahnen im Schwerefeld von Himmelskörpern werden als **(Erd-)Satelliten, Mond-Satelliten** und **Planeten-Satelliten** bezeichnet, R., die das Schwerefeld der Erde verlassen, als → Raumsonden.

Raumforschung, wissenschaftl. Erforschung von Teilen eines (Erd-)Gebietes im Hinblick auf deren Nutzungs- und Verteilungsmöglichkeiten; Voraussetzung der Raumordnung.

Raumgitter, das sich räumlich-periodisch wiederholende Gitter (dreidimensional-periodische Anordnung von Atomen) eines → Kristalls.

Raumgleiter, der → Raumtransporter.

Raumgruppe, die Gruppe aller Symmetrieelemente eines Kristallgitters (→ Kristall).

Raum|inhalt, Volumen, die Größe des von einem Körper eingenommenen Raumes, gemessen in Raumeinheiten (cm^3, dm^3, l, m^3 u. a.); Berechnung mittels → Integralrechnung.

Raumkapsel, 1) Raumkabine, Kommando- und Führungseinheit eines bemannten Raumfahrzeuges für bisher ein bis drei Astronauten. **2)** ein kleiner unbemannter Raumflugkörper, z. B. bei Satelliten eine ausstoßbare Instrumentenkapsel.

Raumklang, die räuml. Wirkung von Sprech- und Musikdarbietungen, wird bei Lautsprecherwiedergabe durch Stereo-, Pseudostereo-, Quadrophonie und besondere Lautsprecher (R.-Strahler) erzielt.

Raumkunst, → Innenarchitektur.

Raumkurve, Kurve, die nicht in einer Ebene liegt, z. B. eine Schraubenlinie. Die wichtigsten Eigenschaften einer R. sind ihre **Krümmung,** d. h. die Abweichung vom geradlinigen Verlauf, und ihre **Windung** oder **Torsion,** d. h. die Abweichung vom ebenen Verlauf. In der Knotentheorie, einem Teil der Topologie, erfaßt man ihre **Verschlingung.**

Raumladung, eine räumlich verteilte freie elektr. Ladung eines Vorzeichens, z. B. die Elektronenwolke, die eine Elektronenquelle (z. B. Kathode in Elektronenröhren) umgibt.

Raum|maße, → Hohlmaße.

Raum|meter, Einheitenzeichen **Rm, rm, Ster,** Einheitenzeichen **st,** ⇞ nicht gesetzl. Name für einen Kubikmeter geschichtetes Holz einschließlich Zwischenräumen.

Raum|ordnung, die koordinierende Vorsorge für eine geordnete, den Gegebenheiten der Natur und dem zusammengefaßten öffentl. Interesse entsprechende planmäßige, vorausschauende, nach einem Leitbild orientierte Gesamtgestaltung des Landesgebietes oder einzelner Landesteile. Alle staatl. Maßnahmen zur Verwirklichung einer Raumordnungskonzeption werden als **R.-Politik** bezeichnet. Gesetzl. Grundlage der R. in der Bundesrep. Dtl. ist das R.-Ges. v. 8. 4. 1965.

Raumplanung, Oberbegriff von Landes-, Regional-, Stadt- und Ortsplanung.

Raumschiff, an früheren Vorstellungen orientierte, populäre Bez. für ein bemanntes → Raumfahrzeug.

Raumsinn, Orts|sinn, zutreffender **Ori|entierungs|sinn,** das Vermögen vieler Organismen, sich nach den aus der Umwelt auf sie einwirkenden Reizen zu orientieren, sich zurechtzufinden im Raum; das zeitgemäße Aufsuchen bestimmter Ziele u. a. Ihre Einstellungsreaktionen (z. B. → Tropismus, → Taxis) stehen in unmittelbarer räuml. Beziehung zur Reizrichtung. Bei positiver Einstellung verläuft die Bewegung zur Reizquelle hin, bei negativer Einstellung von ihr weg. Die Reizintensität kann für die Art der Einstellung entscheidend sein. Noch ungeklärt ist der erstaunliche Ortssinn z. B. des Hundes, der Brieftaube, der Zugvögel.

Raumfahrt: amerikan. Raumsonde Voyager 2, die Jupiter und Saturn zum Ziel hatte

Raumfahrt: Landung der ›Columbia‹ auf dem Luftwaffenstützpunkt Edwards, Kalifornien, am 14. 4. 1981

Raumsonde, unbemannter Raumflugkörper zur Durchführung wissenschaftl. Aufgaben beim Vorbeifliegen an Mond oder Planeten oder dort bei harten und weichen Landungen sowie zur Erforschung der Sonne und des interplanetaren Raumes. Die Flugbahn kann in eine Satellitenbahn übergehen. Zum Mond wurden die R. Luna, Lunik, Lunar Orbiter, Pioneer, Ranger, Surveyor gestartet. Lunik 3 photographierte 1959 erstmals die Mondrückseite, Luna 9 gelang die erste weiche Mondlandung, Surveyor funkte die Analysen von Mondproben zur Erde, Luna 16 kehrte 1970 mit Mondgesteinsproben zur Erde zurück, Luna 17 setzte 1970 das Mondauto Lunochod 1 auf dem Mond ab, das dort rd. 10,5 km zurücklegte. 1973 setzte Luna 21 Lunochod 2 ab. – Venus und Mars zum Ziel hatten die R. Venera, Mars und Mariner. Venera 7 landete 1970 weich auf der Venus, Mariner 9 sendete 1971/72 die bis dahin besten Marsbilder zur Erde. Mariner 10 flog an der Venus vorbei und erreichte 1974 den merkurnächsten Punkt im Abstand von 736 km. Von der bisher völlig unbekannten Merkuroberfläche übermittelte Mariner 10 nahezu 2000 Bilder. Pioneer 10 und 11 passierten 1973 bzw. 1974 den Planeten Jupiter in 131400 km bzw. 42000 km Abstand, danach erreichte 1979 Pioneer 11 den Saturn in einer Entfernung von etwa 21400 km. Viele Nahaufnahmen und Meßdaten brachten völlig neue Erkenntnisse, ebenso die der Mars-Sonden Viking I und Viking II (1977) und der Venus-Sonden Pioneer Venus 1 und Pioneer Venus 2 (1978). Die 1977 gestarteten R. Voyager 1 und 2 vertieften die Erkenntnisse über Jupiter, der 1979 erreicht wurde (Vorbeiflüge in 278000 bzw. 650000 km Entfernung), und Saturn, dem sich 1980 Voyager 1 bis auf 142000 km, 1981 Voyager 2 bis auf 102000 km näherte. Es besteht die Möglichkeit eines Weiterfluges bis Uranus (1986) und Neptun (1989). Der speziellen Sonnenforschung dienten Helios 1 und 2 (1974 bzw. 1976) sowie der Satellit Solmax (1980). BILDER S. 354.

Raumstation, Weltraumstation, Orbitalstation, engl. **Space Station** [sp'eɪs steɪʃn], bemannter Weltraumstützpunkt, der auf einer weitgehend stabilen Bahn um die Erde läuft und auf Grund seiner Größe, Auslegung und Ausrüstung mehreren Raumfahrern einen Weltraumaufenthalt bis zu mehreren Monaten Dauer ermöglichen soll. Erste Erfahrungen sammelten die NASA mit ihrer experimentellen R. → Skylab, die sowjet. Raumfahrtstellen mit → Saljut. Die Aufgabenstellungen liegen im wissenschaftl., wirtschaftl., techn. und militär. Bereich. In den USA denkt man an eine ständig bemannte Station in niedriger Erdumlaufbahn (370 km Höhe), mit deren Hilfe die geostationären und planetaren Missionen von dem Haupttransport zw. Erde und Station entkoppelt werden sollen. Dazu sind neben den Wohnquartieren für die Mannschaft auch Einrichtungen für Zusammenbau, Testen, Wartung und Start der **Raumschlepper** (Space Tug), die zur R. zurückkehren und dort wieder aufgetankt werden sollen, erforderlich.

Räumte *die, -/-n,* ⚓ **1)** der zur Befrachtung verfügbare Schiffsraum. **2)** die hohe See.

Raumtransporter, Raumfähre, Raumgleiter, teilweise wiederverwendbares Raumfahrzeug für (niedrige) Erdumlaufbahnen, die durch mehrstufigen Raketenantrieb erreicht werden können und aus denen der R. mit Hilfe aerodynam. Auftriebserzeugung zur Erde zurückkehren kann. In den USA als → Space shuttle verwirklicht, in der UdSSR im Erprobungsstadium.

Räumung *die, -/-en,* **1)** Verlassen, Entleeren; Aufgeben einer militär. Stellung. **2)** ⚖ die Herausgabe eines Raumes, bes. eines Mietraumes, auf Verlangen des Berechtigten. **Räumungsfrist,** die Frist, die das Gericht dem zur R. Verurteilten auf dessen Antrag bewilligen kann (§ 721 ZPO). **Räumungsklage,** Klage auf Herausgabe eines Raumes. **Räumungsverkauf,** anmeldepflichtiger Warenverkauf zu herabgesetzten Preisen bei R. des Verkaufslokals.

Raumwelle, (📡) die von einem Sender zu einem Empfänger sich durch den Raum ausbreitende elektromagnet. Welle; Ggs.: → Bodenwelle 2). Die R. gelangt nur infolge der Brechungen und Reflexionen in der Ionosphäre zum Empfänger. Die Mittelwellen breiten sich bei Nacht als Bodenwellen und als R. aus. Bei den Kurzwellen ist die R. die einzige Ausbreitungsart und bewirkt eine große Reichweite, für die nur geringe Energien gebraucht werden. Ultrakurzwellen (Frequenzen über 30 MHz) werden von der Ionosphäre praktisch nicht reflektiert.

Raumfahrt: OBEN Erprobung des ›Düsenrucksacks‹ während des Space shuttle-Fluges, 1984. UNTEN Ein Astronaut bei Außenbordarbeiten am Manipulatorarm des Space shuttle

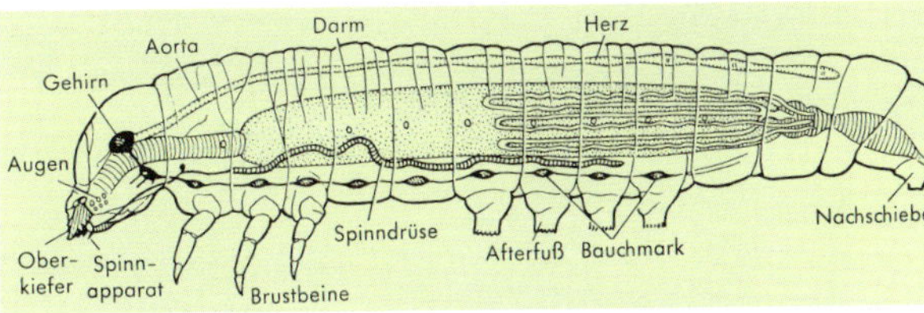

Raupe 1): Seitenansicht (typisch dargestellt, innere Organe in den Körperumriß eingetragen)

Raumwinkel, Räumlicher Winkel, der von einem Kegelmantel beliebiger Gestalt und mit unendlich langen Seitenlinien umschlossene Hohlraum. Seine Größe ist das Verhältnis der Fläche des Kegelausschnitts, den der Kegelmantel aus einer um den Scheitel gelegten Kugel ausschneidet, zum Quadrat des Radius dieser Kugel. Dabei können R. verschiedener Gestalt den gleichen Wert haben. Si-Einheit des R. ist der → Steradiant.

Raumzeit, Raum-Zeit-Kontinuum, ⊠ → Raum.

raunen [ahd. runen]. *ich* **raune, 1)** *es,* flüstere, murmele: *er hat es mir ins Ohr geraunt.* **2)** *man raunt,* flüstert, klatscht heimlich. **3)** *der Wind raunt,* P säuselt leise (in den Blättern). *ich* **raune** *es ihm* **zu,** sage leise und heimlich.

Raunheim, Stadt im Kr. Groß-Gerau, Hessen, (1983) 11 200 Ew., Mainhafen; chem., Baustoff-, Flugzeug-Ind., Erdölraffinerie.

raunzen [ahd. runizen]. *ich* **raunze,** U nörgle. *der* **Raunzer,** *-s/-,* U Nörgler.

Raupach, Ernst, Dramatiker, * Straupitz bei Liegnitz 21. 5. 1784, † Berlin 18. 3. 1852; Dramenreihe ›Die Hohenstaufen‹ (1837), Rührstück ›Der Müller und sein Kind‹ (1835).

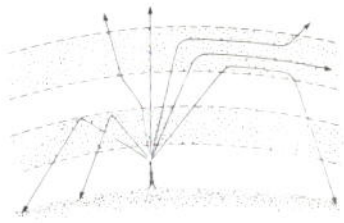

Raumwelle

Raumwelle: Reflexion und Brechung elektromagnetischer Wellen an den Schichten der Ionosphäre (stark schematisiert)

Raupe [mhd. rupe] *die, -/-n,* **1)** 🐛 die → Larve 3) der → Schmetterlinge, die unter mehrfacher → Häutung heranwächst und sich zuletzt in die → Puppe 7) verwandelt, aus der mit einer weiteren Häutung der Schmetterling wird. Die R. leben meist von Pflanzenteilen; sie haben kauende Mundwerkzeuge, die Unterlippe trägt einen Spinnapparat, aus dem das zur Seide erhärtende Sekret der umgewandelten Speicheldrüsen austritt. Einige R. ernähren sich z. B. von Haaren, Federn oder Horn. Zu den 3 Paaren von einklauigen kurzen Brustfüßen kommen meist 4–5 Paare von Bauchfüßen, das letzte Paar heißt ›Nachschieber‹. **2)** Antriebskette, z. B. am Raupenschlepper. **3)** U lächerlicher Einfall, Grille.

Raupenfahrzeuge, die → Gleiskettenfahrzeuge.

Raupenfliegen, Schmarotzerfliegen, Tachinidae oder **Larvaevoridae,** in allen Erdteilen verbreitete, mehr als 5 000 Arten umfassende Fam. der → Fliegen; sie entwickeln sich in anderen Gliedertieren, bes. in Schmetterlingsraupen, und nützen als Schädlingsvertilger.

Rausch [mhd.] *der, -es/-̈e,* **1)** ⚕ ein aufs höchste gesteigerter, meist als beglückend erlebter emotionaler Zustand, der durch erregende Erlebnisse oder durch → Rauschmittel (Drogen, Alkohol) hervorgerufen wird. Während des R. kommt es individuell unterschiedlich oft zu Wahrnehmungsstörungen, Orientierungsverlust und eingeschränkter Selbstkontrolle. **2)** ⊕ Alpenrose **(Rhododendron)** und Edelraute **(Artemisia),** beide auch **Almrausch** genannt, ferner Porst, Bärentraube u. a. *es* **rauscht, 1)** gibt ein dumpfes Geräusch von sich: *rauschender Beifall; ein rauschendes Fest,* U sehr fröhliches. **2)** *eine Pflanze rauscht,* schießt ins Holz. **3)** [zu mhd. reinisch ›brünstig‹]: *das Schwein rauscht,* ist brünstig. **Rauschzeit,** Brunst des Schwarzwildes und des Hausschweins.

Rausch, Albert H., → Benrath, Henry.

Rauschabstand, das in Dezibel (dB) angegebene Verhältnis der Nutzspannung eines elektr. Signals zur Rauschspannung, z. B. bei einem Verstärker.

Rauschbeere [mhd. aus lat.], ⊕ Krähenbeere, Seidelbast, Heidel-, Preiselbeere u. a.

Rauschbrand, Flugkrankheit, kalter Brand, bei Rindern und Schafen durch den R.-Bazillus hervorgerufene, meist tödliche Seuche mit gashaltigen, knisternden Anschwellungen unter der Haut **(Gasbrand).** R. ist anzeigepflichtig und wird veterinärpolizeilich bekämpft. Vorbeugung durch Impfung.

Raumsonde: Venus- und Merkur-Sonde Mariner 10

Rauschebart [›Rotbart‹, von ital. rosso ›rot‹], **1)** Beiname des Grafen Eberhard II. von Württemberg (→ Eberhard 2). **2)** U Mann mit Vollbart.

Rauschen, russ. **Swetlogorsk,** Ostseebad in Samland, Ostpreußen, Gebiet Kaliningrad, Russ. SFSR; Küstensperrgebiet.

Rauschen *das, -s,* **1)** Akustik: ein hörbares Geräusch, das sehr viele Frequenzen enthält. **2)** Elektronik: Störeffekt bei der elektr. Nachrichtenübertragung, hauptsächlich infolge der Elektronenbewegung in Widerständen, Röhren und Halbleitern sowie statist. Schwankungen bei der Erzeugung der Ladungsträger und der Stromverteilung (therm. R., Schrot-R.). Beim Fernsehen tritt R. als ›Schnee‹ oder ›Grieß‹ in der Bildwiedergabe auf.

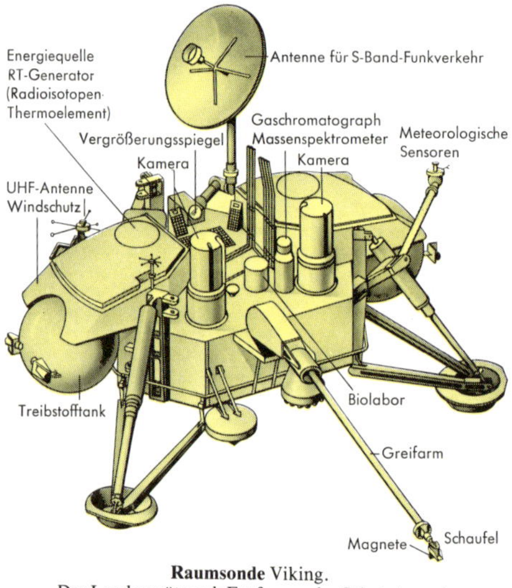

Raumsonde Viking.
Das Landegerät nach Entfernen der Schutzkapsel

Rauschenberg, Robert, amerikan. Maler, Graphiker und Happening-Künstler, * Port Arthur (Tex.) 22. 10. 1925, schuf in seinen Bildobjekten (→ Combine-Painting) Grundlagen einer über die Malerei hinausgehenden neuen Bildgattung; wirkte bahnbrechend für die Pop Art. (BILD S. 355)

Rauscher [vom Gärungsgeräusch] *der, -s/-,* stark gärender Most.

Rauschgelb, das Mineral → Auripigment.

Rauschgifte, → Rauschmittel.

Rauschgold, Flitter-, Knittergold, ausgewalztes Messingblech von 0,01 bis 0,03 mm Stärke.

Rauschmaß, Maß (in dB) für die Stärke des Eigenrauschens eines Verstärkers oder Empfängers.

Rauschmittel, Rauschgifte, Gruppe verschiedenartiger Stoffe (Drogen), die beim Menschen erregend oder lähmend auf das Zentralnervensystem wirken, häufig zu Bewußtseinsveränderungen und Euphorie führen und psych. und körperl. Abhängigkeit hervorrufen können.

Zur Charakterisierung von Folgeerscheinungen des R.-Mißbrauchs wurde früher der Begriff Sucht **(R.-Sucht)** verwendet. Nach Empfehlungen der Weltgesundheitsorganisation soll heute statt dessen der Begriff Abhängigkeit **(Drogenabhängigkeit)** gebraucht werden. Kennzeichen der **psych. Abhängigkeit** ist das Unvermögen, mit der R.-Einnahme aus eigener Kraft aufhören zu können. Der Abhängige besitzt ein unbezwingbares Verlangen, durch wiederholte Einnahme des R. lustvolle Befriedigung zu erlangen oder Unlustgefühle zu vertreiben. Er versucht das R. um jeden Preis zu beschaffen. Eine psych. Abhängigkeit ist in mehr oder weniger ausgeprägter Form bei jedem R. möglich. Die **körperl. Abhängigkeit** äußert sich darin, daß das Weglassen des R. oder eine Dosisverringerung ernste körperl. Störungen (Entzugserscheinungen) hervorruft. Als solche treten auf z. B. Schlafstörungen, Schweißausbrüche, Tremor, Erregungs- und Angstzustände, Krämpfe und Kreislaufversagen. Körperl. Abhängigkeit erzeugen bes. Opiate, Barbiturate und Alkohol. Bei vielen R. entwickelt sich eine **Toleranz** gegen das R., die sich in verminderter Wirksamkeit der bisherigen R.-Dosis äußert und dazu führt, daß höhere Dosen oder stärkere R. (›Umsteigen‹) eingenommen werden. Kriterien zur Beurteilung der Drogenschädlichkeit sind neben Abhängigkeit die Auswirkungen des R.-Mißbrauchs auf Gesundheit, soziale Beziehungen und Gesellschaft. Drogenabhängigkeit führt häufig zu chron. Gesundheitsschäden, sozialem und beruflichem Abstieg und Gesetzeskonflikten.

Es lassen sich im wesentlichen folgende Gruppen von R. unterteilen: 1. Opiate (→ Morphin, → Opium, → Heroin). 2. Barbiturate (→ Barbitursäure) und Alkohol (→ Alkoholgenuß, → Alkoholismus). 3. → Cocain. 4. Hanfdrogen (→ Haschisch, Marihuana). 5. amphetaminähnl. Substanzen (→ Weckamine). 6. Halluzinogene (→ Lysergsäurediäthylamid, → Mescalin). Als ›harte‹ Drogen werden bes. Opiate, als ›weiche‹ Haschisch, Alkohol, Lysergsäurediäthylamid (LSD) u. a. bezeichnet.

Die Behandlung von Drogenabhängigen ist schwierig und weist eine hohe Rückfallquote auf. Während früher R.-Entzug fast ausschließlich in geschlossenen Anstalten, bes. psychiatr. Kliniken, durchgeführt wurde, haben sich heute auch Modelle ambulanter (›offener‹) Behandlung entwickelt (Betreuung z. B. durch Selbsthilfeorganisationen, Release Center u. a.; → Suchtkrankenhilfe). – In der Bundesrep. Dtl. regelt das Betäubungsmittelges. i. d. F. v. 10. 1. 1972 Einfuhr, Ausfuhr, Abgabe und Verteilung von R., die immer verschreibungspflichtig sind und immer dem Erlaubniszwang oder der Bezugsscheinpflicht unterliegen. Zuwiderhandlungen können, bes. gegen Händler **(Dealer** [d'i:lǝ]), mit Freiheitsstrafe bis zu 10 Jahren bestraft werden.

Rauschning, Hermann, Politiker, * Thorn 7. 8. 1887, † Portland (Oreg.) 8. 2. 1982, wurde 1933 als Nationalsozialist Präs. des Senats der Freien Stadt Danzig, legte 1934 sein Amt nieder und floh 1936, schrieb aus der Schweiz Werke gegen Hitler; lebte seit 1948 als Farmer in den USA.

HW: Die Revolution des Nihilismus (1938); Gespräche mit Hitler (1939).

Rauschrot, das Mineral → Realgar.

Rauschtat, ⚖ die Begehung einer mit Strafe bedrohten Handlung in einem die Zurechnungsfähigkeit ausschließenden Rausch, der vorsätzlich oder fahrlässig durch Genuß geistiger Getränke oder anderer Rauschmittel herbeigeführt wurde; Freiheitsstrafe bis zu fünf Jahren oder Geldstrafe (§ 330a StGB). Ähnliche Bestimmungen gelten in Österreich und in der Schweiz.

Rauschunterdrückungssysteme, elektron. Einrichtungen zur Unterdrückung oder Dämpfung von Störspannungen (Rauschen) bei der Aufnahme und Wiedergabe von Toninformationen, bes. bei Kassettenrecordern und Tonbandgeräten verwendet. Gebräuchl. R. sind z. B. → Dolby-System, High-Com, DNL, dbx; für die Rauschunterdrückung bei Schallplatten wurde das CX-System (Abk. für ›Compatible Expansion‹) entwickelt. R. arbeiten i. a. als → Kompander: Bei der Aufnahme wird der Lautstärkeumfang komprimiert und bei der Wiedergabe in umgekehrter Weise auf die urspr. Dynamik expandiert.

räuspern [mhd. riuspen]. *ich* **räusp(e)re** *mich,* kläre hüstelnd die Kehle; mache mich durch Hüsteln bemerkbar; hüstele verlegen.

Raute [lat.] *die, -/-n,* **1)** ⊕ **Ruta,** Pflanzengatt. der zweikeimblättrigen Fam. **Rautengewächse.** Die **Garten-R. (Ruta graveolens, Wein-, Kreuzraute, Weinkraut),** herb-aromatisch, bis 60 cm hoch, mit doppeltfiederschnittigen Blättern, auf trockenem Boden Italiens und SO-Europas heimisch, ist in Mitteleuropa Zier-, Gewürz- und Heilpflanze. Das **Rautenöl** wird als Rohstoff in der Riechstoffind. und in geringer Menge in der Medizin angewendet. **2)** ⊕ ähnliche Pflanzen anderer Gatt.: **Eberraute** (→ Beifuß), **Mauerraute** (→ Milzfarn), → Wiesenraute. **3)** Geometrie: der Rhombus. **4)** rautenähnl. Form, z. B. eine Form des Diamantenschliffs. **5)** ⛉ auf einer Spitze stehender Rhombus. Eine schlanke Form der R. heißt → Wecken. **6)** Griff des Schlüssels.

Rautek-Griff, Handgriff zum Transport eines Bewußtlosen aus der Gefahrenzone durch einen einzelnen Helfer (ÜBERSICHT Erste Hilfe).

Rautengewächse, Rutaceae, eine mit 150 Gatt. und rd. 1600 Arten bes. in S-Afrika und Australien verbreitete Pflanzenfam. mit zwei- bis fünfzähligen Zwitterblüten mit Diskus; meist Bäume oder Sträucher, nur wenige sind Kräuter. Sie besitzen Öldrüsen, die ein stark riechendes ätherisches Öl absondern. Die wichtigste Gattung ist → Citrus.

Rautenkranz, ⛉ ein oben mit (Rauten-)Blättern besetzter grüner Schrägbalken.

Rauwolfia serpentina [n. dem Arzt und Botaniker L. Rauwolf, * um 1540, † 1596], südasiat. Strauch der Hundsgiftgewächse, dessen Wurzeln bes. in Indien Volksheilmittel sind; sie enthalten viele Alkaloide mit unterschiedl. Wirkung, u. a. das arzneilich gebrauchte **Reserpin**; es dämpft die Erregbarkeit des Zentralnervensystems und setzt Pulszahl und Blutdruck herab. Weitere Alkaloide sind Raupin, Serpentin, Yohimbin u. a.

Ravaillac [ravaj'ak], François, * Touvre bei Angoulême 1578, † (hingerichtet) Paris 27. 5. 1610, ermordete aus kath. Glaubenseifer am 14. 5. 1610 König Heinrich IV. von Frankreich.

Ravel [rav'ɛl], Maurice, frz. Komponist, * Ciboure (Dép. Pyrénées-Atlantiques) 7. 3. 1875, † Paris 28. 12. 1937, war neben Debussy führender Vertreter des frz. Impressionismus; er nahm auch Anregungen von I. Strawinsky, span. Folklore und vom Jazz auf und neigte später einem klassizist. Stil zu.

HW: *Opern:* L'heure espagnole (1907); L'enfant et les sortilèges (1925). – *Ballett:* Daphnis et Chloé (1912). – Orchesterwerke (Rhapsodie espagnole, 1907; La valse, 1920; Boléro, 1928), Kammermusik, Klavierkonzerte, -zyklen (Miroirs, Gaspard de la nuit, Valses nobles et sentimentales, Le Tombeau de Couperin), Lieder.

Ravelin [ravl'ɛ̃, frz.] *der, -s/-s,* im Festungsbau ein Wallschutz.

Ravenala [madegass.] *die,* Pflanzengatt. der Bananengewächse mit fächerförmigem Blätterschopf und Holzstamm; z. B. auf Madagaskar der **Quellenbaum** oder **Baum der Reisenden, R. madagascariensis,** mit wasserbergenden Blattscheiden.

Ravenna, 1) ital. Prov. in der Region Emilia-Romagna, 1859 km², (1981) 358700 Ew. **2)** Hptst. von 1), (1981) 138000 Ew.; Erzbischofssitz; Kunstakademie mit Pinakothek, Biblioteca Classense, Antikensammlung; entwickelte sich nach dem 2. Weltkrieg zu einem bed. Industriestandort (Stickstoffdünger, synthet. Kautschuk, Erdölraffinerie), bes. seit 1951 mit der Förderung von Erdgas (Methan). Bed. altchristl. Bauten, z. T. mit prächtigen Mosaiken (BILD frühchristliche Kunst): San Vitale (547 geweiht; BILD Backsteinbau), Sant'Apollinare in Classe (549 geweiht), Mausoleum der Galla Placidia (1. Hälfte des 5. Jh.); außerhalb der Stadt das Grabmal des Theoderich (um 520; BILD Theoderich), ein monumentaler zweistöckiger Rundbau; Dom (begonnen im 5. Jh., 1733 abgerissen und durch einen Neubau ersetzt) mit altem Baptisterium, Erzbischöfl. Palast, Grabmal Dantes. – R. lag früher am Meer, die Altstadt ist aber jetzt durch Anschwemmungen 9 km vom Meer entfernt und mit diesem durch den Corsinikanal verbunden. R. ist noch stärker als Venedig durch ansteigendes, brackiges Grundwasser und Überflutung von Landflächen durch Meerwasser gefährdet (Landsenkung in 100 Jahren etwa 80 cm, Venedig: 39 cm).

Geschichte. R. wurde durch Augustus zum Standort der röm. Adriaflotte, 402 n. Chr. der Sitz des weström. Kaisers Honorius, 476 Hptst. des Reichs Odoakers, 493 der Ostgotenkönige, Mitte des 6. Jh. der byzantin. Statthalter (→ Exarch 1). 751 wurde R. von den Langobarden erobert, 754 von Pippin dem Papst zugesprochen. Durch Versandung des Hafens sank R. zur Provinzstadt herab. 1441–1509 in der Hand Venedigs, gehörte R. bis 1860 wieder zum Kirchenstaat.

Robert Rauschenberg: Black market; Combine-Painting, 1961 (Köln, Museum Ludwig)

Ravenna 2): Sant'Apollinare in Classe

Ravenna 2)

Ravens, Karl, Politiker (SPD), * Achim (bei Bremen) 29. 6. 1927; 1974–78 Min. für Raumordnung, Bauwesen und Städtebau; 1978 und 1982 SPD-Kandidat für das Amt des MinPräs. in Ndsachs.

Ravensberg, ehemalige westfäl. Grafschaft, Hptst.: Bielefeld, kam 1346 an Jülich, 1614 an Brandenburg-Preußen (→ Jülich-Klevescher Erbfolgestreit).

Ravensbrück, Ortsteil (seit 1951) von → Fürstenberg, hatte nationalsozialistisches Konzentrationslager für Frauen.

Ravensburg, Krst. im RegBez. Tübingen, Bad.-Württ., Große Krst., (1984) 42400 Ew., an der Schussen; Verwaltungs- und Wirtschaftsakademie; Maschinen-, Metall-, Textil-, Holz- und Papierind. Mittelalterl. Stadt mit Stadttoren, -türmen, spätgot. Rathaus (14. Jh., im 19.–20. Jh. verändert) und drei got. Kirchen (14. Jh.). – R. entstand bei der gleichnamigen Burg, dem Stammsitz der Welfen; es kam 1180 an die Staufer und wurde vor 1276 Reichsstadt. Seine größte Blüte erlangte es durch die **Ravensburger Handelsgesellschaft** (1380–1530), die Leinwandhandel aus Oberdtl. in S- und W-Europa betrieb. 1802 kam R. an Bayern, 1810 an Württemberg.

Ravioli [ital. ›Maultasche‹] *Pl.,* Gericht aus gefüllten (Gemüse oder Fleisch) Nudelteigtaschen.

Rawalpindi, Stadt in Pakistan, (1981) 928000 Ew., im NW-Pandschab; militär. Standort; Textil- und chem. Industrie, Erdölraffinerie. R. war 1958–65 provisor. Hptst. von Pakistan.

Rawlinson [r'ɔ:lɪnsn], Sir Henry Creswicke, engl. Assyriologe und Diplomat, * Chadlington (Oxfordshire) 11. 4. 1810, † London 5. 3. 1895, förderte bes. durch die Entzifferung der großen Inschrift Dareios' I. am Felsen von Behistun (→ Bisutun) die Kenntnis der pers. Keilschrift.

Rax *die,* **Rax|alpe,** verkarsteter Kalkstock nordwestlich vom Semmering, Niederösterreich/Steiermark, in der Heukuppe 2007 m hoch; Seilschwebebahn.

Ray [reɪ], **1)** Man, amerikan. Maler und Photograph, * Philadelphia 27. 8. 1890, † Paris 18. 11. 1976, studierte Architektur und Malerei in New York, erkannte als einer der ersten die Möglichkeiten der photograph. Technik für die moderne Kunst, der er mit

Rauwolfia serpentina

Maurice Ravel

Ronald Reagan

seinen seit 1920 entstandenen Photomontagen und Photogrammen (›Rayogramme‹) neue Ausdrucksmittel erschloß.

2) Nicholas, eigtl. Raymond Nicholas **Kienzle**, amerikan. Filmregisseur, * La Crosse (Wis.) 7. 8. 1911, † New York 15. 6. 1979. – Filme: ›Jonny Guitar‹ (1954), ›Denn sie wissen nicht, was sie tun‹ (1955) u. a.

Raygraben, Abzugsgraben zur Vorentwässerung bei der Moorerschließung.

Raygras [aus engl. rye ›Roggen‹], **Raigras,** Bez. verschiedener Grasarten, z. B. **Engl. R.** (→ Lolch).

Rayleigh [r'eılı], John William **Strutt** [strʌt], 3. Baron (1873) R., engl. Physiker, * Langford (Essex) 12. 11. 1842, † Terling Place (Chelmsford) 30. 6. 1919, lieferte wichtige Beiträge auf vielen Gebieten der klassischen Physik. Die **R.-Streuung** des Lichts erklärt die blaue Farbe des Himmels. Mit W. Ramsay entdeckte R. 1894 das Argon, wofür er 1904 den Nobelpreis für Physik, Ramsay für Chemie erhielt.

Raymond, Fred, eigtl. Friedrich **Vesely,** Komponist, * Wien 20. 4. 1900, † Überlingen 10. 1. 1954; Schlager und Revue-Operetten.

HW: Ich hab' mein Herz in Heidelberg verloren (1927); In einer kleinen Konditorei (1929); Ball der Nationen (1935); Maske in Blau (1937); Die Perle von Tokay (1941).

Raynal [rɛn'al], Paul, frz. Dramatiker, * Narbonne 25. 7. 1885, † Paris 20. 8. 1971, schrieb das Kriegsstück ›Das Grabmal des unbekannten Soldaten‹ (1924, auch verfilmt), außerdem ›Die Marne‹ (1933), ›Seine einzige Liebe‹ (1937).

Raynaudsche Krankheit [rɛn'o:-, nach dem frz. Arzt M. Raynaud, * 1834, † 1881], Störung der Blutversorgung im Bereich der Hände, seltener der Füße. Im Anfall (auf Kältereiz oder psych. Erregung) sind die feinsten Blutgefäße verkrampft, der blutleere Bezirk wird empfindungslos. Wiedereinsetzende Durchblutung ruft starke Schmerzen, Blaufärbung (Zyanose) der Haut hervor.

Behandlung: Schutz vor Kälte, durchblutungsfördernde Maßnahmen und Arzneimittel, ggf. operative Ausschaltung des Sympathikus.

Rayon [rɛj'ɔ̃, frz.] *der, -s/-s,* **1)** ⚘, *noch österr.:* Bezirk, Umkreis, Abteilung. 2) in der UdSSR: unterster Verwaltungsbezirk. **3)** ⚘ Festungsgebiet. **4)** englisch für → Reyon. *ich* **rayoniere** *es,* ⚘, *noch österr.:* **1)** teile in Bezirke ein. **2)** teile zu.

Rayonismus [rɛjɔn-] *der, -,* abstrakte Richtung der russ. Malerei um 1910; vom frz. Kubismus und ital. Futurismus beeinflußt.

Rayski, Louis Ferdinand von, Maler, * Pegau 23. 10. 1806, † Dresden 23. 10. 1890, malte Bildnisse, Jagd- und Tierbilder auf malerisch freie, der gelockerten Technik des Impressionismus verwandte Art.

Razafimahatratra [raza-], Victor, Kardinal (seit 1976), * Ambonitsilena-Ranomasina (Madagaskar) 8. 9. 1921, wurde 1976 Erzbischof von Tananarive.

Razzia [frz., zu arab. ghazija ›Kriegszug‹] *die, -/...zi|en,* selten *-s,* schlagartig durchgeführte polizeil. Großaktion, hauptsächlich zur Ergreifung von dringend gesuchten Straftätern.

Rb, chem. Symbol für → Rubidium.

Rbl, Abk. für **Rubel.**

RBW-Faktor, → Dosis 2).

RCA-Corp., New York, früher **Radio Corporation of America** [r'eıdıəʊ kɔ:pər'eıʃn ɔv əm'erıkə], amerikan. Mischkonzern, gegr. 1919 von der ›General Electric Company‹ und der ›Westinghouse Electric Corp.‹ unter Übernahme der ›Marconi Wireless Co. of America‹; Hauptgeschäftsbereiche: Unterhaltungselektronik, Elektronikbauteile, Rundfunk-, Fernsehstationen, Autovermietung, Nachrichtenübermittlung, Nahrungsmittelherstellung und -vertrieb, Wohnungsausstattung, Verlagswesen. Bed. Tochter-Ges.: C. I. T. Financial Corp., National Broadcasting Co. Inc. (NBC), Hertz Corp., alle New York.

RCDS, Abk. für **Ring Christlich-Demokratischer Studenten,** → studentische Vereinigungen.

RC-Glied, aus einem Widerstand *R* und einem Kondensator *C* gebildeter frequenzabhängiger Vierpol, z. B. als Filter, Integrier-, Differenzierglied.

R Coronae Borealis-Sterne, → veränderliche Sterne.

rd, Einheitenzeichen für → Rad.

rd., Abk. für **rund,** im Sinn von etwa.

re, ♪ ital. und frz. Name für den Ton D; die 2. Silbe in der → Solmisation.

re... [lat.], zurück..., wieder...

Re, chem. Symbol für → **Rhenium.**

Re [lat.] *das, -s/-s,* Skatspiel: Erwiderung auf Kontra.

Re, Ra, ägypt. Name der Sonne und des Sonnengottes, wurde später mit anderen Gottheiten, z. B. Amun (Amun-Re) als wesensgleich betrachtet. In der 4. Dynastie nimmt der ägypt. König den Titel ›Sohn des Re‹ an, im Neuen Reich gilt er dazu als ›Bild‹ des Re.

Re

Ré, Île de Ré [ildər'e], Insel an der W-Küste Frankreichs, 85 km², etwa 8000 Ew.; Fischerei, Austernzucht; Fremdenverkehr; Hauptort: Saint-Martin-de-Ré.

Read [ri:d], **1)** Grantly, engl. Frauenarzt, → Dick-Read.

2) Sir Herbert Edward, engl. Schriftst., * Kirbymoorside 4. 12. 1893, † Malton (North Yorkshire) 12. 6. 1968; Werke zur literar. Romantik und zur bildenden Kunst, Gedichte.

HW: *Studien:* Reason and romanticism (1926); Kunst und Gesellschaft (1937); Die Kunst der Kunstkritik (1957); Geschichte der modernen Malerei (1959); Geschichte der modernen Plastik (1964).

Reader [r'i:də, engl. ›Leser‹], **1)** Titel engl. Hochschuldozenten. **2)** → Lesebuch.

Reader's Digest [r'i:dəz d'aıdʒəst, engl. ›Auszug für den Leser‹], amerikan. Monatsschrift, 1922 gegr., als Nachdruckblatt für Auszüge aus Zeitschriften und Büchern, später auch mit Originalbeiträgen; dt. Ausgabe ›Das Beste aus R. D.‹, gegr. 1948 in Stuttgart.

Reading [r'edıŋ], Stadt (Verw.-Sitz) der engl. Cty. Berkshire, (1981) 123700 Ew., Mittelpunkt eines landwirtschaftlich intensiv genutzten Gebietes; Univ. (Schwerpunkt: Landwirtschaftswissenschaft), Museen, techn. College; Ind.: Maschinenbau, Verbrauchsgüter, Nahrungs- und Genußmittel.

Ready-made [r'edımeıd, engl. ›gebrauchsfertig‹] *das, -/-s,* Gebrauchsgegenstände, die, ihrer eigtl. Funktion entfremdet, als Kunstwerke ausgestellt sind, erstmals von M. → Duchamp.

Reafferenzprinzip, nach E. v. Holst u. a. das Erklärungsprinzip für die Regelungsvorgänge zw. den Sinnesorganen und den Bewegungsvorgängen (Motorik), wonach über die Ausführung einer Körperbewegung eine Rückmeldung **(Reafferenz)** an das Zentralnervensystem erfolgt.

Reagan [r'eıgən], Ronald Wilson, 40. Präs. der USA (seit 1981), * Tampico (Ill.) 6. 2. 1911, Schauspieler, 1967–75 Gouv. von Kalifornien, siegte als Kandidat der Republikan. Partei bei den Präsidentschaftswahlen vom Nov. 1980 und 1984 mit großer Mehrheit. Sein angebotsorientiertes wirtschaftspolit. Konzept **(Reaganomics),** mit dem die Staatstätigkeit eingedämmt und der private Sektor angeregt werden soll, umfaßt Steuersenkungen, Ausgabenkürzungen, stabilitätsorientiertes Geldmengenwachstum und Abbau staatl. Regulierungen. Kritik fanden die Einsparungen im sozialen Bereich und die zur Inflationsdämpfung betriebene ›Hochzinspolitik‹, die auch die europ. Länder belastet. Mit seiner im In- und Ausland umstrittenen Rüstungspolitik, die den Rüstungsvorsprung der UdSSR ausgleichen soll, strebt er eine ›nat. Erneuerung Amerikas‹ auch nach außen an. Nach seiner Wiederwahl (1984) griff er schon länger gehegte Pläne zur Installierung von militär. Abwehrsystemen (→ SDI) im Weltraum auf und schlug den Bündnispartnern der USA vor, sich an der Realisierung dieser Pläne zu beteiligen.

Reagens [lat. ›das Entgegenwirkende‹] *das, -/...g'enti|en,* **Reagenz** *das, -/...g'enzi|en,* chem. Stoff besonderer Reinheit zum qualitativen und/oder quantitativen Nachweis von Substanzen oder Substanzgruppen.

Reagenzglas, Probierglas, einseitig geschlossenes Röhrchen aus dünnwandigem Geräteglas für chem. Umsetzungen mit kleinen Mengen.

Reagenzpapier, Indikatorpapier, ⚗ → Indikator.

reagieren [lat.]. *ich* **reagiere, 1)** *auf etwas,* spreche an, spüre Wirkung, zeige eine Rückwirkung. **2)** *Stoffe reagieren,* ⚗ gehen eine Reaktion ein. *ich* **reagiere** *mich, es an ihm* **ab,** → abreagieren.

Reaktand, Ausgangsstoff einer chem. Reaktion.

Reaktanz [lat.] *die, -/-en,* der → Blindwiderstand im Wechselstromkreis; Kehrwert der R. ist die Suszeptanz.

Reaktion [frz.-lat.], **1)** *auf etwas,* Gegenwirkung, Gegendruck, Rückschlag. **2)** Physiologie und Psychologie: die Antwort eines Lebewesens auf einen inneren oder äußeren → Reiz. In psycholog. Tests und in Belastungsversuchen kann der individuelle Reaktionstypus bestimmt werden. Die einen reagieren z. B. bevorzugt auf Farbunterschiede des Reizmaterials, andere auf Formunterschiede. R.-Prüfungen spielen bei Untersuchung der Berufseignung eine Rolle. **3)** ⚗ die → chemische Reaktion. **4)** ⊠ Die R. (Reaktionskraft) ist nach dem Newtonschen Wechselwirkungsgesetz (actio = reactio) die der Aktionskraft gleich große, aber entgegengesetzt gerichtete Kraft. **5)** *ohne Pl.,* polit. Schlagwort für das Streben, zu überholten, veralteten Anschauungen und Einrichtungen zurückzukehren. In Dtl. werden besonders die Jahre 1850–58 als **Reaktionszeit** bezeichnet.

Reaktionär [lat.], Rückschrittler, abwertend für jemanden, der eine fortschrittl. Entwicklung aufzuhalten sucht. **reaktionär,** abwertend: nicht (politisch) fortschrittlich. **reaktiv,** rückwirkend.

Reaktions|apparat, chemischer Reaktor, chem. Technik: Apparat, in dem chem. Reaktionen im techn. Maßstab ablaufen (z. B. Reaktions-Töpfe, -Kessel, -Rohre, -Türme, -Säulen, Kaskaden, Industrieöfen).

Reaktionsbereitschaft, 1) Genetik und Entwicklungsphysiologie: die Fähigkeit z. B. einer Eizelle, eines Keimteiles, auf Umweltreize je nach ihrer Art mit spezif. Merkmalsbildungen zu antworten. **2)** Verhaltensforschung: **allgemeine R.:** Wachheitsgrad,

Aufmerksamkeit; **spezifische R.:** spezif. innere Handlungsbereitschaft wie Hunger oder Geschlechtstrieb.

Reaktions|harze, flüssige oder verflüssigbare Harze, die für sich oder mit **Reaktionsmitteln** (Härter, Beschleuniger u. a.) ohne Abspaltung flüchtiger Komponenten durch Polyaddition oder Polymerisation härten, z. B. → Epoxidharze, ungesättigte → Polyester.

Reaktionskinetik, chemische Kinetik, Lehre von den Gesetzmäßigkeiten des zeitl. Ablaufs chem. Reaktionen und den sie beeinflussenden Faktoren, wie Druck, Temperatur, Strahlung oder Katalysatoren, sowie vom Mechanismus des Ablaufs chem. Reaktionen.

Reaktionskleber, Reaktionsklebstoffe, die → Zweikomponentenkleber.

Reaktionswärme, ältere Bez. **Wärmetönung,** die Wärmemenge, die beim Ablauf einer chem. Reaktion freigesetzt (exotherme Reaktion) oder verbraucht wird (endotherme Reaktion). Die auf die Stoffmenge von 1 Mol bezogene R. heißt **molare R.**

Reaktionszeit, die Zeitspanne zw. dem Auftreten eines Reizes und dem Einsetzen der → Reaktion 2). Im Verkehrsrecht beginnt die R. mit einem vorhersehbaren Ereignis (z. B. Ampelschaltung, Stoppen eines vorausfahrenden Fahrzeugs) im Unterschied zur → Schrecksekunde.

reaktivieren [frz.-lat.]. *ich* **reaktiviere** *ihn, es,* setze wieder in seine Tätigkeit (seinen Dienst) ein, mache wieder wirksam. *Subst. die* **Reaktivierung.**

Reaktivität, Maß für die Abweichung des Kernreaktors vom krit. Zustand. Die R. ϱ wird definiert: $\varrho = (k-1)/k$, k = Neutronen-Multiplikationsfaktor (→ Reaktor 2). Der Reaktor ist kritisch, wenn $k = 1$ und $\varrho = 0$ ist; der Neutronenfluß wächst bei positiver R., d. h. wenn $\varrho > 0$ ($k > 1$) ist.

Reaktor [lat.] *der, -s/...t'oren,* **1)** chem. Technik: → Reaktionsapparat. **2)** Kerntechnik: **Kernreaktor, Uranbrenner, Atommeiler,** amerikan. **Pile** [paıl], Anlage, in der eine sich selbst erhaltende Kettenreaktion von → Kernspaltungen in großtechn. Umfang geregelt abläuft. **Fusions-R.,** in denen kontrollierte Kernfusionen zur Energiegewinnung ablaufen, sind noch weit von der techn. Realisierbarkeit entfernt, → Kernverschmelzung. – Es scheinen auch ›natürl. Kernspaltungs-R.‹ existiert zu haben, → Oklo-Reaktor.

Nach dem Verwendungszweck werden Forschungs- und Leistungs-R., die in Kernkraftwerken zur techn. Nutzung der → Kernenergie verwendet werden, unterschieden. Bei **Schiffs-R.** wird die Kernenergie in mechan. Energie zum Schiffsantrieb umgewandelt (→ Kernenergieantrieb). Während die auftretende Wärme im **Forschungs-R.** oft als störend empfunden wird, dient sie beim **Leistungs-R.,** der im → Kernkraftwerk an die Stelle der Feuerung des Dampfkessels im Dampfkraftwerk tritt, zur Erzeugung elektr. Energie. (Weitere BILDER S. 358)

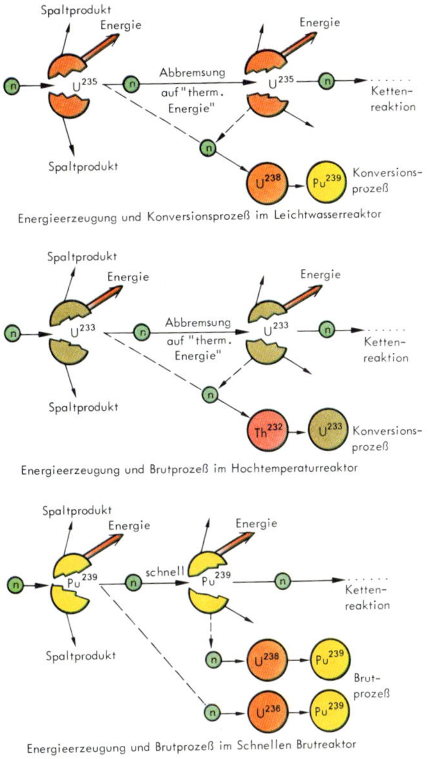

Reaktor 2): 1 Kettenreaktion

Reaktor 2): Reaktortypen

Typ	Thermische Reaktoren: Leichtwasser-R. Siedewasser-R. SWR (BWR)	Leichtwasser-R. Druckwasser-R. DWR (PWR)	Schwerwasser-R.	Gasgekühlte Reaktoren: Hochtemperatur-R. HTR	Gasgekühlte Reaktoren: AGR GGR	Schneller Reaktor Schneller Brutreaktor SNR (LMFBR)
Brennstoff	angereichertes UO_2 (PuO_2)	angereichertes UO_2 (PuO_2)	natürliches UO_2	UO_2, UC, ThO_2	angereichertes UO_2	UO_2-PuO_2-Mischoxid
Anreicherung	^{235}U: 1,9–3,2% recycl. Pu	^{235}U: 1,9–3,5% recycl. Pu	^{235}U: 0,7%	^{233}U: 1,51% ^{235}U: 2,31%	^{235}U: 2–3%	^{239}Pu: 16–30%
Brutstoff	—	—	—	$^{232}Th \longrightarrow {}^{233}U$	—	$^{238}U \longrightarrow {}^{239}Pu$
Konversions-/Brutrate	0,6	0,58		0,53		1,1–1,27
Brennelemente (BE)	49–63 Stäbe aus Zircaloy-2 mit gesintertem UO_2	208–236 Stäbe aus Zircaloy-4 mit gesintertem UO_2	Brennstabbündel Zircaloy-2-Hüllrohr mit gesintertem UO_2, angeordnet in Druckröhre	Carbid- oder siliciumbeschichtete Partikel in Graphitblock oder Graphitkugel	Brennstabbündel Stahlhüllrohre mit gesintertem UO_2	Stäbe aus Edelstahllegierung mit gesintertem UO_2, PuO_2
Anzahl der BE	840	193		675 000 Kugeln		193/364
Brennstoffmasse im Kern	156 t U	103 t U		6,9 t Th; 0,65 t ^{235}U		1,1/4,6 t Pu, 14/68 t U
Steuerstäbe Anzahl	205	61				
Moderator	H_2O	H_2O	D_2O	Graphit	Graphit	—
Kühlmittel	H_2O-Moderator	H_2O-Moderator	D_2O getrennt von Moderator	He	CO_2	flüssiges Na
Druck [bar]	71	158	60	40	40	5
Temp. [°C]	286	345	240	600–800	675	530–580
Reaktorleistung therm. [MW]	3 690	3 733	1 800	750 (2 270)		1 247/4 800
elektr. [MWe]	1 316	1 300	600	300 (1 000)	625	327/1 200
max. Entladeabbrand [$\frac{MWd}{t}$]	44 000	50 000	9 000	57 000 (140 000)	20 000	57 000/100 000

Bemerkungen: BWR = Boiling water reactor, PWR = Pressurized water reactor, AGR = Advanced gas-cooled reactor, GGR = Gas-cooled, graphite-moderated reactor, LMFBR = Liquid metal fast breeder reactor.

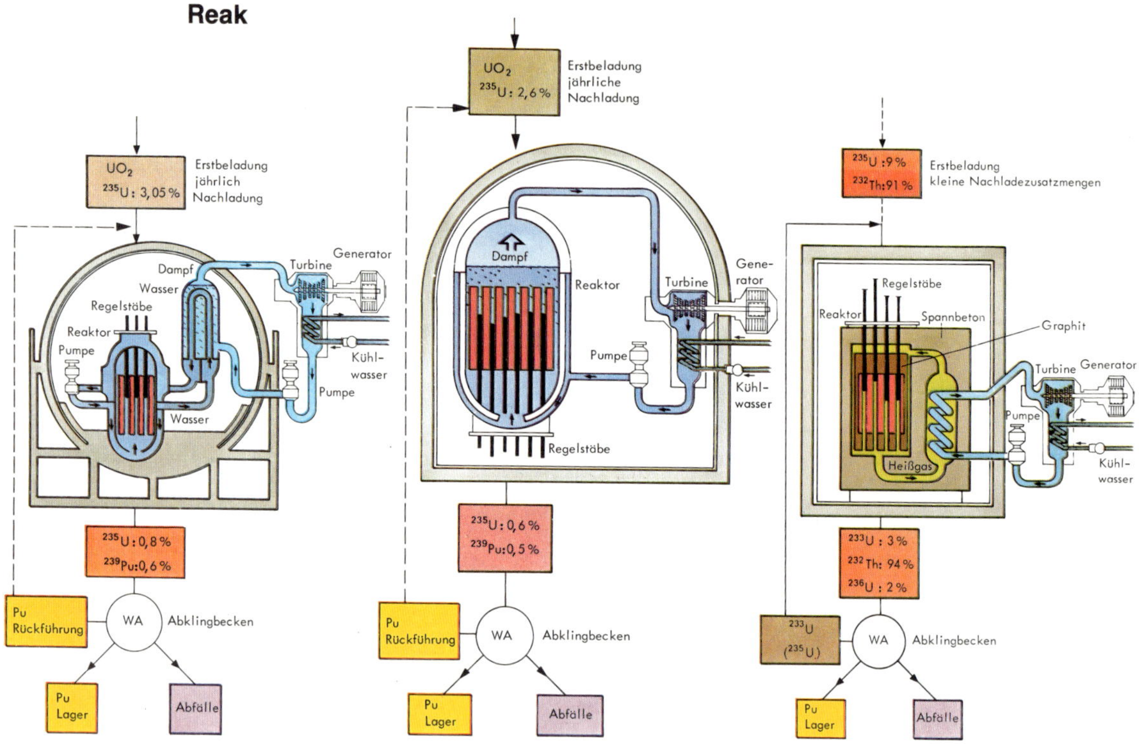

Reaktor 2): 2 Reaktortypen; LINKS Druckwasser-R., MITTE Siedewasser-R., RECHTS Hochtemperatur-R.

Im R. werden in einem spaltbaren Material (Uran 235, Uran 233, Plutonium 239, Plutonium 241; → Brennstoffe 2) durch Neutronen bestimmter Energie Atomkerne gespalten, wobei neben den Kernbruchstücken auch einige schnelle Neutronen entstehen (BILD 1). Diese werden entweder von anderen Atomkernen absorbiert, durch Zusammenstöße abgebremst oder verlassen den Brennstoff durch die Oberfläche. Wenn hierbei insgesamt im Mittel genausoviel Neutronen wie zu Beginn des Prozesses die Energie erreichen, die zur Spaltung neuer Kerne erforderlich ist **(Neutronen-Multiplikationsfaktor** $k=1$), kommt eine gleichförmige Energiefreisetzung in Gang: der R. ist **kritisch** (→ Reaktivität). Ist die Zahl dieser Neutronen größer/kleiner als die ursprüngliche, dann ist der R. **überkritisch/unterkritisch,** was im ersten Fall zur Leistungserhöhung, im zweiten zum Erlöschen des R. führen kann.

Man unterscheidet **schnelle R.,** bei denen die Spaltungen vorwiegend durch schnelle Neutronen ausgelöst werden, **mittelschnelle oder epithermische R.,** bei denen die Spaltungen durch mittelschnelle Neutronen geschehen, und **thermische R.** Bei letzteren werden die Neutronen durch Bremsstoffe oder Moderatoren (Graphit, Beryllium, leichtes oder schweres Wasser) auf thermische Geschwindigkeiten, die der Wärmebewegung der Atome entsprechen, abgebremst. Da die Absorption im hohen Energiebereich relativ gering ist, ist die Neutronenökonomie schneller R. günstig. Schnelle R. sind deshalb bes. geeignet als **Brut-R.** (→ brüten 2). Diese **Schnellen Brüter** können das reichlich vorhandene (nicht spaltbare) Uranisotop ^{238}U als Brutstoff verwenden und daraus spaltbares Plutonium ^{239}Pu erzeugen. Mittelschnelle R. können nur mit hochangereichertem Brennstoff betrieben werden; sie werden deshalb kaum gebaut. Fast alle großen Leistungs-R. sind thermische R., bei denen der hohe Spaltquerschnitt im thermischen Bereich ausgenutzt wird und die Verwendung von Natururan möglich ist. Dieses enthält nur 0,7% spaltbares ^{235}U, während der Rest aus ^{238}U besteht. Bei angereichertem Uran wird der Anteil an ^{235}U mit Isotopentrennanlagen erhöht.

Nach dem verwendeten Brennstoff unterscheidet man **Uran-R., Plutonium-R.** und **Thorium-R.,** wobei im Thorium-R. das Thorium als Brutstoff verwendet wird, dagegen ^{233}U oder ^{235}U der eigtl. Brennstoff ist. Thermische R. werden häufig auch nach ihrem Moderator benannt: **Graphit-R., Schwerwasser-R.** (kann mit Natururan betrieben werden), **Leichtwasser-R.** (benötigt angereichertes Uran als Brennstoff), oder auch nach ihrem Kühlsystem: **wassergekühlter R., Druckwasser-R., Siedewasser-R., hochtemperaturgasgekühlter R., natriumgekühlter R.** (ÜBERSICHT). Wenn der Brennstoff und der Moderator homogen gemischt verteilt sind (z. B. Uranylsulfat in schwerem Wasser), spricht man von einem **homogenen R.,** andernfalls bei heterogener Struktur, wenn Kernbrennstoff und Moderator getrennt angeordnet sind (bei fast allen thermischen Leistungs-R. wird der Brennstoff in Form von Stäben in die Moderatorsubstanz eingeführt) von einem **heterogenen R.**

Für Forschungszwecke wurden spezielle R. entwickelt, z. B. **Materialprüf-R.** mit sehr hohem schnellem Neutronenfluß, **gepulste R.,** die kurze, aber sehr intensive Strahlenblitze erzeugen, **Forschungs-R.** zum Messen von Wirkungsquerschnitten und für Untersuchungen auf dem Gebiet der Festkörperphysik, bei denen die intensive γ- und Neutronenstrahlung des R. ausgenutzt wird.

Die **R.-Regelung,** d. h. die Beeinflussung der Kernspaltungen und Neutronenökonomie, erfolgt einmal durch mehr oder weniger

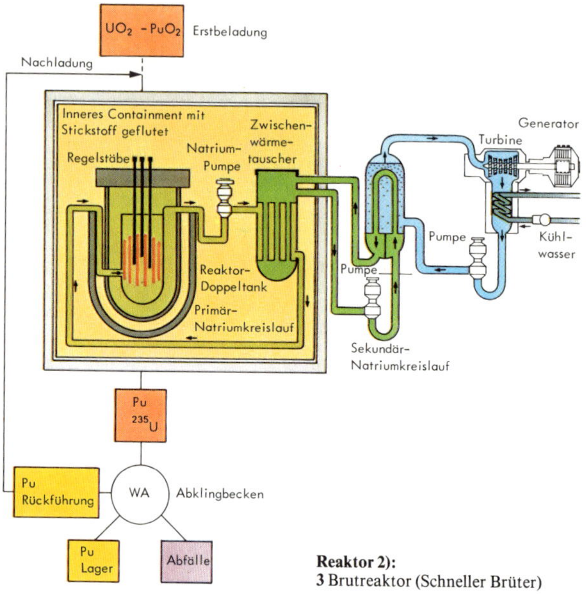

Reaktor 2):
3 Brutreaktor (Schneller Brüter)

tiefes Einfahren von neutronenabsorbierenden **Regel-, Trimm-** und **Abschaltstäben** oder beim Druckwasser-R. durch Zusatz von Bor zum Kühlmittel. Dem frischen, hochangereicherten Brennstoff kann ein mit der Zeit durch Kernreaktionen unwirksam werdendes ›Neutronengift‹ zugemischt werden. Leichtwasser-R. haben eine Eigenstabilisierung: Bei Leistungserhöhung nimmt die Moderatortemperatur zu und damit die Bremswirkung ab, d. h., es entstehen weniger Neutronen mit der zur Spaltung erforderlichen Energie, die Leistung geht zurück. Bei Absinken der Kühlmitteltemperatur tritt der entgegengesetzte Effekt auf.

Die Abbremsung der Neutronen geschieht durch zugesetzte Substanzen **(Moderatoren)** mit leichten Atomkernen, z. B. Wasser **(Leichtwasserreaktor)**, schweres Wasser **(Schwerwasserreaktor)**, Graphit. Die Absorption läßt sich durch stark neutronenabsorbierende Materialien in definierten Energiebereichen **(Absorptionsquerschnitte)** steuern. Erfolgt diese überwiegend durch einen Stoff, der sich dabei durch eine Kernreaktion in spaltbares Material umwandelt, so nennt man diesen **Brutstoff.** Die kinet. Energie der Kernbruchstücke, Neutronen und die durch radioaktiven Zerfall entstehende β- und γ-Energie (etwa 200 MeV je Kernspaltung) versetzen Brennstoff und umgebendes Material in hochfrequente Schwingungen, d. h. erzeugen hohe Temperaturen. Ein Kühlmittel, das meist indirekt über eine Schutzhülle längs des Brennstoffs geleitet wird, transportiert die therm. Energie in Form von Dampf (oft über einen Wärmetauscher) zu einer Turbine, die einen Generator zur Erzeugung elektr. Energie antreibt (Leistungs-R.). Legt man jedoch nur auf die Erzeugung von Neutronenströmen Wert, so entfällt der Turbinen-Generatorteil (Forschungs- und Experimentier-R.).

Durch die Kernspaltungen nimmt die Konzentration der Uran- und Plutoniumkerne ab, bis nur noch so wenige vorhanden sind, daß die Kernkettenreaktion zum Erliegen kommt (max. Abbrand des Brennstoffes). Durch Erzeugung stark neutronenabsorbierender Spaltprodukte wird die Reaktion zusätzlich eingeschränkt. Der verbrauchte Brennstoff wird entladen und durch frischen ersetzt. Dies kann kontinuierlich (z. B. beim HTR mit Kugelbrennelementen) oder in best. Zeitabständen (z. B. beim DWR etwa jährlich 1/3 der Brennelemente) geschehen. Nach der Entladung werden die noch radioaktiven und deshalb Wärme entwickelnden Brennelemente zunächst in einem **Abklingbecken** gelagert und später zur Wiederaufarbeitungsanlage (→ Wiederaufarbeitung) transportiert. Rest- und erbrütete Brennstoffe, d. h. neu entstandene Brennstoffe werden abgetrennt und gegebenenfalls zu neuen Brennelementen verarbeitet. Bei Leichtwasser-R. kann durch dieses **Plutonium-Recycling** [-rɪsˈaɪklɪŋ] ein Teil des angereicherten Urans eingespart werden. (→ Brennstoffkreislauf)

Der prinzipielle Aufbau aller Leistungs-R. ist gleich: Der Brennstoff/Brutstoff befindet sich in einer metall. oder carbid. Umhüllung, um die bei der Kernspaltung entstehenden gasförmigen und festen radioakt. Spaltprodukte einzuschließen. Die **Brennstoffstäbe** oder **-partikel,** eingebettet in Moderatormaterial, werden zu **Brennelementen** zusammengesetzt und bilden den Reaktorkern **(Core** [kɔ:, engl.]). In oder zw. den Brennelementen verlaufen die Kühlkanäle und Regel- und Steuerstabführungs-Einrichtungen. Der gesamte Kern ist von einem gasdichten Druckbehälter **(R.-Druckbehälter, R.-Druckgefäß)** umgeben, der innen mit einem neutronenreflektierenden Material **(Reflektor)** zur Verbesserung der Neutronenbilanz ausgekleidet ist. Dieser **eigtl. Reaktor** befindet sich mit Kühlmittelpumpen, Dampferzeugern, Regeleinrichtungen, Brennelement-Wechselvorrichtung und anderen Hilfseinbauten in einer sekundären Abschirmung aus Stahl und Stahlbeton.

Unter den R. haben die **Leichtwasser-R.** den höchsten technolog. Entwicklungsstand erreicht. Sie können max. nur 0,7% der im natürl. Uran gespeicherten Energie verwerten, liefern dennoch rd. 20000mal mehr Wärme aus 1 kg Natururan, als aus der gleichen Menge Kohle zu gewinnen ist. Nach der Arbeitsweise unterscheidet man den **Druckwasser-(DWR;** BILD 2, links) und **Siedewasser-R. (SWR;** BILD 2, Mitte). Beim Erstgenannten wird die Wärme durch Wasser abgeführt, das unter hohem Druck steht, damit eine hohe Temperatur erreicht wird, ohne daß es zum Sieden kommt. Die Wärme wird über einen Wärmetauscher an einen 2. Kreislauf abgegeben, wo sie zur Dampferzeugung dient **(Zweikreisanlage).** Beim SWR siedet das Wasser, und der entstehende Dampf wird direkt zum Antrieb einer Turbine verwendet **(Einkreisanlage).** – Da der Sattdampf in Leichtwasserreaktoren nur einen Druck von 60 bis 70 bar hat, liegt der therm. Wirkungsgrad nur bei etwa 33%.

Eine Weiterentwicklung stellt der gasgekühlte **Hochtemperatur-R. (HTR;** BILD 2, rechts) dar, bei dem Helium als Kühlmittel verwendet wird. Eine besondere Ausführung ist der **Kugelhaufen-R.** mit kugelförmigen Brennelementen. Wegen der hohen Kühlmittelaustrittstemperatur kann im Sekundärkreislauf Dampf hohen Druckes und hoher Temperatur (z. B. 180 bar, 540 °C) erzeugt werden, mit dem ein therm. Wirkungsgrad von rd. 40% erreicht wird.

Die Entwicklung von **Brut-R.,** die das Uranisotop 238 und das Thoriumisotop 232 in die spaltbaren Isotope Plutonium 239 und Uran 233 umwandeln können, wird vielfach als notwendige Voraussetzung für den Ausbau der Kernspaltungstechnologie zu einer langfristig wirtschaftl. Energiequelle angesehen. An diesem R.-Typ, der mehr spaltbares Material erzeugt als verbraucht und 60–80% der Vorkommen an Uran und Thorium als Kernbrennstoff nutzen kann, wird weltweit gearbeitet. – Der **Schnelle Brüter (SNR;** BILD 3) arbeitet mit Natrium als Kühlmittel, das seine Wärme an einen zweiten Natriumkreislauf abgibt, um sie in einem weiteren Wärmetauscher auf einen konventionellen Wasser-Dampf-Kreislauf mit etwa 180 bar, 500 °C zu übertragen **(Dreikreisanlage).** Der Dampfprozeß gleicht dem des HTR und erreicht ebenso einen therm. Wirkungsgrad von rd. 40%. Für die Zukunft verspricht der SNR eine wesentl. Streckung der Uranreserven, die komplexe Anlagentechnik erschwert jedoch die Entwicklung einer wirtschaftl. Anlage für den Einsatz in Kernkraftwerken erheblich. Auch wegen der sehr großen Gefährlichkeit des erbrüteten Plutoniums 239 ist gerade dieser R.-Typ in der Öffentlichkeit bes. umstritten (→ Kernkraftwerk).

Geschichtliches. Der erste R. kam am 2. 12. 1942 in Chicago unter der Leitung von Fermi mit einer Leistung von etwa 2 Watt in Betrieb. Entsprechende dt. Versuche im 2. Weltkrieg mußten bei Kriegsende wegen Materialmangels und Kriegseinwirkung aufgegeben werden. Der erste dt. R. wurde am 31. 10. 1957 in München in Betrieb gesetzt.

Reaktorphysik, Teilgebiet der Kernphysik, das Grundlagenforschung der physikal. Phänomene betreibt, die im Kernreaktor (→ Reaktor) ablaufen.

Raktor-Sicherheitskommission, → Deutsche Atomkommission.

Reaktorsicherung, Einrichtung zur automat. Stillsetzung eines Reaktors bei Versagen der normalen Regelungs- und Sicherungsorgane im Fall unzulässig hoher Erwärmung; z. B. durch Einleiten von Borlösungen oder Bortrifluoridgas in den Reaktorkern, die infolge starker Neutronenabsorption die Kettenreaktion unterbrechen.

Reaktortechnik, Teilbereich der Kerntechnik, der die Erkenntnisse der Reaktorphysik zur prakt. Ausnutzung der Kernenergie einsetzt.

real [lat., zu res ›Sache‹], **1)** sachlich, dinglich. **2)** stofflich. **3)** wirklich, wahrhaft. **reale Beantwortung,** ♪ in der Fuge die intervallgetreue Beantwortung des Themas. **Reali|en** *Pl.,* **1)** Tatsachen. **2)** Gegenstände als Quellen der Wissenschaft. **3)** ⚘ für Mathematik, Naturwissenschaften u. ä. Unterrichtsfächer. *ich* **realisiere** *es,* **1)** verwirkliche. **2)** mache zu Geld, verkaufe. **3)** erkenne, mache mir bewußt. *Subst. die* **Realisierung,** -. *der* **Realist,** *-en/-en,* **1)** Anhänger des → Realismus. **2)** Tatsachenmensch. **realistisch, 1)** den Realismus betreffend. **2)** wirklichkeitsnah; derb alltäglich. **realiter,** in Wirklichkeit.

Real [aus lat.] *der, -s/-es,* **1)** alte span. Münze, seit Mitte des 14. Jh. **2)** alte niederländ. Münze (15. Jh.). **3)** *Pl.* **Reis** [rˈaiʃ], alte portugies. Silber- und Kupfermünze, seit dem 14. Jh.

Real|einkommen, → Einkommen.

Real|enzyklopädie [lat.-grch.], **Realwörterbuch, Sachwörterbuch,** → Enzyklopädie.

Realgar [frz. aus arab.] *der, -s/-e,* **Rausch|rot,** monoklinprismat. Mineral, *AsS;* meist säulige Kriställchen, von roter Farbe, orangegelbem Strich, Fettglanz; zerfällt im Sonnenlicht in → Auripigment und Arsenik.

Realgar

Realgymnasium, → Realschule, → Gymnasium.

Real|injuri|e, die tätliche → Beleidigung.

Realismus [zu real] *der, -,* wirklichkeitsnahe, sachliche Einstellung.

In der Philosophie bezeichnet R. diejenigen Richtungen, die die Wirklichkeit als eine außerhalb und unabhängig vom Bewußtsein bestehende und als solche erkennbare ideelle oder materielle Gegebenheit auffassen. Der **ontologische R.** leitet sich historisch vom Platonismus und seiner Lehre von den an sich seienden Ideen ab. Er wurde fortgeführt im **Begriffs-R.** der Scholastik (Anselm von Canterbury, Wilhelm von Champeaux, Bernhard von Chartres), nach dem den allgemeinen Begriffen (das Eine, das Wahre, das Gute) eine Wirklichkeit (›Realität‹) zukommt (vgl. → Nominalismus 1). Nach moderner Terminologie ist der Begriffs-R. eine Form des Idealismus. Der **erkenntnistheoretische R.** behauptet die Möglichkeit der Erkenntnis eines vom Bewußtsein unabhängigen Seins in seinem Ansichsein. Als **naiver R.** geht er von der Identität zw. der Wirklichkeit und dem unmittelbar Erfahrenen aus. Dieser R. bestimmt weitgehend das vorwissenschaftl. Wirklichkeitsbild. Der **natürliche R.** sucht aus der Gegebenheit des Bewußtseins die Realität von Subjekt und Objekt nachzuweisen. Der **kritische R.** des 19. und 20. Jh. hält an der Annahme einer bewußtseinsunabhängigen Realität fest, jedoch sind reales Objekt und Erkenntnisobjekt nicht identisch, da der Erkenntnisprozeß die Leistung des erkennenden Bewußtseins (im Sinn von ›Zutat‹)

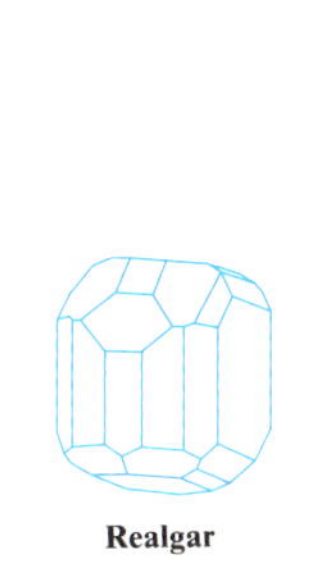

Realgar: derb, zu gelbem Auripigment verwitternd (Neusohl, ČSSR)

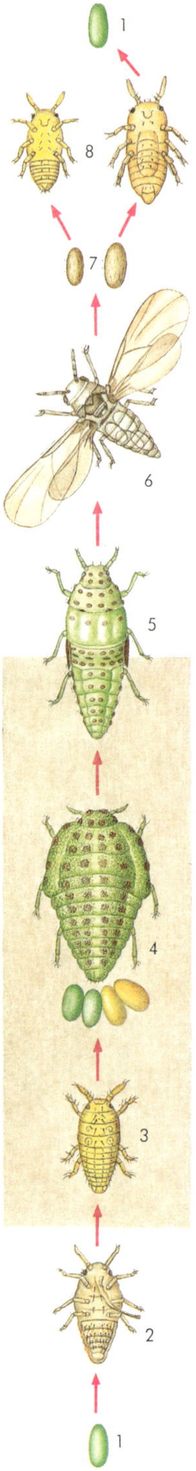

einschließt. Er bildet die Grundlage für den **naturwissenschaftl. R.** und die an ihm orientierten realistischen Weltauffassungen. Zum großen Teil ruht der naturwissenschaftl. R. jedoch auch auf der bis in die Antike zurückzuverfolgenden Grundlage des Materialismus, so die populäre Weltanschauung der Aufklärung, der naturwissenschaftl. Materialismus des 19. Jh. und die Weltanschauung des Monistenbundes. Heute ist dem R. v. a. auch der DIAMAT zuzurechnen, ebenso der Neuthomismus (→ Neuscholastik); über die neorealist. Positionen der engl. und amerikan. Philosophie → englische Philosophie, → amerikanische Philosophie.

Literatur. In der neueren literar. Stiltypologie bezeichnet R. die Wiedergabe des Tatsächlichen, der Wirklichkeit des individuellen und sozialen Lebens, wobei der Stil vom Sinnlich-Konkreten her bestimmt wird. Bes. im Lauf des 18. Jh. setzte sich, nach vielen früheren Ansätzen und einzelnen realist. Momenten in bestimmten Werken, etwa in der Sturm-und-Drang-Bewegung, eine mehr realist. Welt- und Menschendarstellung durch. Zur Hauptblütezeit des R. wurde dann das 19. Jh. Hier wurde R. zur Bezeichnung einer literar. Epoche, die durch Goethes Tod und die ausgehende Romantik einerseits und Naturalismus, Neuromantik und Symbolismus andererseits begrenzt ist. Im 20. Jh. bildeten sich viele Übergangsstufen zw. R. und Naturalismus oder R. und Symbolismus heraus. Starke realist. bis naturalist. Tendenzen zeigen sich gerade in der neueren sozialkrit. Literatur. Über die realist. Literatur der einzelnen Länder → deutsche Literatur, → französische Literatur, → englische Literatur usw. (→ Sozialistischer Realismus; → Neorealismus).

Bildende Kunst. Realist. Züge in Malerei und Plastik – im Unterschied zu stilisierenden oder idealisierenden Umbildungen – weisen z. B. die röm. Kunst der republikan. Zeit, insbes. das Bildnis, auf; dann die spätgot. Plastik in der 2. Hälfte des 15. Jh. seit Gerhaert von Leyden. G. Courbet schrieb 1855 über den Eingang seines aus Anlaß der Weltausstellung errichteten Pavillons, in dem er seine Werke zeigte: ›Le Rálisme‹; diese Formulierung gab einer Stilrichtung der Malerei im 2. Drittel des 19. Jh. den Namen. Das 20. Jh. ist reich an übersteigerten Formen des R., z. B. der magische R. (→ Neue Sachlichkeit) oder der phantastische R. (→ Wiener Schule des phantastischen Realismus), bis hin zum → Surrealismus oder zum krassen Realismus als Mittel der Sozialkritik (z. B. bei Käthe Kollwitz). Als Gegenbewegung zur abstrakten Kunst entstanden in den 60er Jahren wieder gegenständliche Kunstströmungen, die vereinzelte Objekte realistisch wiedergeben. Im Anschluß daran und in konsequenter Fortführung von Pop-Art-Elementen entwickelte sich in den 70er Jahren der neue **radikale R. (Photorealismus, Hyperrealismus, kritischer R., Neuer Naturalismus),** der sich durch Einbeziehung photograph. Techniken (›angewandte Photolinsen‹) in die Malerei auszeichnet. Vorläufer dieser Richtung sind u. a. R. Lindner und Ph. Pearlstein, ihre Hauptvertreter H. Kanovitz, C. Close, R. Artschwager, F. Botero. Ein eigener R.-Begriff lag dem 1960 um den Kritiker P. Restany in Mailand/Paris begr. ›Nouveau Réalisme‹ zugrunde, der, auf M. Duchamp basierend, die realen Gegenstände einsetzte, statt sie bloß abzubilden. – Der → Sozialistische Realismus lehnt sich nur sehr bedingt an den R. der Malerei des 19. Jh. an.

Realität [zu real] *die, -/-en,* **1)** Wirklichkeit, Tatsache, Gegebenheit. **2)** *oberdt.:* Grundstück. **3)** (Ph) R. bezeichnet das vom Subjekt unabhängige Ansichsein; als solche ist sie Prinzip des philosoph. → Realismus. Der Charakter der R. hängt von der jeweiligen metaphysisch-ontolog. Position ab; er kann im wesentlichen idealer oder materieller, allgemeiner oder individueller Natur sein (→ Erkenntnistheorie).

Realkapital, das in einem Unternehmen tatsächlich eingesetzte → Kapital.

Realkonkurrenz, Tatmehrheit, ⚖ die Verletzung mehrerer Strafgesetze oder die mehrfache Verletzung desselben Strafgesetzes durch mehrere selbständige Handlungen; Ggs.: → Idealkonkurrenz. Bei R. wird, außer bei Haft- und Geldstrafen, durch Erhöhung der verwirkten schwersten Strafe eine Gesamtstrafe gebildet (§ 53 StGB). In der Dt. Dem. Rep. wird bei mehrfacher Gesetzesverletzung eine Hauptstrafe festgesetzt, die der Schwere der Strafhandlungen entspricht (§§ 63,64 StGB). Die Regelung in Österreich (§ 28 StGB) und in der Schweiz (Art. 68 StGB) ist ähnlich der in der Bundesrep. Dtl.

Realkredit, dinglich oder rechtlich bes. gesicherter → Kredit. **Realkreditinstitute, Boden-, Grund-, Immobilienkreditinstitute,** gewähren langfristige R. (Grundstückskredite).

Realkristalle, die realen → Kristalle im Unterschied zu den hypothet. Idealbildern der Kristalle, den **Idealkristallen.**

Reblaus (Schema der Entwicklung): **1** befruchtetes Winterei, **2** junge Blattgallenlaus, **3** junge Wurzelgallenlaus (›Winterlaus‹), **4** erwachsene Wurzelgallenlaus mit Eiern (verschiedener Färbung), **5** Larve mit Flügelstummeln (›Nymphe‹), **6** geflügelte Laus (›Fluglaus‹, Sexupara), **7** Eier, LINKS männl., RECHTS weibl. Ei, **8** flügellose Geschlechtstiere von unten (keine Mundteile), LINKS Männchen, RECHTS Weibchen (Größenverhältnis nicht maßstabsgerecht, Entwicklung **3–5** unterirdisch)

Reallast, die Belastung eines Grundstücks, kraft deren dem Berechtigten wiederkehrende Leistungen aus dem Grundstück zu entrichten sind (Naturalien, Geld, Dienstleistungen; §§ 1105 ff. BGB). Der Eigentümer des Grundstücks haftet für die fällig werdenden Leistungen auch persönlich, im übrigen haftet nur das Grundstück. Berechtigter kann auch der jeweilige Eigentümer eines anderen Grundstücks sein. Die R. entsteht durch Einigung der Beteiligten und Eintragung ins Grundbuch. Auf die einzelnen Leistungen finden die für Zinsen einer Hypothek geltenden Vorschriften entsprechende Anwendung. Die R. ist als privatrechtl. Grundstücksbelastung von den öffentlich-rechtl. Lasten (z. B. Wegelasten) zu unterscheiden. Im österr. Recht kommt als R. v. a. das bäuerl. Ausgedinge vor. Im schweizer. Recht haftet für Verpflichtungen aus einer R. – dort **Grundlast** genannt – immer nur das Grundstück (Art. 782 ZGB). Jede R. kann nach 30 Jahren vom Schuldner abgelöst werden (Art. 788 ZGB).

Reallexikon, Sachwörterbuch, → Enzyklopädie.

Reallohn, der nach seiner Kaufkraft bemessene → Lohn.

Realpolitik, im 19. Jh. geprägter Begriff, bezeichnet ein an gegebenen, d. h. in der gesellschaftl. Wirklichkeit vorhandenen Möglichkeiten orientiertes polit. Handeln; Gegenposition zu einer vorrangig ideenbezogenen, stark weltanschaulich-ideologisch bestimmten polit. Linie.

Realpräsenz, 1) evang. Theologie: nach der Lehre Luthers die wirkliche Gegenwart des Leibes und Blutes Jesu Christi in Brot und Wein beim → Abendmahl. **2)** kath. Theologie: → Wandlung.

Realrechte, dingliche, mit einem Grundstück verbundene Rechte (z. B. Grunddienstbarkeiten, → Dienstbarkeit).

Realschule, früher **Mittelschule,** in der Bundesrep. Dtl. seit dem Hamburger Abkommen von 1964 einheitl. Bez. für Sekundarschulen, die mit der 10. Klasse abschließen und eine über die Hauptschule hinausgehende allg. Bildung vermitteln. Die R. schließt an die vierte oder (als Aufbauform) an die siebte Klasse der Grund- oder Hauptschule an und führt zur ›mittleren Reife‹. – R. wurden zuerst von Ch. Semler in Halle 1706 und J. J. Hecker in Berlin 1747 gegr. Sie waren anfangs mehr beruflich ausgerichtet, später allgemeinbildende Schulen (A. G. Spillecke). In Preußen bestanden seit 1859 neunklassige ›R. erster Ordnung‹ mit Latein, seit 1882 ›Realgymnasien‹ und sechsklassige ›R. zweiter Ordnung‹ mit wahlfreiem Latein. Letztere wurden zu Oberrealschulen ausgebaut. 1900 wurden die Realgymnasien und Oberrealschulen den → Gymnasien gleichgestellt. – In der Dt. Dem. Rep. gibt es keine R. In Österreich entsprechen den R. die Hauptschulen, in der Schweiz in einigen Kantonen die Sekundarschulen, in anderen Kantonen ein Zweig der Oberstufe der Volksschule mit unterschiedl. Anspruchsniveau.

Realsteuer, die → Ertragsteuer.

Realteil, △ der nicht imaginäre, reelle Teil *a* einer komplexen Zahl $z = a + ib$.

Realteilungssitte, landwirtschaftl. Erbrecht: die gleichmäßige Aufteilung des Bodens unter alle Erbberechtigten im Unterschied zum Anerbenrecht (→ Anerbe); die R. führt zur Zerstückelung des Landes (vgl. → Flur) und soll durch das → Höferecht vermieden werden.

Real|union, die verfassungsmäßig festgelegte Vereinigung zweier völker- und staatsrechtlich selbständiger Staaten nicht nur unter demselben Herrscher, sondern auch durch Gemeinsamkeit leitender Institutionen; z. B. Schweden-Norwegen (1814–1905), Österreich-Ungarn (1867–1918).

Realwert, der wirkliche Wert einer Sache, z. B. der Metallwert einer Münze; Ggs.: Nennwert.

Realzeitbetrieb, → Echtzeitbetrieb, → Rechenanlage.

Re|animation [lat.] *die, -/-en,* die → Wiederbelebung.

Rea Silvia, Rhea Silvia, Ilia, in der röm. Sage die Mutter des Romulus und des Remus.

Re|assekuranz [nlat.] *die, -/-en,* die → Rückversicherung.

Réaumur [reom'yr], René-Antoine, Seigneur de, frz. Physiker und Biologe, * La Rochelle 28. 2. 1683, † Schloß Bermondière (Dép. Mayenne) 18. 10. 1757, verbesserte die Stahlerzeugung, gab grundlegende Beiträge zur Biologie der Insekten (bes. zur Kenntnis des Bienenstaates) und Weichtiere. Die von ihm geschaffene Temperatur-Skale war etwas verschieden von der heute gebräuchlichen **R.-Skale,** die von J. A. de Luc (* 1727, † 1817) stammt (→ Grad Reaumur).

Rebbach [jidd. ribbis ›Zins‹] *der, -s,* **Raibach, Reibach,** ☘ **Rebbes** *der, -,* G Gewinn, Nutzen.

Rebe [ahd. reba, rebo, urspr. Ranke] *die, -/-n,* **1)** die Weinrebe (→ Weinstock). **2)** Pflanzen anderer Gattung, so → Doldenrebe, → Jungfernrebe, → Waldrebe, → Zaunrebe. *ich* **reb(e)le, 1)** *Trauben, bair.:* lese gute Beeren ab. **2)** *Mais,* körne aus, zupfe. **Rebensaft,** P Wein. *der* **Rebling,** *-s/-e,* Weinschößling. **Rebstock,** Weinstock.

Rebekka [hebr. ›Vereinigung‹], weibl. Vorname; im A. T. die Großnichte Abrahams, Schwester Labans, Frau Isaaks (1. Mos. 24), Mutter von Esau und Jakob (1. Mos. 25).

Rebell [lat.] *der, -en/-en,* Aufrührer, Empörer. *die* **Rebellion,** *-/-en,* Aufruhr. *ich* **rebelliere** *gegen ihn, etwas,* lehne mich auf, empöre mich. **rebellisch,** aufrührerisch.

Rebenstecher, Rebenwickler, sehr schädlicher, 6-9 mm langer, grüner oder blauer Rüsselkäfer (Afterrüsselkäfer), dessen Weibchen Weintriebe anbohrt, nach dem Anwelken deren Laub zusammenwickelt und als Brutnahrung mit Eiern belegt.

Rebhuhn, Perdix perdix, europäisch-westasiat., kurzschwänziger Hühnervogel, der im offenen Gelände lebt, 28-30 cm lang. R. leben monogam im Familienverband (›Kette‹).

Rebhuhn, Paul, Dichter, * Waidhofen a. d. Ybbs um 1505, † Oelsnitz/Vogtland 1546, schrieb geistl. Schauspiele nach antiken Mustern: ›Susanne‹ (1536), ›Hochzeit zu Kana‹ (1538).

Reblaus, Viteus vitifolii, Phylloxera vastatrix, ein Schadinsekt, zu den Reb- oder Zwergläusen aus der Gruppe der Pflanzensauger gehörig, wurde 1854 in N-Amerika an Wildreben entdeckt, bald danach in Frankreich eingeschleppt und kommt jetzt in fast allen Weinbaugebieten der Erde vor. – Die Entwicklung vollzieht sich als Generationswechsel: Das befruchtete Winterei, am Stamm des Weinstockes abgelegt, liefert im Frühjahr die Stammutter. Diese verursacht an den Blättern Gallbildungen; ihre ohne Befruchtung erzeugten Nachkommen leben teils oberirdisch als Blattgallenläuse, teils wandern sie zu den Wurzeln ab als Wurzelläuse. Aus den überwinternden Wurzelläusen können im nächsten Sommer geflügelte Formen entstehen, aus deren Eiern Männchen und Weibchen hervorgehen. Sie bilden die Geschlechtsgenerationen und legen das befruchtete Winterei ab. Jährlich entstehen mehrere Generationen der Blattgallenläuse und Wurzelläuse, doch kommt ein vollständiger Entwicklungszyklus nur in wärmeren Klimaten zustande. In nördlicheren Breiten ist die Entwicklung fast völlig auf die Wurzelläuse beschränkt. Als gefährlichste Schadform erzeugen sie an jüngeren Wurzeln gallenartige Knötchen, an älteren Anschwellungen; befallene Weinstöcke gehen zugrunde. Erwachsene Wurzelläuse sind etwa 1-1,5 mm groß, gelbgrün bis bräunlich; die geflügelten Formen ockerfarben, die stets flügellosen Blattgallenläuse gelbgrün bis orange. – Da die Europäerrebe nur von Wurzelläusen befallen wird, ist man (seit 1923 in Dtl.) zur Pfropfung auf wurzellausimmune (resistente) Unterlagen übergangen. (BILDER S. 360)

Rechtliches. Die internat. R.-Konvention v. 1881 ist durch das ›Internat. Pflanzenschutzabkommen‹ v. 6. 12. 1951 weitgehend abgelöst worden. In der Bundesrep. Dtl. wird die Bekämpfung der R. durch das R.-Ges. v. 6. 7. 1904 nebst Ausführungsvorschriften geregelt. Die Dt. Dem. Rep. und Österreich sind der Konvention beigetreten, in der Schweiz bestehen entsprechende Schutzvorschriften in der Bundes-VO v. 5. 3. 1962.

Rebmann, Kurt, Jurist, * Heilbronn 30. 5. 1924, seit 1965 Stellv. des Justiz-Min. von Bad.-Württ., seit 1977 Generalbundesanwalt beim Bundesgerichtshof in Karlsruhe.

Rebound-Effekt [ri:b'aund-, engl. ›Rückschlag‹], im hormonalen Regulationssystem auftretender Mechanismus, dessen man sich bei der Behandlung der Unterfunktion der Keimdrüsen (Eierstock, Hoden) in seltenen Fällen bedient. Längere Gaben von Geschlechtshormonen bremsen die Funktion der Hirnanhangdrüse; nach Absetzen tritt eine überschießende Gegenfunktion ein, die eine Stimulation der Keimdrüsen zur Folge hat.

Reboux [rəb'u:], Paul, eigtl. P.-Henri **Amillet** [amij'ɛ], frz. Schriftst., * Paris 21. 5. 1877, † Nizza 14. 2. 1963, schrieb Romane (›Der Leuchtturm‹, 1907) und war Mitautor der Schriftstellerparodien ›A la manière de...‹ (seit 1908).

Rebreanu, Liviu, rumän. Schriftst., * Tîrlişua (Siebenbürgen) 27. 11. 1885, † Valea Mare bei Piteşti 1. 9. 1944, führte den psychologisch-realist. Roman in die rumän. Literatur ein: ›Mitgift‹ (1920), ›Der Wald der Gehenkten‹ (1921), ›Der Aufstand‹ (1932).

Rebroff, Iwan, eigtl. Hans-Rolf **Rippert,** Baßbariton, * Berlin 31. 7. 1931; zahlreiche Shows, singt v. a. russ. Volkslieder.

Rebschneider, südosteurop. Vertreter der → Mistkäfer.

Rebus [frz. aus lat.] *der* oder *das, -/-se,* das → Bilderrätsel.

rebus sic stantibus [lat.], so wie die Dinge liegen..., bei dieser Sachlage.

Recall [rık'ɔ:l, engl. ›Zurückruf‹] *der, -s/-s,* die Abberufung eines gewählten Volksvertreters oder Beamten vor Ablauf seiner Amtszeit durch die Wähler, findet sich in den USA u. a. in einzelstaatl. Verf., gilt heute jedoch als unvereinbar mit den Grundsätzen der repräsentativen parlamentar. Demokratie. Die im → Rätesystem als wesensmäßiger Bestandteil jeder Demokratie angesehene und verfassungsmäßig verankerte Abberufbarkeit ist in der Verf.-Wirklichkeit der Volksdemokratien ohne Bedeutung.

Récamier [rekamj'e], Jeanne-Françoise-Julie-Adelaïde, geb. **Bernard** [bɛrn'a:r], Frau des Pariser Bankiers R., * Lyon 4. 12. 1777, † Paris 11. 5. 1849, versammelte die Gegner Napoleon Bonapartes in ihrem Salon, 1811-14 verbannt; befreundet mit Frau von Staël, B. Constant und Chateaubriand; wurde von bed. Künstlern gemalt (J. L. David; F. Gérard, BILD).

Receiver [rıs'i:və, engl. ›Empfänger‹] *der, -s/-,* Rundfunkempfänger, bestehend aus Empfangsteil (›Tuner‹) und Verstärker (›Amplifier‹), ohne Lautsprecher, für Hi-Fi-Anlagen.

Rechaud [rəʃ'o:, frz.] *das* oder *der, -s/-s,* Gerät, mit Kerzen, Spiritus oder elektr. Strom beheizt, um Speisen bei Tisch warm zu halten.

Rechen [ahd. rehho] *der, -s/-,* **1)** die → Harke. **2)** ⚙ Gitter zum Auffangen von größeren, treibenden Körpern (Holzstücke, Pflanzenteile) vor Wassereinläufen von Wasserkraftwerken, Kläranlagen u. ä. **3)** Leiste mit Kleiderhaken. *ich* **reche** *es,* glätte, sammle mit dem Rechen.

rechen... [vgl. rechnen], in Zusammensetzungen: *Rechenheft,* Heft zum Rechnen. *die* **Rechenschaft,** *-/-en,* Auskunft über Tun und Lassen, Bericht, in dem man sich verantwortet. **Rechenschaftsbericht,** Bericht mit einer Rechnungslegung.

Rechenanlage, Computer [kɔmpj'u:tə, engl.], **Datenverarbeitungsanlage, Rechner,** technische Einrichtung zur rechnerischen oder organisatorischen Verarbeitung großer Mengen von Informationen bei Aufgaben aus Wissenschaft, Technik, Wirtschaft und Verwaltung.

Zur Bearbeitung kontinuierlicher Vorgänge dient der → Analogrechner, der die Lösungen anschaulich in Kurvenform liefert. Eine Sonderform ist der **Hybridrechner,** dessen Rechen- und Steuerfunktionen teils durch kontinuierlich, teils durch digital arbeitende Elemente ausgeführt werden.

Die wichtigste Form ist die **digitale R.** Die große Bedeutung beruht auf folgenden Eigenschaften: flexible Steuerung des Arbeitsablaufs durch ein gespeichertes, leicht auswechselbares Programm; schnelle und zuverlässige Arbeitsweise der digitalen Schalt- und Speicherelemente; große Speicherkapazität; Vielfalt der verfügbaren Ein- und Ausgabeeinrichtungen für den Datenverkehr mit dem Benutzer oder mit techn. Geräten und Anlagen, die zu überwachen oder zu steuern sind.

Struktur und Arbeitsweise. Typische Elemente sind **Steuer-** oder **Leitwerk, Rechenwerk, Speicher, Ein-** und **Ausgabeeinheit.** Je nach Anwendungsgebiet der R. sind sie in sehr unterschiedlicher Ausstattung, Anzahl und Bauform vorhanden und durch innere und äußere Datenverkehrswege verbunden, deren Anordnung die Struktur der R. kennzeichnet. Meist läuft über einen **Hauptdatenkanal (Zentralbus)** der gesamte innere Datenaustausch ab.

Die eigtl. Verarbeitungsprozesse werden in der **Zentraleinheit** (engl. central processing unit, CPU) der R. ausgeführt, hauptsächlich in dem **Prozessor (Rechnerkern)** in Verbindung mit dem **Hauptspeicher (Arbeitsspeicher).** Er enthält alle zu einem Abschnitt des auszuführenden Programms gehörenden Befehle und die zu verarbeitenden Daten. Dabei steuert das Leitwerk den Arbeitsablauf. Die innere **Ablaufsteuerung** sorgt für die zeitgerechte Folge der zur Befehlsausführung erforderlichen techn. Vorgänge. Das **Rechenwerk** (engl. arithmetic logic unit, ALU) führt die Rechenoperationen aus, das sind je nach techn. Aufwand nur einfache Verknüpfungen der Booleschen Algebra, Zahlenvergleiche, Addieren, Subtrahieren oder z. B. auch Multiplizieren und Dividieren in Festkomma- und Gleitkommadarstellung. Eingabe- und Ausgabewerke **(Peripheriegeräte)** stellen die Verbindung mit der Umwelt dar.

Die Zentraleinheit kann je nach Verwendungszweck der R. durch versch. Peripheriegeräte ergänzt werden, deren Arbeitsgeschwindigkeit wegen ihrer z. T. mechan. Wirkungsweise viel kleiner ist als die Übertragungsgeschwindigkeit im Hauptdatenkanal. Sie sind deshalb über **Kanalgeräte** angeschlossen. Ein **Multiplexer** schaltet mehrere periphere Einheiten, z. B. Meßwertgeber, Fernschreibmaschinen, Datenübertragungseinrichtungen, in schnellem Wechsel so an den Hauptdatenkanal, daß jeweils kleine Zeichengruppen, z. B. Meß- und Stellgrößen, ohne Puffer zum oder vom Hauptspeicher übertragen werden können.

Arbeitsweise und Anwendungsmöglichkeiten der R. werden außer durch die gerätetechn. Einrichtungen **(Hardware** [h'a:dwɛə]) sehr stark von den verfügbaren programmtechn. Hilfsmitteln **(Software)** bestimmt, bes. von dem **Betriebssystem,** das die Abwicklung der auszuführenden Programme steuert und überwacht. Der Computer und sein Betriebssystem zusammen bilden das **digitale Rechensystem.** Dem Betriebssystem kommt besondere Bedeutung zu, wenn mehrere Programme oder Programmabschnitte nicht nacheinander ablaufen **(Stapelbetrieb der R.),** sondern zur besseren Ausnutzung verschieden schneller Anlageteile in zeitlichem Wechsel **(Zeitmultiplexbetrieb,** engl. **time-sharing** [t'aımʃɛərıŋ]). Bei **Realzeitbetrieb (Echtzeitbetrieb,** engl. **realtime operation** [r'iəltaım ɔpər'eiʃən]), z. B. bei Teilnehmer-Rechensystemen und Prozeßrechnern, steuert das Betriebssystem auch die zyklische Abfrage der Teilnehmer- oder Meldeleitungen nach vorgegebenem Zeit- und Prioritätsplan sowie die jeweils erforderlichen Programmabläufe.

Datendarstellung. Die verarbeiteten und die steuernden Informationen haben in einem Computer die Form digitaler Da-

Rebhuhn

ten. Alle zulässigen Zeichen wie Ziffern, Buchstaben, Satzzeichen bilden in einer für Sortieraufgaben festgelegten Reihenfolge das Alphabet. Soweit Daten als kontinuierlich verlaufende Werte, z. B. bei Prozeßsteuerungen als Meßwerte, vorliegen, werden sie in Analog-Digital-Umsetzern in digitale Form gebracht. Die techn. Datendarstellung beruht aus Zuverlässigkeitsgründen meist auf dem **Binärzeichen** (→ Bit). Da es nur zwei (z. B. durch O und L bezeichnete) Werte annimmt, kann es durch sehr einfache Speicherelemente und physikal. Vorgänge (Signale) dargestellt werden, z. B. durch zwei sicher unterscheidbare elektr. Spannungswerte, zwei Magnetisierungszustände einer Magnetschicht oder eines Ringkerns, Lochung oder Nichtlochung einer best. Stelle eines Papierstreifens (Lochstreifen). Jedem Zeichen des festgelegten Alphabets ist durch einen → Code 3) eine best. Bitgruppe zugeordnet; eine verbreitete Sonderform ist das aus 8 Bits bestehende **Byte** [baɪt]. Man bezeichnet eine aus sachlichen oder techn. Gründen zusammengehörende Zeichengruppe in erweiterter Bedeutung als Wort, z. B. **Befehlswort:** Gruppe aller Zeichen, die einen Befehl bilden; **Maschinenwort:** Gruppe von Zeichen, deren Länge vom techn. Aufbau eines Speichers bestimmt ist. – Die zur techn. Darstellung eines Zeichens, Bytes oder Worts benutzten Signale werden meist gleichzeitig **(bitparallel),** die Zeichen selbst nacheinander **(zeichenseriell)** übertragen, gesteuert von einem zentralen Taktgeber. Die Taktzeit je Zeichen beträgt 0,1–1 μs.

Leitwerk. Zur Steuerung des Programmablaufs enthält das Leitwerk (Steuerwerk) ein → Register 4) oder einen Zähler, den **Befehls(folge)zähler.** Das Leitwerk ruft den Befehl aus dieser Zelle ab, das **Befehlsregister** übernimmt den Befehl und übergibt seinen **Operationsteil** dem ausführenden Operationswerk, während sein **Operandenteil (Adressenteil),** wenn erforderlich, zum Aufrufen einer weiteren Arbeitsspeicherzelle (oder mehrerer) dient, die zu verarbeitenden Daten abgibt oder das Ergebnis aufnimmt. Nach Anstoß der Befehlsausführung geht der Befehlszähler in seine folgende Stellung weiter und leitet damit das Abrufen des nächsten Befehls ein.

Rechenwerk. Die Ausführung eines Befehls erfordert meist eine Folge von Teiloperationen, die von der Ablaufsteuerung veranlaßt wird. Das ist ein Signalgeber mit verdrahteter Folgeschaltung oder mit in einem Festspeicher enthaltenem Steuerprogramm, dessen Teile in versch. Kombinationen bei zusammengehörenden oder abgewandelten Operationen ablaufen: **Mikroprogrammsteuerung.** Für eine Rechenoperation verarbeiten Verknüpfungsglieder, z. B. Addierglieder, die vom Hauptspeicher gelieferten Daten miteinander oder mit einem bereits im Ergebnisregister, dem **Akkumulator (Akku),** vorhandenen Teilergebnis und legen das Ergebnis dort ab. Der gleiche oder ein nachfolgender Befehl überträgt das Ergebnis zum Hauptspeicher. Die Taktzeiten liegen bei schnellen Schaltkreisen im Bereich von Nanosekunden.

Speicher. Große R. besitzen mehrere → Speicher verschiedener Wirkungsweise. – Ein- und Ausgabe. Zur Eingabe der Daten dienen Lochkarten-, Lochstreifen- und Belegleser, Magnetband- oder Magnetplattenspeicher. Schnelldrucker liefern die Ergebnisse aus, oft in einem getrennten Arbeitsgang nach Zwischenspeicherung auf Magnetband. Tastaturen, Schreibmaschinen, Plotter, Sichtgeräte (Bildschirmgeräte), Geräte zur Sprachausgabe dienen zur direkten Verbindung zw. Mensch und Computer **(Mensch-Maschine-Kommunikation, Di|alogverkehr).**

Programmsteuereinrichtungen finden sich bereits in elektron. → Rechenmaschinen. Vollständige kleine R. **(Kleinrechner, Minicomputer** [-kəmpj'u:tə]) mit gespeichertem Programm, Hauptspeicher (Kapazität: einige 1 000 Wörter), einfachem Rechenwerk, Ein- und Ausgabe durch Schreibmaschine oder Lochstreifen sind sehr verbreitet, z. B. für Buchhaltung, Meßreihenauswertung, Maschinensteuerungen.

Große Datenverarbeitungssysteme. **Datenfernverarbeitung** durch Datenübertragung zw. einer zentralen R. und Benutzerpulten **(Terminals** [t'ə:minls]) oder anderen R., z. B. für zentrale Kontenführung aller Außenstellen einer Sparkasse oder für Platzbuchung bei Verkehrsunternehmen. – Zeitlich verzahntes Arbeiten einer **Teilnehmer-R.** an den von mehreren Benutzern gestellten, voneinander unabhängigen Programmen. – **Dialogbetrieb der R.** mit ihrem Benutzer über Sichtgeräte, z. B. bei der rechnergestützten Konstruktion (engl. computer aided design, CAD) vielgestaltiger Werkstücke, oder elektron. Bauelemente. – Verwaltung von **Datenbanken** durch R. für Literaturdokumentation, Kriminalistik, als medizin. Diagnosehilfe (z. B. bei der Computerdiagnostik). – R. zur **Prozeßsteuerung** bei industriellen Prozessen, Werkzeugmaschinen und im Verkehr.

Wirtschaft. Führend in der Computertechnologie sind die USA. Das amerikan. Unternehmen International Business Machines Corporation (IBM) ist weltweit der größte Hersteller von elektron. Datenverarbeitungsanlagen. Bes. günstig hat sich die Computer-Ind. in den letzten Jahren in Japan entwickelt. In Europa ist die Bundesrep. Dtl. führend bei der Produktion elektron. Datenverarbeitungsanlagen.

Geschichte. Eine mechan. R. mit Lochstreifensteuerung entwarf Ch. Babbage um 1840. Erste elektromechan. R. waren: Relais-R. von R. Stibitz 1940, R. Z 3 mit Dualzahlen und Gleitkommarechnung von K. Zuse 1941, Automatic Sequence Controlled Calculator (ASCC) mit Elementen aus Lochkartenmaschinen von H. H. Aiken 1944. Die erste elektron. R. war Electronic Numerical Integrator And Computer (ENIAC) von J. P. Eckert u. J. W. Mauchly (1946). Gespeichertes Programm und Befehlsumrechnung haben die R. von J. v. Neumann (1946).

Rechen|institute, wissenschaftl. Institute oder kaufmännische Unternehmen, die umfangreiche Berechnungen zur Forschung oder als Dienstleistung ausführen. In **Astronomischen R.** werden die in den astronom. und naut. Jahrbüchern angegebenen → Ephemeriden 2) berechnet. In Dtl. gibt es astronom. R. in Heidelberg und Berlin-Babelsberg.

Rechenkniffe, Verfahren, die das Zahlenrechnen, bes. das Kopfrechnen, erleichtern. Beim Addieren faßt man möglichst zu vollen Zehnern zusammen, ebenso beim Multiplizieren, z. B. $2 \cdot 123 \cdot 5 = 10 \cdot 123 = 1\,230$. Das Fünffache einer Zahl ist die Hälfte ihres Zehnfachen. Eine ganze Zahl ist nur dann ohne Rest durch 3 teilbar, wenn die Quersumme es ist; das gilt auch für 9.

Rechenmaschine, mechan. oder elektr. Einrichtung für Zahlenrechnungen, meist als **Tisch-R.,** wobei die Eingangswerte eingetastet, die Ergebnisse abgelesen oder gedruckt werden. Infolge der preisgünstigen Massenherstellung integrierter Schaltkreise sind heute mechan. R. von elektron. Geräten praktisch restlos verdrängt worden. Letztere zeichnen sich durch geringere Kosten, kleinere Bauweise, höhere Rechengeschwindigkeit, fest eingebaute Programme für komplizierte mathemat. Operationen, einfache Programmierbarkeit, größere Betriebssicherheit und geringeren Verschleiß aus.

Die mechan. R. sind heute kaum noch in Gebrauch. Digital arbeitende elektron. R. (Computer): → Rechenanlage, → Tischcomputer, → Personal Computer, → Taschenrechner.

Geschichte. Die erste Addiermaschine wurde von dem achtzehnjährigen Blaise Pascal 1641 konstruiert. Die erste R. für alle 4 Grundrechnungsarten stammt von G. W. Leibniz. Nach 1773 baute der schwäb. Pfarrer P. M. Hahn mehrere R. mit einer für alle Ziffern gemeinsamen Staffelwalze. Serienmäßig stellte Ch. X. Thomas in Paris R. seit 1820 her.

Rechenschaftspflicht, in der Bundesrep. Dtl. → Rechnungslegung. In der Dt. Dem. Rep. ein durch Art. 88 Verf. geregeltes System der Verantwortlichkeit aller leitenden Mitarbeiter in Staat und Wirtschaft gegenüber dem Volk durch **Rechenschaftslegung** über die geleistete Arbeit. Ausführende Organe und Richter sind gegenüber den sie wählenden Volksvertretungen und erstere auch gegenüber den übergeordneten Organen rechenschaftspflichtig.

Rechenschieber, Rechenstab, mathemat. Gerät zum Multiplizieren, Dividieren, Potenzieren u. ä. Rechenoperationen.

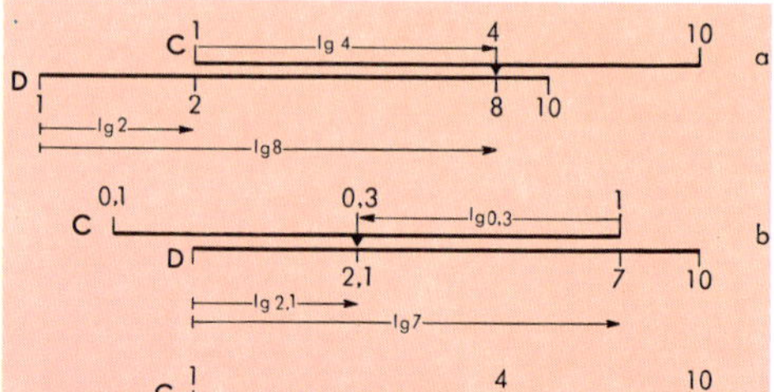

Rechenschieber:
a Multiplikation $2 \times 4 = 8$; b Multiplikation $7 \times 0{,}3 = 2{,}1$; c Division $8:4 = 2$; d Quadrierung $2^2 = 4$ oder Quadratwurzel $\sqrt{25} = 5$

Grundlage bilden die Rechenregeln mit → Logarithmen, z. B. werden zum Multiplizieren und Dividieren die logarithm. Strecken aneinandergefügt und addiert und subtrahiert (Bild). Technisch besteht ein R. im wesentlichen aus zwei gegeneinander verschiebbaren Stäben **(Stab** und **Zunge)** mit logarithm. Teilungen. Die Einteilung berücksichtigt nur Zahlen zw. 1 und 10, da die übrigen durch Multiplikation mit einer entsprechenden Potenz von 10 normiert werden können. Spezielle R. besitzen Winkelfunktionen, doppellogarithm. Teilungen oder andere Skalen **(Rechenscheibe).** In der

Praxis ist heute der R. durch den → Taschenrechner weitgehend verdrängt.

Rechenwerk, Teil der Zentraleinheit einer → Rechenanlage, der die Rechenoperationen durchführt.

Rechenzentrum, Datenverarbeitungszentrum, zentrale Organisationsstelle in einem Unternehmen der Wirtschaft, in Verwaltung und Wissenschaft, wo alle größeren Berechnungen von einer → Rechenanlage (Computer) erledigt werden. Vorteile: wirtschaftl. Nutzung der Anlage, zentrale Datenspeicherung, gemeinsame Verwendung aller Teilergebnisse (integrierte Datenverarbeitung); durch Datenübertragung auch entfernten Benutzerstationen ständig zugänglich.

Recherche [rəʃ'ɛrʃə, frz.] *die, -/-n,* meist *Pl.,* Ermittlung, Nachforschung. *Vb. ich* **recherchiere** *(es).*

rechnen [ahd. rehhenon ›ordnen‹, ›lenken‹]. *ich* **rechne, 1)** *(es),* verbinde Zahlengrößen zu Ergebnissen, → Rechnen: *ein Kaufmann muß rechnen können; in der Algebra rechnet man mit Buchstaben.* **2)** *mit einem Ergebnis,* denke an die Möglichkeit, bin darauf gefaßt: *du mußt mit einem Krankenhausaufenthalt von drei Wochen rechnen.* **3)** *auf ihn, etwas,* erwarte sicher, verlasse mich darauf: *wir rechnen auf deine Mithilfe.* **4)** *ihn, es zu, unter etwas,* zähle dazu, ordne ein: *seine Arbeit rechnet zu den besten der Klasse. ich* **rechne ab, 1)** *es von etwas,* zähle ab, vermindere um: *Übertreibungen mußt du abrechnen.* **2)** *es ihm,* ziehe ihm ab, gebe ihm weniger: *die Unkosten abgerechnet.* **3)** *mit ihm,* bringe Geldgeschäfte in Ordnung: *wir rechnen jede Woche ab.* **4)** *mit ihm,* Ü ziehe zur Rechenschaft: *wir rechnen noch ab, mein Junge! ich* **rechne** *es ihm* **an, 1)** setze auf die Rechnung: *die Ausbesserung müssen wir anrechnen.* **2)** schreibe gut: *die Untersuchungshaft wurde ihm angerechnet.* **3)** Ü bewerte: *das rechne ich ihm hoch an. ich* **rechne** *es gegen etwas* **auf,** gleiche aus: *wir wollen unsere Schulden gegeneinander aufrechnen. ich* **rechne** *es* **aus, 1)** berechne, errechne: *rechne dir nur aus, was das kostet!; die Folgen kannst du dir ausrechnen!,* Ü. **2)** *ausgerechnet,* gerade wie es nicht sein soll: *ausgerechnet um 12 Uhr. ich* **rechne** *es* **ein, mit,** nehme in die Rechnung auf, zähle mit, berücksichtige: *die Unkosten eingerechnet, mitgerechnet. ich* **rechne** *es* **nach,** überprüfe die Rechnung: *es stimmt, du brauchst nicht nachzurechnen. der* **Rechner,** *-s/-,* **1)** jemand, der rechnet, rechnen kann: *ein guter, schlechter Rechner.* **2)** Rechengerät. *die* **Rechnerei,** *-/-en,* U langes, lästiges Rechnen. **rechnerisch,** mit Hilfe des Rechnens, das Rechnen betreffend.

Rechnen *das, -s,* die Anwendung der 4 Grundrechnungsarten zur Verknüpfung von Zahlen mit besonderer Berücksichtigung der prakt. Anwendung. Die Grundrechnungsarten sind: 1) das Zusammenzählen (→ Addition), 2) das Abziehen (Subtraktion, → subtrahieren), 3) das Malnehmen (→ Multiplikation), 4) das Teilen (→ Division); davon sind abgeleitet: 1) das Potenzieren (→ Potenz), 2) das Wurzelziehen (→ Wurzel), 3) das Logarithmieren (→ Logarithmus).

Rechnerverbund, das → Computerverbundnetz.

Rechnung *die, -/-en,* **1)** Zahlenaufgabe. **2)** ⚖ Aufstellung über eine Geldforderung für eine Warenlieferung oder sonstige Leistung; **offene Rechnung,** noch nicht abgeschlossene oder beglichene R. **3)** Planung, Berechnung: *deine R. stimmt wieder nicht.*

Rechnungs|abgrenzung, Buchführung: Abgrenzungen zw. Bilanz sowie Gewinn- und Verlustrechnung, die der periodengerechten Erfolgsermittlung dienen. Dazu rechnen die Erfolgsneutralisierung von Einnahmen und Ausgaben, die noch nicht zu Ertrag und Aufwand geworden sind, und die erfolgswirksame Erfassung der Aufwendungen und Erträge, die noch nicht zu Ausgaben oder Einnahmen geführt haben. Zur R. werden in der Bilanz **transitorische** und **antizipative Abgrenzungsposten** angesetzt. Letzteres ist nach dem Aktienrecht nicht mehr zulässig.

Rechnungs|einheit, Abk. **RE,** Währungswesen: Einheit, in der Werte und Preise ausgedrückt werden; i. a. mit der Münz- und Währungseinheit übereinstimmend. Im April 1975 stimmten die EG der Schaffung einer neuen europ. R. **(European Unit of Account** [jʊərəp'iːən j'uːnɪt ɔv ək'aʊnt], **EUA,** dt. **Europäische Rechnungseinheit, ERE)** zu, 1979 löste die **Europ. Währungseinheit,** engl. **European Currency Unit** [-k'ʌrənsi-], Abk. **ECU,** die ERE ab. Die ECU ist ein künstl. Buchgeld, dessen Wert mit Hilfe eines Währungskorbes festgelegt wird, der sich aus den 9 konvertiblen Währungen (die grch. Drachme ist noch nicht integriert) der EG zusammensetzt. (→ Europäisches Währungssystem)

Rechnungshof, → Bundesrechnungshof.

Rechnungsjahr, 1) Finanzwirtschaft: **Haushaltsjahr, Finanzperiode,** der Zeitraum, für den der Haushaltsplan gilt; in der Bundesrep. Dtl. seit 1. 1. 1961 das Kalenderjahr. **2)** Betriebswirtschaft: das → Geschäftsjahr.

Rechnungslegung *die, -/-en,* ⚖ die Vorlage einer geordneten Zusammenstellung der Einnahmen und Ausgaben, die sich bei einer Verwaltung ergeben. R. ist in best. Fällen (z. B. für Beauftragte, § 666 BGB, Vormünder und Pfleger, §§ 1890, 1915 BGB) vorgeschrieben. Bei begründetem Verdacht mangelhafter R. hat der Verpflichtete an Eides Statt zu versichern, daß er die Einnahmen so vollständig angegeben habe, wie er dazu imstande sei (§§ 259f. BGB).

Rechnungsprüfungs|amt, in der Kommunalverwaltung das Amt, dem die örtl., z. T. auch die überörtl. Rechnungsprüfung obliegt.

Rechnungswesen, Gesamtheit aller Einrichtungen zur zahlenmäßigen Erfassung des Wirtschaftsgeschehens in einem Unternehmen oder einer Behörde; umfaßt Buchführung, Kostenrechnung, Teile des Planungswesens und der Betriebsstatistik.

recht [ahd. reht], **1)** richtig, passend, wie es sein soll: *die rechte Antwort; er ist der rechte Mann für diesen Posten; sehe ich r.?,* täusche ich mich nicht?; *ich habe r.,* bin im Recht, habe das Richtige gesagt oder getan; *ich behalte r.,* meine Ansicht erweist sich als richtig; *das geht nicht mit rechten Dingen zu!,* nicht natürlich, ehrlich; *man kann es nicht allen Menschen r. machen;* aber: *ich sehe nach dem Rechten; damit hast du das Rechte getan, getroffen.* **2)** rechtmäßig: *tue r. und scheue niemand.* **3)** ordentlich, gehörig: *ein rechter Taugenichts; das ist ein rechter Spaß;* aber: *er kann, weiß nichts Rechtes.* **4)** *nicht flektiert:* ziemlich, sehr: *r. herzlichen Dank; etwas r. Dummes; nun erst r.,* trotzdem, gerade; *er ist nicht r. bei Sinnen,* verwirrt im Kopf. **5)** bei Winkeln: 90°: *ein rechter Winkel und zwei spitze.* **6)** der linken Seite gegenüberliegend: *der, die, das rechte; auf der rechten Seite der Fahrbahn; ich schreibe mit der rechten Hand.* **7)** *die rechte Seite,* die ansehnliche Seite, Oberseite (Gewebe). **8)** *eine rechte Masche,* Maschenart beim Stricken. *ich* **rechtfertige** *mich, ihn, es,* erkläre, weise als gerechtfertigt nach, befreie von Verdacht: *er hat das in ihn gesetzte Vertrauen gerechtfertigt. Subst.* → Rechtfertigung. **rechtgläubig,** strenggläubig, orthodox. *Subst. die* **Rechtgläubigkeit.** *der* **Rechthaber,** *-s/-,* U rechthaberischer Mensch. **rechthaberisch,** unnachgiebig auf seinem Standpunkt beharrend. *Subst. die* **Rechthaberei,** -. **rechtmäßig,** gesetzlich, dem Recht entsprechend, legal, legitim. *Subst. die* **Rechtmäßigkeit,** -. **rechtschaffen, 1)** ehrlich, bieder, treu. **2)** U sehr viel; *er muß rechtschaffen arbeiten. Subst. die* **Rechtschaffenheit,** -. **rechtzeitig,** ehe es zu spät ist.

Recht [von recht] *das, -(e)s/-e,* **1)** Befugnis, begr. Anspruch: *ich habe das R., so zu handeln; das ist mein gutes R.; er pocht auf sein R.,* besteht darauf; *ich will nur mein R.; mit Fug und R.* **2)** *ohne Pl.,* das Richtige, Gute, dem jeder beipflichten sollte: *ich bin im R.,* aber: *ich bekomme, habe recht; das R. ist auf meiner Seite; das besteht zu R.* **3)** Gesetz, Rechtsordnung, vgl. unten; *nach deutschem R.; das verstößt gegen göttliches und menschliches R.; Kirchenrecht; Staatsrecht; Prozeßrecht; mein Sohn studiert die Rechte,* Jura; *von Rechts wegen; nach R. und Billigkeit,* nach dem Gesetzesbuchstaben und dem menschl. Rechtsgefühl; *das Gericht muß R. sprechen,* richten. *ich* **rechte** *mit ihm,* verlange mein R. **Rechtens** (alter Genitiv von R.): *es ist Rechtens, daß...,* es geschieht zu Recht. **rechtlich, 1)** ehrlich, redlich. **2)** gesetzmäßig.

Die **Rechtsordnung,** das R. im **objektiven** Sinn, ist die Gesamtheit der Vorschriften, die in bindender Weise das menschl. Gemeinschaftsleben regeln **(Rechtsnormen),** während R. im **subjektiven** Sinn die Berechtigung ist, die sich im Einzelfall für eine Person aus dem objektiven R. ergibt.

Von der Sitte hebt sich die Rechtsordnung durch ihren zwingenden Charakter ab. Die Sittlichkeit (das Sittengesetz) ist für das R. die unerläßliche Grundlage; doch muß das R. vielerlei bestimmen, was sittlich unerheblich ist (z. B. Formen, Fristen). - Das R. kann in zweifacher Weise entstehen: entweder durch Übung (→ Gewohnheitsrecht) oder durch förmliche Rechtssetzung (geschriebenes R., → Gesetz 2, → Verordnung). Weit überwiegend ist heute das Gesetzesrecht. Ferner lassen sich unterscheiden: materielles und formelles R. Materiell-rechtlich sind die Vorschriften, die die Entstehung und Veränderung von Rechten regeln; formellrechtlich die Vorschriften über das Verfahren zur Durchführung des materiellen R. (z. B. das Prozeßrecht). - Unter der Vorherrschaft des römischen Rechts hat sich die dem dt. Recht urspr. unbekannte Unterscheidung von → öffentlichem Recht und → Privatrecht herausgebildet. (→ Rechtsphilosophie)

Recht auf Arbeit, gegen den Staat gerichtetes Recht des Einzelnen auf die Gewährleistung der Möglichkeit zu angemessener Arbeit. Das R. a. A. ist in der Bundesrep. Dtl. als einklagbares Recht oder als Verf.-Grundsatz nicht verankert, in der Verf. der Dt. Dem. Rep. ist es im Art. 24 Abs. 3 ausdrücklich gewährleistet. Zu unterscheiden vom R. a. A. ist das **Recht auf Beschäftigung,** der Anspruch des Arbeitnehmers gegenüber seinem Arbeitgeber, tatsächlich beschäftigt zu werden.

Rechte *die, -n/-n,* **1)** die rechte Hand oder Seite: *zur Rechten,* rechts. **2)** *ohne Pl.,* im Parlament die - vom Präsidentenplatz aus - auf der rechten Seite des Saales sitzenden Parteien **(Rechtsparteien),** betont i. Ggs. zur → Linken 2) mehr das Moment der Bewahrung überkommener Vorstellungen und Normen. Innerhalb einer pluralistisch strukturierten Partei vertritt die **Partei-R.** im Vergleich zur **Partei-Linken** jene Kräfte, die dem Prinzip gesellschaftl. Veränderungen ferner stehen. **3)** Boxen: **rechte Gerade** und **rechter Haken,** entsprechend Linke.

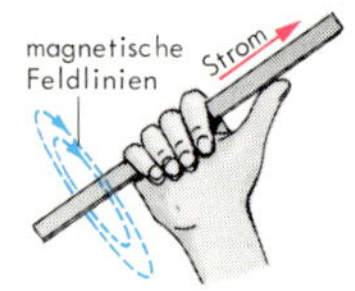

Rechte-Faust-Regel

Recht|eck, Orthogon, △ ein Parallelogramm mit 4 rechten Winkeln.

Rechte-Faust-Regel. Den Umlaufssinn der geschlossenen magnet. Feldlinien, die einen stromdurchflossenen elektr. Leiter umgeben, zeigen die gekrümmten Finger der rechten Hand, wenn der Daumen in (konventionelle) Stromrichtung weist (BILD).

Rechte-Hand-Regel, → Handregeln.

Rechtfertigung *die, -/-en.* **1)** nach kath. Lehre die Fähigkeit des Menschen, mit dem übernatürl. Beistand der wirkenden → Gnade (und um der Verdienste Christi willen) durch Heilsakte seine R. vor Gott zu bewirken. Die R. tilgt bes. die Erbsünde, sie beginnt mit der inhaltl. Annahme des Glaubens (Vollzug in der Taufe). **2)** in der evang. Theologie die Grundlehre der Reformatoren, die Lehre von der R. allein aus dem Glauben (sola fide) auf Grund der Gnade Gottes (sola gratia). Danach vermag der Mensch von sich aus nichts, um das durch die Sünde gestörte Verhältnis zu Gott wiederherzustellen. In dem ihm von Gott aus freier Güte geschenkten Glauben nimmt der Mensch Gnade und R. an.

rechtläufig, ☆ im Sonnensystem vorherrschende Bewegungsrichtung der Himmelskörper (z. B. aller Planeten), die, vom Nordpol der Ekliptik betrachtet, gegen den Uhrzeigersinn verläuft (Ggs.: **rückläufig);** die Bez. stammt aus der Zeit des geozentrischen Weltbildes und wurde für die ›normale‹ Bewegung der Planeten am Himmel (in westöstlicher Richtung) benutzt, um sie vor der rückläufigen Bewegung während der Oppositionsschleife auszuzeichnen.

rechtliches Gehör, Anspruch auf r. G., Grundrecht, das für alle Verfahrensarten gilt und die Gerichte auch dann zur Anhörung verpflichtet, wenn dieses in den speziellen Verfahrensgesetzen nicht vorgesehen ist (Art. 103 Abs. 1 GG). Die Akteneinsicht wird z. T. zum r. G. gerechnet.

Rechtlosigkeit *die, -,* im älteren Recht die Unfähigkeit, Träger von Rechten und Pflichten zu sein. Rechtlos waren z. B. im römischen Recht die Sklaven, im altgerman. Recht die Unfreien (Knechte), die Volksfremden, die Geächteten und Friedlosen (→ Acht), z. T. auch Mönche.

rechts, Abk. **r.,** *nicht flektiert:* auf der rechten Seite: *halten Sie sich r.!; er steht r.,* Ü gehört politisch der Rechten an. **rechtsum!,** Wendung nach rechts.

Rechts|angleichung, eine Aufgabe der EG zur Sicherstellung eines funktionsfähigen Gemeinsamen Marktes ohne Wettbewerbsverzerrungen. Von Bedeutung ist dies v. a. im Bereich der ernährungswissenschaftl. Marktordnung, der europ. Niederlassungsfreiheit, Unternehmensverf. u. a. In Verwirklichung dieser Aufgabe kann der Rat auf Vorschlag der Kommission einstimmig Richtlinien für die Angleichung derjenigen Rechts- und Verwaltungsvorschriften der Mitgliedstaaten erlassen, die sich unmittelbar auf die Errichtung oder das Funktionieren des Gemeinsamen Marktes auswirken (Art. 3 h, 100 EWG-Vertrag); die angleichende Änderung der Vorschriften erfolgt dann durch die Mitgliedstaaten.

Rechts|anwalt, ein → Jurist, der auf Grund seiner Zulassung durch die Justizverwaltung zur Wahrnehmung fremder Interessen als Organ der Rechtspflege berufen ist und als Verteidiger, Beistand oder Bevollmächtigter in allen Rechtsangelegenheiten unabhängig und freiberuflich auftritt. – Die Rechtsanwaltschaft besteht in Dtl. seit 1. 10. 1879. Nach der Bundesrechtsanwaltsordnung v. 1. 8. 1959 ist Voraussetzung zur Zulassung als R. die Befähigung zum Richteramt (→ Justizausbildung). Der R. ist i. d. R. zur Berufsausübung vor jedem Gericht innerhalb der Bundesrep. Dtl. befugt; in Zivilprozessen mit → Anwaltszwang kann jedoch ausschließlich der beim Prozeßgericht zugelassene R. Prozeßbevollmächtigter sein. Die Vergütung richtet sich nach der Bundes-Gebührenordnung für R. v. 26. 7. 1957. Die R. sind in R.-Kammern organisiert.

In der Dt. Dem. Rep. arbeitet die Mehrzahl der R. in R.-Kollegien (Anwaltskollektive); seit 1953 werden Neuzulassungen als Einzelanwalt nicht mehr gestattet. In Österreich erfolgt die Zulassung nach der R.-Ordnung v. 6. 7. 1868 (vielfach geändert). Voraussetzung für die Zulassung: Abgeschlossenes jurist. Studium, Doktorat, fünfjährige Vorbereitungszeit und Rechtsanwaltsprüfung. In der Schweiz sind die Zulassungsbestimmungen kantonal verschieden.

Rechts|auslage, Boxen: die von Linkshändern bevorzugte Fausthaltung (Auslage) mit der rechten Hand als Schlaghand.

Rechtsbehelf, die von Verfahrensordnung einem Beteiligten gewährte Möglichkeit, eine behördl. Entscheidung erneut überprüfen zu lassen, so die Dienstaufsichtsbeschwerde an die vorgesetzte Behörde, der Antrag auf Wiedereinsetzung in den vorigen Stand, auf Wiederaufnahme des Verfahrens, der Einspruch, die Gegenvorstellung. Die R. der Berufung, Revision und Beschwerde, die die Sache vor die höhere Instanz bringen (Devolutiveffekt) und meist auch die Wirksamkeit der angefochtenen Entscheidung hemmen (Suspensiveffekt), heißen **Rechtsmittel;** sie sind meist an die Wahrung von Fristen und Formen gebunden.

Rechtsbeistand, Rechtskonsulent, Person, der gemäß Rechtsberatungsges. v. 13. 12. 1935 die geschäftsmäßige Besorgung fremder Rechtsangelegenheiten gestattet ist. Seit dem 1. 1. 1981 können R. nicht mehr neu bestellt werden. Der R. bedarf besonderer behördl. Erlaubnis. Sie umfaßt nicht die Befugnis, in der mündl. Verhandlung im Zivilprozeß aufzutreten, hierzu bedarf es einer besonderen Zulassung als **Prozeßagent** durch die Justizverwaltung (§ 157 Abs. 1,3 ZPO). Vom R. zu unterscheiden sind die → Beistände. Für die Dt. Dem. Rep. gilt Ähnliches.

Rechtsbeugung, Verbrechen, dessen sich ein Beamter oder Schiedsrichter schuldig macht, der bei Leitung oder Entscheidung einer streitigen Rechtssache vorsätzlich zugunsten oder zum Nachteil einer Partei gegen seine Überzeugung und die Vorschriften der Rechtsordn. verstößt; wird mit Freiheitsstrafe von einem bis zu fünf Jahren bestraft (§ 336 StGB). Eine entsprechende Bestimmung für die Dt. Dem. Rep. enthält § 244 StGB.

Rechtsbücher, im MA. private Darstellungen des geltenden Gewohnheitsrechts, die später z. T. gesetzesähnl. Ansehen erlangten, z. B. der → Sachsenspiegel und der → Schwabenspiegel.

Rechtschreibereform, Maßnahmen zur jeweiligen Angleichung der Schrift an eine als mustergültige Aussprachenorm hingestellte Hochsprache. Eine solche Regelung soll miteinander im Widerstreit stehende Grundsätze der Schreibung nach gültigen Gesichtspunkten in bestmöglichen Einklang bringen. Im Rahmen der dt. R. wurden u. a. folgende Fragen diskutiert: 1) lautnahe Schreibung als Versuch, die Schreibung der Aussprache anzunähern. 2) Regelung der Lautqualitäten und -quantitäten: Hier wurde die Bedeutung der Angabe von Vokallängen (durch Dehnungszeichen) für die Scheidung lautgleicher Wurzeln hervorgehoben; die Schreibung von Doppelkonsonanten nach Vokalkürze behält nach dieser Auffassung Wert mit Hinblick auf die ›Redundanz‹ (als doppelte Sicherung gegen das Verlesen), die für jeden Code zu berücksichtigen ist. 3) Groß- und Kleinschreibung: In diesem Zusammenhang wurde einerseits betont, eine Vereinheitlichung der Orthographie im Sinn durchgehender Kleinschreibung erleichtere (bes. für sozial Unterprivilegierte) Erlernen und Handhabung der Rechtschreibung; Vertreter der ›gemäßigten Kleinschreibung‹ forderten Abschaffung der Großschreibung bei Substantiven und ihre Beibehaltung an Satzanfängen und bei Namen; Vertreter der (modifizierten) Großschreibung betonten, daß der einen Text überfliegende Blick in den Großbuchstaben der Substantive ein Mittel zur Sinnerkennung des Textes erhalte und die Großschreibung auch im Hinblick auf die maschinelle Aufbereitung von Texten ihre Funktion habe. – Weitere Problembereiche der dt. R. sind: Zusammen- und Getrenntschreibung, Zeichensetzung und Silbentrennung, die s-(ss-, ß-)Schreibung sowie die Schreibung von Fremdwörtern.

Die ›Wiesbadener Empfehlungen‹ (1958) sollten für ein gemeinsames Vorgehen aller deutschsprachigen Staaten in der R. eine Ausgangsbasis liefern. Ebensowenig wie die ›Wiener Empfehlungen‹ (1973) boten sie ein Konzept, das den Erkenntnissen der Textlinguistik und der Codetechnik gerecht wurde. 1978, 1979 und 1982 fanden Tagungen in Wien zw. Vertretern aller dt.-sprachigen Staaten statt. Bei der letzteren Tagung wurde auch ein Regelvorschlag zur Groß- und Kleinschreibung erarbeitet, der den zuständigen Ministerien in den deutschsprachigen Staaten zugeleitet wurde.

Rechtschreibung *die, -,* **Orthographie,** Regelung der Schreibweise durch Buchstaben und Satzzeichen (Schriftzeichen). – Die für das heutige Deutsch geltende R. ist in ihren wesentl. Zügen durch die Drucker des 16. und 17. Jh. geformt und durch Grammatiker wie H. Freyer (1722) und J. C. Adelung (1788) gefestigt worden. Die amtl. Anerkennung einer einheitl. R. für alle deutschsprachigen Länder wurde erst über die Rechtschreibekonferenzen von 1876 und 1901 erzielt, auf Grund deren von einzelnen Ländern ›Regeln für die dt. R.‹ herausgegeben wurden (K. → Duden). Da zw. Sprachlaut und → Schrift nie volle Übereinstimmung erreichbar ist, treten in allen Schriftsprachen Rechtschreibprobleme auf, die häufig den Wunsch nach einer → Rechtschreibereform wecken. (ÜBERSICHT Groß- und Kleinschreibung)

Rechtsdenkmäler, Rechtsaufzeichnungen (z. B. Urkunden) und sonstige Überbleibsel des Rechtslebens der Vergangenheit (z. B. Siegel, Folterwerkzeuge, Richtstätten), auch → Rechtssprichwörter; sie sind Gegenstand der **Rechtsarchäologie.**

Rechtsfähigkeit *die, -,* Fähigkeit, Träger der in der Rechtsordnung vorgesehenen Rechte und Pflichten zu sein. Rechtsfähig ist jeder Mensch und jede jurist. Person. Die R. des Menschen beginnt mit der Geburt (§ 1 BGB) und endet mit dem Tod. Für jurist. Personen gibt es keine einheitl. Bestimmungen. Nichtwirtschaftl. Vereine (§ 21 BGB), die AG, die GmbH und die Genossenschaft erlangen die R. mit der Eintragung in ein öffentl. Register, wirtschaftl. Vereine (§ 22 BGB) durch staatl. Konzession. Die R. endet z. B. durch Löschung im Register oder Widerruf der Konzession.

Rechtsfrage, lat. **quaestio iuris,** die Frage, ob auf einen feststehenden Tatbestand eine Rechtsvorschrift anwendbar ist. Die Feststellung des Tatbestands selbst ist die Beantwortung der **Tatfrage.**

Rechtsgang, im alten dt. Recht das Verfahren zur Aufhebung des Unrechts und zur Wiederherstellung des Rechts. Der R. wurde zunächst außergerichtlich durch Selbsthilfe geübt, da Rechtsschutz und Rechtsverfolgung urspr. Privatsache der Einzelnen und ihrer Sippe waren (Fehde, Blutrache). Später bildete sich daneben ein gerichtl. R. aus (Gerichtsverfahren, Prozeß), der den außergerichtl. R. bis auf wenige Ausnahmefälle verdrängte (Notwehr, Notstand und Selbsthilfe im Sinn des § 229 BGB).

Rechtsgebiet, der räuml. Geltungsbereich einer Rechtsquelle. R. und Staatsgebiet fallen nicht immer zusammen, z. B. bei Rechtsvorschriften einzelner Gemeinden.

Rechtsgeschäft, Willenserklärung, mit der der Erklärende einen best. rechtl. Erfolg herbeiführen will, z. B. Annahme eines Vertragsangebotes. Man unterscheidet: einseitige und zweiseitige R., je nachdem, ob die Willenserklärung einer Person (z. B. Kündigung) oder die übereinstimmende Erklärung mehrerer Personen (Vertrag) erforderlich ist; entgeltliche (z. B. Kauf) und unentgeltliche R. (z. B. Schenkung); formgebundene und formlose R., je nachdem, ob ihre Wirksamkeit an die Einhaltung einer Form (z. B. notarielle Beurkundung) geknüpft ist oder nicht; dingliche und obligatorische R., je nachdem, ob sie eine unmittelbare Rechtsänderung (z. B. Eigentumsübertragung) oder nur eine schuldrechtl. Verpflichtung zum Gegenstand haben.

Rechtsgeschichte, die Wiss. vom Recht der Vergangenheit und vom Werdegang der versch. Rechtsordnungen.

Rechtsgrund, die → Causa.

Rechtsgut, Gut, in dem sich Lebensinteressen des Einzelnen oder der Allgemeinheit verkörpern und das deshalb von der Rechtsordnung des Staates geschützt wird.

Rechtshandlung, jedes erlaubte rechtswirksame Handeln, an das sich Rechtsfolgen knüpfen. R. zerfallen in Willenserklärungen (z. B. Angebot zum Vertragsabschluß) und geschäftsähnl. Handlungen (z. B. Mahnung).

Rechtshängigkeit *die, -,* der prozessuale Zustand, der mit der Erhebung der Klage im Zivilprozeß eintritt. Die R. wird durch Klageerhebung oder eine gleichwertige Prozeßhandlung und deren Zustellung begründet (§ 261 ZPO); sie legt Gericht, Parteien und Streitgegenstand in best. Weise fest. Daneben hat die R. zahlreiche materiellrechtl. Wirkungen, z. B. Anspruch auf Prozeßzinsen, Unterbrechung der Verjährung.

Rechtshilfe, besondere Art der Amtshilfe, die eine Behörde einer anderen leistet; i. e. S. die Hilfe, die sich Gerichte gegenseitig durch richterl. Handlungen (z. B. Einnahme eines Augenscheins, Zeugenvernehmung) leisten; ferner die R. der Verwaltungsbehörden. Die zwischenstaatl. R. ist in internat. Verträgen (z. B. → Haager Konventionen) geregelt.

Rechts|institut [lat.], ein best. soziales Lebensverhältnis, das von der Rechtsordnung allgemeinverbindlich geregelt ist (z. B. Besitz, Eigentum, Ehe).

Rechtskirche, christl. Theologie: Kirche, deren Glaubenssätze und Verf. rechtlich strukturiert sind und die als Grundlage dieser Rechtsstruktur ein positiv durch Offenbarung gesetztes und unveränderl. göttl. Recht betrachtet.

Rechtskonsulent, der → Rechtsbeistand.

Rechtskraft *die, -,* die Endgültigkeit von Rechtsentscheidungen. Man unterscheidet die **formelle R.** (Unanfechtbarkeit) und die **materielle R.** (Maßgeblichkeit), die das Gericht und die Parteien an die Entscheidung bindet. Die R. kann unter best. Voraussetzungen wieder beseitigt werden, durch → Wiederaufnahme des Verfahrens, durch → Wiedereinsetzung in den vorigen Stand, durch → Abänderungsklage (§ 323 ZPO; z. B. bei Änderung der Voraussetzungen für die Bemessung von Unterhaltsansprüchen).

Die Bestimmungen der Prozeßordnungen der Dt. Dem. Rep., Österreichs und der Schweiz enthalten entsprechende Regelungen. In der Dt. Dem. Rep. wird die R. jedoch durch das Rechtsmittel der Kassation (§§ 311 ff. StPO, 160 ff. ZPO) durchbrochen, mit dem rechtskräftige Entscheidungen noch ein Jahr lang angefochten werden können. *Adj.* **rechtskräftig.**

rechts/links, Abk. **RL,** Grundbindung einer einflächigen Maschenware. Auf der rechten Warenseite liegen die Maschenschenkel oben, auf der linken treten die Maschenköpfe hervor.

Rechtsmängel, Mängel, die sich auf den Rechtszustand eines Vertragsgegenstandes beziehen (→ Mängelhaftung).

Rechtsmedizin, früher **gerichtliche Medizin,** Teilgebiet der Medizin, befaßt sich mit der Anwendung medizin. Erkenntnisse auf die Fragestellungen der Rechtspflege und mit der Vermittlung jurist. Wissens für die Ausübung des ärztl. Berufs. Zum Aufgabengebiet der R. gehört z. B. die Erstellung von Gutachten (Vaterschaft, Todeszeitpunkt, Zurechnungsfähigkeit u. a.) und die Untersuchung von Leichen auf Gewalt- oder Gifteinwirkung. Die Aufgaben der R. werden wahrgenommen bes. von Instituten für R. an Universitäten, (Fach-)Ärzten für R. und gerichtl. bestellten Gutachtern und Amtsärzten (Gerichtsärzten).

Rechtsmißbrauch, die unzulässige Ausübung eines Rechts in Schädigungsabsicht (§ 226 BGB), → Schikane.

Rechtsmittel, ein → Rechtsbehelf gegen eine gerichtl. Entscheidung.

Rechtsnachfolge, Sukzession, der Übergang von Rechten und Pflichten von einer Person auf eine andere. **1)** Privatrecht: Man unterscheidet **Sondernachfolge (Singularsukzession),** wenn nur einzelne Vermögensstücke übergehen, und **Gesamtnachfolge (Universalsukzession),** wenn ein Vermögen als Ganzes übergeht, z. B. bei der Erbschaft. **2)** Staats- und Völkerrecht: die Nachfolge eines Staates in die Hoheitsrechte eines anderen Staates (→ Staatensukzession).

Rechtsnorm, zur Regelung des Gemeinschaftslebens erlassene Vorschrift, z. B. Verfassung, Gesetz, Rechtsverordnung, autonome Satzung.

Rechts|objekt, der einzelne Gegenstand, der der Rechtsmacht eines Rechtssubjektes unterworfen sein kann, z. B. ein Grundstück, eine Hypothek.

Rechts|ordnung, → Recht.

Rechtspflege, die Tätigkeit staatlicher und staatlich anerkannter Organe, die dem Rechtsschutz, der Rechtsausübung und der Rechtsvorsorge dient.

Rechtspfleger, Beamter des gehobenen Justizdienstes, dem durch das R.-Ges. v. 5. 11. 1969 best. richterl. oder staatsanwaltschaftl. Aufgaben übertragen sind. Hierzu zählen u. a.: Vereins-, Güterrechts-, Grundbuch-, Vormundschaftssachen, Konkurs- und Vergleichsverfahren. Der R. ist nicht befugt zur Anordnung und Abnahme von Eiden, Androhung oder Anordnung von Freiheitsstrafen (mit Ausnahmen) und zur Änderung einer Entscheidung des Urkundsbeamten. Er hat die ihm übertragenen Geschäfte dem Richter vorzulegen, wenn er von dessen Stellungnahme abweichen will oder wenn sich rechtl. Schwierigkeiten ergeben. Gegen die Entscheidung des R. steht dem Betroffenen die Erinnerung (→ erinnern 3) zu, über die der Richter entscheidet, wenn er sie für zulässig und begründet hält.

Rechtsphilosophie, der Zweig der Philosophie, der sich mit Sinn und Zweck, Ursprung und Geltung des Rechts befaßt. Als wichtigste Strömungen der R. gelten die naturrechtl., die histor., die neukantian. und die positivistische. Bis zum Beginn des 19. Jh. fällt die Geschichte der abendländ. R. mit der Gesch. der Naturrechtslehre zusammen (→ Naturrecht). Mit deren systematischer Ausbildung im 17. und 18. Jh. erreichte die R. einen ersten Höhepunkt. Jedoch erst um 1800 entstand, in polem. Abgrenzung zum Naturrecht, der Begriff R. im Rahmen der ›Historischen Rechtsschule‹ (G. Hugo, F. K. v. Savigny, G. F. Puchta). Mitte des 19. Jh. drang der → Rechtspositivismus vor. An der Wende zum 20. Jh. erneuerte auf erkenntnistheoretischer Grundlage in Dtl. R. Stammler die R. G. Radbruch entwickelte eine relativistische R., H. Coing knüpfte an die materiale Wertethik M. Schelers an.

Rechtspositivismus, Richtung der Rechtsphilosophie, die im Unterschied zum Naturrecht das Recht mit den in einem Staat tatsächlich (›positiv‹) geltenden Normen gleichsetzt und seine Rechtfertigung in der staatl. Macht sieht. Als wissenschaftl. Methode erschien der R. in der Mitte des 19. Jh. in Form der → Begriffsjurisprudenz, Ende des 19. Jh. spitzte er sich zum Gesetzespositivismus zu.

Recht|sprechung, die Anwendung der Ges. auf den Einzelfall durch die Gerichte (Art. 92 GG).

Rechtsquelle, Grundlage für einen Rechtssatz, z. B. Verf., Gesetz, Rechtsverordnung, Satzung, Gewohnheitsrecht.

rechts/rechts, Abk. **RR,** Bindung einer doppelflächigen, bes. querelast. Maschenware. Auf beiden Seiten wechselt in jeder Querreihe ein Maschenschenkel (rechte Masche) mit einem Maschenkopf; in Erscheinung treten die rechten Maschen.

Rechtsschulen, 1) Schulen für Rechtsunterricht, im Altertum bes. die R. von Berytos (Beirut) und Konstantinopel, im MA. die von Pavia (11. Jh.) und Bologna (Blütezeit 13. Jh.). **2)** Gruppen von Juristen, die in der Behandlung des Rechts gleichen Methoden folgen; bei den Römern die R. der Sabinianer und Prokulianer, im MA. die der → Glossatoren und → Postglossatoren.

Rechtsschutzversicherung, Versicherung gegen die Kosten eines Rechtsstreits, bes. als Fahrzeug-R. für Verkehrsstrafsachen und zur Verfolgung von Schadensersatzansprüchen; auch im Familien- oder Firmenrecht.

Rechtssoziologie, der Zweig der Rechtswissenschaft, der das Recht in seiner gesellschaftl. Wirkung und im Zusammenhang mit anderen gesellschaftl. Phänomenen (z. B. Wertbildern, Sitten) zu erforschen sucht.

Rechtssprache, die Fachsprache des Rechtslebens, gekennzeichnet durch Fachausdrücke, bes. aus dem Lateinischen, und genaue Definitionen.

Rechtssprichwörter, die in sprichwortähnl. Fassung gebildeten Rechtssätze, die sich dem Gedächtnis des Volkes leicht einprägten. R. sind aus dem volkstüml. älteren dt. Recht in großer Zahl überliefert. Bekannte R.: ›Hand wahre Hand‹; ›Der Tote erbt (= macht zum Erben) den Lebendigen‹; ›Einmal ist keinmal‹; ›Wer zuerst kommt, mahlt zuerst‹.

Rechtssymbole:
LINKS Marktkreuz und Handschuh als ›des Königs Leibzeichen‹ deuten den am Markt herrschenden Königsfrieden an; MITTE vier Männer, die auf ihre Ohren deuten (Ohrenzeugen), bekunden, daß ein Kind lebend geboren ist; RECHTS der Herr verweigert (durch abgewendeten Blick und gekreuzte Hände) dem heerschildlosen Bauern, dem Verfesteten und dem Reichsächter die Erneuerung des Lehens. Durch die Schwerter wird die Acht, durch die Königskrone die Reichsacht symbolisiert. (Heidelberger Bilderhandschrift des Sachsenspiegels)

Rechtsstaat, ein Staat, in dem die Staatsfähigkeit durch die Rechtsidee bestimmt sowie durch die Rechtsordnung begrenzt ist und in dem die Rechtsstellung der Verbände wie der Einzelnen (bes. Leben, Freiheit und Eigentum) durch Rechtsgarantien gesichert ist (→ Gewaltenteilung, → Grundrechte).

Der ältere R., der Staat des MA., war v. a. auf die Wahrung des Friedens und des Rechts bedacht, das für die einzelnen Stände meist verschieden geregelt war. - Der moderne bürgerl. R., auch als **liberaler R.** bezeichnet, entwickelte sich als Gegenbewegung zum → Polizeistaat. Als notwendige Elemente des R. gelten seitdem: eine geschriebene Verf., die die Macht des Staates rechtlich umgrenzt; die Sicherung einer unantastbaren staatsfreien Sphäre des Einzelnen durch Grundrechte; der gerichtl. Rechtsschutz gegenüber Eingriffen der Staatsgewalt in subjektive öffentl. und private Rechte; die Unabhängigkeit der Gerichte; das Verbot rückwirkender Strafgesetze u. a. Im Grundgesetz sind die rechtsstaatl. Garantien und Einrichtungen noch über den früheren Umfang hinaus erweitert worden; insbes. wurde die Bundesrep. Dtl. zu einem **sozialen R.** erklärt (Art. 20, 28 GG), dessen Sinn die Entwicklung einer Ordnung ist, die den sozialen Frieden wahrt und ein menschenwürdiges Dasein für alle sichert.

Recife

Rechtsstreit, der → Prozeß.

Rechtssubjekt, die natürliche oder juristische → Person.

Rechtssymbole, Vorgänge oder Gegenstände (z. B. Fahne, Hut, Stab, Schlüssel, Schulderhebung, Ritterschlag, Fehdehandschuh), die einen sinnlich nicht wahrnehmbaren Rechtsvorgang oder ein Rechtsverhältnis durch Versinnbildlichung anschaulich machen sollen. Die R. waren im älteren german. Recht von großer Bedeutung; ihnen wurden z. T. mag. Kräfte beigelegt.

Rechts|titel, ⚮ Rechtsgrund, auf den ein Recht oder ein Anspruch gestützt wird, z. B. Eigentum, Darlehen, Miete; jetzt meist i. S. von (vollstreckbarer) Urteilsausfertigung.

Rechtsverkehr, Straßenverkehr: Rechts fahren, links überholen ist Fahrvorschrift in den meisten Ländern. Über die Abweichungen → Linksverkehr.

Rechtsverordnung, eine von einem Exekutivorgan erlassene → Verordnung.

Rechtsverweigerung, Justizverweigerung, Ablehnung der pflichtmäßigen Amtsausübung durch ein in einer Rechtssache angerufenes Gericht. Gegen R. ist Dienstaufsichtsbeschwerde zulässig.

Rechtsweg, der Weg, auf dem bei einer Gerichtsbarkeit um Rechtsschutz nachgesucht werden kann. Man unterscheidet: den ordentlichen R. (→ ordentliche Gerichtsbarkeit), den R. der Verwaltungs-, Finanz-, Arbeits- und Sozialgerichtsbarkeit.

Rechtswidrigkeit, Verstoß einer Handlung oder Unterlassung gegen die Verbote oder Gebote des Rechts. Rechtswidriges Tun kann die Unwirksamkeit von Rechtsgeschäften, die Pflicht zur Schadensersatzleistung, auch Strafbarkeit nach sich ziehen. Rechtfertigungsgründe (z. B. Notwehr) schließen R. aus.

Rechtswissenschaft, Jurisprudenz, die Wiss. vom Recht. Sie steht in enger Beziehung zu den übrigen Geistes- und Sozialwissenschaften. Die R. umfaßt Rechtsphilosophie, Rechtstheorie, Rechtsgeschichte, Rechtsdogmatik, Rechtssoziologie und Rechtspolitik. Die vergleichende R. vergleicht die Rechte der nationalen Rechtsordnungen miteinander.

Geschichte. Die europ. R. geht auf die röm. Zeit zurück. Das röm. Recht fand vom 14. bis 16. Jh. mit der → Rezeption Eingang in Dtl. Die R. hatte ihre erste Blüte in der Gemeinrechtl. Jurisprudenz des 17. und 18. Jh., bes. der Schule der Praktiker (B. Carpzow). In der Aufklärung beherrschte die Naturrechtslehre die R. Gegen die Autorität des Vernunftrechts wandte sich seit Beginn des 19. Jh. die Historische Rechtsschule, entscheidend bestimmt durch F. C. v. Savigny. Aus ihr entwickelte sich eine mehr dogmatisch-konstruktive Richtung. Gegen den ihr insoweit folgenden → Rechtspositivismus wandten sich die → Freirechtsschule und die soziologische Jurisprudenz. In ihrem Kampf gegen rein konstruktive Begriffsjurisprudenz berührten sie sich mit der früher entstandenen → Interessenjurisprudenz. Die gegenwärtige R. ist gekennzeichnet durch Auseinandersetzungen um die Methode, durch stärkere Systematisierung und Kodifizierung des öffentl. Rechts sowie bes. durch Rechtstatsachenforschung, d. h. die Ermittlung von Zuständen und Geschehensabläufen, die für neue Rechtsschöpfung erforderlich ist. Schöpfer einer selbständigen Straf-R. ist A. Feuerbach (Anfang des 19. Jh.). Sie hat die dogmat. Durchformung des StGB (1870) wesentlich gefördert (K. Binding, E. Beling, R. Frank). Auch das Handelsrecht (L. Goldschmidt, H. Staub), das Zivilprozeßrecht (F. Stein, L. Rosenberg), das neu entwickelte Arbeitsrecht (W. Kaskel, H. C. Nipperdey, A. Nikisch), das Verwaltungsrecht (L. v. Stein, O. Mayer, F. Fleiner, W. Jellinek, E. Forsthoff), das Staatsrecht (P. Laband, G. Meyer, G. Anschütz, C. Schmitt, E. R. Huber) und das Völkerrecht (F. v. Liszt, H. Triepel, G. Dahm) werden seit etwa 1900 eingehend bearbeitet.

Rechtszug, die Instanz, der Verfahrensabschnitt eines Rechtsstreits vor Gericht.

rechtwinklig, einen rechten Winkel (= 90°) einschließend.

Recife [res'ifi, portugies. ›Riff‹], früher **Pernambuco,** Hptst. des brasilian. Bundesstaates Pernambuco, (1980) 1,4 Mio. Ew.; Erzbischofssitz, 2 Univ., Landwirtschaftl. Hochschule, wissenschaftl. Institute, Bibliotheken, Theater; bedeutendste Hafen-, Handels- und Industriestadt NO-Brasiliens (Zucker-, Textil-, Möbel-, Konserven-, chem. Ind.); internat. Flughafen. - R. wurde 1526 als Versorgungsstation für Ostindienfahrer von Portugiesen gegr.; nach der Eroberung NO-Brasiliens durch die Holländer war es 1630–54 die Hptst. von Niederländ.-Brasilien.

recipe! [lat.], Abk. **Rec., Rp.,** nimm! (auf ärztl. Rezepten).

Reck [mhd.] *das, -s/-e,* Turngerät, das aus einer vorgespannten waagerechten Stahlstange von 28 mm Durchmesser und 2,40 m Länge besteht, die bei Wettkämpfen in 2,50 m Höhe zw. 2 Haltestangen angebracht ist. Diese sind am Boden mit Drahtseilen gespannt und verankert. Das R. wurde von F. L. Jahn 1812 eingeführt. Das Turnen am R. gehört zum Olymp. Zwölfkampf.

Recke [ahd. reccho, urspr. ›Verbannter‹] *der, -n/-n,* Held, starker Kämpfer. *Adj.* **reckenhaft.**

recken [ahd. recchen]. *ich* **recke, 1)** *es, mich,* dehne, strecke es, mich. **2)** *ein Schiff, nd.:* schleppe. **3)** ⚙ vermindere den Werkstückquerschnitt schrittweise, bei Metallen durch Freiformschmieden und Reckwalzen, bei Kunststoffen durch Ziehen. Die Festigkeit wird erhöht, bei Metallen das Gefüge verdichtet, bei Kunststoffen werden die Fadenmoleküle weitgehend längsgerichtet.

Recklinghausen, Krst. im RegBez. Münster, NRW, (1984) 118700 Ew., zw. Emscher und Lippe, Hafen am Rhein-Herne-Kanal; Landesanstalt für Ökologie, Bundesverband für Selbstschutz (für NRW), Landwirtschaftskammer Westfalen-Lippe, Fachschulen; Ikonenmuseum, Kunsthalle, Volkssternwarte, Trabrennbahn, Festspielhaus (jährlich Ruhrfestspiele), Kirche St. Petrus (13.–16. Jh.); Stahl- und Maschinenbau, Textil-, Chemie- und Kunststoff-Ind. - R., um 1230 als Stadt bezeugt, gehörte mit der umliegenden Landschaft, dem **Vest R.,** seit dem 12. Jh. zu Kurköln; 1802 kamen beide an den Herzog von Arenberg, 1811 an das Ghzgt. Berg, 1815 an Preußen; seit dem 19. Jh. wirtschaftl. Aufstieg durch Steinkohlenbergbau und Eisenindustrie.

REDEFIGUREN (Auswahl)

I. Figuren des Ausdrucks

1) Übertragung, bildlicher Ausdruck **(Metapher):** *Glut* = Leidenschaft; *das Schiff der Wüste* = das Kamel. Hierzu gehört der Tausch inhaltlich verwandter Begriffe **(Metonymie):** *der Homer* = die Werke des Homer; *der Lorbeer* = der Sieg; *Bacchus* = Wein; *der Himmel* = Gott.

2) Anspielung **(Allusion):** a) Allgemeines für Einmaliges: *der große Reformator* = Luther. b) Einmaliges verallgemeinert: *ein Alexander* = ein Eroberer.

3) Bildhafte Umschreibung **(Periphrase):** *das Land, wo die Zitronen blühen* = Italien.

4) Mitverstehen **(Synekdoche),** bes. Teil fürs Ganze **(pars pro toto):** *das Heer zählte 1000 Köpfe* = 1000 Mann; *nicht über meine Schwelle* = nicht in mein Haus.

II. Figuren der Belebung

1) Übertreibung **(Hyperbel):** *die Hölle war los* = es gab viel Lärm.

2) Schmückendes Beiwort **(Epitheton ornans):** *die sonnigen Gipfel der sommerlichen Alpen.* Auch dichterischer Beisatz **(Apposition):** *Aurora, Bringerin des Tages.*

3) Erläuternder Beisatz **(Apposition):** *Zeus, der Göttervater.*

4) Verneinung zur nachdrücklichen Bejahung **(Litotes):** *nicht eben groß* = klein; *nicht schlecht* = recht gut; *der Junge ist gar nicht dumm* = recht gescheit.

5) Gegensatz **(Antithese):** *Gut und Böse, Arm und Reich.* Widersprüchlicher Gegensatz **(Oxymoron):** *helldunkel.*

III. Stellungsfiguren

1) Wortpaare (besonders mit gleichem Anlaut, Stabreim und Reimen): *mit Mann und Maus; bei Nacht und Nebel; singen und klingen; Sang und Klang.*

2) Wortwiederholung: *lieber, lieber Vater!; Komm, o komm, Geliebte mein!*

3) Wortreihen: a) mit *und* **(Polysyndeton):** *und es wallet und siedet und brauset und zischt.* b) ohne *und* **(Asyndeton):** *alles rennet, rettet, flüchtet.* c) mit Steigerung im Ausdruck **(Klimax):** *stundenlang, tagelang, wochenlang warteten wir auf dich.*

4) Kreuzstellung **(Chiasmus):** *der Herr fördere das Werk unserer Hände; ja das Werk unserer Hände wolle er fördern.*

5) Wiederaufnahme **(Anapher):** *Geld war sein Streben, Geld war sein einziger Gedanke, Geld sollte ihm alles andere ersetzen.*

6) Wiederholung in Sinn und Form **(Parallelismus):** *und Gott gab seine Macht ins Gefängnis und seine Herrlichkeit in die Hand des Feindes.*

7) Satzbruch **(Anakoluth):** *wenn ich bedenke, wie man wenig ist, und was man ist, das blieb man andern schuldig.*

IV. Rednerische Satzformen

1) Rednerische **(rhetorische)** Frage: *ich hätte mich so weit vergessen können?*

2) Ausruf: *o traurige Wahrheit!*

Rẹcklinghausensche Krạnkheit [n. dem Pathologen F. D. v. Recklinghausen, *1833, †1910], ⚕ zwei versch. Krankheiten: **1) Neurofibromatọse,** eine vererbte Erkrankung des Nervensystems mit Knotenbildung an den Nervensträngen. **2) Osteodystrọphia fibrọsa cystica generalisạta,** eine Stoffwechselkrankheit, die mit gesteigertem Knochenabbau (Knochenbrüchigkeit) einhergeht, hervorgerufen durch Störung des Calcium- und Phosphatstoffwechsels infolge Überproduktion von Parathormon.

Rẹclam, Anton Philipp, Verlagsbuchhändler, *Leipzig 28. 6. 1807, † ebd. 5. 1. 1896, erwarb in Leipzig 1828 das ›Literarische Mus.‹ (Leihbibliothek, Lesezirkel), aus dem der Verlag Philipp R. jun. (seit 1837) und ›Reclams Universal-Bibliothek‹ (gegr. 1867) hervorgingen. 1947 wurde der R.-Verlag GmbH, Stuttgart, gegr., der seit 1958 als Philipp R. jun. firmiert.

Reconditioning [riːkənd'ɪʃnɪŋ, engl.] *das, -s,* Modernisierung, Umbau, Ausstattung mit anderen oder besseren Eigenschaften.

Reconquista [rekɔŋk'ista, span. ›Wiedereroberung‹] *die, -,* der nat. und religiöse Kampf der Bevölkerung der Pyrenäenhalbinsel gegen die arab. Herrschaft im MA., beendet 1492 mit der Eroberung Granadas durch die Kath. Könige.

Reconstruction [riːkənstr'ʌkʃn, engl. ›Wiederherstellung‹], in den USA die Periode der Wiedereingliederung der Südstaaten in die Union nach dem Sezessionskrieg.

Recorder [rik'ɔːdə] *der, -s/-,* Gerät zur magnet. Aufzeichnung auf Tonbändern, aber auch zur magnet. oder mechan. Aufzeichnung auf Platten. Ein **Kassetten-R.** ist ein Tonbandgerät mit einlegbarer Kassette (mit Tonband), das sowohl für Aufzeichnungen als auch zum Abspielen von Bändern eingesetzt werden kann; ein **Radio-R.** enthält auch einen Rundfunkempfänger zur Aufzeichnung von Rundfunksendungen; der → Videorecorder speichert Fernsehbild und -ton. (→ magnetische Aufzeichnung)

Recreation [rekrɪ'eɪʃn, engl. ›Erholung‹] *die, -,* Begriff der Freizeitwiss., der im Unterschied zu der auf Regeneration der Arbeitskraft gerichteten Erholung mehr die unorganisierte Freizeitgestaltung (Entfaltung spieler. Kreativität, Freude an Bewegung und Geselligkeit) im Rahmen eines die Gesamtpersönlichkeit einschließenden Ausgleichs bezeichnet.

rẹcte [lat.], ⚘ richtig, recht.

rẹcto, rẹkto [lat.], bei mittelalterl., nach Blättern gezählten Handschriften die Vorderseite eines Blattes. Ggs.: verso.

Rẹctum, Rẹktum [lat.] *das, -s/...ta,* ⚕ der Mastdarm (→ Darm).

Recụrrensfieber, lat. **Fẹbris recụrrens,** das → Rückfallfieber.

Recycling [riːs'aɪklɪŋ, engl., vgl. re... und engl. cycle ›Kreislauf‹], *das, -s,* **1)** Rückführung von Altmaterial in den Rohstoffkreislauf, z. B. bei der Müllaufbereitung, Abwasserreinigung, Schrottverwertung, Wiederaufarbeitung von Altöl, Verarbeitung von Altgummi, -glas, -papier, in der Kerntechnik (→ Wiederaufarbeitung der Brennelemente). Die Bedeutung des R. für den → Umweltschutz und den sparsamen Umgang mit allen → Rohstoffen angesichts der Begrenztheit der Ressourcen wurde in neuerer Zeit zunehmend erkannt. **2)** ✍ Rückschleusung von Einnahmeüberschüssen einzelner Länder in den internat. Finanzmittelkreislauf (z. B. **Petrodollars** der erdölexportierenden Länder). **3)** 🏛 Einbeziehung histor. Bauten in die moderne Stadtplanung.

Redakteur [-t'øːr, aus frz.] *der, -s/-e,* in der Schweiz **Redạktor** *der, -s/...t'oren,* in Dtl. auch **Schrịftleiter,** ein Verlagsangestellter oder ein angestellter Journalist, der die Aufgabe hat, Beiträge zu Sammelwerken oder für Zeitungen, Film, Hörfunk und Fernsehen zu → redigieren. Mehrere R. bilden eine **Redaktiọn,** ihr Leiter heißt **Chẹfredakteur.** Das Presserecht fordert für period. Veröffentlichungen die Nennung eines verantwortl. R. (→ Journalist, → Impressum).

Redaktiọnsgeheimnis, das → Pressegeheimnis.

Redaktiọns|statut, Mitbestimmungsordn. publizist. Einrichtungen zur Verwirklichung der inneren Pressefreiheit, vereinbart zw. Verleger oder Rundfunkanstalt und den Redakteuren.

Redạktor [lat.] in der Schweiz der → Redakteur; allg.: Herausgeber eines Sammelwerks, einer wissenschaftl. Ausgabe.

Red Data Book [red d'eɪtə bʊk, engl.], **Red Data List,** → Rote Liste.

Rẹde [ahd. reda ›Rede‹, ›Ansicht‹, ›Verstand‹] *die, -/-n,* **1)** das, was gesprochen wird, Äußerung, Gespräch: *die R. kam zufällig darauf; es ist nicht der R. wert,* unwichtig; *man hat ihn wegen dieses Vorfalls zur R. gestellt,* er mußte Rechenschaft darüber ablegen. **2)** (feierl.) Ansprache: *Trauerrede.* **3)** Gestaltung der Sprache, Sprechweise: *in gebundener R.,* in Versen; *direkte R., wörtliche R.,* wörtlich wiedergegebene Rede; *indirekte R.,* dem Sinn nach wiedergegebene Rede (vgl. ÜBERSICHT Konjunktiv). **4)** Gerede, Gerücht: *es geht die R., daß...* **Rẹdefigur,** schmückende oder bes. einprägsame stilist. Wendung, die von der gewöhnl. Sprechweise abweicht, rhetor. Figur, hierzu ÜBERSICHT. *der* **Rẹdefluß,** *...fl'usses,* unaufhörl. Sprechen. *die* **Rẹdegabe,** *-,* natürliche Anlage, Worte gut und sicher zu setzen. **rẹdegewandt,** geschickt im Sprechen. *Subst.* **Rẹdegewandtheit. Rẹdensart, 1)** geläufige, feststehende sprachliche Wendung, z. B.: gesagt - getan! **2)** *nur Pl.,* nichtssagende Worte: *man speiste ihn mit freundlichen Redensarten ab. die* **Redereị,** *-/-en,* U Gerede, leere Redensarten, **Rẹdewendung,** geläufige, nicht feststehende sprachl. Wendung, z. B.: *so darf er mir nicht kommen!,* U das lasse ich mir nicht von ihm gefallen. **rẹdselig,** gesprächig, geschwätzig, wortreich. *Subst.* **Rẹdseligkeit.**

Rẹdekunst, Rhetọrik, die Kunst der Rede als Praxis, zugleich Theorie der Rede und Redepädagogik. Die R. erstrebt die mündl. Gestaltung eines Stoffes, um die Hörer zu informieren oder zu überzeugen. Während der Sachvortrag ein Thema zu klären, d. h. zu belehren sucht, will die Rede durch Überzeugen Meinungswandel oder Handlung auslösen. R. verantwortungslos angewendet, wird demagogisch.

Zwar sind die aus der Antike überlieferten Mittel der R. noch heute gebräuchlich, so die Sammlung des Stoffes (lat. inventio), die zweckmäßige Gliederung (lat. dispositio), die stilistische Ausgestaltung (lat. elocutio) und der Vortrag (lat. actio), vor den die Aneignung (lat. memoria) gesetzt wurde. Gegenwärtig bestimmt jedoch die Tatsache, daß die Rede später auf Hörer - nicht auf Leser - wirken soll, bereits die Vorbereitung. Rede verlangt einen Stil, der an best. Stellen zusammenfassend wiederholt und in Satzbau, Wortwahl und Gedankengang die Aufnahmefähigkeit der Hörer berücksichtigt. Die **freie Rede** ist nicht im Wortlaut festgelegt, sondern wird in der Sprechsituation nach Stichwörtern ›sprechdenkend‹ erzeugt.

Redemptor Hominis [lat. ›Erlöser des Menschen‹], Anfangsworte der 1. Enzyklika Johannes Pauls II. vom 4. 3. 1979 über die Situation der Christen in der heutigen Welt.

Redemptoristen [von lat. redemptor ›Erlöser‹] *Pl.,* **Congregatio Sanctissimi Redemptoris,** Abk. **CSSR,** 1732 von A. M. di Liguori (daher auch **Liguorianer**) gegr. kath. Priesterkongregation für innere und äußere Mission; Sitz des Generaloberen ist Rom. In Dtl. bestehen die Oberdeutsche (Sitz: München) und die Niederdeutsche (Sitz: Köln) Provinz. Seit 1731 gibt es einen weibl. Zweig **(Redemptoristinnen).**

reden [zu Rede], *ich* **rede** *es, mit ihm, über ihn, etwas, von ihm, etwas,* spreche, äußere, sage: *er redet Unsinn; darüber* oder *davon redet keiner mehr; du redest ihm nach dem Mund,* schmeichelst ihm; *du hast gut reden,* du kannst leicht darüber sprechen, weil es dich nicht unmittelbar betrifft. *ich* **rede** *es mit ihm* **ab,** verabrede, mache aus. *ich* **rede** *ihn* **an, 1)** richte das Wort an ihn. **2)** *mit etwas,* gebrauche eine bestimmte Anrede: *ich rede ihn mit ›du‹ an.* **3)** *um etwas, oberdt.:* bitte ihn. *ich* **rede auf, 1)** *es ihm,* U überrede ihn, es zu nehmen. **2)** *ihn, oberdt.:* verhetze. *ich* **rede aus, 1)** spreche zu Ende: *laß mich ausreden!* **2)** *es ihm,* versuche, ihn von etwas abzubringen: *er ließ es sich nicht ausreden! ich* **rede** *ihm* **drein,** mische mich in seine Angelegenheiten. *ich* **rede ein, 1)** *auf ihn,* spreche unaufhörlich und eindringlich zu ihm. **2)** *es ihm,* überrede ihn dazu, es zu glauben oder zu tun. **3)** *es mir,* mache mir etwas vor: *das redest du dir ein! ich* **rede** *mich* **heraus,** gebrauche Ausflüchte, Ausreden. *ich* **rede** *um etwas* **herum,** wage nicht, es direkt zu sagen. *ich* **rede** *ihm* **hinein,** mische mich in seine Angelegenheiten: *dabei laß ich mir von keinem hineinreden! ich* **rede irre,** spreche im Wahn oder Fieber. *ich* **rede mit,** nehme an einer Beratung teil, habe Einfluß, habe mit zu entscheiden. *ich* **rede** *es ihm* **nach, 1)** wiederhole seine Reden, lausche es ihm ab. **2)** *ihm wurde Übles nachgeredet,* über ihn gesagt. *ich* **rede** *es ihm* **vor,** versuche, durch Reden glaubhaft zu machen. *ich* **rede** *ihm* **zu,** versuche, ihn durch gewinnende Worte zu beeinflussen.

Rederijkers [r'e:dərɛjkərs, niederländ. ›Rhetoriker‹] *Pl.,* → niederländische Literatur.

Redi, Francesco, ital. Arzt und Schriftst., * Arezzo 18. 2. 1626, † Pisa 1. 3. 1698, Leibarzt der Großherzöge von Toskana, Mitarbeiter am Wb. der ›Accademia della Crusca‹, Mitgl. der ›Arcadia‹; seine reiche Bibliothek bildet einen Teil der Laurenziana in Florenz. Er entdeckte die **Redien** (Stablarven der Saugwürmer) beim Leberegel.

redigieren [lat.], *ich* **redigiere** *es,* stelle einen Bericht aus Einzelmeldungen, eine Zeitungs- oder Zeitschriftenausgabe, einen Film, eine Hörfunk- oder Fernsehsendung u. a. aus Einzelbeiträgen zusammen; mache druck-, sendefertig; allg.: überarbeite einen Schriftsatz, mache ihn druckfertig.

Redingote [rədɛ̃g'ɔt, frz. aus engl.] *die, -/-n,* leicht taillierter Überrock oder Mantel. (Weiteres BILD Kleidung)

Redingote

Reding von Biberegg, seit 1309 nachweisbares schweizer. Adelsgeschlecht im Kanton Schwyz. Aloys (* 1765, † 1818) kämpfte 1798 gegen die Franzosen und war 1801/02 der erste Landammann der Helvet. Republik.

Re|diskont, Kurzwort für **Re|diskontierung,** Weiterverkauf i. d. R. an die Zentralbank eines bereits diskontierten (angekauften) Wechsels unter Abzug eines Diskontsatzes (→ Diskont).

Re|distribution, → Distribution.

redivivus [lat.], wiedererstanden, erneuert.

redlich [ahd., zu Rede], **1)** ehrlich, zuverlässig, pflichttreu. **2)** sehr: *ich habe mich r. bemüht. Subst. die* **Redlichkeit,** -.

Redlich, Oswald, österr. Historiker, * Innsbruck 17. 9. 1858, † Wien 20. 1. 1944, 1893–1929 Prof. in Wien, 1919–38 auch Präs. der Akademie der Wissenschaften.

Redner [zu Rede] *der, -s/-,* **1)** jemand, der eine Rede hält. **2)** jemand, der gut Reden halten kann: *er ist der geborene R.* **rednerisch,** in der Art eines guten Redners: *rednerische Begabung.*

Rednitz *die,* Fluß in Mittelfranken, aus der **Schwäb.** und der **Fränk. Rezat** gebildet; von der Mündung der Pegnitz bei Fürth an meist **Regnitz** genannt; mündet nordwestlich von Bamberg in den Main; insgesamt 183 km.

Redol [rəð'ɔl], António Alves, portug. Schriftst., * Vila Franca de Xira 29. 12. 1911, schreibt realist., sozialkrit. Romane.

Redon [rəd'ɔ̃], Odilon, frz. Maler, * Bordeaux 22. 4. 1840, † Paris 6. 7. 1916, suchte, mit den symbolist. Dichtern (S. Mallarmé u. a.) befreundet, einer visionären Traumwelt Ausdruck zu geben; schuf Gemälde, Pastelle und Aquarelle von fremdartigem Reiz sowie graphische Folgen.

Redondilla [reðɔnd'iʎa, von redondo ›rund‹] *die, -/-s,* span. Strophe aus 4 achtsilbigen Versen mit der Reimordnung a b b a; gebräuchlich in Lyrik und Drama.

Redoute [rəd'ut(ə), frz.] *die, -/-n,* **1)** ♧ geschlossene Veranstaltung für geladene Gäste, z. B. Maskenball. **2)** früher: trapezförmiges Festungswerk.

Redouté [rədut'e], Pierre-Joseph, frz. Zeichner, * Saint Hubert bei Bastogne (Belgien) 10. 7. 1759, † Paris 19. 6. 1840, schuf botanisch getreue Pflanzenzeichnungen; zu den reizvollsten gehören seine Rosenbilder.

Redox|ionen|austauscher, Elektronen|austauscher, mit Redoxpaaren (z. B. Cu^{2+}/Cu^{+}; Fe^{3+}/Fe^{2+}) beladene organ. Polymere. R. können als feste Reduktions- oder Oxidationsmittel verwendet werden. Sie lassen sich aus der Lösung, mit der sie reagiert haben, leicht abtrennen und mit Oxidations- oder Reduktionsmitteln regenerieren.

Redoxpotential, in Volt ausgedrücktes Normalpotential eines Redoxsystems gegen die Normalwasserstoffelektrode.

Redoxsystem, kurz für **Oxidations-Reduktions-System,** ein System aus Oxidations- und Reduktionsmitteln, dessen chem. Gleichgewicht sich nach dem Massenwirkungsgesetz einstellt. Dieses Gleichgewicht ist durch das Redoxpotential bestimmt. **Redoxgleichgewichte** spielen im physiolog. Geschehen eine große Rolle, z. B. bei der Hefegärung, ebenso bei der **Redoxpolymerisation** (z. B. Kautschuksynthese).

Red River [red r'ɪvə, engl. ›Roter Fluß‹] *der,* Fluß in den USA, 1966 km, entspringt im O New Mexicos; ein Arm mündet in den Golf von Mexiko, ein anderer in den Mississippi.

Reduktasen, *Sg. die* **Reduktase,** -, Biochemie: Enzyme, die molekularen Wasserstoff zu atomarem aktivieren. – **Reduktaseprobe,** bakteriolog. Prüfverfahren zur Feststellung des Keimgehalts der Milch; die von Bakterien gebildete R. entfärbt das zugesetzte Methylenblau.

Odilon Redon: Beatrice; Lithographie

Reduktion [lat. ›Zurückführung‹, ›Absonderung‹] *die, -/-en,* **1)** Zurückführung auf Einfacheres, Grundsätzliches; Verminderung, Verkleinerung. **2)** Stammesgeschichte: Rückbildung urspr. voll entwickelter Organe bei der Einpassung der Lebewesen in ihre Umwelt; z. B. R. der Laubblätter zu Stacheln bei den Kakteen. **3)** Genetik: Verminderung der Chromosomenzahl bei der → Reduktionsteilung. **4)** △ Zerlegung in nicht weiter zerlegbare Teile. **5)** ⊠ ☆ die Befreiung der Beobachtungswerte von Fehlern und dann die Beziehung auf best. Vergleichsgrößen (Normwerte), z. B. R. der Koordinaten eines Gestirns auf das Äquinoktium von 1900. **6)** ⚗ urspr. die chem. Entfernung von Sauerstoff aus sauerstoffhaltigen Verbindungen, der entgegengesetzte Vorgang zur → Oxidation; dann auch die Einführung von Wasserstoff in Verbindungen; allg. ein chem. Vorgang, bei dem Elektronen von einem als **R.-Mittel** bezeichneten auf einen anderen Stoff übertragen werden, d. h. dessen negative Ladung zunimmt bzw. die positive abnimmt. Dabei wird das R.-Mittel oxidiert (→ Redoxsystem). – R.-Vorgänge haben techn. Bedeutung, z. B. bei der Verhüttung von Erzen (in **R.-Öfen**). **7)** Metallbearbeitung: die Querschnittsverminderung, z. B. beim Walzen von Profilen, Stäben und Rohren sowie das Absetzen runder Rohr- und Stabenden in zylindrischer oder konischer Form in Reduzier- oder Hämmermaschinen. **8)** Meteorologie: Umrechnen von Meßwerten auf gleiches Niveau, meist Normalnull, um bei großräumigen Darstellungen den Einfluß der Höhenlage der Meßstellen auszuschalten. **9)** Ⓟⓗ Zurückführung des Abgeleiteten auf sein Wesen oder seine Prinzipien; in der Logik

i. Ggs. zur Deduktion die intensionale (inhaltliche) Rückführung von Aussagen und Begriffen auf Grundbegriffe und -aussagen; als Spezialfall wird die Induktion als Rückführung des Besonderen auf ein Allgemeines angesehen. Die R. gehört zu den hypothet. Schlüssen. **10) Indianer-Reduktionen,** von christl. Missionen in Südamerika seit Ende des 16. Jh. eingerichtete Gebiete für Indianer mit begrenzter Selbstverwaltung, jedoch unter span. Kolonialgesetzgebung; seit 1767 (bis 1848) aufgelöst. (→Paraguay, Geschichte)

Reduktions|teilung, Reifeteilung, Meiose, Biologie: 2 aufeinanderfolgende Teilungen des Zellkerns; sie machen die bei der Befruchtung entstehende Verdoppelung des Chromosomensatzes wieder rückgängig. Bei der Reifung einer Eizelle gehen von den 4 so entstandenen Teilprodukten meist 3 zugrunde; der Eizelle bleiben Bildungszytoplasma und Dotter voll erhalten. Die abgeschnürten, funktionsunfähigen Zellen bilden oft die Pol- oder Richtungskörper am animalen Pol der Eizelle.

Reduktionszirkel, Doppelzirkel mit verstellbaren Schenkellängen zum Übertragen von Strecken in einen anderen Maßstab.

Red|undanz [lat. ›Überfülle‹] *die, -/-en,* in best. Fachbereichen überschüssiger Gehalt; Weitschweifigkeit. **1)** Ⓢ Man unterscheidet **morpholog. R.** (bei Mehrfachcharakterisierung eines Morphems, z. B. des Plurals in ›die Wände‹ durch Artikel, a-Umlaut und Suffix-e) und **syntakt. R.** (bei Voraussagbarkeit oder Mitverstehen syntakt. Kategorien, z. B. des Akkusativ-Objekts beim transitiven Verb). **2)** auch **Ab|undanz,** Stilistik: Wiedergabe desselben Gedankens durch sinnverwandte oder bedeutungsgleiche Formulierungen. **3)** Informationstheorie: die Erweiterung zu übertragender oder zu speichernder Information durch zusätzliche Kennzeichen, um bei teilweiser Verstümmelung noch die Bedeutung erkennen zu können, z. B. Angabe von Datum und Wochentag (Freitag, 13. März). Redundanter Mehraufwand dient in techn. Systemen der Erhöhung der Zuverlässigkeit.

Reduplikation [lat. ›Verdoppelung‹], Ⓢ die Wiederholung von Silben als Mittel der Wort- und Formbildung; häufig in Wörtern der Kindersprache: *Mama, Papa, Wauwau.*

Reduzenten [lat. reducere ›zurückführen‹] *Pl.,* Biologie: Bakterien und Pilze, die abgestorbene organ. Substanz in einfache anorgan. Verbindungen zerlegen und damit den Produzenten neue Nährstoffe liefern. (→Produktion 2)

reduzieren [zu Reduktion]. *ich* **reduziere** *es,* **1)** führe zurück auf Einfacheres, Grundsätzliches. **2)** verringere.

Reduzierventil, Druckminderventil, Ventil zum Ermäßigen des Druckes in einer Leitung oder von Gasflaschen.

Redwood [r'edwud, engl.] *das, -s,* das Holz von **Sequoia sempervirens** (→Mammutbaum), hat schmalen Splint und rosaroten Kern, leicht, weich, dauerhaft; geschätztes Bau- und Möbelholz.

ree! [aus ›Ruderpinne in Lee‹], ⚓ Kommando für das Wenden eines Segelschiffs.

Reed [ri:d], Sir (seit 1952) Carol, engl. Filmregisseur, * London 30. 12. 1906, † London-Chelsea 25. 4. 1976. – Filme: Die Sterne blicken herab (1939); Ausgestoßen (1946); Der dritte Mann (1949); Oliver (1967) u. a.

Reede [nd. ›Ausrüstung‹] *die, -/-n,* ausgewiesener, geschützter Ankerplatz eines nicht am Ufer gelegenen Teils einer Wasserstraße.

Reeder [zu Reede] *der, -s/-,* älter **Rheder,** Eigentümer eines ihm zum Erwerb durch Seefahrt dienenden Schiffes (§ 484 HGB), früher meist eine Einzelperson, heute häufig eine jurist. Person (AG, GmbH) oder eine Mehrheit von Personen. Der R. ist i. a. Kaufmann i. S. des HGB. Er haftet für jeden Schaden, den eine Person der Schiffsbesatzung schuldhaft einem Dritten zufügt; in wichtigen Fällen ist seine Haftung auf das Schiffsvermögen beschränkt. Im Binnenschiffahrtsrecht spricht man von **Schiffseignern.**

Reederei [zu Reede] *die, -/-en,* Schiffahrtsunternehmen, das von einem oder mehreren Reedern oder in Form einer Handelsgesellschaft betrieben wird (§ 489 HGB). **Linien-R.** unterhalten den Verkehr auf festen Routen nach Fahrplan, **Tramp-R.** befördern nach Bedarf Güter weltweit.

Reedereiflagge, Haus- oder **Kontorflagge,** private Flagge zur Kennzeichnung der Schiffe einer Reederei, wird im Großtopp geführt.

Reed International Ltd. [ri:d ıntən'æʃnl-], London, bed. Konzern der Papier-Ind., gegr. 1903; seit 1975 mit einem Zweigunternehmen für Tageszeitungen.

Reed-Kontakt [r'i:d-, engl.], **Schutzrohrkontakt, Schutzgaskontakt,** elektromagnetisch betätigter Kontakt (→Relais), der in einem mit Stickstoff und etwas Wasserstoff gefüllten Glasröhrchen eingeschmolzen ist, um eine lange Lebensdauer, große Betriebssicherheit und Unabhängigkeit von atmosphär. Einflüssen zu erreichen.

reell [frz.], **1)** wirklich, tatsächlich. **2)** zuverlässig, geschäftlich anständig: *reelle Preise.* **3)** △ **reelle Zahl,** Bez. für jede rationale oder irrationale Zahl, also jede Zahl, die als ganze Zahl oder als Bruch oder als nichtperiodischer unendl. Dezimalbruch geschrieben werden kann. **4)** Optik: **reelles Bild,** →Abbildung.

Reemtsma, H. F. & Ph. F. Reemtsma, Hamburg, Holding-Ges. der Zigaretten-Ind., hervorgegangen aus der 1910 gegr. B. Reemtsma & Söhne, Erfurt; seit 1968 auch auf dem Sekt- und Brauereimarkt tätig.

Reep [nd.] *das, -(e)s/-e, nd.:* Tau, Schiffstau. *der* **Reeper,** *-s/-,* **Reepschläger,** *nd.:* Seiler. **Reeperbahn, 1)** *nd.:* längl. Anlage zur Herstellung von Seilen mit der Hand. **2)** Hauptstraße des Vergnügungsviertels St. Pauli in Hamburg.

Rees, Stadt im Kr. Kleve, NRW, (1984) 17 600 Ew.; Metallverarbeitung, Bekleidungs-, Baustoff-Ind., Keramik, Pfeifen-, Tischfabriken. Schrägseilbrücke über den Rhein.

Reet *das, -(e)s/-e, nd.:* Rohr, Ried, Schilf. **Reetgras,** *nd.:* Riedgras.

REFA, Abk. für **Reichsausschuß für Arbeitszeit|ermittlung,** gegr. 1924, seit 1936 Reichsausschuß für Arbeitsstudien, seit 1951 Verband für Arbeitsstudien e. V. (REFA), seit 1974 **REFA-Verband für Arbeitsstudien und Betriebsorganisation e. V.,** zentraler Sitz: Darmstadt, mehrere Landesverbände und Ortsverbände in fast allen Ind.-Zentren; befaßt sich mit Forschungen zur Arbeitswiss., hält für die prakt. Anwendung Seminare und Lehrgänge ab.

Refakti|e [niederländ.] *die, -/... ti|en,* →Fusti.

Refektorium [mlat.] *das, -s/... ri|en,* Speisesaal im Kloster, meist an dem der Kirche gegenüberliegenden Kreuzgangflügel.

Referat [lat.] *das, -(e)s/-e,* **1)** Bericht, Vortrag. **2)** Sachgebiet eines Referenten, Dezernat.

Referendar [nlat. ›Berichterstatter‹] *der, -s/-e,* der im Vorbereitungsdienst für die höhere Beamtenlaufbahn stehende Anwärter (z. B. Berg-, Forst-, Studien-R.), so der im jurist. Vorbereitungsdienst zw. der 1. und 2. Staatsprüfung stehende Gerichts-R. (→Justizausbildung); er kann u. a. mit best. richterl. Aufgaben betraut werden.

Referendum [lat. ›das zu Berichtende‹] *das, -s/... den* oder *... da,* der →Volksentscheid.

Referent [lat.] *der, -en/-en,* **1)** jemand, der einen Vortrag hält. **2)** Leiter eines Referats; Berichterstatter; Sachbearbeiter.

Referenz [frz.] *die, -/-en,* **1)** Empfehlung. **2)** Person oder Stelle, bei der man Auskunft einholen kann.

referieren [lat.]. *ich* **referiere** *über etwas,* halte ein Referat, berichte über etwas.

Reff *das, -(e)s/-e,* **1)** [ahd. ref], Traggestell, Rückentrage. **2)** [ahd. href, urverwandt mit lat. corpus ›Körper‹], U verächtlich: dürres Gerippe; altes Weib. **3)** [altnord. rif], ⚓ Vorrichtung zum Verkürzen des Segels. *ich* **reffe** *das Segel,* ⚓ verkleinere es.

Refinanzierung, Geldbeschaffung eines Kreditgebers bei Mangel an Eigenmitteln, z. B. durch Rediskont von Wechseln oder Beleihung von Wertpapieren bei der Notenbank. (→Diskont, →Lombardgeschäft)

Refinanzierungspolitik, in der Geldpolitik die Möglichkeit der Notenbank, durch Variation von Diskont- und/oder Lombardsatz (→Diskont, →Lombardgeschäft) sowie der Rediskontkontingente auf die Bankenliquidität einzuwirken.

Reflation [lat.] *die, -/-en,* Korrektur einer →Deflation durch geldpolitische Mittel, v. a. Kreditausweitung.

Reflektant [lat.] *der, -en/-en, auf etwas,* Kauflustiger; Bewerber. *ich* **reflektiere, 1)** *auf etwas,* strebe danach: *er reflektiert auf diesen Posten.* **2)** *über etwas,* denke nach. **3)** *es reflektiert (es),* wirft zurück (auftreffende Strahlen).

Reflektor [lat.] *der, -s/... t'oren,* **1)** Lichttechnik: Vorrichtung zum Zurückwerfen des Lichtes, wesentl. Bestandteil einer Leuchte, meist mehr oder weniger stark streuend; R. können Spiegel sein und ergeben dann gebündeltes Licht (→Scheinwerfer). **2)** ☆ das →Spiegelteleskop. **3)** Funktechnik: Drahtgeflecht oder Metallfläche nach Art eines Parabolhohlspiegels, in einem bestimmten Abstand hinter der Antenne zur Vergrößerung der wirksamen Empfängerfläche und Richtwirkung angeordnet. **4)** Kerntechnik: neutronenreflektierende Umhüllung des Kernreaktors aus Beryllium oder Graphit zur Verhinderung des Neutronenverlustes; der R. bewirkt eine Verkleinerung der kritischen Masse. Auch Kernwaffen enthalten R.

Reflekto|skop [lat.-grch.] *das, -s/-e,* ein Ultraschall-Impuls-Reflexionsgerät zur zerstörungsfreien Werkstoffprüfung; arbeitet nach dem Impuls-Echo-Verfahren.

Reflex [lat.] *der, -es/-e,* **1)** Optik: der von einem beleuchteten spiegelnden Körper zurückgeworfene Widerschein (→Reflexion 3). **Reflexminderung,** Herabsetzung der Reflexion an der Oberfläche von opt. Linsen durch Belegen mit einer niedrig brechenden Schicht von i. a. ¹/₄ Wellenlänge opt. Dicke. Die Reflexminderung entsteht dann durch Interferenzen an den Schichtgrenzen und ergibt Herabsetzung schädl. Streulichtes sowie Erhöhung der Lichtdurchlässigkeit und des Kontrastes. **2)** Physiologie: bei Menschen und Tieren eine auf einen best. Reiz hin regelmäßig eintretende, i. a. beim Menschen vom Willen und von der Mitwirkung des Be-

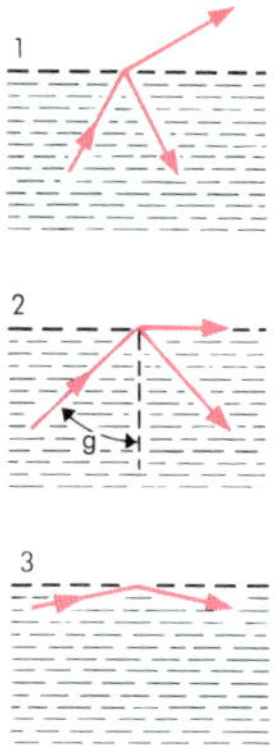

Reflexion 3): von Licht beim Übergang aus Wasser in Luft; **1** Einfallswinkel kleiner als Grenzwinkel: normale Brechung. **2** Einfallswinkel = Grenzwinkel (g): der gebrochene Strahl verläuft in der Wasseroberfläche. **3** Einfallswinkel größer als Grenzwinkel: Totalreflexion

wußtseins unabhängige, automatisch erscheinende Reaktion des Körpers. Bei jedem R. wird die Sinneserregung in Sinnesnerven zum Rückenmark oder Gehirn geleitet, wo die Umschaltung auf Bewegungs- oder Drüsennerven erfolgt. Eine Einteilung der R. kann u. a. vorgenommen werden nach der Bedeutung (z. B. Flucht-R., Abwehr-R., Begattungs-R.), nach dem Erfolg (motor. oder sekretor. R.), nach dem Auslöse- oder Erfolgsort (z. B. Bauchdecken-R., Pupillen-R.), nach der Zahl der beteiligten Synapsen (monosynapt. R. oder Eigen-R., z. B. Kniesehnenreflex; polysynapt. R. oder Fremd-R., z. B. Saugreflex des Neugeborenen) und nach der Erlernbarkeit (natürl. oder → bedingte Reflexe). Unmittelbar lebensnotwendig sind die von der Schleimhaut des Mundes, des Rachens und der Luftröhre ausgehenden Saug-, Schluck- und Husten-R. sowie die R. zur Regulierung von Atmung und Kreislauf, von Stuhl- und Harnentleerung. - Die Prüfung von R. ist ein wichtiges Hilfsmittel der Diagnostik neurolog. Störungen.

Reflexion [lat.] *die, -/-en,* **1)** Nachdenken, Betrachtung. **2)** Ⓟⓗ die Zurückwendung des Denkens auf das Gedachte oder das Denken selbst. **3)** ⊠ das Zurückwerfen von Strahlung von den Wänden eines Raumes oder an Grenzflächen zw. 2 Medien. Bei der **regulären, gerichteten R.** (Spiegelung) an hinreichend glatten Flächen ist der **Einfallswinkel,** d. h. der Winkel zw. einfallendem Strahl und der im Einfallspunkt errichteten Flächensenkrechten (Flächenlot, **Einfallslot),** gleich dem **Reflexionswinkel,** d. h. dem Winkel zw. reflektiertem Strahl und der gleichen Senkrechten; einfallender Strahl, Flächensenkrechte und reflektierter Strahl liegen in einer Ebene **(Reflexionsgesetz).** Beim Übergang von Licht aus einem optisch dünneren (z. B. Luft) in ein optisch dichteres Medium (z. B. Wasser) wird stets nur ein Teil des Lichts reflektiert, der Rest wird absorbiert oder gebrochen. Das **Reflexionsvermögen** eines Stoffes ist das Verhältnis der reflektierten zur auffallenden Strahlung. Es hängt vom Material, an das die Stoffoberfläche grenzt, von der Oberflächenbeschaffenheit, vom Einfallswinkel, der Lichtwellenlänge und Polarisation ab. Beim Übergang aus dem optisch dichteren in das optisch dünnere Medium wird ebenfalls ein Teil des Lichts gebrochen, jedoch nur bis zu einem gewissen Einfallswinkel **(Grenzwinkel);** bei größeren Einfallswinkeln wird das Licht vollständig reflektiert **(Totalreflexion).** Durch die R. wird in der Regel der Polarisationszustand der Lichtwelle beeinflußt (→ Polarisation). - Fällt Licht auf eine rauhe Fläche, so wird es nach allen Seiten gestreut **(diffuse R.).** Erst durch diffuse R. werden die nicht selbstleuchtenden Körper sichtbar. Ein Körper, der nur best. Wellenlängen des auf ihn fallenden Lichts reflektiert, während er den Rest absorbiert, erscheint bei Beleuchtung mit natürl. (weißem) Licht farbig. Über R. von Schallwellen → Echo.

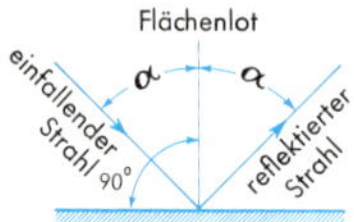

Reflexion 3): reguläre R., α = Einfallswinkel = Reflexionswinkel

Reflexionsnebel, ☆ best. galakt. → Nebel.

reflexiv [lat.], Ⓢ rückbezüglich: *reflexive Verben* (ÜBERSICHT Verben). **Reflexivpronomen,** das rückbezügliche Pronomen (ÜBERSICHT Pronomen und Fragewort).

Reflexkoppler *der, -s/-,* optoelektron. Bauelement mit eingebautem lichtemittierenden Sender und lichtempfindl. Empfänger. Eine opt. Kopplung kommt zustande, wenn das ausgesandte Licht von einem Gegenstand reflektiert wird und wieder auf den empfangenden Teil trifft. Anwendung z. B. beim Abtasten von → Balkencodes.

Reflexologie [grch.-lat.] *die, -,* die Lehre von den → bedingten Reflexen.

Reflexschaltung, Schaltung zur gleichzeitigen Verwendung einer Verstärkerröhre für Hoch- und Niederfrequenzverstärkung.

Reflexzone, segmentaler Abschnitt des Körpers, dessen innere Organe und äußere Bedeckungen (Muskeln, Bindegewebe, Haut) aus demselben Segment des Rückenmarks und denselben Ganglien mit Nerven versorgt werden.

Reform [frz., zu lat. reformare ›umgestalten‹] *die, -/-en,* Verbesserung, planmäßige Umgestaltung. *der* **Reformer,** *-s/-,* jemand, der eine R. plant oder durchführt. *Adj.* **reformerisch.** *der* **Reformist,** *-en/-en,* jemand, der nach Reformen strebt.

Reform|anstalten, gegen Ende des 19. Jh. in 2 Varianten (Altonaer System, 1878; Frankfurter System, 1892) entwickelte Formen der höheren Schule (Reformgymnasien und Reformrealgymnasien). Kennzeichnend waren die Betonung moderner Bildungsgüter (bes. Fremdsprachen) und das Ziel der Angleichung der Schultypen durch einen gemeinsamen Unterbau. 1900 erlangten die R. volle Anerkennung.

Reformat *das, -s,* durch → Reformieren gewonnenes, aromatenreiches Benzin, das sich durch hohe Klopffestigkeit auszeichnet und als Mischkomponente für Ottokraftstoffe sowie zur Gewinnung von Benzol, Toluol und Xylolen dient.

Reformatio in peius [lat. ›Umgestaltung ins Schlimmere‹] *die, -,* Abänderung einer gerichtl. Entscheidung in höherer Instanz zum Nachteil des Anfechtenden. Die R. i. p. ist im Zivilprozeß ohne Anschlußantrag des Anfechtungsgegners unzulässig (§§ 536, 559 ZPO). Im Strafprozeß darf nach §§ 331, 358, 373 StPO (und §§ 114, 290, 293, 295, 477 der österr. StPO) ein nur vom Angeklagten oder nur zu seinen Gunsten mit Rechtsmitteln angefochtenes Urteil (Strafbefehl ausgenommen) in bezug auf die Höhe der Strafe nicht zum Nachteil des Angeklagten abgeändert werden (wohl aber in bezug auf die Strafvorschrift). Im schweizer. Recht ist die R. i. p. nach den kantonalen Zivilprozeßordnungen i. d. R. verboten, nach den Strafprozeßordnungen verschieden geordnet.

Reformation [zu Reform] *die, -/-en,* **1)** Umbruch, innere Umgestaltung. *der* **Reformator,** *-s/...t'oren,* Erneuerer, Verbesserer, Umgestalter. *Adj.* **reformatorisch. 2)** die durch Luther (daneben zunächst Zwingli, später Calvin) ausgelöste kirchlich-religiöse Bewegung, die die abendländ. Kircheneinheit sprengte, neue kirchl. Gemeinschaften und eine neue religiöse Haltung (→ Protestantismus) entstehen ließ. Voraussetzungen der R. waren die Krise des Papsttums im 14. und 15. Jh. (Schisma), die Überspannung des päpstl. Herrschaftsanspruchs, die weltl. Haltung der Renaissance-Päpste, das in vielen kirchl. Mißständen begründete kirchliche Reformverlangen sowie ein Heilsbedürfnis, das durch die offizielle Kirche nicht befriedigt werden konnte. Zwar war die Autorität der Kath. Kirche und des Papsttums trotz der beißenden Angriffe des Humanismus auf Unbildung und Lebensführung des Klerus noch ungebrochen, sie wurde jedoch in dem Augenblick ernsthaft gefährdet, als dem Gläubigen ein direkter Weg zum Heil gewiesen (Luther: sola fide: ›durch den Glauben allein‹) und die Bibel als alleinige Autorität in Glaubensfragen proklamiert wurde. Die weite Wirkung der R. ergab sich aus Uneinigkeiten zw. den aufstrebenden Städten und der Kirche sowie dem Erstarken des Landes-Fstt., das seinen Einfluß auf die Kirche zu steigern suchte. Die Erfindung des Buchdrucks förderte noch die Verbreitung der reformator. Gedanken. Die R. begann mit Luthers Veröffentlichung der 95 Thesen gegen den Ablaßhandel (→ Tetzel) in Wittenberg am 31. 10. 1517; sie breitete sich rasch aus und ergriff große Teile des dt. Volkes; 1521, auf dem Wormser Reichstag, verweigerte Luther dem Kaiser gegenüber wie vorher der Kurie den Widerruf. Das Wormser Edikt, Acht und Bann gegen Luther konnten den Lauf der R. nicht hemmen.

Vorübergehend berührten sich andere Kräfte antirömisch-nationalen und sozialrevolutionären Ursprungs mit der R.: in den Schriften Huttens (seit 1520), in den Unternehmungen der Reichsritterschaft (Sickingen 1522/23) und im Bauernkrieg 1524/25 (→ deutsche Geschichte, Abschnitt Reformation und Gegenreformation). Luther hielt die R., z. T. in heftigen Auseinandersetzungen (auch mit dem Humanismus und dem Spiritualismus), von fremden Einflüssen frei; von zahlreichen früheren kath. Theologen und von der Bev. getragen, fand sie ihren Schutz bei den Reichsständen. Auf dem Reichstag zu Speyer protestierten 1529 die Fürsten und Städte, die sich zur R. bekannten, gegen die Majorisierung in Glaubensdingen (Protestanten). Auf dem Augsburger Reichstag legten sie 1530 die Augsburgische Konfession vor. Da Karl V. die R. ablehnte, ihr aber aus außenpolit. Gründen (Kampf mit Frankreich und den Türken) nicht entgegentreten konnte, kam es zur religiösen Spaltung der Nation. Die Protestanten schlossen sich 1531 im → Schmalkaldischen Bund zus. In den Ländern wurde die R. jetzt durch Kirchen- und Schulvisitationen durchgeführt; evang. Landeskirchen entstanden, der Landesherr trat als Notbischof an die Spitze der Kirche seines Landes. Der Versuch eines Ausgleichs mit der schweizer. R. → Zwinglis über das Abendmahl war 1529 im Religionsgespräch zu Marburg gescheitert, jedoch brachte die Wittenberger Konkordie 1536 eine gewisse Annäherung zw. Lutheranern und den von Zwinglis Gedanken beeinflußten süd- und westdt. Protestanten.

Um 1540 schien die R. in ganz Dtl. zu siegen. Nachdem schon 1525 der Ordensstaat Preußen in ein weltl. Hzgt. umgewandelt worden war, standen jetzt auch andere geistl. Fstt. vor der Säkularisierung. Auch in Österreich drang die R. ein, nur Bayern verschloß sich ihr. Karl V. konnte jedoch im Schmalkaldischen Krieg die protestant. Stände in der Schlacht bei Mühlberg 1547 niederwerfen, den Kurfürsten von Sachsen und den Landgrafen von Hessen gefangennehmen. Das vom Augsburger Reichstag 1548 beschlossene Interim sollte (unter katholischem Vorzeichen) einen Ausgleich in der Glaubensfrage vorbereiten, doch widersetzte sich ihm das Volk. Gleichzeitig erhoben sich die Fürsten gegen die Steigerung der kaiserl. Macht und erzwangen den Augsburger Religionsfrieden (1555). In ihm wurde die Augsburgische Konfession reichsrechtlich anerkannt; der Landesherr (nicht der Untertan) erhielt das Recht der freien Religionswahl; die geistl. Fstt. wurden in ihrem Besitzstand gesichert. Damit war die religiöse Spaltung Dtl.s rechtlich anerkannt; das Reich mußte sich auf seine weltlichen Aufgaben zurückziehen.

Außerhalb Dtl.s errang die luther. R. Erfolge in Dänemark, wo sie 1536 als alleinige Staatsreligion eingeführt wurde, in Norwegen und Island, wo sie sich im Laufe des 16. Jh. allmählich durchsetzte, und in Schweden, wo sich 1527 eine luther. Nationalkirche von starker Eigenart mit bischöfl. Sukzession herausbildete. In Finnland führte M. Agricola die R. ein. In Livland wurde sie seit 1554 gesichert. In England wurde die R. durch den Streit Heinrichs VIII. mit dem Papst ›von oben‹ durchgeführt und erhielt in der Anglikanischen Kirche eine eigene Form. Ein selbständiger Typ entstand in der Schweiz durch Zwingli (seit 1522). Seit 1536 wurde die schweizer. R. durch Calvin geprägt, der ihr in Genf einen Mittelpunkt schuf (→ Reformierte). Wenn es dem Calvinismus auch nicht gelang, Frankreich zu gewinnen (→ Hugenotten), so wurde er doch in W-Europa (Niederlande, Schottland, auch England) die vorherrschende Form der R. Er machte durch die Ausbreitung nach Amerika den Protestantismus zur Weltreligion. In Dtl. wurde der Calvinismus im Westfäl. Frieden (1648) als 3. christl. Konfession anerkannt.

Reformationsfest, evang. Fest zum Gedächtnis der Reformation, meist am 31. 10. oder am Sonntag danach begangen.

Reformhaus, Fachgeschäft für → Reformkost.

reformieren [zu Reform]. *ich* **reformiere** *es,* gestalte um, erneuere, unterziehe einer Reform.

Reformieren *das, -s,* engl. **Reforming** [rɪf'ɔːmɪŋ], Verfahren der Erdölverarbeitung, bei dem Schwerbenzin in klopffestes Reformat (ROZ: 90–100) umgewandelt wird. Gleichzeitig wird Wasserstoff gewonnen.

Reformierte, Reformierte Kirche, Sammelbez. für die aus der Reformation Zwinglis und Calvins hervorgegangenen Kirchen und Gemeinschaften, im Unterschied zu den luther. Kirchen (→ Lutheraner). Das Ursprungsland des reformierten → Protestantismus ist die dt. und frz. Schweiz, wo die Reformation in Zürich durch Zwingli (seit 1522) und in Genf durch Calvin (seit 1536) eingeleitet wurde. In Genf entstand die strengste Form des reformierten Protestantismus, die dann auch in einem Teil Dtl.s, in Frankreich (→ Hugenotten), in den Niederlanden (→ Arminianer), in Schottland, England und Amerika (→ Presbyterianer), Polen und Ungarn Verbreitung fand. In einigen Landeskirchen Dtl.s fand seit 1817 eine Union zw. R. und Lutheranern statt. Trotz mancher Unterschiede besteht ein gemeinsames Grundgepräge der reformierten Kirchen in Lehre und Verf. Gottesdienst und Leben (auch der Kirchenbau) wurden in strengem Anschluß an die Bibel möglichst schlicht gestaltet; an die Stelle der bischöfl. Verf. trat die Presbyterial- und Synodalverf. Der Hauptunterschied der reformierten und der luther. Lehre betrifft das → Abendmahl. Die Prädestinationslehre ist auf reformiertem Boden zunächst streng festgehalten, in der luther. Lehre bald zurückgestellt worden. Sie hat auch die polit. Haltung der Reformierten bestimmt: Als Erwählte Gottes in dieser Welt kämpfen sie für seine Ehre. Spuren dieses Gedankens zeigen sich noch heute im engl. und amerikan. Nationalbewußtsein (Amerika: Gottes eigenes Land, England: erwähltes Volk). Die wichtigsten reformierten Bekenntnisse sind: das Vierstädtebekenntnis von 1530, der Genfer Katechismus (1542–45), die Confessio Gallicana von 1559, die Confessio Scotica (1560), die Confessio Belgica (1561), die 39 (42) Articles of Religion der engl. Kirche von 1562, die Confessio Helvetica von 1566, der → Heidelberger Katechismus. Einen Zusammenschluß der meisten reformierten Kirchen bildete seit 1875 die ›Panpresbyterianische Allianz‹, seit 1921 als **Reformierter Weltbund** bezeichnet. 1970 schloß sich der Reformierte Weltbund mit dem Internat. Kongregationalistenrat zum **Weltbund der Reformierten Kirchen** zus. Er vereinigte (1983) über 50 Mio. Mitgl. von 149 reformierten Kirchen. (→ Evangelische Kirche in Deutschland, → Landeskirchen)

reformierte Oberstufe, Bez. für die auf Beschluß der Kultusministerkonferenzen 1972 neugestaltete gymnasiale Oberstufe (→ Gymnasium, → Schule).

Reformismus *der, -,* kommunist. Schlagwort, das Reformbestrebungen, die nicht auf der Grundlage des Marxismus-Leninismus stehen (z. B. Sozialdemokratie), als Rechtsabweichungen abwertet.

Reformkatholizismus, kath. Bewegung der letzten Jahrzehnte vor 1900 und bis zum 1. Weltkrieg. Der R. hielt im Unterschied zum Modernismus in seiner wissenschaftl. Arbeit und seinen kirchl. und sozialen Reformbestrebungen an der Bindung zur Kirche fest.

Reformkommunismus, Strömung innerhalb des Kommunismus, entstanden in der Auseinandersetzung mit dem → Stalinismus, sucht ein neues Modell einer kommunist. Gesellschafts- und Staatsordnung zu entwickeln. Die Reformkommunisten (bes. in Jugoslawien seit 1948) lehnen das sowjet. System der Staats- und Wirtschaftsführung – bes. in seiner stalinist. Ausprägung – als bürokrat. Zentralismus ab. Im wirtschaftl. Bereich stellen sie ihm die ›Selbstverwaltung der sozialist. Produzenten‹ gegenüber, d. h. die dezentralisierte, von Arbeiterräten kontrollierte und relativ autonome Führung der Betriebe und Produktionszweige. Im polit. Bereich möchte der R. die unmittelbare Herrschaft und Allgegenwart des Apparates der KP durch einen ›sozialist. Pluralismus‹ ersetzen; in ihm soll die KP die moralisch-polit. Führung übernehmen. Der R. fordert das Recht einer jeden Gesellschaft auf den ›eigenen Weg zum Sozialismus‹. Während des ›Prager Frühlings‹ (Jan.–Aug. 1968) suchte die tschechoslowak. KP unter Führung reformkommunist. Politiker einen ›Sozialismus mit menschl. Antlitz‹ zu verwirklichen. Theoretisch steht der R. z. T. dem → Eurokommunismus nahe (→ Neomarxismus).

Reformkonzilien, die spätmittelalterl. Kirchenversammlungen von Pisa (1409), Konstanz (1414–18) und Basel (1431–49, anerkannt bis 1437) zur Beseitigung des abendländ. Schismas und Behebung der kirchl. Mißstände. Das R. von Pisa blieb erfolglos, das R. von Konstanz beseitigte die dreifache Zersplitterung des Papsttums und wählte in Martin V. wieder einen allg. anerkannten Papst; der Versuch, die Oberhoheit des allg. Konzils über den Papst festzulegen, scheiterte jedoch (→ Konziliarismus). Das R. von Basel scheiterte bei dem Versuch, die päpstl. Rechte einzuengen; als die starke päpstlich gesinnte Minderheit das Konzil in Ferrara (1438/39) und später in Florenz (1439–42) als Unionskonzil fortsetzte, verloren das Baseler R. und der von ihm gewählte Gegenpapst Felix V. ihre Bedeutung.

Reformkost, Nahrungsmittel und Nahrungsmittelkombinationen, die nach Ursprung und Zusammensetzung möglichst naturbelassen sein sollen, unter weitgehendem Verzicht auf Zusatzstoffe, auch soweit diese rechtlich erlaubt sind oder nicht als Fremdstoffe angesehen werden; meist in **Reformhäusern** und **Reformgaststätten** angeboten.

Reformpädagogik, die Bestrebungen zur Reform von Erziehung, Schule und Unterricht in Europa und den USA zw. 1890 und 1930; in Dtl. prägte H. Nohl den Begriff ›Pädagogische Bewegung‹. Die R. schuf neue schulische Formen (u. a. Gesamtunterricht, Gruppenunterricht, Erlebnis, Schülermitverwaltung, Arbeitsgemeinschaften; Werken, Gymnastik, Sprachgestaltung) und entwickelte zusätzl. Erziehungsfelder (Jugendbewegung, Erwachsenenbildung, Kunsterziehung). Wichtige Vertreter: O. Decroly, J. Dewey, A. Ferrière, H. Gaudig, P. Geheeb, G. Kerschensteiner, Ellen Key, A. Lichtwark, H. Lietz, Maria Montessori, B. Otto, Helen Parkhurst, P. Petersen, H. Scharrelmann.

Refrain [rəfr'ɛ̃, frz.] *der, -s/-s,* der → Kehrreim.

refraktär [lat.], $ unempfänglich, nicht beeinflußbar.

Refraktion [lat.] *die, -/-en,* die → Brechung der Lichtstrahlen, bes. von Gestirnen in der Erdatmosphäre, da deren Dichte von oben nach unten zunimmt. Im Zenit ist die R. Null, im Horizont wird ein Gestirn um rd. 36,5′ (Minuten) gehoben, die Sonne also um etwas mehr als ihren scheinbaren Durchmesser.

Refraktionsanomalie, der → Brechungsfehler des Auges.

Refraktometer [grch.-lat.] *das, -s/-,* opt. Instrument zur Bestimmung der Brechzahl (→ Brechung) opt. Substanzen, oft unter Benutzung der Totalreflexion z. B. beim R. nach E. Abbe. **Interferenz-R.** sind spezielle Interferometer und dienen zur Messung kleiner Brechzahlunterschiede, z. B. bei Gasen, oder zur Beobachtung der räuml. Verteilung von Brechzahlunterschieden durch Vergleich des opt. Weges zweier paralleler Strahlenbündel.

Refraktor [lat.] *der, -s/...t'oren,* **Linsenfernrohr,** ein → Fernrohr mit einer Sammellinse oder einer Linsenkombination als Objektiv, v. a. als → astronomisches Instrument (BILD), i. Ggs. zum Reflektor (→ Spiegelteleskop) mit einer Spiegeloptik.

Refrigerator [lat.-engl.] *der, -s/...t'oren,* (Gefriergerät einer) Kälteanlage.

Réfugiés [refyʒj'e, frz. ›Flüchtlinge‹], *Sg. der* **Réfugié,** *-s,* die während der Religionsverfolgungen des 16. und 17. Jh. (bes. nach der Aufhebung des Edikts von Nantes, 1685) aus Frankreich ausgewanderten Reformierten (→ Hugenotten). Sie fanden in den Niederlanden, in England, Dänemark, der Schweiz, den dt. Territorien und Amerika Aufnahme und bildeten dort vielfach eigene frz. Kolonien; im Dt. Reich bes. in Brandenburg, Hessen, Hannover, Braunschweig, im preuß. Ansbach und Bayreuth, in Sachsen und im Rheingebiet (Oppenheim, Frankenthal, Mannheim, Heidelberg, Friedensthal).

Refugium [lat.] *das, -s/...gien,* Zufluchtsort.

Refüs, Refus [rəf'y, frz.] *der, -,* ♧ abschlägiger Bescheid, Weigerung. *Vb. ich* **refüsiere** *es.*

Rega *die,* Küstenfluß in Ostpommern, 168 km, zur Energiegewinnung gestaut, mündet bei Deep in die Ostsee.

Regal [ital. riga ›Reihe‹] *das, -s/-e,* **1)** Gestell für Bücher, Waren. **2)** Orgelregister aus Zungenpfeifen mit verkürzten Schallbechern, meist im Brustwerk. **3)** kleine tragbare Orgel mit wenigen, oft becherlosen Zungenpfeifen; im 16.–18. Jh. als Begleitinstrument verbreitet.

Regalien [lat. iura regalia ›königl. Rechte‹], *Sg. das* **Regal,** *-s,* die seit fränk. Zeit dem König vorbehaltenen (nutzbaren) Hoheitsrechte, bes. Zoll, Münz- und Marktrecht, Geleitschutz, Forst-, Jagd-, Fischerei-, Strom-, Salz- und Bergrecht, Judenschutzrecht und das Recht auf erbloses Gut **(Regalienrecht).** Die R. waren im

MA. das Rückgrat der Reichsfinanzen, ihre Verleihung ein Mittel der Reichsgutsverwaltung und der Politik. Nach dem Untergang der Staufer gelangten sie meist in die Hand der Landesherren. Im 19. Jh. wurden die R. größtenteils beseitigt. Das BGB regelt das ausschließl. Aneignungsrecht des Fiskus an herrenlosen Grundstücken und den Anfall erblosen Nachlasses (§§ 928, 1936). In der Wirtschaftstätigkeit des Staates und in öffentlich-rechtlichen Monopolen leben die R. fort.

Regali|enfeld, Regali|enschild, ▽ → Blutfahne.

Regatta [ital.-venezian. ›Gondelfahrt‹] *die, -/...g'atten,* sportl. Wettfahrt auf dem Wasser, meist auf festgelegten Kursen: Ruder-, Segel-, Kanu-, Eis-, Landsegel- und Motorboot-R. (→ Motorbootsport).

Regel [lat.] *die, -/-n,* **1)** Richtschnur, Richtlinie, Norm, Vorschrift, Erscheinung, die durch Erfahrung immer wieder bestätigt und bei hoher Wahrscheinlichkeit als Gesetz bezeichnet wird: *streng nach der R.; in der R.,* fast immer; *ein Verstoß gegen die R.* **2)** ⚕ → Menstruation. **3)** Vorschriftensamml. eines geistl. Ordens: *Ordensregel. ich* **reg(e)le** *es,* bringe in Ordnung, gebe Vorschriften dafür. **regellos,** ohne R., ungleichmäßig. **regelmäßig, 1)** der R. entsprechend: *regelmäßige Verben.* **2)** in gleichen Abständen wiederkehrend: *regelmäßige Mahlzeiten.* **3)** gewöhnlich, gewohnheitsmäßig: *die Post kommt regelmäßig vormittags.* **regelrecht, 1)** der R. folgend: *ein regelrechtes Verfahren.* **2)** Ü geradezu, schon fast: *sie war regelrecht boshaft.* **regelwidrig,** gegen die R.

Re|gelation [lat.] *die, -,* die Verflüssigung des Eises bei Druckzunahme und das Wiedergefrieren bei Druckabfall, ein Vorgang, der zur Gletscherbewegung beiträgt.

Regeldetri [lat. regula de tribus ›Regel von den dreien‹] *die, -,* → Dreisatz.

regelmäßige Körper, platonische Körper, Geometrie: → Körper.

Regelstab, Kerntechnik: → Reaktor.

Regelstudi|enzeit, allg. die durchschnittl. Studienzeit in einem Studienfach, i. e. S. die auf eine best. Höchstzahl von Semestern beschränkte Studienzeit, nach deren Ablauf der Studierende exmatrikuliert werden kann. Die R. wurde durch das Hochschulrahmenges. v. 26. 1. 1976 eingeführt und in unterschiedl. Form in einigen Bundesländern verwirklicht; durch Gesetzesänderung v. 6. 3. 1980 wurde die Zwangsexmatrikulation bei Überschreitung der R. abgeschafft.

Regelung *die, -/-en,* **1)** Beeinflussung natürl. oder techn. Vorgänge in der Art, daß ihr ungestörter Ablauf mit möglichst geringen Schwankungen gewährleistet wird (→ Regelungstechnik, → Regler). **2)** Biologie: Physiolog. Prozesse wie Herzschlag, Atembewegungen, Hormonausschüttung und physiolog. Zustände wie Körpertemperatur, Blutdruck, Kohlendioxid-(CO_2-)Gehalt des Blutes werden durch Regelkreismechanismen konstant gehalten. Der tatsächliche CO_2-Gehalt wird durch CO_2-Rezeptoren, die u. a. in der Wand der Halsschlagader sitzen, gemessen und über Nervenleitungen an das Atemzentrum im Verlängerten Mark gemeldet. Dort wird die eingehende Meldung mit dem Sollwert für die CO_2-Konzentration verglichen, und die Atembewegungen werden je nach Differenz beider Werte gesteuert: Bei zu hohem CO_2-Gehalt werden sie verstärkt, bei niedrigem CO_2-Gehalt gedämpft.

Regelungsbauwerk, Bauwerk zur Flußregelung, z. B. Buhne, Parallelwerk, Sohlschwelle.

Regelungstechnik, eine der Grundlagen der Automatisierung techn. Prozesse. Die R. befaßt sich mit der Aufgabe, v. a. in techn. Anlagen physikal. Größen **(Regelgröße)** trotz des Einflusses

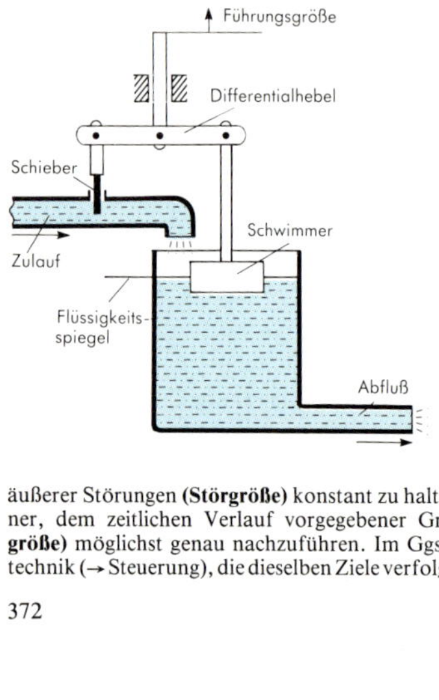

Regelungstechnik: Schema einer Flüssigkeitsstandsregelung

äußerer Störungen **(Störgröße)** konstant zu halten oder, allgemeiner, dem zeitlichen Verlauf vorgegebener Größen **(Führungsgröße)** möglichst genau nachzuführen. Im Ggs. zur Steuerungstechnik (→ Steuerung), die dieselben Ziele verfolgt, bedient sich die R. des Prinzips der **Rückführung,** das man sowohl in lebenden Organismen wie in ökonom. und soziolog. Systemen vorfindet. Man kann die R. daher auch als techn. Zweig der → Kybernetik definieren. Wie diese verbindet die R. viele (techn.) Disziplinen, indem sie die Vielfalt geregelter techn. Systeme auf die Grundform des **Regelkreises** zurückführt. Demzufolge hat man es mit nur 2 rückwirkungsfreien Baugliedern zu tun, mit der **Regelstrecke,** die von der vorgegebenen techn. Anlage gebildet wird, und dem → Regler, der das Zeitverhalten der Strecke kontrolliert und auf sie im Sinne der Aufgabenstellung korrigierend einwirkt. Dabei kommt folgender geschlossener Wirkungsablauf zustande: Die von der Strecke abgegebene Regelgröße wird vom Regler gemessen und ihre Differenz **(Regelabweichung)** gegenüber dem jeweiligen **Sollwert** ermittelt. Der Regler gibt nun seinerseits ein Signal an das **Stellglied** der Regelstrecke ab, das dieses zu einer Korrektur der Regelgröße veranlaßt, d. h. die Abweichung verringert. Bei dem im Bild dargestellten Beispiel ist der Flüssigkeitsstand die Regelgröße. Sinkt er, so öffnet der Regler, der hier aus Schwimmer und Differentialhebel gebildet wird, den Schieber (Stellglied) und wirkt dadurch dem Absinken des Flüssigkeitsspiegels entgegen. Umgekehrt schließt er den Schieber, wenn der Flüssigkeitsstand steigt. Als Störgröße kommen bei dieser Anordnung Schwankungen des Drucks im Zulaufrohr in Frage. Die Führungsgröße kann durch Verschieben des Hebeldrehpunkts eingestellt werden.

Regel|unterhalt, der Mindestbetrag für den Unterhalt eines nichtehel. Kindes, das sich in der Pflege seiner Mutter befindet, bei einfacher Lebenshaltung. Der Unterhalt vermindert sich ggf. dadurch, daß Kindergeld und ähnl. Sozialleistungen zur Hälfte angerechnet werden. Der Vater kann jedoch nach § 1602 BGB zu höheren Unterhaltsleistungen verpflichtet sein.

regen [zu ragen]. *ich* **rege** *es, mich,* bewege: *ohne sich zu regen, lag er da. ich* **rege** *mich* **ab,** Ü tue etwas, um meiner Erregung Herr zu werden. *ich* **rege an, 1)** *es,* veranlasse, gebe den Anstoß. **2)** *ihn zu etwas,* ermuntere, begeistere ihn. **3)** *es regt mich an,* belebt mich: *Kaffee regt an; ein anregendes Gespräch. ich* **rege auf, 1)** *ihn,* bringe in Erregung, gespannte Unruhe oder Zorn. **2)** *mich,* gerate in Erregung. **rege,** lebensvoll, beweglich, tätig, betriebsam: *geistig rege; ein reger Verkehr.* **reglos,** regungslos. **regsam,** rege. *die* **Regung,** *-/-en,* **1)** Bewegung. **2)** Gefühlsaufwallung: *Gemütsregung.* **regungslos,** ohne Bewegung.

Regen [ahd. regan] *der, -s/-,* flüssiger → Niederschlag: *der R. fällt,* es regnet; *er kommt vom R. in die Traufe,* Ü gerät aus einer schlimmen Lage in eine noch bösere; *er sieht aus wie drei Tage Regenwetter,* Ü mißgestimmt.

R. hat einen Tropfendurchmesser von 0,5-5 (selten bis 7) mm. Beim Fall der Regentröpfchen durch eine Luftschicht mit Temperaturen unter 0 °C können Eiskörner (Eis-R.) entstehen; fallen unterkühlte Tropfen auf die Erde, so bildet sich Glatteis. Der R. wäscht die Luft aus und enthält daher chem. Spurenstoffe, bes. Sauerstoff und Stickstoffverbindungen, Schwefelsäure, Kohlen- und Schwefeldioxid, die teils eine ›natürliche Düngung‹, v. a. bei Übersäuerung aber an Bauten und Pflanzen erhebliche Schäden verursachen (→ saurer Regen, → Waldsterben); wegen des geringen Kalkgehalts ist R.-Wasser besonders weich.

R. ist nach Menge und Häufigkeit der wichtigste Niederschlag; nur in großen Höhen (Alpen: ab 3 600 m) und in den Polargebieten wird er völlig durch feste Niederschläge ersetzt (→ Schnee). In der Stärke gibt es alle Abstufungen von nässendem Nebel über Nieseln, Landregen bis zu Platzregen und Wolkenbrüchen; letztere treten nur bei labiler Schichtung der Atmosphäre in hochreichenden Quellwolken auf.

Regen, 1) *der,* linker Nebenfluß der Donau, entsteht aus den vom Böhmerwald kommenden Quellflüssen **Schwarzer R.** (aus Kleinem R. und Großem R.) und **Weißer R.,** mündet bei Regensburg. Von der Vereinigung des Schwarzen mit dem Weißen R. bis zur Mündung ist der R. 108 km kang. **2)** Krst. im RegBez. Niederbayern, (1984) 11 000 Ew., im Tal des Schwarzen Regen; opt. Werke, Holz-Ind.; Fremdenverkehr; Hl.-Geist-Spitalkirche (1421-25), Johanniskirche (1473, im 18. Jh. erneuert).

Regenbogen, atmosphärisch-opt. Erscheinung, die entsteht, wenn die im Rücken des Beobachters stehende Sonne eine vor ihm befindl. Regenwolke oder -wand bescheint. Der R. besteht aus einem in den Spektralfarben leuchtenden Bogen von etwa 42° Halbmesser und 1,5° Breite **(Haupt-R.),** oft auch noch aus einem zweiten, lichtschwächeren von 51° Halbmesser und 3° Breite **(Neben-R.);** zuweilen schließen sich sekundäre Bögen an. Der gemeinsame Mittelpunkt liegt auf der Verlängerung der Geraden, die die Sonne mit dem Auge des Beobachters verbindet. Beim Haupt-R. liegt Violett innen, Rot außen, beim Neben-R. umgekehrt. Der R. entsteht durch Brechung und Reflexion (einmalig Haupt-R., zweimalig Neben-R.) der Sonnenstrahlen in den einzelnen Regentropfen. Die beim Eintritt und Austritt der Strahlen stattfindende Brechung zerlegt das weiße Sonnenlicht in die Spektralfarben, die Reflexion lenkt die Strahlen in das Auge des Beobachters. Die Unterschiede in Breite, Färbung u. a. gehen auf versch. Größen der

Regentropfen zurück. Fast weiße R. (Tröpfchendurchmesser höchstens 0,05 mm) heißen auch **Nebelbögen.**

Regenbogenforelle, eine Art der →Forellen.

Regenbogenhaut, Iris, Teil des →Auges.

Regenbogenhaut|entzündung, Iritis, Entzündung der Regenbogenhaut des Auges, kann isoliert oder in Zusammenhang mit Strahlenkörper und Aderhaut auftreten. Ursache ist meist eine Infektion mit akutem oder chron. Verlauf. Die Behandlung erfolgt zunächst mit pupillenerweiternden Mitteln, Wärme und Verband; im übrigen richtet sie sich nach der Grundkrankheit.

Régence [reʒ'ãs, frz. ›Regentschaft‹] *die, -,* **Régencestil,** Stilstufe der frz. Kunst (vorwiegend auf dem Gebiet der Innendekoration) zur Zeit der Regentschaft Philipps von Orléans (1715 bis 1723); sie bildet den Übergang vom Stil Louis-quatorze (Barock) zum Stil Louis-quinze (Rokoko).

Regency [r'i:dʒənsı, engl. ›Regentschaft‹] *der, -,* engl. Stilphase (um 1810–30) z. Z. der Regentschaft des Prince of Wales, des späteren Georg IV.

Regener, Erich, Physiker, * Bromberg 12. 11. 1881, † Stuttgart 27. 2. 1955, bestimmte 1909 die elektr. Elementarladung mit einer selbstentwickelten Szintillationsmethode; untersuchte bes. die Höhenstrahlung und die Physik der Stratosphäre.

Regenerat [lat.] *das, -(e)s/-e,* **1)** Biologie: Produkt der →Regeneration. **2)** ⚙ techn. Produkt, das durch Aufarbeitung ge- oder verbrauchter Verbrauchsartikel zurückgewonnen und als Rohstoff wieder verwendet werden kann (→Recycling). So ergeben z. B. physikalisch und chemisch aufbereitete Altschmierstoffe R. mit den für Neuschmierstoffe festgelegten Gütewerten.

Regeneration [lat.] *die, -/-en,* Wiederherstellung. **1)** bei Pflanzen: der Ersatz eines durch Verletzung ausgeschalteten Organs dadurch, daß benachbart ein in der Anlage vorhandenes auswächst oder ein neues in Wundnähe gebildet wird. **2)** bei Tieren: jede Wiedererzeugung verlorengegangener Teile des Organismus. Teile, die sich im Lebensvorgang abnutzen, werden ständig ersetzt, so bei Hauterneuerung, Zahnwechsel. Neubildung nach Verletzung ist bei niederen Tieren sehr verbreitet; das R.-Vermögen hängt von der Anwesenheit noch jugendlicher Zellen ab. **3)** beim Menschen: Ersatz von Zellen oder Geweben, die durch natürl. Abbauvorgänge **(physiolog. R.)** oder durch krankheitsbedingte Schädigung sowie Verletzungen **(reparative R.)** verlorengegangen sind. Die physiolog. R. kann einmalig (Milchgebiß), zyklisch (Gebärmutterschleimhaut) oder permanent (Haut, Schleimhaut, Blutkörperchen) stattfinden. Bei der reparativen R. unterscheidet man zw. vollständiger (z. B. bei oberflächl. Schleimhautdefekten) und unvollständiger R. (z. B. bei Herzmuskelnekrose), die mit Bildung von Ersatzgewebe (→Narbe, →Wunde) einhergeht. Über die R. von Knochen →Kallus. **4)** ⚙ ⚗ Wiederherstellung best. chem. oder physikal. Eigenschaften eines Stoffs (→Regenerat) sowie die Rückgewinnung chem. Stoffe. **5)** 🌐 Rückführung versteifter Erdkrustenbereiche in den bewegl., faltbaren Zustand (→Geosynklinale) durch Absinken in tiefere Erdkrustenzonen.

Regenerationszeit, die Periode der schweizer. Geschichte (1830–48), als viele schweizer. Kantone sich liberale Verfassungen gaben; Ggs.: **Restauration.**

regenerative Energiequellen, erneuerbare Energiequellen: direkte oder indirekte Nutzung der →Sonnenenergie, geotherm. Energie (→Erdwärme), Gezeiten (→Gezeitenkraftwerk) u. a.

Regenerativgasfeuerung, Regenerativbeheizung, bei Schmelzöfen eine Umschaltfeuerung zum Vorwärmen von Brenngas und Luft (getrennt) durch Ausnutzen der Abgaswärme der Öfen (Aufheizung auf 1000 bis 1200 °C). Mit der R. werden Ofentemperaturen von 1700 °C erreicht.

regenerieren [lat.]. *ich* **regeneriere, 1)** *es,* bilde neu. **2)** *mich,* Ü erhole, verjünge. *Subst.* →Regeneration.

Regengestirn, ☆ die →Hyaden.

Regenmesser *der, -s/-,* ungenaue Bez. für Niederschlagsmesser (→Niederschlag).

Regenpfeifer, Charadriinae, Unterfamilie der Watvögel mit 66 Arten, die fast weltweit verbreitet sind, z. B. der →Kiebitz, der →Steinwälzer und die eigtl. R. Die Küsten N-Europas bewohnt z. B. der **Sand-R.,** lerchengroß, oben braun, unten weiß, mit breitem schwarzen Kropfband; Füße und Schnabelwurzel sind orangegelb. Der **Fluß-R.** hat keine Flügelbinde und einen schwarzen Schnabel; er lebt auf Schutthalden, in Kiesgruben und bes. auf Sand- und Kiesbänken europ. Flüsse. Der **See-R.** hat schwärzl. Beine und eine Flügelbinde; er besiedelt Sandstrände. Der →Goldregenpfeifer erreicht fast Kiebitzgröße; ebenso der **Kiebitz-R.,** der durch schwarze Achselfedern und weißl. Rückenfleckung gekennzeichnet ist; er bewohnt das nördl. Eurasien wie der **Mornell-** oder **Morinell-R.** (Zitronenvogel), oben graubraun, mit weißem Bruststring, rostrotem Unterkörper und schwarzem Bauch.

Regens [lat.] *der, -/...g'entes* oder *...g'enten,* **1)** Kath. Kirche: der geistl. Leiter eines Priesterseminars. **2)** Ⓢ Bestandteil einer syntakt. Gruppe, von dem ein anderer (→Rektum) abhängig ist (→Rektion).

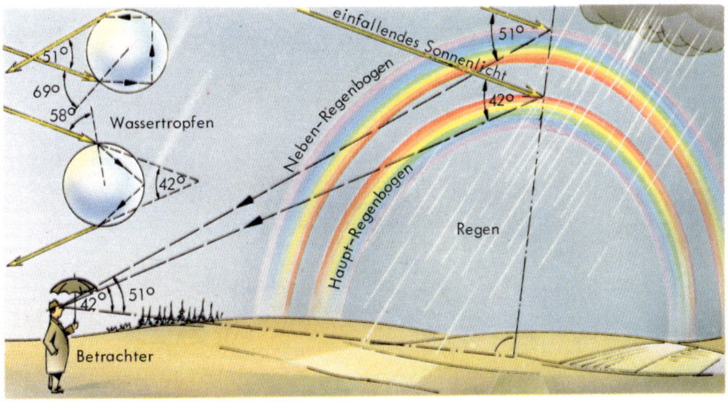

Regenbogen:
Entstehung des Haupt- und Neben-Regenbogens; oben links Brechung und Reflexion des Lichtes in einzelnen Wassertropfen

Regensburg

Regensburg, kreisfreie Stadt, Sitz der Verwaltung des Reg.-Bez. Oberpfalz und des Landkreises R., Bayern, (1984) 132000 Ew., gegenüber der Einmündung des Regen am großen Donauknie, sehr verkehrsgünstig als Brückenstadt und Umschlagplatz des Donauhandels. R. ist kath. Bischofssitz; Univ. (gegr. 1962), Fachhochschule; Oberpost- und Oberforstdirektion, LdGer., Verw.-Ger., Wasser- und Schiffahrtsdirektion, Wasserwirtschaftsamt; Stadttheater, Bibliotheken, Stadtmuseum. Elektrotechn., chem., Maschinen-, Schiffbau-, Textil-, Nahrungsmittel- u. a. Ind., Druckgewerbe. – Viele mittelalterl. Bauwerke: Dom, eine kreuzförm. Basilika mit nicht vorspringendem Querhaus (gegen 1250 begonnen, größtenteils vollendet gegen 1525), mit mächtigem Westbau (Türme ausgebaut 1859–69); die Stiftskirche des Benediktinerklosters St. Emmeram (780–90), von den Brüdern Asam barockisiert (1731–33), birgt u. a. die Grabmäler der letzten ostfränk. Karolinger und bayer. Herzöge des 10. Jh.; die Alte Kapelle (Teile von 1002, im Inneren Rokoko, 1747–65); die Klostergebäude kamen 1803 an die Fürsten Thurn und Taxis; ehem. Benediktinerinnenstift Niedermünster (12. Jh., 17.–18. Jh. erneuert, seit 1821 Bischofsresidenz); ferner die roman. ›Schottenkirche‹ (1150–1200), die Dompfarrkirche St. Ulrich (1230–40), die frühgot. Kirchen der Dominikaner und der Minoriten (13. und 13./14. Jh.); am Stadtrand die Hallenkirche Karthaus-Prüll (geweiht 1110) und die Abteikirche des ehem. Benediktinerklosters in Prüfening, eine roman. Pfeilerbasilika (geweiht 1119). Die wichtigsten weltl. Bauten: Reste des Herzogshofs (z. T. 12.–13. Jh.), die Steinerne Brücke (1135–46), das Alte Rathaus (1356) mit dem Reichssaal, das neue Rathaus (im 17. Jh. umgebaut), der Rathausturm (Mitte 13. Jh.), die mit stattl. Türmen versehenen Patrizierburgen (12.–14. Jh.) und Bürgerbauten vom Spätrokoko bis zum Klassizismus.

Geschichte. Neben der kelt. Siedlung **Radasbona** (mittellat. **Ratisbona)** entstand nach 150 n. Chr. das röm. Legionslager **Castra Regina** (Porta Praetoria z. T. erhalten, Mauern z. T. freigelegt). Von der Mitte des 6. bis ins 13. Jh. war R. der Sitz der bayer. Herzöge, 826–911 auch Sitz der ostfränk. Karolinger. Vom 11. bis 13. Jh. war R. der bedeutendste Handelsplatz des dt. SO. 1245

Regenpfeifer:
OBEN Gold-R.,
UNTEN Mornell-R.

Regensburg: Steinerne Brücke (vorn) und Dom (rechts)

wurde es Reichsstadt, seit Karl dem Großen war es die Stätte von Reichs- und Fürstentagen. 1663–1806 tagte im Reichssaal des Rathauses der ›Immerwährende Reichstag‹. 1803 fiel R. an K. Th. von Dalberg, 1809 wurde es durch die Franzosen erobert, 1810 kam es an Bayern. – Das **Bistum R.**, schon zur Römerzeit bezeugt, wurde 739 von Bonifatius neu organisiert und gehörte seit 768 zur Kirchenprov. Salzburg. Nach der Säkularisation wurde es 1803–17 von Erzbischof K. Th. von Dalberg geleitet. 1818 wurde R. Suffraganbistum von München-Freising.

Regensburger Domspatzen, Chor von Knaben und jungen Männern, hervorgegangen aus dem Regensburger Domchor und der Regensburger Sängerschule (Tradition bis ins 7. Jh.).

Regenschatten, regenarmes Gebiet hinter einem Gebirge.

Regenstein, Burgruine bei Blankenburg/Harz.

Regent [lat.] *der, -en/-en,* das monarch. Staatsoberhaupt oder der Stellvertreter, der bei Ungewißheit über die Person des Monarchen, bei Minderjährigkeit, längerer Verhinderung oder Regierungsunfähigkeit des Staatsoberhauptes die Reg. führt **(Regentschaft);** nach der Primogeniturordnung der nächstberufene, regierungsfähige Agnat, wo er fehlt, ein Kollegium als **Regentschaftsrat.** In manchen Staaten gehen als R. Mutter, Großmutter oder Gemahlin des Herrschers vor. (→ Reichsverweser)

Regentenstück, ein → Gruppenbild.

Regenwald, artenreicher, immergrüner Wald der inneren Tropen bei ganzjährig heißem und feuchtem Klima. (BILD Afrika)

Regenwürmer, Lumbricidae, Fam. der Wenigborster; ihr Körper besteht aus zahlreichen Gliedern, die auf der Bauchseite Borsten zur Fortbewegung tragen. Im vorderen Körperdrittel liegt ein verdickter Ring **(Clitellum);** seine Zellen sondern Schleim ab, der bei Kopulation und Kokonbildung bedeutsam ist. Die R. sind Zwitter; in ihrer Haut liegen einfach gebaute Lichtsinneszellen. Mit Pflanzenstoffen fressen die R. humusreiche Erde, die sie größtenteils an der Erdoberfläche wieder ausscheiden; so sorgen sie für Umarbeitung und Krümelung des Bodens (BILD Würmer). Auf Grund der Regenerationsfähigkeit kann bei Halbierung das Vorderende des Wurms ein neues Hinterende ausbilden; nur bei best. Arten kann auch ein neues Vorderende gebildet werden. Mitteleurop. R. sind: **Großer R.,** bis 30 cm lang; **Laubwurm,** häufig in Baumstümpfen; **Mist-R.** in Komposthaufen und fetter Gartenerde, übelriechend.

Regenzeit, 1) die Jahreszeit vorherrschenden Regenfalls, im Unterschied zur Trockenzeit; in trop. und kontinentalen Ländern meist der Sommer, im Mittelmeergebiet und am Rand der Subtropen der Winter. **2)** die → Pluvialzeit.

Max Reger

Reger, 1) Erik, eigtl. Hermann **Dannenberger,** Schriftst., Journalist und Theaterkritiker, * Bendorf a. Rh. 8. 9. 1893, † Berlin 10. 5. 1954; 1945–54 Hg. des Berliner ›Tagesspiegels‹; schrieb Romane (›Union der festen Hand‹, 1931, u. a.).

2) Max, Komponist, * Brand (Fichtelgebirge) 19. 3. 1873, † Leipzig 11. 5. 1916, seit 1907 Orgel- und Kompositionslehrer in Leipzig, seit 1911 gleichzeitig Hofkapellmeister in Meiningen. Er verband die instrumentale Polyphonie der Werke J. S. Bachs mit einer chromatisch erweiterten Harmonik von höchster klanglicher Sensibilität und wurde, zw. Spätromantik und Moderne vermittelnd, ein Wegbereiter der zeitgenöss. Musik. R. komponierte Orchesterwerke, Chorwerke (z. B. Requiems), Kammermusik, Klavierwerke, Orgelmusik, Lieder, Gesänge, Bearbeitungen.

Reginahaube

Regesten [lat. regesta, vgl. Register] *Pl.,* **1)** knappe Zusammenfassung des Rechtsinhalts von Urkunden mit genauer Angabe des Datums, des Ortes, der Überlieferung, der Orts- und Personennamen und mit krit. Bemerkungen. **2)** Auszüge aus Urkunden aller Art, die den wesentlichen Inhalt wiedergeben.

Reggae [engl. r'egeɪ] *der, -s,* in den 1950er Jahren entstandene Stilrichtung innerhalb der Rockmusik, die Elemente der volkstüml. Musik der schwarzen und mulatt. Bev. Jamaicas und des Rhythm and Blues verband. Charakteristisch ist u. a. die starke Hervorhebung der schwachen Taktteile in der Rhythmusgruppe, der auch Bläser angehören. In Europa wurde der R. seit Mitte der 1970er Jahre bes. durch Bob Marley bekannt.

Reggio di Calabria [r'ɛdʒo-], **1)** Prov. in der ital. Region Kalabrien, 3183 km², (1981) 573100 Ew. **2)** Hptst. von 1), (1981) 173500 Ew., an der Straße von Messina; Erzbischofssitz; Fachschulen, Museum, Theater; Verarbeitung und Erzeugung landwirtschaftl. Produkte, Textil-, Metallwaren-Ind. – R. di C., grch. **Rhegion,** um 720 v. Chr. von den Chalkidiern gegr., kam im 5. Jh. unter byzantin., 1059 unter normann. Herrschaft. 1908 zerstörte ein Erdbeben die Stadt fast völlig.

Regiomontanus

Reggio nell'Emilia [r'ɛdʒo-], **1)** Prov. in der ital. Region Emilia-Romagna, 2292 km², (1981) 413400 Ew. **2)** Hptst. von 1), (1981) 130400 Ew., Bischofssitz; Fachschulen, Museen, Bibliothek, Gemäldegalerie, Theater; Mittelpunkt einer landwirtschaftlich ertragreichen Gegend, Nahrungsmittel-Ind., Waggon-, Maschinenbau, Holz-, chem. Ind. – R. nell'E., das röm. **Regium Lepidi,** war im frühen MA. langobard. Hzgt. und eine karoling. Gfsch.; kam 1523 an das Haus Este.

Regie [reʒ'i:, frz.] *die, -,* Theater: der Aufgabenkreis des Regisseurs (Spielleiters). Zu ihm gehören die dramaturg. Einrichtung des Spieltextes **(Regiebuch),** die Anordnung des Bühnenbildes und die Leitung der Proben bis zur Aufführung. Der Regisseur steht als mittlere Instanz zw. Autor und Ensemble. Neuerdings wird stärker als bisher die Mitbestimmung der Schauspieler bei der R. gefordert; zugleich gewann die R. bei der Suche nach neuen, traditionsabgewandten Spielformen erhöhte Bedeutung. – Entsprechende Aufgaben hat der Regisseur bei Film, Rundfunk (Hörspiel) und Fernsehen.

Regiebetrieb [reʒ'i:-], organisatorisch und rechtlich unselbständiger öffentl. Betrieb, der Teil der Verwaltung ist und ihrer Leitung untersteht. **Regiekosten,** Verwaltungskosten.

Régie Nationale des Usines Renault S. A. [reʒ'i nasjɔn'al dezyz'in rən'o-], → Renault-Werke.

regieren [lat.]. *ich regiere,* **1)** herrsche. **2)** *ihn, es,* beherrsche, verwalte, leite. **3)** *ein Verb regiert einen Kasus,* fordert ihn, z. B. ›haben‹ den Akkusativ.

Regierung [lat.] *die, -/-en,* Ausübung der Herrschergewalt. I. e. S. in gewaltenteilenden Staaten die oberste, zentrale Exekutivgewalt (→ Exekutive); sie umfaßt im Unterschied zur vollziehenden (Verwaltung) die leitende polit. Tätigkeit. Zur R. gehören im Verfassungsstaat das Staatsoberhaupt, das Gesamtministerium und die Einzelministerien; oft wird der Begriff R. auf das Kabinett beschränkt (z. B. Bundes-, Landes-R.). Die Partei oder die Koalitionsparteien, auf die sich die R. stützt, heißen **Regierungspartei(en)** im Unterschied zur Opposition. **Regierungschef** ist allgemein der Vorsitzende des Kabinetts.

Regierungs|akt, justizfreier Hoheits|akt, → Justizfreiheit.

Regierungsbezirk, Verwaltungsbezirk der allg. Landesverwaltung der Mittelstufe in Bundesländern mit dreistufigem Verwaltungsaufbau, so in Bad.-Württ. (4 R.), Bayern (7), Hessen (2), Ndsachs. (4), NRW (5), Rheinl.-Pf. (3). In Bayern ist der R. zugleich eine kommunale Selbstverwaltungskörperschaft höherer Ordnung zur Wahrnehmung überörtl. Angelegenheiten **(Bezirksverband).** Verwaltungsbehörde des R. ist die ›Regierung‹. Sie führt die Bez. **Regierungspräsidium** (Bad.-Württ.), **Regierung** (Bayern), **Bezirksregierung** (Ndsachs., Rheinl.-Pf.), **Der Regierungspräsident** (Hessen, NRW). Die Leitung der Behörde obliegt dem Regierungspräsidenten.

Regierungspräsident, 1) → Regierungsbezirk. **2)** Bez. für den **Landammann** in einigen schweizer. Kantonen.

Regierungsrat, 1) Amtsbezeichnung im Eingangsamt des höheren Verwaltungsdienstes; Beförderungsämter: **Oberregierungsrat, Regierungsdirektor** usw. **2)** frz. **Conseil d'État** [kɔ̃s'ɛj det'a], in vielen schweizer. Kantonen die auf bestimmte Zeit unmittelbar durch das Volk gewählte Kantonsregierung als leitende und vollziehende Kollegialbehörde (→ Staatsrat, → Großer Rat). R. **(Conseiller d'État** [kɔ̃sɛj'e-]) heißen auch die Mitglieder.

Regime [reʒ'im, frz.] *das, -(s)/-,* Leitung; Herrschaft; Regierungsform.

Regimekritiker [reʒ'i:m-, frz.], jemand, der in einem totalitären Staat an den bestehenden Verhältnissen öffentlich Kritik übt.

Regiment [lat.] *das, -(e)s,* **1)** *Pl. -e,* Herrschaft, Leitung: *bei ihm führte die Frau das R.* **2)** *Pl. -er,* ✠ bis 1945 wichtigster mittlerer Truppenverband, geführt von einem **R.-Kommandeur** (Oberst, Oberstleutnant), mit 2–4 Bataillonen. Die Gliederung in R. besteht teilweise noch in der Schweiz. In der Bundeswehr gibt es R. beim Heer.

Regina [lat. ›die Königin‹], **Regine,** weibl. Vornamen.

Regina [rɪdʒ'aɪnə], Hptst. der kanad. Prov. Saskatchewan, (1981) 163000 Ew.; Erzbischofssitz; Ölraffinerien, Brauereien, Fleisch-, Mühlen- und Landmaschinenindustrie.

Reginahaube, eine Abart der schwäb. Radhaube, mit Scheitelschirm über anliegender Kappe und rückwärtig herabfallenden breiten Bändern.

Reginald [ahd. regin ›Rat‹ und walt ›Gebieter‹], **Reinald,** männliche Vornamen.

Regiomontanus [latinisiert ›Königsberger‹], eigtl. Johannes **Müller,** Mathematiker und Astronom, * Königsberg in Bayern 6. 6. 1436, † Rom 6. 7. 1476, behandelte Aufgaben zur Zahlentheorie, zur Raumausfüllung durch die regelmäßigen Körper sowie höhere Gleichungen, verfaßte ein Lb. der ebenen und sphärischen Trigonometrie, Sinus- und Tangenstafeln. In der Astronomie suchte R. Jahreslänge und Planetenbewegung genauer zu berechnen. Er baute 1471 in Nürnberg die erste Sternwarte.

Region [lat.] *die, -/-en,* Gebiet, Bezirk. *Adj.* **regional.**

Regionalismus [nlat.] *der, -,* allg. die auf einen best. geograph., kulturellen oder sozialen Raum bezogene Betrachtungsweise, Forschung, Tätigkeit oder auch typ. Eigenart. **1)** das Eintreten für die Besonderheit einer Landschaft, v. a. in den roman. Einheitsstaaten des 19. und 20. Jh.: in Frankreich (Bretagne, Provence), Spanien (Katalonien, Baskenland), Italien (Sizilien, Sardinien). **2)** Literatur: → Heimatkunst, → Regionalliteratur.

Regional|literatur, literarischer Regionalismus, Literatur, in der Schriftst. Menschen und Natur ihrer Heimat schildern; mitunter programmatisch der nicht heimat- und landschaftsbezogenen Literatur entgegengestellt.

In Großbritannien wurde der Heimatroman Ende des 19. Jh. durch Th. Hardy mit seinen Wessex-Romanen geschaffen. R. L. Stevenson (Schottland) und A. Th. Quiller-Couch (Devon) knüpften an W. Scott an; H. Caine (Insel Man) verband mit dem Erlebnis der Landschaft eine eigentümliche kelt. Mystik. Nach dem 1. Weltkrieg setzte ein Aufblühen des Heimatromans ein: E. Phillpotts (Dartmoor), J. C. Powys (Glastonbury), Sheila Kaye-Smith (Sussex), Mary Webb (Shropshire), Gwyn Jones und R. Llewellyn (Wales). → schottische Literatur.

In den USA ist die R. vertreten im puritan. Neuengland durch N. Hawthorne, S. O. Jewett, Harriet Beecher-Stowe; im einst aristokrat. ›Alten Süden‹ durch Ellen Glasgow, Margaret Mitchell; im ›Tiefen Süden‹ durch J. C. Harris, W. Faulkner, E. Caldwell; im ehemals frz. Louisiana durch G. W. Cable; in den Präriestaaten des Mittleren Westens durch E. Eggleston, H. Garland, S. Lewis, Sh. Anderson; im indianisch-span. SW durch Willa Cather, Zane Grey, O. La Farge; im Fernen Westen Kaliforniens durch Bret Harte, J. Steinbeck.

Skandinavien. In der dän. Literatur machte sich um und nach 1900 eine Strömung der Heimatdichtung bemerkbar, in der bes. die jüt. Dichter wirkten. Auf Grund der geograph. Verschiedenartigkeit Norwegens weist die norweg. Literatur landschaftl. Besonderheiten auf, die seit etwa hundert Jahren stark zur Geltung gekommen sind (→ norwegische Literatur). In Schweden entstand die R. etwa gleichzeitig mit der Neuromantik um 1890 (O. Hansson, H. Söderberg, Selma Lagerlöf, E. A. Karlfeldt, E. Johnson).

In Frankreich ist die Geburtsstätte der R. die Provence, wo 1854 der Bund der → Félibres gegr. wurde; ähnl. Bewegungen machten sich in der Bretagne, im Baskenland und in Lothringen geltend. Etwa von 1890 an griff die regionalist. Bewegung auch in den übrigen Provinzen Frankreichs um sich. Sie führte 1900 zur Gründung der ›Fédération Régionaliste Française‹. – Führend auch heute wieder der S Frankreichs: die Provence (J. Giono, Thyde Monnier, Marie Mauron), die Auvergne (H. Pourrat), die Cevennen (A. Chamson), die Dauphiné (P. Scize) u. a. m.

In Italien ist die Literatur so stark regionalistisch, daß man sie nach Provinzen betrachten könnte, von der lombardisch-piemontes., deren Vater A. Manzoni ist, bis zur sizilian. eines G. Verga.

In Spanien spielt die regionalist. Heimatliteratur bes. seit dem 19. Jh. eine hervorragende Rolle bei den ›costumbristas‹ der romant. Periode und bei den Realisten. Vertreten sind als Landschaften: Madrid (R. de Mesoneros Romanos, R. Pérez de Ayala), die Montaña von Santander (Concha Espina de Serna), das Baskenland (P. Baroja), Asturien (A. Palacio Valdés, R. Pérez de Ayala), Galicien (E. Pardo Bazán), Estremadura (J. M. Gabriel y Galán), Andalusien (S. Estébanez Calderón, Fernán Caballero, J. Valera, P. A. de Alarcón y Ariza, M. Machado, S. und J. Álvarez Quintero, F. García Lorca), Murcia (V. Medina), Valencia (V. Blasco Ibáñez). Dazu kommen die Regionalisten galicischer, katalan. (→ katalanische Sprache und Literatur) und bask. Mundart.

In Portugal ist die Heimatkunst im Roman der neuesten Zeit stark vertreten. Neben Lissabon (J. M. de Eça de Queirós, A. Ribeiro, J. Dantas) ragen hervor: der Minho (C. Castelo Branco, J. Denís), Douro (Kol d'Alvarenga), Trás-os-Montes (J. F. de Trindade Coelho), die Beira (J. M. de Eça de Queirós, A. Botelho, A. Ribeiro), der Ribatejo (Motta Cabral), der Alentejo (J. V. Fialho d'Almeida, M. Ribeiro), die Azoren (R. Brandão, V. Nemésio).

In Lateinamerika fand der literar. Regionalismus am frühesten Ausdruck in der Gaucho-Literatur der La-Plata-Länder seit dem 19. Jh. und ist heute in jedem Land stark vertreten.

Über R. in der deutschen Literatur → Heimatkunst, → deutsche Literatur.

Regional|luftverkehr, Nahluftverkehr, Luftverkehr innerhalb einer Region im Entfernungsbereich zw. 50 und 400 km, als Zubringer zu Großflughäfen und zur Bedienung verkehrsmäßig schlecht erfaßbarer Gebiete.

Regionalmetamorphose, Umwandlung von Gesteinen unter erhöhtem Druck und erhöhter Temperatur in regionalem Ausmaß durch Absenkung in tiefere Erdkrustenbereiche.

Regionalpolitik, Vorbereitung und Durchführung regional wirksamer wirtschafts- und sozialpolitischer Maßnahmen.

Regionaltechnik, die Anpassung techn. Verfahren, Geräte, Werk- und Baustoffe sowie der Bauformen an die regionalen (landschaftlichen) und lokalen Natur- und Kulturverhältnisse.

Regionalverband, eine durch kommunalen Zusammenschluß auf Regionalebene gebildete, vornehmlich der Landesplanung dienende Körperschaft des öffentl. Rechts. R. bestehen in 7 Ländern der Bundesrep. Dtl.

Régis [reʒ'i], **Franz R.,** → Franz, Heilige 1).

Regisseur [reʒis'øːr, frz.] *der, -s/-e,* **Spiel|leiter,** Leiter der → Regie.

Register [mhd., zu lat. regerere ›eintragen‹] *das, -s/-,* **1)** Verzeichnis, bes. ein amtlich geführtes, über bestimmte rechtlich wichtige Verhältnisse, z. B. das Strafregister sowie die bei den Amtsgerichten als Registergerichte geführten Grundbücher, Vereins-, Güterrechts-, Handelsregister usw. **2)** in Büchern: Sach-, Namensverzeichnis. **3)** Drucktechnik: paßgenauer Druck, das genaue Aufeinanderpassen der Druckformen für Schön- und Widerdruck auf den einzelnen Seiten eines Buches **(R. halten). 4)** Datenverarbeitung: Speicher zur vorübergehenden Aufnahme von Informationen in digitaler Form während eines best. Funktionsablaufs, z. B. Ergebnis-R., Multiplikator-R. **5)** Tonlage der menschl. Stimme, d. h. die Reihe von Tönen, die mit der gleichen Stimmbandeinstellung erzeugt werden und daher ähnlich gefärbt erscheinen: tiefes R. (Bruststimme), mittleres R. (Mittelstimme) und hohes R. (Falsett, Kopfstimme). **6)** Orgel: eine Stimme, d. h. eine Reihe versch. großer Pfeifen gleicher Bauart, Mensur und Klangfarbe. Jede Orgel hat mehrere R., die durch Registerzüge ein- und ausgeschaltet werden. Beim Harmonium werden Zungen gleicher Bauart und Klangfarbe zu R. zusammengestellt. – *Er zieht alle R., läßt alle R. spielen,* läßt alle Stimmlagen erklingen, Ü setzt alle Mittel ein. *die* **Registratur,** *-/-en,* geordnete Ablage von Schriftstücken. *ich* **registriere, 1)** *es, ihn,* trage in ein R. ein. **2)** *es,* Ü nehme zur Kenntnis.

registered [r'edʒɪstəd, engl.], **1)** in ein Register (bes. Patentregister) eingetragen, gesetzlich geschützt. **2)** auf Postsendungen: eingeschrieben.

Registergericht, das Amtsgericht, bei dem amtliche Register geführt werden (z. B. das Grundbuch).

Registertonne, Einheitenzeichen **RT** oder **Reg. T.,** engl. **register ton** [r'edʒɪstə tʌn], Einheitenzeichen **reg ton,** anglo-amerikan., internat. bis 1982 übliche Volumeneinheit zur Größenangabe von Schiffen: 1 reg ton = 100 cubic feet = 2,8316847 m³. Der Brutto-Rauminhalt wird in **Brutto-R.** (Abk. **BRT)** angegeben, der gewinnbringende Raum für Fahrgäste und Ladung in **Netto-R.** (Abk. **NRT).** Die R. wurde in der Schiffsvermessung durch die → Bruttoraumzahl und Nettoraumzahl ersetzt.

Registerzeichen, Aktenzeichen, best. Buchstaben-Zahlen-Kombination aller Gerichtsakten und der meisten Behördenakten, aus der sich i. d. R. die Art des Vorgangs, die Instanz und der Jahrgang samt laufender Nummer entnehmen lassen. R. beruhen nicht auf Gesetzes-, sondern auf Verwaltungsvorschriften.

Registrierballon, kleiner, unbemannter Ballon mit meteorolog. Registriergeräten, heute durch die → Radiosonde ersetzt.

Registriergerät, Meßgerät zum Aufzeichnen von Meßwerten in Abhängigkeit von der Zeit oder auch anderen Größen. Bei langsamen Vorgängen erfolgt die Aufzeichnung meist auf Papier, das entweder als Zylindermantel (wie beim Barographen) oder als Scheibe (Kreisblattschreiber) oder als am Rand gelochter Streifen mit gleichbleibender Geschwindigkeit an der Schreibfeder vorbei bewegt wird. Schnell verlaufende Vorgänge lassen sich mit XY-Schreibern, Plottern, Speicheroszilloskopen, Magnetbandgeräten und dgl. aufzeichnen.

Registrierkasse, Kontrollkasse, v. a. im Handel eingesetzte Kasse zur Datenerfassung; verfügt i. d. R. über Eingabe-Tastatur, Zählwerk, Druckeinrichtungen (für Kassenzettel und Kontrollstreifen) und Anzeigevorrichtung. Die **Buchungs-R.** enthält eine → Buchungsmaschine. Moderne R. sind (programmierbare) elektron. **Kassen-Terminals,** z. T. mit automat. Etiketten-Lesevorrichtungen und an EDV-Anlagen angeschlossen.

Registrierung *die, -/-en,* **1)** Eintragung in ein Register. **2)** Statistik: die laufende Ermittlung von statist. ›Ereignissen‹, wie Geburten, Todesfälle, Eheschließungen (›Ereignismassen‹). Ergebnisse von R. werden für Zeiträume, z. B. Jahr oder Monat, ausgewiesen, die Erhebungseinheiten sind zeitlich punktuell; im Ggs. zu den an Stichtagen durchgeführten Zählungen, deren Einheiten, z. B. Haushalte, zeitlich dauerhaft sind.

Reglement [regləm'ã, frz.] *das, -s/-s,* Dienstvorschrift, Geschäftsordnung. *Adj.* **reglementarisch.** *ich* **reglementiere** *es,* regele behördlich. *Subst. die* **Reglementierung,** *-/-en.*

Regler [zu Regel] *der, -s/-,* Teil des Regelkreises einer techn. Einrichtung (→ Regelungstechnik), der fortlaufend die Regelabweichung mißt und auf deren Verminderung hinwirkt. Der R. erzeugt eine Stellgröße, die über ein Stellglied die Regelstrecke beeinflußt. Man unterscheidet stetige und unstetige, kontinuierlich wirkende und Abtastregler. Nach ihrem Zeitverhalten lassen sich die R. in 5 Grundtypen einteilen: **P-Regler** (erzeugt ein der Regelabweichung proportionales Stellsignal); **I-Regler** (bildet ein dem Zeitintegral über die Regelabweichung proportionales Ausgangssignal), **PI-Regler** (Parallelschaltung von P- und I-Regler), **PD-Regler** (P-Regler mit differenzierendem Übertragungsglied) und **PID-Regler** (Parallelschaltung von PD- und I-Regler). BILD S. 376.

Reglette [frz.] *die, -/-n,* ⊜ schmaler Metallstreifen für den → Durchschuß 2).

regnen. *es* **regnet,** Regen fällt: *es regnet in Strömen; es regnet Bindfäden,* U sehr stark; *es regnete Geld,* U es gab viel Geld. *es* **regnet** *sich* **ein,** der Regen wird zum Dauerregen: *wir sind im*

Urlaub eingeregnet, konnten kaum aus dem Haus vor Dauerregen. **regnerisch,** mit Regen drohend, regenreich.

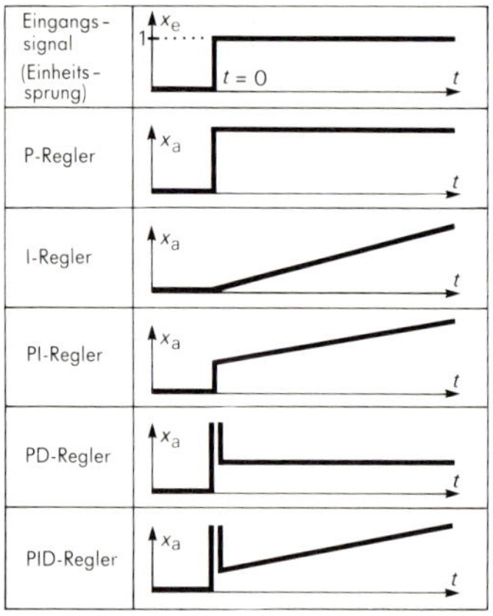

Regler: Übergangsfunktionen idealer Reglertypen; x_e Eingangssignal, x_a Ausgangssignal, t Zeit

Régnier [reɲ'e], H e n r i (François Joseph) de, frz. Dichter, * Honfleur 28. 12. 1864, † Paris 23. 5. 1936, stand nach einer symbolist. Phase mit seiner melod., der Antike, der Natur und melanchol. Stimmungen gewidmeten Lyrik unter dem Einfluß der Parnassiens; ferner Romane.

HW: Tel qu'en songe (1892); Le miroir des heures (1910); Flamma tenax (1928).

Regnitz *die,* Unterlauf der → Rednitz, 65 km.

Regolith [grch. rhegos ›Decke‹] *der, -s,* Bez. für unverfestigtes Gesteinsmaterial über dem Anstehenden; auch für Mondsedimente.

Regreß [lat.] *der, ...gr'esses/...gr'esse,* der Rückgriff eines haftbar gemachten Erst- auf einen Zweitverpflichteten (z. B. im Wechselrecht); im Recht der Amtshaftung der Rückgriff des entschädigungspflichtigen Staates auf den verantwortlichen Beamten. **regreßpflichtig,** ersatzpflichtig.

Regression [lat.] *die, -/-en,* **1)** Rückbewegung. **2)** ⊕ Rückzug des Meeres und damit verbundene Verlandung, durch Bewegungen der Erdrinde (→ Epirogenese) oder Meeresspiegelschwankungen (→ eustatische Bewegungen) verursacht; Ggs.: → Transgression. **3)** Ⓟs allg. das Wiederauftreten entwicklungsgeschichtlich älterer Erlebnis- und Handlungsweisen. Nach S. Freud ist R. der Rückfall gehemmter Triebe auf frühkindlich gelernte Formen ihrer Befriedigung. Wird die aktuelle Befriedigung eines Triebs versagt, kann der Mensch auf unreifere Formen der Befriedigung zurückgreifen, die i. S. einer Ersatzhandlung sich auf ich bezogene Fixierungen frühkindl. Entwicklungsstadien beziehen. R. sind z. B. → Autoerotik und Narzißmus (→ Narziß 2). **4)** Statistik: Aufspaltung einer → Zufallsvariablen Y (mit den Realisationen y) in einen systemat. Teil $f(X)$ und einen zufälligen Teil ε: $y = f(X) + \varepsilon$ (**R.-Funktion).** Dabei heißt y abhängige oder endogene Variable oder (seltener) **Regressand,** X heißt unabhängige oder exogene Variable oder Regressor; seine ›Realisationen‹ x werden meist als fest vorgegeben betrachtet. Die **einfache R.** hat nur einen Regressor, die **multiple R.** mehrere Regressoren: $y = f(X_1, X_2, \ldots, X_n) + \varepsilon$. Die einfache R. wird zur Ermittlung linearer Zusammenhänge **(lineare Ausgleichsrechnung)** benutzt. Demnach gilt $y = \alpha X + \varepsilon$, α wird Regressionskoeffizient genannt. Die Ermittlung der unbekannten Konstanten α, ε ist die Aufgabe der Ausgleichsrechnung. R. ist eines der am häufigsten benutzten analyt. Konzepte in der Statistik und ihren Nachbarbereichen, besonders Ökonometrie.

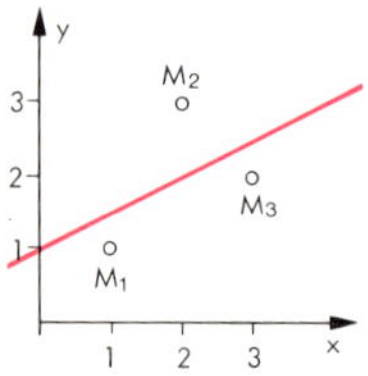

Regression 4): lineare Ausgleichsrechnung, die Gerade stellt den gesuchten linearen Zusammenhang der Punkte M_1, M_2, M_3 dar

regressiv [lat.], rückwirkend, zurückgehend.

Regressus [lat.] *der, -,* Ⓟh das Rückwärtsschreiten von der Folge zum Grund. Wenn jede Grundbedingung ihrerseits wieder Folge einer anderen Bedingung ist, ergibt sich ein **R. in infinitum** (›Rückgang ins Unendliche‹).

Reguera [rɛɣ'era], R i c a r d o Fernández de la, span. Schriftst., → Fernández de la Reguera.

Regula, Heilige, → Felix und Regula.

regula falsi [lat. ›Regel des Falschen‹], △ Verfahren zur Ermittlung von besseren Näherungswerten für die Nullstellen einer Funktion. Es geht jeweils von 2 weniger genauen Näherungswerten beiderseits einer Nullstelle aus.

regulär [lat.], regelmäßig, regelrecht, gesetzmäßig. **reguläre Kristallklasse,** die kubische Kristallklasse (→ Kristall 1).

Regulare [lat.] *der, -n/-n,* Mitglied eines kath. Ordens. **Regularkleriker, regulierte Kleriker,** Ordensgenossenschaften ohne Bindung des Klerikers an das Kloster des Eintritts und ohne Chorgebet, z. B. die Jesuiten, Kamillianer, Theatiner.

Regulation [lat.] *die, -/-en,* **1)** Ausgleichung, Wiederherstellung der Ordnung. **2)** Biologie: die Aufrechterhaltung des Gleichgewichts im Organismus. Die Tätigkeiten der einzelnen Körpersysteme sind in ihrer Arbeitsteilung so aufeinander abgestimmt, daß der Gesamtorganismus selbst unter stark belastenden Bedingungen leistungsfähig bleibt. Seine **Regulationssysteme** (Steuerungseinrichtungen) fassen alle einzelnen Tätigkeiten zusammen und gewährleisten den planmäßigen Ablauf der Lebensvorgänge.

regulativ [lat.], normbildend, regelnd. *das* **Regulativ,** *-s/-e,* regelnde Verfügung, Vorschrift, Verordnung.

Regulator [lat.] *der, -s/...t'oren,* Pendeluhr, meist mit Halbsekundenpendel.

regulieren [lat.]. *ich* **reguliere** *es,* **1)** regle, bringe in die richtige Ordnung. **2)** *einen Fluß,* begradige. *die* **Regulierung,** *-/-en,* Regelung; Begradigung: *Flußregulierung.*

regulierte Kleriker, → Regulare.

Regulierungs|edikte, preuß. Gesetze von 1811, 1816 und 1850 über die Neuordnung der gutsherrlich-bäuerl. Verhältnisse. (→ Bauernbefreiung)

Regulus [lat. ›kleiner König‹] *der, -,* **1)** *Pl. -se,* ⚗ für reines Metall, das sich beim Schmelzen von Metallen unter der Schlacke bildet, auch das gediegen gefundene Metall. **2)** ☆ Stern 1. Größe, α im Sternbild des Löwen.

Reh [ahd.] *das, -(e)s/-e,* eine Art der Trughirsche, → Rehe.

Rehabeam, Vulgata: **Roboam,** erster König von Juda (926–910 v. Chr.), Sohn Salomos; unter seiner Regierung erfolgte die Abspaltung des Nordreichs (Israel unter Jerobeam I.) vom Südreich (Juda).

Rehabilitation [lat.] *die, -/-en,* **Rehabilitierung, 1)** die Wiederherstellung der Ehre. **2)** Strafrecht: die Wiederherstellung der durch strafgerichtl. Verurteilung verlorenen Rechte, z. B. Wiederverleihung der Amtsfähigkeit und Wählbarkeit, Tilgung eines Strafvermerks oder Begnadigung. **3)** Arbeitsmarkt und Sozialpolitik: alle Maßnahmen und Leistungen, die darauf ausgerichtet sind, körperlich, geistig oder seelisch Behinderte möglichst auf Dauer in Arbeit, Beruf und Gesellschaft einzugliedern, Teil des gegliederten Systems der sozialen Sicherung. Es gibt keinen einheitl. Träger. Maßnahmen und Leistungen der R. werden von der gesetzl. Kranken-, Unfall- und Rentenversicherung, der Kriegsopferversorgung und -fürsorge und der Bundesanstalt für Arbeit und der Sozialhilfe gewährt (v. a. medizin., berufsfördernde und ergänzende Leistungen in Form von Sach- und Geldleistungen). R.-Maßnahmen werden häufig in R.-Einrichtungen durchgeführt. Zu unterscheiden sind medizin., berufl. und soziale Einrichtungen zur R. in überwiegend frei-gemeinnütziger Trägerschaft, bes. von Verbänden der Freien Wohlfahrtspflege und Behindertenorganisationen. Zu diesen Einrichtungen zählen z. B. Unfall- und R.-Krankenhäuser; Berufsförderungswerke für die Umschulung und Ausbildung und Werkstätten für Behinderte, in denen diejenigen arbeiten, für die der allg. Arbeitsmarkt verschlossen ist, Wohnanlagen für Behinderte, Tagesstätten, Pflegeheime. – Die R e c h t e der Behinderten sind Teil der gesetzl. Bestimmungen, die für die einzelnen R.-Träger gelten, der Reichsversicherungsordnung mit ihren Vorschriften über die gesetzl. Kranken-, Unfall- und Rentenversicherung, des Bundesversorgungs-, Arbeitsförderungs-, Bundessozialhilfe- und Schwerbehinderten-Gesetzes. *Vb. ich* **rehabilitiere** *mich, ihn.*

Reh|au, Stadt im Kr. Hof, Bayern, (1984) 10400 Ew.; Kunststoff-, Porzellan-, Leder-Ind.; Stadtrecht seit 1427.

Rehbein, beim Pferd eine gutartige Knochenauflagerung auf der äußeren Seite des Sprunggelenks.

Rehbock, männl. Reh.

rehbraun, rötlichbraun.

Rehburg-Loccum, Stadt im Kr. Nienburg (Weser), Ndsachs., (1984) 9700 Ew., 1974 durch Zusammenschluß mehrerer Gemeinden entstanden; Luftkurort.

Rehe, Rehwild, Capreolus, Gatt. der Trughirsche mit einer Art, dem **Reh (Capreolus capreolus),** das mit 3 Unterarten von W-Europa bis China verbreitet ist: Das **Chines. Reh (Capreolus capreolus bedfordi)** ist die östlichste Form. Das **Sibir. Reh (Capreolus capreolus pygargus)** wird bis zu 50 kg schwer. Das **Europ. Reh (Capreolus capreolus capreolus)** wird in Mitteleuropa nur bis 20 kg schwer. Die R. haben einen schlanken Körperbau, einen kurzen Schwanz, der von einem weißen ›Spiegel‹ umgeben ist, und große Augen. Das Fell (›Decke‹) ist im Sommer rotbraun, im Winter graubraun. Das Geweih (›Gehörn‹) der Böcke hat bis zu 6 Enden; weibl. R. (›Ricken‹) sind meist geweihlos. Die R. sind Pflanzenfresser. Ihre Brunftzeit liegt im Juli/August; nach 40 Wochen werden im Mai/Juni 1 bis 2, selten 3 ›Kitze‹ gesetzt. Ihr Fell ist gelbbraun mit weißen Flecken. Das junge weibl. Reh heißt ›Schmalreh‹. R. leben einzeln oder in kleinen Gruppen, den ›Sprüngen‹; im Winter bilden sie größere Rudel. Die Jagdzeit für Böcke ist in der Bundesrep. Dtl. vom 16. 5. bis 15. 10., für Ricken vom 1. 9. bis 31. 1. (BILD Hirsche)

Rehe [mhd. raehe] *die, -,* **Hufverschlag,** aseptische, diffuse Entzündung der Huflederhaut der Huf- und Klauentiere, bes. der

Pferde, als Folge von Überanstrengungen, Futterschädlichkeiten, Giften, Arzneimitteln und versch. Erkrankungen. Akut besteht hochgradige Lahmheit, chronisch entwickelt sich der **Rehhuf (Knollhuf)** mit eingesunkener Krone, Ringbildung und knolliger Verdickung der Zehenwand.

Rehlingen, Großgem. im Kr. Saarlouis, Saarland, (1983) 14000 Ew.; Holz-, Elektroindustrie, Feinmechanik.

Rehmke, Johannes, Philosoph, * Elmshorn 1. 2. 1848, † Marburg 23. 12. 1930, betrachtete die Philosophie als überfachl. ›Grundwissenschaft‹.

Rehoboth, Ort im mittleren Namibia, (1981) 5200 Ew., Zentrum des Gebiets der **Rehobother Baster (Baastards),** eines kleinen Afrikaans sprechenden Volkes (1981: 25800 Menschen), durch Rassenkreuzung entstanden (→ Bastaards).

Rehovot, Stadt in Israel, (1982) 67100 Ew., in der Küstenebene, südlich von Tel Aviv; Mittelpunkt des Orangenanbaus; Weizmann-Institut für wissenschaftliche Forschung.

Rehpilz, der Habichtsschwamm, ein → Stachelpilz.

Rehposten, ⚘ die stärksten Schrotsorten (6–8 mm Durchmesser); die Verwendung bei der Jagd auf Schalenwild und Seehunde ist in der Bundesrep. Dtl. verboten.

Rehwinkel, Edmund, Landwirt, * Westercelle (Kr. Celle) 28. 1. 1899, † Celle 2. 2. 1977, 1959–69 Präs. des Dt. Bauernverbandes e. V.

Rehziemer, Rehrücken.

Reibe *die, -/-n,* **Reib|eisen,** Küchengerät zum flockigen Zerreiben von Nahrungsmitteln, meist ein durchlöchertes oder rillenförmig gestanztes Blech mit Zähnen.

Reibelaut, Ⓢ → Laut.

reiben [ahd.]. *ich* **reibe** (habe gerieben), **1)** es, bewege einen Gegenstand auf, an einem anderen unter dauernder Berührung hin und her: *das Pferd reibt den Kopf am Pfosten; er reibt sich die Hände,* Ü ist schadenfroh. **2)** *es,* zerkleinere mit einem Reibeisen: *ich reibe Kartoffeln, Äpfel; geriebener Käse.* **3)** *es ihm unter die Nase,* U sage derb; halte vor. **4)** *mich an ihm,* Ü bin ihm gegenüber gereizt. **5)** *es reibt,* verursacht bei Bewegung eine ständige schmerzhafte Berührung: *der Schuh reibt.* **6)** bearbeite Bohrungen mit der Reibahle, um Maßhaltigkeit und Oberflächengüte zu verbessern. *ich* **reibe ab, 1)** *es,* entferne durch Reiben: *Rost muß man abreiben.* **2)** *ihn,* trockne, massiere ihn mit einem Tuch. *ich* **reibe** *Mischfarben* **an,** mache sie gebrauchsfertig. *ich* **reibe auf, 1)** *ihn,* zermürbe durch Arbeit: *dieser Beruf reibt ihn (mich) auf.* **2)** *Truppen,* vernichte, füge ihnen schwerste Verluste zu. **3)** *mich, es mir,* werde durch Reiben wund: *ich habe mir die Ferse aufgerieben. ich* **reibe** *es* **aus, 1)** reinige, entferne durch Reiben. **2)** *oberdt.:* scheuere. *ich* **reibe** *ihn, es* **ein,** beschmiere, bestreiche kräftig, z. B. mit Salbe. **Reibahle,** in der spanenden Formung ein Gerät zur Feinbearbeitung zylindrischer und kegelförmiger Bohrungen. **Reibekuchen,** *westfäl.:* Kartoffelpuffer. *die* **Reiberei,** *-/-en,* U kleine Feindseligkeit, Anrempelung. **Reibfläche,** rauhe Fläche, auf der das Zündholz entflammt. **Reibholz, 1)** am Wagen ein Holz, auf dem die Deichsel beim Wenden gleitet. **2)** Fender am Schiff. **3)** Glättholz am Webstuhl.

Reibräder, Reibungsräder, Friktionsräder, zylindr. oder kegelförmige Räder mit glatten Oberflächen (im Unterschied zum → Zahnrad), die gegeneinander gepreßt werden, so daß die entstehende Reibung die Übertragung von Kräften oder Drehmomenten ermöglicht. Sie werden benutzt als **Reibradgetriebe,** z. B. zum Antrieb von Plattenspielern, **Kegel-R.** auch durch Verändern des wirksamen Radius (Berührungspunkt) als im Übersetzungsverhältnis stufenlos regelbare Getriebe. **Antifriktionsräder** sind Rollen, die, zw. gegeneinander verschiebbare Körper gelegt, die gleitende Reibung durch rollende ersetzen.

Reibschale, → Mörser.

Reibtrommel, einfaches Musikinstrument der Naturvölker, auch Kinderspielzeug. Die **Stab-R. (Rummelpott)** besteht aus einer über einen kleinen irdenen Topf gespannten Membran, die mit einem Stäbchen waagrecht gerieben wird; bei der **Stand-** oder **Faden-R.** wird die Membran durch einen Faden (meist Pferdehaar) in Schwingung gesetzt.

Reibung *die -/-en,* **1)** die Hemmung der Bewegung sich berührender Körper gegeneinander **(äußere R.)** oder beim Verschieben eines Körpers in einer viskosen Flüssigkeit sowie von Teilen eines Körpers gegeneinander, z. B. in strömenden Flüssigkeiten und Gasen **(innere R.).** R. beruht bei festen Körpern vorwiegend auf mikroskop. Unebenheiten der Oberflächen, bei der R. von Flüssigkeiten an Gefäßwänden auf der Adhäsion. Gleiten ebene Flächen fester Körper aufeinander, spricht man von **Gleitreibung (Gleitung),** rollt ein fester Körper auf einen anderen, von **Rollreibung.** Diese ist wesentlich kleiner als die Gleitreibung. Die **Haftreibung** ist größer als die Gleitreibung und muß durch eine zumindest gleich große Kraft überwunden werden, um das Gleiten einer Fläche auf einer anderen einzuleiten. Bei der R. entsteht Wärme **(Reibungswärme),** die der mechanisch aufgewandten Energie äquivalent ist. Die R. kann durch geeignete Werkstoffe, durch Polieren und vor allem Schmieren der Reibungsflächen (Flüssigkeits- oder Schmiermittelreibung) vermindert werden. – **Innere R.,** → Viskosität. **2)** Ü Zwistigkeit, Unstimmigkeit. **Reibungsfläche, 1)** Fläche, an der eine R. entsteht. **2)** möglicher Anlaß für Zwistigkeiten. **reibungslos,** ohne Reibung.

Reibungsbahn, Adhäsionsbahn, die übliche Schienenbahn, bei der die Fortbewegung durch die Reibung zw. Rad und Schiene ermöglicht wird. Die Steigfähigkeit bei Schienenfahrzeugen beträgt maximal 6%.

Reibungs|elektrizität, Tribo|elektrizität, durch innige Berührung (Reiben) hervorgerufene entgegengesetzte elektr. Aufladung zweier elektrisch nicht leitender Körper. R. wird in → Elektrisiermaschinen zur Erzeugung von Elektrizität benutzt; sie entsteht auf Treibriemen und dgl.

Reibungswiderstand, die auf einen umströmten Körper in der Anströmrichtung wirkende Kraft, die durch die Reibung zw. strömendem Medium und Körper hervorgerufen wird.

reich [ahd.], **1)** vermögend, begütert: *arm und r.,* jedermann aber: *der Arme und der Reiche.* **2)** gehaltvoll, ergiebig: *eine reiche Erzlagerstätte; in reichem Maße.* **3)** *an etwas,* viel besitzend, große Mengen enthaltend: *r. an Ideen. ich* **reich(e)re** *es (mit etwas)* **an,** mache gehaltvoller (Erze), vermehre: *mit Vitaminen angereicherte Margarine.* **reichhaltig,** vieles umfassend, ergiebig. *Subst. die* **Reichhaltigkeit,** -. **reichlich, 1)** ziemlich umfangreich, größer als notwendig, etwas mehr: *die Verpflegung war reichlich.* **2)** ziemlich: *es war reichlich langweilig.*

Reich [germ. zu kelt. ›König‹] *das, -(e)s/-e,* **1)** Staat, Gebiet, großes Land, Bereich: *R. der Natur; R. der Toten,* Ü das Jenseits; *R. der Töne,* Ü die Musik. **2)** ein nicht scharf abgrenzbarer Name für Großstaaten, v. a. im Altertum (babylon., assyr., pers., ägypt., röm. R.); auch neuzeitl. Großstaaten (brit., russ. R.); i. e. S. aber auf die dt. Geschichte bezogen: Heiliges Röm. R. Deutscher Nation, Dt. R., Drittes R.; → Reichsidee. **reichs...,** zum Dt. R. gehörig: *der Reichsadler; der Reichskanzler.*

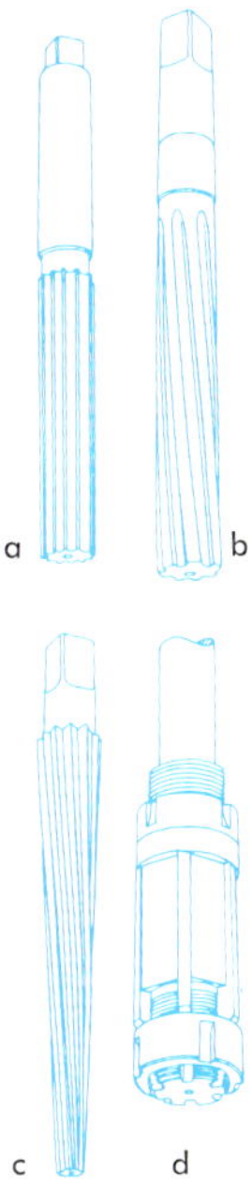

reiben 6)

reiben 6): a Reibahle mit zylindrischem Schaft und geraden Nuten, **b** Reibahle mit zylindrischem Schaft und schraubenförmig gewundenen Nuten, **c** kegelförmige Reibahle, **d** Maschinen-Reibahle mit nachstellbaren Schneiden

Reich, Wilhelm, österr. Psychoanalytiker, * Dobrzcynica (Galizien) 24. 3. 1897, † Lewisburg (Pa.) 3. 11. 1957, ging 1939 in die USA. R. strebte eine Verbindung zw. Marxismus und Psychoanalyse an. In seiner Charaktertheorie hob er die repressive Funktion der Gesellschaft hervor, die ihre autoritäre Ordnung v. a. durch sexuelle Unterdrückung aufrechterhalte.

HW: Die Funktion des Orgasmus (1927); Charakteranalyse (1933); Die Massenpsychologie des Faschismus (1933); Dialekt. Materialismus und Psychoanalyse (1934); Die sexuelle Revolution (1936–45).

Reichardt, Johann Friedrich, Komponist und Musikschriftst., * Königsberg 25. 11. 1752, † Giebichenstein bei Halle 27. 6. 1814; 1775–83 Kapellmeister (Friedrichs d. Gr.). R., den Goethe sehr schätzte, komponierte Opern, Oratorien, Kammermusik, Singspiele, Lieder (davon über 100 nach Dichtungen Goethes) und Liederspiele, eine von ihm geschaffene Form.

Reichel, Hans, Bildhauer, → Reichle.

Reichelsheim (Wetter|au), Stadt im Wetteraukreis, Hessen, (1978) 5600 Ew.; Braunkohlentagebau; Flugplatz.

reichen [ahd.]. *ich* **reiche, 1)** *es ihm,* biete, halte hin, gebe: *sie reichte ihm die Hand (zum Ehebund); würden Sie mir bitte das Brot reichen!; er kann ihr nicht das Wasser reichen,* Ü ist ihr weit unterlegen. **2)** *es reicht bis zu ihm,* erstreckt sich: *das Kind reicht ihm schon bis an die Schulter; sein Einfluß reicht sehr weit.* **3)** *es reicht,* genügt: *der Vorrat reicht (nicht).* **4)** *mit etwas* **(aus),** U komme aus: *ich reiche mit dem Geld nicht lange; die Zeit reichte nicht mehr (aus). ich* **reiche** *es* **ein,** übergebe (einer Behörde), ersuche schriftlich um etwas: *ich habe ein Gesuch, eine Klage eingereicht. ich* **reiche** *an etwas, ihn* **heran, 1)** erstrecke mich bis dahin. **2)** Ü bin ihm gleichwertig: *er reicht nicht an seinen Vorgänger heran.*

Reibtrommel: Faden-R.

Reichenau, Insel im Untersee (Bodensee), 4,4 km^2, durch eine Dammstraße mit dem Festland verbunden; Gemüseanbau, Fischerei, Fremdenverkehr. – Die 724 gegr. Benediktinerabtei, bis 1535 reichsunmittelbar (1803 säkularisiert), war vom 9. bis 11. Jh. ein wichtiges Christianisierungszentrum und eine Pflegestätte der frühmittelalterl. Kultur, bes. in der otton. Zeit. Erhalten sind drei roman. Kirchen: das Münster St. Maria und Marcus im Ortsteil Mittelzell mit dem Grab Kaiser Karls des Dicken, die Peter-und-Pauls-Basilika in Niederzell (11./12. Jh.) und die Stiftskirche St. Georg in Oberzell (9.–10. Jh.). Die Miniaturen der **Reichenauer Malerschule** waren um 1000 die bedeutendsten des Abendlandes. Von ihren Wandmalereien sind Darstellungen von den Wundertaten Christi in St. Georg erhalten. (BILD S. 378)

Reichenau: St. Georg in Oberzell

Bad Reichenhall

Reichenau, Walter von, Generalfeldmarschall (1940), * Karlsruhe 8. 10. 1884, † Poltawa 17. 1. 1942; 1939–41 Oberbefehlshaber der 6. Armee, danach bis zu seinem Tod Oberbefehlshaber der Heeresgruppe Süd im Osten.

Reichenbach, 1) R. (Eulengebirge), poln. **Dzierżoniów** [dzjɛrʒ'ɔnjuf], Stadt in der poln. Wwschaft Wałbrzych (Waldenburg/Schles.), (1979) 30000 Ew., ehem. Krst. in Niederschlesien; Textil- und Rundfunk-Ind.; spätgot. Pfarrkirche, Wohnhäuser aus der 2. Hälfte des 16. Jh. **2) R./Vogtland,** Krst. des Kr. R. im Bez. Karl-Marx-Stadt, (1983) 25600 Ew.; Textilfachschule; Spinnereien, Webereien, Tuchfabriken, Bekleidungsindustrie.

Reichenbach, 1) Carl Ludwig Frhr. von (1839), Chemiker, * Stuttgart 12. 2. 1788, † Leipzig 19. 1. 1869, entdeckte im Holzteer das Paraffin und Kreosot. R. begründete eine philosoph. Lehre, nach der das Leben durch eine dem Magnetismus ähnliche ›Od-Kraft‹ gelenkt wird.

2) Georg von, Mechaniker und Ingenieur, * Durlach 24. 8. 1771, † München 21. 5. 1826, baute eine Kreisteilmaschine (1802), mit J. Fraunhofer opt. Geräte (seit 1809), entwickelte Wassersäulenmaschinen zum Heben des Wassers für die Soleleitungen Reichenhall–Rosenheim (1810) und Berchtesgaden–Reichenhall (1817).

3) Hans, Philosoph, * Hamburg 26. 9. 1891, † Los Angeles 9. 4. 1953, trat bes. durch Beiträge zur Theorie der Wahrscheinlichkeit und der Induktion, der philosoph. Grundlagen der Physik und zur Wissenschaftstheorie hervor.

Hans Reichle: Kopf des Luzifer vom Zeughaus in Augsburg; 1603–06

Reichenberg, tschech. **Liberec** [l'ibɛrɛts], Stadt im Nordböhm. Kr., ČSSR, (1982) 99000 Ew., an der Lausitzer Neiße; Hochschule für Maschinenbau, Textilfachschule, Nordböhm. Museum, Theater, Botan. und Zoolog. Garten. Außer der führenden Textilindustrie sind Maschinen-, Papier-, Schuh-, Holz-, Lebensmittel-Ind. und Bierbrauereien vertreten. Um den Marktplatz liegen die got. St.-Antonius-Erzdekanat-Kirche (Ende 16. Jh.), die barocke Heiligkreuzkirche (1695), Bürgerhäuser des 17.–18. Jh. (darunter die Wallensteinhäuser). – R. entstand im 13. Jh. und entwickelte sich als Zentrum der Tuchmacherei rasch. Es war 1938–45 Hptst. des Reichsgaues Sudetenland.

Bad Reichenhall: Rathaus

Reichenhall, Bad R., Krst. des Kr. Berchtesgadener Land, RegBez. Oberbayern, Große Kreisstadt, Kurort, (1984) 17800 Ew., im Talkessel der Saalach, umschlossen von Untersberg, Lattengebirge und Hochstaufen, 470 m ü. M.; Saline, Gradierwerk. Die starken Solquellen wurden schon in vor- und frühgeschichtl. Zeit zur Salzgewinnung genutzt. Augustiner-Chorherrenstift St. Zeno (gegr. 1136) mit roman. Kirche (um 1208 vollendet, später gotisch umgebaut).

Reichenstein, Gipfel im Gesäuse, Ennstaler Alpen (Obersteiermark, Österreich), 2247 m.

Reichensteiner Gebirge, poln. **Góry Złote** [g'uri zł'ɔtɛ], Teil der Sudeten, die nordöstl. Umwallung des Glatzer Kessels, mit der Heidelkoppe (902 m) im N und Schmiedekoppe (989 m) im S.

Reichert, Willy, Schauspieler, * Stuttgart 30. 8. 1896, † Grassau (Kr. Traunstein) 8. 12. 1973, spielte in Heilbronn, München und Stuttgart, wandte sich 1932 dem Kabarett zu. Volkstümlich wurden seine Szenen in schwäb. Mundart. R. wirkte in zahlreichen Fernsehfilmen und -serien mit.

Reich Gottes, in Christi Lehre die religiös-sittl. Ordnung der unter der Herrschaft des Willens Gottes in Bruderliebe verbundenen Menschheit, auch die eschatologisch erwartete Herrschaft Gottes (→ Eschatologie).

Reichle, Reichel, Hans, Bildhauer und Baumeister, * Schongau um 1570, † Brixen 1642, Schüler und Mitarbeiter des Giovanni da Bologna in Florenz, dann meist in Brixen, auch in Florenz, für Augsburg und München tätig. R. ging vom Florentiner Manierismus aus, dessen Formen er selbständig weiterentwickelte und mit neuem, starkem Ausdruck erfüllte. HW ist die in die Augsburger Zeughausfassade einbezogene Bronzegruppe des hl. Michael im Kampf mit Luzifer (1603–06).

Reichnis *das, -ses/-se,* kirchl. Rechtsgeschichte: kirchlichen Stellen geleistete Natural-, im späteren MA. auch Geldabgaben.

Reich-Ranicki [-ran'ıtski], Marcel, Publizist, * Włocławek (Polen) 2. 6. 1920, Essayist, Literaturkritiker und Herausgeber, wirkt seit 1959 in der Bundesrep. Dtl.; schrieb ›Dt. Literatur in West und Ost‹ (1963), ›Lit. der kleinen Schritte‹ (1967), ›Nachprüfung‹ (1977), ›Entgegnung‹ (1979) u. a.

Reichs|abgaben|ordnung, Abk. **RAO,** das dt. Abgabenrecht von 1931; 1977 durch die → Abgabenordnung ersetzt.

Reichs|abschied, → Abschied 4).

Reichs|acht, vom Kaiser ausgesprochene → Acht.

Reichs|adel, der aus kaiserl. Erhebung in den Adelsstand erwachsene Adel.

Reichs|ämter, 1) im Dt. Reich bis 1806 die Erzämter und Erbämter. **2)** im Dt. Reich 1871–1918 die unmittelbar dem Reichskanzler unterstellten, von einem Staatssekretär geleiteten obersten Reichsbehörden; 1919 durch die Reichsministerien ersetzt.

Reichs|anstalten, die reichsunmittelbaren öffentlichen Anstalten im Dt. Reich 1871–1945, z. B. die Dt. Reichspost, Dt. Reichsbank, Dt. Reichsbahn.

Reichs|apfel, Kugel (Weltkugel) mit Kreuz (als Zeichen christlicher Weltherrschaft), eines der → Reichskleinodien.

Reichs|arbeitsdienst, Abk. **RAD,** im nat.-soz. Dt. Reich der → Arbeitsdienst für die männl. und weibl. Jugend vom vollendeten 18. bis 25. Lebensjahr (Ges. v. 26. 6. 1935) mit halbjähriger Dienstpflicht. Der R. war in uniformierte Abteilungen gegliedert. Zunehmend ein Instrument vormilitär. Erziehung, wurde er seit 1939 auf die Erfordernisse der Kriegführung ausgerichtet.

Reichs|arbeitsgericht, → Reichsgerichte.

Reichs|archiv, Archiv des Dt. Reichs zur Verwaltung des Urkunden- und Aktenmaterials des alten Heeres und der Reichsbehörden, 1919 in Potsdam gegr.; ihm wurden auch die Archive des Reichskammergerichts, des Dt. Bundes und der Frankfurter Nationalversammlung angegliedert. Das R. erlitt im Zweiten Weltkrieg große Verluste. Rechtsnachfolger ist in der Bundesrep. Dtl. das → Bundesarchiv, in der Dt. Dem. Rep. das Deutsche Zentralarchiv.

Reichs|armee, das Heer des Dt. Reichs seit der Wormser Reichsmatrikel von 1521 bis 1806, bestand aus den festgesetzten Kontingenten der Reichsstände und trat erst bei der Mobilmachung zusammen.

Reichs|autobahnen, seit 1934 geschaffene Autobahnen im Dt. Reich. Für den Bau wurde durch Ges. v. 27. 6. 1933 eine Körperschaft des öffentl. Rechts (Unternehmen R.) als Zweigunternehmen der Dt. Reichsbahn geschaffen, 1945 aufgelöst, jedoch nicht liquidiert. In der Bundesrep. Dtl. wurden die R. am 24. 5. 1949 als Bundesautobahnen (→ Autobahn) Bundeseigentum, in der Dt. Dem. Rep. Staatseigentum (Art. 124 der Verf.).

Reichsbahn, die → Deutsche Reichsbahn.

Reichsbank, Deutsche R., Zentralnotenbank des Dt. Reichs, Sitz: Berlin, gegr. durch das Bank-Ges. v. 14. 3. 1875 als unter Aufsicht des Reichs stehende rechtsfähige öffentl. Anstalt. Das Ges. v. 26. 5. 1922 über die Autonomie der R. schloß das Reich von der Leitung der R. aus. Entsprechend dem Dawesplan wurde sie durch Ges. v. 30. 8. 1924 eine von der Reichs-Reg. unabhängige

Anstalt. Das Ges. v. 10. 2. 1937 unterstellte sie wieder dem Einfluß des Reichs, das Ges. v. 15. 6. 1939 dem Reichskanzler unmittelbar. 1945 stellte die R. ihre Tätigkeit ein, außer in der brit. Zone. Ihre Aufgabe übernahmen in West-Dtl. die Landeszentralbanken und die Bank deutscher Länder, seit 1. 8. 1957 die → Deutsche Bundesbank, in der Dt. Dem. Rep. die Dt. Notenbank, seit 1968 die Staatsbank der Dt. Dem. Rep. Dennoch blieb die R. als Rechtssubjekt bestehen; sie wurde erst mit dem Ges. über die Liquidation der Dt. R. und der Dt. Golddiskontbank v. 2. 8. 1961 aufgelöst. Die Anteilseigner wurden durch Bundesbankgenußrechte abgefunden.

Reichsbanner Schwarz-Rot-Gold, 1924 von den Sozialdemokraten O. Hörsing und K. Höltermann gegr. Wehrverband zum Schutz der Weimarer Rep. (1932: 3,5 Mio. Mitgl.), schloß sich 1932 mit den Freien Gewerkschaften u. a. Verbänden zur **Eisernen Front** zusammen, wurde 1933 von der nat.-soz. Reg. aufgelöst.

Reichsbehörden, die Behörden, die der Regierung, Verwaltung und Justiz des Dt. Reichs 1871–1945 dienten, und zwar Reichszentralbehörden und R. der mittleren und unteren Verwaltung. R. waren z. B. die Reichsbank und das Reichspatentamt.

Reichsbischof, 1933–35 das faktisch höchste Amt der ›Deutschen Evangelischen Kirche‹ (→ Kirchenkampf).

Reichsbruderrat, bis 1937 das Leitungsorgan der → Bekennenden Kirche.

Reichsdeputationshauptschluß, Beschluß der letzten Reichsdeputation (Ausschuß des alten Reichstags) vom 25. 2. 1803. Um die Bestimmungen des Friedens von Lunéville (1801) über die Abtretung des linken Rheinufers an Frankreich und die Entschädigung der dort begüterten dt. Fürsten durchzuführen, setzte der Regensburger Reichstag die außerordentl. Reichsfriedensdeputation ein. Unter maßgebl. Einfluß Frankreichs und Rußlands wurden nahezu alle geistl. Fürstentümer aufgehoben, die Säkularisation des Kirchenguts gestattet und die Reichsstädte bis auf 6 mediatisiert. Den Hauptgewinn trugen die süd- und westdt. Mittelstaaten sowie Preußen davon.

Reichsdienststrafhof, Reichsdisziplinarhof, → Reichsgerichte.

Reichsdörfer, im Dt. Reich bis 1806 Landgemeinden auf ehem. Krongut, die Kaiser und Reich unmittelbar unterstanden. Sie besaßen ausgedehnte Selbstverwaltung, waren aber nicht Reichsstand. Im 14. Jh. gab es mehr als 100 R.; die letzten wurden durch den → Reichsdeputationshauptschluß 1803 mediatisiert.

Reichsdruckerei, → Bundesdruckerei.

Reichs|erbhofgesetz, → Erbhof.

Reichs|exekution, im Dt. Reich bis 1806 die Durchführung von Urteilen des Reichskammergerichts, zur Aufrechterhaltung des Landfriedens nötigenfalls durch Truppen der Reichskreise (R.-Ordnung von 1555). Die Reichs-Verf. von 1871 (Art. 19) sah die R. gegen einen seinen Pflichten nicht nachkommenden Gliedstaat vor; sie wurde vom Bundesrat angeordnet und vom Kaiser durchgeführt. Nach der Weimarer Verf. von 1919 (Art. 48 Abs. 1) standen Anordnung und Durchführung dem Reichspräs. zu. (→ Bundesexekution, → Bundeszwang)

Reichsfarben, → deutsche Farben.

Reichsfinanzhof, → Reichsgerichte.

Reichsfiskus, das Dt. Reich als Träger von Vermögensrechten und -pflichten (→ Fiskus). In der Bundesrep. Dtl. ist der Bund in die Vermögensrechte des R. eingetreten; die Nachfolge hinsichtlich der Vermögenspflichten des R. wurde durch das Allgemeine Kriegsfolgen-Gesetz v. 5. 11. 1957 geregelt. Auch die Dt. Dem. Rep. übernahm die Vermögensrechte des R., nicht aber dessen Vermögenspflichten. (→ Staatensukzession, → Reichsschulden)

Reichsfluchtsteuer, im Dt. Reich 1931–45 von Auswanderern erhobene Steuer.

reichsfrei, → reichsunmittelbar.

Reichsfreiherr, der Stand, nicht der Titel der im Dt. Reich bis 1806 durch kaiserl. Brief dazu Erhobenen (Titel: Freiherr). Seine Angehörigen waren dem landesherrl. Freiherrenstand ranggleich und nicht zur Führung des Prädikats R. berechtigt. Bei der Umwandlung der Adelsprädikate in Namensbestandteile 1919 in Dtl. konnte somit ein Namensbestandteil R. nicht rechtmäßig entstehen. Das Entsprechende gilt für die **Reichsgrafen.**

Reichsfürst, → Fürst.

Reichsgau, im nat.-soz. Dt. Reich seit 1939 staatl. Verwaltungsbezirk unter einem → Reichsstatthalter. R. waren z. B. die Länder Österreichs, das Sudetenland, das Wartheland und Danzig-Westpreußen.

Reichsgebiet, das Staatsgebiet des Dt. Reichs in den Grenzen vom 31. 12. 1937.

Reichsgerichte, die obersten Gerichte des Dt. Reichs.
1) Im MA. war oberstes R. das Reichshofgericht (→ Hofgericht); später bestanden (bis 1806) der → Reichshofrat und das → Reichskammergericht. **2)** Im Dt. Reich 1871–1945 bestanden insbes. das am 5. 8. 1870 eröffnete **Reichsoberhandelsgericht,** an dessen Stelle am 1. 10. 1879 das **Reichsgericht** als höchstes Gericht des Dt. Reichs trat (Sitz: Leipzig), das **Reichsarbeitsgericht** (1926–45, Sitz beim Reichsgericht), der **Reichsdisziplinarhof** (1873–1937, Sitz beim Reichsgericht, Berufungsgericht bei Dienstvergehen der Reichsbeamten), an dessen Stelle 1937 der **Reichsdienststrafhof** (Sitz: Berlin) trat, der **Reichsfinanzhof** (1919–45, Sitz: München), das **Reichsverwaltungsgericht** (1941–45, Sitz: Berlin), der **Reichsstaatsgerichtshof** (1920–33, Sitz: Leipzig) und der → Volksgerichtshof (1934–45, Sitz: Berlin).

Reichsgesetzblatt, Abk. **RGBl.,** das amtl. Verkündungsblatt für die Gesetze des Dt. Reichs (1871–1945).

Reichsgraf, → Reichsfreiherr.

Reichsgrundgesetze, 1) allg. die Reichsverfassung. **2)** die für die Verf. des Dt. Reichs bis 1806 grundlegenden Reichsgesetze: Goldene Bulle (1356), Ewiger Landfrieden (1495), Reichskammergerichtsordnung (1555), Westfäl. Friede (1648), Jüngster Reichsabschied (1654), Reichsdeputationshauptschluß (1803).

Reichshof, Gem. im Oberberg. Kr., NRW, (1984) 16000 Ew.; Luftkurort; eisenverarbeitende Industrie.

Reichshofrat, im Dt. Reich bis 1806 das neben dem Reichskammergericht bestehende oberste kaiserl. Gericht, gegr. 1498; Sitz: Wien. Der R. war zuständig für Reichslehnsachen, Kriminalklagen gegen Reichsunmittelbare, Streitigkeiten über kaiserl. Reservatrechte und Privilegien sowie für ital. Angelegenheiten. Seit 1654 verloren die Stände jeden Einfluß auf den R.

Reichs|idee. Die R. des Altertums erlangte ihre klass. Form im Römischen Reich seit Augustus **(Imperium Romanum);** sie erstrebte die Befriedung des Erdkreises **(Pax Romana)** und die Ausbreitung städtischer Zivilisation. An diese R., die bereits die Kirchenväter des 4. und 5. Jh. als eine Vorstufe des **Imperium Christianum** gedeutet hatten, knüpfte die abendländische R. an; sie forderte eine überstaatl. Einheit aller christl. Völker und eine durch den Kaiser als Statthalter Gottes zu wahrende Friedensordnung. Dieser universalistisch-theolog. Zug ist dem → Byzantinischen Reich eigen geblieben, während im W die R. mit dem Untergang des Weström. Reiches (476) zunächst erlosch. Die Kaiserkrönung Karls des Großen (800) bezeichnete die Übertragung des Reiches (›translatio imperii‹) auf die Franken, die Kaiserkrönung Ottos des Großen (962) die Übertragung auf die Deutschen. Über die Wandlungen des Reichsnamens und -titels, in denen sich sowohl die Auseinandersetzungen der kaiserlichen mit der päpstl. Gewalt wie die Spannungen mit dem byzantin. Kaisertum wie die polit. Zielsetzungen einzelner dt. Kaiser widerspiegeln, → Heiliges Römisches Reich. – Auch über das Ende des alten Reichs (1806) hinaus blieben Elemente der R. erhalten. Im Bismarckschen Reich lebten sie in der großdt. Opposition fort. Der Nationalsozialismus benutzte die R. als propagandist. Werkzeug zur imperialist. Großraumpolitik.

Reichs|insigni|en, die → Reichskleinodien.

Reichsjustizgesetze, die 1879 in Kraft getretenen Gesetzbücher, die die Rechtseinheit des gerichtl. Verfahrens im Dt. Reich begründeten. Zu den R. gehören das GVG v. 27. 1. 1877, die ZPO v. 30. 1. 1877, die StPO v. 1. 2. 1877, die KO v. 10. 2. 1877.

Reichskammergericht, im Dt. Reich bis 1806 neben dem Reichshofrat das höchste Reichsgericht, wurde durch den Wormser Reichstag von 1495 als Nachfolger des königl. Kammergerichts errichtet. Das R. war zuständig für Landfriedensbruch, Reichsacht, alle fiskal. Klagen, Besitzstreitigkeiten zw. Reichsunmittelbaren und Zivilklagen gegen diese; es war das oberste Berufungsgericht für alle Land- und Stadtgerichte. Der vom Kaiser ernannte ständige **Kammerrichter** mußte dem hohen Adel angehören; die 18 ständigen Beisitzer wurden zumeist von den Reichsständen ernannt. Das R. hatte seinen Sitz zunächst in Frankfurt a. M., nach mehrfachem Wechsel 1526–1689 in Speyer, 1693–1806 in Wetzlar.

Reichskanzlei, 1878/79–1945 das Büro des Reichskanzlers.

Reichskanzler, 1) bis 1806 der Erzbischof von Mainz als Erzkanzler für Dtl. **2)** 1871–1918 der vom Kaiser ernannte einzige Minister des Reichs, zugleich der Vors. des Bundesrats. Der R. war meist zugleich preuß. MinPräs. und preuß. Außen-Min. Der R. bestimmte zus. mit dem Kaiser die Richtlinien der Reichspolitik. Er leitete die gesamte Verw. des Reichs; ihm nachgeordnet, verwalteten die Staatssekretäre der → Reichsämter die einzelnen Ressorts. Die Anordnungen des Kaisers (außer militär. Kommandosachen) bedurften der Gegenzeichnung des R., der dadurch die Verantwortung übernahm. Vom Vertrauen des Reichstags war der R. nicht abhängig. **3)** im Dt. Reich seit 1919 Leiter der → Reichsregierung; er bestimmte die Richtlinien der Politik, er wurde vom Reichspräs. ernannt und entlassen. Der R. bedurfte des Vertrauens des Reichstags. Nach seinem Amtsantritt als R. (1933) errang Hitler, dessen Regierung durch das → Ermächtigungsgesetz mit umfassenden Gesetzgebungsvollmachten ausgestattet wurde, faktisch diktator. Vollmachten, zumal er innerhalb der Reichsreg. das Alleinentscheidungsrecht für sich durchsetzte. Nach dem Tode Hindenburgs vereinigte er das Amt des R. mit dem des Reichspräs. (›Führer und R.‹). ÜBERSICHT S. 380.

Reichskleinodi|en, Reichs|insigni|en, im alten Dt. Reich (u. a. Ländern) die symbol. Schmuckstücke bei der Krönung der Herrscher (Krone, Zepter, Reichsapfel), dazu die **Reichsheilig-**

tümer (Heilige Lanze, Schwerter u. a.). Die R. wurden zunächst auf Reichsburgen und Pfalzen verwahrt, 1424–1796 in Nürnberg, seit 1800 vorübergehend, seit 1813 ständig in Wien, 1938–46 wieder in Nürnberg, heute in der Wiener Hofburg. (Weitere BILDER S. 381)

Reichskommissar, im Dt. Reich der Inhaber einer höheren Amtsstelle, der für einen best., meist zeitlich begrenzten Zweck eingesetzt war (z. B. der R. für die besetzten rhein. Gebiete, R. für Preisüberwachung). Nach 1933 weitete Hitler die Einrichtung des R. zu einem Instrument seines diktator. Herrschaftssystems zunächst im Reich, später auch in den besetzten Gebieten aus.

Reichskonkordat, das am 20. 7. 1933 zw. dem Hl. Stuhl und dem nat.-soz. Dt. Reich geschlossene Konkordat, das sowohl Rahmenkonkordat für fortbestehende Länderkonkordate wie auch eigenständige Reichsregelung wichtiger Bereiche war (Rechtsstellung des Klerus, Besetzung kirchl. Ämter, Theolog. Fakultäten, Konfessionsschulen, Religionsunterricht, polit. Betätigung der Kirche). Nach Entscheidung des Bundesverfassungsgerichts (1957) ist das R. gültiges Recht, die Länder sind aber an die Schulbestimmungen nicht gebunden.

Reichskreise, im Dt. Reich bis 1806 die Bezirke, in die Maximilian I. 1500 das Reich einteilte; urspr. 6: der Fränkische, Bayerische, Schwäbische, Rheinische (später Oberrheinische), Niederrheinisch-Westfälische (später Westfälische) und Sächsische (später Niedersächsische) Kreis. 1512 kamen 4 hinzu: der Kurrheinische, Obersächsische, Österreichische und Burgundische Kreis (KARTE deutsche Geschichte). Aufgaben der R. waren Wahrung des Landfriedens, Aufstellung von Truppen, Erhebung von Reichssteuern, Aufsicht über Münze und Zoll, Durchführung der Reichspolizeiordnungen.

Reichskristallnacht, die → Kristallnacht.

Reichskulturkammer, 1933–45 die nat.-soz. Zwangsorganisation der ›Kulturschaffenden‹, überwacht vom Reichspropaganda-Min., der zugleich Präs. der R. war (Ges. v. 22. 9. 1933); gliederte sich in 7 (zuletzt 6) Einzelkammern.

Reichskuratorium für Wirtschaftlichkeit, Abk. **RKW,** → Rationalisierungs-Kuratorium der Deutschen Wirtschaft e. V.

Reichsland, 1) im Dt. Reich 1871–1918 das R. → Elsaß-Lothringen. **2)** in Österreich-Ungarn seit 1908 Bosnien und Herzegowina. **3) Reichslande,** das Staatsgebiet des Dt. Reichs bis 1806.

Reichslandbund, ehem. größter wirtschaftspolit. Verband der dt. Landwirtschaft; entstand 1921 durch Verschmelzung des **Deutschen Landbundes** (gegr. 1919) mit dem **Bund der Landwirte** (gegr. 1893); seit 1929 gehörte der R. der → Grünen Front an; 1933 ging er im nat.-soz. → Reichsnährstand auf.

Reichsleistungsgesetz, Abk. **RLG,** das aus dem Wehrleistungsgesetz hervorgegangene Gesetz über Sachleistungen für Reichsaufgaben v. 1. 9. 1939, das vom Bundesleistungsgesetz abgelöst wurde (Sachleistungsrecht).

Reichsleiter, in der NSDAP die parteiamtl. Bez. für die Mitgl. der Reichsleitung der Partei; R. wurden mit best. Aufgaben auf Reichsebene betraut.

Reichsmarine, die dt. Kriegsmarine 1919–35 (→ Reichswehr).

Reichsmark, Abk. **RM,** Währungseinheit des Dt. Reichs seit 1924 (1 RM = 100 Reichspfennige, Rpf), die die → Rentenmark ablöste. Die RM war nach dem Bank-Ges. v. 30. 8. 1924 in Gold oder Devisen einlösbar, 1 RM entsprach 1/2790 kg Feingold. Doch wurde diese Bestimmung im Juli 1931 aufgehoben. Die durch den 2. Weltkrieg zerrüttete RM-Währung wurde in der → Währungsreform von 1948 für das Gebiet der 3 W-Zonen und für Berlin (West) durch die → Deutsche Mark abgelöst.

Reichsmatrikel, → Matrikel 3).

Reichsnährstand, 1933–45 die öffentlich-rechtliche Gesamtkörperschaft der dt. Landwirtschaft.

Reichspatent|amt, im Dt. Reich (1877–1944) Behörde für Patent-, Muster- und Zeichenwesen; Sitz: Berlin.

Reichspolizeiordnungen, die Polizeiordnungen von 1530, 1548, 1577 und 1722. Sie waren vorwiegend verwaltungs- und strafrechtliche Reichsgesetze.

Reichspost, die Deutsche Reichspost, → Post.

Reichspräsident, nach der Weimarer Verf. das Staatsoberhaupt des Dt. Reichs 1919–34; er wurde unmittelbar vom Volk auf 7 Jahre gewählt; wählbar war jeder Deutsche nach Vollendung des 35. Lebensjahres, Wiederwahl war zulässig. Seine Rechte waren insbes.: völkerrechtl. Vertretung des Reichs, Oberbefehl über die Reichswehr, Ernennung und Entlassung des Reichskanzlers, der Reichsminister, Beamten und Offiziere, Ausfertigung und Verkündung der Reichs-Ges., Ausnahmegewalt, Reichsexekution, Begnadigung. – Erster R. war F. Ebert (1919–25), zweiter P. v. Hindenburg (1925–34). 1934 vereinigte Hitler das Amt des R. mit dem des Reichskanzlers (›Führer und Reichskanzler‹).

1

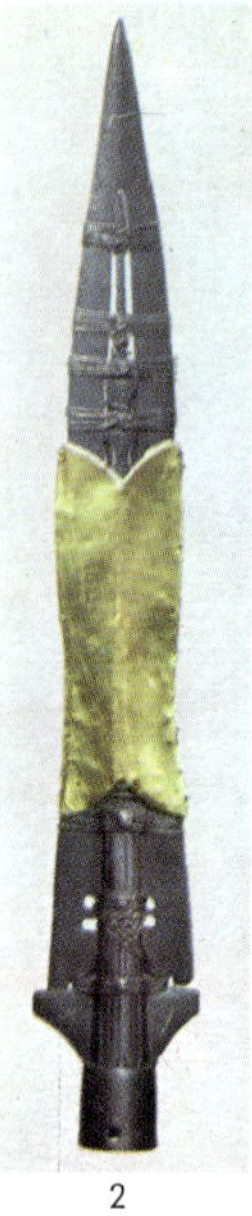

2

Reichskleinodien: **1** Zepter; 61,5 cm lang, vergoldetes Silber; deutsch, 1. Hälfte des 14. Jh. **2** Heilige Lanze; 51 cm lang, in das Lanzenblatt ein als Heiliger Nagel geltendes Eisenstück eingepaßt, vorkaroling. oder karoling., von Rudolf von Burgund Heinrich I. übergeben

Reichskanzler (1871–1945)

Fürst Bismarck (21. 3. 1871 bis 20. 3. 1890)
Graf Caprivi (20. 3. 1890 bis 26. 10. 1894)
Fürst zu Hohenlohe-Schillingsfürst (29. 10. 1894 bis 17. 10. 1900)
Fürst Bülow (17. 10. 1900 bis 14. 7. 1909)
v. Bethmann Hollweg (14. 7. 1909 bis 13. 7. 1917)
Michaelis (14. 7. bis 1. 11. 1917)
Graf Hertling (1. 11. 1917 bis 30. 9. 1918)
Prinz Max von Baden (3. 10. bis 9. 11. 1918)
Scheidemann (Soz.-Dem., 13. 2. bis 20. 6. 1919)
Bauer (Soz.-Dem., 21. 6. 1919 bis 26. 3. 1920)
H. Müller (Soz.-Dem., 27. 3. bis 8. 6. 1920)
Fehrenbach (Zentrum, 25. 6. 1920 bis 4. 5. 1921)
Wirth (Zentrum, 10. 5. bis 22. 10. 1921 und 26. 10. bis 14. 11. 1922)
Cuno (parteilos, 22. 11. 1922 bis 12. 8. 1923)
Stresemann (Dt. Volkspartei, 13. 8. bis 3. 10. 1923 und 6. 10. bis 23. 11. 1923)
Marx (Zentrum, 30. 11. 1923 bis 26. 5. 1924 und 3. 6. bis 15. 12. 1924)
Luther (parteilos, 15. 1. bis 5. 12. 1925 und 20. 1. bis 12. 5. 1926)
Marx (Zentrum, 17. 5. bis 17. 12. 1926 und 29. 1. 1927 bis 12. 6. 1928)
H. Müller (Soz.-Dem., 28. 6. 1928 bis 27. 3. 1930)
Brüning (Zentrum, 30. 3. 1930 bis 7. 10. 1931 und 9. 10. 1931 bis 30. 5. 1932)
v. Papen (parteilos, 1. 6. bis 17. 11. 1932)
v. Schleicher (parteilos, 4. 12. 1932 bis 28. 1. 1933)
Hitler (NSDAP, 30. 1. 1933 bis 30. 4. 1945)

Reichsrat, 1) im Dt. Reich 1919–34 die Vertretung der Länder bei der Gesetzgebung und Verwaltung des Reichs. Der R. trat an die Stelle des → Bundesrats der Bismarckschen Reichsverfassung, jedoch mit wesentlich geringeren Befugnissen. **2)** in Bayern 1818–1918 die erste Kammer des Landtags. **3)** im Kaisertum Österreich 1867–1918 das zur gemeinsamen Vertretung der Königreiche und Länder berufene Staatsorgan; es bestand aus Herrenhaus und Abgeordnetenhaus. **4)** in Dänemark, Norwegen und Schweden eine aristokrat. Körperschaft, die seit dem späten MA. neben dem König an der Reg. teilnahm und deren polit. Bedeutung zur Zeit der Kalmarer Union am größten war. **5)** im kaiserl. Rußland zunächst die 1801 gegr., 1810 in Departements gegliederte höchste beratende Zentralbehörde; seit der Verf. v. 6. 5. 1906 ein Oberhaus, das mit der Duma (2. Kammer) in der Gesetzgebung gleichberechtigt war.

Reichsrecht, das Recht des Dt. Reichs im Unterschied zum Recht der einzelnen Länder. Das R. gab es sowohl im alten Dt. Reich (bis 1806) wie im Dt. Reich seit 1871. Soweit es kein nat.-soz. Gedankengut enthält oder nicht ausdrücklich aufgehoben wurde, gilt es in der Bundesrep. Dtl. als → Bundesrecht fort (Art. 123 ff. GG).

Reichsreform, 1) im 15. und 16. Jh. die Versuche, die seit dem Untergang des stauf. Kaisertums in Auflösung begriffene Reichsverfassung zu erneuern. Den Höhepunkt erreichte diese Bewegung unter Kaiser Maximilian I., getragen von den Reichsständen unter Führung des Mainzer Kurfürsten Berthold von Henneberg. Die Ergebnisse waren gering. Auf dem Wormser Reichstag von 1495 wurde ein allg. Fehdeverbot erlassen (Ewiger Landfriede), ein Reichskammergericht eingesetzt, eine Reichssteuer, der ›Gemeine Pfennig‹, beschlossen, 1500 und 1512 das Reich in Reichskreise eingeteilt. Die Bildung eines **Reichsregiments** (→ Reichsregierung 1), eines ständigen fürstl. Ausschusses, an dessen Mitwirkung und Zustimmung der König gebunden sein sollte, wurde nur vorübergehend (1500–02) erreicht. Die Versuche Karls V., die Reichsverfassung im monarch. Sinn umzugestalten (Augsburger Reichstag von 1548), scheiterten am Widerstand der Fürsten. **2)** die 1919 einsetzenden Bestrebungen, die Gebietsgliederung des Dt. Reichs und das Verhältnis der Länder zum Reich umzugestalten. Die Weimarer Verf. hob die enge Verbindung des Reichs mit Preußen auf. Die in Art. 18 gegebene Möglichkeit, Preußen aufzugliedern, blieb ungenutzt. Durchgeführt wurden: Anschluß des Landes Coburg an Bayern, Vereinigung der thüring. Staaten zum Land Thüringen (1920), Anschluß Waldeck-Pyrmonts an Preußen (1929, Pyrmont schon 1922). Unter dem Nationalsozialismus wurden 1934 die beiden Mecklenburg vereinigt, 1937 Groß-Hamburg gebildet, Lübeck an Preußen angeschlossen, Gebietsteile von Preußen mit Mecklenburg ausgetauscht.

Im Hinblick auf das staatsrechtl. Verhältnis Reich–Länder entwickelte sich seit 1926 eine breite Bewegung der R. Aber weder die Vorschläge (von E. Koch-Weser) eines ›dezentralisierten Einheitsstaats‹ noch die des 1928 unter dem Vorsitz des ehem. Reichskanzlers H. Luther gegr. ›Bundes zur Erneuerung des Reiches‹ (Luther-

Zusammensetzung des deutschen Reichstags 1919–33

Parteien nach der Sitzordnung (von rechts nach links)	Wahlen zur Nationalversammlung 19. Jan. 1919	Die Zahl der Abgeordneten nach den Reichstagswahlen vom 6. Juni 1920	4. Mai 1924	7. Dez. 1924	20. Mai 1928	14. Sept. 1930	31. Juli 1932	6. Nov. 1932	5. März 1933
Nationalsozialist. Freiheitspartei (Deutschvölkische und NSDAP)	–	–	32	14	–	–	–	–	–
NSDAP	–	–	–	–	12	107	230	196	288
Deutschnationale Volkspartei	42	66	106	111	78	44	39	54	53[4]
Deutsches Landvolk (Christlich-nationale Bauern- und Landvolkpartei)	–	–	–	–	9	19	1	–	–
Christlichsozialer Volksdienst	–	–	–	–	–	14	3	5	4
Deutsche Volkspartei	22	62	44	51	45	30	7	11	2
Wirtschaftspartei (Reichspartei des deutschen Mittelstandes)	–	–	7	11	23	23	2	2	–
Deutschhannoversche Partei	3	4	5	4	4	3	–	1	–
Bayerische Volkspartei	89 (mit Zentrumspartei)	20	16	19	17	19	22	19	19
Zentrumspartei (Christliche Volkspartei)		69	65	69	61	68	75	70	73
Deutsche Bauernpartei (Bayer. Bauern- und Mittelstandsbund)	5	4	3	6	8	6	2	3	2
Deutsche Demokratische Partei (Deutsche Staatspartei)	74	45	28	32	25	14	4	2	5
Sozialdemokratische Partei	165	113	100	131	153	143	133	121	120
Unabhängige Sozialdemokratische Partei	22	81	–	–	–	–	–	–	–
Kommunistische Partei	–	2	62	45	54	77	89	100	(81)
Sonstige Parteien	1	–	4[1]	–	2[2]	10[3]	1[2]	–	–
Insgesamt	**423**	**466**	**472**	**493**	**491**	**577**	**608**	**584**	**647(566)**

[1]) Deutschsoziale Partei. [2]) Volksrechtspartei (Reichspartei für Volksrecht und Aufwertung). [3]) Konservative Volkspartei (4) und Volksnationale Reichsvereinigung (6). [4]) = Kampffront Schwarz-Weiß-Rot.

bund) noch die der von den Reg. des Reichs und der Länder beschickten ›Länderkonferenz‹ (1928–30) wurden durchgeführt. Von der nat.-soz. Reg. wurde das Verhältnis Reich–Länder statt dessen aber durch die ›Gleichschaltung‹, Einsetzung von Reichsstatthaltern, Aufhebung der Staatlichkeit der Länder und Bildung von Reichsgauen im unitarisch-zentralist. Sinn umgestaltet.

Reichsregierung, **1) Reichsregiment,** 1500 von den Reichsständen gegen Maximilian I. durchgesetzte R. mit Sitz in Nürnberg. Es sollte aus 20 Mitgl. bestehen (6 von den Reichskreisen gewählt, 14 Vertreter der Reichsstände) und unter Vorsitz des Königs oder dessen Stellvertreters tagen. Der König sollte an die Zustimmung des Reichsregiments gebunden sein. Auf Grund seiner Machtlosigkeit (Fehlen einer eigenen Exekutivgewalt und eigener Finanzen) löste es sich 1502 auf. – 1521–30 bestand ein 2. Reichsregiment, das Karl V. in seiner Wahlkapitulation für die Zeit seiner Abwesenheit vom Reich zugestanden hatte. **2)** 1848/49 bestand in Frankfurt a. M. eine provisor. Zentralgewalt mit einem Reichsverweser und einem Reichsministerium. **3)** Im Dt. Reich 1871–1918 wurde die R. (›Reichsleitung‹) durch den vom Kaiser ernannten Reichskanzler als dem allein verantwortlichen Minister ausgeübt. **4)** im Dt. Reich seit 1919 die oberste staatsleitende Behörde. Die R. war ein Kollegialorgan und bestand aus dem → Reichskanzler und den Reichsministern (Art. 52 Weimarer Reichsverf.). Der Reichskanzler führte den Vorsitz und bestimmte die Richtlinien der Politik. Die vom Reichspräsidenten auf Vorschlag des Reichskanzlers ernannten Reichsminister leiteten innerhalb dieser Richtlinien ihr Ressort selbständig (Art. 56). Der Reichskanzler und jeder Reichsminister waren vom Vertrauen des Reichstags abhängig (→ Ministerverantwortlichkeit). An der Gesetzgebung hatte die R. Anteil durch die Gesetzesinitiative; sie hatte ferner das Recht, Verwaltungsverordnungen zu erlassen. In der Krisenzeit der Weimarer Republik (1930–32) traten an die Stelle einer von der Mehrheit des Reichstags abhängigen R. Präsidialkabinette, die sich auf das Vertrauen des Reichspräs. stützten.

Unter dem Nationalsozialismus erlangte die R. durch das Ermächtigungsgesetz v. 24. 3. 1933 neben den Aufgaben der Exekutive auch die Befugnis zum Erlaß von Reichsgesetzen, auch verfassungsändernden, sowie durch die Unterstellung der Länder unter ihr Weisungsrecht eine diktator. Stellung.

Reichsritterschaft, im Dt. Reich bis 1806 der meist aus den Reichsministerialen (→ Ministeriale) hervorgegangene reichsunmittelbare niedere Adel in Süd- und West-Dtl., der nicht zur vollen Landeshoheit und Reichsstandschaft gelangte. Die R. war seit 1422 bündisch organisiert und wurde im Ewigen Landfrieden von 1495 reichsrechtlich anerkannt. Im Augsburger Religionsfrieden (1555) wurde die R. erstmals den reichsunmittelbaren Ständen gleichgestellt und 1559 ihre Territorialstaatlichkeit vom Kaiser formal bestätigt. 1577 schloß sie sich zu einer Körperschaft zusammen, die sich in 3 Ritterkreise gliederte (Schwaben, Franken und am Rhein); die Kreise waren in Kantone (Orte) unterteilt. Die Rheinbundakte von 1806 mediatisierte die R. zugunsten der sie umschließenden Staaten.

Reichsschulden, Verbindlichkeiten, die das Dt. Reich eingegangen war, um damit seine durch regelmäßige Einnahmen nicht gedeckten Ausgaben zu begleichen. Sie wurden nach der **R.-Ordnung** v. 13. 2. 1924 von der **R.-Verwaltung,** einer selbständigen Reichsbehörde in Berlin, verwaltet, über die der **R.-Ausschuß** (Vors.: der Präsident des Rechnungshofs) die Aufsicht führte. Beim Zusammenbruch 1945 betrugen die R. 379,8 Mrd. RM. – Die Masse der zur Finanzierung des 2. Weltkriegs aufgenommenen R. war im Weg der ›geräuschlosen‹ Kriegsfinanzierung von den Banken gewährt worden. Diese Verpflichtungen wurden gestrichen und den Banken, soweit ein Ausgleich ihrer eigenen abgewerteten Verpflichtungen erforderlich war, neue Forderungen an die Ge-

Reichskleinodien:
3 Reichsapfel; 21 cm hoch, Goldblech auf Harzmasse, staufisch (Wien, Hofburg, Weltl. Schatzkammer). **4** Reichskrone; von der Stirn- zur Nackenplatte 21 cm, Gold, wahrscheinlich auf der Reichenau gefertigt für die Kaiserkrönung Ottos d. Gr., Kreuz um 1000, Bügel von Konrad II. zugefügt

3

4

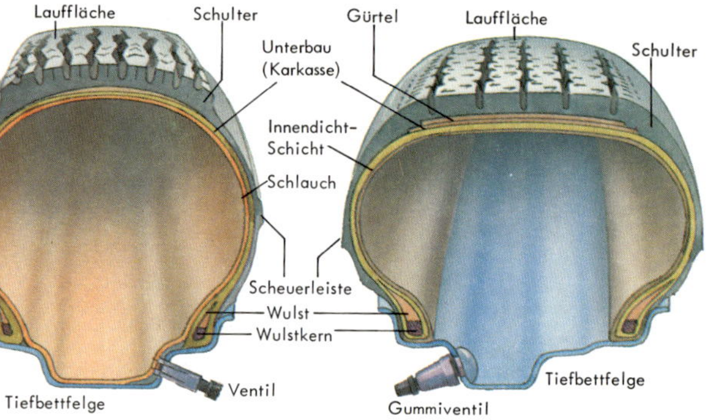

Reifen 3): Querschnitte eines Schlauchreifens (LINKS) und eines schlauchlosen R. (RECHTS)

bietskörperschaften eingeräumt. Diese ›Altschulden‹ betrugen Ende 1950/51: 17,3 Mrd. DM. Durch spätere Anmeldung und Schuldanerkennung erhöhten sie sich bis 1960 auf 23,5 Mrd. DM. Nach dem Allg. Kriegsfolgen-Ges. v. 5. 11. 1957 galten grundsätzlich alle Forderungen gegen das Dt. Reich, die Reichspost, die Reichsbahn und das Unternehmen Reichsautobahn oder gegen das Land Preußen für erloschen, die vor dem 1. 8. 1945 begründet worden waren (mehrere Ausnahmen). Reichsanleihen wurden im Verhältnis 10:1 umgestellt und vom 1. 4. 1955 an mit 4% verzinst. Schuldner ist der Bund, der diese Anleihen von 1960 an tilgt. – Auslandsschulden des Dt. Reichs sind z. T. durch das → Londoner Schuldenabkommen oder durch einzelne Staatsverträge geregelt.

Reichssicherheitshauptamt, Abk. **RSHA,** im Sept. 1939 errichtete Behörde in Dtl., faßte versch. Dienststellen des Staats (z. B. → Geheime Staatspolizei; → Sicherheitspolizei) und der NSDAP, bes. der → SS, zusammen. Geleitet von R. Heydrich (1939–42) und E. Kaltenbrunner (1943–45), entwickelte es sich zu einem weitverzweigten Unterdrückungsinstrument des nat.-soz. Staats.

Reichsstadt, Freie R., im Dt. Reich bis 1806 eine unmittelbar dem Kaiser unterstehende **(reichsunmittelbare)** Stadt, im Unterschied zur Landstadt, die einem Landesherrn untertan war. Die ältesten R. sind auf Königsgut entstanden (königl. Pfalzstädte), andere durch Vertrag, gewaltsame Verselbständigung, Erlöschen der Landesherrschaft oder durch königl. Verleihung, hatten aber weniger Freiheiten als die Freien Städte. Seit 1250 brachten die R. die meisten der urspr. von königl. Beamten ausgeübten Hoheitsrechte und die oberste Gerichtsbarkeit in ihren Besitz. Seit dem → Interregnum wurden die R. zu den Reichstagen zugezogen. Die Eigenschaft als R. hing nicht von der Größe ab. Ihre Zahl betrug zeitweise 83. Sämtliche R. wurden 1801–10 mediatisiert. Über Hamburg, Lübeck, Bremen und Frankfurt a. M. → Freie Städte.

Reichsstände, im Dt. Reich bis 1806 die unmittelbaren Glieder des Reichs, die auf den → Reichstagen Sitz und Stimme hatten.

Reichsstatthalter, im nat.-soz. Dt. Reich die ständigen Vertreter der Reichsregierung in den dt. Ländern und Reichsgauen. Sie waren ein Organ zur → Gleichschaltung und Umwandlung des Reichs in einen zentralist. Einheitsstaat und besaßen ein umfangreiches Weisungsrecht gegenüber den Landesregierungen. Durchweg war der zuständige Gauleiter der NSDAP auch R.; nur in Preußen übte der MinPräs. im Auftrag Hitlers die Rechte des R. aus.

Reich|stadt, Napoleon Herzog von, einziger Sohn Napoleons I. aus seiner Ehe mit Marie Louise, * Paris 20. 3. 1811, † Schönbrunn 22. 7. 1832, erhielt bei seiner Geburt den Titel ›König von Rom‹. Zu seinen Gunsten dankte Napoleon I. 1815 ab (Napoleon II.). Der Prinz wurde dann in Wien unter der Obhut des österr. Kaisers Franz I. erzogen. 1818 erhielt er die nordböhm. Herrschaft R.

Reichs|tag, 1) Deutsches Reich bis 1806. Die neben dem König/Kaiser stehende ständische Körperschaft; sie entwickelte sich seit dem 12. Jh. aus den zunächst formlosen Hof- und Reichstagen zu einer Rechtseinrichtung. Der R. wurde jeweils nach einer Bischofs- oder Reichsstadt berufen; seit 1663 war er ein ständiger Gesandtenkongreß mit dem Sitz in Regensburg **(Regensburger R., Immerwährender R.).** Er gliederte sich seit 1489 in 3 Kollegien: das **Kurfürstenkollegium,** den **Reichsfürstenrat** (die übrigen Fürsten und die reichsunmittelbaren Grafen und Prälaten), das **Reichsstädtekollegium.** Zum Zustandekommen eines Reichsgesetzes waren übereinstimmende Beschlüsse aller 3 getrennt beratenden Kollegien und die Zustimmung des Königs/Kaisers erforderlich.

2) Deutsches Reich 1871–1918. Der R. (schon im Norddt. Bund so genannt) verkörperte neben dem Kaiser die Einheit des Reichs, doch lag die Fülle der Reichsgewalt beim Bundesrat, während dem R. die Ausübung der Gesetzgebung in Gemeinschaft mit dem Bundesrat, die Mitentscheidung über das jährl. Haushaltsgesetz und die Kontrolle über die Verwaltung zustanden. Der R. ging aus allgemeinen, gleichen und unmittelbaren Wahlen mit geheimer Abstimmung hervor und zählte (seit 1874) 397 in Einerwahlkreisen gewählte Mitgl. Die Wahlperiode betrug 3, seit 1888 5 Jahre. Zur Auflösung des R. war ein Beschluß des Bundesrats unter Zustimmung des Kaisers erforderlich.

3) 1919–33. Der R. als Vertretung des souveränen Volkes war oberster Träger der Reichsgewalt. Er wurde in allgemeiner, gleicher, geheimer, unmittelbarer Wahl nach dem Verhältniswahlsystem gewählt (1 Abg. auf 60000 Stimmen). Gegengewichte gegen den R. lagen in den Rechten des Reichsrats und des Reichspräsidenten. Reichskanzler und Reichsminister bedurften zu ihrer Amtsführung des Vertrauens des R. und mußten zurücktreten, wenn ihnen der R. durch Beschluß das Vertrauen entzog. In den Krisenjahren der → Weimarer Republik wurde der R. durch das Anwachsen der republikfeindl. Rechts- und Linksparteien in seiner Bedeutung stark gemindert. (ÜBERSICHT S. 381)

4) 1933–45. Der Nationalsozialismus ließ den R. formell bestehen, doch diente er in der Folgezeit nur als Plattform für die Entgegennahme von Regierungserklärungen und als Akklamations- und Demonstrationsorgan.

5) in Dänemark (Rigsdag bis 1953) und Japan die Gesamtheit beider Kammern, in Schweden (Riksdag) und Finnland (Eduskunta) die aus einer Kammer bestehende Volksvertretung.

Reichs|tagsbrand, die Zerstörung des Reichstagsgebäudes durch Brandstiftung am 27. 2. 1933. Der R. wurde von Hitler den Kommunisten zugeschrieben und dazu benutzt, ›zur Abwehr kommunist. Gewalttaten‹ die wichtigsten Grundrechte außer Kraft zu setzen. Im **R.-Prozeß** (21. 9. bis 23. 12. 1933) wurde der niederländ. Kommunist M. van der Lubbe zum Tod verurteilt, die übrigen Angeklagten (E. Torgler, G. Dimitrow u. a.) wurden freigesprochen. – Die Ursache des R. ist nicht völlig geklärt; auch die These einer nat.-soz. Urheberschaft ist umstritten.

Reich|stein, Tadeusz, Chemiker, * Włocławek (Polen) 20. 7. 1897; erhielt für die Isolierung von Hormonen der Nebenniere 1950 den Nobelpreis für Physiologie und Medizin (mit P. S. Hench und E. C. Kendall).

reichs|unmittelbar, reichsfrei, im Dt. Reich bis 1806 die staatsrechtl. Stellung der Gebiete und Personen, die Kaiser und Reich unmittelbar unterstanden: Landesherren, Reichsstädte, Reichsdörfer, Reichsritter, Reichsbeamte.

Reichsverfassung, 1) im Dt. Reich bis 1806 die staatsrechtl. Ordnung des Reichs, die teils in den → Reichsgrundgesetzen niedergelegt, teils nur durch allgemein anerkannte Rechtsgrundsätze und Gewohnheiten bestimmt war.

2) die von der → Frankfurter Nationalversammlung ausgearbeitete R. vom 28. 3. 1849, die zwar nicht in Kraft trat, aber wesentlich auf die Verfassung von 1871 eingewirkt hat.

3) 1871–1918. Die R. vom 16. 4. 1871, die in vielen Teilen mit der Verfassung des → Norddeutschen Bundes übereinstimmte. Ihre bedeutendste Änderung war das Ges. v. 28. 10. 1918 (Einführung des parlamentar. Systems), das jedoch im Kaiserreich nicht mehr wirksam wurde.

4) 1919–33. Die **Weimarer R.** wurde von der Nationalversammlung verabschiedet (11. 8. 1919); sie trat am 14. 8. 1919 in Kraft. Sie bewahrte, trotz stärkerer Unitarisierung gegenüber der vorangegangenen Verf., den bundesstaatl. Aufbau. Die ›Länder‹ blieben der Sache nach Staaten; nach Art. 17 der R. mußten sie eine ›freistaatl. Verfassung‹ mit volksgewählten Landtagen und von deren Vertrauen abhängige Landesregierungen haben. Preußen, obwohl in seinem Einfluß zurückgedrängt, blieb die ›Klammer des Reichs‹; die süddt. Staaten, bes. Bayern, betonten ihre ›Eigenstaatlichkeit‹. Das Reich war für die wesentl. Gegenstände der Gesetzgebung zuständig. Reichsoberhaupt war der → Reichspräsident, oberstes Verwaltungsorgan die → Reichsregierung, oberster Träger der Reichsgewalt der → Reichstag. Der Reichsrat stand an Bedeutung weit hinter dem früheren Bundesrat zurück.

Der 2. Hauptteil der Weimarer R. sicherte den Einzelnen in umfassendem Maße Grundrechte zu. Mit Nachdruck bekannte sie sich zu den Grundsätzen des Rechtsstaats. Der Nationalsozialismus hob die Weimarer R. zwar nicht formell, aber doch praktisch in wesentl. Teilen auf, bes. die rechtsstaatl. Garantien. Die Gesetzgebungsgewalt und viele andere bisherige Länder-Befugnisse gingen auf die Reichsregierung über. 1934 wurde das bundesstaatl. System beseitigt, der Reichsrat fiel weg. Die Länder wurden den → Reichsstatthaltern unterstellt.

Zur Frage des Fortbestandes des Deutschen Reichs nach 1945 → deutsche Geschichte, → Deutschland.

Reichsversicherungs|ordnung, Abk. **RVO,** regelt die gesetzl. Kranken- und Unfallversicherung und die Rentenversicherung der Arbeiter. Die R. wurde am 19. 7. 1911 erlassen, mit Neufassungen v. 15. 12. 1924, 9. 1. 1926 und 17. 5. 1934. Unter den zahlreichen späteren Änderungen waren bes. wichtig das Arbeiterrentenversicherungs-Neuregelungs-Ges. v. 23. 2. 1957, das Unfall-

1

2

3

Reifen 3):
1 Motorradreifen,
2 Pkw-Stahlgürtelreifen,
3 Pkw-Winterreifen

versicherungs-Neuregelungs-Ges. v. 30. 4. 1963 und die Krankenversicherungs-Änderungs-Ges. v. 27. 7. 1969 und 21. 12. 1970 sowie das Leistungsverbesserungs-Ges. v. 19. 12. 1973.

Reichsverweser, 1) Reichsvikar, im Dt. Reich bis 1806 der Verwalter der Königsgewalt bei Thronerledigung, Regierungsunfähigkeit oder längerer Abwesenheit des Königs. Seit der Goldenen Bulle von 1356 war der R. in den Ländern des fränk. Rechts der Pfalzgraf bei Rhein, in den Ländern des sächs. Rechts der Herzog von Sachsen. **2)** das von der Frankfurter Nationalversammlung 1848 gewählte Oberhaupt der vorläufigen Zentralgewalt für Deutschland (Erzherzog → Johann 8). **3)** in anderen Ländern Bez. eines provisor. oder stellvertretenden Staatsoberhaupts, z. B. in Schweden, während des Kampfs gegen das dän. Unionskönigtum, die R. aus dem Haus Sture, in Finnland (1918/19) C. G. v. Mannerheim, in Ungarn (1920–44) N. v. → Horthy.

Reichswehr, die Bez. der Streitkräfte des Dt. Reiches 1919–35 (1919–21 **vorläufige R.**). Nach dem Versailler Vertrag bestand die R. aus freiwilligen Berufssoldaten (12jährige Dienstzeit). Das **Reichsheer** (7 Infanterie- und 3 Kavallerie-Divisionen) durfte 100000 Mann, die **Reichsmarine** 15000 Mann haben, eine Luftwaffe war verboten. Art und Zahl der Waffen waren genau vorgeschrieben.

Reichswerke, vom Dt. Reich (1937–41) gegr. Gesellschaften; Haupt-Ges. waren: 1) R. AG für Erzbergbau und Eisenhütten ›Hermann Göring‹, Berlin, Verwaltungssitz: Salzgitter-Drütte; gegr. 1937. 2) R. Alpine Montanbetriebe, Linz, gegr. urspr. 1881. – Im Zug der Entflechtung wurden die R. liquidiert, die verbliebenen Anlagen und Beteiligungen in Dtl. auf die 1950 gegr. ›AG für Bergbau- und Hüttenbetrieb‹, seit 1961 → Salzgitter AG, übertragen, in Österreich auf die Vereinigten Österr. Eisen- und Stahlwerke VÖEST und auf die Österreichisch-Alpine Montangesellschaft AG, jetzt VÖEST Alpine AG.

Reichswirtschaftsrat, war vorgesehen in der Weimarer Verfassung (Art. 165), wurde 1920 als **Vorläufiger R.** eingesetzt, aufgehoben durch Gesetz vom 23. 3. 1934. Seine Aufgaben wurden z. T. von der **Reichswirtschaftskammer** übernommen, seit 1934 von der obersten gemeinsamen Vertretung der Wirtschaft.

Reichtum *der, -(e)s/-̈er,* im weitesten Sinn jeder Besitz an materiellen Gütern, im engeren und eigtl. Sinn der Überfluß über den notwendigen Bedarf hinaus. Man unterscheidet individuellen R. und R. einer Nation. Die Einschätzung des individuellen R. hängt von der Vermögensverteilung ab, in die die staatl. Vermögenspolitik regulierend eingreift.

Über den R. einer Nation gab es in der nationalökonom. Dogmengeschichte versch. Theorien. Der → Merkantilismus sah seine Quelle im Zufluß von Geld und Edelmetall, die Physiokraten in der landwirtschaftl. Produktion. Die Klassiker, bes. A. → Smith, betonten die Arbeit und Arbeitsteilung als Ursprung des R. Der → Marxismus kam auf Grund seiner Kritik der polit. Ökonomie zur Annahme einer Verelendung breitester Bevölkerungsmassen und einer Konzentration des Kapitals bei wenigen. Bei den Industriestaaten wird das Sozialprodukt als Indikator für R. (jedoch umstritten) betrachtet. In der neueren Zeit der allg. Rohstoffverknappung unterscheidet man auch an Rohstoffen reiche und arme Staaten.

In vielen Religionen finden sich Hinweise für R. als Lohn und Bewährung, so z. B. auch in asket. Richtungen des Protestantismus (J. → Calvin) und im A. T. Im N. T. wird R. eher als Versuchung gesehen. Die kath. Soziallehre betont die Sozialpflichtigkeit des R.

Reichwein, Adolf, Kulturpolitiker und Pädagoge, * Bad Ems 3. 10. 1898, † (hingerichtet) Berlin-Plötzensee 20. 10. 1944, war am Aufbau der PH in Halle beteiligt (dort 1930–33 Prof.); R. gehörte der Widerstandsbewegung an (›Kreisauer Kreis‹).

Reichweite, 1) ✠ Schußentfernung, Schußweite. **2)** ✈ Entfernung, die ein Flugzeug ohne Nachtanken auf direktem Kurs zurücklegen kann. Sie ist abhängig von Flughöhe und Flugbedingungen und entspricht dem doppelten Aktionsradius. **3)** ⊠ Flugweg geladener Teilchen bis zur völligen Abbremsung in Materie infolge Ionisation. So haben z. B. Elektronen bei einer Energie von 1 MeV in Aluminium eine R. von 1,5 mm, Protonen von 0,013 mm. Für γ-Strahlung und Neutronen, deren Intensität exponentiell mit der durchquerten Schichtdicke abnimmt, kann keine R. angegeben werden, als **mittlere** R. wird in diesen Fällen der Weg bezeichnet, auf dem die Intensität auf 37% absinkt. **4)** ((•)) die größte Entfernung, die bei meist drahtloser Nachrichtenübertragung ein noch ausreichend starkes Signal am Empfangsort bietet.

Reid [ri:d], Thomas, schott. Philosoph, * Strachan (Kincardineshire) 26. 4. 1710, † Glasgow 7. 10. 1796, bekämpfte G. Berkeleys Idealismus und D. Humes Skeptizismus (→ englische Philosophie).

Reiderland, → Rheiderland.

reif [ahd.], **1)** in seiner Entwicklung vollendet: *die Kirschen werden im Juni r.; ein reifes Urteil,* vollständig abgewogen und ausgeglichen. **2)** *zu, für etwas,* fertig, vorbereitet: *seine Forschungsarbeiten sind r. zur Veröffentlichung. die* **Reife,** -, **1)** Vollendung der Entwicklung: *geistige, körperliche, seelische, sittliche Reife.* **2)** Schule: → mittlere Reife, **Reifeprüfung,** → Abitur. **3)** Gartenbau und Landwirtschaft: der Zustand, bei dem Pflanzen, Früchte, Samen den Ausbildungsgrad erreicht haben, der sie genuß- oder verwendungsfähig macht; bei vielen Früchten oder Samen ist **Nachreife** erforderlich (→ Lagerreife). *es* **reift** (ist gereift), wird reif, vollendet sich: *Obst reift,* wird eßbar; *ein Plan reift,* Ü nimmt konkrete Gestalt an. **reiflich,** eingehend, gründlich. *die* **Reifung,** -, **1)** das Reifwerden. **2)** chem. und physikal. Veränderungen des Weins auf dem Faß; bei Aromen und Parfüms eine gewisse Ablagerungszeit, innerhalb der die alkohol. Lösung der Duftstoffe reift.

Reif [ahd.] *der, -(e)s,* **1)** Niederschlag aus feinen Eisteilchen, die sich auf festen Körpern (bes. auf exponiertem, schwach wärmeleitendem Material) aus dem Wasserdampf der umgebenden Luft bei Temperaturen unter dem Gefrierpunkt bilden; bei Temperaturen über 0 °C bildet sich Tau. **2)** lichter Flaum, lichte Spitzen des Gamsbarts. **3)** → Reifen 1).

Reifefeier, Reifeweihe, → Initiation 2).

Reifen [ahd.] *der, -s/-,* **1)** *der* **Reif,** *-(e)s/-e,* Ring, ein Schmuckstück. **2)** biegsames Band, das etwas umgibt oder zusammenhält (insbesondere die Dauben eines Fasses). **3)** der Teil eines Rads, der die Felge umschließt und Umfangskräfte für Antrieb und Bremsen des Fahrzeugs sowie Seitenkräfte bei Kurvenfahrt auf die Fahrbahn überträgt, bei Holzrädern meist ein Stahl-R., sonst ein Gummi-R. Bes. elastisch sind die **Luft-R.,** die als **schlauchlose R.** luftdicht an der Felge abschließen, sonst aus einem aufblasbaren Schlauch, der von der Decke (Mantel) umschlossen wird, bestehen. Die Lauffläche der Decken ist je nach Verwendungszweck profiliert. Profil und Gummimischung sind wesentlich für den Kraftschluß bei Nässe, Eis und Schnee. Im Unterschied zum früher üblichen **Diagonal-R.** hat die Karkasse (Unterbau) des **Gürtel-** oder **Radial-R.** radialen Fadenverlauf; außerdem liegt zw. Karkasse und Lauffläche eine Verstärkungseinlage (Gürtel). Gürtel-R. zeichnen sich durch bessere Kraftübertragung, geringeren Rollwiderstand, bessere Bodenhaftung (Hochgeschwindigkeitsverhalten) und längere Lebensdauer aus, dämpfen Fahrbahnunebenheiten aber schlechter als Diagonal-R. (Weitere BILDER S. 382)

Bei **R.-Profilen** wird gute Seitenführung mit durchlaufenden Längsrillen (z. B. Vorderrad am Kraftrad), Griffigkeit und Verzahnung im weichen Boden durch große Stollen (z. B. Ackerschlepper) erreicht, i. d. R. werden Kombinationen von Rippen und Rillen oder Rillen in Zickzackform verwendet. Für winterl. Fahrbedingungen werden **M + S-**(engl. Mud and Snow-)**Profile** verwendet, auch **Spikes-R.** [spaıks-], bei denen in die Lauffläche Hartmetallstifte (Spikes) zur Übertragung von Kräften auf Eis eingesetzt sind (in der Bundesrep. Dtl. seit 1975 verboten). Bei **Haft-R.** sorgt eine griffige Gummimischung für besseren Kraftschluß. **Regen-R.** mit ›Drainage-Düsen‹ (Aquajets) sollen das Aquaplaning vermindern. – R. von Flugzeugfahrwerken haben ein Längsrillen- oder punktförmiges Profil. Sie werden bei der Landung am stärksten beansprucht.

Wirtschaft. Die R.-Ind. der Bundesrep. Dtl. ist im Wirtschaftsverband der dt. Kautschuk-Ind. e. V., Frankfurt a. M., zusammengeschlossen. 1982 wurden R. im Wert von 4,08 Mrd. DM hergestellt. Bed. Unternehmen: Continental Gummi-Werke AG, Metzeler Kautschuk GmbH, Phoenix Gummiwerke AG.

4) ein Sport- und Spielgerät: *wir schlagen, werfen R.*

Reifenberg, Benno, Schriftst., * Oberkassel bei Bonn 16. 7. 1892, † Kronberg im Taunus 9. 2. 1970, 1932–43 polit. Redakteur bei der ›Frankfurter Zeitung‹, 1945 Mitgründer und bis 1958 Mitherausgeber der Ztschr. ›Die Gegenwart‹, 1959–66 Mitherausgeber der ›Frankfurter Allgemeinen Zeitung‹; Essayist, Kunsthistoriker.

Reifensteiner Verband für haus- und landwirtschaftliche Frauenbildung e. V., Sitz: Darmstadt, 1897 von Ida von Kortzfleisch gegr. und nach der ersten, 1945 verlorengegangenen Landfrauenschule in Reifenstein (Kr. Worbis) benannt; vertritt innerhalb des Verbandes Deutscher Privatschulen die Landfrauenschulen.

Reifeprüfung, das → Abitur.

Reifeteilung, die → Reduktionsteilung.

Reifholz, ungefärbtes Kernholz, das im frischen Zustand wasserärmer ist als das Splintholz. R.-Bäume sind z. B. Fichte, Tanne, Buche, Linde.

Reifrock, Frauenrock, der durch ein Reifengestell aus Stahl, Fischbein, Draht oder Holz glockenförmig gesteift wurde. Er kam im letzten Viertel des 15. Jh. auf und wurde danach mehrmals Mode. Um 1850 tauchte er als → Krinoline nochmals auf.

4

5

6

7

Reifen 3)

Reifen 3): 4 Lkw-›Ganzstahlreifen‹ (auch die Karkasse ist aus Stahl) mit Ganzjahresprofil, **5** Stahlgürtelreifen für Erdbaufahrzeuge, **6** Agrar-Diagonal-Treibradreifen für landwirtschaftl. Fahrzeuge, **7** Diagonalreifen für Industriekarren

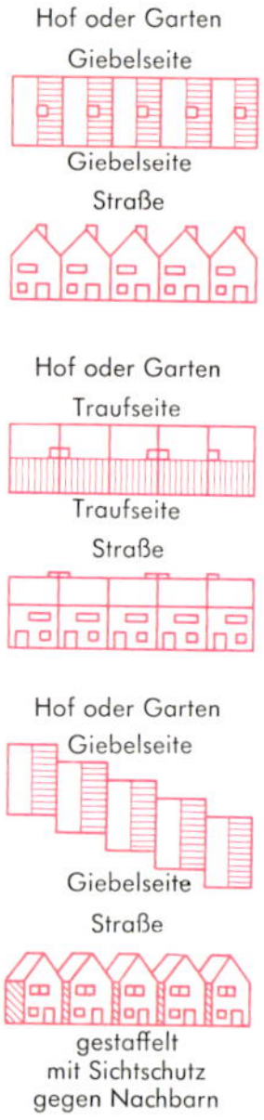

Reihenhaus

Reiher:
Purpur-R.

Reiherschnabel:
Schierlings-
blättriger R.

Reifträger, poln. **Szrenica** [ʃrɛn'itsa], der NW-Eckgipfel des Riesengebirges, 1362 m; Standort einer meteorolog. Station.

Reigate [r'aɪgɪt], Stadt in der engl. Cty. Surrey, (1981) 52600 Ew., Wohnvorort von London.

Reigen [aus altfrz. raie ›Tanz‹] *der, -s/-,* **Rei(h)en,** rhythm. Schreiten, Hüpfen oder Springen von mehreren, eine Kette bildenden oder paarweise sich bewegenden Personen. R. sind Urformen aller Umgänge, Aufzüge, Polonäsen. Der R. galt als bäuerl. Tanz, der seinen Platz i. Ggs. zum höf. Tanz im Freien hatte. Er lebt im Kinderspiel fort. – *er hat den R. eröffnet,* Ü den Anfang gemacht.

Reihe [zu reihen] *die, -/-n,* **1)** Linie, geregeltes Nebeneinander oder Hintereinander, räuml. oder zeitl. Folge: *Feldfrüchte werden in Reihen gesät; er saß in der 3. R.; bunte R.,* Ü abwechselnd ein Herr und eine Dame (Tischordnung); *seit einer R. von Jahren,* seit mehreren. **2)** ⚘ Abteilung hintereinanderstehender Soldaten: *in Reih und Glied.* **3)** *ohne Pl.,* regelmäßige Ordnung: *der R. nach, nach der R.,* einer (eines) nach dem andern, wie vorgesehen; *jetzt bist du an der R.,* wirst du bedient; *ich bin wieder in der Reih, oberdt.:* wieder gesund. **4)** Verwandtschaftsgruppe in der biolog. Systematik. **5)** △ eine Folge endlich oder unendlich vieler Glieder, die durch das Zeichen + verknüpft sind: $a_0 + a_1 + a_2 + a_3 + \ldots$; die Glieder können Zahlen oder Funktionen sein. Eine unendliche R. kann konvergieren oder divergieren, d. h. einen → Grenzwert besitzen oder nicht. Bei einer **arithmetischen R.** haben 2 aufeinanderfolgende Glieder stets die gleiche Differenz; z. B. $2+4+6+8+\ldots$ Bricht man eine solche R. mit dem Anfangsglied a nach n Gliedern beim Endglied t ab, so hat die entstehende endliche R. die Summe $s_n = \frac{n}{2}(a+t)$. Bei einer **geometrischen R.** ergibt sich jedes Glied aus seinem Vorgänger durch Multiplikation mit einem gleichbleibenden Faktor; z. B. $2+4+8+16+\ldots$, allg. $a+aq+aq^2+aq^3+\ldots$ Bricht man diese R. nach n Gliedern ab, so ist die Summe $s_n = a + aq + \ldots + aq^{n-1} = a\frac{q^{n-1}}{q-1}$. Liegt q zw. $+1$ und -1, so konvergiert die R. auch bei unendlich vielen Gliedern; ihre Summe ist dann $s_\infty = a \cdot \frac{a}{1-q}$. – Für die höhere Analysis, insbes. die Funktionentheorie, sind die **Potenzreihen** der Form $a_0 + a_1x + a_2x^2 + \ldots$, wo die $a_0, a_1, a_2, \ldots$ feste Zahlen sind und x eine Veränderliche ist, wichtig für die Darstellung **(Reihenentwicklung)** von Funktionen. Wenn $f(x)$ periodisch ist, verwendet man mit großem Erfolg **Fouriersche Reihen** [furj'e-]: $c_0 + c_1 \cdot \cos x + d_1 \cdot \sin x + c_2 \cdot \cos 2x + d_2 \cdot \sin 2x + \ldots$ **6)** Statistik: **Statistische R.** entstehen durch Aneinanderreihung gleichartiger statist. Beobachtungswerte oder Maßzahlen. Gleichartigkeit muß grundsätzlich in sachl., geograph. und zeitl. Hinsicht gegeben sein. Indem man eines dieser Merkmale variiert (es wird damit zum Reihungsmerkmal oder Reihungsgrund), entstehen sachl., geograph. R. oder Zeitreihen. Letztere werden am meisten beachtet und häufig den Verfahren der Zeitreihenanalyse unterworfen. **7)** ♪ → Zwölftonmusik.

reihen [mhd.], *ich* **reihe, 1)** *es,* ordne zu Reihen. **2)** *es,* nähe mit weiten Stichen zusammen: *Reihgarn.* **3)** *es reiht sich,* fügt sich aneinander. *ich* **reihe** *es* **an,** füge einer Reihe hinzu. *ich* **reihe** *es* **auf,** fädele auf, reihe aneinander. *ich* **reihe** *ihn, es, mich* **ein,** ordne in eine Reihe ein. **Reihenfolge,** ordnungsgemäße Aufeinanderfolge. **reihenweise,** in Reihen. **...reihig,** in ... Reihen: *zweireihig.* **reihum,** *es geht reihum,* von einem zum anderen, in der Runde.

reihen [mhd. reien ›brünstig‹], *Wildenten* **reihen,** 🦌 paaren sich. *die* **Reihzeit,** Paarungszeit der Wildenten.

Reihen [mhd.] *der, -s/-,* **1)** [verwandt mit Rist], *südd.:* Rist des Fußes. **2)** Nebenform von Reigen.

Reihenbild, in rascher zeitl. Folge aufgenommene Bilder eines sich bewegenden oder sich verändernden Objektes, Grundlage der Filmtechnik; u. a. in der Photogrammetrie verwendet.

Reihendorf, Dorfform, bei der die Höfe auf der einen oder zu beiden Seiten eines Weges, Baches oder Flusses aneinandergereiht sind.

Reihenfertigung, Form der Fließfertigung (→ Fertigung), bei der die Arbeiter in gewissen Grenzen das Arbeitstempo selbst bestimmen können. Die R. wird i. d. R. bei → Serienfertigung eingesetzt.

Reihengräberfriedhöfe, die größeren Bestattungsplätze des frühen MA. (5.–11. Jh.) bei Germanen und Slawen; i. e. S. die der Merowingerzeit. Der Begriff bezieht sich auf die scheinbar reihenweise Anordnung der mit Beigaben ausgestatteten Gräber.

Reihenhaus, Element der geschlossenen Bebauungsweise in Giebel- oder Traufenstellung zur Straße, in Reihen parallel oder in Zeilen senkrecht zur Straße, ohne Bauabstand nebeneinander, auch versetzt oder gestaffelt, ein- oder mehrgeschossig.

Reihenmotor, ein → Verbrennungsmotor, bei dem die Zylinder hintereinander in einer Reihe stehen.

Reihenschaltung, Hinter|einanderschaltung, Serienschaltung, elektr. Schaltung, bei der alle Stromquellen und -verbraucher so zu einem Stromkreis geschaltet werden, daß sie vom selben Strom durchflossen werden. Auf jeden Verbraucher entfällt der seinem Widerstand entsprechende Teil der Gesamtspannung.

Reihenspiel, Simultanspiel, im Schachspiel der Kampf eines Spielers gegen mehrere Gegner.

Reihen|untersuchungen, Vorsorgeuntersuchungen größerer Gruppen von subjektiv Gesunden als Maßnahme der Präventivmedizin mit dem Ziel, Krankheitsanlagen, gesundheitl. Gefährdungen, Krankheiten (z. B. Tuberkulose) u. a. festzustellen. R. werden z. B. bei Neugeborenen, Schülern und Studenten im Rahmen des öffentlichen Gesundheitsdienstes vorgenommen.

Reiher [ahd.], *Sg. der* **Reiher,** *-s,* **Ardeidae,** Fam. der Schreitvögel. R. beschleichen ihre Beute. In Mitteleuropa brüten: der **Fisch-** oder **Graureiher (Ardea cinerea),** aufgerichtet nahezu 1 m hoch, oben grau, unten weiß, Oberkopf schwarz mit weißer Mitte, nistet gesellig auf Bäumen; ferner 2 Arten der → Rohrdommeln; zuweilen treten auch auf: der **Silberreiher (Egretta alba),** mit graubraunen Füßen, und der **Seidenreiher (Egretta garzetta),** mit schwarzen Läufen und gelben Füßen. Seltene Besucher Mitteleuropas sind der **Nachtreiher (Nycticorax nycticorax),** klein, Rücken schwarz, Flügel aschgrau, Unterseite weiß, und der **Purpurreiher (Ardea purpurea),** etwas kleiner als der Fisch-R., mit kastanienbrauner Brust und schwarzem Unterkörper.

Reiherschnabel, Erodium, Gatt. der Storchschnabelgewächse. Bei der Fruchtreife spalten sich von der verlängerten Fruchtknotenachse die 5 grannenartigen Teilfruchtschnäbel ab, krümmen sich im Austrocknen mit den Früchten aufwärts und rollen sich sprungfederförmig. In Mitteleuropa wächst auf trockenem Grasboden der **Schierlingsblättrige R. (Erodium cicutarium),** mit halb liegenden, bis 50 cm langen Stengeln, gefiederten Blättern und doldigen, blauroten Blütchen. Der **Moschus-R. (Erodium moschatum)** z. B. ist Gartenzierpflanze.

Reihleine, ⚓ dünne Leine, mit der ein Segel am Mast gehalten (›angereiht‹) wird.

Reim [mhd. aus altfrz.] *der, -(e)s/-e,* **1)** Gleichklang des Auslautes mehrerer Wörter, bes. in der Versdichtung (Endreim, vgl. auch ÜBERSICHT S. 385). **2)** Reimspruch, Verschen: *darauf weiß ich keinen R.,* Ü das kann ich mir nicht erklären. *ich* **reime, 1)** bilde Reime. **2)** *es,* sage in Reimen. **3)** *es reimt (sich),* klingt gleich: *das reimt (sich) nun einmal nicht,* Ü paßt nicht zusammen. *ich* **reime** *es mir* **zusammen,** Ü versuche es mir zu erklären. *die* **Reimerei,** *-/-en,* Ü schlechtes Reimen. **Reimschmied,** Versemacher.

G e s c h i c h t e. Das Wort R. bezeichnete urspr. die Verszeile (so noch in: ›Kinderreim‹, ›Kehrreim‹), seit Mitte des 18. Jh. den Endreim. Der (End-)R. ist über die lat. und mittellat. kirchl. Hymnendichtung zurückzuführen auf synagogale jüd. Gebetsformen des 1. Jh. n. Chr. In Dtl. erschien der (End-)R., von der mittellat. Hymnendichtung herkommend, im Zusammenhang mit der Christianisierung, die mit der Beseitigung des (bes. altgerman.) Stabreims zugleich die vorchristl. poetischen Gehalte treffen wollte; das erste größere dt. Reimwerk ist Otfrieds ›Evangelienharmonie‹ (um 870). Die dt. Reimkunst erreichte Höhepunkte im → Minnesang, im Barock, in der Lyrik Goethes und in der Romantik. Daneben wird seit dem 18. Jh. aber auch reimlose Lyrik nach antikem Vorbild gepflegt (→ freie Rhythmen).

In den roman. Ländern ist der Verzicht auf den R. weit seltener, da dort wegen der verhältnismäßig großen Taktfreiheit des Versinnern der R. die erhöhte Aufgabe hat, als Klangfigur den Vers als solchen für das Ohr vernehmbar zu machen.

Reimann, 1) A r i b e r t, Komponist und Pianist, * Berlin 4. 3. 1936; seine Werke zeigen expressive Haltung bei modernster Tonsprache.

HW: *Opern:* Ein Traumspiel (1964/65, nach A. Strindberg); Melusine (1971, nach I. Goll); Lear (1978, nach Shakespeare). Orchesterwerke, Kammermusik, Ballette, Lieder.

2) B r i g i t t e, Schriftstellerin, * Burg bei Magdeburg 21. 7. 1933, † Berlin (Ost) 20. 2. 1973, wurde bekannt durch den ›Republikflucht‹-Roman ›Die Geschwister‹ (1963).

3) H a n s, Schriftst., * Leipzig 18. 11. 1889, † Schmalenbeck bei Hamburg 13. 6. 1969, gab 1924–29 die satir. Ztschr. ›Das Stachelschwein‹ heraus, seit 1952 Hg. der Ztschr. ›Literazzia‹, schrieb Grotesken, Parodien, Satiren.

4) M a x, Politiker (KPD), * Elbing 31. 10. 1898, † Düsseldorf 18. 1. 1977, seit 1948 Vors. der KPD und 1948/49 Mitgl. des Parlamentar. Rates, 1949–53 MdB.; 1954–69 in der Dt. Dem. Rep.

Reimar [ahd. regin ›Rat‹ und mari ›berühmt‹], **Reimer, Reinald, Reimund, Raimund, Reiner, Rainer,** männl. Vornamen.

Reimarus, H e r m a n n S a m u e l, Theologe und Philosoph, * Hamburg 22. 12. 1694, † ebd. 1. 3. 1768, vertrat eine natürl. Vernunftreligion und übte scharfe Bibelkritik. Nur die Schöpfung der Welt läßt er als Wunder gelten, alles andere ist ihm Naturgesetz. Aus seiner ›Apologie oder Schutzschrift für die vernünftigen Verehrer Gottes‹ veröffentlichte Lessing Bruchstücke als ›Wolfenbütteler Fragmente‹ (1774–78); diese eröffneten die → Leben-Jesu-Forschung.

REIM

I. Reim nennt man den Gleichklang einer oder mehrerer Silben (vom letzten betonten Vokal an) bei verschiedenem Silbenanlaut, z. B. *Jahren: Gefahren.* Nach der Zahl der gereimten Silben und Wörter unterscheidet man:

1) einsilbige, stumpfe oder männliche Reime: *Jahr: Gefahr, Mut: Blut,*

2) zweisilbige, klingende oder weibliche Reime: *Jahren: Gefahren, Leben: Reben,*

3) dreisilbige, gleitende Reime: *lebende: strebende, klingende: springende,*

4) reiche Reime, Doppelreime: *dort war: fort war, mein Weg: dein Steg,*

5) rührende Reime, deren reimende Wörter völlig gleich sind, meist aber verschiedene Bedeutung haben: *erweisen: weisen.*

Beim deutschen Reim dürfen im Auslaut einfaches b, d, g auf einfaches p, t, k reimen. Unrein nennt man Reime, bei denen ungerundete Vokale auf gerundete oder umgekehrt reimen: *siegen: lügen; Freuden: Zeiten.* Sie werden mundartliche Reime genannt, wenn sie nach der Mundart des Dichters nicht unrein sind. Ebenso können verschiedene Konsonanten oder verschiedene Länge der Vokale unreine oder mundartliche Reime ergeben: *Schwung: Trunk* klingt für den Norddeutschen rein, für den Süddeutschen unrein, ebenso *an* (norddt.: kurz, süddt.: lang): *Mann.* Aber *Mann: getan* ist immer unrein.

Nach der Stellung im Vers unterscheidet man **End-** und **Binnenreime (Innenreime).** Die Endreime sind die weitaus häufigsten. Beim Binnenreim reimen 2 Wörter innerhalb einer Verszeile aufeinander:

Schnaube, Winterwind, *entlaube*
Nur die Zierden dieser *Flur.*

(Folgen die reimenden Wörter unmittelbar aufeinander, so nennt man dies einen **Schlagreim:** *singen, springen soll die Jugend.)* Zwei reimende Verszeilen nennt man **Reimpaare** oder **paarige Reime:** aa (folgen weitere solche Paare, so spricht man von fortgereihten Reimen: aa bb cc usw.). Nach der Anordnung der Reime in der Strophe (ÜBERSICHT Metrik) unterscheidet man: **gekreuzte Reime:** ab ab cd cd ef ef usw. Verse ohne Reim innerhalb einer Strophe heißen **Waisen.** Ist die Reimordnung so angeordnet: abba cddc usw., so hat man **überschlagende** oder **umschlungene Reime.** In einer Strophe können gekreuzte und gepaarte Reime zusammen vorkommen: ab ab cc; ebenso gekreuzte und überschlagende: ab ab cd cd effe (Schillers ›Lied an die Freude‹). Daneben gibt es noch zahlreiche andere Reimanordnungen. Der **Ghaselreim** (aus dem Persischen) wiederholt nach dem eigentlichen Reimwort immer dasselbe Wort: *heut ein Lied: streut ein Lied: erneut ein Lied.*

II. Schüttelreim ist ein Scherzreim, der die Anfangsbuchstaben zweier Wörter oder Wortteile vertauscht: *Wenn der Wind in Wipfeln geht, Trost dir von den Gipfeln weht.*

III. Der **Anklang (Assonanz)** ist eine Art unvollständiger Reim insofern, als nur die Vokale der Reimsilben reimen: *wachen: gaben, kehren: Segen.* Er kam in der althochdeutschen Dichtung (besonders in Otfrieds Evangelienharmonie) vor und wurde wieder von den Dichtern der Romantik im Anschluß an spanische Vorbilder verwendet.

IV. Der **Stabreim (Anlautreim, Alliteration)** verlangt Gleichheit des Anlauts mehrerer betonter Silben, im strengen germanischen Stabreim über mehrere Verszeilen verteilt, oft gekreuzt: *sei ohne Sorge, zu sühnen den Freund ist lohnender jedem als langer Jammer.* Die einzelnen Reimwörter nennt man Reimstäbe. In neuerer Zeit wurde er besonders wieder von Richard Wagner gebraucht. – Im alten deutschen Stabreim sind alle Vokale untereinander reimfähig, also a auf e, i usw.

V. Reimprosa: Prosa, die mit Reimen durchsetzt ist (→Makame).

Reimbrechung, der mhd. erzählenden Dichtung eigene Stilform, bei der in 2 durch Reim zu einem Reimpaar gebundenen Versen der erste Vers zum Satz der vorangehenden, der zweite zu dem der folgenden Zeile gezogen wird. Metr. Grenzen und Satzgrenzen fallen nicht zusammen (→Enjambement).

Reimchroniken, geschichtl. Darstellungen in poet. Form, urspr. lat., später in den versch. Landessprachen, meist in vierhebigen Reimpaaren oder in Alexandrinern. Sie haben die Weltgeschichte oder einen Teil davon (Kaiserchronik), die Geschichte eines Landes (→Wace), einer Stadt, eines Klosters, einer Gemeinschaft (Deutschordenschronik) u. a. zum Inhalt. Die z. T. umfangreichen, meist mit Sagenstoffen durchsetzten Werke kamen im 12. Jh. auf und verschwanden im 16. Jh. Historisch sind sie von Bedeutung, da sie oft auf heute verlorenen Quellen aufbauen.

Reims [rɛ̃s], Stadt im Dép. Marne, Frankreich, (1982) 182000 Ew., in der Champagne; Erzbischofssitz, Univ.; Handelszentrum; Textil-, Metall-, Elektro-, Luftfahrt-, Fahrzeug- u. a. Industrie. Zus. mit Épernay ist R. Zentrum der Champagnererzeugung. – Berühmte hochgot. Kathedrale (13.–15. Jh.) mit prachtvoller W-Fassade, deren Schmuckgestalten zu den klass. Werken der frz. got. Bildhauerkunst zählen (BILD Gotik); ihr Einfluß bes. auf die dt. Baukunst war beträchtlich. – R., das gall. **Durocortorum,** die röm. **Civitas Remorum,** Hauptort der belg. Remer, wurde die Hptst. der röm. Prov. Belgica secunda, später neben Metz die Residenz der fränk. Könige von Austrasien. Der Erzbischof erlangte 1179 das Recht, stets den König von Frankreich zu krönen.

rein [ahd.], **1)** unvermischt, frei von andersartigen Bestandteilen: *reines Gold; ein reines Weiß; eine reinseidene Bluse,* aus Naturseide; *das war (ein) reiner Zufall,* U. **2)** gänzlich, ausschließlich: *eine r. persönliche Angelegenheit,* die niemand anderen etwas angeht. **3)** sauber, unbeschmutzt; geordnet: *er zieht täglich reine Wäsche an,* frisch gewaschene; *diese Angelegenheit mußt du wieder ins reine bringen,* Ü ordnen; *ich kann mit ihm nicht ins reine kommen,* Ü mich nicht mit ihm einigen; *du kannst den Aufsatz ins reine schreiben,* die endgültige Fassung sauber niederschreiben; *r. Schiff!,* ⚓ Befehl zum Säubern des Schiffes; *reine Tiere,* solche, die nach religiösen Gesetzen als genießbar gelten. **4)** unschuldig, unberührt: *ein reines Gewissen; ein reines Mädchen.* **5)** *schweizer.:* fein, dünn. *Subst. die* **Reine,** -, P Reinheit. **reineweg,** U ganz und gar. **Reingewicht,** Gewicht ohne Verpackung. **Reinschrift,** Schriftstück in endgültiger Fassung.

Rein, Wilhelm, Pädagoge, * Eisenach 10. 8. 1847, † Jena 19. 2. 1929, war Prof. ebd. R., einflußreicher Anhänger Herbarts, vertrat eine zugleich histor. und systemat., auf den ›sittlich-religiösen Charakter‹ ausgerichtete Pädagogik; setzte sich für ein einheitliches Schulwesen und für die Erwachsenenbildung ein.

Reinbek, Stadt im Kr. Stormarn, Schlesw.-Holst., (1983) 25400 Ew.; im SO von Hamburg; Bundesforschungsanstalt für Forst- und Holzwirtschaft; Verlags- und Druckereigewerbe.

Reind(e)l *das, -s/-n,* **Rein** *die, -/-e(n), süddt., österr.:* flacher Kochtopf, Pfanne.

Reinecke, Carl Heinrich Carsten, Pianist, Komponist, Dirigent, * Altona 23. 6. 1824, † Leipzig 10. 3. 1910, ebd. 1860–95 Kapellmeister der Gewandhauskonzerte; stand als Komponist unter dem Einfluß von F. Mendelssohn-Bartholdy und R. Schumann. Von R. sind nur noch einzelne Klavierstücke und Kinderlieder bekannt.

Reinecke Fuchs, Reineke Fuchs, Gestalt der Tiererzählung; heißt Reinhart (der wegen seiner Schlauheit Unüberwindliche) zuerst in der lat. Tierdichtung ›Ysengrimus‹ von Nivardus (1151/52). Nach einer Vorstufe des altfrz. ›Roman de Renart‹ (um 1200) verfaßte Heinrich der Glîchezaere um 1185 das älteste dt. Tierepos ›Reinhart Fuchs‹. Die weiteste Verbreitung erhielt die Sage durch das mitteInd. satirische Tierepos ›Reinke de Vos‹ (gedruckt 1498), das vermutlich von einem Kleriker aus Lübeck verfaßt ist, nach der niederländ. Bearbeitung des mittelniederländ. ›Van den Vos Reinaerde‹ (›Reinaerde I‹ wohl vor 1250, ›Reinaerde II‹ um 1375) durch Hinrek van Alkmar (um 1487 in Antwerpen gedruckt). Die nd. Dichtung liegt (in der Prosabearbeitung Gottscheds, 1752) auch dem Epos ›Reineke Fuchs‹ von Goethe (1794) zugrunde.

Reims

Reims: Kathedrale von SO, links Palais du Tau

Reinecker, Herbert, Schriftst., *Hagen 24. 12. 1914; Erz., Romane, Drehbücher, Fernsehserien (›Der Kommissar‹, ›Derrick‹).

Reineclaude [rɛ:nkl'o:d, frz. ›Königin Claude‹, Gattin von Franz I.], **Reneklode, Ringlotte** *die, -/-n,* ⊕ → Pflaume.

Rein|elemente, an|isotope Elemente, ⚗ Bez. für → chemische Elemente, von denen es nur ein einziges stabiles Isotop gibt; R. sind z. B. Al, As, Be, Cs, F, Au, J, Co, Mn, Na, Nb, P.

Reinerz, Bad R., poln. **Duszniki-Zdrój** [duʃn'iki zdruj], Stadt und Badeort in der poln. Wwschaft Wałbrzych (Waldenburg/Schles.), (1975) 6000 Ew., im Glatzer Bergland in Niederschlesien, 550 m ü. M.; chem., elektrotechn. Ind., Leinenwebereien und Kristallglasschleifereien; Pfarrkirche (1708–30), Papiermühle (1605). R. ist durch seine Eisenquellen bekannt.

Reinfall, U unvorhergesehenes Mißgeschick, unangenehme Überraschung; Pleite.

Reinfeld (Holstein), Stadt im Kr. Stormarn, Schlesw.-Holst., (1984) 6900 Ew., an der Heilsau oberhalb ihrer Mündung in die Trave; Luftkurort; Maschinenind.; Karpfenzucht. – R. entstand um das Zisterzienserkloster R. (1186–1582).

Reingewinn, 🕮 das positive Ergebnis eines Geschäftsjahres aus der Summe aller Erträge abzüglich aller Aufwendungen.

Reinhardswald, bewaldete Buntsandsteinhochfläche zw. Weser, Fulda, Diemel und Esse, von Basaltkuppen (Staufenberg, Gahrenberg, beide 472 m) überragt; Naturschutzgebiet bei der Ruine **Sababurg** (14. Jh.).

Reinhardt, 1) Ad, amerikan. Maler und Kunsttheoretiker, *Buffalo (N. Y.) 24. 12. 1913, †New York 30. 8. 1967. Sein Spätwerk besteht fast nur aus schwarz abgetönten Nuancen, die erst nach längerer Betrachtung eine farbige Raumstruktur erkennen lassen; damit schuf R. eine Grundlage der → Minimal Art.

2) Django, eigtl. Jean Baptiste R., frz. Jazzgitarrist und Komponist, *Liverchies (Belgien) 23. 1. 1910, †Fontainebleau 16. 5. 1953; einer der wenigen europ. Jazzmusiker, die auch in den USA stilbildende Einflüsse ausübten.

3) Karl, klass. Philologe, *Detmold 14. 2. 1886, †Frankfurt a. M. 9. 1. 1958; arbeitete über grch. Philosophie und Dichtung.

Max Reinhardt

4) Max, eigtl. M. **Goldmann,** Regisseur, *Baden bei Wien 9. 9. 1873, †New York 31. 10. 1943, war zunächst Charakterdarsteller bei O. Brahm, 1901 Mitbegründer des Künstlerkabaretts ›Schall und Rauch‹, führte als Direktor des Dt. Theaters (1905 bis 1920; 1924–33) und der Kammerspiele Berlin eine Theaterreform durch: Er überwand die enge Gegenständlichkeit des naturalist. Spielraums zugunsten eines impressionistisch-mag. Raums, wobei er die neuzeitl. Bühnen- und Beleuchtungstechnik auswertete (Drehbühne in der ›Sommernachtstraum‹-Inszenierung von 1905, Rundhorizont, plast. Dekoration u. a.). Seit 1920 wirkte er für die Salzburger Festspiele, seit 1924 auch am Wiener Theater in der Josefstadt, wo er die höchste Intensität seiner Klassiker-, bes. seiner Shakespeare-Aufführungen erreichte. 1933 ging R. nach Österreich, 1937 emigrierte er in die USA; seit 1935 ⚭ mit Helene Thimig.

Reinhart, Reinhard [aus ahd. regin ›Rat‹, harti ›stark‹], **1)** männl. Vornamen. **2)** Namen des Fuchses in der älteren Tiersage, → Reinecke Fuchs.

Reinhart, Johann Christian, Maler, Zeichner, Radierer, *Hof 24. 1. 1761, †Rom 9. 6. 1847, tätig in Meiningen und seit 1789 in Rom, wo er, von J. A. Koch beeinflußt, klassisch-heroische Landschaften schuf, realistisch in den Einzelheiten und von idyllischem Stimmungsgehalt.

Reinheim, Stadt im Kr. Darmstadt-Dieburg, Hessen, (1983) 16200 Ew., im Tal der Gersprenz; Heimatmus.; Möbelbeschlag- und kosmet. Ind.

Reinheit [zu rein] *die, -,* Unbeflecktheit, Ü Unberührtheit, Keuschheit, Aufrichtigkeit des sittl. Tuns. In vielen Religionen ist R. eine Voraussetzung für die Teilnahme am Gottesdienst. Strengen R.-Vorschriften unterliegt v. a. der Priester. Auch das A. T. enthält eingehende R.-Bestimmungen (z. B. 3. Gen. 11–15).

Reinhold, Reinmar [vgl. Reimar], männliche Vornamen.

Reinhold, 1) Heinrich, Maler und Graphiker, *Gera 18. 7. 1788, †Rom 15. 1. 1825, wandte sich unter dem Einfluß von F. Olivier der Landschaftsmalerei zu; ging 1819 nach Italien, wo er durch romantisch empfundene, klar gestaltete Ölstudien und Zeichnungen besonders aus Olevano bekannt wurde.

2) Karl Leonhard, Philosoph, *Wien 26. 10. 1758, †Kiel 10. 4. 1823, wirkte durch seine an Kant anknüpfenden Schriften u. a. auf Schiller und Schopenhauer.

Reinickendorf, der 20. VerwBez. der Stadt Berlin (West), (1982) 230400 Ew., umfaßt 9 Ortsteile, darunter R. (Altbebauung und Siedlungen), **Wittenau** (Metall- und Maschinenind., Nervenheilanstalten), das bäuerl. **Lübars, Hermsdorf,** die Villen- und Gartenstadt **Frohnau** und → Tegel.

Reinig, Christa, Schriftstellerin, *Berlin 6. 8. 1926, lebt seit 1964 in der Bundesrep. Dtl., schreibt wortkarge Lyrik, phantasievolle Erzählprosa (›Die himml. und die ird. Geometrie‹, 1975; ›Entmannung‹, 1977; ›Müßiggang ist aller Liebe Anfang‹, 1979).

reinigen [mhd.]. *ich* **reinige, 1)** *es,* säubere, befreie von Schmutz. **2)** *mich von etwas,* Ü befreie mich davon: *er konnte sich von diesem Verdacht nicht reinigen.* **3)** *ihn,* B läutere. *Subst. die* **Reinigung,** *-/-en,* **1)** *ohne Pl.,* das Reinigen: *Straßenreinigung; Reinigungscreme.* **2)** ⚙ → chemische Reinigung, → Fleckentfernung, → Pflegekennzeichen, → waschen; → Abwasserreinigung, → Luftfilter.

Reinigungsberufe, Berufsgruppe, umfaßt die Berufsordnungen Wäscher und Plätter (handwerkl. Ausbildung 3 Jahre), Textilreiniger, Färber und Chemischreiniger (3 Jahre), Raum-, Hausratreiniger; Glas-, Gebäudereiniger (2¹/₂ Jahre); Straßenreiniger, Abfallbeseitiger; Fahrzeugreiniger, -pfleger; Maschinen-, Behälterreiniger und verwandte Berufe.

Reinigungs|eid, lat. **Purgatio,** im alten dt. Recht das Sichfreischwören des Angeklagten.

Reinigungsmittel, Mittel zur Reinigung harter, nichttextiler Flächen in Haushalt, Lebensmittel-Ind. u. a. Bereichen. Feste Scheuermittel bestehen aus fein gemahlenem Quarz oder Marmor und Zusätzen (z. B. Tenside, Polyphosphate, Ammoniak, Alkohole und Lösungsvermittler), flüssige enthalten zusätzlich Wasser und Verdickungsmittel. Geschirrspülmitteln für manuelles Spülen werden Hautschutzstoffe zugefügt. R. für Spülmaschinen enthalten u. a. Phosphate, Silicate, Soda. In der Lebensmittel-Ind. werden R. häufig mit Desinfektionsmitteln kombiniert.

Reininger, Robert, Philosoph, *Linz 28. 9. 1869, †Wien 17. 5. 1955, entwickelte unter Bezugnahme auf Kant eine kritizistische ›Metaphysik der Wirklichkeit‹.

Re|inkarnation [lat. ›Wiederfleischwerdung‹], → Seelenwanderung.

Reinke, Johannes, Botaniker und Philosoph, *Ziethen bei Ratzeburg 3. 2. 1849, †Preetz (Holstein) 25. 2. 1931, vertrat i. Ggs. zu E. Haeckel Vitalismus und christl. Weltanschauung; schrieb ›Naturwissenschaft, Weltanschauung, Religion‹ (1923).

Reinken, Jan Adams, Organist und Komponist, *Wildeshausen 26. 4. 1623, †Hamburg 24. 11. 1722, gehört zu den großen norddt. Orgelmeistern. J. S. Bach bearbeitete einzelne Stücke aus R.s Suitenwerk für Streichinstrumente ›Hortus musicus‹ (1687).

Reinkultur, das Ansiedeln von Lebewesen gleicher Gattung **(Rohkultur)** oder Art auf natürl. oder künstl. (Nähr-)Boden zu Forschungszwecken.

reinlich [zu rein], **1)** Sauberkeit haltend, sauber: *ein reinliches Mädchen; ein reinliches Zimmer.* **2)** Ü klar, deutlich: *eine reinliche Scheidung der Begriffe. Subst. die* **Reinlichkeit,** -.

Reinmar von Hagenau, Reinmar der Alte, Minnesänger, *zw. 1160 und 1170, †vor 1210, lebte am Hof Leopolds VI. in Wien. Seine reflexiven, jede Leidenschaft meidenden, formal vollendeten Lieder verkörpern am reinsten den Begriff der ›hohen Minne‹. Walther von der Vogelweide, zuerst am Wiener Hof sein Schüler, parodierte bald R. v. H.s Einseitigkeit und Abhängigkeit von der höf. Frau und maß sich mit ihm in literar. Fehden.

Reinmar von Zweter, mhd. Spruchdichter, †vor 1260, stammte vom Rhein, wahrscheinlich aus ritterl. Stand, führte ein ruheloses Wanderleben. Bekannt wurde er v. a. durch seine über 200 polit. und moral. Sprüche.

Re|investition, → Investition.

Reis [ahd.] *das, -es/-er,* junger Zweig, Schoß; Senker: *Pfropfreis.*

Reis [mhd., über ital. aus altind.] *der, -es,* **1) Oryza,** eine Gatt. der Gräser mit 25 Arten. Unter diesen ist **Oryza sativa** die alte Kulturform, die auch heute noch in Ländern Asiens, Europas und Amerikas als Getreide angebaut wird. Innerhalb dieser Art treten viele Varietäten und Spielarten auf. Die wichtigsten sind 2 große Gruppen: der **Indische R.** mit den in den Tropen angebauten und der **Japanische R.** mit den in den Subtropen (auch in Amerika und

Reisernte (in 1000 t)

Land	1968	1972	1983
VR China[1])	94 299	105 197	172 184
Indien	59 642	58 868	89 579
Indonesien	14 858	18 031	35 237
Bangladesh	17 000	15 134	21 900
Thailand	12 410	12 413	18 535
Vietnam	9 286	10 748	14 500
Birma	8 023	7 361	14 392
Japan	18 783	15 391	12 958
Philippinen	4 445	4 898	8 150
Brasilien	6 652	6 761	7 750
Rep. Korea	4 442	5 500	7 391
Pakistan	3 048	3 495	5 210
Welt	**284 729**	**295 608**	**450 103**

[1]) Schätzungen, Angaben einschl. China (Taiwan).
Quelle: Production Yearbook (versch. Jahrgänge), FAO, Rom.

1

2

3

Reis 1): 1 Pflügen eines Reisfeldes auf Luzon, Philippinen (Saatbettvorbereitung). **2** Konventionelles Pflanzen der Reissetzlinge, Japan. **3** Maschinelle Reisernte mit dem Mähdrescher, Texas, USA. (Weitere BILDER Indonesien, Po-Ebene)

Europa) angebauten Formen. In einigen Gebieten wird zur Herstellung von Kuchen und Kleister Klebreis angebaut.

Die Reispflanze wird im Mittel 1–1,3 m hoch, die Blätter sind schmal und lang, die Früchte sitzen in den einblütigen Ährchen an 20–30 cm langen Rispen. Frucht- und Samenschale sind miteinander verwachsen und bilden zusammen mit der dünnen Aleuron-(Kleber-)Schicht das Silberhäutchen des Reiskorns, das durchscheinend oder farbig sein kann (weiß-, gelb-, rot- oder schwarzkörniger R.). Es werden Kurz-, Mittel- und Langkornsorten unterschieden, erstere bringen die höchsten Erträge, die Langkornsorten, die meist zur Indica-Gruppe gehören, sind von besserer Qualität. Durch Züchtung versucht man heute, die Ertragsfähigkeit der Kurzkornsorten auf die Langkornsorten zu übertragen. (BILD Getreide)

A n b a u . Man unterscheidet **Sumpf-** oder **Naßreis** (mit Bewässerung) und **Bergreis (Trockenreis)**, der weniger Ansprüche an die Bodenfeuchtigkeit stellt, aber weniger ertragreich ist. Der R. verlangt in seiner Hauptwachstumszeit eine Mindesttemperatur von 20 °C. Der Bewässerungsreis gedeiht am besten auf schweren Schwemmlandböden. Vor der Aussaat des R. wird das Feld (möglichst ebene Flächen) nivelliert, es werden Kanäle, Be- und Entwässerungsdämme und Felddämme angelegt. Bei ganz schweren Böden findet die Bodenbearbeitung (Saatbettvorbereitung) im Schlamm statt; meist wird aber trocken bearbeitet. Aus arbeitswirtschaftl. Gründen wird heute der R. meist gedrillt, mit der Hand oder mit dem Flugzeug (bes. in Kalifornien) auf bewässerte Flächen ausgesät. Vorteilhafter ist es, den R. zu pflanzen, was aber viele Arbeitskräfte erfordert. Diese Methode verringert die Vegetationszeit. Es wird dadurch Wasser gespart, und die Erträge sind sehr hoch. Während des Wachstums wird der R. immer höher bewässert (bis zu 10–15 cm). Nach der Blüte wird nicht mehr bewässert, damit die Krume austrocknet und zur Ernte das Befahren mit Mähdreschern und Traktoren möglich ist.

A u f b e r e i t u n g . In der Reismüllerei wird der R. bis zum **Rohreis (paddy** [p'ædɪ]) enthülst und geschält, man erhält den **braunen** oder **geschälten R. (brown rice** [braʊn raɪs]), d. h. die eigentliche R.-Frucht. Durch ein nun folgendes Schleifen wird die Silberhaut und damit auch der Embryo entfernt, das Produkt ist der **geschliffene R. (white rice** [waɪt-]). Werden Silberhaut und Aleuronschicht durch weiteres Schleifen völlig entfernt, so erhält man den **polierten R. (polished rice** [p'ɔlɪʃt-]), der einen Teil der Proteine sowie den größten Teil der Vitamine, bes. Vitamin B_1, dessen Mangel in der Ernährung zu → Beriberi führt, verloren hat.

V e r w e n d u n g . R. ist nach dem Weizen die wichtigste nahrungsliefernde Kulturpflanze; er ist die Hauptnahrung für mehr als die Hälfte der Menschheit. An Kalorien- und Nährwert ist er dem Weizen überlegen. Daneben werden genutzt: **Reisstärke** als Klebstoff, Wäschestärke und Puder, **Reisöl**, das aus der im Schäl- und Schleifprozeß anfallenden Reiskleie (sie enthält auch die Keime) gewonnen wird und zur Herstellung von Seife und Kerzen dient, **Reiskleie** mit Polierabfällen, die ein ausgezeichnetes Futtermittel ist, ebenso wie das im Handel erhältl. **Reisfuttermehl**, das neben den Polierabfällen häufig gemahlene Reisspelzen enthält, sowie **Reisstroh**, das als Futter, Einstreu oder zur Papierherstellung verwendet wird. Ferner dient R. zur Gewinnung alkohol. Getränke wie **Reiswein (Sạke)** oder **Reisschnaps.**

W i r t s c h a f t l i c h e s . Der Schwerpunkt des R.-Anbaus liegt in Asien. Wichtigste Ausfuhrländer (1983): Thailand, USA, VR China, Pakistan, Birma. Rd. 97% der Weltreisproduktion werden im Erzeugerland verbraucht. Die Bundesrep. Dtl. importierte (1983) 0,19 Mio. t R.

K u l t u r g e s c h i c h t e . Nach den neuesten Funden in einer prähistor. Siedlungsstätte in N-Thailand wurde um 3500 v. Chr. dort der erste R. angebaut. In S-China soll um 2800 v. Chr. Kaiser Chen-Nung alljährlich im Frühjahr mit feierl. Zeremoniell selbst den R. gepflanzt haben. In der ersten Hälfte des letzten Jahrtsd. v. Chr. gelangte der R. von Indien nach Persien, von dort an den Euphrat. Im 7.–8. Jh. verbreiteten die Araber den R.-Anbau von Syrien nach Ägypten, N-Afrika, Spanien und Sizilien. Anfang des 16. Jh. gelangte er durch die Spanier nach Neapel und N-Italien, von dort aus auch nach S-Frankreich. In Nordamerika wurde er erst 1694 in South Carolina in größerem Umfang angebaut.

2) Name anderer Getreidepflanzen, so der **Kanadische R.** (→ Wasserreis).

Reis [r'aiʃ] *Pl.,* portugies. Silber- und Kupfermünze, → Real.

Reis, Johann P h i l i p p, Physiker, * Gelnhausen 7. 1. 1834, † Friedrichsdorf bei Homburg 14. 1. 1874, konstruierte den 1. Fernsprecher (1861).

Philipp Reis

Rẹise [ahd.] *die, -/-n,* **1)** Fahrt, zeitweiliges Verlassen des Heimatortes: *macht ihr dieses Jahr keine R.?; er ist viel auf Reisen; eine R. nach Rom; eine R. mit dem Schiff, dem Flugzeug, dem Bus, der Bahn; (ich wünsche dir) glückliche R.!* **2)** ꕥ Heerfahrt, Landsknechtsdienst. **3)** *oberdt.:* Fuhre, Ladung, Fracht. *ich* **rẹise** (bin gereist), **1)** mache mich auf die Reise: *ich reise morgen dienstlich, geschäftlich nach München.* **2)** bin auf der Reise: *er ist viel gereist, ein vielgereister Mann.* **3)** bin Handlungsreisender: *er reist in Stoffen,* U handelt damit. **4)** *schweizer.:* laufe schnell. **5)** (habe gereis(e)t), *schweizer.:* rüste, leite, stelle (z. B. die Uhr). *ich* **rẹise ab,** fahre weg. *ich* **rẹise aus, ein,** verlasse, betrete ein Land durch Überschreiten der Grenze. *der* **Rẹiser,** *-s/-, schweizer.:* Reisläufer (→ Reislaufen).

Rẹisebüro, engl. **Travel Agency** [trævl 'eɪdʒənsɪ], frz. **Agence de Voyages** [aʒ'ã:s də vwaj'a:ʒ], Unternehmen, das als Mittler zw. Reisenden (Touristen) und Verkehrsunternehmen, Hotels und Gaststätten, örtl. Fremdenverkehrsstellen u. a. tätig ist. Es veranstaltet, organisiert und vermittelt Einzel- und Gesellschaftsreisen, Pauschalreisen und -kuren, Unterkünfte und Ausflugsfahrten; es verkauft Fahrscheine für die Verkehrsmittel, Verpflegungsgutscheine, Platz- und Bettkarten, beschafft Reiseschecks, Reisekreditbriefe und Sichtvermerke (Visa), übernimmt den Abschluß von Reisegepäck-, Unfallversicherungen, besorgt Leihwagen, verteilt Prospekte der Bade-, Kur- u. a. Fremdenverkehrsorte und -gebiete, stellt Fremdenführer und erteilt kostenlos Reiseratschläge sowie Auskünfte über Fahr- und Flugverbindungen und Reiseziele. – Als erste R. im neuzeitl. Sinne gelten Thos. Cook & Son (→ Cook), Rominger (gegr. Stuttgart 1842), K. Riesel (gegr. Berlin 1854), L. & C. Stangen (gegr. ebd. 1863) und die American Express Company (gegr. New York 1881). Die R. vieler Länder arbeiteten später ein System von Gesellschaftsreisen aus, auch in Gemeinschaft mit Reedereien. Amerikan. und engl. R. organisierten bes. Reisen nach mitteleurop. Kulturstätten. Als Vermittler im Massentourismus treten heute Großunternehmen (teils Zusammenschlüsse von R.), Warenhäuser und Banken auf (→ Reiseunternehmen).

Rẹisebürokaufmann, → Reiseverkehrskaufmann.

Rẹisediplomatie, polit. Schlagwort für die Bemühungen, internat. polit. Spannungen und militär. Konflikte (z. B. Nahostkonflikt) nicht so sehr mit Hilfe des diplomat. Apparates der Außenministerien, sondern v. a. durch Reisen von Ministern, Staatssekretären oder bekannten Parlamentariern zu lösen.

Rẹiseführer, handl. Bücher zur Beratung und Unterrichtung der Reisenden. Sie enthielten auch früher nicht nur Ankunfts- und Abfahrtszeiten, z. B. der Postwagen, sondern auch genaue Beschreibungen der Strecken unter Beifügung von Übersichtskarten. Über röm. Reisebücher und Straßenkarten → Itinerar. Von den Fahrgästen der Reisewagen des 15. und 16. Jh. wurden die Rollwagenbüchlein benutzt. Als erste dt. Straßenkarte gilt die von E. Etzlaub (Nürnberg 1501). Erster gedruckter R. in dt. Sprache dürfte der von S. Brant verfaßte Abschnitt ›Beschreibung etlicher gelegenheyt Teutsches lands etc.‹ in der ›Auserlesenen Chronick‹ des C. Hedio sein (Straßburg 1539). Den Titel ›Reisebuch‹ trägt zum erstenmal das 1563 in Augsburg erschienene Bändchen von J. Gail. 1597 erschien in Köln unter Verwendung von Karten des G. Mercator ein Reisebuch mit Reiseverbindungen für 71 dt. Städte. Die Mitte des 19. Jh. eintretende Erweiterung der Reisemöglichkeiten (Eisenbahn) brachte eine bed. Weiterentwicklung der R. mit sich. Der Engländer J. Murray und, nach seinem Vorbild, der Deutsche K. Baedeker schufen den modernen Typ des R., dem viele ähnl. Publikationen folgten (in Dtl. Meyer, Grieben, Woerl, Kiessling, Richter, Polyglott u. a., in Frankreich Hachette, ›Les Guides Bleus‹, in der Schweiz Orell Füssli und Nagel, in Schweden Strömberg, in den USA J. P. Haven u. a.). In neuerer Zeit gleichen sich die R. den Bedürfnissen des Auto- und Luftverkehrs an; die Zahl der Spezial-R. nimmt zu.

Rẹisegepäckversicherung versichert u. a. gegen Diebstahl, Transportmittelunfall, Sturm, Brand, Explosion, höhere Gewalt. Sie gilt vom Verlassen der Wohnung bis zur Rückkehr. Versch. Haftungsbeschränkungen sind üblich.

Rẹisegewerbe, außerhalb der Räume einer gewerbl. Niederlassung oder ohne feste Niederlassung betriebenes Gewerbe (**ambulantes Gewerbe,** ›Fliegende Händler‹), i. Ggs. zum **stehenden Gewerbe.** Das R. unterliegt der Aufsicht der unteren Verwaltungsbehörde. Die Ausübung erfordert eine **Reisegewerbekarte** (§ 55; Ausnahmen §§ 55a, 55b GewO). Die §§ 57-59, 62 GewO regeln u. a. die Versagung ihrer Erteilung sowie den Entzug.

Rẹisekostenvergütung, steuerfreie Entschädigung der Beschäftigten des öffentl. Dienstes für Mehrkostenaufwand, der durch Dienstreisen entsteht (Fahrtkostenentschädigung, Tagegeld, Übernachtungsgeld, Nebenkostenersatz). Die R. von privaten Arbeitgebern ist i. d. R. ebenfalls steuerfrei.

Rẹisekrankheit, durch die schwankenden oder drehenden Bewegungen eines Fahrzeuges (Auto, Eisenbahn, Flugzeug, Schiff) hervorgerufene Gesundheitsstörung (→ Kinetose).

Rẹisekreditbrief, → Kreditbrief.

Rẹiseleiter, von den Reiseveranstaltern eingesetzte sach- und sprachkundige Begleiter von Reisegruppen.

Rẹiseliteratur, die Lit. über Reisen und Reiseerfahrungen; seit dem MA. ist sie eng mit der Dichtung verknüpft; anfangs nahm sie wesentl. Elemente der Abenteuergeschichte in sich auf und war durchsetzt mit Fabel-Elementen. Im christl. Abendland gibt es Schilderungen von Reiseerlebnissen, vermischt mit oriental. Phantastik, im ›Ruodlieb‹, Spielmannsepos, Amadisroman; später folgen die Abenteuerromane, Robinsonaden, Seeromane, die phantast. Reiseromane nach Art von Jules Verne. Wirklichkeitsbezogene Reisedarstellungen finden sich seit dem Zeitalter der Kreuzzüge: Reisewerk eines anonymen frz. Autors (›Reisen des John Mandeville‹, Mitte des 14. Jh.); Reiseberichte ital. Kaufleute, des Venezianers Marco → Polo. Doch erst seit der Renaissance, dem Zeitalter der Entdeckungen, wird die Realität genauer erfaßt. Seit dem 18. Jh. besteht die R. der Naturforscher und Expeditionsteilnehmer (G. Forster, A. v. Humboldt, später G. Rohlfs, G. Nachtigal, C. Schweinfurth, D. Livingstone, F. Nansen, S. Hedin, W. Filchner u. a.). Dazu kommen die Berichte der Bildungsreisenden, insbes. der dt. Italienreisenden (Goethe, F. Gregorovius, V. Hehn), die poetisch-gefühlvollen Reisebücher in der Art von L. Sternes ›Sentimental Journey‹ (1768), die feuilletonist. Reisebilder (so von H. Heine, 1826-31), die philosophisch-kulturpsycholog. Reisebücher (Graf Keyserling, E. Grassi), die Reisereportagen der modernen Journalisten. Erlebnis und Dichtung verbinden die Reisebeschreibungen und Romane von Ch. Sealsfield, F. Gerstäcker, R. Kipling, J. Conrad, W. S. Maugham, E. Schnabel, A. Andersch, R. Hagelstange, W. Koeppen u. a.

Rẹisemobil, → Wohnmobil.

Rẹisende *der, -n/-n,* **1)** Reiseverkehrsteilnehmer. **2)** reisender Handlungsgehilfe **(Handlungsreisender),** ein kaufmänn. Angestellter, oder der reisende → Handelsvertreter. *die* **R.,** *-n/-n,* weibl. Reiseverkehrsteilnehmer.

Rẹisepaß, → Paß.

Rẹisescheck, → Kreditbrief, → Traveller's Cheque.

Rẹise- und Versạndbuchhandel, Zweig des → Buchhandels, der Bücher (bes. Lexika, Klassikerausgaben, Fachbücher, Atlanten) durch Vertreter, Prospektversand und Anzeigen, auch gegen Teilzahlungen, vertreibt. Organisator. Zusammenschluß ist der ›Bundesverband der Dt. Versandbuchhändler e. V.‹, Hamburg.

Rẹise|unternehmen, kaufmänn. Unternehmen zu Veranstaltung und Verkauf von Einzel- und Gesellschaftsreisen aller Art. I. a. sind die Bez. R. und **Reisebüro** synonym; in der Praxis werden als R. v. a. die organisierenden Veranstalter bezeichnet, die als Großhändler ihre Reiseprogramme entwickeln und diese durch die ›Reisebüros‹ als Kleinhändler dem Publikum verkaufen; es gibt auch direkt verkaufende R. Wegen der Notwendigkeit großer Einrichtungen und erhebl. finanzieller Leistungen (z. B. Bildschirm- und elektron. Buchung) haben sich in den letzten Jahren viele R. zusammengeschlossen (hoher Verflechtungsgrad auf der Produzenten- wie auf der Einzelhandelsstufe).

Rẹiseverkehrskaufmann, anerkannter kaufmänn. Ausbildungsberuf seit 1975 (VO v. 12. 12. 1974, ergänzt: VO v. 6. 8. 1980), früher **Reisebürokaufmann,** Ausbildung: 3 Jahre. Der R. berät Kunden und vermittelt Reisen in Reisebüros.

Rẹisfink, eine Art der Weberfinken (→ Webervögel).

Rẹisig [mhd.] *das, -s,* dünnes Zweigholz: *Reisigbesen.*

Rẹisige [zu spätmhd. reisige, ›Krieger‹, ›Reiter‹] *der, -n/-n, ein -r,* im MA. der schwerbewaffnete Reiter. **rẹisig,** zum Krieg gerüstet, beritten.

Rẹislaufen [zu Reisige] *das, -s,* ⚔ der Eintritt als Söldner in fremden Kriegsdienst, in der Schweiz seit dem 13. Jh. (bes. im 16.-18. Jh.); es wurde 1859 verboten. **Rẹisläufer** *der,* ⚔ Söldner in fremdem Kriegsdienst (in der Schweiz).

Rẹis|papier, papierähnliches Erzeugnis, das in China und Japan aus dem schneeweißen Mark der Pflanze Aralia papyrifera durch spiralförmiges Abschälen gewonnen wird.

Rẹißbahn, → Freiballon.

Rẹißbrett, Zeichenbrett in genormten Größen, auf dem das Zeichenpapier mit Reißzwecken oder Klebestreifen befestigt wird. R. mit Vorrichtungen zum Parallelführen der Reißschiene und Lineale heißen → Zeichenmaschinen.

Rẹiß|eckgruppe, Gebirgsgruppe der südl. Hohen Tauern in Kärnten, zw. Mallnitz-, Möll-, Lieser- und Maltatal, im **Reißeck** 2965 m hoch. Mehrere Karseen und Bäche der R. und der benachbarten Kreuzeckgruppe werden im Kraftwerk Kolbnitz im Mölltal genutzt (Gefälle: 1773 m; 137 MW).

rẹißen [ahd.]. *ich* **rẹiße** (riß, habe gerissen), **1)** *es, ihn von etwas weg, irgendwohin,* ziehe gewaltsam: *er riß das Kind vom Abgrund zurück; er hat alle Macht an sich gerissen.* **2)** *es,* reiße entzwei: *er hat sich ein Loch in den Ärmel gerissen.* **3)** *an etwas,* suche loszumachen: *der Hund reißt an der Kette.* **4)** *Possen, Witze,* mache. **5)** *es,* zeichne. **6)** *die Latte,* berühre sie beim Hochsprung, so daß sie zu Boden fällt. **7)** *ein Gewicht,* ⚐ → Reißen. **8)** *der Wolf reißt Schafe,* ⚐ töte sie. **9)** *mich,* ritze mich, ziehe mir Reißwunden zu. **10)** *mich um etwas,* will es dringend haben: *man riß sich um Eintrittskarten.* **11)** *es reißt* (ist gerissen), geht entzwei: *der Faden ist gerissen; mir reißt bald die Geduld,* Ü. *ich* **rẹiße ab, 1)** *es,* löse gewaltsam, durch kräftiges Ziehen. **2)** *es,* lege nieder, breche ab (Gebäude). **3)** *Kleider,* nütze ab, verschleiße: *er läuft recht abgerissen herum,* in abgetragenen Sachen. **4)** *es reißt ab,* löst sich von etwas: *ihm ist ein Knopf abgerissen; das reißt gar nicht ab,* Ü hört nie auf, geht ununterbrochen weiter. *ich* **rẹiße an, 1)** *ihn,* U bedränge mit marktschreierischer Werbung. **2)** *ihn,* G leihe mir Geld von ihm. **3)** *es,* mache einen kleinen Riß hinein. **4)** *es,* beginne zu verbrauchen: *dieser Vorrat soll noch nicht angerissen werden.* **5)** *es,* ⚐ zeichne Linien vor. **6)** *es,* Metallbearbeitung: ritze Bearbeitungslinien auf dem Werkstück ein. *ich* **rẹiße** *es* **auf, 1)** öffne durch Ziehen: *das Päckchen war aufgerissen.* **2)** breche auf: *wegen neuer Rohrleitungen muß man die Straßen aufreißen.* **3)** zeichne als techn. Zeichnung (Aufriß) auf. *ich* **rẹiße aus, 1)** U brenne durch, entfliehe: *das Kind ist ausgerissen.* **2)** bei Rennen: mache einen plötzlichen Vorstoß. **3)** *es,* nehme gewaltsam heraus: *ich habe Unkraut ausgerissen.* **4)** *es reißt aus,* bekommt einen Riß: *das Knopfloch ist ausgerissen. ich* **rẹiße ein, 1)** *es,* zerstöre: *das alte Haus wurde eingerissen.* **2)** *es,* füge ihm einen Riß zu: *eine eingerissene Buchseite.* **3)** *es reißt ein,* Ü wird Brauch, kommt auf: *diese Unsitte ist in letzter Zeit eingerissen. ich* **rẹiße** *es* **entzwẹi,** zertrenne, zerreiße. *ich* **rẹiße fort, 1)** *es,* nehme gewaltsam, schnell weg. **2)** *ihn,* versetze in leidenschaftliche Anteilnahme: *von Begeisterung fortgerissen. ich* **rẹiße heraụs, 1)** *es,* reiße aus. **2)** *ihn,* Ü rette. *ich* **rẹiße** *ihn* **herẹin,** U bringe ins Unglück. *ich* **rẹiße hin, 1)** *ihn,* entzücke: *er war von dem Vortrag ganz hingerissen.* **2)** *es reißt ihn hin,* bringt ihn dazu: *die Wut riß ihn zu bösen Worten hin. ich* **rẹiße** *ihn* **mit,** stecke mit meiner Begeisterung an. *ich* **rẹiße** *mich* **zusạmmen,** beherrsche meine Gefühle. **rẹißend, 1)** mit starkem Gefälle (Strömung). **2)** sehr schnell: *die Ware findet* *reißenden Absatz. der* **Reißer**, *-s/-*, U etwas, das bes. zugkräftig ist (Ware, Buch, Film u. a.). **reißerisch**, wirkungsvoll, effektvoll, auf Publikumswirkung bedacht: *ein Buch mit reißerischem Titel.*

Reißen *das, -s,* **1)** eine Schnellkraftübung im Gewichtheben (erste des Olymp. Zweikampfes), bei der die Hantel in einem Zug vom Boden bis über den Kopf zur Hochstrecke gebracht wird. Die Übung kann mit einem Ausfallschritt oder aus der Hocke vorgenommen werden. **2)** ⚕ Gliederreißen (→ Rheumatismus).

Reißfeder, Ziehfeder, ein Zeichengerät mit einstellbarer Strichstärke zum Ausziehen einer Bleistift-Zeichnung mit Tusche; beim Tusche-Füllhalter sind Federn und Zirkeleinsätze auswechselbar. Ein vollständiger Satz von R. und Zirkeln für techn. und geometr. Zeichnungen bildet ein **Reißzeug.** Hilfsmittel zum Zeichnen sind **Reißschiene**, ein Lineal mit Querleiste, und **Reißdreieck.**

Reißhaken, Gerät zum Auszeichnen der zur Fällung vorgesehenen Bäume.

Reißlänge, Maß für die Zerreißfestigkeit von Fäden, Seilen u. a.: die Länge, bei der eine frei aufgehängte Probe infolge Eigengewichts reißt.

Reißleine, → Freiballon.

Reißverschluß, Verschlußvorrichtung, bei der an 2 Bändern befestigte Verschlußstücke (Krampen) durch einen Schieber wechselseitig ineinandergeschoben werden. Bei **Gleitverschlüssen** greifen Wendeln ineinander, bei **wasserdichten R.** (aus Kunststoff) werden keilförmige Nutenpaare ineinandergeschoben. **Klettenverschlüsse**, aus zwei Textilbändern, haften mit kleinen Häkchen aneinander.

Reißwolle, aus Wollabfällen zurückgewonnene **Reißspinnfasern**; kann ein wenig einer Neuwolle zugemischt werden.

Reißzahn, der vierte obere, vordere Backenzahn (Praemolar) und der erste untere Mahlzahn (Molar) der Raubtiere.

Reißzeug, → Reißfeder.

Reißzwecke, Reißnagel, Nagel mit kreisrundem, flachem Kopf und kurzem Dorn, zum Befestigen von Zeichenbögen auf dem Reißbrett u. a.

Reiste [mhd. rise] *die, -/-n, oberdt.:* **1)** Holzrutsche, Riese. **2)** Riste. *ich* **reiste** *Holz, oberdt.:* lasse es vom Berg niedergehen.

Reister *die, -/-, nd.:* Schuhflicken. *ich* **reist(e)re** *Schuhe,* flicke.

Reite [zu reiten] *die, -/-n(en), schweizer.:* Boden oberhalb der Tenne.

Reitel [mhd.] *der, -s/-, mitteldt.:* Drehstange; Hebel; Knebel.

reiten [ahd. ritan]. *ich* **reite** (bin geritten), **1)** *auf einem Tier,* bewege mich fort mit Hilfe eines Tieres, bes. eines Pferdes: *er ist* (selten: *hat) viele Stunden geritten; er reitet Galopp, im Trab, auf einem Pferd, Esel, Kamel; er ließ das Kind auf seinen Schultern reiten.* **2)** *ein Schiff reitet,* tanzt auf den Wellen. *ich* **reite** (habe geritten), **1)** *ein Tier,* benutze es zum Reiten: *er reitet ein schönes Pferd; er hat das Tier zu Tode geritten; der Teufel reitet ihn,* U drängt ihn zu etwas Schlechtem; *der Stier reitet,* bespringt die Kuh. **2)** *ein Steckenpferd,* U beschäftige mich gern und viel mit etwas. **3)** *oberdt.:* grabe: *der Maulwurf reitet. ich* **reite ab, 1)** *es,* reite prüfend daran entlang: *er hat die Front abgeritten.* **2)** (habe abgeritten), warte Sturm auf freier See oder vor Anker ab. **3)** *der Auer-, Birkhahn reitet ab* (ist abgeritten), fliegt auf. *ich* **reite** *mich* **auf** (habe mich aufgeritten), reite mich wund. *ich* **reite aus** (bin ausgeritten), mache einen Spazierritt; verlasse einen Ort zu Pferd. *ich* **reite** *mich, ein Pferd* **ein** (habe mich, es eingeritten), übe im Reiten. *ich* **reite** *ihn* **herein** (habe hereingeritten), U bringe ins Unglück. *ich* **reite** *auf etwas* **herum** (habe herumgeritten), U lasse nicht ab davon. *ich* **reite** *ein Pferd* **zu** (habe zugeritten), bilde es zum Reiten aus.

Reiten *das, -s,* **Reitsport**, → Pferdesport.

Reiter [ahd. ritera, zu riton ›sieben‹] *die, -/-n, oberdt.:* grobes Getreidesieb.

Reiter *der, -s/-,* **1)** reitende Person. **2)** verschiebbarer Maschinenteil, Laufgewicht; Klammer, z. B. auf Karteikarten. **3)** Bock, Gestell: *Heureiter,* Trockengestell.

Reiter-Abzeichen, → Deutsches Reiter-Abzeichen.

Reiter Alpe, Hochgebirgsstock im NW der Salzburger Kalkalpen, zw. Saalach und Ramsauer Ache, im Großen Häuselhorn 2295 m hoch.

Reiterei *die, -/-en,* → Kavallerie.

Reiterlein, ☆ der Stern → Alkor im Großen → Bären (BILD).

Reiterstandbild, eine in der Antike weitverbreitete Art der Herrscherdarstellung, in der Renaissance und im Barock wieder aufgenommen. Erhalten geblieben ist das R. des Kaisers Mark Aurel auf dem Kapitol in Rom, das zum Vorbild für den → Gattamelata von Donatello in Padua und für den → Colleoni (BILD) in Venedig wurde. Im Barock erlangte das R. in effektvoller Pose bes. Beliebtheit (R. des Großen Kurfürsten von A. Schlüter; R. Peters des Großen von É.-M. → Falconet, BILD).

Reitgras, Calamagrostis, artenreiche Grasgatt.; meist rohrartig hoch, hart, großrispig **(Waldrohr, Landschilf).**

Reit im Winkl, Fremdenverkehrsort im Kr. Traunstein, Oberbayern, (1984) 2600 Ew., 695 m ü. M.; bed. Holzhandel.

Reitsch, Hanna, Fliegerin, * Hirschberg im Riesengebirge 29. 3. 1912, † Frankfurt a. M. 24. 8. 1979, Segel- und Motorfliegerin mit zahlreichen Weltrekorden; Hubschrauber-Pionierin. 1937 wurde sie zum ersten weibl. Flugkapitän ernannt. Im 2. Weltkrieg führte sie Testflüge für die dt. Luftwaffe durch.

Reitschule, **1)** gewerbl. Ausbildungsstätte für Reiter, → Tattersall. **2)** → Spanische Reitschule Wien.

Reitstock, eine auf der Bettenführung einer → Drehmaschine verschiebbare und festklemmbare Zentrier- und Spannvorrichtung für das zu bearbeitende Werkstück.

Reit- und Fahrturnier, Pferdesport: Pferdeleistungsprüfungen mit Reit- und Fahrkonkurrenzen.

Reitwechsel, → Wechselreiterei.

Reitz, Edgar, Filmregisseur, * Morbach bei Trier 1. 11. 1932, begann 1953 mit Kurz- und Experimentalfilmen, seit 1967 Spielfilme (›Mahlzeiten‹, 1967; ›Reise nach Wien‹, 1973; ›Heimat‹, 1984, Fernsehfilm).

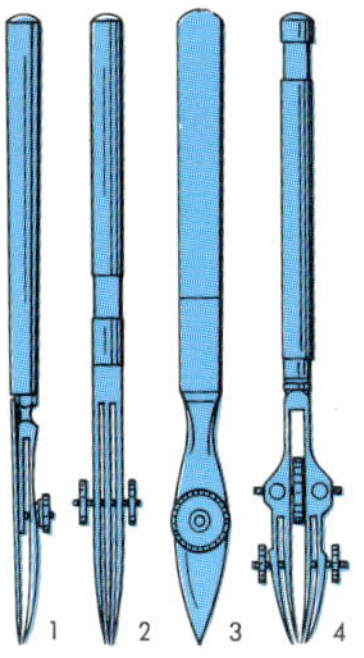

Reißfeder

Reißfeder: 1 Gewöhnliche R., **2** Dreizungige R. für starke Striche, **3** R. mit breiter Zunge für lange Striche, **4** Doppelreißfeder

Reiz [zu reizen, ahd.] *der, -es/-e,* **1)** jede äußere oder innere Bedingung, die eine Erregung, Empfindung oder Reaktion hervorruft und den Ablauf der Lebensvorgänge beeinflußt. Man unterscheidet u. a. mechan. (so Berührung, Druck, Strömung, Erdschwere), therm. (Kälte, Wärme), chem. (z. B. Salze, Säuren, Hormone), akust., opt., magnet. und elektr. R. Ein R. braucht eine best. Mindeststärke (R.-Schwelle), um wahrgenommen zu werden. Die R.-Aufnahme ist i. d. R. mit einer elektr. Erregung (→ Aktionspotential) verbunden, die beim Menschen und den höheren Tieren i. a. durch das Nervensystem weitergegeben wird (R.-Leitung); das Herz besitzt z. T. ein eigenes R.-Leitungssystem. In den Geweben wird die Erregung auch unmittelbar von Zelle zu Zelle weitergeleitet. Bei den Pflanzen wird der R. von Zelle zu Zelle oder in den Gefäßen fortgeleitet. Auf den R. folgt eine Reaktion (R.-Antwort) des Organismus (Sinneseindruck, Körperbewegung u. a.). Die Fähigkeit zur R.-Beantwortung (Reizbarkeit, Erregbarkeit, Irritabilität) ist ein Kennzeichen des Lebendigen (→ Leben) und bildet die Grundlage dafür, daß sich Organismen in ihrer Umwelt orientieren und auf veränderte Bedingungen zweckmäßig reagieren können. **2)** angenehme Wirkung, bes. Schönheit. **3)** Antrieb, Verlockung: *der R. der Neuheit.* **reizbar, 1)** erregbar. **2)** überempfindlich, jähzornig. *die* **Reizbarkeit**, -, **1)** Empfänglichkeit für R. **2)** Überempfindlichkeit. *ich* **reize, 1)** *ihn,* errege, peinige seelisch: *er ist aufs äußerste gereizt worden.* **2)** *ihn,* locke: *diese Aufgabe reizte ihn.* **3)** Kartenspiel: nenne den Zahlenwert des gewünschten Spieles: *er reizte bis 24.* **4)** *Wild,* locke durch Töne. *ich* **reize** *ihn* **auf**, wiegle auf, errege. *Subst. die* **Reizung**, *-/-en.* **reizend**, anziehend, gefällig, anmutig. **reizlos**, ohne Anziehungskraft. **reizvoll**, voller Reiz, anziehend, attraktiv.

Reizbehandlung, Reiztherapie, → Reizkörperbehandlung.

Reizbildungsstörungen, → Herzrhythmusstörungen.

Reizblase, häufiger Harndrang und Mißempfindung beim Wasserlassen mit und ohne organ. Befund, meist durch örtl. Entzündung der Blasenschleimhaut.

Reizker [tschech. ›Rötling‹] *der, -s/-,* **Milchling, Milchpilz Lactarius**, Gatt. trichterförmiger Blätterpilze mit weißem oder farbigem Milchsaft. Als Speisepilze dienen: **Echter R. (Edel-R., Hirschling, Lactarius deliciosus)**, mit orangerotem Saft und grüner Verfärbung an Druckstellen, und der weißmilchige **Brätling** oder **Milchreizker (Brotpilz, Lactarius volemus).** Bedenklich als Nahrungsmittel (bes. nach nur schwachem Kochen) sind: der am Rand zottige **Giftreizker (Lactarius torminosus, Birkenreizker)**, der meist düster olivgrüne **Tannen-R. (Mordschwamm, Lactarius turpis)** und der **Rotbraune Milchling (Lactarius rufus)**, alle mit weißer, scharfer Milch. Kaum verwertbar ist der **Wollige Milchling** oder **Weiße Erdschieber (Lactarius vellereus).** BILD Pilze.

Reizklima, Klima, das durch seine Faktoren Temperatur, Feuchtigkeit, Wind, Strahlung u. a. eine bes. Reizwirkung auf den Körper hat, steigert den Gesamtstoffwechsel und erhöht die Aktivität des Organismus. R. kommt bes. an den Küsten der Westwindzonen und in Mitteleuropa an Nord- und Ostsee, aber auch im Hochgebirge vor. Das **Schonklima** trifft man im Unterschied dazu in waldreichen Mittelgebirgslagen an.

Reizkörperbehandlung, Reizkörpertherapie, Form der Reizbehandlung, bei der Eiweißkörper (artfremdes Eiweiß, Milch, Eigenblut, abgetötete Bakterien, Bienengift u. a.) als Reizkörper eingespritzt werden; sie sollen den Körper zu gesteigerter Abwehr anregen und dienen der Umstimmung; i. w. S. gehören dazu auch die **Reizbehandlung** durch Ernährungs- und Fastenkuren, Schwitzen, Erzeugung von Fieber, viele Anwendungen der physikal. und Bäderbehandlung, auch der Akupunktur und mancher naturheilkundl. Verfahren (→ schröpfen).

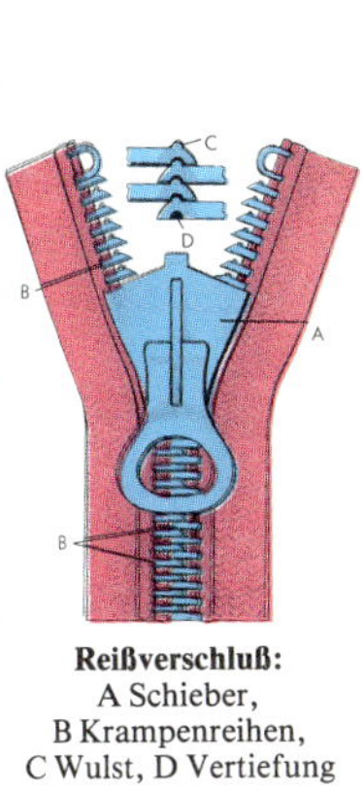

Reißverschluß: A Schieber, B Krampenreihen, C Wulst, D Vertiefung

Rekonstruktion 1):
Blendung des Polyphem, große Marmorgruppe aus Sperlonga. Die Rekonstruktionsaufstellung der erhaltenen Teile war nur möglich durch die Verwendung von leichten Kunststoffabgüssen; nur diese gestatten ein ständiges Verschieben der Einzelfiguren und wiederholte Ergänzungsversuche, die schließlich zu einer Wiederherstellung des ursprünglichen Aussehens der Gruppe führen können

Reizleitungsstörungen, → Herzrhythmusstörungen.

Reizmagen, gesteigerte Aktivität der Magenschleimhaut mit erhöhter Absonderung aller Magensekrete, bes. der Salzsäure. Die Beschwerden bestehen bes. in Druck, Völlegefühl oder Schmerzen im Oberbauch, Appetitlosigkeit, Übelkeit, Sodbrennen und Unverträglichkeit für best. Speisen (z. B. erhitzte Fette) oder Genußmittel (Kaffee, Alkohol, Nikotin). Ein R., der bei 30–50% aller Magenkranken vorliegen soll, muß gegenüber einer → Magenschleimhautentzündung, einem → Magengeschwür u. a. Magenkrankheiten abgegrenzt werden.

Behandlung: Meiden von Reizstoffen und individuell unverträgl. Speisen, ruhige und regelmäßige Mahlzeiten.

Reiz|überflutung, das Einströmen vieler ungeordneter Reize der Umwelt durch Fernsehen, Verkehrslärm u. a.

Réjouissance [reʒwis'ãs, frz. ›Belustigung‹] *die, -/-n,* ♪ heiterer Satz in der Suitenmusik des 17. und 18. Jh.

Rekapitulation [lat.] *die, -/-en,* Wiederholung, Zusammenfassung. *Vb. ich* **rekapituliere** *es.*

rekeln [zu Rekel, mnd. ›Dorfköter‹], auch **räkeln.** *ich* **rek(e)le, räk(e)le** *mich,* sitze wie ein Flegel, recke und dehne mich. *Subst. die* **Rekelei,** *-/-en.*

Reken, Gem. im Kr. Borken, NRW, (1984) 11700 Ew.; Herstellung von Tiefkühlkost.

Rekkared I., westgot. König (586–601) in Spanien, trat 587 vom Arianismus zum Katholizismus über und trug damit zur Annäherung der roman. und german. Bev.-Teile seines Reiches bei.

Reklame [frz., aus lat.] *die, -/-n,* Werbung, Anpreisung.

reklamieren [frz., aus lat.]. *ich* **reklamiere** *es,* fordere, mahne an, beschwere mich darüber. *Subst. die* **Reklamation,** *-/-en.*

Rekognition [lat.] *die, -/-en,* ⚖ Anerkennung, Beglaubigung.

rekognoszieren [lat.]. *ich* **rekognosziere** *es,* ⚖ **1)** erkenne als echt an. **2)** ⚔ erforsche, erkunde (Gelände). *Subst. die* **Rekognoszierung,** *-/-en.*

Rekollekten [lat.] *Pl.,* Anhänger von klösterl. Reformrichtungen mit strengster Beachtung der Ordensregel, früher bei den Franziskanern, heute noch bei den Augustinern.

Rekombination, 1) Genetik: Neukombination von Genen, die meist durch sexuelle Vorgänge entsteht; sie kann auch in den übrigen Körperzellen stattfinden **(somatische R.).** Die Veränderlichkeit der Lebewesen beruht hauptsächl. auf R. **2)** ⊠ die Wiedervereinigung von Teilchen, insbes. von solchen, die Ladungen mit entgegengesetzten Vorzeichen tragen, z. B. der entgegengesetzt geladenen Teile eines Moleküls in einem Elektrolyten oder eines Atomions mit einem Elektron in einem ionisierten Gas, auch von Leitungselektronen mit Löchern in Halbleitern, oft mit Lichtausstrahlung **(R.-Leuchten)** verbunden.

rekombinierte DNS, Chimären-DNS, Hybrid-DNS, Molekularbiologie: das Produkt der → Genklonierung; kann die genet. Information von unterschiedl. Organismen enthalten.

rekommandieren [frz.]. *ich* **rekommandiere,** ⚖ **1)** *ihn, es,* empfehle. **3)** *es,* Post: schreibe ein, lasse einschreiben. **rekommandiert,** Post: eingeschrieben, daher das R auf dem Einschreibzettel. *Subst. die* **Rekommandation,** *-/-en.*

rekompensieren [spätlat.]. *ich* **rekompensiere, 1)** *ihn,* entschädige. **2)** *es,* gleiche aus.

Rekonstruktion [lat. ›Wiederherstellung‹]. **1)** Archäologie und Kunstwissenschaft: Rückgewinnung des urspr. Zustandes untergegangener Kulturdenkmäler (bes. Bauwerke) auf Grund schriftl. Überlieferung, vorgefundener Pläne oder erhaltener Einzelteile, auch ihre Veranschaulichung durch Zeichnungen oder Modelle (→ Restaurierung). **2)** Paläontologie: der Versuch, aus Fossilien die körperliche Erscheinung früherer Lebewesen nachzubilden. *ich* **rekonstruiere** *es,* **1)** stelle wieder her, ergänze zu seinem urspr. Zustand. **2)** Ü erschließe den Ablauf eines zurückliegenden Vorgangs. *Subst. die* **Rekonstruierung,** *-/-en.*

Rekonvaleszent [lat.] *der, -en/-en,* Genesender. *die* **Rekonvaleszenz,** *-/-en,* Genesung, Gesundungszeit.

Rekonziliation [lat. ›Aussöhnung‹] *die, -/-en,* kath. Kirchenrecht: Neu-Weihe einer Kirche nach Entweihung; Wiederversöhnung eines Zensurierten (→ Zensur).

Rekord [von engl. record ›Aufzeichnung‹, ›Urkunde‹] *der, -(e)s/-e,* ⛷ eine unter Einhaltung aller Regeln einer Sportart erzielte Höchstleistung (z. B. Deutscher R., Welt-R., Olymp. R.) in den (mit Bandmaß, Stoppuhr u. a. Hilfsgeräten) meßbaren Sportarten: Leichtathletik, Gewichtheben, Eis- und Rollschnellauf, Schwimmen, Radsport, Schießen, Pferdesport, Rennschlitten- und Bobsport, Motorsport, Skispringen usw. Voraussetzung für die Aufstellung von R. ist die ständige Wiederholbarkeit des R.-Versuchs unter gleichen Bedingungen.

Rekristallisation, 1) Metallkunde: Neuordnung der Kristalle in einem polykristallinen Material, z. B. bei Erwärmung verformter Metalle und Legierungen. Oberhalb der für jedes Metall charakterist. Temperaturschwelle (R.-Grenze) bilden sich neue, ungestörte Kristalle auf Kosten der alten, gestörten Kristalle mit Gitterverzerrungen und -fehlern, die durch die Verformung entstanden sind. **2)** Geophysik: Rekristallisations- und Kristallerholungs-Vorgänge von Salzen sind entscheidend für die Art tekton. Bewegungsabläufe wie beim Aufsteigen von Salzstöcken.

Rekrut [frz.] *der, -en/-en,* Soldat in der ersten Ausbildungszeit. *ich* **rekrutiere, 1)** *Soldaten,* ⚖ berufe sie ein. **2)** *sie rekrutieren sich aus einer Gruppe,* ergänzen sich, setzen sich daraus zusammen. *Subst. die* **Rekrutierung,** *-/-en.*

rektal [lat.], ⚕ den Mastdarm betreffend.

Rektapapier [lat.], **Namens|papier,** ein Wertpapier, das den Berechtigten namentlich nennt, ohne daß eine Übertragung durch Indossament möglich ist, zum Unterschied von Inhaberpapier und Orderpapier. Das Papier gehört demjenigen, dem das verbriefte Recht zusteht; bei der Übertragung des Rechts muß das Papier übergeben werden. R. sind z. B. Hypothekenbriefe, Rektascheck (→ Scheck) und Rektawechsel (→ Wechsel).

Rekt|aszension [lat.] *die, -/-en,* Abk. **AR** [von lat. ascensio recta], **gerade Aufsteigung, gerade Absteigung,** ☆ der Winkel auf dem Himmelsäquator, der zw. dem Frühlingspunkt und dem Deklinationskreis eines Sterns liegt, gemessen vom Frühlingspunkt aus nach Osten von 0° bis 360° oder von 0^h bis 24^h (BILD astronomische Koordinaten).

Rektifikation [lat.] *die, -/-en,* **1)** ⚖ Berichtigung. **2)** △ die Bestimmung der Bogenlänge einer gekrümmten Kurve. **3)** ⚗ die Gegenstromdestillation, → Destillation. *Vb. ich* **rektifiziere** *es.*

Rektion [lat.] *die, -/-en,* Ⓢ Abhängigkeitsverhältnis, wodurch der Kasus eines syntaktischen abhängigen Wortes durch ein übergeordnetes Wort festgelegt wird, z. B. ›regiert‹ die Präposition ›mit‹ im Deutschen den Dativ (›mit dem Messer‹).

Rektor [lat.] *der, -s/...t'oren,* **1)** Schulwesen: z. T. veraltete Bez. für den Leiter einer Volks-, Haupt-, Real- oder Sonderschule. **2)** Universitätswesen: an Hochschulen mit Rektoratsverf. der Leiter der Hochschule **(Rector magnificus);** er wird nach dem Hochschulrahmengesetz des Bundes von 1972 für mindestens 5 Jahre von einem zentralen Kollegialorgan der Hochschule gewählt und übt sein Amt, die Leitung der Verwaltung, hauptamtlich mit dem **Pro-R.** (meist der Amtsvorgänger) aus. R. und Hochschulpräsident haben die gleichen Funktionen. Von dem R. traditioneller Art unterscheidet ihn darüber hinaus, daß er nicht mehr allein an der Spitze der akadem. Selbstverwaltung steht und auch nicht mehr aus den Reihen der ordentl. Professoren gewählt werden muß. **3)** Kath. Kirche: der leitende Geistliche einer Kirche, die nicht Pfarrkirche ist; der Hausgeistliche eines Frauenklosters oder Krankenhauses. *das* **Rektorat,** *-(e)s/-e,* Amt, Amtszeit und Amtssitz des Rektors.

Rektorats|schulen, private oder öffentl. mittlere Schulen kleinerer Orte; 1938 wurden sie in Preußen zum großen Teil in Mittelschulen umgewandelt. Nach 1945 wurden einige R. in West-Dtl. weitergeführt. Seit dem Hamburger Abkommen der MinPräs. (1964) gingen die R. in den → Realschulen auf.

Rektorenkonferenz, Westdeutsche R., Abk. **WRK,** seit 1949 die institutionelle Vereinigung der durch die Leiter (Rektoren, Präsidenten) vertretenen Hochschulen der Bundesrep. Dtl. und West-Berlins; Sitz: Bonn-Bad Godesberg. Zweck ist die Beratung und Wahrnehmung gemeinsamer Aufgaben der Hochschulen unter Berücksichtigung hochschulpolit. Entwicklungen; die Beschlüsse ergehen in Form von Empfehlungen.

Rekto|skopie [lat.] *die, -/...p'i|en,* **Mastdarmspiegelung,** mit Hilfe eines durch den After eingeführten Endoskops **(Rektoskop)** vorgenommene Betrachtung des Mastdarms. Die R. dient der Krankheitserkennung (z. B. bei Mastdarmkrebs), gleichzeitig können Probeexzisionen und kleinere Eingriffe (z. B. Entfernung von Mastdarmpolypen) vorgenommen werden.

Rektum [lat.] *das,* **1)** *-s/...ta,* ⓢ Bestandteil einer syntakt. Gruppe, die von einer anderen abhängig ist (→ Rektion). **2) Rectum,** *-/...ta,* ⚕ der Mastdarm (→ Darm).

Rekuperator [lat.] *der, -s/...t'oren,* Wärmeaustauscher aus zwei parallellaufenden Systemen von möglichst dünnwandigen Kanälen, Rohren oder Lamellen für Abgase und Frischluft zur Ausnutzung der Abgaswärme in Feuerungen (Rekuperativfeuerung). Die Wärmeübertragung geschieht direkt durch die Rohr- oder Plattenwand.

Rekurs [lat.] *der, -es/-e,* **1)** im dt. Verwaltungsrecht früher besondere Art der Verwaltungsbeschwerde; an seine Stelle ist der → Widerspruch 5) getreten. **2)** in Österreich das Rechtsmittel gegen die in Beschlußform ergehenden gerichtl. Entscheidungen der Zivilgerichte, in einigen Fällen auch gegen verwaltungsbehördliche Verfügungen. **3)** in der Schweiz Anfechtung von Verfügungen und Entscheidungen oberer Verwaltungsbehörden oder -gerichte mit dem Rechtsmittel der Beschwerde. *Vb. ich* **rekurriere.**

rekursiv [lat.] heißt eine Funktion, deren Werte derart zusammenhängen, daß sie sich aus einem gegebenen Anfangswert nacheinander durch jeweils die gleiche Formel **(Rekursionsformel)** berechnen lassen.

Relais [rəl'ɛ, frz.] *das, -/-,* **1)** als Schalter wirkendes elektromechan. Bauelement, das auf geringe Steuerströme anspricht, aber größere Ströme steuert. Bei den **elektromagnet. R.** zieht ein vom Steuerstrom erregter Elektromagnet einen beweglich gelagerten Anker an, der durch seine Bewegung die Arbeitskontakte öffnet oder schließt. In der Fernsprech-Wähltechnik werden zahlreiche R. zum Aufbau der Verbindung, zum Prüfen, Durchschalten, Sperren und Zählen benutzt. Eine Weiterentwicklung führt zur Verwendung von Schutzgaskontakten (→ Reed-Kontakt). Daneben gibt es **therm. R.** mit Bimetallstreifen, die sich bei Erwärmung durch den Steuerstrom durchbiegen. **Photo-R.,** bei denen eine Photozelle oder Halbleiter-Diode durch Belichtung elektrisch leitend wird. **Elektron. R.** sind gasgefüllte Entladungsröhren mit kalter Kathode (→ Glimmrelais), Schalttransistoren oder auch → Thyristoren. **2)** ⚘ früher ein Ort zum Auswechseln der Pferde bei Postkutschen.

Relaisstation [rəl'ɛ-], **Zwischensender,** bei → Richtfunkverbindungen eine Zwischenstation mit Empfänger und Sender. Sie vergrößert die Reichweite, die durch die geradlinige Ausbreitung und die Erdkrümmung insbesondere im Frequenzbereich oberhalb 30 MHz beschränkt ist, dadurch, daß die Nachricht empfangen und nach Verstärkung und Umsetzung auf eine andere Frequenz wieder ausgesendet wird. Eine durch R. überbrückte Strecke heißt **Relaisstrecke.**

Relation [lat.] *die, -/-en,* Beziehung, Verhältnis. **relativ,** bezogen, bezüglich; verhältnismäßig, abhängig von anderem, bedingt; vergleichsweise. *die* **Relativität,** -, Bedingtheit, Bezogenheit, gegenseitige Abhängigkeit.

relative Adresse, Relativ|adresse, die in Relation zu einer festen Bezugsadresse angegebene Adresse eines Speicherplatzes, in dem der für die Ausführung eines Befehls gesuchte Operand zu finden ist.

relative Atom|masse, das → Atomgewicht.

relative biologische Wirksamkeit, Abk. **RBW,** Maß für die biolog. Wirksamkeit ionisierender Strahlung. Der **RBW-Faktor** gibt an, um wievielmal größer die Energiedosis einer Vergleichsstrahlung (200 kV-Röntgenstrahlung) ist als die einer zu beurteilenden Strahlung bei gleicher biologischer Wirkung in lebendem Gewebe. Er hängt von der Art (und Energie) der Strahlung ab. Es gelten folgende Anhaltswerte: für Elektronen, Positronen, Röntgenstrahlung, Gammastrahlung 1, therm. Neutronen 3, schnelle Neutronen und Protonen (1 MeV) 10, α-Teilchen 20. Der RBW-Faktor, der zur Berechnung der Äquivalentdosis dient wird heute **Bewertungsfaktor** genannt (→ Dosis).

relative Mehrheit. Bei einer Abstimmung über mehr als 2 Vorschläge gilt der Vorschlag als angenommen, der ohne → absolute Mehrheit die meisten Stimmen, die r. M., erhält.

relatives Recht, ein Recht, das nur gegenüber best. Personen wirkt, nur von diesen verletzt und nur ihnen gegenüber durchgesetzt werden kann (z. B. Kaufvertrag, Bürgschaft, Schuldübernahme).

Relativismus [lat.] *der, -,* Ⓟⓗ die philosophisch-erkenntnistheoretische Haltung, die alle Erkenntnis nur als relativ richtig gelten läßt, weil sie durch den Standort des Erkennenden (bes. durch seine Individualität) bedingt sei.

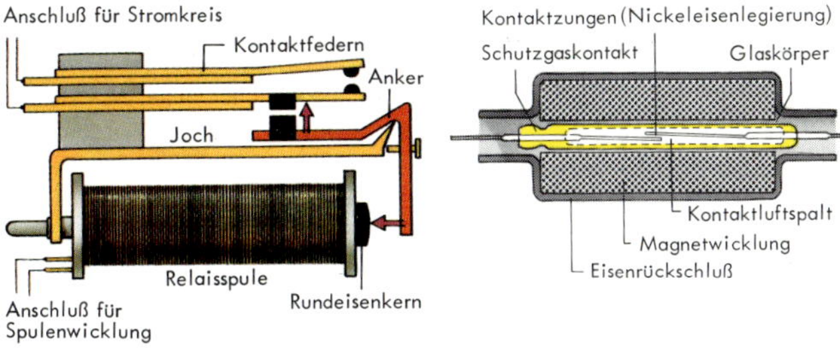

Relais 1): LINKS Prinzip des elektromagnetischen R. RECHTS Schutzgaskontakt mit Magnetwicklung (Reed-Kontakt)

Relativitäts|theorie, von E. Mach, H. A. Lorentz, H. Minkowski und J. H. Poincaré vorbereitete, von A. Einstein (seit 1905) formulierte und von ihm und anderen Physikern und Mathematikern ausgebaute physikal. Theorie der Struktur der vierdimensionalen Raum-Zeit-Welt. In ihrer engeren Form, der speziellen R., liefert sie eine zusammenhängende Aufklärung für eine Reihe von scheinbar widerspruchsvollen Erfahrungen bezüglich der Lichtausbreitung; in ihrer weiteren Fassung, der allg. R., hat sie darüber hinaus ein wesentlich vertieftes Verständnis der Gravitation ermöglicht.

Den Ausgangspunkt der **speziellen R.** bildet das klassische **Relativitätsprinzip,** nach dem es z. B. für einen Beobachter im Innern eines geschlossenen Kastens unmöglich ist, durch mechanische Versuche zu entscheiden, ob der Kasten ruht oder sich gleichförmig-geradlinig bewegt. Bewegungen lassen sich nur relativ zu einem Bezugssystem beobachten und messen; alle relativ zueinander geradlinig und gleichförmig bewegten Systeme sind aber mechanisch gleichwertig: Die mechan. Grundgesetze haben in allen die gleiche Gestalt. Im 19. Jh. wurde die Fragestellung dahin erweitert, ob der Bewegungszustand eines Körpers durch optische elektromagnet. Versuche festgestellt werden könne. Solange man glaubte, daß das Licht eine Wellenbewegung in einem feinen Medium (dem ›Äther‹) sei, mußte man erwarten, daß z. B. eine Bewegung der Erde relativ zum Äther durch Messungen der Lichtgeschwindigkeit in versch. Richtungen ermittelt werden könnte. Die Ausführung solcher Versuche (bes. A. H. L. Fizeau 1851, A. A. Michelson 1881) hat das Gegenteil erwiesen. Es zeigte sich, daß das von einem Stern zu der Erde kommende Licht relativ zur Erde stets die gleiche Geschwindigkeit besitzt, einerlei, ob die Erde dem Licht entgegenläuft oder nicht. Diese paradoxe Erfahrung machte Einstein zum **Prinzip der Konstanz der Lichtgeschwindigkeit** und baute darauf eine neue Lehre von Raum und Zeit auf. Er zeigte, daß die bis dahin in der Physik übliche Vorstellung von absoluter Gleichzeitigkeit sich nicht aufrechterhalten läßt, sondern daß jede Zeitangabe an ein Bezugssystem gebunden ist. Die Zeit eines in schnelle Bewegung versetzten Gegenstandes vergeht für den ruhenden Beobachter langsamer als für einen mitbewegten Beobachter **(Zeitdilatation).** Zugleich verkürzen sich die in die Bewegungsrichtung fallenden räumlichen Abmessungen des bewegten Gegenstandes, von einem ruhenden Beobachter gemessen, gegenüber der vom mitbewegten Beobachter gemessenen Länge **(Lorentzkontraktion,** → Längenkontraktion). Beide Effekte werden jedoch erst bei sehr hohen, mit der Lichtgeschwindigkeit (299792 km/s) vergleichbaren Geschwindigkeiten merklich. Damit hängt eng zusammen, daß die Lichtgeschwindigkeit eine für Bewegungen unüberschreitbare Grenzgeschwindigkeit ist. Deshalb verlangt die R. auch, daß es nur Nahewirkung gebe, d. h., daß jeder physikal. Vorgang nur durch Vermittlung einer sich höchstens mit Lichtgeschwindigkeit ausbreitenden Wirkung auf andere, räumlich entfernte Vorgänge einwirken könne. Eine weitere Folgerung aus der speziellen R. ist das Anwachsen der trägen Masse eines bewegten Körpers mit seiner Geschwindigkeit und der Zusammenhang der Masse mit dem Energieinhalt: Einer Masse m entspricht stets eine Energie $E = mc^2$ (c = Lichtgeschwindigkeit) und umgekehrt. Diese Erkenntnis ist von grundlegender Bedeutung für die Kern- und Elementarteilchenphysik geworden und hat den Weg zur Gewinnung von Kernenergie gewiesen.

Die **allgemeine R.** erstrebt eine noch umfassendere Durchführung des Relativitätsprinzips; nach Einstein kann dieses auch für beschleunigte Bewegungen aufrechterhalten werden, wenn man **Gravitationsfelder** mit in Betracht zieht. Der in einem Kasten ein-

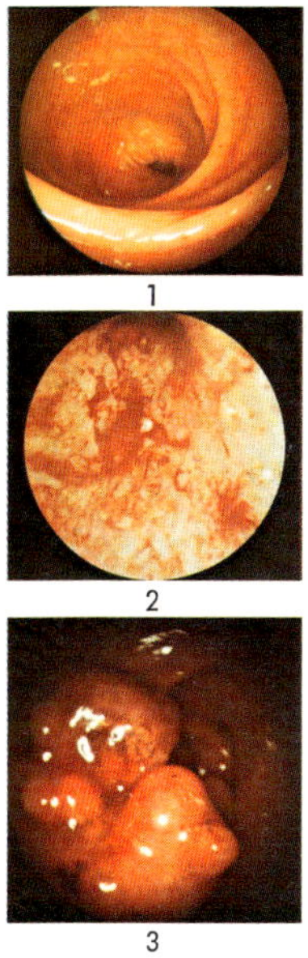
1 2 3

Rektoskopie

Rektoskopie: 1 Normaler Enddarm, zarte Schleimhaut; **2** entzündlich veränderte blutende Dickdarmschleimhaut bei Colitis ulcerosa (Dickdarmentzündung); **3** Mastdarmkrebs (Rektumkarzinom) mit weitgehender Verlegung des Lumens durch Tumorknoten

Relief 3): Ausschnitt aus einem nach dem Wenschow-Verfahren hergestellten Relief des Wettersteingebirges; Blick von S

geschlossene Beobachter kann durch physikalische Versuche grundsätzlich nicht entscheiden, ob der Kasten sich im gravitationsfreien Raum geradlinig-gleichförmig bewegt (oder ruht), oder ob er durch ein Gravitationsfeld beschleunigt wird (in ihm ›frei fällt‹). Die Ununterscheidbarkeit beruht auf der universellen Gleichheit der schweren und der trägen Masse, woraus Einstein auf eine enge Verknüpfung der Metrik der vierdimensionalen Raum-Zeit-Welt mit dem Gravitationsfeld schloß. Alle durch homogene Gravitationsfelder beschleunigten Bewegungen sind physikalisch gleichwertig den nicht durch Gravitation beschleunigten Bewegungen im feldfreien Raum. Die Ausführung dieses Gedankens erforderte einen grundsätzl. Verzicht auf die euklid. Geometrie, die auf den physikal. Raum nur angenähert anwendbar ist; das Vorhandensein von Gravitationsfeldern bedingt eine (von Ort zu Ort wechselnde) ›Krümmung‹ des Raums. Eine Bewegung unter dem Einfluß von Gravitationskräften ist so nur eine andere Beschreibungsweise für eine kräftefreie Bewegung bei Raumkrümmung.

Während im Rahmen der speziellen R. angenommen wurde, daß die Geometrie der vierdimensionalen Raum-Zeit-Welt unabhängig von der Materie ist, wird sie nach der allg. R. von der Verteilung und Bewegung der Materie im Weltall festgelegt. Wegweisende Anregungen hat die allg. R. gebracht für die Kosmologie, die Erforschung des Weltalls, indem sie A. Einstein die Unterlagen gab für seine Vermutung, daß der kosmische Raum ein geschlossener, endlicher (nichteuklidischer) Raum sei; sie führt zu einer Reihe prüfbarer Voraussagen, die sich durchweg bestätigt haben (→ Periheldrehung der Merkurbahn, → Lichtablenkung im Schwerefeld, die u. a. auch die 1979 entdeckten → Gravitationslinsen erklärt, → Rotverschiebung des Lichts im Schwerefeld u. a.). Der direkte Nachweis der von der allg. R. – die eine klass. Feldtheorie der Gravitation **(Einsteinsche Gravitationstheorie)** ist – vorhergesagten → Gravitationswellen steht noch aus.

Um z. B. den Ursprung des Urknalls und das Ende der Schwarzen Löcher zu verstehen, wird die Quantentheorie der → Gravitation erarbeitet, die die Einsteinsche Gravitationstheorie und die Quantentheorie zu vereinen sucht.

Relativpronomen, Ⓢ bezügliches Fürwort (ÜBERSICHT Pronomen und Fragewort).

Relativsatz, Nebensatz, der mit einem Relativpronomen an das Beziehungswort des Hauptsatzes anknüpft (ÜBERSICHT Syntax).

Relaxanti|en [lat.], *Sg. das* **Relaxans,** -, Erschlaffung bewirkende Arzneimittel. Über **Muskelrelaxantien** → muskelerschlaffende Mittel.

Relaxation [lat.] *die,* -, **1)** Ⓟ eine Form der Psychotherapie, die durch Entspannung (meditative Methoden, → autogenes Training) eine vegetative Gleichgewichtslage und seelische Ruhigstellung anstrebt. **2)** ⊠ ⊖ die durch innere Reibung verzögerte Annahme des neuen Gleichgewichtszustands bei Einwirkung oder Aufhebung äußerer Kräfte, allg. die (verzögerte) Wiederherstellung eines Gleichgewichtszustands in einem chem. oder physikal. System nach einer äußeren Störeinwirkung.

Release-Center [rɪl'i:s sentə, engl.] *das, -s/-,* Einrichtung zur → Suchtkrankenhilfe.

Releasing-Hormone [rɪl'i:sɪŋ-], **Releasing factors** [-f'æktəs], **hypophyseotrope Hormone,** im Zwischenhirn (Hypothalamus) gebildete Neurohormone (z. B. das Gonadotropin-Releasing-Hormon), die die Sekretion in der Hirnanhangdrüse gebildeter Hormone bewirken.

Relegation [lat. ›Verbannung‹] *die, -/-en,* Verweisung eines Studenten von der Hochschule. *Vb. ich* **relegiere** *ihn.*

relevant [lat.], wichtig, wesentlich. *Subst. die* **Relevanz,** *-/-en.*

Relevation [lat.] *die, -/-en,* ⚖ Befreiung von einer Verpflichtung.

Reliabilität [lat.] *die,* -, die Zuverlässigkeit eines psycholog. Tests, d. h. das relative Gleichbleiben des Ergebnisses bei der gleichen Person.

Relief [frz.] *das, -s/-s* oder *-e,* **1)** ein Werk der Bildhauerkunst, dessen Figuren nicht frei im Raum stehen, sondern an eine Fläche gebunden sind. Nach dem Grad der Erhebung der Formen über den Grund unterscheidet man **Flachrelief,** frz. **bas-relief** [ba-] und **Hochrelief,** frz. **haut-relief** [o-]. Eine Sonderart ist das in der ägypt. Kunst vorkommende **versenkte R.,** dessen Formen nicht über die Fläche hervortreten, sondern durch herausgemeißelte Umrisse gegen sie abgesetzt sind. Im strengen Reliefstil sind die Figuren gleichmäßig an den Grund gebunden und setzen sich klar gegen ihn ab. Im freien Stil bildet der Grund mit den Figuren eine räumliche Einheit, die Darstellung nähert sich dem gemalten Bild; der perspektivischen Größenabstufung nach der Tiefe entspricht eine Abnahme der R.-Höhe von den stark hervortretenden Darstellungen des Vordergrundes bis zu den flach gehaltenen des Hintergrundes.

Das R. ist so alt wie die Bildhauerkunst selbst. Hoch entwickelt war die Reliefkunst im Alten Orient, in Ägypten, Indien, in der grch. Welt (Metopen, Friese, Giebelfelder der Tempel, Grabstelen, Altäre) und in Rom (Triumpfbögen, Ehrensäulen, Grabmäler, Sarkophage). Die frühchristl. und byzantin. Plastik brachte fast ausschließlich R. hervor. Zu reicher Vielfalt entwickelte sich die Kunst des R. im MA. (Bogenfelder der Kirchenportale, Bronzetüren, Chorschranken, Lettner, Taufkessel, Elfenbeinschnitzereien). In der Renaissance wurde in Italien ein maler. R.-Stil entwickelt, das **rilievo schiacciato** [-skjattʃ'a:to], vertreten v. a. durch Desiderio da Settignano, F. di Giorgio Martini. Die Arbeiten Michelangelos und J. Sansovinos stellen Höhepunkte der Renaissance-Reliefkunst dar. Eine große Rolle spielte die R.-Kunst auch in den Hochkulturen des vorkolumb. Amerika, in Ozeanien, in der indojavan. und Khmer-Kunst. – BILDER assyrische Kunst, babylonische Kunst, bulgarische Kunst, Elfenbeinschnitzerei, Ghiberti, griechische Kunst, indische Kunst, Jüngstes Gericht, Khmer, Naksch-e Rostam, persische Kunst, A. Pisano, Tympanon.

2) 🌐 die Höhengestaltung der Oberflächenformen der Erde: sie wird von der Geomorphologie untersucht. **3)** Karthographie: die maßstabgetreue, meist stark überhöhte plast. Darstellung der gesamten Erde **(Reliefglobus)** oder einzelner Gebiete. R. werden jetzt in Gips u. a. plast. Stoffe gefräst; hiervon hergestellte Prägungen werden mit einer Kartendarstellung überzogen oder bedruckt **(Kartenrelief).** Durch Photographieren eines R. bei schräger Beleuchtung oder auch durch bloße Schummerung beim Kartenzeichnen wird ein plast. Eindruck auch in Plankarten erzielt **(Reliefkarten).**

Reliefdruck, der → Prägedruck 1).

Reliefstickerei, eine Hochstickerei, bei der das Muster zunächst unterlegt und dann mit Flachstichen dicht überstickt wird; besonders beim Sticken von Buchstaben angewendet.

Relief|umkehr, Relief|inversion, entsteht, wenn ehemals tief gelegene Gebiete durch Heraushebung oder unterschiedl. Abtragung zu Erhebungen werden: z. B. geolog. Gräben zu Horsten.

Religion [lat. religio ›Gottverbundenheit‹, ›Glaubensaussage‹] *die, -/-en,* das von der Wirklichkeit des Heiligen ausgehende Ergriffensein, das überwiegend in Glaubensgemeinschaften, den geschichtl. R., seine Ausdrucksform findet. Die alten Ableitungen des Wortes von relegere ›gewissenhaft beobachten‹ (Cicero) und von religari ›an Gott gebunden sein‹ (Lactantius) sind gleichermaßen inhaltlich bedeutsam. *Adj.* **religiös.** *die* **Religiosität,** -, Frömmigkeit, Gottesfurcht.

Das religiöse Erleben hebt sich vom Erkennen einer Wahrheit, vom Anerkennen einer sittl. Forderung und vom Erfassen eines ästhet. Wertes mit gleicher Deutlichkeit ab. Es ruft im Menschen das Kreaturgefühl der ›schlechthinnigen Abhängigkeit‹ hervor (Schleiermacher) und erhebt ihn zugleich, gibt ihm Halt und Lebenssinn. Religiöses Erleben äußert sich im → Gebet und in der Verehrung, die als Hingabe, Selbstentäußerung und im Kult möglich ist. Wo diese Äußerungen darauf abzielen, das Heilige für eigene Zwecke verfügbar zu machen, berührt sich die R. mit der Magie oder geht in ihr auf. Der religiöse Bereich ist im Menschsein tief verwurzelt; daher können in säkularisierten Kulturen politische Systeme oder ethische Ideale quasi-religiöse Wesenszüge annehmen (→ Säkularisation) und können, werden sie absolut gesetzt, zur Ersatzreligion werden, die nicht selten zum Fanatismus führt.

Der religiöse Glaube als Vorstellung von göttlicher, personaler oder impersonaler Wirklichkeit beruht sowohl auf der Tendenz des Menschen, die Inhalte seiner religiösen Erfahrung symbolhaft zum Ausdruck zu bringen, als auch darauf, den hinter oder über der sichtbaren Welt geahnten ›Weltgrund‹ erkenntnismäßig zu erfassen. Dieser erscheint in den Religionen in verschiedenen Vorstellungsformen: als unpersönliches göttliches Sein (das Absolute), das unwandelbar und unvergänglich ist und die Welt als Erscheinungsform (das Relative) sichtbar werden läßt (religiöser Monismus), als persönlicher Gott, der die Welt schuf und weiter in ihr wirkt (Monotheismus), oder in der Vielzahl funktional verschiedener Götter (Polytheismus).

Geschichtlich betrachtet sind zu unterscheiden: Religionen menschl. Frühzeit **(Stammes- und Volksreligionen)** und **Hochreligionen (Universalreligionen).** Ihr wesensmäßiger Unterschied liegt darin, daß in den Volksreligionen Lebensgemeinschaften (Familie, Sippe, Stamm, Volk) Träger der R. sind, während die Universal-R. den Einzelnen auffordern, aus seiner Existenz des Unheils das Heil zu suchen. Man unterscheidet auch zwischen **Naturreligionen,** deren Anhänger das Heilige im Diesseitig-Wirklichen erfahren, und **Offenbarungsreligionen,** die durch historische Persönlichkeiten, welche sich auf einen göttlichen Auftrag berufen, gestiftet sind. Letztere besitzen meist heilige Schriften und werden daher auch als ›Buchreligionen‹ bezeichnet. Religiöse Strömungen innerhalb der R. sind: **pantheistische R.,** für die Gott mit der Welt zusammenfällt; **mystische R.,** die eine die menschliche Persönlichkeit auflösende Verbindung mit der Gottheit erstreben; **prophetische R.,** in denen der Mensch als Person in ein Glaubensverhältnis zur persönlich aufgefaßten Gottheit tritt. Theorien, die, bes. seit dem 19. Jh., den Ursprung und die geschichtl. Entwicklung der R. entweder aus dem Glauben an unpersönliche Macht (Dynamismus), aus Dämonenglauben (Animismus) oder aus einem Urmonotheismus zu verstehen suchten, haben sich bisher als wissenschaftlich nicht haltbar erwiesen.

Religionsdelikte, Straftaten, die sich auf die Religion beziehen: Beschimpfung religiöser Bekenntnisse (§ 166 StGB), Störung der Religionsausübung (§ 167 StGB), Gotteslästerung (nicht mehr strafbar) sowie Störung der Totenruhe und Leichenraub (§ 168 StGB). In der Dt. Dem. Rep. gelten ähnliche Bestimmungen (§ 133 StGB), ebenso in Österreich (§§ 188f., 283 StGB) und in der Schweiz (Art. 261 StGB).

Religions|edikt, eine staatliche Verordnung, die die öffentlich-rechtliche Stellung einer Religionsgemeinschaft regelt, besonders das Toleranzedikt von Mailand 313 sowie die Edikte von Worms 1521 (→ Reformation) und Nantes 1598 (→ Hugenotten).

Religionsfreiheit, die Freiheit, seinen Glauben oder seine Glaubenslosigkeit (innerer Tatbestand) individuell zu zeigen (äußerer Tatbestand, → Glaubensfreiheit) und sich einer entsprechenden Institution anzuschließen, sowie das Recht der Institution, sich selbst zu organisieren (→ Kultusfreiheit). Die R. wird zus. mit der → Gewissensfreiheit durch Art. 4 GG geschützt.

Religionsfriede, i. w. S. der friedl. Ausgleich zw. versch. Religionen oder Konfessionen, i. e. S. die rechtl. Sicherung einzelner christl. Konfessionen und ihrer Beziehungen zueinander. Der **Nürnberger R.** vom 23. 7. 1532 zw. Kaiser Karl V. und den protestant. Reichsständen sicherte diesen bis zu einem allg. Konzil oder bis zum nächsten Reichstag freie Religionsausübung zu. Der → Augsburger Religionsfriede sicherte den Besitzstand der protestant. Reichsstände, jedoch unter dem → geistlichen Vorbehalt.

Religionsgenossenschaften, in der Schweiz die → Religionsgesellschaften.

Religionsgeschichte, die in der Geschichte wechselnde und historisch erfaßbare Erscheinung der Weltreligionen und ihre Erforschung in der → Religionswissenschaft.

Religionsgeschichtliche Schule, Ende des 19. Jh. entstandene Richtung der evang. Theologie; sie suchte die bibl. Religion aus dem Zusammenhang mit den Religionen ihrer Umwelt zu verstehen und sie so in den Gesamtverlauf der Geistesgeschichte einzugliedern. Hauptvertreter: A. Eichhorn, W. Wrede, H. Gunkel, W. Bousset.

Religionsgesellschaften, Vereinigungen von Angehörigen desselben oder mehrerer verwandter Glaubensbekenntnisse zu gemeinsamer Religionsübung. Die Rechtsstellung der R. in der Bundesrep. Dtl. bestimmt sich nach Art. 137/138 der Weimarer Reichs-Verf. (Art. 140 GG). Man unterscheidet R. mit privatrechtl. und solche mit öffentlich-rechtl. Stellung (z. B. die Kath. Kirche, die Evang. Kirche in Dtl.). Letztere müssen best. Voraussetzungen erfüllen; sie können u. a. Steuern erheben und sind gegen Beschimpfungen geschützt (§ 166 StGB). Jede R. ordnet und verwaltet innerhalb der gesetzl. Schranken ihre Angelegenheiten selbst. – Gleichgestellt werden den R. die Vereinigungen, die sich die gemeinschaftliche Pflege einer Weltanschauung zur Aufgabe machen.

In der Verfassung der Dt. Dem. Rep. von 1968 ist die besondere Gewährleistung der religiösen Vereinigungsfreiheit entfallen, ebenso die Garantie des öffentlich-rechtl. Status. In Österreich werden seit dem Staatsgrundgesetz von 1867 gesetzlich anerkannte (z. B. Katholiken, Lutheraner) und nicht anerkannte R. unterschieden. Die anerkannten R. sind mit dem Recht der Selbstverwaltung ausgestattet und zur Wahrnehmung bestimmter staatl. Aufgaben verpflichtet. In der Schweiz ist die freie Bildung von **Religionsgenossenschaften** gewährleistet (Art. 50 der Bundesverfassung von 1874). Die Landeskirchen (in einzelnen Kantonen die reformierte, in anderen die Kath. Kirche oder beide Konfessionen) sind Körperschaften des öffentl. Rechts.

Religionsgespräch, das Gespräch über Bekenntnisfragen zw. Theologen versch. Konfessionen im Auftrag ihrer Kirchen. R. in diesem Sinn gibt es insbesondere seit der Reformation (Leipzig 1519, Zürich 1523, Marburg 1529, Regensburg 1541 u. a.). In der Gegenwart finden R. im Rahmen der Ökumen. Bewegung und auf Religionskongressen statt.

Religionskriege, die durch den Ggs. der religiösen Bekenntnisse bedingten Kriege, z. B. die Hugenottenkriege (1562–1629) und der Dreißigjährige Krieg (1618–48). Sie werden oft mit weltanschaulichen Motiven gerechtfertigt, die Ursachen sind jedoch zumeist politischer Natur.

Religionskunde, ein Unterrichtsfach, das Aufschluß über Lehre und Brauchtum bes. nichtchristlicher Religionen geben will und z. T. an die Stelle des konfessionellen Religionsunterrichts tritt.

Religionslosigkeit *die, -,* das Fehlen jeglichen religiösen Erlebens. R. ist als Frühstadium unter Naturvölkern nicht nachweisbar. Sie tritt erst in geschichtl. Spätzeit und bei Einzelpersonen auf und ist vom → Atheismus als entschiedener Ablehnung der religiösen Lebensform zu unterscheiden. Die Bez. R. wird auch – ungenau – auf Konfessionslosigkeit angewendet.

Religions|philosophie, die philosoph. Begründung der Religion, ihrer Wahrheit und ihres Anspruchs. R. in diesem Sinn setzt mit dem Versuch der Aufklärung ein, die ›natürliche Religion‹ unabhängig von einer übernatürl. Offenbarung rational zu begründen. I. Kant führte die Religion rein auf die Postulate der ›praktischen Vernunft‹ zurück. F. D. E. Schleiermacher begründete sie aus der Intuition. Die Systeme des Dt. Idealismus sind im wesentlichen R. Sie verstehen Religion aus dem im Denken zu sich selbst kommenden Geist. Als Teil der R. ist auch die **Religionskritik** anzusehen. Schließlich kann R. aus der lebendigen Religion erwachsen. Heute stützt sie sich bes. auf die Ergebnisse der Religionsgeschichte, Religionspsychologie und Religionssoziologie.

Religions|psychologie, ein Zweig der Religionswiss., der die Entwicklung des religiösen Erlebens und seine Abhängigkeit von der personalen Struktur untersucht. K. Girgensohn und W. Gruehn haben die wissenschaftl. Methode der R. entwickelt: Ausschaltung eines vorgegebenen psychologist. Weltbildes, Beschreibung der inneren Struktur des religiösen Erlebens, die sich auf statist. Erhebungen, Tests u. a. stützt. W. Wundt hat die R. dann mit der Völkerpsychologie verbunden. Die Tiefenpsychologie C. G. Jungs betont bes. die funktionale Bedeutung religiöser Vorstellungen für den Individuationsprozeß.

Religionsrecht, das gesamte, für das Religionsbekenntnis des Einzelnen und für die Religionsges. geltende Recht, i. e. S. nur das staatl. Recht hierzu, unter zusätzlicher Einbeziehung des die Weltanschauungsgemeinschaften betreffenden Rechts, nicht jedoch die eigenen Rechtsordnungen der Religionsgemeinschaften, die für die (christl.) Kirchen als Kirchenrecht bezeichnet werden. (→ Glaubensfreiheit, → Religionsgesellschaften)

Religions|soziologie, Grenzgebiet der Religions- und der Gesellschaftswiss., in dem die Beziehungen zw. Religion und Gesellschaft in ihrer wechselseitigen Bedingtheit untersucht werden, bes. die Beeinflussung des gesellschaftl. Handelns durch religiöse Anschauungen. Zur R. gehört auch die Kirchensoziologie (→ Pastoralsoziologie).

Religions|unterricht, i. w. S. die Belehrung über die Inhalte einer Religion, i. e. S. ein Schulfach, das nicht nur unterrichten, sondern auch zum Glauben hinführen soll.

Religionswissenschaft, die Erforschung der gesamten religiösen Erscheinungswelt (→ Religion, → Religionsgeschichte, → Religionspsychologie, → Religionssoziologie).

Religiose [von lat. religio ›Ordensstand‹] *der, -n/-n,* Kath. Kirche: das Klostermitglied.

religiöse Erziehung, formende Einwirkung v. a. auf Kinder und Jugendliche i. S. des religiösen Bekenntnisses durch Familie, Kirche und Schule.

In vielen Religionsgemeinschaften gibt es Vorschriften über Alter und andere Bedingungen der Vollmitgliedschaft. Nach staatl. Recht (Bundesrep. Dtl. und Österreich: Gesetz über die religiöse Kindererziehung vom 15. 7. 1921) ist die Religionsmündigkeit, d. h. die selbständige Entscheidung über die Zugehörigkeit zu einer Religionsgemeinschaft, an die Vollendung des 14. (Schweiz: 16.) Lebensjahres gebunden. Bis dahin entscheidet über die r. E. die Einigung der Erziehungsberechtigten oder, bei ihrem Fehlen, das Vormundschaftsgericht.

Religiöse Gesellschaft der Freunde, → Quäker.

religiöser Sozialismus, Bestrebungen, den sozialethischen Gedanken des Christentums mit den gesellschaftspolit. Zielsetzungen des Sozialismus zu verbinden.

religiöser Wahn, → Wahn.

Relikt [lat.] *das, -(e)s/-e,* Überbleibsel. **1)** Biogeographie: Tier- und Pflanzenarten, die sich nur noch in geringer Zahl und Verbreitung in einer Gegend finden, in der sie früher häufig und allg. verbreitet waren, durch Klimaänderungen oder Konkurrenz anderer Arten aber weitgehend ausgestorben sind. **2)** ⊕ in metamorphen Gesteinen Minerale oder Gefügemerkmale, die Rückschlüsse auf das Ausgangsmaterial oder eine vorausgegangene Metamorphose zulassen.

Reling, Reeling [mnd. regel ›Riegel‹] *die, -/-s* oder *-e,* ⚓ Geländer um die freiliegenden Decks von Schiffen.

Reliquiare [lat.], *Sg. das* **Reliquiar,** *-s,* **Reliqui|enbehälter, Heiligenschreine,** Behälter, in denen Reliquien aufbewahrt und zur Verehrung ausgestellt werden; sie kommen häufig vor als

Reliquiar aus St. Taurin, Evreux; Goldschmiedearbeit, 13. Jh.

Kopf-, Arm-, Fußreliquiare, dem Körperteil entsprechend, der als Reliquie vorhanden ist, oft aus kostbarem Werkstoff hergestellt. Seit dem 4. Jh. kamen Kästen (→ Lipsanothek), Kapseln und Pyxiden aus Elfenbein und Horn auf. Im 12. und 13. Jh. entstanden bes. im Rhein-Maas-Gebiet kostbare Schreine (Dreikönigsschrein, Köln, Dom; Kuppel R. des Welfenschatzes, Berlin, Staatl. Museem; BILD Welfenschatz) aus wertvollen Metallen mit Edelsteinen, Perlen, Emails und getriebenen oder gegossenen Figürchen verziert; sie gehören zu den größten Meisterwerken der Goldschmiedekunst des MA.

Reliqui|en [lat. ›Überbleibsel‹], *Sg. die* **Reliqui|e,** *-,* kath. Kult: die Überreste der Heiligen oder Gegenstände, die zu Christus oder den Heiligen in Beziehung standen (Kleider, Grabtuch Christi, Marterwerkzeug usw.), oft in kostbar ausgestatteten → Reliquiaren aufbewahrt. Die Verehrung der R. ist seit dem 2. Jh. bezeugt; seit dem 4. Jh. gewann sie an Bedeutung. Die große Nachfrage führte zu der Verbreitung gefälschter R. und zum Reliquienhandel. Auch im Buddhismus und Islam gibt es R.-Verehrung.

Rellingen, Gem. im Kr. Pinneberg, Schlesw.-Holst., (1983) 13300 Ew. Um R. liegen bed. Baumschulen.

Rellstab, Ludwig, Schriftst., * Berlin 13. 4. 1799, † ebd. 28. 11. 1860, Hg. der Ztschr. ›Iris im Gebiet der Tonkunst‹ (12 Bde., 1830–41); einer der schärfsten Kritiker des zeitgenöss. Musiklebens.

Reluktanz [lat.] *die, -,* der magnet. Widerstand. **R.-Motor,** ein Synchronmotor, → Elektromotor.

Rem *das, -s,* Abk. für **Radiation equivalent men** [reɪdɪ'eɪʃn ɪkw'ɪvələnt men, engl.], Einheitenzeichen **rem,** nicht gesetzl., jedoch bis zum 31. 12. 1985 zugelassene Einheit der Äquivalentdosis (→ Dosis): 1 rem = 0,01 J/kg = 0,01 Sv (Sv, Einheitenzeichen für → Sievert).

Remagen, Stadt im Kr. Ahrweiler, Rheinl.-Pf., (1983) 14300 Ew., unterhalb der Mündung der Ahr in den Rhein; Bundesamt für Wehrmedizinalstatistik und Berichtwesen; Stahl- und Maschinenbau, Nahrungsmittel-, Textil- und Holz-Ind., Druckgewerbe. Unterhalb von R. der **Apollinarisberg** mit neugot. Wallfahrtskirche. – R., das keltisch-röm. **Rigomagus,** gehörte seit 1357 zum Hzgt. Jülich. – Die ›Ludendorff-Brücke‹, von den dt. Truppen bei ihrem Rückzug auf das rechte Rheinufer (März 1945) nicht zerstört, spielte beim Rheinübergang amerikan. Truppen eine wichtige strateg. Rolle.

Remake [rɪm'eɪk, engl. ›Neumachen‹] *das, -s/-s,* die erneute Verfilmung eines bereits einmal oder häufiger verfilmten, klassischen oder besonders erfolgreichen Stoffs.

Remanenz *die,* Restmagnetisierung, → Hysterese, → Paläomagnetismus. *Adj.* **remanent,** zurückbleibend.

Erich Maria Remarque

Remarque [rəm'ark], Erich Maria, eigtl. E. Paul **Remark,** Schriftst., * Osnabrück 22. 6. 1898, † Locarno 25. 9. 1970, hatte mit seinem antimilitarist. Kriegsroman ›Im Westen nichts Neues‹ (1929; verfilmt) Welterfolg. Der Roman enthält weniger eine Anklage als die einfache Schilderung seiner Erlebnisse an der Front 1916–18. R. rührte damit an das Tabu des Heldentodes. R. lebte 1931–39 und seit 1948 in der Schweiz, 1939 emigrierte er nach New York. Seine Bücher wurden 1933 verboten.

WW: Der Weg zurück (1931); Arc de triomphe (1946; verfilmt); Zeit zu leben und Zeit zu sterben (1954); Die Nacht von Lissabon (1962).

Rembours [rãb'u:r, frz.] *der, -/-,* Rückerstattung, Deckung von Auslagen.

Rembourskredit, Remboursgeschäft [rãb'u:r-], ein → Akzeptkredit im Überseehandel. Im Auftrag des Käufers übergibt die Bank dem Verkäufer einen von ihr akzeptierten Wechsel (Wechselrembours) in Höhe des Rechnungsbetrages und erhält dafür von ihm die Verschiffungspapiere (Konnossemente) und damit die Verfügung über die Waren selbst. Heute teilweise durch das Akkreditiv (→ akkreditieren) verdrängt.

Remboursregreß [rãb'u:r-], → Wechsel.

Rembrandt, eigtl. R. Harmensz **van Rijn** [-rɛjn], holländ. Maler, * Leiden 15. 7. 1606, † Amsterdam 4. 10. 1669, besuchte die Universität in Leiden und wurde 1623 Schüler von P. → Lastman in Amsterdam, wohin er nach seiner ersten Schaffenszeit in Leiden 1631 übersiedelte. 1634 heiratete er Saskia van Uylenburch († 1642); von ihren Kindern blieb nur Titus (* 1641, † 1668) am Leben, der Maler wurde. Seit 1649 lebte R. mit Hendrickje Stoffels zusammen († 1663), der Mutter seiner Tochter Cornelia. Schlechte Geschäftsführung und seine Sammelleidenschaft führten 1656 zum wirtschaftl. Zusammenbruch. 1657/58 wurden sein Haus (heute Museum) und seine Habe versteigert. Die letzten Jahre verbrachte R. zurückgezogen, sein Schaffen zu höchster Reife steigernd.

R. hat etwa 420 Gemälde, 300 Radierungen und 1400 Zeichnungen hinterlassen. Meist stellte er bibl., seltener historische und mytholog. Szenen, äußere Wirkungen dem seelischen Geschehen unterordnend, dar. Seine Bildnisse vergegenwärtigen die menschl. Erscheinung durch subtile Einfühlung in die Individualität. In über 100 Selbstbildnissen machte er sich selbst – so oft wie kein zweiter Künstler – zum Gegenstand seiner Beobachtung. Neu und einzigartig waren seine Gruppenbildnisse. Die Radierungen entwickelte er aus graph. Gebundenheit zur vollen Freiheit der Ausdrucksmittel. Unmittelbar der Beobachtung entstammen seine Zeichnungen, meist szenisch dramat. Art, auch einzelne Figuren, Köpfe und Landschaften, die er mit der Feder skizzierte, Licht und Raum mit Tusche andeutend.

Rembrandt: Selbstporträt, um 1656/58 (Wien, Kunsthistor. Museum)

In seiner Leidener Frühzeit (1626–31), in der er von der starken Modellierung und bunter Farbigkeit P. Lastmanns ausging, wußte er bereits die Szene räumlich und seelisch zu vertiefen. Eingehende Wiedergabe des Stofflichen und die Gegensätze von Licht und Schatten steigern seine Darstellung ins Dramatische (›Goldwäger‹, 1627, Berlin; ›Simson und Delila‹, 1628, ebd.; ›Simeon im Tempel‹, 1631, Den Haag). Aus Antlitzstudien zu diesen bibl. Darstellungen wurden kleine Bildnisse seiner Verwandten und R.s selber.

Mit seiner Übersiedlung nach Amsterdam begann seine zweite Schaffenszeit; hier entstand 1632 sein erstes Gruppenbild, die ›Anatomie des Dr. Tulp‹ (Den Haag). Bald ein begehrter Bildnismaler, schuf er lebensgroße Gemälde (›Opferung Isaaks‹, 1635, Leningrad, Eremitage; ›Simsons Blendung‹, 1636, Frankfurt a. M., Städel; ›Belsazar‹, um 1639, London, National Gallery) und begann auch Landschaften zu malen (Braunschweig, Krakau). Es war die Zeit seiner größten äußeren Erfolge. Im barocken Stil seiner Gemälde schuf er auch Radierungen (›Auferweckung des Lazarus‹, um 1632; ›Kreuzabnahme‹, 1633; ›Ecce Homo‹, 1639).

Die 1642 gemalte → Nachtwache brachte ihn in Widerstreit mit dem holländ. Bürgertum und seinem nüchternen Wirklichkeitssinn. Die barocken Wirkungen wichen zunehmender Beruhigung, warmbrauner Tonigkeit und verinnerlichtem Ausdruck (›Die hl. Familie mit Engeln‹, 1645, Leningrad, Eremitage; ›Die Eltern des Tobias‹, 1645, Berlin-West, Staatl. Museen; ›Hl. Familie‹, 1646, Kassel, Gemäldegalerie; ›Emmausmahl‹, 1648, Paris, Louvre; Radierungen: ›Die drei Bäume‹, 1643; ›Jan Six‹, 1647).

Rembrandt: Die Frau mit dem Pfeil, 1661; Kaltnadelradierung

In den 50er Jahren erhob sich seine Kunst zu monumentaler Stille und Größe. R. gelangte zu flächenbetonender, ausgewogener Komposition. Die Figur gewann wieder an Bedeutung (›Bathseba‹, 1654, Paris, Louvre; ›Joseph und Potiphars Weib‹, 1655, Berlin-West, Gemäldegalerie; ›Jakob segnet seine Enkel‹, 1656, Kassel, Gemäldegalerie). Es entstanden großartige Bildnisse (›Der Mann mit dem Goldhelm‹, um 1650, Berlin-West, Staatl. Museen; ›N. Bruyningh‹, 1652, Kassel, Gemäldegalerie) und Radierungen (›Faust‹; ›Die drei Kreuze‹, 1653; ›Die Kreuzabnahme bei Fackellicht‹, 1654).

In den 60er Jahren verband R. Monumentalität mit fließender, in sich selbst ausdrucksvoller Farbigkeit. Seine Spätwerke sind tiefsinnige Bilddichtungen, einzigartig in der europ. Kunst. Das letzte Gruppenbild stellt die ›Staalmeesters‹, einen Ausschuß der Tuchmachergilde, in klass. Einfachheit dar (1662; Amsterdam, Rijksmuseum). Die ›Verschwörung des Claudius Civilis‹, 1661 für das Rathaus gemalt, wurde von dort wieder entfernt (Stockholm, Nationalmuseum). An Bildnissen stammen aus der Spätzeit Selbstporträts (1660, Paris, Louvre; 1661, Amsterdam, Rijksmuseum, u. a.). Weitere BILDER Anatomie, Zeichnung.

Rembrandt|deutscher, der Schriftsteller J. → Langbehn.

Remedium [lat.] *das, -s/...di|en,* **1)** Heilmittel. **2)** Toleranz, die gesetzlich zulässige Abweichung von der normalen Feinheit und vom normalen Gewicht bei der Münzprägung. *die* **Remedur,** *-/-en,* Heilung, Abhilfe.

Remigius, Bischof von Reims (seit 458), * bei Laon um 436, † wohl in Reims 13. 1. 533. Eng verbunden mit König Chlodwig I., förderte er dessen Konversion (Taufe 498/499 in Reims) und wirkte bei der Frankenbekehrung mit.

Remington [r'emɪŋtən], Eliphalet, amerikan. Erfinder und Unternehmer, * Suffield (Conn.) 28. 10. 1793, † Ilion (N. Y.) 12. 8. 1861, bed. Waffenproduzent und, zus. mit seinem Sohn Philo (* 1816, † 1889), Erfinder vieler Neuerungen in der Waffentechnik, seit 1870 und 1873 auch Hersteller von Näh- und Schreibmaschinen. (→ Sperry Rand Corporation)

Reminiscere [lat. ›gedenke!‹], Kath. und evang. Kirche: der 2. Fastensonntag, nach dem Eingangsgesang der Messe aus Psalm 25,6 benannt.

Reminiszenz [lat.] *die, -/-en,* Erinnerung.

remis [rəm'i, frz.], Schach: unentschieden.

Remise [frz.] *die, -/-n,* **1)** ♧ Wagenschuppen. **2)** dichtes Gehölz.

Remisow, Aleksej Michajlowitsch, russ. Schriftst., * Moskau 6. 7. 1877, † Paris 26. 11. 1957, stand dem Symbolismus und Surrealismus nahe; schrieb Erzählungen, Romane, Märchen, Legenden (›Legenden und Geschichten‹, dt. 1919).

Remission, **1)** ⚕ scheinbare Heilung oder Besserung einer chron. Erkrankung, die jedoch meist nicht von Dauer ist. **2)** Rückwerfung des Lichtes an Oberflächen (diffuse Reflexion). Der **R.-Grad** ist das Verhältnis der Leuchtdichte der remittierenden Fläche zu der vollkommen mattweißen Fläche.

Remittenden [lat. ›die Zurückzusendenden‹], *Sg. die* **Remittende,** -, Buchhandel: die Teile des Konditionsgutes, die nicht verkauft werden konnten und vom Sortimenter an den Verlag zurückgesandt werden.

Remittent [lat.] *der, -en/-en,* → Wechsel.

remittieren [lat.]. *ich* **remittiere** *es ihm,* ⚖ **1)** sende zurück. **2)** stelle zu.

Remonstranten [lat.] *Pl.,* die → Arminianer.

Remonstration [lat.] *die, -/-en,* ♧ Einwand, Gegenvorstellung. *ich* **remonstriere.**

Remontage [-t'a:ʒə, frz.], in der Bundesrep. Dtl. der Wiederaufbau demontierter Produktionsanlagen. (→ Demontage)

Remoulade [-mu-, frz.] *die, -/-n,* eine kalt angerührte Soße aus Mayonnaise, mit Senf, Kapern, gehackten Pfeffergürkchen, Kräutern; zu kaltem Fleisch, Fisch und Schaltieren.

Rempe *die, -/-n,* **Doppelsame, Mauersenf, Diplotaxis,** Kreuzblütergatt. in den Mittelmeerländern und in Mitteleuropa; so die **Echte Mauerrempe (Echter Mauersenf)** mit gelben Blütchen, auf Brach- und Kulturland eingebürgert.

rempeln [zu obersächs. Rämpel ›Klotz‹]. *ich* **remp(e)le** *ihn* **(an),** ∪ **1)** stoße absichtlich. **2)** ⚽ dränge den Gegner vom Ball ab. *Subst. die* **Rempelei,** *-/-en.*

REM-Phase, Abk. von engl. **rapid eye movement** [r'æpɪd aɪ m'u:vmənt, ›rasche Augenbewegung‹], Phase des Schlafs, während der periodisch rasche, ruckartige Augenbewegungen auftreten, die von Veränderungen im Hirnstrombild (EEG) begleitet sind und auf Träume schließen lassen (drei- bis sechsmal in der Nacht, Dauer etwa 3–60 min).

Rems *die,* rechter Nebenfluß des Neckars, entspringt am N-Rand der Schwäb. Alb und mündet bei Neckarrems; 80 km lang. Das **Remstal** ist Obst- und Weinanbaugebiet.

Remscheid, kreisfreie Stadt im RegBez. Düsseldorf, NRW, (1984) 123100 Ew., im Berg. Land; Fachschulen, Jugendmusikschule, Akademie für mus. Bildung, Versuchsanstalt für Werkzeugind., Werkzeugmuseum, Röntgen-Museum (Geburtsort Röntgens), Heimatmuseum. R. ist Hauptsitz der dt. Werkzeug-Ind., außerdem Maschinenbau, Stahl- und Walzwerke, Textil-Industrie.

Remseck am Neckar, bis 1. 7. 1977 **Aldingen am Neckar,** Gem. im Kr. Ludwigsburg, Bad.-Württ., hat 1984 (nach Zusammenschluß mehrerer Gem.) 16400 Ew.

Remshalden, Gem. im Rems-Murr-Kreis, Bad.-Württ., (1984) 12600 Ew.; 1974 durch Zusammenschluß mehrerer Gem. entstanden; Weinbau.

Rems-Murr-Kreis, Landkreis im RegBez. Stuttgart, Bad.-Württ.; Krst.: Waiblingen.

Remter [mhd. reventer, zu Refektorium] *der, -s/-,* **Rempter,** Versammlungs- und Speisesaal in Burgen geistl. Ritterorden.

Remuneration [lat.] *die, -/-en,* ♧ noch *österr.:* Entschädigung, Vergütung. *ich* **remuneriere** *es, ihn.*

Remus, Mythos: Zwillingsbruder des → Romulus.

Ren [rɛn, schwed.] *das, -s/-s* oder [re:n] *-s/-e,* das → Rentier.

Renaissance [rənɛs'ã:s, frz. ›Wiedergeburt‹] *die, -/-en,* **1)** allg.: die Wiedererweckung einer vergangenen Epoche: *eine R. des Jugendstils.* **2)** *ohne Pl.,* ein best. Zeitabschnitt der Kulturgeschichte (vgl. unten).

R. als kulturgeschichtl. Begriff bezeichnet urspr. die

Renaissance 2): Donatello, Johannes der Täufer als Knabe; Bronze, vor 1443 (Florenz, Bargello)

Renaissance 2): LINKS Inneres von S. Lorenzo in Florenz von Brunelleschi, begonnen 1420; RECHTS Treppenhaus des Schlosses in Blois; 1515–24

Renaissance 2): Ansicht einer Idealstadt, Gemälde eines unbekannten Meisters des 16. Jh. (Urbino, Galleria Nazionale)

Zeit von etwa 1350 bis Anfang des 16. Jh. als die Zeit der Wiedererweckung des klass. Altertums und des Wiederaufblühens der Künste, dann den kulturellen Zustand der Übergangszeit vom Mittelalter zur Neuzeit, bes. in Italien. Der Begriff R. steht in Wechselbeziehung zum Begriff → Humanismus. Während Humanismus mehr das Wissenschaftlich-Geistige des Zeitalters bezeichnet, richtet sich der Begriff R. auf die Gesamtkultur des Zeitraums; er hat sich darüber hinaus auch mit Einschränkungen für die mittelalterl. Vorläufer der R. eingebürgert (z. B. karolingische R.). - R. als Epochenbegriff ist im 19. Jh. geprägt worden, u. a. von J. Burckhardt, ihm galt als wichtigstes Merkmal der R. die Ausprägung der Persönlichkeit, Lebensbejahung, bis zum Immoralismus sich steigernde Lebensauffassung, ›Entdeckung der Welt und des Menschen‹. Während bei J. Burckhardt die Verbindungen zum MA. zurücktraten, versucht die moderne Forschung (K. Burdach, E. Troeltsch, E. R. Curtius u. a.) den Zusammenhang zw. MA. und R. herauszustellen. Der Versuch, im 14. Jh. neue, an die Antike angelehnte Kulturinhalte und -formen auszubilden, ging zusammen mit einer Lösung aus mittelalterl. Gebundenheit an kirchliche und feudale Ordnung.

Die damit verbundene gesellschaftl. Umstrukturierung ließ eine v. a. städt. Kultur entstehen, die nicht mehr nur vom Adel, sondern auch in verstärktem Maß vom Bürgertum getragen wurde. Neben den Klerus - Bildungsträger des MA. - traten nun die Laien.

Das Geburtsland der R. war Italien, wo durch den Kampf zw. Kaiser und Papst und den Untergang des staufischen Herrscherhauses (1268) die kirchliche und die weltliche Herrschaft erschüttert waren. Im aufblühenden oberital. Städtewesen entwickelte sich eine rationalisierte Handels- und Finanzwirtschaft; Venedig hatte das Monopol des Orienthandels. Neue nichtadlige Schichten gelangten so zu großem Einfluß. Die durch Bankgeschäfte außerordentlich reich gewordenen Medici gewannen die Herrschaft über Florenz, ein Bauernsohn aus der Romagna bezwang Mailand und begründete das Herzogsgeschlecht der Sforza. Die großzügig angelegte Stadt, mit architektonisch gestalteten Plätzen und dem dominierenden Rathaus, wurde zum Nährboden der neuzeitl. Staatskunst, wie sie N. Machiavelli in seinen Schriften dargestellt hat; sie verhalfen der Lehre von der Staatsraison und einem polit. Realismus in Europa zum Durchbruch. - Der aufblühende Handel hatte auch ein fruchtbares Mäzenatentum zur Folge. Die Künstler erhielten nun die Aufgabe, den Ruhm des durch Reichtum oder Bildung Herrschenden in Porträt oder Denkmal (Gattamelata, Scaligergräber) zu verewigen. Bankleute (Pitti, Strozzi) sind durch ihre Paläste unsterblich geworden.

Renaissance 2): Raffael, ›Die Schule von Athen‹; Fresko 1508 (Vatikan, Stanza della Segnatura)

Die R. blieb nicht nur auf die Stadtstaaten N-Italiens beschränkt - um 1450 hatte sich auch im päpstlichen Rom eine ganz der neuen Kultur verpflichtete Atmosphäre entwickelt (→ Nikolaus, Päpste 3; → Julius II.) -, sondern erstreckte sich mit zeitlichen Verzögerungen über große Teile Europas; denn das R.-Zeitalter war nicht nur das der großen geograph. Entdeckungen (→ Entdeckungsgeschichte), sondern auch das Zeitalter der Bildungsreisen. Gelehrte, Künstler, Kaufleute, Handwerker reisten nach Italien und wurden von den neuen Erkenntnissen und dem ital. Geschmack beeinflußt.

Obwohl der Handel auch im Norden blühte (→ Hanse, → Flandern), so gaben hier doch religiöse, politische und wirtschaftl. Kämpfe (→ Reformation, → Bauernkrieg) dem Zeitalter ein anderes, düsteres Gepräge. Trotzdem ist der Beginn der Neuzeit ohne die Entdeckungen und Erfindungen des Nordens nicht denkbar (heliozentrisches Weltbild des Kopernikus, Erfindung des Buchdrucks, des Schießpulvers, der tragbaren Uhr).

Kunst. Das Lebensgefühl des R.-Menschen fand seinen beredtesten Ausdruck in der bildenden Kunst Italiens. Hier löste der neue, an der Antike geschulte Stil um 1420 die Gotik ab (Frührenaissance), erreichte um 1500 seinen Höhepunkt (Hochrenaissance) und ging seit 1520/30 seinem Ende entgegen (Spätrenaissance, neuerdings meist dem → Manierismus 1 gleichgesetzt).

Die Erforschung des Überlieferungsbestandes wird erleichtert durch die reiche Kunstliteratur aus der Zeit. Im Unterschied zum MA., wo die einzelne Künstlerpersönlichkeit oft anonym blieb, sind nun volle Signaturen und biograph. Fakten bekannt. Wegbereitend für die R.-Kunst wirkten einige der großen Meister des Trecento (z. B. Giotto). Nachdem die R.-Kunst sich in Italien über nahezu 100 Jahre entwickelt hatte, begann sie sich über die anderen europäischen Länder zu verbreiten, die ihrerseits durch die Kultur des 15. Jh. (→ Humanismus) für die Aufnahme der ital. Hochrenaissance vorbereitet waren. Ohne die Leistungen des Nordens sind die Entwicklungen des Bildnisses, des Grabmals, der Tafelmalerei und des Denkmals unvorstellbar. ›Realismusstreben‹ war lange vorbereitet in der Ausbildung der got. Skulptur und in der niederländ. Tafelmalerei. Im Norden wie im Süden war das Kunstwerk nicht mehr zweckgebunden, sondern wurde Instrument eines Ausdruckswillens. Während aber Italien auf Verwissenschaftlichung zielte, strebte der Norden nach vertiefter Meditation über Wesensgehalte. Die Einwirkung des Manierismus auf den Norden ist von derjenigen der Hochrenaissance nicht zu trennen. Die ital. Frührenaissance hat dort nur in Einzelfällen unmittelbare Nachahmung gefunden.

Zu den wichtigsten stilbildenden Kräften der R. gehörte die Wiederaufnahme und Übertragung der antiken Gestalten- und Formenwelt. Doch blieben die religiösen Aufgaben der Kunst den an Bedeutung gewinnenden weltlichen gegenüber gleichberechtigt, ja übergeordnet. Die größten Werke der R. wurden in kirchl. Auftrag geschaffen (→ Peterskirche in Rom, Fresken in der → Sixtinischen Kapelle und in den → Stanzen des Vatikans).

Zu den Formmerkmalen der mit den Bauten Brunelleschis beginnenden, von Bramante zur Reife entwickelten Architektur der R. gehören die Übernahme der antiken Säulenordnungen und Gesimse, die Verdrängung des Spitzbogens durch den Rundbogen oder den Architrav, des Kreuzgewölbes durch das Tonnengewölbe oder die Kassettendecke. Alle Teile des Baus wurden in klaren, harmonisch abgestimmten Verhältnissen aufeinander bezogen und aus den menschl. Maßen und dem Goldenen Schnitt entwickelte Idealproportionen der architekton. Gliederung zugrunde gelegt. Die kirchl. Baukunst neigte zum Zentralbau, der, in der Wölbung der Kuppel gipfelnd, dem Ideal allseitig ausgeglichener Harmonie am vollkommensten entsprach. Aus liturg. Gründen kam es jedoch meist zu einem Kompromiß zw. dem Zentralbau und der altgeheiligten Form der Basilika.

In den darstellenden Künsten kann man den Durchbruch des auf die Antike zurückgreifenden neuen Stils v. a. an der Wiederkehr des im MA. gemiedenen Akts erkennen. Die Gewandung, der Gotik ein Mittel der Entkörperlichung, wurde dem Körper untergeordnet, ähnlich wie in der Antike. Auch der verhüllte Körper wurde organisch gestaltet. Die Plastik der R., die mit Donatello begann und ihren Höhepunkt mit Michelangelo erreichte, löste sich von der engen Bindung an die Architektur. Es entstand die Rundfigur mit anschaubarer Seiten- und Rückenansicht. Sie nahm antike Gestaltungsmittel auf (→ Kontrapost) und erweckte antike Themen zu neuem Leben, so das Reiterdenkmal (Gattamelata, Colleoni) und die Bildnisbüste (Desiderio da Settignano, Maiano). Dem neuen Wirklichkeitssinn, der die Maler in Italien wie im Norden die Flächenhaftigkeit des Bildes überwinden und den Eindruck räuml. Tiefe erzielen ließ, bot die zuerst in Florenz von Masaccio angewandte Zentralperspektive die Möglichkeit geometrisch konstruierbarer Raumdarstellung. Auch für die Maßverhältnisse der Menschengestalt (→ Kanon 5) war man bestrebt, Gesetze zu finden (Alberti, Leonardo, Dürer). Neben der neuen Vorstellung vom Porträt als der Darstellung eines unverwechselbaren Menschen entwickelte sich, ausgelöst durch ein neues Naturgefühl, die → Landschaftsmalerei. (Weitere BILDER Alberti, Botticelli, Bramante, Brunelleschi, Colleoni, Desiderio da Settignano, Donatello, Dürer, Frederiksborg, Holbein d. J., Leonardo, Mantegna, Masaccio, Michelangelo, Piero di Cosimo, Raffael)

Über die Kunst der R. der europ. Völker → italienische Kunst, → deutsche Kunst, → französische Kunst u. a.

Die Literatur der R. ist geprägt vom Geist des Humanismus, von Welt- und Persönlichkeitsbewußtsein. Die sie verbindende Forderung lautete ›Ad fontes‹ (zurück zu den Quellen). Das Italien der R. wurde beispielgebend für ganz Europa durch die Erneuerung der Kunstformen des Altertums auf fast allen Gebieten: des Epos, der Lyrik, der Satire, des Epigramms, schließlich des Dramas, aber auch in der Prosa (Biographie, histor. Erzählung, Dialog und literar. Brief). Die Nationen begannen zu wetteifern, um in ihren Sprachen eine den antiken Vorbildern vergleichbare Lit. zu schaffen. Die großen Vertreter der Renaissancedichtung sind in Italien nach F. Petrarca und G. Boccaccio: M. M. Boiardo, L. Ariosto, P. Bembo, A. Poliziano; in Spanien Garcilaso de la Vega; in Portugal L. de Camões; in Frankreich F. Rabelais, die Dichter der → Pléiade; in England E. Spenser. In Deutschland finden sich die drei Strömungen R., Humanismus, Reformation in- und nebeneinander.

Renaissance 2): Albrecht Dürer, ›Adam und Eva‹; 1507 (Madrid, Prado)

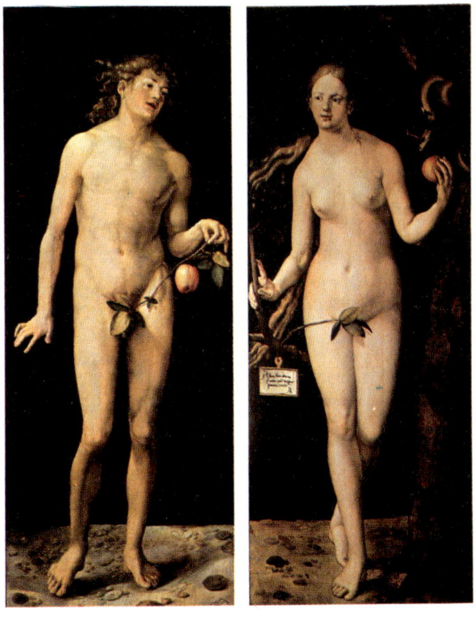

Musik. Zw. der Musik des MA. und der R. ist ein Einschnitt weniger deutlich erkennbar als z. B. in der bildenden Kunst. Auch waren nicht ital., sondern frz. und niederländ. Künstler richtungweisend. Bereits die ›ars nova‹ hatte das freie, auf sich gestellte musikal. Kunstwerk gegenüber dem geistlichen zu größerer Bedeutung gebracht. I. S. der R. wird nun die Linienführung geglättet, der Klang wird ausgewogen, die Sprachdeklamation in der Vokalmusik ausdrucksreich. Vorbereitet in der von Frankreich abhängigen ital. Musik des 14. Jh. treten diese Stilelemente in den Niederlanden um 1480 in Erscheinung. Hauptform ist das polyphone Gesangswerk, das, frei von den mittelalterl. Bindungen an einen Tenor, der musikal. Ausdeutung des Textes dient (Messe, Motette, Chanson, Madrigal, Lied); Hauptmeister sind Josquin Desprez, A. Willaert und ihre Zeitgenossen. Bezeichnend für die R. ist ferner die sich von den vokalen Formen ablösende Instrumentalmusik (Ricercare, Kanzone und Toccata, bes. für Tasteninstrumente). Aus der Familie der Violen entwickelten sich im 16. Jh. die Violinen und die monodische Violinmusik. Eine besondere Ausprägung erfuhr die Orgelmusik (J. P. Sweelinck), daneben verselbständigten sich Lauten- und Klaviermusik (Clavichord, Cembalo). Im reformator. Dtl. wird der eth., erzieher. und religiöse Gehalt der Musik betont (Schöpfung der evang. Kirchenmusik).

Renan [rən'ã], Ernest, frz. Religionswissenschaftler, Orientalist und Schriftst., * Tréguier (Bretagne) 27. 2. 1823, † Paris 2. 10. 1892. R. suchte positivist. Wiss. und Christentum zu vereinigen und das Schicksal Jesu auf eine menschlich-natürl. Weise aus seiner Zeit, seinem Land und Volk zu erklären (›Leben Jesu‹, Bd. 1 der ›Ursprungsgesch. des Christentums‹, 7 Bde., 1863–83).

Renạte [lat. renata ›die Wiedergeborene‹], weibl. Vorname.

Renaud [rən'o], Madeleine, frz. Schauspielerin, * Paris 21. 2. 1903; ⚭ mit J.-L. → Barrault.

Renault [rən'o], Louis, frz. Jurist, * Autun 21. 5. 1843, † Barbizon 8. 2. 1918, Völkerrechtslehrer in Dijon und Paris, Mitgl. des Haager Schiedsgerichts; 1907 Friedensnobelpreis.

Renault-Werke [rən'o-], **Régie Nationale des Usines Renault S. A.** [reʒ'i nasjɔn'al dezyz'in-], Boulogne-Billancourt, frz. Unternehmen der Kfz-Ind.; gegr. 1898 von Louis Renault (* 1877, † 1944), seit 1945 verstaatlicht.

Rench *die,* rechter Nebenfluß des Oberrheins, 54 km, entspringt am Kniebis im Schwarzwald, mündet bei Helmlingen.

Rendạnt [frz.] *der, -en/-en,* ⚥ Rechnungsführer, Rentmeister. *die* **Rendantụr**, *-/-en,* Rechnungs-, Rentamt.

Rendement [rãdm'ã, frz.] *das, -s/-s,* Ertrag, bes. das Verhältnis, das angibt, welche Ausbeute an Fertigfabrikaten ein Rohstoff zu liefern vermag (z. B. Blattergiebigkeit des Tabaks).

Rendezvous [rãdev'u:, frz.] *das, -/-,* **1)** Verabredung, Stelldichein. **2)** Treffpunkt, Treffen: *R. im Weltraum.*

Rendezvous-Manöver [rãdev'u:-], gesteuerte Flugbewegung zur Annäherung von zwei Raumfahrzeugen bis zur nahen Begegnung, ggf. auch mit Kopplung (Docking). Das erste R.-M. gelang Gemini 6 und 7, das erste Docking Gemini 8 mit einer Agena-Rakete (→ Raumfahrt).

Rendịte [ital.] *die, -/-n,* Realverzinsung eines Kapitals, bes. von Wertpapieren. Bei Aktien ist die R. abhängig von der Dividende und dem Kurs, bei Anleihen von mehreren Komponenten (Nominalzins, Periodizität der Zinszahlungen, Kauf- und Rückzahlungskurs, Laufzeit, Tilgungsmodus).

Rẹndsburg, Krst. des Kr. R.-Eckernförde, Schlesw.-Holst., (1984) 31 400 Ew., Hafen an der Eider und am Nord-Ostsee-Kanal, Eisenbahn-Hochbrücke über, Straßentunnel unter dem Nord-Ostsee-Kanal; ArbeitsGer., Dt. Landmaschinen-Lehranstalt u. a. Fachschulen, Landestheater, Museum. Schiffswerften, Düngemittelfabrik, Kohlen- und Getreidehandel, Telephonwerke, Kabelind., Elektr. Versorgungszentrale für Schlesw.-Holst., Reedereien u. a. Ind.; in der Altstadt: got. Marienkirche, Rathaus (Kern 16. Jh.). – R., Ende des 12. Jh. erwähnt, wurde im 13. Jh. Stadt und 1536 Festung.

Rẹndsburg-Eckernförde, Landkreis in Schleswig-Holstein, 2 185 km², (1984) 247 000 Ew.; Krst.: Rendsburg.

Rẹndzina [poln.] *die, -,* Bodentyp mit humosem, schwarzem bis schwarzbraunem Oberboden auf kalkhaltigem Ausgangsmaterial; ein Übergangshorizont fehlt. Meist flachgründige, gut krümelige Böden, die schnell austrocknen. R. wird nach Humusform **(Mull-, Moder-R.)** und Gesteinsart unterschieden. R. sind erosionsanfällig.

Renegat [lat.] *der, -en/-en,* Abtrünniger.

Reneklọde *die, -/-n,* → Pflaume.

Renẹtte [frz.] *die, -/-n,* **Reinẹtte,** Bez. für versch. Apfelsorten, mit saftigem, würzigem, festem Fleisch.

Renaissance 2)

Renaissance 2): Andrea del Verrocchio, Putto mit Delphin, Brunnenfigur im Hof des Palazzo Vecchio in Florenz; um 1465–68

Renforcé [rãfɔrs'e, frz.] *der* oder *das, -s/-s,* feinfädiger, gebleichter Baumwollstoff in Leinenbindung.

Renger, Annemarie, Politikerin (SPD), * Leipzig 7. 10. 1919; 1945–52 enge Mitarbeiterin K. Schumachers, seit 1953 MdB., 1972–76 Präsidentin, seitdem Vizepräsidentin des Bundestags, kandidierte 1979 für das Amt des Bundespräsidenten.

Reni, Guido, ital. Maler, * Bologna 4. 11. 1575, † ebd. 18. 8. 1642, 1600–63 sowie 1607–14 zumeist in Rom tätig, später in Bologna. R. malte, in seiner Frühzeit von Caravaggio beeinflußt und dessen Helldunkel zu einem leuchtenden Goldton mildernd, barock bewegte und zugleich formklar gestaltete Bilder (Deckenfresko der Aurora, 1613/14; Rom, Palazzo Rospigliosi). Die Werke seiner Spätzeit sind kühl und elegant, von glatten Formen und konventioneller Schönheit (›Atalante und Hippomenes‹, Neapel, Museo Nazionale; ›Ruhende Venus‹, Dresden, Galerie).

Renin [lat.] *das, -s,* in der Niere bes. bei Natriummangel und Abnahme der Nierendurchblutung gebildetes Enzym. R. bewirkt indirekt eine Blutdrucksteigerung und eine Freisetzung von Aldosteron, das den Blutdruck erhöht.

renitent [lat.], widerspenstig, widersetzlich. *Subst. die* **Renitenz,** -.

renken [ahd. renken; zu: Rank]. *ich* **renke** *mir, ihm ein Glied* **aus,** drehe es aus dem Gelenk: *er hat sich, mir den Arm ausgerenkt; sie renkte sich den Hals nach ihm aus,* Ü hielt eifrig Ausschau. *ich* **renke ein, 1)** *ihm ein Gelenk,* bringe wieder in die richtige Lage. **2)** *es,* Ü bringe wieder in Ordnung.

Renken [ahd.], *Sg. die* **Renke,** -, **Maränen, Felchen, Coregonidae,** den Lachsartigen Fischen zugeordnete Fam. eurasiat. Süßwasserfische, die als Wanderform im Meer leben. Die **Kleine Maräne** der Ostsee sowie der großen ost- und nordeurop. Seen wird bis 35 cm lang; die **Große Maräne** (bis 80 cm) ist ein Tiefenfisch großer Seen vom Alpengebiet bis Sibirien. Die rd. 30 cm langen **Kilche** des Bodensees halten sich im Sommer bes. im Flachwasser auf, so auch die **Gangfische,** später ziehen sie in tiefere Gebiete. Weitere Vertreter: Sandfelchen, Große Bodenrenke, → Felchen. Alle R. sind Speisefische.

Renkontre [rãk'ɔ̃tr, frz.] *das, -s/-s,* ⚔ feindlicher Zusammenstoß.

Renkverbindung, → Bajonettverschluß.

Renminbi ¥uan, Abk. **RMB. ¥,** Währung der VR China; 1 RMB. ¥ = 10 Jiao = 100 Fen.

Renn, Ludwig, Schriftst., eigtl. Arnold **Vieth von Golßenau,** * Dresden 22. 4. 1889, † Berlin (Ost) 21. 7. 1979, Offizier, trat 1928 der KPD bei; nach seiner Rückkehr aus der Emigration (Mexiko) 1947–51 Prof. in Dresden.

HW: *Romane:* Krieg (1928); Nachkrieg (1930); Adel im Untergang (1944); Krieg ohne Schlacht (1957), Berichte, Jugendbücher.

Ludwig Renn

Rennbahn, ⚔ abgesteckte Strecke für Rennen, z. B. im Radsport, in der Leichtathletik und im Pferdesport; im Motorsport spricht man von **Rennstrecke.**

rennen [ahd. rennen]. *ich* **renne** (bin gerannt), **1)** laufe schnell: *er rannte wie ein Wiesel,* Ü sehr schnell. **2)** *der Fuchs rennt,* 🦌 ist brünstig. *ich* **renne** (habe gerannt), **1)** *es ihm in den Körper,* stoße: *er rannte ihm das Schwert in den Leib.* **2)** *ihn über den Haufen,* Ü bringe zu Fall. *ich* **renne an, 1)** (habe angerannt) *ihn, es,* stoße im Lauf an. **2)** (bin angerannt) *gegen ihn, etwas,* laufe, stürme dagegen. *ich* **renne** *es* **ein,** bringe zum Einstürzen: *man hat ihm fast das Haus eingerannt,* Ü ihn wiederholt aufdringlich besucht. *ich* **renne** *ihn, es* **um** (habe umgerannt), Ü bringe zu Fall. *Subst.* das → Rennen. *der* **Renner,** *-s/-,* **1)** Ü Rennpferd; Sportwagen, Rennwagen, -schlitten. **2)** Ü Ware, die sich sehr gut verkauft: *dieses Buch ist ein Renner.*

Rennen *das, -s/-,* **Rennsport,** Sammelbez. für die sportl. Wettbewerbe, bei denen die Geschwindigkeit über den Sieg entscheidet, z. B. im Eis- und Rollschnellauf, Kanusport, in der Leichtathletik, im Motorsport, Pferdesport, Radsport, Rudern, Schwimmen und Segeln.

Rennenkampff, Paul Edler von, russ. General, * Konofer (Estland) 7. 4. 1854, † Taganrog Mai 1918, führte im 1. Weltkrieg Armeen an der russ. NW-Front, wurde 1917 von der revolutionären Regierung vor Gericht gestellt und erschossen.

Renner, Karl, österr. Staatsmann (SPÖ), * Untertannowitz (Mähren) 14. 12. 1870, † Wien 31. 12. 1950, beeinflußte maßgeblich die gesellschaftspolit. Ziele der österr. Sozialdemokratie und ihr Nationalitätenprogramm vor dem 1. Weltkrieg. Er führte als Staatskanzler (1918–20) die österr. Abordnung bei den Friedensverhandlungen von Saint-Germain, 1930–33 Präs. des Nationalrats. 1938 erklärte sich R. zunächst für den Anschluß Österreichs an das Dt. Reich. Am 27. 4. 1945 bildete er als Staatskanzler eine provisor. Reg. Von Dez. 1945 bis zu seinem Tod war R. Bundespräs.

Karl Renner

Rennert, Günther, Regisseur und Theaterleiter, * Essen 1. 4. 1911, † Salzburg 31. 7. 1978, bed. Repräsentant des modernen Musiktheaters. 1946–56 Intendant der Hamburger Staatsoper, 1967–76 Intendant der Bayr. Staatsoper München; auch Schauspielregisseur.

Rennes [rɛn], Hptst. des frz. Dép. Ille-et-Vilaine, (1982) 200 400 Ew., am Zusammenfluß der Ille und Vilaine; Erzbischofssitz; 2 Univ., Fachhochschulen, Museum der Schönen Künste; Marktzentrum, Maschinenbau, Auto-, Textil-, Papier-, Holz- u. a. Ind. – R. wurde Ende des 10. Jh. die Hptst. des Hzgt. Bretagne.

Rennin *das, -s,* das → Labferment.

Renningen, Stadt im Kr. Böblingen, Bad.-Württ., (1984) 13 000 Ew.; Wohnort von Stuttgart; Autozubehör- und Elektrokabelfabrik.

Rennklassen, Segeln: Die Einteilung der Segelboote nach ihrer Segelfläche.

Rennschlittensport, aus dem Rodeln entwickelte Wintersportart auf ein- und zweisitzigen Spezialschlitten, wird von Damen (nur Einsitzer) und Herren auf Kunsteisbahnen ausgeübt; Höchstgeschwindigkeiten bis zu 100 km/h, Gefälle 8–11%, Länge mindestens 1 000 m, mindestens fünf Kurven; seit 1964 olymp. Disziplin.

Rennschuhe, Dornschuhe, engl. **Spikes** [spaɪks], ⚔ absatzlose Laufschuhe mit Metalldornen **(Spikes)** in der Sohle, die das Aus- und Rückgleiten verhindern.

Rennstall, alle Rennpferde eines Besitzers.

Rennsteig, Rennstieg, Rennweg [zu rain ›Grenze‹], alter Grenzweg zw. Thüringen und Franken, auf dem Kamm des Thüringer Waldes von der Werra bis zur Saale; Wanderweg.

Renntier, fälschlich für → Rentier.

Auguste Renoir: Am Frühstückstisch, 1879 (Frankfurt am Main, Städelsches Kunstinstitut)

Rennwagen, meist einsitziges Wettbewerbsfahrzeug (Monoposto) im → Motorsport, mit verkleidetem Rumpf; nur zugelassen für geschlossene Rennstrecken oder abgesperrte Straßenkurse. – Es werden auch Rennen veranstaltet mit für Rennzwecke vorbereiteten Serien-Tourenwagen, Tourenwagen, Serien-Grand-Tourismewagen, Grand-Tourismewagen.

Rennformeln. **Formel 1:** Monoposto für Grand-Prix-Läufe um die Fahrer-Weltmeisterschaft, höchstens drei Liter Hubraum ohne Kompressor oder 1,5 Liter Hubraum mit Kompressor, handelsüblicher Kraftstoff, Mindestgewicht 575 kg. **Formel 2:** Monoposto für versch. Rennserien, zumeist Vier-, auch Sechszylindermotor, Hubraum bis zu zwei Litern, Mindestgewicht 500 kg. **Formel 3:** Monoposto mit einem Hubraum bis zu zwei Litern, Serienmotor, Mindestgewicht 440 kg. **Formelfreie R.:** Beschränkungen des Hubraums bestehen nicht oder werden von den jeweiligen Veranstaltern eines Wettbewerbs festgelegt. **Formel V:** Monoposto aus Originalbauteilen des Volkswagens 1300, Typ 1 (VW-Formel, V = Vau): Motor, Kupplung, Getriebe, Achsen, Räder, Bremsanlage; Mindestgewicht 375 kg; die Konstruktion (Monoposto) ist freigestellt. **Formel Super-V:** Monoposto mit Motor des Volkswagens Golf, Scirocco oder Passat: 1,6 Liter Hubraum, Mindestgewicht 420 kg.

Rennwette, Pferdesport: Wette, die darauf abgeschlossen wird, daß Rennpferde bei best. Rennen in einer vorausgesehenen Reihenfolge durchs Ziel laufen; als Siegerwette, Einlaufwette, Platzwette oder als Kombination wie Dreierwette, Double event.

Rennwett- und Lotteriesteuer, Steuer, die bei öffentl. Lotterien und Ausspielungen vom Veranstalter oder Buchmacher zu zahlen ist. Die Zahlung befreit von der Umsatzsteuer. Das Aufkommen aus der R.- und L., das den Ländern zufließt, betrug in der Bundesrep. Dtl. (1983) 1,43 Mrd. DM.

Rẹno, **1)** Fluß in N-Italien, 211 km lang, entspringt im Etrusk. Apennin, mündet ins Adriat. Meer. Der Unterlauf ist 30 km flußaufwärts schiffbar. **2)** [r'i:nəʊ], Stadt in Nevada, USA, (1980) 100800 Ew., 1372 m ü. M.; Staatsuniv., kath. Bischofssitz; Holz-, Woll- und Viehhandel; bekannt durch großzügige Eheschließungs- und Scheidungsbedingungen; Spielkasino (seit 1931 gesetzlich zugelassenes Glücksspiel).

Renoir [rənw'a:r], **1)** Auguste, frz. Maler und Graphiker, Vater von 2), * Limoges 25. 2. 1841, † Cagnes-sur-Mer 17. 12. 1919, anfänglich Porzellanmaler, entwickelte gleichzeitig mit Monet die für die impressionist. Form entscheidende kommaartige Pinselschrift, mit der er die sich im Licht dauernd verändernden farbigen Erscheinungen festhielt. In den 80er Jahren wurde seine Form im klass. Sinn bestimmter. In seiner letzten Schaffensperiode lockerte sich das Farbgefüge wieder. Es entstanden Landschaften in leuchtenden Tönen und Bilder von Frauen und jungen Mädchen von naturhaft sinnl. Anmut. In den letzten Jahren, als er durch Gicht gelähmt war, schuf er mit Hilfe eines Bildhauers auch plastische Arbeiten (weiteres Bild Impressionismus). Bild S. 398.

2) Jean, frz. Filmautor und -regisseur, Sohn von 1), * Paris 15. 9. 1894, † Beverly Hills 12. 2. 1979, Vertreter des poet. Realismus der 30er Jahre im frz. Film. – ›Nana‹ (1926), ›Die große Illusion‹ (1937), ›Die Spielregel‹ (1939), ›Der Strom‹ (1951), ›Die goldene Karosse‹ (1953), ›Das Frühstück im Grünen‹ (1959), ›Lieber Sekt als Stacheldraht‹ (1961) u. a.

Renommee [frz.] *das, -s/-s,* guter Ruf, Leumund: *er genießt kein gutes R. ich* **renommiere** *mit etwas,* prahle. **renommiert,** angesehen, namhaft, berühmt. *der* **Renommịst,** *-en/-en,* Prahler.

Renonce [rən'ɔ̃s, frz.] *die, -/-n,* Fehlfarbe im Kartenspiel.

Renouveau Catholique [rənuv'o katol'ik, frz. ›Kath. Erneuerung‹] *der, - -,* Strömung im modernen frz. Geistesleben, um 1900 einsetzend, die das Streben nach Verinnerlichung der kath. Religiosität widerspiegelt. Ausgehend von der Lit. (Gedicht, Roman, Drama), hat der R. C. auch auf Musik, Architektur, Malerei und Plastik eine tiefe Wirkung ausgeübt. L. Bloy, Ch. Péguy, P. Claudel u. a. stehen an seinem Anfang, G. Bernanos, F. Mauriac u. a. haben seine Gedanken weitergeführt. In anderen europ. Lit. gibt es ähnl. Strömungen, in Dtl. gehören dazu Gertrud von le Fort, W. Bergengruen, F. Werfel, Reinhold Schneider.

Renouvier [rənuvj'e], Charles Bernard, frz. Philosoph, * Montpellier 1. 11. 1815, † Prades 1. 9. 1903, begründete den Neukantianismus in Frankreich und vertrat einen antimetaphysischen, ethischen Personalismus.

Renovatiọn [lat.] *die, -/-en,* ♧ Renovierung.

Renovierung [lat.] *die, -/-en,* Erneuerung, Instandsetzung. *Vb. ich* **renoviere** *es.*

rentabel [frz., vgl. Rente], lohnend, gewinnbringend. *die* **Rentabilität,** -, prozentuales Verhältnis zw. einer Erfolgsgröße (i. a. der Gewinn) und einer Bezugsgröße (v. a. Kapital, auch Umsatz). Die **Unternehmungs-(Gesamtkapital-)Rentabilität** ist das Verhältnis von Gewinn und Fremdkapitalzinsen zu Gesamtkapital (Eigen- und Fremdkapital), die **Eigenkapital-Rentabilität** von Gewinn zu Eigenkapital, die **Umsatz-Rentabilität** von Gewinn zu Umsatz.

Rẹnt|amt, *die* **Rentei,** *-/-en,* **1)** ♧ Behörde für die örtliche Finanzverwaltung. **2)** Finanz- oder Kassenverwaltung, bes. auf großen Besitzungen oder an Universitäten. Der Vorsteher eines R. ist der **Rẹntmeister** oder **Rẹntamtmann.**

Rẹnte [mhd., aus altfrz. ›Ertrag‹, zu lat. reddere ›zurückgeben‹] *die, -/-n,* **1)** Einkommen, das nicht auf Arbeitsleistung, sondern als Boden- oder Kapitalrente (Kapitalzins) auf Vermögen beruht. **2)** Einkommen, die als Unterhalts- und Fürsorgeleistung vom Staat, von der gesetzl. und privaten Rentenversicherung, von der Unfallversicherung u. a. gezahlt werden.

Die R. der gesetzl. Rentenversicherung waren urspr. zur Sicherung des Existenzminimums der Ind.-Arbeiter im Fall der Invalidität, des Alters und des Todes gedacht. Ihre Gewährung wurde aber mehr und mehr auf andere Gruppen ausgedehnt; in den Ind.-Nationen erhält die R. zunehmend die Funktion des Lohnersatzes.

Wirtschaftstheorie. **Konsumenten-R.** liegt nach A. Marshall dann vor, wenn der Käufer einer Ware einen niedrigeren Preis zahlt, als er zu zahlen bereit ist. **Produzenten-R.** ist nach A. Marshall der Unternehmergewinn, der i. Ggs. zur **Boden-R.** (→ Grundrente) nur vorübergehend ist (Quasi-R.).

Rẹnten|anleihe, Staatsanleihe, durch deren Zeichnung der Gläubiger nur Anspruch auf Verzinsung, nicht aber auf Rückzahlung des Kapitals erwirbt.

Rẹntenbanken, öffentl. Kreditinstitute, die in Dtl. im 19. Jh. im Rahmen der Bauernbefreiung errichtet wurden. Sie dienten der Ablösung der bäuerl. Natural- und Dienstleistungen gegenüber dem Grundherrn, indem dieser mit **Rentenbriefen** (staatl. Schuldverschreibungen mit Verzinsung und Tilgung durch Geldrenten) abgefunden wurde. Die R. wurden 1928 aufgelöst.

Rẹntengrundherrschaft, im MA. eine Spätform der → Grundherrschaft.

Rẹntenkauf, im älteren dt. Recht ein Kreditgeschäft, bei dem der Geldgeber (Rentenkäufer) dem Grundstückseigentümer (Rentenverkäufer) ein Kapital gegen Bestellung einer Rente aus dem Grundstück übereignete. Im BGB entspricht dem R. des MA. die → Rentenschuld.

Rẹntenmark, durch Gesetz vom 13. 10. 1923 geschaffene Zwischenwährung zur Stabilisierung der dt. Währung in der Inflation nach dem 1. Weltkrieg. Sie ging wesentlich auf den von K. Helfferich ausgearbeiteten, von R. Hilferding und H. Luther später abgewandelten Plan einer Roggenwährung zurück. Eine R. entsprach einer Billion Papiermark. Die R. war einlösbar in verzinsliche, auf Gold lautende Rentenbriefe, die durch eine Grundschuld auf den gesamten landwirtschaftl. Besitz gedeckt waren. Das gesamte Stabilisierungsverfahren lag in den Händen der **Deutschen Rentenbank,** die durch VO v. 15. 10. 1923 als öffentl. Bankinstitut errichtet worden war. 1924 wurde die R. durch die → Reichsmark ersetzt.

Jean Renoir

Rẹntenmarkt, Börsenmarkt für festverzinsl. Wertpapiere (Rentenpapiere) i. Ggs. zum Aktienmarkt (Beteiligungspapiere).

Rẹntenpapier, festverzinsliches Wertpapier, bes. staatl. und kommunale Schuldverschreibungen.

Rẹntenreform, → Rentenversicherung.

Rẹntenschuld, Grundpfandrecht, bei dem zu regelmäßig wiederkehrenden Zeitpunkten eine best. Geldsumme aus dem Grundstück zu zahlen ist (§§ 1199–1203 BGB). – Im österr. Recht ist die R. nicht bekannt. Im schweizer. Recht entspricht der R. die Gült, die jedoch nur bei landwirtschaftl. Grundstücken, Wohnhäusern und Baugebieten zulässig ist (Art. 847 ff. ZGB).

Rẹntenversicherung, Versicherung, die gegen eine einmalige oder laufende Prämie an den Versicherten oder einen Dritten regelmäßige Zahlungen leistet, von einem best. Zeitpunkt oder Ereignis an bis zum Tod (Leib-, Lebens-, Altersrente) oder bis zu einem vereinbarten Termin (Zeitrente). Mit dem Tod des Versicherten beginnt die Laufzeit der Witwen-(Witwer-) und Waisenrente. – Die **soziale R.,** ein Zweig der Sozialversicherung, leistet an die versicherten Arbeitnehmer bei Berufs- und Erwerbsunfähigkeit und bei Eintritt in den Ruhestand Rentenzahlungen. Die gesetzl. (soziale) R. umfaßt die Arbeiter-R. (früher Invalidenversicherung), Angestellten-R. (früher Angestelltenversicherung) und knappschaftl. R., die durch die Neuregelungs-Ges. v. 23. 2. 1957 (Arbeiter- und Angestellten-R.) und v. 21. 5. 1957 (knappschaftl. R.) umgestaltet und einander stark angenähert wurden **(Rentenreform).** Die Neuregelungs-Ges. brachten die an der Lohnentwicklung orientierte **Produktivitätsrente** (dynam. Rente): Der Rentenberechnung wird das Verhältnis zw. dem persönl. Jahresverdienst des Versicherten und dem durchschnittl. aller Arbeitnehmer zugrunde gelegt (allg. Bemessungsgrundlage, jährlich erneut von der Bundes-Reg. festgelegt). Die R. fördert Maßnahmen zur Erhaltung und Wiederherstellung der Erwerbsfähigkeit und gewährt Renten auf Zeit bei Berufs- und Erwerbsunfähigkeit u. a. Das Rentenreform-Ges. vom 16. 10. 1972 führte die flexible Altersgrenze, die vorgezogene Rentenanpassung, die Rente nach Mindesteinkommen und die Öffnung der R. für bisher nicht versicherte Selbständige, nicht erwerbstätige Hausfrauen u. a. ein. Die Altersversorgung der selbständigen Handwerker ist seit 1969 Teil der Arbeiter-R.; Voraussetzung für die Versicherungspflicht ist die Eintragung in die Handwerksrolle. Für Landwirte gibt es die → Altershilfe für Landwirte. Seit 1983 unterliegen auch selbständige Künstler und Publizisten der Versicherungspflicht. Über das Ruhestandsalter auf Grund des Vorruhestands-Ges. → Vorruhestandsregelung.

Finanziert wird die R. hauptsächlich durch Beiträge der Versicherten und Arbeitgeber sowie durch Bundeszuschüsse. Das Finanzierungsverfahren (Umlageverfahren) beruht auf dem Prinzip des Generationsvertrages: Die jeweils Aktiven finanzieren die Renten der Inaktiven. Der Beitragssatz ist vom Gesetzgeber so zu bemessen, daß die Einnahmen die Ausgaben (einschließlich einer Rücklage) decken. Das Umlageverfahren macht die R. in ihrer Leistungsfähigkeit von der konjunkturellen Entwicklung, der Zahl der Beschäftigten (Beitragszahler) und der Entwicklung der Bev.-Pyramide abhängig. Beide Faktoren haben dazu beigetragen, daß seit 1974 zunächst ein Rücklagenabbau und später auch Finanzierungsdefizite eintraten. Als Reaktion darauf wurden 1977 der vollständige Finanzierungsausgleich zw. den einzelnen Rentenversicherungsträgern, ein Abbau der Leistungen zur Finanzierung der Krankenversicherung der Rentner zu Lasten der Krankenkassen und von 1979 an die Zahlung von Beiträgen zur R. für Arbeitslose durch die Bundesanstalt für Arbeit gesetzlich verfügt. Nachdem 1979–81 die Renten nicht bruttolohnbezogen angepaßt wurden, ist seit 1. 1. 1982 die Bruttolohnentwicklung wieder die Grundlage der Anpassung. Seit 1. 7. 1983 betrug die Beteiligung der Rentner an ihrer Krankenversicherung (11,8% der Rente und vergleichbarer Einkommen) 1% der Rente, seit 1. 1. 1984 beträgt sie 3% (weitere Erhöhungen sind vorgesehen). Auf Grund der Notwendigkeit der Reform der Hinterbliebenenversorgung und der Bev.-Ent-

Soziale Rentenversicherung (Stand 1985)

Arbeiter-R.	Angestellten-R.	Knappschaftsversicherung
Träger: Landesversicherungsanstalten	Bundesversicherungsanstalt für Angestellte	Bundesknappschaft
Pflichtversicherung: a) Versicherte, **b)** Beiträge		
a) alle Arbeiter (ohne Bergbau), Auszubildende, Heimarbeiter u. a.	**a)** Angestellte (ohne Bergbau) und Gruppen von Selbständigen	**a)** Beschäftigte im Bergbau
b) 18,5% des Bruttoverdienstes (bis 5400 DM angerechnet); je zur Hälfte von Arbeitgeber und -nehmer getragen		**b)** 24,45% des Bruttoverdienstes (bis 6700 DM angerechnet). 15,1% Arbeitgeber-, 9,35% Arbeitnehmeranteil
Weiterversicherung: a) Berechtigte, **b)** Beiträge		
a) mit bestimmten Ausnahmen jeder nicht mehr Versicherungspflichtige		**a)** in der Arbeiter- oder Angestellten-R.
b) monatl. 87–1010 DM		**b)** monatl. 87–1010 DM
Höherversicherung: a) Berechtigte, **b)** Beiträge		
a) Pflicht- und Freiwilligversicherte, sofern Grundbeiträge vorhanden. **b)** 11 Beitragsklassen		**a, b)** in der Arbeiter- oder Angestellten-R. möglich
Versicherungsleistungen: Pflicht-, Weiterversicherung		
1) Maßnahmen zur Erhaltung und Wiederherstellung der Erwerbsfähigkeit		
2) Renten wegen Berufsunfähigkeit, wegen Erwerbsunfähigkeit; Altersruhegeld bei 65 J., bei 60 J. bei einjähr. Arbeitslosigkeit (nur bei best. Erstattungen des Arbeitgebers möglich), bei 60 J. für weibl. Versicherte; flexible Altersgrenze bei 63 J., bei Schwerbeschädigten bei 62 J.; Witwen-, Witwer-, Waisenrenten		**2)** Bergmannsrente bei verminderter Berufsfähigkeit, Knappschaftsrente bei Berufs-, Erwerbsunfähigkeit, Knappschaftsruhegeld
3) Witwen-, Witwerabfindungen; **4)** Teilbeiträge zur Krankenversicherung		
Voraussetzungen für Versicherungsleistungen: a) Wartezeit, **b)** Versicherungsfall		
a) Versicherungszeit von i. d. R. mindestens 60 Monaten für Renten wegen Berufs-, Erwerbsunfähigkeit, Hinterbliebenenrenten und für das Altersruhegeld; 35 anrechnungsfähige Versicherungsjahre bei flexibler Altersgrenze		**a)** bes. geregelt
b) Berufs-, Erwerbsunfähigkeit, 60., 65. Lebensjahr, 63. Lebensjahr bei flexibler Altersgrenze, Tod		
Rentenberechnung		
Anrechnungsfähige Versicherungsjahre: Versicherungszeiten (Beitragszeiten; Ersatzzeiten: z. B. militär. Dienst; Ausfallzeiten: z. B. Ausbildung, Krankheit; Zurechnungszeit: zwischen Eintritt des Versicherungsfalls und 55. Lebensjahr) addieren, durch 12 teilen		
Allgemeine Bemessungsgrundlage: wird jährlich gesetzlich festgelegt; 1984 betrug sie: 26310 DM		
Persönliche Bemessungsgrundlage: Verhältnis des Bruttoarbeitsentgelts des Versicherten zu dem aller Versicherten in jedem Beitragsjahr, ausgedrückt in %; die Werte addiert, durch die Beitragsmonate geteilt und mit 12 multipliziert, ergeben den %-Satz. Mit diesem wird nach der allg. Bemessungsgrundlage die maßgebende Rentenbemessungsgrundlage errechnet		
Steigerungssatz: Für jedes anrechnungsfähige Versicherungsjahr wird bei Rente wegen Berufsunfähigkeit 1%, Erwerbsunfähigkeit 1,5%, bei Altersruhegeld 1,5% der maßgebenden Bemessungsgrundlage gewährt		Bei Bergmannsrente 0,8%, Knappschaftsrente wegen Berufsunfähigkeit 1,2%, Erwerbsunfähigkeit 2%, Knappschaftsruhegeld 2%

Rentenformel:

$$\text{Jahresrente} = \frac{\text{Versicherungsjahre} \times \text{Steigerungssatz}}{100} \times \text{maßgebende Rentenbemessungsgrundlage}$$

wicklung sind langfristig schwierige Finanzierungsprobleme abzusehen.

1982 hatte die gesetzl. R. 30,337 Mio. Pflicht-Mitgl.; es wurden (1984) 13,8 Mio. Renten (Rentenbestand) ausgezahlt.

Rentier [rɛntjˈe, frz.] *der, -s/-s,* ♧ → Rentner.

Ren|tier, Ren, Rangifer tarandus, kälteliebende Art der Hirsche, in der beide Geschlechter Geweihe tragen (BILD Hirsche). Das Geweih hat lange, gebogene Stangen, einseitig einen schaufelartigen Augsproß, darüber einen verzweigten Eissproß; die Stangen enden in mehreren Zinken. Die Hufe sind spreizbar, das Haarkleid ist sehr dicht. Wildrene (20 Unterarten) sind heute in den Tundren und nördl. Waldgebieten Eurasiens und Amerikas (**Karibu**) verbreitet. Die Nahrung besteht im Sommer aus Gräsern, im Winter hauptsächlich aus Rentierflechte. Das R. ist die einzige Hirschart, die domestiziert wurde. Es wird als Zug-, Reit- und Tragtier verwendet. Die Felle werden zu Kleidungsstücken und Zelten verarbeitet, aus R.-Milch bereitet man Käse und Butter; Geweih und Knochen dienen zur Herstellung von Messern und Hausgeräten. In halbwilden Herden zwingt das R. durch jahreszeitl. Wanderung zw. Tundra und Wald seine Züchter zum Nomadentum. Die Zucht wurde seit 1892 auch auf N-Kanada und Alaska übertragen. – In der Würm-Kaltzeit (→ Eiszeit) war das R. weiter nach S verbreitet, in Europa bis ans Mittelmeer. Nach der letzten Eiszeit zog es sich nach N zurück.

rentieren [zu Rente]. *es* **rentiert** *sich,* wirft Gewinn ab.

Rentierflechte, Renflechte, Rentiermoos, Cladonia, eine Flechtengatt. mit mehreren Arten (→ Becherflechten), die auf den Tundren und Fjells des Nordens, doch auch in trockenen Wäldern und Heiden Mitteleuropas wachsen, wo sie oft ausgedehnte Kissen bilden (BILD Flechten).

Rentner *der, -s/-,* ♧ **Rentier** [rɛntjˈe], überwiegend nicht berufstätige Person, die von einer → Rente lebt; diese kann aus Kapital- oder Grundvermögen, aus einer Privat- oder Sozialversicherung fließen oder vom Staat für best. erlittene Schäden (Kriegs-, Kriegsfolgeschäden) gewährt werden. Empfänger von Sozialversicherungs- und Versorgungsrenten heißen **Sozial-R.**

Renumeration [lat.] *die, -/-en,* Rückzahlung.

Renvers [rãvˈɛːr, frz.] *das, -,* Reitsport: Seitengang des Pferdes.

Reorganisation [lat.], Neueinrichtung, Umgestaltung. *Vb. ich* **reorganisiere** *es.*

REO-Viren, große, RNS-haltige Viren; neben anderen Viren und Bakterien Erreger des Schnupfens und des Darmkatarrhs.

rep., 1) auf ärztl. Rezepten: Abk. für lat. **rep**etatur, ›soll wiederholt werden‹. Ggs.: **ne rep.** (wiederholte Belieferung unzulässig). **2)** auch **r**, Börse: Abk. für **rep**artiert (→ Kurs).

Reparationen [lat. reparare ›wiederherstellen‹] *Pl.,* Völkerrecht: die dem Besiegten eines Krieges im Friedensvertrag oder einseitig unter Berufung auf dessen Verantwortlichkeit für die Entstehung des Krieges auferlegten Geld-, Sach- und Dienstleistungen zur Wiedergutmachung der von den Siegerstaaten erlittenen Verluste und Schäden (→ Kriegsentschädigung). Als Rechtsgrund der Auferlegung von R. wird die von dem R.-Schuldner völkerrechtswidrige Kriegseröffnung angesehen. R. sind problematisch, weil sie die Wirtschaft des besiegten Landes zu einer Zeit belasten, in der diese durch den Krieg zerrüttet ist.

Nach dem 1. Weltkrieg wurde dem Dt. Reich die allg. Verpflichtung zu R.-Zahlungen an die alliierten und assoziierten Mächte auferlegt. Ihre Höhe wurde auf den Konferenzen in Boulogne und Spa (1920) sowie Paris (1921) durch die R.-Kommission bestimmt. Die Forderungen der Pariser Beschlüsse, die eine bis 1963 abzutragende R.-Schuld von 223 Mrd. Goldmark vorsahen, lehnte das Dt. Reich ab, worauf frz. Truppen Düsseldorf und Ruhrort besetzten. Die durch das Londoner Ultimatum v. 4. 5. 1921 festgesetzte R.-Schuld von 132 Mrd. Goldmark und jährlich 26% vom Wert der dt. Ausfuhr wurde anerkannt. Mit der Begründung, daß das Dt. Reich absichtlich mit Sachlieferungen im Rückstand geblieben sei, besetzten am 11. 1. 1923 frz. und belg. Truppen das Ruhrgebiet. Nach Zusammenbruch der dt. Währung versuchten Dawesplan (1924) und Youngplan (1930), die R.-Zahlungen der dt. Zahlungsfähigkeit anzupassen. Nach dem Hoover-Moratorium (20. 6. 1931), das die R. für ein Jahr stundete, regelte das Abkommen von Lausanne (9. 7. 1932) die endgültige Ablösung der R. durch Abgabe von Schuldverschreibungen in Höhe von 3 Mrd. RM; zur Verwirklichung dieses Abkommens kam es nicht. – In den Friedensverträgen von Saint-Germain, Trianon, Neuilly und Sèvres wurden auch Österreich, Ungarn, Bulgarien, die Türkei zur Zahlung von R. verpflichtet.

Die dt. R. nach dem 2. Weltkrieg bestanden in Sachleistungen, die aus dem dt. Auslandsvermögen und durch Demontage von Industrieausrüstungen zu erbringen waren; sie wurden auf den Konferenzen in Quebec, Jalta, Moskau, Potsdam, London und Paris festgelegt. Die dt. R. an die Westmächte betrugen 517 Mio. $ (Handelsflotte, Auslandswerte, Erträge von Demontagen; andere Werte nicht anerkannt). Die UdSSR zog nach westdt. Angaben R.-Leistungen im Werte von 13 Mrd. $ aus ihrer Besatzungszone (Demontagen, Beschlagnahmen, Lieferungen aus der laufenden Produktion). 1954 verzichtete sie gegenüber der Dt. Dem. Rep. auf weitere R. Die Pariser Verträge von 1954 beendeten die R.-Leistungen der Bundesrep. Dtl. – Die Endregelungen für Österreich brachte der Staatsvertrag v. 15. 5. 1955. In den Friedensverträgen von 1947 wurden Finnland, Italien, Ungarn, Rumänien, Bulgarien R. auferlegt, Japan im Vertrag von San Francisco (1951).

Reparatur [lat.] *die, -/-en,* Ausbesserung, Instandsetzung. *ich* **repariere** *es,* bessere aus. **reparabel,** wiederherstellbar.

repartieren [frz.]. *ich* **repartiere** *es,* teile auf, berechne Kostenanteile. **repartiert.** Abk. **r, rep.,** Börse: → Kurs.

Repatriierung [lat.] *die, -/-en,* die Rückführung von Personen, die sich außerhalb ihres Heimatstaates befinden, durch den Aufenthaltsstaat und die Wiederaufnahme im Heimatstaat, v. a. im Zusammenhang mit Kriegsereignisse (Kriegsgefangene, Evakuierte, Flüchtlinge).

Repellents [rɪpˈeləntṡ, engl.] *Pl.,* die → insektenvertreibenden Mittel.

Reperkussion [lat. repercutere ›zurückschlagen‹], ♪ **1)** die wiederholte Angabe des gleichen Tons: *Reperkussionston.* **2)** Durchführung eines Themas durch alle Stimmen der Fuge.

Repertoire [repɛrtw'a:r, frz.] *das, -s/-s,* Gesamtheit der von einem Theater gespielten Stücke, auch deren Verzeichnis (Spielplan), dgl. die von einem Künstler beherrschten Rollen. **R.-Stück,** Bühnenstück, das längere Zeit auf dem Spielplan steht.

Repertorium [lat.] *das, -s/... ri|en,* Nachschlagewerk.

Repetent [lat.] *der, -en/-en,* **1)** ℅ Repetitor. **2)** Schüler, der eine Schulklasse wiederholt. *ich* **repetiere** *es,* wiederhole. *Subst. die* **Repetition,** *-/-en.*

Repetiergewehr, ℅ für Mehrladegewehr (→Gewehr).

Repetitor [lat.] *der, -s/... t'oren,* Akademiker, der mit Studierenden (bes. jurist. Fachrichtung) auf privater Basis den für eine Prüfung nötigen Wissensstoff wiederholt und einübt.

Repetitorium [lat.] *das, -s/... ri|en,* Kursus oder Lehrbuch zur Wiederholung und Festigung eines erarbeiteten Stoffes.

Repin, Ilja Jefimowitsch, russ. Maler, * Tschugujew (Gouv. Charkow) 5. 8. 1844, † Kuokkala (Finnland; heute Repino, Gebiet Leningrad) 29. 9. 1930, malte naturalist. Darstellungen sozialen und geschichtl. Inhalts (Wolgatreidler, 1870–73; Iwan der Schreckliche und sein Sohn, 1885) sowie lebenswahre Porträts (weitere BILDER Glinka, Mussorgskij, Tolstoj).

Replantation [lat.] *die, -/-en,* **Re|implantation,** Wiedereinpflanzung, z. B. eines Zahns.

Replik [frz. aus lat.] *die, -/-en,* **1)** allg.: Erwiderung, Entgegnung. **2)** Zivilprozeß: die Erwiderung des Klägers auf ein Vorbringen des Beklagten. **3)** eine vom Künstler selbst hergestellte Wiederholung seines Werks im Unterschied zu der von anderer Hand hergestellten Kopie. Weicht die R. ab, spricht man von zweiter Fassung. *Vb. ich* **repliziere** *(es). das* **Replikat,** *-(e)s/-e,* Nachbildung einer Skulptur in Originalgröße.

Report [lat.] *der, -(e)s/-e,* **1)** Bericht, Mitteilung. **2)** Kurszuschlag bei Verlängerung eines Termingeschäfts (Prolongationsgeschäft); auch **R.-Geschäft** oder **Kostgeschäft.** Wenn jemand im Börsentermingeschäft Wertpapiere in Erwartung einer Kurssteigerung gekauft hat, diese aber dann nicht erfolgt, so kann er prolongieren, indem er einen andern sucht, der für ihn die Stücke abnimmt (Hereinnehmer, Kostabnehmer, Reporteur) mit der Verpflichtung, sie ihm, dem Hereingeber (Kostgeber), am nächsten Ultimo zum gleichen Kurs zuzüglich eines Kurszuschlags (Report) zurückzuliefern. Entsprechend prolongiert ein Terminverkäufer, indem ein anderer die verkauften Stücke liefert mit der Verpflichtung, sie am nächsten Ultimo zum gleichen Kurs abzüglich eines Kursabschlags (→Deport) zurückzunehmen.

Reporter [engl. aus lat.] *der, -s/-,* Berichterstatter (z. B. für Zeitungen). *die* **Reportage** [-t'a:ʒə], *-/-n,* Bericht, Berichterstattung.

Repoussoir [rəpusw'a:r, frz.] *das, -s/-s,* Gegenstand oder Figur im Vordergrund eines Bildes oder einer Photographie (z. B. Baum vor Landschaftshintergrund) zur Steigerung des räuml. Tiefeneindrucks.

Reppe, Walter Julius, Chemiker, * Göringen bei Eisenach 29. 7. 1892, † Heidelberg 26. 7. 1969, Forschungsleiter der BASF, arbeitete u. a. über katalyt. Synthesen mit Äthylen, Acetylen und Kohlenoxid. Die Acetylenchemie wird deshalb auch **Reppe-Chemie** genannt.

Reppen, poln. **Rzepin** [ʒ'ɛpin], Stadt in der poln. Wwschaft Gorzów (Landsberg/Warthe), (1975) 4700 Ew., ehem. Krst. in der Neumark, Brandenburg.

Repräsentant [lat.] *der, -en/-en,* Vertreter; Volksvertreter, Abgeordneter. *die* **Repräsentation,** *-/-en,* **1)** Vertretung, Stellvertretung. **2)** standesgemäßes Auftreten; Aufwand. **3)** Verfassungsrecht: die Verkörperung des polit. Gemeinwesens durch ein Repräsentativorgan, bes. durch eine gewählte Volksvertretung. Repräsentation ist von Stellvertretung im privatrechtl. Sinn und von jedem abhängigen Auftragsverhältnis zu unterscheiden. Sie ermöglicht artikuliertes polit. Handeln einer Gemeinschaft von Menschen, indem eine oder mehrere Personen an Stelle der Gesamtheit für diese verbindlich handeln. Die R. erhalten ›im voraus Auftrag und Vollmacht, gemeinschaftlich für ihre Auftraggeber zu handeln und sie durch ihre kollektive Entscheidung zu verpflichten‹ (K. Loewenstein). Zum Wesen der Repräsentation gehört die Entschließungsfreiheit des →Abgeordneten. Damit grundsätzlich unvereinbar sind z. B. die in der Praxis der modernen Repräsentativsysteme geübte Bindung an die Fraktionsdisziplin sowie die Abhängigkeit von Interessenverbänden oder von der öffentlichen Meinung. *Adj.* **repräsentativ.** *ich* **repräsentiere, 1)** trete standesgemäß auf. **2)** *ihn,* vertrete: *Frauen sind in Parlamenten unterrepräsentiert.* **3)** *es repräsentiert einen Wert,* stellt dar.

Repräsentantenhaus, engl. **House of Representatives** [hauz ɔv reprɪz'entətɪvz], die dem brit. Unterhaus entsprechende Abgeordnetenkammer, in der die Wählerschaft nach ihrer Kopfzahl vertreten ist; bes. in den USA und Commonwealth-Ländern.

Repräsentationskosten, Aufwand, zu dem Unternehmen und Persönlichkeiten in hervorragender öffentl. oder privater Stellung durch die Pflichten der Repräsentation gezwungen sind. R. sind u. U. steuerlich abzugsfähig (→Werbungskosten).

Ilja Repin: Wolgatreidler (Moskau, Tretjakow-Galerie)

Repräsentativbefragung, Repräsentativ|umfrage, Methode der empirischen Sozialforschung, die es erlaubt, durch Befragung kleiner Gruppen Schlüsse auf eine Grundgesamtheit zu ziehen. Diese Methode wird in den Sozialwissenschaften und der →Meinungsforschung (zu polit. Zwecken, Werbezwecken, Einführung von Neuerungen usw.) angewendet.

Repräsentativstatistik, Repräsentativ|erhebung, Gewinnung und Analyse von statist. Massen auf der Basis von →Stichproben. Von R. spricht man nur dann, wenn die Erhebung der statist. Masse prinzipiell vollständig sein könnte, z. B. wird im →Mikrozensus statt der ganzen nur ein kleiner Teil der Bev. befragt. Viele amtl. Statistiken sind heute R.

Repräsentativsystem, Repräsentativverfassung, die Staatsverfassung, bei der das Volk durch Repräsentanten an der Staatsgewalt teilnimmt (→Repräsentant 3).

Repressali|e [nlat.] *die, -/... li|en,* Vergeltung; im Völkerrecht die angemessene, nicht notwendig gleichartige Vergeltungsmaßnahme eines Staates gegen völkerrechtswidrige Handlungen eines anderen Staates, z. B. Vermögensbeschlagnahme gegenüber Angehörigen dieses Staates. R. gegen Kriegsgefangene, Verwundete und Zivilpersonen im besetzten Gebiet sind durch die Genfer Konvention vom 12. 8. 1949 verboten (→Retorsion).

Repression [lat.] *die, -/-en,* Unterdrückung, Hemmung; Begriff der Psychoanalyse, der seit den 60er Jahren Eingang in die Soziologie und Pädagogik gefunden hat. Ausschlaggebend dafür war die Aktualisierung der marxist. Gesellschaftslehre, u. a. durch die ›kritische Theorie‹ der Frankfurter Schule. Unter R. wird hierbei jede Form der Behinderung der freien Entfaltung der Persönlichkeit durch die ideologischen Ziele einer Gesellschaft verstanden, wobei im Extremfall alle nicht mit der eigenen Ideologie konformen Forderungen schon als R. bezeichnet werden (z. B. als ›Leistungsdruck‹).

Reprint [engl. ri:pr'ɪnt] *der, -s/-s,* ⌫ durch photomechan. oder elektrostat. Vervielfältigungsverfahren hergestellter Neudruck zumeist vergriffener Bücher und Zeitschriften.

Reprise [frz.] *die, -/-n,* Wiederaufnahme. **1)** Theater, Film: Wiederaufnahme eines bereits gespielten Stücks in den Spielplan. **2)** ♪ Wiederholung, z. B. im Sonatensatz die Wiederaufnahme des ersten Teils (Themenaufstellung) nach der Durchführung. **3)** Börse: Kurserholung, -steigerung.

Reprivatisierung, →Privatisierung.

Reprobation [lat.] *die, -/-en,* Verwerfung; im kirchl. Sinn das Gegenteil der Erwählung.

Reproduktion, 1) Nachbildung, Wiedergabe, Vervielfältigung, Abdruck. **2)** Biologie: die Erzeugung von Nachkommen gleicher Art durch geschlechtl. Fortpflanzung oder Sporenbildung. Sie beruht auf der Weitergabe der Erbinformationen im Zellkern durch Zellteilung (→Zelle). **3)** Ⓟs die Wiederhervorbringung gelernter Bewußtseinsinhalte, sei es als Vorstellung oder als sprachliche oder sonstige Äußerung. **reproduktiv,** nachbildend, nachschaffend. *Vb. ich* **reproduziere** *es.*

Reproduktionskosten, Kosten der Wiederherstellung oder -beschaffung eines Wirtschaftsgutes. **Reproduktionswert,** Wiederbeschaffungs-, Wiederherstellungswert.

Reproduktionsphotographie, Reprophotographie, Verfahren zur Herstellung von Halbton- oder Rasternegativen oder -positiven nach Vorlagen (Strichzeichnungen, Gemälden, Photographien u. a.) mit **Reproduktionskameras (Reprokameras),** Vergrößerungs- und Kopiergeräten zur Verwendung als Kopiervorlagen für die Reproduktionstechnik.

1

2

Reproduktionstechnik: Offset-R.; **1** der moderne Farbscanner (elektronisches Farbauszugsgerät) stellt mit einem Laserstrahl nach einer Vorlage gerasterte, korrigierte Farbauszüge her. **2** Endfilmmontage. Rasterabbildungen werden mit Textteilen montiert und zu einem Endfilm zusammenbelichtet. **3** Prüfdruck auf einer Andruckpresse mit auswechselbarem Vierfarbwerk

3

Reproduktions|technik, alle Verfahren zur Wiedergabe von ebenen Originalen mit Hilfe photograph., photomechan., elektromechan. oder chemigraph. Verfahren **(Reproduktionsverfahren)**; vgl. hierzu die Artikel Autotypie, Buchdruck, Chemigraphie, Druckverfahren, Farbendruck, Holzschnitt, Klischee, kopieren, Kupferstich, Lichtdruck, Lichtpause, Offsetdruck, Photographie, Photokopie, Raster, Siebdruck, Stahlstich, Lithographie, Tiefdruck.

Reproduzierbarkeit, Wiederholbarkeit v. a. von technisch-naturwissenschaftl. Messungen, Untersuchungen u. a. mit geringen Abweichungen der Einzelergebnisse voneinder.

Reprographie *die, -/-ph'i|en,* Sammelbez. für die Kopierverfahren mittels elektromagnet. Strahlung (Licht, Wärme, Röntgen u. a.).

REPROM, Abk. für **Reprogrammable Read Only Memory** [ri:prəugr'æməbl ri:d 'əunlı m'emərı, engl.], → Speicher.

Reptili|en [zu lat. repere ›kriechen‹], *Sg. das* **Reptil, Reptili|a,** *-s,* die → Kriechtiere.

Reptili|enfonds [-fɔ̃], polit. Geheimfonds, über den im ordentl. Haushalt keine Rechnung gelegt wird; urspr. ein Fonds Bismarcks zur Bekämpfung geheimer Staatsfeinde, von Bismarck ›bösartige Reptilien‹ genannt.

Republic Steel Corp. [rıp'ʌblık sti:l -], Cleveland (Ohio), bed. Stahlkonzern der USA, gegr. 1889, seit 1930 jetziger Name.

Republik [lat. res publica ›Gemeinwesen‹] *die, -/-en,* jeder Staat, in dem i. Ggs. zur → Monarchie das Staatsvolk als Träger der Staatsgewalt gesehen wird. In der Antike gab es R. aristokrat. und demokrat. Prägung. Im MA. waren aristokrat. R. mit feudaladeligem oder bürgerlich-patrizischem Regiment weit verbreitet (Venedig, die Niederlande in der Zeit der Generalstaaten, die Kantone der Schweiz bis 1798, die dt. Stadtstaaten bis etwa 1860). Neben den verschiedenen Formen der parlamentarisch-demokrat. R. (→ Parlamentarismus, → Präsidialsystem) bildeten sich im 20. Jh. auch der Typus der Räterepublik (→ Rätesystem) und der → Volksrepublik heraus. (→ Volksdemokratie)

Republikaner *der, -s/-,* Anhänger der republikan. Staatsform oder einer republikan. Partei.

republikanische Parteien, polit. Parteien, die während des 19. Jh. in Europa entstanden. Während konservative und auch liberale Parteien bei aller Kritik im einzelnen die Monarchie als Institution anerkannten, verbanden die r. P. mit nachdrücklichem Eintreten für liberale und demokrat. Ideen eine scharfe Ablehnung der monarch. Staatsform. Die Übernahme (1854) des Namens Republikan. Partei in den USA (d. h. in einer Republik) durch die Gegner der Sklaverei bedeutete bes. ein Bekenntnis zu den Menschenrechten.

In Frankreich wuchs die republikan. Bewegung, die 1792 den Sturz des Königtums herbeiführte, dann dem Napoleon. Kaisertum weichen mußte und unter der Zweiten Rep. (1848) nur eine kurze Lebensdauer hatte, seit 1863 aus der Opposition gegen Napoleon III. rasch an. Sie erreichte 1870 die Gründung der Dritten Rep. 1879 erlangten die Gruppen der Linken um L. Gambetta (Union républicaine) und um J. Ferry (Gauche républicaine), später die extremen Radikalen um G. Clemenceau sowie die Gemäßigten (Opportunisten unter P. Waldeck-Rousseau, später unter R. Poincaré als Progressisten), das Übergewicht. Um 1900 übernahmen die Radikalsozialisten, die sich als Hüter der Republik betrachteten, die Führung in der Dritten Republik (bis 1940). Auch in der Vierten Republik (1945–58) spielten sie eine maßgebl. Rolle. Bed. wurden nach 1945 das → Mouvement Républicain Populaire (MRP) und die rechtsliberalen Unabhängigen Republikaner (seit 1977 Parti Républicain, → Unabhängige).

In Iran entwickelte sich im Kampf gegen die Dynastie Pahlewi eine republikan. Bewegung. Nach der Revolution (Febr. 1979) bildete sich 1980 die ›Islamische Republikanische Partei‹. Sie vertritt ein radikales islamisch-fundamentalist. Programm (Vors. seit 1981 H. J. Rafsandjani). → Iran, Geschichte.

In Italien verstärkte sich der republikan. Gedanke bes. unter Führung G. Mazzinis. Nach der Revolution von 1848/49 schloß sich G. Garibaldi bedingt der Monarchie an. In der ital. Kammer bildete die Republikan. Partei seit 1861 nur eine kleine Gruppe und wurde 1926 verboten. Seit 1943 gewann die Republikan. Bewegung immer mehr Boden und erreichte am 2. 6. 1946 die Ausrufung der Republik. Alle Parteien, außer denen der Rechten, vertreten seitdem den republikan. Gedanken. Der Partito Republicano Italiano (PRI) ist eine kleine Gruppe. Mit G. Spadolini stellte sie 1981–82 den MinPräs.

In Spanien trat nach dem Sturz Isabellas II. (1868) eine starke republikan. Bewegung hervor (1873–74 Trägerin der Ersten Republik). Um 1900 entstand die Radikale Partei (A. Lerroux), die 1931 mit anderen republikanisch gesinnten Kräften, z. B. den Sozialisten, die Errichtung der Republik durchsetzte. Nach dem → Spanischen Bürgerkrieg (1936–39) unterdrückten die siegreichen nationalistisch-monarchist. Kräfte die republikan. Bewegung, bes. die sie tragenden Parteien. Nach dem Tod Gen. F. Franco Bahamondes (1975) trat bei der Diskussion aktueller Verfassungsfragen die Forderung nach Wiedererrichtung der Republik in den Hintergrund.

In der Türkei führte K. Atatürk nach dem 1. Weltkrieg in Anlehnung an europ. Ideen eine republikanisch-laizist. Reformbewegung, aus der 1923 die Republikan. Volkspartei (Vors.: Atatürk, 1923–37; I. Inönü, 1946–72; B. Ecevit, 1972–81) hervorging. Nach dem Umsturz von 1980 wurde sie 1981 - zus. mit anderen Parteien - verboten.

USA: Die r. P. entfaltete sich 1854 als Gegnerin der herrschenden Demokrat. Partei in der Frage der Negersklaverei, erreichte 1860 die Wahl A. Lincolns zum Präsidenten und blieb nach dem Sezessionskrieg die führende Partei. Sie vertrat die Politik des Hochschutzzolls und der deflationären Währung, besitzfreundl. Gesetzgebung und Rechtsprechung. Zw. 1860 und 1932 wurde die Republikan. Partei zum Inbegriff konservativer Politik. Gegenüber der Politik F. D. Roosevelts konnte sie kein eigenes Konzept entwickeln. Unter den Präsidenten D. Eisenhower (1953–61) und R. Nixon (1969–74, wegen der → Watergate-Affäre zurückgetreten) übernahm sie den Gedanken des Wohlfahrtsstaates und in der Außenpolitik die Politik der kollektiven Sicherheit. Nachfolger Nixons war G. Ford (1974–77), der bei den Präsidentschaftswahlen im Nov. 1976 dem Demokraten J. Carter unterlag. Bei den Präsidentschaftswahlen im Nov. 1980 und 1984 errang R. Reagan als Kandidat der Republikaner eine hohen Wahlsieg. Nach seinem Amtsantritt (Jan. 1981) unterstützte die Republikan. Partei dessen Programm einer ›nationalen Erneuerung Amerikas‹.

Republikanischer Schutzbund, 1924–33 sozialdemokrat. Wehrverband in der Republik Österreich; 1933 von E. Dollfuß aufgelöst, bestand illegal weiter (Aufstand Febr. 1934).

Republikflucht, früher das unerlaubte Verlassen der Dt. Dem. Rep.; gemäß Gesetz v. 11. 12. 1957 vorübergehend auch gesetzl. Straftatbestand. Das StGB von 1968 kennt nur den Tatbestand des ungesetzl. Grenzübertritts (§ 213), mit Freiheitsstrafe bis zu 5 Jahren geahndet.

Republikschutzgesetz, nach der Ermordung des dt. Außenministers W. Rathenau am 21. 7. 1922 zur Verteidigung der republikanisch-demokrat. Staatsform erlassen, am 25. 3. 1930 in abgeschwächter Form erneuert, durch VO vom 19. 12. 1932 außer Kraft gesetzt. Heute z. T. im StGB (z. B. § 90ff. StGB).

Repudiation [lat.] *die, -/-en,* **1)** ⚭ Zurückweisung. **2) R. des Geldes,** Nichtannahme des Geldes wegen der Erwartungen eines extremen Kaufkraftverlustes infolge einer Inflation.

Repulsion [lat.] *die, -/-en,* Abstoßung, Zurückweisung. *Adj.* **repulsiv.**

Repulsivkraft, Kraft, die i. Ggs. zur Anziehungskraft ein Teilchen von einem Zentrum abstößt.

Reputation [lat.] *die, -,* Ansehen, guter Ruf. **reputierlich,** achtbar, ehrbar, ordentlich.

Requi|em [lat. requies ›Ruhe‹] *das, -s/-s,* lat. Liturgie: Seelen- oder Totenmesse, auch Totenamt, benannt nach ihrem Eingangsgesang (Introitus): ›R. aeternam dona eis, Domine‹ (›Herr, gib ihnen die ewige Ruhe‹). Die gregorian. Melodien des R. sind schlichte Schöpfungen des MA. R.-Kompositionen schufen u. a. Orlando di Lasso, M. Haydn, W. A. Mozart, L. Cherubini, H. Berlioz, F. Liszt, G. Verdi, M. Reger. J. Brahms verwendete in seinem R. frei zusammengestellte Bibelstellen, nicht den Messetext.

requiescat in pace [lat.], Abk. **R. I. P.,** ›er (sie) ruhe in Frieden‹, Grabinschrift nach der auf Psalm 4,9 zurückgehenden Schlußformel der kath. Totenmesse.

Requisit [lat.] *das, -(e)s/-en,* Handwerkszeug; Gebrauchsstück, Zubehör, bes. bei Bühnenaufführungen und Filmszenen. *der* **Requisiteur** [-t'ø:r, frz.], *-s/-e,* Verwalter von Requisiten.

Requisition [lat. ›Aufsuchung‹] *die, -/-en,* **1)** Ersuchen einer Behörde an eine andere, bes. um Rechtshilfe. **2) Beitreibung,** die Anforderung von Sachleistungen (z. B. Unterkunft, Lieferung von Sachen) oder persönl. Diensten für Zwecke des militär. Bedarfs oder für einen öffentl. Notstand. Im innerstaatl. Bereich ist sie durch das Bundesleistungsgesetz i. d. F. vom 27. 9. 1961 geregelt. Im Völkerrecht ist R. die nach der Haager Landkriegsordnung (Art. 52) erlaubte Inanspruchnahme von Sach- und Dienstleistungen für den Bedarf des Besatzungsheeres aus dem besetzten Lande gegen Bezahlung. *Vb. ich* **requiriere** *es.*

Rerum novarum [lat. ›nach Neuerungen (begierig)‹], die Enzyklika Leos XIII. vom 15. 5. 1891 über die kath. Soziallehre (→ Soziallehren der christlichen Kirchen).

res [lat.] *die, -/-,* Sache. **r. cogitans, r. extensa,** → Descartes. **r. dubia,** zweifelhafte Sache, **r. publica,** Gemeinwesen, Staat (→ Republik). **r. sacrae,** heilige Sachen. **rer., rerum** (der Dinge), z. B. **rer. nat., rer. pol.** (ÜBERSICHT Doktorgrade).

RES, Abk. für → retikulo-endotheliales System.

Resaieh, Stadt in Iran, → Urmia.

Resaieh|see, → Urmiasee.

Resa Schah (Pahlewi) [-pax-], Schah von Iran (1925–41), * Alascht 16. 3. 1878, † Johannesburg 26. 7. 1944. R. S., 1925 Begründer der Dynastie Pahlewi, leitete innenpolit. Reformen ein; er mußte 1941 nach dem Einrücken Großbritanniens und der UdSSR in den Iran zugunsten seines ältesten Sohnes → Mohammed Resa Pahlewi abdanken und wurde in die Südafrikan. Union verbannt.

Reschenpaß, ital. **Passo di Resia,** Alpenpaß an der Grenze von Nord- und Südtirol, 1504 m, verbindet das Inntal (Nauders) mit dem Vintschgau (Mals). Südlich des Passes liegt der Reschensee mit Stauanlage.

Reschitza, rumän. **Reşiţa** [r'eʃitsa], Bergbaustadt (Eisenerz, Kohle) im Banater Gebirge, Rumänien, (1982) 100000 Ew.; Hüttenkombinat, Stahlerzeugung, chemische Industrie.

Rescht, Rasht, Hptst. der iran. Prov. Gilan, (1981) 194000 Ew., unweit des Kasp. Meeres; Industriestadt; TH; Mittelpunkt der umgebenden Reisanbaugebiete.

Research [rɪs'ə:tʃ, engl.] *das, -(s)/-s,* Markt-, Meinungsforschung.

Reseda [lat.] *die, -/-s,* **Resede** *die, -/-n,* krautige Pflanzengatt. der Fam. Resedagewächse **(Resedaceae),** mit ährigen Blütenständen, zerschlitzten Blütenblättern, vielen Staubgefäßen und beutelförmiger Kapselfrucht. Die wohl aus den Syrtenländern stammende **Wohlriechende R. (R. odorata),** mit grünlichen, herb duftenden Blüten, ist Gartenblume. Auf kiesigem Boden Mitteleuropas heimisch sind die gelblich blühenden Arten **Gelber Wau (R. lutea),** zweijährig, mit fiederschnittigen Blättern, und **Färberwau (R. luteola),** bis 1 m hoch, mit lanzettlichen Blättern, enthält einen gelben Farbstoff.

Resektion [lat.] *die, -/-en,* ⚕ operatives Entfernen eines erkrankten Organteiles oder Knochens.

Resene [lat.] *Pl.,* stark ungesättigte, sauerstoffhaltige organ. Stoffe in Naturharzen.

Reserpin [lat.] *das, -s,* Alkaloid aus → Rauwolfia serpentina.

Reservatio mentalis [lat.] *die, - -/... ti'ones ... t'ales,* → geheimer Vorbehalt.

Reservation [lat.] *die, -/-en,* **Reservat** *das, -(e)s/-e,* **1)** Vorbehalt, bes. im Recht. **2)** → Indianer-Reservationen.

Reservatrechte, lat. **Iura (caesarea) reservata, 1)** im älteren Dt. Reich (bis 1806) die Rechte des Kaisers, die er ohne Mitwirkung des Reichstags ausüben durfte. **2)** im Dt. Reich 1871–1918 die Sonderrechte, die sich die süddt. Staaten bei ihrem Eintritt in das Dt. Reich durch die Novemberverträge von 1870 ›reserviert‹ hatten. Die wichtigsten R. hatten Württemberg (eigene Post- und Telegraphenverwaltung) und Bayern (außerdem eigene Eisenbahnverwaltung, eigenes Heer).

Reserve [frz.] *die, -/-n,* **1)** Rücklage, Notvorrat, Notpfennig: *Reservefonds; Reservereifen; Reservetank.* **2)** Betriebswirtschaft: → Rücklage. **3)** ⚽ noch verfügbare Mannschaft: *Reservespieler.* **4)** *ohne Pl.,* Zurückhaltung: *er läßt sich nicht aus der R. locken,* ist äußerst zurückhaltend. **5)** ⚭ in der Bundesrep. Dtl. die ausgebildeten und der Wehrüberwachung (bis zum 35. Lebensjahr) unterliegenden Wehrpflichtigen. **6)** Truppen, die zunächst zurückbehalten und je nach der Kampflage eingesetzt werden. *der* **Reservist,** *-en/-en,* Angehöriger der R. *ich* **reserviere** *es mir,* halte zurück, lasse für mich vormerken: *reservierte Plätze. Subst. die* **Reservierung,** *-/-en.* **reserviert,** zurückhaltend, kühl.

Reservedruck, Schutzdruck, Textildruckverfahren, bei dem die mit Schutzpasten mustergemäß bedruckten Stellen während der folgenden Färbung keinen Farbstoff annehmen, also ›reserviert‹ bleiben.

Reserve|offizier, Bundeswehr: Soldat, der nach Beendigung des Wehrdienstes (Grundwehrdienst, Wehrübungen, Dienst als Soldat auf Zeit) in einer der Offizierslaufbahnen der Reserve angehört.

Reservestoffe, die → Speicherstoffe.

Reservewährung, Leitwährung, in der im Welthandel viel fakturiert wird und in der deshalb andere Länder einen Teil ihrer Währungsreserven halten. R. war früher bes. das engl. Pfund, seit dem 2. Weltkrieg v. a. der US-$; auch die D-Mark spielt als R. eine Rolle. (→ Sonderziehungsrechte)

Reservoir [rezɛrvw'a:r, frz.] *das, -s/-e,* **1)** Behälter, bes. Wasserspeicher. **2)** Ü Vorrat.

Residenz [lat.] *die, -/-en,* Sitz eines Landesherrn oder eines hohen geistl. Würdenträgers; heute Sitz des Staatsoberhauptes. *Vb. ich* **residiere.**

Residenzpflicht, die Pflicht der Geistlichen und Beamten, an ihrem Amtssitz zu wohnen; für Rechtsanwälte besteht R. innerhalb des OLdGer.-Bezirks der Zulassung.

Residualgebirge [lat.], durch Auslaugung von Salzgesteinen gebildeter Rückstand aus Gips, Ton u. a. schwer- oder unlösl. Gesteinen.

Residu|um [lat.] *das, -s/... du|en,* Rückstand, Rest. *Adj.* **residual.**

Resignation [lat.] *die, -,* Ergebung, Verzicht, Entsagung. *Vb. ich* **resigniere. resigniert,** ergeben, gefaßt.

Resinate [von lat. resina ›Harz‹], *Sg. das* **Resinat** *-(e)s,* Salze der → Harzsäuren.

Resinit [vgl. Resinate] *der, -s,* Gefügebestandteil der Kohle, v. a. aus strukturlosen Harz- und Wachspartikeln; → Streifenarten.

Resinoide [vgl. Resinate], *Sg. das* **Resinoid,** *-s,* Extraktstoffe aus pflanzl. und tier. Drogen, Balsamen, Gummistoffen, Harzen u. a., verwendet v. a. in der Parfümerie.

Résistance [rezist'ãs, frz. ›Widerstand‹] *die, -,* die frz. Widerstandsbewegung gegen die dt. Besatzungsmacht und den mit ihr zusammenarbeitenden ›État Français‹. Am 18. 6. 1940 rief Gen. Ch. de Gaulle von London aus zur Fortsetzung des Krieges auf und trat dort an die Spitze des → Freien Frankreichs. 1941 gründete er in London das → Französische Nationalkomitee. In Frankreich selbst entwickelten sich zunächst die Widerstandsgruppen des → Maquis. Seit 1942 bildeten sich – meist um eine Zeitungs-Organisation der R. (z. B. ›Combat‹, ›Libération‹, ›Francs-Tireurs et Partisans français‹) – Widerstandsorganisationen in der von dt. Truppen besetzten nördl. wie in der (bis Nov. 1942) nicht besetzten südl. Zone Frankreichs. Zw. den von de Gaulle in London geführten Kräften und den Organisationen der R. in Frankreich entwickelte sich eine vielfältige Zusammenarbeit. Nach der Rückeroberung N-Afrikas ging de Gaulle nach Algier und konnte sich dort als Führer des ›Frz. Komitees der nationalen Befreiung‹ durchsetzen. Im Juni 1944 wurde dieses Komitee in die ›Provisorische Regierung der Frz. Republik‹ umgewandelt, an deren Spitze de Gaulle im Oktober 1944 in Paris einzog.

Resistanz [lat.] *die, -,* ⚡ der Wirkwiderstand im Wechselstromkreis, Kehrwert: Konduktanz. (→ Widerstand)

Resistencia [-sia], Hptst. der Prov. Chaco, Argentinien, (1980) 218000 Ew.; Handels- und Industriezentrum; Univ.; kath. Bischofssitz.

Reseda: Wohlriechende R.

Resistenz [lat. ›Widerstand‹] *die, -/-en,* ⚕, Biologie: die ererbte Fähigkeit von Mensch, Tier und Pflanze, Infektionen, Vergiftungen oder sonstigen chem., physikal. und biolog. schädl. Einflüssen gegenüber Widerstand zu leisten. Hiervon ist die erworbene →Immunität zu unterscheiden. Von großer prakt. Bedeutung ist die Ausbildung von resistenten Stämmen der Mikroorganismen für die Bekämpfung der Krankheitserreger. Viele erst hochwirksame Heilmittel (Chemotherapeutika) haben später versagt, weil die Entwicklung der R. infolge einer sprunghaften, vererbl. Änderung (Mutation) die Krankheitserreger unangreifbar gemacht hat. *Adj.* **resistent.**

Resistenza [ital. ›Widerstand‹] *die, -,* die ital. Widerstandsbewegung gegen den Faschismus; seit Juni 1944 unter einheitlichem, militär. Oberbefehl.

Resistivität [lat.] *die, -,* der →spezifische Widerstand.

Resit [vgl. Resinate] *das, -s/-e,* →Phenolharze.

Resitol [vgl. Resinate] *das, -s/-e,* →Phenolharze.

Reskript [lat.] *das, -(e)s/-e,* **1)** ♧ Verfügung, Erlaß. **2)** röm. Recht: die Entscheidung eines Einzelfalls durch den Kaiser. **3)** kath. Kirchenrecht: schriftl. Bescheid des Papstes oder eines anderen Ordinarius auf eine Anfrage oder einen Antrag. *ich* **reskribiere,** ♧ gebe einen schriftl. Bescheid.

Resnais [rɛn'ɛ], Alain, frz. Filmregisseur, * Vannes 3. 6. 1922, begann mit Dokumentarfilmen, dann Vertreter der ›nouvelle vague‹ im frz. Film.

Filme: Hiroshima, mon amour (1959); Letztes Jahr in Marienbad (1960); Muriel oder die Zeit der Wiederkehr (1962); Der Krieg ist vorbei (1965); Ich liebe dich, ich liebe dich (1967); Providence (1977); Mein Onkel aus Amerika (1980) u. a.

Resol [vgl. Resina] *das, -s/-e,* →Phenolharze.

resolut [lat.], entschlossen, herzhaft, forsch.

Resolution [lat.] *die, -/-en,* Beschluß, Entschließung.

Resonanz [lat.] *die, -/-en,* **1)** Widerhall, Mitklingen. **2)** ((ψ)) das Mitschwingen eines Schwingkreises mit einem erregenden Sender, wenn seine durch Kapazität und Induktivität bestimmte Frequenz mit der des Senders übereinstimmt. **3)** ⊠ urspr. das Mitklingen, allg. das Mitschwingen von Systemen (Körpern, Molekülen, Atomen) mit schwach gedämpften Eigenschwingungen, wenn sie durch relativ schwache period. äußere Kräfte mit einer Schwingungszahl (Frequenz) erregt werden, die einer Eigenschwingungszahl des Systems gleich oder fast gleich ist. Das schwingungsfähige System wird als **Resonator** bezeichnet. Resonanzfähig sind z. B. Metall- und Glasstücke, gespannte Saiten, eingeschlossene Luft (z. B. in der Mundhöhle, in Flaschen), Atome und Moleküle in elektromagnet. Feldern. In der Elementarteilchenphysik bezeichnet man kurzlebige Zwischen- oder Anregungszustände von Hadronen als R., R.-Teilchen oder R.-Zustände, die bei hochenerget. Stoßprozessen auftreten (→Massenresonanzen). **4)** ⊃ die →Mesomerie. – Redensart: *das findet keine R.,* keinen Widerhall. **Resonanzboden,** bei Saiteninstrumenten eine Holzplatte, bewirkt größere Klangstärke, da er die Schallenergie schnell an die Luft abgibt; es handelt sich also nicht um R. im eigentlichen Sinn.

Resonanzkreis, →Schwingkreis.

Resonator [lat.] *der, -s/...t'oren,* **1)** ⊠ →Resonanz. **2)** Akustik: **Helmholtz-R.** (→Helmholtz), Hilfsmittel der Klanganalyse (→Klang). **3)** Mikrowellentechnik: →Hohlraumresonator.

Resorcin *das, -s/-e,* m-Dihydroxybenzol, wird hergestellt durch Alkalischmelze der aus Benzol mit rauchender Schwefelsäure entstehenden m-Benzoldisulfonsäure; Verwendung v. a. zu Klebstoffen und Harzen **(R.-Formaldehyd-Harze),** daneben zu Farbstoffen.

Resorption [lat.] *die, -/-en,* **1)** 🜨 An- oder Auflösung von bereits ausgeschiedenen Kristallen durch die magmat. Restschmelze. **2)** Physiologie: Aufsaugung, Aufnahme von Stoffen durch Körpergewebe, bes. Haut oder Schleimhaut, hindurch in das Körperinnere (Blut, Körpersäfte, Zellen). Die R. kann aktiv durch energieverbrauchenden Transport oder passiv v. a. durch Diffusion oder Osmose stattfinden. Die R. von Nährstoffen geht im Magen-Darm-Kanal, beim Menschen bes. im Dünndarm, aktiv und passiv vor sich. Die R. von Arzneimitteln erfolgt u. a. durch die Schleimhaut von Dünndarm, Dickdarm, Nase, Mundhöhle und durch die Haut. Untergetauchte Wasserpflanzen resorbieren Wasser mit ihrer ganzen Oberfläche, Landpflanzen bes. mit den Wurzeln. *ich* **resorbiere** *es,* sauge auf, nehme vollständig auf.

Resozialisierung *die, -/-en,* Wiedereingliederung eines Straftäters in die Gesellschaft im Rahmen des Strafvollzuges. Die R. ist zu unterscheiden von der Rehabilitation als (Wieder-)Eingliederung von Behinderten und von der Hilfe zur Überwindung besonderer sozialer Schwierigkeiten als Art der Sozialhilfe zugunsten von Nichtseßhaften, Obdachlosen u. a.

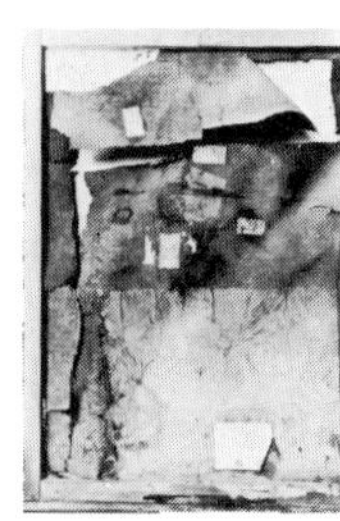

Restaurierung: OBEN Außergewöhnlich stark beschädigtes Porträt aus dem 18. Jh. MITTE Die Rückseite des gleichen Porträts mit schädlichen, dilettantisch aufgeklebten Flicken. UNTEN Das auf vollen Schauwert restaurierte Porträt

Respekt [lat.] *der, -s,* **1)** Achtung, Ehrfurcht, Scheu. **2)** leerer Rand bei Briefen, Kupferstichen: *Respektrand.* **respektabel,** achtunggebietend, angesehen. *ich* **respektiere, 1)** *ihn, es,* achte; erkenne an. **2)** *Wechsel,* löse ein. **Respektsperson,** achtunggebietende Persönlichkeit.

respektive [lat.], Abk. **resp.,** beziehungsweise, oder.

Respighi [rɛsp'i:gi], Ottorino, ital. Komponist, * Bologna 9. 7. 1879, † Rom 18. 4. 1936, ein Meister der neueren ital. Instrumentalmusik; seine spätromant. Orchesterkunst weist Einflüsse von R. Strauss auf. Er komponierte sinfon. Dichtungen (›Le fontane di Roma‹, ›I pini di Roma‹, ›Feste romane‹), Opern, Lieder, bearbeitete Werke alter Meister (J. S. Bach, G. Frescobaldi u. a.).

Respiration [lat.] *die, -,* die →Atmung. **respiratorisch,** mit der Atmung zusammenhängend.

Respirations|apparat, Vorrichtung zum Bestimmen der Sauerstoffaufnahme und Kohlendioxidabgabe durch die Lungen als Maß für den Grundumsatz bei Mensch und Tier.

Respirator [lat.] *der, -s/...t'oren,* Gerät zur →künstlichen Atmung.

Responsorium [lat.] *das, -s/...ri|en,* **1)** lat. Liturgie: Antwortgesang von Chor und Kantor, der im Stundengebet auf die Lesungen folgt. **2)** evang. Liturgie: Wechselgesang zw. dem Liturgen und der Gemeinde.

Responsum [lat.] *das, -s/...sen,* Judentum: schriftl. Entscheide und Antworten eines anerkannten Gelehrten oder Rabbiners auf schriftl. Anfragen rabbin. Gerichte oder von Gemeindevertretern. Die mehr als 350000 Schriften in rd. 2000 R.-Sammlungen sind meist hebräisch, z. T. aramäisch und arabisch abgefaßt. Die Blütezeit des R. war im 12.–16. Jh.

Ressentiment [rɛsãtim'ã, frz.] *das, -s/-s,* vom Wortsinn her das Nacherleben eines früheren Gefühls, insbes. einer erlittenen Kränkung und des damit verbundenen Grolls; oft uneingestandener Neid und Haß gegenüber einer Person, aus dem Gefühl, ihr gegenüber benachteiligt zu sein; verbunden mit der Tendenz, sie durch Mißachtung, herabsetzende, unsachl. Kritik u. a. Verhaltensweisen zu treffen und zu schädigen.

Ressort [rɛs'o:r, frz.] *das, -s/-s,* Zuständigkeitsbereich, Fach, Geschäftsbereich einer Behörde, bes. eines Ministers. **Ressortminister,** Minister mit eigenem Verwaltungsbereich, im Unterschied zum Minister ohne Geschäftsbereich, ohne Portefeuille.

Ressource [rəs'urs, frz.] *die, -/-n, meist Pl.,* i. w. S. Produktionsfaktor (Arbeit, Boden, Kapital; auch das human capital, →Volksvermögen); i. e. S. Rohstoff, Energieträger.

Rest [ital. resto] *der, -es/-e* (und ♧ *-er),* **1)** das, was übrigbleibt, Rückstand: *das wird ihm den R. geben,* Ü ihn ruinieren. **2)** chem. Restgruppe, →R 12). **3)** △ natürl. Zahl, die beim Dividieren zweier Zahlen übrigbleibt, im Beispiel 13 : 5 = 2 + 3/5 ist 3 der Rest. **restant,** rückständig (mit Zahlungen). *der* **Restant,** *-en/-en,* **1)** liegengebliebene Ware. **2)** rückständiger Schuldner. **3)** Bankverkehr: gekündigtes oder ausgelostes Wertpapier, das noch nicht eingelöst wurde. *es* **restiert,** bleibt übrig. **restlich,** übrig, als R. vorhanden: *meine restlichen Schulden.* **restlos,** keinen R. übriglassend; ganz und gar: *alles Geld wurde restlos ausgegeben.*

Re|stalinisierung *die, -,* in der UdSSR seit den 60er Jahren einsetzende günstigere Bewertung Stalins, war begleitet von einer Verschärfung des innenpolit. Kurses der KPdSU.

Restaurant [rɛstor'ã, frz.] *das, -s/-s,* qualitativ gehobene Gaststätte. *der* **Restaurateur** [rɛstorat'ø:r], *-s/-e,* ♧ Gastwirt.

Restauration [lat.] *die, -/-en,* die Wiederherstellung eines früheren polit. oder wirtschaftl. Zustandes, bes. die Wiedereinsetzung eines gestürzten Herrscherhauses. **Restaurationszeit** (so genannt nach dem Hauptwerk des Staatsphilosophen C. L. v. →Haller), die Jahre vom Wiener Kongreß (1815) bis zur Julirevolution in Paris (1830), in denen in allen europ. Staaten versucht wurde, die polit. Verhältnisse der Zeit vor der Frz. Revolution wiederherzustellen, bes. die Herrschaft der Bourbonen Ludwig XVIII. und Karl X. in Frankreich.

Restaurierung [lat.] *die, -/-en,* die Wiederherstellung oder Erhaltung gealterter, beschädigter oder durch spätere Hinzufügungen entstellter Kunstwerke. Die neuzeitl. R. ist bestrebt, den Originalzustand möglichst zurückzugewinnen (restaurieren) oder den jeweiligen Erhaltungszustand zu sichern (konservieren). Alle Arten von R. sollten nur von Fachleuten mit spezieller Ausbildung vorgenommen werden. Bei Gemälden erfordert schon die Reinigung Fachkenntnisse, bes. wenn eine Abnahme des alten, vergilbten oder gebräunten Firnisses notwendig ist, der oft mit Sprüngen und Rissen (›Krakelüren‹) durchsetzt ist. Schwer beschädigte Gemälde versucht man durch erneutes Planieren und Übertragen auf einen neuen Bildgrundträger unter Sicherung der Bildschicht sowie durch Retuschierarbeiten zu retten. Plastiken restauriert man, wenn farbige Fassungen oder Vergoldungen abgeblättert sind oder wenn sie mehrfach übermalt wurden. Holzfiguren verlangen oft eine Imprägnierung gegen Holzschädlinge. Sandstein-Skulpturen werden durch Sandstrahlgebläse gereinigt. Bei der R. von Wandmalereien handelt es sich außer um Reinigung oder Aufdecken auch um Abnehmen und Übertragen der Fresken; dabei wird die Bildschicht mit mehreren dicken Sicherungslagen überklebt, um dann die Farbschicht der Malerei zusammen mit einer dünnen Putzmörtelschicht in Teilstücken vom Unterputz abzuschälen. Die abgenommenen Fresken werden entweder auf gespanntem Gewebe, starren Tafeln oder direkt wieder auf Wände geklebt. – R. werden außerdem vorgenommen an Büchern (Papyri, Codices, Autographen, Einblattdrucke u. a.), an Musikinstrumenten (Wiederherstellung der Klangfähigkeit des Instruments z. Z. seines Baues) und an Textilien (Teppiche, Wandteppiche, Fahnen, Stoffe, Paramente, Kostüme). *der* **Restaurator,** *-s/... t'oren,* Wiederhersteller von beschädigten Kunstwerken. *ich* **restauriere** *es,* stelle wieder her.

Restif de la Bretonne [- də la brət'ɔn], **Rétif de la Bretonne,** Nicolas, frz. Schriftst., *Sacy (Yonne) 23. 11. 1734, † Paris 3. 2. 1806; Sittenromane mit realist., teils drastisch erot. Darstellungen des ländl. und des Pariser Lebens; bed. Vorläufer der realist. Romane des 19. Jh.; ferner sozialreformer. Schriften.

HW: Der verführte Bauer (1776); Anti-Justine oder die Wonnen der Liebe (1798).

Restitution [lat.] *die, -/-en,* **1)** Wiederherstellung, Erstattung. **2)** die Rückgabe der in Dtl. unter der nat.-soz. Herrschaft im Zuge rassischer, religiöser oder polit. Verfolgung entzogenen Gegenstände (→ Rückerstattung). **3)** Entwicklungsphysiologie: mit Neubildung verbundene Wiederherstellung eines Organismus nach Verletzung. Bei Pflanzen ist dazu jede Zelle befähigt, bei Tieren sind es nur die embryonalen Zellen. **4)** Völkerrecht: die Wiedergutmachung völkerrechtswidriger Wegnahmen von Gegenständen durch die Besatzungsmacht in einem kriegerisch besetzten Gebiet in Gestalt der Rückerstattung **(Naturalrestitution).** *ich* **restituiere** *es ihm,* erstatte, ersetze.

Restitutions|edikt, Erlaß Kaiser Ferdinands II. vom 6. 3. 1629, nach dem alle seit dem Passauer Vertrag (1552) von den Protestanten eingezogenen Kirchengüter den Katholiken zurückgegeben wurden, die Reformierten vom Religionsfrieden ausgeschlossen sein sollten und den kath. Reichsständen gestattet wurde, ihre Untertanen zu rekatholisieren. Der weitere Verlauf des → Dreißigjährigen Krieges machte das R. unwirksam.

Restitutionsklage, ⚖ die Klage auf Wiederaufnahme des Verfahrens nach Rechtskraft des Urteils wegen eines Restitutionsgrundes, der im früheren Verfahren noch nicht geltend gemacht werden konnte (§§ 578 ff. ZPO, → Wiederaufnahme des Verfahrens).

Restkristallisation, letzter Abschnitt bei der Erstarrung eines Magmas, gekennzeichnet durch zunehmende Anreicherung leichtflüchtiger Bestandteile. Die R. umfaßt das Stadium der Bildung der Pegmatite, der Pneumatolyse und das hydrothermale Stadium. Hierbei entstehen jeweils auch wichtige Erzlagerstätten.

Restmagnetisierung, → Hysterese.

Restriktion [lat.] *die, -/-en,* **1)** allg.: Beschränkung, Vorbehalt. **2)** **Kreditrestriktion,** Einschränkung von Krediten, ein Mittel der Geldpolitik. **3)** ⚖ die einschränkende (restriktive) Auslegung, die einen zu weit gefaßten Rechtssatz auf bestimmte Tatbestände einengt. **restringiert,** beschränkt.

Restriktions|enzyme, aus Bakterien isolierte Enzyme, mit deren Hilfe sich die DNS-Struktur von Lebewesen durch Aufspaltung in Einzelfragmente entschlüsseln läßt; bisher bes. zur Entschlüsselung des genetischen Codes bei Viren verwendet.

Rest|stickstoff, stickstoffhaltige Endprodukte des Eiweißstoffwechsels, wie Harnstoff, Harnsäure, Kreatinin, Kreatin, Aminosäuren, die sich bes. bei Nierenkrankheiten mit Niereninsuffizienz im Blut anhäufen (Azotämie).

Rest|strahlen, elektromagnet. Strahlen wie Licht (aber im Wellenlängenbereich des Infraroten) von etwa 0,01 bis 0,15 mm, die durch mehrfache, stark selektive Reflexionen infraroter Strahlen an best. Kristallen als fast monochromat. Strahlung **(Reststrahlenbande)** erhalten werden.

Resultante [lat.] *die, -/-n,* **1)** rechner. Hilfsmittel bei der Auflösung algebraischer Gleichungssysteme. **2)** **Resultierende,** Summe zweier → Vektoren, z. B. zweier Kräfte. *das* **Resultat,** *-(e)s/-e,* Ergebnis, Erfolg. *es* **resultiert** *aus etwas,* ergibt sich daraus.

Resümee [frz.] *das, -s/-s,* Zusammenfassung, Übersicht. *Vb. ich* **resümiere** *(es).*

Resurrektion [lat.] *die, -/-en,* Auferstehung.

Retabel [lat.] *das, -s/-,* Altaraufsatz (→ Altar).

retablieren [lat.]. *ich* **retabliere,** **1)** *ihn,* setze wieder ein. **2)** *es,* stelle wieder her.

retardieren [lat.]. *ich* **retardiere** *es,* verzögere. *die* **Retardation,** *-/-en,* Verzögerung. Anthropologie: die Verlängerung des Jugendstadiums beim Menschen im Vergleich zu den nächstverwandten Tieren.

Retention [lat.] *die, -/-en,* **1)** Zurückhalten von Stoffen im Filter oder im Adsorptionsmittel in der Filtrations- und Chromatographietechnik. **R.-Faktor, Rf-Wert,** Größe zur Kennzeichnung der Wanderungsgeschwindigkeit eines Stoffes in der Papier- und Dünnschichtchromatographie. **2)** Rückhaltung, Hemmung und Verzögerung von Hochwasserabflüssen, z. B. in Hochwasserrückhaltebecken. **3)** **Retentionsrecht,** das → Zurückbehaltungsrecht.

Retezatgebirge [-z-], rumän. **Munţii Retezatului** [m'untsi retez'atului], Granitmassiv in den westl. Südkarpaten, bis 2509 m hoch; im mittleren R. 200 km² großer Nationalpark.

Rethel, Alfred, Maler und Zeichner, *Diepenbend bei Aachen 15. 5. 1816, † Düsseldorf 1. 12. 1859, Schüler von W. v. Schadow in Düsseldorf, hatte bereits mit seinen ersten Gemälden und Illustrationszeichnungen großen Erfolg und erhielt 1840 den Auftrag, Wandbilder aus der Gesch. Karls d. Gr. im Rathaussaal in Aachen zu malen, deren Vollendung eine 1853 ausbrechende psych. Erkrankung verhinderte (Entwürfe zu 8 Bildern, 4 von R. ausgeführt). Seine Phantasie bewegten v. a. Themen aus der Geschichte und vom Tod, die er ausdrucksstark gestaltete: Holzschnittillustrationen zur Nibelungenausgabe von O. Marbach (1840); aquarellierte Zeichnungen des Hannibalzugs (1842–44; Dresden); ›Auch ein Totentanz‹, Folge von 6 Holzschnitten, angeregt durch die Revolution 1848 (1849) u. a.

Rethra, im 10. und 11. Jh. der religiöse und polit. Mittelpunkt der → Liutizen in Mecklenburg oder im N Brandenburgs, wurde von mittelalterl. Chronisten beschrieben, konnte bisher nicht lokalisiert werden.

Rethymnon [rεθ'imnɔn], Hptst. des Nomos R. und Hafen an der Nordküste Kretas, (1981) 17900 Ew.; Handelsplatz.

Reticellaspitze [retitʃ'εla-, ital. ›Netzchen‹], Art der handgenähten Spitzen, die früheste ital. Nadelspitze (15. Jh.); später auch in Klöppeltechnik.

Reticulum [lat.] *das, -s,* **Netz,** Sternbild des südl. Himmels.

Rétif de la Bretonne [- də la brət'ɔn], frz. Schriftst., → Restif de la Bretonne.

retikular [lat.], **retikulär,** netzförmig.

retikulo-endotheliales System [grch.-lat.], verkürzt **Retikulo|endothel,** Abk. **RES,** $ Leistungsgemeinschaft von Zellen, die durch ihr Aufnahme-(Phagozyten) und Speicherungsvermögen sowie durch Bildung von Antikörpern bei Abwehrvorgängen eine bedeutende Rolle spielen. Sie gehören dem netzförmigen (retikulären) Bindegewebe und dem Endothel (Innenwand der Blutgefäße) an und sind v. a. in Milz, Knochenmark, Lymphknoten und Leber vorhanden.

Retikulose [lat.] *die, -/-n,* $ Wucherung des → retikulo-endothelialen Systems, z. B. als Reaktion auf Infektionen oder verursacht durch bösartige Neubildung.

Retina [lat.] *die, -/... nae,* $ Netzhaut im → Auge. *die* **Retinitis,** *-/... t'iden,* die Netzhautentzündung.

Retinol [lat.] *das, -s,* das Vitamin A, → Vitamine.

Retirade [frz.] *die, -/-n,* Rückzug. *Vb. ich* **retiriere.**

Retorsion [lat. ›Zurückdrehung‹] *die, -/-en,* **1)** Völkerrecht: die Vergeltung für eine nicht rechtswidrige, doch unfreundl. Handlung eines Staates durch eine entsprechende Handlung, z. B. R.-Zoll (→ Kampfzoll). → Repressalie. **2)** Strafrecht: allg. die Vergeltung, bes. die Erwiderung von Körperverletzungen und Beleidigungen (§§ 199, 233 StGB).

Retorte [frz.] *die, -/-n,* im Laboratorium nur noch bei speziellen Destillationen verwendetes Metall- oder Glasgefäß mit nach unten geneigtem Hals; in der chem. Technik beheizter Behälter in Zylinder- oder Kastenform, wird z. B. bei der Schwelung und Verkokung von Kohlen verwendet. **Retortenkoks, Retortengraphit,** sehr reiner Kohlenstoff, der sich bei der Verkokung an den Wänden der Kokskammern abscheidet, wird für Elektroden, Bogenlampenkohlen, galvanische Elemente u. a. verwendet.

Retortenbaby [-be:bi], U ein durch → künstliche Befruchtung gezeugtes Kind.

retour [rət'u:r, frz.], zurück. *die* **Retourkutsche,** U das Zurückgeben eines Vorwurfs. *ich* **retourniere** *es ihm,* schicke zurück.

Retraite [rətr'ε:t, frz.] *die, -/-n,* **1)** Rückzug. **2)** Signal zum Zapfenstreich bei der Kavallerie.

Retraktion [lat.] *die, -/-en,* $ Zusammenziehung, Schrumpfung.

Retribution [lat.] *die, -/-en,* Wiedererstattung; Rückgabe.

retro... [lat.], rück..., rückwärts... **retrograd,** rückläufig, rückgebildet. **retrospektiv,** rückschauend. *die* **Retrospektive,** *-/-n,* Rückschau, z. B. die Wiederaufführung alter Filme.

retrograde Amnesie, eine → Gedächtnisstörung, die die Erinnerung an Dinge vor dem auslösenden Ereignis betrifft.

Retrozession [lat. ›Wiederabtretung‹], **Folgerückversicherung,** weitere → Rückversicherung seitens eines Rückversicherers.

Retsina, → Rezinata.

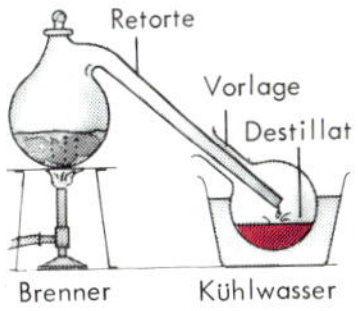

Retorte

1

2

3

4

Rettungsmedaille

Rettungsmedaille: 1 Preußen, R. (1833–1918). **2** Baden-Württemberg, R. (1953). **3** Bundesrep. Dtl., Grubenwehrehrenzeichen (1953). **4** Großbritannien, Medaille für Tapferkeit zur See (1902)

retten [ahd.]. *ich* **rette** *ihn,* bewahre, bringe in Sicherheit, berge aus Gefahr: *er hat mir das Leben gerettet. der* **Retter,** *-s/-,* Bewahrer, Abwender der Gefahr. *Subst. die* **Rettung,** *-/-en* (→ Rettungswesen).

Rettenpacher, Rettenbacher, Simon, Dichter, * Aigen bei Salzburg 19. 10. 1634, † Kremsmünster 10. 5. 1706, Benediktiner, verfaßte historiograph. Werke und lat. Dramen, daneben lat. und dt. Gedichte.

Rettich [ahd., zu lat. radix ›Wurzel‹] *der, -s/-e,* **Raphanus sativus,** zweijährige Gemüsepflanze der Fam. Kreuzblüter, unten mit leierförmigen, oben mit länglich-zackigen Blättern, mit weißen, rosa- oder blaßvioletten Blüten, schwammigen, nicht aufspringenden Schoten und rübig-dickfleischiger, durch Senföl und Zucker brennend-würzig schmeckender Wurzel. Neben Formen mit weißer oder schwärzlicher Wurzelschale (einjähr. **Frühjahrs-** und **Sommer-,** zweijähr. **Winterrettich)** gibt es das rote oder weiße **Radieschen (Radies, Monatsrettich).** BILD Gemüse.

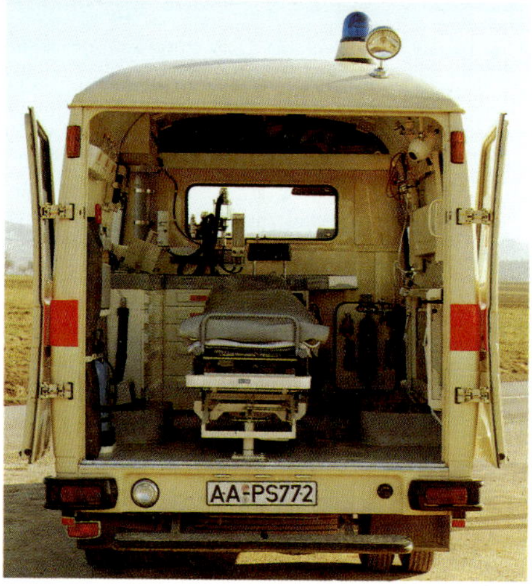

Rettungswesen: OBEN Hubschrauber der Bergwacht im Einsatz. MITTE Notarztwagen für die medizinische Versorgung Schwerverletzter während des Transportes in das nächste Krankenhaus. UNTEN Rettungsinsel; LINKS Containerverpackung, RECHTS entfaltet und aufgeblasen

Rettungs|insel, selbsttätig aufblasbares, überdecktes Gummi- oder Kunststoffboot zur Rettung Schiffbrüchiger; faßt je nach Größe 10–25 Personen und enthält Notproviant, eine Erste-Hilfe-Ausrüstung, oft einen Notsender.

Rettungsmedaille [-medaljə], **Lebensrettungsmedaille,** staatl. Auszeichnung für Rettung aus Lebensgefahr unter Einsatz des eigenen Lebens, am Bande zu tragen. In der Bundesrepublik Dtl. wird die R. von den Bundesländern, in der Dt. Dem. Rep. und Österreich von der Regierung verliehen. In der Schweiz dient diesen Zwecken die ›Silberne Carnegie-Medaille‹. (BILDER S. 405)

Rettungsring, im Wasser tragfähiger Ring aus gepreßtem Kork oder Schaumstoff, mit Gewebe oder Plastik überzogen; heute oft ersetzt durch die → Rettungsweste.

Rettungsschwimmen, Ausbildung in den für die Rettung Ertrinkender notwendigen Maßnahmen (Kraulen, Kleiderschwimmen, Wiederbelebungsversuche, Erste Hilfe); Dachorganisation ist die → Deutsche Lebens-Rettungs-Gesellschaft e. V.

Rettungswesen, Maßnahmen und Einrichtungen der öffentl. Hand, gewerbl. und industrieller Betriebe sowie privater Institutionen und Vereinigungen zur Hilfe bei Unfällen, Erkrankungen, Katastrophen u. a. Notständen. Am Rettungsdienst beteiligen sich viele Organisationen, so das Deutsche → Rote Kreuz, die Bergwacht und Wasserwacht, der Arbeiter-Samariter-Bund Dtl. e. V., der Malteser-Hilfsdienst e. V., Automobilverbände, die Polizei und die Feuerwehr. – Zur Rettung vor dem Ertrinken und aus Seenot dienen Rettungsringe, Schwimmwesten, Rettungsboote, Rettungsflöße, Rettungsinseln, Raketenapparate, Hosenbojen, Tauchgeräte, Tauchretter. Zur Rettung aus Feuergefahr stehen zur Verfügung: tragbare und fahrbare Leitern, Hubrettungsfahrzeuge (Leiterbühnen, Gelenk- und Teleskopmastbühnen), außerdem Sprungtuch, Sprungpolster, Sprungkissen, Rettungsschlauch und Abseilgerät mit Gurt. Zur Rettung aus Bergnot dienen das alpine Notsignal, Rettungsschlitten, Rettungshubschrauber. Bei Straßenverkehrs- und Eisenbahnunfällen werden zur Bergung Kran- und Abschleppwagen, hydraulisch betriebene Rettungsgeräte (Pumpen, Spreizer, Schneidgeräte), Schneidbrenner, ggf. Löschgeräte eingesetzt. Bei Flugzeugunfällen am Boden kommen Rettungsrutschen und Schaumteppich, über See Schwimmwesten und Rettungsinseln, in der Luft der Fallschirm hinzu. Im Untertagebergbau kann Eingeschlossenen Hilfe mit Rettungsbohrungen (zur Versorgung mit Luft, Lebensmitteln und Medikamenten oder durch unmittelbare Bergung, z. B. mit der Dahlbusch-Bombe) gebracht werden. Als Rettungsgeräte bei Sauerstoffmangel dienen Atemschutzgeräte, Höhenatmer, Tauchgeräte. Für den Transport der Verunglückten und Kranken stehen Rettungswagen und Rettungshubschrauber mit ausgebildeten Helfern (Sanitäter, z. T. Ärzte) zur Verfügung. Das R. auf See wurde in dem internat. Übereinkommen zum Schutz des menschl. Lebens auf See festgelegt und in der dt. Schiffssicherheitsverordnung und den Unfallverhütungsvorschriften der Seeberufsgenossenschaft ergänzt. Bei Schiffbruch in Küstennähe leistet der Küstenrettungsdienst Hilfe (→ Deutsche Gesellschaft zur Rettung Schiffbrüchiger). Die → Deutsche Lebens-Rettungs-Gesellschaft e. V. widmet sich bes. der Ausbildung von Rettungsschwimmern, ebenso in der Schweiz die ›Schweizerische Lebensrettungs-Ges.‹ und die ›Fédération du Lac Léman‹ und in Österreich die ›Österr. Wasserrettung‹. (Weiteres BILD S. 407)

Rettungsweste, Schwimmweste, sich selbsttätig aufblasende Weste in weithin sichtbarer Farbe (orange); auch mit Kopfstütze für Ohnmächtige. (Weiteres BILD S. 407)

Return [rɪ'tə:n, engl.] *der, -s/-s,* Tennis, Tischtennis, Badminton, Squash u. a.: Rückschlag des vom Gegner aufgeschlagenen Balles.

retuschieren [frz.]. *ich* **retuschiere** *es,* überarbeite positive oder negative Bildvorlagen zur Korrektur fehlerhafter Stellen, Hervorhebung von Einzelheiten, Verbesserung der Bildwirkung (Abdecken, Abschwächen, Verstärken), z. B. durch Farbauftragen mit Spritzpistole, Pinsel, Graphitstift, Schaben mit dem Retuschiermesser oder auf chem. Weg. *Subst. die* **Retusche,** *-/-n.*

Retz [rɛs, rɛ], Jean François Paul de **Gondi** [gɔ̃d'i], Kardinal (1652) von R., frz. Politiker, * Montmirail (Dép. Marne) 20. 9. 1613, † Paris 24. 8. 1679; 1648–52 einer der Führer der Fronde gegen Mazarin und die Krone, wurde gefangengesetzt, entfloh 1654 ins Ausland, kehrte 1661 nach Frankreich zurück. Seine 1662 begonnenen ›Mémoires‹ (1717) haben histor. Quellenwert und sind ein literar. Kunstwerk.

Retz, Rais [rɛs, rɛ], Gilles de **Laval,** Baron von, Marschall von Frankreich, * Schloß Champtocé (Maine-et-Loire) 1404, † Nantes 26. 10. 1440, kämpfte bei Orléans neben Jeanne d'Arc. Später widmete er sich der Magie und brachte in Verbindung damit viele Kinder um. R. wurde zum Feuertod verurteilt.

Reuchlin, gräzisiert **Kapnion, Capnio(n),** Johannes, Humanist, * Pforzheim 22. 2. 1455, † Bad Liebenzell oder Stuttgart 30. 6. 1522, anfangs als Jurist im Dienst Eberhards von Württemberg, 1502–13 im Richterkollegium des schwäb. Bundes, in seinen letzten Jahren Lehrer des Griechischen und Hebräischen an den Univ. Ingolstadt und Tübingen. R. gilt neben Erasmus von Rotterdam als das Haupt des dt. Humanismus. Die Kenntnis des Griechischen hat er maßgeblich gefördert. Bahnbrechend wirkte er für das in Dtl. noch kaum geübte Studium des Hebräischen, mit dem er wissenschaftlich das A. T. erschloß. In einem langdauernden, großes Aufsehen erregenden Streit mit J. Pfefferkorn und der Kölner Theolog. Fakultät kämpfte er gegen die Vernichtung des jüd. Schrifttums und im Bündnis mit den Humanisten (→ Dunkelmännerbriefe) für die Freiheit der wissenschaftl. Arbeit. Mit ›Sergius‹ und ›Henno‹, 1496/97 in Heidelberg entstanden, wurde er zum Mitbegründer des Schuldramas in Dtl.

Reue [ahd. (h)riuwa ›Betrübnis‹] *die, -,* **1)** Schmerz über das eigene Tun; Bereitschaft zur Buße. **2)** Strafrecht: **tätige R.,** → Versuch. *es* **reut** *mich,* ich bedaure es, fühle R. darüber: *diese Ausgabe reut mich.* **reuig, reumütig,** zerknirscht, bußfertig.

Reuenthal, Neidhardt von R., mhd. Lyriker, → Neidhart von Reuenthal.

Reugeld, 1) ⚖ Zahlung, die dem Leistenden vertragsmäßig den Rücktritt von einem Vertrag gestattet (§ 359 BGB). **2)** → Pferderennen.

Re|union *die,* ♧ **1)** *-/-en,* Wiedervereinigung, Vereinigung. **2) Réunion** [reynj'ɔ̃, frz.], *-/-s,* Gesellschaft, Ball.

Réunion [reynj'ɔ̃], Insel im Ind. Ozean, die südwestlichste der Maskarenen, 2510 km², (1982) 515800 Ew., meist Mischlinge von Franzosen und ehem. Negersklaven sowie Madegassen; Hptst.: St.-Denis. – R. ist vulkan. Ursprungs (im Piton des Neiges 3069 m hoch) mit tätigen Vulkanen (Piton de la Fournaise 1823 m). Das Klima ist tropisch, im O regenreich, im W trockener. Anbau von Zuckerrohr, Kaffee, Duft- und Gewürzpflanzen (Vanille), Mais, Maniok u. a.; wichtigste Ausfuhrgüter: Zucker, Vanille, Parfümessenzen; Haupthafen: Pointe-des-Galets. – R., Anfang des 16. Jh. von dem Portugiesen Mascarenhas entdeckt, wurde seit Mitte des 17. Jh. von Franzosen besiedelt, erhielt den Namen Île Bourbon, 1806 Île Bonaparte; 1810–14 war die Insel in brit. Hand. 1843 erhielt sie den heutigen Namen, seit 1946 frz. Übersee-Département.

Re|unionen, die gewaltsamen Gebietsaneignungen Ludwigs XIV. an der frz. Ost- und Nordgrenze 1679–81, mit der Begründung, daß diese Gebiete früher zu den in den Friedensschlüssen von Münster (1648), Aachen (1668) und Nimwegen (1679) an Frankreich abgetretenen Ländern gehört hätten. So eigneten sich die Franzosen etwa 600 Herrschaften, Städte, Flecken und Dörfer an, am 30. 9. 1681 auch Straßburg. Im Frieden zu Rijswijk (1697) mußte Ludwig XIV. einen Teil der R., nicht aber Straßburg u. a. elsäss. Gebiete, zurückgeben.

Re|us, Marktstadt in der Prov. Tarragona, Spanien, (1981) 80700 Ew.; Konservenherstellung, Textil-, Maschinen- u. a. Ind.

Reusch, Erich, Bildhauer, Architekt, * Wittenberg 26. 6. 1925, experimentierte 1956 mit horizontaler Plastik (Balkenelemente direkt auf dem Boden), unternahm seitdem Versuche zur plast. Aktivierung des Raums (Ruhr-Univ. Bochum, 1971; Olympiagelände München, 1978/81) oder zur Einbeziehung neuer Medien und Materialien (Windenergie, Überschallwellen, Laserflächen, Kohlenstaub mit seinen elektrostat. Eigenschaften) in die Plastik.

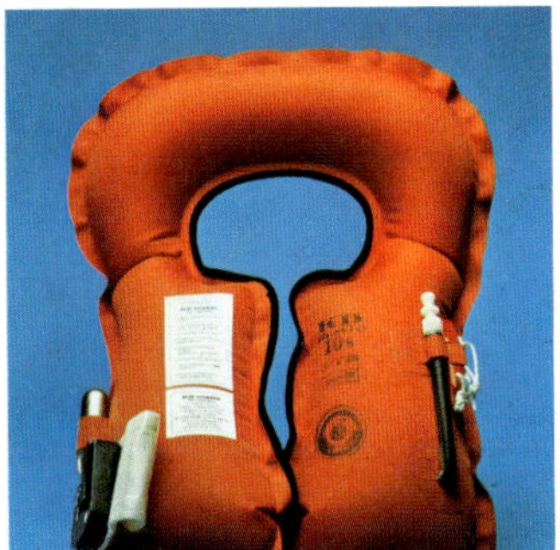

Rettungsweste

Reuse [zu Rohr] *die, -/-n,* Fanggerät für Fische und Vögel. Die **Fisch-R.** ist meist tonnen- oder kegelförmig und besteht aus Weiden-, Netz- oder Drahtgeflecht mit trichterförmigem Eingang, durch den eingeschlüpfte Fische nicht wieder hinausgelangen; auch mit Köder. Mit großen mehrkammerigen R., die Flügel **(Flügel-R.)** oder Zäune **(Fischwehr)** besitzen, sperrt man best. Gebiete

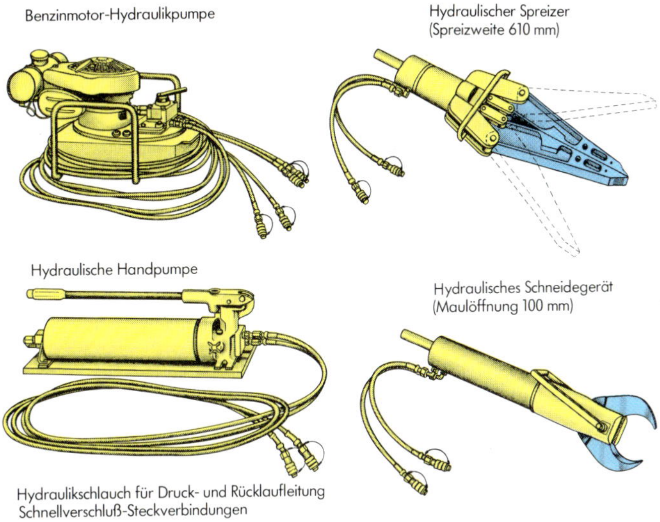

Rettungswesen: Hydraulisch betriebene Rettungsgeräte zur Bergung von Unfallopfern. Der von einer Pumpe erzeugte Druck wird über Schlauchverbindungen in den Spreizer und/oder das Schneidegerät weitergeleitet

ab. Die **Vogel-R.** dient heute dem Vogelfang für wissenschaftliche Zwecke (Beringung u. a.).

Reusner, Reussner, Esaias, Komponist, * Löwenberg (Schlesien) 29. 4. 1636, † Berlin 1. 5. 1679, einer der hervorragendsten dt. Lautenmeister des 17. Jh.

Reuß *die,* rechter Nebenfluß der Aare in der Schweiz, 159 km, entsteht aus der Vereinigung von **Furka-** und **Gotthard-R.,** durchfließt den Vierwaldstätter See, mündet bei Windisch.

Reuß, bis 1918 zwei ehem. dt. Fürstentümer im östl. Thüringen. – Das Haus R. geht auf die Vögte von Weida, Gera und Plauen im Vogtland zurück, die zu den Reichsministerialen gehörten. Eine jüngere Seitenlinie, um 1300 gestiftet, nannte sich R. nach Heinrich dem Rußlandfahrer. Die R. wurden 1673 reichsgräflich und spalteten sich in mehrere Zweige, von denen seit dem 19. Jh. noch **R. ältere Linie (R.-Greiz,** seit 1778 fürstlich) und **R. jüngere Linie (R.-Gera,** seit 1806 fürstlich) bestanden. Die beiden Fürstentümer gingen 1920 im Land Thüringen auf.

reüssieren [frz.]. *ich* **reüssiere,** habe Erfolg.

Reute [mhd.] *die, -/-n, oberdt.:* Rodeland. *ich* **reute** *es, oberdt.:* rode.

Reuter, 1) Christian, Dichter, getauft Kütten bei Zörbig 9. 10. 1665, † wohl in Berlin um 1712. Als Leipziger Student geriet er mit seiner Hauswirtin in Streit und verhöhnte sie in den satirischen Lustspielen ›L'honnête femme oder Die Ehrliche Frau zu Plissine‹ (1695) und ›Der ehrlichen Frau Schlampampe Krankheit und Tod‹ (1696). Ferner: 1. dt. bürgerl. Schelmenroman ›Schelmuffskys Wahrhafftige Curiöse und sehr gefährliche Reisebeschreibung zu Wasser und zu Lande‹ (1696). R. wurde von der Univ. relegiert und war später Gelegenheitsdichter in Berlin.

Ernst Reuter

2) Ernst, Politiker (Sozialdemokrat), * Apenrade 29. 7. 1889, † Berlin 29. 9. 1953, als Kriegsgefangener in Rußland Volkskommissar in der wolga-dt. Rep., kehrte 1918 nach Dtl. zurück und trat 1921 von der KPD zur SPD über, 1931 Oberbürgermeister von Magdeburg, war 1932 MdR., nach 1933 politisch verfolgt, 1939–45 Prof. für Kommunalwissenschaft in Ankara. 1947 wurde er zum Oberbürgermeister von Berlin gewählt; ein sowjet. Einspruch verhinderte jedoch den Amtsantritt. Die Amtsgeschäfte führte bis 1948 Louise Schroeder. Nach den 1948 in ganz Berlin fälligen Wahlen, die aber nur in West-Berlin durchgeführt werden konnten, wurde R. wieder zum Oberbürgermeister gewählt. 1951–53 war er Regierender Bürgermeister, zugleich Präs. des Dt. Städtetags. R. galt schon vor seiner Wahl zum Oberbürgermeister als Repräsentant Berlins und als Vorkämpfer für die Freiheit und Wiedervereinigung Deutschlands.

Fritz Reuter

3) Fritz, nd. Dichter, * Stavenhagen 7. 11. 1810, † Eisenach 12. 7. 1874, wurde wegen Teilnahme an ›Umtrieben‹ der Burschenschaft in Jena 1833 verhaftet, drei Jahre in Untersuchungshaft und nach seiner Verurteilung 1836 (erst zum Tod, dann zu 30jähriger Festungshaft) bis 1840 in Festungshaft gehalten. Zehn Jahre war R. dann in der Landwirtschaft tätig, zuerst als ›Strom‹ (Gutsvolontär); schließlich wurde er Privatlehrer und Schriftst. Auf seine kleinen Scherzgeschichten ›Läuschen un Rimels‹ (1853) folgten die Verserzählungen ›Kein Hüsung‹ (1857), ›Hanne Nüte‹ (1860), der Roman ›Ut de Franzosentid‹ (1859), die versöhnlich humorvolle Schilderung der schweren Jahre der Gefangenschaft ›Ut mine Festungstid‹ (1862) und die Darstellung bäuerl. und kleinbürgerl. Lebens in Mecklenburg ›Ut mine Stromtid‹ (1864) mit der Gestalt des Onkels Bräsig, dann die Erzählungen ›Dörchläuchting‹ (1866) und ›De Reis' nah Konstantinopel‹ (1868). R. hat neben Groths plattdt. Lyrik den plattdt. Prosaroman gestellt.

4) Gabriele, Schriftstellerin, * Alexandria (Ägypten) 8. 2. 1859, † Weimar 14. 11. 1941. Ihre Romane behandeln die soziale und seelische Notlage der Frau und hatten auf die Frauenbewegung großen Einfluß (›Aus guter Familie‹, 1895).

5) Paul Julius Frhr. von (1871), eigtl. Israel Beer **Josaphat** (bis 1844), dt.-engl. Nachrichtenunternehmer, * Kassel 21. 7. 1816, † Nizza 25. 2. 1899; Gründer der heutigen → Reuters Ltd.

Reuters Ltd., brit. Nachrichtenagentur, gegr. 1849 in Aachen von P. J. → Reuter, neu gegr. 1851 in London als ›Mr. Reuter's Office‹, seit 1865 ›Reuter's Telegram Company‹, seit 1916 ›Reuters Ltd.‹, seit 1941 Gemeinschaftsunternehmen der engl. Presse.

Reutertrocknung, → Gerüsttrocknung.

Reuther [r'u:θə], Walter Philip, amerikan. Gewerkschaftsführer, * Wheeling (Va.) 1. 9. 1907, † (Flugzeugabsturz) Pellston (Mich.) 10. 5. 1970, wurde 1946 Präs. der United Automobile Workers Union (UAW), war 1952–55 Präs. des CIO, 1955–67 Vizepräsident der AFL-CIO.

Reutlingen

Reutlingen, Krst. im RegBez. Tübingen, Bad.-Württ., Große Krst., (1984) 96200 Ew.; PH, Fachhochschule für Technik und Wirtschaft; Evang. Fachhochschule für Sozialwesen, Theolog. Seminar der Evang. Methodist. Kirche; Westdt. Gerberschule u. a. Fachschulen; Textil-, Leder-, elektrotechn. Ind., Maschinenbau.

Reutlingen: ehemaliges Spital, davor Maximilianbrunnen

In R. finden sich viele Fachwerkbauten und alte Wehranlagen. Als bedeutendstes Bauwerk gilt die Marienkirche, eine der schönsten Schöpfungen der schwäb. Frühgotik (13./14. Jh.; Turm 15. Jh.; im Innern Taufstein und ›Heiliges Grab‹, 1500). – R., 1090 bezeugt, wurde 1216–40 von Kaiser Friedrich II. als Stadt ausgebaut und nach dem Aussterben der Staufer Reichsstadt. Hier wurde 1377 Graf Ulrich von Württemberg von den schwäb. Reichsstädten besiegt. 1803 kam R. an Württemberg.

Reutte, Marktgem., Sommerfrische und Wintersportplatz in Tirol, Österreich, (1983) 5100 Ew., im Lechtal, 850 m ü. M.; Textil-, Metallindustrie.

Reutter, 1) Hermann, Komponist, * Stuttgart 17. 6. 1900, † ebd. 1. 1. 1985; schuf Werke teils volkstüml., teils gemäßigt modernen Charakters. – HW: *Opern:* Dr. Johannes Faust (1937); Don Juan und Faust (1950); Hamlet (1980). – *Oratorium:* Der große Kalender (1932). Klavierstücke, Lieder u. a.

2) Otto, Vortragskünstler, * Gardelegen 24. 4. 1870, † Düsseldorf 3. 3. 1931; humorist. Berliner Couplets.

Revakzination [lat.] *die, -/-en,* ⚕ erneute Impfung. *ich* **revakziniere** *ihn.*

Reval, estn. **Tallinn,** russ. **Tallin,** Hptst., kultureller und wirtschaftl. Mittelpunkt der Estn. SSR, UdSSR, an einer Bucht des Finn. Meerbusens, wichtiger Hafen, (1983) 454000 Ew.; Verkehrsknoten; Nahrungsmittel-Ind., Schiff-, Maschinenbau, elektrotechn., Textil-, Holz-, Papier-, Cellulose-, chem., Baustoff-Ind.; 4 Hoch-, 12 Fachschulen, 13 Museen, 4 Theater; Baudenkmäler: Burg (1219, vielfach erneuert), St.-Olai-Kirche (13./14. Jh., erneuert 1820), Dom (13. Jh., erneuert 1433, 1684), Nikolaikirche (um 1280), Rathaus (1404 vollendet), spätgot. Schwarzhäupterhaus sowie alte Befestigungsanlagen. – Um die von Waldemar II. von Dänemark an Stelle der Estenburg Lindanise gegr. Burg entstand um 1230 die dt. Stadt, die 1285 der Hanse beitrat und seit 1346 zum Dt. Ordensstaat gehörte. Sie kam 1561 an Schweden, 1710 an Rußland; 1918–40 war R. Hptst. der unabhängigen Rep. Estland.

revalieren [lat.]. *ich* **revaliere** *es,* stelle in Rechnung. *Subst. die* **Revalierung,** *-/-en.*

Revalierungsklage, Wechselrecht: Klage des Bezogenen gegen den Aussteller auf Ersatz des zur Einlösung des Wechsels Aufgewendeten oder auf Deckung vor der Zahlung.

Revalvation [lat.] *die, -/-en,* → Aufwertung.

Revanche [rəv'ãʃ, frz.] *die, -/-n,* **1)** Vergeltung, Genugtuung. **2)** Möglichkeit, eine Niederlage wettzumachen (Sport, Kartenspiel); Rückspiel. *ich* **revanchiere** *mich für etwas,* **1)** räche mich. **2)** U erwidere ein Geschenk, eine Gefälligkeit.

Revanchismus [-vãʃ-, frz.] *der, -,* nach Vergeltung strebende Außenpolitik; polit. Schlagwort mit abwertender Tendenz, im kommunist. Sprachgebrauch häufig verwendet für eine Politik, die die seit 1945 in Mittel- und O-Europa entstandenen polit. Gegebenheiten verändern will. *Adj.* **revanchistisch.** *der* **Revanchist,** *-en/-en,* Vertreter des R.

Reveille [rəv'ɛj, frz.] *die, -/-n,* ✠ Wecksignal.

Reventlow [-lo], Adelsgeschlecht aus Dithmarschen, seit 1673 gräflich, spielte in der schlesw.-holst. und dän. Geschichte eine bed. Rolle. – Franziska (eigtl. Fanny) Gräfin zu, Schriftstellerin, * Husum 18. 5. 1871, † Muralto bei Locarno 25. 7. 1918, gehörte zur Münchener Bohème; sie schrieb Skizzen, Romane (›Von Paul zu Pedro‹, 1912; ›Der Geldkomplex‹, 1916).

Reverdy [rəvɛrd'i], Pierre, frz. Schriftst., * Narbonne 13. 9. 1889, † Solesmes (Sarthe) 21. 6. 1960; gehörte zur ersten Gruppe der Surrealisten; Lyrik, Essays, Romane, Erzählungen.

Reverend [lat. reverendus ›ehrwürdig‹] *der, -s/-s,* Abk. **Rev.,** Titel der Geistlichen im englischsprachigen Raum; in Italien **Reverendo.**

Reverenz [lat.] *die, -/-en,* Verbeugung, Ehrerbietung.

Rêverie [rɛvr'i, frz.] *die, -/...r'i|en,* ♪ Träumerei; Bez. vieler Musikstücke.

Revers [lat.-frz.] *der, -es/-e,* **1)** Verpflichtungsschein, schriftl. Erklärung. **2)** Rückseite einer Münze; Ggs.: Avers. **3)** [rəv'ɛ:r] *das* oder *der, -/-,* Aufschlag an Kleidungsstücken.

reversibel [lat.-frz.], umkehrbar. **Reversible Prozesse** in einem thermodynam. System lassen sich ohne gleichzeitige Zustandsänderungen in der Umgebung vollständig rückgängig machen; Ggs.: irreversible Prozesse (→ Entropie). *Subst. die* **Reversibilität,** -, Umkehrbarkeit. *die* **Reversion,** *-/-en,* Umkehrung, z. B. in der Wahrnehmungspsychologie das Umspringen von Figuren bei der Betrachtung. (→ optische Täuschungen)

Reversible [rəvɛrz'i:bl, frz.] *der, -s/-s,* beidseitig verwendbares Gewebe oder Gewirke, dessen beide Seiten unterschiedl. Effekte zeigen (z. B. eine Seite glänzend, die andere matt).

Revers|osmose, → Membranverfahren.

revidieren [lat.]. *ich* **revidiere** *es,* **1)** überprüfe, untersuche. **2)** ändere nach Überprüfung.

Revier [mhd., zu frz. rivière ›Fluß‹, ›Ufergegend‹] *das, -s/-e,* **1)** Bezirk, begrenztes Gebiet: *Jagdrevier; Kohlenrevier; Revierförster.* **2)** Dienststelle der Polizei: *Polizeirevier.* **3)** ✠ von einem Truppenteil in einer Kaserne belegte Räume: *Kompanierevier;* Krankenstube in der Kaserne: *Krankenrevier.* **4)** ⚒ größeres Abbaugebiet: *Bergbaurevier.* **5)** Biologie: das → Territorium.

Review [rɪvj'u:, engl. ›Rückblick‹, ›Überblick‹] *die, -/-s,* Rundschau (häufiger Titel engl. Zeitschriften).

Revirement [rəvirm'ã, frz.] *das, -s/-s,* Wechsel in der Besetzung von Ämtern, besonders im diplomatischen Dienst.

Revision [lat.] *die, -/-en,* **1)** Überprüfung, Nachprüfung. **2)** Überprüfung von Sachverhalten, meist des Rechnungswesens, in einem Unternehmen. Die R. wird i. d. R. als **externe R.** (→ Pflichtprüfung) durchgeführt; größere Unternehmen haben daneben eigene R.-Abteilungen **(interne R.).** **3)** letzte Durchsicht vor dem Druck. **4)** Abänderung von Verträgen, Verfassungsurkunden oder Gesetzen. **5)** ⚖ Rechtsmittel zur Nachprüfung einer oder mehrerer Rechtsfragen (nicht des gesamten Streitstoffs) durch ein höheres Gericht. Zivil- und Strafprozeß: In Zivilsachen ist der Bundesgerichtshof R.-Gericht. Die R.-Frist beträgt einen Monat und beginnt mit der Zustellung des angefochtenen Urteils; die R. muß binnen eines weiteren Monats seit Einlegung begründet werden. Das Verfahren ist in §§ 545–566a ZPO geregelt. In Strafsachen sind die Oberlandesgerichte oder der Bundesgerichtshof R.-Instanz; die R. muß binnen einer Woche eingelegt und binnen eines Monats nach Ablauf der R.-Frist begründet werden. Das Verfahren ist in §§ 333–358 StPO geregelt. – Im österr. Zivilprozeß ist die R. in §§ 502 ff. ZPO geregelt; im Strafprozeß entspricht der R. die Nichtigkeitsbeschwerde (§§ 280 ff. StPO). In der Schweiz kennen die kantonalen Zivilprozeßordnungen die R. i. d. R. als außerordentl. Rechtsmittel zur Wiederaufnahme des Verfahrens bei Entdeckung neuer Beweismittel. Gegen Urteile des Bundesgerichts ist die R. auch wegen Formmängel gegeben. (ÜBERSICHT Gericht)

Revisionismus [lat.] *der, -,* **1)** eine Richtung der internat. Arbeiterbewegung, um 1900 entstanden. Bedeutendster Theoretiker des R. war E. → Bernstein. Nach dessen Lehre ist der orthodoxe Marxismus überholt und durch zeitgemäße Theorien zu ersetzen. Mit seiner Formulierung, daß das Endziel nichts, die Bewegung alles bedeute, griff er die fundamentalen Grundthesen des orthodoxen Marxismus an (z. B. die Lehre vom Klassenkampf). Vom Kommunismus wird der R. (auch **Reformismus** genannt) als ›Verfälschung der marxist. Grundlehre‹ und gefährlichste Abweichung von der Generallinie der KPdSU aufs schärfste bekämpft. **2)** das Streben nach Änderung eines bestehenden (polit. oder völkerrechtl.) Zustandes. Nach 1945 entwickelte sich in Italien ein R. zur Beseitigung des Freistaates Triest. Die Ostblockstaaten bezeichnen die Forderung nach der Wiedervereinigung Dtl.s in den Grenzen von 1937 als R. oder → Revanchismus.

Revisor [lat.] *der, -s/...s'oren,* Prüfer, Buchprüfer; Aufsichtsbeamter; Korrektor.

Revlon Inc., New York, bed. Unternehmen der amerikan. kosmetischen Industrie, gegründet 1955.

Revokation [lat.] *die, -/-en,* **1)** Zurückrufung. **2)** ⚖ der → Widerruf.

Revolte [frz.] *die, -/-en,* Aufruhr, Empörung. *ich* **revoltiere** *gegen ihn, etwas,* empöre mich dagegen, lehne mich auf.

Revolution [frz.] *die, -/-en,* **1)** Umwälzung, tiefgreifende Umwandlung; urspr. der Umlauf eines Himmelskörpers um einen anderen. **2)** im polit. Sinn seit dem 17. Jh. eine von unten ausgehende, tiefgreifende und für einen gewissen Zeitabschnitt anhaltende gewaltsame Änderung der gesamten gesellschaftl. und polit. Struktur eines Staates (1688/99 Glorreiche R. in England, 1774/76 die amerikan., 1789 die Frz., 1917 die russ. R.). Dieser Typus der gewaltgeprägten R. ist charakterisiert entweder durch die Hauptträgergruppe des revolutionären Handelns (ständische R., bürgerl. R., proletar. R.) oder durch den allg. Bezugsrahmen, in dem sich dieses revolutionäre Handeln ereignet oder in dem es gesehen wird (chiliastische R., nationale R., Welt-R.).

I. w. S. wird der Terminus R. auch für Prozesse des totalen Bruchs mit kulturellen Wertsystemen und überkommenen Wissensbeständen und Organisationsstrukturen in Wirtschaft, Technik und Wiss. verwendet (R. des ptolemäischen Weltbildes; industrielle R. des 18. und 19. Jh.; chines. Kultur-R. 1966-69), ferner mitunter generell für Prozesse starken, abrupt eingetretenen Wandels (R. von oben; Preis-R.).

Bis in die Epoche der Frz. Revolution hinein bedeutete R. in erster Linie eine Veränderung, die sich mit der Unbeeinflußbarkeit einer Sternenumdrehung vollzog und gegen die jeder Widerstand sinnlos war. Erst in der Frz. Revolution, und zwar in ihrer auf die Jakobinerdiktatur zutreibenden Phase, erhielt der Begriff R. die Bedeutung einer radikalen Abkehr vom historisch Gewordenen und verband sich mit eschatolog. und chiliast. Vorstellungen. Im 19. Jh. suchten Hegel und Marx die R. in die größeren geschichtlichen Zusammenhänge einzuordnen. Nach Marx ist die R. der gewaltsame Übergang von einer Gesellschaftsformation zur nächsten (→ Marxismus). **revolutionär,** umstürzlerisch; vorwärtsdrängend. *der* **Revolutionär,** *-s/-e,* Aufrührer, Umstürzler. *ich* **revolutioniere** *es, ihn,* bringe in Aufruhr; verändere grundlegend.

Revolutions|architektur, Richtung der frz. Architektur um 1789 (Frz. Revolution), die ein Bauen in monumentalen, stereometr. Formen unter Verzicht auf Architekturglieder forderte. Hauptvertreter: E.-L. Boullée (* 1728, † 1799) und C.-N. Ledoux (* 1736, † 1806).

Revoluzzer *der, -s/-, U verächtlich:* Revolutionär, auch Pseudorevolutionär.

Revolver [engl., eigtl. ›Drehpistole‹] *der, -s/-,* **1)** kurze Faustfeuerwaffe mit einer Mehrladeeinrichtung in Form einer drehbaren Trommel **(Trommel-R.). 2) Revolverkopf,** ⚙ drehbare Spannvorrichtung zum schnellen Wechseln von Werkzeugen, z. B. an der Drehmaschine, von Objektiven am Mikroskop u. a. **3) Revolverblatt,** U unsachliche Sensationszeitung.

Revolverkanone, Revolvergeschütz, kleinkalibriges Geschütz, bei dem 3-8 zu einem Bündel vereinigte Rohre durch einen Elektromotor gedreht und einzeln abgefeuert werden.

Revolving-Kredit [rɪv'ɔlvɪŋ-, engl.], **revolvierender Kredit,** Kreditgeschäft, bei dem entsprechend dem Geschäftsrhythmus der Kreditnehmer zurückgezahlte Kreditbeträge wieder in Anspruch genommen werden können. **Revolving-System,** System, nach dem R.-K. von Finanzmaklern meist in Form eines Schuldscheindarlehens an die Industrie vermittelt werden. Bei Fälligkeit des formal kurzfristigen Kredits wird durch Prolongation oder durch Substitution des Gläubigers ein langfristiger Effekt erzielt (bei ›angespanntem Geldmarkt‹ nicht unbedenklich).

revozieren [lat.]. *ich* **revoziere** *es,* widerrufe.

Revue [rəv'y:, frz.] *die, -/-n,* **1)** Bühnendarbietung von lose aneinandergereihten Szenen mit gesprochenen Texten, Gesang, Tanz und Artistik **(Ausstattungs-R., Tanz-R., Eis-R.).** Seit dem 2. Weltkrieg sind die R.-Theater fast ganz verschwunden; doch ist die R. als ›Show‹ im Fernsehen neu erstanden. **2)** ⚔ Truppenschau, Parade: *er wird es R. passieren lassen,* U (in Gedanken) an sich vorüberziehen lassen. **3)** Titel vieler Zeitschriften.

REWE-Gruppe, Genossenschaftsorganisation des Lebensmittelhandels, gegr. 1921. Leitunternehmen ist die REWE-Zentral-Aktien-Ges., Köln. Angeschlossen sind zahlreiche Großhandelsunternehmen, die fast 8000 Einzelhandelsgeschäfte beliefern. Über die Holding-Ges. REWE-Leibbrand werden Verbrauchermärkte betrieben.

Rex [lat. ›Lenker‹, ›König‹] *der,* **1)** Titel der etrusk. Herrscher Roms, die am Ende des 6. Jh. v. Chr. gestürzt wurden. **2)** *-(es)/-e, Schülersprache:* Rektor.

Rex-Bewegung, Rexisten, von Léon Degrelle 1930 gegr. rechtsradikale kath. Reformbewegung in Belgien, arbeitete mit der dt. Besatzungsmacht zusammen; 1944 verboten.

Rey [rɛ], J e a n, belg. Politiker (Liberaler), * Lüttich 15. 7. 1902, † ebd. 19. 5. 1983, Rechtsanwalt, 1954-58 Wirtschafts-Min., 1967-70 Präs. der Europ. Kommission.

Reyes [r'ɛjes], A l f o n s o, mexikan. Schriftst., * Monterrey 17. 5. 1889, † Mexico 27. 12. 1959, war umfassend gebildet und bedeutend als Gelehrter und als Schriftsteller (Lyrik, Erzählungen, Essays u. a.).

Reykjavík

Reykjavík [r'ɛjkjavi:k, isländ. ›Rauchbucht‹], Hptst. und Haupthafen Islands, (1982) 86100 Ew., in der stets eisfreien Bucht Faxaflói; Univ. (seit 1911), Landesbibliothek, -archiv, Museen,

Reykjavík: im Hintergrund ein Teil des Hafens

wissenschaftl. Anstalten; wichtige Ind.- und Handelsstadt, Fischverarbeitung, Werften, Leder- und Textil-Ind. – R. wurde um 874 von norweg. Wikingern gegründet, erhielt 1786 Stadtrecht.

Reymont [r'ɛjmɔnt], W ł a d y s ł a w Stanisław, eigtl. **Rejment,** poln. Schriftst., * Kobiele Wielkie bei Radomsko 7. 5. 1867, † Warschau 5. 12. 1925, schrieb im naturalist. Stil Zolas einen Roman über die Fabrikstadt Lodz ›Das gelobte Land‹ (1899). Für sein HW, den Roman ›Die Bauern‹, 4 Bde. (1904-09), in dem er das poln. Dorfleben im Wechsel der Jahreszeiten schildert, erhielt er 1924 den Nobelpreis.

Reynaud [ren'o], P a u l, frz. Politiker (Unabhängiger Republikaner), * Barcelonette (Basses-Alpes) 15. 10. 1878, † Paris 21. 9. 1966; mehrfach Min., setzte sich als MinPräs. (März-Juni 1940) nach der frz. Niederlage für die Fortsetzung des Kriegs (von den Kolonien aus) ein. 1942-45 war er in dt. KZ-Haft. Nach 1945 setzte sich R. für die dt.-frz. Verständigung ein; 1958 beteiligte er sich maßgeblich an der Formulierung der Verf. der V. Republik.

Reynolds [r'enldz], Sir (1768) J o s h u a, engl. Maler und Kunsttheoretiker, * Plympton (Devonshire) 16. 7. 1723, † London 23. 2. 1792, bildete sich in Italien, wurde 1768 Präs. der neugegr. Londoner Akademie und 1784 Hofmaler. R. hat etwa 2000 Bildnisse gemalt. Mit ihnen setzte er die Überlieferung des engl. Standesporträts fort. Seine Gemälde in ihrer kontrastreichen Farbgebung sind Musterbilder der engl. Gesellschaft; die Modelle erscheinen häufig in antiken oder histor. Rollen. In Akademievorträgen und Schriften entwickelte er das Programm des engl. Klassizismus. (BILD S. 410 und weitere BILDER Burke, S. Johnson, Sterne)

Revolver 1)

Reynolds [r'enəldz], **R. J. Reynolds Industries Inc.** [-'ɪndəstrɪz-], Winston Salem (N. C.), Konzern der amerikan. Zigaretten-, Tabak- und Nahrungsmittel-Ind. sowie des Transportgewerbes; gegr. 1899.

Joshua Reynolds: Selbstporträt, 1748 (London, National Portrait Gallery)

Reynolds Metals Co. [r'enəldz m'etlz -], Richmond (VA.), Konzern der amerikan. Aluminium-Ind.; gegr. 1928.

Reynoldssche Zahl [r'enəldz-; n. d. brit. Physiker O. Reynolds, * 1842, † 1912], Formelzeichen *Re,* eine dimensionslose Größe zur Charakterisierung des Strömungszustandes zäher Flüssigkeiten. Bei der **kritischen R. Z.** schlägt laminare Strömung in turbulente um (→ Strömungslehre).

Reynosa [rɛjn'osa], Grenzstadt in NO-Mexiko, im Bundesstaat Tamaulipas, (1979) 231 100 Ew., am Rio Grande; Bewässerungsgebiet (Baumwollanbau); bed. Erdöl- und Erdgasfelder; Erdölraffinerie, petrochem. u. a. Ind.

Reyon [rɛj'ɔ̃] *der* oder *das,* -, engl. **Rayon** [r'eɪɔn], frz. **Rayonne** [rɛj'ɔn], seit 1951 Gattungsname für die Endlosgarne aus Viskose. Herstellung nach dem Viskoseverfahren: Aus Holz- oder Strohzellstoff wird mittels Natronlauge und Schwefelkohlenstoff das in verdünnter Natronlauge lösliche und dann verspinnbare **Cellulosenatriumxanthogenat (Xanthat)** hergestellt. Die Spinnlösung (Viskose) wird durch Düsen in ein Säure-Salz-Fällbad geleitet, wo sie durch Zersetzen des Xanthats zu Cellulosefäden erstarrt. Die Fäden erhalten je nach Verwendung eine Nachbehandlung und textile Aufarbeitung. R.-Garne werden für alle gewebten und gewirkten Konsumartikel, auch technisch für Autoreifen, Förderbänder u. a. verwendet.

Rezat *die,* **Schwäbische R.** und **Fränkische R.,** die Quellflüsse der → Rednitz in Mittelfranken.

Rezension [lat.] *die, -/-en,* **1)** krit. Besprechung neuerschienener Bücher, publizist. Darbietungen (Film, Funk, Fernsehen), Theaterinszenierungen u. a., häufig in R.-Zeitschriften oder R.-Teilen der Presse. *der* **Rezensent,** *-en/-en,* Verfasser einer R. **Rezensionsexemplar,** Besprechungsexemplar, → Besprechung. *Vb. ich* **rezensiere** *es.* **2)** Textkritik: das Vergleichen versch. Handschriften zur Wiederherstellung der besten Überlieferung, Grundlage der → Emendation.

rezent [lat.], neu, frisch; gegenwärtig lebend, sich bildend oder auftretend. Ggs.: fossil.

Rezepisse [lat.] *das, -(s)/-, österr.: die, -/-n,* Empfangsbescheinigung, auch Teil des Lagerscheins.

Rezept [lat. receptum ›das Empfangene‹] *das, -(e)s/-e,* **1)** die schriftl. Anweisung eines Arztes an den Apotheker zur Herstellung oder Abgabe eines Arzneimittels. **Rezeptpflicht** besteht für viele stark wirkende Arzneimittel, Betäubungsmittel u. a. **2)** Zubereitungsvorschrift beim Kochen und Backen. *ich* **rezeptiere** *es,* verschreibe auf R.

Rezeptakulum [lat. ›Behälter‹] *das, -s/...kula,* **1)** ♞ Hohlgebilde, das zeitweise ein Organ oder eine Absonderung birgt, so die Samentasche der Bienenkönigin (→ Biene). **2)** ⚘ der Blütenboden; bei Rosengewächsen wird das R. oft zu einem becherförmigen Organ umgewandelt (z. B. bei Mispel, Hagebutte).

Rezeption [lat.] *die, -/-en,* **1)** Aufnahme, Übernahme. **2)** Empfangsbüro in Hotel, Krankenhaus u. a. **3)** Biologie: die Reizaufnahme durch **R.-Organe** (z. B. Auge, Ohr). **4)** ⚖ die Übernahme eines Rechts oder einer Rechtseinrichtung (z. B. im MA. dt. Stadt- und Landrecht im slaw. Osten, nach 1806 der Code Napoléon in Teilen Dtl.s); im besonderen das Eindringen des röm. Privatrechts in Dtl. (14.–16. Jh.). Die R. vollzog sich durch gewohnheitsrechtliche Anwendung des Röm. Rechtes als Juristenrecht. Die Ursachen der R. waren: a) die Geistesströmungen des Humanismus und der Renaissance; b) das Studium Deutscher an den das Röm. Recht pflegenden ital. Rechtsschulen; c) die mittelalterl. Vorstellung, daß das Dt. Reich die Fortsetzung des Römerreichs sei; d) die Zersplitterung des einheim. Rechts. Die einheim. Sonderrechte gingen dem röm. (gemeinen) Recht jedoch vor (›Stadtrecht bricht Landrecht, Landrecht bricht gemeines Recht‹). Seit dem 18. Jh. kamen unter dem Einfluß der Naturrechtsschule und der aufblühenden rechtsgeschichtl. Forschung die deutschrechtl. Gedanken wieder stärker zur Geltung. Mit der Einführung des BGB traten zwar die röm. Rechtsquellen außer Kraft, ihre Sätze aber wurden vielfach übernommen, besonders im Schuld- und Erbrecht.

rezeptiv [lat.], **1)** empfänglich, aufnahmefähig. **2)** nur aufnehmend, nicht produktiv. *Subst. die* **Rezeptivität,** -.

Rezeptor [lat.] *der, -s/...t'oren,* ⚕, Biologie: **1)** Organ, das Sinnesreize (z. B. Licht-R.) aufnimmt und über das Nervensystem weiterleitet. **2)** spezif. Bindungsstelle der Zellen für Hormone, Enzyme, Antikörper, Arzneimittel u. a., über die und durch intrazelluläre Mechanismen Stoffwechselvorgänge des Körpers beeinflußt werden, z. B. die **Alpha-Rezeptoren** des vegetativen Nervensystems. (→ Alpha-Rezeptorenblocker)

Rezeptur [lat.] *die, -/-en,* **1)** ⚕ Zubereitung eines Arzneimittels auf Grund eines Rezeptes. **2)** ♧ Steuereinnahme.

Rezeß [lat. ›Rücktritt‹] *der, ...z'esses/...z'esse,* ♧ ⚖ Auseinandersetzung, Vergleich, bes. das schriftlich niedergelegte Ergebnis von Verhandlungen, z. B. zw. mehreren Erben über die Nachlaßteilung **(Erbrezeß),** zw. den Angehörigen eines Fürstenhauses über Familienstreitigkeiten **(Familienrezeß).**

Rezession [lat.] *die, -/-en,* konjunkturelle Abschwungsphase, bei der die Wachstumsrate des realen Bruttosozialprodukts sinkt, aber nicht wie in einer → Depression das reale Bruttosozialprodukt selbst geringer wird.

rezessiv, ⚕ ♞ ⚘ im Erbgang von anderen Erbanlagen unterdrückt, überdeckt (→ Vererbung).

Rezidiv [lat.] *das, -s/-e,* **Rückfall,** ⚕ erneuter Ausbruch einer Krankheit. *es* **rezidiviert,** kehrt in Abständen wieder.

Rezinata, Resinatwein, grch. **Retsina,** Landwein mit einem Zusatz von Harz, der haltbarer macht.

Rezipient [lat.] *der, -en/-en,* Gefäß, das vakuumdicht auf eine Unterlage gesetzt und luftleer gepumpt werden kann.

rezipieren [lat.]. *ich* **rezipiere** *es,* nehme auf, an. **rezipiertes Recht,** angenommenes fremdes Recht (→ Rezeption 4).

reziprok [lat.], wechselseitig, gegenseitig, z. B. ist die **Reziproke** der Zahl 3 ihr Kehrwert, also $^1/_3$.

reziprokes Gitter, wichtige Hilfskonstruktion der Kristallstrukturlehre, z. B. für die Auswertung von Röntgenaufnahmen bei der Strukturanalyse von Kristallen, sowie für theoret. Grundlagen der Festkörperphysik. Das r. G. leitet sich vom realen Kristallgitter ab und stellt eine gitterartige Anordnung von Punkten dar, von denen jeder einer Netzebene des realen Gitters entspricht.

Reziprozität [lat.] *die,* -, **1)** Wechselseitigkeit. **2)** ⚖ die → Gegenseitigkeit.

Rezitativ [lat. recitare ›vortragen‹] *das, -s/-e,* auf freie melodische Gestaltung verzichtender, dem Rhythmus und Tonfall der Sprache angepaßter dramatischer Sprechgesang; er ist in der Oper, im Oratorium (Passion), in der Kantate der Träger der Handlung. Das **Recitativo secco** [-tʃ-] **(Seccorezitativ, trockenes R.,** kurz **Secco)** ist der nur von einzelnen Akkorden des Klaviers (Cembalos) unterstützte, rhythmisch freie Prosasprechgesang, das **Recitativo accompagnato (Accompagnato)** die musikalisch und dramatisch stärker ausgebildete Form mit Orchesterbegleitung. Beide Arten des R. dienen in der Oper der Einleitung und Verbindung der lyr. Nummern. Das R. entstand mit der Oper Ende des 16. Jh. in Florenz. (→ Monodie)

Rezitator [lat.] *der, -s/...t'oren,* Vortragskünstler. *die* **Rezitation,** *-/-en,* künstlerischer Vortrag (eines literar. Werkes). *ich* **rezitiere** *es,* trage vor.

Řezníček [r'ɛznitʃɛk], Emil Nikolaus Frhr. von, Komponist und Dirigent, * Wien 4. 5. 1860, † Berlin 2. 8. 1945, gehörte der neuromant. Richtung an.

HW: *Opern:* Donna Diana (1894); Ritter Blaubart (1920); Spiel oder Ernst (1930). – *Orchesterwerke:* 4 Sinfonien, Violinkonzert (1925). – Chorwerke u. a.

Rezzori (d'Arezzo), Gregor von, Schriftst., * Czernowitz 13. 5. 1914, schrieb ›Maghrebin. Geschichten‹ (1953), den Roman ›Ein Hermelin in Tschernopol‹ (1958, erw. 1966), ›Die Toten auf ihre Plätze‹ (1966), ›1001 Jahre Maghrebinien‹ (1967), ›Der Tod meines Bruders Abel‹ (1976), ›Memoiren eines Antisemiten‹ (1979), Märchen, Drehbücher u. a.

Rf, chemisches Symbol für → Rutherfordium.

rf., rfz., ♪ Abk. für **rinforzando,** stärker werdend, betont.

Rf.-Wert, ☜ → Retention.

RGT-Regel, Abk. für **Reaktions-Geschwindigkeit-Temperatur-Regel,** Van't-Hoffsche Regel der Reaktionskinetik, die besagt, daß chem. Reaktionen bei Temperaturerhöhung von 10 °C oft doppelt bis viermal so schnell wie bei der Ausgangstemperatur verlaufen.

RGW, Abk. für → **R**at für **g**egenseitige **W**irtschaftshilfe.

rh, Abk. für Rhesusfaktor negativ. **Rh,** Abk. für Rhesusfaktor positiv.

Rh, chemisches Symbol für → Rhodium.

Rhabanus Maurus, andere Schreibung für → Hrabanus Maurus.

Rhabarber [aus grch.] *der, -s,* **1) Rheum,** asiat. Gatt. der Knöterichgewächse (BILD Gemüse); meist Stauden mit verdicktem, vielköpfigem Wurzelstock, großen, langgestielten, gelappten Grundblättern und hochragenden Rispen oder Ähren weißl., gebl. oder rötl. Blütchen. Versch. Arten in den Hochgebirgen Innerasiens, z. B. der **Medizinal-R., Rheum palmatum,** liefern die **R.-Wurzel (Chines. R.);** sie riecht würzig und schmeckt bitterlichherb. Der **R.-Extrakt** dient als Abführmittel, die **R.-Tinktur** als appetitanregendes Mittel. Einige Arten sind Zierstauden oder Nutzpflanzen wegen der z. B. als Kompott genießbaren Blattstiele. **2)** andere Pflanzen mit abführender Wirkung, so **Gartenampfer (Rumex patientia),** ferner **Bauern-R.** (eine → Wolfsmilch).

Rhadamanthys, grch. **Rhadamanthys,** grch. Mythos: König auf Kreta, Bruder des Minos; nach seinem Tod ein Totenrichter der Unterwelt.

Rhagade [grch.] *die, -/-n,* ⚕ die → Schrunde.

Rhagai, Rhagä, Ragä, R(h)ages, altiran. **Ragha,** Frühlingsresidenz der parthischen Könige in Medien, 1221 durch die Mongolen zerstört (Ruinen bei Raj südlich von Teheran); im 12./13. Jh. Mittelpunkt der Fayencekunst.

Rhamnose [grch.] *die, -,* von der Mannose abgeleiteter Desoxyzucker, der in Form von Glykosiden z. B. in Strophanthin und im braunen Blütenfarbstoff Rutin vorkommt.

Rhapsode [grch.] *der, -n/-n,* bei den alten Griechen umherziehender, epische Gedichte (bes. von Homer und Hesoid) vortragender Sänger; die R. waren bis ins 5. Jh. v. Chr. die wichtigsten Erhalter und Verbreiter des Epos.

Rhapsodie [grch.] *die, -/... d'i|en,* **1)** das von einem → Rhapsoden vorgetragene Gedicht; auch formal ungebundenes Gedicht (v. a. im Sturm und Drang). **2)** ♪ Tonstück in freier, gleichsam balladenhaft erzählender Form (Brahms); Phantasiestück über nationale Volksweisen (Liszts ›Ungar. R.‹, ferner R. von Dvořák, Svendsen, Bartók u. a.). **rhapsodisch, 1)** die R. oder den Rhapsoden betreffend. **2)** bruchstückweise, nicht zusammenhängend.

Rhät, Rät *das, -s/-s,* ⊕ oberste Stufe des → Keupers.

Rhätische Alpen, → Rätische Alpen.

Rhauderfehn, Gem. im Kr. Leer, Ndsachs., (1984) 13700 Ew.; 1973 durch Zusammenschluß mehrerer Gem. entstanden; Reißverschlußwerk; Druckerei; Landwirtschaft.

Rhea, 1) grch. Mythos: Tochter des Uranos und der Gaia, Schwester und Gemahlin des Kronos, Mutter des Zeus. **2)** ☆ ein Mond des Planeten → Saturn.

Rhea Silvia, andere Schreibweise für → Rea Silvia.

Rheda-Wiedenbrück, Stadt im Kr. Gütersloh, NRW, (1984) 37900 Ew., an der oberen Ems; Fahrzeugbau, Sperrholz-, Möbel-, Textil-, Lebensmittel-Ind., Verlage; zahlreiche gut erhaltene Fachwerkhäuser, Wasserburg in Rheda, Ägidienkirche (13.-16. Jh.), Marienwallfahrtskirche (15. Jh.). – Die Städte Rheda (seit 1355) und Wiedenbrück (seit 952) wurden 1970 mit 4 umliegenden Gem. zu R.-W. zusammengeschlossen.

Rhede, Stadt im Kr. Borken, NRW, (1984) 15600 Ew., Textil-, Bekleidungs-Ind., Holz-, Kunststoff-, Metallverarbeitung.

Rheden [r'e:də], Gem. in der niederländ. Prov. Gelderland, (1982) 48800 Ew., an der Ijssel, im NO von Arnheim; Fremdenverkehr; Tabak-, Maschinen- und Fahrradindustrie.

Rhee [ri:], Syngman, korean. Politiker, *in der Prov. Hwang-hae 26. 4. 1875, † Honolulu (Hawaii) 19. 7. 1965, emigrierte 1904 in die USA, kehrte 1910 zurück und wurde zum Vorkämpfer der Unabhängigkeit seines von Japan annektierten Landes; leitete 1919-39 die korean. Exil-Reg. in Schanghai, kehrte nach Korea zurück; 1948-60 Präs. der Rep. Süd-Korea.

Rheiderland, Reiderland, Marschlandschaft zw. der unteren Ems und dem Dollart.

Rhein [wohl vorkeltisch] *der,* frz. **Rhin** [rɛ̃], niederländ. **Rijn** [rɛjn], der größte und wasserreichste Fluß Dtl.s und einer der wichtigsten Europas, 1320 km mit einem Einzugsgebiet von 252000 km². Er entsteht in den Alpen im schweiz. Kt. Graubünden aus **Vorderrhein** und **Hinterrhein.** Beide vereinigen sich bei Reichenau zum **Alpenrhein,** der unterhalb von Rheineck in den Bodensee mündet und diesen bei Konstanz wieder verläßt. Bei Schaffhausen überwindet er die Felsenstufe des Jura im 24 m hohen **Rheinfall** und fließt in westl. Richtung als **Hochrhein** bis Basel, von da als **Oberrhein** durch das Oberrhein. Tiefland nach N, wendet sich zw. Mainz und Bingen nach W und durchbricht dann in nordwestl. Richtung das Rhein. Schiefergebirge **(Mittelrhein).** Bei Bonn beginnt der **Niederrhein;** ab Emmerich, auf niederländ. Gebiet, verzweigt er sich und bildet mit der Maas ein ausgedehntes Delta. Hauptmündungsarm ist der **Waal,** der nach Vereinigung mit der Maas **Merwede, Noord** und **Nieuwe Maas** [n'i:wə-] genannt wird und als **Nieuwe Waterweg** [-w'a:tərwɛx] in die Nordsee mündet. Der nördl. Arm **(Pannerdenscher Kanal),** von dem vor Arnheim die Ijssel zum Ijsselmeer abzweigt, fließt als **Neder-Rijn** und **Lek** weiter und mündet in die Nieuwe Maas. Nach dem Delta-Plan (1958) wird die Rheinmündung abgedämmt (→ Deltawerk). Nur der Nieuwe Waterweg bleibt offen. Hauptnebenflüsse des Alpenrheins: rechts Plessur, Landquart und Ill, links Tamina; des Hochrheins: rechts Wutach, links Thur, Aare, Birs; des Oberrheins: rechts Wiese, Elz, Kinzig, Rench, Murg, Neckar, Weschnitz, Main, links Ill, Sauer, Lauter, Queich; des Mittelrheins: rechts Lahn, Sieg, links Nahe, Mosel, Ahr; des Niederrheins: rechts Wupper, Ruhr, Emscher, Lippe, links Erft, Maas. – Die Breite des R. beträgt bei Basel 200 m, Mainz 580 m, der Lorelei 112 m, Köln 520 m, Wesel 990 m.

Der R. ist die Hauptader eines ausgedehnten mitteleurop. Wasserstraßennetzes. Die Strecke ab Rheinfelden ist für Schiffe bis 2000 t, ab Duisburg für Schiffe auch bis 3500 t Tragfähigkeit schiffbar. Auf dem Niederrhein bis Koblenz können mit Sondererlaubnis Schubverbände mit 6 Leichtern (16000 t Tragfähigkeit) verkehren. Von den Nebenflüssen sind Main, der nach der Fertigstellung des → Rhein-Main-Donau-Großschiffahrtswegs mit der Donau Verbindung haben wird, Mosel und Neckar der Schiffahrt erschlossen. Der R. ist durch Kanäle mit Rhône, Marne, Nordsee und dem mitteldt. Flußnetz sowie mit Amsterdam und Antwerpen verbunden. 1981 wurden auf dem R. zw. Rheinfelden und Emmerich 189,8 Mio. t Güter befördert (Eisenerze, Baustoffe, Mineralöle, Kohle, Roheisen, Holz u. a.). Auch der Personenverkehr ist bedeutend (Ausflugs- und Erholungsverkehr). Im Bereich des Hochrheins und des → Rheinseitenkanals wird das Gefälle des R. durch zahlreiche Staustufen zur Energiegewinnung genutzt. – Die internat. R.-Schiffahrt ist geregelt in der Mannheimer R.-Schiffahrtsakte von 1868, zuletzt revidiert 1963. Oberstes gemeinsames

Rhabarber 1): Medizinal-R.

Rhein: LINKS Rheinfall bei Schaffhausen; RECHTS Rhein bei Bacharach, vorn Burg Stahleck (Weitere BILDER Kaub, Lorelei, Mäuseturm)

Verwaltungsorgan ist die R.-Zentralkommission in Straßburg, der die Bundesrep. Dtl., Belgien, Frankreich, Großbritannien, die Niederlande und die Schweiz angehören. Die Verwaltung der dt. R.-Schiffahrt untersteht dem Bundesverkehrsministerium.

Rheinau, Gem. im Kt. Zürich, Schweiz, (1980) 1900 Ew., am Rhein; auf einer Rheininsel das ehem. Benediktinerkloster R. (gegr. um 800), die Konventsgebäude wurden nach der Aufhebung (1862) psychiatrische Klinik; Wasserkraftwerk.

Rheinbach, Stadt im Rhein-Sieg-Kreis, NRW, (1983) 22100 Ew.; Glasfachschule, Glasmuseum; keram. u. a. Ind.; Mittelpunkt der früheren nordböhm. Glas-Ind. Erhalten sind Bergfried und Torbau (12. Jh.) der ehem. Burg.

Rheinberg, Stadt im Kr. Wesel, NRW, (1983) 26100 Ew., im Niederrhein. Tiefland; chem., Textil-, Spirituosen-Ind., Stahlbau, Salzbergwerk; kath. Pfarrkirche St. Peter mit spätroman. Turm; Rheinhafen in R.-Ossenberg. – R. erhielt 1232 Stadtrecht.

Rheinberger, Joseph von (1894), Komponist und Dirigent, * Vaduz 17. 3. 1839, † München 25. 11. 1901, ebd. seit 1877 Hofkapellmeister für Kirchenmusik; Orgel-, Orchesterwerke, Opern, Kammermusik, Chöre, Klavierstücke, Lieder.

Rheinbund, 1) 1658–68 ein auf Betreiben des Kurfürsten von Mainz zw. mehreren dt. Fürsten geschlossenes Bündnis, dem auch Frankreich beitrat. Der R. war bes. gegen Österreich gerichtet und ein Werkzeug der frz. Politik im Reich. **2)** der am 12. 7. 1806 unter der Schutzherrschaft Napoleons I. gegr. Bund von 16 süd- und westdt. Staaten (Fürstprimas K. Th. v. → Dalberg), der alsbald zur Auflösung des Dt. Reichs (6. 8.) führte. Danach traten auch die mittel- und norddt. Fürsten dem R. bei. Nur Preußen, Österreich, Braunschweig und Kurhessen gehörten dem R. nicht an. Die R.-Staaten mußten eine starke Truppenmacht für die → Napoleonischen Kriege stellen. Der R. zerfiel 1813.

Rheine, Stadt im Kr. Steinfurt, NRW, (1984) 71400 Ew., an der Ems; Fachschulen; Textil-, Maschinen-, Tiefkühlkost-Ind., Fahrzeugbau; Solbad mit Saline.

Rheinfelden, 1) R. (Baden), Stadt im Kr. Lörrach, Bad.-Württ., Große Krst., (1984) 27300 Ew., am Hochrhein gegenüber 2), entwickelte sich nach Errichtung eines Rheinkraftwerks (1898) zur Industriesiedlung (1922 Stadtrecht); chem., Maschinen-Ind., Aluminiumhütte u. a.; Endpunkt der Rheinschiffahrt. **2)** Bezirkshauptort und Solbad im Kt. Aargau, Schweiz, (1980) 9500 Ew., am linken Ufer des Hochrheins; Waggon-, Holzwaren-, Eisen-, Tabak- u. a. Ind., Brauereien, Maschinen- und Apparatebau; mittelalterl. Stadtmauer, Rathaus (1530), Johanniterkapelle mit Fresken (um 1490).

Rheinfels, Ruine einer 1797 zerstörten katzenelnbogisch-hess. Burg und Festung, am linken Rheinufer bei St. Goar.

Rheinfranken, ein Stamm der → Franken.

Rheinfunk, Rheinfunkdienst der Deutschen Bundespost, Fernsprechverkehr zw. Rhein-Schiffsfunkstellen und den übrigen Sprechstellen des öffentl. Fernsprechnetzes.

Rheingau, das vom westl. Taunus **(Rheingaugebirge)** zum Rhein zw. Wiesbaden und Rüdesheim abfallende, klimatisch begünstigte, dichtbesiedelte Hügelland auf dem rechten Rheinufer, mit (1983) 2942 ha bestockter Rebfläche eines der kleinsten, aber bekanntesten Weinbaugebiete Dtl.s (→ Rheingauer Weine). – Die Landschaft entspricht dem früheren fränk. R., der seit 983 mit dem Hauptort Eltville zum Erzstift Mainz gehörte. 1803 kam der R. an Nassau, 1866 an Preußen, 1945 zu Hessen.

Rheingauer Weine, Weine des Anbaugebiets → Rheingau, zu denen auch die von Lorch, Assmannshausen (Spätburgunder-Rotwein) und Hochheim a. M. zählen; überwiegend Rieslingweine; bekannte Gemarkungen: Rüdesheim, Geisenheim, Johannisberg, Winkel, Oestrich, Hallgarten, Hattenheim, Erbach, Eltville, Kiedrich, Rauenthal.

Rheingau-Taunus-Kreis, Landkr. im RegBez. Darmstadt, Hessen; Krst.: Bad Schwalbach.

Rheingold, Das R., Oper von R. Wagner, → Ring des Nibelungen.

Rheinhausen, ehem. Stadt in NRW, seit 1975 nach → Duisburg eingemeindet.

Rhein-Herne-Kanal, Schiffahrtsstraße zw. dem Rhein bei Duisburg und dem Dortmund-Ems-Kanal bei Henrichenburg, 45,6 km lang, 6 Schleusen, für Schiffe bis 1350 t; 1914 vollendet.

Rheinhessen, Landschaft in Rheinl.-Pf., ehem. linksrhein. Prov. des Freistaats Hessen, 1945–68 RegBez. von Rheinl.-Pf., seitdem Teil des RegBez. → Rheinhessen-Pfalz; umfaßt das fruchtbare Hügelland zw. Rhein und Nahe, das gegen O scharf zum Rheingraben abfällt; Obst- und Weinbau (1983: 24867 ha bestockte Rebfläche; → rheinhessische Weine).

Rheinhessen-Pfalz, RegBez. (seit 1969) in Rheinl.-Pf., 6830 km^2, (1984) 1,802 Mio. Ew.; umfaßt die kreisfreien Städte Frankenthal (Pfalz), Kaiserslautern, Landau i. d. Pfalz, Ludwigshafen a. Rhein, Mainz, Neustadt a. d. Weinstr., Pirmasens, Speyer, Worms, Zweibrücken und die Landkreise Alzey-Worms, Bad Dürkheim, Donnersbergkreis, Germersheim, Kaiserslautern, Kusel, Südl. Weinstraße, Ludwigshafen, Mainz-Bingen, Pirmasens; Hptst.: Neustadt a. d. Weinstraße.

rheinhessische Weine, Weine des Anbaugebiets → Rheinhessen, vorwiegend Silvaner-, Riesling- und Müller-Thurgau-Trauben; bekannt sind die Gemarkungen Worms, Oppenheim, Nierstein, Nackenheim, Laubenheim, Bingen; Rotweine bei Ingelheim (Blauburgunder-, Portugieser-, St.-Laurent-Trauben).

Rhein-Hunsrück-Kreis, Landkreis im RegBez. Koblenz, Rheinl.-Pf.; Krst.: Simmern.

Rheinisch-Bergischer Kreis, Kreis im RegBez. Köln, NRW; Krst.: Bergisch Gladbach.

Rheinische Allianz, das am 15. 12. 1654 in Köln zw. den 3 geistl. Kurfürsten, Münster und Pfalz-Neuburg geschlossene Bündnis mit dem Ziel eines Regionalblocks zw. Frankreich und Habsburg, weiterentwickelt zum → Rheinbund 1).

Rheinische Braunkohlenwerke AG, Köln, größtes westdt. Unternehmen zur Förderung von Braunkohle, gegr. 1898, seit 1959 jetziger Name. Großaktionär: → Rheinisch-Westfälisches Elektrizitätswerk AG (rd. 100%).

Rheinischer Bund, Rheinischer Städtebund, 1254 von Mainz und Worms gegr. Bund, dem sich mehr als 70 Städte zw. Aachen, Lübeck, Regensburg, Zürich, auch geistl. und weltl. Fürsten, anschlossen, um in kaiserloser Zeit den Landfrieden zu wahren. Er wurde durch die zwiespältige Königswahl von 1257 aufgelöst. Ein neuer R. B. schloß sich 1381 gegen die Ritterbünde zusammen; er wurde 1388 bei Worms von Pfalzgraf Ruprecht II. geschlagen.

rheinische Richtung, 🌐 in Mitteleuropa häufige Streichrichtung (→ Streichen und Fallen) Nordnordost nach Südsüdwest von geolog. und/oder tekton. Elementen.

Rheinischer Merkur, 1) polit. Zeitung, von J. von → Görres gegr. und herausgegeben, erschien 1814–16 in Koblenz. **2)** christlich-demokrat. Wochenzeitung, gegr. 1946; 1980 vereinigt mit der ›Dt. Zeitung – Christ und Welt‹ als ›Christ und Welt – R. M.‹.

Rheinisches Recht, das im linksrhein. Dtl. bis zum Inkrafttreten des BGB (1900) geltende frz. Zivilrecht nach dem Code civil (→ Code).

Rheinisches Schiefergebirge, der Westteil der dt. Mittelgebirgsschwelle, beiderseits des Mittelrheins mit durchschnittl. Höhen von 500 bis 650 m ü. M. (Großer Feldberg 880 m, Kahler Asten 841 m), durch die tiefen Einschnitte von Rhein, Nahe, Mosel, Lahn und Sieg gegliedert in: linksrheinisch Hunsrück, Eifel, Hohes Venn und die anschließenden Ardennen, rechtsrheinisch Taunus, Westerwald mit Siebengebirge, Bergisches Land, Sauerland mit Rothaargebirge und Kellerwald. Das R. S. ist im Karbon aufgefaltet worden, im Tertiär z. T. abgetragen und von Vulkanismus durchsetzt (Siebengebirge, Westerwald, Eifel); tektonische Störungen schufen die Einbrüche der Kölner Bucht, des Neuwieder und Limburger Beckens, die Triasbucht von Trier; Hebungen und Abtragung ließen dann die weiten Hochflächen mit wenig aufragenden Bergkuppen und die Flußterrassen entstehen.

Die Lage im mildernden atlant. Klimabereich begünstigt an den S-Hängen den Weinbau, in den geschützten Tälern Obst- und Gemüsebau. Bed. Industrien finden sich in den Randgebieten (Saarland, Wirtschaftsräume Rhein-Main und Rhein-Ruhr). Das Rheintal mit Straßen, Eisenbahn und Binnenschiffahrt ist als Verbindung NW-Dtl.s mit S-Dtl. von Bedeutung; die Autobahnen liegen außerhalb des Rheintals.

Rheinische Zeitung, liberaldemokrat. Tageszeitung, gegr. 1842 in Köln, geleitet von K. Marx; Mitarbeiter waren u. a. F. Engels, F. List. Nach Verbot (1843) Neugründung 1848 als **Neue R. Z.,** erneut verboten 1849.

Rheinisch-Westfälisches Elektrizitätswerk AG, Abk. **RWE,** Essen, größter Konzern der westdt. Elektrizitätswirtschaft, gegr. 1898, seit 1904 gemischtwirtschaftl. Unternehmen. Bed. Beteiligungen: → Rheinische Braunkohlenwerke AG, Kernkraftwerk RWE-Bayernwerk GmbH, Gundremmingen; Rheinelektra AG, Mannheim; Hochtief AG, Essen. Großaktionäre: Gemeinden und Gemeindeverbände.

Rheinisch-Westfälisches Industriegebiet, das Wirtschaftsgebiet → Rhein-Ruhr.

Rheinkamp, bis 1950 **Repelen-Baerl** [-ba:rl], ehem. Gem. in NRW, 1975 nach Moers eingemeindet.

Rhein-Lahn-Kreis, Landkreis im RegBez. Koblenz, Rheinl.-Pf.; Krst.: Bad Ems.

Rheinland, die Gebiete beiderseits des Mittel- und Niederrheins, bes. die ehem. preuß. Rheinprovinz.

Geschichte. Die Eroberung Galliens und des linksrhein. Germaniens durch Caesar machte den Unterlauf des Rheins zur Grenze des Römerreichs. Der Schwerpunkt des Frankenreichs, das die Römerherrschaft ablöste, verlagerte sich von Frankreich allmählich an den Rhein zurück. Nach kurzer Zugehörigkeit zum karoling. Mittelreich fiel das R. im Vertrag von Meerssen 870 an das Ostfränk. (später Dt.) Reich, bei dem es seit 925 verblieb.

Im Westfäl. Frieden 1648 erwarb Frankreich die ersten Gebiete im Elsaß, die Ludwig XIV. bedeutend erweiterte, bes. durch die → Reunionen und Straßburg. 1735–66 gewann Frankreich das Hzgt. Lothringen, 1795–1801 das linke Rheinufer. Der → Rheinbund sollte den Besitz des R. festigen. Nach den Freiheitskriegen wurden aus den an Preußen gekommenen Gebieten die Prov. Jülich-Kleve-Berg und Niederrhein gebildet, die 1824 zur **Rheinprovinz** vereinigt wurden. Das 1871 an das Dt. Reich gefallene Elsaß-Lothringen kam im Frieden von Versailles (1919) wieder an Frankreich. Danach wurden für 15 Jahre die linksrhein. Gebiete von den Alliierten besetzt und das Saargebiet abgetrennt. Belgien erhielt Eupen und Malmedy. Die linksrhein. Gebiete und eine 50 km breite Zone am rechten Ufer wurden entmilitarisiert. Die ›Interalliierte Rheinlandkommission‹ übernahm die polit. Oberhoheit im R.; 1923 wurden auch große Teile des Ruhrgebiets besetzt. Von Frankreich unterstützte separatist. Strömungen scheiterten am Widerstand der Bevölkerung. Das besetzte Gebiet wurde im Jan. 1926 (1. Zone) und im Juni 1930 (2. und 3. Zone) geräumt. Das Saargebiet kam durch Volksabstimmung 1935 wieder an das Dt. Reich. 1936 rückten dt. Truppen auf Befehl Hitlers unter Verletzung der Locarno-Verträge (1925) in die entmilitarisierte R.-Zone ein. – Nach dem 2. Weltkrieg wurden in dem Gebiet die Länder Nordrhein-Westfalen, Rheinland-Pfalz, Hessen und Baden-Württemberg gebildet. Das aus dem dt. Staatsverband 1945 herausgelöste Saargebiet kam 1956/57 als Saarland an die Bundesrep. Dtl.

Rheinländer, Teil der → Franken beiderseits von Mittel- und Niederrhein. Die in diesem Gebiet gesprochenen Mundarten sind Niederfränkisch (nördlich von Düsseldorf) und Mittelfränkisch, das Ripuarisch (um Köln bis Aachen und Düsseldorf) und Moselfränkisch (im Hunsrück, Westerwald, Siegerland bis zum Südwestrand Westfalens) umfaßt.

Rheinländer *der, -s/-,* **Bayerische Polka, Hüpfel-Polka,** Gesellschaftstanz des 19. Jh. im 2/4-Takt.

Rheinland-Pfalz, Land der Bundesrep. Dtl., 19848 km² mit (1984) 3,63 Mio. Ew.; Hauptstadt: Mainz.

Recht, Verwaltung. Nach der Verf. vom 18. 5. 1947 übt die gesetzgebende Gewalt der Landtag aus, der auf 4 Jahre vom Volk gewählt wird (100 Abg.). Er wählt den MinPräs., der seinerseits die Minister beruft. Oberste Gerichte sind der Verfassungsgerichtshof und das Oberverwaltungsgericht in Koblenz, die Oberlandesgerichte in Koblenz und Zweibrücken mit 8 Land- und 47 Amtsgerichten, das Landesarbeitsgericht und das Landessozialgericht in Mainz, zu denen 3 Arbeitsgerichte und 3 Sozialgerichte gehören; ferner 2 Verwaltungsgerichte und 1 Finanzgericht. R.-P. ist in 3 RegBez., 12 kreisfreie Städte und 24 Landkreise gegliedert.

Rheinland-Pfalz, Verwaltung (1984)

RegBez. (Hauptstadt)	km²	Ew. in 1 000	Ew. je km²
Koblenz (Koblenz)	8 092,31	1 357,5	168
Rheinhessen-Pfalz (Neustadt a. d. Weinstraße)	6 829,93	1 804,0	264
Trier (Trier)	4 925,43	472,0	96
Rheinland-Pfalz	**19 847,67**	**3 633,5**	**183**

Landesnatur. R.-P. ist vorwiegend Mittelgebirgsland; im N des Landes liegt das Rhein. Schiefergebirge mit dem größten Teil der Eifel, des Hunsrücks, des Westerwaldes und des Hintertaunus. Der S umfaßt das Saar-Nahe-Berg- und Hügelland, die Haardt und den W des nördl. Teils des Oberrhein. Tieflandes. R.-P. hat Anteil am Mittelrheintal (von oberhalb Kaub bis etwa Remagen beiderseits des Rheins). Neben dem Rhein sind Mosel und Lahn die wichtigsten Flüsse.

Die Bevölkerung (56% katholisch, 41% evangelisch) ist stammesmäßig fränkisch. – Den relativ dünn besiedelten Landschaften der Mittelgebirge stehen die Ballungsräume von Ludwigshafen, Mainz, Kaiserslautern und Trier gegenüber; dicht besiedelt sind auch das Rhein- und z. T. das Moseltal.

Bildung. R.-P. hat die Univ. Mainz mit Auslands- und Dolmetscherinstitut in Germersheim und die Univ. Trier und Kaiserslautern, ferner die Erziehungswissenschaftl. Hochschule R.-P. mit den Abteilungen Koblenz, Landau, Worms und dem Institut für Sonderpädagogik Mainz, die Theolog. Hochschule in Trier, Hochschule für Verwaltungswissenschaft in Speyer, Staatl. Hochschule für Musik in Mainz u. a. Fachhochschulen.

Wirtschaft. R.-P. hat großen Anteil an wachstumsbegünstigten Industriezweigen; das Bruttoinlandsprodukt je Ew. ist jedoch weit niedriger als im Bundesdurchschnitt. 1983 waren 42% der Erwerbstätigen im produzierenden Gewerbe beschäftigt; wichtigster Zweig ist die chem. Industrie (Ludwigshafen, Mainz-Bingen), ferner Maschinenbau (Kaiserslautern, Frankenthal, Zweibrücken, Kreuznach), Lederwaren- und Schuhindustrie (Pirmasens), der Zweig Steine und Erden und die Nahrungs- und Genußmittelindustrie. – Das Land hat wenig Bodenschätze (Anteil am Siegerländer Erzbergbau), ist aber reich an nutzbaren Steinen und Erden und besitzt zahlreiche Mineralquellen. – Die Landwirtschaft beschäftigt (1983) 5,5% der Erwerbstätigen und nutzt (1983) 37% der Fläche (davon 34% Wiesen und Weiden). Die größte Anbaufläche nimmt Getreide (Weizen, Gerste, Hafer) ein. Wichtigste Sonderkultur ist der Weinbau mit (1983) 65816 ha Anbaufläche. Die Viehwirtschaft hat geringe Bedeutung. Wald nimmt über 39% der Fläche ein. – Fremdenverkehr an Mosel und Mittelrhein.

Geschichte. Die frz. Militärregierung bildete (durch VO vom 30. 8. 1946) aus der bayer. Pfalz, Rheinhessen, Teilen der preuß. Rheinprovinz und der Prov. Hessen-Nassau das Land R.-P. und setzte im Dez. 1946 W. Boden (CDU) als MinPräs. ein. Seit den ersten Landtagswahlen (1947) ist die CDU stärkste Partei (absolute Mehrheit nach Mandaten, 1955–63, nach Mandaten und Stimmenzahl seit 1971) und stellt(e) die MinPräs.: P. Altmeier (1947–69), H. Kohl (1969–76), B. Vogel (seit 1976).

Rheinland-Pfalz

Rheinland-Pfalz-Rad-Rundfahrt, Radsport: seit 1966 über 8–10 Tage ausgetragenes Straßenrennen, hat sich zum bedeutendsten Amateurrennen in der Bundesrep. Dtl. entwickelt.

Rhein-Main, wirtschaftl. Ballungsraum der Bundesrep. Dtl. am Zusammenfluß von Rhein und Main, um die Städte Frankfurt a. M., Wiesbaden, Mainz, Darmstadt und Hanau konzentriert. Die hervorragende Mittellage im innerdt. Verkehr förderte hier seit Ende des 19. Jh. eine starke vielseitige (verkehrsabhängige) Industrialisierung. In der Industriestruktur überwiegt die Produktions- und Investitionsgüterindustrie, v. a. chem. Ind., Maschinenbau und elektrotechn. Ind. In der Verbrauchsgüterind. führen Druckerei- und Vervielfältigungsbetriebe, es folgen lederverarbeitende und Schuh- sowie Nahrungs- und Genußmittelind. Zentrale Bedeutung hat Frankfurt a. M. als Handels-, Banken- und Börsenplatz sowie als Verkehrsmittelpunkt.

Rhein-Main-Donau-Großschiffahrtsweg, Europa-Kanal, Binnenschiffahrtsstraße, die nach ihrer Fertigstellung (677 km) eine Verbindung von der Nordsee bis zum Schwarzen Meer herstellen soll (rd. 3500 km). Der Main von der Mündung bis Bamberg und die Donau ab Kelheim sind bereits ausgebaut. Der Verbindungskanal zw. beiden ist seit 1972 von Bamberg bis Nürnberg fertiggestellt; an der restlichen Strecke bis Kelheim (die von Dietfurt bis Kelheim den 1836–45 erbauten Ludwigskanal benutzt) wird noch gebaut. Bauausführung und Betrieb der Kraftwerke (vorgesehene Leistung: 530000 kW; mittlere jährl. Stromerzeugung etwa 3,2 Mrd. kWh) besorgt die Rhein-Main-Donau-AG, München (Großaktionär: Bund und Land Bayern), zweitgrößter westdt. Wasserkrafterzeuger, gegr. 1921. Sie betreibt (1983) 52 Wasserkraftwerke mit einer Leistung von 440 MW. Energieerzeugung: 2,6 Mrd. kWh. (KARTE S. 414)

Rhein-Main-Flughafen, Flughafen Frankfurt am Main, nach der Zahl der Fluggäste (1983: 17,7 Mio.) und der Höhe der Luftfracht (590,0 Mio. t) der größte Flughafen der Bundesrep. Dtl.; in Europa der zweitgrößte.

Rhein-Marne-Kanal, frz. **Canal de la Marne au Rhin** [kan'al dəlam'arn or'ɛ̃], Schiffahrtsstraße in O-Frankreich, 1838–53 erbaut, verbindet die Marne mit dem Rhein-Ill-Kanal bei Straßburg, 315 km lang, 156 Schleusen, ein Schiffshebewerk.

Rhein-Neckar, wirtschaftl. Ballungsraum im Neckarmündungsgebiet mit den Städten Ludwigshafen, Mannheim, Heidelberg. Für seine Entwicklung waren bes. die günstige Verkehrslage und Wasserversorgung entscheidend. In der Industriestruktur überwiegt die Produktions- und Investitionsgüterindustrie (v. a. chem. Ind., Maschinenbau und elektrotechn. Ind.), in der Verbrauchsgüterind. führt die Zellstoffabrikation, in der Nahrungsmittelindustrie stehen Großmühlen obenan.

Rhein-Neckar-Kreis, Landkr. im RegBez. Karlsruhe, Bad.-Württ.; Kreisstadt; Heidelberg.

Rheinpfalz, der südlichste, linksrheinische Teil von Rheinl.-Pf., mit (1983) 22618 ha bestockter Rebfläche das größte dt. Weinbaugebiet, → Pfälzer Weine.

Rheinprovinz, ehem. preuß. Provinz des → Rheinlands, umfaßte die RegBez. Koblenz (bis 1932 mit dem Kr. Wetzlar), Trier, Köln, Aachen, Düsseldorf.

Rhein-Rhône-Kanal, frz. **Canal du Rhône au Rhin** [kan'al dyr'o:n or'ɛ̃], Schiffahrtsstraße in O-Frankreich, 1833 eröffnet, 320 km lang (164 Schleusen), von Straßburg zur Saône bei Saint-Symphorien, seit 1967 durch Anschluß an den Rheinseitenkanal verkürzt. Neuer Kanal mit gleicher Linienführung (24 Schleusen) im Bau; er soll ab 1990 die Binnenschiffahrt zw. Nordsee und Mittelmeer für Schiffe bis 4400 t ermöglichen.

Rhein-Ruhr, der größte und wirtschaftlich bedeutendste Ballungsraum der Bundesrep. Dtl., etwa begrenzt durch die Städte Wesel, Mönchengladbach, Bonn und Hamm; begünstigt durch eine gute Verkehrslage. Grundlage seiner wirtschaftl. Entwicklung war die Kohle, die den Aufbau einer großen Eisen- und Stahlerzeu-

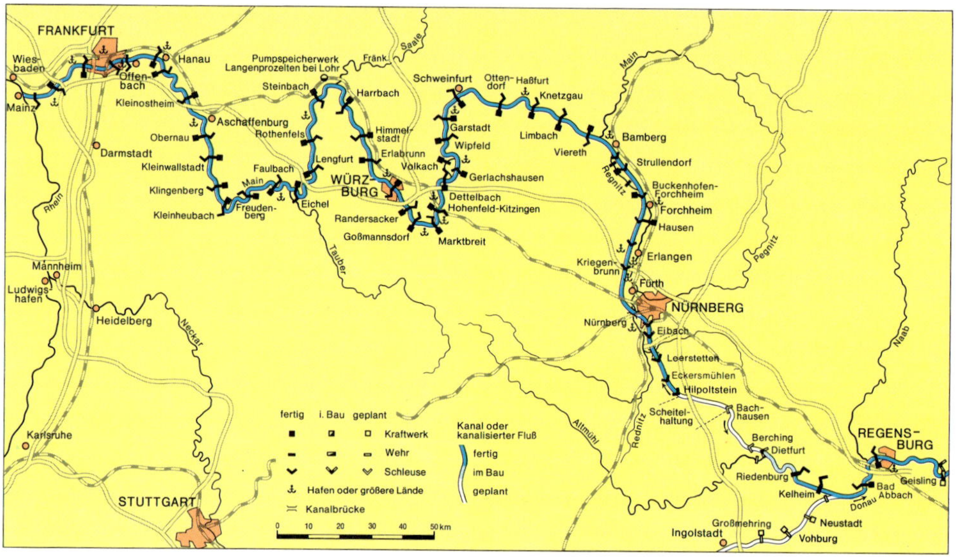

Rhein-Main-Donau-Großschiffahrtsweg

gung und -verarbeitung, einer vielseitigen Energiewirtschaft und einer bed. chem. Ind. ermöglichte.

Das R.-R.-Gebiet gliedert sich in mehrere strukturell deutlich unterschiedene, wirtschaftlich aufeinander bezogene Gebiete. Kernstück ist das → Ruhrgebiet, südlich davon der Bergische Wirtschaftsbezirk mit Kleineisen- und Textilindustrie, der Düsseldorfer Wirtschaftsraum mit Eisen-, Stahl-, Maschinen-, chem. Industrie und der Raum Köln-Bonn mit vielseitiger Ind. und dem größten Braunkohlenvorkommen (1983: 87,5% der westdt. Förderung); westl. das Niederrheingebiet um Krefeld, Mönchengladbach, Rheydt mit Textil- und Bekleidungsindustrie (bes. Tuch- und Garnerzeugung).

Die im Gebiet R.-R. geförderte Steinkohle ergab (1983) 96,3% der westdt. Förderung. Knapp zwei Drittel der Ruhrkohle sind Fettkohle, die die Grundlagen für die Kokserzeugung, damit für die Eisenindustrie, Gaswirtschaft und die Industrie der Kohlenwertstoffe bildet. Die eisenschaffende Industrie steht an der Spitze der R.-R.-Industrien; sie hat sich auf der Linie Duisburg (über 1/3 der bundesdt. Produktion) - Essen-Dortmund angesiedelt und dehnt sich bis Düsseldorf aus. Erdölraffinerien mit mehr als einem Drittel der Gesamtkapazität der Bundesrep. Dtl. haben ihre Standorte im R.-R.-Gebiet; sie werden von der Nordseeküste auf dem Wasserweg und durch 2 Rohölleitungen (von Wilhelmshaven und Rotterdam) versorgt. Das R.-R.-Gebiet verfügt über ein dichtes Wasserstraßen-, Bahn- und Straßennetz und den größten Binnenhafen Europas in Duisburg mit einem Güterumschlag von (1981) 54,1 Mio. t.

Rheinsberg/Mark, Stadt im Kr. Neuruppin, Bez. Potsdam, (1975) 5000 Ew., am Ausfluß des Rhins aus dem Rheinsberger See; Ausflugsort in reizvollem Wald- und Seengebiet; Steingut-, chem., elektrotechn. Ind.; Standort des ersten Versuchskernkraftwerks der Dt. Dem. Rep. (seit 1966). Das von G. W. v. Knobelsdorff umgebaute Schloß war 1736-40 Wohnsitz des preuß. Kronprinzen Friedrich (II.), 1763-1802 seines Bruders Heinrich.

Rheinseitenkanal, frz. **Grand Canal d'Alsace** [gräkan'al dalz'as], Kanal im Elsaß, zw. Basel und Straßburg, rd. 112 km lang, dient mit 8 Staustufen und Kraftwerken der Großschiffahrt (Schiffe bis 2000 t Tragfähigkeit) und der Kraftversorgung (insges. 7 Mrd. kWh). Der R. leitet den Oberrhein unterhalb Basel streckenweise auf frz. Gebiet ab, was zu einer Senkung des Grundwasserspiegels führte. Der Schiffahrtskanal benutzt daher ab der Staustufe Vogelgrün streckenweise den Hauptfluß und wird nur zu den Schleusen und Kraftwerken abgezweigt.

Rhein-Sieg-Kreis, Kreis im RegBez. Köln, NRW; Krst.: Siegburg.

Rheinstahl AG, → Thyssen Industrie AG.

Rheinstein, Burg am linken Rheinufer, gegenüber Assmannshausen, eine der schönsten Burgen am Rhein. Die Ruine wurde 1825-29 ausgebaut.

Rheinstetten, Gem. im Kr. Karlsruhe, Bad.-Württ., (1984) 18700 Ew., 1975 durch Zusammenschluß von 3 Gem. entstanden; landwirtschaftl. Versuchs-, Prüfungs-, Lehranstalten.

Rheinwaldhorn, der höchste Gipfel der → Adula-Alpen.

Rheinweine, Bez. für Weine des Rheintales mit Ausnahme Badens, i. e. S. Weine vom Mittelrhein, Rheingau und von Rheinhessen.

Rhenium [lat.] *das, -s,* **Re,** → chemisches Element, das in geringen Konzentrationen (unter 1 mg/t) weit verbreitet ist und angereichert in Molybdänglanz (bis 0,2%) vorkommt, aus dem es auch meist gewonnen wird. R. ist ein silberweißes, hartes Metall, das chemisch sehr beständig ist und hervorragende mechan. Eigenschaften hat. - Reines R. wird für opt. Spiegel und elektr. Glühdrähte verwendet. Als Zusatz zu Platin-, Molybdän-, Wolfram- u. a. Legierungen wirkt es härtend und korrosionsverhindernd. Legierungen mit Platin finden Anwendung als Thermoelemente. - Metall. R. wird meist durch Reduktion von Kaliumperrhenat mit Wasserstoff bei höherer Temperatur gewonnen. - In seinen Verbindungen tritt R. in allen Oxidationszahlen zw. -1 und $+7$ auf.

Rhenoherzynische Zone, ⊕ Teil des → Variskischen Gebirges.

Rheologie [grch.] *die, -,* ⊠ die Fließkunde (→ fließen).

Rheopexie [grch.] *die, -,* ⊠ Erstarren eines Sols oder einer Suspension bei Bewegung (Schlagen oder Schwingen) zu einer festen Masse; Ggs.: → Thixotropie.

Rheostat [grch.] *der, -(e)s/-e* und *-en/-en,* in Stufen veränderbarer elektr. Präzisionswiderstand für genaueste Messungen.

Rheotaxis [grch.] *die, -/...xen,* Einstellung frei bewegl. Organismen zur Strömungsrichtung einer Flüssigkeit, z. B. bei Fischen und vielen wirbellosen Wassertieren, die sich, um nicht weggeschwemmt zu werden, gegen die Strömung stellen (→ Taxis).

Rheotron [grch.] *das, -s/...tr'one* oder *-s,* die → Elektronenschleuder.

Rheotropismus [grch.], Einstellung bestimmter Pflanzenteile zur Strömungsrichtung einer Flüssigkeit; so wachsen z. B. Wurzelspitzen vom Mais in einem Wasserstrom diesem entgegen (→ Tropismus).

Rhesos, grch. Mythos: sagenhafter König von Thrakien, Bundesgenosse der Troer, wurde von Odysseus und Diomedes getötet und seiner Pferde beraubt, nach seinem Tod in Thrakien als Halbgott verehrt.

Rhesus|affe, Bunder Macaca mulatta, Makakenart aus Indien; der Rhesusfaktor wurde bei R. zuerst entdeckt.

Rhesusfaktor, Rh-Faktor, erbliches Blutkörperchenmerkmal des Menschen, das durch Immunisierung von Meerschweinchen mit Rhesusaffenblut entdeckt wurde. Agglutinationsversuche an menschl. Blutkörperchen ergaben Unabhängigkeit des R. von den anderen → Blutgruppen. Der R. ist bei 60-80% der Menschen vorhanden **(Rh-positiv)**; sein Fehlen wird mit rh bezeichnet **(rh-negativ).** Nichtbeachtung des R. kann z. B. bei wiederholten Bluttransfusionen zur Unverträglichkeit zw. Spender- und Empfängerblut führen. Wenn eine rh-Person gespendete Rh-Blutkörperchen erhält, so entwickeln sich Antikörper, und es kann bei einer zweiten Rh-Spende zu bedrohlichen Zwischenfällen kommen. Antikörper bilden sich unter bestimmten Voraussetzungen auch bei einer rh-Mutter, wenn sie ein Kind trägt, das den Rh-Faktor vom Vater ererbt hat. Bes. bei einem späteren Kind kann dadurch eine Neugeborenengelbsucht (→ Erythroblastose) entstehen.

Rhetoren [grch.], *Sg. der* **Rhetor**, *-s,* bei den alten Griechen Redner, dann auch Lehrer der Beredsamkeit. Die ersten eigtl. R. waren die Sophisten, bes. Gorgias aus Sizilien, der 427 v. Chr. nach Athen kam. Dort gelangte die **Rhetorik** (→ Redekunst) infolge der außerordentl. Bedeutung der Prozeßrede im Vollzug demokrat. Gerichtsbarkeit zur höchsten Vollendung (Isokrates, Demosthenes u. a.). In Rom fand seit Beginn des 2. Jh. v. Chr. die grch. Rhetorik Eingang (Cato d. Ä., Gaius Gracchus). Mit Cicero erreichte die röm. Beredsamkeit ihren Höhepunkt. Mit dem Kaisertum verlor die Rede ihre Aufgabe als Waffe im polit. Kampf. Die Redekunst blieb aber ein bed. Bildungsinhalt, wie bes. → Quintilians Lehrbuch zeigt. *Adj.* **rhetorisch. rhetorische Frage,** Frage, auf die keine Antwort erwartet wird, da sie schon eine Antwort enthält oder nahelegt.

Rheum [grch.], die Pflanzengattung → Rhabarber.

Rheumafaktoren, Antikörper, die bei etwa 80% der Patienten, die an chron. Polyarthritis leiden, nachgewiesen werden können.

rheumatisches Fieber, → Gelenkkrankheiten.

Rheumatismus [grch.] *der, -/...men,* **Rheuma** *das, -s,* **Gliederreißen,** Sammelbez. für verschiedenartige, mit Schmerzen einhergehende Krankheiten des Bewegungs- und Stützapparates (Knochen, Muskeln, Bindegewebe), deren Ursachen nur z. T. geklärt sind. Man unterscheidet zw. **Gelenk-R.,** der in die degenerativen und entzündl. → Gelenkkrankheiten unterteilbar ist, und **Weichteil-R.** von Muskeln und Bindegewebe. Der Weichteil-R. geht mit Schmerzen und Sensibilitätsstörungen einher, die temperatur-, lage- und belastungsabhängig sind. Die Schmerzen treten an best. Stellen (Rücken, Gelenknähe) auf und führen zu Bewegungs- und Funktionseinschränkungen. I. d. R. handelt es sich um einen Dauerschmerz wechselnder Stärke, der durch zahlreiche Faktoren wie Wetter, psych. Verfassung und bes. Infekte mitbeeinflußt werden kann.

Behandlung: je nach Form des R. Wärmeanwendung, Krankengymnastik, physikal. Therapie (Massagen, Bäder u. a.), schmerzstillend und entzündungshemmend wirkende Arzneimittel; Operation. *Adj.* **rheumatisch.**

rheumatoide Arthritis, → Gelenkkrankheiten.

Rheydt, ehem. Stadt in NRW, an der Niers, 1975 nach Mönchengladbach eingemeindet; Schloß (Renaissance, 16. Jh., umgebaut aus spätgot. Wasserburg) mit städt. Museum. – R., Ende des 10. Jh. erstmals erwähnt, kam 1307 an das Hzgt. Jülich.

Rh-Faktor, der → Rhesusfaktor.

Rhin *der,* **1)** rechter Nebenfluß der Havel, 105 km, kommt aus dem Seengebiet nördlich Rheinsberg und mündet unterhalb des Gülper Sees; großenteils kanalisiert **(Rhin-Kanal). Rhinluch,** morastige Niederungen im Eberswalder und Berliner Urstromtal, Rückstauraum der Havel bei Elbehochwässern. **2)** [rɛ̃], frz. Name des Rheins und danach der Départements → Bas-Rhin und → Haut-Rhin.

rhin..., rhino... [grch.], Nasen... *die* **Rhinologie,** -, Nasenheilkunde.

Rhine [raɪn], Joseph Banks, amerikan. Parapsychologe, * Juniata County (Penn.) 29. 9. 1895, † Hillsborough (N. C.) 20. 2. 1980, stellte quantitativ-statist. Untersuchungen über außersinnl. Wahrnehmungen und Psychokinese an.

Rhingrave [rɛ̃gr'a:v, frz.; angeblich nach einem Rheingrafen von Salm] *die,* Rockhose, eine besondere Form der Männerhose um 1660. (Bild Kleidung)

Rhinitis [grch.] *die, -/...nit'iden,* der → Schnupfen.

Rhinoviren, kleine, RNS-haltige Viren; neben anderen Viren Erreger katarrhal. Erkrankungen der oberen Luftwege, bes. des Schnupfens.

Rhinozeros [mhd., zu grch. ›Nashorn‹] *das, - oder -ses/-se,* **Rhinoceros,** → Nashörner.

Rhizoid [grch. ›Scheinwurzel‹] *das, -(e)s/-e,* ein- oder mehrzelliger Faden zur Verankerung von Moosen und Farn-Vorkeimen am Untergrund; wurzelähnliches Haftorgan der Algen.

Rhizom [grch.] *das, -s/-e,* ⊕ der → Wurzelstock.

Rhizopoden *Pl.,* **Rhizipoda** [grch.], Klasse der Protozoen, → Wurzelfüßer.

Rhizosphäre [grch.], bes. von Bakterien und Pilzen besiedelter Bodenbereich der Pflanzenwurzeln.

Rho *das, -(s)/-s,* der 17. Buchstabe des grch. Alphabets (P, ϱ).

Rhodamine *Pl.,* ⊙ zu den Phthaleinen gehörende Farbstoffgruppe, die aus Phthalsäureanhydrid und Aminophenol erhalten wird. R. verleihen Seide und Wolle lebhafte, fluoreszierende rote Färbung, einige R. dienen als Farbstoffe für Flüssigkeitslaser.

Rhodano ..., veraltete Bez. für die Thiocyanato ... genannte Atomgruppierung –S–CN in systematischen Namen von organ. Verbindungen, ferner für das Ion $^{-}$SCN als Ligand in den Namen von Koordinationsverbindungen.

Rhodanzahl, wenig gebräuchliche Kennzahl für Fette und fette Öle als Maß für deren ungesättigten Charakter.

Rhode Island [rəʊd 'aɪlənd], Abk. **R. I.,** postal. **RI,** einer der Neuenglandstaaten der USA, 3140 km² mit (1980) 947000 Ew.; Hptst.: Providence. R. I., der kleinste und am zweitdichtesten bevölkerte Staat der USA, umfaßt das flache Land um die Narragansettbai mit mehreren Inseln sowie die westlich anschließenden Teile der New England Uplands. Haupterwerbszweig ist die Textilindustrie, daneben Schmuckwaren-, Maschinenbau-, Metallwaren-, Gummi- und Kunststoff-Ind.; Milchwirtschaft, Geflügelzucht, Fischerei. Haupthandelsstädte und Häfen sind Providence und Newport. – R. I. wurde 1636 von Roger Williams gegründet für Siedler aus Massachusetts, die die puritanische Glaubenslehre ablehnten, und wurde Zuflucht vieler Sektierer. Am 29. 5. 1790 ratifizierte es als letzter der 13 Gründerstaaten die Bundesverfassung der USA.

Rhodes [rəʊdz], Cecil, britisch-südafrikan. Kolonialpolitiker, * Bishop's Stortford (Hertfordshire) 5. 7. 1853, † Muizenberg bei Kapstadt 26. 3. 1902, erwarb sich seit 1878 in Südafrika im Diamantengeschäft ein großes Vermögen; war 1890–96 Premier-Min. der Kapkolonie. Er veranlaßte 1884 die Eroberung des Betschualandes und gründete 1889 die Britisch-Südafrikan. Gesellschaft, die in den nächsten Jahren die Gebiete des 1895 nach R. benannten Rhodesien erwarb. Er erstrebte die Angliederung der Burenrepubliken Transvaal und Oranje-Freistaat an das brit. Südafrika. R. gilt als der bedeutendste Vorkämpfer des britischen Imperialismus, der zugleich eine fortschrittliche Eingeborenenpolitik in Südafrika vertrat.

Rhodesia|schädel, Homo (erectus) rhodesiensis, → Kabwe.

Rhodesi|en [n. C. → Rhodes], engl. **Rhodesia** [rəʊ'di:zjə], Land in SO-Afrika, seit 1980 → Simbabwe.

Geschichte. 1889/90 drang die British South Africa Company unter C. Rhodes mit Siedlern und Truppen in das Gebiet zw. Limpopo und Sambesi ein, das später den Namen **Süd-R.** erhielt. Das von derselben Gesellschaft danach eroberte Gebiet nördlich des Sambesi wurde **Nord-R.** genannt (seit 1964 → Sambia). Seit 1923 Kolonie mit innerer Selbstverwaltung, schloß sich Süd-R. 1953 mit Nord-R. und Njassaland (seit 1964 → Malawi) zur → Zentralafrikanischen Föderation zusammen. Nach Auflösung dieser Föderation (1963) und schweren Auseinandersetzungen zw. den europ. Siedlern und der brit. Reg. um die Gleichberechtigung der Afrikaner erklärte die Reg. I. Smith am 11. 11. 1965 einseitig die Unabhängigkeit Süd-R.s, das sich nunmehr nur als R. bezeichnet. 1965 verhängte die brit. Reg. wirtschaftl. Sanktionen. 1966 beschloß der UNO-Sicherheitsrat die wirtschaftl. Blockade. Seit 1967 bildeten sich afrikan. Nationalbewegungen (Ziel: Bildung eines unabhängigen Staates ›Simbabwe‹). 1970 wurde die Republik unter einer Verf., die die weiße Minderheitsherrschaft sicherte, ausgerufen.

Nach dem Scheitern von Verfassungsgesprächen (1975) zw. Vertretern der schwarzafrikan. Mehrheit und der weißen Minderheitsreg. kam es zu Geurilla-Aktionen radikaler schwarzafrikan. Gruppen. Im Nov. 1976 trat die Genfer R.-Konferenz zusammen (Thema: Bildung einer schwarzafrikan. Mehrheitsreg. in R.), die erfolglos blieb. Der danach von Großbritannien und den USA ausgearbeitete Übergangsplan zur Bildung einer schwarzafrikan. Mehrheitsreg. stieß bei Weißen und Schwarzafrikanern auf Widerstand. Die Reg. I. Smith schrieb 1977 Neuwahlen aus, bei der ihre ›Rhodes. Front‹ alle 50 den Weißen vorbehaltenen Sitze gewann (von den Wahlen war der größte Teil der schwarzen Bev. ausgeschlossen). – Die von J. Nkomo und R. Mugabe 1976 gegr. ›Patriotische Front‹ führt mit Unterstützung der → Frontstaaten einen Guerillakrieg gegen die Regierung.

1978–79 amtierte eine gemischtrassige Übergangsreg. unter MinPräs. I. Smith mit den schwarzrhodes. Nationalistenführern Muzorewa, Sithole und Chirau. Nach dem Wahlsieg des von Muzorewa geführten ›United African National Council‹ (UANC) bildete er 1979 die erste von Schwarzafrikanern geführte Regierung. Weiteres → Simbabwe.

Rhodinieren *das, -s,* Verfahren zum Abscheiden dünner Schichten metall. Rhodiums auf der Oberfläche von Gegenständen für dekorative und techn. Zwecke; meist elektrolytisch oder durch Aufdampfen. Der Rhodiumüberzug ist chemisch höchst beständig und ist ein guter Reflektor für Licht.

Rhodium [von grch. rhodeios ›rosenfarbig‹] *das, -s,* **Rh,** ⊙ ein → chemisches Element aus der Gruppe der → Platinmetalle. R. ist ein silberweißes, beständiges, selbst in Königswasser unlösl. Metall. Es kommt mit den übrigen Platinmetallen vor und ist etwa 100mal geringer in der Erdkruste verbreitet als Platin. Als Legierungspartner von Palladium und Platin wird es für Heizdrähte, Thermoelemente, Laborgeräte und Katalysatoren verwendet, reines R. zur Herstellung beständiger opt. Spiegel und Schutzfilme. – R.-Verbindungen besitzen die Oxidationszahlen 2, 3, 4 und 6. Am beständigsten sind die meist rosaroten dreiwertigen Verbindungen.

Rhododendron

Rhodonit

rhodo... [grch.], rot...

Rhodochrosit [grch.] *der, -s/-e,* das Mineral → Manganspat.

Rhododendron [grch. ›Rosenbaum‹] *das* oder *der, -s/ ...dren,* **Alpenrose,** Gatt. der Heidekrautgewächse, Sträucher oder Bäumchen, laubabwerfend oder mit meist ledrig-immergrünen Blättern und in Doldentrauben stehenden Blüten. Als **Almrose, Steinröschen, Rausch, Almrausch, Alpbalsam, Roßheide** werden volkstümlich 2 stellenweise unter Naturschutz stehende Arten bezeichnet: **Rostblättrige Alpenrose (R. ferrugineum),** mit oberseits glänzend dunkelgrünen, unterseits braunen, unbewimperten Blättern und weinroten Blüten, in lichten Gehölzen, auf Matten der Alpen, des Juras, der Pyrenäen, des Apennin, SO-Europas, und **Behaarte Alpenrose (R. hirsutum),** mit rundlich-eiförmigen, bewimperten, beiderseits grünen Blättern und rosenroten Blüten, in den Ostalpen, der Hohen Tatra und den Hochgebirgen SO-Europas. Ziersträucher sind: **R. maximum** aus dem östl. Nordamerika, **R. caucasicum** aus dem Kaukasus und **R. japonicum** aus Japan, mit länglichen Blättern und rosafarbenen bis weißlichen Blüten; ferner zählten früher zur Gatt. R. viele Arten von Azaleen.

Rhodonit [grch.] *der, -s/-e,* 🌐 tafeliges oder säuliges Mineral, auch dichte Massen, $Ca(Mn, Fe)_4Si_5O_{15}$, von licht-fleischroter bis dunkelroter Farbe, Glasglanz, oft schwarzfleckig bis durchgeädert **(Mangankiesel).** R. und der bläulich-rosenrote **Pyroxmangit** (›Kardinal‹) dienen als Schmucksteine.

Rhodope-Gebirge, Rhodopen, Gebirge in S-Bulgarien und NO-Griechenland, zw. Maritza, Struma und Ägäischem Meer; waldreiches, aus weitgespannten Rumpfflächen bestehendes Bergland (im Perelik 2191 m); heute Zentrum des Bergbaus (Blei-, Zinkvorkommen) und der Metallurgie; Luftkurorte mit Mineralquellen (Welingrad, Peschtera).

Rhodopsin *das, -s,* der Sehfarbstoff → Sehpurpur.

Rhodos, 1) grch. Insel vor der SW-Küste Kleinasiens, rd. 1400 km², (1981) 87800 Ew., hügelig bis gebirgig, im Ataviros 1215 m hoch. Olivenpflanzungen, Anbau von Wein, Citrus- u. a. Früchten; Fremdenverkehr. Hauptort ist R., an der N-Spitze der Insel. Bedeutende Ruinenstätten sind Lindos an der SO-Küste und Kameiros nahe der W-Küste.

G e s c h i c h t e. Um 1000 v. Chr. wurde R. von Dorern besiedelt; die Hauptstadt R. entstand 408/07 v. Chr. Ihre Blüte erlebte die Insel als See- und Handelsmacht und Bundesgenosse Roms im 2./1. Jh. v. Chr. Später teilte sie die Schicksale des Byzantin. Reichs, gehörte in der zweiten Hälfte des 7. Jh. den Arabern, seit 1308/10 dem Johanniterorden (Rhodeser-Ritter), seit 1523 den Türken, 1912 wurde R. mit den Inseln Dodekanes von den Italienern besetzt, 1923 förmlich durch die Türkei an Italien abgetreten. 1947 kam R. an Griechenland.

2) Hptst. von 1) und des grch. Nomos Dodekanes, (1981) 40700 Ew., Sitz eines grch.-orth. Erzbischofs, Museen; meteorolog. Observatorium; Fremdenverkehr; aus der Johanniterzeit blieb die ›Ritterstadt‹ mit neuem Ordenshospital (15. Jh.) und Großmeisterpalast (von den Italienern im ursprünglichen Zustand des 14. Jh. aufgebaut). **Koloß von R.,** → Koloß.

rhomb... [grch.], kreisel..., rauten...

rhombisch, auch **ortho|rhombisch,** heißt eines der Kristallsysteme (→ Kristall) sowie die 3 zugehörigen Kristallklassen und Kristallformen (→ Rhombus).

Rhomboeder [grch. ›Rautenflächner‹] *das, -s/-,* ein von jeweils 6 kongruenten Rhomben gebildeter geschlossener geometr. Körper; wichtige Kristallformen. **rhombo|edrisch** heißt eine Abteilung des hexagonalen Kristallsystems (→ Kristall).

Rhomboid [grch.] *das, -(e)s/-e,* Parallelogramm mit ungleichen Seitenpaaren.

Rhombus [grch.] *der, -/...ben,* **Raute,** Parallelogramm mit 4 gleich langen Seiten. *Adj.* **rhombisch.**

Rhön *die,* vulkan. Mittelgebirge mit Basaltkuppen und -decken im Buntsandstein- und Muschelkalkgebiet zw. Werra, Fulda und Fränk. Saale. Höchster Teil ist die **Hohe R.,** eine wellige Hochfläche mit Wiesen und Hochmooren; in der Wasserkuppe 950 m hoch (Segelfluggelände); im Südteil bereits in Einzelrücken aufgelöst: Dammersfeld-Kuppe (928 m), Kreuzberg (928 m), Schwarze Berge (834 m). Nach N und W schließt sich die **Kuppen-** oder **Vorder-R.** an, in der Milseburg 835 m hoch, im S die **Süd-R.,** ein stark bewaldetes, von nur wenigen Basaltbergen (Hag Kopf, 514 m) überhöhtes Buntsandsteingebiet. Landwirtschaft, bes. Viehzucht; Heimarbeit; Fremdenverkehr (Wintersport).

Rhondda [r'ɔndə], Bergbau- und Industriestadt in der Cty. Mid Glamorgan, Wales, (1981) 82000 Ew.; bed. Steinkohlenrevier, Konsum- und Investitionsgüterindustrie.

Rhône [ro:n], **1)** dt. **Rhone** *die,* im deutschsprachigen Wallis auch **Rotten** *der,* zweitlängster, wasserreichster Strom Frankreichs, 812 km lang, mit einem Einzugsgebiet von 99000 km². Die R. entspringt im Kt. Wallis, Schweiz, dem → Rhonegletscher, durchfließt den Genfer See, erreicht unterhalb von Genf frz. Gebiet, wendet sich bei Lyon nach S und mündet in 2 Hauptarmen in den Golfe du Lion. Sie wird seit 1934 ausgebaut; dabei steht die Elektrizitätsgewinnung, im S auch die Bewässerung im Vordergrund. Von 22 geplanten Staustufen sind (1984) 14 (von Lyon abwärts) in Betrieb. Die Regulierung der R. hat große Bedeutung für die schnelle Industrialisierung der Saône-R.-Furche. Wichtigste Nebenflüsse: von links Arve, Isère, Drôme, Durance, von rechts Ain, Saône, Ardèche, Gard. Die R. ist ab Lyon schiffbar und durch Kanäle mit dem Rhein, der Seine, der Loire und dem Hafen von Marseille verbunden. – Südl. von Lyon werden in der meist weiten Talebene und an den Hängen **(Côtes du R.** [kotdy-]) v. a. Wein, Obst und Gemüse angebaut.

2) Dép. im SO Frankreichs, 2859 km², mit (1982) 1,445 Mio. Ew.; Hptst.: Lyon.

Rhönrad

Rhonegletscher, Gletscher der Dammagruppe im NO des Kt. Wallis, Schweiz, etwa 10,2 km lang, 17,2 km² groß; dem Gletscherende entspringt die Rhône.

Rhône-Poulenc S. A. [ro:n pul'ɛ̃k-], Paris, Holding-Ges. der frz. chem. und pharmazeut. Ind.; gegr. 1895. Westdt. Tochter-Ges.: Rhodia AG, Freiburg i. Br., Rhône-Poulenc GmbH, Frankfurt a. M. – Der Konzern wurde 1982 verstaatlicht.

Rhön-Grabfeld, Landkreis im RegBez. Unterfranken, Bayern; Krst.: Bad Neustadt a. d. Saale.

Rhönrad, von O. Feick aus Schönau (Rhön) 1925 entwickeltes Turngerät, das aus einem doppelten Stahlrohrreifen (Durchmesser richtet sich nach der Körpergröße des Turnenden) mit verschiedenen Stand- und Griffmöglichkeiten besteht. Hauptübungsgruppen: Gerade- und Spiralrollen.

Rhotazismus [n. dem grch. Buchstaben Rho] *der, -/...men,* Ⓢ der Übergang von s in r bei wurzelverwandten Wörtern, z. B. Fro*s*t – frie*r*en.

Rhume *die,* rechter Nebenfluß (rd. 39 km) der oberen Leine, entspringt als Karstquelle bei Rhumspringe im südl. Harzvorland und mündet unterhalb Northeim.

Rhynchoten [grch.], *Sg. der* **Rhynchote,** *-n,* **Rhynchota,** Über-Ordn. der Insekten, die → Schnabelkerfe.

Rhyolith [grch.] *der, -(e)s/-e* und *-en/-en,* **Liparit,** junges, hellgraues, rötliches oder grünliches Ergußgestein mit Einsprenglingen von Sanidin, Plagioklas, Quarz und Biotit, in einer dichten, oft glasführenden Grundmasse aus denselben Mineralien. Geologisch älterer R. ist der **Quarzporphyr.**

Rhythm and Blues [rıðm ænd blu:z, engl.], Musikformen der afroamerikan. Bevölkerung der USA in den 1950er Jahren mit den hauptsächl. Bestandteilen Rhythmus (bevorzugt punktierte Achtelbewegung) und Blues (u. a. mit ›blue notes‹, der um weniger

Rhodos 1): Lindos

als einen Halbton erniedrigten 3., 5. und 7. Tonstufe und einer ständig wiederholten melod. Phrase von 2–4 Takten Länge von bewußt einfacher Struktur).

Rhythmik [grch.] *die, -,* **1)** die Lehre vom → Rhythmus 2) in Musik und Literatur. **2)** der rhythm. Charakter eines Tonstücks, Tanzes, Gedichts. **3) Periodik, Periodizität,** die regelmäßige Wiederkehr einer bestimmten Abfolge, z. B. im → Periodensystem der Elemente oder bei den Verhaltensweisen und Lebensvorgängen der Organismen, die teils durch innere (endogene), teils durch äußere (exogene) Faktoren (Zeitgeber) in Abhängigkeit von rhythm. Schwankungen des Tages, Jahres oder des Mondumlaufs (**Lunarperiodik, Solarperiodik**) gesteuert werden.

rhythmische Erziehung, Gebiet der Elementarlehre der Musik, in seiner pädagog. Bedeutung schon von Pestalozzi erkannt, dann um 1900 bes. von E. Jaques-Dalcroze ausgebaut. Einen neuen Anstoß erfuhr die Bewegung durch C. Orff, dessen Schulwerk (seit 1931) von der rhythm. Grundbeziehung zw. Körper und Musik, Wort und Ton bis zu Modellstücken für die praktisch-pädagog. Arbeit alles zusammenfaßt, was zur musikal. und rhythmischen Erziehung dient.

Rhythmus [zu grch. rhein ›fließen‹] *der, -/...men,* **1)** die mehrmalige stetige Wiederkehr von Ähnlichem in ähnlichen Zeitabständen, im Unterschied zum Takt als der Wiederholung des Gleichen; im weitesten Sinn svw. Periodizität (→ Rhythmik 3). Meist wird der Begriff R. auf die Wiederkehr von Erscheinungen in kürzeren Zeitabständen beschränkt und in diesem Sinn die Rhythmik (z. B. beim Herzschlag) der Periodizität oder Periodik (z. B. Jahresperiodik) gegenübergestellt. Der R. macht einen zeitl. Vorgang zu einem gestalthaften Ganzen, ist daher wesentlich für Musik, Dichtung, Tanz. Die Arbeitshygiene fordert entsprechend der natürlichen Periodizität von Spannung und Entspannung einen rhythmusgemäßen Wechsel von Anstrengung und Pausen, Arbeit und Freizeit. Für die Krankheitserkennung ist das Beobachten der rhythm. Tätigkeit der Organe wichtig. **2)** In der Musik wirken im R. alle Kräfte der Dynamik, der Schwere und des Tempos zusammen: 1) die **Zeitaufteilung,** d. h. das Verhältnis der Dauer der einzelnen Töne zueinander, das, i. Ggs. zur Sprache, in der Musik mathematisch ausdrückbar und nach festen Gesetzen geregelt ist; 2) die **Schwere,** d. h. das Verhältnis der Töne nach Gewicht und Betonung (schwer-leicht), das bei der zeitlichen Gliederung stets fühlbar mitspricht und auf den körperl. Bewegungsempfindungen (Herz-, Puls-, Schrittgefühl) beruht; 3) das **Zeitmaß,** das die Geschwindigkeit des musikal. Ablaufs und damit die tatsächliche Dauer der einzelnen Notenwerte regelt. Mit der Melodik zusammen ist der R. der Hauptträger der musikal. Aussage. – **Rhythmusgruppe,** Schlagzeuggruppe beim Jazz. **3)** Über R. in der Dichtung vgl. ÜBERSICHT Metrik. *Adj.* **rhythmisch.**

Ri., Abk. für Richter (A. T.).

R. I., postal. **RI,** Abk. für den Staat **R**hode **I**sland, USA.

Ria [span. ›Flußmündung‹] *die, -/-s,* 🌐 **Riaküste,** Steilküste (NW-Spanien, SW-Irland), gegliedert durch steil in sie eingesenkte schlauch- und trichterförmige Flußmündungen, in die bei Landsenkung oder Meeresspiegelanstieg das Meer eingedrungen ist. Von eiszeitl. Vergletscherungen nicht betroffen, sind die R. – im Unterschied zu den Fjorden – nur von geringer Tiefe.

RIA, Abk. für → **R**adio**i**mmuno**a**ssay.

Riace [ri'a:tʃe], Ort an der kalabr. Küste (Italien), in dessen Küstengebiet 1972 zwei gut erhaltene antike Bronzefiguren aus dem Meer geborgen wurden (heute in Reggio di Calabria, Archäolog. Museum). Die nackten Kriegergestalten sind höchstwahrscheinlich Originalwerke der → griechischen Kunst (BILD) des 5. Jh. v. Chr.; die kunstgeschichtl. Zuweisung ist noch ungeklärt.

Riad, Er-R., Er-Rijad, Hptst. und größte Stadt von Saudi-Arabien, Oasenstadt in Zentral-Arabien, (1983) 1,2 Mio. Ew.; 2 Univ., Militärakademie, Bibliotheken; Erdölraffinerien, Zement-Ind.; Flughafen. – Seit 1824 Residenz der Saud-Dynastie.

Riade, nicht sicher zu bestimmender Ort an der sächsisch-thüring. Grenze, an der Unstrut oder unweit Merseburg. Hier besiegte Heinrich I. am 15. 3. 933 die Ungarn.

Rial [aus span. real] *der, -s/-e,* **Riyal,** Währungseinheit, in Iran: 1 R. (Rl.) = 100 Dinar (D.); in der Arab. Rep. Jemen: 1 Jemen-R. (Y.Rl) = 100 Fils; in Katar: 1 Katar-R. (QR) = 100 Dirhams; in Oman: 1 R. Omani (R.O.) = 1000 Baizas (Bz.); in Saudi-Arabien: 1 Saudi Riyal (S.Rl.) = 20 Qirshes = 100 Hallalas.

Rialtobrücke, ital. **Ponte di Rialto,** Brücke über den Canal Grande in Venedig, erbaut 1588–92.

RIAS, Abk. für **R**undfunk **i**m **a**merikanischen **S**ektor von Berlin, 1946 von den Amerikanern gegr. Rundfunkanstalt; untersteht der International Communication Agency/ICA, vormals United States Information Agency (USIA); sie verbreitet Hörfunkprogramme für die Bev. Berlins und der Dt. Dem. Rep.

Riau-Inseln, Inselgruppe Indonesiens vor der S-Spitze Malakkas (Singapur), bildet mit den Lingga-Inseln den Riau-Lingga-Archipel; 10842 km², etwa 300000 Ew. Hauptinseln: Singkep (Zinnerze) und Bintan (Bauxit).

Riad: Mauer des alten Königspalastes

Ribalta [riβ'alta], Francisco, span. Maler, * Solsona (Katalonien) 2. 6. 1565, † Valencia 13. 1. 1628. Das Helldunkel, der Realismus und die Ausdrucksstärke seines Spätstils bestimmten die Entwicklung der span. Schule des 17. Jh.

Ribatejo [riβat'ɛʒu], Beckenlandschaft und histor. Prov. in Portugal, am unteren Tejo, ein tertiäres Hügelland, von sandig-kiesigen Ablagerungen bedeckt, mit Gemüse- und Reisanbau sowie Stier- und Pferdezucht in den überschwemmungsreichen Aueninseln (›Lezírias‹); daneben auch Getreide und Weinanbau.

ribbeln. *ich* **ribb(e)le** *es,* U reibe, schabe reibend. *ich* **ribb(e)le** *es* **auf,** ziehe Gestricktes wieder auf.

Ribbentrop, Joachim von, Politiker (NSDAP), * Wesel 30. 4. 1893, † (hingerichtet) Nürnberg 16. 10. 1946, schloß 1935 das dt.-brit. Flottenabkommen, wurde 1936 Botschafter in London, schloß als Reichsaußen-Min. (1938–45) die Verträge mit der UdSSR (1939); 1946 vom Internat. Militärtribunal in Nürnberg zum Tode verurteilt.

Ribble [rɪbl], Fluß in NW-England, rd. 120 km lang, entspringt im Pennin. Gebirge und mündet in die Irische See.

Ribe, dt. **Ripen,** Stadt in Jütland, Dänemark, (1981) 18100 Ew.; Dom (12. Jh.). – R., im 9. Jh. erstmals erwähnt, war seit 948 Bischofssitz; im MA. wichtige Handels- und Schiffahrtsstadt.

Ribeirão Prêto [ribejr'ãum pr'etu], Stadt im brasilian. Staat São Paulo, (1980) 309200 Ew.; Erzbischofssitz; Handelsplatz, Mittelpunkt eines Kaffeeanbaugebiets, Textil-, Stahlindustrie.

Ribeiro [riβ'eiru], **1)** Antonio, portugies. Kardinal (1973), * Gandarela de Basto 21. 5. 1928, seit 1971 Patriarch von Lissabon.

2) Aquilino, portugies. Schriftst., * Carregal da Tabosa (Beira Alta) 13. 9. 1885, † Lissabon 27. 5. 1963. Sein Romane und Novellen aus der bäuerl. Welt der Beira, aus Lissabon und Paris

Jusepe de Ribera: Jakobs Traum, 1639 (Madrid, Prado)

David Ricardo

Richard II.
(aus einem Gemälde um 1390)

Theodore W. Richards

Samuel Richardson
(Stich von J. M. Bernigeroth, 1756)

zeichnen sich durch psycholog. Feinheit und lebensvolle Schilderung aus.

3) Bernardim, portugies. Dichter, * Vila do Torrão (Alentejo) 1482 (?), † Lissabon 1552 (?), schrieb den empfindungsreichen Liebesroman ›Menina e Moça‹ (1554; erweitert 1557 u. d. T. ›Saudades‹). Mit seinen Eklogen beginnt die portugies. Hirtendichtung.

Ribemont [ribəm'ɔ̃], Ort im frz. Dép. Aisne, etwa 2000 Ew., an der Oise. Im Vertrag von R. (880) kam i. Ggs. zum Vertrag von Mersen (870, → Meerssen) auch der westl. Teil Lotharingiens an das Ostfränk. Reich (→ Fränkisches Reich).

Ribera [riβ'era], Jusepe de, in Italien genannt **lo Spagnoletto** [-spaɲo-, ›der kleine Spanier‹], span. Maler und Radierer, * Játiva bei Valencia 17. 2. 1591, † Neapel 2. 9. 1652, Schüler von F. Ribalta in Valencia, ging früh nach Italien und lebte seit 1616 in Neapel, wo er sich der Helldunkelmalerei M. da Caravaggios anschloß. In seiner reifen Zeit lichteten sich seine Farben zu oft silbrigen Tönen. Später wechselte er die Farbgebung von düsterem Helldunkel bei Märtyrerszenen zu warmen Goldtönen bei Wunderdarstellungen. In seiner Kunst verbinden sich kraftvoller Realismus und span. Leidenschaft mit tiefer Religiosität. (BILD S. 417)

Ribisel [zu Ribes] *die, -/-n, österr.:* Johannisbeere.

Ribnitz-Damgarten, Krst. im Bez. Rostock, an der Mündung der Recknitz in den Saaler Bodden, (1983) 17700 Ew.; Holz- und Faserplatten-Ind., Schmuckwarenerzeugung (bes. Bernstein); Fischerei; got. Stadtkirche (13.-14. Jh.) und Kirche des ehem. Klarissinnenklosters (um 1400); Stadttor.

Riboflavin *das, -s,* **Vitamin B_2,** früher **Lactoflavin,** organ. Verbindung, die von Pflanzen und Mikroorganismen gebildet wird und in Milch und Organen (z. B. Leber) von Pflanzenfressern vorkommt. Tagesbedarf des Menschen 1-2 mg.

Ribonucleasen *Pl.,* **RN|asen,** phosphorsäurediesterspaltende Enzyme, die Ribonucleinsäuren zu Oligo- und Mononucleotiden abbauen. R. kommen in allen Zellen, in Membranen, an Ribosomen und in Lyosomen vor. (→ Nucleasen)

Ribo|nucleinsäure, Abk. **RNS,** engl. **RNA,** Biochemie: Polynucleotid (→ Nucleinsäuren), dessen Monomer-Einheiten aus einer Pentose (Ribose), einer Purin- (Adenin, Guanin) oder Pyrimidin-Base (Cytosin, Uracil) und einem Phosphorsäurerest im Verhältnis 1:1:1 bestehen, wobei durch alternierende Verknüpfung von Phosphorsäurerest und Ribose eine unverzweigte Kette entsteht. Man kennt mindestens 4 unterschiedl. Klassen: **Transfer-RNS (t-RNA)** als Aminosäureüberträger bei der → Proteinbiosynthese, **Boten-** oder **Matrizen-RNS (m-RNA)** als Informationsüberträger bei der Proteinbiosynthese, **ribosomale RNS (r-RNA)** als Bestandteil von → Ribosomen. Außerdem ist die RNS Bestandteil des Chromatins im Zellkern. Bei RNS-Viren ist sie der Träger der genet. Information.

Ribose *die, -/-n,* Pentose (→ Zucker), die als Baustein in Coenzymen und in Nucleinsäuren vorkommt. R. wird im Körper durch Biosynthese aus Glucose gebildet.

Ribosomen, *Sg. das* **Ribosom,** *-s,* **Palade-Granula, RNS-Granula,** im Zytoplasma der → Zelle oder an Membranen des endoplasmat. Retikulums liegende, Ribonucleinsäure enthaltende Eiweißkörperchen, an denen Protein entsteht.

Ribuarisches Gesetz, lat. **Lex Ribuaria,** das Volksrecht der ripuar. (ripwar.) Franken, → germanische Volksrechte.

Ribulose *die, -/-n,* zu den Pentosen gehörendes Monosaccharid. Als **Ribulose-1,5-diphosphat** spielt sie in der Photosynthese eine bedeutende Rolle.

Ricarda [ital., von Richard], weiblicher Vorname.

Ricardo [rɪk'ɑːdəʊ], David, brit. Volkswirtschaftler, * London 19. 4. 1772, † Gatcombe Park (Gloucestershire) 11. 9. 1823. R. war einer der bedeutendsten Theoretiker der klass. Schule der engl. Nationalökonomie. In seiner polit. Ökonomie, die auf dem liberalen Grundsatz der Wirtschaftsfreiheit beruht, entwikkelte er eine geschlossene Werttheorie, eine Theorie der → Grundrente 1), eine Theorie des Arbeitslohns, eine Theorie der komparativen Kosten, eine Geldtheorie, eine Theorie der internat. Handelsbeziehungen. Auf R.s Lehre, bes. von der Arbeit als Hauptproduktionsfaktor, gründete Marx seine Wirtschaftstheorie. - HW: ›Grundsätze der Volkswirtschaft und Besteuerung‹ (1817).

Ricci [r'ittʃi], **1)** Marco, ital. Maler, getauft Belluno 5. 6. 1676, † Venedig 21. 1. 1730, Neffe und Schüler von 4). Beeindruckt von den Landschaften S. Rosas sowie den Theaterdekorationen des F. Juvarra, führte R. in seinen Phantasieveduten und Ruinengemälden die barocke Landschaftsmalerei in Venedig ein.

2) Matteo, ital. Jesuit, Missionar, * Macerata 6. 10. 1552, † Peking 11. 5. 1610, strebte nach Anpassung der christlichen Botschaft an das chines. Denken.

3) Ruggiero, amerikan. Violinist, * San Francisco 24. 7. 1918; sein Repertoire umfaßt bes. Werke für Violine solo.

4) Sebastiano, ital. Maler, Onkel von 1), getauft Belluno 1. 8. 1659, † Venedig 15. (16.) 5. 1734, ausgebildet bes. in Bologna und Rom, tätig auch im Ausland, neben G. B. Piazzetta und G. B. Tiepolo der bedeutendste Maler der späten venezian. Malerei, die er durch Zurückgreifen auf P. Veronese belebte. Er malte Fresken, religiöse und mytholog. Gemälde, die sich durch helle Farbschönheit und Lebendigkeit auszeichnen.

Riccio [r'ittʃo], Andrea, eigtl. A. **Briosco,** ital. Bildhauer, * Padua um 1470, † ebd. 1532, schuf v. a. Kleinbronzen (bes. von Tieren), ferner Bronzegerät, reich verziert mit kleinen figürl. Darstellungen (Osterleuchter, 1507-16; Padua, S. Antonio).

Riccione [rittʃ'oːne], ital. Seebad an der Adriaküste, Prov. Forlì, (1981) 31300 Ew.; Fischereihafen.

Rice [raɪs], Elmer, amerikan. Schriftst., eigtl. E. **Reizenstein,** * New York 28. 9. 1892, † Southampton (England) 8. 5. 1967, schrieb sozialkrit. Dramen, so ›Die Rechenmaschine‹ (1922), worin sich Einflüsse des Expressionismus zeigen, und ›Straßenszene‹ (1929) sowie Romane (›Menschen am Broadway‹, 1937).

Ricercare [ritʃɛrk'aːre, ital. ›(das Thema) suchen‹] *das, -(s)/...ri,* **Ricercar,** im 16. Jh. Tonstück für Orgel, Klavier, Laute mit imitierendem Stimmeneinsatz (→ Nachahmung 2), entstanden in Anlehnung an die Motette; eine Vorform der Fuge.

Richard [ahd. ›der mächtig Starke‹], männlicher Vorname.

Richard, Fürsten:

Deutscher König. **1) R. von Cornwall** [-k'ɔːnwəl] (1257-72), Sohn des engl. Königs Johann ohne Land, * Winchester 5. 1. 1209, † 2. 4. 1272, wurde 1257 von den rhein. Kurfürsten gegen Alfons von Kastilien zum dt. König gewählt und in Aachen gekrönt; er erschien aber nur viermal kurz im Reich. R.s Königtum wie das seines Gegenspielers Alfons blieben so unwirksam, daß man diese Zeit ›Interregnum‹ nannte.

England, Könige. **2) R. I. Löwenherz** (1189-99), Sohn Heinrichs II., * Oxford 8. 9. 1157, † Châlus (Dép. Haute-Vienne) 6. 4. 1199, nahm 1190-92 am 3. Kreuzzug teil; auf dem Rückweg geriet er in die Gefangenschaft Kaiser Heinrichs VI., aus der er sich erst 1194 durch hohes Lösegeld und Leistung des Lehnseides befreien konnte. Sein Hauptgegner war der frz. König Philipp II. August.

3) R. II. (1377-99), * Bordeaux 6. 1. 1367, † Pontefract Castle (Yorkshire) 14. 2. 1400; bis 1386 unter der Vormundschaft Johanns von Lancaster, übernahm R. 1389 selbst die Regierung. Sein seit 1397 willkürl. Regiment führte 1399 zur Erhebung von Johanns Sohn Heinrich IV., der ihn mit Zustimmung des Parlaments zur Abdankung zwang. - Drama von Shakespeare.

4) R. III. (1483-85), jüngerer Bruder Eduards IV. aus der Linie York, * Fotheringhay Castle 2. 10. 1452, † Bosworth Field 22. 8. 1485, seit 1461 Herzog von Gloucester, bahnte sich durch die Ermordung seiner jungen Neffen Eduard V. und Richard von York den Weg zum Thron, fiel aber in der Schlacht bei Bosworth gegen Heinrich VII. - Drama von Shakespeare.

Richards [r'ɪtʃədz], **1)** Dickinson Woodruff, amerikan. Physiologe, * Orange (N. J.) 30. 10. 1895, † Lakeville (Conn.) 23. 2. 1973; erhielt zus. mit W. Forßmann und A. Cournand 1956 den Nobelpreis für Physiologie und Medizin. R. und Cournand entwickelten das von Forßmann erfundene Verfahren der Herzkatheterisierung weiter.

2) Ivor Armstrong, engl. Psychologe und Kritiker, * Sandbach (Cheshire) 26. 2. 1893, † Cambridge 7. 9. 1979. R. versuchte von der Sprachphilosophie her objektive Maßstäbe für die literar. Kritik zu gewinnen (→ New Criticism). - HW: ›Die Bedeutung der Bedeutung‹ (1923, mit C. K. Ogden).

3) Theodore William, amerikan. Chemiker, * Germantown (Pa.) 31. 1. 1868, † Cambridge (Mass.) 2. 4. 1928; 1914 Nobelpreis für Chemie für seine genauen Atomgewichtsbestimmungen.

Richard's Bay [r'ɪtʃədz beɪ], junger Hafen- und Industrieort südlich von Durban, N-Natal, Rep. Südafrika, im Indischen Ozean, (1977) 12000 Ew.; Kohleexport, Düngemittelerzeugung, Aluminiumhütte; Bahnverbindung nach Swasiland.

Richardson [r'ɪtʃədsn], **1)** Dorothy Miller, engl. Schriftstellerin, * Abingdon (Berkshire) 17. 5. 1873, † Beckenham (heute zu London) 17. 6. 1957. In ihrem zwölfbändigen Romanzyklus ›Pilgrimage‹ (1915-38) schildert sie das Seelenleben einer jungen Lehrerin und ersetzt den Handlungsablauf durch die psycholog. Analyse.

2) Lewis Fry, brit. Physiker und Meteorologe, * Newcastle upon Tyne 11. 10. 1881, † Kilmun (Argyll) 30. 9. 1953, entwickelte eine mathemat. Theorie von Außenpolitik und Kriegsursachen.

3) Sir (1939) Owen Williams, brit. Physiker, * Dewsbury (Yorkshire) 26. 4. 1879, † Alton (Hampshire) 15. 2. 1959, untersuchte experimentell und theoretisch die Elektronenemission glühender Metalloberflächen **(Glühemission, R.-Effekt)** und stellte für sie eine Exponentialformel **(R.-Gleichung)** auf, die die Grundlagen der Glühkathodenröhrenentwicklung bildeten; erhielt 1928 den Nobelpreis für Physik.

4) Samuel, engl. Schriftst., getauft Mackworth (bei Derby) 19. 8. 1689, † Parson's Green (bei London) 4. 7. 1761, urspr. Buchdrucker, Schöpfer des sentimentalen psycholog. Romans: ›Pamela‹ (1740), ›Clarissa‹ (1747/48), ›Sir Charles Grandison‹ (1753/54). In allen 3 in Briefform verfaßten Romanen liegt das

Schwergewicht auf der Enthüllung und Zergliederung des Seelenlebens der handelnden und leidenden Personen; R. will zugleich moralisch belehren und erbauen. R. hat die engl. und europ. Literatur des 18. Jh. stark beeinflußt (Rousseaus ›Nouvelle Héloïse‹; Gellert; Goethes ›Werther‹).

Richelieu [riʃəlj'ø], Armand-Jean **du Plessis** [dy plɛs'i], Herzog von, frz. Staatsmann, Kardinal (1622), * Paris 9. 9. 1585, † ebd. 4. 12. 1642, wurde 1608 Bischof von Luçon, 1616 Staatssekretär, 1624 als Erster Minister in den Staatsrat berufen. Als Vorkämpfer des Absolutismus beseitigte R. die polit. und militär. Sonderrechte der Hugenotten nach dem Fall von La Rochelle (1628)

Richelieu (aus einem Gemälde von Philippe de Champaigne, 1635; Paris, Louvre)

und beugte den aufsässigen Hochadel dem Willen der Krone. Die Verwaltung der Provinzen übertrug er bürgerl. → Intendanten 3), gab der Wirtschaft merkantilist. Züge, machte Frankreich zu einer Flotten- und Kolonialmacht und nahm mit wachsendem Erfolg den Kampf gegen die spanisch-habsburg. Macht auf. 1631 schloß er mit dem protestant. Schwedenkönig Gustav Adolf ein Bündnis und griff 1635 auf schwed. Seite in den Dreißigjährigen Krieg ein. R. wies der frz. Rheinpolitik gegenüber Dtl. die Bahn. 1635 gründete er die Académie Française. Seine polit. Ziele formulierte R. im ›Politischen Testament‹ (dt. 1926).

Richelieustickerei [riʃəlj'ø-], Weißstickerei in Leinen: Die ausgesparten Ornamente werden durch Langetten- oder Festonstiche befestigt und durch Stege verbunden.

Richet [riʃ'ɛ], Charles, frz. Mediziner, * Paris 26. 8. 1850, † ebd. 4. 12. 1935; erkannte die Schutzwirkung des Blutes bei infizierten Versuchstieren und entdeckte die Anaphylaxie; dafür erhielt er 1913 den Nobelpreis für Physiologie und Medizin.

Richmond [r'ɪtʃmənd], **1) R. upon Thames** [-əpɔn t'emz], Stadtbezirk im W Londons; Observatorium, Parkanlagen. **2)** Stadtbezirk von New York, umfaßt Staten Island. **3)** Hptst. des Staates Virginia, USA, (1980) 219200 Ew., am bis R. schiffbaren Jamesfluß; 3 Univ.; Tabak-, Bekleidungs-, Papier-, Metall-Ind. – R., 1737 gegr., war im Sezessionskrieg 1861–65 die Hptst. der Südstaaten und wurde 1865 vom Unionsheer besetzt.

richt [von richten], *nd.*: geradeaus. *die* **Richte**, *-/-n*, ⚘ gerade Richtung, Reihe: *es ist aus der Richte gekommen*, ist in Unordnung geraten.

Richtbaken, ⚓ 2 zueinandergehörige ortsfeste Seezeichen, die, in Linie (Deckung) stehend, eine im Fahrwasser einzuhaltende Richtung angeben.

Richtcharakteristik, Richtdiagramm, Strahlungscharakteristik, Strahlungsdiagramm, Kennlinie oder -fläche, die den räuml. Verlauf der Feldstärke oder Intensität eines Sende- oder Empfangssystems für elektromagnet. oder Schallwellen in Abhängigkeit von der Richtung und Entfernung zeigt, z. B. bei Antennen, Lautsprechern, Mikrophonen.

richten [ahd.]. *ich* **richte, 1)** *es,* bringe in die erforderliche Lage, Stellung oder Form, passe an, lenke darauf hin: *sie richteten die Fernsehantenne genau nach dem Sender; er richtete die Waffe auf das Ziel; wir müssen die Segel richten,* nach dem Wind stellen; *wir richten unsere Blicke auf etwas, gen Himmel, nach Osten.* Zum Richten des Geschützes → Richtverfahren. **2)** *es,* bringe in Ordnung, bereite vor, bereite zu: *sie mußte das Essen richten.* **3)** *das Wort, Fragen an ihn,* spreche zu ihm. **4)** *es,* mache gerade: *richt't euch!,* ⚔ Kommando; *ich richte ein Werkstück,* ⚙ beseitige Unebenheiten (vgl. unten Technik). **5)** *ein Haus,* setze die Dachbalken (→ Richtfest). **6)** *ihn, über ihn, etwas,* spreche Recht, urteile: *richtet nicht, auf daß ihr nicht gerichtet werdet!,* B. **7)** *er wurde gerichtet,* ⚘ hingerichtet: *der Täter hat sich selbst gerichtet,* Selbstmord begangen. **8)** *mich nach ihm, etwas,* nehme ihn, es zum Vorbild. **9)** *mich auf etwas, oberdt.*: beachte es, mache es mir zum Ziel, bereite mich vor. **10)** *mich in etwas, nd.*: schicke mich darein. *ich* **richte ab, 1)** *ein Tier,* bringe zu genauer Ausführung einer gestellten Aufgabe, dressiere: *abgerichtete Seelöwen; er hatte seinen Hund auf die Hühnerjagd abgerichtet.* **2)** *es,* hobele, fräse, schleife glatt. *ich* **richte** *es* **an, 1)** mache tischfertig (Speisen). **2)** Ü verursache etwas Schlechtes, begehe eine Dummheit. *ich* **richte auf, 1)** *ihn, es, mich,* stelle auf, bringe hoch, auf die Beine. **2)** *ihn,* Ü tröste, gebe ihm wieder Mut. *ich* **richte** *es* **aus, 1)** passe ein (Maschinenteile, Stollen, Gleise); mache Reihen gerade. **2)** setze durch, erreiche. **3)** bereite, veranstalte: *er wird das Fest ausrichten.* **4)** übermittle einen Auftrag: *richte ihr bitte Grüße von uns aus!* **5)** ♆ ⚒ spüre auf. *ich* **richte ein, 1)** *es,* gründe, schaffe. **2)** *es,* bewerkstellige, bringe zuwege: *wenn Sie es einrichten können, besuchen Sie uns doch.* **3)** *eine Wohnung, ein Zimmer,* statte mit Möbeln aus. **4)** *Gliedmaßen,* renke ein. **5)** *mich,* mache es mir wohnlich. **6)** *mich auf etwas,* bereite mich darauf vor, ermögliche es: *auf so viele Gäste bin ich nicht eingerichtet.* **7)** *es,* bearbeite: *er richtet das Drama für die Bühne ein. ich* **richte** *es* **her, 1)** bereite vor, mache gebrauchsfertig. **2)** bessere aus. *ich* **richte** *ihn* **hin,** vollstrecke das Todesurteil. *ich* **richte** *es* **vor, 1)** mache zurecht. **2)** ⌀ bereite Druckbogen zum Heften oder Einbinden vor. *ich* **richte zu, 1)** *es,* mache gebrauchsfertig. **2)** *es,* veredle, bearbeite (Leder, Holz, Stein). **3)** *ihn, es,* U bringe in schlechten Zustand, beschädige. *Subst. die* → Richtung.

Technik: Kalt- oder Warmverformungen mit dem Ziel, Ausbeulungen und Verbiegungen von Stäben, Profilen, Rohren und Blechen zu beseitigen und damit auf die angestrebte Form zurückzuführen. Richten von Hand durch gezieltes Stauchen und Biegen auf der **Richtplatte.** Draht, Bandstahl, Profile werden in der **Richtmaschine** (Rollenrichtapparat), einzelne Träger, Wellen und dgl. unter der **Richtpresse** gerichtet.

Richter [ahd.] *der, -s/-,* staatl., mit der Vollmacht zur Entscheidung von Rechtsstreitigkeiten ausgestattetes Organ der Rechtspflege. Die Fähigkeit zum Richteramt wird durch Ablegung zweier Prüfungen erlangt (→ Justizausbildung). Befähigt ist ferner jeder ordentl. öffentl. Lehrer des Rechts an einer Universität der Bundesrep. Dtl. und Berlins (West). Bundesrichter sind nur die R. der Bundesgerichte, alle übrigen sind Landesrichter. Der R. ist unabhängig und nur dem Gesetz unterworfen (Art. 97 GG, § 1 GVG), d. h., er ist in seiner richterl. Tätigkeit keinerlei Anweisungen vorgesetzter Behörden oder sonstiger polit. Kräfte unterworfen **(sachl. Unabhängigkeit),** und er kann wegen seiner richterl. Tätigkeit nur im Fall strafbarer oder disziplinarrechtl. Vergehen durch richterl. Entscheidung aus dem Amt entlassen, versetzt oder sonstwie benachteiligt werden **(persönl. Unabhängigkeit).** Die Rechtsverhältnisse der R. sind im Dt. Richtergesetz i. d. F. v. 19. 4. 1972 (zuletzt geändert durch Ges. v. 16. 8. 1980) geregelt. – In best. gerichtl. Verfahren wirken in der Bundesrep. Dtl., Österreich und bes. in der Schweiz Laienrichter (ehrenamtl. R.) mit (→ Richteranklage, → Richterwahl). Die gegenwärtige Stellung der Rechtsprechung im Gefüge staatl. Macht wird nicht selten mit dem Schlagwort vom **Richterstaat** bedacht. Damit ist ein Zustand gemeint, in dem die Rechtsprechung ein von der Verf. nicht gewolltes Übergewicht gegenüber Gesetzgebung und Exekutive besitzt. Zur Begründung dieser These wird auf die Auswirkungen gerichtl. Entscheidungen auf polit. Abläufe verwiesen, z. B. bei öffentl. Großbauten.

In der Dt. Dem. Rep. werden die R. von den Volksvertretungen entsprechend ihrer Wahlperiode auf die Dauer von 4 Jahren gewählt und können vorzeitig wieder abberufen werden. Fachl. Voraussetzung ist eine jurist. Ausbildung. – In Österreich und der Schweiz ist die richterliche Unabhängigkeit voll gewährleistet.

Charles Richet

Richter, 1) [r'ɪktə], Burton, amerikan. Physiker, * New York 22. 3. 1931, erhielt 1976 zus. mit S. Ting für die Entdeckung eines neuen schweren Elementarteilchens (→ Psi-Teilchen) den Nobelpreis für Physik.

Burton Richter

2) Eugen, Politiker, * Düsseldorf 30. 7. 1838, † Berlin 10. 3. 1906, gehörte als Linksliberaler seit 1867 dem Reichstag, seit 1869 auch dem preuß. Abgeordnetenhaus an. Er wurde bald der Führer der Fortschrittspartei, seit 1884 der Deutschfreisinnigen, seit 1893 der Freisinnigen Volkspartei; bekämpfte Bismarck und die Sozialdemokratie.

3) Franz Xaver, Komponist, * Holleschau (Mähren) oder Chrast an der Hernád (Slowakei) 1. 12. 1709, † Straßburg 12. 9. 1789, bed. Vertreter der Mannheimer Schule; Sinfonien, Konzerte, Kammer-, Kirchenmusik.

4) Hans, Dirigent, * Raab (Ungarn) 4. 4. 1843, † Bayreuth 5. 12. 1916; 1875–1900 Hofopernkapellmeister in Wien, leitete 1876 die erste Gesamtaufführung von Wagners ›Ring des Nibelungen‹ in Bayreuth.

5) Hans, Maler und Filmavantgardist, * Berlin 6. 4. 1888, † Minusio (Schweiz) 1. 2. 1976, schloß sich 1917 in Zürich den

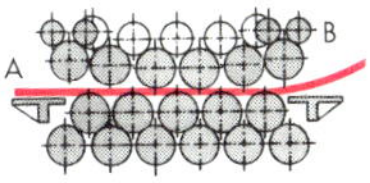

richten 4)

richten 4): Anordnung von Richtrollen in Richtmaschinen. Stellung der Richtrollen bei A liefert geraden, bei B gebogenen Auslauf

1

2

3

Dadaisten an, versuchte dann seine abstrakten Figuren auf Filmstreifen zu übertragen, schuf später in der Schweiz und Frankreich Dokumentar-, in den USA Experimentalfilme.

6) Hans Werner, Schriftst., * Bansin 12. 11. 1908, Mitbegründer der → Gruppe 47, schrieb Romane über Kriegs- und Nachkriegszeit: ›Die Geschlagenen‹ (1949), ›Sie fielen aus Gottes Hand‹ (1951), ›Du sollst nicht töten‹ (1955), ›Linus Fleck‹ (1959), ›Rose weiß, Rose rot‹ (1971), ›Die Stunde der falschen Triumphe‹ (1981), ›Ein Julitag‹ (1982).

7) Horst-Eberhard, Psychoanalytiker, * Berlin 28. 4. 1923, trat bes. mit Arbeiten auf dem Gebiet der Psychotherapie hervor: ›Eltern, Kind und Neurose‹ (1963), ›Patient Familie‹ (1970), ›Die Gruppe‹ (1972), ›Lernziel Solidarität‹ (1974), ›Flüchten oder Standhalten‹ (1976), ›Der Gotteskomplex‹ (1979), ›Zur Psychologie des Friedens‹ (1982).

8) Johann Paul Friedrich, Schriftsteller, → Jean Paul.

9) Karl, Organist und Dirigent, * Plauen (Vogtland) 15. 10. 1926, † München 16. 2. 1981, seit 1951 in München als Leiter des Münchner Bach-Orchesters.

10) Ludwig, Maler und Zeichner, * Dresden 28. 9. 1803, † ebd. 19. 6. 1884, bildete sich 1823–26 in Italien zum Maler; 1828–35 war er Zeichenlehrer an der Porzellanmanufaktur in Meißen, wo er seine ital. Studien in Landschaftsgemälden und Radierungen verarbeitete. In Dresden, wo er 1836 Akademieprof. wurde, wandte er sich der heimischen Landschaft zu (›Überfahrt am Schreckenstein‹, 1837, Dresden; ›Teich im Riesengebirge‹, 1839, Berlin-West). Viele Aufträge für Buchillustrationen führten zur Entfaltung seiner zeichner. Begabung. In Vorzeichnungen für Holzschnitte und Lithographien, auch in frei komponierten Sammelwerken, entstand eine reiche biedermeierliche Bildwelt volkstümlichen Charakters. Zu R.s besten Leistungen gehören zarte Aquarelle. Ölgemälde entstanden nach 1840 nur noch selten (›Brautzug im Frühling‹, 1847, Dresden).

11) Swjatoslaw Teofilowitsch, sowjet. Pianist, * Schitomir 20. 3. 1914; einer der größten Klaviervirtuosen der Gegenwart.

12) Willi, Gewerkschaftsführer, * Frankfurt a. M. 1. 10. 1894, † ebd. 27. 11. 1972, Feinmechaniker, war nach 1945 führend am Wiederaufbau der Gewerkschaften beteiligt; 1956–62 Vors. des DGB; 1949–57 MdB. (SPD).

Rịchter|anklage, in der Bundesrep. Dtl. Anklage gegen einen Bundes- oder u. U. auch Landesrichter vor dem Bundesverfassungsgericht, wenn dieser innerhalb oder außerhalb seines Amtes gegen die verfassungsmäßige Ordnung verstößt (Art. 98 GG).

Rịchtergesetz, Dẹutsches R., → Richter.

Rịchter (in Ịsrael), urspr. die Träger eines gesamtisraelit. vorstaatl. Amtes (die ›kleinen Richter‹), dann die prophet. Heerführer der israelit. Stämme nach der Besetzung Kanaans bis zum Königtum unter Saul. Ihre Geschichte berichtet das Buch der R. (lat. Iudicum) im A. T., jetzige Gestalt aus dem 6. Jh. v. Chr.

rịchterliches Prüfungsrecht, das Recht (und die Pflicht) der Gerichte, die Gültigkeit einer von ihnen anzuwendenden Rechtsnorm zu prüfen. Das **formẹlle r. P.,** das den ordnungsgemäßen Erlaß einer gesetzl. Vorschrift betrifft, steht jedem Gericht zu; das die inhaltl. Gültigkeit betreffende **materiẹlle r. P.** steht bei Gesetzen grundsätzlich nur den Verfassungsgerichten zu (Art. 100 GG; → Normenkontrolle). – In der Dt. Dem. Rep. ist ein r. P. nicht vorgesehen. – In Österreich steht das materielle r. P. von Gesetzen und Verordnungen stets dem Verfassungsgerichtshof zu. – In der Schweiz unterliegen die Rechtsverordnungen des Bundes dem r. P., nicht dagegen Bundesgesetze, genehmigte Staatsverträge usw.

Rịchterrecht, bei Fehlen gesetzl. Vorschriften die Fortbildung des Rechts durch Gerichtsentscheidungen; sie kann geschehen durch Lückenausfüllung, Auslegung, Grundsatzentscheidungen (von Obergerichten) und die Rechtsneuschöpfung im Rahmen der gesetzl. Leitgedanken. Im anglo-amerikan. Rechtskreis ist das dem R. ähnl. **case Law** ([keɪs lɔː] → Fallrecht) von Bedeutung.

Rịchter-Skala [n. dem amerikan. Seismologen C. F. Richter, * 1900], nach oben nicht begrenzte Erdbebenskala zur objektiven Feststellung der bei einem Erdbeben ausgelösten Energie mit Hilfe von Seismographen. Als Maß dient die **Magnitude.** Erdbeben der Magnitude (M) 2,5 sind fühlbar, solche von M 4,5 richten leichte Schäden an, solche von M 7 können sich zu Katastrophen ausweiten. Auf Grund des logarithm. Stärkemaßes ist ein Erdbeben von M 7 z. B. 10 mal stärker als eines von M 6, dem eine freigesetzte Energie von 6×10^{13} Joule entspricht. Die bisher registrierten Magnituden reichen von etwa 0 bis 8,6. (→ Mercalli-Skala).

Rịchterwahl, in der Bundesrep. Dtl. im Bund und in einem Teil der Länder eine Wahl durch **Richterwahlausschüsse,** die der Anstellung eines Richters vorausgeht. (→ Bundesverfassungsgericht)

Riedgräser: **1** Blütenstand der steifen Segge mit männl. und weibl. Ähren; a männl. Blüte, b weibl. Blüte, c Querschnitt durch den Stengel. **2** Borsten-Simse; a Spitze des fruchtbaren Halmes, b Einzelblüte. **3** Wollgras

Rịchtfest, Rịchtschmaus, Feier nach Errichtung des Dachstuhls bei einem Neubau, die der Bauherr den Maurern und Zimmerleuten bereitet. Auf dem Dachfirst wird ein **Richtkranz** befestigt.

Rịchtfunkverbindung, Rịchtfunklini|e, System zur drahtlosen Übertragung von Nachrichten durch gerichtete Abstrahlung und gerichteten Empfang sehr kurzer elektromagnet. Wellen, hauptsächlich für Frequenzen oberhalb 30 MHz. Eine R. besteht aus 2 Endstellen und einer Anzahl → Relaisstationen (als Satelliten zur Überbrückung sehr großer Entfernungen). Jede dieser Stationen kann entsprechend der Anzahl der Frequenzkanäle z. B. 8 Sender und 8 Empfänger sowie stark bündelnde Antennen **(Richtstrahler)** enthalten, die simultan, d. h. für Senden und Empfangen mit mehreren Geräten gleichzeitig, ausgenutzt werden. Wegen der geradlinigen Ausbreitung der kurzen elektromagnet. Wellen ist für die Streckenführung wichtig: freie optische Sicht, Ausnutzung natürl. Geländeerhebungen, Vermeidung von Gebieten mit Neigung zu troposphär. Schichtung in der Atmosphäre (Wasserflächen, Flußtäler, Gebirgsmulden u. ä.).

Rịchtgeschwindigkeit, empfohlene Geschwindigkeit; auf Bundesautobahnen seit 1974 meist 130 km/h, soweit durch blauweiße rechteckige Verkehrszeichen nicht niedriger angesetzt.

Rịchtgröße, Direktiọnsgröße, manchmal **Direktiọnskraft,** Verhältnis von rücktreibender Kraft (→ Rückstellkraft) und Entfernung aus der Ruhelage bei der Auslenkung eines Körpers aus einer stabilen Gleichgewichtslage, sofern es, wie z. B. bei Federkräften bei kleiner Beanspruchung, konstant ist **(Federkonstante).** Das entsprechende Verhältnis bei Drehungen heißt **Winkelrichtgröße** (manchmal **Richtmoment** oder **Direktionsmoment).**

Rịchthofen, 1) Ferdinand Frhr. von, Geograph, * Carlsruhe (Oberschlesien) 5. 5. 1833, † Berlin 6. 10. 1905, bereiste Ostasien, Niederländisch- und Hinterindien, arbeitete als Geologe in Kalifornien und machte 1868–72 Forschungsreisen durch China. R. baute die physische Geographie, bes. die Geomorphologie, aus. (BILD S. 421)

HW: China, 5 Bde. und Atlas (1877–1912); Führer für Forschungsreisende (1886); Tagebücher aus China, 2 Bde., hg. v. E. Tiessen (1907).

2) Manfred Frhr. von, Offizier, * Breslau 2. 5. 1892, † (gefallen) Vaux-sur-Somme 21. 4. 1918, dt. Jagdflieger im 1. Weltkrieg (80 Abschüsse). – ›Der rote Kampfflieger‹ (1917).

Rịchthofen-Gebirge [nach F. von Richthofen], amtl. chines. **Qilian Shan** [tʃilian ʃan], die nordöstliche Randkette des Kunlun-Gebirges in China, bis 5 547 m hoch, vergletschert.

rịchtig [ahd., zu recht], **1)** so, wie es sein soll, stimmend, genau, wahr: *du bist auf dem richtigen Weg,* auch Ü; *die Uhr geht nicht r.; es war das richtige, nichts zu sagen; wir halten es für das richtige,* aber: *er hat das Richtige getan, getroffen; da bin ich an den Richtigen geraten!,* U an den, der dafür am wenigsten geeignet ist!; *du mußt die Möbel r. stellen,* an den richtigen Platz, aber: *ich muß die Angelegenheit richtigstellen,* berichtigen; *es hat r. gelegen,* am rechten Platz, aber: *er hat mit seiner Meinung richtiggelegen,* Ü. **2)** *r.!,* Ausruf der Ermunterung, Bestätigung: *ich sag's kaum – und r. fällt er auch schon herunter!; ja r.!,* da fällt es mir ein. **3)** U sehr: *r. gefreut habe ich mich. Subst. die* **Rịchtigkeit,** *-: damit hat es seine Richtigkeit,* das stimmt, ist ordnungsgemäß. **rịchtiggehend, 1)** genau (Uhr). **2)** U echt, wirklich.

Rịchtkoppler, Rịchtungskoppler, Verzweigung zw. 3 oder 4 Hochfrequenzleitungen, bei der 2 oder paarweise 2 Anschlüsse voneinander entkoppelt sind; Anwendung z. B. in der Meßtechnik.

Rịchtkraft, die → Rückstellkraft.

Rịchtkreis, Winkelmeßgerät der Artillerie, besteht aus einem Visierfernrohr, das über einer Kreiseinteilung (6 400 Strich) bewegt werden kann, einer Nordnadel und einer Libelle. Es dient dazu, die Grundrichtung (Seitenrichtung) auf die Geschütze einer Batterie zu übertragen.

Rịchtmaschine, 1) Schießtechnik: Einrichtung an der Lafette, mit der dem Rohr die Höhen- und die Seitenrichtung gegeben wird **(Höhen- und Seitenrichtmaschine). 2)** ⚙ → richten, Technik.

Rịchtmoment, Direktiọnsmoment, → Richtgröße.

Rịchtpreis, 1) Volkswirtschaft: durch Behörden oder Verbände als angemessen bestimmter Preis, dessen Einhaltung nicht erzwungen werden kann. Über R. im Agrarsektor → Agrarmarktordnungen der EWG. **2)** Betriebswirtschaft: vorläufiger, kostenmäßig noch nicht genau ermittelter Preis.

Rịchtscheit, Rịchtholz, Rịchtlatte, Sẹtzlatte, gerades Lineal mit parallelen Flächen, vom Maurer, Tischler u. a. benutzt zur Herstellung ebener Flächen, auch zum Aufsetzen einer Wasserwaage.

Rịchtstollen, Stollen beim Tunnelbau, → Tunnel.

Rịchtstrahler, → Antenne, → Richtfunkverbindung.

Rịchtstrecke, ⚒ parallel zum Streichen der Schichten verlaufende Strecke.

Rịchtung *die, -/-en,* **1)** das Gerichtetsein: *eine Aufstellung in schnurgerader R.* **2)** Verlauf auf ein Ziel zu: *D-Zug R. München.*

3) Ü Zielsetzung, Überzeugung: *er vertritt in der Mathematik die moderne R.; eine neue R. in der Kunst.* **richtunggebend,** Ü wegweisend.

Richtungsbetrieb, Betriebsweise der Eisenbahn: Die in gleicher Richtung befahrenen Gleise verschiedener Strecken werden nebeneinander durch einen Bahnhof geführt.

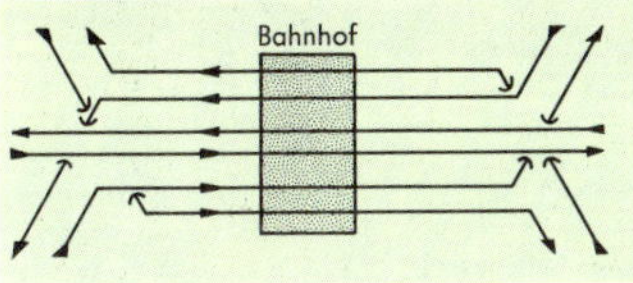

Richtungsbetrieb

Richtungsleiter, Bauelement der Mikrowellentechnik (Hohl-, Koaxialleiter, gedruckte Schaltung), das z. B. infolge quergerichteter Vormagnetisierung die elektromagnet. Wellen nur in einer Richtung durchläßt (richtungsabhängige Dämpfung). Der R. verhindert z. B. die Rückwirkung einer fehlangepaßten Antenne auf die Frequenz eines Generators.

Richtungswinkel, Geodäsie, Kartographie: der im Uhrzeigersinn zunehmende Winkel, den in einem Punkt der Erdoberfläche oder in seinem Bild in einer Karte die nach Gitternord weisende Netzlinie des Koordinatennetzes und eine gerichtete Gerade (geodätische Linie) durch den betreffenden Punkt miteinander bilden.

Richtverfahren, ♧ Verfahren, nach dem Geschütze auf ein Ziel eingerichtet werden. Das **direkte Richten** wird bei gut sichtbarem Ziel und Entfernungen bis 3000 m, das **indirekte Richten** bei größeren Entfernungen und in ›verdeckter Feuerstellung‹ angewendet. Dabei wird rechnerisch nach der Karte oder mittels Hilfsziel geschossen. Richtmittel sind Richtaufsatz, Richtlatte zum Festlegen der Grundrichtung, Rundblickfernrohr und der → Richtkreis. Für die Nacht gibt es Nachtsichtgeräte.

Ricimer, Flavius, weström. Heerführer, Sohn eines Sueben und der Tochter des westgot. Königs Wallia, † 18. 8. 472, hatte zw. 456 und 472 starken Einfluß auf die Politik Westroms, dessen Geschicke er 465–67 allein bestimmte.

Ricin *das, -s,* giftiges, hochmolekulares Protein aus den Samen der Rizinuspflanze (→ Rizinus), zersetzt rote Blutkörperchen und hemmt die Eiweißsynthese. Beim Pressen von Rizinussamen geht R. nicht in das Öl über.

Ricinolsäure, Rizinus|ölsäure, ungesättigte Hydroxycarbonsäure, v. a. als Ausgangsstoff für die Herstellung von Nylon 11.

Rick [mhd.] *das, -(e)s/-e* oder *-s,* **1)** *mitteldt.:* Gestell, Stange. **2)** Pferdesport: bei Springprüfungen ein Hindernis aus mindestens 2 übereinanderliegenden Stangen, die im Hochsprung zu nehmen sind; das **Doppel-R.** hat 2 R. nacheinander.

Ricke [zu Reh] *die, -/-n,* Geiß, weibliches Reh.

Rickert, Heinrich, Philosoph, * Danzig 25. 5. 1863, † Heidelberg 30. 7. 1936, begründete mit W. Windelband die südwestdeutsche (badische) Schule des → Neukantianismus.

HW: Die Grenzen der naturwissenschaftl. Begriffsbildung (1896–1902); Kulturwissenschaft und Naturwissenschaft (1899); System der Philosophie, 1 (1921); Grundprobleme der Philosophie (1934).

Rickettsi|en, *Sg. die* **Rickettsia,** - [n. dem amerikan. Pathologen H. T. Ricketts, * 1871, † 1910], Mikroorganismen, die bisher als bakterienähnlich, heute jedoch als spezialisierte Bakterien mit intrazellulärer Vermehrung angesehen werden. Sie leben im Darm und Darmepithel verschiedener Gliederfüßer und können durch die parasitäre Lebensweise ihrer Wirte (Läuse, Milben, Zecken, Flöhe) auf Mensch und Tier übertragen werden, wo sie meist Krankheiten hervorrufen **(Rickettsiosen),** so beim Menschen → Fleckfieber, → Fünftagefieber, → Q-Fieber.

Ridderbusch, Karl, Sänger (Baß), * Recklinghausen 29. 5. 1932; bes. Wagner-Interpret.

Ridderkerk, Gem. in der Prov. Südholland, Niederlande, (1982) 47100 Ew.; Trabantenstadt von Rotterdam auf der Deltainsel Ijsselmonde; Schiffswerften, Stahlbau-, Maschinen-, Armaturen-, Gummi- und Möbelindustrie.

ridikül [frz.], ♧ lächerlich.

Ridikül [frz.] *der* oder *das, -s/-e* oder *-s,* ♧ Strickbeutel.

Ridinger, Riedinger, 1) Georg, Baumeister, * Straßburg 24. 7. 1568, † vermutlich nach 1628, baute 1605–14 das Schloß Aschaffenburg, die erste streng regelmäßige Schloßanlage Dtl.s, ein Hauptwerk der dt. Renaissance.

2) Johann Elias, Maler und Kupferstecher, * Ulm 16. 2. 1698, † Augsburg 10. 4. 1767, schuf Gemälde und über 1600 Stiche, in denen er die Jagd darstellte.

Riebel, Paul, Betriebswirtschaftler, * Bayreuth 16. 12. 1918, beschäftigt sich v. a. mit der Kostenrechnung.

Riechbein, das → Siebbein.

riechen [ahd.]. *ich* **rieche** (habe gerochen), **1)** gebe einen Geruch von mir: *dieses Gewürz riecht sehr stark.* **2)** *es,* nehme einen Geruch wahr: *ich rieche Zwiebeln; er hat den Braten gerochen,* U die Absicht gemerkt; *diesen Menschen kann ich nicht riechen,* U nicht leiden. **3)** *an etwas,* suche den Geruch von etwas wahrzunehmen. **4)** *in etwas* **(hinein),** U nehme es bloß flüchtig zur Kenntnis: *er hat kaum in den Betrieb gerochen und will ihn schon leiten. der* **Riecher,** *-s/-,* **1)** ⚘ Nase, Geruchssinn. **2)** U Vorgefühl, Ahnung: *ich hatte so einen Riecher. das* **Riechfläschchen,** *-s/-,* Fläschchen mit Riechsalz. **Riechsalz,** belebend wirkende Lösung von scharfem Geruch.

Riechgras, das → Ruchgras.

Riechstoffe, organ. Verbindungen, die als Geruchskomponenten in Parfüms, anderen Kosmetika und techn. Produkten verwendet werden. In techn. Produkten dienen R. u. a. zur Korrektur eines unangenehmen Eigengeruchs, zur Erzeugung eines verkaufsfördernden Eigengeruchs und zur Charakterisierung von Markenartikeln. Durch fraktionierende Destillation und z. T. chem. Reinigungsverfahren aus äther. Ölen gewonnene R. nennt man **isolierte R. Synthet. R.** werden aus chem. Grundprodukten oder Produkten der Fett- und Terpentinölchemie (z. B. → Pinene) hergestellt.

Ried [ahd.] *das, -(e)s/-e,* **1) Riedgras, Riet(gras),** grasähnliche Pflanzen der Fam. → Riedgräser; im Volksmund auch einige echte Gräser, z. B. Schilf. **2)** *süddt., mitteldt.:* sumpfige Gegend, Moor.

Riedböcke, Ried|antilopen, Gatt.-Gruppe der Pferdeantilopen südlich der Sahara. Der rothirschgroße **Wasserbock** (auch **Hirschantilope)** hat fettiges, strähniges Fell und eine Halsmähne, die Hörner sind weit geschwungen. Er lebt bes. in Schilf- und Riedgrasbeständen. Noch stärker ans Wasser gebunden sind die **Moor-** oder **Kob-Antilope,** der **Litschi-Wasserbock** und der **Frau Grays Wasserbock;** diese 3 Arten haben ein nach außen und oben geschwungenes Gehörn. Dagegen sind die Hörner der eigtl. **Riedböcke** kürzer und nach hinten oben gekrümmt. Die südafrikan. **Rehantilope** hat ein kurzes gerades Spießgehörn.

Riedel [oberdt.] *der, -s/-,* langgestreckter Rücken zw. benachbarten, meist parallel verlaufenden Tälern.

Riedgräser, Sauergräser, Zypergräser, Cyperaceae, weltweit verbreitete Fam. der Einkeimblättrigen; grasähnlich, mit dreireihig angeordneten Blättern, ährigen, kopfigen, rispigen Gesamtblütenständen aus Ähren mit eingeschlechtigen oder zwittrigen, windbestäubten Blütchen in der Achsel von Deckspelzen. Die Frucht ist eine Nuß (keine Kornfrucht wie bei den echten → Gräsern). R. sind landwirtschaftlich minderwertig. Zu den R. gehören → Segge, → Simse, → Wollgras, → Zypergras. (Bilder S. 420)

Ried im Innkreis, Bezirksstadt im OÖ, am Nordfuß des Hausrucks, (1983) 11000 Ew.; Sitz der österr. Landwirtschaftsmesse; Ski-, Maschinenfabrik, Bekleidungs-, Schuh- u. a. Industrie.

Riedlingen, Stadt im Kr. Biberach, Bad.-Württ., an der Donau, (1984) 8400 Ew.; Metallwarenfabrik, Textil-Ind.; Fremdenverkehr; malerisches Stadtbild mit Rathaus (15./16. Jh.), Georgskirche (14./15. Jh.) und Fachwerkhäuser.

Riedstadt, Wohngem. im Kr. Groß-Gerau, Hessen, (1984) 17700 Ew., 1977 durch Zusammenschluß von 5 Gem. entstanden; Erdöl-, Erdgasförderung.

Riefe [nd.] *die, -/-n,* langgestreckte Vertiefung, Furche. *Adj.* **riefig, gerieft.**

Riefenstahl, Leni, Filmschauspielerin und -regisseurin, * Berlin 22. 8. 1902, drehte ›Das blaue Licht‹ (1932), die Propagandafilme über die Reichsparteitage in Nürnberg ›Sieg des Glaubens‹ (1933) und ›Triumph des Willens‹ (1934), ferner die Dokumentarfilme über die Olymp. Spiele 1936, veröffentlichte Bildbände (›Die Nuba‹, 1973; ›Korallengärten‹, 1978, u. a.).

Riege [zu Reihe] *die, -/-n,* Turnerabteilung.

Riegel [ahd.] *der, -s/-,* **1)** Schließvorrichtung an Tür, Fenster oder Geräten (meist nur von einer Seite zu betätigen): *hinter Schloß und R.,* Ü sicher bewahrt, im Gefängnis; *da muß man einen R. vorschieben,* Ü die Fortführung einer Sache verhindern. **2)** waagerechter Balken beim Fachwerkbau und beim Rahmentragwerk. **3)** eingeteilter Streifen: *ein R. Schokolade.* **4)** Stoffspange an Kleidungsstücken. **5)** ⚘ Berggrat, der als Wildwechsel dient. **6)** Bergvorsprung vor einer Talenge. *der* **Riegelbau,** *-(e)s/-ten, schweizer.:* Fachwerkbau. *ich* **rieg(e)le** *es* **ab, 1)** verschließe durch R. **2)** sperre ab: *die Polizei riegelte die Straße ab.* **3)** ♧ → abriegeln. *ich* **rieg(e)le** *es* **auf,** öffne den R. *ich* **rieg(e)le** *es* **zu,** verschließe durch R.

Riegelhaube, im 18./19. Jh. in Bayern getragene bestickte Frauenhaube (urspr. mit Gold- und Silberstickerei) mit einer riegelförmigen Querschleife am Hinterkopf.

Riegelsberg, Gem. im Stadtverband Saarbrücken, Saarland, (1984) 14000 Ew., Wohngem. für Saarbrücken; Textil- und Genußmittelindustrie.

Riegelstellung, ♧ flankierend angelegtes Grabensystem, von dem aus ein Einbruch aufgehalten werden kann.

Riegl, Alois, Kunsthistoriker, * Linz 14. 1. 1858, † Wien 17. 6. 1905, wies bes. auf die Bedeutung der als ›Verfallzeiten‹ geltenden Epochen (Spätantike) hin.

Ferdinand von Richthofen

Heinrich Rickert

Riedböcke:
Oben Wasserbock,
Mitte Riedbock,
unten Rehantilope

Wilhelm Heinrich von Riehl (aus einer Radierung von J. L. Raab)

Riehen, Stadt im Kt. Basel-Stadt, Schweiz, an der Wiese, (1983) 20400 Ew.; Spielzeugmuseum; Wohnvorort von Basel.

Riehl, 1) Alois, Philosoph, * Bozen 27. 4. 1844, † Neubabelsberg 21. 11. 1924. Als Neukantianer suchte er die Erkenntniskritik Kants in realist. Sinn fortzubilden. R. schrieb ›Der philosoph. Kritizismus‹, 3 Bde. (1876–87), ›F. Nietzsche‹ (1897).

2) Wilhelm Heinrich von (1883), Kulturhistoriker und Novellist, * Biebrich (heute zu Wiesbaden) 6. 5. 1823, † München 16. 11. 1897, Redakteur, Mitgl. des Frankfurter Parlaments, seit 1854 Prof. in München, seit 1885 auch Direktor des Bayer. Nationalmuseums. R. suchte die historisch-philolog. Entdeckungen der Romantik in der dt. Altertums- und Volkskunde fortzusetzen, um daraus eine Soziologie des ›Volkskörpers‹ zu machen; er wurde damit einer der Begründer der wissenschaftl. Volkskunde in Dtl. Als Konservativer wollte er das in seiner ›Naturgeschichte des Volkes‹ (1851–69) aufgedeckte Gesellschaftsgefüge zum Grund alles polit. Handelns gemacht wissen. Seit den 1860er Jahren widmete sich R. v. a. der Kulturgeschichte. Mit seinen realist. Novellen zur dt. Kulturgesch. hatte R. großen Einfluß auf den histor. Roman und die histor. Novelle des späteren 19. Jh. – ›Kulturgeschichtl. Novellen‹ (1856), ›Geschichten aus alter Zeit‹, 2 Bde. (1863/64).

Bernhard Riemann

Riemann, 1) Bernhard, Mathematiker, * Breselenz (bei Dannenberg/Elbe) 17. 9. 1826, † Selasca am Lago Maggiore 20. 7. 1866, einer der bedeutendsten Forscher des 19. Jh. auf allen Gebieten der Mathematik und Physik, entwickelte den modernen Integralbegriff, gestaltete bahnbrechend die Funktionentheorie durch Verbindung mit geometr. Hilfsmitteln und arbeitete über die partiellen Differentialgleichungen der theoret. Physik. Für die Relativitätstheorie bedeutend wurden R.s Arbeiten über die Grundlagen der Geometrie (→ Riemannsche Geometrie).

2) Hugo, Musikforscher, * Großmehlra bei Sondershausen (Thüringen) 18. 7. 1849, † Leipzig 10. 7. 1919. R. baute die Musiktheorie (funktionelle Harmonielehre, musikal. Rhythmik und Metrik, Phrasierungslehre) entscheidend aus und förderte die Musikgeschichte, bes. durch Entdeckung und Auswertung neuer Quellen des 15. Jh., der Mannheimer Schule u. a.

HW: Musik-Lexikon (1882); Grundlinien der Musikästhetik (1890); System der musikal. Rhythmik und Metrik (1903); Hb. der Musikgesch., 5 Bde. (1904–13).

Riemannsche Geometrie [n. dem Mathematiker B. Riemann], System geometr. Sätze für *n*-dimensionale Räume, das die nichteuklid. Geometrien als Sonderfälle in sich enthält. Die R. G. beantwortet die Frage nach möglichen Gestaltverhältnissen des Raumes. In ihr wird der Begriff der Geraden, die 2 Punkte verbindet, ersetzt durch den Begriff der kürzesten Linie zw. diesen Punkten **(geodätische Linie)**, der Raum selbst kann eine von Ort zu Ort veränderliche Krümmung haben. Die R. G. ist das wichtigste mathematische Hilfsmittel der allgemeinen Relativitätstheorie.

Riemenblume: Europäische R., Fruchtzweig

Riemen [ahd. riomo, aus grch.] *der, -s/-,* **1)** Gewebe- oder Lederstreifen, oft mit Schnalle und Löchern zum Schließen: *Schuhriemen.* **2)** elastisches Band aus Leder, Gummi, Kunststoffen, Spinnstoffen, meist zur Kraftübertragung als **Treib-R. Glieder-R.** bestehen aus gelenkig verbundenen Teilen; **Keil-R.** haben trapezförmigen, **Flach-R.** rechteckigen Querschnitt; **Rund-R.** werden nur für kleine Kräfte benutzt. **3)** schmale, lange Bretter für Fußbodendielung; auch Stäbe für Parkett. **4)** Ü Gürtel: *wir mußten uns den R. enger schnallen,* Ü wir hatten wenig zu essen. *das* **Riemchen,** *-s/-,* **1)** kleiner R. **2)** schmales Bauelement, Spaltstück eines Ziegels oder einer Fliese, zum Vormauern bei Wandbekleidungen. **Riemenscheibe,** kreisrunde, zylindrisch oder gewölbt gedrehte Scheibe zur Aufnahme des R., für Keil-R. mit dem Querschnitt des R. angepaßten Nuten.

Riemen [ahd. riemo, aus lat.] *der, -s/-,* der fälschlich als ›Ruder‹ bezeichnete, einseitig von jedem Ruderplatz über die Bordwand ragende, mit beiden Händen zu bewegende Holm mit Ruderblatt: *er mußte sich in die R. legen,* kräftig rudern, Ü sich anstrengen.

Riemenblume, Loranthus, Gatt. der Mistelgewächse; Schmarotzer auf Bäumen. Die **Eichenmistel** oder **Europ. R. (Loranthus europaeus)** schmarotzt auf Buchengewächsen.

Riemenfisch, Regalecus glesne, bis 10 m langer, bandähnl. Fisch im N-Atlantik und an den Küsten warmer Meere, z. B. Indonesiens.

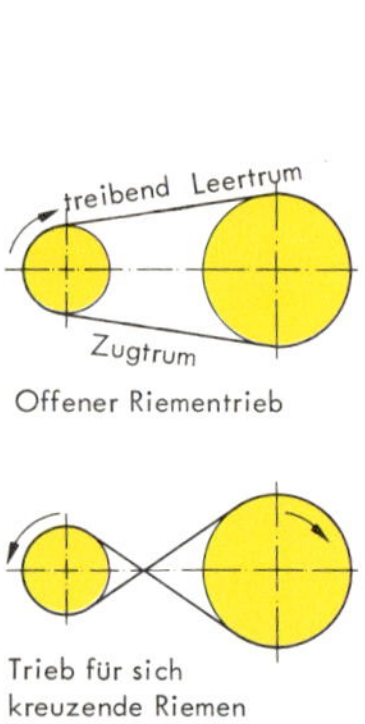

Riemengetriebe

Riemengetriebe, Riementrieb, Zugmittelgetriebe (→ Getriebe 2) von einfachem Aufbau, weitgehender Wartungsfreiheit (keine Schmierung) und guter Schwingungsdämpfung, ausgeführt als Flachriemen-, Keilriemen- oder Zahnriemengetriebe sowie als offener Riementrieb oder als Trieb für sich kreuzende Riemen.

Tilman Riemenschneider: Mittelschrein des Heiligblutaltars; etwa 1501–05 (Rothenburg ob der Tauber, St. Jakob)

Riemenschneider, Tilman, Bildhauer und Bildschnitzer, * Heiligenstadt (Eichsfeld) um 1460, † Würzburg 7. 7. 1531, dort vor 1479 zuerst nachweisbar, 1520/21 Bürgermeister, trat im Bauernkrieg 1525 für die Bauern ein und verlor nach Folterung und Kerker Ämter und Ehren. Von seiner Werkstatt wurde ganz Mainfranken mit Bildwerken versorgt, deren Eigenart niederdt. Ursprungs, aber auch durch oberrhein. und schwäb. Einflüsse bedingt ist. Die geschnitzten Arbeiten, wie der Heiligblutaltar (1501–05, Rothenburg ob der Tauber, St. Jakob), beziehen Licht- und Schattenwirkungen in die Formgebung ein und machen durch zarte Oberflächenbehandlung die farbige Fassung entbehrlich. Die Bearbeitung des Steins glich er der des Holzes an (Adam und Eva, 1491–93, Würzburg, Mainfränk. Museum; Grabmal R. v. Scherenberg, 1496–99, ebd., Dom). Die Entwicklung seiner Kunst von spätgot. Unruhe zu Wohllaut und Ausgewogenheit läßt bes. der Altar in Creglingen mit der Himmelfahrt Mariens erkennen (um 1505, Herrgottskirche). Etwa gleichzeitig (um 1505–10) entstand der Kreuzigungsaltar der evang. Kirche St. Peter und Paul in Detwang (heute Ortsteil von Rothenburg ob der Tauber). Von der Renaissance wurden R.s Werke nur äußerlich berührt (Grabmal L. v. Bibra, † 1519, Würzburg, Dom). Weiteres BILD Philippus.

Riemenwurm, Ligula intestinalis, riemenförmiger Bandwurm, schmarotzt im mittleren Entwicklungszustand in Süßwasserfischen. Endwirte sind Wasservögel, bes. Taucher; in wenigen Ausnahmefällen kann der Mensch Endwirt sein.

Riemer, Friedrich Wilhelm, Philologe, Literarhistoriker und Lyriker, * Glatz 19. 4. 1774, † Weimar 19. 12. 1845, wurde Erzieher der Kinder W. v. Humboldts und 1803 in Weimar Lehrer von Goethes Sohn August, zugleich dem Dichter selbst, in dessen Haus er 9 Jahre lebte, ein wichtiger Berater. Seit 1812 war er Gymnasialprof. und Bibliothekar in Weimar. An der Redaktion der Ausgabe letzter Hand von Goethes Werken und der Besorgung seines Nachlasses war er neben J. P. Eckermann maßgeblich beteiligt. Unter dem Pseudonym Silvio **Romano** veröffentlichte R. Gedichte (›Blumen und Blätter‹, 2 Bde., 1816–19). – WW: Mitteilungen über Goethe, 2 Bde. (1841).

Riemerschmid, Richard, Architekt, * München 20. 6. 1868, † ebd. 15. 4. 1957, schuf Entwürfe für Möbel, Tapeten, Stoffe und wandte sich um 1900 der Baukunst zu. Er gehörte 1908 zu den Begründern des Werkbunds. Die neue Formgebung von Bau und Gerät beeinflußte er maßgebend. – HW: Schauspielhaus München (1901); Gartenstadt Hellerau bei Dresden (1907/08); Fabrikbau der Dt. Werkstätten Hellerau (1909); Friedhof Gräfelfing bei München (1913); Funkhaus München (1928).

rien ne va plus [ri'ɛ̃ nə va ply, frz. ›nichts geht mehr‹], Roulett: die Ankündigung, daß nichts mehr gesetzt werden kann.

Rienz *die,* ital. **Rienza,** linker Nebenfluß des Eisack in Südtirol, entspringt in den Dolomiten, durchfließt das westl. Pustertal, mündet bei Brixen.

Rienzo, Cola di, röm. Volkstribun, * Rom April oder Mai 1313, † ebd. 8. 10. 1354, Humanist, Notar und Haupt der Volkspartei im päpstl. Rom. Mit Hilfe des Volks vertrieb er die adligen Senatoren, ließ sich zum Tribunen wählen und errichtete am 20. 5. 1347 einen Freistaat mit dem Ziel einer Neuordnung Roms und Italiens nach altröm. Muster. Vom Papst gebannt, mußte er jedoch am 15. 12. abdanken. 1350 ging er nach Prag zu Kaiser Karl IV.; 1352 wurde er dem Papst in Avignon ausgeliefert, von diesem 1354 als Senator wieder nach Rom geschickt, wo er bei einem Volksaufstand umkam. – Oper ›Rienzi‹ von R. Wagner (1842).

Ries [aus arab.] *das, -es/-e,* **1)** Papiermaß: früher = 20 Buch = 480 oder 500 Bogen, als **Neuries** = 10 Buch = 100 Heft = 1000 Bogen; 10 R. = 1 Ballen. **2)** *schweizer.:* die 9 Kegel.

Ries *das,* **Nördlinger Ries,** flaches fruchtbares Becken zw. Schwäb. und Fränk. Alb, ein fast kreisrunder Kessel von 20 bis 24 km Durchmesser, um 420 bis 430 m ü. M., von der Wörnitz durchflossen. Hauptort: Nördlingen. Statt des früher vermuteten vulkan. Ursprungs nimmt die neuere Forschung Entstehung durch Meteoriteneinschlag an.

Riesa, Krst. im Bez. Dresden, am linken Elbufer, (1983) 51 700 Ew.; Umschlaghafen mit bed. Ind.; Stahl- und Walzwerke, Chemie- und Reifenwerk, Baumwollspinnerei u. a.

Riese [zu ahd. risan ›fallen‹] *die, -/-n,* **1)** *süddt.:* Holzrinne im Gebirge zur Beförderung des geschlagenen Holzes ins Tal. **2)** altdt. Frauenhaube, die → Rise.

Riese [ahd. riso] *der, -n/-n,* **1)** Lebewesen von übernormaler Körpergröße (→ Riesenwuchs); Ggs.: Zwerg. **2)** Sage und Märchen: Die Giganten, Titanen, Kyklopen u. a. riesige Wesen der grch. Mythologie sind Verkörperungen der Naturkräfte. Bei den Germanen waren die R. v. a. Gegner der Götter, die die Götter und Menschen schließlich besiegen und dabei selbst zugrunde gehen. In der Volkssage sind R. meist dämon. Verkörperungen von Naturgewalten (z. B. Sturmriesen); im Märchen tauchen sie oft als Menschenfresser auf; im Schwank sind sie ungeschlachte Tölpel, die vom Menschen überlistet werden. **3)** Riesenstern, → Riesen. **riesen...,** U bes. groß: *eine Riesendummheit.* **riesig, 1)** von gewaltiger Größe. **2)** Ü gewaltig, mächtig. **3)** U sehr: *ich habe mich riesig gefreut.*

Riese, Ries, Adam, Rechenmeister, * Staffelstein (Oberfranken) 1492, † Annaberg (Erzgebirge) 30. 3. 1559, verfaßte mehrere Lehrbücher des praktischen Rechnens sowie eine Einführung in die Algebra. – Redensart: *nach Adam Riese,* Ü richtig, genau gerechnet.

Riesel|anlagen, Anlagen zur → Bewässerung oder Düngung von Feldern und Wiesen, die mit Reinwasser und/oder vorgereinigten Abwässern beschickt werden; auch zur Abwasserreinigung **(Rieselfelder).** Der Anbau von Gemüse auf Rieselfeldern ist hygienisch bedenklich.

rieseln [mhd.]. *es* **rieselt,** läuft tröpfelnd oder ganz fein: *der Bach rieselt; dabei rieselt's einem kalt über den Rücken,* Ü dabei schaudert einem (vor Angst, Grauen).

Rieselreaktor, Reaktionsapparat, in dem eine fest angeordnete Katalysatorschüttung mit einem flüssigen Reaktionspartner berieselt und gleichzeitig von einem gasförmigen Reaktionspartner durchströmt wird. Verwendet u. a. beim Hydrotreating.

Riesen *der, -s/-,* ⌂ der obere Teil einer gotischen → Fiale.

Riesen *Pl.,* **Riesensterne,** Sterne großer Leuchtkraft, eingeteilt in **Unter-R., normale R., Über-R.** (BILD Hertzsprung-Russell-Diagramm), nach der Farbe in **weiße, gelbe, rote R.** (→ Sternentwicklung). Physikalisch sind sie große Gaskugeln (10–500facher Sonnendurchmesser) sehr geringer Dichte.

Riesen|atome, die → Rydberg-Atome.

Riesenblume, Pflanzengattung, → Rafflesie.

Riesenbock, Titanus giganteus, in Brasilien und Guayana lebender Bockkäfer, der größte bekannte Käfer, 14–16 cm lang.

Riesenburg, poln. **Prabuty,** Stadt in der poln. Wwschaft Elbląg (Elbing), (1975) 6300 Ew.; Maschinenbau u. a. Ind. – Der Bischof von Pomesanien erbaute um 1276/77 eine Burg als Residenz (im 17. und 18. Jh. zerstört). Erhalten sind Marienkirche (14. Jh.) und Reste der Stadtmauer.

Riesenchromosomen, die → Polytänchromosomen.

Riesener [frz. rizn'ɛr], Jean-Henri, Kunsttischler, * Gladbeck 1734, † Paris 6. 1. 1806, wurde 1782 in Paris ›Königl. Kunsttischler‹. Seine klassizist. Arbeiten sind von großer handwerkl. Meisterschaft.

Riesengebirge, poln. **Karkonosze** [karkɔn'ɔʃɛ], tschech. **Krkonoše** [k'rkɔnɔʃɛ], höchster Gebirgszug der Sudeten, erstreckt sich von den Quellen des Zacken in südöstl. Richtung bis zu denen des Bober, etwa 37 km lang und 22–25 km breit; auf dem Kamm verlief die schlesisch-böhmische Grenze, seit 1945 verläuft dort die Grenze zw. der VR Polen und der ČSSR.

Im NW hängt das R. durch einen 888 m hohen Sattel mit dem Hohen Iserkamm zusammen; im O ist es durch die Landeshuter Pforte vom Waldenburger Bergland getrennt; nach Böhmen fällt es allmählich ab. Die steile Vorstufe in 600–700 m Höhe im O wird von dem Riesengebirgskamm überragt (Reifträger 1 362 m, Hohes Rad 1 509 m, Sturmhaube 1 440 m u. a.); der höchste Berg ist die 1 603 m hohe → Schneekoppe. Der südl. (böhm.) Kamm, von Elbe und Weißwasser durchbrochen, ist niedriger als der schles. (Kesselkoppe 1 434 m, Krkonosch 1 412 m). Im R. treten Spuren eiszeitl. Vergletscherung auf (Große und Kleine Schneegrube, Großer und Kleiner Teich). – Die Bevölkerung lebte z. T. von spärlichem Bergbau, Holzwirtschaft und Fremdenverkehr. Bekannte Kur- und Fremdenverkehrsorte sind Hirschberg im R., Schreiberhau, Krummhübel, Brückenberg, Schmiedeberg, Hermsdorf, Petersdorf, Erdmannsdorf, auf böhmischer Seite Spindlermühle.

Riesengürteltiere, ausgestorbene Gürteltiergatt. (→ Glyptodonten).

Riesenhuber, Heinz, Politiker (CDU), * Frankfurt a. M. 1. 12. 1935, Industriemanager, seit 1976 MdB., wurde im Okt. 1982 Bundesmin. für Forschung und Technologie.

Riesenhülse, ⊕ die → Meerbohne.

Riesenmuscheln, Tridacna, im Ind. und Pazif. Ozean heimische Muscheln, deren dicke, wellig gerippte Schalen bei der Mördermuschel **(Tridacna gigas)** bis 1,5 m lang und mehr als 200 kg schwer werden. Durch die Schließmuskeln können die Schalen mit großer Kraft geschlossen werden. Die R. liegen im Flachwasser der Korallenriffe mit nach oben gekehrtem Schalenspalt.

Riesensalamander, Cryptobranchidae, Fam. wasserbewohnender, lidloser Schwanzlurche mit bezahntem Ober- und Unterkiefer. Der **Eigentliche R. (Megalobatrachus japonicus)** lebt in Gebirgsflüssen von Japan und China und wird bis 1,6 m lang; sein Fleisch wird gegessen. Im O der USA kommt der bis 50 cm lange **Schlammteufel (Cryptobranchus alleghaniensis)** vor.

Riesenschlangen, Familie ungiftiger, bis zu 9 m langer Schlangen der Tropen und Subtropen, die ihre Beute durch Umschlingen und Erdrosseln töten; zu ihnen gehören → Pythonschlangen und → Boaschlangen.

Riesenslalom, → Slalom.

Riesenspielzeug, Sage von der Tochter eines Riesen, die einen pflügenden Bauern samt Pflug und Zugtieren nach Hause trägt. Die Sage ist seit dem 16. Jh. in Dtl. bezeugt. Gedichte von F. Rückert (1817), A. v. Chamisso (1831).

Riesentöpfe, bis 10 und mehr m tiefe, meist halbkugelförmige Eintiefungen im Felsgestein von Flußbetten; entstehen durch heftig strudelnde Bewegung des Wassers (Wasserwalzen) und des mitgeführten Materials (Sand, Geröll).

Riesenwuchs, über die normale Körpergröße hinausgehendes Wachstum, wobei die Länge der Frau 185 cm, die des Mannes 200 cm überschreitet. Man unterscheidet zw. erblich (best. Familien) oder rassisch (z. B. bei Negriden) bedingtem R. mit normalen Körperproportionen, bei dem sich keine körperl. Störungen finden lassen, und krankhaftem R. **(Gigantismus)** auf Grund hormoneller Störungen. Eine geschwulstbedingte Überproduktion von Wachstumshormon vor der Pubertät führt zu proportioniertem R. (hypophysärer R.), eine verminderte Produktion von Testosteron während der Pubertät ruft einen durch überlange Extremitäten gekennzeichneten R. hervor (eunuchoider R.). Der Begriff **Hochwuchs** wird uneinheitlich zur Kennzeichnung von nicht krankhaftem oder von nicht extremem R. verwendet.

Bei Tieren wird R. züchterisch z. T. angestrebt (z. B. bes. große Rinder-, Hunde-, Geflügelrassen). Krankhafter R. hat die gleichen Ursachen wie beim Menschen. Bei Pflanzen treten R.-Formen (Gigasformen) durch Kreuzung von Inzuchtlinien auf (→ Heterosis).

Riesenbock (Weibchen)

Riesling [Herkunft unsicher] *der, -s/-e,* edle Keltertraubensorte für die Weißweinbereitung, → Weinstock. (BILD Wein)

Riesmann [r'i:smən], David, amerikan. Soziologe, Jurist und Publizist, * Philadelphia 22. 9. 1909, untersuchte v. a. die Typen sozialer Verhaltenssteuerung in ihrer Abhängigkeit vom gesellschaftl. Wandel; unterschied den traditions-, den innen- und den heute typischen außengelenkten Menschen.

HW: Die einsame Masse (1950); Wohlstand wofür? (1964).

Riester [mhd.] *der, -s/-,* **1)** Lederflicken an schadhaftem Schuhwerk. **2)** [ahd. riostra] *oberdt.:* Streichbrett am Pflug; Pflugsterz. *der* **Riest(e)rer,** *-s/-,* ♀ Schuhflicker.

Riet [zu Ried] *das, -(e)s/-e,* **1)** Weberkamm, → Blatt 10). **2)** ⊕ das → Ried.

Rietberg, Stadt im Kr. Gütersloh, NRW, an der oberen Ems, (1984) 23 400 Ew.; Möbel- und Blechwarenfabrik; zahlreiche Fachwerkbauten (16.–18. Jh.). R. ist seit etwa 1280 Stadt.

Rieti, 1) Prov. in der ital. Region Latium, 2 749 km², (1981) 142 800 Ew. **2)** Hptst. von 1), am Velino, (1981) 43 100 Ew.; Bischofssitz (seit etwa 500); Zuckerfabrik, Kunststoffwerke; roman. Dom (1225 geweiht), Bischofspalast (begonnen 1283), Stadtmauern (13. Jh.). – R., das **Reate** des Altertums, war ein Hauptort der Sabiner.

Rietschel, Ernst, Bildhauer, * Pulsnitz (Sachsen) 15. 12. 1804, † Dresden 21. 2. 1861, Gehilfe von C. D. Rauch in Berlin. Dessen Stil fortsetzend, schuf er v. a. Bronzedenkmäler (Goethe-Schiller-Denkmal in Weimar, 1856 vollendet).

Rif *das,* arab. **Er-Rif,** Kettengebirge im NW Marokkos, Teil des Atlas, an der Mittelmeerküste, im westl. Teil von arabischen, im mittleren und östl. Teil von Berberstämmen (›Rifkabylen‹, → Kabylen) bewohnt.

Riff [mnd., aus altnord.] *das, -(e)s/-e,* schmale Bank oder kammartige Klippenreihe im Meer (Sand-, Stein-, Felsen-R.), unter oder nur wenig über der Wasseroberfläche. Korallen-R. sind → Korallenbauten.

Riffel [zu Rippe] *die, -/-n,* **1)** Kamm mit langen Eisenzinken zum Abstreifen der Samenkapseln von den Flachsstengeln. **2)** wellenartige Erhöhung oder Vertiefung, z. B. beim **Riffelblech.** *die* **Riffelung,** -, die Gesamtheit der R. *ich* **riff(e)le** *es,* **1)** zerfasere, löse auf; kämme Flachs. **2)** raspele.

Riga: Dom, Ordensburg; rechts Jacobikirche

Riffkalk, seit dem Präkambrium bekannte, ungeschichtete, massige Kalksteine aus riffbildenden Organismen.

Riffkorallen, Steinkorallen, Madreporaria, Gruppe der Hexakorallier; meist koloniebildende, dem Meeresgrund aufsitzende, strahlig-faserig gebaute Korallentiere, die Korallenriffe bilden (→ Korallenbauten).

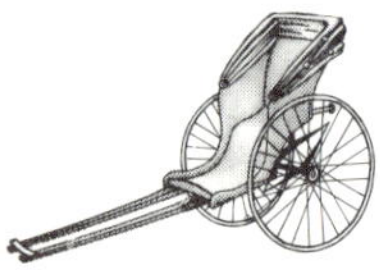

Rikscha

Rift [engl.] *der, -s/-e,* ⊕ Bruch- und Grabenzone; heute oft auf die Großgräben bezogen. **Rift-Systeme,** große Bruch- und Grabensysteme, v. a. junge tekton. Gebilde, die isostatisch noch nicht ausgeglichen sind und vulkan. und seism. Aktivität aufweisen. – **Rift Valleys** [-v'ælız] sind tiefe, tektonisch gebildete, festländ. (Ostafrikanisches Grabensystem) oder ozean. Gräben (Mittelozeanischer Rücken).

Riga, Hptst. der Lettischen SSR, in einer weiten Ebene zu beiden Seiten der hier 800 m breiten Düna, etwa 15 km oberhalb ihrer Mündung in die Rigaer Bucht, (1983) 867 000 Ew.; kultureller Mittelpunkt des lett. Sprachraums, Sitz der Akademie der Wiss. der Lett. SSR; Universität, 6 Hoch-, mehr als 20 Fachschulen, Philharmonie, mehrere Theater und Museen. Nach Leningrad ist R. zweitgrößter sowjet. Ostseehafen, bed. Umschlagplatz und Verkehrsknoten, hat Maschinenbau-, elektrotechn., chem., Textil-, Nahrungsmittel-, Baustoff-, Glas-Ind. und Werften. – Der älteste Stadtteil war von Festungswerken umgeben, die seit 1857 in weiträumige, vom Stadtkanal durchzogene Parkanlagen umgestaltet wurden. Um diesen Stadtkern rechts des Flusses dehnt sich die Neustadt in einem Ring aus Wohnsiedlungen und Werksanlagen aus. Wichtigste Baudenkmäler in der Altstadt: Dom- oder Marienkirche (um 1220–29, spätroman. Backsteinbau), St.-Petri-Kirche (urspr. 13. Jh., barock erneuert), Schwarzhäupterhaus (1330 erbaut, im 17. Jh. im Renaissancestil umgebaut), Schloß (um 1330 begonnen, mehrmals umgebaut; im 2. Weltkrieg zerstört), zahlreiche Renaissance- und Barockbauten.

Geschichte. R., von dt. Kaufleuten unter Erzbischof Albert von Livland 1201 gegr., seit 1255 Erzbistum, erlangte für den Handel mit Rußland und Litauen große Bedeutung und trat 1282 der Hanse bei. Nach dem Untergang des livländ. Ordensstaats (1561) wurde es freie Reichsstadt, kam 1582 unter poln. Herrschaft, 1621 zu Schweden und 1710 zu Rußland. 1918–40 war R. Hptst. der Rep. Lettland.

Riga|er Bucht, Meerbusen an der lettisch-estn. Ostseeküste, rd. 19 000 km², bis 51 m tief, im N und NW durch die Inseln Ösel und Mohn vor der offenen See geschützt, Dezember bis April eisbedeckt. Häfen: Riga und Pernau.

Rainer Maria Rilke

Rigaud [rig'o], Hyacinthe, frz. Maler, getauft Perpignan 18. 7. 1659, † Paris 29. 12. 1743, malte v. a. Mitglieder des Hofs und des Adels, auch Gelehrte und Künstler, mit großartigen Gebärden und vor prunkvollen Hintergründen.

Rigaudon [rigod'ɔ̃, frz.] *der, -s/-s,* Volkstanz der Provence in lebhaftem geradem Takt; im 17. und 18. Jh. auch Satz der Suite.

Rigel [arab. ›Fuß‹] *der, -s,* ☆ Stern 1. Größe, β im Orion.

Rigg [engl.] *das, -s,* ⚓ Takelung. *ich* **rigge** *es,* takele (auf).

Righeit [zu rigid] *die, -,* Geophysik: der elastische Widerstand fester Körper gegen Gestaltsänderung; häufig benutzter Ausdruck für Schubmodul (→ Scherung).

Righi-Leduc-Effekte [r'igi lɘd'yk-, n. dem ital. Physiker A. Righi, * 1850, † 1920, und dem frz. Physiker S. A. Leduc, * 1856, † 1937] *Pl.,* zwei → thermomagnetische Effekte.

right or wrong, my country! [raıt ɔ:rɔŋ, maı k'ʌntrı, engl.], ›Recht oder Unrecht, (es ist) mein Vaterland!‹, Schlagwort zur Charakterisierung eines bedingungslosen Patriotismus.

Rigi *der, schweizer.: die,* Bergstock der Schweiz, zw. Vierwaldstätter See (Küßnachter Bucht) und Zuger See. Der höchste Gipfel, der R.-Kulm (1797 m), ist der am meisten besuchte Aussichtsberg der Zentralschweiz; weitere Gipfel sind R.-Hochfluh und Dossen. Auf den R. führen 2 Zahnradbahnen.

Rigidität [lat. ›Starrheit‹] *die, -,* Ⓟs die starre Fixierung auf bestimmte Vorstellungen, Denk- und Handlungsweisen, die eine Anpassung an wechselnde Situationen erschwert. R. ist eine gesteigerte Form der → Perseveration. **rigid,** starr, streng, steif.

Rigole [frz.] *die, -/-n,* kleiner Entwässerungsgraben. *das* **Rigolen,** *-s,* **Roden,** auch **Rotten,** tiefe (40–60 cm) Bodenbearbeitung (Pflügen) zum Lockern, Mischen, Wenden des Bodens zur Vorbereitung als Kulturboden.

Rigor [lat. ›Starre‹] *der, -s,* erhöhte Muskelspannung bei best. Erkrankungen des Nervensystems, z. B. bei → Parkinsonismus. **R. mortis,** die Totenstarre.

rigoros [lat.], streng, unerbittlich, rücksichtslos. *der* **Rigorismus,** -, eine streng an Grundsätzen ausgerichtete Haltung im Denken und Handeln, bes. in moralischer Hinsicht.

Rigorosum [lat., zu ergänzen: examen ›strenge Prüfung‹] *das, -s/...sa,* mündliche Doktorprüfung.

Rigveda *der, -(s),* der erste im Gottesdienst des Hinduismus verwendete → Veda.

Rihm, Wolfgang Michael, Komponist, * Karlsruhe 13. 3. 1952, studierte ebd. sowie bei K. Stockhausen und K. Huber. R. verbindet spätromant. Stilelemente mit modernen Kompositionstechniken zu einer komplexen Tonsprache von starker Expressivität.

Rijeka, ital. **Fiume,** Stadt in Kroatien, Jugoslawien, am Golf von R., (1981) 158 300 Ew.; Seehafen; Erzbischofssitz; Univ., Marinehochschule, Theater, Museen, Galerien; Schiffswerft, Maschinenbau, Erdölraffinerie, chem., Tabak-, Papier- u. a. Ind. – Dom (mit Turm von 1377), Stadtturm mit Uhrturm (15. Jh.), Veitskirche (Ende 18. Jh.). – 1779 bis zum 1. Weltkrieg war R. Hafen Ungarns, wurde 1920 Freistaat, 1924 ital., 1947 jugoslawisch.

Rijn [rɛjn], niederländ. Name des Rheins.

Rijswijk [r'ɛjswɛjk], Stadt in der niederländ. Prov. Südholland, (1982) 51 400 Ew., Wohnstadt für Den Haag mit vielfältiger Ind. – Der Friede von R. beendete 1697 den → Pfälzischen Erbfolgekrieg.

Rikscha [japan.] *die, -/-s,* in Ostasien leichter zweirädriger Wagen mit 1 oder 2 Sitzen, der von einem zw. den Deichseln laufenden oder auf einem Fahrrad sitzenden Mann gezogen wird (1869 erfunden); heute meist durch die Motorrad-R. ersetzt.

Riksmål [-mo:l, ›Reichssprache‹], frühere Bez. für Bokmål, → norwegische Sprache.

Rila-Gebirge, bulgar. **Rila,** Gebirgsstock in SW-Bulgarien, im Musalla 2925 m hoch. Im SW liegt das **Rila-Kloster** (gegr. 10. Jh., nach Zerstörung wiederaufgebaut im 19. Jh.; BILD Bulgarien) mit reichen Kunstschätzen (Fresken, Ikonen, Holzschnitzereien), heute Museum.

Riley [r'aılı], Bridget, engl. Malerin, * London 24. 4. 1931; ihre Bilder bestehen im Sinne der → Op Art aus der Verschränkung dynam. und linearer Systeme, die eine illusionäre Raumbewegung suggerieren. (BILD Op Art)

Rilke, Rainer Maria, Dichter, * Prag 4. 12. 1875, † Val-Mont bei Montreux 29. 12. 1926, führte ein unstetes Wanderleben, bereiste mit Lou Andreas-Salomé 1899 und 1900 Rußland (Begegnung mit L. Tolstoj), heiratete 1901 die Bildhauerin Clara Westhoff, ging nach Lösung der Ehe (1902) nach Paris, wo er 1905/06 Privatsekretär A. Rodins wurde. Reisen und Gastaufenthalte (u. a. auf Schloß Duino bei Triest 1910) füllten die nächsten Jahre; seit 1921 lebte er im Schlößchen Muzot bei Siders (Wallis). – R. begann mit preziöser Formkunst im Geist des Fin de siècle (›Traumgekrönt‹, 1897), voll Schwermut und Sehnsucht nach einem adeligen, heldischen Leben (lyrisch-balladenhafte ›Weise von Liebe und Tod des Cornets Christoph Rilke‹, 1899). Erster Höhepunkt seines lyr. Schaffens war das ›Stundenbuch‹, 1899–1903 als Frucht der Rußlandreisen entstanden, ekstatische Aufschwünge zu einem ›dunklen‹, sich entwickelnden Gott. Es zeigt R.s eigentüml. Musikalität und Virtuosität der Sprache. Insbes. bei Rodin in Paris vollzog sich eine Wendung aus dem Gefühlvollen heraus zu den ›Dingen‹ hin, zum Präzisen, zu einer asketisch-strengen Arbeit am Kunstwerk (2. Ausgabe des 1902 zuerst erschienenen ›Buchs der Bilder‹, 1906, ›Neue Gedichte‹, 1907/08). Die Stadt Paris wurde zur Inspirationsquelle in den ›Aufzeichnungen des Malte Laurids Brigge‹ (1910), deren Hauptmotive Angst und Entsetzen sind. Erst 1922 gelang R. die Vollendung der ›Duineser Elegien‹ (1923) in freien Rhythmen, harter Sprachführung und kühnen Bildern. Gleichzeitig entstanden die ›Sonette an Orpheus‹ (1923). Diese Werke enthalten hymnischen Jubel über ein neues Verhältnis zur Welt. Grundzüge seines Spätwerks sind der ›Wille zum Überstehen dieser Welt‹, das Verwandeln des Sichtbaren und des Vergänglichen ins dichterische Wort. R. hat der Sprache feinste Schattie-

Rinde 1): **1** Kiefer, **2** Platane, **3** Kampferbaum, **4** Ulme, **5** Eukalyptus

rungen des Empfindens erschlossen und die Dinglichkeit auch des Abstrakten und Überwirklichen beschworen. Entscheidend war für ihn die Lebensproblematik des einsamen Dichters.

WW: *Lyrik:* Requiem (1909); Das Marien-Leben (1913); Gedichte 1906–26 (1953). *Prosa:* Vom lieben Gott und Anderes (1900, 1904 als Geschichten vom lieben Gott); Auguste Rodin (1903). *Übersetzungen* von S. Mallarmé, P. Verlaine, P. Valéry, Michelangelo, Petrarca u. a. *Briefwechsel* u. a. mit Lou Andreas-Salomé, A. Gide, A. und Katharina Kippenberg, Marie v. Thurn und Taxis.

Rille [nd., zu Rinne] *die, -/-n,* **1)** längliche Vertiefung, kleine Furche, Rinne. **2)** *nd.:* Schlucht. **3)** *nd.:* kleine Welle. **4)** ⚓ schmale Durchfahrt. *ich* **rille** *es,* ⚙ versehe mit R. **rillig,** mit R. versehen.

Rillsaat, Rüllsaat, Kreuzblüter-Gatt., → Dotter 3).

Rimini: Palazzo dell'Arengo

Rimbaud [rɛ̃b'o], Arthur, frz. Dichter, * Charleville (Ardennen) 20. 10. 1854, † Marseille 10. 11. 1891, schrieb 1869–73 seine die bestehende Welt- und Gesellschaftsordnung ablehnenden und von starkem Freiheitsdrang getragenen Prosagedichte; intensivster Ausdruck dieser Haltung ist das Gedicht ›Le bateau ivre‹ (hg. 1883, dt. Das trunkene Schiff). In Paris, wohin er 1871 von P. Verlaine eingeladen worden war, schrieb er ›Les illuminations‹ (Die Erleuchtungen), in der Nähe von Charleville, nach dem Zerwürfnis mit Verlaine (1873), ›Une saison en enfer‹ (Ein Aufenthalt in der Hölle). 1874 gab er jede dichterische Tätigkeit auf, verließ Frankreich und führte ein unstetes Wanderleben. Seine Dichtungen sind immer von neuem wiederholte Akte der Abstoßung von Vertrautem, des Aufruhrs und des Ausbruchs in exotische, schließlich überdimensionale Weiten. R. hat das moderne Bewußtsein der Heimatlosigkeit vorweggenommen und insbes. auch mit seiner Technik der Synästhesien gewirkt. Durch ungewöhnl. Verbindung realitätshaltiger Wörter erzeugte er eine fremde Überwirklichkeit und sprengte auch in der Metrik jede herkömmliche Form. R.s Dichtung hat einen nachhaltigen Einfluß auf den späten Symbolismus wie auf Expressionismus und Surrealismus ausgeübt.

Rimbert, Rembert, Erzbischof von Bremen-Hamburg, † Bremen 11. 6. 888, Nachfolger des hl. Ansgar, förderte die Mission in Westfriesland, Dänemark und Schweden.

Rimesse [ital. rimessa ›Übersendung‹] *die, -/-n,* die Übersendung eines Wechsels zur Begleichung einer Schuld; auch der übersandte Wechsel selbst.

Rimet [rim'ɛ], Jules, frz. Sportfunktionär, * Paris 24. 10. 1873, † ebd. 15. 10. 1956; 1921–54 Präs. des Welt-Fußballverbandes, stiftete den **Coupe Jules Rimet** [kup ʒyl-] für Fußball-Weltmeisterschaften.

Rimini, Stadt und Seebad in der ital. Prov. Forlì, am Adriat. Meer, (1981) 127800 Ew.; Bischofssitz; Museum; Fremdenverkehr (Marina di R.). Aus röm. Zeit sind der Triumphbogen des Augustus (27 v. Chr.) und eine Brücke (21 n. Chr. vollendet) erhalten, aus dem MA. der Palazzo dell'Arengo (1204) und der Palazzo del Podestà (1334), beide mehrfach verändert, sowie die got. Kirche S. Francesco (urspr. 13. Jh.; heute Dom). – Geschichte. R. wurde 268 v. Chr. röm. Kolonie (**Ariminum**); Endpunkt der Via Flaminia und der Via Emilia. In byzantin. Zeit gehörte es zur Pentapolis. Seit dem 13. Jh. stand es unter der Herrschaft der Malatesta, fiel 1503 an Venedig, 1509 an den Kirchenstaat.

Rimskij-Korssakow, R.-Korsakow, Nikolaj Andrejewitsch, russ. Komponist, * Tichwin (Gouv. Nowgorod) 18. 3. 1844, † Ljubensk (Gouv. St. Petersburg) 21. 6. 1908, urspr. Marineoffizier, seit 1871 Kompositionslehrer in St. Petersburg. Er gehörte seit 1861 dem Kreis um M. A. Balakirew an. Als einziger dieses Kreises eignete er sich eine solide Kompositionstechnik an und wurde daher ein gesuchter Lehrer (u. a. von A. Glasunow, I. Strawinsky, S. Prokofieff). Die Stärke seiner oft von der russ. Volks- und Kirchenmusik angeregten Werke liegt v. a. in der Tonmalerei und meisterhaften Instrumentation.

HW: *Opern:* Schneeflöckchen (1882); Sadko (1897); Mozart und Salieri (1898); Das Märchen vom Zaren Saltan (1900); Der goldene Hahn (1909). – 3 Sinfonien, Chorwerke, Kammer- und Klaviermusik, Lieder, Bearbeitungen (u. a. ›Chowanschtschina‹ und ›Boris Godunow‹ von M. Mussorgskij).

Rinaldo [ital. ›Reinhold‹], männlicher Vorname. **Rinaldo Rinaldini,** Titelheld eines Räuberromans (1798) von C. A. Vulpius.

Rinascimento [rinaʃim'ento, ital. ›Wiedergeburt‹] *das, -s,* ital. Bez. für → Renaissance.

Rinckart, Rinckhart, Rinkart, Martin, Dichter, * Eilenburg 23. 4. 1586, † ebd. 8. 12. 1649 als Archidiakon, schrieb Kirchenlieder, die er selbst vertonte (z. B. ›Nun danket alle Gott‹ 1636); furchtloser Seelsorger seiner Gemeinde in schweren Kriegs- und Pestjahren. Zur Rechtfertigung Luthers gegenüber Papsttum und Calvinismus schrieb er 7 Dramen, 3 sind erhalten, so ›Der Eislebische christl. Ritter‹ (1613).

Arthur Rimbaud (aus einem Gemälde von Fantin-Latour, 1872)

Rind [ahd.] *das, -(e)s/-er,* großes Hornvieh, → Rinder. *die Kuh* **rindert,** ist brünstig. **Rinderbraten,** *norddt.,* **Rindsbraten,** *südd.:* Braten aus Rindfleisch. **Rindvieh, 1)** die Rinder. **2)** *so ein Rindvieh!,* U so ein dummer Kerl!

Rinde [ahd. rinta] *die, -/-n,* lat. **Cortex, 1)** bei Pflanzen der mehrschichtige, gefäßbündelfreie Gewebemantel an achsenartigen Teilen (Stamm, Stengel, Ast, Wurzel; vgl. unten Pflanzenkunde). **2)** bei Tieren und beim Menschen die äußere Schicht vieler Organe (z. B. Gehirn, Nebennieren), die das Mark umgibt. **3)** Schale, Kruste: *Brotrinde.*

Pflanzenkunde. Die R. reicht bei den Wurzeln nach innen bis zur → Endodermis, bei Sproßteilen bis zu den Gefäßbündeln. Die **primäre R.** besteht hauptsächlich aus einfachem Zellgewebe (→ Parenchym 1) und wird nach außen von der Epidermis (→ Haut) begrenzt, später von Korkgewebe (→ Kork 1). Das beim Dickenwachstum durch die Tätigkeit des → Kambiums nach außen gebildete Gewebe heißt **sekundäre R.** oder **Bast;** in ihm verlaufen Markstrahlen (→ Holz). Bei der Bildung der Borke werden die jeweils älteren Teile des Bastes abgestoßen. – Manche R. liefern Faser, Gerbstoffe, Gewürze und Arzneimittel.

Rindenläuse, kleine Insekten an Baumrinden, Felsen u. a. (BILD Insekten)

Nikolaj Rimskij-Korssakow

Rinder, Bovinae, Unterfam. der Horntiere mit den **Echten Rindern (Bovini),** Nilgauantilopen und Waldantilopen (→ Waldböcke). Die Echten R. sind plumpe, wiederkäuende Paarhufer mit nacktem Flotzmaul; Voraugen- und Klauendrüsen fehlen. Beide Geschlechter tragen Hörner, die Hornzapfen stehen weit hinter den Augenhöhlen. Es gibt 4 Gatt.: **Bubalus** und **Syncerus** (als

1

2

3

4

5

6

Rinder: **1** Zebu, **2** Watussi-R., **3** Wasserbüffel (weitere BILDER Bison, Büffel, Jak). **4–6** Rinderrassen; **4** Simmentaler Fleckvieh, **5** Allgäuer Braunvieh, **6** Deutsches Schwarzbuntes Niederungsvieh

Ringelblume: Garten-R.

Ringelnatter

→ Büffel zusammengefaßt), den → Bison, wozu man auch den **Wisent** rechnet, sowie die Gatt. **Bos.**

Nahe verwandt mit dem → Ur oder **Auerochsen** ist der **Grunzochse** oder → Jak. Die asiat. **Stirnrinder,** Untergatt. **Bibos,** haben kürzere Hörner als der Ur; ihre Beine sind weiß. Mit über 2 m Schulterhöhe und einem Gewicht bis zu 1 000 kg ist der schwarzbraune **Gaur** oder das **Dschungelrind (Bos gaurus)** die größte Art. Zw. den kräftig gebogenen Hörnern liegt ein Knochenwulst; alte Bullen haben einen langgestreckten Buckel. Die Heimat der Gaur reicht von Vorderindien bis Malaya und Vietnam. Der **Gayal** oder das **Stirnrind** ist seine domestizierte Form, kleiner und plumper, mit kegelförmigen Hörnern, die nach der Seite stehen. Auf Java und Borneo sowie in Hinterindien lebt der **Banteng (Bos javanicus).** Die Bullen sind schwarzbraun, die Kühe rotbraun gefärbt, die Hinterkeulen haben einen weißen Spiegel. Auf Java und Bali wurde der Banteng zum **Bali-Rind** domestiziert. Das dritte Stirnrind ist der **Kouprey (Bos sauveli)** aus Indochina; er wurde erst 1937 wissenschaftlich beschrieben.

Die Haus-R. wurden an versch. Stellen Eurasiens (und Afrikas?) domestiziert. In Ozeanien und Amerika gibt es Haus-R. erst seit der Neuzeit. Es wurden entwickelt: aus dem Ur das **Europ. Hausrind (Bos primigenius forma taurus)** und das **Indische Zebu (Bos mutus forma domestica),** aus dem Wild-Jak der **Haus-Jak (Bos mutus forma grunniens),** aus dem Gaur der **Gayal,** aus diesem und aus dem Banteng das **Bali-Rind,** aus Gayal, Bali-Rind und Zebu ein Teil der **Süd-** und **Ostasiat. Haus-R.** Aus Zebu und Europ. Hausrind entstand ein Teil der **Afrikan.** und **Vorderasiat. R.** Aus dem Arni-Büffel wurden die **Haus-Büffel** gezogen.

Die Verwendung als Opfertiere, Kapitalanlage, Arbeitstiere, Fleisch- und Milchlieferanten waren die wichtigsten Beweggründe für die Haustierzüchtung.

Von den Asiat. Hausrindern wird der Haus-Büffel in rd. 20 Rassen bes. in den Reisländern, in S- und O-Asien, Vorderindien, Südrußland und den Mittelmeerländern gehalten. Das **Cattalo** ist eine Kreuzung und Rückkreuzung aus Haus-R. mit Bison in Kanada. Der **Haus-Jak** ist in den Ländern der Hochebene Asiens (2000–5000 m) zu Hause. Etwa ein Drittel des R.-Bestandes der Mongolei besteht aus Jak und Jak-Kreuzungen. In der UdSSR werden auch Rückkreuzungen durchgeführt.

In SO-Asien werden Gayal, Bali-R. u. a. und ihre Mischlinge mit Zebus gehalten. **Zebus** sind die Hausrinder für Arbeits- und Fleischnutzung; sie leben in Vorderindien und in den angrenzenden Ländern. Unter den etwa 30 Rassen sind **Sindhi** und **Sahiwal** wegen ihrer Milchleistungsfähigkeit zu nennen. Einige Zebu-Rassen zeichnen sich durch Muskelfülle und hohe Tageszunahmen aus.

Haus-R. mit hohen Mast- und Milchleistungen wurden in W-Europa und N-Amerika entwickelt. Man unterscheidet bei den R. Spezialrassen für Milch, für Mast, 2-Nutzungs- und Landrassen.

Zu den Milchrassen gehören die Holstein-Friesen (wozu man auch Schwarzbunte in Dtl. und Holland zählen kann, aus welchen sie hervorgegangen sind). Der Anteil von Schwarzbunten und Holstein-Friesen (Dairy Holstein) beträgt zw. 40 und 70% der R. in den Industrieländern. Sie sind weltweit verbreitet. Die Jersey und Guernsey fanden wegen des hohen Fettgehaltes der Milch (bis 10%) große Verbreitung, bes. in den USA. Die Ayrshire wurden in Schottland erzüchtet und in Finnland und N-Amerika verbreitet.

Die Mastrassen Hereford, Shorthorn und Aberdeen Angus stammen aus Großbritannien. Die Hereford wurden zu der Mastrasse Amerikas. Sie haben große runde Muskulatur, sind aber voll ausgemästet für den westlichen Geschmack zu fett. Die Charollais wurden in den letzten Jahrzehnten zur Weltrasse wegen ihrer vorzüglichen Schlachtkörper, die außerdem nur wenig Fett haben.

Zu den ältesten 2-Nutzungsrassen gehören Braun-, Fleck- und Rotvieh. Das Braunvieh (Ursprung westl. Alpenländer), weltweit verbreitet, wurde in den USA zu der Milchrasse ›Brown Suisse‹ umgezüchtet. Das Fleckvieh (Ursprung Simmental/Schweiz und S-Dtl.) hat sich bes. nach SO-Europa und Rußland ausgebreitet. Das Gelbvieh, wozu Frankenvieh und in Frankreich die Limousin zählen, steht dem Fleckvieh nahe. Das Rotvieh, wozu auch Angler (nach der schleswig-holstein. Landschaft Angeln), Rotvieh in Dänemark, Belgien, Frankreich und in Brasilien zählen, hat sich nach O, SO und in die Türkei ausgebreitet.

Landrassen sind noch nicht zu höheren Leistungen in Milch oder Fleisch entwickelt. Sie weisen meist vielseitige, niedrige bis mittlere Leistungen und große Anpassung an die Umwelt ihrer Heimat auf.

Ernährung. Das R. ernährt sich auf der Weide oder im Stall von Grün-, Gär- und Rauhfutter. Es kann mit diesem Futter nur seinen Bedarf für Erhaltung und höchstens 6–15 kg Milch je Tag decken oder 700–900 g täglich zunehmen. Bei höheren Leistungen ist die Zufuhr von Nähr- und Wirkstoffen durch Kraftfutter notwendig. Das R. kann große Mengen Kraftfutter, bis 2 kg pro 100 kg Lebendgewicht, aufnehmen.

Die Fruchtbarkeit der R. ist neben der Milch- und Mastleistung von besonderer Bedeutung. Ungefähr 10–20% der Kühe sind unsicher in der Fruchtbarkeit (Ursachen: Infektionen, Mineral-

Rinder, Bestand 1982 (in Mio.)

Europa:		Amerika:	
Bundesrep. Dtl.	14,99	Kanada	12,09
Dänemark	2,90	USA	115,20
Dt. Dem. Rep.	5,69	Argentinien	52,72
Frankreich	23,66	Brasilien	93,00
Großbritannien und Nordirland	13,33	Kolumbien	24,50
Österreich	2,55	Mexiko	36,83
Schweiz	1,92	Uruguay	11,24
Sowjetunion	117,19	Asien:	
		Bangladesh	35,50
		VR China	55,33
		Indien	182,00
Afrika:		Pakistan	15,96
Äthiopien	26,20	Türkei	16,98
Nigeria	12,60	Australien/Ozeanien:	
Sudan	19,50	Australien	24,55
Rep. Südafrika	13,36		
Tansania	13,15	**Welt insgesamt**	**1 225,12**

und Wirkstoffmängel, Haltungsfehler, erbl. Veranlagung). Geschlechtsreife tritt mit 6–8 Monaten ein. Männl. und weibl. Tiere sind das ganze Jahr über fortpflanzungsfähig. – Künstl. Besamung hat große Bedeutung erlangt für die Seuchenbekämpfung, für den Zukauf und für die Ausnutzung wertvoller Vatertiere sowie für die Zuchtwahl. Bei künstl. Besamung ist für 1000–3000 Kühe nur ein Bulle nötig. Tragezeit: 280–290 Tage. Die Aufzucht erfolgt in den ersten zwei Lebenswochen durch Tränken mit Muttermilch, dann Voll- und Magermilch, mit Milchaustauschfutter, Kraft- und Wirtschaftsfutter bis zum 3./4. Monat.

Krankheiten der R. sind u. a. → Mangelkrankheiten; Erkrankungen des → Euters, Zuchtkrankheiten wie → Scheidenkatarrh 2); → Magenwurmseuche, → Finnenkrankheit; → Maul- und Klauenseuche, Bangsche Krankheit (→ Brucellosen). In Mitteleuropa selten sind → Lungenseuche und → Rinderpest.

Kulturgeschichte. Seit der Holstein-Warmzeit, einer Warmzeit im mittleren Pleistozän, lebten in Europa 2 Arten großer Horntiere, der Wisent und der aus dem O eingewanderte Auerochse oder Ur (heute ausgestorben). Der Ur war in der Altsteinzeit ein wichtiges Jagdtier. In vielen Höhlen Südfrankreichs und Nordspaniens wurde er vom Menschen der jüngeren Altsteinzeit dargestellt. Wann R. zuerst domestiziert worden sind, ist noch ungeklärt. Der älteste Fund eines domestizierten R. in Deutschland, das kleiner als der Ur war, stammt von Satrupholm in Schleswig-Holstein aus der frühen Jungsteinzeit. Bei den Ausgrabungen von → Çatal Hüyük wurden Hinweise gefunden, daß um 6000 v. Chr. R. zumindest gezähmt worden sind. – In der frühen geschichtl. Zeit Ägyptens galt der Wildstier als Symbol der Kraft. Das R. war das weitaus wichtigste Haustier Altägyptens. Szenen aus dem tägl. Leben mit R. wurden in vielen Gräbern gefunden. Auch für die Israeliten waren R. die wichtigsten Haustiere, die sie bei ihrem Auszug aus Ägypten mitnahmen. Sie dienten als Opfertiere, zur Nahrung und als Arbeitstiere. Nachgewiesen ist für das Indusgebiet die Haltung des R. als Zugtier (kleine Wagenmodelle mit R.), wahrscheinlich ist die Verwendung von Fleisch und Milch. Sicher hatte das R. auch kult. Bedeutung und war bevorzugtes Opfertier. Die heutige Kuhverehrung in der Hindureligion dürfte ihren Ursprung in der alten Induskultur haben.

Das Motiv des R., das von einem Löwen überfallen wird, zieht sich durch alle Kulturen hindurch. Es erscheint in frühdynast. Zeit in Mesopotamien, man findet es in Chaldäa, Persien, Ägypten, Kreta, Zypern sowie in Griechenland und Rom. Ein fast ebenso häufiges Motiv ist der Gott auf dem Stier, der bes. im Hethiterreich als Blitz- und Wettergott verehrt wurde. Als Jupiter Dolichenus war der Stiergott zur Römerzeit von England bis Mesopotamien und bis Nordafrika verbreitet. Einen Höhepunkt erreichte der Stierkult in der minoischen Kultur Kretas und Mykenes. In der grch. Mythologie und Sagenwelt tritt das R. wiederholt auf. Zeus entführt als Stier Europa, Herakles bezwingt den kret. Stier und raubt die R. des Geryones, und Theseus erlegt den Stier von Marathon sowie den Minotaurus auf Kreta, einen blutdürstigen Stiermenschen. Die Mithraskultbilder der römisch-german. Provinzkunst zeigen meist ein Stieropfer.

Rinderpest, Pestis bovina, ori|entalische R., früher **Löserdürre,** aus Afrika und Asien nach Europa eingeschleppte seuchenhafte Viruskrankheit, bes. der Rinder, mit Fieber, Belägen auf den Kopfschleimhäuten und Ausfluß aus Lidsäcken, Nase, Mundspalte; Tod nach 2–7 Tagen. Nach der VO zum Schutz gegen die R. v. 15. 6. 1966 sind Impf- und Heilmaßnahmen verboten. Auftretende Fälle werden durch Absonderung und Sperrbezirke bekämpft.

Rinderseuche, die → Wild- und Rinderseuche.

Rinds|auge, Korbblütergatt., → Ochsenauge 3).

rinforzando [ital.], **rinforzato,** Abk. **rf., rfz.,** ♪ stärker werdend, betont.

ring [Grundwort von: gering], *oberdt.:* leicht, einfach, mühelos; gut beweglich, leichtfüßig.

Ring [ahd. ring] *der, -(e)s/-e,* **1)** ein Reif von runder oder wendelartiger Form aus unterschiedl. Werkstoff, zu allen Zeiten und bei allen Völkern als Schmuck, Amulett oder Sinnbild an Arm, Hals, Ohr, Nase, Knöchel, Zehen, bes. aber als Fingerring getragen (vgl. unten). **2)** Meteorologie: optisch-meteorolog. Erscheinung, → Halo. **3)** ⚒ Kampfplatz, z. B. beim → Boxen. **4)** bei Stadtgründungen der ostdt. Kolonisation (13. und 14. Jh.) der Marktplatz; bei jüngeren Stadtanlagen Straße oder Grünanlage, die (nach Abbruch der Stadtmauern und Zuschütten der Wallgräben) sich ringförmig um den Stadtkern legt. **5)** Börsenwesen: → Korner. **6)** △ eine Menge von Elementen, zw. denen 2 Verknüpfungen (Addition und Multiplikation) erklärt sind, die dem **kommutativen,** dem **assoziativen** und dem **distributiven Gesetz** genügen, wobei die Addition umkehrbar sein muß. **7)** Vereinigung von Menschen zu best. Zweck: *Spionagering; Theaterring.*

Der **Finger-R.** ist in Ägypten zuerst im Mittleren und Neuen Reich nachweisbar. Wahrscheinlich ist er aus Kreta wiedereingeführt worden. Im Griechenland der klass. Zeit finden sich unter den Formen solche mit Skarabäen und mit getriebenen, filigranverzierten Platten. Steine wurden in hellenist. Zeit sehr beliebt. Neben den R. mit Platten hatte man in Rom nach hellenist. Vorbild solche, deren Reifen wie Schlangen gebildet waren. Der R. diente versch. Zwecken, er war Zeichen der Würde, der Verlobung und wurde zum Siegeln verwendet.

In der Völkerwanderungszeit wie im frühen MA. wurde an antike Formen angeknüpft. Im Zeichen höfischen Lebens war der R. als Minnegabe geschätzt. Im 13. Jh. traten eigenständige Typen auf, sie erhielten Liebessprüche; die Reifen schlossen mit 2 ineinanderliegenden Händen oder einem Liebesknoten. Im aufkommenden Bürgertum gebrauchte man bes. Siegel-R., für die häufig Gemmen benutzt wurden. Bes. wertvoll waren die R. der weltlichen oder geistlichen Würdenträger.

Zu den Ehren- und Standes-R. werden die **Papst-R.** des 15. und 16. Jh. gezählt. Im 16. Jh. nahmen die R. Uhren und mathematisch-astronomische Instrumente auf. Bei den **Trauer-R.** mit kleinen Urnen aus der zweiten Hälfte des 18. Jh. kündigt sich sentimentaler Schmuck der Romantik an.

Die Bedeutung des R. in Religion und Volksglauben wurzelt in der Vorstellung der bindenden, magischen Kraft des Kreises. Symbol der Bindung ist der **Verlobungs-** und **Ehe-R.** Auch gilt der R. als Zeichen besonderer Macht. Mit mag. Kraft ausgestattet, bezwingt er in vielen Märchen Dämonen und dienstbare Geister.

Ringbein, Pferdekrankheit, → Schale 6).

Ring Christlich-Demokratischer Studenten, Abk. **RCDS,** → studentische Vereinigungen.

Ring des Nibelungen, Der R. d. N., Bühnenfestspiel (Oper) in 4 Teilen (für einen Vorabend und 3 Tage) von R. Wagner: **Das Rheingold,** Uraufführung München 1869; **Die Walküre,** ebd. 1870; **Siegfried** und **Götterdämmerung,** Bayreuth 1876.

Ringe *Pl.,* Turngerät, besteht aus 2 längenverstellbaren Schwingseilen, an deren unterem Ende je ein Holzring (18 cm ∅) angebracht ist. Im Kunstturnen wird an den R. in Ruhestellung geturnt. Das R.-Turnen ist olymp. Disziplin seit 1896.

Ringel [ahd. ringila, zu Ring] *der, -s/-,* etwas, das kreisförmig gewunden ist. *ich* **ring(e)le** *es,* drehe zu Ringen, winde, schlinge. *der* **Ringelpie(t)z,** *-(es)/-e,* ∪ (langweilige) Tanzerei. **Ringelreihen, -tanz,** Rundtanz, Reihen im Kreis. **Ringelspiel,** *österr.:* Karussell.

Ringelblume [n. der Halbringform der Früchtchen], **Calendula,** Korbblütergatt., drüsig-flaumige Kräuter, bes. des Mittelmeergebietes. Die gelbblühende **Garten-R. (Totenblume, Calendula officinalis)** ist in Mitteleuropa (auch gefüllt) einjährige Zierpflanze. Die ähnliche **Feld-R. (Calendula arvensis)** wächst auf Äckern, Weinberggelände. (BILD S. 426)

Ringel|echsen, Anni|ellidae, nordamerikan. Fam. wühlender, gliedmaßenloser Echsen; der Blindschleiche ähnlich.

Ringel|erz, Kokarden|erz, von Erzkrusten umhüllte Gesteinsbruchstücke.

Ringelflechte, Hautpilzkrankheit (→ Trichophytie).

Ringelgans, eine Meergans (→ Meergänse).

Ringeln *das, -s,* **Ringelung,** auch **Ringelschnitt,** Obstbau: Ablösen eines Rindenrings vom Stamm, Ast oder Zweig eines Baums (Kernobst) im Mai zur Förderung der Blütenbildung an starkwachsenden, wenig blühenden Bäumen (unterbricht den Transportweg der Assimilate nach unten). Derselbe Effekt kann durch Anlegen eines Drahtrings erzielt werden **(Fruchtgürtel).**

Ringelnatter, Haus|unke, Natrix natrix, harmlose, an ihren gelben Hinterhauptflecken leicht kenntliche Natter; sie lebt in oder am Wasser und frißt Frösche und Fische. (BILD S. 426)

Ringelnatz, Joachim, Pseudonym des Schriftst. Hans **Bötticher,** * Wurzen 7. 8. 1883, † Berlin 17. 11. 1934, trug als Kabarettist, v. a. in München und Berlin, seine eigenen, aus Absurdem und Tiefsinn, Groteske und Satire gemischten Gedichte im Moritaten- und Bänkelsängerton vor. Hinter Komik und Seemännisch-Rauhem verbarg er warmes Empfinden. R. trat auch als Maler naiver Bilder hervor. (BILD S. 428)

HW: Turngedichte (1920); Kuttel Daddeldu (1920); Kinder-Verwirr-Buch (1931). – *Erzähltes:* Als Mariner im Krieg (1928); Mein Leben bis zum Kriege (1931). – Und auf einmal steht es neben dir (gesammelte Gedichte, 1950 und öfter).

Ringelrobbe, Art der → Seehunde.

Ringelröteln, grch.-lat. **Erythema infectiosum,** harmlose, virusbedingte Infektionskrankheit des Kindesalters mit geringem Fieber und Hautausschlag (girlandenförmige Rötungen).

1

2

3

4

5

6

7

Ring 1):

Ring 1): 1 Grabbeigabe aus glasiertem Ton, ägypt., 800–650 v. Chr.; **2** goldener Siegelring mit Karneol-Skarabäus, etrusk., spätes 4. Jh. v. Chr.; **3** Goldring in Form einer Schlange, hellenist., 100 v. Chr.; **4** Schmuckring mit Smaragd-Cabochons, röm., 2. Hälfte des 3. Jh. bis 4. Jh.; **5** goldener Siegelring, byzant., 1. Hälfte des 7. Jh.; **6** Andachtsring, Silber, teilvergoldet, 14. Jh.; **7** goldener Bildnisring, emailliert mit Achat-Kamee, 1. Viertel des 19. Jh.

Joachim Ringelnatz

Ringen

Ringelspieß, Ringelwuchs, eine Art → Fruchtholz.

Ringelspinner, Malacosoma neustria, Schmetterling, dessen Weibchen die Eier zu einem Gürtel um Obstbaumzweige klebt; die Raupe schadet bis zum Kahlfraß (BILD Schädlinge).

Ringeltaube, europ. Wildtaubenart mit weißem Halsring und weißen Flügelbinden im blaugrauen Gefieder; sie bewohnt Parks, Gärten und Laubwälder (BILD Tauben).

Ringelwühlen, Lurche, → Blindwühlen.

Ringelwürmer, Anneliden, artenreicher Stamm der Gliedertiere, langgestreckt, röhrenförmig, mit Kopf und mehreren Abschnitten (Segmenten) von gleichem äußerem und innerem Bau (bis auf den vordersten und hintersten Abschnitt), meist mit paarigen Stummelfüßchen. Unter der Oberhaut liegen die Bewegungsmuskeln (der Hautmuskelschlauch), in der Leibeshöhle die kettenartig gegliederten inneren Organe und das strickleiterähnliche → Nervensystem. Zu den R. gehören: Vielborster, Wenigborster (z. B. Regenwürmer) und Egel.

ringen [ahd. ringan]. *ich* **ringe** (rang, habe gerungen), **1)** *mit ihm,* kämpfe mit Hilfe best. Körpergriffe, bes. im sportl. Ringkampf (→ Ringen); Ü kämpfe schwer: *er ringt mit dem Tode,* ist sehr krank. **2)** *um, nach etwas,* Ü strebe heftig danach, kämpfe darum: *er ringt um Anerkennung für sein Werk; ich ringe nach Worten.* **3)** *es,* winde, drehe pressend: *ich ringe die Hände,* eine Verzweiflungsbewegung. **4)** *Wäsche,* wringe. **5)** *Glocken, nd.:* läute. *ich* **ringe** *es ihm* **ab,** erreiche mit Mühe, gegen Widerstand: *das habe ich mir abgerungen,* tue ich trotz inneren Widerstrebens. *ich* **ringe** *es* **aus,** winde aus (bes. Wäsche). *ich* **ringe** *mich* **durch,** überwinde Schwierigkeiten. *der* **Ringer,** *-s/-,* Ringkämpfer.

Ringen *das, -s,* **Ringkampf,** von Männern ausgeübte Zweikampfsportart, bei der ohne Hilfsmittel, Mann gegen Mann, gekämpft wird. R. gehört zu den frühesten sportl. Zweikämpfen und ist in zahlreichen Formen verbreitet (z. B. → Gürtelringen, → Schwingen, → Sumo). Das sportl. Wettkampf-R. ist auf Körpergriffe beschränkt, die im **griechisch-römischen Stil** und im **Freistil** ausgeführt werden. Im griechisch-römischen oder klassischen Ringkampf sind nur Griffe bis zur Gürtellinie erlaubt; der Einsatz der Beine ist verboten. Im Freistil sind Griffe am ganzen Körper erlaubt, auch Angriffe an und mit den Beinen. Gerungen wird auf einer 12 × 12 m großen gepolsterten Matte. Die Kampffläche hat 7 m Durchmesser und ist von einer roten, 1 m breiten Passivitätszone sowie einer 1–1,5 m breiten Sicherheitszone umgeben; der Mittelpunkt ist mit einem farbigen Kreis von 1 m Durchmesser gekennzeichnet. Zwei einander gegenüberliegende Mattenecken tragen die Farben Rot und Blau. Die Sportler tragen (ihrer Mattenecke entsprechend) ein rotes oder blaues Ringertrikot, weiche Schuhe ohne Absätze. Die Kampfdauer beträgt 2 mal 3 Minuten. In der Bundesrep. Dtl. sind die Ringer im **Deutschen Ringer-Bund (DRB),** gegr. 1969 mit Sitz in Frankfurt am Main, organisiert, (1984) 68 000 Mitgl. International sind die Ringer in der **Fédération Internationale de Lutte Amateur** [federasj'ɔ̃ ɛternasjɔn'al dəl'yt amat'œ:r, frz.], Abk. **FILA,** organisiert (gegr. 1921, Sitz: Lausanne); (1984) 127 nat. Mitgliedsverbände. Daneben besteht seit 1976 der **Comité Européen de Lutte Amateur** [kɔmit'e ørɔpe'ɛ̃ dəl'yt amat'œ:r], Abk. **CELA** (Sitz: Sofia) mit (1984) 29 nat. Verbänden. – Bei den Griechen war der Ringkampf eine olymp. Übung; später wurde er mit dem Faustkampf im → Pankration vereinigt.

Ringen: Gewichtsklassen

Papiergewicht	bis 48 kg	Weltergewicht . . .	bis	74 kg
Fliegengewicht	bis 52 kg	Mittelgewicht . . .	bis	82 kg
Bantamgewicht	bis 57 kg	Halbschwergewicht	bis	90 kg
Federgewicht	bis 62 kg	Schwergewicht . . .	bis	100 kg
Leichtgewicht	bis 68 kg	Superschwergewicht	über	100 kg

Ringer-Lösung [n. dem brit. Pharmakologen S. Ringer, * 1835, † 1910], wäßrige Lösung der wichtigsten im Blut enthaltenen Salze, die als Flüssigkeits- und Elektrolytersatz intravenös, bes. als Infusion, zugeführt werden kann; auch kurzzeitig wirksam als Ersatz für verlorenes Blut- oder Plasmavolumen.

Ringfläche, Wulst, Torus, △ ringförmige Fläche, die dadurch entsteht, daß sich ein Kreis um eine Gerade dreht, die in der Ebene des Kreises liegt, aber den Kreis nicht trifft.

Ringflechte, Hautpilzkrankheit bei Tieren, → Trichophytie.

ringförmige Verbindungen, ⚗ die → zyklischen Verbindungen.

Ring|gau, waldreiches, teilweise verkarstetes Muschelkalkplateau zw. Werra und Sontra in NO-Hessen, am NW-Rand des Thüringer Beckens; höchste Erhebung ist die Graburg (522 m).

Ringen: 1 Griffzonen (links grch.-röm. Stil, rechts Freistil), **2** Ringkampfstellungen (links parallele, rechts diagonale Fußstellung), **3–6** Körpergriffe; **3** Bank, **4** Doppelbrücke, **5** Armschlüssel, **6** Armdurchzug (oben Doppelfassen des Gegners, Mitte Drücken der Schulter gegen den Gegner, unten Drängen des Gegners in die seitliche Brückenlage)

Ringelwürmer: Serpula vermicularis

Ring|gebirge, Oberflächenform des → Mondes.

Ringgit *der,* Malaysischer R., Abk. M$, Währungseinheit in Malaysia (1 M$ = 100 Sen, c).

Ringkragen, ⚔ metallener, halbmondförmiger, an einer Kette hängender Brustschild als Abzeichen der Offiziere im 18. Jh.; in der dt. Wehrmacht bis 1945 von Fahnenträgern und Feldgendarmen getragen.

Ringlinse, Fresnel-Linse [frɛn'ɛl-], von A. J. Fresnel konstruierte opt. Sammellinse zur Erreichung einer großen Öffnung bei kleiner Mittendicke. Die Hauptlinse ist mit etwa gleich dicken ringförmigen Zonen, die Ausschnitte der Hauptlinse sind, oder von Prismenringen umgeben. Anwendung bei Scheinwerfern und in der Photographie. (BILD S. 429)

Ringmodulator *der, -s/-en,* aus 2 Übertragern und 4 ringförmig angeordneten Dioden aufgebaute Schaltung zur Modulation von elektromagnet. Schwingungen.

Ringnebel, ☆ i. w. S. Bez. für planetarische Nebel, i. e. S. ein planetarischer Nebel im Sternbild Leier (BILD Nebel).

Ring|ofen, Ofen für Dauerbetrieb zum Brennen von Tonwaren.

Ringreiten, Ringstechen, Ringelstechen, Ringelrennen, Reiterspiel, wobei vom Pferd aus im Galopp ein von einem Gerüst herabhängender Ring, Kranz oder Reifen mit einer Lanze oder Stange herabgestochen wird.

Ringrichter, Boxen: unparteiischer Leiter des Kampfes, der diesen auch mitbeurteilt; Catchen: Schiedsrichter mit Entscheidungsbefugnis.

rings [eigtl. Genitiv von Ring] *um ihn,* auf allen Seiten, ganz herum: *ein Zaun r. um das Grundstück.* **ringsum, ringsherum, ringsumher, 1)** auf allen Seiten: *ringsum ertönte lauter Beifall.* **2)** im Kreis: *er lief ringsherum.*

Ring|sendung, nationales oder internat. Hörfunk- oder Fernsehprogramm mit Eigenbeiträgen der einzelnen zugeschalteten Rundfunkgesellschaften.

Ringstrom, ☆ ein in sich geschlossener, die Erde von Ost nach West im Abstand von einigen Erdradien in der Ebene des magnet. Äquators umfließender elektr. Strom veränderlicher Stärke. Für den **R.-Effekt** sind nach Satelliten-Beobachtungen niederenerget. Protonen und Elektronen verantwortlich, deren Dichte während eines magnet. Sturms bis auf das 30fache ansteigt.

Ringtennis, Spiel, bei dem ein Gummiring über ein Netz (oder eine Schnur) zu werfen ist. Der Ring ist vom Gegenspieler aufzufangen und zurückzuwerfen.

Ringwaage, Gerät zum Messen niedriger Gasdrücke und, in Verbindung mit Drosselgeräten, für die Durchflußmessung von Niederdruckgas.

Ringwaldt, Bartholomäus, Dichter und evang. Theologe, * Frankfurt a. d. Oder 28. 11. 1532, † Langenfeld (Neumark) 9. 5. 1599, schrieb geistl. Lieder, Dramen und satirische Lehrgedichte, wendete sich gegen die beginnende kath. Gegenreformation.

Ringwall, vor- und frühgeschichtl. Befestigungsanlage; ein- oder mehrfache Stein- und Erdwälle um eine Anhöhe oder einen Berggipfel.

Rinke [mhd.] *die, -/-n,* **Rink** *der, -en/-en,* **Rinken** *der, -s/-, alemann.:* Schnalle. *ich* **rinke, rink(e)le** *es,* schließe mit einer Schnalle.

Rinne [ahd. rinna] *die, -/-n,* **1)** lange Bodenvertiefung oder Vertiefung zur Abführung von Oberflächenwasser. **2)** schmale, langgestreckte Einsenkung des Meeresbodens. **3)** langer Riß im Eis.

rinnen. *es* **rinnt** (rann, ist geronnen; wenn es ränne, ⚘ rönne), **1)** läuft, strömt: *der Regen rinnt; die Stunden rinnen dahin,* P vergehen. **2)** *Wild rinnt,* ⚘ schwimmt. es **rinnt aus,** fließt aus. *das* **Rinnsal,** *-(e)s/-e,* kleiner Bach, fließendes Wasser. **Rinnstein,** Gosse.

Rinnenseen, lange, schmale, oft tiefe, vom Schmelzwasser unter Gletschern ausgewaschene Seen in Glaziallandschaften.

Rinnverlust, → Leckage 1).

Rinser, Luise, Schriftstellerin, * Pitzling (Obb.) 30. 4. 1911, schildert in Romanen und Erz. bes. Frauen in seel. Konflikten; der Katholizismus bildet den geistigen Hintergrund. 1953–59 ⚭ mit C. Orff. 1984 Kandidatin der Grünen für das Amt des Bundespräs.

HW: *Romane:* Mitte des Lebens (1950); Abenteuer der Tugend (1957; zus. mit dem vorigen als: Nina, 1961); Die vollkommene Freude (1962); Der schwarze Esel (1974); Mirjam (1983). – *Erz.:* Die gläsernen Ringe (1940) u. a. *Autobiographisches:* Kriegsspielzeug, Tagebuch 1972–76 (1978); Den Wolf umarmen (1981); Winterfrühling. 1979–82 (1982). Essays, Jugendbücher.

Luise Rinser

Rintelen, **1)** Anton, österr. Politiker (christlich-sozial), * Graz 15. 11. 1876, † ebd. 28. 1. 1946, wiederholt Landeshauptmann von Steiermark und Unterrichts-Min., 1933–34 Gesandter in Rom; 1934 in den Putsch der österr. Nationalsozialisten gegen Dollfuß verwickelt.

2) Fritz-Joachim von, dt. Philosoph, * Stettin 16. 5. 1898, † Mainz 23. 2. 1979; Begr. einer realist. Wertphilosophie, setzte sich auf der Grundlage einer ›Philosophie des lebendigen Geistes‹ kritisch mit der Existenzphilosophie auseinander.

HW: Der Wertgedanke in der europ. Geistesentwicklung (1932); Philosophie der Endlichkeit als Spiegel der Gegenwart (1951, 1960); Der Rang des Geistes (1955); J. W. Goethe (1968); Phänomenologie des lebendigen Geistes (1977).

Rinteln, Stadt im Kr. Schaumburg, Ndsachs., (1984) 25 900 Ew., im Wesertal; Berufs- und Fachschulen; Glasfabrik, Ziegelei, Betonwerk, Maschinenbau, Papier-, Metallwaren- u. a. Ind. Gut erhaltene Altstadt mit Münchhausenschem Adelshof. R. war Festung, 1621–1809 hess. Universitätsstadt.

Rio [r'iu, portugies.], **Río** [span.], **1)** *der,* Fluß; bei Zusammensetzungen von R. mit Eigennamen, suche dort (z. B. Río Magdalena, → Magdalena). **2) Rio,** volkstüml. Abkürzung für → Rio de Janeiro 2).

Riobamba [rioβ'amba], Hptst. der Prov. Chimborazo, Ecuador, (1982) 58 000 Ew., 2 754 m ü. M.; Handelszentrum.

Rio Branco [r'iu br'aŋku], Hptst. des brasilian. Staates Acre, (1980) 84 000 Ew., im Amazonastiefland; Flugplatz.

Rio de Janeiro [r'iu di ʒan'eiru, portugies. ›Januarfluß‹], **1)** Küstenstaat → Brasiliens. Vier Fünftel des Gebiets werden eingenommen von den steilen Bergzügen der Serra do Mar und der Serra Mantiqueira (Itatiaia-Massiv 2 787 m); Weidewirtschaft. In der im NO des Staates den Bergen vorgelagerten fruchtbaren Schwemmlandebene wird vielfältiger trop. Feldbau betrieben (Ananas, Bananen, Zuckerrohr, Citrusfrüchte u. a.). Zahlreiche Haffe dienen der Salzgewinnung. Volta Redonda ist eines der Zentren der brasilian. Schwerindustrie. – Seit 1975 ist R. d. J. mit Guanabara vereinigt. **2)** kurz meist **Rio** genannt, Hptst. von 1), (1980) 5,184 Mio. Ew., nach São Paulo zweitgrößte Stadt Brasiliens. Sie liegt an der Guanabara-Bucht, von Gebirgszügen umrahmt, und grenzt mit den Wohnvororten an den Atlant. Ozean. R. d. J. ist Sitz eines Erzbischofs. Die Stadt ist Kulturzentrum mit mehreren Univ., Kunst- und Musikhochschule, wissenschaftl. Akademien, Instituten, Bibliotheken, Museen, Archive. Wahrzeichen ist der 395 m hohe Zuckerhut. R. d. J. hat einen der besten Naturhäfen der Welt, ist neben Santos wichtigster Hafen Brasiliens und hat internat. bed. Flughafen. In der industriellen Entwicklung blieb R. d. J. hinter São Paulo zurück, da sich infolge kolonialzeitl. Verbote in R. d. J. kein bodenständiges Gewerbe entfalten konnte. Jedoch ist es Bank- und Handelszentrum Brasiliens. – Geschichte. Die Bucht von R. d. J., die die Entdecker für eine Flußmündung hielten, wurde angeblich zuerst am 1. 1. 1502 gesichtet (daher der Name). 1555 gründeten Hugenotten eine Niederlassung. Sie wurden 1565–67 von den Portugiesen vertrieben. Aus den von diesen angelegten Siedlungen entstand R. d. J., seit 1763 Sitz des portugies. Vizekönigs, seit 1808 Residenz des vor den Franzosen geflüchteten portugies. Königs. 1822 wurde die Stadt Hptst. des unabhängigen Brasilien, 1960 von Brasília abgelöst.

Río de la Plata [span. ›Silberstrom‹] *der,* Mündungsbucht der Flüsse Paraná und Uruguay, etwa 300 km lang und 50–200 km breit. Bed. Hafenplätze: Buenos Aires, La Plata, Montevideo.

Río de Oro, der Südteil von → Westsahara.

Río Gallegos [-γaʎ'eγɔs], Hptst. der Prov. Santa Cruz, Argentinien, (1980) 43 000 Ew.; Hafenort an der Mündung des Río Gallegos.

Rio Grande [r'iu gr'andi, portugies. ›großer Fluß‹], **1)** linker Quellfluß des → Paraná 1) in Brasilien. **2)** Haupthafen des brasilian. Staates Rio Grande do Sul, (1970) 99 800 Ew., an der Einfahrt in die Lagoa dos Patos; Univ.; Fleisch-, Textil- u. a. Ind., Erdölraffinerie.

Rio Grande del Norte [span. ›großer Fluß des Nordens‹, engl. r'i:əu gr'ænd(ɪ)-] *der,* Strom in Nordamerika, 3 034 km, entspringt im südl. Felsengebirge, durchfließt das San-Luis-Tal und zahlreiche Gebirgszüge, teilweise in tiefen Cañons. Von El Paso abwärts bildet er die Grenze zw. den USA und Mexiko; durch die Anlage des Falcon Dam und des Elephant Butte Dam wurde die stark schwankende Wasserführung ausgeglichen.

Río Grande de Santiago [-santj'aγo], mit dem **Río Lerma** längster Fluß in Mexiko, 965 km, mündet in den Pazif. Ozean.

Rio Grande do Norte [r'iu gr'andi du n'ɔrti, portugies. ›großer Fluß des Nordens‹], Bundesstaat von → Brasilien an der NO-Ecke Südamerikas. Hptst.: Natal. Von der flachen, sandigen Haffküste steigt das Gebiet zur Randaufwölbung des Brasilian. Berglandes an. Erzeugung von Baumwolle, Zuckerrohr, Sisal, Mais; im Gebiet des Sertão Viehzucht; an der Küste Salzgewinnung.

Rio Grande do Sul [r'iu gr'andi du sul, portugies. ›großer Fluß des Südens‹], südlichster Bundesstaat von → Brasilien, unter der Bev. viele dt. und ital. Abstammung. Hptst.: Pôrto Alegre. Der N ist ein 800–1 000 m hohes Tafelland; es wurde durch dt. und ital. Kolonisten (seit 1824) Bauernland: Mais, Reis, Weizen, Maniok, Tabak, Zuckerrohr, Wein u. a. Darin und in der Rinder-, Schweine- und Schafzucht ist R. G. d. S. in Brasilien führend. Die Industrie verarbeitet v. a. Fleisch, Zucker, Tabak. Der Bergbau fördert bes. Steinkohle und Kupfer, ferner Halbedelsteine, Eisen, Zinn-, Blei- und Wolframerz.

Ríohacha [rio'atʃa], Hptst. des Dep. La Guajira, N-Kolumbien, (1973) 20 000 Ew.; Handelszentrum.

Rioja [ri'ɔxa], fruchtbare Landschaft im oberen Ebrobecken, Spanien, mit ausgedehnten Weizenfeldern und Weinbergen. Hauptort: Logroño.

Río Muni, seit 1973 amtl. → Mbini.

Rion *der,* **Rioni,** im Altertum **Phasis,** Fluß in der Georg. SSR, 327 km, mündet bei Poti ins Schwarze Meer.

Río Negro [span.], portugies. **Rio Negro** [r'iu n'egru ›Schwarzer Fluß‹], größter linker Nebenfluß des Amazonas in Südamerika, etwa 2 000 km lang, entspringt in O-Kolumbien, bildet eine Strecke weit die Grenze zw. Kolumbien und Venezuela und nimmt hier den → Casiquiare auf. Auf brasilian. Gebiet verästelt er sich in viele Arme (Überschwemmungsgebiete) und mündet unterhalb von Manáus.

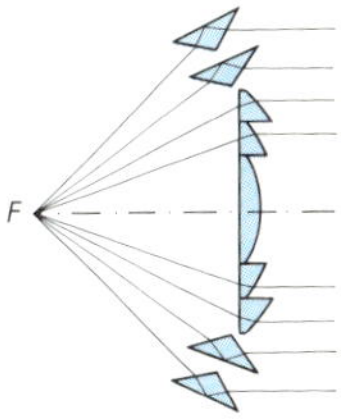

Ringlinse: Meridianschnitt einer R. mit zwei reflektierenden (katoptrischen) Ringen; *F* Brennpunkt

Ringlinse

Río Negro [span. ›Schwarzer Fluß‹], **1)** *der,* Fluß in S-Argentinien (Patagonien), 750 km lang. Durch einen Damm bei Neuquén wurde ein Teil seines Tals in eine Bewässerungsoase mit Obstbau verwandelt. **2)** *der,* linker Nebenfluß des Uruguay, 700 km lang, bei Paso de los Toros die Stauseen Rincón del Bonete und Rincón del Baygorria mit Großkraftwerken (128 MW und 108 MW). **3)** Provinz → Argentiniens, in N-Patagonien; Hptst.: Viedma.

Riopelle [rjɔp'ɛl], Jean-Paul, kanad. Maler, * Montreal 7. 10. 1923, Mitbegründer des Tachismus in Paris. (BILD Maltechnik)

Río Tinto [span. ›dunkler Fluß‹], Fluß in SW-Spanien, ent-

Rio de Janeiro 2): Guanabara-Bucht und Zuckerhut

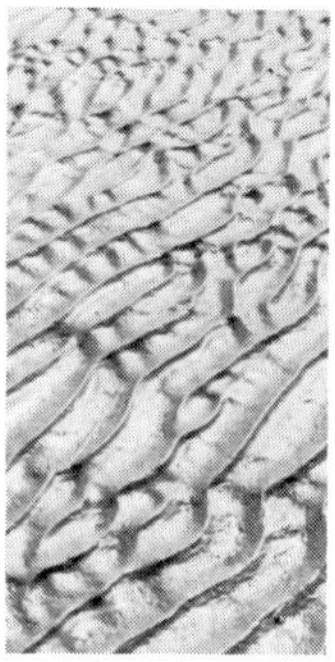

Rippelmarken im Watt

springt im SW der Sierra Morena, mündet im Golf von Cádiz; 80 km lang; an seinem Oberlauf großes Kupfererzgebiet mit bed. Kupferkieslagern (Tagebau).

Rio Tinto-Zinc Corp. Ltd. [r'ɪəʊ t'ɪntəʊ zɪŋk-], Abk. **RTZ**, London, internat. Bergbaukonzern (Schwerpunkte: Kupfer, Blei, Zink, Uran, Aluminium); 1962 durch Fusion entstanden.

R. I. P., Abk. für → **requiescat in pace.**

Ripdorf-Stufe, Abschnitt der norddeutschen Eisenzeit (300–150 v. Chr.).

ripieno [ital. ›voll‹, ›ausgefüllt‹], Abk. **r., rip.**, ♪ das Einsetzen des vollen Orchesters oder Chors **(tutti)** nach den solistisch ausgeführten Stellen, z. B. beim Concerto grosso (→ Konzert 2). **Ripien(o)stimmen**, die Ausfüllstimmen im Unterschied zu den Solostimmen.

Riposte [frz.-ital.] *die, -/-n,* **Nachhieb, Nachstoß,** Fechten: sofort ausgeführter Gegenstoß nach einer abgewehrten Parade.

Rippe [ahd.] *die, -/-n,* **1)** ⚕ bei Mensch und Wirbeltieren schmaler, bogenförmiger Knochen. Die R. bilden mit Wirbelsäule und Brustbein den → Brustkorb. **2)** 🏛 Verstärkung der Grate eines → Gewölbes. **3)** ⚙ eine Queraussteifung bei flächigen Bauteilen z. B. im Tragflügel; Oberflächenvergrößerung wärmeabgebender Maschinen (Kühl-R.) oder Geräte (R.-Heizkörper). **4)** ⚘ die verstärkte Hauptachse (Mittel-R.) eines Laubblattes. **5)** schmaler erhöhter Streifen zw. Rillen. *ich* **rippe** *es,* versehe mit R.: *gerippter Stoff. ich* **ripp(e)le**, *nd.:* **1)** *es,* rippe. **2)** *mich,* rege mich, beeile mich. **3)** *es,* reibe.

Rippelmarken, Rippeln, Wellenfurchen, parallele kleine Kämme und Furchen, gerade oder gekrümmt, auf Sand und Schnee durch Windwirkung gebildet. In flachem Wasser entstehen **Seegangs-** und **Oszillationsrippeln,** in strömendem Wasser **Strömungsrippeln.** Fossile R. finden sich in sandigen Gesteinen (z. B. Buntsandstein).

Rippenbogen, ⚕ die bogenförmige untere Begrenzung des Brustkorbes, bes. die untereinander verbundenen Knorpelenden der 8. bis 10. Rippe.

Rippenbruch, durch Gewalteinwirkung (Fall auf den Brustkorb oder Brustkorbquetschung) entstehender Bruch einer oder mehrerer Rippen. Ein R. von mehreren Rippen wird als **Rippenserienbruch** bezeichnet. Beschwerden sind bes. Schmerzen beim Atmen, Husten und Lagewechsel. Mögliche Komplikationen: Pneumothorax, Lungenverletzungen u. a.

Behandlung: Ruhigstellung durch Anlegen eines festen Verbands um den Brustkorb oder Heftpflasterverband.

Rippenfarn, Blechnum spicant, Farnkraut in Wäldern der gemäßigten Zone. Die bandförmigen Wedelfiedern stehen am Stiel wie die Rippen am Brustbein. Die fruchtbaren Wedel sind schlanker und aufrechter als die unfruchtbaren.

Rippenfell, äußeres Blatt des Brustfells (→ Lunge).

Rippenfell|entzündung, Brustfell|entzündung, Pleuritis, Entzündung des aus Rippenfell und Lungenfell bestehenden Brustfells **(Pleura);** auslösende Ursachen: Erkrankungen der Lunge wie Lungenentzündung, Tuberkulose, Geschwülste. Krankheitserscheinungen: Fieber, Hustenreiz, Atemnot, stechende Schmerzen beim Atmen. Bei der **trockenen R.** werden die beiden Brustfellblätter durch Entzündungsprodukte, z. B. Fibrin, rauh und reiben aufeinander. Bei der **feuchten R.** bildet sich innerhalb des Brustfellraums ein Flüssigkeitserguß **(Pleuraerguß).**

Behandlung richtet sich nach der Ursache. Bei feuchter R. sind Punktionen und oft auch Drainage bei gleichzeitiger Chemotherapie nicht zu umgehen.

Rippenquallen, Ktenophoren, Acnidaria, Ctenophora, einzige Klasse der zu den Hohltieren gestellten Acnidaria mit rd. 80 Arten, im Meer frei schwebende, durchsichtige Tiere von zweistrahlig symmetrischem Bau; sie bewegen sich mit Wimperplättchen fort, die in 8 Reihen meridianartig den (häufig birnenförmigen) Körper bekleiden. Die Nahrung wird durch 2 in Taschen zurückziehbare Fangfäden erbeutet. An dem der Mundöffnung gegenüberliegenden Körperpol befindet sich ein Schweresinnesorgan. Am bekanntesten sind die **Seestachelbeere,** die **Melonenqualle** und der bandförmige bis 1,5 m lange **Venusgürtel.**

Rippenresektion, operatives Entfernen von Rippen oder Rippenteilen.

Rippenrohr, wärmeübertragender Teil von Wärmeaustauschern, bei denen i. a. durch das Rohr eine Flüssigkeit strömt, während es von dem die Wärme abgebenden oder aufnehmenden Gas mit wesentlich schlechterem Wärmeübergang außen umströmt wird. Um auf der Gasseite die Wärmeübertragunsfläche zu vergrößern, wird das Rohr außen mit Rippen ausgeführt.

Rippentang, der → Seeampfer.

Rippolds|au-Schapbach, Bad R.-S., Gem. im Kr. Freudenstadt, Bad.-Württ., (1984) 2500 Ew., Mineral- und Moorbad im N-Schwarzwald, im Wolfachtal, am Fuß des Kniebis, 564 m ü. M.

Rips [aus engl. ribs ›Rippen‹] *der, -es/-e,* Gewebe mit geripptem Aussehen für Kleider-, Wäsche-, Möbel- und Dekorationsstoffe. Die Rippen entstehen durch Eintrag dicker Schüsse in feine, dicht gestellte Kettfäden in Leinwandbindung oder der von ihr abgeleiteten R.-Bindung. Man unterscheidet **Längs-R., Quer-R., Schräg-** oder **Diagonal-R., gebrochenen Schräg-R., Versatz-R.**

Ripuari|er [zu lat. ripa ›Ufer‹], Teilstamm der → Franken.

Ripuarisches Gesetz, das → Ribuarische Gesetz.

Risalit [ital. risalto ›Vorsprung‹] *der, -s/-e,* 🏛 Teil eines Gebäudes, der über dessen Fluchtlinie in ganzer Höhe um ein geringes hervortritt. Man unterscheidet Mittel-R., Seiten-R., Eck-R.

Rise [mhd.] *die, -/-n,* weibliche Kopftracht des 13. und 14. Jh., zunächst nur der über dem offenen Haar getragene, bis zu den Schultern reichende Schleier; seit dem Ende des 13. Jh. zweiteilig in Verbindung mit einem über den Ohren befestigten, herabfallenden Schleiertuch getragen.

Rishi, Rsi [altind.], heiliger, inspirierter Seher der Vorzeit, Dichter der vedischen Hymnen (→ Veda).

Rishonen, Rischonen *Pl.,* ⊠ hypothet. ›Teilchen‹, aus denen die Quarks und die Leptonen aufgebaut sein sollen. Nach dem R.-Modell wäre die gesamte Materie auf die R. **Tohu (T)** und **Wabohu (V),** auch **Vabohu** oder **Vohu** genannt, und deren jeweilige Antiteilchen zurückführbar. T soll eine Drittelladung, V keine Ladung tragen. Die Kombination TTT entspräche z. B. dem Positron.

Risiko [ital.] *das, -s/-s* oder *...ken, allg.:* Wagnis, Gefahr; ⚖ Verlustgefahr, die mit jeder wirtschaftlichen Betätigung verbunden ist, z. B. Absatz-R. einer Unternehmung, Arbeitsplatz-R. eines Arbeitnehmers.

Betriebswirtschaftlich wird der Begriff R. mehrdeutig gebraucht: als Gefahr des Verlusts oder des Ausbleibens von Erträgen, als Gefahr einer falschen Entscheidung oder als meßbare Ungewißheit, für die numer. Wahrscheinlichkeiten gegeben sind. R. ist eine Folge unvollkommener Information über die Zukunft. Den nachteiligen Folgen des R. versucht man mit den Maßnahmen der **Risikopolitik** zu begegnen. Hierzu gehören Planungs- und Vorsorgehandlungen (z. B. Marktforschung, Reservehaltung von Arbeitskräften oder -material). – Im Versicherungswesen wird das R. auf Grund von Erfahrung, mathemat. Grundlagen, Statistik u. a. ermittelt. – Wegen des bei Kapitalverleih eingegangenen R. enthält auch der → Zins eine R.-Prämie. Bei Wertpapierbesitz vermindert die Streuung der Anlagen das R. (→ Investmentgesellschaft).

Risikofaktoren, in Anlage, Umweltbedingungen (z. B. Luftverschmutzung) und bes. der persönl. Lebensführung gelegene Umstände (z. B. Überernährung, Nikotin- und Alkoholmißbrauch), die zu einer erhöhten Anfälligkeit für best. Krankheiten, bes. → Zivilisationskrankheiten, führen.

Risiko|kapital, engl. **Venture capital** [v'entʃə k'æpɪtl], Kapital, das es Unternehmen erlaubt, mehr Investitionsrisiken zu übernehmen und mehr Wagnisse einzugehen (bes. für technolog. Innovationsvorhaben). Aktuell diskutiert werden Möglichkeiten, auf welchen Wegen Unternehmen von außen mehr R. zugeführt werden kann (Fremdfinanzierung) und inwieweit flankierende wirtschaftspolit. Maßnahmen (z. B. Wagnisfinanzierungsgesellschaften, Bürgschaften) notwendig sind.

Risikoversicherung, Todesfallversicherung (→ Lebensversicherung), wobei eine Leistung nur für den Fall vereinbart wird, daß der Versicherte innerhalb eines festgelegten Zeitraums, etwa fünf oder zehn Jahre, stirbt.

riskieren [frz.]. *ich* **riskiere** *es,* wage, setze aufs Spiel. **riskant,** gewagt: *ein riskantes Unternehmen.*

Risø, Halbinsel an der O-Seite des Roskilde-Fjordes auf der Insel Seeland, Dänemark, seit 1958 Standort der Staatl. Versuchsstation für die friedliche Nutzung der Atomenergie.

Risorgimento [risordʒim'ento, ital. ›Wiedererstehung‹] *das, -(s),* seit Anfang des 19. Jh. in Italien Bez. für die ital. Einigungsbestrebungen, daher auch Bez. für die Epoche der italienischen Geschichte von 1815–70.

Risotto [ital.] *der* oder *das, -(s)/-(s),* ital. Reisgericht. Reis wird mit gehackten Zwiebeln in Fett gedünstet, dann mit Fleischbrühe körnig weich gekocht und mit geriebenem Käse vermischt.

Rispe [ahd., zu lat. crispus ›kraus‹] *die, -/-n,* **1)** ein → Blütenstand: zusammengesetzte Traube, d. h. an der Traubenhauptachse sind wiederum Trauben. **2) Windrispe,** Bauteil im Dachstuhl zur Versteifung.

Rispelstrauch, Birzstrauch, Uferheide, Deutsche Tamariske, Myricaria germanica, Tamariskengewächs auf Flußschotter der europ.-asiat. Gebirge und des Gebirgsvorlandes, heideähnlich, mit graugrünen Blättchen und endständigen Ähren weißer bis rötl. Blüten. Die Fruchtkapseln enthalten Samen mit daunenähnlichen Flughaarschöpfen.

Rispenfarn, Königsfarn, Osmunda regalis, Farnkraut in fast allen moorigen Wäldern der Erde, mit bis meterlangen, doppelt gefiederten Wedeln, deren fruchtbarer Spitzenteil wie eine verdorrte Rispe aussieht.

Rispengras, Poa, Gräser-Gatt. mit rd. 300 Arten, rasig, mit lockeren Rispen, unbegrannt. Das **Einjährige R. (Poa annua),** bis 40 cm hoch, weltweit verbreitet; das **Wiesen-R. (Poa pratensis),**

ausdauernd, bis 1 m hoch, mit pyramidenförmiger Rispe aus blaugrünen, oft violett überlaufenen Ähren, ist wertvolles Futter.

Riß [zu reißen] *der, R'isses/R'isse,* **1)** durch Reißen entstandener Spalt, z. B. in Geweben: *ein R. in der Hose, der Mauer, der Haut; der R. in unserer Freundschaft hat sich vertieft,* Ü. **2)** techn. Zeichnen: Projektion eines Körpers auf eine Ebene (→Grundriß, →Aufriß, →Seitenriß). **3)** Beute des Haarraubwilds. **4)** *oberdt.:* Prügel. **rissig,** voller Risse: *rissige Haut; rissige Hände.*

Riß *die,* rechter Nebenfluß der Donau in Oberschwaben; nach ihr ist die **Riß-Eiszeit** benannt.

Rist [mhd.] *der, -es/-e,* bei Tieren der →Widerrist; beim Menschen die Oberseite des Fußwurzel- und Handwurzelbereichs.

Rist, Johann, evang. Pfarrer, Dichter, * Ottensen 8. 3. 1607, † Wedel a. d. Elbe 31. 8. 1667; wichtigster norddt. Vertreter der Reformen von M. Opitz; gründete zu deren Förderung 1660 den ›Elbschwanenorden‹, schrieb weltl. und geistl. Lieder (›O Ewigkeit, du Donnerwort‹) und Schauspiele: ›Das Friedewünschende Teutschland‹ (1647), ›Das Friedejauchzende Teutschland‹ (1652, Festspiel). Seine ›Monats-Unterredungen‹ (6 Bde., 1663–68) geben Einblick in die Kultur seiner Zeit.

Ristgriff, Turnen: Hauptgriffart an Reck und Stufenbarren. Die Hände greifen von oben die Stange, Handrücken nach oben, Daumen einander zugewandt.

Rita [von ital. Margherita, dt. Margarete], weibl. Vorname.

ritardando [ital.], **ritardato,** Abk. **ritard.** oder **rit.,** ♪ langsamer werdend.

rite [lat.], ordnungsmäßig, genügend; unterste Note im dt. Doktorexamen.

Ritenkongregation [zu →Ritus], kath. Kirchenrecht: 1588 errichtete Kurienkongregation; überwachte und ordnete den Kult der lat. Kirche und war für Selig- und Heiligsprechungsprozesse zuständig; 1969 zugunsten der neugeschaffenen Kongregation für die Disziplin der Sakramente und den Gottesdienst und der Kongregation für die Selig- und Heiligsprechung aufgelöst.

Ritenstreit, die Auseinandersetzung um die Deutung und teilweise Übernahme nichtchristl. ritueller Bräuche in der kath. Mission des 17. Jh. In China hatten die Jesuiten bes. den Konfuzius- und Ahnenkult weltlich interpretiert und daher zugelassen, die Bettelorden hingegen diese Übernahme abgelehnt. Der R. wurde durch versch. Rivalitäten verschärft (Streit zw. Patronatsmission und Propagandamission, Kämpfe der Jansenisten gegen die Jesuiten) und führte schließlich 1742 zum Verbot dieser Riten, das erst 1940 wieder aufgehoben wurde.

ritenuto [ital.], Abk. **riten.,** ♪ zurückgehalten, zögernd.

Ritornell [ital.] *das, -s/-e,* **1)** Form des ital. Volkslieds, deren eigtl. Name **Stornello** ist, aus einem fünf- und siebensilbigen Vers und zwei elfsilbigen, deren zweiter auf den einleitenden Kurzvers reimt. Die Stornelli stammen aus der Toskana; in Rom nannte man sie infolge einer Verwechslung mit dem Refrain (ritornello) auch Ritornelli. R. dichteten in Dtl. F. Rückert, Wilh. Müller, P. Heyse, Th. Storm. **2)** ♪ ein mehrfach gleichlautend wiederholter Teil: a) im ital. Madrigal des 14./15. Jh. der auch textlich gleichbleibende Kehrreim; b) seit dem Aufkommen des monodischen Stils das instrumentale Vor-, Zwischen- und Nachspiel der Arie und des Strophenliedes.

Ritsche *die, -/-n, schles.:* Fußbank.

Ritscher(t) *das, -s/-, österr.:* Eintopfgericht aus Rauch- oder Gänsefleisch, Bohnen und Gerste.

Ritschl, Albrecht, evang. Theologe, * Berlin 25. 3. 1822, † Göttingen 20. 3. 1889, war seit 1852 Prof. in Bonn, seit 1864 in Göttingen. R. betonte die Selbständigkeit der Religion gegenüber allem wissenschaftl. Welterkennen. Die christl. Lehre verstand er als Erlösung des Menschen und zugleich als Verwirklichung des Reichs Gottes. Von da her erhielt seine Dogmatik einen sozialeth. Einschlag. Zudem gründete er sie auf den Gedanken, daß die Rechtfertigung des Sünders zur Gottesgemeinschaft des Menschen führe und damit sittl. Handeln ermögliche. – Die von biblisch-reformator. Ansatz ausgehende und ethisch-praktisch engagierte Theologie R.s fand in der Folge viele Anhänger (J. Kaftan, W. Herrmann, A. v. Harnack, F. Loofs u. a.), die die **Ritschlsche Schule** bildeten.

HW: Die christl. Lehre von der Rechtfertigung und Versöhnung, 3 Bde. (1870–74); Unterricht in der christl. Religion (1875); Gesch. des Pietismus, 3 Bde. (1880–86).

Ritsos, Jannis, neugrch. Lyriker, * Monemvasia 1. 5. 1909, seine Ausdrucksskala reicht von symbolist. bis zu sozialpolitisch engagierter Dichtung.

Rittberger-Sprung [nach W. Rittberger, * 1891, † 1975], kurz **Rittberger,** Eis-, Rollkunstlauf: klass. Kürsprung; nach Anlauf rechts rückwärts Sprung mit einer Drehung, Landung auf dem Absprungbein; heute meist als Doppel- oder Dreifachsprung.

Rittel *die, -, nd.:* Reisig, dürre Äste.

Rittelmeyer, Friedrich, evang. Theologe, * Dillingen a. d. Donau 5. 10. 1872, † Hamburg 23. 3. 1938, Pfarrer in Nürnberg und Berlin, 1922 Begründer der →Christengemeinschaft.

Ritten [eigtl. ›Zittern‹] *der, -s, oberdt.:* Fieber.

Ritten, ital. **Renon,** Teil der Bozener Porphyrhochfläche in Südtirol, 1000–1200 m hoch, zw. Talfer und Eisack, überragt vom **Rittnerhorn** (2260 m); mit den Orten Oberbozen, Klobenstein und Lengmoos.

Ritter [mhd. ›Reiter‹] *der, -s/-,* **1)** Angehöriger des adligen Kriegerstands im MA. (→Rittertum): *er wurde zum R. geschlagen,* feierlich in den Ritterstand aufgenommen; *ein R. ohne Furcht und Tadel; der letzte R.,* Kaiser Maximilian I.; *der fahrende R.,* R. auf der Abenteuerfahrt; *der R. von der traurigen Gestalt,* Beiname Don Quijotes. **2) R. von,** in Bayern und Österreich (bis 1918 verliehen) eine Stufe des niederen Adels. **3)** Besitzer eines hohen Ordens: *R. des Pour le mérite.* **4)** im alten Rom: der →Eques. **5)** Begleiter einer Dame, Kavalier: *er war ihr R.* **6)** der Zweitbeste beim Schützenfest. **7)** *Pl.,* Edelfalter **(Papilionidae),** Fam. der Tagfalter, große bunte, vorwiegend trop. Schmetterlinge; in Mitteleuropa mit →Schwalbenschwanz, →Segelfalter, →Apollofalter. **8) arme R.,** in gesüßter Milch und Eiern getränkte, dann in Butter geröstete, entrindete Weißbrotscheiben. **ritterlich, 1)** dem Ritterstand angehörig. **2)** ehrerbietig, gefällig und hilfreich; edel gesinnt. **Ritterdienst,** höfl. Gefälligkeit, besonders gegen Frauen.

Ritter, 1) Carl, Geograph, * Quedlinburg 7. 8. 1779, † Berlin 28. 9. 1859, war seit 1820 Inhaber einer der ersten geograph. Professuren in Dtl. an der Universität Berlin. Er bemühte sich, angeregt durch A. v. Humboldt, Wechselwirkungen zw. Raum und Mensch aufzudecken. R. gehört zu den Begründern der wissenschaftlichen Erdkunde.

Carl Ritter

HW: Europa, 2 Bde. (1804–07); Die Erdkunde im Verhältnis zur Natur und Geschichte des Menschen, 2 Bde. (1817/18; 19 Bde., ²1822–59).

2) Gerhard, Historiker, * Bad Sooden a. d. Werra 6. 4. 1888, † Freiburg i. Br. 1. 7. 1967, Schüler H. Onckens, wurde 1924 Prof. in Hamburg, 1925–56 in Freiburg i. Br.

HW: Luther (1925); Stein, 2 Bde. (1931); Friedr. der Gr. (1936); Machtstaat und Utopie (1940, u. d. T. Die Dämonie der Macht, ⁶1948); C. Goerdeler und die dt. Widerstandsbewegung (1954); Staatskunst und Kriegshandwerk, 4 Bde. (1954–68); Der Schlieffenplan (1956).

3) Gerhard Albert, Historiker, * Berlin 29. 3. 1929, wurde 1962 Prof. ebd., 1965 in Münster i. W., 1974 in München; Arbeiten zu Arbeiterbewegung, Parteiengesch., Parlamentarismus.

4) Joachim, Philosoph, * Geesthacht 3. 4. 1903, † Münster (Westf.) 3. 8. 1974, seit 1943 Prof. in Kiel, seit 1946 in Münster; arbeitete v. a. auf dem Gebiet der Philosophiegeschichte unter besonderer Berücksichtigung der sozio-politischen Komponenten der Ideenentwicklung. Herausgeber (zus. mit K. Gründer) des ›Histor. Wörterbuches der Philosophie‹ (1971 ff.).

5) Johann Wilhelm, Physiker, * Samitz (Schlesien) 16. 12. 1776, † München 23. 1. 1810, Begründer der Elektrochemie, entdeckte am kurzwelligen Ende des Spektrums die ultraviolette Strahlung, erfand die Vorform des Akkumulators. Die allzu rasche Deutung seiner ausgedehnten Wünschelrutenversuche zerstörte seinen wissenschaftlichen Ruf.

Ritter|akademi|en, Bildungsanstalten für junge Adelige, im 16.–18. Jh. von Fürsten oder den adeligen Ständen gegründet. Zum Unterricht gehörten u. a. Tanzen, Reiten, Fechten, Jagen, Französisch, Naturwiss. und Geschichte, Kameralien, Rechts- und Staatswiss. Die erste R. war das Collegium illustre in Tübingen (1589). In der Zeit des Neuhumanismus wurden die R. aufgehoben oder in Gymnasien oder Kadettenanstalten umgewandelt.

Ritterbünde, Rittergesellschaften, Vereinigungen des niederen, bes. des südwestdt. Adels im 14./15. Jh. zur Wahrung reichsritterl. Rechte gegen Städte und Territorialfürsten. Am längsten bestand der 1406 gegr. St. Jörgenschild, der 1488 dem Schwäb. Bund beitrat. Seit 1500 unterschied man die drei Ritterschaften zu Schwaben, Franken und am Rhein, die sich 1577 zur →Reichsritterschaft zusammenschlossen.

Ritterdichtung, höfische Dichtung, →höfisch, →deutsche Literatur.

Ritterdramen, Dramen, in denen Ritter die Hauptgestalten sind, i. e. S. in der Nachfolge von Goethes ›Goetz‹ (1773) entstandene Dramen, die ihren Stoff und ihre Helden dem altdt. Rittertum entnahmen, so F. M. Klingers ›Otto‹ (1775), J. A. v. Törrings ›Agnes Bernauerin‹ (1780), L. Tiecks ›Karl von Berneck‹ (1792) und auch H. v. Kleists ›Käthchen von Heilbronn‹ (1810).

Rittergut, im alten Dt. Reich ein von den Landesherren dem ritterbürtigen Adel gegen die Verpflichtung zum Kriegsdienst übertragene Gutsherrschaft, bes. in Ostmitteleuropa. Das R. war mit Vorrechten ausgestattet: u. a. Steuerbegünstigung, Zollfreiheit, Landstandschaft, niedere Gerichtsbarkeit und Polizeistrafgewalt über die erbuntertänigen Bauern. Im Zug der Bauernbefreiung wurden die Vorrechte beseitigt. Ein Gesetz von 1867 ermöglichte den unbeschränkten Erwerb von R. Die letzte an das R. erinnernde Einrichtung: der selbständige Gutsbezirk bis 1927.

Ritterhude, Gem. im Kr. Osterholz, Ndsachs., (1984) 12800

Ritterling: Grünling

Rittersporn: Ackerrittersporn

Charlie Rivel

Ew., im westl. Teil des Teufelsmoors; Lack- und Farbenfabrik u. a. Industrie.

Ritterkreuz, im Ordenswesen meist die unterste Klasse im international üblichen fünfstufigen System. In Dtl. 1939–45 die höhere Stufe des →Eisernen Kreuzes, verliehen zuletzt in 5 Ausführungen.

Ritterling *der, -s/-e,* **Tricholoma,** Gatt. der Blätterpilze. Die Lamellen sitzen eingebuchtet am Stiel. Speisepilze sind die weißlichen, bes. im Wald wachsenden Arten: **Mai-R. (Maipilz, Tricholoma gambosum),** Hut weißlich bis ockergelblich, und **Grün-** oder **Gelbreizker (Grünling, Tricholoma flavovirens).** Der **Brennende R.** oder **Gallen-R. (Tricholoma virgatum)** mit gebuckeltem Hut ist schwach giftig.

Ritter|orden, Geistliche Ritter|orden, Rittervereinigungen, z. Z. der Kreuzzüge entstanden, urspr. mit dem Ziel, die Pilger und das Hl. Land zu schützen sowie Kranke und Verwundete zu pflegen; sie forderten von ihren Mitgl. neben den Mönchsgelübden den Kampf gegen die Ungläubigen (→Johanniterorden, →Deutscher Orden, →Templerorden, ferner →Calatrava, →Alcántara).

Ritterschaft *die, -/-en,* **1)** Angehörige des →Rittertums. **2)** der Stand der Rittergutsbesitzer in den alten →Landständen. **3)** →Reichsritterschaft. **4)** →Ritterbünde.

ritterschaftliche Kreditvereine, →Landschaften.

Rittersporn [nach dem Blütensporn], **Delphinium,** Gatt. der Hahnenfußgewächse, Kräuter mit fingerförmig gelappten Blättern und traubig oder rispig stehenden, gespornten Blüten mit einem bis mehreren Fruchtknoten, die je eine Balgkapsel mit vielen Samen entwickeln. Der **Acker-R. (Delphinium consolida, Hornkümmel),** einjährig, bis 40 cm hoch, mit blauen Blüten, wächst auf Äckern und Brachland Europas und Westasiens; der **Hohe R. (Delphinium elatum),** ausdauernd, bis 1,5 m hoch, an Bachufern im Hochgebirge, hat lange Blütentrauben. Die giftigen Samen des südeurop. violettblütigen **Stephanskrauts (Delphinium staphysagria)** waren früher Volksarznei **(Stephans-, Läusekörner).** Zierstaude ist u. a. der einjährige **Garten-R. (Delphinium ajacis)** aus den Mittelmeerländern.

Ritterstern, Hippeastrum vittatum, Gatt. der Amaryllisgewächse aus dem trop. und subtrop. Amerika mit großen roten, weißstreifigen Blüten; Zimmerpflanze.

Rittertum *das, -s,* Gesamtheit der durch den mittelalterl. Berufskriegerstand der Ritter entwickelten sozialen, kulturellen, rechtl. und wirtschaftl. Verhältnisse. Das R. hatte seine Grundlagen im german. Gefolge (→Gefolgschaft), woraus schließlich ein schlagkräftiges Heer aus berittenen Berufskriegern in schwerer Rüstung entstand, die durch Überlassung von Grundbesitz zu Lehen wirtschaftlich gesichert waren. Das Bestreben, bes. in den Kreuzzügen christl. Sittengesetz und Waffendienst miteinander zu vereinbaren, führte zur Herausbildung eines christl. Ritterethos mit Ordensregeln geistl. Mönchsorden. Weitgehend hieraus entwickelten sich adliges Standesbewußtsein, verpflichtendes Elitedenken und Absonderung von anderen Schichten. Seine höchste Blüte erlebte das R. im Zeitalter der Kreuzzüge und unter den stauf. Kaisern. – R. und Hofleben beeinflußten, bes. von Frankreich ausgehend, entscheidend die kulturelle Entwicklung des Abendlands. Neben den ritterl. Tugenden Zucht, krieger. Tüchtigkeit, Treue zum Lehensherrn und den christl. Forderungen nach einwandfreiem Lebenswandel, Schutz der Schwachen entwickelten sich Frauendienst (→Minne), höf. Liebeslyrik (→Minnesang) und höf. →Epos. Durch Pagendienst (ab 7 Jahren) und Knappendienst (ab 14 Jahren) wurden Knaben aus ritterl. Geschlechtern standesgemäß herangebildet, bevor sie mit 21 Jahren den **Ritterschlag (Schwertleite, Schwertnahme)** erhielten, durch den sie wehrhaft und mündig wurden. Unehrenhaftes Verhalten führte zum Verlust der Ritterwürde. – Im späteren MA. verloren die Ritterheere infolge der Einführung von Feuerwaffen und veränderter Taktik des Fußvolks an militär. Wert. Auch gegenüber dem aufstrebenden Bürgertum wurde die Stellung schwieriger. Aus wirtschaftl. Not und sozialem Abstieg entstand das **Raubrittertum.** In lehrhaften Schriften, den **Ritterspiegeln,** wurde an die ritterl. Tugenden erinnert. Durch Zusammenschlüsse in ständischen Genossenschaften (→Ritterbünde) erlangten die Ritter im 15. und 16. Jh. in den meisten Territorien die Standschaft.

rittlings [zu reiten], nach Art des Reiters sitzend.

Rittmeister, bis 1945 Dienstgradbezeichnung der Offiziere im Hauptmannsrang der dt. Kavallerie und Fahrtruppe; noch üblich in Österreich (Bundespolizei, Landesgendarmerie) und Schweden (rittmästare).

Ritual *das, -s/-e* oder ...*li|en,* **1)** allg. jedes (bes. soziale) Verhalten, das mit Regelmäßigkeit zu best. Anlässen in immer gleicher Form abläuft; meist traditionsbestimmt. **2)** Gottesdienstordnung, feierliche Formeln und Gebräuche beim Gottesdienst, Kulthandlung. *Adj.* **rituell.**

Rituale [lat.] *das, -,* Kath. Kirche: das liturg. Buch, das die vom Priester zu vollziehenden Riten enthält. Das 1614 unter Papst Paul V. veröffentlichte R. Romanum wurde erst 1918 für die Gesamtkirche verbindlich. Die Liturgie-Konstitution des Zweiten Vatikan. Konzils sieht das R. Romanum nur als Rahmen, der von versch. volkssprachl. R. auszufüllen sei. Vom neuen R. Romanum sind bereits versch. lat. Ordnungen erschienen.

Rituali|en [lat.] *Pl.,* jüdische Kultgeräte.

Ritualismus [zu Ritus] *der, -,* **Anglokatholizismus,** eine Erneuerungsbewegung der Anglikan. Kirche des 19. Jh., die der Einheit mit der Kath. Kirche durch Wiedereinführung des kath. Kults – unter Wahrung des nationalen Charakters – nahe zu kommen suchte. Sie nahm damit ein Anliegen einer 1833–45 von Oxford ausgehenden religiösen Bewegung auf, die mit der Rückbesinnung auf das kath. Erbe und der Loslösung von staatl. Bevormundung die Anglikan. Kirche erneuern wollte: Der R. selbst kam mit dem Bau von Kranken-, Waisen- und Missionshäusern zu weitreichender sozialer Wirkung. An seiner Spitze stand zunächst J. H. →Newman, dann seit 1845 E. Pusey. Heftig umstritten, ging der R. um 1900 in der Hochkirchlichen Bewegung auf.

Ritualmord, Tötung von Menschen im Rahmen einer kult. Veranstaltung, mit Kannibalismus und Menschenopfer nicht identisch oder verwandt. Naturreligionen suchen zuweilen durch R. die Macht der Gemeinschaft zu stärken (Blut als Kraft- und Seelenträger). Erfunden sind die seit dem MA. den Juden vorgeworfenen R., sie kosteten zahllosen Juden das Leben und verzerrten die christl. Anschauung vom Juden in nachhaltiger Weise. In der Antike richtete sich der Vorwurf des R. zunächst gegen die frühen Christen, später kirchlich gegen Sektierer, seit dem 12. Jh. dann ausschließlich gegen Juden.

Ritus [lat., von altind. rta ›Wahrheit‹, ›Recht‹] *der, -/...ten,* **1)** der ordnungsgemäße kult. Brauch, wie er sich im Lauf der Tradition einer Religion gebildet hat. Aus den einzelnen Gebräuchen und Riten bildet sich das Ritual. *Adj.* **rituell. 2)** kath. und ostkirchl. Kultus: a) eine liturg. Einzelhandlung, z. B. Tauf-, Meß-R. b) eine Gestaltung der gesamten Liturgie, die für eine größere kirchl. Gemeinschaft gilt. c) ein Kultverband, der einen einheitl. R. befolgt. Die Aufspaltung der Ostkirche und der unierten Orientalischen Kirche in Einzelkirchen ist durch die Verschiedenheit der R. mitbewirkt worden.

Ritz [zu reißen] *der, -es/-e,* **Ritze** *die, -/-n,* schmaler Spalt, offener Riß oder längliche, sehr schmale Vertiefung, Schramme. *ich* **ritze** *es,* schneide einen R. ein, kerbe oder spalte auf. *der* **Ritzer,** *-s/-,* U Ritzwunde.

Ritz, 1) Cäsar, schweizer. Hotelier, *Niederwald (Wallis) 23. 2. 1850, † Küßnacht 20. 10. 1918; baute als erstes seiner Luxushotels das Hotel Ritz in Paris.

2) Walther, schweizer. Physiker, *Sitten 22. 2. 1878, † Göttingen 7. 7. 1909, stellte 1908 das **Ritzsche Kombinationsprinzip** für Spektrallinien auf (→Serie).

Ritzaus Bureau [-byr'o:], Abk. **RB,** zentrales Nachrichtenbüro der dän. Presse, Kopenhagen, gegr. 1866 von E. N. Ritzau.

Ritzel *das, -s/-,* ein kleines →Zahnrad.

Riukiu-Inseln, ostasiat. Inselgruppe, →Ryukyu-Inseln.

Riva, R. del Garda, Kurort in der Prov. Trient, Italien, (1981) 13000 Ew., 70 m ü. M., am Nordende des Gardasees.

Rivale [frz., aus lat. rivalis ›am selben Bach Wohnender‹] *der, -n/-n,* **Rivalin** *die, -/-nen,* Nebenbuhler(in), Mitbewerber(in). *ich* **rivalisiere** *mit ihm,* wetteifere, suche ihn zu übertreffen. *die* **Rivalität,** -, Nebenbuhlerschaft.

Riva-Rocci-Apparat [-r'ɔttʃi-], Apparat zur Messung des →Blutdrucks.

Rivarol, Antoine, eigtl. **Rivaroli,** frz. Schriftst., *Bagnols-sur-Cèze (Gard) 26. 6. 1753, † Berlin 13. 4. 1801, geißelte mit elegantem Spott die Schöngeisterei der vorrevolutionären Gesellschaft, in deren Salons er verkehrte. Seine Schriften lassen eine neue Würdigung der Phantasie- und Gefühlskräfte des Menschen und seiner Sprache erkennen.

Rivel, Charlie, eigtl. José Andreo, *Cubellas (Prov. Barcelona) 28. 4. 1896, † Barcelona 26. 7. 1983, hatte in Dtl. Erfolg als ›Akrobat schöön!‹. Er entstammt einer span. Artistenfamilie (Clowns und Equilibristen).

River [r'ɪvə, engl.] *der,* Fluß, Strom; 🌐 in Zusammensetzungen: Peace River; James River.

Rivera [riβ'ɛra], Hptst. des Dep. R., Uruguay, (1975) 49000 Ew., an der brasilian. Grenze; Handelszentrum.

Rivera [riβ'ɛra], Diego, mexikan. Maler, *Guanajuato 8. 12. 1886, † Mexiko 25. 11. 1957, geschult in Paris, seit 1921 in Mexiko tätig, schuf monumentale Wandmalereien, die, an altmexikan. Kunst anknüpfend, Szenen aus der Geschichte, dem polit. und sozialen Leben Mexikos mit volkstüml. Realismus darstellen. (BILD S. 433)

Riverside [r'ɪvəsaɪd], Stadt in Kalifornien, USA, Kurort inmitten bewässerter Obstkulturen, (1980) 170900 (Agglomeration: 1,56 Mio.) Ew. Obstversand; Konserven-Ind.

Riviera [ital. ›Küstenland‹] *die, -/...ren,* der schmale Küstensaum des Mittelmeers von Marseille bis La Spezia. Der **Französischen R.** (Côte d'Azur) mit St. Tropez, Cannes, Antibes, Nizza,

Monaco, Mentone folgt die **Italienische R.**, westl. von Genua als **R. di Ponente** mit Bordighera, Ospedaletti, San Remo, Alassio, östl. von Genua als **R. di Levante** mit Nervi, Rapallo, Santa Margherita und Portofino. Das im N durch Gebirge geschützte Gebiet hat sonniges, mildes Klima und üppige, subtrop. Vegetation. Der bed. Fremdenverkehr (seit Beginn des 19. Jh.) bildet die Wirtschaftsgrundlage des dichtbesiedelten Gebiets. Daneben entstand bed. Blumenzucht. Die Städte versuchen, Industriezonen zu entwickeln. Die Küste hat außer Genua und Savona keine großen Handelshäfen; Toulon und La Spezia sind v. a. Häfen der Kriegsmarine. (BILDER S. 434)

Rivière [rivj'ɛ:r], Jacques, frz. Schriftst., *Bordeaux 15. 7. 1886, †Paris 14. 2. 1925, Mitgründer und seit 1919 Chefredakteur der ›Nouvelle Revue Française‹; krit. Aufsätze über zeitgenöss. Dichter, Musiker und Maler; Romane ›Aimée‹ (1922) und ›Florence‹ (1935, Fragment).

Rixhöft, poln. **Rozewie** [rɔz'ɛvjɛ], Kap mit Leuchtturm, der nördlichste Punkt von Pommerellen.

Rize [riz'ɛ], **Rise**, Hptst. der türk. Prov. R. und Hafen am östl. Schwarzen Meer, (1980) 41800 Ew.; türk. Anbau- und Verarbeitungszentrum von Tee.

Rizinus [lat.] *der, -,* **Christpalme, Ricinus communis,** im trop. Afrika heimisches Wolfsmilchgewächs, durch Anbau weit verbreitet; in den Tropen ausdauernd, strauchig bis baumförmig (**Wunder-, Läuse-, Hundsbaum,** bis 13 m hoch), in kühleren Gegenden einjährig und niedriger; mit fettem Stengel, pfannengroßen, oft bereiften Blättern, in den Blütenrispen unten mit männl., oben mit weibl. Blüten, mit dreifächeriger Fruchtkapsel. Die bohnengroßen, bunten Samen (Purgierkörner) enthalten → Rizinusöl sowie das giftige Ricin. R. ist Zierpflanze, auch mit rotem Laub.

Rizinus|öl, offizinell **Ole|um Ricini,** klares, dünnflüssiges Öl mit anfangs mildem, später etwas scharfem Geschmack, das aus Rizinussamen gepreßt wird. In Dosen von 1-2 Eßlöffeln für Erwachsene (auch als Gelatinekapseln) ist R. bei akuter Verstopfung ein unschädliches, nach 2-4 Stunden wirkendes Abführmittel; ferner Zusatz zu Haarspiritus, Schmiermittel u. a.

Rizinus|ölsäure, die → Ricinolsäure.

Rjasan, Gebietshauptstadt der Russ. SFSR, Hafen und Verkehrsknoten an der Mündung des Trubesch in die Oka, (1982) 447000 Ew.; Maschinenbau-, elektrotechn., chem., Nahrungsmittel- und Baustoff-Ind.; auf dem ehem. Burghügel liegen Kathedralen des 14. und 15. Jh.

Rjukan [rj'ykan], Industrieort in S-Norwegen, (1981) 7500 Ew.; fünf Wasserkraftwerke für die elektrochem. Groß-Ind. (Stickstoff, Schwerwasser u. a.); Fremdenverkehr.

RKW, Abk. für →**R**ationalisierungs-**K**uratorium der Deutschen **W**irtschaft e. V.

rm, Rm, Einheitenzeichen für →**R**aum**m**eter.

RM, Abk. für →**R**eichs**m**ark.

Rn, chem. Symbol für → Radon.

RNA, Abk. für **Ribonucleic Acid** [raɪbəʊnj'u:kli:ɪk 'æsɪd, engl.], die Ribonucleinsäure.

RNS, Abk. für →**Ribo**nuclein**s**äure.

RNS-Granula, Eiweißkörper, die → Ribosomen.

Roa Bastos, Augusto, paraguayischer Schriftst., *Asunción 1917; ausdrucksstarke Lyrik, realist. Erz. und Romane um soziale und politische Probleme Paraguays. - Romane: ›Die Nacht der treibenden Feuer‹ (1953), ›Menschensohn‹ (1959), ›Ich, der Allmächtige‹ (1974).

Roadster [r'əudstə, engl. ›Straßenwagen‹] *der, -s/-,* Personenkraftwagen mit offenem Aufbau. Die mitunter nur einsteckbaren Seitenscheiben und das einfache Notverdeck können im Kofferraum verstaut werden.

Roanne [rɔ'an], Stadt im frz. Dép. Loire, (1982) 48700 Ew., an der Loire; Baumwoll- u. a. Textil-Ind., Papier-, Metall-, Maschinen-, Keramikfabriken.

Roanoke [rəuən'əuk], Stadt im Staat Virginia (USA), (1980) 100200 Ew.; Textil- und Stahl-Ind., Lokomotiv- und Waggonbau.

Roastbeef [r'əustbi:f, engl.] *das, -s/-s,* Rippenstück vom Rind, so gebraten, daß es innen noch rosa ist.

Robakidse, Grigol, georg. Schriftst., *Swiri (Georgien) 1. 11. 1884, † (tot aufgefunden) Genf 21. 11. 1962; Romane und Erz., von oriental. Mythen bestimmt.

Robbe-Grillet [rɔbgrij'ɛ], Alain, frz. Schriftst., *Brest 18. 8. 1922, ein Hauptvertreter und Theoretiker des → Nouveau roman; schrieb die Romane ›Der Augenzeuge‹ (1955), ›Die Jalousie oder Die Eifersucht‹ (1957), ›Die Niederlage von Reichenfels‹ (1959), ›Ansichten einer Geisterstadt‹ (1976), ›Le régicide‹ (hg. 1978), Drehbücher (›Letztes Jahr in Marienbad‹, 1960) und Essays (›Argumente für einen neuen Roman‹, 1963).

robben. *ich* **robbe** (bin gerobbt), krieche in Bauchlage auf den Ellenbogen.

Robben [nd. zu Raupe], *Sg. die* **Robbe,** -, **Flossenfüßer, Pinnipedia,** Unterordn. der Raubtiere, mit Schwimmflossen und verschließbaren Nasen- und Ohröffnungen sowie mit rückgebildetem Gebiß; sie sind fast ausschließlich in den gemäßigten und kalten Meeren verbreitet, leben gesellig und gehen zur Fortpflanzung an Land. Die Nahrung besteht aus Fischen, Kopffüßern, Krebsen und Muscheln. Die R.-Felle werden zu Pelzen verarbeitet. Zu den R. gehören die Fam. → Seehunde, → Walrosse und die im Pazifik weit verbreiteten **Ohrenrobben (Otariidae),** die sich in ihrem Körperbau noch am wenigsten von landlebenden Raubtieren entfernt haben; sie haben noch kurze äußere Ohren. Nach dem Pelz werden die Unterfamilien Haar- und Pelzrobben unterschieden. Zu den **Pelzrobben (Arctocephalinae)** gehört der Zwergseebär, 2,5 m lang, dunkelbraun. **Haarrobben (Otariinae)** sind die patagon. Mähnenrobbe, der Kaliforn. Seelöwe und der riesige Stellersche Seelöwe, bis 3,5 m lang. - Pelzfelle stammen von Ohren-R. (→ Seal), Ringel-R. (Grönländer oder Ring-Seal), Seehund (Isländer und Ranger-Seal), Sattel-R. (Geburtskleid Whitecoat, Jugendkleid Neufundländer) und Klappmütze (Jugendkleid Blueback, Alterskleid Klappmütze). Die R.-Felle werden naturell oder gefärbt verarbeitet. **Robbenschlag** ist die Jagd auf R. (Tötung durch Knüppel); sie werden international geschützt durch Schonzeit und Verbot der Jagd in offener See. Nach dem Abkommen zw. Japan, Kanada, der UdSSR und den USA vom 9. 2. 1957 besteht ein grundsätzliches Verbot des Robbenfangs im N-Pazifik. Tierschützer (Umweltschutzorganisation ›Greenpeace‹) forderten wiederholt die völlige Einstellung der Jagd. (BILDER S. 436)

Diego Rivera: Maishandel;
Detail eines Wandgemäldes im Palacio Nacional in Mexiko

Robber *der, -s/-,* engl. **Rubber** [r'ʌbə], bei Whist und Bridge durch 2 Gewinnpartien der gleichen Partei abgeschlossenes Spiel.

Robbia, 1) Andrea **della R.,** ital. Bildhauer, Neffe von 2), *Florenz 1435, †ebd. 1525, schuf die Rundreliefs der Wickelkinder am Findelhaus in Florenz (1463-66). Auch seine Söhne Giovanni (*1469, †nach 1529) und Girolamo (*1488, †1566) waren als Terrakottabildner tätig. (BILD S. 434)

2) Luca **della R.,** ital. Bildhauer, Onkel von 1), *Florenz 1400, †ebd. 10. 2. 1482, schuf Marmorbildwerke (Sängerkanzel für den Florentiner Dom 1431-38; Dommuseum), Bronzearbeiten (Tür zur neuen Sakristei des Doms, 1464-69) und seit den 40er Jahren bes. farbig glasierte Terrakottareliefs für Türbogen- und Rundfelder, meist mit Madonnendarstellungen.

Rizinus

Robbins [r'ɔbɪnz], **1)** Frederic Chapman, amerikan. Bakteriologe und Kinderarzt, *Auburn (Ala.) 25. 8. 1916, verdient um Herstellung eines Impfstoffes gegen Kinderlähmung; erhielt 1954 mit J. F. Enders und T. H. Weller den Nobelpreis für Physiologie und Medizin.

2) Jerome, amerikan. Choreograph und Regisseur, *New York 11. 10. 1918, entwickelte u. a. die Tanzkunst in Musicals (›West Side Story‹) und Film.

Robe [frz.] *die, -/-n,* **1)** Amtstracht für Richter, Anwälte, Geistliche u. a. **2)** langes Abendkleid.

Röbel/Müritz, Krst. im Bez. Neubrandenburg, (1975) 5800 Ew., an der mittleren Müritz; Nahrungsmittel-Ind., Fischereigenossenschaft, Fremdenverkehr; Marienkirche (13.-15. Jh.).

Robert [frz., zu Ruprecht], männl. Vorname.

Robert, Fürsten:

Apulien. **1) R. Guiscard** [gisk'a:r, frz. ›Schlaukopf‹], Herzog (1059-85), *um 1015, †Kephallenia 17. 7. 1085, Sohn Tankreds von Hauteville aus der Normandie, eroberte seit 1057 fast ganz Un-

Alain Robbe-Grillet

Riviera: OBEN Französische R., der Badeort La Napoule südwestl. von Cannes; UNTEN Italienische R., Vernazza in der Cinque Terre

teritalien und nahm 1059 sein Reich vom Papst zu Lehen. Er begann 1081 einen siegreichen Krieg gegen das Byzantin. Reich; 1084 befreite er den von Kaiser Heinrich IV. in Rom eingeschlossenen Papst Gregor VII. und plünderte die Stadt.

Neapel. **2) R. I., der Weise, R. von Anjou** [-ãʒ'u], König (1309–43), * um 1275, † Neapel 19. 1. 1343, war als Vertreter fürstl. Souveränität der stärkste Gegner Kaiser Heinrichs VII. Selbst Verfasser theolog. Schriften, förderte er Wissenschaft und Kunst des beginnenden Humanismus.

Normandie. **3) R. I.,** Herzog (1027–35), † (auf einer Pilgerfahrt) Nikaia 1. oder 2. 7. 1035, Vater Wilhelms des Eroberers; im 15. Jh. irrtümlich mit dem Sagenhelden Robert der Teufel identifiziert, lebt in Dichtungen und in einem dt. Volksbuch fort.

Robert [rɔb'ɛ:r], Hubert, frz. Maler, * Paris 22. 5. 1733, † ebd. 15. 4. 1808; ital. Landschaften, Ruinenbilder u. a.

Robert de Boron [rɔb'ɛ:r də bɔr'ɔ̃], altfrz. Dichter, verfaßte um 1200 die ›Estoire du Saint Graal‹.

Robert der Teufel, Gestalt der frz. Volkssage. Oper von G. Meyerbeer (1831).

Robert-Koch-Institut, nach R. Koch benannte, 1891 in Berlin gegr. Einrichtung mit Aufgaben auf dem Gebiet der Infektionskrankheiten, heute Teil des Bundesgesundheitsamtes.

Roberts [r'ɔbəts], Kenneth (Lewis), amerikan. Schriftst., * Kennebunkport (Me.) 8. 12. 1885, † ebd. 21. 7. 1957; histor. Romane (›Nordwest-Passage‹, 1937).

Robertskraut, ein → Storchschnabel.

Robert von Molesme [-mɔl'ɛ:m], Stifter des Zisterzienserordens, * in der Champagne um 1027, † Molesme 17. 4. 1111; Heiliger, Tag: 26. 1.

Robeson [r'əubsn], Paul, amerikan. Sänger (Baß), * Princeton (N. J.) 9. 4. 1898, † Philadelphia 23. 1. 1976, zunächst Schauspieler, seit 1925 auch Gospelsänger und Interpret sozialist. Lieder.

Robespierre (aus einem zeitgenöss. Gemälde)

Robespierre [rɔbɛspj'ɛ:r], Maximilien de, frz. Politiker, * Arras 6. 5. 1758, † Paris 28. 7. 1794, Rechtsanwalt, wurde 1789 Mitglied des Jakobinerklubs und im Nationalkonvent (seit Sept. 1792) einer der Führer der → Bergpartei. Er betrieb die Hinrichtung Ludwigs XVI. und den Sturz der → Girondisten; seit 1793 Mitgl. des Wohlfahrtsausschusses. 1794 erwirkte er die Hinrichtung seiner Nebenbuhler J. R. Hébert und G. Danton. Damit wurde er der Diktator Frankreichs (Höhepunkt der jakobin. Schreckensherrschaft). Durch die Verschwörung vom 9. Thermidor (27. 7. 1794) wurde R. gestürzt und hingerichtet.

Robin Hood [r'ɔbın hud], Held vieler engl. Volksballaden des 14. und 15. Jh., lebte als Anführer einer Schar von getreuen Gesellen im Sherwood Forest bei Nottingham, wo er reiche weltl. und geistl. Herren ausraubte, um ihren Überfluß an die Armen zu verteilen; Symbol des angelsächs. Widerstandes gegen den normann. Adel und Klerus. Der Stoff wurde u. a. von W. Scott in dem Roman ›Ivanhoe‹ (1819) verwendet.

Robinie [n. dem frz. Hofgärtner J. Robin, * 1550, † 1629] *die, -/-n,* **Robinia,** Schmetterlingsblütergatt., meist dornige Bäume und Sträucher mit unpaarig gefiederten Blättern, traubig sitzenden Blüten und bandförmigen, ledrigen, später klaffenden Fruchthülsen. Die Art **R. (Silberregen, Scheinakazie, Robinia pseudoacacia),** oft mit der Gatt. Acacia verwechselt, hat weiße Blüten und ist in der gemäßigten Zone Straßen- und Forstbaum. Das harte, grünlichgelbe bis goldbraune, witterungsfeste Holz ist bes. zäh. Der Baum enthält das giftige Proteid Robin. Mehrere Varietäten und Arten sind Parkbäume. (BILD S. 435)

Robinson [r'ɔbınsn], **1)** Edwin Arlington, amerikan. Lyriker, * Head Tide (Me.) 22. 12. 1869, † New York 6. 4. 1935, schrieb grüblerische, meist melanchol. Gedichte, die Versepen ›Merlin‹ (1917), ›Lancelot‹ (1919), ›Tristram‹ (1927).

2) Henry Morton, amerikan. Schriftst., * Boston (Mass.) 7. 9. 1898, † New York 13. 1. 1961, Chefredakteur der Zeitschrift ›Reader's Digest‹, schrieb Romane (›Der Kardinal‹, 1950, u. a.).

3) Ray, ›Sugar‹ Ray, eigtl. Walker **Smith** [smıθ], amerikan. Berufsboxer, * New York 3. 5. 1920, war sechsmal Weltmeister (1946–50 im Welter- und 1951 im Mittelgewicht); er verlor den Titel viermal und gewann ihn zurück.

4) Sir Robert, brit. Chemiker, * Rufford (Chesterfield) 13. 9. 1886, † Great Missenden (Buckinghamshire) 8. 2. 1975, Arbeiten über Elektronentheorie von organ. Reaktionen. 1940–45 Präs. der Royal Society, erhielt 1947 den Nobelpreis für Chemie.

Robinson Crusoe [r'ɔbınsn kr'u:səu], Held des sehr verbreiteten Abenteuerromans von D. Defoe (1719), der viele Nachahmungen **(Robinsonaden)** ausgelöst hat. R. C. wird auf eine unbewohnte Insel an der Orinocomündung verschlagen, wo er erst allein, dann mit einem Eingeborenen, den er Freitag nennt, 28 Jahre zubringt und die Entwicklungsgeschichte der Menschheit von ihren Anfängen an noch einmal nachvollzieht. Die Anregung erhielt Defoe hauptsächlich durch ein Reisewerk (1712) des Kapitäns W. Rogers, in dem von dem schott. Matrosen Alexander Selkirk erzählt wird, der 1704–09 auf der menschenleeren Robinson-Insel (Juan Fernández) lebte. Erster und bedeutender Nachahmer Defoes war J. G. Schnabel (›Insel Felsenburg‹, 1731–43).

Andrea della Robbia: Madonna mit Kind (Florenz, Bargello)

Roblès [rɔbl'ɛs], Emmanuel, frz. Schriftst., * Oran (Algerien) 4. 5. 1914, Kriegsberichterstatter und Reporter. R. schrieb die Dramen ›Montserrat‹ (1949), ›Die Wahrheit ist tot‹ (1952) u. a. Seine Romane spiegeln seine Erlebnisse (›Den Tod vor Augen‹, 1951; ›Es nennt sich Morgenröte‹, 1952; ›Die Messer‹, 1956; ›Der Vesuv‹, 1961; ›Ungestümer Sommer‹, 1974).

Robot [tschech. robota ›Fronarbeit‹] *die, -/-en,* auch *der, -(e)s/-e, ostdt.* ⚭ Fronarbeit. *ich* **robote, 1)** ⚭ leiste Frondienste. **2)** U arbeite schwer.

Roboter [zu Robot] *der, -s/-,* von K. → Čapek geprägte Bez. für einen künstl. Menschen, eine Puppe, die Bewegungen scheinbar selbständig ausführt, z. B. auf Grund drahtlos übermittelter Befehle. Der erste eigentl. R. war der ›Televox‹ von R. J. Wensley in Pittsburgh (1927). Der Bau von R. hat die Entwicklung der Fernsteuerungs- und Regelungsanlagen gefördert; man nennt deshalb auch allg. elektronisch gesteuerte Geräte R. Für Geräte mit ›künstl. Intelligenz‹ gibt es weitere Forschungsansätze. Geräten der ›ersten Generation‹, den → Industrierobotern (Geräte mit automat. Handhabungseinrichtungen, mit Greifern oder Werkzeugen), und dem → Manipulator folgt eine ›zweite Generation‹, welche Sensoren für Tast- und Sehfunktionen besitzt. Die nun mitunter als ›dritte Generation‹ bezeichneten, sich noch im Laborstadium befindlichen ›intelligenten Roboter‹ haben die Möglichkeit, über Sensoren (z. B. Fernsehkameras) mit ihrer Umgebung in eine Wechselwirkung zu treten. Sie sind in der Lage zu lernen und wiederholen einmal gemachte Fehler nicht. Ihr künftiger Einsatzbereich wird dort sein, wo der direkte Kontakt zum Menschen nicht mehr gewährleistet ist, z. B. bei der Erforschung fremder Himmelskörper.

Robson, Mount R. [maʊnt rɔbsn], höchster Gipfel in den Rocky Mountains Kanadas, 3954 m hoch, vergletschert.

robust [lat.], stämmig, kräftig, widerstandsfähig, derb. *Subst. die* **Robustheit,** -.

Rocaille [rɔk'aj, frz.] *das* oder *die, -/-s,* das aus Muschelformen entwickelte Hauptmotiv der Ornamentik des Rokokostils.

Rochade [rɔx-, auch rɔʃ-, frz., von pers. ruch ›Turm im Schachspiel‹] *die, -/-n,* **Rokade,** Doppelzug im Schachspiel mit dem König und einem Turm. *ich* **rochiere,** führe eine R. aus.

Rochdale [r'ɔtʃdeɪl], Stadt in der engl. Metrop. Cty. Greater Manchester, (1981) 92700 Ew.; Herstellung von Baumwollgarn, Wolle und Kunstfasern, Maschinenbau, Elektrotechnik u. a. Ind. In R. wurde 1844 die Genossenschaftsbewegung ›Vernünftige Pioniere von R.‹ gegründet.

Rochea, Gatt. der Dickblattgewächse; südafrikan. Halbsträucher mit dicken Blättern und weißen oder roten Trichterblüten; Zimmerpflanzen.

Rochefort [rɔʃf'ɔ:r], früher **R.-sur-Mer** [-syr m'ɛ:r], Hafenstadt in W-Frankreich, Dép. Charente-Maritime, (1982) 27700 Ew., an der Charente; holzverarbeitende Ind., Flugzeug- und Maschinenbau. Die Stadt wurde 1666 durch Colbert schachbrettartig angelegt.

Rochefort [rɔʃf'ɔ:r], Christiane, frz. Schriftstellerin, * Paris 17. 7. 1917, schrieb Romane naturalist. Stils mit sozialkrit. Einschlag (›Das Ruhekissen‹, 1959; ›Kinder unserer Zeit‹, 1961; ›Frühling für Anfänger‹, 1969, u. a.).

Rochellesalz [rɔʃ'ɛl-, frz.], **Seignettesalz** [sɛɲ'ɛt-, frz.], → Weinsäure.

röcheln [mhd.]. *ich* **röch(e)le,** atme rasselnd und stöhnend; besonders bei → Lungenödem.

Rochen [aus nd., zu rauh (nach der Haut)], *Sg. der* **R.**, *-ns,* **Batoide|i,** eine Ordn. der Knorpelfische, mit meist vom Rücken zum Bauch stark abgeplattetem Körper. Die helle Unterseite mit Mund und Kiemenspalten liegt dem Boden auf, die meist entsprechend zum Untergrund gefärbte Oberseite trägt die Nasenlöcher, die Augen und die Spritzlöcher. Die meisten R. fressen Muscheln, Krebse oder Stachelhäuter und haben Pflasterzähne (›Knackgebiß‹). Zu den R. zählen die Familien **Geigen-R. (Rhinobatidae),** vertreten durch **Fiedler (Rhinobatos rhinobatus)** und **Schaufelnase (Trygonorhina fasciata); Sägefische** oder **Hairochen (Pristidae)** mit schwertartigem Maul, z. B. bei dem bis 6 m langen **Sägefisch (Pristis pectinatus),** u. a. im Mittelmeer; **Echte R. (Rajidae),** mit dem bis 50 kg schweren, auch in der Nordsee lebenden **Glatt-R.** oder **Fleten (Raja batis)** und dem bis 200 kg schweren **Dorn-** oder **Nagel-R. (Raja clavata),** der selten auch in der Ostsee vorkommt. Die **Zitter-R. (Tropedinidae),** z. B. der **Marmor-Zitter-R. (Torpedo marmorata),** sind elektrische Fische (→ Zitterfische). Die **Stachel-R. (Dasyatidae)** haben einen peitschenartigen Schwanz mit einem starken Stachel, so der **Stachel-** oder **Stech-R. (Trygon pastinaca),** auch **Giftflunder** oder **Feuerflunder** genannt. Die **Adler-R. (Myliobatidae)** sind gekennzeichnet durch einen sehr abgeflachten Körper, der breiter als lang ist (bis 4,5 m). Die **Manta-** oder **Teufels-R. (Mobulidae)** haben am Maul ein Paar löffelartiger, drehbarer Fortsätze zur Nahrungsaufnahme; der im O-Atlantik und Mittelmeer beheimatete **Teufels-R. (Mobula mobular)** wird etwa 5 m breit.

Rochester [r'ɔtʃɪstə], **1)** Stadt in der engl. Cty. Kent, (1981) 52500 Ew., am Medway; Industriehafen; Zement-, Papierfabriken, Maschinenbau; Kathedrale (604 gegr.; Neubau seit 1077), normann. Burgruine (12. Jh.). **2)** Stadt im Staat New York, USA, (1980) 241000 Ew.; Univ.; opt., Maschinen-, Elektro-, Textil- u. a. Industrie.

Rochet [rɔʃ'ɛ], Waldeck, frz. Politiker, * Sainte-Croix (Dép. Saône-et-Loire) 5. 4. 1905, † Paris 15. 2. 1983, 1964–72 Gen.-Sekr. der frz. KP als Nachfolger von M. Thorez.

Röchling-Gruppe, Unternehmensgruppe der Eisen- und Stahlind., des Eisen- und Stahlhandels sowie des Maschinenbaus; hervorgegangen aus der seit 1875 firmierenden Gebr. Röchling KG, Mannheim (gegr. 1822 in Völklingen), Eisen- und Stahlhandelsgesellschaft. – Produktionsgesellschaft sind die **Stahlwerke Röchling-Burbach GmbH,** Völklingen.

Rochlitz, Krst. im Bez. Karl-Marx-Stadt, (1975) 8200 Ew., an der Zwickauer Mulde; elektr. Apparate- und Maschinenfabriken, Rundfunkgerätebau; nahebei Porphyrbrüche am **Rochlitzer Berg** (340 m). Spätgot. Kunigundenkirche (vollendet 1476); Petrikirche (vollendet 1499); ehem. Schloß (15. Jh., spätere Umbauten).

Rochow [-o:], Friedrich Eberhard von, Sozialreformer und Pädagoge, * Berlin 11. 10. 1734, † Reckahn 16. 5. 1805, richtete auf seinen Gütern Volksschulen ein, setzte sich für die Verbesserung der Lehrmethode, die Lehrerbildung und für die soziale und kulturelle Hebung des Landvolkes ein.

Rochus [ahd. ›der Stimmgewaltige‹], männl. Vorname.

Rochus, wohl legendärer Heiliger, nach der Legende * Montpellier um 1295, † ebd. 16. 8. 1327, soll als Rompilger in Italien Pestkranke gepflegt und geheilt haben. Sein Kult ist nie formell vom Hl. Stuhl anerkannt worden; trotzdem ist er einer der volkstümlichsten Heiligen, Schutzpatron gegen Pest u. a. Seuchen; Tag: 16. 8.

Rock [ahd.] *der, -(e)s/¨e,* **1)** Kleidungsstück für Frauen. **2)** männl. Obergewand, Sakko. **3)** *schweizer.:* Damenkleid. **4)** kurz für → Rockmusik und → Rock'n'Roll.

Rock, Rok, ein Fabelvogel, → Ruck.

Rockefeller [r'ɔkıfelə], **1)** John Davison, amerikan. Unternehmer, Vater von 2), Großvater von 3), * Richford (N. Y.) 8. 7.

Robinie:
Robinia hispida

Rocaille
um 1745
(Amorbach,
Stiftskirche)

Rochen: 1 Mantarochen oder Teufelsrochen, **2** und **3** Zitterrochen, **4** Glattrochen, **5** Sägefisch, **6** Stachelrochen, **7** Geigenrochen

John D. Rockefeller sen.

1839, † Ormond Beach (Fla.) 23. 5. 1937, gründete 1870 die Standard Oil Company of Ohio und organisierte 1882 den Standard Oil Trust, der 95% des Raffineriegeschäftes der USA kontrollierte. Die Gewinne, die R. aus seinen Unternehmen zog, machten ihn zum damals reichsten Mann der Welt; er gründete 1890 die Univ. von Chicago und legte über 500 Mio. US-$ in Stiftungen an, denen er sich seit 1896 ausschließlich widmete. Diese **Rockefeller-Stiftungen** umfassen das R. Institute for Medical Research (gegr. 1901), den General Education Board (gegr. 1902) und die R. Foundation zur Förderung humanitärer und wissenschaftl. Arbeit (gegr. 1910).

2) J o h n Davison II., Sohn von 1), * Cleveland (O.) 29. 1. 1874, † Tucson (Ariz.) 11. 5. 1960, übernahm die Leitung des Konzerns; schenkte 1947 den Vereinten Nationen das Gelände am East River in New York.

3) N e l s o n Aldrich, Enkel von 1), Politiker (Republikaner), * Bar Harbor (Me.) 8. 7. 1908, † New York 26. 1. 1979, 1931–58 Direktor des ›R. Center‹ ebd., war 1954–55 außenpolit. Sonderberater Präs. D. D. Eisenhowers, 1958–74 Gouv. des Staates New York, 1974–77 Vizepräs. der USA. (BILD S. 437)

Rọcken [ahd. rocko] *der, -s/-,* **Spịnnrocken, Kụnkel, Wọcken,** senkrechter Stab, um den das Fasergut so herumgeschlungen ist, daß es sich beim Handspinnen leicht in Fadenform ausziehen läßt. **Rọckenstube,** ꝏ Spinnstube.

Rọcker *der, -s/-,* urspr. amerikan. Bez. für den Angehörigen einer Gruppe von Jugendlichen, die in Lederkleidung und auf Motorrädern die Bev. provozieren und gelegentlich terrorisieren. Das Wort R. geht zurück auf den amerikan. Film ›Rock around the clock‹ (dt. ›Außer Rand und Band‹, 1956).

Robben:
1 Polarmeer-Walroß;
2 und **3** Ohrenrobben,
2 Nördlicher Seebär,
3 Stellers Seelöwe;
4–6 Seehunde,
4 Klappmütze,
5 Seeleopard,
6 Seehund

Rockford [ˈrɔkfəd], Stadt in Illinois, USA, (1980) 139 700 Ew.; Handelszentrum eines Agrargebietes; Werkzeug-, Landmaschinen-, Möbel- und Haushaltwarenindustrie.

Rockhampton [rɔkhˈæmptən], Hafen in Queensland, Australien, (1981) 55 250 Ew., am Fitzroy River; Fleischfabriken, Baumwollverarbeitung, Kohle- und Erzexport.

Rọckmusik [zu → Rock'n' Roll], Sammelbez. für alle populären afroamerikan. Musikformen seit 1950. R. entstand aus der Verbindung von → Rhythm and Blues und der Country and Western Music (in den 1960er Jahren stark verbreitete, populäre amerikan. Musik). Häufig synonym zu → Popmusik verwendet, unterscheidet sich R. von ihr durch eine idealtyp. Rückbesinnung auf ihre afroamerikan. Wurzeln: klass. Besetzung mit Sänger, Gitarre, E-Bass und Schlagzeug; eigenschöpfer. Improvisation ist wichtiger Bestandteil. In der R.-Szene hat sich das Leitbild des antibürgerl. und antikommerziellen Helden eingebürgert. Der in der R. enthaltene jugendl. Protest hat eine gewisse Echtheit bewahrt (Polit Rock, Punk Rock), obwohl Profitstreben, vordergründige Show-Elemente die R. zunehmend zu schablonenhafter Massenware verfälscht haben (Bubblegum und Soft Rock, Happy Rock).

Rock 'n' Roll [rɔknrˈəʊl, engl. ›wiegen und rollen‹] *der, --,* **Rock and Roll,** Tanz im 4/4-Takt mit starker rhythm. Wirkung, die in wiegende und schaukelnde Körperbewegung umgesetzt wird. Er zeigt Einflüsse afroamerikan. Folklore. Der R. 'n' R. änderte das Ausdrucksideal in der westl. Unterhaltungsmusik grundlegend; auch lief erstmals eine Musikform parallel mit der internat. Ausbildung einer jugendl. Protestkultur (Teddyboys, Rocker u. a.). Hauptvertreter waren neben E. Presley und Bill Haley u. a. Chuck Berry und Little Richard .

Rọck|oper, Rockmusical [-mjˈuːsɪkl], Versuch einer Verbindung der Nummernoper mit Elementen der Rockmusik, z. B. in den R. ›Hair‹ (1968), ›Jesus Christ Superstar‹ (1970).

Rockwell International Corp. [rˈɔkwəl ɪntənˈæ-ʃnl-], Pittsburgh (Penn.), Mischkonzern mit Schwerpunkt Luft- und Raumfahrtprogramm; 1967 durch Fusion entstanden, seit 1973 jetziger Name.

Rocky Mountains [rˈɔkɪ mˈaʊntɪnz], kurz **Rockies** [rˈɔkiz], dt. **Felsengebirge,** Teil der nordamerikan. Kordilleren, rd. 4 800 km lang, zw. N-Kanada und dem S der USA, ein Faltengebirge, das über 4 000 m ansteigt und nach O steil zu den Great Plains absinkt, im W in die intermontanen Becken und Plateaus übergeht. Höchste Erhebung ist der Mount Elbert (4 399 m). Bodenschätze: Kupfer, Eisen, Silber, Gold, Blei, Zink, Molybdän, Beryllium, Uran, Erdöl, Erdgas. Große Vorkommen an Kohle und Ölschiefer werden noch kaum genutzt. Fremdenverkehr (Sommer und Winter); zahlreiche Nationalparks, z. B. Yellowstone. Reiche Bewaldung im N.; Niederschläge nehmen von N nach S ab, der Süden ist wüstenhaft. Flüsse vielfach zur Energieerzeugung und Bewässerung gestaut.

rod [rɔd, engl.], in Großbritannien auch **pole** [pəʊl] oder **perch** [pəːtʃ] genannt; in den USA Einheitenzeichen **rd:** 1 rd = 5,5 yd = 5,0292 m.

Rọdach, 1) rechter Nebenfluß des Mains, 53 km, kommt aus dem Frankenwald, mündet bei Marktzeuln. **2) R. bei Cọburg,** Stadt im Kr. Coburg, Bayern, (1978) 4 600 Ew.; Kurort mit Thermalquelle; Kunststoff-, Holz-, Plüschspielwarenindustrie.

Rọd|alben, Stadt im Kr. Pirmasens, Rheinl.-Pf., (1978) 7 500 Ew.; Schuhindustrie.

Rọda Rọda, A l e x a n d e r, eigtl. Sandór Friedrich **Rọsenfeld,** Schriftst., * Puszta Zdenci (Slawonien) 13. 4. 1872, † New York 20. 8. 1945, urspr. österr. Offizier, emigrierte 1938 nach den USA, schrieb Anekdoten, Humoresken, Schwänke, satir. Romane und Komödien (›Der Feldherrnhügel‹, 1910, mit C. Rößler, mehrmals verfilmt) aus der Welt der Donaumonarchie.

Rodbẹrtus, R.-Jạgetzow [-oː], J o h a n n K a r l, Nationalökonom und Politiker, * Greifswald 12. 8. 1805, † Jagetzow 6. 12. 1875, einer der ersten Vertreter des Staatssozialismus in Dtl. Nach R. schafft die Arbeit alle Güter, doch wegen der auf Grund- und Kapitalbesitz beruhenden Rentenbildung erhält sie nicht ihren vollen Anteil am Ertrag. Dem ständigen Steigen der Produktivität der Arbeit folgt nicht eine entsprechende Erhöhung des Lohns, so daß der Anteil der Arbeiter am Sozialprodukt zurückgeht (Gesetz der fallenden Lohnquote). Aus der daraus folgenden Unterkonsumtion erklärt R. die wirtschaftl. Krisen. R. fordert daher die allmähl. Überführung von Boden und Kapital in das Eigentum des Staates. (BILD S. 437)

Rọdehacke, Rạdehacke, Rọdehaue, schwere Handhacke mit langem, starkem Blatt oder 2 Zinken.

Rọdel [aus lat. rotula ›Rädchen‹] *der, -s/-, süddt.: die, -/-n, österr.:* Aktenrolle.

Rọdel [Herkunft unbekannt] *der, -s/-, österr.: die, -/-n,* **Rọdelschlitten,** Sportschlitten (→ Rennschlittensport), Kinderschlitten. *ich* **rọd(e)le** (habe oder bin gerodelt), fahre mit dem Schlitten bergab. **Rọdelbahn,** Schlittenbahn. *der* **Rọdler,** *-s/-,* jemand, der rodelt.

roden [mnd.]. *ich rode es,* entferne Wurzelstöcke, verwandle Waldland in Feld (→ Rodung). *ich rode es* **aus,** reiße heraus.

Rodenbach, Gem. im Main-Kinzig-Kr., Hessen, (1984) 11700 Ew., 1970 durch Zusammenschluß entstanden.

Rodenbach [-b'ak], Georges, frz.-belg. Dichter, * Tournai 16. 7. 1855, † Paris 25. 12. 1898, schloß sich den Symbolisten an, gab in Gedichten und Romanen (›Das tote Brügge‹, 1892) dem Zauber der fläm. Städte Ausdruck.

Auguste Rodin: Der Kuß, Marmor, 1886 (Paris, Musée Rodin)

Rodenberg, Julius, eigtl. J. **Levy,** Schriftst., * Rodenberg (Hessen) 26. 6. 1831, † Berlin 11. 7. 1914, gab seit 1874 die von ihm gegr. Ztschr. ›Deutsche Rundschau‹ heraus; Lyriker und Erzähler, Feuilletonist und Kritiker des dt. Liberalismus.

Rodenkirchen, ehem. Gem. in NRW; 1975 nach Köln eingemeindet.

Rodenstock, Optische Werke G. Rodenstock KG, München, eines der größten europ. Unternehmen zur Herstellung von Brillenfassungen und -Gläsern; gegr. 1877 von Josef R. (* 1846, † 1932) in Würzburg, seit 1883 mit Sitz in München, seit 1919 jetziger Name. Geschäftsführender Gesellschafter: Rolf R. (* München 1. 7. 1917); 1978–84 Präs. des Bundesverbandes der Dt. Ind. (BDI).

Rödental, Gem. im Kr. Coburg, Bayern, (1984) 11800 Ew., 1971 durch Zusammenschluß von 6 Gem. entstanden; Steingut-, Porzellanfabriken (u. a. ›Hummelfiguren‹), Puppen- und Spielwarenherstellung.

Rodentizide [lat.] *Pl.,* chem. Mittel zur Bekämpfung von Nagetieren, bes. Ratten und Mäuse.

Rodenwaldt, Ernst, Hygieniker und Tropenmediziner, * Berlin 5. 8. 1878, † Ruhpolding 4. 6. 1965, machte sich bes. um die Seuchenbekämpfung in den Tropen verdient.

HW: Tropenhygiene (1938); Weltseuchenatlas, 3 Bde. (1952–61, mit H. J. Jusatz u. a.).

Rodeo [engl.] *der* oder *das, -s/-s,* Reiterwettkampf der Cowboys in den USA mit Geschicklichkeitsübungen.

Röder, Franz-Josef, Politiker (CDU), * Merzig 22. 7. 1909, † Saarbrücken 26. 6. 1979, Oberstudiendirektor, war 1957–65 Kultus-Min., 1959–79 MinPräs. des Saarlandes.

Roderich [ahd. hrod ›Ruhm‹ und richi ›mächtig‹], männl. Vorname.

Roderich, span. **Rodrigo** [rɔðr'iγo], letzter König (710/11) der Westgoten in Spanien, fiel in der Schlacht bei Jerez de la Frontera (711) gegen die Araber.

Rödermark, Stadt im Kr. Offenbach, Hessen, (1984) 22600 Ew., durch Zusammenschluß von 2 Gem. entstanden; Herstellung von mechan., elektron. Geräten, Betonteilen u. a.

Rodewisch, Stadt im Kr. Auerbach, Bez. Karl-Marx-Stadt, (1975) 10000 Ew.; an der oberen Göltzsch (Vogtland); Textilindustrie, Färbereien.

Rodez [rɔd'ɛs], Hptst. des Dép. Aveyron in Südfrankreich, (1982) 24400 Ew.; Marktzentrum; gotische Kathedrale.

Rodgau, Stadt (seit 1979) im Kr. Offenbach, Hessen, (1984) 36800 Ew., 1977 durch Zusammenschluß von 5 Gem. entstanden; Leder- und Metall-Ind., Feinmechanik.

Rodin [rɔd'ɛ̃], Auguste, frz. Bildhauer, * Paris 12. 11. 1840, † Meudon 17. 11. 1917, fand, von Skulpturen Michelangelos und der Gotik beeinflußt, früh seinen eigenen Stil stark bewegter Gestaltung. Die Oberfläche seiner Bildwerke ist meist zerklüftet, so daß ein reiches Spiel von Licht und Schatten malerisch impressionist. Wirkungen erzielt, ohne jedoch die Form aufzulösen. Oft suchte er den Reiz des Skizzenhaften und Unvollendeten und arbeitete die Figuren nur z. T. aus dem Block heraus. Seine Bildnisse zeigen das Streben nach genauer Wiedergabe des seel. Ausdrucks. Die meisten seiner Werke befinden sich im R.-Museum in Paris.

HW (wenn nicht anders angegeben: Bronze): Mann mit der zerbrochenen Nase (1864); Das eherne Zeitalter (1876); Der Denker (1880); Das Höllentor (1880–1917); Eva (1881); Die Bürger von Calais (1884–86, 1895 in Calais aufgestellt); Der Kuß (Marmor, 1886); Der Gedanke (Marmor, 1886); Denkmal für V. Hugo (1886 in Auftrag gegeben, Gips, 1897); Denkmal für Balzac (1891–98); Die Hand Gottes (Marmor, vor 1898); Gebet (Marmor, 1909); Die Kathedrale (Marmor, 1910); Bildnisbüsten.

Roding, Stadt im Kr. Cham, Bayern, (1984) 10200 Ew., im Tal des Regen; Maschinen-, Bekleidungsindustrie, Sägewerk.

Rodi & Wienenberger AG, Pforzheim, Unternehmen der Schmuckwarenindustrie; gegr. 1899.

Rodnina, Irina Konstantinowna, sowjet. Eiskunstläuferin (Paarlaufen), * Moskau 12. 9. 1949, gewann mit A. Ulanow (* 4. 11. 1947) 1969–72 vier Weltmeisterschaften und wurde 1972 Olympiasiegerin. Mit A. Sajzew (* 16. 6. 1952) gewann sie 1973–77 und 1980 sechs Weltmeisterschaften und wurde 1976 und 1980 Olympiasiegerin.

Rodosto, ital. Name für die türk. Prov. und Stadt → Tekirdağ.

Rodrigo [rɔðr'iγo], König der Westgoten, → Roderich.

Rodriguez [-g'ɛs], die östlichste Insel der → Maskarenen im Ind. Ozean, 104 km² groß, bis 400 m hoch. R. ist vulkanisch und stark zertalt, (1982) 33000 Ew. (bes. Kreolen frz. Sprache). Hauptort ist Mathurin. Feuchttrop. Klima; Anbau von Obst, Mais, Gemüse, Zuckerrohr. Fischerei und Rinderhaltung für den Fleischexport nach Mauritius. R. gehört zum Inselstaat → Mauritius.

Rodung [zu roden] *die, -/-en,* landwirtschaftl. Nutzfläche oder Siedlung **(Rodungssiedlung),** auch Weiler oder Einzelhöfe, die auf gerodetem Land angelegt sind. **Rodungsfreie,** bäuerl. Siedler, die im MA. vom König oder von den Landesherren zur Urbarmachung des Ausbaulandes im Reich oder in den Gebieten der Ostkolonisation bestellt wurden. Sie waren nicht Abkömmlinge altfreier Bauern, sondern eine neue Schicht, die als Anreiz zur R. von der Hörigkeit befreit wurde.

Roeder, Emy, Bildhauerin, * Würzburg 30. 1. 1890, † Mainz 7. 2. 1971, schuf Figuren und Gruppen von streng vereinfachter, doch lebensnaher Gestaltung, die sich bes. bei Porträtköpfen zu kubisch-plastischer Kraft steigert.

Roemheldscher Symptomenkomplex [n. dem Internisten L. Roemheld, * 1871, † 1938], **gastrokardialer Symptomenkomplex,** das Auftreten von Herzbeklemmung, Atemnot und Herzklopfen bis zu Herzjagen bei Blähungserscheinungen, findet sich häufig bei älteren, meist korpulenten Menschen.

Roentgen, David, Kunstschreiner, * Herrnhaag (bei Büdingen) 11. 8. 1743, † Wiesbaden 12. 2. 1807, entwickelte die von ihm 1772 übernommene Werkstatt seines Vaters Abraham (* 1711, † 1793) in Neuwied zu einem Unternehmen von internat. Ruf (seit 1779 mit Niederlage in Paris). Seine frühen Möbel haben noch die Leichtigkeit des Rokoko und sind reich mit Intarsien geschmückt. Später schloß er sich der klassizist. Richtung an.

Roer [ru:r] *die,* rechter Nebenfluß der Maas, → Rur.

Roermond [ru:rm'ɔnt], Stadt in der niederländ. Prov. Limburg, (1980) 38000 Ew., an der Mündung der Rur in die Maas; Waffenfabrik, elektron. u. a. Ind.; kath. Münster (13. Jh.), got. Kathedrale St. Christoffel (15. Jh.).

Roeselare [r'u:səla:rə], frz. **Roulers** [rul'ɛrs], Stadt in der belg. Provinz Westflandern, (1981) 51900 Ew.; Textil-, Lebensmittel-, chem., Leder-Ind., Maschinenbau.

Rogate [lat. ›bittet!‹], **1)** evang. Kirche: der 5. Sonntag nach Ostern. **2)** Kath. Kirche: der 6. Sonntag der Osterzeit.

Rogen [ahd. rogo] *der, -s/-,* die Eier der → Fische. *der* **Rogener,** *-s/-,* weibl. laichreifer Fisch. Aus dem R. von Stören wird → Kaviar hergestellt.

Rogenstein, sandiger Kalkoolith des unteren Buntsandsteins in Nordwest-Dtl. (→ Oolith).

Roger [frz. rɔʒ'e, engl. r'ɔdʒə, zu Rüdiger], männl. Vorname.

Roger, normann. Fürsten auf Sizilien: **1) R. I.,** Graf, Vater von 2), * in der Normandie 1031, † Mileto (Kalabrien) 22. 6. 1101, folgte 1058 seinem Bruder Robert Guiscard nach Italien, eroberte 1060–91 Sizilien.

2) R. II. (1101–54), Graf, seit 1130 König von Sizilien, Sohn von 1), * 22. 12. 1095, † Palermo 26. 2. 1154, dehnte seine Herrschaftsgebiete auf Unteritalien aus und nahm es 1130 vom Papst als Kgr. zu Lehen; begründete einen modernen Beamtenstaat, dem er in den Assisen von Ariano (1140) eine Rechtsordnung gab.

Nelson A. Rockefeller

Emy Roeder: Porträt H. Purrmann, Bronze

Johann Karl Rodbertus

Rohrdommel: Große R.

Roger Bacon [r'ɔdʒə b'eɪkən], engl. Theologe und Naturphilosoph, → Bacon 3).

Rogers [r'ɔdʒəz], **1)** Bernhard William, amerikan. General, * Fairview (Kan.) 16. 7. 1921; 1976–79 Stabschef des Heeres; seit 1979 Oberbefehlshaber der NATO-Streitkräfte in Europa.

2) William Pierce, amerikan. Politiker, * Norfolk (N. Y.) 23. 6. 1913; 1957–61 Justiz-, 1969–73 Außen-Min.

Rogerus von Helmershausen, Goldschmied, um 1100 Mönch im Benediktinerkloster Helmershausen bei Paderborn, schuf dort Metallarbeiten, die den Werken der Rhein- und Maasschule verwandt sind. Die Identität des R. v. H. mit Theophilus Presbyter ist umstritten.

Roggen [ahd. rocko] *der, -s,* **Secale cereale,** Getreideart, bis 2 m hohes Ährengras; gedeiht auf allen Bodenarten, bes. jedoch auf leichten Böden. Er ist widerstandsfähiger gegen Kälte als alle anderen Getreidearten. Der R. wird fast ausschließlich als **Winter-R.** angebaut, weil der Sommer-R. zu geringe Erträge bringt. Der **Grün-R.** ist eine der ertragreichsten Winterzwischenfrüchte. Der **Stauden-** oder **Johannis-R.** wird im Sommer ausgesät und bringt 2 Futterschnitte. Neuerdings versucht man einen **perennierenden R. (Secale montanum)** als Kultur-R. und einen **Hybrid-R.** zu züchten. Das Korn des R. wird zu → Mehl und → Brot verarbeitet. Roggenmehl ist dunkler, derber und proteinreicher als Weizenmehl. In Brennereien wird aus R. Kornbranntwein hergestellt. Das Roggenstroh wird zu Futter, Einstreu, Dächern, Matten, Flaschenhüllen verarbeitet. Bes. in R.-Blüten schmarotzt das → Mutterkorn. (→ Getreide)

Weltproduktion an Roggen (in 1 000 t)

Land	1958	1965	1971	1982
Sowjetunion	—	17 000³)	12 787	12 500
Polen	7 163	6 956⁴)	7 827	7 792
Dt. Dem. Rep.	—	1 910	1 754	2 119
Bundesrep. Dtl.	3 728	2 825	3 032	1 639
Kanada	211	310	557	913
VR China	—	—	—	800
Tschechoslowakei	—	870⁴)	619⁵)	583
USA	825	850	1 252	529
Türkei	480	700	895	430
Österreich	386	388	448	348
Frankreich	454	392	289	322
Spanien	496¹)	350	269	170
Welt	**20 400²)**	**35 760**	**31 682**	**29 464**

¹) 1957. ²) ohne Sowjetunion. ³) Winter-R. ⁴) 1964. ⁵) einschließlich Roggen-Weizen-Gemenge.

Geschichte. Der R. gelangte wahrscheinlich als Unkrautpflanze in Weizen aus Kleinasien nach Europa. Er ist vermutlich um die Grenze der vor- und frühgeschichtl. Zeit in S-Rußland zuerst angebaut worden und hat sich von da nach W und N verbreitet.

Roggen|älchen, Stockälchen, Stengel|älchen, Ditylenchus dipsaci, in Roggenpflanzen schmarotzende, etwa 1–2 mm lange Fadenwürmer, die die **Stockkrankheit** verursachen.

Rogier van der Weyden [rox'i:r van dər w'ɛjdə], niederländ. Maler, → Weyden.

roh [ahd. (h)rao], **1)** unzubereitet, ungekocht: *roher Schinken; rohes Obst; ein rohes Ei.* **2)** noch nicht fein zugerichtet: *rohe Erze,* so wie sie gebrochen werden; *r. behauen,* nicht auf genaue Formen. **3)** Ü grausam, ohne Rücksicht: *ein roher Mensch; mit roher Gewalt.* **4)** Ü ungebildet, ungeschliffen: *rohes Benehmen.* **5)** *oberdt.:* rauh. *Subst. die* **Roheit,** *-/-en. der* **Rohling,** *-s/-e,* **1)** roher Mensch. **2)** aus der Gießerei oder Schmiede kommendes rohes Werkstück zur Weiterverarbeitung.

Rohan [rɔ'ã], **1)** Henri II., Prinz von **Léon** [le'ɔ̃], Herzog von R., * Blain bei Nantes 21. 8. 1579, † Königsfelden (Aargau) 13. 4. 1638, Führer der Hugenotten gegen Richelieu, kämpfte später für Frankreich in Graubünden.

2) Louis René, Prinz von **R.-Guéménée** [-gemen'e], * Paris 25. 9. 1734, † Ettenheim (Baden) 17. 2. 1803; 1778 Kardinal, 1779 Fürstbischof von Straßburg; war 1785 in die → Halsbandaffäre verwickelt. Als Gegner der Frz. Revolution verließ er 1790 Frankreich.

Rohbau, der erste Abschnitt einer Bauausführung, der den konstruktiven (tragenden) Teil des Gebäudes sowie Schornsteine, Brandwände, Treppen und Dachkonstruktion umfaßt. Nach Vollendung wird der R. durch die Baubehörde geprüft **(R.-Abnahme).** Dann folgt der → Ausbau 2).

Rohbilanz, Gegenüberstellung der Summen aller Hauptbuchkonten zur Vorbereitung des Abschlusses einer Periode.

Rohde, Erwin, klass. Philologe, * Hamburg 9. 10. 1845, † Heidelberg 11. 1. 1898, befreundet mit Nietzsche; wandte die Methoden der vergleichenden Religionswissenschaft neu auf die antiken Überlieferungen an und stellte die dunkle chthonische Seelenreligion neben die helle olympische Götterwelt.

Roh|eisen, das im Hochofen erschmolzene → Eisen.

Roh|ertrag, Bruttoertrag, das Ergebnis des Produktionsprozesses ohne Berücksichtigung der Aufwendungen.

Rohgewicht, Gewicht einer Ware einschließlich Verpackung.

Rohgewinn, der Bruttogewinn (→ brutto).

Roh|hautleder, ungegerbtes, nach der Enthaarung getrocknetes, sehr widerstandsfähiges Hautmaterial von schweren Büffel- oder Bullenhäuten; verwendet für techn. Zwecke.

Rohkost, ungekochte Pflanzenkost, Form der → Ernährungstherapie. *der* **Rohköstler,** *-s/-.*

Christian Rohlfs: Kahle Konifere; Aquarell, 1921 (Privatbesitz)

Rohlfs, 1) Christian, Maler und Graphiker, * Niendorf (Holstein) 22. 11. 1849, † Hagen 8. 1. 1938, malte zunächst realist. Stimmungslandschaften, nahm dann Anregungen von frz. Impressionisten auf und gelangte in den um 1905 entstandenen Bildern von Bauwerken (bes. aus Soest), Landschaften und figürl. Darstellungen zu expressionist. Gestaltung. Ausdrucksmittel war ihm v. a. die Farbe, die sich von der tonigen Art seiner Frühzeit zu der lichten Reinheit seiner späten Blumen- und Landschaftsaquarelle entwickelte.

2) Gerhard, Afrikareisender, * Vegesack 14. 4. 1831, † Godesberg 2. 6. 1896, bereiste 1861–64 Nordafrika, durchquerte 1865–67 Afrika von Tripolis über Bornu nach Lagos und durchstreifte 1869 und 1873–74 die Libysche Wüste.

HW: Reise durch Marokko (1868); Quer durch Afrika, 2 Bde. (1874/75); Kufra (1881); Quid novi ex Africa? (1886).

3) Gerhard, Romanist, * Berlin-Lichterfelde 14. 7. 1892, Prof. in Tübingen und München, erforschte bes. das Griechische in Unteritalien, arbeitete mit am Sprach- und Sachatlas Italiens und der Südschweiz.

Röhm, Ernst, nat.-soz. Politiker, * München 28. 11. 1887, † (ermordet) ebd. 1. 7. 1934, war maßgebend am Aufbau der NSDAP und der SA beteiligt, seit 1931 Stabschef der SA, seit 1933 Reichs-Min. R. wollte die SA im Rahmen einer ›zweiten Revolution‹ zum Kern eines nat.-soz. Volksheers machen. Unter dem Vorwurf, einen Putsch geplant zu haben **(R.-Putsch),** ließ Hitler R. und andere SA-Führer am 30. 6. 1934 verhaften und erschießen; gleichzeitig wurden andere mißliebige Personen (u. a. G. Strasser, K. v. Schleicher) ermordet.

Rohmer [rom'ɛr], Eric, frz. Filmregisseur, * Nancy 4. 4. 1920; eigenwillig stilisierte Spielfilme: ›Meine Nacht bei Maud‹ (1969), ›Claires Knie‹ (1970), ›Pauline am Strand‹ (1983) u. a.

Roh|öl, unbearbeitetes Erdöl; auch nicht raffiniertes Öl aus Ölschiefer, Braun- und Steinkohle.

Rohproduktenhandel, Produktenhandel, Handel mit Abfall- und Altstoffen aus Gewerbe und Haushalt; die Stoffe werden der Industrie wieder als Rohstoffe zugeführt.

Rohr [ahd.] *das, -(e)s/-e,* **1)** Name meist hohlschäftiger Pflanzen, z. B. das **Schilfrohr (Phragmites)** mit der mitteleurop. Art **R.** oder **Reet (Phragmites communis),** einem ausdauernden, bis über 4 m hohen Gras an ruhigen Gewässern, auf Sumpfwiesen, Mooren, feuchtem Kulturland, mit graugrünen, 2–2,5 cm breiten, scharfrandigen Blättern und 20–50 cm langer, meist violettbrauner Blütenrispe; das noch größere **Pfahlrohr (Italien. R., Schalmeienrohr, Riesenschilf, Arundo donax),** aus dem Orient stammendes, im Mittelmeergebiet angebautes und wieder verwildertes Gras, das als Zaun-, Flechtwerkstoff u. a. verwendet wird und im Altertum

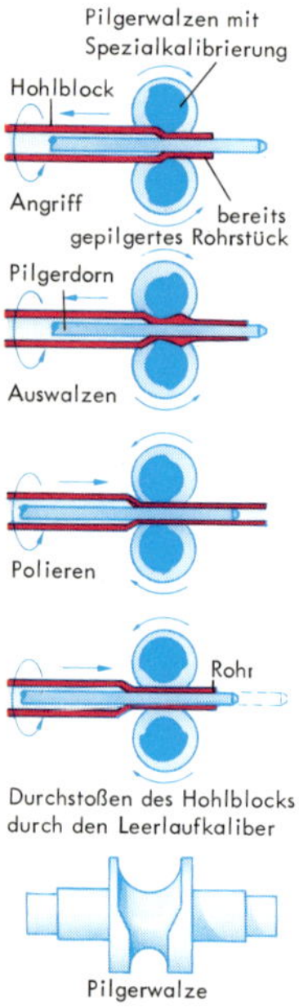

Rohr 2): Pilgerschrittwalzwerk

Rohr 2): Stoßbankverfahren; Ausstrecken auf der Stoßbank

zur Herstellung von Schreibgriffeln und Pfeilschäften diente; ferner **Rebenrohr** (→ Esparto), → Reitgras, → Bambus, → Zuckerrohr; nicht grasartige einkeimblättrige Pflanzen: **Blumenrohr** (→ Canna); **Spanisches R.** (Rohrpalme, → Schilfpalme); → Rohrkolben. **2)** ⚙ zylindr. Hohlkörper, im allg. mit im Verhältnis zum Durchmesser dünner Wandstärke, hergestellt aus Metall, Steinzeug, Ton, Zement, Glas, Kautschuk, Kunststoff u. a., ein Bestandteil von Leitungen für Flüssigkeiten, Dämpfe, Gase, Wasser-Feststoff-Gemische und Rohrpost; Stahl-R. dient auch als Konstruktionselement.

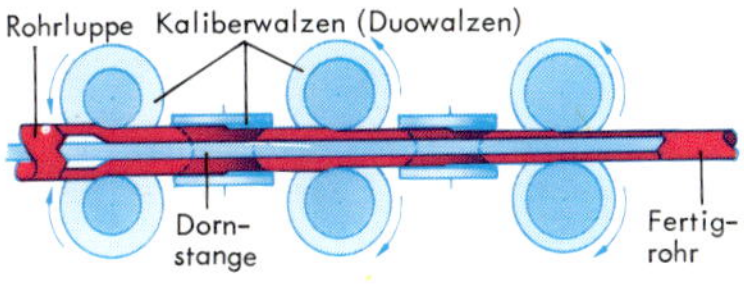

Rohr 2): kontinuierliches Rohrwalzwerk

Herstellung von Stahl-R. Nichtdichte (Schlitz-)R. biegt man maschinell aus Blech und verbindet die Naht durch Falzen, Nieten oder Heftschweißen. Dichte geschweißte R. entstehen aus rechteckigen Blechtafeln, die man zu Zylindern mit gerader achsparalleler Fuge einrollt, biegt oder preßt; oder man stellt sie aus Bandstahl her, der auf Rohrschweißwerken kontinuierlich mit gerader (Längsnaht-R.) oder schraubenförmiger Fuge (Spiral-R.) geformt wird. Nahtlose R. stellt man her durch: Gießen in Formen mit Kernen oder nach dem Schleudergußverfahren; Lochpressen eines erhitzten Blocks; Ausbohren zylindr. Werkstücke bei dickwandigen R.; Schmieden eines gelochten Blocks auf der Dornstange; Ziehen einer kreisförmigen Platine (Ronde) zu einer Hülse auf der Stoßbank oder auf der Ziehbank; Pressen oder Spritzen; elektrolytische Abscheidung; Walzen nach versch. Verfahren: Schrägwalzverfahren, Stiefel-Kegelwalzwerk, Aufweitewalzwerk, Rundkaliberwalzwerk, kontinuierliches R.-Walzwerk, Reduzierwalzwerk, Pilgerschrittwalzwerk, Loch- und Streckwalzwerk u. a. (Weiteres BILD S. 438)

Herstellungsverfahren für R. aus anderen Materialien. Kupfer, Messing: wie nahtlose Stahl-R.; Beton, Stahlbeton: Guß-, Stampf-, Rüttel- oder Schleuderverfahren; Blei, Zinn durch Pressen des flüssigen Metalls durch ein Mundstück; Keramik-R. durch Pressen des plast. Tonteiges, Trocknen, Brennen, Glasieren, auch Sintern; Glas durch Aufwickeln eines Strangs flüssigen Glases auf einen rotierenden Dorn oder durch Ziehen durch eine kreisrunde Öffnung mit hohlem Kern; Kunststoffe durch Extruder (Strangpressen) oder Schweißen, glasfaserverstärkte Kunststoffe im Wickelverfahren. – Bed. europ. Unternehmen der R.-Herstellung sind u. a.: Mannesmannröhren-Werke AG, Düsseldorf; Tube Investments Ltd., London. **3)** Teil des → Geschützes.

Rohr|abschneider, Werkzeug mit gehärteten drehbaren Schneidrollen und meist gegenüberliegenden Führungsrollen zum Abschneiden dünnerer Metallrohre von Hand.

Rohr|ammer, Art der → Ammern.

Rohrblatt, aus biegsamem Rohr gefertigtes Blättchen im Mundstück versch. Blasinstrumente, z. B. Klarinette (einfach), Oboe, Fagott **(Doppel-R.).**

Röhrchenzähner, Röhrenzähner, Ordn. der Huftiere mit der einzigen Familie → Erdferkel.

Rohrdommel [ahd. roredumbil, -dumbil n. dem Paarungsruf], **Botaurus stellaris,** über das nördl. Eurasien verbreitete Art der Reiher; bewohnt Schilffelder, in denen sie durch Färbung (hellbraun mit dunklen Längsstreifen) und Haltung (Hals lang aufgerichtet, Schnabel nach oben zeigend) vorzüglich getarnt ist. Der Schall des Paarungsrufes erinnert an das Brüllen eines Rindes. – Die **Zwerg-R.** oder der **Zwergreiher (Ixobrychus minutus)** bewohnt Ufervegetation in Nordafrika und im westlichen Eurasien. Beide R. sind Zugvögel. (BILD S. 438)

Röhre *die, -/-n,* **1)** Rohr. **2)** im Ofen Hohlraum zum Warmhalten von Speisen (Wärmeröhre) oder zum Braten und Backen **(Bratröhre).** **3)** die → Elektronenröhre. **4)** 🦌 → Bau 5).

röhren, rören [ahd. reren]. 🦌 *der Hirsch* **röhrt, rört,** schreit (in der Brunftzeit).

Rohren *das, -s,* das → Kehlkopfpfeifen.

Röhrenblüter, Tubifloren, Tubiflorae, zweikeimblättrige Pflanzenordn. mit meist röhren- oder trichterförmiger Blumenkrone, der die Staubblätter angewachsen sind, z. B. Lippenblüter, Rachenblüter, Nachtschatten-, Windengewächse.

Röhrenmäuler, Solenostomidae, zu den Büschelkiemern gehörende Fischfam. im Ind. Ozean. Das Weibchen trägt die Eier in einer aus den Brustflossen gebildeten Tasche.

Röhrenöfen, Industrieöfen, bei denen Systeme von Rohren in einem mit feuerfesten Materialien ausgekleideten Ofenraum installiert sind. Die kontinuierlich vom Einsatzmaterial durchströmten Rohre werden mit Gas- oder Heizölbrennern beheizt. R. werden in Raffinerien und chem. Anlagen verwendet.

Röhrenpilze, die → Röhrlinge.

Röhrenvoltmeter, elektr. Gerät zum Messen von elektr. Spannungen. Es gibt im wesentlichen 3 Bauarten: das **Dioden-, Audion-** und **Gleichspannungs-R.** in Differenzverstärkerschaltung. Vorteile: hoher Eingangswiderstand, weitgehende Frequenzunabhängigkeit und daher großer Frequenzbereich, der außer für Gleichspannung (0 Hz) in geeigneter Anpassung von 10 Hz bis 1000 MHz reicht. Prinzipiell gleichartige Geräte lassen sich auch mit Transistoren aufbauen **(Transistorvoltmeter).**

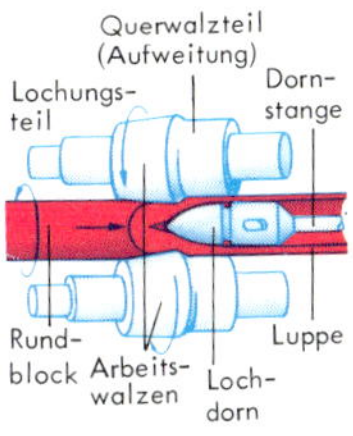

Rohr 2): Lochen eines Rundblocks im Zweiwalzenschrägwalzwerk

Rohrfeder, aus Rohr geschnittenes Schreibgerät mit gespaltener Spitze, das schon im Altertum in Gebrauch war und auch zum Zeichnen verwendet wird.

Röhricht *das, -(e)s/-e,* Pflanzenbestand aus verschiedenen Arten Rohr an Flußufern, Seen und Sümpfen.

Rohrkolben, Typha, einzige Gatt. der Rohrkolbengewächse; mitteleurop. Arten sind z. B. **Breitblättriger R. (Typha latifolia)** und **Schmalblättriger R. (Typha angustifolia).** Ihre Blattfasern liefern Spinnstoff **(Typhafaser);** Stengel, Blätter und die Wolle der weibl. Blütenstände dienen u. a. als Packmaterial. (BILD S. 440)

Rohrkrepierer, Rohrzerspringer *der, -s/-,* ⚔ im Geschützrohr zerspringendes Geschoß; Ursachen: fehlerhaftes Geschoß, Überhitzung oder Verschmutzung des Rohrs.

Röhrl, Walter, Rallyefahrer, * Regensburg 7. 3. 1947, gewann 1980 und 1982 die Fahrerweltmeisterschaft im Rallyesport, siegte 1980, 1982/83/84 mit Beifahrer C. Geistdörfer bei der Rallye Monte-Carlo.

Rohrleger *der, -s/-,* Spezialschiff zum Verlegen von Unterwasser-Rohrleitungen für Erdöl, Erdgas u. a.

Rohrleitung, Rohrnetz, aus Rohren zusammengesetztes Verästelungs- oder Ringsystem zur Fortleitung von Flüssigkeiten,

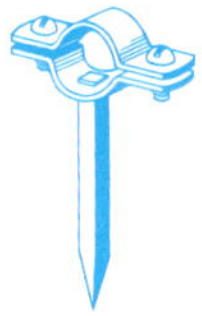
Rohrleitung: Rohrschelle

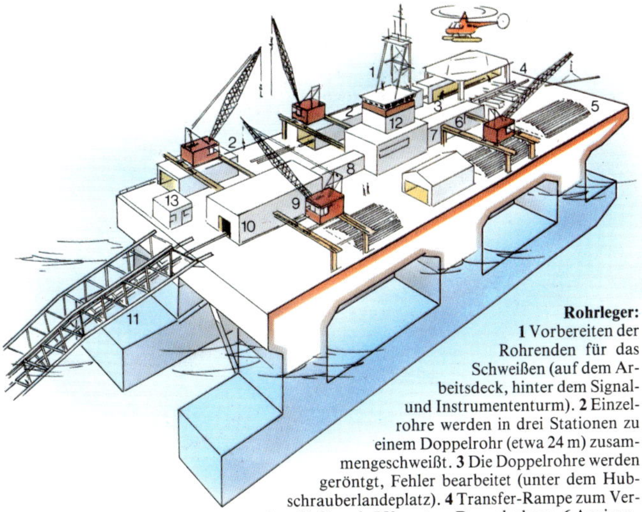

Rohrleger: **1** Vorbereiten der Rohrenden für das Schweißen (auf dem Arbeitsdeck, hinter dem Signal- und Instrumententurm). **2** Einzelrohre werden in drei Stationen zu einem Doppelrohr (etwa 24 m) zusammengeschweißt. **3** Die Doppelrohre werden geröntgt, Fehler bearbeitet (unter dem Hubschrauberlandeplatz). **4** Transfer-Rampe zum Verlegefließband. **5** Vorrat an Doppelrohren. **6** Aneinanderpassen der Doppelrohre auf Schweißabstand. **7** Schweißstraße: In drei Stationen werden die Doppelrohre mit der bereits verlegten Rohrleitung verbunden. **8** Der fertige Rohrstrang wird am Verlegeschiff flexibel festgehalten. **9** Röntgen-Station und Nachbesserung. **10** Isolierung der noch freiliegenden Schweißstellen mit einem Bitumengemisch. **11** Über die Heckrampe gleitet die Pipeline ins Wasser. **12** Kontrollturm: Auswertung aller Informationen über den Arbeitsprozeß, Steuerung jeder Schiffsbewegung und Navigation. **13** Taucher

Dämpfen und Gasen (→ Pipeline), auch zum Transport fester Körper wie Rohrpostkapseln, Späne, Staub, plast. Massen wie Betongemisch, von Aufschlämmungen wie Kohlenstaub in Wasser und zur auswechselbaren Verlegung elektr. Leitungen. Zur Verbindung der Rohre untereinander dienen z. B. Schweiß-, Flansch-, Muffen- und Schraubverbindungen, → Formstücke, Rohraufhängungen, -stützungen und -schellen sowie die Armaturen, z. B. Ventile und Schieber. Zur Kenntlichmachung und Unterscheidung erhalten R. nach DIN 2403 folgende Anstriche:

grün	für Wasser,	*blau*	für Luft,
braun	für brennbare Flüssigkeiten,	*gelb*	für Gas,
rot	für Dampf,	*grau*	für Vakuum,
orange	für Säuren,	*violett*	für Laugen.

Röhrlinge: Birkenpilz

Röhrlinge, Röhrenpilze, Boletaceae, Fam. der Basidienpilze mit weichem, leicht faulendem Fleisch. Fast alle R. leben in Symbiose mit Waldbäumen (→ Mykorrhiza). - Speisepilze sind neben dem → Steinpilz u. a. **Gold-R.** oder **Goldpilz (Suillus grevillei)** mit zitronengelbem bis goldbraunem Hut, **Butter-R.** oder **Butterpilz (Suillus luteus)** mit meist dunkelbraunem Hut, **Ziegenlippe (Xerocomus subtomentosus)** mit olivfarbenem Hut, **Maronen-R.** oder **Maronenpilz (Xerocomus badius)** mit kastanien- bis schokoladenbraunem Hut, **Rothäubchen** oder **Rotkappe (Leccinum rufescens)** mit orangegelbem, gelbbraunem Hut und **Birken-R., Birken-** oder **Kapuzinerpilz (Leccinum scabrum)** mit meist grauem Hut und schwarz beschupptem Stiel. Der **Gallen-R., Gallenpilz** oder **Bitterschwamm (Tylopilus felleus),** mit bräunl. Hut, schmeckt bitter. - Giftpilze sind z. B. der **Satanspilz (Boletus satanas)** mit silbrigem bis fast weißem Hut, nur auf Kalkboden, und der **Dickfuß-R.** (→ Dickfuß). Der **Netzstielige Hexen-R.** oder **Hexenpilz (Boletus luridus)** und der **Flockenstielige Hexen-R.** oder **Schusterpilz (Boletus erythropus),** beide mit bräunl. Hut, sollten nur in gekochtem Zustand gegessen werden.

Rohrmühle, Zerkleinerungsmaschine nach dem Prinzip der → Kugelmühle, aber mit langer zylindr. Mahltrommel.

Rohrpalme, die → Schilfpalme.

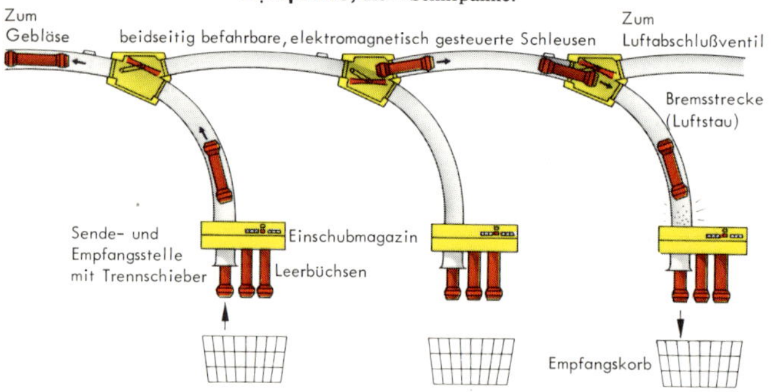

Rohrpost: Schema des Fördervorgangs

Rohrkolben: Breitblättriger R.

Rohrpost, Förderanlage für Schriftstücke u. a. kleine Gegenstände im Post-, Büro-, Bank-, Zeitungs- und Laboratoriumsbetrieb: Büchsen von 4 cm Innendurchmesser und 18–22 cm Nutzlänge werden in einer Rohrleitung durch Saugluft (seltener Druckluft) mit einer Geschwindigkeit bis zu 10–13 m/s befördert. R.-Anlagen mit vielen Stationen (bis weit über 100) sind in mehrere Rohrkreise aufgeteilt. Stellt der Absender die Empfangsstelle durch Kontakt- und Zahlenringe an der Büchse ein, so können sehr viele Büchsen gleichzeitig in der Leitung fahren. Werden die Weichen durch Druckknöpfe am Sender eingestellt, so kann immer nur eine Büchse befördert werden. - Die erste R.-Anlage wurde 1853 in London von L. Clark gebaut. 1865 errichtete W. v. Siemens die Berliner Stadt-R. Weitere Stadt-R.-Anlagen entstanden u. a. in Paris (1865), Wien (1875), München (1876), New York (1876).

Rohr|ratten, Thryonomyidae, Nagetierfam. mit der Gatt. R. **(Thryonomys)** in Rohr- und Schilfbeständen südlich der Sahara.

Rohr|rücklaufbremse, ⚙ hydraulischer Stoßdämpfer beim Geschütz zum Auffangen der Rückstoßenergie.

Rohrsänger, Acrocephalus, Gatt. brauner, unterseits hellerer Grasmücken; sie errichten hochwandige Nester zw. Pflanzenstengeln. Der 19 cm lange **Drossel-R. (Acrocephalus arundinaceus)** und der 13 cm lange **Teich-R. (Acrocephalus scirpaceus)** bewohnen die Schilfgürtel stehender Gewässer. Der **Sumpf-R. (Acrocephalus palustris)** lebt in Flußniederungen und Getreidefeldern. Der gestreifte **Schilf-R. (Acrocephalus schoenobaenus)** trägt im Balzflug einen Gesang mit kanarienähnl. Trillern vor. Der **Seggensänger (Acrocephalus paludicola)** brütet in Mitteleuropa nur vereinzelt. Alle R. ziehen im Winter in das trop. Afrika oder S-Asien.

Rohrwerk, Zungenstimmen (Zungenregister) in der → Orgel.

Rohrwiege, ⚙ Bestandteil des Rohrrücklaufgeschützes, der das Rohr trägt. Auf den Schienen der R. gleitet das Rohr beim Schießen zurück, und auf ihnen wird es nach dem Schuß durch den Luftvorholer wieder in die Ausgangslage zurückgebracht.

Rohrzucker, Saccharose [-x-], **Rübenzucker, Sucrose,** wichtigstes Disaccharid, das aus Glucose und Fructose aufgebaut ist. Saccharose kommt in vielen Pflanzensäften vor, v. a. aber in Zuckerrohr und Zuckerrüben. Sie bildet farblose, süßschmeckende, in Wasser leicht, in Alkohol schwer lösl. Kristalle. Saccharose schmilzt bei 185–186 °C und zersetzt sich bei 200 °C zu braunem **Karamel.** Durch verdünnte Säuren oder das Enzym Invertase wird sie zu Glucose und Fructose **(Invertzucker)** gespalten (→ Inversion 1).

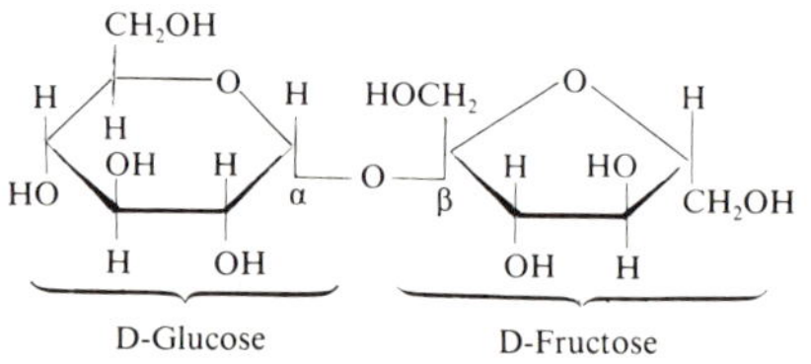

Rohseide, gehaspelte, noch nicht entbastete Naturseide, auch Gewebe daraus.

Rohstoffe, i. e. S. unbearbeitete Erzeugnisse im Naturzustand (pflanzl., tier. oder mineral. Herkunft), die als Ausgangsmaterial in der gewerblich-industriellen Produktion gebraucht werden (z. B. Kupfererz, Kakaobohne); i. w. S. wird der Begriff meist auch auf Produkte angewendet, die schon eine 1. oder 2. Be- oder Verarbeitungsstufe durchlaufen haben (z. B. Roheisen, Raffinade-Kupfer, Sojaöl). Die R. werden in 2 Hauptgruppen eingeteilt: 1) Nahrungs- und Futtermittel-R., darunter Getreide, Genußmittel (Kaffee, Tee, Kakao, Zucker), Ölsaaten und Öle (Sojabohnen, Sojaöl, Raps, Rapsöl u. dgl.), Fleisch, Molkereiprodukte, Eier; 2) Ind.-R., darunter Brenn- und Treibstoffe (Kohle, Erdöl, Heizöl), Investitionsgüter-R. (Holz, Kautschuk, Eisen, Stahl, Nichteisenmetalle u. a.) sowie Konsumgüter-R. (Zellstoff, Häute, Felle, Sisal; Spinnstoffe wie Wolle, Baumwolle, Seide, Jute). Als **Reserven** werden die R.-Vorkommen bezeichnet, die mit der gegenwärtigen Technologie unter wirtschaftl. Bedingungen erschließbar sind. Zu den **Ressourcen** [rəsˈursən] werden außer den Reserven auch gesicherte, aber z. Z. nicht abbauwürdige und vermutete R.-Vorkommen gezählt. Durch verbesserte Prospektions- und Abbaumethoden konnten die Reserven vieler R. trotz steigenden Verbrauchs in den letzten Jahren erhöht werden. Bessere R.-Nutzung ist durch sparsamere Verwendung, Recycling, Substitution und längere Lebensdauer von Produkten zu erreichen. Die R.-Vorkommen sind ungleich über die Erde verteilt, sie befinden sich häufig nicht dort, wo die R. bes. gebraucht und verarbeitet werden; daher spielen R. im Welthandel eine beträchtl. Rolle. Zu den rohstoffreichen Ländern gehören die USA, die UdSSR, Kanada und Australien, wobei die ersten beiden ihre R. meist selbst verarbeiten und die letzten beiden z. T. noch exportieren. Ausgesprochen rohstoffarm sind Japan und die großen westeurop. Ind.-Länder. Viele Entwicklungsländer verarbeiten den größten Teil ihrer R. nicht selbst; allerdings stieg der Verarbeitungsanteil in den letzten Jahrzehnten. Hierzu gehören auch die Länder mit reichen Erdölvorkommen.

Viele R. werden über organisierte, nach festen Regeln arbeitende Warenbörsen gehandelt. Bei anderen R.wirken **R.-Abkommen** (internat. Übereinkünfte über R. zw. exportierenden und importierenden Ländern) oder **R.-Kartelle** (Zusammenschlüsse von R.-Produzentenländern, z. B. das OPEC-Kartell) auf die Preisgestaltung. Zur Finanzierung der R.-Abkommen wurde 1979 zw. Entwicklungs- und Ind.-Ländern ein **R.-Fonds** vereinbart. Die wichtigsten Märkte und Börsen liegen in Chicago, New York und London. Andere Zentren sind z. B. Sydney (für Rohwolle), Winnipeg (für Getreide), Penang (für Zinn), Rotterdam (für Erdöl). Um die allg. Preistendenz an den R.-Märkten zu erfassen, werden versch. Indizes berechnet (z. B. Reuter-, Moody-, Dow-Jones-, HWWA-Index).

Rohstoffsteuer, die → Materialsteuer.

Rohtang-Paß, 3 978 m hoher Paß im westl. Himalaya.

roi [rwa, frz.], König. **R. Soleil** [-sɔlˈɛj], Sonnenkönig, Beiname Ludwigs XIV.

Roissy-en-France [rwasˈi ãfrˈãs], Gem. im frz. Dép. Val-d'Oise; hier wurde 1974 der Großflughafen von Paris in Betrieb genommen; er heißt offiziell ›Aéroport Charles-de-Gaulle‹.

Rojas Zorrilla [r'ɔxas θɔrr'iʎa], Francisco de, span. Dramatiker, * Toledo 4.10. 1607, † Madrid 23. 1. 1648, schrieb Tragödien über die Ehre, ferner Lustspiele in der Art Calderóns.

rọjen [mhd.]. *ich* **rọje** (bin, habe gerojet), ⁸⁄₉ rudere.

Rokitạnsky, Carl Frhr. von, Pathologe, * Königgrätz 19. 2. 1804, † Wien 23. 7. 1878, gilt mit R. Virchow als Begründer der modernen patholog. Anatomie.

Rokịtno-Sümpfe [nach der Stadt Rokitnoje], ödester Teil des Sumpfgebietes Polesien, UdSSR.

Rökk, Marika, Tänzerin, Schauspielerin, Sängerin, * Kairo 3. 11. 1913, ungar. Herkunft, wirkte in vielen Operetten- und Tanzfilmen sowie Fernsehshows mit.

Rọkoko [von frz. → Rocaille] *das, -(s),* in der Kunst der dem Barock folgende, zw. 1730 und 1770 bes. in Frankreich, Dtl. und Italien ausgebildete Stil.

Bildende Kunst. In Frankreich wird der Übergang vom Barock → Régence, der reife Stil → Louis-quinze, sein Übergang zum Klassizismus und zur Romantik → Louis-seize genannt. Im R. wandelten sich die schweren, prunkvoll pathetischen Formen des Barocks ins Leichte, Zierliche, Aufgelöste und Zarte. Der neue Stil entfaltete sich in Frankreich zuerst in der Innenarchitektur (Hôtel de Soubise in Paris von G. Boffrand, 1735), die Werke von höchster Vollendung hervorbrachte; das gilt auch für Dtl. (Amalienburg von F. de Cuvilliés, 1734–39; Goldene Galerie des Charlottenburger Schlosses von G. W. v. Knobelsdorff und J. A. Nahl, 1740–43). In weit geringerem Maße wirkte sich der R.-Stil auf den Außenbau aus, in Frankreich noch weniger als in Dtl. Von der dt. Baukunst des 18. Jh. (meist als Spätbarock bezeichnet) rechnet man dem R. v. a. Bauten wie Sanssouci (Friderizian. R.) und die gegen Ende der Epoche entstandenen Kirchen von D. Zimmermann, J. M. Fischer zu (Bayerisches R.).

Die von barocker Schwere sich lösenden Innenräume wurden zu kostbaren Gebilden eines alles Lastende, Harte und Rechtwinklige ablehnenden Gestaltungswillens, der in schwingenden Wänden und leicht gewölbten Decken mit oft laubenhaft wirkenden Gliederungen zum Ausdruck kam, in graziösen Tapetenmustern, einfallsreicher Stuckornamentik, alles ins Unfaßliche reflektierenden Spiegeln, zierlichen Möbeln, glitzernden Kronleuchtern und Porzellanen. In der meist asymmetrischen Ornamentik verband sich Muschelwerk (Rocaille) mit Grotesken, Arabesken und Chinoiserien; aufs höchste entwickelt war die Möbelkunst.

Fließend wie in der Baukunst sind die Übergänge vom Barock auch in der Plastik, bes. in Frankreich. Zu hoher Vollendung entwickelte sie sich in S-Dtl., wo v. a. religiöse Bildwerke, oft für entlegene Dorfkirchen entstanden (J. B. Straub, I. Günther, J. A. F. Feuchtmayer), daneben Gartenskulpturen für Parkanlagen (F. Dietz für Veitshöchheim) und kostbare Werke der Porzellanplastik (F. A. Bustelli, BILD) für die Nymphenburger Manufaktur.

Rokoko: Die Toilette der Venus von François Boucher, 1751 (New York, Metropolitan Museum of Art)

Rokoko: François de Cuvilliés, Zuschauerraum des Alten Residenztheaters in München; 1750–53

In der frz. Malerei überwogen weltl. Themen wie galante Feste, Schäfer- und Hirtenszenen (J.-A. Watteau, BILD; F. Boucher, BILD; J. H. Fragonard, BILD). Der Vorliebe für zarte, duftige Farben entsprach bes. die Pastellmalerei (R. Carriera, M. Q. de La Tour, BILD; J.-É. Liotard, BILD). Alle Bereiche umfaßte die sich zur Spätblüte in Venedig entwickelnde ital. Malerei (G. B. Piazzetta, BILD; G. B. Tiepolo, BILD). Die dt. und österr. Malerei kam in kirchl. Deckenfresken (J. B. Zimmermann, M. Günther, F. A. Maulbertsch, BILD) zu höchster Ausprägung. (Weitere BILDER S. 442)

Rokoko: Detail vom Chorgitter der Klosterkirche in Amorbach von M. Grattinger, 1750

Literatur. Unter R.-Literatur wird die zierlich-graziöse, spielerisch-frivole, galante Gesellschaftsdichtung verstanden, die ihre vollkommenste Ausbildung in der Spätzeit des höf. Klassizismus in Frankreich fand. In Dtl. zeigen die Dichtungen der Anakreontiker, der Empfindsamkeit (S. Geßner, J. W. L. Gleim) und die Schäferdichtung (Goethe: ›Laune des Verliebten‹) wesentl. Elemente des R. Höhepunkt der dt. R.-Literatur sind Ch. M. Wielands Dichtungen.

Mode. Unter Rokokotracht versteht man die von der frz. Hofmode beeinflußte Kleidung im 2. und 3. Viertel des 18. Jh. Sie zeigt eine Vorliebe für künstlerisch gesteigerte Kostümformen, v. a. bei der weiblichen Tracht.

Rokossọwskij, Konstantin Konstantinowitsch, Marschall der Sowjetunion (1944) und Polens (1949), * Welikije Luki 21. 12. 1896, † Moskau 3. 8. 1968, leitete 1942–45 die militär. Operationen an versch. Fronten. 1949–56 war er Oberbefehlshaber der poln. Armee und poln. Verteidigungs-Min. Als Exponent des stalinist. Kurses mußte er nach dem ›Poln. Oktober‹ (1956) seine Ämter in Polen aufgeben und ging in die Sowjetunion zurück.

Rọland [ahd. hr(u)od ›Ruhm‹ und lant ›Land‹], männl. Vorname.

Rọland, Gestalt aus dem Sagenkreis um Karl d. Gr., der bekannteste seiner 12 Paladine (Pairs), historisch ein Graf Hruotlant aus der Breton. Mark, der 778 in einem Nachhutgefecht gegen die Basken bei Roncesvalles fiel. Die Sage machte ihn zum Neffen Karls und zum Haupthelden des → Rolandsliedes.

Rọland, Rọlandsäule, mittelalterl., überlebensgroße Bildsäule aus Holz oder Stein (meist barhäuptiger Mann mit bloßem Schwert in der Hand) auf Markt- oder Hauptplätzen vieler Städte, bes. N-Dtl.s. Ursprung und Bedeutung sind umstritten; wahrscheinlich waren sie Sinnbilder des Königsbanns, des Marktrechts oder der Gerichtsbarkeit. (BILD S. 444)

Rokoko: Joseph Anton Feuchtmayer, ›Der Honigschlecker‹; um 1750 (Wallfahrtskirche Birnau)

Rọlandsbogen, Überrest der 1632/33 zerstörten Burg **Rolandseck (Rulcheseck),** 50 m über dem linken Rheinufer, mit Aussicht auf das Siebengebirge.

Rọlandslied, Heldengedicht von → Roland, dessen erste überlieferte Form die altfrz. ›Chanson de Roland‹ ist. Diese wurde gegen 1100 in Nordfrankreich aufgeschrieben. Die beste der erhaltenen Fassungen ist die der Oxforder Handschrift, die etwa 4000 zu assonierenden Laissen gebundene Zehnsilber enthält. Ob das R. das Werk eines oder mehrerer Verfasser ist, ist nicht geklärt. In dt. Reimpaare wurde das R. etwa 1135 oder um 1170 vom Regensburger Pfaffen Konrad übertragen. Inhalt: Roland, der den Rückzug Karls d. Gr. deckt, gerät bei Roncesvalles in einen zw. seinem Schwiegervater Ganelon und den Heiden verabredeten Hinterhalt, weigert sich dreimal, mit seinem Horn Olifant Hilfe herbeizurufen, und fällt nach langem Kampf; Karl kehrt zurück, vernichtet

Rokoko: Deckenmalerei in der Wies von Johann Baptist Zimmermann, 1754

die Heiden und hält später ein Strafgericht über Ganelon. Stoff oder Personen des R. tauchen wieder auf in span. und engl. Romanzen, in altfrz. Prosa-, Abenteuer- und Heldenromanen des 13. und 14. Jh. und erscheinen im romant. Epos der ital. Renaissance (→Ariosto, →Boiardo) in satirisch-komischer Form.

Rolf [Kurzform zu Rudolf], männlicher Vorname.

Rolf Krake, sagenhafter dän. König, → Hrolf Krake.

Rolladen *der, -s/-̈* oder -, zusätzl. Verschluß an Fenstern und Türen aus waagerecht auf Bändern befestigten oder durch Stahlplättchen miteinander verbundenen Holz- oder Kunststoffleisten oder aus Stahlblech- oder Kunststofflamellen. Der R. läuft in Führungsschienen und wird in einen Kasten aufgerollt.

Romain Rolland

Rolland [rɔl'ã], Romain, frz. Schriftst., * Clamecy (Nièvre) 29. 1. 1866, † Vézelay (Yonne) 30. 12. 1944, war 1903–12 Prof. für Musikgeschichte in Paris. R. wollte Frankreich aus der Dekadenzstimmung und dem Materialismus herausführen durch die Werbung für ein Volkstheater und eine dem Volk verständl. Kunst auf eth. Grundlage (›Das Theater des Volkes‹, 1903; Schauspiele aus der Frz. Revolution). Sein Hauptwerk, der Entwicklungsroman ›Jean Christophe‹ (10 Bde., 1904–12), schildert das Leben eines dt. Musikers und warnt vor dem anwachsenden Nationalismus und Chauvinismus. Nach Ausbruch des 1. Weltkriegs versuchte er von Genf aus, mit Briefen, Streitschriften, Aufsätzen die Führer der Völker zur Besinnung zu bringen (Roman ›Clérambault‹, 1920). Seine Arbeit an der Biographie Gandhis (1923) führte ihn zur Beschäftigung mit der ind. Religionsphilosophie. 1915 erhielt R. den Nobelpreis für Literatur.

WW: Colas Breugnon (1919); Verzauberte Seele, 6 Bde. (1922–33); Lebensschilderungen u. a. von Michelangelo, Beethoven, Händel, Tolstoj, Ramakrishna.

Rokoko: Hl. Magdalena von Ignaz Günther, 1755 (Starnberg, Museum)

Rollbahn, Rollweg, Taxiway [t'æksıweı, engl.], auf Flughäfen die befestigten Bahnen, auf denen die Flugzeuge zw. den Start- und Landebahnen und den Abfertigungsplätzen rollen.

Rollbock, Rollfahrzeug, Vorrichtung zum Befördern von Eisenbahnwagen auf Gleisen anderer Spurweite: kurze Plattformwagen, auf die die Wagenachsen gelagert werden.

Rolle [lat.-frz. Lw.] *die, -/-n,* **1)** ⊙ drehbare Scheibe oder Walze. Während die **feste R.** nur zur Umkehrung einer Kraftrichtung dient, benutzt man **lose R.** in Verbindung mit festen R. zur Verkleinerung einer aufzuwendenden Kraft, z. B. beim Heben von Lasten durch Vergrößerung ihres Weges (→ Flaschenzug). **2)** etwas Gewickeltes, Zusammengerolltes: *eine R. Papier, eine R. Zwirn; eine R. Geldstücke.* **3)** ♧ Urkunde (die zusammengerollt aufbewahrt wurde); Verzeichnis, Liste, Stammrolle. **4)** Theater: der dem Schauspieler zugeteilte Text, der urspr. gesondert herausgeschrieben und mit den Stichworten der Partner versehen wurde; heute allg. die Person, deren Text der Schauspieler spricht. **Rollenfach,** die Gesamtheit der R., für die ein Schauspieler engagiert ist (z. B. ›schwere Helden‹, ›jugendliche Liebhaber‹). **5)** Soziologie: festgelegte Äußerungen und Verhaltensweisen innerhalb einer Gruppe, die von der sozialen Stellung und Situation des Handelnden bestimmt und von den Gruppenmitgliedern erwartet werden. Jeder Mensch ist Inhaber mehrerer R. (z. B. in Familie, Beruf, Freizeit), zw. denen es zu Konflikten kommen kann. **R.-Spiele** werden in der Psychotherapie und Pädagogik angewendet (→ Gruppendynamik). **6) Schiffs-R.,** Plan, nach dem die Besatzung eines Schiffes eingeteilt ist, z. B. für den Bootsdienst **(Boots-R.),** bei Feuer **(Feuer-R.). 7)** Boden-, Geräteturnen: Überschlag vorwärts (›Purzelbaum‹) oder rückwärts. **8)** Kunstflug: im Horizontalflug eine volle Drehung um die Längsachse.

Rolle [rɔl], Bezirkshauptort im Kt. Waadt, Schweiz, (1980) 3400 Ew., am N-Ufer des Genfer Sees; Mittelpunkt des Weinbaus der ›Côte‹; Fremdenverkehr; Schloß (13. Jh.).

rollen. *ich* **rolle, 1)** *es, ihn,* wälze, schiebe drehend: *er hat die Fässer in den Keller gerollt.* **2)** *es,* wickle, drehe ein. **3)** *es,* glätte, walze aus; Metallbearbeitung: biege Draht, Rohr, Blechstreifen o. ä. durch Einführen in ein Werkzeug mit gekrümmter Wirkfläche (Bild S. 443). **4)** *mich,* bewege mich rollend (vorwärts). **5)** *ein Blatt rollt sich,* wickelt sich. **6)** *es* **rollt** (ist gerollt), bewegt sich um sich selbst drehend, auf Rädern (vorwärts): *der Kinderwagen ist auf die Straße gerollt.* **7)** *ein Schiff rollt,* ⚓ schlingert (→ Schlingern) und stampft (→ stampfen). **8)** *der Donner rollt,* tönt drohend. **9)** ⚘ *die Füchse rollen,* paaren sich. *ich* **rolle ab, 1)** *es,* hole mit einer Rollfuhre ab. **2)** *es,* wickle von einer Rolle. **3)** *es rollt ab* (ist abgerollt), geschieht, bewegt sich fort: *die Geschehnisse rollten vor unseren Augen im Fernsehen ab. ich* **rolle auf, 1)** *es,* öffne etwas Gewickeltes. **2)** *es,* wickle auf eine Rolle, zur Rolle. **3)** *es,* U behandle gründlich, bringe zur Sprache: *die Frage wurde erneut aufgerollt.* **4)** *den Gegner,* ♧ bringe ihn von der Flanke her zum Weichen. *ich* **rolle** *es* **aus,** mache glatt, wälze aus: *ich habe den Kuchenteig ausgerollt. ich* **rolle** *es* **ein,** wickle auf, ein. *ich* **rolle** *es* **zusammen,** wickle zu einer Rolle.

rollendes Material, Eisenbahnfahrzeuge aller Art, bes. Lokomotiven, Wagen, Triebwagen.

Rollenförderer *der, -s/-,* stetiges Fördermittel mit zylindr., teilweise angetriebenen Rollen für ebene Bahn (z. B. **Rollgang** für Walzgut) oder schwach geneigte Bahn.

Rollenhagen, Georg, Dichter, * Bernau 22. 4. 1542, † Magdeburg 20. 5. 1609 als Rektor und Prediger, dichtete für Schulaufführungen an ältere Stücke angelehnte Dramen (›Abraham‹, 1569; ›Tobias‹, 1576; ›Spiel vom reichen Manne und armen Lazarus‹, 1590). Das lehrhafte Gedicht ›Der Froschmeuseler‹ (1595) erweitert die grch. Geschichte vom Froschmäusekrieg (→ Batrachomyomachie) zu einer Parodie bes. der Reformationsgeschichte.

Roller *der, -s/-,* **1)** große Brandungswelle. **2) Harzer R.,** ein Kanarienvogel (wegen des langanhaltenden rollenden Trillergesangs). **3)** Kinder-Fahrzeug, bestehend aus 2 durch ein Trittbrett verbundenen kleinen Rädern und einer Lenkstange; Antrieb durch Abtreten von der Erde oder über Zahnstange und Zahnrad **(Tret-R.). 4)** U der → Motorroller.

Roller-Derby [r'əʊlə d'ɑːbı, engl.], Rollsport: Rollschnelllauf-Schauwettbewerbe bes. in den USA mit Fünfer-Mannschaften, zumeist für Damen und in Hallen, bei denen harter körperl. Einsatz (Rempeln und Stoßen) erlaubt ist.

Roller-Skates [r'əʊlə skeıts], in den USA 1978 entstandene Weiterentwicklung der Rollschuhe mit 5 cm breiten Polyurethan-Walzen, die auf Kugellagern laufen und auf einer bewegl. Achse sitzen, sowie mit einem höhenverstellbaren Stopper an der Vorderunterseite zum Bremsen. R.-S. gibt es auch mit Schuhen fest verbunden. Zum Tanzen werden R.-S. mit 3 cm breiten Walzen benutzt **(Disco-Roller).**

Rollfeld, auf Flughäfen die gesamte von Luftfahrzeugen nutzbare Fläche.

Rollfilm, der auf einer Spule aufgerollte Filmstreifen.

Rollfuhrdienst, die bahnamtl. An- und Abfuhr von Gütern zw. Abfertigung und Wohnung oder Geschäft des Kunden nach dem Rollgebührentarif.

Rollgang, die Rollenbahn einer Walzstraße, auf der das Walzgut fortbewegt wird.

Rollhockey [-hɔkı], ⚔ Hockeyspiel auf Rollschuhen zw. 2 Mannschaften von je 5 Spielern. Spielfeld: 20 × 40 m. Spieldauer: 2 × 25 min. Tor: 1,05 m hoch, 1,55 m breit. Im wesentlichen gelten die Spielregeln des → Hockeys.

Rollhügel, zwei Knochenvorsprünge des Oberschenkelbeins, die dem Ansatz von Muskeln dienen.

Rolling Stones [r'əʊlıŋ stəʊnz], brit. Rockgruppe, gegr. 1962, neben den Beatles erfolgreichste Vertreter der Rockmusik; entwickelten sich zum Leitbild rebellischer Jugendlicher. Mittelpunkt ist der Sänger Mick (Michael P.) Jagger (* 1943).

Rollkunstlauf, ⚔ technisch-künstler. Darbietung auf Rollschuhen, ähnlich in Regeln und Technik dem → Eiskunstlauf. Die internat. R.-Wettkämpfe für Damen und Herren setzen sich aus

Pflicht, Kür und Kurzprogramm, national nur aus Pflicht und Kür (beim Paarlauf nur Kür und Kurzprogramm, national nur Kür) zusammen und bestehen aus Schrittkombinationen, Pirouetten, Figuren und Sprüngen.

Rollkur, die →Magenrollkur.

Rollkurve, wird von Punkten einer Kurve beschrieben, die auf einer anderen Kurve, ohne zu gleiten, rollt (→zyklische Kurve).

Rollmops, Rollhering, marinierte Heringsfilets, um ein Stück Gurke, Zwiebel und Gewürz gerollt.

Rollo, Hrolf, erster Herzog der Normandie, † gegen 932, Anführer der Normannen im Gebiet der unteren Seine, mit dem er 911 von Karl III. belehnt wurde.

Rollo, Rouleau [rul'o, frz.] *das, -s/-s,* Rollvorhang.

Rolloch, ⚒ eine steil bis senkrecht gebohrte, aus dem Gestein herausgesprengte oder im →Versatz ausgesparte Verbindung zw. Sohlen unter Tage zur Abwärtsförderung.

Roll-on/Roll-off-Schiff [rəul'ɔn/rəul'ɔf-], **Ro-Ro-Schiff,** Spezialschiff zum Transport von rollenden Einheitsbehältern im kombinierten Verkehr.

Roll-over-Kreditmarkt [rəul'əuvə-, engl.], →Euromarkt.

Rollschnellauf, ⛸ Wettbewerb auf Rollschuhen, ähnlich in der Technik dem Eisschnellauf, auf Bahnen oder Straßen; Meisterschaftsdistanzen für Herren: 300, 500, 1000, 5000, 10000, 20000 m, für Damen: 300, 500, 3000, 5000, 10000 m.

Rollschuhe, vierrädrige Spezialschuhe mit Rollen (Rädern) aus Holz, Metall, Kunststoff oder Hartgummi, die in Präzisionskugellagern ruhen. (BILDER S. 445)

Rollsiegel, Siegelzylinder aus hartem Stein oder Halbedelstein, mit dem durch Abrollen auf Schrifttafeln u. a. von den Sumerern, Assyrern und anderen Völkern des alten Orients gesiegelt wurde. (BILD babylonische Kunst)

Rollsitz, bei Sportbooten der auf 2 Schienen vor- und rückwärts gleitende Sitz des Ruderers.

Rollsport, Sammelbegriff für →Rollhockey, →Rollkunstlauf, →Rollschnellauf; Dachorganisation für die Bundesrep. Dtl.: Dt. Rollsportbund (DRB), Sitz: Frankfurt a. M.

Rolls-Royce Ltd. [rəulz r'ɔɪs-], Derby, brit. Unternehmen der Kraftfahrzeug- und Flugzeugmotoren-Ind., gegr. 1906 von Ch. S. Rolls (* 1877, † 1910) und F. H. Royce (* 1863, † 1933); nach 1971 wurde die Triebwerkproduktion durch die von der brit. Reg. gegr. ›Rolls-Royce 1971 Ltd.‹, London, die Automobilproduktion durch die ›Rolls-Royce Motors Ltd.‹, Crewe, weitergeführt.

Rollstuhl, für Körperbehinderte bestimmtes Fahrzeug, das entweder von einer Hilfskraft geschoben oder von dem Behinderten selbst bedient wird. Die als Kraftfahrzeug eingerichteten R. unterliegen Beschränkungen; ein durch eigene Muskelkraft bewegter R. darf den Gehweg benutzen.

Rollstuhlsport, Bez. für die sportl. Wettbewerbe, die Behinderte (z. B. Querschnittgelähmte) im Rollstuhl ausführen können; v. a. in der Leichtathletik und im Fechten; auch Ballspiele im Rollstuhl sind mit angepaßten Regeln möglich, z. B. Basketball.

Rolltreppe, Fahrtreppe, Personenbeförderungsmittel aus Stufen, die an einem endlosen umlaufenden Zugmittel hängen und auf beiden Seiten mit Rollen in Schlitzen laufen. Die Stufen entstehen am Zugang und verschwinden am Abgang der Treppe infolge kurvenförmigen Verlaufs der Führungsschlitze.

Rollwerk, Ornament der Spätrenaissance, das sich aus der Verbindung am Rand aufgebogener Schildformen und Spruchbänder des Spätmittelalters mit antikisierenden Schrifttafeln entwickelte. (BILD S. 445)

Rom, ital. **Roma, 1)** Prov. Italiens, in der Region Latium, 5352 km² mit (1981) 3,696 Mio. Ew. **2)** Hptst. der Rep. Italien, der Prov. R. und der Region Latium, (1981) 2,92 Mio. Ew., am Tiber; Sitz der Regierung, des Parlaments sowie der zentralen Gerichtshöfe und Behörden, Sitz des Papstes (→Vatikanstadt). R., nach Madrid die größte Stadt des europ. Mittelmeerraums, ist einer der ältesten und bedeutendsten Kulturmittelpunkte der Welt.

B i l d u n g s e i n r i c h t u n g e n. 2 staatl. Univ. (gegr. 1303 und 1977), private Univ. (gegr. 1945), zahlreiche Fach- und Fachhochschulen (Musik u. a.), Akademie der schönen Künste, Akademie für Wiss. und schöne Literatur, Ital. Geograph. Gesellschaft, Dt. Archäolog. und Dt. Histor. Institut, Österr. und Schweizer. Kulturinstitut, →Villa Massimo; päpstl. Hochschulen: →Gregoriana, 4 weitere Univ., viele Institute, Fakultäten und Akademien (bes. die Päpstl. Akademie der Wiss.); Bibliotheken: Nationalbibliothek, Vatikan. Bibliothek und Archiv, die dt. Bibliotheken des Dt. Archäolog. Instituts, der →Bibliotheca Hertziana und die 1971 gegr. Dt. Bibliothek; Museen: Antikensammlungen des Vatikans, der Kapitolin. Museen, des Thermenmuseums; Gemäldegalerien: Vatikan. Pinakothek, Galleria Borghese, Galleria Nazionale, Galleria d'Arte Moderna u. a.

In der W i r t s c h a f t der Stadt sind v. a. Versorgung der Bev., Verwaltung, Fremdenverkehr, Bauwesen und einige Fertigungsindustrien wichtig. Mehr als 70% der Erwerbsbevölkerung

Rom 2):
Blick auf den Petersplatz, im Hintergrund Engelsburg und Tiber

arbeiten im Dienstleistungssektor. Wichtigste Industriebereiche: mechan., elektron., graph. Betriebe, Mode- und Filmindustrie.

V e r k e h r. Im Eisenbahn- und Luftverkehr ist R. der wichtigste Knotenpunkt Italiens (Bahnhof ›Stazione Termini‹, Flughafen ›Leonardo da Vinci‹ in Fiumicino). Der innerstädt. Verkehr ist sehr stark. Zu den öffentl. Verkehrsmitteln (Busse, Ringbahnen, U-Bahn) ist 1980 eine rd. 14 km lange U-Bahn-Linie hinzugekommen. Hafen von R. ist Civitavecchia.

S t a d t b i l d. Grundriß und Stadtbild der noch heute von der Aurelian. Mauer begrenzten Innenstadt spiegeln die Baugeschichte von fast zweieinhalb Jahrtausenden wider. R. ist auf mehreren Hügeln erbaut (die sieben klass. Hügel sind: Palatin, Kapitol, Quirinal, Viminal, Esquilin, Caelius, Aventin), die heute z. T. nicht mehr sichtbar sind, da ihre Höhenunterschiede durch Kulturschutt vieler Jahrhunderte und Einebnungen verringert wurden. Stadtbestimmend ist der Tiber, der R. von N nach S durchfließt; er trennt die Vatikanstadt und den Stadtteil Trastevere vom Zentrum der Stadt. Seit 1931 wurden planmäßig alte Stadtteile niedergerissen, neue Außenviertel angelegt, neue Ausgrabungen vorgenommen. Durch großzügige Straßendurchbrüche wurden die alten, als archäolog. Zonen von jeder Bebauung ausgeschlossenen Ruinenstätten in eine einheitl. Gesamtwirkung einbezogen. Mittelpunkt ist das Forum Romanum mit den Kaiserforen (→Forum). An der N-Seite des Forums liegen das Nationaldenkmal Viktor Emanuels II. mit dem Grab des Unbekannten Soldaten und die Piazza Venezia mit dem Palazzo Venezia (15. Jh.). Von hier gehen die Hauptstraßen aus: zur Piazza del Popolo die Via del Corso im Zuge der alten Via Flaminia, die Via Nazionale in Richtung Hauptbahnhof, die seit 1932 entstandene Prachtstraße Via dei Fori Imperiali zum Kolosseum, der Corso Vittorio Emanuele über den Tiber zur →Engelsburg und zur →Vatikanstadt mit der Peterskirche hinter dem von den Kolonnaden Berninis umsäumten Petersplatz und dem →Vatikan. Hinter dem Nationaldenkmal erhebt sich das →Kapitol. (Weitere BILDER Borromini, Engelsburg, Forum, Kapitol, Peterskirche)

Rom 2)

B a u t e n u n d G e s c h i c h t e. Die älteste Ansiedlung entstand im 10. Jh., nach neueren Forschungen im 13. Jh. v. Chr. auf dem Hügel Palatin und bald auch auf dem Esquilin. Als Gründungsdatum der Stadt setzte Varro den 21. 4. 753 v. Chr. fest (→Romulus). Nach Errichtung der etrusk. Königsherrschaft vereinigte man mit dem Palatin auch weitere Hügel zur Siebenhügelstadt. Das Forum entwickelte sich zum polit. und gerichtl. Mittel-

rollen 3)

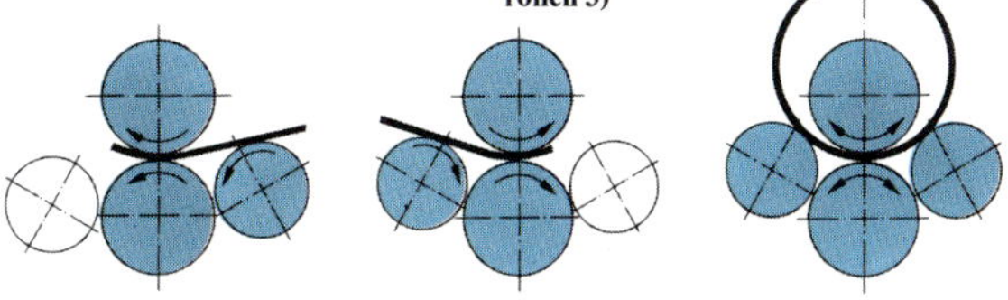

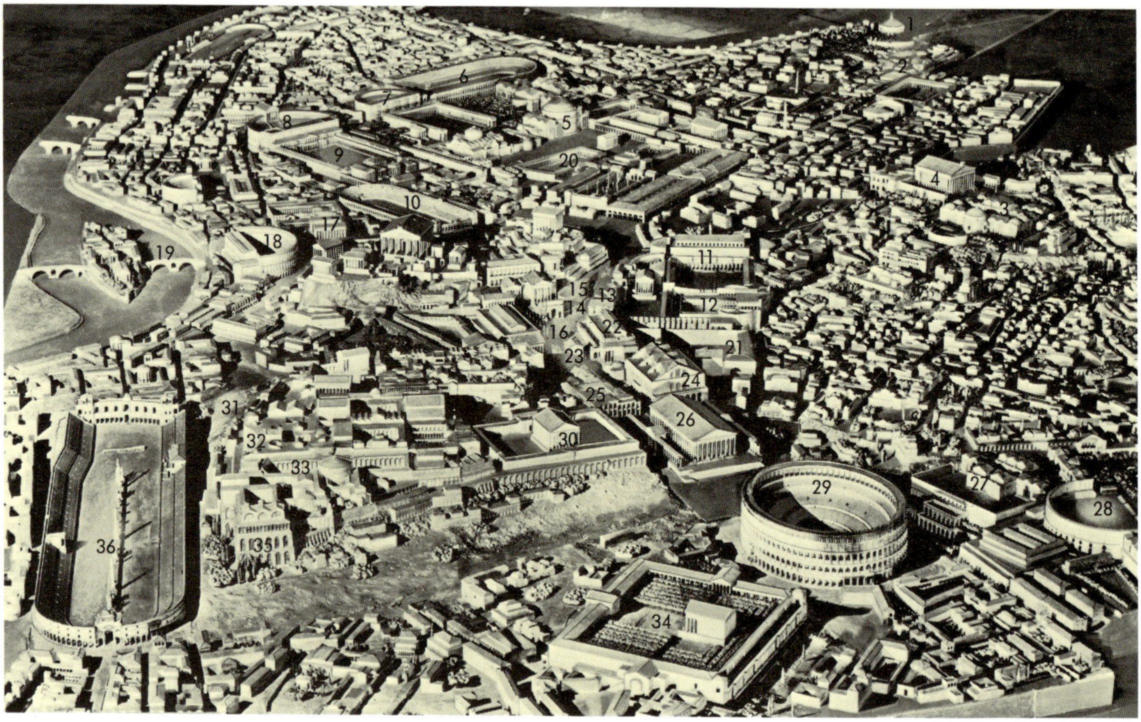

Das antike **Rom** zur Kaiserzeit:
1 Mausoleum Augusti, **2** Ara Pacis Augustae, **3** Thermae Constantini, **4** Templum Serapidis, **5** Pantheon, **6** Stadium Domitiani, **7** Odium Domitiani, **8** Theatrum Pompei, **9** Porticus Pompeiana, **10** Circus Flaminius, **11** Forum Traiani, **12** Forum Augusti, **13** Curia, **14** Arcus Sept. Severi, **15** Carcer, **16** Forum Romanum, **17** Templum Apollinis, **18** Theatrum Marcelli, **19** Pons Fabricius, **20** Saepta Julia, **21** Forum Vespasiani, **22** Templum Antonini et Faustinae, **23** Templum Julii et Rostra Julia, **24** Basilica Constantini, **25** Vestibulum Domus Aureae, **26** Templum Veneris et Romae, **27** Thermae Titianae, **28** Thermae Traianae, **29** Colosseum, **30** Aedes Caesarum, **31** Lupercal, **32** Domus Augustana, **33** Stadium, **34** Porticus et Templum Claudii, **35** Domus Septimii Severi, **36** Circus Maximus

punkt R.s. Am Ende der Königszeit wurde R. wichtigste Kultstätte, der Jupitertempel auf dem Kapitol errichtet und 507 v. Chr. geweiht. Durch die ›Serviusmauer‹ (um 380 v. Chr.) erhielt R. eine starke Stadtbefestigung, die sich 211 v. Chr. bewährte, als Hannibal vor den Toren stand. Appius Claudius Caecus, der Erbauer der →Via Appia, legte die erste städt. Wasserleitung an. G. Flaminius schuf 220 v. Chr. die Via Flaminia. Neben der alten Pfahlbrücke (Pons sublicius) entstand eine Steinbrücke unterhalb der Tiberinsel (Pons Aemilius). Pompeius baute 57 v. Chr. auf dem →Marsfeld das erste steinerne röm. Theater mit grch. Architektur. Caesar weihte 46 v. Chr. eine neue Forumsanlage (Forum Iulium). Architektonisch bemerkenswert wurde R. erst unter Augustus; die bedeutendsten Bauten sind: das neue Forum Augusti, der ›Palast‹ des Kaisers auf dem Palatin, die Tempel des Caesar, des Apoll und des Mars Ultor, das Theater des Marcellus, die Thermen und das →Pantheon des Agrippa, das nach seiner Erneuerung durch Hadrian einzige vollständig erhaltene Gebäude des antiken R., der monumentale Friedensaltar Ara Pacis Augustae, das Haus der Livia auf dem Palatin, das Mausoleum des Augustus auf dem Marsfeld, ferner viele Nutzbauten und Wasserleitungen. In der Kaiserzeit galt R. als schönste und größte Stadt des bekannten Erdkreises mit etwa 600000 bis 2 Mio. Ew. Ein großer Teil der Bev. wohnte in vielstöckigen Mietblocks.

Nach einem Großbrand 64 n. Chr. errichtete Nero zw. Palatin und Esquilin einen riesigen Palastbau, das Goldene Haus (domus aurea). In diese Zeit gehören auch die Foren Nervas und Vespasians, das flavische Amphitheater (→Kolosseum) und der Triumphbogen des Titus. Die Reihe der Kaiserforen wurde durch das prächtige Trajansforum des Architekten Apollodor aus Damaskus mit Basilica Ulpia, Trajanssäule und Triumphbogen abgeschlossen, das die schon vor Caesar geplante Verbindung zw. Forum Romanum und Marsfeld herstellte. Jenseits des Tiber entstand das Grabmal Hadrians (Engelsburg). Von Mark Aurel sind die Mark-Aurel-Säule und ein Reiterstandbild erhalten. Septimius Severus schuf eine mehrstöckige Prachtfassade (Septizonium) unterhalb des Palatin; sein Sohn Caracalla vollendete 217 die vom Vater begonnenen Thermen, die an Größe später nur durch die Thermen Diokletians übertroffen wurden. Unter Aurelianus erhielt R. eine neue, großenteils erhaltene Ummauerung (Aurelian. Mauer). Die Gerichtshalle (Basilika) wurde 312 von Konstantin d. Gr. vollendet. Auf ihn geht auch der Konstantinsbogen zurück. Konstantin stiftete u. a. die erste röm. Bischofskirche (S. Giovanni in Laterano) und eine fünfschiffige Prachtbasilika über dem Petrusgrab (→Peterskirche, um 324 begonnen). Im 4. und 5. Jh. entstanden u. a. die Kirchen S. Paolo und S. Lorenzo fuori le mura und S. Maria Maggiore mit wichtigen Mosaikresten.

Als die Kaiserresidenz 330 nach Konstantinopel verlegt wurde, begann die Entwicklung R.s zu stocken. In der Völkerwanderungszeit wurde die Stadt mehrmals erobert und geplündert (Alarich 410, Geiserich 455, Totila 546). Entscheidenden Anstoß zur weitgehenden Verödung R.s gab die Belagerung durch den Ostgotenkönig Witigis 537/38; die Einwohnerzahl sank auf 30000–40000. – Die Päpste erhielten 754 durch die Pippinsche Schenkung (→Kirchenstaat) die Herrschaft über die Stadt. Zunächst waren sie häufig abhängig von den großen röm. Adelsgeschlechtern. Kirchenneugründungen dieser Zeit blieben der konstantin. Tradition verpflichtet, bei Umbauten wurden z. T. Krypten und Querhäuser eingebaut (S. Prassede, S. Clemente), Apsiden wurden mosaiziert (S. Cecilia). 1084 wurde R. von den Normannen zerstört. Einen tiefen Niedergang brachte das 14. Jh. mit der Übersiedlung der Päpste nach Avignon, für die Baukunst fehlte damit der wichtigste Bauherr und Auftraggeber. R. war zum Ausgang des MA. eine verarmte, ruinöse und verkommene Stadt mit nur 15000 Ew. Das Kapitol wurde zum Ziegenhügel, das Forum zur Kuhweide. Antike Bauwerke dienten als Steinbrüche. Der Versuch Cola di →Rienzos, eine Republik nach altröm. Muster einzurichten, scheiterte.

Erst mit dem Wiedererstarken des Papsttums Mitte des 15. Jh. erlebte R. in der Renaissance einen gewaltigen Aufschwung; eine neue Epoche der Stadtgeschichte begann, in der die Päpste mit Hilfe großer Baumeister und Künstler R. ein neues Gepräge gaben. Den Aufstieg hinderte auch die Erstürmung und Plünderung R.s 1527 durch die Truppen Karls V. (Sacco di Roma) nicht. R. übernahm im 16. Jh. unter den Päpsten Julius II. und Leo X. die künstler. Vormachtstellung in Italien, wenn nicht in Europa (vgl. hierzu die Artikel über ital. Kunst, Sixtinische Kapelle, Peterskirche, Vatikan, Michelangelo, Raffael, Bramante, Caravaggio, Carracci).

Roland am Rathaus von Halberstadt (Aufnahme vor 1945)

Neben den Kirchenneubauten entstanden zahlreiche Paläste (Caprini und Sora von Bramante, Vidoni-Caffarelli und da Brescia von Raffael, Farnesina dei Baullari und Baldassini von A. da Sangallo d. J., Farnesina und Massimo alle Colonne von B. Peruzzi und viele andere). Während der Barockzeit fuhr man in der Bautätigkeit fort (Il Gesù, S. Andrea al Quirinale, S. Carlo alle Quattro Fontane, S. Agnese, S. Maria in Via Lata u. a.: G. L. → Bernini, F. → Borromini, P. da → Cortona). Gefördert wurde die Bautätigkeit v. a. durch die 3 Barockpäpste Urban VIII., Innozenz X. und Alexander VII. Als nach Alexanders VII. Tod (1667) die päpstl. Aufträge zurückgingen, verlagerte sich das Schwergewicht des europ. Kunstzentrums nach Paris. Ein wichtiges Bauwerk im 18. Jh. ist u. a. die Spanische Treppe. Seit dem 18. Jh. erwachte das Verständnis für die Reste des alten R.; es entstanden die ersten Museen. 1798/99 war R. von frz. Truppen besetzt (›Röm. Republik‹), 1809–14 gehörte es zu Frankreich. Seit 1815 hatte die Herrschaft der Päpste in R., bes. 1848/49, mit dem Widerstand der städt. Bev. zu rechnen; angesichts der ital. Einheitsbewegung konnte sie (bis 1870) nur mit Hilfe frz. Truppen aufrechterhalten werden.

Am 20. 9. 1870 drangen ital. Truppen in R. ein, und am 1. 7. 1871 wurde R. zur Hptst. des Kgr. Italien erklärt. Die Bevölkerung nahm rasch zu (1870: rd. 200000, 1901: 416300). Der Tiber, unter dessen Überschwemmungen R. jahrhundertelang gelitten hatte, wurde reguliert, die Altstadt z. T. abgerissen und von großen Verkehrsadern durchbrochen. 1921 war die Bewohnerzahl auf 655000, 1931 auf 859000, 1951 auf 1,5 Mio. gestiegen. Zw. den beiden Weltkriegen gab B. Mussolini dem Stadtbild ein neues Gepräge: Durchbruch der Via della Conciliazione durch den Borgo (Stadtviertel zw. Tiber und Vatikan), Ausgrabungen am Forum, Anlage der Prachtstraße Via dei Fori Imperiali u. a. Durch die → Lateranverträge wurde 1929 die Vatikanstadt geschaffen. Im 2. Weltkrieg war R. ›offene Stadt‹, doch wurden Außenbezirke mehrmals von den Alliierten bombardiert. Am 4. 6. 1944 zogen die Alliierten in die Stadt ein, die von den dt. Truppen nicht verteidigt und so vor größeren Schäden bewahrt wurde. Der große Bevölkerungszustrom nach dem 2. Weltkrieg führte zu einer starken Ausdehnung der Stadt. Einige öffentl. Gebäude wurden in der Architektur internat. richtungweisend (z. B. Hauptbahnhof Termini).

ROM, Abk. für **Read Only Memory** [ri:d 'əunlı m'emərı, engl.], Halbleiter-Festwertspeicher (→ Speicher) für die elektron. Datenverarbeitung.

Röm, dän. **Rømø** [r'œ:mø:], größte dän. Nordseeinsel, 145 km², (1978) 800 Ew., mit dem nordschleswigschen Festland durch einen 9 km langen Straßendamm verbunden.

Röm., Abk. für **Röm**erbrief (N. T.).

Roma [r'əumə], Ort in W-Lesotho, südöstlich von Maseru, 1862 gegr.; Sitz der National-Univ. Im **Roma-Tal** Felsbilder.

Roma, *Sg.* der **Rom**, -, Eigenbez. von → Zigeunern.

Romadur [frz.] *der, -(s),* Weichkäse aus Schafsmilch (Pyrenäen) oder Kuhmilch (Allgäu) in allen Fettstufen (20% Fett i. T. und mehr).

Romagna [-ɲa], histor. Landschaft in Norditalien, zw. Apenninkamm und Adriaküste, umfaßt u. a. den östl. Teil der Region → Emilia-Romagna. – Der Name R. erscheint seit der langobard. Eroberung und bezeichnete (i. Ggs. zur ›Langobardei‹) das unter byzantin. Herrschaft verbliebene Gebiet. Obwohl das Papsttum durch die Pippinsche Schenkung in den Besitz der R. gekommen war, konnte es seine Gewalt über die einzelnen Herrschaften und autonomen Städte der R. nicht durchsetzen. Erst Cesare Borgia gelang es, vorübergehend ein Staatswesen zu begründen (1499 bis 1503). Papst Julius II. gewann dann die R. für den Kirchenstaat.

Romains [rɔm'ɛ̃], J u l e s, eigtl. Louis **Farigoule** [-g'ul], frz. Schriftst., * Saint-Julien-Chapteuil (Haute-Loire) 26. 8. 1885, † Paris 14. 8. 1972, Hauptvertreter des → Unanimismus. Sein Werk zeigt das Schwanken des Individuums zw. Einsamkeit und dem Aufgehen im Kollektiv. R.' Hauptwerk ist der Zyklenroman ›Die guten Willens sind‹ (27 Bde., 1932–47), in dem er durch filmartige Montage von Vorgängen die Kollektivseele einer Stadt (Paris) und einer Epoche darzustellen unternahm. R. verfaßte auch Gedichte und Schauspiele (bes. bekannt die Ärztesatire ›Dr. Knock oder Der Triumpf der Medizin‹, 1923). In politisch-philosoph. Schriften trat er für den Zusammenschluß Europas ein.

WW: *Romane:* Jemand stirbt (1911); Kumpane (1913); Eine geheimnisvolle Dame, 2 Bde. (1957/58); Die Erlebnisse der Madame Ch., 2 Bde. (1959/60); Ein ehrenwerter Herr (1961).

Roman [frz.] *der, -s/-e,* Gatt. der erzählenden Dichtung. Der R. zeigt, i. Ggs. zum → Epos, mehr die individuell gestaltete Einzelpersönlichkeit, die einer problematisch gewordenen Welt gegenübertritt. Im Ggs. zur Novelle wird nicht ein einzelnes herausragendes Ereignis dargestellt, sondern ein breiter Lebensausschnitt oder das Lebensganze einer oder mehrerer Personen, oft in Verbindung mit ihrer sozialen Umwelt. Der R. bedient sich (außer im Hoch-MA.) der Prosa und kann alle Darstellungsarten in sich aufnehmen, wie Bericht, Beschreibung, Gespräch, Monolog, Brief, wobei der Verfasser in epischer Objektivität zurücktreten oder sich als erklärender, reflektierender, ironisierender Sprecher einschalten kann. Stofflich (zugleich oft auch gehaltlich) unterschieden hat man z. B. → Abenteuerroman, → Staatsroman, → Schelmenroman, Gesellschaftsroman, historischen Roman, Kriegsroman (→ Kriegsliteratur), Heimatroman (→ Heimatkunst), mehr formtechnisch Ichroman, Briefroman (R. in Briefen), Zyklenroman u. a. Besondere Bedeutung erlangte in der dt. Literatur der Bildungsroman, in dem die bewußte, auf ein Bildungsziel gerichtete Auseinandersetzung mit dem Weltgeschehen zu einer seel. und geistigen Formung des Menschen führt. Die Übergänge zum Entwicklungsroman, der das Reifen natürl. Gegebenheiten darstellt, und zum Erziehungsroman, der eine pädagog. Theorie an einem prakt. Beispiel entwickelt, sind fließend.

G e s c h i c h t e. Der Name R. bezeichnet im hochmittelalterl. Frankreich zunächst jedes in der Landessprache (altfrz. ›romanz‹) geschriebene Werk, i. Ggs. zum gelehrten Schrifttum in lat. Sprache. Seit dem 13. Jh. läßt sich eine Anwendung auf Erzählungen in Vers und Prosa nachweisen, Ende des 13. Jh. wird der Ausdruck auf die Prosaerzählung begrenzt. Der neuzeitliche Prosa-R. entstand aus der Auflösung der mittelalterl., häufig noch zum Epos gerechneten ritterl. Vers-R. (→ Volksbücher; unter deren Einfluß auch F. Rabelais). Aus der Parodie der Ritter-R. (Amadis von Gaula) erwuchs der Don Quijote von Cervantes. An den spätgrch. R. (mit der für die Gattung lange kennzeichnenden Thematik von Erotik, Abenteuer, Exotik; Heliodor, Longus) knüpfen die heroisch-galanten und Schäferromane (→ Schäferdichtung) an, gegen deren Geziertheit und Idealisierung sich der derbe Realismus der Schelmen-R. (pikareske R., in Dtl. v. a. H. J. Ch. von Grimmelshausen) wendet. Ein Seitentrieb des R. ist die → Utopie. Im 18. Jh. entstanden neue R.-Formen: die Robinsonaden (→ Robinson Crusoe), die später von den modernen Abenteuer-, See- und exotischen R. abgelöst wurden, der empfindsame Brief- und Familienroman (S. Richardson, J.-J. Rousseau, Goethes ›Werther‹), der humorist. R. (H. Fielding, L. Sterne, Ch. M. Wieland, Jean Paul; später Ch. Dickens), der philosoph. R. (Voltaire, Ch. M. Wieland), der satirische R. (J. Swift) und der sentimentale Reise-R. (L. Sterne), der → Räuberroman und der Schauerroman (→ Gothic novel). Im 19. Jh. wurden bes. gepflegt die auf Wieland und Goethe (›Wilhelm Meister‹) zurückgehenden Formen des Bildungsromans und des Entwicklungs-R., der geschichtl. R. (W. Scott) und der realistische, später naturalistische R., der die zeitgenöss. Gesellschaft kritisch darstellt (Stendhal, H. de Balzac, G. Flaubert, É. Zola, N. Gogol, L. Tolstoj, F. Dostojewskij); neben diesem, z. T. mit ihm identisch, bildete einen Schwerpunkt des Romanschaffens der psycholog. R. Als wichtige Sonderform entstand der Kriminalroman (→ Kriminalgeschichte). Seit Ausgang des 19. Jh. machen sich im R. Wandlungen in der Formstruktur bemerkbar, die die Handlung immer stärker zurücktreten lassen, z. B. die Spiegelung von Personen in anderen Personen bei H. James, die Bewußtseinskunst (→ innerer Monolog) bei J. Joyce, die dem Film nachgebildete Technik der Einblendung bei J. Dos Passos, die Auflösung der Zeit- und Raumkontinuität bei M. Proust, die Darstellung existentieller Weltentfremdung bei F. Kafka. Eine neue Wendung zum Experimentellen, zur Suche nach der Wirklichkeit mit den Mitteln der Sprache, unternahm der frz. → Nouveau roman. – Vgl. auch den Artikel deutsche Literatur sowie die Literaturartikel der einzelnen Länder.

Roman [lat. Romanus ›der Römer‹], männl., **Romana**, weibl. Vorname.

Roman [r'u:-], J o h a n H e l m i c h, schwed. Musiker, * Stockholm 26. 10. 1694, † Haraldsmåla bei Kalmar 20. 11. 1758; Orchesterwerke, Instrumentalkonzerte, Kirchen- und Kammermusik.

Romancero [-θ'ɛro, span.], der → Romanzero.

Romancier [rɔmãsj'e, frz.] *der, -s/-s,* Romanschriftsteller, Erzähler.

Roman de la Rose [rɔm'ã dəlar'o:z] **Rosenroman,** altfrz. allegor. Versroman. Der unvollendete erste Teil, um 1236 von Guillaume de Lorris verfaßt, ist Höhepunkt und Ende der höfisch-didakt. Liebesliteratur; der zweite, umfangreichere Teil, um 1275 von Jean de Meung, ist als Kompilation zeitgenöss. philosoph. Tendenzen und als Satire höf. und scholast. Anschauungen bedeutend.

Romanen *Pl.,* die Völker, deren Sprachen dem Lateinischen entstammen: Portugiesen, Spanier, Katalanen, Provenzalen, Franzosen mit Wallonen, Sarden, Italiener, Rätoromanen mit Ladinern und Friaulern, Rumänen. *Adj.* **romanisch.**

Romanesca [ital.] *die, -,* eine um 1600 oft in Instrumental- und Vokalwerken als Basso ostinato verwendete Liedmelodie.

romanhaft, 1) breit ausgesponnen (Erzählungsweise). **2)** abenteuerlich, unwirklich.

Romanik [von lat. romanus ›römisch‹] *die, -,* der auf die karoling. Kunst folgende Stil, der von der Gotik abgelöst wurde (950 bis um 1200). Die Frühromanik in Dtl. unter den sächs. Kaisern wird

Rollschuh für Rollkunstlauf

Rollschuh für Rollhockey

Rollwerk: Türkonsole am Marburger Schloß, 1752

Jules Romains

Romanik: Kapitell der ehem. Klosterkirche in Spieskappel; um 1200

Romanik: Christuskopf (?), Glasfenster aus der Abtei Weißenburg/Unterelsaß, Ende des 11. Jh. (Straßburg, Musée de l'Œuvre Notre-Dame)

→ottonische Kunst genannt, die Hochromanik →salische Kunst, die Spätromanik →staufische Kunst. Ihre höchsten Leistungen brachte die R. in den roman. Ländern und in Dtl. hervor. Die Bez. kam in Anlehnung an den älteren Begriff ›Romanische Sprachen‹ um 1820 in Frankreich auf. Sie erklärt sich daraus, daß die R. röm. Bauformen (Rundbogen, Säule, Pfeiler, Gewölbe) übernahm und weiterbildete.

Die roman. Baukunst ist die erste seit der Antike, in der das christl. Abendland architektonisch als Einheit erscheint. Von den Bauten der vorangegangenen Zeiten unterscheidet sich die hoch- und spätroman. Architektur durch die einheitl. Durchgestaltung des ganzen Baukörpers, in dem sich nach dem schon in der karoling. und bes. der otton. Kunst erkennbaren Prinzip der Gruppierung rechteckige und runde, längs- und quergerichtete, lagernde und aufstrebende Teile zu einem vielgliedrig monumentalen Ganzen verbinden (BILD Maria Laach). Auch kamen zu den oberird. Räumen des Kirchenbaus die unterirdischen der →Krypta hinzu. Der frühroman. Kirchenraum war noch flach gedeckt. Im späten 11. Jh. begann sich etwa gleichzeitig in Dtl., Frankreich und der Lombardei die Wölbung durchzusetzen. Dem Kreuzgratgewölbe folgte das Kreuzrippengewölbe; in Frankreich wurden außer diesen das Tonnengewölbe, in einzelnen Landschaften, bes. in Aquitanien, auch Kuppeln verwendet. Doppelchörige Kirchen wurden bes. in Dtl. gebaut.

Die klar gestalteten Grundformen der Mauermassen wurden gegliedert durch Sockel, Lisenen, Pilaster, Halbsäulen, Gesimse und Zwerggalerien, das Innere der Kirchen durch den rhythm. Stützenwechsel der Arkaden, durch Emporen, Triforiengalerien. Zu reicher Vielfalt entwickelten sich die Ornamentfriese an Wänden, Portalen, Fenstern und die plast. Ausgestaltung der Kapitelle. Von weltl. Baukunst zeugen v. a. die stauf. Kaiserpfalzen.

Von der Plastik der otton. Kunst sind wie aus karoling. Zeit vorwiegend kleinplast. Arbeiten bekannt. Die seit dem 11. Jh. häufigeren größeren Werke waren zunächst meist Reliefs, abgesehen v. a. von Kultbildern, bes. der thronenden Maria mit dem Kind, z. B. Madonna des Bischofs Imad. Auch die frei stehenden Bildwerke zeigen die Herkunft aus dem Relief. Daß sie sich aus der Bindung an die Fläche entwickelten, kennzeichnet die Bildhauerkunst der R., die v. a. Architekturplastik war, in Frankreich mehr am Außenbau, bes. an den Portalen, in Deutschland mehr im Innenraum (Chorschranken, Taufsteine u. a.). Zu den bedeutendsten zukunftweisenden Schöpfungen gehören die Tympanonreliefs und die Gewändefiguren der Portale; v. a. die vollplastisch gearbeiteten ›Säulenfiguren‹ (Chartres, W-Fassade), die die Grundlage für die got. Figur schufen. Neben Stein- gab es Holzbildwerke wohl in weit größerer Zahl, als die erhaltenen Beispiele erkennen lassen, v. a. Kruzifixe, Kreuzigungsgruppen, Marienbildwerke. Hoch entwickelt waren Goldschmiedekunst und Bronzeplastik (Kirchentüren, Taufbecken, Kruzifixe, kirchl. Gerät und Grabplatten).

Von der roman. Malerei sind v. a. Wandmalereien erhalten. Die Kirchen waren ausgemalt mit Fresken aus dem Alten und Neuen Testament und der Heiligenlegende, von denen vollständige Zyklen nicht erhalten sind. Dem urspr. Zustand am nächsten kom-

Romanik: Das Martyrium des Hl. Blasius; Wandmalerei in der Apsis der Kapelle vom Berzé-la-Ville (Burgund), Mitte des 12. Jh.(?)

men span. Fresken (Barcelona, Katalan. Museum; León, S. Isidoro, u. a.), die Fresken von Sant'Angelo in Formis bei Capua, von St. Savin bei Poitiers, in Prüfening bei Regensburg und in der Doppelkirche von Schwarzrheindorf; sie zeichnen sich durch Expressivität bei strenger Stilisierung aus. Die Größenverhältnisse der Menschen und Dinge richten sich nach der Bedeutung, nicht nach der Wirklichkeit. In Italien entstanden außer Wandmalereien von der byzantin. Kunst abhängige Mosaiken (S. Marco, Venedig; Capella Palatina, Palermo; Monreale). Von der roman. Tafelmalerei sind nur wenige Beispiele erhalten, dagegen sind Zeugnisse der →Buchmalerei in großer Menge vorhanden. Aus roman. Zeit stammen auch die ersten bed. Leistungen der Glasmalerei. Vgl. ferner die Artikel über die Kunst der einzelnen Länder. (Weitere BILDER S. 447)

romanische Sprachen, Sprachen, die auf dem Boden des Röm. Reichs aus dem Lateinischen hervorgegangen sind. Es gibt heute 9 r. S.: Portugiesisch, Spanisch, Katalanisch, (Nord-)Französisch und Südfranzösisch (Provenzalisch), Sardisch, Italienisch, Rätoromanisch, Rumänisch. Beträchtlich erweitert wurde das Gebiet der r. S. im Entdeckungszeitalter, als das Französische, das Spanische und das Portugiesische nach Afrika, Asien und Amerika getragen wurden.

Entwicklung. Das Lateinische differenzierte sich seit dem 5. Jh. in den versch. Teilen des Röm. Reichs. Das Besondere an der Entwicklung ist, daß die Grundsprache, das Lateinische, weiter bestand als Sprache der Kirche, der Gelehrten, der Rechtsprechung und Verwaltung. So konnten die r. S. – mit Ausnahme des Rumänischen, für das das Kirchenslawische die Rolle des Kirchenlatein spielt – laufend ihren Wortschatz durch Entlehnung aus dem Lateinischen bereichern, ohne damit Fremdes zu übernehmen. Bei der Entwicklung des Lateinischen zu den r. S. haben sich Lautstand und Syntax am meisten, Morphologie und Wortschatz im Verhältnis weniger verändert; der Wortschatz ist im wesentlichen lateinisch.

Romanismus *der, -,* die v. a. in der niederländ. Malerei des 16. Jh. vorherrschende Richtung, die sich die röm. Antike und die ital. Kunst zum Vorbild nahm (J. Gossaert, B. van Orley, J. van Scorel, M. van Heemskerck u. a.).

Romanist *der, -en/-en,* **1)** Kenner der roman. Sprachen und Literaturen. **2)** Kenner des röm. Rechts.

Romanistik *die, -,* **1)** die Wiss. vom röm. Recht. **2)** die Wissenschaft von den →romanischen Sprachen und den roman. Literaturen. Eine **romanische Sprachwissenschaft** im heutigen Sinn entstand Anfang des 19. Jh. in Dtl., als mit Hilfe der von F. Bopp entwickelten vergleichenden und histor. Methode der Zusammenhang der roman. Sprachen erkannt wurde. Lehre und Werk von F. Diez regten um die Mitte des 19. Jh. auch in den roman. Ländern die roman. Sprachwissenschaft an (z. B. in Frankreich G. Paris, P. Meyer). Ende des 19. Jh. entstand das grundlegende Werk W. →Meyer-Lübkes. Richtungweisend wurden Anfang des 20. Jh. die Arbeiten F. de Saussures (synchron. Sprachwiss.). Gegen die um

Romanik: LINKS Speyerer Dom, Mittelschiff gegen Osten, 11.–12. Jh.; RECHTS Wormser Dom von Westen, um 1234

die Jahrhundertwende stark positivistisch orientierte Sprachwissenschaft setzte sich im Bereich der R. bes. durch K. Voßler, E. Lerch und L. Spitzer eine idealist. Auffassung der Sprache durch. Die neueren Strömungen der funktionellen und strukturellen Sprachwissenschaft vertreten u. a. in Dtl. H. Lausberg und H. Weinrich. - Die **romanische Literaturwissenschaft** erhielt ihren entscheidenden Anstoß in der dt. Romantik, die sich mit älterer roman. Dichtung beschäftigte (F. und A. W. Schlegel, L. Tieck, J. Grimm und L. Uhland). Auf diesem Feld arbeiteten F. Diez, G. Paris und R. Menéndez Pidal weiter. Seit der Wende zum 20. Jh. trat hierzu die Erforschung einzelner, nunmehr auch neuerer Autoren und Epochen (H. Morf, K. Voßler, E. R. Curtius, E. Auerbach, H. Friedrich u. a.). Für die jüngste Entwicklung ist die Verbindung mit strukturalist. und gesellschaftswissenschaftl. Forschung kennzeichnend.

Romano, Giulio, ital. Maler, → Giulio Romano.

Romanow, russ. Herrscherdynastie, die 1613–1730/62 regierte. Ahnherr ist der Moskauer Bojar A. I. Kobyla (Mitte 14. Jh.), nach dessen Sohn F. A. Koschka sich die Familie zunächst Koschkin nannte. Vom Beginn des 16. Jh. an hieß sie Sacharin-Jurjew und seit Ende des 16. Jh. R., da Anastasia, die Tochter Roman Jurjewitschs, den Zaren Iwan IV. geheiratet hatte und ihr Bruder Nikita Romanowitsch eine hervorragende Stellung am Zarenhof einnahm. Dessen Sohn Fjodor Nikitisch R. (* um 1553, † 1633) unterlag nach dem Aussterben der Rurikiden (1598) Boris Godunow im Streit um den Thron. 1613 setzten die zahlreichen Anhänger der R. die Wahl von Fjodor Nikitischs Sohn → Michael 3) zum Zaren durch. Ihm folgten Aleksej Michajlowitsch, Fjodor III. Aleksejewitsch und Peter der Gr. Die Dynastie starb in männl. Linie 1730 mit Kaiser Peter II., dem Enkel Peters des Gr., und in direkter weibl. Linie 1762 mit Elisabeth Petrowna, der Tochter Peters des Gr., aus. Den Thron bestieg Peter III., ein Sohn Annas, der älteren Tochter Peters des Gr. und des Herzogs Karl-Friedrich von Schleswig-Holstein-Gottorp, der den Namen als R.-Holstein-Gottorp fortsetzte.

Romanow, Grigorij Wassiljewitsch, sowjet. Politiker, * Sichnowo (heute Borowitschkoje) 7. 2. 1923, Diplomingenieur, seit 1976 Vollmitgl. des Politbüros des ZK der KPdSU, seit 1983 ZK-Sekretär (Zuständigkeitsbereich: Industriepolitik).

Romanshorn, Gem. im Kt. Thurgau, Schweiz, (1980) 7900 Ew., am Südufer des Bodensees; Maschinen-, Metall-, Kunststoff-, Elektrogeräte- u. a. Ind.

Romanik: Der Hl. Audemarus und sein ungehorsamer Diener; Buchmalerei, 2. Hälfte des 11. Jh. (St.-Omer, Bibliothèque Municipale)

Romantik [engl. romantic, frz. romantique, urspr. ›romanhaft‹] *die, -,* allg. eine zum Gefühlvollen, Wunderbaren, Märchenhaften und Phantastischen neigende Weltauffassung und -darstellung; bes. eine geistes- und stilgeschichtl. Epoche, die um die Wende zum 19. Jh. Aufklärung und Klassizismus ablöste. Ihr Höhepunkt kann in Dtl. gesehen werden (→ deutsche Literatur).

Vorbereitende ›präromantische‹ Erscheinungen waren in Frankreich okkultist. und theosoph. Unterströmungen, ferner Werke von D. Diderot, J.-J. Rousseau u. a., in England solche von E. Young, A. A. C. Shaftesbury, Th. Gray, J. Macpherson (→ Ossian), die Wendung zur alten Volkspoesie bei Th. Percy, in Dtl. die Gefühlskultur des → Pietismus und der → Empfindsamkeit, die Wendung zur Volkspoesie bei G. A. Bürger und dem Hainbund, Genielehre und Subjektivismus des Sturm und Drang. Bes. Herder (Volkspoesie, Organismusgedanke, Wendung zur Geschichte) nahm wesentl. Momente der Romantik vorweg.

Romanik: S. Miniato al Monte, Florenz; um 1070–1093, 1128–1150

In Literatur und Philosophie vertrat die romant. Bewegung eine Welt- und Lebensanschauung, die das Dasein als ewiges Werden, das einzelne als Ausdruck eines Unendlichen ansieht. Die Philosophie war betont spekulativ, häufig naturphilosophisch orientiert (F. W. J. Schelling, L. Oken, H. Steffens, F. Schleiermacher), oder schuf neue Sinnbilder und Analogien, um die unendliche Bewegung des Universums zu erfassen. Dem Un- und Unterbewußten (C. G. Carus) und der ›Nachtseite der Natur‹ (Mesmerismus, Magnetismus u. a.) wurde wachsende Aufmerksamkeit zugewandt. Als Ziel der Kunst galt bes. der dt. Romantik die Verwandlung der Welt in Seele und Geist durch die von Sehnsucht nach dem Unendlichen bewegte Phantasie (F. Schlegel). Als Kunstmittel bevorzugte die R. ›offene‹ Formen (Roman, Fragment, Essay) und hob die Grenzen zw. den Gattungen und Künsten auf (V. Hugo).

Gesellschaftlich führte der romant. Subjektivismus zur Infragestellung sozialer Konventionen, zur Auffassung des Lebens als Kunstwerk; auch Frauen hatten Einfluß (Karoline Schelling, Dorothea Schlegel, Bettina v. Arnim, Rahel Varnhagen u. a.).

In Staats- und Wirtschaftslehre vertrat die romant. Richtung den strenggeordneten Gemeinschaftsstaat mit dem Ziel der ständ. Wirtschaftsverfassung des MA. (Adam Müller, J. Görres, F. X. v. Baader, F. Gentz). Der Widerstand gegen die einsetzende kapitalist. Entwicklung verhärtete sich in der Spätromantik schließlich zur völligen Ablehnung der industriellen Bewegung.

Drei Phasen der R. lassen sich in Dtl. unterscheiden. In der **Früh-R.** (etwa 1798–1802, Mittelpunkte Jena und Berlin) führt die romant. Haltung zunächst zu einem gesteigerten Ichbewußtsein (Subjektivismus), einer Verherrlichung des souverän gestaltenden Geistes, so bei F. Schlegel. Ausdruck dieser Geistigkeit und des Bewußtseins, daß das Unendliche nicht in einer fest umgrenzten Form zu fassen sei, ist die ›romantische Ironie‹. Die **Hoch-R.** (Mittelpunkte Heidelberg und Berlin) und die **Spät-R.** (Mittelpunkte Dresden, Schwaben, München und Wien) entwickelten daraus die Überzeugung, daß die schöpfer. Kräfte in der Gemeinschaft zu suchen seien, im Volksgeist und seinen Äußerungen: Sprache, Dichtung, Mythos, Recht u. a. Die R. wandte ihr Interesse der Volksdichtung zu, ferner dem volkstümlichen Recht (J. Grimm) und der Sprache als einem unbewußt geschaffenen Gemeinschaftsgebilde (Begründung der germanist. Sprachwissenschaft durch J. Grimm, der romanist. durch F. Diez u. a.). Dem Einfühlungsvermögen der R. für fremdsprachige Dichtung sind die vielfach noch heute unübertroffenen Übersetzungen (Dante, Calderón, Cervantes, Shakespeare) zu danken. Mit der Hinwendung zur Volksdichtung und der Sehnsucht nach dem Ursprunghaften der Vergangenheit verband sich eine neue Hochschätzung des MA., dessen religiös gebundene Einheit als Ideal erschien; so wurden die histor. Wissenschaften gefördert, einige (Mythologie, Rechtsgeschichte) ins Leben gerufen. Politisch vertrat die R., bes. unter dem Eindruck Napoleons und der Freiheitskriege, den Nationalgedanken, oft ins Europäische erweitert (der junge Görres). Bes. in der ausgehenden R. schlug der Sinn für geschichtl. Vergangenheit und Überlieferung in eine betont konservative, oft (i. Ggs. zur liberalen Bewegung der Zeit) reaktionäre Haltung um, die sich z. T. der Restauration nach 1815 auch politisch zur Verfügung stellte. Andererseits blieb die Spät-R. in Dichtung, Kunst und Wissenschaft bis über 1830 hinaus schöpferisch; in ihren Spätwerken verschmolz sie mit dem anbrechenden Realismus.

Romanik: Alpirsbacher Lesepult; 12. Jh. (Freudenstadt, Stadtkirche)

Romanik: Christus in der Mandorla, Relief im Chorumgang in St. Sernin in Toulouse; um 1096

Im Ausland wirkte die dt. R. auf romant. Bewegungen bes. in England (W. Wordsworth, S. T. Coleridge, Lord Byron, J. Keats, P. B. Shelley, W. Scott), Frankreich (Chateaubriand, V. Hugo, A. de Lamartine, A. de Vigny, A. de Musset, George Sand), Italien (N. Foscolo, A. Manzoni, G. Leopardi), Spanien (J. de Espronceda y Delgado, J. Zorrilla), Skandinavien (A. G. Oehlenschläger, H. Chr. Andersen, E. Tegnér), Rußland (A. S. Puschkin, M. J. Lermontow), Polen (A. B. Mickiewicz, J. Słowacki, Z. Krasiński), im tschechischen und slowak. Bereich (J. Kollár, K. H. Mácha).

In der Musik sah die romant. Anschauung eine autonome Tonwelt, die bes. subjektive Gefühle und Stimmungen ausdrücken sollte. Satztechnisch knüpften die Romantiker z. T. an die vorklass. Musik (Spohr), z. T. an die Wiener Klassik an, so bes. Schubert, der (bei romant. Grundhaltung) die Klassik eigenständig fortsetzte. Er wurde auch zum Schöpfer des neueren dt. Lieds. Nach Weber und Marschner verblaßte die dt. romant. Oper und verbürgerlichte (Lortzing). Die zweite romant. Generation (Chopin, Schumann, Mendelssohn-Bartholdy u. a.) pflegten bes. die Instrumental-(v. a. Klavier-)Musik. In Frankreich begründete Berlioz die romant. Programmusik, Liszt führte sie fort. Wagner wurde – bes. durch seine differenzierte Harmonik – zum repräsentativsten Meister der romant. Musik. Über Brahms und Bruckner reichen spätromant. Ausläufer bis zu Pfitzner, Strauss, Reger, Mahler und Schönberg.

Von der Literatur wurde der Stilbegriff R. auf die bildende Kunst übertragen. Aus den Strömungen der Epoche (Verbindung mit der Natur, Zuwendung zu Geschichte, Religion, Volksleben u. ä.) ergaben sich für die Kunst neue Themen und auch neue Bewertungen alter Themen. Kennzeichnend ist weniger ein gemeinsames positives Merkmal als das negative einer Distanzierung vom vorherrschenden Klassizismus. Das markanteste Phänomen der romant. Architektur ist die →Neugotik. Durch die Hinwendung zur Architektur der Vergangenheit schuf die R. die Grundlagen der Denkmalpflege. Stärker prägte sich die R. in der Malerei aus. Auch sie war der Vergangenheit zugewandt (→Nazarener, →Präraffaeliten), fand aber in der Landschaftsdarstellung unmittelbaren Ausdruck romant. Welterlebnisses, am vollkommensten in den Werken C. D. Friedrichs (BILD). Sein naturreligiöser Symbolismus war durch Ph. O. Runges (BILD) sinnbildhaft figürl. Gestaltung (Folge der Tageszeiten) vorbereitet worden; auch F. Olivier, K. Blechen und C. Rottmann gelangten zu einer symbol. Ausdeutung der Landschaft. Die Künstler der späteren R., v. a. M. v. Schwind (BILD) und J. L. Richter, wandten sich der Darstellung von Märchen und Sage zu. Für die Maler der frz. R. blieb die menschl. Gestalt entscheidend, romantisch waren Themen, leidenschaftl. Ausdruck und farbenfreudiger Stil, u. a. E. Delacroix (BILD), Th. Géricault (BILD). In England schuf W. Blake (BILD) eine dichterisch inspirierte figürl. Kunst; W. M. Turner (BILD) und J. Constable (BILD) wurden mit ihren atmosphär. Landschaftsbildern zu Anregern des Impressionismus.

Romantik:
OBEN Karl Friedrich Schinkel, Der Dom; 1815 (West-Berlin, Staatl. Museen).
UNTEN Caspar David Friedrich, Mönch am Meer; 1809–10 (West-Berlin, Schloß Charlottenburg, Schinkel-Pavillon)

Romanze [altfrz. romanz ›in roman. Volkssprache‹] *die, -/-n,* **1)** kürzere episch-lyr. Dichtung in der Art der spanisch-portugies. Volksromanzen (urspr. Preislied auf einen Glaubens- oder Freiheitshelden). Die span. R. erscheint zuerst im Druck im 16. Jh. auf einzelnen Blättern: Verse von 16 Silben, durch Assonanz zusammengehalten. Gleiche oder ähnliche Versform zeigen die portugies. und katalan. R. Ursprung und Alter der spanisch-portugies. R. sind nicht völlig geklärt. Man hat sie für Bruchstücke alter Epen gehalten oder das Vorhandensein von R. für das ganze MA. angenommen. Im 16. Jh. kamen die ›Kunst-R.‹ und die ›gelehrte R.‹ auf. Die Barock-R. (seit 1580, Dichter u. a. Lope de Vega, Góngora y Argote, Quevedo y Villegas) brachte neue Typen der R., so die ›Schäfer-R.‹, ›Schelmen-R.‹ und die ›religiöse R.‹. Die Romantik griff Art und Form der volkstüml. R. wieder auf. Im 20. Jh. knüpfte F. García Lorca an diese Tradition an.

In Dtl. ahmte J. W. L. Gleim frz. R. nach und glich sie dem zeitgenöss. Bänkelsang an. Mit Herders ›Der Cid‹ wurde die R. in Dtl. eine gehobene Dichtungsform, die in der Romantik ihren Höhepunkt fand (F. Schlegel, L. Tieck, F. de la Motte Fouqué, C. Brentanos ›R. vom Rosenkranz‹, H. Heines ›Atta Troll‹).

2) ♪ die Vertonung einer R. für eine Singstimme mit Instrumentalbegleitung (span. Lautenromanzen), auch für Chor; in der Instrumentalmusik seit F. J. Gossec (1761) ein stimmungsvolles, frei gestaltetes Musikstück von schwärmer. Grundhaltung, bes. als langsamer Sinfoniesatz, Konzertstück für Violine und Orchester (L. v. Beethoven) oder Klavierstück (R. Schumann). **3)** Ü Liebeserlebnis.

Romanzero *der, -s/-s,* span. **Romancero** [-θ'ɛro], Sammlung episch-lyrischer Volkslieder (Romanzen).

Rombach, frz. **Rombas** [rɔ̃b'a], Gem. im frz. Dép. Moselle, (1982) 11700 Ew.; Hüttenwerke.

Rombach, Otto, Schriftst., * Heilbronn 22. 7. 1904, † Bietigheim-Bissingen 19. 5. 1984, histor. Romane: ›Adrian der Tulpendieb‹ (1936), ›Der junge Herr Alexius‹ (1940), ›Der gute König René‹ (1964), ›Der goldene Meilenstern‹ (1984).

Romeo, ital. **Romeo** [›Rompilger‹], männlicher Vorname.

Romeo und Julia, Trauerspiel von W. Shakespeare (1597), die Geschichte vom Liebespaar aus miteinander verfeindeten Familien. Sie ist urspr. das Thema mehrerer ital. Novellen und wurde in den meisten europ. Literaturen behandelt. Nach Shakespeare schufen Opern: V. Bellini (1830), Ch. Gounod (1867), H. Sutermeister (1940), B. Blacher (1950); Sinfonien: H. Berlioz (1839), P. Tschaikowskij (1870); ein Ballett S. Prokofieff (1940).

Römer, 1) die Bewohner des Röm. Reiches. **2)** Ew. Roms.

Römer *der, -s/-,* **1)** [zu niederländ. roemen ›rühmen‹], Weinglas, urspr. mit kugeligem Kelch über einem mit Nuppen besetzten zylindr. Schaft, kam im 16. Jh. auf. **2)** *ohne Pl.,* Rathaus in Frankfurt a. M., seit 1405 durch Um- und Ausbau älterer Gebäude entstanden; im Obergeschoß der Kaisersaal, in dem die Krönungsbankette stattfanden; im 2. Weltkrieg ausgebrannt; wiederhergestellt.

Römer, Ole (Olaf, Olaus), dän. Astronom, * Århus 25. 9. 1644, † Kopenhagen 19. 9. 1710, bestimmte 1675 die Lichtgeschwindigkeit aus den Verfinsterungen der Jupitermonde, baute das erste → Durchgangsinstrument.

Römerbrief, Brief des Apostels Paulus an die Christengemeinde in Rom, zw. 55 und 57 abgefaßt, kirchengeschichtlich von bahnbrechender Bedeutung (Augustinus, M. Luther). Der erste Teil entfaltet die Lehre von der → Rechtfertigung, der zweite bespricht Nächstenliebe, Stellung gegenüber der Obrigkeit u. a.

Römermonat, eine im Dt. Reich auf der Grundlage der Wormser Reichsmatrikel (1521) bis 1806 erhobene außerordentl. Kriegssteuer. Sie wurde dem Kaiser bei Bedarf von den Reichsständen bewilligt und betrug einen Monatssold für das Reichsheer. Die Bez. geht, ebenso wie das Recht auf Erhebung einer Kriegssteuer, auf die Römerzüge des MA. zurück.

Römerstraßen, die Straßen des Röm. Reichs, bes. die Via Appia (Rom–Brindisi); die Via Flaminia (Rom–Rimini), als ihre Verlängerung nach Como die Via Aemilia; die Via Cassia (Rom–Florenz); die Via Aurelia (Rom–Pisa).

Römertopf, Handelsname eines aus Ton hergestellten Topfs zum Dünsten von Fisch, Fleisch, Gemüse u. a.

Römerzug, Romzug, Romfahrt, Heereszug der mittelalterl. dt. Könige von Otto I. bis Friedrich III. nach Rom zur Kaiserkrönung durch den Papst, bei denen die Lehnsmänner zur Heeresfolge verpflichtet waren.

Römhild, Stadt im Kr. Meiningen, Bez. Suhl, (1971) 2300 Ew., im südl. Vorland des Thüringer Waldes; Metallverarbeitung, keram. Ind., Basaltbrüche; Schloß Glücksburg (15. Jh., Ende 17. Jh. umgebaut), Stadtkirche (1450–70) mit Grabmälern P. Vischers d. Ä. (Graf Otto IV. von Henneberg) und H. Vischer d. J. (Elisabeth von Brandenburg).

Rominte *die,* linker Nebenfluß der Pissa in Ostpreußen, entspringt östlich der Seesker Höhen, mündet bei Gumbinnen; 80 km lang. Sie durchfließt die **Rominter Heide.**

Römische Frage, der Konflikt zw. dem ital. Staat und der Kath. Kirche, der auf die Weigerung des Hl. Stuhles zurückging, auf den → Kirchenstaat zu verzichten, als C. Cavour 1861 Rom zur Hauptstadt Italiens erklärt hatte. Napoleon III. griff zugunsten des Papsttums ein und hielt Rom 1860–70 mit frz. Truppen besetzt. Eine Einigung wurde erst 1929 durch die → Lateranverträge erzielt.

römische Geschichte, die Geschichte des von der Stadt Rom aus begründeten Staatswesens.

Königszeit und Republik bis 31 v. Chr.

Wohl im frühen 6. Jh. v. Chr. geriet das seit etwa 1000 besiedelte Rom unter die Herrschaft etrusk. Fürsten; um 500 wurde dieses Regiment gestürzt und die republikan. Staatsform begründet. Im 5. Jh. erfolgte eine erste Machtausdehnung in Mittelitalien (Einnahme von Veji 396). Seit der Mitte des 4. Jh. brachte Rom in schweren Kriegen gegen Latiner, Etrusker, Samniten und das von Pyrrhos unterstützte Tarent (272) ganz Italien südlich der Po-Ebene unter seine Herrschaft, die durch ein differenziertes System von Bündnissen und Abhängigkeiten und durch Kolonien röm. und latin. Rechts gesichert wurde. Das Vordringen bis zur Straße von Messina führte zum Konflikt mit Karthago (264), das in den 3 → Punischen Kriegen überwunden und 146 zerstört wurde. Im O wurde Makedonien (197 Kynoskephalai, 168 Pydna) zerschlagen und Syrien (190 Magnesia) zurückgedrängt, Griechenland wurde röm. Provinz (146 Zerstörung Korinths). 133 fiel das Pergamen. Reich an Rom. Im W wurde durch die Eroberung Numantias (133) der Widerstand der Keltiberer gebrochen.

Die Ausdehnung der röm. Macht wirkte sich im Innern verhängnisvoll aus. Die zahlreichen Kriege hatten den ital. Wehrbauernstand schwer geschädigt; der einströmende Reichtum in den Händen weniger führte zur sozialen Krise; die alte Staatsform genügte zur Beherrschung des Weltreiches nicht, die Nobilität versagte vor den wachsenden Aufgaben. Mit den sozialen Reformversuchen der Gracchen begann ein hundertjähriger Bürgerkrieg (133–31) um die Neugestaltung des Röm. Reichs. In ihm traten immer mehr einzelne Persönlichkeiten in den Vordergrund, die sich im Kampf gegen das unfähige Senatsregiment auf das stadtröm. Volk und das von Marius geschaffene Söldnerheer stützten. Marius beendete siegreich den Jugurthin. Krieg (111–105) und den Krieg gegen Kimbern und Teutonen (113–101). Nachdem die Italiker sich im Bundesgenossenkrieg (91–89) das Bürgerrecht erkämpft hatten, erlebte Rom den ersten Bürgerkrieg zw. den Anhängern des Marius (den Popularen) und dem Senat (den Optimaten). Sulla, der inzwischen einen schweren Angriff des Königs Mithridates von Pontos abgewehrt hatte, suchte als Diktator (82) die Senatsherrschaft neu zu festigen, jedoch ohne Erfolg. In der Folge bestimmten die großen Heerführer die Schicksale Roms. Pompeius beendete die Mithridat. Kriege (63). Die Neugestaltung des Staates aber nahm erst Caesar in Angriff, nachdem er mit der Unterwerfung Galliens das Röm. Reich bis zur Rheingrenze ausgedehnt und mit Hilfe der hier gewonnenen Machtmittel Pompeius und die Senatsherrschaft überwunden hatte (48 Sieg bei Pharsalos). 46 übertrug ihm der Senat die Diktatur auf 10 Jahre, 44 auf Lebenszeit. Die von ihm errichtete monarchische Ordnung fiel zwar mit seiner Ermordung durch die Optimaten Brutus und Cassius (44), doch konnten diese den Freistaat nicht erneuern. Nach ihrer Niederlage bei Philippi (42) entbrannte ein letzter Machtkampf zw. den Erben Caesars, Antonius und Octavianus. Der Sieg bei Aktium (31) machte Octavianus zum Alleinherrscher des Röm. Reichs. Antonius und die mit ihm verbündete → Kleopatra gaben sich den Tod.

Kaiserzeit (31 v. Chr. bis 476 n. Chr.)

Octavianus (31 v. Chr. bis 14 n. Chr.), seit 27 Augustus, ließ die republikan. Organe fortbestehen, ergänzte jedoch die Verfassung, indem er ein allen republikan. Amtsgewalten übergeordnetes ›imperium‹ und die tribunizische Gewalt übernahm. Durch Kriege und Provinzialreformen schloß er die Länder um das Mittelmeer zu einer Einheit zusammen. Die Augusteische Verfassung (Prinzipat) erhielt sich in ihren Grundzügen bis Diokletian und schenkte dem Röm. Reich 2 Jh. des Friedens. Im N wurden Rhein und Donau als Grenze gewahrt, nachdem der Versuch, das Röm. Reich bis zur Elbe auszudehnen, durch die Niederlage des Varus im Teutoburger Wald (9 n. Chr.) vereitelt war. Trotz des formellen Fortbestehens der Republik zeigten sich im Prinzipat Tendenzen zur Erbmonarchie: Auf das Julisch-Claudische Haus (Tiberius wurde von Augustus adoptiert, Caligula, Claudius und Nero waren Blutsverwandte des Augustus) folgte nach dem Vierkaiserjahr (69) die Dynastie der Flavier (Vespasian, Titus und Domitian). Das mit Nerva (96) beginnende Adoptivkaisertum war von der Auswahl des ›Besten‹ bestimmt (Trajan, Hadrian, Antoninus Pius, Mark Aurel und Commodus). Nachdem Claudius und Domitian Britannien

Die römischen Kaiser

Julisch-Claudisches Haus	
27 v. Chr. bis 14 n. Chr.	Augustus
14–37	Tiberius
37–41	Caligula
41–54	Claudius
54–68	Nero
Vierkaiserjahr*)	
68–69	Galba
69	Otho
69	Vitellius
Flavier	
69–79	Vespasian
79–81	Titus
81–96	Domitian
Adoptivkaiser	
96–98	Nerva
98–117	Trajan
117–138	Hadrian
138–161	Antoninus Pius
161–180	Mark Aurel
161–169	Lucius Verus
180–192	Commodus
Fünfkaiserjahr*)	
193	Pertinax
193	Julian
193/94	Pescennius Niger
193–197	Clodius Albinus

Severische Dynastie	
193–211	Septimius Severus
211–217	Caracalla
211–212	Geta
217–218	Macrinus und
218	Diadumenianus
218–222	Heliogabal
222–235	Alexander Severus
Soldatenkaiser	
235–238	Maximinus Thrax
238	Gordian I.
238	Gordian II.
238	Pupienus
238	Balbinus
238–244	Gordian III.
244–249	Philippus Arabs
249–251	Decius
251–253	Trebonianus Gallus und
251–253	Volusianus
253	Aemilianus
253–260	Valerian
260–268	Gallienus
268–270	Claudius II.
270	Quintillus
270–275	Aurelian
275–276	Tacitus
276	Florianus
276–282	Probus
282–283	Carus
283–285	Carinus
283–284	Numerianus

Tetrarchie	
284–305	Diokletian
286–305	Maximianus
305–311	Galerius
305–306	Constantius I. Chlorus
306–307	Flavius Severus
306–312	Maxentius
308–324	Licinius
310–313	Maximinus Daia
Kaiser von Konstantin bis Theodosius	
306–337	Konstantin der Große
337–340	Konstantin II.
337–361	Constantius II.
337–350	Constans
361–363	Julian (Apostata)
363–364	Jovianus
364–375	Valentinian I.
364–378	Valens
375–383	Gratian
375–392	Valentinian II.
379–395	Theodosius der Große
Weström. Kaiser nach der Reichsteilung	
395–423	Honorius
421	Constantius III.
425–455	Valentinian III.
455	Petronius Maximus
455–456	Avitus
457–461	Maiorianus
461–465	Libius Severus
467–472	Anthemius
472	Olybrius
473–474	Glycerius
474–480	Julius Nepos
475–476	Romulus Augustulus

*) Der erste Kaiser der folgenden Dynastie ist mitzuzählen.

römische Kunst: Relieffries (Prozession) von der Ara Pacis Augustae in Rom; 13-9 v. Chr.

und Südwestdeutschland gewonnen hatten (Limes), erlangte das Röm. Reich durch die Eroberungen Trajans (Dakien, Arabien, Armenien, Mesopotamien) seine größte Ausdehnung. Um die Kräfte Roms nicht zu überfordern, gab Hadrian die östl. Eroberungen wieder auf und widmete sich unter Verzicht auf Expansion v. a. der Grenzsicherung und der inneren Entwicklung der Provinzen. Mark Aurel gelang es nur mit äußerster Mühe, das Röm. Reich im N gegen die Markomannen, im O gegen die Parther zu schützen. Inzwischen hatte sich der rechtliche Unterschied zw. Italien und den Provinzen so stark verwischt, daß unter der Herrschaft der Severerdynastie (193-235) durch Caracalla (212) allen freien Reichsangehörigen das röm. Bürgerrecht gegeben wurde. Zugleich verlagerte sich der Schwerpunkt der Macht immer mehr auf das Heer. Mit dem Ende der Severerdynastie begann die langsame Auflösung des Röm. Reichs. Thronstreitigkeiten, das Eindringen german. Stämme im W und N sowie der Perser im O, auch die Auseinandersetzung zw. Staat und Christentum (Verfolgung unter Decius 250) wirkten dabei zusammen. Einzelne Herrscher illyr. Herkunft wie Claudius II., Aurelian und Probus schufen jedoch noch einmal die Voraussetzungen für einen Neubau des Röm. Reichs, den → Diokletian (284-305) vollendete. An Stelle der Augusteischen Ordnung trat das Dominat: ein absolutist. Staat mit vermehrtem Beamtenapparat, harter Besteuerung und der Aufteilung des Reichs auf 4 Regenten (Tetrarchie). Nach Diokletians Rücktritt erkämpfte Konstantin bis 324 die Alleinherrschaft und vollendete den Neubau im Sinne einer Monarchie, die bereits auf das byzantin. Kaisertum hinwies, wie denn auch die Residenz von Rom nach Byzanz (Konstantinopel) verlegt wurde (330). Konstantin beendete die Glaubenskämpfe, erkannte das Christentum an und trat auf dem Konzil von Nikaia (325) für die Einheit der Kirche ein. Unter Valentinian I. und seinem Bruder Valens drangen Germanen in das Röm. Reich ein; die Zentralgewalt litt unter ständigen Thronstreitigkeiten. Noch einmal einte Theodosius der Große das Reich für kurze Zeit. Mit seinem Tode (395) wurde die längst vorbereitete Trennung des Röm. Reiches in Ostrom und Westrom endgültig. Ostrom nahm seine eigene Entwicklung (→ Byzantinisches Reich). Das Weströmische Reich mit der Hauptstadt Ravenna (seit 402) kämpfte unter den Feldherren der Kaiser Honorius und Valentinian III. vergeblich gegen die eindringenden german. Stämme. Nacheinander gingen Britannien, Spanien, Afrika und Gallien verloren. Mit der Übernahme der Herrschaft durch den germanischen Söldnerführer Odoaker als ›König von Italien‹ an Stelle des letzten Kaisers Romulus (Augustulus) endete 476 das Weströmische Reich.

Römische Hochschulen, die kath. kirchl. Hochschulen in Rom, darunter die Päpstl. Hochschulen.

Römische Kirche, → Katholische Kirche.

römische Kultur. Sie ist aus der Verschmelzung italischer und grch. Elemente erwachsen. Schon vor 500 v. Chr. übten sowohl die ihrerseits von der grch. Kultur beeinflußten Etrusker wie die Griechen selbst auf Religion, Baukunst, Schrifttum (Übernahme des grch. Alphabets) bedeutenden Einfluß aus. Mit der Ausbreitung der röm. Herrschaft über das östl. Mittelmeer wuchs der grch. Einfluß, doch behaupteten sich viele röm. Charakterzüge wie Redlichkeit, Götterfurcht, nüchtern-praktischer Geist, natürliche Staatsgesinnung und starkes Festhalten an den überlieferten Lebensformen. In der Familie besaß der Hausvater Gewalt über Leben und Eigentum aller Mitglieder; die Frau war keine Rechtsperson, aber gleichwohl hochgeachtet.

In der Kaiserzeit weitete sich die röm. Kultur aus zur lat. Kultur der gesamten westl. Länder des Röm. Reichs und der angrenzenden Gebiete (Irland, Süd- und Westdeutschland, Donauländer). Sie konnte dadurch zusammen mit dem Christentum zum kulturellen Band der europ. Völker des Mittelalters werden. (Vgl. römische Geschichte, Kunst, Literatur, Religion, Recht, Römisches Reich)

römische Kunst: Spätrepublikanischer Porträtkopf (Acireale, Biblioteca Zelantea)

römische Kunst, die Kunst der Römer und die unter ihrer Herrschaft entstandene Reichskunst. Die Erfolge Roms in den Punischen Kriegen führten im 2. Jh. v. Chr. zur Herausbildung einer einheitl. stadtröm. Kultur, die von Rom aus in den sich ständig vergrößernden Machtbereich weiter vermittelt wurde; im Gefolge dieses Prozesses erloschen die älteren italischen Stammeskulturen. Da die r. K. in starkem Maß polit. Zwecken und staatl. Selbstdarstellung diente, blieb ihr eigtl. Zentrum Rom, wo die für das übrige Reichsgebiet maßgebl. künstler. Ausdrucksformen entwickelt wurden. - Die r. K. ist in erster Linie bestimmt durch die Verschmelzung von italischen und griechisch-hellenist. Elementen, wobei in den versch. Prov. und Regionen die bodenständigen Traditionen z. T. stark prägend blieben. In Rom selbst ist die Kunst bis in die Spätzeit gekennzeichnet von immer neuen Auseinandersetzungen mit der Kunst Griechenlands und des Ostens. Während in vielen Bereichen die älteren grch. Vorbilder lediglich tradiert wurden (Idealplastik, Ornament), gewann die r. K. in anderen eine eigenständige Bedeutung (Architektur, Porträt, Relief). Beginn und Ende einer eigtl. r. K. sind nicht scharf begrenzt; allg. bezeichnet man die Kunst der nachkonstantin. Zeit bis zum Tode Justinians I. (565 n. Chr.) als spätantike Kunst; in ihr vermischen sich bereits frühchristl. und byzantin. Elemente.

In der B a u k u n s t hielt man lange an der italisch-etrusk. Form des Tempels fest; bis in die Spätzeit beibehalten wurde der → Podiumtempel. Von der grch. Kunst wurden die Säulenordnungen übernommen und in Verbindung mit Bogenpfeilern dekorativ verwendet. Als Baustoff dienten außer dem in Griechenland üblichen Naturstein Ziegel und Gußmauerwerk, das Gewölbebauten von größten Spannweiten (Kuppel des → Pantheons) und die Konstruktion riesiger Raumanlagen (Basiliken, Thermen, Paläste) ermöglichte. Zu einem eigenständigen architekton. Element wurde die Fassadenarchitektur, v. a. profaner Bauten, ausgebildet. Auch für Triumph- oder Ehrenbögen, eine Neuschöpfung der röm. Baukunst, sind reich gegliederte Fassaden kennzeichnend. Die Foren in Rom u. a. Städten, axial geplant und auf einen Podiumtempel ausgerichtet, waren große geschlossene Freiraumanlagen. Eine umfassende Kenntnis bes. des Wohnhausbaus vermitteln → Pompeji und → Herculaneum; neben dem Atriumhaus, häufig mit grch. Peristyl, wurden vielstöckige Mietshäuser gebaut. Von großer Pracht waren die oft überdimensionalen kaiserl. Villen (Tivoli) und Paläste (Palatin). Wie in Rom entstanden mächtige Bauwerke v. a. auch in den Provinzen (Nîmes, Split), in Afrika (Leptis Magna) und Asien (Baalbek, Petra).

B i l d h a u e r k u n s t. Die meisten der in röm. Zeit entstandenen freiplast. Werke sind Kopien nach grch. Originalen. Der im Vergleich zu diesen nüchterne Realismus, wie ihn selbständige, seit dem frühen 1. Jh. v. Chr. entstandene Werke erkennen lassen, befähigte die Römer v. a. zur Poträtdarstellung, in der sie, wie im histor. Relief, ihre bedeutendsten Leistungen hervorbrachten. Meisterhafte Bildnisköpfe und -standbilder stammen aus spätrepublikan. Zeit. Unter grch. Einfluß fand die Plastik ihre reife röm. Form im Klassizismus der augusteischen Zeit, in der die feierlich strengen Reliefs der → Ara Pacis Augustae und das Marmorstandbild des Augustus von Primaporta (Vatikan) entstanden. Malerisch und lebhaft bewegt sind die Reliefs des → Titusbogens, realistisch schildernd die eine fortlaufende Chronik bildenden Reliefs auf den Spiralwindungen der → Trajanssäule und der → Mark-Au-

römische Kunst: Konstantinsbogen in Rom; 315 errichtet

rel-Säule; Hauptträger röm. Reliefkunst waren jedoch seit dem 2. Jh. n. Chr. die Sarkophage mit überwiegend mytholog. Darstellungen. In der Porträtkunst lösten sich idealisierende und realist. Stile ab. Die in spätröm. Zeit einsetzende Erstarrung eröffnete neue Ausdrucksmöglichkeiten, die dann von der frühchristl. Kunst weitergebildet wurden.

römische Kunst: Marmorstatue des Augustus aus Primaporta; Höhe 2,04 m, zwischen 20 und 17 v. Chr. (Rom, Vatikanische Museen)

Auch in der Malerei herrschte zunächst der grch. Einfluß vor. Echt röm. Erzeugnisse volkstüml. Berichterstattung sind die verlorenen Triumphalgemälde. Für die Wandmalerei überliefern die Vesuvstädte (Pompeji, Herculaneum, Stabiae, Oplontis) die reichste und geschlossenste Übersicht (2. Jh. v. Chr. bis 79 n. Chr.). Nachdem im ›ersten Stil‹ die dreigeteilte Wand lediglich durch gemalte oder stuckierte Quader dekoriert wurde, setzte im frühen 1. Jh. v. Chr. die eigtl. röm. Entwicklung mit der Architekturmalerei des ›zweiten Stils‹ ein: vor- und zurückspringende Säulen und Pilaster, über deren Gesimsen sich der Ausblick auf Hallen und Tempel öffnet; z. T. monumentale Friese mit großen Figuren. Im ›dritten Stil‹ degenerierten die architekton. Formen zu dünnen, unplast. und zugleich phantast. Gliederungselementen, die Fläche gelangte zu neuer Bedeutung. Der ›vierte Stil‹ der neronischen und flavischen Zeit nahm die Architekturmalerei des ›zweiten Stils‹ in üppigen, bühnenmäßigen Fassaden wieder auf. Die an den Wänden der Vesuvstädte abzulesende Entwicklung ist, wie man aus den in Rom gefundenen Überresten schließen kann, von der Hauptstadt ausgegangen: Malereien aus dem ‹Greifenhaus‹, dem ›Haus des Augustus‹ und dem ›Haus der Livia‹ auf dem Palatin, Wandmalereien und Stuckdecken aus der Villa unter der Farnesina, Friese der Odysseelandschaften (BILD), der Aldobrandin. Hochzeit sowie Wand- und Deckenschmuck im ›Goldenen Haus‹ (Domus Aurea) des Nero. Am besten läßt sich der Stilwandel in den Katakomben verfolgen. Zu den hervorragendsten Werken der spätantiken heidn. Malerei gehören die Fragmente von Eroten und Kaiserinnenporträts im konstantin. Palast zu Trier. Die Entwicklung der schwarzweißen und farbigen Mosaiken, bes. der Fußböden, die in großer Zahl zumal aus der Spätzeit erhalten sind (Piazza Armerina, Sizilien), verlief etwa parallel zu der der Wandmalerei.

Auch die Werke der Kleinkunst zeigen die Wandlungen an, die sich in der monumentalen Kunst vollzogen haben. Die Reliefs auf Gemmen und Kameen (Gemma Augustea, Adlerkameo, Tazza Farnese, Braunschweiger Onyxgefäß), v. a. auf Silbergeschirren (Funde von Boscoreale, Bertouthville, Hildesheim), auf der →Terra sigillata und am Mobiliar sind in der frühen Kaiserzeit wahre Kabinettstücke. Die Glasindustrie, bes. figürliche, geschnittene Gläser, die im Rheinland hergestellt wurden, entwickelte sich zu höchster Blüte. (Weitere BILDER Alexanderschlacht, Aquädukt, Baalbek, Dornauszieher, Engelsburg, Forum, Hildesheimer Silberfund, Kapitol, Kolosseum, Konstantin der Große, Landschaftsmalerei, Leptis Magna, Nero, Nîmes, Pantheon, Petra, Pompeji, Triumphbogen)

Römische Kuri|e, →Kurie.

römische Literatur, das lat. Schrifttum bis zum Ende des Altertums. Rom übernahm im 6. Jh. v. Chr. die Schrift von den unterital. Griechen, verwendete sie aber zuerst nur für prakt. Zwecke (Zwölftafelgesetz, 451/50). Die r. L. entstand aus bewußtem Anschluß an die Griechen.

Archaische Zeit bis Sulla (78 v. Chr.)

Livius Andronicus führte 240 ein grch. Drama in lat. Sprache auf. Naevius begründete durch Wahl röm. Stoffe die Tragödienform der ›fabula praetexta‹ und das in Griechenland wenig gepflegte histor. Epos. Der vielseitige Ennius († 169) verwendete für das Epos erstmals den Hexameter. Wie Ennius, Pacuvius († um 130), Accius († um 86) das Dreigestirn der Tragödie, so bildeten Plautus († um 184), Caecilius († 168) Terenz († um 159) das der Komödie. Um 140 blühte eine Komödienform mit röm. Milieu, die ›fabula togata‹. Eine fast rein röm. Literaturform war die Satire des Lucilius († 102/01). Der eigtl. Begründer der lat. Prosa war Cato († 149). Das Ende der Epoche sah den Beginn einer lat. Rhetorik.

Die ›Modernen‹ (Neoteroi) und die klass. Prosa (bis etwa 31 v. Chr.)

Die Dichtergruppe der Neoteroi erhob nach dem Muster der hellenist. Dichter die kleine, ausgefeilte Form zum Ideal. Ihr Hauptdichter war Catull. Lukrez stand mit seinem Lehrepos über die Philosophie Epikurs mehr für sich. Als dramat. Gattung wurde der Mimus durch Publilius und Laberius literaturfähig. Die Kunstprosa erreichte v. a. durch Cicero ihre Vollendung. Von vielen Geschichtswerken dieser Epoche sind nur Caesars Commentarien, ferner Biographien des Cornelius Nepos und die kleineren Schriften Sallusts erhalten geblieben. Auf Varros Enzyklopädie der ›freien Künste‹ beruht ein großer Teil des vom MA. übernommenen Bildungsgutes.

Die augusteische Zeit (bis etwa 14 n. Chr.)

Noch ins letzte Jahrzehnt der Republik fallen die Anfänge der augusteischen Dichtung, die, durch hochgestellte Gönner wie Maecenas, Messalla und auch Augustus gefördert, fortan als klassische röm. Dichtung galt. Ohne die hellenist. Vorbilder auszuschalten, griff sie auf die grch. Klassiker zurück; bezeichnend dafür wurde der Weg Vergils, der von der Kleinkunst über Bukolik und Lehrepos zum Helden-Epos führte. Horaz gewann der r. L. die Gattungen des Iambus und des äolischen Liedes hinzu und vollendete die Kunstform der Satire. Die Elegie erhielt durch Tibull, Properz und Ovid Vollendung und Abschluß. Ovids Epos ›Metamorphosen‹ bürgerte den grch. Mythos als Ganzes in die r. L. ein. Einen letzten Höhepunkt klass. Prosa erreichte der Historiker Livius, dessen Werk das Bild der Geschichte Roms bis ins 19. Jh. tief beeinflußte. Für das Fachschrifttum ist Vitruvs Werk über die Architektur bedeutend. Auf die Redekunst wirkte die Beschränkung des öffentl. Lebens unter dem Prinzipat nachteilig.

römische Kunst: Perspektivische Dekoration, Wandmalerei aus Herculaneum (Neapel, Nationalmuseum)

Die Zeit bis Hadrian (etwa 117 n. Chr.)

Die Dichtung, die unter Nero eine Nachblüte erlebte, pflegte die schon übernommenen Gattungen; nur Phaedrus erschloß mit der Fabelpoesie ein neues Gebiet. Bes. beliebt war die Epik, vertreten durch das Lehrepos des Manilius, die histor. Epen von Lukan und Silius und die mytholog. von Valerius Flaccus und Statius; die Satire pflegten Persius und Juvenal, das Epigramm Martial. Die Gattung des Romans ist mit Petronius vertreten. Seneca, der als Tragiker, v. a. als Prosaiker bed. ist, stellte das Problem der sittl. Erziehung nach stoischen Vorstellungen in den Mittelpunkt seiner philosoph. Schriften. Quintilians großangelegte Einführung in die Rhetorik ist eine Hauptquelle für die Kenntnis dieses Gebietes. Eine besondere Blüte erlebte die Fachliteratur (Naturgeschichte Plinius' d. Ä.). Unter den Historikern ist neben Velleius Paterculus und Curtius Rufus hauptsächlich Tacitus zu nennen, dessen Art der Geschichtsschreibung richtungweisend für die folgenden Jahrhunderte wurde.

Bis zum Beginn des Dominats (etwa 324 n. Chr.)

Während die grch. Literatur, begünstigt durch Hadrians Philhellenismus, neuen Aufschwung nahm, trat die r. L. in den Hintergrund und versiegte schließlich in der Zeit der polit. Auflösung fast ganz. Rom verlor seine Stellung als geistiger Mittelpunkt; die lyr. Dichtung trat fast ganz zurück, in der Prosa war die originellste Erscheinung der Afrikaner Apuleius, Verfasser von Romanen, Reden und philosoph. Schriften. Mit der Kaiserbiographie eröffnete Sueton eine zukunftsreiche Schriftgattung. Nur die Rechtsliteratur erreichte in den Jahrzehnten um 200 mit Gaius, Papinian, Ulpian und Paulus ihren Höhepunkt. Damals legte der sprachgewaltige Tertullian die Grundlage für das christl. Latein.

Bis zum Ende des Altertums

Der neue Aufschwung des geistigen Lebens seit etwa 350 äußerte sich v. a. im Sammeln und Auslegen der antiken Überlieferung. Es entstanden Werke wie die Kommentare zu Terenz und Vergil von Donatus und Servius, die auf Varro fußende Enzyklopädie der 7 freien Künste des Martianus Capella, ein wichtiges Unterrichtswerk des MA. Bed. lat. Autoren waren der Dichter Claudian und der Historiker Ammianus Marcellinus, der an Tacitus anknüpfte; im ganzen war die christlich bestimmte Literatur an Gehalt und darstellerischer Kraft weit bedeutsamer (Dichtung von Ambrosius und Prudentius, ferner → frühchristliche Literatur). Die letzten, bes. durch ihre Nachwirkung wichtigen Werke der r. L. entstanden zur Zeit des Theoderich und Justinian: die philosoph. Schriften des Boethius, die Grammatik des Priscian und die Kodifikation des röm. Rechts im → Corpus iuris.

Nachleben der r. L.: u. a. → Humanismus, → mittellateinische Literatur.

Römische Protokolle, Vereinbarungen der leitenden Politiker Italiens, Österreichs und Ungarns (B. Mussolini, E. Dollfuß, G. Gömbös) vom 17. 3. 1934 zur Vertiefung der polit. und wirtschaftl. Zusammenarbeit.

römische Religion, Glaube und Kultus der alten Römer. Ursprünglich nahmen in der röm. Götterwelt die 3 Götter (Trias) Jupiter, Mars, Quirinus den ersten Platz ein. An ihre Stelle trat im 6. Jh. v. Chr. nach etrusk. Vorbild die Dreiheit Jupiter, Juno, Minerva. Neben diesen wurden verehrt Tellus und Ceres als Göttinnen der Erde und der Saat, Neptun (Wasser), Volcanus (Feuer), Vesta (Herdfeuer), Janus (Eingang). Götter des Hauses waren Laren und Penaten, Schützer der Zeugungskraft der Genius; als Geister der Toten wurden die Manen verehrt. Die Römer besaßen keine anschaul. Vorstellungen von ihren Göttern wie die Griechen; so ist es zu erklären, daß sie daneben in großer Zahl auch abstrakte Begriffe wie Fides (Treue), Concordia (Eintracht) als Gottheiten verehrten; auch kannte der älteste röm. Kult keine Götterbilder und Tempel, diese entstanden erst unter etrusk. und grch. Einfluß. Träger des staatl. Kults waren die Priester.

Bedeutsam wurde das Eindringen grch. Vorstellungen seit dem 6. Jh. v. Chr., die vom 3. Jh. v. Chr. an den Gehalt der r. R. nachhaltig beeinflußten. Die röm. Götter wurden mit den grch. gleichgesetzt, z. B. Jupiter mit Zeus, Minerva mit Athene, Merkur mit Hermes. Diese neuen Strömungen, seit dem 2. und 1. Jh. v. Chr., verbunden mit grch. Philosophie und den aus dem O kommenden Religionen (z. B. dem Kybele-Kult), führten zur Auflösung des alten Glaubens der Frühzeit. Vom 3. Jh. n. Chr. an drangen die fremdländ. Kulte ungehemmt ein, bes. der des Mithras. Durch ein Edikt des Kaisers Theodosius wurde 380 das Christentum Staatsreligion.

römischer Kalender, → Kalender.

Römischer König, lat. **rex Romanorum,** im Dt. Reich (bis 1806) seit 1125 der ständige Titel des noch nicht zum Kaiser gekrönten dt. Königs, seit 1508 des zu Lebzeiten eines Kaisers gewählten Nachfolgers.

Römische Schule, eine Gruppe seit Mitte des 16. Jh. in Rom tätiger oder ausgebildeter Komponisten, an deren Spitze G. P. da Palestrina stand, neben ihm (bis 1620) G. M. Nanino, G. B. Nanino, F. Anerio, G. F. Anerio, F. Suriano, T. L. de Victoria und F. Guerrero. Das Schaffen dieser R. S. ist bis heute eine Richtschnur für die kath. Kirchenmusik.

römisches Recht. In seinen Anfängen war das r. R. ein auf bindenden Gewohnheiten beruhendes ungeschriebenes Recht. Die erste große Rechtsaufzeichnung waren die → Zwölf Tafeln (451/50 v. Chr.), die sowohl Aufzeichnungen über privates als auch Sakral-, Straf-, Prozeß- und öffentl. Recht enthielten. Später erlangten neben dem Gesetzesrecht die von den Prätoren erlassenen Edikte (ius honorarium), die das Recht den veränderten Lebenserscheinungen besser anpaßten, zunehmende Bedeutung. – Entscheidend für die Fortbildung des r. R. wurden die Rechtskundigen durch ihre Kommentare, ihre Mitwirkung bei Rechtsgeschäften und Prozessen und ihre Rechtsgutachten (Responsa). In der Zeit der klass. Jurisprudenz (2. Jh. bis Mitte des 3. Jh. n. Chr.) wirkten Labeo, Gaius, Julianus, Papinianus, Ulpianus, Paulus u. a. Sie entwickelten ihre Rechtsansichten nicht in Form einer systemat. Lehre, sondern als prakt. Lösung typ. Einzelfälle. Für das Studium des Rechts bestanden Rechtsschulen, z. B. in Rom, Athen und Konstantinopel. – In der Kaiserzeit erlangten auch die Senatsbeschlüsse (senatus consultum) und die kaiserl. Konstitutionen (Edikte, Mandate, Dekrete usw.) Gesetzeskraft. Die bedeutendste Leistung der spätröm. Zeit war das → Corpus iuris. Eine Fortentwicklung des r. R. im Abendland setzte erst mit den ital. → Glossatoren (12./13. Jh.) ein; auf diese folgten die Kommentatoren oder → Postglossatoren des 14. und 15. Jh., die das r. R. der Praxis ihrer Zeit anpaßten. In dieser Form wurde es in Dtl. aufgenommen (→ Rezeption).

Römisches Reich, lat. **Imperium Romanum,** die Gemeinden und Völker ›unter der Befehlsgewalt (imperium) des röm. Volkes‹. Das R. R. umfaßte in seiner größten Ausdehnung unter Trajan 116 n. Chr. alle Länder des weiteren Mittelmeergebietes und reichte am Rhein mit Südwest-Dtl. und an der Donau mit Dakien (Rumänien) weit in den europ. Kontinent hinein, bezog England (nicht Schottland) ein und reichte im O bis zum Pers. Golf und zum Kasp. Meer.

Staatsverfassung. Die Wandlung Roms von einer Dorfsiedlung zum Weltreich hat in einer mehr als tausendjährigen Geschichte auch die röm. Verfassung geändert. Königtum, Republik und Kaisertum sind die äußeren Entwicklungsstufen.

Nach der Überlieferung standen in der Republik von Anfang an 2 gleichberechtigte Beamte – urspr. Prätoren, später Konsuln genannt – an der Spitze des Staats. Die höchste Souveränität lag bei den Volksversammlungen (→ Komitien). Die Beamten durften zur Sicherung der Gemeinschaft gegenüber möglichem Amtsmißbrauch nur ein Jahr ihr Amt führen, ihnen waren Amtsgenossen mit Einspruchsrecht beigegeben; der Senat konnte die Amtsdauer um ein Jahr verlängern (Pro-Magistrate). Im Laufe der Zeit hatte sich eine best. Ämterstaffel (Mindestalter u. ä.) herausgebildet. Seit 180 v. Chr. war gesetzlich vorgeschrieben, daß die Ämterlaufbahn mit der Quästur zu beginnen hatte. Bis ins 2. Jh. v. Chr. arbeiteten die 3 Verfassungsinstitutionen: Volksversammlung, Magistrate und Senat zusammen. Innenpolitisch waren seit dem 3. Jh. v. Chr. Plebejer und Patrizier völlig gleichberechtigt; seit 287 hatten Beschlüsse der Plebejerversammlung (concilium plebis), die von den Volkstribunen beantragt wurden, die Rechtskraft von Volksgesetzen. Neben dem Uradel der Patrizier bildete sich der Amtsadel der Nobilität. Die Rivalitätskämpfe polit. Gruppen und starker Persönlichkeiten fanden durch Augustus ein Ende, der praktisch eine gemäßigte Monarchie einführte.

Staatsverwaltung. In der Bez. des röm. Gemeindestaats als res publica populi Romani Quiritium (populus Romanus Quiritium ›das römische Volk, die Bürger‹) drückt sich der Gedanke aus, daß die oberste Staatsgewalt der Bürgerschaft zustehe. Das Volk wählte die Magistrate, beschloß die Gesetze, entschied über Krieg und Frieden und fällte das Urteil in Strafprozessen röm. Bürger. Die Gemeindebeamten versahen ihren Dienst ehrenamtlich; daher waren nur vermögende Bürger wählbar. Erst seit der Entwicklung des Provinzialreichs wurden den Statthaltern vom Senat Aufwandsentschädigungen bewilligt; in der Kaiserzeit erhielten sie feste Besoldung.

Seit 366 v. Chr. wurden bestellt: 2 Konsuln, 1 Prätor, seit 242: 2 Prätoren, seit 197: 6, seit 81: 8. Die Amtsgewalt der Konsuln und Prätoren hieß imperium; außerhalb der Stadt (militiae) hatten sie unbeschränkte Befehlsgewalt, in der Stadt (domi) beschränkt durch das Provokationsrecht (Appellation an das Volksgericht) der Bürger und das Interzessionsrecht der Volkstribunen. Die beiden ersten Prätoren hatten die Aufgabe von Gerichtsmagistraten in Rom, die übrigen waren für die Provinzen bestimmt, seit 81 führten sie während des Amtsjahrs den Vorsitz in den Strafgerichtshöfen und gingen im folgenden Jahr i. d. R. in eine Provinz.

In Zeiten höchster Kriegsnot wurde bis 202 v. Chr. ein einzelner als Diktator, aber höchstens auf 6 Monate, mit unbeschränktem Oberbefehl betraut.

Bis 81 v. Chr. bestand der Senat aus 300, dann aus 600 Mitgliedern auf Lebenszeit, bes. ehemaligen Magistraten. In der Kaiserzeit genügten für die Gesetzgebung Senatsbeschlüsse, seit dem 2. Jh. erhielten auch kaiserliche Erlasse Gesetzeskraft.

Eine zielbewußte Reichsverwaltung brachte erst die Kaiserzeit. Auf Grund seiner staatsrechtl. Stellung überwachte der Kaiser den gesamten Staatsapparat. Dazu entstand für die kaiserl. Provinzen und die Aufgaben, die Augustus in Rom und Italien übernahm, eine eigene kaiserl. Verwaltung, deren Beamte der Kaiser ernannte.

In der Spätzeit des Reichs galten alle Bürger als im Staatsdienst tätig, die einen als besoldete Soldaten und Beamte, die anderen als Steuerträger. Bauern und Kleinpächter, Handwerker und Gewerbetreibende durften ihre Arbeitsstätten nicht verlassen, die Gemeinderäte mit ihren Nachkommen nicht ihre Gemeinden, weil sie für die Steuereingänge hafteten.

Ronchamp:
Wallfahrtskirche Notre-Dame-du-Haut von Le Corbusier

Römische Verträge, Verträge zur Begründung der → Europäischen Wirtschaftsgemeinschaft mit ergänzenden Protokollen.

römische Ziffern, die im antiken Rom bis ins christl. Spät-MA. hinein gebräuchl. Zahlzeichen (→ Ziffer).

Römisch-Germanisches Zentralmuse|um, Mainz, gegr. 1852, Sammlungen zur Vor- und Frühgesch., zentrales Forschungsinstitut für die Vor- und Frühgesch., Werkstätten und Laboratorien zur Untersuchung und Restaurierung archäolog. Funde des In- und Auslandes, Nachbildungen.

Römisch-katholische Kirche, → Katholische Kirche.

Rommé [frz. -m'e, aus engl.] *das, -s/-s,* Kartenspiel für 2–6 Teilnehmer (2 Kartenspiele zu je 52 Blatt und mit 6 Jokern).

Rommel, E r w i n, Generalfeldmarschall (1942), * Heidenheim 15. 11. 1891, † Herrlingen bei Ulm 14. 10. 1944, führte seit Febr. 1941 das dt. Afrikakorps, mit dem er u. a. bis Ägypten (El-Alamein) vordrang, von Febr. bis März 1943 die Heeresgruppe Afrika in Tunesien, dann eine Heeresgruppe in Italien und Dez. 1943 bis Juli 1944 eine Heeresgruppe in Frankreich. R., der zunächst das Vertrauen Hitlers genoß, schloß sich 1944 der Widerstandsbewegung (Rolle ungeklärt) an und wurde von Hitler zum Selbstmord gezwungen. – R.s Sohn M a n f r e d (* Stuttgart 24. 12. 1928, Politiker, CDU) ist seit 1974 Oberbürgermeister von Stuttgart.

Rommersdorf, ehem. Prämonstratenserabtei (im 12. Jh. gegr.) bei Neuwied; Klosterkirche (12./13. Jh., Ruine).

Rommerskirchen, Gem. im Kr. Neuss, NRW, (1984) 11 100 Ew., Verschiebebahnhof für Braunkohlen.

Romney [r'ɔmnɪ], G e o r g e, engl. Maler, * Dalton-in-Furness 15. 12. 1734, † Kendal 15. 11. 1802, schuf in klassizist. Stil Porträts, u. a. von Lady Hamilton.

Rømø [r'œmø:], dän. Insel, → Röm.

Romontsch, Romaun(t)sch, einheim. Bez. für das Westrätische, → rätoromanische Sprache.

Romsdal, von der Rauma durchflossenes Gebirgstal in W-Norwegen, 60 km lang, setzt sich in dem vielverzweigten **Romsdalsfjord** fort.

Romulus, der Sage nach der Gründer Roms. R. und Remus waren Zwillingssöhne des Mars und der Vestalin Rea Silvia, der Tochter des Königs Numitor von Alba Longa, den sein Bruder Amulius des Throns beraubt hatte. Amulius ließ die Neugeborenen aussetzen, doch sie wurden von einer Wölfin gesäugt und von dem Hirten Faustulus aufgezogen. Bei der Gründung Roms erschlug R. seinen Bruder im Streit, weil dieser spottend den entstehenden Mauerring übersprungen hatte. Auf R. führten die Römer die polit. und militär. Verfassung ihrer Stadt zurück. Später wurde der vergöttlichte R. dem Quirinus gleichgesetzt. (BILD Kapitolinische Wölfin)

Romulus Augustulus, 475–76 weström. Gegenkaiser (gegen Kaiser Julius Nepos), * um 462, wurde von Odoaker abgesetzt, womit das Westreich aufhörte zu bestehen.

Roncalli, A n g e l o G i u s e p p e, Papst → Johannes XXIII.

Roncesvalles [rɔnθezβ'aʎes], frz. **Roncevaux** [rɔ̃səv'o], Dorf in den W-Pyrenäen, Prov. Navarra, Spanien, Wallfahrtsort mit Augustinerabtei (gegr. 1130), nördlich davon der Paß von R. (1 057 m ü. M.). Im Tal von R. wurde 778 die Nachhut Karls d. Gr. von den Basken geschlagen, wobei nach dem → Rolandslied Roland gefallen sein soll.

Ronchamp [rɔ̃ʃ'ã], Gem. im Dép. Haute-Saône, Frankreich, (1975) 3 100 Ew., nahebei die Wallfahrtskirche Notre-Dame-du-Haut von → Le Corbusier.

Ronda, Stadt in der Prov. Málaga, Spanien, (1981) 31 400 Ew., beiderseits einer 160 m tiefen Schlucht; Handelsplatz, Kunsthandwerk (Möbel), Pferdezucht; gilt als die hohe Schule des Stierkampfs (älteste Stierkampfarena Spaniens, 18. Jh.); Baureste aus der Maurenzeit.

Ronde [frz. ›Runde‹] *die, -/-n,* **1)** ✤ Rundgang, Streifenwache. **2)** ⚙ → Platine 2).

Rondeau [rɔ̃d'o, frz.] *das, -s/-s,* **1) Rondel, Ringelgedicht,** textl. und musikal. Refrainform, v. a. im 13.–15. Jh.: zw. die Refrainverse (meist 2) werden Zusatzverse derselben Endreime gesetzt. **2)** in der frz. Clavecin-, Opern- und Ballettmusik entwickelte Form vokaler und instrumentaler Refrainkompositionen, in denen Refrain (in der Haupttonart) und Complets (andere Tonarten berührend) abwechseln.

Rondell [frz.] *das, -s/-e,* **1) Rundell,** runder Platz, rundes Beet. **2)** runder Festungsturm.

Rondo [ital.] *das, -s/-s,* ♪ aus dem → Rondeau 2) hervorgegangener rundläufig angelegter musikal. Formtypus, bei dem ein meist heiterer Hauptsatz nach wechselnden Zwischensätzen immer wiederkehrt; kommt als Einzelstück und bes. als Schlußsatz von Konzerten, Sonaten, Sinfonien, Streichquartetten vor.

Rondônia, Territorium, seit 1981 Bundesstaat → Brasiliens; Hptst.: Pôrto Velho.

Ronin [japan.] *der, -/-s,* in der japan. Feudalzeit → Samurai, der freiwillig oder wegen eines Vergehens aus dem Lehnsverband ausschied. Meist verarmt, beteiligten sich die R. als Banden an vielen Aufständen.

Ronkalische Felder [n. dem Ort Roncaglia, 8 km östlich von Piacenza], Ebene auf dem rechten Ufer des Po, im MA. Sammelplatz der dt. Heere auf dem Weg nach Rom. Hier ließ Kaiser Friedrich I. auf einem Reichstag 1158 die Hoheitsrechte des Reiches in Italien neu verzeichnen **(Ronkalische Beschlüsse).**

Rønne [r'œnə], Hauptort der dän. Insel Bornholm, (1981) 15 300 Ew., Hafen; keram. Ind., Granitausfuhr, Fischverarbeitung; Schiffahrtsschule.

Ronneburg, Stadt im Kr. und Bez. Gera, (1974) 10 400 Ew.; radioaktive Eisenquellen, Erzbergbau, versch. Ind.; Stadtkirche (15. Jh., öfter erneuert).

Ronnenberg, Stadt im Kr. Hannover, Ndsachs., (1984) 19 400 Ew.; Heizungs- und Klimaanlagenbau, Zuckerfabrik, Getränkeherstellung.

Ronsard [rɔ̃s'a:r], P i e r r e de, frz. Dichter, * Schloß La Possonnière bei Couture-sur-Loir 11. 9. 1524 oder 1525, † Saint-Cosme-en-l'Isle bei Tours 27. 12. 1585, Hofdichter unter den letzten Valois, Haupt der → Pléiade, ahmte in formvollendeten Oden, Hymnen, Eklogen, Elegien Horaz, Anakreon und Pindar nach und begründete so die klassizist. frz. Dichtung. Das Nationalepos ›La Franciade‹ (1572; Nachahmung der ›Ilias‹) blieb unvollendet. Kennzeichnend für seine Lyrik sind die persönlich gehaltenen Sonette der ›Amours‹.

Ronse, Ronsse, frz. **Renaix** [rən'ɛ], Stadt in der Prov. Ostflandern, Belgien, (1983) 24 200 Ew.; Textilindustrie.

röntgen, *ich* **röntge** *ihn,* $ ⚙ untersuche, durchleuchte mit Röntgenstrahlen.

Röntgen [n. W. C. Röntgen] *das, -/-,* Einheitenzeichen **R,** nicht gesetzliche, jedoch bis zum 31. 12. 1985 zugelassene Einheit der Ionendosis (→ Dosis 2): 1 R = 258 μC/kg (Mikrocoulomb je Kilogramm).

Röntgen, W i l h e l m Conrad, Physiker, * Lennep (heute zu Remscheid) 27. 3. 1845, † München 10. 2. 1923; entdeckte 1895 die → Röntgenstrahlen (von ihm X-Strahlen genannt) und untersuchte eingehend ihre Eigenschaften. 1901 erhielt er als erster den Nobelpreis für Physik.

Röntgen|astronomie, Teilgebiet der Astronomie, das sich mit der Beobachtung und Deutung der von kosm. Strahlungsquellen ausgesandten Röntgenstrahlung befaßt. Wegen der absorbierenden Wirkung der Erdatmosphäre ist eine Beobachtung nur von hochfliegenden Ballonen oder aus der Erdumlaufbahn möglich. I. a. sind Röntgenstrahlen mit extrem energiereichen Prozessen im

Erwin Rommel

Pierre de Ronsard
(Kupferstich von Th. de Bry)

Wilhelm Röntgen

All verbunden, werden aber auch von sehr heißen Materiewolken ausgesandt, z. B. der Sonnenkorona oder dem intergalakt. Gas. 1970 wurde der **Röntgensatellit** Uhuru gestartet, der einige hundert diskrete Röntgenquellen am Himmel fand, darunter den pulsierenden → Röntgenstern → Hercules X-1. Zw. 1977 und 1980 folgten 3 amerikan. Satelliten (HEAO 1 bis 3), deren zweiter (›Einstein-Observatorium‹) ein abbildendes **Röntgenteleskop** (Wolter-Teleskop) von 56 cm Öffnungsdurchmesser enthielt (BILD), wodurch die Zahl der bekannten Quellen auf 5000 wuchs, darunter zahlreiche Supernova-Überreste, Quasare und aktive Galaxien.

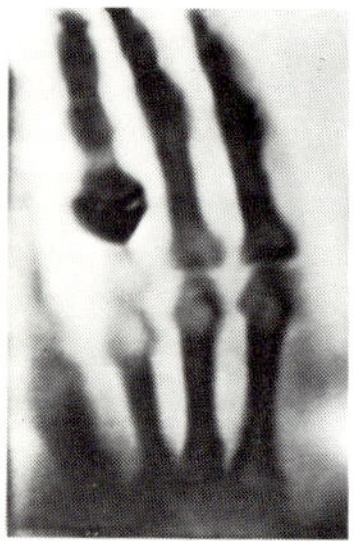

Röntgenographie: Eine der ersten Röntgenaufnahmen (22. 12. 1895) von Wilhelm Röntgen

Röntgenbehandlung, Röntgenbestrahlung, → Strahlenbehandlung.

Röntgenbildwandler, Gerät zur Verstärkung des Röntgenbilds. Das Röntgenbild wird über ein Fluoreszenzbild mit Hilfe eines → Bildwandlers in ein verkleinertes, sehr helles Elektronenbild umgewandelt, das dann auf einem elektronenempfindl. Leuchtschirm beobachtet, photographiert, gefilmt oder gespeichert werden kann.

Röntgenblitzröhre, Röhre zur Erzeugung kurzzeitiger (kürzer als 10^{-6} s) Röntgenlichtblitze, um Röntgenaufnahmen schnell ablaufender Vorgänge (z. B. Geschoßdurchschlag durch eine Wand) herzustellen. Mit speziellen R. können Serien von Bildern in einem zeitlichen Abstand von 0,1 ms aufgenommen werden.

Röntgendiagnostik, → Röntgenuntersuchung.

Röntgendurchleuchtung, Röntgenoskopie *die, -/...p'i|en,* Form der → Röntgenuntersuchung.

Röntgenfluoreszenz|analyse, zerstörungsfreies Verfahren der qualitativen und quantitativen chem. Analyse. Bei der R. wird die durch Röntgenstrahlen ausgelöste Röntgenfluoreszenzstrahlung gemessen. Das Emissionsspektrum wird mit einem **Röntgenfluoreszenzspektrometer** spektral zerlegt. Energie und Intensität der Röntgenlinien sind von Art und Menge der vorhandenen Atomart abhängig. Die Methode hat sich bes. in der Werkstoffprüfung durchgesetzt.

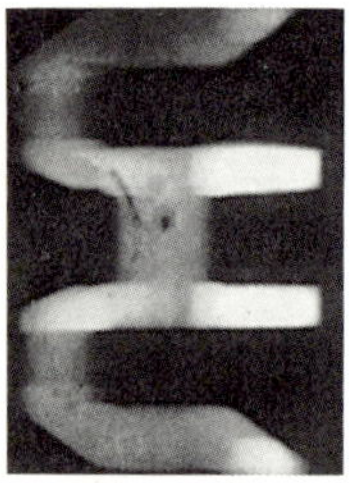

Röntgenographie: Werkstoffprüfung; Durchleuchtungsbild einer Kurbelwelle. Fehlerhafte Stellen sind gut zu erkennen

Röntgen|institute, Institute, in denen die Röntgenstrahlen zu ärztlichen oder zu Forschungszwecken angewendet werden. R. sind versicherungspflichtige Betriebe und unterstehen daher behördlicher Aufsicht; heute meist Institute für Radiologie oder Strahlenmedizin.

Röntgenkater, $ Strahlenreaktion, vorübergehendes Unwohlsein mit Übelkeit, Kopfschmerzen und allg. Unbehagen einige Stunden nach der Röntgenbestrahlung.

Röntgenkrebs, $ → Strahlenschädigungen.

Röntgenmikroskop, Röntgenstrahlmikroskop, Mikroskop zur vergrößerten Abbildung von Objekten mittels Röntgenstrahlung. Man unterscheidet zw. Geräten zur Erzeugung vergrößerter Schattenbilder durchstrahlbarer Objekte **(Röntgenschattenmikroskop, Röntgenprojektionsmikroskop),** bei denen eine nahezu punktförmige Röntgenlichtquelle Röntgenstrahlen aussendet, die nach dem Prinzip der Zentralprojektion von dem davor befindl. Objekt einen vergrößerten Schattenwurf auf einem in größerem Abstand befindl. Fluoreszenzschirm oder einer Photoplatte erzeugen, und **Röntgenfokussierungsmikroskopen,** bei denen mit Röntgenstrahlen Abbildungen entsprechend den Abbildungen mit Lichtstrahlen bei gewöhnl. Mikroskopen erzeugt werden (→ Röntgenoptik).

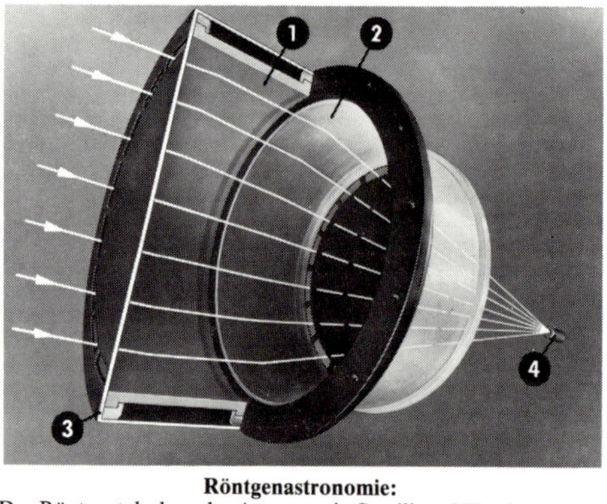

Röntgenastronomie:
Das Röntgenteleskop des Astronomie-Satelliten HEAO 2 besteht aus Quarzglasspiegeln mit parabolischem (1) und hyperbolischem (2) Schliff. Der Schutzmantel (3) hat am Eintritt 56 cm ∅; der Detektor (4) sitzt im Brennpunkt des Spiegelsystems

Röntgenographie *die, -,* **Röntgenphotographie,** Herstellung von dauerhaften Abbildungen **(Röntgenogramm)** mittels Röntgenstrahlen, die den abzubildenden Gegenstand durchdringen und nach Durchgang auf eine photographische Schicht **(Röntgenfilm)** fallen.

Zur Erhöhung der Wirksamkeit ist der photograph. Schicht eine Verstärkerfolie aufgepreßt, eine Celluloidfolie mit einer hochempfindlichen Röntgenfluoreszenzschicht (z. B. Calciumwolframat), die durch ihre Fluoreszenzstrahlung mit zur Schwärzung der Photoschicht beiträgt. Hauptanwendungsbereich der R. ist die medizin. Diagnostik. In der Werkstoffprüfung wird die R. zum Aufsuchen verborgener Fehler im Material verwendet **(Röntgengrobstrukturuntersuchung).** Der Röntgenleuchtschirm wurde bei Grobstrukturuntersuchungen vom → Röntgenbildwandler abgelöst. Stereoskop. Aufnahmen **(Röntgenstereographie)** zur Lokalisierung von Fremdkörpern werden durch mehrere Aufnahmen bei anderer Lage der Röntgenröhre ermöglicht. **Röntgenfeinstrukturuntersuchung,** die → Röntgenstrukturanalyse.

Die R. mit sehr kurzer Belichtungszeit wird durch → Röntgenblitzröhren ermöglicht. Weitere Anwendungsgebiete der R.: Kriminalistik (Waffensuche in Gepäckstücken, z. B. bei Flughafenkontrollen), Aufdeckung von Fälschungen (Kunstfälschungen, Urkundenfälschungen), Prüfung von Baudenkmälern, Archäologie und Paläontologie.

Röntgenographie: Werkstoffprüfung; Eintank-Röntgengenerator (Röntgenröhre und Hochleistungstransformator) bei der Schweißnahtprüfung an der Bordwand eines Schiffes

Röntgenologie *die, -,* **Röntgenkunde,** Lehre von den → Röntgenstrahlen und ihrer Anwendung in Technik **(technische R.)** und Medizin **(medizinische R.,** Teilgebiet der → Radiologie oder Strahlenheilkunde). *der* **Röntgenologe,** *-n/-n,* Arzt für Radiologie.

Röntgen|optik, Teilgebiet der Optik, das sich mit der Erzeugung von Abbildungen durch Röntgenstrahlen sowie der Konstruktion von Geräten für die → Röntgenstrahlmikroskopie, → Röntgenastronomie und Röntgenlithographie (→ Lithographie) befaßt. Zur Strahlführung kann man die selektive Reflexion von Röntgenstrahlen an Kristallgitterebenen ausnützen. Danach lassen sich **Röntgenringlinsen** durch ringförmige Rotationskörper mit konvexen oder konkaven Reflexionsflächen, die mit einer monomolekularen Kristallschicht überzogen sind, oder durch entsprechend sphärisch deformierte Einkristalle, wie Glimmer, für monochromat. Röntgenstrahlung verwirklichen. Auch die Totalreflexion der Röntgenstrahlen in dünnen Metallschichten läßt sich für Abbildungszwecke verwenden. (BILD S. 455)

Röntgenpulsar, → Röntgenstern.

Röntgenquanten, die Energiequanten (→ Lichtquanten) der Röntgenstrahlung.

Röntgenrecht, besonderer Teil des Strahlenschutzrechts, enthalten in der VO über den Schutz vor Schäden durch Röntgenstrahlen (Röntgenverordnung) vom 1. 3. 1973, die Genehmigungs- und Zulassungsvorschriften für Röntgeneinrichtungen und Störstrahler, Strahlenschutzvorschriften und Vorschriften über die ärztliche Überwachung enthält.

Röntgenröhre, geschlossene, evakuierte Glasröhre, in der Elektronenstrahlen durch Aufprallen auf ein Metallblech → Röntgenstrahlen auslösen. Die älteren, durch Gasentladungen betriebenen **Ionenröhren** sind heute ersetzt durch Röhren mit glühenden Wolframkathoden im Hochvakuum, aus denen die Elektronen austreten, die beim Anlegen einer hohen Spannung nach kurzem Weg mit großer Geschwindigkeit auf die schräg gestellte, gekühlte oder sich ständig drehende Antikathode bzw. Anode (meist aus Kupfer oder Wolfram) aufprallen **(Coolidge-Röhre** [k'u:lɪdʒ-], **Drehanodenröhre).** Die Durchdringungsfähigkeit (Energie, Härte) der Röntgenstrahlen ist um so größer, je höher die Elektronenbeschleunigungsspannung ist, so daß sie durch Veränderung der Anodenspannung variiert werden kann. **Diagnostikröhren** arbeiten mit kleinem Brennfleck und niedriger Spannung, **Therapieröhren** mit großem Brennfleck und hoher Spannung. Bei der **R. für Strukturuntersuchungen** wird die kontinuierl. Bremsstrahlung einer Wolframanode ausgenutzt. **R. für spektroskopische Untersuchungen** arbeiten mit der monochromat. Eigenstrahlung, meist mit Kupferanoden. Bei R. für hohe Belastung mit kleinem Brennfleck sind Fokussierung des Elektronenstrahls (z. B. Götze-Fokus) mit magnet. Linsen und Anodenkühlung erforderlich. **Hohlanoden-R.** dienen der Untersuchung von Hohlräumen, für Nah- und gynäkologische Bestrahlung.

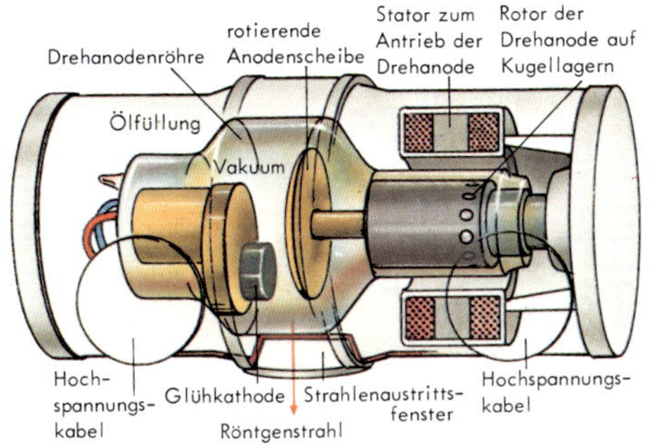

Röntgenröhre:
Schnittbild einer Doppelfokus-Drehanoden-R. für die Röntgendiagnostik; im Brennfleck entstehen max. Temperaturen von 2500°C

Röntgensatellit, → Röntgenastronomie.

Röntgenschädigungen, durch Röntgenstrahlen erzeugte → Strahlenschädigungen.

Röntgenspektroskopie, die Anregung und Auswertung der charakterist. Eigenstrahlung der Atome (→ Röntgenstrahlen), um Einblicke in den inneren Bau der Atome zu gewinnen; das Gesetz über das Röntgenemissionslinienspektrum stellte H. → Moseley auf.

Röntgenstern, punktförmige kosm. Röntgenstrahlungsquelle (→ Röntgenastronomie), bezeichnet mit dem lat. Namen des Sternbilds, in dem sie liegt, mit einem X (für Röntgenstrahlung) und fortlaufender Nummer. Die Beobachtungsdaten sprechen meist für eine Deutung als Neutronenstern (→ Hercules X-1) oder Schwarzes Loch in einem engen Doppelsternsystem, zu dem Wasserstoff vom Begleitstern (einem Hauptreihenstern) überströmt und dabei auf extreme Temperaturen aufgeheizt wird, was zur Aussendung von Röntgenstrahlung führt. Bei einem rotierenden Neutronenstern verschwindet für einen Beobachter auf der Erde immer dann die Röntgenstrahlung, wenn ihm der Neutronenstern die magnet. Pole zuwendet, weil die in der Nähe der magnet. Achse einfallende Materie für Röntgenstrahlung undurchlässig ist **(Röntgenpulsar).**

Röntgenstrahlen, X-Strahlen, elektromagnet. Strahlung mit kürzeren Wellenlängen als das Licht, die sich von den Gammastrahlen und dem elektromagnet. Bestandteil der kosmischen Strahlung nur durch die Entstehungsweise unterscheidet. R. sind unsichtbar, erzeugen Fluoreszenz, schwärzen Photoplatten und haben hohes Ionisationsvermögen. Ähnlich Lichtstrahlen zeigen sie Reflexion, Brechung, Beugung, Interferenz, Polarisation, haben aber im Unterschied zum Licht hohes Durchdringungsvermögen für die meisten Stoffe. Man unterscheidet in der Entstehungsweise die **Bremsstrahlung** mit kontinuierl. Spektrum, die von Elektronen infolge plötzlichen Abbremsens beim Aufprall auf Materie ausgesandt wird, und die aus einzelnen Linien bestehende **charakteristische Eigenstrahlung** der Atome, die von den kernnächsten, inneren Elektronen der Atomhülle nach Anregung beim Übergang in einen energet. niedriger liegenden Zustand ausgestrahlt wird (→ Röntgenspektroskopie). Auf Materie auftreffende R. lösen wiederum neue R. aus **(sekundäre R.),** daneben auch Elektronen **(Röntgen-Photoeffekt).**

Röntgentechnik. Technisch werden R. meist mit → Röntgenröhren erzeugt, wobei man **überweiche** (Wellenlängen 0,25–0,06 nm), **weiche** (0,06–0,02 nm), **mittelharte** (0,02–0,01 nm), **harte** (0,01–0,005 nm) und **überharte** (unter $5 \cdot 10^{-3}$ nm) **R.** unterscheidet. Sehr viel härtere (kurzwelligere) R. lassen sich mit der Elektronenschleuder erzeugen (bis etwa 10^{-6}–10^{-7} nm), ferner mit Bandgeneratoren, Linearbeschleunigern und Radioisotopen-Fernbestrahlungsanlagen. Die techn. Anwendungsbereiche der R. sind Medizin, Technik (Metallurgie), Kristallographie (Strukturanalyse), chem. Analytik. Ein **Röntgenapparat** besteht aus Röntgenröhre und Hochspannungsquelle (Transformator, Gleichrichter). Bei einer medizin. Anlage sind noch Schalt- und Uhrwerk angebracht. **Röntgenfilter** absorbieren einen best. Teil der Röntgenstrahlung. Als Hautschutz dienen Scheiben aus Aluminium (Leichtfilter) von 1/2 bis zu einigen Millimetern Stärke und Zink; Kupfer als Schwerfilter ist meist 0,5 mm stark, nach Bedarf auch stärker (Dickfilter).

Zur Bestimmung der Dosis von R. dienen **Röntgendosismesser (Röntgendosimeter,** → Dosimeter).

Die biologische Wirkung der R. beruht auf ihrer Absorption im Gewebe. Ein best. Bruchteil der Strahlungsquanten ionisiert die getroffenen Atome oder Moleküle; die herausgelösten Elektronen erzeugen längs ihrer Bahn Sekundärelektronen. So werden Störungen in lebenswichtigen Zentren der Zelle verursacht **(direkte Trefferwirkung). Indirekte Trefferwirkung** führt zur Veränderung im Gewebswasser (Bildung von oxidierend wirkenden Peroxiden), die indirekt den Zellstoffwechsel stören. Bei unausgereiften Zellen ist die Empfindlichkeit gegenüber R. größer als bei ausgereiften, sie wächst mit der Stärke der Vermehrungstätigkeit und steigert sich während der Kernteilung. Bes. empfindlich ist embryonales und fetales Gewebe. Unter den Geweben sind am empfindlichsten Lymphgewebe, Knochenmark und Thymus; Ganglienzellen und Nerven sind am wenigsten empfindlich. Reaktionen bei unkontrollierter R.-Einwirkung: → Strahlenschädigungen, → Röntgenkater; schwerwiegender sind Leukämie oder Anämie; über Schutzmaßnahmen gegen R. → Strahlenschutz.

Röntgenstrahlmikroskopie, Röntgenmikroskopie, alle mikroskop. Verfahren zur vergrößerten Abbildung von Objekten mit Hilfe von Röntgenstrahlen (→ Röntgenmikroskop, → Kontaktmikroradiographie). Im Unterschied zur Elektronenmikroskopie erlaubt die R. auch die Untersuchung lebender Objekte.

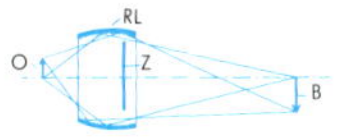

Röntgenoptik

Röntgenoptik: Röntgenringlinse (nach Hoppe und Trurnit); O Objekt, B Bild, RL Rotationskörper mit monomolekularer Kristallauflage, Z Zentralblende

Röntgenstruktur|analyse, Röntgenfeinstrukturuntersuchung, Analyse der Kristallstruktur mit Hilfe der Reflexion und Beugung von Röntgenstrahlen an den Gitternetzebenen, → Kristall, → Drehkristallmethode, → Laue-Verfahren, → Debye-Scherrer-Verfahren.

Röntgenteleskop, → Röntgenastronomie.

Röntgentherapie, → Strahlenbehandlung.

Röntgen|untersuchung, Röntgendiagnostik, Untersuchung von Patienten zur Erkennung krankhafter Veränderungen mit Hilfe von → Röntgenstrahlen. **1) Röntgendurchleuchtung:** Verfahren, bei dem Röntgenstrahlen nach Durchgang durch den menschl. Körper auf einem Fluoreszenzschirm ein Schattenbild der versch. durchlässigen Gewebe entwerfen **(Röntgenbild).** Hohlorgane und Organumrisse, die im Schirmbild nicht hervortreten, lassen sich durch Kontrastmittel sichtbar machen. Das Röntgenbild kann direkt, heute vornehmlich nach elektron. Verstärkung (→ Röntgenbildwandler), betrachtet oder über eine Röntgenfernsehkamera auf ein Sichtgerät (Monitor) übertragen werden; es kann auch gefilmt **(Röntgenkinematographie)** oder im Magnetbandspeichergerät aufgezeichnet werden. **2) Röntgenaufnahmen** sind Schattenbilder des Organismus, die auf einer speziellen photograph. Schicht (Röntgenfilm, meist zusammen mit fluoreszierenden Verstärkerfolien verwendet) erzeugt werden (→ Röntgenographie). Die Aufnahmebedingungen entsprechen jeweils den darzustellenden Organen **(Hart- und Weichstrahltechnik). Röntgenschichtaufnahmen** erhält man durch → Tomographie, in verfeinerter Form durch → Computertomographie. Bei der **Röntgenkymographie** läßt man zw. Objekt und Röntgenfilm einen Schlitzraster ablaufen und erzielt dadurch eine Reihe von Augenblicksbildern, die eine Beurteilung von Bewegungsabläufen (z. B. an Herz und Magen) gestatten. Die **Schirmbildphotographie** eignet sich bes. für Reihenuntersuchungen.

rood [ru:d], in Großbritannien Einheit zur Angabe des Flächeninhalts von Grund- und Flurstücken: 1 rood = 40 square rods = 1011,714 m² = 10,11714 a (Ar); nach dem Übergang zu metr. Einheiten nicht mehr verwendet.

Roodepoort-Maraisburg, Stadt in Transvaal, Rep. Südafrika, (1980) 165300 Ew.; Goldbergbau, vielseitige Industrie.

Rooming-in [r'u:mɪŋ'ɪn, engl.] *das, -(s),* gemeinsame Unterbringung von Mutter und Kind im Krankenhaus bei Krankheit des Kindes oder nach der Geburt. Dabei versorgt die Mutter ihr Kind z. T. selbst. Dies ist v. a. für das seel. Wohlbefinden des Kindes von Vorteil und beugt dem psych. Hospitalismus vor. R.-in nach der Geburt hilft mit, eine raschere intensive Beziehung zw. Mutter und Kind aufzubauen.

Röntgenröhre

Röntgenröhre: OBEN Metallkeramik-R. (320 kV) für die Werkstoffprüfung; UNTEN Glasmetall-R., in der medizin. Technik bevorzugt für die Angiokardiographie, Kinematographie und für Rasteraufnahmen

Franklin D. Roosevelt

Theodore Roosevelt

Wilhelm Röpke

Rose 1):
OBEN Heckenrose,
UNTEN veredelte Rose

Roon, Albrecht Graf (1871) von, preuß. Generalfeldmarschall (1873), * Pleushagen bei Kolberg 30. 4. 1803, † Berlin 23. 2. 1879, seit 1859 Kriegs-Min. In der → Konfliktszeit war R. als streng konservativer Altpreuße der entschiedenste Vorkämpfer der Krone; er veranlaßte im Herbst 1862 die Berufung Bismarcks zum MinPräs. Die Heeresreform R.s war die Voraussetzung der Kriegführung Moltkes. 1861–71 auch Marine-Min., seit 1873 zugleich preuß. MinPräs., legte R. im Nov. 1873 alle Ämter nieder.

Roosendaal en Nispen [-n'ispə], Industriestadt in der niederländ. Prov. Nordbrabant, (1982) 55 800 Ew.; Zucker-, Papier-, Möbel-, Textil- u. a. Industrie.

Roosevelt [r'əuzvelt, engl. r'u:svelt], seit dem 17. Jh. in New York ansässige Familie niederländ. Herkunft.

1) Anna Eleanor, amerikan. Politikerin, Frau von 2), * New York 11. 10. 1884, † ebd. 7. 11. 1962; war seit 1945 Delegierte bei der UNO, 1946–51 Vors. der Menschenrechtskommission.

2) Franklin Delano, 32. Präs. der USA (1933–45), Demokrat, Mann von 1), * Hyde Park (N. Y.) 30. 1. 1882, † Warm Springs (Ga.) 12. 4. 1945; war 1929–32 Gouverneur des Staates New York und wurde 1933, nach seinem Wahlsieg (1932) über den Republikaner Hoover, Präs. (1936, 1940, 1944 wiedergewählt). Im Kampf gegen die Wirtschaftskrise und die Arbeitslosigkeit wertete er den Dollar ab und leitete die Politik des → New Deal ein. 1940 führte er die allg. Wehrpflicht ein. Das → Leih-Pacht-System bedeutete praktisch ein Kriegsbündnis mit den Alliierten. Am 14. 8. 1941 beschlossen R. und Churchill die → Atlantik-Charta. Nach dem durch den japan. Überfall auf Pearl Harbor ausgelösten Kriegseintritt der USA (Dez. 1941) führte R. den Krieg mit großer Energie (1943 Konferenzen von Quebec, Casablanca, Kairo, Teheran, 1944 Quebec, 1945 Jalta). 1945 war er an der Gründung der Vereinten Nationen maßgeblich beteiligt. R.s optimist. Einschätzung der UdSSR ist umstritten.

3) Theodore, 26. Präs. der USA (1901–09), Republikaner, * New York 27. 10. 1858, † Sagamore Hill (N. Y.) 6. 1. 1919, wurde 1898 Unterstaatssekr. der Marine; führte im Krieg gegen Spanien ein Freiwilligenregiment. 1899 wurde R. Gouv. des Staates New York, 1900 Vizepräs. und nach der Ermordung McKinleys 1901 Präs. (1904 wiedergewählt). R. setzte den Plan des → Panamakanals durch und erweiterte die → Monroe-Doktrin, womit er in Südamerika starken Widerspruch weckte (→ Drago-Doktrin). 1905 vermittelte er den russisch-japan. Frieden von Portsmouth; hierfür erhielt er 1906 den Friedensnobelpreis. Innenpolitisch kämpfte er gegen die Trusts.

Root [ru:t], Elihu, amerikan. Politiker, * Clinton (N. Y.) 15. 2. 1845, † New York 7. 2. 1937, Kriegs-Min. (1899–1904), Außen-Min. (1905–09), 1910–25 erster Präs. der Carnegie-Stiftung für den Weltfrieden, 1910 Mitgl. des Ständigen Internat. Gerichtshofs in Den Haag. 1912 erhielt R. den Friedensnobelpreis.

Rootsgebläse [r'u:ts-, engl.], von J. D. Root um 1870 erfundener Drehkolbenverdichter mit lemniskatenförmigen, sich aufeinander abwälzenden, über Zahnräder miteinander verbundenen Drehkolben; Prinzip auch der **Rootspumpe.**

Röpke, Wilhelm, Volkswirtschaftler, * Schwarmstedt (Lüneburger Heide) 10. 10. 1899, † Genf 12. 2. 1966, Vertreter des → Neoliberalismus und der sozialen Marktwirtschaft. – Ausgewählte Werke, hg. v. F. A. Hayek u. a., 6 Bde. (1979).

Rops, Félicien, belg. Graphiker und Maler, * Namur 7. 7. 1833, † Corbeil-Essonnes 23. 8. 1898, schuf Illustrationen, Radierungen in glänzender Technik mit meist erot. Themen.

Roquefort [rɔkf'ɔ:r, frz.] *der, -s/-s,* frz. Edelpilzkäse aus Schafsmilch, reift in natürlichen Felshöhlen bei der Gemeinde **R.-sur-Soulzon** [-syrsulz'ɔ̃], Département Aveyron.

Roraima [span.; portugies. rur'ajma], **1)** *der,* Tafelberg im Bergland von Guayana, 2810 m, an der Grenze zw. Venezuela, Brasilien und Guayana. **Roraima Fall,** ÜBERSICHT Wasserfälle.

2) Territorium im N → Brasiliens; Hptst.: Boa Vista.

Rorate-Amt [lat. ›tauet!‹], Kath. Kirche: Votivmesse zu Ehren Mariens im Advent, volkstümlich das Engelamt, nach dem mit Jes. 45,8 beginnenden Eingangsgesang.

rören, → röhren.

Rorschach, Stadt und Kurort im schweizer. Kt. St. Gallen, (1980) 9900 Ew., am S-Ufer des Bodensees; Hafen; Kunstfaser-, Aluminium-, Maschinen- u. a. Industrie; Fremdenverkehr. – Ehem. Benediktinerkloster Marienberg (15./16. Jh.).

Rorschach-Test, ein von H. Rorschach (* 1884, † 1922) entwickelter Persönlichkeitstest. Der Prüfling hat 10 schwarze oder farbige sinnfreie, klecksartige Flächenfiguren (›**Klecksographien**‹) zu deuten (→ projektive Verfahren).

rosa [lat. ›Rose‹], *nicht flektierbar:* von blaßroter Farbe; Sinnbild des Optimismus: *sie sieht alles durch die r. Brille,* Ü im besten Licht. *Subst. das* **Rosa,** *-s.*

Rosa, Rose, Rös|chen, Rosali|e [von lat. rosa ›Rose‹], weibliche Vornamen.

Rosa, 1) João **Guimarães** [gimar'ãis], brasilian. Schriftst., * Cordisburgo (Minas Gerais) 27. 6. 1908, † Rio de Janeiro 19. 11. 1967, Arzt und Diplomat, schilderte in phantasiereichen, fesselnden Erz. und Romanen Natur und Menschen NO-Brasiliens.

HW: Grande Sertão (1956); Das dritte Ufer des Flusses (1962); Tutaméia. Terceiras Estórias (1967) u. a.

2) Salvator, ital. Maler und Dichter, * Neapel 21. 6. oder 7. 1615, † Rom 15. 3. 1673, malte v. a. Schlachten- und Landschaftsbilder mit wildbewegten Massen von Menschen und Pferden, zerklüftetem Gebirge, Meeresbuchten und Häfen; schrieb Satiren, in denen er die zeitgenöss. Ges., Kunst und Dichtung angriff.

Rosalinde [aus ahd. hrod ›Ruhm‹ und lint ›Schlange‹], **Rosamunde** [ahd. munt ›Schutz‹], **1)** weibl. Vornamen. **2) Rosamunde,** seit 567 Gattin des Langobardenkönigs → Alboin.

Rosario, Stadt in Argentinien, (1980) 955 000 Ew. (Agglomeration Gran R.), am steilen Ufer des Paraná; Erzbischofssitz; Zweig der Univ. Santa Fé; Flughafen; Umschlagplatz für Erzeugnisse Mittel- und N-Argentiniens (bes. Getreide und Gefrierfleisch); landwirtschaftliche, Textil-, chemische u. a. Industrie.

Rosarium [lat.] *das, -s/. . . ri|en,* **1)** Gartenkunst: Rosensammlung. **2)** Kath. Kirche: → Rosenkranz.

Rosas, Juan Manuel de, argentin. Politiker und Diktator, * Buenos Aires 30. 3. 1793, † Swaythling (bei Southampton) 14. 3. 1877, schuf die Grundlagen des modernen zentralisierten Argentiniens, → Argentinien, Geschichte.

Rosa von Lima, Patronin von Amerika, * Lima (Peru) 20. 4. 1586, † ebd. 24. 8. 1617, mystisch begabte Dominikanertertiarin. Heilige, Tag: 23. 8.

Rosbaud, Hans, Dirigent, * Graz 22. 7. 1895, † Lugano 29. 12. 1962.

Roscelin von Compiègne [-kɔ̃pj'ɛɲ], frz. Philosoph und Theologe, * um 1045, † nach 1120, Hauptvertreter des frühscholast. Nominalismus.

Roscher, Wilhelm Georg Friedrich, Nationalökonom, * Hannover 21. 10. 1817, † Leipzig 4. 6. 1894, Vertreter der älteren histor. Schule der dt. Nationalökonomie.

Roscommon [rɔsk'ɔmən], irisch **Ros Comáin** [-kəm'ɑ:n], Cty. in der Rep. Irland, 2462 km², (1981) 54 500 Ew.; VerwSitz ist die Stadt R., (1981) 1700 Ew.

Rose [ahd. rosa, zu lat. rosa, grch. rhodon] *die, -/-n,* **1)** ⊕ strauchige Pflanze und deren Blüte; vgl. unten. **2)** Schmuckform in Gestalt einer aufgeblühten R. (→ Rosette), → Fensterrose; das Blatt des Kompasses; Schalloch von Lauten, Gitarren. **3)** Schliffform von Edelsteinen. **4)** Ansatz des Geweihs; auch roter Hautwulst über den Augen der Hühnervögel. **5)** $ die → Wundrose.

⊕ **Rosa,** Rosengewächs-Gatt. in der nördl. gemäßigten und subtrop. Zone; meist laubabwerfende Sträucher mit Trieben, die sich mit Stacheln festhalten (›Spreizklimmer‹), selten stachellos; wechselständige, gefiederte Blätter mit Nebenblättchen, fünfteiligen Blüten; bei Gartensorten in allen Farbtönen und angenehm duftend. Staubgefäße und Stempel sind in einen krugförmigen Blütenboden, der später fleischig und rot, gelb oder schwarz wird, eingesenkt, so daß die ›Frucht‹ (Hagebutte) ein Fruchtstand (Scheinfrucht) ist und jeder einzelne ›Samen‹ die eigtl. Frucht, ein behaartes Nüßchen, das im Innern den eigtl. Samen enthält. (Weiteres BILD Ziersträucher)

Systematik. Die **Tee-R. (Rosa odorata)** und die **Chines.** oder **Bengal-R. (Rosa chinensis)** sind die Stammform der morgenländ. R. Von diesen gelten die kleinasiat. Arten **Rosa damascena, Centifolie (Rosa centifolia)** und **Rosa hemisphaerica** als Stammform der abendländ. R. neben den heim. Arten wie **Fuchs-R. (Rosa foetida), Essig-R. (Rosa gallica), Hunds-R. (Rosa canina).** Durch Einkreuzung, auch oft spontan, entstanden die Garten-R. – Die R. werden zur Prüfung in eigenen Gärten gesammelt **(Rosarium),** z. B. in Uetersen (Holstein).

Systematische Einteilung der Rosen

1) **Centifolien,** die Moos-, Essig- und Damaszener-R. (nur noch in Bauern- und Botan. Gärten).
2) **Monats-** oder **Bengal-R.,** niedrig verzweigt, blüht lange.
3) **Noisette-R.** [nwaz'ɛt-, frz.], selten; entstanden aus Moschus- und Chines. R.
4) **Pernetiana-** und **Lutea-R.,** zur Fuchs-R. gehörig.
5) **Tee-R.** (mit den Sorten Maréchal Niel, Gloire de Dijon).
6) **Teehybriden** (Tee-R. und Remontant-R.), bes. als Treib- und Schnitt-R.
7) **Polyantha-R.** (Teehybriden und Rosa multiflora), in Büscheln blühend, von niedrigem Wuchs.
8) **Polyantha-Hybriden** (Rückkreuzung: Polyantha-, Teehybriden und Wild-R.), großblumig, blüht bis zum Frost.
9) **Floribunda-R.,** reichblühende R.
10) **Kletter-R.,** aus den japan. Arten Rosa multiflora und Rosa wichuraiana entstanden, mit 2–6 m langen Trieben, darunter Lambertiana- und Moschata-Hybriden. Die älteste japan. Zuchtsorte kam nach Europa als Crimson Rambler (dicht rosa gefüllt).

Zucht. Nach Verwendung und Wuchsform unterscheidet man **Busch-, Hochstamm-, Trauer-, Kletter-R.** sowie die wilden **Park-R.** Als Unterlage wählt man die Edelcanina oder die Arten **Rosa multiflora, Rosa laxa, Weinrose (Rosa rubiginosa)** u. a., auf die im Sommer okuliert wird. Die R. verlangt einen bes. magnesium- und kalireichen Boden in sonniger Lage. Pflanzzeit kann Herbst und Frühjahr sein. Schutz gegen Austrocknen oder Frost kann durch Einhüllen mit Papier oder Einhängen von Fichtenreisig in die Krone erreicht werden.

Um **Schnitt-R.** fast das ganze Jahr über haben zu können, müssen R. im Gewächshaus (R.-Treiberei) gezogen werden. Auf **Rosa noisettiana ›Manettii‹** oder **Rosa odorata** veredelte Sorten werden v. a. in Amerika verwendet; die dt. R.-Treibereien bleiben vorwiegend bei Hundsrosen-Unterlage. Die zeitl. Lücke wird durch Einfuhr (Italien, Algerien, Südfrankreich) geschlosssen.

Nicht zur Gatt. Rosa gehören u. a. Klatsch-, Korn-R. (→ Mohn), Wasser-R. (→ Seerose), → Pfingstrose, Alpen-R. (→ Rhododendron), Sonnen-R. (→ Eberwurz, → Sonnenblume), → Jericho-Rose, Japan. R. (→ Kamelie).

Krankheiten, Schädlinge. Pilzkrankheiten der R. sind u. a. Echter und Falscher Mehltau, Sternrußtau (Schwarzfleckigkeit des Laubes), Schäden an Rinde und Fäule an Zweigen, Stengeln und Blütenknospen durch **Botrytis-Arten.** Saugschäden verursachen Blasenfüßer, Rosenzikaden, Rosenblatt-, Schildläuse und Spinnmilben. Blätter, Blütenknospen und Triebe werden angegriffen von Blattwespen, Rosenprachtkäfern und Schmetterlingsraupen. Gallmücken befallen frische Veredlungen (→ Okuliergallmücke) und Blütenknospen. Wurzelbeschädigungen gibt es durch Dickmaulrüßlerlarven und Engerlinge.

Kulturgeschichte. In Mittel- und N-Europa sind Edelrosen durch Mönche eingeführt worden. Im Christentum ist die R. Sinnbild Mariens. Die Anordnung der Kelchblätter führte auf das Pentagramm (Fünfeck), wodurch die R. Bauverzierung, Wappenbild und ein Zeichen des Geheimnisses wurde. Die rote R. bedeutet Liebe und Hochzeit, die weiße Entsagung oder Tod.

Rose, Klaus, Volkswirtschaftler, * Bochum 3. 6. 1928, beschäftigt sich bes. mit der Außenwirtschaftstheorie. – Mithg.: Kompendium der Volkswirtschaftslehre, 2 Bde. (1968, 1975); Hwb. der Wirtschaftswiss., 9 Bde. (1976–82).

rosé [frz.], rosa, blaßrot. *der* **Rosé**, *-s/-s,* Roseewein, → Wein.

Rosegger, Peter, Schriftst., * Alpl bei Krieglach (Steiermark) 31. 7. 1843, † Krieglach 26. 6. 1918, Sohn eines Gebirgsbauern, bed. Schilderer der steirischen Landschaft. Nach Gedichten in steirischer Mundart ›Zither und Hackbrett‹ (1870) veröffentlichte er u. a. ›Die Schriften des Waldschulmeisters‹ (1875, autobiograph. Roman), die Romane ›Heidepeters Gabriel‹ (1882), ›Der Gottsucher‹, 2 Bde. (1883), ›Jakob der Letzte‹ (1888), die Erinnerungsbücher ›Waldheimat‹ (1877), ›Als ich noch der Waldbauernbub war‹, 3 Bde. (1902).

Roseg|gletscher [rɔzˈɛdʒ-], Gletscher der Bernina-Gruppe, im schweizer. Kt. Graubünden, 11 km² groß, 5 km lang, reicht bis ins Rosegtal hinab.

Roselius, Ludwig, Unternehmer, * Bremen 2. 6. 1874, † Berlin 15. 5. 1943; erfand ein Verfahren zur Herstellung coffeinfreien Kaffees; entwickelte die väterl. Firma R. & Co. in Bremen zu einem der größten Kaffee-Importunternehmen Europas, gründete 1906 die → HAG GF Aktiengesellschaft. R. schuf mit B. Hoetger die ›Böttcherstraße‹ in Bremen mit R.-Haus.

Rosemarie [von Rosa und Maria], weiblicher Vorname.

Rosemeyer, Bernd, Autorennfahrer, * Lingen (Ems) 14. 10. 1909, † (verunglückt bei Rekordfahrten zw. Frankfurt und Darmstadt) 28. 1. 1938, gewann 1936 die Großen Preise von Dtl. und Italien, war Europameister, dt. Straßen- und Bergmeister; war ⚭ mit Elly Beinhorn.

Rosen|apfel, 1) eine Klasse der Apfelsorten. **2)** die → Dillenie, die → Hagebutte. **3)** Galle der Rosengallwespe an Trieben von Rosen, auch Schlafapfel genannt (→ Gallwespen).

Rosenberg, 1) R. O. S., poln. **Olesno,** Stadt in der poln. Wwschaft Częstochowa (Tschenstochau), (1975) 9 000 Ew., ehem. Krst. im Quellgebiet der Stober in Oberschlesien; drei alte Schrotholzkirchen. **2) R. in Westpreußen,** poln. **Susz** [suʃ], Stadt in der poln. Wwschaft Elbląg (Elbing), (1975) 4 200 Ew., ehemalige Krst. am N-Ende des **Rosenberger Sees** in Ostpreußen; Nahrungsmittel- u. a. Ind.; backsteingot. Pfarrkirche (14. Jh.).

Rosenberg, 1) Alfred, nationalsozialist. Politiker, * Reval 12. 1. 1893, † (hingerichtet) Nürnberg 16. 10. 1946; der führende Ideologe der NSDAP. Sein antisemit. und kirchenfeindl. Buch ›Der Mythus des 20. Jh.‹ (1930) forderte einen neuen ›rassegemäßen‹ Glauben. 1933–45 Reichsleiter der NSDAP, seit 1941 ›Reichsmin. für die besetzten Ostgebiete‹. Im Nürnberger Prozeß wurde er 1946 ›als Urheber des Rassenhasses‹ zum Tod verurteilt.

2) Ludwig, dt. Gewerkschaftsfunktionär, * Berlin 29. 6. 1903, † Düsseldorf 23. 10. 1977, war bis 1933 im Gewerkschaftsbund der Angestellten tätig, 1933–45 Lehrer in der brit. Arbeiterbildung und freier Journalist. 1954 übernahm er die wirtschaftspolit. Abteilung des DGB; wurde 1959 stellvertretender Vors. und war 1962–69 der 1. Vorsitzende des DGB.

Roseggletscher

Rosenbürstenhornwespe, Rosenblattwespe, Arge ochropus, etwa 1 cm große Blattwespe; legt ihre Eier in steppnahtähnl. Anordnung (daher **Nähfliege**) an junge Rosentriebe.

Rosenbürstenhornwespe

Rosengarten, ital. **Catinaccio** [-nˈatʃo], wildzackige Felskette der Südtiroler Dolomiten, südöstl. vom Schlern, im Kesselkogel 3 004 m; nahebei die Vajolettürme (2 821 m).

Rosengarten, Gem. im Kr. Harburg, Ndsachs., (1983) 10 900 Ew., im Landschaftsschutzgebiet R.; 1972 durch Zusammenschluß von 10 Gem. entstanden; Freilicht-Dorfmuseum.

Rosengarten, mhd. Epos aus dem Dietrich-Kreis, in dem der Rangstreit zw. dem gotisch-hunn. und dem burgund.-fränk. Sagenkreis symbolisch im Kampf zw. Dietrich und Siegfried ausgetragen wird. Es wurde wohl Mitte des 13. Jh. in Österreich verfaßt. Zum Unterschied vom R. (auch ›Der große R.‹, ›Wormser R.‹) heißt das Epos vom Zwergenkönig → Laurin ›Der kleine R.‹. (BILD S. 458)

Rosengewächse, Rosaceae, artenreiche, zweikeimblättrige Pflanzen-Fam.; Bäume, Sträucher und Kräuter mit einfachen oder zusammengesetzten Blättern mit Nebenblättern und fünfzähligen, meist zwittrigen Blüten. Die Gatt. → Rose ist wohl die bedeutendste Zierpflanze der Welt. Die wichtigsten europ. Obstarten sind R.: Apfel, Birne, Pflaume, Aprikose, Pfirsich, Mandel, Kirsche, Sauerkirsche; Erd-, Him- und Brombeere.

Rosenheim, kreisfreie Stadt und VerwSitz des Landkreises R. im RegBez. Oberbayern, (1983) 52 100 Ew., an der Mündung der Mangfall in den Inn; Fachhochschule für Holz- und Kunststofftechnik u. a.; Sportausstattungsbetrieb (Klepper-Werke), Maschinenbau, Elektrotechnik, Milchverwertung; Bürgerhäuser mit Laubengängen. – R., in der 2. Hälfte des 13. Jh. angelegt, erhielt 1328 Marktrecht, 1810 wurde eine Saline errichtet, seit 1864 Stadt.

Rosenholz, Hölzer versch. Herkunft, entweder von rosenroter Farbe oder mit rosenartigem Geruch. Zur ersten Art gehören das **Echte** oder **Brasilian. R.,** das **Ostindische R.** oder **Botanybayholz** und das **Afrikanische R.** (als Bubinga im Handel). Wohlriechende R. sind **Rhodiserholz** und **Jamaika-R.**

Rosenkäfer, Cetoninae, Unterfam. der Blatthornkäfer; meist metallglänzend oder samtartig behaart. Häufigste mitteleurop. R. sind der **Goldgrüne R. (Cetonia aurata)** und der **Dunkelgrüne R. (Potosia cuprea),** dessen Larven sich in Waldameisennestern entwickeln. Die Männchen vieler trop. R. haben bizarre Kopfhörner, so die bis 10 cm langen **Goliathkäfer (Goliathus).**

Rosenkohl, Brüsseler Kohl, Rosenwirsing, Sprossenkohl, hochstengliger Gartenkohl mit rosenförm. Blattachselsprossen (Röschen, Kohlsprossen); schmackhaftes vitaminreiches Wintergemüse (BILD Gemüse).

Peter Rosegger

Rosenkranz, lat. **Rosarium,** Kath. Kirche: **1)** Gebetsform aus 50 Ave Maria, die durch eingeschobene Vaterunser in 5 Teile (die ›Gesätze‹) abgeteilt werden. Bei jedem Gesätz wird eines Heilsereignisses aus dem Leben Jesu und Mariens, Geheimnis genannt, gedacht (freudenreicher, schmerzhafter, glorreicher R.). **2)** Gebetsschnur mit 6 großen und 53 kleinen Perlen zum Abzählen der Vaterunser und Ave Maria des R. Ähnliche Gebetsschnüre zum Abzählen gleichlautender Gebete werden auch in der Ostkirche, im Buddhismus und Islam verwendet. Die **R.-Bruderschaften** in der Kath. Kirche dienen der Pflege der R.-Andacht. Das R.-Fest am

Rosengarten

Gewöhnliche Rosette

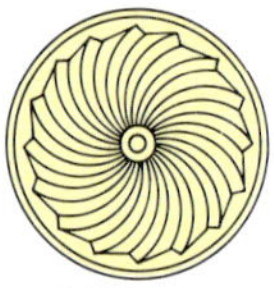

Wirbel-Rosette

Fächer-Rosette

Rosette 1)

Rosmarin 1)

7. 10. wurde 1716 allg. Fest der Kath. Kirche, der Oktober wurde zum **R.-Monat.**

Rosenkreuzer, frz. **Rose-Croix** [ro:zkrw'a], engl. **Rosicrucian** [rəuzıkr'u:ʃjən], eine seit Anfang des 17. Jh. nachweisbare, wahrscheinlich aber ältere Bewegung mit humanitären, pansophischen und später deistischen Tendenzen. Ihr Name geht auf ein Werk des Paracelsus-Schülers J. V. Andreä zurück (›Chymische Hochzeit: Christiani Rosenkreutz, Anno 1459‹, 1616). – Die Freimaurerei fand hier eine Tradition, deren Legende von ihr weiter ausgesponnen wurde. Um 1777 wurde in Berlin eine der Alchemie und Magie ergebene logenartige Vereinigung gegründet, die sich ›Gold- und Rosenkreuzer‹ nannte. In freimaurerischen Vereinigungen des 19. und 20. Jh. in Großbritannien, Frankreich, den Niederlanden und den USA findet der Name R. weiterhin häufig Verwendung.

Rosenkriege, die engl. Thronfolgekriege 1455–85 zw. den Häusern Lancaster (Wappen: rote Rose) und York (weiße Rose); → Großbritannien und Nordirland, Geschichte.

Rosenlaubkäfer, 1) der Junikäfer. **2)** fälschlich für Julikäfer.

Rosenlauigletscher, Gletscher in der Finsteraarhorngruppe der Berner Alpen, Schweiz, 6 km² groß, 4,7 km lang.

Rosenmond, P Juni.

Rosenmontag, rheinische Bez. für den Fastnachtsmontag. Der Name wird darauf zurückgeführt, daß die Sitzung der Karnevalsgesellschaft, auf der der R.-Zug vorbereitet wurde, seit 1824 am Rosensonntag (→ Laetare) stattfand.

Rosen|öl, wichtiges und teuerstes äther. Öl, aus Rosenblüten durch Wasserdampf destilliert. 1 t Rosenblüten ergeben maximal 300 g Öl. Es wird zu Parfümen, Seifen und Essenzen verwendet; Erzeugung u. a. in Bulgarien und Südfrankreich. Der leuchtendrote **Rosenlikör** ist mit R. parfümiert.

Rosenplüt, Rosenblut, Hans, Dichter, Mitte des 15. Jh. in Nürnberg, gen. der ›Schnepperer‹, neben Hans Folz der wichtigste Vertreter des volkstüml. Fastnachtsspiels vor Hans Sachs; schrieb auch Schwänke, geistl. und moral. Gedichte sowie Lobsprüche.

Rosenquist [r'əuzənkwist], James, amerikan. Maler und Graphiker, * Grand Forks (N. D.) 29. 11. 1933. Seine Bilder stellen Gegenstände der Konsumgüterproduktion dar mit den Stilmitteln der Vergrößerung und Montage; Hauptvertreter der → Pop Art.

Rosenroman, der → Roman de la Rose.

Rosenstock, 1) die Rosenpflanze, bes. die hochstämmige Rose. **2)** *Pl.,* die Stirnbeinfortsätze des → Geweihs der Hirsche.

Rosenstock-Huessy [-h'ysi], Eugen, Rechtshistoriker, Soziologe und Philosoph, * Berlin-Steglitz 6. 7. 1888, † Norwich (Va.) 23. 2. 1973; 1921 Gründer der ›Akademie der Arbeit‹ in Frankfurt a. M. (Ausbildung von berufserfahrenen Arbeitnehmern für Führungsaufgaben auf versch. Gebieten), 1926 Mitbegründer der Arbeitslager für Arbeiter, Bauern und Studenten; bemühte sich u. a. um eine christl. Sprachphilosophie; emigrierte 1934.

HW: Des Christen Zukunft (1946); Soziologie I: Übermacht der Räume (1958); Soziologie II: Vollzahl der Zeiten (1958).

Rosenthal AG, Selb, Holding-Ges. der westdt. Porzellan-Ind.; hervorgegangen aus der von Philipp Rosenthal (* 1855, † 1937) 1879 gegr. Porzellanmalerei, die 1891 die Porzellanherstellung aufnahm; seit 1897 AG.

Rosenwurz, Rhodiola rose|um, Art der Dickblattgewächse; bis 35 cm hohe Staude in Gebirgen bis 3000 m; in Steingärten.

Rosenzweig, Franz, jüd. Philosoph, Theologe und Übersetzer, * Kassel 25. 12. 1886, † Frankfurt a. M. 10. 12. 1929, gründete 1920 das ›Freie Jüdische Lehrhaus‹ in Frankfurt a. M., begann mit M. Buber eine Übersetzung der hebräischen Bibel.

Roseola [lat. ›Röschen‹] *die, -/. . . lae,* **Roseole** *die, -/-n,* $ Hautausschlag mit linsengroßen roten Flecken, bes. bei Syphilis und Typhus.

Rosesches Metall, Rose-Metall [n. dem Apotheker V. Rose, * 1762, † 1807], Legierung aus 50% Wismut, 28% Blei, 22% Zinn; Schmelzpunkt 94 °C; wird als Schnellot und als Sicherung in elektrischen Leitungen verwendet.

Rosette [frz. ›Röschen‹] *die, -/-n,* **1)** Kunstgeschichte: Ornament mit kreisrundem Umriß, aus einem stilisierten Blütenstern entwickelt; eines der ältesten, weitverbreiteten Motive. **2)** rosenförmiges Schleifchen aus Stoff. **3)** Schliffform von Edelsteinen.

Rosette, arab. **Raschid,** Hafenstadt in Ägypten, (1966) 36700 Ew., oberhalb der Mündung des westl. Nil-Hauptarmes. In R. wurde 1799 der ›**Stein von R.**‹ aus schwarzem Basalt gefunden (J.-F. → Champollion).

Rosettenpflanze, Pflanze mit rosettenförmig angeordneten Grundblättern (z. B. Löwenzahn, Primel).

rosig, rosa, rötlich; Sinnbild der Freude: *rosige Laune, rosige Zeiten; es geht ihr nicht r.,* U nicht gut.

Rosinante [span. rocin ›Klepper‹, Hengst des Don Quijote] *die* (eigtl. *der), -/-n,* Schindmähre.

Rosinen [aus altfrz.], *Sg. die* **Rosine,** -, getrocknete Weinbeeren wärmerer Gegenden. Man unterscheidet **Korinthen,** gelbe, kernlose **Sultaninen,** die gelbbraune **Eleme-** und schwarze **Muskateller-R.** und **Trauben-** oder **Tafel-R.** aus Malagatrauben am Stiel. – Redensart: *sie hat R. im Kopf,* will hoch hinaus, denkt unrealistisch.

Rositten, lettisch und amtlich **Rezekne** [rj'ezikni], Stadt in der Lettischen SSR, (1974) 34000 Ew.; wichtiger Bahnknoten; Nahrungsmittel-, Baustoffindustrie, Apparatebau.

Roskilde [r'ɔskılə], Stadt auf Seeland, Dänemark, (1981) 48500 Ew.; Univ. (gegr. 1970); Lebensmittel-, Glas-, Metall-Ind.; Flugplatz; Dom (12.–13. Jh.) mit Grabmälern dän. Könige und Königl. Palais (18. Jh.), mehrere im 12. Jh. begonnene Kirchen. – Um 1000 bed. Handelsplatz, seit dem 11. Jh. Königsresidenz. Im Frieden von R. 1658 mußte Dänemark seine südschwed. Provinzen abtreten.

Roslin [rusl'i:n], Alexander, schwed. Maler, * Malmö 15. 7. 1718, † Paris 5. 7. 1793, bed. Rokoko-Porträtist, lebte in Bayreuth, Italien, Paris.

Rosmarin [lat. ›Meertau‹] *der, -s,* **1) Rosmarinus,** Lippenblüter-Gatt. mit der einzigen Art **R. (Rosmarinus officinalis);** bis 2 m hoher, immergrüner Kleinstrauch mit aromatisch-harzigem Duft, graufilzigen Blättern und blauen bis violetten Blüten. Der R. wächst wild in den Macchiengebieten der Mittelmeerländer; Gewürz-, Zier- und Heilpflanze. **2)** andere, meist würzige Pflanzen, so Wilder R. (→ Gränke).

Rosmini-Serbati, Antonio Graf von, ital. Philosoph und Theologe, * Rovereto 25. 3. 1797, † Stresa 1. 7. 1855, strebte eine thomist. Erneuerung der christl. Philosophie an; trat für die Einigung Italiens unter dem Ehrenvorsitz des Papstes ein.

Rösrath, Gem. im Rheinisch-Berg. Kr., NRW, südöstlich von Köln, (1984) 21300 Ew.; Herstellung elektron. Geräte u. a. Ind.

Roß [ahd. hros] *das, R'osses/R'osse,* **1)** P edles Pferd: *ein feuriges Roß; er sitzt auf dem hohen R.,* U ist hochtrabend, überheblich. **2)** *Pl. R'össer, oberdt.:* Pferd. **3)** U dummer Kerl: *so ein R.! die Stute* **roßt,** *ist* **rossig,** ist brünstig. **Roßapfel,** U Pferdemist.

Roß [ro:s, mhd.] *das, -es/-e,* **Roße** *die, -/-n, mitteldt.:* Honigwabe.

Ross, 1) Sir James Clarke, brit. Polarforscher, Neffe von 2), * London 15. 4. 1800, † Aylesbury 3. 4. 1862, begleitete 1819–27 Sir W. E. Parry auf Nordpolarfahrten, entdeckte 1841 im Südpolargebiet u. a. die James-Ross-Insel (→ Ross-Insel).

2) Sir John, brit. Polarforscher, Onkel von 1), * Inch (Wigtownshire) 24. 6. 1777, † London 30. 8. 1856, entdeckte 1818 die nördl. Teile der Westküste Grönlands. 1829–33 erforschte er mit seinem Neffen James R. die Küsten von King-William-Land und Boothia Felix, wo er 1831 den nördlichen Magnetpol entdeckte.

3) Sir (1911) Ronald, brit. Tropenarzt, * Almora (Indien) 13. 5. 1857, † Putney Heath (London) 16. 9. 1932; lieferte den Nachweis, daß Stechmücken die Malaria übertragen; 1902 Nobelpreis für Physiologie und Medizin.

Roßbach, Gem. im Kr. Merseburg, Bez. Halle. Bei R. siegte Friedrich d. Gr. am 5. 11. 1757 über eine Armee von Franzosen und Reichstruppen.

Ross-Barriere, Eiswand im → Ross-Meer.

Roßbreiten, Seemannsname für die subtrop. Hochdruckgürtel in 25–35° nördl. und südl. Breite auf den Meeren, Gebiete schwacher Winde (→ Kalme).

Rössel [von Roß] *das, -s/-,* Springer im Schachspiel. **Rösselsprung, 1)** Schachspiel: Sprung des R. (Springers) über ein Feld in gerader Linie auf das rechts oder links schräg vorausliegende Feld. **2)** eine Art Rätsel, wobei ein Gedicht oder Sprichwort nach seinen Wörtern, Silben oder Buchstaben im R.-Sprung über die Felder einer Figur verteilt ist.

Rößel [r'øsəl], poln. **Reszel** [r'ɛʃɛl], Stadt in der poln. Wwschaft Olsztyn (Allenstein), (1975) 5600 Ew., ehem. Krst. in Ostpreußen; Maschinenbau; ehem. bischöfl. Burg (14. Jh., im 15.–16. Jh. umgebaut), Pfarrkirche (14. Jh.).

Dante Gabriel Rossetti: Die Kindheit der Jungfrau

Rossellini, Roberto, ital. Filmregisseur, * Rom 8. 5. 1906, † ebd. 3. 6. 1977, Mitbegründer des ital. neorealist. Stils; 1951–57 ⚭ mit Ingrid Bergman. – Filme: ›Rom, offene Stadt‹ (1945), ›Paisà‹ (1946), ›Dtl. im Jahre Null‹ (1947), ›Stromboli‹ (1949) u. a., später auch Dokumentarfilme und zahlreiche histor. Fernsehfilme.

Rossellino, 1) Antonio, ital. Bildhauer, Bruder von 2), * Settignano 1427, † Florenz 1479, schuf Bildwerke von zart belebter, die Strenge der frühen Florentiner Renaissance mildernden Form (Grabmäler, Bildnisbüsten u. a.).

2) Bernardo, ital. Baumeister und Bildhauer, Bruder von 1), * Settignano 1409, † Florenz 23. 9. 1464, Mitarbeiter von L. B. Alberti, schuf 1460–62 für Papst Pius II. den Domplatz in Pienza, die erste ausgeführte Stadtplanung der Renaissance (Dom, Bischofspalast, Rathaus, Palazzo Piccolomini). Als Bildhauer fand er die klass. Form für das florentin. Wandnischengrab (Grabmal Leonardo Bruni, Florenz, S. Croce, um 1444 begonnen).

Rössener Kultur, nach dem Fundort Rössen (Ortsteil von Leuna, Kr. Merseburg) benannte jungsteinzeitl. Kulturgruppe W- und Mittel-Dtl.s, die auf die jüngere Bandkeramische Kultur folgt und in Siedlungs- und Wirtschaftsweise mit ihr verbunden ist.

Rossetti, 1) Christina Georgina, engl. Lyrikerin, Tochter von 3) und Schwester von 2), * London 5. 12. 1830, † ebd. 29. 12. 1894; düster-schwermütige Erz. und Märchen, relig. Lyrik.

2) Dante Gabriel, eigtl. Gabriel Charles Dante R., engl. Maler und Dichter, Sohn von 3) und Bruder von 1), * London 12. 5. 1828, † Birchington-on-Sea 9. 4. 1882, gehörte der von ihm mitbegründeten Gemeinschaft der → Präraffaeliten an. Er malte weibl. Gestalten und Köpfe von schwermütigem Reiz und blasser Schönheit in Darstellungen aus der Bibel und aus Dichtungen (Dantes Traum, 1870/71, Liverpool, Walker Art Gallery). Die schwärmerische Empfindung und myst. Sinnlichkeit, die seine Bilder mit traumhafter Stimmung erfüllen, sprechen auch aus seinen formvollendeten Dichtungen (Sonettenfolge ›The house of life‹, 1870–81). BILD Swinburne.

3) Gabriele, ital. Dichter, Vater von 1) und 2), * Vasto 28. 2. 1783, † London 24. 4. 1854, Dante-Forscher; leidenschaftl. patriot. und myst. Gedichte.

Roßhaar, 1) Schweif- und Mähnenhaar des Pferdes, verwendet zum Weben von Einlagefutterstoffen, Polstermaterial. **2) Chemie-R.** ist ein nach versch. Verfahren (Viskose-, Acetat-, Polyamidverfahren u. a.) hergestelltes grobes monofiles Erzeugnis in Feinheiten wie natürliches R.

Rossi, 1) Agnelo, brasilian. Kurienkardinal, * Joaquim Egidio (Staat São Paulo) 4. 5. 1913, wurde 1956 Bischof von Barra do Piraí, 1962 Erzbischof von Ribeirão Prêto, 1964 von São Paulo, 1965 zugleich Kardinal und 1970 Kurienkardinal; 1970–84 Präfekt der Kongregation für die Glaubensausbreitung, seitdem mit der Verwaltung der Güter des Hl. Stuhls betraut.

2) Opilio, amerikan. Kurienkardinal, * New York 14. 5. 1910; 1961–76 Nuntius in Österreich, seit 1976 Kardinal; Präsident des Laienrates und des Familienkomitees in Italien.

Rössing, eine der größten Uranerzminen der Erde, 65 km östlich von Swakopmund in der Namib-Wüste, Namibia.

Gioacchino Rossini

Rossini, Gioacchino, ital. Komponist, * Pesaro 29. 2. 1792, † Passy bei Paris 13. 11. 1868, war in Italien seit 1810 als Opernkomponist erfolgreich und lebte seit 1823 in Paris, wo er 2 Jahre die Ital. Oper leitete. R. ist einer der letzten und bedeutendsten Meister der Opera buffa. Der sinnfälligen, frischen Melodik, der sicheren Gestaltung komischer Szenen, dem geschickten Aufbau von Ensembleszenen verdanken seine Opern ihren Welterfolg.

HW: Opern: Die Italienerin in Algier (1813); Der Barbier von Sevilla (1816); Das Aschenbrödel (1817); Die diebische Elster (1817); Wilhelm Tell (1829) u. a. – Stabat Mater (1832, umgearbeitet 1841).

Ross-Insel, 1) unbewohnte Insel im → Ross-Meer, Antarktis, rd. 2300 km², mit den tätigen Vulkanen Mt. Erebus (3795 m) und Mt. Terror (3280 m). **2) James-Ross-Insel,** unbewohnte Insel in der → Weddell-See, im erloschenen Vulkan Mt. Haddington bis 1620 m hoch.

Rossitten, russ. **Rybatschij,** Fischerdorf und Ostseebad in Ostpreußen, Gebiet Kaliningrad, (1939) 690 Ew. In der ehem. dt. Vogelwarte arbeiten seit 1956 sowjetische Wissenschaftler.

Roßkäfer, die → Mistkäfer.

Roßkamm [weil die Pferde zum Verkauf durch Kämmen herausgeputzt werden], ⚘ *verächtlich:* (betrügerischer) Pferdehändler, Roßtäuscher.

Roberto Rossellini

Roßkastani|e, → Kastanie.

Roßlau/Elbe, Krst. des Kr. Roßlau im Bez. Halle, an der Mündung der Rossel in die Elbe, (1983) 14600 Ew.; Schiffswerft, Dieselmotorenbau, Steingut-, Porzellan-, Papier-, chem. u. a. Ind. – R. entstand bei der seit 1215 bezeugten gleichnamigen Burg.

Ross-Meer, Ross-See [von J. C. Ross 1841 entdeckt], große Bucht des antarktischen Festlandes, zw. Südvictoria-Land und Marie-Byrd-Land, Walfanggebiet. Den S bedeckt das 540000 km² große **Ross-Schelfeis** mit der 900 km langen, 15–45 m hohen Eiswand der **Ross-Barriere.** Die Küstengebiete um das R.-M. und die vorgelagerten Inseln (unter ihnen die → Ross-Insel) zw. 160° und 150° westl. Länge unterstehen seit 1923 neuseeländ. Verwaltung (**Ross Dependency** [-dɪp'endənsɪ]).

Roßschweif, ehem. türk. Feldzeichen und Rangabzeichen: ein offener oder geflochtener, blau-rot-schwarz gefärbter R. an einer Stange, oft mit Halbmond darüber.

Roßtrappen *Pl.,* pferdehufähnl. Vertiefungen im Fels, im Volksglauben oft mit Sagen verbunden; am bekanntesten ist die R. in der Bodeschlucht im Harz oberhalb von Thale, ein 200 m über dem Flußspiegel aufragender Granitfelsen.

Roßwein, Stadt im Kr. Döbeln, Bez. Leipzig, an der Freiberger Mulde, (1975) 10000 Ew.; Metall-, Maschinen-, Textil-, Schuh- u. a. Ind.; Stadtkirche (1810–15 erneuert) mit spätgot. Chor, Tuchmacherhaus (16. Jh.) mit Renaissanceportal und Rathaus (1505, später umgebaut).

Rost [ahd., verwandt mit rot] *der, -(e)s,* **1)** durch Feuchtigkeit auf Eisen entstehende poröse, braunrote Schicht, die im wesentlichen aus wasserhaltigen Eisenoxiden und Eisenoxidhydraten besteht. Die Bildung von R. wird bei Berührung des Eisens mit edleren Metallen durch Bildung von Lokalelementen, mit Salzen, Säuren und mit Schwefeldioxid in Rauchgasen begünstigt. Die Verhinderung der Rostbildung auf Eisen und Stahl **(Rostschutz)** durch Behandlung der Oberflächen ist ein wichtiger Sonderfall des Korrosionsschutzes (→ Korrosion, → Metallschutz). Entstandener R. wird beseitigt durch Behandlung mit flüssigen oder pastenförmigen Mineralsäuren **(Rostbeizen)**, durch mechan. Bearbeitung, z. B. Abklopfen, Bürsten, Sandstrahlgebläse, auch durch Flammstrahlen oder durch chem. Reduktion oder Umwandlung in andere chem. Verbindungen. **2)** *Pl. -e,* Pflanzenmedizin: versch. Pflanzenkrankheiten (vgl. unten). **3)** Weinzersetzung mit braunem Niederschlag. *es* **rostet** (ist *oder* hat gerostet), bedeckt sich mit R. *es* **rostet ein, 1)** wird rostig. **2)** *ich roste ein,* U verliere meine Beweglichkeit. **rostig,** mit R. bedeckt.

P f l a n z e n m e d i z i n. Der R. entsteht durch bes. in den Blättern schmarotzende Pilze, meist der zu den Basidienpilzen gehörigen **Rostpilze (Uredineae, Uredineen).**

Die **Rostkrankheiten (Roste)** der Pflanzen, mit rostfarbigen Flecken (Sporenlager) auf Blättern und Stengeln, können erheblich schaden. Auf Getreide kommen u. a. vor: **Schwarzrost (Puccinia graminis), Gelbrost (Puccinia glumarum), Kronenrost** des Hafers **(Puccinia coronata), Braunrost** des Weizens **(Puccinia triticina).** Von den Obstarten sind v. a. Birne **(Birnengitterrost, Gymnosporangium sabinae),** Schwarze Johannisbeere **(Säulenrost, Cronartium ribicola)** und Stachelbeere **(Puccinia ribesii caricis)** gefährdet. Von den Gemüsearten werden u. a. Erbsen **(Erbsenrost, Uromyces pisi)** und Spargel **(Spargelrost, Puccinia asparagi)** befallen. In der Forstwirtschaft schadet v. a. der **Kiefernrinden-Blasenrost** (›Kienzopf‹, **Cronartium flaccidum).** An Zierpflanzen kennt man u. a. **Rosenrost (Phragmidium mucronatum)** und **Chrysanthemenrost (Puccinia chrysanthemi).** Verhütung und Bekämpfung sind nur in gewissem Umfang (→ systemische Wirkung) möglich. Im Getreidebau ist die Züchtung rostwiderstandsfähiger Sorten wichtig.

Rost [ahd.] *der, -(e)s/-e,* **1)** Gitter aus dünnen Stäben als durchlässiger Bodenbelag. Untersatz für heiße Gegenstände. **2)** bei Feuerungsanlagen die durchbrochene Unterlage, auf der der Brennstoff liegt, z. B. Plan-, Treppen-, Wanderrost (→ Feuerung). **3)** → Pfahlrost. *die* **Röste,** *-/-n,* Vorrichtung zum Rösten.

Edmond Rostand

Rostand [rɔst'ã], E d m o n d, frz. Dramatiker, * Marseille 1. 4. 1868, † Paris 2. 12. 1918; Dramen in gewandten Versen (›Cyrano de Bergerac‹, 1897; ›Der junge Aar‹, 1900) über die alten romant. Themen von Heldentum, Liebe, Verzicht.

Röstbitter, Assamar *das, -s,* brauner Stoff, der sich beim Erhitzen pflanzl. und tier. Nahrungsmittel ergibt, bildet die braune Farbe und den würzigen Geschmack von Brotkruste und Braten.

rösten [ahd. rostan]. *ich röste es,* **1)** brate, dörre auf dem Rost ohne Zusatz von Fett oder Wasser. **2)** Metallurgie: Sulfide, Arsenide und Antimonide in den metallurg. Vor- und Zwischenprodukten in andere Verbindungsformen durch Erhitzen unter Zutritt von Sauerstoff überführen. Es entstehen Oxide **(oxidierendes Rösten),** Sulfate **(sulfatisierendes Rösten)** oder bei Zugabe von Chloriden der Alkali- oder Erdalkalimetalle Schwermetallchloride **(chlorierendes Rösten).** Bei dem heute bes. wichtigen **Pulverrösten** sind das Schwebe- und Wirbelschichtrösten die am meisten angewendeten Verfahren. Durch Kombination von Rösten mit Sintern **(Sinterrösten)** erhält man ein stückiges Röstgut.

rösten [mhd. roezen ›faul werden‹]. *ich* **röste** *es,* lockere die Rinden-, Holz- und Markteile von Bastfasern auf biolog. oder chem. Wege auf, um das Fasermaterial isolieren zu können.

Rostkitt, Eisenkitt, Mischung von Eisenfeilspänen, Salmiak und Schwefel; wird, mit Wasser angerührt, sehr hart; diente u. a. zum Einkitten von Eisen in Stein; heute durch → Epoxidharze ersetzt.

Rostock, 1) Bezirk der Dt. Dem. Rep., 7074 km², (1982) 893 500 Ew., 1952 aus dem nördl. Mecklenburg und Vorpommern gebildet, nimmt die gesamte Ostseeküste der Dt. Dem. Rep. ein; umfaßt die Stadtkreise Greifswald, Rostock, Stralsund, Wismar und die Landkreise Bad Doberan, Greifswald, Grevesmühlen, Grimmen, Ribnitz-Damgarten, Rostock, Rügen, Stralsund, Wismar und Wolgast. **2)** Hptst. von 1), Stadtkr. und VerwSitz des Landkr. R., am linken Ufer der Warnow, die sich boddenartig zum Breitling erweitert, (1982) 239 100 Ew.; größte Stadt Mecklenburgs, Haupthafen der Dt. Dem. Rep., der mit dem neuen Seekanal ein moderner Überseehafen ist. Der Vorhafen zu R., das Ostseebad **Warnemünde,** wurde 1934 eingemeindet. Die Universität, 1419 gegr., war im MA. von Bedeutung für Niederdeutschland und die skandinav. Länder; Institute für Schiffbau, Hochseefischerei, Seeverkehr, Hafenwirtschaft, Ingenieurhochschule; Museen. Die größten der mehr als 200 Industriebetriebe sind die Neptunwerft in R. und die Warnow-Werft; außerdem hat R. Fischkombinat, Eisen-, Maschinen-, Dieselmotoren-, chem., Lebensmittel- u. a. Industrien. Das Bild der 1942 schwer beschädigten Stadt prägen neben altertüml. Vierteln und modernen Straßenzeilen noch hervorragende Bauwerke der Backsteingotik: Marienkirche (13.–15. Jh.), Nikolaikirche (13.–15. Jh.), Petrikirche (1. Hälfte 14. Jh.) und Heilig-Kreuz-Kirche (1. Hälfte 14. Jh.) mit Hochaltar (1450) und reizvollen Klostergebäuden; das got. Rathaus reicht bis 1270/90 zurück und erhielt 1727 einen barocken Vorbau; erhalten sind ferner 4 Stadttore. – Neben einer wendischen Burg entstand um 1200 die dt. Stadt R., die 1218 Lübisches Recht erhielt; sie war Mitgl. der Hanse. In der stånd. Verfassung Mecklenburgs (bis 1918) hatte R. viele Vorrechte.

Rostock 2): Markt mit Marienkirche

Rostow, 1) R. am Don, Gebietshauptstadt im S der Russ. SFSR, am rechten Ufer des Don, 46 km oberhalb seiner Mündung ins Asowsche Meer, Ausfuhrhafen, (1982) 966 000 Ew., Kulturmittelpunkt: Universität (gegr. 1915), 8 Hoch-, über 20 Fachschulen, Theater, Museen, Gemäldegalerie; Maschinenbau, Flugzeugbau, chem., Leder-, Schuh-, Textil-, Nahrungsmittel-Ind.

2) auch **R. Jaroslawskij,** Stadt im Gebiet Jaroslawl, Russ. SFSR, am nordwestl. Ufer des Nerosees, mit (1972) 30 800 Ew.; Nahrungsmittel-, Leder-, Bekleidungsindustrie. Aus dem 16. und 17. Jh. sind die Befestigungsmauern des Kreml, die Uspenskij-Kathedrale und bei R. das Boris-und-Gleb-Kloster erhalten. – R., 862 erstmals erwähnt, gehörte seit dem 11. Jh. zum Fürstentum Wladimir-Susdal und kam 1474 zum Großfürstentum Moskau.

Rostow [r'ɔstɔf], W a l t W h i t m a n, amerikan. Volkswirtschaftler, * New York 7. 10. 1916, Berater Präs. Kennedys (seit 1961), Sonderberater des Präs. für Fragen der nat. Sicherheit (1966–69). – HW: ›Stadien des wirtschaftl. Wachstums‹ (1960).

Rostpilze, Schmarotzer, die bes. in den Blättern höherer Pflanzen Rostkrankheiten verursachen (→ Rost).

Rostra [lat.] *die, -/... stren,* die altröm. Rednerbühne, benannt nach den auf ihr angebrachten Schnäbeln (→ Rostrum) 338 v. Chr. erbeuteter Kriegsschiffe.

Rostropowitsch, M s t i s l a w Leopoldowitsch, aserbaidschanisch-sowjet. Violoncellist, * Baku 27. 3. 1927, 1978 aus der UdSSR ausgebürgert.

Rostrum [lat.] *das, -s/... tra,* **1)** an altröm. Kriegsschiffen der spitze Schiffsschnabel zum Rammen. **2)** 🕮 bei Wirbeltieren der → Schnabel; auch bei Krebsen und Insekten der nach vorn gerichtete Kopffortsatz. **3)** 🕮 die meist fossil erhaltene kegelförmige Spitze des Belemniten-(Donnerkeil-)Schulps.

Roswaenge, Rosvaenge, H e l g e Anton, dän. Opern-tenor, * Kopenhagen 29. 8. 1897, † München zw. 16. und 19. 6. 1972.

Roswitha [ahd. Hrotsvith ›die Ruhmstarke‹], weibl. Vorname.

Roswitha von Gandersheim, mlat. Dichterin, → Hrotsvitha von Gandersheim.

rot, röter, am rötesten; U auch: roter, am rotesten, mit der Farbe Rot, wie Blut, wie Feuer gefärbt; Sinnbild der Liebe und des Lebens: *er wird r.,* errötet; *das ist für ihn ein rotes Tuch,* U reizt ihn; *ich sehe r. – habe rotgesehen,* U bin wütend. *das* **Rot,** *-s,* **1)** Farben mit einer Wellenlänge zw. 620–700 nm. Das reine Rot (kompensative Wellenlänge etwa 615 nm) wird als Urfarbe betrachtet; es ist nicht im Spektrum enthalten, aber darstellbar als Mischung des gelblichen Spektralrots mit etwas Blauviolett. Der Begriff Rot dehnt sich vom gelbl. **Scharlachrot** und **Zinnoberrot** über **Hochrot** bis zum **Karminrot** und **Purpurrot** aus, in geringerer Sättigung **Ro-**

senrot (Rosa). – Rot ist Signalfarbe mit der Bedeutung ›Gefahr‹; es ist die Bannerfarbe der Revolution, des Sozialismus und des Kommunismus. **2)** Farbe im Kartenspiel, im Roulett. **3)** R. und Schwarz, → Rouge et noir. *ich* **röte** *es,* mache rot: *der Himmel rötet sich. die* **Rötung,** -, Rotwerden, Rotfärbung.

Rota [lat.] *die,* -, amtlich **Sacra Romana R.,** das ordentliche päpstliche Gericht für Berufungen in kirchlichen Prozessen, i. a. erst in 3. oder weiterer Instanz. (→ Kurie)

Rot|algen, Rot|tange, Rhodophyta, Algen, die bes. durch roten Farbstoff (neben Blattgrün) rot, purpurn oder braunrot gefärbt sind; selten einzellig, oft fädig gegliedert, auch reich verzweigt. Von den mehr als 4000 Arten leben nur rd. 180 Arten im Süßwasser und als Luftalgen. R. sind in allen Meeren verbreitet, einige noch in einer Tiefe von 150 m. Zu den R. gehören u. a. die → Karrageen.

Rotang [malaiisch] *der, -s/-e,* Art der Gatt. → Schilfpalme.

Rotary-Club [engl. rˈəutərɪ klʌb], weltweite, unpolit. Vereinigung von Männern unter dem ›Ideal des Dienens‹ im persönl., berufl., öffentl. Leben. Der erste R.-C. wurde 1905 von P. P. Harris in Chicago gegr.; die Sitzungen fanden reihum (rotierend) bei den Mitgl. (Rotarier) statt. Dachorganisation ist **Rotary International** ([-ɪntənˈæʃnl], Abk. **RI**, seit 1922 Zentralbüro in Evanston, Ill.; Büros in Zürich und London). Abzeichen: symbol. Zahnrad. In Dtl. wurde der erste R.-C. 1927 in Hamburg gegr.

Rotary-Bohrverfahren [rˈəutərɪ-], → bohren.

Rotation [lat. rotare ›sich im Kreis drehen‹] *die, -/-en,* Drehung, Drehbewegung. **1)** Mechanik: die Umdrehung eines starren Körpers um eine Achse oder einen Punkt. Die für die R. eines starren Körpers kennzeichnenden Größen sind Trägheitsmoment und Winkelgeschwindigkeit sowie deren zeitl. Änderung (Radial- und Bahnbeschleunigung), Drehimpuls, Drehmoment. Auf bewegte Körper wirkt in rotierenden Systemen außer der Zentrifugalkraft noch eine weitere Trägheitskraft (Corioliskraft, → Coriolis-Beschleunigung).

2) ✫ Eigendrehung eines Himmelskörpers. Man unterscheidet innerhalb des Planetensystems zw. **sider. R.** (einer Drehung um 360 Grad) und **synod. R.** (einer Umdrehung bezogen auf die Sonne). – Bei der **gebundenen R.** kehrt der Begleitkörper dem Hauptkörper immer die gleiche Seite zu (z. B. zeigt der Mond der Erde immer nur die Vorderseite). – Die R. der Sterne und Sternsysteme ist mit dem Doppler-Effekt spektroskopisch aus der Verbreiterung der Spektrallinien bestimmbar. Bei den Sternsystemen wird ein komplizierter Verlauf der R.-Geschwindigkeit mit zunehmendem Abstand von der Mitte beobachtet, jedoch rotieren sie i. a. in den Innenbezirken rascher als außen. **3)** Optik: **opt. R.**, die Drehung der Polarisationsebene (Polarisationsrichtung), → Polarisation 2).

Rotationsdispersion, bei optisch aktiven Körpern (→ optische Aktivität) die Abhängigkeit des Drehvermögens für polarisiertes Licht (→ Polarisation) von der Wellenlänge.

Rotationsdruckmaschine, Rotationsmaschine, eine schnellaufende Druckmaschine, bei der die Druckformen auf umlaufenden Zylindern befestigt sind. Vom eingefärbten Formzylinder wird die Druckfarbe unter dem Preßdruck des Druckzylinders direkt auf den Bedruckstoff übertragen **(Zeitungs-R., Rotations-Buchdruckmaschine, Rotations-Tiefdruckmaschine, Flexodruckmaschine)** oder zunächst vom Übertragzylinder übernommen und von dort auf den Bedruckstoff übertragen (indirekter Druck: **Rotations-Offsetdruckmaschine).** Man unterscheidet ferner **Bogen-R.** und **Rollen-R.**

Rotationsflächen, △ die → Umdrehungsflächen.

Rot|auge, Fisch, → Plötze.

Rotbarsch, Goldbarsch, Bergilt, Panzerbarsch, Sebastes marinus, zu den Drachenköpfen gehörender, lebendgebärender, 50–60 cm langer Fisch, lebt meist in Meerestiefen von 300–500 m. (BILD Fische)

Rotbart, ital. **Barbarossa,** Beiname des Kaisers Friedrich I. (→ Friedrich 1).

Rotblei|erz, das Mineral → Krokoit.

Rotbuche, → Buche.

Rotdorn, Zierstrauch, → Weißdorn.

Röte *die,* -, **1)** Rotfärbung. **2)** mehrere rot färbende Pflanzen, z. B. Färberröte.

Rote Armee, eigtl. **Rote Arbeiter- und Bauern-Armee,** bis 1946 offizieller Name der Landstreitkräfte der UdSSR (jetzt Sowjetarmee). Ihr Gründer war L. Trotzkij (1918).

Rote-Armee-Fraktion, Abk. **RAF,** → Baader-Meinhof.

Rote Bete, → Rote Rübe.

rote Blutkörperchen, → Blut.

Rote Brigaden, ital. **Brigate Rosse,** Abk. **BR,** in Italien linksextremist. Stadtguerilla-Organisation, die mit terrorist. Mitteln eine gesellschaftliche Umwälzung anstrebt. 1978 entführten und ermordeten die R. B. den Präs. der Democrazia Cristiana (DC) A. → Moro.

Rote Erde [eigtl. ›gerodete Fläche‹], seit 1490 nachweisbarer Name für Westfalen.

Rote Garden, Bez. für revolutionär-sozialist. Kampfverbände, z. B. Arbeiterformationen während der Revolution von 1905 in Rußland, 1917 die Kernformationen der Bolschewiki, 1966–69/70 in China maoist. Schüler- und Studentenverbände im Kampf gegen ›revisionist. Tendenzen‹ in Partei und Staat (→ Kulturrevolution 2).

Rötegewächse, Krappgewächse, Rubiaceae, artenreiche, weltweit verbreitete Pflanzenfam., bes. in den Tropen. Ihre wichtigsten Vertreter sind u. a. der Chinarinden- oder Fieberbaum (→ Chinarinde), der → Kaffee, die → Färberröte.

Rote Gewerkschaftsinternationale, Abk. **RGI, Moskauer Internationale,** die 1920–33 neben dem Internationalen Gewerkschaftsbund bestehende Internationale der kommunist. Gewerkschaften Moskauer Richtung, → Gewerkschaften, → sowjetische Gewerkschaften.

Rot|eisenstein, Mineral, → Eisenglanz.

Rote Kapelle, Kennwort (der dt. Abwehr) für einen seit 1936 in Westeuropa aufgebauten Agentenapparat der sowjet. Spionageorganisation. Ziel der R. K. war die Ablösung des nat.-soz. Regierungssystems in Dtl. durch eine sozialist. Republik in Anlehnung an die UdSSR. In Berlin traten 2 Gruppen der R. K. unter H. Schulze-Boysen (Reichsluftfahrtministerium) und A. Harnack (Reichswirtschaftsministerium) hervor. Die R. K., die bes. nach dem Ausbruch des deutsch-sowjet. Krieges (1941) aktiv war, wurde seit Aug. 1942 von der Gestapo aufgedeckt und bis zum Sommer 1943 zerschlagen. Viele Mitglieder wurden hingerichtet.

Rote Khmer, Name der kommunist. Kräfte, die im kambodschan. Bürgerkrieg 1970–75 die von Lon Nol geführte Khmer-Rep. bekämpften und nach ihrem Sieg Kambodscha in einen kommunist. Staat umwandelten. Ihr Regime unter Pol Pot wurde Anfang 1979 von vietnames. Truppen gestürzt (→ Kambodscha).

Rötel *der, -s/-,* **Rotstein,** erdiges, bräunlich- bis blutrotes, stark färbendes Gemenge von erdigem Hämatit und Ton; als Mal- und Anstrichfarbe seit dem Altertum, in Stiftform zum Zeichnen seit Ende des 15. Jh. verwendet **(Rötelzeichnung).**

Rote Liste, Red Data Book [red dˈeɪtə bʊk, engl.], **Red Data List,** Liste der bedrohten Tier- und Pflanzenarten. Auf Initiative der ›Internationalen Union für Naturschutz‹ sind sämtl. gefährdeten Arten in der R. L. aufgenommen worden. Das Werk gliedert sich in einen Band ›Pflanzen-‹ und 4 Bände ›Tierarten‹ mit Hinweisen zum Schutz bedrohter Tier- und Pflanzenarten. Zur besseren Handhabung sind u. a. auch für einzelne Bundesländer (Bundesrep. Dtl., Österreich) R. L. erstellt und nach Gefährdungsstufen geordnet worden. Bei den Farn- und Blütenpflanzen werden unterschieden: A) ausgerottete oder verschollene Arten, B) stark gefährdete Arten, C) gefährdete Arten, D) attraktive Arten (Sammelverbot). Die vom ›Internat. Vogelschutzrat‹ aufgestellten Kriterien für Vögel umfassen, abgestuft nach Gefährdungsgraden (hochgradig bestandsgefährdete, bestandsgefährdete), Brutvögel und Durchzügler/Überwinterer. Für die übrigen Tierarten gilt Entsprechendes. Beispiele für stark gefährdete Pflanzen- und Tierarten: Zwergbirke, Schachbrettblume, Edelweiß, Wilde Tulpe; Weißstorch, Steinadler, Wanderfalke, Uhu, Fischadler, Kranich, Drosselrohrsänger, Uferschwalbe, Blaukehlchen.

Röteln *Pl.,* **Rubeolae,** ⚕ Viruskrankheit vorwiegend des Kindesalters, die mit masernähnl. Hautausschlag, Lymphknoten- und Milzschwellung einhergeht. Sie verursacht nur wenige Tage geringes Fieber, wird von Kind zu Kind übertragen und hinterläßt lebenslängl. Immunität. Die an sich harmlose Krankheit kann bes. in den ersten 3 Schwangerschaftsmonaten schwere Keimschädigungen hervorrufen, die zu Mißbildungen des Kindes führen.

Behandlung: Bettruhe. Eine vorbeugende Impfung ist bei jungen Frauen, die nachweislich keine Immunität besitzen, sinnvoll. Bei Infektion einer Schwangeren oder Infektionsgefahr kann durch Gammaglobulin (antikörperhaltiges menschliches Serumeiweiß) die Infektabwehr erhöht werden.

Rotenburg, 1) R. an der Fulda, Stadt im Kr. Hersfeld-Rotenburg, Hessen, (1984) 14500 Ew.; Verwaltungsfachhochschule Hessen (im Schloß); Metall-, Textil-, Möbel- u. a. Ind.; Luftkurort. – R., um 1200 von den Thüringer Landgrafen gegr., war mehrfach landgräfl. Neben- oder Wittums-Residenz (Ausbau der Burg zum Schloß seit dem 15. Jh.). **2) R. (Wümme),** Krst. im RegBez. Lüneburg, Ndsachs., (1984) 19700 Ew.; Landwirtschaftsschule, Institut für Heimatforschung (Zweigstelle des Instituts für Volkskunde der Univ. Göttingen). – R. geht auf eine Burg des Bischofs von Verden (um 1200) zurück und war mehrmals Residenz.

Rotenturmpaß, rumän. **Turnu Roșu** [-rˈoʃu], Durchbruchstal des Alt durch die Südkarpaten, zw. Fogarascher Alpen und Zibingebirge, südl. von Hermannstadt, 250–380 m ü. M., bedeutendster Durchgang in den S-Karpaten westlich des Predeal.

Rot|erden *Pl.,* lockere trop. Böden in heißen Klimaten mit längerer Trockenzeit, entstehen wie → Rotlehme, gegenüber denen jedoch der Hämatit stark zunimmt; nur mäßig fruchtbar. In sehr trockenen Teilen Afrikas sind R. weit verbreitet. R. und Rotlehme nennt man **Latosole.** – **Mediterrane Roterde,** → Terra rossa.

Eugen Roth

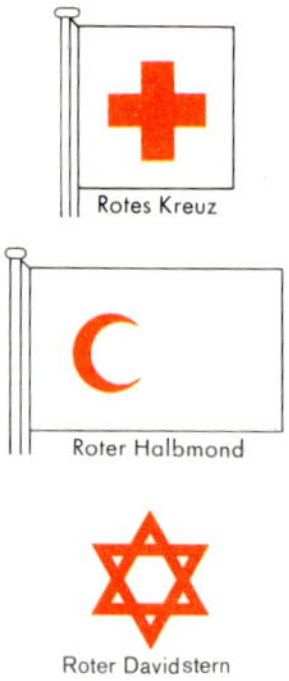

Rotes Kreuz 1)

roter Faden, 1) urspr.: in das Tauwerk der engl. Marine eingedrehter Faden. **2)** Ü die Teile eines Ganzen verbindender Gedanke oder gemeinsames Merkmal. (In diesem Sinn zuerst von Goethe in den ›Wahlverwandtschaften‹ gebraucht.)

Roter Fluß, 1) der → Red River 1). **2)** der → Songkoi.

Roter Frontkämpferbund, Abk. **RFB,** Wehrverband der KPD in der Weimarer Republik, 1924 gegr., seit 1925 unter der Leitung von E. Thälmann, umfaßte 1927 etwa 120000 Mitgl.; 1929 in Preußen, dann in den anderen dt. Ländern verboten.

roter Hahn, sinnbildlich für Feuer: *man hat ihm den r. H. aufs Dach gesetzt,* sein Haus in Brand gesteckt.

Roter Halbmond, → Rotes Kreuz 1).

Rote Riesensterne, → Riesen.

Roter Sand, Untiefe aus Treibsand und Name eines Leuchtturms vor der Wesermündung.

Roter Terror, marxistisch-leninistischer Begriff, → Terror.

Roter Tiefseeton, toniges Meeressediment in Tiefen über 5000 m, nimmt etwa 28% des Meeresbodens ein und besteht aus Lösungsrückständen des Globigerinenschlamms.

Rote Rübe, Rote Bete, rotfleischiges Wurzelgemüse, das v. a. durch den Farbstoff Betanin rot gefärbt ist. Es wird auch als Salat und Saft sowie in der Fisch-Ind. verwendet. (BILD Gemüse)

Rotes Kreuz, 1) internat. Schutzzeichen (rotes Kreuz auf weißem Feld) des Sanitätsdienstes. Dem R. K. entsprechen die Zeichen ›Roter Halbmond‹ (islam. Länder), ›Roter Davidstern‹ (Israel). **2)** internat. Hilfswerk auf der Grundlage nationaler Gesellschaften zur Milderung der Leiden des Krieges, Betreuung von Kriegsgefangenen, Hilfe in Katastrophenfällen u. a. Die Tätigkeit des R. K. begann auf Anregung von H. → Dunant; 1864 wurde das aus 25 Schweizern bestehende **Internat. Komitee vom R. K. (IKRK)** in Genf geschaffen (→ Genfer Vereinbarungen 1). Neben ihm bestehen die freiwilligen nationalen Rot-Kreuz-Gesellschaften, die in der dem IKRK gleichberechtigten **Liga der Rot-Kreuz-Gesellschaften** zusammengeschlossen sind. IKRK, Liga und nationale Gesellschaften bilden das **Internat. R. K. 3)** das **Deutsche Rote Kreuz (DRK),** Sitz: Bonn, entstand 1921 als Zusammenschluß aller Einzelvereinigungen des R. K. (Neugründung 1950; Präs. seit 1982 Botho Prinz zu Sayn-Wittgenstein). Es ist ein föderativer Verband mit 14 Landesverbänden und dem Verband der Schwesternschaften vom DRK. Die Mitgl.-Zahl betrug (1983) 3,84 Mio., davon aktive Mitgl. 380667. Das DRK hat einen Suchdienst, eine Wasserwacht und Bergwacht, den Rettungsdienst und Krankentransport, Blutspendedienst, Katastrophenschutz. Die Ausbildungsprogramme umfassen Erste Hilfe, häusl. Krankenpflege u. a. Das DRK unterhält eigene Krankenhäuser und Heime sowie Ausbildungsstätten. Im Sinne des Genfer Abkommens leistet das DRK bei allen internat. Konflikten und Bürgerkriegen sowie Naturkatastrophen maßgebl. Hilfe. Die **DRK-Schwestern** (Krankenschwestern, Krankenpflegerinnen) sind zusammengefaßt im ›Verband der Schwesternschaften vom DRK‹ (1984: 37 Schwesternschaften mit 17500 Mitgl.). – In der Dt. Dem. Rep. besteht ein DRK wieder seit 1952 (1954 vom IKRK anerkannt); seine Aufgabenstellung entspricht im wesentl. den international festgelegten Richtlinien. – Über das Ehrenzeichen des DRK → Ehrenzeichen.

Rotes Meer, arab. **Bahr el-Ahmar,** im Altertum **Sinus Arabicus** oder **Mare Erythraeum,** langgestrecktes Nebenmeer (intrakontinentales Mittelmeer) des Indischen Ozeans zw. der arab. Halbinsel und dem afrikan. Kontinent, durch die Meerenge Bab el-Mandeb mit dem Golf v. Aden, durch den Suezkanal (seit 1869) mit dem Mittelmeer verbunden, 0,45 Mio. km² groß, mittl. Tiefe 538 m, größte Tiefe 2604 m. Die Sinai-Halbinsel teilt das nördl. R. M. in den Golf von Suez und den Golf von Akaba.

Das Klima ist trocken-heiß. Im Nordteil wehen die Winde meist aus N bis NW, im Südteil herrschen Monsunwinde, im Sommer aus nördl., im Winter aus südl. Richtungen. Die Farbe des Wassers ist tiefblau. Der Name R. M. kommt von einer Alge (→ Blutalgen).

Die Oberflächentemperaturen betragen im Sommer meist über 30 °C und liegen im Winter – außer im Golf von Suez – zw. 20 und 25 °C. Die Wasserschicht unterhalb 200 m bis zum Boden hat nahezu konstante Werte von Temperatur (21,7 °C) und Salzgehalt (40,6‰). 1964 wurde in einer eng begrenzten Senke des R. M. eine bodennahe Wasserschicht mit Temperaturen bis 60 °C und Salzgehalten bis 330‰ entdeckt. Die Oberflächensalzgehalte steigen von S nach N von 37‰ auf 41‰ an. Die Oberflächenströmungen verlaufen im wesentlichen südwärts an der afrikanischen und nordwärts an der arabischen Küste. Die Gezeiten sind überwiegend halbtägig, nur in einigen isolierten Gebieten (Port Sudan, Bab el-Mandeb) herrschen eintägige Gezeiten vor.

Seit der Eröffnung des Suezkanals ist das R. M. von großer Bedeutung für den Seeverkehr zw. Europa und Indien, Ostasien und Australien. Die wichtigsten Häfen sind Massaua, Port Sudan, Suez, Elath, Akaba, Djidda, Hodeida, Mokka, Perún.

Rote Zellen, straff zentralistisch organisierte Studentengruppen marxistisch-leninist. Richtung, 1969 zuerst an der FU Berlin, danach auch an Universitäten der Bundesrep. Dtl. gebildet; in der jüngsten Zeit nur noch vereinzeltes Auftreten. Sie sind in den einzelnen Fachbereichen organisiert. Ihr Ziel ist es u. a., Forschung und Lehre auf marxistische Grundlagen zu stellen.

Rotfäule, Pflanzenkrankheit: durch Pilzbefall verursachte Rotfärbung des Gewebes, z. B. bei Nadelhölzern.

Rotfeder, Rötel, Unechtes Rot|auge, Scardinius erythrophthalmus, bis 30 cm langer mitteleurop. Weißfisch mit blutroten Flossen (BILD Fische)

Rotfilter, in Photographie und Lichttechnik verwendeter roter → Lichtfilter zur Absorption gelben, grünen und blauen Lichts.

Rotfisch, der → Huchen.

Rot-Grün-Blindheit, Form der → Farbenfehlsichtigkeit.

Rotgültig|erz, dunkelrote bis dunkelgraue, stark glänzende trigonale Minerale: **lichtes R.** oder **Proustit,** Ag_3AsS_3, und **dunkles R.** oder **Pyrargyrit,** Ag_3SbS_3; wichtiges Silbererz.

Rotguß, Kupferlegierungen mit 4–10% Zinn, 2–7% Zink, bis zu 7% Blei, Rest Kupfer. Verwendung: Armaturen, Gleitlager, Gleitplatten u. a.

Roth, Krst. im RegBez. Mittelfranken, Bayern, (1984) 22900 Ew.; Metall- und Holzverarbeitung, Kabelwerke; Schloß Ratibor (1535–37).

Roth, 1) Eugen, Schriftst., * München 24. 1. 1895, † ebd. 28. 4. 1976, schrieb in der Tradition von W. Busch und C. Morgenstern hintergründig-humorvolle Gedichte über menschliche Unzulänglichkeiten.

HW: Ein Mensch (1935); Der Wunderdoktor (1939); Mensch und Unmensch (1948); Neue Rezepte vom Wunderdoktor (1959).

2) Friederike, Schriftstellerin, * Sindelfingen 6. 4. 1948; Gedichte, Hörspiele, Erzählungen (›Ordnungsträume‹, 1979) und Bühnenwerke (›Klavierspiele‹, 1981; ›Ritt auf die Wartburg‹, 1981; ›Krötenbrunnen‹, 1984).

3) Gerhard, Schriftst., * Graz 24. 6. 1942; experimentelle Erzählprosa (›die autobiographie des albert einstein‹, 1972; ›Winterreise‹, 1978; ›Der Stille Ozean‹, 1980). Roman: ›Landläufiger Tod‹ (1984).

4) Joseph, Schriftst., * Schwabendorf bei Brody (Galizien) 2. 9. 1894, † Paris 27. 5. 1939, Sohn jüdischer Eltern, später katholisch getauft, lebte seit 1935 in Paris als Emigrant. R. vertrat urspr. revolutionäre Ideen; war später monarchistisch eingestellt. Er beschrieb die altösterr. Gesellschaft in liebevoller Darstellung und feiner Ironie, Skepsis und Melancholie. R. war ein später Prosaist und Essayist der Wiener impressionist. Schule, der dem Untergang der österreichisch-ungar. Monarchie nachtrauerte.

HW: *Romane:* Hotel Savoy (1924); Hiob (1930); Radetzkymarsch (1932); Beichte eines Mörders (1936); Die Kapuzinergruft (1938); Geschichte der 1002. Nacht (1939). *Erzählungen:* Die Legende vom heiligen Trinker (1939); Der Leviathan (1940).

5) [rɔ:θ], Philip, amerikan. Schriftst., * Newark (N. J.) 19. 3. 1933, hatte großen Erfolg mit dem Roman ›Portnoys Beschwerden‹ (1969), schrieb ferner die Erzählungen ›Goodbye Columbus‹ (1959) und die Romane ›Anderer Leute Sorgen‹ (1962), ›Die Brust‹ (1972), ›Professor der Begierde‹ (1974).

Rötha, Stadt im Kr. Borna, Bez. Leipzig, an der Pleiße, im mitteldt. Braunkohlengebiet, (1973) 5300 Ew.; Rauchwarenveredlung, Obstbau; frühbarockes Schloß (17. Jh.), roman. Stadtkirche St. Georg, spätgot. Marienkirche (Schnitzaltar, um 1520).

Rothaargebirge, waldreicher Gebirgszug im östl. Sauerland, Quellgebiet von Sieg, Lahn und Eder im S, Lenne, Ruhr und Diemel im N; dazwischen erstreckt sich der kammartige Rücken vom → Kahlen Asten aus nach SW.

Rothaarigkeit *die, -,* **Rutilismus,** Färbung des menschl. Haares von rötlichem Blond und Rotbraun bis zum reinen Rot. R. wird wahrscheinlich rezessiv vererbt, kommt bei allen Menschenrassen vor, bes. deutlich aber v. a. bei hellhäutigen Europiden.

Rothacker, Erich, Philosoph, * Pforzheim 12. 3. 1888, † Bonn 11. 8. 1965; philosoph. Theorie der Kultur (Kulturen als ›Lebensstile‹) und allg. Theorie der Geisteswissenschaften.

HW: Einleitung in die Geisteswissenschaften (1920); Logik und Systematik der Geisteswissenschaften (1926); Die Schichten der Persönlichkeit (1938); Probleme der Kulturanthropologie (1942); Philosoph. Anthropologie (1964).

Rothalsgans, Branta ruficollis, schwarz, weiß und rostrot gefärbte nordasiat. Art der Meergänse (BILD Gänsevögel).

Rothari, König der Langobarden (636–52), eroberte die byzantin. Teile Oberitaliens und veranlaßte die erste Aufzeichnung des langobardischen Rechts **(Edictus R.,** 643).

Rot|häubchen *das, -s/-,* Speisepilz, → Röhrlinge.

Rot|häute, volkstüml. Bez. für die Indianer Nordamerikas; sie geht auf die bei manchen Stämmen übliche zeremonielle Körperbemalung zurück.

Rothe, 1) Hans, Schriftst., * Meißen 14. 8. 1894, † Florenz 31. 12. 1977; schrieb Dramen, Romane, Hörspiele (›Verwehte Spuren‹, 1935). Seine Shakespeare-Übersetzung (seit 1921) ist der modernen Sprache angenähert (vollständige Ausgabe u. d. T. ›Der elisabethan. Shakespeare‹, 1963–64).

Joseph Roth

2) Richard, evang. Theologe, * Posen 28. 1. 1799, † Heidelberg 20. 8. 1867. R. versuchte, die innere Einheit zw. Glauben und Wissen, Christentum und Kultur aufzuzeigen; schrieb ›Theologische Ethik‹, 3 Bde. (1845–48), ›Zur Dogmatik‹ (1863).

Röthenbach an der Pegnitz, Stadt im Kr. Nürnberger Land, Bayern, (1984) 12 300 Ew.; Metall-Halbzeugwerk u. a. Ind.

Rothenberger, Anneliese, Sängerin (Sopran), * Mannheim 19. 6. 1926.

Rothenburg ob der Tauber, Stadt im Kr. Ansbach, Bayern, Große Krst., über dem Taubertal, (1984) 11 400 Ew.; sehr starker Fremdenverkehr; Goethe-Institut; außerhalb der Altstadt Elektro-, Metall-, Textil- u. a. Ind. Das mittelalterl. Stadtbild ist gut erhalten. Die Stadtmauer umschließt mit Türmen, Toren und Wehrgang die got. und Renaissance-Giebelhäuser, u. a. das Baumeisterhaus (1596). Mittelpunkt der Altstadt ist der Markt mit dem Rathaus (got. Teil 13. Jh., mit Giebelturm, Renaissancebau von 1570–78, Barock-Arkaden), Fleisch- und Tanzhaus (Anfang 13. Jh.), Waage mit Herrentrinkstube (1466), das Plönlein mit Siebersturm. In beherrschender Lage steht die got. Stadtkirche St. Jakob mit bed. Ausstattung (u. a. Heiligblutaltar von T. Riemenschneider, BILD). Im Taubergrund liegen **Detwang** (roman. Kirche mit Riemenschneider-Kreuzigungsaltar) und das Toppler-Schlößchen (14. Jh.).

Geschichte. R. o. d. T. wurde im 12. Jh. Stadt. Es konnte sich gegen die Nachbarn (Hochstift Würzburg, Zollern u. a.) behaupten und seine Unabhängigkeit als Reichsstadt bewahren. Die Erwerbung eines großen Landgebiets, bes. unter Bürgermeister H. Toppler (1373–1408), verschaffte R. o. d. T. polit. Einfluß. 1544 wurde die Reformation eingeführt. An die Belagerung durch Tilly (1631) erinnert das Festspiel ›Der Meistertrunk‹. 1802 kam R. o. d. T. an Bayern, ein Teil des Landgebiets an Württemberg.

Rothenfelde, Bad R., Gem. im Kr. Osnabrück, Ndsachs., am SW-Fuß des Teutoburger Waldes, (1984) 6400 Ew.; Heilbad mit kohlensäurereichen und radiumhaltigen Solquellen, Saline und Gradierwerke.

Rother, König R., Spielmannsepos, vermutlich um 1150/60 von einem rheinfränk. Geistlichen in Bayern verfaßt. Held ist der deutsche König R. in Bari, der um die Tochter des byzantin. Kaisers Konstantin wirbt.

Rotherham [r'ɔðərəm], Stadt in der engl. Metrop. Cty. South Yorkshire, an Rother und Don, (1981) 82 000 Ew.; Steinkohlenbergbau, Stahlerzeugung, Metallverarbeitung, Maschinenbau.

Rothermere [r'ɔðəmɪə], Harold **Harmsworth** [h'a:mzwəθ] Viscount (1919), engl. Zeitungsverleger, * London 26. 4. 1868, † Hamilton (Bermuda) 26. 11. 1940, gründete mit seinem Bruder Lord → Northcliffe einen der einflußreichsten Pressekonzerne Europas.

Rothfels, Hans, Historiker, * Kassel 12. 4. 1891, † Tübingen 22. 6. 1976, Prof. in Königsberg, Providence (R. I.), Chicago und Tübingen.

HW: Bismarck und der Staat (1925); Bismarck und der Osten (1934); Die dt. Opposition gegen Hitler (1949); Bismarck-Briefe (1955); Zeitgeschichtl. Betrachtungen (1959). Hg.: Vierteljahreshefte f. Zeitgesch. (seit 1953).

Rothko [r'ɔθkə], Mark, amerikan. Maler, * Dünaburg (Baltikum) 25. 9. 1903, † (Selbstmord) New York 25. 2. 1970, malte meist großformatige, aus homogenen Farbfeldern bestehende Bilder, deren lyrische Farbsensibilität meditative Wirkung erzielt.

Rotholz, 1) Bez. für einige Überseehölzer, z. B. → Pernambuc, Redwood (→ Mammutbaum). **2) Druckholz,** rotbraunes Holz, das sich bei Nadelbäumen in der Druckzone von auf Biegung beanspruchten Ästen und Stämmen bildet. **3)** Bez. für Kiefernholz aus Skandinavien und der UdSSR.

Rothschild, internat. Bankhaus, gegr. 1766 in Frankfurt a. M. von Meyer Amschel R. (* 1744, † 1812). Das Stammgeschäft in Frankfurt übernahm sein ältester Sohn Amschel Meyer (* 1773, † 1855), die anderen 4 Söhne errichteten selbständige Banken in London, Paris, Wien und Neapel. Seit dem Wiener Kongreß (1815) beherrschte das Haus R. das Anleihegeschäft der stark verschuldeten Staaten. 1816 wurden die österr. R. in den Adelsstand erhoben. Nach dem Revolutionsjahr 1848 sank ihr polit. Einfluß; die Finanzierung wirtschaftl. Unternehmen trat in den Vordergrund. Das Frankfurter Stammhaus erlosch 1901. – R.-Banken gibt es heute noch in London (Rothschild N. M. & Sons Ltd.), in Paris (Banque Rothschild S. A., seit 1982 verstaatlicht) und in Zürich (Rothschild Bank AG).

Rothuhn, ein Feldhuhn (→ Steinhuhn).

rotieren [zu Rotation]. *ein Körper* **rotiert,** dreht sich um eine feste Achse oder einen festen Punkt. (→ Rotation)

Rotisserie [frz.] *die, -/...r'i|en,* Restaurant mit Zubereitung von Fleischspeisen (vor den Augen des Gastes) auf einem Grill.

Rotkäppchen, Grimmsches Märchen vom kleinen Mädchen mit roter Kappe, das auf dem Weg zu seiner Großmutter im Wald dem Wolf begegnet. Der Wolf frißt die Großmutter und auch R. Ein Jäger schneidet beide lebend aus dem Bauch des Wolfs heraus.

Rothenburg ob der Tauber: Plönlein mit Siebersturm

Rotkappe, Speisepilz, → Röhrlinge.

Rotkehlchen *das, -s/-,* **Erithacus rubecula,** olivbrauner Singvogel mit rostroter Kehle, Stirn und Vorderbrust sowie mit weißlicher Unterseite, häufiger Brutvogel unterholzreicher Wälder Europas; baut sein Nest in Bodenmulden, meist an Böschungen. R. überwintern in Süd-, seltener auch in Mitteleuropa.

Rotkehlchen

Rotkohl, Rotkraut, ein Kopfkohl, → Kohl.

Rotkupfer|erz, Cuprit, Mineral Cu_2O, rot, rotbraun, z. T. grau, Metallglanz; kristallin, körnig, dicht; haarförmige, karmesinrote Aggregate: **Kupferblüte (Chalkotrichit);** Oxidationsprodukt reicher Kupfererze.

Rotlauf *der, -(e)s,* bakterielle Infektionskrankheit, die von Tieren (Schweinen, bei denen der R. als **Backsteinblattern** auftritt) auf den Menschen übertragen werden kann. Der R. des Menschen **(Erysipeloid)** kommt v. a. durch Wundinfektion an den Fingern in Form einer sich langsam ausbreitenden, wenig schmerzhaften, bläulichen Rötung vor, die auf die Hand übergreifen kann. 2–3 Wochen anhaltende Berufskrankheit bei Fleischern, Wild- und Fischhändlern, Abdeckern. Selten gelangt der Erreger ins Blut, wodurch hohes Fieber auftritt.

Behandlung: Antibiotika, Ruhigstellung der erkrankten Hand, Umschläge mit desinfizierenden Lösungen.

Rotlehme, trop. Böden in heißem, mäßig wechselfeuchtem Klima, entstanden aus silikat. Gesteinen durch Ausscheidung von Hämatit und Goethit innerhalb eines feinlehmigen Gefüges; mäßig fruchtbar, in Mitteleuropa nur als Relikte anzutreffen.

Rotkupfererz: Kristalle (Redruth, Cornwall)

Rotlichtbehandlung, ⚕ schonendes Verfahren der Wärmebehandlung mit **Rotlicht,** d. h. mit Hilfe eines Rotfilters aus Glühlampenlicht herausgefilterter langwelliger Strahlung, die insbes. auch Wärmestrahlung (Infrarotstrahlung) enthält.

Rotliegendes [das rote ›tote‹, d. h. erzfreie Liegende des Kupferschiefers], **Rotliegende** *das, -n,* unteres → Perm in W- und Mitteleuropa. Das R. war eine Festlandszeit mit meist rötlichen, klast. Sedimenten, Zerstörungsprodukten des varisk. Gebirges (Molassefazies). Magmat. Gesteine sind weit verbreitet, Kohlevorkommen selten.

Rotnickelkies, Nickelin, Kupfernickel, Mineral, NiAs, metallglänzend, kupferrosa, dunkel anlaufend, meist derb oder traubig-nierig, wichtiges Nickelerz; Vorkommen v. a. auf hydrothermalen Gängen.

Rotor [lat.] *der, -s/...t'oren,* **1)** Maschinenbau, Elektrotechnik: in einem Gehäuse rotierender Teil einer Maschine. **2)** Schiffbau: **Flettner-R.,** → Flettner. **3)** Flugzeugbau: Drehflügel, → Hubschrauber, → Tragschrauber. **4)** Uhrentechnik: Schwungscheibe aus Schwermetall bei Automatikuhren.

Rotor|spinnen, Offen-End-Rotorspinnen, Abk. **OE-Rotorspinnen,** bekanntestes Verfahren des Offen-End-Spinnens (→ Spinnerei).

Rotorverfahren, Verfahren zur Umwandlung von Roheisen in Stahl durch Einblasen von Sauerstoff in das Metallbad des **Rotorofens (kurz Rotor);** gefrischt wird mit 2 Sauerstofflanzen.

Rotpustelkrankheit, Krankheit der Laubhölzer; Kennzeichen: rote Fruchtlager des Pilzes **Nectria cinnabarina** auf abgestorbenen Zweigen.

Rotraut [ahd. ›die den Ruhm durch Zauber Stärkende‹], weibl. Vorname.

Rotreußen, aus dem Poln. übernommene volkstüml. ältere Bez. für Ostgalizien und Podolien, die heutige Westukraine.

Rothenburg ob der Tauber

Rotterdam: Blick vom Euromast auf R.

Rotschmied, der → Kupferschmied.

Rotschwanz, 1) Rotschwänzchen, Phoenicurus, Gatt. der Singvögel. In Europa brütet in Wäldern, Gärten und Parks der **Garten-R. (Phoenicurus phoenicurus):** Männchen oben aschgrau, Stirn weiß, Kehle schwarz; Brust und Schwanz rostrot; Nest in Baumhöhlen. Der **Haus-R. (Phoenicurus ochruros)** ist oben aschgrau, unten schwarz; der Schwanz ist rostrot; Nest in Gebäuden oder Felswänden. Weibchen beider Arten sind bräunlich. **2)** Schmetterling, der → Buchenrotschwanz(spinner).

Rotse, Barotse, Bantu-Volk im Barotseland, am Sambesi in W-Sambia, etwa 400000 Menschen. Das Reich des Hauptstammes **Lozi (Rozi)** bestand bis in die Kolonialzeit; seine Sprache ist eine der Hauptsprachen Sambias.

Rotsehen *das, -s,* Fehlsichtigkeit, bei der vom Auge fixierte Gegenstände rötlich erscheinen; kommt vor bei Fehlen der Pigmentschicht des Auges und als vorübergehende Begleiterscheinung bei ›Schneeblindheit‹.

Rotspon *der, -(e)s/-e, nd.:* vom Faß gezapfter Rotwein.

Rottach-Egern, Gem. im Kr. Miesbach, Bayern, (1984) 5300 Ew., heilklimatischer Kurort am Tegernsee.

Rottach-Inn, Landkreis im RegBez. Niederbayern; Krst.: Pfarrkirchen.

Rot|tanne [nach der roten Rinde], Art der → Fichte.

Rotte [mhd. aus altfrz.] *die, -/-n,* **1)** ⚘ Abteilung, Schar. **2)** zwei gemeinsam operierende Flugzeuge oder Schiffe. **3)** verächtlich: Haufe, Bande: *eine R. von Autodieben.* **4)** B Schar Verschworener, Partei, Sekte: *R. Korah. ich* **rotte** *es* **aus,** vernichte völlig. *wir* **rotten** *uns* **zusammen,** ⚖ treffen uns zu friedenstörendem Handeln (→ Landfriedensbruch).

Rotteck, Karl von, Historiker und Politiker, * Freiburg i. Br. 18. 7. 1775, † ebd. 26. 11. 1840, war dort 1798–1832 Prof., im bad. Landtag ein Führer der liberalen Opposition, gab mit K. Th. Welcker das ›Staatslexikon, Enzyklopädie der Staatswiss.‹, 15 Bde. (1834–43), 3 Erg.-Bde. (1846–48), heraus, in dem die Ideen des Frühliberalismus erstmals zusammengefaßt wurden.

Rotten [von lat. Rhodanus] *der,* im deutschsprachigen Teil des Wallis gebrauchte Bez. für den Oberlauf der Rhone.

Rottenburg, 1) R. an der Laaber, Stadt im Kr. Landshut, Bayern, im Hopfenbaugebiet der Hallertau, (1984) 7100 Ew.; Textil- und Kamerawerk. **2) R. am Neckar,** Stadt im Kr. Tübingen, Bad.-Württ., Große Krst., (1984) 32300 Ew.; Bischofssitz; Metall-, Textilindustrie, Möbelherstellung; ehem. Jesuitenkolleg (Mitte 17. Jh., 1828–1967 bischöfl. Residenz). – R. liegt an der Stelle des kelt., später röm. Sumelocenna. Die um 1280 gegr. Stadt war 1381–1806 Mittelpunkt der vorderösterr. Gfsch. Hohenberg. 1806 kam R. an Württemberg. Das **Bistum R.** (seit 1978 **R.-Stuttgart**) wurde 1821 als Suffraganbistum von Freiburg i. Br. für die Katholiken Württembergs errichtet.

Rottenhammer, Johann, Maler, * München 1564, † Augsburg 14. 8. 1625, arbeitete in Rom und Venedig, seit 1606 in Augsburg, malte v. a. kleine religiöse, mythologische und allegor. Szenen auf Kupfer, in Dtl. auch große Altartafeln und Fresken.

Rottenmann, österr. Industriestadt im Paltental, Obersteiermark, (1983) 5400 Ew.; mittelalterl. Stadtkern.

Rottenmanner Tauern, Gebirgsgruppe der östl. Niederen Tauern in der Steiermark, Österreich, im Großen Bösenstein 2449 m hoch. Über die R. T. führt der 1265 m hohe Straßenpaß R. T., auch **Hohentauern-Paß** (mit Fremdenverkehrsort Hohentauern); er verbindet Trieben im Paltental mit Judenburg im Murtal.

Rottenmeister, Rottenführer, Bahnbediensteter, der eine Gruppe Gleisarbeiter leitet.

Rotterdam

Rotterdam, nach Amsterdam die zweitgrößte Stadt der Niederlande, (1982) 568200 (Agglomeration 1,026 Mio.) Ew., im Umschlag größter Hafen der Welt (seit 1962), an der Nieuwe Maas, im Polderland der Prov. Südholland. R. hat Univ., Akademien für Architektur und bildende Künste, Seefahrtschule u. a. Bildungseinrichtungen, mehrere Museen, darunter die Gemäldegalerie des Boymans-van-Beuningen-Museums, Konzerthalle, Kongreßzentrum, Sport- und Ausstellungszentrum Ahoy (1971); Flughafen. Die Industrie ist bes. um die Hafenanlagen angesiedelt: Schiffbau, Stahl- und Maschinenbau, Automontagewerke, mehrere große Erdölraffinerien u. a. Die Hafenbecken reihen sich entlang dem linken Maasufer gegenüber der Stadt flußabwärts. Der neue Hafen Botlek (seit 1957) ist Ausgangspunkt des nordwesteurop. Erdöl- und petrochem. Fertigprodukt-Netzes. Der → Europoort ist für Schiffe bis 19 m Tiefgang zugänglich. Insgesamt beträgt das Hafengebiet mit dem in die Nordsee vorgeschobenen Industriehafen Maasvlakte und dem Beer-Kanal als Zufahrt nahezu 10,1 km^2. Zu R.s Hinterland gehören außer den Niederlanden alle Rheinanliegerstaaten, einschließl. des Rheinisch-Westfäl. Industriegebiets. Einfuhr: Mineralöle, Erze, Getreide, Kohle, Holz, Fettrohstoffe; Ausfuhr: bes. industrielle Fertigprodukte, Walzstahl, Obst, Molkereierzeugnisse, rückläufig Fleisch und Ruhrkohle. Ferner ist R. Handelsplatz für Rohtabak. Die Exklave der Stadtgem. R. Hoek van Holland ist ein wichtiger Fährhafen nach Großbritannien.

Geschichte, Stadtbild. R., seit 1299 Stadt, erlebte im 17. Jh. einen großen wirtschaftl. Aufschwung als Handelsplatz. Durch die Versandung des Hafens kam der Schiffsverkehr bis zum Beginn des 19. Jh. fast völlig zum Erliegen. Erst der 1866–72 angelegte Nieuwe Waterweg verhalf R. zu neuer Blüte. Die Altstadt wurde im 2. Weltkrieg durch dt. Luftangriffe bis auf den Turm der St.-Laurentius-Kirche (1449–1651) fast völlig zerstört; mit einem nur Fußgängern zugängl. Einkaufsviertel im Zentrum ist sie vorbildlich wiederaufgebaut. Um die Altstadt legt sich ein innerer Kranz meist industrialisierter Vororte und ein äußerer Kranz von Wohnstädten. Neben dem Maastunnel (1942) wurden 2 weitere Tunnel errichtet. 1968 wurde eine Untergrundbahn eröffnet.

Rottmann, Carl Anton Joseph, Maler, * Handschuhsheim bei Heidelberg 11. 1. 1797, † München 7. 7. 1850, gehörte zum Künstlerkreis um den bayer. König Ludwig I., widmete sich der mythisch-heroisierenden Landschaftsmalerei.

Rottmayr, Johann Michael Frhr. **R. von Rosenbrunn** (seit 1704), Maler, getauft Laufen an der Salzach 11. 12. 1654, † Wien 25. 10. 1730, malte Tafelbilder sowie einheitlich auf die Architektur abgestimmte Fresken u. a. für die Salzburger Residenz (1710/11), die Stiftskirche in Melk (1716–22), die Karlskirche in Wien (1726–30); mit seinem Stil steht er an der Wende vom Spätbarock zum Rokoko.

Rottweil, Krst. im RegBez. Freiburg, Bad.-Württ., Große Krst., am oberen Neckar, (1984) 23300 Ew.; Textil-, elektron., feinmechan. u. a. Ind.; Kapellenkirche (14.–15. Jh., 1727 barock umgebaut), spätgot. Heiligkreuzkirche (15.–16. Jh.), spätgot. Lorenzkapelle (heute Museum), Rathaus (1521), Bürgerhäuser (16.–18. Jh.). – Die vermutlich von den Staufern gegr. spätere Reichsstadt war 1463–1802 ›zugewandter Ort‹ der Schweiz; seit 1802 württembergisch.

Rottweiler [nach Rottweil in Württemberg] *der, -s/-,* kurzhaariger, 55–68 cm hoher, kräftiger schwarzer Haushund mit rotbrauner Färbung über den Augen und an den Füßen sowie mit Stummelschwanz und Schlappohren; Begleit- und Schutzhund.

Rotunde [ital.] *die, -/-n,* Rundbau, Rundraum.

Rotverschiebung, Verschiebung der Spektrallinien nach dem roten Ende des Spektrums (d. h. zu größeren Wellenlängen) hin. Bei einer Vergrößerung der Entfernung von Strahlungsquelle und Beobachter tritt eine R. infolge des → Doppler-Effekts auf. Diese R. kann z. B. zur Bestimmung der Radialgeschwindigkeit eines Sterns oder der Umlaufgeschwindigkeit eines Doppelsterns herangezogen werden. Auch die R. in den Spektren extragalakt. Objekte **(Kosmolog. R.),** wie die extreme R. bei → Quasaren, wird i. a. als Doppler-Verschiebung gedeutet (→ Hubble-Effekt). – Beim Verlassen eines Gravitationsfeldes erleiden Lichtquanten einen Energieverlust, der ebenfalls zu einer R. führt. Diese **gravitative R.,** die von der allg. Relativitätstheorie vorhergesagt wurde, konnte mit Hilfe des Mößbauer-Effekts im Schwerefeld der Erde bestätigt werden.

Rotwelsch [mhd. rot ›Bettler‹ und welsch ›unverständliche Sprache‹] *das, -(es),* bereits im 13. Jh. die Geheimsprache der Vagabunden. Ihr im Kern dt. Sprachgut ist von jiddischen und zigeuner. Wörtern durchsetzt. Das R. strebt nach einer auf die Eingeweihten beschränkten Verständigung. Dazu dienen Sonderverwendungen bestehenden Sprachguts (›Blech‹ schon 1500 für Kleingeld), Neubildungen (›Feldglocke‹ für Galgen), Auswertung fremder Wörter (in ›Kohldampf‹ steckt zigeunerisches, in ›Pleite‹ jidd. Sprachgut). Das R. hat zahlreiche Abstufungen mit entsprechend vielen Bez. (Jenische Sprache, Kochemer Loschen u. a.), von der vollen Gauner- und Gassensprache über die Kunden- und Bettlersprache bis zur Sprache der Wandergewerbe. R.-Wortgut ist auch in die Sprache höherer Schichten eingedrungen (z. B. berappen, foppen, Gauner, Hochstapler, nassauern).

Rotwild, Edelhirsch, der Rothirsch, → Hirsche.

Rotwolf, 1) Rothund, Art wilder → Hunde. **2)** rötl. Unterart des Wolfes aus den südl. USA.

Rotz [ahd.] *der, -es,* **1)** V Nasenschleim. **2)** lat. **Malle|us,** durch das Rotzbakterium **(Pseudomonas mallei)** verursachte Infektionskrankheit der Einhufer; vorwiegend chron. Verlauf mit Knoten- und Geschwürbildung in Haut, Nasenschleimhaut oder Lungen; auf den Menschen übertragbar. Früher weit verbreitet, heute infolge staatl. Bekämpfungsmaßnahmen nur noch in wenigen Ländern. **3)** bakterielle oder pilzl. Krankheit von Blumenzwiebeln; z. B. **Gelber R.** der Hyazinthen, gekennzeichnet durch anfangs glasige, später gelblich-bräunl. Flecke und Streifen; das Zwiebelgewebe zerfällt in eine gelbl., schleimige, übelriechende Zellmasse; Erreger: **Xanthomonas hyacinthi.** *Adj.* **rotzig.** *ich* **rotze,** V schneuze mich, spucke. **Rotzfahne,** V Taschentuch. **Rotzjunge,** U frecher (kleiner) Kerl. **Rotznase, 1)** V verschleimte Nase. **2)** U naseweises Kind. *Adj.* **rotznäsig.**

Rot|zink|erz, Zinkit *der, -s/-e,* Mineral ZnO, meist in körnigen und spätigen Massen, durch Manganbeimengung hyazinth- bis blutrot, mit Diamantglanz: Zinkerz, z. T. als Edelstein verwendet.

Rot|zunge, Speisefisch, → Plattfische.

Rouault [ru'o], Georges, frz. Maler und Graphiker, * Paris 27. 5. 1871, † ebd. 13. 2. 1958, schuf Bilder, die in leuchtenden Farbflächen und mit schwarzen Konturen religiöse Motive, Arbeiter, Bauern, Dirnen und Clowns darstellen, die graph. Folge ›Miserere et Guerre‹ (57 Blatt, erschienen 1948) und Glasfenster für die Kirche in Assy (1948).

Roubaix [rub'ɛ], Industriestadt im frz. Dép. Nord, an der belg. Grenze, (1982) 101 600 Ew.; Mittelpunkt der nordfrz. Wollindustrie, daneben Maschinen- und Kunststoffabriken.

Rouen: Kathedrale

Rouen [ru'ã], Hptst. des frz. Dép. Seine-Maritime, Hafenstadt an der Seine, 125 km vor ihrer Mündung, (1982) 101 900 Ew.; kath. Erzbischofssitz, kultureller Mittelpunkt der Normandie mit Univ. und Musée des Beaux-Arts (eines der reichhaltigsten Frankreichs), daneben Marktzentrum des landwirtschaftl. Umlandes, Bankenzentrum (mit Börse) und bed. Ind.-Stadt mit Maschinen-, Schiff- und Fahrzeugbau, Textil-(bes. Baumwoll-), Leder-, chem. Ind. Grundlage der wirtschaftl. Entwicklung ist der Hafen. Früher überwog die Einfuhr, bes. von Kohle, an deren Stelle heute zunehmend Erdölprodukte treten. R. steht in scharfem Wettbewerb mit Le Havre; seineabwärts entstehen neue Ind.-Zonen. Zu den schönsten Kathedralen Frankreichs zählt Notre-Dame (13.–16. Jh.); ferner ehem. Benediktiner-Abteikirche St. Quen (14.–15. Jh.), Justizpalast (1508/09). – R., das antike **Rotomagus,** war seit Ende des 3. Jh. Bischofssitz. Nach der Eroberung durch die Normannen (842) wurde R. Hptst. des Hzgt. Normandie. 1431 wurde auf dem Alten Markt Jeanne d'Arc verbrannt.

Rouffignac [rufiɲ'ak], Höhle bei Fleurac, Dép. Dordogne, Frankreich, besteht aus einem mehrstöckigen System weitverzweigter Gänge (Gesamtlänge rd. 10 km). An den Wänden und Decken einiger Gänge wurden 1956 Malereien und Gravierungen der jüngeren Altsteinzeit entdeckt: Mammut, Wollhaariges Nashorn, Bison, Wildpferd, Steinbock.

Georges Rouault: Clown, 1935 (Lausanne, Privatbesitz)

Rouge [ru:ʒ, frz.] *das, -s/-s,* künstliches Wangenrot.

Rouge et noir [ru:ʒenw'a:r, frz. ›Rot und Schwarz‹] *das, ---,* Glücksspiel mit 2 (104 Blatt) bis 6 (312 Blatt) Whistkartenspielen auf einem Tisch mit rotem oder schwarzem Feld, wird von beliebig vielen Spielern gegen einen Bankhalter gespielt.

Rougemont [ruʒm'ɔ̃], Denis de, französisch-schweizer. Schriftst., * Neuenburg 8. 9. 1906, Vertreter des frz. → Personalismus, stellte neue Theorien über den Zusammenhang der höfischen Kultur des MA. mit dem Christentum auf (›Die Liebe und das Abendland‹, 1939).

Rouget de Lisle [ruʒ'e də li:l], Claude Josèphe, frz. Offizier, * Lons-le-Saulnier (Dép. Jura) 10. 5. 1760, † Choisy-le-Roi (Dép. Val-de-Marne) 26. 6. 1836, schrieb Text und Musik der → Marseillaise.

Roulade [ru-, frz.] *die, -/-n,* **1)** Fleischscheibe, auch Fischstück, mit Speck, Zwiebeln, Gurke u. a. gefüllt, zusammengerollt und geschmort oder gedünstet. **2)** ♪ virtuose Passage für Gesang.

Rouleau [rul'o, frz.] *das, -s/-s,* → Rollo.

Rouleauxdruck [rul'o-, frz.], → Textildruck.

Roulers [rul'ɛrs], frz. Name der belg. Stadt → Roeselare.

Roulett *das, -(e)s/-s* oder *-e,* frz. **Roulette** [rul'ɛt] *die,* Glücksspiel mit Kugel auf drehbarer Scheibe, deren abwechselnd rote und schwarze Fächer numeriert sind (0 = Zéro und 1–36). Durch Drehen der Scheibe wird die Kugel in Umlauf gesetzt und entscheidet über Gewinn und Verlust der gegen den Bankhalter setzenden Spieler. Es werden unterschieden: Manque (klein), Ziffern 1–18; Passe (groß), 19–36; Pair (gerade), alle geraden Zahlen; Impair (ungerade), alle ungeraden Zahlen; Rouge (rot); Noir (schwarz); Douze premier (1. Dutzend), 1–12; Douze milieu (mittleres Dutzend), 13–24; Douze dernier (letztes Dutzend), 25–36. Der Spieler kann beliebig setzen; die Gewinne reichen vom Doppelten bis zum 36fachen des Einsatzes. – Rechtliches: → Glücksspiel. (Weiteres Bild S. 466)

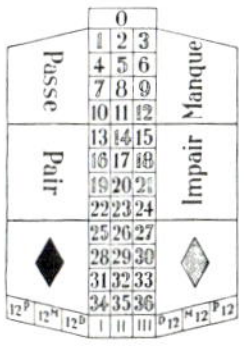

Roulett: Spielplan

Roumain [rum'ɛ̃], Jacques, haitian. Schriftst. frz. Sprache, Politiker und Ethnologe, * Port-au-Prince 4. 6. 1907, † Mexiko 18. 8. 1944, führte haitian. Themen in die Lit. ein (Roman ›Herr über den Tau‹, 1944); Gründer der Kommunist. Partei Haitis.

Roumanille [ruman'ij], Joseph, neuprovenzal. Dichter, * Saint-Rémy-de-Provence 8. 8. 1818, † Avignon 24. 5. 1891, Mitgründer und bed. Dichter der → Félibres.

Round Table [raund t'eɪbl, engl. ›runder Tisch‹], **Round-Table-Konferenzen,** Beratungen ›am runden Tisch‹, der eine zwanglose Sitzordnung erleichtert.

Rourkela [r'ur-], Stadt in Orissa, Indien, (1981) 321 000 Ew.; bed. wirtschaftl. Zentrum; Eisenhüttenwerke, Metallverarbeitung, chem. Industrie.

Jean-Jacques Rousseau (Pastell von M. Q. de La Tour, 1753)

Rous [raʊs], Francis Peyton, amerikan. Pathologe und Virologe, * Baltimore (Md.) 5. 10. 1879, † New York 16. 2. 1970, lieferte 1910 den Beweis, daß ein best. Virus **(Rous-Sarkom-Virus)** bei Hühnern Krebs erzeugen kann, erkannte die krebsauslösende Wirkung best. chem. Stoffe; erhielt zus. mit C. B. Huggins 1966 den Nobelpreis für Physiologie und Medizin.

Rousseau [rus'o], **1)** Henri, gen. **le Douanier** [lə duanj'e, ›der Zöllner‹], frz. Maler, * Laval (Mayenne) 21. 5. 1844, † Paris 2. 9. 1910, Beamter beim Pariser Stadtzoll, begann in seiner Freizeit zu malen, stellte 1885 zum erstenmal aus und ließ sich 1886 pensionieren. Außer Bildnissen und Stilleben malte er figürl. Bilder und Landschaften, wobei er jede Einzelheit liebevoll wiedergab. R. übte einen nicht zu übersehenden Einfluß auf die moderne Malerei aus. (→ Naive Malerei)

HW: Der Krieg (1894; Paris, Louvre); Schlafende Zigeunerin (1897; New York, Museum of Modern Art); Urwaldlandschaft mit untergehender Sonne (1909; Basel, Kunstmuseum).

2) Jean-Jacques, französisch-schweizer. Schriftst., Philosoph und Pädagoge, * Genf 28. 6. 1712, † Ermenonville (bei Paris) 2. 7. 1778, war zunächst Hauslehrer, Privatsekretär; stand zeitweise den Enzyklopädisten nahe und redigierte die Musikartikel der Großen Enzyklopädie. In der preisgekrönten Schrift ›Discours sur les sciences et les arts‹ (Abhandlung über die Wissenschaften und die Künste, 1750) beantwortete er die Frage, ob der Fortschritt der Kultur die Menschheit verbessert habe, verneinend und konstruierte einen glücklichen naturhaften Urzustand der Menschheit. Diese Überzeugung, alles Gute komme von der Natur, alles Übel von der Zivilisation, drückte er auf unterschiedlichen Gebieten aus. Im ›Discours sur l'origine et les fondements de l'inégalité parmi les hommes‹ (Abhandlung über den Ursprung und die Gründe der Ungleichheit unter den Menschen, 1754) begründete er die Forderung nach Wiederherstellung der ›natürlichen‹ Rechtsgleichheit aller. In seinem Briefroman ›Julie ou La Nouvelle Héloïse‹ (Julie oder die neue Heloïse, 1761) schilderte R. ein naturhaft-patriarchal. Leben in der Schweizer Landschaft. In ›Du contrat social‹ (Über den Gesellschaftsvertrag, 1762) entwickelte er seine Staatstheorie und seine Lehre vom Gesellschaftsvertrag (→ Vertragslehre), die unterschiedlichen Interpretationen Raum bot: Durch allg. Übereinkunft wird ein polit. Organismus geschaffen, in dem die Bürger auf ihre Naturfreiheit verzichten; es herrscht der ›Gesamtwille‹ (›volonté générale‹). In seinem Roman ›Émile‹ (1762) entwickelte er seine Gedanken von einer freien, individuellen und naturgemäßen Erziehung, die sich auch auf das pädagog. Schaffen Pestalozzis auswirkten. Wegen seiner freien religiösen Anschauungen (Ablehnung der Dogmen und des Offenbarungsglaubens) öffentlich verurteilt, verbrachte R. mehrere Jahre im Ausland (Schweiz, England). In Paris (seit 1770) vollendete er seine autobiograph. ›Confessions‹ (Bekenntnisse; postum 1781). In R.s Schriften formuliert sich zum erstenmal mit Nachdruck der Protest gegen die Aufklärung. Daneben wurde R. zum geistigen Wegbereiter der Frz. Revolution und der Romantik. Seine kulturkrit., staatsrechtl. und erzieher. Grundgedanken wirkten z. T. bis ins 19. und 20. Jh. fort (Rousseauismus).

WW: *Singspiel:* Le devin du village (1752). – Un discours sur l'économie politique (1755); Lettre à d'Alembert sur les spectacles (1758); Dictionnaire de musique (1768).

Henri Rousseau: Urwaldlandschaft mit untergehender Sonne, 1909 (Basel, Kunstmuseum)

Roulett

3) Théodore, frz. Maler, * Paris 15. 4. 1812, † Barbizon 22. 12. 1867, Vertreter der Schule von → Barbizon; malte feierlich ernste, das Beobachtete genau wiedergebende Landschaftsbilder, besonders im Wald von Fontainebleau.

Roussel [rus'ɛl], **1)** Albert, frz. Komponist, * Tourcoing 5. 4. 1869, † Royan 23. 8. 1937, verband kühne kontrapunktische Stimmführung mit herber Melodik: Sinfonien, Konzerte, Kammermusik, Bühnen-, Chorwerke, Lieder.

2) Raymond, frz. Schriftst., * Paris 20. 1. 1877, † (Selbstmord) Palermo 14. 7. 1933, Vorläufer des Surrealismus, schrieb phantast. Gedichte, Romane (›Locus solus‹, 1914), die als Vorbild des ›Nouveau roman‹ gelten, sowie Theaterstücke, die das ›absurde Theater‹ vorwegnehmen.

Roussel-Uclaf-Gruppe [rus'ɛl ykl'af-], Paris, bed. frz. Pharmakonzern, gegr. 1911, seit 1961 jetziger Name (Großaktionär: Höchst AG).

Rousset [rus'ɛ], David, frz. Schriftst., * Roanne (Dép. Loire) 18. 1. 1912, veröffentlichte ›L'univers concentrationnaire‹ (1946), ›Les jours de notre mort‹ (1947) und ›Le pitre ne rit pas‹ (1948), teils in Bericht-, teils in Romanform gehaltene Beschreibungen des Lebens im nat.-soz. Konzentrationslager.

Roussillon [rusij'ɔ̃], histor. Landschaft in Südfrankreich, das heutige Dép. Pyrénées-Orientales, zw. den Pyrenäen und den Monts Corbières. Die Bev. spricht Frz. und Katalanisch. Hptst. ist Perpignan. Die Gfsch. R. kam 1172 an Aragonien, erst im Pyrenäenfrieden von 1659 an Frankreich.

Roussin [rus'ɛ̃], André, frz. Theaterschriftst., * Marseille 22. 1. 1911; Boulevardstücke (›Die kleine Hütte‹, 1947).

Route [r'u:tə, frz.] *die, -/-n,* Reiseweg, vorgeschriebene Strecke; Marschrichtung.

Routine [rut'i:nə, frz.] *die, -,* **1)** durch Übung erlangte Fertigkeit, Gewandtheit. **2)** Datenverarbeitung: ein in sich abgeschlossenes Unterprogramm. *der* **Routinier** [rutinj'e], *-s/-s,* erfahrener Praktiker. **routiniert,** durch viele Übung gewandt.

Roux [ru], Wilhelm, Anatom und Entwicklungsphysiologe, * Jena 9. 6. 1850, † Halle (Saale) 15. 9. 1924, begründete die Entwicklungsmechanik (→ Entwicklungsphysiologie).

Rovani|emi, Hptst. der Prov. Lappi (Lappland), Finnland, Ausgangspunkt der Eismeerstraße, (1980) 30000 Ew.; 1944 völlig zerstört, Wiederaufbau nach Plänen von A. Aalto.

Rovere, Della R., urspr. bürgerliches ital. Adelsgeschlecht, dem die Päpste Sixtus IV. (1471–84) und Julius II. (1503–13) entstammen; es herrschte 1508–1631 im Herzogtum Urbino.

Rovereto, Stadt in der Prov. Trient, Italien, an der Etsch, (1981) 33000 Ew.; Bibliothek, Museum, Kriegsmuseum; Seiden-, Leder-, Tabakindustrie.

Rovigo, 1) Prov. in Venetien, Italien, 1789 km², (1981) 253500 Ew. **2)** Hptst. von 1), (1981) 52200 Ew.; Bischofssitz; bed. Verkehrsknoten S-Venetiens; Markt- und Handelsplatz, Industrie; Palazzo Roncale (1555), Dom (17. Jh.).

Rovinj, ital. **Rovigno** [rov'iɲo], Hafenstadt und Seebad in Kroatien, Jugoslawien, (1971) 8900 Ew., an der SW-Küste Istriens; Institut für Meeresbiologie; Fremdenverkehr.

Rovuma, Ruvuma, südl. Grenzfluß von Tansania, 920 km lang, mündet in den Indischen Ozean.

Rowdy [r'aʊdɪ, engl.] *der, -s/-s* oder ... *dies,* gewalttätiger Mensch, Rohling.

Rowland [r'əʊlənd], Henry Augustus, amerikan. Physiker, * Honesdale (Pa.) 27. 11. 1848, † Baltimore (Md.) 16. 4. 1901, entwickelte die nach ihm benannten konkaven Beugungsgitter **(Konkavgitter, Rowland-Gitter),** die zur Entwicklung der

Spektroskopie, bes. im ultravioletten und vakuumultravioletten Spektralbereich, beitrugen (→ Gitter 6).

Rowlandson [r'əuləndsn], Thomas, engl. Zeichner und Radierer, * London 14. 7. 1756, † ebd. 22. 4. 1827, anfangs Bildnis- und Landschaftsmaler, wandte sich dann der Karikatur zu. Seine aquarellierten Zeichnungen und farbigen Radierungen schildern v. a. die Sitten und Unsitten seiner Zeit.

Rowno, Hptst. des Gebiets R. in der Ukrain. SSR, (1982) 199000 Ew.; Bahn- und Straßenknoten; Industrie: Maschinen, Textilien, Zündhölzer; Getreidehandel.

Rowntree Mackintosh Ltd. [r'auntri: m'ækıntɔʃ-], York (Yorkshire), führender Süßwaren-Hersteller Großbritanniens, 1969 durch Fusion entstanden.

Rowohlt, Ernst, Verleger, * Bremen 23. 6. 1887, † Hamburg 1. 12. 1960, förderte in seinem (nach Schließung 1943) 1945 wiedergegr. Verlag moderne Schriftst.; eröffnete nach dem 2. Weltkrieg die Reihen der billigen Buchausgaben (**roro**, **ro**wohlts **ro**tations **ro**mane), erst in Zeitungsform, dann als Taschenbücher. Der Verlag ist seit 1984 zu 100% im Besitz der Holtzbrinck-Gruppe.

Roxane, baktr. Fürstentochter, Frau Alexanders d. Gr. (327 v. Chr.); mit ihrem Sohn Alexander (* 323) um 310/09 ermordet.

Roy [rwa], Jules, frz. Schriftst., * Rovigo (Algerien) 22. 10. 1907, schrieb Flieger- und Kriegsromane (›Der Überlebende‹, 1954) sowie Essays über das Berufsethos des Soldaten.

royal [rwaj'al, frz.; r'ɔıəl, engl.], königlich.

Royal Air Force [r'ɔıəl 'ɛəfɔ:s], Abk. **RAF**, amtl. Name der brit. Luftwaffe.

Royal Dutch/Shell-Gruppe [r'ɔıəl dʌtʃ ʃel-], Den Haag/London, niederländ.-brit. Konzern der Erdöl-Ind., zweitgrößtes Ind.-Unternehmen der Erde (1983); 1907 durch Fusion entstanden. Mutter-Gesellschaften sind die N. V. Koninklijke Nederlandsche Petroleum Mij. (Royal Dutch Petroleum Co.), Den Haag, und die ›Shell‹ Transport & Trading Co. Ltd., London. Westdt. Tochter-Ges. ist die Dt. Shell AG, Hamburg.

Royal Institute of International Affairs [r'ɔıəl 'ınstıtju:t ɔv ıntən'æʃnl əf'ɛəz], brit. nichtamtliches, politisch neutrales Institut zur Erforschung des Zeitgeschehens, gibt den ›Survey of International Affairs‹ und die ›Documents on International Affairs‹ heraus; Sitz: Chatham House, London.

Royalismus [rwajal'ismus, frz.] *der, -,* Befürwortung der Monarchie. *der* **Royalist** [rwajal'ist], *-en/-en,* Anhänger der Monarchie (z. B. der Bourbonen in Frankreich nach der Revolution von 1789). *Adj.* **royalistisch.**

Royal Society [r'ɔıəl səs'aıətı], die älteste engl. Akademie der Wiss. (gegr. 1660) zur Förderung der Naturwiss.; Sitz: London, mit Bibliothek (rd. 150000 Bde.). Die R. S. unterhält keine eigenen Forschungseinrichtungen, sondern verwaltet Mittel für die wissenschaftl. Forschung.

Royal Tunbridge Wells [r'ɔıəl t'ʌnbrıdʒ welz], amtl. Name der engl. Stadt → Tunbridge Wells.

Royan [rwaj'ã], Seebad im frz. Dép. Charente-Maritime, am Ausgang der Gironde am Atlantik, (1982) 17500 Ew.; im 2. Weltkrieg fast völlig zerstört, modern wieder aufgebaut.

ROZ, → Oktanzahl.

Różewicz [ruʒ'ɛvitʃ], Tadeusz, poln. Schriftst., * Radomsko 9. 10. 1921, gibt in seiner Lyrik in einfacher, beherrschter Sprache die selbsterlebte Wirklichkeit wieder; ferner Dramen (›Die Kartothek‹, 1960; ›Theater der Inkonsequenzen‹, 1970; Weiße Ehe, 1975) und Erz. (›In der schönsten Stadt der Welt‹, 1960; ›Entblößung‹, 1966; ›Der Tod in der alten Dekoration‹, 1970).

RP, bei Telegrammen: Abk. für frz. **Réponse payée** [rep'ɔ̃s pej'e], Antwort bezahlt.

Rp., auf ärztl. Rezepten Abk. für lat. **recipe**, nimm!

RPF, Abk. für → **R**assemblement du **P**euple **F**rançais.

RPR, Abk. für → **R**assemblement **p**our la **R**épublique.

RR Lyrae-Sterne [nach dem Stern RR in der Leier], Klasse von pulsierenden → Veränderlichen Sternen (Pulsationsveränderlichen), die ihre Helligkeit mit Perioden zw. 0,2 und 1,2 Tagen um etwa eine Größenklasse, ihre Oberflächentemperatur um etwa 1500 °C, ihren Radius um 5–10% ändern. Ihre absolute Helligkeit ist etwa $0^m_,5$. Da sie meist in den Kugelhaufen des galakt. Halos stehen, heißen sie auch **Haufenveränderliche.**

r-RNS, r-RNA, Genetik: Abk. für ribosomale → Ribonucleinsäure.

RSA, Abk. für **Republic of South Africa** [rıp'ʌblık ɔv sauθ'æfrıkə], die Rep. Südafrika.

Rschew, Ržev, Stadt im Gebiet Kalinin, Russ. SFSR, an der Wolga, (1982) 70000 Ew.; Leinen- und Holzindustrie, Landmaschinenbau. R. war im 2. Weltkrieg heftig umkämpft.

RSFSR, Abk. für → **R**ussische **S**ozialistische **F**öderative **S**owjet**r**epublik.

RT, Abk. für → **R**egister**t**onne.

Rt., Abk. für engl. **Right** [raıt, ›sehr‹], vor Titeln, z. B. Rt. Hon., Right Honourable.

Ru, chemisches Symbol für → Ruthenium.

Ruanda, Rwanda, amtl. **République Rwandaise** [repybl'ik rwãd'ɛ:z], Rep. im Inneren Ostafrikas, 26338 km², (1982) 5,276 Mio. Ew. Hauptstadt: Kigali, Amtssprachen: Kinyaruanda und Französisch. Währungseinheit: 1 Ruanda-Franc (F. Rw.) = 100 Centimes. *Adj.* **ruandisch.** *der* **Ruander**, *-s/-.* (KARTE VIII/IX, n. S. 320)

Ruanda

Staat. Nach der Verf. von 1978 ist R. eine Republik. An der Spitze von Staat und Regierung steht ein auf 5 Jahre gewählter Präsident. An Stelle eines Parlaments besteht ein ›Nationaler Entwicklungsrat‹. Allein zugelassene Partei ist die ›Nationale Revolutionsbewegung für die Entwicklung‹. R. ist in 10 Präfekturen aufgeteilt. – Streitkräfte. Freiwilligenarmee von 5150 Mann; paramilitär. Kräfte: 1200.

Landesnatur. R. liegt auf einem in Schollen zerbrochenen Hochlandblock, der im W in einer Stufe zum Zentralafrikan. Graben mit dem Kiwusee abbricht und in den Vulkanen des N bis über 4500 m (Karisimbi) ansteigt. Das trop. Klima ist durch die Höhenlage gemildert.

Bevölkerung. R. ist mit 200 Ew. je km² nach Mauritius der am dichtesten besiedelte Staat Afrikas. Das Volk der R. (Nyaruanda) besteht aus 3 ethnisch scharf voneinander getrennten Gruppen: Etwa 90% gehören zu den Ackerbau treibenden Hutu (Bantu), 9% zu den viehzüchtenden Tutsi (→ Hima), etwa 20000 sind Pygmäen. – Bildung. Allg. Schulpflicht (8 Jahre), Einschulungsquote rd. 49%; staatl. und Missionsschulen. Univ. in Butare (gegr. 1963), TH in Kigali. – Religion. 55,6% der Ew. sind Katholiken, 11,6% Protestanten, 18,2% Anhänger von Naturreligionen, 8,6% Muslime.

Wirtschaft, Verkehr. R. ist ein v. a. von der Subsistenzwirtschaft lebendes Agrarland. Über 90% der Ew. sind von der Landwirtschaft abhängig; Anbau von Mais, Maniok, Yams, Mehlbananen, für den Export Kaffee, Tee, Baumwolle, Pyrethrum. Extensive Viehwirtschaft (v. a. Watussirind). Geförderte Bodenschätze: Zinn, Wolfram, Beryll, Columbit. Im Kiwusee bed. Methanvorkommen. Industrie: v. a. handwerklich betriebene Kleinindustrie; größere Betriebe: Kaffee- und Teeaufbereitung, Herstellung von Zigarren, Bier, Bearbeitung von Häuten, Zinnverhüttung. Ausfuhr von Kaffee (70% der Exporterlöse), Tee (9%), Zinn (3–5%), Wolfram, Chinarinde, Häuten und Fellen. Haupthandelspartner: Belgien. Ausreichend ausgebautes Straßennetz (8000 km); keine Eisenbahn. Internat. Flughäfen in Kamembe-Kigasi und Cyangugu. Nationale Luftfahrtgesellschaft: ›Air Rwanda‹.

Geschichte. Vermutlich im 16. Jh. errichteten Tutsi eine aristokrat. Herrschaft (mit monarch. Spitze; Herrschertitel: Mwami) über die Hutu. – Gegen Ende des 19. Jh. wurde R. Teil Deutsch-Ostafrikas, nach dem 1. Weltkrieg des von Belgien (zunächst im Auftrag des Völkerbundes, dann der UNO) verwalteten Gebiets → Ruanda-Urundi. 1961 entmachtete in R. eine polit. Bewegung der Hutu die Tutsi-Oberschicht, vertrieb den Mwami und rief die Republik aus (Staatspräs. G. Kayibanda, 1961–73), die nach Auflösung des Gebiets von Ruanda-Urundi 1962 in die Unabhängigkeit entlassen wurde. Die Spannungen zw. Hutu und Tutsi führten 1965 zu blutigen Ausschreitungen gegen die Tutsi. Nach dem Putsch von 1973 übernahm Gen. J. Habyalimana als Staatschef, nach Verabschiedung einer neuen Verf. (1978) als gewählter Staatspräs. die Macht.

Ruanda-Urundi, nach dem 1. Weltkrieg gebildetes Territorium im Innern Ostafrikas, von Belgien 1920–46 als Mandatsgebiet des Völkerbunds, 1946–62 als Treuhandgebiet der UNO verwaltet, 1962 in die unabhängigen Staaten → Burundi und → Ruanda aufgeteilt, umfaßte 2 afrikan. Kgr., in denen das Hirtenvolk der Tutsi (→ Hima) das Hackbau treibende Bantuvolk der Hutu beherrschte.

Ruapehu *der,* höchster Vulkan auf der Nordinsel Neuseelands, 2797 m hoch.

Ruark [r'u:ɑ:k], Robert Chester, amerikan. Schriftst., * Wilmington (N. C.) 29. 12. 1915, † London 1. 7. 1965. Seine Romane behandeln das Rassenproblem in Afrika: ›Die schwarze Haut‹ (1955), ›Nie mehr arm‹ (1959), ›Uhuru‹ (1962).

Rub al-Chali [arab. ›das leere Viertel‹], Sandwüste im S der Arab. Halbinsel, die größte Sandfläche der Erde.

rubato [ital. rubare ›rauben‹], ♪ sehr frei im Zeitmaß. *das* **Rubato**, *-s/-s* oder ... *ti,* **tempo r.**, ♪ freie Behandlung des Zeitmaßes.

rubbeln [zu reiben]. *ich* **rubb(e)le** *ihn, es,* U reibe stark. *ich* **rubb(e)le** *ihn, es* **ab**, U trockne ab.

Carlo Rubbia

Rubbia, Carlo, ital. Physiker, * Gorizia 31. 3. 1934, wies 1983 bei CERN die Existenz der → Feldquanten W und Z, der Vermittler der schwachen Wechselwirkung (→ Weinberg-Salam-Theorie), nach; 1984 gelang dem von ihm geleiteten Forscherteam die Entdeckung des 6. → Quarks, des Top-Quarks. Beide Entdeckungen haben fundamentale Bedeutung für die Erkenntnis über den Aufbau der Materie. 1984 erhielt R. mit S. van der → Meer den Nobelpreis für Physik.

Rübe [ahd.] *die, -/-n,* **1)** die dickfleischig gezüchtete Pfahlwurzel versch. Pflanzen aus den Gatt. **Beta** (→ Runkelrübe, → Zuckerrübe), **Brassica** (→ Kohlrübe, Speiserübe, Teltower Rübe), **Daucus** (→ Mohrrübe), dient als Viehfutter, Zuckerrohstoff und Nahrungsmittel; i. w. S. auch Pastinak und Zichorie. Als Tiefwurzler bevorzugt die R. tiefgründige, nährstoffreiche, lehm- und kalkhaltige Böden (weiteres BILD Gemüse). **2)** andere Pflanzen mit Rübenwurzel, so **Oberrübe** (→ Kohlrabi), → Zaunrübe.

Rübe 1):
1 Zuckerrübe, **2** Futterrübe, **3** Stoppelrübe, **4** Kohlrübe

Rubel [russ.] *der, -s/-,* Währungseinheit der UdSSR: 1 R. (Rbl) = 100 Kopeken. Unter Peter I. wurde der Silberrubel alleinige Währungs- und Rechnungseinheit; seit Katharina II. ist auch der Papierrubel in Umlauf. Der R. ist eine reine Binnenwährung; Verrechnungswährung im Handelsaustausch zw. den RGW-Ländern ist der **Transfer-R.** (BILD Münzen)

Rübels Prinzip [n. d. Schweizer Botaniker E. Rübel, * 1876, † 1960], das Prinzip der Gleichwertigkeit versch. Umweltbedingungen; es besagt, daß es für ein Lebewesen gleichgültig ist, wodurch seine Ansprüche erfüllt werden. Es erklärt die Relativität der Biotopbindung einer Organismenart und zeigt auf, daß sich versch. Faktoren bei der mehrfachen Sicherung wichtiger Lebensphänomene gegenseitig kompensieren können: Wind, Bodenfrost u. a. können gleicherweise Trockenheit hervorrufen und den auf diese angewiesenen Arten das Vorkommen an unterschiedl. Lebensorten ermöglichen.

Rubellit *der, -s,* Mineral, roter → Turmalin. Klar durchsichtig als Edelstein geschätzt.

Ruben, 1) israel. Stamm im südl. Ostjordanland. **2)** ältester Sohn Jakobs.

Rübenblattwanze, die → Rübenwanze.

Rübenblattwespe, die → Kohlrübenblattwespe.

Rüben|erntemaschinen, Maschinen zum Köpfen, Herausheben, Reinigen und Sammeln von Futter- und Zuckerrüben; bei **Vollerntemaschinen** in einem Arbeitsgang.

Rübenfliege, Runkelfliege, Pegomyia betae, 6–8 mm lange Blumenfliege, deren Maden in Rübenblättern Gänge fressen; schädigt auch Spinat und Mangold. (BILD Schädlinge)

Rubeniden *Pl.,* armenische Dynastie in Kilikien 1080–1375 (→ Armenien); Leo II. erhielt 1198 die Königskrone.

Rübenmüdigkeit, Unergiebigkeit eines Ackerbodens für Runkel- und Zuckerrüben und gewisse Kreuzblüter durch Verseuchung mit Rübenälchen (→ Älchen, → Bodenmüdigkeit).

Rubens [fläm. r'y-], Peter Paul, fläm. Maler, * Siegen (Westfalen) 28. 6. 1577, † Antwerpen 30. 5. 1640, Sohn eines Antwerpener Juristen, der als Reformierter nach Dtl. geflohen war († 1587), erhielt seine erste Ausbildung in Köln und wurde, als die Mutter 1589 nach Antwerpen zurückgekehrt war, humanistisch und katholisch erzogen. Seine Lehrer in der Malerei waren A. van Noort, T. Verhaegt und bes. O. van Veen. 1600 ging R. nach Italien. Er wurde Hofmaler des Herzogs Vincenzo Gonzaga in Mantua, der ihn mit Aufträgen in Rom und in Spanien betraute. Danach arbeitete er in Rom und Genua. 1608 war R. wieder in Antwerpen, wo er 1609 heiratete, Hofmaler des Erzherzogs Albert wurde und seine Werkstatt gründete. R. war auch am frz., engl. und span. Hof tätig und mehrmals als Diplomat auf Reisen. Nach dem Tod seiner ersten Frau Isabella Brant (1626) heiratete er 1630 die 16jährige Helene Fourment. Seit 1635 lebte er auf seinem Landschlößchen Steen bei Antwerpen.

R. malte religiöse, geschichtl., mytholog., allegor. Bilder, auch Bildnisse und Landschaften. Unerschöpflich war der Reichtum seiner Erfindung, die aus fläm. Sinnlichkeit und klassisch-humanist. Geist eine neue Bildwelt erstehen ließ und sowohl religiöse als auch weltliche Themen mit leidenschaftlichem Leben erfüllte. Aus seiner Werkstatt gingen 2000–3000 Gemälde hervor, von denen etwa 600 von ihm selbst gemalt oder überarbeitet worden sind. – Entscheidend für seine Kunst war der Aufenthalt in Italien, wo er die Malerei des röm. Frühbarocks (Caravaggio, Carracci) und der Renaissance (Tizian, Leonardo, Michelangelo u. a.), auch antike Bildwerke, studierte und seine ersten Altarwerke (für Kirchen in Mantua, Rom, Genua) und Bildnisse malte. – Nach der Rückkehr in die Heimat begann sich aus der Fülle der ital. Eindrücke sein aus fläm. Wesensart erwachsender großer Stil zu entfalten. In seiner Werkstatt beschäftigte er viele Gehilfen und Schüler (1616–20 A. van Dyck), auch selbständige Meister, die in seinen Bildern Tiere, Stilleben, Landschaften malten (F. Snyders, J. Bruegel d. Ä. u. a.). Die größten der nach seiner Heimkehr entstandenen Werke waren die Kreuzaufrichtung und die Kreuzabnahme in der Antwerpener Kathedrale (1610–14). Seine sich in Akt- und Halbfigurenbildern immer freier und kraftvoller entfaltende Kunst entwickelte sich in den vor und um 1620 entstandenen großen Altarwerken, Kampf- und Jagdbildern zu der rauschend bewegten Darstellungsfülle seiner reifen Zeit (Jüngstes Gericht; Höllensturz; Löwenjagd; Amazonenschlacht; Raub der Töchter des Leukippos; alle in München). Er malte die sechs Bilder aus der Geschichte des Decius Mus (um 1617, Samml. Liechtenstein; unter Mitwirkung von van Dyck für Bildteppiche geschaffen), die 21 Gemälde der historisch-mythologischen Folge aus dem Leben der Maria Medici (1622–25, Paris; Skizzen in München), Altarbilder, bes. für Antwerpener Kirchen und Landschaften. – Im letzten Jahrzehnt seines Schaffens, zu dessen Beginn er den gewaltigen Ildefonso-Altar schuf (1630/32; Wien), lockerte sich immer mehr der Aufbau seiner Bilder, denen er durch Erhellung und Brechung der Farben höchste Leuchtkraft verlieh. Hauptwerke der Spätzeit sind das Venusfest (Wien), der Liebesgarten (Madrid), der Bauerntanz (ebd.), Bildnisse, bes. seiner jungen Frau, sowie reich und bewegt gestaltete ideale Landschaften. – Der Einfluß seiner Kunst wirkte sich in ganz Europa aus, auch durch graph. Wiedergaben, die von ihm selbst geschulte Stecher und Holzschneider schufen. Als Ergebnis seiner architekton. Studien veröffentlichte er sein Werk über die Paläste in Genua (›Palazzi di Genova‹, 2 Bde., 1622).

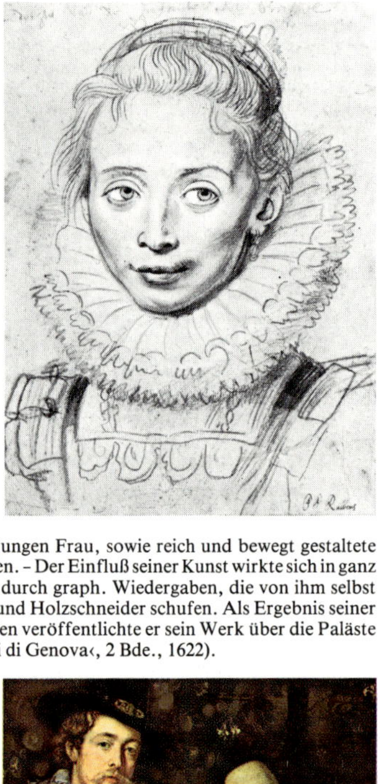

Peter Paul Rubens: Porträt einer Hofdame der Infantin Isabella von Spanien; Rötel- und Kreidezeichnung (Wien, Albertina)

Peter Paul Rubens: Rubens mit Isabella Brant in der Geißblattlaube; um 1609, Ausschnitt (München, Alte Pinakothek)

Rübensaft, Rübenkraut, Sirup, Speisesirup aus Zuckerrübensaft (Zuckergehalt bis zu 66%).

Rübenwanze, Rübenblattwanze, Piesma quadratum, bis 3,5 mm lange, graue, dunkelgefleckte Wanze, überträgt durch Saugen auf Rübenpflanzen ein Virus, das die **Rübenkräuselkrankheit** erregt; diese führt zum Kräuseln der Blätter und Absterben der Pflanzen.

Andrej Rubljow: Dreifaltigkeits-Ikone, 1411 (Moskau, Tretjakow-Galerie)

Rübenzucker, aus Zuckerrüben gewonnener → Rohrzucker.

Rubeolae [lat. ruber ›rot‹], *Pl.,* ⚕ die → Röteln.

Rübezahl [aus Rübe und Zagel ›Rübenschwanz‹], der Berggeist des Riesengebirges, erscheint in den Sagen als Bergmännlein, Mönch, auch als Riese oder in Tiergestalt, neckt die Wanderer, beschenkt Arme, sendet schwere Wetter, wenn man ihn ärgert, hütet die Bergschätze. (BILD Schwind)

Rubicell, *der, -s,* Bez. für orange- oder rosafarbenen → Spinell.

Rubidium [lat.] *das, -s,* chem. Symbol **Rb,** ein → chemisches Element aus der Gruppe der → Alkalimetalle; R. ist ein weißglänzendes, weiches Metall mit ähnl. Eigenschaften wie → Cäsium; es wird auch in gleicher Weise gewonnen. In seinen den entsprechenden Kaliumverbindungen sehr ähnl. Verbindungen tritt R. stets mit der Oxidationszahl + 1 auf. In geringen Gehalten weit verbreitet, z. B. in Mineralwässern und Abraumsalzen, ist es im Lepidolith auf etwa 1,5% angereichert. Es wurde 1861 von R. Bunsen und G. Kirchhoff mit Hilfe der Spektralanalyse entdeckt.

Rubidium-Strontium-Methode, Verfahren zur Altersbestimmung von sehr alten Gesteinen, das auf dem Zerfall des Rubidiumisotops ^{87}Rb in das Strontiumisotop ^{87}Sr (Halbwertszeit $4{,}8 \cdot 10^{10}$ Jahre) beruht und das Alter der Probe aus dem massenspektrometrisch bestimmten Verhältnis ^{87}Sr/^{87}Rb berechnet.

Rubikon *der,* lat. **Rubico,** antiker Name eines kleinen Flusses der nördl. Ostküste Italiens, im Altertum die Grenze zw. dem Zisalpinischen Gallien und Italien. Caesar eröffnete mit der Überschreitung des R. Jan. 49 v. Chr. den Bürgerkrieg; daher: *den R. überschreiten,* den entscheidenden Schritt tun.

Rubik-Würfel, Rubik's Cube [-kju:b, engl.], der → Zauberwürfel.

Rubin [lat.] *der, -s/-e,* sattrote Varietät von → Korund; einer der höchstbewerteten Edelsteine.

Rubin, Władysław, poln. Kardinal (seit 1979), * Toki 20. 9. 1917, seit 1980 Präfekt der Kurienkongregation für die Oriental. Kirchen.

Rubin|glimmer [n. der Farbe seiner Splitter], **Lepidokrokit** *der, -/-e,* Mineral γ-FeOOH, licht- bis kupferrot; dünntafelige Kristalle, z. T. in Rosetten angeordnet, auch pulvrig oder als roter **Glaskopf;** Vorkommen wie Goethit, aber seltener.

Rubinstein, 1) Anton Grigorjewitsch, russ. Pianist und Komponist, Bruder von 3), * Wychwatinez (Wolhynien) 28. 11. 1829, † Peterhof (bei St. Petersburg) 20. 11. 1894, gründete 1862 das Konservatorium in St. Petersburg. Als Pianist gefeiert, stand er als Komponist stark unter dem Einfluß F. Mendelssohn-Bartholdys. R. schrieb Opern, Oratorien, Orchester-, Klavier-, Kammermusik, Lieder.

2) Artur, poln. Pianist (seit 1946 amerikan. Staatsbürger), * Lodz 28. 1. 1887, † Genf 20. 12. 1982.

3) Nikolaj Grigorjewitsch, russ. Pianist und Komponist, Bruder von 1), * Moskau 14. 6. 1835, † Paris 23. 3. 1881, gründete 1864 das Moskauer Konservatorium.

Rübling *der, -s/-e,* **Collybia,** Blätterpilz-Gatt., in einigen Arten mit rübenartigem Erdstiel; **Samtfuß-R. (Winterpilz, Collybia velutipes)** mit braunem Hut und Stiel, wächst meist büschelig auf Baumstümpfen, eßbar.

Rubljow, Rublev, Andrej, russ. Maler, * um 1360/70, † Moskau um 1427/30, als Mönch in und um Moskau tätig, wo er 1405 mit Theophanes dem Griechen in der Moskauer Verkündigungskathedrale arbeitete. Seine in engem Anschluß an spätbyzantin. Kunst entstandenen Werke wurden Vorbild für die folgenden Jahrhunderte. Das bekannteste ist die Dreifaltigkeits-Ikone in Moskau (Tretjakow-Galerie).

Rubner, Max, Physiologe, * München 2. 6. 1854, † Berlin-Lichterfelde 27. 4. 1932, wies nach, daß das Gesetz von der Erhaltung der Energie auch für den Stoffwechsel von Tier und Mensch gilt; übte großen Einfluß auf die Ernährungslehre aus.

Rüb|öl, halbtrocknendes Öl aus den Samen der Brassica-Arten. **Rapsöl (Repsöl)** stammt vom Raps, das eigentliche **R. (Rübsenöl)** vom Rübsen; beide werden durch Auspressen gewonnen. Raffiniertes R. dient als Speiseöl, gehärtetes R. zur Herstellung von Margarine. R. wird auch als Brennöl, Schmieröl und zur Herstellung von Faktis gebraucht.

Rubrik [lat., zu Rubrum] *die, -/-en,* **1)** urspr. die in mittelalterl. Handschriften rot geschriebenen Überschriften; danach Ü inhaltl. Abgrenzung in Schriftstücken, Tabellen usw.; Abteilung, Spalte. **2)** Kath. Kirche: eine in den liturg. Büchern rot gedruckte Regel für den Vollzug der Liturgie. *ich* **rubriziere** *es,* **1)** versehe mit Überschriften. **2)** ordne ein, unterteile.

Rubruk, Ruysbroeck [r'œjsbru:k], Wilhelm von, fläm. Asienreisender, * Rubrouck (Nordfrankreich) um 1210, † um 1270, unternahm 1253–55 als Franziskaner eine Gesandtschaftsreise an den Hof des Mongolenfürsten in Karakorum. Sein ›Itinerarium‹ brachte die ersten Nachrichten über W- und Zentralasien nach Europa.

Rubrum [lat. ›das Rote‹] *das, -s/...bren* oder *...bra,* **1)** kurze Inhaltsangabe als Aufschrift, auch Überschrift (auf Akten, Büchern). **2)** ⚖ der (früher rot geschriebene) Urteilskopf: enthält Bez. des Gerichts, der Prozeßparteien, das Aktenzeichen, ggf. der Anwälte.

Rübsamen, die Frucht der Runkel- und Zuckerrübe; auch der → Rübsen.

Rübsen *der, -s,* **Rübsamen, Rübsaat, Rübenreps** *der, -es,* **Brassica rapa var. silvestris,** Nutzpflanze der Kreuzblüter; enthält im Samen → Rüböl.

Rubus [lat.], Rosengewächs-Gatt., z. B. → Brombeere, → Himbeere.

Rubzowsk, Industriestadt im Gau Altai, Russ. SFSR, (1982) 159000 Ew.; Maschinenbau, elektrotechn., Baustoff-, Nahrungsmittelindustrie.

Rucellai [rutʃell'ai], Giovanni, ital. Dichter, * Florenz 20. 10. 1475, † Rom 2./3. 4. 1525, schrieb das Gedicht über Bienenzucht ›Le api‹ (vollendet 1524, gedruckt 1539; nach dem 4. Buch der ›Georgica‹ Vergils). Seine Trauerspiele ›Rosmunda‹ und ›Oreste‹ sind frühe ital. Nachahmungen der grch. Tragödie.

ruchbar [zu Gerücht]. *es wird r.,* durch Gerücht bekannt, kommt ins Gespräch.

Ruchgras, Riechgras, Geruchgras, Anthoxanthum odoratum, ausdauerndes Gras auf Wiesen und Weiden, mit Waldmeisterduft durch den Gehalt an → Cumarin.

ruchlos [mhd. ›sorglos‹], verrucht, gottlos, niederträchtig. *Subst. die* **Ruchlosigkeit,** -.

Ruck [ahd.] *der, -(e)s/-e,* plötzliches Anreißen oder Stemmen: *mit einem, auf einen R.; er mußte sich einen R. geben,* Ü sich zu etwas überwinden. *ich* **rucke, 1)** *es,* bewege mit einem R. **2)** *Tauben rucken,* gurren.

Ruck, Rock, ein riesiger Vogel der arab. Märchen.

rück..., **1)** zurück ..., rückwärts ...: *Rückführung;* bei Verben meist P: *rückgekehrt, rückfragen,* nochmals fragen. **2)** Rücken ...: *Rückgrat; Rückhalt.* **Rückantwort,** Antwort: *mit bezahlter Rückantwort.* **rückbezüglich,** *rückbezügliches Pronomen,* Reflexivpronomen, vgl. ÜBERSICHT Pronomen und Fragewort. **Rückblende,** in einen Film, ein Hörspiel u. a. eingeblendeter Teil, der in der Vergangenheit der laufenden Handlung spielt. **Rückblick, 1)** Blick zurück. **2)** Erinnerung an vergangene Zeiten: *er begann mit einem Rückblick auf die bisherigen Leistungen. Adj.* **rückblickend. Rückfahrkarte,** Fahrkarte für Hin- und Rückfahrt. **Rückfahrt,** Fahrt vom Ziel zum Ausgangspunkt zurück. **Rückflug,** Flug vom Ziel zum Ausgangspunkt zurück. **Rückfrage,** erneute Anfrage. *die* **Rückgabe,** -, das Zurückgeben. **Rückgang,** Verminderung, Verfall: *der Rückgang der Arbeitslosigkeit.* **rückgängig, 1)** zurückgehend. **2)** *ich mache es rückgängig,* widerrufe es, stelle den früheren Zustand wieder her. *der* **Rückhalt,** *-(e)s,* **1)** ♣ Vorbehalt, Mangel an Offenheit. **2)** Unterstützung, stets bereite Hilfe: *ich habe keinen Rückhalt an (bei) ihm.* **rückhaltlos,** ohne Vorbehalt, ganz offen: *ich vertraue ihm rückhaltlos. die* **Rückkehr, Rückkunft,** -, Wiederkehr. **Rücklauf,** Rückwärtsbewegung, Rückprall, Gegenströmung. *Adj.* **rückläufig. rückläufiges Wörterbuch,** Wörterbuch, das Wortzusammensetzungen in alphabet. Ordnung vom Wortende ausgehend aufführt. **Rücklehne,** Rückenlehne (→ Rücken 3). **Rücklicht,** 🚗 → Schlußlicht. **rücklings,** mit dem Rücken voran. **Rückporto,** beigelegtes Porto für Antwort. **Rückschau,** Rückblick. **Rückschlag, 1)** ungünstiges Ereignis nach guter Entwick-

Rubin: Kristallbruchstück (Kenia, O-Afrika)

1

2

3

Rubin (geschliffen): **1** R. Birma; **2** R. Ceylon; **3** Sternrubin

Artur Rubinstein

lung. **2)** Biologie: →Atavismus. **3)** Rückstoß, Rückprall. **Rückschritt,** Entwicklung zum Schlechteren, Rückfall in etwas Überwundenes. **rückschrittlich,** fortschrittsfeindlich. *Subst. die* **Rückschrittlichkeit,** -. **Rückseite,** die hintere Seite, Kehrseite. *Adj.* **rückseitig.** *Adv.* **rückseits.** *die* **Rücksicht,** *-/-en,* das Achtgeben auf Gefühle und Interessen anderer: *darauf (auf ihn) muß ich Rücksicht nehmen; aus beruflichen Rücksichten. die* **Rücksichtnahme,** -, Rücksicht. **rücksichtslos,** ohne jede Rücksicht, selbstsüchtig. *Subst. die* **Rücksichtslosigkeit,** *-/-en.* **rücksichtsvoll,** voller Rücksicht, entgegenkommend. **Rücksitz,** hinterer Sitz, z. B. im Auto. **Rückspiegel,** ⇔ Spiegel zur Beobachtung der rückwärtigen Fahrbahn. **Rücksprache,** Unterredung über eine bestimmte Sache. **Rückstand, 1)** Rest, Abfall, Zwischenprodukt: *Melasse ist ein Rückstand bei der Zuckerherstellung.* **2)** unbezahlte Rechnung. **3)** Verzug: *ich bin im Rückstand mit einer Arbeit, mit einer Zahlung.* **rückständig, 1)** restlich; noch unbeglichen. **2)** U hinter der Entwicklung zurückgeblieben, überholten Anschauungen nachhängend. *Subst. die* **Rückständigkeit,** -. **Rückwand,** hintere Wand. **Rückwand(e)rer,** Auswanderer, der wieder in die Heimat zurückkehrt. **rückwärts, 1)** nach hinten, zurück. **2)** mit dem Rükken zuerst. *Adj.* **rückwärtig. Rückwärtsgang,** ⇔ Gang zur Rückwärtsbewegung. **Rückweg,** Weg zurück, Heimweg. **rückzahlbar,** zurückzuzahlen: *rückzahlbar in drei Monatsraten.* **Rückzahlung,** Rückgabe von geliehenem Geld. *der* **Rückzieher,** *-s/-,* U **1)** halbe Entschuldigung oder Widerruf einer Äußerung, Verkleinerung zu großer Pläne. **2)** Fußball: ein über den eigenen Kopf gespielter Ball. **Rückzug,** das Sichzurückziehen: *sie mußten den Rückzug antreten.*

Rückbildung, Biologie: Verkümmerung von (nicht benutzten) Organen; über rückgebildete Organe (rudimentäre Organe) →Rudiment.

rücken [von Ruck]. *ich* **rücke, 1)** *es,* schiebe an eine andere Stelle: *ich rücke den Schrank in die Ecke.* **2)** (bin gerückt), bewege mich ein Stück fort: *rück' ein bißchen!,* mach etwas Platz!; *er rückt mit der Truppe ins Feld; sie sind mir auf die Bude gerückt,* U haben mich (unerwartet) besucht. *ich* **rücke ab, 1)** *es,* schiebe fort. **2)** (bin abgerückt) *von ihm,* gehe fort, marschiere ab: *die Abteilung rückte ab.* **3)** *von ihm,* U löse mich von ihm, will nichts mehr damit zu tun haben: *er ist von seinen früheren Vorschlägen abgerückt. ich* **rücke an, 1)** *es,* schiebe hinzu. **2)** (bin angerückt), marschiere heran, komme. *ich* **rücke auf** (bin aufgerückt), **1)** marschiere auf. **2)** U werde befördert, steige im Rang. **3)** gehe weiter vor: *die erste Reihe rückt auf! ich* **rücke aus** (bin ausgerückt), **1)** marschiere aus: *die Truppe rückt aus der Stadt aus.* **2)** U entfliehe, bringe mich in Sicherheit. **3)** *es,* schreibe über den Rand hinaus. *ich* **rücke ein, 1)** *es,* setze ein Stück zurück: *ich habe die erste Zeile des Absatzes etwas eingerückt.* **2)** *es,* veröffentliche in einer Zeitung, inseriere. **3)** (bin eingerückt), & komme in einen Ort oder ein Land. **4)** (bin eingerückt), & werde eingezogen. *ich* **rücke heraus, 1)** *es,* rücke nach draußen. **2)** *es,* U gebe heraus. **3)** (bin herausgerückt) *mit etwas,* U sage, verrate es.

Rücken [ahd.] *der, -s/-,* **1)** hintere (bei Vierfüßern obere) Körperseite von der Grenze des Hinterhaupts bis zum Kreuzbein, gebildet von der Wirbelsäule, den hinteren Abschnitten der Rippen, den Schulterblättern und den darüberliegenden Weichteilen. *Redensarten: es läuft mir eiskalt über den R.,* mich schauert; *sie will ihm den R. kehren,* sich von ihm abwenden; *man muß ihm den R. steifen,* ihn ermutigen; *er wird dir in den R. fallen,* deine Pläne hinterrücks vereiteln; *hinterm R.,* heimlich, tückisch; *du mußt dir den R. decken,* dich gegen jede Möglichkeit sichern. **2)** die der Handfläche oder Fußsohle gegenüberliegende Seite: *Handrücken.* **3)** hintere Lehne, Lehne an Sitzmöbeln: *Rückenlehne.* **4)** Erhebung mit deutlicher Längserstreckung und breiten Kammformen. Den R. des Festlands stehen die ozean. Tiefseerücken gegenüber. **5)** der Schneide oder Arbeitsfläche entgegengesetzter Teil von Messern und Geräten. **6)** ⊘ der Teil des Einbands, der die beiden Einbanddecken oder Umschlagseiten verbindet. **Rückendeckung, 1)** Sicherung vor Angriffen aus dem Hinterhalt. **2)** U Sicherung gegen mögliche Vorwürfe. **Rückentrage,** Gestell zum Tragen von Lasten auf dem Rücken.

Rückenmark, lat. **Medulla spinalis,** die innerhalb des Wirbelkanals der Wirbelsäule liegende Fortsetzung des verlängerten Marks und damit des Gehirns, ein walzenförmiger Strang aus weißer und grauer Substanz (→Gehirn), von dem die Spinalnerven (→Nerven) ausgehen. Auf dem Querschnitt erscheint die graue Substanz schmetterlingsförmig; sie gliedert sich jederseits in zwei durchlaufende Vorsprünge: **Vorder-** und **Hintersäule.** Die weiße Substanz umgibt die graue wie ein Mantel und wird in jeder Hälfte des Querschnitts durch die Hörner der grauen Substanz **(Vorder-** und **Hinterhorn)** in 3 Stränge gegliedert: **Hinterstrang, Seitenstrang** (zw. Hinterhorn und Vorderhorn) und **Vorderstrang.** Jeder Spinalnerv hat 2 Wurzeln, eine **vordere motorische** (bewegungsleitende) **Wurzel,** aus Ganglienzellen im Vorderhorn entspringend, und eine **hintere sensible** (empfindungsleitende) **Wurzel,** deren Ganglienzellen im Spinalganglion liegen. Vordere und hintere Wurzel vereinigen sich auf eine kurze Strecke und bilden den **gemischten Spinalnerv,** der sich dann in einen gemischten dünnen hinteren Ast für die Haut des Hinterhauptes, Nackens und Rükkens und für die tiefen Rückenmuskeln und einen weit stärkeren vorderen Ast für die Haut und die Muskeln der Körperwand und der Gliedmaßen spaltet. Diejenigen vorderen Äste, aus denen die Nerven für Gliedmaßen und Hals hervorgehen, bilden vorher Geflechte (z. B. Halsgeflecht). Innerhalb der weißen Substanz verlaufen Nervenbahnen, die die Bewegungsantriebe vom Gehirn auf die motor. Nerven übertragen: die →Pyramidenbahn im Vorder- und Seitenstrang. In den Hintersträngen verlaufen Bahnen, die vom R. zum Gehirn aufsteigen und von den Empfindungsnerven aufgenommene Eindrücke an Groß- und Kleinhirn weitergeben. Neben der Funktion als Leitungsorgan (Verbindung zw. peripherem Nervensystem und Gehirn) arbeitet das R. als selbständiger nervöser Zentralapparat (→Reflex). Schließlich erhält auch das vegetative Nervensystem vom R. Impulse auf besonderen Bahnen oder leitet sie von den Eingeweiden dem R. zu. Das R. ist wie das Gehirn in drei Häute gehüllt: die **weiche Rückenmarkhaut,** die dem R. eng anliegt, die feine, schlauchartige **Spinngewebs-** oder **Spinnwebenhaut,** die von der weichen R.-Haut durch einen mit →Gehirn-Rükkenmarks-Flüssigkeit gefüllten Spalt getrennt ist, und die **harte Rückenmarkhaut,** deren äußeres Blatt an der Innenfläche der Wirbel liegt, während das innere als weiter Sack **(Duralsack)** das R. umgibt.

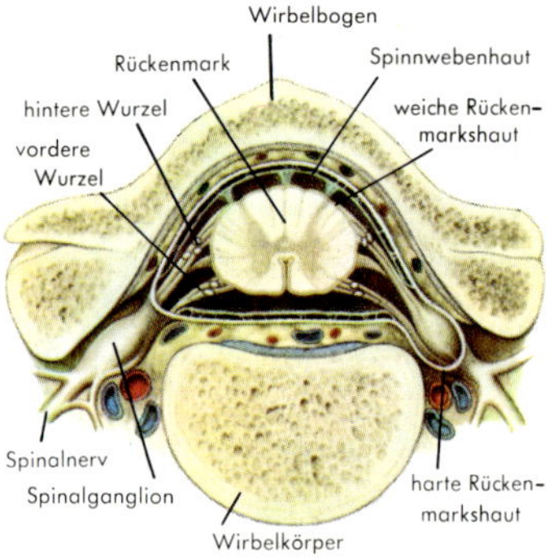

Rückenmark: Querschnitt durch Wirbelsäule und R. (nach Rauber-Kopsch): Wirbelkanal und R. mit umgebenden Häuten; jederseits ein Zwischenwirbelloch, durch das die R.-Nerven ein- und austreten

Rückenmarks|entzündung, grch. **Myelitis,** entzündl. Veränderung des Rückenmarks als Begleiterscheinung (z. B. bei Masern, Typhus) oder durch direkte Fortleitung der Erreger von Entzündungen der Hirnhäute oder durch die Fortleitung von Entzündungserregern auf dem Blutweg. Krankheitszeichen sind Rükkenschmerzen, Empfindungsstörungen z. B. an den Beinen, Schwächeerscheinungen in best. Muskelgruppen, später Lähmungen, Blasen- und Mastdarmstörungen.

Rückenmarkskrankheiten, Krankheiten des Nervensystems, die vorwiegend oder ausschließlich das Rückenmark und seine Hüllen befallen. Es werden unterschieden: a) Allgemeinerkrankungen, in deren Verlauf auch das Rückenmark mitergriffen wird, z. B. Syphilis in der Form der Tabes dorsalis, die perniziöse Anämie oder Tochtergeschwülste nach Krebs z. B. der Brustdrüse, b) umschriebene Krankheitsherde außerhalb des Rückenmarks, die unmittelbar, z. B. durch Druck, wie bei Wirbelbruch, oder mittelbar, z. B. durch Einschleppen von Krankheitserregern, von einem Furunkel aus, auf dem Blutweg, das Rückenmark ergreifen, c) Geschwülste, die sich im Rückenmark selbst bilden oder von den Rückenmarkhäuten ausgehen, d) Entzündungsvorgänge, die sich von Anfang an nur im Rückenmark abspielen, wie Kinderlähmung, Myelitis und multiple Sklerose, e) Entartungsvorgänge, f) angeborene Mißbildungen, g) Krankheiten der Rückenmarkhäute, hauptsächlich Entzündungen mit Übergreifen der Krankheitsvorgänge auf das Rückenmark.

Manche R. sind nur Teilerscheinungen eines Krankheitsvorganges im ganzen Nervensystem. Die Behandlung der R. richtet sich nach der Ursache. Viele R. verlaufen gutartig und heilen, wenn sie rechtzeitig erkannt und behandelt werden, aus. Gutartige Geschwülste können operativ entfernt und zu voller Heilung gebracht werden. Bei bakteriellen Infektionen bringen Chemotherapeutika gute Heilerfolge.

Rückenmarksschwindsucht, U für →Tabes dorsalis.

Rückenschmerzen, Schmerzen im Rücken, z. B. als →Kreuzschmerzen auftretend. Als Ursache der R. kommen vor allem krankhafte Veränderungen und Verletzungen der Wirbelsäule, ihres Inhalts (Rückenmark, Nerven) und der sie bedeckenden Weichteile in Frage. Im Vordergrund stehen heute die Verschleißerscheinungen an der Wirbelsäule, v. a. die der →Bandscheiben und kleinen Wirbelgelenke. Lokalisierte Schmerzen finden sich z. B. bei Myogelosen (→ Hartspann) der Rückenmuskulatur, bei → Spondylitis, Spondylose (→ Gelenkkrankheiten) und → Osteochondrose der Wirbelsäule. Die Nackenschmerzen gehören zum → Zervikalsyndrom. Im Bereich der Brustwirbelsäule verursacht bes. die → Scheuermannsche Krankheit Beschwerden, im Bereich der Lendenwirbelsäule können sie die Folge von Fehlhaltung und Deformationen der Wirbel sein, z. B. Hohlkreuz, häufig auch die → Bechterewsche Krankheit. Schmerzen in der Steißbeingegend können nach einem Sturz auf das Gesäß oder als Folge von Unterleibserkrankungen bes. der Frau auftreten. Weitere Ursachen von R. sind auch Krankheiten der Bauch- oder Brustorgane (z. B. Nieren-, Pankreas- oder Rippenfellerkrankungen). Die Behandlung richtet sich nach der Grundkrankheit.

Rückenschwimmen, Kraulschwimmen in Rückenlage. Die Arme werden abwechselnd über den Kopf nach hinten ins Wasser geschlagen und unter dem Körper bis zum Becken durchgezogen.

Rück|erstattung, jede Rückgewähr einer ohne Rechtsgrund erbrachten Leistung, bes. die Rückgabe der dem Eigentümer zw. 1933 und 1945 aus rassischen, relig., nationalen, weltanschaul. oder polit. Gründen entzogenen Vermögensgegenstände. Das Bundesrückerstattungs-Ges. vom 19. 7. 1957 regelt die rückerstattungsrechtl. Ansprüche gegen das Dt. Reich und Sondervermögen (z. B. Dt. Reichsbahn).

Rückert, Friedrich, Dichter, *Schweinfurt 16. 5. 1788, † Neuses bei Coburg 31. 1. 1866, Prof. der oriental. Sprachen in Erlangen, Berlin, schrieb vaterländische ›Deutsche Gedichte‹ (1814, darin: ›Geharnischte Sonette‹), den Zyklus ›Liebesfrühling‹ (1823), biedermeierliche ›Haus- und Jahrespoesie‹, ›Kindertotenlieder‹ (aus dem Nachlaß 1872, vertont von G. Mahler, 1902). Seine eigtl. Leistung ist die Erschließung der persisch-arab. Dichtung durch sein ungewöhnl. Sprach-, Reim- und Übersetzertalent (Übertragung des pers. Mystikers Djelal od-Din Rumi, der Makamen des Hariri, Nachdichtungen des Hafis). Seine ›Weisheit des Brahmanen‹ (6 Bde., 1836–39) faßt in der Form des klasszist. Alexandriners östliche und westliche Lebensweisheit zusammen.

Rückfahrscheinwerfer, ein oder zwei blendungsfreie Zusatzscheinwerfer an Kraftfahrzeugen zur Beleuchtung der Fahrbahn hinter dem Fahrzeug bei Rückwärtsfahrt.

Rückfall, **1)** Rückkehr in einen früheren schlechten Zustand: *der Kranke bekam, erlitt einen R.* **2)** das → Rezidiv. **3)** Strafrecht: die Begehung einer mit Freiheitsstrafe bedrohten vorsätzl. Straftat, nachdem der Täter schon mindestens zweimal wegen einer vorsätzl. Straftat verurteilt worden ist und wegen einer oder mehrerer dieser Taten mindestens 3 Monate Freiheitsstrafe verbüßt hat (§ 48 StGB). Die Mindeststrafe ist eine Freiheitsstrafe von 6 Monaten. Die StGB der Dt. Dem. Rep. (§ 44), Österreichs (§§ 23, 39) und der Schweiz (Art. 67) sehen ähnl. Strafverschärfungen für den R. vor. **4)** das Zurückgehen an den alten Besitzer, oft i. S. von → Heimfall. *Adj.* **rückfällig.**

Rückfallfieber, Recurrensfieber, lat. **Febris recurrens,** durch Spirochäten (Borrelien) verursachte seltene, meldepflichtige Infektionskrankheit. R. wird in Europa durch Läuse, in Afrika durch eine Zecke übertragen. Etwa 6 Tage nach der Ansteckung beginnt das R. mit jähem Temperaturanstieg bis 40°, Schüttelfrost, Kopf- und Gliederschmerzen, Milzschwellung; nach 3- bis 7tägigem hohem Fieber kritischer Fieberabfall mit anschließenden 3–6 Tage anhaltenden Fieberanfällen in 6- bis 10tägigen (fieberfreien) Abständen. Vorbeugung: Ungezieferbekämpfung (Entlausung), Isolierung. Behandlung: Antibiotika.

Rückfrage|apparat, ein Fernsprechapparat, mit dem der Teilnehmer bei bestehender Verbindung mit dem öffentl. Netz durch Betätigen einer **Rückfragetaste** den Aufbau einer anderen Verbindung einleiten kann. Der Teilnehmer kann nicht gleichzeitig mit den beiden Gesprächspartnern sprechen; diese können untereinander nicht verbunden werden.

Rückgrat *das, -(e)s/-e,* die → Wirbelsäule; Sinnbild der Widerstandskraft: *er hat kein R.,* Ü gibt immer nach.

Rückgriff, der → Regreß.

Rückhalte|einrichtungen in Kraftfahrzeugen dienen zum Festhalten der Insassen bei Unfällen, um gefährliches Anstoßen zu verhüten. Man unterscheidet aktive und passive R. **Aktive R.** ist der Sicherheitsgurt, der angelegt werden muß. **Passive R.** sind z. B. der Sicherheitsgurt, der sich beim Besteigen des Fahrzeugs selbsttätig anlegt, und der → Luftsack.

Rückhandschlag, Grundschlag bei → Tennis, Tischtennis, Badminton und Squash.

Rückkanal, mögl. Nachrichtenweg in Gegenrichtung zu prinzipiell einseitig gerichteter Übertragung in großen Verteilnetzen, z. B. bei Rundfunk, Fernsehen, Kabelfernsehen.

Rückkauf, **1)** → Wiederkauf. **2)** Lebensversicherung: Abfindung des Versicherungsnehmers bei vorzeitiger Auflösung (Kündigung) des Versicherungsvertrags. Der **Rückkaufswert** richtet sich nach dem Deckungskapital und ist in den ersten Jahren nach Vertragsabschluß geringer als die Summe der gezahlten Prämien.

Rückkopplung, **1) Feedback** [f'i:dbæk, engl.], die Beeinflussung eines Geschehens durch die Rückwirkung der Folgen auf seinen weiteren Verlauf. Das Prinzip der R. ist grundlegend für die Theorie der Steuerungsvorgänge (→ Kybernetik, → Regelungstechnik) in der Technik, der Biologie und Psychologie und der Kommunikations- und Sozialforschung (→ Kommunikation). **2)** Nachrichtentechnik: die Rückführung eines Teils des Ausgangssignals eines Verstärkers oder Übertragungssystems auf seinen Eingang. R. kann Verstärkung und Trennschärfe in Empfängern erhöhen oder der Schwingungserzeugung in Sendern oder im Oszillator von Überlagerungsempfängern dienen. Außer einer solchen **positiven R.** (→ Mitkopplung), bei der die Eingangsleistung durch die R. erhöht wird, gibt es noch eine **negative R.** (→ Gegenkopplung), bei der die Phasenlage des rückgekoppelten Signals so gewählt wird, daß sich die Eingangsleistung verringert.

Friedrich Rückert (Zeichnung von J. Schnorr v. Carolsfeld, 1818)

Rücklagen, **1)** bereitgelegtes, zurückgelegtes Geld. **2)** Betriebswirtschaft: **Reserven,** das zusätzlich zum nominellen Kapital (Grund-, Stammkapital) in einem Unternehmen vorhandene Eigenkapital. **Offene R.** werden in der Bilanz aufgeführt; sie werden aus dem ausgewiesenen Jahresgewinn gebildet, der z. T. nicht ausgeschüttet wird. Aktiengesellschaften sind zur Bildung **gesetzl. R.** verpflichtet, die nur zum Ausgleich von Wertminderungen und Verlusten verwendet werden dürfen. **Freie R.** können freiwillig gebildet und beliebig aufgelöst werden. **Stille R.** sind in unterbewerteten Vermögensteilen oder in überbewerteten Schulden enthalten. Zweck jeder R.-Bildung ist bes. die Stärkung der Eigenkapitalbasis der Unternehmen. Durch Bildung und Auflösung von R. kann die Höhe des auszuschüttenden Gewinns verändert, Verlust abgefangen werden.

Rücklauf, bei der Destillation der wieder in den Kolben zurückgeführte Anteil des Destillats.

Rückprojektionsverfahren, bei Filmaufnahmen der Ersatz des natürl. Hintergrunds durch eine halbdurchlässige Projektionswand, auf die von hinten ein künstl. (gefilmter) Hintergrund projiziert wird.

Rückrechnung, → Wechsel.

Ruckregen, plötzlicher Starkregen in sonst niederschlagsarmen Gebieten, z. B. in Wüsten. Die dadurch ausgelösten Wasserabflüsse erzeugen mit Sinkstoffen stark beladene → Schichtfluten, die katastrophale Wirkungen auslösen können.

Rucksack, Sack aus wasserdichtem Segeltuch, auf dem Rükken zu tragen, für Proviant und Ausrüstungsgegenstände.

Rückschein, die Empfangsbescheinigung, die der Absender von Paketen, Wert- und Einschreibsendungen durch den Vermerk ›Rückschein‹ (Avis de réception) gegen Gebühr durch die Post einholen lassen kann.

Rückschlagventil, Ventil, das die Durchströmung nur in einer Richtung zuläßt; bei Strömungsumkehr schließt das Ventil automatisch.

Rückstau, **1)** stromaufwärts eintretende Erhöhung des Wasserstandes in Gewässern infolge abflußhemmender Hindernisse (Ablagerung von Geschiebe, Eisversetzung, Verkrautung), durch Einbau von Stauwerken oder infolge der in die Flußmündungen eindringenden Flutwelle im Küstengebiet. Plötzlich anfallende große Regen- und Abwassermengen können auch in der Kanalisation zu R. führen. **2)** Störung im Straßenverkehr.

Rückstellkraft, Richtkraft, Direktionskraft, die Kraft, die bei der Auslenkung eines physikal. Systems aus einer stabilen Gleichgewichtslage auftritt (z. B. beim Spannen einer Feder) und die bestrebt ist, die ursprüngl. Lage wiederherzustellen. Manchmal wird die Bez. Direktionskraft auch für die → Richtgröße benutzt.

Rückstellmoment, Richtmoment, Direktionsmoment, rücktreibendes Drehmoment, das z. B. bei einem verdrillten (tordierten) Stab oder Draht auftritt und das bestrebt ist, den urspüngl. Zustand wiederherzustellen. Manchmal wird die Bez. Richtmoment (Direktionsmoment) für die Winkelrichtgröße (→ Richtgröße) verwendet.

Rückstellungen, Betriebswirtschaft: in der Bilanz ein Passivum zur periodengerechten Abgrenzung von Verbindlichkeiten, die ihrer Entstehung nach bekannt, der Höhe oder dem Zeitpunkt ihrer Fälligkeit nach ungewiß sind, z. B. für Pensionsverpflichtungen. Die R. sind Fremdkapital, sie dienen bis zu ihrer Inanspruchnahme der Finanzierung.

Rückstoß, rückwirkende Kraft einer aus einem Körper durch innere Kräfte ausgestoßenen Teilmasse auf diesen Körper selbst, der dadurch in der entgegengesetzten Richtung beschleunigt wird. Anwendung bei Raketen und Strahltriebwerken zum Antrieb, bei voll- und halbautomat. Waffen zum selbständigen Laden und Abfeuern.

rückstoßfreie Emission, → Mößbauer-Effekt.

Rückstoßprotonenspektrometer, ein → Neutronenspektrometer.

Rückstrahler, Geräte, die einfallendes Licht mit geringer Streuung in die Einfallsrichtung reflektieren. Dazu benutzt man **Tripelspiegel, Dom-** und **Eichellinse** und **Tellerlinse,** oft zu **Würfel-**

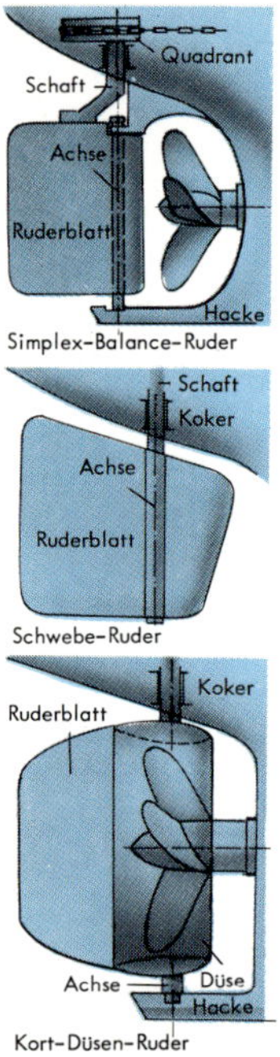

Ruder 1)

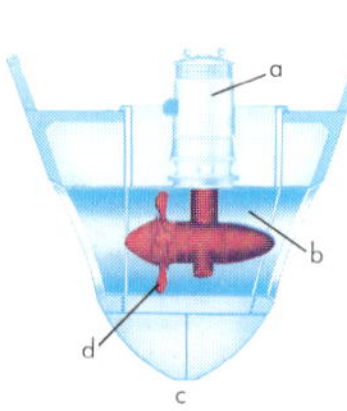

Ruder 1): Bugstrahlruder; a Antriebsmotor, b Querschiffkanal, c Bug, d Propeller

Rudbeckie: Gartenform

ecken oder **Warzenlinsen** zusammengefügt und rot oder orangegelb gefärbt. R. sind Warnsignale an Fahrzeugen **(Katzenaugen).** An Verkehrszeichen, Leiteinrichtungen und Absperrgeräten werden R. in Form von **Reflexfolien** verwendet.

Rücktritt, 1) Verzicht auf ein Amt. **2)** im Schuldrecht die auf Gesetz oder Vertrag beruhende Erklärung eines Vertragsteils an den Vertragsgegner, daß der wirksam abgeschlossene Vertrag als nicht geschlossen behandelt werden soll (§§ 346 ff. BGB). **3)** Strafrecht: **R. vom Versuch,** →Versuch.

Rücktrittbremse, eine Reibungsbremse in den Freilaufnaben von Fahrrädern, Motorfahrrädern und Mopeds: Bei Rückwärtsbewegung der Pedale wird ein Bremsmantel an die sich drehende Nabenhülse gepreßt.

Rückversicherung, Re|assekuranz, Vertrag, durch den ein Partner (der **Rückversicherer**) gegen Entgelt dem anderen (dem **Zedenten, Erstversicherer)** ganz oder teilweise das Risiko aus einem oder mehreren Versicherungsverträgen abnimmt. Nimmt der Rückversicherer ganz oder teilweise seinerseits eine R., so spricht man von **Folge-R. (Retrozession).** Auf diese Weise können selbst größte Wagnisse ohne Überlastung des Erstversicherers versichert werden. Ein R.-Vertrag begründet eine Haftung nur gegenüber dem Erstversicherer, nicht aber gegenüber dem Versicherungsnehmer. Dadurch unterscheidet sich die R. von der **Mitversicherung,** bei der alle beteiligten (Mit-)Versicherer dem Versicherungsnehmer entsprechend ihrem Wagnisanteil direkt haften. *Vb. ich* **rückversich(e)re** *mich, ihn.*

Rückversicherungsvertrag, Geheimvertrag zw. dem Dt. Reich (O. v. Bismarck) und Rußland (Außen-Min. N. K. Giers) vom 18. 6. 1887, der beide Mächte auf 3 Jahre zu wohlwollender Neutralität im Kriegsfall verpflichtete; ausgenommen waren ein dt. Angriffskrieg gegen Frankreich und ein russ. gegen Österreich; das Dt. Reich erkannte ferner Rußlands Einfluß in Bulgarien an und in einem ganz geheimen Zusatzprotokoll die russ. Interessen an Konstantinopel und den Meerengen. Die Verlängerung des R. lehnte nach Bismarcks Sturz L. v. Caprivi unter dem Einfluß F. v. Holsteins ab. Der Wortlaut des R. wurde erst 1919 bekannt.

Rückwälzung *die, -,* →Steuerüberwälzung.

Rückwärtsversicherung, Versicherungsschutz für Schäden, die vor Vertragsschluß entstanden, dem Versicherungsnehmer aber nicht bekannt waren; bes. in Haftpflicht- und Transportversicherung.

Rückwärtswellenröhre, eine →Wanderfeldröhre zur Erzeugung und Verstärkung von Mikrowellen, bei der die mittlere Geschwindigkeit der Elektronenströmung nach Größe und Richtung gleich oder nahezu gleich der Phasengeschwindigkeit der Rückwärtswelle auf der Verzögerungsleitung ist.

Rückwechsel, ein Wechsel, den ein Rückgriffsberechtigter eines zu Protest gegangenen Wechsels auf einen seiner Vormänner zieht (Art. 52 WG).

Rückwirkung, die Geltung von Rechtsakten, bes. Gesetzen, für Tatbestände, die zeitlich vor ihrer Entstehung oder ihrem Inkrafttreten liegen. Im Privatrecht gibt es die R. z. B. bei der Anfechtung einer Willenserklärung (Nichtigkeit von Anfang an, § 142 BGB) oder bei der Ausschlagung einer Erbschaft (§ 1953 BGB). *Adj.* **rückwirkend.**

Rudabánya [r'udɔba:njɔ], Gem. in N-Ungarn, (1977) 4000 Ew.; bei R. die einzige Eisenerzgrube Ungarns, Fundort eines knapp 10 Mio. Jahre alten Menschenaffen **(Rudapithecus hungaricus),** der zu den Hominiden gestellt wird.

Rudaki, Rodhagi [ro:ð-], Abu Abdollah Dja'far, pers. Dichter, † 941, besang in Lobgedichten den Samaniden Nasr II., schuf eine metr. Bearbeitung der Fabeln ›Kalia und Dimna‹.

Ruda Śląska [-sjl'ɔ̃ska], Industriestadt in der poln. Wwschaft Katowice (Kattowitz), (1982) 162 000 Ew.; Eisen- und Zinkhütten, Steinkohlengruben, Kokereien.

Rudau, russ. **Melnikow,** Ort im Oblast Kaliningrad (Königsberg/Pr.), Russ. SFSR. Bei R. siegte am 17. 2. 1370 der Deutsche Orden über die Litauer.

Rudbecki|e [n. d. schwed. Botaniker O. Rudbeck] *die, -/-n,* **Rudbeckia,** nordamerikan. Korbblütergatt.; Gartenpflanze ist u. a. die ausdauernde, bis über 2 m hohe, gelbblühende, auch gefüllte **Schlitzblättrige R. (Rudbeckia laciniata).**

Rude [ryd], François, frz. Bildhauer, * Dijon 4. 1. 1784, † Paris 3. 11. 1855, überwand durch eingehende Naturstudien den Klassizismus, schuf Bildwerke von lebhaft bewegter Gestaltung. Hauptwerk: Hochreliefgruppe der Marseillaise am Arc de Triomphe in Paris (1833–36).

rüde [frz.], rauh, ungeschliffen: *rüdes Benehmen.*

Rüde [ahd.] *der, -n/-n,* **1)** Hetzhund (Männchen und Weibchen). **2)** das Männchen der Fam. Hunde und Marder.

Rudel [Herkunft unklar] *das, -s/-,* **1)** mehrere zusammenlebende Stücke beim wiederkäuenden Schalenwild (außer beim Rehwild) oder beim Wolf. **2)** Ü Schar.

Rudelsburg, Burgruine bei Bad Kösen, 1171 erwähnt, einst meißnische Sperrburg des Saaletals, 1641 zerstört. (BILD Zwinger)

Rudenko, Roman Andrejewitsch, sowjet. Jurist, * Nosowka (Gebiet Tschernigow) 30. 7. 1907, † Moskau 10. 6. 1981, trat 1946/47 als sowjet. Hauptankläger vor dem Internat. Militärtribunal in Nürnberg hervor, war 1953–74 sowjet. Gen.-Staatsanwalt.

Rudenz, Herren von R., schweizer. Geschlecht, 1252 urkundlich genannt, war im Kt. Unterwalden, dann im Kt. Uri begütert; 1383 erloschen. Die Gestalt des Ulrich von R. hat Schiller im ›Wilhelm Tell‹ behandelt.

Rudé Právo [tschech. ›Rotes Recht‹], Organ des ZK der KP der ČSSR, gegr. 1920 in Prag als sozialdemokrat. Blatt, seit 1921 Organ der KPČ, erschien 1939–45 illegal, 1945 neu gegründet.

Ruder [ahd.] *das, -s/-,* **1)** Einrichtung zum Steuern, ein Profilkörper, der um eine senkrechte Achse drehbar ist. Üblich sind **Balance-R.,** deren Schaft im vorderen R.-Drittel liegt. **Schwebe-R.** hängen frei unter dem Heck. Beim **Aktiv-R.** wird die Steuerwirkung durch einen in das R.-Profil eingebauten Schraubenpropeller verbessert. Ähnlich wirkt das **Düsen-R.,** dessen bekannteste Bauart das Kort-Düsen-R. ist. Die **Tiefen-R.** der U-Boote und Torpedos (immer paarweise) sind um eine waagerechte Achse drehbar. Größere Schiffe haben **R.-Maschinen,** teils mit Steuerapparat. **Bug-R.** werden auf Fährschiffen eingebaut, die viel rückwärts fahren müssen. Heute werden sie meist durch **Bugstrahl-R.** (richtiger **Quertriebe)** ersetzt; sie wirken durch den Strahl eines beliebig umsteuerbaren Propellers. *der Mann am R.,* Steuermann; *er will ans R. kommen,* Ü an die Herrschaft. **2)** die bewegl. Steuerflächen am Leitwerk und Tragflügel, die während des Fluges und beim Starten und Landen die Bewegung um die 3 Flugzeugachsen steuern. Die Bewegung um die Längsachse (Rollbewegung) wird durch die **Quer-R.,** um die Querachse (Nickbewegung) durch das **Höhen-R.,** um die Hochachse (Gierbewegung) durch das **Seiten-R.** beherrscht. **3)** fälschlich für Riemen, Gerät zum Fortbewegen von Booten: *sich ins R. legen,* kräftig rudern. **4)** die Füße der Schwimmvögel. *ich* **rud(e)re, 1)** (auch bin gerudert), treibe mein Boot mit dem R. (→Rudern). **2)** mache Ruderbewegungen. **3)** *es,* bewege mit Rudern fort. **4)** *der Birkhahn rudert, oberdt.:* kollert, balzt. *ich* **rud(e)re ab,** mache die letzte Ruderfahrt im Jahr. *ich* **rud(e)re an,** mache die erste Ruderfahrt im Jahr. *der* **Rud(e)rer,** *-s/-,* jemand, der ein Boot rudert.

Ruderalpflanzen [lat.], Pflanzen, die unkultivierte Stellen wie Schuttplätze, Höfe, Wegränder in **Ruderalgesellschaften** besiedeln.

Ruderboot, Boot zum Freizeit- oder Wettkampfrudern (→Rudern).

Ruder|enten, Oxyurini, weitverbreitete Gatt.-Gruppe der Gänsevögel mit flachem, breitem Schnabel und langem Schwanz; z. B. die eurasische Weißkopf-R., die amerikan. und austral. Schwarzkopf-R., die afrikan. Weißrückenente.

Ruderfüßer, Steganopodes, Ordnung meist fischfressender Vögel, an deren Füßen alle Zehen durch Schwimmhäute miteinander verbunden sind, so →Fregattvogel, →Kormorane, →Pelikan, →Tölpel, →Tropikvögel. (BILD S. 473)

Ruderfußkrebse, Kopepoden, Copepoda, Unterklasse der niederen Krebstiere. Die **freilebenden R.** haben einen keulenförmigen Körper, dessen letztes Glied zur Gabel zweigespalten und beborstet ist. Das erste Fühlerpaar dient der Fortbewegung; Kiemen fehlen. Das Weibchen trägt die Eier am Hinterleib. Zu den freilebenden R. gehört z. B. der **Hüpferling (Cyclops),** im Süßwasser in vielen Arten vertreten, wichtig als Fischnahrung. Die **parasitischen R. (Fischläuse, Fischzecken)** klammern sich mit dem ersten Fühlerpaar am Wirt an; die Weibchen sind z. T. einfach schlauchförmig, z. B. beim **Wurmkrebs** oder bei der **Barschlaus;** die Männchen sind krebsähnlich, oft winzig klein (›Zwergmännchen‹) und leben angeklammert am Weibchen. Den R. verwandt sind die **Branchiuren,** z. B. die **Karpfenläuse (Argulidae);** sie leben auf der Haut von Fischen, können aber auch umherlaufen.

Rudergänger *der, -s/-,* **Rudergast,** Matrose, der das Ruder (Steuer) eines Schiffs nach Anweisung bedient.

Rudern, Fortbewegung von Booten durch Menschenkraft; als Wassersportart zu Wanderfahrten oder Rennen ausgeübt. Fälschlich als ›Ruder‹ werden die 2 beidseitig an jedem Ruderplatz mit dem Boot beweglich verbundenen Skulls (2,8–3 m lang) oder die abwechselnd rechts und links von jedem Ruderplatz angebrachten Riemen (3,6–3,8 m lang) bezeichnet. Ihr an der Vorderseite abgerundeter Holm liegt in einer drehbaren →Dolle. Die Ruderboote werden nach Bau und Verwendungszweck unterschieden. Übungs- und Vergnügungsboote heißen →Gig; Renngigs sind bes. leicht gebaute Gigs. **Rennboote** haben eine glatte, sehr dünne Außenhaut, keinen Kiel, nur eine Kielflosse, um den seitl. Abtrieb zu verhindern. Bei den **Riemenbooten** bedient jeder Mann einen Riemen mit beiden Händen, bei den **Skullbooten** jeder Mann 2 Skulls. Gigs und Rennboote werden nach der Anzahl der Ruderer in Einer, Zweier, Vierer und Achter unterschieden, wobei Zweier und Vierer mit oder ohne Steuermann gefahren werden können. Der Einer fährt ohne, der Achter mit Steuermann. Zur weiteren Unterscheidung von Riemenbooten heißen Skullboote Doppelzweier, Doppelvie-

Rudern: LINKS Einer-, RECHTS Achterrennen

rer und Doppelachter. Der Einer kann nur mit Skulls gerudert werden. Die Ruderer sitzen auf Rollsitzen, die Füße ruhen auf verstellbaren Stemmbrettern. – Der Rudersport ist in der Bundesrep. Dtl. im Dt. Ruderverband (DRV, gegr. 1883; Sitz: Hannover) organisiert. Internat. Dachverband ist die Fédération Internationale des Sociétés d'Aviron (FISA, gegr. 1892; Sitz: Neuchâtel/Schweiz).

Geschichte. Außer zum Fischfang und Transport auf dem Wasser ist R. auch als Wettfahrübung seit dem Altertum bei vielen Völkern nachweisbar. Ruderwettkämpfe sind bes. bei den Indianern Nordamerikas, bei Negerstämmen in Innerafrika und bei den Polynesiern belegt. Der moderne Rudersport entwickelte sich aus Wettfahrten der Themse-Fährleute in England. 1775 fand die 1. Regatta auf der Themse statt, 1829 das 1. Achterrennen zw. den Univ. Oxford und Cambridge; 1836 wurde in Hamburg der 1. dt. Ruderklub gegr., 1844 die 1. Regatta in Dtl. auf der Alster ausgetragen. Die ersten olymp. Ruderregatten fanden 1900 statt.

Rüdesheim am Rhein: Drosselgasse

Ruderpropeller, Kombination von Vortrieb und Ruder für Schiffe, bekannt auch als **Schottel-Ruderpropeller,** eine dem Außenbordmotor ähnl., um 360° schwenkbare Kombination, v. a. bei Binnen- und Spezialschiffen mit hohen Anforderungen an die Manövrierbarkeit.

Ruderschnecken, Flügelschnecken, Pteropoda, meeresbewohnende Ordn. der Hinterkiemer, deren Fuß zu 2 Flossenblättern entwickelt ist, mit denen sie sich fortbewegen. Die R. sind durchsichtig; sie dienen vielen Hochseefischen und den Bartenwalen als Nahrung, so z. B. das 2 cm lange **Wal(fisch)aas (Clione limacina)** der nördl. Meere. (BILD S. 474)

Rüdersdorf bei Berlin, Gem. im Kr. Fürstenwalde, Bez. Frankfurt, (1983) 11 600 Ew.; Kalk-, Zement-, Betonwerke, die v. a. Berlin versorgen. Die **Rüdersdorfer Kalkberge** (Muschelkalk, darüber Moränen) sind für die Eiszeitforschung von Bedeutung.

Rüdesheim am Rhein, Stadt im Rheingau-Taunus-Kr., Hessen, (1984) 10 100 Ew., rechtsrheinisch, am S-Hang des Niederwaldes; Weinbau, Wein- und Sektkellereien, Weinbrennerei (Asbach), Fremdenverkehr. – R. a. R., 1090 genannt (seit 1820 Stadt), sicherte den Rheingau im W durch Burgen: Brömser- oder Niederburg, Ober- oder Boosenburg, Vorderburg (alle 12. Jh.).

Rüdiger [ahd. hrod ›Ruhm‹ und ger ›Speer‹], männl. Vorname.

Rüdiger von Bechelaren [von Pöchlarn an der Donau], Gestalt des Nibelungenlieds, muß als Lehnsmann Etzels auf Kriemhilds Geheiß gegen die mit ihm versippten Burgunden kämpfen und fällt mit allen Mannen.

Rudiment [lat.] *das, -(e)s/-e,* **1)** Überbleibsel, Rest, z. B. alter Lebensformen. **2)** Biologie: **rudimentäres Organ, rückgebildetes Organ,** funktionslos gewordener Teil eines Lebewesens, z. B. (beim Menschen) der Wurmfortsatz des Blinddarms, Verkümmerung der Pinguinflügel, schuppenförmige Blattreste des Fichtenspargels.

Rudisten [grch.] *Pl.,* fossile Muschelfam. mit sehr ungleichklappigen dicken Schalen, die in der → Kreide wichtige → Leitfossilien lieferte

Rudnicki [-n'itski], Adolf, poln. Schriftst., * Warschau 19. 2. 1912, behandelt in Romanen und Erz. (›Das lebende und das tote Meer‹, 1952) psycholog. Probleme, die Judenfrage und die Stellung des Künstlers in der Gesellschaft.

Rudnyj, Stadt im Gebiet Kustanaj, Kasach. SSR, am Tobol, (1980) 113 000 Ew.; Eisenerzbergbau, Maschinenbau, Holzind.

Rudolf [ahd. hrod ›Ruhm‹ und wolf ›Wolf‹], **Rudi, Rolf,** männliche Vornamen.

Rudolf, Fürsten:

Deutsche Könige und römische Kaiser.

1) R. von Rheinfelden, Gegenkönig (1077–80), † 15. 10. 1080, erhielt 1057 das Hzgt. Schwaben; wurde von den Gegnern Heinrichs IV. zum König gewählt; in der Schlacht bei Hohenmölsen tödlich verwundet und im Merseburger Dom beigesetzt.

2) R. I. von Habsburg (1273–91), * Schloß Limburg (Breisgau) 1. 5. 1218, † Speyer 15. 7. 1291, Stammvater aller späteren Habsburger, wurde durch Erbschaft und erfolgreiche Fehden der mächtigste Landesherr in Südwestdeutschland. Seine Königswahl beendete das → Interregnum. Zur Sicherung des Landfriedens ging er streng gegen das Raubrittertum vor. Den ihm feindlich gesinnten Böhmenkönig Ottokar II. zwang er 1276, die Länder Österreich, Steiermark und Kärnten herauszugeben; als Ottokar sich dagegen auflehnte, wurde er 1278 von R. besiegt. R. belehnte 1282 seine Söhne mit Österreich-Steiermark und schuf so eine starke Hausmacht; Grab im Dom zu Speyer.

3) R. II. (1576–1612), Sohn Maximilians II., * Wien 18. 7. 1552, † Prag 20. 1. 1612, begünstigte die Gegenreformation, sicherte jedoch den böhm. Ständen im ›Majestätsbrief‹ von 1609 Religionsfreiheit zu. Infolge zunehmender Geisteskrankheit mußte er seinem Bruder Matthias 1608 die Reg. in Österreich, Ungarn und Mähren, 1611 auch in Böhmen abtreten. – Drama von Grillparzer ›Ein Bruderzwist in Habsburg‹ (1872).

Österreich.

4) R. IV., der Stifter, Herzog (1358–65), Sohn Herzog Albrechts II., * 1. 11. 1339, † Mailand 27. 7. 1365, suchte durch eine Fälschung den Habsburgern eine den Kurfürsten gleiche Stellung zu sichern; erwarb 1363 Tirol, gründete 1365 die Wiener Univ.

5) R., Erzherzog, Kronprinz, einziger Sohn des Kaisers Franz Joseph I., * Schloß Laxenburg (bei Wien) 21. 8. 1858, † Schloß Mayerling (bei Wien) 30. 1. 1889, ⚭ mit Stephanie von Belgien; sympathisierte mit den Deutschliberalen und den Ungarn, lehnte zu enge Bindungen an Dtl. ab. R. starb unter bislang ungeklärten

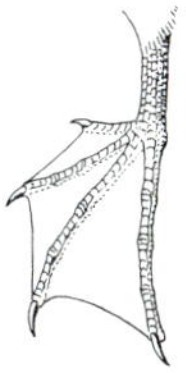

Ruderfüßer: rechter Fuß eines Tölpels

Rudolf I. von Habsburg (von der Grabplatte im Speyerer Dom, 1280–90)

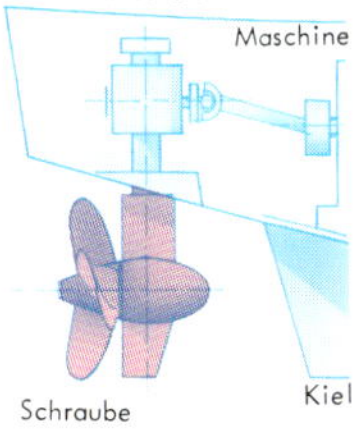

Ruderpropeller

Umständen mit der 17jährigen Baronesse Mary Vetsera vermutlich den Freitod.

Rudolfsee, frühere Bez. für den →Turkana-See.

Rudolf von Ems, mhd. Dichter aus ritterl. Geschlecht im oberen Rheintal oder vom Bodensee, † in Italien zw. 1250 und 1254. Seine stilist., v. a. von Gottfried von Straßburg beeinflußten Werke sind bestimmt von großer Gelehrsamkeit und religiösem Ernst (›Der gute Gerhard‹; ›Baarlam und Josaphat‹; ›Alexander‹).

Rudolf von Fenis, schweizer. Minnesänger, wahrscheinlich Graf Rudolf II. von Neuenburg, nachweisbar zw. 1158 und 1192, † vor 1196, griff in seinen Liedern die Anregungen des provenzal. Minnesangs auf (7 erhaltene echte Lieder).

Rudolstadt, Krst. im Bez. Gera, (1983) 31700 Ew., an der Saale; Freilichtmuseum, Kunstakademie im Stadtschloß; Chemiefaser-, Glas-, Porzellan-, Maschinen-, pharmazeut. Ind.; untere und obere Burg (Heidecksburg), letztere als Rokokoschloß wiederaufgebaut. – R., seit 1326 Stadt, war Mitte des 16. Jh. bis 1918 Hauptstadt von Schwarzburg-R.

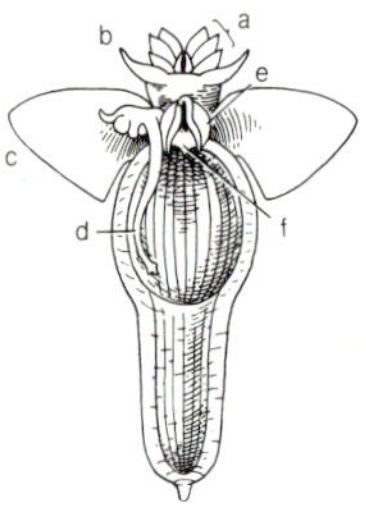

Ruderschnecken: Wal(fisch)aas, erwachsen, a Mundkegel mit Tentakeln, b Fühler, c Flossen, d Begattungsorgan (Penis), e Seiten-, f Mittellappen des Fußes

Rüegg, W a l t e r, Soziologe, * Zürich 4. 4. 1918, seit 1973 Prof. in Bern. – ›Soziologie‹ (1969); ›Anstöße‹ (1973).

Rueil-Malmaison [rɥˈɛjmalmɛzˈɔ̃], Gem. im frz. Dép. Hauts-de-Seine, (1982) 64500 Ew.; Erdölforschungsinstitut; Metall-, chem., Nahrungsmittel-Ind.; nahebei Schloß →Malmaison.

Ruf [ahd.] *der, -(e)s/-e,* **1)** laute kurze Äußerung: *da erscholl der R. ›halt‹!* **2)** bei Tieren meist artgemäß angeborene, stimmungsübertragende kurze Lautäußerung, oft auch Element des Vogelgesangs. **3)** *ohne Pl.,* Leumund: *sie hat einen guten R.* **4)** *ohne Pl.,* Aufforderung, Berufung: *er erhielt einen R. als Professor für Steuerrecht an die Universität Göttingen.* **5)** Fernsprechnummer. **6)** Jagdw. Instrument zum Anlocken von Wild. *ich* **rufe** (rief, habe gerufen), **1)** spreche sehr laut, mit weittragender Stimme: *da rief er: ›haltet an!‹; der Kuckuck ruft,* läßt seine Stimme ertönen. **2)** *ihn, es, südd.* und *schweizer.: ihm,* lasse kommen: *ich rufe ihn zu Hilfe.* **3)** *nach ihm,* suche kommen zu lassen: *man hat nach dir gerufen. ich* **rufe ab, 1)** *ihn, es,* berufe ab, befehle weg: *der Zug wird abgerufen,* seine Abfahrt angekündigt. **2)** *Daten,* entnehme sie einer Datenverarbeitungsanlage, einer Datenbank. *ich* **rufe** *ihn* **an, 1)** bitte um Hilfe; bei Gott: bete zu ihm. **2)** suche ihn telephonisch zu sprechen. *ich* **rufe auf, 1)** *ihn,* fordere auf, bes. zum Antworten in der Schule. **2)** *ihn,* rüttele auf. **3)** *Banknoten,* setze außer Kurs. *ich* **rufe** *es* **aus, 1)** sage erstaunt oder begeistert: *da rief er aus: ›ich kann es kaum fassen!‹* **2)** verkünde öffentlich. *ich* **rufe** *es* **hervor,** verursache, löse aus: *durch Glatteis hervorgerufene Behinderung des Straßenverkehrs. ich* **rufe** *es ihm* **nach,** spreche laut hinter ihm her. *ich* **rufe** *es* **wach,** erwecke, bringe zur Wirkung: *Erinnerungen wurden wachgerufen. ich* **rufe** *es ihm* **zu,** teile mit lauter Stimme mit. *der* **Rufer,** *-s/-,* jemand, der etwas ruft, verkündet: *der Rufer in der Wüste,* Ü vergeblich Warnender.

Ruf|anlage, die →Personenrufanlage.

Rufe [mhd.] *die, -/-n, oberdt.:* **1)** Schorf, Räude. **2)** Rinde, Rauhigkeit. **3)** Rüfe. *Adj.* **rufig, rüffig.**

Rüfe [ladin.] *die, -/...nen, schweizer.:* **1)** Sturzbach, Wildwasser. **2)** Erdrutsch, Mure. **3)** Rufe, Schorf.

Rüffel [eigtl. Riffel ›grober Flachskamm‹] *der, -s/-,* U grober Verweis, Tadel (von Vorgesetzten). *Vb. ich* **rüff(e)le** *ihn.*

Rufiji [-dʒi] *der,* **Rufidschi,** Fluß in Tansania, entsteht aus den Quellflüssen Kilombero und Luwegu, von dort ab 280 km lang, mündet mit breitem Delta in den Ind. Ozean.

Rufmord, die Zerstörung des Ansehens (Rufes) einer Person durch öffentliche Verleumdung.

Rufname, der Vorname, mit dem man angeredet wird.

Rufnummer, Fernsprechtechnik: Ziffernfolge (Ordnungsnummer) eines Fernsprechanschlusses. Mehrere gemeinsam betriebene Hauptanschlüsse eines Teilnehmers können eine **Sammelnummer** erhalten.

Rufzeichen, Erkennungsmerkmal einer dem internationalen öffentl. Nachrichtendienst dienenden Funkstelle oder einer Amateurfunkstation.

Rugambwa, L a u r e a n, Kardinal (1960), * Bukongo (Tanganjika) 12. 7. 1912, seit 1968 Erzbischof von Daressalam.

Rugby [rˈʌgbɪ], Stadt in der engl. Cty. Warwickshire, (1981) 59600 Ew., am Avon; Eisenbahnwerkstätten, Elektroind., Großfunkstation. In der 1567 gegr. Public School wurde 1823 das Kampfspiel Rugby entwickelt.

Rugby [rˈʌgbɪ, engl., nach der Stadt Rugby] *das, -s,* Kampfspiel zw. 2 Mannschaften mit je 15 Spielern auf einem Spielfeld mit je einer Mallinie und einem Mal (Tor: 5,60 m lang, 3 m hoch). Der ovale Ball (400–440 g schwer), der mit den Händen und Füßen gespielt werden kann, muß in eine Torzone (Malfeld) hinter dem gegner. Tor gelegt oder über die Torlatte getreten werden. Der Ballträger darf gefaßt und zu Boden gebracht werden und muß daraufhin den Ball sofort freigeben. Gespielt wird 2 × 40 min. Die Spielwertung erfolgt nach einem Punktsystem.

Ruge, A r n o l d, Schriftst., * Bergen (Rügen) 13. 9. 1802, † Brighton 31. 12. 1880, gründete 1838 die ›Hallischen Jahrbücher‹ (weitergeführt als ›Dt. Jahrbücher‹), das führende Organ der Junghegelianer; wirkte später in Paris (Bekanntschaft mit K. Marx, Hg. der ›Deutsch-Frz. Jahrbücher‹, 1844), Zürich, London als radikaler Demokrat. 1848/49 war er Mitgl. der Frankfurter Nationalversammlung; nach 1866 wurde er Anhänger Bismarcks.

Rüge [mhd. ruoge] *die, -/-n,* Tadel, Anklage, Beschwerde. **1)** Prozeßrecht: die Behauptung vor Gericht, daß im Prozeß Verfahrensvorschriften verletzt worden seien. **2)** dt. Recht des MA.: die Anzeige unverfolgt gebliebener schwerer Verbrechen durch vereidigte, glaubwürdige Männer **(R.-Geschworene, R.-Zeugen).** Aus dem fränk. Rügeverfahren entwickelten sich die westfäl. →Femgerichte. **3)** bürgerl. Recht: die Mängelrüge (→Mängelhaftung). *ich* **rüge** *ihn, es (an ihm),* tadle, bemängle: *sie rügte sein Benehmen, ihn für sein Benehmen.*

Rügen, größte dt. Insel, in der Ostsee, 926,4 km² groß. R. ist im S durch den Greifswalder Bodden, im SW durch den Strelasund vom Festland getrennt, mit dem es seit 1936 durch den **Rügendamm** (2,5 km) verbunden ist; über ihn führen Bahn und Straße von Stralsund aus quer durch R. nach Saßnitz (Fährhafen nach Trelleborg). Die Insel besteht aus einzelnen Kreide- und Moränenkernen mit Steilküsten, die durch Nehrungen verbunden sind und Halbinseln bilden: Wittow mit Kap Arkona, Jasmund mit dem 161 m hohen Piekberg. Vor der W-Küste liegt die Insel Hiddensee, in der Udarser Wiek Ummanz, im Rügischen Bodden Vilm. Die Kreidesteilküste von Stubbenkammer (Königsstuhl 122 m) steht unter Naturschutz. Erwerbsquellen: Landwirtschaft, Viehzucht, Fischfang, Kreideabbau, Fremdenverkehr; Seebäder: Lohme, Binz, Sellin, Göhren, Saßnitz u. a. Im Zentrum der Insel liegt Bergen, im S Putbus und Garz.

Rügen: Kreideküste

G e s c h i c h t e. R. ist reich an vorgeschichtl. Fundplätzen (Trichterbecherkultur). Durch die german. Völkerwanderungen seit 500 v. Chr. kamen wahrscheinlich →Rugier auf die Insel, im 6. Jh. Slawen, die 1168 von Waldemar von Dänemark unterworfen und christianisiert wurden. 1325 wurde R. mit Pommern vereinigt, 1648 kam es an Schweden, 1815 an Preußen, 1945 an Mecklenburg; seit 1952 gehört es zum Bezirk Rostock.

Rügenwalde, poln. **Darłowo,** Stadt in der poln. Wwschaft Koszalin (Köslin), (1981) 13000 Ew., in Pommern; Fischereihafen, Fischverarbeitung, Fleisch- und Wurstwarenfabrik; wurde 1361 Hansestadt.

Rügepflicht, ⚖ die Pflicht, einen Mangel einer Ware dem Verkäufer sofort anzuzeigen (§ 377 HGB). →Mängelhaftung

Rugi|er, Rugen *Pl.,* ostgerman. Stamm, in vorgeschichtl. Zeit an der unteren Weichsel, dann in Pommern und vermutlich auf Rügen ansässig, wanderte im 4. Jh. südwärts, kam unter hunnische Herrschaft, ließ sich dann in Niederösterreich (›Rugiland‹) nieder. 487/88 wurde ihr Reich von Odoaker zerstört. Ein Teil der R. schloß sich den Ostgoten an.

Ruhe [ahd. ruowa] *die, -,* **1)** das Stillstehen, Stillegen; Unbeweglichkeit: *ein Körper in R.; Ruhelage.* **2)** Stille, Frieden, Schweigen: *R. und Ordnung; laß mich in R.!,* belästige mich nicht. **3)** Besonnenheit, Geduld: *er ist durch nichts aus der R. zu bringen; er verlor die R.,* wurde aufgeregt. **4)** Rast, das Ausruhen, Ausspannen: *sie gönnte sich keine R.,* arbeitete ununterbrochen; *die ewige*

R., P Tod; *er will sich zur R. setzen,* seinen Beruf aufgeben. **5)** Muße, Freiheit von Hast, Bequemlichkeit: *das will ich mir in R. überlegen. ich* **ruhe, 1)** entspanne mich, gönne mir Freizeit: *nach getaner Arbeit ist gut ruhn.* **2)** liege; schlafe: *ich habe heute nachmittag gut geruht,* geschlafen; *hier ruht in Frieden...,* ist begraben. **3)** *es ruht,* ist still, geht nicht weiter, ist vorläufig beendet: *wir haben den Streit ruhenlassen,* seltener: *ruhengelassen,* aber: *er hat mich ruhen lassen,* ausruhen lassen; *die See ruht,* ist unbewegt. **4)** *es ruht auf mir,* Ü ist meine Pflicht, Aufgabe, Verantwortung: *auf ihren Schultern ruht die ganze Verantwortung.* **5)** *es ruht auf etwas,* baut sich darauf auf: *der Tempel ruht auf 24 Säulen.* **6)** *es ruht auf ihm, etwas,* Ü liegt: *ein Verdacht ruht auf ihm. ich* **ruhe** *mich, es* **aus,** erhole, gönne eine Pause, um neue Kräfte zu sammeln. **ruhebedürftig,** erschöpft, Schonung brauchend. **ruhelos,** aufgeregt, erregt. **Ruhestätte,** Ort der Ruhe: *die letzte Ruhestätte,* das Grab. **ruhestörend,** durch Geräusch belästigend: *ruhestörender Lärm,* aber: *ein die R. störender Lärm. Subst.* **Ruhestörung. ruhig, 1)** still, lautlos. **2)** bewegungslos: *der gebrochene Arm muß ruhiggestellt werden.* **3)** Ü ohne Aufregung, gefaßt, nicht hastig. **4)** Ü ohne Bedenken, unbesorgt: *setz dich ruhig hin!*

Ruhegehalt, Pension [pãsj'on, aus frz.], der Betrag, der bei Dienstunfähigkeit oder im → Ruhestand vom Staat und öffentl. Körperschaften an Beamte und gleichgestellte Personen monatlich zu zahlen ist. Nach dem Beamtenversorgungs-Ges. v. 24. 8. 1976 (früher geregelt im Bundesbeamten-Ges.) und entspr. Ges. der Länder beträgt das R. bei Vollendung einer zehnjährigen Dienstzeit 35% und steigt mit jedem Dienstjahr bis zum vollendeten 25. Dienstjahr um 2, von da ab um 1% der ruhegehaltsfähigen Dienstbezüge (bis 75%). Witwen von Beamten erhalten **Witwengeld** (60%), Halb- und Vollwaisen **Waisengeld** (12% oder 20% des R.). – In der Dt. Dem. Rep. wurden mit der Beseitigung des Berufsbeamtentums die Ansprüche auf R. aufgehoben. An seine Stelle sind Renten getreten. Für einzelne Personengruppen existiert eine Altersversorgung, die dem R. gleichkommt. In Österreich wird den im Ruhestand befindl. Beamten ein R. gewährt. Für Hochschulprofessoren gelten Sonderregelungen. In der Schweiz werden den Bundesbeamten teilweise R., u. U. auch Renten durch eine Versicherungskasse gewährt; das Versorgungsrecht in den Kantonen ist verschieden geregelt.

Ruhegeld, 1) Sozialpolitik: nach Beendigung des Arbeitsverhältnisses im Rahmen der Sozialversicherung gewährte Rente **(Altersruhegeld),** → Rentenversicherung. **2) betriebl. R.,** dem Arbeitnehmer oder seinen Hinterbliebenen vom Unternehmen zusätzlich zur Rente aus der Sozialversicherung gewährte Rente. Voraussetzung sind die Anwartschaft des Arbeitnehmers, das Ausscheiden wegen Erreichens der Altersgrenze oder Erwerbsunfähigkeit. Die Anwartschaft wird durch längere Dienstzeit erworben, ihr Bestehen schließt Kündigung des Arbeitsverhältnisses nicht aus. Der Anspruch auf R. bedarf eines Rechtsgrundes (Einzelvertrag, Betriebsvereinbarung, betriebl. Übung). Nach dem Ges. zur Verbesserung der betriebl. Altersversorgung v. 19. 12. 1974 kann ein R.-Anspruch (Versorgungsanwartschaft) nach best. Fristen nicht mehr verfallen.

Ruhemasse, die → Ruhmasse.

Ruhen des Verfahrens, ein Stillstand des Zivilprozesses, vom Gericht angeordnet auf Antrag beider Parteien (z. B. wegen schwebender Vergleichsverhandlungen). Die Aufnahme des Verfahrens ist vor Ablauf von 3 Monaten nur mit Zustimmung des Gerichts zulässig (§ 251 ZPO). In Österreich und der Schweiz (Einstellung, Sistierung) gelten ähnliche Vorschriften.

Ruh|energie, → Ruhmasse.

Ruhepause, Arbeitsrecht: Ruhezeiten und Pausen innerhalb der → Arbeitszeit.

Ruhestand, i. w. S. der dem Berufsleben folgende Lebensabschnitt; i. e. S. die Stellung eines auf Lebenszeit berufenen Beamten oder Geistlichen nach Beendigung des aktiven Dienstes. Nach dem Bundesbeamten-Ges. (BBG) tritt ein Beamter in den R. mit Erreichung der → Altersgrenze, durch beantragte oder zwangsweise Zurruhesetzung wegen → Dienstunfähigkeit. Ohne Nachweis der Dienstunfähigkeit kann er auf seinen Antrag nach Vollendung des 62. Lebensjahres in den R. versetzt werden. Daneben können polit. Beamte in den **einstweiligen R.** versetzt werden, in dem sie dauernd verbleiben, falls sie nicht wieder verwendet werden. Der **Ruhestandsbeamte** hat einen Anspruch auf → Ruhegehalt; er unterliegt weiterhin der Disziplinargewalt und darf die letzte Amtsbezeichnung mit dem Zusatz a. D. führen. – In Österreich werden Bundesbeamte spätestens mit dem Ablauf des Jahres, in dem sie das 65. Lebensjahr vollenden, in den dauernden R. versetzt. Für Landesbeamte bestehen ähnl. landesgesetzl. Regelungen. Hochschulprofessoren und Richter des Verfassungsgerichtshofs unterliegen Sonderregelungen. Das Beamtenrecht der Schweiz kennt den Begriff des R. nicht, da die Beamten auf eine Amtsdauer von meist 4 Jahren gewählt werden, wobei die Wiederwahl (Bestätigung) die Regel bildet. Mit dem Ausscheiden erlangt der Beamte Anspruch auf Ruhegehalt.

Ruhestörung, ohne berechtigten Anlaß erregter Lärm, der geeignet ist, die Ruhe einer Mehrheit von Personen zu stören; ab 2. 1. 1975 nicht mehr als Übertretung strafbar, sondern nur noch als → Ordnungswidrigkeit (§ 117 OWiG) verfolgbar. In Österreich wird die R. als Verwaltungsübertretung bestraft. Die Schweiz überläßt die Bestrafung dem kantonalen Recht.

Ruhestrom, 1) Physiologie: svw. Ruhepotential (→ Aktionspotential). **2)** Fernmeldetechnik: bei → Ruhestrombetrieb fließender Strom.

Ruhestrombetrieb, Betriebsform in Fernmelde- und Gefahrenmeldeanlagen (Feuermelder), bei der in der ruhenden Anlage ständig ein schwacher Strom **(Ruhestrom)** fließt und den Ruhekontakt eines Relais geöffnet hält. Erst bei Unterbrechung der Leitung schließt das stromlos werdende Relais den (den Apparat betätigenden) Stromkreis. Ggs.: Arbeitsstrombetrieb.

Ruhla, Stadt im Kr. Eisenach, Bez. Erfurt, (1971) 7400 Ew., im nordwestl. Thüringer Wald; Metallind., Herstellung von Uhren, Werkzeugmaschinen.

Ruhm [ahd.] *der, -(e)s,* hohes Ansehen, große Wertschätzung. *ich* **rühme, 1)** *es, ihn,* preise, lobe; verkünde sein Lob. **2)** *mich dessen,* bin stolz darauf, spreche stolz davon; prahle. **Ruhmesblatt,** bedeutsames Ereignis, große Leistung: *die Landung auf dem Mond ist ein Ruhmesblatt in der Geschichte der Raumfahrt.* **rühmlich,** lobenswert: *das ist eine rühmliche Ausnahme.* **ruhmredig,** prahlerisch. **ruhmreich,** voller Ruhm.

Rühm, Gerhard, Schriftst., * Wien 12.2.1930, schrieb, z. T. im Dialekt, experimentelle Texte, auch Stücke und Hörspiele. – ›hosn rosn baa‹ (mit F. Achtleitner und H. C. Artmann, 1959), ›der sechste sinn‹ (1966), ›Ophelia und die Wörter‹ (1972, Dramensammlung), ›Mann und Frau‹ (1974) u. a.

Rühmann, Heinz, Film- und Bühnenschauspieler, Regisseur, * Essen 7. 3. 1902, als Schauspieler u. a. in München, Berlin und Wien tätig; wirkte in zahlreichen Filmen mit (u. a. ›Der Mustergatte‹, ›Quax, der Bruchpilot‹, ›Die Feuerzangenbowle‹, ›Der Hauptmann von Köpenick‹, ›Der brave Soldat Schwejk‹).

Ruh|masse, Ruhemasse, diejenige Masse, die ein Körper für einen relativ zu ihm ruhenden Beobachter besitzt. Ist die R. gleich m_0, so ist m_0c^2 (c = Lichtgeschwindigkeit) die **Ruhenergie.** (→ Masse)

Rühmkorf, Peter, Schriftst., * Dortmund 25. 10. 1929; ironische und parodist. Lyrik: ›Irdisches Vergnügen in g‹ (1959), ›Kunststücke‹ (1962); ›Haltbar bis Ende 1999‹ (1977); sozialkrit. Dramen, Kritiken, Essays (›Walther von der Vogelweide, Klopstock und ich‹, 1975, mit neuen Gedichten; ›Strömungslehre‹, 1978); autobiographisch: ›Die Jahre, die ihr kennt‹ (1972).

Ruhpolding, Gem. im Kr. Traunstein, Oberbayern, (1984) 6300 Ew., 690 m ü. M.; Seilbahn zum Rauschberg (1648 m); Marmorbrüche, opt. Werkstätten; Luftkurort, Wintersportplatz.

Ruhr *die,* rechter Nebenfluß des Rheins, 213 km lang, mit einem Einzugsgebiet von rd. 4489 km², entspringt im Sauerland, mündet in Duisburg (Ruhrort). Mit 5 Stauseen und vielen Talsperren ist die R. wichtigstes Wasserreservoir für das Ruhrgebiet. Nebenflüsse: von rechts Möhne, von links Hönne und Lenne.

Ruhr [zu rühren ›bewegen‹] *die, -,* **Dys|enterie** [grch.], **1)** beim Menschen: jedes Krankheitsbild mit schleimig-blutigen bis eitrigen Durchfällen, i. e. S. (meldepflichtig) die Bakterien- oder die Amöbenruhr. Die **Bakterienruhr** ist eine meist seuchenhaft auftretende Infektionskrankheit, erregt durch **Ruhrbakterien (Shigellen);** diese werden übertragen durch Berührung mit Kranken, durch infiziertes Trinkwasser und Nahrungsmittel sowie durch Fliegen. Nach wenigen Tagen setzen Durchfälle (bis zu 30mal täglich unter heftigen Leibschmerzen) mit meist bluthaltigem Schleim, später mit Eiterbeimengung, ein. Darmdurchbrüche können zu Bauchfellentzündung und zum Tod führen. Vorbeugung: Vernichten von Ausscheidungen (Stuhl, Harn) der Kranken, Überwachen gesunder Ausscheider, Waschen des Rohobstes, Bekämpfen der Fliegen u. a.

Behandlung: Isolierung, Chemotherapeutika, Bettruhe, Ausgleich der Wasser- und Elektrolytverluste, Kreislaufmittel, Diät u. a. – Die **Amöbenruhr (Amoebiasis)** bes. trop. und subtrop. Gebiete wird erregt durch die **Ruhramöbe (Entamoeba histolytica).** Nur wenn der Darm durch vorausgegangene Erkrankungen geschädigt worden ist (bes. nach bakterieller R.), wird die im Darm lebende harmlose ›Darmlumenform‹ der R.-Amöbe zur gefährlichen ›Gewebsform‹; sie dringt in die Darmwand ein und führt zur Bildung kraterförmiger Geschwüre oder wird nach Verschleppung auf dem Blutweg zum Leberabszeß. Die Durchfälle sind häufig durch schleimig-blutigen Stuhl gekennzeichnet. Vorbeugung wie bei Bakterienruhr.

2) bei Tieren: Durchfälle der Jungtiere, die in Verbindung mit seuchenartigen Krankheiten auftreten, z. B. → Kälberruhr.

Ruhrbesetzung, → Ruhrgebiet, Geschichte.

rühren [ahd. (h)ruoren]. *ich* **rühre, 1)** *es, mich,* bewege, bringe vom Ort: *er rührte sich nicht von der Stelle; mich rührt der Schlag!,* U das ist doch nicht möglich!, ich kann es nicht fassen. **2)** *es,* quirle, drehe und wende (im Topf). **3)** *die Saiten, die Trommel,* ⌘ spiele, schlage. **4)** *an etwas,* berühre es, treffe darauf: *rühre nicht daran!,* Ü erwähne es nicht. **5)** *ihn,* Ü versetze in mitleidige, nachgiebige Stimmung: *das rührt mich nicht,* macht mir keinen Eindruck, geht nicht zu Herzen. **6)** *es rührt von ihm,* stammt, kommt von ihm her: *sein Leiden rührt von einem Unfall. ich* **rụ̈hre an, 1)** *ihn, es,* berühre. **2)** *es,* Ü erwähne im Gespräch. **3)** *es,* vermenge mit Wasser, mische: *die Soße muß angerührt werden. ich* **rụ̈hre** *es* **auf,** Ü errege, mache erneut bewußt: *dieses Gespräch hat altes Leid aufgerührt. ich* **rụ̈hre** *es* **ein, 1)** mische durch Rühren hinein. **2)** *ihm,* Ü bringe ihn in eine böse Lage, schaffe ihm Unannehmlichkeiten. *es* **rührt** *von ihm* **her,** stammt davon. *ich* **rụ̈hre** *es* **um,** rühre, quirle. **Rụ̈hrei,** verquirltes, in der Pfanne gebratenes Ei. **rụ̈hrend,** das Gemüt bewegend; selbstlos, liebevoll. **rụ̈hrig,** emsig, flink, unternehmungslustig. **Rụ̈hrkessel,** mit Rührer ausgestatteter Behälter zur Durchführung chem. Reaktionen. **rụ̈hrselig,** übertrieben gefühlvoll. *Subst.* **Rụ̈hrseligkeit.** *die* **Rụ̈hrung,** -, Ergriffenheit, Gemütsbewegung. **Rụ̈hrwerk,** Teil der elektr. Küchenmaschine.

Rụhrfestspiele, 1947 unter Mitwirkung des DGB gegr. Arbeiter-Festspiele in Recklinghausen, seit 1966 im eigenen Festspielhaus.

Rụhrgas AG, Essen, größtes westdt. Ferngasunternehmen; gegr. 1926.

Rụhrgebiet, Rụhrkohlenbezirk, Rheinisch-Westfälisches Industriegebiet, der bedeutendste dt. Industriebezirk und das dichtestbesiedelte Gebiet Europas, Hauptteil des Wirtschaftsraumes → Rhein-Ruhr. Sein Kerngebiet (2150 Ew./km²) erstreckt sich als breites Band aneinandergereihter Städte vom linksrhein. Teil Duisburgs (Rheinhausen/Homberg) bis Dortmund; mit seinen Randgebieten reicht das R. von nahe der niederländ. Grenze bis Hamm, im N über Lippe und im S teilweise über die Ruhr hinaus und umfaßt (nach neuerer Abgrenzung mit 4432 km²) 13,1% der Fläche und (mit 1980: 5,4 Mio. Ew.) 31,8% der Bevölkerung Nordrhein-Westfalens. Seine wirtschaftl. Bedeutung beruhte auf den Steinkohlenvorräten. Die kohlenführenden Schichten treten im S unmittelbar zutage, nach N zu sind sie von Kreideschichten, im westl. Teil auch von Tertiär bedeckt. Die Flöz-Obergrenze liegt an der Lippe bereits 600-800 m tief und fällt bis Münster auf 1400 m ab. An den Bergbau schließt sich eine große Anzahl von Industrien an, bes. Eisen- und Stahlindustrie sowie chem. Industrie. Durch veränderte Standortbedingungen und Wettbewerbspositionen, offenere Weltmärkte und neue Rohstoffe (Öl, Erdgas, Kernenergie) setzte 1957 eine Absatzkrise im Steinkohlenbergbau ein. Die Förderung von (1956) 125 Mio. t ging auf (1978) 67 Mio. t zurück, stieg dann auf (1980) 69,1 Mio. t an. Die einseitige Ausrichtung auf die Grundstoffindustrie wird durch Ansiedlung neuer Industrien (z. B. Fahrzeugbau, Elektrotechnik, Chemie) zu bessern versucht.

Das R. verfügt über ein dichtes Bahn- und Straßennetz; seine Wasserstraßen (Rhein-, Wesel-Datteln-, Datteln-Hamm-, Rhein-Herne- und Dortmund-Ems-Kanal) verbinden das R. mit den Rheinmündungshäfen und allen bed. dt. Wirtschaftsräumen.

1920 wurde der **Siedlungsverband Ruhrkohlenbezirk** als erste dt. Raumplanungsbehörde gegr. Seine Nachfolgeorganisation ist seit 1979 der **Kommunalverband Ruhr** als Gemeindeverband der kreisfreien Städte und der Kreise für das Ruhr-Niederrheingebiet; Sitz: Essen; Aufgaben: Flächensicherung, Abfallwirtschaft, Freizeitwesen, Stadtentwicklung, Verkehrsberuhigung u. a. mehr.

Geschichte. Die Kohlenförderung begann im S des R. bereits im MA., zunächst im Tage-, später im Stollenbau. Aber erst die Dampfpumpen ermöglichten es Mitte des 19. Jh., im Schachtbau die stark wasserführenden Mergelschichten zu durchstoßen und damit die nördlich anschließenden Fettkohlenflöze zu erschließen, die die Grundlage für die aufkommende Eisenverhüttung schufen. 1860–1963 sank die Förderung im S und in den mittleren Gebieten von 99 auf 39% der Gesamtförderung, während sie im N von 1 auf 47% anstieg. Von Moers über Duisburg nach Essen und von Hattingen bis Unna ziehen sich die Felder der bereits ausgekohlten Zechen. Das mittlere R. entlang der Emscher ist voll entwickelt, er anschließende Raum wächst erst in seine bestmögliche Förderung hinein, und jenseits der Lippe sind die meisten Felder noch unberührt.

In den Jahren 1919/20 war das R. Schauplatz schwerer kommunist. Unruhen. 1921 besetzten frz. und belg. Truppen zunächst Düsseldorf, Duisburg und Ruhrort, um die Reichsregierung zur Annahme, der Londoner Reparationsbedingungen zu zwingen. Wegen geringer Rückstände in den Reparationsleistungen wurde im Jan. 1923 das ganze R. besetzt. Die Reichsregierung antwortete mit dem Aufruf zum ›passiven Widerstand‹, der jedoch aus wirtschaftlichen Gründen (Inflation) aufgegeben werden mußte (Ruhrkampf). Nach der Einigung über den Dawesplan (Aug. 1924) wurde das R. bis zum Aug. 1925 geräumt. 1948 wurde von den USA, Großbritannien, Frankreich und den Benelux-Ländern das Ruhrstatut unterzeichnet und die Internat. Ruhrbehörde geschaffen, die die Aufteilung der Kohlen-, Koks- und Stahlerzeugung des R. vornahm. Die Bundesrep. Dtl. trat ihr im Nov. 1949 bei. 1952 verlor das Ruhrstatut seine Geltung (→ Montanunion). Seit den 1950er Jahren suchen die Bundes-Reg. und die Landes-Reg. von NRW die Struktur des R. mit Sanierungs- und Industrieansiedlungsplänen (neuerdings unter verstärkten Umweltschutzauflagen) zu verbessern. Insgesamt 59% der Gesamtfläche des R. sind als Grünflächen abgesichert.

Rụhrkohle AG, Abk. **RAG,** Essen, größtes westdt. Bergbauunternehmen mit (1979) 29 Zechen; gegründet 1968.

Rụhrkraut, manche gegen Ruhr gebrauchte Planzen, z. B. Katzenpfötchen, Wiesenknopf, Fingerhut, Dost (Schwarzes R.), Augentrost (Weißes R.), Kunigundenkraut (Rotes R.).

Rụ̈hrmichnicht|an *das, -/-,* Pflanzen mit überraschenden Bewegungserscheinungen (→ Balsamine, → Mimose).

Rụhr|ort, Stadtteil von → Duisburg.

Rụhrschnellweg, die autobahnähnlich ausgebaute ehem. Reichsstraße 1, Fortführung der B 60 in die B 1, Duisburg-Essen-Bochum-Unna.

Rụhrsiedlungsverband, der Siedlungsverband Ruhrkohlenbezirk, → Ruhrgebiet.

Rụ̈hrstück, → bürgerliches Trauerspiel.

Rụhrverband, Abk. **RV,** Essen, Wasserwirtschaftsverband zur Reinhaltung der Ruhr und ihrer Nebenflüsse, gegr. durch Ges. v. 5. 6. 1913 als öffentlich-rechtl. Körperschaft. 1938 wurde er verwaltungsmäßig mit dem **Ruhrtalsperrenverein (RTV)** in Essen (gegründet 1913) zusammengelegt.

Ruịn [lat.-frz.] *der, -s,* Zusammenbruch, Vernichtung. *ich* **ruiniere** *es, ihn,* zerstöre, vernichte. **ruinös,** verderblich.

Ruịne [lat.-frz.] *die, -/-n,* verfallenes oder zerstörtes Bauwerk. Für den gefahrlosen Zustand haftet der Eigentümer (§§ 836, 838, 823, 908 BGB).

Kunstgeschichte: Zu allen Zeiten wurden R. als Steinbrüche benutzt, da das schon bearbeitete Material leicht wieder verwendet werden konnte. Bereits in der Renaissance erhielt die antike R. die Bedeutung eines histor. Denkmals; seit dem 19. Jh. wurde sie vor weiterem Verfall geschützt. Als gestaltendes Element spielt die R. bes. in der Gartenkunst eine Rolle, fehlende R. wurden durch künstliche ersetzt (Schwetzingen, 1777–78, Löwenburg in Kassel, 1790, u. a.). In der Malerei entwickelte sich die Darstellung der R. im 17.–19. Jh. zu einer Sondergatt. innerhalb der Architektur- und Landschaftsmalerei.

ruinöse Konkurrenz, diejenige Form der Konkurrenz (→ Wettbewerb), bei der einer oder mehrere Marktbeteiligte versuchen, die Konkurrenten z. B. durch rücksichtslose Preisunterbietung aus dem Markt zu drängen (Verdrängungswettbewerb). Sie kommt am ehesten beim Oligopol (z. B. beim Dyopol) vor.

Ruisbroeck [r'œjsbru:k], Johannes van, → Ruusbroec.

Ruisdael [r'œjsda:l], **1)** Jacob van, holländ. Maler und Radierer, Neffe von 2), * Haarlem 1628/29, begraben ebd. 14. 3. 1682. Seine Waldlandschaften mit Hügeln, Wasserfällen, mächtigen Eichengruppen und schweren Wolkenmassen, meist ohne Figuren und Gebäude, sind sorgfältig in der Wiedergabe von Einzelheiten und von großer, oft schwermütiger Gesamtauffassung. R. malte auch Dünen-, Küsten- und Stadtansichten.

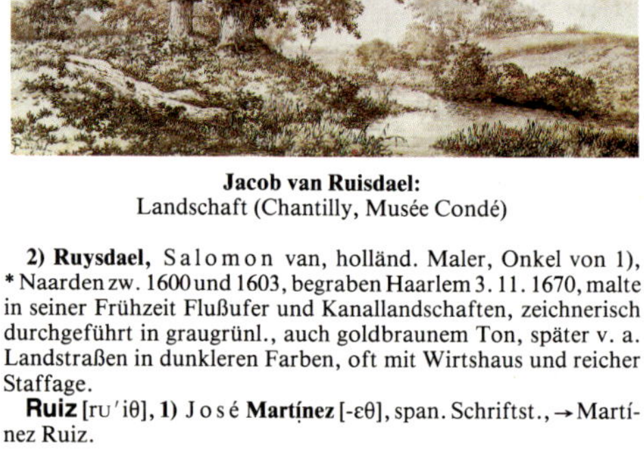

Jacob van Ruisdael:
Landschaft (Chantilly, Musée Condé)

2) Ruysdael, Salomon van, holländ. Maler, Onkel von 1), * Naarden zw. 1600 und 1603, begraben Haarlem 3. 11. 1670, malte in seiner Frühzeit Flußufer und Kanallandschaften, zeichnerisch durchgeführt in graugrünl., auch goldbraunem Ton, später v. a. Landstraßen in dunkleren Farben, oft mit Wirtshaus und reicher Staffage.

Ruiz [rʊ'iθ], **1)** José **Martínez** [-εθ], span. Schriftst., → Martínez Ruiz.

2) Juan, ›Erzpriester von Hita‹ genannt, span. Dichter, * Alcalá de Henares (?), † 1350/51 (?). Sein 1343 beendetes Gedicht von fast 7000 Versen ›Libro de buen amor‹ (dt. Auswahl u. d. T. ›Aus dem Buch der guten Liebe‹) ist mit der Fülle seiner Stoffe, Episoden und Formen ein Sittenbild des 14. Jh.

3) R. de Alarcón y Mendoza [-ðe alark'ɔn i mend'oθa], Juan, span. Dramatiker, * Mexiko (oder Tasco?) Ende 1580/Anfang 1581 (?), † Madrid 4. 8. 1639, schrieb moralisierende Charakterkomödien (›Die Wände haben Ohren‹, ›Die verdächtige Wahrheit‹, Vorlage für P. Corneilles Komödie ›Der Lügner‹).

Ruländer *der, -s/-,* eine Rebsorte (→Weinstock).

Rule Britannia [ruːl brɪt'ænjə, engl. ›Herrsche, Britannien‹], engl. vaterländisches Lied, gedichtet von J. Thomson, vertont in Th. A. Arnes Oper ›Alfred‹ (1738).

Rulfo, Juan, mexikan. Schriftst., * Sayula (Jalisco) 16. 5. 1918; realist. Erzählprosa nach nordamerikan. Vorbild (›Der Llano in Flammen‹; 1953; ›Pedro Páramo‹, 1955).

Rüllsaat, Kreuzblütergatt., → Dotter 3).

Rülps [urspr. Schallwort] *der, -es/-e,* **1)** Rülpser. **2)** Ü Flegel. *der* **Rülpser,** *-s/-,* hörbares Aufstoßen vom Magen her. *Vb. ich* **rülpse.**

Rum [aus engl. rumbullion ›großer Aufruhr‹] *der, -s/-s,* Branntwein aus Melasse und Zuckerrohr, gewöhnlich braungelb gefärbt; am bekanntesten ist der **Jamaika-R. Kunst-R.** wird aus Alkohol und R.-Essenz, **R.-Verschnitt** aus R. (nur 5% notwendig), Alkohol und Wasser hergestellt.

Rumänen *Pl.,* Volk in SO-Europa, rd. 18,9 Mio. in Rumänien (Dako-R.), etwa 2 Mio. in benachbarten Ländern und Übersee, außer den isolierten Gruppen, z. B. den →Aromunen. Die R. sind Nachkommen der romanisierten Daker und röm. Siedler, vermischt mit eingewanderten Slawen. Sie waren im MA. vorwiegend Wanderhirten, seit Beginn der Neuzeit nahm das (z. T. unfreie) Bauerntum zu.

Rumänilen, amtl. **Republica Socialistă România** [-sotʃ'ialistə romin'ia], Abk. **RSR,** Sozialist. Rep. in SO-Europa, (1982) 22,56 Mio. Ew. Hauptstadt ist Bukarest. Amtssprachen sind Rumänisch und (regional begrenzt) Sprachen der Minderheiten. Währungseinheit: 1 Leu (l) = 100 Bani. *Adj.* **rumänisch.** *der* **Rumäne,** *-n/-n.* (Karte VIII/IX, n. S. 320)

Größe und Bevölkerung (1980)

Kreise (Hauptstadt)	km²	Ew. in 1000
Stadt Bukarest (Bukarest)	1 369	2 090
Alba (Karlsburg)	6 231	417
Alt (Slatina)	5 507	532
Arad (Arad)	7 654	510
Argeş (Piteşti)	6 801	654
Bacău (Bacău)	6 603	691
Bihor (Großwardein)	7 535	645
Bistritz-Năsăud (Bistritz)	5 305	300
Botoşani (Botoşani)	4 965	464
Brăila (Brăila)	4 724	391
Buzău (Buzău)	6 072	520
Constanţa (Constanţa)	7 055	650
Covasna (Sfîntu Gheorghe)	3 705	215
Dîmboviţa (Tîrgovişte)	3 738	549
Dolj (Craiova)	7 413	761
Galatz (Galatz)	4 425	607
Gorj (Tîrgu Jiu)	5 641	356
Harghita (Miercurea Ciuc)	6 610	344
Hermannstadt (Hermannstadt)	5 422	495
Hunedoara (Deva)	7 016	533
Ialomiţa (Slobozia)	6 211	319
Jassy (Jassy)	5 469	755
Karas-Severin (Reschitza)	8 514	392
Klausenburg (Klausenburg)	6 650	733
Kronstadt (Kronstadt)	5 351	636
Maramureş (Baia Mare)	6 215	517
Mehedinţi (Turnu-Severin)	4 900	327
Mureş (Neumarkt)	6 696	607
Neamţ (Piatra Neamţ)	5 890	552
Prahova (Ploieşti)	4 694	842
Sălaj (Zalau)	3 850	265
Sathmar (Sathmar)	4 405	402
Suceava (Suceava)	8 555	655
Teleorman (Alexandria)	5 872	521
Temes (Temesvar)	8 678	710
Tulcea (Tulcea)	8 430	261
Vaslui (Vaslui)	5 300	451
Vîlcea (Rîmnicu Vîlcea)	5 705	420
Vrancea (Focşany)	4 863	380

Staat, Recht. Nach der Verf. von 1965 ist R. eine ›Sozialist. Republik‹; höchstes Staatsorgan ist die ›Große Nationalversammlung‹; in ihrer tagungsfreien Zeit vertritt sie ein ihr verantwortl. Staatsrat, dessen Vors. Staatsoberhaupt ist (seit 1974 ›Staatspräsident‹ genannt). Die Regierung ist der ›Großen Nationalversammlung‹ oder dem sie vertretenden Staatsrat verantwortlich. Die Rumän. KP ist die allein bestimmende polit. Kraft. – Die Umorganisation der Justiz nach sowjet. Vorbild setzte 1947 ein. – Streitkräfte: allg. Wehrpflicht. Gesamtstärke: 189500 Mann; Heer: 150000; Luftwaffe: 32000 (315 Kampfflugzeuge); Marine: 7500; Sicherheitskräfte: 37000; Miliz: rd. 900000.

Landesnatur. R. wird in weitem Bogen von den Karpaten durchzogen. Sie umschließen mit dem Westsiebenbürg. Gebirge (Bihorgebirge) das hügelige Hochland Siebenbürgen. Im W hat R. Anteil am Banat und dem Theißtiefland. Am Außenrand der Karpaten liegen das lößbedeckte Tiefland der Kleinen und Großen Walachei im S bis zur Donau, das Hügelland der Moldau im O bis zum Pruth. Östlich der unteren Donau, vor ihrer Deltabildung, erhebt sich das Tafelland der Dobrudscha. Haupt- und zum größten Teil Grenzfluß ist der Unterlauf der Donau mit den Nebenflüssen Alt, Sereth und Pruth, während ein Teil Siebenbürgens durch Szamos und Maros nach W zur Theiß entwässert wird. Das Klima ist überwiegend kontinental, an der Schwarzmeerküste gemildert. (Weitere Bilder Curtea de Argeş, Europa, Moldauklöster)

Rumänien

Bevölkerung. 87,7% der Ew. sind Rumänen (1940: 68%). Die nationalen Minderheiten umfassen rd. 8% Ungarn im O Siebenbürgens, 1,7% Deutsche in Siebenbürgen, im Banat und im NW, ferner 1,9% Zigeuner, Ukrainer, Russen, Serben u. a. In Städten leben (1977) 47,5% der Bevölkerung; es gibt 18 Großstädte. Bildung. Schulpflicht besteht vom 6. bis 16. Lebensjahr. Den Minderheiten ist der Unterricht in der Muttersprache erlaubt. R. hat mehrere Fachhochschulen und 6 Universitäten: Bukarest (1864 gegr.), Klausenburg (1872) mit rumän., dt. und ungar. Unterrichtssprachen, Craiova (1966), Jassy (1860), Temesvar (1962), Kronstadt (1971). Religion. Vorherrschend ist die Rumän. Orthodoxe Kirche mit einem Patriarchen in Bukarest und 13,828 Mio. Anhängern. Der unierte Zweig der Kath. Kirche wurde 1948 zwangsweise der Orthodoxen Kirche angeschlossen (rd. 2,5 Mio.). In R. gibt es (1980) rd. 800000 evang. Christen und 104000 Juden.

Wirtschaft. R. hat nach dem 2. Weltkrieg das planwirtschaftl. System der UdSSR übernommen. Die Landwirtschaft einschließlich Forstwirtschaft und Fischerei beschäftigt (1982) rd. 35% der Erwerbstätigen und nutzt 63% der Fläche (größtenteils als Ackerland). Seit Abschluß der Kollektivierung (1962) gehören über 60% der landwirtschaftl. Nutzfläche den Produktionsgenossenschaften, 30% den Staatsgütern. Wichtigstes Anbauprodukt ist Getreide (bes. Mais und Weizen), ferner Ölpflanzen, Zuckerrüben, Kartoffeln, Obst, Wein u. a. Bed. Rinder- und Schweinezucht sowie Forstwirtschaft (rd. 27% der Fläche sind Wald). R. ist reich an Bodenschätzen; die Erdölförderung (bes. um Ploieşti und Buzău) steht an 3. Stelle in Europa, ferner Stein- und Braunkohle, Buntmetalle, Eisenerz, Bauxit, Erdgas. Die Industrie wurde nach dem 2. Weltkrieg wichtigster Wirtschaftszweig: Maschinenbau und Metallverarbeitung, Baumaterialienherstellung, Holzverarbeitung, Textil-, Bekleidungs- und Nahrungsmittelindustrie. Der Fremdenverkehr wird stark gefördert (1980: 6,7 Mio. Auslandsgäste). In der Ausfuhr dominieren Brenn- und Rohstoffe, Maschinen, Ausrüstungen und Verkehrsmittel. Haupthandelspartner: Comecon-Länder (bes. Sowjetunion), Bundesrep. Dtl., Italien. Wichtigster Verkehrsträger ist die Eisenbahn, (1980) 11100 km, davon 2200 km elektrifiziert. Das Straßennetz umfaßt 73400 km. Binnenschiffahrt auf der Donau; wichtigste Flughäfen: Galatz, Brăila. Seehafen am Schwarzen Meer ist Constanţa (seit 1984 durch den Donau-Schwarzmeer-Kanal mit der → Donau verbunden). Die Seeschiffahrt (345 Handelsschiffe, 2,2 Mio. BRT) bewältigt 45% des Frachtaufkommens. Internat. Flughäfen: Bukarest und Constanţa; nat. Fluggesellschaft TAROM.

Geschichte. Zur Vorgeschichte vgl. Südosteuropa. – Im 14. Jh. entstanden die Fürstentümer Moldau und Walachei, die sich zunächst gegen die Oberherrschaft Ungarns zu wehren hatten. Anfang des 15. Jh. gerieten sie unter türk. Oberhoheit, sie wurden durch einheim. Bojaren beherrscht, seit 1711 an grch. → Fanarioten verpachtet. Trotz schlimmster Ausbeutung war der türk. Einfluß nie so stark wie in den Ländern südlich der Donau. Nach dem mißglückten Aufstand der → Hetärie unter Ypsilanti (1821) wurden von den Türken wieder einheim. Fürsten eingesetzt. 1829–56 waren die Fürstentümer russ. Schutzherrschaft unterstellt. Die Volksvertretungen strebten die Vereinigung der beiden Fürstentümer unter erbl. Fürsten an: 1859 wurde Oberst A. Cuza zum Fürsten in Personalunion gewählt. Als er 1866 dem Druck der Bojaren weichen mußte, wurde durch Volksabstimmung Karl von Hohenzollern-Sigmaringen (→ Karl 27) gewählt (Carol I.), der R. kulturell und politisch an Mittel- und Westeuropa anschloß. Er regierte abwechselnd mit der altkonservativen Bojarenpartei und den Na-

Rumänien:
südliches Siebenbürgen, im Hintergrund das Fogarascher Gebirge

tionalliberalen (I. C. → Brătianu). Seinem persönl. Eingreifen in den russisch-türk. Krieg (1877/78) verdankt R. die volle Unabhängigkeit, die ihm auf dem Berliner Kongreß zuerkannt wurde, unter Verzicht auf S-Bessarabien gegen den Anschluß der N-Dobrudscha. 1881 wurde R. Königreich. 1883 suchte Carol Anschluß an den Dreibund. Die Korruption und die Ausbeutung der Bauern führten 1907 zu einem schweren Aufstand. Im 2. Balkankrieg erzwang R. von dem wehrlosen Bulgarien die Abtretung der S-Dobrudscha (1913).

Im 1. Weltkrieg erklärte Carols Neffe Ferdinand (→ Ferdinand 14) auf Betreiben der ententefreundl. Königin Maria und Brătianus am 27. 8. 1916 Österreich-Ungarn und damit auch dem Dt. Reich den Krieg. R. wurde geschlagen und mußte Frieden schließen (Bukarest 7. 5. 1918). In den Verträgen von St. Germain (1919) und Trianon (1920) erhielt R. die Bukowina, Siebenbürgen, das östl. Banat, ferner wurde ihm Bessarabien bestätigt. Außenpolitisch schloß R. mit der Tschechoslowakei und Jugoslawien die → Kleine Entente sowie ein Bündnis mit Polen. Im Inneren gelangten seit 1922 die Liberalen unter Ion I. C. und V. Brătianu zur Herrschaft; sie zwangen den Kronprinzen Karl zum Thronverzicht und machten nach Ferdinands Tod (20. 7. 1927) seinen unmündigen Enkel Michael zum König. Die Nationalzarinisten (Bauernpartei) stürzten 1928 die Liberalen und setzten 1930 den verbannten Kronprinzen als Carol II. auf den Thron. Anfang 1938 ging er zur autoritären Regierungsweise über. 1940 mußte R. an die UdSSR die nördl. Bukowina und Bessarabien abtreten, das nördl. und östl. Siebenbürgen an Ungarn und die südl. Dobrudscha an Bulgarien. Nach dem Staatsstreich des Gen. Antonescu (Rücktritt Carols II., Ausrufung seines Sohnes Michael zum König) trat es 1941 in den Krieg gegen die UdSSR. 1944 drangen sowjet. Truppen in R. ein. Seit März 1945 vollzog sich unter dem Schutz der sowjet. Besatzungsmacht und dem Druck der rumän. Kommunisten die Umgestaltung R.s zu einer Volksdemokratie. Die im März 1945 eingeleitete Kollektivierung der Landwirtschaft wurde jedoch erst 1962 beendet. Der Friedensvertrag vom 10. 2. 1947 stellte die Grenzen von Jan. 1938 wieder her; Siebenbürgen kam zu R. 1947 mußte König Michael abdanken. Am 13. 4. 1948 wurde die Verfassung der Rumänischen Volksrepublik angenommen, am 24. 9. 1952 durch eine neue ersetzt. Seit 1945 war die Rumän. Arbeiterpartei unter ihrem Generalsekretär Georghiu-Dej die maßgebliche polit. Kraft im Lande. 1949 trat R. dem Comecon, 1955 dem Warschauer Pakt bei. Durch eine Verfassungsänderung wurde 1961 die Staatsführung einem Staatsrat übertragen, dessen Vorsitz Georghiu-Dej bis zu seinem Tode (1965) innehatte. Sein Nachfolger in der Führung der Partei, N. Ceauşescu, setzte die von ihm selbst eingeleitete Politik der Selbständigkeit innerhalb des kommunist. Systems des → Ostblocks verstärkt fort. 1968 protestierte die rumän. Reg. gegen den Einmarsch von Truppen des Warschauer Paktes in die ČSSR. 1967 übernahm Ceauşescu auch den Titel eines Staatsratsvorsitzenden (seit 1974 mit dem Titel Präsident). Gestützt auf die von ihr politisch bestimmte Regierung (geführt u. a. von den Min.-Präs. M. Manescu, 1974–79, und C. Dascalescu, seit 1982), setzte die kommunist. Parteiführung den auf Unabhängigkeit innerhalb des COMECON und des Warschauer Pakts bedachten Kurs fort und machte auf dieser Basis eigene Vorschläge zur Entspannung. I. Ggs. zu den anderen Ostblock-Staaten distanzierte sich R. im Jan. 1980 vom Einmarsch sowjet. Truppen in Afghanistan (Dez. 1979). 1980/81 wandte sich die rumän. Führung sowohl gegen das Auftreten ›antisozialist. Kräfte‹ in Polen als auch gegen ein sowjet. Eingreifen in die innerpoln. Entwicklung.

rumänische Kunst. Die Kunst der alten Donaufürstentümer Moldau und Walachei läßt ein eigenes Gepräge seit dem 15. Jh. erkennen, bes. in der Baukunst der Walachei, die den byzantin. Typus der Kreuzkuppelkirche und den vom Athos stammenden Dreikonchenchor mit hohem Kuppeltambour aufnahm und weiterbildete, am eigenartigsten in der Bischofskirche in Curtea de Argeş. In der Moldau verbanden sich byzantin. mit got. Formen (Voroneţ 1488, Humor und Moldoviţa 1530); die Außenmauern wurden oft mit Wandmalereien bedeckt. Westeurop. Vorbildern schloß sich die städt. Baukunst seit dem Barock und bes. dem 19. Jh. an. Die Wandmalereien des 15. und 16. Jh. weisen zuerst byzantin., später russ. Einfluß auf. Im 17. und 18. Jh. entwickelten sich ikonograph. Eigenheiten, bes. in der volkstüml. Ikonenkunst der Walachei. Die führenden Maler des 19. Jh. und der modernen rumän. Malerei erhielten entscheidende Anregungen aus Frankreich: Th. Aman, I. Andreescu, N. Grigorescu, G. Petraşcu, N. Tonitza; in der Plastik gelangte C. → Brâncuşi zu abstrakten Formen. (BILDER Brâncuşi, Curtea de Argeş)

rumänische Literatur. Ihren urspr. Ausdruck findet die r. L. in der Volksdichtung, deren Bedeutendstes die Liebes- und Klagelyrik (→ Doină), die epische Ballade (›Mioriţa‹) und das Märchen darstellen.

16. bis 18. Jh. Das Schrifttum setzte im 16. Jh. ein (ältester datierbarer Text von 1521). Im Zusammenhang mit der Reformbewegung in Siebenbürgen wurden religiöse Texte in die Volkssprache übersetzt (bis dahin war das Altkirchenslawische Kultsprache der Rumänen). Höhepunkt der altrumän. Lit. sind die Chroniken der moldauischen Historiographen G. Ureche, M. Costin und I. Neculce sowie das Werk des moldauischen Fürsten D. Cantemir. Hier tritt zunächst ein National- und Latinitätsbewußtsein zutage, das in der 2. Hälfte des 18. und Anfang des 19. Jh. in Siebenbürgen zur Grundlage systemat. histor. und philolog. Arbeiten wurde (›Siebenbürg. Schule‹: S. Micu, G. Şincai, P. Maior, I. Budai-Deleanu). In der gleichen Zeit kam es zur Öffnung der r. L. nach W-Europa.

19. Jh. Im Anschluß an den Klassizismus und die Vorromantik W-Europas erweiterten sich Thematik und formale Möglichkeiten. Die nationalromant. Bestrebungen der ›Achtundvierziger‹ (paşotişti‹) brachten die polit. und histor. Schriften von N. Bălcescu und M. Cogălniceanu , die histor. Legenden von D. Bolintineanu, die Fabeln und Satiren von G. Alexandrescu u. a. Führende Persönlichkeit um die Mitte des Jh. war V. Alecsandri als Lyriker, Dramatiker und Sammler rumän. Volksdichtung. Im späten 19. Jh. ging ein entscheidender kultureller Einfluß vom Kreis der Junimea aus, deren führender Vertreter T. L. Maiorescu der r. L. die ästhet. Ideen des dt. Idealismus vermittelte. Mitarbeiter ihrer Ztschr. ›Convorbiri literare‹ waren auch die Klassiker der r. L.: M. Eminescu, I. Creangă und I. L. Caragiale.

20. Jh. Zu Beginn des Jh. standen sich eine nationalspezif., bes. dem Dorfleben zugewandte Lit. (M. Sadoveanu u. a.) und eine modernist. Dichtung, v. a. symbolist. Ausprägung (A. Macedonski, I. Minulescu, G. Bacovia) gegenüber. Die Dialektik der beiden Standpunkte lebte zw. 1918 und 1944 in den Auseinandersetzungen zw. den Traditionalisten um die Ztschr. Gîndirea und den v. a. von Frankreich her bestimmten Kosmopoliten (E. Lovinescu) fort. Diese Epoche bedeutete die Blütezeit der r. L.: im Roman mit L. Rebreanu, Camil und Cezar Petrescu, in der Lyrik mit T. Arghezi, L. Blaga und I. Barbu sowie in der Kritik (histor. und philosoph. Essays) mit N. Iorga, G. Călinescu, T. Vianu und L. Blaga. – Von 1948 bis etwa 1964 stand die r. L. unter dem Zeichen eines sterilen ›sozialist. Realismus‹. Dauerhafte Leistungen wurden nur auf dem Gebiet des Romans erbracht (Camil Petrescu, M. Sadoveanu, G. Călinescu; Z. Stancu, M. Preda, E. Barbu). Eine relative, aber kurzfristige Liberalisierung des Geisteslebens rief einen bemerkenswerten Aufschwung hervor, der sich in Dichtung (N. Stănescu, M. Sorescu, I. Alexandru, L. Dimov), Prosa (St. Bănulescu, N. Breban, F. Neagu) und Kritik (O. S. Crohmălniceanu, D. Micu, N. Manolescu, A. Piru, E. Papu) ausdrückte.

rumänische Musik. Die Volksmusik verwendet einen vielgestaltigen, dem westeurop. Taktbegriff fremden Rhythmus und ist meist auf → Kirchentonarten aufgebaut. Ihrer Erforschung widmeten sich B. Bartók und C. Brailoiu; der Sammlung von Volksmusik dient das 1927 von G. Breazul gegründete staatl. Schallplattenarchiv. Die Kunstmusik entwickelte sich im 18./19. Jh. unter ital. und dt. Einfluß. Seit Beginn des 20. Jh. verbanden sich folklorist. Elemente mit romant. oder impressionist. Anregungen bei D. G. Kiriac, dann v. a. bei G. → Enescu und A. Vieru. Vertreter der Avantgarde sind P. Bentoiu, A. Hrisanide, G. Miereanu.

rumänische Sprache. Sie gehört zur ostroman. Sprachfamilie und zeigt altertümlichere Züge als ihre roman. Schwestersprachen. Der rumän. Wortschatz enthält außer wenigem vorroman. Sprachgut hauptsächlich lat., bulgar., grch., türk. und magyar. Bestandteile. Reromanisierungsbetrebungen im 19. und 20. Jh. führten zur Aufnahme ital., bes. aber frz. Ausdrücke. Seit der Mitte des 19. Jh. schreibt man mit lat. Buchstaben (früher mit kyrillischen). Die r. S. wird noch außerhalb Rumäniens von Minderheiten in den Nachbarstaaten, v. a. in der Sowjetunion (→ moldauische Sprache), und isoliert in den Balkanländern gesprochen. (→ Balkansprachen)

Rumantsch, Rumauntsch, einheim. Bez. für die → rätoromanische Sprache in Graubünden.

Rumba [span.] *die, -/-s,* U auch *der, -s/-s,* lateinamerikan. Tanz im 4/4-Takt, um 1930 in Europa als Gesellschaftstanz eingeführt.

Rumeli|en [zu Rumili, der türk. Bez. für den europ. Teil der Türkei], in der türk. Verwaltung bis 1864 die europ. Türkei außer Bosnien, Ungarn, Morea.

Rümelin, Max von (seit 1905), Jurist, * Stuttgart 15. 2. 1861, † Tübingen 22. 7. 1931, Prof. in Halle und Tübingen; einer der Begründer der Tübinger Schule der Interessenjurisprudenz.

Rumford [r'ʌmfəd], Sir (seit 1784) Benjamin Thompson, Graf von (seit 1791), amerikan. Physiker, * North Woburn (Mass.) 26. 3. 1753, † Auteuil (bei Paris) 21. 8. 1814, trat 1784 in bayer. Dienste; er führte in Bayern die Kartoffel ein, gründete Arbeitshäuser, legte den Engl. Garten in München an, untersuchte die Entstehung der Reibungswärme.

Rumination [lat. ›Wiederkäuen‹] *die, -/-en,* eine lustbetonte Gewohnheitsneurose des Säuglings und jungen Kleinkindes: Die Nahrung wird hochgewürgt, erneut gekaut und wieder geschluckt.

Rummel [zu rumpeln] *der, -s/-,* U **1)** Lärm und Auflauf, Menschengewühl, Jahrmarkt. **2)** Rummelplatz. **3)** Gerümpel, Trödelkram. **Rummelplatz,** U Jahrmarkt. *es* **rummelt,** U poltert, dröhnt dumpf.

Rummenigge, Karl-Heinz, Fußballspieler, * Lippstadt 25. 9. 1955, gewann mit der Mannschaft der Bundesrep. Dtl. 1980 die Europameisterschaft, mit Bayern München 1980 und 1981 die Dt. Meisterschaft, 1984 den Dt. Vereinspokal. 1984 ging er zu Inter Mailand.

Rummelsburg, 1) Teil des VerwBez. Lichtenberg der Stadt Berlin (Ost-Berlin); Industrieort. **2) R. in Pommern,** poln. **Miastko** [mj'askɔ], Stadt in der poln. Wwschaft Słupsk (Stolp), (1975) 9300 Ew.; Textil- und Baustoffind., Lederverarbeitung.

Rumor [lat.] *der, -s,* ⚭ Lärm, Tumult. *ich* **rumore,** mache Lärm, krame polternd.

Rumor, Mariano, ital. Politiker (DC), * Vicenza 16. 6. 1915; 1963 Innen-Min., 1964–68 Parteisekretär, 1968–70 und 1973–74 MinPräs., 1974–76 Außen-Min.

rumpeln [mhd.]. *ich* **rump(e)le, 1)** (auch: bin gerumpelt), poltere, rüttle, fahre polternd. **2)** *es,* werfe alles durcheinander. **3)** *es, ihn, mitteldt.:* reibe kräftig, schrubbe (Wäsche). **4)** *Schweine rumpeln,* begatten sich. **Rumpelgeist,** lärmender Hauskobold. **Rumpelgeräusch,** niederfrequentes Störgeräusch bei Plattenspielern; zur Unterdrückung dient ein **Rumpelfilter. Rumpelkammer,** Abstellraum für Gerümpel. *das* **Rumpelstilzchen,** *-s,* ein böser Kobold im Märchen.

Rumpf [mhd.] *der, -(e)s/-̈e,* **1)** Körper ohne Kopf und Glieder; Leib. **2)** Hauptmasse: *der R. eines Schiffes,* das Schiff ohne Masten, Aufbauten, Steuer. **3)** *nd.:* Bienenstock. **Rumpf...,** Rest...

rümpfen [mhd.]. *ich* **rümpfe** *die Nase (über ihn, etwas),* ziehe sie (verächtlich) kraus.

Rumpf|fläche, Rumpf|ebene, Fast|ebene, Peneplain [p'i:nɪpleɪn, engl.], 🌐 durch lange Abtragungsvorgänge entstandene, meist schwachwellige Verebnungsfläche, die gefaltete oder schräggestellte Schichten kappt (Falten- oder Tafelrumpf).

Rumpfgebirge, alte Faltengebirge, die infolge der starken Abtragung nur noch Rümpfe des ehem. Gebirges darstellen; sie sind (meist im Mesozoikum) zu → Rumpfflächen abgetragen, später (bes. im Känozoikum) herausgehoben und verbogen oder verworfen worden.

Rumpfparlament, Spottname für den Rest des engl. Langen Parlaments nach 1648; auch sonst gebräuchlich (→ Frankfurter Nationalversammlung).

Rumpler, Edmund, Flugzeugbauer, * Wien 4. 1. 1872, † Neu Pollow (Wismar) 7. 9. 1940, gründete 1908 in Berlin die 1. dt. Flugzeugfabrik und baute dort 1910 nach den Plänen des österr. Ingenieurs I. Etrich die ›Taube‹, baute 1914–18 Kampfflugzeuge, entwickelte 1921 ein Stromlinienauto mit Schwingachse und Vorderradantrieb.

Rumpsteak [-steɪk, auch engl. r'ʌmp-] *das, -s/-s,* kurzgebratene Fleischscheibe aus der Keule des Rindes.

Rumtopf, mit Rum haltbar gemachtes Obst.

Run [rʌn, engl.] *der, -s/-s,* **1)** in Krisenzeiten Ansturm der Konteninhaber auf Banken, der Verbraucher auf knappe Waren. **2)** Bez. für einen Programmablauf bei der Datenverarbeitung.

Runcie [r'ʌnsɪ], Robert Alexander Kennedy, anglikan. Theologe, * Liverpool 2. 10. 1921, wurde 1980 anglikan. Erzbischof von Canterbury und damit Primas der anglikan. Kirche von England.

Runciman-Bericht [r'ʌnsɪmən-], der von Lord W. Runciman (* 1870, † 1949) für Chamberlain ausgearbeitete Bericht über die Lage der Sudetendeutschen (1938), der das → Münchener Abkommen vorbereitete.

rund [mhd.], **1)** kreisartig, kugelig, gewölbt: *Teller sind r.; das Kind hat runde Backen,* Pausbacken. **2)** U vollendet (geformt), ganz: *ein runder, voller Klang; ein rundes Fest; die Maschine läuft r.,* ohne Störungen; *es lief r.,* U klappte. **3)** unmißverständlich: *ein rundes Nein.* **4)** Abk. **rd.,** etwa, abgerundet: *runde Zahlen,* solche mit einer oder mehreren Nullen am Ende; *r. 100 Personen; eine runde Summe.* **5)** *nicht flektierbar,* im Kreise: *die Raumkapsel flog r. um den Mond; hier geht es heute r.,* U wir kamen nicht zur Ruhe (vor Arbeit, Störungen u. a.). *das* **Rund,** *-(e)s,* **1)** Rundung, Wölbung. **2)** U Umkreis, Umgebung: *rings im Rund. die* **Runde,** *-/-n,* **1)** Kreis von Personen: *Tischrunde; rings in der Runde; er spendiert eine Runde Bier,* zahlt für den ganzen Kreis. **2)** ⚔ Gang, Kampfabschnitt: *Zwischenrunde; ein Boxkampf in drei Runden;* (das Umrunden der) Kampfbahn. **3)** Rundgang, Kontrollgang: *er macht jeden Abend die Runde; das wird bald die Runde machen,* U überall erzählt werden. *ich* **runde, 1)** *es,* mache r. **2)** *es,* baue aus, vollende, arbeite durch. **3)** *es rundet sich (zu etwas),* wird in sich fest und vollkommen, gewinnt reife Gestalt. *ich* **runde ab, 1)** *es,* glätte, forme durch. **2)** *Zahlen,* lasse kleinere Zahlen unberücksichtigt: *man kann nach oben oder nach unten abrunden,* die nächsthöhere oder nächstniedrigere runde Zahl einsetzen; *wir sollen auf Zehner abrunden,* auf Zahlen mit 0 am Ende, z. B. 21 zu 20. *ich* **runde** *Zahlen* **auf,** runde nach oben ab. **Rundfahrt, 1)** Fahrt, die zum Ausgangspunkt zurückführt. **2)** Besichtigungsfahrt. **Rundflug,** Besichtigungsflug (über einer Stadt). *die* **Rundheit,** -, runde Beschaffenheit. **rundheraus,** offen, ohne Umschweife: *ich habe ihm rundheraus gesagt, daß...* **rundherum,** ringsum, ringsumher, im Umkreis. *ich* **rundiere** *es,* schleife Edelsteine aus freier Hand. **rundlich,** zur Rundheit neigend, dicklich. **Rundreise,** Reise, die zum Ausgangsort zurückführt. **Rundschau, 1)** Umschau. **2)** Name von Zeitschriften, Zeitungen, Hörfunk- und Fernsehsendungen. **Rundschreiben,** Schriftstück, das mehreren Empfängern zugeht. **Rundstück,** *nd.:* große runde Semmel. **rund|um,** im Umkreis, aber: *rund um die Erde.* **rund|umher,** nach allen Seiten. *die* **Rundung,** *-/-en,* gerundete Form, Wölbung. **rundweg,** klar, ohne Umschweife: *er hat es rundweg abgelehnt.*

Rundbau, ein → Zentralbau über kreisrundem Grundriß.

Rundblickfernrohr, opt. Gerät zum Richten von Geschützen, mit dem bei feststehendem Okular der gesamte Horizont beobachtet werden kann.

Rundbrecher, Kegelbrecher, Kreiselbrecher, Maschine zum Zerkleinern widerstandsfähiger Feststoffe zw. dem Brechermantel und dem darin senkrecht aufgehängten Brechkegel, der exzentrisch rotiert.

Rundfunk, Radio, in der Schweiz **Rundspruch,** engl. **Broadcasting** [br'ɔ:dkɑ:stɪŋ], frz. **Radiodiffusion** [radiodifyzj'ɔ̃], die Verbreitung von Darbietungen in Ton (**Hör-, Ton-R.**) oder Bild (**Fernseh-R., Television** [t'elɪvɪʒn], → Fernsehen) durch elektromagnet. Wellen meist drahtlos, aber auch über Fernsprech- und Starkstromleitungen (→ Drahtfunk). Der R. dient der Unterhaltung, Information, Meinungs- und Fortbildung.

Rundfunktechnik. Die Darbietungen werden am Ort des Geschehens oder in einem Aufnahmeraum (Studio) mit einem Mikrophon oder einer Fernsehkamera in elektr. Wechselspannungen (niederfrequente Schwingungen, NF) umgewandelt. Diese Schwingungen werden im Sender auf Trägerschwingungen aufgeprägt (aufmoduliert, → Modulation 2), die eine sehr viel höhere Frequenz als die der Darbietung entsprechenden Schwingungen haben (Hochfrequenz, HF). Bei Lang-, Mittel-, Kurzwellensendern wird die Amplitude, bei UKW-Sendern die Frequenz der Trägerwelle moduliert. Die modulierten Schwingungen werden der Sendeantenne (→ Antenne) zugeführt und von ihr ausgestrahlt. Sie breiten sich mit Lichtgeschwindigkeit aus und erzeugen (induzieren) in der Empfangsantenne hochfrequente Wechselspannungen. Aus diesen HF-Schwingungen werden im Empfänger durch → Demodulation die der Darbietung entsprechenden Schwingungen herausgeholt, verstärkt und im → Lautsprecher oder in der Bildröhre in akust. oder opt. Signale zurückverwandelt. Die HF-Schwingungen werden in einem → Oszillator erzeugt, der wegen der erforderl. hohen Frequenzkonstanz mit einem → Schwingquarz ausgestattet ist. Statt der früher gebräuchl. **eigenerregten Sender** verwendet man heute **fremderregte Sender,** bei denen auf den Oszillator (›Steuerstufe‹) Verstärkerstufen folgen, von denen eine zugleich als Modulationsstufe dient. Die Endstufe von Rundfunksendern liefert die modulierten Schwingungen an die Antenne mit einer Leistung bis zu 2000 kW bei Amplitudenmodulation und bis zu 10 kW bei Frequenzmodulation. Die von den Senderantennen ausgestrahlten Wellen, die sich durch ihre Wellenlänge (2000 m bis 0,6 m) und entsprechend durch ihre Frequenz unterscheiden, liegen in festgelegten Wellenbereichen mit versch. Übertragungseigenschaften (Reichweite, Störungen, Einfluß von Tag und Nacht, Schwund): Lang-, Mittel-, Kurz- und Ultrakurzwellen (UKW). Stereo-Sendungen werden wegen der erforderl. großen

Benjamin Graf von Rumford

Rundfunk

Erstes Deutsches Fernsehen

Zweites Deutsches Fernsehen

DDR-Fernsehen

Österreichischer Rundfunk

Schweizerische Radio- und Fernsehgesellschaft

1

2

Rundfunk: 1 Regieraum mit Blick auf das Nachrichtenstudio (Süddt. Rundfunk). **2** Das ›elektronische Studio‹ des Westdt. Rundfunks; hier kann neben normalen tontechnischen Arbeiten auch elektronische Musik mit Hilfe der elektroakustischen Spezialgeräte hergestellt werden. **3** und **4** Hörspielstudio; **3** Aufnahmestudio, im Hintergrund erkennbar die großen Geräuschrequisiten wie Treppe, Treppenhaus und Fensterläden; **4** Regieraum mit Regisseur und Toningenieur (weitere BILDER Fernsehen)

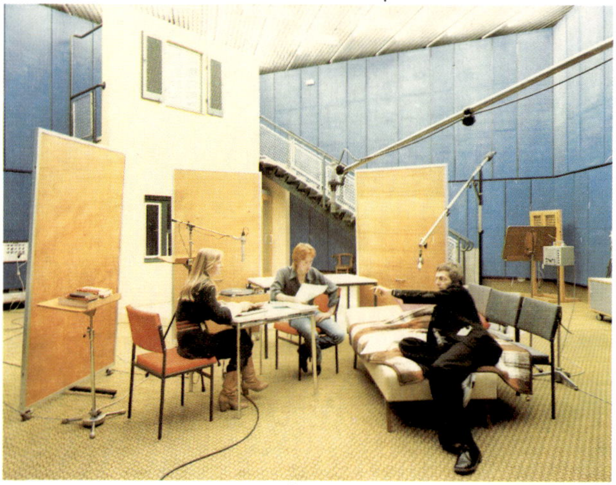

3

4

Bandbreite und der geringeren Störanfälligkeit auf dem UKW-Bereich gesendet. Beim Fernsehen unterscheidet man zw. dem VHF-Bereich (ultrakurze Wellen, für das 1. Programm) und dem UHF-Bereich (Dezimeterwellen, für das 2. und 3. Programm).

Ein **Empfänger** hat 3 Aufgaben: Trennung des gewünschten Senders von den nicht gewünschten Sendern, Demodulation und Verstärkung des empfangenen Signals. Der einfachste Empfänger ist der früher gebräuchlich gewesene **Detektorempfänger,** der einen Schwingkreis zur Abstimmung auf den gewünschten Sender und einen Kristall zur Demodulation (Gleichrichtung) enthielt und nur Kopfhörerempfang ermöglichte. Für die Lautsprecherwiedergabe und das Fernsehen ist eine Verstärkung mit →Transistoren oder integrierten Schaltungen (früher →Elektronenröhren) notwendig. Die heutigen Empfänger sind wegen der erforderl. hohen Trennschärfe als **Überlagerungsempfänger (Superheterodyn-Empfänger,** Abk. **Superhet** oder **Super)** ausgebildet. Sie wandeln die durch Abstimmung eines Schwingkreises ausgewählte Empfangsfrequenz mit einer Hilfsschwingung (Überlagerer-, Oszillatorfrequenz) in der Mischstufe in eine andere Frequenz, die Zwischenfrequenz (ZF), um, die i. Ggs. zur Empfangs- und Hilfsfrequenz unveränderlich ist, damit mehrere Schwingkreise im Zwischenfrequenzteil nur einmal abgestimmt werden müssen. Der UKW-Bereich erfordert eine andere Mischstufe, eine höhere Zwischenfrequenz und eine andere Demodulation. Empfangsgeräte gibt es in versch. Bauformen: **Heimempfänger** sind meist außer für Mono- auch für den Stereo-Empfang (→Stereophonie) eingerichtet. Sie sind i. a. für den Netzanschluß bestimmt. Sind die Lautsprecher getrennt vom Empfänger, so wird er als **Steuergerät** (engl. **Receiver** [rɪsˈiːvə]) bezeichnet. Ein **Tuner** [tjˈuːnə, engl.] ist ein Baustein, der aus einem Steuergerät ohne Endverstärker besteht. **Kofferempfänger** (Reiseempfänger) sind für den Batteriebetrieb oder wahlweise für Batterie- oder Netzbetrieb eingerichtet. Der Bau von **Taschenempfängern** ist erst durch Transistoren möglich geworden. **Autoempfänger** werden aus der Autobatterie betrieben. – Moderne Rundfunkempfänger können mit einer Reihe zusätzl. Einrichtungen ausgerüstet sein: Stationstasten, auf frei wählbare Empfangsfrequenzen fest einstellbare Druck- oder Sensortasten; Abstimmanzeige, Meßinstrument zur Anzeige der empfangenen Feldstärke (in Röhrengeräten früher als ›magisches Auge‹ ausgeführt); UKW-Mittenanzeige, zur genauen Abstimmung des Empfängers auf die maximale Feldstärke; digitale Frequenz- oder Kanalanzeige, z. B. als Zahlenwerte auf einem Display angegeben oder als Leuchtdiodenkette; elektron. Sendersuchlauf, durchläuft automatisch den UKW-Frequenzbereich und bleibt bei genügend stark einfallenden (›empfangswürdigen‹) Sendern stehen; Stillabstimmung, →Muting; automat. Frequenzregelung, →AFC; Stereoanzeige, zur Kennzeichnung von Stereo-Sendern; Kurzwellenlupe, Schaltung zur Spreizung des Kurzwellenbandes zur leichteren und genaueren manuellen Abstimmung; Fernbedienung mit Infrarot oder Ultraschall u. a.

Programm. Die 9 R.-Anstalten in der Bundesrep. Dtl. (Bayer. R./BR, Hess. R./HR, Norddt. R./NDR, Radio Bremen/RB, Saarländ. R./SR, Sender Freies Berlin/SFB, Süddt. R./SDR, Südwestfunk/SWF, Westdt. R./WDR) arbeiten in der Arbeitsgemeinschaft der öffentlich-rechtl. Rundfunkanstalten der Bundesrep. Dtl., Abk. ARD, zusammen. Sie verbreiten Hörfunkprogramme über ihre Sendernetze Mittelwelle und UKW. Die Anstalten stellen ein universelles Programm her, das täglich zu best. Zeiten unmittelbar (als Übertragung, Live-Sendung) oder nachträglich (als Aufzeichnung, ›Konserve‹) gesendet wird. Die 1. und 2. Programme sind grundsätzlich Vollprogramme von mindestens 18 Stunden täglich. Die 3. Programme sind beim ›NDR‹

Bestand an Hörfunkempfängern (1980)

Land	in 1000	je 1000 Ew.	Land	in 1000	je 1000 Ew.
Sowjetunion	130 000	490	Österreich[3])	3 322	443
Großbritannien[1])	53 000	947	Griechenland	3 310	345
Bundesrep. Dtl.[2])[3])	22 750	370	Schweiz[3])	2 300	361
Frankreich[3])	18 250	340	Verein. Staaten	477 800	2 099
Italien[3])	13 781	242	Japan	79 200	678
Dt. Dem. Rep.[3])	6 409	383	Kanada	26 551	1 109

[1]) einschließlich Nordirland. [2]) nur gebührenpflichtige Empfangsgeräte. [3]) erteilte Genehmigungen.

und ›WDR‹ Teilprogramme. Hinzu kommen das deutschsprachige Programm des Deutschlandfunks, das Programm der ›Deutschen Welle‹ und Programme des RIAS.

R.-Programme sind in sich gegliedert nach Sendungsgattungen (Information, Meinung, Unterhaltung), nach vielfältigen Sendungsformen (Grundtypen: Nachrichten, Bericht, Spiel, Wort/Musik), nach der Zeiteinteilung (Tages-, Wochen-, Monatsprogramm u. a.), nach den Sendegebieten (Reichweite, Gebühreneinzugsgebiet), nach der Hörerschaft (für alle, für best. Gruppen), endlich nach techn. Gesichtspunkten (z. B. Lang-, Mittel-, Kurzwelle, UKW, Stereo-Sendung). Programmplaner entwickeln die einzelnen Programme, z. B. die 1. Programme mit Nachrichten und leichter Musik, die 2. mit anspruchsvollen Wort- und Musiksendungen, die 3. mit Zielgruppenprogrammen (›Autofahrer-Welle‹). Alle R.-Anstalten außer NDR und WDR verbreiten **Hörfunkwerbung,** hergestellt von Tochtergesellschaften; die Werbeaussage wird in Werbespots formuliert.

Nach dem 2. Weltkrieg trat neben den Hörfunk das 2. Rundfunkmedium, der Fernsehfunk (→ Fernsehen). In der Bundesrep. Dtl. werden 2 überregionale Fernsehprogramme verbreitet, das ›Dt. Fernsehen‹ (seit 1984: ›Erstes Dt. Fernsehen‹) als Gemeinschaftsprogramm der ARD und das ›Zweite Dt. Fernsehen‹ (ZDF). Die ARD-Anstalten strahlen außerdem werktags Regionalprogramme sowie Dritte Fernsehprogramme (→ Drittes Programm) aus. Beide Programme bringen in begrenztem Umfang Fernsehwerbung (Werbefernsehen). Seit Anfang 1984 werden in der Bundesrep. Dtl. Fernsehprogramme privater Veranstalter über die Kabel des Pilotprojekts Ludwigshafen ausgestrahlt, seit April 1984 auch vom Münchener Pilotprojekt. Geplante weitere Pilotprojekte: Berlin, Dortmund. Beteiligt sind u. a. die Programmgesellschaft für Kabel- und Satellitenrundfunk (PKS), mit von der ›Frankfurter Allgemeinen Zeitung‹ gestalteten Nachrichtensendungen, und die Erste Private Fernsehgesellschaft (EPF). In der Dt. Dem. Rep. verbreitet der ›Dt. Fernsehfunk‹ 2 Programme.

Das Berufsbild der R.-Angestellten ist breit gefächert in publizist. oder Programmberufe (Redakteure, Sprecher, Darsteller, Regisseure, Kameraleute, Ton- und Bildmeister, Schnittmeister/Cutter), techn. Berufe (Studio- und Sendetechniker) und Verwaltungsberufe (Kaufleute und Juristen).

Recht. Der R. kann als Staatsanstalt (Frankreich), öffentl. Anstalt (Großbritannien) oder in Form einer Vielzahl privater Rundfunkgesellschaften (USA) organisiert sein. – In der Bundesrep. Dtl. und Berlin (West) ist das R.-Recht in Bundes- und Landesgesetzen, ergänzenden Vorschriften und Verträgen enthalten (→ Fernmelderecht). Die R.-Anstalten sind öffentlich-rechtl. Natur. Organe sind i. a. **Rundfunkrat** als Vertretungsorgan der Allgemeinheit, **Verwaltungsrat** als wirtschaftl. Aufsichtsorgan und **Intendant** als Leiter der R.-Anstalt. Das Bundesverfassungsgericht hat wiederholt entschieden, es sei durch gesetzl. Regelungen sicherzustellen, daß alle relevanten gesellschaftl. Gruppen im Gesamtprogramm zu Wort kommen. Dies gelte auch für private Rundfunkanstalten. – In der Dt. Dem. Rep. werden die Hörfunkprogramme von dem ›Staatl. Rundfunkkomitee beim Ministerrat der DDR‹ (VO vom 14. 8. 1952) veranstaltet. Österreich: → Österreichischer Rundfunk. Die Schweiz hat einen privatrechtl. Verein als Dachorganisation der regionalen Radiogenossenschaften: die → Schweizerische Radio- und Fernsehgesellschaft.

Grundlage der internat. Zusammenarbeit im techn. Bereich von Hörfunk und Fernsehen ist der **Internat. Fernmeldevertrag** (Fassung Torremolinos, 1973). Die Vertragsparteien sind in der → Internationalen Fernmelde-Union zusammengeschlossen. Die Ordnung und Aufteilung der Sendebereiche erfolgt durch internat. Konferenzen. Die **Genfer Wellenkonferenz** von 1974/75 hat einen neuen Frequenzverteilungsplan für den Lang- und Mittelwellenbereich verabschiedet, der 1978 in Kraft trat. Die kommerzielle Übertragung von Programmen durch Satelliten ist im Übereinkommen von 1971 über die internat. Fernmeldeorganisation → INTELSAT geregelt; die **Genfer Funkverwaltungskonferenz** von 1977 hat einen Plan für den R.-Dienst durch Satelliten beschlossen. Der Verhütung von R.-Sendungen, die von Sendestellen außerhalb der staatl. Hoheitsgebiete gesendet werden, dient ein europ. Übereinkommen von 1965 (→ Piratensender).

Geschichte. Der Nachweis der von J. C. Maxwell vorausgesagten elektromagnet. Wellen gelang 1888 H. Hertz. Nach Erfindung des Detektors (Kohärer) durch E. Branly (1890) und der Hochantenne durch A. Popow (1895) wurden die elektromagnet. Wellen durch G. Marconi 1896 zur Nachrichtenübermittlung (über 3 km) verwendet. Seit 1903 verwendete man ungedämpfte Wellen, die eine drahtlose Telephonie ermöglichten. 1911 erfand O. v. Bronk die HF-Verstärkung, 1913 A. Meissner den Röhrensender mit Rückkopplung, 1918 W. Schottky und E. H. Armstrong den Überlagerungsempfänger. In Dtl. begannen 1923 regelmäßige R.-Sendungen, 1949 der UKW-R. 1948 wurde der Transistor erfunden, der leichte, tragbare Empfangsgeräte ermöglichte. Eine Raumtonwirkung wurde 1954 durch seitlich strahlende Hochtonlautsprecher erreicht. Eine Verbesserung des R.-Empfangs brachten die Stereophonie und die → Quadrophonie.

Rundfunk-Fernsehen-Film-Union, Abk. **RFFU,** der Gewerkschaft Kunst angeschlossene Organisation; Organ: ›Hörfunk-Fernsehen-Film‹ u. a.

Rundfunkfreiheit, Freiheit der Berichterstattung durch Rundfunk und Fernsehen; in der Bundesrep. Dtl. wie die → Pressefreiheit durch Art. 5 GG verfassungsrechtlich gewährleistet.

Rundfunksatellit, ein Nachrichtensatellit.

Rundgewicht, ⚒ **1)** Gewichtheben: kugelförmiges Eisengewicht mit Handgriff zum einarmigen Training, bis zu 7,25 kg schwer. **2)** Sportakrobatik: Schwung- und Wurfgeräte von 10 bis 12,5 kg Gewicht.

Rundhöcker im Jostedal, Südnorwegen

Rundhöcker, Rundbuckel, Felsen, die durch Gletscher auf der Stoßseite durch Abschleifen gerundet, geglättet und mit Ritzlinien (Gletscherschrammen) in der Bewegungsrichtung versehen sind. **Schären** sind vom Meer überflutete R.

Rundi, Barundi, Bevölkerungsgruppe im ostafrikan. Zwischenseengebiet, i. e. S. die zu den Bantu gehörenden Hutu in Burundi, i. w. S. die Gesamtbevölkerung Burundis (einschl. Twa und Hima). Ihre Sprache, das **Kirundi** (nahe verwandt mit dem Kinyaruanda), ist eine der Amtssprachen von Burundi.

Rundköpfe, engl. **Round-heads** [r'aundhedz], Spitzname für die puritan. Anhänger des Parlaments im engl. Bürgerkrieg seit 1642; so benannt nach ihrer kurzgeschorenen Haartracht. Ihre Gegner waren die Königlichen, die Kavaliere.

Rundlauf, Turngerät zum Laufen und Schwingen: 4 Strickleitern an einer Drehscheibe, die auf einem Mast oder an der Decke der Sporthalle befestigt ist.

Rundling *der, -s/-e,* geschlossene Dorfform. Die Gehöfte (bis etwa 10) ordnen sich in Giebelstellung um den inneren Anger (besonders im ehemals dt.-slaw. Grenzraum).

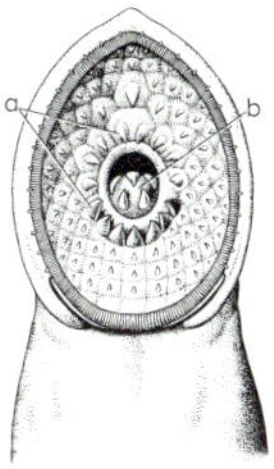

Rundmäuler

Rundmäuler: Mundsaugnapf von Petromyzon marinus; a Hornzähne, b Zunge (mit Hornzähnen)

Rundmäuler, Cyclostomata, Klasse der Kieferlosen Fische; wurm- oder schlangenförmig, mit Rückensaite (→ Chorda) und kieferlosem Saugmaul, z. B. die → Neunaugen und → Inger.

Rundplastik, Freiplastik, Vollplastik, ein allseitig bearbeitetes Bildwerk; Ggs.: Relief.

Rundspruch *der, -(e)s, schweizer.:* Rundfunk.

Rundstedt, Gerd von, GFM (1940), * Aschersleben 12. 12. 1875, † Hannover 24. 2. 1953, führte im 2. Weltkrieg Heeresgruppen gegen Polen, Frankreich und die UdSSR; 1941 abgesetzt, 1942 Oberbefehlshaber West, 1945–49 in engl. Haft.

Rundsteuerung, Netz-Kommandotechnik, Zentralsteuerung, dient in elektr. Niederspannungsnetzen zur Übertragung von Schaltbefehlen für Straßen- und Schaufensterbeleuchtungen, elektr. Speicherheizungen, Mehrfachtarifzähler u. a.

Rund|um-Kennleuchten, opt. Warnvorrichtungen, die ein umlaufendes oder blinkendes, blau oder gelb gefärbtes Lichtbündel erzeugen. R.-K. mit **Blaulicht** in Verbindung mit akust. Verkehrswarngeräten berechtigen zur Vorfahrt, z. B. Polizei, Feuerwehr, Rettungsdienste (§ 38 Straßenverkehrs-Ordn. seit 1. 3. 1971 in Kraft), R.-K. mit **Gelblicht,** bes. für Straßendienstfahrzeuge, dürfen nur verwendet werden zur Warnung vor Arbeits- und Unfallstellen, ungewöhnlich großen Transportfahrzeugen (§ 52 Straßenverkehrs-Zulassungs-Ordn. v. 6. 12. 1960).

Rundwürmer, die → Schlauchwürmer.

Runeberg [r'ynəbɛrj], Johan Ludvig, finnland-schwed. Dichter, * Jakobstad 5. 2. 1804, † Borgå 6. 5. 1877, trug wesentlich zur Entstehung des finn. Nationalbewußtseins bei, bes. durch den

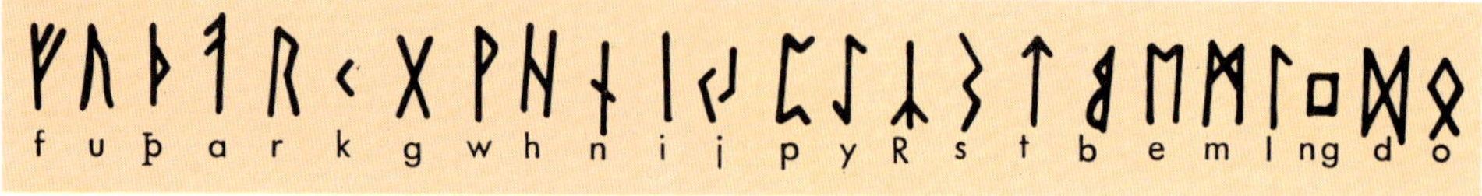

Runen: Ältere nordische Runenreihe nach der Grabplatte von Kylver, 5. Jh.

Lieder- und Balladenzyklus ›Fähnrich Stahls Erzählungen‹ (1848–60), der den schwed.-finn. Kampf gegen Rußland 1808/09 idealisiert; das einleitende Lied ›Vårt land‹ (vertont von F. Parius) wurde finn. Nationalhymne. Ferner: Gedichte, Verserzählungen, Erz., Dramen.

Runen [mhd. rune, zu altnord. ›Geheimnis‹, ›Rat‹], *Sg. die* **Rune**, -, Schriftzeichen, die seit dem 1. Jh. n. Chr. bei den Germanen verbreitet waren. Die Mehrzahl der etwa 5000 auf Holz, Stein oder Metall überlieferten Inschriften (3000 allein in Schweden) sind kurz und hatten meist mag., aber auch profanen Charakter. R. wurden nicht zur Niederschrift histor. oder literar. Überlieferungen benutzt, sondern erscheinen (im Norden) als Gedenkinschriften für Verstorbene auf → Bauta-Steinen oder als Weihe- und Besitzerinschriften auf Waffen u. a. Gegenständen. Nach Einführung der lat. Schrift gerieten die R. nicht in Vergessenheit: sie wurden, zumindest in norweg. Handelsplätzen, für alltägl. Mitteilungen gebraucht. Hauptverbreitungsgebiet der R. war der nord- und mitteleuropäische Raum (Skandinavien, Britische Inseln, Deutschland), Einzelfunde stammen aus Ost- und Südosteuropa. Die älteste Runeninschrift stammt aus Ostnorwegen (Lanzenblatt von Øvre Stabu, 2. Jh. n. Chr.). Die älteste gemeingermanische Runenreihe – nach ihren ersten sechs Zeichen Futhark (FuÞark) genannt – bestand aus 24 Zeichen (›Älteres Futhark‹) und wurde bis ins 8. Jh. n. Chr. benutzt. Die Sprache dieser ältesten Denkmäler, z. B. die Ritzungen von → Gallehus, Nordhuglo, SW-Norwegen, Möjbro, Uppland (Schweden), auf Brakteaten (→ Brakteat 1) des 5. und 6. Jh., ist das dialektal noch nicht differenzierte ›Urnordische‹. Zu Beginn der Wikingerzeit (8. Jh.) entwickelte sich eine kürzere Runenreihe von 16 Zeichen (›Jüngeres Futhark‹), mit der die meisten aller überlieferten Inschriften geschrieben wurden (die umfangreichste findet sich auf dem Runenstein von Rök). Eine besondere Blütezeit der Runenkunst läßt sich im 10./11. Jh. in Schweden beobachten, wo in der Gegend um den Mälarsee über 1000 spätwikingerzeitl. Runensteine mit Ritzungen in Schlangenornamentik entstanden sind. Der Ursprung der R. ist in Alphabeten des Mittelmeerraumes zu suchen. Als Vorbild dienten am wahrscheinlichsten das lat. Majuskelalphabet und nordetruskische Alphabete oder Mischformen daraus. Die Herkunft der R. ist aber immer noch umstritten. (Weiteres BILD Jelling)

Runge [mhd. ›Stange‹] *die, -/-n,* Seitenstück (am Leiterwagen). **Rungenwagen,** offener Güterwagen mit senkrechten Streben (Rungen) zur Beförderung sperriger Güter.

Runge, 1) Friedlieb Ferdinand, Chemiker, * Billwärder (heute zu Hamburg) 8. 2. 1795, † Oranienburg 25. 3. 1867, entdeckte Coffein und Atropin, wurde mit der Auffindung von Anilin, Phenol u. a. Stoffe im Steinkohlenteer Wegbereiter der modernen Teerfarbenchemie.

2) Philipp Otto, Maler, * Wolgast 23. 7. 1777, † Hamburg 2. 12. 1810, studierte an der Kopenhagener Akademie und bildete sich in Dresden fort, wo ihm L. Tieck die romantische, die Schriften J. Böhmes die naturmyst. Vorstellungswelt erschlossen. 1802/03 entwarf er die ›Vier Tageszeiten‹, mit denen er, im Unterschied zum akadem. Klassizismus, eine neue symbolkräftige, naturreligiöse Malerei heraufführen wollte. Ende 1803 ließ er sich in Hamburg nieder, wo er v. a. Porträts malte, in denen sich kraftvoller Realismus und herbe Größe der Form mit schlichter Innerlichkeit verbinden. Die Ausführung der ›Tageszeiten‹ begann er 1808 mit der 1. Fassung des ›Morgens‹, eine 2., vergrößerte Version blieb unvollendet. R. war der eigtl. Begründer der Malerei der dt. Romantik, die er bes. durch seine meist in Briefen niedergelegten theoret. Erkenntnisse beeinflußte (›Schriften, Fragmente, Briefe‹, hg. v. E. Forsthoff, 1938). – WW: Kunsthalle Hamburg: ›Ruhe auf der Flucht‹ (1805/06, unvollendet); ›Die Hülsenbeckschen Kinder‹ (1805/06); ›Der Kleine Morgen‹ (1808).

Philipp Runge: Selbstporträt mit Braut und Bruder, 1805 (1931 verbrannt)

Runghholt, Hafenort des alten → Nordstrand, wahrscheinlich in der großen Sturmflut 1362 untergegangen.

Runkel, Stadt im Kr. Limburg-Weilburg, Hessen, (1984) 8600 Ew., beiderseits der Lahn; fürstl. Wiedsche Stammburg (12. Jh., 1634 zerstört, Unterburg 1641 und 1701–03 erneuert).

Runkelfliege, die → Rübenfliege.

Runkelrübe, Futterrübe, Dickwurz, Beta vulgaris var. alba, Nutzpflanze mit mächtig ausgebildetem Halsteil (walzen-, kugel-, spindel-, plattkugel-, pfahlförmig), so daß der Rübenkörper größtenteils über dem Boden wächst. Die R. dienen im Winter als Naßfutter.

Runkelstein, ital. **Castel Roncolo,** Schloß bei Bozen, Südtirol, seit 1237 erbaut, 1884–88 erneuert; mit Wandmalereien höf. Art (›Tristan und Isolde‹ u. a., um 1400).

Runse [von rinnen] *die, -/-n, oberdt.:* Bachbett, Rinne.

Runyon [r'ʌnjən], (Alfred) Damon, amerikan. Schriftst., * Manhattan (Kansas) 4. 10. 1884, † New York 10. 12. 1946; groteske Kurzgeschichten aus der New Yorker Unterwelt. – ›Schwere Jungen, leichte Mädchen‹ (1932), ›Stories vom Broadway‹ (1935). – Dt. Auswahl: ›Nun schlägt's dreizehn‹ (1967).

Runzel [ahd.] *die, -/-n,* Hautfalte. *Adj.* **runz(e)lig.** *ich* **runz(e)le** *es,* lege in Falten (Stirn).

Runzelkorn, 1) Drucktechnik: die erforderl. unregelmäßige Körnung der Oberfläche von Lichtdruckplatten. **2)** Photographie: Fehler durch zu starke Temperaturunterschiede in den Behandlungsbädern; auch absichtlich zur Erzielung besonderer Effekte.

Ruodlieb, mlat. Ritterroman, um 1050 in Tegernsee geschrieben, in Bruchstücken erhalten. Mit dem Aufruf zur höfischen Sittlichkeit, in einer fesselnden Handlung, geht das Werk der Kulturentwicklung um fast ein Jh. voraus und ist die bedeutendste Dichtung in der Vorgesch. des hochmittelalterl. höfischen Versromans.

Rüpel [Rotwelsch rubel, zu mhd. ribalt ›Landstreicher‹] *der, -s/-,* Flegel, Grobian. *die* **Rüpelei,** *-/-en,* Flegelei. *Adj.* **rüpelhaft.**

Rupert [zu Ruprecht], männlicher Vorname.

Rupert, Hrodbert, Ruprecht, Heiliger, Patron von Bayern, * um 650, † Salzburg 27. 3. 718 (?), wurde von Worms durch Herzog Theodo als Bischof nach Bayern gerufen; gründete das Kloster St. Peter in Salzburg und wirkte von dort für christl. Mission und Kultur; Tag: 27. 3.

rupfen [zu raufen]. *ich* **rupfe, 1)** *es,* ziehe, reiße heraus: *wir müssen Unkraut rupfen.* **2)** *Geflügel,* reiße die Federn aus (bevor ich es zubereite): *ich habe ein Hühnchen mit ihm zu rupfen,* U einen Streit auszufechten. **3)** *ihn,* U nehme ihm Geld ab. *ich* **rupfe** *es* **aus,** reiße heraus (Federn).

Rupfen *der, -s/-,* grobfädiges Jutegewebe in Leinwandbindung als Wandbespannstoff.

Rupiah *die, -/-,* Abk. **Rp.,** Währungseinheit in Indonesien, 1 Rp. = 100 Sen (S).

Rupi|e [Sanskrit] *die, -/...pi|en* und bei Wertangaben -, Abk. **R,** Währungseinheit, in Indien: 1 Ind. R. (iR) = 100 Paise (P.); auf Mauritius: 1 Mauritius-R. (MR) = 100 Cents (c); in Nepal: 1 Nepales. R. (NR) = 100 Paisa (P); in Pakistan: 1 Pakistan. R. (pR) = 100 Paisa (Ps); auf den Seychellen: 1 Seschellen-R. (SR) = 100 Cents (c); in Sri Lanka: 1 Sri-Lanka-R. (S. L. Re.) = 100 Sri-Lanka-Cents (S. L. Cts.).

ruppig, 1) U ungeschliffen, flegelhaft. **2)** *norddt.:* ärmlich, zerlumpt. *Subst. die* **Ruppigkeit,** -. **Ruppsack,** U Flegel.

Ruppiner See, Rhinsee, See in Brandenburg, südöstlich von Neuruppin, 8,5 km^2 groß, bis 24 m tief.

Ruprecht, Rupert [ahd. hrod ›Ruhm‹ und beraht ›glänzend‹], männl. Vorname.

Ruprecht, Fürsten:

Deutscher König. **1) R. von der Pfalz** (1400–10), Kurfürst von der Pfalz (seit 1398), * Amberg 5. 5. 1352, † Burg Landskron (über Oppenheim) 18. 5. 1410, stand mit Erzbischof Johann II. von Mainz an der Spitze der Fürsten, die König Wenzel absetzten, wurde dann selbst zum König gewählt, aber nur in einem Teil des Reiches anerkannt.

Bayern. **2) Rupprecht,** Kronprinz, Sohn Ludwigs III., * München 18. 5. 1869, † Leutstetten (Kr. Starnberg) 2. 8. 1955, GFM im 1. Weltkrieg; genoß nach 1918 in Bayern, auf dessen Thron er nie verzichtet hatte, große Volkstümlichkeit.

Pfalz. **3) R. I.,** Kurfürst (1353–90), * Wolfratshausen 9. 6. 1309, † Neustadt a. d. Weinstraße 16. 2. 1390, Wittelsbacher, gründete 1386 die Ruprecht-Karls-Universität Heidelberg.

4) engl. **Rupert** [r'u:pət], Prinz, Sohn des Kurfürsten Friedrich V. von der Pfalz, * Prag 17. 12. 1619, † London 29. 11. 1682, kämpfte im Dreißigjährigen Krieg auf protestant. Seite, war im engl. Bürgerkrieg 1642–45 der militär. Führer der Royalisten und führte 1648–53 den Handelskrieg gegen die niederländ. Flotte. Nach der Restauration 1660 nahm er an den Seekriegen gegen die Niederlande teil.

Ruprechtskraut, ⊕ ein → Storchschnabel.

Ruptur [lat.] *die, -/-en,* ⚕ das Zerreißen von Körpergewebe.

Rur *die,* niederländ. **Roer** [ru:r], rechter Nebenfluß der Maas, entspringt am Botrange (Hohes Venn), mündet bei Roermond, 208 km lang. Die **Rurtalsperre (Talsperre Schwammenauel),** Kr. Euskirchen, staut die R. bis 68 m Stauhöhe; der 7,8 km² große Stausee hat einen Stauinhalt von 205 Mio. m³.

rural [lat.], ⚘ ländlich, bäuerlich.

Rurik, russ. **Rjurik,** warägischer (normann.) Heerführer, der nach dem Bericht der Nestorchronik (→ Nestor) in den sechziger Jahren des 9. Jh. in Nowgorod herrschte; möglicherweise der in westlichen Quellen erwähnte jütländ. Wikingerfürst Rorik.

Rurikiden *Pl.,* russ. **Rjurikowitschi,** russ. Herrscherfamilie, die ihren Ursprung von Rurik herleitete. Bis zum 14. Jh. waren die regierenden Fürsten des Kiewer Reichs und die Teilfürsten R., die Moskauer Großfürsten bis 1598 (→ russische Geschichte).

Rus *die, -,* alte Bez. nicht geklärter Herkunft für das Kiewer Reich, nach Auffassung sowjet. Historiker urspr. nur dessen Kerngebiet. In den frühen Quellen heißen die Waräger (Normannen) auch R. Daher wird bes. von den Normannisten angenommen, daß der Name R. zuerst die waräg. Oberschicht bezeichnete, dann die Ostslawen. Die Namen für die Russen **(Russkije)** und für Rußland vom 18. Jh. an **(Rossija)** sind von R. abgeleitet.

Rusafa, Resafa, Ruinenstadt in der Syr. Wüste, im SW von Raqqa, schon in assyr. Zeit im 9. Jh. v. Chr. erwähnt **(Rasappa),** hieß im 3./4. Jh. n. Chr. **Sergiopolis;** Ausgrabungen 1952, 1954, 1956.

Rüsche [frz.] *die, -/-n,* Krause, wabenähnl. gefältelter Stoffstreifen (an Kleidern, Wäsche). *ich* **rüsche** *es,* fältele, kräusele.

ruscheln. *ich* **rusch(e)le,** U tue etwas schnell und flüchtig. **rusch(e)lig,** U oberflächlich, schlampig.

Ruschelzone, 🜨 tektonisch verursachte, unterschiedlich breite Zerrüttungszone im Gestein.

Rush-hour [r'ʌʃauə, engl.] *die, -/-s,* Hauptverkehrszeit.

Rusk [rʌsk], D e a n, amerikan. Politiker (Demokrat), * Cherokee County (Ga.) 9. 2. 1909, war 1952–60 Präs. der Rockefeller Foundation, 1961–69 Außen-Min.

Ruska, E r n s t August Friedrich, Physiker, * Heidelberg 25. 12. 1906, entwickelte 1931/32 mit M. Knoll das erste magnet. Elektronenmikroskop, anschließend mit B. v. Borries ein Elektronenübermikroskop. Nach dem 2. Weltkrieg übernahm er die Leitung des Instituts für Elektronenmikroskopie im Fritz-Haber-Institut der Max-Planck-Gesellschaft in Berlin-Dahlem.

Rusisi, Fluß in Ostafrika; die Wasserkraftwerke R. I (fertiggestellt) und R. II (geplant) in Ruanda dienen der Stromversorgung von Ruanda, Burundi und O-Zaire.

Ruskin [r'ʌskɪn], J o h n, engl. Schriftst., Sozialreformer und Maler, * London 8. 2. 1819, † Brantwood (Lancashire) 20. 1. 1900, trat für die → Präraffaeliten ein. Die mittelalterl. Kunst verehrte er als Ausdruck eines gläubigen Zeitalters. In vielen Schriften predigte er sein ›Evangelium der Schönheit‹. Für ihn war äußere Schönheit nur die Entsprechung der ›schönen Seele‹. R. kämpfte auch für eine neue Wirtschaftsethik: Arbeit als sittl. Verpflichtung, nicht als Ware; schöpfer. Wert der handwerkl. Arbeit. Viele seiner Vorschläge wurden verwirklicht (Gartenstädte, Arbeiterhochschulen). Als Maler schuf R. Architekturdarstellungen, meist mit ital. und frz. Motiven, Naturstudien und Nachzeichnungen von älteren Kunstwerken.

Ruß *der,* zweigeteilter Hauptmündungsarm der Memel, mündet bei Heydekrug in das Kurische Haff.

Ruß [ahd. ruoz] *der, -es,* **1)** schwarzes, zu 80–99,5% aus Kohlenstoff bestehendes Pulver, das aus kleinsten, kugelförmigen Teilchen aufgebaut ist, die zu kettenförmigen Aggregaten zusammengewachsen sind. Die spezif. Oberfläche beträgt meist etwa 100 m²/g, bei feinstteiligem **Farb-R.** auch bis zu 1000 m²/g. R. wird durch unvollständige Verbrennung oder Pyrolyse von Kohlenwasserstoffen hergestellt. Das wichtigste Verfahren ist der **Furnace-Prozeß** [f'ə:nɪs-]. R. wird zu über 90% als Füllstoff in der Gummi-Ind., außerdem als Pigment für Druckfarben, Tuschen, Lacke und in der Elektro-Ind. verwendet. **2)** ♞ **Ferkelruß,** ansteckender Hautausschlag (bräunliche bis schwarzgraue Schuppen, ›Pechräude‹) bei Ferkeln. *Adj.* **rußig.** *ich* **ruße, 1)** *es,* färbe mit R. **2)** *es rußt,* erzeugt R.: *der Ofen rußt.*

Russe, Ruse, Hptst. des Gebiets R., Bulgarien, (1981) 176000 Ew., wichtigster bulgar. Donauhafen; Hochschule für Mechanisierung der Landwirtschaft; Lebensmittel-, Maschinen-, elektrotechn., Textil- u. a. Ind., Herstellung von Eisenbahnwaggons und Lokomotiven. R. ist mit dem rumän. Giurgiu durch Eisenbahn- und Straßenbrücke verbunden.

Rüssel [ahd. ruozzen ›wühlen‹] *der, -s/-,* **Proboscis,** röhrenförmige Verlängerung am Kopf mancher Tiere. Bei einigen Schnecken ist der R. eine meist ausstülpbare Bildung der Mundorgane; bei manchen Insekten unterscheidet man **Stech-, Leck-** und **Saugrüssel.** Der R. der Säugetiere ist eine Verlängerung der Nase; am stärksten ausgebildet beim Elefanten.

Rüsselbären, Nasenbären, Bez. für → Kleinbären mit rüsselartig verlängerter Nase (BILD Nasenbär).

Rüsselkäfer, 1) i. w. S. Familienreihe der rüsseltragenden Käfer, darunter die bes. langgestreckten **Langkäfer,** die → Spitzmausrüßler, die **Afterrüsselkäfer** (mit → Rebenstecher und → Trichterwickler) und die → Borkenkäfer. **2)** i. e. S. **Echte Rüßler (Curculionidae),** artenreiche, viele Schädlinge umfassende Käferfam. mit rüsselförmig verlängertem Kopf, an dessen Spitze die kauenden Mundwerkzeuge sitzen. Zu den R. gehören u. a.: → Blütenstecher, → Haselnußbohrer, → Kohlrüßler, → Kornkäfer. Der **Buchenrüßler** befällt Buchen, Obstbäume, Beerensträucher. Der 3 mm lange, graubehaarte **Rapsrüßler** zerstört als Larve Raps- und Kohlsamen; der Käfer bohrt die Blütenknospen an.

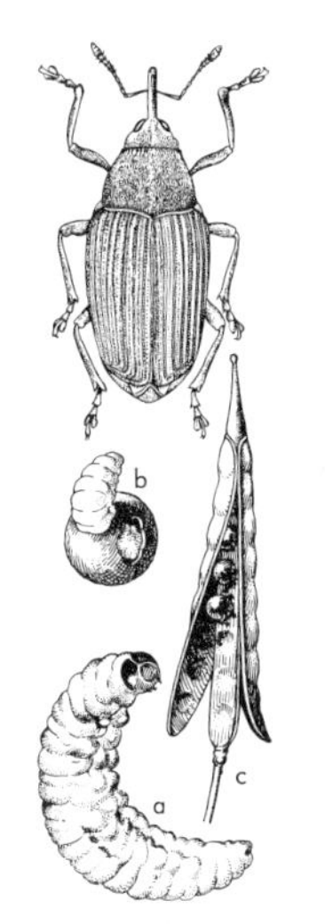

Rüsselkäfer 2)

Rüsselkäfer 2): Rapsrüßler; a Larve, b Larve, die in ein Rapssamenkorn eindringt, c geöffnete Rapsschote mit (von der Larve) zerfressenen Samen

Russell [rʌsl], **1)** B e r t r a n d, 3. Earl R., engl. Philosoph, Enkel von 4), * Trelleck (Wales) 18. 5. 1872, † Penhydendreath (Wales) 2. 2. 1970, 1910–16 Lecturer in Cambridge, kam während des 1. Weltkrieges wegen Aufforderung zur Kriegsdienstverweigerung ins Gefängnis, lebte dann ohne Amt und wurde als Schriftst., der zu den wissenschaftl. und sozialen Fragen der Zeit kritisch Stellung nahm, weithin bekannt. Als Gast las er u. a. in Harvard, Oxford, London, Peking, Chicago, Los Angeles. 1950 erhielt er den Nobelpreis für Literatur. Politisch stand R. dem linken Flügel der Labour Party nahe. Als Philosoph entwickelte er mit A. N. Whitehead das erste System der → mathematischen Logik. In vielen erkenntnistheoret. Schriften versuchte er, das Weltbild der unmittelbaren Erfahrung mit dem Weltbild der Physik zu vereinigen.

Bertrand Russell

HW: Principia mathematica, 3 Bde. (1910–13, mit A. N. Whitehead); Mystik und Logik (1918); Einführung in die mathemat. Philosophie (1919); Mensch und Welt (1927); Skepsis (1928); Die Eroberung des Glücks (1930); Das menschl. Wissen (1948); Macht und Persönlichkeit (1949); Unpopuläre Betrachtungen (1950); Warum ich kein Christ bin (1957); Mein Leben, 3 Bde. (1967–69).

2) G e o r g e W i l l i a m, anglo-irischer Schriftst. und Maler, Pseudonym **Æ,** * Lurgan (Armagh) 10. 4. 1867, † Bournemouth 17. 7. 1935, Hg. der literar. Ztschr. ›The Irish Statesman‹ heraus. Seine Bilder haben denselben visionären Charakter wie seine Verse.

3) H e n r y N o r r i s, amerikan. Astronom, * Oyster Bay (N. Y.) 25. 10. 1877, † Princeton (N. J.) 19. 2. 1957, ebd. 1912–47 Direktor der Sternwarte; förderte mit seinen Arbeiten über die Zustandsgrößen der Fixsterne und ihre Entwicklung die moderne Astrophysik; stellte mit E. Hertzsprung das → Hertzsprung-Russell-Diagramm auf.

4) J o h n, 1. Earl R. (1861), brit. Politiker, Großvater von 1), * London 18. 8. 1792, † Pembroke Lodge (heute zu London) 28. 5. 1878, liberaler Reformer, seit 1813 als Whig im Unterhaus, 1835–66 mehrfach Min.; setzte sich als Außen-Min. für die brit. Neutralität im amerikan. Bürgerkrieg ein, unterstützte vergeblich Dänemarks Anspruch auf Schlesw.-Holst.; 1846–52 und 1865/66 Premier-Min.

John Ruskin
(Aquarell von
H. v. Herkomer, 1881)

Russell-Tribunal [r'ʌsl-], nach dem engl. Philosophen B. → Russell benannte Jury, die auf privater Basis (Veranstalter: Russell-Friedensstiftung) Menschenrechtsverletzungen ins öffentl. Bewußtsein heben will, dabei aber in der Auswahl der Juroren und Verhandlungsgegenstände internat. umstritten blieb. Das 1. R.-T. (1967) verhandelte über Kriegsverbrechen der US-Truppen in Vietnam, das 2. (1973–76) über Menschenrechtsverletzungen in Lateinamerika (bes. in Chile), das 3. (1978–79) über Berufsverbote in der Bundesrep. Dtl., das 4. (1980) über die Verfolgung der Indianer in Amerika.

Rüsselsheim

Rüsselrobben, Unterfam. der → Seehunde.

Rüsselsheim, Stadt im Kr. Groß-Gerau, Hessen, (1984) 59000 Ew., links des Mains; Abteilung der Fachhochschule Wiesbaden, Hessenkolleg, Museum. R. verdankt sein rasches Wachstum der Adam Opel AG (→ Opel); ferner Maschinenind. R. erhielt 1437 Stadtrecht.

Rüsselspringer, Macroscelididae, afrikan. Fam. der Insektenfresser, z. T. mit verlängerten Hinterbeinen, großen Ohrmuscheln und Augen. Die **Elefantenspitzmäuse** haben einen kurzen Rüssel, Körperlänge von 10–13 cm. Die **Rüsselhündchen** mit langer Rüsselnase und kurzen Hinterbeinen werden bis über 30 cm lang.

Rüsselspringer:
OBEN Elefantenspitzmaus, UNTEN Rüsselhündchen

Rüsseltiere, Proboscidea, im Tertiär weitverbreitete Säugetierordnung. Die ältesten R., z. B. das tapirgroße **Moeritherium,** hatten schon vergrößerte Schneidezähne. Die weitere Entwicklung führte zu den → Elefanten (Seitenzweig: → Dinotherium).

Russen, russ. **Russkie** [→ Rus], ostslaw. Volk in der UdSSR (1979 rd. 137 Mio.), bes. in der Russ. SFSR; in Westeuropa und Amerika rd. 2 Mio. – Seit dem 17. Jh. auch **Großrussen** genannt, im Unterschied zu den **Kleinrussen** (→ Ukrainer) und den → Weißrussen, sind die R. im 12.–14. Jh. aus der Verschmelzung kolonisierender ostslaw. Stämme mit der finn. Bevölkerung entstanden; sie haben eine nord-, mittel- und südruss., auch sprachlich unterschiedliche Stammesart ausgeprägt (→ russische Sprache). *Adj.* **russisch.**

Russen, volkstümlicher Name für Schaben.

Russenbluse, Russenkittel, weite, von einem Gürtel zusammengehaltene Bluse mit langen Ärmeln, niederem Stehkragen; oft bestickt.

russische Geschichte. Zur Vorgeschichte des späteren ostslaw. Siedlungsraumes → Osteuropa, Vorgeschichte, → Sibirien, Vorgeschichte.

Die Slawen besiedelten vom 6. Jh. n. Chr. an das obere und mittlere Flußgebiet des Dnjepr und der Düna sowie das Gebiet des Ilmensees. Im Zusammenhang mit den Bestrebungen der Waräger, den Handelsweg von der Ostsee zum Schwarzen Meer zu sichern und Konstantinopel zu erobern, erfolgte eine polit. Zusammenfassung der einzelnen slaw. Stämme (die älteste russ. Chronik nennt 15). Der Handel mit Byzanz konnte ausgebaut werden (Verträge von 911 und 944), und der südlichste Vorposten, Kiew, entwickelte sich zur Hauptstadt.

Das Kiewer Reich und die Zeit der Teilfürstentümer (bis 1240)

Das Kiewer Reich (→ Rus), anfangs nur ein loser Verband der ostslaw. Stämme, wurde durch die Kiewer Fürsten Oleg (der um 880 das von anderen Normannen beherrschte Kiew eroberte) und Igor (912–45) zusammengehalten. Swjatoslaw (945/69–72) vernichtete das Reich der Chasaren, dem ein Teil der slaw. Stämme noch im 9. Jh. Tribut gezahlt hatte. Die für ihren Sohn die Regentschaft führende Fürstin Olga (945–69), die sich vergeblich um eine Christianisierung bemühte, schuf die Grundlagen einer festeren Verwaltungsordnung. Wladimir d. Hl. (um 978–1015) begann 988 die Christianisierung der Bevölkerung mit Hilfe grch. und bulgar. Geistlicher, die die kirchenslaw. Liturgie mitbrachten. Er baute Kirche und Staatsverwaltung aus. Fortgesetzt wurde dieses Werk von Jaroslaw d. Weisen (1019–54), der 1039 eine dem Patriarchen von Konstantinopel unterstellte Metropolie schuf. Seine Dekrete bildeten den Kern der ›Russkaja prawda‹, der Gesetzessammlung des Kiewer Reiches. In der Folgezeit kam es zu Uneinigkeit unter den Nachkommen Jaroslaws. Wladimir II. Monomach (1113–25) konnte noch einmal die polit. Einheit des in Teilfürstentümer zerfallenen Reiches größtenteils wiederherstellen, jedoch kam es nach seinem Tod wieder zu Fehden zw. den Teilfürsten.

Mit der Eroberung Kiews (1169) durch den Fürsten Andrej Bogoljubskij von Wladimir-Susdal (1157–74) begann die Zeit der Teilfürstentümer, wobei die kulturelle Einheit der Bevölkerung erhalten blieb, da der bis 1300 in Kiew residierende Metropolit das Oberhaupt der Kirche blieb. Die kleineren Fstt. standen in der Regel unter dem Einfluß der militärisch mächtigen Fürsten von Wladimir-Susdal, die daher seit etwa 1200 den Großfürstentitel führten.

Die Mongolenherrschaft (1240–1480)

Da das politisch zerstückelte Kiewer Reich dem Ansturm der Mongolen nicht gewachsen war, konnte Batu Chan 1236–40 alle russ. Fürstentümer erobern. Die polit. Ordnung wurde in der Folgezeit nicht verändert, jedoch mußten die Fürsten sich ihre Herrschaftsrechte vom Chan bestätigen lassen. Den Fürsten von Wladimir-Susdal wurde die Großfürstenwürde offiziell durch den Chan verliehen. Ihre Führungsposition erhielt besonderes Gewicht durch die überragende Persönlichkeit Alexander Newskijs (Großfürst 1252–63), der noch als Fürst von Nowgorod die NW-Grenze 1240 gegen die Schweden und 1242 gegen den Dt. Orden erfolgreich verteidigt hatte.

Aus den Kämpfen um die Vorherrschaft im Osten, bes. zw. Moskau und Twer, ging das 1300 noch völlig unbedeutende Fstt. Moskau als Sieger hervor, das 1326 auch Sitz des Metropoliten wurde.

Das Moskauer Reich (1480–1703)

Iwan III. (1462–1505) machte 1480 der Mongolenherrschaft ein Ende und suchte alle Teile des Kiewer Reiches unter Moskauer Herrschaft zu vereinigen. Durch die Einverleibung Nowgorods (1478) und Twers (1485) fielen der gesamte Osten und Norden an Moskau. Zunächst waren auch die Kriege gegen Litauen erfolgreich. Iwan IV. der Schreckliche (1530–84), der 1547 den Zarentitel angenommen hatte, eroberte die Chanate Kasan (1552) und Astrachan (1556) und leitete 1582 die Eroberung Sibiriens ein (beendet 1598). Er reduzierte den Hochadel und machte den Dienstadel zur Hauptstütze des Staats. Nach dem Aussterben der angestammten Dynastie (→ Rurikiden) konnte der Zar Boris Godunow (1598–1605) die durch die Expansionspolitik erschütterte wirtschaftl. Lage des Landes nicht verbessern. So kam es zu Beginn des 17. Jh. erst zu einer wirtschaftl. und dann auch zu einer sozialen und polit. Krise **(Zeit der Wirren,** russ. **Smuta),** in der sich die Herrscher in rascher Folge ablösten (→ Dmitrij 2) und die erst mit der Wahl Michael Romanows zum Zaren (1613) endete. Die polit. Macht des Zaren war unbeschränkt, ihm stand eine beratende Körperschaft (→ Duma 1) zur Seite; Hauptstützen waren der Dienstadel und seit dem 17. Jh. immer stärker die Beamtenschaft sowie die Kirche, die seit 1441/48 von Konstantinopel unabhängig war und deren Haupt seit 1589 den Patriarchentitel trug. Als allzu drastisch empfundene Reformen des kirchl. Lebens durch → Nikon führten in den sechziger Jahren des 17. Jh. zur Entfremdung eines Teils der Gläubigen (→ Raskolniki). Die Kirche verhinderte, daß im geistigen Leben Rußlands westeurop. Gedankengut wirksam wurde und schirmte die mittelalterl. Lebensformen gegen eine Modernisierung ab, der erst Peter d. Gr. zum Durchbruch verhalf.

Die Petersburger Periode (1703–1917)

Die ›Petersburger Periode‹ begann mit der Verlagerung des Reichszentrums in den äußersten NW durch die Gründung St. Petersburgs (1703) durch Peter d. Gr. (1682–1725) und mit dem Erwerb eines bed. Teils der Ostseeküste im → Nordischen Krieg 3) (1700–21), der auch eine starke Verdichtung des europ. Interessengeflechts brachte. 1721 nahm Peter d. Gr. den Kaisertitel an. Neuerungen und Reformen bewirkten in der staatl. Verwaltung und im gesellschaftl. Gefüge auf Dauer tiefgreifende Veränderungen. Der Senat, 1711 mit beschränkten Aufgaben geschaffen, wurde nach und nach zur obersten Zentralbehörde. An die Stelle der Moskauer Ämter traten seit 1717 ressortbestimmte Kollegialbehörden. Das ›Geistliche Reglement‹ (1721) ersetzte das Patriarchat durch den Hl. Synod als staatlich kontrolliertes Kollegialorgan. Die **Rangtabelle** (1722, bis 1917 in Geltung) stellte den in den obersten Rängen erbl. Dienstadel neben den ebenfalls dienstverpflichteten Geburtsadel. Der wachsende Abstand zw. der lastentragenden und dienenden Schicht, die kaum mehr Rechtsschutz genoß (größere Abhängigkeit der Bauern von ihren Herren durch Einführung des Kopfsteuersystems), und dem privilegierten Adel, der 1762 vom Dienstzwang befreit wurde, führte wiederholt zu Aufständen (im 18. Jh. u. a. unter J. I. → Pugatschow). Anwerbung und Zuzug ausländ. Fachkräfte wurden von Peter d. Gr. stark gefördert. Der 1725 in Petersburg gegr. Akademie gehörten im 18. Jh. neben 26 Russen 68 Wissenschaftler mit Deutsch als Muttersprache an.

Nach den Türkenkriegen Peters d. Gr. – erfolgreich 1696, unglücklich 1711 – war es der aus Oldenburg stammende russ. Feldmarschall B. C. Münnich, der im Türkenkrieg 1735–39 zum erstenmal das (irreale, Peter d. Gr. noch fremde) Ziel einer russ. Eroberung Konstantinopels aufstellte. Im → Siebenjährigen Krieg besetzten die Russen Berlin (1760) und Ostpreußen (1757–62), das der russ. Kaiserin Elisabeth (1741–62) huldigte, nach dem Friedensschluß Peters III. (1762) jedoch geräumt wurde. Katharina II. (1762–96) begründete die europ. Hegemoniestellung der russ. Kaisermacht. Sie erlangte u. a. den Zugang zum Schwarzen Meer, die Einverleibung der Krim (1783) und einen weiteren Teil der Schwarzmeerküste (1792). In den 3 Teilungen Polens in Verbindung mit Preußen und Österreich erwarb Rußland die poln. Ostgebiete, Litauen und (1795) Kurland, das mit Livland und Estland zu einem Generalgouvernement vereinigt wurde. Alexander I. (1801–25), der im Einvernehmen mit Napoleon I. 1809 Finnland, dann auch (1812) Bessarabien gewann, wurde im Kampf gegen Napoleon seit 1812 zum ›Befreier Europas‹. Das auf dem Wiener Kongreß (1815) gegründete und mit Rußland vereinigte Kgr. Polen genoß zunächst eine halbstaatl. Autonomie, die es nach der Erhebung von 1830 verlor. Die von Alexander 1815 gestiftete Heilige Allianz wurde von Metternich konservativ interpretiert und gehandhabt. Seit 1820 unterstützte Alexander die antiliberale Interventionspolitik. Unter Nikolaus I. (1825–55) wurde Rußland nach der Niederschlagung des Aufstandes der → Dekabristen und der poln. Revolution die Vormacht des konservativen Europa. Den Zusammenbruch seiner Hegemonie bewirkte der → Krimkrieg.

Trotz polizei- und beamtenstaatl. Überwachung brachte das Zeitalter Nikolaus' I. Rußland mit der Auseinandersetzung zw. ›Slawophilen‹ und ›Westlern‹ eine starke, wenn auch z. T. nicht-öffentl. Entfaltung des geistigen Lebens und eine erste Blüte der Dichtkunst (A. S. Puschkin, M. J. Lermontow, N. W. Gogol). Kennzeichnend für die Intelligenzschicht wurde seitdem eine an der Freiheitsforderung orientierte systemkrit. Oppositionshaltung. In der ›Neuen Ära‹ unter Alexander II. (1855–81) begann eine tiefgehende Umwandlung Rußlands, ausgelöst durch eine Reihe von Reformgesetzen: Bauernbefreiung (1861), Gewährung einer begrenzten Universitätsautonomie (1863), Einrichtung der landschaftl. Selbstverwaltung (**Semstwo**, 1864), Modernisierung der Justiz (1864), Lockerung der Zensur (1865), Städtereform auf der Grundlage des Dreiklassenwahlrechts (1870), Einführung der allg. Wehrpflicht (1874). Die Bewegung der Volkstümler (**Narodniki**) ging seit 1878 mit einer Kette von Attentaten in den revolutionären Terrorismus der ›Nihilisten‹ über.

Nach der Ermordung Alexanders II. kehrte sein Sohn Alexander III. (1881–94) zur staatl. Repressionspolitik zurück. Außenpolit. veranlaßten vorübergehende panslawist. Stimmungen Rußland zur Unterstützung der Balkanvölker und zum russisch-türk. Krieg 1877/78, dessen im Vorfrieden von S. Stefano erzieltes günstiges Ergebnis unter dem Druck Englands und Österreich-Ungarns auf dem Berliner Kongreß 1878 modifiziert werden mußte. Die gegen Rußland gerichtete Kreditpolitik Bismarcks und die Nichterneuerung des → Rückversicherungsvertrages (1890) führten 1892/93 zu der russisch-frz. Allianz. Mit dem Bau der 8000 km langen Transsibirischen Eisenbahn (1891–1904) begann die wirtschaftl. Erschließung Sibiriens bis zum Fernen Osten. Die russ. imperialistisch-kapitalist. Wirtschaftsexpansion in der Mandschurei und in Korea führte zum → Russisch-Japanischen Krieg 1904–05.

Die Abgrenzung der britisch-russ. Interessensphären in Innerasien gelang im Vertrag von St. Petersburg (1907). Auf dem Balkan verschärfte sich der Ggs. zu Österreich-Ungarn durch die Annexion Bosniens durch Österreich-Ungarn.

Seit etwa 1890 stand Rußland in einem Prozeß beschleunigter Industrialisierung, gefördert durch die vom Finanz-Min. S. J. Witte ausgebaute Schutzzollpolitik und steigende Auslandsanleihen, ohne daß die agrar. Grundlage des Reiches dadurch in Frage gestellt wurde. Gleichwohl bahnte sich eine Veränderung aller Sozialverhältnisse an. Die rasch zunehmende Fabrikarbeiterschaft konzentrierte sich bes. in den Hauptstädten. Trotz rücksichtsloser Ausbeutung der Arbeiterschaft und gleichzeitig hochkapitalist. Monopolisierungstendenz war die russ. Industrie auf dem Weltmarkt noch nicht konkurrenzfähig. Die Agrarfrage blieb das ökonom. Hauptproblem, zumal die Bauernbefreiung zunächst mit zu geringer Landzuteilung, zu hohen Loskaufzahlungen und unzeitgemäßer Beibehaltung des Gemeinbesitzes (→ Mir) den Aufstieg blockiert hatte. Die grundlegende Agrarreform von P. A. Stolypin (seit 1906) förderte die Differenzierung der Bauernschaft, erstrebte die Auflösung der Mir-Verf. und die Konsolidierung des bäuerl. Privateigentums, blieb aber wegen des Weltkriegs stecken.

Etwa seit 1890 wurde in Rußland in revolutionären Zirkeln der Marxismus aufgenommen, 1898 die geheime russ. Sozialdemokrat. Arbeiterpartei gegründet, während aus den terroristischen Narodniki-Gruppen die ebenfalls geheime Sozialrevolutionäre Partei (1902) hervorging. Zur Revolution von 1905 führten die Befreiungsbewegung der Semstwo-Intelligenz, die Unzufriedenheit der Arbeitermassen, die revolutionäre Aktivität der russischen bolschewistischen und menschewistischen Marxisten und der Sozialrevolutionäre, der verhaßte Krieg mit Japan, das Versagen der Regierung gegenüber der Massendemonstration in St. Petersburg (›Blutsonntag‹, Jan. 1905). Nach der Gewährung der Grundrechte und einer Volksvertretung (→ Duma 3) durch das Oktobermanifest Nikolaus' II. und die Niederwerfung des Moskauer Dezemberaufstandes begann ein von Parteien getragenes polit. Leben, das auch nach der Wahlrechtsänderung durch den Staatsstreich von 1907 parlamentar. Erfahrung entstehen ließ. Die revolutionäre Bewegung wurde durch den Polizeiapparat (›Ochrana‹) niedergehalten.

Der 1. Weltkrieg, dem das technisch rückständige Rußland auf die Dauer nicht gewachsen war, brachte im Zug der Niederlagen und erzwungenen Räumungen (Polen, Kurland) den Machtzerfall der Monarchie. Massendemonstrationen in Petrograd (23. 2./8. 3. 1917), die sich zu einem allg. Arbeiter- und Bauernaufstand ausweiteten (**Februarrevolution**), erzwangen die Abdankung Nikolaus' II. Die Provisorische Reg. unter dem Fürsten G. E. Lwow, seit Juli 1917 unter A. F. Kerenskij, konnte weder eine starke Staatsgewalt aufrichten noch den wirtschaftl. Ruin aufhalten. Durch den bewaffneten Aufstand vom 25./26. 10. 1917 a. St. (**Oktoberrevolution**) oder 7./8. 11. 1917 n. St. (**Novemberrevolution**) in Petrograd (St. Petersburg) und anschließend in Moskau gelangten die Bolschewisten unter Führung Lenins und der organisator. Leitung Trotzkijs an die Macht. Weiteres → Sowjetunion, Geschichte.

russische Kirche. → russisch-orthodoxe Kirche.

russische Kunst. Seit der Einführung des Christentums (988) entwickelte sich die altrussische Kunst im Dienst der Kirche und unter dem Einfluß von Byzanz.

altrussische Kunst

Vorbild für die ersten großen Werke der Baukunst, die Sophienkirchen in Kiew (1037 begonnen) und Nowgorod (1045–50), war die byzantin. Kreuzkuppelkirche, deren Typus dann vielfach abgewandelt wurde, v. a. durch Hervorhebung der Hauptkuppel. Die Außengliederung der Kirchenbauten zeigt Ähnlichkeit mit der roman. Baukunst (Nowgoroder Bauten, 12. Jh.) bes. in den Schmuckformen (Kirchen des Fsst. Wladimir-Susdal, 12./13. Jh.). Im 14. Jh. entwickelte Nowgorod einen eigenständigen Kirchenbau: Abdeckung des kubischen Baukörpers durch 2 sich kreuzende Satteldächer, Kleeblattbögen als Abschluß der Außenwände (Kirche Fjodor Stratilat, 1360/61, Erlöser-Kirche auf der Ilja-Straße, 1374). Der Wehrbau des → Kreml in Moskau (BILD Moskau) beeinflußte die übrigen Kreml-Anlagen Rußlands (Nowgorod, 1045 erstmals befestigt; Gorkij, 1500–11, Tula 1514–21) und die Wehrarchitektur der Klöster (Simonow-Kloster, 1379; Nowodewitschij-Kloster, 1524; Don-Kloster, 1591). Die beiden von Italienern gebauten Kathedralen des Kreml verkörpern den Typ der Kreuzkuppelkirche mit 5 Kuppeln: Uspenskij-Kathedrale (1475–79) und Erzengel-Michael-Kathedrale (1505–08).

Im Innern der Kirchen wurde durch die immer höher werdende → Ikonostase der Priesterchor vom Gemeinderaum getrennt. Unter dem Einfluß des volkstümlichen Holzbaues entstanden turmartige, sich nach oben verjüngende ›Zeltdachkirchen‹, z. B. die Himmelfahrtskirche in Kolomenskoje (1532) und die neuntürmige, von einer Galerie umzogene Basilius-Kathedrale in Moskau (1555–60).

Auch in der Spätzeit (17. Jh.) der altruss. Kunst blieben Kreuzkuppelkirche und Zeltdach für den Kirchenbau bestimmend; kennzeichnend ist der Drang zur Höherentwicklung, zu starker Farbigkeit, reicher Gliederung und zur Dekoration. Große Bautätigkeit entwickelte sich in den Handelsstädten an der mittleren Wolga, bes. Jaroslawl. In Moskau entstanden turmartige Zentralbauten mit westeuropäisch beeinflußten Dekorationen.

Die Plastik der altruss. Zeit blieb hauptsächlich auf Reliefarbeiten beschränkt, die sowohl byzantin. (Kiew, Reliefplatten, 11. Jh.) als auch abendländ., bes. lombard. Einflüsse (Bauplastik in Wladimir-Susdal) verarbeiteten.

Die ersten Werke der Malerei waren rein byzantinisch (Mosaiken und Wandmalereien der Sophienkirche in Kiew). Auch die Fresken und → Ikonen (BILD) der folgenden Jh. zeigen einen von Byzanz geprägten Stil mit meist nicht eindeutig bestimmten Zentren (Kiew, Wladimir-Susdal, Jaroslawl, Nowgorod). Neue Impulse erhielt die Malerei Nowgorods durch die visionäre Kunst von Theophanes dem Griechen (Fresken der Erlöser-Kirche auf der Ilja-Straße, 1378), dessen expressiver Stil neben der verinnerlichten Andachtskunst von A. Rubljow (BILD) auch in Moskau bestimmend war. Beide waren beteiligt an der Ikonostase der Verkündigungskathedrale im Moskauer Kreml (15. Jh.). Führender Meister um 1500 war Dionissij (Fresken im Therapontes-Kloster bei Wologda, 1500–02). Im 16. Jh. wurde die Thematik der Ikonen reicher und komplizierter. Die Ikonenmalerei erlebte um 1600 eine Nachblüte in den goldschmiedehaft kostbaren Erzeugnissen der ›Stroganowschule‹, wandte sich aber im 17. Jh. unter westl. Einfluß, ihrem eigtl. Wesen immer stärker entfremdet, der äußeren Wirklichkeit zu; es entstanden Architektur- und Ereignisbilder und die ersten Bildnisse.

neurussische Kunst

Die neurussische Kunst begann unter Peter d. Gr.; er berief ausländ. Architekten, um die 1703 gegr. Hptst. St. Petersburg auf europ. Art zu erbauen. Der stark westeuropäisch bestimmten Baukunst der ersten Generation folgte eine von B. F. → Rastrelli auf ital. Grundlage entwickelte russ. Sonderform des Spätbarock mit riesigen Palastbauten (Winterpalais in Leningrad, 1754–62; Großes Palais in Zarskoje Selo/Puschkin 1752–57). An der Architektur des Klassizismus, dessen großzügige Bauten und Platzgestaltungen das Stadtbild St. Petersburgs prägten (›Petersburger Empire‹), waren v. a. russ. Baumeister beteiligt (A. D. Sacharow: Admiralität, 1806–23; W. P. Stassow u. a.). Spätklassizismus und Eklektizismus der Jahrhundertmitte wurden in St. Petersburg großenteils von Ausländern vertreten (A. R. de Montferrand, L. v. Klenze, A. Stackenschneider). Gegen Ende des Jh. kam es bes. in Moskau zu einer Neubelebung altruss. Bauformen (Histor. Museum von N. Sherwood, 1875–83). Um 1900 entstanden im Jugendstil das Haus Rjabuschinskij in Moskau von F. O. Schechtel und der Witebsker Bahnhof in St. Petersburg.

Plastik. Die ersten Bildhauer in St. Petersburg waren Ausländer: A. Schlüter (Reliefs am Sommerpalais), B. C. Rastrelli (Büste Peters d. Gr.), É.-M. Falconet (Reiterdenkmal Peters d. Gr.; BILD Falconet). Im Klassizismus erreichte die russ. Plastik Höhepunkte in der Grabmalskunst (F. G. Gordejew, I. G. Martos) und in den

Skulpturen der Petersburger Admiralität (F. F. Schtschedrin, I. I. Terebenew). Spätklassizist. Skulpturen an großen Monumentalbauten stammen u. a. von I. P. Vitali und S. S. Pimenow. Zu Beginn des 20. Jh. entwickelte sich Wera I. Muchina, an A. Bourdelle und A. Rodin geschult, zu einer bed. Bildhauerin. Seit etwa 1911 beteiligten sich russ. Künstler intensiv an der Suche nach neuen Formen der Plastik. A. Archipenko (BILD) entwickelte kubistisch inspirierte Plastiken aus versch. Materialien. W. Tatlin schuf seit 1913 in Moskau ›Eckplastiken‹, ›Hängeplastiken‹ und Raumkonstruktionen. Die Brüder N. Gabo (BILD) und A. Pevsner emigrierten nach kurzer Tätigkeit in Rußland (1917–22) ins Ausland.

Hauptthema der Malerei war nach der Reform Peters d. Gr. das Porträt. Neben Ausländern arbeiteten bald auch Russen als Porträtmaler. Zu Beginn des 19. Jh. entwickelte sich eine realistisch schildernde Genremalerei, als deren Begründer A. G. Wenezianow mit seinen idyll. Darstellungen bäuerl. Lebens gelten kann. Neben klassizistisch-akadem. Historienmalerei (K. P. Brüllow) traten in den 1840er Jahren die sozialkrit. Genrebilder P. A. Fedotows. Beeinflußt von den ästhet. Forderungen der revolutionären Demokraten (N. G. Tschernyschewskij, W. W. Stassow) nach ›wahrhaftiger‹ Darstellung der Wirklichkeit, verließ 1863 eine Gruppe von Absolventen protestierend die Petersburger Akademie und gründete unter der Leitung von I. N. Kramskoj ein Künstlerkartell, aus dem 1870 die ›Genossenschaft Wanderausstellungen‹ der sog. ›Wanderer‹ (Peredwischniki) hervorging. Ihre Mitgl., z. B. W. J. Makowskij, G. G. Mjassojedow, W. M. Maksimow, N. D. Kusnezow, bemühten sich um die milieugenaue Wiedergabe des elenden Landlebens. Als Porträtmaler traten hervor Kramskoj, N. A. Jaroschenko und v. a. I. J. Repin (BILD). W. I. Surikow, W. D. Polenow und nicht zuletzt Repin stellten der klassizistisch-akadem. Tradition eine lebendige, realist. Historienmalerei entgegen. Die Stimmungslandschaft von I. I. Schuschkin steigerte sich zu dekorativ-synthet. Formen bei A. I. Kuindschi und erhielt impressionistisch-pastose Züge bei I. I. Lewitan. Bed. Einzelgänger außerhalb der ›Wanderer‹-Bewegung waren der kritisch protokollierende Schlachtenmaler W. W. Wereschtschagin und die zum ›Impressionismus‹ zu rechnenden Maler W. A. Serow (BILD) und K. A. Korowin. Der dem Symbolismus nahestehende M. Wrubel (BILD) führte mytholog. Themen in die r. K. ein. In provokativer Abkehr von der sozialen Thematik der ›Wanderer‹ entstand 1899 die Vereinigung ›Welt der Kunst‹ (Mir iskusstwa), zu der A. N. Benois, K. A. Somow, L. S. Bakst, E. E. Lansere u. a. gehörten. Der selbstgenügsame Ästhetizismus dieser Gruppe wurde durch den Symbolismus und Neoprimitivismus der 1907 zum erstenmal ausstellenden Künstlergruppe ›Blaue Rose‹ (u. a. P. W. Kusnezow, M. S. Sarjan, N. P. Krymow) überwunden. In den Umkreis dieser Gruppe gehörte auch K. S. Petrow-Wodkin. Die Ausstellungen der Gruppe ›Karo-Bube‹ (Bubnowyj walet) zw. 1910 und 1917, an denen fast alle bed. Künstler der Periode einmal teilgenommen hatten, dokumentierten den starken Einfluß des Kubismus, Futurismus, des Expressionismus und der Fauves. Der Kern der Gruppe (P. P. Kontschalowskij, I. I. Maschkow, R. R. Falk u. a.) wurde als Moskauer Cézannisten bekannt. Die Gründungsmitgl. M. F. Larionow und N. S. Gontscharowa organisierten bald eigene, künstlerisch radikalere Ausstellungen. Ihr Stil entwickelte sich zum Farbstrahlen bündelnden → Rayonismus. Einen melancholisch-myst. Expressionismus entwickelten M. S. Chagall und P. Filonow. W. W. Kandinskij (BILD) vereinigte in seinem Werk Einflüsse des dt. Expressionismus (›Bauer Reiter‹, München) und der russ. Volkskunst. K. S. Malewitsch entwickelte den → Suprematismus. W. E. Tatlin bereitete nach einer kurzen Phase kubist. Malerei mit seinen Reliefs den Weg zum → Konstruktivismus.

sowjetische Kunst

Die Kunst nach der Oktoberrevolution 1917 wird als sowjetische Kunst bezeichnet. Zunächst folgten dem Aufruf, am Aufbau der neuen Gesellschaft mitzuwirken, fast ausschließlich die Vertreter der Avantgarde. In der Phase des Bürgerkriegs bis 1920 beteiligten sich Künstler wie Chagall, Altman, Malewitsch, Kandinskij an revolutionären Festgestaltungen von ganzen Straßen und Plätzen. Andere wie Majakowskij und Tscheremnych prägten die Agitationskunst, die an die Volksbilderbögen (Lubki) anknüpfte. An den neugegründeten Wchutemas (Höhere Staatliche künstlerisch-technische Werkstätten) wurden an Stelle des traditionellen Akademie-Prinzips, ähnlich wie am → Bauhaus, Produktionsfakultäten eingeführt. Der Laboratoriumsphase eines puristischen, abstrakten Konstruktivismus (bis 1921) folgte die Idee des ›Künstler-Ingenieurs‹, der konstruktivist. Prinzipien direkt für die industrielle Produktion nutzbar machen sollte. Vor diesem Verschmelzen des künstler. Schaffens mit dem industriellen in der sog. ›Produktionskunst‹ warnten angesichts des Wiederauflebens populärer Genremalerei in der Tradition der ›Wanderer‹ die gemäßigten Kräfte. In der Gruppe OST (Gesellschaft der Staffeleimaler) schlossen sich Schüler der Konstruktivisten (u. a. A. A. Dejneka, I. I. Pimenow) Ende 1924 zusammen, um eine auf konstruktivist. Stilelementen aufbauende, aktiv auf den Betrachter einwirkende, abbildende Kunst zu entwickeln (v. a. Zeitschriftengraphik, Plakat, Wandbild). Mit dem Inkrafttreten des ersten Fünfjahresplans 1929 wurde von der KPdSU die Mobilisierung aller Künstler für Agitationszwecke angeordnet (sog. ›Kulturfeldzug‹, ›Kommandierung‹ der Künstler in die Kolchosen und Fabriken). Die in der 1928 gegründeten Gruppe ›Oktjabr‹ organisierten Avantgardisten (u. a. A. Dejneka, D. Moor, G. Kluzis, A. Rodtschenko, El Lissizkij; BILD Konstruktivismus, S. Telingater, S. Eisenstein, Gebr. Wesnin) versuchten noch einmal mit der Montage von Realitätszitaten im Plakat, Film, Wandbild, in der Photographie und im alle Medien verbindenden Arbeiterklub die reale Neukonstruktion der Gesellschaft aufklärend-agitatorisch vorwegzunehmen. Die künstler. Reaktion, unterstützt durch die Partei, setzte sich jedoch mit der 1932 verfügten Auflösung aller Künstlergruppen durch. Auf dem 1. Schriftstellerkongreß 1934 wurde auch für die bildende Kunst der ›Sozialistische Realismus‹ als Schaffensmethode verbindlich festgelegt. Die wieder aufblühende akadem. Gattungsmalerei sollte die gesellschaftl. Widersprüche des Stalinismus ästhetisch versöhnen (Architektur: Historismus, palastartige Metro-Stationen; Plastik: Monumentalskulpturen, z. B. Wera I. Muchina). Die vorsichtige ›Entstalinisierung‹ nach 1956 ermöglichte die Entwicklung einer differenzierteren Kunstszene (D. Schilinskij, J. Moissejenko, A. L. Kaplan; in der Plastik: E. J. Neiswestnyj); eine Sonderrolle spielt das Kollektiv Dwischenije (›Bewegung‹) unter Lew Nusberg, das inzwischen emigriert ist. Neben der ›offiziellen‹ Kunst gibt es zahlreiche ›verbotene‹ Künstler und Privatausstellungen.

russische Literatur. Die Anfänge der altruss. Literatur, in den ersten Jahren auf das ›Kiewer Reich‹ und Nowgorod konzentriert, standen in engem Zusammenhang mit der Christianisierung (988). Die für die gottesdienstlichen Texte verwendete Sprache, das Altkirchenslawische, wurde zur schriftsprachlichen Norm. Der Zugehörigkeit zur griechisch-byzantin. Kirche entsprach die Anlehnung an die literar. Tradition von Byzanz, aus der die Gattungsmuster und die meisten Werke der anfangs überwiegenden Übersetzungsliteratur entlehnt wurden: Predigten u. a. Schriften der Kirchenväter, Heiligenviten und Legenden, Pilgerberichte, Apokryphen, aber auch weltliche Gattungen wie die in Byzanz beliebten Weltchroniken oder ›romanhafte‹ Erzählungen (Alexandreis, Digenis-Roman u. a.). Schwerpunkt des weltlichen Schrifttums wurde die Chronistik, die sich um ihren ältesten Kern, die Anfang des 12. Jh. in Kiew redigierte ›Nestorchronik‹ reich entfaltete. Bedeutendstes Zeugnis für die sonst weitgehend verschollene epische Dichtung ist das → Igorlied. Mit den Tatareneinfällen und dem Zerfall des Kiewer Reiches fand die erste Phase und Blüte der r. L. ihren Abschluß. Die Tradition wurde jedoch in den Teilfürstentümern fortgesetzt, wobei sich der Schwerpunkt nach Nordosten verlagerte. Der Stil neigte jetzt eher zu rhetorischem Schmuck. Die religiöse Grundtendenz wurde, bes. in ihren mönchisch-asketischen Zügen, noch verstärkt. Hauptthema war im geistlichen (bes. religiöse Publizistik) wie im weltlichen Schrifttum die Klage um die Gefährdung des christlichen Rußland und der Kampf um seine Behauptung oder Erneuerung.

Mitte des 15. bis Ende des 17. Jahrhunderts

Auch während der Entstehung und Festigung des ›Moskauer Staates‹ setzte sich die religiöse Publizistik fort, ergänzt durch Erz. und Traktate, die Moskau als Nachfolger von Byzanz (›Moskau, das dritte Rom‹) und seinen Großfürsten (später Zaren) als legitimen Herrscher der Rechtgläubigen begründen sollten. Ein weiteres Kennzeichen dieser Phase war eine rege literar. Sammeltätigkeit: Die alten Chroniken wurden kompiliert, die Heiligenlegende in einer großen Samml. (Tschetji-Mineji) zusammengefaßt. Der Protopope Awwakum († 1682), einer der Anführer der ›Altgläubigen‹ (→ Raskolniki), schuf in seiner ›Lebensbeschreibung‹ ein Werk, das einen Höhepunkt der älteren r. L. darstellt. Im weltl. Sektor entfalteten sich neben der Geschichtsschreibung eine historisch-publizist. Prosa und v. a. eine eigenständige, bes. von den niederen und mittleren Schichten der Stadtbevölkerung getragene Satire.

18. und 19. Jahrhundert

Die publizist. und satir. Prosa war schon im 17. Jh. zum Vermittler und Diskussionsforum westlicher Stoffe, Formen und Ideen geworden. Ein weiterer wichtiger Impuls in dieser Richtung waren die Reformen Peters d. Gr. Erst durch sie setzte sich das ›weltliche‹ Schrifttum endgültig durch, zunächst bes. in Form zeitgeschichtlicher, satirischer oder ›romanhafter‹ Erzählungen und eines daraus schöpfenden oder didaktisch-erbaulichen Theaters.

Bald jedoch vermochte sich eine Dichtung mit eigenem, ästhet. Anspruch herauszubilden; es entstand die erste klar umrissene literar. Epoche der r. L., der Klassizismus. In Anlehnung an das frz. Vorbild wurde von W. K. Tredjakowskij, M. W. Lomonossow, A. P. Sumarokow u. a. ein den Bedingungen der russ. Sprache angepaßtes Vers-, Stil- und Gattungssystem entwickelt. Charakteristischstes Genre ist die Ode (bes. die ironisch-satir. Oden G. R. Derschawins). Durch Sumarokow wurde die Tragödie eingeführt. Ein weitaus höheres Niveau erreichte die Komödie durch D. I. Fonwisins ›Landjunker‹ (1781), worin erstmalig die Verschmelzung entlehnter Muster mit unverwechselbar russ. Figuren, Motiven und Sprachformen gelang.

Die sittenbeschreibende satir. Fabel (bis hin zu den Fabeln I. A. Krylows) und die Satire wurden bedeutend. Schon der Beginn des Klassizismus war durch die Verssatiren des Fürsten A. D. Cantemir gekennzeichnet, im Klassizismus selbst spielte das Satirische eine wichtige Rolle, und die Jahre um 1770 wurden die ›Zeit der satir. Journale‹ genannt, in der N. Nowikow zum führenden Hg. und Verfasser wurde. Der führende Aufklärer, A. N. Radischtschew, geißelte in seiner satirisch-anklagenden ›Reise von Petersburg nach Moskau‹ schonungslos die Zustände.

Der Sentimentalismus löste als führende literar. Richtung den Klassizismus ab: N. M. Karamsin mit seinen gefühlvollen Erz. (›Arme Lisa‹) wurde zum führenden Autor. Für ihn und seine Zeitgenossen wurde die Schaffung einer natürlich wirkenden nat. Literatursprache zur Hauptaufgabe der Literatur. Die Präromantik wurde durch die Übertragungen W. A. Schukowskijs und dessen eigene Lyrik eingeleitet. Zugleich schufen Dichter wie A. S. Gribojedow mit seiner Komödie ›Verstand schafft Leiden‹ (1822–24, gedruckt 1831) und I. A. Krylow mit seinen Fabeln einen Stil, der sich von klassizist. Norm und modischer Empfindsamkeit distanzierte.

Der eigtl. Schöpfer der neueren russ. Literatursprache wurde A. S. Puschkin, der in allen 3 Grundgattungen, Lyrik, Epik, Dramatik, Überragendes leistete. Er wirkte v. a. als Versdichter. Puschkin personifiziert das ›goldene Zeitalter‹ der russ. Poesie. Durch seine Funktion als Klammer zw. Tradition und Beginn des Neuen entzieht er sich der Zuordnung zu einer best. Schule oder ›Phase‹. Romantisch sind am ehesten die Poeme und die reife Lyrik Puschkins und der sich um ihn bildenden ›Plejade‹, die melanchol. Poesie J. A. Baratynskijs und die Gedichte F. I. Tjutschews.

Hauptrepräsentant der 2. Generation romant. Dichter ist M. J. Lermontow. Die krit. Auseinandersetzung mit dem romant. Helden wurde schon von Puschkin in seinem Versroman ›Eugen Onegin‹ und dann von Lermontow in ›Held unserer Zeit‹ vollzogen, wobei beide Werke als Experimente mit der Romanform wie als scharfsichtige Analysen eines Zeittyps die Reihe der großen psychologisch-gesellschaftskrit. russ. Romane eröffneten. Die zunehmende themat. und formale ›Prosaisierung‹ setzte sich bei N. Gogol fort. In seinen Erz., Komödien und dem satir. Roman ›Die toten Seelen‹ wendete er Motive und Verfahren der Romantik auf best. gesellschaftl. Typen und Situationen des zeitgenöss. Rußland an, deren Entleerung und Entmenschlichung er, bis ins Groteske gesteigert, aufdeckte. Die führende zeitgenöss. Kritik (W. G. Belinskij, N. A. Dobroljubow, N. G. Tschernyschewskij u. a.) ließ sein Werk nur als Polemik gegen die soziale und polit. Ordnung Rußlands gelten und erklärte es aus dieser Sicht zum Vorbild für eine ganz auf diese Funktion festgelegte Literatur.

Damit vollzog sich der Übergang zum Realismus, der seinen ersten radikalen Ausdruck in der sich auf Gogol berufenden ›Natürlichen Schule‹ der 1840er Jahre fand; ihr charakterist. Genre war die Prosaskizze. Das satirisch-sittenbeschreibende Drama erhielt in den Komödien und Schauspielen A. N. Ostrowskijs aus dem Milieu der russ. Kaufmannschaft seine auch künstlerisch überzeugende Gestalt. Höhepunkt der radikal gesellschaftskrit. Satire ist das Werk M. J. Saltykow-Schtschedrins, während die Romane und Schauspiele A. F. Pissemskijs einem mehr analytischen Naturalismus verpflichtet sind.

I. S. Turgenjews Weg führte von der typischen Prosaskizze über ›Leute aus dem Volk‹ (›Aufzeichnungen eines Jägers‹) über die den Naturalismus sprengenden Gesellschaftsromane bis zu den späten Novellen über ›allgemeine‹ Themen wie Liebe, Tod, Kunst. Auch I. A. Gontscharows frühe Werke knüpfen an die ›naturalist.‹ Tradition an, während die späteren Romane ›Oblomow‹ und ›Die Schlucht‹ ein realist. Bild der zeitgenöss. Gesellschaft und der für sie charakterist. Typen und Verhaltensweisen zeichnen (intellektuelle Resignation oder ›Langeweile‹, ›Nihilismus‹ usw.). F. M. Dostojewskij, zunächst noch stark an Gogol und den ›naturalist.‹ Vorstellungen orientiert, gelangte nach seiner Verbannung zur Großform des ›polyphonen‹ Romans, in dem Sozialkritik und Tiefenpsychologie einerseits in ein dramat., kriminelles Geschehen eingebaut, andererseits moralisch-religiösen Zentralproblemen zugeordnet werden. Als gesellschaftskrit. Moralist begann auch L. N. Tolstoj. Das Suchen nach dem Sinn individuellen Lebens führte ihn einerseits zur Frage nach dem Verhältnis von Individuum und Geschichte, andererseits zur Konzentration auf moral. und soziale Probleme. Sein sozial-ethisches Engagement zeigt sich in einer eigenen, vom Ideal des russ. Bauern ausgehenden Moral- und Gesellschaftslehre. Ganz allg. war die gesellschaftspolit. und ›weltanschauliche‹ Ausrichtung der r. L. und Kritik in der 2. Hälfte des 19. Jh. so ausgeprägt, daß Versuche einer ›reinen‹, bes. lyrischen Poesie (A. A. Fet, A. K. Tolstoj u. a.) vereinzelt blieben. N. S. Leskow, der politisch lange verfemt war, wurde in seiner großen Bedeutung für die kunstvolle Stilisierung der ›volkstümlichen‹ Erzähl- und Sichtweise erst nach seinem Tod voll gewürdigt.

Ende des 19. und Anfang des 20. Jahrhunderts

Erst kurz vor der Jahrhundertwende erfolgte – in Übereinstimmung mit der westeurop. Entwicklung und zugleich als Reaktion auf das ›Monopol‹ der realist. Prosa in Rußland – die Wendung zur Poesie der Moderne mit betont ästhetischer Zielsetzung und Bevorzugung lyrischer Formen. In der UdSSR gern als ›Dekadenz‹ (und ›l'art pour l'art‹) abgewertet, wurde diese Richtung bald im Zeichen des Symbolismus tonangebend (W. J. Brjussow, D. S. Mereschkowskij, Sinaida Hippius). Den bedeutendsten Dichtern der nächsten symbolist. Generation, A. Blok und A. Belyj, gelang die Synthese der ästhetisch-formalen und der philosophisch-religiösen Richtung und ihre Wendung ins spezifisch Russische. Um 1910 geriet der Symbolismus in eine Krise und begann sich aufzulösen. Andere Schulen, wie der → Futurismus, der Imaginismus (um S. A. Jessenin) und der Akmeismus, der eine weltzugewandte, harmonische, klare, die Plastizität des Bildes und Wortes betonende Poesie vertrat (N. S. Gumiljow, Anna A. Achmatowa, O. E. Mandelstam), lösten ihn ab. Gemeinsam ist diesen Richtungen das Experiment mit der Sprache, die Abkehr von der realist. Prosa und die Bevorzugung lyrischer Formen, selbst in der Erzählprosa (Belyj, Brjussow, A. M. Remisow).

Daneben bestand jedoch die Tradition des sozialkrit. Realismus ungebrochen fort. Sie erhielt in den frühen Erzählungen und Bühnenstücken M. Gorkijs betont sozialrevolutionäre Züge, verband sich in der Prosa I. A. Bunins mit Stilmerkmalen der Moderne und gelangte in den Kurzgeschichten und Dramen A. P. Tschechows zu einer Synthese aus subtiler Milieu- und Charakterstudie mit indirekt symbolisierender, stimmungsvoller Poesie. Im Versuch, der Eigenart der Stücke Tschechows auf der Bühne gerecht zu werden, erarbeitete K. S. Stanislawskij mit seinem Moskauer Künstlertheater (gegr. 1898) einen dem kunstbewußten Realismus entsprechenden Inszenierungs- und Schauspielstil. Nach der Revolution kam es zu einer Emigrationswelle. Paris (Bunin, G. W. Iwanow) und Berlin (Remisow, Mereschkowskij) wurden zu Zentren der russ. Exilliteratur.

sowjetische Literatur

Das literar. Leben der Frühphase nach Entstehung der UdSSR wurde bes. von 3 miteinander rivalisierenden Richtungen geprägt. Die Futuristen (Ztschr. ›LEF‹, W. W. Majakowskij als Hauptrepräsentant) versuchten die sozialrevolutionäre Tendenz und die Lust am sprachl. Experiment in den Dienst einer Agitationsdichtung für die neue sozialist. Gesellschaft zu stellen. Der ›Proletkult‹ (Ztschr.: ›Na postu‹, Sprecher: A. A. Bogdanow u. a.) forderte eine neue und spezifisch proletar. Kultur. Die ›Mitläufer‹ hingegen waren Vertreter der ›bürgerl.‹ Tradition, die zur Zusammenarbeit mit dem neuen System bereit waren, ohne politisch aktiv zu sein (Ztschr.: ›Krasnaja Now‹, Sprecher: A. K. Woronskij u. a.); ihre, die versch. sozialen Schichten ansprechende Literatur kam der KP während der ›liberalen‹ Phase der Neuen Ökonom. Politik (NEP) am ehesten gelegen. Die Partei nahm sie 1925 in einer Resolution in Schutz und sicherte so eine Periode vergleichsweise toleranter Kulturpolitik. Das experimentierfreudige Revolutionstheater (W. E. Meyerhold, A. J. Tairow) blühte, die satir. Literatur und Publizistik nutzten die Möglichkeit der ›Kritik und Selbstkritik‹ (M. M. Soschtschenko, W. P. Katajew, I. Ilf und J. Petrow), in der Literaturtheorie und Kritik spielten die betont künstlerisch orientierten Formalisten eine wichtige Rolle. V. a. aber wurde eine Reaktivierung der älteren Traditionen, bes. im Bereich der erzählenden Prosa, eingeleitet. Dazu gehörte die Entfaltung einer an Gogol, Leskow, Remisow u. a. geschulten ›ornamentalen Prosa‹ (bei I. E. Babel, B. A. Pilnjak u. a.) wie der für die weitere Entwicklung entscheidende Rückgriff auf den gesellschaftskritisch-realist. Roman (bes. L. N. Tolstojs). Zu dieser Neubelebung des Romans trugen ältere und jüngere ›Mitläufer‹ (A. N. Tolstoj, S. M. Leonow, K. A. Fedin u. a.) wie auch die Stammväter des Proletar. Realismus (M. Gorkij, A. Serafimowitsch), aber bald auch junge proletarische und kommunist. Verfasser bei (F. W. Gladkow ›Zement‹, 1925; A. A. Fadejew ›Die Neunzehn‹, 1927; M. A. Scholochow ›Der stille Don‹, 1928 ff.).

Mit dem ersten Fünfjahresplan (1928) verstärkte sich die Politisierung der Literatur. Einzelne politisch unbequeme Autoren (B. A. Pilnjak, J. K. Olescha, J. I. Samjatin) und ganze Richtungen (Formalismus, Kosmopolitismus) wurden öffentlich verurteilt. 1932 bildete die Partei einen einheitl. Schriftstellerverband und verpflichtete auf dessen erstem Kongreß (1934) die gesamte Sowjetliteratur auf den Generalnenner des → Sozialistischen Realismus. Die Verpflichtung zur ›Parteilichkeit‹ und die Forderung nach ›positiven‹ Helden und Lösungen führten zu einem Schematismus der Figuren und Situationen sowie zu einem Absinken des künstler. Niveaus. Werke von literar. Rang oder zumindest mit einem echten Konfliktstoff konnten noch am ehesten entstehen, soweit sie Themen behandelten, die nicht im Zentrum der aktuellen Parteipolitik standen, z. B. der histor. Roman ›Peter I.‹ von A. N. Tolstoj (1929–45). Überhaupt erlebte der historische Roman eine neue Blüte. Auch die durch stärkere Spielfreiheit bevorzugte Kinderliteratur brachte künstlerisch Bemerkenswertes hervor (S. J. Marschak, J. L. Schwarz). Ein Außenseiter war M. A. Bulgakow, dessen Werke erst in jüngster Zeit, wenn auch teilweise gekürzt, erscheinen durften (›Der Meister und Margarita‹, 1967).

Im 2. Weltkrieg entstanden aber auch Werke, die den Beitrag individueller Spontaneität im patriot. Widerstand betonten (A. A. Fadejews ›Die junge Garde‹, 1946) oder den Kriegsalltag ohne beschönigendes Pathos schilderten (K. M. Simonows Stalingradroman ›Tage und Nächte‹, 1944). A. T. Twardowskij, N. S. Tichonow, Anna A. Achmatowa, Olga F. Berggolz u. a. stellten das individuelle und nat. Leiden im Krieg dar. Aber bald nach Kriegsende (seit 1946) wurde im Auftrag Stalins durch den Leiter der Propagandaabteilung des ZK, A. A. Schdanow, das künstler. Schaffen wieder einer verschärften Reglementierung unterworfen und bes. auf das Prinzip der Parteilichkeit festgelegt. Ein Wandel trat erst durch Stalins Tod (1953) und Chruschtschows Abkehr vom Stalinismus (20. Parteitag, 1956) im ›Tauwetter‹ ein (Wera F. Panowas ›Jahreszeiten‹, 1953; I. G. Ehrenburgs ›Tauwetter‹, 1954). Erzähler der mittleren Generation (W. P. Nekrassow) und der nachfolgenden (W. P. Aksjonow, W. F. Tendrjakow, J. P. Kasakow u. a.) wandten sich zunehmend ethischen Konflikten, dem Generationsproblem und ähnl. Themen zu. Die jungen Lyriker polemisierten gegen Mißstände des Stalinismus und der eigenen Gegenwart (J. A. Jewtuschenko), verbanden Zeitkritik mit liedhaften Formen (B. S. Okudschawa) oder wandten sich neuen lyr. Themen und Formen zu (A. A. Wosnessenskij, Bella Achmadulina u. a.).

Diese Tendenzen wirkten bis in die Gegenwart nach. Doch ist zugleich eine Gegentendenz unverkennbar, zu der schon Chruschtschows Angriffe auf W. D. Dudinzew (›Der Mensch lebt nicht vom Brot allein‹, 1956) oder die Angriffe gegen B. L. Pasternaks ›Dr. Schiwago‹ (1958) und gegen die Verleihung des Nobelpreises an ihn gehörten und die in der Kampagne gegen A. I. Solschenizyn (Nobelpreis 1970) gipfelte, der 1974 unter Aberkennung der Staatsbürgerschaft des Landes verwiesen wurde. Hauptfunktion solchen Vorgehens gegen Einzelautoren scheint es zu sein, durch Abschreckung best. Grenzen der Kritik zu markieren. Innerhalb des gesetzten Rahmens schaltet sich die Führung unmittelbar weit weniger ein als während der Stalinzeit. Auch wenn die Diskussion weniger frei geführt wird als während des ›Tauwetters‹, ist doch die Möglichkeit gegeben, bestimmte literar. Richtungen zu verteidigen, wobei die Ztschr. ›Nowyj Mir‹, bes. unter der Redaktion Twardowskijs (bis 1970), eine wichtige Rolle spielt. Die meisten Werke jedoch, die die literar. und polit. Zwänge des Sozialist. Realismus durchbrechen, können nur im verbotenen ›Samisdat‹ (svw. Selbstverlag) veröffentlicht und dann von Hand zu Hand weitergereicht werden.

Überraschend war das Wiederaufleben religiöser Fragestellungen und Traditionen auch bei nach 1917 geborenen Schriftstellern. Von seiten der Reg. wurde bei einigen regimekritischen Autoren die Ausreise veranlaßt oder bewilligt, teilweise nach Haftzeit (A. Sinjawski, J. Brodskij, W. Maksimow, W. P. Nekrassow, A. Galitsch). In den Ztschr. ›Kontinent‹, ›Limiten‹, ›Echo‹ u. a. haben sich diese Emigranten Publikumsorgane geschaffen.

Auch die Literaturen der nicht russischsprachigen Völker der UdSSR sind weitgehend der sowjet. Literatur zuzuordnen, insofern sie im Rahmen des Sozialistischen Realismus zu sehen sind.

russische Musik. Kirchenmusik und Volkslied bestimmten bis zum 17. Jh. allein die r. M. Der einstimmige Kirchengesang kam v. a. von griechisch-byzantin. Vorbildern her. Die Mehrstimmigkeit breitete sich, von Polen ausgehend, seit dem Ende des 16. Jh. aus; Kiew wurde der Mittelpunkt dieser westl. Kulturströmung. Der russ. Volksgesang läßt sich wohl bis ins 7. Jh. zurückverfolgen; eine große Bereicherung erfuhr das Volkslied in der Zeit der Kosakenaufstände (17. Jh.). Sein melod. Aufbau beruht auf den byzantin. Kirchentonarten. Der Rhythmus ist vom russ. Versbau bestimmt und vom westeurop. Takt unabhängig. Volksinstrumente sind die harfenähnl. Gusli, die lautenähnl. Balalaika, das Streichinstrument Pischna und Pfeifen. Seit dem 17. Jh. und bes. seit Peter d. Gr. stand die r. M. unter dt., frz. und ital. Einfluß. Für die St. Petersburger Oper wirkten ital. Komponisten (F. Araia, B. Galuppi, G. Sarti, G. Paisiello, D. Cimarosa u. a.); die russ. Oper erreichte durch J. I. Fomin einen ersten Höhepunkt. M. I. Glinka und A. S. Dargomyschskij waren die Begründer der nat. russ. Schule. In den Opern ›Ein Leben für den Zaren‹ (1836) und ›Ruslan und Ljudmila‹ (1842) verband Glinka ital. Opernkunst mit der Eigenart der russ. Volksmusik. Weitergeführt wurden die nat. Bestrebungen von dem ›mächtigen Häuflein‹ um M. A. Balakirew: A. P. Borodin, C. A. Cui, M. P. Mussorgskij und N. A. Rimskij-Korssakow. Mussorgskij schuf mit ›Boris Godunow‹ (1874) eines der großen musikdramat. Werke seiner Zeit, das auch über Rußland hinaus wirkte. Rimskij-Korssakow schrieb die erste russ. Sinfonie und wurde in St. Petersburg zum Lehrer einer ganzen Komponistengeneration. Gegenüber den nat. Bestrebungen vertrat A. G. Rubinstein am Moskauer Konservatorium (1866 gegr.) eine mehr kosmopolit., akadem. Richtung. A. N. Serow setzte sich für die dt. Neuromantik ein und wies als erster in Rußland auf R. Wagner hin. Eine Verbindung zw. beiden Richtungen stellte P. I. Tschaikowskij her, der russ. Motive verwendete, aber seinem Stil nach der westeurop. Musik nahesteht. In seiner Nachfolge standen die der westeurop. klassizist. und neuromant. Musik angehörenden Komponisten S. I. Tanejew und S. W. Rachmaninow. Von Rimskij-Korssakow beeinflußt wurden A. K. Glasunow, M. M. Ippolitow-Iwanow, A. N. Tscherepnin und der frühe I. F. Strawinsky. A. N. Skrjabin wandte sich, von Chopin, Liszt und Wagner ausgehend, einem expressiven Mystizismus zu. Strawinsky, einer der bedeutendsten Vertreter der Neuen Musik, nahm früh impressionist. Impulse in die neuromant. Tradition auf; S. S. Prokofieff begann mit klassizist. Stilmitteln und vertrat später eine gemäßigte Moderne.

Nach der Oktoberrevolution (1917) herrschte zunächst in Abkehr von der ›bürgerlichen‹ r. M. des 19. Jh. Vorliebe für die westeurop. Moderne und allg. Experimentierfreudigkeit. Seit dem 1. Fünfjahresplan, bes. mit der Verpflichtung auf den Sozialist. Realismus 1932, wird die Neue Musik als formalistisch verurteilt und eine für die Massen verständliche und eindrucksvoll heroische Musik gefordert. Dies führte zu einer Anknüpfung an die nat. Richtung Glinkas, Dargomyschskijs und des ›mächtigen Häufleins‹ und zu einer Rückkehr zur Harmonik des 19. Jh. Zahlreiche Komponisten waren 1917 ins Ausland gegangen oder nicht nach Rußland zurückgekehrt (Strawinsky, Rachmaninow, Tscherepnin u. a.). Aus der vorrevolutionären Generation wirkten in sowjet. Zeit noch Glasunow, Ippolitow-Iwanow, R. M. Glière, N. J. Mjaskowskij u. a. Von besonderer Bedeutung für das Musikleben nach der Revolution waren B. W. Assafjew und Prokofieff (1933 Rückkehr in die UdSSR). Zur 2. Generation sowjet. Komponisten gehören bes. die Schüler des Moskauer Konservatoriums (W. J. Schebalin, D. B. Kabalewskij u. a.) und der Armenier A. I. Chatschaturjan. Eine beherrschende Persönlichkeit des Musiklebens in der UdSSR war D. D. Schostakowitsch, der bes. mit Sinfonien hervortrat. Fortschrittliche Kompositionsweisen (serielle, aleatorische, experimentelle Musik) werden seit einiger Zeit geduldet, wenn auch die Aufführung solcher Werke auf Widerstand stößt. (E. W. Denissow, W. W. Silwestrow, R. K. Schtschedrin u. a.).

russische Philosophie. Mit der Annahme des Christentums öffnete sich im 10. und 11. Jh. das Kiewer Reich der in Byzanz von den Südslawen und im Abendland gebildeten Kultur und Philosophie, dem philosoph. Erbe der Antike (Übersetzungen aus dem Griechischen und Bulgarischen). Zu den wichtigsten Eigenleistungen gehörten im 11. Jh. die Traktate des Kiewer Metropoliten Ilarion, im 12. Jh. die Schriften des Metropoliten Kliment Smoljatitsch und des Bischofs Kyrill von Turow. In der Auseinandersetzung des 15. Jh. um das Verhältnis der Kirche zum Staat konnte sich schließlich die machtkirchl. Richtung des Joseph von Wolokolamsk (Jossif) gegenüber der Idee des Nil Sorskij von kirchl. Unabhängigkeit und Besitzlosigkeit durchsetzen. Indem Jossif die ideolog. Grundlagen für die Theorie des ›Dienststaates‹ schuf, beeinflußte er die russ. Staatsidee bis ins 20. Jh. Gegner der Staatsphilosophie des Absolutismus waren Wassian Patrikejew, F. I. Karpow, Maksim Grek und Fürst A. M. Kurbskij.

Die im 18. Jh. beginnende Lösung der Philosophie von der Religion (M. N. Lomonossow) unter dem Einfluß der Naturwissenschaft führte zur Aufklärung (A. N. Radischtschew), die im wesentlichen an dt., frz. und engl. Vorbildern orientiert blieb, während G. W. Leibniz und C. Wolff die Metaphysik der Schulphilosophie beherrschten. Um die Mitte des 19. Jh. war die Auseinandersetzung zw. Slawophilen (A. S. Chomjakow, I. W. Kirejewskij, I. S. und K. S. Aksakow, J. F. Samarin) und den ›Westlern‹ (P. J. Tschaadajew, A. I. Herzen, K. D. Kawelin, W. G. Belinskij) bestimmend. Während Chomjakow einen Kierkegaard vergleichbaren religiösen Existentialismus entwickelte, bezogen sich die Westler vorwiegend auf Kant, Fichte, Schelling, Hegel und die frühen Sozialisten. Zum Kreis der Westler gehörte auch M. A. Bakunin, dessen Schriften eine wesentliche Grundlage des Anarchismus sind. In der 2. Hälfte des 19. Jh. gewannen Materialismus (N. G. Tschernyschewskij, D. I. Pissarew, G. W. Plechanow) und Positivismus (P. L. Lawrow, N. K. Michajlowskij) sowie der Kantianismus (A. Wwedenskij, G. Tschelpanow, I. Lapschin) an Bedeutung. Hauptpersönlichkeit dieser Epoche ist W. Solowjow, der das erste geschlossene System der r. P. entwickelte (Theosophie, Phänomenologie und philosoph. Anthropologie). An ihn schlossen die Vertreter verschiedener idealist. Richtungen (S. und J. Trubetzkoj, P. B. Struwe, A. A. Koslow, L. Lopatin, N. Losskij u. a.), einer neuen Religionsphilosophie (S. Bulgakow, L. Karssawin, P. Florenskij) sowie die Emigranten L. Schestow, N. Berdjajew und S. Frank (russ. Existentialismus) an. Mit der kommunist. Herrschaft wurde der Dialekt. Materialismus (→Marxismus) zur Staatsphilosophie erhoben. Relativ unabhängig davon wurden in der Folge Beiträge zur Logik und Informationstheorie hervorgebracht. Neuere Tendenzen deuten auf eine gewisse Öffnung gegenüber der unterbrochenen Tradition der r. P. hin.

Russischer Feldzug von 1812, →Napoleonische Kriege.

russische Schrift, →russische Sprache.

russische Schrift

Druckschrift	Name	wissenschaftliche Umschrift	volkstümliche Umschrift
А а	a	a	a
Б б	be	b	b
В в	we	v	w
Г г	ge	g	g
Д д	de	d	d
Е е	je	e	e, je[1])
Ё ё [2])	jo	e, ë	jo, o[3])
Ж ж	sche	ž	sch [ʒ]
З з	se	z	s [z]
И и	i	i	i[4])
Й й	i kratkoje	j	j
К к	ka	k	k
Л л	el	l	l
М м	em	m	m
Н н	en	n	n
О о	o	o	o
П п	pe	p	p
Р р	er	r	r
С с	es	s	s, ss[5])
Т т	te	t	t
У у	u	u	u
Ф ф	ef	f	f
Х х	cha	h[6])	ch
Ц ц	ze	c	z
Ч ч	tsche	č	tsch
Ш ш	scha	š	sch
Щ щ	schtscha	šč	schtsch
Ъ ъ	twjordyj snak, jor	" (Doppelapostroph)[7])	unbezeichnet[8])
Ы ы	jery	y	y
Ь ь	mjagkij snak, jery	' (Apostroph)	unbezeichnet[9])
Э э	e oborotnoje	ė	e[10])
Ю ю	ju	ju	ju
Я я	ja	ja	ja

[1]) je am Wortanfang, nach Vokal sowie Ъ und Ь. [2]) Gebrauch im wesentlichen für Schulwerke. [3]) o nach sch (Ж, Ш), schtsch (Щ) und tsch (Ч). [4]) ji nach Ь. [5]) ss zwischen Vokalen. [6]) ch in der dt. Bibliotheksumschrift. [7]) – in der dt. Bibliotheksumschrift. [8]) bezeichnet nichtpalatale Aussprache des vorangehenden Konsonanten. [9]) j vor o und i, bezeichnet die palatale Aussprache des vorangehenden Konsonanten. [10]) ohne Palatalisierung des vorangehenden Konsonanten.

Russische Sozialistische Föderative Sowjetrepublik, russ. **Rossijskaja Sowjetskaja Federatiwnaja Sozialistitscheskaja Respublika,** Abk. **RSFSR,** größte, politisch und wirtschaftlich wichtigste und älteste Unionsrep. der UdSSR, 17 075 400 km^2 mit (1983) 140,95 Mio. Ew. Hauptstadt ist Moskau.

Die RSFSR, mit 76% der Gesamtfläche und 53% der Bevölkerung das Kernland der UdSSR, umfaßt rd. 4/5 des osteurop. Flachlandes, das Uralgebirge, ganz Nordasien und erstreckt sich nach O bis zum Pazifischen Ozean; im S erreicht sie den Kaukasus und das Kasp. Meer. Das K l i m a ist bis auf den S des Fernen Ostens (Monsunklima) und die subtrop. Schwarzmeerküste N-Kaukasiens ausgesprochen kontinental.

Die B e v ö l k e r u n g besteht aus Russen (etwa 80%) und rd. 60 Völkerschaften, die z. T. autonome Gebietskörperschaften bewohnen; im europ. Raum leben rd. drei Viertel der Ew.; rd. zwei Drittel der Bev. leben in Städten.

Die RSFSR wurde am 7. 11. 1917 gegr. Die erste Verfassung vom 10. 7. 1918 wurde Vorbild aller späteren Sowjetverfassungen. Die letzte Verf. trat am 12. 4. 1978 in Kraft. Das höchste Staatsorgan, der Oberste Sowjet der RSFSR, besteht aus einer Kammer. Verwaltungsmäßig gliedert sich die RSFSR in 6 Gaue (Kraj) und 49 Gebiete (Oblast); ferner in 16 Autonome Sozialistische Sowjetrepubliken (ASSR), 5 Autonome Gebiete und 10 Autonome Bezirke, die den einzelnen Gauen oder Gebieten unterstehen.

russische Sprache, ostslaw. Sprache in Nord- und Mittelrußland, später auch in Sibirien. Man unterscheidet eine nördl., eine mittlere und eine südl. Dialektgruppe. Die Schriftsprache beruht auf der Mundart von Moskau (mittlere Dialektgruppe). Das Russische ist die Muttersprache von etwa 137 Mio. Großrussen; als Zweitsprache von fast allen anderen Ew. der UdSSR.

Kennzeichnend für die Phonologie der r. S. sind die freie und oft innerhalb des Paradigmas wechselnde Betonung, die Reduzierung (Verdumpfung) unbetonter Vokale und die stark ausgeprägte Palatalisierung (Erweichung) von Konsonanten vor hellen Vokalen und dem ehemals hellen Vokal Ъ. Charakteristisch für den verbalen Bereich ist das Aspektsystem mit perfektiven und imperfektiven Verben. Im Wortschatz weist die r. S. eine große Zahl von Entlehnungen aus europ. und asiat. Sprachen auf. Das Russische wird in kyrillischer Schrift (→Kyrilliza) geschrieben (seit 1918 in vereinfachter Rechtschreibung).

In der russ. Literatur galt bis zu den Reformen Peters d. Gr. als Sprachnorm das →Kirchenslawische. Daneben gab es eine ostslaw. Variante der Literatursprache und die Umgangssprache, die sich allmählich mit dem Kirchenslawischen vermischten. Im 18. Jh. entwickelte sich zunächst eine funktionstüchtige Verssprache (M. W. Lomonossow). Die Reform der Prosasprache (N. M. Karamsin) erfolgte um 1800, v. a. im Bereich der Syntax. Mit A. S. Puschkin beginnt die Epoche des modernen Russisch.

Russisches Roulett [-ru-], angeblich im 19. Jh. in russ. Militärkreisen entstandene Form des Duells: In einem Revolver wird nur eine Kammer mit einer Patrone geladen. Die Trommel wird in Bewegung gesetzt; wenn sie wieder stillsteht, ist nicht bekannt, ob in der Kammer, die vor dem Lauf liegt, die Patrone steckt; liegt sie vor dem Lauf, löst sich beim Abdrücken der Schuß. Möglich ist auch, daß nur ein Schütze die Waffe gegen sich selbst richtet.

Russische Tafel, ⊕ →Osteuropäische Tafel.

Russisch-Japanischer Krieg 1904–05. Ursache war die russ. Wirtschaftsexpansion in der Mandschurei und in Korea. Der Krieg begann nach Abbruch der diplomat. Beziehungen zu Rußland am 5. 2. 1904 mit einem japan. Überfall auf die vor Port Arthur ankernde russ. Flotte (9. 2.). Vier japan. Armeen landeten auf dem Festland und schlugen die Russen am Yalu (1. 5.) und bei Kinchow (26. 5.); vom Hafenplatz Dairen (Talien) aus begann die Belagerung Port Arthurs. Das weitere japan. Vordringen (Siege bei Liaoyang 24.8.–5. 9. und am Shaho 5.–18. 10.) erstarrte zum winterl. Stellungskrieg. Als Port Arthur kapituliert hatte (2. 1. 1905), errangen die Japaner den Sieg bei Mukden (21. 2.–11. 3.). Auch der Seekrieg brachte den Russen nur Niederlagen (Tsushima 27. 5.). Im Juli besetzten die Japaner noch die Insel Sachalin. Der Friede von Portsmouth (USA) am 5. 9. 1905 beendete den Krieg (→Japan, Geschichte).

russisch-orthodoxe Kirche, russische Kirche, das autokephale Patriarchat von Moskau und ganz Rußland; seine Gesch. steht in enger Beziehung zur russischen Gesch. und Geistesgesch. Am Anfang steht der Kiewer Großfürst Wladimir, der 988 für sein Land das Christentum in byzantin. Form annahm. Die ersten Metropoliten waren Griechen, doch wuchs bald die Unabhängigkeit der Kirche. Ihr Mittelpunkt war zunächst Kiew, Ausstrahlungspunkt des religiösen Lebens das Kiewer Höhlenkloster. Ende des 13. Jh. folgten dann die ›Metropoliten von Kiew und ganz Rußland‹ dem Schwerpunkt der Macht und verlegten ihren Sitz nach Moskau. Während der Mongolenherrschaft (13.–15. Jh.) bewahrte die Kirche die Einheit des russ. Volkes. So entwickelte sich ein besonderes Selbstbewußtsein der r.-o. K., das sie bes. gegenüber dem lat. Westen betonte. In Abwehr der auf dem Konzil von Florenz beschlossenen Union der lat. mit der orthodoxen Kirche erklärte sie sich 1448 als unabhängig und empfand den Fall von Byzanz (1453) als Gottesgericht für den Abfall. Die Kirche sah nun Moskau als ›Drittes Rom‹, der Staat galt nach der Heirat des Zaren mit der Tochter des letzten oström. Kaisers als Erbe des byzantin. Staatsgedankens. Diese ideolog. Einheit von Staat und Kirche zerbrach unter dem Zaren Iwan IV., der 1569 den Metropoliten erdrosseln ließ. Unter dem Regenten Boris Godunow erkannte der ökumen. Patriarch Jeremias II. von Konstantinopel den Metropoliten Jov als Patriarchen an. Mit der Brester Union (1595/96) setzte erneut die Auseinandersetzung mit dem lat. Westen ein.

Innerkirchlicher Streit (→Nikon, →Raskolniki) u. a. schwächte seit der Mitte des 17. Jh. die Stellung des Metropoliten so sehr, daß Peter der Große mit der Einführung des Hl. Synod unter einem weltl. Oberprokuror (1721) die Kirche dem Staat unterordnen konnte. Erst der Sturz der Monarchie (1917) stellte die Patriarchatsverfassung wieder her. Zugleich entwickelte sich die atheist. Religions- und Kirchenpolitik des neuen Regimes, der gegenüber sich die Kirche zunächst nur schwer behaupten konnte. Nach schismat. Abspaltungen kam sie 1927 wieder zu einer gewissen Einheit, wenn auch nach dem Tod des Patriarchen Tichon (1925) kein Nachfolger gewählt werden durfte. Die Gesetzgebung des Jahres 1929 führte zu einer Behinderung des kirchlichen Lebens, zum Verbot aller Aktivitäten außer dem Kultvollzug in den noch verbliebenen Kirchenräumen.

Erst der ›Große Vaterländische Krieg‹ brachte seit 1941 leichtere Lebensbedingungen. 1943 errichtete der Staat einen ›Rat für die Angelegenheiten der Orthodoxen Kirche‹ und gestattete die Wahl eines neuen Patriarchen (zunächst Sergius, 1945–70 Aleksej, seit 1971 Pimen). Neue Einschränkungen von seiten des Staates seit 1959 reduzierten die Zahl der Gemeinden, der Kirchen und Klöster; seit 1961 Mitglied des Ökumen. Rates der Kirchen in Genf.

Die polit. Entwicklung seit 1917 hat zur Bildung der ›Russischen Orthodoxen Kirche außer Landes‹ geführt. Ihr Schwerpunkt befindet sich heute in den USA.

russisch-römisches Bad, → Heißluftbad.

Russisch-Türkische Kriege, → Türkenkriege.

Rußland, 1) Russisches Reich, offizielle Bez. für den russ. Staat von 1721–1917 (→ russische Geschichte). **2)** heute: → Sowjetunion, → Russische Sozialistische Föderative Sowjetrepublik.

Rust, Freistadt (seit 1681) im Burgenland, Österreich, am Westufer des Neusiedler Sees, (1983) 1700 Ew.; Weinbau und -handel, Fremdenverkehr. Das altertüml. Stadtbild ist von Bürgerhäusern von der Gotik bis zum Barock geprägt.

Rustawi, Stadt in der Georg. SSR, an der Kura, (1982) 137000 Ew.; Eisen-, Stahl-, Walz- und Röhrenwalzwerk, chem., Baustoff- und Maschinenbauindustrie; 1948 gegründet.

Ernest Rutherford

Rüstbaum, Hauptträger an einem Baugerüst.

Rüste, 1) [zu Rast] *die, -, nd.:* Ruhe: *die Sonne geht zur R.,* P geht unter. **2)** [zu Gerüst] *die, -/-n,* ⚓ Planke an der Außenseite der oberen Bordwand. **Rüst|anker,** Reserve-Buganker auf Segelschiffen, der auf der R. liegt.

rüsten [ahd.]. *ich* **rüste, 1)** *ihn, es, mich zu etwas,* mache bereit, gebrauchsfertig: *er rüstet sich zum Aufbruch.* **2)** treffe Kriegsvorbereitungen. **3)** baue ein Gerüst. *ich* **rüste ab, 1)** vermindere das Heer. **2)** *es,* nehme das Gerüst weg. *ich* **rüste auf, 1)** vermehre das Heer. **2)** *es,* umbaue mit einem Gerüst. *ich* **rüste** *es, ihn, mich* **aus,** versehe mit allem Bedarf, bereite zu einem bestimmten Zweck vor. *ich* **rüste** *es* **ein,** versehe mit einem Gerüst. *Subst.* → Rüstung. **Rüstbock,** Tragebock. **Rüstzeug** *zu etwas,* das, was man zur Bewältigung einer Aufgabe braucht.

Rüster [ahd.] *die, -/-n,* Pflanzengattung, → Ulme; das Ulmenholz.

Rüstgewicht, die Summe der Gewichte von Flugwerk, Triebwerk und Ausrüstung eines Flugzeugs. R. plus Zuladung (Besatzung, Betriebsstoffe und Nutzlast) ergeben das **Fluggewicht.**

Rust(h)aweli, georg. Dichter, → Schot(h)a Rust(h)aweli.

rüstig [von rüsten], regsam, tatkräftig. *Subst. die* **Rüstigkeit,** -.

Rustika [lat.] *die, -,* 🏛 das Bossenwerk.

rustikal [lat.], bäuerlich, ländlich.

Rüstkammer, Zeughaus, Aufbewahrungsraum oder Sammlung von Waffen, Rüstungen, Kriegsgerät u. a., z. B. die R. der engl. Könige im Tower in London.

Rüstmeister, in den Landsknechtsheeren der Verwalter der Waffen und der Ausrüstung eines Fähnleins.

Rüstow, Alexander, Volkswirt und Soziologe, * Wiesbaden 8. 4. 1885, † Heidelberg 30. 6. 1963, seine kulturkrit. Arbeiten befassen sich mit Fragen der ›Herrschaft‹; Mitbegründer des → Neoliberalismus.

Rüstringen, histor. Marschenlandschaft um den Jadebusen und ostwärts bis zur Unterweser.

Rüstung [zu rüsten] *die, -/-en,* **1)** Vorbereitungen militär. und wirtschaftl. Art für die Kriegführung. **2)** frühere Schutzbekleidung der Krieger gegen die Waffenwirkung, bes. im mittelalterl. Rittertum (→ Helm, → Panzer, → Schild, BILD Harnisch). **3)** 🏛 Behelfskonstruktionen aus Holz oder Stahl, z. B. Maurergerüst.

Rüstungsbeschränkung, wesentl. Aspekt von Abrüstungsgesprächen, → Abrüstung.

Rüstungs|industrie, jene Industriezweige, die für die militär. Rüstung eines Staates arbeiten, bes. Luft- und Raumfahrt-, Atom-, Elektronik-, Fernmelde-, Feinmechanik-, Optik- und eisenschaffende Ind., die Waffen-, Geschütz- und Munitionsherstellung, ferner der Bau von Kraft- und Panzerwagen, Kriegsschiffen und best. Zweige der chem. Industrie (z. B. für biolog. und chemische Kampfstoffe).

Rutil:
Kristalle in hellem Gestein (Graves Mountains, Georgia, USA)

Rüstzeit, 1) Betriebswirtschaftslehre: Zeit für die Vorbereitung eines Arbeitsplatzes zur Ausführung eines Auftrages sowie für die Rückversetzung des Arbeitsplatzes nach Auftragsbeendigung in den urspr. oder einen anderen (Umrüsten) Zustand. **2) Rüsttag,** evang. Kirchen: Zeit der Einübung in das geistl. Leben. **3)** jüd. Kult: der dem Sabbat oder einem Fest vorhergehende Tag.

Rutanzige-See [-z-], neuer Name des → Edwardsees.

Rute [ahd.] *die, -/-n,* **1)** langer dünner Zweig oder Stab, Gerte: *Angelrute.* **2)** Gerte oder Gertenbündel als Züchtigungsmittel. **3)** ⚘ ein Längenmaß. **4)** ♘ Schwanz des Haarraubwildes (außer Fuchs) und des Hundes. **5)** ⚕ Anatomie: → Penis. **6)** Samt- und Teppichweberei: Drähte oder Stahlbänder zum Festhalten oder Aufschneiden der Schlingen im Florgewebe. **7)** kurz für Wünschelrute. **Rutenbündel,** → Fasces.

Rutebeuf [rytbˈœf], frz. Dichter, † um 1285. Sein aus etwa 14000 Versen bestehendes, auch politisch und als Kritik an den Mißständen seiner Zeit bedeutendes Werk umfaßt lyrisch-persönl. Gedichte, Kreuzzugslieder, das dem Fauststoff verwandte ›Miracle de Théophile‹, Totenklagen, relig. Erz. und Schwänke.

Rutengänger *der, -s/-,* jemand, der mit der → Wünschelrute nach Wasseradern, Erzgängen u. ä. sucht.

Rutenpalme, Steckenpalme, Rhapis, ostasiat. Fächerpalmengattung, deren Stämme schilfrohrähnl. Ausläufer treiben. Die Stämmchen dienen als Geh- und Schirmstöcke.

Rütgerswerke AG, Frankfurt a. M., Unternehmen der chem. Industrie; gegr. 1849, seit 1968 jetziger Name.

Ruth [hebr., Bedeutung unklar], weiblicher Vorname.

Ruth, im A. T. die Heldin des Buches R., einer idyll. Erzählung aus nachexilischer Zeit. Sie war die Witwe eines nach Moab ausgewanderten Judäers, folgte ihrer Schwiegermutter Naëmi nach Bethlehem, wo sie Boas heiratete und die Stammutter des judäischen Königshauses wurde.

Rüthen, Stadt im Kr. Soest, NRW, am S-Hang der Haar, (1984) 11100 Ew.; Holz-, Metall-, Maschinen-Ind.; Luftkurort.

Ruthenen *Pl.,* die Ukrainer im ehem. Österreich-Ungarn.

Ruthenische Kirche, Zweig der unierten Oriental. Kirche (byzantin. Ritus). Die R. K. ist in der Karpato-Ukraine (Bistum Mukatschewo) seit 1945 unterdrückt und 1949 formell in die russisch-orth. Kirche eingegliedert worden. In den USA bestehen die Metropolie Pittsburgh und 2 Eparchien mit rd. 300000 Mitgl.

Ruthenium [von Ruthenia ›Rußland‹] *das, -s,* **Ru,** ein → chemisches Element aus der Gruppe der → Platinmetalle. R. ist das seltenste der Platinmetalle, kommt stets mit diesen vor und wird aus Platinrückständen gewonnen. Es ist ein grauweißes, hartes, sprödes Metall, das nur von Königswasser angegriffen wird. R. dient als Legierungszusatz für Platin, Palladium und andere Metalle und für keram. Farbstoffe. In seinem chem. Verhalten ähnelt es dem Osmium und hat in seinen Verbindungen die Oxidationszahlen 0 bis +8. – **R.-Dioxid,** RuO_2, ist ein schwarzes Pulver, das goldgelbe **R.-Tetroxid,** RuO_4, ist eine sublimierbare, tox. Verbindung.

Rutherford [rˈʌðəfəd], Ernest, Lord **R. of Nelson** (1931), engl. Physiker, * Brightwater bei Nelson (Neuseeland) 30. 8. 1871, † Cambridge 19. 10. 1937, befaßte sich bes. mit den Erscheinungen der Radioaktivität, stellte mit F. Soddy 1903 die Atomzerfallshypothese auf und schuf durch ein Atommodell **(Rutherfordsches Atommodell)** die Grundlage der heutigen Atomphysik. 1919 gelang ihm der erste Nachweis einer Kernreaktion beim Stickstoff, der durch Beschuß mit α-Teilchen in Sauerstoff umgewandelt wurde. Nobelpreis für Chemie (1908).

Rutherfordium [rʌðə-; nach E. Rutherford] *das, -s,* **Rf,** von einer amerikan. Forschergruppe vorgeschlagene Bez. für das chem. Element 104 (→ Unnilquadium).

Ruths-Speicher [n. dem schwed. Ing. J. K. Ruths, * 1879, † 1935], ein Wärmespeicher, meist als Teil eines Dampferzeugers.

Rutil [lat. rutilus ›rötlich‹] *der, -s/-e,* das häufigste der drei Titandioxid-Minerale (Anatas, Brookit), TiO_2, kommt in säulen- bis nadelförmigen Kristallen, oft in herz- oder knieförmigen Zwillingen, auch derb vor, ist rot bis schwarz **(Nigrin),** von metallartigem Diamantglanz; wichtiges Titanerz. Vorkommen in Pegmatiten, hydrothermalen Gängen, Metamorphiten und Seifen. Synthet. R. wird als Schmuckstein verwendet.

Rutilismus [zu Rutil] *der, -,* die → Rothaarigkeit.

Rutin [von ruta ›Raute‹] *das, -s,* gelber Naturfarbstoff, der in vielen Pflanzen (z. B. Buchweizenblätter, chines. Gelbbeeren) vorkommt. R. gehört zu den vitaminähnlichen Wirkstoffen (Vitamin P) mit gefäßabdichtender Wirkung.

Rütli [›kleine Rodung‹] *das, -s/-,* auch **Grütli,** *schweizer.:* Bergwiese, bes. die am W-Ufer des Urner Sees im Kt. Uri, Schweiz. Das R. gilt als Gründungsstätte der Schweizer. Eidgenossenschaft; seit 1860 Nationaleigentum, später durch eine Sammlung der schweizer. Jugend zu ihrem Eigentum geworden. **Rütlischwur,** sagenhafter Schwur der Eidgenossen. Als einer der Gründer des Bundes auf dem R. gilt A. v. Melchtal.

Rutsch [Schallwort] *der, -es/-e,* gleitende Bewegung, bes. von Bergmassen: *Bergrutsch; guten R. ins neue Jahr!,* Glückwunsch. **rutsch!,** Schallwort für: gleitende Bewegung: *rirarutsch!* **Rutschbahn,** eine schräge Bahn zum Abwärtsgleiten. *ich* **rutsche** (bin gerutscht), **1)** gleite, fahre gleitend und holpernd dahin. **2)** *rutsch mir den Buckel 'runter,* U laß mich endlich in Ruhe. **3)** *es rutscht,* sitzt nicht fest, lockert sich und gleitet ab. *ich* **rutsche ab, 1)** verliere den Halt: *ein Flugzeug rutscht ab,* gleitet über einen Flügel ab. **2)** U verkomme moralisch. *ich* **rutsche aus,** gleite, verliere den sicheren Stand des Fußes. **rutschig,** glatt, zum Gleiten bringend.

Rutsche *die, -/-n,* **1)** schräge Gleitbahn, auf der das Fördergut infolge Schwerkraft herabrutscht (→ Förderanlagen). Die z. B. im Bergbau verwendete **Schüttel-R.** schwingt in Längsrichtung hin und her. **2)** *oberdt.:* Fußbank. **3)** *oberdt.:* Schaukel.

Rutschungen *Pl.,* gravitative Abwärtsbewegungen von Gesteinsmassen an Hängen, v. a. bei starker Wasserdurchtränkung von tonigen oder lehmigen Gesteinen und/oder hangwärts geneigten Schichten (→ Bergsturz, → Solifluktion, → Mure, → Hangbewegungen). – **Subaquate** oder **submarine R.,** oft in Form einer Schlammwolke **(Suspensionsstrom)** oder Schlammdecke, haben starke Schichtstauchungen und -verknäuelungen zur Folge **(Gleit-** oder **Rutschfaltung);** fossil bes. im → Flysch.

rütteln [mhd.]. *ich* **rütt(e)le, 1)** *es, ihn,* schüttele kräftig, werfe, bewege mit schnellen Rucken hin und her: *ich wurde unsanft aus dem Schlaf gerüttelt.* **2)** *an ihm,* rucke hin und her, um es zu bewegen oder zu lockern: *er rüttelte an der Tür; daran ist nicht (mehr) zu rütteln,* Ü es kann nicht mehr geändert werden; *diese Auffassung rüttelt an den Grundfesten des Staates,* Ü bedroht sie. **3)** *ein Vogel rüttelt,* flattert in der Luft, ohne sich vorwärtszubewegen. *ich* **rüttle** *ihn* **auf,** ermuntere ihn; veranlasse zur Tat. *der* **Rüttler,** *-s/-,* Baumaschine zur Verdichtung des Bodens (z. B. **Rüttelplatte,** in schwerer Bauart **Tauchrüttler)** und von Baustoffen. **Rüttstroh,** stark geknicktes Stroh.

Ruusbroec [r'y:sbru:k], **Ruysbroek** [r'œjsbru:k], **Ruisbroek,** Jan van (Johannes von), fläm. Mystiker, * Ruisbroek bei Brüssel 1293, † Groenendaal bei Brüssel 2. 12. 1381, wirkte ebd. als Prior eines Augustinerchorherrenstiftes. Von seinen flämisch geschriebenen myst. Abhandlungen ist die bedeutendste ›Die Zierde der geistlichen Hochzeit‹.

Ruwenzori, Gebirgsstock in Ostafrika, bis 5119 m, eine aus dem Zentralafrikan. Graben emporgehobene Scholle.

Ruwer *die,* rechter Nebenfluß der Mosel, entspringt im Osburger Hochwald, mündet bei Trier; 40 km; Weinbau.

Ruysdael [r'œjsda:l], holländ. Maler, → Ruisdael 2).

Ruyter [r'œjtər], Michiel Adrianszoon de, niederländ. Admiral, * Vlissingen 24. 3. 1607, † (nach einer Verwundung) vor Syrakus 29. 4. 1676, nahm an 40 Seeschlachten und -gefechten teil. R. war einer der hervorragendsten Flottenführer. Im 3. englisch-holländ. Krieg bewahrte er die Niederlande vor dem Untergang.

Ružička [r'u:ʒitʃka], Leopold, schweizer. Chemiker, * Vukovar (Kroatien) 13. 9. 1887, † Mammern am Vutersee (Kt. Thurgau) 26. 9. 1976, untersuchte u. a. Riechstoffe und Geschlechtshormone und erhielt 1939 mit A. F. Butenandt für Arbeiten über Polymethylene und Polyterpene den Nobelpreis für Chemie.

RVO, Abk. für → **R**eichs**v**ersicherungs**o**rdnung.

Rwanda, Republik in Afrika (→ Ruanda).

RWE, Abk. für **R**heinisch-**W**estfäl.-**E**lektrizitätswerk AG.

Rybinsk, seit 1984 **Andropow,** 1946–57 **Schtscherbakow,** Stadt und Binnenhafen im Gebiet Jaroslawl, Russ. SFSR, an der rechten oberen Wolga; unterhalb ihres Austrittes aus dem R.er Stausee, (1982) 245000 Ew.; Maschinenbau-, Schiffbau-, elektrotechn. Industrie. Der 1935–47 angelegte **Rybinsker Stausee,** 4580 km² groß und bis 60 km breit, ist wesentl. Teil des Wolga-Ostsee-Kanals; Wasserkraftwerk, installierte Leistung 330 MW.

Rybnik, Industriestadt in der poln. Wwschaft Katowice (Kattowitz), (1982) 126700 Ew.; bedeutendes Kohlenrevier.

Rychner, Max, Schriftst., * Lichtensteig (Kt. St. Gallen) 8. 4. 1897, † Zürich 10. 6. 1965, seit 1939 Feuilletonchef der Zürcher Zeitung ›Die Tat‹, schrieb Lyrik und Essays zur Literatur.

Rydberg [r'y:dbɛrj], **1)** Abraham Viktor, schwed. Schriftst., Kulturhistoriker und -philosoph, * Jönköping 18. 12. 1828, † Djursholm 21. 9. 1895, schrieb, oft beeinflußt von der dt. Philosophie und Dichtung, histor. Romane, Gedankenlyrik, Erzählungen, Essays.

2) Janne (Johannes) Robert, schwed. Physiker, * Halmstad 8. 11. 1854, † Lund 28. 12. 1919, arbeitete über das period. System der Elemente und die Serienspektren der Elemente. Nach ihm ist die von N. Bohr 1913 erstmals abgeleitete, in den Serienformeln für die Atomspektren wichtige physikal. **Rydberg-Konstante,** benannt (wobei man $R_H \approx 1{,}0968 \cdot 10^7\ m^{-1}$ und $R_\infty \approx 1{,}0974 \cdot 10^7\ m^{-1}$ unterscheidet).

Leopold Ružička

Rydberg-Atome [r'y:dbɛrj-, n. J. Rydberg], Atome in hochangeregten Quantenzuständen **(Rydberg-Zuständen),** d. h. Atome, bei denen ein Elektron in ein sehr hohes Energieniveau gebracht wurde. Im Weltall sind R.-A. in Zuständen mit Hauptquantenzahlen bis zu $n = 350$ nachgewiesen worden. Man hat R.-A. mit Durchmessern von nahezu 0,01 mm entdeckt, d. h., R.-A. können hunderttausendmal so groß wie gewöhnl. Atome sein **(Riesenatome).** Sie weisen eine relativ lange Lebensdauer auf, üblicherweise zw. 1 ms und 1 s (Lebensdauer eines gewöhnl. angeregten Atoms normalerweise $< 10^{-7}$ s).

Rydz-Śmigły [rits sjm'igłi], Edward, poln. Marschall (1936), * Brzeżany 11. 3. 1886, † (unter dem Namen **Zawisza** [zav'iʃa]) Warschau 13. 12. 1941, enger Mitarbeiter J. Piłsudskis; kämpfte im 1. Weltkrieg als Offizier der Poln. Legion, führte seit 1917 die geheime Poln. Militärorganisation. Im polnisch-sowjet. Krieg 1920 kommandierte er die nach Kiew vorgestoßene Armee; 1935 wurde er Generalinspektor des Heeres, 1939 poln. Oberbefehlshaber. Wurde bei dem Versuch, eine Kampf-Organisation im Untergrund aufzubauen, getötet.

Rykow, Aleksej Iwanowitsch, sowjet. Politiker, * Saratow 13. 2. 1881, † (hingerichtet) Moskau 15. 3. 1938, 1917–18 Volkskommissar für Innere Angelegenheiten, 1924–30 Vors. des Rates der Volkskommissare, wurde in den innerparteil. Machtkämpfen nach Lenins Tod (1924) zus. mit N. Bucharin von Stalin der Rechtsabweichung beschuldigt und 1930 amtsenthoben. 1938 in einem Schauprozeß zum Tod verurteilt.

Ryle [raɪl], Sir (1966) Martin, brit. Astrophysiker, * Brighton 27. 9. 1918, † Cambridge 14. 10. 1984, leistete Pionierarbeit bei der Erforschung kosmischer Radiowellen und erhielt dafür 1974 mit A. Hewish den Nobelpreis für Physik.

Sir Martin Ryle

Rysanek, Leonie, österr. Sopranistin, * Wien 14. 11. 1926; Mitgl. der Bayer. Staatsoper in München und der Wiener Staatsoper, bed. Wagner-Sängerin (Bayreuth).

Ryukyu-Inseln, Riukiu-Inseln, japan. **Nansei Shoto** [-ʃo-], Inselkette im westl. Pazifik, die sich über 1200 km zw. Kyushu und Taiwan erstreckt, bestehend aus der 2350 km² großen Satsunan-Gruppe (etwa 300000 Ew.) mit Amami-Oshima, Yakushima, Tanegashima u. a., zur japan. Präfektur Kagoshima gehörig, und den Gruppen Okinawa, Miyako, Yaeyama und Daito, die die japan. Präfektur Okinawa (2250 km² mit 1981: 1,118 Mio. Ew.; Hptst.: Naha) bilden. Subtropisches Klima. Fischerei, Anbau von Ananas, Zuckerrohr, Reis; Kunsthandwerk: Töpferei, Weberei (Bingata). – Früher ein Königreich unter chines. Einfluß, wurde Satsunan 1609, die übrigen R.-I. 1874 in Japan eingegliedert. 1945–72 waren die Okinawa-Inseln amerikanisch besetzt (Militärstützpunkte).

Rzeszów [ʒ'ɛʃuf], Hptst. der poln. Wwschaft R. (→ Polen), in Galizien, (1981) 125800 Ew.; Metall-, Maschinen-, Lebensmittel-Ind.; in der Umgebung Erdölvorkommen.

S

s, S [ɛs] *das, -/-,* **1)** Konsonant (ÜBERSICHT Aussprache); der 19. Buchstabe des dt. Alphabets, entstanden aus dem grch. Sigma, bezeichnet einen stimmlosen dentalen Reibelaut [s], in einigen Sprachen (z. B. Deutsch, Englisch, Französisch) auch den zugehörigen stimmhaften Laut [z]. š ist das Zeichen für den Laut [ʃ] im Tschechischen, Serbokroatischen, Litauischen, Lettischen, auch in der wissenschaftl. Umschrift zahlreicher nichtlat. Alphabete. **2) S,** Abk. für **S**üden; in der Musik für **S**opran, **S**ubdominante, **al S.** für **al s**egno; als Währungseinheit für den österr. **S**chilling; **S** und **S.** in röm. Inschriften für **S**extus, **s**alutem, **s**anctus, **s**ive, **s**enatus, **s**ignavit, **s**ignum; **s.** für **s**iehe!; **S.** für **S**eite (eines Papierblatts); für **S**an, **S**ant', **S**anta, **S**anto, **S**aõ; auch **Se.** für **Se**ine (bei Anreden): *S. Exzellenz.* **3)** chem. Symbol für Schwefel [lat. sulfur]. **4)** △ Das Integralzeichen ∫ entstand aus **S** (Abk. für **S**umme) durch Stilisierung; Summenzeichen ist der grch. Buchstabe Σ. **5)** Maßeinheiten: **s,** Einheitenzeichen für → Sekunde, **S** für → Siemens.

Entwicklung des Buchstaben S

$, Währungszeichen für → Dollar u. a. Währungen.

SA, Abk. für **Sturmabteilung,** mit der SS die polit. Kampftruppe der NSDAP (→ Nationalsozialismus). 1933/34 bildete sie unter E. Röhm das stärkste Machtinstrument der nat.-soz. Bewegung. Nach dem Röhmputsch vom 30. 6. 1934 büßte sie ihre polit. Bedeutung ein und wandelte sich zu einem bes. der vormilitär. Ausbildung dienenden Verband. Aus der SA ging die → SS hervor.

S. A., SA, Abk. für **Société Anonyme** [sɔsjeˈte anɔnˈim, frz.], für **Sociedad Anonima** [soθjeðˈað-, span.] und für **Società Anonima** [sotʃetˈa-, ital.], Aktiengesellschaft.

SAA, Abk. für **South African Airways** [saʊθ ˈæfrɪkən ˈɛəweɪz, engl.], südafrikan. Luftverkehrsgesellschaft (ÜBERSICHT Luftverkehrsgesellschaften).

SAAB-Scania AB., Trollhättan, Unternehmen der schwed. Flugzeug- und Kfz-Ind.; 1968 durch Fusion entstanden.

Saad'i, Sa'di, Moscharref od-Din ibn Mosleh od-Din, pers. Dichter, * Schiras um 1215, † ebd. 9. 12. 1292, wandte sich nach Studien in Bagdad der Mystik zu. Er verfaßte mit ›Bustan‹ (›Obstgarten‹) und ›Gulistan‹ (›Rosengarten‹) 2 didaktisch-eth. Meisterwerke, die die sozialen Verhältnisse der Zeit vor dem Hintergrund der Vergangenheit behandeln. Bed. ist auch seine Liebesdichtung.

Saal [ahd.] *der, -s/S'äle,* **1)** großer überdachter Raum, bes. Festraum. **2)** *sächs.:* Flur, Diele: *Vorsaal.*

Saalach *die,* Salzburger Gebirgsfluß, 103 km lang, entspringt im obersten Glemmtal (Pinzgau) und bildet vor ihrer Mündung in die Salzach bei Salzburg die Staatsgrenze.

Saalbach, Gem. in Österreich, im oberen Saalachtal (›Glemmtal‹) in den almenreichen Kitzbüheler Schieferalpen, (1983) 2400 Ew.; bed. Fremdenverkehrs- und Wintersportgemeinde.

Saalburg, 1) Stadt im Kr. Schleiz, Bez. Gera, im Tal der Sächs. Saale, 420–460 m ü. M., (1971) 1100 Ew.; Erholungsort; Marmorwerke; bei S. die → Bleilochtalsperre. **2)** röm. Kastell am Obergerman. Limes nordwestlich von Bad Homburg v. d. H., 1898–1907 wieder aufgebaut. Das Kastell deckte einen wichtigen, 83–85 n. Chr. durch Erdschanzen gesicherten Taunuspaß. 88/89 entstand innerhalb des jetzigen Kastellgebiets eine kleine Anlage; zw. 252 und 260 wurde das Kastell aufgegeben. Außerhalb der Mauer lagen das Kommandohaus, das Bad, das Lagerdorf, verschiedene Heiligtümer und Tempel sowie Gräberfelder.

Saale *die,* **1) Fränkische S.,** rechter Nebenfluß des Mains, 142 km, entspringt an den Haßbergen, mündet bei Gemünden. Am Oberlauf liegt das → Grabfeld. **2) Sächsische S., Thüringer S.,** linker Nebenfluß der Elbe, der Hauptfluß Thüringens, 427 km, entspringt im Fichtelgebirge, mündet oberhalb Barby. Der 175 km lange, an der Unstrutmündung beginnende Unterlauf wurde schon im 14. Jh. durch Schleusenbauten schiffbar gemacht. Der Oberlauf soll durch weitere Talsperren neben der Saaletalsperre (→ Bleilochtalsperre) und der Hohenwarte-Talsperre (182 Mio. m³) ausgebaut werden. Nebenflüsse sind (von links) Selbitz, Schwarza, Ilm, Unstrut, Salza, Wipper, Bode, (von rechts) Orla, Roda, Weiße Elster, Fuhne.

Saal|eck, Burgruine über der Saale bei Bad Kösen.

Saalfelden am Steinernen Meer, Marktgem. in Salzburg, Österreich, 744 m ü. M., (1983) 11500 Ew.; BezGer., Textil-Ind.; Wintersportgebiet.

Saalfeld/Saale, Krst. des Kr. Saalfeld im Bez. Gera, (1983) 34500 Ew.; Werkzeugmaschinenfabrik, opt., Papier-, polygraph. Industrie, Süßwaren-, Farbenherstellung; in der Nähe von S./S. die **Feengrotten** (Tropfsteinhöhlen); Burgruine ›Hoher Schwarm‹ (12.–13. Jh.), Rathaus (16. Jh.), Stadtpfarrkirche St. Johannis (14.–16. Jh., im 19. Jh. stark verändert), Barockschloß (17./18. Jh.). – Saalfeld, 899 erstmals erwähnt, war im 10. Jh. Königspfalz; seit 1208 ›civitas‹ genannt, erhielt die Stadt im 13./14. Jh. eigene Statuten. 1389 kam sie an die Wettiner. Seit 1680 bestand das Fürstentum **Sachsen-Saalfeld,** seit 1735 **Sachsen-Coburg-Saalfeld,** 1826 kam es an Sachsen-Meiningen.

Saalkirche, einschiffige Kirche. Im MA. nördlich der Alpen meist als Dorfkirchen errichtet; seit der Renaissance stärker verbreitet; besonders geeignet als Predigtkirche.

Saalkreis, Landkreis im Bez. Halle; VerwSitz: Halle.

Saaltochter, *schweizer.:* Kellnerin.

Saane *die,* frz. **Sarine** [sarˈin], linker Nebenfluß der Aare, Schweiz, 129 km, entspringt in den südwestl. Berner Alpen (Sanetschhorngebiet) und mündet unterhalb Oltigen; unterhalb von → Greyerz aufgestaut.

Saanen, frz. **Gessenay** [ʒesnˈɛ], Bezirkshauptort im Kt. Bern, Schweiz, (1982) 5500 Ew.; Viehzucht, Käseerzeugung, Holz-Ind.; bed. Fremdenverkehr. Zur Gem. S. gehören die Kurorte Gstaad, Saanenmöser und Schönried.

Saar: Saarschleife bei Mettlach

Saar *die,* frz. **Sarre** [sa:r], rechter Nebenfluß der Mosel, 246 km (120 km auf dt. Gebiet), entsteht bei Lörchingen aus der Weißen und der Roten S., mündet oberhalb von Trier; von Dillingen bis Saargemünd schiffbar. Nebenflüsse: Nied, Blies und Prims; im unteren Saartal Weinbau. Der S.-Kohlen-Kanal verbindet die S. mit dem Rhein-Marne-Kanal.

Saar, Ferdinand von, Schriftst., * Wien 30. 9. 1833, † (Selbstmord) ebd. 24. 7. 1906, urspr. Offizier; melancholisch-pessimist. Lyrik, Dramen und Novellen (›Novellen aus Österreich‹, 1881; 2 Bde. 1897; ›Schicksale‹, 1889; ›Herbstreigen‹, 1896).

Saarbergwerke AG, Saarbrücken, Unternehmen des Saarbergbaus, in dem seit Sept. 1957 alle saarländ. Kohlengruben vereinigt sind; seit 1963 Betätigung in der Mineralölwirtschaft.

Saarbrücken, Hptst. des Saarlandes, VerwSitz des Stadtverbandes S., in einer Talweitung der Saar, (1984) 190150 Ew.; S. ist Sitz der Ministerien, hat OLdGer., LdGer., Industrie- und Handelskammer u. a. Behörden; Univ., Hochschule für Musik, Fachhochschule; Staatstheater, Bibliotheken und Museen; Zoolog. Garten. S. ist bed. Handelsplatz und Verkehrsknoten (Flughafen in S.-Ensheim, Saarhafen). Seit 1950 findet alljährlich die Internat. Saarmesse statt. In der Industrie überwiegt die Eisenerzeugung und -verarbeitung (Maschinen-, Fahrzeugbau, Metallbearbeitung), daneben Elektrotechnik, Chemie, Optik, Baugewerbe, Verlage, Brauereien. Trotz der Kriegszerstörungen besitzt S. noch einige alte Baudenkmäler: dreischiffige frühgot. Stiftskirche St. Arnual (um 600 gegr.) mit den Tumbengräbern der Grafen von S. (15. Jh.), Schloßkirche (15. Jh.), Schloß (1738–48, 1793 abgebrannt, ab 1810 klassizistisch verändert), Ludwigskirche (1762–75). Die Residenz S. und die Handelsniederlassung St. Johann erhielten 1321 Stadtrecht. Mit der Grafschaft S. fiel S. 1381 an Nassau. Durch die Réunionen war es 1680–97 und dann wieder 1801–15 in frz. Hand. 1815 kam es an Preußen.

Saarbrücker Rahmenvereinbarung, Abkommen der Kultusministerkonferenz vom 29. 9. 1960, das eine Neugestaltung der Gymnasialoberstufe vorsieht (in den letzten beiden Klassen eine Beschränkung des Unterrichts auf 4 Kernpflichtfächer, verbindl. Unterricht in Gemeinschaftskunde, Leibesübungen, Musik und Kunsterziehung und ein Wahlpflichtfach); wurde durch die Vereinbarungen der Kultusministerkonferenz vom 7. 7. 1972, die in der Sekundarstufe II unter Aufhebung der versch. Gymnasialtypen und der Klassenverbände in den Klassen 11–13 ein Angebot von Grund- und Leistungskursen vorsieht, abgelöst.

Saarburg, 1) Stadt im Kr. Trier-S., Rheinl.-Pf., an der Saar, (1984) 5600 Ew.; Weinbau und Weinhandel, Glockengießereien; Fremdenverkehr. **2)** frz. **Sarrebourg** [sarb'u:r], Stadt in Lothringen, frz. Dép. Moselle, (1982) 12700 Ew.; Marktzentrum; Glas-, Uhren-, Herdfabrik.

Saargebiet, 1920–35 das → Saarland.

Saargemünd, frz. **Sarreguemines** [sargəm'i:n], Stadt in Lothringen, im frz. Dép. Moselle, an der Mündung der Blies in die Saar, (1982) 24800 Ew.; keram. Industrie, Maschinenbau.

Saarinen, 1) Eero, amerikan. Architekt finn. Herkunft, Sohn von 2), * Kirkkonummi (Finnland) 20. 8. 1910, † Ann Arbor (Mich.) 1. 9. 1961, vereinigte in seinem Stil dynam. Räumlichkeit, Technik und Imagination; entwarf auch Möbel. S. baute u. a. das Techn. Zentrum der General-Motors-Werke in Warren, Mich. (1950–56).

2) Eliel, finn. Architekt, Vater von 1), * Rantasalmi 20. 8. 1873, † Bloomfield Hills (Mich.) 1. 7. 1950, baute 1910–14 den Hauptbahnhof in Helsinki, mit dem er in Finnland das Neue Bauen einleitete; seit 1922 lebte er in den USA und lehrte an der Cranbrook Academy of Architecture in Birmingham (Mich.).

Saarland, Land der Bundesrep. Dtl., 2571 km² mit (1984) 1,053 Mio. Ew. Hptst.: Saarbrücken.

Nach der Verfassung vom 15. 12. 1947 und vom 29. 9. 1960 ist die gesetzgebende Gewalt der Landtag, dessen 50 Abg. (seit 1980: 51) auf 5 Jahre gewählt werden. Die Landesregierung besteht aus dem MinPräs. und den Ministern.

Die Rechtsprechung üben der Verfassungsgerichtshof in Saarbrücken, das OLdGer., das Landesarbeitsgericht und das Landessozialgericht in Saarbrücken, das Oberverwaltungsgericht in Saarlouis. Ferner bestehen ein LdGer., 11 Amtsgerichte, 3 Arbeitsgerichte, ein Sozialgericht, ein Verwaltungsgericht und ein Finanzgericht.

Verwaltung. Das S. ist nach der Gebietsreform 1974 in den Stadtverband Saarbrücken und 5 Landkreise mit zus. 51 Gemeinden gegliedert.

Größe und Bevölkerung (1984)

Landkreis *Stadtverband*	Größe in km²	Einwohner in 1000	Einwohner je km²
Saarbrücken	*410,60*	*358,9*	*874*
Merzig-Wadern	554,75	99,1	179
Neunkirchen	249,82	148,0	592
Saarlouis	459,08	205,6	448
Saar-Pfalz-Kreis	420,87	151,5	360
Sankt Wendel	476,04	89,7	188
Saarland	**2 571,16**	**1 052,8**	**409**

Landesnatur. Das S. umfaßt das wellige Hügelland südlich vom Hunsrück, aufgebaut z. T. aus Karbon mit ausgedehnten Steinkohlenflözen; höchste Erhebnung im S ist die Weißkircher Höhe (595 m). Hauptfluß ist die Saar mit fruchtbarem Tal, dazu ihre Nebenflüsse Blies, Prims, Nied.

Die Bevölkerung spricht im S überwiegend rheinfränkisch-pfälz., im N moselfränk. Mundart. Dicht besiedelt ist der S des Landes (Ballungsgebiet Saarbrücken-Dillingen-Neunkirchen). – Bildungswesen. Der Hochschulverband ›Hochschule des Saarlandes‹ in Saarbrücken umfaßt: Univ. (gegr. 1947/48; die PH wurde 1978/79 eingegliedert), Musik- und Fachhochschule. – Religion. Rd. 74% der Bev. sind katholisch, 24% evangelisch.

Wirtschaft. Die Landwirtschaft nutzt rd. 45% der Fläche (bes. für Getreideanbau) und beschäftigt (1980) 1,7% der Erwerbstätigen. Etwa ein Drittel der Fläche sind Wald. Wichtigster Wirtschaftszweig ist die Industrie mit 51,2% der Erwerbstätigen, bes. eisenschaffende, Eisen- und Stahlindustrie, Maschinenbau, Steinkohlenbergbau (zw. Neunkirchen und der Saar). Da der eigene Markt nur einen Teil der Industrieerzeugnisse aufnehmen kann, ist das S. auf wirtschaftl. Verflechtung mit den Nachbargebieten angewiesen. Nach 1945 war der Außenhandel bes. nach Frankreich ausgerichtet wegen der Einbeziehung in das frz. Zoll- und Währungsgebiet (heute im Rahmen der EG).

Geschichte. Durch den Versailler Vertrag wurden die südl. Teile der Rheinprov. und die westl. Teile der bayer. Pfalz auf 15 Jahre (seit 10. 1. 1920) einer Völkerbunds-Reg. unterstellt und das Eigentum an den Kohlengruben und deren alleinige Ausbeutung dem frz. Staat zugesprochen. 1935 kam dieses **Saargebiet** nach Volksabstimmung an das Dt. Reich zurück (90,7% für Dtl.). Die Kohlengruben wurden von Dtl. für 900 Mio. FF zurückgekauft.

Nach dem Zusammenbruch des nat.-soz. Dtl. (1945) löste Frankreich das S. (gegenüber dem bisherigen Saargebiet um mehr als 100 Gemeinden vergrößert) aus der frz. Besatzungszone (1946). Vertreten durch einen Hochkommissar versuchte Frankreich, sich das S. wirtschaftlich anzugliedern und für dieses Gebiet eine polit. Autonomie durchzusetzen. MinPräs. J. Hoffmann (1947–55) und die von ihm geführte ›Christl. Volkspartei‹ (CVP) unterstützten die frz. Saarpolitik, ebenso wie die ›Sozialist. Partei des S.‹ (SPS). Im Rahmen der → Pariser Verträge beschlossen Bundeskanzler K. Adenauer und der frz. MinPräs. P. Mendès-France 1954 ein ›Saarstatut‹ (europ. Status des S. im Rahmen der ›Westeurop. Union‹, WEU). Nachdem die Bev. nach Zulassung der für eine Rückgliederung eintretenden Parteien des ›Heimatbunds‹, CDU, SPD, DPS (Demokrat. Partei Saar) in der Volksabstimmung vom 23. 10. 1955 das Saarstatut abgelehnt hatte, wurde das S. gemäß dem dt.-frz. Saarvertrag (1956) als Bundesland der Bundesrep. Dtl. eingegliedert (mit Wirkung vom 1. 1. 1957). 1955–80 war die CDU die stärkste Partei im Landtag und stellte die MinPräs. H. Ney (1956–57), E. Reinert (1957–59), F. J. Röder (1959–79) und W. Zeyer (1979–85). Seit 1980 entsendet die SPD die stärkste Fraktion in den Landtag. 1985 gewann sie die absolute Mehrheit; MinPräs. ist seitdem O. Lafontaine (SPD).

Saarländischer Rundfunk, Abk. **SR,** eine der dt. Rundfunkanstalten, Sitz: Saarbrücken, gegr. 1935; seit 1959 am Fernsehprogramm der ARD beteiligt.

Saarlouis [-l'uj], 1936–45 **Saarlautern,** Krst. im Saarland, (1983) 37800 Ew., an der Saar; Oberverwaltungsgericht, Hauptzollamt; Wirtschafts-, Landwirtschafts- u. a. Fachschulen; Stadtarchiv und -bibliothek; Automobil-Montagewerk, eisenverarbeitende, Genußmittel-, Papier- u. a. Ind., Baugewerbe. – S. wurde 1680–86 von Ludwig XIV. als Festung angelegt. 1815 kam S. an Preußen, 1920 an das Saarland; 1889 wurde die Festung geschleift, erhalten u. a. Paradeplatz mit Kommandantur, Kasematten.

Saar-Nahe-Berg- und Hügelland, Landschaft zw. Hunsrück und Pfälzer Wald, → Pfälzer Bergland.

Saar-Pfalz-Kreis, Landkreis im Saarland, Krst.: Homburg.

Saarwellingen, Gem. im Kr. Saarlouis, Saarland, (1983) 13700 Ew.; Maschinenbau, Spreng- und Kunststoffherstellung, Metallverarbeitung, Kabelwerk.

Saas, frz. **Vallée de Saas** [val'e: də za:s], Talschaft im Kt. Wallis, Schweiz, mit den Dorfgem. S. Almagell, S. Balen, S. Fee und S. Grund.

Saat [ahd. zu säen] *die, -/-en,* **1)** die Samen, Knollen u. a. Teile, aus denen neue Fruchtpflanzen entstehen sollen (→ Saatgut). **2)** *ohne Pl.,* das Säen (Aussaat, → säen). **3)** die jungen Pflänzchen (→ Keimung), das junge Getreide: *Die S. steht gut.*

Saat|eule, Wintersaat|eule, Schmetterling, → Eulenschmetterlinge.

Saatgut *das, -(e)s,* die zur Aussaat bestimmten Samen (von Raps, Mohn u. a.), Früchte (von Getreide, Samenrüben) oder Knollen (von Kartoffeln; **Pflanzgut).** Die Ertragsfähigkeit des Bestandes ist stark vom Wert (gute Keimfähigkeit, Triebkraft, Reinheit, Aufbaustoffe wie Eiweiß, Stärke, Fett) des S. abhängig. S. wird nach dem S.-Verkehrs-Ges. i. d. F. v. 23. 6. 1975 unterschieden in Basis-S. und zertifiziertes S. Das im Handel befindl. S. wird

Saarbrücken

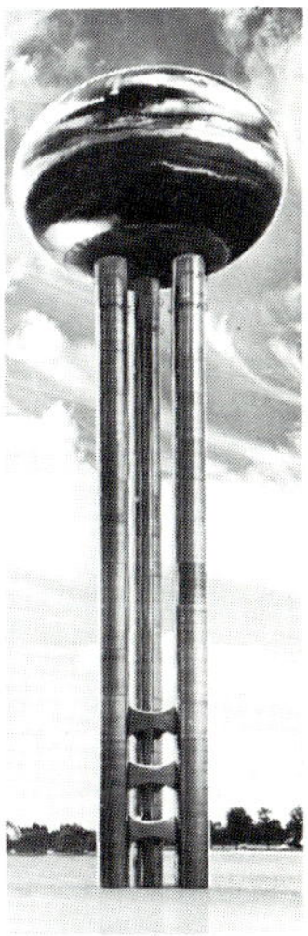

Eero Saarinen: Wasserturm, Stahl (Warren, Mich.)

Saarland

an Samenkontrollstationen einer Prüfung unterzogen **(S.-Prüfung). S.-Vermehrungen** von in der Sortenliste eingetragenen (zugelassenen) Sorten (Pflanzenzüchtung) müssen außerdem eine **Feldanerkennung** erhalten, die den Länderministerien obliegt.

Saatkrähe, eine Art der → Krähen.

Saatschnellkäfer, ein → Schnellkäfer.

Saatzucht, Samenbau, die Züchtung von Saatgut landwirtschaftl. oder gärtner. Kulturpflanzen. – **S.-Anstalt, Pflanzenzuchtanstalt,** staatl. oder öffentl. Anstalt zur Förderung der Pflanzenzüchtung und wissenschaftl. Erforschung der züchterischen Grundlagen. **S.-Leiter,** der Pflanzenzuchtleiter.

Saavedra Lamas [sa:β'eðra-], Carlos, argentin. Politiker, * Buenos Aires 1. 11. 1878, † ebd. 5. 5. 1959, war 1932–38 Außen-Min., maßgeblich beteiligt an der Beilegung des Chaco-Konflikts (→ Bolivien, Geschichte); 1936 Friedensnobelpreis.

Saaz, tschech. **Žatec** [ʒ'atɛts], Stadt im Nordböhm. Kr., ČSSR, (1981) 21 300 Ew., an der unteren Eger; Bahnknoten; Hopfenhandel. In S. wirkte → Johannes von Tepl.

Saaz, Johannes von, → Johannes von Tepl.

Saba, Sabäa, im Altertum Landschaft in S-Arabien, bewohnt von den → Sabäern. Eine **Königin von S.** besuchte nach bibl. Bericht Salomo und schenkte ihm Gold, Weihrauch und Edelsteine.

Saba, Umberto, eigtl. U. **Poli,** ital. Dichter, * Triest 9. 3. 1883, † Görz 25. 8. 1957. Seine Lyrik ist in ihrer gehaltl. Substanz durch die jüd. Familientradition des Dichters geprägt; sie lehnt sich stilistisch an die auf Petrarca zurückgehende Formtradition an und steht G. Pascoli nahe.

Säbelschnäbler

Šababurg, Burgruine im → Reinhardswald.

Šabac [ʃ'abats], Stadt in Serbien, Jugoslawien, (1981) 51 600 Ew., am rechten Saveufer; Handel und Industrie (Leder, Holz, Konserven, Chemie).

Sabadell [saβað'ɛl], Stadt in der Prov. Barcelona, Spanien, (1981) 194 900 Ew., Woll-, Baumwoll-, Maschinen-, Elektroindustrie.

Sabadill *der, -s/-en,* span. **Cebadilla** [θeβað'iʎa], **Schoenocaulon officinale,** Liliengewächs Mittelamerikas und Venezuelas, mit Trauben oder Ähren gelblicher Blüten. Den hanfkorngroßen, schwarzen Samen **(Mexikan. Läusesamen),** der durch das Alkaloidgemisch Veratrin giftig ist, verwendet man zu S.-Essig gegen Läuse u. a. (Vorsicht bei Kratzwunden).

Sabäer, südarab. Volksstamm, der in S-Arabien um 1200 v. Chr. ein Reich **(Saba)** gründete; stand im 5. Jh. in Konkurrenz zu den Minäern, die ihn allmählich verdrängten.

Sabah, früher **Britisch-Nordborneo,** Bundesland Malaysias in NO-Borneo, 80 520 km² mit (1978) 981 500 Ew., Hptst. ist seit 1946 Kota Kinabalu (früher Jesselton). – S. ist größtenteils gebirgig mit trop. Klima, tief eingeschnittenen Flußtälern und z. T. unerschlossenen Regenwäldern. S. hat im Kinabalu (4 101 m) den höchsten Berg SO-Asiens. Anbau von Kautschuk, Reis, Kokospalmen, Kakao u. a. An Bodenschätzen wurden Kupfer und Erdöl entdeckt. Hauptausfuhrprodukt sind Edelhölzer. Britisch-Nordborneo wurde 1888 brit. Protektorat, 1946 Kronkolonie mit beschränkter Selbstverwaltung; seit dem 16. 9. 1963 unabhängig und Gliedstaat von Malaysia.

Sabas, Sabbas, S. von Palästina, Heiliger, * Mutalaska (Kappadokien) 439, † 5. 12. 532 in dem von ihm gegr. S.-Kloster bei Jerusalem, Organisator des mönch. Lebens in Palästina.

Sabatier [sabatj'e], Paul, frz. Chemiker, * Carcassonne 5. 11. 1854, † Toulouse 14. 8. 1941, erhielt für die Entdeckung der katalyt. Hydrierung organ. Verbindungen mit Metallpulver-Katalysatoren (Eisen, Kupfer, Kobalt u. a.) 1912 mit V. Grignard den Nobelpreis für Chemie.

Sábato [s'aβato], Ernesto, argentin. Schriftst., * Rojas (Prov. Buenos Aires) 24. 6. 1911, Prof. für Physik, gab 1943 seinen Lehrstuhl auf. S. schrieb Essays über sozialpolit. Themen und experimentelle Romane, die Psychogramme der argentin. Gesellschaft darstellen.

HW: Der Maler und das Fenster (1948); Über Helden und Gräber (1961); Abandón el exterminador (1974).

Sabbat [hebr. schabbat, von ›ruhen‹] *der, -s/-e,* jiddisch **Schabbes,** der 7. Tag der jüd. Woche, vom Freitag- bis Sonnabendabend; nach 2. Mos. 20, 10 f. ein strenger Ruhetag. Die Einrichtung wird im A. T. auf Gott selbst zurückgeführt (2. Gen. 20, 8–11). Die Beachtung des S. durch die frühen Christen wich bald dem Ersatz durch den Sonntag. **Sabbatjahr** (Brachjahr), im Judentum alle 7 Jahre wiederkehrendes Ruhejahr in der Landwirtschaft (2. Gen. 23, 10 f.).

Sabbatai Zwi, jüd. Sektengründer, * Smyrna (?) 1626, † Dulcigno (Albanien) 17. 9. 1676, rief sich selbst 1665 im Hl. Land als Messias aus, erwarb eine große Anhängerschaft in Europa und im Orient **(Sabbatianer),** die sich später in sektierer. Gruppen teilte und im 19./20. Jh. zerfiel. S. Z. selbst trat nach Verhaftung durch die türk. Obrigkeit zum Islam über (1666), wurde jedoch bald wegen zweifelhafter Rechtgläubigkeit ausgewiesen und starb fast vergessen in Albanien.

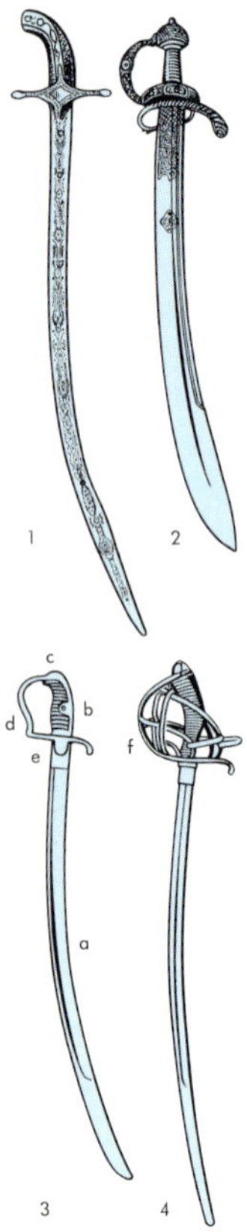

Säbel 1): **1** Türkischer Säbel, 1594; Griff 18. Jh. **2** Dusägge, 16. Jh. **3** Husarensäbel, 19. Jh., später Offizierssäbel der Wehrmacht; a Klinge, b Griff, c Kappe, d Bügel, e Parierstange. **4** Akadem. Fechtsäbel (Korbsäbel); f Korb

Sabbatari|er, Sabbatisten *Pl.,* christl. Glaubensgemeinschaften, die das Sabbatgebot auch für Christen als verbindlich ansehen; z. B. die Adventisten und die Seventh-Day Baptists.

sabbeln, sabbern. *ich* **sabb(e)le, sabb(e)re,** *nd.:* **1)** lasse Speichel ausfließen. **2)** schwätze dummes Zeug. *der* **Sabbel, Sabber,** *-s, nd.:* ausfließender Speichel. **sabbig,** *nd.:* sämig, dickflüssig.

Säbel [mhd., zu magyar. szablya] *der, -s/-,* **1)** aus dem Orient stammende Hiebwaffe mit einschneidiger, gekrümmter, zugespitzter Klinge. Der Säbelgriff ist meist durch einen Bügel mit Parierstange oder einen Korb geschützt. Als militär. Waffe wurde der S. bis in den 1. Weltkrieg u. a. bei der Kavallerie gebraucht. Zum Parade- und Ausgehanzug wird der S. heute noch in manchen Armeen getragen. **2)** ⚔ Beim → Fechten ist der S. eine Stoß- und Hiebwaffe nur für Herren; bis zu 105 cm lang und 325–500 g schwer. Die Klinge (Feder) darf höchstens 88 cm lang sein. Griff und Korb bilden das Gefäß. *ich* **säb(e)le** *es* **(ab, herunter),** U schneide ungeschickt. *ich* **säb(e)le** *es, ihn* **nieder,** schlage mit dem S. nieder, töte auf brutale Weise. **Säbelbeine,** U O-Beine.

Säbel|antilopen, die → Pferdeböcke.

Sabeller, von den Sabinern abstammende mittelitalische Kleinstämme, im 4 Jh. v. Chr. von Rom unterworfen; i. w. S. die Samniten.

Säbelschnäbler *der, -s/-,* **Recurvirostra avocetta,** hochbeiniger, schwarzweißer Regenpfeifervogel, fängt mit dünnem, aufwärtsgebogenem Schnabel Kleintiere aus seichtem Wasser, bewohnt Europa und Teile Afrikas.

Säbelzahn-Tiger, Machairodus, ausgestorbene Gatt. großer Raubtiere im jüngeren Tertiär mit starken oberen Eckzähnen.

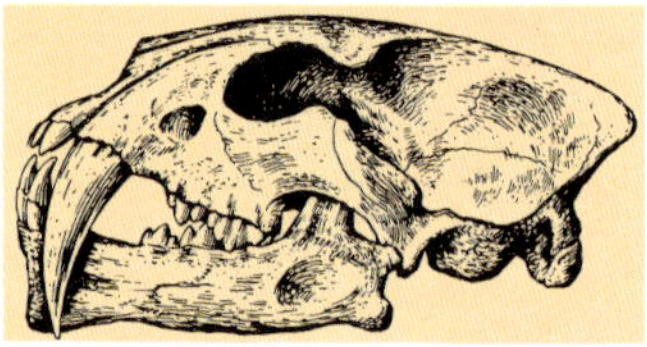

Säbelzahn-Tiger: Schädel

SABENA, Abk. für **Société Anonyme Belge d'Exploitation de la Navigation Aérienne** [sɔsjet'e anɔn'im bɛlʒ dɛksplwatasj'ɔ̃ də la navigasj'ɔ̃ aerj'ɛn], belg. Luftverkehrsgesellschaft (ÜBERSICHT Luftverkehrsgesellschaften).

Säbenbaum [aus lat. sabina], ⊕ der → Sadebaum.

Sabina, legendäre Märtyrerin und Heilige, Tag: 29. 8.

Sabina, Karel, tschech. Schriftst., * Prag 29. 12. 1813, † ebd. 9. 11. 1877, nahm als radikaler Demokrat führend am Aufstand von 1848 teil, 1849 zum Tod verurteilt, 1857 amnestiert. S. ist als Kritiker, Literarhistoriker und Förderer der tschech. Kultur von großer Bedeutung; Erz., histor. Romane, Dramen; auch Libretti, u. a. für ›Die verkaufte Braut‹ (1863) von B. Smetana.

Sabine [lat. ›Sabinerin‹], weiblicher Vorname.

Sabiner, von den Umbrern abstammendes italisches Volk, das im mittleren Apennin lebte. Die von Livius überlieferte Sage vom ›Raub der Sabinerinnen‹ zeigt, daß die S. auch Anteil an der Gründung Roms hatten. Der röm. König Numa Pompilius soll S. gewesen sein. Die S. erhielten 268 v. Chr. röm. Bürgerrecht.

Sabiner Berge, ital. **Monti Sabini,** Gebirgszug des Apennin nordöstlich von Rom zw. Tiber und Turano, im Monte Pellecchio 1 368 m hoch.

Sabinianer, röm. Juristenschule, begründet unter Tiberius, benannt nach Massurius Sabinus, dem Haupt der Schule (→ Proculianer).

Sabin-Impfung [s'æbɪn-, n. dem amerikan. Virologen A. B. Sabin, * 1906], seit 1954 erprobte Schluckimpfung mit abgeschwächten, vermehrungsfähigen Poliomyelitisviren zum Schutz gegen Kinderlähmung.

Sabotage [sabɔt'a:ʒ(ə), frz.] *die, -/-n,* Vereitelung eines Zieles durch böswillige geheime Gegenwirkung oder passiven Widerstand, z. B. Bummelstreik, sowie die vorsätzl. Beschädigung oder Zerstörung von Maschinen, Waren u. a. aus Anlaß eines Arbeitskampfes oder zu polit. Zwecken. Rechtlich wird S. als → Sachbeschädigung, → Verkehrsgefährdung oder als Störung öffentl. Betriebe (§§ 316 b, 317 StGB u. a.), die polit. S. (S. in staatsgefährdender Absicht) nach § 88 StGB mit Freiheitsentzug bis zu 5 Jahren bestraft. In der Dt. Dem. Rep. wird die S. mit Freiheitsentzug nicht unter 3 Jahren, in bes. schweren Fällen mit lebenslängl. Freiheitsentzug oder dem Tod bestraft (§§ 103, 104 StGB). In Österreich (§ 126 StGB) und der Schweiz (Art. 237 ff. StGB) wird die S. ähnlich wie in der Bundesrep. Dtl. bestraft. *der* **Saboteur** [-t'ø:r], *-s/-e,* jemand, der S. betreibt. *Vb. ich* **sabotiere** *es.*

SAC, Abk. für **Societas Apostolatus Catholici,** die → Pallottiner.

Sá Carneiro [-karn'ɛjru], Francisco de, portugies. Politiker (PPD), * Porto 19. 7. 1934, † bei Lissabon (Flugzeugabsturz) 4. 12. 1980, errang als Führer der ›Demokrat. Volkspartei‹ (portugies. Abk. PPD) und Repräsentant der ›Demokrat. Allianz‹ (Wahlbündnis) 1979 und 1980 große Wahlerfolge; 1980 MinPräs. (Ziel: Festigung des parlamentar. Systems).

Saccharasen [-x-, grch.], *Sg. die* **Saccharase,** *-,* Enzyme, die den Rohrzucker in Glucose und Fructose spalten.

Saccharide [-x-, grch.], *Sg. das* **Saccharid,** *-,* → Zucker.

Saccharimetrie [-x-, grch.] *die, -,* Bestimmung der Konzentration wäßriger Rohrzuckerlösungen durch Messen der Lichtbrechung, der Dichte oder durch Messen der Rechtsdrehung der Ebene des polarisierten Lichts mit einem Polarisationsapparat (**Saccharimeter**). → Polarisation.

Saccharin [-x-, grch.] *das, -s,* ältester synthet. Süßstoff mit der 300- bis 500fachen Süßkraft des Rohrzuckers, doch ohne Nährwert (daher auch Zuckerersatz bei Zuckerkranken). S. ist in Wasser unlöslich, deshalb wird das Natriumsalz des S. verwendet; hat metallisch-bitteren Beigeschmack. (→ Zuckeraustauschstoffe)

Saccharomyces [-x-, grch.], Gatt. der Hefepilze, → Hefe 1).

Saccharose [-x-, grch.] *die, -/-n,* → Rohrzucker.

Saccharum [-x-, grch. aus Sanskrit] *das, -s/...ra,* **1)** Grasgattung, → Zuckerrohr. **2)** Bez. für Zucker (Rohrzucker) im Dt. Arzneibuch; **S. lactis,** Milchzucker.

Sacco di Roma [ital. ›Plünderung Roms‹], die Verwüstung Roms durch die dt. und span. Söldner Karls V. (1527/28) während dessen Feldzug gegen Papst Klemens VII. (→ Klemens).

Sacco-Vanzetti-Fall, Mordprozeß (1920–27) gegen 2 Anarchisten ital. Herkunft in Massachusetts; erregte weltweites Aufsehen, da beide trotz umstrittener Beweisführung zum Tod verurteilt und hingerichtet wurden.

Sacerdos [lat.] *der, -/...d'otes,* Priester. *das* **Sacerdotium,** *-s,* Priestertum. **Kampf zw. Sacerdotium und Imperium,** der Machtkampf zw. dem Papsttum und dem Kaisertum im MA.

Sacer mons [lat. ›heiliger Berg‹] *der,* Hügel im NO von Rom, Ziel der ersten Sezession der röm. Plebejer 494 v. Chr.

SACEUR, Abk. für engl. **Supreme Allied Commander in Europe** [sʊpr'i:m 'ælaɪd kəm'ɑ:ndə ɪn j'ʊərəp], → Nordatlantikpakt.

Sach., Abk. für **Sach**arja (A. T.).

Sachalin, japan. **Karafuto,** sowjet. Insel an der NO-Küste Asiens, vom sowjet. Festland durch den Tatarensund, von der japan. Insel Hokkaido durch die La-Pérouse-Straße getrennt, 76400 km² groß. S., 948 km lang, 27–150 km breit, wird von 2 Gebirgsketten durchzogen: den Westsachaliner Bergen (Onor 1325 m) und den Ostsachaliner Bergen (Lopatin 1609 m); zw. beiden, die im N zu einem Hügelland herabsinken, entwässern die Flüsse Tym und Poronaj eine 5–30 km breite Grabensenke. Bei rauhem Monsunklima mit 5–7 Monate dauernden Wintern, Taifunen und häufigem Nebel bedecken Wälder und Strauchdickichte rd. zwei Drittel der Fläche sowie Tundra den N. Nur 1,4% der Fläche werden landwirtschaftlich genutzt. Bodenschätze: Erdöl, Erdgas, Kohle, Gold, Platin, Quecksilber. Bevölkerung: vorwiegend Russen, es besteht eine Ureinwohnerminderheit (Ainu, Niwchen). S. kam 1875 durch den Vertrag von St. Petersburg an Rußland, das 1905 das Gebiet südlich des 50. Breitengrades an Japan abtrat (36000 km² mit 1939 etwa 340000 Ew.). 1945 fiel es an die UdSSR zurück. Das Verwaltungsgebiet S. der Russ. SFSR umfaßt S. und die Kurilen, 87100 km² mit (1982) 676000 Ew. Hptst. ist Juschno-Sachalinsk.

Sach|anlagen, das → Anlagevermögen.

Sacharja, Zacharias, israelit. Prophet um 520 v. Chr., erwartete bei der Vollendung des Tempelbaus in Jerusalem den Ausbruch der messian. Heilszeit unter Serubabel. Grundstock des Buches S. sind die ›Nachtgesichte‹ (älteste Apokalypse), Kap. 9–14 stammen von einem oder mehreren späteren Verfassern.

Sacharow, Andrej Dimitrijewitsch, sowjet. Atomphysiker und Bürgerrechtskämpfer, * Moskau 21. 5. 1921; entwickelte mit I. Tamm die Grundlagen für den Bau einer ›sauberen‹ Wasserstoffbombe. In seinem Memorandum ›Gedanken über den Fortschritt, die friedl. Koexistenz und geistige Freiheit‹ (1968) fordert er die Überwindung der Teilung der Welt als Voraussetzung für eine Liberalisierung des sowjet. Reg.-Systems. Sein Kampf gegen die Mißachtung der Menschenrechte in der UdSSR brachte ihn in einen schweren Konflikt mit dem sowjet. Staat (1980 Verbannung in die Stadt Gorkij). 1975 erhielt S. den Friedensnobelpreis.

Sacharow-Hearing [-h'ɪərɪŋ, engl.], nach dem sowjet. Bürgerrechtskämpfer A. D. → Sacharow benannte, seit 1975 von emigrierten sowjet. Regime-Kritikern veranstaltete Anhörungen über die Unterdrückung der Opposition in der UdSSR.

Sachbeschädigung, ⚖ vorsätzl. und rechtswidrige Beschädigung oder Zerstörung einer fremden Sache. Das StGB unterscheidet: die einfache S., die nur auf Antrag verfolgt und mit Geld- oder Freiheitsstrafe bis zu 2 Jahren (§ 303), die gemeinschädl. S., die z. B. Grabmäler und dem öffentl. Nutzen dienende Sachen betrifft und mit Geld- oder Freiheitsstrafe bis zu 3 Jahren (§ 304), sowie die völlige oder teilweise Zerstörung von Bauwerken, die mit Freiheitsstrafe von einem Monat bis zu 5 Jahren (§ 305) belegt ist. Ähnl. Bestimmungen enthalten die StGB der Dt. Dem. Rep. (§§ 183, 184, 163, 164), Österreichs (§§ 125, 126) und der Schweiz (Art. 145).

Sachbezüge, Naturalbezüge, Entlohnung in Sachgütern, z. B. freie Verpflegung.

Sachbuch, i. e. S. ein Buch, das wissenschaftl. Themen für den Laien verständlich und unterhaltsam behandelt; i. w. S. jedes Buch, das nicht zur Belletristik gehört (wissenschaftl. Werke, Nachschlage-, Lehr- und Fachbücher).

Sache [ahd. ›Rechtsstreit‹] *die, -/-n,* **1)** Ding, Gegenstand. **2)** ⚖ jeder körperl. Gegenstand (feste, flüssige und gasförmige Körper, nicht aber Elektrizität, §§ 90 ff. BGB). Man unterscheidet z. B. bewegl. und unbewegl., teilbare und unteilbare sowie vertretbare (d. h. nach Maß, Zahl oder Gewicht bestimmbare) und nicht vertretbare S. Öffentliche S. sind S., die in der öffentl. Verwaltung und ihren Zwecken unmittelbar dienen (z. B. Schul-, Post- u. a. Gebäude, Straßen). An öffentl. S. besteht privates Eigentum, sie unterliegen jedoch bestimmten durch den öffentl. Zweck bedingten Beschränkungen. **3)** Angelegenheit, Obliegenheit, Aufgabe, Vorhaben: *die S. ist für mich erledigt,* U damit will ich nichts mehr zu tun haben; *er tat es um der S. willen,* ohne an eigene Vorteile zu denken; *das ist seine S.,* geht ihn an, ist seine Aufgabe; *das tut nichts zur S.,* gehört nicht hierher, ist hier gleichgültig; *in eigener S.; zur S.!,* zum Thema! **4)** *meist Pl.,* U Besitz, Gebrauchsgegenstände u. a.: *sie hat die guten S. an,* die guten Kleider; *paß auf die S. auf!,* z. B. auf das Gepäck; *er fuhr mit 80 S.,* U mit einer Geschwindigkeit von 80 km pro Stunde. **5)** Rechtsstreit: *Strafsache; in S. Müller gegen Meyer.* **sachdienlich,** einer S. nützlich: *sachdienliche Angaben erbittet die Kriminalpolizei. das* **Sächelchen,** *-s/-,* niedliche Kleinigkeit. **Sachgebiet,** festumrissener Aufgabenbereich. **sachgemäß,** dem Wesen einer S. angemessen, passend. **Sachkenntnis, Sachkunde,** fachliche Erfahrung, genaues Fachwissen. *Adj.* **sachkundig. Sachlage,** *der* **Sachverhalt,** *(e)s/-e,* **1)** augenblickliche Lage. **2)** Tatsache. **sachlich, 1)** dinglich, gegenständlich: *eine sachliche Beschreibung,* ohne ausmalendes Beiwerk. **2)** von keinen persönl. Rücksichten geleitet, objektiv. *Subst. die* **Sachlichkeit. sächlich,** Ⓢ mit dem Artikel ›das‹ verbunden (Subst.), ÜBERSICHT Genus und Artikel. **Sachschaden,** Beschädigung von S.: *bei dem Unfall entstand ein Sachschaden in Höhe von 5000 DM.*

Sach|einlagen, Sachwerte, die statt Bargeld bei einer Gesellschaftsgründung eingebracht werden (Sachgründung).

Sachenrecht, die Gesamtheit der Vorschriften über die Rechtsbeziehungen der Personen zu den → Sachen (→ dingliche Rechte). Das S. ist enthalten im 3. Buch des BGB. Grundlage des heutigen S. ist das deutsche, nicht das röm. Recht. Die Zahl der S. ist geschlossen, d. h., andere als die im Gesetz geregelten Rechtsarten können nicht durch Vertrag begründet werden. Im ZGB der Dt. Dem. Rep. ist das Rechtsgebiet S. auf mehrere Teile des Gesetzes verteilt. Das österr. ABGB behandelt das S. im 2. Teil, in den §§ 285–1341. Im Ggs. zum BGB gehören nach dem Sprachgebrauch des ABGB zum S. auch Verträge aller Art, Schadensersatzansprüche, Erbrechte u. a. Im schweizer. Recht bildet das S. den 4. Teil des ZGB (Art. 641–977). Es entspricht in den Hauptzügen dem dt. Recht.

Andrej Sacharow

Sacher-Masoch, Leopold Ritter von, Schriftst., * Lemberg 27. 1. 1836, † Lindheim (Hessen) 9. 3. 1895. Seine Romane und Novellen zeigen seine Neigung zum Sexualpathologischen (→ Masochismus); daneben stehen realist. galizische Bauern- und Judengeschichten. – HW: Venus im Pelz (1870).

Sachertorte [n. dem Wiener Koch und Hotelbesitzer F. Sacher, * 1816, † 1907], eine Schokoladentorte.

Sachfirma, → Personenfirma.

Sachgründung, → Sacheinlagen.

Sachkapital, Realkapital, Wertsumme der in einem Unternehmen vorhandenen Kapitalgüter, i. Ggs. zum Geldkapital.

Sachkatalog, nach dem Inhalt geordnetes Verzeichnis der Bestände einer Bibliothek.

Sachkonto, Buchführung: Konto, das Sachwerte verrechnet, z. B. Kassa-, Waren-, Wechselkonto. Ggs.: Personenkonto.

Sachlegitimation, ⚖ durch die rechtl. Beziehung der Partei zum Klaggegenstand begründete Befugnis zur sachl. Durchführung des Rechtsstreits als Kläger (Aktivlegitimation) oder Beklagter (Passivlegitimation). Sie ist Voraussetzung für die Begründung der Klage und zu unterscheiden von der **Prozeßführungsbefugnis;** diese ist eine Voraussetzung für die Zulässigkeit der Klage.

Sachleistungen, Sozialversicherung: neben Geldbeträgen gewährte Leistungen (z. B. ärztl. Hilfeleistung).

Sachmet: Granitstatue aus Karnak, um 1370 v. Chr., 2,19 m hoch (Hildesheim, Roemer-Pelizaeus-Museum)

Sachleistungsrecht, die Rechtsvorschriften über die von den Dienst(leistungs)pflichten verschiedenen Sach-(Natural-) leistungspflichten des einzelnen gegenüber dem Staat. Das S. ist im Bundesleistungs-Ges. i. d. F. vom 27. 9. 1961 geregelt. Das S. regelt insbes. die Überlassung von bewegl. Sachen, Grundstücken u. a. an die öffentl. Hand zur Verhütung oder Beseitigung einer Gefahr für den Bestand des Bundes oder eines Landes. – In der Dt. Dem. Rep. gilt die in Ausführung des Verteidigungs-Ges. v. 20. 9. 1961 ergangene Leistungs-VO v. 16. 8. 1963.

Sachmängel, → Kauf.

Sachmet, Sechmet [ägypt. ›die Mächtige‹], ägypt. Göttin in Löwengestalt, meist als Frau mit Löwenkopf und Sonnenscheibe auf dem Haupt dargestellt. In Memphis wurde sie als Gemahlin des → Ptah verehrt; galt als Göttin, die Krankheiten sendet und heilt.

Sachs, 1) Hans, Dichter, * Nürnberg 5. 11. 1494, † ebd. 19. 1. 1576, Sohn eines Schneiders, besuchte die Lateinschule und kam 1508 zu einem Schuhmacher in die Lehre. Nach einer Wanderschaft durch Dtl. (1511–16) wurde er 1517 in Nürnberg Meister. In 4 Prosadialogen und dem Gedicht ›Die Wittembergisch Nachtigall‹ (1523) trat er für die Reformation ein. Die Stoffe seiner zahlreichen Dichtungen entnahm er der Bibel, Schriftstellern des Altertums, Erzählsammlungen (so Boccaccios ›Decamerone‹), Volksbüchern, Sagen, er ging aber auch von aktuellen, polit., religiösen und sozialen Ereignissen aus. Seine über 4000 Meisterlieder bleiben in der Überlieferung des Meistersangs. Seine Fastnachtsspiele (85 Stücke) und Komödien mit ihrer Realistik, lebendigen Charakterisierung, biederen Knittelverssprache und Ethik, ihrem Humor und ihrer drast. Komik sind z. T. noch heute wirksam (›Der fahrende Schüler im Paradeis‹, ›Das Kälberbrüten‹ u. a.). Sie spiegeln wie seine lehrhaft-satir. Spruchgedichte die Lebensansichten des handwerkl. Stadtbürgertums. Goethe wies in ›Hans Sachsens poet. Sendung‹ auf S. hin; Richard Wagner behandelte ihn idealisierend in den ›Meistersingern‹.

Hans Sachs (Gemälde von A. Herneisen, 1575)

2) Nelly, Schriftstellerin, * Berlin 10. 12. 1891, † Stockholm 12. 5. 1970, floh 1940 nach Schweden; schilderte bes. das Leiden des jüd. Volkes in reimloser Lyrik von schwermütig-herber Bildlichkeit; schrieb auch Dramen; Übersetzungen schwed. Lyrik. 1965 erhielt sie den Friedenspreis des Deutschen Buchhandels, 1966 den Nobelpreis für Literatur.

HW: *Lyrik:* In den Wohnungen des Todes (1947); Fahrt ins Staublose (1961); Teile dich Nacht (1971). – Zeichen im Sand, die szen. Dichtungen (1962).

Sachsa, Bad S., Stadt im Kr. Osterode am Harz, Ndsachs., (1983) 8500 Ew.; heilklimat. Kurort und Wintersportplatz.

Nelly Sachs

Sachsen [vermutlich Kurzform von ahd. sahsnotas ›Schwertgenossen‹], *Sg. der* **Sachse,** *-n, die* **Sächsin,** *-/-nen,* **1) Niedersachsen,** dt. Stamm, urspr. nördlich der Elbe seßhaft. Von dort breitete er sich bis zum 7. Jh. über ganz NW-Dtl. mit Ausnahme Frieslands aus. Ein Teil der S. eroberte zusammen mit Angeln und Jüten im 5. Jh. England (→ Angelsachsen). Das Stammesgebiet gliederte sich in Westfalen, Engern, Ostfalen und Nordalbingien (Holstein) auf. In den Sachsenkriegen Karls d. Gr. (772–804) wurden die von Widukind geführten S. der fränk. Herrschaft unterworfen und gewaltsam zum Christentum bekehrt. Beim Zerfall des Karolingerreiches bildete sich Ende des 9. Jh. das sächs. Stammesherzogtum der → Liudolfinger, die 919–1024 dt. Könige waren. Die Herzogsgewalt der Billunger erstreckte sich nur auf die Grenzmark an der unteren Elbe. Von neuem wurde das Stammesherzogtum durch Lothar von Supplinburg (1106–37) und den Welfen Heinrich den Löwen (1142–80) gestärkt, die auch die → ostdeutsche Siedlung erfolgreich förderten, dann aber 1180 zerschlagen. Die Herzogswürde ging nun auf eine Linie der Askanier über, die jedoch nur in den Gebieten um Lauenburg und Wittenberg herrschte. Durch die Teilung von 1260 entstanden die Herzogtümer **S.-Lauenburg** (bis 1689) und **S.-Wittenberg** mit der Kurwürde, das 1423 an die Wettiner fiel. **2)** die → Obersachsen. **3)** die → Siebenbürger Sachsen und die Zipser Sachsen (→ Zips).

Sachsen, 1) histor. dt. Land mit (1939) 14995 km² und 5,23 Mio. Ew. 1952 wurde S. in die Bezirke Dresden, Chemnitz und Leipzig aufgeteilt. Kleinere Gebietsteile kamen an die Bezirke Gera und Cottbus. Hauptstadt war Dresden.

Geschichte. Das Kernland des späteren Staates der Wettiner war die Mark Meißen, die nach der Unterwerfung der slaw. Daleminzen und der Erbauung der Burg Meißen (929) durch König Heinrich I. entstand und bis ins 12. Jh. völlig eingedeutscht wurde. Markgrafen waren seit 1089 die Wettiner. Heinrich der Erlauchte gewann 1243 das Pleißnerland und 1247/64 die Landgrafschaft → Thüringen. Friedrich der Ernsthafte erwarb 1344 die Grafschaft Orlamünde. Friedrich der Streitbare gründete 1409 die Universität Leipzig und erhielt 1423 das bisher askan. Kurfürstentum S.-Wittenberg; danach wurden alle wettin. Lande mit dem Namen S. **(Kursachsen)** benannt. Die Hussitenkriege (→ Hussiten) richteten schweren Schaden an. Die Brüder Kurfürst Ernst und Herzog Albrecht der Beherzte verfügten 1485 die Leipziger Teilung; Ernst erhielt das Wittenberger Land mit der Kurwürde und den größten Teil Thüringens, Albrecht die Mark Meißen, das Leipziger Gebiet und das nördl. Thüringen. So entstanden die Ernestinische und die Albertinische Linie.

Durch den Aufschwung von Handel und Gewerbe, bes. des Freiberger Silberbergbaus, hatten sich die wettin. Länder gut entwickelt. Im Zeitalter der Reformation erlangten sie ihre größte Bedeutung in der dt. Geschichte. Kurfürst Friedrich der Weise, der Stifter der Universität Wittenberg (1502), schützte Luther; seine Nachfolger Johann der Beständige (1525–32) und Johann Friedrich der Großmütige (1532–47) waren neben Philipp von Hessen die Führer des Schmalkaldischen Bundes, während die Albertiner erst 1539 die Reformation einführten. Als Kurfürst Johann Friedrich im Schmalkaldischen Krieg gegen Kaiser Karl V. unterlag, erhielt der Albertiner Moritz durch die Wittenberger Kapitulation von 1547 die Kurwürde und die östl. Landeshälfte der Ernestiner; diese blieben seitdem auf ihren thüring. Besitz beschränkt, den sie durch viele Teilungen noch stark zersplitterten. Kurfürst Moritz sicherte durch seine erfolgreiche Erhebung gegen Karl V. (1552) die Stellung der Lutheraner im Reich. Sein Bruder August (1553–86) führte eine vorbildliche Landesverwaltung durch; er erwarb für S. die Hochstifte Naumburg, Merseburg und Meißen sowie 1569 das Vogtland. 1583 fiel auch die Gfsch. Henneberg an die Wettiner. August vertrat das strengste Luthertum gegenüber den Reformierten und näherte sich der katholisch-kaiserl. Partei. Im Dreißigjährigen Krieg wandte sich Johann Georg I. (1611–56) erst 1631 im Bund mit Gustav Adolf gegen den Kaiser; bereits 1635 schloß er den Prager Frieden, durch den S. die Ober- und Niederlausitz gewann.

In der Folgezeit stand das aufstrebende Brandenburg-Preußen an der Spitze der dt. Protestanten. Die Prachtentfaltung des kursächs. Hofes und der landesherrl. Absolutismus begannen schon unter Johann Georg II. und III. und erreichten ihren Höhepunkt unter Friedrich August I. (August dem Starken, 1694–1733), der Dresden zu einer der schönsten dt. Barockstädte machte. 1697 erlangte er die poln. Königskrone und trat dafür zum Katholizismus über; dadurch wurde S. 1700 in den verlustreichen → Nordischen Krieg 3) verwickelt. Friedrich August II. (1733–63), ebenfalls König von Polen, wurde auf Betreiben seines Günstlings, des Grafen Brühl, Bundesgenosse Österreichs im → Siebenjährigen Krieg. Kurfürst Friedrich August III. (1763–1827) schloß sich zunächst eng an Preußen, nach der Niederlage von 1806 an Napoleon an. Als Rheinbundfürst wurde er Ende 1806 König von S. (Friedrich August I.) und erhielt 1807 dazu das Hzgt. Warschau. Auch in den Freiheitskriegen blieb er auf der Seite Napoleons; darauf wurde durch den Wiener Kongreß 1815 der größere Teil S.s (die östl. Oberlausitz, die Niederlausitz, die Gebiete von Wittenberg, Torgau, Merseburg und Naumburg, das nördliche Thüringen) an Preußen gegeben.

Friedrich August II. (seit 1830 Mitregent, 1836–54 König) erließ die konstitutionelle Verfassung von 1831. 1833 trat S. dem Dt. Zollverein bei. Während der Revolution von 1848/49 kam es in Dresden zu dem demokrat. Aufstand vom Mai 1849. Unter König Johann (1854–73) geriet S. durch die Politik des Ministers F. F. Beust in immer stärkeren Gegensatz zu Preußen, kämpfte im Krieg von 1866 auf österr. Seite und trat danach dem Norddeutschen Bund bei. Unter König Albert (1873–1902) stieg mit dem großen Wachstum der sächs. Industrie die Sozialdemokratie zur stärksten Partei im Lande auf (›rotes S.‹). Am 13. 11. 1918 verzichtete König Friedrich August III. auf den Thron. 1920 trat eine parlamentarisch-demokrat. Verf. in Kraft. Nach dem Kapp-Putsch (März 1920) kam es im Vogtland unter M. Hölz zu kommunist. Aufständen (von der Reichswehr niedergeschlagen). 1919–29 regierten sozialdemokratisch geführte, 1929–33 bürgerlich zusammengesetzte Regierungen. 1933–45 war S. unter einem Reichsstatthalter mit der nat.-soz. Reichs-Reg. gleichgeschaltet. Am 8. 5. 1945 kam S., um den diesseits der Neiße gelegenen Rest von Schlesien vergrößert, zur sowjet. Besatzungszone. Auf der Basis eines von der SED gesteuerten ›Volksdemokrat. Blocks‹ regierte seit 1946 eine kommunistisch orientierte Landes-Reg. S., das 1952 im Zuge der Neugliederung des Territoriums der Dt. Dem. Rep. als Land aufgelöst wurde.

2) ehem. preuß. Provinz, mit (1939) 25 528 km² und 3,63 Mio. Ew.; sie bestand aus den RegBez. Magdeburg, Merseburg und Erfurt. Hptst. war Magdeburg.

Geschichte. Die Provinz S. wurde 1816 aus altpreuß. (Altmark, Magdeburg-Halle, Halberstadt), bisher kursächs. (Wittenberg, Torgau, Merseburg, Naumburg, N-Thüringen) und früher mainzerischen Gebieten (Erfurt, Eichsfeld) gebildet. Am 1. 7. 1944 wurde die Prov. S. in die Provinzen Magdeburg und Halle-Merseburg geteilt. Der RegBez. Erfurt kam an Thüringen. 1945 wurden unter sowjet. Besatzung beide Prov. mit Anhalt zur Prov. (seit 21. 7. 1947 Land) **S.-Anhalt** vereinigt (1946: 24 669 km² und 4,14 Mio. Ew.); Hptst. war Halle/Saale. 1952 wurde dieses Land im Zug der Neugliederung des Staatsgebiets der Dt. Dem. Rep. wieder aufgelöst.

Sachsen, Moritz Graf von, **Maréchal de Saxe** [marеʃ'aldəs'aks], frz. Marschall (1744), natürl. Sohn Augusts des Starken und der Gräfin Aurora von Königsmarck, * Goslar 28. 10. 1696, † Chambord 30. 11. 1750, eroberte im Österr. Erbfolgekrieg 1745–47 die Österr. Niederlande. Seine militär. Ansichten beeinflußten Friedrich d. Gr. – Grabmal von J.-B. Pigalle in der Thomaskirche in Straßburg.

Sachsen-Altenburg, Sachsen-Coburg und Gotha, Sachsen-Meiningen, Sachsen-Weimar-Eisenach, → Sächsische Herzogtümer.

Sachsen-Anhalt, früheres Land der Dt. Dem. Rep., → Sachsen, Provinz.

Sachsenhausen, 1) Stadtteil von → Frankfurt am Main. **2)** Ortsteil von Oranienburg, Bez. Potsdam. In S. bestand 1933–45 ein nat.-soz. Konzentrations-, danach ein sowjet. Internierungslager (jetzt Mahn- und Gedenkstätte).

Sachsenheim, Stadt im Kr. Ludwigsburg, Bad.-Württ., (1984) 14 000 Ew.; Weinbau, Stanz- und Preßgutwerk.

Sachsenklemme, Engtal des Eisack zw. Sterzing und Brixen; hier vernichtete am 4./5. 8. 1809 der Tiroler Landsturm sächs., thüring. und bayer. Truppen.

Sachsenring, 1927 eröffnete Motorradrennstrecke bei Hohenstein-Ernstthal, 8,7 km lang (alljährlich Großer Motorradpreis der Dt. Dem. Rep.).

Sachsenspiegel, ältestes und einflußreichstes Rechtsbuch des dt. MA., zw. 1220 und 1235 von dem sächs. Ritter → Eike von Repgau in nd. Sprache verfaßt. Der Verfasser wollte das Gewohnheitsrecht des sächs. Stammes darstellen, berücksichtigte aber vorwiegend das Recht seiner ostfäl. Heimat. Der S. erlangte bald gesetzesgleiches Ansehen und bildete die Vorlage zu den beiden oberdt. Rechtsbüchern → Deutschenspiegel und → Schwabenspiegel sowie einer Anzahl von Rechtsbüchern des Ostens. Der S. ist in rd. 200 Handschriften überliefert.

Sachsenwald, Mischwaldgebiet östlich von Hamburg, 68 km², größtes geschlossenes Waldgebiet Schleswig-Holsteins, kam 1871 an O. v. Bismarck (→ Friedrichsruh); heute Erholungsgebiet; Grabdenkmäler der Stein- und Bronzezeit.

Sachs-Gruppe, umfaßt mehrere Gesellschaften (Holding-Ges. ist die Sachs AG, München); bed. Produktions-Ges. ist die Fichtel & Sachs AG.

Sächsische Herzogtümer, die Kleinstaaten der Ernestin. Linie der → Wettiner in Thüringen, entstanden nach den Teilungen von 1603, 1672, 1680 und der Neugliederung von 1826: das Großherzogtum **Sachsen-Weimar-Eisenach** (seit 1877 amtlich auch Großherzogtum Sachsen, 3 610 km² mit 1910: 417 100 Ew.) und die Herzogtümer **Sachsen-Altenburg** (1 324 km², 216 100 Ew.), **Sachsen-Coburg und Gotha** (1 977 km², 257 200 Ew.) und **Sachsen-Meiningen** (2 468 km², 278 800 Ew.). Sie wurden im Nov. 1918 Freistaaten und gingen am 1. 5. 1920 im Land → Thüringen auf; der Landesteil Coburg schloß sich Bayern an.

Sächsische Kaiser und Könige, → Liudolfinger.

Sächsischer Genitiv, eigtl. **Angelsächsischer Genitiv,** fälschlich für den s-Genitiv in der engl. Grammatik, z. B. *my father's house.*

Sächsische Schweiz, → Elbsandsteingebirge.

Sächsisches Volksrecht, lat. **Lex Saxonum,** das auf dem Aachener Reichstag 802 zusammengefaßte Recht der Sachsen.

Sächsische Weltchronik, um 1225 wohl von → Eike von Repgau verfaßte Chronik in nd. Sprache.

sacht, sachte [nd., zu sanft], behutsam, sanft, mild, leise, gemächlich, langsam: *sachte, sachte!,* U vorsichtig!, langsam!; *ein s. ansteigender Weg,* nicht steil. *Subst. die* **Sachtheit,** -.

Sach|unterricht, Unterrichtsbereich der Grundschule, der seit 1969 allg. die heimatkundl. Fächer abgelöst hat. Der S. ist in den einzelnen Ländern unterschiedlich aufgebaut, betont aber allg. das naturwissenschaftl. und sozialkundl. Wissen.

Sachversicherung, Versicherungszweige, die den Schaden an Sachen decken; Ggs.: Personenversicherung.

Sachverständige *der, -n/-n,* **1)** allg.: jeder Fachmann. **2)** ⚖ jemand, der kraft seiner Sachkunde zur Abgabe von → Gutachten vor Gericht oder Behörden berufen ist. Im Prozeß ist der S. Beweismittel und Gehilfe des Richters. In der Dt. Dem. Rep., Österreich und der Schweiz hat der S. ähnl. Aufgaben.

Sachverständigenrat zur Begutachtung der gesamtwirtschaftlichen Entwicklung, Kurzbez. **Sachverständigenrat,** unabhängiges wirtschaftswissenschaftl. Gutachtergremium von 5 Personen (›Fünf Weise‹), auf Grund des ›Ges. über die Bildung eines S. z. B. d. g. E.‹ vom 14. 8. 1963, erstmals im Frühjahr 1964 vom Bundes-Präs. auf Vorschlag der Bundes-Reg. berufen. Der S. z. B. d. g. E. ist zur Erstellung eines jährl. Gutachtens verpflichtet und kann nach eigenem Ermessen Sondergutachten anfertigen; daneben sind Gutachten auf Anforderung der Bundes-Reg. möglich. Auch in anderen Ind.-Ländern (z. B. USA, Kanada, Niederlande, Großbritannien) gibt es vergleichbare Gremien.

Sachwalter *der, -s/-,* allg.: Fürsprecher, Verteidiger.

Sachwert, Substanzwert, Wirtschaftsgüter, z. B. Aktien, Grundstücke, Edelmetalle, deren Wert bei Geldwertminderung ungefähr proportional zum allgemeinen Preisniveau steigt; kann vor Kaufkraftverlusten schützen.

Sachwörterbuch, → Enzyklopädie.

Sachzwang, die in einem Gegenstand begründete, von ihm ausgehende Nötigung zu einem bestimmten Verhalten.

SACILOR, Aciéries et Laminoirs de Lorraine S. A. [sasil'ɔr, asjer'i e laminw'ar də lɔr'ɛːn-], Hayange (Lothringen), Verwaltung: Paris, Konzern der frz. Stahlindustrie; gegr. 1964.

Sack [ahd.] *der, -(e)s/¨e* und bei Mengenangaben -, **1)** längl. Behältnis aus grobem Stoff oder Papier, bes. zur Aufnahme pulverförmiger oder körniger Stoffe (Getreide, Mehl). Redensarten: *er steckt alle in den S.,* ist stärker oder schlauer; *er hat die Katze im S. gekauft,* U etwas unbesehen gekauft. **2)** *süddt.:* Tasche; Geldbeutel; *mit S. und Pack,* mit allem Besitz. **3)** grober Stoff; *in S. und Asche,* Ü demütig-reuevoll, wie einst die Büßer. **4)** etwas, das nur einen Eingang und keinen Ausgang hat, z. B. Sackgasse. **5)** etwas schlaff Hängendes oder Bauschendes, z. B. Tränensack am Auge. **6)** altes Getreidemaß, schwankend um 100 l. ein **Kaffee-S.** = 60 kg. *ich* **sacke, 1)** *es,* packe in einen S., stopfe hinein. **2)** *es, schweizer.:* schüttle durch. **3)** *es sackt sich, norddt.:* bauscht sich auf: *Wolken sacken (sich),* ballen sich. **4)** (bin gesackt), ⚓ sinke: *laß nicht sacken, nd.:* halte fest. *ich* **sacke ab, 1)** (habe abgesackt) *es,* fülle in Säcke. **2)** (bin abgesackt), Ü lasse in meinen Leistungen nach. **3)** *es sackt ab* (ist abgesackt), sinkt. *ich* **sacke ein, 1)** (habe eingesackt) *es,* fülle in einen Sack. **2)** (habe eingesackt) *es,* U stecke ein (Geld). **3)** (bin eingesackt), U sinke ein. *der, das* **Säckel,** *-s/-, oberdt.:* Hosentasche; Geldbeutel. **Säckelmeister,** *oberdt.:* Schatzmeister, Kassenwart. **Sackgasse,** Straße mit nur einem Zugang: *er ist in eine Sackgasse geraten,* Ü er befindet sich in einer ausweglosen Situation. *das* **Sackhüpfen, Sacklaufen,** *-s,* Bewegungsspiel für Kinder. *der* **Säckler,** *-s/-, oberdt.:* Lederarbeiter, Täschner. **Sacktuch, 1)** Sackgewebe. **2)** *oberdt.:* Taschentuch.

Sack, 1) Erna, eigtl. **Weber,** Sängerin (Koloratursopran), * Berlin 6. 2. 1898, † Mainz 2. 3. 1972.

2) Gustav, Schriftst., * Schermbeck bei Wesel 28. 10. 1885, † (gefallen) Finta Mare bei Bukarest 5. 12. 1916, schrieb im Stil des Frühexpressionismus Gedichte und die Romane ›Ein verbummelter Student‹ (1917), ›Ein Namenloser‹ (1919).

Säckelblume [wegen säckchenförmiger Blumenblätter], **Ceanothus,** nordamerikan. Gatt. der Kreuzdorngewächse, wegen ihrer Blütenrispen z. T. Ziersträucher. Die Art **Ceanothus americanus** liefert New-Jersey-Tee.

Sackgewebe, Sackleinwand, grobe Gewebe aus Jute oder Leinen für Säcke u. ä. **Sackgewirke** aus Chemiefolienband werden zu nahtlosen Transportsäcken gewirkt.

Säckingen, Bad S. (seit 1978), Stadt im Kr. Waldshut, Bad.-Württ., (1984) 14 200 Ew., am Hochrhein; Textil-, Metall- und Maschinenind.; Thermalquellen. Got., barockisiertes Fridolinsmünster, gedeckte Holzbrücke über den Rhein, durch neue Brücke mit Stein am Rhein verbunden; bekannt durch V. v. Scheffels ›Trompeter von S.‹. – Im 6. Jh. Klostergründung durch den irischen Mönch Fridolin, bis 1805 adliges Damenstift. Bis zu diesem Zeitpunkt gehörte S. zu den vorderösterr. Waldstädten.

Sackkrebs, Sacculina carcini, Rankenfüßer, sackförmiger Schmarotzer, der sich mit einem Stilett in eine Krabbe einbohrt und mit wurzelartigen Saugröhren Nahrung aufnimmt.

Sackniere, Endzustand einer **Hydronephrose,** die mit einer Erweiterung des Nierenbeckens und der Nierenkelche durch ein angeborenes (Mißbildung) oder erworbenes Hindernis (z. B. → Nierensteine) des Harnabflusses einhergeht. Wird das Hindernis nicht rechtzeitig beseitigt, so wird die Niere schließlich in einen flüssigkeitsgefüllten Sack umgewandelt.

Sackpfeife, der → Dudelsack.

Sackträger, Psychidae, artenreiche Fam. mottenartiger Schmetterlinge. Die Raupen leben in einem aus Tier- oder Pflanzenresten selbstgefertigten, köcherförmigen Sack, in dem sie sich verpuppen; die Weibchen sind flügellos, manchmal fehlen auch Beine und Mundteile.

Sackville-West [s'ækvɪl-], Victoria Mary, engl. Schriftstellerin, * Knole Castle (Kent) 19. 3. 1892, † Sissinghurst Castle (Kent) 2. 6. 1962, ⚭ mit H. → Nicolson; schrieb Gedichte, geschichtl. Studien, Gesellschaftsromane: ›Schloß Chevron‹ (1930), ›Erloschenes Feuer‹ (1931), ›Die Ostergesellschaft‹ (1953) u. a.

SACLANT, Abk. für engl. **Supreme Allied Commander Atlantic** [sʊpr'i:m 'ælaɪd kəm'ɑ:ndə ətl'æntɪk], → Nordatlantikpakt.

Saclay [sakl'ɛ], Gem. im frz. Dép. Essonne, rd. 2000 Ew.; frz. Kernforschungszentrum.

Sacramento [sækrəm'entəʊ], Hptst. des Staates Kalifornien, USA, (1980) 275700 Ew., am Unterlauf des S. River; Univ.; Verkehrsknoten und Handelsmittelpunkt; Obst- und Gemüsekonserven-Ind., Schlachthäuser, Getreidemühlen, Molkereien, Zuckerraffinerien, Luftfahrt-Ind., Druckereien.

Sacramento River [sækrəm'entəʊ r'ɪvə] *der,* Fluß in Kalifornien, USA, 615 km, entspringt westlich des Mt. Shasta, mündet in die Bucht von San Francisco.

Sacré-Cœur [sakrek'œ:r, frz.], heiliges Herz (Jesu), Name kath. Kirchen, am bekanntesten S.-C. auf dem Montmartre in → Paris.

Sacrificium [lat.] *das, -s/...ci|en,* das kult. → Opfer. **S. intellectus,** Kath. Kirche: die Unterordnung der eigenen Einsicht in Glaubensfragen unter das Urteil der Kirche, soweit das subjektiv sichere → Gewissen nicht dagegen spricht. Ü das Preisgeben der eigenen Überzeugung.

Sacsayhuamán [saksajwam'an, Ketschua ›Falkenhorst‹], Inka-Festung oberhalb der Stadt Cuzco, Peru. Nach der Überlieferung soll der S. erst im 15. Jh. errichtet worden sein.

Anwar as-Sadat

Sadat, Mohammed Anwar **as-S.,** ägypt. Politiker, * Mit Abu l-Kom 25. 12. 1918, † (ermordet) Kairo 6. 10. 1981, Offizier, nahm 1952 am Putsch zum Sturz der Monarchie in Ägypten teil. 1960–69 war er Präs. der Nationalversammlung. 1969 wurde er Vizepräs., nach dem Tode Nassers 1970 Staatspräs. Im vierten israelisch-arab. Konflikt (1973) erreichte er begrenzte militär. und diplomat. Erfolge. S. begann Ende 1977 eine weltweite Friedensinitiative gegenüber Israel. Friedensnobelpreis 1978 mit M. Begin. Am 26. 3. 1979 unterzeichnete er mit M. Begin und dem amerikan. Präs. J. Carter einen ägyptisch-israel. Friedensvertrag.

Sadd al-Ali, Staudamm des Nasser-Sees (→ Nil).

Sadduzäer *Pl.,* Anhänger einer konservativen Religionspartei unter den Gebildeten und Priestern des jüd. Volkes in der letzten Zeit des 2. Tempels in Jerusalem (200 v. Chr. bis 70 n. Chr.). Sie erkannten nur das mosaische Gesetz an, lehnten die zusätzl. mündl. Überlieferung ab und verwarfen den Glauben an die göttl. Vorsehung, Lohn und Strafe, Fortleben der Seele, Auferstehung und die Engellehre. Sie standen in Ggs. zu den volkstümlicheren Pharisäern, die mehr den Wert von Frömmigkeit und Studium betonten.

Marquis de Sade

Sade [sad], Donatien-Alphonse-François, Marquis de, frz. Schriftst., * Paris 2. 6. 1740, † Charenton (Paris) 2. 12. 1814, versuchte, ohne Rücksicht auf geltende Tabus in der Beschreibung möglicher menschl. (v. a. sexueller und moralischer) Perversionen, den Konflikt zw. gesellschaftl. Sittenordnung und seiner eigenen abweichenden, ambivalenten Veranlagung literarisch zu bewältigen; z. T. als Vorläufer des modernen Romans und der Psychopathologie angesehen (→ Sadismus).

HW: *Romane:* Justine (1791, 2. Fassung: Die neue Justine, 1797); Aline und Valcour (1795); Die 120 Tage von Sodom (hg. 1931–35). – Die Philosophie im Boudoir (Dialoge, 1795). Ferner Essays, Erzählungen.

Sadebaum [aus Sebenbaum], **Juniperus sabina,** wacholderartiges Nadelholz mit dunklen Schuppennadeln, bläul. Beerenzäpfchen, giftig, wächst wild auf steinig-heißem Gelände süd- und mitteleurop. sowie mittel- und nordasiat. Gebirge als Busch, von strengem Geruch **(Stinkwacholder, Stinkholz),** in Bauerngärten auch in Bäumchenform **(Säben-, Seben-, Seven-, Sabiner-, Siebenbaum, Seve, Sefe, Sewi);** Volksarznei, Gartenpflanze.

Sadhu [altind. ›guter Mann‹, ›Heiliger‹] *der, -(s)/-s,* in Indien übliche Bezeichnung für Hindu-Asketen.

Sadismus [n. Marquis de → Sade] *der, -,* geschlechtl. Befriedigung durch Quälen des Partners; Lust an Grausamkeiten. *der* **Sadist,** *-en/-en. Adj.* **sadistisch. Sadomasochismus,** Gefühlshaltung, bei der die Lust an aktiver Schmerzzufügung (Sadismus) verbunden mit der Lust an passiver Schmerzerduldung (→ Masochismus) in Erscheinung tritt.

Saflor

Sado, japan. Insel im Japan. Meer, vor der Küste von Niigata, 857 km² groß, (1979) 87800 Ew.; ehemals Goldbergbau.

Sadoveanu, Mihail, rumän. Schriftst., * Paşcani (Moldau) 5. 11. 1880, † Bukarest 19. 10. 1961, veröffentlichte über 80 Bände Romane, Novellen und Skizzen; Darstellung bäuerlichen und kleinstädt. Milieus, bes. der Moldaulandschaft, histor. Romane (›Ankutzas Herberge‹, 1928; ›Nechifor Lipans Weib‹, 1930; ›Reiter in der Nacht‹, 1952).

Sadowa, tschech. **Sadová,** Ortsteil von Sowĕtitz, im Ostböhmischen Kreis, ČSSR, in Frankreich und Großbritannien namengebend für die Schlacht bei → Königgrätz (3. 7. 1866).

SAE, Abk. für **Society of Automotive Engineers** [səs'aɪətɪ əv ɔ:təm'əʊtɪv endʒɪn'ɪəz], größte amerikan. Vereinigung von Ingenieuren. **SAE-Viskositätsklassen,** Einteilung von Motorenschmier- und Getriebeölen nach der Viskosität. **SAE-PS,** Leistungsangabe für Verbrennungsmotoren; gemessen wird die reine Motorleistung ohne Belastung durch Nebenaggregate, Saugleitung, Luftfilter, Auspuffleitung, Schalldämpfer, daher 10 bis 20% höher als nach dem DIN-Meßverfahren.

saeculum [lat.], → Säkulum.

säen [ahd. saen]. *ich* **säe** (säte, habe gesät; du säst, er sät; nur P säete, gesäet usw.) *es* **(an, aus), 1)** streue den → Samen aus, bringe das → Saatgut in die Erde; *dünn gesät,* Ü selten. **2)** Ü lege den Keim zu etwas: *er hat Haß gesät,* etwas getan, das Haß hervorgerufen hat. *der* **Säer,** *-s/-,* **Sämann,** jemand, der die Saat ausstreut. – Es gibt zwei Verfahren des Säens: 1) **breitwürfiges Säen (Breitsaat)** mit der Hand, bes. auf kleinen Flächen, oder mit Breitsämaschinen, 2) **Reihensaat,** mit der Hand oder mit Maschinen, und zwar: a) Drillsaat (→ Drillmaschine, einschließlich der Saat mit Einzelkorn), b) Dibbelsaat (→ dibbeln).

Safari [Kisuaheli aus arab. safar ›Reise‹] *die, -/-s,* urspr. Reise mit Trägerkarawane in Ostafrika; im Tourismus mehrtägige Fahrt zur Jagd oder zur Tierbeobachtung (Photo-S.). **S.-Parks,** → Freizeitparks.

Safawiden, Sefewiden *Pl.,* pers. Dynastie (1501–1722), einte das iran. Hochland nach der Zersplitterung des MA. im Zeichen der Zwölfer-Schi'a (→ Schiiten) und leitete eine kulturelle Hochblüte ein. Zur Kunst unter den S. → islamische Kunst.

Safe [seɪf, engl. ›sicher‹] *der* oder *das, -s/-s,* Stahlbehälter (Schließfach) zum Aufbewahren von Geld oder Wertgegenständen v. a. in Kreditinstituten (Banksafe); feuersichere, in die Wand eingelassene S. gibt es auch in Privatwohnungen (Einmauertresore).

Saffianleder [pers.], pflanzlich gegerbtes, farbiges Ziegenleder für feine Lederwaren.

Safi, Hafenstadt in Marokko, (1974) 214000 Ew., am Atlant. Ozean; chem. Industrie, Sardinenfischerei und -verarbeitung, Phosphatausfuhr und -verarbeitung.

Saflor [arab.] *der, -s/-e,* **Färberdistel, Carthamus tinctorius,** stacheliger, einjähriger, mediterraner Korbblüter. Aus den zuerst gelben, später roten Blüten gewinnt man die seit dem Altertum bekannten Farbstoffe **Saflorgelb** oder **Carthamin** und **Saflorrot** für Lebensmittel und Kosmetika, aus den Samen ein fettes Öl als Speiseöl und zu technischen Zwecken.

Safran [arab.] *der, -s/-e,* Pflanze und Gewürz, → Krokus. **safrangelb,** gelb (mit Farbstoff aus Safran).

Safranine [zu Safran], *Sg. das* **Safranin,** *-s,* Phenazinfarbstoffe, → Azine 2).

Safrol *das, -s,* aus Sassafras- und Kampferöl gewonnener Phenoläther als Riechstoff und zur Heliotropin-Herstellung.

Saft [ahd. saf, zu lat. sapa ›Most‹] *der, -(e)s/⸚e,* **1)** versch. Flüssigkeiten des Pflanzenkörpers, bes. Nektar (→ Nektarium), Zellsaft (→ Zelle), → Milchsaft 1), Fruchtsaft (→ Obstsaft); auch das Wasser im Pflanzenkörper mit Nährsalzen. **Saftsteigen (Saftstrom),** der Transport der von den Wurzeln aufgenommenen Bodenlösung durch die Gefäße zu den Laubblättern; dabei wirken einerseits die Saugkraft der Laubblätter, die entsprechend dem Wasserverlust durch Transpiration ansteigt, andererseits die Kohäsionskraft der Wasserfäden im Inneren der Tracheen und Tracheiden (→ Gefäßbündel). Ein diesem Strom entgegengesetzter S.-Strom, der die in den Blättern gebildeten Assimilate zu den übrigen Pflanzenteilen bringt, verläuft in den Siebröhren. **2)** Sinnbild für Kraft und Leben: *ohne S. und Kraft.* **3)** Fleischsaft, Tunke, Soße. **4)** Obstkraut, Rübenkraut, Sirup. **saftig, 1)** reich an S. **2)** U unanständig, derb. *Subst. die* **Saftigkeit,** -. **Saftladen,** U schlecht geführtes Geschäft, unordentl. Betrieb.

Saftmal, auffällig gefärbte Blütenzeichnung, die den bestäubenden Insekten den Weg zur Nektarquelle weist.

SAG, Abk. für → Sowjetische Aktiengesellschaften.

Saga, Provinzhauptstadt auf der Insel Kyushu, Japan, (1980) 164000 Ew., Mittelpunkt der Reisebene Tsukushi.

Saga [zu altnord. segja ›sagen‹, ›sprechen‹] *die, -/-s* oder *S'ögur,* in der → altnordischen Literatur seit etwa 1200 die Bez. für längere, schriftliche Prosaerzählungen, entstanden im norwegisch-isländ. Bereich. Die Konungasögur (Königssagas) behandeln die Geschichte der norweg. Könige bis etwa 1280, meist als S.-Biographien, z. B. die → Olafssagas. Eine Synthese von Chronik und Biographie ist die → Heimskringla des Snorri Sturluson. Die etwa 40 Islendingasögur (Isländersagas) handeln auf Island zw. 870 und 1030, und zwar entweder von einer Familie (Laxdœla S.), einer Person (z. B. → Egill Skallagrímsson, → Grettissaga), bestimmten Ereignissen (Hrafnkels saga) oder von einem Bezirk (Eyrbyggja S.). Zu ihnen gehört auch die → Sturlunga saga. Man betrachtet diese S. heute als literar. Werke anonymer Verfasser des 13. Jh. Stiltypisch ist die episch knappe, dialogreiche Geschehensdarbietung. Die Fornaldarsögur (Vorzeitsagas) behandeln meist Begebenheiten aus sagenhafter Vorzeit, oft der german. Heldensage. Stofflich steht ihnen die → Thidrekssaga nahe. Riddarasögur (Rittersagas) sind Prosafassungen der ausländ. höfischen Versepen, hergestellt im Auftrag der norweg. Könige. Die S.-Tradition setzte sich in den nord. Literaturen fort.

Sagan, poln. **Żagań** [ʒ'agajn], Stadt in der poln. Wwschaft Zielona Góra (Grünberg), (1979) 23 000 Ew., beiderseits des Bober in Niederschlesien; Textil- (bes. Wolle), Metall-, Lebensmittel-Ind.; Fachschulen; spätgot. Pfarrkirche (ehem. Kirche eines 1285–1810 bestehenden Augustinerstifts), spätgot. Gymnasialkirche (um 1500), Wohnhäuser (16.–17. Jh.), Schloß (1629 von Wallenstein gegr., später erweitert, 1945 zerstört). – S. war zunächst Sitz eines schles. Teilfürstentums, das 1472 an Sachsen, 1549 an die Habsburger und 1741 an Preußen kam. Lehnsbesitzer war 1628–34 Wallenstein. 1786 kam S. als preuß. Lehnsfürstentum an das Haus Biron von Kurland, 1844 an das Haus Talleyrand-Périgord.

Sagan [sag'ã], Françoise, eigtl. F. **Quoirez** [kwar'e], frz. Schriftstellerin, * Cajarc (Lot) 21. 6. 1935, schrieb skeptisch-melanchol. und erot. Romane (›Bonjour tristesse‹, 1954; ›Ein gewisses Lächeln‹, 1956; ›Lieben Sie Brahms?‹, 1959; ›Die wunderbaren Wolken‹, 1961; ›Chamade‹, 1965; ›Der Wächter des Herzens‹, 1968; ›Blaue Flecken auf der Seele‹, 1972; ›Edouard und Beatrice‹, 1977; ›Willkommen Zärtlichkeit‹, 1983).

Sage *die, -/-n,* **1)** Sammelbegriff für Volkserzählungen, die Auseinandersetzungen mit Geistern, Riesen, Drachen, außerordentliche Gestalten oder Ereignisse auch in phantasievoller Deutung, auffallende Naturphänomene schildern; die Themen wandern häufig, werden dann wieder lokalisiert **(Wandersage, Lokalsage).** Im Unterschied zum Märchen soll die S. Glauben und Wissen vermitteln, ist meist lokal und zeitlich gebunden und zeigt manchmal Neigung zum Tragischen. **2)** Ü Gerücht. **sagenhaft, 1)** in S. überliefert, märchenhaft. **2)** U unglaublich, erstaunlich: *sagenhaft teuer; sagenhaftes Glück.* **Sagenkreis,** Gruppe zusammengehörender Sagen.

Säge [ahd. sego] *die, -/-n,* **1)** Gerät zum Trennen von Holz, Metall, Kunststoff u. a. (vgl. unten ⚙). **2)** der S. ähnliche Werkzeuge, z. B. der sägenartige Nasenfortsatz der Sägefische. **3)** Sägemühle. *ich* **säge, 1)** *es,* zerkleinere mit der S. **2)** U schnarche. *ich* **säge ab, 1)** *es,* trenne mit der S. ab. **2)** *ihn,* U kündige ihm, schicke ihn fort. *ich* **säge** *es* **an,** säge nicht ganz durch.

⚙ Der wichtigste Teil der S. ist das **Sägeblatt,** das eine Anzahl von Schneiden **(Sägezähne)** trägt. Zum Vermeiden eines Klemmens des Sägeblattes in der Sägefuge werden die Zähne entweder abwechselnd nach links und rechts gebogen (geschränkt) oder so gestaucht, daß die Zähne des Sägeblattes dicker sind als dieses selbst. **Handsägen** sind der **Fuchsschwanz,** die **Stich-** oder **Lochsäge** mit dolchartigem Sägeblatt sowie die **Zugsäge** (Schrot- oder Bauchsäge) mit 2 Griffen; bei ihnen ist das Sägeblatt nicht gespannt. Eingespannt in einen Holz- oder Stahlbügel ist es bei der **Spann-, Bügel-** und **Laubsäge.** Besondere Sägen sind: die **Furniersäge** zum Schneiden von Furnieren, die **Schweif-** und **Dekupiersäge** zum Ausschneiden beliebiger Formen, die **Gehrungssäge** zum Schneiden von Gehrungen, die **Klappsäge,** eine kurze, nach Taschenmesserart einklappbare Gärtnersäge, und die Baumsäge.

Sägemaschinen mit hin- und hergehender Bewegung des Sägeblattes sind z. B. die **Bügelsägemaschine** in der Metallbearbeitung und die **Gattersäge** für die Holz- oder auch Steinbearbeitung. Sägemaschinen mit kontinuierlicher Hauptbewegung des Sägeblattes sind die **Bandsäge** (Sägeblatt als endloses Band) und die **Kreissäge** mit kreisförmigem Sägeblatt. Die **Wanknut-** oder **Taumelsäge** ist eine Kreissäge mit schief zur Maschinenspindel auf verstellbarer Buchse aufgesetztem Sägeblatt, das durch seine Taumelbewegung eine Nut von gewünschter Breite schneidet. Die **Kettensäge** zum Fällen von Bäumen hat eine die Schneiden tragende endlose Kette; sie wird meist von einem Verbrennungsmotor angetrieben. – Die Sägeblätter werden aus warm-, schmalere Blätter auch aus kaltgewalztem, gehärtetem Bandstahl hergestellt. Für hohe Schnittgeschwindigkeiten gibt es auch **Reibsägen** mit am Umfang kordierten Trennscheiben.

Sägebock, 1) hölzernes Gestell zum Auflegen der Stämme beim Sägen. **2)** ♘ Art der → Bockkäfer, die Männchen tragen ›gesägte‹ Fühlerglieder.

Sägefisch, eine Art der Hairochen, → Rochen.

Sägehaie, die → Sägeträger.

sagen [ahd. sagen]. *ich* **sage, 1)** *es (zu) ihm,* rede, spreche, äußere, erkläre, behaupte, meine, erzähle: *was sagst du dazu?,* was ist deine Meinung darüber?; *laß es dir gesagt sein,* merke es, nimm's zur Kenntnis; *man sagt,* es wird behauptet, die Menschen meinen; *ich habe hier nichts zu sagen,* zu befehlen; *das hat nichts zu sagen,* zu bedeuten; *bei seinen Erlebnissen konnte er wirklich noch von Glück sagen, daß...; ich kann's nicht sagen,* weiß es nicht; *er sagt mir nicht guten Tag,* grüßt nicht; *das hat sage und schreibe 50 Mark gekostet!,* tatsächlich. **2)** *es sagt mir etwas,* gefällt mir; ich habe es schon irgendwo gehört: *dieser Name sagt mir nichts,* ich kann nichts damit anfangen; *dieses Bild sagt mir nichts,* beeindruckt mich nicht. *ich* **sage ab, 1)** *es,* kündige an, daß es nicht stattfindet: *die heutige Vorstellung wurde abgesagt.* **2)** *ihm,* erkläre, nicht zu kommen. *ich* **sage an, 1)** *mich, ihn,* kündige mich, ihn an; melde meinen, seinen kommenden Besuch. **2)** *es, ihn,* bei Darbietungen im Rundfunk, im Fernsehen oder auf der Bühne: nenne den Hörern oder Zuschauern die Art der Darbietung und die Darsteller. *ich* **sage auf, 1)** *es ihm,* kündige auf: *ich habe ihm den Dienst, die Freundschaft aufgesagt.* **2)** *ein Gedicht,* spreche es auswendig. *ich* **sage** *(es) über ihn, etwas* **aus,** gebe mein Wissen oder meine Meinung kund, bes. als Zeuge vor Gericht. *ich* **sage** *es* **durch,** gebe durch Lautsprecher (im Rundfunk oder Fernsehen) eine Nachricht bekannt. *ich* **sage** *es ihm* **ein,** sage vor, flüstere zu. *ich* **sage** *für ihn* **gut,** bürge, übernehme Garantie. *ich* **sage** *mich von ihm* **los,** erkläre, daß ich nichts mehr mit ihm zu tun haben will, trenne mich, trete zurück. *ich* **sage nach, 1)** *es,* wiederhole Vorgesprochenes. **2)** *es ihm,* behaupte (etwas Ehrenrühriges) von ihm, klatsche über ihn. *ich* **sage** *ihn* **tot,** behaupte, daß er gestorben sei, Ü erkläre, daß von ihm nichts mehr zu erwarten ist. *ich* **sage** *es ihm* **vor,** flüstere ihm zu: *dem Schüler wurde die Antwort vom Nachbarn vorgesagt. ich* **sage zu, 1)** *(ihm),* antworte bejahend: *er hat mir auf die Einladung hin zugesagt.* **2)** *es (ihm),* verspreche: *man sagte ihm die Lieferung der Bücher fest zu.* **3)** *es sagt mir zu,* Ü gefällt mir: *diese Arbeit sagt mir gar nicht zu.* **4)** *ich habe ihm die Tat auf den Kopf zugesagt,* U ihn offen beschuldigt.

Säger, Merginae, Unter-Fam. der Ordn. Gänsevögel. Der schmale Schnabel der S. trägt Hornzähne zum Festhalten von Fischen, die sie tauchend erbeuten. In Europa brüten: **Gänsesäger** (etwa 70 cm lang, beim Männchen Kopf und Hals schwarz, grünschillernd, Vorderrücken schwarz, Hinterrücken hellgrau, Unterseite blaß lachsrot; BILD Gänsevögel); **Mittelsäger** (kleiner, mit längerem und dünnerem Schnabel). Der **Zwergsäger** (etwa 40 cm) brütet nur im N, erscheint sonst als Wintergast.

Säge|racke, Momot, Motmot, elsterngroßer (etwa 40 cm lang) blauer und grüner insektenfressender Waldvogel Mittel- und Südamerikas, dessen Schwanzfedern spachtelförmig enden.

Sägespäne, die beim Sägen abfallenden Holz- oder Metallspäne. Verwendung der auch als **Sägemehl** bezeichneten kleinfasrigen Holzabfälle zum Räuchern von Fisch- und Fleischwaren, als Brenn- und Isolierstoff, zur Herstellung von Holzmehl und Steinholz, als Beimischung zum Rohmaterial von Holzspanplatten. Metallspäne gelangen über das Einschmelzen wieder in den Produktionsprozeß.

Sägeträger, Sägehaie, Pristiophoridae, Fam. 1–2 m langer Haifische der Meere um Australien und Japan; die S. benutzen ihren doppelsägenartigen Kopffortsatz beim Gründeln.

Sägewerk, Sägemühle, Schneidemühle, durch Wasserkraft, Gas-, Diesel- oder Elektromotor (früher auch Windkraft) betriebene Anlage für die Verarbeitung des Rundholzes zu Schnittholz. Die maschinelle Einrichtung eines S. besteht v. a. aus Gatter-, Band- und Kreissägen sowie aus Profilzerspanern.

Sägewespen, die → Pflanzenwespen.

Sägezahnschwingung, periodische Kippschwingung, die sich graphisch wie die Zähne einer Säge darstellt.

Saghlul, Zaghlul [z-], Sa'd, ägypt. Politiker, * Ibjana (Prov. Gharbija) um 1857, † Kairo 23. 8. 1927, forderte an der Spitze einer Delegation 1918 vom brit. Hohen Kommissar in Ägypten, 1919 in London und auf den Pariser Friedenskonferenzen die Unabhängigkeit Ägyptens; wurde damit Führer der ägypt. Nationalbewegung (→ Wafd); 1919–23 in der Verbannung; 1924 MinPräs., 1926 bis 1927 Präs. des Abgeordnetenhauses.

Sagitta [lat.], **Pfeil,** ☆ Sternbild des Nordhimmels.

sagittal [lat. sagitta ›Pfeil‹], ⚕ parallel zu der Naht zw. den beiden Scheitelbeinen am Schädel **(Sagittalnaht, Pfeilnaht),** also von der Stirn zum Hinterhaupt verlaufend. **Sagittalebenen,** alle Ebenen, die parallel zu der durch die Pfeilnaht verlaufenden Medianebene liegen.

Sagittarius [lat.], ☆ das Sternbild → Schütze.

Sago [malaiisch] *der, -s,* körniges Stärkeerzeugnis aus dem Mark versch. S.-Palmen. Zur Herstellung wird die Stärke ausgewaschen (bis zu 100 kg pro Stamm), durch Siebe gepreßt, in Tüchern gerollt und anschließend in Pfannen oder rotierenden Trommeln erhitzt, wobei an der Oberfläche eine teilweise Verkleisterung eintritt. Neben dem so erhaltenen **echten S.** oder **Perl-S.** werden sagoähnl. Erzeugnisse auch aus Maniokstärke **(Tapioka-S.,** → Maniok) und in Dtl. aus Kartoffelstärke hergestellt. S. dient als Suppeneinlage und zur Herstellung von Süßspeisen.

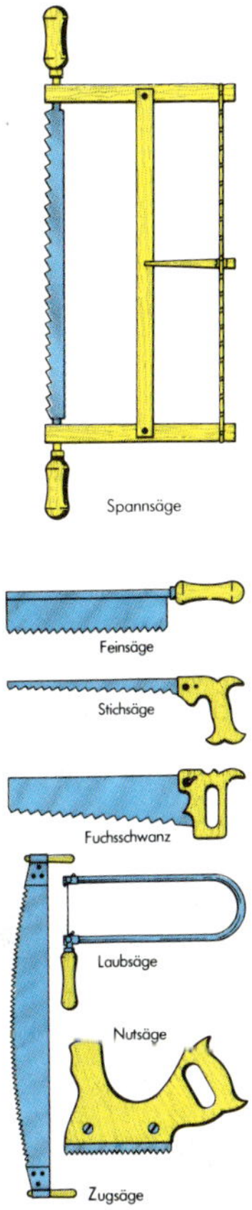

Säge 1): Handsägen

Sägeracke

Sagorsk:
Befestigung des Klosters Troize-Sergijewa Lawra; 1540–50

Sagorsk, Zagorsk [z-], bis 1930 **Sergijew,** Stadt im Gebiet Moskau, Russ. SFSR, (1982) 110000 Ew.; Moskauer Geistl. Akademie, Priesterseminar, Kunstschule; Maschinenbau-, chem., Textil-, Baustoff- und Holzindustrie; Zentrum des traditionellen Kunstgewerbes (Holzspielwaren, Knochenschnitzereien, Lackmalerei). – Gegen Ende des 14. Jh. entstanden um das Kloster Troize-Sergijewa Lawra mehrere Siedlungen (1782 zusammengefaßt, 1919 Stadt). Das Kloster ist noch heute Wallfahrtsziel.

Sagres [s'aγrıʃ], Kleinstadt in Portugal, östlich des Kaps São Vicente, mit (1970) 1200 Ew.; war im 15. Jh. Ausgangspunkt portugies. Entdeckungsfahrten.

Sagunt, span. **Sagunto** [saγ'unto], Hafen- und Industriestadt in der Prov. Valencia, Spanien, (1981) 54800 Ew. Auf einem Hügel über der Stadt die Anlagen der alten Burg, Bauten aus iber., karthag., röm., arab. und späterer Zeit; am Hang die Ruinen eines röm. Theaters. S. wurde 219 v. Chr. bei der Belagerung durch Hannibal zerstört, von 214 v. Chr. an von den Römern neu aufgebaut.

Sahara, auch **Sahara** *die, -,* arabisch **Es-Sahra** [›die Wüste‹], mit rd. 9 Mio. km² die größte Wüste der Erde, erstreckt sich vom Atlantik im W über mehr als 6000 km zum Roten Meer im O, vom Mittelmeer und dem Südrand des Atlas im N über rd. 2000 km (mit der Übergangszone →Sahel) bis zur Sudanzone im S. (KARTE II/III, n. S. 320)

L a n d e s n a t u r. Die S. bildet ein Tafelland (200–500 m ü. M.) mit weiten Becken und Senken (Kattara-Senke 137 m u. M.), das im Inneren von den Gebirgsmassiven Hoggar (bis 3000 m ü. M.) und Tibesti (bis 3400 m ü. M.) überragt wird. Nach S schließen Bergländer bis 1800 m ü. M. an. Die Libysche Wüste steigt bis 1892 m ü. M. an; östlich des Niltals kommen Höhen bis 2500 m ü. M. vor. – Der kristalline Untergrund, der in Gebirgen und Schwellen zutage tritt, wird von paläozoischen bis känozoischen Sedimenten überlagert. Außerdem treten vulkanische Gesteine auf. Auf den Hochflächen sind Felswüsten (Hammada) verbreitet, in den tieferliegenden Gebieten Geröll- (Reg) und Kieswüsten (Serir); nur rd. 10% der Fläche nehmen Sandwüsten, z. T. mit aufgewehten Dünen (Erg), ein. Salz- und Salztonpfannen (Schott, Sebcha) sind für abflußlose Becken typisch. Das K l i m a der S. ist extrem trocken und sehr heiß mit großen tägl. Temperaturschwankungen. Gefürchtet sind die heißen, oft sandbeladenen Stürme (Samum, Chamsin, Gibli). Dauerfluß ist nur der Nil. Die Trockenflußbetten (Wadis) führen nur nach gelegentl. heftigen Regengüssen streckenweise Wasser. Die S. hat keinen oder nur spärl. Pflanzenwuchs; auf dichtere Vegetation und reichere Tierwelt während der Pluvialzeiten weisen Felszeichnungen hin. – B e v ö l k e r u n g. In der S. (außer der Niloase) leben rd. 2 Mio. Menschen (Berber, bes. Tuareg, Araber und negride Gruppen); sie sind Oasenbauern oder Nomaden. – Große wirtschaftl. Bedeutung haben Erdöl und Erdgas in Algerien (Hassi Messaoud, Hassi R'mel, Edjeleh) und in Libyen (Große Syrte); ferner Eisenerze (Mauretanien), Phosphate (Westsahara), Uran im Aïr (Niger). – Weitere BILDER Hoggar, Libysche Wüste, Oase, Wüste.

saharanische Sprachen, zum nilosaharan. Sprachstamm gehörende Sprachen, verbreitet in der südl. und zentralen Sahara sowie zw. NO-Nigeria und dem W der Rep. Sudan. Zu ihnen zählt u. a. das Kanuri.

Saharanpur, Stadt in Uttar Pradesh, Indien, (1981) 294000 Ew., im N von Delhi; Marktort, Eisenbahnwerkstätten u. a. Ind.

Saharaui, auch **Sahari|er,** frz. **Sahraoui** [sara'wi], arab. **Sahrawi** *Pl.,* Bewohner von →Westsahara.

Sahel [arab. ›Ufer‹] *der, -(s),* Landschaftsgürtel am Rand der Sahara (bes. ausgeprägt am S-Rand), die Übergangszone zw. den Trockengebieten der Wüste und den Dornbuschsavannen der Sudanzone. Geringe Niederschläge und spärl. Vegetation erlauben fast nur nomadische Viehhaltung. Eine lang anhaltende Trockenperiode, zus. mit stark angestiegener Bevölkerungszahl sowie Überweidung, führte in den 70er Jahren zu einer Hungerkatastrophe in diesem Gebiet. 1973 gründeten Senegal, Mali, Mauretanien, Obervolta, Niger, Tschad und Gambia ein ›Zwischenstaatliches Komitee zum Kampf gegen die Dürre im S.‹. (→Wüste)

Sahne [spätmhd. sane, aus nd.] *die, -,* der Rahm. *ich* **sahne** *es* **ab, 1)** schöpfe S. ab. **2)** U erreiche etwas ohne Mühe oder Bezahlung. **sahnig,** reich an S., wie S. aussehend, beschaffen.

Saiblinge [zu Salm], *Sg. der* **Saibling,** *-s,* **Salvelinus,** Gatt. der Lachsfische. Der **Seesaibling, Salvelinus alpinus,** lebt in tiefen Seen der Alpen, Skandinaviens und Schottlands, zeigt versch. Wuchsformen, so den bis 10 kg schweren **Wildfang-S.** und den nur 100 g schweren **Schwarzreuter.** Der amerikan. **Bachsaibling (Salvelinus fontinalis)** ist vielfach in Europa eingeführt (BILD Fische).

Saida, Prov.-Hptst. im südl. Libanon, (1971) etwa 25000 Ew. Südlich von S. Verladehafen am Endpunkt der Trans-Arabian Pipeline. – S. ist das antike →Sidon.

Saidenbach-Talsperre, Talsperre im oberen Erzgebirge (22,4 Mio. m³ Stauraum), bei →Marienberg.

Saier, O s k a r, kath. Bischof, *Wagensteig 12. 8. 1932, wurde 1978 Erzbischof von Freiburg i. Br.

Saiga [russ.] *die, -/-s,* **Saiga tatarica,** rüsselnasige Art der Böcke in der südöstl. UdSSR; graugelblich gefärbt; die Männchen tragen Hörner. (BILD Antilopen)

saiger, seiger, ⚒ senkrecht.

Saigern, Metallkunde: →Seigern.

Saigon, früherer Name von →Ho-Chi-minh-Stadt. 1859 bis 1954 war S. die Hptst. des frz. Cochinchinas; bis 1975 Hptst. Süd-Vietnams.

Saiko, G e o r g e E m m a n u e l, Schriftst., *Seestadtl (Erzgebirge) 5. 2. 1892, † Rekawinkel bei Wien 23. 12. 1962, schrieb psychologisch differenzierte Romane zur Zeitkritik (›Auf dem Floß‹, 1948; ›Der Mann im Schilf‹, 1955); ferner Erz., Essays.

Sailer, 1) A n t o n (Toni), Skiläufer, *Kitzbühel 17. 11. 1935, dreifacher Olympiasieger (1956), mehrfacher Weltmeister in der Abfahrt, im Riesenslalom und in der Kombination.

2) J o h a n n M i c h a e l, kath. Theologe und Pädagoge, *Aresing (Oberbayern) 17. 11. 1751, † Regensburg 20. 5. 1832, seit 1829 Bischof ebd., wirkte bes. für die Verinnerlichung des religiösen Lebens und die Überwindung der Aufklärung in Bayern.

Sahara: LINKS Sand-, RECHTS Steinwüste

Saimaa, See in SO-Finnland, 1460 km² groß, der südl. Teil des Seensystems, das sich über 400 km weit nach N und NO ausdehnt. Der S. entwässert durch den Vuoksi zum Ladogasee; der **S.-Kanal,** 59 km, führt zum Finn. Meerbusen (Wiborg). Der 1947 an die UdSSR gefallene S-Teil, zunächst geschlossen, wurde 1968 wieder in Betrieb genommen und an Finnland verpachtet.

Saimiri *das* oder *der, -/-s,* → Kapuzineraffen.

Saint [sɛ̃, frz.; seɪnt, vor Namen snt, engl.; von lat. sanctus], Abk. **St.,** heilig (männl. Form). **Sainte** [sɛ̃t, frz.], Abk. **Ste.,** heilig (weibl. Form).

Saint Albans [snt'ɔːlbənz], Stadt in der engl. Cty. Hertfordshire, (1981) 50900 Ew., nördlich von London; anglikan. Bischofssitz; Druckereien, feinmechan., Schuh-, Bekleidungs-Ind.; Kathedrale (11./12. Jh.).

Saint Andrews [snt'ændruːz], Stadt und Seebad in der schott. Region Fife, (1981) 11300 Ew., an der Nordsee; Sitz eines Bischofs der schott. Kirche, älteste schott. Univ. (1410 gegr.); Ruine der Kathedrale (1159–1318); Sitz des ältesten Golfklubs (gegr. 1754).

Saint-Avold [sɛ̃tav'ɔl], → Sankt Avold.

Saint-Benoît-sur-Loire [sɛ̃bənw'a syrlw'aːr], Gem. im frz. Dép. Loiret, (1975) 1800 Ew.; die chem. Benediktinerabtei **Fleury** [flœr'i], um 640 gegr., war im MA. berühmt durch die vom hl. Odo gegründete Klosterschule.

Saint-Brieuc [sɛ̃bri'ø], Hptst. des frz. Dép. Côtes-du-Nord, (1982) 48600 Ew.; kath. Bischofssitz; Maschinenbau, Textil-, Spielwaren-, Nahrungsmittel- u. a. Ind.

Saint Catharines [sntk'æθərɪnz], Stadt in der kanad. Prov. Ontario, (1981) 124000 Ew., am Wellandkanal; Univ.; Ind. (Kraftfahrzeugteile, Elektrogeräte, Textilien u. a.); Handelszentrum eines Obstanbaugebiets.

Saint Christopher [sntkr'ɪstəfə], **Saint Kitts** [sntk'ɪts], Insel der Kleinen Antillen, 168 km² groß, (1980) 35100 Ew.; vulkanisch. Hauptort ist Basseterre. – S. C. wurde 1493 von Kolumbus entdeckt, 1713 wurde es britisch. Zusammen mit Nevis gewann es 1967 Autonomie, 1983 die staatl. Unabhängigkeit.

Saint Christopher and Nevis [sntkr'ɪstəfə ænd nɪ'vɪs], auch **Saint Kitts-Nevis** [sntk'ɪts-], Inselstaat in Mittelamerika, umfaßt die zu den Kleinen Antillen gehörenden Inseln Saint Christopher und Nevis mit insgesamt 261 km² und (1982) 50000 Ew.; Hauptstadt: Basseterre auf Saint Christopher; Amtssprache: Englisch; Währungseinheit: 1 Ostkarib. Dollar (EC $) = 100 Cents. KARTE XIV/XV, n. S. 320. – Monarchie, Staatsoberhaupt: Königin Elizabeth II., vertreten durch einen Gen.-Gouv., Einkammerparlament. – Wirtschaft: auf Saint Christopher Zuckerrohranbau, auf dem trockneren Nevis Baumwollanbau. – Geschichte: → Saint Christopher.

Saint-Cloud [sɛ̃kl'u], westl. Wohnvorort von Paris, Dép. Hauts-de-Seine, (1982) 28600 Ew., an der Seine; Porzellan-, Parfüm-, Flugzeug-, Elektro-, Elektronik- u. a. Ind.; Pferderennbahn; Park mit Wasserspielen.

Saint Croix [sntkr'ɔɪ], eine der → Jungferninseln.

Saint-Cyr-l'École [sɛ̃sirlek'ɔl], Gem. im frz. Dép. Yvelines, (1982) 15000 Ew. 1808 wurde die Militärfachschule (1803 in Fontainebleau gegr.) nach S.-C.-l'É. verlegt. Bis zu ihrer Zerstörung 1944 blieb sie neben der École Polytechnique die wichtigste Ausbildungsstätte für Heeresoffiziere.

Saint-Denis [sɛ̃dn'i], **1)** Industriestadt im frz. Dép. Seine-Saint-Denis, (1982) 90800 Ew., nördlich von Paris; Metall-, Maschinen-, Kraftfahrzeug-, chem., Elektro-, Elektronik-, Kunststoff-, Schmuckwaren-Ind. Die Abtei, 623–25 von Dagobert I. gegr., mit einer der schönsten frühgot. Kirchen (12./13. Jh.), wurde der Aufbewahrungsort der frz. Kroninsignien und die Grabstätte der frz. Könige. In der Frz. Revolution wurden die Gräber z. T. zerstört. **2)** Hauptstadt der im Ind. Ozean gelegenen frz. Insel Réunion, mit (1982) 109000 Ew.

Saint-Dié [sɛ̃dj'e], Stadt im frz. Dép. Vosges, (1982) 23800 Ew., an der Meurthe; Textil-, Holz-, Bau-, Leder-, Kartonagen-, Maschinen-Ind.; Kathedrale (12.–14. Jh.).

Saint-Dizier [sɛ̃dizj'e], Stadt im frz. Dép. Haute-Marne, (1982) 35200 Ew., an der Marne; Landmaschinenbau, Drahtzieherei, Textil-, Nahrungsmittel- u. a. Ind.

Sainte-Beuve [sɛ̃tb'œv], Charles-Augustin, frz. Schriftst., * Boulogne-sur-Mer 23. 12. 1804, † Paris 13. 10. 1869. S.-B. hat eine die Literaturwissenschaft vorbereitende Literaturkritik entwickelt. Sein verstehendes und beschreibendes Verfahren berücksichtigt sowohl die Individualität des Schriftstellers als auch die Lebens- und Stilformen der jeweiligen Epoche. Sein Werk ist eine frz. Kultur- und Geistesgeschichte in Monographien.

HW: *Sammlungen seiner Aufsätze:* Portraits littéraires (1836); Causeries du lundi, 15 Bde. (1851 ff.) u. a. – Ferner: Histoire de Port-Royal, 5 Bände (1840 ff.).

Sainte-Croix [sɛ̃tkrw'a], Gem. im Kt. Waadt, Schweiz, (1980) 4500 Ew.; Musikdosenherstellung, Schreibmaschinen- u. a. Ind.

Sainte-Marie-aux-Mines [sɛ̃tmariom'ɛ̃], → Markirch.

Saintes [sɛ̃ːt], Stadt im frz. Dép. Charente-Maritime, (1982) 25500 Ew., an der Charente; Elektro-, Textil-Ind., Maschinenbau; röm. Ruinen, Kirche Notre Dame (11./12. Jh.). – Während der Religionskriege war S. ein Zentrum der Hugenotten.

Saintes-Maries-de-la-Mer [sɛ̃tmar'i dəlam'ɛːr], → Les Saintes-Maries-de-la-Mer.

Saint-Étienne [sɛ̃tetj'ɛn], Hptst. des frz. Dép. Loire, (1982) 205000 Ew., Univ., kath. Bischofssitz. S.-É. ist Mittelpunkt des südostfrz. Steinkohlenreviers. Der zurückgehende Bergbau wird durch Entwicklung der vielseitigen alten Industrien und Ansiedlung neuer Betriebe ersetzt.

Antoine de Saint-Exupéry

Saint-Exupéry [sɛ̃tɛksyper'i], Antoine de, frz. Flieger und Schriftst., * Lyon 29. 6. 1900, † 31. 7. 1944 (vom Aufklärungsflug nicht zurückgekehrt), gelangte zu einer Bejahung der Technik, sofern sie ethisch gemeistert wird. S.-E. gestaltete bes. die Erlebnisse und Gefahren des Fliegens, das er als Dienst am Menschen begriff. Sein neuzeitl. Humanismus war geprägt von Pflichtbewußtsein, Mut und Brüderlichkeit.

HW: Südkurier (1929); Nachtflug (1931); Wind, Sand und Sterne (1939); Flug nach Arras (1942); Der kleine Prinz (1943); Die Stadt in der Wüste (1948).

Saint-Germain, Saint-Germain-en-Laye [sɛ̃ʒɛrm'ɛ̃ ãl'ɛ], Stadt im frz. Dép. Yvelines, (1982) 38500 Ew., westlich von Paris, am Wald von Saint-Germain; Renaissanceschloß, darin das Nationalmus. für Vor- und Frühgeschichte.

Friedensschlüsse von Saint-Germain: 1) Der Friede von 1679, den der Große Kurfürst von Brandenburg nach dem → Holländischen Krieg mit Ludwig XIV. schloß; jener mußte das eroberte Vorpommern an Schweden zurückgeben.

2) der Vertrag vom 10. 9. 1919 zw. der Entente und Österreich (in Kraft seit 30. 6. 1920). Er behandelte Österreich als Rechtsnachfolger der Österreichisch-Ungar. Monarchie und enthielt außer den erzwungenen Gebietsabtretungen (Südtirol an Italien, Südsteiermark und SO-Kärnten an Jugoslawien, das sudetendt. Siedlungsgebiet an die Tschechoslowakei) auch Bestimmungen über Auslieferung der Kriegsschiffe, Abtretung der Überseekabel u. a. Österreich erhielt die dt. Gebiete W-Ungarns (→ Burgenland) und konnte für S-Kärnten eine Abstimmung durchsetzen (→ Kärnten). Es wurde ihm untersagt, sich dem Dt. Reich anzuschließen.

Saint Christopher and Nevis

Saint-Gilles [sɛ̃'ʒil], fläm. **Sint-Gillis** [sɪntx'ɪlɪs], südl. Vorstadt von Brüssel, (1981) 46400 Ew., bed. Industriestandort.

Saint-Gobain-Pont-à-Mousson S. A. (SGPM) [sɛ̃gɔb'ɛ̃ pɔ̃tamus'ɔ̃-], Neuilly-sur-Seine, frz. Ind.-Konzern (Glas, Stahl, Röhren, Verpackung), 1970 durch Vereinigung der Cie. de Saint-Gobain (gegr. 1665) mit der Cie. de Pont-à-Mousson (gegr. 1886) entstanden; an mehreren dt. Glaswerken beteiligt. Der Konzern wurde verstaatlicht (Ges. v. 11. 2. 1982).

Saint Helens, Mount S. H. [maʊnt snth'elɪnz], Vulkan im Kaskadengebirge, im Staat Washington, USA, 65 km nordöstlich von Portland, Oreg., urspr. 3220 m, nach dem letzten Ausbruch 2723 m hoch. Erlebte nach über 100 Jahren der Ruhe am 18. 5. 1980 einen gewaltigen Ausbruch, durch den der Gipfel (rd. 500 m) weggesprengt wurde.

Saint Helens [snth'elɪnz], Stadt in der engl. Metrop. Cty. Merseyside, (1981) 98800 Ew., bei Liverpool; Tafel- und Spiegelglasfabrikation, Eisen-, Messing-, Keramik-, Textil- und pharmazeutische Werke.

Saint Helier [snth'eljə], Hptst. und Seebad der brit. Kanalinsel Jersey, (1981) 28100 Ew.

Saint-Hélier [sɛ̃telj'e], Monique, eigtl. Betty **Briod** [bri'o], geb. **Eymann**, frz.-schweizer. Schriftstellerin, * La Chaux-de-Fonds 2. 9. 1895, † Chambines (bei Pacy-sur-Eure) 9. 3. 1955; schrieb die Romane: ›Morsches Holz‹ (1934), ›Der Eisvogel‹ (1953), ›Die rote Gießkanne‹ (1955) u. a.

Saint-Hilaire [sɛ̃til'ɛːr], Étienne, frz. Naturforscher, → Geoffroy Saint-Hilaire.

Saint-Imier, Val S.-I. [valsɛ̃timj'e], dt. **Sankt Immertal,** Juratal im Kt. Bern, Schweiz, von der Schüß (frz. Suze) durchflossen.

Saint-Jean-de-Luz [sɛ̃ʒãdl'yːz], Hafenstadt und Seebad im frz. Dép. Pyrénées-Atlantiques, (1982) 12800 Ew., am Golf von Biscaya; Fischerei (Thunfisch), Fischkonservenherstellung.

Saint John [sntdʒ'ɔn], Stadt in der Prov. New Brunswick, Kanada, (1981) 80500 Ew., Metrop. Area 114100 Ew., an der Mündung des Saint John River in die Fundybai, eisfreier Hafen, Fischerei; Schiffbau, Holzverarbeitung, Textil-, Zuckerindustrie.

Saint-John Perse

Saint-John Perse [sɛ̃dʒɔnp'ɛrs], eigtl. Marie-René-Auguste-Alexis **Léger** [leʒ'e], frz. Diplomat und Schriftst., * Saint-Léger-les-Feuilles (Insel bei Guadeloupe) 31. 5. 1887, † Giens (Var) 20. 9. 1975, war u. a. 1933–40 Generalsekr. im Außenministerium, emigrierte 1940 in die USA (bis 1960). S.-J. P. schrieb Prosadichtungen in weitgeschwungenen, liturgisch-feierl. Rhythmen; in kühnen Bildern feiert er die Urkräfte der Natur: ›Anabase‹ (1924), ›Exil‹ (1942), ›See-Marken‹ (1957), ›Chronik‹ (1960). 1960 erhielt er den Nobelpreis für Literatur.

Niki de Saint-Phalle: Schwarze Nana; 1968–69 (Köln, Museum Ludwig)

Saint John's [sntdʒ'ɔnz], Hptst. der kanad. Prov. Newfoundland, (1981) 83800 Ew., kath. Erzbischofssitz, Univ.; Schiff- und Maschinenbau, Fischerei.

Saint Joseph [sntdʒ'əuzɪf], Stadt in Missouri, USA, (1980) 76700 Ew., am Missouri; einer der größten Getreide- und Viehmärkte des Mittelwestens.

Saint-Just [sɛ̃ʒ'yst], Louis Antoine de, frz. Revolutionär, * Decize (Dép. Nièvre) 25. 8. 1767, † (hingerichtet) Paris 28. 7. 1794, Schriftst., wurde 1792 Mitgl. des Nationalkonvents, 1793 des Wohlfahrtsausschusses, entschiedener Anhänger Robespierres, betrieb den Sturz der Girondisten und Dantons und übte als Konventskommissar eine Schreckensherrschaft im Elsaß aus.

Saint Kitts [sntk'ɪts], die Antilleninsel → Saint Christopher.

Saint Laurent [sɛ̃lɔr'ã], Louis Stephen, kanad. Politiker (Liberaler), * Compton (Quebec) 1. 2. 1882, † Quebec 25. 7. 1973, war 1941–46 und 1948 Justiz-, 1946–48 Außen-Min., 1948–57 Ministerpräsident.

Saint Leger [sntl'edʒə] *das,* Pferdesport: klass. Galopp-Zuchtrennen, das nach dem Derby gelaufen wird, erstmals 1776 in Doncaster über 2920 m als ›25 Guineas Sweepstake‹ gelaufen; seit 1881 auch in Dtl. (derzeit in Dortmund über 2800 m).

Saint-Lô [sɛ̃l'o], Hptst. des frz. Dép. Manche, (1982) 23200 Ew.; Textil-, Elektro-, Bekleidungs-, Konservenindustrie.

Saint Louis [sntl'uɪs], Stadt in Missouri, USA, auf dem rechten Ufer des Mississippi, 16 km unterhalb der Mündung des Missouri, (1980) 453100 Ew. (Metropolitan Area 2,355 Mio. Ew.), Handels- und Industriestadt mit überregionaler Bedeutung; Kulturzentrum (Museen, Theater). Die Ind. erzeugt auf der Grundlage des Bergbaus der Umgebung Eisen, Blei, Zink, Kupfer, Aluminium und Magnesium, ferner Flugzeuge, Autos, Schuhe, Chemikalien, Textilien, Elektronik-Teile, Nahrungsmittel u. a. S. L., 1764 von den Franzosen gegr., kam 1803/04 an die USA.

Saint Louis: Das alte Gerichtsgebäude (1839–64 erbaut), dahinter der Gateway Arch

Saint-Louis [sɛ̃lw'i], **1)** Stadt in Senegal, (1979) 96600 Ew.; Handelsplatz an der Mündung des Senegals; S.-L. wurde 1659 gegr.; war bis 1958 Hptst. **2)** Stadt im Oberelsaß, → Sankt Ludwig.

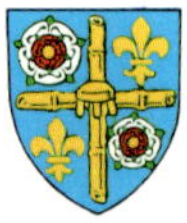

Saint Lucia

Saint Lucia [sntl'u:ʃə], Inselstaat in Westindien, 616 km², (1980) 120300 Ew.; Hauptstadt: Castries; Amtssprache: Englisch; Währungseinheit: 1 Ostkarib. Dollar (EC$) = 100 Cents. KARTE XIV/XV, n. S. 320. – Monarchie, Staatsoberhaupt: Königin Elizabeth II., vertreten durch einen Gen.-Gouv., Zweikammerparlament. – Die Insel ist vulkan. Ursprungs, gebirgig und stark zerschnitten. Über die Hälfte der Fläche ist bewaldet. Haupterzeugnisse der Landwirtschaft sind Bananen, Kakao, Kokosnüsse (Kopra und Kokosöl); daneben werden Viehzucht und Milchwirtschaft gefördert. Bei einer für den Fremdenverkehr gut ausgebauten Infrastruktur und großer landschaftl. Schönheit ist der Tourismus ein wichtiger Devisenbringer geworden. – Wichtigster Hafen ist Castries; internat. Flughafen in Vieux-Fort an der Südspitze der Insel. – S. L. wurde 1814 britisch, erhielt 1967 Autonomie, 1979 die Unabhängigkeit.

Saint-Malo [sɛ̃mal'o], Stadt im nordfrz. Dép. Ille-et-Vilaine, (1982) 46300 Ew., bed. Hochseefischereihafen an der Kanalküste; Seebad. Zwischen S.-M. und Dinard wurde 1966 das erste Gezeitenkraftwerk der Erde fertiggestellt.

Saint-Malo: Im Vordergrund die ummauerte Stadt, hinter dem Hafenbecken St.-Servan-sur-Mer, rechts davon auf der Halbinsel die Festung (1759)

Saint-Marcet [sɛ̃mars'ɛ], Gem. im frz. Dép. Haute-Garonne, (1975) 400 Ew., im Pyrenäenvorland. Nahebei Erdgasgewinnung.

Saint-Martin [sɛ̃mart'ɛ̃], niederländ. **Sint Maarten** [-m'a:rtə], dt. **Sankt Martin,** eine der nördl. Kleinen Antillen, 86 km² groß, aufgeteilt unter Frankreich (50 km², 1974: 6200 Ew.) und den Niederlanden (36 km², 1983: 14800 Ew.).

Saint-Maur-des-Fossés [sɛ̃mɔrdefɔs'e], Stadt im frz. Dép. Val-de-Marne, (1982) 80800 Ew.; chem., Elektronik-, opt., Druck-, Nahrungsmittel-Ind.

Saint-Maurice [sɛ̃mɔr'is], Hptst. des Bez. S.-M. im Kt. Wallis, Schweiz, (1980) 3500 Ew., an der Rhone und an der Straße zum Großen St. Bernhard. – S.-M. war das röm. **Agaunum.** Die Abtei nullius S.-M. der Augustiner-Chorherren, 515 gegr., war im 6.–10. Jh. eine bedeutende Kulturstätte Hochburgunds.

Saint-Nazaire [sɛ̃naz'ɛ:r], Hafenstadt im frz. Dép. Loire-Atlantique, (1982) 68300 Ew., Vorhafen von Nantes, an der Mündung der Loire; größtes Werftzentrum Frankreichs; Metall-, chem., Luft- und Raumfahrt-, Textil- und Lebensmittelindustrie; Schrägseilbrücke über die Loire (Spannweite 404 m).

Saint-Nicolas [sɛ̃nikɔl'a], frz. Name von → Sint-Niklaas.

Saint-Omer [sɛ̃tɔm'ɛ:r], Stadt im nordfrz. Dép. Pas-de-Calais, (1982) 15400 Ew.; archäolog. Museum; ehem. Kathedrale Notre-Dame (13.–15. Jh.); Textil- u. a. Industrie. – S.-O., oft zw. Flandern und Frankreich umkämpft, kam 1678 zu Frankreich.

Saint-Ouen [sɛ̃tw'ɛ̃], nördl. Industrievorstadt von Paris, Dép. Seine-St.-Denis, (1982) 43600 Ew.; Elektro-, Elektronik-, Maschinen-, Nahrungsmittel-Ind.

Saint Paul [sntp'ɔ:l], Hptst. des Staates Minnesota, USA, Hafen am Mississippi, Endpunkt der Großschiffahrt, (1980) 270200 Ew.; bildet mit → Minneapolis eine Metropolitan Area (2,114 Mio. Ew.); Auto-, Elektronik-, chem. u. a. Industrie; Erdölraffinerien; einer der größten Viehmärkte der USA; methodist. Univ. und landwirtschaftl. Abteilung der Univ. von Minnesota; Erzbischofssitz.

Saint-Paul [sɛ̃p'ɔl], **1)** frz. Insel im S des Ind. Ozeans, 7 km² groß, unbewohnt, eine bis 272 m hohe Kraterruine, in die das Meer eingebrochen ist. **2)** Hafenstadt auf der frz. Insel Réunion, (1982) 52800 Ew., älteste Siedlung der Insel.

Saint Peter Port [sntp'i:təpɔ:t], frz. **Saint-Pierre** [sɛ̃pj'ɛ:r], Hptst. und Hafen der brit. Insel Guernsey, (1981) 16300 Ew.; malerisches Stadtbild, mittelalterl. Burg.

Saint Petersburg [sntp'i:təzbə:g], Stadt in Florida, USA, (1980) 236900 Ew., zur Metrop. Area von Tampa gehörend.

Saint-Phalle [sɛ̃f'al], Niki de, frz. Bildhauerin und Malerin, * Neuilly-sur-Seine 29. 10. 1930, wurde zunächst von J. → Tinguely beeinflußt, schuf seit 1965 monumentale, naiv-heitere Frauenfiguren (›Nanas‹) in Pop-Farben.

Saint-Pierre [sɛ̃pj'ɛ:r], **1)** Hpst. und eine der 8 Inseln von → Saint-Pierre-et-Miquelon. **2)** Hafenstadt auf der frz. Insel Réunion, (1982) 46800 Ew. **3)** Stadt auf der frz.-westind. Insel Martinique, etwa 6000 Ew.; durch einen Ausbruch des Vulkans Montagne Pelée am 8. 5. 1902 völlig zerstört.

Saint-Pierre [sɛ̃pj'ɛ:r], **1)** Charles-Irénée **Castel,** Abbé de, frz. polit. Schriftst., * Saint-Pierre-Église (Dép. Manche) 18. 2. 1658, † Paris 29. 4. 1743, aufklärer. Kritiker, forderte neben einer Reform des Klerus u. a. die Dezentralisation der Staatsverwaltung. In der Errichtung eines europ. Staatenbundes sah er die Sicherung eines ewigen Friedens (›Der Traktat vom ewigen Frieden‹, 1712/13), ein Plan, der J.-J. Rousseau beeinflußte.

2) Jacques Henri **Bernardin de** [bɛrnard'ɛ̃-], frz. Schriftst., * Le Havre 19. 1. 1737, † Eragny-sur-Oise 21. 1. 1814, schrieb auf Grund persönl. Kenntnis fremder Erdteile Erz. mit exot. Kolorit. Naturempfinden und Kulturkritik in S.-P.s Werk erinnern an Rousseau. In der Erz. ›Paul et Virginie‹ (1787), die stark auf die frz. Romantik wirkte, will S.-P. zeigen, daß menschl. Tugend nur fern der Zivilisation möglich sei.

Saint-Pierre-et-Miquelon [sɛ̃pj'ɛ:r e mikl'ɔ̃], frz. Übersee-Département (8 Inseln) im S von Neufundland, 242 km² mit (1982) 6000 Ew.; Kabeljaufischerei, daneben Pelztierzucht und Handel. Hptst.: Saint-Pierre.

Saint-Quentin [sɛ̃kãt'ɛ̃], Stadt im nordfrz. Dép. Aisne, (1982) 63600 Ew., am Kanal von S.-Q.; Textil-, Zucker-, Maschinen- u. a. Ind. - S.-Q., das galloröm. **Augusta Viromanduorum,** war die Hptst. der Gfsch. Vermandois. Es erhielt vor 1080 Stadtrecht. Hier siegten am 10. 8. 1557 die Spanier, am 19. 1. 1871 und am 29./30. 8. 1914 die Deutschen über die Franzosen.

Saint-Quentin-en-Yvelines [sɛ̃kãt'ɛ̃ ãnivl'in], frz. Stadt (›Neue Stadt‹) in der Region Paris, (1982) 151000 Ew., westlich von Versailles.

Saint-Saëns [sɛ̃s'ãs], Camille, frz. Komponist, * Paris 9. 10. 1835, † Algier 16. 2. 1921, vertritt in seinen Werken einen heroisch-pathet. Stil von klassizist. Prägung; Opern (›Samson und Dalila‹, 1877, u. a.), Orchestermusik (5 Sinfonien, 4 sinfon. Dichtungen, Instrumentalkonzerte), Vokalmusik (Messe, Requiem, Weihnachtsoratorium, Motetten, Psalmen, Lieder, Chöre), Orgel- und Kammermusik.

Saint-Simon [sɛ̃sim'ɔ̃], **1)** Claude Henri **de Rouvroy** [-ruvrw'a], Graf von, frz. Sozialtheoretiker, Enkel von 2), * Paris 17. 10. 1760, † ebd. 19. 5. 1825, kämpfte unter Washington in Nordamerika, ist als Vorbereiter der ersten frz. Sozialistenschule anzusehen, die unter Abwandlung und Erweiterung seiner Gedanken die Überführung der Produktionsmittel an die Gesamtheit, die Beseitigung des Privaterbrechts sowie Entlohnung nach Leistung erstrebte (**Saint-Simonismus**).

HW: Catéchisme des industriels, 4 Hefte (1823/24); Neues Christentum (1825).

2) Louis **de Rouvroy** [-ruvrw'a], Herzog von, frz. Schriftst., * Versailles 16. 1. 1675, † Paris 2. 3. 1755. Seine Memoiren kritisieren schonungslos die letzten Regierungsjahre Ludwigs XIV.

Saint Thomas [snt'ɔməs], Insel der den USA gehörenden Gruppe der westind. →Jungferninseln, 83 km² groß mit (1980) 44200 Ew.; Hptst. ist Charlotte Amalie.

Saint-Tropez [sɛ̃trɔp'e], Seebad an der Côte d'Azur, im frz. Dép. Var, (1975) 5400 Ew.

Saint Vincent und die Grenadinen, amtl. engl. **Saint Vincent and the Grenadines** [sntv'ınsənt ænd ðı grenəd'i:nz], Staat in Mittelamerika, umfaßt die Insel Saint Vincent der Kleinen Antillen mit den nördl. Grenadinen, 388 km², (1984) 123000 Ew.; Hauptstadt: Kingstown; Amtssprache: Englisch; Währungseinheit: 1 Ostkarib. Dollar (EC$) = 100 Cents. KARTE XIV/XV, n. S. 320. - Konstitutionelle Monarchie, Staatsoberhaupt: Königin Elizabeth II., vertreten durch einen Gen.-Gouv., Zweikammerparlament.

Die Insel ist gebirgig (im Vulkan Soufrière 1234 m hoch; schwere Ausbrüche 1821 und 1902; zuletzt 1979). Die Landwirtschaft erbringt mit Bananen, Kokosnüssen und Gewürzen den größten Teil der Ausfuhrerlöse. Langsam zunehmende Bedeutung gewinnt der Fremdenverkehr, v. a. auf den Grenadinen. - Haupthafen und -flughafen ist Kingstown. Es gibt keine Eisenbahn; von den 1020 km Straßen sind 435 km asphaltiert. - Saint Vincent, 1493 von Kolumbus entdeckt, ist seit 1672 englisch, erhielt 1967 Autonomie, 1979 die Unabhängigkeit.

Saïs, ägypt. **Saw**, altägypt. Stadt im Nildelta, spielte als Residenz der 26. Dynastie (der ›Saïten‹, 664-525 v. Chr.) eine bed. Rolle; geringe Baureste.

Saison [sɛz'ɔ̃, frz. ›Jahreszeit‹] *die, -/-s,* **1)** die jahreszeitlich bedingte Hauptgeschäftszeit; in Fremdenverkehrsorten Zeit des Hauptverkehrs, →Saisongewerbe. **2)** Theaterspielzeit.

Saisondimorphismus [sɛzɔ̃-], jahreszeitliche Verschiedengestaltigkeit der Generationen einer Tierart, so beim Schmetterling →Landkärtchen.

Saisongewerbe [sɛz'ɔ̃-], **Saison|industrie**, Wirtschaftszweige, in denen in best. Jahreszeiten die Beschäftigung bes. stark ist. Sie sind entweder von der Witterung abhängig (Landwirtschaft, z. T. Baugewerbe, Fremdenverkehr), oder der Absatz drängt sich auf best. Zeiten zus. (Spielwaren-Ind.), oder die Rohstoffe fallen nur zu best. Zeiten an (Zucker-Ind.). Für die im S. beschäftigten Arbeitskräfte (**Saison-, Wanderarbeiter**) ergeben sich regelmäßige Zeiten erhöhter Arbeitslosigkeit.

Saisonkrankheiten [sɛz'ɔ̃-], Krankheiten, die in best. Jahreszeiten gehäuft auftreten, z. B. Kinderlähmung (Aug.-Sept.).

Saisonschwankungen [sɛz'ɔ̃-], jahreszeitlich bedingte Veränderungen im Konjunkturverlauf. Die S. werden in statist. Reihen häufig ausgeschaltet (saisonbereinigte Reihen).

Saisonwanderung [sɛz'ɔ̃-], Wanderung von Arbeitskräften zu Stätten vermehrten, saisonbedingten Arbeitskräftebedarfs.

Saite [ahd. seito ›Saite‹, ›Strick‹] *die, -/-n* gespannter und transversal schwingender Tonerzeuger: fadenförmiger, elast. Körper aus Stahl, zusammengedrehten Därmen, Pflanzenfasern oder Seide, ergibt, gespannt und durch Zupfen, Schlagen oder Streichen in Schwingungen versetzt, einen Ton, dessen Höhe von der Spannung und der Länge der S. sowie dem Ort der Anregung auf der S. abhängt. Die S. sind die Tonquelle der **Saiteninstrumente.** Die Saitenschwingungen werden über einen flächenhaften Resonanzboden in sich in der Luft ausbreitende Schallwellen umgesetzt. Für Streich- und Lauteninstrumente werden im allg. Darmsaiten, für Klaviere, Zithern, Banjo und verwandte Zupfinstrumente Metalldrahtsaiten verwendet. *das* **Saitenspiel**, *-(e)s,* das Spielen auf Saiteninstrumenten.

Saitenwürmer, Klasse der Schlauchwürmer; fadenförmige Würmer, die als Larve in der Leibeshöhle von Insekten (bes. Käfer, Heuschrecken, Schaben) oder Meereskrebsen schmarotzen, geschlechtsreif frei im Wasser leben; so das bis 1 m lange **Wasserkalb (Gordius aquaticus).**

Sajan *der,* Gebirge an der Grenze Zentral- und Nordasiens, im **Ost-Sajan** im vergletscherten Munku Sardyk bis 3491 m hoch; der **West-Sajan** wird vom Jenissej durchbrochen.

Sakai, Volk in Malaysia, die →Senoi.

Sakai, alter Handelsplatz auf Honshu, Japan, (1980) 810000 Ew., heute Stadtteil von Osaka; Elektro-, Schiffbau-, Eisen- und Stahl-, petrochem. Ind.; bed. Ausfuhrhafen.

Sakalaven, Sakalava *Pl.,* Bevölkerungsgruppe der →Madegassen.

Sakasik, Stadt in Ägypten, →Zagazig.

Sake *der, -,* **Reiswein**, in Japan und China Brauerzeugnis aus Reis mit hohem Alkoholgehalt (12-16 Vol.-%). S. wird meist warm getrunken.

Saken *Pl.,* **Saker**, grch. **Sakai**, lat. **Sacae**, indogerman. Nomadenvolk des Altertums, nördlich des Aralsees.

Saki|affen, die →Schlaffschwanzaffen.

Sakkara, Saqqara, ägypt. Dorf nahe Memphis. In dem Wüstenzug oberhalb S. liegt die Totenstadt von Memphis mit den Pyramidenfeldern von Giseh, Abusir, S. und Dahschur sowie dem →Serapeum.

Sakko [ital. sacco ›Sack‹] *der,* auch *das, -s/-s,* **Rock**, die Jacke des Herrenanzugs.

sakra [verkürzt aus Sakrament], U verflucht.

sakral [von lat. sacer ›heilig‹], **1)** heilig, den Gottesdienst betreffend; Ggs.: profan. **2)** Anatomie: das Kreuzbein (Os sacrum) betreffend. **Sakral|anästhesie**, eine Leitungsanästhesie (→Anästhesie) im Bereich des Kreuzbeins. **Sakralfleck**, der →Mongolenfleck.

sakrale Kunst, im abendländ. Bereich die der Ausstattung des Kirchenraums dienende Kunst (→Altar, →Kanzel, →liturgische Geräte, →liturgische Gewänder, →Taufbecken).

Sakrament [zu lat. sacramentum ›Fahneneid‹] *das, -(e)s/-e,* nach kath. Lehre von Christus eingesetzte äußere Zeichen, die die heiligmachende Gnade verleihen oder vermehren. Es sind: Taufe, Firmung, Eucharistie, Buße, Krankensalbung, Priesterweihe (→Weihe), Ehe. Die Gnadenwirkung hängt nicht von der Würdigkeit des Spenders ab, sondern nur von dessen Absicht, ›zu tun, was die Kirche tut‹, und dem formrichtigen Vollzug (lat. ex opere operato). Taufe, Firmung, Weihe sind unwiederholbar. Nach dem Kirchenrecht spendet der Bischof Weihe und Firmung, der Priester die anderen S. - ausgenommen das S. der Ehe, das sich die Eheschließenden als Glieder der Kirche unter Mitwirkung der Kirche gegenseitig spenden - und die Nottaufe, die auch der Laie spenden kann. - Die Ostkirche kennt wie die Kath. Kirche sieben S. (›Mysterien‹), der Protestantismus nur zwei: Taufe und Abendmahl, die anderen werden wegen mangelnder Begründung im N. T. abgelehnt.

Sakramentali|en [lat.] *Pl.,* von der Kath. Kirche eingesetzte heilige Handlungen, mit der Sakramentenspendung verknüpfte oder selbständige (z. B. Weihung des Weihwassers) Weihungen und Segnungen. Auch die gesegneten Sachen heißen S.

Sakramentsgemeinschaft, Kath. Kirche: auch lat. **Communicatio in sacris**, die sakramentale Gemeinschaft (bes. durch die Sakramente der Buße, Eucharistie - Abendmahlsgemeinschaft und Krankensalbung) zw. Katholiken und Christen anderer Konfession: für Katholiken durch Empfang der Sakramente von nichtkath., doch gültig geweihten Amtsträgern, für Christen der Ostkirchen von kath. Amtsträgern, für evang. Christen bei dringender Notlage oder Todesgefahr, falls sie bezüglich der Sakramente denselben Glauben wie die Kath. Kirche haben und einen Amtsträger der eigenen Gemeinschaft nicht erreichen können. (→Interkommunion)

Sakramentshäus|chen, Behälter für das Gefäß mit der Hostie. Dieses wurde urspr. über dem Altar, dann an der Nordseite des Chors in einer verschließbaren Sakramentsnische aufbewahrt, aus der sich seit Ende des 14. Jh. das vor der Wand stehende turmähn-

Camille Saint-Saëns

Henri de Saint-Simon (Lithographie von E. Perrot)

Saint Vincent und die Grenadinen

Sakramentshäuschen von Adam Krafft; 1493-96 (Nürnberg, St. Lorenz)

liche S. entwickelte (im Ulmer Münster, 1467–71; in St. Lorenz in Nürnberg, 1493–96 von A. Krafft).

Sakrileg [lat. sacrilegium ›Tempelraub‹] *das, -s/-e,* **Gottesraub,** die Entweihung heiliger Orte oder Sachen durch Schändung, Mißbrauch oder Raub, die geweihter Personen durch Beleidigung in Wort oder Tat.

Sakristan [lat.] *der, -s/-e,* Kath. Kirche: der Küster.

Sakristei [lat.] *die, -/-en,* Nebenraum der Kirche für die Geistlichen und zur Aufbewahrung gottesdienstlicher Geräte.

sakrosankt [lat.], geheiligt, unverletzlich.

säkular [lat.], **1)** nur einmal in hundert Jahren sich ereignend, außergewöhnlich: *ein säkulares Ereignis.* **2)** weltlich. **3)** 🌐 Vorgänge betreffend, die lange Zeit im gleichen Sinn verlaufen (→ Epirogenese). **Säkularfeier,** Jahrhundertfeier, Hundertjahrfeier. **Säkularklerus,** in der Kath. Kirche die Weltgeistlichen. **Säkularjahr,** jedes ein Jh. beschließende Jahr, z. B. das Jahr 2000.

Säkular|institute, Kath. Kirche: → Weltliche Institute.

Säkularisation [lat.] *die, -/-en,* **1)** die Verweltlichung urspr. religiös, kirchlich oder theologisch geprägter Bereiche, Sachverhalte und Begriffe. **2)** die Einziehung oder Nutzung kirchl. Hoheitsrechts oder kirchl. Vermögens durch den Staat. Sie wurde schon im MA. u. a. von W. von Ockham, Marsilius von Padua und J. v. Wycliffe begründet und kam bes. im Reformationszeitalter zur Auswirkung. So wurde in den evang. Territorien das Vermögen von Klöstern und Stiften kulturellen und sozialen Aufgaben des Staates zugeführt. Später hob Josef II. in den österr. Ländern mehr als 700 Klöster auf. Die Frz. Revolution ließ alle Kirchengüter durch den Staat einziehen und an Privatleute versteigern. Umfassend war 1802/03 die S. in Dtl.: Beiderseits des Rheins wurden die Hoheitsrechte von 4 Erzbistümern, 18 Bistümern und etwa 300 Abteien, Stiften und Klöstern eingezogen. – In Italien wurde 1860/70 der Kirchenstaat säkularisiert. – Nach dem 1. und 2. Weltkrieg wurde von den kommunist. Staaten in größtem Ausmaß Kirchengut enteignet. **3)** die Erlaubnis für Klosterleute, sich für immer außerhalb des Klosters aufzuhalten; sie befreit zugleich von den Klostergelübden. **4)** Geistesgeschichte: **Säkularisierung** *die, -/-en,* die Ablösung menschl. Verhaltensweisen, gesellschaftl. Ordnungen, sittlicher Forderungen u. a. von ihrer urspr. religiösen Grundlage. Im christl. Abendland hat die S. nach Anfängen im Spät-MA. mit dem Humanismus begonnen und sich mit der Aufklärung durchgesetzt. *Vb. ich* **säkularisiere** *es.*

Säkulum [lat. saeculum] *das, -s/...la,* **1)** Jahrhundert, Zeitalter. **2)** die zeitliche Welt.

...sal, Ableitungssilbe zur Bildung von Substantiven: *das Scheusal; die Trübsal.*

Sal, eine der Kapverdischen Inseln, 216 km²; internat. Flughafen der Rep. Kap Verde; Salzgewinnung.

Sal *das, -s,* 🌐 das → Sial.

Sala [ahd. saljan ›übergeben‹] *die, -,* **Sale,** im älteren dt. Recht die auf dem Grundstück selbst vorgenommene Liegenschaftsübereignung. **Salbücher,** in den mittelalterl. Grundherrschaften Bücher mit Abschriften der Grundstückserwerbsurkunden. **Sal|land,** das vom Fronhof (Salhof) aus bewirtschaftete, im herrschaftl. Eigenbetrieb stehende Land.

Salacrou [salakr'u], A r m a n d, frz. Dramatiker, * Rouen 9. 8. 1899, Verf. zeitkrit. Lustspiele und Dramen.

HW: Die unerbittliche Sekunde (1935); Die Erde ist rund (1938); Die Nächte des Zorns (1947); Tugend um jeden Preis (1956); Boulevard Durand (1960); La rue noire (1967).

Saladin, Sultan von Ägypten und Syrien, * Tikrit (Mesopotamien) 1138 (?), † Damaskus 4. 3. 1193, gründete in Ägypten 1171 die Dynastie der → Aijubiden. Er besetzte seit 1174 Syrien und eroberte 1187 Jerusalem (→ Kreuzzüge). Tapferkeit und Edelmut S.s erwarben ihm bei Freund und Feind hohe Achtung. Er ist eine der Hauptfiguren in G. E. Lessings Schauspiel ›Nathan der Weise‹.

Salam, A b d u s, pakistan. Physiker, * Jhang Maghiana 29. 1. 1926, Prof. in Lahore und London sowie Leiter des Internat. Zentrums für theoret. Physik in Triest. S. stellte zus. mit S. Weinberg und S. L. Glashow die Theorie der Vereinheitlichung der schwachen und der elektromagnet. → Wechselwirkung auf (→ Weinberg-Salam-Theorie). Dafür erhielten sie 1979 den Nobelpreis für Physik.

Salam alaikum, Selam aleikum, Salem aleikum, genauer **as-Salam(u) alaikum** [arab. ›Heil über Euch‹], Grußformel der Araber und allgemein der Muslime.

Salamanca, 1) Prov. in Spanien, 12336 km², (1981) 368000 Ew. **2)** Hptst. von 1), (1981) 167100 Ew., am Tormes, Bischofssitz; 2 Universitäten (weltliche gegr. 1218, kath. 1134), Theater, Bibliotheken, Museen; Leder-, Textil-, chem. u. a. Industrie; Neue Kathedrale (1509–1733), got. Kirche San Esteban (1524–1610), Gebäude der kath. Universität aus dem 15. Jh., mit Westfassade im → Plateresken-Stil. – S., das antike **Salamantica,** wurde in maurischer Zeit zerstört und seit 1102 neu besiedelt. Die Univ. zählte vom 13. bis 16. Jh. neben Oxford, Paris und Bologna zu den bedeutendsten des Abendlandes.

António Salazar

Salamanca 2)

Salamander [mhd., aus grch.] *der, -s/-,* **1)** *Pl.,* 🐾 Schwanzlurche, → Molche und Salamander. **2)** im Aberglauben des MA. menschenähnl. Wesen, das im Feuer lebt. **3)** student. Brauchtum: das Reiben gefüllter Gläser auf der Tischplatte als Ehrenbezeigung: *wir wollen einen S. reiben.*

Salamander AG, Kornwestheim, bed. Unternehmen der Schuh-Ind.; gegr. 1891 als Schuhfabrik J. Sigle & Cie., seit 1930 jetziger Name.

Salami [ital. salame, zu sale ›Salz‹] *die, -/-(s),* hart geräucherte Wurst aus Schweine-, Rind-, auch Eselfleisch, fest gewickelt und in heißen Kleiebrei getaucht, wodurch die weiße Schutzschicht entsteht. **Salamitaktik,** U Vorgehen in kleinen Schritten zur Erreichung eines Ziels.

Salamis, grch. Insel im Saronischen Golf, 95 km² groß. Der Hauptort ist S. mit (1971) 23100 Ew. S. war seit dem 6. Jh. v. Chr. eine attische Bürgerkolonie; bekannt durch den Seesieg 480 v. Chr. der Griechen über die Perser (→ Perserkriege).

Salan [sal'ã], R a o u l, frz. General, * Roquecourbe (Tarn) 10. 6. 1899, † Paris 3. 7. 1984; 1945–54 in Indochina, zuletzt als Oberbefehlshaber, 1956–58 Oberkommandierender in Algerien; unterstützte als Gegner der Algerienpolitik des Präs. Ch. de Gaulle den Militärputsch von 1961 in Algier und leitete anschließend die OAS. In Abwesenheit wurde er zum Tod verurteilt, später jedoch begnadigt.

Salandra, A n t o n i o, ital. Politiker (Konservativer), * Troia (Foggia) 13. 8. 1853, † Rom 9. 12. 1931, führte als MinPräs. (1914–16) den Anschluß Italiens an die Alliierten herbei.

Salanganen [malaiisch von sarang ›Nest‹], *Sg. die* **Salangane,** -, **Collocalia,** zu den Seglern gehörende Gatt. mit 16 Arten in S- und O-Asien zw. den Maskarenen und Salomonen sowie in N-Australien. Sie liefern die aus Speichel bestehenden eßbaren Vogelnester (›Schwalbennester‹, ›Indische Vogelnester‹).

Salär [lat.-frz.] *das, -s/-e, schweizer.:* Gehalt, Lohn.

Sala(s) y Gómez [-g'ɔmes], unbewohnte chilen. Felseninsel im Pazifik, nordöstlich der Osterinsel, 1793 durch den span. Seefahrer Salas y Gómez entdeckt.

Salat [zu ital. insalata ›Gesalzenes‹] *der, -(e)s/-e,* **1)** kaltes Gericht aus rohen oder gekochten Pflanzenteilen (Salatpflanzen, Gurke, Kartoffeln, Sellerie, roten Rüben, Spargel u. a.), zubereitet mit Essig, Zitronensaft, Öl, saurer Sahne, würzenden Zutaten. Fleisch- und Fischsalate werden meist mit Mayonnaise, Fruchtsalate mit Zucker und Wein angerichtet. **2)** versch. Pflanzen, die als S. zubereitet werden. Der **Gartensalat (Gartenlattich,** → Lattich) wird gezogen als: **Kopf-** oder **Häuptelsalat** mit größtenteils kohlkopfähnl., doch lockerer geballten Blättern; **Binde-** oder **Kochsalat (Römischer S.)** mit länglichen, büschelig stehenden Blättern; **Schnitt-, Rupf-** oder **Stechsalat** mit kopflosem, schnellwüchsigem Kraut; **Pflücksalat, Lattichsalat,** mit hohem Stengel und vielen großen zarten Blättern. Andere Blattsalatpflanzen sind z. B. → Endivie, → Feldsalat, die Alge Meersalat (→ Meerlattich), verschiedenerlei → Kresse. (BILD Gemüse)

Salat [arab.] *die, -,* im Islam das fünfmal (bei den Schiiten gewöhnlich dreimal) täglich zu verrichtende Gebet.

Salawat, Stadt in der Baschkir. ASSR, Russ. SFSR, an der Belaja, (1982) 144000 Ew.; Erdölinstitut, Industrietechnikum; Schwerpunkt der Erdölverarbeitung mit Raffinerie, chem., Maschinenbau-, Glas-, Baustoffind., Wärmekraftwerk.

Salazar [-z'ar], A n t ó n i o **de Oliveira S.** [-oliv'ɛira-], portugies. Politiker, * Santa Comba Dão 28. 4. 1889, † Lissabon 27. 7. 1970, Volkswirtschaftler, u. a. 1928–40 Finanz-, 1936–47 Außen-Min., führte als MinPräs. (1932–68) ein diktator. Reg.-System (Verf. v. 1933) auf ständisch-korporativer Grundlage. Nach 1945 suchte er die Zusammenarbeit mit der westl. Staatenwelt (Beitritt Portugals zur NATO, 1949). Mit militär. Mitteln bekämpfte er die Unabhängigkeitsbestrebungen in den überseeischen Gebieten.

Salazar López [-s'ar l'opes], J o s é, mexikan. Kardinal (seit 1973), * Ameca (Jalisco/Mexiko) 12. 1. 1910, seit 1970 Erzbischof von Guadalajara.

Salbader [Herkunft unklar] *der, -s/-,* langweiliger Schwätzer, Wichtigtuer. *ich* **salbad(e)re,** schwätze, rede salbungsvoll, langweilig. *Subst. die* **Salbaderei,** *-/-en.*

Salbaum, Saulbaum, Shorea robusta, Art der Zweiflügelfruchtgewächse, wichtiger Forstbaum Vorderindiens.

Salbe [ahd.] *die, -/-n,* lat. **Unguentum,** streichfähiges Heil- oder Schönheitsmittel zum Auftragen auf die Haut, bes. zur Behandlung von Hauterkrankungen, zubereitet aus einer Grundlage wie Wollfett, Paraffin, Vaseline, Öl, Wachs, Glycerin, Emulsionen usw. und einem oder mehreren Arzneimitteln.

Salbei, Salbei [lat.] *der, -(s),* auch *die, -,* **Selwe** *die, -,* **Salvia,** die artenreichste Lippenblütergatt. mit etwa 500 Arten. Der **Echte S. (Gartensalbei, Mutterkraut, Salvia officinalis),** Halbstrauch mit graufilzigen, durch äther. Öl würzigen Blättern, aus Südeuropa und Vorderasien, ist Gewürz- und Arzneipflanze. Der Aufguß der Blätter dient als zusammenziehendes, etwas antisept. Mundwasser, der Salbeitee als harn- und schweißhemmendes oder blutstillendes Volksmittel. Der **Wiesensalbei (Salvia pratensis),** meist mit blauvioletten Blüten, wächst auf trockenen Wiesen. Zierpflanzen sind: **Scharlachsalbei (Buntschopfsalbei, Salvia horminum),** zweijährig, mit grünen, roten oder violetten Hochblättern zw. den rosafarbenen oder violetten Blüten, aus dem Mittelmeerbereich, Bier-, Weinwürze; **Muskatellersalbei (Muskatellerkraut, Salvia sclarea),** bis über meterhoch, mit Muskatellerduft, weinroten bis lilafarbenen Hochblättern und lila- bis rosafarbenen Blüten, an Felsen des Mittelmeerbereichs; **Silbersalbei (Silberblatt, Salvia argentea),** ähnlich mit weißen Blüten; **Prächtiger S. (Salvia splendens),** ein brasilian. kahler Halbstrauch mit scharlachroten Blütenständen. (BILD Arnzeipflanzen)

salben [ahd. salbon]. *ich salbe,* **1)** *es,* bestreiche mit Salbe. **2)** *ihn,* weihe durch feierliche Salbung mit Salböl: *der Gesalbte des Herrn,* Christus.

Salb|öl, das → Chrisma.

Salbung *die, -/-en,* bei Natur- und bes. bei oriental. Völkern weit verbreitete Körperpflege durch Einreiben mit Öl, Fett oder Salben, auch zu Heilzwecken. In manchen Religionen ist die S. eine kult. Handlung zur Weihe, Reinigung und Abwehr. Aus dem A. T. ging sie ins Christentum über; im kath. Kult finden sich S. bei Sakramenten (Taufe, Firmung, Krankensalbung, Priesterweihe) wie bei Sakramentalien. Auch im mittelalterl. Zeremoniell der Königskrönung trat die S. hervor. – Redewendung: *er sprach salbungsvoll,* U übertrieben feierlich.

Salcher, Herbert, österr. Politiker (SPÖ), * Innsbruck 3. 11. 1929, Jurist; 1979–81 Bundesmin. für Gesundheit und Umweltschutz, 1981–84 Bundesfinanzminister.

Salchow-Sprung [-ço-, n. dem schwed. Eiskunstläufer U. Salchow, * 1877, † 1949], Eis-, Rollkunstlauf: Sprung mit Anlauf auf dem linken Bein rückwärts und Aufsetzen rückwärts mit dem rechten Bein. Der ›Salchow‹ wird heute mit doppelter und dreifacher Umdrehung gesprungen.

Salde *die, -/-n,* **Ruppia,** Gatt. der Laichkrautgewächse im Salz- oder Brackwasser, z. B. mit der Art **Meersalde (Ruppia maritima),** die auch auf salzhaltigen Böden wächst.

Saldo [ital.] *der,-s/-s, ... den* oder *... di,* **Ausgleich,** Betrag, um den die eine Seite eines Kontos größer ist als die andere. Je nachdem die Soll- oder Habenseite größer ist, ergibt sich ein **Soll- (Aktiv-)** oder ein **Habensaldo (Passivsaldo),** der bei Abschluß des Kontos auf der Gegenseite eingesetzt und neu vorgetragen wird **(Saldovortrag).** *Vb. ich saldiere es.*

Salé, arab. **Sala, Sla,** alte Hafenstadt an der atlant. Küste von Marokko, (1982) 289000 Ew., an der Mündung des Bou Regreg, Vorstadt von Rabat.

Salechard, bis 1933 **Obdorsk,** Hptst. des Jamal-Nenzen-Nationalbezirks, Russ. SFSR, am rechten Ufer des unteren Ob, (1975) 26000 Ew. Fischereihafen, Werft, Fischverarbeitung, Holz-Ind.

Salem [hebr.], B Name für Jerusalem (1. Mos. 14,18; Ps. 76).

Salem, 1) Gem. im Bodenseekr., Bad.-Württ., (1984) 8300 Ew., nördlich vom Bodensee, 440 m ü. M. Das 1134 gegr. Zisterzienserkloster S. wurde 1803 aufgehoben und kam dann an Baden; jetzt ist es Wohnsitz der Markgrafen von Baden (Schloß S.). – Die **Schule Schloß S.** wurde 1920 durch K. M. Hahn gegr. und in einem Teil der Klostergebäude untergebracht. Heute sind die Schulen Schloß S. ein privates, staatlich anerkanntes Gymnasium für Jungen und Mädchen mit Internat. Hahns Erziehungsprinzipien waren Erziehung zur Eigenpersönlichkeit, zur Menschlichkeit und Verantwortung gegenüber der Gemeinschaft. Sie werden durch das gemeinsame Leben, v. a. aber durch die ›Dienste‹ (heute: Feuerwehr, Techn. Hilfswerk, Naut. Station, Sanitätsdienst) und die Schülermitverantwortung verwirklicht. **2)** [s'eıləm], Hptst. von Oregon, USA, (1980) 89200 Ew., Willamette-Univ.; Konservenindustrie, Holzverarbeitung. **3)** [s'eıləm], Stadt in Tamil Nadu, Indien, (1981) 515000 Ew., Textil-Ind. **4)** [s'eıləm], Hafenstadt in Massachusetts, USA, (1980) 38200 Ew.; Textil-Ind., Maschinenbau. – 1626 war S. Schauplatz exzessiver Hexenverfolgungen.

Salem aleikum, → Salam alaikum.

Salep [aus arab. ›Fuchshoden‹] *der, -s/-s,* **Salepwurzel,** die getrockneten, schleim- und stärkehaltigen Knollen vieler Orchideen. S. dient in Pulverform zu reizmildernden Abkochungen.

Saleph, Fluß in Südanatolien, → Göksu.

Salerno, 1) Prov. Italiens, in Kampanien, 4923 km², (1981) 1,014 Mio. Ew. **2)** Hptst. von 1), (1981) 157400 Ew., am Golf von S., Erzbischofssitz; Textil-, Lebensmittel-, Glas-, Zement-Ind., Maschinenbau; reger Fremdenverkehr; Dom (11. Jh.). – S., im Altertum **Salernum,** war im MA. ein langobard. Fürstentum, wurde 1077 normannisch. S. hatte die älteste medizin. Fakultät Europas.

Salesianer *Pl.,* **1)** die Oblaten des hl. Franz von Sales (→ Oblaten). **2) S. Don Boscos (SDB),** 1859 in Turin von Giovanni → Bosco gegr. Priesterkongregation zur Fortführung des 1841 begonnenen sozialen Jugendwerkes Don Boscos sowie für äußere Mission, (1983) 17450 Mitglieder in 1466 Häusern.

Salesianerinnen *Pl.,* **1) Frauen von der Heimsuchung Mariens,** 1610 von Franz von Sales und Jeanne Françoise de Chantal gegr. Genossenschaft, seit 1618 ein beschaul. Orden, jedoch auch in der Erziehung tätig. **2)** der weibl. Zweig der Salesianer 2), gegr. 1872, (1983) 17725 Mitgl. in 1448 Häusern.

Sales-promotion [seılz prəm'əʊʃn, engl.] *die, -,* i. w. S. alle absatzsteigernden Maßnahmen, meist jedoch nur die den kombinierten Einsatz von Werbemitteln und Verkaufspersonal unterstützenden Maßnahmen wie Vorführungen und Ausstellungen. **Sales-manager** [-m'ænıdʒə], Verkaufsleiter. **Sales-promoter** [-prəm'əʊtə], Vertriebsfachmann zur Verkaufsförderung.

Salford [s'ɔ:lfəd], Industriestadt in der engl. Metrop. Cty. Greater Mancester, (1981) 98000 Ew.; Metall-, chem., Papier-, Textil-, Gummiindustrie.

Salgótarján [ʃ'ɔlgo:tɔrja:n], Hptst. des Bez. Nógrád in N-Ungarn, (1982) 50400 Ew., Mittelpunkt eines Braunkohlengebiets; Stahl-, Großkraftwerk, Maschinenbau, Glas-, Metall-, Nahrungsmittelindustrie.

Salhof, Fronhof, Curtis, Landgut, zu dem Frondienst-Bauerngüter gehörten (→ Curtes).

Salicyl|aldehyd, 2-Hydroxybenz|aldehyd, Zwischenprodukt bei der Herstellung von Cumarin, Farbstoffen und Pharmazeutika.

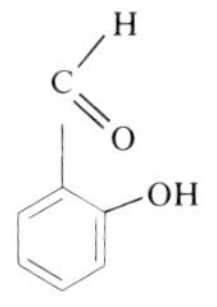

Salicylaldehyd

Salicylsäure [lat.], **2-Hy|droxybenzo|esäure,** als **Acidim salicylicum** offizinell, in der Natur weit verbreitete organ. Säure, die z. B. als Methylester in äther. Ölen (z. B. Wintergrünöl) und als Glykosid in Birkenrinde enthalten ist. S. wird durch Einwirkung von Kohlendioxid auf Natriumphenolat bei 150–160 °C hergestellt. Sie bildet farblose Kristalle, die in kaltem Wasser schwer, in heißem Wasser und Alkohol leicht löslich sind. S. wird u. a. zu Farb- und Riechstoffen, Pflanzenschutzmitteln sowie Harzen weiterverarbeitet. Wegen der schmerzlindernden und entzündungshemmenden Wirkung werden S.-Abkömmlinge, bes. **Acetylsalicylsäure,** in der Medizin bei Schmerzen, Muskel- und Gelenkrheumatismus, Gicht und zur Fiebersenkung angewandt. Äußerlich dient die S. zu feuchten Verbänden und Mundwässern sowie zum Pinseln der Schleimhaut, in stärkerer Konzentration als hornhautlösendes Mittel (z. B. gegen Hühneraugen), in Form des **Salicyl-Talkpuders** als schweiß- und juckreizhemmendes Mittel. **Salicylate** heißen die Ester und Salze der S.

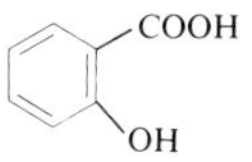

Salicylsäure

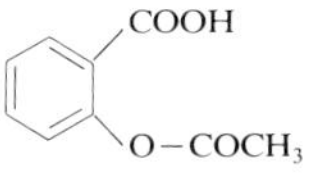

Acetylsalicylsäure

Sali|er, 1) Kernstamm der → Franken. **2)** fränk. Hochadelsgeschlecht, dem die → Salischen Kaiser entstammten.

Sali|er [lat. salii ›Tänzer‹], Name zweier röm. Priesterkollegien. Die S. führten im März und Oktober mit den hl. Lanzen und Schilden des Mars einen Tanz auf und sangen dazu.

Salieri, Antonio, ital. Komponist, * Legnago 18. 8. 1750, † Wien 7. 5. 1825, ebd. Dirigent der Ital. Oper, später Hofkapellmeister, schrieb v. a. Opern und wurde ein Anhänger Glucks. S. war Lehrer von Beethoven, Schubert, Liszt. Seine Intrigen gegen Mozart gaben Anlaß zu dem ungerechtfertigten Verdacht, er habe Mozart vergiftet.

Salin, Edgar, Volkswirtschaftler und Soziologe, * Frankfurt a. M. 10. 2. 1892, † Montreux 17. 5. 1974, Mitbegr. der Friedrich-List-Gesellschaft.

HW: Gesch. der Volkswirtschaftslehre (1923, erw. 5. Aufl. u. d. T. Polit. Ökonomie, 1967); Civitas dei (1926); Die Entwicklung des internat. Verkehrs (1964).

Salinas, Pedro, span. Schriftst., * Madrid 27. 11. 1892, † Boston (Mass.) 4. 12. 1951, verließ 1936 Spanien und lehrte zuletzt an der Johns-Hopkins-Univ. in Baltimore; literaturwissenschaftl. Studien, Dramen, Gedichte auf die Errungenschaften der Technik, Liebeslyrik.

HW: Gedichte (1933); Die Rätselbombe. Eine Fabel von Weltuntergang und Glauben (1950); Essays (1961).

Saline [lat.] *die, -/-n,* Betrieb zur Gewinnung von Kochsalz aus natürl. wäßrigen Salzlösungen durch Verdunsten des Wassers.

Salinger [s'ælındʒə], Jerome David, amerikan. Schriftst., * New York 1. 1. 1919; behandelte bes. die rebell. Haltung der Jugend der 40er und 50er Jahre und deren Probleme.

HW: *Romane und Erz.:* Der Fänger im Roggen (1951); Für Esmé – mit Liebe und Unrat (1953); Franny und Zooey (1962); Hebt den Dachbalken hoch, Zimmerleute und Seymour wird vorgestellt (1963).

Salis, von (de), Graubündner Adelsgeschlecht seit dem 13. Jh. Im 16./17. Jh. standen die S. meist an der Spitze der prot. (frz.-venezian.) Partei gegen die → Planta.

Salis, Johann Gaudenz, Comte **de Salis-Seewis,** schweizer. Lyriker, * Schloß Bothmar bei Malans (Graubünden) 26. 12. 1762, † ebd. 29. 1. 1834, 1799 Generalstabschef der Schweizer Milizen; schrieb formsichere, melanchol. Lyrik.

Salisbury [s'ɔ:lzbərı], **1)** Stadt in der engl. Cty. Wiltshire, (1981) 35400 Ew., anglikan. Bischofssitz; Maschinenbau, Brauerei, Fabrikation von Lederwaren und Präzisionsinstrumenten; Kathedrale (1220 begonnen, einheitl. Beispiel frühengl. Stils) BILD S. 506. In der Nähe die Ruinen von Old Sarum, des röm. Kastells **Sorbiodunum** (Sitz der angelsächs. Könige von Wessex), und → Stonehenge. **2)** → Harare.

Salisbury 1): Kathedrale

Salisbury [sˈɔːlzbərɪ], **1)** Robert Arthur Talbot **Gascoyne-Cecil** [gˈæskɔɪn sˈɪsl], 3. Marquess of S. (1868), brit. Politiker (Konservativer), * Hatfield 3. 2. 1830, † ebd. 22. 8. 1903, war 1878–80 Außen-Min. Disraelis, 1885/86, 1886–92, 1895–1902 Premier-Min., bis 1900 auch Außen-Min., förderte eine imperialist. Kolonialpolitik und lehnte feste Bündnisse mit europ. Mächten ab (›splendid isolation‹).

2) Robert Arthur James **Gascoyne-Cecil** [gˈæskɔɪn sˈɪsl], 5. Marquess of S. (1947), brit. Politiker (Konservativer), * Hatfield 27. 8. 1893, † ebd. 23. 2. 1972; 1935–38 Unterstaatssekretär des Auswärtigen (Gegner der Appeasement-Politik), war mehrfach Mitgl. des Kabinetts (u. a.: Dominien, 1940–42, 1943–45).

salisch [Abk. aus **Si**licium und **Al**uminium], Petrographie: Bezeichnung für silicium-aluminiumhaltige Minerale.

Salische Kaiser, Fränkische Kaiser, die römisch-dt. Kaiser Konrad II., Heinrich III., IV. und V. (1024–1125).

salische Kunst, die dt. Kunst während der Regierungszeit der → Salischen Kaiser 1024–1125. Denkmal und Grabstätte der Salier wurde der von Konrad II. gegr. → Speyerer Dom. Der Begriff s. K. hat sich eingebürgert, obwohl die bildende Kunst keine epochale Einheit bietet. Die Phase bis etwa 1080 heißt meist ›spätottonisch‹, da die um 1000 geprägten Formen ohne wesentl. Neuerungen weiterentwickelt wurden. Um 1100 bahnte sich ein neuer, nun im wahrsten Sinne des Wortes roman. Stil an, der den Zerfall der otton. Reichsidee (Investiturstreit) und neue Impulse aus Frankreich und Italien (Cluniazenser) dokumentiert. Mit den Kreuzzügen drangen zugleich byzantin. Elemente ein.

Salisches Gesetz, lat. **Lex Salica, 1)** das Volksrecht der salischen Franken (→ germanische Volksrechte). **2)** In Monarchien bezeichnet man seit dem 14. Jh. als S. G. den Ausschluß der Frauen von der Thronfolge und die ausschließl. Thronberechtigung der durch Männer verwandten Männer (Agnaten).

Salish [sˈeɪlɪʃ], Gruppe von nordamerikan. Indianerstämmen mit verwandten Sprachen in Britisch-Kolumbien, Kanada und im Staat Washington, USA; an der Pazifik-Küste die Küsten-S., auf dem Columbia- und dem Fraser-Plateau die Binnen-S.

Saljut, sowjet. experimentelles bemanntes Weltraumlaboratorium, erster Schritt zu einer späteren permanenten → Raumstation, besteht aus mehreren hintereinander angeordneten Zylindern unterschiedl. Größe, die Arbeits- und Wohnräume für die Besatzung, Umsteige- und Versorgungseinrichtungen sowie das Antriebsaggregat mit den Treibstofftanks beherbergen. Gesamtlänge rd. 16 m, Durchmesser rd. 4 m, Wohnvolumen rd. 100 m^3, Startgewicht 18 900 kg, Einsatzhöhe etwa 350 km; bisher 7 S.-Stationen (ÜBERSICHT). An S. können gleichzeitig 2 bemannte oder unbemannte Raumfahrzeuge ankoppeln; so ergab die zeitweise Kopplung von S. 7 mit Kosmos 1443 und Sojus T ein Raumfahrzeug von 35 m Länge, 47 t Gewicht und einen Innennutzraum von 150 m^3 (BILD Raumfahrt). Ein Großteil der benötigten Bordenergie wird über Sonnenzellen erzeugt. Zubringerfahrzeug für die Kosmonauten ist → Sojus (ÜBERSICHT Raumfahrt), für Nahrungsmittel, Treibstoffe, Atemgase und Wasser das unbemannte Raumschiff → Progress.

Salk-Impfung [engl. sɔː(l)k-, n. dem amerikan. Mikrobiologen J. E. Salk, * 1914], Impfung mit formaldehyd-inaktivierten Poliomyelitisviren gegen → Kinderlähmung. Der Impfstoff wird in Abständen dreimal in den Muskel gespritzt. Die S.-I. ist heute zugunsten der → Sabin-Impfung in den Hintergrund getreten.

Salleiste, Salkante, Salbank, Selfkante, → Webkante.

Sallust, Gaius **Sallustius** Crispus, röm. Historiker, * Amiternum (Sabinerland) 86 v. Chr., † Rom 34 v. Chr.; 54 Quästor, 52 Volkstribun, 48 von Caesar zum Quästor ernannt. 46 ging er mit Caesar als Prätor nach Afrika, wo er danach Statthalter war. – Von den ›Historien‹ des S. (5 Bücher, 78–67) sind nur Bruchstücke bekannt. Erhalten sind die Monographien ›Über die Verschwörung des Catilina‹ und ›Über den Jugurthinischen Krieg‹. Bei der ›Invektive gegen Cicero‹ und den beiden ›Briefen an Caesar über den Staat‹ ist seine Verfasserschaft umstritten.

Sally [sˈælɪ, Koseform von Sarah], engl. weibl. Vorname.

Salm [ahd. salmo] *der, -(e)s/-e,* → Lachs.

Salm, frz. **Salm-château** [-ʃatˈo], Burg bei Vielsalm, Prov. Luxemburg, Belgien. Nach ihr nannte sich ein Zweig der Grafen von Luxemburg, der mit Hermann von S. 1081–88 einen Gegenkönig gegen Heinrich IV. stellte. Das Geschlecht teilte sich im 12. Jh. in **Ober-S.** (mit Burg S. bei Schirmeck, frz. Dép. Bas-Rhin) und **Nieder-(Alt-)S.** Ober-S. wurde 1475 von den Wild- und Rheingrafen beerbt. Zu diesem Zweig gehören die Linien S.-S. und S.-Horstmar. Nieder-S. kam 1416 an die Herren von Reifferscheidt. Heute bestehen die Linien S.-Reifferscheidt-Krautheim und Dyck und S.-Reifferscheidt-Raitz (als einzige nicht gefürstet).

Salmanassar, mehrere Assyrerkönige: **1) S. I.,** 1273–1244 v. Chr., eroberte Mesopotamien bis Karkemisch, siegte über Aramäer und Babylonier.

2) S. III., 858–824 v. Chr., führte Eroberungskriege in Mittelsyrien und bes. in Mesopotamien. Babylonien brachte er 851 zur Anerkennung der assyr. Oberhoheit.

3) S. V., 726–722 v. Chr., unternahm Kriegszüge gegen Israel.

Salmann, der Treuhänder des älteren dt. Rechts, Vorläufer des heutigen Testamentsvollstreckers.

Salmi [frz.] *das, -s/-s,* Ragout von Wildgeflügel.

Salmiak [von lat. sal ammoniacum] *der,* auch *das, -s,* **1)** ein kub. Mineral, NH_4Cl, krustig, von stechendem Geschmack; kommt im Guano, auf brennenden Kohlenhalden und -flözen sowie an Vulkanen vor. **2) Ammoniumchlorid, Ammonchlorid,** NH_4Cl, farbloses, gut kristallisierendes, durch Absättigen von Ammoniak- oder Ammoniumcarbonatlösung mit Salzsäure gewinnbares Salz; löst sich unter starker Temperaturerniedrigung in Wasser; wird mit Süßholzsaft (→ Lakritze) zu schleimlösenden **S.-Pastillen,** für Trockenbatterien, beim Löten **(Lötstein, S.-Stein),** als Düngemitel, Bestandteil von Reinigungsmitteln und in der Färberei verwendet. – S. wurde schon im alten Ägypten durch Erhitzen von Kamelmist, 760 n. Chr. durch Destillation von Haaren gewonnen.

Saljut

Name	Start	verglüht	Kopplungen mit	Bemerkungen
Saljut 1	19. 4. 1971	11. 10. 1971	Sojus 10 und 11	Kein Besatzungsumstieg von Sojus 10; Besatzung von Sojus 11 bei Landung getötet
Saljut 2	3. 4. 1973	28. 5. 1973	–	Fehlschlag
Saljut 3	25. 6. 1974	24. 1. 1975	Sojus 14	Kopplung mit Sojus 15 mißglückt
Saljut 4	26. 12. 1974	3. 2. 1977	Sojus 17, 18, 20	Sojus 20 unbemannt
Saljut 5	22. 6. 1976	8. 8. 1977	Sojus 21, 24	Kopplung mit Sojus 23 mißglückt
Saljut 6	29. 9. 1977	29. 7. 1982	bis 26. 5. 1981: Sojus 26, 27, 28, 29, 30, 31, 32, 34, 35, 36, 37, 38, 39, 40; Sojus T-1, T-2, T-3, T-4; Progress 1, 2, 3, 4, 5, 6, 7, 8, 9, 10, 11, 12	Kopplung mit Sojus 25, 33 mißglückt. Längster Aufenthalt im Orbit (185 Tage) durch Besatzung von Sojus 35. Unbemannte Versorgungsflüge durch Progress
Saljut 7	19. 4. 1982	–	Sojus T-5, T-6, T-7, T-9, T-10, T-11, T-12, Progress 13 bis 22	Längster Aufenthalt im Orbit (237 Tage) durch Besatzung von Sojus T-10/11. Erste Frau in einer Raumstation. Kopplung mit Sojus T-8 mißglückt

Salmiakgeist, wäßrige Lösung von →Ammoniak.

Salminen, Sally, finn.-schwed. Schriftstellerin, *Ahvenanmaa (Åland) 25. 4. 1906, † Kopenhagen 18. 7. 1976; Romane, besonders erfolgreich ›Katrina‹ (1936).

Salmler, Characinidae, artenreiche Fischfam. der Karpfenverwandten aus Afrika, Mittel- und Südamerika. Viele S. sind beliebte Aquarienfische, z. B. **Neonsalmler (Neonfische), Schrägsteher, Ziersalmler** und **Kopfsteher** (BILD Zierfische). Wegen ihres Gebisses gefürchtet sind die **Sägesalmler** (→Piraya).

Salmonellen [n. dem amerikan. Bakteriologen D. E. Salmon, *1850, † 1914], *Sg. die* **Salmonelle,** -, Gatt. gramnegativer stäbchenförmiger Bakterien, die eine Reihe von Krankheiten (→Salmonellosen) hervorrufen.

Salmonellosen *Pl.,* Erkrankungen durch Salmonellen. Infektionsquellen sind Menschen und Tiere, die diese Bakterien ausscheiden. Übertragung ausschließlich auf oralem Wege, meist über verunreinigte Nahrungsmittel oder Trinkwasser. Klinisch unterscheidet man die als Darminfektion mit Durchfall und Erbrechen (→Brechdurchfall) einhergehenden Erkrankungen von den sept. Verläufen, bei denen die Erreger über die Darmwand in die Blut- und Lymphwege eindringen und sich im Körper verbreiten (→Typhus, →Paratyphus). Behandlung chemotherapeutisch und symptomatisch. S. sind meldepflichtig.

Salome [hebr. ›die Friedensreiche‹], fälschlich **Salome, 1) S. Alexandra,** *139, † 67 v. Chr., war 78–67 v. Chr. Königin von Judäa.

2) Schwester Herodes' I., † 10 n. Chr., lebte an dessen Hof.

3) Tochter der Herodias und Enkelin von 2), bat auf Anstiften ihrer Mutter ihren Stiefvater Herodes Antipas von Galiläa, dessen Gunst sie durch ihre Tanzkunst erregte, um das Haupt Johannes' des Täufers (Mk. 6,21 ff.). – Schauspiel von O. Wilde (1893); Oper von R. Strauss (1905).

4) Anhängerin Jesu, die (Mk. 15,40) ›von ferne‹ mit anderen Frauen Augenzeugin der Kreuzigung Jesu war und am Ostermorgen mit diesen zu Jesu Grab eilte, um seinen Leichnam zu salben.

Salomo [hebr. ›Friedensmann‹], König des Israel und Juda umfassenden Reiches (etwa 965–926 v. Chr.), wurde von seinem Vater David noch zu Lebzeiten zum Nachfolger eingesetzt (Thronwirren: 1. Kön. 1 f.). Die Nachrichten über seine Regierung sind z. T. durch Legenden erweitert. Durch den Ausbau von Grenzfestungen und durch ausgedehnte diplomat. Beziehungen und Heiraten sicherte er den Bestand des Reichs. Die spätere Zeit sah in seiner Regierung das goldene Zeitalter Israels. Im A. T. werden S. einzelne Psalmen, die Sprüche S.s, das Buch Prediger S., das Hohe Lied, die apokryphe (deuterokanonische) Weisheit S.s zugeschrieben. Die Psalmen S.s und die Oden S.s sind Apokryphen. – In der Überlieferung des Orients galt S. als das Idealbild eines weisen und mächtigen Herrschers (→Salomonisches Urteil).

Salomon, Ernst von, Schriftst., *Kiel 25. 9. 1902, † Stöckte bei Winsen an der Luhe 9. 8. 1972, Freikorpskämpfer, wurde wegen Beihilfe zur Ermordung Rathenaus zu 5 Jahren Zuchthaus verurteilt; schrieb den autobiograph. Roman ›Die Geächteten (1930), den er in ›Die Kadetten‹ (1933) und in seinem ironisch-sarkastischen Lebensbericht ›Der Fragebogen‹ (1951) fortsetzte. – Romane: ›Die schöne Wilhelmine‹ (1965), ›Der tote Preuße‹ (1973).

Salomonen, engl. **Solomon Islands** [s'ɔləmən 'aɪləndz], Staat im südwestl. Pazif. Ozean auf den →Salomon-Inseln, 28446 km², (1982) 221000 Ew.; Hptst.: Honiara auf Guadalcanal. Amtssprache: Englisch. Währung: 1 S.-Dollar (SI$) = 100 Cents (¢). KARTE XIV/XV, n. S. 320. – Die S. sind seit 7. 7. 1978 ein unabhängiger Staat im Commonwealth (parlamentar. Monarchie); Staatsoberhaupt: Königin Elizabeth II., vertreten durch einen Gen.-Gouv. Verwaltungsgliederung: 4 Distrikte.

Die Hauptinseln sind gebirgig, auf Guadalcanal 2447 m hoch, tragen z. T. aktive Vulkane, sind von dichtem trop. Regenwald bedeckt und an den Küsten erschlossen. Die Bewohner sind überwiegend Melanesier. Es besteht keine allg. Schulpflicht; Univ. in Honiara. Die Bev. ist in ihrer Mehrheit protestantisch.

Zur Eigenversorgung werden v. a. Yams und Taro angebaut, für den Export Kokospalmen (z. T. in Plantagen). Ölpalmen gewinnen an Bedeutung. Exportiert werden Holz, Kopra, Fisch, Palmöl. Auf Guadalcanal Gold- und Kupfergewinnung; Phosphatvorkommen auf Bellona, Nickel auf Choiseul und Santa Isabel, Bauxit auf Rennell Island; Erdsatellitenstation (seit 1979). Haupthafen und internat. Flughafen: Honiara. Geschichte: →Salomon-Inseln.

Salomon-Inseln, engl. **Solomon Islands** [s'ɔləmən 'aɪləndz], Gruppe von 10 größeren und vielen kleineren Inseln im südwestl. Pazif. Ozean, erstrecken sich in einer doppelten Kette über 1450 km in nordwest-südöstl. Richtung. Sie bilden (ohne Bougainville und Buka) den Staat →Salomonen. – Die S.-I. wurden 1567 von Alvaro de Mendana de Neyra entdeckt, 1767 von Ph. Carteret, 1768 von L. A. de Bougainville wiederentdeckt, 1886 und 1899 zw. Dtl. und Großbritannien geteilt. Der dt. Teil kam 1920 als Distrikt Bougainville unter austral. Mandat. Der engl. Teil stand seit 1893 unter brit. Schutz, erhielt 1976 innere Selbstverwaltung und wurde am 7. 7. 1978 als Mitgl. des Commonwealth in die Unabhängigkeit entlassen.

Salomonisches Urteil, alttestamentl. Erzählung (1. Kön. 3,16 ff.), nach der Salomo beim Streit zweier Mütter um ein Kind dieses zu teilen befahl, worauf die falsche Mutter sich durch ihre Einwilligung verriet; Ü weises Urteil.

Salomonssiegel, Weißwurz, Polygonatum, Liliengewächsgatt. der temperierten Gebiete der Nordhalbkugel.

Salon [frz. sal'ɔ̃] *der, -s/-s,* **1)** ♧ Empfangs-, Gesellschaftszimmer. **2)** bes. in Frankreich des 17./18. Jh. Bez. für Empfänge geistvoller, literarisch interessierter Frauen (Marquise de Rambouillet, Mlle. de Scudéry, Mme. de Maintenon, Mme. de Tencin, Mme. Du Deffand, Mlle. de Lespinasse u. a.) und deren Zirkel; diese literar. S. trugen viel zur Ausbildung der frz. Sprache bei, entwickelten geistige Moden (z. B. →Précieuses), v. a. aber waren sie Treffpunkte bed. Persönlichkeiten der Zeit. In Dtl. gab es S. v. a. in Jena (Karoline Schlegel), Berlin (Rahel Varnhagen) und Weimar (Johanna Schopenhauer). **3)** Geschäftsraum: *Modesalon; Frisiersalon.* **4)** ♧ Kunstausstellung. **salonfähig,** gesellschaftsfähig. **Salondame,** weibl. Rollenfach beim Theater. **Salonlöwe,** Ü unterhaltsamer, bei Geselligkeiten im Mittelpunkt des Interesses stehender Mann. **Salonwagen,** luxuriös ausgestatteter Eisenbahnwagen.

Saloniki, grch. **Thessalonike** [ngrch. θɛsalɔn'iki], Hptst. des grch. Nomos S. und zweitgrößter Hafen Griechenlands, (1981) 402400 Ew., im Golf von S.; grch.-orthodoxer Erzbischofssitz;

Saloniki: Panhagia-Chalkeon-Kirche

Univ.; Textil-, Leder-, Lebensmittel-, Tabak-Ind., Maschinen-, Schiffbau, Erdölraffinerie, Kunstdüngerfabrik; byzantin. Kirchen (Sophien-, Demetrios-, Apostelkirche). – Um 315 v. Chr. als **Thessalonike** gegr., war S. in röm. Zeit die Hptst. der Prov. Macedonia prima und erlebte seine Blüte in byzantin. Zeit. Seit 1204 wechselte die Herrschaft zw. fränk. Rittern, byzantin. Teilstaaten und Venezianern. 1430 wurde S. türkisch, 1912 griechisch.

Salonmusik [sal'ɔ̃-, frz.], zunächst die Musik, die in den Salons gespielt wurde, später abwertend allgemein gefällige, wirkungsvoll aufgemachte Unterhaltungsmusik **(Salonstück).** Sie entstand im 19. Jh. aus der virtuos-populären Klaviermusik. **Salonorchester** heißt ein kleines Orchester für Unterhaltungsmusik mit dem Klaviertrio als Grundbestandteil.

salopp [frz.], nachlässig, ungezwungen: *saloppe Kleidung.*

Salpausselkä, Höhenrücken in S-Finnland, ein Endmoränenzug.

Salpen [grch.], *Sg. die* **Salpe,** -, **Thaliacea,** Ordn. der Manteltiere; glashelle, frei schwimmende Meerestiere, die einzeln oder in Kolonien **(Kettensalpen)** leben. Die Arten zeigen, wie A. von Chamisso entdeckte, →Generationswechsel (→Ammenzeugung).

Salpeter [mhd. salniter, aus lat. sal nitrum] *der, -s,* Kalium-, Natrium-, Calcium- und Ammoniumsalze der Salpetersäure. **Natron-S., Natriumnitrat,** $NaNO_3$, kommt als **Chile-S.,** verunreinigt mit anderen Salzen, in großen Lagern in N-Chile vor. Bis zur techn. Gewinnung der Salpetersäure aus dem Luftstickstoff bildete er fast den einzigen Rohstoff zur Darstellung von Salpetersäure, Anilinfarbstoffen, Explosivstoffen; er diente bes. als Düngemittel. **Kali-S., Kaliumnitrat,** KNO_3, kommt in kleinen Lagerstätten, vermutlich organ. Ursprungs, vor; heute wird Kali-S. durch Neutralisation von Salpetersäure mit Kalilauge oder Kaliumcarbonat hergestellt und in der Feuerwerkerei, für Pökelsalzmischungen, als Düngemittel u. a. verwendet. **Kalk-S.,** →Calcium; **Ammon-S.,** →Ammoniumnitrat.

Salpeterkrieg, Pazifischer Krieg, →Chile, Geschichte.

Salpeter-Prozeß [n. dem österreichisch-amerikan. Physiker E. E. Salpeter, *1924], **Drei-Alpha-Prozeß,** thermonukleare

Salomonen

Salt Lake City am Fuß der Wasatch Mountains

Synthese von ^{12}C aus 3 α-Teilchen. Der S.-P. schließt sich bei Sternen mit mehr als etwa 0,5 Sonnenmassen im Verlauf der → Sternentwicklung an die Phase des Wasserstoffbrennens an. Er ist ein für die Synthese von schwereren Elementen als ^{4}He wichtiger Prozeß, der nur bei sehr hohen Dichten und Temperaturen (um 100 Mio. K) abläuft.

Salpetersäure, Acidum nitricum, HNO_3, wichtigste Sauerstoffsäure des Stickstoffs; in reinem Zustand farblose, stechend riechende Flüssigkeit der Dichte 1,522, die bei 84,1 °C siedet und bei − 41,6 °C zu schneeweißen Kristallen erstarrt. Beim Stehen unter Lichteinwirkung tritt teilweise Zersetzung ein infolge Bildung von **Stickstoffdioxid,** NO_2, das der Säure eine gelb-braune Verfärbung verleiht. Größere Mengen NO_2 enthält die handelsübl. **rote rauchende S.** S. ist in jedem Verhältnis mit Wasser mischbar. Das bei 129 °C siedende azeotrope Gemisch mit 69% HNO_3 ist als **konzentrierte S.** handelsüblich. – S. ist eine der stärksten anorgan. Säuren, die in konzentrierteren Lösungen zunehmend oxidierend wirkt. Sie löst zahlreiche Metalle, eine 50%ige Lösung dient zur Trennung von Silber und Gold, das unlöslich bleibt **(Scheidewasser).** Im Gemisch mit Salzsäure (1:3) löst sie auch Gold **(Königswasser).** Einige unedle Metalle, z. B. Aluminium, Chrom, Eisen, werden von konzentrierter S. nicht angegriffen, was auf die Bildung einer dünnen, beständigen Oxidhaut zurückgeführt wird (→ Passivierung). Auf organ. Verbindungen wirkt S. teils zerstörend infolge Oxidation, teils nitrierend ein **(Nitriersäure,** → nitrieren). Eiweißstoffe werden meist gelb verfärbt **(Xanthoprote|in-Reaktion).** Bei hoher Konzentration der S. kann die Reaktion mit brennbaren Stoffen zur Entflammung führen. Hochkonzentrierte S. dient als hypergole Raketentreibstoff-Komponente.

Salurn: Etschtal mit Salurner Klause

Die großtechn. Darstellung der S. erfolgt überwiegend durch Ammoniakverbrennung, zu einem kleinen Teil direkt aus den Bestandteilen der Luft. In beiden Fällen treten Stickstoffoxide, NO und NO_2, als Zwischenprodukte auf. Bei der **Ammoniakverbrennung (Ostwald-Verfahren)** wird Ammoniak mit überschüssiger Luft an Platinnetz-Katalysatoren bei 600–700 °C katalytisch zu Stickoxid, NO, verbrannt, das beim Abkühlen mit überschüssigem Sauerstoff Stickstoffdioxid, NO_2, bildet. Dieses wird mit Luft und Wasser in Rieseltürmen in S. überführt. – Die Salze der S. sind die wasserlösl. **Nitrate,** die vielfache Anwendung finden, z. B. für Düngemittel, Schwarzpulver, Feuerwerkskörper. Die beim Arbeiten mit S. häufig sich bildenden **nitrosen Gase** sind außerordentlich giftig. – Die Erzeugung in 1000 t (berechnet auf HNO_3) betrug (1981) in den USA 8199, in Polen 1932, in Italien 1055, in Jugoslawien 725.

Salpetersäurevergiftung, → Säurevergiftung.

Salpeterstrauch, Nitraria, ⊕ Gatt. der Jochblattgewächse; dornige Sträucher an salzigen Stellen der Wüsten; dienen zur Sodaherstellung.

Salpêtrière [salpɛtriˈɛ:r, frz. ›Salpetersiederei‹] *die,* noch bestehendes Krankenhaus in Paris, das von Ludwig XIII. ursprünglich als Pulverfabrik gegründet, später aus- und umgebaut und seit 1656 als Hospital bes. für Frauen und Geisteskranke benutzt wurde.

Salpetrige Säure, HNO_2, eine nur in verdünnter, kalter, wäßriger Lösung beständige schwache Säure. Die Salze der S. S., die → Nitrite, sind meist sehr beständig; beim Erwärmen neigen sie zum Zerfall.

Salpinx [grch.] *die, -/...p'ingen,* **1)** ♪ altgrch. Trompete aus Bronze oder Eisen mit glockenförmigem Schalltrichter und Mundstück. **2)** ⚕ an einem Ende trichterförmig erweiterte Röhre (z. B. Eileiter, Ohrtrompete).

Salse [aus lat.] *die, -/-n,* der → Schlammsprudel.

SALT [sɔlt, engl.], Abk. für **Strategic Arms Limitation Talks** [strætˈi:dʒɪk ɑ:ms lɪmɪtˈeɪʃn tɔ:ks], Bez. für die seit 1969 geführten sowjetisch-amerikan. Gespräche über eine Begrenzung des strateg. Waffenarsenals. Nach der 1. Verhandlungsrunde **(SALT I)** schlossen USA und UdSSR einen unbefristeten Vertrag über die beiderseitige Begrenzung der Antiraketen sowie ein auf 5 Jahre begrenztes Abkommen über die Beschränkung von Interkontinentalraketen und ihrer Abschußvorrichtungen. Als Abschluß der 2. Konferenzserie **(SALT II)** schlossen beide Staaten 1979 ein weiteres bis 1985 befristetes Abkommen, das jedoch unter dem Eindruck der sowjet. Invasion in Afghanistan in den USA nicht ratifiziert wurde. (→ START)

Salta [lat. ›springe‹] *das, -s,* Brettspiel für 2 Personen mit je 15 Steinen auf einem hundertfeldigen Damebrett (BILD Brettspiele).

Salta, 1) Prov. in → Argentinien (ÜBERSICHT). **2)** Hptst. von 1), (1980) 280000 Ew., 1187 m ü. M., in den östl. Kordilleren; kath. Univ. und Erzbischofssitz; durch eine Andenbahn (1948 erbaut) mit dem chilen. Hafen Antofagasta verbunden; versch. Ind., bed. Fremdenverkehr.

saltato [ital.], ♪ mit springendem Bogen beim Streichinstrumentenspiel.

Salten, Felix, eigtl. Siegmund **Salzmann,** Schriftst., * Budapest 6. 9. 1869, † Zürich 8. 10. 1945, emigrierte 1938, Verf. von Theaterstücken, Novellen, Romanen, war bes. erfolgreich mit Tiergesch. (›Bambi‹, 1923, verfilmt von W. Disney, 1941/1942).

Saltillo [saltˈiʎɔ], Hptst. und wichtigste Handels- und Industriestadt des mexikan. Staates Coahuila, (1979) 258500 Ew., 1600 m ü. M.; Univ.; in der Umgebung Bergbau (Gold, Silber, Blei u. a.).

Salt Lake City [sɔ:lt leɪk sˈɪtɪ, engl. ›Salzseestadt‹], Hptst. von Utah, USA, (1980) 163800 Ew., südöstlich vom Großen Salzsee, 1350 m ü. M.; Sitz des Mormonenpräs.; Univ.; Tabernakel und Tempel der Mormonen; Buntmetallhütten, Ölraffinerien, Maschinenbau, Konserven-, Bekleidungs-, Glas-, Zucker-, Nahrungsmittelind.; Fremdenverkehr. – S. L. C., 1847 von den Mormonen gegr., ist schachbrettartig angelegt, inmitten einer künstlich bewässerten Oase.

Salto [ital. ›Sprung‹] *der, -s/-s* oder *...ti,* freier Überschlag mit ein- oder mehrmaliger Drehung des Körpers um die Querachse vor- oder rückwärts; im Kunstturnen, Wasserspringen. *der* **S. mortale** [ital. ›Todessprung‹], *--/--* oder *...ti ...li,* gefährlicher Kunstsprung der Artisten; Ü gefährliches Wagnis.

Salto, Hptst. des Dep. S., Uruguay, (1975) 72000 Ew.

Salto Angel [-ˈaŋxɛl], Wasserfall in Venezuela, → Angel Fall.

Saltykow, Michail Jewgrafowitsch, Pseudonym N. **Schtschedrin,** russ. Schriftst., * Spas-Ugol (Gouv. Twer) 27. 1. 1826, † St. Petersburg 10. 5. 1889; Schwerpunkt seines Werks ist die Gesellschaftssatire in Form von Skizzen (›Gouvernementsskizzen‹, 1856 ff.), Chroniken (›Die Geschichte einer Stadt‹, 1870), Märchen (1880 ff.), entsprechend auch im Roman (›Die Herren Golowjow‹, 1880).

saluber [lat.], heilsam, gesund. *Subst. die* **Salu|brität,** -.

Sal|uretika [lat.-grch.], *Sg. das* **Sal|uretikum,** *-s,* → harntreibende Mittel.

Salurn, ital. **Salorno,** Gem. in der ital. Prov. Bozen, Südtirol, (1981) 2650 Ew., an der Etsch, die hier einen Engpaß bildet **(Salurner Klause).** Die Salurner Klause bildet den Südpunkt der deutsch-ital. Sprachgrenze zw. Südtirol und dem Trentino. (BILD S. 508)

Salut [frz., aus lat. salus ›Heil‹] *der, -(e)s/-e,* militär. Ehrenbezeigung durch blinde Kanonenschüsse. *ich* **salutiere, 1)** schieße S. **2)** *(vor) ihm,* ⚔ grüße mit der Hand an der Mütze.

Salvador, Republik in Mittelamerika, → El Salvador.

Salvador, früher **Bahia,** Hptst. des Staates Bahia, Brasilien, (1980) 1,5 Mio. Ew., an der mittleren Ostküste; Erzbischofssitz, 2 Univ.; Handels- und Wirtschaftszentrum mit Baumwoll-, Tabak- und Kakaoverarbeitung, Zuckerraffinerien u. a. Industrie.

Salvarsan [lat.] *das, -s,* Handelsname einer heute nicht mehr gebräuchlichen, historisch bedeutsamen Arsenobenzolverbindung; 1909 von P. Ehrlich und S. Hata entwickelt; früher v. a. zur Behandlung der Syphilis verwendet.

Salvation Army [sælvˈeɪʃn ˈɑːmɪ, engl.] *die, - -,* die → Heilsarmee.

Salvator [lat.] *der, -s/. . . tˈoren,* **1)** *ohne Pl.,* Heiland. **2)** Ü Retter, Erlöser.

Salvatorianer, Gesellschaft vom Göttlichen Heiland, lat. **Societas Divini Salvatoris,** Abk. **SDS,** eine 1881 von dem Priester Johannes (später Franziskus Maria vom Kreuz) Jordan in Rom gegr. Priesterkongregation für Seelsorge und Mission mit (1984) rd. 1260 Mitgl.; seit 1888 gibt es auch einen weibl. Zweig **(Salvatorianerinnen).**

Salvatorische Klausel, die einem Vertrag oder einer internationalen Vereinbarung beigefügte Abrede, daß bestimmte Rechte der Vertragsparteien unberührt bleiben.

salve! [lat.], sei gegrüßt!, sei willkommen!

Salve [frz., aus lat. → salve] *die, -/-n,* gleichzeitiges Abfeuern der Geschütze einer Batterie (Salvengeschütz, → Raketenwaffen); auch als militär. Ehrengruß.

Salve regina [lat. ›sei gegrüßt, Königin‹], Anfang eines in der Kath. Kirche zu Ehren Marias gebräuchlichen Lobgesangs.

Salvinia [n. Antonio Salvini, um 1700] *die, -,* Wasserfarngatt. mit der Art **S. natans** der nördl. gemäßigten Zone Europas und Asiens, die auf ruhigen, sich stark erwärmenden Gewässern schwimmt **(Schwimmfarn);** mit dreizähligen Blattquirlen, wurzelartigen Unterwasserblättern und stengelständigen Kugelkapseln, den eingeschlechtigen Sporenfrüchten.

Salween [sˈælwiːn, engl.], **Salu|en, Salwin,** chines. **Nu Jiang** [-dʒjaŋ], Strom in Südasien, 3200 km lang, entspringt in Tibet, mündet in den Golf von Martaban; bis Moulmein schiffbar.

Salweide [von ahd. salaha ›Weide‹], Baum, → Weide.

Salz [ahd.] *das, -es/-e,* **1)** ⚗ heteropolare Verbindung eines positiv geladenen Metall-, Metallkomplexions u. a. mit einem negativ geladenen Säurerest (→ Salze). **2)** Kochsalz, Speisesalz (vgl. unten): *ich habe das Fleisch in S. gelegt,* eingepökelt. **3)** Ü Witz, Geist, Kraft, Nahrung: *attisches S.,* feiner Witz; *das S. der Erde,* Ü die Menschheit. *Adj.* **salzig.** *ich* **salze** (habe gesalzen, selten: habe gesalzt) *es,* **1)** gebe S. daran. **2)** (nur: habe gesalzen), würze mit derbem Humor, mit Anspielungen: *ein gesalzener Witz; gesalzene Preise,* U überhöhte. *ich* **salze** *es* **aus,** ⚗ fälle Stoffe durch Salzzusatz. *ich* **salze** *es* **ein,** mache durch S. dauerhaft, pökele. **Salzkartoffeln,** geschälte, in Salzwasser gekochte Kartoffeln. **Salzlecke,** 🦌 → lecken. **Salzstange,** mit S. bestreutes Weißgebäck in Stangenform. **Salzstreuer,** kleines Salzgefäß.

Salz: Kochsalzgewinnung in ausgewählten Ländern (in 1000 t)

Land	1970	1975	1980
Verein. Staaten . . .	41636	37222	36607
VR China	15600[1])	30000[1])	17280
Sowjetunion	12428	14300	14606
Bundesrep. Dtl. . . .	10511	9500	12655
Indien	5588	5843	8004
Frankreich	5664	5347	7103
Kanada	4862	5123	7029
Großbritannien . . .	9188	7630	6586
Mexiko	4063	5354	5987
Australien	2054	5057	5335
Rumänien	2862	3833	5056
Polen	2904	3524	4533
Italien	4359	4167	3997
Spanien	2080	3132	3509
Niederlande	2871	2690	3464
Dt. Dem. Rep. . . .	2180	2430	3128
Brasilien	1826	2145	2994
Welt	**143506**	**163377**	**164728**

[1]) geschätzt.

Salz 2): OBEN Strossenbau in einem Steinsalzbergwerk mit Bohrwagen; Laden der Bohrlöcher mit Sprengstoff. Das losgeschossene Salz stürzt auf die darunterliegende Sole und kann von dort aus abgefahren werden; UNTEN Gewinnung von Meersalz in Salzgärten an der Südküste der Bretagne

Kochsalz, Natriumchlorid, NaCl, chem. Verbindung, Dichte 2,16. In 100 g Wasser lösen sich bei 20 °C 26 g Kochsalz auf; die Löslichkeit steigt nicht wesentlich mit der Temperatur. Aus seinen Lösungen kristallisiert es in kub. Kristallen aus. Kochsalz-Kristalle sind für längerwellige Infrarotstrahlung durchlässig und werden daher in der Optik für Infrarotlinsen und -prismen verwendet. Chemisch reines Kochsalz ist nicht hygroskopisch. – Natriumchlorid kommt in der Natur in mächtigen Lagern als **Steinsalz,** gelöst in Salzquellen und im Meerwasser (durchschnittlich 3%) vor. Die techn. Gewinnung erfolgt durch bergmänn. Abbau von Steinsalzlagern oder durch Eindampfen der nach unterird. Lösen des Steinsalzes erhaltenen Sole **(Siedesalz).** Aus Meerwasser kann Kochsalz durch Eindunsten in großen flachen Becken **(Salzgärten)** gewonnen werden. Chemisch reines Natriumchlorid erhält man durch Fällung von Kochsalzlösungen mit gasförmigem Chlorwasserstoff.

Kochsalz wird als **Speise-** oder **Tafelsalz** (Reinheitsgrad rd. 98%) sowie als mit roten Eisenoxiden denaturiertes **Viehsalz** verwendet. **Voll-** oder **Jodsalz** enthält 5 ppm Kaliumjodid; es verhütet die Ausbildung eines Jodmangelkropfs. Natriumchlorid hat große techn. Bedeutung als Ausgangsprodukt für andere Natriumverbindungen, v. a. für die Chlorkali-Elektrolyse, für die Herstellung von Soda, für das Glasieren von Steinzeug und in der Metallurgie. S. wird weiterhin für Speise- und Konservierungszwecke (Einpökeln) verwendet. – Das lebensnotwendige S. für Mensch (5 g pro Tag) und Tier wird dem Körper mit der Nahrung zugeführt und über den Darm ins Blut aufgenommen, dessen gleichmäßigen (isoton.) Druck es bewirkt. S. spielt im Elektrolyt- und Wasserhaushalt eine wichtige Rolle.

G e s c h i c h t e. Überwiegende Pflanzenkost nach dem Übergang zum Ackerbau in der Jungsteinzeit erforderte die Aufnahme von künstlich gewonnenem S. (Verdampfen von Meer- und salzhaltigem Quellwasser, Abbau von salzhaltigem Gestein, später Eindampfen von Sole in Pfannen). Der Besitz von Solequellen und die Kontrolle des sich auch stark völkerverbindend auswirkenden

Salzhandels (→Salzstraßen) waren frühzeitig ein Machtfaktor und eine Quelle zum Reichtum. Als erste Salinenstädte erscheinen Reichenhall (1163), Hallein (1177), Lüneburg (1200). S. hat Bedeutung im kult. Bereich (z. B. in der Taufe), im Volksglauben (z. B. soll das Verschütten von S. bei Tisch Tränen, Zank bedeuten).

Salzach *die,* rechter Nebenfluß des Inn, Hauptfluß des Landes Salzburg, Österreich, 225 km lang, entspringt in den Kitzbüheler Alpen in 2470 m Höhe, durchfließt den Pinzgau, den Pongau, Paß Lueg und mündet oberhalb von Braunau. Seit 1982 ist die Kraftwerkskette ›Mittlere Salzach‹ im Bau.

Salzbelastung, Belastung von Gewässern mit Chloriden aus industriellen Abwässern. Außer ökologischen Schäden entstehen erhebliche Probleme für die Trinkwassergewinnung sowie für die Nutzung als Kühl- oder Brauchwasser. Außerdem entsteht eine S. der Umwelt durch Anreicherung von Chloriden im Grundwasser, z. B. durch intensive Beregnung zu landwirtschaftl. Zwecken.

Salzburg 1)

Salzböden, Böden mit hohen Anteilen an Natriumsalzen als Salzkruste auf der Bodenoberfläche oder im Boden.

Salzbrunn, Bad S., bis 1935 **Obersalzbrunn,** poln. **Szczawno Zdrój** [ʃtʃ'awnɔ zdruj], Stadt und Mineralbad in der poln. Wwschaft Wałbrzych (Waldenburg), (1980) 7500 Ew., bei Waldenburg, Niederschlesien, 402–419 m ü. M.

Salzburg, 1) Bundesland Österreichs, 7154 km², (1983) 449300 Ew.; umfaßt die Stadt Salzburg mit eigenem Statut und die Bezirke Hallein, Salzburg, Sankt Johann i. P., Tamsweg und Zell am See; Hptst.: Salzburg.

Das Land erstreckt sich vom nördl. Alpenrand nach S über die Kalkalpen (Hochkönig 2941 m) und die Tallandschaften der Salzach (Pinzgau, Pongau) bis auf den Kamm der Hohen Tauern (Venediger-, Glockner-, Sonnblick-, Ankogelgruppe) und über den W der Niederen Tauern in das obere Murtal (Lungau). Im NW ragt S. in das Alpenvorland hinein, im O hat es Anteil am Salzkammergut.

Wirtschaft. Die Landwirtschaft nutzt 46% der Fläche überwiegend als Grünland (Viehwirtschaft). Der Bergbau fördert (1985) Kupfererz bei Mitterberg, Salz bei Hallein, Uranerz bei Forstau, Scheelit bei Mittersill, Gips und Anhydrit; Nahrungsmittel-, Metall-, chem., Holz-, Textil- und Bekleidungs-Ind.; Fremdenverkehr. – Die Verfassung stammt vom 16. 2. 1921. Der Landtag (32 Mitgl.) wird auf 5 Jahre gewählt. Die Landesregierung besteht aus dem Landeshauptmann, 2 Stellvertretern und 4 Landesräten.

Salzburg 2)

2) Hptst. von 1), (1983) 139500 Ew., im beckenartig erweiterten Tal der Salzach, in wichtiger Verkehrslage am Eingang der Ostalpen; Erzbischofssitz; Univ. (1622 gegr., 1810–1962 geschlossen), jährl. Hochschulwochen; Internat. Forschungszentrum für Grundfragen der Wiss.; Akademie für Musik und darstellende Kunst (Mozarteum); insbes. durch die →Salzburger Festspiele ein Zentrum der Musik und Theaterkultur. S. entwickelte sich zum zweitwichtigsten österr. Dienstleistungszentrum (nach Wien) mit starkem Fremdenverkehr und überregionaler Handels-, Güterumschlags- und Bankenfunktion; Flugplatz. Nach dem 2. Weltkrieg Ansiedlung vorwiegend kleinerer Industriebetriebe. Die größtenteils auf dem linken Flußufer liegende Altstadt lehnt sich an Mönchs- (506 m) und Festungsberg (542 m, mit Festung Hohensalzburg) im W, der Teil rechts des Flusses an den Kapuzinerberg an. Plätze, Paläste, Kirchen, Brunnen und hohe farbig verputzte Häuser geben S. ein z. T. ital. Gepräge. Architektonisch bestimmend ist das Barock: Mittelpunkt der bischöfl. Stadt ist der Dom (1614–28, von S. Solari); um ihn gruppiert: Residenz (1595–1793), Neugebäude und Residenzbrunnen; die Benediktiner-Erzabtei St. Peter mit der roman., barockisierten Stiftskirche, dem Petersfriedhof; die spätromanisch-got. Franziskanerkirche; das Erzbischöfl. Palais und die Kapitel-(Pferde-)Schwemme (1732). Der Komplex des ehem. Marstalls (1607) mit Winter- und Sommer-(Felsen-)Reitschule (1662, 1693) wurde zum Großen und Kleinen Festspielhaus umgebaut. Bedeutend sind ferner Kollegien- und Ursulinenkirche (beide von J. B. Fischer von Erlach, 17./18. Jh.); Erhards- und Kajetanerkirche (beide von K. Zuccalli, Ende 17. Jh.); ehem. Augustinerkloster in Mülln und Benediktinerinnenkloster Nonnberg (spätgotisch, roman. Fresken); Rathaus (in der heutigen Gestalt 1616–18), Geburtshaus Mozarts (Museum), Alte Universität und barocke Hofmarstall-(Pferde-)Schwemme (1695) auf dem Siegmundsplatz, von wo der Tunnel des Neutors (1764–67) durch den Mönchsberg nach Riedenburg führt. Rechts der Salzach befinden sich Dreifaltigkeitskirche (von J. B. Fischer von Erlach, 1694–1702), Sebastianskirche (1749–53; Grabmal des Paracelsus) und das von J. L. von Hildebrandt 1721–27 umgebaute Schloß Mirabell mit Mirabellgarten. Der Kapuzinerberg trägt das Kapuzinerkloster und das Franziskischlößl (1629).

In der Umgebung Gaisberg (1288 m), die Wallfahrtskirche Maria Plain, die Schlösser Klesheim, Leopoldskron und →Hellbrunn.

Geschichte. Die erste Besiedlung S.s reicht in vorgeschichtl. Zeit. Von den Kelten stammt der älteste Name der Stadt **(Iuvavum).** An der Stelle des röm. Iuvavum gründete um 700 der hl. Rupert das Kloster St. Peter und das Frauenkloster auf dem Nonnberg. 739 wurde die Siedlung durch den hl. Bonifatius Sitz eines Bistums, 798 eines Erzbistums. 996 erhielt S. Marktrecht. Der Erzbischof Wolf Dietrich von Raitenau (1587–1612) und seine Nachfolger formten durch ihre Bauten das barocke Stadtbild. 1850 wurde S. die Hptst. des Kronlandes S., 1920 des Bundeslands S.

3) Das **Erzbistum S.** wurde 1807 auf die Grenzen des Landes S. und das östl. Nordtirol beschränkt und in diesem Umfang durch päpstl. Bullen von 1818 und 1825 neu organisiert. Die Kirchenprovinz S. umfaßt die Suffraganbistümer Feldkirch, Graz-Seckau, Klagenfurt-Gurk und Innsbruck. Der Erzbischof von S. führt den Ehrentitel eines Primas von Deutschland.

Salzburg 2): Blick über die Salzach auf Stadtkern und den Mönchsberg; im Hintergrund der Untersberg

Salzburger Emigranten, die 1731/32 aus dem Erzbistum Salzburg vertriebenen evang. Christen; der größte Teil von ihnen wurde von Friedrich Wilhelm I. in Ostpreußen angesiedelt, andere wanderten nach Nordamerika (Georgia) aus.

Salzburger Festspiele, 1917 unter Führung von H. v. Hofmannsthal, M. Reinhardt, R. Strauss u. a. als **Salzburger Festspielhausgemeinde** gegr. Die S. F. finden jährlich im Sommer statt; gepflegt werden Oper (bes. Mozart), Schauspiel (Eröffnung der Festspiele 1920 mit Hofmannsthals ›Jedermann‹ auf dem Domplatz), Konzert. 1967 gründete H. v. Karajan die **Salzburger Osterfestspiele.**

Salzburger Kalk|alpen, Teil der nördl. Ostalpen, zw. den Nordtiroler Kalkalpen und den Salzkammergutbergen, mit Untersberg, Reiter Alpe, Steinernem Meer und Hochkönig.

Salzbusch, der →Zahnbürstenbaum.

Salzdetfurth, Bad S., Stadt im Kr. Hildesheim, Ndsachs., (1984) 13900 Ew.; Moor- und Solbad; Kalibergwerk, Radiozubehör-, Metallwarenindustrie.

Salzdetfurth AG, Abk. **SAG,** Hannover, ehem. Holding-Ges. des Kali- und Steinsalzbergbaus, gegr. 1889, seit 1899 AG, seit 1937 reine Holding-Ges. Sie vereinigte sich 1972 mit der Kali und Salz GmbH zur →Kali und Salz AG.

Salzdom, 🌐 der →Salzstock.

Salze, *Sg. das* **Salz,** *-es,* i. w. S. chem. Verbindungen, die aus Kationen und Anionen aufgebaut sind; i. e. S. die bergbaulich geförderten Salze, einschließlich der Kalisalze; im engsten Sinn das Kochsalz (→Salz). – Als Kationen treten in den S. Metalle, Metallkomplexe, das Ammoniumion, NH_4^+, und in der organ. Chemie quaternäre Ammoniumionen, NR_4^+, und versch. andere positiv geladene Moleküle oder Radikale auf. Als Anionen in den S. kommen die Reste sämtlicher anorgan. und organ. Säuren, ferner Komplexionen und negativ geladene organ. Moleküle vor. In den **Neutral-S.** sind sämtliche H^+-Ionen der Säure durch andere Kationen ersetzt. Bei unvollständigem Ersatz der H^+-Ionen in mehrbasigen Säuren entstehen **saure S. (Hydrogen-S.),** die je nach der Zahl der ersetzten Wasserstoffatome als primäre, sekundäre, tertiäre S. bezeichnet werden. Bei unvollständigem Ersatz von OH^--Gruppen in Basen entstehen entsprechend **basische S., Hydroxidsalze,** z. B. bas. Kupferchlorid, Cu(OH)Cl. Viele S. reagieren in wäßriger Lösung infolge Hydrolyse sauer oder alkalisch. Weiteres: → Doppelsalze, → Koordinationsverbindungen, → Hydrat. – Biologische Bedeutung. Von den S. des Blutes spielen im Mineralstoffwechsel außer Natriumchlorid (Kochsalz) noch Kalium-, Magnesium-, Calcium- und Phosphat-Ionen eine bed. Rolle. – Die S. werden z. B. vom Menschen v. a. mit der Nahrung aufgenommen. Pflanzen nehmen die S. als Ionen aus dem Wasser auf. (→ Dünger)

Salzgärten, künstl. flache Becken bes. am Meer in Gebieten mit hoher Verdunstungsintensität, in denen Salzwasser zur Speisesalzgewinnung eingedunstet wird.

Salzgitter, kreisfreie Stadt im RegBez. Braunschweig, Ndsachs., (1984) 110300 Ew.; birgt das größte dt. Eisenerzlager, ferner Kali-, Steinsalz- und Erdölvorkommen; Landwirtschaft; Stahl-, Waggon-, Maschinen-, Apparate-, Fahrzeugbau, Textil- und pharmazeut. Ind.; Solquelle. Der Stadtkreis S. (bis 1951 **Watenstedt-S.**) mit insgesamt 213 km² Fläche wurde am 1. 4. 1942 aus 27 bäuerl. Gemeinden der Kreise Goslar und Wolfenbüttel sowie der Stadt S. gebildet, um für den 1937 durch die → Reichswerke aufgenommenen Eisenerzbergbau und die Eisenverhüttung ein einheitl. Verwaltungsgebiet zu schaffen. – Mitte des 14. Jh. erhielten die ›Salzbauern‹ vom Hildesheimer Bischof das Recht, eine Stadt zu gründen, aus der sich S. entwickelte.

Salzgitter AG, Berlin (West)/Salzgitter, westdt. Holding-Ges. der stahlerzeugenden und -verarbeitenden Ind., gegr. 1950 als Nachfolge-Ges. der → Reichswerke, seit 1961 jetziger Name. Der Kohlenbereich wurde 1969 auf die Ruhrkohle AG, Essen, übertragen, der Hüttenbereich der Salzgitter Hüttenwerk AG 1970 mit der Ilseder Hütte zur **Stahlwerke Peine-Salzgitter AG,** Peine, zusammengefaßt. Bed. Beteiligung: Howaldtswerke-Deutsche Werft AG Hamburg und Kiel.

Salzgras, Salzschwaden, Puccinellia, schwingelartige, meist salzliebende Grasgattung.

Salzhemmendorf, Gem. (Flecken) im Kr. Hameln-Pyrmont, Ndsachs., (1984) 10700 Ew., Mineral- und Moorbad (Schwefelsole); Holzwerk, Fertighausbau, Maschinenfabrik.

Salzkammergut, österr. Alpen- und Voralpenlandschaft im Gebiet der oberen Traun, zu OÖ, Salzburg und der Steiermark gehörend. Das niederschlagsreiche S. weist großen Formenreichtum auf: im S und O verkarstetes Kalkhochgebirge (Dachstein 2995 m, Totes Gebirge 2514 m), im N Kalkvoralpen (Höllengebirge 1862 m, Schafberg 1783 m, Traunstein 1691 m) und bewaldete Flyschberge (Kolomansberg 1111 m); dazwischen liegen über 40 größere und kleinere Seen (Hallstätter, Grundl-, Altauseer, Gosau-, St.-Wolfgang-, Mond-, Fuschl-, Irr-, Atter-, Traunsee u. a.). – Lebhafter Fremdenverkehr, Wald- und Almwirtschaft, Salzbergbau (Hallstätter und Ischler Salzberg, Salinen von Ebensee), Wasserkraftgewinnung.

Salzkotten, Stadt (seit 1247) im Kr. Paderborn, NRW, (1984) 18800 Ew., Salzquellen, Solbad; Landmaschinenbau; Salzgewinnung (1160 erstmals erwähnt) bis 1921.

Salzkraut, 1) Salsola, Pflanzengatt. der Fam. Gänsefußgewächse; das bis 60 cm hohe **Kali-, Sodakraut (Salsola kali)** an Küsten sowie sandigen Stellen des Binnenlandes, ist einjährig, graugrün und rötlich, mit pfriemenförmigen Blättern und blattwinkelständigen Zwitterblütchen. Die einsamige Schließfrucht ist geflügelt. **2)** andere salzgrundbewohnende oder salzhaltige Pflanzen, z. B. Glasschmalz (→ Salzpflanzen).

Salzmann, Christian Gotthilf, Pädagoge, * Sömmerda 1. 6. 1744, † Schnepfenthal 31. 10. 1811, evang. Pfarrer in Erfurt, Prof. am Philanthropinum in Dessau; gründete 1784 die philanthropische Erziehungsanstalt Schnepfenthal bei Gotha. S. verfaßte über 100 Volks- und Jugendschriften.

Salzmelde, krautige, meldenähnl. Gänsefußgewächse des Meeresstrandes und salzreicher Binnenlandstellen: **1) Strand-S. (Suaeda maritima),** mit schmalen, sitzenden Blättchen und blattachselständigen Blütenköpfchen. **2) Stielfrüchtige S. (Obione pedunculata),** mit meist spatelförmigen, grau-schilferigen Blättern und endständigen Blütenrispen.

Salzmonopol-Gesetz, ein Ges. der britisch-indischen Regierung, das die freie Herstellung und den Verkauf von Salz verbot. Salz wurde, soweit es im Inland produziert wurde, mit einer Steuer belegt; nach Indien importiertes Salz unterlag einem Einfuhrzoll. Die Salzsteuer war v. a. im 19. Jh. ein wichtiger öffentl. Einnahmeposten; sie wurde bis 1947 von der britisch-indischen Reg. in Indien beibehalten. M. Gandhi und der Indische Nationalkongreß nahmen die Salzsteuer 1930 zum Anlaß ihrer Kampagne des ›zivilen Ungehorsams‹ gegen die brit. Kolonialherrschaft.

Salzpflanzen, Halophyten, Halophilen, Pflanzen salzhaltiger Standorte, so des Meeresstrandes (Strandpflanzen; BILD Strand), des Salzquellgeländes und der Salzsteppen und Salzwüsten; z. T. prallfleischig (fett) wie → Sukkulenten, so **Salzkraut (Salsola), Meersenf (Cakile maritima), Strandaster (Aster tripolium), Glasschmalz (Salicornia).**

Salzregal, in der Goldenen Bulle (1356) den Kurfürsten zugestandenes Recht der Salzgewinnung, später auch von anderen Landesherren beansprucht.

Salzsäure, Chlorwasserstoffsäure, wäßrige Lösung von Chlorwasserstoff, HCl, dessen Löslichkeit temperaturabhängig ist; bei 18 °C enthält die gesättigte wäßrige Lösung 42% HCl, eine farblose, an der Luft stark rauchende, sehr sauer reagierende Flüssigkeit der Dichte 1,21 g/cm³ (**rauchende S.**). Sie läßt sich mit Wasser in jedem Verhältnis unter Selbsterwärmung verdünnen. Das azeotrope Gemisch mit 20% HCl siedet bei 109 °C; es entsteht beim Erhitzen einer S. beliebiger Konzentration. S. ist eine der stärksten Säuren und nahezu vollständig in H^+- und Cl^--Ionen dissoziiert. Sie löst viele unedle Metalle, Oxide und Carbonate unter Bildung von **Chloriden.** – In der Natur kommt S. in der Magensäure, manchmal auch in vulkan. Exhalationen vor. Die techn. Darstellung erfolgt durch Einleiten von Chlorwasserstoffgas in Wasser, das aus Kochsalz und Schwefelsäure oder in bes. reiner Form durch Synthese aus den Elementen hergestellt wird. Große Mengen von HCl fallen in der Technik bei der Chlorierung organ. Verbindungen an. In der Technik wird S. in erhebl. Mengen umgesetzt. Im Laboratorium ist sie eines der wichtigsten Reagentien. In der chem. Analyse wird sie als Maßlösung benutzt (→ Maßanalyse). S. ist nicht eigtl. giftig, in höheren Konzentrationen wirkt sie aber stark ätzend. – Als Bestandteil des Magensaftes der Wirbeltiere und des Menschen spielt S. eine wesentl. Rolle bei der Aktivierung der Fermente zur Eiweißverdauung.

Salzschlirf, Bad S., Gem. im Kr. Fulda, Hessen, (1984) 2600 Ew., zw. Rhön und Vogelsberg, 250 m ü. M.; kohlensaure Solquellen und Moorbäder.

Salzschmelzen, Elektrolytschmelzen *Pl.,* ⟲ Schmelzen von anorgan. Salzen, die im geschmolzenen Zustand in ihre Ionen zerfallen und für Heizbäder und Wärmespeicher, zum Abdecken von Metallschmelzen und zur Wärmebehandlung metall. Werkstücke auch als Reaktionsmedien für präparative Zwecke verwendet werden. S. sind oft das einzige nichtwäßrige Lösungsmittel, in dem eine Synthese erfolgen kann.

Salzsee, See in N-Amerika, → Großer Salzsee.

Salzse|en, durch salzhaltige Quellen gespeiste oder abflußlose Seen in Trockengebieten, in denen es durch Verdunstung zu einer Salzanreicherung über 5% kommt (Totes Meer bis 26%; Großer Salzsee bis 27%). Die vorherrschenden Salze sind Kochsalz, Magnesiumchlorid, Magnesiumsulfat und Natron (**Natronseen** in Ägypten).

Salzsprengung, Salzverwitterung, mechan. Verwitterungsart bes. in Trockengebieten, wo durch Oberflächenverdunstung auskristallisierendes Salz unter Volumenvergrößerung Gestein absprengt.

Salzsteuer, Verbrauchsteuer auf Kochsalz. Die von der Zollverwaltung verwaltete S. wird mit 12 DM je 100 kg vom Hersteller erhoben. Das Aufkommen betrug (1983) rd. 42 Mio. DM. In Österreich wird wie in der Bundesrep. Dtl., in der Schweiz in Form eines Handelsmonopols besteuert.

Salzstock, Salzhorst, Salzdom, stock-, dom- oder pilzartige Anreicherung großer Salzmassen, die an tekton. Schwächezonen in die überlagernden Schichten aufgestiegen sind. Dabei werden die durchspießten Schichten randlich hochgeschleppt. Durch pilzartige Verbreiterung im oberen Teil des S. entstehen **Salzüberhänge,** die wirtschaftlich bed. Ölfallen bilden können.

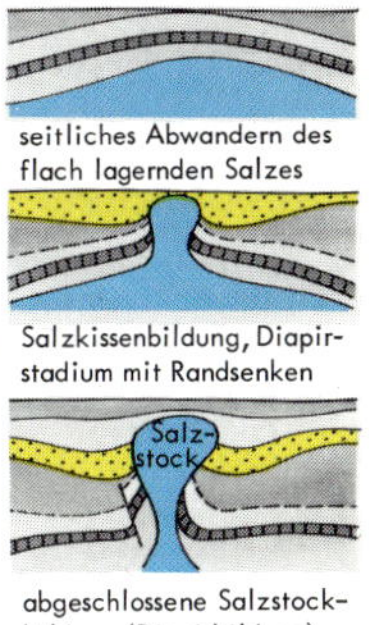

seitliches Abwandern des flach lagernden Salzes

Salzkissenbildung, Diapirstadium mit Randsenken

abgeschlossene Salzstockbildung (Diapirbildung)

Salzstock: Entwicklung eines S.

Salzstraßen, alte Verkehrsstraßen, die dem Salztransport von Salzgewinnungsorten (Bergwerken, Salinen) in Verbrauchsgebiete dienten. Schon im 5. Jh. v. Chr. verbanden S. die Hallstätter Vorkommen mit der Adria, dem Schwarzen Meer, der Nordsee und Frankreich.

Salzsümpfe, span. **Salar,** arab. **Sebcha** oder **Schott,** pers. **Kewir,** entstehen bei vorübergehender Austrocknung eines abflußlosen Salzsees in regenloser Zeit (z. B. am Rand der Sahara).

Salzton, von Salzen durchsetzter, oft bituminöser Ton in Trockengebieten und an Salzlagerstätten.

Salzuflen, Bad S., Stadt (seit 1488) im Kr. Lippe, NRW, (1984) 50700 Ew., im Werretal; Stärke-, Möbel-, Leder-, Celluloidind.; Sol- und Thermalquellen. – Die Salzgewinnung ist seit 1048 bezeugt.

Salzungen, Bad S., Krst. im Bez. Suhl, (1983) 20850 Ew., an der Werra, 262 m ü. M., Solbad; Siedesalzgewinnung; Maschinen-, Nahrungsmittel-, Papier- und chemische Industrie.

Salzverwitterung, → Salzsprengung.

Salzwasser, Meerwasser (→ Meer) und Wasser der Salzseen im Unterschied zum Süßwasser der übrigen Binnengewässer.

Salzwedel, Krst. im Bez. Magdeburg, (1983) 22650 Ew., an der Mündung der Dumme in die Jeetze; Maschinenbau, Druckerei, Brauerei, Erdgasgewinnung. – Erhalten sind Teile der mittelalterl. Stadtbefestigung, got. Hallenkirche St. Marien, Katharinenkirche (spätgot. Halle), St. Lorenz (Mitte 13. Jh.), Altstädter Rathaus (1509). Neben der 1112 genannten Burg entstand in der 2. Hälfte des 12. Jh. eine Marktsiedlung (1233 als Stadt bezeugt).

Sambia

...sam [ahd. sama, samo ›derselbe‹, ›ebenso‹], Ableitungssilbe für Eigenschaftswörter, eine bestimmte Eigenschaft bezeichnend: *langsam,* lange dauernd; *mühsam,* Mühe verursachend; *unfolgsam,* nicht gehorchend.

Sam [sæm], engl. Kurzform von Samuel (→ Uncle Sam).

Sam., Abk. für **Sam**uel (A. T.).

Samaden, amtl. rätoroman. **Samedan,** Gem. im Kt. Graubünden, Schweiz, (1981) 2600 Ew., im Oberengadin, 1720 m ü. M.; Fremdenverkehr (bes. Wintersport); Bau- und Druckereigewerbe.

Samael, Samiel, Engelname in den Apokalypsen, seit dem 3. Jh. Hauptname des Satans im Judentum.

Saman [indian.] *der, -s,* **Regenbaum, Pithecellobium saman,** ein von Mexiko bis Brasilien heimischer Hülsenfrüchterbaum mit doppelgablig-vierteiligem Laub, rispig stehenden Blütenköpfchen und sprungfederförmigen gegliederten Hülsen, die zuckerreiches Futter geben. Die Rinde des verwandten **Pithecellobium dulce** ist Gerbmittel **(Kamaschil).**

Samaniden *Pl.,* pers. Dynastie in Transoxanien (874-999), erreichte ihren Höhepunkt unter Nasr II. (914-43), brachte den größten Teil Persiens unter ihre Herrschaft.

Samar, drittgrößte Insel der Philippinen, 13077 km² mit (1970) rd. 1 Mio. Ew.; Hptst.: Catbalogan; Kopragewinnung.

Samara, bis 1935 Name von → Kujbyschew.

Samarakis, Antonis, ngrch. Erzähler, * Athen 16. 8. 1919, schildert die Not des den Zwängen der Gesellschaft ausgelieferten Menschen: ›Hoffnung wird gesucht‹ (1954), ›Der Fehler‹ (1965, Roman), ›Dschungel‹ (1967, Erz.), ›Der Paß‹ (1973, Erz.).

Samaranch [-r'antʃ], Juan Antonio, span. Diplomat und Sportführer, * 17. 7. 1920, seit 1980 Präs., 1974-78 Vize-Präs. des IOK, dem er seit 1966 angehört, war 1977-1980 span. Botschafter in Moskau.

Samaria, ehem. Stadt in Mittelpalästina, um 880 v. Chr. als Hptst. des israelit. Nordreichs erbaut, seit 721 v. Chr. auch Name der assyr., persischen und schließlich hellenist. Provinz. Herodes nannte S. zu Ehren des Augustus **Sebaste.** Umfangreiche Reste sind durch amerikan. (1908-10), brit. (1931-33, 1935) und jordan. (1965/66) Ausgrabungen zutage gefördert worden.

Samaritaner, bei Luther **Samariter,** Bewohner der Landschaft Samaria in Mittelpalästina, ein Mischvolk aus Israeliten und assyr. Einwanderern. Im 5. Jh. bildeten sie nach der Trennung von der jüd. Gemeinde eine eigene Gemeinde. Um 350/30 v. Chr. errichteten sie auf dem Berg Garizim einen Tempel, der 129 v. Chr. von Johannes Hyrkanus zerstört wurde. Noch heute leben in Nablus (in der Antike Sichem) Mitglieder dieser Gemeinde.

Samarium *das, -s,* **Sm,** ein → chemisches Element aus der Gruppe Lanthanoide. S. ist ein unedles Metall, das als Begleiter des Cers und in einigen Seltenerderzen vorkommt und das i. d. R. durch metallotherm. Reduktion des Oxids hergestellt wird. In seinen Verbindungen ist es meist dreiwertig, seltener zweiwertig. S. wird für opt. Glaslegierungen und für Laser verwendet. Durch Kernspaltung entstehendes neutronenabsorbierendes S. behindert die weitere Kernspaltung **(S.-Vergiftung).**

Samarkand, Hptst. des Gebiets S., Usbek. SSR, am Serawschan, (1982) 495000 Ew., inmitten eines fruchtbaren, bewässerten Gebiets (Trockenfrüchte, Weintrauben); Univ., Hoch- und Fachschulen; Seidenwaren- und Teppichherstellung, Gerbereien, Nahrungs- und Genußmittel-, elektrotechn., opt., Textil-, Leder-, chem., Film-Ind.

Geschichte. S. ist seit dem Altertum wegen seiner Verkehrslage bedeutend; nach der Besetzung durch die Araber (712) wurde es Umschlagplatz zw. Mittel- und Ostasien, dazu ein geistiger Mittelpunkt des islam. Ostens. 1220 wurde es von Dschingis Chan erobert. 1369-1405 war es Residenz Timurs, der zahlreiche Bauten errichtete (u. a. Moschee Bibi-Chamum, 1399-1404; Mausoleum Gur-Emir, 1404). 1500 wurde S. von den Usbeken erobert, 1868 kam es zum Russ. Reich. (BILD islamische Kunst)

Samarra, Stadt und Wallfahrtsort im Irak, rd. 20000 Ew., am Tigris; schiit. Grabmoschee. S. war im 9. Jh. Hptst. der Abbasiden; Ausgrabungen 1911-13, u. a. die festungsartige Große Moschee mit dem ungewöhnl. Minarett (60 m hoher Spiralturm mit Außenrampe).

Sä|maschinen, vom Schlepper gezogene oder getragene Landmaschinen zum Aussäen von Samen in vorbereiteten Ackerboden. Maschinen für **Breitsaat (Breit-S.)** verteilen das Saatgut breitwürfig und unregelmäßig über den Boden. Maschinen für **Drillsaat** und **Dibbelsaat** → Drillmaschinen.

Samba [portugies.-afrikan.] *die, -/-s,* U auch *der, -s/-s,* urspr. brasilian. Volkstanz, der um 1948 als Gesellschaftstanz in Europa populär wurde; ²/₄- oder ⁴/₄-Takt.

Sambesi *der,* engl. **Zambesi** [zæmb'i:zı], größter Fluß im südl. Afrika, 2660 km lang, mit einem Einzugsgebiet von rd. 1,33 Mio. km², entspringt auf der Lundaschwelle im NW von Sambia in 1200 m Höhe, bildet bei Maramba die Victoriafälle und mündet bei Chinde in den Ind. Ozean. Als bedeutendster Wasserspender SO-Afrikas wird der S. durch den Kariba-Damm genutzt. Das unterird. Kraftwerk Kariba-Süd (1955-60 errichtet; 705 MW) wird von Sambia und Rhodesien gemeinsam verwaltet. Ein 2. Kraftwerk auf samb. Gebiet (Kariba-Nord; 600 MW) ist seit 1976 in Betrieb. Am unteren S. in Moçambique wurde 1969-74 der Cabora-Bassa-Staudamm (164 m hoch, 303 m lang) gebaut, der den S. auf 250 km nach W bis Zumbo an der Grenze nach Sambia und Rhodesien aufstaut (Stauinhalt 159 Mrd. m³, Wasserfläche 2700 km²). Dadurch werden die bis dahin alljährlichen Hochwasserkatastrophen verhindert; Bewässerungsvorhaben (1,5 Mio. ha); Kraftwerk (1224 MW; später insgesamt 4000 MW vorgesehen).

Sambia, amtl. **Republic of Zambia** [rıp'ʌblık ɔv z'æmbıə], Rep. im südl. Afrika, 752614 km², (1982) 6,16 Mio. Ew.; Hauptstadt: Lusaka. Amtssprache: Englisch. Währungseinheit: 1 Kwacha (K) = 100 Ngwee (N). *Adj.* **sambisch.** *der* **Sambi|er,** *-s/-.* (KARTE II/III, n. S. 320)

Staat. Nach der Verf. von 1973 ist S. eine Präsidialrepublik. Staatsoberhaupt und Inhaber der obersten Reg.-Gewalt ist der für 5 Jahre von der Bev. gewählte Präs.; er ernennt die von einem Min.-Präs. geleitete Regierung. Die Gesetzgebungsgewalt liegt bei der Nationalversammlung; daneben besteht eine beratende Kammer der Häuptlinge. Allein zugelassene Partei ist die ›Vereinigte Nationale Unabhängigkeitspartei‹ (engl. Abk. UNIP). - Verwaltung. Unterteilung in 8 Provinzen und die Hauptstadt Lusaka. - Das Recht richtet sich nach dem engl. Common Law. Zusätzlich gelten spezielle Ges. sowie Stammesrecht.

Streitkräfte. Keine allg. Wehrpflicht; Freiwilligenarmee; Gesamtstärke: 14300 Mann; Heer: 12500, Luftwaffe: 1800.

Landesnatur. S. umfaßt eine teils bewaldete, 1100-1500 m ü. M. gelegene Hochfläche mit Inselbergen und großen Muldenzonen, in denen sich Flachseen und Sümpfe gebildet haben, bes. am oberen Sambesi, am Kafue sowie am Mweru- und Bangweolosee. Das tropische Hochlandklima ist mäßig warm und feucht.

Bevölkerung. 99% der Ew. gehören zu den Bantu (wichtigste Stämme: Bemba, Tonga, Lozi, Nyanja). Daneben leben rd. 50000 Weiße in S. Jährl. Bev.-Zunahme: 3,3%. Die Bev. konzentriert sich längs der Eisenbahnlinie Livingstone - Lusaka - Copperbelt. Die Urbanisierung ist hoch. 1980 lebten 41,4% (jedoch 87% der Weißen) in Städten. - Bildung. Allg. Schulpflicht vom 7. bis 14. Lebensjahr; unentgeltl. Unterricht an den von Bantu-Kindern besuchten Schulen; integrierte Schulen für alle Rassen seit der Unabhängigkeit; 7jährige Grundschulen, 6jährige allgemeinbildende Sekundarschulen, techn., wirtschaftl. u. a. Colleges, Univ. in Lusaka (gegr. 1965) mit Campus in Ndola und Solwezi. Analphabetenquote (1975): rd. 60%. - Religion. Die Bev. gehört vorwiegend Naturreligionen an. - Für die (1979) 1,536 Mio. Katholiken bestehen die Kirchenprov. Lusaka und Kasama (2 Erz-, 7 Suffraganbistümer). In S. leben 420000 Protestanten.

Wirtschaft, Verkehr. Die Afrikaner bauen für die Eigenversorgung bes. Mais, Hirse und Maniok an; auf den Europäerfarmen werden für den Markt Mais, Tabak, Erdnüsse, Baumwolle, Zuckerrohr u. a. erzeugt. Von Bedeutung sind Fischerei und Forstwirtschaft (Teakholz u. a. Harthölzer). Wichtigster Wirtschaftszweig ist der Kupferbergbau im Kupfergürtel (›Copperbelt‹), der 82% der Exporterlöse erbringt. S. steht (1981) an 4. Stelle der Welterzeugung von Kupfer. Nebenprodukte des Kupferbergbaus sind Kobalt (2. Stelle der Welterzeugung) und Silber. Außerdem werden Zink, Blei, Mangan, Steinkohle gefördert. S. hat

Samarra: Das Spiralminarett der Großen Moschee

vielseitige Industrie (bes. Nahrungsmittel-, Textil- und Metall-Ind.). Seit 1968 stehen die meisten Unternehmen, bes. der Kupferindustrie, unter staatl. Kontrolle. Haupthandelspartner: Großbritannien, Japan, Bundesrep. Dtl. – V e r k e h r. Eisenbahnlinien (in S. 2900 km) verbinden den Kupfergürtel nach S über Simbabwe mit Südafrika und Moçambique, nach NO (Tansam) mit dem Hafen Daressalam; die Benguelabahn über Zaire nach Angola ist gestört. Von den 36000 km Straßen sind etwa 23000 Allwetterstraßen (5500 km asphaltiert). Nationale Luftfahrtgesellschaft: ›Zambia Airways‹; internat. Flughafen: Lusaka.

G e s c h i c h t e. 1650 entstand im oberen Sambesi-Tal das Reich der Rotse. Der O des heutigen S. gehörte bis ins 19. Jh. zum Reich Kazembe. Nach 1890 besetzte die British South Africa Company Territorien nördlich des Sambesi. Diese 1911 als Protektorat **Nordrhodesien** organisierten Gebiete kamen 1923 unter direkte brit. Kolonialverwaltung. 1953–63 war Nordrhodesien Teil der → Zentralafrikanischen Föderation. Gestützt auf die ›Vereinigte Nationale Unabhängigkeitspartei‹ (UNIP) erreichte K. Kaunda 1964 die Unabhängigkeit Nordrhodesiens unter dem Namen ›Sambia‹ und ist seitdem dessen Präsident (mehrfach wiedergewählt, zuletzt 1983). 1967 leitete er eine sozialistisch bestimmte Wirtschafts- und Gesellschaftspolitik ein. Außenpolitisch unterstützt S. die Aufstandsbewegungen gegen die weißen Minderheitsherrschaften im südl. Afrika (→ Frontstaaten).

Sambo, Abk. für russ. **samosaschtschita bes oruschija** [›Selbstverteidigung ohne Waffe‹] *das, -,* eine dem Judo ähnl. Zweikampfsportart, die bes. in der UdSSR verbreitet ist. Beim S. sind jedoch keine Würgegriffe (dagegen Beinhebel) zugelassen. Es gibt Punkt- oder Abbruchsiege.

Sambre [sãbr] *die,* linker Nebenfluß der Maas, 190 km lang, entspringt auf dem Plateau von Le Nouvion in N-Frankreich und mündet bei Namur; von Charleroi bis Namur schiffbar, Kanalverbindung zur Oise.

Samedan, amtlicher rätoroman. Name von → Samaden.

Samen [ahd.] *der, -s/-,* **1)** ⊕ lat. **Semen,** der bei den → Samenpflanzen von der Mutterpflanze abfallende, von einer Hülle umgebene und mit Nährstoffen versehene Embryo. Der S. entsteht nach der Befruchtung aus der → Samenanlage und entwickelt sich durch → Keimung über den Keimling zur vollständigen Pflanze. Bei den → Decksamern sitzt der S. in der Frucht, bei den → Nacktsamern frei auf den Fruchtblättern. Manche Pflanzen erzeugen nur wenige S. (z. B. die bis 1/2 m lange Seychellennuß bis 25 kg), andere (z. B. Orchideen) Hunderttausende von staubfeinen S. in jeder Frucht. Über Samenverbreitung → Aussaat. Der wesentl. Teil der S. ist der → Embryo 2). S. ohne Keime heißen ›taub‹. Die äußere Hülle der S. ist die **Samenschale (Testa).** An dieser sitzt ein **Samenstiel,** der Nabelstrang der Samenanlage. Seine Ansatzstelle sieht man an abgefallenen S. (z. B. bei der Bohne, Roßkastanie) als **Nabel** oder **Nabelfleck (Hilum).** Dem Keimling mitgegebene Nährstoffe füllen das **Nährgewebe** oder **Sameneiweiß (Albumen),** das im Embryosack der Samenanlage entsteht. Oft sind die Nährstoffe im vergrößerten Keimling selbst gespeichert, z. B. in den Keimblättern der Hülsenfrüchte. Die Speicherform der Nährstoffe in den S. ist v. a. Stärke (Getreide, Edelkastanie), Fett (Nüsse, Bucheckern), Hemicellulose (Dattel, Steinnuß). **2)** bei Mensch und Tieren: grch. **Sperma,** die Samenflüssigkeit, eine milchig-weiße Absonderung der männl. Geschlechtsdrüsen, die im Nebenhoden, den Bläschendrüsen und der Prostata gebildet wird und die in den Hoden gebildeten männl. Geschlechtszellen **(Samenzellen, Samenfäden, Spermien, Spermatozoen)** enthält. Beim Menschen sind es etwa 50–60 µm lange, frei bewegliche Zellen, die aus einem birnförmigen Kopf (aus dem der Zellkern hervorgeht), einem Hals und einem aus Mittelstück und Schwanz zusammengesetzten Anhang bestehen. Durch schlängelnde Bewegungen des Schwanzes wird die Samenzelle vorwärtsgetrieben; bei der Befruchtung dringt sie im Eileiter in das Ei ein. Während der → Ejakulation werden beim Menschen 2–6 ml Sperma mit 200–300 Mio. Spermien pro ml Sperma ausgestoßen. **3)** Ü Keim, Ursprung, Grundlage: *der S. des Guten, des Hasses.* **4)** B Nachkommen. *der* **Same,** *-ns/-n,* P Samen.

Samen|anlage, lat. **Ovulum,** der Jugendzustand des pflanzl. Samens, kugelig oder eiförmig, mit einer oder 2 Hüllen **(Integumente);** diese entspringen meist dem Grund der S. **(Knospengrund, Nabelfleck, Chalaza)** und lassen am anderen Ende einen Kanal frei, die **Mikropyle,** die Eingangspforte für den befruchtenden Pollenschlauch (→ Pollen). Der **Stiel (Funiculus),** mit dem die S. im Fruchtknoten an der Samenleiste **(Plazenta)** aufsitzt, kann mit der S. verwachsen sein **(Raphe** des reifen Samens). Der umfangreichste Teil der S. ist i. a. der **Knospenkern (Nucellus);** er enthält eine große Zelle, die in sich die Eizelle (Eikern) und die Urzelle des Endosperms (insgesamt den Embryosack) herausbildet.

Samenband, Aussaatverfahren von Gemüse: Mit einem Band aus papierähnl. Substanz, in welches Saatgut in gewünschten Endabständen eingebettet ist, wird eine Aussaat in gleicher Tiefe und in gleichen Abständen erreicht. Die **Samenplatte,** aus ähnlich großen Papierbogen oder -rollen hergestellt, dient zur flächigen Aussaat. Mit der **Samentablette** (zusammengeklebtes Knäuel von feinen Sämereien) werden mehrere Samen an eine Stelle gesät (Horstsaat).

Samenbau, die Vermehrung von Saatgut landwirtschaftl. und gärtnerischer Kulturpflanzen. Der S. erfordert neben günstigen natürlichen Bedingungen besondere techn. Einrichtungen zur Ernte, Reinigung, Lagerung und zum Versand des Saatguts.

Samen|erguß, die → Ejakulation.

Samenfarne, ⊕ i. w. S. die Fiederblättrigen Nacktsamer; i. e. S. auch **Farnsamer (Lyginopteridatae,** früher **Pteridospermae),** Klasse der Fiederblättrigen Nacktsamer mit farnähnl. Wedeln und noch nicht zu Zapfen verbundenen oder fruchtknotenartig umschlossenen Sporangien: neben Bäumen (z. B. **Lyginodendron)** auch krautige Pflanzen mit ungeteilten Blättern (so **Glossopteris** im Karbon und Perm der Südhalbkugel).

Samenfluß, grch. **Spermatorrhö** [-r'ø], ⚕ Samenausfluß aus der Harnröhre ohne Erektion und geschlechtl. Erregung, bes. bei der Blasen- und Mastdarmentleerung; kann Ausdruck organ. Erkrankungen der Geschlechtsorgane sein.

Samenjahr, Forstwirtschaft: zur Ernte von forstl. Saatgut bes. geeignetes Jahr mit überdurchschnittl. Blüten- und Fruchtansatz bei Waldbäumen. S. treten bei Kiefer und Fichte meist nach 3–4, bei Eiche **(Mastjahre)** nach 4–5, bei Buche nach 6–8 Jahren ein. An der Waldgrenze tragen die Bäume nur alle 30–40 Jahre Samen.

Samenkäfer, Käfer-Fam. mit fast 1000 Arten. Ihre beinlosen Larven leben in Pflanzensamen, bes. von Hülsenfrüchtern; so der **Erbsen- (Bruchus pisorum)** und der **Speisebohnenkäfer (Acanthoscelides obtectus),** letzterer richtet Schaden an den Vorräten an.

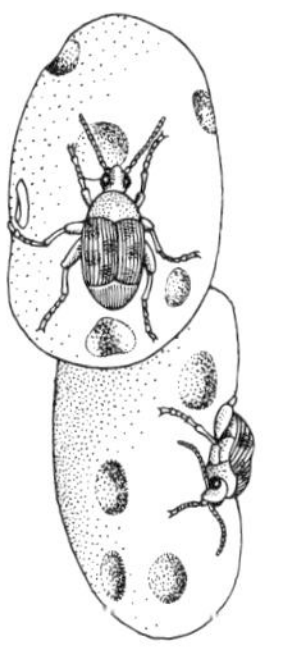

Samenkäfer: Befallsbild des Speisebohnenkäfers

Samenmantel, ⊕ → Eibe.

Samenpaket, 🐚 die → Spermatophore.

Samenpflanzen, Blütenpflanzen, Spermatophyten, Spermatophyta, Abteilung des Pflanzenreichs mit Gliederung der einzelnen Pflanzen in Wurzel und Sproß mit Achse und Blättern. Die S. umfassen die → Nacktsamer und die → Decksamer.

Samenplatte, ⊕ → Samenband.

Samentablette, ⊕ → Samenband.

Samen|übertragung, → künstliche Besamung.

Sami|el, → Samael.

sämig [von Seim], seimig, dickflüssig, gebunden (Suppe). *Subst. die* **Sämigkeit,** *-.*

Sämischgerbung, → Leder.

Samisdat [russ. ›Selbstverlag‹], Herstellung und Verbreitung aller Arten von Publikationen in der UdSSR, die von den Zensurbehörden verboten wurden oder nicht zur Veröffentlichung freigegeben werden. Die Verbreitung erfolgt meist durch Abschreiben mit der Maschine oder von Hand. **Tamisdat** ist die gleichartige Verbreitung ausländischer Literatur.

Samjatin, Zamjatin [z-], J e w g e n i j Iwanowitsch, russ. Schriftst., * Lebedjan (Gouv. Tambow) 1. 2. 1884, † Paris 10. 3. 1937, emigrierte 1932. Seine Erz. und Schauspiele verbinden Gesellschaftskritik mit Phantastik, sein Roman ›Wir‹ (1922) ist eine satirische Zukunftsvision des entpersönlichten totalen Staates.

Samland, fruchtbare Halbinsel in Ostpreußen, zw. Frischem und Kurischem Haff, Gebiet Kaliningrad (UdSSR), 75 km lang, 30 km breit, im W und N mit 60 m hoher Steilküste (Bernsteinküste) gegen die Ostsee abfallend (im Galtgarben 110 m hoch). Der O ist flacher. An der N-Küste liegen die Badeorte Cranz, Neukuhren, Rauschen, Georgenswalde, Warnicken, an der W-Küste Palmnicken (Bernsteinwerk), Lochstädt, Neuhäuser. – Das S. ist eine der 11 altpreuß. Landschaften. Es wurde 1255 vom Dt. Orden unterworfen.

Sämling *der, -s/-e,* aus Samen gezogene Pflanze.

Sämlingsunterlage, ⊕ bei Obstgehölzen aus Sämlingen gewonnene Pflanze (Unterlage), auf die eine andere veredelt wird.

Sammartini, G i o v a n n i B a t t i s t a, ital. Komponist, * Mailand 1700 oder 1701, † ebd. 15. 1. 1775 als Organist und Kapellmeister, schrieb in vorklass. Stil Sinfonien und Triosonaten.

Sammel|antrieb, Gruppen|antrieb, Antrieb mehrerer Maschinen oder Vorrichtungen durch einen Motor. Ggs.: → Einzelantrieb.

Sammeldepot [-po:], **Sammelverwahrung,** → Depot 3).

Sammelgüter, Stückgüter, die von einem Spediteur als Sammelladungen zu ermäßigtem Tarif versendet werden.

Sammelheizung, → Heizung.

sammeln [verwandt mit ... sam, samt, zusammen]. *ich* **samm(e)le, 1)** *es,* bringe, trage zusammen, häufe auf: *ich samm(e)le Pilze, Briefmarken, Münzen; man muß Erfahrungen sammeln,* Ü; *sie sammelten alle Kräfte für den Endlauf,* Ü. **2)** *(es) für ihn, etwas: ich samm(e)le Geldspenden für Bedürftige.* **3)** *mich,* konzentriere mich, fasse mich. **4)** *sie sammeln sich,* kommen zusammen: *die Truppe sammelt sich,* vereinigt sich an einem best. Ort. *ich* **samm(e)le an, 1)** *es,* trage nach und nach zusammen. **2)** *es sammelt sich an,* häuft sich, wird immer mehr, türmt sich. *ich* **samm(e)le** *es* **auf,** lese auf, nehme hier und da etwas auf. *ich* **samm(e)le** *es* **ein,** nehme von jedem seinen Anteil: *der Lehrer sammelt die Hefte ein,* nimmt jedem Schüler sein Heft ab. **Sammelname, Kollektivum,** Ⓢ Be-

Samoa-Inseln: Blick auf Pago-Pago (Amerikanisch-Samoa)

griff, der in einem Wort (im Sg.) mehrere Gegenstände einer Gattung als geschlossene Gruppe umfaßt, z. B. Volk, Obst. *das* **Sammelsurium,** *-s/... ri|en,* Mischmasch, Kunterbunt, Durcheinander. *der* **Sammler,** *-s/-,* **1)** jemand, der etwas sammelt. **2)** der → Akkumulator. **3)** Entwässerungskanal für ein größeres Gebiet. **4)** Aufbereitung: auch **Entnetzer,** Reagenzien zur Verstärkung der natürlichen Fähigkeit von Mineraloberflächen, Wasser abzuweisen.

Sammelnummer, gemeinsame Rufnummer für mehrere Fernsprech-Hauptanschlüsse desselben Teilnehmers.

Sammelschiene, Hauptverteilungsleiter in elektr. Schaltanlagen und Kraftwerken, an den die ankommenden und die abgehenden elektr. Leitungen über Schalter angeschlossen sind.

Sammelwerk, Sammlung von einzelnen Werken der Lit., Wiss., Kunst oder anderen Beiträgen. Zumeist tragen mehrere Urheber zu einem S. bei. Beruht die Zusammenstellung der Beiträge auf einer individuellen schöpfer. Leistung, so ist sie für den, der diese Leistung bewirkt hat, i. a. der Hg. oder Redakteur, urheberrechtlich geschützt (→ Urheberrecht).

Sammet *der, -s,* ☙ Samt.

Sammet, R o l f, Chemiker, Wirtschaftsführer, * Stuttgart 21. 2. 1920, seit 1969 Vors. des Vorstands der Hoechst AG.

Sammetmilbe, eine Art der → Laufmilben.

Sammlung *die, -/-en,* **1)** Zusammenbringen, Herbeischaffen, bes. von Geld und ähnlichen Dingen: *eine S. für das Rote Kreuz.* In der Bundesrep. Dtl. ist das Recht der öffentlichen S. durch Landesgesetze geregelt, seitdem das Bundesverfassungsgericht mit Entscheidung vom 5. 8. 1966 das Sammlungs-Ges. v. 5. 11. 1934 für nichtig erklärt hat. Kirchen und andere Religionsgemeinschaften können nach Art. 140 GG eigene S. abhalten. **2)** *ohne Pl.,* ordnendes Zusammennehmen der Gedanken: *es fehlt mir jede Zeit zur S.* **3)** zusammengetragener Besitz: *Kunstsammlung; Briefmarkensammlung.* **4)** Museum: *die städtischen S. sind heute geschlossen.*

Samniten *Pl.,* **Samniter,** lat. **Samnites,** kriegerisches, der Sage nach von den Sabinern abstammendes Bergvolk im mittleren und südl. Apennin; Hauptorte waren Bovianum und Malventum (Benevent) in **Samnium.** In den 3 **Samnitenkriegen** (343–341, 328 oder 326–304, 298–290 v. Chr.) gegen die Römer unterlagen die S. schließlich, blieben zwar unabhängig, jedoch auf Samnium beschränkt. Zuletzt erhoben sie sich im italischen Bundesgenossenkrieg und wurden 82 v. Chr. endgültig von Sulla geschlagen.

Samo, fränk. Kaufmann, † um 660, wurde um 625 von den Slawen zum König erhoben, dehnte sein Reich von Böhmen und Mähren bis nach Karantanien (etwa im heutigen Kärnten) und das Sorbenland aus und hielt den Angriffen Dagoberts I. (631/32) stand. Nach seinem Tod zerfiel sein Reich schnell.

Samoa-Inseln, polynes. Inselgruppe im Pazif. Ozean, 3039 km² mit (1981) 189000 Ew. (KARTE VI/VII, n. S. 320)

Die Inseln sind vulkan. Ursprungs, bis 1646 m hoch, von Korallenriffen umgeben und dicht bewaldet. Das Klima ist tropisch, durch Passate gemildert. – Politisch sind die S.-I. geteilt in den selbständigen Staat → Westsamoa und in **Amerikan.-Samoa (Ostsamoa;** Hauptort: Pago-Pago), 197 km², (1980) 32300 Ew., ein nichtinkorporiertes Territorium der USA.

Die **Samoaner** sind hellhäutige Polynesier, den Bewohnern der Tonga-Inseln verwandt. Sie leben in den Dörfern in engen verwandtschaftl. Bindungen. Anbau von Kokospalmen, Kakao und Bananen, Rinderzucht.

Samowar

G e s c h i c h t e. Die S.-I. wurden 1722 von J. Roggeveen entdeckt. Nach 1850 errichteten dt. Handelshäuser Niederlassungen. Kämpfe zw. eingeborenen Herrschern und Interessenkonflikte der dt., amerikan. und brit. Kaufleute und Pflanzer führten zu Handelsverträgen dieser Länder mit den Eingeborenen. Die Samoa-Konferenz in Berlin (1889) regelte in einem brit.-amerikan.-dt. Vertrag die gemeinsamen Handels- und Schutzrechte. 1899 wurden die S.-I. zw. den USA und Dtl., dem Großbritannien seine Rechte abtrat, geteilt. Das dt. Schutzgebiet kam 1919/20 als Völkerbundsmandat, 1945 als Treuhandgebiet unter neuseeländ. Verwaltung und wurde am 1. 1. 1962 als Westsamoa selbständig.

Samogiti|en, litauisch **Žemaitija** [ʒ-], dt. **Schamaiten,** der an die Ostsee grenzende Teil Litauens, eine teils flachwellige Grund-, teils kuppige Endmoränenlandschaft, bis 228 m hoch mit vielen Seen. Die **Samogitier (Schamaiten, Schemaiten)** haben einen besonderen Dialekt, der sich bis heute erhalten hat. – S. kam 1398 an den Dt. Orden, wurde 1411 befristet, 1422 endgültig an Litauen zurückgegeben.

Samojeden *Pl.,* zusammenfassende Bez. für Völker in den subarkt. Gebieten der UdSSR: Nenzen, Nganasanen, Enzen, Selkupen, deren Sprachen mit den finno-ugrischen Sprachen die uralische Sprachfamilie bilden. Gesprochen werden gegenwärtig noch das Nenzische (Jurak-Samojedische), das Enzische (Jenissej-Samojedische), das Nganasanische (Tawgi-Samojedische) und das Selkupische (Ostjak-Samojedische).

Samojeden-Halb|insel, früherer Name der Halbinsel → Jamal.

Samos, grch. Insel vor der W-Küste Kleinasiens, 476 km² groß mit (1971) 32700 Ew.; Hptst. ist S. (1971: 5500 Ew.); gebirgig, Ausfuhr von Wein, Trauben, Olivenöl.

G e s c h i c h t e. Durch Schiffahrt und Handel kam das seit dem 1. Jahrtsd. v. Chr. von ion. Griechen besiedelte S. zu Macht, Reichtum und künstler. Geltung; es erlebte seine höchste Blüte unter → Polykrates. Seit dem MA. stand S. unter der Herrschaft der Byzantiner, Venezianer, Genuesen und (seit 1475) der Türken. Es beteiligte sich am grch. Befreiungskampf, wurde 1830 an die Türken zurückgegeben. 1912 erklärte S. seine Vereinigung mit Griechenland. – Bed. Ausgrabungen.

Samothrake, grch. Insel im nördl. Ägäischen Meer, 178 km² groß mit (1971) 3000 Ew.; im Altertum bekannt durch das Heiligtum der ›Großen Götter‹ mit seinen Mysterien der Kabiren. In hellenist. Zeit errichtete Prachtbauten wurden durch Ausgrabungen freigelegt; der bedeutendste Fund war die Nike von S. (um 200 v. Chr.; Paris, Louvre).

Samowar [russ. ›Selbstkocher‹] *der, -s/-e,* bes. in der UdSSR gebräuchliches, mit Holzkohle, heute auch elektrisch beheiztes Kochgefäß mit Auslaufhahn zur Bereitung von Tee.

Sampan [chines.] *der, -s/-e,* ostasiat. Ruder- und Segelboot; als Fischerboot oder Beiboot von Dschunken benutzt.

Sample [sa:mpl, engl.-frz. aus lat. exemplum ›Beispiel‹] *das, -(s)/-s,* die → Stichprobe; in der Markt- und Meinungsforschung eine zur Befragung nach dem Zufallsprinzip aus einer größeren Gesamtheit ausgewählte Gruppe von Individuen.

Samsara [Sanskrit ›das Umherwandern‹] *der, -,* die Lehre von der Seelenwanderung. (→ Hinduismus)

Samson, A. T.: → Simson.

Samstag [ahd. sambaztac, zu lat. sabbatum, zu grch. sabbaton ›Sabbat‹], der 6. Tag der Woche; *oberdt., westdt.:* Sonnabend.

Samsun, Hptst. der türk. Prov. S., (1980) 198000 Ew., an der mittleren anatol. Schwarzmeerküste; Univ. (seit 1975); Hafen; Verarbeitung und Ausfuhr landwirtschaftlicher Erzeugnisse.

samt [verwandt mit: zusammen] *ihm,* mit ihm, ihn mit einbegriffen: *er ist s. Reisegepäck glücklich gelandet; s. und sonders,* alles zusammen, ausnahmslos. **sämtlich,** alle; ausnahmslos: *eine Vereinbarung mit sämtlichen Teilnehmern; sämtliche bestellte Ware,* aber *Pl.* meist: *sämtliche bestellten Bücher; eine Liste sämtlicher bestellten* oder *bestellter Bücher; sämtliche Wahlberechtigte(n); Goethes sämtliche Werke.*

Samt [grch.; mhd.] *der, -(e)s/-e,* Gewebe mit aufrechtstehendem, kurzem Faserflor auf der rechten Warenseite, je nach Material als Baumwoll-, Seiden- und Chemieseiden-S. Beim **Kett-S. (Velours** [vəl'u:r]) wird die Flordecke während des Webens durch ein Messer aufgeschnitten. Beim **Schuß-S. (Velvet)** werden die Florschüsse auf der rechten Seite erst nach dem Weben aufgeschnitten. Velvet hat eine glatte Flordecke, Rippen-S. (Genuacord,

Samt: Schuß-S., Querschnitt

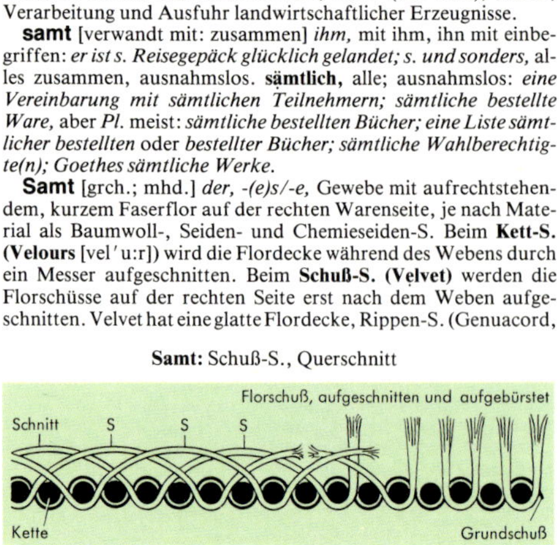

Manchester, Cord-S.) längsverlaufende S.-Rippen. **Gewirkter S.** ist eine Kettenwirkware mit langen Maschen, die nach dem Weben aufgeschnitten werden. – **S.-Imitationen** werden entweder als Rauh-S. (Velveton oder Duvetine u. a.) durch rechtsseitiges Aufrauhen glatter Gewebe oder durch → Beflockung hergestellt. **samten,** aus S. **samtig, 1)** weich. **2)** von Wein: mild.

Samtblume, Sammetblume, Studentenblume, Tagetes, Korbblüter-Gatt. von Mexiko und Arizona bis Argentinien; herbduftende Stauden mit gelben bis braunen Blütenköpfen auf schlauchigen Blütenstielen; einige Arten sind in Europa Zierpflanzen.

Samtgemeinde, Gemeindeverband als Vereinigung selbständiger Gem. (z. B. in Ndsachs.) zur Selbstverwaltung der örtlichen und überörtlichen Angelegenheiten.

Samu|el [hebr. ›von Gott erhört‹], israelit. Prophet, Priester und Richter, in der Überlieferung eng mit der Stiftung des israelit. Volkskönigtums verbunden; S. soll nach 1. Sam. 8–16 Saul und nach dessen Ungehorsam gegen das Banngebot später David zum König gesalbt haben. Die 2 **Bücher Samuelis** im A. T. (Vulgata: 1. und 2. Buch der Könige) behandeln die Zeit der Jugend S.s bis in die letzten Jahre Davids und enthalten wertvolle Reste der Geschichtsschreibung vor dem Exil.

Samuelson [s'æmjuəlsn], Paul Anthony, amerikan. Volkswirtschaftler, * Gary (Ind.) 15. 5. 1915, Prof. in Cambridge (Mass.), Hauptvertreter der mathemat. Nationalökonomie, erhielt 1970 den Nobelpreis für Wirtschaftswissenschaften für die Weiterentwicklung der statischen und dynamischen Theorie.

Samuelsson, Bengt Ingemar, schwed. Biochemiker, * Halmstad 21. 5. 1934, seit 1973 Leiter der chem. Abteilung am Karolinska-Institut in Stockholm, erhielt 1982 für grundlegende Arbeiten auf dem Gebiet der Prostaglandine, gemeinsam mit seinem Landsmann S. Bergström, eine Hälfte des Nobelpreises für Physiologie und Medizin.

Samum [arab. ›Giftwind‹] *der, -s/-e* oder *-s,* trocken-heißer Wüstensturm in Vorderasien und N-Afrika. (→ Schirokko)

Sämund der Weise, isländ. Gelehrter, * 1056, † 22. 5. 1133, studierte in Paris, wurde Priester, errichtete auf seinem väterl. Sitz Oddi eine Schule, die von größter Bedeutung in der isländ. Kultur wurde. Seine lat. Chronik der norweg. Könige war die Hauptquelle späterer Historiker.

Samurai [dt. -r'ai, japan. ›Dienender‹] *der, -(s)/-(s),* im alten Japan das bewaffnete Begleitpersonal des Adels, später die Angehörigen des Kriegerstandes, vom 13. Jh. an Bez. der Vasallen der Lehnsfürsten; sie lebten nach einem strengen Ehrenkodex (→ Bushido). Nach der Meiji-Restauration (nach 1868) wurden die S. teils in den Adelsstand erhoben, teils als Bürgerliche eingereiht und büßten ihre Privilegien ein.

San, Sant', Santa, Santo, São [sãu, portugies.; ital., span., portugies. aus lat.], Abk. **S.** und für Santa vor span. und portugies. weibl. Namen **Sta.,** heilig(e) (vor Namen).

San *der,* rechter Nebenfluß der oberen Weichsel in Polen, 444 km lang, entspringt in den östl. Beskiden (Uschoker Paß), mündet unterhalb von Sandomierz.

San'a, Sanaa, Hauptstadt und Regierungssitz der Arab. Republik Jemen, 2350 m ü. M., in einem fruchtbaren Hochtal gelegen, (1981) 277800 Ew.; Univ. (1970 gegr.), internat. Flughafen; Asphaltstraßen nach Hodeida, Taiz und Sa'da. Die von hohen Mauern umgebene Stadt, aus Altstadt, Gartenstadt mit Residenzviertel und ehem. Judenviertel bestehend, hat prächtige Bauwerke, v. a. Moscheen aus allen Zeiten (Große Moschee al-Kebir, urspr. 7. Jh., in den folgenden Jahrhunderten oft erweitert und restauriert). Typisch für S. sind schmale und hohe, 5–9geschossige Wohnhäuser, deren Fassaden reich mit weiß gekalkten Reliefs und Gittern aus Ziegel oder Stuck geschmückt sind.

San'a: typische Wohnhäuser

Sanandadj [-dʒ], **Sanandadsch** [pers. sænænd'ædʒ], Hptst. der Prov. Kurdistan, Iran, (1976) 96000 Ew., 1520 m ü. M.; Handelszentrum.

San Antonio, 1) [sæn ənt'əuniəu], Stadt in Texas, USA, (1980) 785000 Ew.; Erzbischofssitz; 2 Univ.; Erdölraffinerien, Nahrungsmittel-, Textil-, Maschinen- u. a. Ind. Die Kapelle Alamo wurde 1836 zum texan. Freiheitssymbol. **2)** Hafenstadt in der chilen. Prov. Santiago, (1981) 61000 Ew.; Fischfang- und -verarbeitung.

Sanatorium [lat.] *das, -s/...ri|en,* Heilstätte für Leichtkranke, Genesende oder chronisch Kranke.

San Bernardino, 1) **Sankt Bernhardin** *der,* Alpenpaß im Kt. Graubünden, Schweiz, 2065 m hoch, verbindet das Hinterrheintal mit dem Val Mesocco. Nach Fertigstellung eines 6,5 km langen Straßentunnels (1967) ist der S. B. ganzjährig befahrbar. **2)** [sæn bə:nəd'i:nəu], Stadt in S-Kalifornien, USA, (1980) 119400 Ew.; Univ.; Konserven-, Flugzeug-, elektron. u. a. Industrie.

Sancho Pansa [s'antʃɔ-], der Knappe Don Quijotes, Vertreter des derben Mutterwitzes und realist. Sinnes des span. Bauern; gleichnamiger Roman von M. de Cervantes Saavedra.

SAN-Copolymerisate *Pl.,* Abk. für **Styrol-Acrylnitril-Copolymere,** amorphe, thermoplast. Kunststoffe, die durch gemeinsame Polymerisation von Styrol und Acrylnitril hergestellt werden. SAN-C. sind statist. → Copolymerisate. Sie haben höhere Festigkeit, Steifigkeit, Benzin- und Temperaturbeständigkeit (Dauereinsatztemp. etwa 85°C), aber schlechtere elektr. Isoliereigenschaften als Polystyrol. SAN-C. werden für Gehäuse von Fernseh- und Radiogeräten, Pkw-Lampengehäuse, Warndreiecke, Haushaltsmaschinen, Filmspulen u. a. verwendet.

San Cristóbal [-krist'oβal], **1)** Hptst. des Staates Tachira, Venezuela, mit (1976) 246000 Ew.; Handelszentrum (Kaffee, Zuckerrohr, Tabak). **2) S. C. de la Habana** [-aβ'ana], amtl. Name von → Havanna.

Sancta Sedes [lat.] *die, - -,* der Apostol. Stuhl (→ apostolisch).

sancta simplicitas! [lat.], heilige Einfalt!, Ausruf des Unwillens.

Sanctum Officium [lat.] *das, - -,* das Heilige → Offizium.

Sanctus [lat. ›heilig‹] *das, -,* der Lobgesang (nach Jes. 6,3) am Schluß der Präfation in der Messe, im evang. Abendmahlsgottesdienst am Schluß der Liturgie.

Sand [ahd.] *der, -(e)s/-e,* **1)** durch Gesteinszerfall (Verwitterung) und Zerkleinerung beim Gesteinstransport gebildete Mineralkörner von 0,02 bis 2 mm Durchmesser; man unterscheidet **Mehl-** (0,02–0,06 mm), **Fein-** (0,06–0,2 mm), **Mittel-** (bis 0,6 mm) und **Grobsand** (bis 2,0 mm; DIN 4022). S. besteht meist aus mechanisch und chemisch widerstandsfähigen Mineralen. Gekennzeichnet werden kann S. nach einem überwiegenden Mineral (Quarz, Glaukonit, Kalk), nach dem Ursprungsmaterial (Muschel, Korallen, Lava) oder nach dem bewegenden Medium und der Umgebung (**Schwemm-S., Fluß-S., See-S., Flug-S., Dünen-S., Wüsten-S.). Schwimmsand (Treibsand)** ist vollständig mit Wasser getränkter S. Reiner Quarzsand dient zur Glas- und Porzellanbereitung, schwach toniger S. als **Formsand** beim Metallguß, feinkörniger scharfer S. zu Schleifzwecken und beim Sandstrahlgebläse; große Mengen S. verbraucht das Baugewerbe. – *Redensarten: eine Sache verläuft im S.,* es wird nichts daraus; *wie S. am Meer,* U zahllos; *auf S. bauen,* B auf unsicherem Grund; *ich stecke den Kopf in den S.,* möchte etwas nicht zur Kenntnis nehmen; *ich habe ihm S. in die Augen gestreut,* habe ihn getäuscht. **2)** Sandufer, Dünengebiet, Sandbank: *das Schiff ist auf S. geraten,* kann nicht mehr weiter. **3)** Streusand. **4)** Scheuersand, Mittel zum Reinigen. *Adj.* **sandig.**

Sand, 1) [sã:d], George, Pseudonym der frz. Schriftstellerin Amandine-Aurore-Lucie Baronne **Dudevant** [dydəv'ã], geb. Dupin, * Paris 1. 7. 1804, † Schloß Nohant (Indre) 8. 6. 1876, war nach ihrer Scheidung mit vielen bed. Männern befreundet (J. Sandeau, A. de Musset, F. Chopin). S. vertritt in ihren frühen Romanen das Recht auf Leidenschaft gegen jeden sozialen, gesellschaftl. oder moral. Zwang, bes. das Recht der Frau auf außerehel. Liebe (›Indiana‹, 1832; ›Lélia‹, 1833); später behandelte sie soziale Fragen (›Consuelo‹, 1842/43; ›Die Gräfin von Rudolstadt‹, 1843/44). Meisterwerke sind die um 1850 entstandenen Dorfromane mit lebenswahren Schilderungen bäuerl. Sitten (›Der Teufelssumpf‹, 1846).

George Sand (Lithographie von J. Boilly)

2) Karl Ludwig, * Wunsiedel 5. 10. 1795, † (hingerichtet) Mannheim 20. 5. 1820, Mitgl. der Jenaer Burschenschaft, ermordete in Mannheim am 23. 3. 1819 den Schriftsteller A. von Kotzebue, in dem er einen Feind der liberalen Ideen der dt. Burschenschaft sah. Seine Tat gab den Anlaß zu den → Karlsbader Beschlüssen und den Demagogenverfolgungen.

Sandale: Griechische S.

Carl Sandburg

Sanddorn

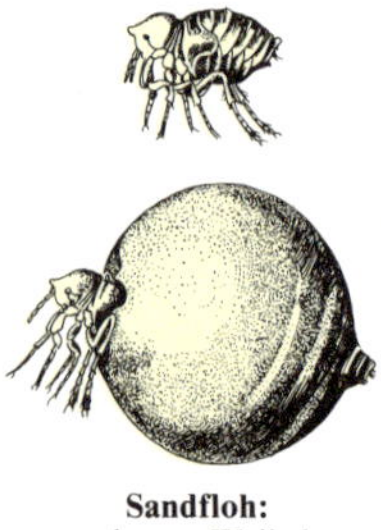

Sandfloh: OBEN junges Weibchen, UNTEN Weibchen mit Eiern

Adele Sandrock

Sand|aale, Ammodytes, Gatt. langgestreckter Meeresfische, die in Schwärmen in der Ufergegend leben und sich bei Ebbe im Sand vergraben. (BILD Fische)

Sandakan, Hafenstadt an der O-Küste von Sabah, O-Malaysia, (1980) 73800 Ew.; Holzexport und -verarbeitung; 1879 gegründet, war 1884–1946 Hptst. Sabahs.

Sandale [grch.] *die, -/-n,* mit Riemen am Fuß befestigte Laufsohle als Fußbekleidung, für Damen meist mit höherem Absatz als **Sandalette.**

Sandarak [grch.] *der, -s,* wohlriechendes Harz, das von der zu den Nadelhölzern gehörigen, in NW-Afrika heimischen S.-Zypresse **(Tetraclinis articulata,** früher **Callitris quadrivalvis)** gewonnen wird; dient als Heilmittel, zur Herstellung von Lacken, Kitten, Zahnzement und als Räuchermittel.

Sand|asphalt, hohlraumarme Masse aus Füllstoffen, Natur- und/oder Brechsand und Bitumen als Bindemittel, verwendet im Straßenbau als Fahrbahnbelag.

Sandbad, ⚕ Bad in etwa 50 °C heißem, grobem Quarzsand, wirkt überwärmend und schweißtreibend; wird bes. gegen rheumatische Erkrankungen angewendet.

Sandbahnrennen, Motorradrennen auf Rundbahnen von 700–2000 m Länge, deren Oberfläche aus feiner Schlacke festgewalzt ist. (→ Speedwayrennen)

Sandbank, Sandanhäufung im flachen Meer.

Sandbienen, die → Erdbienen.

Sandblatt, große Blätter aus dem unteren Drittel der Tabakpflanze, wertvollster Ernteanteil.

Sandbüchsenbaum, Hura crepitans, tropisch-amerikan. giftiges Wolfsmilchgewächs mit pappelähnl. Laub und feigenförmiger Kapselfrucht, deren pfenniggroße Samen über 10 m weit fortgeschleudert werden.

Sandburg [s'ændbə:g], C a r l, amerikan. Schriftst. schwed. Abkunft, * Galesburg (Ill.) 6. 1. 1878, † Flatrock (N. C.) 22. 7. 1967, feierte in rhapsodisch freien Rhythmen ähnlich wie W. Whitman die Werte des Lebens (›Guten Morgen, Amerika‹, 1928; ›The people, yes‹, 1936). S. schrieb eine große Lincoln-Biographie (1926–39).

Sand|dorn, Hippophaë, Gatt. der Ölweidengewächse, z. B. mit der Art **Hippophaë rhamnoides,** einem Strauch an Meeresküsten und im Schotter der Gebirgsflüsse (so als **Rheindorn),** auch **See-, Stranddorn, Sandbeere** genannt, mit Wurzelausläufern, schmalen, unten silbergrauen Blättern, zweihäusigen Blütchen und gelbroter Scheinbeere mit Nüßchen. Der S. wird u. a. zur Dünenbefestigung angepflanzt. Der Stamm gibt Drechslerholz, die Beere (reich an Vitamin C) Saft und Marmelade, Fasanenfutter.

Sandefjord [s'anəfju:r], Stadt an der W-Seite des äußeren Oslofjords, Norwegen, (1983) 35150 Ew.; Walfangmuseum.

Sandelholz [pers.-arab.], das Holz versch. botanisch nicht verwandter Bäume, wird verwendet zu Schnitzarbeiten, Luxuswaren und zur Gewinnung von **S.-Öl** für Duftstoffe und Likör.

Sander [isländ.] *der, -(s)/-,* **Sandr,** flache, ausgedehnte, fächerförmige Sand- und Schotterflächen vor Gletschern.

Sandfang, in Kläranlagen und Kanalisation ein Absetzbekken, in dem von einer Strömung mitgeführte körnige Sinkstoffe abgeschieden werden.

Sandfloh, Tunga penetrans, etwa 1 mm lange Flohart im trop. Amerika, in Afrika und Südasien. Männchen sind freilebend, befruchtete Weibchen setzen sich in der Haut von Tieren und des Menschen fest (können Entzündungen bewirken). Die Larven entwickeln sich frei im Boden.

Sandglöckchen, Jasione, Gatt. der Glockenblumengewächse mit dem mehrstengeligen **Berg-S. (Jasione montana)** auf sonnigen Hügeln Mitteleuropas und des Mittelmeergebiets, mit langstengligen Köpfchen aus blauen, tiefgeschlitzten Blüten.

Sandgräber, Maulwurfsratten, Bathyergidae, Fam. der Stachelschweinverwandten Afrikas, gekennzeichnet durch unterird. Lebensweise und große Nagezähne, so die **Strandgräber, Grau-, Bless-** und **Nacktmullen.**

Sandhausen, Gem. im Rhein-Neckar-Kr., Bad.-Württ., (1984) 12500 Ew.; Tabakverarbeitung, Textilindustrie.

Sandhose, 🌐 der → Sandwirbel.

San Diego [sæn dı'eıgəʊ], Hafenstadt und Badeort in S-Kalifornien, USA, (1980) 876000 Ew., an einer haffartigen Bucht des Pazif. Ozeans, 3 Univ., kath. Bischofssitz; Flottenstützpunkt; Flugzeug- und Raketenbau, Obst- und Fischkonservenindustrie.

Sandinistische Nationale Befreiungsfront, span. **Frente Sandinista de Liberacion Nacional** [-liberasj'ɔn nasjon'al], Abk. **FSLN,** seit 1979 in → Nicaragua politisch bestimmende Kraft, benannt nach dem früheren Guerilla-Führer C. A. Sandino (* 1893, † 1934, ermordet), sozialrevolutionär ausgerichtet, hatte entscheidenden Anteil am Sturz der Diktatur des Präs. A. Somoza Debayle jr.

Sandkasten, mit Sand gefüllter größerer Kasten für Kinder; auch Unterrichtsmittel im Geographieunterricht und in der militärischen Ausbildung.

Sandkraut, Arenaria, Gatt. der Nelkengewächse, niedrige Kräuter oder Halbsträucher. Die mitteleurop. Art **Quendelblättriges S. (Arenaria serpyllifolia),** bis 20 cm hoch, mit weißen Blütchen, wächst auf trockenem Brach- und Kulturland.

Sandkuchen, Gebäck aus Mehl, Butter, Zucker, Eiern, Stärkemehl, geriebener Zitrone und Rum oder Vanille.

Sandlaufkäfer, Tigerkäfer, Cicindelinae, eine bes. in den warmen Zonen verbreitete, artenreiche Unterfam. der Laufkäfer mit über 1500 Arten; 10–30, selten 70 mm lange Bodentiere mit breitem Kopf. In Mitteleuropa heimisch ist z. B. der **Braune Feldsandläufer (Cicindela hybrida).** BILD Käfer.

Sandmann, Sandmännchen, Märchengestalt, die den Kindern abends Sand in die Augen streut, damit sie einschlafen.

Sandomir, poln. **Sandomierz** [sand'ɔmjɛʃ], Stadt in der poln. Wwschaft Tarnobrzeg, (1981) 20000 Ew., an der Weichsel; Düngemittel-Ind., Glasfabrik; Dominikanerkirche (13. Jh.), got. Kathedrale (14. Jh.).

Sandor [ʃ'andor, ungar. von Alexander], männl. Vorname.

Sandoz AG, Basel, Unternehmen der chem. Industrie; gegr. 1886, seit 1939 jetziger Name.

Sandpapier, Schmirgelpapier, mit Glasstaub, Sand- oder Quarzkörnern beschichtetes Papier, zum Schleifen von Holz, Leder, Horn, Metall u. a.

Sandpflanzen, Psammophyten, Pflanzen, die auf Sandwüsten und Dünen wachsen, so Strandhafer, Strandmiere, Sandsegge u. a., verfestigen durch ihre Wurzeln und sich verzweigenden Sprosse den Untergrund, führen über eine geschlossene Pflanzendecke (Heide) bis hin zur Bewaldung.

Sandpier, Köderwurm, Arenicola marina, ein bis zu 40 cm langer Meeresringelwurm, der im Sand der Gezeitenzone in einer selbstgegrabenen, U-förmigen Röhre lebt. Der S. wird als Angelköder bes. zum Schellfischfang verwendet.

Sandrart, J o a c h i m von, Maler und Kunstschriftst., * Frankfurt a. M. 12. 5. 1606, † Nürnberg 14. 10. 1688, schrieb ›Teutsche Academie der edlen Bau-, Bild- und Mahlerey-Künste‹ (2 Bde., 1675–79) mit Biographien dt. Künstler, bes. der Barockkunst.

Sandringham Hall [s'ændrıŋəm hɔ:l], königl. Landsitz in der engl. Gfsch. Norfolk, nordöstlich von Kings Lynn.

Sandrock, A d e l e, Schauspielerin, * Rotterdam 19. 8. 1864, † Berlin 30. 8. 1937, Charakterdarstellerin u. a. am Burgtheater in Wien und am Dt. Theater Berlin, v. a. in klass. Dramen, später im Rollenfach der ›komischen Alten‹ bes. in zahlreichen Filmen (›Der Kongreß tanzt‹, 1931; ›Die engl. Heirat‹, 1934; ›Amphitryon‹, 1935, u. a.).

Sandsack, 1) mit Sand gefüllter Sack, z. B. zum Abdichten von Deichen und zum Beschweren von Freiballons. **2)** Boxen: Trainingsgerät zur Erhöhung der Schlagkraft; ein etwa 1 m langer, mit Sand oder feinem Kies gefüllter Ledersack, der in Höhe des Oberkörpers frei aufgehängt wird.

Sandsackmodell, Compoundkernmodell [kɔmp'aund-, engl.], ein von N. Bohr angegebenes Modell des Atomkerns zur Beschreibung des Ablaufs von Kernreaktionen, die durch Beschuß mit Teilchen ausgelöst werden: Ähnlich wie ein Geschoß, das in einen Sandsack dringt und – indem es darin steckenbleibt – seine Energie den einzelnen Sandkörnern mitteilt, verhält sich auch ein in einen schweren Kern eingeschossenes Nukleon; es verteilt seine Energie auf die einzelnen Kernnukleonen und erhöht so die ›Temperatur‹ des Kerns. Aus dieser kann man statistisch das weitere Verhalten des angeregten Kerns berechnen.

Sandschak [türk.] *der, -s/-s,* urspr. Standarte als Zeichen der Souveränität, im Osman. Reich auf die Gaue des Staates übertragener Name; in Europa ist der Name S. schlechthin üblich geworden für einige Gebiete wie den S. von Alexandrette (Iskenderun).

Sandschak-i-Scherif [türk. ›edles Banner‹], das in Istanbul aufbewahrte angebliche Banner Mohammeds.

Sandschliff, Windschliff, Form der äolischen Korrasion in Trockenklimaten, die Glättung und Formung der Gesteine (z. B. zu Dreikantern) durch die vom Wind mitgeführten Sandkörner (Gebläsewirkung) bewirkt. Dadurch entstehen Windkanter, Pilzfelsen und Wüstenlack.

Sandstein, Psammit [grch. psammos ›Sand‹], aus Sand bestehendes Sedimentgestein, das durch kalkiges, kieseliges oder toniges Bindemittel diagenetisch verfestigt ist. Nach dem Hauptgemengeteil werden Quarz- und Kalksandstein, nach den Nebengemengeteilen Arkosesandstein (Feldspat) und Grauwacke (Feldspat und Gesteinstrümmer) unterschieden. S. ist weit verbreitet und wird als Bau- und Werkstein verwendet. Durch seine Porosität ist er ein guter Grundwasserleiter und als Erdgas- und Erdölspeichergestein bedeutend.

Sandstrahlgebläse, → Strahlverfahren.

Sandsturm, Staubsturm, sand-(staub-)führende Stürme in Trockengebieten (Chamsin, Samum), wobei der Staub über 1 km hoch aufgewirbelt und weit transportiert werden kann, während der Sand nur bis 20 m hoch fliegt und sich bald ablagert.

San Francisco:
Alamo Square, im Hintergrund die Skyline

Sand|uhr, Stundenglas, altes Zeitmeßgerät aus 2 birnenförmigen, an den Spitzen zusammengeschmolzenen Glasgefäßen, deren eines mit feinem trockenem Sand gefüllt ist (z. B. **Eieruhr).** Dieser fließt beim Kippen in einer best. Zeit in das untere Gefäß; Symbol der unwiederbringlich dahinfließenden Zeit und des Todes.

Sanduhr

Sandviper, Giftschlange, →Vipern.

Sandwespen, Ammophila, Grabwespen-Gatt.; S. nisten in sandigen Böden. Durch einen Stich gelähmte Raupen dienen als Larvennahrung.

Sandwich [s'æn(d)wɪtʃ, engl.] *das, -(e)s/-(e)s* oder *-e,* 2 dünne gebutterte Weißbrotscheiben mit Fleisch o. ä. dazwischen, nach dem brit. Politiker Montagu, 4. Earl of S. (* 1718, † 1792).

Sandwichbauweise [s'æn(d)wɪtʃ-], im Leicht-, bes. Flugzeugbau, und in der Bautechnik angewendete Bauweise zur Gewichtsersparnis, Erhöhung der Formsteifigkeit sowie zur Wärme- und Schalldämmung. Zwischen zwei Deckschichten **(Sandwichplatten)** aus Metall, Holz oder GFK ist ein wabenartiger Stützkern geklebt oder gelötet und Hartschaum, Balsaholz o. ä. eingebracht.

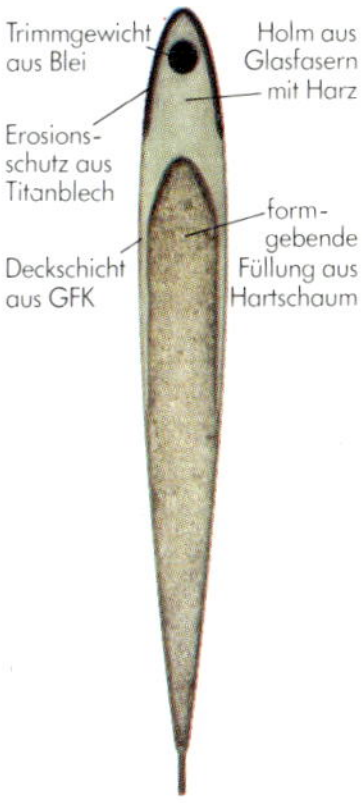

Sandwichbauweise: Querschnitt durch ein Rotorblatt der BO 105 (Mehrzweckhubschrauber)

Sandwichbauweise

Sandwich Islands [s'æn(d)wɪtʃ 'aɪləndz], **1)** früherer Name der →Hawaii-Inseln. **2)** antarkt. Inselgruppe, →Süd-Sandwich-Inseln.

Sandwichverbindungen [s'æn(d)wɪtʃ-], ⟲ Komplexverbindungen, in denen das Atom eines Übergangsmetalles zw. 2 Ringmolekülen mit aromat. Charakter (z. B. Cyclopentadien, Benzol) eingebettet ist.

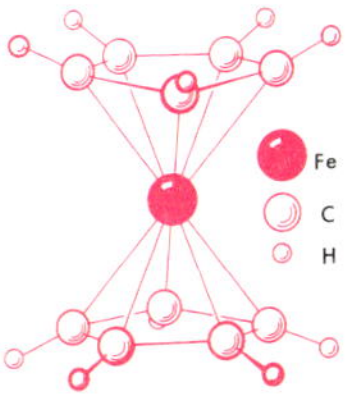

Sandwichverbindungen:
Struktur des Ferrocens

Antonio Sangallo d. Ä.:
Kirche S. Biagio in Montepulciano; 1518–29

Sandwirbel, Sandhose, Staubwirbel, Ansammlung von Sand- und/oder Staubteilchen, die in Form eines säulenartigen Wirbels wechselnder Höhe und geringen Durchmessers mit etwa vertikaler Achse vom Erdboden weg emporgerissen werden (→Trombe)

San Felipe, 1) Hptst. des Staates Yaracuy, Venezuela, (1972) 44000 Ew., Bischofssitz. **2) S. F. de Puerto Plata,** Provinzhauptstadt im NW der Dominikan. Republik, (1981) 45300 Ew.; Handels- und Verarbeitungszentrum des landwirtschaftlichen Umlands; Ausfuhrhafen am Atlantik.

San Fernando, 1) Stadt in der Prov. Cádiz, Spanien, (1981) 72000 Ew.; VerwSitz der span. Kriegsmarine; ausgedehnte Salzgärten. **2) S. F. de Apure,** Hptst. des Staates Apure, Venezuela, (1972) 48000 Ew.

sanforisieren [n. dem Erfinder Sanford L. Cluett, * 1874, † 1968], Textilien unter Einfluß feuchter Hitze krumpffest machen (→krumpfen).

San Francisco [sæn frəns'ɪskəʊ], volkstüml. Abk. **Frisco,** Stadt in Kalifornien, USA, (1980) 679000 (als Metrop. Area 3,2 Mio.) Ew.; Hafen- und Handelsplatz, auf einer bis 401 m hohen, 50 km langen und 10 km breiten Landzunge zw. dem Pazif. Ozean und der bis 20 km breiten S.-F.-Bai, südlich der beide verbindenden Meeresstraße des ›Goldenen Tores‹ (Golden Gate). Sitz eines kath. Erzbischofs, eines anglikan. und eines methodist. Bischofs, Univ., Museen, Theater, bed. Finanzzentrum, führend im Asienhandel Nordamerikas. Vielseitige Industrie: Werften, Kraftfahrzeugwerke, Großschlächtereien, Erdölraffinerien u. a. Über das Goldene Tor führt seit 1936/37 die damals größte Hängebrücke der Welt, die Golden Gate Bridge (Stützweite 1280 m). – S. F. ist nach einer 1776 gegr. Mission span. Franziskanermönche genannt, 1848 von Spanien an die USA abgetreten. 1906 wurde es durch Erdbeben und Großfeuer zerstört, bald danach wiederaufgebaut. Über die Konferenz von S. F. (25. 4.–26. 6. 1945) →Vereinte Nationen. 1951 wurde hier der Friedensvertrag mit Japan und 49 nichtkommunist. Nationen unterzeichnet.

sanft [ahd.], **1)** mild, zart, frei von Rauhem, Ungestümem: *eine sanfte Stimme.* **2)** wenig ansteigend, ohne plötzliche Steigungen: *eine sanfte Erhebung. Subst. die* **Sanftheit,** -. *ich* **sänftige** *ihn,* P besänftige. *die* **Sanftmut,** -, milder, geduldiger Sinn. *Adj.* **sanftmütig.**

Sänfte *die, -/-n,* ein von Menschen oder Tieren getragenes Gestell zur Personenbeförderung. Die S. war bei Babyloniern, Ägyptern, Römern und Chinesen gebräuchlich; im Abendland fand sie im 17. Jh. als Traghäuschen (Portechaise) weitere Verbreitung.

Sang *der, -(e)s/"e,* P Gesang, Lied, Dichtung; *sang- und klanglos,* U unfeierlich, unbemerkt. **sangbar,** geeignet zum Gesangsvortrag. *der* **Sänger,** *-s/-, die* **Sängerin,** *-/-nen,* **1)** jemand, der singt. **2)** Gesangskünstler, Opernsänger. **3)** ✿ Dichter: *der Sänger der Ilias,* Homer, **Sängerkrieg,** Wettstreit von Sängern. *die* **Sängerschaft,** *-/-en,* **1)** Gesangverein, auch die Gesamtheit der Gesangvereine. **2)** eine Art der →studentischen Verbindungen.

Sanga *der, -(s)/-s,* ostafrikan. Hausrind (→Zebu).

Sanga *der,* **Sangha,** rechter Nebenfluß des Kongo, entsteht im SW des Zentralafrikan. Kaiserreichs, durch Zusammenfluß von Mambéré und Kadéi; gesamte Länge (785 km) schiffbar.

Sangallo, da Sangallo, ital. Baumeisterfamilie.

1) Antonio d. Ä., eigtl. A. **Giamberti,** [dʒamb'ɛrti], Bruder von 3), Onkel von 2), * Florenz 1455, † ebd. 17. 12. 1534, schuf mit der Kirche S. Biagio in Montepulciano (1518–29, Kuppelbau über grch. Kreuz) den vollkommensten Renaissancezentralbau dieser Art.

2) Antonio d. J., eigtl. A. **Cordiani,** Neffe von 1) und 3), * Florenz 1483, † Terni 3. 8. 1546, leitete nach Raffaels Tod den Bau der Peterskirche. Sein Hauptwerk ist der Palazzo →Farnese in Rom.

3) Giuliano, eigtl. G. **Giamberti** [dʒamb'ɛrti], Bruder von 1), Onkel von 2), * Florenz 1445, † ebd. 20. 10. 1516, baute, die Gedanken →Brunelleschis weiterentwickelnd, die Madonna delle Carceri in Prato, den ersten Kuppelbau der Renaissance über grch. Kreuz (1485–91), die Villa Poggio a Caiano bei Florenz (seit 1485) und wirkte als päpstlicher Architekt in Rom.

Sangarédi, neue Bergbaustadt im W der Rep. Guinea; Bauxitabbau. Eisenbahn zum neuen Hafen Kamsar.

Sanger [s'æŋə], Frederick, engl. Biochemiker, * Rendcombe (Gloucestershire) 13. 8. 1918, erhielt für die Aufdeckung der Struktur des Insulins 1958 den Nobelpreis für Chemie und für Untersuchungen zur Basensequenz in Nucleinsäuren mit W. →Gilbert eine Hälfte des Nobelpreises für Chemie 1980.

Sänger, Eugen, Raketen- und Raumfahrtforscher, * Preßnitz (Böhmen) 22. 9. 1905, † Berlin 10. 2. 1964, machte seit 1933 Raketenversuche, wurde 1954 Leiter des Forschungsinstituts für Physik der Strahlantriebe an der TH Stuttgart.

Sängerbünde, Zusammenfassung von Gesangvereinen. Gegenwärtig gibt es in der Bundesrep. Dtl. für die weltl. Chormusik 3 große Verbände, für die Männergesangvereine den **Dt. Sängerbund** und den **Dt. Allgemeinen Sängerbund,** für die Gemischten Chöre den **Verband Gemischter Chöre Deutschlands.**

Sangerhausen, Krst. im Bez. Halle, (1982) 34000 Ew., im O der Goldenen Aue; Rosenzucht; Kupferbergbau, Industrie (Maschinen, Holzbearbeitung, Nahrungsmittel, Fahrräder); roman. Ulrichskirche, Altes (um 1446) und Neues Schloß (1586, 1612). – S., urkundlich 991 genannt, kam 1372 mit der Landgrafschaft Thüringen an die Wettiner, gehörte 1656–1746 zum albertin. Herzogtum Sachsen-Weißenfels und wurde 1815 preußisch.

Sängerknötchen, stecknadelkopfgroße Knötchen auf den Stimmbändern, häufig bei Sängern, Rednern infolge Überanstrengung der Stimme, meist die Folge falscher Stimmtechnik.

Sängerkrieg auf der Wartburg, mhd. episches Gedicht, →Wartburgkrieg.

San Germano [-dʒerm'a:no], bis 1871 Name von →Cassino.

San Gimignano [-dʒimiɲ'a:no], Stadt in der ital. Prov. Siena, Toskana, (1981) 7400 Ew.; Fremdenverkehr. Das mittelalterl. Stadtbild wird bestimmt durch 15 Geschlechtertürme (festungsartige Wohnbauten aus dem 12.–14. Jh.), Stadtmauer, Dom (12. Jh.) und Paläste.

San Giuliano Terme [-dʒuli'a:no-], bis 1935 **Bagni San Giuliano** [b'aɲi-], Gem. und Heilbad in der Prov. Pisa, Italien, (1981) 26700 Ew.; schwefel- und kalkhaltige Thermen (34–41 °C).

Sangria [span.] *die, -,* span. Getränk aus Rotwein, Fruchtstücken (Citrusfrüchte), Zucker, wird mit Eis serviert.

Sangrita [span.] *die, -/-s,* (scharf) gewürzter Gemüse-Trinksaft.

Sanguineti, E d u a r d o, ital. Schriftst., * Genua 9. 12. 1930, schrieb Gedichte, literaturkrit. Werke, Romane (›Capriccio italiano‹, 1963; ›Das Gänsespiel‹, 1967).

Sanguinetti, J u l i o M a r i a, uruguayischer Politiker (Colorado-Partei), * Montevideo 6. 1. 1936, Journalist, wandte sich nach dem Putsch von 1973 gegen die Militärherrschaft. 1983 wurde er Gen.-Sekr. seiner Partei, 1984 im Zuge des Demokratisierungsprozesses Staatspräsident.

Sanguiniker [von lat. sanguis ›Blut‹] *der, -s/-,* lebhafter, heiterer, temperamentvoller Mensch (→Temperament).

Sanherib, König von Assyrien, 704–681 v. Chr., Nachfolger Sargons II., eroberte Babylon, Sidon und Jaffa, baute Ninive zur Weltstadt aus.

Sanidin [grch.] *der, -s/-e,* ein monokliner Kalifeldspat, ›glasiger Feldspat‹, klar, farblos, mit tafeligen Kristallen.

Sanierung [lat.] *die, -/-en,* **1)** ⚕ Schaffung gesunder Verhältnisse. **2)** Betriebswirtschaft: Beseitigung finanzieller Schwierigkeiten von Unternehmungen in Form von Zahlungsunfähigkeit und Überschuldung. In beiden Fällen setzt die S. die Zuführung neuer finanzieller Mittel voraus. Bei der Überschuldung müssen diese Mittel von den Eigentümern (also nicht als Schulden) aufgebracht werden. Daneben ist die S. regelmäßig mit einer Änderung der Geschäftspolitik verbunden. Bei Verlusten, die noch durch Grund- oder Stammkapital (jedoch nicht mehr durch Rücklagen) gedeckt sind, genügt eine Herabsetzung des Grund- oder Stammkapitals (›reine S.‹). **3)** Städtebau: Teilgebiet der Stadterneuerung. Antriebe zur S. sind v. a. Überbelegung mit Wohnungen (oft mit sozial schwacher oder sozial gefährdeter Bevölkerung), schlechter baul. Zustand der Gebäude, schlechte hygien. Verhältnisse, enge Bebauung, Lage an lärm- und verkehrsgefährdeten Straßen, Fehlen von Erholungsflächen und Kinderspielplätzen, unzureichende Versorgung mit Schulen, Kindergärten u. a. Beispiele für die S. in Großstädten sind schon aus der Vergangenheit zahlreich überliefert (Rom durch Nero); sie häufen sich seit dem 19. Jh. (Paris durch G. E. Haussmann). *ich saniere,* **1)** *es, ihn,* heile, schaffe gesunde Lebensverhältnisse. **2)** *es,* stütze, mache wieder leistungsfähig (Stadtteil, Unternehmen). **3)** *mich,* U gesunde wirtschaftlich, bereichere mich.

Sanikel [aus lat. sanare ›heilen‹] *der, -s/-,* **Sanickel, Scharnickel, Sanicula europaea,** staudige Doldenblüter europ., asiat., afrikan. Gebirgswälder, mit hakenborstigen Früchtchen.

sanitär [lat.], der Gesundheit und Körperpflege dienend: *sanitäre Anlagen,* Toiletten, Kanalisation u. a.

Sanitäter [lat.] *der, -s/-,* zur ersten Hilfeleistung bei Unfällen und plötzl. Erkrankungen sowie zum Krankentransport ärztlich Ausgebildeter.

Sanitätsrat, 1) dt. ärztl. Ehrentitel, bes. vor 1918 verdienten Ärzten verliehen. **2)** in Österreich beratendes und begutachtendes Organ für das Gesundheitswesen.

Sanitätswesen, Gesundheitsdienst der Streitkräfte. Er hat die Aufgabe, die geistige und körperl. Tauglichkeit für den Wehrdienst festzustellen, die Gesundheit des Soldaten zu erhalten und sie bei Krankheit oder Verwundung wiederherzustellen und die hierzu notwendigen personellen, materiellen und organisator. Vorbereitungen, bes. für einen mögl. Verteidigungsfall, zu treffen. In der B u n d e s w e h r bildet das Sanitäts- und Gesundheitswesen eine in sich geschlossene Einheit mit dem Sanitätsinspekteur an der Spitze. Es verfügt über eigene Einrichtungen wie Sanitätsamt, Akademie des Sanitäts- und Gesundheitswesens, Institute, Bundeswehrkrankenhäuser und Untersuchungsstellen. Der **Truppensanitätsdienst** ist Bestandteil der Truppe und wird vom Truppenarzt durchgeführt. Die fachl. Ausbildung des **Sanitätspersonals** entspricht der des zivilen Gesundheitswesens. Die **Sanitätsoffiziere** (Ärzte, Zahnärzte, Apotheker, Veterinäre) müssen die vorgeschriebene militär. und akademische Ausbildung an dt. Hochschulen haben. Die **Sanitätsunteroffiziere** und **-mannschaften** bildet die Bundeswehr in Krankenpflegeschulen und an der Akademie des Sanitäts- und Gesundheitswesens aus. Das Sanitätspersonal steht unter dem Schutz der Genfer Konventionen und trägt als internat. Kennzeichen die weiße Armbinde mit dem roten Kreuz. Für den Verteidigungsfall werden in der Bundesrep. Dtl. die Einrichtungen des Sanitätsdienstes räumlich gestaffelt, wobei er sich westlich der grenznahen Zone auf eine dem Territorialheer unterstellte stationäre Lazarettorganisation stützt.

San Joaquin [sæn wɔk'i:n] *der,* Fluß im großen kaliforn. Längstal der USA, 563 km lang, entspringt in der Sierra Nevada und mündet mit dem Sacramento in die Bucht von San Francisco; dient der Bewässerung.

San Jose [sæn (h)əʊz'eɪ], Stadt und Winterkurort in Kalifornien, USA, (1980) 629450 Ew., im Santa Clara Valley; Obstbau und -verarbeitung, Zementfabriken, Automontage- und Aluminiumwerk, Zentrum der Fernlenkraketentechnik und Elektronik.

San José [saŋxos'e], **1)** Hptst. von Costa Rica, (1983) 271870 Ew., 1160 m ü. M. am Fuß der Zentralkordillere, Erzbischofssitz, 3 Univ.; wichtigstes Handels- und Ind.-Zentrum des Landes. **2) Puerto S. J.,** Hafenstadt in Guatemala, am Pazifik, rd. 10000 Ew. **3) S. J. de Cúcuta** [-ðə k'ukuta], Stadt in Kolumbien, →Cúcuta.

San-José-Schildlaus [saŋxos'e-], Abk. **S. J. S., Quadraspidiotus perniciosus,** aus Nordchina stammende, weit verbreitete Schildlaus. Die unter einem schwärzl. Rundschild von 1–2 mm Durchmesser sitzenden Weibchen sind bein- und augenlos sowie lebendig gebärend, die etwa 1 mm langen, orangeroten Männchen sind geflügelt. Gefährl. Schädling auf Stein-, Kern- und Beerenobst, auch auf Zier- und Nutzgehölzen sowie auf einigen Stauden.

San Juan [-xu'an], **1)** Hptst. von Puerto Rico, (1980) 425000 Ew.; Kulturzentrum mit Univ., Erzbischofssitz, zugleich wichtigster Wirtschafts-, Handels- und Fremdenverkehrsort und Haupthafen der Insel; internat. Flughafen. – S. J. wurde 1521 von den Spaniern gegr. **2)** Prov. von →Argentinien. **3)** Hptst. von 2), (1980) 290000 Ew.; Erzbischofssitz; Universität; Weinkellereien, Konservenfabrik.

Sankey-Diagramm [s'æŋkɪ-, nach dem irischen Ingenieur H. R. Sankey, * 1853, † 1921], die graph. Darstellung eines Energieflusses durch bandförmige Unterteilung. Beginnend mit 100%, zweigen für die einzelnen Anteile, die für best. Zwecke benutzt werden, entsprechende Streifen ab.

Sankhja [Sanskrit ›aufzählende Methode‹] *das, -(s),* **Samkhja,** ein System der ind. Philosophie (→indische Philosophie und Religion).

Sankt [lat.], Abk. **St.,** heilig (vor Namen).

Sankt Andrä, Stadt (seit 1289) in Kärnten, Österreich, (1984) 10700 Ew.; Dampfkraftwerk, Baustoff-Ind.; Fremdenverkehr; Jesuitenkonvent, barocke Maria-Loreto-Kirche.

Sankt Andreasberg, Bergstadt S. A., Stadt und heilklimat. Kurort im Kr. Goslar, Ndsachs., (1984) 2730 Ew., im Oberharz, 520–650 m ü. M.; Klein-Ind. (Sägewerke, elektrotechn., physikal. Instrumente, Kunststoff- und Eisenverarbeitung). S. A. war Zentrum der Harzer Kanarienvogelzucht (›Harzer Roller‹). Der seit dem 13. Jh. bestehende Blei-Silber-Erzbergbau wurde vor 1910 eingestellt.

Sankt Florian: Augustiner-Chorherrenstift

Sankt Anton am Arlberg, Gem. im Bez. Landeck, Tirol, Österreich, (1984) 2200 Ew., 1302 m ü. M.; Ski-Museum (seit 1982); Wintersportplatz im Stanzer Tal an der Arlbergstraße und -bahn; Endpunkt des neuen Arlbergtunnels.

Sankt Augustin, Stadt im Rhein-Sieg-Kr., NRW, (1984) 50400 Ew.; Völkerkundemuseum; Computer-Industrie.

Sankt Avold, frz. **Saint-Avold** [sɛ̃tav'ɔl(d)], Stadt in Lothringen, im frz. Dép. Moselle, (1982) 16500 Ew.; Steinkohlenbergbau, Maschinenbau, chemische u. a. Industrie.

Sankt Bartholomä, Wallfahrtskirche am → Königssee.

Sankt Bernhard, 2 Alpenpässe, → Großer Sankt Bernhard (BILD), → Kleiner Sankt Bernhard.

Sankt Bernhardin, → San Bernardino.

Sankt Blasi|en, Stadt im Kr. Waldshut, Bad.-Württ., (1983) 4200 Ew., heilklimat. und Kneippkurort im südl. Schwarzwald, 762 m ü. M. - Seit dem 10. Jh. bestand eine selbständige Benediktinerabtei (1806 säkularisiert). Nach dem Brand von 1786 wurde die neue Kuppelkirche gebaut; Jesuitengymnasium in den nach einem 2. Brand (1874) neu erbauten Räumen des Klosters.

Sankt Florian, Markt S. F., Marktgem. im Bez. Linz-Land, OÖ, (1984) 4350 Ew.; landwirtschaftl. Bundeslehranstalt. - Das im 8. Jh. entstandene Kloster wurde 1071 Augustiner-Chorherrenstift. Barocke Stiftskirche (1686–1708; BILD Schmiedekunst), Marmorsaal, Treppenhaus u. a. von J. Prandtauer; Bibliotheksbau (1744–50) mit bedeutender Bibliothek. (BILD S. 518)

Sankt Gallen, **1)** Kanton der Schweiz, 2014 km², (1983) 394600 Ew., mit den Bezirken Alttoggenburg, Gaster, Gossau, Neutoggenburg, Oberrheintal, Obertoggenburg, Rorschach, Sankt Gallen, Sargans, See, Unterrheintal, Untertoggenburg, Werdenberg, Wil; erstreckt sich vom Bodensee im N über das Toggenburg bis zum oberen Zürichsee, umfaßt im O die linke Seite des Alpenrheintals, einen Teil des Säntis (2501 m) und reicht über die Churfirsten (2306 m) und den Walensee bis in die Glarner Alpen. Die Bevölkerung ist überwiegend deutschsprachig. In den Tälern, bes. im Rheintal, werden Gemüse, Mais, Tabak und Wein angebaut. Die Industrie stellt vorwiegend Textilien her, ferner Metallwaren, Maschinen, Apparate und Zement. **2)** Hptst. von 1), (1983) 74200 Ew., an der Steinach; kath. Bischofssitz; Hochschule für Wirtschafts- und Sozialwissenschaften, Fachschulen, Museen,

Sankt Gallen 2): ehemalige Stiftskirche

Theater. Im Mittelpunkt der Stadt liegt die ehem. Benediktinerabtei, im 9.-11. Jh. eine der bed. Pflegestätten dt. Kunst und Geisteskultur. Die heutigen Bauten aus dem Barock (Stiftskirche, Klostergebäude, Stiftsbibliothek, BILD Bibliothek) wurden von P. Thumb, J. M. Beer u. a. geschaffen. Stadtbibliothek (Vadiana); Mittelpunkt der ostschweizer. Textil- und Metallwaren-Ind.

Geschichte. Das Kloster entwickelte sich um die Mitte des 8. Jh. aus der Einsiedlerzelle des hl. Gallus. Im 9.-11. Jh. war es eine der bedeutendsten Pflegestätten der Kunst und Geisteskultur (→ Notker). Die Äbte, seit 1206 Reichsfürsten, herrschten bis Anfang des 15. Jh. auch über Appenzell und seit 1468 über die Gfsch. Toggenburg; Stadt und Stift S. G. waren seit 1454 ›zugewandte Orte‹ der Schweizer. Eidgenossenschaft. Die Stadt S. G. kaufte sich 1457 völlig vom Stift los. Sie führte 1524 unter dem humanistisch gebildeten Bürgermeister Vadianus die Reformation ein, doch wurde nach 1531 die geistl. Oberhoheit - bei freier Religionsausübung im Toggenburg - wiederhergestellt. 1798 setzten die Franzosen der Stiftsherrschaft ein Ende; 1803 entstand der Kanton Sankt Gallen.

Sankt Georg, Heiliger, → Georg.

Sankt Gotthard 1): Paßhöhe mit See und Hospiz

Sankt Gallen 1)

Sankt Gallen 2)

Sankt Georgen im Schwarzwald, Stadt im Schwarzwald-Baar-Kr., Bad.-Württ., (1984) 14500 Ew., 862 m ü. M.; Fremdenverkehrsort im südl. Schwarzwald; Uhren-, elektrotechn., feinmechanische Industrie.

Sankt-Georgs-Kanal, engl. **Saint George's Channel** [snt dʒ'ɔ:dʒɪz tʃænl], **Südkanal,** engl. **South Channel** [saʊθ tʃænl], Meeresstraße zwischen Wales und Irland, 80–150 km breit.

Sankt Gilgen, Gem. im Bez. Salzburg, Österreich, (1984) 3100 Ew., 550 m ü. M., am Sankt-Wolfgang-See; Holz-Ind.; Fremdenverkehr.

Sankt Goar, Stadt im Rhein-Hunsrück-Kr., Rheinl.-Pf., (1984) 3500 Ew., linksrheinisch; Klein-Ind., Schiffbau, Winterhafen; spätgot. Stiftskirche (Wandmalereien). - S. G., das vor 1264 Stadtrecht erhielt, wurde von Philipp II. von Hessen seit 1568 durch den Ausbau der Festung Rheinfels gesichert.

Sankt Goarshausen, Stadt im Rhein-Lahn-Kr., Rheinl.-Pf., (1984) 1500 Ew., rechtsrheinisch; Weinbauschule, Freilichtbühne; Weinbau und -handel, Mühlenbetriebe; Rathaus (1532), Stadtbefestigung. Über der Stadt, die 1324 Stadtrecht erhielt, die Burg Katz (→ Katzenelnbogen), stromaufwärts die → Lorelei.

Sankt Gotthard, 1) *der,* ital. **San Gottardo,** Gebirgsmassiv in der Zentralschweiz, eine der größten Wasserscheiden Europas (Quellengebiet von Rhone, Rhein, Reuß, Aare und Tessin). Höchste Gipfel des z. T. vereisten Massivs sind Pizzo Rotondo (3192 m), Pizzo Centrale (3001 m), Piz Blas (3019 m) und Badus (Six Madun, 2928 m). Die **Sankt-Gotthard-Paßstraße** (2108 m ü. M.) zw. Reuß- und Tessintal ist eine kurze Querverbindung durch die Alpen und im Sommer ein vielbefahrener Alpenübergang. Der S. G. wird von der → Gotthardbahn durchfahren. Der **Gotthard-Straßentunnel** (eine Tunnelröhre, eine zweite ist geplant) von Göschenen nach Airolo wurde mit einer Länge von 16,3 km nach zehnjähriger Bauzeit 1980 eröffnet. **2)** ungar. **Szentgotthárd** [s'ɛntgotha:rd], Ort in SW-Ungarn, (1970) 5800 Ew., im Raabtal an der ungarisch-österr. Grenze. - Bei S. G. siegten die kaiserl. Truppen unter Fürst R. Montecuccoli am 1. 8. 1664 über die Türken.

Sankt Helena, engl. **Saint Helena** [snt h'elɪnə], brit. Insel im südl. Atlant. Ozean, 122 km² mit (1981) 5200 Ew., meist Neger und Mischlinge. Hauptort und Hafen: Jamestown. Die Insel ist vulkan. Ursprungs, bis 824 m hoch. Anbau von Flachs, Hanf, Getreide u. a.; Viehzucht und Fischfang; Flachs- und Hanfverarbeitung. - S. H. wurde 1502 von den Portugiesen entdeckt, 1600 holländisch, 1650 britisch. Hier lebte seit 1815 Napoleon I. als Gefangener.

Sankt-Hubertus-Orden, → Hubertusorden.

Sankt Immertal, Tal in der Schweiz, → Val Saint-Imier.

Sankt Ingbert, Stadt im Saar-Pfalz-Kr., Saarland, (1984) 41200 Ew.; Walzwerk, Gummiverarbeitung, Elektro-, Metall-, Glas-, Textil- u. a. Ind., Bierbrauerei. - S. I. entwickelte sich seit Mitte des 18. Jh. zu einem der wichtigsten Industrieplätze im östl. Saarland (bis 1956 Steinkohlengrube); seit 1829 Stadt.

Sanktion [lat. ›feierl. Bestätigung‹] *die, -/-en,* **1)** ⚖ allg. die Androhung eines Rechtsnachteils, die dem Gesetzesgebot zu effektiver Geltung verhelfen soll, i. Ggs. zur **lex imperfecta,** die keine S. androht; im Staatsrecht früher auch ein wichtiges Staatsgesetz (→ Pragmatische Sanktion). **2)** *Pl.,* Völkerrecht: Zwangsmaßnahmen zur Sicherung eingegangener Verpflichtungen, z. B. die Maßnahmen des Völkerbundes gegen Italien während der Eroberung Abessiniens (1935/36). **3)** Soziologie: die von der Gesellschaft oder von ihren einzelnen Gruppen getroffenen oder in Aussicht gestellten Maßnahmen zur Stützung oder zur Korrektur des nach Normen ablaufenden sozialen Handelns. Sie kann positiver (Belobigung, Preis- und Ordensverleihung u. a.) oder negativer Art (Tadel, Strafe, Zwang, Ausschluß, Degradierung) sein und ist ein Mittel der sozialen Kontrolle (→Kontrolle 3). Eine bed. Rolle spielen öffentl. Auszeichnungen und öffentl. Tadel in den kommunistischen Staaten. **sanktionieren.** *ich* **sanktioniere** *es,* bestätige, verleihe Gesetzeskraft; erteile meine Zustimmung.

Sanktissimum [lat.] *das, -s,* Kath. Kirche: das →Allerheiligste 2).

Sankt Joachimsthal, tschech. **Jáchymov** [j'aximɔf], Stadt im Westböhm. Kr., ČSSR, rd. 5000 Ew., Radiumbad, 635–750 m ü. M., im Erzgebirge. Das Gebiet um S. J. wurde nach 1946 zum Mittelpunkt des tschech. Uranerzbergbaus. Inzwischen sind die Gruben stillgelegt. S. J. war im 16. Jh. Mittelpunkt des böhm. Silberbergbaus. Seit etwa 1519/20 ließen hier die Grafen von Schlick die →Joachimstaler prägen.

Sankt Johann, 1) S. J. im Pongau, Bezirkshauptort im Bundesland Salzburg, Österreich, (1984) 7800 Ew., 650 m ü. M., an der Salzach, Fremdenverkehr; Textil-, Polstermöbelfabriken. 5 km südl. die Liechtensteinklamm mit 80 m hohem Wasserfall. **2) S. J. in Tirol,** Marktgem. im Bez. Kitzbühel, Tirol, Österreich, (1984) 6500 Ew., 660 m ü. M.; Holz-Ind.; Fremdenverkehr.

Sankt Leon-Rot, Gem. im Rhein-Neckar-Kr., Bad.-Württ., (1984) 10100 Ew.; 1975 durch Zusammenschluß der Gem. Rot und St. Leon entstanden; Metall-, Lederverarbeitungs-, Zigarrenfabrik.

Sankt-Lorenz-Golf, engl. **Gulf of Saint Lawrence** [gʌlf ɔv snt l'ɔrəns], Mündungsbucht des Sankt-Lorenz-Stroms an der Ostküste Nordamerikas.

Sankt-Lorenz-Seeweg, engl. **Saint Lawrence Seaway** [snt l'ɔrəns s'i:weɪ], Binnenwasserstraße in Nordamerika, ermöglicht die Schiffahrt zw. den Großen Seen und dem Atlantik durch Ausbau (Kanäle, Schleusen; 1954–59) des →Sankt-Lorenz-Stroms zw. Ontariosee und Montreal. Trotz langer Eisbedeckung ist der S.-L.-S. eine der verkehrsreichsten Binnenwasserstraßen der Erde.

Sankt-Lorenz-Strom, engl. **Saint Lawrence River** [snt l'ɔrəns r'ɪvə], Strom im östl. Nordamerika, mit dem St. Louis River (Minnesota, USA) und den Großen Seen 3058 km lang, bildet bis oberhalb Montreal die Grenze zw. den USA und Kanada und fließt dann auf kanad. Boden. Nach seinem Ausfluß aus dem Ontariosee bildet er mehrfach von Kanälen umgangene Stromschnellen und -inseln. Bei Quebec beginnt der lange Mündungstrichter, der sich bis auf 150 km verbreitert.

Sankt Ludwig, frz. **Saint-Louis** [sɛ̃lw'i], Stadt im Oberelsaß, im frz. Dép. Haut-Rhin, (1982) 18700 Ew., an Basel grenzend; Textil-, feinmechanische, Elektroindustrie; Rheinhafen.

Sankt Märgen, Gem. im Kr. Breisgau-Hochschwarzwald, Bad.-Württ., (1984) 1700 Ew., 889 m ü. M.; Luftkurort.

Sankt Moritz [auch -r'ɪts], rätoroman. **San Murezzan,** Höhenluftkurort und Wintersportplatz im Kt. Graubünden, Schweiz, (1980) 5900 Ew., im Oberengadin, am **St. Moritzer See** (0,78 km², 44 m tief). In **S.-M.-Dorf,** 1838 m ü. M., Endpunkt der Albula- und Berninabahn; Museen. In **S.-M.-Bad,** 1760 m ü. M., eisenhaltige Heilquellen. Am Champfèrsee (0,55 km², 33 m tief) der Hotelkomplex von Champfèr. Bergbahnen nach Corviglia (2488 m) und auf den Piz Nair (3057 m).

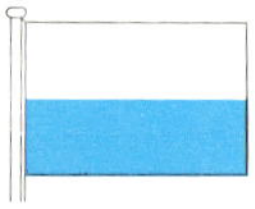

San Marino

Sankt Pauli, Stadtteil von Hamburg, Hafenviertel, mit dem internationalen Vergnügungsviertel an der Reeperbahn.

Sankt Paul im Lavanttal, Marktgem. im Bez. Wolfsberg, Kärnten, Österreich, (1981) 5800 Ew.; Benediktinerstift (1091 gegr.) mit roman. Basilika (nach dem Brand von 1367 gotisch umgebaut), bedeutenden Kunstschätzen, Bibliothek.

Sankt Peter, Gem. im Kr. Breisgau-Hochschwarzwald, Bad.-Württ., (1983) 2200 Ew., Luftkurort im südl. Schwarzwald, 722 m ü. M.; Priesterseminar der Erzdiözese Freiburg in dem von den Zähringern als Hauskloster und Grablege gegr. Kloster; Bibliothek; Barockkirche (1724–27).

Sankt Peter-Ording, Gem. im Kr. Nordfriesland, Schlesw.-Holst., (1983) 5400 Ew., an der W-Küste der Halbinsel Eiderstedt; Nordseeheilbad mit Schwefelsolquelle.

Sankt Petersburg, russ. **Sankt Peterburg,** bis 1914 Name der Stadt →Leningrad.

Sankt Pölten, Stadt mit eigenem Statut und Bezirkshauptort, NÖ, (1984) 52800 Ew., im Alpenvorland; Bischofssitz, Theolog. Hochschule, Handelsakademie, Museen, Theater; Maschinen-, Textil-, Kunststoff-, Papier-, Möbel- u. a. Ind.; roman. Domkirche (im 17. Jh. barockisiert), Franziskanerkirche (1757–68), Rathaus (16./18. Jh.), Karmeliterkirche (1712), barocke Bürgerhäuser. – An der Stelle der Römerstadt **Aelium Cetium** wurde um 760 ein Kloster gegründet.

Sankt Thomas, 1) die Jungferninsel →Saint Thomas. **2) São Tomé** [sãu tum'ɛ], Insel im Golf von Guinea (→São Tomé e Príncipe).

Sankt Veit an der Glan, Bezirksstadt in Kärnten, Österreich, (1984) 11900 Ew., im Klagenfurter Becken; Holz-, Textil-Ind.; Stadtpfarrkirche (frühes 13. Jh., spätgotisch umgebaut), got. ehem. Klarissinnenkirche, Rathaus (1468), got. Bürgerhäuser. – S. V. a. d. G., 1131 erstmals, 1224 als Stadt erwähnt, war von Burgen umgeben und bis 1518 ›Herzogsstadt‹.

Sankt-Vinzenz-Kap, portugies. Kap, →São Vicente.

Sankt Wendel, Krst. im Saarland, (1984) 26400 Ew., im Saar-Nahe-Bergland; Textilind., Apparatebau. Die Wallfahrtskirche mit dem Sarkophag des hl. Wendelin ist eine spätgot. Hallenkirche.

Sankt Wolfgang im Salzkammergut:
Pfarrkirche und Weißes Rößl (Bildmitte),
im Hintergrund der Schafberg

Sankt Wolfgang im Salzkammergut, Marktgem. im Bez. Gmunden, OÖ, (1984) 2700 Ew., 549 m ü. M., am **Sankt-Wolfgang-See (Abersee;** 13,5 km², bis 114 m tief); spätgot. Kirche (1414 vollendet) mit Flügelaltar von M. Pacher (zw. 1471 und 1481); Wallfahrtsbrunnen (1515); Fremdenverkehr.

Sanlúcar de Barrameda [-ðe βarram'eða], Stadt in der Prov. Cádiz, Spanien, (1981) 48500 Ew., an der Mündung des Guadalquivir; Wein-, Gemüse-, Apfelsinenanbau. – Von S. de B. aus trat Kolumbus 1498 seine 3. Amerikafahrt und Magalhães 1519 seine Weltumseglung an.

San Luis, 1) Prov. von →Argentinien. **2)** Hptst. von 1), am Fuß der Sierra de S. L., rd. 60000 Ew.; Handelszentrum.

San Luis Potosí, 1) Staat in →Mexiko. **2)** Hptst. von 1), (1980) 327000 Ew., 1885 m ü. M.; Univ.; Textil-, Schuh- u. a. Ind., Silberhütten, Arsengewinnung; gut erhaltenes kolonialzeitl. Stadtbild.

San Marino, amtl. **Repubblica di S. M.,** Rep. auf der Apenninhalbinsel, südwestl. von Rimini, 61 km², (1981) rd. 22000 Ew.; Hptst.: San Marino (4600 Ew.), Amtssprache: Italienisch; Währungseinheit ist die ital. Lira. *Adj.* **sanmarinesisch.** *der* **Sanmarinese,** *-n/-n.* (KARTE VIII/IX, n. S. 320)

S. M. wird vom Rücken des Monte Titano (bis 756 m) durchzogen, an dessen Spitze innerhalb der alten Befestigungsanlagen die Hauptstadt liegt. Sie hat ihr mittelalterl. Gepräge bewahrt und wird von 3 Türmen überragt, deren höchster ›La Cesta‹ heißt. Am Fuß des Berges liegt die größte Gemeinde Serravale Dogana (5000 Ew.). Die Bevölkerung besteht aus Italienern; überwiegend katholisch (95,2%). 16000 Bürger leben im Ausland. Verfassung und Recht beruhen auf dem Statut von 1600; die Gesetzgebung liegt beim Großen Rat (60 auf 5 Jahre gewählte Mitgl.), der zugleich die Funktionen eines Staatsoberhaupts ausübt. Der Große Rat wählt aus seiner Mitte den Staatsrat mit 10 Mitgl. als Exekutive sowie 2 ›Capitani reggenti‹, die Vorsitzende des Großen Rates, des Staatsrates und des Rates der Zwölf sind. Die Wirtschaft beruht auf dem Fremdenverkehr und dem Briefmarkenverkauf; Getreide- und Weinbau, Rinderzucht; Zement- und Keramikindustrie. S. M. steht seit 1862 mit Italien in einer Zollunion.

Geschichte. Erstmals in der Pippinischen Schenkung (754) als ›castellum S. Marini‹ erwähnt, erlangte S. M. im 13. und 14. Jh. Unabhängigkeit, die es trotz zahlreicher Schutzverträge wahren konnte. (Weiteres BILD S. 521)

San Martín, José de, südamerikan. General, *Yapeyú (Prov. Corrientes) 25. 2. 1778, †Boulogne-sur-Mer 17. 8. 1850, span. Offizier, wurde 1814 Oberbefehlshaber der argentin. Truppen im Freiheitskampf gegen Spanien. 1817 überschritt er die Anden und befreite Chile von der span. Herrschaft. 1820 griff er die Spanier in Peru an, nahm Lima (1821) und wurde Protektor von Peru; da er sich 1822 mit dem aus dem Norden vorstoßenden S. de Bolívar nicht verständigen konnte, ging er 1824 nach Europa.

Sanmen-Stauwerk [›Drei Tore‹-], Stauanlage am mittleren Hwangho, Prov. Shansi, China. Die 929 m lange und 108 m hohe Sperrmauer staut den Fluß zu einem 250 km langen See (2350 km²). Das Stauwerk bewässert 2,5 Mio. ha Baumwoll- und Getreideland und liefert 4,6 Mrd. kWh jährlich. Die neue Stadt **Sanmen** hat rd. 200000 Ew.

San Miguel [-miɣ'ɛl], **1)** Hptst. des Dep. S. M., El Salvador, am Fuß des Vulkans S. M. (2132 m ü. M.) mit (1979) 77500 Ew.; Handelszentrum. **2) S. M. de Tucumán,** Stadt in Argentinien, →Tucumán.

Sannazaro, Jacopo, ital. Dichter, * Neapel 28. 7. 1456, † ebd. 24. 4. 1530, aus adliger span. Familie, schrieb von humanist. Geist erfüllte lat. Werke und ital. Dichtungen (›Rime‹, 1530), Fest- und Lustspiele. Seine Hirtendichtung ›Arcadia‹ (1502) wurde ein Vorbild der europäischen Schäferdichtung.

San Pedro [-p'eðro], **1) S. P. de Macorís** [-ðe-], auch **Macorís,** Prov.-Hptst. der Dominikan. Rep., (1981) 79000 Ew.; Hafen am Karib. Meer; Univ.; Zuckerfabrik. **2) S. P. Sula,** Hptst. des Dep. Cortés, Honduras, (1980) 275900 Ew.; Mittelpunkt eines Bananen- und Zuckerrohranbaugebiets, bedeutender neuer Industriestandort; kath. Bischofssitz.

San-Pédro [frz. sãpedr'o], Hafenstadt im SW der Rep. Elfenbeinküste, mit Großhafen, besonders für Holzexport.

San Remo, Kurort in der ital. Prov. Imperia, (1981) 61200 Ew., an der Riviera di Ponente. – Die **Konferenz von S. R.** (19. 4.–26. 4. 1920) zw. Großbritannien, Frankreich und Italien lehnte eine Revision des Versailler Vertrages ab.

San Salvador, 1) früher **Guanahani,** auch **Watlinginsel** [w'ɔtlɪŋ-], eine Bahama-Insel; hier betrat C. Kolumbus am 12. 10. 1492 erstmals die Neue Welt. **2)** Hptst. der Rep. El Salvador, (1979) 415000 Ew., am Fuß des gleichnamigen Vulkans (1967 m); Erzbischofssitz, 2 Univ., Nationalbibliothek und -museum; Nahrungsmittel-, Textil-, Tabak- und chem. Ind. – S. S. wurde 1525 von den Spaniern gegr., 1839 Hptst. von El Salvador.

San Salvador 2)

Sansanding, Ort am Niger, nordöstlich von Ségou, Mali. Durch den hier 1947 fertiggestellten Staudamm wurde der Wasserspiegel des Niger um 5 m gehoben und die Bewässerung von rd. 50000 ha Reis- und Baumwollfeldern ermöglicht.

Sansculotten [sãkyl'ɔtən, frz., ›ohne Kniehosen‹], *Sg. der* **Sansculotte,** *-n,* urspr. in der Frz. Revolution Spottname für die Republikaner, weil sie i. Ggs. zur aristokrat. Mode keine Kniehosen (Culottes), sondern lange Hosen (Pantalons) trugen; später gleichbedeutend mit republikan. Zwischenschichten (kleine Geschäftsleute, Händler, Handwerker).

San Sebastián, bask. **Donostia** oder **Izurum,** Hptst. der bask. Prov. Guipúzcoa, Spanien, (1981) 175600 Ew.; Hafenstadt und Seebad am Golf von Biscaya; Bischofssitz; Stadtbibliothek, Theater, ethnograph. und ozeanograph. Museum; Fremdenverkehr. – S. S., zuerst 1014 erwähnt, war Hafen des Königreichs Navarra und entwickelte sich später unter kastil. Herrschaft zu einem wichtigen internat. Seehafen und Handelsplatz; war bed. als Festung in den spanisch-frz. Kriegen.

San Severo, Stadt in der Prov. Foggia, Italien, (1981) 54200 Ew.; Bischofssitz; landwirtschaftliches Handelszentrum.

San Marino: Befestigungsanlagen mit Turm ›La Cesta‹ in S. M.

Sansevierie [nach dem ital. Gelehrten R. v. Sangro, Fürst v. Sanseviero, * 1710, † 1771] *die, -/-n,* **Sansevieria,** Pflanzengatt. der Liliengewächse im trop. Asien und Afrika, wegen ihrer Blattfaser in Vorderindien, Mauritius, Westindien angebaut. Die tropisch-afrikan. Art **Bajonettpflanze (Sansevieria cylindrica)** hat stielrunde, spitze Blätter. Die gelbgerandete Abart **Sansevieria laurentii** ist Zimmerpflanze und liefert wertvolle Gespinstfasern.

Sansibar, engl. **Zanzibar** [z'ænzɪbɑ:], **1)** Insel vor der Küste O-Afrikas, 1660 km² mit (1978) 273000 Ew., mit der Insel →Pemba 2) Gliedstaat der Vereinigten Republik von Tansania. – Die Insel besteht aus gehobenem Korallenkalk, im W ist sie von fruchtbarem Lehmboden überdeckt, im O verkarstetes Ödland. Klima: tropisch-wechselfeucht. – Vorwiegend muslim. Bevölkerung (Bantu, ferner Araber, Inder und Pakistaner).

Wirtschaft. Gewürznelkenkulturen, Kopra, Reis, ferner Elfenbein- und Ebenholzschnitzerei, Juwelierarbeit.

Geschichte. Die Inseln waren im MA. Teil des von Arabien und Persien beeinflußten Handels- und Kulturraums an der Ostküste Afrikas. 1500–1650 stand S. unter portugies. Herrschaft. Dann wurde es wieder von Arabern erobert. Sultan Seyyid Said von Maskat verlegte 1840 seinen Hauptsitz nach S. und festigte damit die Macht der Araber aus Oman an der afrikan. Ostküste. Die Sultane von S. förderten einen lebhaften Sklavenhandel. Der zunehmende brit. Einfluß mündete 1890 in eine Protektoratsherrschaft über S. Die Festlandsküste fiel teils an Deutsch-, teils an Britisch-Ostafrika (Helgoland-Sansibar-Vertrag). Mit der Aufhebung des Protektoratsvertrags (1963) entließ Großbritannien S. in die Unabhängigkeit. Spannungen zw. dem arab. und schwarzafrikan. Bev.-Teil entluden sich 1964 im blutigen Sturz des Sultans. Geführt von einem linksgerichteten Revolutionsrat, schlossen sich S. und Pemba 1964 mit Tanganjika zur ›Verein. Republik Tansania‹ zusammen.

2) Hptst. und Hafen von 1), (1978) 111000 Ew., an der W-Küste der Insel; Handelszentrum; ehem. Hauptumschlagplatz für den ostafrikan. Handel (besonders Sklaven und Elfenbein).

Sanskrit [altind. ›zurechtgemacht‹] *das, -s,* die ›kultivierte‹ Hoch- und Kunstsprache von Hindus, Buddhisten und Jainas Indiens; entstanden aus dem Vedischen, im 5./4. Jh. v. Chr. von Panini in Regeln gefaßt. Obwohl seit etwa 300 v. Chr. nicht mehr gesprochen, wurde das S. immer einflußreicher, bis es vom Persischen, Englischen und heute von neuind. Sprachen in den Schatten gestellt wurde. Es ist noch immer Quelle für den Wortschatz fast aller modernen →indischen Sprachen. (→indische Literaturen)

Sansovino, 1) Andrea, eigtl. **Contucci** [kɔnt'uttʃi], ital. Bildhauer und Baumeister, * Monte Sansovino um 1460, † ebd. 1529, schuf Bildwerke in den ausgeglichenen Formen der Renaissance (Taufe Christi am Baptisterium zu Florenz, 1502) und Wandgrabmäler, auf die er Motive antiker Triumphbögen übertrug (Rom, S. Maria del Popolo, 1506–09); Bauarbeiten in Monte Sansovino und Loreto.

2) Jacopo, eigtl. **Tatti,** ital. Baumeister und Bildhauer, * Florenz 1486, † Venedig 27. 11. 1570, Schüler von 1), seit 1527 in Venedig, wo er die Markusbibliothek (seit 1536; BILD Renaissance), die Münze (1537–45), den Palazzo Corner (seit 1537) u. a. baute. Indem er die schmuckfreudige Bauweise Venedigs in die strengere

Jacopo Sansovino: Maria mit dem Kind; Papiermaché auf Holz, um 1540 (Berlin-West, Staatl. Museen)

Ordnung der röm. Hochrenaissance faßte, eröffnete er die klassische, zu Palladio führende Epoche der venezian. Architektur. Sehr groß ist die Zahl seiner Bildwerke (Bacchus, Florenz, Bargello, 1514; Bronzetür der Sakristei der Markuskirche, Venedig, seit 1545; Neptun und Mars auf der Freitreppe des Dogenpalasts, Venedig, 1554–67).

Sanssouci [sãsus'i, frz. ›sorgenfrei‹], Schloß in Potsdam, Lieblingsaufenthalt Friedrichs d. Gr., in einem nach Entwürfen von G. W. v. Knobelsdorff angelegten Park (280 ha). Über einem Terrassenhang liegt das Schloß, ein nach Skizzen des Königs 1745–47 von Knobelsdorff errichteter einstöckiger Bau, der zu den Hauptwerken des dt. Rokoko gehört. Östlich vom Schloß die Bildergalerie (1755), westlich die Neuen Kammern (1771–73, Umbau der ehem. Orangerie von Knobelsdorff). Am Westende des Parks ließ Friedrich d. Gr. 1763–69 das **Neue Palais,** ein großes Schloß in klassizistisch gemäßigtem Barock, erbauen und als Abschluß des Ehrenhofs im W die beiden Communs mit Räumen für das Hofgefolge. Weitere Bauten des Parks entstanden im 19. Jh., so bes. im S Schloß **Charlottenhof** (1826–29, nach Plänen K. F. Schinkels) und im N die **Orangerie** (1851–60).

Santiago 1)

San Stefano, türk. **Yeşilköy** [jɛʃilk'œj], Vorort von Istanbul. Hier wurde am 3. 3. 1878 der den russisch-türk. Krieg beendende Frieden abgeschlossen. Brit. und österr. Widerstand führten auf dem → Berliner Kongreß eine Abänderung zuungunsten Rußlands herbei.

Sant', Santa, → San.

Santa Ana, Hptst. des Dep. S. A., El Salvador, (1979) 116600 Ew., am Fuß des Vulkans S. A. (2381 m); Wirtschaftszentrum.

Santa Catarina, Küstenstaat im S von → Brasilien, Hptst.: Florianópolis; Anbau von Mais, Weizen, Hülsenfrüchten, Maniok, Baumwolle, Tabak, Kaffee und Zuckerrohr; Vieh- (bes. Schweine-) und Geflügelzucht; Kohlevorkommen (die wichtigsten Brasiliens); Industrie bes. um Blumenau und Joinvile. Im Hinterland ausgedehnte dt., im S ital. Ackerbaukolonien.

Sanssouci (1745–47)

Santa Clara, Hptst. der Prov. Villa Clara, Kuba, (1981) 171900 Ew.; Univ.; Zucker-, Tabak- u. a. Industrie.

Santa Coloma de Gramanet [-ðe ɣraman'ɛt], Stadt in der span. Prov. Barcelona, (1981) 140600 Ew.; Metallwaren-, Textil-, chemische und Fahrradindustrie.

Santa Cruz, 1) [-krus], Prov. von → Argentinien. **2) S. C. de la Sierra,** Hptst. des Dep. S. C., Bolivien, (1980) 255000 Ew.; Univ., Erzbischofssitz; Erdölraffinerie. **3) S. C. de Tenerife** [-kruθ ðe-], Hptst. der span. Prov. S. C. de Tenerife und der Insel Teneriffa (Kanar. Inseln), (1981) 190800 Ew.; bed. Hafen; Erdölraffinerie; Kabelstation; Tabak-, Fischkonserven-Ind. u. a. **4) S. C. de Tenerife,** span. Prov., umfaßt den westl. Teil der Kanar. Inseln (Teneriffa, La Palma, Gomera, Hierro), 3208 km², (1981) 688300 Ew.

Santa-Cruz-Inseln [s'æntə kr'u:z-], früher **Königin-Charlotte-Inseln,** Inselgruppe der Salomonen, 938 km², rd. 3000 Ew., bes. Melanesier; Hauptinseln: Santa Cruz und Vanikoro.

Santa Fe, 1) Prov. von → Argentinien. **2)** Hptst. von 1), (1980) 287000 Ew., am Paraná, Flußhafen; Erzbischofssitz, Univ.; Handels- und Verarbeitungszentrum des reichen landwirtschaftl. Umlands. – S. F. wurde 1573 von Juan de Garay gegr. **3)** [s'æntə feɪ], Hptst. des Staates New Mexico, USA, (1980) 48900 Ew.; Erzbischofssitz; Fremdenverkehr.

Santa Fé de Bogotá, alter Name von → Bogotá.

Santa Isabel, 1) bis 1973 Name von → Malabo, der Hptst. von Äquatorialguinea. **2)** Insel der Salomonen, 462 km², rd. 10000 Ew., meist Melanesier.

Santal, Volk in W-Bengalen und im O vom Bihar, Indien, rd. 3,4 Mio., mit Mundasprache **(Santali);** Reisbauern. Im Mittelpunkt ihrer Religion steht der Ahnenkult.

Santa Maria, 1) portugies. Insel, die südöstlichste der Azoren, bis 587 m hoch, 100 km²; Hauptort: Vila do Porto (rd. 9500 Ew.). **2)** Stadt im Staat Rio Grande do Sul, Brasilien, (1980) 211000 Ew., darunter viele Deutsche; Univ., kath. Bischofssitz.

Santa Marta, Hptst. des Dep. Magdalena, Kolumbien, (1980) 202000 Ew., Hafen am Karib. Meer; TU, kath. Bischofssitz; Ausfuhr: Bananen, Kaffee und Baumwolle.

Santander, 1) Prov. in Altkastilien, Spanien, 5289 km², (1981) 510800 Ew. **2)** Hptst. von 1), (1981) 180300 Ew., Seebad an der N-Küste Spaniens; Bischofssitz; internat. Sommeruniv., Museen, meeresbiolog. Station; Werften, metallverarbeitende, chem., elektrotechn. Ind. – S., einst der **Portus Sancti Emetherii,** war schon im MA. ein bedeutender Hafen.

Santarém [santar'ãj], **1)** Distrikt im W Portugals, 6689 km², (1981) 460600 Ew. **2)** Hptst. von 1), (1981) 20000 Ew., am unteren Tejo; Marktzentrum. **3)** Stadt im Staat Pará, Brasilien, (1970) 51100 Ew., an der Mündung des Rio Tapajós in den Amazonas, Flußhafen und Handelsplatz; Fundort reichverzierter präkolumbischer Keramik.

Santayana, George de, amerikan. Philosoph und Schriftst., * Madrid 16. 12. 1863, † Rom 27. 9. 1952, lehrte 1889–1912 an der Harvard University, lebte dann in Europa. S. war ein kosmopolit. Humanist mit starkem roman. Formgefühl, das sich in seinem klassischen engl. Prosastil ausprägte. Als Philosoph kritisierte er die puritan. Willensethik und den Dt. Idealismus. Er sympathisierte mit dem Katholizismus als dem Hüter des Erbes der grch. Philosophie.

HW: The life of reason, 5 Bde. (1905/06); Scepticism and animal faith (1923); Der letzte Puritaner (1935, Roman); Die Christusidee in den Evangelien (1946).

Santi, der Familienname von → Raffael.

Santiago [santj'aɣo, von span. San Diego ›hl. Jakob‹], **1) S. de Chile** [-ðe tʃ'ile], Hptst. Chiles und der Prov. S., (1982) 3,831 Mio. Ew., am Fuß des Cerro Santa Lucía, Mittelpunkt des geistigen Lebens des Landes, Erzbischofssitz; staatl., kath. und Techn. Univ., Nationalbibliothek, Akademien, Museen, Theater; bedeutendstes Industriezentrum Chiles mit guten Verkehrsverbindungen und internat. Flughafen. – Die 1541 gegr. Stadt ist im Kolonialstil schachbrettartig angelegt. **2) S. de Compostela,** Stadt in der Prov. La Coruña, NW-Spanien, (1981) 93700 Ew., Erzbischofssitz, Wallfahrtsort, mit frühroman. Kathedrale (1075, spätbarock umgestaltet; in der Krypta das angebl. Grab des Apostels Jakobus, des Schutzpatrons Spaniens), Univ. (1532 gegr.). – S. war im MA. die Hptst. des Kgr. Galicien und einer der bedeutendsten abendländ. Wallfahrtsorte. **3) S. de Cuba,** Hptst. der Prov. Oriente, Kuba, (1981) 345000 Ew., am Fuß der Sierra Maestra, an geschützter Bucht, Erzbischofssitz, Univ.; vielseitige Ind., Erdölraffinerie, nach Havanna der wichtigste Hafen von Kuba (Ausfuhr von Kaffee, Fleischwaren, Zucker). – S. wurde 1514 gegr. und war 1523–56 Hptst. von Kuba. **4) S. del Estero,** Prov. von → Argentinien. **5) S. del Estero,** Hptst. von 4), (1980) 148000 Ew.; Verarbeitungsindustrie für landwirtschaftliche Produkte. **6) S. de los Caballeros** [-ðe lɔs kaβaj'ɛrɔs], Hptst. der Prov. S., Dominikan. Rep., (1978) 242000 Ew.; Univ., Wirtschaftszentrum im N des Landes.

Santifaller, Leo, Historiker, * Kastelruth (Südtirol) 24. 7. 1890, † Wien 5. 9. 1974; 1945–62 Vorstand des Instituts für österr. Gesch.-Forschung, 1945–55 Generaldirektor des Österr. Staatsarchivs.

Santillana [santiʎ'ana], Iñigo **López de Mendoza** [l'ɔpɛð ðe mend'oθa], Marqués de, span. Dichter, * Carrión de los Condes (Altkastilien) 19. 8. 1398, † Guadalajara 25. 3. 1458, der bedeutendste Vertreter der Frührenaissance in Spanien, schrieb neben Gedichten didaktisch-moral. Inhalts, an Petrarca anknüpfend, die ersten span. Sonette.

Säntis *der,* Gruppe der Appenzeller Alpen, NO-Schweiz, mit 7 Parallelketten. Die höchsten Gipfel sind Säntis (2501 m) mit Wetterwarte und Schwebebahn, Altmann (2436 m), Schäfler (1924 m).

Santo, → San.

Santo André [s'antu-], Stadt im Staat São Paulo, Brasilien, (1980) 634000 Ew., räumlich und wirtschaftlich eng mit São Paulo verbunden; Industriestandort.

Santo Domingo, S. D. de Guzmán [-ðe gusm'an], 1936–61 **Ciudad Trujillo** [siuð'að trux'ijo], Hptst. der Dominikan. Rep., (1981) 1,318 Mio. Ew., an der Südküste der Insel Hispaniola; bedeutendster Hafen; Erzbischofssitz, Univ. (1538 gegr.); Wirtschaftszentrum des Landes. – S. D. wurde 1496 von einem Bruder Kolumbus' (Bartholomäus) als älteste Stadt der Europäer in Amerika gegründet.

Santonin [lat.] *das, -s,* ein Lacton der Santoninsäure; farblose, bitter schmeckende Kristalltäfelchen, früher als Mittel gegen Spulwürmer verwendet. S. ist der wirksame Bestandteil der **Zitwerblüten (Flores cinae,** ›Wurmsamen‹), der Blütenknospen des Korbblüters **Zitwer (Artemisia cina).**

Santorin, die grch. Insel → Thera.

Santos [-tus], Hafenstadt im Staat São Paulo, Brasilien, (1980) 453000 Ew., auf der Küsteninsel São Vicente, neben Rio de Janeiro wichtigster Hafen Brasiliens, Welthandelsplatz für Kaffee; mit São Paulo durch Eisenbahn und Autobahnen verbunden.

Santo Tomé de Guayana, Stadt in Venezuela, → Ciudad Guayana.

San Vicente [-bis'ente], Hptst. des Dep. S. V., El Salvador, (1979) 23000 Ew.; Handelszentrum.

São [sãu], → San.

São Francisco [sãu frãs'isku] *der,* **Rio S. F.,** Strom in Brasilien, 3199 km lang, mündet in den Atlant. Ozean; am Oberlauf, nordwestlich von Belo Horizonte, Stausee Três Marias (1130 km², 19,3 Mio. m³ Stauinhalt) mit Kraftwerk; Großkraftwerk an den Paulo-Afonso-Fällen im Unterlauf.

São Gonçalo [sãu gõs'alu], Industriestadt im Staat Rio de Janeiro, Brasilien, (1980) 659900 Ew., nahe der Guanabara-Bucht.

São João de Meriti [sãu ʒ'uõ ðe-], Stadt im Staat Rio de Janeiro, Brasilien, (1980) 442000 Ew.; Wohnvorort für Rio de Janeiro.

São Leopoldo [sãu ljop'oldu], Stadt im Staat Rio Grande do Sul, Brasilien, (1970) 62900 Ew.; Flußhafen, Univ., Industrie. – S. L. wurde 1824 als erste dt. Siedlung in Südbrasilien gegründet.

São Luís [sãu l'uis], **S. L. do Maranhão** [-maraɲ'ãu], Hptst. und wichtigster Hafen des Staats Maranhão, Brasilien, (1980) 405300 Ew., auf einer Insel; Erzbischofssitz; Univ.; Nahrungsmittelindustrie.

São Miguel [sãu miɣ'ɛ:l], Insel der portugies. Azoren, 747 km², rd. 150000 Ew.; Hauptort: Ponta Delgada.

Saône [so:n] *die,* größter Nebenfluß der Rhône (von rechts), 480 km lang, entspringt in den Monts Faucilles, mündet in Lyon. Sie ist durch Kanäle mit Mosel, Marne, Loire und Rhein verbunden; für Schiffe bis 4000 t bis Auxonne schiffbar.

Saône-et-Loire [sonelw'a:r], Dép. in Ostfrankreich, 8565 km², (1982) 571900 Ew.; Hptst.: Mâcon.

São Paulo [sãu p'aulu], **1)** Bundesstaat im S von → Brasilien. – Das Gebirge Serra do Mar trennt die schmale Küstenebene von dem nach W abfallenden Hochland. Die Bevölkerung besteht größtenteils aus portugies. Einwanderern, die sich mit der indian. Bevölkerung vermischt haben (Mamelucos), sowie aus Einwanderern anderer Nationen (bes. ital., dt., span. und japan. Kolonisten). – Anbau von Kaffee, Baumwolle, Zuckerrohr, ferner Getreide, Tabak, Citrusfrüchten, Gemüse; Rinder- und Schweinezucht. S. P. ist der am höchsten industrialisierte Staat Brasiliens. **2)** Hptst. von 1) und größte Stadt Brasiliens, (1980) 8,732 Mio. Ew., darunter viele dt., japan. und ital. Abstammung; Erzbischofssitz, Kathedrale, Museen, 4 Universitäten, TH, Seruminstitut im Stadtteil → Butantan. S. P. ist Hauptsitz des Kaffeehandels und die führende Industriestadt Brasiliens mit Kraftfahrzeug-, chem., Elektro-, Metall-, Textil- und Bekleidungs-, Nahrungs- und Genußmittel-, Maschinen- und Papier-Ind.; Film- und Fernsehstudios; 2 internat. Flughäfen. – S. P. wurde 1554 als Jesuitenmission gegr. und 1720 Hauptort der neuen Kapitanie S. P. Am 7. 9. 1822 rief Peter (Pedro) I. hier die Unabhängigkeit Brasiliens aus.

São Tiago [sãu tj'agu], die größte der → Kapverdischen Inseln, 991 km², (1980) 145900 Ew.; Hptst.: Praia.

São Tomé [sãu tum'ɛ], Hptst. von São Tomé e Príncipe, (1980) 20000 Ew., an der NO-Küste der Insel São Tomé; Ausfuhrhafen.

São Tomé e Príncipe [sãu tum'ɛ i pr'insipi], amtl. **República Democrática de S. T. e P.,** Staat in W-Afrika, 964 km², (1981) 95000 Ew., umfaßt die im Golf von Guinea gelegenen Inseln São Tomé (836 km², 69000 Ew., bis 2024 m hoch) und → Príncipe. Hptst.: São Tomé; Staatssprache: Portugiesisch. Währungseinheit: 1 Dobra (Db) = 100 Céntimos. (KARTE II/III, n. S. 320)

Staat. Nach der Verf. von 1975 ist S. T. e P. eine Präsidialrepublik; Staatsoberhaupt und Reg.-Chef ist der Staatspräs. Er wird auf 4 Jahre von der Volksversammlung gewählt.

Beide Inseln sind vulkan. Ursprungs. Das Klima ist tropisch feucht; Lufttemperatur zw. 21 und 29 °C; starke Niederschläge zw. Oktober und Mai. Die Bevölkerung setzt sich aus Bantu und Mischlingen zusammen, z. T. Nachkommen verschleppter Sklaven, ferner Kontraktarbeiter aus den früheren portugies. Kolonien; 80% Katholiken.

Wirtschaft. In der Landwirtschaft sind die Plantagen vorherrschend (Kakao, Kaffee, Zuckerrohr, Kokos- und Ölpalmen). Die Ind. beschränkt sich im wesentl. auf die Weiterverarbeitung landwirtschaftl. Produkte. Haupthafen: São Tomé.

Geschichte. Im 15. Jh. wurden São Tomé und Príncipe portugies. Kolonie (Ansiedlung von Strafgefangenen und Sklaven); Zwischenstation im Sklavenhandel nach Amerika. 1975 erhielten beide Inseln in einem gemeinsamen Staat die Unabhängigkeit.

São Tomé e Príncipe

São Vicente [sãu vis'ẽntə], **1) Cabo S. V.** [k'aβu-], **Sankt-Vinzenz-Kap,** 62 m hoher Kalksteinsporn in Algarve, Portugal, der südwestlichste Punkt Europas. **2)** eine der → Kapverdischen Inseln, 227 km², (1980) 41800 Ew.; auf S. V. liegt Mindelo, größte Stadt und Haupthafen der Republik Kap Verde.

Sapelli, Sapelli-Mahagoni, Sapeli, rotbraunes Holz mit streifiger Struktur der Zedrachgewächsart **Entandophragma cylindricum** aus Äquatorialafrika; Ausstattungs- und Konstruktionsholz.

Saphir [auch -f'i:r, grch.] *der, -s/...ph'ire,* blauer, grüner, gelber oder auch farbloser → Korund, einer der wertvollsten Edelsteine. S. für → Plattenspieler werden synthetisch hergestellt. (BILDER S. 524)

sapienti sat [lat.], ›dem Kenner (oder dem Einsichtigen) genügt es‹, d. h., er braucht keine weitere Erklärung, aus Plautus' ›Persa‹ (IV, 7, 19).

Saponine [lat. sapo ›Seife‹], *Sg. das* **Saponin,** *-s,* Pflanzenglykoside, die Steroide oder Triterpene als Aglykon enthalten und die in Wasser seifenartige kolloidale Lösungen bilden. S. haben hämolytische und antibiot. Wirkungen und sind toxisch für Fische. Das Steroid-S. **Dioscin** wird aus den Wurzelknollen von Dioscorea-Arten (Mexiko, China) gewonnen und zur Herstellung von Steroiden verwendet. **Triterpen-S.** werden z. B. aus der Rinde des Seifenbaumes (Chile) gewonnen. Sie dienen als oberflächenaktive Stoffe in Photoemulsionen, Feinwaschmitteln und Schaumlöschern.

São Paulo 2)

Sapor, Schapur, pers. Könige aus dem Haus der Sassaniden, erbitterte Feinde der Römer. **S. I.** (242–71) nahm 260 den röm. Kaiser Valerian gefangen. **S. II.** (310–79) entriß nach Kaiser Julians Tod (363) den Römern das Land östlich des Tigris.

Saporoschje, 1806–1921 **Aleksandrowsk,** Hptst. des Gebiets S., Ukrain. SSR, (1981) 812000 Ew.; Verkehrsknoten am Dnjepr, der bei S. durch einen 760,5 m langen Damm gestaut wird und dessen Kraftwerk **Dnjepro-GES W. I. Lenin** Industriekombinaten

São Paulo 2)

Giuseppe Saragat

dient (Hütten-, Stahl-, Walz-, Aluminium-, Automobilwerke), Schiffbau; 6 Hochschulen, 13 Fachhochschulen.

Sapote [mexikan. tzapotl] *die, -/-n,* **Zapote, Sapotille, 1) Sapotillbaum, Manilkara (Achras sapota),** in den Tropen verbreiteter Baum der **Sapotengewächse, Sapotaceae,** zu denen auch der → Mammeyapfel gehört; mit strahligen Blüten, breiigen Obstfrüchten und Chiclegummi lieferndem Milchsaft. **2) Weiße S. (Casimiroa edulis),** mittelamerikan. Obstbaum der Rautengewächse.

Sappanholz, ostindisches Rotholz, neben Pernambuc das wertvollste Farbholz, auch als Möbelholz geschätzt.

Sappe [frz.] *die, -/-n,* ⚔ Laufgraben, bes. ein in das Vorfeld vorgetriebener Graben für Horchposten. *der* **Sappeur** [sap'ø:r], *-s/-e,* ⚔ Soldat, der Laufgräben schaufelt.

sapperlot!, sapperment! [Entstellungen von sackerlot, sakkerment], Flüche.

Sappho [z'apfo], grch. Dichterin, lebte um 600 v. Chr. in Mytilene auf Lesbos, wo sie im Kult der Aphrodite und der Musen Freundinnen und Schülerinnen um sich sammelte. Diese von hohen religiösen Vorstellungen getragene, vom Eros bewegte Gemeinschaft wurde später verzerrt dargestellt **(sapphische Liebe;** → lesbische Liebe). Nach späterer Sage soll S. sich aus unerwiderter Liebe zu dem Jüngling Phaon vom Leukadischen Felsen gestürzt haben. - S. war die größte Lyrikerin des Altertums. Schon ihr Zeitgenosse, der Dichter Alkaios, hat ihr als Dichterin gehuldigt; ein Platon zugeschriebenes Epigramm feierte sie als zehnte Muse, und Horaz nahm das Versmaß der Lieder ihres ersten Buches als ›sapphisches‹ Maß **(Sapphische Strophe,** ÜBERSICHT Metrik) zum Vorbild für viele Oden. In ihren Götterhymnen, Liebes- und Hochzeitsliedern hat S. ihren leidenschaftl. Gefühlen Ausdruck gegeben. - Trauerspiel von F. Grillparzer (1818). BILD S. 525

Sapporo, Hptst. der Insel Hokkaido, Japan, (1982) 1,419 Mio. Ew.; kulturelles und wirtschaftl. Zentrum; 2 Univ.; Genußmittel-, Textil- und Holz-Ind.; bed. Fremdenverkehrsort für Wintersport; Austragungsort der Olymp. Winterspiele 1972.

sapro... [grch.], faul...

Saprobi|en [grch.], *Sg. die* **Saprobi|e,** -, **Saprobionten,** *Sg. der* **Saprobiont,** *-en,* Fäulnisbewohner, Lebewesen, die von und in verwesenden Stoffen leben (→ Saprophyten, → Saprozoen). Im **S.-System,** einer Zusammenstellung von Mikroorganismen, Pflanzen und Tieren, die durch ihr Auftreten Verunreinigungen der Gewässer anzeigen, werden die Verunreinigungsgrade (nach abnehmender Verunreinigung) als polysaprob, α-mesosaprob, β-mesosaprob und oligosaprob unterschieden.

saprogen [grch.], fäulniserregend.

Saprolegni|e [grch.] *die, -/... ni|en,* Gattung der Algenpilze, in Gewässern an Tierleichen, lebenden Fischen und ihren Eiern.

Sapropel [grch.] *das, -s/-e,* der → Faulschlamm.

Saprophagen [grch.] *Pl.,* Organismen, die sich von verwesenden Kadavern ernähren.

saprophil [grch.], fäulnisliebend (Organismen).

Saprophyten [grch.], *Sg. der* **Saprophyt,** *-en,* **Moderpflanzen, Humuspflanzen,** pflanzl. Organismen (bes. Bakterien und Pilze), die sich von pflanzl. oder tierischen toten, verwesenden oder faulenden Stoffen nähren (→ Ernährung 3); daher meist ohne Blattgrün (z. B. → Fichtenspargel).

Saprozoen [grch.], *Sg. das* **Saprozoon,** *-s,* Tiere, die in verwesenden Stoffen leben und sich von diesen ernähren **(Saprophagen,** → Ernährung 2).

Sara [hebr. ›Fürstin‹], weibl. Vorname; im A. T. die Gattin Abrahams, Mutter des Isaak.

Sarabande [frz. -b'ãd; span., aus pers.] *die, -/-n,* urspr. aus Neuspanien (Yucatán) eingeführter Werbetanz; in sehr veränderter Form Anfang des 17. Jh. als span. Hoftanz erwähnt. In das frz. Hofzeremoniell wurde die S. 1625 als lebhafter Tanz eingeführt, dessen Tempo sich erst nach 1650 verlangsamte; zw. 1650 und 1750 ein fester Bestandteil der Suite.

Sarafan [russ., aus pers.] *der, -s/-e,* ärmelloses Oberkleid der russ. Frauentracht des 18. und 19. Jh. mit weitem Halsausschnitt, in dem das weiße, blusige Hemd sichtbar wird.

Saragat, Giuseppe, ital. Politiker (Sozialist), * Turin 19. 9. 1898; 1946 Präs. der Verfassunggebenden Versammlung. 1947 spaltete sich unter seiner Führung jener Flügel von der Sozialist. Partei (›S.-Sozialisten‹) ab, der eine enge Zusammenarbeit mit den Kommunisten ablehnte. Er war mehrfach Gen.-Sekr. der 1951 maßgeblich von ihm mitgegr. Sozialdemokrat. Partei; 1963-64 Außen-Min., 1964-71 Staatspräsident.

Saragossa, span. **Zaragoza** [θaraγ'oθa], **1)** Prov. Spaniens in Aragonien, 17194 km², (1981) 842400 Ew. **2)** Hptst. von 1), (1981) 590800 Ew., am Ebro, Erzbischofssitz, Univ.; Metall-, Textil-, Lebensmittel-, chemisch-pharmazeut. und Elektro-Ind.; got. Kathedrale La Seo (1119-1520), Kathedrale Nuestra Señora del Pilar (1682 begonnen, Wallfahrtskirche), Adelspaläste. - S., das

1

2

3

4

5

6

Saphir: **1** S. Birma, **2** Padparadscha, **3** S. Ceylon, **4** S. Ceylon gelb, **5** blauer Sternsaphir, **6** schwarzer Sternsaphir

Saragossa 2):
Kathedrale Nuestra Señora del Pilar am Ebro

iberische **Salduba,** wurde 27 v. Chr. als **Caesar|augusta** röm. Veteranenkolonie. 712 wurde die Stadt maurisch, 1118 von Alfons I. von Aragonien zurückerobert und war seitdem Hptst. Aragoniens. 1808/09 verteidigte sich S. unter dem Freiheitskämpfer J. de Palafox gegen die Franzosen.

Sarajevo, Sarajewo, früher dt. **Serajewo,** Hptst. der Rep. Bosnien und Herzegowina, Jugoslawien, (1981) 447700 Ew., zu beiden Seiten der Miljacka; Sitz eines orthodoxen Metropoliten, eines kath. Erzbischofs und des Oberhaupts der Muslime in Jugoslawien; hat über 100 Moscheen (Gazi-Husref-Beg-Moschee, 16. Jh.), Landesmuseum (1886); Universität; Tabakfabrik, Teppichweberei, Tuch-, Elektro-, Motoren-, pharmazeut. und chem. Ind., Kombinat für Kraftfahrzeugbau. - S. entwickelte sich erst unter der türk. Herrschaft (seit 1463). 1507 wird der Name S. erstmals erwähnt. Seit 1850 war es die Landeshauptstadt Bosniens, mit dem es 1878 unter österreichisch-ungar. Verwaltung und 1918/20 an Jugoslawien kam. 1941-45 gehörte S. zu Kroatien. In S. wurde am 28. 6. 1914 der österreichisch-ungar. Thronfolger Franz Ferdinand (→ Franz 6) ermordet; dieses Ereignis löste den 1. Weltkrieg aus. - Austragungsort der Olymp. Winterspiele 1984.

Sarakatschanen *Pl.,* **1)** griechisch sprechender halbnomad. Volksstamm im Süden der Balkanhalbinsel (Thessalien, Makedonien und Thrakien). **2)** auch **Karakatschanen,** hellenisierte Aromunen aus der Pindos-Gegend, die im 18. und 19. Jh. nach Bulgarien ausgewandert sind.

Sarangi *die, -/-s,* ♪ indisches, in seiner Form gedrungenes Streichinstrument mit oben eingezogenem Korpus und breitem Hals. Unter den 3-4 Spielsaiten verlaufen 11-15 Resonanzsaiten. (BILD S. 526)

Saransk, Hptst. der Mordwin. ASSR, Russ. SFSR, am Insar, (1981) 280000 Ew., Univ.; elektrotechn., Maschinenbau-, chem., Gummi-, Glas-, Hanf-, Nahrungsmittelindustrie.

Sarapis, Serapis, ägypt. Fruchtbarkeitsgott, dessen Kult wohl von Ptolemaios I. eingeführt wurde.

Sarapul, Stadt in der Udmurt. ASSR, Russ. SFSR, an der Kama, (1981) 108000 Ew.; Maschinenbau-, elektrotechn., Holz-, Leder- und Nahrungsmittelindustrie.

Sarasate, eigtl. **S. y Novascués** [-i noβaskw'εs], Pablo de, span. Geiger, * Pamplona 10. 3. 1844, † Biarritz 20. 9. 1908, komponierte auch Virtuosenstücke.

Sarasin, Fritz, Gelehrter, * Basel 3. 12. 1859, † ebd. 23. 3. 1942, bereiste mit seinem Vetter Paul (* 1856, † 1929), dem Begründer des Naturschutzes in der Schweiz, Ceylon (erforschte dort die Wedda) und Celebes, ferner Neukaledonien und Siam.

Sarasvati, Saraswati [Sanskrit ›die Wasserreiche‹], **1)** Fluß in NW-Indien. **2)** ind. Göttin, die Mutter der Ströme, später Göttin der Gelehrsamkeit, Gattin Brahmas.

Saratow, Hptst. des Gebiets S. in der Russ. SFSR, an der unteren Wolga, (1981) 873000 Ew., Umschlaghafen, Bahnknoten; Eisengießereien, Maschinen-, Kugellager-, chem., Schiffbau-, Holz-, Leder- und Nahrungsmittel-Ind.; Univ., 9 Hoch-, 22 Fachschulen, Forschungsanstalten; Wasserkraftwerk **(Saratower Stausee,** 1360 MW), Wärmekraftwerke; Erdgaslager (mit Fernleitung nach Moskau) und Erdölfunde.

Sarawak, Gliedstaat von Malaysia, an der NW-Küste der Insel Borneo, mit → Sabah zu Ost-Malaysia gehörig, 124397 km², (1980)

1,295 Mio. Ew. (stark mit Chinesen vermischte Malaien); Hptst.: Kuching. S. ist im O gebirgig, die Küstenebene im W z. T. Sumpf- und Mangrovenlandschaft. Rd. 3/4 der Fläche sind trop. Wald mit Edelhölzern. Gewonnen werden Kautschuk, Holz, Sago, Kopra, Reis, Pfeffer; Gold, Erdöl, Antimon. - S., seit 1888 brit. Protektorat, wurde 1946 direkt der brit. Krone unterstellt. Seit 1963 ist es Gliedstaat von Malaysia.

Sarazenen *Pl.,* im Altertum die einen Teil der Steppe des nordwestl. Arabien und der Sinai-Halbinsel bewohnenden Araber, im MA. zunächst alle Araber, später alle Muslime der Mittelmeerwelt, bes. die Gegner der Kreuzfahrer. *Adj.* **sarazenisch.**

Sarcelles [sars'ɛl], Stadt im frz. Dép. Val-d'Oise, (1982) 53600 Ew.; Wohnstadt im nördl. Vorortbereich von Paris.

Sarcina [grch.-lat.], **Sarzina, Sarzine** *die, -/-n,* eine Bakteriengatt.; Kokken, die durch Teilung paketförmige Körperchen bilden; leben in Luft, Boden und Flüssigkeiten.

Sardanapal, grch. Name des assyr. Königs Assurbanipal.

Sardelle [ital.] *die, -/-n,* die →Anchovis (BILD Fische). **Sardellenbutter,** Paste aus Salzsardellen und Butter.

Sarden *Pl.,* die Bewohner der Insel →Sardinien, rd. 1 Mio., hervorgegangen aus ligurischer Urbevölkerung und zugewanderten Phönikern, Griechen, Römern, Mauren, Spaniern und Genuesen. Die S. wohnen in Dörfern oder Einzelhöfen, die Hirten im Gebirge in Kegelhütten; die städt. Häuser gleichen den italienischen. Das Brauchtum ist noch recht lebendig (Trachten, zeremonielles Brotbacken, Totenklage, Blutrache). Die Sprache der S., das **Sardische,** bewahrt am stärksten unter den roman. Sprachen eine archaische, dem Latein besonders nahe Form.

Sardes, Sardis, grch. **Sardeis,** im Altertum bed. Stadt im westl. Kleinasien, am Hermos und Paktolos gelegen; war bis 546 v. Chr. die Hptst. des Kgr. Lydien, danach Sitz des pers. Satrapen. Nach der Zerstörung 213 v. Chr. wurde S. bald als hellenist. Stadt wiederaufgebaut. Sie gehörte seit 188 v. Chr. zum Pergamen., seit 133 v. Chr. zum Röm., später zum Byzantin. Reich. Ausgrabungen von 1910–14 und seit 1958 gefundenen lydischen Inschriften ermöglichten die Erschließung der bis ins 3. Jh. v. Chr. lebendigen lyd. Sprache.

Sardine [ital.] *die, -/-n,* **Pilchard** *der, -s/-s,* **Sardina pilchardus,** bis 20 cm langer Heringsfisch an den europ. Küsten des Atlant. Ozeans (BILD Fische); kommt eingesalzen oder in Olivenöl eingelegt **(Ölsardine)** in den Handel.

Sardinien, ital. **Sardegna** [sard'eɲa], nach Sizilien die zweitgrößte Insel Italiens, 23813 km², (1981) 1,594 Mio. Ew. (→Sarden); Hptst.: Cagliari. Die autonome Region S. (seit 1948; z. T. mit eigener Gesetzgebung) ist in 3 Prov. eingeteilt. S. ist von Korsika durch die Straße von Bonifacio getrennt, buchtenreich, gebirgig (Gennargentu 1834 m), mit vulkan. Hochflächen und Anschwemmungsebenen. Heiße, trockene Sommer, winterl. Regenzeit. Durch die Trockenlegung der fieberverseuchten Sumpfgebiete wurde (bes. nach 1945) die Malaria zurückgedrängt. Die Bevölkerung nimmt trotz anhaltender Auswanderung zum ital. Festland langsam zu. - Die Wirtschaft erfuhr u. a. durch die Bodenreform, den sehr wichtigen Talsperrenbau (Omodeo- und Coghinas-See sind die größten Italiens), durch Industrie-Ansiedlung, v. a. Erdölraffinerien (Cagliari, Sulcis, Porto Torres, Porto Foxi), Papier- (Arbatax) und Kunstfaserproduktion

John Singer Sargent: Die Töchter von Edward D. Boit; 1882 (Boston, Museum of Fine Arts)

Sardinien: Costa Smeralda

(Ottana), kräftige Impulse. Der Bergbau hat v. a. für Zink, Blei und Kupfer Bedeutung. S. hat die höchsten Anteile der ital. Viehwirtschaft an Schafen und Ziegen; Fischerei; Fremdenverkehr.

Geschichte. Schon Ende des 13. Jh. v. Chr. werden Sarden in ägypt. Quellen erwähnt; die →Nuragen gehen auf sie zurück. Seit dem 9. Jh. v. Chr. wurde S. von Phönikern und Griechen besiedelt, kam im 5. Jh. v. Chr. unter karthag. Herrschaft und war seit 238 v. Chr. röm. Provinz. Während der Völkerwanderung von den Wandalen (455), von Ostrom (534) und vorübergehend von den Ostgoten (582) besetzt, geriet S. seit dem 6. Jh. unter päpstl. Einfluß. 711–1016 von Sarazeneneinfällen heimgesucht, kam es im 11. Jh. unter den polit. Einfluß von Pisa, das Ende des 13. Jh. jedoch von Genua verdrängt wurde. 1297 gab der Papst S. Aragonien zu Lehen. Obwohl 1713 Österreich zugesprochen, besetzte das bourbon. Spanien 1717 S. 1720 kam S. an →Piemont, dessen Herzöge sich seitdem ›Könige von S.‹ nannten.

Sardinien: Autonome Region S.

Sardonagruppe, Ostteil der Glarner Alpen, O-Schweiz, mit dem **Surenstock** oder **Piz Sardona** 3056 m hoch.

sardonisches Lachen [nach dem Kraut Sardonia, das Gesichtszucken verursachen soll], **1)** krampfhaftes Lachen, höhnisches Gelächter. **2)** ⚕ Starre der Gesichtsmuskulatur, die den Eindruck eines Lächelns hervorruft, typ. Krankheitszeichen bei Starrkrampf.

Sardonyx [grch.] *der, -/-e,* weiß und rot bis braun gestreifter →Chalcedon; Schmuckstein.

Sardou [sard'u], Victorien, frz. Dramatiker, * Paris 7. 9. 1831, † ebd. 8. 11. 1908, errang größte Erfolge mit histor. Dramen und amüsanten Lustspielen.

HW: Marguerite (1862); Cyprienne (1883); La Tosca (1887, von G. Puccini 1900 vertont); Madame Sans-Gêne (1893, mit E. Moreau); Robespierre (1899); L'affaire des poisons (1907).

Sarduy [s'ardui], Severo, kuban. Schriftst., * Camagüey 25. 2. 1937, lebt seit 1962 in Frankreich; Essays, Romane (›Bewegungen‹, 1963).

Sarg [ahd., zu Sarkophag] *der, -(e)s/″e,* Totenlade, Totenschrein. *ich* **sarge** *ihn* **ein,** lege den Toten in den Sarg.

Sargans, Bez.-Hauptort im Kt. St. Gallen, Schweiz, (1980) 4300 Ew.; Apparate-, Heizungs-, Konserven-Ind.; Schloß (13. Jh.); Kirche St. Oswald (1706–09).

Sargassosee, Teil des subtrop. Atlant. Ozeans, zw. den Azoren, den Bermudas und den Westind. Inseln, rd. 8,5 Mio. km²; Kerngebiet von schwimmendem Beerentang **(Sargassum, Sargassokraut),** Laichgebiet der →Aale.

Sargent [s'ɑːdʒənt], John Singer, amerikan. Maler, * Florenz 12. 1. 1856, † London 15. 4. 1925, ausgebildet in Paris, Porträtmaler der angelsächs. Gesellschaft, bes. in London, entwickelte einen elegant-effektvollen Porträtstil. (Weitere BILDER H. James, J. Pulitzer)

Sappho: S. und Alkaios, Mischgefäß, 480–470 v. Chr.

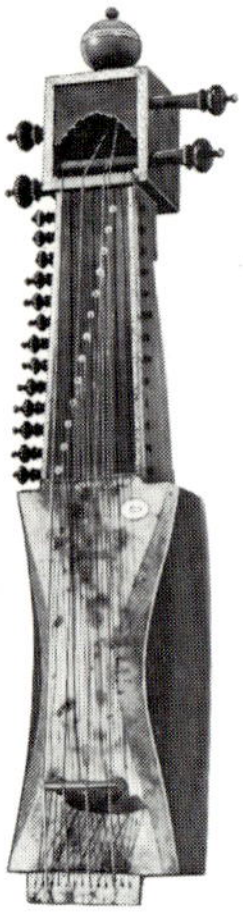

Sarangi

Sargodha, Stadt in Pakistan zw. Indus und Jhelum, (1981) 294000 Ew.; Mittelpunkt eines Bewässerungsgebietes im Pandschab, Baumwollverarbeitung, Lebensmittel-, chem. Ind.

Sargon [hebr.], babylonisch-assyrisch **Scharru-kinu** [›rechter König‹], Name mehrerer altorientalischer Könige:

1) S. von Akkad(e), etwa 2350–2295 v. Chr., der Begründer der Herrschaft der Semiten in Babylonien, dehnte sein Reich im W und N bis nach Syrien und Kleinasien, im O bis zu den pers. Randgebirgen aus; Hauptstadt: →Akkad(e).

2) S. II. von Assyrien (721–705 v. Chr.) eroberte Samaria und deportierte die gefangenen Israeliten nach Obermesopotamien und Medien. Er richtete in Syrien neue Provinzen ein, eroberte 717 Karkemisch und errang 714 gegen Urartu (Armenien) den entscheidenden Sieg; 710 eroberte er Babylonien; Zypern und Midas von Phrygien huldigten ihm. Als Residenz gründete er Dur-Scharrukin (→Chorsabad).

Sari [Sanskrit] *der, -(s)/-s,* Wickelgewand der indischen Frau. (BILD S. 527)

Sarin *das, -s,* Deckname für den nervenschädigenden chem. Kampfstoff Methylfluorophosphonsäureisopropylester.

Sark [sa:k], frz. **Sercq** [sɛrk], eine der Normann. Inseln, 5,5 km² groß, (1975) 600 Ew.

Sarkasmus [grch.] *der, -/... men,* **1)** *ohne Pl.,* bitterer Hohn, beißender Spott. **2)** sarkastische Bemerkung. *Adj.* **sarkastisch.**

Sarkin *das, -s,* ⟲ das →Hypoxanthin.

sarko... [grch., von sarx ›Fleisch‹], fleisch...

Sarko|idose [grch.] *die, -/-n,* **Boecksche Krankheit** [n. dem norweg. Dermatologen C. Boeck, * 1845, † 1917], ♯ chron. Erkrankung mit knötchenförmigen, tuberkuloseähnl. Gewebswucherungen (Granulomen), die Lymphknoten, Lunge, Leber, Milz, Haut u. a. Organe befallen können. Die Ursache ist unbekannt. Behandlung: Glucocorticoide u. a. *das* **Sarkoid,** *-(e)s/-e,* Granulom der S.

Sarkom [grch.] *das, -s/-e,* bösartige Geschwulst (→Krebs) von Binde- und Stützgewebe **(Fleischgeschwulst).** *Adj.* **sarkomatös.**

Sarkophag [grch. ›Fleischfresser‹] *der, -(s)/-e,* Prunksarg aus Stein, Holz o. a. Materialien. Die Ägypter schmückten ihre S. mit Bilderfolgen aus dem Alltagsleben, auch mit Reliefs. Die späte 18. Dynastie entwickelte riesige Königs-S. mit Reliefbildern von Totengöttinnen, die Ramessidenzeit S. mit durch Bilder erläuterten Totentexten. Von Griechen gearbeitete S. des 5. und 4. Jh. v. Chr., architektonisch gestaltet und mit bemalten Reliefs, wurden in der Königsgruft der phönik. Hafenstadt Sidon gefunden. Die Etrusker stellten ihre Toten als vollplastische Figuren auf dem Deckel des S. beim Mahl liegend dar. Die Römer schmückten die Vorderseite ihrer seit dem 2. Jh. n. Chr. zahlreichen S. ornamental oder mit Reliefs aus der Mythologie und dem tägl. Leben. Ihr Stil wurde von der altchristl. S.-Plastik übernommen und in heilsgeschichtl. Darstellungen weiterentwickelt. Im MA. wirkte die Grundform des S. in der Tumba fort, die kein S., sondern ein Erinnerungsmal ist, wie auch die seit der Renaissance errichteten Grabmäler, mit der Darstellung eines S. im Mittelpunkt. (Weitere BILDER Alexandersarkophag, etruskische Kunst)

Sarkophag: OBEN S. von Tut-ench-Amun (Kairo, Ägypt. Museum); UNTEN grch. S. um 220 n. Chr., in der Renaissance zum Grabmal für Giovanni Arberini umgearbeitet (Rom, S. Maria sopra Minerva)

Sarkosin [grch.] *das, -s,* **Methyl|amino|essigsäure, Methylglycin,** ist im Muskelsaft der Wirbeltiere und in Organen von Hummern, Krabben, Seesternen und Seeigeln enthalten. Synthetisches S. ist Ausgangsprodukt für die Herstellung von Fettsäurederivaten **(Sarcoside);** grenzflächenaktive Zusatzstoffe für Reinigungsmittel.

Sarmaten, Sauromaten *Pl.,* im Altertum iran. Nomadenvolk in der rüdruss. Steppe **(Sarmatien),** bekannt durch seine Reiter und Bogenschützen. Sie bedrohten die grch. Kolonien an der N-Küste des Schwarzen Meers und stießen im 1. Jh. v. Chr. bis zur Donaumündung vor.

Sarnen, Hauptort des Halbkantons Obwalden, Schweiz, (1980) 7400 Ew., am Ausfluß der Aa aus dem **Sarner See** (7,5 km²); Heimatmuseum, Kantonsgericht und -bibliothek, Staatsarchiv; Kunststoff-, Nahrungsmittel-, Kristallglas-Ind.; Fremdenverkehr; Frauenkloster (17. Jh.), Rathaus (1729–32), barocke Pfarrkirche (1739–40).

Sarntal, ital. **Valle Sarentina,** linkes Nebental der Etsch in Südtirol, von der Talfer durchflossen, die bei Bozen in den Eisack mündet. Hauptort: **Sarnthein,** ital. **Sarentino,** Fremdenverkehr.

SARONA Vermögensverwaltungs-AG, →SAROTTI AG.

Sarong [malaiisch ›Umhüllung‹] *der, -(s)/-s,* rockartig gewickeltes Kleidungsstück der Malaien aus farbenprächtigem, gebatiktem oder buntgewebtem Baumwollstoff.

Saronischer Golf, Golf von Ägina, Teil des Ägäischen Meeres zwischen den Halbinseln Attika und Argolis.

Saros|periode, die →Chaldäische Periode.

SAROTTI AG, Hattersheim, gegr. 1868, seit 1903 AG; bis 1971 Herstellung von Schokoladen- und Süßwaren aller Arten, danach Vermögensverwaltungs-Ges., firmierte 1978–84 unter SARONA Vermögensverwaltungs-AG (seit 1984 in Liquidation). Die Produktion wurde 1971 von der **SAROTTI GmbH,** Berlin (West), die zum Nestlé-Konzern gehört, übernommen.

Saroyan [sər'ɔɪən], William, amerikan. Schriftst., * Fresno (Cal.) 31. 8. 1908, † ebd. 18. 5. 1981, Sohn eines armen. Einwanderers, schrieb impressionist. Erzählungen vom amerikan. Alltag und romant. Dramen. Den Pulitzer-Preis für die Komödie ›Ein Leben lang‹ (1939) nahm er nicht an.

WW: *Erzählungen:* Der waghalsige junge Mann auf dem fliegenden Trapez u. a. Geschichten (1934); Die ganze Welt und der Himmel selbst (1957). – *Romane:* Menschliche Komödie (1943); Die Abenteuer des Wesley Jackson (1946); Wir Lügner (1951); ... sagte mein Vater (1957). – *Dramen:* Mein Herz ist im Hochland (1939); Sam Egos Haus (1949); Die Höhlenbewohner (1958).

Šar planina [ʃar-] *die,* alban. **Mali i Sharit** [-ʃ'arit], Gebirge zw. Makedonien und Serbien, Jugoslawien, im Titov vrh (früher Turčin vrh) 2756 m hoch; Winter- und Sommersportzentrum.

Sarraceni|e [nach dem frz. Arzt J. A. Sarracin] *die, -/-n,* **Sarracenia,** zweikeimblättrige Pflanzengatt. der Fam. **Sarraceniaceae,** in Mooren N-Amerikas, mit großen ordenssternähnlichen Einzelblüten; die Schlauchblätter haben blütenfarbige Rachenmündung zum Insektenfang.

Sarraß [poln.] *der, ... rasses/... rasse,* großer Säbel.

Sarraute [sar'o:t], Nathalie, frz. Schriftstellerin, * Iwanowo-Wosnessensk (Rußland) 18. 7. 1902, Vertreterin des →Nouveau roman, sucht in bildhafter Sprache das im Gespräch der Menschen mitschwingende Unterbewußte auszudrücken. (BILD S. 527)

HW: *Romane und Texte:* Tropismen (1938); Porträt eines Unbekannten (1949); Das Planetarium (1959); Die goldenen Früchte (1961); Zwischen Leben und Tod (1968); Hören Sie das? (1972); sagen die Dummköpfe (1976).

Sarre [sa:r], frz. Name der →Saar.

Sarrebourg [sarb'u:r], frz. Name der Stadt →Saarburg 2).

Sarreguemines [sargəm'in], frz. Name der Stadt →Saargemünd.

Sarrusophon [saryzof'o:n] *das, -s/-e,* von dem frz. Militärkapellmeister M. Sarrus 1856 erfundenes, dem Saxophon ähnliches Blechblasinstrument mit doppeltem Rohrblatt.

Sarsaparillwurzel, Radix Sarsaparillae, Wurzel, die u. a. Saponine enthält, welche als Drogen genutzt werden.

sassanidische Kunst: Relief in Naksch-e Rostam bei Persepolis; Schapur I. nimmt den röm. Kaiser Valerian gefangen

Sarstedt, Stadt im Kr. Hildesheim, Ndsachs., (1984) 16500 Ew., an der Leine; Landwirtschaft; Herstellung von Wäscherei-, Fleischerei-, Großkochanlagen u. a.

Sarthe [sart], **1)** *die,* Fluß im westl. Frankreich, 285 km, entspringt im Hügelland der Perche, vereinigt sich mit der Mayenne zur Maine und mündet in die Loire. **2)** Dép. in NW-Frankreich, 6210 km², (1982) 504800 Ew.; Hptst.: Le Mans.

Sarto, Andrea del, eigtl. Andrea **d'Agnolo** [d'aɲolo], ital. Maler, * Florenz 16. 7. 1486, † ebd. 29. 9. 1530, schuf großangelegte Kompositionen (Fresken in der Santissima Annunziata, Florenz; Tafelbilder, Palazzo Pitti, Florenz, u. a.) in leuchtenden, von mildem Helldunkel umfangenen Farben.

Sartre [sartr], Jean-Paul, frz. Philosoph und Schriftst., * Paris 21. 6. 1905, † ebd. 15. 4. 1980, veröffentlichte 1943 das ontolog. Werk ›Das Sein und das Nichts‹, das zum einflußreichsten Buch des frz. Existentialismus wurde. 1945 gründete er die Ztschr. ›Les Temps modernes‹, das wichtigste Organ der frz. Existentialisten. Der Roman ›Der Ekel‹ (1938) schildert, alle transzendenten Gehalte leugnend, wie in einem Individuum die allseitige Absurdität einen Ekel erzeugt, der sich aber als Anstoß zur Freiheit erweist: Aus dem radikalen Gewahrwerden des Sinnlosen erwächst der Wille des Durchstehens. – Mit ›Kritik der dialektischen Vernunft‹ (Bd. 1, 1960) versucht S. die individuelle Freiheit mit dem Kollektivbewußtsein und dem polit. (sozialistischen) Engagement theoretisch in Einklang zu bringen. ›Die Wörter‹ (1964), eine autobiograph. Rückblendung, zeigen seine Resignation als Denker, Atheist und Schriftsteller. Den Nobelpreis (1964) lehnte er ab.

WW: *Dramen:* Die Fliegen (1943); Geschlossene Gesellschaft (1944); Die ehrbare Dirne (1946); Tote ohne Begräbnis (1947); Die schmutzigen Hände (1948); Der Teufel und der liebe Gott (1951); Kean (1954); Die Eingeschlossenen (1960); Die Troerinnen des Euripides (1965). – *Romanreihe:* Die Wege der Freiheit, 3 Bde. (1945–47). – *Drehbücher:* Das Spiel ist aus (1947); Im Räderwerk (1948). – *Essays:* Das Imaginäre (1936); Die Transzendenz des Ego (1936/37); Ist der Existentialismus ein Humanismus? (1946); Baudelaire (1947); Situationen, 7 Bde. (1947–65); Marxismus und Existentialismus (dt. 1964); Über den Kolonialismus (dt. 1968); Der Intellektuelle und die Revolution (dt. 1971); Der Idiot der Familie. Gustave Flaubert 1821–1857, 3 Bde. (1971–73).

Sartrouville [sartruv'il], Gem. im frz. Dép. Yvelines, (1982) 46200 Ew., an der Seine; Maschinen-, Schiffbau.

SAS, Abk. für →**S**candinavian **A**irlines **S**ystem.

Sascha [russ. Koseform zu Alexander], männl. Vorname.

Sasebo, japan. Hafenstadt im NW Kyushus, (1980) 251000 Ew.; Marinehafen; Schiff-, Maschinenbau, Nahrungsmittel-Ind.

Saskatchewan [səsk'ætʃıwən], **1)** *der,* Fluß in Kanada, entspringt mit seinen 2 Quellflüssen **North S.** [nɔ:θ-] und **South S.** [sauθ-] (mit großen Staudämmen) im Felsengebirge. Er mündet in den Winnipegsee; mit dessen Ausfluß, dem Nelson River, bildet er eine 2560 km lange Wasserstraße. **2)** mittlere Prärieprovinz Kanadas, 651900 km², (1981) 968300 Ew.; Hptst.: Regina. Im S überwiegt die Prärie, als Ackerland (Weizen, Hafer, Gerste, Flachs) und als Viehzuchtgebiet genutzt. Über 60% der kanad. Weizenernte stammen aus S. Im N vorwiegend Wälder (Holzwirtschaft). S. hat die z. Z. größten Kalilagerstätten der Erde (bei Saskatoon), Braunkohle, Erdöl, Erdgas, Gold, Kupfer und Zink, am Athabascasee bei Uranium City umfangreiche Uranlager. – S., seit 1766 von der Hudsonbai-Kompanie erschlossen, wurde 1905 Provinz.

Saskatoon [səskət'u:n], Stadt in der kanad. Prov. Saskatchewan, (1981) 154000 Ew., Univ.; Nahrungsmittel-, Maschinen-, Möbel-Ind.; bei S. die größten Kalilagerstätten der Erde.

Sasonow, Sazonov, Sergej Dmitrijewitsch, russ. Politiker, * im Gouv. Rjasan 29. 7. 1860, † Nizza 25. 12. 1927, 1910–16 Außenmin., veranlaßte 1914 den Zaren zur Mobilmachung.

Sassa *die, -/-s,* ostafrikan. Horntier, →Klippspringer.

Sassafras [wohl span., zu lat. saxifraga ›Steinbrech‹, als Mittel gegen Blasenstein] *der, -/-,* **1) Sassafraslorbeer, Sassafras officinale,** Lorbeergewächs im atlant. N-Amerika mit länglichem, oft zwei- bis dreilappigem Laub, gelblichen Blütenrispen und dunkelblauen Beeren in orangegelben Bechern. Holz und Rinde duften nach Fenchel durch das ätherische **S.-Öl** und schmecken süßlich-würzig **(Sassafras-, Fenchel-, Panamaholz).** Das Öl ist Würze für Seife, Tabak, Getränke. **2) Australischer S., Doryphora sassafras,** ein in Neusüdwales heimischer, lorbeerähnl., würziger Baum der Monimiengewächse (Ordn. Polykarpen).

Sassaniden, Sasaniden *Pl.,* pers. Dynastie, Nachkommen Sasans. Sasans Enkel Ardaschir I. besiegte 224 die Parther und begründete das zweite große Perserreich (→ Iran, Geschichte). Die S. wurden 642 durch die Araber gestürzt.

sassanidische Kunst, die pers. Kunst zur Zeit der → Sassaniden. Die Baukunst bildete von der → parthischen Kunst entwikkelte Formen, bes. des → Iwans fort. Reste sassanid. Palastanlagen mit Tonnengewölben und Kuppeln sind erhalten in Ktesiphon (Audienzhalle von 26 m Bogenspannweite, mit reich gegliederter Fassade), Firusabad (Palast Ardaschirs I.) und Sarwistan. Die Plastik ist v. a. durch große gut erhaltene Felsreliefs in der Nähe von Persepolis bekannt, die Belehnungen sassanid. Könige durch Ahura Masda, Kampf- und Jagdszenen darstellen. Die meisten und besten Felsreliefs entstanden im 3. Jh. n. Chr. Hoch entwickelt war das Kunsthandwerk. Getriebene Silberschalen, meist mit Jagddarstellungen, und sassanid. Gewebe waren weit über die Grenzen Persiens hinaus verbreitet. Durch sie wurde der Einfluß der s. K. vor allem der islamischen Kunst vermittelt, auch der europäischen Kunst des frühen MA. (Weiteres BILD Naksch-e Rostam)

Sassari, 1) Prov. Italiens, im N der Insel Sardinien, 7520 km², (1981) 433800 Ew. **2)** Hptst. von 1), (1981) 119600 Ew.; Erzbischofssitz; Univ. (gegr. 1565), Museum; Dom (11.–13. Jh.); in der Nähe die Kirche S. Trinità di Saccargia (1116–1200); Hafen ist Porto Torres. – S. lehnte sich als Freistadt (seit 1236) an Pisa, dann an Genua an, wurde 1323 von Aragonien unterworfen und kam 1720 an Piemont.

Sasse [von sitzen], **1)** *der, -n/-n,* ꕥ Grundeigentümer, Zinsbauer. **2)** Beisasse. **3)** *die, -/-n,* ⚘ Lager des Hasen.

Sassendorf, Bad S., Gem. im Kr. Soest, NRW, (1983) 9900 Ew.; Moor- und Solbad seit 1874; Brauerei, landwirtschaftl. Versuchsgut.

Saßnitz, Stadt und Ostseebad im Kr. Rügen, Bez. Rostock, (1982) 14900 Ew., an der O-Küste Rügens (Halbinsel Jasmund); Kreideheilbad; Kreideind., Fischereikombinat, eigene Fangflotte; Eisenbahnfähre nach Trelleborg (Schweden); Marinestützpunkt.

Sassoferrato, il S., eigtl. Giovanni Battista **Salvi,** ital. Maler, * Sassoferrato 29. 8. 1609, † Rom 8. 8. 1685, Schüler seines Vaters Tarquinio, beeinflußt von Domenichino; schuf bes. Marienbilder, oft in Anlehnung an ältere Vorbilder.

Sassolin *der, -s/-e,* Borsäure-Mineral, H_3BO_3, fettig anzufühlende, weiße, perlmutterglänzende Blättchen.

Sassoon [səs'u:n], Siegfried Lorraine, engl. Schriftst., * London 9. 8. 1886, † Heytesbury (Wiltshire) 1. 9. 1967. Seine Kriegslyrik aus dem 1. Weltkrieg ist leidenschaftl. Auflehnung gegen sinnloses Töten.

Sastre, Alfonso, span. Erzähler und Dramatiker, * Madrid 20. 2. 1926; Protestdramen sozialer Tendenz (›Der Tod des Toreros‹, 1959), Essays.

Satan [hebr. ›Widersacher‹] *der, -s/-e,* im Buch Hiob der Ankläger in der himmlischen Ratsversammlung; im frühen Christentum Widersacher Gottes, der Teufel; Ü teuflischer Mensch: *Adj.* **satanisch. Satansbraten,** U durchtriebener, pfiffiger Mensch.

Satanismus *der, -,* in England von R. Southey für den weltschmerzl. Byronismus verwendete Bez. (›Satanic school‹), dann allg. die literar. Verklärung des Bösen, Grausamen, in Frankreich beim Marquis de Sade, in vielen romant. Dichtungen, bes. in der Dichtung Ch. Baudelaires, und in der verwandten Literatur (Lautréamont u. a.).

Satans|affe, Chiropotes satanas, Art der → Schlaffschwanzaffen.

Satans|pilz, ein giftiger → Röhrling.

Satellit [lat.] *der, -en/-en,* **1)** ☆ Himmelskörper, → Monde. **2)** Leibwächter, Begleiter. **3) künstlicher Satellit,** unbemannter → Raumflugkörper, der mit Trägerraketen **(S.-Träger)** oder Raumtransportern auf eine der vorgegebenen Bahnhöhe entsprechende Geschwindigkeit **(S.-Geschwindigkeit,** → Kreisbahngeschwindigkeit) gebracht wird und dann – im Gleichgewicht von Schwerkraft und Fliehkraft – antriebslos nach den Gesetzen der Himmelsmechanik Bahnen um die Erde **(Erd-S., Erdtrabant, künstl. Mond),** um Mond **(Mond-S.),** Planeten **(Planeten-S., künstl. Mond, Orbiter)** und Sonne **(künstl. Planet)** zieht. Manche S. benötigen eine ständige Orientierung zur Erde, die, wie auch Bahnänderungen, durch Steuerraketen bewirkt wird. Niedrige Bahnhöhen von Erd-S. führen in immer stärker hemmende At-

Sari

Nathalie Sarraute

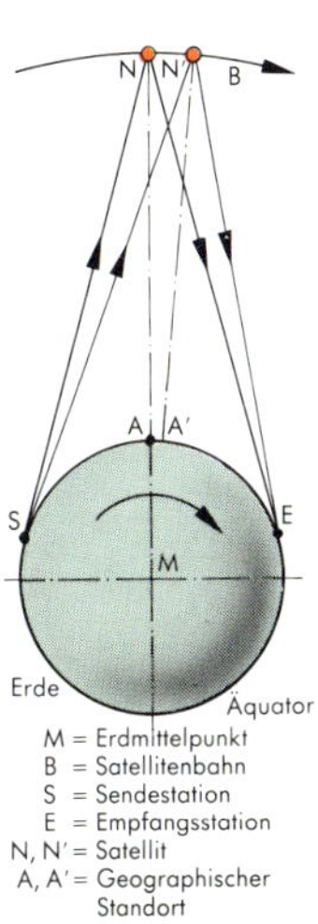

Satellit 3): geostationärer S.

Jean-Paul Sartre

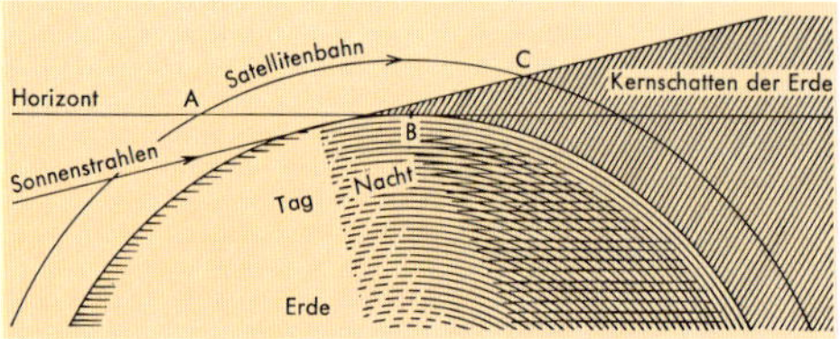

Satellit 3): Vom Beobachtungsort B im Erdschatten ist der S. sichtbar auf dem Abschnitt AC seiner Bahn

mosphäreschichten, bis der S. durch Reibung so stark erhitzt wird, daß er verglüht. Bei genügender Größe und unter günstigen Bedingungen sind S. von der Erde aus im reflektierten Sonnenlicht sichtbar. Die S.-Bahnen (Ellipsen, im Sonderfall Kreise) geben u. a. Auskunft über die Gestalt des umflogenen Himmelskörpers und die Verteilung der Massen in seinem Innern. Mond-S. gaben Hinweise auf vorher unbekannte Massenkonzentrationen im Mondinnern. Während die erforderl. S.-Geschwindigkeit mit zunehmender Bahnhöhe geringer wird, nehmen die Umlaufzeiten zu. In etwa 200 km Höhe beträgt die Umlaufzeit um die Erde rd. eineinhalb Stunden, während sie in etwa 36000 km Höhe auf 24 Stunden ansteigt (geostationäre Umlaufbahn von **Synchron-S.**, bes. bei Nachrichten-S. angewendet).

Die äußere Form von S. wird von der Zweckmäßigkeit sowie der Beschränkung durch den verfügbaren Nutzlastraum in der Raketenoberstufe oder im Raumtransporter bestimmt, das äußere Bild von Auslegern für die Meßinstrumente und Solarzellenflächen geprägt. S. bestehen aus den Hauptkomponenten: Struktur, Nutzlast, Telemetrie- und Kommandoanlage, Energieversorgungs-, Klimaregelungs-, Stabilisierungs- und Lageregelungsanlage. Moderne S., v. a. Kommunikations-S., sind dreiachsenstabilisiert: Durch ein System von kleinen Gasdüsen, kombiniert mit einem Stabilisierungsschwungrad, ist es möglich, einen S. gleichzeitig zum Erdmittelpunkt, senkrecht zur Äquatorebene und in Bahnrichtung zu stabilisieren.

Je nach Aufgabenstellung werden S. eingeteilt in:

wissenschaftl. S. zur Erforschung der näheren und weiteren Umgebung der Erde, z. B. der hohen Atmosphäre, des Magnetfeldes, der kosm. Strahlung: Aeros, Azur, COS-B, Dial, Elektron, ESRO, Exosat, Explorer, GEOS, HEOS, INTASAT, Interkosmos, ISEE, einige Kosmos, OSO, Sputnik, WRESAT;

astronom. S. zur Erforschung der Sonne, anderer Fixsterne, Suche nach Röntgenstrahlenquellen: ANS, Ariel, HEAO, Helios, IRAS, ISPM, IUE, OAO, SMM;

biomedizin. S. oder → Bio-Satelliten zum Studium des Verhaltens von Pflanzen und Tieren bei Schwerelosigkeit, z. B. Bios sowie einige Kosmos-S.;

meteorolog. S. oder → Wettersatelliten: ESSA, GOES, ITOS, Meteor, Meteosat, Nimbus, NOAA, TIROS;

Erderkundungs-S. oder Erderforschungs-S.: EOS, Landsat (früher ERTS), OGO;

geodätische S. zu Vermessungszwecken in der Kartographie, Geophysik und Geodäsie, z. B. Erdbebenwarnung: GEOS;

Kommunikations-S. oder → Nachrichtensatelliten zur Übertragung von Rundfunk- und Fernsehsendungen, Telegrammen, Telephongesprächen und Daten: Anik, ATS, Comstar, CTS, Early Bird, Echo, ECS, INTELSAT, L-Sat, Marecs, Marisat, Marots, Molnija, OSCAR, OTS, Relay, Statsionar, Symphonie, Telecom, Telstar, die Direktempfangs-S. TDF und TV-Sat;

Navigations-S. zur kontinuierl. Positionsbestimmung im Schiffs- und Flugverkehr sowie in der Raumfahrt: früheres Projekt Aerosat, Navstar-GPS, TDRS, Transit;

Geheim-S. oder → militärische Satelliten für Überwachungs- und Kommunikationsaufgaben: AFSATCOM, Discoverer, DMSP, DSCS, FLEETSATCOM, Kosmos, NATO, Orbiting Vehicle, SAMOS, Skynet, Vela Hotel.

Wetter-, Nachrichten- und Navigations-S. werden zur Gruppe der kommerziell bes. interessanten **Anwendungs-S.** zusammengefaßt. Mit Ausnahme der Bio-S. und einiger militär. S. verbleiben S. auf ihren Umlaufbahnen, bis sie in der Erdatmosphäre verglühen. Die Funktionsdauer von S. schwankt je nach Einsatzzweck zw. wenigen Tagen (z. B. militär. S.) und mehreren (bis zu zehn) Jahren (astronom. S.), die Verweilzeit im Orbit je nach der Bahnhöhe bis zu einigen tausend Jahren. (Weitere BILDER S. 529)

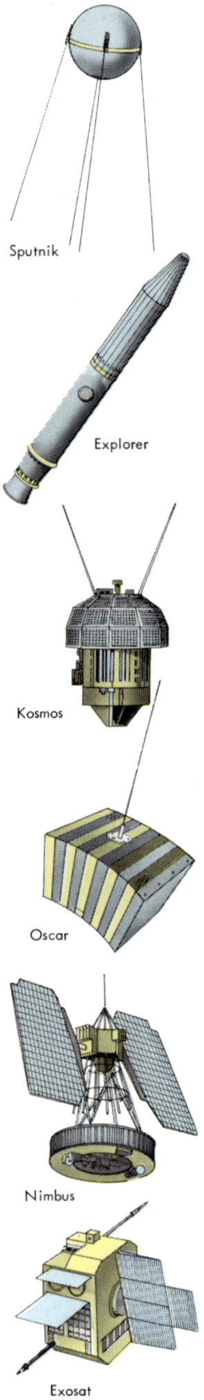

Satellit 3): verschiedene S.-Typen

Satelliten|astronomie, astronom. Beobachtungen mit Hilfe von Forschungssatelliten und bemannten Raumstationen; sie erlauben, das gesamte Spektrum der elektromagnet. und der korpuskularen Strahlung ohne Störung durch die Erdatmosphäre zu erfassen. Viele der neuen astronom. Erkenntnisse sind der S. zu verdanken (→ Infrarotastronomie, → Ultraviolettastronomie, → Röntgenastronomie, → Gammaastronomie).

Satellitenfernsehen, Übertragung von Fernsehprogrammen mit Hilfe von → Fernsehsatelliten.

Satellitenmeteorologie, die Erfassung meteorolog. Daten vom Satelliten aus durch Fernmessung.

Satellitenphotographie, Aufnahme und Abbildung der Erde, anderer kosm. Körper oder Teile ihrer Oberflächen mit photograph. und anderen Aufnahmesystemen mittels → Satelliten oder anderer Raumfahrzeuge (→ Raumfahrt). Die heutige S. gestattet fast unverzerrte Aufnahmen, und die für diese Art der Fernerkundung (engl. remote sensing) entwickelten passiven und aktiven Aufnahmeverfahren erreichen eine sehr hohe Leistungsfähigkeit (Bodenauflösung bis etwa 30 m).

Die passiven Verfahren setzen die von der Oberfläche des aufzunehmenden Objekts emittierte oder zurückgeworfene natürl. Strahlung aus dem Spektralbereich des sichtbaren Lichts bis ins Infrarot in Bildinformation um. Bei den aktiven Verfahren werden elektromagnet. Wellen (z. B. Radar, UV-Strahlung), meist vom Träger des Aufnahmesystems aus, auf das Objekt gesendet; ihr Echo wird aufgenommen und zu Bildern zusammengesetzt.

Satellit 3): Bei erdstabilisierten S. (z. B. Wetter-S.) fällt die Flugrichtung mit der Längsachse zusammen. Die Hochachse und die Sensoren für Fernseh- und Infrarotaufnahmen sind zum Erdmittelpunkt gerichtet. Die senkrecht zur Bahnebene stehende Querachse hat dieselbe Richtung wie die Drehachse der Sonnensegel

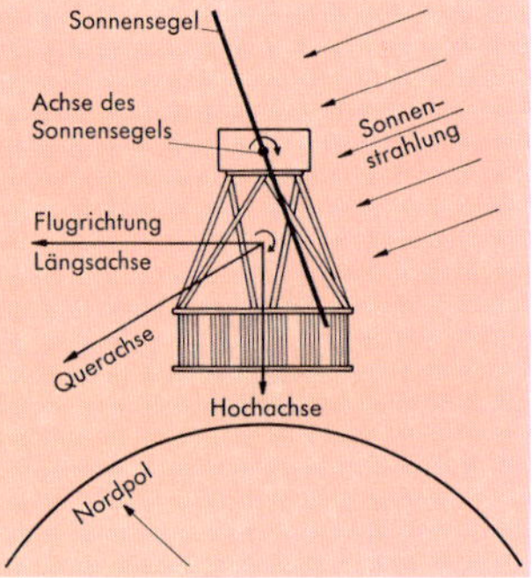

Die Wahl des Aufnahmeverfahrens wird bestimmt von der Beschaffenheit und dem Zustand des Untersuchungsgegenstandes und seiner Atmosphäre, von Störstrahlungen und von der Art der gewünschten Information. Zur Verfügung stehen: radiometr., nichtabbildende Multispektralverfahren, Schwarzweiß-, Farb- und Multispektralphotographie, multispektrales Scannen (Zeilen-Meßbildaufnahmen) und Mikrowellenverfahren.

Mit der S. ist es erstmals gelungen, objektive opt. Generalisierungen der Oberfläche und Atmosphäre der Erde und anderer Himmelskörper mit einem quantitativen Vergleich ihres Spektralverhaltens zu gewinnen. Sie ermöglicht zusammenfassende Übersichten über regionale Erscheinungen, auch schwer zugängliche oder unzugängl. Gebiete, und erlaubt, jahreszeitl. Veränderungen sowie Wirkungszusammenhänge unterschiedl. Art im Zielbereich zu erkennen. Anwendung u. a. in der Astronomie, Geowiss., Meteorologie, Land- und Forstwirtschaft, beim Umweltschutz, zu militär. und geheimdienstl. Beobachtungen.

Satellitenstaat, ein völkerrechtlich unabhängiger Staat, der aber unter dem bestimmenden Einfluß einer Großmacht steht (z. B. die unter sowjet. Einfluß stehenden osteurop. Staaten).

Satellitenstadt, ein Stadttyp, der gegenüber der → Trabantenstadt eine geringere Selbständigkeit aufweist, ihr gegenüber kleiner ist, in geringerer Entfernung von der Kernstadt liegt, nur ein kleineres Arbeitsplatzangebot aufweist und bes. Wohnfunktionen erfüllt.

Satellit 3): Prinzip der **Satellitennavigation,** die an jedem Punkt der Erde eine Ortsbestimmung mit etwa 100 m Genauigkeit ermöglicht. Für die Ortsbestimmung ist nur ein einziger Satellit erforderlich, jedoch werden mehrere in Umlaufbahnen gehalten, um die Häufigkeit der Standortbestimmungen zu erhöhen

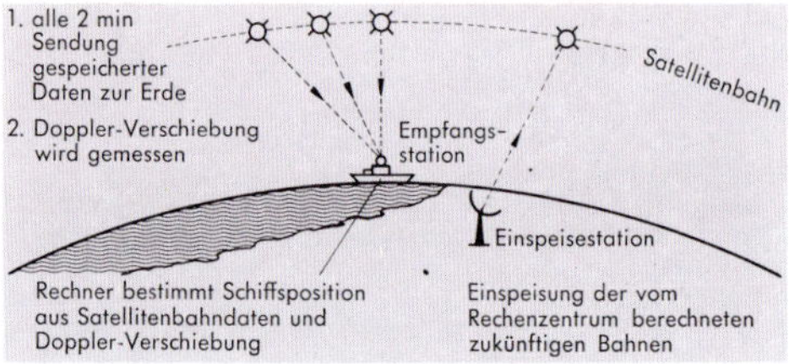

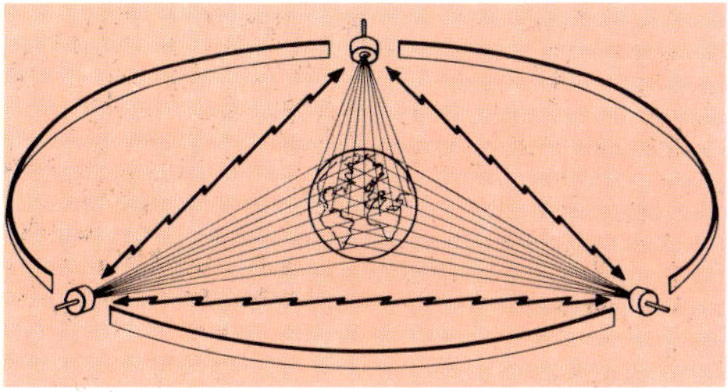

Satellit 3): Als Nachrichten-S. eingesetzte Synchron-S. auf ihrer geostationären Umlaufbahn. Drei solcher S. erreichen einen großen Teil der Erdoberfläche

Satemsprachen [altiran. satem ›hundert‹], eine Gruppe der →indogermanischen Sprachen.

Saterland, Moor- und Geestlandschaft in Ndsachs., westsüdwestl. von Oldenburg, von der Marka und Sagter Ems entwässert.

Sathmar, rumän. **Satu Mare,** ungar. **Szatmár-Németi** [s'ɔtma:r-], Krst. in NW-Rumänien, (1982) 122600 Ew., am Szamos; Bergbau-, Maschinenbau-, Konfektions- und Möbel-Ind., Weinbau. - Der links des Szamos gelegene Stadtteil ist eine dt. Gründung des 13. Jh.; bis 1919 und 1940-45 gehörte S. zu Ungarn.

Sathmarer Schwaben, dt. Volksgruppe südwestlich von →Sathmar, Nachkommen der im 18. Jh. von den ungar. Grafen Károlyi angesiedelten meist kath. oberschwäb. Bauern. Heute haben von den urspr. 40 Siedlungen nur noch Karol (Carei) und Petrifeld (Petreşti) nennenswerte dt. Bevölkerung.

Satie, Erik, frz. Komponist, * Honfleur 17. 5. 1866, † Paris 1. 7. 1925, prägte einen vom Impressionismus unabhängigen, modern-klassizist. Klangstil. Ballette, Bühnenmusiken, Klavierwerke.

Satin [sat'ɛ, frz.] *der, -s/-s,* →Atlas.

satinieren [zu Satin]. *ich* **satiniere** *es,* glätte Gewebe, Papier auf Kalandern.

Satire [von lat. satura lanx ›bunte Schüssel‹] *die, -/-n,* Literaturgatt., die durch Spott, Ironie, Übertreibung best. Personen, Anschauungen, Ereignisse oder Zustände kritisieren oder verächtlich machen will. Sie kann sich mit allen literar. Formen verbinden (Epigramm, Dialog, dramat. Spiel, Roman). Komisch-satir. Darstellungsarten sind auch →Parodie und →Travestie.

Die S. ist, nach Ansätzen in der grch. Dichtung (Aristophanes), wesentlich römisch-lat. Ursprungs. Sie erscheint zuerst bei Lucilius (2. Jh. v. Chr.). Erneuerer der S. war Horaz; ihm folgten Persius und Juvenal. Gemeinsam ist diesen S. die metr. Form. Von anderer Art sind die Menippeischen S. mit ihrer lässigen Mischung von Poesie und Prosa (→Varro). In Senecas polit. Pamphlet, der ›Apocolocyntosis‹ (›Verkürbissung‹) des Kaisers Claudius, in Petronius' Sittenroman ›Saturae‹ ist diese Kunstform fortgesetzt, in Lukians Dialogen erneuert. Satir. Sittenschilderung zeigt auch das lat. Epigramm (Martial). Das MA. kennt v. a. die gereimte **Moral-S.** (Rügedichtung, Ständesatire; auch Tierdichtung). Im 16. Jh. wird die S. zu einer beherrschenden Gattung: zeitsatir. Narrendichtungen (→Narr), S. als Kampfmittel in der religiösen Auseinandersetzung (U. v. Hutten, Th. Murner, J. Fischart u. a.). Während der Renaissance entstanden in allen europ. Nationen bedeutende S.: in Spanien S. von M. de Cervantes (›Don Quijote‹ als S. auf die Ritterromane) und F. G. de Quevedo y Villegas, in Italien von G. Parini, in Frankreich von F. Rabelais, P. Scarron, N. Boileau, in England von J. Marston, J. Donne, J. Dryden; ihnen entsprechen im dt. Barock J. M. Moscherosch, F. v. Logau, J. W. Lauremberg und der Prediger Abraham a Sancta Clara. In Frankreich gelangte die S. durch Voltaire zu einem Höhepunkt, in England durch A. Pope (›The Dunciad‹), D. Defoe, S. Johnson, J. Swift (›Gullivers Reisen‹), H. Fielding. Im 19. und 20. Jh. wurde die soziale und polit. S. wieder stärker belebt, im Vormärz durch K. Immermann (›Münchhausen‹), H. Heine (›Atta Troll‹ und ›Deutschland - ein Wintermärchen‹), in dramat. Form durch J. N. Nestroy; ferner durch S. Butler, G. B. Shaw; N. W. Gogol, M. J. Saltykow-Schtschedrin, M. Soschtschenko. Satir. Elemente finden sich bei W. Busch, F. Wedekind, C. Sternheim, H. Mann, K. Kraus, L. Thoma, B. Brecht, K. Tucholsky, E. Kästner, M. Frisch, F. Dürrenmatt, M. Walser, H. M. Enzensberger, G. Grass u. a. Die S. ist auch wesentl. Bestandteil des →Kabaretts. A. Huxley, G. Orwell, E. Waugh schrieben satirische Utopien.

Die **Literatur-S.** als Waffe im Kampf gegen best. Schriftsteller erreichte einen frühen Höhepunkt in der S. der →Dunkelmännerbriefe, gewann aber erst in der Goethezeit die Breite einer eigenen Gatt. (Goethes Farcen und S.; L. Tiecks, A. v. Platens und Ch. D. Grabbes Literaturkomödien). Wort- und Bildsatire (→Karikatur) verbinden sich in den im 19. Jh. aufkommenden **satir. Witzblättern** (→Fliegende Blätter, Kladderadatsch (→kladderadatsch), →Simplicissimus, →Punch). - *der* **Satiriker,** *-s/-,* **1)** Verfasser von Satiren. **2)** jemand, der auf satirische Weise Kritik übt, Spötter. **satirisch,** spöttisch, beißend.

Satisfaktion [lat.] *die, -/-en,* Genugtuung durch Ehrenerklärung oder Duell.

Satledsch *der,* Nebenfluß des Indus, →Sutlej.

Sato, Eisaku, japan. Politiker, * Tabuse (Honshu) 27. 3. 1901, † Tokio 2. 6. 1975; mehrfach Minister (u. a. Finanzen, 1958-60), 1964-72 MinPräs. und Vors. der Liberaldemokrat. Partei, leitete 1965 die Normalisierung der japanisch-südkorean. Beziehungen ein und erreichte 1972 die Rückgabe der Ryukyu-Inseln einschließlich Okinawas an Japan. 1974 erhielt er (zus. mit dem Iren S. MacBride) den Friedensnobelpreis.

Satowaki, Joseph Asajiro, japan. Kardinal (seit 1979), * Shittsu (Kyushu) 1. 2. 1904, seit 1968 Erzbischof von Nagasaki.

Satrap [mhd. satrapas, zu grch. satrapes, aus pers.] *der, -en/-en,* im Perserreich der Achaimeniden Titel eines Großstatthalters, unter den Sassaniden eines Stadtfürsten; gewann in der Zeit des Reichsverfalls (5.-4. Jh. v. Chr.) den Beiklang ›Despot‹. *die* **Satrapie,** *-/... p'i|en,* das von einem S. verwaltete Gebiet.

Satsuma [japan.] *die, -/-s,* Bezeichnung für eine früh reifende, kernlose Mandarinensorte.

satt [ahd.], **1)** befriedigt, ohne Bedürfnis nach weiterem Genuß: *ich esse mich s.; man kann sich daran s. sehen.* **2)** überdrüssig: *ich bin, habe, bekomme es s.,* U habe genug davon. **3)** Farbe: kräftig, voll, tief: *satte Farben; ein sattes Rot. Subst. die* **Sattheit,** -. *ich* **sättige, 1)** *ihn,* mache satt, stille seinen Hunger, seine Begierde, seine Neugierde, seinen Ehrgeiz. **2)** *eine Lösung,* ⊃ gebe so viel hinein, daß sie nichts mehr aufzunehmen vermag (→Lösung 2). *Subst. die* →Sättigung, **sattsam,** genügend, hinlänglich.

Sattel [zu sitzen] *der, -s/¨,* **1)** Pferdesport: aus Leder bestehende Sitzvorrichtung für den Reiter auf dem Pferderücken, entscheidend für den korrekten Sitz des Reiters und für das richtige Einwirken auf das Pferd. Bei richtiger waagrechter Sattellage kann sich die Rückenmuskulatur des Pferdes frei bewegen. Der Reiter muß im tiefsten Punkt des S. sitzen und stützt die Fußballen beidseitig in die Steigbügel. Der **engl. S. (Sport-S.,** auch **Pritschen-S.** genannt) wird i. a. für Spring-, Dressur- und Vielseitigkeitsprüfungen verwendet (BILDER S. 530). Der **Renn-S.** für Galopprennen ist bes. leicht. Der **Damensattel** ist ein Seitsitz, bei dem sich beide Beine der Reiterin an der linken Seite des Pferdes befinden; kaum noch gebräuchlich. - Redensarten: *er sitzt fest im S.,* Ü seine Stellung ist sicher; *er wurde aus dem S. gehoben,* Ü wurde verdrängt, besiegt (als Ritter beim Turnier); *er ist in allen Sätteln gerecht,* Ü jeder Arbeit gewachsen. **2)** Sitzvorrichtung beim Fahrrad und Motorrad. **3)** 🜨 →Falte. **4)** 🜨 auch **Einsattelung,** Senke im Verlauf eines Bergzuges (→Paß). **5)** bei Saiteninstrumenten das am oberen Ende des Griffbretts dicht vor dem Wirbelkasten quer über das Griffbrett gelegte stegartige Leistchen, auf dem die Saiten aufliegen. **6)** an Kleidungsstücken die →Passe. *ich* **satt(e)le** *ein Tier,* lege ihm den S. auf. *ich* **satt(e)le** *es* **ab,** nehme den S. ab. *ich* **satt(e)le um, 1)** *es,* sattle anders. **2)** (auch: bin umgesattelt), U wechsele den Beruf. **sattelfest, 1)** sicher im S. **2)** Ü gut beschlagen, mit gründl. Fachkenntnissen. *die* **Satt(e)lung,** *-/-en,* das Satteln, der Sitz des Sattels.

Satteldach, eine Dachform (BILD Dach).

Sattelkraftfahrzeug, ein Lastkraftwagen, besteht aus **Sattelzugmaschine** oder **Sattelschlepper** (ohne Nutzladung) und (auswechselbarem) Auflieger **(Sattelanhänger)**; höchstzulässiges Gesamtgewicht 38 t. S. dürfen keine Anhänger mitführen.

Sattelnase, Einbuchtung des Nasenrückens infolge Zerstörung der knöchernen Scheidewand, z. B. durch Verletzung.

Sattelpferd, das in einem Gespann links vorne gehende Pferd.

Sattelrobbe, Art der →Seehunde.

Sattelzwang, eine Überempfindlichkeit der Pferde; sie widersetzen sich dem Auflegen des Sattels.

Sättigung *die, -,* **1)** befriedigtes Nahrungsbedürfnis, →Sättigungswert der Nahrung. **2)** Ü Grenze der Aufnahmefähigkeit: *S. des Markts.* **3)** Farbmetrik: einer der 3 Empfindungsanteile einer Farbe (neben Farbton und Helligkeit). **4)** ⊠ eine obere Grenze, die von einer physikal. Größe erreicht, aber nicht überschritten werden kann, z. B. S. der Magnetisierung. **5)** Meteorologie: Von S. der Luft spricht man, wenn der Wasserdampfdruck in der Luft gleich dem der Lufttemperatur entsprechenden S.-Dampfdruck ist. **6)** ⊃ Herstellung einer gesättigten Lösung. S. von chemischen Bindungskräften: →Absättigung. **7)** Elektronik: mögl. Betriebszustand eines nichtlinearen Bauelements, z. B. Diode, Transistor.

Sättigungsdampfdruck, →Dampf.

Sättigungswert der Nahrung, Grad, in dem die Speisen **Sättigungsgefühl** hervorrufen, ist abhängig von ihrem Volumen, ihrem Gehalt an Joule (Kalorien) und Ergänzungsstoffen sowie ihrer Verweildauer im Magen.

Sattler, Feinsattler [zu Sattel] *der, -s/-,* handwerkl. (Sattler) und industrieller (Sattler und Feinsattler) Ausbildungsberuf mit

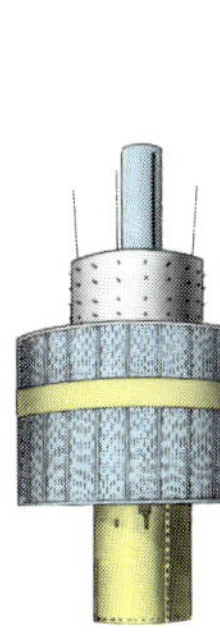

Meteosat

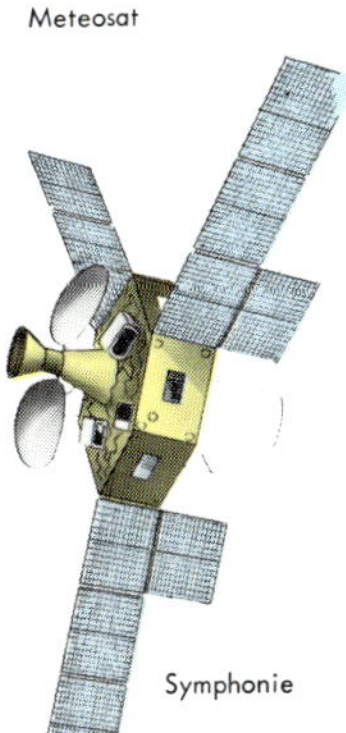

Symphonie

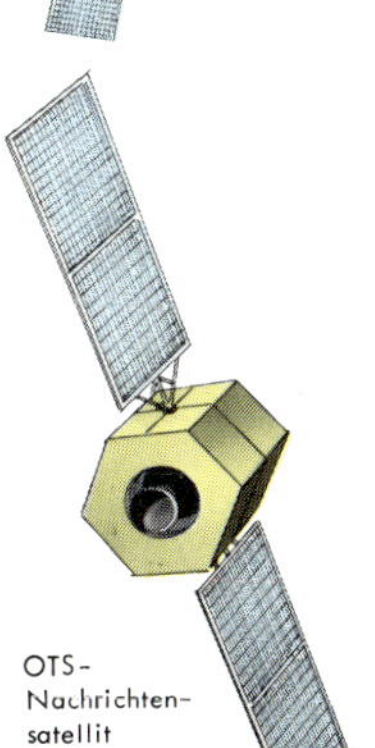

OTS-Nachrichtensatellit

Satellit 3): verschiedene S.-Typen

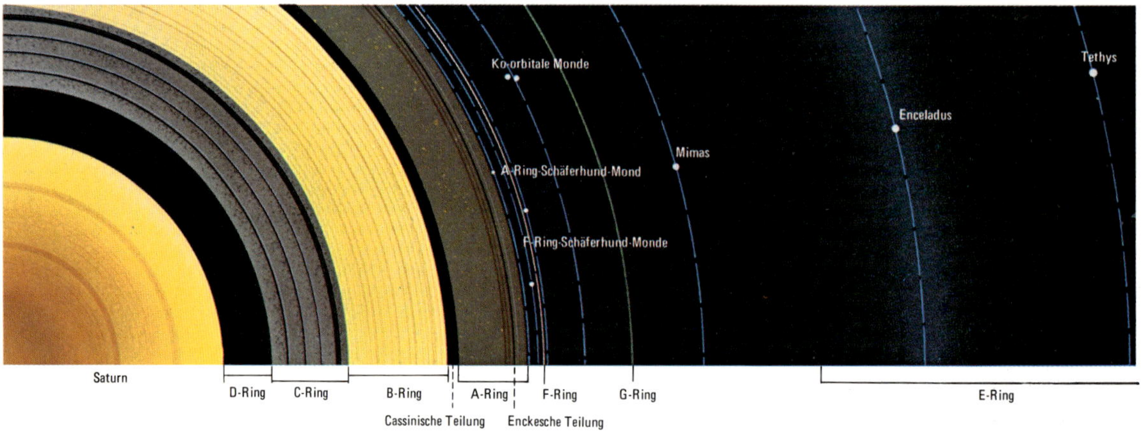

Saturn 2): Ringe des S.

3jähriger Ausbildungszeit; stellt Sättel, Pferdegeschirr, Koffer, größere Ledertaschen, Riemen, Sportartikel u. a. her. *die* **Sattlerei**, *-/-en,* Werkstatt des Sattlers.

Satu Mare, rumän. für → Sathmar.

Saturei [aus lat.] *die, -,* **Satureja,** Lippenblüter-Gatt., vorwiegend des östl. Mittelmeergebiets. Auf mageren Wiesen Europas, Nordafrikas und Vorderasiens wächst die mehrjährige, lilablütige Art **Winterbohnenkraut, Berg-** oder **Steinquendel (Satureja montana).** Das → Bohnenkraut ist u. a. Würzpflanze.

Saturn, 1) Saturnus, alte röm. Gottheit der Saaten und der Fruchtbarkeit, schon früh dem grch. Kronos gleichgesetzt. **saturnisch,** uralt, groß und schrecklich. **2)** *der, -s,* ☆ der zweitgrößte Planet unseres Sonnensystems (Zeichen ♄), scheinbarer Durchmesser zw. 15,8″ und 17,4″, Abstand von der Erde zw. 1200 und 1650 Mio. km. Weitere Daten über den von der Sonne aus gezählten 6. Planeten finden sich in der ÜBERSICHT und bei → Planeten. Schon mit einem kleinen Fernrohr kann man die **Ringe des S.** erkennen, die – da in der um knapp 27° zur Bahnebene geneigten Äquatorebene befindlich – im Verlauf eines S.-Jahres aus unterschiedl. Blickwinkel zu beobachten sind. Sie wurden bereits von G. Galilei beobachtet, aber erst 1655 von C. Huygens als solche erkannt. 1675 fand D. Cassini eine Trennung zw. dem äußeren A- und dem inneren B-Ring **(Cassini-Teilung).** Später wurden weitere Ringe gefunden (BILD). Während die Ausdehnung des aus Gesteins- und Eisbrocken (bis etwa 1 m Durchmesser) bestehenden Ring-Systems sehr groß ist (Außendurchmesser des A-Rings etwa 280000 km), beträgt seine Dicke höchstens einige hundert Meter.

Bislang haben 3 unbemannte Instrumententräger den S. erforscht: Pioneer 11 (1979), Voyager 1 (1980) und Voyager 2 (1981). Pioneer 11 entdeckte u. a. ein äußerst gleichmäßig geformtes Magnetfeld des S., Voyager 1 und 2 konnten mit ihren hochauflösenden Kameras dann in den klass. Ringbereichen viele hundert Einzelringe erkennen (BILD), eine Reihe von weiteren Monden nachweisen und die Turbulenzen sowie die chem. Zusammensetzung der S.-Atmosphäre studieren. Neben Wasserstoff und Helium, den Hauptbestandteilen, konnten Methan, Ammoniak, Phosphin, Äthan, Acetylen und verwandte Moleküle nachgewiesen werden. Man nimmt an, daß das Innere des S. aus 3 Schichten besteht: einer äußeren aus einem flüssigen Gemisch aus Wasserstoff und Helium, an die sich nach innen (bedingt durch den hohen Druck) eine Zone aus metallischer Flüssigkeit anschließt (die Elektronen wandern frei umher) und einem innersten Kern aus Gestein.

Die Existenz von 17 **S.-Monden** gilt als gesichert (ÜBERSICHT, BILD), einige weitere werden noch vermutet; bis auf die neun ›klass.‹ S.-Monde **(Mimas, Enceladus, Tethys, Dione, Rhea, Titan, Hyperion, Iapetus, Phoebe)** handelt es sich aber um Objekte von nur bis zu etwa 300 km Durchmesser. Titan, der größte S.-Mond, ist von einer dichten Atmosphäre umgeben, die bei einem angenommenen Bodendruck von 1,5 bar zu 85% aus Stickstoff, 12% aus Argon, 3% aus Methan sowie Spuren komplexerer Moleküle besteht, darunter auch zahlreiche Kohlenwasserstoff-Verbindungen. Trotz dieser an die frühe Erdatmosphäre erinnernden Zusammensetzung dürfte auf Titan die notwendige Energie für die Synthese komplexer Makromoleküle gefehlt haben, die auf der Erde der Entstehung des Lebens vorausgegangen ist: die Temperatur an der Titanoberfläche liegt bei etwa − 175 °C (Weitere BILDER S. 531). **3)** *die, -/-s,* Raumfahrt: für das → Apollo-Programm entwickelte → Raketen mit den Typen 1 B und 5. S. 5 war mit rd. 111 m Gesamtlänge und etwa 2900 t Startmasse die größte jemals geflogene Rakete. Die beiden letzten S.-Raketen wurden für → Skylab und für → Apollo-Sojus verwendet. (BILDER Rakete, Raumfahrt)

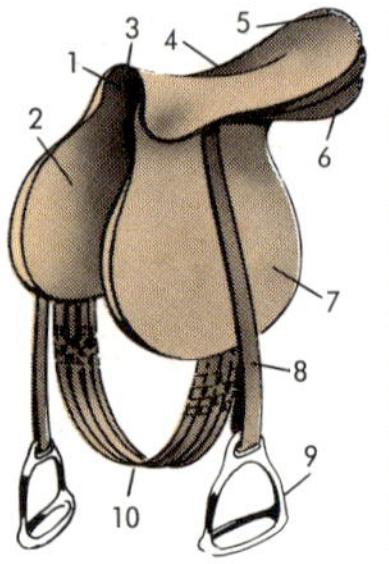

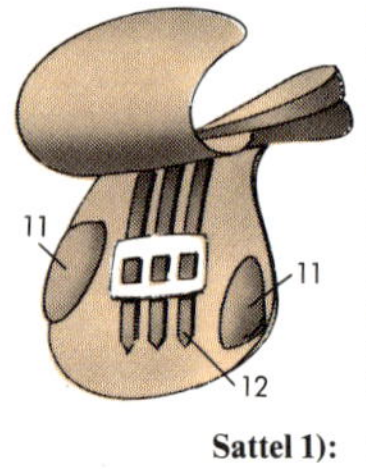

Sattel 1): englischer S.; **1** Sattelkammer, **2** Schweißblatt, **3** Vorderzwiesel, **4** Sitzfläche, **5** Hinterzwiesel, **6** Sattelpolster, **7** Sattelblatt, **8** Steigbügelriemen, **9** Steigbügel, **10** Sattelgurt, **11** Pauschen, **12** Gurtstrippen

Saturnali|en *Pl.,* altröm. Fest zu Ehren des → Saturn am 17. 12. nach Beendigung der Herbstaussaat. Zu den Festbräuchen gehörten: Aufhebung der Standesunterschiede, gegenseitiges Beschenken, Gelage.

Saturnismus [n. Saturn, veraltete Bez. für Blei] *der, -,* die → Bleivergiftung.

Satyr [grch.] *der, -n/-n* oder *-s/-e, meist Pl.,* grch. Mythos: Fruchtbarkeitsdämonen im Gefolge des Dionysos, im 7. und 6. Jh.

Astronomische und physikalische Daten des Saturn

Äquatordurchmesser	120870 km
Poldurchmesser	108100 km
Abplattung	1/9,51
Masse	$5{,}69 \cdot 10^{23}$ t
mittlere Dichte	0,69 g/cm³
Rotationsdauer	10h 39min 24s
Dauer eines Umlaufes um die Sonne	29,46 Jahre
mittlere Entfernung zur Sonne	1,427 Mrd. km

Tabelle der Saturnmonde[1])

Nummer/Name	Durchmesser (km)	Abstand vom Saturnmittelpunkt (km)	Umlaufzeit
1980S28[2])	80 × 60 × 40	137700	14h 25min 44s
1980S27[3])	140 × 100 × 80	139400	14h 42min 43s
1980S26[3])	110 × 90 × 70	141700	15h 05min 02s
1980S3[4])	140 × 120 × 100	151422	16h 39min 48s
1980S1[5])	220 × 200 × 160	151472	16h 40min 22s
Mimas	392	185600	22h 37min 03s
Enceladus	500	238100	1,3702d
Tethys	1050	294700	1,8878d
1980S13[6])[8])	34	294700	1,8878d
1980S25[7])[8])	34	294700	1,8878d
Dione	1120	377500	2,7369d
1980S6[9]) (Dione B)	36	377500	2,7369d
Rhea	1530	527200	4,5175d
Titan	5150	1221600	15,9454d
Hyperion	360	1483000	21,2767d
Iapetus	1450	3560100	79,3308d
Phoebe	200	12950000	550,33d

[1]) Die Existenz weiterer Monde wurde gemeldet, gilt aber noch nicht als endgültig gesichert. [2]) endgültiger Name Atlas, auch A-Ring-Schäferhund-Mond. [3]) auch als F-Ring-Schäferhund-Monde bezeichnet. [4]) endgültiger Name Epimetheus. [5]) endgültiger Name Janus. [4])[5]) auf derselben Umlaufbahn befindliche (ko-orbitale) Monde. [6]) endgültiger Name Telesto. [7]) endgültiger Name Calypso. [8]) auf derselben Bahn mit Tethys umlaufend. [9]) auf derselben Bahn mit Dione umlaufend.

v. Chr. oft wild tanzend dargestellt; mit ihnen verwandt sind die →Silene. Die lüsternen Naturdämonen wurden im 5. Jh. v. Chr. als Gegenbilder eines durch Kultur und Sitte veredelten Menschentums gesehen. Im 4. Jh. v. Chr. streiften sie die tier. Züge immer mehr ab. Der überfeinerten Welt des Hellenismus wurde das Satyrtreiben zum bukol. Idyll oder ausgelassenen erot. Spiel. – In der Kunst der Neuzeit wurden S. und Silene oft dargestellt, auch als Begleiter der Venus oder als Gefährten der Nymphen. – Mischgestalten aus Mensch und Bock wurden auch S. genannt.

Satyr|huhn, Tragopan, Gatt. der Hühnervögel in Bergwäldern des Himalaya und S-Chinas, mit bunten, schwellbaren hornförmigen Hautauswüchsen und Kehllappen sowie hellgesprenkeltem Gefieder; fast doppelt so groß wie Haushühner; z. B. das Rot-Satyrhuhn.

Satyriasis [grch.] *die, -,* krankhaft gesteigerter Geschlechtstrieb bei Männern.

Satyrspiel, Gattung des grch. Dramas, in der Satyrn den Chor bildeten. Das S. wurde als Nachspiel zu einer tragischen Trilogie aufgeführt, deren Welt es in burlesker Weise parodiert. Erhalten sind der ›Kyklops‹ des Euripides sowie Fragmente der ›Spürhunde‹ des Sophokles und der ›Netzzieher‹ des Aischylos.

Satz [zu sitzen] *der, -es/⸗e,* **1)** Ⓢ einfachste selbständige sprachl. Äußerung zum Ausdruck eines vollständigen Gedankens. Er enthält eine Stellungnahme des Sprechers zu seiner Geltung, indem der Sachverhalt als real oder fiktiv, erwünscht, gefordert oder fraglich hingestellt oder in best. Weise bewertet wird. Äußerlich ist der S. durch seinen Tonverlauf (Satzmelodie) als abgeschlossene Sinneinheit gekennzeichnet. Der innere Bau des S. ist wesentlich durch seine Sinneinheit bestimmt, die der Hörer (trotz der nacheinander geäußerten sprachl. Zeichen) schon vor dem Abschluß erfaßt. Den **Satzkern** bilden Thema (Ausgangspunkt für die folgende Mitteilung) und Rhema (das Neue der Mitteilung); z. B. ›dieser Lehrer‹ (Thema) ›ist gewissenhaft‹ (Rhema). – Über den **Satzbau** vgl. ÜBERSICHT Syntax. – Die vielfältigen syntakt. Ausdrucksformen der S. lassen sich auf eine beschränkte Anzahl von Satzbauplänen zurückführen, deren Sichtung in der heutigen Forschung vorgenommen wird. Andererseits ergibt die elektron. Syntaxanalyse eine Übersicht über die Statistik der Satzlänge bei verschiedenen Autoren und Verwendungsbereichen der Sprache. In der Transformationsgrammatik unterscheidet man die →Oberflächenstruktur des S. von seiner →Tiefenstruktur. **2)** Lehrsatz, Grundsatz, Gesetz: *der S. des Euklid.* **3)** ♪ a) das in sich geschlossene mehrtaktige Formglied eines Musikstücks, häufig geteilt in Vorder- und Nachsatz, b) vollständiger, in sich abgeschlossener Teil eines größeren Ganzen (Suite, Konzert, Sonate, Sinfonie, Quartett), c) Setzweise, d. h. die Art, in der ein Tonstück ausgearbeitet ist: schlichter S. (Note gegen Note), kunstvoller S., zwei-, drei-, vierstimmiger S., homophoner, polyphoner S. usw. **4)** der von Hand oder maschinell hergestellte Schriftsatz (→Setzerei) aus einzelnen Typen (→Letter) oder Zeilen: *ein Manuskript geht zum S., wird zum S. gegeben.* **Satzspiegel** ist der mit Schrift bedeckte Teil einer Buch-, Zeitungs- oder Zeitschriftenseite. **5)** Serie, Gruppe zusammengehöriger Gegenstände: *ein S. Schüsseln,* gleichartige Schüsseln. **Satzwerkzeuge,** gleichzeitig arbeitende Werkzeuge, z. B. Satzfräser. **6)** Spielabschnitt in einigen Ballspielen (z. B. Badminton, Tennis, Volleyball). **7)** Sprung: *in wenigen Sätzen war der Hase davon.* **8)** Rückstand, Niederschlag: *Kaffeesatz.* **9)** übliches Maß, Tarif: *deine Forderung überschreitet den üblichen S.* **10)** *kurz für:* Einsatz (z. B. im Spiel). **11)** die von einer Häsin auf einmal geborenen (gesetzten) Jungen. **Satzhase, Setzhase,** Häsin. **Satzzeit, Setzzeit,** Gebärzeit der Häsin und des wiederkäuenden Wildes.

Saturn 2): Funkbild vom Ringsystem des S., aufgenommen aus rd. 17 Mio. km Entfernung, gesendet am 30. Oktober 1980

Satzbetrieb, Verfahrenstechnik: →diskontinuierlicher Betrieb.

Satzlehre, Ⓢ die →Syntax.

Satzung *die, -/-en,* **Statut,** die schriftlich niedergelegte Grundordnung eines rechtl. Zusammenschlusses. **1)** bei öffentlich-rechtl. Verbänden das Verfassungs- und Organisationsrecht. Die Befugnis, sich S. zu geben (→Autonomie), folgt bei Anstalten aus staatl. Verleihung, bei Körperschaften (Gemeinden, Univ.) aus der Selbstverwaltung (auch in Österreich und der Schweiz). **2)** Bei privatrechtl. Verbänden sind Zustandekommen, Mindestinhalt und Grenzen der S. gesetzlich geregelt (z. B. §§ 57 ff. BGB für den eingetragenen Verein). **3)** im älteren dt. Recht das Pfandrecht, besonders an Liegenschaften.

Satz vom ausgeschlossenen Dritten, Ⓟⓗ logisches Grundgesetz, →tertium non datur.

Satz vom Widerspruch, Ⓟⓗ →Widerspruch.

Satzzeichen, schriftl. Hilfszeichen zur Gliederung eines Satzes; hierzu ÜBERSICHT S. 532.

Sau [ahd.] *die, -/S'äue,* **1)** weibl. Hausschwein; Sinnbild der Schmutzigkeit: *so eine S.!,* V dreckiger Mensch; *unter aller S.,* U unter aller Kritik, ganz schlecht. **2)** *Pl. -en,* Wildschwein. **sau...,** U derb: sehr: *saukalt; saugrob; sauwohl.* **Sauarbeit,** U derb: **1)** mühselige, langwierige Arbeit. **2)** schlechte Leistung. **Saubär,** *oberdt.:* Eber. *ich saue,* **1)** U mache schmutzig. **2)** U erzähle unanständige Witze. **3)** *das Schwein saut,* bekommt Junge. **4)** (bin gesaut), *schwäb.:* renne. *ich saue es, ihn, mich* **ein, voll,** U beschmutze. *die* **Sauerei,** *-/-en,* U **1)** Unanständigkeit. **2)** Schmutzigkeit. **Sauhaufen,** U ungeordnete Menge von Menschen oder Dingen. **säuisch,** U schmutzig, unanständig. **Saumagen, 1)** U ein Magen, der alles verträgt. **2)** *oberdt.:* Preßkopf. **saumäßig,** U **1)** sehr schlecht: *eine saumäßige Arbeit.* **2)** sehr: *ich friere saumäßig.* **Saustall, 1)** Schweinestall. **2)** U schmutzige Verhältnisse, Unordnung. **Sauwetter,** U sehr schlechtes Wetter. **Sauwirtschaft,** U verkommene Verhältnisse.

Sau, Fluß in Jugoslawien, →Save.

Saualpe, bis 2081 m hoher Gebirgszug der Lavanttaler Alpen, Kärnten, Österreich, zw. Lavant- und Gurktal.

sauber [ahd.], **1)** rein, schmutzfrei, frisch gewaschen: *ich halte, mache das Zimmer s. – habe es saubergehalten, saubergemacht.* **2)** ordentlich, sorgfältig: *dieser Tisch ist s. gearbeitet.* **3)** U anständig, sittlich einwandfrei: *ein sauberer Charakter,* U ein ehrbarer Mensch; *er hat eine saubere Weste,* U ein reines Gewissen. **4)** U hübsch: *ein sauberes Mädchen.* **5)** U schlimm: *ein sauberer Kerl! Subst. die* **Sauberkeit,** *-. ich* **säub(e)re** *es,* **1)** reinige, putze. **2)** U entferne gewaltsam alle mißliebigen oder störenden Personen. *Subst. die* →Säuberung. **säuberlich,** behutsam, sorgfältig.

Säuberung *die, -/-en,* Politik: die Entfernung politisch mißliebiger Personen in großer Zahl aus leitenden, aber auch nachgeordneten Stellungen in Staat und Gesellschaft. Zum ersten Mal in der Zeit der Schreckensherrschaft der Jakobiner 1792–95 (→französische Geschichte) zu beobachten, im 19. Jh. z. B. im Dt. Bund während der ›Demagogenverfolgung‹ und in Spanien bei der Verfolgung der Anhänger der Verfassung von Cádiz angewendet, wurde die S. in den totalitären Systemen des 20. Jh. (bes. Faschismus, Nationalsozialismus, Kommunismus) zu einer immer wiederkehrenden Erscheinung.

Nach 1945 leiteten in Dtl. die Siegermächte eine S. ein, um die nationalsozialist. Einflüsse aus allen Bereichen des staatl. und gesellschaftlichen Lebens zu entfernen (→Entnazifizierung).

Sauce [z'osə, frz. aus lat. salsus ›gesalzen‹] *die, -/-n,* frz. Schreibung für Soße. *die* **Sauciere** [zosj'ɛ:rə], *-/-n,* Soßenschüssel. *der* **Saucier** [zosj'e], *-s/-s,* ein Koch, der Soßen und Ragouts herstellt und anrichtet. **saucieren** [zo-] *ich* **sauciere** *es,* tränke mit Soße (Tabak).

Saudi-Arabi|en, amtl. arab. **al-Mamlaka al-Arabiija as-Sa'udiija,** Königreich in →Arabien; die Größe wird trotz z. T. umstrittener Grenzen mit 2,15 Mio. km² und (1982) 9,684 Mio. Ew. angegeben. Hptst.: Er-Riad. Amtssprache: Arabisch. Währungseinheit: 1 Saudi Riyal (S. Rl.) = 20 Qirshes = 100 Hallalas. *Adj.* **saudiarabisch.** *der* **Saudiaraber,** *-s/-,* kurz: *der* **Saudi,** *-s/-s.* (KARTE IV/V, n. S. 320)

Staat. S.-A. ist eine absolute Monarchie. Staatsoberhaupt ist der König, der die höchsten gesetzgeber., ausführenden und richterl. Funktionen des Staats in einer Person vereinigt; er ist nominell auch das geistl. Oberhaupt. Er leitet einen von ihm ernannten Ministerrat. – Verwaltung. Einteilung in 5 Prov. – Das Recht folgt dem islam. Recht der Schari'a (→Scheri'a). – Streitkräfte. Gesamtstärke: 51 500 Mann; Heer: 35 000; Luftwaffe: 14 000 (170 Kampfflugzeuge); Marine: 2 500; Nationalgarde: 25 000; Grenz- und Küstenwache: 8 500.

Landesnatur. S.-A. umfaßt den größten Teil der Arab. Halbinsel. Es ist ein Tafelland, das vom Persischen Golf langsam nach W ansteigt und mit gebirgsartigem Rand zum Vorland des Roten Meeres abfällt. Bedingt durch das trockenheiße Klima nehmen Wüsten und Wüstensteppen 99% der Staatsfläche ein. Nur im

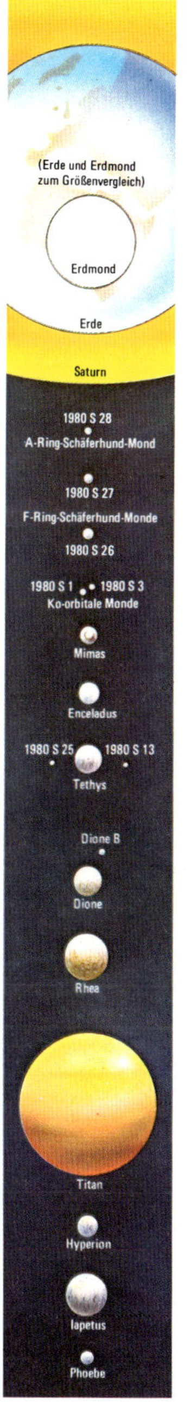

Saturn 2):
Monde des S.

SATZZEICHEN

Der **Punkt** (.) steht

1) am Ende des Aussagesatzes: *Alles lacht.*

2) hinter Ordnungszahlen: *am 1. April, Otto I.*

3) bei Abkürzungen, die im vollen Wortlaut gesprochen werden: *z. B., z. T., dgl., usw.* (aber ohne Punkt: DRK de:erk'a:).

Kein Punkt nach Überschriften, Unterschriften, Anschriften, selbständigen Datumsangaben sowie Abkürzungen für Maßeinheiten, Himmelsrichtungen und chemische Elemente.

Das **Semikolon** (;) steht

1) zwischen selbständigen Sätzen, die gedanklich eng verbunden sind: *Er war so lustig; wir haben Tränen gelacht.*

2) oft vor den Bindewörtern **denn, doch, daher** u. a.: *Der Frühling ist nahe; doch die starken Schneefälle der letzten Tage versetzen uns in eine Winterlandschaft.*

3) bei längeren Aufzählungen, um Gruppen abzugliedern: *alle jagdbaren Tiere des Waldes und Feldes: Hirsche, Rehe, Wildschweine; Hasen, Fasane, Rebhühner.*

Das **Komma** (,) steht

1) zwischen Haupt- und Nebensatz: *Wenn der Frühling naht, schmilzt der Schnee in den Bergen.*

2) zwischen Haupt- und eingeschlossenem Nebensatz jeder Art: *Der Mann, der das Geld abgeholt hatte, gehörte zur Firma.*

3) zwischen Nebensätzen: *Ich höre, daß er gute Arbeit leistet, jedoch wenig Anerkennung dafür erntet.*

4) zwischen nebengeordneten Satzgliedern, die nicht durch **und** oder **oder** verbunden sind: *bald hier, bald dort; mit frohem, frischem Mut;* auch bei Aufzählungen: *die Farben Rot, Gelb, Grün und Blau.*

5) zwischen zwei Hauptsätzen, die mit **und** oder **oder** verbunden sind, wenn jeder sein eigenes Subjekt hat: *Das Wetter war gut, und wir konnten viel wandern.*

6) vor und nach Appositionen: *Prinz Eugen, der edle Ritter. Sonntag, den 1. März, um 5 Uhr.*

7) vor und nach der Anrede: *Nachher, Fritz, wollen wir spielen.*

8) vor und nach sogenannten verkürzten Sätzen, Partizipialsätzen und Infinitivsätzen, bes. vor dem Infinitiv mit **um zu, ohne zu, anstatt zu;** vor dem Infinitiv mit **zu,** wenn er erweitert oder wenn auf ihn mit **es** hingewiesen ist: *Die Tiere eilten zum Bach, um zu trinken. Der Hund versuchte, mit Bellen und Knurren die Aufmerksamkeit seines Herrn zu erregen. Ich kann es nicht ertragen, dich so elend zu sehen. Ich hatte es dir geraten, zu warten.* Partizipialsätze, die durch nähere Bestimmungen erweitert sind: *Er schlief, von der langen Fahrt ermüdet, sofort ein. Immer noch auf einen Ausweg hoffend, ließ er den Mut nicht sinken.*

Das **Fragezeichen** (?) steht am Ende des unabhängigen Fragesatzes oder nach einem Fragewort: *Wie? Was wünschen Sie?*

Das **Ausrufezeichen** (!) steht nach einem Ausruf sowie am Ende eines Ausruf-, Aufforderungs- oder Wunschsatzes: *Pfui! Herein! Komm doch! O wären wir doch schon zu Hause!* Auch um einem Satz Nachdruck zu verleihen: *Ich sage es dir nicht noch einmal!*

Der **Gedankenstrich** (–) steht

1) zur Bez. eines unvollendeten Satzes: *Beeile dich, sonst –!*

2) als Zeichen der Pause, auch um auf etwas Unerwartetes vorzubereiten: *Plötzlich – ein Schrei.*

3) statt eines Kommas vor und nach eingeschobenen Satzteilen und Sätzen, die besonders hervorgehoben werden sollen: *Ich betone – und das habe ich von Anfang an gesagt – meine Zweifel an der Echtheit des Bildes.*

Pünktchen (. . .) stehen wie Gedankenstrich 1) und 2).

Der **Doppelpunkt** (das Kolon :) steht

1) vor der wörtlich angeführten Rede: *Er sagte: „Ich gehe jetzt."*

2) vor Erklärungen und Aufzählungen: *Die Woche hat sieben Tage: Montag, Dienstag, Mittwoch . . .*

3) oft vor angekündigten Satzstücken, vor einer Zusammenfassung oder Folgerung; in diesem Fall schreibt man nach dem Doppelpunkt klein: *Das Ende war vorauszusehen: er verlor alles, was er hatte.*

Anführungsstriche („. . . . ") stehen

1) vor und hinter der wörtlich angeführten Rede: *„Ich bin", spricht jener, „zu sterben bereit."*

2) zur Kennzeichnung eines Buchtitels, einer Überschrift, einer wörtlich angeführten Textstelle: *Goethes „Faust". So ein „Geklingel", wie er das nannte.* Auch wenn Wörter spöttisch gebraucht werden: *Das sind „bessere" Leute.*

Bereich von Trockentälern (Wadis) und am Fuß von Bergstufen können sich durch Quellen und Grundwasser Oasen bilden.

Die Bevölkerung ist infolge der wüstenhaften Landesnatur auf wenige städt. Zentren und kleine Gebiete mit gesicherter Wasserversorgung (Oasen) konzentriert. Sie besteht fast nur aus Arabern. – Bildung. Keine allg. Schulpflicht, unentgeltl. Unterricht an allen staatl. Einrichtungen, getrennte Erziehung der Geschlechter; 6 Univ.: Er-Riad (2), Medina, Dharan, Djidda, Damman. – Religion. Die Bev. gehört zum Islam, in der Ost-Prov. zur schiitischen, i. a. zur sunnitischen Richtung. Von großem Einfluß ist die Bewegung der →Wahhabiten.

Wirtschaft. Der Anbau (Dattelpalmen, Hirse, Weizen, Hülsenfrüchte, Obst, Gemüse u. a.) an der Küste des Roten Meeres und in den Oasen sowie die Viehhaltung (bes. Ziegen und Schafe) dienen der Selbstversorgung. Außenhandel und Staatshaushalt beruhen auf dem Erdöl. S.-A. verfügt über die vermutlich größten Erdöllagerstätten der Erde; unter den Förderländern steht S.-A. mit (1981) 490 Mio. t nach der UdSSR an 2. Stelle, unter den Exportländern an 1. Stelle. Die Erdöleinnahmen werden u. a. für Sozialleistungen, für den Kauf von Waffen, für Entwicklungshilfe und für die Industrieförderung verwendet. Bei Djubail am Pers. Golf und Janbo am Roten Meer entstehen Industriezentren mit Grundstoff- und Verarbeitungsindustrie auf Erdöl- und Erdgas-Basis (Raffinerien, petrochem. Fabriken, Stahlwerke, Aluminiumhütten). Wichtig für die westl. Landesteile ist der Pilgerverkehr nach Mekka und Medina (jährlich 1–2 Mio. Pilger). Wichtigste Handelspartner: Japan, USA. – Verkehr. 24000 km Asphaltstraßen, 562 km Bahnlinie (Damman–Er-Riad), 3000 km Erdölleitungen. Wichtige Häfen sind Ras Tanura (Erdöl), Damman und Djidda. Internat. Flughäfen: Dharan und Djidda; nat. Fluggesellschaft: Saudi Arabian Airlines.

Geschichte. In enger Verbindung mit den Wahhabiten schufen im 18. Jh. Mohammed Ibn Sa'ud und sein Sohn Abd al-Asis I. im Innern der Arab. Halbinsel einen Staat, der zeitweilig weit über sein Ursprungsgebiet, die Landschaft Nedjd, hinausreichte (→Arabien, Geschichte). Nach dem Niedergang dieses Staates im 19. Jh. gelang es Abd al-Asis III. → Ibn Sa'ud nach dem 1. Weltkrieg, von Nedjd aus einen großen Teil der Arab. Halbinsel zu einem Staat (seit 1927 Königreich) zusammenzufassen. Seit 1932 nennt sich dieses Königreich S.-A. Die wachsende Erdölförderung in S.-A. seit 1930 machte das Land zu einem der reichsten Erdölländer im Nahen Osten und in der Gegenwart zu einer der finanzstärksten Mächte der Erde.

Saudi-Arabien

Durch Vergabe von Ölkonzessionen an die Arabian-American Oil Company konnten sich die Könige von S.-A. hohe Gewinne verschaffen, die auch dem Staatshaushalt zugute kamen (Verkehrs- und Schulwesen, Bewässerungssystem). Im 2. Weltkrieg blieb S.-A. neutral. 1945 beteiligte es sich an der Gründung der Arab. Liga. Nach dem Tode Ibn Sauds (1953) regierten zunächst seine Söhne Saud (1953–64/65) und Feisal (1964/65–75). Feisal leitete Reformen in Wirtschaft, Justiz und Sozialwesen ein. Im innerarab. Kräftefeld trat er bes. als Gegner des ägypt. Präs. G. Abd el-Nasser hervor, v. a. im jemenit. Bürgerkrieg. Unter dem Eindruck der arab. Niederlage gegen Israel im Sechs-Tage-Krieg (Juni 1967) verständigte sich S.-A. mit Ägypten und reihte sich stärker in die arab. Front gegen Israel ein. König Chalid (1975–82) und König Fahd (seit 1982) setzten die innen- und außenpolit. Linie Feisals fort. Innerhalb der OPEC vertritt S.-A. eine gemäßigte Preispolitik. Unter dem Eindruck der fundamentalistisch-islam. Revolution (Febr. 1979) im Iran und der sowjet. Invasion in Afghanistan (Dez. 1979) bemüht sich S.-A. zus. mit den arab. Fürstentümern am Pers. Golf, Umsturzgefahren in dieser Region abzuwenden (Gründung des → Golfrates).

Saudistel, Gänsedistel (eine Eberwurz).

sauer [ahd.], **1)** im Geschmack dem Süßen entgegengesetzt, den Mund zusammenziehend: *saure Gurken,* in Essig eingelegte; *ein saurer Wein,* sehr herber Wein; *er mußte in den sauren Apfel beißen,* Ü das ihm Unangenehme tun. **2)** Eigenschaft der Lösungen von Säuren, z. B. Geschmack. Gehalt an Wasserstoffionen. **3)** geronnen, dick geworden: *die Milch ist s. geworden; saure Milch.* **4)** reich an säurehaltigen Stoffen (Boden), v. a. nach einseitiger Düngung mit physiologisch sauren Salzen, auch reich an Humussäuren. **5)** *mitteldt.:* salzig. **6)** *oberdt.:* grün (Holz). **7)** Ü verdrießlich, verbittert, mühselig, ärgerlich: *sie reagierte s.; er hat es sich s. werden lassen,* Ü hat viel Mühe daran gewendet; *das habe ich mir s. erworben; heute bin ich s.,* U schlecht gelaunt, ärgerlich. *das* **Sauer,** *-s,* **1)** Hasen- oder Gänseklein, in Essig mit Gewürz zubereitet. **2)** *bair.:* Nachmolke. **3)** *nd.:* Essig. **4)** Sauerteig. *ich* **säu(e)re, 1)** *es,* mache sauer: *gesäuertes Brot.* **2)** *es säuert,* auch: *sauert,* wird sauer: *die Milch säuert. ich* **säu(e)re** *es* **ein,** mache durch Gärung haltbar. **säuerlich, 1)** schwach sauer. **2)** Ü übelnehmerisch, mißvergnügt; altjüngferlich. **sauersüß, 1)** von säuerlich-süßlichem Geschmack. **2)** Ü mit gemischten Gefühlen: *sie lächelte sauersüß. es* **sauert,** wird sauer. *eine Pflanze* **sauert aus,** erstickt in stehendem Wasser. **sauertöpfisch,** U griesgrämig. **Sauregurkenzeit,** U der geschäftlich und politisch meist stille Hochsommer.

Sauer *die,* frz. **Sûre** [syr], linker Nebenfluß der Mosel, entspringt im belg. Teil der Ardennen, mündet bei Wasserbillig in Luxemburg, 173 km lang.

Sauer, 1) August, Literarhistoriker, * Wiener Neustadt 12. 10. 1855, † Prag 17. 9. 1926, begründete die stammes- und landschaftskundl. Methode der Literaturwissenschaft.

2) Emil, Ritter von (1917), österr. Pianist, * Hamburg 8. 10. 1862, † Wien 27. 4. 1942.

3) Wilhelm, Orgelbauer, * Friedland (Mecklenburg) 23. 3. 1831, † Frankfurt (Oder) 9. 4. 1916, gründete ebd. 1857 eine bed. Orgelbauanstalt.

Sauer|ampfer, saure Arten von → Ampfer.

Sauerbraten, mehrere Tage in Marinade eingelegter Rinderbraten.

Sauerbruch, Ernst Ferdinand, Chirurg, * Barmen 3. 7. 1875, † Berlin 2. 7. 1951; schuf mit dem Druckdifferenzverfahren (Operation in einer Unterdruckkammer) eine Methode, die erstmals Eingriffe an den Brustorganen ermöglichte, und erfand eine Armprothese **(S.-Arm),** die durch Benutzen der Muskeln des Gliedstumpfes willkürlich bewegbar gemacht werden kann.

Sauerbrunnen, der → Säuerling 1).

Sauergräser, die → Riedgräser.

Sauergurkenbaum, austral. Art des → Affenbrotbaums.

Sauerklee [n. Blattgestalt und Geschmack], **Oxalis,** Gatt. der Sauerkleegewächse, v. a. im trop. und halbtrop. Amerika und im südl. Afrika. In Mitteleuropa wächst, bes. in Wäldern, der **Wald-S. (Oxalis acetosella),** eine bis 15 cm hohe, oxalsäurehaltige Staude mit unterirdisch kriechender Grundachse, dreizähligen, kleeblattähnl. Blättern und weißer, rötlich geäderter Blüte; auf Brach- und Kulturland eingebürgert u. a. der südeurop. **Horn-S. (Oxalis corniculata).** – Zierpflanzen sind z. B. der bis 25 cm hohe **Glücksklee (Oxalis deppe|i)** aus Mexiko, mit langgestielten Blättern und hellroten, im Schlund weißgrünen Blüten; ähnlich die Art **Oxalis tetraphylla** mit hellvioletter Blüte. – Gemüsepflanze ist u. a. die südamerikan. Art Oca.

Sauerkraut, Sauerkohl, feingehobeltes Weißkraut, das mit Salz und Gewürzkräutern in Fässer eingestampft und der Gärung überlassen wird. Die entstehende Milchsäure bedingt den anregenden sauren Geschmack.

Sauerland, Süderland [›Südland‹ von Westfalen], der NO-Teil des Rhein. Schiefergebirges, zw. Sieg, Möhne und Ruhr, umfaßt den Arnsberger Wald, das Ebbe- und Lennegebirge, die Hochfläche von Winterberg, das Hochsauerland mit Rothaargebirge (Kahler Asten 841 m) und Waldecker Upland (Langenberg 843 m). Charakteristisch sind rauhes Klima, hohe Niederschläge. Überwiegend Forst-, Weide- und Wiesenwirtschaft. Auf der Grundlage der Siegerländer Erze, der Holzkohle und der Wasserkraft entstanden Kleinindustrien: Hagen, Iserlohn, Lüdenscheid, Altena; daneben Sägewerke, Papierfabriken. Talsperren sichern die Wasserversorgung des Ruhrgebietes. Das S. ist Erholungsgebiet für den Ballungsraum Rhein-Ruhr (5 Naturparke).

Säuerling *der, -s/-e,* **1)** Mineralwasser mit mindestens 1000 mg freiem Kohlendioxid in 1 kg Wasser (ÜBERSICHT Heilquellen). **2)** Sauerampfer (→ Ampfer).

Sauermilch, saure Milch, die → Dickmilch.

Sauerstoff [n. grch.-lat. Oxygenium ›Säurebildner‹] *der, -s,* **O,** das am weitesten verbreitete → chemische Element auf der Erde, Nichtmetall, bei gewöhnl. Temperatur ein farb-, geruch- und geschmackloses, äußerst reaktionsfähiges Gas. Auf der Erdoberfläche ist S. das häufigste Element (gewichtsmäßig etwa 50% der Erdrinde, 23% der Luft), die Hauptmasse gebunden im Wasser und in den Gesteinen (in magmat. Gestein wegen seines großen Atomradius etwa 90% des Gesamtvolumens). S. ist in Wasser etwas löslich; wichtig für die Atmung der im Wasser lebenden Organismen. Mit den meisten Elementen vereinigt es sich unmittelbar zu → Oxiden. Diese Vereinigung wird → Oxidation oder unter Feuererscheinung → Verbrennung genannt. S.-Gas besteht aus O_2-Molekülen, eine besondere Form des S. mit O_3-Molekülen ist das → Ozon. Einige Elemente wie Phosphor, Alkalimetalle oxidieren langsam schon bei gewöhnl. Temperatur. Auch das Rosten des Eisens, das Faulen von Holz, bes. aber der Atmungsprozeß sind langsame Oxidationen. – Gewinnung, Verwendung: S. kann aus vielen sauerstoffhaltigen Verbindungen durch Erhitzen abgespalten werden; ferner durch elektrolyt. Zersetzung des Wassers. Technisch wird er aus flüssiger Luft durch fraktionierte Destillation und Kondensation gewonnen. Er kommt in Stahlflaschen unter einem Druck von 150 bar oder auch verflüssigt (Temperatur etwa – 183 °C) in den Handel. Verwendet wird S. zur Stahlgewinnung, zum autogenen Schweißen, Brennen, Schmelzen, zu Sprengzwecken, als Raketentreibstoffkomponente, in Atmungsgeräten. – Biologisch ist S. für die Atmung der Lebewesen mit Ausnahme weniger Bakterienarten notwendig. Gasgemische mit weniger als 7% S. führen beim Menschen zu Schädigungen (→ Sauerstoffbehandlung). Fische benötigen einen S.-Gehalt von mindestens 4 mg/l im Wasser. – S. wurde 1771 von J. Priestley, unabhängig von ihm von K. W. Scheele entdeckt. Die Mitwirkung des S. bei der Oxidbildung, Verbrennung und Atmung erkannte A. L. Lavoisier (1774).

Sauerstoff|aufblasverfahren, → Sauerstoffmetallurgie.

Sauerstoffbedarf des Wassers, Maß zur Erfassung organischer Schmutzstoffe im Wasser. Man unterscheidet → chemischen Sauerstoffbedarf (CSB) und → biochemischen Sauerstoffbedarf (BSB).

Sauerstoffbehandlung, Zufuhr von Sauerstoff bei Sauerstoffmangel. Hierzu bedient man sich eines Nasenkatheters, einer auf Mund und Nase aufgesetzten Atemmaske, eines durch Intubation eingeführten Tubus oder eines Sauerstoffzeltes. Eine S. ist angezeigt bei erniedrigtem Sauerstoffdruck (z. B. im Flugzeug) oder verminderter Sauerstoffsättigung des Blutes bei Lungenfunktionsstörungen (z. B. Lungenentzündung, Lungenödem), bei schwerer Herzinsuffizienz oder bei Vergiftungen z. B. mit Kohlenoxid. Sonderformen der S. sind die **Sauerstoffüberdruckbehandlung,** bei der Sauerstoff unter erhöhtem atmosphär. Druck, bes. bei → Gasbrand, zugeführt wird, und die in der Schulmedizin nicht mehr übliche direkte Einbringung des Sauerstoffs in die Blutbahn (→ Oxidationstherapie).

Sauerstoffgeräte, Atemgeräte, die durch dosierten Zusatz von Sauerstoff zur Atemluft die normale Atmung unter besonderen Bedingungen ermöglichen. (→ Sauerstoffbehandlung, → Sauerstoffschutzgeräte, → Sauerstoffzelt, → Tauchgeräte)

Sauerstoffmetallurgie, die Anwendung technisch reinen Sauerstoffs beim Erschmelzen von Metall, bes. bei der Umwandlung von Eisen zu → Stahl. Das **Sauerstoffaufblasverfahren** wird für das Frischen von flüssigem Roheisen in Tiegeln oder Konvertern angewendet, z. B. beim **Linzer Düsenverfahren,** heute genauer **LD-Verfahren** (Vereinigte Österr. Eisen- und Stahlwerke in Linz [L] und Österr. Alpine Montangesellschaft in Donawitz [D]) und **LD-AC-Verfahren** (Linz-Donawitz-Arbed-Centre-National).

Sauerstoffschutzgeräte, frei tragbare Atemschutzgeräte, die den Träger von seiner Umgebungsluft unabhängig machen (Isoliergeräte) und eine Einsatzdauer von mindestens einer Stunde gewährleisten. S. sind ihrem Prinzip nach Kreislauf- und Regenerationsgeräte. Die ausgeatmete Luft strömt nicht wie bei den Frischluftgeräten und den Preßluftatmern ins Freie, sondern der

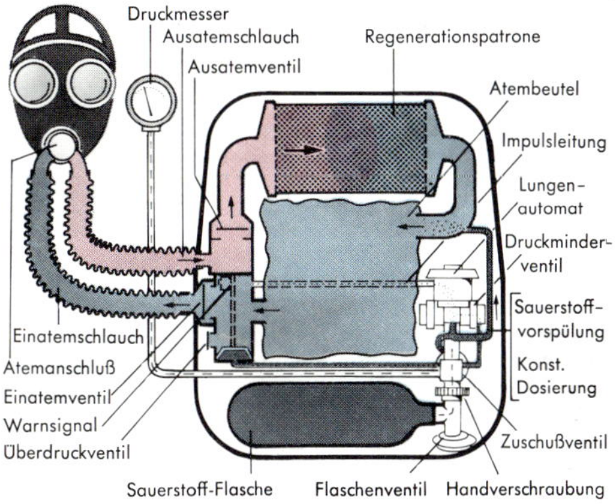

Sauerstoffschutzgeräte

verbrauchte Sauerstoffanteil wird stetig aus der mitgeführten Sauerstoffflasche (bis 200 bar Druck) ersetzt, während das ausgeatmete Kohlendioxid in einer Regenerationspatrone (Alkali- oder Kalkpatrone) chemisch gebunden wird. Nach diesem Prinzip sind auch die schweren, schlauchlosen → Tauchgeräte konstruiert.

Sauerstoffzelt, über dem Bett des Kranken aufgebaute Vorrichtung aus Kunststoffolie, in die der Sauerstoff langsam einströmt. Das S. ist bei jeder akuten Sauerstoffnot (Herzschwäche, Erstickung u. a.) angebracht.

Sauerteig, Teiglockerungsmittel, → Brot.

Sauerwurm, die Raupe des → Traubenwicklers.

Sau|feder, Stangenjagdwaffe (16.–18. Jh.).

saufen [ahd.]. *ich* **saufe** (habe gesoffen; du säufst, er säuft), **1)** *(es),* U derb: trinke heftig, unmäßig, v. a. alkohol. Getränke: *er säuft alle unter den Tisch,* U derb: kann mehr Alkohol vertragen als die anderen. **2)** *das Vieh säuft,* trinkt. *ich* **saufe ab,** U derb: gehe im Wasser unter, ertrinke. *der* **Säufer,** *-s/-,* U Trinker. *die* **Sauferei,** *-/-en,* U unmäßiges Trinken, Zechgelage. **Saufkumpan** *der,* U Freund für Saufereien.

Säuferleber, U die → Leberzirrhose.

Saugbohrverfahren, drehendes Gesteinsbohrverfahren mit umgekehrter Spülung; v. a. zum Abteufen großer Bohrbrunnen.

Ferdinand Sauerbruch

Sauerklee: Wald-S.

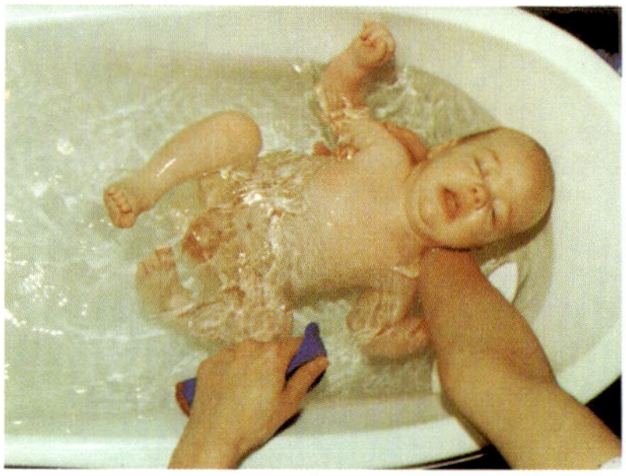

1

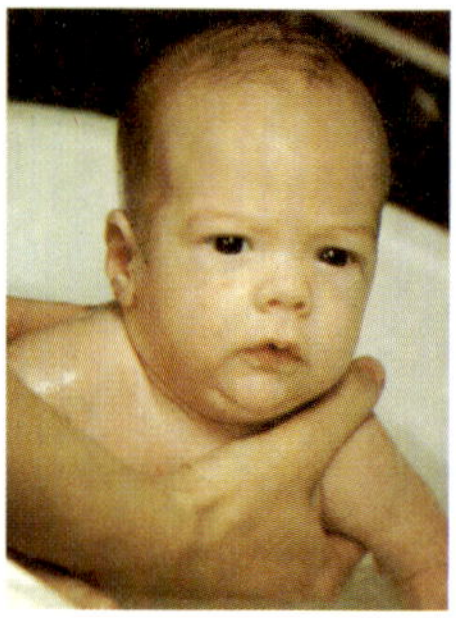

2

Säugling: Säuglingspflege;
1 und **2** richtiges Halten des S. beim Baden. **1** In der Rückenlage unterstützt die Mutter Kopf und obere Wirbelsäule des S. mit ihrem Unterarm. **2** In der Bauchlage unterstützt der Unterarm den Brustkorb, die Hand kann gleichzeitig den Kopf über Wasser halten.

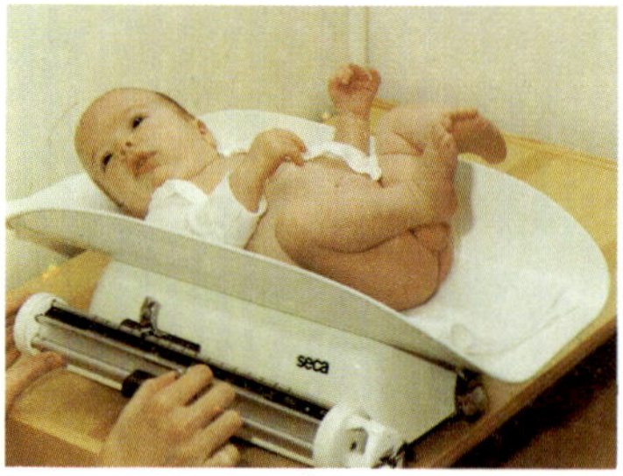

3

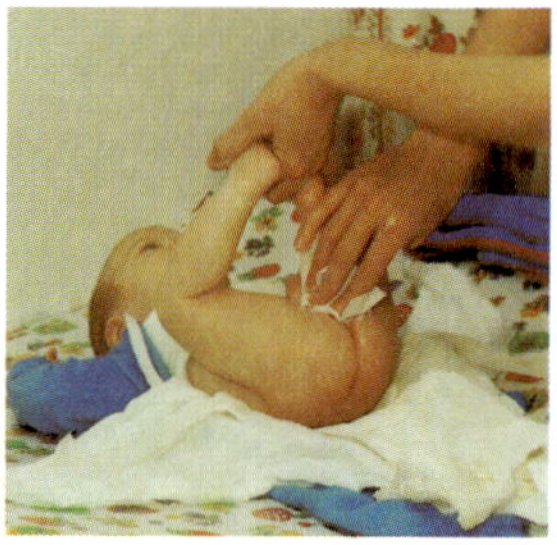

4

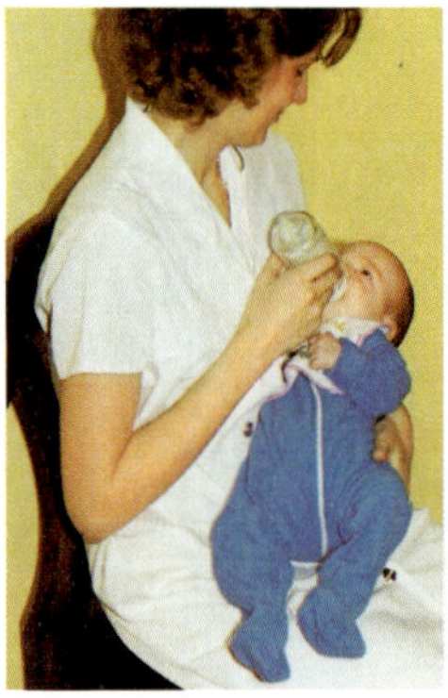

5

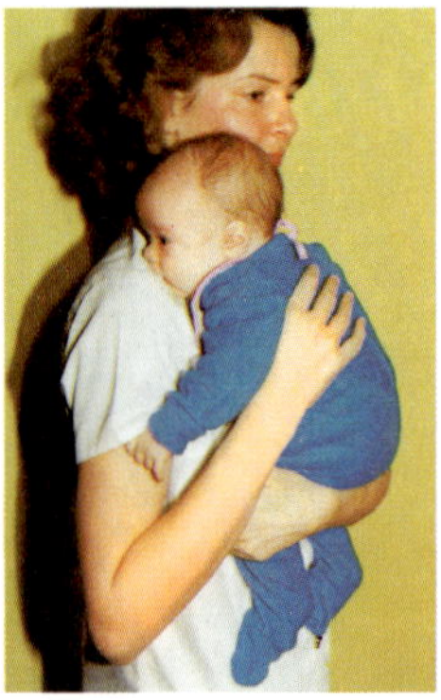

6

3 Durch regelmäßiges Wiegen wird das Gedeihen des S. kontrolliert. **4** Die Haut erhält ggf. durch Hautcreme Schutz vor der Windelnässe. **5** Richtige Haltung beim Flaschenfüttern: Kopf und Wirbelsäule werden unterstützt. **6** Zum Aufstoßen wird der S. aufrecht gehalten und der Kopf leicht vornüber geneigt.

Saug-Kürettage [-ta:ʒə], die → Aspirations-Kürettage.

saugen [ahd.]. *ich* **sauge** (habe gesaugt oder: habe gesogen) *es,* ziehe etwas, meist eine Flüssigkeit, aus etwas heraus in mich hinein: *die Mücken s. Blut; er hat (sich) diese Behauptung aus den Fingern gesogen,* Ü frei erfunden; *ich habe den Teppich gesaugt,* mit dem Staubsauger gereinigt. *ich* **sauge** *es* **ab,** nehme durch Saugen weg (Flüssigkeit, Staub, verbrauchte Luft). *ich* **sauge** *es* **an,** ziehe durch Saugen an mich heran. *ich* **sauge** *es* **auf,** entziehe alle Flüssigkeit, nehme sie in mich auf: *der Boden hat das Wasser rasch aufgesogen. ich* **sauge aus, 1)** *es,* leere durch Saugen. **2)** *ihn,* Ü nütze rücksichtslos aus, beute aus (Freunde, Arbeitskräfte). *ich* **sauge** *es* **ein,** nehme durch Saugen in mich auf, atme ein. *es* **saugt** *sich* **voll,** füllt sich ganz und gar an: *der Schwamm hat sich vollgesaugt. ich* **säuge** *ihn,* gebe ihm an der Mutterbrust zu trinken, stille. *der* **Sauger,** *-s/-,* **1)** Anlage, die etwas an sich saugt. **2)** Gummihütchen auf der Babyflasche; Schnuller. **3)** kurz für: Staubsauger. **Saugflasche,** Flasche mit Sauger für Säuglinge.

Säugetiere, Säuger, Mammalia, die höchstentwickelte Klasse der Wirbeltiere mit über 4000 Arten, die sich auf 22 Ordnungen verteilen. Durch Haarkleid oder Fettpolster besitzen die S. eine gleich hohe Eigenwärme, die sie von der Umgebungstemperatur weitgehend unabhängig macht. Der Schädel ist durch 2 Gelenkhöcker mit dem ersten Halswirbel (Atlas) verbunden, die Anzahl der Halswirbel beträgt meist 7. Der Unterkiefer besteht nur aus dem Dentale, wodurch die Stabilität erhöht wird, die anderen Unterkieferknochen sind ins Mittelohr eingewandert und dienen der Schalleitung. Das vierkammerige Herz trennt das arterielle vom venösen Blut; nur der linke Aortenbogen ist erhalten. Die roten Blutkörperchen sind kernlos. Die Zahl der Zahngenerationen ist auf Milch- und Dauergebiß begrenzt, Zähne mit Dauerwachstum kommen vor. Mund- und Nasenhöhle werden durch den Gaumen voneinander getrennt, so daß Atmung und Nahrungsaufnahme einander nicht behindern. Der intensiven Atmung dient das Zwerchfell, das Bauch- und Brusthöhle voneinander trennt. S. zeigen eine Vielfalt der Bewegungsorgane. Von den Sinnesorganen ist das Riechorgan hoch differenziert, die Nase z. T. sehr beweglich (Rüssel). Das Hörorgan besitzt in Form beweglicher Schalltrichter (Ohrmuscheln) und der Erweiterung der Paukenhöhle zu einer Bulla ossea wichtige Hilfsorgane. Entsprechend der höheren Leistungsfähigkeit ihrer Sinnesorgane haben die S. kompliziertere Gehirne als andere Tiere. Bei hochentwickelten Formen vergrößert sich die Großhirnrinde (Neocortex) und faltet sich ein. Die Geschlechtsorgane sind kompliziert gebaut. Nur die Kloakentiere legen noch Eier. Mit Ausnahme der Kloakentiere sind Harn- und Geschlechtsausführgänge vom After getrennt. Uterus und Vagina sind Orte der Keimlingsreife und Spermienübertragung. Der Mutterkuchen dient der Ernährung und Atmung des Embryos. Die Jungen werden mit Milch ernährt. Die Brust- oder Milchdrüsen liegen entlang des ganzen Bauches (bis 12 Paare), in der Brust- oder in der Weichengegend. S. pflanzen sich stets geschlechtlich fort. Viele Raubtiere unter den S. sind Einzelgänger, die nur zur Fortpflanzungszeit paarweise oder in Familien leben. Geschlechtsgetrennte Verbände gibt es bei Paarhufern und Walen. Alte Männchen lösen sich oft aus dem Herdenverband und werden Einzelgänger. Zw. den Individuen einer Gesellschaft bestehen Bindungen auf Grund der Jungenpflege - wie etwa Fütterung und Verteidigung - oder aus geschlechtl. Anziehung. Mit Hilfe von Gesten, Mimik, Körperhaltung, durch Gerüche, Laute, Bewegungen oder anderer Signale wird der Zusammenhalt gewährleistet. Innerhalb vieler Sozialverbände gibt es eine Rangordnung. Auch Arbeitsteilung kommt vor. Viele sozial lebende S. führen Wanderungen durch, sie weichen Witterungsunbilden aus, oder sie suchen Setzplätze (Robben) auf.

Die S. stammen von Reptilien ab. Innerhalb der ausgestorbenen Kriechtierordnung **Therapsida** gab es eine säugerähnl. Gruppe, die **Theriodontia,** deren Gebiß, Skelett, Kiefergelenkung und Haar eine große Ähnlichkeit mit den S. zeigen. Von ihnen leiten sich die versch. Stammeslinien der S. ab, die also mehrfach unabhängig voneinander (polyphyletisch) entstanden sind.

Säugetierschutz. In der Bundesrep. Dtl. sind die jagdbaren Arten durch das Bundesjagdgesetz i. d. F. v. 29. 9. 1976 geschützt (→ Jagd, → jagdbare Tiere, → Schonzeit). Von den nicht jagdbaren Arten stehen unter Naturschutz: Igel, Spitzmäuse, Fledermäuse, Haselmaus, Sieben-, Baum- und Gartenschläfer; ferner ist das unbefugte Fangen des Maulwurfs auf fremden Grundstükken verboten. Auch Nationalparks dienen dem S.-Schutz (→ Naturschutz).

Saugglocken|entbindung, die → Vakuumextraktion.

Saugkopf, Deflektor, Schornstein- oder Lüftungsaufsatz, oft drehbar, mit Windleitblechen, zur Abführung der Rauchgase oder verbrauchter Luft aus Gebäuden (Dachentlüfter) und Fahrzeugen durch die Saugwirkung des Windes.

Saugkreis, (Funk) auf einen störenden Sender abgestimmter Schwingkreis, der z. B. an die Antennenzuleitung eines Empfängers angekoppelt wird, um den Empfang dieses Senders zu unterdrücken.

Säugling *der, -s/-e,* das Kind im ersten Lebensjahr. Während der ersten 28 Tage, in denen er sich an das Leben außerhalb des Mutterleibes anpaßt, heißt der S. **Neugeborenes.** Direkt nach der

Säugetiere
(Systematische Gliederung nach T. Haltenorth, 1969)

I. Unterklasse: Ursäuger
Ordnung: Kloakentiere

II. Unterklasse: Beuteltiere
Ordnungen: Rattenbeutler, Mausopossums, Marderbeutler, Nasenbeutler, Zehenbeutler

III. Unterklasse: Plazentatiere
Ordnungen: Insektenfresser, Riesengleitflieger, Flattertiere, Herrentiere, Zahnarme, Schuppentiere, Hasentiere, Nagetiere, Wale, Raubtiere, Röhrenzähner, Rüsseltiere, Schliefer, Seekühe, Unpaarhufer, Paarhufer

Geburt beginnt die Lungenatmung, der Blutkreislauf stellt sich entsprechend um. Der Gesundheitszustand des Neugeborenen wird in den ersten Minuten nach der Geburt nach dem → Apgar-Schema beurteilt. Das Geburtsgewicht liegt normalerweise zw. 2 800 und 4 100 g (Durchschnitt 3 400 g), die Körperlänge zw. 48 und 54 cm (Durchschnitt 50 cm), das Herz schlägt 100- bis 130mal bei durchschnittlich 40 bis 50 Atemzügen pro Minute. Nach vorübergehendem Gewichtsverlust steigt nach etwa einer Woche die Gewichtskurve wieder an. Beim gesunden S. folgt eine gleichmäßige Zunahme: im ersten Halbjahr 150–180 g wöchentlich, später weniger. Wichtig ist die Krankheitsfrüherkennung durch Vorsorgeuntersuchungen.

Ernährung. Die beste Nahrung für den S. ist die → Muttermilch. Das Stillen sollte spätestens 8–24 Stunden nach der Geburt beginnen. Der S. wird etwa alle 4 Stunden gefüttert. Nach wenigen Wochen bildet sich ein Tag-Nacht-Rhythmus. 14 Tage nach der Geburt trinkt der S. täglich etwa 500 g, nach einem Monat etwa 600 g, nach 3 Monaten etwa 1 000 g. Die S.-Ernährung kann auch durch ›künstl. Milch‹ vollständig oder als Zusatz zur Muttermilch (Zwiemilchernährung) erfolgen. Während hierzu früher verdünnte und angereicherte Kuhmilch verwendet wurde, werden heute industriell hergestellte, der Muttermilch angenäherte Fertigprodukte bevorzugt. Ab 6 Wochen wird Obst- oder Gemüsesaft zugefüttert. Meist wird ab dem 4. Monat eine Flaschenmahlzeit durch einen Obst- oder Gemüsebrei ersetzt. Zusätzlich werden Säfte und Tee (z. B. Fencheltee) gegeben. Mit 5–6 Monaten wird eine zweite Mahlzeit durch einen Milchbrei ersetzt.

Säuglingspflege beginnt sogleich nach der Geburt mit dem ersten Bad und der Versorgung des Nabels. Nach Abfallen des Nabels und Abtrocknen der Nabelwunde soll der S. täglich ein kurzes Bad um 35 °C erhalten. Nach dem Baden wird der S. sorgsam abgetrocknet (bes. Hautfalten). Täglich mehrmaliges Wechseln der Windeln verhindert Wundsein. S.-Gymnastik unterstützt den Bewegungsdrang des S., stärkt und übt die Muskeln und bewirkt eine gute Durchblutung der Haut.

Entscheidend für eine ausgeglichene Entwicklung des S. ist eine intensive emotionale Zuwendung durch die Mutter oder eine stetig vorhandene Pflegeperson. Die ersten Wochen des Lebens sind primär durch biolog. Funktionen der Lebenserhaltung bestimmt, die in Form von Reflexen bereits ausgebildet sind (z. B. Saugreflex zur Nahrungsaufnahme). Alle Sinnesorgane sind schon funktionstüchtig, die Wahrnehmung ist jedoch noch diffus-ganzheitlich, Reaktionen erfolgen vorwiegend auf einfache Reize. Erste Formen des Gedächtnisses zeigen sich im Erlernen von Signalen. Der Raum des Erlebens zentriert sich zunächst vorwiegend um die Mundregion, den primären Bereich der Aktivität und Bedürfnisbefriedigung. Im Laufe des 1. Vierteljahres erlangt der S. die Fähigkeit zur Beherrschung der Augenmuskeln und damit zum Fixieren eines Gegenstandes. Mit 2–3 Monaten kann der S. den Kopf halten und die Arme bewegen, wobei diese Bewegungen mit dem Auge verfolgt sowie zunehmend kontrolliert und gesteuert werden, bis etwa mit 6 Monaten das gezielte Greifen möglich wird; Gegenstände werden nun intensiv untersucht. In den letzten 3 Monaten des 1. Lebensjahres etwa werden das Stehen (10.–12. Monat), später das freie Laufen (12.–15. Monat) erlernt, das Greifen mit Daumen und Zeigefinger sowie andere differenzierte Bewegungsformen bilden sich heraus. – Mit dem Einsetzen des Lallens beginnt die Sprachentwicklung. Durch Selbstnachahmung und Fremdnachahmung übt der S. sein artikulator. Können. Ohne stets den Sinn zu verstehen, sagt der S. etwa vom 8. Monat an Wörter, später ganze Sätze richtig nach (Echosprache). Mit dem Erlernen des Gehens und Sprechens geht das Säuglingsalter in das des Kleinkinds über (→ Kind).

Säuglingsfürsorge, Einrichtungen und Maßnahmen der Gesundheitsfürsorge zur Verbesserung der Lebensbedingungen von Kindern im Säuglingsalter. Man unterscheidet die offene S. (Mütterberatungsstellen) und die geschlossene Fürsorge: die Unterbringung kranker, familienloser oder vernachlässigter Säuglinge in Heimen. Halboffene Fürsorge nennt man die Aufnahme von Säuglingen erwerbstätiger Frauen in Kindertagesheimen.

Säuglingsskorbut, Moeller-Barlowsche Krankheit [-b'ɑ:ləʊ-, n. J. Moeller, * 1819, † 1887, und O. L. T. Barlow, * 1845, † 1945], bei Kindern (bes. von 6 Monaten bis zu 2 Jahren) auftretende Krankheit, die wie der → Skorbut durch Mangel an Vitamin C in der Nahrung bedingt ist; in hochzivilisierten Ländern selten. Sie äußert sich in zunehmender Blässe und Appetitlosigkeit, Schmerzhaftigkeit der Knochen, Schwellung der Glieder und Gelenke, Blutungen in Haut und Schleimhäute. – Behandlung: rohe Frucht- und Gemüsesäfte, synthetisches Vitamin C.

Säuglingssterblichkeit, Statistik: Anzahl der im ersten Lebensjahr gestorbenen Säuglinge, bezogen auf 1 000 Lebendgeborene.

Säuglings|tod, Krippentod, SIDS, Abk. für **Sudden Infant Death Syndrome** [sʌdn 'ɪnfənt deθ sɪndr'əʊm, engl.], das plötzl. Eintreten des Todes bei Säuglingen (v. a. Frühgeborenen) aus anscheinend völliger Gesundheit heraus. An Vorerkrankungen werden häufig nur leichte Infektzeichen der oberen Luftwege beobachtet. Die Ursachen sind nicht eindeutig geklärt.

Saugnapf, scheiben-, napf- oder schalenförmige Grube an der Körperoberfläche bei Würmern, Kopffüßern, Insekten-, Fisch- und Lurchlarven, die als Haftorgan dient.

Saugrohr, Saugleitung, Rohrleitung mit Unterdruck zur Förderung von Flüssigkeit oder Gas oder eines Gemisches von festen Stoffen und Flüssigkeiten.

Saugwürmer, Trematodes, Klasse der Plattwürmer, Schmarotzer mit blind geschlossenem, meist gegabeltem Darm, zwittrigen Geschlechtsorganen und Halte- und Klammerorganen (Saugnäpfen, Haken). Zu den außenschmarotzenden S. gehört das

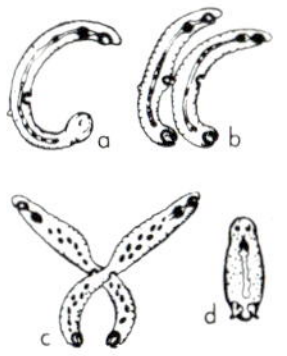

Saugwürmer

Saugwürmer: Doppeltier; Entwicklung (nach Boas). **a** Einzeltier, **b** zwei Tiere im Beginn der Vereinigung, **c** nach vollzogener Verbindung, **d** frei schwimmende Larve

Doppeltier (Diplozoon paradoxum), das aus 2 zwittrigen Einzeltieren in Begattungsstellung kreuzweise zusammenwächst und so auf Fischkiemen schmarotzt. Innenschmarotzende S. sind u. a. → Leberegel und Arten der Gatt. Schistosoma als Erreger der → Bilharziose.

Saul [hebr. ›der Erbetene‹], der erste israelit. König (etwa 1050–1000 v. Chr.), schlug die Ammoniter und danach die Philister. Aus diesen Siegen erwuchs aus dem sakralen Stämmebund das Königtum. Später verfiel S. in Verfolgungswahn, der sich bes. gegen seinen Schwiegersohn und Nachfolger David richtete. Bei einem neuen Angriff der Philister wurde S. beim Gilboa-Gebirge geschlagen und nahm sich das Leben (1. Sam. 31). – Oratorium von G. F. Händel (1738); Dramen von Voltaire (1763) u. a.

Säule [ahd.] *die, -/-n,* **1)** Bauglied (vgl. unten): *er ist eine S. der Gelehrsamkeit,* Ü eine Stütze. **2)** etwas gerade Aufsteigendes: *Rauchsäule.* **3)** Marschgruppe in geschlossener Ordnung (Kolonne). **4)** *mitteldt., nd.:* Schusterahle.

zylindrische oder schwach kegelstumpfförmige senkrechte Stütze. Sie steht meist frei, doch kann sie auch als Halbsäule in den Mauerverband einbezogen sein. Die S. gliedert sich in Fuß (Basis), Schaft, Hals und Kopf (Kapitell, Knauf). Meist besteht sie aus Stein, seltener aus Holz oder Metall. Steinerne S. sind entweder aus einem Stück gearbeitet (Monolith) oder aus mehreren ›Trommeln‹ zusammengesetzt. Der Schaft weist bei einigen Formen in der Mitte eine Entasis auf; er ist glatt oder mit senkrechten Rillen versehen (kanneliert), auch gemustert oder spiralförmig gewunden (gedrehte S.) oder aus mehreren einzelnen S. zusammengebunden (Bündel-S.). Die Basis besteht meist aus einer quadrat. Platte (Plinthe) und einem wulstartigen oberen Teil. Von größter Vielfalt sind die Formen des → Kapitells. Einzelnstehende S. dienen als Träger von Standbildern (Triumph-S., Sieges-S.), auch als Brunnenschaft. Die Ägypter bildeten ihre S. v. a. nach pflanzl. Vorbildern (Lotos-S., Papyrus-S., Palmen-S.); die pers. S. sind von reicher schmuckhafter Wirkung. Die grch. Baukunst bildete die klass. → Säulenordnung aus. Bei den Römern, wie schon bei den Griechen, dienten einzelnstehende S. vorwiegend als Träger von Statuen. Seit der Spätantike wurden die S. auch durch Rundbogen miteinander verbunden, was die Einschiebung eines → Kämpfers zw. Kapitell und Bogenansatz zur Folge hatte; künstlerisch ausgestaltet wurde v. a. das Kapitell. In der Gotik wurde die S. mit Diensten (→ Dienst 5) versehen oder durch den Bündelpfeiler ersetzt. Seit der Renaissance wurden die antiken S.-Formen wieder aufgenommen. Die moderne Baukunst bevorzugt als Stütze den Pfeiler.

Säuglingssterblichkeit

Land	1938	1973	1982
Mexiko	128	52	39
Jugoslawien	140	44	34
Portugal	137	45	21
UdSSR	–	26	17[3])
Italien	106	26	13
Österreich	80	24	13
Dt. Dem. Rep.	–	16	11
USA	51	18	11
Großbritannien und Nordirland	56	17	11
Bundesrep. Dtl.	59[1])	23	10[4])
Australien	38	17	10
Frankreich	71	16	9[4])
Niederlande	37	12	8
Schweiz	43	13	8[4])
Japan	115	11	7
Schweden	43	10	7[4])

[1]) Dt. Reich; [2]) 1978; [3]) 1974; [4]) 1983.

Säulen des Herkules, → Heraklessäulen.

Säulenheilige, Styliten, Mönchsasketen, bes. in Syrien und Palästina im 4.-6. Jh., die ihr Leben in Absonderung auf einer Säule zubrachten, um Gott näher zu sein. Redensart: *er sitzt da wie ein S.,* Ü steif, unbeweglich.

Säulenkaktus, die Gattung → Cereus.

Säulen|ordnung, das Form- und Proportionssystem von Säulen und Gebälk des grch. Tempels. Seit → Vitruv unterscheidet man 3 Hauptordnungen. Bei der im grch. Mutterland entstandenen **dorischen S.** (dorischer Stil) hat der ohne Basis aufsteigende Schaft der gedrungenen Säule meist 20 flache Kanneluren mit scharfen Graten und verjüngt sich nach leichter Schwellung (Entasis) stark nach oben. Das Kapitell besteht aus einem wulstartigen Teil (Echinus) und einer quadrat. Deckplatte (Abakus). Das Gebälk gliedert sich in einen glatten Architrav (Epistyl) und einen Fries mit → Triglyphen und → Metopen, über dem ein mit Tropfplatten (Guttae, Mutuli) versehenes Gesims (Geison) hervorragt. Über diesem erhebt sich an den Frontseiten das Giebeldreieck mit ansteigendem Gesims und Traufrinne (Sima). Bei der in den frühgrch. Kolonien Kleinasiens entstandenen **ionischen S.** (ionischer Stil) hat die schlanke, sich wenig verjüngende Säule eine reich profilierte Basis und meist 24, durch schmale Stege getrennte tiefe Kanneluren. Das Kapitell besteht aus einem als Eierstab gebildeten Echinus, einem sich in großen Spiralen seitlich einrollenden Volutenglied und einem flachen Abakus. Der Architrav ist in 3 Schichten gegliedert. Das Gesims hat einen kräftigen Zahnschnitt, eine glatte Traufplatte und eine rings umlaufende Sima mit Wasserspeiern. In Attika ersetzte man den Zahnschnitt durch einen glatten Fries, der Reliefs tragen konnte. Die **korinthische S.** (korinthischer Stil) wurde in röm. Zeit reicher ausgebildet. Sie unterscheidet sich von der ion. durch das kelchförmige, mit Akanthusblättern und Voluten geschmückte Kapitell und die reichere Ausgestaltung des Gebälks. Eine in röm. Zeit entwickelte Abart des korinth. Kapitells ist das → Kompositkapitell.

Säulenordnung: 1 Dorisch: Parthenon in Athen, 447/32 v. Chr.; Säule 10,4 m hoch. **2** Ionisch: Nordhalle des Erechtheions in Athen, um 407/06 v. Chr.; Säule 7,64 m hoch. **3** Korinthisch: Rathaus in Milet, um 175 v. Chr.; Säule 6,97 m hoch. a Giebelgesims mit Traufrinne (Sima); b dorisches Geison mit Tropfplatten (Mutuli und Guttae); c dorischer Fries (Triglyphen und Metopen); d dorischer Architrav (Epistyl), oben mit kantigem Gesims (Taenia) und Tropfleisten (Regulae und Guttae); e dorisches Kapitell; f Säulenschaft; g Krepis (Stufenbau; Oberstufe = Stylobat); h ionisches Geison: h[1] Zahnschnitt; k attisch-ion. Fries; m ionisch-korinth. Architrav (Epistyl) in drei Schichten (Fascien); n ionisches Kapitell; o attische Basis; p korinthisches Kapitell

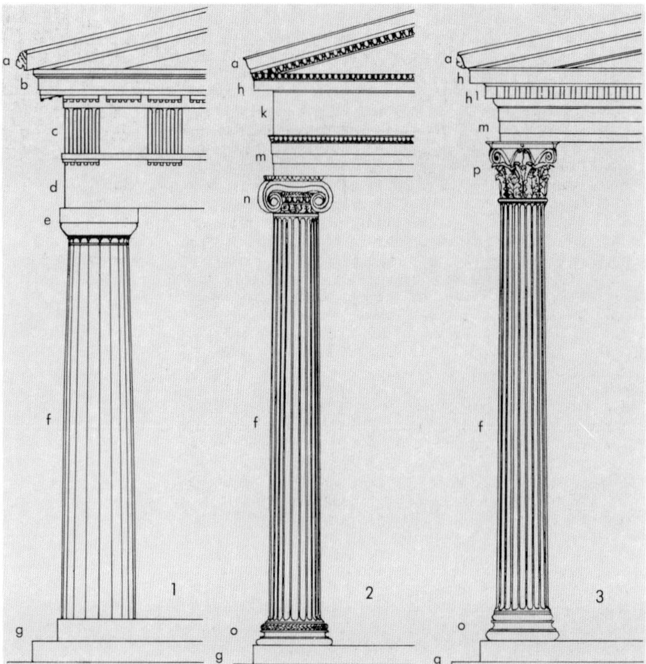

Saulgau, Stadt im Kr. Sigmaringen, Bad.-Württ., (1983) 15200 Ew.; Museum ›Die Fähre‹; Landmaschinen-, Textil-, Möbelindustrie. - 1977 wurde in S. eine Schwefeltherme erbohrt.

Saulus, Saul, der Apostel → Paulus.

Saum [ahd., aus grch.] *der, -(e)s/S'äume,* **1)** ♧ Traglast eines Tieres. **2)** früheres österr. Gewicht = 154 kg; früheres schweizer. Hohlmaß = 150 l. *ich* **säume** *es,* ♧ befördere Gepäck mit Saumtieren. *der* **Säumer,** *-s/-,* **1)** ♧ Saumtier. **2)** Saumtiertreiber. **3)** G Kaufmann. **Saumpfad,** schmaler Pfad im Gebirge. **Saumtier,** Packtier (im Gebirge), besonders Maultier, Esel.

Saum [ahd.] *der, -(e)s/S'äume,* **1)** der umgeschlagene, durch Nähstiche befestigte Rand eines Stoffes. **2)** Rand, Einfassung: *der S. des Waldes,* Ü die ersten Baumreihen. *ich* **säume, 1)** *es* **(ein),** umnähe (Stoff). **2)** auch **besäume,** beschneide die Kanten an rohen Brettern rechteckig; der abfallende Holzstreifen heißt **Säumling.**

säumen [mhd.]. *ich* **säume,** zaudere, zögere, kann mich nicht entschließen. **säumig,** träge, verspätet, nachlässig: *ein säumiger Schuldner,* jemand, der seine Schulden nicht pünktlich zurückzahlt. *die* **Säumnis,** *-/-se, das* **Säumnis,** *-ses/-se,* Verzögerung, Aufschub. *die* **Saumsal,** *-/-e, das* **Saumsal,** *-(e)s/-e,* ♧ Unordnung, Unpünktlichkeit. *Adj.* **saumselig.** *Subst.* **Saumseligkeit.**

Saumfarn, Flügelfarn, Pteris, europ. Farnkrautgattung mit ein- oder mehrfach gefiederten, am Rande gerollten Blättern.

Saumur [som'yr], Stadt im frz. Dép. Maine-et-Loire, (1982) 32100 Ew., an der Mündung des Thouet in die Loire; Kavallerieschule (1764 gegr.); Nahrungsmittel-, Eisen-, Holz-, chem. Ind.

Saumzecken, ♧ für Lederzecken (→ Zecken).

Sauna [finn.] *die, -/-s* oder *... nen,* **finnisches Bad,** Heißluftraumbad (Verbindung von → Dampfbad und → Heißluftbad), bei dem trockene Hitze (um 85-95 °C) im Wechsel mit Wasserdampf (durch period. Übergießen erhitzter Steine erzeugt) Anwendung findet, anschließend erfolgt Kaltwasserbehandlung; regt die Durchblutung und damit den Stoffwechsel und die Infektabwehr an. Günstige Wirkung bei manchen Hautkrankheiten sowie bei Muskel- und Gelenkerkrankungen. Bei Herz-Kreislaufbeschwerden sollten die S.-Bäder nur nach Absprache mit dem Arzt durchgeführt werden. *Vb. ich* **saune, sauniere.**

Saunders [s'ɔ:ndəz], J a m e s, engl. Dramatiker, * Islington (Greater London) 8. 1. 1925, schreibt Dramen (›Wirklich schade um Fred‹, 1959; ›Nachbarn‹, 1964; ›Ein Duft von Blumen‹, 1964; ›Hans Kohlhaas‹, 1973), Hörspiele und Fernsehspiele.

Saura, C a r l o s, span. Filmregisseur, * Huesca 4. 1. 1932; sozialkrit. Filme: ›Die Straßenjungen‹ (1959), ›Die Jagd‹ (1965), ›Anna und die Wölfe‹ (1972), ›Züchte Raben‹ (1976), ›Die verbundenen Augen‹ (1978), ›Zärtl. Stunden‹ (1982), ›Carmen‹ (1983).

Säure *die, -/-n,* chem. Verbindung, die, in Wasser oder anderen polaren Lösungsmitteln gelöst, durch → Dissoziation freie positive Wasserstoffionen abgibt. Die Lösungen schmecken sauer, verändern die Farbe der Indikatorfarbstoffe (z. B. Lackmus nach rot), sind Elektrolyte, werden durch Basen, Alkalien neutralisiert, lösen unedle Metalle unter Bildung von deren Salzen auf. Je höher der Grad der Dissoziation, desto größer die **Säurestärke.** Zu den stärksten S. gehören die Salz-, Salpeter- und Schwefelsäure. Nach der Anzahl der an einem S.-Molekül ablösbaren Wasserstoffionen unterscheidet man **ein-, zwei-, drei-, mehrbasige S.** Nach J. N. Brønsted (dän. Chemiker, * 1879, † 1947) gelten als S. alle Verbindungen und Ionen, die Protonen abgeben können, nach G. N. Lewis auch Verbindungen mit unvollständig aufgefüllten Elektronenschalen, die mit Lewis-Basen reagieren können.

Säure|anhydrid, chem. Verbindung mit der charakterist. Gruppe – CO – O – CO – (→ Anhydrid), die bei chem. Reaktionen von Säuremolekülen unter Wasserabspaltung entstehen.

Säure-Basen-Haushalt, Physiologie: Aufrechterhaltung eines Säure-Basen-Gleichgewichtes im Körper durch physiolog. Regulationsmechanismen. Der pH-Wert des Blutes wird durch die Pufferungseigenschaften des Blutes und die Funktion von Lunge und Niere arteriell in einem Bereich von 7,37 bis 7,43 konstant gehalten. Da alle Stoffwechselenzyme in ihrer Funktion vom normalen pH-Wert abhängig sind, rufen Abweichungen von diesem Wert (Alkalose, Azidose) erhebl. Funktionsstörungen und schließlich den Tod hervor. Störungen des S.-B.-H. treten bes. beim Koma der Zuckerkranken, bei Herzstillstand, schweren Atemstörungen und Niereninsuffizienz auf.

Säure-Base-Titration, für **Neutralisationstitration** vorgeschlagene Bez. als Oberbegriff von Acidi- und Alkalimetrie. Bei der S.-B.-T. erfolgt der Transport von Protonen von einem Reaktionspartner zum anderen in einer Lösung. Mit Hilfe eines Indikatorfarbstoffes läßt sich der Neutral- oder Äquivalenzpunkt (bei dem der pH-Wert 7,00 ist) feststellen. Je mehr Lauge (Säure) bis zum Farbumschlag verbraucht wurde, um so konzentrierter war die Säure (Lauge).

Säurehalogenide *Pl.,* ⊃ von anorgan. (Oxo-) und organ. (Oxocarbon-)Säuren abgeleitete Verbindungen, in denen Hydroxylgruppen (– OH) durch → Halogene ersetzt sind. S. sind sehr reaktionsfähige Stoffe.

Säurehärtung, ⚗ durch Säurezugabe (Salz- oder Phosphorsäure) bei Raumtemperatur einsetzende Härtung (→ Härten 2) von Resolen (→ Phenolharze) oder → Aminoplasten; u. a. bei kalthärtenden Anstrichen, Fußbodenversiegelung.

saure Reaktion, ⚗ chem. Reaktion, die auf dem Vorhandensein von positiv geladenen Wasserstoff-(H^+) oder Oxonium-Ionen (H_3O^+) beruht bei wäßrigen Lösungen von Säuren, sauren Salzen oder Salzen schwacher Basen, deren pH-Wert weniger als 7,00 beträgt; sie röten Lackmus.

Säure|rest, ⚗ Atom oder Atomgruppe mit negativer Ladung, die zurückbleibt, wenn von Säuremolekülen positive Wasserstoffionen (Protonen) abgespalten werden, z. B. Cl^-, PO_4^{3-}.

saurer Regen, Regen mit Konzentrationen bes. von Schwefel- und Salpetersäure, die weit über dem natürl. Maß liegen. Sie entstehen im Niederschlag durch Schwefel- und Stickoxide, die durch Verbrennungsprozesse (bes. Kohle, Heizöl, Benzin) in die Luft gelangen. S. R. gilt als ein Hauptverursacher des → Waldsterbens.

Saurerwerke, AG Adolph Saurer, Arbon (Thurgau), Unternehmen der schweizer. Lastwagen- und Textilmaschinen-Ind., gegr. 1853.

Säureverätzung, → Verätzung. Über S. des Auges vgl. ÜBERSICHT Erste Hilfe.

Säurevergiftung, Vergiftung durch Einnehmen einer konzentrierten flüssigen Säure (Salpeter-, Salz-, Essig-, Schwefelsäure u. a.). Kennzeichen: Schleimhautverätzung in Mundhöhle, Speiseröhre, Magen, oft auch im oberen Dünndarm; Erbrechen schleimiger, kaffeesatzähnlicher, sauer reagierender Massen. Gefahren: Kreislaufstörungen (Schock), Durchbruch in die Bauchhöhle mit Bauchfellentzündung, später Speiseröhrenverengung durch Narben. Erste Hilfe. Milch und reichlich Flüssigkeit zu trinken geben! Arzt- oder Notruf!

Säurewecker, 1) auch **Säurelocker,** Stoffe, die die Bildung von Magensäure anregen, z. B. Alkohol, Coffein, Gewürze. **2)** Kultur von Milchsäurebakterien, die bei der Herstellung milchsaurer Produkte (Joghurt u. a.) zugesetzt werden.

Säurezahl, ⚗ die Anzahl mg Kaliumhydroxid, die zur Neutralisation der in 1 g Fett, fetten Ölen, Lösemitteln oder Weichmachern vorhandenen freien Fettsäuren erforderlich ist.

Sauri|er [grch.], *Sg. der* **S.**, *-s,* fossile Kriechtiere, z. B. → Dinosaurier, → Ichthyosaurier, → Flugsaurier, → Plesiosaurier.

Saurüde, Saupacker, schwerer Hund zum Hetzen, Pakken und Festhalten von Wildschweinen.

Saus [mhd.] *der, -es,* nur noch in der Redewendung: *er lebt in S. und Braus,* U verschwenderisch, im Überfluß. *ich* **sause, 1)** (bin gesaust), eile, bewege mich sehr schnell fort: *ich sause um die Ecke.* **2)** *es saust* (hat gesaust), rauscht brausend: *der Wind saust in den Bäumen; es saust mir in den Ohren.* **3)** *es saust* (hat gesaust), *oberdt.:* gärt. *ich* **säus(e)le, 1)** flüstere, rede süßlich. **2)** *es säuselt,* weht leicht: *der Wind säuselt in den Bäumen. ich* **säus(e)le** *mir einen* **an,** U trinke zuviel Alkohol: *er war angesäuselt,* U leicht betrunken. *der* **Sauser,** *-s/-, oberdt.:* **1)** frisch gegorener, schäumender Wein. **2)** Zechbummel, Vergnügungsfahrt.

Saussure [sos'y:r], Ferdinand de, Sprachforscher, * Genf 26. 11. 1857, † Schloß Vufflens-sur-Morges (Waadt) 22. 2. 1913, begründete mit dem Gedanken eines systemat. Zusammenhangs zw. allen sprachl. Erscheinungen die moderne Linguistik (→ langage, → langue, → parole, → Sprachwissenschaft); schrieb ›Grundfragen der allgemeinen Sprachwissenschaft‹ (hg. 1916).

Sauternes [sot'ɛrn], Gem. im frz. Dép. Gironde, rd. 600 Ew. - In den Gem. S., Bommes, Barsac, Preignac und Fargues werden jährlich etwa 55000 hl beste Weißweine erzeugt, darunter der ›Château d'Yquem‹, der als Spitzenwein Frankreichs gilt.

Savonlinna: Burg Olavinlinna

sauve qui peut! [sovkip'ø, frz.], rette sich, wer kann!

Sava, Sabas, eigtl. **Rastko,** serb. Nationalheiliger, * 1169, † Trnovo 14. (12.?) 1. 1236, Sohn des serb. Fürsten Stefan Nemanja, seit 1193 Mönch auf dem Athos. Mit seiner Weihe zum serb. Erzbischof begann die Selbständigkeit der serb. Kirche, deren Organisator er wurde. S. übte großen Einfluß auf die serb. Literatur aus. Tag: 14. 1.

Savaii, die größte der Samoa-Inseln, 1715 km².

Savannah [səv'ænə], Stadt in Georgia, USA, (1980) 142000 Ew., bed. Seehafen und Handelsplatz; State College; Schiffbau, Holz-, Papier- und chem. Industrie. Das Stadtbild zeigt Bauten im Stil des georgian. England. - S. wurde 1733 von General J. E. Oglethorpe als erste Siedlung der Militärkolonie Georgia gegr.

Savanne [indian.] *die, -/-n,* die klimat. Vegetationsgürtel der wechselfeuchten Tropen, d. h. alle Gebiete (außerhalb der Hochgebirge) zw. den trop. Regenwäldern und den Wüsten. Unterschieden werden: Feucht-, Trocken-, Dorn- und Wüsten-S. Die S. bestehen aus Grasfluren (teils baumlos, teils mit einzelnen Bäumen oder Baumgruppen) oder aus lichtem S.-Wald. (BILDER Afrika, Südamerika, Venezuela)

Savarin [savar'ɛ̃, frz.] *der, -s/-s,* feiner Hefeteigkranz, mit geläutertem Zucker und Spirituosen getränkt, heiß oder kalt mit Fruchtsauce, Früchten oder Schlagsahne serviert.

Savart [sav'a:r], Félix, frz. Arzt und Physiker, * Mézières 30. 6. 1791, † Paris 16. 3. 1841, leitete aus Versuchen 1820 mit J. B. → Biot das nach beiden benannte Grundgesetz des Elektromagnetismus ab.

Save, ehem. dt. auch **Sau** *die,* slowen. und serbokroat. **Sava,** rechter Nebenfluß der Donau in Jugoslawien, 712 km, entspringt der Wurzener S. (Sava Dolinka) und der Wocheiner S. (Sava Bohinjka); durchfließt das Laibacher Becken, das kroat. Tiefland und mündet bei Belgrad.

Saverne [sav'ɛrn], frz. Name der Stadt → Zabern.

Savigny [s'avini], Friedrich Carl von, Jurist, * Frankfurt a. M. 21. 2. 1779, † Berlin 25. 10. 1861, war 1842-48 preuß. Min. für Gesetzgebung. S. wurde zum Gründer der ›Histor. Rechtsschule‹, die die Rechtsgeschichte als wesentliches Mittel für das Verständnis des gegenwärtigen Rechts ansieht; er hat das in Dtl. rezipierte röm. Recht (→ Rezeption) als Erzeugnis des dt. ›Volksgeistes‹ anerkannt und durch Entwicklung des darauf begründeten Pandektensystems das weitere Eindringen des röm. Rechts in Dtl. gefördert. - Die **Savigny-Stiftung** wurde 1863 durch eine internat. Sammlung zur Förderung rechtsgeschichtl. und rechtsvergleichender Arbeiten gegründet.

HW: Das Recht des Besitzes (1803); Gesch. des röm. Rechts im MA., 6 Bde. (1815-31); System des heutigen röm. Rechts, 8 Bde. (1840-49).

Saving Banks [s'eɪvɪŋ bæŋks], Sparbanken oder Sparkassen in Großbritannien und den USA.

Savoie [savw'a], **1) La S.,** frz. Name von → Savoyen. **2)** Dép. in SO-Frankreich, in den Alpen, 6028 km², (1982) 320600 Ew. Hptst.: Chambéry.

Savoir-vivre [savwarv'i:vr, frz.] *das, -,* (feine) Lebensart.

Savona, 1) Prov. in der ital. Region Ligurien, 1545 km², (1981) 297700 Ew. **2)** Hptst. von 1), (1981) 75400 Ew., Hafenstadt an der Riviera di Ponente; Bischofssitz; Eisenkokerei, chemische, elektrotechnische, Glas- und Majolika-Industrie.

Savonarola, Girolamo, ital. Bußprediger, * Ferrara 21. 9. 1452, † Florenz 23. 5. 1498, Dominikaner, seit 1484 in Florenz (S. Marco, 1491 Prior). S. betrieb die Reform seines Klosters und der Kirche im Geist der altestamentl. Propheten und nahm entscheidend an der polit. Neugestaltung von Florenz nach Vertreibung der Medici (1494) teil. Er erstrebte eine theokratisch gefärbte Demokratie und suchte das städtische Leben nach streng asketischkirchl. Grundsätzen umzubilden; er wandte sich auch gegen den Sittenverfall am päpstl. Hof, wurde von Papst Alexander VI. exkommuniziert, später als Häretiker und Schismatiker gehängt und verbrannt. Seine kirchl. Rehabilitierung und Heiligsprechung werden immer wieder angestrebt.

Savonlinna, schwed. **Nyslott,** Stadt und Fremdenverkehrsort im finn. VerwBez. Mikkeli, (1980) 28300 Ew., Mittelpunkt der Schiffahrt auf dem Saimaa-System. Auf einer Felseninsel die Burg **Olavinlinna** (1475-77 erbaut), z. T. Museum (Festspiele).

Savoyen, frz. **La Savoie** [lasavw'a], ital. **Savoia,** geschichtl. Landschaft in den frz. Alpen, das Stammland des früheren ital. Königshauses, an der ital. Grenze, in die beiden Dép. Savoie und Haute-Savoie geteilt.

Geschichte. S., im Altertum von kelt. Allobrogern bewohnt, kam 121 v. Chr. unter röm. Herrschaft. 443 n. Chr. siedelte Aetius die Burgunder in S. (**Sapaudia**) an. Nach der Eroberung des Reiches der Burgunder durch die Franken (534) bildete sich das Kgr. Burgund, das 1033/34 Teil des Röm. Reiches wurde. Die Grafen (seit 1416 Herzöge) von S., die im 11. Jh. ihren Aufstieg begannen, machten das oberital. → Piemont zu ihrem Kernland. 1796-1814 gehörte S. zu Frankreich, an das es 1860 wiederum als

Ferdinand de Saussure

Friedrich Carl von Savigny

Girolamo Savonarola (Gemälde von Fra Bartolommeo, um 1498; Florenz, Kloster von San Marco)

Savoyen

Joseph Justus Scaliger (Kupferstich von E. Desrochers)

Preis für die Waffenhilfe Napoleons III. bei der nat. Einigung Italiens kam. – Das Haus S. stellte seit 1720 die Könige von Sardinien, seit 1861 die Könige von Italien.

Savoyer Alpen, Teil der Westalpen zw. Lac d'Annecy und Genfer See, mit Montblanc und Dent du Midi.

Sawallisch, Wolfgang, Dirigent, * München 26. 8. 1923.

Sawara, Nadelbaum, → Zypresse.

Sawatch Range [səw'ɔtʃ reındʒ], Teil der südl. Rocky Mountains in Colorado, USA, im Mount Elbert 4399 m hoch.

Sax [ahd.] *der, -es/-e,* einschneidiges german. Kurzschwert, vom 5. bis 10., bei den Wikingern bis ins 11. Jh. geführt.

Sax, Antoine-Joseph, gen. Adolphe S., belg. Instrumentenbauer, * Dinant 6. 11. 1814, † Paris 4. 2. 1894; Verbesserungen an der Klarinette und akustische Studien führten ihn zur Konstruktion des → Saxophons.

Saxaul [türk.], **Saksaul, Haloxylon ammodendron,** dickkrüppelstämmiges Bäumchen der vorder- und zentralasiat. Salzsteppen aus der Fam. Gänsefußgewächse mit gegliederten Ästen, Schuppenblättern und einfachen Blüten.

Saxnot [›Schwertgenosse‹, ›Sachsenfreund‹], Name einer Göttergestalt, meist mit Tîwaz (altnord. → Tyr) gleichgesetzt; vermutlich ursprünglich die Stammgottheit der Sachsen.

Saxo Grammaticus, altdän. Geschichtsschreiber, * wahrscheinlich auf Seeland um 1150, † Anfang des 13. Jh. Seine ›Gesta Danorum‹ (bis 1185) enthalten viele Sagen (u. a. Hamlet, → Hrolf Krake) und sind eine wichtige Quelle für die dän. Geschichte.

saxonische Gebirgsbildung [lat. Saxonia ›Sachsen‹], 🜨 die Bildung der Bruchfaltengebirge in Westfalen, Niedersachsen und im Thüringer Becken zw. Jura und Tertiär.

Saxophon *das, -s/-e,* von A.-J. → Sax 1841 entwickeltes Blasinstrument, besteht aus einer (bei größeren Instrumenten umgebogenen) sich erweiternden Messingröhre und einem Klarinettenmundstück mit einfachem Rohrblatt. Das S. wird in versch. Größen und Stimmungen (Sopranino bis Subkontrabaß) gebaut und hat einen horn- bis klarinettenartigen Klang (Bild Blasinstrumente). *der* **Saxophonist,** *-en/-en,* Saxophonspieler.

Saxothuringische Zone, Teil des → Variskischen Gebirges.

Say [sɛ], Jean Baptiste, frz. Volkswirtschaftler, * Lyon 5. 1. 1767, † Paris 15. 11. 1832. S. gilt als der Begründer der ›Klassischen Lehre‹ in Frankreich. Nach seiner Theorie der Absatzwege **(Saysches Theorem)** schafft sich jede Produktion selbst ihren Absatz, so daß es eine allg. Überproduktion nicht geben kann.

Dorothy Sayers

Sayers [s'eıəz], Dorothy Leigh, engl. Schriftstellerin, * Oxford 13. 6. 1893, † Witham (Essex) 17. 12. 1957, schrieb Kriminalromane (meist um den Amateurdetektiv Lord Peter Wimsey), in denen sie durch verfeinerte Charakterdarstellung die Mechanik des konventionellen Detektivromans zu überwinden suchte (›Geheimnisvolles Gift‹, 1930; ›Mord braucht Reklame‹, 1933; ›Die neun Schneider‹, 1934, u. a.). Später schrieb sie auch religiöse Dramen (›Zum König geboren‹, 1943).

Sayn und Wittgenstein, rhein. Adelsgeschlecht (nach der Burg Sayn im Westerwald). Nach dem Aussterben des ersten Hauses Sayn traten 1247 z. T. die Grafen von Sponheim die Erbschaft an, von denen eine Linie den Namen Sayn weiterführte; 1357 erwarb sie die Gfsch. Wittgenstein mit Berleburg. – Die 3 Linien wurden Ende des 18. Jh. fürstlich.

sazerdotal [lat.], priesterlich.

sb, Einheitenzeichen für → Stilb.

Sb, chem. Symbol für → Antimon.

SB, kurz für Selbstbedienung: *SB-Markt.*

S-Bahn, kurz für **Stadtschnellbahn,** Transportsystem der Eisenbahn zur schnellen Personenbeförderung in Ballungs-(Verdichtungs-)Räumen, fährt meist auf eigenen Gleisen mit elektr. Triebwagenzügen oder Wendezügen. Kennzeichnend ist eine häufige und zeitlich regelmäßige Zugfolge (›Taktfahrplan‹). Höchstgeschwindigkeit innerhalb der Städte etwa 80 km/h, außerhalb 120 km/h.

SBB, Abk. für → Schweizerische **B**undes**b**ahnen.

Sbirre [ital.] *der, -n/-n,* ⚮ ital. Polizeidiener, Häscher.

s. Br., Abk. für **südlicher Breite,** → Breite.

Sc, chem. Symbol für → Scandium.

sc., Abk. für lat. **1) scilicet,** nämlich. **2)** auf graph. Blättern → sculpsit.

S. C., 1) Abk. für **S**enioren-**C**onvent (→ Convent). **2)** postal. **SC,** Abk. für den Staat **S**outh **C**arolina, USA.

Scabi|es [lat.] *die, -,* ⚕ → Krätze.

Scaevola, röm. Sagengestalt, → Mucius.

Alessandro Scarlatti (Ausschnitt aus einem zeitgenössischen Gemälde; Bologna, Conservatorio Musicale G. B. Martini)

Scala, Teatro alla S., Opernhaus in Mailand, 1776–78 von G. Piermarini auf der Stelle der Kirche Santa Maria della S. erbaut. Die S. ist eines der größten und prächtigsten Logentheater (3600 Plätze und 146 Logen in 6 Rängen). 1943 fast völlig zerstört, 1946 in der alten Form wieder aufgebaut. 1955 wurde die **Piccola-S.** (600 Plätze) für kleine Opern angegliedert.

Scala, nlat. **Scaliger,** ghibellin. Adelsgeschlecht Norditaliens, besaß 1259–1387 die Stadtherrschaft von Verona. Am bedeutendsten war Cangrande I. Della S. (* 1291, † 1329), von Kaiser Heinrich VII. zum Reichsvikar erhoben; er zog Dichter (u. a. Dante) und Gelehrte an seinen Hof. Bekannt sind die spätgotischen Grabmäler der S. (Scaligergräber) in Verona.

Scaliger, 1) Joseph Justus, klass. Philologe, Sohn von 2), * Agen (Dép. Garonne) 5. 8. 1540, † Leiden 21. 1. 1609, nahm als Calvinist an den Hugenottenkriegen teil, lebte seit 1593 in Leiden. Begründer der wissenschaftlichen Chronologie.

2) Julius Caesar, Philologe und Dichter, Vater von 1), * Riva del Garda 23. 4. 1484, † Agen (Dép. Garonne) 21. 10. 1558. Seine Poetik (1561), in der er die dichterische Theorie und Praxis entscheidend im gelehrt-humanist. Sinne bestimmte, wirkte auch in Dtl. in der Zeit von M. Opitz bis F. G. Klopstock.

Scampi [ital.] *Pl.,* eine Art kleiner Krebse.

Scandinavian Airlines System [skændın'eıvjən 'ɛəlaınz s'ıstım], Abk. **SAS,** Stockholm, skandinav. Luftverkehrs-Ges., 1946 entstanden aus einer schwed., norweg. und dän. Ges. (Übersicht Luftverkehrsgesellschaften).

Scandium *das, -s,* **Sc,** unedles Leichtmetall (→ chemische Elemente). S. gehört zu den → Seltenerdmetallen, chemisch verhält es sich ähnlich wie die Lanthanoide; obwohl in der Natur viermal häufiger als Kupfer, kommt es nur feinverteilt in Cer-, Wolfram-, Zirkon- und Zinnmineralien vor; ein scandiumreiches, seltenes Mineral ist **Thortveitit, S.-Silikat.** S. wird durch Elektrolyse von geschmolzenem Scandiumchlorid dargestellt. – S. wurde 1879 von L. F. Nilson entdeckt, 1871 von D. I. Mendelejew als Eka-Bor vorausgesagt.

Scanner [sk'ænə, engl.] *der, -s/-,* Gerät, das einen Untersuchungsgegenstand punkt- oder zeilenförmig auf seine Struktur oder Strahlung hin (z. B. mit einem Licht- oder Röntgenstrahl) abtastet, die ermittelten Daten aufzeichnet und auswertet. Anwendung: Computertomographie, Herstellung von Farbauszügen in

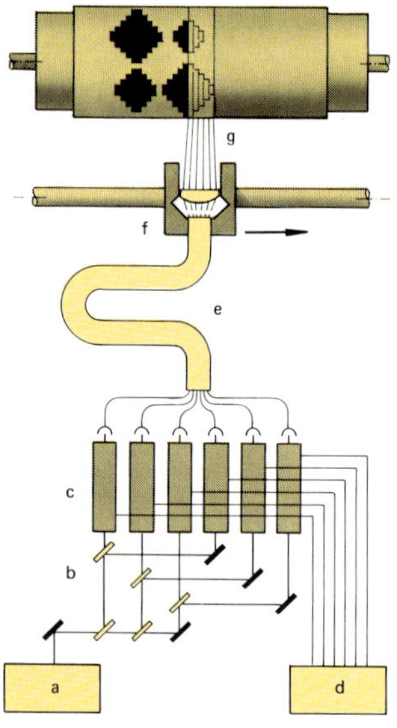

Scanner: Der Lichtstrahl des Lasers a) wird von einem Spiegelsystem b) in sechs Teilstrahlen zerlegt und der Modulationseinheit c) zugeführt. Die Teilstrahlen werden mit Hilfe digitaler Steuersignale aus dem Rasterrechner d) einzeln ein- oder ausgeschaltet und über ein Lichtleitkabel e) zum Schreibkopf f) geleitet. Durch ein Zoom-Objektiv auf die Schreibwalze g) projiziert, belichten sie die Rasterpunkte auf dem Film

der Reproduktionstechnik **(Farb-S.),** wobei ein Lichtstrom in elektr. Impulse umgewandelt wird. Im Handel ein opt. Zeichenleser, der z. B. bei Computerkassen zum Abtasten der in Form eines Balkencodes auf die Waren gedruckten Europäischen Artikel-Numerierung (EAN) eingesetzt wird. **Scanning,** das (punktweise) Abtasten.

Scapa Flow [sk'æpə fləʊ], große Bucht der Orkney-Inseln, in beiden Weltkriegen wichtiger brit. Flottenstützpunkt; 1918/19 Internierungsplatz eines großen Teils der dt. Hochseeflotte.

Scaramuz, ital. **Scaramuccia** [-m'uttʃa], frz. **Scaramouche** [-m'uʃ], Gestalt der Commedia dell'arte (seit etwa 1640), ein Aufschneider, eine Variante des → Capitano.

Scarborough [sk'ɑ:bərə], Stadt und Seebad in der engl. Cty. North Yorkshire, (1981) 43100 Ew.; Hafen (Küstenschiffahrt, Fischerei), Maschinen-, Fahrzeugbau, Druckereien.

Scarlatti, 1) Alessandro, ital. Komponist, Vater von 2), * Palermo 2. 5. 1660, † Neapel 22. 10. 1725, Hauptvertreter der älteren neapolitan. Schule. Seine stilgeschichtl. Leistung für die Oper ist die Durchbildung der Da-capo-Arie, die reichere Ausgestaltung der Orchesterbegleitung und die Ausbildung der dreiteiligen ital. Ouvertüre. Nur wenige seiner 114 Opern sind erhalten; er schrieb außerdem Oratorien, Kantaten, Messen, Psalmen, Motetten, Madrigale u. a.

2) Domenico, ital. Komponist, Sohn von 1), * Neapel 26. 10. 1685, † ebd. 23. 7. 1757, erschloß der Klaviermusik durch melod. Freiheit und Beweglichkeit des Satzes neue Wege. Er schrieb etwa 560 Klavierkompositionen (viele einsätzige Sonaten).

Scarpe [skarp], linker Nebenfluß der Schelde, in N-Frankreich, 100 km; Verbindung zum nordfrz. Kanalnetz.

Scarron [skar'ɔ̃], Paul, frz. Schriftst., * Paris 4. 7. 1610, † ebd. 6. oder 7. 10. 1660, ⚭ mit Françoise d'Aubigné, der späteren Madame de Maintenon. S. ist der Hauptvertreter der antiklass., burlesken Literatur des 17. Jh., schrieb Lustspiele, Erz. und eine ›Virgiltravestie‹ (1648–59). Sein Hauptwerk ›Le roman comique‹ (1651 und 1657; ›Der Komödianten-Roman‹) gilt wegen seiner scharf beobachtenden Milieuschilderungen als der bedeutendste der frühen frz. realistischen Romane.

Scatter [sk'ætə, engl. to scatter ›streuen‹], **Scattering,** ((ψ)) amerikan. Bezeichnung für die Streuung von UKW- und Mikrowellen in der Iono- und Troposphäre, die eine Überreichweite (Überhorizontreichweite) zur Folge hat; ausgenutzt in Richtfunkverbindungen.

Scelba [ʃ'ɛlba], Mario, ital. Politiker (DC), * Caltagirone (Prov. Catania) 5. 9. 1901, Rechtsanwalt, Mitgründer der Democrazia Cristiana (DC), Innen-Min. (1947–53, 1954–55, 1960–62) und MinPräs. (1954–55). In der DC bekämpfte S. die ›Öffnung nach links‹, 1969–71 war er Präs. des Europ. Parlaments.

Sceno-Test, → Staabs-Test.

Scesaplana [ʃesa-] *die,* → Schesaplana.

sch, die seit dem 13. Jh. in Dtl. allg. übliche Schreibung für [ʃ]. Der dt. Laut ist im Lauf der ahd. Zeit aus sk (geschrieben sc) entstanden, das zunächst [sx], dann [ʃ] ausgesprochen wurde, mundartlich noch [sk] (Westfalen).

Schabbes [jidd. aus hebr.] *der, -,* Sabbat.

Schäbe [mhd., zu schaben] *die, -/-n,* **Schebe,** Stengelabfälle bei der Flachs- und Hanfgewinnung.

schaben [ahd.]. *ich* **schabe, 1)** *es,* kratze über größere Flächen: *ich schabe Möhren, Rüben,* reibe die schmutzige Außenschicht ab. In der Fertigungstechnik → Schaber. **2)** *ihn, mich,* U rasiere. *ich* **schabe** es **ab,** entferne, säubere durch Schaben. *ich* **schabe** es **aus,** $ kratze eine Körperhöhle aus, bes. die Gebärmutter (→ Ausschabung). *die* **Schabe,** *-/-n,* **1)** ein Insekt, → Schaben. **2)** *oberdt.:* Motte. **3)** *oberdt.:* Krätze. **Schabhals,** *oberdt.:* Geiziger. **schäbig, 1)** ärmlich, ungepflegt: *er war schäbig angezogen.* **2)** geizig; unredlich: *er hat sich recht schäbig benommen.* **3)** *oberdt.:* krätzig. *Subst. die* **Schäbigkeit,** -.

Schaben, Blattaria, zu den Geradflüglern gehörige Insekten, flach, meist düster gefärbt, mit langen Fühlern, kauenden Mundwerkzeugen und häufig rückgebildeten Flügeln; meist Nachttiere; Vorratsschädlinge, bes. aber Überträger von Krankheits- und Fäulniserregern auf Nahrungsmittel. Die überwiegend in trop. Gebieten heimischen S. umfassen etwa 3 000 Arten von 2 mm bis 10 cm Länge. Die **Orientalische S. (Küchenschabe** [Bild Insekten], **Kakerlak, Blatta orientalis)** kommt in Bäckereien vor; sie gelangte, wie die größere **Amerikanische S.** und die **Australische S.,** durch den Handelsverkehr in alle Erdteile. In Mitteleuropa heimisch ist bes. die **Deutsche S. (Hausschabe, Blattella germanica).** Bekämpfung: Wiederholte Anwendung von Insektiziden.

Schaber *der, -s/-,* **1)** Werkzeug zur Feinbearbeitung vorgeschliffener Flächen, z. B. Führungsbahnen an Werkzeugmaschinen; beim Schaben von Hand wird ein **Hand-S. (Flach-, Dreikant-, Hohl-S.)** verwendet, beim maschinellen Schaben ein Werkzeug mit vielen Schneiden hin und her bewegt. **2)** altsteinzeitliches Werkzeug, meist aus Feuerstein, zum Abschaben von Tierhäuten und Glätten von Holz- und Knochengeräten.

Schabernack [mhd.] *der, -s/-e,* Neckerei, Possen, übermütiger Streich: *ich spiele ihm einen Schabernack.*

Schabkunst, graph. Technik, → Kupferstich.

Schablone [mittelnd.] *die, -/-n,* aus Pappe, Holz, Blech oder Kunststoff hergestellte Vorlage zur Vervielfältigung von Mustern oder Formen; Sinnbild geistloser Gleichförmigkeit: *nach der S. Adj.* **schablonenhaft.**

Schabotte [frz.] *die, -/-n,* ⚙ Teil des → Maschinenhammers.

Schabracke [türk.] *die, -/-n,* **1)** überhängende Decken, Stoffe (an Fenstern, Sesseln). **2)** verzierte Decke über oder unter dem Pferdesattel. *die* **Schabrunke,** *-/-n,* ♧ Decke über den Pistolenhalftern oder Packtaschen vor dem Sattel.

Schabziger [zu schaben] *der, -s,* **Grüner Kräuterkäse,** ein Sauermilchkäse (→ Käse) mit Zusatz von Bockshornklee.

Schach [pers. ›König‹; mhd.] *das, -s/-s,* **1)** → Schachspiel: *ich spiele S.* **2)** Warnruf an den bedrohten König im Schachspiel: *der König steht im S.; ich biete ihm S.; ich halte meinen Gegner in* oder *im S.,* Ü lasse ihn nicht gefährlich werden. **Schachzug,** Zug beim Schachspiel; Ü geschicktes Vorgehen.

Schachbrett, 1) dunkel-hell gewürfeltes Brett zum → Schachspiel. **2)** Schmetterling, → Augenfalter.

Schachbrettblume, Schachblume, Fritillaria meleagris, Liliengewächs, das wegen seines nur seltenen Vorkommens (feuchte Wiesen) in Dtl. unter Naturschutz steht; Gartenzierpflanze. Die glockigen purpurroten Blüten sind schachbrettartig gefleckt. (Bild Naturschutz)

Schachbücher, Literaturgeschichte: allegorische Dichtungen des MA., die im Anschluß an das Schachbuch des lombard. Dominikaners Jacobus de Cessolis (um 1275; mhd. bearbeitet als ›Schachzabelbuch‹ von Konrad von Ammenhausen, 1337) das Schachspiel auf mittelalterl. Stände und Verhältnisse ausdeuten.

Schachcomputer [-kɔmpju:tər], elektron. Rechner mit der Fähigkeit, Schachpartien gegen Menschen oder andere S. spielen zu können. Die Eingabe der Züge erfolgt über eine Tastatur oder ein Sensorfeld, die Ausgabe des vom Computer gewählten Zuges i. a. über eine Flüssigkristall- oder Leuchtdiodenanzeige, ggf. auch auf einem Bildschirm darstellbar. Der Schwierigkeitsgrad, d. h. die Spielstärke des S. ist meist einstellbar, zusätzl. Speicher ermöglichen das Aufzeichnen der Partie.

Schachen, 1) *der,* Aussichtspunkt im Wettersteingebirge südlich von Garmisch-Partenkirchen mit einem von Ludwig II. erbauten Jagdschloß (1 866 m ü. M.) und Alpengarten. **2) Bad S.,** Stadtteil von Lindau (Bodensee).

Schacher [hebr.] *der, -s,* **Schacherei** *die, -,* feilschender, oft sittenwidriger Handel. *ich* **schach(e)re** *um etwas,* U handle, feilsche. *der* **Schach(e)rer,** *-s/-,* jemand, der schachert.

Schächer [von ahd. scah ›Raub‹] *der, -s/-,* Räuber, bes. die beiden mit Christus gekreuzigten Übeltäter.

Schächerkreuz, Gabelkreuz, ein Kreuz (Bild Kreuz).

schachmatt, Schachspiel: svw. → matt; Ü *er ist s.,* ganz erledigt.

Schachspiel [pers. ›Königsspiel‹], eines der ältesten Brettspiele, als Turnierschach das einzige Brettspiel, das internat. dem Sport zugeordnet wird. Das S. wird von 2 Personen auf dem

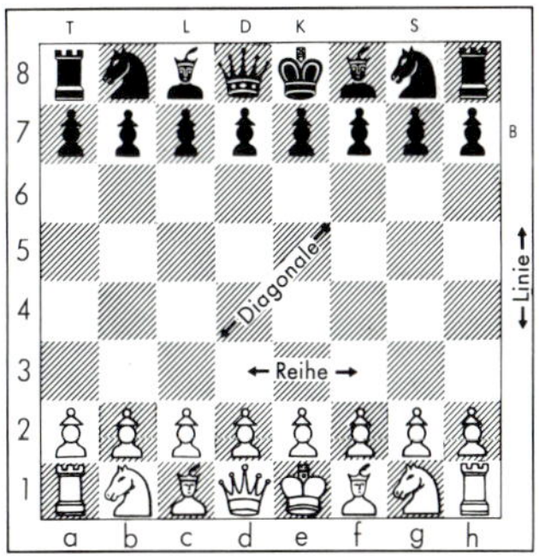

Schachspiel: Aufstellung der Schachfiguren zu Beginn der Partie;
B = Bauer,
D = Dame,
K = König,
L = Läufer,
S = Springer,
T = Turm

Schach- oder **Damebrett** (mit 32 weißen und 32 schwarzen Feldern) gespielt. Jeder Spieler hat 8 Bauern und 8 Figuren oder ›Offiziere‹ (König, Dame oder Königin, 2 Läufer, 2 Springer, 2 Türme). Jede der Figuren des S. hat eine vorgeschriebene Gangart. Wer den gegner. König → matt setzt, ist Sieger. Kann ein Spieler nicht mehr ziehen, ohne daß sein noch nicht angegriffener König beim nächsten Zug vom Gegner geschlagen wird, so ist das Spiel **Patt** (unentschieden). Hat kein Spieler Aussicht, den feindl. König matt zu setzen, ist das Spiel **Remis** [rəmi'] (auch unentschieden). Weiteres Bild Brettspiele. – Schachverbände: Der **Deutsche Schachbund (DSB),** gegr. 1877, besteht in der Bundesrep. Dtl. weiter, Sitz: Berlin (West). In der Dt. Dem. Rep. besteht der **Deutsche Schach-Verband (DSV) der DDR** gegr. 1958, Sitz: Berlin (Ost), in Österreich der **Österreichische Schachbund (ÖSB),** Sitz: Graz, in der Schweiz der **Schweizerische Schachverband,** Sitz: Oberwil (Kt. Basel-Landschaft). Internat. Weltorganisation ist die 1924 in Paris gegr. **Fédération Internationale des Échecs (FIDE)** [federasj'ɔ̃ ɛ̃tɛrnasjɔn'al dezeʃ'ɛk] mit Sitz in Luzern. – Die älteste bekannte Schilderung des Spiels gibt der pers. Dichter Firdausi († 1020). Araber brachten das Spiel über Nordafrika nach Spanien, von wo es um 1000 nach Mitteleuropa kam. Um 1050 wird es in dem höf. Abenteuerroman ›Ruodlieb‹ in Dtl. erstmals erwähnt. 1283 erschien von dem Spanier Alfonso el Sabio ein Schachlehrbuch. 1467 erwähnt eine niedersächs. Chronik erstmals ein Schachturnier in Dtl. Die 1. Weltmeisterschaft, damals noch eine private Abmachung, wurde 1894 zw. W. Steinitz und E. Lasker ausgetragen. 1868–94 war W. Steinitz Weltmeister, 1894–1921 E. Lasker, 1921–27 J. R. Capablanca, 1927–35 A. Aljechin, 1935–37 M. Euwe, 1937–46 A. Aljechin, 1948–57 M. Botwinnik, 1957–58 W. Smyslow, 1958–60 M. Botwinnik, 1960–61 M. Tal, 1961–63 M. Botwinnik, 1963–69 T. Petrosjan, 1969–72 B. Spasskij, 1972–75 R. Fischer, seit 1975 A. Karpow. Es gibt auch eine Damen-Schachweltmeisterschaft.

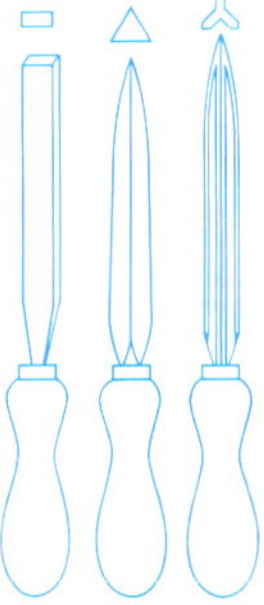

Schaber 1)
1 Flachschaber,
2 Dreikantschaber,
3 Hohlschaber

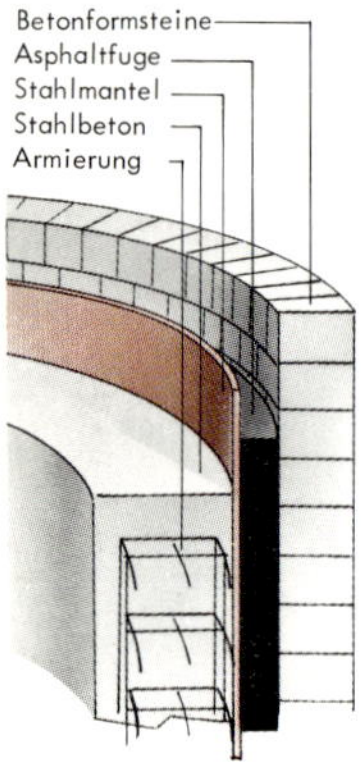

Schachtausbau im Bereich lockerer Sande und wasserführender Schichten.

Schacht 2)

Schachtelhalm: Ackerschachtelhalm, LINKS Frühjahrssproß, RECHTS Sommersproß

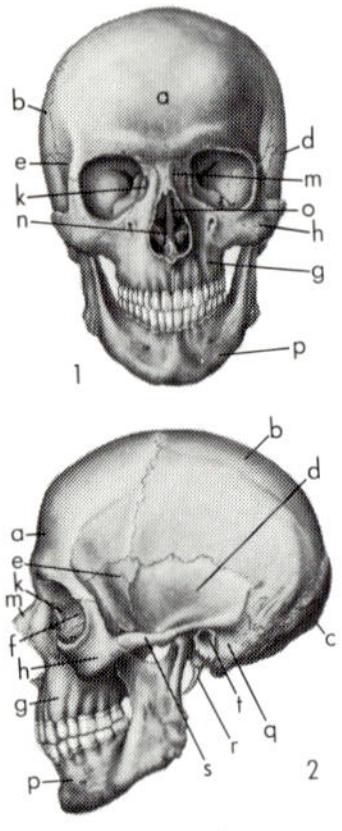

Schädel: 1 von vorn, 2 von der Seite; a Stirn-, b Scheitel-, c Hinterhaupts-, d Schläfen-, e Keil-, f Sieb-, g Oberkiefer-, h Joch-, k Tränen-, m Nasen-, n unteres Muschelbein, o Nasenscheidewand, p Unterkiefer, q Warzenfortsatz des Schläfenbeins, r Griffelfortsatz des Schläfenbeins, s Jochfortsatz des Schläfenbeins, t Eingang in den knöchernen äußeren Gehörgang

Schacht [mhd. schaft ›Sperrstange‹] *der, -(e)s/"e,* **1)** hoher, allseitig umgrenzter Raum: *Brunnenschacht; Fahrstuhlschacht; Lichtschacht.* **2)** ⚒ nach unten geführter Grubenbau (vgl. unten Bergbau). **3)** *nd.:* Stiefelschaft. **4)** *nd.:* Rute, Stock; bes. Angelrute. **5)** ⚘ Raummaß. *ich* **schachte** *es* **aus,** grabe in die Tiefe.

⚒ Der S. stellt die Verbindung der Tagesoberfläche mit der Untertage-Anlage her; vom S. aus führen waagerechte Grubenbaue (Strecken) zu den einzelnen Teilen der Lagerstätte. Es gibt **seigere** (senkrechte oder **Richt-S.**) und **tonnlägige** (geneigte) S. Sie dienen der Beförderung von Personen **(Fahr-S.),** dem Heraustransport der Bergwerksproduktion **(Förder-S.),** dem Abwärtstransport von Material **(Material-S.),** der Wetterführung (zur Versorgung mit frischer Luft, **Wetter-S.),** der Wasserförderung **(Wasserhaltungs-S.),** der Aufnahme von Versorgungsleitungen. **Tages-S.** gehen von der Tagesoberfläche aus, **Blind-S.** beginnen unter Tage. Der Querschnitt eines S., die **Schachtscheibe,** wird in Trumme (Förder-, Fahr-, Wettertrumme) unterteilt.

Das Niederbringen des S. **(S.-Abteufen)** geschieht im festen Gestein durch Bohr- und Schießarbeit. Beim **Senkschacht-** oder **Spundwandverfahren** wird die geschlossene S.-Wandung als Ganzes vorgetrieben. Ein anderes Verfahren ist das **Schachtbohren** oder **Großbohrlochverfahren** mit Bohrern, die den vollen Querschnitt des S. hereingewinnen. Lockere, auch wasserführende Schichten durchteuft man mit dem **Gefrierverfahren,** bei dem durch Einleiten eines Kälteträgers ein Mantel aus gefrorenem Boden hergestellt wird. Eine Verfestigung und Wasserundurchlässigkeit des Gebirges erreicht man auch mit dem **Zementierverfahren.** Zum S.-Ausbau wird Ziegelmauerwerk oder Stahlbeton oder der Gußring-(Tübbing-)Ausbau verwendet. (BILD S. 541)

Schacht, Horace Greely H j a l m a r, Bankier, * Tingleff (bei Tondern) 22. 1. 1877, † München 3. 6. 1970, 1923–30 Reichswährungskommissar und Reichsbank-Präs., Gegner des Youngplans, unterstützte die Ernennung Hitlers zum Reichskanzler. 1933–39 war er erneut Reichsbank-Präs., 1934–37 zugleich Wirtschaftsmin., 1937–44 Min. o. G. Im Hinblick auf die ihm aufgetragene Finanzierung zunächst der Arbeitsbeschaffungsprogramme, dann der Aufrüstung regte er die Ausgabe von → Mefo-Wechseln an. Im Nürnberger Prozeß gegen die Hauptkriegsverbrecher wurde er 1946 freigesprochen. Seit 1953 war er Mitinhaber des von ihm gegr. ›Privatbankhauses S. & Co.‹, Düsseldorf.

HW: Die Stabilisierung der Mark (1927); Das Ende der Reparationen (1931); Abrechnung mit Hitler (1948); Magie des Geldes (1966); 1933 (1968); Wie eine Demokratie stirbt (1968).

Schachtel [mhd. schahtel, aus ital. scatola] *die, -/-n,* **1)** dünnwandiger Behälter mit flachem Boden, meist mit Deckel, aus Pappe, Holz, Blech. **2)** *alte S.,* U verächtlich: ältliche, unfreundliche Frau. *ich* **schacht(e)le** *es* **ein, ineinander, übereinander,** stecke einen Teil in oder über den anderen.

Schachtelgesellschaften, Kapitalgesellschaften, bei denen andere inländ. Kapital-Ges. zu mindestens 25% unmittelbar beteiligt sind (→ Schachtelprivileg).

Schachtelhalm [mhd. schaftel], **Schafthalm, Equisetum,** Gatt. der Farnpflanzenfamilie **Equisetaceae,** mit unterirdisch kriechendem Wurzelstock, quirligem Wuchs, laublosen, ungefähr grashalmähnlich gegliederten und hohlen, längsrilligen, teils immergrünen, teils sommergrünen Stengeln und Ästen, von deren Knoten aus manschettenförmige, vielzipflige Blattscheiden den Fuß der Stengelglieder umfassen; hart und scharfkantig durch Kieselsäuregehalt; mit endständigen Ähren von Sporenbehältern. Aus den Sporen, die Haftfäden (Hapteren) tragen, entsteht ungeschlechtlich der entweder weibl. oder männl. Vorkeim, dessen weibl. oder männl. Geschlechtszellen (Archegonien und Antheridien) nach Vereinigung den Keim des S. liefern. In der nördl. gemäßigten Zone und in Südafrika verbreitet ist der **Ackerschachtelhalm (Katzenwedel, Pferdeschwanz, Zinn-, Scheuerkraut, Equisetum arvense),** mit grünen, unfruchtbaren und braunen, unverzweigten, fruchtbaren Halmen; er wurde wegen seines hohen Gehalts an Kieselsäure früher zum Reinigen von Zinngeschirr **(Kannenkraut)** gebraucht. Der **Sumpfschachtelhalm (Equisetum palustre),** ein giftiges Unkraut, bildet an Ufern oft dichte Bestände und trägt zur Verlandung von Gewässern bei. – In der Karbonzeit hatten baumartige Formen Anteil an der Kohlebildung.

Schachtelprivileg, für Körperschaft- und Vermögensteuer geltende Regelung bei → Schachtelgesellschaften zur Vermeidung der Doppelbesteuerung; im Körperschaftsteuer-Ges. v. 31. 8. 1976 im ›Anrechnungsverfahren‹ geregelt.

Schachtelsatz, Ⓢ kompliziertes Satzgefüge.

schächten [jidd. aus hebr.]. *er* **schächtet** *es,* schlachtet Vieh und Geflügel nach jüd. (auch islam.) ritueller Vorschrift. Der **Schächter,** ein Kultbeamter, führt ohne vorherige Betäubung mit einem langen, scharfen Messer einen raschen Schnitt quer durch Halsschlagader, Speise- und Luftröhre des Tieres. Dadurch soll die volle Ausblutung erreicht werden.

Schachtförderung, ⚒ der Transport von Personen, abgebauten Mineralen, taubem Gestein, Material und Ausrüstungsgegenständen in einem Schacht, wird mit Aufzügen für große Belastung und große Förderhöhen (→ Fördermaschine) durchgeführt. Bei der **Gestellförderung** werden die Förderwagen auf Fördergestellen (Körben) zutage gefördert; bei der **Gefäßförderung** leert man die Förderwagen unter Tage in Bunker und schafft das Fördergut über Meßtaschen in Schachtfördergefäße (Skips), die es zutage bringen.

Schacht|ofen, → Industrieöfen.

Schachty, bis 1920 **Aleksandrowsk-Gruschewskij,** Stadt im Gebiet Rostow, Russ. SFSR, (1983) 215 000 Ew. Steinkohlenzentrum, Großkraftwerk, Bekleidungs- und Möbel-Ind.; Polytechn. Institut, Theater.

Schack, A d o l f F r i e d r i c h Graf von (1876), Schriftst., * Brüsewitz bei Schwerin 2. 8. 1815, † Rom 14. 4. 1894, Mitgl. des Münchener Dichterkreises, schrieb formgewandte Gedichte, Epen und Dramen; Übersetzungen aus dem Span., Pers. und Indischen. Seine Gemäldesammlung (A. Böcklin, A. Feuerbach, F. v. Lenbach, M. v. Schwind, K. Spitzweg u. a.), die er Kaiser Wilhelm II. vermachte, befindet sich in der **Schackgalerie** in München.

Schad, C h r i s t i a n, Maler und Graphiker, * Miesbach 21. 8. 1894, † Stuttgart 25. 2. 1982, Mitgl. der Dada-Bewegung in Zürich, entwickelte eine besondere graphisch-photograph. Technik (›Schadographie‹), seit 1921 malte er, bes. Porträts, im Stil der → Neuen Sachlichkeit. Sein späteres Schaffen stand in der Tradition des Expressionismus.

Schadchen [jidd. schudchon] *der, -s/-,* Heiratsvermittler.

Schädel [mhd.] *der, -s/-,* **Kranium, Cranium,** das Skelett des Kopfes. Bei den Wirbeltieren besteht der S. aus der schützenden Skelettkapsel um Nase, Augen, inneres Ohr und Gehirn und einem Spangenskelett als Stütze des Kopfdarms und zum Nahrungserwerb, die beide vom Hautknochenskelett ergänzt werden. Der S. ist bei den meisten Wirbeltieren über die Gelenkhöcker beweglich mit der Wirbelsäule verbunden. – Beim M e n s c h e n wird der **Gehirnschädel** gebildet von Stirnbein, Scheitelbeinen, Schläfenbeinen, Hinterhauptsbein, Siebbein und Keilbein. Das Hinterhauptsbein besteht aus der senkrecht stehenden Schuppe und dem waagerecht umgebogenen Körper mit dem Hinterhauptsloch für das Rückenmark und den Gelenkfortsätzen für den obersten Halswirbel. Der **Gesichtsschädel** besteht aus Nasenbeinen, Tränenbeinen, Pflugscharbein, unteren Muschelbeinen, Oberkieferbeinen, Gaumenbeinen und Jochbeinen. Entwicklungsgeschichtlich nicht zum S. gehören Unterkiefer und Zungenbein. – Die S.-Knochen werden teils durch Knorpelfugen, teils durch Nähte miteinander verbunden; beide verknöchern im dritten Lebensjahrzehnt völlig. Bei Neugeborenen haben die Schädeldachknochen noch weiteren Abstand voneinander und lassen so die Fontanellen frei (BILD Fontanellen). Die Naht zw. Stirnbein und Scheitelbeinen ist die Kranznaht, zw. Hinterhauptsbein und Scheitelbeinen die Lambdanaht und zw. den beiden Scheitelbeinen die Pfeilnaht. Hinterhauptsbein, Keilbein, Schläfenbeine, Siebbein und Teile des Stirnbeins bilden die **Schädelbasis.**

Schädelbasisbruch, Bruch der Schädelbasisknochen. Beim S. kommt es leicht zu Gefäßverletzungen und damit zu Blutungen aus Nase, Mund oder Ohren sowie in die Augenhöhlen (Brillenhämatom). Hör- und Gesichtsnerv werden gelegentlich geschädigt. – Maßnahmen → Schädelbruch.

Schädelbruch, i. e. S. Knochenbruch des Gehirnschädels, i. w. S. auch Nasenbein-, Kiefer- und Jochbeinbruch. Man unterscheidet Spalt-, Splitter-, Stück-, Loch- und Zertrümmerungsbrüche. Der **einfache Schädeldachbruch** ohne Wunde ist meist mit einer Gehirnerschütterung verbunden. Er ist nicht ohne weiteres festzustellen, erst das Röntgenbild erbringt den Nachweis. Druckschmerz und Lähmungserscheinungen sind häufig. Der **offene Schädeldachbruch** wird u. U. in der Wunde sichtbar, dann liegt meist auch eine Hirnverletzung vor, und es besteht Infektionsgefahr; bei lokalisierter Gewalteinwirkung meist Splitterbildung mit Eindringen einzelner Splitter in die Gehirnmasse.

E r s t e H i l f e: Seitenlagerung, flach und bequem. Schädelwunde nicht berühren, allenfalls mit keimfreier Mullkompresse abdecken. Notarzt rufen! Möglichst Transport mit dem Klinomobil.

Schädeldeformierung, Völkerkunde: die Veränderung der Kopfform durch Aufschnallen eines Brettchens oder festes Umwickeln des kindlichen Kopfes (→ Körperverstümmelung).

Schädelkult, religiöse Verehrung von Schädeln, z. B. bei Bewohnern Neuguineas. Schädel der Menschen, die sich durch Kenntnisse und Macht auszeichneten, werden aufbewahrt mit dem

Ziel, sich deren Kräfte anzueignen (→ Mana). Schädel getöteter Gegner sind Trophäen (→ Kopfjagd, → Tsantsa), deren Besitz vor Feindschaft schützen und deren Erlangung Mut beweisen soll.

Schädellage, die häufigste Kindslage bei der Geburt, wobei der Kopf mit Hinter- oder Vorderhaupt **(Hinter-** oder **Vorderhauptslage),** Stirn oder Gesicht **(Stirn-** oder **Gesichtslage)** vorangeht. (BILD Geburt)

Schädellehre, die → Kraniologie; auch die Phrenologie (F. J. → Gall).

Schädellose, Acrania, Meerestiere ohne Schädel, Wirbelsäule und Herz; z. B. → Lanzettfischchen.

Schädelstätte, nach Mk. 15,22 Übers. des aramäischen golgoltha, eigtl. ›Schädel‹ (→ Golgatha).

Schaden [ahd. scadon] *der, -s/⁻̈,* **1)** Verlust an etwas, teilweise Zerstörung, Wertminderung, Gebrechen: *ich habe S. bei etwas, durch etwas, erleide S.; S. erwächst aus ihm, geschieht durch ihn; ich füge S. zu, stifte, verursache S., richte S. an.* **2)** Beeinträchtigung einer Person an ihren Rechtsgütern (z. B. Vermögen, Gesundheit, Ehre; vgl. unten Rechtliches). *der* **Schade,** *-ns/⁻̈n,* P Schaden. **schade, 1)** bedauerlich: *schade, daß ihr nicht kommt; es ist schade um ihn,* ein Jammer, sein Verlust ist zu bedauern. **2)** gut, wertvoll: *dafür bin ich mir zu schade. ich* **schade, 1)** *ihm,* füge S. zu, bringe Nachteil. **2)** *es schadet ihm, mir,* bringt S.: *das schadet meiner Gesundheit, meinem Ruf; das schadet ihm nichts,* geschieht ihm ganz recht; *es kann nichts schaden, wenn wir die Haustür abschließen,* Ü vielleicht ist es besser. **Schadenfreude,** die boshafte Freude über den S. eines anderen. *Adj.* **schadenfroh. schadhaft,** beschädigt, mangelhaft. *Subst. die* **Schadhaftigkeit,** *-. ich* **schädige** *ihn,* füge ihm einen S. zu. *Subst. die* **Schädigung,** *-/-en. der* **Schädiger,** *-s/-,* jemand, der einen S. zufügt. **schädlich,** nachteilig, wertvernichtend. *Subst. die* **Schädlichkeit,** *-/-en. der* **Schädling,** *-s/-e,* → Schädlinge. **schadlos,** *ich halte mich schadlos an ihm,* ersetze einen erlittenen S. oder entgangenen Vorteil eigenmächtig auf seine Kosten.

Rechtliches. Vermögensschaden ist unmittelbare Minderung des vorhandenen Vermögens (damnum emergens, meist berechnet nach der Differenzhypothese, d. h. Vergleich der Zustände vor und nach Schadenseintritt) und der entgangene Gewinn (lucrum cessans). Ausgleich bringt der → Schadensersatz.

Schadenreserve, Schadenrückstellung, bes. Reserve, die eine Versicherungs-Ges. für angemeldete, aber noch nicht beglichene Schäden bereithalten muß.

Schadens|ersatz, die Ausgleichung eines → Schadens, umfaßt i. d. R. das volle Interesse des Geschädigten. Die Verpflichtung zum S., die einen ursächl. Zusammenhang zw. Ereignis und Schaden voraussetzt und durch mitwirkendes Verschulden des Geschädigten gemildert werden oder wegfallen kann, beruht insbes. auf Vertrag, schuldhafter Nichterfüllung, unerlaubter Handlung, aber auch auf schuldloser Handlung (Gefährdungshaftung, → Haftpflicht 2). S. ist nach dem Ges. zunächst durch Wiederherstellung des früheren Zustandes (Naturalrestitution, § 249 BGB), ausnahmsweise durch Geld, zu leisten; in der Praxis ist Geldleistung die Regel. Bei Nicht-Vermögensschäden (immaterieller Schaden, § 253 BGB) ist ein S. in Geld nur in wenigen Fällen vorgesehen (z. B. Schmerzensgeld, § 847 BGB).

Das Recht in der Dt. Dem. Rep. (§§ 333, 334 ZGB), in Österreich (§§ 1295–1341 ABGB) und in der Schweiz (bei unerlaubter Handlung Art. 41 ff., bei Vertragsverletzung Art. 97 ff. OR) gewähren S. aus ähnl. Gründen und unter vergleichbaren Voraussetzungen. Das Ausmaß hängt i. a. vom Grade des Verschuldens ab.

Schadenverhütung, Versicherung: Der Versicherte ist zur Verhütung von Schäden verpflichtet, soweit dies in seiner Macht liegt. Für besondere Vorbeugungsmaßnahmen (z. B. Sicherheitsschlösser) gewähren die Versicherer Prämien. Außerdem werden gemeinsame Maßnahmen zur S. (Gesundheitsdienst in der Lebensversicherung, Heilstättenbehandlung u. a.) getroffen.

Schadewaldt, Wolfgang, klass. Philologe, * Berlin 15. 3. 1900, † Tübingen 10. 11. 1974, schrieb ›Iliasstudien‹ (1938), ›Von Homers Welt und Werk‹ (1945), ›Sappho‹ (1950), ›Goethestudien‹ (1963); übersetzte u. a. Homers ›Odyssee‹ (in Prosa, 1958), Sophokles, Tragödien (1968), Pindars Olymp. Oden (1972), ›Ilias‹ (1975).

Schädlinge, tierische und pflanzl. Lebewesen sowie Viren, die den Menschen selbst und die Gebiete seines Wirkens direkt oder indirekt schädigen (→ Feldschädlinge, → Gartenschädlinge, → Vorrats- und Hausschädlinge, → Ungeziefer). Zur **Schädlingsbekämpfung** dienen biolog., biotechn., physikalisch-mechan., chem., Kultur- und integrierte Verfahren (Pestizide, z. B. → Insektizide, → Herbizide, → Rodentizide, → Pflanzenschutz) sowie Resistenzzüchtungen. Die biolog. S.-Bekämpfung benutzt zur Eindämmung der S. deren natürl. Feinde oder genetisch geschädigte (sterile) Artgenossen. Nachteilig kann sich die S.-Bekämpfung auswirken durch Giftigkeit der Mittel auch für Mensch und Tiere, durch Störung des biolog. Gleichgewichts in der Natur und durch → Resistenz der S. Durch die integrierte Schädlingsbekämpfung

Schacht 2): Schachtabteufen mit Verfestigen und Abdichten wasserführender Gebirgsstrecken im Gefrierverfahren.
1 Greifer, **2** Bergekübel, **3** Ringfundament auf standfestem Gebirge, **4** Teufgerät, **5** Betonformsteine, **6** Stahlumsetzschalung, **7** Asphalt, **8** Stahlmantel, **9** Frostmantel, **10** ringförmig eingebrachte Gefrierrohre

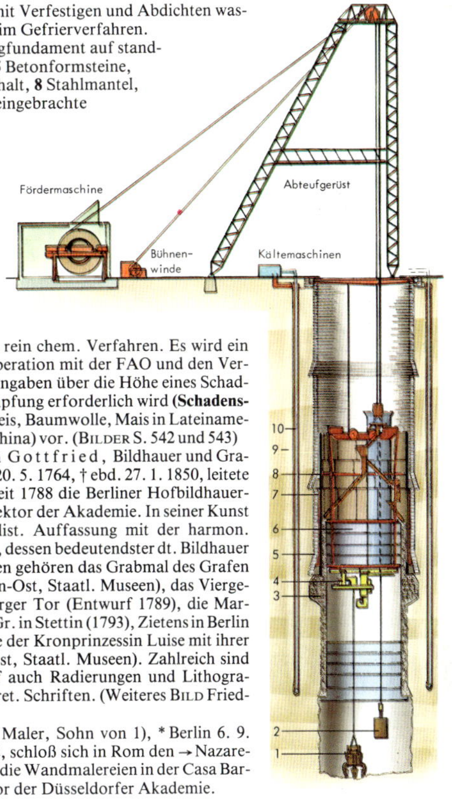

erwartet man eine Minderung rein chem. Verfahren. Es wird ein weltweites Programm in Kooperation mit der FAO und den Vereinten Nationen entwickelt. Angaben über die Höhe eines Schadauftretens, bei der eine Bekämpfung erforderlich wird **(Schadensschwellen),** liegen für S. von Reis, Baumwolle, Mais in Lateinamerika, Afrika, Asien (bes. VR China) vor. (BILDER S. 542 und 543)

Schadow [-do], **1)** Johann Gottfried, Bildhauer und Graphiker, Vater von 2), * Berlin 20. 5. 1764, † ebd. 27. 1. 1850, leitete nach Studienjahren in Rom seit 1788 die Berliner Hofbildhauerwerkstatt und wurde 1815 Direktor der Akademie. In seiner Kunst verbindet sich lebensnah-realist. Auffassung mit der harmon. Formgebung des Klassizismus, dessen bedeutendster dt. Bildhauer er war. Zu seinen Hauptwerken gehören das Grabmal des Grafen von der Mark (1790/91, Berlin-Ost, Staatl. Museen), das Viergespann auf dem → Brandenburger Tor (Entwurf 1789), die Marmorstandbilder Friedrichs d. Gr. in Stettin (1793), Zietens in Berlin (1794) und die Marmorgruppe der Kronprinzessin Luise mit ihrer Schwester (1795–97, Berlin-Ost, Staatl. Museen). Zahlreich sind seine Bildnisbüsten. Er schuf auch Radierungen und Lithographien und verfaßte kunsttheoret. Schriften. (Weiteres BILD Friedrich der Große)

2) Wilhelm von (1845), Maler, Sohn von 1), * Berlin 6. 9. 1788, † Düsseldorf 19. 3. 1862, schloß sich in Rom den → Nazarenern an, mit denen er 1816/17 die Wandmalereien in der Casa Bartholdy schuf; 1826–59 Direktor der Düsseldorfer Akademie.

Schadstoffe, → Gifte.

Schaeder, Hans Heinrich, dt. Orientalist, * Göttingen 31. 1. 1896, † ebd. 13. 3. 1957, arbeitete bes. über religions- und kulturgeschichtl. Fragen des pers. Raums.

Schaefer, Oda, eigtl. Oda **Lange,** geb. **Kraus,** Schriftstellerin, * Berlin 21. 12. 1900, war ⚭ mit dem Schriftst. Horst Lange; schrieb bes. Lyrik, auch Erz., Hörspiele und Erinnerungen.

Schaeffer, Albrecht, Schriftst., * Elbing 6. 12. 1885, † München 5. 12. 1950, suchte als Lyriker und Erzähler antike und mittelalterlich-christl. Elemente zu verbinden; auch Übersetzer (O. Wilde, P. Verlaine, Homer). – ›Helianth‹, 3 Bde. (1920–24, Roman).

Schaerbeck [skarbˈɛk, frz.], niederländ. **Schaarbeek** [sxˈa:rbe:k], Stadt in der Agglomeration Brüssel, Belgien, (1982) 108 436 Ew.; vielseitige Ind.

Schaf [ahd. scaf] *das, -(e)s/-e,* wolletragendes Horntier (→ Schafe); Ü dummer Mensch: *ein schwarzes S.,* Ü jemand, der durch Nichtanpassung auffällt. **Schaf(s)pelz,** Kleidungsstück aus Schaffell: *ein Wolf im Schafpelz,* Ü ein sich harmlos stellender Bösewicht.

Schafberg, Berg im Salzkammergut, Österreich, 1783 m, Zahnradbahn von Sankt Wolfgang.

Schafbremse, eine Art der → Nasenbremsen.

Schafblattern *Pl.,* $ *oberdt.:* die → Windpocken.

Schäfchen *das, -s/-,* **1)** kleines Schaf; Ü Dummerchen, auch als Kosewort. **2)** eine Form der → Wolken. **3)** *ich bringe mein(e) S. ins trockene,* Ü verschaffe mir einen Vorteil.

Schafe, Ovis, Gatt. der Böcke, horntragende und wiederkäuende Paarhufer. Die männl. Tiere heißen **Bock (Widder, Stär),** die kastrierten **Hammel (Schöps, Kappe),** weibl. Tiere **Mutterschaf (Zibbe, Zippe),** junge Tiere bis zum 1. Lebensjahr **Lamm (Bock-, Mutter-** oder **Zibbenlamm),** im 2. Lebensjahr **Zeitschaf** oder **Zeitbock (Zweischaufler, Zweizähner, Jährling).** Die Widder sind größer als die weibl. Tiere. Das Gehörn des Bocks ist nach hinten gedreht und beschreibt einen Kreisbogen (Schnecke); die Hörner des weibl. Tieres sind kürzer und säbelförmig oder fehlen. Zwischenaugen- und Zehendrüsen dienen zur Markierung des Reviers mit Geruchsstoffen. Das höchste beobachtete Lebensalter beträgt 16 Jahre. Nach etwa fünfmonatiger Tragzeit werden 1 bis 2 Lämmer geboren.

Die Gatt. umfaßt 2 Arten: das **Wildschaf (Ovis ammon),** von Westeuropa bis Ostasien verbreitet, und das **Dickhornschaf (Ovis**

Gottfried Schadow: Kronprinzessin Luise von Preußen und ihre Schwester Friederike; Marmor, 1795–97 (Berlin-Ost, Staatl. Museen)

Schädlinge

Schafe: Bestand 1983 (in Mio. Stück)

Europa:		*Amerika:*	
Bulgarien	10,76	Argentinien	30,00
Bundesrep. Dtl.	1,17	Brasilien	17,50
Dt. Dem. Rep.	2,20	Peru	14,50
Frankreich	12,10	Uruguay	23,37[1]
Griechenland	8,40	Verein. Staaten	12,03
Großbritannien und Nordirland	34,02		
Italien	9,26	*Asien:*	
Jugoslawien	7,45	Afghanistan	20,00
Österreich	0,22	Indien	41,70
Rumänien	16,92	Iran	34,50
Schweiz	0,36	Pakistan	23,53
Sowjetunion	142,18	Türkei	49,64
Spanien	17,00	VR China	106,57
Afrika:			
Algerien	13,70[1]	*Australien:*	
Äthiopien	23,40	Australien	133,19
Marokko	15,00	Neuseeland	70,40
Rep. Südafrika	31,75		
Sudan	19,50	**Welt insgesamt**	**1 137,37**

[1]) 1982.

canadensis), in den Gebirgen des westl. Nordamerika sowie im nördl. Asien. Beide Arten haben etwa 35 Unterarten. Das **Mufflon (Europ. Wildschaf, Ovis ammon musimon)** gehört zu den Wild-S. und ist mit einem Gewicht von rd. 50 kg (bei männl. Tieren) und 35 kg (bei weibl. Tieren) das kleinste dieser Art. Es lebt wild noch auf Sardinien und Korsika. Um die Mitte des 19. Jh. wurde es in Mitteleuropa eingebürgert; z. T. wurden Hausschafe eingekreuzt. Auf Zypern lebt eine nahverwandte Form **(Ovis ammon ophion).** Die größte Unterart der Wild-S. ist das **Argali (Ovis ammon poli).** Das Dickhorn-S. ist kräftiger gebaut, hat kürzere, dickere Hörner. Das **Alaska-Dickhornschaf (Ovis canadensis dalli)** ist weißlich gefärbt.

Das **Hausschaf (Ovis ammon ari|es)** stammt vom Wild-S. ab. Es ist das älteste Haustier und wurde schon um 9000 v. Chr. in Kurdistan (Nordirak) gehalten, urspr. zur Fleisch-, später auch zur Milch- und Wollnutzung. Heute wird das Haus-S. zur Fleisch-, Fett-, Woll-, Pelz- und Milch-(Käse-)Erzeugung genutzt.

Nach dem Haarkleid unterscheidet man: **Merino,** die die feinsten Wollhaare erzeugen (Rambouillet-S., Fleischmerino-S., Stoffwoll-S., Feinwoll-Merino, Negretti; Kreuzungen mit Langwoll-S.: Crossbred-Zuchten, Corriedale, Columbia, Targhee, Polwarth; mit südt. Land-S.: Merino-Land-S.); **Langwollschafe,** die sich durch einen Jahreswollwuchs von 18–30 (40) cm, große Fruchtbarkeit und hohe Milchleistung auszeichnen (Leicester, Lincoln, Kent, Romney, Weißkopf-S., Texel-S., Ostfries. Milch-S.); **Kurzwollschafe,** deren Wollängen unter 6 cm liegen und die durch Mastfähigkeit und Fleischfülle hervortreten (Southdown, Hampshire, Oxford, Dorset-Horn, Schwarzköpfige Fleisch-S.). Alle Gruppen haben Wollhaare. Zu den **Grobwoll-** und **Pelzschafen,** meist mischwollig (mit Deck- und Wollhaaren), gehören Heidschnucke, Berg-S., Fettsteiß- und Fettschwanz-S. (→ Karakul 1); **Haarschafe** besitzen nur kurzes Deckhaar.

Aufzucht: Die Deckzeit beschränkt man auf bis zu sechs Wochen. Die Tragzeit beträgt 150 Tage. Die Schur wird ein- bis zweimal im Jahr vorgenommen. Die nicht zur Zucht bestimmten Lämmer werden bei intensiver Lämmermast auf eine Tageszunahme von 250–400 g gebracht. (BILDER S. 544)

Schäfer *der, -s/-,* Ausbildungsberuf (Landwirtschaft; 3 Jahre); Aufgaben: Hüten, Betreuen, Zucht und Schur von Schafen. *die* **Schäferin,** *-/-nen,* Hirtin (in der Schäferdichtung). **Schäferstündchen,** ungestörte Liebesstunde.

Schäfer, 1) Dietrich, Historiker, * Bremen 16. 5. 1845, † Berlin 12. 1. 1929, vertrat als Schüler H. v. Treitschkes eine nationalist., auf den starken Staat ausgerichtete Geschichtsauffassung.

2) Wilhelm, Schriftst., * Ottrau (Hessen) 20. 1. 1868, † Überlingen 19. 1. 1952, ging in seiner bildkräftigen Erzählkunst von J. P. Hebel, G. Keller, H. v. Kleist aus. S. schrieb Anekdoten, Novellen, Romane (u. a. ›Hauptmann von Köpenick‹, 1930).

Schädlinge: 1–10 Feldschädlinge; **1** Kartoffelkäfer, **1a** Larve. **2** Wintersaateule. **3** Maikäfer, **3a** Larve. **4** Schwarze Bohnenlaus. **5** Rübenfliege. **6** Erbsenblattlaus. **7** Erbseneule. **8** Rüben-Derbrüßler. **9** Tüpfeltausendfuß. **10** Maiszünsler. **11** und **12** Forstschädlinge; **11** Forleule, **11a** Raupe. **12** Nonne, **12a** Raupe. **13** und **14** Vorrats- und Hausschädlinge; **13** Speckkäfer, **13a** Larve. **14** Mehlmotte, **14a** Schadbild mit Raupe. **15–25** Gartenschädlinge; **15** Apfelblattsauger, **15a** Larve, **15b** Schadbild. **16** Apfelbaumglasflügler. **17** Stachelbeerblattwespe. **18** Ringelspinner, **18a** Eiablage, **18b** Raupe. **19** Apfelwickler, **19a** Larve in geschädigter Frucht

Schäferdichtung, Hirtendichtung, Pastorale, bukolische Dichtung, Dichtung, die sich gegenüber der Wirklichkeit in eine idyllische Welt (Arkadien) der Hirten flüchtet. Theokrit schrieb nach 300 v. Chr. Hirtengedichte (→ Idylle) für die Hofgesellschaft in Syrakus und Alexandria, Moschos und Bion folgten im 2. Jh. v. Chr., Longus im 3. Jh. n. Chr. (Hirtenroman ›Daphnis und Chloë‹). Die S. ist somit schon bei ihren Gründern Ausdruck einer hochentwickelten Spätkultur (Hellenismus). In Anlehnung an Theokrit schrieb Vergil (1. Jh. v. Chr.) seine ›Bucolica‹. Die → Pastourelle der Troubadours enthielt Hirtenmotive; ihr gab Adam de la Halle im 13. Jh. dramat. Form. Die bukol. Dichtung der Renaissance knüpfte an die Antike an (Boccaccio, Petrarca). – Den europ. **Schäferroman** mit seinem Wechsel von Vers und Prosa begründete J. Sannazaros ›Arcadia‹ (1502), das dramat. Schäferspiel B. Guarinis ›Il Pastor fido‹ (1580). Italien wirkte auf Westeuropa: 1559 erschien die ›Diana‹ des Portugiesen J. de Montemôr, 1590 die ›Arcadia‹ von Philip Sidney, 1607–27 die ›Astrée‹ des Honoré d'Urfé. In Dtl. verfaßte M. Opitz mit seiner ›Schäfferey von der Nimpfen Hercinie‹ (1630) den ersten originalen Schäferroman; es folgten die Gedichte der Nürnberger ›Pegnitzschäfer‹, das Spiel ›Geliebte Dornrose‹ von A. Gryphius, Ph. v. Zesens Roman ›Adriatische Rosemund‹. Die Gesellschaftskultur des Rokoko verhalf der S. zu ihrem letzten Höhepunkt: Prosaidyllen von S. Geßner, Lyrik des jungen Goethe, Singspiele (Pastoralen) und Dramolets von J. W. L. Gleim, Ch. F. Gellert und Goethe: ›Die Laune des Verliebten‹, ›Erwin und Elmire‹.

Schaffhausen 2): Haus zum Ritter; Fassadenmalerei von Tobias Stimmer, 1570

Schäferhund, 1) Hund zum Herdehüten. **2)** Hunderassen: Der **Deutsche S.,** aus dt. Schafhütehunden herausgezüchtet, glattbis langhaarig, grau, schwarz, gelb bis braun, dient als Wach-, Polizei- und Blindenführhund (BILD Hunde); der **Schottische S., Collie,** ist langhaarig, braun-weiß gefärbt.

Schaff [ahd. skaph, skaf] *das, -(e)s/-e, oberdt., schles.:* **1)** bottichartiges Gefäß. **2)** Schrank. *das* **Schaffel,** *-s/-(n), oberdt., schles.:* Kübel.

Schaff, Adam, poln. Philosoph, * Lemberg 10. 3. 1913; 1957–68 Leiter des Instituts für Philosophie und Soziologie der Poln. Akademie der Wiss., seit 1963 Präs. des Europ. Zentrums für Sozialwissenschaften in Wien, lehrt seit 1972 im Ausland. S. vertritt einen sozialist. Humanismus auf der Basis des dialekt. Materialismus und der logisch-semant. Tradition der Warschauer Schule.

HW: Theorie der Wahrheit (dt. 1954); Marxismus und das menschl. Individuum (dt. 1968); Humanismus und Sprachphilosophie (dt. 1975); Entfremdung als soziales Phänomen (dt. 1977).

schaffen [ahd. scaf(f)on]. *ich* **schaffe** (habe geschafft), **1)** *es irgendwohin, von irgendwo weg,* bringe, befördere: *schafft Stühle ins Haus!; die Angelegenheit wurde aus der Welt geschafft,* U endgültig erledigt. **2)** *bes. südwestdt.:* arbeite, wirke: *was schaffen Sie da?; sie schafft als Verkäuferin,* U arbeitet. **3)** *es,* bringe fertig, bezwinge: *das hätten wir geschafft.* **4)** (schaffte oder schuf, habe geschaffen, auch: geschafft) *Abhilfe, Rat, Ordnung,* bringe zustande. **5)** *es, bair.:* bestelle, befehle. **6)** (schuf, habe geschaffen) *es, ihn,* erzeuge als Schöpfung, bringe hervor: *Gott schuf den Menschen.* **7)** (schuf, habe geschaffen) *es ihm, es mir,* erreiche, bringe zuwege: *ich schaffe mir ein gemütliches Heim. ich* **schaffe** *es* **ab,** beseitige, hebe auf: *dieses Gesetz, diese Einrichtung wurde abgeschafft,* außer Kraft gesetzt. *ich* **schaffe** *es mir* **an,** bringe herbei, erwerbe: *er hat sich viele Bücher angeschafft; sie geht anschaffen,* V verdient Geld als Prostituierte. *ich* **schaffe** *es* **fort** (habe fortgeschafft), bringe fort, entferne. *ich* **schaffe** *es* **nach** (schuf, habe nachgeschaffen), gestalte nach einem Vorbild: *das Gedicht war Goethes Alterslyrik nachgeschaffen. das* **Schaffen,** *-s,* die Arbeit, das Werk: *er gab uns eine Probe seines Schaffens.* **Schaffensdrang,** das Bedürfnis, etwas zu schaffen, Arbeitslust. *die* **Schaffensfreude,** -, die Freude, etwas zu schaffen. *die* **Schaffenskraft,** -, Arbeitskraft, Tatkraft. **schaffig,** *oberdt.:* arbeitsam. *Subst. die* **Schaffung,** *-: Maßnahmen zur Schaffung neuer Arbeitsplätze.*

Schaffer *der, -s/-,* **1)** *südwestdt.:* jemand, der gern und viel arbeitet. **2)** *süddt., österr.:* Nebenform von Schaffner, Verwalter. **3)** Proviantmeister auf Schiffen. **Schaffermahlzeit,** seit 1545 feierl. Abschiedsessen der Reeder und Schiffer in Bremen am 2. Freitag im Februar, ehe nach der Winterruhe wieder die Seereisen beginnen. Seit 1974 gibt es auch ein **Schafferinnenmahl.**

Schäffer, Fritz, Politiker (BVP; CSU), * München 15. 5. 1888, † Berchtesgaden 29. 3. 1967, Rechtsanwalt, 1929–33 Vors. der Bayer. Volkspartei (BVP), 1945 Mitgr. der CSU, 1945 bayer. MinPräs., verfolgte als Finanz-Min. der Bundesrep. Dtl. (1949–57) eine an der Geldwertstabilität orientierte Politik des ›knappen Geldes‹ (→ Juliusturm 2). 1957–61 Bundesjustiz-Min.

Schaffgotsch, Schaaffgotsche, fränk. Adelsgeschlecht, 1174 als **Scof** erwähnt, seit dem 14. Jh. Beiname **Gottsche** (Gottschalk); böhm. Linie (1703 gräflich), schles. Linie (1708 gräflich).

Schaffhausen, 1) Kt. der N-Schweiz, 298 km², (1983) 69800 Ew., umfaßt die Bezirke Oberklettgau, Reiat, Schaffhausen, Schleitheim, Stein, Unterklettgau. S. liegt am rechten Ufer des Rheins, nach drei Seiten von Bad.-Württ. umschlossen, im Übergangsgebiet von der Schwäb. Alb zum Schweizer Mittelland. 57% der Nutzfläche werden landwirtschaftlich genutzt (Getreide, Obst, Gemüse, Wein); 41% tragen Wälder. Ausnutzung der Wasserkräfte des Rheins (4 Elektrizitätswerke) für die Ind.: Waggons, Eisen-, Stahlwaren, elektrotechn. Apparate, Textilien, Uhren (BILD S. 544). **2)** Hptst. von 1), (1983) 34400 Ew., am rechten Rheinufer, 404 m ü. M.; Eisen-, Stahl-, Textil-, Apparate-, Uhren-, Maschinen-, u. a. Ind.; Fremdenverkehr; ehem. Klosterkirche Allerheiligen der Hirsauer Bauschule (1104), Reste der Stadtmauer, Türme, bes. die Höhenfeste Munot (16. Jh.), Bürgerhäuser (16.–18. Jh.). Südwestlich der **Rheinfall** (24 m tief, 150 m breit; BILD Rhein), der größte Wasserfall Mitteleuropas. – Der Ort S., der durch das 1049 gegr. Benediktinerkloster Allerheiligen Bedeutung erlangte, erhielt 1045 Münz- und Marktrecht. 1330–1415 war S. an die Habsburger verpfändet, danach war es Reichsstadt. 1501 wurde es 12. Ort der Eidgenossenschaft. 1529 führte S. die Reformation ein. (Weiteres BILD S. 544)

Schäffle, Albert, Volkswirt und Soziologe, * Nürtingen 24. 2. 1831, † Stuttgart 25. 12. 1903, setzte sich als einer der ersten mit dem Sozialismus auseinander. Auf die Bismarcksche Sozialgesetzgebung übte er entscheidenden Einfluß aus.

HW: Die Quintessenz des Socialismus (1875); Bau und Leben des socialen Körpers (1875–78).

Schäffler [zu → Schaff 1] *der, -s/-, oberdt., schles.:* Böttcher. **Schäfflertanz,** ein u. a. noch in München alle 7 Jahre zur Faschingszeit aufgeführter Reifentanz der Böttcherzunft. Ihm entspricht der **Küfertanz** in schweizer. Städten.

Schaffner *der, -s/-,* **1)** Bediensteter bei der Eisenbahn, der u. a. Fahrkarten verkauft und kontrolliert; bei Omnibussen und Straßenbahnen ist der S. heute weitgehend durch Fahrkartenautomaten und Entwertegeräte ersetzt. **2)** Landwirtschaft: → Schaffer 2). *die* **Schaffnerin,** *-/-nen,* **1)** weibl. S. **2)** ꝏ Wirtschafterin.

Schaffner, 1) Hans, schweizer. Politiker (Freisinniger), * Gränichen (Kt. Aargau) 16. 12. 1908, Rechtsanwalt, leitete als Bundesrat (1961–69) das Volkswirtschafts-Departement; maßgeblich an der Gründung der EFTA beteiligt.

2) Jakob, Schriftst., * Basel 14. 11. 1875, † Straßburg 25. 9. 1944, verfaßte realist. und autobiograph. Romane und Erz. – HW: Johannes, 2 Bde. (1922).

3) Martin, Maler und Bildschnitzer, * um 1478/79, † Ulm nach 1546, seit 1499 ebd., seit 1526 Stadtmaler; malte Altartafeln und Porträts (Sippenaltar im Ulmer Münster, 1521; Altarflügel aus Kloster Wettenhausen, 1523/24, München, Pinakothek; Porträt des Eitel Besserer, 1516, Ulm, Stadtmus.).

Schaffran, Gerhard, kath. Bischof, * Leschnitz (Kr. Groß-Strehlitz) 4. 7. 1912, seit 1970 Bischof von Meißen (seit 1979 Dresden-Meißen), 1980–82 Vors. der Berliner Bischofskonferenz.

Schafgarbe, ⊕ → Garbe 3).

Schafhaut, das Amnion (→ Mutterkuchen).

Schafkälte, in Mitteleuropa häufig auftretender Kälterückfall im Juni (wenn die Schafe geschoren werden).

Schafkopf, 1) [nach dem früheren Brauch, die Gewinne durch Kreidestriche kenntlich zu machen, die zusammen einem S. äh-

Schädlinge

20

20a

21

22

23

24

25

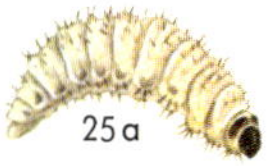

25a

Schädlinge: 20 Kirschblattwespe, **20a** Larve und Larvenfraß. **21** Kirschfruchtfliege. **22** Grüne Apfelblattlaus. **23** Raupe des Stachelbeerspanners. **24** Einbindiger Traubenwickler. **25** Apfelblütenstecher, **25a** Larve

1

2

Schafe: 1 Heidschnucke, **2** Ostfriesisches Milchschaf (merino-blütig), **3** Karakulschaf mit Jungem, **4** Mufflon

3

4

Schaffhausen 1)

Schaffhausen 2)

Fjodor Schaljapin

neln], *ohne Pl.,* altes dt. Kartenspiel, wird mit der dt. Skatkarte oder der frz. Karte (32 Blatt) unter vier Personen gespielt. Heute meist durch den **Doppelschafkopf** oder **Doppelkopf** ersetzt, der mit zwei Kartenspielen gespielt wird, aus denen man die ›Sieben‹ und ›Achten‹ (bisweilen auch die ›Neunen‹) entfernt. **2) Schafskopf,** a) Kopf eines Schafes. b) ein Fisch. c) U Dummkopf.

Schaflausfliege, → Lausfliegen.

Schafott [frz. échafaud] *das, -(e)s/-e,* **Blutgerüst,** auf der Richtstätte aufgeschlagenes Gerüst, auf dem die Hinrichtungen durch Enthauptung stattfanden.

Schafpocken, 1) Kinderkrankheit, die → Windpocken. **2)** Tierkrankheit (→ Pocken).

Schafquese, die Gehirnquese (→ Drehkrankheit).

Schafrotz, Pasteurellose der Schafe [pastø-], eine durch **Pasteurella oviseptica** (eine Art von → Pasteurellen) hervorgerufene, bes. im Frühjahr in tiefgelegenen, sumpfigen Gebieten auftretende, bei Lämmern oft sehr verlustreiche, fieberhafte Infektionskrankheit mit Augen- und Nasenausfluß, Appetitlosigkeit, Kolik, oft Lungenentzündung. - Behandlung (auch vorbeugend) mit Pasteurella-Serum.

Schafstelze, Singvogel, → Bachstelzen.

Schaft [ahd. scaft] *der, -(e)s/⸚e,* **1)** stangenähnlicher Griff, z. B. an Waffen. **2)** stangenartige Verlängerung eines Werkstücks, z. B. bei einem Niet. **3)** die in Holz ausgeführte Montierung des Gewehrlaufes und -schlosses, heute vielfach aus Kunststoff. **4)** 🏛 Säulenschaft, Hauptteil der Säule. **5)** ⊕ laubloser Blütenstengel. **6)** Teil der → Federn. **7)** weicher Oberteil eines Schuhs. **8)** Weberei: Rahmen mit ausgespannten Drähten zum Anheben der Kettfäden. **9)** *oberdt.:* Schrank, Gestell, Bücherregal. *ich* **schäfte** *es,* **1)** setze einen S. an. **2)** veredle Pflanzen (→ Veredelung 2).

...schaft [mhd. ›Beschaffenheit‹], Suffix für weibl. Substantive zur Bez. einer best. Beschaffenheit oder als Sammelnamen: *die Bekanntschaft; die Arbeiterschaft.*

Schaftring, der → Wirtel 3).

Schaftstiefel, Stiefel mit langem Schaft bis über die Wade.

Schah [pers.] *der, -s/-s,* Herrscher, König. **Schah-in-schah** ›König der Könige‹, Titel des Herrschers des Iran (bis 1979).

Schah-Name [pers. ›Königsbuch‹] *das,* episches Gedicht des → Firdausi.

Schakale [aus altind. srgala], *Sg. der* **Schakal,** *-s,* gehören zur Familie der Hundeartigen **(Canidae).** Es sind etwa fuchsgroße afrikanisch-asiat. Wildhunde, die sich von Pflanzen, Insekten, Aas und kleineren Beutetieren ernähren. Am weitesten verbreitet ist der **Gold-S. (Canis aurens).** Der **Schabracken-S. (Canis mesomelas)** ist rostrot mit schieferfarbenem Rücken. Der **Streifen-S. (Canis adustus),** mit hellen, nach unten schwarz gesäumten Flankenstreifen, bevorzugt stärker als die beiden anderen Arten eine nächtliche Lebensweise. Im Unterschied zu Schabracken- und Gold-S. jagt er niemals stärkere Beute und schädigt daher den Viehbestand nicht. S. lassen sich leicht zähmen und, wenn sie von Menschen gehalten werden, sogar mit Haushunden kreuzen.

Schakalfüchse, Dusicyon, südamerikan. Gatt. der Wildhunde mit dem **S., Magellanfuchs** oder **Colpeo** der Kordilleren und dem **Andenwolf.** Der **Falklandfuchs** wurde im 19. Jh. ausgerottet. Der südamerikan. **Maikong** kann zu den S. gestellt werden.

Schake [niederdt.] *die, -/-n,* ⚓ Glied einer Ankerkette. *der* **Schäkel,** *-s/-,* mit einem Bolzen verschließbarer Kettenring zum Verbinden zweier Kettenstücke. *ich* **schäk(e)le** *es,* verbinde Ketten- und Leinenstücke mit Schäkeln.

schäkern [zu jidd. chek ›Busen‹]. *ich* **schäk(e)re,** U scherze, bes. mit einem Mädchen. *Subst. die* **Schäkerei,** *-/-en. der* **Schäker,** *-s/-,* jemand, der gern schäkert.

Schakjamuni [Sanskrit ›der Einsiedler aus der Familie der Schakja‹], Beiname des → Buddha.

Schakuhühner, → Hokkohühner.

schal [mhd.], **1)** fade, abgestanden, würzlos: *ein schales Bier.* **2)** Ü geistlos: *ein schaler Witz. Subst. die* **Schalheit,** -.

Schal [engl. aus pers.] *der, -s/-s* oder *-e,* **1)** langes, rechteckiges Halstuch. **2)** Übergardine.

Schalanken [ungar.] *Pl.,* Ziergehänge am Pferdegeschirr.

Schalauen, histor. Landschaft in Ostpreußen, beiderseits der unteren Memel um Ragnit und Tilsit.

Schälblasen|ausschlag, Pemphigoid des Neugeborenen, ⚕ durch Staphylokokken hervorgerufene Hautkrankheit des Neugeborenen und jungen Säuglings; pfenniggroße mit Flüssigkeit prall gefüllte Blasen, die leicht aufplatzen, später eintrocknen. - Behandlung: Puder, Salben, Kleiebäder, Antibiotika.

Schale [ahd. scala] *die, -/-n,* **1)** flaches, schüsselartiges oder halbkugeliges Gefäß. **2)** *österr.:* Tasse. **3)** Hülle, bes. von Früchten. **4)** Deckel, Einband; Ü das Äußere. **5)** Brett vom Rand des Stammes, auf einer Fläche rindig. **6)** Pferdekrankheit: ringförmige (Ringbein) Knochenauftreibung an der Krone (Kronenschale) infolge schleichender Entzündung des Krongelenks, die Lahmheit verursacht. **7)** Huf des → Schalenwildes. **8)** Kleidung: *sie hat sich in S. geworfen,* U festlich gekleidet. **9)** Bautechnik: dreidimensionales, aber dünnes Tragwerk aus einfach oder doppelt gekrümmten Flächen. Die **Schalenbauweise,** die einen sehr geringen Baustoffverbrauch hat, wird bes. im Stahlbetonbau und im Stahlbau angewandt; im Flugzeugbau herrscht die Schalen- und Doppelschalen- oder → Sandwichbauweise vor. **10)** ⊠ Bez. für eine Elektronengruppe mit gleicher Hauptquantenzahl in der Elektronenhülle des Atoms: z. B. können sich in der **K-Schale** (Hauptquantenzahl $n = 1$) höchstens zwei Elektronen, in der **L-Schale** ($n = 2$) acht, der **M-Schale** ($n = 3$) 18, der **N-Schale** ($n = 4$) 32 Elektronen befinden usw. *ich* **schale** *es* **aus, 1)** verschale. **2)** löse die Schale. **3)** entferne die Schalung. *ich* **schale** *es* **ein,** stelle Bauteilformen her. *Subst.* → Schalung.

schälen [ahd. scelen]. *ich* **schäle, 1)** *es* **(ab),** entferne eine Schale, z. B. von Obst (→ Schälmaschine). **2)** *es,* entferne die Rinde vom geschlagenen Holz mit dem Rindenschäler **(Schäl|eisen). 3)** *es,* pflüge oberflächlich. **4)** *Rotwild schält,* reißt Rinde als Nahrung mit den Zähnen ab. **5)** *mich,* verliere Hautschuppen.

Schalen|assel, eine Art der Saftkugler, → Tausendfüßer.

Schalenmodell, → Kernphysik.

Schalen|obst, Handelsbez. für hart- oder trockenhäutige Früchte best. Holzgewächse wie Walnuß, Haselnuß, Baumhasel, Edelkastanie und Mandel, deren Samen eßbar sind. (BILDER Haselnuß, Kastanie, Walnuß)

Schalensteine, Näpfchensteine, Felsen oder freiliegende Steine, auch Decksteine vorgeschichtl. Megalithgräber, mit künstlichen Vertiefungen.

Schalenwild, Wild mit Hufen (Schalen): Wisent (→ Bison), Elch, Rotwild (→ Hirsche), Damhirsche, Rehe, Sikahirsch, Steinbock (→ Ziegen), Mufflon (→ Schafe), Gamswild (→ Gemse) und Schwarzwild.

Schalet [jidd.] *das* oder *der, -s,* **Schaleet,** ein jüd. Sabbatgericht, meist Bohnen mit Fleisch, auch Auflauf, Kuchen.

Schälhengst [zu ahd. scelo], Zuchthengst.

Schaljapin, Fjodor Iwanowitsch, russ. Sänger (Baß), * Ometewa bei Kasan 13. 2. 1873, † Paris 12. 4. 1938, wurde durch seine auch schauspielerisch überragenden Interpretationen russ. Opern (›Boris Godunow‹) weltbekannt.

Schakale: Schabrackenschakal

Schalk [ahd. scalc ›Knecht‹] *der, -(e)s/-e* oder *⸚e,* **1)** Schelm, neckischer Mensch: *er hat den S. im Nacken,* ist immer zu Späßen aufgelegt. **2)** ⚮ arglistiger Täuscher. **schalkhaft,** neckisch, von geistreichem Mutwillen. *Subst. die* **Schalkhaftigkeit, Schalkheit,** -. **Schalksknecht,** B nichtsnutziger Knecht (Matth. 18,32). **Schalksnarr, 1)** Hofnarr. **2)** Mensch von heiterem Übermut.

Schäl|knötchen, $ stark juckende Hautkrankheit, bes. bei Kindern. Am Rumpf und auf den Streckseiten der Gliedmaßen entwickeln sich stecknadelkopfgroße, von einem rötlichen Hof umgebene Knötchen. Allergie- und ernährungsbedingte Faktoren sowie Insektengifte werden als Ursachen diskutiert.

Schalksmühle, Gem. im Märk. Kr., NRW, (1984) 11200 Ew., im nördl. Sauerland; Elektro- und Kunststoff-Ind., Eisenverarbeitung.

Schälkur, Behandlungsverfahren bei Hautkrankheiten mit UV-Licht oder Schälsalbe (Resorcin, Schwefel u. a.), auch als kosmetische Maßnahme (Peeling).

Schall [ahd. scal] *der, -(e)s/-e* oder *⸚e,* die Empfindung, die durch die das Ohr treffenden Schwingungen elastischer Körper (→elastische Schwingungen) hervorgerufen wird. Die Physik hat den Begriff S. auf diese Schwingungen selbst übertragen. Harmonische (reine) Schwingungen mit Schwingungszahlen (Frequenzen) zwischen 16 und 20000 Hz (Hertz) werden als →Ton, periodische (aber nicht sinusförmige) als →Klang, unregelmäßig überlagerte als →Geräusch 1) empfunden. Die periodisch von ihrer Erregungsquelle ausgehenden Schwankungen der Massendichte breiten sich in **Schallwellen** aus. Bei einem festen Schallgeber wird die Schwingung auf das umgebende Medium (i. a. Luft) und durch dieses auf das Gehör übertragen. Längsschwingungen (Longitudinalwellen) sind bei allen drei Aggregatzuständen möglich, Querschwingungen (Transversalwellen) treten nur in festen Körpern **(Körperschall)** auf. Schwingungen unterhalb des Hörbereichs (jenseits der tiefsten Töne) heißen **Infraschall,** oberhalb (jenseits der höchsten Töne) →Ultraschall; Ultraschall mit Frequenzen über etwa 1 GHz (Gigahertz) heißt **Hyperschall.** S. im Frequenzbereich des menschl. Hörens heißt auch **Hörschall** (S. i. e. Sinn). Die Lehre vom S. ist die Akustik. Die Höhe eines Tons wächst mit der Schwingungszahl. Schallwellen können reflektiert und gebrochen werden; auch Beugung und Interferenz lassen sich unter geeigneten Bedingungen nachweisen. Wie bei allen Wellenvorgängen tritt auch der →Doppler-Effekt auf. Der S. breitet sich mit →Schallgeschwindigkeit aus. Auf einen festen Körper auftreffende Schallwellen üben auf diesen einen rasch wechselnden Druck aus, der mit geeichten Mikrophonen gemessen werden kann **(Schalldruck).** Gleichzeitig wird auf den Körper **Schallenergie** übertragen. Das menschliche Ohr vermag S. mit Energien von etwa 10^{-18} Joule erg noch wahrzunehmen (→Gehör 1). **schalldicht, schallsicher,** undurchlässig für Geräusche. *es* **schallt, 1)** tönt laut, hallt: *schallendes Gelächter.* **2)** ♉ meldet sich (Wild). *es* **schallt** *mir* **entgegen,** ein Klang oder Ruf dringt zu mir hin.

Schalla, H a n s , Regisseur und Theaterleiter, * Hamburg 1. 5. 1904, † Hamburg 21. 8. 1983, war 1949–72 Intendant des Schauspielhauses Bochum.

Schall|analyse, 1) Schallspektroskopie, Verfahren zur Bestimmung von Amplitude, Frequenz und Phase der rein sinusförmigen Teilschwingungen von Klängen und Geräuschen (→harmonische Analyse). Der Schall wird meist durch ein Mikrophon in eine elektr. Spannung umgewandelt, aus der dann durch elektr. Filter die einzelnen harmon. Schwingungen ausgesiebt und nacheinander **(Tonfrequenzspektrometer)** oder gleichzeitig **(Oktavsieb|analyse)** registriert und gemessen werden. Andere Verfahren benutzen Interferenz- und Beugungseffekte zur S. Die Aufzeichnung der Amplitude in Abhängigkeit von der Frequenz der Teilschwingungen ergibt das **Schallspektrum. 2)** Ⓢ von dem Germanisten E. Sievers ausgebildetes Verfahren zur Untersuchung der Sprachklänge mit Hilfe planmäßiger Beobachtungen des Stimmorgans und des gesamten Körpers. Die S. dient auch als Hilfsmittel der Textkritik.

Schall|aufzeichnung, Phonographie, 1) das Sichtbarmachen des zeitl. Verlaufs von Schallvorgängen (Schalldruck, Schallausbreitung, Frequenzspektrum) zu Untersuchungszwecken. Der Schall wird durch ein Mikrophon in ein elektr. Signal umgewandelt und dieses z. B. auf dem Bildschirm eines Oszilloskops angezeigt, photographisch registriert oder von einem Schreibwerk aufgezeichnet **(Phonogramm). 2)** Schallspeicherung zwecks späterer Wiedergabe (→magnetische Aufzeichnung, →Nadeltonverfahren, →Lichttonverfahren).

Schallbecher, Schalltrichter, Schallstück, die klangverstärkende Erweiterung der Röhrenenden von Blasinstrumenten.

Schalldämmung, →Dämmstoffe, →Lärm.

Schalldämpfer, bei Verbrennungsmotoren der Auspufftopf zur Verminderung des Auspuffgeräusches (→Auspuff).

Schalldruckpegel, Formelzeichen L_p, auf einen Bezugsschalldruck p_0 von $2 \cdot 10^{-5}$ Pa (Pascal) $= 2 \cdot 10^{-5}$ N/m² $= 2 \cdot 10^{-4}$ µbar bezogener Schalldruck p (→Schall) in Dezibel (dB), $L_p = 20 \lg (p/p_0)$ dB. Der Schalldruck p_0 wird auch als Hörschwelle des menschl. Ohres bezeichnet, er entspricht einem S. von 0 dB. (→Lärm, →Schallpegelmesser).

Schallern [ital. alata] *die, -/-,* mittelalterlicher →Helm.

Schallgeschwindigkeit, die Geschwindigkeit, mit der sich Schallwellen (→Schall) in einem Medium ausbreiten. In Gasen und Flüssigkeiten treten nur longitudinale Schwingungen auf, die sich als period. Druck- und Dichteänderungen bemerkbar machen und sich mit der für das Medium charakterist. S. ausbreiten. In festen Körpern entsprechen den Schallwellen Schwingungen der Gitterbausteine um ihre Ruhelage. Neben Kompressionswellen (Longitudinalschwingungen) sind auch Scherwellen (Transversalschwingungen) möglich. Der Wert der S. hängt von den Deformationseigenschaften des Ausbreitungsmediums ab und ändert sich insbes. in Gasen mit Druck, Dichte und Temperatur. In der Luft beträgt sie (bei 0°C) 331 m/s, im Wasser (bei 20°C) 1485 m/s, im Eisen 5170 m/s. In anisotropen Kristallen ändert sich die Größe der S. mit der Ausbreitungsrichtung. – Nach DIN beträgt die S. in 0 km Höhe 341,2 m/s; danach nimmt sie linear ab bis auf 11 km Höhe (295,8 m/s); zw. 11 und 20 km Höhe verläuft sie konstant und steigt bis auf 30 km Höhe linear an (303 m/s). In der Luftfahrttechnik wird die S. in Luft als Bezugsgeschwindigkeit zur dimensionslosen Angabe der Fluggeschwindigkeit (→Machzahl) schnellfliegender Flugzeuge verwendet (→Schallmauer, →Überschallflug).

Schallkörper, Schallkasten, Schallboden, schwingender Boden an Saiteninstrumenten.

Schallmauer, bildhafte Bez. für die bei Annäherung an die Schallgeschwindigkeit auftretende starke Zunahme des Luftwiderstands von Flugzeugen und Flugkörpern, die von Beeinträchtigungen des Auftriebs, der Stabilität und der Steuerbarkeit begleitet

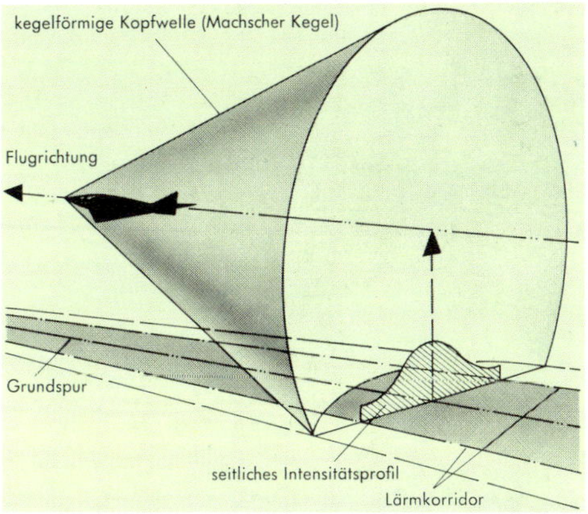

Schallmauer: Lärmteppich eines Überschallflugzeugs

wird; diese Geschwindigkeitsgrenze ist deshalb nur durch besondere Maßnahmen und Aufwendungen überwindbar. Durch die Verdrängungswirkung des mit Schall- oder Überschallgeschwindigkeit bewegten Körpers werden auf einer mit dem Körper mitbewegten kegelmantelförmigen Fläche (→Machscher Kegel) sprunghafte Druckänderungen (Verdichtungsstöße) verursacht, die bei Erreichen des Ohres eines am Boden befindlichen Beobachters als Knall wahrgenommen werden. Der Knall ist auf der Erde nur in einem Gebiet wahrnehmbar, das durch die Schnittlinie des Machschen Kegels mit der Erdoberfläche begrenzt wird **(Lärmteppich).** Durch die plötzl. Druckänderung beim ›Durchbrechen der S.‹ können Fensterscheiben bersten. Mit zunehmender Flughöhe wird ihre Wirkung am Boden geringer.

Schalloch, Öffnung in der Decke des Resonanzkörpers von Saiteninstrumenten zum Luftausgleich.

Schall|ortung, Standortbestimmung durch Geräuschpeilung, heute nur noch in der Schiffahrt angewendet; das von dem zu ortenden Fahrzeug ausgesandte Schraubengeräusch wird gepeilt. Durch Aufnahme eines am Objekt gleichzeitig ausgelösten Schall- und Licht- oder Funksignals sind mit Hilfe der Ausbreitungsgeschwindigkeit auch Richtung und Entfernung bestimmbar (→Echolot).

Schallpegelmesser, Schalldruckmesser, ein Gerät zum Messen des →Schalldruckpegels eines akust. Vorgangs, das aus Mikrophon, Verstärker und Anzeigeinstrument besteht. Das Mikrophon wandelt den Schall in eine seinem Druck proportionale Spannung um, die verstärkt einem Meßinstrument mit logarithm. Maßeinteilung zugeführt wird. Außerdem enthält ein S. mindestens eines von vier international festgelegten Bewertungsfiltern

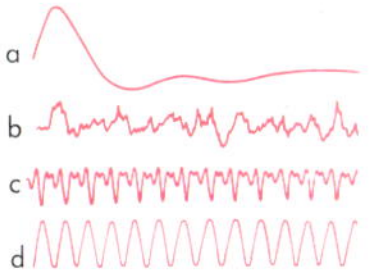

Schall: Druckschwankungen der Luft bei a Knallen, b Geräuschen, c Klängen, d Tönen

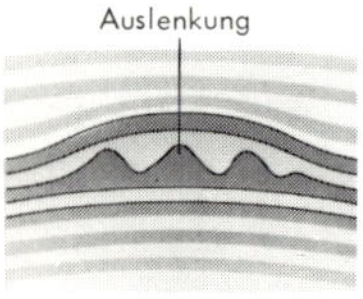

Schallplatte: Füllschriftverfahren

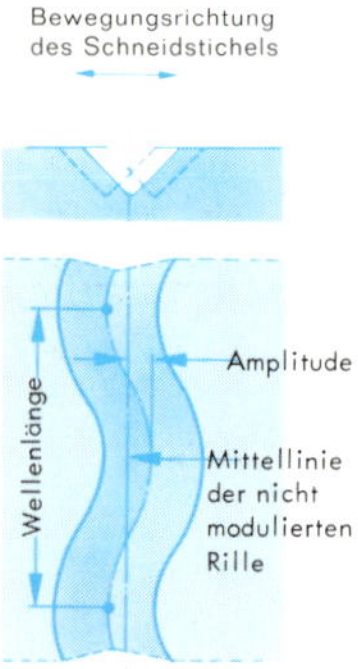

Schallplatte: Seitenschriftrille

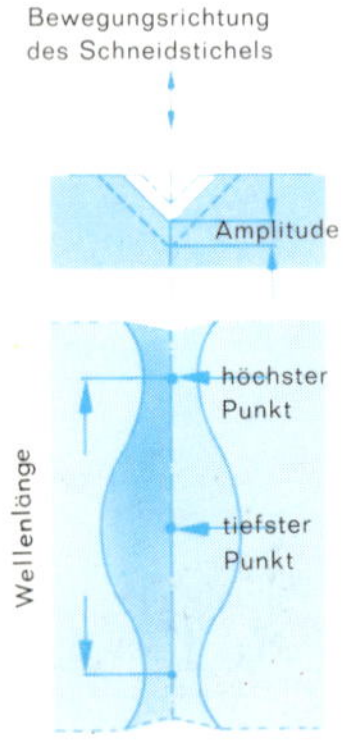

Schallplatte: Tiefenschriftrille

(A, B, C, D), von denen der Typ A am gebräuchlichsten ist. Angezeigt wird hier der bewertete Schalldruckpegel L in Dezibel (dB) mit Angabe des verwendeten Bewertungsfilters, z. B. L_A oder dB (A). Diese Frequenzbewertung ist erforderlich, um die Meßwerte der frequenzabhängigen Empfindlichkeit des menschl. Ohres anzugleichen, d. h. die tiefen und sehr hohen Töne werden gegenüber dem tatsächlich anliegenden physikal. Signal unterbewertet. (→ Lärm)

Schallplatte, kreisrunde Scheibe als Träger von Schallaufzeichnungen nach dem Nadeltonverfahren. Daneben sind digitale Tonträger (→ Compact Disc, Abk. CD) entwickelt worden, bei denen die Schallaufzeichnung nicht als analoge Schwingungszüge in den Tonträger eingebracht werden, sondern (nach entsprechender Umwandlung) als digitale Signale in Form von spiralig angeordneten, mikroskopisch kleinen Vertiefungen eingeprägt werden. Die Abtastung geschieht (z. B. optisch mit einem Laserstrahl) in einem speziellen Abspielgerät.

Zur Herstellung einer S. nach dem Nadeltonverfahren wird die Darbietung zunächst auf ein Magnettonband aufgenommen (→ magnetische Aufzeichnung) und, oft mit Abänderungen, mit einem → Plattenschneider auf eine Lackfolie (Metallplatte mit Kunstharzschicht) überspielt, wobei die Schallrillen eingraviert werden; die Schallfrequenz bestimmt die Periode der seitl. Auslenkung der Rille, die Lautstärke deren Amplitude. Beim **Mikro-Rillen-Verfahren** werden schmale, flache Rillen geschnitten, beim **Füllschriftverfahren** wird der Abstand der Rillen in Abhängigkeit von der Lautstärke und der Lage der Tonspur gesteuert. Die Folie wird dann mit einem Metallüberzug versehen, der in einem galvan. Bad verstärkt und anschließend von der Folie abgenommen wird. Diese erste Matrize dient zur Herstellung der eigtl. Preßmatrizen. Früher gebräuchliche S. mit normalen Rillen für 78 U/min bestehen aus Schellack mit Füllstoffen, heutige S. mit Mikro-Rillen für 45 U/min und für $33^{1}/_{3}$ U/min (Langspielplatten) aus einem homogenen Kunststoff auf Vinylgrundlage, wodurch das Rauschen vermindert und damit die Wiedergabe der hohen Frequenzen verbessert wird. Auf die beiden Seiten der S. werden die Matrizen mit einem Druck von etwa 100 bar unter Erhitzen mit Dampf gepreßt. Über das Abspielen von S. → Plattenspieler. Stereo-S. ermöglichen räumliches Hören. Die von 2 Mikrophonen aufgenommenen Darbietungen werden in eine Rille in 2 um 90° gegeneinander geneigten Richtungen eingeschnitten (Zweikomponentenschrift). Bei der Abtastung treibt die einzige Nadel des Spezialtonabnehmers 2 Systeme an. Bei Stereo-S. für Vier-Kanal-Stereophonie **(Quadrophonie)** ist eine Vierkomponentenschrift erforderlich. Über Träger von Bildaufzeichnungen → Bildplatte.

Rechtliches. Urheberrechtlich geschützte Werke dürfen auf S. nur mit Zustimmung des Berechtigten und der Künstler übertragen werden. Neben den → Urheberrechten sind die → Leistungsschutzrechte zu beachten. – Die S.-Industrie ist ein bed. Zweig der Phono-Ind. 1983 wurden in der Bundesrep. Dtl. 184 Mio. S. im Wert von 455,5 Mio. DM hergestellt.

Schallquant, das akustische → Phonon.

Schallschutz, Lärmschutz, → Lärm.

Schallsichtgerät, Gerät zur Materialprüfung mit Hilfe von Ultraschall. Das durch Bestrahlung des Objekts mit Ultraschall entstehende akust. Bild (Schallwellenfeld) wird in ein opt. Bild umgewandelt.

Schallspektrum, → Schallanalyse.

Schallück, Paul, Schriftst., * Warendorf (Westf.) 17. 6. 1922, † Köln 29. 2. 1976, setzte sich in seinen Romanen und Hörspielen mit der jüngsten dt. Vergangenheit auseinander.

HW: Ankunft null Uhr 12 (1953); Engelbert Reineke (1959).

Schallwellen, → Schall.

Schallwort, durch Lautnachahmung entstandenes Wort.

Schally [ʃ'ælı], Andrew Victor, amerikan. Physiologe, * Wilno (Polen) 30. 11. 1926, erhielt für Isolierung, Strukturaufklärung und Synthese von Peptidhormonen des Gehirns 1977 mit R. Guillemin und R. Yalow den Nobelpreis für Physiologie und Medizin.

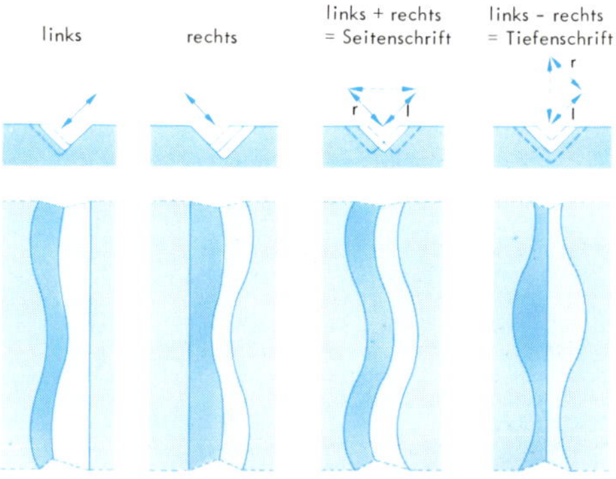

Schallplatte: Die vier Grundmöglichkeiten der Modulationsrichtungen bei der 45°-Stereoaufzeichnung

Schallplatte: OBEN LINKS Überspielen der Aufnahme vom Magnettonband auf die Lackfolie mit der Folienschneideapparatur. OBEN RECHTS Trennen der Galvanos. UNTEN Presse

Schälmaschine, **1)** Küchengerät zum Schälen von Kartoffeln und Obst. **2)** → Getreidereinigung. **3)** → Furnier.

Schalmei [mhd. schalmie, über altfrz. chalemie zu lat. calamus ›Rohr‹] *die, -/-en,* **1)** Sammelname für alle Typen von Rohrblattinstrumenten, also für Oboen und Klarinetten (BILD Blasinstrumente). **2)** ein Rohr des Dudelsacks. **3)** ein Zungenregister der Orgel.

Schalom, Shalom [hebr. ›Frieden‹], hebräische Begrüßungsformel, Friedensgruß.

Schalotte [frz. échalotte, n. der israel. Stadt Aschkelon] *die, -/-n,* **Aschlauch, Eschlauch, Allium ascalonicum,** die mildeste Zwiebelart; die Zwiebel besteht aus mehreren Teilzwiebeln; Gemüsepflanze. (BILD Gemüse)

Schalstein, grünlicher bis bräunlicher devon. Diabas- oder Keratophyr-Tuff(it) (→ Diabas), der sich schalig absondert.

Schalt|algebra, von C. E. Shannon erschlossenes Anwendungsgebiet der Booleschen Algebra zur rechnerischen Behandlung beim Entwurf und zur Beschreibung binärer Schaltungen, bes. für Anlagen zur digitalen Informationsverarbeitung. Die S. verknüpft die Variablen **(Schaltvariablen),** die nur die beiden möglichen Zustände ›1‹ oder ›0‹ annehmen können, nach logischen Regeln. Die prakt. Ausführung erfolgt in **Verknüpfungsgliedern (Gatter, logische Schaltungen),** deren Eingänge mit den Variablen beschaltet werden und die pneumatisch (z. B. über Ventile), mechanisch (z. B. über Hebel), bes. aber elektrisch durch elektron. Schaltkreise aufgebaut werden können. In der Elektronik sind die beiden Schaltzustände 1 und 0 gekennzeichnet durch das Vorhandensein oder Nichtvorhandensein einer Spannung oder eines Stroms. Die S. kennt 3 Grundformen der **Verknüpfungsfunktionen:** Die **Negation (NICHT-Verknüpfung, -Glied)** invertiert den Eingangssignalwert A, d. h., am Ausgang entsteht der Ausgangssignalwert $Q = \bar{A}$. Bei der **Konjunktion (UND-Verknüpfung, -Glied)** $Q = A \wedge B$ ist der Ausgangssignalwert dann gleich 1, wenn an allen Eingängen gleichzeitig der Signalwert 1 ansteht. Die **Disjunktion (ODER-Verknüpfung, -Glied)** $Q = A \vee B$ liefert den Ausgangssignalwert 1 immer dann, wenn mindestens ein Eingangssignalwert gleich 1 ist. Weitere wichtige Verknüpfungsfunktionen werden durch **NOR-** und **NAND-** sowie **EXOR-(Antivalenz-)** und **EX-NOR-(Äquivalenz-)Glieder** ausgeführt. (BILD S. 547)

Schalt|anlage, Anlage zur Verteilung elektr. Energie über Schalter, Transformatoren, Sammelschiene zu den Abnehmerleitungen.

schalten [ahd. scaltan ›stoßen‹, ›schieben‹, ›lenken‹]. *ich schalte,* **1)** ⚙ stelle eine Schaltung her, wechsle den Gang (Kraftfahrzeug). **2)** U begreife, verstehe, reagiere: *er hat schnell geschaltet.* **3)** *mit ihm, etwas,* herrsche, verfüge darüber: *in der Küche schaltet und waltet die Hausfrau.* **4)** *das Schiff,* führe gegen den

Strom. **5)** *es,* ⚡ verbinde oder löse einen elektr. Stromkreis. *ich* **schalte ab, 1)** *es,* ⚡ unterbreche einen Stromkreis, stelle ab, z. B. Licht, Radio. **2)** Ü höre nicht mehr zu, mache nicht mehr mit. *ich* **schalte** *es* **an,** setze in Gang (Maschine, Licht). *ich* **schalte aus, 1)** *es,* ⚡ unterbreche einen Stromkreis. **2)** *es, ihn,* Ü lasse nicht mitwirken, stelle kalt; berücksichtige nicht: *die Fehlerquelle muß ausgeschaltet werden. ich* **schalte ein, 1)** *es,* ⚡ verbinde einen Stromkreis, schalte an. **2)** *es,* Ü schiebe dazwischen: *ich s. eine Pause in die Arbeitszeit ein.* **3)** *ihn,* Ü lasse mitwirken: *Herr X. wurde in die Konferenz eingeschaltet.* **4)** *mich,* Ü mische mich ein, greife ein, z. B. in ein Gespräch, eine Verhandlung. *ich* **schalte gleich, 1)** *es,* ⚡ schalte auf gleiche Stromart. **2)** *es, ihn,* Ü vereinheitliche organisatorisch und geistig: *der Parteiapparat wurde gleichgeschaltet;* aber: *man muß gleich schalten,* sofort. *ich* **schalte** *es* **parallel,** ⚡ stelle eine Parallelschaltung her. *ich* **schalte um, 1)** *es,* verändere die Geschwindigkeit oder die Drehrichtung einer Maschine, eines Stromkreises. **2)** Ü stelle mich auf etwas anderes ein: *nach dem Urlaub kann ich nur schwer wieder auf Arbeit umschalten. die* **Schalte,** *-/-n, oberdt.:* **1)** Brett, Stange; Ruder, Schleusenbrett. **2)** Fährboot.

Schalter [zu schalten] *der, -s/-,* **1)** Gerät zum Verbinden oder Trennen von Stromwegen. Beim Einschalten oder Schließen werden zwei Kontakte zur Berührung gebracht, beim Ausschalten oder Öffnen wieder voneinander getrennt. Mehrpolige S. schalten gleichzeitig mehrere Stromleitungen. **Hand-** und **Fuß-S.** werden durch menschl. Kraft betätigt; **Fern-S.** z. B. durch Druckluft-, Motor- oder Magnetantrieb. **Tast-S.** gehen nach Wegbleiben der Betätigungskraft infolge einer Rückstellkraft (z. B. Schwerkraft) oder Feder wieder selbsttätig in ihre vorherige Schaltstellung zurück; **Schütze** sind Tast-S. mit elektromagnet. Kraftantrieb. Zum kontaktlosen Schalten verwendet man heute v. a. Halbleiterbauelemente (Transistoren, Thyristoren).

Installations-S. zum Einbau in fest verlegte Leitungen sind **Dreh-, Kipp-, Druckknopf-** und **Zug-S.** Der einfache **Aus-S.** dient nur zum Ein- und Ausschalten, der **Gruppen-S.** zum abwechselnden Schalten zweier Stromkreise, der **Serien-S.** zum stufenweisen Ein- und Ausschalten zweier Stromkreise, der **Wechsel-S.** zum unabhängigen Ein- und Ausschalten eines Stromkreises von zwei Stellen aus, der **Kreuz-S.** zum Schalten von beliebig vielen Stellen aus, ohne von der Stellung der anderen S. abhängig zu sein. Für höhere Stromstärken werden **Hebel-** und **Paket-S.** verwendet. **Befehls-** und **Steuer-S.** dienen zum Schalten und Steuern fernbetätigter Schaltgeräte und Apparate; zu ihnen gehört auch das → Relais 1). **Grenz-, Schutz-** und **Wächter-S.** schalten bei Über- oder Unterschreitung eines eingestellten Stromgrenzwertes (oder einer anderen physikalischen Meßgröße) selbsttätig ab.

Hochspannungs-Leistungs-S. (für Spannungen über 1000 Volt) werden gebaut als **Öl-, Druckluft-, Druckgas-, Freistrahl-** und **Hartgas-S., ölarmer** oder **Strömungs-S., Trenn-** und **Leistungs-Trenn-S.,** um die Entstehung eines Lichtbogens beim Unterbrechen der Schaltkontakte zu unterdrücken.

Schaltgetriebe, 1) → Sperrgetriebe zum schrittweisen Bewegen eines Abtriebsgliedes. Der während der Bewegungsphase vorhandene Zwanglauf ist in der Ruheperiode aufgehoben, so daß das Abtriebsglied durch ein Gesperre in seiner Ruhelage gesichert werden muß. Ausführung beispielsweise als Klinken- oder Malteserkreuzgetriebe. **2)** ein Rädergetriebe (→ Getriebe), bei dem durch einen Schaltvorgang die Kupplung zw. An- und Abtrieb geändert wird, z. B. bei Zahnradgetrieben durch Verschieben von Rädern, durch Betätigen formschlüssiger Klauenkupplungen im Stillstand und Synchronlauf (→ Kraftwagengetriebe). Kraftschlüssig arbeitende Kupplungen und Bremsen bei Umlaufrädergetrieben lassen sich bei Drehzahlunterschieden zw. den zu kuppelnden Teilen schalten.

Schal|tiere, Schnecken und Muscheln.

Schaltjahr, jedes 4. Jahr im → Kalender, an dem ein Tag (29. Februar, **Schalttag**) eingeschaltet wird (→ Jahr).

Schaltkreistechnik, 1) der technolog. Aufbau von Schaltungen, z. B. Relais-S., Fluidik-S., Halbleiter-S. Eine techn. Anwendung ist die → integrierte Schaltung. **2)** der funktionelle Aufbau digitaler Schaltungen aus den Schaltgliedern. Das Verknüpfungsglied (Gatter, log. Schaltung) liefert ein binäres Ausgangssignal, das eine Verknüpfung der Eingangsvariablen darstellt. Gleichartig aufgebaute Verknüpfungsglieder bilden eine **Schaltkreisfamilie.**

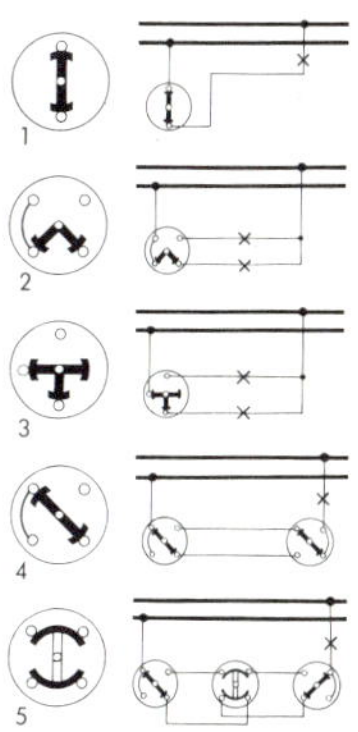

Schalter 1)

Schalter 1): S. und Schaltungen: **1** Ausschalter. **2** Gruppenschalter. **3** Serienschalter. **4** Wechselschalter. **5** Kreuzschalter. In den zugehörigen Schaltungen bedeuten x die Lichtquellen (Leuchten)

Schaltplan, Schaltbild, Schaltschema, zeichner. Darstellung der elektr. Schaltung einer Anlage oder eines Gerätes. Im S. sind alle für die Schaltung wichtigen Bauelemente und Leitungen in Form von genormten **Schaltzeichen** und **Schaltkurzzeichen** dargestellt (DIN 40700/1 u. a.). Der Übersichts-S. demonstriert meist nur die Funktionsweise der entsprechenden Schaltung. (BILD S. 548 und 549)

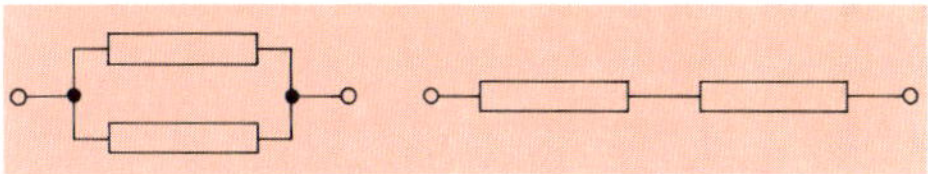

Schaltung 1):
LINKS Parallel-, RECHTS Reihen-S. zweier Widerstände

Schaltsekunden, zur Anpassung der bürgerl. an die astronom. Zeitmessung eingeschobene oder ausgelassene Sekunden, die durch kleine Schwankungen der Rotationsdauer der Erde entstehen.

Schalttafel, ⚡ Tafel zur Aufnahme der Meß- und Reguliergeräte, der Schaltgeräte, Sicherungen und der Verdrahtung. **Schaltpulte** sind schräg liegende Schalttafeln.

Schalt|tag, → Schaltjahr.

Schalt|uhren, Uhren mit Schalteinrichtungen zum selbsttätigen Schalten elektr. Stromkreise. Man unterscheidet: **Kurzzeit-S.** (Belichtungsuhr, Blinklichter, Treppenhausbeleuchtung, Küchenuhr); **Programm-S.** dienen zur Steuerung eines durch die Uhr zeitlich best. Programms (Maschinensteuerung, Waschmaschinen, Radio, Straßenbeleuchtung, Verkehrsampeln).

Schaltung *die, -/-en,* **1)** ⚡ a) das Betätigen eines → Schalters; b) die Anordnung der elektr. Verbindungen zw. den Bauelementen (Stromquellen, Widerständen, Kondensatoren, Induktivitäten, Transistoren, Röhren, Motoren, Transformatoren u. a.) in elektr. Anlagen oder Geräten (→ Dreieckschaltung, → Sternschaltung, → Reihenschaltung, → Parallelschaltung, → Kippschaltung, → gedruckte Schaltung, → integrierte Schaltung). Über Gruppen-, Serien-, Wechsel- und Kreuz-S. (z. B. bei der Raumbeleuchtung). **2)** 🚗 Bedienung und Anordnung der Gänge im Wechselgetriebe (→ Kraftwagengetriebe).

Schaltvariable, Variable der Booleschen Algebra in ihrer Anwendung bei der Schaltalgebra. Eine S. kann nur 2 mögliche Zustände annehmen, die in der Digitaltechnik durch Spannungs- oder Strompegel dargestellt werden (High-Low).

Schaltwarte, ⚡ in Großanlagen die zentrale Stelle (Kommandostelle), von der aus z. B. im Kraftwerk die Stromerzeugung sowohl technisch als auch betriebswirtschaftlich überwacht und gesteuert wird. In dem Hauptpult und an den Wänden der S. sind die dazu benötigten anzeigenden und schreibenden Meßgeräte, Zähler, Spannungsregler, Betätigungsschalter (auch für die Fernbetätigung der Leistungsschalter), Gefahrenmelder usw. untergebracht.

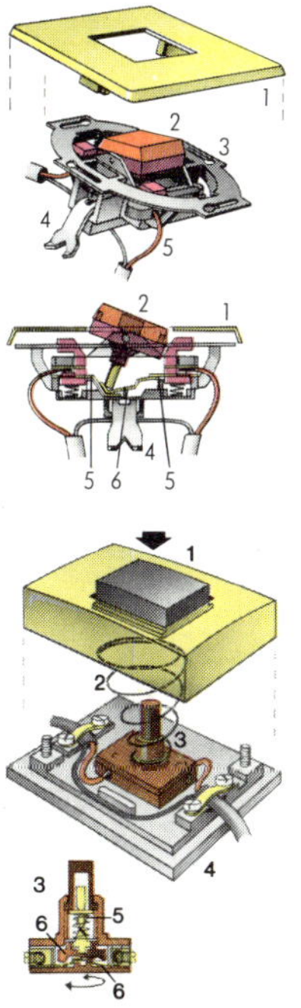

Schalter 1)

Schalter 1): OBEN Kippschalter; **1** Abdeckplatte, **2** Kipptaste, **3** Montagescheibe, **4** Spreizklaue, **5** Anschlußklammern, **6** Kontaktwippe. UNTEN Druckschalter; **1** Drucktaste und Gehäuse, **2** Spiralfeder, **3** Druckschalter, **4** Bodenplatte, **5** Drillstift und Feder, **6** Drehscheibe mit Noppen (und Kontaktspange)

Schaltalgebra

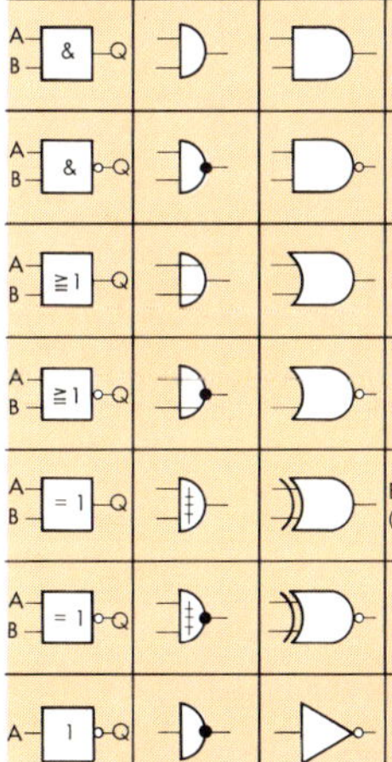

Neue Norm	Alte Norm	USA-Symbol	Benennung	Verknüpfungsgleichung
A, B – & – Q			UND-Verknüpfung (AND)	$Q = A \wedge B$
A, B – & – Q			NAND	$Q = \overline{A \wedge B}$
A, B – ≥1 – Q			ODER-Verknüpfung (OR)	$Q = A \vee B$
A, B – ≥1 – Q			NOR	$Q = \overline{A \vee B}$
A, B – =1 – Q			EXOR (Exklusiv ODER)	$Q = (\overline{A} \wedge B) \vee (A \wedge \overline{B})$
A, B – =1 – Q			EX-NOR (Exklusiv NOR)	$Q = (A \wedge B) \vee (\overline{A} \wedge \overline{B})$
A – 1 – Q			Negation (NICHT-Verknüpfung)	$Q = \overline{A}$

Erklärung der Zeichen:
∧ = und (Konjunktion); ∨ = oder (Disjunktion); ‾ über der Aussage = Negation der Aussage, z.B. $\overline{(A \vee B)}$ "nicht (A oder B)".

Schaltplan: Schaltzeichen

Schamadrossel

bracht. Zum klaren Überblick dient das Blind- oder Leuchtschaltbild, das eine schemat. Abbildung der Anlage ist und auf dem der jeweilige Schaltzustand erkennbar ist.

Schaltwerk, Digitaltechnik: eine Funktionseinheit aus Verknüpfungs- und Speichergliedern, in der vorgesehene (programmierte) Folgen von Schaltvorgängen ablaufen.

Schalung *die, -/-en,* Bautechnik: 1) Form aus Holz, Stahl oder Kunststoff zur Aufnahme von Beton bis zu dessen Erhärtung. Größere S. wird vom → Lehrgerüst unterstützt, dies entfällt bei **Gleit-S.** oder **Kletter-S.** Hierbei wird die formgebende S. abschnittweise mechanisch oder hydraulisch während des Betonierens hochgezogen. **S.-Steine** gestatten die Herstellung von Wänden, Stützen und Pfeilern. 2) Bretterbelag von Dachflächen zur Aufnahme der Dachhaut. 3) Bretterverkleidung **(Verschalung)** von Wänden.

Schaluppe [frz. chaloupe, zu niederländ. sluipen ›schlüpfen‹] *die, -/-n,* einmastiger Küstensegler.

Scham [ahd. scama] *die, -,* **1)** Ⓟ unlustbetonte Gefühlsreaktion, die von vegetativen Erscheinungen (Erröten, Herzklopfen, Zittern) begleitet sein kann und durch einen sozialen Kontext bedingt ist: zum einen durch das Eindringen anderer in die eigene Intimsphäre, zum anderen durch die Einsicht in ein tatsächl. oder vermeintl. Versagen (v. a. auch dessen Bekanntwerden) und dabei als Form des Minderwertigkeitsgefühls erlebt. Auftreten und Ausprägung sind außer von persönlichkeitsspezif. Momenten vom Wertsystem und von Norm- und Rollenvorstellungen einer sozialen Gruppe abhängig. **2)** die äußeren → Geschlechtsorgane, bes. die weibl. **3)** *oberdt.:* Scheu. *ich* **schäme** *mich dessen, über etwas, vor ihm, für ihn, daß es so ist,* fühle S., Bedrückung. **schamhaft,** züchtig, mit Gefühl für Sitte und Anstand. *Subst. die* **Schamhaftigkeit,** -. *das* **Schamgefühl,** *-(e)s.* **schämig,** *oberdt.:* schüchtern, scheu. **schamlos,** frech, ohne Scheu und Zurückhaltung. *Subst. die* **Schamlosigkeit,** -. *die* **Schamröte,** -, Erröten aus Scham.

Schanghai: Blick auf die Innenstadt

Schamadrossel [Hindi], **Kittacincla malabarica,** drosselartiger Singvogel in Indien; der Rücken des Männchens blauschwarz mit weißem Bürzel, Brust und Bauch sind rostbraun.

Schamaiten, Landschaft in Litauen (→ Samogitien).

Schamane [tungus.] *der, -n/-n,* kultische Person, die mit Geistern und den Seelen Verstorbener Verbindung aufnimmt. S. gibt es bes. bei Völkern Zentralasiens und Sibiriens, ferner bei Indianern, in Ozeanien und Südostasien. Nach dem Glauben seiner Anhänger sendet der S. seine Seele zu den Geistern aus oder wird von ihnen besessen. Seine Tätigkeit übt er bei Krankenheilungen, zur Abwehr von Unheil, bei Jagd- und Regenzauber aus. Zu seiner Ausrüstung gehören ein mit Glöckchen und klirrendem Metall behängtes Gewand und eine Handtrommel. Durch deren Klang, lang andauernden Tanz, auch Narkotika, versetzt er sich in Ekstase, um die Verbindung mit den Geistern zu erreichen. *der* **Schamanismus,** -, Glaube der Anhänger der S.

Schamasch, babylon. Sonnengott; Richtergott.

Schambein, Teil des Hüftbeins (→ Becken 5).

Schamberg, Mons veneris, → Geschlechtsorgane. **Schamhaare,** Haarwuchs um die äußeren Geschlechtsorgane. **Schamlippen,** → Geschlechtsorgane.

Schamir, M o s c h e, israel. Schriftst., * Safed 15. 9. 1921, bes. Theaterstücke, Jugend- und Kinderbücher.

Schamkapsel, die → Braguette.

Schammar, Djebel S., Dschebel Adja [-dʒ-], oasenreiches Granit-Bergland bei Hail, Saudi-Arabien, 1000–1500 m ü. M.

Schammes [von hebr. schammasch ›Diener‹] *der, -/-,* der Synagogendiener.

Schamoni, 1) P e t e r, Bruder von 2), Filmregisseur, * Berlin 27. 3. 1934; Filme: ›Schonzeit für Füchse‹ (1965), ›Potato-Fritz‹ (1975), ›Frühlingssinfonie‹ (1983).

2) U l r i c h, Bruder von 1), Filmregisseur, * Berlin 9. 11. 1939; Filme: ›Es‹ (1965), ›Das Traumhaus‹ (1980).

Schamotte [ital.] *die, -,* im Stück vorgebrannter Ton. Feuerfeste S.-Körnung wird zusammen mit feuerfestem Bindeton zu **S.-Steinen** verarbeitet. Zum Vermauern dient **S.-Mörtel.** Schmelztiegel für Buntmetalle bestehen aus S. mit Graphitzusatz. Nicht feuerfeste S. dient als → Magerungsmittel von Steinzeugmassen.

Schampus *der, -, österr.:* Champagner.

Schandau, Bad S., Stadt im Kr. Pirna, Bez. Dresden, (1973) 4200 Ew., im steilwandigen Engtal der Elbe, 125 m ü. M.; Kneippkurort und Mittelpunkt des Fremdenverkehrs im → Elbsandsteingebirge; Holz- und Sandsteinindustrie, Werft.

Schande [zu Scham] *die, -,* etwas, worüber man sich schämen muß, Schmach, Unehre: *zu meiner S. muß ich gestehen,* U es ist mir peinlich; aber → zuschanden. *ich* **schände, 1)** *sie,* mißbrauche sexuell, notzüchtige. **2)** *es,* entweihe, beflecke: *er hat sein Andenken geschändet.* **3)** *ihn, es,* verunstalte, verstümmele. *der* **Schänder,** *-s/-,* Mensch, der etwas oder jemanden geschändet hat. **Schandfleck,** Beschmutzung; sittl. Makel. **schändlich, 1)** unwürdig, Treue und Anstand verletzend, abscheulich, entehrend: *schändliche Lügen.* **2)** U viel, groß. *Subst. die* **Schändlichkeit,** *-/-en.* **Schandmal,** Zeichen verächtlicher Tat. **Schandmaul,** U **1)** loses, unverschämtes Mundwerk. **2)** Person, die unverschämte Reden führt. **Schandpfahl,** Pranger. **Schandtat, 1)** entehrende, verabscheuungswürdige Tat. **2)** U Unfug, Scherz: *ich bin zu jeder Schandtat bereit.*

Schan|deckel, Schan|deck, ⚓ auf Holzschiffen oder Booten der obere Abschluß der Bordwand.

Schandragupta, → Tschandragupta.

Schändung *die, -/-en,* ⚖ Entehrung durch körperl. An- oder Eingriff, z. B. Grab-, Kirchenschändung, bes. sexueller Mißbrauch einer Frau zum außerehelichen Beischlaf (→ Sittlichkeitsstraftaten).

Schanfigg *das,* Tal in Graubünden, Schweiz, von der Plessur durchflossen, 21 km lang; wichtigster Kurort: Arosa.

Schanghai, Shanghai [ʃæŋh'aɪ, engl.], amtl. chines. **Shang hai,** größte Ind.- und Hafenstadt Chinas, an der Grenze der Prov. Kiangsu und Chekiang, unweit der Jangtsekiang-Mündung am Huangpu, (1982) 11859748 Ew. – Nach 1949 wurde S. anfänglich vernachlässigt wegen seiner bisherigen Bedeutung als fremdes (europäisch-amerikan.) Wirtschaftszentrum, was sich auch im unchines. Baustil der die Altstadt umwuchernden Stadtteile ausdrückte. Heute ist S. jedoch wieder ein Schwerpunkt der chines. Wirtschaftsentwicklung. Neben ältere Ind. (Textilien, Nahrungsmittel) treten Chemie, Petrochemie, Maschinen-, Kraftfahrzeug-, Stahl-Ind., Schiffbau. S. entwickelte sich zum bedeutendsten Umschlagplatz Mittelchinas und ist durch Eisenbahnen und Kanäle mit dem Hinterland verbunden; es hat internat. Flughafen. Als Verlagsort und Sitz mehrerer Univ., Hochschulen u. a. Bildungseinrichtungen ist S. ein kultureller Mittelpunkt.

Geschichte. 1842 gehörte S., das sich im 12. Jh. zur Hafenstadt, aber erst im 19. Jh. zum wichtigen Umschlagplatz entwikkelte, zu den chines. Häfen, die nach dem Opiumkrieg dem europ. Handel geöffnet werden mußten. 1921 wurde hier die chines. KP gegr. Durch die Eroberung S.s (1927) schaltete die Kuo-min-tang die Kommunisten aus. 1932 und 1937 war die Stadt Schauplatz schwerer japanisch-chines. Kämpfe; 1937–45 von Japan besetzt. In den 60er Jahren war S. eines der Zentren der Kulturrevolution.

Schani [zu frz. Jean] *der, -(s)/-, österr.:* Kellner; guter Freund.

Schank [mhd.] *der, -(e)s/⁻̈e,* **1)** Verkaufsstelle alkohol. Getränke, Ausschank. **2)** *elsäss., hess.:* Schrank. **Schankerlaubnis, Schankgerechtigkeit, Schankkonzession,** behördl. Erlaubnis zum Ausschank von Getränken. **Schanktisch,** Theke zum Ausschenken von Getränken. **Schankwirt,** Gastwirt.

Schankara, ind. Philosoph, *788, †820, bed. Vertreter der Vedanta-Philosophie. Nach ihm hat allein der Allgeist, das Brahman, wahres Sein; alle Vielheit ist Schein.

Schanker [frz. von lat. cancer ›Krebs‹] *der, -s/-,* ein Geschwür, das infolge Ansteckung beim Geschlechtsverkehr meist auf Haut und Schleimhaut der äußeren Geschlechtsteile entsteht und die dadurch gekennzeichneten → Geschlechtskrankheiten. Der **harte S.** ist das erste Zeichen (Primäraffekt) der → Syphilis. Beim **weichen S. (Ulcus molle),** der durch das Bakterium Haemophilus ducreyi hervorgerufen wird, tritt einige Tage nach der Ansteckung ein weiches zackiges Geschwür auf; gewöhnlich entzünden sich dabei die Leistenlymphknoten und bilden schmerzhafte, oft in Eiterung übergehende Anschwellungen (Bubonen). Der weiche S. ist eine örtliche Erkrankung, die sich nie im Körper weiterverbreitet. Wenn zusätzlich noch Syphiliserreger übertragen worden sind **(gemischter S.),** tritt von der 3. Woche nach der Ansteckung an die für Syphilis kennzeichnende Verhärtung des Geschwürs ein. – Behandlung v. a. mit Tetracyclinen.

Schanstaat, Bundesstaat in O-Birma, 158222 km², (1979) 3,178 Mio. Ew. (meist Shan). Hauptstadt ist Taunggyi.

Schantungseide, Shantung [nach der chines. Prov. Shantung], grobe → Honanseide.

Schanze [mhd. ›Reisigbündel‹ (zum Schanzenbau)] *die, -/-n,* **1)** ⚔ Stützpunkt in Feldbefestigungen. **2)** auf Kriegsschiffen das Achterdeck. **3)** *hess.:* Korb. **4)** → Sprungschanze. **5)** [mhd. aus altfrz.] ☘ Glückswurf: *ich schlage mein Leben in die S.,* Ü setze es aufs Spiel. *ich* **schanze, 1)** baue Schanzen. **2)** U grabe, arbeite schwer. *ich* **schanze** *es ihm* **zu,** schiebe zu, U verhelfe ihm dazu. **Schanzentisch,** Absprungfläche auf einer Sprungschanze.

Schanzkleid, die feste Wand, die das freie Oberdeck eines Schiffes nach außen abschließt, i. Ggs. zur Reling.

Schanzzeug, ☘ **1)** zur Ausführung von Erd- und Holzarbeiten von den Truppen mitgeführtes Werkzeug (Spaten, Kreuzhakken, Äxte, Sägen usw.). **2)** *Soldatensprache:* Eßbesteck.

Schapel [frz.; mhd.] *das* oder *der, -s/-,* **Schappel,** kranzartiger Kopfputz für Frauen und Männer im MA. S. heißen auch die Jungfrauenkronen einiger süddt. Volkstrachten.

Schäpelitag [zu Schapel], *schweizer.:* Konfirmationstag.

Schaper, Edzard (Hellmuth), Schriftst., *Ostrowo (Posen) 30. 9. 1908, †Bern 29. 1. 1984. Thema seiner histor. und zeitgeschichtl. Erz. und Romane ist der Widerstreit zw. Freiheit und Gewalt, Glaube, Gewissen und Macht. 1951 wurde er katholisch.

HW: Die sterbende Kirche (1936); Der letzte Advent (1949); Die Freiheit des Gefangenen (1950), Die Macht der Ohnmächtigen (1951, beide Romane u. d. T. Macht und Freiheit, 1961); Attentat auf den Mächtigen (1957); Am Abend der Zeit (1970); Taurische Spiele (1971); Die Reise unter dem Abendstern (1976).

Schapp *der* oder *das, -s/-s, nd.:* Schaft, Schrank mit Doppeltür.

Schappe *die, -/-n,* **1)** ⚒ Bohrwerkzeug aus einem seitlich geschlitzten Stahlrohrstück mit schaufelförmig gebogener Schneide für flache Trockenbohrungen in Lockergesteinen. **2)** Textiltechnik: **Schappeseide,** Garn aus Rohseidenabfällen. Verspinnung **(S.-Spinnerei)** nach einem abgewandelten Kammgarnspinnverfahren.

Schapur, pers. Könige, → Sapor.

Schar [ahd.] *die, -/-en,* **1)** △ eine Menge von Punkten auf einer Kurve, Kurven auf einer Fläche oder Flächen im Raum, die jeweils durch eine Gleichung oder ein System von Gleichungen mit veränderlichen Parametern beschrieben werden. Sonderfälle sind z. B. → Büschel 2), → Bündel 3), → Netz 4). **2)** Menge, Gruppe, Abteilung von Personen: *die Menschen liefen in Scharen zusammen; eine S. Vögel,* Ψ über hundert. **3)** auch *das -(e)s/-e,* Hauptschneide am → Pflug. *ich* **schare** *sie um mich,* sammle sie: *wir scharen uns,* sammeln uns. **scharenweise,** in Scharen. **Scharwache,** reihum gehender Wachdienst.

Scharade [frz.] *die, -/-n,* ein Wort- und Silbenrätsel: das zu erratende Wort ist in Teile, meist Silben, zerlegt. Der Sinn der einzelnen Silben wird ebenso wie das ganze Wort umschreibend angedeutet, z. B.: 1. Silbe: ein männl. Vorname, 2. Silbe: eine Fleischspeise, das Ganze: eine kom. Theaterfigur (Hanswurst).

Scharbe [ahd.] *die, -/-n,* **1)** Vogel, → Kormorane. **2) Scharbenzunge,** Art der Schollen, → Plattfische.

Scharbeutz, Gem. im Kr. Ostholstein, Schlesw.-Holst., (1984) 11560 Ew., an der Lübecker Bucht; 1974 durch Zusammenschluß der Gem. Haffkrug-S. und Gleschendorf entstanden; Ostseeheilbad; Fremdenverkehr, Landwirtschaft, Gewerbebetriebe.

Scharbock *der, -s,* ☘ → Skorbut.

Scharbockskraut, Pflanzen, die wegen des Gehalts des frischen Krautes an Vitamin C früher gegen Skorbut verwendet wurden, so **Löffelkraut** und **Feigwurz (Ficaria verna** oder **Ranunculus ficaria).** Feigwurz ist ein Hahnenfußgewächs schattiger Waldränder, mit gelben Blüten und Ausläufern. Da die Pflanze sich durch weizenkornähnl. Brutknospen vermehrt, spricht der Volksmund von **Himmelsweizen, Himmelsbrot** oder **Erdgerste.**

Schärding, Bezirksstadt in OÖ, (1983) 5800 Ew., am Inn, gegenüber Neuhaus in Bayern; BezGer., Hauptzollamt; Granit-Ind., Brauereien, Molkereien, landwirtschaftl. Maschinenfabrik. S., seit dem 14. Jh. Stadt, gehörte bis 1779 zu Bayern. Maler. Stadtbild (Mauern, Türme, Tore, Bürgerhäuser, 16.–19. Jh.); Pfarrkirche (14. Jh., Umbau 1720–26).

Schardja, Sharjah [ʃ'ardʒə], Scheichtum der → Vereinigten Arabischen Emirate.

schären, schweifen, Weberei: eine bestimmte Anzahl von Kettfäden von den in einem Gestell **(Schärrahmen, Schärgatter)** aufgesteckten Spulen abziehen und in mehreren Fadenscharen **(Schärbänder)** gleicher Länge auf die waagerecht liegende Trommel einer **Schärmaschine** aufwickeln.

Schären [schwed. skär], *Sg. die* **Schäre,** -, kleine, buckelartige Felsinseln und -klippen, die in Schwärmen auftreten und als **Schärenhof** bes. der skandinav. Küste **(Schärenküste)** vorgelagert sind; entstanden durch Eindringen des Meer- oder Seewassers in die eiszeitlich geformte Rundhöckerlandschaft (→ Rundhöcker).

scharf [ahd.], schärfer, am schärfsten, **1)** schneidend, spitz, geschliffen: *das Messer ist s.; ich habe das Messer s. gemacht,* aber: *ich habe ihn scharfgemacht,* U aufgehetzt; *sie fechten mit scharfen Waffen; sie hat eine scharfe Zunge,* Ü ist angriffslustig. **2)** stark wirkend, beißend, ätzend, eisig kalt: *scharfe Getränke,* Schnäpse; *ein scharfer Wind.* **3)** Ü heftig, hart, kräftig aufs Ziel drängend: *ich mußte in einem scharfen Ton sprechen, mußte s. durchgreifen; ein scharfer Hund,* ein abgerichteter, bissiger; *ich bin s. auf etwas,* U will es haben. **4)** Ü ausgeprägt, klar, genau: *er hat ein scharfes Auge,* sieht sehr genau; *ein scharfer Verstand; laß mich einmal s. nachdenken. der* **Scharfblick,** *-(e)s,* schnellen und tiefen Einblick bewirkendes Erkenntnisvermögen. *Adj.* **scharfblickend.** *ich* **schärfe** *es,* **1)** spitze, schleife, kante spitz zu (Werkzeug, Messer). **2)** Ü verbessere, übe (Sinne): *durch den Aufenthalt in der Natur wurden seine Sinne geschärft.* **3)** schneide Leder am Rand dünner. **4)** G hehle, kaufe Diebesgut. *ich* **schärfe** *es* **auf,** Ψ schneide auf (Balg, Schwarte; bei Rotwild u. a.). *ich* **schärfe** *es ihm* **ein,** lege dringend ans Herz. *die* **Schärfe,** *-/-n,* **1)** guter Schliff, gute Schneidefähigkeit; die Schneide. **2)** Ätzkraft, Beigeschmack. **3)** Ü Heftigkeit, beißende Härte: *die Auseinandersetzung nahm an Schärfe immer mehr zu.* **4)** Ü Genauigkeit, durchdringende Klarheit: *die Schärfe seines Verstandes. der* **Schärfer,** *-s/-,* G Hehler. *der* **Scharfmacher,** *-s/-,* U jemand, der scharfe Maßregeln befürwortet oder andere Menschen aufhetzt. *der* **Scharfsinn,** *-(e)s,* die Gabe, schwierige Zusammenhänge zu durchschauen. *Adj.* **scharfsinnig.**

Scharf, Kurt, evang. Theologe, *Landsberg a. d. Warthe 21. 10. 1902, seit 1945 Präses und Propst, 1966–72 Bischof der noch ungeteilten Evang. Kirche in Berlin-Brandenburg; 1972–77 Landesbischof in Berlin-Brandenburg (Regionalsynode West). 1961–67 war er Ratsvorsitzender der Evang. Kirche in Dtl. (BILD S. 550)

Schärf, Adolf, österr. Politiker (SPÖ), *Nikolsburg (Mähren) 20. 4. 1890, †Wien 28. 2. 1965, war 1933–34 Mitgl. des Bundesrats, 1934, 1938 und 1944 in Haft, 1945–57 Vors. der SPÖ und Vizekanzler; 1957–65 Bundespräsident.

Scharf|abstimmung, automatische S., die Steuerung der Eigenfrequenz des Oszillators eines Überlagerungsempfängers in der Weise, daß die Zwischenfrequenz mit der Soll-Zwischenfrequenz übereinstimmt. Dazu wird mit einem Diskriminator eine von Richtung und Größe der Fehlabstimmung abhängige Regelspannung gewonnen, die z. B. über eine Kapazitätsdiode die Steuerung bewirkt.

Schärfentiefe, Tiefenschärfe, Optik: die Tiefe des Raumes vor und hinter der Gegenstandsebene, die durch ein opt. Gerät noch genügend scharf abgebildet wird. Exakt scharf erscheint nur der genau in der Einstellebene des Objektivs liegende Gegenstands-

Edzard Schaper

Drehstrom-Induktionsmaschine (Schaltkurzzeichen)

Motor mit Käfigläufer, Ständerwicklung in Sternschaltung (Schaltzeichen)

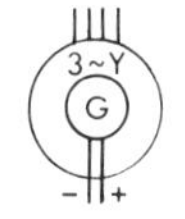

Drehstrom-Synchronmaschine (Schaltkurzzeichen)

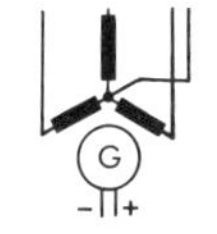

Generator, Ständerwicklung in Sternschaltung (Schaltzeichen)

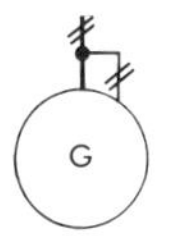

Gleichstrom-Nebenschlußmaschine (Schaltkurzzeichen)

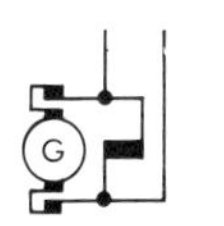

Generator, Wendepolwicklung symmetrisch zum Anker aufgeteilt (Schaltzeichen)

M statt G: Motor

Schaltplan: Schaltzeichen und Schaltkurzzeichen

Hans Bernhard Scharoun: Philharmonie Berlin, 1960–63

punkt, alle anderen Punkte werden mehr oder weniger unscharf abgebildet, d. h. sie erzeugen in der Bildebene Zerstreuungskreise. Je kleiner diese sind, desto schärfer erscheint die Abbildung (bei photograph. Aufnahmen durch die Korngröße des Filmmaterials begrenzt). Fügt man in den Strahlengang eine Blende zur Verengung des Lichtbündels ein, erhält man kleinere Zerstreuungskreise und damit einen größeren S.-Bereich. Auch eine Verringerung der Brennweite des Objektivs führt hierzu.

Scharff, Edwin, Bildhauer und Graphiker, * Neu-Ulm 21. 3. 1887, † Hamburg 18. 5. 1955, schuf in ausdrucksstark vereinfachten Formen Einzelfiguren, Porträts, Tierplastiken, Reliefs (Bronzetür der Klosterkirche Marienthal bei Wesel, 1945–49), graph. Arbeiten, Illustrationen.

Scharfrichter, die zur Vollstreckung von Todesstrafen bestellte Person. Seit dem 13. Jh. werden ständige, berufsmäßige S. in Dtl. erwähnt; sie waren gesellschaftlich und rechtlich zurückgesetzt und zu zunftartigen Genossenschaften zusammengeschlossen. In neuerer Zeit wurden sie im Dt. Reich von Fall zu Fall durch die Gerichtsbehörden verpflichtet.

Kurt Scharf

Scharfschütze, ⚔ bes. guter Schütze. Die S. haben vielfach Gewehre mit Zielfernrohren.

Scharhörn, Düneninsel im Wattenmeer in der Elbmündung, bis 4,1 km².

Schari, frz. **Chari** [ʃar'i] *der,* Fluß im nördl. Zentralafrika, entspringt mit dem Quellfluß Ouham auf dem Hochland von Adamaua und mündet nach über 1400 km in den Tschadsee.

Schariat Madari, Mohammed Kasim, iran. Geistlicher, * Täbris um 1905; wandte sich nach dem Umbruch von 1979 in Iran – im Ggs. zu Khomeini – gegen die direkte Teilhabe der schiit. Geistlichkeit an der Macht. Nach einer Kampagne radikal-islam. Kräfte gegen ihn wurde ihm der Titel eines Ayatollah entzogen.

Schari-Nil-Sprachen, Zweig der nilosaharan. Sprachen, gesprochen bes. in Sudan, NW-Uganda, NO-Zaire, im Tschad und in der Zentralafrikan Rep. Zu den S.-N.-S. zählen bes. die → nubischen Sprachen und die nilot. Sprachen (→ Niloten).

Scharka *die, -,* Viruskrankheit bei Steinobst, z. B. bei Zwetschgen und Aprikosen; meldepflichtig.

Gerhard von Scharnhorst
(aus einem Gemälde von F. Bury)

Scharlach [aus pers. säqirlat ›rote Farbe‹] *der, -s/-e,* **1)** ⊕ **S., Scharlachsalbei,** → Salbei. **2)** leuchtend roter Farbstoff. **3)** *ohne Pl.,* ⚕ **Scarlatina,** Infektionskrankheit, die durch hämolysierende Streptokokken hervorgerufen wird. S. wird durch Tröpfcheninfektion von Mensch zu Mensch übertragen, seltener durch Gegenstände oder Nahrungsmittel. Überstehen schützt i. d. R. nur vor schwerer Wiedererkrankung. S. befällt am häufigsten Kinder; er ist meldepflichtig. S. beginnt 2–7 Tage nach Ansteckung plötzlich mit hohem Fieber, Erbrechen und Angina. Die Halslymphknoten schwellen an. Die Zunge wird nach einigen Tagen hochrot mit stark hervortretenden Papillen (›Himbeerzunge‹). Nach 1–2 Tagen erscheint der Ausschlag: kleine, dichtstehende, rote Pünktchen, die aus der Entfernung betrachtet als gleichmäßige, scharlachrote Hautfärbung erscheinen. Das Fieber bleibt 3–4 Tage hoch und sinkt dann allmählich; gleichzeitig blaßt der Ausschlag ab. In der 2. Woche beginnt die Abschuppung. – Häufigste Nachkrankheiten sind: Nieren- und Mittelohrentzündung, akuter Gelenkrheumatismus, Herzmuskel- und Herzklappenentzündung. Ein bes. schwerer S. **(toxischer S.)** kann in 1–2 Tagen zum Tod führen. Heute überwiegen leichte bis mittelschwere Formen des S.

Behandlung: Penicillin; Bettruhe, ärztl. Überwachung, Isolierung zu Hause oder im Krankenhaus, Desinfektion.

Scharlachbeeren, volkstüml. Bez. der Kermesschildläuse.

Scharlatan [ital.] *der, -s/-e,* Marktschreier; Schwindler.

Scharm [frz.] *der, -s,* eingedeutscht für → Charme.

Scharm esch-Scheich, → Sinai.

Scharmützel [ital., aus schirmen] *das, -s/-,* ⚔ unbedeutendes Gefecht; Ü Plänkelei. *Vb. ich* **scharmütz(e)le.**

Scharmützelsee, märkischer See südlich von Fürstenwalde, 13,8 km² groß, bis 30 m tief.

Scharnhorst, Gerhard Johann David von (1802), preuß. General, * Bordenau (Hannover) 12. 11. 1755, † Prag 28. 6. 1813, seit 1807 Direktor des preuß. Kriegsdepartements, Chef des Generalstabes und Vorsitzender der militär. Reorganisationskommission, in der er mit Gneisenau zusammenarbeitete; seit 1808 Leiter des neugeschaffenen Kriegsministeriums, jedoch ohne daß er den Rang eines Kriegs-Min. erhielt. S. führte im Zusammenhang mit den Reformen Steins die Heeresreform durch und wurde der Schöpfer der im März 1813 eingeführten allg. Wehrpflicht. 1813 leitete er die Vorbereitungen zum Freiheitskrieg, wurde als Generalstabschef Blüchers bei Großgörschen (2. 5.) schwer verwundet und starb kurz darauf. – ›Handbuch für Offiziere‹, 3 Bde. (1781–90), ›Militär. Denkwürdigkeiten‹, 6 Bde. (1785–1806).

Scharnier [frz.] *das, -(e)s/-e,* ⚙ Gelenk aus 2 Platten mit eingerollten Ösen, in die ein Verbindungsstift gesteckt wird.

Scharnikel *der, -s/-,* Pflanze, → Sanikel.

Scharnitz, Fremdenverkehrsgem. in Tirol, Österreich, (1983) 1000 Ew., 964 m ü. M., an der Isar.

Scharoun [-r'un], Hans Bernhard, Architekt, * Bremen 20. 9. 1893, † Berlin 25. 11. 1972, war 1947–60 Prof. an der TU ebd., baute u. a. Einfamilienhäuser (Stuttgart, 1927), Siedlungsbauten (Breslau, 1929). S. erstrebte ein organ. Bauen (im Unterschied zum geometrisch gebundenen) und bevorzugte geschwungen gestaltete Baukörper und asymmetr. Lösungen (Wohnhäuser in Berlin und Stuttgart, 1954–61; Schule in Lünen, 1956–62; Philharmonie Berlin, 1960–63, Staatsbibliothek Berlin, 1967–78).

Schärpe [ahd.] *die, -/-n,* breites Band, meist über die rechte Schulter zur linken Hüfte oder quer um den Leib getragen, als militärisches Abzeichen aus der → Feldbinde entwickelt.

Scharpie [niederl. aus frz.] *die, -,* veraltetes Verbandmittel, das durch Zerzupfen von Leinwand gewonnen wird.

Scharrbilder, → Nazca.

Scharrelmann, Heinrich, Pädagoge, * Bremen 1. 12. 1871, † Ludwigshafen (Bodensee) 31. 8. 1940, Lehrer, Schulleiter und Schriftst., förderte bes. den Arbeits- und Gemeinschaftsschulgedanken.

scharren [ahd.]. *ich* **scharre,** kratze: *der Hund scharrt an der Tür. ich* **scharre** *es* **aus,** grabe aus. *ich* **scharre** *es, ihn* **ein,** vergrabe oberflächlich; verscharre.

scharrieren [zu frz. charrue ›Pflug‹]. *ich* **scharriere** *Steine,* schlage Riefen in die Oberfläche.

Scharte [ahd. scart ›zerschnitten‹] *die, -/-n,* **1)** Kerbe, unregelmäßiger Einschnitt, bes. Schaden oder Lücke in der Schneide: *ich wetze eine S. aus,* Ü mache einen Schaden wieder gut. **2)** 🌐 schmaler Einschnitt in einem Gebirgskamm. **3)** ⚔ Öffnung in Befestigungen für Gewehre, Maschinengewehre **(Schießscharte),** Geschütze **(Geschützscharte)** oder zur Beobachtung des Gegners **(Beobachtungsscharte),** bei Kampfwagen auch mit Panzerglas. **4)** *der* **Schärtling,** *-s/-e,* ⊕ versch. Pflanzen, z. T. mit schartig gekerbten Blättern (vgl. unten). **5)** ⚕ **Hasenscharte,** → Gaumenspalte. *Adj.* **schartig.**

⊕ **1) Serratula,** Korbblüter-Gatt. Hierzu: **Färber-S. (Serratula tinctoria, Sichel-, Gelb-, Gilbkraut),** Staude mit einfachen länglichen und leierförmig-fiederspaltigen, gezähnelten Blättern und meist purpurroten Blütenkörbchen, in lichten Gehölzen, auf Matten Europas, Sibiriens, Nordafrikas. **2) Schärtling, Saussurea,** Korbblüter-Gatt., Hochgebirgsstauden, meist filzig. Hierzu: **Alpen-S. (Saussurea alpina),** bis 0,4 m hoch, mit schmalen, gezähnten Blättern und rotvioletten, trugdoldig angeordneten Blütenkörbchen, auf steinigen Matten der Alpen, der Karpaten, West- und Nordeuropas sowie der Arktis.

Scharteke [von lat. charta] *die, -/-n,* wertloses, altes Buch: *eine alte S.,* U verächtlich: ältliche Frau.

Scharwenzel [aus tschech.] *der, -s/-,* **1)** Bube im Kartenspiel. **2)** Allerweltsdiener. *ich* **scharwenz(e)le** *um ihn* **(herum),** U bin übereifrig um ihn bemüht, tue diensteifrig.

Schasar, Salman, israel. Politiker (Mapai), * Mir (Distrikt Minsk) 6. 10. 1889, † Jerusalem 5. 10. 1974; seit 1924 in Palästina, dort einer der Organisatoren der Gewerkschaftsorganisation Histadrut, war nach Gründung des Staates Israel dort Erziehungs-Min. (1949–50; Aufbau des Erziehungswesens) und Staatspräs. (1963–73).

Schaschi, chines. Stadt, → Shashi.

Schaschlik [türk.] *der,* auch *das, -s/-s,* (über Holzkohlenfeuer) am Spieß gebratene Fleischstückchen mit Speck, Zwiebeln, Paprikastückchen u. a.

Schäßburg, rumän. **Sighişoara** [sigiʃo'ara], ungar. **Segesvár** [ʃ'εgεʃva:r], Stadt in Siebenbürgen, Rumänien, (1982) 35 400 Ew., an der Großen Kokel; Herstellung von Textilien, Konfektion, Fayencen, Möbeln u. a. – S. ist einer der Mittelpunkte der Siebenbürger Sachsen, gegr. um 1200. Befestigte Unter- und Oberstadt mit Uhrturm (14. Jh.), got. Kirche des ehem. Dominikanerklosters und Bergkirche (um 1484 vollendet).

schassen [frz.]. *ich* **schasse** *ihn,* U jage fort, verweise.

Schatt el-Arab [arab. ›Araberstrom‹] *der,* der vereinigte Unterlauf von Euphrat und Tigris, mündet in den Pers. Golf.

Schatten [ahd.] *der, -s/-,* **1)** der dunkle Raum hinter einem beleuchteten undurchsichtigen Körper. Bei der Beleuchtung eines Körpers durch eine größere Lichtquelle entstehen **Kern-** (der Raum, in den kein Licht fällt) und **Halbschatten** (das Gebiet, in das von Teilen der Lichtquelle Licht einfällt; → Sonnenfinsternis, → Mondfinsternis). Im Volksglauben gilt der S. als Wesensteil eines Menschen oder einer Sache, als Seele oder Lebenskraft: *er folgt ihm wie sein S.,* auf Schritt und Tritt; *mit seiner Leistung stellt er ihn weit in den S.,* Ü übertrifft ihn; *er kann nicht über seinen S. springen,* Ü kann nicht gegen seine Veranlagung an; *das wirft einen S. auf seine Vergangenheit,* Ü einen Makel. **2)** Ü fast unwirkliches, blasses Bild; Anhauch; Spur, Anzeichen: *er war nur noch ein S. seiner selbst; auch nicht der S. eines Beweises konnte erbracht werden,* gar nichts. **3)** leicht gedunkelte Stelle: *S. unter den Augen.* **4)** nach altgrch. Vorstellung: abgeschiedene Seele: *Reich der S.,* P Totenreich. **5)** Ⓟⓢ nach C. G. Jung: Zusammenfassung der dem bewußten Erleben verborgenen Seiten der eigenen Person. *ich* **schatte** *es* **ab, 1)** schütze vor Licht, Sonne. **2)** schattiere es. **Schattendasein,** Ü ein verborgenes oder unbeachtetes Dasein. **Schattenseite,** die dem Licht abgekehrte Seite; Ü die nachteilig wirkende Seite einer Sache. **schattenhaft,** unwirklich, geisterhaft. **schattig, 1)** geschützt vor grellem Licht. **2)** S. gebend: *ein schattiger Wald.*

Schattenbild, Schattenriß, eine schwarz ausgefüllte Umrißzeichnung, eine Darstellungsart, die aus dem in Ostasien heimischen → Schattenspiel entstand. In Europa kam kurz nach Mitte des 18. Jh. das Schattenrißbildnis auf, das man **Silhouette** [-lu'εtə] nannte (nach dem frz. Finanzmin. E. de Silhouette, dessen Sparmaßnahmen der niedrige Preis des S. entsprach). Man zog den Umriß des von der Profilansicht auf eine Fläche geworfenen Schattens nach und tuschte die dann meist verkleinerte Zeichnung schwarz aus oder schnitt sie in schwarzem Papier nach. Die Bildnissilhouette war bes. im Goethe-Kreis beliebt. Im 19. Jh. stellte man auch Pflanzen, Tiere und genrehafte Szenen als S. dar (Ph. O. Runge, M. v. Schwind, F. v. Pocci, P. Konewka u. a.). Dem S. verwandt ist der **Scherenschnitt,** bei dem die Darstellung aus Papier oder ähnl. Stoff ausgeschnitten und auf einer andersfarbigen Unterlage befestigt wird (Volks- und Jagdszenen von RWHUS, Rudolf Wilhelm Herr uf Stubenberg, 1653/54 u. a.).

Schattenblume, Maianthemum, Gatt. der Liliengewächse mit der Art **Maianthemum bifolium** in schattigen Laubwäldern. (BILD S. 552)

Schattenboxen, Boxübung, bes. zur Förderung der Atem- und Beintechnik, gegen einen nur gedachten Gegner.

Schattenkabinett, im parlamentar. System ein für den Fall eines Regierungswechsels gebildetes Gremium (oft nur eine Namensliste) der stärksten Oppositionspartei, in dem die mutmaßl. Minister eines Kabinetts, das die Opposition zu bilden gedenkt, zusammengefaßt sind. Es besteht jedoch bei Regierungswechsel keine Verpflichtung, die Mitgl. des S. in die Reg. aufzunehmen. Ein S. hat keine offiziellen Funktionen. Der Ursprung des S., der in der engl. Parlamentsgeschichte liegt, läßt sich zeitlich nicht genau bestimmen. In einem über ein Jahrhundert andauernden Prozeß bildete sich seit dem Regierungsantritt der Könige aus dem Hause Hannover eine neue, organisierte, rechtlich anerkannte Form der parlamentar. Opposition (›His Majesty's Opposition‹) heraus.

Schattenmaskenröhre, Lochmaskenröhre, Elektronenstrahlröhre zur farbigen Fernsehbildwiedergabe (→ Fernsehen).

Schattenmorelle, eine Sauerkirschsorte.

Schattenpflanzen, Schwachlichtpflanzen, Pflanzen, die auch bei geringer Lichtmenge ausreichend assimilieren; z. B. Sauerklee im Fichtenwald.

Schattenriß, → Schattenbild.

Schattenspiel, eine kult- oder theaterähnl. Aufführung, bei der Schatten von Bildscheiben oder von Figuren aus Leder, Pergament, Papier, Holz oder anderen Werkstoffen, aber auch Menschenschatten oder Schatten von Händen, mit Hilfe einer Lichtquelle auf einen Schirm projiziert werden.

Das S. war in den versch. Kulturen und Religionsbereichen Asiens, des Orients und Nordafrikas verbreitet. Urform und Urheimat des S. dürften in China liegen. Die große, bis 2 m hohe Bildscheibe als Ausgangsform des S. hat sich in Thailand bis in das 19. Jh. erhalten. In Ägypten läßt sich das S. seit dem 12. Jh. n. Chr. nachweisen. Bunte, teilbewegl. Figuren als Vorstufe der vollbewegl. Figur finden sich auf Java und Bali (Wajang) mit Ausstrahlung nach Malaysia und Südindien. Das türk. S. (Karagös) wurde über die Seidenstraße von China aus vergröbert übernommen. In Europa ist das S. seit dem 18. Jh. bekannt und wurde von den Romantikern gepflegt.

Schattenwirtschaft, ›inoffizielle‹ Wirtschaftstätigkeit, die i. w. S. alle Tätigkeiten außerhalb der Sozialproduktberechnung, also neben illegalen Transaktionen auch Hausarbeit, Eigenfertigung und Selbstversorgung, umfaßt. I. e. S. ist der Begriff S. eng mit der Steuerhinterziehung verbunden, wenn eine illegale, nicht steuerlich deklarierte Tätigkeit verrichtet wird (z. B. Herstellung von Drogen) oder für eine legale Tätigkeit keine oder zuwenig Steuern abgeführt werden (z. B. → Schwarzarbeit).

Schattierung *die, -/-en,* **1)** Zeichnung von Schatten. **2)** Abschattung, Abstufung. *ich* **schattiere,** zeichne Schatten ein, töne ab.

Schatulle [zu Schachtel, über mlat. scatula] *die, -/-n,* **1)** Kästchen; Behältnis, bes. für Kostbarkeiten. **2)** fürstl. Privatkasse. **Schatullgut,** das landesfürstl. Privatvermögen im Unterschied zur → Domäne 1).

Schatz [ahd. ›Geld‹] *der, -es/⸚e,* **1)** kostbarer Besitz: *ein S. von Wissen,* Ü Fülle, Reichtum; *sie entdecken, heben, graben einen S.* **2)** ⚖ Sache, die so lange verborgen gelegen hat, daß ihr Eigentümer nicht mehr zu ermitteln ist; unterscheidet sich vom Fund durch die

Schattenbild: OBEN Goethe und Fritz von Stein (1783), UNTEN Drache (chines. Scherenschnitt)

Schattenspiel: LINKS chines. Schemenfigur, Szetschuan; MITTE siames. Schattenfigur; RECHTS türk. Schemenfigur ›Karagös‹

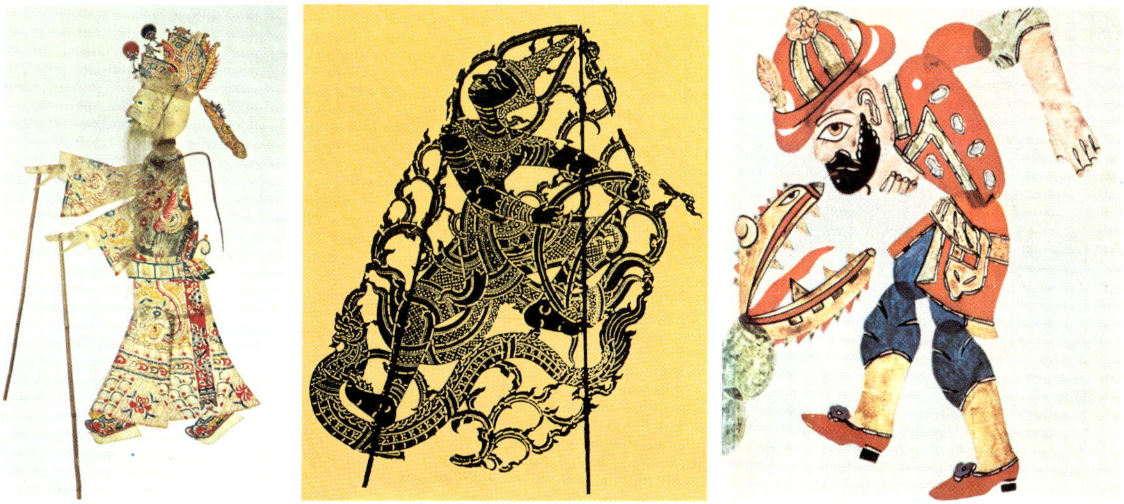

Schattenblume

Länge der bis zum Auffinden verstrichenen Zeit. Der S. gehört zur Hälfte dem Entdecker, zur Hälfte dem Eigentümer der Sache, in der der S. verborgen war (§ 984 BGB). Landesrechtlich ist der Fund von Bodenaltertümern z. T. abweichend geregelt. **3)** Geliebte, Geliebter. **4)** ♧ Steuer, Abgabe. *ich* **schatze** *ihn,* ♧ besteuere; strafe. *Subst. die* **Schatzung,** *-/-en. der* **Schatzgräber,** *-s/-,* jemand, der vergrabene Schätze sucht. **Schatzmeister,** Kassenverwalter.

Schatz|anweisung, kurz- und mittelfristige Schuldverschreibungen öffentl. Gebietskörperschaften und Institutionen (in der Bundesrep. Dtl.: Bund, Länder, Bundesbahn, Bundespost). S. werden heute als **unverzinsl. S.** (›U-Schätze‹) ausgegeben, d. h. der Ausgabekurs liegt unter dem Rückzahlungsbetrag, wobei die Differenz (›Abgabesatz‹) die Zinsvergütung für die Laufzeit (6–24 Monate) darstellt. Daneben werden die kürzerfristigen **Schatzwechsel** ausgegeben. Sie sind Solawechsel, werden über feste Beträge ausgestellt und von der Bundesbank unter Abzug des Diskonts bis zur Rückzahlung (Abgabesatz) abgegeben. Übl. Laufzeit sind 90 Tage. Die Einlösung, ggf. der Rückkauf, erfolgt durch die Bundesbank zu Lasten des Ausstellers.

Beide Typen von Staatstiteln sind **Geldmarktpapiere** und dienen der kurzfristigen Beschaffung von Mitteln für den Aussteller (›schwebende Schuld‹), zugleich aber der Steuerung des Geldvolumens und der Liquidität der Kreditinstitute. Durch Veränderung der Abgabe - ggf. Rückkaufsätze - kann die Bundesbank die Nachfrage nach diesen Geldmarktpapieren beeinflussen. Die **verzinsl. S.** sind demgegenüber mittelfristige Papiere; sie sind wie Anleihestücke mit Zinsscheinen ausgestattet und werden börsenmäßig gehandelt. Hierzu gehören seit 1969 die **Bundesschatzbriefe** mit einem in der Laufzeit steigenden Zinsertrag und einer Verkäuflichkeit zum Nennwert frühestens nach Ablauf des ersten Jahres.

schätzen [von Schatz]. *ich* **schätze** *es, ihn,* **1)** veranschlage seine Ausdehnung, seinen Wert, berechne ungefähr: *ich schätze die Entfernung auf 10 km; ich schätze den Schaden auf 1 000 DM; ich schätze ihn (sein Alter) auf 45 Jahre.* **2)** halte für wertvoll, achte hoch, verehre: *ich schätze ihn, seine Arbeitskraft; er ist ein geschätzter Mitarbeiter; ich lerne es schätzen, habe es schätzengelernt.* **3)** halte dafür, meine, vermute: *ich schätze, daß das Buch in 8 Wochen fertig ist. ich* **schätze** *es* **ab,** veranschlage, bewerte. *ich* **schätze** *es, ihn für etwas* **ein,** halte dafür; bewerte: *ich hatte ihn richtig eingeschätzt. ich* **schätze** *ihn, es* **gering,** achte wenig: *er wird allgemein geringgeschätzt,* aber: *das Haus wurde gering geschätzt,* niedrig veranschlagt. *ich* **schätze** *ihn, es* **hoch,** achte, verehre: *ein hochgeschätzter Wissenschaftler,* aber: *sie hat den Preis zu hoch geschätzt. ich* **schätze** *ihn, es* **wert,** achte hoch. *der* **Schätzer,** *-s/-,* **1)** jemand, der einen Wert schätzt, veranschlagt. **2)** *österr.:* Schiedsrichter. *die* **Schätzung,** *-/-en,* **1)** Verfahren der Statistik zur annähernden Bestimmung einer Größe auf der Grundlage vorhandener, genauer Zahlenangaben, Schätzung der Bev.-Entwicklung, des Volkseinkommens u. a. (→ Methode der kleinsten Quadrate). **2)** Hochachtung, achtungsvolle Liebe, Anerkennung, Ansehen: *er erfreute sich allgemeiner Schätzung.* **3) Steuerschätzung,** a) **individuelle:** Festsetzung der Besteuerungsgrundlage einzelner Steuerpflichtiger durch das Finanzamt, b) **gesamtwirtschaftliche:** Bestimmung des voraussichtl. Steueraufkommens. **4)** B Volkszählung. **schätzungsweise,** vermutlich, ungefähr.

Schatzkanzler, → Chancellor.

Schätzungswert, Schätzwert, Taxwert, der Wert, der durch Schätzung, nötigenfalls durch Sachverständige, ermittelt wird. Er ist bes. wichtig im Grundstücksverkehr, Versicherungswesen und Steuerrecht.

Schatzwechsel, → Schatzanweisung.

Schau [mhd.; verwandt mit sehen] *die, -/-en,* **1)** *ohne Pl.,* Betrachtung, Überblick: *aus der S. des Dichters,* aus dem Blickwinkel. **2)** Darbietung, Ausstellung: *ich stelle etwas zur S.,* zeige öffentlich; *Blumenschau; Modenschau; das Schauturnen.* **3)** → Wesensschau. **4)** U Ereignis, großer Auftritt: *wir haben gestern eine tolle S. abgezogen,* etwas Außergewöhnliches veranstaltet; *er hat mir die S. gestohlen,* hat mich um die mir zustehende Anerkennung und Beachtung gebracht. **Schaubühne,** ♧ Bühne, Theater. *ich* **schaue, 1)** P sehe: *er hat dem Tod schon mehrere Male ins Auge geschaut,* er ist dem Tod nur knapp entronnen. **2)** *ihn, es,* P erlebe, sehe in der Vorstellung: *der Dichter hat seinen Helden geschaut.* **3)** *bes. süddt.:* sehe: *schau mal!,* sieh mal her! **4)** *nach ihm,* kümmere mich um ihn. *ich* **schaue** *ihn, es* **an,** sehe an, betrachte. *ich* **schaue aus, 1)** *nach ihm,* suche zu erspähen, halte Ausschau: *er schaute vergeblich nach dem Freund aus.* **2)** sehe aus: *er schaut recht elend aus. ich* **schaue** *freundlich, grimmig* **drein,** mache ein freundl., grimmiges Gesicht. *ich* **schaue heraus, 1)** sehe nach außen. **2)** *da(bei) schaut nichts heraus,* das lohnt sich nicht, wirft nichts ab. *ich* **schaue zu, 1)** *(ihm),* betrachte, verfolge mit Anteilnahme: *er hat mir bei der Arbeit zugeschaut.* **2)** *daß, ob es eintrifft,* warte. **Schauhaus,** die Leichenhalle. *die* **Schaulust,** -, Freude am Zuschauen, Neugier. *Adj.* **schaulustig.** *der, die* **Schaulustige,** *-n/-n, ein -r, eine -,* jemand, der schaulustig ist. **Schaupackung,** eine Warenpackung ohne Inhalt, bes. für Schaufensterdekorationen; Attrappe. **Schauplatz,** ein Ort, an dem sich ein Geschehen abspielt. **Schaustück,** bemerkenswertes Ausstellungsstück, Prunkstück einer Sammlung.

Schaub [mhd.] *der, -(e)s/⸗e* und bei Mengenangaben -, *oberdt.:* Strohbündel, Garbe.

Schaube [mhd. aus arab.] *die, -/-n,* vorn offener, weiter Überrock mit breitem Pelzkragen und weiten faltigen Ärmeln, in der männl. Tracht des 16. Jh. üblich. (BILD Kleidung)

Schaubild, das → Diagramm.

Schau|brote, bei den Juden die 12 Opferbrote auf dem **Schaubrottisch** im Tempel.

Schauder [mnd., verwandt mit schütten] *der, -s/-,* Erzittern, Erbeben vor Grauen, Abscheu, Ehrfurcht oder Kälte: *mich überlief, erfaßte ein S. ich* **schaud(e)re, 1)** empfinde S. **2)** *mir* oder *mich schaudert (vor ihm, etwas),* es überläuft mich kalt; mich packt Ekel, Grauen, Abscheu. *ich* **schaud(e)re** *vor ihm, etwas* **zurück** (bin zurückgeschaudert), ziehe mich voll Schrecken oder Ekel zurück. **schauderhaft, 1)** abscheulich, abstoßend, grauenerregend: *ein schauderhaftes Verbrechen.* **2)** U sehr schlecht, sehr: *ein schauderhaftes Wetter; ich friere schauderhaft.*

Schaudinn, Fritz Richard, Zoologe, * Röseningken (Ostpr.) 19. 9. 1871, † Hamburg 22. 6. 1906, entdeckte den Erreger der Syphilis (mit E. Hoffmann) und der Amöbenruhr.

Schauenburg, ehem. Gfsch., → Schaumburg.

Schauer [ahd. scur] *der, -s/-,* **1)** Frösteln: *Kälteschauer.* **2)** Gruseln, Angstgefühl; ehrfürchtige Scheu. **3)** Meteorologie: räumlich begrenzter, kurzer, heftiger Niederschlag (Regen-, Schnee-, Hagelschauer). **4)** *oberdt.:* Schüttelfrost. **5)** ⊠ Erscheinung der kosmischen Höhenstrahlung, bei der kurzzeitig die Zahl der energiereichen Elementarteilchen stark zunimmt (→ Kaskadenschauer). *ich* **schau(e)re, 1)** fröstele, zittere. **2)** *mir* oder *mich schauert (vor ihm, etwas),* ich habe Angst, Ehrfurcht. **3)** *es schauert,* regnet kurz und heftig. **schauerlich, schaurig, 1)** Schauder hervorrufend. **2)** U unangenehm, schlecht, sehr. **Schauerroman,** gruseliger, literarisch minderwertiger Roman.

Schauermann [niederl. sjouwerman ›Tagelöhner‹] *der, -(e)s/ ...leute,* Hafenarbeiter, der Schiffe be- und entlädt.

Schaufel [ahd., zu schieben] *die, -/-n,* **1)** Handwerkszeug mit eisernem oder hölzernem Blatt an einem Holzstiel zum Aufnehmen und Forttragen von Materialien. **2)** bei Strömungsmaschinen zylindrisch oder räumlich gekrümmte, blattähnliche Teile des → Laufrades oder des → Leitrades. **3)** Ψ schaufelartige Verbreiterung des oberen Stangenteils älterer Elch- und Damhirsche; auch der Stoß (Schwanz) des Auerhahns. **4)** ♁ Ersatzschneidezahn (Rind, Schaf). **5)** *oberdt.:* Spaten. **6)** *oberdt.:* Schulterblatt. *ich* **schauf(e)le, 1)** arbeite mit einer S. **2)** *es,* grabe: *er hat sich sein eigenes Grab geschaufelt,* U trägt an seinem Mißerfolg oder Unglück selbst Schuld. *der* **Schaufler,** *-s/-,* Ψ Elch, Damhirsch.

Schäufelein, Hans, Maler und Holzschnittzeichner, * Augsburg um 1480/85, † Nördlingen 1538/40, dort seit 1515 tätig, schuf unter dem Einfluß Dürers Altarbilder, ferner zahlreiche Holzschnitte (Theuerdank, Weißkunig).

Schaufellader *der, -s/-,* Lade- und Erdbewegungsgerät für Schüttgüter mit luftbereiftem Vierradfahrgestell oder Raupenfahrwerk, Verbrennungsmotor, Fahrersitz, Schaufel, die hydraulisch gehoben, gesenkt und gekippt wird, an der Stirnseite.

Schaufenster dienen als Hauptwerbemittel des Einzelhandels dazu, den Warenkreis und Leistungsbereich in ansprechender, auf den Käufer abgestimmter Form zu zeigen. Die Wirkung des S. **(S.-Dekoration)** beruht auf Größe, Lage, Blickfang, Warengruppierung, Preisauszeichnung, Beleuchtung u. a.

Schaufensterdekorateur [-tøːr], **Schaufenstergestalter,** Ausbildungsberuf (Industrie, 3 Jahre). S. entwerfen werbekräftige Warenauslagen in Verkaufsräumen, Schaufenstern und -kästen sowie in Ständen für Messen und Ausstellungen und führen sie aus.

Schauhing, chines. Stadt, → Shaohsing.

Schauinsland *der,* Berg im südl. Schwarzwald, bei Freiburg i. Br., 1284 m hoch; Seilschwebebahn; Rennstrecke.

Schaukal, Richard von (1918), Schriftst., * Brünn 27. 5. 1874, † Wien 10. 10. 1942, Lyriker, Erzähler und Essayist aus konservativ-religiösem und deutsch-österr. Traditionsbewußtsein; seine Formkunst ist von den frz. Symbolisten beeinflußt (auch Übersetzungen).

Schaukel [mhd.] *die, -/-n,* an Ketten oder Seilen befestigter Schwebesitz, mit dem man hin- und herschwingt. *ich* **schauk(e)le, 1)** schwinge auf der S. **2)** bin in wiegender Bewegung: *ich bin mit dem Boot hin und her geschaukelt.* **3)** *es schaukelt,* wackelt, schwingt, bewegt sich auf und ab: *das Boot schaukelt auf den Wellen.* **4)** *ihn,* wiege (auf den Knien, auf einer S.). **5)** *es,* U bringe fertig: *wir werden das Kind schon schaukeln,* die Sache in Ordnung bringen. *die* **Schaukelei,** -, ein als unangenehm empfundenes, anhaltendes Schaukeln. **schauk(e)lig,** wie eine S. schwingend, schaukelnd. **Schaukelpferd,** ein Kinderspielzeug.

Schaukelwellen, → Seiches.

Schaulaufen, Eis-, Rollkunstlauf: Kürvorstellung, meist der Erst- bis Drittplacierten einer Meisterschaft; ohne Wettkampfcharakter.

Schaulen, litauisch amtl. **Šiauliai** [ʃaulj'ai], Stadt in der Litauischen SSR, (1982) 127000 Ew.; Maschinenbau, elektrotechn., Bekleidungs-, Möbel-, Nahrungsmittel-, Baustoff-Ind.

Schaum [ahd.] *der, -(e)s/Sch'äume,* **1)** thermodynamisch instabiles Zweiphasensystem, bei dem meist ein großes Gasvolumen in einem kleinen Flüssigkeitsvolumen fein verteilt ist. Die einzelnen Gasblasen sind durch Flüssigkeitsfilme voneinander getrennt. Die S.-Bildung wird durch Tenside (S.-Stabilisatoren, Schäumer) ermöglicht, durch →Antischaummittel verhindert. – Redewendung: *ihm steht der S. vor dem Munde,* Ü er ist sehr würdend. **2)** Ü hohle Nichtigkeit, trüger. Schein: *Träume sind Schäume; er schlägt S.,* prahlt nur. *Adj.* **schaumig.** *ich* **schäume, 1)** U bin ganz außer mir: *ich schäume vor Wut.* **2)** *es schäumt,* bildet S., treibt Blasen, wirft Gischt auf. **3)** → schäumen. *ich* **schäume** *es* **ab,** nehme den S. ab. *ich* **schäume über** (bin übergeschäumt), **1)** *vor Kraft, Wut,* U habe zuviel davon, bin unbeherrscht. **2)** *es schäumt über,* tritt über den Rand, fließt über. *die* **Schaumgeborene,** *-n,* Beiname der aus dem Meer gestiegenen Aphrodite. **Schaumkrone,** Gischt auf einer Welle. **Schaumschläger, 1)** Schneebesen. **2)** U Wichtigtuer, Prahler. *die* **Schaumschlägerei,** -, U Prahlerei, Wichtigtuerei.

Schaum|aluminium, ein leichter, fester Baustoff mit guten Wärme- und Schallisolationseigenschaften, hergestellt durch Mischen von Metallhydriden mit flüssigem Aluminium bei 657 °C. Dabei entsteht durch Wasserstoffgasbildung beim Zerfall der Hydride Schaum, der kalt abgespritzt wird.

Schaumann, Ruth, Schriftstellerin, Bildhauerin, Graphikerin, * Hamburg 24. 8. 1899, † München 13. 3. 1975; Lyrik, Erz., Romane von kath. Frömmigkeit und romant. Formempfinden. Ihre Bücher erschienen z. T. mit eigenen Illustrationen.

Schaum|aufbereitung, die →Flotation.

Schaumburg, auch **Schauenburg,** ehem. Gfsch. von der Burg S. im Wesertal bis zum Steinhuder Meer. Die Grafen von S. wurden 1111 mit der Gfsch. Holstein belehnt. Diese Linie erlosch 1459, die in der Gfsch. S. regierende Nebenlinie 1640. Die Gfsch. S. wurde zw. Hessen-Kassel und dem Haus Lippe (→Schaumburg-Lippe) geteilt. Der hess. Anteil wurde 1866 preußisch.

Schaumburg, Landkreis im RegBez. Hannover, Ndsachs.; VerwSitz: Stadthagen.

Schaumburg-Lippe, histor. Land zw. Weser, Weserkette, Bückeberg und Rehburger Berg sowie dem Steinhuder Meer, 340 km², (1939) 53200 Ew.; Haupt- und Residenzstadt war Bückeburg (FARBTAFEL Deutsche Wappen und Flaggen).

Geschichte. Bei der Aufteilung der alten Gfsch. Schaumburg 1640 erhielt Graf Philipp zur Lippe den NW-Teil, nunmehr S.-L. genannt. 1777 ging die Gfsch. an die Linie Lippe-Alverdissen (1870 gefürstet) über. 1918 wurde S.-L. Freistaat. – 1946 ging es im Kr. S.-L. (seit 1977 Kr. Schaumburg) in Ndsachs. auf.

schäumen, →Schaumstoffe, bes. →Schaumkunststoffe herstellen.

Schaumgebäck, Gebäck aus Eiweißschaum und Zucker.

Schaumglas, schwammartig geblähtes, mit Gasbläschen durchsetztes undurchsichtiges Glas von hoher Wärme- und Schalldämmung, angewendet in der Bau- und Isoliertechnik.

Schaumgummi, →Schaumstoffe.

Schaumkalk, 1) Schaumerde, im Zechsteindolomit Thüringens vorkommende weiße zerreibbare Massen aus reinem Aragonit, $CaCO_3$, der sich durch Umwandlung von Gips, $CaSO_4 \cdot 2\,H_2O$, bildet. **2)** durch Auswitterung porös gewordene Kalksteine des unteren Muschelkalks, als Werksteine geschätzt.

Schaumkraut, Cardamine, Kreuzblütergatt. mit trugdoldenähnl. Blütentrauben und zweiklappig aufspringenden Schoten. In Mitteleuropa heim. **Wiesen-S. (Cardamine pratensis)** mit blaßlilafarbenen bis weißen Blüten, auf feuchten Wiesen und in Auenwäldern.

Schaumkunststoffe, zu Schaumstoffen verarbeitete Kunststoffe der verschiedensten Art. Es werden dafür geschmolzene Thermoplaste und niedermolekulare Vorstufen von Duroplasten mit Gasen oder Treibmitteln verschäumt, vorzugsweise Harnstoff- und Phenolharze, Polyurethane, Polystyrol, Polyvinylchlorid sowie Polyäthylen. S. werden in Form von Blöcken, Tafeln, Bahnen, Schaumfolien hergestellt und als Dämmstoffe für Wärme- und Schallschutz im Bauwesen, in der Kühltechnik, ferner als Dekorations-, Modell-, Verpackungs- und Polstermaterial verwendet. Wie auch bei Schaumstoffen i. a. unterscheidet man nach dem Verhalten beim Zusammendrücken zw. unelast., spröd- bis zähharten S. (Hart-S.) und weich-elast. Schaumstoffen.

Schaumlöscher, Feuerlöscher mit Schaum als Löschmittel.

Schaumregulator, →Waschmittel.

Schaumstoffe, schaumig aufgetriebene, durch ihre zellige Struktur spezifisch sehr leichte Stoffe. Sie werden durch verschiedenartige Schäumungsverfahren meist aus organ. hochpolymeren Stoffen erhalten, die überwiegend synthetisch aufgebaut werden (→Schaumkunststoffe). Man kann aber auch anorgan. Materialien zu S. verarbeiten, z. B. Schaumbeton. Die mit Luft oder Gas gefüllten Zellen können unterschiedl. Größen aufweisen, dabei in sich geschlossen sein (geschlossenzellige S.) oder untereinander in Verbindung stehen (offenzellige S.). S. aus Festkautschuk kann eingeteilt werden in **Schwammgummi** (offenzellig), **Moosgummi** (gemischtzellig) und **Zellgummi** (überwiegend geschlossenzellig). S. aus Latex **(Latexschaum, Schaumgummi)** wird hergestellt durch Aufschäumen (mechanisch oder durch gasabspaltende Treibmittel) von vulkanisierbaren Latexmischungen, Gelieren des Schaums und Vulkanisation. Verwendung als Polstermaterial, aber in zunehmendem Maße durch S. aus Polyurethan verdrängt.

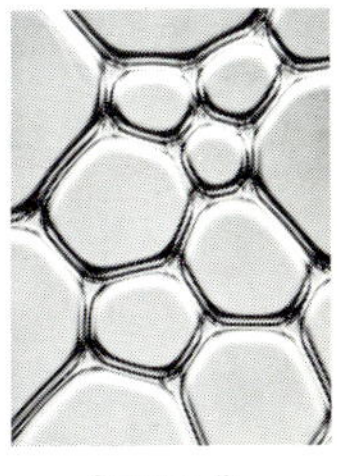

Schaum 1): Flüssigkeitslamelle von Seifenschaum

Schaumteppich, eine 3 bis 5 cm dicke Schicht aus Proteinschaum, die auf eine Flughafen-Landebahn vor der erwarteten Notlandung eines Flugzeuges aufgespritzt wird; gewöhnlich 1000 m lang und 30 m breit. Der S. verbessert die Gleitfähigkeit und wirkt feuerhemmend.

Schau|münze, Münze, die in bes. schöner Prägung zugleich als Erinnerungsstück ausgegeben wird.

Schaumwein, ein Wein, der infolge seines hohen Kohlendioxidgehalts beim Öffnen der Flasche schäumt. Er muß aus Tafelwein oder Qualitätswein hergestellt werden und im geschlossenen Gefäß bei 20 °C einen Überdruck von mindestens 3 bar aufweisen. Es gibt weißen, hellroten (rosé) und roten S. Der Zuckergehalt steigt vom herben (brut) über den sehr trockenen (extra dry, extra sec), trockenen (dry, sec), halbsüßen (demi sec) bis zum süßen S. Qualitäts-S. ist →Sekt. **Champagner** [ʃamp'anjər] ist S., der nach einem gesetzlich geregelten Verfahren nur in der →Champagne hergestellt werden darf.

Herstellung. Zur S.-Bereitung eignen sich bes. rassige, fruchtige, elegante, leichte Weine. Um gleichbleibende Qualität der S. zu erzielen, verschneidet man Weine verschiedener Weinbaugebiete und Jahrgänge (Cuvée). Zur Einleitung der Gärung werden 20–25 g/l Zucker und etwas Reinhefe zugesetzt und dieser Ansatz in ein verschließbares, druckfestes Gefäß gefüllt. Entsprechend der Menge des zugesetzten Zuckers stellt sich bei dessen vollständiger Vergärung im verschlossenen Gefäß ein Überdruck von etwa 5 bis 6 bar (bei 20 °C) im Roh-S. ein, entsprechend 4,5–5 bar Überdruck im fertigen S. Während und nach der Gärung gibt die Hefe wertvolle Stoffe (Aminosäuren, Carbonsäuren, höhere Alkohole, Ester u. a.) an den S. ab, die untereinander und mit den urspr. im Wein vorhandenen Stoffen reagieren. Diese Entwicklung (Reifung) erreicht ihr Optimum nach etwa 6–12 Monaten. Zum Entfernen der Hefe aus dem Roh-S. wird unter Ausnützung der Zentrifugal- oder der Schwerkraft die Hefe entweder mit Hilfe von Separatoren und Filtern (beim Großraumgärverfahren) oder durch Rütteln und Degorgieren (beim Flaschengärverfahren) abgetrennt. Der S. erhält dann zur Süßung und Erhöhung der Vollmundigkeit einige Kubikzentimeter geschmackserhöhende Stoffe, die Dosage. Trockene S. erhalten rd. 10 g/l, süße bis zu 50 g/l Zukker (in Lösung). S. für Diabetiker wird mit Zuckeraustauschstoff gesüßt. Die Flaschen werden endgültig verschlossen, der Pfropfen mit Draht oder ähnlichem gesichert.

S.-ähnliche Getränke sind aus Äpfeln und anderem Stein-, Kern- und Beerenobst durch alkoholische Gärung mit oder ohne Kohlensäurezusatz hergestellte Obst- oder Frucht-S.

Die Herstellung von dt. S. begann kurz nach 1820. Die größten Kellereien der Bundesrep. Dtl. befinden sich in Eltville, Koblenz, Mainz, Neustadt a. d. Weinstraße und Wiesbaden. 1982 wurden 189,0 Mio. l S. im Wert von 698 Mio. DM hergestellt. Der Pro-Kopf-Verbrauch betrug 4,07 l.

Schaumkraut: Wiesen-S.

Schaumweinsteuer, Verbrauchsteuer auf Schaumwein (Sekt) und schaumweinähnl. Getränke, erhoben vom inländ. Hersteller oder bei Einfuhr in das Zollgebiet. Das Aufkommen aus der S., das dem Bund zufließt, betrug (1983) 683 Mio. DM.

Schaumzikaden, Cercopidae, eine Zikadenfam. mit etwa 3000 selten über 1,5 cm großen, überwiegend in den Tropen verbreiteten Sorten. Die Larven leben häufig in einem schützenden, speichelähnlichen Schaum (›Kuckucksspeichel‹).

Schauprozeß, in totalitären Staaten Gerichtsverfahren mit polit. Demonstrationseffekt (meist im Rahmen von →Säuberungen), dient dazu, politisch mißliebige Personen zu beseitigen und zugleich die Bev. einzuschüchtern. Charakteristisch sind weitgehende, oft durch →Gehirnwäsche erpreßte Schuldbekenntnisse. S. waren u. a. die Gerichtsverfahren in der UdSSR zur Zeit der Großen →Tschistka, im nat.-soz. Dtl. gegen Kommunisten (→Reichstagsbrand) und gegen Angehörige der Widerstandsbewegung (vor dem ›Volksgerichtshof‹).

Schaures [hebr.] *der, -/-,* G guter Handel.

Schauspiel, 1) →Drama. **2)** der Bereich des Theaters, der mit einem Ensemble vorwiegend sprechender Schauspieler arbeitet (neben den Bereichen Oper und Ballett). **3)** Anblick eines Geschehens; Ereignis, das die Schaulust befriedigt.

Schauspieler, Künstler, der auf der Sprechbühne sowie in Film und Fernsehen Gestalten verkörpert (→Schauspielkunst).

Arthur L. Schawlow

Walter Scheel

Scheelit: braune Kristalle auf Gestein; Framont bei Schirmeck (Elsaß)

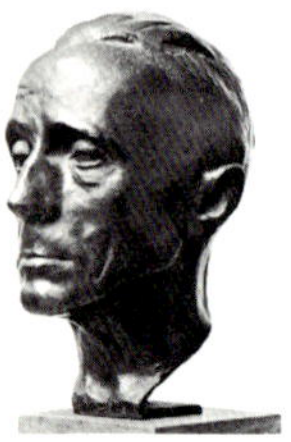

Richard Scheibe: Selbstporträt, 1949

A u s b i l d u n g. Die S. werden im Einzelunterricht oder an staatl. oder privaten Schauspielschulen nach Ablegung einer Eignungsprüfung ausgebildet. Die Bühnenreifeprüfung wird vor einer Prüfungskommission abgelegt, die paritätisch von der Genossenschaft Dt. Bühnen-Angehöriger und dem Dt. Bühnenverein gebildet wird (Prüfungsstellen: Berlin, Düsseldorf, Frankfurt a. M., Hamburg, Hannover, Köln, München, Stuttgart). → Theater.

G e s c h i c h t e. Im alten Griechenland bildete sich der professionelle S. um das 6./5. Jh. v. Chr. aus verschiedenen Vorstufen heraus. Die ersten S. wurden vom Staat gegen Bezahlung verpflichtet, die Truppe von einem Bürger (Choregen) engagiert; sie waren gesellschaftlich hoch angesehen. In Rom galten die S. für unehrlich; ebenso im MA. die Possenreißer. Ein neuer S.-Stand ging in Frankreich aus den Mysterienspielern, in England aus den Vaganten, in Italien und Spanien aus Wandertruppen hervor. In Dtl. gibt es S. erst seit Ende des 16. Jh. In allen christl. Ländern galt der S. bis ins 18. Jh. als ehrlos und wurde von der Kommunion und dem gerichtl. Eid ausgeschlossen. Im 19. Jh. trat eine Verbürgerlichung des S.-Standes ein; die soziale Gleichstellung mit dem bürgerlichen Stand erfolgte in Dtl. erst nach 1918.

Schauspielkunst, die Kunst des Schauspielers; seine Mittel sind Sprache, Mimik, Gestik. – Die S. hat ihren Ursprung im natürl. Nachahmungstrieb des Menschen und in den Kulthandlungen, aus denen sich → Dramen und Theater entfalteten. Beim grch. Schauspieler war ein Mienenspiel durch die Gesichtsmaske ausgeschlossen, die Bewegungen waren durch das Schleppgewand erschwert. Dagegen entwickelte sich das Spiel der Mimen und Pantomimen bei geringerer Behinderung durch Maske und Gewand zum Realismus. In der neueren S. herrschte in der → Commedia dell'arte das typenhafte improvisierte Spiel, bei den → Englischen Komödianten eine realistisch-derbe, auf Wirkung abgestellte Spielweise vor. Im klass. frz. Schauspiel trat die geprägte (höfische) Form an die Stelle der ungebändigten Natur, an Stelle gefühlsbetonten Sprechens reine Deklamation. Im modernen Theater ist seit Ende des 19. Jh. der pathetisch-rhetor. Stil immer stärker einem realist., individualisierenden Darstellungsstil gewichen; doch sind neuerdings auch spielerisch-artist., marionettenhafte oder ›verfremdete‹ Darstellungsweisen aufgekommen.

Schausteller *der, -s/-,* Person, die gewerbsmäßig Jahrmärkte und Volksfeste mit ihrem der Unterhaltung und Belustigung dienenden Unternehmen beschickt, z. B. Schaustellungen von Artisten und Tieren, Abnormitäten und Exoten, dazu gehören auch Fahrgeschäfte (Karussells usw.). **Schaustellung, 1)** öffentl. Darbietung. **2)** aufdringliches Zeigen.

Schaute *der, -n/-n,* **Schote** [hebr.], G geckenhafter Narr.

Schawlow [ʃ'ɔ:ləʊ], A r t h u r Leonard, amerikan. Physiker, * Mount Vernon (N. Y.) 5. 5. 1921, seit 1961 Prof. an der Stanford University, erhielt für seine Beiträge zur Entwicklung der Laserspektroskopie zus. mit N. Bloembergen die Hälfte des Nobelpreises für Physik 1981.

Schdanow, bis 1948 **Mariupol,** Hafen- und Industriestadt im Gebiet Donezk, Ukrain. SSR, am Asowschen Meer, (1982) 514 000 Ew.; Hütten-, Walzwerke, Maschinen-, Schiffbau, chem., elektrotechn., Nahrungsmittel-, Textilindustrie.

Schdanow, A n d r e j Aleksandrowitsch, sowjet. Politiker, * Mariupol 26. 2. 1896, † Moskau 31. 8. 1948, wurde 1932 Miglied des ZK der KP, 1939 des Politbüros; als Mitgl. des Obersten Kriegsrats bereitete er 1940 die Angliederung der balt. Staaten vor und verteidigte 1941–44 erfolgreich Leningrad. Seit 1946 versuchte S. rigoros, Kunst und Wissenschaft auf das Prinzip der Parteilichkeit festzulegen. 1947 Leiter des Kominform.

Scheat, Stern 2. Größe, β im Sternbild Pegasus.

schechen. *ich* **scheche,** U **1)** *ihn,* verjage, verscheuche. **2)** schiele. **3)** *es schecht,* spukt.

Scheck *der, s/-s,* seltener *-e,* engl. **check** und **cheque** [tʃek], frz. **chèque** [ʃɛk], eine auf den Namen des Empfängers oder auf den Inhaber ausgestellte, übertragbare Anweisung an eine Bank zur Zahlung einer Geldsumme aus dem Guthaben des Ausstellers. In Dtl. wird das Scheckrecht durch das Scheckges. v. 14. 8. 1933 geregelt. Für den → Postscheckdienst bestehen Sonderbestimmungen.

Der S. muß im Text der Urkunde die Bezeichnung S. enthalten, ferner die unbedingte Anweisung auf eine bestimmte Geldsumme, den Namen der bezogenen Bank, den Zahlungsort, Tag und Ort der Ausstellung und die Unterschrift des Ausstellers. Ist der Zahlungsempfänger namentlich bekannt **(Namensscheck),** so ist der S. ein → Orderpapier. Durch Vermerk ›nicht an Order‹ kann er ein Rektapapier **(Rektascheck)** werden. Beim **Inhaberscheck** (in Dtl. überwiegend) wird keine bestimmte Person als Empfänger bezeichnet oder der Nennung einer solchen der Zusatz ›oder Überbringer‹ beigefügt. Dieser S. wird als → Inhaberpapier formlos übertragen. Der Aussteller soll einen S. nur ausstellen, wenn er ein entsprechendes Bankguthaben hat. Ein ungedeckter S. ist nicht ungültig; seine Ausstellung kann aber Betrug sein. Die bezogene Bank ist nur dem Aussteller gegenüber zur Einlösung verpflichtet; dem Inhaber gegenüber besteht eine solche Pflicht auch bei Deckung nicht. Wird der S. nicht eingelöst (anders bei einem → Eurocheque, der bis 400,– DM immer eingelöst werden muß), so kann Rückgriff gegen den Aussteller oder einen Indossanten auf Zahlung genommen werden. Voraussetzung dafür ist die Vorlegung des S. binnen 8 Tagen seit Ausstellung und die Beurkundung oder bankmäßige Bescheinigung der Nichteinlösung (→ Protest 3). Bei einem **Verrechnungsscheck** mit der Klausel ›nur zur Verrechnung‹ (in der Praxis häufig nur 2 parallele schräge Striche in der oberen linken Ecke des S.) darf der Betrag nicht bar ausgezahlt, sondern muß einem Konto des Empfängers gutgeschrieben werden. Beim **Barscheck** dagegen erfolgt am Bankschalter eine Barauszahlung. Der **Postkartenscheck** ist stets Verrechnungsscheck (Höchstbetrag 3 000 DM). Ein S. kann erst nach Ablauf der Vorlegungsfrist widerrufen werden. Für abhanden gekommene S. ist **Schecksperre** möglich, die Kraftloserklärung des S. erfolgt im Wege des Aufgebotsverfahrens (→ Aufgebot 1). Der S. kann mißbraucht werden u. a. durch **Scheckreiterei,** wobei S. ausgetauscht werden, denen keine Warenumsätze zugrunde liegen. – Der Gebrauch von S. war seit dem 15. Jh. in Italien üblich, im 17. Jh. in Holland und England. In Dtl. entwickelte er sich seit den 80er Jahren des 19. Jh.

Schecke [mhd.] *die, -/-n,* **Hänslein** *das, -s/-,* Obergewand der bürgerlichen Männertracht des 14. Jh.

Schecke [aus altfrz.] *der, -n/-n* oder *die, -/-n,* **Scheck** *der, -en/-en,* Säugetier mit großen weißen Fellstellen (z. B. bei Pferden und Rindern). **scheckig,** gefleckt: *eine scheckige Kuh; ich lache mich scheckig,* U lache heftig.

Scheckel *der, -s/-, bair.:* Peitsche.

Scheckenfalter, Melitaea, Tagschmetterlingsgattung der Nymphaliden, gelbbraun und schwarz.

Scheckkarte, Ausweiskarte, die garantiert, daß der vorgelegte Scheck unter best. Voraussetzungen vom bezogenen Kreditinstitut eingelöst wird. Die S. erhält der Inhaber eines Girokontos von dem Kreditinstitut, das dieses Konto führt. Sie garantiert jedoch eine Einlösung nur bis zu einem Höchstbetrag von 400 DM je Scheck.

Schede, P a u l, nlat. Dichter, → Melissus.

Schedel, H a r t m a n n, Humanist und Geschichtsschreiber, * Nürnberg 13. 2. 1440, † ebd. 28. 11. 1514 als Stadtarzt, verfaßte eine lat. Weltchronik mit mehr als 1 000 Holzschnitten von M. Wolgemut und W. Pleydenwurff, 1493 (BILD Buch).

Schedir, Stern 2. Größe, α im Sternbild Kassiopeia.

Scheeben, M a t t h i a s Joseph, kath. Theologe, * Meckenheim 1. 3. 1835, † Köln 21. 7. 1888, seit 1860 Prof. am Priesterseminar in Köln; bed. neuscholast. Dogmatiker (›Kath. Dogmatik‹, 3 Bde., 1873–82; Bd. 4, hg. v. L. Atzberger, 1898–1903).

scheel [ahd.], **1)** schief, schielend. **2)** Ü neidisch: *er sieht ihn s. an. die* **Scheelsucht,** -, ⚘ Neid.

Scheel, 1) M i l d r e d, Röntgenfachärztin, * Köln 31. 12. 1932, † ebd. 13. 5. 1985, seit 1968 ⚭ mit W. → Scheel 2); war Initiatorin und Vorstands-Mitgl. der 1974 gegr. ›Dt. Krebshilfe e. V.‹, die ihre Mittel für die Krebsforschung einsetzt.

2) W a l t e r, Politiker (FDP), * Solingen 8. 7. 1919, Wirtschaftsberater, war seit 1953 MdB., 1961–66 Bundes-Min. für wirtschaftl. Zusammenarbeit, 1967–69 Vizepräs. des Bundestags, 1968–74 Vors. der FDP, 1969–74 Außen-Min. und Vizekanzler, 1974–79 Bundespräsident.

Scheele, 1) C a r l (Karl) Wilhelm, schwed. Chemiker, * Stralsund (damals schwedisch) 9. 12. 1742, † Köping (Schweden) 21. 5. 1786, entdeckte unabhängig von J. Priestley den Sauerstoff, ferner Chlor, Blau-, Wein- und Milchsäure sowie Glycerin.

2) P a u l - W e r n e r, kath. Bischof, * Olpe/Westf. 6. 4. 1928, seit 1979 Bischof von Würzburg, seit 1982 zugleich kath. Vors. der → Ökumenischen Kommission.

scheelisieren [nach K. W. → Scheele], Glycerin zum Wein zusetzen, zur Abrundung des Geschmacks und zur Erhöhung des Extraktgehalts, heute verboten.

Scheelit [nach K. W. → Scheele] *der, -s,* **Tungstein,** Mineral $CaWO_4$, grau, gelb, braun, fett-, z. T. diamantglänzend, tafelig oder krustenförmig, wichtigstes Wolframmineral.

Scheer, R e i n h a r d, Admiral, * Obernkirchen (Gfsch. Schaumburg) 30. 9. 1863, † Marktredwitz 26. 11. 1928, seit 1916 Chef der Hochseeflotte, die er in der Seeschlacht vor dem Skagerak führte, Aug. bis Nov. 1918 Chef des Admiralstabes.

Scheerbart, P a u l, Schriftst., * Danzig 8. 1. 1863, † Berlin 15. 10. 1915, schrieb Gedichte, phantast. Erz., bereitete den Dadaismus und Surrealismus vor.

Scheeßel, Gem. im Kr. Rotenburg (Wümme), Ndsachs., (1984) 10 300 Ew., an der Wümme; Kunststoffverarbeitung, Lackfabrik, Landwirtschaftsmaschinen-, Fertighausbau u. a. Ind.

Scheffel [zu Schaff] *der, -s/-,* **1)** früheres dt. Hohlmaß, zw. 30 und 300 *l.* **2)** in einigen Gegenden ein Ackermaß: so viel, wie man mit 1 S. besäen kann (12–42 a). **3)** Bottich, weiter Eimer: *er sollte sein Licht nicht unter den S. stellen,* Ü seine Fähigkeiten nicht aus Bescheidenheit verbergen. *ich* **scheff(e)le** *es,* häufe auf. **scheffelweise, 1)** mit Scheffeln. **2)** Ü in großen Mengen.

Scheffel, Josef Victor von (1876), Dichter, *Karlsruhe 16. 2. 1826, † ebd. 9. 4. 1886, anfangs Gerichtsbeamter, später zeitweise Archivar und Bibliothekar im Schloß zu Donaueschingen. Seine Schriften sind u. a. gekennzeichnet durch freiheitl. Gesinnung und romant. Naturfreude. Bekannt wurden sein Versepos ›Der Trompeter von Säckingen‹ (1854) und sein Roman ›Ekkehard‹ (1855). S. verfaßte viele Burschenlieder (›Gaudeamus‹, 1868).

Schefferville [-v'il], bis 1955 **Knob Lake** [nɔb leɪk], Stadt in der Prov. Quebec, Kanada, (1971) 3300 Ew., Handels- und Versorgungszentrum eines großen Eisenerzgebietes.

Scheffler, Johann, der Dichter → Angelus Silesius.

Schehadé [ʃead'e], Georges, Schriftst., *Alexandria (Ägypten) 2. 11. 1910, frz. schreibender Libanese; seine Dramen sind lyrisch, phantastisch, absurd: ›Sprichwörterabend‹ (1954), ›Die Reise‹ (1961) u. a.

Scheherezade [-z'a:də, pers. tschihr-asad ›von edlem Antlitz‹], die Märchenerzählerin in Tausendundeiner Nacht.

Scheibe [ahd.] *die, -/-n,* **1)** Maschinenbau: im Verhältnis zum Durchmesser dünner, i. a. kreisförmiger Körper beliebigen Querschnitts, z. B. **Unterlegscheibe, Riemenscheibe, Seilscheibe. 2)** Bautechnik: dünnes, ebenes Flächentragwerk. **3)** Schnitte: *eine S. Brot, Wurst.* **4)** das Glas des Fensters, Spiegels. **5) Schießscheibe,** Zielfläche für schießsportl. Wettbewerbe, meist rund **(Ring-S.).** Bei Gefechtsschießübungen werden **Brust-, Knie-, Figur-S.** sowie **bewegliche S.** und **Fall-S.** verwendet. **6)** Spiegel. **7)** die → Baumscheibe. **8)** **Puck,** → Eishockey.

Scheibe, Richard, Bildhauer, *Chemnitz 19. 4. 1879, † Berlin (West) 6. 10. 1964, gestaltete v. a. Aktfiguren von lyrischem Ausdruck, auch Bildnisköpfe. (BILD S. 554)

Scheibenbäuche, Liparinae, Unterfam. der Seehasen mit kleinen, langgestreckten, kaulquappenähnl. Arten, die von einer nackten, dünnen Haut umgeben sind. Der **Große S.** (bis 15 cm lang) und der **Kleine S.** (bis 8 cm lang) leben in der Nord- und Ostsee.

Scheibenberg, Stadt (seit 1530) im Kr. Annaberg, Bez. Karl-Marx-Stadt, am 807 m hohen S., (1973) 2700 Ew.; industrieller Mittelpunkt (Kunstharz-, Textil-, Metallwaren, Klöppelei).

Scheibenblumengewächse, Cyclanthaceae, teils Sproßpflanzen, teils Lianen (Wurzelkletterer). Die Blätter sind jungen Palmen ähnlich (Scheinpalmen), die Blüten sind kolbenförmig (→ Kolbenpalme).

Scheibenfinger, eine Art der → Haftzeher.

Scheibenhantel, schwerathlet. Gerät für Wettkämpfe im Gewichtheben, bestehend aus einer Stahlstange, auf die verschieden große, auswechselbare Scheiben (1/2–25 kg Gewicht) geschraubt werden.

Scheibenpilze, Discomycetes, Schlauchpilze mit meist becher- bis scheibenförmigen Fruchtkörpern. S. sind Becherlinge, Morcheln, Lorcheln und Trüffel.

Scheibenquallen, Schirmquallen, Skyphozo|en, meeresbewohnende Hohltiere; sie treten meist als festsitzender **Polyp** und als frei schwimmende **Qualle** oder **Meduse** auf. Aus den Eiern entwickeln sich frei schwimmende Wimperlarven, die sich festsetzen und zu einem Polypen werden. Das mit Tentakeln bewehrte Mundende des Polypen schnürt sich ringförmig ab und bildet so durch Sprossung eine junge Meduse (›Amme‹; BILD Generationswechsel). Die geschlechtsreifen Medusen sind meist pilzhutförmig oder flach scheiben- bis glockenförmig. Auf der Innenseite des Schirmes liegt der Mund. Zu den S. gehören die **Becherquallen,** polypenförmige, gestielte, festsitzende S., die **Blaue Nesselqualle** der Nordsee, ferner **Würfel-, Leucht-, Ohren-, Wurzelmund-** und **Kompaßqualle.**

Scheibenröhre, eine Elektronenröhre mit scheibenförmigen Elektroden, die zur Verringerung von Laufzeiteffekten in sehr kleinem Abstand voneinander angeordnet sind; bes. in der Mikrowellentechnik verwendet. Mit S. kann man bis herunter zu 5 cm Wellenlänge Verstärkung erzielen.

Scheibenschlagen, Volksbrauch am Funkensonntag, zu Ostern und beim Johannisfeuer, bei dem brennende Holzscheiben an Berghängen hinabgeworfen werden.

Scheibenwischer, Gerät zum Sauberhalten der Windschutzscheibe (und Heckscheibe) von Kraftwagen, Schienenfahrzeugen, Schiffen, Flugzeugen, meist elektrisch angetrieben.

Scheibenzüngler, Discoglossidae, Fam. der → Froschlurche mit bezahntem Oberkiefer, kurzen Rippen und breiten Querfortsätzen am Kreuzbein (→ Geburtshelferkröte, → Unken).

Scheich [arab. ›Ältester‹] *der, -s/-e* oder *-s,* **1)** im Orient ein Ehrentitel; bei den Beduinen Bez. für den Stammeshäuptling, in Dörfern für den Ortsvorsteher, in der islam. Geistlichkeit Professor, Prediger, im Ordenswesen Oberer, Prior. **2)** U unangenehmer Mensch. **3)** U ständiger Begleiter (eines Mädchens).

Scheide [ahd.] *die, -/-n,* **1)** schmales Behältnis aus Leder, Holz, Metall für Hieb- und Stichwaffen: *ich ziehe den Degen aus der S.* **2) Blattscheide,** meist der stengelumfassende Fußteil von Blättern (z. B. bei Gräsern). **3) Vagina,** weibl. → Geschlechtsorgan. **4)** Grenze, z. B. Feld-, Wasserscheide. **5)** *mitteldt.:* Paß; Scheitel. **6)** *oberdt.* meist: **Küh-, Viehscheid,** Talfahrt von der Alm.

Scheidegg *die,* 2 Pässe im Berner Oberland, Schweiz: **Große S.,** 1961 m hoch, verbindet Meiringen mit Grindelwald, **Kleine S.** oder **Wengern-S.,** 2061 m hoch, verbindet Grindelwald mit Lauterbrunnen.

Scheidekunde, 1) Scheidekunst, Chemie. **2) Markscheidekunde,** → Markscheide.

Scheidemann, 1) Heinrich, Organist und Komponist, *Wöhrden (Holstein) um 1596, † Hamburg Anfang 1663, ein Meister der norddt. Organistenschule.

2) Philipp, Politiker (SPD), *Kassel 26. 7. 1865, † Kopenhagen 29. 11. 1939; seit 1913 einer der Führer der SPD-Fraktion im Reichstag, 1918 (Okt.–Nov.) Staatssekretär o. G., rief am 9. 11. 1918 nach Ausbruch der Novemberrevolution die Republik aus. Er war Mitgl. des Rats der Volksbeauftragten, 1919 (Febr.–Juni) MinPräs.; 1920–25 Oberbürgermeister von Kassel.

Scheidemünze, auf niedrige Werte lautende, unterwertig ausgeprägte → Münze.

scheiden [ahd.]. *ich* **scheide** (habe geschieden), **1)** *es,* trenne, zerlege: *er schied die Spreu vom Weizen.* **2)** *es,* entscheide, schlichte (Prozeß). **3)** *eine Ehe,* löse: *sie haben sich scheiden lassen* (→ Ehescheidung). **4)** *mich von ihm,* löse die Verbindung, vollziehe eine Trennung: *wir sind geschiedene Leute.* **5)** (bin geschieden) *von ihm, aus etwas,* trenne mich, gehe weg, nehme Abschied: *er ist freiwillig aus dem Leben geschieden,* hat Selbstmord verübt. **6)** *Milch scheidet (sich),* gerinnt. *ich* **scheide aus, 1)** gehe aus einem Kreis heraus, verliere meine Mitgliedschaft, Anwartschaft: *der Sportler ist aus dem Wettkampf ausgeschieden.* **2)** *es, ihn,* entferne, ziehe nicht in die engere Wahl, sondere ab: *diese Fehlerquelle, diesen Bewerber habe ich von Anfang an ausgeschieden.* **Scheidewand,** Trennungswand: *Nasenscheidewand.* **Scheid(e)weck,** *oberdt.:* Keil. **Scheideweg,** Weggabelung, Kreuzweg: *er stand am Scheideweg,* Ü vor der Entscheidung.

Scheidenkatarrh, Scheiden|entzündung, 1) beim Menschen: Entzündung der Scheidenschleimhaut mit Ausfluß, Brennen, Jucken; verursacht durch Einwandern von Erregern, so Staphylokokken, Streptokokken, Kolibakterien, Trichomonaden, Soorpilzen. Voraussetzung ist eine verminderte Abwehrkraft der Scheidenflora. – Behandlung: Chemotherapeutika u. a. **2) Knötchenseuche,** bei Kühen eine meist beim Deckakt übertragene ansteckende Entzündung mit Knötchenbildung in der Scheide; führt nicht selten zur Unfruchtbarkeit.

Scheidenkrampf, Vaginismus, krampfhafter Verschluß des Scheideneingangs durch Muskelzusammenziehung bei Einführung des männlichen Gliedes; meist neurotisch bedingt.

Scheidenschnabel, Chionis, Gatt. weißer taubenähnl. Watvögel der Antarktis mit 2 Arten, z. B. **Weißgesicht-S. (Chionis alba),** deren Schnabelwurzel eine Hornscheide trägt.

Scheidenvorfall, sackartige Vorwölbung der vorderen oder hinteren Scheidenwand in den Scheidenvorhof, die allein oder in Verbindung mit einer Gebärmuttersenkung auftreten kann, meist Folge von Überdehnung oder Verletzung der Beckenbodenmuskulatur durch Geburten.

Scheidetrichter, Schütteltrichter, verschließbares Glasgefäß mit Bodenablaßhahn, zur Trennung versch. schwerer, nicht mischbarer Flüssigkeiten, z. B. Wasser und Chloroform. (BILD S. 556)

Scheidewasser, die → Salpetersäure.

Scheiding [zu scheiden] *der, -s/-e,* September.

Scheidt, 1) Kaspar, Dichter, *um 1520, † Worms 1565, übertrug F. Dedekinds lat. Gedicht ›Grobianus‹ in dt. Reimpaare, schrieb ›Lobrede von wegen des Meyen‹ (1551).

2) Samuel, Organist und Komponist, getauft 3. 11. 1587, † Halle 24. 3. 1654, war einer der bedeutendsten prot. Kirchenmusiker seiner Zeit und Meister der Variationenform in der weltl. und kirchl. Instrumentalmusik, schuf v. a. Variationen für Orgel, Orchestersuiten, Motetten, geistl. Konzerte.

Scheidung *die, -/-en,* → Ehescheidung.

Scheie *die, -/-n,* **Scheiele,** *schweizer.:* schmale Latte, Zaunpfahl, Stangenzaun.

Schein [ahd. scin ›Glanz‹] *der, -(e)s/-e,* **1)** *ohne Pl.,* Glanz, Licht: *Lichtschein; im S. der untergehenden Sonne.* **2)** *ohne Pl.,* die Art, wie sich etwas darstellt (oft i. Ggs. zu den tatsächl. Verhältnissen), Sinnestäuschung, Trugbild: *der S. trügt, spricht dagegen; sie mußte den S. wahren,* den bestehenden falschen Eindruck. **3)** ein Papier zur Bescheinigung, kleine Urkunde, Quittung: *Taufschein; Seminarschein; Gutschein.* **4)** Banknote: *er ließ die Scheine in Münzen wechseln.* **scheinbar, 1)** nicht wirklich: *die scheinbare Größe.* **2)** U fälschlich für: anscheinend (→ Anschein). *ich* **scheine** (habe geschienen), **1)** *ihm es, es zu sein,* erwecke den Anschein, Eindruck, tue, als ob: *er scheint mich zu kennen; es scheint zu regnen.* **2)** *es scheint,* gibt Licht: *die Sonne, der Mond, die Sterne scheinen (hell).* **es scheint auf** (ist aufgeschienen), *österr.:* ist ersichtlich, erscheint. **scheinheilig,** heuchlerisch. *Subst.* **Scheinheiligkeit.**

Scheibenquallen: OBEN Wurzelmundqualle, UNTEN Kompaßqualle

Philipp Scheidemann

Scheidenschnabel: Weißgesicht-S.

Scheidetrichter

Schein, Johann Hermann, Komponist, * Grünhain (Erzgebirge) 20. 1. 1586, † Leipzig 19. 11. 1630, dort seit 1616 Kantor der Thomaskirche; S. verband die mehrstimmige prot. Kirchenmusik mit den neuen ital. Stilformen (Monodie) und der Generalbaßbegleitung; seine viersätzigen Orchestersuiten bedeuten den Anfang selbständiger dt. Instrumentalmusik. S. schuf Motetten, geistliche Konzerte, Madrigale, Variationensuiten.

scheinbare Größe, ☆, Geodäsie: der Winkel, unter dem ein Gegenstand einem Beobachter erscheint. Aus der s. G. und dem Abstand vom Beobachter kann die **wahre** oder **lineare Größe** berechnet werden. Zwei verschieden große Objekte, z. B. Sonne und Mond, können gleiche s. G. haben, wenn ihre Entfernungen vom Beobachter entsprechend verschieden sind.

scheinbare Helligkeit, ☆ die Helligkeit, in der uns die Sterne erscheinen; sie wird gemessen in → Größenklassen. Rechnet man die s. H. eines Gestirns bei bekannter Entfernung auf die Einheitsentfernung von 10 Parsec um, erhält man die **absolute Helligkeit.**

Scheindolde, Trugdolde, Blütenstand, dessen Einzelblüten in einer Fläche stehen (wie bei der Dolde), aber nicht von derselben Stelle entspringen.

Schein|eller, Maiblumenstrauch, Schein|erle, Clethra, Gatt. der Heidekrautgewächse wärmerer Länder außer Afrika, Australien und den Südseeinseln. Die Art **Clethra arborea** von den Kanar. Inseln wird in Gewächshäusern kultiviert.

Scheiner, 1) Christoph, Mathematiker, Physiker und Astronom, * Markt Wald bei Mindelheim 25. 7. 1575, † Neisse (Schlesien) 18. 7. 1650 als Vorstand des Jesuitenkollegiums ebd. S. erfand den Pantographen (Storchschnabel), entdeckte unabhängig von J. Fabricius und G. Galilei die Sonnenflecken, bestimmte aus deren Beobachtungen die Umdrehungszeit der Sonne; durch den ›Scheinerschen Versuch‹ kann die Brechung des Auges beim Sehen in die Nähe und Ferne sowie die Akkommodationsbreite berechnet werden.

2) Julius, Astrophysiker, * Köln 25. 11. 1858, † Potsdam 20. 12. 1913, arbeitete bes. auf dem Gebiet der Spektroskopie, erfand das Universalsensitometer, das die Empfindlichkeit photograph. Schichten in (heute nicht mehr angewendeten) **Scheiner-Graden** mißt.

Scheinfeld, Stadt im Kr. Neustadt a. d. Aisch-Bad Windsheim, Bayern, (1984) 4100 Ew. Anfang 15. Jh. kam S. an die späteren Fürsten Schwarzenberg (Stammschloß nordöstl. von S.).

Scheinfrucht, → Frucht.

Scheinfüßchen *das, -s/-,* das Pseudopodium.

Scheingeschäft, simuliertes Geschäft, ein von beiden Vertragsteilen nur zum Schein geschlossenes Geschäft; es ist nichtig. Wird durch ein S. ein anderes Rechtsgeschäft verdeckt, so finden die für das verdeckte Rechtsgeschäft geltenden Vorschriften Anwendung (§ 117 BGB); dasselbe gilt in Österreich (§ 916 ABGB) und der Schweiz (Art. 18 OR).

Scheingewinn, Betriebswirtschaft: kein echter, sondern nur ein Buchgewinn, der sich bei Preissteigerungen als Differenz zw. Einkaufspreis und Wiederbeschaffungswert der Wirtschaftsgüter ergibt. Im Steuerrecht wird der S. als echter Gewinnanteil behandelt. Da die S.-Besteuerung zu einer Vermögensminderung führt, ist begrenzt die Bildung einer gewinnverlagernden Rücklage erlaubt.

Scheinleistung, Produkt aus den Effektivwerten von Strom und Spannung, Einheit ist VA.

Scheinleitwert, Admittanz, der Kehrwert des → Scheinwiderstands im Wechselstromkreis.

Scheinmohn: Meconopsis integrifolia

Scheinmohn, Meconopsis, Gatt. der Mohngewächse. Die westeurop. gelbblühende Art **Meconopsis integrifolia** ist Zierpflanze für Steingärten.

Scheintod, Zustand, bei dem sich nur durch sorgfältige Untersuchung Lebensfunktionen nachweisen lassen. (→ Tod)

Scheinträchtigkeit, ein Trächtigkeit vortäuschendes Verhalten bei weibl. Tieren (bes. Hündinnen). Die Ursache wird in hormonalen Störungen gesehen.

Scheinwerfer, Gerät, das durch scharfe Bündelung von Lichtstrahlen hohe Beleuchtungsstärke in einer Richtung erzeugt. Ein S. enthält in einem Gehäuse Lichtquelle, Reflektor, Abschlußscheibe und für Sonderzwecke (Marine, Bühne) Verdunklungsvorrichtungen (Blende) und Farbfilter. Als Lichtquelle dienen z. B. Spezial-Glühlampen, → Bogenlampen, → Halogenglühlampen, Höchstdruck-Quecksilberdampflampen und → Xenon-Hochdrucklampen. Der Reflektor ist ein meist parabolischer Hohlspiegel aus belegtem Glas oder Metall, in dessen Brennpunkt sich die Lichtquelle befindet. Die Abschlußscheibe ist aus Klarglas oder, wenn erhöhte Streuung gewünscht wird (Auto-S.), aus Riffelglas, seltener Mattglas.

Scheinwiderstand, Impedanz, komplexer Wechselstromwiderstand im elektr. Stromkreis, der sich aus dem reellen Wirkwiderstand (auch als Ohmscher Widerstand bezeichnet) und dem imaginären (induktiven und/oder kapazitiven) Blindwiderstand zusammensetzt. Kehrwert ist der Scheinleitwert.

scheißen [ahd.]. *ich* **scheiße** (schiß, habe geschissen), V entleere den Darm: *ich scheiße darauf,* V ich kümmere mich nicht darum, es ist mir einerlei. *die* **Scheiße,** -, V Kot; Unsinn; unangenehme Lage, verfahrene Situation: *so eine Scheiße!; er sitzt in der Scheiße; Scheißdreck.* **Scheißkerl,** V minderwertiger, erbärml. Mensch.

Scheit [ahd.] *das, -(e)s/-e* oder *-er,* großes Holzstück, z. B. Klafterholz.

Scheitel [ahd.] *der, -s/-,* **1)** beim Menschen mittlerer oberer Teil des Kopfes: *vom S. bis zur Sohle,* Ü von oben bis unten, ganz und gar. **2)** Haartracht: Linie auf der Seite oder Mitte des Kopfes, von der das Haar seitwärts gekämmt wird. **3)** ⊓ der höchste Punkt eines Bogens oder Gewölbes. **4)** △ a) die Spitze eines Kegels; b) Schnittpunkt eines Kegelschnittes oder einer Fläche 2. Ordnung mit einer Achse; c) der Schnittpunkt der Schenkel eines Winkels. **5)** ⊕ der höchste Teil am Sattel einer Falte. *ich* **scheit(e)le** *das Haar,* trenne durch einen S., kämme seitwärts. **Scheitelpunkt, 1)** höchster Punkt. **2)** der höchste Punkt einer → Flugbahn. **3)** der → Zenit.

Scheitel|auge, Pari|etal|auge, unpaare Ausstülpung des Zwischenhirns einiger Wirbeltiere, die als Lichtsinnesorgan dienen kann; so bei Neunaugen, Knochenfischen, Brückenechsen und Eidechsen.

Scheitelbein, paariger Knochen des → Schädels.

Scheitelfaktor, Verhältnis des Höchstwertes (Scheitelwertes) einer elektr. Spannung oder eines Stroms zum Effektivwert.

Scheitelhaltung, die höchste → Haltung 3) eines Schiffahrtskanals beim Überschreiten einer Wasserscheide. Der S. wird der gesamte Wasserbedarf für den Schleusungsbetrieb zugeleitet.

Scheitelkreis, ☆ der → Vertikalkreis.

Scheitelwert, in einer Häufigkeitsverteilung der am häufigsten beobachtete Wert, in Schwingungslehre und Elektrotechnik die Amplitude einer sinusförmigen Wechselgröße.

Scheitelzelle, Pflanzenorgan, → Vegetationspunkt.

Scheiterhaufen, 1) Holzstoß zur → Feuerbestattung oder zum Vollzug des → Feuertodes. **2)** *süddt.:* Semmelauflauf mit Obst.

scheitern [zu Scheit]. *ich* **scheit(e)re** (bin gescheitert) *an ihm,* erleide Schiffbruch, versage: *alle seine Pläne sind gescheitert.*

Schekel *der, -s/-,* seit dem 22. 2. 1980 Währungseinheit in Israel. 1 S (IS) = 100 New Agorot.

Scheki, bis 1968 **Nucha,** Stadt in der Aserbaidschan. SSR, UdSSR, (1982) 51 000 Ew., am S-Fuß des Kaukasus; Seidenspinnerei und -weberei.

Schelde [niederländ. sxˈɛldə] *die,* frz. **Escaut** [ɛskˈo], Hauptfluß des mittleren Belgien, 430 km lang, entspringt in Frankreich nördl. von Saint-Quentin und mündet in mehreren Armen, die mit der Maas verbunden sind, in den Niederlanden in die Nordsee. Die S. ist fast von ihrem Ursprung an schiffbar. Von den beiden Hauptarmen ist die **Westerschelde** bis Antwerpen internat. Seeschiffahrtsstraße, die **Oosterschelde** durch einen Damm gesperrt.

Geschichte. Die Niederlande sperrten seit 1585 dem spanisch gebliebenen Antwerpen die S.-Mündung. 1815 wurde für die S. Schiffahrtsfreiheit festgelegt. Nach Bildung des Kgr. Belgien (1831) sperrten die Niederlande die S. erneut, nahmen aber 1839 davon Abstand.

Max Scheler

Scheler, Max, Philosoph, * München 22. 8. 1874, † Frankfurt a. M. 19. 5. 1928, wurde 1919 Prof. in Köln, 1928 in Frankfurt; schloß sich der Phänomenologie E. Husserls an und entwickelte in Abhebung von der formalen Ethik Kants eine materiale Wertethik, in der die sittl. Werte als unwandelbare Wesenheiten dargestellt werden, sowie eine Metaphysik der Person. Seit etwa 1923/24 traten kulturelle und soziolog. Fragen in den Vordergrund, bes. die Probleme der Wissenssoziologie, zu deren Mitbegründern er gehört. S. löste sich vom Katholizismus, dem er zeitweilig nahegestanden hatte, und näherte sich Schopenhauerschen Gedanken.

HW: Der Formalismus in der Ethik und die materiale Wertethik (1913); Vom Ewigen im Menschen (1921); Die Wissensformen und die Gesellschaft (1926); Die Stellung des Menschen im Kosmos (1928); Philosoph. Weltanschauung (1929, m. Lit.).

Schelf [engl.] *das* und *der, -s/-e,* **Festlandsockel,** der bis 200 m unter den Meeresspiegel getauchte Festlandsaum, der mit fast 8% die Fläche der Weltmeere bedeckt, auf dem aber mehr als 90% aller bekannten marinen Sedimente der Erdgeschichte abgelagert wurden. Küstennähe und dauernde Bedeckung mit bewegtem Wasser kennzeichnen die Sand- und Schlicksedimente, zu denen in warmen Meeren chem. (Gips, Steinsalz) und kalkige Ablagerungen treten. – Der gut durchlichtete und nährstoffreiche Lebensraum (neritischer Bereich) enthält neben nektonischen und planktonischen Organismen bes. eine reiche benthonische Fauna (Muscheln, Schnecken; Korallen, Schwämme) und Flora (Kalkalgen). – Abbauwürdige Lagerstätten, die auf dem S. entstanden, sind u. a.: oolithische Eisen- und Manganerze, Schwermetallsulfide (→ Kupferschiefer), Phosphorit, Steinsalz (→ Zechstein), Erdöl, Erdgas, Kalk- und Mergelsteine. – Der geolog. Aufbau des

S. gleicht dem des benachbarten Festlands. Deshalb treten in den oft mehrere tausend Meter mächtigen Festgesteinen des S. mineral. Rohstoffe in ähnl. oder gleicher geolog. Lage wie dort auf. Seitdem Aufschluß- und Förderverfahren den Zugang zu diesen Lagerstätten zulassen, ist das wirtschaftspolit. Interesse an den S.-Gebieten außerordentlich gestiegen (Nordsee, Ägäisches Meer).

Recht. Der Meeresgrund, soweit er zum Hoheitsgebiet des Uferstaates gehört, unterliegt im Bereich des S. den Nutzungsvorrechten des Uferstaates. Das S. der Nordsee ist auf der Grundlage eines Urteils des Internat. Gerichtshofes vom 20. 1. 1969 durch Verträge der Bundesrep. Dtl. vom 28. 1. und 25. 11. 1971 mit Dänemark, den Niederlanden und Großbritannien abgegrenzt. Die Ausübung der dt. Rechte am S. bestimmt sich nach dem Gesetz zur vorläufigen Regelung des Tiefseebergbaus v. 16. 8. 1980, i. d. F. v. 12. 2. 1982; zuständig ist das Bundeswirtschaftsministerium.

Schelfe [zu Schale] *die, -/-n, alemann.:* Schale, bes. grüne Hülle der Nuß. *ich* **schelf(e)re** *es, alemann.:* schäle: *die Haut schelfert sich,* schuppt sich.

Schell, 1) Herman, kath. Theologe, * Freiburg i. Br. 28. 2. 1850, † Würzburg 31. 5. 1906, war Prof. ebd., der bedeutendste Führer des dt. Reformkatholizismus, bemüht um eine Aussöhnung zw. christl. Glauben und modernem Geist.

2) Maria, Bühnen- und Filmschauspielerin, * Wien 15. 1. 1926; bes. im dt. Film der 50er Jahre erfolgreich: ›Die letzte Brücke‹ (1953), ›Die Ratten‹ (1955), ›Rose Bernd‹ (1956), ›Schinderhannes‹ (1958). Ihr Bruder, Maximilian (* Wien 8. 12. 1930), ist Schauspieler und Regisseur.

Schellack [niederländ.], hartes, zähes, in Alkohol lösliches Harz, das aus dem Sekret der Lackschildlaus (Indien, Burma) gewonnen wird. S. wird für Möbelpolituren, Isolierlacke, Klebstoffe, Druckfarben, Schleifscheiben, Siegellack u. a., früher auch für Schallplatten, verwendet.

Schelle [ahd.] *die, -/-n,* **1)** Glöckchen, Klingel. **2)** *meist Pl.,* 4. Farbe im Kartenspiel. **3)** *meist Pl.,* metallene Fesseln: *Handschellen.* **4)** Rohrschelle, → Rohrleitung. **5)** *mitteldt., bair.:* Maulschelle. *ich* **schelle,** läute, klingle.

Schellenbaum, Halbmond, Rasselinstrument aus einer Tragstange mit halbmondförmigen Metallaufsätzen, an denen Glöckchen, Schellen und Roßschweife hängen. Der S. kam aus der türk. Janitscharenmusik im 16. Jh. nach Europa.

Schellenblume, Glockenblume und Verwandte, z. B. die Art **Adenophora liliifolia** aus Asien und Osteuropa.

Schellenkappe, die Narrenkappe.

Schell|enten, Bucephala, Gatt. der Gänsevögel an Binnengewässern. Die Erpel der heim. S. **(Bucephala clangula),** etwa 45 cm lang, haben einen schwarzen Kopf und Vorderhals sowie einen weißen Fleck vor dem Auge; sie erzeugen im Flug mit den Handschwingen ein klingendes Geräusch.

Schellentracht, die um 1400 verbreitete Mode, Ärmel, Rocksaum, Kragen, Schuh oder Gürtel mit Glöckchen und Schellen zu besetzen; blieb bei der Narrentracht erhalten.

Schellfische [mnd., zu Schale], **Dorsche, Gadidae,** Fischfam. der Dorschartigen, mit langgestrecktem Körper, 1–3 Rückenflossen, 1 oder 2 Afterflossen und meist einem Bartfaden am Kinn. Die meisten S. leben in kalten oder gemäßigten Meeren und sind wichtige Wirtschaftsfische. Der **Schellfisch (Melanogrammus aeglefinus,** Bild Fische) ist mit etwa 50 cm und 10–12 kg kleiner als der → Kabeljau. Zu den S. gehören u. a. → Aalrutte, → Leng, → Pollack, → Wittling.

Schellhammer, Werkzeug, → Niet.

Schelling, 1) Caroline, Frau von 2), * Göttingen 2. 9. 1763, † Maulbronn 7. 9. 1809, Tochter des Orientalisten J. D. Michaelis, heiratete 1784 den Bergarzt J. W. F. Böhmer in Clausthal. Nach dessen Tod (1788) ging sie 1792 nach Mainz, wo sie G. → Forster 3) und der mit der revolutionären frz. Besatzungsmacht sympathisierenden Partei nahetrat; deswegen wurde sie 1793 in Königstein im Taunus gefangengesetzt. 1796 ⚭ mit A. W. Schlegel, 1803 Scheidung und ⚭ mit F. W. J. Schelling. Ihr Haus war der Mittelpunkt der Jenaer Frühromantik. Die Kritik der Frühromantiker an Schiller und die Begeisterung für Goethe gehen z. T. auf sie zurück. – ›Caroline. Briefe‹, hg. v. E. Schmidt (1913, Neudruck 1970).

2) Friedrich Wilhelm Joseph von (1806), Philosoph, Mann von 1), * Leonberg (Württ.) 27. 1. 1775, † Ragaz 20. 8. 1854, studierte, mit Hegel und Hölderlin befreundet, im Tübinger Stift, wurde 1798 durch Goethe als Prof. nach Jena berufen und war dort eng mit dem Kreis der Romantiker verbunden. 1803 heiratete er Caroline Michaelis (→ Schelling 1) und nahm einen Ruf nach Würzburg an. Nach 1806 wirkte er in München, 1820–26 in Erlangen, wurde 1827 Prof. in München, seit 1841 in Berlin. Von Fichte ausgehend, entwarf er nach natur- und kunstphilosophischen Ansätzen ein System des absoluten Idealismus, das Geist und Natur, Subjekt und Objekt usw. als im Absoluten ununterschieden (›indifferent‹) und nur in der Entwicklung des Absoluten zu Gegensätzen ›auseinandergelegt‹ darstellt (Identitätsphilosophie). Später, bes. seit 1841, suchte S. dieses System (wie dasjenige Hegels) zu ergänzen durch eine positive Philosophie der lebendigen Existenz. Diese müsse Erkenntnis Gottes aus seinem Wirken, d. h. Philosophie der Mythologie und der Offenbarung sein. Unmittelbare Einflüsse gingen von S. u. a. auf A. Schopenhauer, E. v. Hartmann, H. Bergson, den Altkatholizismus und die Erlanger Theologenschule aus. Über S. A. Kierkegaard wirkte er auch auf die Existenzphilosophie. Durch die Übertragung des Begriffes des Organischen auf den gesellschaftl. Bereich wurde er zum Vorläufer aller organolog. Gesellschaftsmodelle.

HW: Ideen zu einer Philosophie der Natur (1797); Von der Weltseele (1798); System des transcendentalen Idealismus (1800); Bruno (1802); Philosophie und Religion (1804); Philosoph. Untersuchungen über das Wesen der menschl. Freiheit (1809); Philosophie der Mythologie (1842); Philosophie der Offenbarung (1854).

Schellkraut, → Schöllkraut.

Schelm [ahd. ›Aas‹] *der, -(e)s/-e,* **1)** Schalk, Spaßvogel; oft Kosewort. **2)** ⚘ unehrlicher Mensch; Henker. **schelmisch,** neckisch. *die* **Schelmerei,** *-/-en,* **1)** Spaßhaftigkeit, neckischer Übermut. **2)** ⚘ schlimme Tat. **Schelmenstück, Schelmenstreich,** listiger Streich, Schabernack.

Schelmenroman, pikaresker Roman, Picaro-Roman, aus Spanien kommende Romangatt., die im Unterschied zum idealistisch-phantast. Ritterroman realistisch das Leben spitzbüb. Schelme (Pícaros), Landstreicher und Glücksritter schildert. Der S. ging von dem anonymen → Lazarillo de Tormes (1554) aus; es folgten ›Guzmán de Alfarache‹ von M. Alemán (1599–1604), ›Historia de la vida del Buscón‹ von F. G. de Quevedo y Villegas (1626), in Frankreich u. a. ›Gil Blas‹ von A. R. Lesage (1715–35), in Dtl. ›Der Landstörzer‹ von Aegidius Albertinus (1615; Übersetzung von Alemáns ›Guzmán‹), Grimmelshausens ›Simplicissimus‹. An die Tradition des S. knüpften später in Dtl. T. Mann (›Bekenntnisse des Hochstaplers Felix Krull‹, 1954) und G. Grass (›Die Blechtrommel‹, 1959) an.

Schelmschelten *das, -s,* im älteren dt. Recht eine Klausel in Schuldurkunden, wonach der Gläubiger befugt war, den säumigen Schuldner öffentlich verächtlich zu machen.

Schelsky, Helmut, Soziologe, * Chemnitz 14. 10. 1912, † Münster 24. 2. 1984; Arbeiten zur Soziologie einzelner Gruppen und Institutionen und zur Bildungsreform; Kritiker sozialist. Theorien.

HW: Wandlungen der dt. Familie in der Gegenwart (1953); Die skept. Generation (1957); Die Arbeit tun die anderen (1975); Rückblicke eines ›Anti-Soziologen‹ (1981); Eine Stunde Null (1983).

schelten [ahd. sceltan]. *ich* **schelte** (schalt, habe gescholten; du schiltst, er schilt; wenn er schölte) *ihn (wegen) etwas,* auch: *auf ihn,* mache Vorwürfe, schimpfe, tadle laut: *er schilt mich dumm, einen Dummkopf. die* **Schelte,** *-/-n,* Vorwürfe, grobe Worte. *das* **Scheltwort,** *-(e)s/-e,* tadelndes Wort, ernster Verweis.

Scheltopusik [russ.] *der, -s/-e,* **Ophisaurus apodus,** bis 1 m lange Art der Schleichen im Mittelmeerraum, mit stummelförmigen Resten der Hinterbeine, die Vorderbeine fehlen.

Schema [grch. ›Gestalt‹] *das, -s/-s, -ta* oder *...men,* **1)** anschaul. Darstellung unter Fortlassung alles Unwesentlichen; Muster, Plan, Norm: *ich arbeite nach einem S.; nach S. F,* U gedankenlos nach der üblichen Norm. **2)** Ⓟⓗ Begriffsordnung, Denkform. **schematisch, 1)** grundsätzlich regelnd, umrißhaft: *eine schematische Darstellung.* **2)** gleichmacherisch, gleichförmig, gedankenlos: *eine schematische Arbeit. Vb. ich* **schematisiere** *es. Subst. die* **Schematisierung,** *-/-en. der* **Schematismus,** -, **1)** Gleichmacherei. **2)** Verzeichnis von Amtspersonen.

Schemaiten, → Samogitien.

Schembartlaufen [von mhd. schem(e)bart ›bärtige Maske‹], **Schönbartlaufen,** spätmittelalterl. Nürnberger Fastnachtsaufzug, von 1449 an chronistisch verzeichnet; 1539 wegen Verspottung eines Geistlichen verboten.

Schemel [ahd. aus lat.] *der, -s/-,* **1)** Hocker, Stuhl ohne Lehne, drei- oder vierbeinig, einbeinig als **Melk-S. 2)** Fußbänkchen.

Schemen [mhd. schem(e) ›Schatten‹, ›Larve‹] *der, -s/-,* **1)** wesenloses Scheinbild, Hirngespinst. **2)** *bair.:* Maske. **schemenhaft,** schattenhaft.

Schemenlaufen, in Tirol der Fastnachtsumzug.

Schemnitz, slowak. **Banská Štiavnica** [b'anska: ʃtj'aunjitsa], Stadt im Mittelslowak. Kr., ČSSR, (1978) 8800 Ew.; Forstakademie (früher Montanist. Akademie), Bergwerksmus.; Textil-, Tabak-, Schuh-, Drahtseilfabriken; St. Niklas-Dom (urspr. romanisch), altes und neues Schloß, Rathaus (urspr. gotisch). – S., eine dt. Gründung aus dem 13. Jh., erlebte mit Gold- und Silberbergbau im 14.–16. Jh. seine Blütezeit.

Schenectady [skın'ektədı], Stadt im Staat New York, USA, (1980) 68 000 Ew., am Mohawk River; Zentrum der Elektron-Ind. und der Kernforschung.

Schenefeld, Stadt im Kr. Pinneberg, Schlesw.-Holst., (1984) 15 900 Ew., nördl. Randgem. von Hamburg mit starkem Pendlerverkehr; Nahrungsmittel-, elektrotechnische u. a. Industrie.

Schenjang, chines. Stadt, → Shenyang.

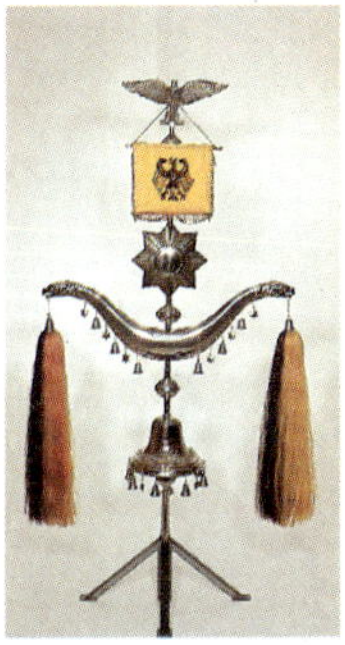

Schellenbaum des Stabsmusik-Korps der Bundeswehr

Caroline Schelling (aus einem Gemälde von F. A. Tischbein, 1789)

Friedrich von Schelling (Zeichnung von F. Krüger, 1844)

Schẹnk [ahd.] *der, -en/-en,* ꝏ **1)** Diener, der Wein oder Bier in die Trinkgefäße füllt. **2)** im MA. der Träger eines adligen Hofamts (→Erzämter, →Hofämter, →Mundschenk). *ich* **schẹnke, 1)** *es in etwas,* schenke ein, gieße voll. **2)** *es ihm,* gebe (als Geschenk), widme, reiche dar, gewähre: *er hat mir ein Buch geschenkt; er schenkte ihm die Freiheit, die Strafe,* Ü begnadigte ihn; *die Mutter schenkte einem Kind das Leben,* Ü gebar es; *sie schenkte ihm keinen Blick,* Ü beachtete ihn nicht; *dieses Kleid möchte ich nicht geschenkt,* Ü es gefällt mir so wenig, daß ich es nicht einmal kostenlos haben möchte; *das ist halb (wirklich) geschenkt,* Ü sehr billig; *dieses Kapitel des Buches kann ich mir schenken,* Ü brauche ich nicht zu lesen. **3)** *oberdt.:* säuge. *ich* **schẹnke** *es* **aus,** gebe Getränke aus. *ich* **schẹnke** *es* **ein,** gieße ein: *er schenkt ihm reinen Wein ein,* Ü sagt ihm die Wahrheit. *die* **Schẹnke,** *-/-n,* Schankwirtschaft, Wirtshaus, Kneipe.

Schenk, Schenck, Johann, Komponist, *Wiener Neustadt 30. 11. 1753, †Wien 29. 12. 1836, vertonte volkstümlich-humorvolle Singspiele (›Der Dorfbarbier‹, 1796), war kurze Zeit der Lehrer Beethovens.

Schẹnkel [mhd.] *der, -s/-,* **1)** der **Ober-** und **Unterschenkel,** →Bein. **2)** von einem ›Knie‹, einer Knickung ausgehender Teil, z. B. an Zirkel, Zange, Schere. **3)** △ →Winkel. **Schẹnkelbeuge,** die Leistenfurche (→Leistengegend).

Schẹnkelblock, ein Herzblock (→Herzrhythmusstörungen) im rechten oder linken Schenkel des Reizleitungssystems des Herzens.

Schẹnkelhalsbruch, vorwiegend bei alten Menschen auftretender Bruch des winklig abgebogenen Verbindungsstücks **(Schenkelhals)** zw. Gelenkkopf und Schaft des Oberschenkelbeins. – Behandlung: Verfahren der Osteosynthese, Gips, Hüftgelenkprothese.

Schẹnkendorf, Max von, Lyriker, *Tilsit 11. 12. 1783, †Koblenz 11. 12. 1817, nahm am Freiheitskampf gegen Napoleon teil, setzte sich für eine Erneuerung des dt. Kaisertums ein; schrieb patriot. Gedichte und Lieder (›Freiheit, die ich meine‹).

Schenker & Co. GmbH, Berlin (West)/Frankfurt a. M., größtes europ. Speditionsunternehmen mit zahlreichen Niederlassungen im In- und Ausland; gegr. 1872; Gesellschafter: Dt. Bundesbahn (100%).

Schẹnkung *die, -/-en,* unentgeltl. Zuwendung, durch die jemand aus seinem Vermögen einen anderen bereichert. Die sofort vollzogene S. **(Handschenkung)** bedarf keiner besonderen Form. Für das **Schenkungsversprechen** ist dagegen notarielle Beurkundung vorgeschrieben. Widerruf der S. und Rückforderung des Geschenks ist bei grobem Undank des Beschenkten und bei nachträgl. Verarmung zulässig (§§ 516–534 BGB). Über die Besteuerung von S. **(Schenkungsteuer)** →Erbschaftsteuer. – Das österr. (§§ 938–956 ABGB) und das schweizer. Recht (Art. 239–252 OR) sind im wesentlichen entsprechend.

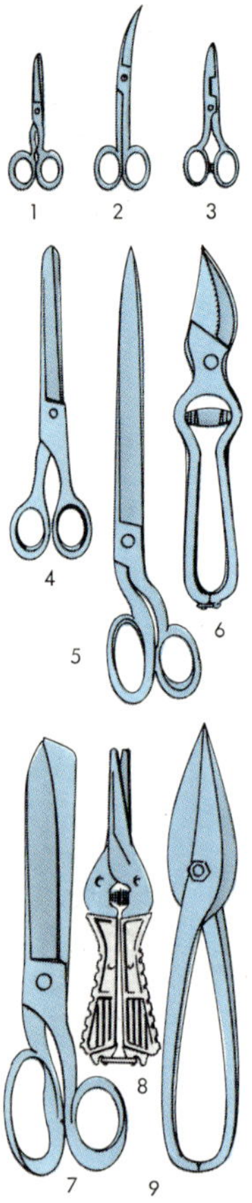

Schere 1): **1** Taschen-S., **2** Haut-S., **3** Knopfloch-S., **4** Haar-S., **5** Papier-S., **6** Garten-S., **7** Schneider-S., **8** Allzweck-S., **9** Blech-S.

Claus Schenk Graf von Stauffenberg

Schenk von Stauffenberg, schwäb. Adelsgeschlecht, Claus S. Graf von S., *Jettingen 15. 11. 1907, †(erschossen) Berlin 20. 7. 1944, war seit 1944 Stabschef des Befehlshabers des Ersatzheeres (Oberst). Er bekannte sich seit 1943 zur gewaltsamen Beseitigung Hitlers, war maßgeblich an der Ausarbeitung des Attentats- und Putschplans beteiligt und führte selbst das Attentat vom 20. 7. 1944 auf Hitler aus: Er legte die Bombe im Hauptquartier in Rastenburg und flog nach Berlin zurück, um dort mit den Mitverschworenen den Putsch auszulösen. Nach Scheitern dieses Plans wurde S. v. S. vor ein Standgericht gestellt, zum Tode verurteilt und erschossen. (→Widerstandsbewegung)

schep(p), *westdt.:* schief.

schẹppern [Schallwort]. *ich* **schẹpp(e)re,** *bes. oberdt.:* **1)** *mit etwas,* klappere. **2)** *es scheppert,* klappert, klirrt.

Scher *der, -(e)s/-e, oberdt.:* Maulwurf.

Scherbe [ahd.] *die, -/-n,* **1)** Bruchstück aus Glas, Tonwaren: *es geht in Scherben,* zerbricht, wird zerstört. **2)** *oberdt.:* Topf, Blumentopf. *ich* **schẹrb(e)le,** Ü tanze. *der* **Scherben,** *-s/-,* **1)** *Keramik:* die gebrannte Grundmasse unter der Glasur. **2)** *oberdt.:* Scherbe. **3)** *österr.:* Nachttopf.

Schẹrbengericht, der →Ostrakismos.

Schẹrbenkobalt, feinkörnig-dichte, schalige Massen des Minerals Arsen; auf Gängen mit Silber- und Kobalterzen. (Bild S. 559)

Scherbẹt(t) [arab.] *der* oder *das, -s,* →Sorbet(t).

Scherchen, Hermann, Dirigent, *Berlin 21. 6. 1891, †Florenz 12. 6. 1966. – ›Lehrbuch des Dirigierens‹ (1929).

Schẹre *die, -/-n,* **1)** ein Trenn- oder Schneidwerkzeug. Die **Hand-S.** besteht aus 2 drehbar verbundenen Schenkeln mit angeschliffenen Schneiden (Papier-, Schneider-, Baum-, Geflügel-S. usw.). Ortsfeste **Handhebel-S.** für Bleche oder dicke Papierlagen haben eine feststehende und eine bewegl. Schneide (Obermesser). Zu den meist elektrisch angetriebenen **Maschinen-S.,** ebenfalls mit nur einer bewegl. Schneide, zählen: die **Tafel-S.** zum Schneiden von Blechtafeln, die **Parallel-S.** zum Erzielen paralleler Blechkanten. **Messer-S.** haben gerade, bogenförmige oder einem Profil angepaßte Messer. Bei der **Rollen-S.** ist eine der Schneiden kreisförmig ausgebildet. **Vielstreifen-S.** zerschneiden ein Blech mit mehreren Rollen gleichzeitig in mehrere Streifen. Weitere Formen sind **Kreis-** und **Kurven-S.** In Hüttenwerken werden Warmwalzerzeugnisse mit der **Warm-S.** geschnitten **(Block-, Brammen-** und **Knüppel-S.).** – Die S. ist in Europa in der Latènezeit nachweisbar. In der röm. Kaiserzeit trat die zweigliedrige S. in der heutigen Form, im 14. Jh. die Scharnierschere erstmals auf (Bild S. 559). **2)** Greifwerkzeuge am vordersten Beinpaar mancher Krebstiere (z. B. Hummer) und an den Kiefertastern mancher Spinnentiere (z. B. Skorpion). **3)** Gabeldeichsel bei einem Kutschwagen. **4)** →Nürnberger Schere. **5)** Turnen: eine Übung am Seitpferd, bei der die seitwärts schwingenden, gestreckten Beine auf dem Höhepunkt des Schwingens ihr Vorlings-Rücklings-Verhalten zum Gerät ändern. **6)** Wirtschaft: →Preisschere.

schẹren [ahd.]. *ich* **schẹre** (habe geschert), **1)** (auch: habe geschoren) *ihn, es,* schneide ihm davon ab (Haare, Wolle): *ich schere ihm den Bart,* schneide die Barthaare kurz oder ab. **2)** Weberei: winde die Kettfäden auf eine runde Walze, den **Scherbaum,** auf. **3)** entferne hervorstehende Faserenden, Knoten u. ä. von der Oberfläche fertiger Stoffe; auf der **Schermaschine** geschieht das mit Hilfe sich drehender Messerzylinder. **4)** *mich um ihn, etwas,* kümmere mich darum: *das schert ihn wenig; darum werde ich mich den Teufel scheren,* Ü das ist mir völlig gleichgültig. **5)** *scher dich fort, weg, heim, zum Teufel!,* Ü geh weg, fort mit dir! *ich* **schẹre ab, 1)** (auch: habe geschoren) *es,* schneide ab. **2)** *es schert ab,* ⊙ ein Werkstoff bricht durch Überschreitung der kritischen Schubspannung (→Scherung). *ich* **schẹre aus, 1)** *es,* ⚓ ziehe heraus, wechsle aus (Tauwerk). **2)** *ein Fahrzeug schert aus* (ist ausgeschert), weicht von der bisherigen Spur ab. *ich* **schẹre ein, 1)** *es,* ziehe Tauwerk in die Blöcke. **2)** (bin eingeschert), bringe ein Fahrzeug an die richtige Stelle, z. B. im Geschwader. *ich* **schẹre** *es* **hoch,** hebe die Ruder wegen Wellengangs höher. *der* **Schẹrer,** *-s/-,* **1)** ꝏ Bader, Wundarzt. **2)** Schaf-, Tuchscherer. *die* **Schererẹi,** *-/-en, meist Pl.,* Ü Unannehmlichkeit, Mühe. **Schẹrgang,** ⚓ oberste Planke der Schiffshaut unterm Oberdeck.

Schẹrenbahn, Kegelsport: Bahn, deren Aufsatzbohle durch die zunächst 35 cm breite ›Scherenbohle‹ fortgesetzt wird, die sich bis zum Abschlußbalken auf 125 cm verbreitert.

Schẹrenfernrohr, binokulares Prismenglas mit unabhängig voneinander schwenkbaren Rohren. Als militär. Beobachtungsgerät dient es bes. für Beobachtungen über Deckungen hinweg. Bei weit auseinanderliegenden Objektiven ist ein Sehen mit verstärktem räuml. Eindruck möglich. (Bild S. 559)

Schẹrenschnabel, Rhynchops, den Möwen verwandte Vogelgatt. Die S. tauchen den Oberschnabel weit überragenden Unterschnabel beim Beuteflug ins Wasser; je eine Art in Amerika, Afrika **(Braunmantel-S., Rhynchops flavirọstris),** Indien.

Schẹrenschnitt, →Schattenbild.

Schẹrer, Wilhelm, Germanist. *Schönborn (NÖ) 26. 4. 1841, †Berlin 6. 8. 1886, Prof. in Wien, Straßburg, Berlin. S. versuchte, sprachl. und literar. Erscheinungen als Glieder einer lückenlosen Kette von Ursache und Wirkung zu erkennen und wollte Dichtung von den Komponenten des Erlebten, Erlernten und Ererbten her verstehen. – HW: Geschichte der dt. Literatur (1883).

Scherf [zu Scherbe] *der, -(e)s/-e,* **Scherflein** *das, -s/-,* alte Scheidemünze: *ich trage mein Scherflein dazu bei,* Ü gebe eine bescheidene Gabe.

Schẹrgang, bei Holzschiffen die oberste Planke, bei Stahlschiffen der oberste Plattengang der Außenhaut, der mit dem Oberdeck (Festigkeitsdeck) verbunden ist.

Schẹrge [ahd. ›Anführer einer Schar‹] *der, -n/-n,* **1)** ꝏ Henker, Gerichtsdiener. **2)** käuflicher Verräter.

Scheri'a, Scheria [türk.], **Schari'a** [arab.] *die, -,* **Scheriatrecht,** das auf Mohammed zurückgehende, alle Lebensbereiche wie Ehe, Familie, Erbschaft, wirtschaftl. Angelegenheiten und innere wie äußere Sicherheit der Gemeinschaft erfassende Gesetz des Islam. Die S. ist zugleich relig. und staatl. Recht. Seit dem 11. Jh. gliedert sich die S. in 4 Schulrichtungen **(Hanefiten, Malikiten, Schafiiten** und **Hanbaliten).** Im 20. Jh. haben mehrere Staaten bes. das Familien- und Erbrecht kodifiziert (so Tunesien 1957, Irak 1959). Voll in Kraft ist die S. noch in Saudi-Arabien, Jemen und Afghanistan; neuderdings setzt auch in Iran und in Pakistan eine Islamisierung des Rechts ein. Die Rechtsprechung üben **Scheriatgerichte** aus, in denen der →Kadi die Urteile fällt.

Schẹria, die Insel der →Phäaken.

Scheriat el-Kebir, arab. Name des →Jordans.

Scherif [arab. ›erhaben‹, ›edel‹] *der, -s/-s* oder *-en/-e(n), Pl.* auch *Aschraf* oder *Schurafa, marokkanisch Schorfa,* Titel der Nachkommen Mohammeds, die vom 10. Jh. bis 1924 in Mekka, seit dem 16. Jh. auch in Marokko herrschten.

Schering AG, Berlin (West)/Bergkamen, Unternehmen der pharmazeutischen und chemischen Industrie; gegründet 1871.

Schermaus, die →Wasserratte.

Schermbeck, Gem. im Kr. Wesel, NRW, (1984) 12000 Ew.; Ziegel-Ind., Beton-, Terrazzo-Werke, Kiesbaggereien.

scherp, *schweizer.:* trocken, hart, spröde.

Scherpilzflechte, Hautpilzkrankheit (→Trichophytie).

Scherr, Johannes, Kultur- und Literarhistoriker, * Hohenrechberg (bei Schwäbisch Gmünd) 3. 10. 1817, † Zürich 21. 11. 1886, emigrierte wegen seiner großdt. Einstellung 1849 in die Schweiz (1860 Prof. in Zürich). S. schrieb ›Allgemeine Geschichte der Literatur‹, 2 Bde. (1851), ›Dt. Kultur- und Sittengeschichte‹, 3 Bde. (1852/53), ›Novellenbuch‹, 10 Bde. (1873/74).

Scherrer, Paul, Physiker, * St. Gallen 3. 2. 1890, † Zürich 25. 9. 1969, war seit 1920 Prof. an der Eidgenöss. TH Zürich, entwickelte mit P. Debye das →Debye-Scherrer-Verfahren.

Schertlin von Burtenbach, Schärtlein von Burtenbach, Sebastian, Landsknechtsführer und Feldhauptmann, * Schorndorf 12. 2. 1496, † Augsburg 18. 11. 1577, diente im Heer des Schwäb. Bundes, wurde 1530 Feldhauptmann von Augsburg, führte im Schmalkald. Krieg die oberdt. Truppen gegen den Kaiser. 1548 ging er in frz. Dienste, wurde daraufhin geächtet, 1553 vom Kaiser begnadigt.

Scherung *die, -/-en,* **1)** △ flächentreue Abbildung der Ebene auf sich. **2)** ⚙ **Gleitung, Schub,** die Verformung eines (an seiner Grundfläche festgehaltenen) elast. Körpers ohne Volumenänderung durch tangential an den Ober- bzw. Seitenflächen angreifende Kräfte. Die dadurch im Innern des Körpers auftretende **Schubspannung (Scherspannung)** ist der Formänderung proportional. Der Proportionalitätsfaktor heißt **Scherungs-, Schub** oder **Torsionsmodul** (→Elastizität), sein Kehrwert **Schubkoeffizient (Schubzahl).** Ein Sonderfall der S. ist die **Torsion** oder **Drillung** eines Zylinders. Sobald bei einer best. Beanspruchung die **kritische Schubspannung** erreicht wird, beginnt der Werkstoff zu fließen (→fließen); erreicht sie die **Schubfestigkeit,** so gibt es einen **Gleitbruch** (Abscheren des Werkstoffs), falls nicht schon vorher die größte Normalspannung die Trennfestigkeit erreicht hat **(Trennungsbruch).**

Scherz [mhd.] *der, -es/-e,* Äußerung fröhl. Laune, Spaß; Äußerung, die nicht ernst gemeint ist: *ich habe das bloß zum S. gesagt. ich* **scherze** *(mit ihm),* mache Scherze. *Adj.* **scherzhaft.**

Scherz(e)l [ital. Lw.] *das, -s/-(n), oberdt.:* Anschnitt und Endstück vom Brot.

Scherzgeschäft, nicht ernstlich gemeinte Willenserklärung, die in der Erwartung abgegeben wird, der Mangel der Ernstlichkeit werde erkannt; sie ist nichtig, verpflichtet aber unter Umständen zum Schadensersatz (§§ 118, 122 BGB); z. B. S. zum 1. April, wobei erwartet wird, daß der Vertragspartner den Scherz erkennt.

Scherzo [sk-, ital. ›Scherz‹] *das, -s/-s* oder *... zi,* ♪ lebhaft bewegtes Musikstück von meist heiterer Grundhaltung, in der Form Hauptsatz-Trio-Hauptsatz, von Beethoven an Stelle des Menuetts in die Sonate (Sinfonie, Streichquartett) als 2. oder 3. Satz eingeführt; auch als selbständiges Stück, meist für Klavier, z. B. von F. Chopin, J. Brahms. **scherzando** [sk-], **scherzoso** [sk-], musikalische Vortragsbezeichnung: scherzend, tändelnd.

Schesaplana *die,* **Scesaplana** [ʃeza-], mit 2965 m der höchste Gipfel des Rätikons. Auf der Nordseite liegt der Lünersee (1970 m) mit Stauanlage.

Scheschuppe *die,* litauisch **Šešupė** [ʃɛʃ'upe:], linker Nebenfluß der Memel, 278 km lang, mündet oberhalb von Ragnit.

Schese [frz. von chaise] *die, -/-n, bes. schweizer.:* Chaise, Postkutsche, Extrapost. *ich* **schese** (bin geschest), Ú eile.

Scheu [mhd.] *die, -,* Bangigkeit, Furcht; Ehrfurcht: *sie schwieg aus S.; ohne S.,* dreist, unverzagt. **scheu, 1)** ängstlich, schüchtern, zurückgezogen. **2)** erregt, wild: *ein Pferd wird scheu. ich* **scheue, 1)** *ihn, es,* fürchte: *er scheut keine Arbeit.* **2)** *mich vor ihm, vor einer Tat,* habe Angst, Bedenken, schüchterne Ehrfurcht. **3)** *ein Pferd scheut,* geht durch, wird wild.

Scheuch, Erwin Kurt, Soziologe, * Köln 9. 6. 1928, seit 1964 Prof. ebd.; bemüht sich um die Anwendung und Weiterentwicklung der empir. Methoden der Sozialforschung und die Entwicklung einer Theorie der Industriegesellschaft.

scheuchen [von scheu]. *ich* **scheuche, 1)** *ihn, es,* jage vor mir her, treibe fort (Vieh). **2)** *oberdt.:* scheue. *die* **Scheuche,** *-/-n,* Schreckbild für Vögel: *Vogelscheuche.*

Scheuchzer, Johann Jakob, Naturforscher, * Zürich 2. 8. 1672, † ebd. 23. 6. 1733, beschrieb fossile Pflanzen und Tiere, erforschte als erster das schweizer. Hochgebirge.

Scheuer [ahd.] *die, -/-n, oberdt.:* Scheune.

Scheuerkraut, ein →Schachtelhalm.

Scheuerleiste, 1) ⚓ rund um Boote und kleine Schiffe laufendes, z. T. mit Flach- oder Halbrundeisen beschlagenes Holz zum Schutz beim An- und Ablegen. **2) Fußleiste,** Leiste, die den Raum zw. Fußbodenbelag und Wand deckt, schützt diese beim Reinigen des Bodens.

Scheuermannsche Krankheit [n. dem dän. Röntgenologen H. W. Scheuermann, * 1877, † 1960], **juvenile Kyphose, Adoleszentenkyphose,** eine bereits vor dem 10. Lebensjahr beginnende Wirbelsäulenerkrankung, deren Ursachen noch nicht geklärt sind. Durch Schwund der Zwischenwirbelscheiben und später durch keilförmige Deformierung der Wirbelkörper, die auch erhebl. Schmerzen verursacht, nimmt die Versteifung der Brustwirbelsäule und Bildung eines →Buckels 1) immer mehr zu. Frühzeitige Erkennung und Behandlung zur Haltungsstabilisierung sind daher wichtig.

Scheuermittel, →Reinigungsmittel.

scheuern [mhd. schiuren]. *ich* **scheu(e)re, 1)** *es,* reinige durch kräftiges Reiben. **2)** *mich an etwas,* reibe mich. **3)** *es scheuert,* reibt: *der Schuh scheuert den Fuß wund. ich* **scheu(e)re** *es* **ab,** entferne durch Reiben. *ich* **scheu(e)re** *mich, es mir* **auf,** reibe wund: *aufgescheuerte Fersen.*

Scheuklappe, Scheuleder, Blende, seitlich am Kopfgestell des (Kutsch-)Pferdes (BILD Zaum); *ein Mensch mit Scheuklappen,* Ú mit engem geistigen Horizont.

Scheune [ahd.] *die, -/-n,* **Scheuer,** landwirtschaftl. Gebäude, in dem Getreide, Stroh, Heu u. a. aufbewahrt werden, meist mit 2 gegenüberliegenden Toren **(Hof-S.).** Der Raum zw. den Toren **(Tenne)** diente früher zum Be- und Entladen sowie zum Aufstellen der Dreschmaschine. Neben der Tenne lag die →Banse. Moderne S. sind mit Fördergeräten und Lüftungsanlagen ausgestattet. **Feld-S.** dienen auch zur vorübergehenden Unterbringung von Gemüse, Obst und Ackergeräten.

Scheusal [zu scheuen] *das, -s/-e,* Ú auch *...säler,* **1)** verabscheuenswerter Unhold, Verbrecher. **2)** abstoßend häßlicher Mensch.

scheußlich [mhd., von scheuen], **1)** abscheulich, häßlich, gemein, grausam, ekelhaft. **2)** Ú unangenehm, sehr: *scheußliches Wetter. Subst. die* **Scheußlichkeit,** *-/-en.*

Scheveningen [sx'e:vənɪŋə], Seebad und Fischerhafen in den Niederlanden, gehört zu →Den Haag.

Schewtschenko, Ševčenko, Taras Hryhorowytsch, ukrain. Nationaldichter, * Morinzy (Gouv. Kiew) 9. 3. 1814, † St. Petersburg 10. 3. 1861, Sohn eines Leibeigenen, später von Freunden freigekauft. S.s Lyrik verwendet Stilmittel des ukrain. Volkslieds. In seinen polit. Gedichten setzt S. sich für die Befreiung der Leibeigenen und für die nat. Freiheit der Ukraine ein. Seine romant. Poeme verherrlichen die Geschichte der ukrain. Kosaken. S. war auch ein bed. ukrain. Maler. Die Thematik seiner Gemälde und Graphiken deckt sich oft mit der seiner dichter. Werke.

Schi *der, -s/Sch'i|er* oder *-,* eingedeutscht für →Ski.

Schi'a [arab. ›Partei‹] *die, -,* **Schi'at Ali** [›Partei Alis‹], im Islam die →Schi'iten.

Schiaparelli [skja-], Giovanni Virginio, ital. Astronom, * Savigliano (Piemont) 14. 3. 1835, † Mailand 4. 7. 1910, Dir. der Sternwarte ebd., widmete sich bes. der Marsforschung; die von ihm entdeckten ›Mars-Kanäle‹ erwiesen sich als opt. Täuschungen. S. wies auf die Verwandtschaft zw. Kometen und Sternschnuppen hin.

Schibboleth [hebr. ›Ähre‹] *das, -s/-e* oder *-s,* nach Richter 12, 5 f. das Wort, an dessen abweichender Aussprache (Sibboleth) die Gileaditer die feindl. Ephraimiter erkannten; Ú Erkennungszeichen, Losungswort.

Schibicke [aus slaw.] *die, -/-n, mitteldt.:* ⚘ Schwarzer →Holunder.

Schibin el-Kom, Stadt im Nildelta, Ägypten, (1976) 102800 Ew.; Univ.; Verarbeitung von Baumwolle und Tabak.

Schicht [mhd.] *die, -/-en,* **1)** geordnete Lage gleichartiger Stoffe, die über- oder hintereinanderliegen; Kruste, Überzug: *eine S. Staub.* **2)** 🌐 durch Sedimentation entstandener plattiger Gesteinskörper von großer seitl., aber geringer senkrechter Ausdehnung. **3) soziale S.,** die Gliederung einer Personengruppe nach gemeinsamen sozialen Merkmalen (Beruf, Einkommen u. a.). Die Erforschung der Struktur der sozialen Schichtung hat zum Modell der Schichtungspyramide geführt, deren Aufbau im wesentl. das Schema Oberschicht - Mittelschicht - Unterschicht zugrunde liegt. Die Abgrenzung zwischen S. und Klasse ist nicht immer eindeutig durchgeführt; z. T. werden beide Begriffe gleichbedeutend verwendet. **4)** die tägl. Arbeitszeit des Industrie-, bes. des Bergarbeiters: *er verfährt eine S.,* ⚒ fährt zu einer Arbeitszeit ins Bergwerk ein; *er macht S.,* Ú macht Feierabend. **schichtig,** aus versch. S. bestehend. **Schichtlohn,** ein Zeitlohn, der Tageslohn im Bergbau. **Schichtwechsel,** Ablösung nach Beendigung der S. *ich* **schichte** *etwas (auf),* lege in S. übereinander: *ich schichte Holz.*

Schicht|arbeit, Arbeitsturnus mit regelmäßigem, meist einwöchigem Wechsel zw. Vormittagsarbeit (Frühschicht), Nachmittagsarbeit (Spätschicht) und Nachtarbeit (Nachtschicht). S. ist i. d. R. heute mit tariflich festgelegten Erholungszeiten verbunden. Nachtschicht ist für Frauen und Jugendliche nur mit Einschränkungen erlaubt. Vom arbeitsmedizin. Standpunkt aus gesehen, stellt die S. ein Gesundheitsrisiko dar.

Scherbenkobalt, derb (Sankt Andreasberg, Harz)

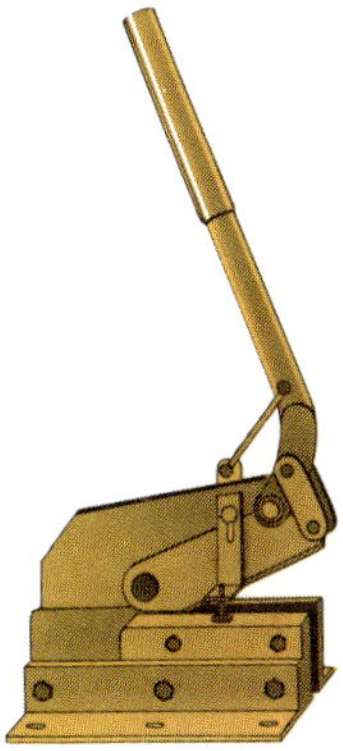

Schere 1): Handhebelschere

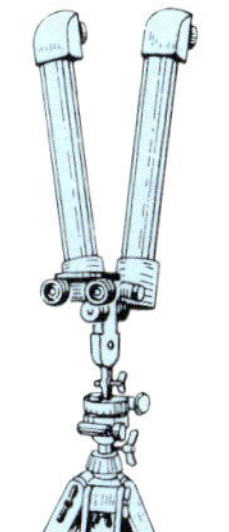

Scherenfernrohr

Taras Schewtschenko

Schicht|aufnahmeverfahren, →Tomographie.

Schichtenkunde, Stratigraphie, Teil der histor. Geologie, der die Schichten nach ihrer zeitl. Entstehung mit Hilfe von Fossilien oder nach petrograph. Methoden ordnet. (→geologische Systeme)

Schichtflut, bei kräftigen Platzregen in sonst niederschlagsarmen Gebieten (trockene Subtropen, wechselfeuchte Tropen) flächenhaft abströmende, schlammbeladene Wassermassen, in extremen Fällen bis 20 cm Höhe, mit stark abspülender Wirkung.

Schichtgesteine, ⊕ die →Sedimentgesteine.

Schichtgitter, Schichtstrukturen, Kristallgitter, in denen die chem. Einzelbausteine schichtenweise angeordnet sind; der Zusammenhalt ist innerhalb der Schichten stets stärker als zw. diesen, z. B. bei Graphit.

Schichtholz, ein →Lagenholz.

Schichtladung, eine motorinterne Maßnahme, die unter Beibehaltung eines günstigen Kraftstoffverbrauchs die Abgasemission von Ottomotoren verbessert. Da Luft-Kraftstoff-Gemische mit Luftüberschuß geringe schädl. Abgasanteile enthalten, werden solche mageren, nicht mehr zündfähigen Gemische getrennt von einem fetten Gemisch dem Brennraum des Zylinders in einer Art Schichtung zugeführt. Das fette Gemisch wird gezündet, dessen Flammenfront entzündet das magere Gemisch. S. ist möglich in einem ungeteilten Brennraum, in dem das fette Gemisch an der Zündkerze konzentriert ist, oder in einem unterteilten Brennraum mit Nebenkammer, der die Zündkerze und ein 3. Ventil zugeordnet sind **(zweistufige Verbrennung).**

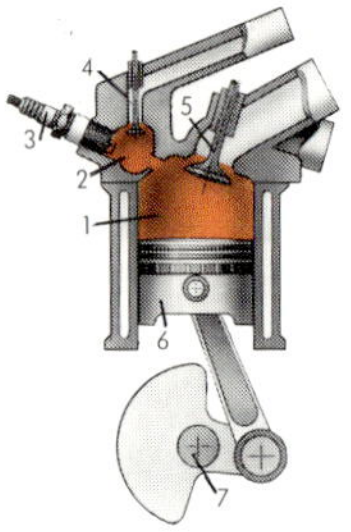

Schichtladung: mit unterteiltem Brennraum für zweistufige Verbrennung. 1 Hauptbrennraum, 2 Nebenbrennraum, 3 Zündkerze, 4 Einlaßventil für Nebenbrennraum, 5 Einlaßventil für Hauptbrennraum, 6 Kolben, 7 Kurbelwelle

Schichtlini|en, ⊕ die →Höhenlinien.

Schichtlücke, ⊕ Ausfall von geolog. Schichten in einem stratigraph. Verband infolge fehlender Sedimentation **(Sedimentationslücke),** Abtragung **(Erosionslücke)** oder tekton. Bewegungen **(Diskordanz).**

Schichtpanzerung, auch **Sonderpanzerung, Schott-Panzerung, Chobham-Panzerung** [tʃ'ɔbhæm-, engl.], moderner Schutz für Kampfpanzer, bei dem die herkömmliche Panzerung aus homogenem Gußstahl durch einen energieabsorbierenden Schichtaufbau der Panzerung ersetzt wird, z. B. Leichtmetalle, Keramik, Stähle und Luftzwischenschichten mit unterschiedl. Zähigkeits- und Dichtewerten. Amerikan., brit. und sowjet. Panzer sowie der →Leopard 2) verfügen über S.

René Schickele (aus einem Gemälde von F. Rhein, 1925)

Schichtstoffe, Laminate, aus einzelnen miteinander verbundenen Lagen hergestellte, meist plattenförmige Werkstoffe, z. B. Lagenholz, Schichtpreß-, Verbundwerkstoffe, Sicherheitsglas.

Schichtstufen, ⊕ Geländestufen, die durch Abtragung von übereinanderliegenden härteren (z. B. Sand- und Kalkstein) und weicheren (z. B. Ton- und Mergelstein) Schichten entstanden sind, in Dtl. z. B. das →Schwäbisch-Fränkische Stufenland.

Schichtstufen: Schichtstufe des Keupersandsteins am Rand des Waldenburger Berglandes

Schichtung *die, -/-en,* **1)** Aufbau in versch. Schichten; Gliederung, z. B. vertikale Verteilung meteorolog. Parameter in der Atmosphäre. **2)** ⊕ die schichtförmige Lagerung von Gesteinen im Aufbau der Erdrinde, bes. von Sedimentations- oder Schichtgesteinen und vulkan. Tuffen. S. entsteht durch Änderung der Ablagerungsbedingungen.

Schichtvulkan, Stratovulkan, Asche und Lava fördernder, kegelförmiger Vulkan aus Lavalagen und Tuffschichten.

Schichtwiderstand, ⚡ →Widerstand.

Schichtwolken, Form der →Wolken.

schick [frz. chic, rückgebildet aus ›sich schicken‹], **1)** der Mode entsprechend, elegant, geschmackvoll: *ein schickes Kleid; sie zieht sich immer s. an.* **2)** U fein, erfreulich: *s., daß du kommst. der* **Schick,** *-s,* **1)** Eleganz, modische Feinheit, feines Auftreten. **2)** Geschicklichkeit, Eignung.

Schick, Gottlieb, Maler, *Stuttgart 15. 8. 1776, †ebd. 11. 4. 1812, Schüler der Karlsschule und 1798–1802 von J. L. David in Paris, lebte dann bis 1811 in Rom. Sein Werk zeigt bibl. und mytholog. Themen in klassizist. Stil; bed. Bildnisse.

Gottlieb Schick: Heinrike Dannecker, 1802 (Stuttgart, Staatsgalerie)

Schickedanz-Gruppe umfaßt die Handelsgruppe, deren Kern das Großversandhaus →Quelle ist, die Industriegruppe mit Kern Vereinigte Papierwerke Schickedanz & Co., Abk. VP, Nürnberg, die Noris Bank GmbH, Nürnberg, Foto-Quelle, Nürnberg; 1979 wurde die ›Gustav und Grete Schickedanz-Stiftung‹ errichtet.

Schickele, René, Schriftst., *Oberehnheim (Elsaß) 4. 8. 1883, †Vence bei Nizza 31. 1. 1940, gab während des 1. Weltkrieges in Zürich die pazifistisch-expressionist. ›Weißen Blätter‹ heraus, lebte 1920–32 in Badenweiler, dann als Emigrant in Frankreich. Als Sohn eines Deutschen und einer Französin suchte S., den von ihm angestrebten Ausgleich zw. frz. und dt. Geist dichterisch zu gestalten; Romane (Trilogie ›Das Erbe am Rhein‹, 1925–31), Erz., Dramen (›Hans im Schnakenloch‹, 1916), Lyrik und Essays.

schicken [mhd. ›einrichten‹, ›ordnen‹]. *ich* **schicke, 1)** *ihn irgendwohin, nach ihm,* sende; befehle zu gehen; trage auf zu kommen: *er schickt um Geld, nach dem Arzt.* **2)** *es ihm,* lasse zukommen, lasse bringen: *ich schicke ihm ein Buch.* **3)** *mich in etwas, darein,* Ü füge mich, bin ergeben: *sie schickte sich in ihr hartes Los.* **4)** *mich für etwas,* eigne mich. **5)** *es schickt sich (nicht),* gehört, gebührt sich (nicht). *ich* **schicke** *es* **ab,** sende ab, weg: *ich habe den Brief nicht abgeschickt. ich* **schicke** *mich zu etwas* **an,** beginne; fange an, etwas zu tun: *ich hatte mich gerade angeschickt, das Haus zu verlassen, als es läutete. ich* **schicke** *ihn* **aus,** sende ihn zu einem best. Zweck auf den Weg: *ich hatte ihn ausgeschickt, dich zu suchen. ich* **schicke** *es* **ein,** sende etwas an eine Firma. *ich* **schicke voraus, 1)** *ihn, es,* lasse vorher gehen. **2)** *es,* Ü sage zuvor: *ich muß meiner Rede folgendes vorausschicken. ich* **schicke** *es ihm* **zu,** übersende, lasse bringen. *die* **Schickung,** *-/-en,* Schicksal.

Schickeria [zu Schick] *die, -,* U versnobte Gesellschaftsschicht.

schicklich, geziemend, passend, nach Sitte und Brauch. *Subst. die* **Schicklichkeit,** -.

Schicksal *das, -s/-e,* **1)** das, was dem Menschen widerfährt; Los, Geschick: *er hat ein schweres S.* **2)** *ohne Pl.,* die Macht, die den Lebensweg des Menschen lenkt; Fügung. **schicksalhaft,** unabwendbar, vorherbestimmt.

Schicksals|analyse, (Ps) von L. Szondi im Anschluß an S. Freud und C. G. Jung entwickeltes tiefenpsycholog. Heilverfahren; durch Analyse von Lebenslauf, Familie, Sozialverhältnissen wird der ›Lebensplan‹ erforscht, nach dem das ›familiäre Unbewußte‹ die Wahl der schicksalshaften Lebensmomente bestimmt: fehlerhafte Wahlhandlungen sucht man durch therapeut. Maßnahmen zu korrigieren.

Schicksalsgöttinnen, die Moiren (→Moira), →Nornen.

Schicksals|tragödi|e, eine Art der →Tragödie.

schicksam, *nd.:* schicklich, passend.
Schickse [hebr. ›Greuel‹, Bez. der Juden für ein Christenmädchen] *die, -/-n,* U dumme, aufdringliche weibliche Person.
Schidsuoka, Stadt in Japan, → Shizuoka.
Schiebebühne, **1)** Theater: Verschiebebühne, → Bühne. **2)** Eisenbahn: brückenartige, in Querrichtung verschiebbare Plattform mit Gleis zum Umsetzen von Schienenfahrzeugen auf Parallelgleise.
schiebefestmachen, Textilveredlung: die Fadenlage bei lose eingestellten Geweben durch klebende Appreturmittel fixieren, um dadurch das Gewebebild zu erhalten.
schieben [ahd.]. *ich* **schiebe** (habe geschoben), **1)** *es, ihn, mich,* setze in Bewegung, drücke vorwärts, rücke, lasse weitergleiten: *er schob den Wagen vor sich her.* **2)** *es, mit etwas,* U tätige unsaubere Geschäfte, handele auf dem schwarzen Markt: *nach dem Krieg hat er (mit) Butter und Kaffee geschoben.* **3)** *ihn,* U fördere, bes. in nicht ganz sauberer Weise. **4)** *es auf ihn, auf etwas,* U erkläre ihn, es für verantwortlich: *er schiebt mir die Schuld in die Schuhe,* U will mich dafür verantwortl. machen. **5)** *es,* Ü verschiebe, schiebe auf: *er schiebt alles auf die lange Bank.* **6)** *mich durch, in etwas,* dränge mich ein. **7)** *es schiebt,* 🦌 wächst (Geweihe, Zähne, Blätter). **8)** *es,* U für besondere Bewegungen: *er muß Wache, Posten schieben,* stehen; *ich schiebe Kohldampf,* habe Hunger. **9)** (bin geschoben), U gehe lässig. *ich* **schiebe ab, 1)** *ihn, es,* suche loszuwerden, schicke fort: *die Polizei schiebt unerwünschte Personen ab.* **2)** *es auf ihn, etwas,* wälze ab: *er schiebt gern die Verantwortung auf andere ab.* **3)** (bin abgeschoben), U gehe fort: *schieb ab! ich* **schiebe** *einen Wagen* **an,** bringe in Schwung. *ich* **schiebe** *es* **auf, 1)** öffne durch Schieben. **2)** Ü verschiebe, verzögere: *ich muß meine Reise aufschieben. ich* **schiebe** *ihn, es* **ein,** bringe dazwischen. *ich* **schiebe** *es* **unter, 1)** *etwas,* schiebe darunter. **2)** *ihm,* Ü unterschiebe. *ich* **schiebe vor, 1)** *es, ihn,* rücke vor: *die Posten wurden bis an den Fluß vorgeschoben.* **2)** *es,* Ü gebe vor, nenne als Grund: *er schob eine Erkältung als Grund für sein Fernbleiben vor. ich* **schiebe** *es* **zu, 1)** schließe durch Schieben. **2)** *ihm,* Ü mache ihn verantwortlich: *er wollte mir die Schuld zuschieben.* **Schiebedach,** ein Verdeck von Kraftwagen, das geöffnet werden kann. **Schieb(e)karre,** Schubkarre, einrädriger Karren, den man schiebt. **Schiebkasten, Schieblade,** seltener für: Schublade. *die* **Schiebung,** *-/-en,* **1)** unsauberes Geschäft. **2)** Bevorzugung, unredliches Zusammenarbeiten. **3)** Kristallographie: plast., bruchlose Verformung eines Kristalls.
Schieber *der, -s/-,* **1)** ⚙ ein Absperrorgan für Rohrleitungen, bei dem durch Bewegung senkrecht zur Rohrachse der Durchfluß reguliert wird; Ausführungsformen: **Kolben-S., Muschel-S., Flach-S., Oval-S.** Kugel- und Ring-S. sind eigtl. keine S., sondern Ventile. **2)** U gewissenloser Geschäftemacher, Schwarzhändler. **3)** Eßgerät für kleine Kinder. **4)** U Onestep.
Schiebe|register, engl. **Shift Register** [ʃɪft-], elektron. Schaltung aus mehreren → Flipflops, die so hintereinandergeschaltet sind, daß bei einem Taktimpuls eine Stufe stets den Signalzustand ihres Vorgängers vor dem Takt annimmt. Bei jedem Taktimpuls verschiebt sich die im vorangehenden Flipflop gespeicherte Information (1 Bit) um eine Stelle weiter. S. werden zur Parallel-Serien- oder Serien-Parallel-Umsetzung, als Ringzähler und Speicherregister benutzt.
Schieberpilz, Erdschieber, ein Milchling (→ Reizker).
Schieblehre, Schublehre, ein Längenmeßwerkzeug mit 2 Meßschnäbeln zur Messung von Außen- und Innendurchmessern, Materialdicken, Abständen usw., stets mit → Nonius zur Erhöhung der Ablesegenauigkeit ausgerüstet.
schiech, *bair., österr.:* **1)** häßlich. **2)** zornig.
Schied *der, -s/-e,* karpfenartiger Fisch, → Rapfen.
Schiedam [sxi:d'am], Stadt in der Prov. Südholland, Niederlande, (1982) 72 900 Ew., westlich von Rotterdam, an dessen Hafenanlagen S. Anteil hat; nat. Spirituosen-Mus.; Zentrum der Genever-Herstellung, Schiff-, Kran- und Stahlbau, Maschinen-, Glas-, chem. Industrie.
Schieder, Theodor, Historiker, * Oettingen 11. 4. 1908, † Köln 8. 10. 1984, 1942–45 Prof. in Königsberg, seit 1948 in Köln.
HW: Das dt. Kaiserreich von 1871 als Nationalstaat (1961); Gesch. als Wissenschaft (1965); Staatensystem als Vormacht der Welt, 1848–1918 (1978). – Hg.: Histor. Ztschr. (seit 1957); Hb. der europ. Gesch. (7 Bde., 1968 ff.).
Schieder-Schwalenberg, Stadt im Kr. Lippe, NRW, (1984) 8 300 Ew.; heilklimat. Kurort im Weserbergland; Holz- und Textilindustrie.
schiedig [von scheiden], *schweizer.:* schnell, leicht. **schiedlich,** ☙ ohne Streit, nach Schiedsspruch.
Schiedsgerichtsbarkeit, ⚖ **1)** Zivilrecht: Verfahren, in dem eine privatrechtl. Streitigkeit durch ein **Schiedsgericht,** das von den Beteiligten durch **Schiedsvertrag** bestellt wurde, an Stelle des staatl. Gerichts entschieden wird. Der Schiedsvertrag ist nur zulässig in Streitfällen, über die die Parteien einen Vergleich schließen können. Er bedarf i. d. R. der Schriftform. Der **Schiedsspruch** hat für die Parteien die Wirkung eines rechtskräftigen gerichtl. Urteils, kann aber erst nach Beschluß des zuständigen Gerichts vollstreckt werden (§§ 1025 ff. ZPO). Das Schiedsverfahren wird oft gewählt, weil es schneller und billiger als die ordentl. Gerichte ist, wenn deren Rechtsmittelzug ausgeschöpft wird, und weil die Schiedsrichter für schwierige wirtschaftl. Fragen sachverständiger sind. Auch der vor den Schiedsgerichten übl. Ausschluß der Öffentlichkeit ist oft für die Wahl eines Schiedsgerichts von Bedeutung. Erhebl. Vorteile bietet die S. im grenzüberschreitenden (internationalen) Zivilrechtsverkehr. – In der Dt. Dem. Rep. ist das Schiedsgericht als Schiedskommission eine der in der Verfassung vorgesehenen Formen gesellschaftl. Gerichte. Auch in Österreich und der Schweiz ist die S. gebräuchlich. **2) internationale S.,** Verfahren zur Entscheidung von Streitigkeiten zw. verschiedenen Staaten durch Schiedsgerichte. Die S. wurde früher für den Einzelfall vereinbart, dann in Handelsverträgen vorgesehen **(Schiedsklausel)** und schließlich durch selbständige allg. **Schiedsabkommen** geregelt (z. B. britisch-frz. Abkommen 1903). Einen wesentl. Fortschritt bildete das auf den Haager Friedenskonferenzen von 1899 und 1907 über die Auslegung internat. Verträge u. a. getroffene Abkommen (→ Ständiger Schiedshof). Von der S. des Haager Schiedshofs zu unterscheiden ist die Tätigkeit des → Internationalen Gerichtshofs in Den Haag. Art. 33 der Satzung der UN schreibt vor, daß die Parteien eines den internat. Frieden gefährdenden Streits zunächst eine Lösung durch friedl. Mittel suchen, unter denen der Schiedsspruch bes. aufgeführt ist. Art. 24 GG ermöglicht den Beitritt des Bundes zu Vereinbarungen über eine allgemeine, umfassende, obligatorische, internationale S.
Schiedsgut|achten, ⚖ eine Entscheidung über streitige Tatfragen durch vertraglich zw. den Parteien bestellte Personen (Schiedsgutachter); das Gericht ist an das S. gebunden.
Schiedsmann, ⚖ ehrenamtlich zur gütl. Schlichtung und zu Sühneversuchen bestellte Person der Rechtspflege. Der S. kann beim Fehlschlagen des Sühneversuchs nicht entscheiden. Das Verfahren ist in S.-Ordnungen geregelt.
Schiedsrichter, 1) ⚖ Richter eines Schiedsgerichts. **2)** ⚽ Unparteiischer, der die genaue Einhaltung der sportl. Wettkampfbestimmungen und Spielregeln überwacht. Häufig hat er die alleinige Entscheidungsbefugnis (z. B. bei Mannschaftsspielen). **3)** ✤ bei Truppenübungen Offiziere, die eine Beurteilung über die feindl. Waffenwirkung zu geben haben.
schief [mhd.], **1)** schräg, weder senk- noch waagerecht: *der Tisch steht s.,* neigt sich nach einer Seite; *das Bild hängt s.* **2)** Ü nicht ganz richtig, falsch, verdächtig, argwöhnisch: *dieser Vergleich ist s.,* trifft nicht das Entscheidende; *er ist auf die schiefe Bahn geraten,* hat den moral. Halt verloren; *man hat mich s. angesehen,* U argwöhnisch, neidisch; *die Sache mußte schiefgehen,* U mißglücken, aber: *wegen seiner Verletzung konnte er nur s. gehen,* in gekrümmter Haltung. *Subst. die* **Schiefe, Schiefheit,** -.
Schiefblatt, die Pflanzengattung → Begonie.
schiefe Ebene, ⊠ ungenau für → geneigte Ebene 2).
Schiefer [ahd. ›Gesteinssplitter‹] *der, -s/-,* **1)** 🌐 in dünne ebene Platten spaltbares, v. a. toniges Gestein, oft bewirkt durch eine engständige parallele Klüftung, die die Schichtung quer durchsetzt und tektonisch verursacht sein kann (Ton-S., Dach-S., Tafel-S.). **2)** → kristalline Schiefer. **3)** *oberdt.:* Splitter. *ich* **schief(e)re, 1)** *es, oberdt.:* spalte. **2)** *Erde,* bestreue sie mit zerkleinertem S. (beim Weinbau). **3)** *es schiefert sich,* spaltet sich wie S. **schief(e)rig, 1)** spaltbar, blätternd wie S. **2)** *oberdt.:* mürrisch, reizbar.
Schieferdecker *der, -s/-, oberdt.:* Dachdecker.
Schiefer|öl, → Ölschiefer.
Schiefertafel, Schreibtafel aus Schiefer.
Schieferton, 🌐 diagenetisch verfestigter Ton, der noch quell- und schneidbar ist und nach Schichtebenen spaltet.
Schieferung *die, -/-en,* 🌐 Gefügeeigenschaft v. a. toniger Gesteine, die bewirkt, daß sie entlang engständiger, etwa paralleler und ebener Flächen spaltbar sind. Die S.-Flächen lassen sich bis in mikroskop. Dimensionen nachweisen und sind in ihrer Lage von der verursachenden tekton. Beanspruchung bestimmt. Die S. kann deshalb parallel oder quer (Quer- oder Transversal-S.) zur Schichtung eines Sedimentgesteins verlaufen.
Schiele, Egon, Maler und Zeichner, * Tulln a. d. Donau 12. 6. 1890, † Wien 31. 10. 1918, zeichnete und malte, ausgehend von G. Klimt, Akte und Bildnisse in ornamental betontem Stil, näherte sich später dem Expressionismus O. Kokoschkas.
Schielen [zu scheel] *das, -s,* **Strabismus** *der, -,* Fehlstellung der Augen, bei der die Gesichtslinien beider Augen sich nicht im Fixierpunkt schneiden, sondern einen Winkel (Schielwinkel) miteinander bilden. Das S. kann in jeder Richtung erfolgen, es kann konstant oder nur periodisch auftreten, einseitig oder wechselseitig sein. Die Ursachen können Brechungsfehler, angeborene Entwicklungsstörungen, erworbene Augenkrankheiten u. a. sein. Beim **Begleitschielen (Strabismus concomitans)** bleibt die Stellung beider Augen zueinander gleich, das Schielauge begleitet das fixierende Auge; man unterscheidet zw. Einwärts- und Auswärtsschielen. Die

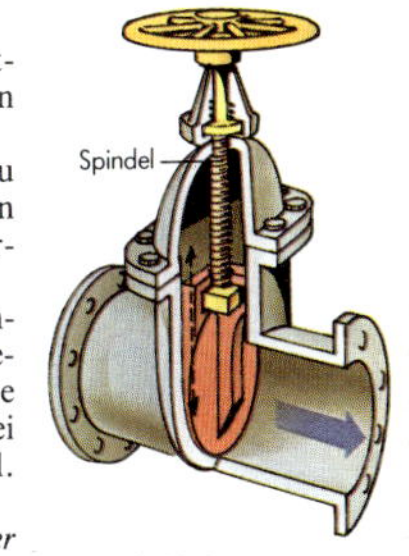

Schieber 1): Flachschieber

Schiefer 1)

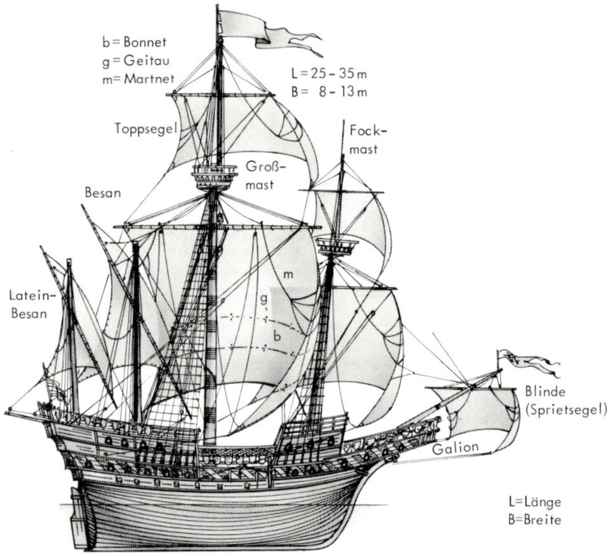

Schiff 1): Spanische Galeone (16. Jh.)

häufigste Form des Begleitschielens, das **Einwärtsschielen (Strabismus convergens),** entsteht meist bei Übersichtigkeit, kann aber auch durch angeborenen Defekt bedingt sein. Wird mit jedem Auge abwechselnd geschielt, fehlt bei guter Sehschärfe das beidäugige Einfachsehen. Das **Auswärtsschielen (Strabismus divergens)** entwickelt sich meist erst im mittleren und höheren Lebensalter, überwiegend bei Kurzsichtigkeit.

B e h a n d l u n g : Das angeborene S. sollte frühzeitig behandelt werden durch ganztägiges und völliges Abdecken des nichtschielenden Auges (Vollokklusion), um so Schwachsichtigkeit des schielenden Auges zu vermeiden. Wird ein größerer Brechungsfehler festgestellt, ist das Tragen einer korrigierenden Brille (Schielbrille) möglichst schon ab 1 1/2 Jahren anzustreben. Oft ist eine Operation (Rück- oder Vorlagerung des Augenmuskels) unumgänglich. Hat sich die Sehschärfe gebessert, ist die Zusammenarbeit beider Augen mit den Methoden der → Orthoptik herbeizuführen.

Das **Lähmungsschielen (Strabismus paralyticus)** kann angeboren oder durch Schädigung (Geschwulst, Verletzung, Tuberkulose, Rheumatismus u. a.) erworben sein; dabei entsteht Doppelsehen, das Schwindel und Brechreiz auslöst. – B e h a n d l u n g : nach Grundkrankheit, ggf. Operation. *ich* **schiele, 1)** habe eine fehlerhafte Augenstellung. **2)** *nach ihm,* Ü blicke ihn von der Seite her an: *er schielt nach seinem Nebenmann,* sucht ihn unbemerkt zu beobachten. *der* **Schieler,** *-s/-,* **1)** jemand, der schielt. **2)** Schiller(wein), → Schiller 1). **schiel(ig),** *nd., mitteldt.:* scheel.

Schiemann [Herkunft unsicher], *nd.:* Matrose. **Schiemannsgarn, 1)** eine Hanfgarnart. **2)** Lügengeschichte.

Schienbein, Unterschenkelknochen (→ Bein).

Schiene [von ahd. scina ›Schienbein‹, eigtl. ›Knochen‹] *die, -/-n,* **1)** ⚙ Vorrichtung zur Führung eines Gegenstandes auf best. Bahn; bes. ein durchlaufender stählerner Träger (→ Schienenstahl), der zur Aufnahme von Radlasten und zur Spurführung von Schienenfahrzeugen (Aufnahme von Seitenkräften) dient. **Eisenbahn-S.,** → Eisenbahnbau; **Straßenbahn-S.** sind Rillen-S., d. h. der Spurkranz der Räder läuft in einer Rille. **Kran-S.** haben zur Aufnahme der hohen Lasten ein besonderes Profil mit niedrigem Steg. **Feldbahn-** und **Gruben-S.** mit kleinerem Profil sind leichter als Eisenbahn-S. **2)** Teil der Rüstung, z. B. Armschiene. **3)** ⚕ Stützvorrichtungen aus festem (Metall, Holz, Gips, Leder) oder biegsamem Material (z. B. Draht) zum Ruhigstellen von Gliedmaßen, bes. bei Knochenbrüchen; **Lagerungs-S.** als Ersatz für Gipsverbände, bes. bei Arm- und Beinbrüchen **(Schalen-S.).** *ich* **schiene** *es,* lege in Schienen, bes. gebrochene Glieder. **Schienenstrang,** Gesamtheit der Schienen, Gleise.

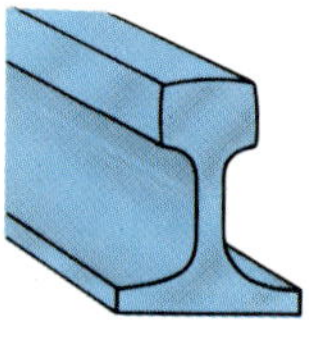

Eisenbahn-Schiene

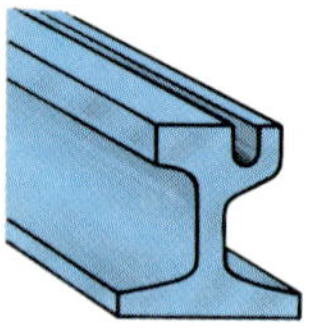

Straßenbahn-Schiene

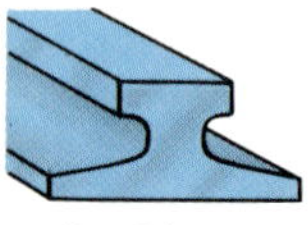

Kran-Schiene

Schiene 1)

Schiff 1): Schrauben-Dampfschiff Great-Britain (1843, erster Eisenrumpf, Glattdecker)

Schienenbahnen, Schienenfahrzeuge, spurgebundene Fahrzeuge aller Art, z. B. Eisenbahnen, Straßenbahnen, Hoch- und Untergrundbahnen, Einschienenbahnen, Schwebezüge.

Schienenbremse, zusätzl. Magnetbremse an elektr. Schienenfahrzeugen; ihre elektrisch erregten Magnete können sich mit großer Kraft auf die Schienen pressen.

Schienen|echsen, Tejus [-ʒ-], **Teiidae,** eine den Eidechsen nahestehende amerikan. Echsenfam.; in S-Amerika leben der bis 1 m lange **Teju** und die kleinere **Ameive.**

Schienenkontakte, Schienenstromschließer, elektr. Kontakte (Impulsgeber) an den Schienen, über die Schienenfahrzeuge auf die Signal- und Betriebssteueranlagen einwirken, z. B. Schalten einer Blinklichtanlage, Stellen eines Signals, Umstellen einer Weiche. S. werden auch zum Achszählen benutzt.

Schienen|omnibus, leichter zweiachsiger → Triebwagen mit unterflur angeordnetem Verbrennungsmotor.

Schienenstahl, zäher Stahl mit hoher Biegebeanspruchung und geringem Verschleiß; Zugfestigkeit: 700–900 N/mm²; Kohlenstoffgehalt 0,4–0,6%, Mangangehalt 0,7–2%.

schier [ahd.], **1)** beinahe; wohl. **2)** *oberdt.:* schnell, bald. **3)** *norddt.:* klar, glatt, schlank, unvermischt, rein: *schieres Fleisch.*

schierig, *alemann.:* **1)** dumm. **2)** frech.

Schierke, Gem. im Kr. Wernigerode, Bez. Magdeburg, etwa 1 100 Ew., am Brocken, im Tal der Kalten Bode, 610 m ü. M.; heilklimatischer Kurort, Wintersportplatz.

Schierling [ahd.] *der, -s/-e,* mehrere Doldenblüter: 1) **Flecken-S.** oder **Tollkerbel (Conium maculatum),** ein- oder zweijährig, bis 2,5 m hoch, mit Mäusegeruch, bläul., feingerilltem, reichästigem, röhrigem Stengel und weißen Blütchen, auf Öd- und Kulturland, an Hecken; giftig durch Coniin. 2) **Wasser-S., Wüterich** oder **Tollkraut (Cicuta virosa),** ausdauernd, bis 1,5 m hoch, mit eiförmigem, sellerieknollenähnl. Wurzelstock, röhrigem, feingerilltem Stengel und weißen Blüten, in oder an ruhigen Gewässern (BILD Giftpflanzen); giftig durch Cicutoxin. 3) **Hundspetersilie, Gleiße** oder **Katzenpeterlein (Aethusa cynapium),** ebenfalls giftig. 4) **Bergkerbel** oder **Berg-S. (Chaerophyllum hirsutum),** auf feuchten Gebirgsmatten Mittel- und S-Europas heimische Staude mit roten bis purpurroten Blüten.

Schierlings|tanne, die → Hemlocktanne.

Schierlingsvergiftung, Vergiftung durch Genuß von Schierlingsarten. Das im Fleckenschierling enthaltene Alkaloid **Coniin** bewirkt von den Beinen her aufsteigende Lähmungen, Übelkeit, Erbrechen, Sinnestäuschungen, Zuckungen und Herzschwäche. Das harzartige **Cicutoxin** des Wasserschierlings verursacht Krampfanfälle. Beide S. können durch Atemlähmung zum Tode führen. – E r s t e H i l f e : Erbrechen herbeiführen, Abführmittel, künstl. Atmung; Arzt rufen!

Schiermonnikoog [sxi:rmɔnik'o:x], westfries. Insel der niederländ. Provinz Friesland, 39 km², 900 Ew.; Seebad.

Schießbaumwolle, Schießwolle, ⚗ → Nitrocellulose.

schießen [ahd.]. *ich* **schieße** (schoß, habe geschossen; wenn er schösse), **1)** *es, mit etwas nach ihm, auf ihn, auf etwas,* bringe in schnelle Bewegung, schleudere ein Geschoß vorwärts, feuere ab (vgl. unten Schießtechnik): *hier wird scharf geschossen!* (Warnschild bei Schießübungen), Ü offen und ohne Schonung gesprochen; *er will einen Purzelbaum s.,* machen; *es ist zum Schießen,* Ü zum Lachen; *die gegner. Mannschaft hat vier Tore geschossen* (Fußball). **2)** *es, ihn,* treffe mit einem Geschoß, erlege: *es wurden viele Hasen geschossen; er hat einen Bock geschossen,* Ü etwas Dummes gemacht; *ich habe ein Bild geschossen,* Ü ein Photo gemacht. **3)** ⚒ sprenge. **4)** Handweberei: führe die Schußfäden durch die Kettfäden. **5)** (bin geschossen), laufe, fahre, fliege sehr schnell: *er kam um die Ecke geschossen,* Ü; *ein Gedanke ist mir durch den Kopf geschossen,* Ü kam mir plötzlich. **6)** (bin geschossen), Ü wachse sehr schnell: *der Junge ist im letzten Jahr in die Höhe geschossen,* Ü; *Salat schießt,* blüht aus. *ich* **schieße ab, 1)** *es,* lasse los, entsende, drücke ab (eine Schußwaffe): *die Rakete wurde abgeschossen.* **2)** *es, ihn,* erschieße, zerstöre durch Schüsse: *das Flugzeug wurde abgeschossen,* durch feindl. Geschosse zum Absturz gebracht; *er hat den Vogel abgeschossen,* hat beim Schützenfest den Meisterschuß getan, Ü hat alle anderen übertroffen. **3)** *es schießt ab,* geht steil zu Tal. **4)** *es schießt ab* (ist abgeschossen), *süddt.:* verschießt, verblaßt (Farbe). *ich* **schieße an, 1)** *ihn,* verwunde, verletze. **2)** *eine Feuerwaffe,* gebe Probeschüsse ab, schieße ein. *ich* **schieße auf,** wachse empor: *er ist lang, hoch aufgeschossen. ich* **schieße aus, 1)** *es,* vernichte, beseitige durch Schuß: *er*

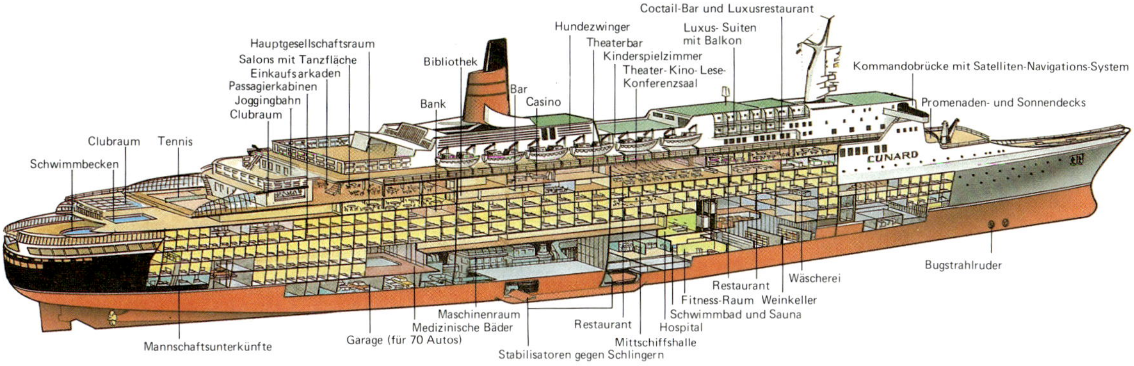

Schiff 1): Schnitt durch das britische Fahrgastschiff ›Queen Elizabeth 2‹, Stapellauf 1967, nach Renovierung seit 1984 neben Kreuzfahrten Liniendienst zwischen Europa (Southampton) und den USA. 67 100 BRT, über 300 m Länge, Dampfturbinenantrieb, 28 kn, Besatzung: 1 000 Mann, bis zu 1 800 Passagiere

hat ihm ein Auge ausgeschossen; das Jagdrevier wurde ausgeschossen, der gesamte Wildbestand erlegt. **2)** *es,* ⌀ stelle die gesetzten Seiten für die Druckform zusammen. **3)** *es schießt aus* (ist ausgeschossen), verschießt, verblaßt (Farbe). ich **schieße ein, 1)** *mich,* übe mich, gewöhne mich ans Schießen, suche das Ziel zu treffen. **2)** *es,* zerstöre durch Beschuß (Fenster). **3)** *es,* lege Geld ein. **4)** *es,* schiebe in den Backofen (Brot). **5)** *Papier,* ⌀ lege zwischen bedruckte Bogen. **6)** *Milch schießt ein* (ist eingeschossen), tritt in die Milchdrüsen ein. **7)** *eine Waffe,* justiere sie. *ich* **schieße** *es ihm* **vor,** leihe ihm Geld. *ich* **schieße zu, 1)** *es,* U gebe Geld dazu: *die Eltern mußten zu seinem Lebensunterhalt allerlei (Geld) zuschießen.* **2)** *auf ihn, etwas,* U stürze auf ihn, darauf zu, eile hin. *ich* **schieße zusammen,** *ihn, es,* töte durch Schießen, vernichte. *der* **Schießer,** *-s/-,* **1)** ⚘ jemand, der nicht weidgerecht schießt. **2)** U Fixer. *die* **Schießerei,** *-/-en,* anhaltendes Schießen; kurzes Feuergefecht. **Schießhund,** ⚘ Spürhund; nur noch in: *er paßt auf wie ein Schießhund,* U paßt sehr genau auf.

Schießtechnik. **1)** Kriegstechnik: Beim Schießen mit Gewehr, Pistole und leichtem MG zielt der Schütze nach einem sichtbaren Ziel **(direktes Schießen);** Geschütze, schwere MG u. a. schießen meist mit indirektem → Richtverfahren aus verdeckter Stellung **(indirektes Schießen).** Die Entfernung zum Ziel wird geschätzt, mit Entfernungsmesser gemessen oder nach Karte festgestellt. Planschießen ist zulässig, wenn jede Beobachtung unmöglich ist. – Die Schießausbildung umfaßt nach vorbereitenden Übungen das **Schulschießen** für die rein techn. und das **Gefechtsschießen** für die takt. Schießausbildung. Das Schulschießen mit Gewehr, Pistole und MG in den versch. Anschlagsarten (→ Anschlag 5) findet auf Schießständen statt, andere Schießübungen meist auf Truppenübungsplätzen (→ Schießlehre). **2)** Sportschießen: → Schießsport.

Schiesser AG, Radolfzell, bed. Unternehmen der Textil-Ind. (bes. Unterwäsche), gegr. 1875, seit 1969 AG.

Schießlehre, militärisch-theoret. Ausbildungsgebiet für die zweckmäßige Lösung des Feuerauftrags; umfaßt → Ballistik, → Flugbahn, → Streuung 3) u. a.

Schießprügel, 1) im 15. Jh. ein → Morgenstern mit einem Feuerrohr im Stiel. **2)** U Gewehr.

Schießpulver, Schießstoffe, chem. Verbindungen oder Gemische, die zur Gruppe der → Explosivstoffe gehören, mit verhältnismäßig niedriger Detonationsgeschwindigkeit auch als **Treibstoffe** oder **Treibmittel** bezeichnet. Je nach der Zusammensetzung werden ein-, zwei- und dreibasige S. unterschieden. Das bekannte **Schwarzpulver** besteht aus 64–80% Kaliumnitrat, 5–30% Schwefel, 5–25% Holzkohle; in neuerer Zeit zum größten Teil durch ›rauchschwache‹ Cellulose- und Stärkenitrate ersetzt, die z. B. durch Auflösung von Schießbaumwolle in Aceton, Nitroglycerin u. a. hergestellt werden. – Die Erfindung des S. wurde in Dtl. dem Mönch B. → Schwarz, in England R. Bacon zugeschrieben. S. wurde aber bereits im 8./9. Jh. in China für Feuerwerkskörper benutzt; als Treibmittel für Raketen um 1100; in Europa um 1300 bekannt. Das rauchschwache S. wurde 1886 erfunden.

Schießscharte, → Scharte 3).

Schießscheibe, Ziel bei Schießübungen, → Scheibe 5).

Schießsport, Sportart mit Schußwaffen. Arten (Wettbewerbe): **Gewehrschießen** (Luftgewehr 10 m, Kleinkalibergewehr 50 m, Freigewehr 300 m), **Pistolenschießen** (Luftpistole 10 m, Standardpistole 25 m, Freie Pistole 50 m), **Wurftauben-, Bogen-** und **Armbrustschießen.** Der S. wird auf Schieß- und Grabenständen ausgeübt. Die strengen Regeln, festgelegt national in der ›Sportordnung‹, international in den ›Regulations‹, umfassen u. a. die zugelassenen Waffen, Munition, Scheibenmaße, Schießzeiten, Schützenausrüstung. Es finden nationale und internat. Wettkämpfe statt (olymp. Schießwettbewerbe seit 1896, Meisterschaften der einzelnen Kontinente, Weltmeisterschaften, seit 1890); S. ist auch Teilprüfung im Modernen Fünfkampf und Biathlon. Die dt. Schützenvereine sind im **Dt. Schützenbund (DSB),** Sitz: Wiesbaden, zusammengeschlossen, der der **Union Internationale de Tir (UIT),** Sitz: München, angehört.

Schießstand, Scheibenstand, gesichert, mit Seiten- und Hochblenden geschützte Anlage zum schul- oder sportmäßigen Schießen mit Handfeuerwaffen.

Schießstoffe, svw. → Schießpulver.

Schiet [zu scheißen] *der, -s, nd.:* Dreck.

Schiff [ahd. ›scif‹] *das, -(e)s/-e,* **1)** ein größeres Wasserfahrzeug; kleinere heißen Boote (vgl. unten Wasserfahrzeuge): *das S. der Wüste,* Ü Kamel; *die Ratten verlassen das sinkende S.,* Ü die Nutznießer setzen sich von einer vom Untergang bedrohten Sache (oder Person) ab. **2) Kirchenschiff,** Teil eines Kirchenraums. Bei der → Basilika und der → Hallenkirche besteht das Langhaus aus einem **Mittelschiff,** das von 2 oder auch 4 parallellaufenden **Seitenschiffen** begleitet wird. Es wird von einem Querschiff im O durchkreuzt, oft auch von einem zweiten im W. Die Saalkirche besteht nur aus einem S. **3)** Name vieler Gefäße (Brotkorb, Schüssel, Weihrauchbehälter, Bierkühlwanne, Wasservorratsbehälter, Wagen): *S. und Geschirr, oberdt.:* alle Gerätschaft. **4) Setzschiff,** ⌀ Platte mit Randleisten zur Aufnahme des Satzes. **schiffbar,** für Wasserfahrzeuge befahrbar. *Subst. die* **Schiffbarkeit,** -. *ich* **schiffe, 1)** (bin geschifft), fahre zu Wasser. **2)** (habe geschifft), V uriniere. **3)** *es schifft,* V regnet. *ich* **schiffe aus, 1)** *es, ihn,* entlade, bringe vom S. an Land. **2)** *mich,* gehe an Land. *ich* **schiffe ein, 1)** *es, ihn,* verlade, bringe auf ein S. **2)** *mich,* trete eine Seereise an. **schiffrech(t), schiffreich,** *oberdt.:* schiffbar.

Wasserfahrzeuge. Die Schwimmfähigkeit eines S. beruht auf dem Archimedischen Prinzip (statischer → Auftrieb 2) und dem senkrechten Übereinanderliegen von Gewichts- und Auftriebsschwerpunkt. Gewichtsverschiebungen innerhalb des S. führen dementsprechend zu Schwimmlagenänderungen in Längs- und Querrichtung (→ Metazentrum).

Man unterscheidet 1) nach Konstruktionsart: **Verdrängungs-S., Gleit-S., Unterwasser-S., Tragflügel-** und **Luftkissen-S.;** 2) nach Einsatzgebiet: **Binnen-(Fluß-)S., Küsten-S., See-S.;** 3) nach Zweck und Flagge: a) **Handels-S.:** Fahrgast-S., Fracht-S., Massengut-S. (engl. ›bulk carrier‹), Tank-S., Container-S., Fischerei-S. u. a. b) **Behörden-S.:** Feuer-S., Lotsen-S., Wasserschutzpolizei-S. u. a. c) **Kriegs-S.:** Flugzeugträger, Kreuzer, Zerstörer, Fregatten u. a. Manche kleinere Kriegs-S. werden als Boote bezeichnet, z. B. U-Boot, Schnellboot. Als **Hauptangaben** gelten: 1) Hauptabmessungen: LüA = Länge über Alles, Lwl = Länge in der Wasserlinie, Lpp = Länge zw. den Loten (Perpendikeln), B = Breite, Tg = Tiefgang. 2) Größenangaben: a) bei Handels-S. der Rauminhalt nach den Vorschriften der Schiffsvermessung in → Bruttoraumzahl, früher in → Registertonnen (RT) als Brutto (BRT)- oder Netto (NRT)-Registertonnen und die Tragfähigkeit als → Deadweight (dw) in tdw zu 1 000 kg oder tsdw zu 1 016 kg; b) bei Kriegs-S. stets die Wasserverdrängung (Deplacement) in t oder ts.

Ein **S.-Körper** ist ein durch Kurven mit permanent sich ändernder Krümmung begrenzter Körper. Die Mittschiffsebene ist die Symmetrieebene: Backbord (von hinten nach vorn gesehen links) und Steuerbord-Seite sind i. d. R. spiegelbildlich gleich. Vorn ist der Bug, hinten das Heck. Der konstruktive Aufbau besteht aus Längsverbänden (Kiel, Längsband, Deck, Stringer, Außenhaut) und Querverbänden (Spant, Schott), die einen aus Rahmen und Trägerrosten gebildeten Kastenträger formieren. Die **S.-Hauptantriebsanlage** besteht entweder aus mit Öl oder durch Kernreaktor (→ Kernenergieantrieb) beheiztem Dampfkessel mit Turbine, Kondensator u. a. (Dampfturbine) oder aus Dieselmotor oder Gasturbine; Antrieb durch Dampfmaschine ist veraltet. Daneben sind umfangreiche Hilfsmaschinen (Generatoren, Pumpen, Lüfter, Spille, Winden u. a.) erforderlich. Den Vortrieb erzeugt heute üblicherweise die → Schiffsschraube, bei kleineren Hochgeschwindigkeitsfahrzeugen auch der → Wasserstrahlantrieb oder ein Luftpropeller. Die Schiffsgeschwindigkeit wird i. d. R. in Knoten (kn) angegeben (→ Geschwindigkeit). Im einzelnen beträgt die Reisegeschwindigkeit von Motortrawlern umgerechnet rd. 30 km/h, von Tankern 28–32 km/h, Trockenfrachtern 29–38 km/h, Containerfrachtern 46–61 km/h, Kreuzfahrt-Fahrgastschiffen 37–42 km/h, U-Schiffen über Wasser 27–40 km/h, U-Schiffen unter Wasser 22–70 km/h, Flugzeugträgern 53–65 km/h, Kreuzern 55–65 km/h, Zerstörern 55–70 km/h, Schnellbooten 65–85 km/h, Tragflügelbooten 100–150 km/h.

Schiff 1): Sektionsbauweise im Seeschiffbau, hier Einbau eines Bugteils

S. werden i. a. durch ein oder mehrere im oder außerhalb des Schraubenstroms angebrachte, durch eine elektr. Rudermaschine bediente → Ruder am Hinterschiff gesteuert. Sonderformen wie Bugstrahlruder, Kort-Düsenruder verbessern die Steuerfähigkeit.

Sicherheitseinrichtungen sind Schwimmwesten, Rettungsflöße, Rettungsinseln und Rettungsboote, Rauch- und Feuermeldeeinrichtungen, Sprinkleranlagen, Feuerlöscheinrichtungen, Ortungs- und Funkausrüstung u. a. Zur Einrichtung gehören Wohn-, Aufenthalts- und Sanitärräume, Kombüsen u. a., zur Ausrüstung z. B. Anker, Ankergeschirr, Ladegeschirr (Ladebaum).

S. werden auf Binnen- oder Seeschiffswerften gebaut. Nach der Art des für den eigtl. S.-Körper verwendeten Materials ist zw. **Stahl-, Holz-, Leichtmetall-, Kunststoff-(GFK-)Schiffbau** zu unterscheiden. **Kompositbau** ist eine Mischbauweise, z. B. stählerne Innenverbände, Außenhaut und Deck aus Holz. Bei großen S. wird für den S.-Körper ausschließlich Stahl verwendet. Im Klein-S.- und Bootsbau wird Holz zunehmend durch GFK, weniger durch Leichtmetall verdrängt. Stahl-S. werden heute ausschließlich in Sektionen gebaut, die in einer geschlossenen Halle fertiggestellt und auf der → Helling nach dem Baukastensystem zusammengesetzt werden. Im modernen Stahl-S.-Bau wird ausschließlich geschweißt (früher genietet). Im Leichtmetall-S.-Bau ist vielfach neben dem Schweißen noch Nietung üblich. Der Holz-S.-Bau ist im Kriegs-S.-Bau wegen der Forderung nach amagnetischen Eigenschaften (MES, Abk. für magnetischer Eigenschutz) und großer Elastizität der Verbände (Minensuch- und -räumboote, Schnellboote) wieder stark verbreitet.

Nach dem → Stapellauf folgt der Innenausbau am Ausrüstungskai. Jungfernfahrt heißt die erste von der Reederei durchgeführte Fahrt. Schiffstaufe ist die feierliche Namensgebung eines S.

G e s c h i c h t e . Der Urtyp des S. ist der Einbaum. Sehr alt sind auch Boote aus Rinde, Häuten, Binsen u. ä. Aus dem Einbaum entstanden das Doppel- und Auslegerboot (Katamaran, urspr. in Ozeanien, heute auch als Sportboot) und schließlich das Kiel-S. mit Planken. Ruder-S. gab es auf den Flüssen Chinas bereits im 3. Jahrtsd. v. Chr., auf dem Nil unter den Pharaonen, ferner bei Phönikern und Griechen (Trieren). Das feste Steuerruder und der Kompaß boten die Voraussetzung für die Hochseetüchtigkeit der S. Im Mittelmeer wurden die geruderten Galeeren zu hoher Vollkommenheit durchgebildet, in N- und W-Europa entstanden die Segelboote (Wikinger-S.), die sich über Hulken und Koggen zu den großen Segelschiffen (nach 1800) entwickelten. Die Entwicklung der Dampfschiffe begann Ende des 18. Jh. in N-Amerika und Großbritannien mit Raddampfern (erste Atlantiküberquerung 1819). Die Schiffsschraube erfanden 1826 der Österreicher J. Ressel, 1836 J. Ericsson. Mitte des 19. Jh. wurde Eisen und seit etwa 1880 Stahl als Schiffbaumaterial allg. eingeführt. Nach Vervollkommnung der Kolbendampfmaschinen dienten seit etwa 1900 als Antriebsmaschinen zunehmend Dampfturbinen und seit 1910 Dieselmotoren; erste Antriebsanlage mit Kernenergie 1954 (amerikan. U-Boot ›Nautilus‹), zweite 1959 (sowjet. Eisbrecher ›Lenin‹); erster Gasturbinenantrieb 1966 (Containerschiff ›Admiral William M. Callaghan‹). Weitere BILDER S. 562 und 565.

Schiffahrt umfaßt die **Handels-S.**, die gewerbsmäßig Fahrgäste und Güter befördert, und die **Kriegs-S.** (→ Kriegsschiffe, → Seemacht). Die Schiffsbesetzungsordnung unterteilt die See-S. in Große, Mittlere, Kleine Fahrt und → Küstenschiffahrt. **Große Fahrt** umfaßt alle Weltmeere, **Mittlere Fahrt** alle europ. Häfen, nichteurop. Häfen des Mittelmeeres, des Schwarzen Meeres, Häfen der westafrikan. Küste nördlich von 12° n. Br. sowie die Häfen auf den Kapverdischen und Kanar. Inseln und Madeira. **Kleine Fahrt** umfaßt die Ostsee, die Nordsee bis 61° n. Br. und 7° w. L., die norweg. Küste bis 64° n. Br. sowie die Häfen Großbritanniens, Irlands und der Atlantikküste Frankreichs. Die **Küsten-S.** reicht von Kap Gris Nez bis zum Aggerkanal. Ferner → Binnenschiffahrt.

Träger der S. sind Reeder, Reedereien, der Staat. Theoretisch ist die S. für jedes Volk frei, praktisch bedarf es zwischenstaatl. Handelsverträge. Außerdem schließen sich international Reedereien zu **S.-Konferenzen** zusammen, um die Beförderungsbedingungen und Frachtraten zu regulieren. Die techn. Entwicklung der See-S., die den Transport immer größerer Gütermengen in immer kürzerer Zeit ermöglicht hat, ist ein wesentlicher Grund für die Expansion des über See abgewickelten Welthandels. Kennzeichen: zunehmende Schiffsgrößen (z. B. im Tankerbau, heute rückläufig), verbesserte Fahrtgeschwindigkeiten, neue Umschlagtechniken (z. B. Container-, Lash- und Roll-on/Roll-off-Verkehr).

Die **Welt-S.** verfügte 1983 über eine Handelsflotte von 34732 Schiffen mit 388 Mio. BRT (1948: 80 Mio. BRT), davon 7641 Tanker mit 168 Mio. BRT. Der Welt-Seegüterverkehr belief sich (1980) auf 3824 Mio. t (1948: 490 Mio. t). – Der gesamte Seeschiffsbestand der Bundesrep. Dtl. betrug am 1. 3. 1983: 1954 Einheiten mit 6,9 Mio. BRT (1970: 2732 Einheiten mit 7,5 Mio. BRT). 1982 wurden in der Bundesrep. Dtl. Handelsschiffe mit insgesamt 682000 BRT hergestellt, das sind rd. 4% des Weltschiffbaus oder der 3. Rang (nach Japan, Süd-Korea).

In den **Seehäfen** der Bundesrep. Dtl. wurden 1982: 135,3 Mio. t (1960: 74,3 Mio. t) Güter im Verkehr mit Häfen außerhalb des Bundesgebietes umgeschlagen, davon in Hamburg 60,2 Mio. t, in den bremischen Häfen 24,6 Mio. t, in Wilhelmshaven 20,0 Mio. t, in Lübeck 6,9 Mio. t, in Brunsbüttel 5,2 Mio. t, in Emden 5,0 Mio. t.

Schiff 1): Stapellauf des Fahrgastschiffes ASTOR

Vom Gesamtumschlag 1982 entfielen 95,2 Mio. t auf Massengüter sowie 40,1 Mio. t auf Sack- und Stückgüter.

Geschichte. Die S. reicht in die ältesten Zeiten der Kultur zurück (Felsbilder). Binnen-S. ist für das 3. Jahrtsd. v. Chr. in China und Ägypten bezeugt (→ Schiff, Geschichte). Um 1000 v. Chr. beherrschten die Phöniker die Mittelmeerküsten und drangen bis in die Ostsee, nach W-Afrika und Indien vor. Um 470 v. Chr. hatten die Griechen die Vorherrschaft im östl. Mittelmeer. Während in der Antike nur Küsten-S. betrieben wurde, gingen die Normannen (seit dem 8. Jh.) zur Hochsee-S. nach England, Schottland, Island, Grönland, Nordamerika und ins Mittelmeer über. Im 11. Jh. entstand der Wirtschaftsbund der dt. → Hanse. Gleichzeitig blühte die S. der Venezianer und Genuesen, die mit ihren Galeeren die kostbaren Waren Indiens heranbrachten. Zu Anfang des 15. Jh. begannen die Entdeckungsfahrten der Portugiesen (Afrika, Ostindien) und der Spanier (Kolumbus). Während die Seegeltung der Spanier und Portugiesen sank, stieg die Hollands im 16. Jh. empor. Seine Seeherrschaft wurde von der Englands abgelöst (Navigationsakte, 1651). Engl. Gesellschaften versahen als erste um 1840 einen regelmäßigen Dienst zw. Europa und Amerika. Die Dampfschiffahrt brachte einen großen Aufschwung des See-Weltverkehrs.

Schiffahrts|abgaben, amtl. Gebühren, die Schiffe für die Benutzung der Leuchtfeuer, Seezeichen, Fahrwasser, Kanäle, kanalisierten Flüsse, Schleusen und Hafenliegeplätze entrichten. Die Höhe der S. richtet sich nach Größe des Schiffes, Gewicht und Art der geladenen Güter, bei Fahrgastschiffen nach der Zahl der zugelassenen Personen.

Schiffahrtsgesellschaften, vgl. ÜBERSICHT (S. 566).

Schiffahrtskunde, die → Nautik.

Schiffahrtslini|e, **1)** regelmäßig befahrene Wasserstrecke nach best. Häfen. **2)** Schiffahrts-Ges. mit einem Schiffsliniendienst.

Schiffahrts|polizei, → Strom- und Schiffahrtspolizei.

Schiffahrtsrecht, innerstaatl. Rechtsvorschriften zur Regelung der Schiffahrt sowie das auf den allg. Grundsätzen des Völkerrechts und auf Schiffahrtsverträgen beruhende internat. öffentliche → Seerecht.

Schiffahrts|schulen, → Seefahrtschulen.

Schiffahrtsweg, **1)** Binnenwasserstraße. **2)** Seeschiffahrt: nautisch festgelegte Verkehrsstrecken; zuweilen für die gleichen Schiffahrtslinien je nach Jahreszeit verschieden. **3)** wegen Minengefahr markierter **Zwangs-S.**

Schiffahrtszeichen, Zeichen zur Erleichterung des Schiffsverkehrs sowie zum Schutz von Wasserstraßen und deren Anlagen; über die S. auf See → Seezeichen. (BILDER S. 568 und 569)

Schiff Argo, Argo, ☆ ein Sternbild des Südhimmels, das wegen seiner Größe in die Sternbilder Segel des Schiffes (Vela), Heck des Schiffes (Puppis), Kiel des Schiffes (Carina) und (Schiffs-) Kompaß (Pyxis) aufgeteilt wurde.

Schiffbau, → Schiff, → Werft.

Schiffbruch, Unfall mit Verlust eines Schiffes durch Strandung, Zusammenstoß, Unwetter: *ich erleide S.,* Ü scheitere. *Adj.* **schiffbrüchig.**

Schiffbrücke, eine von Pontons getragene schwimmende Brücke. Die Durchfahrt für den Schiffsverkehr kann durch Ausschwimmen eines Brückenteils freigegeben werden.

Schiffchen *das, -s/-,* **1)** bei der → Nähmaschine der Teil, der den Unterfaden durch die Schlinge des Oberfadens führt. **2)** Weberei: Schützen, der die Querfäden (Schußfäden) in das von den Kettfäden gebildete Fach (Webfach) einträgt. **3)** Fadenführer bei manchen Handarbeiten (→ Schiffchenarbeit). **4)** ⚘ Blütenteil der Schmetterlingsblüter. **5)** ⚗ kleines, längliches Schälchen aus Porzellan, Quarz u. a., um Stoffe im Gasstrom zu erhitzen. **6)** schirmlose, in der Mitte längsgefaltete Uniformmütze.

Schiffchen|arbeit, Frivolitäten|arbeit, Spitzenarbeit; auf einer Fadenschlinge werden dichte Knoten aufgereiht und zu kleinen Bogen und Ringen vereinigt; der Arbeitsfaden ist auf Schiffchen aufgespult.

Schiffdorf, Gem. im Kr. Cuxhaven, Ndsachs., (1983) 10700 Ew., östlich von Bremerhaven; Landwirtschaft.

Schiffer *der, -s/-,* **1)** **Schiffskapitän,** der Führer eines Schiffes (→ Kapitän 1); in der Binnenschiffahrt auch der Schiffseigner. **2)** Arbeiter auf einem Flußkahn. **Schifferklavier,** Ziehharmonika. **Schiffermütze,** blaue Tellermütze.

Schifferpatent, Befähigungsnachweis zum Führen eines Schiffes, in der Seeschiffahrt seit 1932 Kapitänspatent (→ Kapitän 1). In der Binnenschiffahrt wird das S. nach Ablegung einer Prüfung für best. Flüsse und Kanäle ausgestellt. Der Bewerber muß ein Mindestalter haben, eine vorgeschriebene Zeit auf See- oder Binnenschiffen gefahren sein und die notwendige Streckenkenntnis besitzen (VO über Befähigungszeugnisse in der Binnenschiffahrt v. 15. 6. 1965).

Schifferstadt, Stadt im Kr. Ludwigshafen, Rheinl.-Pfalz, in der Oberrheinebene, (1984) 17200 Ew.; Wohnvorort für Ludwigshafen; Tabak-, Textil-, Kunststoff-, Süßwaren-Ind.

Schiffahrt: Bestand der Handelsflotten am 1. 1. 1983

Land	Schiffe	Mio. BRT	Land	Schiffe	Mio. BRT
Liberia	2 099	67,547	Norwegen	759	19,409
Japan	4 181	37,923	UdSSR	3 007	18,036
Griechenland	2 787	35,862	USA	1 051	16,604
Panama	3 747	31,222	Frankreich	391	10,280
Großbritannien	1 248	19,765	Italien	937	9,513

Schiffsbohrmuschel, Pfahlmuschel, Schiffswurm, Pfahlwurm, Teredo navalis, wurmförmige, 15–20 cm lange Meeresmuschel mit zurückgebildeten, raspelartig gezähnten Schalen, mit denen sie im Holz von Hafenbauten, Schiffen u. a. bohrt und erhebl. Schaden anrichten kann.

Schiffsbrief, → Schiffsregister.

Schiffsche Basen [n. dem Chemiker H. Schiff, *1834, †1915], **Azomethine,** ⚗ Bez. für kristallisierende, beständige Kondensationsprodukte aus Carbonylverbindungen (z. B. Acet-, Benzaldehyd) und primären Aminen (z. B. Anilin); allg. Formel: $R_1{-}R_2{-}C{=}N{-}R_3$. Die S. B. werden durch verdünnte Säuren wieder in ihre Komponenten aufgespalten. **Anile,** $C_6H_5{-}N{=}CH{-}R$, sind Verbindungen von Anilin mit aliphat. Aldehyden bzw. aus Benzaldehyd und aliphat. Aminen (Formel: $C_6H_5{-}CH{=}N{-}R$). Verwendung: Herstellung von Azomethin-Farbstoffen (z. B. Fanal), Reindarstellung von Carbonylverbindungen.

Schiffs|eichung, Binnenschiffahrt: amtl. Feststellung der von einem Schiff entsprechend seiner Eintauchung verdrängten Wassermenge. Durch die Eichung wird die Tragfähigkeit des Schiffes festgelegt und durch ein **Eichzeichen** gekennzeichnet. An

Schiff 1): OBEN Containerschiff FRANKFURT EXPRESS, Baujahr 1981, Länge 287 m, Breite 32 m, 37000 t Tragfähigkeit, 2 Dieselmotoren, Geschwindigkeit 23,5 kn, Containerkapazität 3045. UNTEN Roll-on/Roll-off-Schiff LILLOOET, Baujahr 1979, Länge 230 m, Breite 32 m, 22094 BRT, Dieselmotor, 21 kn, 1745 20-Fuß-Container, 160 Pkw

Schiffahrtsgesellschaften (Auswahl)

Land/ Schiffahrtsgesellschaft	Handelsschiffe Anzahl	Anfang 1981 (1 000 dw[1])
Bundesrepublik Deutschland		
Oldendorff, Lübeck	34	1 522
DAL/J. T. Essberger, Hamburg	22	850
Hapag-Lloyd AG, Hamburg/Bremen	39	657
Cosima-Poseidon-SchiffahrtsGmbH, Hamburg	13	409
Hamburg-Südamerikan. Dampfschiffahrts-Gesellschaft Egger & Amsinck/Columbus Line, Hamburg	17	253
Dänemark		
A. P. Møller, Kopenhagen	80	5 670
The East Asiatic Co. Ltd. (Aktieselskabet Det Ostasiatiske Kompagni), Kopenhagen	25	748
Frankreich		
Société Française de Transports Maritimes, Paris	44	2 598
Compagnie Générale Maritime/Compagnie Générale Maritime & Financière/Compagnie Générale d'Armements Maritimes/C. G. Transbaltique, Paris	54	1 909
Griechenland		
Korageorgis S. A., Michaail A., Piräus	26	1 311
Hellenic Lines Ltd., Piräus	37	450
Großbritannien		
Peninsular & Oriental Steam Navigation Co., London	54	2 103
Cunard Group, London	25	413
Blue Star Ship Management Ltd., London	25	372
Italien		
Navigazione Alta Italia S. p. A., Genua	14	1 492
Lloyd Triestino di Navigazione S. p. A./Italia di Navigazione S. p. A., Genua	32	459
Japan		
Nippon Yusen Kabushiki Kaisha, Tokio	122	7 763
Mitsui O. S. K. Lines Ltd., Tokio	87	5 286
Sanko Steamship Co. Ltd., Osaka	33	4 930
Japan Line Ltd., Tokio	40	4 150
Kawasaki Kisen Kaisha Ltd., Kobe	55	3 040
Liberia		
Esso Tankers Inc., Monrovia	65	7 952
Getty Marine Corp., Monrovia	13	1 639
Norwegen		
Sig. Bergensen d. y. & Co., Oslo	23	5 146
Joh. Reksten, Fjøsanger	14	3 149
Anders Jahre, Sandefjord	18	2 444
Wilh. Wilhelmsen, Oslo	29	1 267
Einar Pasmussen, Kristiansand	12	1 641
USA		
Sea-Land Service Inc.	44	740
Lykes Bros. Steamship Co. Inc., New Orleans	43	606
United States Lines Inc., New York	30	478

[1]) dwt = deadweight tons, bezeichnet die Tragfähigkeit eines Schiffes (maximal mögl. Zuladung).

der **Eichskala (Tiefgangskala)** läßt sich das Gewicht der Ladung ablesen. **Eichscheine** werden von den **Schiffseichämtern** ausgestellt. – Bei Seeschiffen → Schiffsvermessung.

Schiffs|eigner, ⚖ der Eigentümer eines der Binnenschiffahrt dienenden Schiffs. (→ Reeder)

Schiffsgrab, 2 Arten der Totenbestattung in N-Europa: 1) die Beisetzung von Toten in häufig prunkvoll ausgestatteten Segelbooten **(Bootgräber),** bes. 7.–11. Jh. (→ Gokstad, → Oseberg, → Sutton Hoo); 2) schiffsförmige Steinsetzungen um normale Gräber herum, seit der jüngeren Bronzezeit bis zur Wikingerzeit in S-Skandinavien.

Schiffshalter, einzige Familie der → Kopfsauger.

Schiffshebewerk, Vorrichtung zum Heben oder Senken eines Schiffs beim Übergang zw. 2 Wasserstraßen mit großem Höhenunterschied (heute meist über 30 m). S. bestehen aus einem wassergefüllten Stahltrog, in den das Schiff einfährt. Der Trog kann in einem Stahlgerüst senkrecht oder auf einer geneigten Ebene auf Gleisen auf- und abbewegt werden. Schwimmer oder Gegengewichte dienen zum Gewichtsausgleich für bewegte Teile, bei Doppel-S. auch ein zweiter Trog. Bed. dt. S.: nahe Henrichenburg bei Dortmund, Rothensee bei Magdeburg, Niederfinow (Oder); in Belgien: Ronquières (Höhenunterschied 68 m). BILDER S. 567.

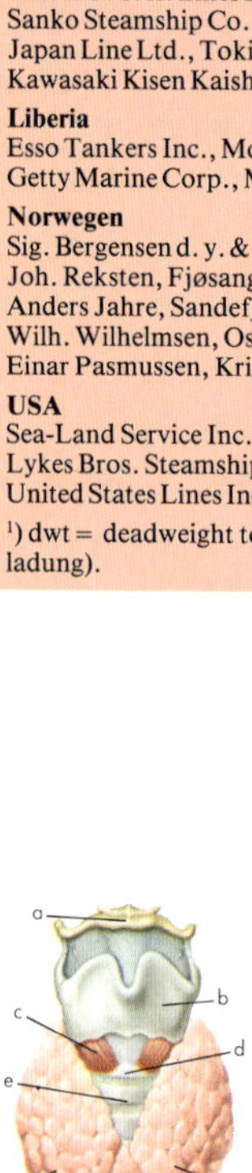

Schilddrüse: S. und Nachbarorgane; a Zungenbein, b Schildknorpel, c Kehlkopfmuskel, d Ringknorpel, e Luftröhre, f rechter Seitenlappen der S., g linker Seitenlappen der S., h Mittelstück der S.

Schiffshypothek, ⚖ das → Schiffspfandrecht.

Schiffsjunge, junger Seemann im ersten Jahr der Ausbildung zum → Matrosen.

Schiffsklassifikation, Einteilung der Handelsschiffe nach ihrer Bauausführung in Güteklassen durch öffentlich-rechtl. Klassifikationsgesellschaften, in der Bundesrep. Dtl. → Germanischer Lloyd. Als Ausweis erhält das Schiff das **Klassenzertifikat.**

Schiffslände [zu landen], *bair., alemann.:* Anlegeplatz eines Wasserfahrzeugs.

Schiffsmakler, Schiffsklarierer, Schiffsprokureur [-'ø:r], Makler, der Schiffsraum, Ladungen, Liegeplätze usw. vermittelt.

Schiffsmeldedienst, die Kontrolle des Schiffsverkehrs von best. Leuchttürmen, Signalstationen und Feuerschiffen aus. Der S. wird von Schiffen auch zum Austausch von Nachrichten mit Hafenbehörden und Reedereien benötigt.

Schiffspapiere, die an Bord eines Schiffes mitzuführenden Papiere, die über Schiff, Besatzung und Fahrgäste, Ladung und Fahrt Auskunft geben, z. B. Schiffszertifikat, Meßbrief, Schiffszettel, Schiffssicherheitszeugnis, Konnossement (Duplikat).

Schiffs|pfandrecht, Schiffshypothek, das Pfandrecht an einem in das → Schiffsregister eingetragenen Schiff. Es ist geregelt im Ges. über Rechte an eingetragenen Schiffen und Schiffsbauwerken v. 15. 11. 1940. Bestellung und Übertragung erfolgen durch Einigung und Eintragung im Schiffsregister.

Schiffs|pfund, früheres Frachtgewicht: z. B. Preußen 154 kg, Hamburg zu 20 Liespfund = 131 kg, Niederlande (Schippond) 148 kg.

Schiffsregister, öffentliches, bei den Amtsgerichten der Heimathäfen geführtes Register für Seeschiffe **(See-S.),** Binnenschiffe und Schiffsbauwerke **(Binnen-S.;** S.-Ordnung i. d. F. v. 26. 5. 1951). Eingetragen werden Namen und techn. Daten des Schiffs, Eigentümer, Schiffshypotheken u. a. Über die Eintragung wird eine Urkunde ausgestellt, bei Seeschiffen das **Schiffszertifikat,** bei Binnenschiffen der **Schiffsbrief.**

Schiffsrolle, → Rolle 6).

Schiffs|schraube, Schiffs|propeller, das häufigste Vortriebsmittel für Schiffe, aus einer auf der Welle befestigten Nabe mit meist 3–7, selten 2 Flügeln aus einer Sonderlegierung von Nichteisenmetallen, Bronze, Stahl- oder Grauguß. Die Flügel haben die Form von Schraubenflächen, erzeugen bei Drehung durch Beschleunigung von Wassermassen nach hinten einen Vortrieb, der als Schub auf den Schiffskörper übertragen wird (z. B. Schraubenpropeller, Ruderpropeller, Verstell- oder Umsteuerpropeller). Im Bereich der Schiffsgeschwindigkeiten bis zu 40/50 kn werden konventionelle, **unterkavitierende Propeller** verwendet, d. h. sie unterliegen hier nicht der Dampfbläschenbildung (→ Kavitation); ihr Profil hat relativ dicken Querschnitt und gewölbte Oberseite. Oberhalb jener Geschwindigkeit verwendet man **überkavitierende** oder **Superkavitationspropeller,** deren Profile extrem schlank und keilförmig sind. – Die S. wurde 1826 von dem österr. Forstmann J. Ressel (* 1793, † 1857) erfunden und 1836 von dem schwedisch-amerikan. Ingenieur J. Ericsson (* 1803, † 1889) verbessert. (BILDER S. 567)

Schiffs|sicherheitsvertrag, das am 10. 6. 1948 in London unterzeichnete, durch den Internat. S. vom 17. 6. 1960 ersetzte Vertragswerk über Bau und Ausrüstung der Seeschiffe, Rettungsmittel, Sicherheit der Seefahrt u. a. Die Bundesrep. Dtl. trat dem S. am 22. 12. 1953 bei. Zur Durchführung ist u. a. die **Schiffssicherheits-VO** vom 30. 9. 1980 ergangen.

Schiffs|sicherheitszeugnis, von der See-Berufsgenossenschaft für Fahrgastschiffe ausgestellte Bescheinigung, daß die Vorschriften der Schiffssicherheits-VO erfüllt sind. Das S. bescheinigt die Fahrterlaubnis und umfaßt Ausrüstungs- und Telegraphie-Sicherheitszeugnis und Freibordzeugnis; es ist gültig für

Schiffsgrab 2): Gannarve, Fröjel (Gotland)

ein Jahr, bei Frachtschiffen und Fischereifahrzeugen für 2 Jahre. (→ Schiffssicherheitsvertrag)

Schiffs|tagebuch, Journal [ʒurnˈal], das → Logbuch.

Schiffs|telegraph, die auf einem Schiff befindlichen, mechanisch oder elektrisch betätigten Befehls- und Verständigungsapparate, z. B. → Maschinentelegraph.

Schiffsvermessung, die amtl. Feststellung der → Bruttoraumzahl von Seeschiffen, für die ein internat. **Schiffsmeßbrief** erteilt wird. Zuständige Behörde in der Bundesrep. Dtl. ist das **Bundesamt für S.** in Hamburg. Bei Binnenschiffen → Schiffseichung.

Schiffswurm, Meeresmuschel, die → Schiffsbohrmuschel.

Schiffszertifikat, → Schiffsregister.

Schiffszettel, Lade|order, Shipping-Order [ʃˈɪpɪŋ ˈɔːdə, engl.], **Order,** an die Schiffsführung vom Reeder, von einer Agentur oder Maklerfirma gerichtete Aufforderung, best. Güter zu verladen. Ohne S. oder auf blanko S. dürfen keine Güter verladen werden. Der S. hat den Wert einer Urkunde.

schiften [mhd.]. *ich* **schifte** *es,* ⌂ stelle Sparren her, nagle Balken zusammen. *Subst. die* **Schiftung,** -. *der* **Schifter,** *-s/-,* ⌂ Bauholz mit schrägen Schnittflächen.

schiften [engl.], *es schiftet* (ist geschiftet), ⚓ wechselt die Lage, z. B. Segel: *die Ladung schiftet,* verrutscht bei Seegang.

Schigatse, Ort in Tibet, → Shigatse.

Schiiten [von arab. schi'at Ali ›Partei Alis‹], *Sg. der* **Schiit,** *-en,* eine der beiden Hauptkonfessionen des Islam, die im Unterschied zu den → Sunniten den 4. Kalifen → Ali und seine Nachkommen aus der Ehe mit der Prophetentochter → Fatima als die allein berechtigten Leiter (Imame) der Gesamtgemeinde anerkennt und die Rechtmäßigkeit der sunnit. Kalifen bestreitet. Aus dieser Lehre vom Imam ist auch die Stellung Chomeinis innerhalb des gegenwärtigen iran. Staats und sein Anspruch zu verstehen. Die S. sind in versch. Parteien gespalten, u. a. Seiditen, Isma'iliten, Imamiten (nach der Zahl ihrer Imame auch ›Zwölfer-S.‹; seit etwa 1500 pers. Staatsreligion), hinzu treten u. a. die → Drusen. Schiitischen Konfessionen gehören etwa 8% der Muslime an.

Schikane [frz. chicane ›Rechtsverdrehung‹, ›Kniff‹] *die, -/-n,* **1)** ⚖ böswillig bereitete Schwierigkeit. Nach § 226 BGB ist die Ausübung eines Rechts unzulässig, wenn sie nur den Zweck haben kann, einem andern Schaden zuzufügen (Rechtsmißbrauch); u. U. besteht Schadensersatzpflicht. Ähnlich das österr. (§ 1295 ABGB) und das schweizer. Recht (Art. 2 ZGB). **2)** Motorsport: besondere Schwierigkeit einer Rennstrecke (z. B. eine S-Kurve), örtlich gegeben oder auch künstlich eingebaut. – *Sie hat eine Küche mit allen S.,* U mit allen erdenklichen Annehmlichkeiten (ausgestattet). *ich* **schikaniere** *ihn,* plage ihn, bereite ihm Schwierigkeiten. *Adj.* **schikanös.**

Schikaneder, Emanuel, Bühnenleiter und Theaterdichter, * Straubing 1. 9. 1751, † Wien 21. 9. 1812, gründete 1801 das Theater an der Wien, schrieb Schauspiele und das Libretto zu Mozarts ›Zauberflöte‹.

Schikoku, japan. Insel, → Shikoku.

Schilcher *der, -s, oberdt.:* Schiller(wein).

Schild [ahd. scilt, urspr. ›Abgespaltenes‹] *der, -(e)s/-e,* **1)** am linken Arm getragene Schutzwaffe (vgl. unten Waffenkunde); Sinnbild des Schutzes: *er wurde auf den S. gehoben,* Ü zum Führer gemacht; *er führt etwas im Schilde,* Ü hegt eine geheime Absicht. **2)** ⛉ der Hauptteil des Wappens (→ Heraldik). **3)** ⚙ Schutzplatte, bes. an Geschützen. **4)** 🌐 Festlandskern aus präkambr. Gesteinen, die durch gebirgsbildende und metamorphe Vorgänge zusammengeschweißt worden sind und seitdem Hebungstendenz zeigen, z. B. Balt. S., Kanadischer S., Indischer S. **5)** ☆ **Sobieskischer S., Scutum** [lat.], Sternbild der Äquatorzone. **6)** Schirm an der Mütze. **7)** ⚘ Schulterfell männl. Wildschweine; auffälliges Brustgefieder der Hühner, bes. der Waldhühner. **8)** Schulter bei Rind und Schwein. **9)** schildförmige Platte bei Krebsen, Insekten, Schildkröten. **10)** *das, -(e)s/-er,* Abzeichen, Erkennungszeichen, oft: Platte mit Aufschrift oder Bild, Papierstreifen auf Heften, Flaschen oder verpackten Waren: *Nummernschild; Preisschild.* **11)** Kerntechnik: Ummantelung des Reaktorkerns eines Kernreaktors zur Verhinderung des Strahlungsaustritts. **Schilderwald,** U unübersichtl. Anzahl von Verkehrszeichen. **Schildknappe,** Knappe, der den S. des Ritters trägt. *das* **Schildkrot,** *-s, österr.:* Schildpatt.

Waffenkunde. Schutzwaffe gegen Hieb, Stich und Wurfgeschosse aller Art, in sehr frühe Entwicklungsstufen zurückreichend, über alle Erdteile verbreitet; nach Form, Funktion und Material (z. B. Holz, Flechtwerk, Leder oder Metall) unterschieden, oft mit figürl. oder ornamentalem Schmuck, teils emblematischen Charakters zur Identifizierung von Truppenteilen.

Im Altertum war der S. ein Ehrenzeichen des Kriegers. Schon seit dem 2. Jahrtsd. erfolgte eine Differenzierung in die leichteren **Parierschilde** (z. B. die grch. Aspis und der röm. Clipeus, beide Rundschilde) und die den Körper weitgehend umschließenden **Großschilde** (z. B. der grch. Thyreos, das röm. Scutum). Der german. S., seit der Bronzezeit bekannt, war meist aus Holz, selten aus Bronze und trug in der Mitte einen Buckel. Im MA. führte man zunächst den hölzernen Rund-S.; daneben entstand aus dem viereckigen S. der große dreieckig-spitze Reiter-S., der sich im Spät-MA. zur kleinen, nur den Oberkörper deckenden Tartsche entwickelte. Der Fußkrieger gebrauchte seit dem 14. Jh. den großen, rechteckigen Setz-S. (Pavese), der sich als Hand-S. bis ins 16. Jh. erhielt. Im 17. Jh. und noch im 1. Weltkrieg verwendete man schwere ›schußfreie‹ Eisen-S. Neuerdings trägt die Polizei bei versch. Einsätzen meist durchsichtige Kunststoff-S. Nicht für den Kriegsfall bestimmt waren künstlerisch wertvolle **Prunkschilde** (z. B. in der Renaissance). Auch Naturvölker haben z. T. verzierte S. für rein zeremonielle Zwecke. (BILD Ozeanien, Kunst)

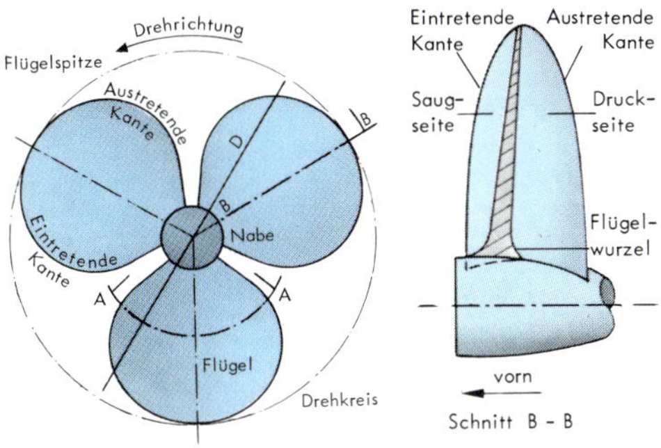

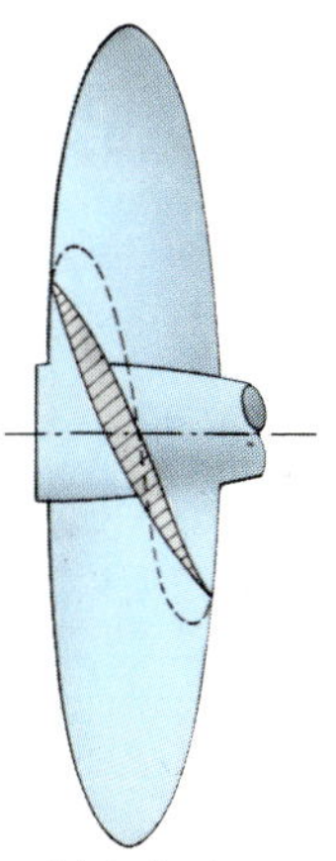

Schiffsschraube: Schemat. Darstellung eines Schraubenpropellers mit den wichtigsten Benennungen

Schildblatt, Peltiphyllum, Gatt. der Steinbrechgewächse mit nur einer, in Kalifornien an Bachrändern wachsenden Art **(Peltiphyllum peltatum);** meterhohe Staude mit schirmspreitigen Blättern und roter Blüte.

Schildblume, ⚘ die → Aspidistra.

Schildbürger, urspr. wohl ›mit Schild bewaffneter Bürger‹. Die S. wurden dann in der Ausgabe des → Lalebuchs von 1598 zu Bewohnern von Schilda (Schildau im Kr. Torgau?). Ihren Narrenstreichen **(Schildbürgerstreiche)** entsprachen die der → Abderiten.

Schildchen *das, -s/-,* **Scutellum,** ⚘ Keimblatt der Gräser.

Schild|drüse, Glandula thyreoidea [lat.-grch.], Drüse mit innerer Sekretion; beim Menschen und bei den Säugetieren ein hufeisenförmiges Organ, das mit seinen beiden Seitenlappen dem Schildknorpel des Kehlkopfs anliegt, während das verbindende Mittelstück unterhalb des Ringknorpels des Kehlkopfs die obersten Ringe der Luftröhre überbrückt. Die S. besteht aus zahlreichen geschlossenen Bläschen (Drüsenfollikeln), die mit einer einschichtigen Lage von Drüsenzellen ausgekleidet sind. An der Hinterwand der S. liegen die → Nebenschilddrüsen. Die Tätigkeit der S. wird von der Hirnanhangdrüse geregelt. Die Schilddrüsenhormone **Thyroxin** und **Trijodthyronin,** zu deren Synthese Jod erforderlich ist, fördern Wachstum und Entwicklung, steigern Stoffwechselvorgänge und Energieumsatz und sind u. a. für eine normale Entwicklung von Zentralnervensystem und Intelligenz unerläßlich. Ein drittes Hormon, **Calcitonin,** regelt den Calcium- und Phosphathaushalt. Auf Erkrankungen der S. beruhen → Basedowsche Krankheit, Kretinismus (→ Kretin), → Kropf 2), → Myxödem. Über **Schilddrüsenpräparate** → Hormonpräparate. (BILD S. 566)

Schilderhaus, Schutzhäuschen für militärische Posten.

schildern [mnd. schilderen ›malen‹, ›anstreichen‹, ›beschreiben‹]. *ich* **schild(e)re, 1)** *ihn, es,* beschreibe, erzähle anschaulich. **2)** *es, nd.:* bemale. *die* **Schilderung,** *-/-en,* anschaul. Beschreibung.

Schildfarn, Polystichum [grch.], Gatt. mittelgroßer Farne mit 1-3fach gefiederten Blättern und schildförmigem Schleier, in Wäldern; 4 Arten in Europa.

Schildgebirge, Gebirge in Ungarn, das → Vértesgebirge.

Schildhaupt, vgl. FARBTAFEL Heraldik.

Schildkröten, Testudines, Ordn. der Kriechtiere mit urtümlichem Schädel und zahnlosen, mit Hornschneiden bedeckten Kiefern. Der knöcherne, aus einem gewölbten Rücken- und einem flachen Bauchteil bestehende Panzer ist aus Knochenplatten zusammengefügt und meist mit Hornplatten bedeckt. Viele Arten haben Quergelenke am Bauchpanzer, die **Gelenk-S.** aber am Rückenpanzer. Die landbewohnenden S. leben hauptsächlich von pflanz-

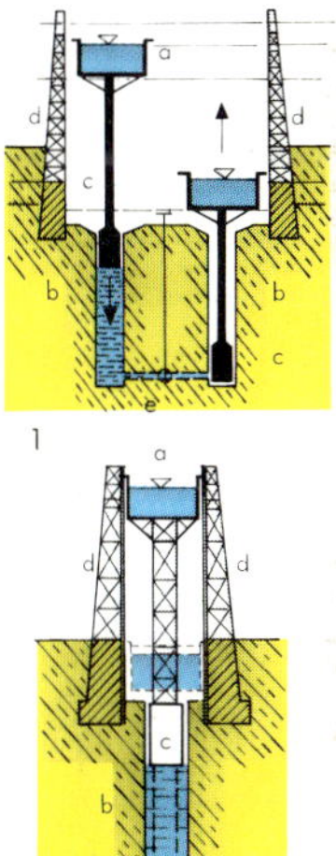

1

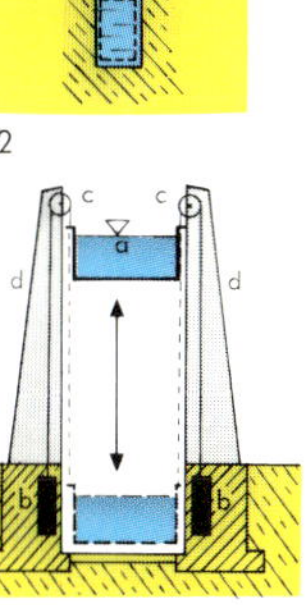

2

3

Schiffshebewerk

Schiffshebewerk: 1-3 Prinzipskizzen verschiedener Systeme. **1** Druckwasserhebewerk; **a** Trog, **b** Druckzylinder, **c** Druckkolben, **d** Führung, **e** Druckwasserleitung. **2** Schwimmerhebewerk; **a** Trog, **b** Schwimmerschacht, **c** Schwimmer, **d** Führung. **3** Gegengewichtshebewerk; **a** Trog, **b** Gegengewichte, **c** Umlenkrollen, **d** Trag- und Führungsturm

Schiffahrtszeichen auf den deutschen Binnenwasserstraßen

licher, die wasserbewohnenden von tier. Nahrung. Die Eier werden in Sandgruben eingescharrt, aus denen die Jungen ohne Brutpflege schlüpfen. – Die Unterordnung der **Halsberger,** die unter Einkrümmen der Halswirbelsäule den Kopf in den schlauchartigen Hals einstülpen können, umfaßt: die auf dem Land lebenden afrikan. und asiat. **Strahlen-S.,** die grch. und die maurische **Land-S.,** plumpe Pflanzenfresser, denen die süßwasserbewohnenden **Geier-S.** und **Schmuck-S.** der Neuen Welt, mit schön gezeichnetem Panzer, und die ebenfalls im Süßwasser lebende, bis 30 cm lange, Pflanzen und Kleintiere fressende **Sumpf-** oder **Teich-S.** der Alten Welt nahestehen. Landbewohnende **Sumpf-S.** Nordamerikas sind die **Dosen-S.** mit bewegl. Bauchpanzer, die **See-S.** mit der 1 m großen und 500 kg schweren **Suppen-S.,** die vom Aussterben bedroht ist, der → Karette und der 2 m langen und über 600 kg schweren **Leder-S.,** deren Knochenpanzer eine lederartige Haut trägt; die ebenfalls eine Lederhaut über dem Knochenpanzer tragenden **Weich-S.,** deren Schnauze in einen fleischigen Rüssel ausläuft, mit den **Lippen-S.,** deren Kiefer Lippen tragen, und den ind. **Klappen-S.,** deren Hinterbeine von häutigen Klappen des Bauchpanzers geschützt sind. – Die S. der Unterordnung **Halswender** können Kopf und Hals nur seitlich unter den Panzer legen; zu ihnen gehören z. B. die austral. **Schlangenhals-S.** mit über körperlangem Hals und die südamerikan., bis 40 cm lange **Matamata** mit Hautfransen an Kopf und Hals. (Weitere BILDER S. 569)

Schildkröten|inseln, die → Galápagos-Inseln.

Schildläuse, Coccoidea, Unter-Ordn. der Pflanzensauger. Die Weibchen sind flügellose, nur beschränkt oder gar nicht beweglich, mit kurzem Rüssel und langen Stechborsten. Bei den Männchen sind die Mundwerkzeuge, der Darm und die Hinterflügel rudimentär. Viele S. sind als Saftsauger schädlich, so → Kommaschildläuse, → San-José-Schildlaus. Andere S. sind oder waren nützlich durch rote Farbstoffe ihres Körpersaftes (→ Koschenille, → Kermesschildläuse), durch Erzeugung von Schellack (→ Lackschildläuse) und Wachs (→ Wachsschildläuse); ferner → Mannaschildlaus. (BILD S. 569)

Bekämpfung: durch Insektizide oder durch Abspritzen mit kräftigem Wasserstrahl sowie auch durch Sexualpheromone und Wachstumsregulatoren. Eine chem. Bekämpfung der Männchen ist erfolgreicher als die der überwinternden Larven.

Schildmauer, 🏛 die einen überwölbten Raum rechtwinklig zur Gewölbeachse abschließende Mauer; auch eine hohe, breite Mauer auf der Angriffsseite einer Burg. (BILD S. 570)

Schild|ottern, die → Hutschlangen.

Schildpatt [nd. ›Schildkröte‹] *das, -(s),* getrocknete Hornplatten vom Panzer der → Karette; für Zierkämme, Brillenfassungen, Knöpfe u. a.

Schildvulkan, ein → Vulkan, der aus sehr heißen dünnflüssigen Lavaströmen, aus einem zentralen Förderschlot oder aus Spalten gebildet ist. Seine Hänge sind sehr flach und die Grundfläche im Vergleich zur Höhe sehr groß (Hawaii: Grundfläche 400 km Durchmesser, Höhe vom Ozeangrund aus gerechnet 10 km).

Schildwache, ⚘ Wachtposten.

Schilf [ahd., aus lat. scirpus ›Binse‹] *das, -(e)s/-e,* **Schilfrohr,** grasförmige Arten der auch als → Rohr bezeichneten Pflanzen.

Schilflili|e, die Gelbe → Schwertlilie.

Schilfpalme, Rohrpalme, Calamus, Palmen-Gatt. meist südostasiat. Arten; lianenartige Kletterpflanzen mit bis 100 m langen verästelten Stämmen, so die **Rotangpalme** oder der **Rotang (Calamus rotang).** Die von den Blattscheiden entblößten Stämme vieler Arten heißen **Spanisches Rohr, Peddigrohr** oder → Rotang.

Schilksee, Ortsteil von Kiel nördlich des Nord-Ostsee-Kanals, Ostseebad an der W-Seite der Kieler Förde, Segelsportzentrum; Austragungsort der olympischen Segelregatten 1972.

Schill [türk. sẹla] *der, -(e)s/-e,* **1)** Fisch, der → Zander. **2)** durch Wellen am Flachstrand ausgeworfene und angereicherte ganze oder zertrümmerte (Bruchschill) Hartteile von Organismen (Schalen von Muscheln oder Schnecken).

Schill, Ferdinand von, * Wilmsdorf (bei Dresden) 6. 1. 1776, † Stralsund 31. 5. 1809, preuß. Offizier, trat 1806/07 bei der Verteidigung Kolbergs hervor, versuchte 1809 eine allg. Erhebung gegen Napoleon auf eigene Faust, fiel in Stralsund im Straßenkampf. 11 seiner Offiziere wurden von den Franzosen in Wesel standrechtlich erschossen, mehr als 500 Mann auf frz. Galeeren gebracht.

Schillebeeckx [sx'i:ləbe:ks], Edward, kath. Theologe, * Antwerpen 12. 11. 1914, seit 1957 Prof. in Nimwegen; setzt sich v. a. mit der histor. und exeget. Forschung wie auch mit der zeitgenöss. Philosophie auseinander.

Schillebolde, die → Libellen.

Schiller *der, -s/-,* **1) Schillerwein,** heller, (rosafarbiger) farbspielender Wein. **2)** Farbenspiel, wechselnder Glanz. *es* **schillert,** erscheint in wechselnden Farben: *ein schillernder Charakter,* Ü ein unstetiger, undurchschaubarer Charakter.

Schiller, 1) Ferdinand Canning Scott, dt.-engl. Philosoph, * Ottensen (Buxtehude) 16. 8. 1864, † Los Angeles 6. 8. 1937; Hauptrepräsentant des Pragmatismus in England. S. schrieb u. a.: ›Humanismus‹ (1903).

Schildkröten

2) Friedrich von (1802), Dichter, * Marbach (Württ.) 10. 11. 1759, † Weimar 9. 5. 1805. Sein Vater (Johann Kaspar S., * Bittenfeld 27. 10. 1723, † Solitude bei Stuttgart 7. 9. 1796) war Wundarzt, dann Hauptmann unter Herzog Karl Eugen, seit 1775 Verwalter der Hofgärten auf der Solitude; seine Mutter war Elisabetha Dorothea, geb. Kodweiß (* Marbach 13. 12. 1732, † Cleversulzbach 29. 4. 1802). S. trat 1773 auf Befehl des Herzogs Karl Eugen in die Militärakademie (→ Karlsschule) ein, studierte die Rechte, seit 1775 Medizin, wurde 1780 Regimentsmedikus in Stuttgart. 1782 errangen die 1781 vollendeten ›Räuber‹ im Mannheimer Hof- und Nationaltheater überwältigenden Erfolg. Für eine unerlaubte Reise nach Mannheim (ins kurpfälz. ›Ausland‹) erhielt S. mehrwöchigen Arrest und das herzogliche Verbot jeder weiteren poet. Betätigung. Er floh 1782 mit dem Musiker Andreas Streicher aus Stuttgart, hielt sich in Frankfurt, Oggersheim und auf dem Wolzogenschen Gut in Bauerbach bei Meiningen auf und war 1783/84 Theaterdichter am Mannheimer Theater (Aufführung von ›Fiesko‹ und ›Kabale und Liebe‹). Vergeblich suchte er durch Gründung einer Zeitschrift (›Rheinische Thalia‹) seine wirtschaftl. Lage zu bessern. Im April 1785 kam er auf Einladung von C. G. → Körner und anderen sächs. Freunden nach Leipzig; er folgte Körner noch im gleichen Jahr nach Dresden. 1787 übersiedelte er nach Weimar. Mit der ›Geschichte des Abfalls der vereinigten Niederlande‹ (1788) und der ›Geschichte des Dreißigjährigen Krieges‹ (1791–93) trat er als Geschichtsschreiber hervor. 1789 war er zum unbesoldeten Professor der Geschichte und Philosophie in Jena ernannt worden (Antrittsvorlesung: ›Was heißt und zu welchem Ende studiert man Universalgeschichte?‹), 1790 heiratete er Charlotte v. Lengefeld (* 1766, † 1826). 1791 gab ein dän. Stipendium S. die Möglichkeit zu philosoph. Arbeiten. Im Juli 1794 führte eine Unterredung über die ›Urpflanze‹ zur geistigen Annäherung zw. Goethe und S. Ein intensiver geistiger Austausch war die Folge, der in dem Briefwechsel zw. Goethe und S. seinen Niederschlag gefunden hat. 1795–97 gab S. die ›Horen‹ heraus, die bedeutendste Zeitschrift der Klassikerzeit. In ästhet. Schriften (›Briefe über die ästhet. Erziehung des Menschen‹, 1795) analysierte er Wesen und Wirkung des Schönen in seinem Zusammenhang mit dem Guten, in philosoph. Lyrik (›Das Ideal und das Leben‹, ›Der Spaziergang‹) wandte er sich wieder der Dichtung zu. Mit Goethe veröffentlichte er die → Xenien. Die Gemeinsamkeit des Schaffens setzte sich im ›Balladenjahr‹ 1797 fort (›Der Taucher‹, ›Die Kraniche des Ibykus‹; 1798: ›Der Kampf mit dem Drachen‹, ›Die Bürgschaft‹; 1799: ›Das Lied von der Glocke‹). Nachdem S. bereits 1791 wegen seines

Gesundheitszustandes sein Lehramt aufgegeben hatte, siedelte er 1799 nach Weimar über. Nach dem Abschluß seiner langjährigen Arbeit am ›Wallenstein‹ (1799) vollendete er in rascher Folge seine späten Dramen: ›Maria Stuart‹ (1800), ›Die Jungfrau von Orléans (1801), ›Die Braut von Messina‹ (1803), ›Wilhelm Tell‹ (1804). Daneben übersetzte er Shakespeares ›Macbeth‹ (1801), Racines ›Phèdre‹ (1805) u. a. S. starb während der Arbeit am ›Demetrius‹.

Schon früh kam S. der Urkonflikt von Trieb und Geist, Natur und Freiheit zum Bewußtsein. Die Jugendlyrik steht stark unter Klopstocks Einfluß, sie ist pathetisch und spekulativ (›Anthologie auf das Jahr 1782‹). Von Anfang an wird die Freiheitsidee leidenschaftlich verfochten und in versch. Varianten dramatisch behandelt; so schon in den ›Räubern‹, wo der Held aus Weltverbesserungswillen zum Verbrecher wird, so in dem nach dem Trauerspiel ›Die Verschwörung des Fiesko zu Genua‹ (1793, mehrfach umgearbeitet) geschaffenen bürgerl. Trauerspiel ›Kabale und Liebe‹ (1784), worin der Idealismus des unbedingten Gefühls sich gegen die im Absolutismus gegebenen gesellschaftl. Bedingungen auflehnt. Entscheidend wurde für S. die Auseinandersetzung mit Kants Philosophie, die er selbständig weiterentwickelte. Für S. ist vollendete Sittlichkeit – Würde – allein in der Versöhnung von Pflicht und Neigung möglich, während Kant das Primat der Pflicht betont. In der Armut erscheint geistige und leibl. Schönheit als ästhetische Harmonie vereint (›Über Anmut und Würde‹, 1793). In der Gegensätzlichkeit seiner von Ideen gelenkten Dichtung zu der naturhaften Goethes sieht S. zugleich den Gegensatz antiker und moderner Kunst (jene naturnah, diese die Natur suchend: ›Über naive und sentimentalische Dichtung‹, 1795/96). Das Drama ›Don Carlos‹ (1787) spiegelt den Übergang vom frühen, subjektiven Ansatz zum philosoph. Ideendrama, in dem sittl. Entscheidungen von weltgeschichtl. Dimension ausgetragen werden. Im Marquis Posa verkörpert sich das Ideal einer kommenden höheren und freien Menschheit. Hatten S.s frühe Dramen seine Fähigkeit zu realistischer Darstellung gezeigt (Musikus Miller in ›Kabale und Liebe‹), so war es das Bestreben des klass. Dramatikers S., alles historisch und psychologisch Einmalige und Zufällige, alle bloß stoffl. Realität in die zeitlose Form des Schönen zu verwandeln, weil nur die aller Wirklichkeit überlegene Kunst dem Menschen seine höhere und eigtl. Bestimmung offenbare. In Teilen der ›Wallenstein‹-Trilogie und im ›Demetrius‹-Fragment zeigt sich jedoch zugleich eine stärker realist. Haltung S.s als Geschichtsdramatiker. Die klass. Dramen S.s mit ihrem Sinn für dramat. Steigerung kennzeichnet der trag. Konflikt des zw. dem Zwang der phys. Notwendigkeiten und die Berufung zu moral. Freiheit, zw. Wirklichkeit und Idee, Schicksal und Selbstrealisierung gestellten Menschen. Für S. besitzt der Mensch die unverlierbare Fähigkeit, seine metaphys. Freiheit zu behaupten, auch um den Preis des Lebens, oder die preisgegebene wieder zu ergreifen. – S.s Lyrik drückt den Gedanken von der Teilhabe des Menschen an der idealen Wertwelt aus. Als Erzähler war S. nur in der Zeit der Herausgabe der ›Thalia‹ mit dem ›Verbrecher aus Infamie‹ (1786) sowie dem Romanfragment ›Der Geisterseher‹ hervorgetreten. Er erwies sich hier als illusionsloser Psychologe, der sich von geradezu kriminalist. Stoffen angezogen fühlte. Den künstler. Höhepunkt fand S.s Prosa in seinen philosophisch-ästhet. Schriften. – S. ist im 19. Jh. der eigtl. dt. Nationaldichter geworden. Danach bewirkte die rasche Auflösung des idealist. Denkens durch die ökonom. und naturwissenschaftl. Entwicklung, daß seine Kunst als rhetorisch und pathetisch empfunden wurde. Im 20. Jahrhundert wurden die Werke vielfach neu gedeutet. (BILD S. 570)

Sammelstätten und Vereine: S.s Haus in Weimar, 1847 von der Stadt angekauft, ist heute Museum. In Marbach → Schiller-Nationalmuseum. Die Familie Gleichen-Rußwurm stiftete 1889 S.s Nachlaß dem Weimarer Goethe-Archiv, seitdem → Goethe- und Schiller-Archiv. (→ Schillergesellschaft)

3) Karl, Volkswirtschaftler und Politiker (SPD), * Breslau 24. 4. 1911, wurde 1944 Prof. und leitete 1947–61 in Hamburg das Institut für Außenhandel und Überseewirtschaft; landespolitisch in Hamburg, später in Berlin (West) tätig, 1966–72 Bundeswirtschafts-, 1971–72 Bundesfinanz-Min.; war maßgeblich an der Schaffung des Stabilitätsgesetzes (1967) beteiligt und suchte durch die ›Konzertierte Aktion‹ die Zusammenarbeit der Sozialpartner zu fördern. Zeitweilig hatte er sich mit seiner Partei überworfen.

HW: Sozialismus und Wettbewerb (1955); Neuere Entwicklung in der Theorie der Wirtschaftspolitik (1958); Preisstabilität durch globale Steuerung der Marktwirtschaft (1966); Aufgeklärte Marktwirtschaft (1969).

Schillerfalter, Schmetterlinge; z. B. die Gatt. **Apatura.** Die Männchen haben blau schillernde Flügel.

Schillergesellschaft, Deutsche S., aus dem 1895 gegr. Schwäb. Schillerverein hervorgegangen; Sitz: Marbach a. N. Aufgaben der Dt. S.: Verwaltung und Ausbau des → Schiller-Nationalmuseums und des Dt. Literatur-Archivs, Förderung der Schillerforschung, Samml. und Erforschung der dt. Literatur seit dem 18. Jh.

Schillerkragen, offener Hemdkragen.

Schillerlocke, 1) Blätterteigrolle mit Schlagsahne. **2)** geräucherte Bauchlappen des Dornhais. **3)** eine Form der Locke.

Schiller-Nationalmuse|um, Deutsches Literatur-Archiv, Marbach a. N. Die Sammlungen des 1903 vom Schwäb. Schillerverein gegr. Museums umfassen Bildnisse, Hss. und Erstdrucke von Schiller, Hölderlin, Mörike und den schwäb. Romantikern. Mit dem S.-N. verbunden ist das 1955 gegr. größte Lit.-Archiv der Bundesrep. Dtl. mit über 1 Mio. Autographen, etwa 140 000 Bänden, Ztschr.-Samml. und Zeitungsausschnitt-Archiv zur dt. Lit.

Schillerpreise, 1) Schiller-Gedächtnispreis des Landes Baden-Württemberg, 1955 gestiftet, alle 3 Jahre als Ehrenpreis von 20 000 DM und Fördergabe von 10 000 DM verliehen. **2) Schiller-Preis der Stadt Mannheim,** seit 1959 alle 2 Jahre verliehen (10 000 DM), ab 1974 alle 4 Jahre (25 000 DM).

Schillerspat, Bastit, Mineral, grünes Umwandlungsprodukt von Enstatit oder Bronzit mit Perlmutterglanz auf einer Spaltfläche.

Schiller-Stiftung, Deutsche S.-S., gegr. 1859, verlor 1945 ihr Vermögen, 1953 als **Dt. Friedrich-S.-S. e. V.** durch T. Heuss wiedererrichtet, Sitz: Darmstadt; u. a. unterstützt sie dt. Schriftsteller oder deren Hinterbliebene.

Schilling [ahd.] *der, -s/-e* und bei Wertangaben -, **1)** im karoling. Münzfuß 12 Pfennige = 1 S., 20 S. = 1 Pfund. Dieser galt in Europa (mit Abwandlungen) bis ins 19. Jh. **2)** in Großbritannien → Shilling. **3)** Währungseinheit in Österreich: 1 S. (S) = 100 Groschen (Gr, g).

Schilling, 1) Diebold, schweizer. Geschichtsschreiber, † Bern 1485, Kanzleibeamter, schrieb eine neue Berner Chronik (1478–84, mit mehr als 600 Bildern), eine wichtige Quelle für die Geschichte der Burgunderkriege.

2) Diebold, schweizer. Geschichtsschreiber und Maler, Neffe von 1), * um 1460, † Mailand um 1520, schrieb um 1508–13 die ›Luzerner Chronik‹; ihre 453 Bilder, von S. und dem Maler Hans von Arx, sind bed. für die Kenntnis des spätmittelalterl. Lebens in der Schweiz.

3) Johannes, Bildhauer, * Mittweida 23. 6. 1828, † Klotzsche bei Dresden 21. 3. 1910, schuf 1877–83 das Niederwalddenkmal.

Schillings, Max von (1912), Komponist, * Düren 19. 4. 1868, † Berlin 24. 7. 1933; 1919–25 Intendant der Staatsoper ebd. Seine Musik ging zunächst von Wagner aus. Sehr bekannt wurde die unter ital. Einfluß entstandene Oper ›Mona Lisa‹ (1915).

Schilluk, Volk in der Rep. Sudan, → Shilluk.

Schiltberger, Hans, Orientreisender, * bei Freising 1380, † um 1440, kam zw. 1396 und 1427 in türk. und mongol. Diensten nach Kleinasien, Ägypten, Turkestan, der Krim und dem Kaukasus. Sein ›Reisebuch‹ erschien um 1473 in Ulm.

Schiltigheim [frz. ʃiltigˈɛm], Stadt im Unterelsaß, im frz. Dép. Bas-Rhin, (1982) 29 600 Ew.; Brauereien, Maschinen-, Metall-, Lebensmittel-, Elektroindustrie.

Schily, Otto, Politiker, * Bochum 20. 7. 1932, Rechtsanwalt, trat als Strafverteidiger in Prozessen gegen Angehörige terrorist. Gruppen hervor. Politisch engagierte er sich bei den Grünen. Seit 1983 MdB., war er im Bundestag 1983–84 einer der Fraktionssprecher der Grünen.

Schimäre [eingedeutscht für Chimäre] *die, -/-n,* Trugbild, Hirngespinst. *Adj.* **schimärisch.**

Schimmel [ahd., verwandt mit Schimmer] *der, -s/-,* **1)** weißes, auch weißl. bis graues Pferd: *Apfelschimmel; Grauschimmel.* **2)** *ohne Pl.,* Pilzüberzug (vgl. unten Pflanzenkunde). **schimm(e)lig, 1)** moderig, faul. **2)** *österr.:* entwichen, ausgerissen. *es* **schimmelt,** wird schimmelig, bekommt einen S.-Überzug.

⊕ $ Die **S.-Pilze** bilden watteähnl., filzige, staubähnl. Überzüge auf organ. Stoffen, die sie zum Faulen bringen. Bei Mensch und Tier können durch Aufnahme verschimmelter Nahrung Vergiftungen und Schädigungen (z. B. durch Aflatoxine) sowie Erkrankungen (z. B. Aspergillose) hervorgerufen werden. S.-Pilze können auch eine Allergie auslösen. Medizinisch wichtig ist die Anwendung best. S.-Pilze (z. B. Penicillin) als Antibiotika. Zu den S.-Pilzen gehören z. B. aus der Algenpilzgattung: **Kopfschimmel (Mucor)** mit köpfchenförmigen Sporenbehältern, auf Früchten, Brot, Mist; aus den Schlauchpilzgattungen: **Kolbenschimmel (Aspergillus),** die dicke S.-Rasen auf feuchten Pflanzenstoffen, Früchten, Brot, Leder bilden, und **Pinselschimmel (Penicillium;** → Penicillin); **Grauschimmel** (→ Graufäule).

Schimmelkraut, Filz-, Fadenkraut, Filago, Korbblütergattung; Kräuter, z. T. graufilzig, mit Knäueln schmächtiger Blütenkörbchen, so das **Acker-S. (Filago arvensis).**

Schimmelpfeng GmbH, Frankfurt a. M., Wirtschaftsaus-

Schiffahrtszeichen auf den deutschen Binnenwasserstraßen

Schildläuse (eine etwa 4fach vergr. S.)

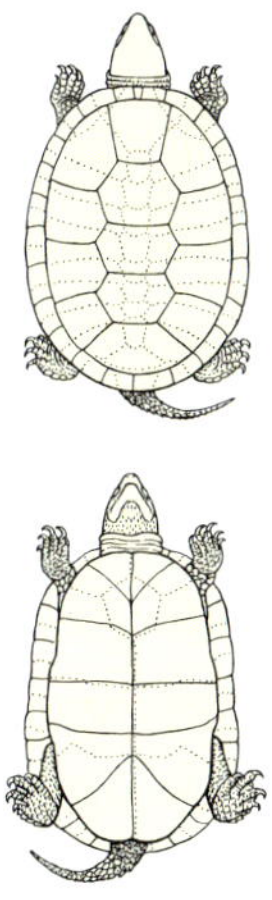

Schildkröten

Schildkröten: OBEN Rücken-, UNTEN Bauchpanzer einer europäischen Sumpf-S. (Hornschilder sind im Strich gezeichnet, die darunterliegenden Knochenplatten punktiert)

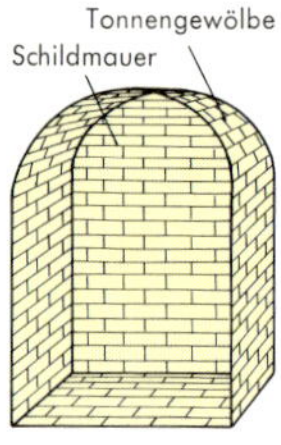

Schildmauer

Friedrich von Schiller (Pastell von L. Simanowitz)

kunftei und Inkassounternehmen; gegr. 1872 von Wilhelm Schimmelpfeng.

Schimmelreiter, dt. Sage und Volksglaube: geisterhaftes Wesen der Advents- und Neujahrszeit, meist eine weiße Gestalt ohne Kopf oder mit großem Hut, auf einem Pferd mit drei Beinen; im dt. Volksbrauch eine der Masken der Mittwinterzeit. – Novelle von T. Storm (1888).

Schimmer [ahd.] *der, -s/-,* **1)** matter Schein. **2)** *norddt.:* Dämmerung. **3)** U Ahnung: *er hat keinen (blassen) S.,* weiß nichts. *es* **schimmert,** glänzt; scheint gedämpft.

Schimpansen [afrikan.], *Sg. der* **Schimpanse,** *-n,* **Pan,** Gatt. der afrikan. Menschenaffen mit 2 Arten: Der **S. (Pan troglodytes)** wird im männl. Geschlecht bis 1,70 m hoch, im weibl. bis 1,30 m, mit schwarzem bis schwarzbraunem Fell, beweglichen Lippen, platter Nase und menschenähnl. Ohren (Bild Affen). Der **Bonobo** oder **Zwerg-S. (Pan paniscus)** ist kleiner, schlanker, hat fleischfarbene Lippen. S. stehen im Verhalten dem Menschen am nächsten; sie leben in kleinen Horden und ernähren sich von pflanzl. und tier. Kost. S. sind zu einsichtigem Verhalten und Herstellen einfachster Werkzeuge befähigt (Versuche seit W. Köhler).

Schimpf [ahd.] *der, -(e)s,* **1)** Schmach, Demütigung, Beleidigung. **2)** *oberdt.:* Spaß, Streich. *die* **Schimpfe,** -, U Schelte. *ich* **schimpfe, 1)** schelte kränkend, voll Zorn. **2)** *ihn* **(aus),** schelte, tadle grob. **3)** *ihn etwas,* lege ihm kränkende Namen bei: *man schimpft ihn einen Feigling.* **4)** *oberdt.:* scherze. **schimpflich, 1)** schmachvoll. **2)** *oberdt.:* scherzend. *Subst. die* **Schimpflichkeit,** -. **Schimpfname, Schimpfwort,** grobes oder beleidigendes Wort.

Schindel [ahd., zu lat. scintula] *die, -/-n,* **1)** kurzes Brettstück aus Fichten-, Tannen- oder Lärchenholz, als Dachdeckung oder Wandbekleidung benutzt. **2)** *md.:* Schiene. **3)** ▽ Rechteckmuster. *Vb. ich* **schind(e)le** *es.*

schinden [ahd., eigtl. ›häuten‹, zu scint ›Haut‹]. *ich* **schinde** (habe geschunden), **1)** *ihn,* quäle grausam, beute aus. **2)** *Vieh,* ziehe einem Kadaver die Haut ab. **3)** *es,* U verschaffe mir etwas, das mir nicht zukommt: *er schindet Eindruck,* macht Eindruck; *er schindet Zeilen,* verlängert den Text durch breitere Zwischenräume oder überflüssige Worte. **4)** *mich,* plage mich, arbeite schwer. **5)** *mich mit ihm,* gebe mir die größte Mühe. *ich* **schinde** *mich, es* **auf,** reiße wund, blutig: *ich habe mir das Knie aufgeschunden. ich schinde etwas aus ihm* **heraus,** U erlange trotz Widerstands, zwinge es ihm ab. **Schind|anger,** Abdeckerei. *der* **Schinder,** *-s/-,* **1)** ♧ Abdecker. **2)** jemand, der Menschen oder Tiere schindet. **3)** *oberdt.:* kalter, rauher Wind. *die* **Schinderei,** *-/-en,* **1)** Plagerei, Quälerei. **2)** Abdeckerei. **Schindluder,** ♧ dem Sterben nahes, verbrauchtes Vieh: *er hat Schindluder mit ihm getrieben,* U ihn schmählich behandelt. **Schindmähre,** altes, verbrauchtes Pferd.

Schinderhannes, eigtl. Johann **Bückler,** * Miehlen (Taunus) 25. 5. 1783, † (hingerichtet) Mainz 21. 11. 1803, Räuberhauptmann in den Rheinlanden. – Schauspiel von C. Zuckmayer (1927).

Schindewolf, Otto Heinrich, Geologe und Paläontologe, * Hannover 7. 6. 1896, † Tübingen 10. 6. 1971, Prof. in Berlin, Tübingen; Hauptarbeitsgebiete: Paläontologie, Entwicklungslehre, Genetik, Grundlage der paläontolog. Chronologie. – ›Grundfragen der Paläontologie‹ (1948) u. a.

Schindler, Anton, Musiker, * Meedl (Mähren) 13. 6. 1798, † Bockenheim (Frankfurt a. M.) 16. 1. 1864; wirkte in Wien, Münster und Aachen; seit 1814 eng mit L. van Beethoven befreundet; schrieb die erste Beethoven-Biographie (1840).

Schindler Holding AG, Hergiswil (Schweiz), Holding-Ges. einer der bedeutendsten Unternehmensgruppen zur Herstellung von Aufzügen und Rolltreppen; gegr. 1929 als ›Pars Finanz AG‹.

Schiner, Matthäus, fälschlich **Schinner,** * Mühlebach (Wallis) um 1465, † Rom 1. 10. 1522, wurde 1499 Bischof von Sitten, 1511 Bischof von Novara und Kardinal; zog die Schweiz in den Kampf, den Kaiser Maximilian und Papst Julius II. gegen die Franzosen in Oberitalien führten. Nach der Niederlage bei Marignano (1515) wurde er aus Sitten vertrieben. Er beriet Karl V. beim Wormser Reichstag (1521) in reformationsfeindlichem Sinn.

Schinkel, Karl Friedrich, Baumeister und Maler, * Neuruppin 13. 3. 1781, † Berlin 9. 10. 1841, dort Schüler von D. und F. Gilly, seit 1803 in Italien, von wo er über Paris 1805 nach Berlin zurückkehrte. Hier entwarf er anfänglich v. a. Bühnenbilder, malte romantisch empfundene Landschaften, oft mit got. Kirchen, und beschäftigte sich mit architekton. Entwürfen in klassisch-antiken und got. Formen. Große Bauaufträge ließen ihn seinen reifen, aus der Antike entwickelten Stil finden. Zweckerfüllung mit harmon. Klarheit verbindend, sind seine Werke der reinste Ausdruck der dt. Klassik und ein Höhepunkt des europ. Klassizismus in der Baukunst. Zu seinen Hauptwerken gehören in Berlin die Neue Wache (1817/18; 1931 durch Ausbau des Innern von H. Tessenow zum Ehrenmal umgestaltet), das Schauspielhaus (1818–24), das Alte Museum (1822–30), in Potsdam die Nikolaikirche (1830–37). In got. Stilformen baute er in Berlin die Werdersche Kirche (1825–28). Vieles wurde im 2. Weltkrieg zerstört oder beschädigt. Sein Wirken in der Oberbaudeputation in Berlin, zuletzt als Oberlandesbaudirektor, war von maßgebendem Einfluß im ganzen preuß. Gebiet, wo nach seinen Plänen und Richtlinien gebaut wurde **(S.-Schule);** auch Entwürfe für das Ausland (u. a. Königsschloß auf der Akropolis; Schloß Orianda auf der Krim). Bilder Bühnenbild, Klassizismus, Lithographie, Romantik.

Schinken [ahd.] *der, -s/-,* **1)** Schenkel, Keule, besonders des Schlachtviehs. **2)** geräucherte Keule, bes. vom Schwein. **3)** U großes, dickes (urspr. in Schweinsleder gebundenes) Buch. **4)** U riesiges, schlechtes Gemälde; aufwendiger, schlechter Film. **5)** U Gesäß.

Schinn [zu schinden] *der, -(s)/-e,* **Schinne** *die, -/-n, nd.:* Kopfschuppe.

Schintoismus, → Shinto.

Schinznach-Bad, Badeort im Kt. Aargau, Schweiz, 364 m ü. M., (1980) 1000 Ew.; Schwefelthermen.

Schiphol [sx'ɪpɔl], Flughafen von Amsterdam.

Schipkapaß, wichtigster Paß über den Balkan in Bulgarien, zw. Gabrowo und Kasanlak, 1333 m hoch. – Im russ.-türk. Krieg 1877/78 suchte die Türkei vergeblich, den von russ. Truppen besetzten S. zurückzuerobern.

Schippe [nd., zu schieben] *die,-/-n,* **1)** Schaufel: *er nimmt ihn auf die S.,* U hält ihn zum Narren. **2)** U Schmollmund: *Peter macht, zieht eine S.* **3)** *das* **Schippen,** *-/-,* Farbe der dt. Spielkarte, → Pik. *ich* **schippe** *es,* schaufele. **Schippenband,** Eisenband mit herzförmigem Stück.

Schirach, Baldur von, Politiker (NSDAP), * Berlin 9. 5. 1907, † Kröv an der Mosel 8. 8. 1974; wurde 1931 ›Reichsjugendführer‹ der NSDAP. Als ›Jugendführer des Dt. Reiches‹ (1933–40) baute er die Hitler-Jugend zu einer Staatsjugendorganisation aus. 1940–45 war er Gauleiter und Reichsstatthalter von Wien. 1946 verurteilte ihn das Nürnberger Militärtribunal wegen Verbrechen gegen die Menschlichkeit zu 20 Jahren Gefängnis.

Schiras, Schiraz, Prov.-Hptst. in Iran, (1981) 439000 Ew.; Univ., viele Moscheen; Knüpfteppiche; Zucker-, Zement- u. a. Industrie. S. ist Geburts- und Sterbeort der pers. Dichter Sa'adi und Hafis; im NO die Ruinen von Persepolis und Pasargadai.

Schire *der,* Nebenfluß des Sambesi, → Shire.

Schirgiswalde, Stadt im Kr. Bautzen, Bez. Dresden, Kurort an der Spree, im Lausitzer Bergland, (1973) 4400 Ew.; Textil-, Metallindustrie, Kabelwerk; barocke Pfarrkirche (1739–41).

Schirm [ahd.] *der, -(e)s/-e,* **1)** *ohne Pl.,* P Schutz. **2)** kurz für: Regenschirm, Sonnenschirm: *er spannte seinen S. auf.* **3)** pilzförmig gestalteter Gegenstand: *Fallschirm; Schirmkiefer.* **4)** Schutzeinrichtung, z. B. an Mützen, Lampen, Öfen, elektr. Leitungen. *ich* **schirme** *es,* P schütze. *ich* **schirme** *ihn, es* **ab,** decke, schütze, sichere (gegen elektr. Störströme, Strahlungen). *der* **Schirmer,** *-s/-,* **1)** Schirmherr. **2)** ♧ Kunstfechter. **Schirmherr,** Schutzherr. **Schirmherrschaft,** Gönnerschaft, Schutzherrschaft: *die Veranstaltung steht unter der Schirmherrschaft der Vereinten Nationen.*

Schirm|akazi|e, verschiedene Arten der Gatt. **Acacia;** Bäume mit schirmartiger Krone in den Tropen und Subtropen.

Schirmbaum, Musanga smithi|i, häufiger Waldbaum des trop. Westafrika aus der Fam. Maulbeergewächse, der sehr leichtes Holz liefert, das als Blind- und Modellholz dient.

Schirmer, 1) Johann Wilhelm, Maler, * Jülich 7. 9. 1807, † Karlsruhe 11. 9. 1863, stellte ital. und dt. Ideallandschaften, oft mit bibl. Staffage, dar.

2) Walter, Anglist, * Düsseldorf 18. 12. 1888, † Bonn 22. 3. 1984.

HW: Antike, Renaissance und Puritanismus (1924); Der engl. Frühhumanismus (1931); Gesch. der engl. und amerikan. Literatur (1937).

Schirmgitterröhre, eine → Elektronenröhre mit 4 Elektroden (Tetrode) für Hochfrequenzverstärkung, bei der durch ein Schutzgitter die Gitter-Anoden-Kapazität und damit die Schwingneigung herabgesetzt wird.

Schirmling, Schirmpilz, Lepiota, Gatt. weißsporiger Blätterpilze, mit Stielring. Der **Riesen-S. (Parasolpilz;** Bild Pilze) ist bis 30 cm hoch. Beim **Safranschirmling** läuft das Fleisch im Bruch safrangelb an. Beide sind eßbar.

Schirmpalme, die Palmen-Gatt. → Livistone und → Schopfpalme.

Schirmquallen, die → Scheibenquallen.

Schirn [zu Schranne] *die, -/-e, rhein.:* Fleischladen.

Schirokko, ital. **Scirocco** [ʃi-, aus arab.] *der, -s/-s,* heißer Südwind im Mittelmeergebiet, der von der Sahara her oft Staub und Sand mit sich führt (arabisch **Samum,** in Libyen **Gibli,** in Ägypten und Palästina **Chamsin);** in Italien, Dalmatien, Griechenland ist er feucht, in Spanien, Nordafrika, Vorderasien trocken.

schirpen [Schallwort]. *Grillen, Sperlinge* **schirpen,** *oberdt.:* zirpen, zwitschern.

Schirm 2): Gestell eines Damen-Taschenschirms; a Krone, b Rohr 1, c Hilfsschieber, d Hauptschieber, e Rohr 2, f Hauptstrebe (Gabel), g Spreizstrebe, h Schiene, i Benäherbügel

schirren [zu Geschirr]. *ich* **schirre** *Tiere an den Wagen,* spanne vor. *ich* **schirre** *ein Tier* **ab,** nehme das Geschirr ab. *ich* **schirre** *ein Tier* **an,** lege ihm das Geschirr an. **Schirrmeister, 1)** früher auf größeren Gütern der Aufseher über den Pferdestall. **2)** ✤ Unteroffizier für die Gerät- und Fahrzeugwartung.

Schirrmann, Richard, Lehrer, * Grunewald (Ostpr.) 15. 5. 1874, † Grävenwiesbach (Taunus) 13. 12. 1961, gründete 1910 das Dt. Jugendherbergswerk.

Schirting, Shirting [ʃ'ɔ:tɪŋ, engl. von shirt ›Hemd‹] *der, -s/-s* oder *-e,* kräftiger, leinwandbindiger Hemdenstoff.

Schisma [grch. ›Spaltung‹] *das, -s/...men* oder *-ta,* die nicht dogmatisch begründete Kirchenspaltung (1054), bes. das **grch. S.** (→Lateinische Kirche) und das **große abendländische S.** (1378–1417), bei dem sich 2, vor seinem Ende im Konstanzer Konzil sogar 3 Päpste (Johannes XXIII., Gregor XII. und Benedikt XIII.) gegenüberstanden. *der* **Schismatiker,** *-s/-,* Anhänger einer von der Kirche abgespaltenen Richtung; nach kath. Auffassung ein Getaufter, der sich weigert, dem Papst zu gehorchen oder mit der Kath. Kirche Gemeinschaft zu halten. **schismatisch,** abtrünnig.

Schiß *der, Sch'isses/Sch'isse,* **1)** V Darmauswurf, Kot. **2)** *ohne Pl.,* U derb: Angst: *er hat S.*

Schistosoma [grch.], Gatt. der Saugwürmer, Erreger der Schistosomiasis.

Schistosomiasis [grch.] *die, -/...mi'asen,* die →Bilharziose.

Schitomir, Hptst. des Gebietes S. in der Ukrain. SSR, in Wolhynien, (1982) 259000 Ew.; Holz-, elektrotechn., Nahrungsmittel-, Baustoff-, Leder-, Bekleidungsindustrie; mehrere Hoch- und Fachschulen.

Schivelbein, poln. **Świdwin** [sjv'id-], Stadt in der poln. Wwschaft Koszalin (Köslin), an der Rega, (1979) 14000 Ew.; Marienkirche (14. Jh.), Ordensschloß (14.–15. Jh., im 18. Jh. umgebaut).

Schiwel *der, -s/-, nd.:* Beinkrankheit des Pferdes. **schiwelig,** *nd.:* übellaunig.

Schiwkow, Todor, bulgar. Politiker (KP), * Pravez (Gebiet Sofia) 7. 9. 1911, Buchdrucker; seit 1951 Vollmitgl. des Politbüros der KP, seit 1954 Erster Sekretär des ZK der KP, 1962–71 Min.-Präs., steht seit 1971 als Vors. des Staatsrats an der Spitze des Staats.

schizo... [grch.], spalt..., gespalten...

schizogen [grch.], durch Spaltung, Teilung entstanden.

Schizogonie [grch.] *die, -,* simultane Vielfachteilung eines Einzellers, z. B. des Malariaparasiten **(Plasmodium)** in der Generation seiner ungeschlechtlichen Vermehrung.

schizoid [grch.], von E. Kretschmer verwendete Bez. für gestörte Gemütszustände, die abgemildert den schizothymen Persönlichkeitseigenschaften entsprechen und gesteigert bei schizoiden Psychopathen vorkommen.

Schizomyzeten [grch.] ✤ für Bakterien.

Schizophrenie [grch.] *die, -/...n'i|en,* **Spaltungs|irresein,** von E. Bleuler 1911 eingeführter Name für die bis dahin nach E. Kraepelin **Dementia praecox** benannte Gruppe verschiedenartiger, ihrem Wesen und ihren Ursachen nach noch wenig erforschter Krankheitszustände; Definition und Abgrenzung sind umstritten. Als Grunderscheinungen nennt man: Denkstörungen in Form von unzusammenhängendem Denken, Persönlichkeitsspaltung, Kontaktverlust, manchmal auch Wahnvorstellungen. Eine geläufige Einteilung unterscheidet: 1) **Hebephrenie (Jugendirresein),** eine im jugendl. Alter beginnende Form, die meist durch Verhaltensstörungen und Ausdrucksverzerrungen sowie abrupte Stimmungsschwankungen gekennzeichnet ist. Sie kann so schleichend verlaufen **(Heboidophrenie),** daß die Diagnostik schwierig wird. 2) **Katatonie (Spannungsirresein),** bestimmt durch Bewegungsstörungen, Unruhezustände und Erregungen. Die Störungen können sich rasch zurückbilden. 3) **Paranoide S.,** bei der Eigenbeziehungen, Wahnbildungen und Sinnestäuschungen (→Halluzination) vorherrschen. 4) **Dementia simplex,** die eine schleichende Persönlichkeitsveränderung ohne abnorme Erlebnisweisen zeigt. Diese Krankheitstypen gehen fließend ineinander über. In fast allen Fällen findet man einmal während des Krankheitsverlaufs einen der genannten S.-Typen vor, insbes. wird fast stets ein Stadium paranoidhalluzinator. Symptomatik durchlaufen. Die meisten Erkrankungen heilen nach einem oder mehreren Schüben aus, nur etwa 1/3 führt zu bleibender Persönlichkeitsveränderung. Die Ursachen der S. sind unbekannt. Wesentl. Faktoren sind u. a. erbl. Anlage (Zwillingsforschung) und psychodynam. Entwicklungsstörung (frühes psych. Trauma).

Behandlung: Psychopharmaka, Arbeits- und Beschäftigungstherapie, psychotherapeut. Verfahren. *Adj.* **schizophren.**

Schizophyten [grch.] *Pl.,* **Schizophyta,** die →Spaltpflanzen.

schizothym [grch. ›gemütsgespalten‹], nach E. Kretschmer dem leptosomen Körperbau (→Konstitution) entsprechender Temperamentstypus mit empfindlicher bis empfindsamer Gemütsverfassung, bevorzugter Zuwendung zur eigenen Innenwelt und geringer Kontaktbereitschaft.

Schjelderup [ʃ'ɛldəryp], Gerhard, norweg. Komponist, * Kristiansand 17. 11. 1859, † Benediktbeuren 29. 7. 1933, lebte seit 1896 in Dtl.; Opern, sinfon. Dichtungen (›Brand‹), Lieder und Chöre sowie Biogr. von R. Wagner (1903) und E. Grieg (1908).

Schkeuditz, Stadt im Kr. und Bez. Leipzig, an der Weißen Elster, (1983) 14000 Ew.; Pumpen-, Maschinen- u. a. Industrie, Rauchwarenveredlung; Flugplatz Leipzig-S.

SchKG, Abk. für das schweizer. Bundesgesetz über Schuldbetreibung und Konkurs vom 11. 4. 1889.

Schkipetaren, Shqiptar [skj'iptar, von shqip ›Fels‹], eigener Name der Albaner.

Schklowskij, Šklovskij, Wiktor Borissowitsch, russ. Literaturtheoretiker und Schriftst., * St. Petersburg 24. 1. 1893, † 5. 12. 1984; war Mitbegründer und führender Vertreter des russ. →Formalismus 2); schrieb ›Theorie der Prosa‹ (1925) und memoirenhafte belletrist. Werke (›Sentimentale Reise‹, 1923; ›ZOO oder Briefe nicht über die Liebe‹, 1923; ›Kindheit und Jugend‹, 1962).

Schkopau, Gem. im Kr. Merseburg, Bez. Halle, (1973) 4400 Ew.; chemische Industrie, Großkraftwerk.

schlabbern [zu schlappen]. *ich* **schlabb(e)re,** U **1)** *(es),* trinke, esse schlürfend. **2)** schwatze. *Subst. die* **Schlabb(e)rei,** -. *Adj.* **schlabbrig.**

Schlabrendorff, Fabian von, Jurist, * Halle (Saale) 1. 7. 1907, † Wiesbaden 3. 9. 1980, nahm 1943 an einem mißglückten Attentatsversuch auf Hitler teil, wurde im Zusammenhang mit den Ereignissen des 20. 7. 1944 verhaftet und zum Tod verurteilt, entging jedoch der Vollstreckung des Urteils; 1967–75 Bundesverfassungsrichter. Er schrieb: ›Offiziere gegen Hitler‹ (1946).

schlacht [Grundwort von Geschlecht], *norddt., mitteldt.:* von guter Art. *die* **Schlachte,** *-/-n, norddt., mitteldt.:* Art.

Schlacht [ahd., zu schlagen] *die, -/-en,* **1)** ✤ große Kampfhandlung, die durch ihren Ausgang die Kriegslage entscheidend beeinflußt. Man unterscheidet Angriffs-, Abwehr-, Durchbruchs-, Umfassungsschlacht u. ä.: *sie liefern, schlagen, gewinnen, verlieren eine S.* **2)** U Wettkampf, Prügelei: *Schneeballschlacht; Straßenschlacht.* **Schlachtenbummler, 1)** ✤ Nichtsoldat als Zuschauer bei militär. Ereignissen. **2)** U Zuschauer, der seine Sportmannschaft nach auswärtigen Wettspielorten begleitet. **Schlachtfeld,** Ort einer Schlacht. **Schlachtordnung,** ✤ ✤ die taktische Gliederung der Truppen zum Kampf. **Schlachtplan,** U der Plan für ein Vorhaben: *ich hecke einen Schlachtplan aus.*

Schlachta *die, -,* poln. **Szlachta** [ʃl'axta, von ahd. slahta ›Geschlecht‹], der poln. Adel. *der* **Schlachtschitz,** *-en/-en,* der poln. Edelmann. Vom 14. bis ins 18. Jh. verkörperte die S. die poln. Nation, hatte allein die Staats- und Landesämter inne und schloß Bürger und Bauern vom Grundbesitz aus. Erst nach dem Januaraufstand 1863 verlor die S. ihre überragende polit. Bedeutung, blieb aber gesellschaftlich noch bis ins 20. Jh. tonangebend.

schlachten [ahd.]. *ich* **schlachte, 1)** *Vieh,* töte fachgemäß, um das Fleisch zur Ernährung zu verwenden (vgl. unten). **2)** *ihn* **(ab),** U morde, töte grausam. *ich* **schlachte** *es* **aus, 1)** schlachte die minderen Tiere einer Herde. **2)** weide aus (Schlachtvieh). **3)** U sondere aus einem gebrauchsunfähig gewordenen Gegenstand noch erhaltene Einzelteile aus (Autos, Maschinen). **4)** U nütze, beute aus (Ereignisse, Kenntnisse). **Schlachtbank,** Gestell zum Schlachten von Vieh im Schlachthof. *der* **Schlachter,** *-s/-, nordwestdt.,* **Schlächter, 1)** der →Fleischer. **2)** U Massenmörder. *die* **Schlachterei,** *-/-en, nordwestdt.,* **Schlächterei, 1)** Fleischerei. **2)** Gemetzel, Massenmord. **Schlachtfest,** Schmaus mit Fleisch und Wurst vom gerade geschlachteten Schwein (bei Hausschlachtungen). *die* **Schlachtung,** *-/-en,* das Schlachten von Nutzvieh.

Verfahren des Schlachtens. Zur Ausschaltung von Schmerz wird das Tier heute vorher betäubt, z. B. mit dem **Bolzenschußapparat,** bei dem ein Schlagbolzen durch eine Treibladung ins Gehirn getrieben wird, oder mit der **Betäubungszange** (nur bei Schweinen), die von den Schläfen des Tieres aus dieses durch elektr. Strom betäubt. Da eine möglichst starke Blutentleerung das Fleisch haltbarer macht, läßt man das Schlachttier ausschließlich durch Bruststich oder Halsschnitt ausbluten.

Schlachtensee, Ortsteil im 10. VerwBez. Zehlendorf der Stadt Berlin (West-Berlin), eine Villenkolonie am südl. Ufer des 31,3 ha großen **Schlachtensees.**

Schlachtflugzeug, ✤ für →Erdkampfflugzeug.

Schlachtgewicht, das Gewicht des Tierkörpers nach der Schlachtung, ohne Haut, Eingeweide, Füße u. a., im Unterschied zum Lebendgewicht. Zieht man vom S. das Gewicht des Fettes und Talges ab, so erhält man das **Fleischgewicht.**

Schlachthof, Schlachthaus, kommunale, private oder genossenschaftl. Einrichtung zum Schlachten der für den menschl. Genuß bestimmten Tiere und zur Aufbereitung des Fleischs unter behördl. und tierärztl. Aufsicht. S. unterliegen einer landesbehördl. Zulassung. Die Gemeinden können durch Satzung S.-

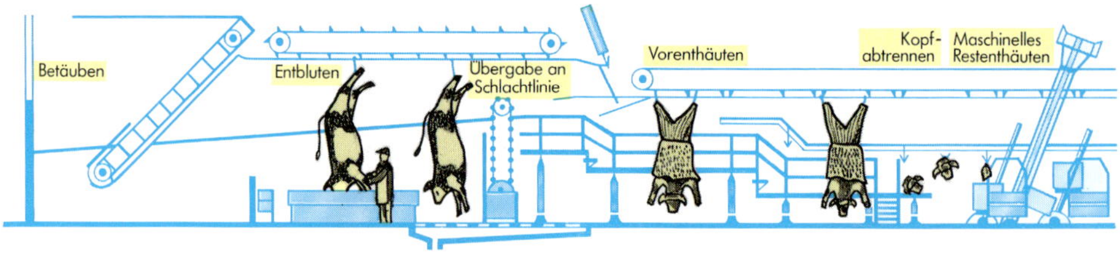

Zwang anordnen, der sich auf das Schlachten sämtl. oder einzelner Viehgattungen erstrecken kann. Angeschlossen sind Kühlräume, Anlagen zum Reinigen und Brühen bestimmter Organe und zur schnellen und geruchlosen Beseitigung von Abfällen sowie ein Seuchenhof zur Absonderung kranker Tiere.

Schlachtschiff, großes Kriegsschiff des 2. Weltkriegs mit starker Artilleriebestückung und Panzerung. Im 1. Weltkrieg gab es den schnelleren, aber geringer gepanzerten **Schlachtkreuzer.**

Schlacht|tierbeschau, → Fleischbeschau.

Schlachtviehversicherung, → Tierversicherung.

schlack [wohl zu ahd. ›schlaff‹], *nd., pfälz., schwäb.:* breiig, schlaff. *der* **Schlack,** *-(e)s, nd.:* **1)** Brei. **2)** Schmutz, Schneeregen. *die* **Schlacke,** *-/-n,* **1)** aus dem Schmelzfluß erhärtete Metalloxide, -silikate, -phosphate, -sulfide, -halogenide u. a. Metallverbindungen, die bei der Metallverhüttung, Koksverbrennung usw. entstehen. Verwendung für Baustoffe **(Hüttensteine, -wolle),** Düngemittel (Thomasmehl) u. a. **2)** ⊕ Lavabrocken. **3)** *Pl.,* Physiologie: Nahrungsrückstände bei der Verdauung (→ Schlackenkost). **4)** *nd.:* Mastdarm. **5)** *nd.:* Wurstart. **6)** *nd.:* nasser Schnee, Schmutz. **7)** Unnützes, Unreines. *ich* **schlack(e)re, 1)** schlottere, schlenkere: *da schlackerst du mit den Ohren,* U staunst du. **2)** *es schlackert, nd.:* regnet und schneit. **schlack(e)rig,** schlaff hängend. **Schlack(er)wetter,** *nd.:* Schneeregen. **schlackig, 1)** voll Schlacke. **2)** *nd.:* schmutzig-breiig. *es* **schlackt, 1)** bildet Schlacke. **2)** *nd.:* regnet und schneit. **Schlackwurst,** dicke Dauerwurst.

Schlackenkost, an Schlacken (un- oder schwerverdauliche Stoffe, z. B. viele Obst- und Gemüsesorten, dunkles Brot, Hülsenfrüchte) reiche Nahrung; sie liefert die für geregelte Stuhlentleerung erforderlichen Füllstoffe für den Darm.

Schladming, Stadt in der Obersteiermark, Österreich, an der Enns, 745 m ü. M., (1983) 3900 Ew.; bed. Fremdenverkehrsort und Wintersportplatz zw. Ramsau und Dachstein im N und Schladminger Tauern mit Hochgolling (2863 m) im S.

Schlaf [ahd.] *der, -(e)s,* **1)** ein der Erholung dienender Zustand der Herabsetzung oder Aufhebung des Bewußtseins und der willkürlichen Bewegung. Man unterscheidet 2 Formen des S., die in period. Wechseln aufeinander folgen: den **orthodoxen S.** und den **REM-S.** (Abk. für **r**apid-**e**ye-**m**ovement, engl. ›schnelle Augenbewegung‹).

Zum orthodoxen S. gehört der Tiefschlaf in der ersten Nachthälfte, wobei die Körperfunktionen insgesamt gleichmäßig herabgesetzt sind. Der REM-S. hingegen, der beim Erwachsenen etwa 20% der Schlafzeit ausmacht, zeigt eine stärkere Aktivierung, z. B. schnelle Augenbewegungen, wechselnde Atmung, sexuelle Erregung. Die Dauer des REM-S. beträgt jeweils 3–60 Min. und nimmt gegen S.-Ende zu. Der Schlafbedarf nimmt mit dem Alter ab; der Erwachsene schläft im Durchschnitt etwa 8 Stunden. Neuere Theorien über den S. gründen auf dem experimentellen Nachweis, daß der Schlaf-Wach-Rhythmus auf hemmende und aktivierende Wirkungen des Zentralnervensystems unter Beteiligung neurochem.

Schlachthof:
Bearbeitung aller Abfall- und Nebenprodukte (schematisch)

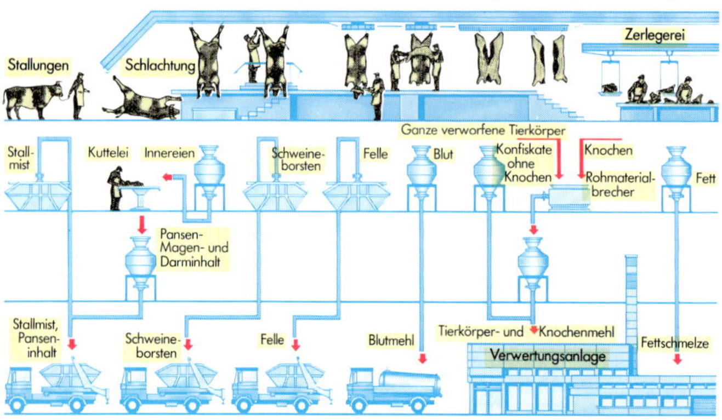

Substanzen zurückgeht. – Über S. als Heilverfahren → Heilschlaf. **2)** Bei höherentwickelten Tieren gibt es außer dem durch den Wechsel von Tag und Nacht bedingten Rhythmus im S. auch einen jahreszeitlich bedingten, den → Winterschlaf und den **Sommerschlaf** in sommertrockenen Tropengebieten. **3)** über ›Pflanzenschlaf‹ → Schlafbewegung. – *Dieses Gedicht kann ich im S.,* U kenne ich auswendig, beherrsche ich; *daran denke ich nicht im S.,* U unter gar keinen Umständen; *der ewige S.,* P der Tod. *das* **Schläfchen,** *-s/-,* kurze Ruhe, Schlummer. *ich* **schlafe** (schlief, habe geschlafen; du schläfst, er schläft), liege im S.: *ich will jetzt schlafen gehen; laßt die Sache schlafen!,* Ü ruhen, rührt nicht daran; *er hat geschlafen,* U nicht aufgepaßt. *ich* **schlafe** *(mich)* **aus,** stille das Schlafbedürfnis vollkommen: *ich bin* oder *habe (nicht) ausgeschlafen. ich* **schlafe ein** (bin eingeschlafen), **1)** versinke in S.: *unsere Freundschaft ist eingeschlafen,* Ü hat allmählich aufgehört. **2)** *Glieder schlafen ein,* werden vorübergehend gefühllos, → Einschlafen der Glieder. *der* **Schläfer,** *-s/-, die* **Schläferin,** *-/-nen,* **1)** schlafender Mensch. **2)** Nagetier, → Schlafmäuse. *mich* **schläfert,** *es* **schläfert** *mich,* ich bin müde. *ich* **schläf(e)re ein, 1)** *ihn,* versetze in S. **2)** *ein Tier,* töte mit einer Injektion. **Schlafmütze, 1)** ꝏ Nachtmütze. **2)** U träger Mensch. *Adj.* **schlafmützig. schläfrig, 1)** schlafbedürftig. **2)** träge, langsam. *Subst. die* **Schläfrigkeit,** -. **Schlafrock,** ꝏ Morgenrock. **Schlafsack,** sackähnliches Bettzeug (zum Übernachten in Jugendherbergen, beim Zelten). **schlaftrunken,** noch nicht ganz wach. *Subst.* **Schlaftrunkenheit.**

Schlaf, Johannes, Schriftst., * Querfurt 21. 6. 1862, † ebd. 2. 2. 1941. Als Student in Berlin verband er sich mit A. Holz zu gemeinsamem poet. Schaffen im Sinne eines konsequenten Naturalismus (Skizzen ›Papa Hamlet‹, 1889; Drama ›Die Familie Selicke‹, 1890; ferner allein: ›Meister Oelze‹, 1892). S. wandte sich später einem lyrisch bewegten Impressionismus zu (›In Dingsda‹, 1892), schrieb Romane mystischen Allgefühls, entwickelte naturphilosoph. Spekulationen. Er übersetzte W. Whitman, P. Verhaeren und É. Zola.

Schlaf|apfel, Rosenapfel, → Gallwespen.

Schlafbehandlung, Schlaftherapie, → Heilschlaf.

Schlafbewegung, Nyktinastie [grch. ›Pflanzenschlaf‹], ⚘ zeitweiliges Zusammenlegen von Laub- oder Blütenblättern, ausgelöst durch Licht- oder Temperaturreiz. ›Schlafstellung‹ zeigen die Blätter vieler Hülsenfrüchter sowie des Sauerklees. Die S. vollzieht sich mit Hilfe gesetzmäßiger Ungleichmäßigkeiten des osmot. Drucks (des Turgors, → Osmose) oder des Wachstums.

Schläfe [zu schlafen] *die, -/-n,* die Gegend über dem **Schläfenbein** (→ Schädel); dieses enthält in der Felsenbeinpyramide das innere Ohr und das Mittelohr.

Schlafendes Auge, ⚘ die → Knospe, die erst im nächsten Frühjahr austreibt. Gartenbau: Die Okulation im Hochsommer ist Veredelung auf das S. A.

schlaff [ahd.], schlapp, ungespannt, locker, ohne Spannkraft. *Subst. die* **Schlaffheit,** -. *ich* **schlaffe ab** (bin abgeschlafft), U werde s., müde, bin erschöpft.

Schlaffschwanz|affen, Saki|affen, Unterfam. der Neuweltaffen, mit zottigem Fell und nicht greiffähigem Schwanz, in südamerikan. Regenwald, z. B. die **Schweifaffen** oder **Sakis** und die **Bartsakis,** darunter der schwärzl. **Satansaffe** mit Haarschopf und Bartbildung.

Schlafittchen [nd. aus Schlagfittich ›Flügelschwungfeder‹] *das, -s: ich nehme ihn am S.,* U nehme, halte ihn fest, packe ihn.

Schlafkrankheit, in weiten Teilen des trop. Afrika verbreitete Infektionskrankheit des Menschen, auch der Säugetiere (so Antilopen, Hunde, Schweine), deren Erreger **Trypanosomen** sind. Die 0,02–0,03 mm langen Geißeltierchen leben im Blut, im Lymphsystem und in der Gehirn-Rückenmarks-Flüssigkeit; sie vermehren sich hier durch Längsteilung. Die Übertragung erfolgt durch Stechfliegen der Gatt. **Glossina** (→ Tsetsefliegen). Die beim Stich mit dem Blut aufgenommenen Trypanosomen vermehren sich im Darm der Fliegen und wandeln sich in deren Speicheldrüsen zu auf den Menschen übertragbaren Formen um. – An der Einstichstelle tritt eine schmerzhafte Schwellung auf. Nach Eindringen in die Blut- und Lymphbahn kommt es zu Fieberanfällen, Lymphknotenschwellungen u. a. Das nächste Stadium ist gekennzeichnet durch Vordringen der Erreger in das Zentralnervensystem und schließlich das Auftreten der Schlafsucht. Vorbeugung durch die Einnahme von Chemotherapeutika (bis 6 Monate wirk-

Schlachthof: Schema der Rinderschlachtlinie

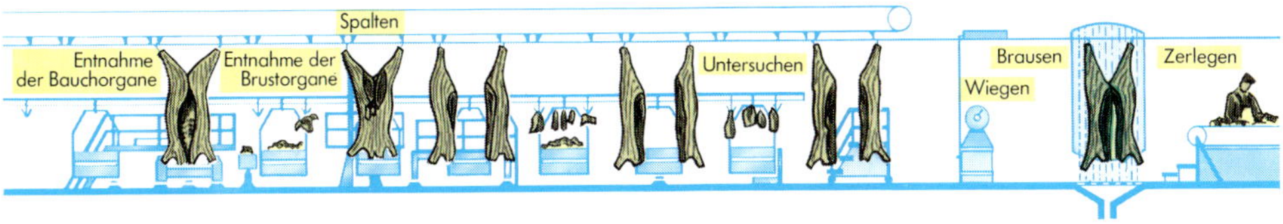

sam) und Vernichtung der Tsetsefliegen durch Insektizide. – Behandlung: Chemotherapeutika.

Schlaflosigkeit *die, -,* → Schlafstörungen.

Schlafmäuse, Glirinae, Unterfam. der **Bilche (Schläfer, Gliridae),** einer Nagetier-Fam. in Eurasien und Afrika, Busch- und Baumbewohner mit langem Schwanz; Dämmerungs- und Nachttiere mit Winter- oder Trockenzeitschlaf, die Früchte, Insekten, Schnecken, auch junge Vögel fressen. In Mitteleuropa lebt der **Siebenschläfer (Glis glis),** hellgrau, mit buschigem Schwanz, oft in Vogelnistkästen. Die **Baumschläfer** (Gatt. **Dryomys)** sind im östl. Europa heimisch. In Mittel- und Westeuropa lebt der bis 12 cm lange, rötlichgraubraune **Gartenschläfer (Eliomys quercinus).** Die kleinste europ. S., die **Haselmaus (Muscardinus avellanarius),** ist mausgroß und gelbrötlich.

Schlafmittel, Hypnotika, Stoffe, die künstlich Schlaf herbeiführen oder den Eintritt des natürlichen Schlafes begünstigen. S. mit rasch einsetzender und etwa drei- bis vierstündiger Wirkungsdauer werden als **Einschlafmittel,** solche mit sieben- bis achtstündiger als **Durchschlafmittel** und S. mit noch längerer Wirkung als **Dauerschlafmittel** bezeichnet. Nach ihrem chem. Aufbau sind S. tertiäre Alkohole, Aldehyde, Säure-Harnstoff-Verbindungen (bes. Abkömmlinge von Barbitursäure), Carbaminsäureester u. a. Dauergebrauch (bes. lange wirkender S.) kann zu chronischer **Schlafmittelvergiftung** und **-sucht** führen. Die akute S.-Vergiftung ist meist die Folge eines Selbstmordversuchs.

Erste Hilfe. Bei leichter Vergiftung (Vergifteter nicht bewußtlos) Erbrechen auslösen, Abführmittel geben, Arzt rufen; bei schwerer Vergiftung eventuell künstl. Beatmung, Herzmassage, sofort Arzt rufen.

Schlafstörungen, Schlaflosigkeit, Agrypnie [grch.], **Hyposomnie** [lat.], treten auf als **Einschlafstörungen,** die ihre Ursache in übermäßiger emotionaler Spannung mit schlafhemmender Überaktivität von vegetativ-nervösen Regulationssystemen im Gehirn haben, als **Durchschlafstörungen,** denen psychogene Spannungen zugrunde liegen, als **frühes Erwachen** v. a. bei alten und bei kranken Menschen mit Altersdepressionen und als **Umkehr** des **Schlaf-Wach-Rhythmus,** zu dem es bei organ. Hirnschädigungen, bes. bei altersbedingten Abbauprozessen kommt.

Schlafsucht, Hypersomnie [lat.], Schlafbedürfnis erheblich über die normale Schlafdauer hinaus, auch am Tag. Ursachen: Vergiftungen, Hirntumoren, epidem. Gehirnentzündung, Neurosen u. a.

Schlaftrunkenheit, kurzdauernde Verwirrtheit nach plötzlichem Erwachen.

Schlafwagen, Eisenbahnwagen für Fernverkehr mit Bettabteilen (die Waschbecken und teilweise WC enthalten), Waschräumen sowie Küchen zur Zubereitung von Frühstück. **Liegewagen** haben je Abteil 6 Liegepolster. Die Schlafeinrichtungen beider Wagenarten sind z. T. umklappbar als Sitzgelegenheit. 1864 konstruierte G. M. → Pullman den ersten mit dem heute üblichen Komfort ausgestatteten S. Der Betrieb der Schlaf- und Speisewagen ist meist besonderen Gesellschaften übertragen (→ Internationale Schlafwagen- und Touristik-Gesellschaft, → Deutsche Schlafwagen- und Speisewagengesellschaft mbH, → MITROPA).

Schlafwandeln *das, -s,* → Somnambulismus.

Schlag [ahd.] *der, -(e)s/¨e,* **1)** kurze, nachdrückl. Berührung eines Körpers oder Gegenstandes, Hieb: *er erhielt Schläge,* Prügel; *ein S. ins Wasser,* U Mißerfolg; *S. auf S.,* Ü rasch hintereinander. **2)** durch S. hervorgerufener Ton: *der S. der Uhr.* **3)** Einschlag des Blitzes: *ein kalter S.,* ein Blitz, der nicht zündet. **4)** *er erhält einen S.,* der elektr. Strom geht durch einen Körper. **5)** Ü Heimsuchung, Unglück, bedrohliches Ereignis: *ein harter S. für unser Vorhaben.* **6)** ⚕ Schlaganfall; *mich rührt der S.,* U ich bin sprachlos vor Erstaunen. **7)** Tür: *Wagenschlag.* **8)** Verschlag. **9)** Unterkunft für Haustauben: *Taubenschlag.* **10)** ⚘ Waldgebiet zur flächenweisen Holznutzung und nachfolgenden Verjüngung. Verjüngungsverfahren, die sich des S. bedienen, heißen **Schlagbetriebe. 11)** Landwirtschaft: Ackerfeld. Beim Fruchtwechsel (→ Fruchtfolge) ist das Ackerland in einzelne S. aufgeteilt: Getreide-S., Kartoffel-S. u. a. **12)** Weberei: der Einschuß des Schußfadens. **13)** Gesangart der Singvögel. **14)** ⚓ Stich, Knoten, Tauschlinge. **15)** ⚓ Strecke zw. 2 Wendungen beim Kreuzen. **16)** Riefung der Feilen. **17)** ⚒ Erschließung des Berges, Strecke, Grubenbau. **18)** *ohne Pl.,* eine Kelle voll Suppe: *Nachschlag.* **19)** 🏃 beim Tennis, Golf u. a. das Treiben des Balls mit dem Schläger, beim Boxen der Hieb (Stoß) mit der Faust; beim Schwimmen die Arm- und Beinarbeit; beim Rudern eine einzelne Phase (Takt) des Rudervorgangs. **20)** rhythm. Bewegung: *Herzschlag; Wellenschlag.* **21)** Art, Rasse (nach der besonderen Art, wie eine Münze geschlagen worden ist): *Leute von altem S.,* so, wie die Leute früher waren. **22)** Tierzucht: eine Unterteilung der → Rasse. **23)** ⚙ der doppelte Abstand des Mittelpunkts (Schwerpunkts) eines umlaufenden Maschinenteils vom Drehpunkt **(Radial-S.)** oder die doppelte größte Abweichung von der Drehebene **(Axial-S.). schlagartig,** plötzlich, sehr schnell. **schlagfertig,** nie um eine meist witzige Antwort verlegen. *Subst. die* **Schlagfertigkeit,** -. *die* **Schlagkraft,** -, **1)** Wucht eines Schlages. **2)** ♣ Kampfstärke einer Truppe. **3)** Ü Wirkungskraft: *ein Buch von großer Schlagkraft. Adj.* **schlagkräftig. Schlagleiste,** Anschlag des Fensters. **Schlagloch,** Loch in einem Weg, einer Straße. **Schlagwerk,** Teil des Uhrwerks.

Schlafmäuse: Gartenschläfer

Schlag|adern, die Arterien (→ Blutgefäße).

Schlag|anfall, Gehirnschlag, Apoplexie, Sammelnamen für plötzlich eintretende Lähmungen, die auf Gehirnblutungen oder Gefäßverschlüssen im Gehirn durch → Embolie oder → Thrombose beruhen. Durch die Ausschaltung unterschiedlich großer Hirnanteile kommt es meist zum plötzl. Bewußtseinsverlust

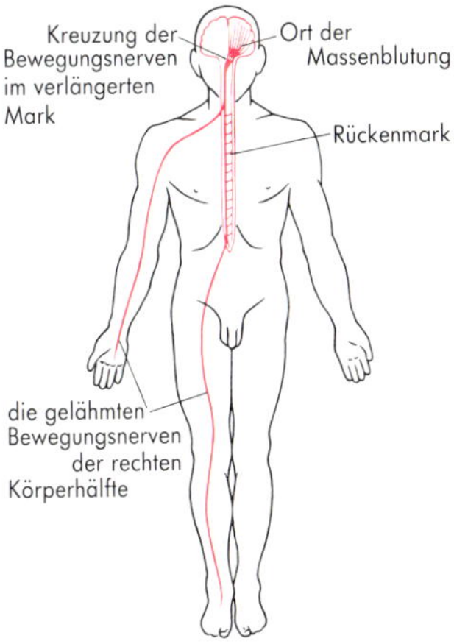

Schlaganfall: Schematische Darstellung eines Hirnschlags in der linken Hirnhalbkugel. Infolge Kreuzung der Bewegungsnerven werden die rechtsseitigen motorischen Nerven gelähmt. Die Blutung tritt in der ›inneren Kapsel‹ auf, wo sich alle Bahnen aus der motorischen Rindenregion treffen

mit Lähmungen, oft auch zum Sprachverlust **(Aphasie).** Die Lähmungen sind, wenn nicht lebenswichtige Bezirke oder zu große Hirnanteile betroffen werden, oft weitgehend rückbildungsfähig. Sie betreffen meist nur eine Körperhälfte **(Halbseitenlähmung, Hemiplegie):** Bei Blutungen in die linke Hirnhalbkugel ist die rechte Seite betroffen, beim rechtsseitigen Sitz die linke. Die gelähmten Gliedmaßen sind anfangs schlaff, sie gehen erst später in das krampfhafte (spastische) Stadium über. – Ursachen des S. sind Gefäßwandveränderungen (→ Arterienverkalkung) meist im Rahmen eine Hochdruckkrankheit. Auch manche Gehirnkrankheiten können unter dem Bilde eines S. verlaufen (z. B. Geschwülste, Paralyse, multiple Sklerose). Die Mehrzahl der gefäßabhängigen S. tritt erst im reiferen Lebensalter auf.

Behandlung: Stets muß die Ursache des S. festgestellt werden, um dann gezielt behandeln zu können. Damit die gelähmten Gliedmaßen sich nicht versteifen, beginnt man frühzeitig mit krankengymnast. Übungen. Wenn es zu keiner völligen Rückbildung der Krankheitszeichen kommt, kann eine ständige physikal. Therapie die Entwicklung von Folgeerscheinungen verzögern.

Schlagball, Ballspiel mit Schlagkeulen zw. 2 Mannschaften von je 12 Spielern, die als Schlag-(Läufer-) oder als Fangpartei um das Schlagrecht kämpfen. S. beeinflußte das Baseballspiel (→ Baseball). Als regelgebundenes Spiel bis 1930 weit verbreitet, wird S. heute nur noch selten gespielt.

Schlagbaum, 1) herabsenkbare Sperrschranke bei Zollhäusern u. ä. **2)** Falle mit erschlagendem Holzstamm (Prügelfalle zum Marderfang).

Schlagbohrmaschine, Bohrmaschine mit drehender und zugleich schlagender Bewegung. (→ bohren)

Schlagbolzen, Teil des Verschlusses oder Schlosses bei Feuerwaffen. Durch das Vorschnellen des unter der Spannung der **Schlagbolzenfeder** stehenden S. wird die Kartusche oder Patrone gezündet.

Schlägel *der, -s/-,* **1) Fäustel,** der Hammer des Bergmannes. **2) S. und Eisen,** das Kennzeichen des Bergbaus.

schlagen [ahd. slahan]. *ich* **schlage** (schlug, habe geschlagen; du schlägst, er schlägt), **1)** *ihn, es,* führe Schläge gegen ihn, etwas, klopfe auf einen Gegenstand: *er schlägt den Hund; er schlägt zwei Fliegen mit einer Klappe,* U erledigt zwei Dinge auf einmal; *er hat alles kurz und klein geschlagen,* sinnlos zerstört. **2)** *(es* oder *mit ihm) an, auf, in etwas,* führe (mit etwas) einen Schlag, treffe, stoße: *ich schlage einen Nagel in die Wand; das schlägt nicht in mein Gebiet,* dafür bin ich nicht zuständig; *die Aufregung ist ihm auf den Magen geschlagen,* U hat ihn magenkrank gemacht. **3)** *ihn, es,* besiege, treibe: *er schlägt den Feind (in die Flucht); die gegnerische Mannschaft wurde geschlagen; er schlägt sich die Bedenken aus dem Kopf,* U vertreibt sie; *ein schlagender Beweis,* ein überzeugender. **4)** *es,* lege: *ich schlage die Unkosten auf den Preis,* lege zu; *ich schlage die Karten,* weissage aus Karten. **5)** *es,* mache, bringe durch Bewegung hervor: *der Baum schlägt Wurzeln; der Pfau schlägt ein Rad.* **6)** *der Raubvogel schlägt seine Beute,* tötet. **7)** *es schlägt,* bringt Töne hervor: *die Uhr schlägt zwölf,* es ist 12 Uhr; *das Herz schlägt; seine letzte Stunde hat geschlagen,* U er muß sterben. **8)** arte, werde: *er ist nach dem Vater geschlagen,* ihm ähnlich geworden; *er schlägt über die Stränge,* paßt sich nicht an, bricht aus der Ordnung aus. **9)** *mich zu ihm, auf seine Seite,* nehme für ihn Partei, verbinde mich mit ihm. **10)** *mich mit ihm,* kämpfe, duelliere. **11)** *mich durch etwas,* bahne mir einen Weg. *ich* **schlage ab, 1)** *es,* haue herunter, trenne gewaltsam ab: *ich schlage den Wald ab,* fälle alle Bäume. **2)** *es,* verweigere, gewähre nicht: *deine Bitte muß ich leider abschlagen.* **3)** *ihn, seinen Angriff,* weise ab, verteidige mich erfolgreich. **4)** *ich schlage Wasser ab,* U uriniere. *ich* **schlage an, 1)** *es,* befestige. **2)** *es,* hänge öffentlich aus, bes. in amtl. Kästen oder an Anschlagsäulen. **3)** *es,* beschädige durch unsachgemäße Behandlung (Geschirr, Gläser): *er ist angeschlagen,* U sehr erschöpft, Boxsport: groggy. **4)** *es auf ihn,* ziele auf ihn (mit dem Gewehr). **5)** *es,* lasse erklingen: *ich schlage einen Ton, eine Saite an; ich muß wohl einen anderen Ton anschlagen,* U muß mein Verhalten ändern, muß energischer werden; *ich habe das Thema nicht angeschlagen,* nicht zur Sprache gebracht. **6)** *es,* zapfe an (Faß). **7)** *es,* veranschlage: *er schlägt seine Leistung sehr hoch an.* **8)** (habe, bin geschlagen) *an etwas,* stoße an. **9)** *es schlägt bei mir an,* hat gute Wirkung. **10)** *der Hund schlägt an,* bellt. *ich* **schlage auf, 1)** (bin aufgeschlagen), pralle heftig auf eine Fläche (Boden, Wasser). **2)** Tennis: beginne mit dem Spiel, indem ich den ersten Schlag tue. **3)** *(es),* verteuere (Waren), erhöhe (Preis): *es schlägt auf,* wird teurer. **4)** *es,* öffne durch Schlagen (Eis, Ei, Nuß, Buch, Augen). **5)** *es mir,* verwunde beim Fall. **6)** *es,* errichte, baue auf (Zelt, Lager, Bett; Wohnsitz). **7)** *es, oberdt.:* lege weissagend Karten. **8)** *es,* ziehe die ersten Maschen einer Strick- oder Häkelarbeit auf die Nadel. **9)** *es,* schlage nach oben um (Ärmel). *ich* **schlage aus, 1)** bewege mich heftig, schlage um mich: *das Pferd schlägt aus,* stößt mit den Hufen. **2)** *es,* schlage heraus, entferne gewaltsam. **3)** *es,* kleide aus, verkleide: *ich habe den Schrank mit Papier ausgeschlagen.* **4)** *es,* lehne ab, weise zurück: *ich werde sein Angebot ausschlagen.* **5)** *es schlägt aus* (hat, ist ausgeschlagen), treibt aus: *die Bäume schlagen aus.* **6)** *es schlägt aus* (ist, hat ausgeschlagen), weicht von der Nullstellung ab, schwingt (Zeiger einer Waage, Pendel). **7)** *es schlägt (zum Guten, Schlechten) aus* (ist ausgeschlagen), geschieht. **8)** *die Uhr schlägt aus,* beendet das Schlagen. *ich* **schlage** *ihn* **breit,** U überrede, gewinne: *ich habe ihn doch noch breitgeschlagen. ich* **schlage** *es* **darauf,** rechne dazu. *ich* **schlage drein,** U mische mich zornig ein, werde angreiferisch. *ich* **schlage durch, 1)** *es,* zerteile, zerschlage: *ich habe den Baumstamm mit der Axt durchgeschlagen;* vgl. ich durchschlage (→ Durchschlag). **2)** *mich,* komme durch ein Hindernis, überwinde Schwierigkeiten: *sie hat sich im Leben noch immer durchgeschlagen.* **3)** *es schlägt durch,* überwindet ein Hindernis: *die Feuchtigkeit ist durch die Tapete (durch)geschlagen.* **4)** *es schlägt durch* (ist durchgeschlagen), U tritt deutlich hervor (Erbanlagen). **5)** *es schlägt durch,* wirkt nachhaltig (Abführmittel). *ich* **schlage ein, 1)** stimme zu, übernehme eine Verpflichtung (urspr. durch Handschlag). **2)** U genüge den Anforderungen, habe Erfolg: *die Fernsehserie hat eingeschlagen.* **3)** *auf ihn, etwas,* schlage blind auf ihn, darauf ein. **4)** *es,* zertrümmere, schlage zu Scherben (Türen, Fenster). **5)** *es,* treibe durch Schlagen hinein. **6)** *es,* wähle eine Richtung: *ich s. einen Weg, eine Laufbahn ein.* **7)** *es,* wickele ein, z. B. ein Buch in Papier. **8)** *es,* schlage, nähe, lege um: *sie schlug den Saum ein.* **9)** *Pflanzen,* setze vorläufig in Erde. **10)** *es,* ♣ fälle eine best. Menge Bäume. **11)** *Farben schlagen ein,* werden beim Trocknen matt. **12)** *es schlägt ein,* trifft mit Gewalt: *ein Blitz schlägt ein; diese Nachricht hat wie eine Bombe eingeschlagen. ich* **schlage** *es* **heraus, 1)** treibe heraus; löse gewaltsam. **2)** U erreiche, gewinne etwas. *ich* **schlage hin, 1)** schlage auf eine best. Stelle. **2)** (bin hingeschlagen), U falle hin, stürze. *ich* **schlage nach, 1)** *es,* suche eine best. Sache in einem Buch. **2)** *ihm,* gerate, arte nach ihm: *sie ist der Mutter nachgeschlagen. ich* **schlage nieder, 1)** *ihn,* werfe ihn auf grobe Weise nieder: *der Aufstand wurde rasch niedergeschlagen,* unterdrückt. **2)** *es,* ⚖ stelle das Verfahren ein. **3)** *es,* senke: *sie schlug die Augen nieder,* senkte den Blick. **4)** *es,* ⚗ fälle aus, lasse als Bodensatz aussinken. **5)** *es schlägt sich nieder,* sinkt als Flüssigkeit zu Boden (Nebel, Feuchtigkeit). *ich* **schlage** *ihn* **tot,** bringe um, ermorde: *ich schlage die Zeit tot,* U lasse sie ohne sinnvolle Beschäftigung verrinnen. *ich* **schlage um, 1)** *ihn, es,* bringe zum Fallen. **2)** *es,* hänge um, wickle mich hinein. **3)** *es,* wende, blättere um (Buchseiten). **4)** *es,* lade um (Güter). **5)** *es schlägt um* (ist umgeschlagen), fällt um, stürzt (Baum), kentert (Boot). **6)** *es schlägt um,* ändert sich plötzlich: *der Wind, das Wetter ist umgeschlagen. ich* **schlage** *mich* oder *mir den Bauch* **voll,** U esse viel, übermäßig. *ich* **schlage vor, 1)** *ihn, es, es ihm,* empfehle: *ich schlage jetzt einen Spaziergang vor; ich schlage ihn für die Stellung vor.* **2)** *den Takt,* gebe an. *ich* **schlage zu, 1)** gebe einen heftigen Schlag: *er hat kräftig zugeschlagen.* **2)** *es,* schließe geräuschvoll (Fenster, Wagentür). **3)** *es,* vernagele (Kiste). **4)** *es,* zähle dazu (Zinsen zu einem Kapital). **5)** *es ihm,* Versteigerung: spreche dem Meistbietenden zu. **6)** *es schlägt zu,* schließt sich geräuschvoll: *die Tür ist zugeschlagen.*

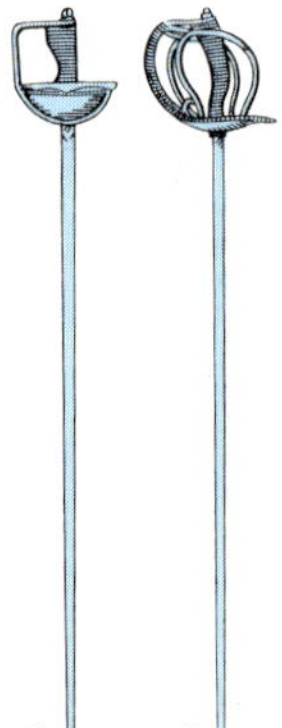

1 2

Schläger 3):
1 Glocken-,
2 Korbschläger

Schlager [österr.] *der, -s/-,* **1)** ♪ populäres, leicht eingängiges Gesangsstück von meist internat. Verbreitung; bes. gefühlsselige S. heißen im Deutschen **Schnulzen.** Die Form des S. ist standardisiert: ›Vorstrophen‹ oder ›Verse‹ treten deutlich hinter den Refrain als dem eigtl. Schwerpunkt des S. zurück. Bes. beliebte S. bezeichnet man als Spitzenschlager **(Hit, Top hit),** S., die sich über längere Zeit behaupten, als **Evergreens** [ˈevəgriːnz], einst populäre S., die wieder aufgelegt werden, als **Oldies** [ˈəuldiːz]. **2) Verkaufs-, Preisschlager,** U Waren, die reißend abgesetzt werden: *Lederjacken sind der S. der diesjährigen Frühjahrsmode.*

Schläger *der, -s/-,* **1)** Raufbold. **2)** schlagendes Pferd. **3)** die bei der → Mensur 1) gebräuchliche Hiebwaffe mit gerader Klinge. Beim **Korb-S.** bildet ein Korb von 7 Bügeln den Handschutz. Der **Glocken-S.** hat statt des Korbes eine halbkugelförmige Metallglocke. **4)** ⚔ das Schlaggerät, bes. beim Hockey, Eishockey, Golf, Polo, Tennis, Tischtennis, Badminton, Baseball, Schlagball.

Schlägerei *die, -/-en,* Handgemenge, Prügelei.

Schlageter, Albert Leo, *Schönau (Kr. Lörrach) 12. 8. 1894, † (erschossen) auf der Golzheimer Heide bei Düsseldorf 26. 5. 1923, führte während der Ruhrbesetzung (1923) Anschläge auf Verkehrsverbindungen der frz. Truppen aus und wurde durch ein frz. Kriegsgericht zum Tod verurteilt.

schlagfertig, nie um eine meist witzige Antwort verlegen: *sie ist sehr s., gibt schlagfertige Antworten. Subst. die* **Schlagfertigkeit,** -.

Schlagfestigkeit, Gütemaß für den Widerstand eines Stoffes (Körpers) bei schlagartiger Beanspruchung (→ Festigkeit); wird im Schlagversuch bestimmt.

Schlagflügelflugzeug, Schwingenflugzeug, ein (nur im Modellbau verwirklichtes) Flugzeug mit Auf- und Vortrieb durch Auf- und Abbewegen der Tragflügel, ähnlich dem Vogelflug.

Schlag|garn, Schlagnetz, zweiflügeliges Vogelfangnetz.

Schlag|instrumente, → Musikinstrumente, → Schlagzeug.

Schlagintweit, Adolf, Naturforscher, *München 9. 1. 1829, † (ermordet) Kaschgar 26. 8. 1857, bereiste mit seinen Brüdern Hermann (*1826, †1882) und Robert (*1833, †1885) 1854–57 große Teile Vorderindiens und v. a. des Himalayagebiets; Hermann und Robert erforschten ferner den Karakorum und Kunlun.

Schlaglicht, wirkungsvolle, eng begrenzte Lichtpartie in einem Gemälde, bes. in der Hell-Dunkel-Malerei verwendet.

Schlagmann, ⚔ der dem Heck des Bootes am nächsten sitzende Ruderer: gibt den Rudertakt an.

Schlagmaschine, 1) Spinnerei: Maschine zum Auflösen und Reinigen von Faserflocken durch Schlag- oder Kardier-Organe (**Batteur** [batˈœːr, frz.]). **2)** Seilerei: Vorrichtung zum Zusammendrehen (Schlagen) der Litzen zu einem Seil.

Schlagreim, Binnenreim bei 2 unmittelbar aufeinanderfolgenden Reimwörtern: ›singende, klingende‹. (ÜBERSICHT Reim)

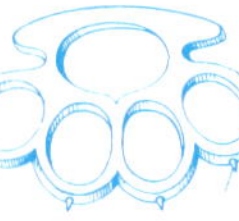

Schlagring 1)

Schlagring 2)

Schlagring, 1) Schlagwaffe aus eisernen Ringen, die über die Finger gestreift wird, oft mit Spitzen versehen. **2)** ♪ der mit einer Zacke versehene Daumenring zum Anreißen der Melodiesaiten bei der Zither.

Schlagsahne, Schlag|obers, Rahmschnee, Rahmschaum, dicke, zu einem steifen Schaum geschlagene Sahne (Rahm), auch gesüßt.

Schlagschatten, der von einem Körper auf eine Fläche geworfene Schatten; zuerst von Malern des 15. Jh. wiedergegeben.

Schlagschatz, Prägschatz, der Unterschied zw. Nenn- und Metallwert einer Münze, abzüglich der Prägekosten (**Münzgewinn**). Der bei der Ausprägung von Scheidemünzen in der Bundesrep. Dtl. anfallende Gewinn fließt dem Bund zu.

Schlagseite, 1) Schräglage eines Schiffes nach einer Seite, z. B. infolge ungleicher Beladung. **2)** *er hat S.,* U hat einen Rausch (und kann daher nicht mehr geradegehen).

Schlagwaffen, Trutzwaffen, die bestimmt sind, Kopf und Glieder des Gegners zu zerschmettern. Die S. wurden im Altertum, MA., im 16. und 17. Jh. vom Fußvolk und von der Reiterei geführt, mit der Verbesserung der Feuerwaffen Ende des 17. Jh. kamen sie außer Gebrauch.

Schlagwetter, schlagende Wetter, explosionsfähige Gemische aus Luft und Methan, die meist in Steinkohlengruben auftreten. Sie können bei einem Methangehalt von 5–14% durch Funken und offene Flammen zur Verpuffung oder Explosion gebracht werden (**Schlagwetterexplosion**), worauf häufig Kohlenstaubexplosionen folgen. – Verhütung: Vermeidung von Entzündungsmöglichkeiten und gefährlichen Grubengasansammlungen durch Wetterführung, zweckmäßigen Kohleabbau und ausreichende Ventilation.

Schlagwort, 1) urspr. ein ›treffendes‹, verletzendes Wort, dann die auf kürzeste Form gebrachte Forderung einer polit. oder sozialen Gruppe (z. B. ›Freiheit, Gleichheit, Brüderlichkeit‹). Durch inflatorische Verwendung bekommt das S. eine sprachlich affektive, häufig stereotype Bedeutung. Das kurzlebige S. heißt Modewort; in der polit. und wirtschaftl. Werbung: Parole, Werbewort, engl. Slogan. **2)** Stichwort: *Schlagwortkartei.*

Schlagzeile, engl. **Headline** [hˈedlaɪn], durch Schriftgröße, Schriftbalken und Farbe typographisch hervorgehobene Überschrift des Hauptberichts, die Titelzeile des ›Aufmachers‹ auf der Titelseite einer Zeitung.

Schlagzeug, im Orchester eine Gruppe von Musikinstrumenten, die sich nicht mit der Gruppe der Schlaginstrumente deckt, da auch nichtgeschlagene Instrumente zum S. gehören, z. B. die Ratsche und Windmaschine. Dagegen werden i. e. S. nur die Geräusch- und Rhythmus-Instrumente dem S. zugezählt, obwohl der ›Schlagzeuger‹ im Orchester z. B. auch Xylophone, Metallophone, Glockenspiele spielen muß. Unter den Rhythmus-Instrumenten können auch abgestimmte Instrumente seine (z. B. Pauke), wenn deren Aufgabe im Zusammenspiel wesentlich rhythmischer Art ist. (→ Musikinstrumente)

Schlaks [nd., von schlack] *der, -es/-e,* **Schläks,** U ungeschickter, lang aufgeschossener Mensch (bes. Jugendlicher). *Adj.* **schlaksig.**

Schlamassel [jidd.] *der* oder *das, -s/-,* U Mißgeschick, peinl. Lage, großes Durcheinander.

Schlamm [spätmhd.] *der, -(e)s/-e* oder *‥e,* nasse, aufgeweichte Erdmasse: *er versank bis über die Schuhe im S.* ⊕ unverfestigte, feinkörnige, von Wasser durchtränkte Mischung aus Ton, Schluff und Feinsand sowie Mineral- und organ. Stoffen; entsteht primär als Sediment auf dem Grund von Gewässern, sekundär infolge Durchtränkung mit Wasser. *es* **schlammt,** setzt S. ab. *ich* **schlamme** *es* **ab,** reinige von S. *ich* **schlämme** *es.* **1)** reinige von S., wasche aus. **2)** streiche mit Kalkmilch, tünche. **3)** begieße gründlich. ich **schlämme** es **ein,** wässere kräftig (Pflanzen). **schlammig,** breiig-schmutzig, voll Schlammerde.

Schlämm|analyse, Methode zur quantitativen Bestimmung der durch Siebanalyse nicht mehr erfaßbaren Korngrößen (<0,063 mm ∅) von Lockergesteinen (v. a. von Böden und Tonen) an Hand der Sinkgeschwindigkeiten.

Schlammbad, Schlammpackung, balneologische, dem Moorbad nahestehende Wärmeanwendung, wobei der Körper ganz oder teilweise mit einem Heilschlamm (bes. → Fango) umgeben wird. Vollbäder und Packungen werden bes. bei Rheumatismus, Gelenk- und Unterleibskrankheiten angewendet.

Schlammbeißer *der, -s/-,* Art der → Schmerlen.

Schlammbelebung, das Belebtschlammverfahren, → Abwasserreinigung.

Schlammbeseitigung, Beseitigung von Schlamm aus der Abwasserreinigung. Methoden sind die **Schlammdeponie** (Voraussetzungen sind Entwässerung und Stabilisierung des Schlamms), die **Schlammverbrennung,** die **Schlammkompostierung** (oft zus. mit Müll) sowie die **Schlammverwertung** (Düngung).

Schlammbrekzi|e, das → Fanglomerat.

Schlammfisch, Amia calva, urtümlicher Fisch der → Kahlhechte nordamerikan. Gewässer. Seine Schwimmblase dient als zusätzliches Atmungsorgan. Das Männchen baut ein Nest und bewacht die Brut.

Schlammfliegen, 1) Mistbienen, Eristalinae, bienenähnliche Unterfam. der Schwebfliegen. Die Maden (›Rattenschwanzlarven‹) leben in Jauche und faulendem Wasser; sie haben ein langes Atemrohr. **2) Wasserflorfliegen, Sialidae,** Fam. der Netzflügler mit rd. 40 Arten, zwei leben in Dtl. Die räuberischen Larven atmen in Gewässern durch Kiemenfäden. (BILD Insekten)

Schlämmkreide, durch Schlämmen gereinigte und zu Pulver getrocknete Kreide, als Pigment für Farben und als Poliermittel sowie als Zahnpulver.

Schlammpeitzker *der, -s/-,* Art der → Schmerlen.

Schlammspringer, Schlammhüpfer, Periophthalmus koelreuteri, bis 15 cm langer, luftatmender, zu den Grundeln gehöriger Fisch, der in trop. Küstensümpfen lebt, wo er mit armartigen Brustflossen läuft und Insekten sowie Kleinkrebse jagt; mit großen drehbaren, nahe beieinander stehenden Augen.

Schlammsprudel, Schlammvulkan, Salse, an der Erdoberfläche brodelnd oder eruptionsartig austretendes Schlamm-Gas-Gemisch; S. sind nicht vulkan. Ursprungs, sondern an Gasquellen (bes. Methan) in Erdölgebieten gebunden.

Schlammstrom, 1) die in Gebirgen nach Regengüssen oder bei der Schneeschmelze als Schlamm-Schutt-Strom entstehende **Mure; 2)** das bei Schlammsprudeln abströmende Gemisch von Schlamm und Steinen; **3)** S. als Folge von Entleerungen von Kraterseen in Vulkangebieten. S. kommen auch unmittelbar bei Vulkanausbrüchen vor; **4)** submarine Rutschungen; **5)** in Dauerfrostgebieten über dem gefrorenen Untergrund in Bewegung gekommene aufgestaute Erdmassen (→ Solifluktion).

Schlammteufel, Art der → Riesensalamander.

schlampampen [zu schlemmen und schlaff]. *ich* **schlampampe,** U schlemme, schwelge. *ich* **schlampe,** U **1)** bin unordentlich, ungepflegt. **2)** arbeite unordentlich. **3)** schlürfe. *die* **Schlampe,** *-/-n,* **1)** U unordentliche Frau. **2)** *nd.:* Futterbrei, Brei. **3)** → Schlempe. *ich* **schlämpe,** *nd.:* koche ein. *die* **Schlämpe,** *-/-n, nd.:* Streifen; Riß; Wunde. *der* **Schlamper,** *-s/-,* U jemand, der unordentlich arbeitet oder nachlässig gekleidet ist. *die* **Schlamperei,** *-/-en,* U Unordnung, Unpünktlichkeit. *Adj.* **schlampig.**

Schlange [ahd., zu schlingen] *die, -/-n,* **1)** Kriechtier, → Schlangen; Sinnbild der Falschheit, Treulosigkeit: *Schlangengift; er hat eine S. am Busen genährt,* U für eine gute Tat Undank geerntet. **2)** etwas Langgestrecktes, Gewundenes (Schlauch, gebogenes Rohr). **3)** lange Reihe wartender Menschen: *wir mußten S. stehen.* **4)** ♧ altes Geschütz, → Feldschlange. **5)** *ohne Pl.,* ☆ **Serpens** [lat.], ein Sternbild der Äquatorzone. Die S. ist das einzige zweigeteilte Sternbild, sie wird durch den **Schlangenträger** geteilt in den **Kopf der Schlange (Serpens Caput)** und den **Schwanz der Schlange (Serpens Cauda). 6)** U hinterhältige Frau. *ich* **schläng(e)le** *mich,* **1)** winde mich: *der Bach schlängelt sich durch die Wiese.* **2)** bewege mich geschickt wie eine S. **3)** gehe gewundene Wege. **schlangenhaft, 1)** glatt und schlüpfrig, gewandt wie eine S. **2)** tückisch wie eine S. **Schlangenbeschwörer,** Fakir, der S. zur Flöte tanzen läßt. **Schlangenlinie,** gewundene Linie. **Schlangenstab,** Äskulapstab.

Schlangen, Serpentes, Unterordnung der Schuppenkriechtiere mit sehr gelenkigem Schädel, dessen Dehnbarkeit das Verschlingen großer Beutetiere ermöglicht. Die Zähne sind meist nach hinten eingekrümmt und weisen zum Einführen des Giftes in die Bißwunde bei den Trug- und Giftnattern eine vordere Längsfurche, bei den Vipern und Grubenottern einen zentralen Kanal auf. Ein Gift findet sich auch im Speichel ›ungiftiger‹ Arten, die es aber nicht übertragen können, da ihnen besondere Giftzähne fehlen. Die Körperabschnitte der S. gehen ineinander über, nur der Kopf kann etwas verbreitert sein. Beine fehlen; nur die Riesenschlangen und einige urtümliche Familien weisen Reste des hinteren Paares auf. Den Körper bedecken regelmäßig angeordnete Schuppen; meist sind sie auf dem Kopf zu großen Schildern und auf dem Bauch zu breiten Schienen umgestaltet. Muskeln verbinden die Enden der Rippen mit den Bauchschienen und unterstützen somit das Kriechen. Die S. streifen die gesamte Oberhaut, auch die der Lider, die zu einer durchsichtigen Kapsel vor dem Auge verwachsen sind, in periodischen Häutungen ab (**Häutungshemd, Schlangenhemd**). – S. kommen in allen Erdteilen vor; sie fressen bes. kleine Wirbeltiere, auch Würmer und Insekten, die → Eierschlangen nur Eier. Zu den S. gehören u. a. → Blindschlangen, → Riesenschlangen, → Nattern, → Giftnattern, → Seeschlangen, → Vipern und → Grubenottern.

Kulturgeschichte. In den Mythen, Legenden und Sagen der meisten Völker spielen S. eine große Rolle. Kultisch wird die S. verehrt (**Ophiolatrie** ›Schlangendienst‹) als Trägerin chthonischer Kräfte, als Seelentier (im Traum und im Tod verläßt die Seele als S. den Körper), als Hüterin von Tempel oder Unterwelt, als Orakeltier oder häuslicher, glückbringender Schutzgeist. In Palästina galt die S. als unrein, sie ist das Bild böser Menschen, der Sünde und des Satans, aber auch der Klugheit: eine S. ist die Verführerin des 1. Menschenpaares (1. Gen. 3). In Griechenland wurde der Heilgott Asklepios meist mit einer S. dargestellt, als Sinnbild des Lebens, weil die S. sich bei ihrer jährl. Häutung verjüngt. Dieses Bild übernahmen die Römer, und der Äskulapstab mit der ihn umwindenden S. wurde zum Symbol der Heilkunst. In vielen röm. Häusern wurden S. als Symbol der Haus- und Familiengeister (Laren und Penaten) gehalten.

In der german. Mythologie wird Midgard, die Erde, auf der die

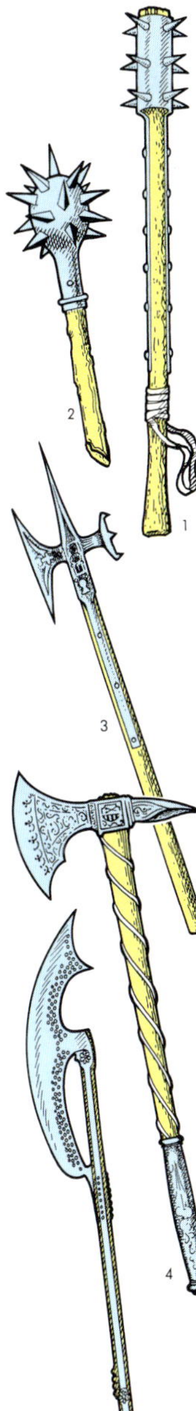

Schlagwaffen:
1 Streitkolben,
2 Morgenstern,
3 Schweizer. Streitaxt,
4 Streithacke,
5 Bardiche

Schlangen

Menschen leben, vom großen Weltmeer umgeben. In ihm wohnt eine riesige S., die → Midgardschlange.

Schlạngenbad, Gem. und Bad im Rheingau-Taunus-Kr., Hessen, (1983) 6000 Ew., im Rheingaugebirge, 280–320 m ü. M., neun 29–32 °C warme Quellen; bei S. Vorkommen der Äskulapnatter.

Schlạngengift, die geruch- und geschmacklose, wasserhelle bis goldgelbe Absonderung der Giftdrüsen best. Schlangen, die zahlreiche, für den Menschen giftige Enzyme enthält. Diese wirken nerven- oder blutschädigend; bei den giftigen Nattern überwiegt erstere Wirkung, bei den Vipern letztere. Die Folgen des Schlangenbisses sind Schwindelgefühl, Bewußtseinsstörungen, Lähmung des Atemzentrums und des Herzens (Übersicht Erste Hilfe). S. kann innerhalb weniger Minuten zum Tode führen. Sicheres Gegenmittel ist nur das Einspritzen eines spezif. Schlangenserums. Aus dem Gift einiger S. fertigt man Heilmittel gegen rheumat. Erkrankungen, Ischias, Asthma und Epilepsie. Schlangenserum wird in Schlangenfarmen (→ Butantan) aus Pferdeblut gewonnen. Man läßt die Schlangen das Gift gegen Schwämme entleeren und spritzt es in steigenden Dosen Pferden ein, die mit Gegengiftbildung reagieren.

Schlạngenhalsvögel, Anhịnga, den Kormoranen nahestehende Gatt. fischfressender Tauchvögel an subtrop. und trop. Binnengewässern; mit S-förmigem Hals und schlankem Schnabel, mit dem sie unter Wasser Fische aufspießen, so der **Amerikanische S. (Anhịnga anhịnga).** Bild S. 577.

Schlạngenkaktus, Aporocạctus, zu den Rankcereen gehörende Kaktusgatt. Mexikos, reichverzweigte Pflanzen mit hängendem Wuchs schlanker, runder Triebe und roten bis violetten Blüten.

Schlạngenkraut, vielerlei Pflanzen, so Ehrenpreis, Bingelkraut, Einbeere, Günsel, Lungenkraut, Wiesenknöterich, Weißwurz, Aronstab, Bärlapp.

Schlạngenlauch, Schlạngenknoblauch, Rọckenbolle, Gemüsepflanzen: **1) Ẹchter S.,** Abart des Knoblauchs. **2) Fạlscher S.,** mitteleuropäische Zwiebelart.

Schlạngenmensch, Kontorsionịst, äußerst gelenkiger Mensch.

Schlạngenmoos, der Sprossende → Bärlapp.

Schlạngensterne, Ophiurọidae, Klasse der frei beweglichen Stachelhäuter, mit meist 5 langen Armen, die scharf von der Scheibe abgesetzt sind, zum Kriechen und Klettern dienen, auch erbeutete Kleintiere u. a. zum Mund unterhalb der Scheibe bringen, z. B. der **Zerbrechliche S. (Ophịothrix frạgilis)** im Mittelmeer und Atlantik. Die Entwicklung der S. erfolgt über die **Ophioplụteus-Lạrve,** die ein zweiteiliges Kalkskelett mit langen Schwebefortsätzen hat. (Bild S. 577)

Schlạngenträger, Ophiụchus [lat.] *der,* ein Sternbild der Äquatorzone; es teilt das Sternbild → Schlange 5) in 2 Teile.

Schlạngenwurz(el), Pflanzen, so Wiesenknöterich, Osterluzei, Wasserschierling, Sanikel, Schwalbenwurz.

schlank [mhd., zu schlingen], dünn, schmal, ohne Fülle, geschmeidig: *eine schlanke Gestalt. Subst. die* **Schlạnkheit,** -. **schlạnkweg,** U ohne Umschweife.

Schlạnk|affen, Colobịdae, Familie der Hundsaffen mit den Unterfam. → Stummelaffen und Eigentl. S. von S-Asien: **Kleideraffe, Languren, Nasenaffe** mit bis über den Mund hängender Nase und **Stumpfnasenaffe** mit aufgestülpter Nase.

Schlạnkel *der, -s/-(n),* **Schlạ̈nkel,** *oberdt.:* Schlingel.

schlapp [ahd.], **1)** schlaff. **2)** schwach, ohne Spannkraft, feige, ohne Schwung: *er hat auf halbem Wege schlappgemacht,* U ist erschöpft zusammengebrochen, hat versagt. *ich* **schlạppe,** U **1)** (bin geschlappt), gehe schlürfend. **2)** *es,* trinke schlürfend: *der Hund schlappt Wasser.* **3)** *es schlappt,* sitzt lose, bewegt sich hin und her: *die Schuhe schlappen. die* **Schlạppe,** *-/-n,* **1)** U Mißerfolg, Niederlage. **2)** *oberdt.:* Schlag, Klaps. **3)** U Schwächeanfall. **4)** der Schlappen. **5)** *oberdt.:* Schlapphut. **6)** U Schlampe. **7)** *ostdt., südwestdt.:* Maul. *der* **Schlạppen,** *-s/-,* U Hausschuh, Pantoffel. **Schlạpphut,** ein weicher, breitkrempiger Hut. **Schlạppschwanz,** U schlaffer, schwungloser Mensch, Feigling.

Schlarạffenland, Märchenland, in dem Milch und Honig fließen, die gebratenen Tauben dem Trägen in den Mund fliegen, die Faulheit höchste Tugend und Fleiß das schlimmste Laster ist. Vorstellungen vom S. gehen auf Mythen vom verlorenen Paradies zurück, hinzu kamen Berichte von Reisen in Wunderländer. Seba-

Schlangen: 1 Netzpython bis über 9 m lang, **2** Barrenringelnatter bis etwa 1,50 m lang, **3** Südamerikanische Klapperschlange bis 2 m lang, **4** Korallenotter bis etwa 70 cm lang, **5** Schmuckbaumnatter bis etwa 1,30 m lang, **6** Kreuzotter bis 70 cm lang, **7** Baumschnüffler bis etwa 1,50 m lang, **8** Korallenschlange bis etwa 1 m lang, **9** Afrikan. Eierschlange bis etwa 1 m lang, **10** Puffotter bis etwa 1,50 m lang, **11** Schlingnatter bis 75 cm lang, **12** Boaschlange (Boa constrictor) bis etwa 4 m lang
(**3, 4, 6, 10** für den Menschen gefährliche Giftschlangen)

stian Brant erwähnt 1494 das ›Schluraffenland‹ (von mhd. slur ›Faulenzer‹ und affe ›Affe‹, ›Tor‹). Das Grimmsche Märchen vom S. ist die Prosabearbeitung einer Lügendichtung des 14. Jh.

Schlangensterne: Zerbrechlicher S.

Schlaraffia, Vereinigung zur Pflege von Geselligkeit, Kunst und Humor unter vorgeschriebenem Zeremoniell; gegr. 1859 von dt. Künstlern und Kunstfreunden in Prag, als **Allschlaraffia** in Mitteleuropa, Amerika und Asien verbreitet. 1937 in Dtl. aufgelöst, lebten seit 1947 zahlreiche Reyche (Ortsgruppen) in der Bundesrep. Dtl. und in Österreich wieder auf; heute weltweit verbreitet.

Schlarfe *die, -/-n,* **Schlarpe,** U Hausschuh, Pantoffel.

Schlatter, Adolf, evang. Theologe, * St. Gallen 16. 8. 1852, † Tübingen 19. 5. 1938; lehrte ein in der schweizer. Erweckungslehre wurzelndes und die idealist. Philosophie scharf ablehnendes Bibelchristentum.

Schlattersche Krankheit [n. dem schweizer. Chirurgen C. Schlatter, * 1864, † 1934], meist bei sporttreibenden Jugendlichen auftretende Verknöcherungsstörung im Schienbeinkopf; äußert sich durch Schmerzen beim Gehen. – Behandlung: Schonung, Wärme, ggf. Gipsverband.

schlau [nd., zu schleichen], schlauer, am schlau(e)sten, klug, gewitzt, durchtrieben: *ich werde daraus nicht s.,* U das verstehe ich nicht. *Subst. die* **Schläue, Schlauheit,** -. *Adv.* **schlauerweise.** *der* **Schlauberger,** *-s/-,* **Schlaukopf, Schlaumeier,** U jemand, der schlau, gewitzt ist.

Schlaube *die, -/-n, nd.:* Hülse, Schale.

Schlauch [mhd. sluch ›Schlangenhaut‹] *der, -(e)s/"e,* **1)** biegsames Rohr aus Gewebe, Gummi, Kunststoff, Metall. **2)** ⊕ schlauchförmiger Pflanzenteil, so der Pollenschlauch (→ Befruchtung). **3)** U langer, schmaler Raum. **4)** *im Orient:* sackartiges Faß. **5)** U große (körperl.) Anstrengung. *ich* **schlauche, 1)** *es,* leite Getränke durch einen S. in Fässer. **2)** *ihn mich,* U strenge körperlich an: *die Arbeit hat mich sehr geschlaucht.*

Schlauchboot, Wasserfahrzeug aus beschichtetem Gewebe oder Kunststoff mit schlauchartiger, aufblasbarer Wandung, die in mehrere Kammern geteilt ist. Das S. kann mit Riemen, Außenbordmotoren oder Segeln angetrieben werden. Es dient als Rettungsboot bei Luftfahrzeugen und Schiffen, als Sportfahrzeug und Pioniergerät.

Schlauchpilze, Askomyzeten (Ascomycetes), Pilze, bei denen sich die Sporen (Asco-, Ascussporen) in schlauchförmigen oder rundl. Zellen (Schläuchen oder Asci) bilden, meist 8 Sporen im Schlauch. Bei den **Eigentlichen S. (Euascomycetes)** stehen die Schläuche in besonderen Fruchtkörpern; zu ihnen gehören z. B. Kernpilze und Mehltaupilze. Zu den S. ohne Fruchtkörper **(Protoascomycetes)** rechnen z. B. die Hefepilze. (BILD Pilze)

Schlauchverband, strumpfartiger Schlauch aus Baumwollgewebe; statt Mullbinden, z. B. an Arm und Bein, angelegt.

Schlauchwürmer, Rundwürmer, Nemathelminthen, Tierstamm der Protostomier mit den Klassen → Fadenwürmer, → Gastrotrichen, → Kratzer, → Rädertiere, → Saitenwürmer und → Kinorhyncha.

Schlaufe [zu Schleife] *die, -/-n,* Schleife, Schlinge, Ring.

Schlaun, Johann Conrad, Baumeister, * Nörde (Kr. Warburg) 5. 6. 1695, † Münster 21. 10. 1773, arbeitete 1720 bei B. Neumann, war 1722 in Italien und Frankreich, reiste 1724 nach München, seit 1729 in Münster tätig. S. brachte den westfäl. Barock durch die kraftvolle, einfallsreiche Durchdringung des bodenständigen Ziegel- und Hausteinbaus mit westl. Klassizismus und dem Stil F. Borrominis zu einer Spätblüte, in der die österr.-rheinfränk. Barocktradition ausklingt.

HW: Jesuitenkolleg Büren (1716–20); Schloßumbau Brühl bei Bonn (1725–28), Jagdschloß Clemenswerth (1736–50), Hof Rüschhaus (1745–48); in Münster: Clemenskirche (1745–53), sein eigenes Wohnhaus (1753–56); ebd. Erbdrostenhof (1753–57) und Residenzschloß (1767–73).

Schlawe in Pommern, poln. **Sławno,** Stadt in der poln. Wwschaft Słupsk (Stolp), (1979) 12000 Ew., an der Wipper; spätgotische Marienkirche (14./15. Jh.).

Schlawiner [österr., entstellt aus Slowene] *der, -s/-,* U durchtriebener, pfiffiger Mensch.

schlecht [ahd. sleht, urspr. ›schlicht, eben‹], **1)** minderwertig, nicht gut, wertlos: *schlechte Ware; er arbeitet s., schlechtes Wetter; er ist s. gelaunt,* aber: *ein schlechtgelaunter Chef.* **2)** unwohl, krank: *mir ist schlecht,* übel; *es soll ihm schlechtgehen,* er soll krank sein oder in ungünstigen wirtschaftl. Verhältnissen leben, aber: *mit den neuen Schuhen kann ich s. gehen.* **3)** sittlich minderwertig, übel, böse: *ein schlechter Ruf, Einfluß; er will ihn schlechtmachen,* ihn herabsetzen, aber: *er wird es s. machen,* in ungenügender Weise. **4)** ꝏ schlicht: *s. und recht,* so wie es geht, einigermaßen. **5)** ⚘ geringwertig. *Subst. die* **Schlechtheit,** -, **Schlechtigkeit,** *-/-en.* **schlechterdings,** durchaus, ganz und gar, vollkommen. **schlechthin,** geradezu; ganz und gar.

Schlechta, Karl, Philosoph, * Wien 23. 1. 1904, † Nieder-Modau (b. Darmstadt) 19. 2. 1985, trat v. a. als Nietzsche-Forscher hervor (›Der Fall Nietzsche‹, 1958).

Schlechte *die, -/-n,* alle natürlichen und nicht schichtparallelen Trennfugen im Kohlenflöz.

Schleck [verwandt mit lecken] *der, -s/-e, oberdt.:* Leckerbissen: *das war kein S. für mich, schweizer.:* nicht sehr angenehm. *ich* **schlecke, 1)** *es,* lecke. **2)** *es,* U nasche, esse gern und gut, vor allem süße Speisen. *ich* **schlecke** *es* **ab, aus,** lecke ab, aus. *der* **Schlecker,** *-s/-,* U Leckermaul, Genießer. *ich* **schleck(e)re, 1)** *es,* U nasche, esse gern Süßigkeiten. **2)** *mich schleckert nach etwas,* U ich habe Appetit darauf. *die* **Schleckerei,** *-/-en,* U Süßes zum Schlecken.

Schlegel [ahd., von schlagen] *der, -s/-,* **1)** Schlagholz, Klöppel, Gerät des Böttchers. **2)** Stock zum Schlagen verschiedener Schlaginstrumente, in Europa z. B. bei → Pauke, → Trommel, → Xylophon. **3)** *oberdt.:* Schenkel, Hinterkeule, z. B. vom Schwein, Schaf. **4)** *oberdt.:* bauchiger Topf, altes Hohlmaß. **5)** *oberdt.:* Schmutzrand. **6)** *oberdt.:* grober Fehler. **7)** *oberdt.:* schwere Flasche. **8)** *oberdt.:* verdorbenes Essen. *ich* **schleg(e)le,** *oberdt.:* **1)** *es,* klopfe. **2)** mache einen Fehler.

Schlegel, 1) August Wilhelm von (1815), Kritiker, Literarhistoriker, Übersetzer, Dichter, Sohn von 5), Bruder von 4), * Hannover 5. 9. 1767, † Bonn 12. 5. 1845, kam, von G. Körner als Mitarbeiter an Schillers ›Horen‹ gewonnen, 1796 nach Jena. Er vermählte sich mit Caroline Michaelis (→ Schelling 1), wurde 1798 a. o. Prof. und legte mit seinem Bruder Friedrich die Grundlagen der romant. Kunstlehre, die er dann in öffentl. Vorlesungen vertrat: 1801–04 in Berlin (›Vorlesungen über schöne Literatur und Kunst‹), 1808 in Wien (›Vorlesungen über dramat. Kunst und Literatur‹). Seit 1804 begleitete er Frau von Staël auf Reisen in Dtl., Italien, Frankreich, Schweden (bis zu ihrem Tod 1817). Seit 1819 begr. er als Prof. an der Univ. Bonn das Studium der altind. Philologie (Herausgabe der Fachzeitschrift ›Ind. Bibliothek‹ sowie der Texte der ›Bhagavadgita‹, ›Ramajana‹ u. a.). S.s eigene poet. Versuche (›Gedichte‹, 1800, Trauerspiel ›Ion‹, 1803) blieben ohne Wirkung. Seine größte künstler. Leistung ist die Übersetzung von 17 Dramen Shakespeares (1797–1810). Übersetzungen span., portugies., ital. Dichter schlossen sich an (bes. Calderón).

2) Caroline, Frau von 1), → Schelling 1).

3) Dorothea, Frau von 4), älteste Tochter Moses Mendelssohns, * Berlin 24. 10. 1763, † Frankfurt a. M. 3. 8. 1839, heiratete 1783 den Bankier Simon Veit, den sie 1798 verließ, um dem fast 10 Jahre jüngeren Friedrich S. zu folgen; er heiratete sie 1804. Sie trat 1804 zur protestant., 1808 zur Kath. Kirche über.

HW: unvollendeter Roman ›Florentin‹ (1801); Bearbeitung altfrz. Ritterromane, Briefe.

4) Friedrich von (1815), Kulturphilosoph, Literarhistoriker und -kritiker, Sohn von 5), Bruder von 1), * Hannover 10. 3. 1772, † Dresden 12. 1. 1829, studierte klassische Philologie, begr., überwiegend in der Form des pointierten, zur Paradoxie neigenden Aphorismus, die frühromant. Welt- und Kunstanschauung (programmat. Organ die von ihm und seinem Bruder August Wilhelm 1798–1800 hg. Zeitschrift ›Athenäum‹). 1798 verband er sich mit Dorothea Veit (→ Schlegel 3). In seinem Romanversuch ›Lucinde‹ (1799) vertrat er eine neue, freie Auffassung der Liebe. 1802–04 hielt er in Paris, dann in Köln Vorlesungen. In Paris beschäftigte er sich mit Sanskritstudien, aus denen 1808 sein Werk ›Über die Sprache und Weisheit der Indier‹ als erste Wurzel der Indologie und der vergleichenden indogerman. Sprachwissenschaft hervorging. 1808 wurde er katholisch und trat in den österr. Staatsdienst. S. nahm an den Verhandlungen des Wiener Kongresses und 1815–18 als österr. Legationsrat am Bundestag in Frankfurt a. M. teil. 1803–05 gab er die Ztschr. ›Europa‹ heraus, 1812–13 das ›Dt. Museum‹, 1820–23 die konfessionell-restaurative ›Concordia‹. –

Schlangenhalsvögel: Amerikanischer S.

August Wilhelm von Schlegel (Gemälde von A. Hoheneck)

Dorothea Schlegel

Friedrich von Schlegel (Kohlezeichnung von P. Veit)

Kurt von Schleicher

S. wurde im Gefolge Herders und neben seinem Bruder August Wilhelm einer der ersten Begründer moderner Geisteswissenschaft sowie der Kunst literarischer Interpretation.

WW: Charakteristiken und Kritiken, 2 Bde. (1801, mit A. W. S.); Gesch. der alten und neueren Lit. (Vorlesungen, 1815). *Trauerspiel:* Alarcos (1802). Gedichte (1809).

5) Johann Adolf, Dichter, Vater von 1) und 4), Bruder von 6), *Meißen 18. 9. 1721, † Hannover 16. 9. 1793 als Generalsuperintendent, Mitgründer der → Bremer Beiträge, schrieb gereimte ›Fabeln und Erzählungen‹ (1769), ›Geistl. Gesänge‹ (3 Tle., 1766–72).

6) Johann Elias, Dichter, Bruder von 5), *Meißen 17. 1. 1719, † Sorø (Seeland) 13. 8. 1749, wurde 1748 Prof. an der dän. Ritterakademie ebd., gehörte zum Kreis der → Bremer Beiträge. Seine ernsten Schauspiele (›Orest und Pylades‹, 1737–42; ›Canut‹, 1747; ›Hermann‹, 1743) sind nach frz. Regeln geschrieben, seine Lustspiele zeigen lebendigen Dialog. S. schrieb eine Abhandlung zum Vergleich von Shakespeare und Gryphius (1741); seine ›Gedanken zur Aufnahme des dän. Theaters‹ (1747) weisen schon auf Lessings ›Hamburgische Dramaturgie‹ hin.

Schlehe [ahd., urverwandt mit altslaw. sliwa ›Pflaume‹] *die, -/-n,* **1) Schlehdorn, Schwarzdorn, Prunus spinosa,** pflaumenartiger Strauch der Gatt. **Prunus,** in Gebüschen Europas und W-Asiens, dornig, mit schwarzer Rinde, weißen Blütchen, die vor dem Laub erscheinen, und schwarzblauen, kugeligen, bis 1,5 cm dicken herben Steinfrüchten, die Branntwein (Schlehenwasser) und Schlehenlikör geben und nach Frosteinwirkung eßbar sind. Das Holz liefert Drechslerstoff, Knotenstöcke, Reisig für Gradierwerke. Blatt, Blüte (fälschlich ›Akazienblüten‹), Frucht und Rinde sind Volksarznei. **2) Haferschlehe,** die Kriechenpflaume (→ Pflaume).

Schleichkatzen

Schlei *die,* lange, flußartig verengte Förde an der O-Küste von Schlesw.-Holst., 43 km lang, im W und NO seenartig erweitert, stellenweise nur 100–300 m breit.

Schleich, Carl Ludwig, Arzt und Schriftst., *Stettin 19. 7. 1859, † Saarow bei Berlin 7. 3. 1922; erfand 1892 die Infiltrationsanästhesie; schrieb u. a. die Lebenserinnerungen ›Besonnte Vergangenheit‹ (1920).

schleichen [ahd.]. *ich* **schleiche** (bin geschlichen), **1)** bewege mich unhörbar, suche mich unbemerkt anzunähern: *ich bin aus dem Haus geschlichen; eine schleichende Krankheit,* Ü langsam fortschreitende. **2)** *mich* (habe mich geschlichen), nähere oder entferne mich leise: *sie schlich sich aus dem Zimmer.* **3)** *die Zeit schleicht,* vergeht sehr langsam. *ich* **schleiche** *mich an etwas* **an** (habe mich angeschlichen), versuche, mich unbemerkt zu nähern. *ich* **schleiche** *mich* **ein** (habe mich eingeschlichen), **1)** *in etwas,* versuche, unbemerkt hineinzukommen: *er hatte sich in sein Vertrauen eingeschlichen.* **2)** *es schleicht sich ein,* wird nach und nach üblich, stellt sich unbemerkt ein: *in die Rechnung hat sich ein Fehler eingeschlichen. der* **Schleicher,** *-s/-,* **1)** Heuchler, der auf Umwegen zum Ziel zu kommen sucht. **2)** Dränröhre.

Schleichen, *Sg. die* **Schleiche,** -, **Anguidae,** Fam. z. T. fußloser Echsen, so die Blindschleiche; die amerikan. Krokodilschleichen haben wohlentwickelte Beine, eidechsenähnlich.

Schleicher, Kurt von, General, *Brandenburg 7. 4. 1882, † (ermordet) Berlin 30. 6. 1934, enger Mitarbeiter H. v. Seeckts, war an der Vorbereitung des Kabinetts H. Brüning maßgeblich beteiligt und hatte großen Einfluß auf P. v. Hindenburg, wurde 1932 Reichswehr-Min. und war 1932–33 Reichskanzler. S. suchte vergeblich, eine nat.-soz. Regierungsbildung durch eine Spaltung der NSDAP zu verhindern und wurde im Rahmen des Röhmputsches (→ Röhm) erschossen.

Schleichhandel, → Schwarzer Markt.

Schleichkatzen, Viverridae, Raubtierfam. mit 72 hermelin- bis dachsgroßen Arten in sechs Unterfam. Als Fleisch- oder Allesfresser leben sie in Europa, Asien und Afrika; auf Madagaskar sind sie die einzigen Raubtiere. In der Afterregion liegen Sekretdrüsen (→ Zibet). Zur Unterfam. **Ginsterkatzen (Viverrinae)** gehören die westafrikan. **Zibetkatzen,** der **Linsang (Poiana),** die südasiat. **Rasse (Viverricula)** und die **Ginsterkatzen** oder **Genetten** [ʒ-]. Die Ginsterkatze **Genetta genetta** lebt auch in S-Frankreich und Spanien. Die **Palmenroller (Paradoxurinae)** sind mit dem großen **Binturong** oder **Bärenmarder** und dem **Larvenroller** vertreten. Auf Madagaskar leben die **Madagaskarmungos (Galidiinae)** und die **Frettkatzen (Cryptoproctinae);** die katzenähnliche **Fossa** wird bis zu 1 m lang und gilt als Verbindungsform zw. S. und Katzen. Arten der **Civetten (Hemigalinae)** sind u. a. die südasiat. **Ottercivette** oder der **Mampalon (Cynogale)** und die **Ameisencivetten (Eupleres,** so der **Kleinfalanuk)** von Madagaskar. Die **Ichneumons, Mangusten** oder **Mungos (Herpestinae)** sind über Afrika und Asien verbreitet: in S-Afrika das **Erdmännchen (Erdhündchen, Scharrtier** oder **Surikate),** in N-Afrika und Kleinasien der **Heilige Ichneumon** oder die **Pharaonsratte** (mit der Unterart **Melon** oder **Meloncillo,** auch in S-Spanien), in Vorderindien und auf Sri-Lanka der **Indische Mungo,** der Töter von Brillenschlangen; weitere Ichneumons sind u. a. die **Kusimanen,** die **Kongo-** und die **Zebramangusten.**

Schleichwerbung, Werbewirkung, die für ein Produkt oder eine Unternehmung eintreten kann, wenn sein oder ihr Name in nicht für Werbezwecke bestimmten Beiträgen in den Massenmedien erwähnt oder gezeigt wird.

Schleiden, Stadt im Kr. Euskirchen, NRW, (1984) 12500 Ew., in der Nordeifel; Holz-, Papier-, Glas- u. a. Ind.; Luftkurort; Schloß (12. Jh., Um- und Neubauten 14.–18. Jh.).

Schleiden, Matthias Jakob, Naturforscher, *Hamburg 5. 4. 1804, † Frankfurt a. M. 23. 6. 1881, hatte richtungweisenden Einfluß auf die Pflanzenkunde, die er bes. entwicklungsgeschichtlich behandelte. S. begr. mit Th. Schwann die Zellentheorie der Organismen und betonte die Bedeutung des Zellkerns.

HW: Grundzüge der wissenschaftl. Botanik, 2 Bde. (1842/43); Die Pflanze und ihr Leben (1848).

Schleie [ahd.] *die, -/-n,* **Schleihe, Schlei** *der, -s/-en,* **Schleierkarpfen, Tinca tinca,** zu den Karpfen gehöriger Speisefisch, oben blaugrün, unten gelblich, mit kleinen Schuppen und zwei Bartfäden, bis 50 cm lang, bis 5 kg schwer, in stillen Gewässern Europas; laicht Mai bis Juli. Eine goldgelbe Abart heißt **Goldschleie.** (BILD Fische und BILDER S. 579)

Schleier [mhd. sleier] *der, -s/-,* **1)** das Gesicht oder den Kopf verhüllendes, meist durchsichtiges Gewebe; *sie hat den S. genommen,* ist Nonne geworden; *Brautschleier.* Nach der Sittenlehre des

Islam verschleiern die Frauen in islam. Ländern ihre Gesichter. **2)** Ü etwas, was die Blicke hemmt: *Regenschleier; endlich wurde der S. des Geheimnisses gelüftet,* das Geheimnis preisgegeben. **3)** ⊕ **Indusium,** Organ der → Farne. **4)** Fruchtkörperhülle bei Pilzen. **5)** Federnzone um die Augen bei Eulen: *Schleiereule.* **6)** stark verlängerte Flossen bei best. Zierfischen. **schleierhaft,** U unverständlich, rätselhaft, unklar.

Schleier|eule, Vogel, → Eulen 1).

Schleiergras, Haarschmiele, Rispengras im Mittelmeergebiet mit silberweißen Ährchen auf haarfeinen Stielen.

Schleierkraut, ein → Gipskraut.

Schleiermacher, Friedrich Daniel Ernst, evang. Theologe und Philosoph, * Breslau 21. 11. 1768, † Berlin 12. 2. 1834, in Anstalten der → Brüdergemeine erzogen, 1809 Pfarrer an der Dreifaltigkeitskirche, 1810 zugleich Prof. in Berlin. Er gehörte dem Kreis der Romantiker an, war befreundet mit A. W. und F. Schlegel, mit Henriette Herz. Mit Erfolg wirkte er für die Union der evang. Kirche. S. versuchte, Theologie und idealist. Philosophie zu vereinen; er kämpfte gleichermaßen gegen Orthodoxie und Rationalismus. Seine Theologie hat die Theologie des 19./20. Jh. stark beeinflußt, mit seiner Deutung der → Hermeneutik als einer ›Kunstlehre des Verstehens‹ wirkte er auf Philosophen wie W. Dilthey, M. Heidegger, H.-G. Gadamer, Theologen wie R. Bultmann und auf die geisteswissenschaftlich orientierte Pädagogik des 20. Jh. Bed. ist seine Übersetzung der Dialoge Platons (1804–10).

HW: Über die Religion. Reden an die Gebildeten unter ihren Verächtern (1799); Monologen (1800); Vertraute Briefe über Lucinde (1800); Grundlinien einer Kritik der bisherigen Sittenlehre (1803); Kurze Darstellung des theolog. Studiums (1811); Der christl. Glaube, nach den Grundsätzen der evang. Kirche im Zusammenhang dargestellt, 2 Bde. (1821/22); Die christliche Sitte, hg. v. L. Jonas (1843).

Schleierschwanz, Kometenschweif, Nebenform des → Goldfisches. (BILD Zierfische)

schleifen [ahd. slifan]. *ich* **schleife** (habe geschleift), **1)** *ihn, es,* schleppe, reiße über den Boden weg, ziehe gewaltsam mit. **2)** *Befestigungen,* beseitige, reiße nieder. **3)** *einen Ton,* ziehe in den nachfolgenden hinüber; zerdehne. **4)** (auch: bin geschleift), schlittere übers Eis. **5)** *es schleift,* berührt den Boden, zieht reibend an etwas entlang: *der Rock schleift auf dem Boden. ich* **schleife** (habe geschliffen), **1)** *es,* glätte, bearbeite die Oberfläche mit einem Schleifkörper (vgl. unten Technik): *geschliffenes Glas.* **2)** *Messer, Schneiden,* schärfe. **3)** *ihn,* U bringe ihm Benehmen bei; nehme scharf heran. *ich* **schleife ab** (habe abgeschliffen), **1)** *es,* entferne durch Schleifen: *eine abgeschliffene Kante.* **2)** *es schleift sich ab,* wird weniger rauh; Ü wird alltäglicher, weniger eigenartig. *ich* **schleife** *ihn* **mit,** U nehme ihn trotz seines Widerstrebens irgendwo mit hin. *ich* **schleife** *es* **nach, 1)** (habe nachgeschleift), ziehe hinter mir her. **2)** (habe nachgeschliffen), schleife nachträglich, schleife fein. *die* **Schleife,** *-/-n,* **1)** Schlinge aus Band, Schnur. **2)** Windung, Kehre bei Flüssen, Bahnen, Straßen. **3)** Datenverarbeitung: Teil eines Programms, der mehrfach durchlaufen (abgearbeitet) werden kann. **4)** Rutsche, z. B. für Baumstämme. **5)** Rutschbahn, Eisbahn. **6)** ein landwirtschaftl. Gerät. *der* **Schleifer,** *-s/-,* **1)** jemand, der etwas durch Schleifen bearbeitet: *Scherenschleifer; Edelsteinschleifer.* **2)** ♪ Verzierung (→ Schleifer). **3)** alter Volkstanz. **4)** U jemand, der Auszubildende (bes. Soldaten) übermäßig drillt. *die* **Schleiferei,** *-/-en,* Werkstatt für Schleifarbeit. **Schleif|öle,** → Kühlschmierstoffe. **Schleifpapier,** Sandpapier. **Schleifstein,** Wetzstein, Schärfer.

⚙ Ein Verfahren der spanenden Formung, wobei die Körner des umlaufenden Schleifkörpers feine Späne von dem Werkstück abnehmen, so daß sehr glatte Flächen entstehen. Fast alle Werkstoffe lassen sich s. Als Schleifkorn werden harte Stoffe wie Korund, Siliciumcarbid, Diamant, Bornitrid verwendet.

Feste **Schleifkörper (Schleifsteine)** in Form von Scheiben, Ringen, Segmenten u. a. bestehen aus dem Schleifkorn und einer Bindung aus keramischen Stoffen, Kunstharz oder Metall. **Schleifbänder** sind über 2 Rollen geführte endlose Bänder aus Geweben oder festem Papier mit aufgeleimtem Schleifkorn. Beim **Kontaktband-Schleifen** wird das Werkstück gegen eine der beiden Rollen gedrückt, die mit einer elast. Auflage versehen ist. **Schleifleinen** und **Schleifpapier** sind für das Schleifen von Hand oder für den Schleifklotz gedacht. In **Schleifmaschinen** (Senkrech- oder Waagrecht-Schleifmaschinen) laufen **Schleifscheiben** um. Ebene Flächen werden durch Plan-Schleifen, Rotationskörper durch Rund-Schleifen, Profile mit einer profilierten Schleifscheibe oder auf einer Profil-Schleifmaschine bearbeitet. Zur Gewinde- und Zahnradherstellung gibt es spezielle Schleifmaschinen. Wegen der beim Schleifen auftretenden hohen Temperaturen wendet man häufig den **Naßschliff** mit einem Kühlschmiermittel an. Durch **Hochgeschwindigkeits-S.** lassen sich hochlegierte Stähle, die zum Fräsen zu zäh sind, bearbeiten.

Schleifenblume, Iberis, Kreuzblütergatt. mit weißen oder lilafarbigen Doldentrauben, in deren Blüten je ein Paar Blütenblätter größer sind. Die **Bittere S. (Grützblume, Iberis amara),** einjährig, bis 40 cm hoch, mit weißen Blüten, ist in Mitteleuropa heimisch, auch Zierpflanze.

Schleifer *der, -s/-,* ♪ Verzierung aus einem schnellen Vorschlag von 2 oder mehreren stufenweise aufeinanderfolgenden Tönen, meist von unten nach oben (vgl. auch schleifen).

Schleifer: a Notierungen, **b** Ausführungen

Schleiflack, Lacke aus schnell trocknenden Kunstharzlacken und Lackfarben, deren getrocknete Lackschicht sich naß mit Schleifpapier oder Bimssteinpulver zu einer Fläche mit besonderem Matteffekt schleifen läßt.

Schleiflade, in der → Orgel eine Windladenart.

Schleifringe, Metallringe an elektr. Maschinen (Motoren, Generatoren), auf denen Bürsten schleifen; sie sind isoliert auf der Achse des Läufers befestigt. S. stellen eine elektrisch leitende Verbindung zu einem rotierenden Maschinenteil her.

Friedrich Daniel Ernst Schleiermacher

Schleik *der, -s/-e, schweizer.:* Heimlichkeit, heimliches Geschenk.

Schleim [mhd.] *der, -(e)s/-e,* **1)** bei Mensch und Tieren: die Absonderung der **Schleimdrüsen** (mukösen Drüsen) und Becherzellen der → Schleimhaut, eine zähe, schlüpfrige, schwach klebrige Flüssigkeit. S. dient dem Feuchthalten und Schlüpfrigmachen der Schleimhaut, ferner als mechan. Schutzschicht. Bei allen katarrhal. Entzündungen, z. B. bei Schnupfen, ist die S.-Bildung als Abwehrmaßnahme vermehrt. **2)** bei Pflanzen: ein aus Kohlenhydraten bestehender S., Speicherstoff, z. B. in Zwiebeln, in Knollen von Arten der Gatt. Knabenkraut und in oberird. Pflanzenteilen (bes. bei Sukkulenten), entsteht durch Verschleimung von Lamellen der Zellwände, z. B. bei Agar-Agar, Karrageen, Leinsamen. **3)** passierte sämige Hafer-, Graupen- oder Reissuppe. **4)** U schmeichlerisches Gerede um eine Sache herum. **schleimig, 1)** voll S.; schmierig, schlüpfrig-klebend. **2)** schmeichlerisch, süßlich, heuchlerisch: *schleimiges Gerede.*

Schleim|aale, → Inger.

Schleimbeutel, bei Mensch und höheren Tieren: in sich abgeschlossene, mit Gelenkflüssigkeit gefüllte Verschiebespalten innerhalb des Bindegewebes; sie mildern die Reibung zw. Haut, Sehnen, Gelenkkapseln und Knochen. Durch Infektion oder dauernde Reizung, z. B. am Knie beim Scheuern (›Scheuerknie‹), kann sich ein S. entzünden **(Schleimbeutelentzündung, Bursitis).**

Schleimfisch|artige Fische, Blennioide|i, Unter-Ordn. der Barschartigen Fische; sie umfassen u. a. Schleimfische, Butterfische, Gebärfische, Seewölfe.

Schleimfluß, aus Wunden der Bäume ausgetretene Absonderungen, die durch Bakterien oder Pilze schleimig werden und verschieden gefärbt sein können.

Schleimgewebe, Gallertgewebe, schleimreiches Bindegewebe.

Schleimhaut, bei Mensch und höheren Tieren die meist Schleim absondernde innere Auskleidung von Hohlorganen: des Verdauungskanals, der Atmungsorgane, der harnableitenden Wege und von Teilen der Geschlechtsorgane. Die S. besteht aus einem Epithel, einer Bindegewebs- und z. T. einer Muskelschicht. Sie erleichtert das Gleiten, z. B. der Nahrung; im Darm dient sie auch der Enzymbildung und der Nahrungsaufnahme.

Schleimpilze, Myxomyzeten (Myxomycetes), Gruppe niederer Lebewesen an der Grenze zw. Tier- und Pflanzenreich. Ihre nackten Zytoplasmamassen gleichen den tier. Amöben, ihre Fruchtkörper, die staubförmige Sporen hervorbringen, den Fruchtkörpern der Pilze. Aus den Sporen keimen in Feuchtigkeit bewegliche **Schwärmsporen** mit Schwimmgeißel. Später wird die Schwärmspore unter Geißelschwund zu einem amöbenähnl. Körperchen **(Myxamöbe),** das kriecht und sich durch Teilung vermehren kann. Die Myxamöben verschmelzen zum **Plasmodium;** ein gelbes Plasmodium bildet z. B. die → Lohblüte.

Schleimsäure, eine Zuckersäure, die bei der Oxidation von Galaktose, Milchzucker und fast allen pflanzl. Gummiarten mit Salpetersäure entsteht; verwendet als Backpulver.

Schleinzer, Karl, österr. Politiker (ÖVP), * St. Gertraud (Kärnten) 8. 1. 1924, † (Verkehrsunfall) bei Bruck an der Mur 19. 7. 1975; 1961–64 Bundes-Min. für Landesverteidigung, 1964–70 für Land- und Forstwirtschaft, wurde 1970 Generalsekretär, 1971 Bundesobmann der ÖVP.

Schleie: Bauchflossen; **a** Männchen, **b** Weibchen

schleißen [ahd. sleizan ›spalten‹]. *ich* **schleiße** (schliß, habe geschlissen oder schleißte, habe geschleißt), **1)** *es,* ⚘ zerschleiße. **2)** *es,* spalte, reiße ab (Späne, Federn). **3)** *schweizer.:* schlittere auf dem Eis. *die* **Schleiße,** *-/-n, oberdt.:* langer Span, Fetzen.

Schleißheim, Ortsteil von Oberschleißheim, Kr. München. Das Alte Schloß aus dem 17. Jh. wurde 1944 zerstört (teilweise wiederaufgebaut). Das Neue Schloß, im 18. Jh. erbaut und im Innern reich ausgestattet, ist Zweiggalerie der Bayer. Staatsgemäldesammlungen. Am O-Ende des großen Parks liegt das Schlößchen Lustheim (1684–89).

Schleite *die, -/-n, nd.:* Stange, Bohnenstange.

Schleitheim, Bezirkshauptort im Kt. Schaffhausen, Schweiz, (1980) 1600 Ew.; Formteile- und Isolierfabrik.

Schleiz, Krst. im Bez. Gera, (1973) 8100 Ew., im Vogtland; Metall-, Holz-, Stein, Textil-, opt. u. a. Ind.; spätgot. Bergkirche (1359) mit barocker Ausstattung, Schloß (16. Jh.). S., 1232 erwähnt, war seit 1666 Mittelpunkt einer Herrschaft. – Im N liegt die **Plothener Seenlandschaft** mit über 1000 Fischteichen.

Schleizer Dreieck, 7,631 km lange Motorrad- und Automobilrennstrecke bei Schleiz, 1923 eröffnet.

Schlembach, Anton, kath. Bischof, * Großwenkheim 7. 2. 1932, seit 1983 Bischof von Speyer.

Schlemihl [jidd. Schlemiel] *der, -s/-e,* G geduldiger Pechvogel; in der Erzählung ›Peter S.s wundersame Geschichte‹ von A. von Chamisso (1814) der Mann, der seinen Schatten verkauft.

Schlemm [engl. slam] *der, -s/-e,* Kartenspiel: Einheimsen aller Stiche, z. B. bei Bridge, Whist.

schlemmen [spätmhd. slemmen]. *ich* **schlemme,** lebe aus dem vollen, esse und trinke gut, prasse. *der* **Schlemmer,** *-s/-,* Genießer, Verschwender: *Schlemmermahl. die* **Schlemmerei,** *-/-en,* das Schlemmen; üppiges Mahl. *Adj.* **schlemmerhaft, schlemmerisch.**

Schlemmer, Oskar, Maler und Bildhauer, * Stuttgart 4. 9. 1888, † Baden-Baden 13. 4. 1943, studierte bei A. Hoelzel, lehrte 1920–29 am → Bauhaus, bis 1932 an der Breslauer, bis 1933 an der Berliner Akademie. S., dessen Vorstellungen von einer Integration der Künste bahnbrechend wurden, suchte, bes. auch im Bühnentanz, das menschl. Dasein durch abstrahierte Figuren und deren Verhältnis im Raum darzustellen. – Schriften: ›Die Bühne im Bauhaus‹ (1925), ›Briefe und Tagebücher‹ (1958).

Schlempe *die, -/-n,* **Schlampe,** alkoholfreier Rückstand bei der Branntweinherstellung; wegen des Gehalts an Eiweiß, Stickstoffverbindungen, Fetten u. a. ein sehr gutes Futtermittel.

Schlempemauke, Kartoffelausschlag, bei dauernder Schlempefütterung auftretende, blasenbildende, nässende Hautentzündung an den Unterfüßen **(Fußgrind)** der Rinder.

schlendern [ahd., eigtl. ›gleiten‹]. *ich* **schlend(e)re** (bin geschlendert), gehe langsam und behaglich. *der* **Schlendrian,** *-(e)s,* träges Weitergehen im alten Trott; Schlamperei.

Schlenge *die, -/-n, nd.:* → Buhne.

Schlenke *der, -s/-n,* **1)** *alemann.:* Schließhaken. **2)** *schweizer.:* Schleuder. **3)** ⊕ wasserdurchtränkte Stelle im Moor.

schlenkern [mhd. slenkern]. *ich* **schlenk(e)re, 1)** *es, mit ihm,* lasse es nachlässig hin und her schwingen: *ich schlenkere die Arme* oder *mit den Armen.* **2)** (bin geschlenkert), *sächs.:* schlendere. *der* **Schlenk(e)rich,** *-s/-e, sächs.:* Stoß, Schwung. **schlenk(e)rig,** schlenkernd.

Schlenther, Paul, Schriftst. und Theaterleiter, * Insterburg 20. 8. 1854, † Berlin 30. 4. 1916, war Theaterkritiker der ›Vossischen Zeitung‹ in Berlin, trat als einer der ersten für H. Ibsen und den Naturalismus ein, leitete 1898–1910 das Wiener Burgtheater.

Schlepper 1): Ackerschlepper mit 6-Zylinder-Dieselmotor, Leistung 81 kW (110 PS), Allradantrieb, klimatisierte, geräusch- und schwingungsisolierte Kabine. Gesamtgewicht 5630 kg, Länge 4,70 m, Spurweite vorn 1,60–2,07 m, hinten 1,56–2,27 m

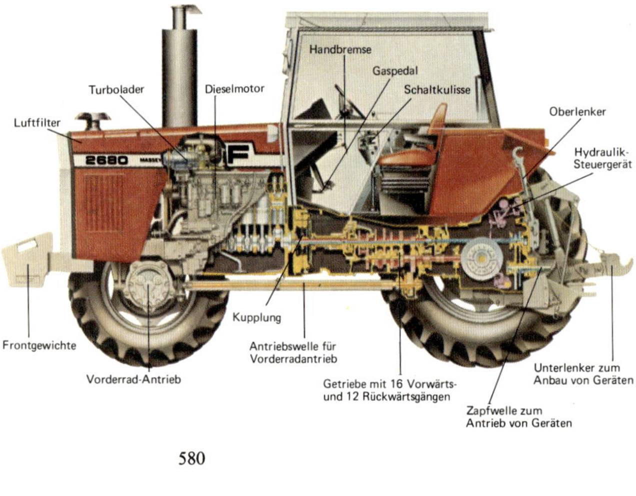

schlenzen [zu schlenkern]. *ich* **schlenze, 1)** *es,* Eis-, Rollhockey, Hockey: spiele den Puck oder Ball durch geschickte Hebelwirkung in das gegenerische Tor oder einem Mannschaftskameraden zu, U auch im Fußball u. a. **2)** *oberdt.:* gehe müßig, treibe mich herum.

Schleppangel, vom Boot aus geschleppte Leine mit künstl. Köder zum Fang von Hecht, Seeforelle u. a.

Oskar Schlemmer: Konzentrische Gruppe; 1925 (Stuttgart, Staatsgalerie)

schleppen [mhd. slepen, zu schleifen]. *ich* **schleppe, 1)** *ihn, es,* schleife, ziehe gewaltsam oder mühsam hinter mir her; trage mit Anstrengung: *sie schleppte den schweren Korb.* **2)** *ihn,* U bringe ihn gegen seinen Wunsch an einen Ort: *ich habe ihn ins Kino geschleppt.* **3)** *es,* U trage sehr lange, nutze ab (Kleidung). **4)** *es schleppt,* schleift auf dem Boden. **5)** *es schleppt,* geht langsam, träge: *die Unterhaltung schleppte sich dahin (war schleppend).* **6)** *mich irgendwohin,* gehe mühsam: *der Kranke hat sich ins Bett geschleppt.* **7)** *mich mit ihm,* gebe mir viel Mühe, habe viel Last. *ich* **schleppe ab, 1)** *einen Wagen,* bringe ein nicht mehr fahrtüchtiges Fahrzeug mit einem anderen Fahrzeug fort. **2)** *mich mit ihm,* ermüde mich beim Tragen. *ich* **schleppe** *es* **an,** bringe mit Anstrengung herbei. *ich* **schleppe** *ein Schiff* **aus, ein,** bringe mit einem Schleppschiff aus oder in den Hafen. *ich* **schleppe mit, 1)** *es,* trage etwas Schweres mit mir. **2)** *ihn,* U bringe mit Anstrengung an einen Ort. *die* **Schleppe,** *-/-n,* **1)** auf dem Boden nachschleifender Saum oder Anhang an Kleidern. **2)** fahrbares Heugestell. *der* **Schlepper,** *-s/-,* **1)** Schleppfahrzeug (→ Schlepper). **2)** ⚒ Arbeiter im Förderdienst. **3)** U jemand, der Betrügern Opfer zuführt. **4)** U jemand, der im Dienst einer Partei ältere oder gehbehinderte Wähler zum Wahllokal bringt. **5)** ein nachschleifendes Netz. *die* **Schlepperei,** *-/-en,* U lästiges Schleppen. **Schleppjagd,** Verfolgung der durch eine Losung markierten Wildspur durch Hund und Reiter. **Schlepptau,** Seil zum Schleppen eines Fahrzeugs: *ich nehme ihn ins Schlepptau,* U ziehe ihn mit mir, leite seine Angelegenheiten.

Schlepper *der, -s/-,* **1) Acker-, Motorschlepper, Traktor, Trecker,** meist durch Dieselmotor angetriebenes Kraftfahrzeug, als Zugmaschine oder Geräteträger benutzt. Die Hinterräder haben Niederdruckluftreifen mit Geländestollen. Bes. hohe Zugkraft bietet der Allradantrieb. Die am Heck oder auch vorn angebrachte Zapfwelle treibt angehängte oder angebaute Arbeitsmaschinen an. Viele S. haben verstellbare Spurweite. Für Sonderzwecke werden die Hinterrräder durch Gleisketten ersetzt. **2)** kleines, mit kräftiger Maschine (meist Dieselmotor) ausgerüstetes Schiff zum Schleppen und Schieben (›Bugsieren‹) von Wasserfahrzeugen ohne Eigenantrieb, zur Unterstützung von Schiffen beim Manövrieren in engen Gewässern **(Hafen-S., Fluß-S.)** oder zur Hilfeleistung in Havarie- und Notfällen **(Bergungs-S.).**

Schleppkraft *die, -,* die Förderkraft fließenden Wassers.

Schleppnetz, Fischfanggerät: von einem Fischdampfer oder Kutter geschleppter Netzsack. (BILD Fischwirtschaft)

Schleppschiffahrt, 1) Seeschiffahrt: Überführung von Schwimmkörpern aller Art (Docks, Kräne, Hulken, alte Schiffe) über See mit Hilfe von Hochseeschleppern, bei Bohrplattformen der Offshore-Technik **Schleppversorger** genannt. **2)** Binnenschiffahrt: Schleppen von Kränen und Schiffen ohne eigenen Antrieb durch Schlepper gegen Entgelt (Schlepplohn), seit Einführung der → Schubschiffahrt bedeutungslos.

Schlẹppung *die, -/-en,* durch Reibung verursachtes Verbiegen von Gesteinsschichten längs Verwerfungen oder aufsteigenden Gesteinskörpern (Salzstock, Vulkan).

Schlẹppversụchs|anstalt, Versuchsanlage, in der an maßstäbl. Modellen die Strömungsvorgänge an Schiffen in Abhängigkeit von Geschwindigkeit, Strömung, Seegang, Eis ermittelt werden.

Schlern *der,* ital. **Mọnte Sciliar** [-ʃilj'ar], im Petz 2564 m hoher Kalk- und Dolomitstock in Südtirol, über der Seiser Alm.

Schlẹsi|en, historische Landschaft beiderseits der mittleren und oberen Oder. Den Hauptteil nahm die preuß. Prov. S. ein. Sie bestand aus den RegBez. Liegnitz, Breslau und Oppeln. Hauptstadt war Breslau. 1945 kam die Provinz S. bis zur Oder-Neiße-Linie unter poln. Verwaltung, die Restgebiete diesseits dieser Linie zur heutigen Dt. Dem. Rep.

Landesnatur. S. umfaßt die O-Abdachung der Sudeten mit ihren Gebirgsketten und Vorstufen. Ihnen vorgelagert sind die inselartigen Sudetenvorberge (Zobten, Striegauer und Strehlener Berge), die fruchtbaren Flußebenen an der Oder und ihren Nebenflüssen (Schles. Bucht, mit den flachen Mulden des Breslau-Magdeburger und des Glogau-Baruther Urstromtals) und die flachwelligen Hügelketten der binnenländ. Landschwelle mit Katzengebirge und Dalkauer Hügeln. Im SO geht der Landrücken südlich der Malapane in ein Hügelland über (Tarnowitzer Höhen mit dem Annaberg); es schließt südlich der Klodnitz das Kohlenbecken ein. Die Flußebenen und Hügellandschaften im Gebirgsvorland dienen, fast waldfrei, dem intensiven Ackerbau und der Viehzucht, die auch an Berghängen zu starken Ausrodungen der dichtbewaldeten Vorstufen und Höhenzüge führen. Die niederschles. Heide (Muskauer, Görlitzer, Saganer Heide) und die Lausitzer Höhen im N tragen v. a. Kiefernwald. Entwässert wird S. fast ausschließlich von der Oder und ihren Nebenflüssen, von rechts: Ruda, Klodnitz, Malapane, Stober, Weide, Bartsch; von links: Hotzenplotz, Glatzer Neiße, Weistritz, Bober mit Queis, Lausitzer Neiße; außerdem im NW durch Spree und Schwarze Elster zur Elbe. Klimatisch gehört S. zum atlantisch-kontinentalen Übergangsgebiet.

Wirtschaft. Rd. 60% der Bodenfläche S.s wurden (1938) landwirtschaftlich genutzt (davon 81% als Ackerland); Anbau von Roggen, Hafer, Weizen, Gerste, Kartoffeln, Zucker- und Futterrüben; bed. Viehzucht und Forstwirtschaft (27% der Fläche waren Wald); 1,07 Mio. (22,8%) der Bevölkerung waren in der Landwirtschaft tätig. – Auf der Grundlage der reichen Bodenschätze bes. Oberschlesiens entwickelten sich Kohlenbergbau und vielseitige Industrien (mit 1 Mio. Beschäftigten). Im Waldenburger Revier lagern reiche Steinkohlenvorräte. Die niederschles. Braunkohlenförderung hatte vor allem elektrizitätswirtschaftl. Bedeutung. Abgebaut wurden weiter Kaolin, Granit, Magnesit, Nickel, Basalt; von gesamtdt. Bedeutung war die oberschles. Förderung von Blei- und Zinkerzen. In der Industrie herrschte die Eisenverarbeitung (Maschinen, Waggons, Kessel, Werkzeuge u. a.) vor, bes. in Oberschlesien, im Waldenburger Bergland, in Breslau. Auf Kohleveredlung und Gewinnung von Koksnebenprodukten baute sich die chem. Industrie auf; bed. waren auch Holz-, Textil-, Konsumgüter- und Nahrungsmittelindustrie. – Fremdenverkehr bes. in Kurorten und Wintersportplätzen der Sudeten.

Ein dichtes Verkehrsnetz (Eisenbahn, Autobahn, Land-, Wasserstraßen) verband S. mit den anderen Teilen des Dt. Reiches und schuf den Durchgang nach Osteuropa. Der Klodnitz-Kanal stellte die Verbindung vom Industriegebiet um Gleiwitz mit der Oder her; die Oder war zum Großschiffahrtsweg ausgebaut.

Geschichte. S., dessen Name sich wahrscheinlich vom wandal. Teilstamm der Silingen ableitet, der von etwa 300 v. Chr. bis 350 n. Chr. an der Oder siedelte, wurde seit dem 6. Jh. nach Abzug des Hauptteils der Germanen von kleinen slaw. Stämmen eingenommen. Seit dem 10. Jh. herrschten in S. die poln. Piasten. Infolge poln. Thronstreitigkeiten griff Kaiser Friedrich I. in Polen ein und erreichte 1163 die Bildung zweier schles. Herzogtümer: Niederschlesien mit Breslau (unter Boleslaw) und Oberschlesien mit Ratibor, Beuthen, etwas später Oppeln (unter Mieszko). Von diesen beiden Herzögen stammen die zahlreichen schles. Piastenlinien ab, die im MA. mehrere Teilfürstentümer gründeten. Die Herzöge Heinrich I. († 1238) und Heinrich II. († 1241) bemühten sich bes. durch Ansiedlung dt. Kolonisten ihr Land kulturell zu heben (→ Schlesier). Nachdem durch die Verträge von 1335, 1339, 1356 und 1372 die poln. Könige auf ihre schles. Ansprüche verzichtet hatten, trat S. unter die Lehnshoheit der Könige von Böhmen, die seit 1526 Habsburger waren; die schles. Fürstentümer bewahrten sich jedoch stets ihre Eigenständigkeit. Dies zeigte sich bei der Ausbreitung der Reformation. Der Dreißigjährige Krieg und die Gegenreformation brachten dem Land viele Leiden. Karl XII. von Schweden erreichte 1707 die Rückgabe von 128 Kirchen an die Protestanten und das Recht, sechs → Gnadenkirchen zu bauen. Durch die → Schlesischen Kriege fielen 1742 Niederschlesien, ein großer Teil von Oberschlesien und die Gfsch. Glatz an Preußen. Der südl. Teil des alten Oberschlesien blieb habsburgisch: Die Hzgt. Jägerndorf und Troppau, Teschen und Bielitz bildeten bis 1918 das österr. Kronland S. (ÜBERSICHT Österreich-Ungarn). Die 1807 gebildete preuß. Prov. S. wurde 1815 durch den größten Teil der bisher sächsischen Oberlausitz vergrößert.

Durch den Vertrag von Versailles (1919) kamen das Hultschiner Ländchen an die Tschechoslowakei sowie Grenzgebiete des Reg.-Bez. Breslau an Polen. Für den größten Teil Oberschlesiens wurde eine Volksabstimmung festgesetzt. Seit Okt. 1919 bildeten der RegBez. Oppeln die preuß. Prov. **Oberschlesien,** die RegBez. Breslau und Liegnitz **Niederschlesien.** Anfang 1920 übernahm eine Internat. Kommission unter frz. Vorsitz die Regierungsgewalt im Abstimmungsgebiet. Die Polen versuchten unter W. Korfanty wiederholt, durch Aufstände die Volksabstimmung zu verhindern oder zu beeinflussen. Die Abstimmung am 20. 3. 1921 ergab 59,6% der Stimmen für das Dt. Reich. Poln. Aufständische versuchten nun neuerlich vollendete Tatsachen zu schaffen, dt. Selbstschutzverbände leisteten ihnen Widerstand (→ Annaberg). Der Völkerbundrat entschied für eine Teilung. Polen erhielt danach 4/5 der Industrie und den Hauptteil der Kohlenlager. Durch ein dt.-poln. Abkommen in Genf (15. 5. 1922) wurden wirtschaftl. und minderheitenrechtl. Sonderbestimmungen auf 15 Jahre getroffen.

Im Vertrag von Saint-Germain (1919) wurde der größte Teil **Österreichisch-Schlesiens** der Tschechoslowakei überantwortet und mit Mähren vereinigt, das Teschener Gebiet 1920 zw. der Tschechoslowakei und Polen geteilt. Der poln. Teil bildete mit polnisch gewordenen Gebieten Oberschlesiens die poln. **Woiwodschaft Schlesien (Śląsk):** 5280 km² mit (1931) 1,55 Mio. Ew. Hauptstadt war Kattowitz. Die beiden preuß. Provinzen Nieder- und Oberschlesien wurden 1933/38 zusammengefaßt, 1941 erneut aufgeteilt. 1938–45 war das Hultschiner Ländchen wieder schlesisch. 1939 wurden die an Polen verlorenen Gebiete (einschließlich des Teschener und des Olsagebiets) mit dem Dt. Reich vereinigt.

1945 besetzten die Russen S., und die Polen begannen mit der Vertreibung der Deutschen, noch ehe der Kontrollrat in Potsdam die Umsiedlungspläne ausgearbeitet hatte. Etwa 700000 Schlesier blieben zurück, meist Bergarbeiter und mehrsprachige ›Autochthone‹. Etwa 550000 Schlesier kamen durch Flucht und Vertreibung um. 2 Mio. wurden in der Bundesrep. Dtl., etwa 1,15 Mio. in der Dt. Dem. Rep. aufgenommen. Das Gebiet wurde (zuletzt 1975) im großen und ganzen auf die Wwschaften Wrocław (Breslau), Opole (Oppeln), Wałbrzych (Waldenburg), Jelenia Góra (Hirschberg im Riesengebirge), Legnica (Liegnitz) aufgeteilt und teilweise den Wwschaften Zielona Góra (Grünberg), Katowice (Kattowitz), Częstochowa (Tschenstochau), Kalisz (Kalisch) und Leszno (Lissa) angegliedert. Die Tschechoslowakei erhielt wieder die Grenzen von 1937.

Schlẹsi|er, ostdt. Stamm beiderseits der mittleren Oder und der Sudeten, der sich im 13. Jh. aus dt. Einwanderern bildete, bes. aus der Mark Meißen, Thüringen, Sachsen, Hessen, Franken, zum kleineren Teil auch aus ober- und niederdt. Siedlern (ÜBERSICHT Mundarten). Diese Siedler kamen auf Wunsch der schles. Piastenfürsten als Geistliche, Ritter, Handwerker, Bauern, Kaufleute und Bergleute; auch die Bischöfe von Breslau, der Adel und die Zisterzienser (Klöster Leubus um 1175, Heinrichau 1222, Grüssau 1292 u. a.) waren an dieser friedl. Kolonisation beteiligt. Bis etwa 1350 wurden mehr als 100 Städte und 1000 Dörfer nach dt. (Magdeburger) Recht gegr. Die zahlenmäßig schwache slaw. Bevölkerung der Ebene wurde allmählich aufgesogen, die Gebirgsgegenden wurden neu erschlossen; Oberschlesien blieb ein Übergangsgebiet mit starkem slaw. Bevölkerungsanteil. Brauchtum und Trachten, Sagen und Märchen (Rübezahl) waren bis zur Ausweisung lebendig. Das schles. Haus gehört zum mitteldt.-fränk. Typ. S. waren u. a. J. Böhme, M. Opitz, A. Gryphius, J. von Eichendorff, G. Freytag und G. Hauptmann.

Schlesinger [ʃl'ezɪŋə], Arthur Meier Jr., amerikan. Historiker, * Columbus (Ohio) 15. 10. 1917; war 1946–61 Prof. an der Harvard University, seit 1965 in New York, 1961–63 Sonderberater Präs. J. F. Kennedys.

HW: The age of Roosevelt, 3 Bde. (1957–60); Die tausend Tage Kennedys (1965); Das bittere Erbe (1967); The imperial presidency (1973); Robert Kennedy and his times (1978).

Schlẹsische Kriẹge, die Kriege, die König Friedrich II., d. Gr., von Preußen gegen Österreich um den Besitz von Schlesien führte.

Erster Schlesischer Krieg (1740–42). Als nach dem Tod Kaiser Karls VI. die Erbfolge seiner Tochter Maria Theresia bestritten wurde (→ Österreichischer Erbfolgekrieg), nahm Friedrich II. ehemalige brandenburgische Ansprüche auf das Fürstentum Jägerndorf zum Vorwand, um mit 22000 Mann in Schlesien einzumarschieren (16. 12. 1740). Er besiegte ein österr. Heer bei Mollwitz (10. 4. 1741), fiel zusammen mit Franzosen und Sachsen in Mähren ein und siegte bei Chotusitz in Böhmen (17. 5. 1742). Maria Theresia mußte durch engl. Vermittlung im Frieden von Berlin (28. 7. 1742) Niederschlesien, einen großen Teil Oberschlesiens sowie die Gfsch. Glatz an Preußen abtreten.

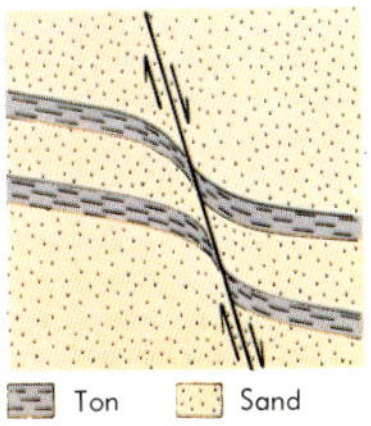

Schleppung
von Schichten an einer Verwerfung

Zweiter Schlesischer Krieg (1744/45). Ihn führte Friedrich, weil die Erfolge Maria Theresias im Österr. Erbfolgekrieg und das Bündnis Sachsens mit Österreich den Besitz Schlesiens bedrohten. Friedrich, der sein Bündnis von 1741 mit Frankreich erneuerte, eroberte Prag (16. 9. 1744), mußte aber bald Böhmen wieder räumen. Der entscheidende Sieg bei Hohenfriedeberg (4. 6. 1745) rettete ihn aus der gefährdeten Lage. Bei einem Vorstoß nach Böhmen siegte er bei Soor (30. 9.) und konnte nach dem Sieg über die Sachsen durch Leopold von Anhalt bei Kesselsdorf (15. 12.) in Dresden einziehen. Im Frieden von Dresden (25. 12.), wiederum durch England vermittelt, gab Maria Theresia Schlesien preis; Friedrich erkannte Maria Theresias Gemahl, Franz I., als römisch-deutschen Kaiser an.

Dritter Schlesischer Krieg, → Siebenjähriger Krieg.

Schlesisches Himmelreich, Gericht aus gedörrtem Obst mit Schweinefleisch und Kartoffel- oder Mehlklößen.

Schleswig 2)

Schleswig, 1) ehem. Herzogtum, der N von Schleswig-Holstein. Im Schleigebiet begann der Dänenkönig Godfred (Göttrik) Anfang des 9. Jh. mit dem Bau des → Danewerks als Schutz gegen die Franken. Kaiser Otto II. brach dort 974 den dän. Widerstand und errichtete im Grenzgebiet eine Burg. Konrad II. überließ das Gebiet zw. Eider und Schlei zw. 1025 und 1035 dem Dänenkönig Knut d. Gr. Allmählich wurde S. ein selbständiges Herzogtum einer Nebenlinie des dän. Königshauses; als diese 1375 ausstarb, fiel das Land 1386 als dän. Lehen an die Schauenburger, die dt. Grafen von Holstein. Seitdem blieben S. und Holstein in staatsrechtl. Vereinigung (→ Schleswig-Holstein). **2)** Krst. des Kr. S.-Flensburg, in Schlesw.-Holst, (1984) 29400 Ew., Hafenstadt am Westende der Schlei; OLdGer., Landesverwaltungs-Ger., Landesrechnungshof, Wetteramt, Wasserwirtschaftsamt, Landesarchiv, Sitz des evang. Bischofs für den Landesteil S.; Nahrungsmittel-Ind., Tauwerkfabrik; Petridom (12.–15. Jh.; mit dem Bordesholmer Altar von H. → Brüggemann), Schloß → Gottorf. – S. ist die Nachfolgerin des gegenübergelegenen, um 1050 zerstörten → Haithabu. Seit dem 10. Jh. war S. Bischofs-, später auch Herzogssitz. Das Bistum wurde 1541 evangelisch.

Schleswig 2): Bordesholmer Altar im Petridom

Schleswig-Flensburg, Kr. in Schlesw.-Holst.; Krst.: Schleswig.

Schleswig-Holstein

Schleswig-Holstein, das nördlichste Land der Bundesrep. Dtl., 15721 km², (1984) 2,616 Mio. Ew.; Hptst.: Kiel.

Verfassung, Recht. Nach der Landessatzung vom 13. 12. 1949 übt die gesetzgebende Gewalt der für 4 Jahre gewählte Landtag aus (1983: 74 Abg.); er wählt den MinPräs., der die Landesreg. beruft. Die Rechte der dän. Minderheit werden dadurch berücksichtigt, daß für den Südschleswigschen Wählerverbund die Fünfprozentklausel des Landeswahlgesetzes nicht gilt. – Oberste Gerichte sind das OLdGer. in Schleswig mit 4 Land- und 40 Amtsgerichten, das Landessozialgericht in Schleswig mit 4 Sozialgerichten, das Landesarbeitsgericht in Kiel mit 6 Arbeitsgerichten und das Finanzgericht in Kiel, das Oberverwaltungsgericht (zus. mit Niedersachsen) in Lüneburg und 1 VerwGer. S.-H. hat keinen eigenen Verfassungsgerichtshof.

Landesnatur. S.-H. umfaßt den südl. Teil der Halbinsel Jütland sowie die ihm vorgelagerten Inseln: Fehmarn in der Ostsee, die Nordfries. Inseln und Helgoland in der Nordsee. Es gehört zum Norddeutschen Tiefland mit fruchtbarer, seenreicher (Plöner See, 29 km²) Grundmoränenlandschaft im O, Marschland im W und sandiger Geest in der Mitte; höchste Erhebung der Bungsberg (168 m). Die Ostseeküste ist durch Buchten (Förden) reich gegliedert. Die Nordseeküste hat vorgelagertes Wattenmeer.

Bevölkerung. Stammesmäßig überwiegen die → Sachsen. Im N wohnt eine dän. Minderheit, der Anteil der Vertriebenen betrug nach dem 2. Weltkrieg rd. 25%. 86,5% (1970) der Ew. sind evangelisch, 6% katholisch. In den Großstädten (Kiel, Lübeck) wohnen (1983) über 19% der Bevölkerung.

Bildung. S.-H. hat 1 Universität (1665 gegr.) in Kiel, 4 Fachhochschulen (Flensburg, Kiel, Lübeck, Wedel), 1 Medizin. Hochschule (Lübeck), 1 Musikhochschule (Lübeck), 2 Pädagog. Hochschulen (Kiel, Flensburg), Fachschulen. Das Schulwesen der dt. Minderheit in N-Schleswig wird von S.-H. betreut.

Wirtschaft. Die Landwirtschaft nutzt (1980) rd. 73% der Fläche (40% Ackerland, 30% Wiesen und Weiden) und beschäftigt 6,5% der Erwerbstätigen. Grünland mit Viehwirtschaft herrscht in den Marschen im W vor, im SO Ölfrüchte, Getreide-, Kartoffelbau. In Dithmarschen, auf Fehmarn ist Gemüsebau verbreitet, in den Elbmarschen daneben auch Obstbau. Nur 8,7% der Fläche sind Wald; S.-H. hat große Baumschulflächen (Halstenbek-Rellingen). Industrie: Nahrungs- und Genußmittel, Schiff- und Maschinenbau, Elektrotechnik, Baustoffe, Optik u. a.; Bodenschätze: Salzlager, Erdöl (bei Heide, vor der Küste), Kreide. An den Küsten Fischerei und fischverarbeitende Industrie; zentraler Fischereihafen ist Kiel. Hauptanziehungspunkte im Fremdenverkehr sind Sylt und Helgoland, die Ostseeküste und die Holsteinische Seenplatte.

Geschichte. Über die Geschichte bis 1386 → Holstein, → Schleswig. Als der Mannesstamm der Herzöge von Holstein (→ Schaumburg) 1459 erlosch, wählten die Stände 1460 den Dänenkönig Christian I. aus dem Haus Oldenburg zum Landesherrn; er gelobte, daß Schleswig und Holstein ›ewig zusammen bleiben sollten, ungeteilt‹ (dat se bliwen ewich tosamende ungedelt). 1542 führte J. Bugenhagen die Reformation ein. Der Bauernfreistaat → Dithmarschen wurde 1559 unterworfen. Seit den Teilungen von 1544 und 1580 gab es in S.-H. zwei regierende Landesherren: die Dänenkönige und die Herzöge der Gottorper Linie. Diese erlangte mit Hilfe Schwedens 1658 die volle Souveränität über ihren Anteil

Schleswig-Holstein, Verwaltung (1984)

Kreisfreie Stadt Kreis (Hptst.)	km²	Ew. in 1000	Ew. je km²
Kreisfreie Städte			
Flensburg	56,35	86,5	1 534
Kiel	110,42	248,3	2 248
Lübeck	214,22	215,0	1 003
Neumünster	71,56	79,4	1 108
Kreise			
Dithmarschen (Heide)	1 405,57	130,6	92
Hzgt. Lauenburg (Ratzeburg)	1 263,00	157,9	125
Nordfriesland (Husum)	2 042,58	161,6	79
Ostholstein (Eutin)	1 390,56	194,2	139
Pinneberg (Pinneberg)	662,15	260,2	392
Plön (Plön)	1 081,40	117,3	108
Rendsburg-Eckernförde (Rendsburg)	2 185,54	247,1	113
Schleswig-Flensburg (Schleswig)	2 071,24	182,7	88
Segeberg (Segeberg)	1 344,32	214,0	159
Steinburg (Itzehoe)	1 055,91	127,8	121
Stormarn (Bad Oldesloe)	766,31	194,0	253
Schleswig-Holstein (Kiel)	**15 721,12**	**2 616,6**	**166**

an Schleswig, gab diesen aber nach dem Nord. Krieg 1720 ganz auf. Nachdem sie 1762 mit Peter III. auf den russ. Kaiserthron gelangt war, überließ sie 1773 der dän. Krone auch ihren Anteil an Holstein und erhielt dafür Oldenburg und Delmenhorst. Die beiden Hzgt. Schleswig und Holstein hatten im wesentlichen ihre Selbständigkeit gewahrt. 1804 wurde die bäuerl. Leibeigenschaft aufgehoben.

Der Wiener Kongreß von 1815 erklärte Holstein zum Glied des Dt. Bundes, nicht aber Schleswig; ebenfalls zum Dt. Bund gehörte das Hzgt. → Lauenburg an der Elbe, das 1815/16 in den Besitz des dän. Königs gelangte. In der Folge begannen dän. Versuche, Schleswig von Holstein zu trennen und enger mit Dänemark zu verbinden; dafür setzten sich bes. die dän. Nationalliberalen, die ›Eiderdänen‹, ein. In der Abwehr solcher Bestrebungen erwachte das dt. Nationalgefühl in S.-H. Im ›Offenen Brief‹ von 1846 erklärte König Christian VIII. für Schleswig, Lauenburg und einen Teil von Holstein die Erbfolgeordnung des dän. Königsgesetzes von 1665 als verbindlich (auch weibl. Erbfolge), während nach dem alten Recht der Herzogtümer nur der Mannesstamm erbberechtigt war; danach stand, wenn die regierende Linie der Dänenkönige ausstarb, die Nachfolge in S.-H. der Augustenburger Nebenlinie des Oldenburger Hauses zu. Als dann im März 1848 die ›Eiderdänen‹ ans Ruder kamen, bildete S.-H. eine eigene Regierung, und im Auftrag des Dt. Bundes rückten preuß. und hannoveran. Truppen in Holstein ein. So kam es zum **Deutsch-Dänischen Krieg von 1848 bis 1850.** Nach Anfangserfolgen erlitten die Schleswig-Holsteiner vor Fredericia und bei Idstedt schwere Niederlagen; Preußen zog sich im Sommer 1850 ganz aus dem Kampf zurück. Unter dem Einfluß Österreichs griff Anfang 1851 der Dt. Bund ein; er erzwang die Entwaffnung der Schleswig-Holsteiner und lieferte zunächst Schleswig, Anfang 1852 auch Holstein den Dänen aus. Im Londoner Protokoll vom 8. 5. 1852 setzten die Großmächte fest, daß die weibl. Erbfolge für die dän. Gesamtmonarchie gelten und die Glücksburger Nebenlinie des Oldenburger Hauses nach dem Tod des kinderlosen Königs Friedrich VII. den Thron besteigen sollte. Bald suchten die ›Eiderdänen‹ von neuem die volle Einverleibung Schleswigs in Dänemark herbeizuführen. König Christian IX. aus der Glücksburger Linie bestätigte eine Gesamtstaatsverfassung. Aber der Erbprinz Friedrich von Augustenburg nahm zugleich als Herzog Friedrich VIII. von Schleswig die Regierung in den ›Elbherzogtümern‹ in Anspruch, unterstützt von der öffentl. Meinung ganz Deutschlands. Der Bundestag beschloß die Exekution, sächs. und hannoveran. Truppen rückten in Holstein ein. Bismarck veranlaßte ein gemeinsames Vorgehen der beiden dt. Großmächte Preußen und Österreich. Als Dänemark ihr Ultimatum vom 16. 1. 1864 ablehnte, begann der **Deutsch-Dänische Krieg von 1864.** Die preuß. und österr. Truppen besetzten Schleswig und Jütland (Erstürmung der Düppeler Schanzen, 18. 4., Übergang nach Alsen, 29. 6.). Im Wiener Frieden vom 30. 10. 1864 mußte Dänemark ganz S.-H. und Lauenburg an Preußen und Österreich abtreten. Die gemeinsame Verwaltung der Herzogtümer durch die beiden Großmächte führte bald zu einer wachsenden Spannung, während die Mehrheit der Bevölkerung die Schaffung eines schleswig-holstein. Staates unter Herzog Friedrich VIII. im Rahmen des Dt. Bundes wünschte. Durch die → Gasteiner Konvention (1865) wurde eine vorübergehende Verständigung erzielt. Dennoch kam es zum → Deutschen Krieg von 1866. Im Prager Frieden (23. 8. 1866) erklärte sich Österreich mit der Einverleibung S.-H.s in Preußen einverstanden. Der dt.-dän. Gegensatz blieb in der nordschleswigschen Frage bestehen.

Durch eine im Versailler Vertrag festgesetzte Volksabstimmung fiel → Nordschleswig 1920 an Dänemark. 1946 bildete die brit. Militär-Reg. im wesentl. aus der preuß. Prov. S.-H. das Land S.-H. und ernannte Th. Steltzer (CDU) zum MinPräs. Der starke Zustrom von Flüchtlingen und Vertriebenen stellte das Land vor schwere wirtschaftl. und soziale Probleme. Nach den ersten Landtagswahlen (1947) wurde die SPD stärkste Partei (1947–50 absolute Mehrheit) und stellte die MinPräs. H. Lüdmann (1947–49) und B. Diekmann (1949–50). Die Frage der dän. Minderheit in S-Schleswig und der dt. in Nordschleswig wurde in der ›Kieler Erklärung‹ (1949) und in den ›Bonner Grundsatzerklärungen‹ (1955) geregelt. 1950 hatte die CDU (seit 1958 stärkste Partei, seit 1971 absolute Mehrheit) die Führung des Landes übernommen, und zwar unter den MinPräs.: W. Bartram (1950–51), F. W. Lübke (1951–54), K.-U. v. Hassel (1954–63), H. Lemke (1963–71), G. Stoltenberg (1971–82) und U. Barschel (seit 1982).

Schlettstadt, frz. **Sélestat** [selest'a], Stadt im Unterelsaß, im frz. Dép. Bas-Rhin, (1982) 15 100 Ew., an der Ill; Textil-, Leder-, Metall-, Elektro-, Kunststoff-, Möbel-, Tapeten-, Nährmittel-Ind.; got. Münster St. Georg (13.–15. Jh.), Kirche St. Fides (vollendet Ende des 12. Jh.). – S. war eine dt. Kaiserpfalz, nach dem Aussterben der Staufer Reichsstadt; 1676 französisch.

Schleuder [mhd. sluder] *die, -/-n,* **1)** Wurfwaffe zum Schleudern von Steinen oder Bleikugeln; sie besteht aus einem handtellergroßen, ledernen Mittelstück und zwei Lederstreifen oder geflochtenen Schnüren, von denen die eine während des Schwingens losgelassen wird, so daß das Geschoß frei wird. Die S. war bei den Naturvölkern weit verbreitet; sie wurde im Altertum und MA. als Fernkampfwaffe benutzt. **2)** → Zentrifuge. **3)** Armriemen der Sense. *ich* **schleud(e)re, 1)** *es, ihn,* werfe mit Schwung: *ich schleudere einen Stein gegen die Mauer; ich habe ihm meine Meinung ins Gesicht geschleudert,* Ü. **2)** *es,* bearbeite in einer Schleuder: *ich schleudere Wäsche.* **3)** *Fahrzeuge schleudern* (sind, haben geschleudert), *kommen ins Schleudern,* gleiten mit den Hinterrädern seitlich ab. **4)** *es,* ♧ verschleudere. *der* **Schleuderer,** *-s/-,* Wurfschütze. **Schleuderpreis,** ein niedriger, oft unter den Selbstkosten liegender Preis. **Schleuderware,** billig verkaufte, oft minderwertige Ware.

Schleuderball, Ledervollball mit einer 28 cm langen Schlaufe; Gewicht: 1–1,5 kg. Das **Schleuderballspiel** ist ein Treibballspiel auf einem 100 × 15 m großen Spielfeld für 2 Mannschaften von 5–8 Spielern, die den Schleuderball über die gegner. Mallinie werfen. Es gewinnt die Partei, der dies in 2 × 15 Minuten am häufigsten gelingt.

Schleuderguß, Zentrifugalguß, → Gießerei.

Schleudermühle, Gruppe von Zerkleinerungsmaschinen, die einen weitgehend elast. Schlag gegen die Aufgabestücke ausführen. Bauarten: → Hammermühle, → Prallbrecher, Schlägermühle, Schlagstiftmühle (für weiche, spröde Stoffe, z. B. Kohle).

Schleuderschwanz, Hardun *der, -s/-e,* **Agama stellio,** 30–40 cm lange Agame in SO-Europa, W-Asien und NO-Afrika mit drehrundem, stacheligem Schwanz.

Schleudersitz, mit einer Treibladung aus ein- und zweisitzigen Militärflugzeugen nach Absprengen der Kabinenhaube herausschleuderbarer Sitz als Rettungsgerät für die Besatzung. Nach dem Ausschleudern trennt sich automatisch das Sitzgestell von der darauf sitzenden Person, dann öffnet sich deren Fallschirm.

Schleudertrauma, Peitschenhiebverletzung, eine Verletzung der Halswirbelsäule und der benachbarten Weichteile bei Auffahrunfällen. Kennzeichen sind eine schmerzhafte Beweglichkeitseinschränkung der Halswirbelsäule mit Verspannung der Nackenmuskulatur, ausstrahlende Schmerzen in die Arme als Zeichen der Nervenbeteiligung. Dauerschäden durch Narbenbildung und Spätschäden sind möglich. Zur Vorbeugung werden Kopfstützen im Auto empfohlen. – Behandlung: Ruhigstellung der Halswirbelsäule.

schleunig [mhd. sliunec], **schleunigst,** schnell, eilig, sofort.

Schleuse [niederländ. aus mlat.] *die, -/-n,* **1)** Bauwerk in Kanälen, kanalisierten Flüssen und Seehäfen, ermöglicht Schiffen den Übergang zw. Gewässerabschnitten versch. Wasserspiegelhöhe (vgl. unten). **2)** Kammer mit 2 gasdicht verschließbaren Eingängen zur Überwindung von Druckunterschieden zw. 2 Räumen (Luft-S.; S. bei Raumfahrzeugen) oder als Vorraum zu strahlungsgefährdeten Räumen. *ich* **schleuse** *ein Schiff,* bringe durch eine Schleuse; *ich habe ihn, es durch die Kontrolle geschleust,* Ü. *ich* **schleuse aus, durch, ein, 1)** *ein Schiff,* bringe aus, durch, in Schleusen. **2)** *ihn, es,* Ü bringe (heimlich) heraus, durch, hinein (Agenten, Schmuggelware).

Verkehrswasserbau. Die meistgebaute Schiffs-S., die **Kammerschleuse,** ist eine große Kammer, die an den Enden (Ober-, Unterhaupt) durch Tore (Schwimm-, Stemm-, Hub-, Schiebe- oder Drehtore) geschlossen werden kann. Zum Füllen und Entleeren der Kammer dienen verschließbare Öffnungen in den Toren

Schleuse 1): Spar- und Schacht-S. Uelzen am Elbe-Seitenkanal; OBEN Längsschnitt, UNTEN Grundriß mit dem Leitungssystem

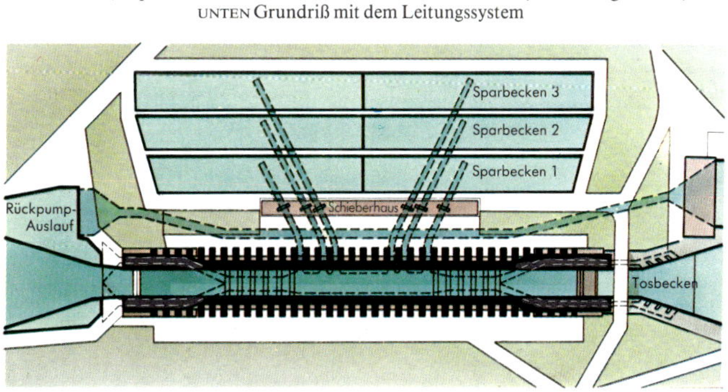

Hanns-Martin Schleyer

Heinrich Schliemann

Schließmundschnecke

oder Kanäle in Wänden und Sohle der Kammer. Bei Schleusung zu Berg wird die Kammer vom Oberwasser her gefüllt, bei Schleusung zu Tal ins Unterwasser entleert. **Spar-S.** haben seitl. Speicherbekken zur wiederholten Benutzung eines Teils des Schleusungswassers. **Dock-S.** haben nur ein Haupt, dessen Tore das abgeschlossene Becken vom wechselnden äußeren Wasserstand unabhängig macht. An Kanälen weicht man aus Wasserersparnisgründen ab etwa 30 m Stufenhöhe auf → Schiffshebewerke aus.

Schleusingen, Stadt im Bez. Suhl, (1973) 5600 Ew.; Glas-, Elektrogeräte- u. a. Ind. Schloß Bertholdsburg (1268 bezeugt) wurde im 15.–16. Jh. neu errichtet. S. war 1274–1583 Sitz der Grafen von Henneberg-Schleusingen.

Schleyer, Hanns-Martin, Wirtschaftsführer, * Offenburg 1. 5. 1915, am 5. 9. 1977 von Terroristen entführt, † (ermordet aufgefunden in Mülhausen, Elsaß) 18. 10. 1977, war seit 1973 Präs. der Bundesvereinigung der Dt. Arbeitgeberverbände, seit Jan. 1977 auch Präs. des Bundesverbandes der Dt. Industrie.

Schlich [mhd. slich ›gleitender Gang‹, aus ahd. slich ›Schlick‹] *der, -(e)s/-e,* **1)** *meist Pl.,* Heimlichkeit, List: *ich bin ihm auf die Schliche gekommen,* habe ihn durchschaut. **2)** *mitteldt.:* Schlamm.

schlicht [zu schlecht], **1)** einfach, ungeziert: *eine schlichte Frisur.* **2)** *bes. norddt.:* schlecht. *Subst. die* **Schlichtheit,** *-, die* **Schlichte,** *-,* **1)** *oberdt.:* Glätte, Wichse. **2)** Weberei: eine wäßrige Stärkelösung zum Schlichten (Glätten) der Kettgarne. *ich* **schlichte** *es,* **1)** befriede, begütige: *er schlichtet ihren Streit.* **2)** glätte, bearbeite Werkstücke fein durch Abnehmen dünner Späne. **3)** Weberei: leime, glätte und verfestige die Kettfäden mit der Schlichte. **4)** Lederherstellung: streiche die enthaarten Häute mit einem Eisen aus. **Schlichthobel,** Glätthobel. *die* **Schlichtung,** *-,* Beilegung eines Streites (→ Schlichtung).

Schlichter *der, -s/-,* in der Weimarer Rep. Reichsbeamter im Schlichtungswesen (→ Schlichtung).

Schlichter, Rudolf, Maler, * Calw 6. 12. 1890, † München 3. 5. 1955, gehörte der kritischen Richtung der → Neuen Sachlichkeit an und näherte sich später dem Surrealismus.

Schlichtung, Arbeitsrecht: Hilfeleistungen zur Beilegung von kollektiven Regelungsstreitigkeiten. Nach der Europäischen Sozialcharta, für die Bundesrep. Dtl. in Kraft seit dem 26. 2. 1965 (Teil II Art. 6), sind die Vertragsparteien verpflichtet, Verfahren für freiwillige Verhandlungen zw. Arbeitgeber- und Arbeitnehmerorganisationen mit dem Ziel des Abschlusses von Gesamtarbeitsverträgen zu fördern. Wesentl. Aufgabe der S. ist die Verhinderung und Beilegung von Arbeitskämpfen. Die S. führt zu neuen Rechtsgrundlagen, im Unterschied zur gerichtl. Entscheidung, die das bestehende Recht auf einen konkreten Fall anwendet.

An sich gilt noch das Kontrollratsgesetz Nr. 35 v. 20. 8. 1946 betreffend das Ausgleichs- und Schiedsverfahren in Arbeitsstreitigkeiten. Das Gesetz ist jedoch auf Grund der Tarifvereinbarungen heute praktisch bedeutungslos. Weiteres → Streik.

In der Dt. Dem. Rep. ist das Gericht im Zivilprozeß (einschließlich Verfahren in Arbeitssachen) zur Prüfung verpflichtet, ob der Rechtsstreit durch eine Einigung beigelegt werden kann. – In Österreich sind im Arbeitsrecht die Einigungsämter, im Mietrecht die Gemeindevermittlungsämter berufen. Auch in anderen Bereichen müssen Schlichtungsversuche der Anrufung der Gerichte vorhergehen (Sozialversicherungs-, Vereins-Enteignungsentschädigungsrecht). – In der Schweiz bestehen staatl. Schlichtungsstellen für Streitigkeiten zw. Mietern und Vermietern sowie für arbeitsrechtl. Streitigkeiten.

Schlick [vgl. Schlich] *der, -(e)s/-e,* schlammartige Ablagerung im Meer (z. B. → Blauschlick), in Seen und im Überschwemmungsbereich von Flüssen, mit Beimengungen von Feinsand **(Schlicksand),** Kalk **(Kalkschlick)** oder organ. Stoffen. *ein Gewässer* **schlickt,** verschlammt, setzt Schlamm an. *ich* **schlicke** *ein Gewässer* **(ab),** entschlamme, reinige.

Schlick, Moritz, Philosoph, * Berlin 14. 4. 1882, † (ermordet) Wien 22. 6. 1936; begr. den neopositivist. ›Wiener Kreis‹.

HW: Allg. Erkenntnislehre (1918); Gesetz, Kausalität und Wahrscheinlichkeit (1948); Natur und Kultur (1952).

Schlicker [zu Schlick] *der, -s,* **1)** schwefelhaltige Schlacke. **2)** geschlemmte, noch feuchte Tonmasse. *ich* **schlick(e)re,** *bes. norddt.:* **1)** gleite, rutsche. **2)** *es, schlickert,* regnet und schneit zugleich. **schlick(e)rig,** *bes. norddt.:* naß, schmutzig, rutschig. **Schlickermilch,** *mitteldt.:* Sauermilch.

Schlief [zu ahd. sliofan ›schliefen‹, ›schlüpfen‹] *der, -(e)s/-e,* auch **Schliff,** *mitteldt.:* unausgebackene Stelle (im Brot). *Adj.* **schliefig.**

schliefen [vgl. Schlief]. *der Dachshund* **schlieft** (ist geschloffen), ♈ schlüpft, kriecht in den Bau.

Schliefer [vgl. Schlief], **1)** Dackel oder Frettchen. **2)** Bez. für die Gatt. der → Klippschliefer, z. B.: **Steppen-S.** in Baumhöhlen, Erdlöchern und Termitenbauten; **Baum-S.** als nachtaktive Baumtiere. **3)** *oberdt.:* Schiefer, Splitter (unter der Haut). **4)** *schwäb.:* Muff. **schlief(e)rig,** *oberdt.:* glatt, rutschig.

Schlieffen, Alfred Graf von, preuß. Generalfeldmarschall (1911), * Berlin 28. 2. 1833, † ebd. 4. 1. 1913, war in den Kriegen von 1866 und 1870/71 Generalstabsoffizier, 1891–1905 Chef des Generalstabs der Armee. S. erwarb sich große Verdienste um die Ausbildung der Generalstabsoffiziere. In Fortentwicklung der Strategie Moltkes sah er die höchste Führungskunst in doppelseitiger Umfassung des Gegners. Wenn Dtl. in einen Mehrfrontenkrieg verwickelt werden sollte, wollte er zunächst die Masse des Heeres im W einsetzen und mit Schwerpunkt auf dem Nordflügel durch das neutrale Belgien den linken frz. Flügel umfassen und das frz. Heer gegen die Schweiz drängen. Im O wollte er anfangs mit einem Mindestmaß an Kräften hinhaltenden Widerstand üben. Dieser **Schlieffenplan** (1905) wurde 1914 nur in abgeschwächter Form angewendet und nicht konsequent durchgeführt. – ›Gesammelte Schriften‹ (2 Bde., 1913; darin die Studie ›Cannae‹). GFM A. S., Briefe, hg. v. E. Kessel (1958).

Schliemann, Heinrich, Kaufmann und Altertumsforscher, * Neubukow (Mecklenburg) 6. 1. 1822, * Neapel 26. 12. 1890, erwarb als Kaufmann in Amsterdam und St. Petersburg ein stattliches Vermögen und bereiste Europa und den Orient. Der leidenschaftliche Wunsch, die Stätten des grch. Mythos wiederzufinden, bestimmte ihn, sich nach einer Weltreise 1868 in Athen niederzulassen. 1870–82 unternahm er Ausgrabungen in Hissarlik, das er als die Stelle des antiken Troja-Ilion bestimmte, 1876 in Mykene, 1880–86 in Orchomenos, 1884/85 in Tiryns, seit 1882 von W. Dörpfeld wissenschaftlich unterstützt. Von dem Glauben an die geschichtl. Wahrheit der Dichtungen Homers erfüllt, hat S. die vorhomerische Welt des 2. Jahrtsd. v. Chr. entdeckt und damit ein neues Forschungsgebiet erschlossen. Seinem Finderglück verdankt man die Hebung der Goldschätze von Troja (die er dem Museum für Vor- und Frühgeschichte in Berlin schenkte) und des reichen Goldschmucks der Königsgräber von Mykene (Athen, Nationalmuseum).

HW: Trojan. Alterthümer (1874); Mykenae (1878); Orchomenos (1881); Troja (1884); Tiryns (1886). Selbstbiographie (1892); Briefwechsel, hg. v. E. Meyer, 2 Bde. (1953–58).

Schlier [mhd. slier] *der, -(e)s,* blaugrauer, feinschichtiger, sandiger Mergel, mitteltertiäres marines Sediment des Wiener Beckens.

Schliere [vgl. Schlier] *die, -/-n,* **1)** *oberdt.:* Schleim. **2)** inhomogener Bereich in Gläsern, Kunststoffen, Flüssigkeiten, Gasen, der das Licht auf Grund abzeichnender opt. Eigenschaften (bedingt durch unterschiedl. chem. Zusammensetzung, Temperatur, Druck u. a.) anders bricht als der übrige Körper. Zur Prüfung von Glas, zur Darstellung von Strömungsbildern in Aerodynamik und Wärmelehre und von Schallfeldern in der Akustik werden unsichtbare S. durch opt. Kunstgriffe sichtbar gemacht **(S.-Verfahren). 3)** 🜨 unregelmäßig und unscharf begrenzter Bereich in einem Gestein oder Erzkörper, der in Mineralbestand oder Struktur, meist auch in der Farbe, vom Hauptgestein abweicht. **4)** *nur Pl.,* Belag auf der Windschutzscheibe von Kraftfahrzeugen, Schleier von Mikrotröpfchen, z. T. mit Schmutz-, Öl- und Rußpartikeln vermischt, auch Reste von Regenfeuchtigkeit infolge defekter Wischblätter. S. beeinträchtigen die Verkehrssicherheit durch Sichtbehinderung. *ich* **schliere, 1)** (bin geschliert), *oberdt.:* gleite. **2)** *eine Trosse schliert,* ⚓ lockert sich. **3)** *ein Knoten schliert,* ⚓ zieht sich zusammen. **schlierig,** schleimig, schlüpfrig.

Schlieren, Gem. im Kt. Zürich, Schweiz, (1983) 12600 Ew.; Waggon-, Aluminium-, Apparate-, chemische Industrie.

Schliersee, Markt im Kr. Miesbach, Oberbayern, (1983) 6200 Ew., 785 m. ü. M.; Kurort und Wintersportplatz am Schliersee (2,2 km² groß, bis 40 m tief).

schließen [ahd. sliozan]. *ich* **schließe** (schloß, habe geschlossen), **1)** ziehe einen Schluß, folgere: *aus seiner Bemerkung kann man auf Sachkenntnis s.* **2)** *es,* mache zu, klappe zu, verdecke eine Öffnung: *ich schließe die Tür, das Buch, die Augen, einen Kreis; die Blüten s. sich.* **3)** *ihn, es in etwas,* verschließe, verwahre sicher: *er schließt den Brief in seinen Schreibtisch; er schloß mich in die Arme,* umarmte mich. **4)** *ihn, es an, in etwas,* befestige, fessele. **5)** *es,* beende: *er schloß die Versammlung.* **6)** *es,* mache rechtskräftig: *ich schließe einen Vertrag, Frieden, die Ehe.* **7)** *es,* ✎ befestige den Letternsatz zum Druck in der Maschine. **8)** *es schließt,* ist geeignet zum Zumachen: *die Tür schließt nicht,* geht nicht zu. *ich* **schließe ab, 1)** *mit ihm, etwas,* mache Schluß, bes. werde innerlich fertig. **2)** *es,* mache fest zu, versperre: *er schloß die Tür ab.* **3)** *es,* beende, mache fertig, vereinbare: *ich schließe meine Arbeit nunmehr ab; er schließt ein Geschäft, eine Wette mit ihm ab.* **4)** *mich, ihn, es von ihm, etwas,* halte fern, trenne: *von aller Welt abgeschlossen. ich* **schließe an, 1)** *es an etwas,* verbinde damit, befestige daran: *ich schließe die Dusche an die Wasserleitung, den Herd an den Stromkreis an.* **2)** *mich ihm, an ihn, etwas an,* geselle mich zu ihm, dazu. **3)** *mich,* stimme zu: *ich schließe mich seiner Meinung, seinen Ausführungen an.* **4)** *es schließt (sich) an etwas an,* folgt unmittelbar, berührt sich: *an die Rede schloß sich eine lebhafte Diskussion an. ich* **schließe auf, 1)** rücke auf, fülle die Lücken. **2)** *es,* öffne (Tür);

mache zugänglich (Gelände). **3)** *es,* ↻ → aufschließen. **4)** *es,* ⚒ mache eine Lagerstätte durch Schächte und Stollen zugänglich, abbaufähig. **5)** *mich ihm,* vertraue mich ihm an. **6)** *aufgeschlossen für etwas,* Ü empfänglich dafür. *ich* **schließe aus, 1)** *ihn, mich,* sperre aus. **2)** *ihn, es,* erkläre als nicht zugehörig oder unmöglich, kündige die Mitgliedschaft, verweise aus der Gemeinschaft. **3)** *es,* ⎙ bringe Zeilen und Textblöcke ausgeglichen auf die vorgeschriebene Breite. **4)** *mich von ihm,* halte mich fern. **5)** *ausgeschlossen,* Ü unmöglich. *ich* **schließe** *mich, ihn, es* **ein, 1)** sperre ein, setze in sicheren Gewahrsam: *eine Stadt wird eingeschlossen,* ✠ umzingelt. **2)** begreife ein, nehme mit hinein: *in die Rechnung ist das Bedienungsgeld eingeschlossen. ich* **schließe** *einen Stromkreis* **kurz,** verursache einen Kurzschluß: aber: *er hat das Geschäft kurz geschlossen,* für kurze Zeit. *ich* **schließe** *es* **zu,** sperre zu, mache zu. *die* **Schließe,** *-/-n,* Schloß, Einhakvorrichtung, z. B. an Gürteln, alten Büchern. *der* **Schließer,** *-s/-,* Pförtner, Hauswart; Gefängniswächter. *die* **Schließerin,** *-/-nen,* Wirtschafterin, Schaffnerin. **Schließkorb,** großer, verschließbarer Reisekorb. *die* **Schließung,** *-/-en,* das Schließen.

Schließfach, 1) → Postfach. **2)** → Safe. **3)** auf Bahnhöfen verschließbare Fächer für kurzfristige Aufbewahrung von Gepäckstücken.

Schließfrucht, ⊕ Frucht, die bei der Reife geschlossen bleibt und als Ganzes abfällt. Trockene S. sind Nuß (z. B. Haselnuß, Eichel), Spaltfrucht (z. B. Ahorn) und Bruchfrucht (Rettich), fleischige S. sind Beere (z. B. Stachelbeere, Tomate) und Steinfrucht (z. B. Walnuß).

schließlich [von schließen], **1)** endlich, nach langem Zögern: *s. gab er nach.* **2)** wenn man es recht bedenkt; im Grunde: *s. hat er doch recht.*

Schließmundschnecke, Laciniaria biplicata, rd. 2 cm hohe Landlungenschnecke Mitteleuropas. Die Schalenmündung kann durch ein Kalkplättchen verschlossen werden. (BILD Skelett und BILD S. 584)

Schließmuskel, Sphinkter [grch.] *der, -s/... t'ere,* ringförmig um eine Öffnung liegender Muskel. S. aus quergestreiften Muskelfasern sind dem Willen unterworfen (z. B. S. des Mundes); S. aus glatten Muskelzellen öffnen sich reflektorisch auf Nervenreize (z. B. S. des Pförtners am Magen).

Schliff [zu schleifen] *der, -(e)s/-e,* **1)** zerkleinerte Holzteilchen (→ Holzschliff). **2)** durch Schleifen bearbeitete Stelle: *das Glas hat einen schönen S.* **3)** *ohne Pl.,* Ü feines Benehmen: *ihm fehlt der S.* **4)** *mitteldt.:* → Schlief. **5)** → Dünnschliff. **6)** ↻ zugeschliffenes gasdichtes Verbindungsstück von gläsernen Laboratoriumsgeräten, aus Hülse und Kern bestehend.

Schliffbild, mikrophotograph. Aufnahme eines Metall- oder Mineralschliffs zur Ermittlung des mikrokristallinen Gefüges.

schlimm [mhd. slimp ›schief‹], **1)** böse, schlecht: *die Sache nimmt ein schlimmes Ende; eine schlimme Nachricht; ist es s., daß ich zu spät komme?,* U macht es etwas aus?; *ein schlimmer Mensch; es steht s. um ihn,* schlecht; *das wird nicht das schlimmste (am schlimmsten) sein,* aber: *wir befürchten das Schlimmste.* **2)** U krank: *er hat einen schlimmen Finger.* **3)** *oberdt.:* schräg. *Adv.* **schlimmstenfalls.**

Schlinge [ahd. slinga] *die, -/-n,* ineinander verknüpfte Schnur, auch Draht (Schleife), in Dtl. als Fanggerät für Tiere verboten: *er legt S., Fallen; ich ziehe mich aus der S.,* Ü befreie mich im letzten Moment aus einer bedrohl. Lage; *er trägt den Arm in der S.,* hochgebunden. *ich* **schlinge** (schlang, habe geschlungen) *es,* **1)** winde, verknüpfe, flechte: *ich schlinge einen Knoten; sie schlingt die Arme um das Kind; die Pflanze schlingt sich um den Baum.* **2)** [ahd. slintan, zu Schlund], schlucke; esse gierig: *schling nicht so!* **Schlingengewebe,** → Frottierstoff.

Schlinge *die, -/-n,* ⊕ **1) Baum-S. (Periploca graeca),** Kletterstrauch der Fam. Schwalbenwurzgewächse im Mittelmeergebiet, mit Rispen braungrüner Blüten, ziegengehörnförmigen Doppelfrüchten und giftigem Milchsaft. **2)** holzige Pflanzen, z. B. Schlehe.

Schlingel [zu schlingen ›schlucken‹] *der, -s/-,* übermütiger, durchtriebener Junge; Kerlchen.

Schlinger, Tiere, die organ. Stoffe enthaltendes Substrat ohne Rücksicht auf seine wechselnde Verwertbarkeit als Nahrung in den Darm aufnehmen (bodenwühlende Würmer) oder Beutetiere unzerkaut dem Magen zuführen (z. B. Frösche, Schlangen, Greifvögel).

Schlingern [zu Schlinge], **1)** ⚓ die durch Seegang, Windböen u. a. Impulse bewirkte Pendelbewegung des Schiffes um seine Längsachse. Gegenmaßnahmen: **Schlingertanks,** paarweise an beiden Seiten des Schiffes eingebaut, sind heute überholt. Kreiselgesteuerte **Schlingerdämpfungsflossen,** oberhalb der Kimm beweglich, auch einziehbar angeordnet, wirken ähnlich wie Tiefenruder eines U-Bootes und erzeugen ein der Schlingerbewegung entgegengesetztes Moment. **2)** Drehbewegung von Schienenfahrzeugen um ihre senkrechte Schwerpunktachse, hervorgerufen durch Seitenkräfte zw. Schiene und Spurkranz des Rades.

Schlingnatter, Glattnatter, Haselnatter, Coronella austriaca, ungiftige mitteleurop. Natter mit glatten Schuppen, die ihre Beute vor dem Fressen umschlingt. (BILD Schlangen)

Schlingpflanzen, die → Lianen.

Schlipf [mhd. slipfe, zu schlüpfen] *der, -(e)s/-e, oberdt.:* Bergrutsch; Ausgleiten. *ich* **schlipfe** (bin geschlipft), *oberdt.:* rutsche.

schlippen [zu schlüpfen], **slippen.** *ich* **schlippe, slippe (ab),** ⚓ werfe eine Leine oder Kette los, z. B. die Schlepptrosse eines Schleppers. *die* **Schlippe** [mhd. slippe], *-/-n,* **1)** *nd.:* Rockzipfel. **2)** *mitteldt.:* enges Gäßchen. *der* **Schlipper,** *-s,* **Schlippermilch,** *norddt., ostmitteldt.:* Sauermilch.

Schlipphaken, ⚓ Haken mit Vorrichtung zum Lösen ohne Aushaken. **Schlippstek,** schnell lösbarer Knoten.

Schlips [zu Schlippe ›Rockzipfel‹] *der, -es/-e,* Schleife, Binde, Krawatte: *er fühlt sich auf den S. getreten,* U ist beleidigt.

Schliß *der, Schl'isses/Schl'isse, schweizer.:* **1)** lebenslängl. Nutzung. **2)** Verschleiß. **3)** Scharpie.

Schlitten [ahd. slito] *der, -s/-,* **1)** Fahrzeug, das sich auf 2 glatten Schienen (Kufen) bei gleitender Reibung vorwärts bewegt; Beförderungsmittel im Winter auf Schnee und Eis (vgl. unten): *wir wollen S. fahren,* rodeln; *man will mit ihm S. fahren,* U ihn schikanieren. **2)** ⚙ auf Führungen verschiebbares Maschinenteil, das Arbeits- oder Steuerbewegungen ausführt, bes. bei Werkzeugmaschinen. **3)** ⚓ beim Stapellauf der Teil, der das Schiff trägt und auf dem Ablaufgerüst gleitet. *ich* **schlitte, schlitt(e)le** (habe, bin geschlittet, geschlittelt), *schweizer.:* fahre S. *ich* **schlitt(e)re** (habe, bin geschlittert), gleite, rutsche über glatte Flächen (Eis, Parkett). *ich* **schlitt(e)re hin** (bin hingeschlittert), rutsche aus und falle. *ich* **schlitt(e)re rein** (bin reingeschlittert), U falle herein.

Schlittenarten. **Pferdeschlitten** wurden bereits in german. Zeit verwendet. Sie hatten seit dem 17. Jh. oft eine prunkvolle Ausstattung. **Hundeschlitten** sind das wichtigste Beförderungsmittel der Polargebiete. Ferner → Motorschlitten. Der mit S. ausgeübte Sport ist der → Rennschlittensport; außerdem dient dazu der → Skeleton und der Bob (→ Bobsport).

Schlittenhunde, Polarhunde, meist spitzähnl. Haushunderassen, die für das Ziehen von Schlitten abgerichtet sind, z. B. Grönlandhund, Eskimohund, Husky, Samojede, Chow(-)Chow.

Schlittschuhe, Fortbewegungsmittel auf dem Eis mit scharfkantiger Stahlkufe (Schneide), der Form nach für den → Eiskunstlauf, den → Eisschnellauf oder das → Eishockey angepaßt. Die S. sind fest mit dem mindestens knöchelhohen Spezialstiefel verschraubt. Mit Klemmschrauben angebrachte S. werden nur noch im Freizeitsport verwendet. Die **Kunstlauf-S.** haben vorn eine verzahnte Kufe. **Eishockey-S.** sind vorn schwach aufgebogen und unverzahnt. Die geradkufigen **Schnellauf-S.** sind bis zu 40 cm lang und werden je nach der Eisbeschaffenheit geschärft.

Schlittschuhe

Schlittschuhe für Eiskunstlauf

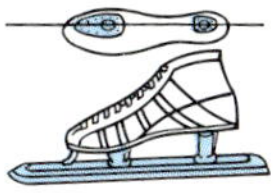

Schlittschuhe für Eisschnellauf

Schlittschuhe für Eishockey

Schlitz [ahd. sliz] *der, -es/-e,* langer, schmaler Spalt, z. B. im Holz zur Fugung, an Kleidern, an Geräten. *ich* **schlitze** *es* **(auf),** schneide oder reiße der Länge nach auf. **Schlitzohr, 1)** geschlitzte Ohrmuschel (früher eine Bestrafung für Betrüger). **2)** U gerissener Bursche, Gauner. *Adj.* **schlitzohrig.**

Schlitz, Stadt im Vogelsbergkr., Hessen, (1984) 9400 Ew., zw. Rhön und Vogelsberg; Textil-, Getränke- und elektrotechn. Ind., Holzverarbeitung. – S., Stammsitz der 1116 erstmals genannten Herren (später reichsunmittelbaren Grafen) von S. (seit 1218 S. gen. von Görtz), hat an der alten Stadtmauer mehrere Burgen (16./17. Jh.), Fachwerkhäuser (16.–19. Jh.), im Tal Schloß Hallenburg (18. Jh.).

Schlitz|augen, Augen mit sehr enger Lidspalte, bes. bei den Mongoliden. **schlitz|äugig, 1)** mit S. versehen. **2)** *fränk.:* schlau, schalkhaft.

Schlitzblume, Spaltblume, Schizanthus, südamerikan. Gatt. der Fam. Nachtschattengewächse; einjährige, drüsig-klebrige Kräuter mit fiederschnittigen Blättern und Rispen verschiedenfarbiger, zweiseitig gebauter Blüten; Gartenzierpflanzen.

Schlitzblume

Schlitzflügel, Spaltflügel, Flugzeugtragflügel mit einem Schlitz zw. Unter- und Oberseite der Flügelnase (Vorflügel, Hilfsflügel) und der Flügelhinterkante **(Spaltklappe)** zur Erhöhung der Auftriebskräfte durch Beeinflussung der Grenzschicht.

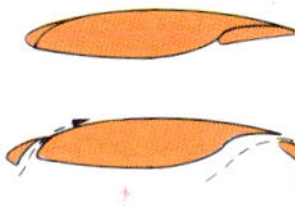

Schlitzflügel

Schlitzflügel: Vorflügel an der Flügelvorderkante und Spaltklappe an der Flügelhinterkante in ein- und in ausgefahrenem Zustand

Schlitzrüßler, Solenodontidae, mittelamerikan. Fam. der Insektenfresser mit rüsselartiger Schnauze.

Schlitztrommel, Signal- und Musikinstrument: ein ausgehöhltes Holz, meist Baumstamm, mit schlitzförmiger Öffnung; die Wände beiderseits des Schlitzes sind ungleich dick und ergeben beim Schlagen 2 verschiedene Töne; bei Naturvölkern in Waldgebieten Schwarzafrikas, Hinterindiens, Melanesiens sowie Zentral- und Südamerikas verbreitet.

Schlitzverschluß, ein → Verschluß an Kameras.

Schlitztrommel aus Neuirland

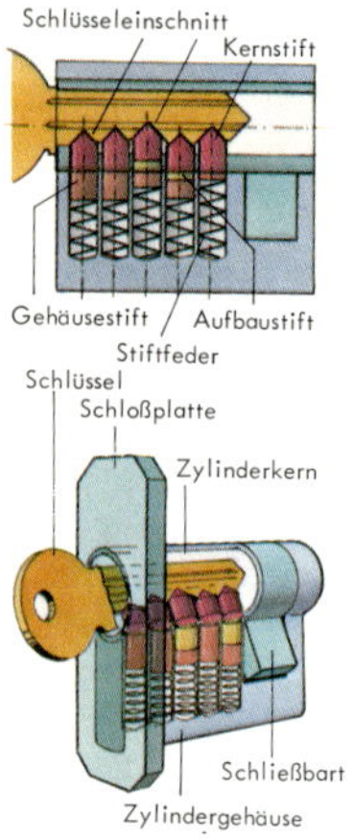

Schloß 1): Zylinder-S. mit steigenden Stiften

Schlitzwandbauweise, v. a. im Tiefbau für die Erstellung von Baugrubenwänden angewandtes Verfahren. Ein zw. Beton-Leitwänden ausgehobener Schlitz wird mit einer Stützflüssigkeit (meist Bentonit-Suspension) gefüllt gehalten, in die die vorgefertigte Bewehrung abgesenkt wird. Danach wird der Beton durch ein bis auf den Schlitzgrund abgesenktes Rohr eingebracht. Die verdrängte Stützflüssigkeit wird oben abgepumpt. Durch Aneinanderreihen mehrerer Abschnitte kann man zusammenhängende **Schlitzwände** herstellen.

Schlochau, poln. **Człuchów** [tʃl'uxuf], Stadt in der poln. Wwschaft Słupsk (Stolp), (1977) 9900 Ew.; Ruine einer der stärksten Burgen des Dt. Ordens (um 1320 erbaut).

schlöd, *westdt.:* kraftlos, fad (Speise).

Schlöh, Schlöch, frz. **Chleuh(s)** [ʃlø], → Shilh.

schlohweiß [nd. slotewit ›weiß wie eine Hagelschloße‹], ganz weiß, schneeweiß.

Schlom *der, -(e)s/-e, nd.:* **1)** Schlemmer. **2)** junger Flegel.

Schlöndorff, Volker, Filmregisseur, * Wiesbaden 31. 3. 1939. – Filme: Der junge Törless (1965); Der plötzliche Reichtum der armen Leute von Kombach (1970); Die verlorene Ehre der Katharina Blum (1975); Die Blechtrommel (1979); Die Fälschung (1981); Eine Liebe von Swann (1984).

Schloß [ahd. sloz, zu schließen] *das, Schl'osses/Schl'össer,* **1)** Vorrichtung zum Schließen oder Verriegeln (Sichern) gegeneinander bewegl. Teile, z. B. von Tür und Türrahmen, meist mit einem Schlüssel (vgl. unten ⚙). **2)** Handfeuerwaffen: → Verschluß. **3)** 🏛 Wohn-, ggf. Regierungssitz von weltl. und geistl. Landesherren, anderen Adeligen und reichen Bürgern, dient, im Unterschied zur Burg, repräsentativem Wohnen, oft mit einem Park. Das S. hat sich aus Burgbauten des MA. entwickelt. Die ersten S. waren unregelmäßige, dem Gelände angepaßte Anlagen mit Wehrtürmen (Bild Heidelberg), oder sie waren bereits regelmäßig gebaut mit vierseitig umschlossenem Hof, doch mit großen Ecktürmen (Bilder Aschaffenburg, Chambord, Fontainebleau, Moritzburg). In der Frühzeit des eigtl. S.-Baus hielt man am vierseitigen Grundriß mit einem odere mehreren Binnenhöfen fest (Berliner S., Münchener Residenz; Bild Louvre). Im Barock erhielten die S. meist Flügelanbauten, die einen Ehrenhof umschlossen; dieser wurde meist der Stadt zugewandt (Würzburg; Versailles). Den Park legte man auf der entgegengesetzten Seite an (Belvedere), oder man ließ ihn von einer der Seitenfassaden ausgehen (Stuttgart, Neues S.). Seit dem Barock wurden nur noch wenige S. gebaut. Im (vom Historismus geprägten) 19. Jh. wurden auch beim S.-Bau histor. Stile übernommen (bayer. Königsschlösser; Bild Neuschwanstein).

⚙ Alle S. haben einen im Gehäuse (Schloßkasten) geführten Riegel, der in seinen versch. Stellungen durch Zuhaltungen (unter Federdruck stehende Bügel) festgehalten wird, oder der als einseitig abgeschrägte Falle durch Zuschlagen der Tür von selbst einfällt. Der Schlüssel hebt mit seinem Bart bei Drehung die Zuhaltung an, greift gleichzeitig in Aussparungen des Riegels ein und bewirkt dessen Bewegung. Schließen von beiden Seiten mit demselben Schlüssel setzt symmetrischen Aufbau voraus. Das Schließblech besitzt Öffnungen für den Riegel und für die Falle. Bauarten: **Einlaß-S.** oder **Einstech-S.** zum Einlassen in Türen oder Wände, **Kasten-S.** zum Aufschrauben, **Vorhänge-S.** zum Verbinden von Kettengliedern, **Einsatz-S.** zum Einbau in einfache Schlösser. Das **einfache S.** hat nur eine Zuhaltung (daher geringere Sicherheit). Das Öffnen mit einem Dietrich wird erschwert durch die größere Zahl von Zuhaltungen, die gleichzeitig angehoben werden müssen **(Sicherheits-S.).** Das **Chubb-S.** hat Zuhaltungsbleche, die um einen Dorn drehbar sind und für alle Zuhaltungen gleiche Aussparungen haben. In diese greift ein mit dem Riegel fest verbundener Stift ein und hält den Riegel in seiner Lage fest. Das **Zylinder-S.** besitzt einen zylindr. Körper. In diesen greifen verschieden lange Zuhaltungsstiftpaare ein, die gegen das Gehäuse sperren. Die Zuhaltungsstiftpaare werden durch den Schlüssel so weit gehoben, daß ihre Trennflächen in gleiche Höhe wie die von Zylinder und Gehäuse gelangen, so daß der Zylinder gedreht werden kann. **Kombinations-S.** werden ohne Schlüssel durch von außen verstellbare Zuhaltungen geöffnet (z. B. als nebeneinander angeordnete Ringe mit Ziffern- oder Buchstabenreihen, Zahlen-S.). Bei **Magnet-S.** wird der Riegel über einen elektromagnet. Mechanismus betätigt (z. B. in Kraftfahrzeugen; Möglichkeit der Zentralverriegelung, d. h. gleichzeitige Öffnung oder Schließung aller Türschlösser).

Schloßberg, 1938–45 Name der Stadt → Pillkallen.

Schloße [mhd. sloze] *die, -/-n, mitteldt.:* Hagelkorn. *es* **schloßt,** hagelt.

Schlosser *der, -s/-,* große Gruppe von Ausbildungsberufen (3–3$^1/_2$ Jahre) der Metall- und Kunststoffverarbeitung in Ind. und Handwerk, stark spezialisiert: Bau-, Blech-, Kunststoff-, Maschinen-, Betriebs-, Modellschlosser, Schloß- und Schlüsselmacher u. a.; Weiterbildungsmöglichkeiten zum Meister, Techniker und Ingenieur auf entspr. Schulen. *die* **Schlosserei,** *-/-en,* Werkstatt eines S. *ich* **schloss(e)re** *(an etwas),* mache Schlosserarbeiten.

Schlosser, 1) Friedrich Christoph, Historiker, * Jever 17. 11. 1776, † Heidelberg 23. 9. 1861, schrieb im Geist der Aufklärung. Seine Hauptwerke, die ›Geschichte des 18. Jh.‹ (2 Bde., 1823) und die ›Weltgeschichte für das dt. Volk‹ (19 Bde., 1843–57), bestimmten das Geschichtsbild des liberalen Bürgertums.

2) Johann Georg, Schriftst., * Frankfurt a. M. 7. 12. 1739, † ebd. 17. 10. 1799 als Stadtsyndikus. S. heiratete 1773 Goethes Schwester Cornelia, die 1777 starb. Mit Goethe arbeitete er 1772 an den ›Frankfurter Gelehrten Anzeigen‹, doch zerstörte seine religiöse Schwärmerei später die Freundschaft. Er veröffentlichte polit., philosoph., volkswirtschaftl. Aufsätze.

3) Julius von, Kunsthistoriker, * Wien 23. 9. 1866, † ebd. 1. 12. 1938, 1901–22 Dir. des Kunsthistor. Museums, seit 1922 Prof. in Wien, veröffentlichte grundlegende Werke bes. zur Quellenkunde und Gesch. der Kunstliteratur (›Die Kunstliteratur‹, 1924).

Schloßfreiheit, Platz um ein Schloß; in der älteren dt. Rechtssprache das zu einem Schloß gehörende Rechtsgebiet mit besonderen Privilegien (›Freiheiten‹).

Schloß Holte-Stukenbrock, Gem. im Kr. Gütersloh, NRW, (1984) 21200 Ew.; Metall-, Textil- u. a. Industrie.

Schloß Neuhaus, seit 1975 Stadtteil von Paderborn; Schloß (16. Jh., ehem. Sitz der Bischöfe von Paderborn).

Schlot [ahd.] *der, -(e)s/-e,* **1)** Schornstein, Esse. **2)** 🌐 meist senkrechter Aufstiegskanal in Vulkanen. – Natürlicher Schacht im Karst. **3)** *mitteldt.:* Abzugsgraben, -schacht. **4)** U leichtsinniger Mensch, unangenehmer Kerl.

Schlotte, Schlutte [vielleicht zu Schalotte] *die, -/-n,* auch *der, -n/-n,* **1)** ⊕ das Blatt der schlauchblättrigen Laucharten, bes. der Zwiebel. **2)** ⊕ → Blasenkirsche. **3)** 🌐 schlotartiger, steil stehender Hohlraum in löslichen Gesteinen (Gips, Kalk).

Schlotter [zu schlaff], *oberdt.:* **1)** *der, -s/-,* das Zittern, Beben. **2)** *der, -s/-n,* Siebkorb. **3)** *die, -/-n,* Kinderklapper. **4)** *die, -/-n,* Sauermilch: *Schlottermilch. ich* **schlott(e)re, 1)** zittere heftig. **2)** *es schlottert,* hängt schlaff, ist ohne Halt. *Adj.* **schlott(e)rig.**

Schlotter, Eberhard, Maler und Graphiker, * Hildesheim 3. 6. 1921. S. steht in seinen virtuosen, von Goya und E. Schiele beeinflußten Radierungen und Bildern dem Surrealismus nahe; schuf auch Wandbilder und Porträts.

Schlottergelenk, ⚕ Gelenk, das nach Verletzung des Bandapparates oder Erkrankung eines seiner knöchernen Teile abnorm beweglich geworden ist und damit den Halt verloren hat. Am häufigsten befallen ist das Kniegelenk. – Behandlung: Gipsverband, orthopädischer Apparat, Operation.

Schlötterlig *der, -(s)/-, schweizer.:* Schimpfwort: *ich hänge ihm S. an,* bedenke ihn mit Schimpfworten.

Schlözer, August Ludwig von (1804), Historiker und Publizist, * Gaggstadt (b. Kirchberg a. d. Jagst) 5. 7. 1735, † Göttingen 9. 9. 1809, wurde 1765 in St. Petersburg Mitglied der Akademie und Prof. für russ. Geschichte; 1769–1804 lehrte er in Göttingen und wurde einer der einflußreichsten polit. Publizisten der dt. Aufklärung. – HW: Weltgeschichte, 2 Bde. (1785–89).

Schluchsee, See im südl. Schwarzwald, 930 m ü M. südöstlich vom Feldberg, 5,1 km², 1929 zu seiner heutigen Größe aufgestaut (108 Mio. m³ Stauinhalt), Kraftwerk; Fremdenverkehr.

Schlucht [mhd., zu schliefen] *die, -/-en,* **1)** tiefes, enges Tal. **2)** *nd.:* Loch.

Schlucht [ʃlykt oder ʃlyk], **Col de la S.** [kɔl də la-], Paß in den südl. Vogesen, an der Kreuzung der Route des Crêtes und der Straße Gérardmer-Colmar, 1139 m.

Schlüchtern, Stadt und Luftkurort im Main-Kinzig-Kr., Hessen, (1984) 14322 Ew., 209 m ü. M., an der oberen Kinzig, südlich vom → Distelrasen; ehem. Benediktinerkloster (800 gegr.) mit frühkaroling. Krypta, Katharinen-, Andreas- und Huttenkapelle, Heimatmuseum, Schloß; Schuh-, Textil-, Seifen-, Metall-Ind.

schluchzen [von schlucken]. *ich* **schluchze, 1)** weine stoßweise. **2)** *oberdt.:* schluckse. *ich* **schluchze auf,** weine laut auf. *Subst. der* **Schluchzer,** *-s/-.*

Schluck [ahd.; Schallwort] *der, -(e)s/-e,* seltener *-̈e,* **1)** Flüssigkeitsmenge, die man auf einmal hinunterschlucken kann. **2)** Getränk, Trunk: *ein guter S.!* **3)** *nd.:* Schlund. *ich* **schlucke, 1)** *es,* bringe (trinke, esse) hinunter (vgl. unten); *der Bau hat viel Geld geschluckt,* U war teuer; *er schluckte seinen Zorn (hinunter),* U bezwang ihn. **2)** führe die Tätigkeit des Schluckens aus. **3)** auch: **schluckse,** habe den Schluckauf. *der* **Schlucker,** *-s/-,* armer Kerl.

Schluckvorgang. Flüssige oder feste Körper (Bissen) werden aus der Mundhöhle durch eine Reihe von aufeinanderfolgenden Muskelzusammenziehungen in den Magen befördert. Durch Heben des Kehlkopfes, Senken des Kehldeckels und Verschluß der Stimmritze werden dabei die Luftwege mehrfach abgeschlossen. Das Schlucken ist ein Reflex **(S.-Reflex),** der durch Berührung der

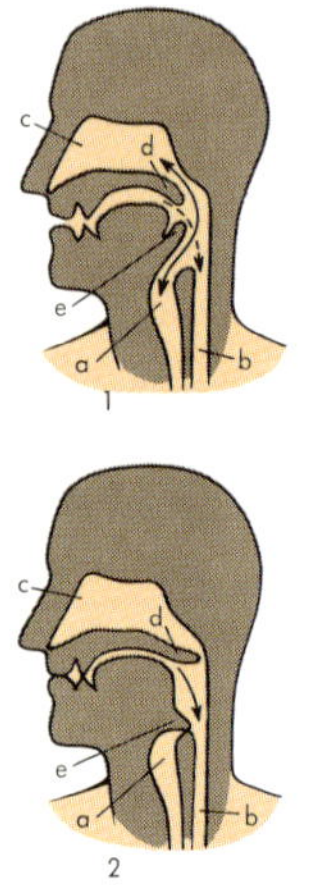

Schluck 3): Schluckvorgang (schematisch): Um den Bissen über die Kreuzungsstelle zw. dem Luft- und Speiseweg (Bild 1) sicher in die Speiseröhre (b) zu leiten, werden der Nasenraum (c) durch den weichen Gaumen (d) und die Luftröhre (a) durch den Kehldeckel (e) abgeschlossen (Bild 2)

Gaumenbögen ausgelöst wird und über das S.-Zentrum im verlängerten Mark verläuft.

Schluck|auf *der, -s,* **Schluckser,** lat. **Singultus,** unwillkürliches, krampfhaftes Einatmen durch ruckartiges Zusammenziehen des Zwerchfells. – Behandlung: Atemanhalten, kräftiges Ausatmen. Bei anhaltendem S. medikamentös.

Schluck|impfung, Impfung, bei der der Impfstoff durch den Mund aufgenommen wird, z. B. die → Sabin-Impfung (→ Schutzimpfung).

schludern [zu schleudern]. *ich* **schlud(e)re, 1)** ∪ pfusche, arbeite unachtsam. **2)** *nd., mitteldt.:* schlottere. **3)** *oberdt.:* saufe, vergeude. **4)** *nd.:* klatsche, verleumde. *die* **Schluderei,** *-/-en,* Schluderarbeit, unordentliche, nachlässige Arbeit. **schlud(e)rig,** unordentlich, nachlässig.

Schluff [von schliefen] *der, -(e)s/-e* oder *-̈e,* **Silt** *der, -s/-s,* ⊕ Lockergestein aus Mineralkörnern mit Durchmessern von 0,002 bis 0,02 (maximal 0,06) mm. **S.-Böden** geben unter günstigen Voraussetzungen hohe landwirtschaftl. Erträge.

Schluh, Berberstamm in S-Marokko, → Shilh.

Schlumberger [frz. ʃlœbɛrʒ'e], Jean, frz. Schriftst. und Publizist, * Gebweiler 26. 5. 1877, † Paris 25. 10. 1968, schrieb Gedichte und Dramen, trat in Aufsätzen über nationale und soziale Fragen für Toleranz und Brüderlichkeit ein. Seine Romane behandeln meist den Generationenkonflikt: ›Ein Glücklicher‹ (1921), ›Der ungetreue Kamerad‹ (1922), ›Kardinal Retz‹ (1924).

Schlumberger-Verfahren [n. dem frz. Bergingenieur C. Schlumberger, * 1878, † 1936], geophysikalisches Bohrloch-Meßverfahren.

Schlummer [spätmhd.] *der, -s,* sanfter Schlaf, Ruheschlaf. *ich* **schlumm(e)re,** liege im S., schlafe leicht. **Schlummerrolle,** Nakkenrolle.

Schlumpe [verwandt mit Schlampe] *die, -/-n,* Schlampe, unordentliche Frau. *ich* **schlumpe,** schlampe. **schlump(e)rig, schlumpig,** schlampig.

Schlumpf, Leon, schweizer. Politiker (SVP), * Felsberg (Graubünden) 3. 2. 1925, Rechtsanwalt, leitete 1974–78 die Preisüberwachung; seit 1980 Bundesrat (Verkehr und Energiewirtschaft), 1984 Bundespräsident.

Schlund [zu schlingen ›herunterschlucken‹] *der, -(e)s/-̈e,* **1) Pharynx,** bei Wirbeltieren der hinterste Abschnitt des Kopfdarms. Bei Mensch und Säugetieren ist er – hinter dem weichen Gaumen liegend – zum Rachen erweitert und dient als Verbindungsstück zw. Mundhöhle, Nasenhöhle und Speiseröhre. **2)** ⊕ tiefe Öffnung, enges Tal, Abgrund.

Schlunze *die, -/-n, nd.:* **1)** unordentliche Frau. **2)** Roggenmehlsuppe. **schlunzig,** *nd.:* unordentlich.

Schlupf [von schliefen] *der, -(e)s/-e* oder *-̈e,* **1)** ⚡ das Zurückbleiben des Läufers eines Drehstrommotors gegenüber dem mit synchroner Drehzahl umlaufenden Drehfeld. **2)** ⚙ das Zurückbleiben des angetriebenen Teils gegenüber dem treibenden Teil bei kraftschlüssiger Bewegungsübertragung, z. B. infolge Gleitreibung. **3)** 🚗 der Unterschied zwischen dem Weg eines angetriebenen Rades auf der Fahrstraße und dem Rollweg des Radumfangs. **4)** auch *die* **Schlupfe,** *-/-̈, oberdt.:* Versteck. **5)** auch *die* **Schlupfe,** *-/-̈, oberdt.:* Masche, Schleife, Schlinge. **6)** *oberdt.:* Muff. *ich* **schlüpfe** (bin geschlüpft), **1)** bewege mich gleitend, bes. durch eine enge Öffnung. **2)** *in etwas,* ziehe es rasch oder probeweise an. *ein Tier* **schlüpft aus,** kriecht aus dem Ei oder der Puppe (Vögel, Raupen). *ich* **schlüpfe** *bei ihm* **unter,** verberge mich, suche Zuflucht. *der* **Schlüpfer,** *-s/-,* kurze Unterhose. **Schlupfloch,** verborgener Zufluchtsort. **schlüpfrig, 1)** glatt, rutschig; naß: *der Weg ist schlüpfrig.* **2)** Ü zweideutig, verfänglich: *ein schlüpfriges Buch. Subst. die* **Schlüpfrigkeit,** *-/-en.* **Schlupfwinkel,** Zufluchtsort, Versteck.

Schlupfwespen 2): Weibchen von Rhyssa persuasoria bohrt mit dem Legebohrer durch Holz und legt Eier in die Larve einer Holzwespe (nach Hesse-Doflein)

Schlupfwespen, 1) i. w. S. alle Hautflügler, die ihre Eier in die Larven oder Eier anderer Insekten ablegen. **2)** i. e. S. die **Ichneumonidae,** Fam. mit rd. 20000 Arten; sie legen ihre Eier in das Wirtstier ab. Die Larven fressen den Wirt meist von innen her aus. Die 4 cm lange, schwarze, gelbgezeichnete, rotbeinige **Rhyssa persuasoria** lebt in Nadelwäldern und legt ihre Eier in Holzwespenlarven.

Schluppe *die, -/-n, nd., mitteldt., westdt.:* **1)** Schaluppe. **2)** Schleife, Schlinge.

schlurfen [Nebenform von schlürfen]. *ich* **schlurfe** (habe, bin geschlurft), gehe mit schleifenden Füßen. *die* **Schlurfe,** *-/-n, mitteldt., oberdt.:* niedergetretener Schuh, Pantoffel.

schlürfen [mhd.]. *ich* **schlürfe, 1)** *es,* trinke hörbar, esse schlabbernd. **2)** *es,* P trinke, sauge. **3)** (auch: bin geschlürft), *mitteldt., oberdt.:* schlurfe. **schlurig,** schlurrig. *ich* **schlurpe** (habe, bin geschlurpt), *mitteldt., oberdt.:* schlurfe. *der* **Schlurpen,** *-(s)/-, oberdt.:* Pantoffel, niedergetretener Schuh.

schlurren [zu schlürfen]. *ich* **schlurre** (habe, bin geschlurrt), *nd.:* schlurfe. *die* **Schlurre,** *-/-n, nd.:* **1)** Pantoffel. **2)** alte Frau. **schlur(r)ig,** *nd.:* unordentlich.

Schlusnus, Heinrich, Sänger (Bariton), * Braubach am Rhein 6. 8. 1888, † Frankfurt a. M. 18. 6. 1952.

Schluß [von schließen] *der, Schl'usses/Schl'üsse,* **1)** Ende, Abschluß: *wir machen S.,* hören auf; *S. damit!,* nichts mehr davon. **2)** Zusammenfügung, Schließen: *der Kolben hat keinen S.,* schließt nicht dicht; *der S. der Schenkel beim Reiten.* **3)** Ableitung eines Urteils aus einem Sachverhalt; Folgerung: *aus seinem Benehmen konnte man Schlüsse ziehen.* **4)** ♧ Beschluß; Entschluß; Abschluß. **5)** Logik: die Ableitung eines Satzes (der Konklusion) aus anderen Sätzen (den Prämissen). Nach der Anzahl der Vordersätze werden als Schlußformen der **unmittelbare** (eine Prämisse) und der **mittelbare S.** (mehrere Prämissen) unterschieden. Die mittelbaren S. werden in einfache und zusammengesetzte unterteilt. Der **einfache S.** (→ Syllogismus) hat 2 Prämissen. Einen aus mehr als 2 Prämissen zusammengesetzten S. nennt man **Schlußkette.** Beim **induktiven S.** wird vom Besonderen auf das Allgemeine geschlossen, umgekehrt beim **deduktiven S.** Die Nichtbeachtung der Schlußregeln führt (auch bei richtigen Prämissen) zum Fehlschluß oder (beabsichtigten) Trugschluß. Die Schlußlehre ist die zentrale Thematik der formalen → Logik wie der mathematischen Logik. Die erste systematische Schlußlehre entwickelte Aristoteles. **6)** ♪ der Abschluß eines Tonsatzes, in der tonalen mehrstimmigen Musik herbeigeführt durch Rückkehr zur Grundharmonie in bestimmter formelhafter Akkordfolge (→ Kadenz 1): Die Melodie kann dabei in den eigtl. Grundton einmünden, auch die Oktave **(Oktavschluß),** die Terz **(Terzschluß)** oder die Quinte **(Quintschluß).** **7)** Börse: festgesetzte kleinste Menge, in der Waren oder Wertpapiere an der Börse gehandelt werden.

Schlußbilanz, die → Bilanz 1) am Ende eines Geschäftsjahres (Jahresbilanz) oder bei Auflösung eines Unternehmens (Liquidationsbilanz).

Schlüssel [von schließen] *der, -s/-,* **1)** Werkzeug zum Schließen eines → Schlosses 1); Sinnbild der Hausgewalt. **2)** Werkzeug zum Drehen, z. B. → Schraubenschlüssel. **3)** ♪ der → Notenschlüssel. **4)** *zu etwas,* Ü etwas, das einem den Zugang öffnet; Lösung, Erklärung: *er hat den S. zu ihrem Verhalten gefunden; er entzifferte die geheime Mitteilung mit einem S.* (→ Geheimschrift). **schlüsselfertig,** bei Neubauten: bezugsfertig. **Schlüsselstellung,** beherrschende Stellung.

Schlüsselbein, Clavicula, länglicher, schwach S-förmig gekrümmter Knochen, der Brustbein und Schulterblatt verbindet.

Schlüsselblume, Primel, Primula, Gatt. der Schlüsselblumengewächse mit 540 Arten der nördl. gemäßigten Zone, auch in der Arktis und Antarktis. Die S. sind Stauden mit rosettig-grundständigen Blättern, blattlosem Blütenschaft und Dolden ansehnlicher Blüten. Die häufigsten einheimischen, im Volksmund **Himmelschlüssel** genannten Arten sind: **Hohe** oder **Weiße S. (Primula elatior),** bis 30 cm hoch, mit geflügelten Blattstielen und blaßgelben Blüten, und **Frühlings-S. (Primula veris),** niedriger, mit länglichen Blättern und sattgelben duftreicheren Blüten; beide Frühlingsblumen auf Wiesen und in lichten Laubgehölzen Europas, Vorder- und Innerasiens. Die **Kissenprimel (Primula vulgaris),** bis 10 cm hoch, hat schwefelgelbe duftlose Blüten auf kurzem Schaft. Die **Mehlprimel (Primula farinosa),** mit unterseits mehligen Blättern und hell purpurnen Blüten, wächst auf Moorwiesen Mitteleuropas, bes. der Alpen. Alpenpflanzen sind auch **Alpen-** oder **Felsenaurikel (Primula auricula),** auf kalkreichen Felsen und Gebirgsmatten Europas, und **Zwergprimel (Primula minima),** auf kalkarmem Boden der Ostalpen, Sudeten, Karpaten. Für alle wildwachsenden S. besteht Handelsverbot; geschützt sind alle rotblühenden Arten und der Wurzelstock aller S. Zierpflanzen sind u. a.: → Aurikel; chinesische S. **(Primula sinensis),** mit herzförmigen Blättern und vielen Blütenschäften; **Becherprimel (Primula obconica)** aus Osttibet, mit Blüten in breiten Dolden; **Fliederprimeln.** – Mit der S. verwandt ist die Wasserprimel (→ Wasserfeder).

Schlüsselburg, russ. **Petrokrepost,** Stadt im Gebiet Leningrad, Russ. SFSR, am Ausfluß der Newa aus dem Ladogasee, rd. 10000 Ew.; Schiffbau. – Die Stadt, seit 1323 als Festung angelegt **(Oreschek),** kam 1611 an Schweden **(Nöteborg),** 1702 an Rußland.

Schlüssel|enzym, Schrittmacher|enzym, Biochemie: eines von mehreren Enzymen eines Stoffwechselweges, das die langsamste Reaktion katalysiert und bei Aktivitätsänderungen auch weitere, vor und hinter diesem Reaktionsschritt liegende Reaktionen beeinflussen und den Stoffdurchsatz regulieren kann.

Schlüsselblume: Frühlings-S.

Schlußstein in der Abteikirche St. Gilles

Schmeißfliegen: Blaue S.

Schlüsselgewalt, 1) Berechtigung jedes Ehegatten, Geschäfte zur angemessenen Deckung des Lebensbedarfs der Familie mit Wirkung auch für den anderen Ehegatten zu besorgen (§ 1357 BGB), aus solchen Geschäften werden beide berechtigt und verpflichtet. Beschränkung oder Ausschließung der S. ist Dritten gegenüber nur wirksam, wenn sie ins Güterrechtsregister eingetragen ist oder dem Dritten bei Vornahme des Geschäfts bekannt war. **2)** nach kath. Lehre die von Christus verliehene höchste geistliche Gewalt, die dem Papst als Nachfolger des Petrus zusteht; allg. auch die gesamtkirchl. Jurisdiktion. Die evangelische Theologie versteht eine S. nur geistlich.

Schlüssel|industrie, mit anderen Ind.-Zweigen eng verflochtener Produktionsbereich. S. können bes. Bereiche der Rohstoff- und Fertigungsproduktion sein, z. B. Stahl-, Bau-, Auto-Ind.; urspr. in Großbritannien die für die Landesverteidigung wichtigen Ind.-Zweige (**key-industry** [ki: ˈɪndəstrɪ, engl.]).

Schlüsselkind, U ein auf sich gestelltes Kind berufstätiger Eltern, das den Wohnungsschlüssel erhält.

Schlüsselreiz, → Angeborener Auslösemechanismus.

Schlüsselroman, Schlüsselliteratur, Erzählwerke, in denen wirkliche Personen, Orte und Vorkommnisse unter erdichteten Namen und in durchsichtiger oder schwerer enträtselbarer Verschleierung dargestellt werden.

Schlüsselzahl, Zahl, die angibt, welcher Anteil bei Aufteilung eines Betrages auf die einzelne Person oder Sache entfällt.

schlüssig [von Schluß], **1)** entschlossen: *ich bin mir noch nicht s.,* kann mich noch nicht entschließen. **2)** einen Schluß zulassend, folgerichtig: *seine Folgerungen sind nicht s.*

Schlüssigkeit *die, -,* im Prozeß die logische Geschlossenheit des Vorbringens und des Antrages einer Partei.

Schlußlicht, Schlußleuchte, Rücklicht, 1) bei Kraftwagen 2, bei anderen Fahrzeugen mindestens ein nach hinten wirkendes rotes Licht. Über Zugschlußsignale → Eisenbahnsignale. **2)** U der Schlechteste, Letzte, z. B. in einem Wettkampf.

Schlußnote, Schlußschein, Aufzeichnung eines Vertragsinhalts (§§ 94f. HGB); sie muß Parteien, Gegenstand und Bedingungen des Geschäfts enthalten. Zur Ausstellung einer S. ist der Handelsmakler verpflichtet.

Schlußrede, der → Epilog.

Schlußstein, Stein im Scheitel eines Gewölbes, oft ornamental oder als → Abhängling ausgebildet.

Schlüter, 1) A n d r e a s , Bildhauer und Baumeister, * Danzig (?) um 1660, † Moskau oder St. Petersburg (?) 1714, begann mit plast. Arbeiten in Warschau und kam 1694 nach Berlin, wo er 1696 die Schlußsteinreliefs des Zeughauses (Köpfe der Meduse, sterbender Krieger sowie Prachthelme) schuf. 1696–97 entstand das Bronzestandbild Friedrichs III. (Königsberg), seit 1696 das Reiterdenkmal des Gr. Kurfürsten (Lange Brücke, Berlin; nach dem 2. Weltkrieg vor dem Charlottenburger Schloß aufgestellt). Unter den späteren plast. Arbeiten ragen die bleigegossenen Prunksärge der Königin Sophie Charlotte (1705) und König Friedrichs I. (1713) hervor. Seit 1699 leitete S. den Bau des Berliner Schlosses, das mit seinen Kolonnaden und dem figurenreichen Lustgartenportal ein einzigartiges, römischen Barock ins Deutsche umprägendes Werk war (1950 abgebrochen). 1711–12 schuf er Bau- und Bildwerke des Hauses Kameke in Berlin (im 2. Weltkrieg zerstört). 1713 folgte er dem Ruf Peters d. Gr. nach St. Petersburg. (Weiteres BILD Barock)
2) P o u l , dän. Politiker (Konservative Partei), * Tondern 3. 4. 1929, Rechtsanwalt, seit 1974 Vors. seiner Partei, wurde im Sept. 1982 MinPräs.

Andreas Schlüter: Reiterdenkmal des Großen Kurfürsten; 1696 (Berlin-West, Charlottenburger Schloß)

Schlutte *die, -/-n, alemann.:* **1)** hemdartiger Arbeitskittel; Nachthemd. **2)** Blattart und Pflanze, → Schlotte 1).

Schmach [ahd.] *die, -,* Schande, Demütigung, Entehrung. *Adj.* **schmachvoll.**

schmachten [mhd.]. *ich* **schmachte, 1)** leide, bes. hungere, dürste: *er schmachtete lange Jahre in der Gefangenschaft.* **2)** *nach ihm,* sehne mich; bin sehnsuchtsvoll verliebt: *er sah sie schmachtend an.* **Schmachtfetzen,** U rührseliger Roman, Film, gefühlvolles Lied, Theaterstück. **schmächtig,** schwächlich, mager. *Subst. die* **Schmächtigkeit,** -. **Schmachtlappen,** U gefühlsduseliger Mensch. **Schmachtlocke,** U in die Stirn fallende Locke. **Schmachtriemen,** U Gürtel: *er mußte den Schmachtriemen enger schnallen,* Ü Hunger leiden.

Schmacke [zu nd. schlagen] *die, -/-n, nd.:* flaches Schiff.

schmackhaft [zu schmecken], gut schmeckend: *man hat ihm die Sache s. gemacht,* Ü verlockend dargestellt. *Subst. die* **Schmackhaftigkeit,** -.

Schmadder *der, -s, nd.:* flüssiger Schlamm, Matsch. *ich* **schmadd(e)re,** *nd.:* **1)** sudele, schmiere. **2)** *es schmaddert,* regnet und schneit zugleich.

schmähen [von Schmach]. *ich* **schmähe** *ihn, es,* schelte, lästere, beleidige, schätze gering. *Subst. die* **Schmähung,** *-/-en.* **schmählich,** schändlich, schmachvoll: *er wurde schmählich im Stich gelassen.*

Schmähschrift, das → Pasquill.

schmal, schmaler, am schmalsten oder schmäler, am schmälsten, **1)** eng, von geringer Breite: *die Schmalseite eines Bildes; ein schmaler Gang.* **2)** Ü knapp, karg: *er hat ein schmales Einkommen.* **3)** dünn, sehr schlank, mager: *schmalbrüstig; schmallippig. Subst. die* **Schmalheit,** -. *ich* **schmäle, 1)** *ihn, es,* schmähe, schelte. **2)** *das Reh schmält,* stößt im Schreck bellende Laute aus. *ich* **schmäl(e)re** *es, ihn,* verkleinere, setze herab: *ich schmälere seine Verdienste nicht. Subst. die* **Schmälerung,** *-/-en.* **Schmalfilm,** Film bis 16 mm Breite: *Schmalfilmkamera.* **Schmalhans,** *bei uns ist Schmalhans Küchenmeister,* U wir haben wenig zu essen.

Schmalbach-Lubeca GmbH, Braunschweig, bed. Unternehmen der Verpackungs-Ind., gegr. 1898.

Schmalbiene, Halictus, Gatt. kleiner Bienen, die oft in Kolonien in Sand- oder Lehmboden nisten.

Schmalenbach, E u g e n , Betriebswirtschaftler, * Schmalenbach (heute zu Halver) 20. 8. 1873, † Köln 20. 2. 1955, war Prof. ebd.; befaßte sich bes. mit Finanzierungs- und Bilanzproblemen (dynamische → Bilanztheorie) und der Kontensystematik; auf ihn geht der Kontenrahmen-Erlaß von 1937 zurück. S. erkannte die Bedeutung fixer Kosten, der Kapazitätsausnutzung und des Beschäftigungsgrades für Unternehmen und Volkswirtschaft.

Schmalkalden, Kurort und Krst. im Bez. Suhl, (1984) 17400 Ew., am SW-Abhang des Thüringer Waldes; Ingenieurschule; Solbad; Mittelpunkt der jahrhundertealten Thüringer Kleineisen-Ind., daneben Werkzeug- und Maschinenbau; Stadtbefestigung, Stadtkirche, Hessenhof, Bürgerhäuser (13.–17. Jh.), Schloß Wilhelmsburg (1585–98, Heimatmuseum). – S. kam 1247 an die Grafen von Henneberg. Mit der **Herrschaft S.** wurde es 1360 halb, 1583 ganz hessisch. 1866 fiel es an Preußen, 1944 an Thüringen.

Schmalkaldische Artikel, von M. Luther 1536 verfaßte, in Schmalkalden vorgelegte Bekenntnisschrift für das 1537 nach Mantua einberufene Konzil; 1580 in das Konkordienbuch aufgenommen und damit verpflichtendes lutherisches Bekenntnis.

Schmalkaldischer Bund, am 27. 2. 1531 in Schmalkalden gegen Kaiser Karl V. geschlossener Bund der meisten prot. Fürsten und Städte unter Führung Kursachsens (Johanns des Beständigen, dann Johann Friedrichs des Großmütigen) und Hessens (Philipps des Großmütigen). Seine Bedeutung wuchs mit der Rückeroberung Württembergs und der Wiedereinsetzung des Herzogs Ulrich (1534); er zerfiel im → Schmalkaldischen Krieg.

Schmalkaldischer Krieg, 1546/47 der Feldzug zw. Kaiser Karl V., auf dessen Seite auch einige prot. Fürsten wie Herzog Moritz von Sachsen (→ Moritz, Fürsten, 3) standen, und dem Schmalkaldischen Bund. Der Donaufeldzug im Herbst 1546 verlief zugunsten des Kaisers; Kurfürst Johann Friedrich, der in sein Land zurückgekehrt war, wurde auf der Lochauer Heide bei Mühlberg (24. 4. 1547) besiegt und gefangengenommen. Auch Landgraf Philipp geriet in Gefangenschaft (beide bis 1552). Der Schmalkaldische Bund war damit aufgelöst. Der Sieg des Kaisers führte zum Augsburger Interim.

Schmallenberg, Stadt im Hochsauerlandkr., NRW, (1984) 24500 Ew., an der Lenne; Strumpf- und Strickwaren-Ind.; Erholungsgebiet.

Schmalnasen|affen, die Altweltaffen, → Affen.

Schmalspur, → Spurweite für Schienenbahnen.

Schmalstich, Clemens, Komponist, * Posen 8. 10. 1880, † Berlin 15. 7. 1960; Opern, Musik zu ›Peterchens Mondfahrt‹, Lieder, Klavier- und Filmmusik.

Schmalte [ital., aus dt. Schmelz] *die, -,* tiefblau gefärbtes Kalium-Silicat-Glas (→ Smalte).

Schmal|tier, weibl. Rot- und Damwild während des 2. Lebensjahrs.

Schmalz [von schmelzen], **1)** *das, -es/-e,* in der Hauswirtschaft gebräuchl. weiches tierisches Fett im Unterschied zum → Talg, z. B. ausgelassenes Schweinefett; in Süddtl., Österreich und der Schweiz auch Butterschmalz. **2)** *der, -es,* U etwas übertrieben Gefühlvolles (Lied, Gedicht). *ich* **schmalze** *es* **(ab),** fette, öle, füge S. zu. *ich* **schmälze, 1)** *Wolle,* besprühe sie beim Spinnen mit wäßriger Emulsion. **2)** bes. *oberdt.:* schmalze. *die* **Schmälze,** *-/-n,* Flüssigkeit zum Durchfeuchten der Wolle. **schmalzig, 1)** fettig, ölig. **2)** U übertrieben gefühlvoll: *ein schmalziges Lied.*

Schmalzblume, U Sumpfdotterblume, Scharbockskraut, Trollblume, Buschwindröschen **(Weiße S.)** u. a.

Schmant [mhd.] *der, -(e)s,* **Schmand, 1)** *ostnd., westdt.:* Sahne, Rahm. **2)** *ostmitteldt.:* fettiger Schmutz, Schlamm.

Schmargendorf, Ortsteil im 9. VerwBez. Wilmersdorf der Stadt Berlin (West).

schmarotzen [frühnhd.]. *ich* **schmarotze** *bei ihm,* lebe auf seine Kosten, nehme ungebeten an etwas teil. *Adj.* **schmarotzerisch.** *das* **Schmarotzertum,** *-s,* Lebensweise des Schmarotzers.

Schmarotzer *der, -s/-,* **1)** Mensch, der auf Kosten anderer lebt. **2)** *Pl.,* Biologie: **Parasiten,** vielzellige Pflanzen und Tiere, die sich zur Nahrungsaufnahme oder Fortpflanzung vorübergehend oder dauernd auf dem Körper oder im Körper anderer Lebewesen (ihrer Wirte) aufhalten. **Monoxene Parasiten** leben an oder in einem einzigen Wirt, **heteroxene Parasiten** in 2 oder mehr Wirten.

Die pflanzl. und tier. S. der Pflanzen heißen **Phytoparasiten** (z. B. Brand- und Rostpilze, Blütenpflanzen, Rundwürmer, Milben, Insekten). An Blütenpflanzen schmarotzende Blütenpflanzen entnehmen als **Voll-S. (Holoparasiten)** alle Nährstoffe der Wirtspflanze, als **Halb-S. (Hemiparasiten)** nur die stickstoffhaltigen Baustoffe, als **Außen-S.** die nötigen Nahrungsstoffe mit Saugorganen. Rundwürmer, Milben und Insekten rufen meist im Wirtsgewebe Wucherungen hervor.

Die pflanzl. und tier. S. der Tiere heißen **Zooparasiten** (z. B. Pilze, Bandwürmer, Rundwürmer, Milben, Insekten). Einige Pilzarten benötigen zur Entwicklung und Vermehrung bestimmte Insektenarten, andere sind dagegen nicht auf Insektenwirte angewiesen. Die Bandwürmer leben ausschließlich parasitisch, auch viele Rundwürmer. Milben verbringen nicht alle Larvenstadien im Wirtstier. Bei den Insekten unterscheidet man **Ektoparasiten,** die außen am Wirt fressen, und **Entoparasiten,** die sich als Larven im Körperinnern ihres Wirts ernähren.

Alle pflanzl. und tier. S. am oder im Körper des Menschen heißen **Humanparasiten** (z. B. Bettwanzen, Flöhe, Stechmücken, Blutegel, Läuse, Milben, Zecken, Bandwürmer). Viele kommen auch bei Haustieren vor, von denen der Mensch sie übernommen hat; nur wenige sind ausschließlich auf den Menschen beschränkt (z. B. Madenwurm), andere kommen nur in bestimmten Entwicklungsstadien vor (z. B. Bandwurm). Entoparasiten können z. B. Malaria und Schlafkrankheit, Ektoparasiten Hauterkrankungen hervorrufen, andere durch ihren Stich Krankheitserreger (z. B. des Fleckfiebers, der Pest) übertragen.

Schmarre [mnd.] *die, -/-n,* U Schmiß, Narbe.

Schmarren [mhd. zu Schmer] *der, -s/-,* **Schmarrn, 1)** bayerisch-österr. Mehlspeise, nach dem Backen in der Pfanne in Stücke zerrissen: *Kaiserschmarren.* **2)** U Kitsch, Schund: *das geht dich einen S. an,* gar nichts.

Schmasche [aus poln.] *die, -/-n,* feines Lammfell.

Schmatz [zu schmecken] *der, -es/-e* oder *-̈e,* **1)** U derber, schallender Kuß, bes. von Kindern. **2)** *schweizer.:* Wegstrecke. *ich* **schmatze,** U **1)** esse vernehmbar. **2)** küsse laut.

Schmätzer [zu Schmatz] *der, -s/-,* Gruppe kleiner, am Boden brütender Singvögel. Der **Stein-S. (Oenanthe oenanthe)** lebt im N der Alten und Neuen Welt; das Männchen ist oben aschgrau, unten weißlich, Flügel und Schwanzspitze schwarz, Bürzel und Schwanzwurzel weiß. Als **(Wiesen-)S.** werden auch das **Braunkehlchen (Saxicola rubetra)** im westl. Eurasien und das **Schwarzkehlchen (Saxicola torquata)** in der Alten Welt bezeichnet.

schmauchen [mhd., vgl. engl. smoke ›Rauch‹]. *ich* **schmauche, 1)** *(es)* rauche, qualme: *er schmauchte seine Pfeife.* **2)** *Tonwaren,* treibe durch Erwärmung auf über 100 °C das Wasser aus. *der* **Schmauch,** *-(e)s, norddt.:* Rauch, Qualm.

schmauken. *ich* **schmauke,** *schweizer.:* schmuggele, esse heimlich.

Schmaus [nhd.] *der, -es/-̈e,* leckeres Mahl, Festessen, Genuß. *ich* **schmause,** esse mit Hochgenuß. *die* **Schmauserei,** *-/-en,* Festessen, Schlemmerei. **schmausig,** *oberdt.:* mundgerecht.

Schmaus, Michael, kath. Dogmatiker, * Oberbaar (Kr. Neuburg a. d. Donau) 17. 7. 1897, beeinflußte die kath. Theologie im Sinne einer Erneuerung, die im Einklang mit der Tradition bleibt; schrieb ›Kath. Dogmatik‹, 4 Bde. (1938–41), ›Der Glaube der Kirche. Hb. kath. Dogmatik‹, 2 Bde. (1969/70).

schmäustern. *ich* **schmäust(e)re,** *nd.:* liebkose. **schmäusterlich,** *nd.:* schmunzelnd.

schmecken [ahd.]. *ich* **schmecke, 1)** *es,* prüfe mit der Zunge, koste, erprobe (→ Geschmack 1). **2)** *es schmeckt,* wirkt (angenehm) auf der Zunge: *das Essen schmeckt mir; die Arbeit schmeckt mir nicht,* U gefällt mir nicht, bereitet zuviel Mühe. **3)** *es, mitteldt., oberdt.:* rieche. **4)** *es schmeckt, mitteldt., oberdt.:* riecht: *im ganzen Haus schmeckt es nach Kuchen. der* **Schmecker,** *-s/-, mitteldt., oberdt.:* **1)** Nase. **2)** Maul (des Viehs).

schmeicheln [spätmhd.]. *ich* **schmeich(e)le, 1)** *ihm,* sage angenehme Dinge, übertreibe seine Vorzüge, lobe zu sehr, stelle schöner dar: *das Porträt ist geschmeichelt.* **2)** *mir, etwas zu sein,* bilde es mir ein. **3)** *mir mit etwas,* hoffe darauf. **4)** *es schmeichelt mir, mich,* ich fühle mich geschmeichelt, es tut mir wohl, hebt mein Selbstgefühl. *ich* **schmeich(e)le** *es ihm* **ab,** erlange durch Schmeichelei. *die* **Schmeichelei,** *-/-en,* Ausspruch, der einem anderen wohltut, ihn übermäßig lobt. **schmeichelhaft,** angenehm, ehrend. **Schmeichelkatze,** U zärtliche Schöntuerin. *der* **Schmeichler,** *-s/-,* jemand, der Schmeicheleien sagt. *Adj.* **schmeichlerisch.**

schmeidig [von schmieden], geschmeidig. *ich* **schmeidige** *es,* mache schmiegsam, federnd.

Schmeil, Otto, Biologe und Pädagoge, * Großkugel bei Halle (Saale) 3. 2. 1860, † Heidelberg 3. 2. 1943, hatte maßgebl. Anteil an der Reform des Biologieunterrichts.

HW: Lb. der Zoologie (1898–99); Leitfaden der Zoologie (1900); Der Mensch (1900); Lb. der Botanik, 2 Bde. (1901–02); Flora von Dtl. (1904, mit J. Fitschen); Leitfaden der Botanik (1905).

schmeißen [mhd.]. *ich* **schmeiße** (schmiß, habe geschmissen), **1)** *ihn, es,* U werfe, schleudere. **2)** *ihn, es, oberdt.:* schlage. **3)** *es,* U bringe fertig: *wir werden die Sache schon schmeißen,* schaffen, machen. **4)** *es,* U bezahle, stifte: *er hat eine Runde geschmissen.* **5)** *ein Greifvogel schmeißt* (hat geschmeißt), wirft Kot aus.

Schmeißfliegen, Brummer, Calliphora, weltweit verbreitete Gruppe kräftiger, oft metallisch glänzender Fliegen mit 1500 trop. und subtrop. Arten; sie entwickeln sich vielfach in Aas, wie die **Blaue S. (Calliphora vormitoria),** die ihre Eier bes. an faulendem Fleisch ablegt. Die **Goldfliegen (Lucilia)** und die **Tumbufliege (Cordylobia anthropophaga),** deren Larven bei Säugetieren und Menschen in die Haut eindringen, rufen furunkelartige Geschwüre hervor. Die durch S.-Maden hervorgerufenen Erkrankungen heißen → Myiasis. (BILD S. 588)

Schmeling, Max, Boxer, * Klein-Luckow (Uckermark) 28. 9. 1905, 1930–32 Weltmeister im Schwergewicht; 1936 schlug er den bis dahin unbesiegten Joe Louis, gegen den er 1938 verlor.

Schmeljow, Šmelëv, Iwan Sergejewitsch, russ. Schriftst., * Moskau 3. 10. 1873, † Paris 24. 6. 1950. Seine Erz. und Romane schildern das Leben im alten Rußland und das der Emigranten.

HW: Der Kellner (1911); Der nie geleerte Kelch (1921); Sonne der Toten (1923); Vorfrühling (1929); Die Straße der Freude (1935); Himmlische Wege, 2 Tle. (1937–48).

Schmeller, Johann Andreas, Germanist, * Tirschenreuth 6. 8. 1785, † München 27. 7. 1852, Prof. ebd., begründete die Erforschung dt. Mundarten, deren Wortschatz er für den bayer. Stamm in seinem ›Bayer. Wörterbuch‹ (4 Bde., 1827–37) zusammentrug.

Schmelz [von schmelzen] *der, -es/-e,* **1)** glänzender, oft gefärbter Überzug auf Metallgegenständen (Email). **2)** Glasur auf Tonwaren. **3)** glänzende oberste Schicht der Krone und des Halses eines Zahnes. **4)** P weicher Glanz oder Klang.

Schmelz, Gem. im Kr. Saarlouis, (1984) 16437 Ew., an der Prims; Bekleidungs-Ind., Glashütte, Apparate- und Maschinenbau, Baugewerbe.

Schmarotzer 2)

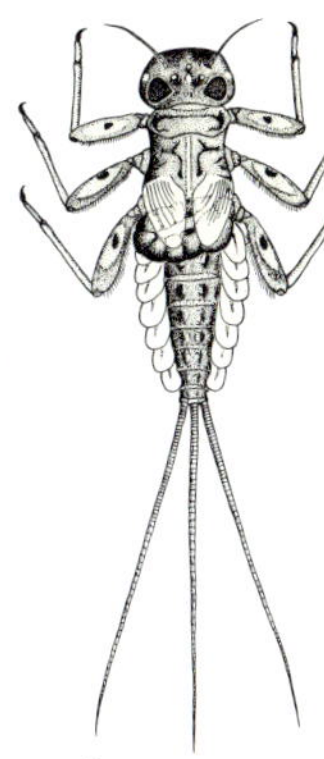

1

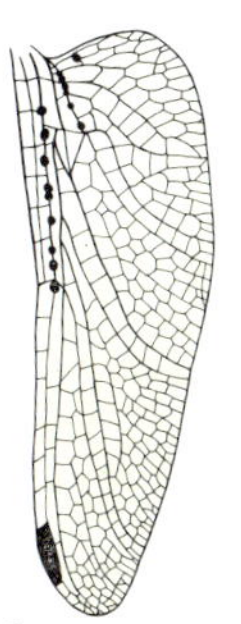

2

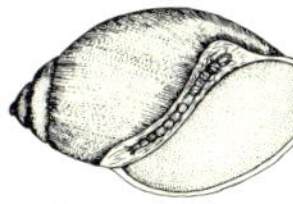

3 A

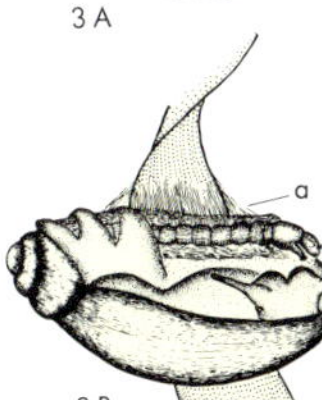

3 B

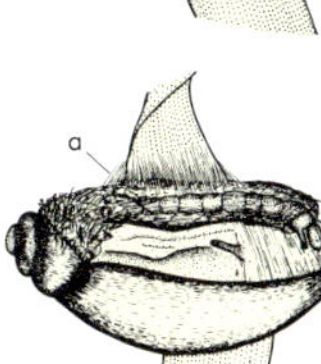

3 C

Schmarotzer 2): 1 Die in Fließgewässern Nordamerikas lebende Larve der Eintagsfliegenart Rhitrogena, die von einer dorsal unter ihren Flügelscheiden liegenden Larve einer Zuckmückenart parasitiert wird. Der Wirtsorganismus wird häufig nicht nur vorübergehend geschädigt, sondern auch zum Absterben gebracht (Parasitoide). **2** Hinterflügel einer Libelle, die von den parasitischen Larven einer Wassermilbenart besiedelt werden. Da die Milbenlarven ihrem Wirt nicht nur vorübergehend Nahrung entnehmen, sondern sich von ihm auch an neue günstige Lebensstätten transportieren lassen, handelt es sich hier neben echtem Parasitismus auch um Phoresie. **3** Wasserschnecke, an deren Schalenmund sich eine Zuckmückenlarve angesiedelt hat **(A)**. Die Larve webt ihren Wirt mit Schleimfäden (a) an einem Schilfblatt fest **(B)** und spinnt dann die Schalenöffnung mit weiteren Schleimfäden zu **(C)**. Die Larve ernährt sich von den Körpersäften der bewegungslos gemachten Schnecke, verläßt den Wirtskörper aber wieder nach ihrer Verpuppung. Die Schnecke kann sich daraufhin befreien und normal weiterleben (Ektoparasitismus)

Schmelz|elektrolyse, Schmelzfluß|elektrolyse, ⚒ Verfahren der Elektrolyse, bei dem →Salzschmelzen eingesetzt werden; dient v. a. zur Gewinnung von Metallen (z. B. Aluminium).

schmelzen [ahd.]. *ich* **schmelze** (bin geschmolzen; du schmilzt, er schmilzt), **1)** Ü zerfließe, werde weich: *sie schmolz vor Sehnsucht.* **2)** *es schmilzt,* wird durch Wärme flüssig: *die Butter schmilzt; der Schnee schmilzt in der Sonne.* **3)** *es schmilzt,* Ü schwindet, wird weniger. **4)** (habe geschmolzen; auch: habe geschmelzt; auch: du schmelzt, er schmelzt) *es,* mache durch Wärme flüssig: *die Sonne schmilzt das Eis; Metalle werden geschmolzen* (vgl. unten ⊠). *ich* **schmelze** *es* **aus** (habe ausgeschmolzen), trenne 2 Stoffe durch Schmelzen; mache durch Schmelzen flüssig. *ich* **schmelze** *es* **um** (habe umgeschmolzen), bringe durch Schmelzen in eine andere Form. *ich* **schmelze zusammen, 1)** (habe zusammengeschmolzen) *es,* verschmelze (Metalle). **2)** *es schmilzt zusammen,* Ü wird weniger: *sein Vorrat ist rasch zusammengeschmolzen. die* **Schmelze,** *-/-n,* **1)** der durch Wärme flüssig gewordene Zustand eines Körpers: *Butterschmelze.* **2)** Vorgang des Schmelzens: *Schneeschmelze.* **schmelzend,** Ü schmachtend, gefühlvoll. *die* **Schmelzung,** *-/-en,* das Schmelzen.

⊠ Übergang eines Stoffes vom festen in den flüssigen Aggregatzustand durch Wärmezufuhr. Dies geschieht bei der **Schmelztemperatur** oder dem **Schmelzpunkt,** wo feste und flüssige Phase im Gleichgewicht sind. Dabei wird eine bestimmte Wärmemenge, die **Schmelzwärme,** aufgenommen, die keine Temperaturerhöhung, sondern nur das S. bewirkt. Die meisten Stoffe vergrößern ihr Volumen beim S.; Ausnahmen sind Wasser, Wismut und Gallium. Unter erhöhtem Druck liegt der Schmelzpunkt i. a. höher. Hat der flüssige Aggregatzustand die größere Dichte, so erniedrigt der Druck den Schmelzpunkt, bei Eis z. B. um 0,0075 °C/bar. Lösungen haben meist einen niedrigeren Schmelzpunkt als das reine Lösungsmittel **(Schmelzpunkterniedrigung).** Stoffgemische haben nur in wenigen Fällen (Eutektikum, chem. Verbindungen) einen bestimmten Schmelzpunkt, meist ein mehr oder weniger ausgedehntes Schmelzintervall.

Schmelzfarben, Emailfarben [em'a:j-], ✿ für keram. Farben.

Schmelzkäse, mit sauren Salzen im Vakuum geschmolzener Käse aus z. B. Emmentaler, Tilsiter, Chester allein oder mit Zusatz von Weichkäse (Limburger).

Schmelzkitt, →Kitte.

Schmelzkleber, von Lösungsmitteln freie Klebstoffe; sie sind bei Raumtemperatur fest (Pulver, Folien, Stangen) und werden beim Verkleben vorübergehend geschmolzen.

Schmelzmalerei, Schmelzarbeit, →Emailkunst.

Schmelz|ofen, ein →Industrieofen zum Schmelzen von Metallen. Im **Kesselofen** werden leicht schmelzbare Metalle (Zinn, Blei, Zink) und deren Legierungen, im **Tiegelofen** schwer schmelzbare Metalle, die vor dem offenen Feuer geschützt werden sollen, geschmolzen. Auf den Herden der **Flamm-** oder **Herdöfen** wird das Metall unmittelbar durch die darüber hinziehende Flamme erhitzt. Im **Schachtofen** rutscht das Metall mit den Brennstoffen nach unten in die Schmelzzone.

Schmelzschupper, Schmelzfische, Glanzfische, Ganoiden, ältere Bezeichnung für zwei Überordnungen der Knochenfische, deren wenige Arten vielfach Schmelz- oder Ganoidschuppen haben. Das Skelett ist bei den **Knorpelganoiden** (→Störe) knorpelig, bei den **Knochenganoiden** (→Flösselhechte, →Kahlhechte, →Knochenhechte) knöchern.

Schmelzspinnverfahren, das Erspinnen synthet. →Chemiefasern aus dem geschmolzenen Granulat, das mit Spinnpumpen aus Düsen ausgepreßt wird.

Schmelztuff, ⊕ der →Ignimbrit.

Schmer [ahd.; vgl. schmieren] *das* oder *der, -s,* **1)** ✿, *bes. norddt.:* Fett, v. a. rohes Schweinefett aus dem Bauchfettgewebe, auch Flomen oder Liesen genannt. **2)** *mitteldt.:* Schmiere. **Schmerbauch,** Ü dicker Bauch.

Schmerkraut, Fettkraut, mehrere Arten Sommerwurz.

Schmerlen, *Sg. die* **Schmerle,** -, *der* **Schmerl,** *-s,* **Beizker, Beitzger, Beißker** [ahd.], **Grundeln, Cobitidae,** zu den Karpfenartigen Fischen gehörende Fam. mit kleinen Schuppen, 6–10 Bartfäden an den wulstigen Lippen, manche Arten mit Darmatmung. **Schlammpeitzger (Schlammbeißer, Beitzger, Misgurnus fossilis),** 20–30 cm lang, schwärzlich und mit gelbbraunen Längsstreifen, in schlammigem Wasser, vor Gewitter unruhig (Wetterfisch; BILD Fische); **Steinbeißer (Dorngrundel, Cobitis taenia),** 10 cm lang, über Schlammgrund; **Bartgrundel (Noemacheilus barbatulus),** bis 15 cm lang, in klarem Wasser.

Schmerling [von schmieren] *der, -s/-e, österr.:* ein Röhrling (Pilz).

Schmerling, Anton Ritter von, österr. Politiker, *Wien 23. 8. 1805, † ebd. 23. 5. 1893, war in der Frankfurter Nationalversammlung Führer der Großdeutschen, von Juli bis Dez. 1848 auch Reichs-Min. des Innern und Reichsministerpräsident, dann 1849–51 österr. Justiz-Min. Seit 1860 Staats-Min., hatte er großen Anteil an der Ausarbeitung der zentralistisch-liberalen Verf. (›Februarpatent‹ v. 26. 2. 1861). Doch leisteten die nichtdeutschen Nationalitäten, bes. die Ungarn, der erstrebten Gesamtstaatsverfassung Widerstand; 1865 trat S. zurück.

Schmerwurz(el), 1) Gemeine S. (Tamus communis), einkeimblättrige windende Staude der Yamswurzelgewächse in Süd- und Westeuropa, Vorderasien, Nordafrika, mit herzförmigen Blättern, schleimiger Knolle, Ähren grünlicher, strahliger, zweihäusiger Blütchen und roten Beeren. **2)** andere Pflanzen, so Fettkraut, Fetthenne.

Schmerz [ahd.] *der, -es/-en,* ⚕ von der Haut oder von inneren Organen ausgelöste unangenehme oder quälende Empfindungen (vgl. unten); Ü den Geist unangenehm berührende Empfindungen, Kummer, Leid: *Schmerzgefühl; Schmerzbekämpfung; du machst mir S., Schmerzen,* tust mir weh; *mit Schmerzen, unter Schmerzen; ich habe dich mit Schmerzen erwartet,* Ü sehnsüchtig; *hast du sonst noch Schmerzen?,* Ü Wünsche. *es* **schmerzt** *mich, ihn,* auch *mir schmerzt etwas,* bereitet S., tut weh: *mir schmerzt der Kopf; es schmerzt mich,* macht mich traurig. **schmerzfrei,** ohne S. **schmerzhaft,** körperliche S. verursachend: *eine schmerzhafte Wunde. Subst. die* **Schmerzhaftigkeit,** -. **Schmerzenskind,** Sorgenkind. **schmerzlich,** Trauer, Kummer erregend: *ein schmerzlicher Verlust. Subst. die* **Schmerzlichkeit,** -. **schmerzlos,** nicht schmerzend. *Subst. die* **Schmerzlosigkeit,** -. **schmerzstillend,** den S. aufhebend oder herabsetzend: *schmerzstillende Mittel,* aber: *ein den S. stillendes Mittel.*

Physiologie. Jede Schmerzempfindung setzt einen S.-Reiz voraus; der **Oberflächenschmerz** wird an den Schmerzpunkten der Haut ausgelöst durch mechan., therm. oder chem. Reize. Allen Schmerzreizen gemeinsam ist eine Veränderung im Gewebe oder an der Zelloberfläche. Bei der thermisch oder chemisch ausgelösten Erregung werden körpereigene Stoffe freigesetzt, die die Erregung der Schmerzrezeptoren herbeiführen. Schmerzerregende Stoffe sind Wasserstoffionen (bes. bei Entzündungen), Kaliumionen, stärker erregend sind v. a. Histamin, Bradykinin, Serotonin. Die Erregungen der Schmerzrezeptoren der Haut werden über Schmerzfasern der peripheren Nerven dem Rückenmark und von dort dem Thalamus zugeleitet; von hier aus werden sie auf die Großhirnrinde übertragen. Der **Tiefenschmerz** (z. B. bei Prellungen, Quetschungen) wird von Nervenzentren in den Muskeln, in der Knochenhaut u. a. Organen erregt. Der **Eingeweideschmerz** wird v. a. durch Dehnung, Krämpfe und Sauerstoffmangel in den inneren Organen (z. B. Herz, Darm, Gallenblase) ausgelöst und über Nerven des vegetativen Nervensystems vermittelt. Starke schmerzhafte Vorgänge sind mit vegetativen Nebenwirkungen verbunden, die sich in Blässe, Schweißabsonderung, Erweiterung der Pupillen, Blutdruckänderungen bis zum Kollaps oder Verkrampfungen der Muskulatur äußern können. Bei vielen Krankheiten ist der S. ein begleitendes Symptom (z. B. bei Gallen- und Nierenkoliken). Hauptsymptom ist der S. z. B. bei Migräne und Neuralgien. Der S. gilt als Alarmsignal oder ›Hüter der Gesundheit‹, obwohl es auch lebensbedrohende Krankheiten gibt (z. B. Krebs, fortschreitende Niereninsuffizienz), die im Beginn, oft aber auch während des ganzen Verlaufs, keine S. hervorrufen. Besondere Formen des S. sind →Kausalgie und →Phantomschmerz.

Das **Schmerzerlebnis** gehört zu den Grunderlebnissen des Menschen, das ihm einerseits die Hinfälligkeit allen individuellen Lebens zum Bewußtsein bringt, andererseits ihm die sinnvolle Einpassung in seine Umwelt erleichtert. Unter bes. Umständen können S. an Bedeutung verlieren (z. B. in lebensbedrohenden Situationen). Dieses Verhalten hat sein körperl. Korrelat in der Tatsache, daß das aufweckende retikuläre System des Gehirns dämpfend auf das Schmerzzentrum im Thalamus einwirkt. Andererseits werden S. durch Erwartungsangst gesteigert. Daß Schmerzfreiheit durch Ablenkung, Suggestion, Hypnose und Verabreichung von →Placebos erreicht werden kann, deutet darauf hin, daß höhere Zentren der Hirnrinde eine hemmende Wirkung auf den Thalamus ausüben können. Der Oberflächenschmerz wird als ›hell‹, gut lokalisiert und nur mäßig affektbetont erlebt, während das Erlebnis des Tiefenschmerzes ›dumpf‹, ungenau bestimmbar und stark unlustbetont ist. – S. lösen gewöhnlich Flucht-, Abwehr- oder Aggressionsreaktionen aus. Ein überwiegend bis ausschließlich lustbetontes Schmerzerleben, der Masochismus, gilt als abnorm. – Zur Behandlung von Patienten mit chron. S. wurde die Einrichtung der **Schmerzklinik** geschaffen, die eine fachübergreifende Diagnose und Therapie anstrebt (in der Bundesrep. Dtl. erstmalig an der Univ. Mainz).

Schmerzbekämpfung, Maßnahmen zur Linderung oder Beseitigung von Schmerzen (→Anästhesie, →schmerzstillende Mittel).

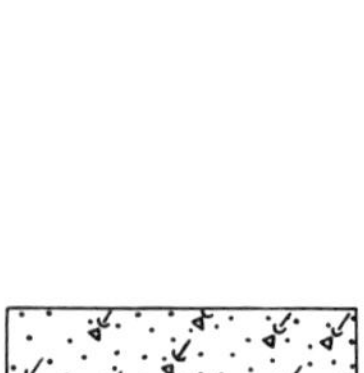

Schmerz: Verteilung der Druck- und Schmerzpunkte auf der Haut (Innenseite des Unterarms); die Gesamtfläche beträgt 1 cm² (nach Strughold, aus H. Rein/M. Schneider, ›Physiologie des Menschen‹)

1

2

3

4

5

6

7

8

Schmetterlinge: 1 Familie Ritterfalter: Apollofalter. **2** Familie Weißlinge: Zitronenfalter. **3** Familie Augenfalter: Schachbrett. **4–6** Familie Fleckenfalter: **4** Admiral, **5** Kleiner Fuchs, **6** Tagpfauenauge. **7** Familie Trägspinner: Nonne. **8** Familie Bärenspinner: Brauner Bär

Schmerzensgeld, ⚖ ein Schadensersatzanspruch, der bei Verletzung des Körpers, der Gesundheit oder der Freiheit für einen nicht vermögensrechtl. (immateriellen) Schaden verlangt werden kann. Die Höhe bestimmt sich nach Billigkeit und kann durch Vergleich mit ähnlich gelagerten Fällen (sog. S.-Tabellen) etwa bestimmt werden. Der Anspruch ist i. d. R. nicht übertragbar, nicht pfändbar und nicht verpfändbar (§ 847 BGB). – Dem Anspruch auf S. ähnlich ist der Anspruch wegen Verletzung des Persönlichkeitsrechts (nach § 823 BGB). Der auf Ersatz des immateriellen Schadens in Geld gerichtete Anspruch ist nur bei einer schweren ›Ehrverletzung‹ des Persönlichkeitsrechts, v. a. bei rechtswidriger Veröffentlichung von Tatsachen aus der Privatsphäre, gegeben und auch nur dann, wenn Genugtuung durch Unterlassen, Widerruf, Gegendarstellung u. ä. nicht erreicht werden kann.

In der Dt. Dem. Rep. kann S. in begrenztem Umfang bei Gesundheitsschäden verlangt werden (§ 338 Abs. 3 ZGB). Nach österr. Recht (§ 1325 ABGB) ist der Anspruch abtretbar und verpfändbar. Nach schweizer. Recht kann auch den Angehörigen eines Getöteten ein S. zugesprochen werden (Art. 47 und 49 OR).

Schmerzensmann, Erbärmdebild, Darstellung des leidenden Christus (→Andacht 2).

Schmerzensmutter, Mater dolorosa [lat.], die leidende Mutter Christi darstellendes →Marienbild.

schmerzstillende Mittel, Schmerzmittel, An|algetika, Antineuralgika, Arzneimittel, die die Erregbarkeit der Schmerzzentren im Gehirn für Schmerzreize herabsetzen; sie beeinflussen z. T. auch andere Funktionen des Zentralnervensystems. Stark wirksame s. M. sind bes. →Morphin und seine Abkömmlinge (z. B. Pethidin); mit wenigen Ausnahmen unterliegen sie alle den gesetzl. Vorschriften über die Verordnung von →Betäubungsmitteln. Schwächer wirksame s. M. sind meist gleichzeitig fiebersenkend, z. T. auch entzündungshemmend wirksam. Hierzu zählen Salicylsäure und Abkömmlinge (bes. Acetylsalicylsäure), Pyrazolabkömmlinge (z. B. Novaminsulfon), Phenacetin, Paracetamol u. a. Viele s. M. stellen Gemische mehrerer Stoffe dar, vielfach unter dem Zusatz von Coffein, Codein. Da alle s. M. Nebenwirkungen hervorrufen können, sollten sie nicht längere Zeit ohne ärztl. Rat eingenommen werden.

Schmetten [tschech. smetana] *der, -s, mitteldt., österr.:* Sahne, Rahm: *Schmettenkäse.*

Schmetterball, ein schnell und scharf zurückgeschlagener Ball, z. B. bei Tennis, Tischtennis, Badminton, Squash.

Schmetterlinge [wohl von Schmetten], *Sg. der* **Schmetterling,** *-s,* **Schuppenflügler, Lepidoptera,** weltweit verbreitete Insektenordnung mit etwa 150000 Arten. Die Verwandlung (Metamorphose, BILD Seidenspinner) ist vollständig: Auf das Ei folgen die →Raupe 1), dann die →Puppe und der Vollkerf (Falter). Die vielgestaltigen Raupen haben kauende Mundwerkzeuge, kurze Fühler, meist 6 Punktaugen. Sie sind oft bunt, glatt oder haben Warzen, Dornen, Haare. Die Puppen ruhen in einem von der Raupe gesponnenen Kokon im Boden oder hängen mit einem Spinnfaden an Bäumen, Steinen u. a.

Die Mundwerkzeuge sind saugend; der eingerollt getragene Rüssel kann die Körperlänge übertreffen. Mit dem Saugrüssel werden bes. Baum-, Blüten- und Fruchtsäfte aufgenommen; die Raupen leben meist von Blättern, Früchten, Samen, Rinde, Holz, Pilzen; einige, wie die Motten, fressen Haare, Horn, Federn, Wachs. Körper und Flügel der S. tragen dachziegelartig überdeckende Schuppen. Selten fehlen die Schuppen weitgehend, so daß die Flügel glasartig durchscheinend sind, z. B. bei der Fam. **Glasflügler (Aegeriidae).** Die Farben kommen durch Farbeinlagerungen und durch Lichtbrechung bei den Schillerfarben zustande (Pigmentfarben und Interferenzfarben). In der Regel sind 2 Paar Flügel vorhanden, das hintere Paar ist oft kleiner. Die 7 bis fast 100 Glieder der Fühler sind verschieden gestaltet. Das Geruchswahrnehmungsvermögen ist hoch entwickelt. Mit den großen Facettenaugen können Farben wahrgenommen werden. Gehörorgane zur Wahrnehmung von Ultraschall finden sich an der Grenze von Brust und Hinterleib, z. B. bei den **Eulen-S.** Häufig sind Duftdrüsen und Dufthaare bei beiden Geschlechtern. Die Duftstoffe werden auf große Entfernungen hin wahrgenommen, sie dienen dem Reizen und Anlocken des anderen Geschlechts (Sexuallockstoffe). Größe, Gestalt und Färbung der S. sind stark unterschiedlich. Bei Körperlängen zwischen 1 und 60 mm gibt es Flügelspannweiten von 3 bis 300 mm. Die Einteilung in Groß- und Klein-S., Tag- und Nachtfalter ist überholt. Man unterscheidet heute: die urtümlicheren **Jugatae** mit nur wenigen Familien, z. B. **Urmotten (Micropterygidae),** und die **Frenatae** (mit einer Haftborste, Frenulum, am basalen Vorderrand der Hinterflügel). Zu letzteren gehören die meisten S.-Familien.

Natürliche Feinde der S. und ihrer Entwicklungsstadien sind parasitische Raupenfliegen und Hautflügler, räuberische Insekten, Spinnen, Eidechsen, Vögel, Spitzmäuse. Viele S. sind Schädlinge durch den Raupenfraß an Kulturpflanzen oder durch Schäden an Vorräten und Wollwaren. (Weitere BILDER S. 592)

Schmetterlingsblüter, Papilionaceae, Fam. der Hülsenfrüchter. Die Blüten der S. sind einem fliegenden Schmetterling ähnlich; sie haben zehn Staubblätter, die alle oder bis auf eins scheidig verwachsen sind. Man nennt das hintere, meist größte Kron-

Schmetterlinge: 1 Familie Widderchen: Blutströpfchen. **2** Familie Schwärmer: Skabiosenschwärmer. **3** Familie Glasflügler: Hornissenschwärmer. **4** Familie Eulen: Rotes Ordensband. **5–8** Exotische S.: **5** Actias selene, Himalayagebiet. **6** Urania ripheus, Madagaskar. **7** Monarch, Nordamerika. **8** Calicore spec., tropisches Südamerika

blatt **Fahne,** die beiden seitlichen, schmaleren **Flügel,** die beiden vorderen, zu einer rinnen- oder kahnförmigen Hülle für die Geschlechtsorgane verwachsenen das **Schiffchen** oder den **Kiel.** (BILD Hülsenfrüchter)

Schmetterlingsfisch, Pantodon buchholzi, bis 15 cm langer Süß- und Brackwasserfisch in Westafrika, ist durch seine großen flügelartigen Brustflossen einer der wenigen → Fliegenden Fische des Süßwassers.

Schmetterlingshafte, Ascalaphidae, Fam. der Netzflügler, etwa 300 Arten, meist in tropisch-subtrop. Gebieten, mit großen buntgefleckten Flügeln; auf den Bergwiesen Süddeutschlands die Art **Ascalaphus macaronius.**

Schmetterlingsmücken, Psychodidae, Fam. der Mükken, dunkel gefärbte, schmetterlingsähnl. Insekten mit in Ruhe dachartig liegenden Flügeln; als Larven in faulstoffhaltigen Gewässern. Blutsaugende S. (Sandmücken) übertragen Krankheiten, z. B. das Dreitagefieber.

Schmetterlingsschwimmen, heutige Bez. für das → Delphinschwimmen.

schmettern [mhd., Schallwort]. *ich* **schmett(e)re, 1)** *es irgendwohin,* werfe krachend, schlage wuchtig: *er hat das Glas an die Wand geschmettert.* **2)** *es,* lasse laut tönen: *er schmetterte ein Lied.* **3)** U trinke (Alkoholisches): *wir wollen einen schmettern.*

Schmicke *die, -/-n, nd., fränk.:* Peitsche, Ende der Peitschenschnur.

Schmid, 1) Carlo, Völkerrechtslehrer und Politiker (SPD), * Perpignan (Südfrankreich) 3. 12. 1896, † Bonn 11. 12. 1979; 1945–53 Prof. für Völkerrecht in Tübingen, dann Prof. für polit. Wissenschaften in Frankfurt a. M. S. trat 1945–47 beim Aufbau von Württemberg-Hohenzollern hervor, war 1948–49 Mitgl. des Parlamentar. Rats (maßgeblich an der Ausarbeitung des GG beteiligt), 1949–72 MdB., 1949–66 und 1969–72 Vizepräs. des Bundestages, 1966–69 Bundesrats-Min. – Publizistische und wissenschaftl. Arbeiten, Übersetzungen romanischer Autoren. Er schrieb: ›Erinnerungen‹ (1979).

2) Christoph von (seit 1837), kath. Theologe, Pädagoge und Schriftst., * Dinkelsbühl 15. 8. 1768, † Augsburg 3. 9. 1854 als Domherr, schrieb die ›Biblische Geschichte für Kinder‹ (6 Bde., 1801) und vielgelesene Erz. (z. B. ›Rosa von Tannenburg‹).

3) Hermann von (seit 1876), österr. Volksschriftst., * Waizenkirchen (OÖ) 30. 3. 1815, † München 19. 10. 1880, schrieb Erzählungen aus dem bayer. Volksleben (›Der bayer. Hiesel‹), Volksstücke (›Die Z'widerwurz'n‹, 1878), historische Romane.

Arno Schmidt

Carlo Schmid

Schmidt, 1) Arno, Schriftst., * Hamburg 18. 1. 1914, † Celle 3. 6. 1979, schrieb phantastisch-bizarre Erz. und Romane, in denen er mit der Sprache und neuen Erzählformen experimentiert. Das umfangreiche Werk ›Zettels Traum‹ (1970) ist bes. von J. Joyce, S. Freud und E. A. Poe beeinflußt. S. hat durch Biographien (›Fouqué und einige seiner Zeitgenossen‹, 1958), Essays, Übersetzungen viel zu einer neuen Bewertung älterer Autoren und Werke beigetragen (J. K. Wezel, W. Collins, E. Bulwer-Lytton, J. F. Cooper).

WW: *Erzählendes:* Leviathan (1949); Brand's Halde (1951); Aus dem Leben eines Fauns (1953); Das steinerne Herz (1956); Die Gelehrtenrepublik (1957); Rosen & Porree (1959); Kaff, auch Mare Crisium (1960); Die Schule der Atheisten (1972); Abend mit Goldrand (1975). – *Essays:* Dya na sore (1958); Belphegor (1961); Sitara und der Weg dorthin (1963, über Karl May); Nachrichten von Büchern und Menschen (1971).

2) Eberhard, Strafrechtslehrer, * Jüterbog 16. 3. 1891, † Heidelberg 17. 6. 1977, u. a. Prof. in Breslau, Göttingen und Heidelberg. S. befürwortete eine rechtsstaatl. und spezialpräventive Kriminalpolitik; schrieb ›Lehrkommentar zur Strafprozeßordnung‹, 3 Bde. (1952–60), ›Dt. Strafprozeßrecht‹ (1967).

3) Erich, Literarhistoriker, * Jena 20. 6. 1853, † Berlin 29. 4. 1913, Prof. in Straßburg, Wien, Berlin. Als Schüler W. Scherers wandte er dessen positivist. Methode v. a. auf Gestalten und Probleme des klass. Zeitraums an (›Lessing‹, 2 Bde., 1884–92). Er entdeckte 1887 Goethes ›Urfaust‹.

4) Franz, österr. Komponist, * Preßburg 22. 12. 1874, † Perchtoldsdorf (bei Wien) 11. 2. 1939, schuf Opern (›Notre Dame‹, 1914), Orgelwerke, Kammer-, Orchestermusik und das Oratorium ›Das Buch mit sieben Siegeln‹ (1938).

5) Fritz, Betriebswirtschaftler, * Wahrenbrück (Sachsen) 13. 1. 1882, † Oberursel (Taunus) 1. 2. 1950, Prof. in Frankfurt a. M., untersuchte bes. die Zusammenhänge zw. Betriebswirtschaft und Konjunktur (→ Bilanztheorie).

6) Guido, österr. Politiker, * Bludenz 15. 1. 1901, † Wien 5. 12. 1957; 1936–38 Staatssekretär, dann bis März 1938 Außen-Min.; S. vertrat den ›Deutschen Kurs‹ (Versuch, konservative Großdeutsche für ein eigenständiges Österreich zu gewinnen, um den Anschluß an das Dt. Reich zu verhindern); er wurde 1947 von der Anklage wegen Hochverrats freigesprochen.

7) Helmut, Politiker (SPD), * Hamburg 23. 12. 1918, seit 1953 mit Unterbrechung (1962–65) MdB., 1961–65 Innensenator in Hamburg, 1967–69 SPD-Fraktionsvors. im Bundestag, 1968–84 stellvertretender Bundesvors. der SPD, 1969–72 Bundesverteidi-

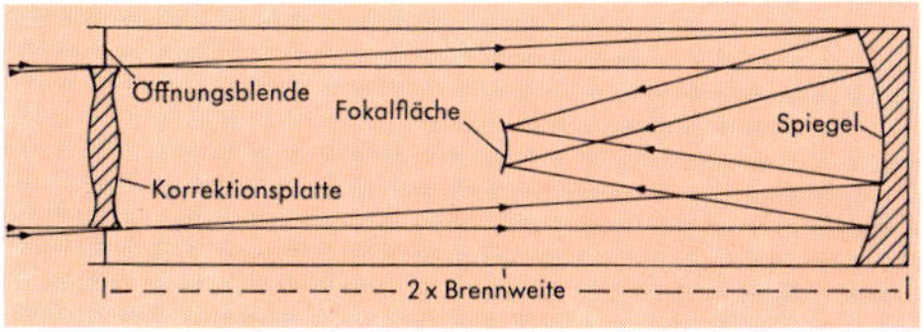

Schmidt-Spiegel

gungs-, 1972–74 Bundesfinanz-, 1972 auch Bundeswirtschafts-Min., übernahm nach dem Rücktritt W. Brandts (SPD) 1974 dessen Amt als Bundeskanzler an der Spitze einer SPD/FDP-Regierung (1976 und 1980 erneut in dieses Amt gewählt). Innenpolitisch sah sich S. bes. mit wirtschafts- und sozialpolit. Fragen (Wirtschaftsförderung, Bekämpfung der Arbeitslosigkeit) sowie mit energie- und rechtspolitischen Problemen konfrontiert (Diskussion um die Kernenergie; Bekämpfung des Terrorismus). Außenpolitisch betonte er die Zusammenarbeit der westl. Staaten im Rahmen der NATO und der EG und setzte auf einer pragmat. Linie die Ost- und Deutschlandpolitik seines Vorgängers fort. Er trat für den NATO-Doppelbeschluß ein. Nach dem Auseinanderbrechen der SPD/FDP-Koalition löste ihn der Bundestag am 1. 10. 1982 im Rahmen eines konstruktiven Mißtrauensvotums durch H. Kohl (CDU) ab (→ Deutsche Geschichte). 1983 wurde S. Mit-Hg. der Ztschr. ›Die Zeit‹.

Karl Schmidt-Rottluff: Nächtliche Häuser, 1912

8) Johannes, Sprachforscher, * Prenzlau 29. 7. 1843, † Berlin 4. 7. 1901, Prof. in Graz und Berlin, begründete die Auffassung von der allmählichen räuml. Verbreitung sprachl. Neuerungen (Wellentheorie).

9) Martin Johann, genannt **Kremser-Schmidt,** österr. Maler, * Grafenwörth (NÖ) 25. 9. 1718, † Stein a. d. Donau 28. 6. 1801, schuf, in Venedig geschult, aber auch von Rembrandt beeinflußt, spätbarocke Deckenfresken (Dürnstein, Göttweig) und Altarbilder (Melk, Krems), Zeichnungen und Radierungen.

10) Wilhelm, Ingenieur, * Wegeleben (Harz) 18. 2. 1858, † Bethel 16. 2. 1924, erfand die Heißdampflokomotive.

11) Wilhelm, Ethnologe, * Hörde 16. 2. 1868, † Freiburg (Schweiz) 10. 2. 1954; 1927–39 Direktor des Päpstl. Ethnolog. Museums im Lateran, 1939–48 Prof. in Freiburg (Schweiz). S. trat besonders durch seine Lehre vom → Urmonotheismus hervor.

Schmidtbonn, Wilhelm, eigtl. W. **Schmidt,** Schriftst., * Bonn 6. 2. 1876, † Bad Godesberg 3. 7. 1952. Sein dramat. Erstlingswerk ›Mutter Landstraße‹ (1901) war kennzeichnend für die Wendung der dt. Literatur vom Naturalismus zur Neuromantik; ferner: Erzählungen, Gedichte, Romane.

Schmidt-Isserstedt, Hans, Komponist und Dirigent, * Berlin 5. 5. 1900, † Holm (bei Hamburg) 28. 5. 1973, trat bes. als Mozart-Interpret hervor.

Schmidt-Rohr, ein periodisch arbeitendes Verpuffungsstrahltriebwerk (→ Strahltriebwerk).

Schmidt-Rottluff, Karl, Maler und Graphiker, * Rottluff bei Chemnitz 1. 12. 1884, † Berlin (West) 10. 8. 1976, gründete 1905 mit E. L. Kirchner und E. Heckel die ›Brücke‹ und lebte seit 1911 meist in Berlin, wo er seit 1947 an der Akademie lehrte. Seine mit heftigen Farben und derben Umrissen gemalten Bilder gehören zu den frühesten des Expressionismus, dessen führender Meister er wurde. Eindrücke von afrikan. Kunst verstärkten seine Neigung zu grobkantigen Formen, die den Stil seiner kraftvollen Holzschnitte bestimmen. Später wandelte sich seine Kunst zu klarer, zügiger Form und lichteren Farben.

Schmidt-Spiegel, Schmidt-Optik [n. dem Optiker B. V. Schmidt, * 1879, † 1935], ein sehr lichtstarkes Abbildungssystem für astronom. Spiegelfernrohre (→ Spiegelteleskop), auch für die Projektion von Fernsehbildern. Die Abbildungsfehler des Kugelspiegels werden durch Anordnung der Eintrittspupille im Krümmungsmittelpunkt des Hohlspiegels sowie durch eine besondere Korrektionsplatte **(Schmidtsche Platte)** innerhalb der Öffnungsblende beseitigt. (Weiteres BILD astronomische Instrumente)

Helmut Schmidt

Schmied [ahd.] *der, -(e)s/-e,* **1)** Handwerker (vgl. unten): *der S. seines Glückes,* Ü jemand, der sein Schicksal selbst gestaltet. **2)** Käferfamilie, → Schnellkäfer. *die* **Schmiede,** *-/-n,* Werkstatt des Schmiedes. *ich* **schmiede** *es,* **1)** forme Metall in glühendem Zustand (vgl. unten). **2)** Ü erdenke: *sie schmieden Pläne.* **schmiedig,** *nd.:* geschmeidig.

Der S. ist handwerklicher und industrieller Ausbildungsberuf (3–3½ Jahre; Weiterbildung zum Meister); Berufsordnungen: Stahl-, Behälter-, Kupfer-S. und verwandte Berufe. Der S. bearbeitet v. a. glühenden Stahl durch Handarbeit am Amboß oder mit Maschinen.

Beim Schmieden werden Stahl und andere Metalle auf Hämmern, Pressen, Schmiede-(Stauch-)Maschinen und Reckwalzen oder auf dem Amboß mit dem Handhammer warmumgeformt. Das auf Schmiedetemperatur erwärmte Werkstück erhält seine Form beim **Freiformschmieden** durch Recken, Breiten und Stauchen zw. flachen Werkzeugen (Sätteln). Durch **Gesenkschmieden** werden räumlich geformte Werkstücke in mehrteiligen Werkzeugen (→ Gesenk 1), die das Werkstück ganz umschließen, hergestellt. Das Schmieden verbessert das Werkstoffgefüge; es werden Werkstücke hoher Festigkeit erzielt. Maschinen sind v. a. Gesenkschmiedehämmer und hydraul. Freiformpressen. Daneben werden zum Gesenkschmieden mechan. Pressen eingesetzt, die gleichzeitig günstige Voraussetzungen für eine Automatisierung des Schmiedeprozesses bieten. Heutige Präzisionsschmiedestücke bedürfen i. a. keiner spanenden Nachbearbeitung mehr.

Karl Schmidt-Rottluff: Frauenkopf; Holzschnitt

Schmiedeberg, 1) Bad S., Stadt im Kr. Wittenberg, Bez. Halle, (1973) 5000 Ew., südl. von Wittenberg in der Dübener Heide, Eisenmoorbad, Luftkurort; Tonwaren-Ind., chem. Ind. **2) S. im Riesengebirge,** poln. **Kowary,** Stadt und Luftkurort in der poln. Wwschaft Jelenia Góra (Hirschberg im Riesengebirge), (1979) 12000 Ew., in Niederschlesien, am N-Fuß des östl. Riesengebirges; Porzellan-, Möbel-, Metallwaren-, Textil-Ind., Webereien (Teppiche); Kirchen (16. und 18. Jh.), Rathaus (1786–89).

Schmiede|eisen, schmiedbares Eisen, heute → Stahl.

Schmiedekunst. Das Schmieden von Eisen gehört zu den ältesten Handwerken der Menschheit. Die S. der Antike ist nur aus Schriftquellen und bildl. Darstellungen (Vasen) bekannt. Aus dem 11. und 12. Jh. stammen als früheste erhaltene Arbeiten des MA. Gitter und Türbeschläge (Notre-Dame in Paris, 13. Jh.), ferner Stand- und Radleuchter, Truhenbeschläge, Türklopfer und Kaminböcke. Seit dem 14. Jh. wurden phantasievolle Fackelhalter, Laternen u. a. in Italien, bes. in Florenz, gearbeitet. In der späteren Gotik kamen naturalist. Laubwerk und Blumenranken auf. Im 16. Jh. war Dtl. führend (Gittertüren, Brunnenlauben), bes. in der Waffen-S. Die von ihr ausgehenden Verfahren des Eisenschnitts, der Gravierung, Ätzung, Bläuung und Vergoldung wurden z. T. auch auf andere Schmiedearbeiten angewandt. Im Barock und Rokoko entstanden Gittertüren, Chorgitter, Balkon- und Treppengeländer, Brunnenlauben und Wirtshausschilder. Im frühen 19. Jh. wurde die S. vielfach durch den Eisenguß verdrängt. Erst im 20. Jh. brachte sie wieder hochwertige Leistungen hervor.

Schmiedekunst: Grabkreuz aus dem Erzgebirge, Anfang des 19. Jh.

Schmiedekunst: LINKS Tabernakelgitter aus Bredelaer, 13. Jh. (Marburg a. d. Lahn, Museum); RECHTS Gittertür im Osttrakt des Stifts St. Florian, 18. Jh.

Schmiege *die, -/-n,* **1) Schrägmaß, Schrägwinkel, Stellmaß, Stellwinkel,** ein Winkel-Meßgerät mit einem verstellbaren Schenkel, wird bei der Metall- und Holzbearbeitung oder als Hilfsmittel beim Zeichnen und Anreißen benutzt. **2)** Klappmaßstab.

schmiegen [mhd.]. *ich* **schmiege (an), 1)** *es,* passe einer Form an, biege nach einer Form. **2)** *mich an ihn, etwas,* U passe mich geschmeidig an; drücke mich kosend, hilfesuchend an, lehne mich an. **schmiegsam,** leicht einer Form anzupassen; U anpassungsfähig. *Subst. die* **Schmiegsamkeit,** -.

Schmiele [mhd., zu schmal] *die, -/-n,* **Deschampsia,** Gatt. der Süßgräser in der kalten und gemäßigten Zone, einige auch in trop. Gebirgen. Wichtiges Futtergras, das zur Verbesserung sumpfiger Wiesen angebaut wird, ist die **Rasen-** oder **Goldschmiele (Deschampsia caespitosa).** Zur Gatt. **Zwergschmiele (Aira)** gehört u. a. die **Haarschmiele (Schleiergras, Aira elegans** oder **capillaris),** ein Rispengras des Mittelmeergebiets mit silberweißen Ährchen auf haarfeinen Stielen.

Schmier [von Schmer] *das, -s, md.:* **1)** Schmer (Fett). **2)** Schmiere. *ich* **schmiere, 1)** *es,* streiche, bestreiche etwas dick: *ich schmiere Butterbrote; das hat er mir mehrfach aufs Butterbrot geschmiert,* U etwas für mich Unangenehmes wiederholt hervorgehoben; *sie schmiert ihm Honig um den Mund,* U schmeichelt ihm. **2)** *es,* fette ein, behandle mit Schmiermitteln: *es geht wie geschmiert,* U klappt reibungslos. **3)** *ihn* U besteche. **4)** *ihm eine,* U gebe ihm eine Ohrfeige. **5)** schreibe, male unsauber, schlecht, kleckse. **6)** Kartenspiel: gebe hohe Karten in den Stich des Mitspielers. *ich* **schmiere ab, 1)** *es,* ⚙ führe Schmiermittel zu. **2)** *es,* U schreibe ab. **3)** *ihn,* U verprügele. **4)** *ein Flugzeug schmiert ab,* kippt ab. *ich* **schmiere an, 1)** *es,* beschmiere. **2)** *ihn,* U betrüge, täusche, verkaufe ihm schlechte Ware: *ich wurde von ihm angeschmiert. ich* **schmiere** *es* **ein, 1)** bestreiche, fette ein. **2)** U mache schmutzig. *ich* **schmiere** *es* **zu,** bedecke durch Schmieren. *die* **Schmiere,** *-/-n,* **1)** fettig-klebrige Masse, Schmiermittel, Salbe: *Wagenschmiere.* **2)** klebriger Schmutz. **3)** U Prügel. **4)** schlechtes, kleines Theater; kümmerliche Wanderbühne: *Schmierenkomödiant.* **5)** [jidd. schmire ›Wacht‹]: *zwei Leute haben Schmiere gestanden,* G Wache gestanden (bei einem Verbrechen oder bösen Streich). *die* **Schmiererei,** *-/-en,* etwas, das verschmiert ist oder unsauber geschrieben. **Schmierfink,** U **1)** schmutziger Mensch. **2)** ein Mensch mit schlechter Handschrift. **Schmiergeld,** Bestechungsgeld. **Schmierheft,** ein Heft für erste Entwürfe, Kladde. **schmierig, 1)** klebrig-fettig, salbenartig. **2)** schmutzig-abgegriffen: *ein schmieriges Buch.* **3)** U unangenehm-freundlich, kriecherisch: *ein schmieriger Mensch; ein schmieriges Lachen,* schadenfrohes, gemeines.

Schmierfette, pastöse Schmierstoffe, die aus einem flüssigen Schmiermittel (Grundöl) und einem darin dispergierten Dickungsmittel bestehen. S. können außerdem Additive enthalten. S. werden u. a. zur Schmierung von Wälzlagern, Gleitlagern und Gleitbahnen beim Stapellauf verwendet.

Schmier|infektion, ⚕ Übertragung ansteckenden Materials (Auswurf, Eiter, Stuhl oder Harn) durch Unsauberkeit, mangelnde sanitäre Einrichtungen u. a.

Schmieröle, flüssige Schmierstoffe, die je nach Verwendungszweck als Maschinen-S., Motoren-, Getriebe-, Dampfzylinder- und Turbinenöle, Kühlschmierstoffe u.a. bezeichnet werden. Die wichtigste Eigenschaft von S. und Grundlage für ihre Klassifizierung ist die Viskosität, die Alterungsbeständigkeit (bes. bei therm. Belastung) und Kältebeständigkeit (→Stockpunkt). Die niedrigviskosen Fraktionen werden dabei meist als **Spindelöle,** die höherviskosen als **Maschinenöle** bezeichnet.

Schmierung, Zuführung von Schmierstoffen zur Reibungs- und Verschleißminderung bewegter Maschinenteile (Lager, Zahnräder, Gleitbahnen), oft zugleich zur Abfuhr von Reibungswärme. Konsistente Fette werden von Hand durch Staufferbüchsen oder Fettpressen über Schmiernippel und selbsttätig durch angetriebene **Kolbenschmierpumpen (Pumpen-S.)** zugeführt. Bei der **Frisch-S.** oder **Frischöl-S.** gelangt immer frisches Öl durch eine Dosierpumpe an die Schmierstellen oder als Beimischung zum Kraftstoff **(Gemisch-S.)** bei Zweitaktmotoren. Bei der **Umlauf-S.** fließt das an die Lager durch umlaufende Ringe **(Ring-S.),** bei der **Druckumlauf-S.** meist über eine Zahnradpumpe geförderte Öl über einen Ölsumpf und Filter wieder in den Vorratsbehälter zurück. Bei der **Tauch-S.** wird das Schmieröl durch Eintauchen umlaufender Teile aus dem Ölvorrat geschöpft, z. B. bei Zahnrädern. Ist eine Schmierfilmausbildung wegen zu geringer Relativgeschwindigkeit oder aus konstruktiven Gründen nicht möglich, setzen **Trockenschmiermittel** Verschleiß und Reibung herab.

Schminke [spätmhd.] *die, -/-n,* fettlöslicher Farbstoff aus ungiftigen Anilin- und Pigmentfarben zum Färben von Haut, Lippen, Wimpern und Augenbrauen; über Make-up →Kosmetik; allg. Völkerkunde: →Körperbemalung. *ich* **schminke, 1)** *mich, ihn, es,* färbe mit S., mache zurecht (für Bühne, Film, Fernsehen). **2)** *es,* U färbe schön: *eine geschminkte Darstellung der Ereignisse. ich* **schminke** *mich, ihn* **ab,** entferne die S.

Schminkwurz(el), ⚘ Volksname für verschiedene Pflanzen, z. B. Schöllkraut, Echte Weißwurz.

Schmirgel *der, -s/-,* **1)** [nhd. über ital. aus grch.] feinkörniges, sehr hartes Mineral, Abart des Korund, bes. auf der Insel Naxos; als Schleifmittel ist S. heute meist durch synthet. Korund ersetzt. **2)** [zu schmieren] versch. saftige Pflanzen, z. B. Sumpfdotterblume, Scharbockskraut. *ich* **schmirg(e)le** *es* **(ab), 1)** putze, schleife mit S. **2)** *es schmirgelt, oberdt.:* riecht nach ranzigem Fett.

Schmirgelpapier, →Sandpapier.

Schmiß [von schmeißen] *der, Schm'isses/Schm'isse,* **1)** student. Verbindungen: bei einer Mensur erhaltene Hiebwunde und ihre Narbe. **2)** U Schwung: *sein Auftreten hat S.* **3)** *meist Pl., nd.:* Prügel. **4)** *oberdt., mitteldt.:* Regen mit Sturm. **5)** *oberdt., mitteldt.:* Schmutz, Kot, Auswurf. **schmissig,** U schwungvoll.

Schmitt, Carl, Staatsrechtslehrer, * Plettenberg (Sauerland) 11. 7. 1888, † ebd. 7. 4. 1985, war Prof. u. a. in Berlin (1933–45), Kritiker des Parlamentarismus, Verfechter der Freund-Feind-Theorie (die Freund-Feind-Bestimmung gilt als Grundkategorie des politischen Handelns) und der Autorität des Staates, damit lebhaft umstritten.

HW: Polit. Romantik (1919); Die Diktatur (1921); Verfassungslehre (1928); Der Begriff des Politischen (1928); Legalität und Legitimität (1932); Verfassungsrechtl. Aufsätze aus den Jahren 1924–54 (1958); Politische Theologie II (1970).

Schmitthenner, Paul, Architekt, * Lauterburg (Elsaß) 15. 12. 1884, † München 11. 11. 1972, baute in schlichter, materialgerechter Bauweise Einfamilienhäuser (bes. in Stuttgart), Schule in Stuttgart-Zuffenhausen (1930), Königin-Olga-Bau in Stuttgart (1950–53).

Schmitz [mhd.] *der, -es/-e,* ✂ **1)** Hieb, Schmiß. **2)** Klecks, Fleck. **3)** ⎙ verwischter Druck. *ich* **schmitze** *ihn, es,* **1)** schlage. **2)** beschmutze, beflecke. **3)** färbe. *die* **Schmitze,** *-/-n, oberdt.:* Peitsche, Ende der Peitschenschnur.

Schmitz, Bruno, Architekt, * Düsseldorf 21. 11. 1858, † Berlin 27. 4. 1916, wurde bekannt durch monumentale Denkmalbauten: Kaiser-Wilhelm-Denkmäler auf dem Kyffhäuser (1891 bis 1896), an der Porta Westfalica (1892–96), am Dt. Eck in Koblenz (1894–97); Völkerschlachtdenkmal in Leipzig (1898–1913).

Schmitze *die, -/-n,* ⊕ linsenförmige, seitlich schnell auskeilende Einlagerung mit anderer Zusammensetzung als das umgebende Gestein, z. B. **Kohle-S.**

Schmock *der, -(e)s/-e, ⁼e* oder *-s,* gesinnungsloser Journalist (nach einer Gestalt in G. Freytags Lustspiel ›Die Journalisten‹).

Schmok [zu schmauchen] *der, -s, nd.:* **1)** Rauch. **2)** Holz- und Sägespäne. *der* **Schmök,** *-s, nd.:* Tabakspfeife. *ich* **schmoke, schmöke** *es, nd.:* rauche. *der* **Schmöker,** *-s/-,* **1)** *nd.:* Raucher. **2)** U dickes Buch; Buch der leichten Unterhaltung. *ich* **schmök(e)re,** U blättere in Büchern; vertiefe mich in Bücher meist leichter Art. **schmokig,** *nd.:* verräuchert.

Schmolck, Benjamin, evang. Theologe, * Brauchitschdorf (bei Liegnitz) 21. 12. 1672, † Schweidnitz 12. 2. 1737 als Oberpastor, dichtete weit über tausend Kirchenlieder (z. B. ›Was Gott tut, das ist wohlgetan‹).

Schmölders, Günter, Finanzwissenschaftler und Sozialökonom, * Berlin 29. 9. 1903, begründete die sozialökonom. Verhaltensforschung und die Geld- und Finanzpsychologie.

HW: Allg. Steuerlehre (1951); Finanzpolitik (1955); Geldpolitik (1962); Psychologie des Geldes (1966); Sozialökonom. Verhaltensforschung (1973).

schmollen [mhd.]. *ich* **schmolle, 1)** *mit ihm,* trotze, zeige meinen Unwillen, schweige verärgert. **2)** *oberdt.:* lächle, schmunzle.

Schmoller, Gustav von (seit 1908), Volkswirtschaftler, * Heilbronn 24. 6. 1838, † Bad Harzburg 27. 6. 1917, Hauptvertreter der jüngeren histor. Schule der dt. Volkswirtschaftslehre, die im Unterschied zur klass. Nationalökonomie die Aufgabe der Wirtschaftswiss. in historisch-beschreibender Einzelforschung sah. Er war Mitgründer des ›Vereins für Socialpolitik‹ und setzte sich für eine staatliche sozialpolit. Aktivität ein. Seit 1881 gab er das ›Jb. für Gesetzgebung, Verwaltung und Volkswirtschaft‹ (seit 1913 ›Schmollers Jb. für Wirtschafts- und Sozialwiss.‹) heraus.

HW: Über einige Grundfragen der Sozialpolitik und der Volkswirtschaftslehre (1898); Grundriß der allgemeinen Volkswirtschaftslehre, 2 Bde. (1900, 1904).

schmollis!, student. Verbindungen: Zuruf beim Trinken. *das* **Schmollis,** *-/-,* student. Trinkgruß: *wir trinken Schmollis,* schließen Brüderschaft.

Schmölln, Krst. im Bez. Leipzig, (1983) 12400 Ew., am Südrand der Leipziger Tieflandsbucht; Metall-, Holz-, Textil-, Leder- u. a. Industrie.

Schmonzes [jidd.] *der, -/-,* U leeres Gerede.

Schmorbraten, ein Stück vom Rind, das an allen Seiten angebraten, mit Möhren, Lauch, Petersilie, Sellerie, Fleischbrühe und Gewürz langsam gegart wird.

schmoren [nd.]. *ich* **schmore, 1)** *es,* dämpfe, koche nach dem Anbraten langsam im geschlossenen Topf. **2)** U habe es sehr warm:

wir haben in der Hitze geschmort. **3)** U warte lange: *wir mußten lange schmoren, bevor wir das Prüfungsergebnis erfuhren.* **4)** *nd.:* rauche. **5)** *es schmort,* wird langsam gar.

schmorgen. *ich* **schmorge,** *westmitteldt.:* darbe, geize.

Schmu [jidd.] *der, -s,* U unlauterer Vorteil, leichter Betrug: *ich habe S. gemacht,* mir durch kleinen Betrug einen Vorteil verschafft.

schmuck [mhd., zu schmiegen], hübsch, nett, fein. *ich* **schmücke** *mich, ihn, es,* verziere, putze; lege Schmuck an: *der reichgeschmückte Saal,* aber: *der Saal war reich geschmückt; er schmückt sich mit fremden Federn,* Ü gibt fremde Verdienste als eigene aus. *ich* **schmücke** *es* **aus,** füge hinzu, um es schöner zu machen: *er hat die Erzählung mit Einzelheiten ausgeschmückt,* Ü.

Schmuck [zu schmiegen] *der, -(e)s,* Zierde, Verschönerung, auch die schmückenden Gegenstände, z. B. Diadem, Ring, Fibel. (→Goldschmiedekunst)

S. von Körper und Kleidung findet sich zu allen Zeiten und bei allen Völkern; er diente häufig der Betonung einer sozialen Rolle (z. B. Krone und Zepter als Rang- und Herrschaftszeichen), auch der Hortung und Schaustellung von Reichtum. Bisweilen dienen Schmuckstücke als Abwehrzauber u. ä. (→Amulett), oder sie haben prakt. Funktionen (z. B. zum Zusammenhalten der Kleidung). – Bei Naturvölkern gelten als S. bes. künstl. Veränderung einzelner Teile des Körpers (→Körperverstümmelung), ferner das Anlegen von Gras- und Bastgeflechten, Blumen- und Muschelketten, eisernen und silbernen Ringen und Gehängen, buntem Feder- und Fellwerk oder kunstvoll eingefärbten Stoffen (→Batik). Wirtschaftliches. Zur **Schmuckwaren-Ind.** in der Bundesrep. Dtl. gehörten (1983) 720 Betriebe mit insgesamt 14500 Beschäftigten, der Umsatz betrug 1,8 Mrd. DM (940 Mio. DM Auslandsumsatz). Der Hauptstandort ist Pforzheim (73% des Umsatzes), daneben Idar-Oberstein, Kaufbeuren-Neugablonz, Schwäbisch Gmünd, Hanau.

Schmücke *die,* Höhenzug im NO des Thüringer Beckens, nordwestliche Fortsetzung der →Finne.

Schmuckkörbchen, Cosmos, eine tropisch-amerikan. Korbblütergatt.; mehrere Arten sind Zierpflanzen.

Schmucklilile, Liebesblume, Agapanthus, südafrikan. Gatt. der Liliengewächse mit Schwertblättern und blauer oder weißer Dolde tiefspaltiger Trichterblüten.

Schmuckmalve, die →Schönmalve.

Schmuckvögel, die →Kotingas.

schmuddeln. *ich* **schmudd(e)le,** U mache etwas schmutzig, arbeite unsauber. **schmudd(e)lig,** U unsauber, schmutzig: *sie sieht schmuddelig aus; eine schmuddelige Bluse.* **Schmuddelwetter,** U Schneeregen.

Schmude, Jürgen, Politiker (SPD), * Insterburg 9. 6. 1936, Jurist, seit 1969 MdB., 1978–81 Bundes-Min. für Bildung und Wiss., 1982 Bundesjustiz-Min., seit 1985 Präses der Synode der Evang. Kirche in Dtl. (EKD).

schmudig, *oberdt.:* drückend heiß, schwül.

Schmuel-Buch, bedeutendstes Epos der altjidd. Lit., verfaßt von Mosche Esrim Wearba (vermutlich Wanderprediger) in der 2. Hälfte des 15. Jh. im fränkisch-alemann. Grenzgebiet.

Schmuggel [nd., zu schmiegen] *der, -s,* das Verbringen von Sachen über die Grenze unter Verletzung der Zollvorschriften; nach der Abgabenordnung die **Zollhinterziehung** und die verbotswidrige Ein-, Aus- oder Durchfuhr von Gegenständen ohne Gestellung bei den Zollbehörden **(Bannbruch).** Der S. ist strafbar. *ich* **schmugg(e)le, 1)** treibe S. **2)** *mich, ihn, es in, durch, über etwas,* komme, bringe heimlich hinein, hindurch, hinüber. *ich* **schmugg(e)le** *mich, ihn, es* **ein, hinaus,** komme, bringe heimlich hinein oder hinaus. *die* **Schmuggelei,** *-/-en,* das Schmuggeln. *der* **Schmuggler,** *-s/-,* jemand, der schmuggelt: *Schmugglerbande.*

schmunzeln [mhd.]. *ich* **schmunz(e)le** *über ihn, etwas,* lächle verstohlen, schalkhaft.

Schmuris *der, -, schweizer.:* eine Mehlspeise.

schmürzeln. *ich* **schmürz(e)le, 1)** *alemann.:* knausere. *Adj.* **schmürz(e)lig. 2)** *es schmürzelt, südwestdt.:* riecht angebrannt.

Schmus [jidd., zu Schmu] *der, -es,* U leeres Gerede, Geschwätz. *ich* **schmuse,** U **1)** biedere mich an, rede viel. **2)** *mit ihm,* tausche Zärtlichkeiten. *der* **Schmuser,** *-s/-,* jemand, der schmust. *Subst. die* **Schmuserei,** *-/-en.*

schmustern. *ich* **schmust(e)re,** *nd.:* schmunzele.

Schmutz [mhd.] *der, -es,* **1)** Unreinlichkeit jeder Art, Dreck: *Schmutzfänger; Schmutzfleck; Schmutzwasser; mit S. bedeckt; sein Andenken wurde in den S. gezogen,* Ü geschmäht. **2)** *alemann.:* Fett, Schweineschmalz. **3)** *schwäb.:* Platzregen. *es* **schmutzt,** nimmt leicht S. an, ist schwer sauberzuhalten. **Schmutzfink,** U unreinlicher Mensch. **schmutzig, 1)** unsauber, dreckig: *schmutzige Wäsche; wir wollen doch keine schmutzige Wäsche waschen,* Ü Privates aus der Intimsphäre an die Öffentlichkeit bringen. **2)** Ü unanständig, gegen Anstand und Sitte verstoßend. **3)** *oberdt.:* geizig. **Schmutztitel,** Blatt vor dem Titelblatt, oft mit Kurztitel oder Verlagssignet bedruckt.

Schmutz und Schund, →Schundliteratur.

Schnabel [ahd.] *der, -s/-̈,* **1)** Organ zum Erfassen und Zerteilen der Nahrung (vgl. unten). **2)** U Mund, Maul: *er redet, wie ihm der S. gewachsen ist,* natürlich, ohne Scheu. **3)** Ausguß an Kannen. **4)** Mundstück der Klarinetten und Schnabelflöten. **5)** Bez. vieler Spitzen und Vorsprünge. *ich* **schnäb(e)le, 1)** U küsse. **2)** *Tauben u. a. Vögel schnäbeln,* berühren sich mit den Schnäbeln. **Schnabelflöte,** Längsflöte mit schnabelförmigem Mundstück. *ich* **schnabuliere** *(es),* U esse, schmause.

Rostrum, mit Hornscheiden überzogene Kiefer, bes. bei Vögeln, zum Erfassen und groben Zerteilen der Nahrung. Sein hinteres Ende kann von einer weichen nervenreichen Haut **(Wachshaut, Ceroma)** umgeben sein, z. B. bei Greifvögeln und Tauben. Bei Enten und einigen Schnepfen hat die Haut des S. viele Tastkörperchen. Der S. fossiler Vögel (→Archaeopteryx) trug Zähne. Über die Eischwiele bei Vogelembryonen →Eizahn. Unter den Säugetieren haben Schnabeltier und Ameisenigel, unter den Kriechtieren die Schildkröten einen S. (→Schnabelkerfe)

Schnabel, 1) Artur, österr. Pianist und Komponist, * Lipnik bei Bielitz 17. 4. 1882, † Morschach (Schwyz) 15. 8. 1951, entwickelte eine eigene atonale Tonsprache.

2) Ernst, Schriftst., * Zittau 26. 9. 1913, schilderte das selbst erfahrene Leben zur See und versuchte eine Neugestaltung antiker Mythen; schrieb Romane (›Interview mit einem Stern‹, 1951; ›Der sechste Gesang‹, 1956), Erzählungen (›Fremde ohne Souvenir‹, 1961), Essays (›Anne Frank. Spur eines Kindes‹, 1958) und das Libretto ›Das Floß der Medusa‹ (1969) zum Oratorium von H. W. Henze. Mit seinen Rundfunk-Features hat er wesentlich zur Durchsetzung dieser Form beigetragen.

3) Franz, Historiker, * Mannheim 18. 12. 1887, † München 25. 2. 1966; 1922–36 Prof. in Karlsruhe, seit 1945 in München.

HW: Dt. Gesch. im 19. Jh., 4 Bde. (1929–37); Dtl.s geschichtl. Quellen und Darstellungen in der Neuzeit (1931).

4) Johann Gottfried, Schriftst., * Sandersdorf bei Bitterfeld 7. 11. 1692, † nach 1750, Chirurg und Hofagent in Stolberg, verfaßte den Roman ›Die Insel Felsenburg‹ (1731–43), bedeutendstes Werk der Robinsonaden-Literatur in Dtl., zugleich soziale Utopie. – Ferner: Roman ›Der im Irrgarten der Liebe herumtaumelnde Cavalier‹ (1738).

Schnabelhafte, Schnabelfliegen, Mecoptera, Insekten-Ordn. mit raupenförmigen, in der Erde lebenden Larven; Aasfresser oder Räuber mit einem nach unten gerichteten, schnabelförmigen Kopffortsatz mit den Mundteilen, z. B. die **Skorpionsfliege (Panorpa communis),** bei der das Männchen das Hinterleibsende ähnlich erhoben trägt wie ein Skorpion. (BILD Insekten)

Schnabeligel, der →Ameisenigel.

Schnabelkanne, keram. Leitform der bronzezeitl. Kulturen in der Ägäis und in Kleinasien (seit dem 3. Jahrtsd. v. Chr.). Bemalte S. gab es auch in der Blütezeit Kretas und in der myken. Kultur. Hiervon unabhängig wurden im 6. und 5. Jh. v. Chr. in Mittelitalien S. aus Bronze hergestellt.

Schnabelkerfe, Hemipteroidea, Rhynchoten, Überordnung der Insekten, mit unvollständiger Verwandlung. Die Mundwerkzeuge sind stechend-saugend; sie bestehen aus einem aus der Unterlippe hervorgegangenen, gegliederten, rinnenförmigen Schnabel (Rüssel), dessen Rinne von der Oberlippe verschlossen wird. Die Vorderbeine können zu Raubbeinen, die Hinterbeine zu Rudern oder Sprungbeinen umgebildet sein. Meist sind 2 Flügelpaare vorhanden. Die S. werden in die Ordnungen **Heteroptera (Halbflügler,** →Wanzen) und **Homoptera (Pflanzensauger,** →Gleichflügler) eingeteilt. Die zahlreichen Arten sind in Gestalt, Färbung und Lebensweise sehr verschieden; sie kommen in allen Erdteilen vor. Viele sind Schädlinge an Kulturpflanzen, Blutsauger und Überträger von Krankheiten.

Schnabelschuhe, Schuhe mit langer oder aufgebogener Spitze. Der mit Werg ausgestopfte Schnabel erreichte in der europ. Mode des 14. und 15. Jh. seine größte Länge, die für die einzelnen Stände festgelegt wurde. (BILD Schuhe)

Schnabeltasse, Tassenform mit röhrenförmigem Ansatz für bettlägerige Kranke.

Schnabeltier, Ornithorhynchus anatinus, Art der Kloakentiere, etwa 60 cm lang, braun behaart, mit breitem Hornschnabel, abgeplattetem Schwanz, kurzen Schwimmfüßen. Das S. lebt in Flüssen und Seen Australiens und Tasmaniens. In einer Uferhöhle werden bis 3 etwa 17 mm lange Eier in einem Nest erbrütet. Die Milch tritt aus einem Drüsenfeld und wird von den Jungen aufgeleckt. Nahrung sind Schnecken, Krebse, Würmer. (BILD S. 596)

Schnabelwale, Ziphiidae, Fam. der Zahnwale mit etwa 15 Arten in 5 Gatt., mit schnabelartiger Schnauze und wenig Zähnen

Schnabel 1)

Schnabel 1): Schnabelformen von **1** Schnabeltier, **2** Karettschildkröte, **3** Kernbeißer, **4** Papagei, **5** rotem Ibis, **6** Flamingo, **7** Kreuzschnabel, **8** Schwarzspecht, **9** Steinadler, **10** Kahnschnabel, **11** Pelikan, **12** Graugans, **13** Klaffschnabel im Unterkiefer, z. B. **Nördl. Entenwal** oder **Dögling** (7–9 m lang), **Schwarzwal** (bis 12 m) und **Zweizahnwal** (rd. 5 m).

Schnabeltier

Schnack *der, -(e)s, nd.:* **1)** Geschwätz, Geplauder. **2)** Unsinn. *ich* **schnacke,** *nd.:* schwatze, plaudere. *der,* auch *das* **Schnackerl,** *-s, österr.:* Schluckauf.

Schnack, 1) Anton, Schriftst., Bruder von 2), * Rieneck (Unterfranken) 21. 7. 1892, † Kahl am Main 26. 9. 1973, Lyriker und Erzähler, Meister kleiner Prosa, der fränk. Heimat verpflichtet; schrieb Gedichte (›Die Flaschenpost‹, 1936), Erz., Romane und Hörspiele.

2) Friedrich, Schriftst., Bruder von 1), * Rieneck (Unterfranken) 5. 3. 1888, † München 6. 3. 1977, schilderte in Lyrik und Prosa die Welt der Märchen und Träume, der fernen Länder und der Natur, vor der der Mensch immer mehr zurücktritt.

HW: *Romane:* Sebastian im Walde (1926); Beatus und Sabine (1927). *Pflanzen- und Tierdichtungen:* Das Leben der Schmetterlinge (1928); Sibylle und die Feldblumen (1937). Kinderbücher, Reisebücher.

Schnadahüpfl [bair. ›Schnittertanz‹] *das, -s/-(n),* **Schnaderhüpferl,** volkstüml., vierzeiliges Lied im bayerisch-österr. Alpengebiet mit Jodler.

Schnake *die, -/-n,* **1)** [zu schnacken] *nd.:* verrückter Einfall, Scherz. **2)** [ahd. snakhan ›kriechen‹] *nd.:* Ringelnatter.

Schnaken [mhd.], *Sg. die* **Schnake,** -, **1) Bachmücken, Langbeinmücken, Riesenschnaken (Tipulidae),** eine in allen Erdteilen vorkommende, über 2000 Arten umfassende Fam. der Mücken, schlanke, nicht stechende Tiere mit langen Beinen. Die walzenförmigen Larven fressen Pflanzenteile; sie leben im Feuchten, in Mulm, z. T. auch als Schädlinge in Wiesen- und Waldboden, so die →Kohlschnake. **2)** *südd., westdt.:* Stechmücken.

Schnalle [zu schnellen] *die, -/-n,* **1)** eine Vorrichtung zum Schließen, bes. an Riemen. **2)** *südostdt.:* Türklinke. **3)** Ψ →Nuß 5). **4)** *oberdt.:* Prostituierte. *ich* **schnalle** *mich, ihn, es* **ab,** mache los: *da schnallst du ab!,* U darüber muß man sich sehr wundern. *ich* **schnalle** *es* **an, fest, um,** befestige.

schnalzen [zu schnallen]. *ich* **schnalze** *mit der Zunge, den Fingern, der Peitsche,* erzeuge einen schnappenden Knall. *Subst. der* **Schnalzer,** *-s/-.*

Schnalzlaut, Klicklaut, Phonetik: durch heftiges Losreißen der Zunge vom Gaumen erzeugter Laut in einigen afrikan. Sprachen (→Khoisan).

Schnäpel *der, -s/-,* **Maifisch,** Renkenart der südl. Nordseeküsten, wandert in Rhein und Elbe.

schnappen [mhd., verwandt mit Schnabel]. *ich* **schnappe, 1)** *nach ihm, etwas,* suche (mit dem Mund, den Zähnen) zu erfassen: *ich schnappe nach Luft,* atme keuchend mit offenem Mund. **2)** *ihn es,* Ü erwische, fange, stehle: *der Einbrecher wurde geschnappt.* **3)** *es schnappt* (ist geschnappt), bewegt sich plötzlich, unvermutet: *die Tür schnappt ins Schloß,* schließt sich. *ich* **schnappe auf, 1)** *es,* Ü höre oder erfahre zufällig: *er hat etwas aufgeschnappt.* **2)** *der Hund schnappt ein Stück Fleisch auf,* fängt es mit dem Maul. **3)** *es schnappt auf,* öffnet sich. *ich* **schnappe ein** (bin eingeschnappt), **1)** Ü nehme etwas übel, fühle mich beleidigt. **2)** *es schnappt ein,* fällt ins Schloß (Tür). *ich* **schnappe über** (bin übergeschnappt), **1)** *mit der Stimme,* gerate in eine höhere Stimmlage. **2)** *du bist wohl übergeschnappt!,* U du hast den Verstand verloren! *ich* **schnappe** *es ihm* **weg,** U nehme etwas schnell fort, bevor ein anderer zugreifen kann: *er hat mir die letzte Theaterkarte vor der Nase weggeschnappt. ich* **schnappe zu, 1)** *es,* schließe schnappend (Tür). **2)** *der Hund schnappt zu,* faßt mit dem Maul, beißt plötzlich. **3)** *es schnappt zu,* schließt sich. *der* **Schnapper,** *-s/-, md., oberdt.:* **1)** Biß. **2)** Griff. **3)** Geräusch des Atemholens mit offenem Mund. **4)** Geräusch des Zuklappens. **5)** einschnappender Riegel, Türdrücker. **6)** ♘ →Schnapper. **Schnapphahn,** ♧ Wegelagerer. **Schnappsack,** ♧ Ranzen, Rucksack. **Schnappschloß,** ein Schloß mit Schließfeder. **Schnappschuß,** U eine bes. gut getroffene Momentaufnahme (Photographie).

Schnapper, Lutianidae, ♘ artenreiche Fam. trop. barschartiger Küstenfische; einige sind Speisefische.

Schnäpper *der, -s/-,* **Schnepper, 1)** ⚕ aus hygien. Gründen nicht mehr verwendetes Gerät zur örtl. Blutentnahme, aus dem mit einer Stahlfeder eine scharfe Klinge hervorgeschnellt wird. **2)** einschnappender Riegel, Türdrücker.

Schneebeere

Schneeglöckchen: OBEN Echtes S., UNTEN Frühlingsknotenblume

Schnaps [von schnappen] *der, -es/¨-e,* **1)** Branntwein. **2)** ♧ Schluck. *ich* **schnapse, 1)** *(es),* U schnappe. **2)** auch **schnäps(e)le,** U trinke Branntwein. **Schnapsbrenner,** Hersteller von Branntwein. **Schnapsbruder,** U gewohnheitsmäßiger Trinker. **Schnapsbude,** U verächtlich: Lokal. **Schnapsidee,** U seltsamer, verrückter Einfall. **Schnapsnase,** U rote Nase.

schnarchen [mhd.]. *ich* **schnarche,** atme laut mit kratzenden (›sägenden‹) Tönen beim Schlafen. Das Schnarchen entsteht beim Atmen durch die geöffnete Mundhöhle, wobei das Gaumensegel in Schwingungen gerät.

Behandlung: eine vorhandene Behinderung der Nasenatmung beseitigen, in Seitenlage schlafen. *der* **Schnarcher,** *-s/-,* jemand, der schnarcht.

schnarren [Schallwort]. *ich* **schnarre,** bringe knarrende, trockene, schnarchende Geräusche hervor. *die* **Schnarre,** *-/-n,* Lärmgerät. **Schnarrsaite,** Darmsaite, am unteren Fell kleiner Trommeln. **Schnarrwerk,** Teil der Orgel.

Schnatgang, Schnadezug [zu nd. snat ›Grenze‹], norddt. Bez. für die in früheren Zeiten alljährlich oder in bestimmten Abständen durchgeführte Grenzbegehung mit abschließendem Festschmaus; heute noch vereinzelt üblich (Hameln, Uelzen).

Schnatte *die, -/-n, oberdt.:* Kerbe, Ritz, Riß.

schnattern [Schallwort]. *ich* **schnatt(e)re, 1)** *Gänse, Enten schnattern,* geben klappernde Laute von sich. **2)** U rede unaufhörlich, schwatze. **3)** U zittere (vor Kälte, Angst). **Schnattergans,** U schwatzhafte Person. **schnatt(e)rig,** U schwatzhaft.

Schnatz *der, -es/¨-e, hess.:* Brautkrone. **schnatzig,** U fein, schick.

schnauben [mhd.]. *ich* **schnaube** (habe geschnaubt; älter: habe geschnoben), **1)** atme hörbar: *ein Tier schnaubt,* atmet heftig durch die Nase. **2)** Ü bin aufs äußerste erregt: *der Bestohlene schnaubte vor Wut, schnaubte Wut, Rache.* **3)** *mich, mir die Nase, bes. norddt.* und *mitteldt.:* schneuze, putze.

schnaufen [mhd., zu schnauben]. *ich* **schnaufe,** atme heftig, schnaube, keuche. *ich* **schnauf(e)le,** *oberdt.:* schnüffele. *der* **Schnaufer,** *-/-,* **1)** jemand, der schnauft. **2)** U Atemzug: *er hat den letzten Schnaufer getan,* ist gestorben. *das* **Schnauferl,** *-s/-,* **1)** *oberdt.:* kleiner Kraftwagen. **2)** U alter, aber noch fahrtüchtiger Kraftwagen.

Schnauze [nd. Snute] *die, -/-n,* **1)** Mundgegend (Maul und Nase) von manchen Tieren, oft verwendet wie: Maul. **2)** U derb: Mund: *ich habe die S. voll (davon),* möchte nichts mehr damit zu tun haben; *S.!,* sei endlich still. **3)** Schnabel (an Gefäßen), Vorsprung. **Schnauzbart, 1)** großer Schnurrbart. **2)** U Mann mit Schnauzbart. *ich* **schnauze,** U schelte laut, schimpfe. *ich* **schnauze** *ihn* **an,** U schelte, rüge derb.

Schnauzer *der, -s/-,* **1)** Gruppe der Haushunde mit starkem ›Bart‹ und buschigen Augenbrauen, z. B. der **Riesenschnauzer** (BILD Hunde). **2)** kräftiger Schnurrbart. **3)** U Verweis, Rüge, Anschnauzer.

Schnebel, Dieter, Komponist, * Lahr 14. 4. 1930, seit 1977 Prof. an der Musikhochschule Berlin (West). S. stellt in seinen Werken eine enge Verbindung von Sprache und Musik her, indem er Gesprochenes als Musik und Musik ihrerseits als Sprache auffaßt, so in der 1959/60 definierten Musik ›glossolalie‹; veröffentlichte auch theoret. Schriften (›Denkbare Musik‹, 1972).

Schneck *der, -s/-en, oberdt.:* Schnecke (als Kosewort).

Schnecke [ahd.] *die, -/-n,* **1)** Weichtier, →Schnecken; Sinnbild der Langsamkeit. **2)** Spirale oder ein gewundenes spiraliges Gebilde, z. B. Gebäck, Kopfende des Halses bei der Geige, Haartracht. **3)** ⚙ eine in einen zylindr. Schaft eingeschnittene, endlose Schraube. Sie wird angewandt in **Schneckengetrieben,** wobei ein in die S. eingreifendes Zahnrad **(Schneckenrad)** angetrieben wird. **4) Förderschnecke,** bei Förderanlagen ein Rohr mit darin umlaufender S. zum Transport von Schüttgut, auch von Flüssigkeiten **(Schneckenpumpe). 5)** ⚕ Teil des inneren →Ohres. **6)** Ψ Gehörn der Wildschafe. **7)** *oberdt.:* Wendeltreppe. **8)** *oberdt.:* Heuschlitten. **Schneckenhaus,** Gehäuse einer S.: *er verkriecht sich in sein Schneckenhaus,* Ü flieht vor der Wirklichkeit. **Schneckentempo,** Ü sehr langsames Vorankommen.

Schnecken, 1) Bauchfüßer, Gastropoden, eine Klasse der Weichtiere. Der Körper der S. gliedert sich in 3 Abschnitte: Kopf mit 1–2 Paar Fühlern, an denen einfache Augen sitzen; ein der Fortbewegung dienender Kriechfuß; Eingeweidesack, der meist spiralig gewunden und mit einer Hautfalte (Mantel) versehen ist, die das Gehäuse abscheidet, das meist spiralig gedreht, seltener napfförmig oder (z. B. bei den Nackt-S.) rückgebildet oder ganz geschwunden ist. In der zw. Körper und Schale gelegenen Mantelhöhle befinden sich die Atmungsorgane. Nach diesen teilt man die S. in →Lungenschnecken und Kiemenschnecken ein. Die Kiemenschnecken gliedert man, je nachdem, ob die Kieme vor oder hinter dem Herzen liegt, in **Vorderkiemer (Prosobranchia)** und **Hinterkiemer (Opisthobranchia).** Die beschalten S. können durch einen an der Achse des Gehäuses festgewachsenen Muskel ihren Weichkörper meist ganz in die Schale zurückziehen. Dabei schließen die

Vorderkiemer ihr Gehäuse mit einem hinten auf dem Fuß sitzenden Deckel ab. Die S. haben eine Reibzunge (→ Radula), die aus der Mundöffnung zum Benagen von Pflanzen oder zum Abweiden von Algenbewuchs vorgestreckt werden kann. Das Nervensystem ist strickleiterförmig. Die S. sind getrenntgeschlechtlich oder zwittrig; die zwittrigen erzeugen in der Zwitterdrüse gleichzeitig oder abwechselnd Eier und Samenzellen. Die S. bewohnen die verschiedensten Meeres-, Süßwasser- und Landbiotope. Viele S. werden gegessen; die Schalen mancher Arten (z. B. → Achatschnecke, → Kauri) dienten in trop. Gegenden als ›Muschelgeld‹. **2)** andere Weichtiergruppen, so **Tintenschnecken** (→ Kopffüßer), **Flügelschnecken** (→ Ruderschnecken).

Schneckenbergkultur [n. der Fundstelle Schneckenberg bei Kronstadt, Rumänien], Kulturgruppe der beginnenden Bronzezeit im südöstlichen Siebenbürgen.

Schneckenfieber, volkstümlich für → Bilharziose, da die Erreger in best. Wasserschnecken als Zwischenwirten schmarotzen.

Schneckengarten, Einrichtung für die Zucht von Weinbergschnecken (→ Schnirkelschnecken).

Schneckenklee, Medicago, dem Klee verwandte Gatt. der Schmetterlingsblüter, größtenteils in den Mittelmeerländern. Die Hülsen sind spiralig oder sichelförmig **(Sichelklee).** Die wichtigsten Arten sind die als → Luzerne bekannten Futterpflanzen. Dicht mit Stacheln versehene Früchte, die sich an Schafwolle festhaken, hat z. B. die **Wollklette (Medicago hispida)** im Mittelmeergebiet.

Schneckenräuber, Drilidae, eine mit den Leuchtkäfern nahverwandte Familie der Käfer, die 4–30 mm lang sind. Von etwa 200 Arten kommen nur 2 in Deutschland vor.

Schnee [ahd.] *der, -s,* **1)** Art des Niederschlags in fester Form, bestehend aus kleinen, meist (sternförmig) verzweigten Kristallen, die sich durch Gefrieren des in den Wolken und Nebeltröpfchen enthaltenen Wassers und Wasserdampfes bes. bei Temperaturen zw. – 4° und – 20 °C bilden. Am Boden werden Schneefälle bes. bei Temperaturen nahe 0 °C, Schneeschauer gelegentlich noch bis + 8 °C beobachtet. Schneeflocken sind aus mehreren Schneekristallen durch Zusammenhaken entstanden. **Pulverschnee** ist trockener, feinkörniger S., **Pappschnee** feuchter S. aus größeren Flocken. **Schneewehen** sind durch Wind entstandene Schneeanhäufungen. Frisch gefallener S. ist meist locker, mit der Zeit sackt er zusammen; durch vorübergehendes Tauen bildet sich an der Oberfläche eine Eiskruste (→ harsch 2). Älterer S. wird zu → Firn. **Schneebrücken** sind Reste der Winterschneedecke über Gletscherspalten. **Blutschnee** entsteht z. B. durch → Blutalgen (→ Blutregen). Weiteres: → Schneebrett, → Lawine, → Gletscher, → Schneegrenze. **2)** steifgeschlagener Eiweißschaum. **3)** U Rauschmittel in Pulverform. **schneeig, 1)** mit S. bedeckt. **2)** weiß wie S. **Schneekönig,** *ostmitteldt.:* Zaunkönig: *er freut sich wie ein Schneekönig,* U sehr. **Schneemann,** Nachbildung einer menschlichen Gestalt aus Schnee. **schneeweiß,** ganz weiß.

Schneeball, 1) zu einer Kugel geballter Schnee. **2) Schlinge (Viburnum),** Pflanzengatt. der Geißblattgewächse; Holzpflanzen mit gegenständigen Blättern, Doldenrispen trichter- oder radförmiger Blüten und einsamigen Steinfrüchten: der **Gemeine S. (Viburnum opulus),** ein Strauch mit ahornähnl. Blättern, weißen bis rötlichen Doldenrispen, deren Randblüten größer als die Innenblüten und unfruchtbar sind, und roten Steinfrüchten, wächst in feuchten Gehölzen Europas, W- und N-Asiens; der **Wollige S. (Viburnum lantana)** mit gerunzelten und filzigen Blättern, schmutzigweißen Trugdolden und erst roten, dann schwarzen Früchten, an trocken-warmen, kalkreichen Hängen Europas und Vorderasiens; seine Ruten liefern Faßreifen, Pfeifenrohre (›Türkisches Pfeifenholz‹), Flechtholz. Zierpflanzen sind: **Gefüllter S. (Viburnum opulus sterile)** mit runden, nur aus großen, unfruchtbaren Blüten zusammengesetzten (›gefüllten‹) Trugdolden **(Garten-S.); Lorbeer-S. (Viburnum tinus),** bei Gärtnern **Laurustin (Laurus tinus)** genannt, mit dunkelgrünen, ledrigen Blättern und rötlichweißen Trugdolden.

Schneeballsystem, Verkaufssystem, das dem Käufer einen bes. verbilligten Bezug der Ware zusagt, wenn er dem Unternehmen neue Abnehmer zuführt, die unter den gleichen Bedingungen beliefert werden. Verkauf nach dem S. ist regelmäßig als verbotene Ausspielung (§ 286 StGB) und als unlauterer Wettbewerb strafbar. **Schneeballbriefe** (die ein entsprechendes Angebot enthalten) sind von der Postbeförderung ausgeschlossen.

Schneebeere, Symphoricarpus racemosus, Geißblattgewächs des westl. Nordamerika, mit rötl., preiselbeerähnl. Blütchen und weißen, schwammigen Beeren; Zierstrauch. (BILD S. 596)

Schneeberg, 1) höchster Berg des Fichtelgebirges (1051 m). **2)** Bergstock der Steirisch-Niederösterr. Kalkalpen, im **Klosterwappen** 2075 m, im **Kaiserstein** 2061 m hoch. **3) Großer S., Glatzer S., Spieglitzer S.,** höchster Berg (1425 m) des Glatzer Schneegebirges. **4) Krainer S.,** slowen. **Snežnik** [snɛʒn'i:k], ital. **Monte Nevoso,** mit 1796 m höchste Erhebung des Karstes in Slowenien.

Schneeberg, Stadt im Kr. Aue, Bez. Karl-Marx-Stadt, (1983) 21000 Ew., im westl. Erzgebirge; Aluminium-, Spielwaren-, Möbel- u. a. Ind., Holzschnitzerei, Spitzenklöppelei. S. war nach 1945 Mittelpunkt der sowjet. Wismut-AG; der Uranbergbau ist zurückgegangen. Stadtkirche (spätgot. Hallenkirche, 1515–40) mit Flügelaltar (die Tafeln von L. Cranach d. Ä. befinden sich heute in der Hospitalkirche St. Trinitatis), barocke Bürgerhäuser. – Die im 15. Jh. gegr. Bergstadt hatte ihre Blütezeit in der ersten Hälfte des 18. Jh. 1952 wurde → Oberschlema eingemeindet.

Schnecken 1): **1** Tigerschnecke. **2** Rosenmundschnecke. **3** Schraubenschnecke. **4** Gartenschnecke. **5** Schnirkelschnecke. **6** Sumpfdeckelschnecke. **7** Rote Wegschnecke (Lungenschnecke)

Schneebesen, Schaumschläger, Küchengerät zum Schaumigschlagen von Eiweiß, Sahne usw.

Schneeblindheit, Erkrankung der Hornhautoberfläche und Bindehautentzündung, verursacht durch intensive kurzwellige (ultraviolette) Strahlenanteile des Sonnenlichts bei langem Anblick besonnter Schneefelder.

Schneebrett, Form der → Lawine; entsteht, wo an Gebirgswänden durch Winddruck Schnee zusammengepreßt wurde, der sich von der Unterlage mit lockerem Schnee löst, oder wo eine Schneewächte abbricht und brettförmig zu Tal geht.

Schnee-Eifel, Schneifel, Teil der → Eifel.

Schnee-Erzeuger, Gebläse mit vielen Düsen, durch die ein feines Wasser-Luft-Gemisch ohne chem. Zusätze etwa 20–30 m weit versprüht **(Schneekanone)** und dabei in ›Kunstschnee‹ umgewandelt wird. Voraussetzung ist eine Außentemperatur unter 0 °C. S.-E. dienen zum Beschneien von Wintersportpisten sowie zur Ausbesserung aperer Stellen. (→ Schneezement)

Schneefink, ♘ Art der Sperlinge in euras. Hochgebirgen zw. Pyrenäen und Altai.

Schneeflockenbaum, Chionanthus, Gatt. der Ölbaumgewächse mit der Art **Virgin. Schneeblume (Chionanthus virginicus),** ein Strauch Nordamerikas, mit Rispen weißer Blüten.

Schneefloh, Ur-Insekt, → Springschwänze.

Schneeglöckchen, versch. Pflanzen, meist Vorfrühlingsblüher mit glockigen Blüten: **1) Echtes S. (Schneetröpfchen, Ga-**

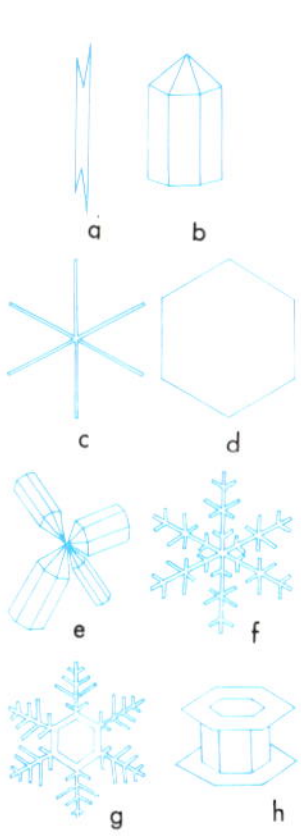

Schnee 1)

Schnee 1): typische Schneekristallformen; **a–d** einfache Formen; **a** Nadeln, **b** Prismen, **c** Stern, **d** Plättchen; **e–h** zusammengesetzte Formen; **e** Prismenaggregat, **f** dendritischer Stern, **g** dendritisches Plättchen, **h** Prisma mit Plättchen lanthus nivalis), ein bis 30 cm hohes Amaryllisgewächs mit bläulichgrünen Blättern und weißer Blüte, deren 3 innere Hüllblätter an den Spitzen grün gefleckt sind; in Laubwäldern, auf Wiesen Europas und Kleinasiens, unter Naturschutz; Zierpflanze (BILD S. 596). **2) Knotenblume (Leucojum),** eng verwandt mit dem Echten S.: **Frühlingsknotenblume (Großes S., Märzglöckchen, Märzbecher),** bis 35 cm hoch, mit 6 an der verdickten Spitze gelbgrünen Blütenhüllblättern, in feuchten Laubgehölzen, auf Bergwiesen Mittel- und Südeuropas, unter Naturschutz (Zierpflanze); **Sommerknotenblume,** bis 60 cm hoch, im Mai und Juni in Blüte, mit drei- bis siebenblütigem Stengel, auf nassen Wiesen Südeuropas (Zierpflanze); **Herbstknotenblume,** aus den Mittelmeerländern, mit weißen, rot gezeichneten Blüten (BILD S. 596). **3)** andere Pflanzen, z. B. Soldanella, Buschwindröschen.

Schneeglöckchenbaum, Halesia carolina, Strauch des südöstl. Nordamerika (Familie Styraxgewächse), mit weißen, glockigen Blüten und vierflügeligen Steinfrüchten; Zierstrauch.

Schneegrenze, die Grenze zw. schneebedecktem und schneefreiem Land; im Gebirge steigt sie in den wärmeren Monaten an **(temporäre S.).** Die mittlere höchste Lage der temporären S., also die Untergrenze des ständig schneebedeckten Gebietes, ist die **klimatische S.;** oberhalb dieser Höhenlinie fällt im Mittel mehr Schnee als abtauen kann. Die **Firngrenze** beim Gletscher liegt etwa 100 m tiefer. Die Höhenlage der klimat. S. in den Gebirgen der Erde wird bestimmt von der mittleren Temperatur, bes. des Sommers, und von der Menge der festen Niederschläge. Sie steigt in Trockengebieten (z. B. W-Tibet) an und sinkt in küsten- oder äquatornahen Feuchtgebieten ab. In den Alpen steigt die S. von den stark überschneiten Randketten im N und S zu den trockeneren Zentralalpen an.

Die Höhe der S. ändert sich mit den Klimaschwankungen. In der Eiszeit verlief sie 800–1 300 m tiefer, in der postglazialen Wärmezeit (bis ins hohe MA.) 200–300 m höher als heute. Seit etwa 1850 war ein allgemeiner Anstieg zu verzeichnen, der jedoch nach 1960 zum Stillstand gekommen zu sein scheint.

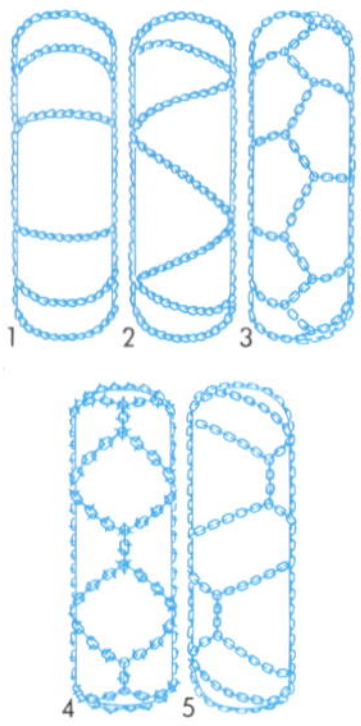

Schneeketten:
1 Leiterkette,
2 Zickzack-Kette,
3 Umlauf-Zickzack-Kette,
4 Spurkreuzkette,
5 asymmetrische Spurkreuzkette

Schneegrube, Große und **Kleine S.,** Kare im → Riesengebirge.

Schneehühner, Lagopus, Vogelgatt. der Rauhfußhühner nord. Tundren, Moore und Felsgebiete, im Winter weiß, im Sommer bräunlich mit weißen Flügeln. Das **Moor-S.** oder **Moorhuhn** tritt in Europa in Skandinavien, Nordrußland und auf den nördl. Britischen Inseln auf. Das **Alpen-** oder **Felsen-S.** lebt als Eiszeitrelikt auch inselartig in südlicheren Hochgebirgen (Alpen, Pyrenäen u. a.). Das **Schottische Moor-S.** wird im Winter nicht weiß.

Schnee|insekten, Insektenarten, die sich derart an niedrige Temperaturen bis weit unter dem Gefrierpunkt angepaßt haben, daß sie nur noch unter diesen Bedingungen leben können, z. B. die zu den Ur-Insekten gehörenden Gletscher- und Schneeflöhe.

Schneekanone, → Schnee-Erzeuger.

Schneeketten, Ketten, die als Gleitschutz bei Schneeglätte um die Räder von Kraftfahrzeugen gelegt werden.

Schneekopf, Gipfel im → Thüringer Wald.

Schneekoppe, höchster Berg des Riesengebirges, 1 603 m, ein Granitkegel mit Schieferhaube, von Gneis- und Glimmerschieferblöcken bedeckt. Über den Gipfel läuft die polnisch-tschechoslowak. Grenze.

Schneeleopard, Irbis, Uncia uncia, Art der Mittelkatzen (→ Katzen) aus den Gebirgen Zentralasiens, mit kleinem Kopf, dichtem Fell und langem Schwanz, 100–130 cm lang.

Schneemensch, in Nepal **Yeti,** in Tibet **Kangmi,** umstrittenes Himalaya-Wesen. Bisher wurden nur Spuren, Exkremente und Haare gefunden, die seine Existenz beweisen sollen.

Schneepflug, 1) → Schneeräumung. **2)** Skisport: Skistellung zum Bremsen und Bogenlaufen **(Schneepflugbogen),** die Skier stehen dabei V-förmig.

Schneeräumung wird bei mäßiger Schneehöhe mit dem **Schneepflug** durchgeführt: 2 keilförmig verbundene Bretter oder Pflugscharen, die auch an Kraftfahrzeuge oder Schlepper angebaut werden können. Bei größerer Schneehöhe werden eingesetzt: **Schneefräsen** mit Walzenfräser quer zum Vorschub, günstig bei Hartschnee; mit Raupenfahrwerk tragen sie hohen Schnee in Schichten ab. **Schneeschleudern** haben vorn offene, schneidende Wurfräder; sie räumen jede Art von Schnee. Kombinierte **Frässchleudern** werfen bis 30 m.

Seitenschneeschleuder

Schneefräse

Schneeräumung

Schneereifen, der → Schneeschuh 2).

Schneeschimmel, Krankheit des Getreides, die bei Schneeschmelze als flaumige Auflagerung auf den jungen Pflanzen sichtbar wird. Erreger ist der Pilz **Calonectria graminicola.** Bekämpfung durch Beizen des Saatguts.

Schneeschuh, 1) der → Ski. **2) Schneereifen, Schneeteller,** ein mit kräftigem Sehnengeflecht versehener Rahmen, der die Trittfläche vergrößert und damit das Einsinken im Schnee verhindert; früher bei den jagdtreibenden Indianerstämmen Nordamerikas und bei den Eskimos verbreitet.

Schneeteller, der → Schneeschuh 2).

Höhe der klimatischen Schneegrenze in Gebirgen

Spitzbergen	78° N	300– 600 m
Island	63–66° N	700–1 100 m
Skandinavien	67° N	1 000–1 500 m
Skandinavien	62° N	1 300–1 900 m
Alpen Nordseite	48° N	2 500–2 800 m
Alpen Zentralketten	47° N	2 900–3 200 m
Alpen Südseite	46° N	2 700–2 800 m
Pyrenäen	43° N	2 600–2 900 m
Kaukasus	43° N	3 000–3 500 m
Tien-shan	40–41° N	3 500–4 000 m
Karakorum	35–37° N	5 400–5 800 m
Himalaya	29–31° N	4 200–4 800 m
Ostafrika	0–3° N	4 600–4 800 m
Neuguinea	0–3° S	4 600–4 800 m
Kilimandjaro	3° S	5 300 m
Neuseeland	43–44° S	1 900–2 400 m
Anden (Sierra Nevada de Santa Marta, Kolumbien)	11° N	4 500–4 600 m
Anden (Chimborazo)	1° S	4 700 m
Anden (S-Peru)	17° S	6 000 m

Schneetröpfchen, Pflanze, → Schneeglöckchen 1).

Schneewittchen *das, -s, nd.:* **Sneewittchen,** Märchen von einem Mädchen (weiß wie Schnee, rot wie Blut und schwarz wie Ebenholz), das wegen seiner Schönheit von seiner königl. Stiefmutter verfolgt wird und bei 7 Zwergen Unterkunft findet. Die Stiefmutter vergiftet S. mit einem Apfel, doch wird S. wieder lebendig und heiratet einen Königssohn.

Schneewürmer, schwarze, weiche, behaarte Larven von Weichkäfern, die am Boden überwintern und bisweilen in Massen auf der Schneedecke erscheinen.

Schneezement, Salzmischung, die schmelzenden Schnee bei Temperaturen um und über 0 °C härtet; verwendet zur Erhaltung von Skipisten und Sprungschanzen (→ Schnee-Erzeuger).

Schneeziege, → Gemse.

Schneid *der, -(e)s, bair., österr.: die, -,* forsches Wesen, Mut, Tatkraft: *er hat (keinen) S. Adj.* **schneidig.**

Schneidbrenner, Gerät zum Trennen von Werkstücken durch Verbrennung, → schneiden (Metallbearbeitung).

Schneide *die, -/-n,* **1)** der geschärfte Teil eines Werkzeugs (Messer, Axt) oder einer Waffe (Säbel, Dolch), auch: Klinge: *es steht auf des Messers S.,* Ü die Entscheidung nach der einen oder anderen Richtung kann plötzlich durch ganz unbedeutende Umstände erfolgen. **2) Schneidegras,** verschiedene grasähnl. Pflanzen mit scharfrandigen Blättern. **3)** P Degen, Schwert. **4)** *oberdt.:* Grat, First. **5)** *oberdt.:* Scheide, Flurgrenze.

Schneidemühl, 1) 1922–38 einziger RegBez. der Prov. Grenzmark Posen-Westpreußen, 1938–45 in veränderter Gestalt Reg.-Bez. der Provinz → Pommern.

2) poln. **Piła,** Hptst. der poln. Wwschaft (→ Polen) Piła, (1982) 61 600 Ew., Maschinen- und Traktorenbau, Metallwaren-, landwirtschaftl. Verarbeitungsind. – S., seit 1380 Stadt (Magdeburger Stadtrecht 1513), gehörte bis 1772 zu Polen, dann bis 1807 (Netzedistrikt) und seit 1815 (Prov. Posen) zu Preußen, war nach dem 1. Weltkrieg Hptst. von 1).

3) Die 1930–72 bestehende, für die Kath. Kirche in der Grenzmark Posen-Westpreußen zuständige Prälatur nullius.

Schneidemühle, das → Sägewerk.

schneiden [ahd.]. *ich* **schneide** (habe geschnitten), **1)** *es,* zerteile mit etwas Scharfem, bes. einem Messer (vgl. unten Metallbearbeitung). **2)** *es,* trenne ein Teilstück ab: *er läßt sich die Haare s.; ich schneide Gras,* mähe; *der Sohn ist dem Vater wie aus dem Gesicht geschnitten,* Ü sehr ähnlich. **3)** *mich, ihn,* verletze, füge mir, ihm eine Schnittwunde zu: *damit schneidest du dich* oder *dir ins eigene Fleisch,* Ü schadest du dir selbst. **4)** *es,* ⚕ operiere: *ihm wurde der Finger geschnitten,* ein Geschwür am Finger geöffnet. **5)** *ein Gewinde,* stelle es her, z. B. mit der Schneidkluppe. **6)** *es,* schnitze, forme. **7)** *es,* mache: *er schneidet Grimassen, Gesichter.* **8)** *ihn, es,* kreuze eine Linie, einen Weg, komme schräg von der Seite: *zwei Geraden s. sich,* kreuzen; *der Autofahrer hat unerlaubterweise die Kurve geschnitten,* hat eine gekrümmte Strecke abgekürzt und dabei die linke Fahrbahn benutzt (bei Rechtsverkehr). **9)** *ihn,* U meide, übersehe absichtlich, ignoriere: *sie hat mich heute auf der Straße geschnitten.* **10)** *es,* Kartenspiel: spare mir meine bessere Karte auf in der Hoffnung, später einen besseren Stich zu machen. **11)** *Wein,* verfälsche ihn. **12)** *es schneidet,* vermag zu zertrennen: *das Messer schneidet gut,* ist scharf. **13)** *es schneidet,* Ü schmerzt: *der Wind schneidet ins Gesicht; eine schneidende Kälte; das schneidet mir in die Seele, ins Herz. ich* **schneide ab, 1)** *es,* entferne durch Schneiden; trenne ab: *ich schneide mir ein Stück Brot ab; durch das Hochwasser waren sie von der Außenwelt abgeschnitten,* Ü hatten sie keine Verbindung; *diesen Weg kann man abschneiden,* Ü abkürzen; *wütend schnitt ihm der Vater das Wort ab,* Ü ließ ihn nicht ausreden. **2)** *gut, schlecht,* erreiche ein gutes, schlechtes Ergebnis. *ich* **schneide** *es* **an, 1)** schneide nicht ganz durch. **2)** schneide das erste Stück ab. **3)** *Hunde s. erlegtes Wild an,* Ψ fressen an. **4)** *ein Thema,* Ü bringe zur Sprache. **5)** *einen Punkt,* stelle die Visierlinie darauf ein. *ich* **schneide auf, 1)** prahle, übertreibe. **2)** *es,* öffne mit einer Schere oder einem Messer. **3)** *es,* schneide in Scheiben (Wurst, Brot). *ich* **schneide** *es* **aus,** trenne einen best. Teil oder eine Form ab: *ich habe den Aufsatz aus der Zeitung ausgeschnitten; ein tief ausgeschnittenes Kleid,* dekolletiertes. *ich* **schneide** *es* **durch,** zerteile mit der Schere oder dem Messer in 2 Teile (vgl. ich durchschneide). *ich* **schneide ein, 1)** *es,* mache einen Schnitt hinein, kerbe ein; ritze Zeichen oder Muster in Holz. **2)** *es schneidet in etwas ein,* dringt tief ein: *einschneidende Erlebnisse,* Ü tief beeinflussende. *ich* **schneide** *es* **entzwei,** schneide in Stücke, zerschneide. *ich* **schneide** *es* **klein,** zerkleinere. *ich* **schneide** *es* **zu,** schneide nach best. Maßen oder Mustern in Formen (Kleiderstoff; einen Film, → Cutter 3): *dieser Unterrichtsstoff ist auf die Prüfung zugeschnitten,* Ü darauf ausgerichtet. **schneidend,** scharf: *schneidender Frost.* **Schneidezahn,** → Zähne.

Metallbearbeitung. Neben dem gewöhnl. Schneiden mit Schneidwerkzeugen werden insbes. bei harten Metallen therm. Verfahren angewendet. Beim **autogenen Schneiden** mit Schneidbrennern oder einer Ausbrennmaschine, dem **Brennschneiden,** wird das Metall durch eine Brenngas-Sauerstoffflamme erhitzt und im Sauerstoffstrahl verbrannt. Beim **elektrischen Schneiden** wird mit Hilfe eines Lichtbogens das Metall weggeschmolzen. Schmelzschneidverfahren nutzen allein die Energiekonzentration im Plasma-, Elektronen- oder Laserstrahl.

Schneider *der, -s/-,* **1)** Handwerker, der Bekleidung u. a. anfertigt (vgl. unten): *Schneidergeselle; Schneiderkostüm,* in Maßarbeit angefertigtes Kostüm; *ich friere wie ein S.,* U friere sehr stark. **2)** Skatspiel: *ich bin aus dem S.,* habe mehr als 30 Punkte; U bin älter als 30 Jahre; U bin aus den Schwierigkeiten heraus. **3)** 🐟 eine Art der Karpfenfische, auch volkstümliche Bezeichnung für Kanker und Wasserläufer. *ich* **schneid(e)re** *es,* fertige ein Kleidungsstück an. *die* **Schneiderei,** *-/-en,* **1)** Werkstatt des Schneiders. **2)** *ohne Pl.,* das Schneidern. *die* **Schneiderin,** *-/-nen,* weiblicher Schneider.

Der **Schneiderberuf** ist ein Ausbildungsberuf des Handwerks mit 3jähriger Ausbildung zum Damen-, Herren- oder Wäsche-S. In der Industrie gibt es für spezielle Aufgaben kürzere Anlernzeiten. Es bestehen zahlreiche Schulen zur Weiterbildung.

Schneider, 1) Erich, Wirtschaftswissenschaftler, * Siegen (Westf.) 14. 12. 1900, † Kiel 5. 12. 1970, Vertreter der mathematisch orientierten Volkswirtschaftslehre; war 1961–68 Direktor des Instituts für Weltwirtschaft in Kiel.

HW: Theorie der Produktion (1934); Einführung in die Wirtschaftstheorie, 4 Bde. (1947–62); Wirtschaftlichkeitsrechnung (1951); Zahlungsbilanz und Wechselkurs (1968).

2) Friedrich, Erziehungswissenschaftler, * Köln 28. 10. 1881, † München 14. 3. 1974, einer der Begründer der vergleichenden Erziehungswissenschaft.

HW: Kath. Familienerziehung (1935); Praxis der Selbsterziehung (1940); Vergleichende Erziehungswissenschaft (1961).

3) Hans Karl, Volkswirtschaftler, * Remscheid 26. 5. 1920, beschäftigt sich bes. mit der Energiewirtschaft, wurde 1982 Mitglied und 1985 Vors. des Sachverständigenrats zur Begutachtung der gesamtwirtschaftl. Entwicklung.

4) Heinrich, Politiker (DPS/FDP), * Saarbrücken 22. 2. 1907, † Stuttgart 12. 1. 1974, Rechtsanwalt, trat 1945 im Saarland als Gegner der Reg. J. Hoffmann hervor; 1955–62 Vors. der Demokrat. Partei Saar, 1957–59 stellv. MinPräs. und Wirtschafts-Min. im Saarland.

5) Oskar, Politiker (CSU), * Altenheideck 3. 6. 1927, Reg.-Direktor, seit 1969 MdB., ist seit Okt. 1982 Bundesmin. für Raumordnung, Bauwesen und Städtebau.

6) Reinhold, Schriftst., * Baden-Baden 13. 5. 1903, † Freiburg i. Br. 6. 4. 1958, stellte in zahlreichen essayist. und dichter. Werken Macht- und Glaubenskämpfe und das Widerspiel von ird. Macht und göttl. Gnade in der Geschichte dar. S. verband christl. Traditionsbewußtsein mit einem Blick für die Probleme der Zeit und einer Neigung zum Tragischen. Seine glaubensstarken Sonette waren ein Zeugnis für den geistigen Widerstand gegen die nat.-soz. Bewegung. 1956 Friedenspreis des Dt. Buchhandels.

HW: *Essayistisches:* Philipp II. (1931); Die Hohenzollern (1933); Das Inselreich (1936); Macht und Gnade (1940); Erbe und Freiheit (1955). *Dramen:* Der große Verzicht (1950); Innozenz und Franziskus (1952). *Lyrik:* Sonette (1939); Die Sonette von Leben und Zeit, dem Glauben und der Geschichte (1954). *Erzählung:* Las Casas vor Karl V. (1938). *Autobiographisches:* Verhüllter Tag (1954); Winter in Wien (1958).

7) Romy, eigtl. Rosemarie Magdalena **Albach,** Filmschauspielerin, * Wien 23. 9. 1938, † Paris 29. 5. 1982; wurde bekannt als Darstellerin der österr. Kaiserin Elisabeth (Sissi-Filme); entwikkelte sich dann im internat. Film zur Charakterdarstellerin.

Schneiderfranken, Joseph Anton, ›geistl. Name‹ **Bô Yin Râ,** Maler und religiös-philosoph. Schriftst., * Aschaffenburg 25. 11. 1876, † Massagno bei Lugano 14. 2. 1943. Seine Bücher fanden einen großen Leserkreis, führten aber, seinem Wunsch gemäß, nicht zur Gründung einer besonderen Glaubensgemeinschaft.

HW: Das Buch vom Lebendigen Gott (1919); Das Mysterium von Golgatha (1922); Das Gespenst der Freiheit (1930).

Schneiderhan, Wolfgang, Violinist, * Wien 28. 5. 1915, war u. a. Konzertmeister der Wiener Philharmoniker (1937–49), neben seiner solist. Tätigkeit trat er auch als Kammermusikspieler hervor. ⚭ mit der Sopranistin Irmgard Seefried.

Schneiderkreide, gemahlener Speckstein, der, zu flachen Stücken geformt, in der Schneiderei zum Aufzeichnen der Schnittkonturen u. a. auf Kleiderstoffen dient.

Schneidermuskel, vom oberen vorderen Darmbeinstachel schräg über den Oberschenkel zur inneren Schienbeinfläche ziehender Muskel, der u. a. den Oberschenkel nach vorn hebt und den Unterschenkel beugt.

Schneider S. A. [ʃnɛd'ɛ:r-], Paris, frz. Konzern der Stahl- und Maschinenbau-Ind., gegr. 1836 in Le Creusot, seit 1949 reine Holding-Ges., seit 1966 AG; das bedeutendste Unternehmen ›Creusot-Loire S. A.‹ eröffnete 1984 das Konkursverfahren.

Schneider-Siemssen, Günther, Bühnenbildner, * Augsburg 7. 6. 1926, wirkt seit 1962 in Wien, auch bei den Salzburger Festspielen.

Schneidgebläse, landwirtschaftliches Fördergebläse mit Schneidvorrichtung, das Stroh, Heu, Grünfutter u. a. fördert und zugleich schneidet.

Schneidkennlini|e, Schneidkurve, die Kennlinie, mit der → Schallplatten geschnitten werden; gibt die Schnelle (→ schnell) der Rillenauslenkung in Abhängigkeit von der Frequenz für konstanten Schalldruck an.

Schneid-Klemm-Technik, Technik zur Herstellung von elektrisch gut leitenden Verbindungen zw. Kabeln (Einzelleiter, Bandleiter) und Kontaktstiften (z. B. für Steckverbinder). Der Kontaktstift besitzt geschlitzte Schneidklemmen, in die der Draht eingedrückt wird. Diese Verbindungstechnik ist bes. für die automatische Fertigung geeignet.

Schneidkluppe, ein Werkzeug, → Kluppe 1).

Schneidmetalle, → Hartmetalle.

Schneid|öle, → Kühlschmierstoffe.

Schneidwaren- und Besteck-Industrie stellt Messer, Scheren aller Art, Rasiergeräte, blanke Waffen, Tafelbestecke, Kleintafelgeräte u. a. her. – In der Bundesrep. Dtl. wurden (1983) Schneidwaren (ohne Bestecke) im Wert von 691 Mio. DM hergestellt.

schneien [von Schnee]. *es* **schneit,** es fällt Schnee. *ich* **schneie herein,** (bin hereingeschneit) *ihm ins Haus,* U besuche ihn überraschend.

Schneifel, Schnee-Eifel, Teil der → Eifel.

Schneise [zu schneiden] *die, -/-n,* **1)** ⇞ baumleerer Streifen in Forsten zur Einteilung, Bewirtschaftung, Jagd und Sicherung vor Waldbrand. **2)** ∞ Schlinge zum Vogelfang.

schnell [ahd.], geschwind, rasch, eilig. *die* **Schnelle,** -, **1)** Elektroakustik: Geschwindigkeits-Amplitude, d. h. die Maximalgeschwindigkeit, die der schwingende Gegenstand beim Durchgang durch die Ruhelage erreicht, für sinusförmige Schwingungen

Schnellboot 2):
Modernes Tragflügel-Schnellboot mit Turbinenantrieb; Bewaffnung: 1 Schnellfeuerkanone und See-See-Raketen (Heck); Höchstgeschwindigkeit: 74 km/h (amerikanisch-deutsch-ital. Gemeinschaftsentwicklung)

gleich dem Produkt aus Frequenz und Amplitude, z. B. bei Schallplatten. **2)** *Pl. -n,* Stromschnelle. *ich* **schnẹlle** (bin geschnellt), springe federnd (hoch). *ich* **schnelle** *es* **ab, empor, fort,** entsende mit großem Schwung. *ich* **schnẹlle empor, hoch** (bin empor-, hochgeschnellt), fahre auf, bewege mich plötzlich in die Höhe. *der* **Schnẹller,** *-s/-,* **1)** Vorrichtung zum Abschießen der Armbrust. **2)** ♪ Pralltriller. **3)** *oberdt.:* Strähne, ein Garnmaß. *die* **Schnẹlligkeit,** -, Geschwindigkeit. *die* **Schnẹllkraft,** -, Elastizität.

Schnell, Robert Wolfgang, Schriftst., Schauspieler, Maler, * Barmen 8. 3. 1916, schreibt sozialkrit. Romane und Erzählungen mit Neigung zum Grotesken.

Schnẹlläufer, 1) ☆ eine Gruppe von Sternen, die sich, in bezug auf die Sonne, mit Geschwindigkeiten von 65 km/s und darüber bewegen. **2)** ⚙ eine Maschine, die unter best. Bedingungen wesentlich schneller läuft als andere dieser Art.

Schnẹllbahnen, Bez. für → Eisenbahnen oder Bahnen neuerer Technik (z. B. → Schwebezug) mit bes. schnellen Zügen. Im Eisenbahnfernverkehr rechnen hierzu i. a. Züge mit mehr als 160 km/h Geschwindigkeit, z. B. in Dtl. einige Intercity-Züge (IC), in Frankreich der Höchstgeschwindigkeitszug ›Train à Grande Vitesse‹ (TGV), in Großbritannien der ›Advanced Passenger Train‹ (APT) oder in Japan der ›Shinkansen-Zug‹. Im Nahverkehr gilt die Bez. z. B. für → S-Bahnen.

Schnẹllboot, 1) Sportboot mit starkem Motor. **2)** kleines Kriegsschiff mit 40–300 Tonnen Wasserverdrängung und 40–45 Knoten Geschwindigkeit. Man unterscheidet nach der Hauptbewaffnung: Flugkörper-, Torpedo-, Artillerie-S. (Bild S. 599)

Schnẹlldrucker, Peripheriegeräte zur Ausgabe der ermittelten Informationen auf Papier. Die Arbeitsgeschwindigkeit von S. liegt über 300 Zeilen pro Minute. Technisch sind S. als Walzen-, Ketten-, Stab- oder Banddrucker konstruiert. Andere Formen sind chem., photograph. und Laser-S. Besondere Bedeutung haben → Matrixdrucker und → Laserdrucker wegen ihrer hohen Druckgeschwindigkeit erlangt.

Schnẹller Brụ̈ter, Schnẹller Brụtreaktor, → Reaktor.

Schnẹllgaststätte, Restaurant mit Schnell- oder Selbstbedienung. Die S. hat das **Automatenrestaurant** (Belieferung mit Speisen und Getränken durch Automaten) fast gänzlich verdrängt.

Schnẹllhefter, Bürotechnik: leichte Mappe mit Klemmvorrichtung zum Ablegen von Schriftstücken.

Schnẹllkäfer, Schmiede, Elaterịdae, artenreiche, über die ganze Erde verbreitete Fam. der Käfer. Die S. können sich aus

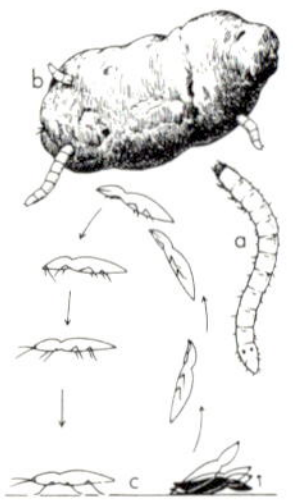

Schnellkäfer: **a** Larve des Saatschnellkäfers, **b** Larvenfraß an Kartoffeln, **c** das Schnellen des Käfers

der Rückenlage 10–30 cm hochschnellen. Die schlanken, harthäutigen Larven (›Drahtwürmer‹) einiger Arten befressen unterird. Pflanzenteile und können sehr schaden, so der **Saat-S. (Agriọtes lineatus).** (Weiteres Bild Käfer)

Schnẹllkochtopf, der → Dampfkochtopf.

Schnẹllpresse, Druckmaschinen versch. Art, bes. die 1812 von F. Koenig erfundene Hochdruckmaschine. (→ Buchdruck)

Schnẹllverfahren, beschleunigtes Verfahren, ein nach §§ 212ff. StPO auf Antrag des Staatsanwalts u. U. bei leichteren Fällen zulässiges abgekürztes Strafverfahren vor dem Amtsrichter oder dem Schöffengericht. Eine Entziehung der Fahrerlaubnis in diesem Verfahren ist zulässig, nicht dagegen die Verhängung einer 1 Jahr überschreitenden Freiheitsstrafe oder Maßregeln der Sicherung und Besserung. Das im S. erkennende Gericht heißt **Schnellgericht,** der im S. tätige Richter **Schnellrichter.** – Die StPO der Dt. Dem. Rep. sieht ebenfalls ein S. unter sehr ähnlichen Voraussetzungen vor (§§ 257–261), während die österr. StPO ein vergleichbares **vereinfachtes Verfahren** kennt (§§ 483–491).

Schnẹllverkehr, → Eisenbahn, → Schnellbahnen.

Schnẹllzug, der D-Zug, auch der Trans-Europ-Express- und der Intercity-Zug.

Schnepfe 1): Waldschnepfe

Schnẹpfe [zu Schnabel] *die, -/-n,* **1)** Vogel (vgl. unten ♘). **2)** ∪ derb: (alte) Frau. **3)** ∨ Prostituierte.

♘ Arten der Schnepfenvögel; staren- bis taubengroße Sumpfvögel mit langem, geradem Schnabel. In Europa gibt es 3 Arten von → Sumpfschnepfen und die in Laub- und Mischwäldern lebende **Waldschnepfe (Scọlopax rustịcola);** der Balzflug des Männchens, der ›Schnepfenstrich‹, findet in der Dämmerung statt. Das Weibchen bebrütet 4 Eier in einem Laubnest. Die meisten Wald-S. überwintern in den Mittelmeerländern, einzelne nördlich der Alpen.

Schnẹpfenfisch, Art der → Pfeifenfische.

Schnẹpfenstrauße, ♧ Kiwis.

Schnẹpfenvögel, Scolopacịdae, Fam. der Watvögel, z. B. Brachvögel, Wasserläufer, Bekassinen (Sumpfschnepfen), Schnepfen, Kampfläufer, Strandläufer, Uferschnepfen.

Schnẹppe *die, -/-n, mitteldt.:* **1)** ♘ Schnepfe. **2)** Schnabel (an Kannen), schnabelförmige Spitze. **3)** ∪ derb: (alte) Frau. **4)** ∨ Prostituierte.

Schnẹrfer *der, -s/-(n), bair., österr.:* Rucksack.

Schne'ur, Salman, hebr. und jidd. Schriftst., * Schklow (Weißrußland) 11. 2. 1889, † New York 20. 2. 1959. Hauptthemen seiner Dichtung sind jüd. Geschichte, bes. Judenverfolgung (›Das Mittelalter naht‹, 1913), und die Beziehung zw. Kulturmensch und Natur (›Der Bepelzte‹, 1958, Epos).

Schneuß [zu Schneise ›Vogelschlinge‹] *der, -es/-e,* 🏛 die → Fischblase 2).

schneuzen [ahd.]. *ich* **schneuze, 1)** *mich, mir die Nase, ihn,* putze mir, ihm die Nase. **2)** *ein Licht,* ♧ putze, schneide den Docht. *die* **Schneuze,** *-/-n,* **1)** Schere zum Beschneiden des Kerzendochtes. **2)** *oberdt.:* Schneepflug.

Schnẹverdingen, Stadt (seit 1976) im Kr. Soltau-Fallingbostel, Ndsachs., (1984) 15600 Ew., am Naturpark ›Wilseder Berg‹ in der Lüneburger Heide; Luftkurort; Keks-, Leder-, Baustoff-, Textil- und Verpackungs-Ind.; Fremdenverkehr.

schnịcken. *ich* **schnicke,** *nd.:* schnippe, schnelle, zucke. *die* **Schnịcke,** *-/-n, nd.:* Schnecke. **schnịcker,** *nd.:* hübsch.

Schnịckschnack *der, -s,* ∪ **1)** törichtes Gerede. **2)** wertlose Kleinigkeit, Tand.

schnieben, schniefen. *ich* **schniebe** (habe geschnoben oder: habe geschniebt), **schniefe** (habe geschnieft), *mitteldt.:* schnaube.

Schniegel [mhd. snegel ›Schnecke‹] *der, -s/-, ostmitteldt.:* **1)** Schnecke. **2)** feine Haartracht. *ich* **schnieg(e)le** *mich, ihn,* putze heraus, kleide und kämme übertrieben sorgfältig.

schnieke [Berlin], ∪ schneidig, fein.

Schniepel *der, -s/-,* ∪ **1)** Frack. **2)** ♧ Stutzer.

Schnịpfel *der, -s/-, süddt.:* Schnitzel. *ich* **schnipf(e)le** *es, süddt.:* schnitzele.

Schnịppe *die, -/-n,* weißer Fleck an der Oberlippe beim Pferd.

Schnịppel *der, -s/-,* **Schnịpsel** *der* oder *das, -s/-,* ∪ kleines abgeschnittenes Stück: *ein S. Papier. ich* **schnipp(e)le, schnips(e)le,** ∪ **1)** *an etwas,* schneide (wahllos) daran herum. **2)** *es,* schneide in kleine Stücke. **3)** *es,* erzeuge durch Schneiden: *ich schnippele aus Papier einen Stern.*

schnịppen [mhd.], **schnịpsen.** *ich* **schnippe, schnipse,** schnelle mit den Fingern. *sie wollte ihm ein* **Schnịppchen** *schlagen,* ∪ einen Streich spielen.

schnịppisch [nhd.], naseweis, keck.

Schnịrkel *der, -s/-, oberdt., nd.:* Schnörkel.

Schnịrkelschnecken [oberdt., nd. ›Schnörkel-‹], **Helicịdae,** artenreiche Fam. der Landlungenschnecken, u. a. mit den Gatt. **Hẹlix** und **Cepaea.** Die größte mitteleurop. Art ist die **Weinbergschnecke (Hẹlix pomatia)** mit rundl., etwa 4 cm hohem, rundl. Gehäuse. Sie wird bes. in Frankreich als Leckerbissen geschätzt und in Schneckengärten gezogen. Die kleinere **Gartenschnecke (Cepaea hortensis)** und ebenso die **Hain-S. (Cepaea nemoralis)** haben schön gebänderte Gehäuse. Vor Frost und Trockenheit verschließen sie ihre Gehäuse mit einem aus hornigen oder kalkigen Stoffen aufgebauten Deckel. Als Pflanzenfresser richten sie zuweilen Schaden an. (Bild Schnecken)

Schnịtger, Arp, Orgelbauer, * Schmalenfleth (Oldenburg) 2. 7. 1648, beigesetzt Hamburg-Neuenfelde 28. 7. 1719, bedeutendster Vertreter des älteren norddt. Orgelbaus; schuf etwa 160 Werke; sein größtes Werk in der Nikolaikirche in Hamburg, 1693.

Schnịtt [von schneiden] *der, -(e)s/-e,* **1)** Tätigkeit des einmaligen Schneidens (vgl. unten Garten-, Obst- und Weinbau). **2)** Ernte, Heuernte: *der erste S.; ich habe einen guten S. gemacht,* ∪ einen Gewinn erzielt. **3)** Spur eines Messers oder eines anderen schneidenden Werkzeugs: *Schnittwunde; der S. des Buches,* der gleichmäßig beschnittene Rand; er bleibt entweder roh (Naturschnitt) oder wird gefärbt (z. B. Farbschnitt) oder mit Blattgold belegt (Goldschnitt). **4)** Darstellung eines Gegenstandes in einer Schnittebene, z. B. Längs-, Quer-, Schrägschnitt. **5)** gemeinsame Punkte, Kurven, Flächen zweier geometr. Gebilde: S.-Punkt, S.-Kurve, S.-Fläche (→ Durchdringung 3); Mengenlehre: → Durchschnitt 3). **6)** Vorlage zum Zuschneiden eines Kleidungsstückes: *Schnittmuster.* **7)** das Ergebnis des Schneidens, die Form des Geschnittenen: *der S. des Kleides; der S. ihres Gesichts,* Ü. **8)** Bearbeitung eines Films durch Herausschneiden und Neuaneinanderfügen von Szenen. **9)** Durchschnitt: *er fuhr einen S. von 100,* eine Durchschnittsgeschwindigkeit von 100 Kilometern pro Stunde. *die* **Schnịtte,** *-/-n,* abgeschnittene Scheibe (Brot); oft: belegtes Butterbrot. *der* **Schnịtter,** *-s/-,* Mäher. **schnịttig, 1)** erntereif (Korn). **2)** sportlich, rassig: *ein schnittiger Wagen.*

Garten-, Obst- und Weinbau: das Entfernen best. Teile an Pflanzen während des Wachstums oder im Ruhezustand. Im Zierpflanzenbau wird durch den S. bes. die Verzweigung der Jungpflanzen bezweckt, durch Rückschnitt eine erneute Blüte oder Neutrieb angeregt. Im Gemüsebau werden bei Gurken, Melonen und Tomaten Seitentriebe entfernt oder gekürzt, um größere Früchte zu erzielen. S. im Obstbau, → Obstbau. Bei Reben werden im Winter rd. 90% der einjährigen Triebe entfernt, um aus den nächstjährigen Jungtrieben große Trauben und Beeren zu erhalten; im Sommer werden deshalb die Reben entgeizt (Sommerschnitt).

Schnittblumen, Blütenpflanzen, die sich abgeschnitten längere Zeit in der Vase halten; best. Chemikalien als Zusatz zum Wasser verlängern die Haltbarkeit.

Schnitt|entbindung, → Kaiserschnitt.

Schnittholz, die beim Einschnitt von Rundholz erzeugten Halbfabrikate mit mindestens 2 Längsschnittflächen (z. B. Balken, Bretter, Latten).

Julius Schnorr von Carolsfeld: Madonna; 1820 (Köln, Wallraf-Richartz-Museum)

Schnittlauch, Graslauch, Allium schoenoprasum, in Europa und Asien an Flußufern heimischer → Lauch, mit binsenähnlichen Blättern; Küchengewürzkraut.

Schnittmeister(in), → Cutter 3).

Schnittstelle, Datenverarbeitung: das → Interface.

Schnittwaren, textile Flächen, die als laufende Meterware verkauft werden.

Schnitz [mhd.] *der, -es/-e, süddt.:* kleines abgeschnittenes Stück: *Obstschnitz. ich* **schnitze** *es,* schneide in Holz oder Elfenbein (→ Holzschnitzerei, → Holzbildnerei, → Elfenbeinschnitzerei). *ich* **schnitz(e)le** *es,* schneide in kleine Stücke. *der* **Schnitzer,** *-s/-,* **1)** Hersteller von Holzbildwerken. **2)** U Fehler, Dummheit. *die* **Schnitzerei,** *-/-en,* **1)** geschnitztes Bildwerk: *Holzschnitzerei.* **2)** *ohne Pl.,* die Holzschneidekunst.

Schnitzel *das, -s/-,* **1)** auch *der, -s/-,* abgeschnittenes Stückchen. **2)** Kochkunst: dünne gebratene Fleischscheibe (Kalb oder Schwein), oft mit geriebener Semmel paniert.

Schnitzelbank, Hobelbank, Hoanzelbank, in Tirol (bes. Kitzbühel) und in der Schweiz (bes. Basel) beliebter Fastnachtsbrauch, komische Vorfälle auf umgetragenen Bildtafeln darzustellen und durch Bänkelsängerverse zu erklären.

Schnitzeljagd, Jagdreiten, bei dem ein Reiter (Läufer) den Fuchs darstellt und seine Fährte durch Papierschnitzel kennzeichnet.

Schnitzer, Eduard, Forschungsreisender, → Emin Pascha.

Schnitzler, Arthur, Schriftst., * Wien 15. 5. 1862, † ebd. 21. 10. 1931, urspr. Arzt, spiegelt in seinen Werken skeptisch und melancholisch die Atmosphäre der Wiener Gesellschaft um die Jahrhundertwende; der Psychoanalyse verwandt, geben sie scharfe Diagnosen des Seelen- und Trieblebens, später auch von Alter und Vergänglichkeit.

HW: *Schauspiele:* Anatol (1893); Liebelei (1895); Der grüne Kakadu (1899); Reigen (1900); Der einsame Weg (1903); Professor Bernhardi (1912); Komödie der Verführung (1924). *Romane* und *Novellen:* Leutnant Gustl (1901); Der Weg ins Freie (1908); Frau Beate und ihr Sohn (1913); Doktor Gräsler, Badearzt (1918); Fräulein Else (1924); Therese (1928). Briefwechsel u. a. mit H. v. Hofmannsthal, M. Reinhardt.

Schnock *der, -(e)s/-̈e,* **Schnöck** *der, -(e)s/-e, nd.:* Hecht.

Schnodder *der, -s, nd.:* Nasenschleim. **schnodd(e)rig,** vorlaut, unverschämt. *Subst. die* **Schnodd(e)rigkeit,** -.

schnöd(e) [mhd.], **1)** gemein, verächtlich: *schnöder Verrat.* **2)** *oberdt.:* arm, dürftig. *Subst. die* **Schnödheit, Schnödigkeit,** -.

schnökern. *ich* **schnök(e)re,** *norddt.:* schnüffele, nasche.

schnopern. *ich* **schnop(e)re,** *nd.:* schnuppere.

Schnorchel [zu schnarchen] *der, -s/-,* **1)** Rohrleitung, die das Innere eines getauchten U-Boots (oder Kampfpanzers) mit der atmosphär. Luft verbindet. Der S. wird durch ein Ventil offengehalten, das bei Überflutung das Eindringen von Wasser verhindert. Das U-Boot kann mit Hilfe des S. auf Sehrohrtiefe fahren und dabei durch Betrieb der Dieselmotoren seine Batterien aufladen. **2)** Atemrohr beim Sporttauchen.

Schnörkel [Nebenform von Schnecke] *der, -s/-,* **1)** gewundene Linie. **2)** in der Rede: unnötige Verzierung. *Adj.* **schnörkelhaft, schnörk(e)lig.**

Schnorre *die, -/-n,* **Schnörre,** *alemann.:* Maul.

schnorren. *ich* **schnorre,** U **1)** lebe auf Kosten anderer. **2)** *es,* erbettle. *der* **Schnorrer,** *-s/-,* U Bettler; Schmarotzer.

Schnorr von Carolsfeld, 1) Julius, Maler, Vater von 2), * Leipzig 26. 3. 1794, † Dresden 24. 5. 1872, schloß sich 1818 in Rom den → Nazarenern 3) an, malte 1820–26 die Ariost-Fresken im Casino Massimo. 1827 wurde er Akademieprof. in München, 1846 in Dresden, dort auch Galeriedirektor. Seine Wandgemälde in der Münchener Neuen Residenz (Nibelungenbilder in 5 Sälen u. a.) lassen deutlich Einflüsse der Historienmalerei seiner Zeit erkennen. Bed. sind seine zeichner. Arbeiten (Bilderbibel, 240 Holzschnitte, 1860). Weiteres BILD Rückert.

2) Ludwig, Sänger (Tenor), Sohn von 1), * München 2. 7. 1836, † Dresden 21. 7. 1865, der erste ›Tristan‹ (1865) R. Wagners.

Schnösel [nd.] *der, -s/-,* U dummdreister junger Mensch.

Schnucke *die, -/-n,* die Heidschnucke. *das* **Schnuckelchen,** *-s/-,* Schäfchen, ein Kosewort. **schnuck(e)lig,** U zierlich, nett.

schnüffeln [nd., zu schnauben]. *ich* **schnüff(e)le, 1)** stecke meine Nase überall hinein, spüre allem nach. **2)** ziehe Luft hörbar durch die Nase. **3)** engl. **Sniffing,** $ Einatmen von Dämpfen leichtflüchtiger Stoffe (z. B. Verdünnungsmittel für Farben und Klebstoffe), bes. von Jugendlichen angewendet zur Erzeugung eines (kurzfristigen) Rausches. *Subst. die* **Schnüffelei,** *-/-en. der* **Schnüffler,** *-s/-,* jemand, der seine Nase in fremde Angelegenheiten steckt.

Schnuller *der, -s/-,* Sauger, Lutscher für Säuglinge.

Schnulze *die, -/-n,* sentimentaler Schlager, rührseliges Kino-, Theater- oder Fernsehstück.

schnupfen [mhd., zu schnaufen]. *ich* **schnupfe, 1)** *es,* nehme Schnupftabak. **2)** *oberdt.:* schluchze. **3)** *es schnupft mich,* U ärgert mich. **Schnupftuch,** *oberdt.:* Taschentuch.

Schnupfen [mhd.] *der, -s/-,* **Rhinitis,** Entzündung (Katarrh) der Nasenschleimhaut. Der **akute S. (Erkältungskatarrh)** beruht auf einer Virusinfektion nach Kälte- und Nässeeinwirkung, auch nach Staubschädigung der Nase; tritt Infektion mit Bakterien hinzu, so kann er in **eitrigen S.** übergehen. Nicht ansteckend sind **Jodschnupfen** (→ Jodvergiftung) und **Heuschnupfen** (→ Heuschnupfen). Der **chronische S. (Stockschnupfen)** entsteht durch Verstopfung der Nasengänge oder Schleimhautwucherungen (Polypen), er sollte stets vom Facharzt behandelt werden.

Schnupftabak, mahlfein zerriebener, mit einer Soße unterschiedl. Zusammensetzung (z. B. Zuckerarten, Melasse, Fenchel, Wacholderbeeren, Honig) vergorener Tabak. Dem bayr. **Schmalzler** werden feine Öle beigemischt. Der S. wird durch Einziehen auf die Nasenschleimhaut (das Schnupfen) genossen.

Schnuppe [nd., zu Schnupfen] *die, -/-n,* **1)** kurz für Sternschnuppe. **2)** *nd., mitteldt.:* verkohltes Dochtende. *das ist mir* **schnuppe,** U gleichgültig. *ich* **schnuppe,** *nd., mitteldt.:* schneuze. *ich* **schnupp(e)re,** schnüffele, rieche.

Schnur [ahd. snuor] *die, -/-̈e,* selten *-en,* ein aus Fäden oder Fasern gedrehter dickerer Faden, Bindfaden, Kordel. *das* **Schnürchen,** *-s/-: das geht wie am Schnürchen,* U mühelos. **schnurgerade,** ganz gerade. **schnurstracks,** geradewegs, unverzüglich.

Schnur [ahd. snur] *die, -/-en,* ✿ Schwiegertochter.

Schnurbaum, 1) die Baumform → Kordon 3). **2)** Schmetterlingsblüter, → Sophore.

Schnürboden, 1) Schiffbau: ein heller, großer Boden auf der Werft, auf dem alle wichtigen Umrißlinien in natürl. Größe aufgezeichnet werden; heute weitgehend durch opt. Anzeichen ersetzt, wobei die Zeichnung auf das zu bearbeitende Material projiziert wird. **2)** ⛫ eine waagerechte Fläche, auf der die Holzteile für einen Bau in natürl. Größe aufgezeichnet und danach zugeschnitten werden. **3)** Theater: der über der Hauptbühne liegende Bühnenraum, benannt nach den Schnüren, an denen Kulissen und Prospekte auf die Bühne herabgelassen und hochgezogen werden können. Im modernen S. befinden sich mehrere Galerien techn. Systeme, bes. Beleuchtungsvorrichtungen.

schnüren. *ich* **schnüre, 1)** *es,* umwickle fest, binde zusammen: *er schnürt sein Bündel,* U reist ab. **2)** *mich,* ✿ trage Schnürmieder. **3)** *ihn,* U betrüge. **4)** *der Fuchs (Wolf, Luchs) schnürt* (ist geschnürt), ⚘ setzt die Läufe schnurgerade hintereinander. *ich* **schnüre** *es* **ab, 1)** umwickle sehr fest, binde ab, trenne von der Zufuhr ab. **2)** ⛫ markiere gerade Linien durch Schnüre. **3)** ⚓ zeichne Schiffslinien auf dem Schnürboden. *ich* **schnüre** *es* **auf,** löse Verschnürungen. *ich* **schnüre** *es* **ein,** binde ganz fest. *ich* **schnüre** *es* **zu, 1)** binde fest zu, verpacke. **2)** U drücke, ziehe zusammen: *die Angst schnürte ihr die Kehle zu.* **Schnürleib, Schnürmieder,** ✿ Mieder, Korsett. **Schnürlregen,** *österr.:* anhaltender Regen. **Schnürlsamt,** *österr.:* Kord. **Schnürriemen, Schnürsenkel,** Band, Riemen zum Zuschnüren der Schuhe. *die* **Schnürung,** *-/-en,* das Schnüren.

Schnurkeramik, vorgeschichtl. Tonware, die mit Abdruckmustern gedrillter Schnüre verziert ist. Sie ist kennzeichnend für

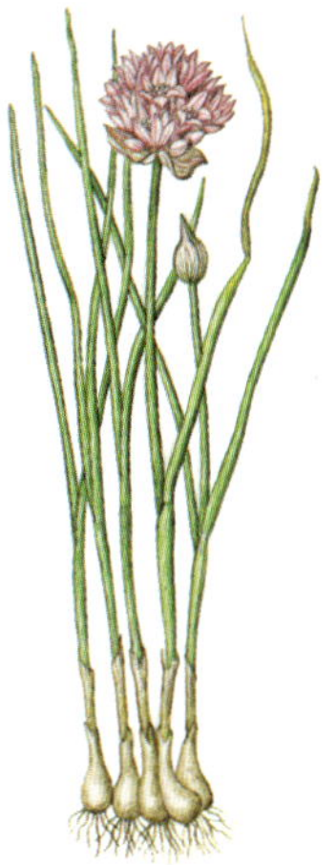

Schnittlauch

Arthur Schnitzler

Rudolf Schock

eine Reihe endjungsteinzeitl. Kulturgruppen Mitteleuropas, die als Schnurkeramische Kultur zusammengefaßt werden, kommt aber vereinzelt auch in anderen Zusammenhängen vor, z. B. in der frühen Bronzezeit Griechenlands.

schnurpfen. *ich* **schnurpfe,** *alemann.:* **1)** pfusche. **2)** *es,* nähe mit groben Stichen.

Schnurre, Wolfdietrich, Schriftst., *Frankfurt a. M. 22. 8. 1920, schreibt satirisch-zeitkrit. Lyrik (›Kassiber‹, 1956; ›Der Spatz in der Hand‹, 1971), Romane (›Als Vaters Bart noch rot war‹, 1958; ›Das Los unserer Stadt‹, 1959; ›Ein Unglücksfall‹, 1981) und Erzählungen (›Man sollte dagegen sein‹, 1960; ›Eine Rechnung, die nicht aufgeht‹, 1965). – ›Der Schattenfotograf‹ (Aufzeichnungen, 1978).

schnurren. *ich* **schnurre, 1)** *die Katze, das Spinnrad schnurrt,* schnarrt leise. **2)** U schnorre, bettle. *es* **schnurrt zusammen** (ist zusammengeschnurrt), schrumpft. *die* **Schnurre,** *-/-n,* Posse, Schwank, Albernheit. *der* **Schnurrer,** *-s/-,* U Schnorrer, Bettler. **schnurrig,** unterhaltend, wunderlich, sonderbar, drollig. **Schnurrbart,** Bart an der Oberlippe, **Schnurrpfeifereien** *Pl.,* ♧ Kleinigkeiten, närrische Dinge.

Schnurrhaare, Spürhaare, lange Borstenhaare an den Lippen der Katze und anderer Säugetiere (Schnurrbart); sie dienen zum Tasten.

Schnurwürmer, Nemertini, meist im Meer lebender Tierstamm; 5 mm bis 30 m lange wurmförmige Arten mit ausstülpbarem Rüssel.

schnurz. *das ist mir s.,* U gleichgültig.

Schnute [zu Schnauze] *die, -/-n,* U Mund: *sie macht eine S.,* verzieht das Gesicht, schmollt.

Schoa, Kernlandschaft im Hochland Äthiopiens, bis 4000 m ü. M. In ihr liegt die Hauptstadt Addis Abeba.

Schober [von schieben] *der, -s/-,* aufgeschichteter Haufen Heu, Halmgetreide, Stroh, Brennholz, Torf. *Vb. ich* **schob(e)re, schöb(e)re** *es.*

Schober, Johannes, österr. Politiker, *Perg (OÖ) 14. 11. 1874, †Baden bei Wien 19. 8. 1932, schlug als Polizeipräs. von Wien die Unruhen vom 15. 7. 1927 nieder, war 1921–22 und 1929–30 Bundeskanzler und Außen-Min., 1930–32 Vizekanzler und Außen-Min. Als solcher schloß er das ›Wiener Protokoll‹ vom 19. 3. 1931 ab, das eine Zollunion mit dem Dt. Reich vorsah; der Plan scheiterte besonders am Widerstand Frankreichs.

Schobergruppe, südl. Gruppe der Hohen Tauern, Österreich, zw. Isel- und Mölltal, im Petzeck 3283 m, im **Hochschober** 3240 m hoch; Kargletscher, Hochseen (Wangenitzsee 2480 m ü. M.); von Lienz Seilbahn.

Schöberl [zu Schober] *das, -s/-(n), österr.:* eine Suppeneinlage aus Biskuitteig.

Schobert, Johann, Cembalist und Komponist, *in Schlesien(?) um 1740, †Paris 28. 8. 1767, nahm mit seiner Klavier- und Kammermusik eine selbständige Stellung in der Vorklassik ein.

Schoch, Johannes, Baumeister, *Königsbach (Baden) um 1550, †Straßburg 1631, 1590–97 Stadtbaumeister ebd.; schuf den ›Neuen Bau‹ in Straßburg (1582–85) und die Schaufront am Friedrichsbau des Heidelberger Schlosses (1601–07).

Schock [mhd.] *das, -s/-e* und bei Mengenangaben -, **1)** 60 Stück: *ein S. Eier.* **2)** U große Menge; dazu: **schockweise.**

Schock [frz., zu choquer ›anstoßen‹] *der, -(e)s/-s* oder *-e,* **1)** Stoß. **2)** ⚕ **körperlicher S.,** eine akute, unzureichende Durchblutung der Kreislaufperipherie mit den Folgen des Sauerstoffmangels des Gewebes und stoffwechselbedingter Azidose. Auslösende Ursachen sind Verletzungen mit und ohne großen Blutverlust, Operationen, Verbrennungen, Herzinfarkt, Vergiftungen, heftige Brechdurchfälle mit großem Flüssigkeitsverlust, Darmverschluß, heftige allerg. Reaktionen **(anaphylakt. S.)** u. a. – Es werden 3 Phasen des S. unterschieden: 1) Die Frühphase mit verlangsamtem oder etwas beschleunigtem Puls, meist etwas erhöhtem Blutdruck, blasser Haut. 2) In der kompensierten Phase sinkt der Blutdruck ab, ist aber noch gut meßbar, der Puls ist beschleunigt, die Halsvenen sind schlecht gefüllt, entsprechend einem erniedrigten zentralen Venendruck. Die Haut ist blaß, kalt und mit Schweiß bedeckt. 3) In der dekompensierten Phase ist der Blutdruck kaum meßbar, der Puls sehr schnell. Die Mikrozirkulation in den Haargefäßen ist so schwer gestört, daß es dort zur Blutgerinnung mit entsprechenden Organschäden kommt. Patienten im S. sind meist bei vollem Bewußtsein, scheinen aber voll verhaltener Angst und zeigen starke Unruhe. – Die Bekämpfung richtet sich nach der Phase des S.; ihr Ziel ist es, zunächst die Mikrozirkulation in den Geweben wieder zu normalisieren und die Ursachen des S. zu beseitigen. Ein wesentl. Fortschritt in der Behandlung besteht in rechtzeitigem Auffüllen des Kreislaufs mit Plasmaersatzmitteln. Eine besondere Form des S. ist der **hypoglykämische S.,** der meist Folge einer schlecht eingestellten Zuckerkrankheit ist (ÜBERSICHT Erste Hilfe). **3)** Ⓟs Ein **psychischer S. (Nerven-S.)** kann durch Erschütterungen infolge unerwarteter und katastrophenartiger Ereignisse ausgelöst werden. I. a. klingen die Wirkungen des psychisch-affektiven S. und die begleitenden körperl. Anzeichen (Zittern, Ohnmacht, Schweißausbruch, Herz- und Kreislaufstörungen) schnell wieder ab. *ich* **schocke, 1)** *es,* Turnen: werfe mit gestrecktem Arm. **2)** *ihn,* unterziehe einer Schockbehandlung. **3)** *ihn,* schockiere. *der* **Schocker,** *-s/-,* U Schauerroman, Schauerfilm. *ich* **schockiere** *ihn,* versetze in sittl. Entrüstung. *ein Schiff* **schockt,** beginnt vom Boden freizukommen.

Schock, Rudolf, Sänger (Tenor), *Duisburg 4. 9. 1915, Gastspiele an in- und ausländ. Bühnen, bei Film und Fernsehen.

Schockbehandlung, Schocktherapie, Ⓟs Heilverfahren zur Behandlung endogener Psychosen, bei dem durch unterschiedl. Mittel ein Krampfanfall oder Schockzustand mit Bewußtlosigkeit ausgelöst wird. Bei der heute nur noch selten angewendeten **Insulinschocktherapie** wird durch Injektion von Insulin eine Blutzuckersenkung bis zum Koma herbeigeführt. Der **Elektroschock** wird von durch das Gehirn geleitetem elektr. Strom ausgelöst und bei Schizophrenien und Zyklothymien eingesetzt. Früher gefürchtete Zwischenfälle sind durch Anwendung von muskelerschlaffenden Mitteln und Kurznarkose ausgeschaltet. Er wird heute noch gelegentlich angewendet, bes. bei akuter Schizophrenie. – Die S. ist heute weitgehend durch die Behandlung mit Psychopharmaka abgelöst.

Schockemöhle, 1) Alwin, Springreiter, Bruder von 2), *Vechta 29. 5. 1937, Olympiasieger 1976 (Einzel) und 1960 (mit der Mannschaft), 1976 Olympia-Zweiter und 1968 Olympia-Dritter (jeweils mit der Mannschaft), 1975 Europameister (Einzel und Mannschaft).

2) Paul, Springreiter, Bruder von 1), *Vechta 22. 3. 1945, Olympia-Zweiter 1976 (Mannschaft), Europameister 1981 und 1983, Olympia-Dritter 1984 (Mannschaft).

Schockwellenmetamorphose, die →Stoßwellenmetamorphose.

Schoeck, 1) Helmut, Soziologe und Publizist, *Graz 3. 7. 1922, war 1950–53 Prof. am Fairmont State College, Virginia, 1954–65 an der Emory University in Atlanta; seit 1965 an der Univ. Mainz; trat v. a. durch seine Theorie des →Neids hervor.

HW: Die Wissenssoziologie K. Mannheims (1948); Soziologie, Gesch. ihrer Probleme (1952); USA: Motive und Strukturen (1958); Der Neid (1966); Kleines Soziolog. Wb. (1969); Vorsicht – Schreibtischtäter (1972); Schülermanipulation (1976).

2) Othmar, Komponist und Dirigent, *Brunnen 1. 9. 1886, †Zürich 8. 3. 1957, bed. Lieder- und Opernkomponist im Übergang der Spätromantik zur Moderne.

HW: Etwa 400 Lieder. *Opern:* Penthesilea (1927, Neufassung 1942), Das Schloß Dürande (1943); *dramat. Kantate:* Vom Fischer un syner Fru (1930); Chor-, Instrumental-, Kammer- und Klaviermusik.

Schoenflies, Arthur Moritz, Mathematiker, *Landsberg (Warthe) 17. 4. 1853, †Frankfurt a. M. 27. 5. 1928, leitete, gleichzeitig mit J. S. Fedorow, 1891 die 230 Raumgruppen, d. h. Kristallgitter versch. Symmetrie, ab und arbeitete auf dem Gebiet der Cantorschen Mengenlehre. Die **Schoenflies-Symbole** dienen zur Kennzeichnung der Raumgruppen.

Schoeps, Hans-Joachim, Religions- und Geistesgeschichtler, *Berlin 30. 1. 1909, †Erlangen 8. 7. 1980, setzte sich für die Zeitgeist-Forschung und eine Rechtfertigung Preußens ein.

HW: Das andere Preußen (1952); Das Judenchristentum (1964); Preußen, Gesch. eines Staates (1965); Üb' immer Treu und Redlichkeit (1978).

Schof *der, -(e)s/-e,* **1)** *norddt.:* Strohdecke. **2)** auch *das* **Schoof,** *-(e)s/-e,* ⚘ Eltern mit Jungen bei Enten und Gänsen.

Schofar [hebr.] *der, -(s)/...far'oth,* im jüd. Kult verwendetes Blasinstrument aus einem Widderhorn.

schofel [jidd.], **schofelig, schoflig,** U gemein, niederträchtig, schäbig; geizig, kleinlich in Geldsachen.

Schöffe [zu ›schaffen‹] *der, -n/-n,* der ehrenamtl. Laienrichter eines Schöffen- und Schwurgerichts (bei letzterem bis 1972 **Geschworene** genannt). Zum S. können nur Deutsche berufen werden. Von der Berufung sind best. Personen ausgeschlossen, andere können sie ablehnen. Die S. werden alle 2 Jahre neu gewählt. Sie üben während der Hauptverhandlung das Richteramt in gleichem Umfang und mit gleichem Stimmrecht wie die Berufsrichter aus. Für Aufwendungen und Verdienstausfall werden sie entschädigt. Entzieht sich ein S. seinen Obliegenheiten, so ist er zu einer Ordnungsstrafe in Geld und zu den verursachten Kosten zu verurteilen. – In der Dt. Dem. Rep. sind alle Gerichte der 1. Instanz sowie der Senat für Arbeitsrechtssachen beim Obersten Gericht S.-Gerichte. Für Österreich gelten ähnl. Bestimmungen wie in der Bundesrep. Dtl. In der Schweiz ist die Bezeichnung S. unbekannt. (→ Schöffengericht)

Geschichte. Im MA. waren die S. die ständigen Urteilsfinder bei den Gerichten (eingeführt zw. 770 und 780). Auf dem echten → Ding 3) bedurfte der Urteilsvorschlag der S. der Zustimmung der übrigen Gerichtsgemeinde, während in dem vom Zentenar geleiteten gebotenen Ding die S. die ausschließlichen Urteiler waren. Für

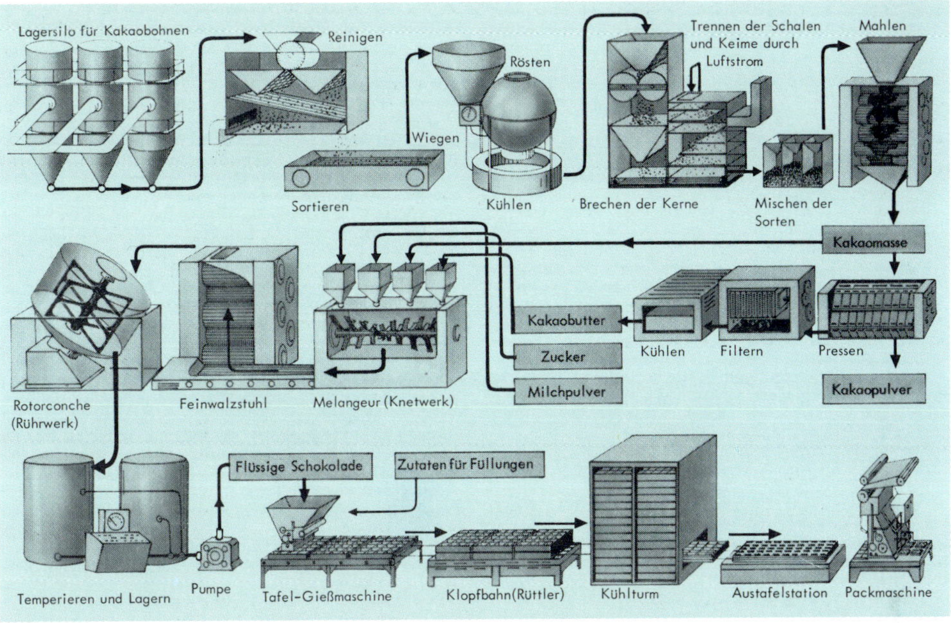

Schokolade (Schema der Herstellung)

das mittelalterl. Stadtrecht war von besonderer Bedeutung die Rechtsprechung der **Schöffenstühle (Schöppenstühle)** der Mutterrechtsstädte, bei denen die Gerichte der Tochterrechtsstädte in zweifelhaften Rechtsfragen Belehrung einholten. Die heutigen S.-Gerichte sind Neubildungen des 19. Jh.

Schöffengericht, das bei den Amtsgerichten aus einem den Vorsitz führenden Berufsrichter (Amtsrichter) und 2 Laienrichtern (→Schöffe) gebildete Strafgericht. Die Zuziehung eines 2. Amtsrichters ist u. U. möglich: erweitertes Schöffengericht (§ 29 GVG). Wegen der Zuständigkeit vgl. ÜBERSICHT Gericht. – In Österreich wurde das S. beim Landes-(Kreis-)Gericht 1920 eingeführt. Es gelten ähnl. Bestimmungen wie im dt. Recht. In der Schweiz ist die Bezeichnung S. unbekannt, jedoch gehören den Gerichten oft auch Laienrichter an. Dt. Dem. Rep. →Schöffe.

Schöffer, Peter, Buchdrucker, →Fust.

Schöffler *der, -s/-, oberdt.:* Schäffler, Böttcher.

Schokkerfischerei, Fischerei auf abwandernde Aale in großen Flüssen.

Schokolade [span. chocolate, zu altmexikan. xocolatl] *die, -/-n,* Nahrungsmittel aus Kakaomasse und Zucker, oft mit Zusatz von Kakaobutter, Gewürzen, Milchpulver u. a.; eine feste, braune Masse, bei Erwärmen weich, über 35 °C flüssig; zum Essen, zur Getränkeherstellung, zum Überziehen von Zucker-, Back-, Konditorwaren. Sorten sind: nach Zusätzen **Sahne-(Rahm-), Milch-, Frucht-, Nuß-, Mandel-S.**; nach Zusammensetzung, Güte und Zweck **Block-, Speise-, Schmelz-, Überzugs-S. (Kuvertüre), süße, halbbittere, bittere S. S.-Pulver (Trink-S.)** besteht aus Kakaopulver, wie für S. vorbereitet, und Zucker. S. ist sehr würzig, leicht anregend durch Gehalt an Theobromin. Der Nährwert der S. ist durch den hohen Fett- und Zuckergehalt groß: 2130 bis 2355 kJ/100 g.

Herstellung. Kakaomasse wird mit Zucker (und etwaigem anderen Zusatz) gemischt, grob zerkleinert und auf Stahlwalzwerken genügend fein gewalzt. Oft folgt ein Veredelungsverfahren (Konchieren), langdauerndes Reiben (bis 3 Tage) unter Erwärmen (60–85 °C), zuweilen auch im Vakuum. Die flüssige Masse wird vorgekühlt (temperiert) und in Formen gegossen. S.-Figuren erhält man durch Füllen zweiteiliger Klappformen mit S. Zur Herstellung von gefüllter S. wird der Kern aus Fondantmasse usw. in die mit einer dünnen Schicht S. versehene Form gelegt und diese dann mit S. aufgefüllt. Bei der Herstellung von Pralinen übergießt man die vorgeformten Kerne in der Überziehmaschine mit Kuvertüre, einer bes. fettreichen S. Bei krustenlosen Pralinen wird aus dieser die Hohlform wie bei S.-Figuren gegossen und mit dem flüssigen Inhalt gefüllt, dann schweißt man das Deckplättchen auf.

Wirtschaftliches: →Süßwaren.

Geschichte. Schokoladenähnl. Produkte aus Kakao wurden vermutlich bereits im 17. Jh. hergestellt. S.-Fabriken wurden Anfang des 19. Jh. (1804 in Dtl., 1815 in Holland, 1819 in der Schweiz) geschaffen. D. Peter erfand 1875 die Milchschokolade.

Scholar [lat.] *der, -en/-en,* ꝏ Schüler, Student im MA.

Scholarch [grch. ›Schulvorsteher‹] *der, -en/-en,* latinisiert **Scholasticus,** allg.: der Gebildete, Gelehrte; i. e. S. der Leiter einer Pfarr-, Dom- oder Stiftsschule des MA.

Scholastica, Schwester des hl. Benedikt von Nursia, * um 480, † um 547, gilt als Gründerin und Patronin des Ordens der Benediktinerinnen. Heilige; Tag: 10. 2.

Scholastik [lat., zu grch. scholastikos ›mit der Wissenschaft befaßt‹] *die, -,* die in Schulen des MA. (bes. Laon, Melun, Paris, Schulen von St. Viktor und Chartres) ausgebildete Theologie und Philosophie sowie deren Weiterentwicklung in der Neuzeit. Inhaltlich ist sie gekennzeichnet durch die harmon. Verbindung der christl. Offenbarungslehre mit philosoph. Denken auf dem Grunde einer angenommenen Einheit des menschl. Geistes, methodisch durch die →scholastische Methode. *der* **Scholastiker,** *-s/-,* **1)** Anhänger der S. **2)** noch studierender Priesterkandidat, bes. bei den Jesuiten. **3)** Ü spitzfindiger Mensch. **scholastisch, 1)** die Scholastik betreffend. **2)** Ü spitzfindig, wortklauberisch.

Die **Früh-S.** (9.–12. Jh.) hat sich aus dem Bemühen entwickelt, die theolog. Lehren der Bibel und der Kirchenväter, bes. des Augustinus, auch philosophisch zu durchdringen und so zw. Theologie und Philosophie Einklang herzustellen, nachdem noch im 9. Jh. Johannes Scotus eine vom Glaubensgut nahezu unabhängige Philosophie entworfen hat. Die gegensätzl. Ansprüche der Autoritäten suchte dann das 11. Jh. mit Hilfe der Dialektik auszugleichen (bes. Abaelard); Anselm von Canterbury erstrebte das Verständnis der Glaubensinhalte. Sentenzenbücher faßten das Wissen systematisch zusammen und suchten es spekulativ zu durchdringen (bes. das Sentenzenbuch des Petrus Lombardus).

Die **Hoch-S.** (13. Jh.) entwickelte sich durch das Bekanntwerden auch der phys. Schriften des Aristoteles und der arab. Philosophen, durch die neuen Univ. und den Eintritt der Dominikaner und Franziskaner in das wissenschaftl. Leben. Ihren literar. Ausdruck findet die S. jetzt v. a. in systemat. Werken, den Summen (→Summa 2). Gegen den konservativen Augustinismus (→Augustinus) der älteren Franziskanerschule (bes. Bonaventura) und den Averroismus (→Averroes) setzte sich schließlich der fortschrittliche christl. Aristotelismus (→Aristoteles) des Albertus Magnus und des Thomas von Aquino durch. Dem Thomismus (→Thomas von Aquino) erwuchs dann in der jüngeren Franziskanerschule des Duns Scotus ein mächtiger Gegner.

In der **Spät-S.** des 14. und 15. Jh. löste sich, bes. durch den von Wilhelm von Ockham eingeführten →Nominalismus, die große Einheit des mittelalterl. Denkens auf. Überspitzt subtile Streitfragen und die Vernachlässigung der Sprache führten zum Niedergang der scholast. Philosophie und Theologie. Eine neue Blüte der

Scholem Alejchem

Hans Scholl

Sophie Scholl

Schöllkraut

S. im 16. Jh. ging von Spanien aus **(Barock-S.)**. Neben die alten Schulen der Thomisten und Scotisten trat hier die neue Jesuitenschule. Ihr bedeutendster Vertreter war F. Suárez, dessen Philosophie neben den kath. auch eine große Anzahl von protestant. Univ. für sich gewann. Von ihm und seiner Schule führen Verbindungen zu Leibniz und C. von Wolff. – Über die Erneuerung der S. seit der Mitte des 19. Jh. → Neuscholastik.

scholastische Methode, klares Herausarbeiten der Frage (Quaestio), scharfe Abgrenzung und Unterscheidung der Begriffe (Distinctio), logisch geformte Beweise sowie Erörterung der Gründe und Gegengründe in formgerechter Disputation.

Scholem, Gerhard Gerschom, jüd. Religionshistoriker, * Berlin 5. 12. 1897, † Jerusalem 20. 2. 1982, erforschte bes. Kabbala und jüd. Mystik.

Scholem Alejchem [jidd. ›Friede sei mit euch‹], eigtl. Schalom **Rabinowitsch,** jidd. Schriftst., * Perejaslaw (Ukraine) 2. 3. 1859, † New York 13. 5. 1916. Seine Romane und Erz. beschreiben die alltägl. Welt der Ostjuden um die Jahrhundertwende (›Die Geschichte Tewjes des Milchhändlers‹, 1894, danach Musical ›Anatevka‹, 1964; ›Menachem Mendel‹, 1921, u. a.).

Scholi|en [grch. ›Auslegung‹], *Sg. die* **Scholi|e,** *-, das* **Scholion,** *-s,* erklärende und textkrit. Anmerkungen zu grch. und lat. Schriftstellern, aus dem christl. Altertum auch zur Bibel, meist von unbekannten Verfassern, den **Scholiasten.**

Scholl, Geschwister S., Hans (* Ingersheim a. d. Jagst 22. 9. 1918), Student der Medizin, und Sophie (* Forchtenberg 9. 5. 1921), Studentin der Biologie und Philosophie; gehörten zu der gegen das nat.-soz. Gewaltsystem gerichteten Widerstandsgruppe **Weiße Rose** um K. Huber. Bei der Verteilung von Flugblättern in der Münchener Universität wurden sie am 18. 2. 1943 verhaftet. Sie wurden zum Tode verurteilt und am 22. 2. 1943 in München-Stadelheim hingerichtet.

Scholle [ahd., urverwandt mit Schale] *die, -/-n,* **1)** Klumpen, Bruchstück von Ackererde, Eis. **2)** *ohne Pl.,* Ü Heimatboden, Heimat: *die heimische S.* **3)** ⊕ Teile der Erdrinde, durch → Verwerfung gegen die angrenzenden Stücke begrenzt und häufig verschoben. Bei vertikalen Bewegungen entstanden **Hoch-** und **Tiefschollen (Bruchschollen),** bei Kippung **Kippschollen. S.-Gebirge** bestehen aus einzelnen S. **schollig,** in S. zerfallend.

Schollen, Fam. der → Plattfische. (BILD Fische)

Schöllenen, Schlucht der Reuß im Kt. Uri, Schweiz, von der Sankt-Gotthard-Paßstraße und der **S.-Bahn** durchzogen.

Schöllkraut [ahd. scellawurz, zu lat. chelidonium], **Schellkraut, Chelidonium,** ⊕ Gatt. der Mohngewächse mit der einzigen Art S. **(Chelidonium majus),** eine bis 50 cm hohe, behaarte Staude mit orangegelbem Milchsaft, zarten Blättern, gelben Blüten und stabförmigen Schoten **(Gelb-, Gilb-, Milch-, Gall-, Blut-, Krätz-, Warzenkraut, Schmink-, Goldwurzel),** in Europa und Asien auf Brachland, an Wegen, Hecken und in Mauerspalten. In der Volksmedizin Heilpflanze gegen Leber- und Gallenleiden.

Scholl-Latour [-lat'ur], Peter Roman, Publizist, * Bochum 9. 3. 1924, war 1960–63 Afrika-Korrespondent, dann Leiter des Frankreich-Studios der ARD, bis 1971 Fernsehdirektor des Westdt. Rundfunks, dann Sonderkorrespondent für das ZDF (›Der Tod im Reisfeld‹, 1980; ›Allah ist mit den Standhaften‹, 1983).

Scholochow, Michail Aleksandrowitsch, russ. Schriftst., * Kruschilin (Dongebiet) 24. 5. 1905, † Wjoschenskaja (Geb. Rostow am Don) 21. 2. 1984. Sein Roman ›Der stille Don‹ (1928–40, überarbeitet z. T. auf Grund der Parteikritik, 1953) stellt das Leben der Donkosaken vor dem und im 1. Weltkrieg sowie im Bürgerkrieg dar und ihren Versuch, einen eigenen Weg zw. den ›Roten‹ und ›Weißen‹ zu erkämpfen. Auch der zweite große Roman ›Neuland unterm Pflug‹ (1. Teil: 1932, 2. Teil: 1960) schildert das Leben am Don, jedoch schon im Zeichen der Zwangskollektivierung mit ›positiven Helden‹. 1965 erhielt S. den Nobelpreis für Literatur. (BILD S. 605)

Scholte *der, -n/-n,* **Scholz** *der, -en/-e, nd., schles.:* Schulze, Bürgermeister. *die* **Scholtisei,** *-/-en, nd., schles.:* Amt des Bürgermeisters.

Scholtis, August, Schriftst., * Bolatitz (Oberschlesien) 7. 8. 1901, † Berlin 25. 4. 1969, stellte in Romanen (›Ostwind‹, 1932; ›Baba und ihre Kinder‹, 1934) und Erz. mit Satire und Humor Menschen seiner oberschles. Heimat dar; Autobiographie: ›Ein Herr aus Bolatitz‹ (1959).

Scholz, 1) Hans, Schriftst., * Berlin 20. 2. 1911, schrieb den Roman ›Am grünen Strand der Spree‹ (1955), Drehbücher, Hörspiele, Reiseberichte.

2) Heinrich, Philosoph, * Berlin 17. 12. 1884, † Münster (Westf.) 30. 12. 1956, verteidigte die Selbständigkeit der Offenbarungsreligion; wandte sich später der mathemat. Logik und Grundlagenforschung zu.

3) Wilhelm von, Schriftst., * Berlin 15. 7. 1874, † Konstanz 29. 5. 1969, war 1926–48 Präs. der Preuß. Akademie der Dichtung; begann als Lyriker in der Nachfolge D. von Liliencrons. Als Dramatiker trat S. neben P. Ernst für eine Neuklassik ein, wobei F. Hebbel sein Vorbild war. Aus dem Studium der dt. Mystik (›Dt. Mystiker‹, 1908) erschlossen sich ihm die Bereiche des Übersinnlichen, Traumhaft-Okkulten.

HW: *Romane:* Perpetua (1926); Der Weg nach Ilok (1930); Theodor Dorn (1967). *Erz.:* Die Gefährten (1937); Das Inwendige (1958); Zwischenwelten (1962). *Dramen:* Der Jude von Konstanz (1905); Vertauschte Seelen (1910); Der Wettlauf mit dem Schatten (1922). *Abhandlungen:* Das Drama (1956); F. v. Schiller (1956).

schon [zu schön], **1)** bereits; früher, als man dachte, erwartete oder wünschte: *heute war ich s. vor acht Uhr in der Schule; wir müssen gehen! – s.?* **2)** allein: *s. der Name wirkte.* **3)** sicherlich: *die Sache wird s. gelingen.* **4)** ohnehin: *das ist s. teuer genug.* **5)** wohl, zwar: *das ist s. richtig, aber ...; obschon, wennschon,* obgleich. **6)** endlich: *wenn es doch s. Sommer wäre!; schweig s.!*

schön [ahd.], **1)** angenehm, wohlgefällig; die Sinne und die Empfindungen angenehm berührend, von harmonischer Form, wohlgestaltet (→ Ästhetik): *ein schöner Anblick; schönes Wetter; das schöne Geschlecht,* U die Frauen; *schöne Literatur,* Belletristik; *das hast du s. gemacht,* gut, ordentlich, aber: *sie hat sich schöngemacht; auf das, aufs schönste,* sehr s., aber: *sie ist auf das Schönste bedacht.* **2)** U ironisch: das Gegenteil von s., unangenehm, häßlich: *das ist ja eine schöne Geschichte, Bescherung,* eine unangenehme Angelegenheit; *das sind ja schöne Aussichten, Neuigkeiten,* unerfreuliche. **3)** tüchtig, ordentlich, viel, sehr: *schönen Dank,* besten; *das hat ein schönes Stück Geld gekostet,* U viel; *er hat sich s. gewundert,* U sehr. *ich* **schöne, 1)** *Stoffarben,* erhöhe ihre Lebhaftigkeit. **2)** *Lebensmittel,* verbessere Aussehen, Geschmack, Geruch. **3)** *Weine,* entferne Trübungen durch Hausenblase, Gelatine, Agar, Eiereiweiß, Tannin, gereinigte Holz- oder Knochenkohle und reines Kaliumferrocyanid. *Subst. die* **Schönung,** -. *die* **Schöne,** *-n/-n,* **1)** ein schönes Mädchen, eine schöne Frau. **2)** *ohne Pl.,* P Schönheit. **Schönfärber, 1)** ⚘ Färber, der feinere Waren in edleren Farben färbt. **2)** jemand, der etwas beschönigt, schönfärbt. *die* **Schönheit,** *-/-en,* **1)** *ohne Pl.,* das Schönsein: *ein Bauwerk von klassischer Schönheit.* **2)** etwas Schönes: *die Schönheiten der Natur.* **3)** eine schöne Frau. *der* **Schöntuer,** *-s/-,* Schmeichler. *die* **Schöntuerei,** *-/-en,* Schmeichelei.

Schön, 1) Helmut, Fußballtrainer, * Dresden 15. 9. 1915, 1964–78 Bundestrainer des Dt. Fußballbundes.

2) Theodor von (1840), preuß. Politiker, * Schreitlaugken (Ostpr.) 20. 1. 1773, † Arnau (Königsberg) 23. 7. 1856, Schüler Kants, Mitarbeiter an den Reformen des Frhr. vom Stein, dessen ›Polit. Testament‹ (1808) im wesentl. er verfaßte. 1816 wurde S. Oberpräs. von West-, 1824 von West- und Ostpreußen, 1840–42 Staatsminister.

Schona, Bantustamm, → Shona.

Schonach im Schwarzwald, Gem. und Luftkurort im Schwarzwald-Baar-Kr., Bad.-Württ., 800–1 152 m ü. M. in einem geschützten Hochtal, (1984) 4 800 Ew.; Uhren-Ind., Feinwerktechnik.

Schönaich-Carolath, Niederlausitzer Adelsgeschlecht mit einer freiherrl. und einer fürstl. Linie (seit 1741), erwarb um 1550 die Herrschaften Beuthen und Carolath.

Emil, Prinz von **S.-C.-Schilden,** Schriftst., * Breslau 8. 4. 1852, † Schloß Haseldorf (Holstein) 30. 4. 1908, schrieb neuromant. Gedichte und Novellen, von Th. Storm beeinflußt.

Schönau im Schwarzwald, Stadt und Luftkurort im Kr. Lörrach, Bad.-Württ., (1984) 2 200 Ew., 540 m ü. M.; Textil-Ind.

Schönbartlaufen, das → Schembartlaufen.

Schönberg, Arnold, Komponist, * Wien 13. 9. 1874, † Los Angeles 14. 7. 1951, weitgehend Autodidakt. 1925–33 Leiter einer Meisterklasse an der Berliner Akademie der Künste, 1933 Übersiedlung nach den USA, Lehrtätigkeit an der University of Southern California, 1936–44 an der University of California in Los Angeles. In seiner frühen Schaffensperiode (1897–1907) an J. Brahms, R. Wagner und R. Strauss anknüpfend (Streichsextett ›Verklärte Nacht‹, 1899; Kammersinfonie op. 9, 1906; ›Gurrelieder‹, 1900–11), gelangte er in gesteigerter Polyphonie an die Grenzen der Tonalität und schließlich zur Auflösung der Harmonik, die bis dahin die Grundlage der Formbildung darstellte. Die frühen atonalen Werke (›George-Lieder‹, 1908/09) gelten als musikal. Gegenstück zur expressionist. Malerei. Seit 1921 entwickelte er die Technik der Komposition mit 12 nur aufeinander bezogenen Tönen (→ Zwölftonmusik). – S. hatte als Komponist, Theoretiker und Lehrer (unter seinen Schülern: A. v. Webern, A. Berg, E. Wellesz, H. Eisler) entscheidenden Einfluß auf die neuere Musik. (BILD S. 605)

HW: Sinfon. Dichtung ›Pelleas und Melisande‹ (1903); ›Pierrot lunaire‹ für Sprechstimme und Kammermusik (1912); Oratorium ›Die Jacobsleiter‹ (1917–22, unvollendet). *Opern:* ›Die glückliche Hand‹ (1908–13); ›Moses und Aron‹ (1930–32, unvollendet). Violinkonzert (1936); Klavierkonzert (1942); ›Ein Überlebender aus Warschau‹ für Sprecher, Männerchor und Orchester (1947); Variationen für Orchester; Kammer-, Klaviermusik, Lieder (›Das

Buch der hängenden Gärten‹, 1908–09), zahlreiche Bearbeitungen eigener und fremder Werke.

Schönblindheit, Schwarzer → Star bei Tieren.

Schönborn, rhein. Adelsgeschlecht, urspr. in Nassau, 1284 urkundlich erwähnt, dessen Aufstieg im 17. Jh. in Franken begann; 1701 in den Reichsgrafenstand erhoben. Eine Reihe von Kirchenfürsten aus dem Hause S. waren bed. Politiker, Bischöfe (fast immer mehrerer Bistümer zugleich) und Förderer der Kunst und Wiss.; sie gaben Aufträge für große Barockschlösser: Lothar Franz (* 1655, † 1729, Erzbischof und Kurfürst von Mainz, Bamberg, Gaibach, → Pommersfelden), Johann Philipp Franz (* 1673, † 1724, Bischof von Würzburg) und sein Bruder Friedrich Karl (* 1674, † 1746, Bischof von Würzburg und Bamberg, → Würzburg, Residenz; Werneck) und Damian Hugo (* 1676, † 1743, Fürstbischof von Speyer, Konstanz, erbaute das Schloß in → Bruchsal).

Schönborn, Bad S., entstand 1971 aus **Bad Mingolsheim** und **Bad Langenbrücken,** Kurort im Kr. Karlsruhe, Bad.-Württ., (1984) 8300 Ew.; Schwefel- und Thermalquelle; Textil-, Holz-Ind., Maschinenbau.

Schönbrunn, ehemals kaiserl. Schloß im SW von Wien, 1695/96 von Fischer von Erlach begonnen, in der Regierungszeit Maria Theresias 1744–49 unter starker Umgestaltung frühklassizistisch vollendet. Das Innere wurde 1765–80 im Stil des Spätrokoko ausgestaltet. Der 1705–06 in frz. Manier angelegte Park steigt zu dem Säulenbau der **Gloriette** (1775) auf dem Schönbrunner Berg an. – Über den Frieden von S. → Napoleonische Kriege 4).

Schönbuch *der,* flaches, bewaldetes Bergland in Bad.-Württ., zw. Böblingen und Tübingen, bis 583 m hoch.

Schöndruck, ⚙ die zuerst bedruckte Seite eines doppelseitig bedruckten Bogens, im Unterschied zur Widerdruckseite.

Schönebeck (Elbe), Krst. des Kr. Schönebeck, Bez. Magdeburg, (1984) 44900 Ew.; bed. Ind.-Standort und Elbehafen; elektrotechn., chem., Sprengstoff- u. a. Ind., Hafen, Saline im 1932 eingemeindeten Sol- und Moorbad Bad Salzelmen.

Schöneberg, Berlin-S., 11. VerwBez. von → Berlin (Berlin-West), gebildet 1920 aus S. und Friedenau. Das Dorf S. wird 1264 erwähnt. Das Rathaus S. (1912–14), mit der Freiheitsglocke, ist Sitz des Regierenden Bürgermeisters und des Senats von Berlin (West), das Kammergerichtsgebäude seit 1945 Sitz des Alliierten Kontrollrats. In S. befinden sich u. a.: Fachhochschule für Wirtschaft, Berlin-Akademie, Fachschulen des Lette-Vereins und des Pestalozzi-Fröbel-Hauses, Rias-Funkhaus; Ind.-Gürtel an der Bezirksgrenze gegen Tempelhof.

Schöneck, Gem. im Main-Kinzig-Kr., Hessen, (1984) 10500 Ew., 1971 durch Zusammenschluß entstanden.

Martin Schongauer:
Engel der Verkündigung; Kupferstich

Schönefeld, Gem. im Kr. Königs Wusterhausen, Bez. Potsdam, (1973) 1200 Ew., an der südl. Stadtgrenze Berlins; Zentralflughafen der Dt. Dem. Rep.; S-Bahn- und Schnellstraßenverbindung nach Berlin (Ost); Fernbahnanschluß.

Schöneiche, Gem. im Kr. Fürstenwalde, Bez. Frankfurt a. d. O., (1973) 10100 Ew., Landhaussiedlung am Rand von Berlin.

Schönbrunn

Schöne Literatur, die → Belletristik im Unterschied zur Sachliteratur.

Schöne Madonnen, eine im ganzen dt. Sprachgebiet verbreitete Gruppe spätgot. Skulpturen der stehenden Maria mit dem Kind, v. a. aus Sandstein oder Steinguß (→ Schöner Stil). Hauptwerke befinden sich in Thorn (Johanneskirche, verschollen), Breslau (Museum) und Wien (Kunsthistor. Museum). Vom letzten Viertel des 14. Jh. bis um 1425 waren mehrere Werkstätten in Nordost-Dtl. (?), Schlesien, Böhmen, Wien und Salzburg tätig.

Schönemann, 1) Johann Friedrich, Schauspieler, * Crossen 21. 10. 1704, † Schwerin 16. 3. 1782, spielte 1730–39 bei der Neuberschen Truppe, dann mit eigener Truppe als Rivale der Neuberin, 1750–56 Hofkomödiendirektor in Schwerin.

2) Lili (Anna Elisabeth), * Frankfurt a. M. 23. 6. 1758, † Krautergersheim (Elsaß) 6. 5. 1817 als Frau (1778) des Straßburger Bankiers Bernhard Friedrich von Türckheim. Goethe war von Ostern bis Okt. 1775 mit ihr verlobt. In dichterischer Verklärung erscheint sie in den Lili-Gedichten.

Michail A. Scholochow

schonen [mhd.]. *ich* **schone, 1)** *es, ihn,* älter: *seiner,* nehme Rücksicht; behandle gut, behutsam: *er schonte seine Gegner; schone deine Augen!* **2)** *mich,* bin auf meine Gesundheit bedacht; überanstrenge mich nicht. *Subst.* die → Schonung. *der* **Schoner,** *-s/-,* Schutzvorrichtung, Schutzhülle (zur Bedeckung von Möbeln u. a.). **schonungslos,** nicht schonend, rücksichtslos.

Schonen, schwed. **Skåne** [sk'o:nə], histor. Landschaft in S-Schweden, umfaßt die dichtbesiedelten VerwBez. Malmöhus und Kristianstad; intensive Landwirtschaft, Viehzucht, Lebensmittel-Ind. – S. war bis 1658 (Friede von Roskilde) dänisch.

Arnold Schönberg

Schoner [engl.] *der, -s/-,* **Schuner, Schooner,** mehrmastiges Segelschiff, oft mit Gaffel- (Gaffel-S.) und Rahtakelung (Rah-S.); weitere Typen: S.-Brigg und S.-Bark.

Schönerer, Georg Ritter von, österr. Politiker, * Wien 17. 7. 1842, † Gut Rosenau bei Zwettl (NÖ) 14. 12. 1921, seit 1873 Mitgl. des österr. Abgeordnetenhauses, seit 1879 einer der Führer der → Deutschnationalen Bewegung; er bekämpfte den Klerikalismus wie den Liberalismus und war einer der Väter des → Antisemitismus. S. setzte sich in habsburgfeindl. Sinn für den engsten Anschluß Österreichs an das Dt. Reich ein. Später wurde er ein Vorkämpfer der → Los-von-Rom-Bewegung und trat selbst zum Protestantismus über. S. war von starkem Einfluß auf Hitler.

Schöner Stil, Weicher Stil, Internationaler Stil, der in der europ. Plastik und Malerei seit etwa 1390 bis um 1430 vorherrschende Stil. Zu seinen Merkmalen gehören die Vorliebe für stoffreiche, in fließenden Rhythmen weich fallende Gewandung und sein Sinn für alles Anmutige, Liebliche, Zarte, wie er bes. in den → Schönen Madonnen und in idyllisch gestimmten Bildtafeln meist kleinen Formats Ausdruck fand.

Schöne Seele, frz. **belle-âme** [bɛl'a:m], ein Mensch von ›innerer Schönheit‹; als Ideal kennzeichnend für die im 18. Jh. im Zusammenhang mit → Pietismus und → Empfindsamkeit entwickelte Seelenkultur. Schiller definierte es als Übereinstimmung von Pflicht und Neigung. Der Begriff wurde bes. bekannt durch Goethes Bekenntnisse einer S. S. (6. Buch von ›Wilhelm Meisters Lehrjahre‹, 1795), bei denen ihm die Gestalt der Susanna Katharina von → Klettenberg vorschwebte.

Schongau, Stadt im Kr. Weilheim-S., Bayern, (1984) 10600 Ew., 710 m ü. M. am Lech; Stadtmauer mit hölzernem Wehrgang; Papier-, Metall-, Elektro- u. a. Ind.

Schongauer, Martin, Maler, Kupferstecher, * Colmar um 1450, † ebd. 2. 2. 1491, Sohn eines aus Augsburg stammenden Goldschmieds, lernte in den Niederlanden, maßgebend beeinflußt von Rogier van der Weyden, und war dann in Colmar tätig. S. war der bedeutendste dt. Maler, Zeichner und Kupferstecher vor A.

Schöne Madonnen:
Thorner Madonna;
um 1390/95
(Thorn/Westpreußen,
St. Johannes;
verschollen)

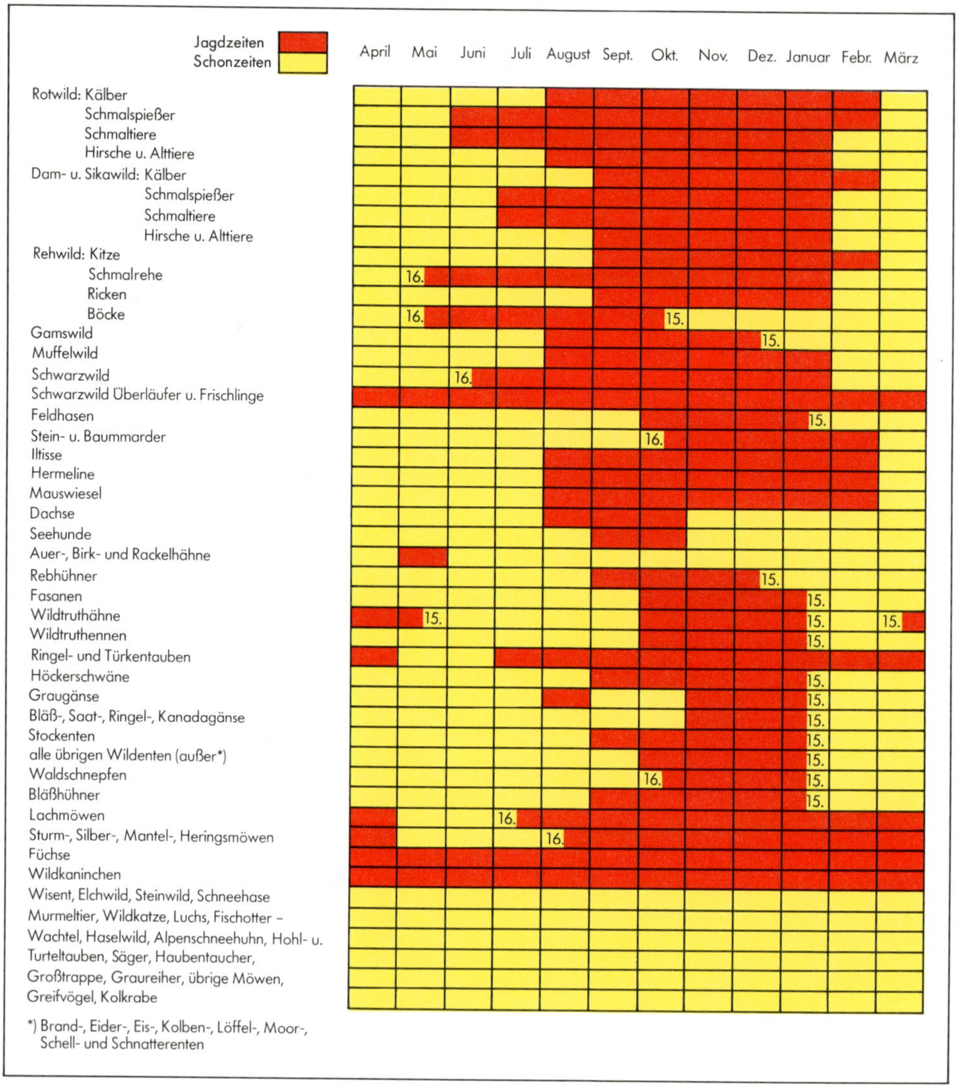

Schonzeit: Folgende Tierarten, die bisher jagdbar waren, gehören seit dem 1. 4. 1978 nicht mehr zu den jagdbaren Tieren: Biber, Nerz, Steinhuhn, Schnepfenvögel (außer Waldschnepfen), Rallen (außer Bläßhühnern), Kraniche, Alken, Taucher, Kormorane, Schreitvögel, Drosseln. Bei allen Wildarten dürfen die für die Aufzucht notwendigen Elterntiere bis zum Selbständigwerden der Jungen nicht bejagt werden. Das Sammeln der Eier von Ringel- und Türkentauben und von Lach- und Silbermöwen ist zeitlich nicht begrenzt. In einigen Ländern der Bundesrep. Dtl. sind die obigen Jagdzeiten eingeschränkt

Dürer. Erhalten von ihm sind die mehr als lebensgroße Madonna im Rosenhag (1473, Colmar, St. Martin; stark beschnitten), die Altarflügel aus der Antoniterkirche in Isenheim (Colmar, Museum), wenige kleine Bildtäfelchen und das monumentale, stark beschädigte Fresco des ›Jüngsten Gerichts‹ im Münster von Breisach (1489). Stilbildender Einfluß ging von seinen Kupferstichen aus (115 Blatt, undatiert, mit Künstlerzeichen; 12 Blatt der Passion; Große Kreuztragung; Tod Mariä; Doppelblatt der Verkündigung; Marienbilder; Hl. Antonius von Dämonen gepeinigt, BILD Kupferstich; Genre). Erhalten sind ferner meisterhafte Zeichnungen.

Schöngeist [frz. bel esprit], Freund schöner Literatur; abfällig: lebensfremder Ästhet.

Schönhausen, Gem. im Kr. Havelberg, Bez. Magdeburg, etwa 2600 Ew., in der Altmark östlich der Elbe; 1563 wurde die Familie Bismarck mit S. belehnt.

Schönheide, Gem. im Kr. Aue, Bez. Karl-Marx-Stadt, (1973) 8000 Ew., 550–700 m ü. M. im westl. Erzgebirge; Eisengießereien, Bürsten-, Pinsel-, Holz-, Textil- u. a. Ind.

Schönheitspflege, die → Kosmetik.

Schönhengstgau, ehem. dt. Sprachinsel in der Tschechoslowakei, an der böhmisch-mähr. Grenze (nach dem Berg Schönhengst, 660 m), umfaßte 130 Gem. mit (um 1930) rd. 130000 Deutschen und etwa 5000 Tschechen.

Schönherr, 1) Albrecht Friedrich Gerhard, evang. Theologe, * Katscher (Oberschlesien) 11. 9. 1911, war 1972–81 Bischof der Ostregion der Evang. Kirche in Berlin-Brandenburg und Vors. des ›Bundes der Evang. Kirchen in der DDR‹.

2) Karl, Schriftst., * Axams in Tirol 24. 2. 1867, † Wien 15. 3. 1943, Arzt ebd.; schrieb vorwiegend Bauerndramen, Volksstücke, in denen er elementare Leidenschaften und Schicksale erdverwurzelter Menschen darstellte.

HW: Der Judas von Tirol (1897); Erde (1908); Glaube und Heimat (1910); Der Weibsteufel (1914); Kindertragödie (1919).

Schöningen, Stadt im Kr. Helmstedt, Ndsachs., (1984) 14600 Ew.; Braunkohlenbergbau, Molkereimaschinenbau, Ziegelwerke; roman.-got. St.-Lorenz-Kirche, Renaissanceschloß.

Schönit *der, -s/-e,* **Schoenit, Pikromerit,** Mineral $K_2Mg[SO_4]_2 \cdot 6\,H_2O$, weiß oder schwach gefärbt; sekundär gebildetes Doppelsalz neben Kainit in Kalisalzlagern; zur Gewinnung von Kaliumsulfat und Kalimagnesia.

Schonklima, → Reizklima.

Schönkopf, Anna Katharina (Käthchen), Jugendfreundin Goethes, * Leipzig 22. 8. 1746, † ebd. 20. 5. 1810, Tochter eines Leipziger Gastwirts, in die sich Goethe als Student verliebte.

Schonkost, → Diät.

Schönlanke, poln. **Trzcianka** [tʃtsj'aŋka], Stadt in der poln. Wwschaft Piła (Schneidemühl), (1979) 13 000 Ew., in Posen-Westpreußen; Möbelfabrik, Schiffsausrüstungen, Lebensmittel-Ind.

Schönmalve, Schmuckmalve, Abutilon, Gatt. der Malvengewächse mit rd. 150 Arten der Tropen und Subtropen, meist Unkräuter. Amerikan. Arten mit schönen Blüten werden als Ziersträucher auch in europ. Gewächshäusern gezogen; asiat. Arten dienen der Spinn- und Papierfaserverarbeitung (Chines. Hanf, Chines. Jute).

Schöntal, Gem. im Hohenlohe-Kr., Bad.-Württ., (1984) 5 400 Ew., mit Barockkirche des ehem. Zisterzienserklosters, 1708–27 nach Plänen J. L. Dientzenhofers; Metall-, Holz-, Textil-Ind.

Schönthan, Franz, Edler von **Pernwald,** Schriftst., * Wien 20. 6. 1849, † ebd. 2. 12. 1913, schrieb Lustspiele, Schwänke (›Der Raub der Sabinerinnen‹, 1885), oft zus. mit seinem Bruder Paul (* 1853, † 1905), mit G. v. Moser, G. Kadelburg u. a.

Schonung *die, -,* **1)** behutsame Behandlung, Sorgfalt; Achtung, Gnade. **2)** Vermeidung von Überanstrengung. **3)** *Pl. -en,* junger, schutzbedürftiger, gesperrter Waldbestand.

Schönwiese, Ernst, Schriftst., * Wien 6. 1. 1905, Lyrik, Hörspiele; Herausgebertätigkeit.

Schonzeit, Hegezeit, die für die jagdbaren Tiere durch Jagdgesetze festgelegte jagdfreie Zeit (ÜBERSICHT S. 606).

Schopenhauer, 1) Arthur, Philosoph, * Danzig 22. 2. 1788, † Frankfurt a. M. 21. 9. 1860, war 1820–31, gleichzeitig mit Hegel, Dozent an der Univ. Berlin, danach Privatgelehrter in Frankfurt a. M. S. schloß mit seiner von stilist. Brillanz gekennzeichneten Philosophie die Bewegung des Dt. Idealismus ab und ist zugleich ein Hauptvertreter des Pessimismus. Über I. Kant hinausgehend deutete er erkenntnistheoretisch die gesamte Welt als ›Vorstellung‹ oder ›Erscheinung‹ des Subjekts. In ihrem metaphys. Gehalt sei ihr Wesen als ›Wille‹, d. h. sinnfreier Daseinsdrang zu erfassen, der sich in der Erscheinungswelt als Wille zum Leben und zur Fortpflanzung ›objektiviere‹. Auf höherer Stufe durchschaue er sich selbst als unvernünftig und böse und werde dadurch befähigt, sich von seinem Drang zu erlösen, d. h. sich als Wille zu verneinen. Dies geschehe zeitweise in der Kunst sowie im Handeln aus Mitleid, das die Vereinzelung teilweise aufhebe und das Fundament der Moral darstelle. Eine dauernde Erlösung vom Daseinsdrang sei allein durch Selbstabtötung und Übergang ins Nichtsein (Nirwana) möglich. Hierin hielt S. seine Philosophie mit der Erlösungslehre des Buddhismus für weitgehend identisch, während er das Christentum ablehnte. – Anfangs wenig beachtet, wurde S.s Werk seit 1850 zunehmend bekannt und wirkte v. a. auf R. Wagner, W. Raabe, F. Nietzsche, E. v. Hartmann, S. Freud sowie frz. und russ. Autoren.

HW: Über die vierfache Wurzel des Satzes vom zureichenden Grunde (1813); Die Welt als Wille und Vorstellung (1819); Über den Willen in der Natur (1836); Die beiden Grundprobleme der Ethik (1841); Parerga und Paralipomena, 2 Bde. (1851).

2) Johanna, Schriftstellerin, geb. **Trosiener,** Mutter von 1), * Danzig 3. 7. 1766, † Jena 17. 4. 1838, zog verwitwet 1806 nach Weimar, wo sie einen auch von Goethe gern besuchten literar. Salon hielt und mit Romanen (›Gabriele‹, 3 Bde., 1819/20) und Novellen hervortrat. Auch ihre Tochter Adele (* 1797, † 1849) war schriftstellerisch tätig.

Schopf [mhd.] *der, -es/⸗e,* **1)** Haarbüschel auf dem Kopf, am Wirbel: *ich nehme, packe, fasse die Gelegenheit beim S.,* Ü nutze sie. **2)** *mitteldt.:* Bergkuppe. **3)** *oberdt.:* Schuppen, Wetterdach.

schöpfen [ahd.]. *ich* **schöpfe, 1)** *es,* hebe Flüssigkeit mit einem Gefäß oder mit der hohlen Hand: *ich schöpfe Wasser; ich schöpfe Papier,* gieße die Masse auf die Formplatte. **2)** *es,* Ü nehme auf, gewinne: *ich schöpfe Atem, Hoffnung.* **3)** *Wild schöpft,* trinkt. **4)** *den Wind,* fange im Segel. **5)** *aus dem vollen,* Ü bin großzügig. *ich* **schöpfe** *es* **ab,** nehme von der Oberfläche ab (Schaum, Fett): *ich schöpfe den Rahm ab,* Ü suche mir das Beste aus. *ich* **schöpfe** *es* **aus, 1)** leere, entferne durch Schöpfen. **2)** Ü nutze, werte aus: *sämtliche Möglichkeiten wurden ausgeschöpft. der* **Schöpfer,** *-s/-,* **1)** Schöpfgefäß, Kelle, Stieleimer. **2)** P Urheber, Erschaffer: *der Schöpfer dieses Kunstwerks.* **3)** *der allmächtige Schöpfer,* B Gott. **schöpferisch,** fähig, etwas Großes, Neues zu erschaffen, gestalten: *schöpferische Phantasie.*

Schopfheim, Stadt im Kr. Lörrach, Bad.-Württ., (1984) 15 800 Ew., im südl. Schwarzwald; Maschinenbau, Textil-Ind.

Schopfpalme, Schirmpalme, Corypha, Gatt. der Palmen im trop. Asien. Einige Arten liefern Sago und Palmkohl.

Schöpfung *die, -/-en,* **1)** das Hervorbringen eines Gegenstandes (Sache, Werk, Plan u. ä.), i. d. R. auf künstler. Gebiet, durch Realisierung eines Einfalls (Gedanke, Idee, Systematik). Sowohl der Akt des Hervorbringens als auch das Ergebnis werden als S. bezeichnet. Über den Schutz von S. → Urheberrecht. **2)** Im religiösen Sinn bedeutet S. die Erschaffung der Welt durch Gott und die Welt als Werk Gottes. Die endl. Welt ist danach von dem ihr transzendenten Gott gesetzt; Welt und Mensch sind von ihm abhängig. In der Religionsgeschichte kennen die prophet. Religionen den personalen S.-Glauben, die myst. Religionen eher das Gefühl der Verwandtschaft mit dem numinosen Urgrund der Welt. Die Tat der S. wird in den Mythen im Bild versch. Tätigkeiten des Menschen vorgestellt: des Handwerkers (Ptah in Ägypten), bes. des Töpfers (Chnum in Ägypten u. a.), des Schmiedes (Tvashtar in Indien), der Weberin (Neith in Ägypten) und des Fischers, der die Insel aus dem Meer fischt (in Japan und Melanesien). – Die christl. S.-Lehre ist biblisch verankert in den beiden Schöpfungsberichten der Genesis, an die der im N. T. häufige Glaube an einen Anfang oder eine Grundlegung der Welt durch Gott anknüpft. Der Schöpfer offenbart sich in seinen Werken. Aus diesem Gedanken entwickelt sich ein fundamentales Kapitel der Lehre von der Erkennbarkeit Gottes und der Gottesbeweise. Schöpfer und S. zu verwechseln ist die Ursünde. Die Welt ist der Ort der Offenbarung Gottes, der Erlösung, des Glaubens. Dieser Gedanke ist grundlegend für die christl. Anthropologie und für die Bestimmung des Verhältnisses von Glauben und weltlicher Existenz. Die Hauptpunkte der kath. S.-Lehre (Gott schuf die Welt, bildete den Menschen als Mann und Frau aus Leib und Seele nach seinem Bilde in natürl. und übernatürl. Vollkommenheit) werden in der gegenwärtigen Theologie, soweit sie von den Gedanken → Teilhard de Chardins ausgeht, nicht i. Ggs. zu den gesicherten Erkenntnissen der Entwicklungslehre gesehen, wohl jedoch zu deren weitergehenden weltanschaul. Folgerungen. – Dem Glauben gilt die Erschaffung der Welt und des Menschen als freie Tat Gottes, seine im S.-Werk fortwirkende Allmacht als ohne Zeit; sie ist jedoch in dieser Welt gegenwärtig. Die geschaffene Welt hat Anfang und Zeit, nach ihrem Ende ist ein neuer Himmel und eine neue Erde verheißen (→ Eschatologie). – Die evang. Lehre von der S. stimmt im wesentlichen mit der kath. überein, da dieses Lehrstück bereits in der Alten Kirche formuliert worden ist. – Philosophisch berührt die Frage der S. ein Hauptproblem der Metaphysik: das Verhältnis von Sein und Nichtsein. Sie steht i. Ggs. sowohl zu der Lehre, daß das Sein ewig ist und nur seine Erscheinungsformen sich wandelten, wie zu der Vorstellung von einer → Emanation des Seins, aus der seine empir. Fülle entsteht.

Arthur Schopenhauer

Schöpfwerk, Pumpwerk, künstl. Anlage zur Hebung von Ent- und Bewässerungswasser, meist mit Kreiselpumpen oder Förderschnecken.

schoppen [zu schieben]. *ich* **schoppe, 1)** *ein Tier, oberdt.:* stopfe, mäste. **2)** *der Ärmel, die Bluse schoppt,* bauscht sich.

Schoppen [zu schöpfen] *der, -s/-,* **1)** kleiner Trunk: *Frühschoppen.* **2)** Flüssigkeitsmaß, früher rd. 1/2 l, jetzt 1/4 l. *ich* **schöpp(e)le,** *alemann.:* **1)** trinke gern und gewohnheitsmäßig einen S. **2)** *es,* ernähre ein Kind mit der Flasche. **Schoppenwein,** Ausschankwein aus Fässern, im Unterschied zum Flaschenwein.

Schöps [mhd., zu tschech. skopec] *der, -es/-e,* **1)** *ostmitteldt., österr.:* Hammel, kastrierter Widder. **2)** Scheltwort: Dummkopf. **Schöpsenfleisch,** Hammelfleisch.

Schoren *Pl.,* Sammelname für versch. türksprachige Gruppen (1970: 16 000) in S-Sibirien.

Schorf [mhd. schorf, zu schürfen] *der, -(e)s/-e,* **1)** ⚕ Hautkruste, z. B. aus abgestorbenem Gewebe nach Verbrennung oder bei → Milchschorf. **2)** Pflanzenkrankheiten, bei denen auf der verletzten Oberfläche von Früchten, Blättern, Trieben oder unterirdischen Organen meist rauhe (schorfige oder krustenartige) Schichten entstehen, z. B. → Kartoffelschorf; S. der Obstbäume durch Arten der Pilzgattung **Fusicladium.**

Schorfheide, Forst im S. der Uckermark, wildreiches Naturschutzgebiet, rd. 370 km².

Schörl *der, -(e)s/-e,* ein Mineral, schwarzer → Turmalin.

Schorle, Schorlemorle [Herkunft unklar] *die, -/-n,* auch *das, -s/-s,* Erfrischungsgetränk, meist Weißwein mit Mineralwasser.

Schorndorf, Stadt in Rems-Murr-Kr., Bad.-Württ., Große Krst., (1984) 34 000 Ew., im Remstal; Metall-, Holz-, Kunststoffverarbeitung; Schloß (1538–41), evang. Pfarrkirche (1477–82), Fachwerkhäuser (bes. 18. Jh.). – 1688 wurde S. durch die Franzosen unter E. Mélac belagert, die ›Schorndorfer Weiber‹ verhinderten jedoch die Übergabe.

Schornstein [aus ahd. ›Stützstein‹], **Esse, Schlot, Kamin,** Teil einer Feuerungsanlage, ein senkrechter, runder oder rechteckiger Kanal, der den Zug zum Absaugen der für die Verbrennung in den Feuerstätten erforderlichen Luft und zum Abführen der heißen Verbrennungsgase ins Freie erzeugt. Je heißer und leichter die

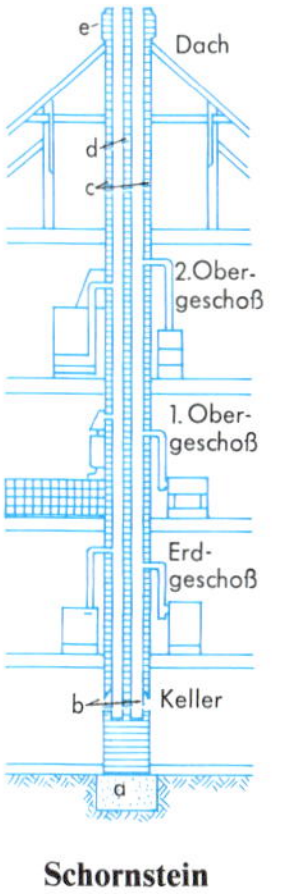

Schornstein

Schornstein: Aufbau eines Hausschornsteins; a Fundament, b Reinigungsöffnungen, c Wangen, d Zunge, e Kopf

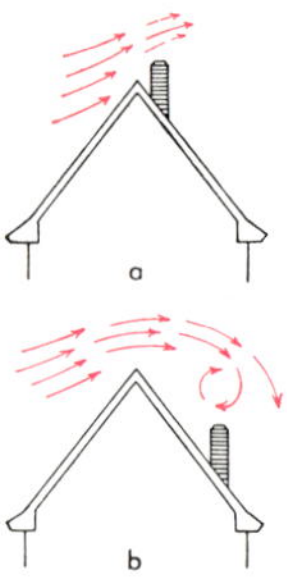

Verbrennungsgase gegenüber der umgebenden atmosphär. Luft sind, um so stärker ist der Zug des S. Für S. sind best. Baustoffe, Dicken und Abstände von brennbaren Bauteilen vorgeschrieben. **Rauch-S.** (für Rauchgase von festen und flüssigen Brennstoffen) müssen wegen der höheren Temperaturen der Gase und der Gefahr von Rußbränden größeren Abstand von Holz u. a. brennbaren Baustoffen haben. Bei **Abgas-S.** (für Abgase von gasförmigen Brennstoffen) ist Wasserniederschlag aus den Abgasen möglich; deshalb ist u. U. ein innerer Schutzanstrich nötig. Bewährte Baustoffe sind Ziegel und Ziegelsplittbeton. Heute werden i. a. doppelwandige Beton-Formsteine verwendet, deren Hohlräume mit einer Isolierschüttung ausgefüllt werden. S. sollen möglichst im Innern der Gebäude liegen, um gegen stärkere Abkühlung geschützt zu sein. Der Verstärkung des Zugs können spezielle S.-Aufsätze dienen. **Eiserne S.** sind nur für gewerbl. Feuerstätten zulässig.

Schornstein: Richtige und falsche Anordnung eines Schornsteins am Haus; **a** richtig (der Schornstein mündet über dem Dachfirst aus), **b** falsch (der Schornstein liegt innerhalb des Wirbelgebietes der Luftströmung)

Fabrik-S. werden aus Mauerwerk (z. B. Radialziegel) oder Stahlbeton mit nach oben abnehmender Wanddicke oder aus Stahl mit kreisförmigem Querschnitt errichtet.

Schọrnsteinfeger, Kamịnkehrer, Schlọtfeger, Ausbildungsberuf (3 Jahre) des Handwerks, gehört zur Gruppe der Ordnungs- und Sicherheitsberufe; geregelt durch Schornsteinfegergesetz v. 15. 9. 1969 und VO über das Schornsteinfegerwesen v. 19. 12. 1969 (Kehrbezirke, Bezirksschornsteinfegermeister).

Schọrnsteinfegerkrebs, ⚕ ein → Krebs der Haut des Hodensacks, des Dammes und der Hautfalten der inneren Oberschenkelregion, durch Reizwirkung von Steinkohlenruß hervorgerufen.

Schọrnsteinmarke, Reederei-Kennzeichen am Schiffsschornstein (ein- oder mehrfarbiger Anstrich).

Schọrre *die, -/-n,* 🌐 durch marine Abrasion entstandene Brandungsplattform an der Küste.

Schorsch, *oberdt., mitteldt.:* Georg.

Schọrtens, Gem. im Kr. Friesland, Ndsachs., (1984) 20000 Ew.; Büromaschinenindustrie, Kühl- und Lagerhausbau.

Schoschọnen *Pl.,* nordamerikan. Indianerstamm, → Shoshone.

Schọse [frz. chose] *die, -/-n,* eingedeutscht für: Chose, U Angelegenheit, Sache; unangenehmes Ereignis.

Schoß [ʃo:s, ahd. scozo] *der, -es/⸚e,* **1)** die Vertiefung, die beim Sitzen durch Oberschenkel und Unterleib gebildet wird: *das Kind sitzt auf dem S. der Mutter; er legt die Hände in den S.,* U arbeitet nicht. **2)** Mutterleib; *das ruht noch im S. der Zukunft,* U darüber kann man noch nichts sagen. **3)** U Inneres, Schutz: *im S. der Familie, der Kirche.* **4)** Hüftteil mancher Kleidungsstücke; angesetzter Teil am Herrenrock: *Rockschoß; Frackschoß.* **5)** *die, -/-en, Pl.* auch *⸚e, österr.:* Damenrock. **6)** *die, -/-en, schweizer.:* Schürze. *das* **Schößchen,** *-s/-,* kleiner Schoß (4) an Kleidungsstücken. **Schoßhund,** kleiner Hund. **Schoßkind,** verhätscheltes Kind.

Schọß [ʃɔs, ahd. scoz, zu schießen] *der, Sch'osses/Sch'osse,* **1)** junger Trieb an Pflanzen. **2)** *Pl. Sch'osse(n)* oder *Sch'össe(r),* ⚘ Zoll, Steuer, Abgabe. **3)** *mitteldt.:* Klapp- oder Schiebefenster in größeren Fenster oder Türen. **4)** *mitteldt.:* Schublade. **5)** *nd.:* Stockwerk. *der* **Schösser,** *-s/-,* ⚘ Steuereinnehmer. *der* **Schößling,** *-s/-e,* Schoß (1), Pflanzentrieb.

Dmitrij D. Schostakowitsch

Schostakọwitsch, Dmitrij Dmitrijewitsch, russ. Komponist, * St. Petersburg 25. 9. 1906, † Moskau 9. 8. 1975, studierte bei A. Glasunow am Leningrader Konservatorium. Im Geist der Schule N. Rimskij-Korssakows erzogen, nahm er in den zwanziger Jahren auch Anregungen aus der modernen westeurop. Musik (G. Mahler, A. Berg, P. Hindemith) auf, die sich in Werken wie der Oper ›Die Nase‹ (1928–30) spiegeln. Ihm wurde der Vorwurf der Dekadenz und des ›Formalismus‹ gemacht (1936). Danach wandte er sich einer allg. verständlichen, lyrisch-pathet. Schreibweise zu und wurde bes. mit der 5., 7. und 8. Sinfonie (1937–43) zum repräsentativen sowjet. Komponisten. Die späteren Sinfonien lösten sich von der traditionellen Form; Kammermusik wurde dominierend.

WW: 15 Sinfonien, Klavier-, Violin- und Violoncellokonzerte, Streichquartette, Klaviertrios, Klavierwerke. *Opern:* Lady Macbeth aus dem Kreise Mzensk (Katharina Ismailowa, 1934, 1962). Oratorien und Kantaten, Ballett-Suiten, Lieder, Bühnen- und Filmmusik.

Otto Schott

Schot *die, -/-en,* auch **Schọte,** ⚓ Leine, mit der dem Segel die zweckmäßige Stellung zum Wind gegeben wird, meist als Flaschenzug geführt.

Schọte [hebr.] *der, -n/-n,* U Narr.

Schọte [ahd.] *die, -/-n,* **1)** U Erbsenhülle (→ Erbse 1). **2)** die Fruchtform der → Kreuzblüter. **3)** ⚓ Schot.

Schoten [sx'o:tə], Stadt im NO von Antwerpen, (1980) 31000 Ew.; Metall-, chem., Lebensmittel-Ind.

Schọtendotter, Schọ̈terich *der, -s,* **Erysimum,** Kreuzblütergatt. der nördl. gemäßigten Zone; rauhhaarige Kräuter oder Halbsträucher, meist mit aufrechten gelben Blütentrauben und zweiklappig aufspringenden Schoten; in Mitteleuropa **Lackartiger S.,** ein-, und **Steifer S.,** zwei- bis mehrjährig.

Schọt(h)a Rust(h)awẹli, georg. Dichter, wohl um die Wende des 12. Jh.; unter seinem Namen ist das georg. Nationalepos ›Wepchis Tkaosani‹ (›Der Recke im Tigerfell‹) überliefert, das von 2 nach langer Trennung und vielen Abenteuern wieder vereinten fürstl. Liebespaaren handelt und sich stilistisch eng an die zeitgenöss. pers. Ritterromane anschließt.

Schott [nd. schott ›Riegel‹, zu Schuß] *das, -(e)s/-e,* **Schọtte** *die, -/-n,* Quer- und Längstrennwände in Schiffen und Flugbooten, als **wasserdichte S.** und **Brand-S.** zur Begrenzung von Wassereinbruch und Feuer; dienen zugleich der Festigkeit des Bootes.

Schott [arab.] *der* oder *das, -s/-s,* in Algerien und Tunesien Bez. für Salzsümpfe.

Schott, 1) Anselm Friedrich August, Benediktiner (1868), * Staufeneck (Württ.) 5. 9. 1843, † Maria Laach 23. 4. 1896, wurde durch sein lat.-dt. ›Meßbuch der Hl. Kirche‹ (1882, ständig neu aufgelegt, volkstümlich ›der Schott‹) einer der großen Begründer der kath. Liturg. Erneuerung in Dtl.

2) Bernhard, Verleger, * 1748, † 1809, gründete 1770 den Musikverlag Schott, den dann seine Söhne leiteten (Musikverlag **B. Schott's Söhne,** Mainz).

3) Friedrich Otto, Chemiker und Glastechniker, * Witten 17. 12. 1851, † Jena 27. 8. 1935, schuf die Grundlage für die neuzeitl. Glaserzeugung. (→ Schott Glaswerke)

Schọttel, Schottẹlius, Justus Georg, Sprachwissenschaftler und Schriftst., * Einbeck 23. 6. 1612, † Wolfenbüttel 25. 10. 1676 als Hofkonsistorialrat; setzte sich mit der Forderung nach Sprachreinheit und Normierung der Grammatik für eine dt. Hochsprache und einen neuen literar. Stil ein; entwarf eine großangelegte Sprachgeschichte und plante ein dt. Wörterbuch. – ›Teutsche Sprachkunst‹ (1641), ›Ausführl. Arbeit von der Teutschen Haubt-Sprache‹ (1663); ferner Lyrik.

Schọttel-Ruderprọpeller, → Ruderpropeller.

Schọtten *der, -s/-,* **Écossé** [ekɔs'e, frz.], **Écossais** [ekɔs'ɛ, frz.], großkarierte Musterung für Kleiderstoffe; gehört in Schottland zur Nationaltracht.

Schọtten, Stadt (seit 1354) und Luftkurort im Vogelsbergkr., Hessen, (1984) 9600 Ew.; Hess. Landesforstschule; Textil- Ind. – Der Name deutet auf iroschott. Kirchengründung. Stadtkirche (14. Jh.), Rathaus (um 1520), Schloß (um 1400), Fachwerkhäuser (17.–19. Jh.). – Nordöstlich der **Schottenring,** eine Bergrennstrecke; Motorsportveranstaltungen.

Schọtten *Pl.,* die Bewohner Schottlands (5,12 Mio.), i. e. S. die 81000 keltisch (→ Gälisch) sprechenden Bewohner der Highlands (Bergschotten) und der Hebriden. Die S. sind hervorgegangen aus der Überschichtung einer vorindogerman. Bevölkerung (Pikten) durch wiederholte kelt. Einwanderungen (Skoten u. a.). Sie wurden zw. dem 5. und 7. Jh. christianisiert; heute sind sie größtenteils anglisiert. Die geschichtlich begründete Unterscheidung zw. Highlanders und Lowlanders bleibt jedoch spürbar. Die urspr. Männertracht (→ Kilt) ist nur noch Fest-, Sport- und Militärbekleidung.

Schọtter [zu Schutt] *der, -s/-,* **1)** 🌐 grobes, von fließendem Wasser abgelagertes Geröll. **2)** Steinschlag (gebrochenes Gestein von 2,5–6,5 cm Korngröße) zum Aufbau der Tragschicht von Fahrbahndecken und als Bettung für Eisenbahngleise. *ich* **schott(e)re** *einen Weg, Platz,* befestige mit S.

Schott Glạswerke, Mainz, bed. Unternehmen für Spezialglasherstellung; gegr. 1884 von O. Schott, E. Abbe und C. Zeiss, seit 1889 Stiftung des privaten Rechts in Jena, nach 1945 enteignet, Wiederaufbau in W-Dtl., seit 1952 in Mainz als **Jenaer Glaswerke Schott & Gen.,** seit 1981 jetziger Name.

Schọttische Kịrche, engl. **Church of Scotland** [tʃə:tʃ ɔv sk'ɔtlənd], die reformierte Staatskirche in Schottland, die sich von der Anglikan. Kirche durch strenges Festhalten an der calvinist. Lehre, schlichten Gottesdienst und Presbyterialverfassung unterscheidet. 1560 wurde das von John → Knox entworfene Glaubensbekenntnis (Confessio Scotica), 1561 die schott. Kirchenordnung (Book of Discipline) eingeführt. Das kirchl. Unabhängigkeitsstreben führte zur Gründung versch. Freikirchen, die sich mit anderen 1900 zur **United Free Church** [ju:n'aıtıd fri: tʃətʃ] zusammenschlossen, seit 1929 wieder Teil der S. K. Diese gehört seit 1929 der Ökumen. Bewegung an.

schọttische Literatur, das in schott. Sprache aufgezeichnete Schrifttum, ohne das schottisch-gälische Schrifttum (→ Schottisch-Gälisch) der Hochlande. – Am Anfang steht eine histor. Nationaldichtung, die an die Unabhängigkeitskämpfe 1286–1342 anknüpft: ›Bruce‹ von J. Barbour (1375), A. Wyntouns Verschronik ›The Orygynale Cronykil‹ (1400) und der ›Wallace‹ eines angeblich blinden Sängers Henry oder Harry (1461). Neben diese volkstüml. Dichtung trat im 15. und 16. Jh. eine s. L. höfischer Prägung: Jakobs I. Königsbuch ›The Kingis Quair‹, R. Henrysons (* um 1435,

Schottland: Loch Maree

† um 1506) geistreiche Fortsetzung von G. Chaucers ›Troilus und Criseyde‹, W. Dunbars (* um 1465, † um 1530) allegor. und satir. Dichtung, das Werk des Bischofs Gavin Douglas (* um 1474, † um 1522) und die reformator. Satiren von D. Lyndsay (* um 1490, † um 1555). Damit errang die s. L. für kurze Zeit europ. Bedeutung; im 16. Jh. verebbte sie mit der Zurückdrängung der schott. Schriftsprache durch die engl. Gemeinsprache. Im 18. Jh. blühte sie als Mundartdichtung neu auf. (→ englische Literatur)

schottische Musik, die schott. Volksmusik; sie läßt die tonale Grundlage der → Pentatonik erkennen. Nationalinstrument ist der → Dudelsack. J. Haydn, Beethoven, C. M. v. Weber bearbeiteten schott. Volkslieder, F. Mendelssohn-Bartholdy benutzte Themen für seine ›Schott. Sinfonie‹. Die schott. Kunstmusik gehört in den Zusammenhang der engl. Musik.

Schottischer, ein Tanz, → Écossaise.

Schottische Schule, von T. Reid begründete philosophische Richtung (→ englische Philosophie).

schottische Sprache, die aus dem Altengl. in Northumberland hervorgegangene nordengl. Mundart, die seit dem 11. Jh. das → Schottisch-Gälische mehr und mehr verdrängte. Infolge der polit. Trennung Schottlands von England entstand eine eigene schott. Schriftsprache, in der im 15. und 16. Jh. eine reiche Lit. erschien (→ schottische Literatur). Die s. S. wurde im Laufe des 16. Jh. durch die engl. Gemeinsprache verdrängt.

Schottisch-Gälisch, eigensprachlich **Gàidhlig** [gˈæːlik], die kelt. Sprache der Gälen (→ Gälisch) Schottlands. Sie kam vielleicht schon im 3. Jh. mit den **Scotti** (Iren) von Ulster aus nach Britannien und wurde im 11. Jh. im ganzen heutigen Schottland gesprochen, seitdem jedoch vom Englischen nach NW zurückgedrängt. – Die Sprache wurde zuerst im ›Book of Deer‹ (12. Jh.) nachgewiesen, die wichtigste Handschrift ist die Gedichtsammlung ›The Book of Dean of Lismore‹ (1520–26). Die Bibel wurde 1690 auf der Grundlage der irischen Version übersetzt. Die gäl. Lit. findet ihren Höhepunkt in den Dichtungen von A. Macdonald (* um 1700, † um 1770), D. Macintyre (* um 1724, † um 1812) und D. Buchanan (religiöse Dichtung, * um 1716, † um 1768). Die genialen Fälschungen von J. → Macpherson gaben mit den Anstoß zu umfangreichen Sammlungen von Volksliteratur im 19. Jh.

Schottky, Walter, Physiker, * Zürich 23. 7. 1886, † Pretzfeld 4. 3. 1976, beeinflußte durch theoret. Untersuchungen maßgebend die Röhrentechnik, erfand 1915 die Schirmgitterröhre, entdeckte 1920 den Schroteffekt, 1935 die S.-Fehlanordnung (**S.-Defekte**) in Kristallen (Leerstellen im Gitter, die durch Wandern von Gitterbausteinen aus dem Innern des Kristalls an die Oberfläche oder an Versetzungen entstehen) und entwickelte die Theorie der Störbandleitung und der Kristall-Metallgleichrichtung.

Schottky-Diode, Hot-Carrier-Diode [hɔt kˈærɪə-, engl.], nach W. → Schottky benannte Ausführungsform einer → Diode. Der Gleichrichtereffekt (**Schottky-Effekt**) kommt durch die Ausbildung einer Potentialschwelle (**Schottky-Barriere**) am Übergang von Halbleitermaterial und Metall als Folge der unterschiedl. Austrittsarbeiten der Elektronen beider Materialen zustande. S.-D. besitzen gegenüber den üblichen Halbleiterdioden mit pn-Übergang keine Trägheit beim Umschalten von Durchlaß- in Sperrichtung und eignen sich daher bes. zur Gleichrichtung hochfrequenter Wechselströme sowie für schnelle Schaltaufgaben.

Schottland, engl. **Scotland** [skˈɔtlənd], der nördl. Teil der brit. Hauptinsel, einschl. der Hebriden, Orkney- und Shetland-Inseln 78772 km², (1981) 5,12 Mio. Ew. (→ Schotten); Hptst.: Edinburgh.

S. ist im wesentlichen Gebirgsland. Die Highlands (Hochlande) im N, durch den großen Grabenbruch des Glen-More in die Northern Highlands (bis 1182 m ü. M.) und das Grampiangebirge mit dem Ben Nevis (1343 m) geteilt, werden durch das mit Berggruppen durchsetzte Senkungsfeld der Lowlands (mittelschott. Tiefland) von den Southern Uplands (südschott. Hügelland) getrennt. Die Küste ist im W steil und durch zahlreiche Inseln (Hebriden) und Fjorde (Firths) stark gegliedert. Die Flüsse (Tweed, Forth, Tay, Clyde) sind für die Schiffahrt nicht bed. Der Forth and Clyde Canal zw. Firth of Forth und Firth of Clyde ist geschlossen. S. hat feuchtes und kühles Meeresklima mit rauhen Winden auf den waldarmen Hochflächen, die meist von Heide und Moor sowie von vielen langen, schmalen Seen (Lochs) eingenommen und durch Schafzucht genutzt werden. Im Tiefland wird Ackerbau betrieben. Die Gebirge und Inseln sind weithin menschenleer. 50% der Bev. leben im Ballungsraum um Glasgow (Central Clydeside Conurbation) und in den Städten Edinburgh, Aberdeen und Dundee. – Wirtschaft, Staat → Großbritannien und Nordirland.

Geschichte. Um 400 v. Chr. breiteten sich kelt. Stämme über S. aus. Die Römer, die Nord-S. **Kaledonien** und die Bewohner **Pikten** nannten, wehrten diese durch den Hadrianswall und den Antoniuswall ab. Von den seit dem 5. Jh. n. Chr. siedelnden irischen Skoten stammt der Name S. Pikten und Skoten vereinigten sich 843/44 zu einem Kgr., das 1018 auch Südschottland gewann und in der Folgezeit immer mehr engl. Einrichtungen übernahm. Um 1200 wurden die Normannen, die sich seit dem 9. Jh. an der N-Küste und auf den vorgelagerten Inseln festgesetzt hatten, zurückgedrängt. Grenzkämpfe mit England wurden 1237 in der vertragl. Grenzregelung von York beigelegt. Als 1286 das alte schott. Königshaus im Mannesstamm ausstarb, zwang der engl. König Eduard I. das Land unter seine Herrschaft, aber der 1306 gekrönte Robert Bruce stellte durch den Sieg bei Bannockburn (1314) die Unabhängigkeit S.s wieder her. 1371 gelangte das Haus Stuart auf den Thron. 1472 erwarb S. die bisher dän. Orkney- und Shetland-Inseln. Sonst schwächten den Streit mit den einheim. Baronen (Albany, Douglas, Lennox u. a.), der wirtschaftl. Gegensatz zw. **Lowlands** und **Highlands** [lˈəʊləndz, hˈaɪ-] sowie die Unbotmäßigkeit der Hebriden die Königsgewalt. Um die Mitte des 16. Jh. drang die Reformation ein; der Calvinist John Knox gründete die presbyterian. Kirche S.s. Die streng kath. Königin Maria Stuart floh nach ihrer Niederlage gegen den Adel 1568 nach England, wo sie 1587 hingerichtet wurde. Ihr protestant. Sohn Jakob VI. erlangte 1603 als Jakob I. auch die engl. Krone. Im Bund mit dem engl. Parlament kämpften die im ›Covenant‹ von 1638 vereinigten schott. Presbyterianer siegreich gegen König Karl I., unterlagen aber 1648–51 im Kampf gegen Cromwell. 1654–60 war S. mit England vereinigt. Nach der Vertreibung Jakobs II. (1688) fanden die Stuarts noch in den Hochlanden Rückhalt, wo sich die ›Jakobiten‹ 1746 zum letzten Mal erhoben. 1707 wurde S. mit England zum Kgr. Großbritannien vereinigt (→ Großbritannien und Nordirland, Gesch.). Im 20. Jh. entwickelten sich polit. Kräfte, die eine größere Autonomie für S. forderten. Ein 1978 vom brit. Unterhaus verabschiedetes Teilautonomie-Ges. fand bei einer Volksabstimmung in S. 1979 nicht die gesetzlich vorgeschriebene Mehrheit.

Schouwen-Duiveland [sxˈɔuwə dˈœjvəlant], eine der Inseln der niederländ. Provinz Seeland, 222 km².

Schrader, Otto, Sprach- und Kulturwissenschaftler, * Weimar 28. 3. 1855, † Breslau 21. 3. 1919, schrieb ›Sprachvergleichung und Urgeschichte‹ (1883), ›Reallexikon der indogerman. Altertumskunde‹ (2 Bde., 1901), ›Die Indogermanen‹ (1911).

schraffieren [ital.]. *ich* **schraffiere** *es,* bedecke eine Fläche mit feinen, geraden parallelen Linien. *die* **Schraffur**, *-/-en,* in techn. Zeichnungen zur Kennzeichnung der Schnittflächen; Kartographie: Darstellung der Bodenformen durch kurze, in der Fallrichtung stehende Striche (**Schraffen**), deren Stärke dem Böschungswinkel entspricht. *die* **Schraffierung**, *-/-en.*

schräg [frühnhd.], **1)** geneigt, weder senkrecht noch waagerecht: *das Schiff liegt s.* **2)** *ein schräger Vogel, Bursche,* U ein leichtsinniger, unzuverlässiger Mensch. *Subst. die* **Schrägheit**, *-. die* **Schräge**, *-/-n,* schiefwinklige Kante, geneigte Stelle. *ich* **schräge** *es* **(ab)**, schneide s. zu. *die* **Schrägung**, *-/-en,* Schräge; das Schrägen.

Walter Schottky

Schraube 1)

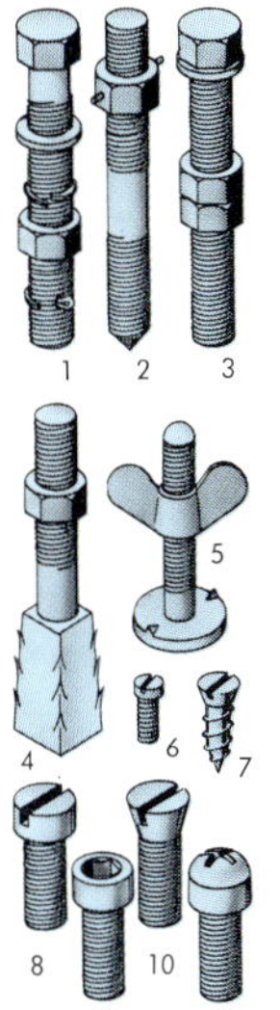

Schraube 1): **1** Sechskantschraube mit Unterlegscheibe, Federring, Mutter und Splint, **2** Kegelstiftschraube, **3** Bundschraube, **4** Steinschraube, **5** Schraube mit Flügelmutter, **6** kleiner Flachkopf, **7** Senkkopf (Blechschraube), **8** Zylinderkopfschraube, **9** Innensechskantschraube, **10** Senkkopfschraube, **11** Linsenkopfschraube mit Kreuzschlitz, **12** Flachrundkopfschraube, **13** Vierkantschraube, **14** Vierkant-Rundkopfschraube, **15** Gewindestange; **16–23** Holzschrauben: **16** Linsensenkkopfschraube, **17** Halbrundkopfschraube, **18** Flachrundkopfschraube, **19** Senkkopfschraube mit Kreuzschlitz, **20** Schraubnagel mit Kordelgewinde, **21** Nagelschraube mit sägeförmigem Spezialgewinde, **22** Ringschraube, **23** Hakenschraube (Schraubhaken)

Schrägbau, ein Abbauverfahren im → Bergbau.

Schragen [mhd.] *der, -s/-,* Gestell aus gekreuzten Hölzern, z. B. Zaun, Bockgestell.

Schrägrohrkessel, ein → Dampferzeuger.

Schrägschichtung, eine nicht horizontale (schräge) wechselhaft unruhige Ablagerungsform der Sedimente, im Bereich von Deltabildungen und an der Leeseite von Hindernissen.

schralen. *der Wind* **schralt,** ⚓ ändert fortwährend seine Richtung. **schral,** *nd.:* mager, knapp, schwach.

Schram [mhd. schram ›Felsspalt‹] *der, -(e)s/-e,* ⚒ tiefer Einschnitt in die Abbauschicht (Kohle, Eisenerz u. a.), wird mit der **Schrämmaschine** hergestellt. Der **Schrämlader** lädt das losgeschrämte Mineral unmittelbar auf ein Fördermittel.

Schramberg, Stadt im Kr. Rottweil, Bad.-Württ., Große Krst., (1984) 18700 Ew.; Zentrum der Schwarzwälder Uhren-Ind. (Junghans), feinmechan., Möbel-, Keramik-Ind.; Fremdenverkehr. – S. gehörte bis 1806 zu Vorderösterreich.

Schramm, Percy Ernst, Historiker, * Hamburg 14. 10. 1894, † Göttingen 12. 11. 1970.

HW: Gesch. des engl. Königtums im Lichte der Krönung (1937); Der König von Frankreich, 2 Bde. (1939); Herrschaftszeiten und Staatssymbolik, 3 Bde. (1954–56); Kaiser, Könige und Päpste, 4 Bde. (1968–71).

Schramme [mhd.] *die, -/-n,* Kratzwunde, oberflächlicher Riß (in der Haut); Ritz, Kratzer (in der Politur). *ich* **schramme, 1)** *mich, ihn,* verletze leicht. **2)** *an etwas,* reibe, streife. **Schrammstein,** Radabweiser, Prellstein.

Schrammelmusik, volkstüml. Wiener Gartenmusik für 2 Geigen, Gitarre und Ziehharmonika (anfangs Klarinette), benannt nach den Wiener Musikern Johann (* 1850, † 1893) und Josef Schrammel (* 1852, † 1895), die 1878 ein Trio gründeten, später zum Quartett (›D'Schrammeln‹) erweitert.

Schrammsteine, Felsgruppe im Elbsandsteingebirge, östlich von Bad Schandau, 420 m ü. M.

Schrank [ahd. scranc ›Verschränkung‹] *der, -(e)s/-e,* **1)** aufrecht stehendes Kastenmöbel mit Türen, dessen Inneneinrichtung auf die versch. Verwendungszwecke eingestellt ist (BILD Möbel); als **Wand-** oder **Einbau-S.** ist er in eine Nische eingebaut, bedeckt raumbegrenzend eine ganze Wand oder trennt, beiderseits zugänglich, an Stelle einer Wand zwei Räume. **2)** 🦌 seitlicher Abstand der Tritte der linken und rechten Läufe in der Fährte des ruhig ziehenden Schalenwildes.

Schranke [mhd.] *die, -/-n,* Absperrung aus Langstangen, bes. als Bahnschranken (vgl. unten Verkehr), als Geländer oder Gitter: *deiner Mildtätigkeit sind keine Schranken gesetzt,* Ü Grenzen. **schrankenlos, 1)** ohne Schranken. **2)** Ü unbeschränkt, zügellos. *Subst. die* **Schrankenlosigkeit,** *-/-en.* **Schrankenwärter,** Aufseher an beschrankten Bahnübergängen.

Verkehr. S. sind Sicherheitsvorrichtungen an schienengleichen → Bahnübergängen, als Schlagbaum-S., Dreh-S., Schiebe-S. Sie müssen rot-weiß gestreift gekennzeichnet sein. Straßenübergänge bei Eisenbahnen sind grundsätzlich mit S. oder Warnlichtern zu versehen. Man unterscheidet nah- und fernbediente S. Zu letzteren gehören Anruf-S. (mit einer Rufeinrichtung oder Sprechanlage zum Wärter ausgerüstet). Voll-S. (sperren die ganze Straße) und Halb-S. (sperren die rechte Straßenhälfte). Bei Straßenarbeiten verwendet man rot-weiß gestreifte Latten als Hilfs-S.

schränken [ahd. zu schräg]. *ich* **schränke, 1)** *es,* lege kreuzweise übereinander, verschränke: *ich schränke die Arme über der Brust.* **2)** *eine Säge,* biege die Sägezähne wechselseitig aus; dadurch wird die Schnittfuge breiter als das Sägeblatt. **3)** *das Wild schränkt,* 🦌 setzt seine Tritte seitlich versetzt. *ich* **schränke ein, 1)** *ihn, es,* beschränke, weise in engere Grenzen: *ich schränke den Verbrauch ein.* **2)** *mich,* suche mit weniger auszukommen.

Schranne [ahd.] *die, -/-n,* ⚘, noch *oberdt.:* **1)** Verkaufsstelle (für Fleisch, Brot); Getreidemarkt. **2)** Anklagebank. **3)** Schramme. **Schrannenhalle,** *oberdt.:* Markthalle.

Schranz *der, -es/-e, oberdt.:* gezackter Riß (im Tuch). **Schranze** *der, -n/-n,* auch *die, -/-n,* meist: **Hofschranze,** liebedienernder Höfling.

schrapen [mhd.], **schrappen.** *ich* **schrape, schrappe** *es, nd.:* schabe, kratze. *die* **Schrape,** *-/-n, nd.:* Gerät zum Schrapen.

Schrapnell [n. dem brit. General H. Shrapnel, * 1761, † 1842] *das, -s/-e* oder *-s,* um 1800 erfundenes, dünnwandiges, mit Sprengladung und Kugeln gefülltes Artilleriegeschoß gegen lebende Ziele. Das S. verlor schon im 1. Weltkrieg an Bedeutung.

Schrapper *der, -s/-,* ⚒ nach unten offener Schürfkasten, der über das Fördergut gezogen wird, wobei er sich füllt und das Gut mitschleift.

Schratsegel, ⚓ jedes in Längsschiffrichtung stehende, nicht an einer Rah befestigte Segel.

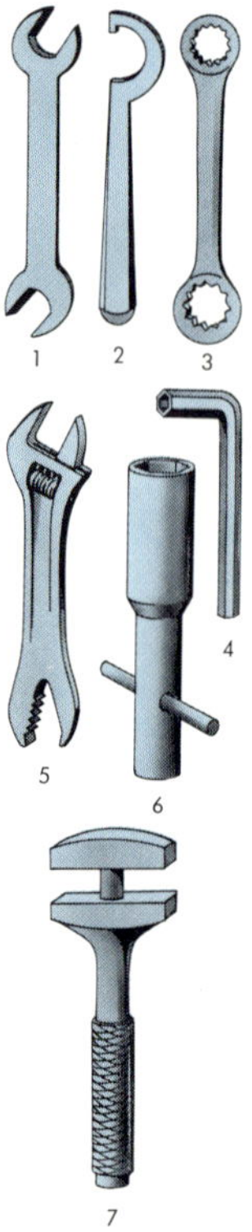

Schraubenschlüssel: **1** Doppelgabelschlüssel, **2** Hakenschlüssel, **3** Doppelringschlüssel, **4** Sechskant-Stiftschlüssel, **5** Rollgabelschlüssel, **6** Hohlsteckschlüssel, **7** Engländer

Schrat(t) [ahd. scrato] *der, -(e)s/-e,* zottiger Waldgeist.

Schratt, Katharina, Schauspielerin, * Baden (bei Wien) 11. 9. 1855, † Wien 17. 4. 1940, wirkte 1883–1900 am Wiener Burgtheater; sie war eng befreundet mit Kaiserin Elisabeth und Kaiser Franz Joseph.

Schratten, *Sg. die* **Schratte,** -, ⊕ *alemann.:* die → Karren.

Schrätzer *der, -s/-,* **Schrätzen, Schratz, Schratzl,** kaulbarschähnl. Art der Barsche, nur im Donaugebiet.

Schraube [mhd.] *die, -/-n,* **1)** Befestigungsmittel, das sich i. Ggs. zum Niet lösen läßt (vgl. unten Technik): *bei dir ist wohl eine S. los, locker!,* U du bist wohl nicht ganz bei Verstand. **2)** Vortriebsmittel, → Schiffsschraube, → Luftschraube. **3)** Ü eine lästige, nicht endende Angelegenheit: *Preisschraube; eine S. ohne Ende,* eine endlose Sache. **4)** 🤸 Turnen: eine ganze Drehung des gestreckten Körpers um die Längsachse bei gleichzeitiger Drehung um die Seitenachse. Wasserspringen: Sprung mit Drehung um die Körperlängsachse. *ich* **schraube, 1)** *es,* drehe eine S., befestige mit S.: *der Preis wurde in die Höhe geschraubt,* Ü mehrmals erhöht. **2)** *es an etwas,* befestige durch S. **3)** *mich,* U ziere mich, tue wichtig; *geschraubte Ausdrucksweise,* umständliche. *ich* **schraube** *es* **ab,** mache, schraube los. *ich* **schraube** *es* **an, ein, fest,** befestige mit S.

⚙ **Befestigungs-S.** sind aus Stahl, Kupfer, Messing, Leichtmetall. Auf ihrem zylindr. S.-Bolzen ist ein Gewinde eingeschnitten, auf das die **Schraubenmutter** (mit Innengewinde) aufgeschraubt werden kann. **Stift-S.** sind zylindr. Bolzen mit Gewinde auf beiden Enden. **Stein-S.,** ohne Kopf, haben verdickten Schaft zur Befestigung in Mauerwerk. **Kopf-S.** werden verwendet, wenn in einen der zu verbindenen Teile das Gegengewinde geschnitten ist. Die **Stell-S.** dient zur Festlegung einer best. Stellung zweier Teile gegeneinander. **Gewindestifte (Maden-S.)** haben Gewinde längs des ganzen Schaftes. Sie werden als Stell- und Sicherungs-S. verwendet. Zu den Kopf-S. gehört auch die **Holz-S.,** eine S. mit schwach kegeligem Schaft zur Befestigung in Holz. Befestigungs-S. werden durch → Schraubenschlüssel und → Schraubenzieher angezogen, häufig auch maschinell, z. B. durch Schlagschrauber. Zur Befestigung von Hand benutzt man **Flügel-S. (Flügelmuttern).** Um das Lösen der S. zu verhüten, werden **Schraubensicherungen** verwendet, die entweder auf Erzeugung größerer Reibung beruhen, z. B. durch Gegenmuttern, federnde Unterlegscheiben, Verklebung u. dgl., oder die eine mechan. Sperrung der Mutter, z. B. durch Stifte, Splinte, Scheiben u. ä., bewirken. (BILDER S. 609)

Bewegungs-S. ermöglichen mit der zugehörigen Mutter die Umsetzung von Drehbewegungen in Längsbewegungen. Sie werden in Werkzeugmaschinen, für Leit- und Zugspindeln, Spindelpressen, in Wagenhebern, Schiffshebewerken, Kippvorrichtungen usw. verwendet.

Schraubel *die, -/-n,* Form des → Blütenstandes, z. B. bei der Taglilie.

Schrauben|alge, Spirogyra, Gatt. fädiger, unverzweigter Süßwasser-Grünalgen, deren Zellen von S-förmig (linksschraubig) gewundenen Blattgrünbändern durchzogen sind.

Schrauben|antilopen, → Waldböcke.

Schraubenbaum, der → Pandang.

Schraubenbaumgewächse, Pandanaceae, Pflanzenfam. mit meist trop., kletternden Arten, die durch Fledermäuse oder Vögel bestäubt werden. Artenreich ist die Gattung → Pandang.

Schraubendreher, der → Schraubenzieher.

Schraubenfläche, Fläche, die durch Schraubung (gleichzeitige Drehung um eine Achse und Verschiebung in Richtung dieser Achse) einer Raumkurve entsteht. Die **Wendelfläche** erhält man durch Schraubung einer Geraden, die die Schraubenachse senkrecht schneidet.

Schraubenlini|e, eine Raumkurve. Die **gewöhnliche S.** entsteht durch Abrollen eines rechtwinkligen Dreiecks auf einem Zylindermantel.

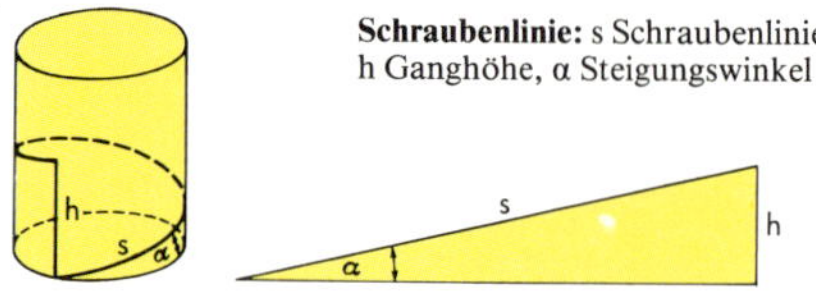

Schraubenlinie: s Schraubenlinie, h Ganghöhe, α Steigungswinkel

Schraubenmikrometer, ein bes. bei Mikroskopen verwendetes Gerät zum Messen kleiner Größen. Zum direkten Messen des Objekts dienen Objektmikrometer, S. zu Messungen im Bild heißen Okular-S. (→ Feinmeßokular, → Fadenmikrometer).

Schraubenpalme, der → Pandang.

Schraubenpropeller, die heute vorherrschende Form der → Schiffsschraube.

Schraubenschlüssel, Werkzeug zum Anziehen und Lösen von Schrauben und Muttern mit einer der Form des Schraubenkopfes oder der Mutter angepaßten Öffnung (Maul): **Vierkant-,**

Sechskant-, Hakenschlüssel, verstellbare S. (Engländer, Franzosen), Ringschlüssel, Steckschlüssel.

Schraubenschnecken, Terebridae, Fam. der Vorderkiemer; tropische Meeresschnecken mit turmförmiger Schale.

Schraubenstein, aus fossilen Seelilien-Stielgliedern bestehender Kalkstein (Rheinisches Unterdevon).

Schraubenzieher, genormte Bezeichnung: **Schraubendreher,** meißelförm. Werkzeug zum Festziehen und Lösen von Schrauben mit geschlitztem Kopf. Elektr. S. werden durch einen kleinen Motor angetrieben. S. für Arbeiten in elektr. Anlagen und Geräten besitzen einen Griff aus isolierendem Kunststoff.

Schraubstock, Vorrichtung zum Einspannen von Werkstükken. Die eine der beiden Backen, die das Werkstück fassen, wird durch eine Schraubenspindel, z. B. beim **Schmiede-S.** über ein Gelenk oder beim **Parallel-S.** in einer Parallelführung, gegen die andere Backe bewegt. Der **Maschinen-S.** ist ein Parallel-S. mit ebenem, geschlitztem Fuß, der auf den Tisch einer Werkzeugmaschine aufgespannt wird.

Schraubung, eine → Symmetrieoperation.

Schraubzwinge, die → Zwinge.

Schreber, Daniel Gottlob Moritz, Arzt, * Leipzig 15. 10. 1808, † ebd. 10. 11. 1861, förderte die gymnast. Erziehung und Errichtung öffentl. Spielplätze; auch geht die Einrichtung von **Schrebergärten** (→ Kleingarten) auf ihn zurück.

Schreck [zu ahd. screckan ›springen‹] *der, -(e)s/-e,* seelisch-körperliche Reaktion auf eine plötzliche Bedrohung (z. B. Unfallgefahr, Bombenangriff) oder einen unerwartet starken Sinnesreiz (z. B. Blitz, Explosion), die sich entsprechend der Konstitution und Verfassung des Betroffenen unterschiedlich, z. B. in Blässe, Schweißausbruch, Ohnmacht, Erbrechen, Zittern, äußert. Als natürl. menschl. Ausdrucksformen verschwinden S.-Reaktionen nach kurzer Zeit; es können sich jedoch auch Neurosen **(Schreckneurosen)** oder psychoseähnl. Zustände entwickeln.

Schrecken *der, -s/-,* **1)** auch → Schreck, heftige plötzliche Gemütserschütterung: *der S. ist mir in die Glieder gefahren; hast du mir einen S. eingejagt!* **2)** lähmendes lang andauerndes Entsetzen, Angst, Furcht: *die S. des Todes. ich* **schrecke, 1)** *ihn,* erschrecke, ängstige ihn; versetze ihm einen Schreck. **2)** *es,* ↯ rucke. **3)** (schrak, bin geschrocken; du schrickst, er schrickt) *vor ihm,* ⚭ (noch in Zusammensetzungen) erschrecke, bekomme einen Schreck. **4)** *das Reh schrickt,* ♈ gerät in Schrecken, meldet sich. *ich* **schrecke ab, 1)** *ihn,* bringe ihn von etwas ab: *ein abschreckendes Beispiel.* **2)** *es,* übergieße etwas Erhitztes mit kaltem Wasser. *ich* **schrecke auf, 1)** *ihn, es,* erschrecke; scheuche hoch (Tiere). **2)** fahre plötzlich in die Höhe; bekomme plötzlich Angst: *sie schreckte* oder *schrak aus dem Schlaf auf - ist aufgeschreckt. ich* **schrecke zurück, 1)** *ihn,* versetze ihm einen Schreck; schüchtere ihn ein. **2)** *vor ihm, etwas,* weiche vor Schreck zurück; nehme von ihm, davon Abstand: *ich schreckte* oder *schrak zurück - bin zurückgeschreckt,* selten noch: *zurückgeschrocken. ich* **schrecke zusammen,** zucke vor Schreck zusammen: *ich schreckte* oder *schrak zusammen - bin zusammengeschreckt* oder *zusammengeschrocken.* **schreckens...,** grauenerregend: *schreckensbleich, schreckensstarr,* bleich, starr vor S.; *Schreckenstat,* furchtbare Bluttat. **Schreckgespenst,** schreckenerregendes Gespenst; Ü drohende Gefahr: *das Schreckgespenst der Krankheit, des Krieges.* **schreckhaft,** leicht erschreckend, nervös-ängstlich. *Subst. die* **Schreckhaftigkeit,** -. **schrecklich, 1)** furchtbar, grauenhaft, entsetzlich: *ein schreckliches Unglück; ein schrecklicher Mensch,* U ein unausstehlicher. **2)** U groß, sehr: *ich freue mich schrecklich. Subst. die* **Schrecklichkeit,** -. *das* **Schrecknis,** *-ses/-se,* etwas Grauenerregendes, Furchtbares. **Schreckschraube,** U unbeliebte (ältliche) Frau.

Schrecken, *Sg. die* **Schrecke,** -, viele Geradflügler, bes. die Heuschrecken.

Schreckensherrschaft, blutige Gewaltherrschaft, insbes. die der radikalen Jakobiner (Robespierre) 1793/94 während der Frz. Revolution.

Schreckhorn, Gipfel der östl. Berner Alpen, Schweiz, zw. dem Oberen und Unteren Grindelwaldgletscher, im **Großen S.** 4078 m, im **Kleinen S.** 3494 m hoch.

Schreckschußpistole, Gas|pistole, Pistole zum Selbstschutz, aus der Platzpatronen und Tränengas verschossen werden.

Schrecksekunde, die Zeit, die von der Wahrnehmung einer plötzlich und unvorhersehbar auftauchenden Gefahr bis zum Beginn des gefahrabwehrenden Handelns verstreicht; juristisch (Verkehrsunfall) mit 0,8 s berücksichtigt.

Schreckstoffe, Stoffe, die bei Beunruhigung oder Verletzung von vielen Tieren (z. B. von Karpfenfischen) abgeschieden werden und den Artgenossen als Warnsignal dienen; sie führen z. B. zur Flucht eines Schwarmes.

Schrei [ahd.] *der, -(e)s/-e,* lauter Ton eines Lebewesens, bes. bei Angst oder Zorn: *ein S. der Verzweiflung; der letzte S.,* U die neueste Mode, Dernier cri. *ich* **schreie** (habe geschrie[e]n), **1)** stoße Schreie aus; lasse meine Stimme laut klingen: *das Kind schrie vor Angst; ein schreiendes Unrecht,* Ü sehr großes; *schreiende Farben,* Ü übergrelle, die dem Auge weh tun. **2)** *nach etwas,* verlange heftig: *das Tier schreit nach Futter; diese Tat schreit nach Rache.* **3)** *es schreit gen Himmel,* U verlangt Abhilfe oder Strafe. **4)** weine (kleines Kind): *er hat sich heiser, müde geschrien. ich* **schreie** *ihn* **an,** U sage wütend und laut meine Meinung. *ich* **schreie auf,** lasse einen S. ertönen. *der* **Schreier,** *-s/-,* **1)** jemand, der viel schreit, bes. kleine Kinder. **2)** jemand, der laut, rechthaberisch, zänkisch oder aufsässig ist. *die* **Schreierei,** *-/-en,* anhaltendes Schreien. **Schreihals,** U schreiendes Kind.

Schreib|automat, Textautomat, elektr. Schreibmaschine, die gespeicherte Texte automatisch schreibt. (→ Textverarbeitung)

schreiben [ahd. scriban, zu lat. scribere]. *ich* **schreibe** (habe geschrieben), **1)** *es,* bringe Buchstaben, Zahlen, Zeichen auf Papier oder eine andere Unterlage (vgl. unten; → Schrift): *ich schreibe mit Bleistift, Tinte, mit der Hand, mit der Schreibmaschine; das Wort wird klein, groß geschrieben; ich habe es richtig geschrieben,* nach den Regeln der Rechtschreibung; *Schloß schreibt man, schreibt sich mit ß.* **2)** *es,* lege schriftlich (in Buchstaben und anderen Zeichen) nieder: *er schreibt seinen Namen; geschriebenes Recht,* das im Gesetzbuch festgelegte; *wir schreiben heute den 8. April 1985; man schrieb diesen Betrag auf seine Rechnung,* belastete ihn damit. **3)** *es ihm, ihm davon, ihm, daß es so ist,* teile schriftlich mit, v. a. in Briefen: *er hat mir geschrieben, daß er morgen kommt; die Zeitung schreibt,* teilt mit; *der Arzt hat ihn krank geschrieben.* **4)** *(es),* bin schriftstellerisch tätig: *er hat ein Theaterstück geschrieben.* **5)** *mich Schroeder,* mein Name ist, ich heiße Schroeder. **6)** *mich mit ihm,* U stehe in Briefwechsel. *ich* **schreibe ab, 1)** *es von jemandem, von etwas,* fertige eine Abschrift an: *schreib es ab!; der Schüler schreibt von seinem Nachbarn ab.* **2)** *es,* ziehe ab: *ich habe die Sendung abgeschrieben,* U betrachte sie als verloren. **3)** setze den Buchwert in der Bilanz herab (→ Abschreibung). **4)** *es,* nutze durch Schreiben ab (Bleistift, Farbband). **5)** *ihm,* U sage schriftlich ab. *ich* **schreibe an, 1)** *es,* schreibe auf eine senkrechte Schreibfläche (Tafel, Wand). **2)** *es,* schreibe auf laufende Rechnung: *diese Summe müssen Sie mir anschreiben.* **3)** *ihn,* schreibe ihm: *er wurde von uns angeschrieben. ich* **schreibe auf, 1)** *ihn, es,* notiere (seinen Namen), lege es schriftlich nieder. **2)** setze in Rechnung. *ich* **schreibe** *es* **aus, 1)** stelle aus: *schreiben Sie mir bitte die Rechnung aus.* **2)** verzichte auf Abkürzungen. **3)** gebe öffentlich bekannt: *Wahlen wurden ausgeschrieben; man schrieb die freie Stelle in der Zeitung aus.* **4)** präge durch vieles Schreiben aus (Handschrift). *ich* **schreibe blind,** schreibe auf der Schreibmaschine, ohne auf die Tasten zu sehen. *ich* **schreibe ein, 1)** *mich, ihn, es,* trage ein, bes. setze einen Namen in eine Liste, z. B. immatrikuliere mich. **2)** *es,* sende als Einschreiben: *ein eingeschriebener Brief. ich* **schreibe** *es ihm* **gut,** setze auf seine Habenseite; allg.: rechne an, halte zugute: *ich werde Ihnen den Betrag gutschreiben;* aber: *der Schüler kann noch nicht gut schreiben,* er lernt das Schreiben erst. *ich* **schreibe** *es* **heraus,** mache Auszüge aus einem Buch, Schriftstück. *ich* **schreibe** *es* **nieder,** bringe schriftlich zu Papier. *ich* **schreibe schön,** schreibe in Schönschrift: *die Schüler mußten schönschreiben üben;* aber: *er kann sehr schön s. ich* **schreibe** *es* **um,** ändere durch erneutes Schreiben: *das Stück wurde umgeschrieben;* vgl. umschreiben. *ich* **schreibe** *es ihm* **vor, 1)** zeige, wie man es schreiben soll. **2)** verordne, befehle. *ich* **schreibe** *es ihm* **zu, 1)** übertrage auf seinen Besitz. **2)** halte oder erkläre für den Urheber oder die Ursache: *dieses Gemälde wird Rembrandt zugeschrieben; diesen Unfall hast du deinem Leichtsinn zuzuschreiben,* Ü. *das* **Schreiben,** *-s/-,* Schriftstück, Geschäftsbrief. *der* **Schreiber,** *-s/-,* **1)** Verfasser (eines Buches, Schriftstückes, Briefes). **2)** früher: Angestellter einer Kanzlei; *schweizer.:* Schriftführer, Sekretär. **3)** ein Empfangsgerät für Fernmeldungen: *Fernschreiber. die* **Schreiberei,** *-/-en,* **1)** U unnötiges, lästiges Schreiben oder schlechtes Geschreibe. **2)** *schweizer.:* Kanzlei, Sekretariat. **Schreibkraft,** Stenotypistin. **Schreibtisch,** Arbeitstisch zum Schreiben. *die* **Schreibung,** *-/-en,* Rechtschreibung. **Schreibwaren,** alles, was man zum Schreiben benötigt: *Schreibwarengeschäft.* **Schreibweise, 1)** Art des Schreibens. **2)** Art, wie ein Wort geschrieben wird, Rechtschreibung. **Schreibzeug,** Geräte, die man beim Schreiben benötigt, Kugelschreiber, Füllfederhalter u. a.

Der Schreibunterricht hat die Aneignung einer deutlichen, flüssigen, persönlich geprägten Schrift zum Ziel. Methodisch beginnt der **synthetische Schreiblehrgang** entsprechend dem Gang des Leseunterrichts mit den Buchstaben nach Maßgabe ihrer schreibtechn. Schwierigkeit. Im **ganzheitlich-analyt. Schreiblehrgang** wird analog zum Leseunterricht mit dem Nachmalen ganzer Wörter begonnen. (→ Ganzheit 4).

Als Grundlage für die **Schreibschrift** dienen Normalalphabete: in Dtl. in Anlehnung an die Vorschläge L. Sütterlins und R. Kochs, in der Schweiz nach P. Hulliger, in Österreich nach A. Legrün. Seit 1941 ist in Dtl. an Stelle der **deutschen Schrift** eine lat. Schrift **(Deutsche Normalschrift)** als Ausgangsschrift eingeführt. - In der Bundesrep. Dtl. wurde diese 1952 durch den ›Iserlohner Schreibkreis‹ neu gestaltet und in modifizierter Form durch die Kultusministerkonferenz 1954 verbindlich gemacht. - In der Dt.

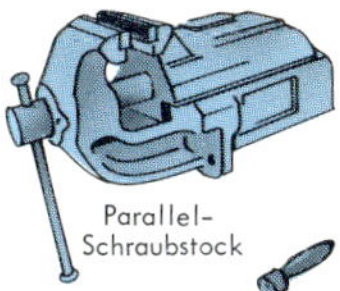

Parallel-Schraubstock

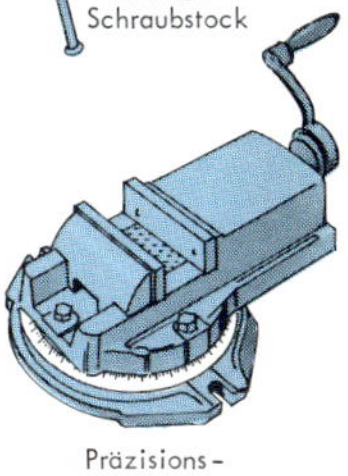

Präzisions-Maschinenschraubstock mit Drehplatte

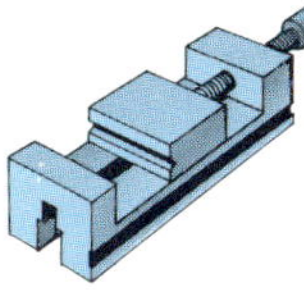

Werkzeugmacher-Schraubstock

Schraubstock

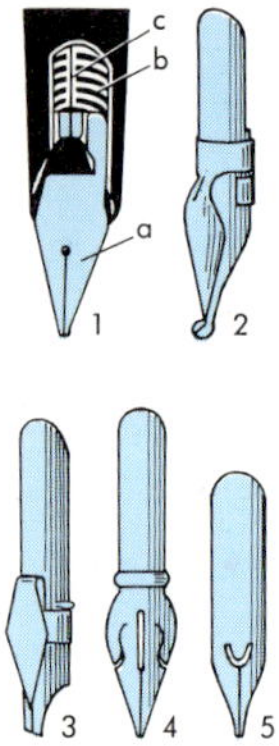

Dem. Rep. wurde 1968 eine neue ›Schulausgangsschrift‹ eingeführt, deren Großbuchstaben den Druckbuchstaben ähnlich sind.

Schreiber, Walther, Jurist, Politiker (DDP, später CDU), * Pustleben (Gfsch. Hohenstein) 10. 6. 1884, † Berlin (West) 30. 6. 1958; 1925–32 preuß. Handels-Min., 1945 Mitbegründer der CDU in der sowjet. Besatzungszone Dtl.s, 1951–53 stellv., 1953–55 Regierender Bürgermeister von Berlin (West).

Schreiberhau, poln. **Szklarska Poręba** [ʃklʼarska pɔrʼɛmba], Luftkurort und Wintersportplatz in der poln. Wwschaft Jelenia Góra (Hirschberg im Riesengebirge), (1977) 7800 Ew., in Niederschlesien; 500–900 m ü. M.: Glasindustrie.

Schreibfeder, kurz **Feder,** Schreibgerät für Tinte oder Tusche, hergestellt aus Stahl oder Edelmetallegierungen. Die Federspitze wird bis zu einem Mittelloch gespalten; der Spalt verbreitert sich beim Schreiben und sorgt für stetigen Tintenzufluß. – Die von den Römern benutzten Metallfedern aus Kupfer und Bronzeblech wurden im MA. durch Gänsekiele verdrängt. Später wurden wieder Metallfedern (Kupfer-, Messingblech) verwendet. Erst zu Anfang des 19. Jh. dehnte sich der Gebrauch von Stahlfedern (zuerst 1748 hergestellt) aus. (→ Füllfederhalter)

Schreibfeder: **1** Füllhalterfeder; a Feder, b Ausgleichskammern, c Tintenkanal, **2** und **3** Kunstschriftfedern mit Überfedern. **4** und **5** Schreibfedern

Schreibkrampf, → Schreibstörungen.

Schreibkreide, erdiger, weißer, aus feinzerriebener Skelettsubstanz von Organismen gebildeter Kalkstein.

Schreib-Lese-Kopf, elektromagnet. Einrichtung zur Aufzeichnung (›Schreiben‹) von Informationen auf magnetisierbare Materialien (z. B. Tonband, Diskette) und deren Wiedergabe (›Lesen‹).

Schreib-Lese-Speicher, → Speicher.

Schreibmaschine, Maschine für Schreibarbeiten.

Schreibmaschine: Schreibkopf (Kugelkopf)

Aufbau. In einem Gestell aus Leichtmetall oder Stahl sind ein Tastenfeld (44–46 Tastenhebel mit Tastenknöpfen mit je zwei Buchstaben, Zahlen oder Zeichen), dessen Anordnung international vereinbart ist, sowie etwa 10 Funktionstasten, der Typenhebelkorb und der nach links und rechts bewegl. Wagen mit der axial und radial beweglichen, mit Gummi oder Kunststoff bezogenen Schreibwalze zur Aufnahme des Schreibpapiers gelagert. Beim Anschlag einer Taste wird der Typenhebel mit der Type zur Schreibwalze bewegt. Ein zw. Papier und anschlagenden Buchstaben geführtes Farbband bewirkt dann den kontrastreichen Abdruck des Buchstabens oder Zeichens. Anschließend rückt der Wagen mit dem eingespannten Papier automatisch um eine Buchstabenbreite nach links. Am Ende der Zeile wird der Wagen wieder nach rechts bis zu einem einstellbaren Anschlag geschoben, wobei automatisch durch den einstellbaren Zeilenabstand auf die neue Schreibzeile weitergeschaltet wird. Wenn die zweite, auf dem Typenkörper befindliche Type zum Abdruck kommen soll, wird bei modernen Maschinen der gesamte nach oben oder unten beweglich gelagerte Typenhebelkorb bewegt **(Segmentumschaltung).** Bei älteren S. wird auf das zweite Zeichen durch Anheben des Wagens **Wagenumschaltung)** umgeschaltet. Elektr. Büro-S. sind mit einem Elektromotor zum Antrieb der Typenhebel, des Wagens und der Zeilenumschaltung ausgerüstet. Hauptvorteil neben dem geringeren Kraftaufwand ist das gleichmäßigere Schriftbild. Weitere Mechanismen ermöglichen den Leerlauf der Walze (zum leichteren Beschriften von vorgedruckten Linien/Formularen), die Änderung der Anschlagstärke zum Einstellen der Durchschlagskraft, das Umschalten der Farbzone bei mehrfarbigen Gewebebändern, die Schreibzeilenbegrenzung, die automat. Transportbewegung des Farbbandes abwechselnd nach links oder rechts. Der **Tabulator,** der von der Tastatur aus eingestellt und gelöscht wird, erleichtert das Schreiben von Tabellen durch Setzen von ›Reitern‹ dort, wo der Wagen gestoppt werden soll. Eine Weiterentwicklung im S.-Bau war die Einführung des **Schreibkopfs** (Zylinder, Kugel). Der übliche Typenhebelkorb und der bewegl. Wagen wurden durch ein leichtes, bewegliches Schreibsystem mit Typenkopf, der 88–96 Schreibzeichen enthält und eine nur radial bewegl. Schreibwalze ersetzt. Bei den elektrisch angetriebenen **Kugelkopf-S.** wird der für andere Schrifttypen leicht auswechselbare Schreibkopf entlang der Schreibwalze bewegt und der ausgelöste Buchstabe auf das Papier durch ein mitlaufendes Farbband abgedruckt (Schreibgeschwindigkeit 15–20 Anschläge je Sekunde). **Elektron. S.** sind mit einem Schreibkopf oder aber mit einem **Typenrad (Typenscheibe)** ausgerüstet, das an seinem Umfang auf biegsamen Speichen radial angeordnete Typen trägt, die von einem Hammer gegen Farbband und Papier geschlagen werden. Wesentliches Merkmal der elektron. S. ist der Einsatz von Mikroprozessoren, die eine Vielzahl von Funktionen automatisieren, z. B. Papiereinzug, Zentrieren, Randausgleich, Blocksatz, Unterstreichung, Einzug, Dezimaltabulation, Fettdruck, Sperrung, Löschen und Korrigieren mit Hilfe interner Arbeitsspeicher und Flüssigkristall-Textanzeige. Die Ausstattung elektron. S. mit einem Textspeicher bildet den Übergang zu Systemen der → Textverarbeitung. Auch Eingabegeräte für die elektron. Datenerfassung werden als elektron. S. bezeichnet.

Schreibmaschine: Schnitt durch eine elektrische Typenhebel-S.

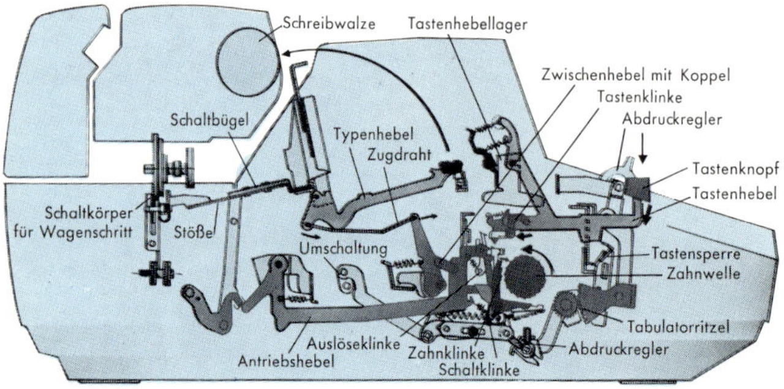

Wirtschaftliches. Die Bundesrep. Dtl. liegt in der Rangliste der wichtigsten Produzentenländer weltweit an 3. Stelle (Produktion 1981: 740000 S.) nach Japan (2,998 Mio. S.) und den USA (1,415 Mio. S.).

Geschichte. 1714 meldete H. Mill in London eine S. zum Patent an. S. mit Typenhebeln stammen von K. F. Drais Frhr. von Sauerbronn (1832), von X. Progin aus Marseille (1833), von G. Ravizza aus Novara (1855), der kreisförmig aufgehängte Typenhebel anwandte und das Farbband einführte, und von P. Mitterhofer aus Tirol, der 4 Modelle von Typenkorb-S. baute (1864–69). Fabrikmäßig wurden S. von der amerikan. Firma Remington seit 1873/74 hergestellt.

Schreibmeister, auch **Modisten** [weil sie den ›modus scribendi‹ lehrten], seit dem späteren MA. Lese- und Schreiblehrer für Kinder und Erwachsene. Die Notwendigkeit dieses Berufsstandes

Schreibmeister: Aus dem Schreibmeisterbuch von Urbanus Wyss ›Von mancherley Geschrifften‹ (um 1544)

ergab sich aus dem Aufstieg des Bürgertums und der Zunahme des Schriftverkehrs im wirtschaftl. Leben. Seit 1480 bis in das 18. Jh. gibt es gedruckte Schreiblehren (Schreibmeisterbücher). Die S. pflegten und entwickelten die Schreibformen. Der hervorragendste dt. S. war Joh. Neudörffer d. Ä. in Nürnberg (* 1497, † 1563; → Fraktur). Mit dem Beruf des S. war oft der des **Rechenmeisters** verbunden. Bekannter Rechenmeister war Adam → Riese.

Schreibstörungen, Beeinträchtigung des Schreibvermögens auf Grund körperl. oder seel. Ursachen; kann ausgelöst werden durch Lähmung der Muskeln, durch Hirnprozesse bei multipler Sklerose, Parkinsonismus, chron. Quecksilbervergiftung. Der offenbar seelisch bedingte **Schreibkrampf** kann durch eine aktuelle Konfliktsituation hervorgerufenes neurotisches Symptom sein.

Schreibtisch, Arbeitstisch zum Schreiben; im MA. als → Pult, später als Schreibschrank (Sekretär); seit dem 17. Jh. auch als flache Platte mit Schubladen darunter.

Schreibtischtäter, Schlagwort, das mit der Verfolgung nat.-soz. Kriegsverbrecher aufkam, bezeichnet Menschen, die durch ihre Tätigkeit als Beamte, Wirtschaftsführer, Publizisten o. ä. indirekt die Ausführung von Straftaten ermöglichen.

Schreibwaage, Schriftwaage, Gerät zur Messung der Schreibmotorik (Schreibdruck, Schreibgeschwindigkeit) im Rahmen der grapholog. und psychosomat. Diagnostik.

Schreier, Peter, Sänger (Tenor), * Meißen 29. 7. 1935; tritt bes. als Mozart- und Händel-Interpret sowie als Lied-, Oratorien- und Konzertsänger hervor.

Schrein [ahd.] *der, -(e)s/-e,* **1)** Kasten, Schrank, bes. Heiligenschrein. **2)** Kultstätte des Shinto in Japan. *der* **Schreiner,** *-s/-, westdt., süddt.:* Tischler. *die* **Schreinerei,** *-/-en, westdt., süddt.:* Tischlerei. *Vb. ich* **schrein(e)re.**

Schrein|altar, Altarform der dt. Spätgotik. Das feststehende schrankartige Mittelstück (Schrein) war mit geschnitzten Figuren gefüllt und konnte durch Flügel geschlossen werden, die auf ihren Außenseiten gemalte, auf ihren Innenseiten gemalte oder geschnitzte Darstellungen trugen.

Schreinsbuch [n. d. Schrein als Aufbewahrungsort], Grundbuch im MA., Vorstufe der Stadtbücher.

schreiten [ahd.]. *ich* **schreite** (bin geschritten), **1)** gehe feierlich, gemessenen Schrittes. **2)** *zu etwas,* Ü gehe dazu über, mache mich daran. *ich* **schreite** *es* **ab, 1)** messe nach Schritten: *er hat die Entfernung abgeschritten.* **2)** gehe feierlich daran entlang: *der Verteidigungsminister schritt die Reihen der Soldaten ab. ich* **schreite aus, 1)** mache lange Schritte. **2)** begehe eine Ausschreitung. *ich* **schreite** *gegen ihn, etwas* **ein,** gehe vor: *die Behörden schritten gegen diesen Mißbrauch ein. ich* **schreite fort, 1)** entwickle mich, mache Fortschritte. **2)** *es schreitet fort,* dauert an, nimmt zu.

Schreiter Johannes, Maler und Graphiker, * Buchholz (im Erzgebirge) 8. 3. 1930. S. erfand 1958 eine neue Bildtechnik, die ›Brandcollage‹, in der er abgebrannte Papierstücke zu einer nuancierten Komposition ordnet; schuf auch sakrale und profane Glasfenster.

Schreitvögel, Gressores, Ordn. der Vögel mit nesthockenden Jungen und meist langen Beinen und Schnäbeln: Ibisse, Löffler, Störche, Reiher und Schuhschnabel.

Schreivögel, Clamatores, Unter-Ordn. der → Sperlingsvögel mit nur 1–2 Spann-Muskelpaaren am Stimmorgan im Unterschied zu den → Singvögeln. Zu den S. gehören u. a. Tyrannen, Pipras, Kotingas.

Schreker, Franz, Komponist, * Monaco 23. 3. 1878, † Berlin 21. 3. 1934; Opern mit spätromantisch-impressionist. Klangraffinement: ›Der ferne Klang‹ (1912), ›Die Gezeichneten‹ (1918), ›Der Schatzgräber‹ (1920), ›Irrelohe‹ (1924); Lieder u. a.

Schrempf, Christoph, evang. Theologe und Philosoph, * Besigheim 28. 4. 1860, † Degerloch 13. 2. 1944, sammelte nach Amtsenthebung als Pfarrer (1892) und Kirchenaustritt (1909) einen freireligiösen Kreis um sich. Von S. Kierkegaard beeinflußt, setzte er als Maßstäbe eth. Lebensauffassung einfache Menschlichkeit und Lebenswahrheit. Jesus sah er v. a. als sittl. Revolutionär.

Schrenck-Notzing, Albert Frhr. von, Nervenarzt, * Oldenburg (Oldenburg) 18. 5. 1862, † München 12. 2. 1929, einer der ersten dt. Erforscher des Hypnotismus, wandte sich seit 1886 parapsycholog. Problemen zu.

HW: Physikal. Phänomene des Mediumismus (1920); Experimente der Fernbewegung (1929).

Schrey, Ferdinand, Stenograph, * Wuppertal-Elberfeld 19. 7. 1850, † Berlin 2. 10. 1938, wirkte für die Einführung der Schreibmaschine in Dtl., veröffentlichte 1887 seine ›Vereinfachte dt. Stenographie‹, die 1897 durch das Einigungssystem **Stolze-Schrey** abgelöst wurde (→ Kurzschrift).

Schreyvogel, Joseph, Schriftst. und Dramaturg, * Wien 27. 3. 1768, † ebd. 28. 7. 1832. Als Hoftheatersekretär und Dramaturg (1802–04, 1814–32) begründete er den ideal-realist. Bühnenstil des Burgtheaters.

Schreyvogl, Friedrich, Schriftst., Urgroßneffe von J. → Schreyvogel, * Mauer bei Wien 17. 7. 1899, † Wien 11. 1. 1976; 1954–59 Vizedirektor des Burgtheaters, schrieb Gedichte, Schauspiele, Komödien (›Die kluge Wienerin‹, 1941), Romane (›Liebe kommt zur Macht‹, 1932; ›Grillparzer‹, 1935; ›Der Sohn Gottes‹, 1948; ›Ein Jh. zu früh. Das Schicksal Josephs II.‹, 1964).

Schrieffer, John Robert, amerikan. Physiker, * Oak Park (Ill.) 31. 5. 1931, erhielt zus. mit J. Bardeen und L. N. Cooper 1972 den Nobelpreis für Physik für die Entwicklung einer mikroskop. Theorie der Supraleitung (BCS-Theorie).

Schriesheim, Stadt im Rhein-Neckar-Kr., Bad.-Württ., (1984) 13 800 Ew.; Obst- und Weinbau.

Schrift [ahd., zu schreiben] *die, -/-en,* **1)** die Zeichenfolge, mit der Sprache festgehalten wird. **2)** kurz für: Handschrift. **3)** Sammelwort für alle Arten Texte, Geschriebenes und Gedrucktes, Aufsätze, Bücher: *eine S. über Reformkost; gesammelte Schriften,* sämtliche Werke. **4)** *ohne Pl.,* die Bibel: *die Heilige S.* **schriftlich,** niedergeschrieben, durch S. festgehalten, nicht mündlich. **Schriftstück,** längere, meist mehrere Seiten umfassende schriftliche Äußerung; Akte, Urkunde.

Entwicklung. Als älteste Schriftart wird die **Bilder-S.** angesehen. Damit wurden ganze Gedankenkreise durch bildhafte Zeichnungen oder Malerei mitgeteilt. Neuerdings sieht man in zentimetergroßen Zeichen aus gebranntem Ton den Ursprung der S. Diese Tonzeichen wurden zur Darstellung von Objekten, wahrscheinlich Handelswaren, benutzt. Es folgte die **Wort-S.,** bei der jedem Wort ein Zeichen entspricht: daraus entwickelten sich **Silben-** und **Laut-S.,** bei der ein Zeichen ein größeres Lautgebilde darstellt. Die → Hieroglyphen sind eine Bilder-S., die schon den Weg zur Silben- und Laut-S. nimmt. Eine Wort-S. ist die → chinesische Schrift; z. T. Silben-S. war die → Keilschrift, reine Silben-S. gibt es noch heute in Japan (→ japanische Sprache und Schrift). Vermutlich bildeten best. ägypt. Hieroglyphen die Quelle der semit. **Buchstaben-S.,** mit Einkonsonantenzeichen. Das nordsemit. Alphabet, dessen früheste Inschriften aus dem 13. und 12. Jh. v. Chr. stammen, spaltete sich früh in 3 Typen: den phönik., althebr. und aramäischen Typ, auf den die altiran. S. zurückgehen. Vom spätsyr. Alphabet stammt u. a. die mongolische Schrift ab. Aus dem Kreis der semit. Buchstabenschriften stammen u. a. auch die ind. Schriften. Die iber. Schriften zeigen den Übergang mediterraner Silbenschriften zur Alphabetschrift mit fester Reihenfolge der Schriftzeichen. Nach der herrschenden Ansicht ist die grch. S. frühestens im 11. Jh. v. Chr. aus der phönik. entlehnt worden; sie wurde ihrerseits der Ausgangspunkt für die Entwicklung der europ. **S.-Formen.** Aus einer spätgrch. Unzialschrift stammen die got. S., die kopt. S., die → Kyrilliza. Eine Sonderentwicklung stellen die german. → Runen dar. Die ältesten Zeugnisse lat. S. sind Inschriften. In der frühen Kaiserzeit wurden jene Großbuchstaben entwickelt, die seit der Renaissance in der → Antiqua weiterleben. Gebräuchlicher für antike Buchhandschriften war eine geschmeidigere und schmalere Form der lat. S., die Rustica. Seit dem 3. Jh. bildete sich die → Unziale aus. Daneben diente die Kursive als Gebrauchs- und Geschäftsschrift. An die röm. Schriftkultur knüpft die karoling. → Minuskel an, die im späteren MA. zur → gotischen Schrift entwickelt wurde. Mit dem Buchdruck bildeten sich allmählich eigene Druckschriften heraus (→ Schriften). TAFELN S. 614 und 615.

Joseph Schreyvogel (Lithographie von J. Mukarowsky)

Schrift|auslegung, → Exegese.

Schriftblindheit, grch. **Alexie,** Unfähigkeit, den Sinn von Geschriebenem zu verstehen, eine Form der → Agnosie.

Schriften, i. w. S. alle Schriftarten (→ Schrift), i. e. S. die **Druckschriften** für Satz und Druck von Büchern und Drucksachen. Der einzelne Buchstabe, die **Letter,** für den Handsatz ist ein vierkantiger, rechtwinkliger Metallkörper, dessen Kopf den erhaben ausgeführten Buchstaben im Spiegelbild zeigt. Der Abstand vom Kopf bis zum Fuß heißt **Schrifthöhe,** der zw. Vorder- und Rückseite **Kegelstärke.** Das **typographische Punktsystem** hatte der frz. Schriftgießer F. A. Didot um 1785 geschaffen, es war für die Festlegung der → Schriftgrade unentbehrlich, verliert aber nach dem Übergang zum Maschinen- und Photosatz seine techn. Bedeutung. Ein typograph. Punkt mißt 0,376 mm.

Die gebräuchlichsten Druck-S. werden in Antiqua-S. (→ Antiqua) und Fraktur-S. (→ Fraktur) eingeteilt.

Nach dem Verwendungszweck unterteilt man in **Brot-** oder **Werkschriften** (für Bücher- und Zeitungsdruck) und **Akzidenzschriften** (Titel- und Zier-S. für Einzeldrucke, Anzeigen). Dazu kommen oftmals noch die Kursive, Kapitälchen, Kapitalbuchstaben und Auszeichnungsgarnituren wie mager, halbfett, fett u. a. – Die Druckschriften werden in → Schriftgießereien hergestellt.

Schrift|erz, Mineral, der → Sylvanit.

Schriftflechten, Graphidales, Ordnung von Krustenflechten, die auf Rinden, seltener auf Blättern und Gesteinen, als grauweißer, schriftähnlich gestrichelter Überzug wachsen.

Schriftform, ⚖ der durch Gesetz oder Vereinbarung vorgeschriebene schriftl. Abschluß von Rechtsgeschäften; entscheidend ist die handschriftl. Unterzeichnung. Mangel der S. macht das Rechtsgeschäft nichtig (§ 125 BGB). Gesetzlich ist S. z. B. vorgeschrieben für Schuldversprechen und -anerkenntnis, Kündigung eines Mietverhältnisses über Wohnraum, für Abzahlungsgeschäfte und die Übernahme einer Bürgschaft (außer im Handelsrecht). Die S. kann durch notarielle Beurkundung ersetzt werden.

John Robert Schrieffer

Schriftführer, jemand, der in Volksvertretungen, Vereinen, Versammlungen die Rednerlisten führt, die Verhandlungen und Abstimmungen protokolliert, die Stimmen sammelt und zählt.

Schriftgelehrter, B jüd. Bibelausleger, Theologe und Jurist.

Schriftgießerei, Betrieb, der Lettern für Druckschriften durch Gießen herstellt. Die Patrizen entstehen durch Stempelschneiden, auf galvan. Weg (Zeugschnitt) oder auf der Matrizen-

Schriften: Schriftgrade von 5 bis 14 Punkten mit ihren auch im Photosatz üblichen Bezeichnungen und Größen

	Perl	Nonpareille	Colonel	Petit	Borgis	Korpus (Garmond)	Cicero	Mittel
Punkte	5	6	7	8	9	10	12	14
Geviertgrößen:	■	■	■	■	■	■	■	■
Typengrößen:								
Versalien	M	M	M	M	M	M	M	M
Gemeine	m	m	m	m	m	m	m	m

Proben von Schreib- und Druckschriften, die nicht auf der lateinischen Schrift beruhen

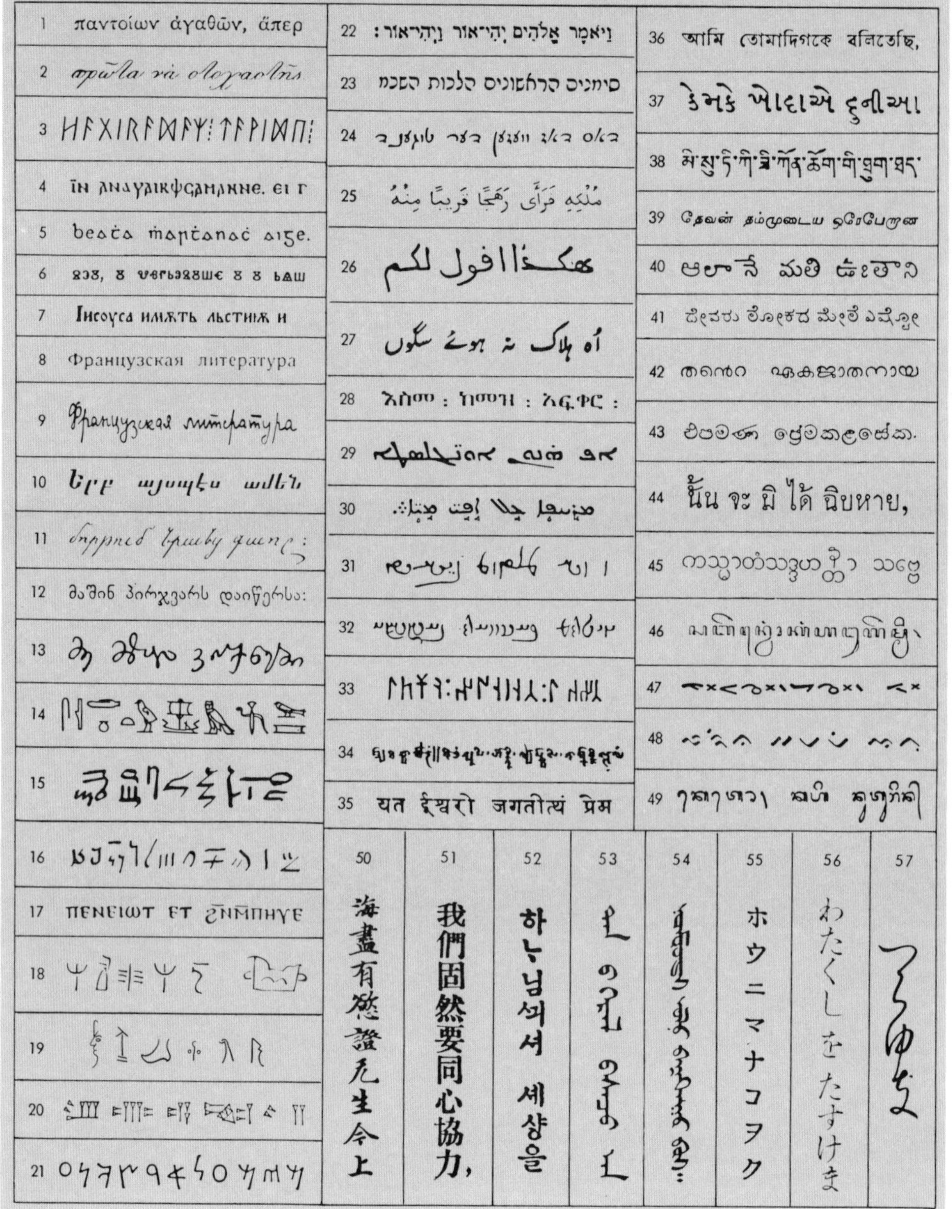

1 Griechisch (Druckschrift). **2** Griechisch (Neugriechische Schönschrift). **3** Gemeingermanische Runen. **4** Gotisch. **5** Irisch. **6** Glagolitisch. **7** Kyrillisch. **8** Russisch (Druckschrift). **9** Russisch (Schreibschrift). **10** Armenisch (Druckschrift). **11** Armenisch (Schreibschrift). **12** Georgisch (Mchedruli-Druckschrift). **13** Georgisch (Schreibschrift). **14** Altägyptisch (Hieroglyphen). **15** Altägyptisch (Hieratisch), **16** Altägyptisch (Demotisch). **17** Koptisch. **18** Altkretisch (Linear B). **19** Hethitische Hieroglyphen. **20** Keilschrift. **21** Phönikisch. **22** Hebräisch (Quadratschrift). **23** Hebräisch (Rabbinisch). **24** Hebräisch (Moderne Schreibschrift). **25** Arabisch (Druckschrift). **26** Arabisch (Tunesische Schreibschrift). **27** Arabisch (Persische Schreibschrift). **28** Äthiopisch. **29** Syrisch (Estrangelo). **30** Syrisch (Serto). **31** Pehlewi. **32** Awestisch. **33** Alttürkisch (Orchon-Runen). **34** Brahmischrift. **35** Dewanagari. **36** Bengali. **37** Gujarati. **38** Tibetisch. **39** Tamil. **40** Telugu. **41** Kannaresisch. **42** Malajalam. **43** Singhalisisch. **44** Siamesisch. **45** Birmanisch. **46** Javanisch. **47** Batak. **48** Makassarisch. **49** Balinesisch. **50** Chinesisch (Schreibschrift). **51** Chinesisch (Druckschrift). **52** Koreanisch. **53** Mongolisch (in uigurischer Schrift). **54** Kalmückisch. **55** Japanisch (Katakana). **56** Japanisch (Hiragana). **57** Japanisch (Gras-Schrift)

Antiqua-Schriften

Die großen Meister	Garamond (französische Renaissance-Antiqua; ähnl. Schriften: Weiß-Antiqua, Palatino u. a.)
Die großen Meister	Bodoni (klassizistische Antiqua; ähnl. Schriften: Walbaum, Didot u. a.)
Die großen Meister	Egyptienne Beispiel: „Memphis" von R. Wolf; (serifen-betonte, d. h. grundstrichbetonte Linear-Antiqua; ähnl. Schriften: Volta, Schadow u. a.)
Die großen Meister	Grotesk Beispiel: „Futura" von P. Renner; (serifenlose Linear-Antiqua; ähnl. Schriften: Folio, Helvetica, Akzidenz-Grotesk u. a.)
Die großen Meis	Hammer-Unziale (Antiqua-Varianten, bes. Großbuchstabenschriften; ähnl. Schriften: Columna, Largo u. a.)

Schreibschriften und handschriftliche Antiqua-Schriften

Die grossen Meister	Lithographia (Schreibschriften; ähnl. Schriften: Künstler-Schreibschrift, Mistral, Legende u. a.)
Die großen Meister	Post-Antiqua (handschriftliche Antiqua; ähnl. Schriften: Time-Script u. a.)

Gebrochene Schriften (Fraktur)

Die großen Meister	Weiß-Gotisch (gotisch; ähnl. Schriften: Manuskript-Gotisch u. a.)
Die großen Meister	Alte Schwabacher (Schwabacher; ähnl. Schriften: Nürnberger Schwabacher)
Die großen Meister	Unger-Fraktur (Fraktur; ähnl. Schriften: Breitkopf-Fraktur, Zentenar-Fraktur u. a.)

Auszeichnungsschriften und Kursive
Arten einer Schriftfamilie, gezeigt am Beispiel der Bodoni-Antiqua

mager Die großen Meister	kursiv mager *Die großen Meister*
halbfett **Die großen Meister**	kursiv halbfett ***Die großen Meister***
fett **Die großen Meister**	kursiv fett ***Die großen Meister***

(Auswahl gebräuchlicher Druckschriften nach DIN 16518)

Friedrich Ludwig Schröder (Aquatinta von G. Feder)

Rudolf Alexander Schröder

Erwin Schrödinger

bohrmaschine. Die danach erhaltene Gießform (Matrize) wird in der Gießmaschine mit Letternmetall abgegossen. Heute stellen S. auch die für den Filmsatz gebrauchten Schriftscheiben und -rahmen her.

Schriftgrad, ⌀ die Größe einer Druckschrift (→Schriften). S. werden nach altüberlieferten Namen oder Punkten bezeichnet.

Schriftgranit, →Pegmatit.

Schriftleiter, der →Redakteur.

schriftliches Verfahren, die Form des Prozeßverfahrens, bei der die Grundlage des Urteils allein durch den schriftl. Akteninhalt gebildet wird. Das Schriftprinzip beherrschte den ital. und kanon. Prozeß des MA. sowie den dt. gemeinrechtl. Prozeß. Der heute geltende Grundsatz der →Mündlichkeit ist im Zivilprozeß durch die Vereinfachungsnovelle (Ges. v. 3. 12. 1976, →Prozeßbeschleunigung) z. T. eingeschränkt (§ 128 ZPO).

Schriftsachverständiger, Schrift|experte, Gutachter zur Untersuchung und Vergleichung bestrittener Urkunden zwecks Feststellung ihrer Echtheit.

Schriftsatz, schriftliche Parteierklärungen in einem gerichtl. Verfahren.

Schriftschneider, Ausbildungsberuf (3 Jahre) der Industrie, gehört zur Berufsgruppe der Werkzeugmacher.

Schriftsetzer, Ausbildungsberuf in Industrie und Handwerk (3 Jahre). Der S. setzt die für den Druck bestimmten Schriftsätze aus einzelnen Schriftzeichen (Lettern, Typen) zusammen, entweder mit der Hand **(Handsetzer)** oder mit der Setzmaschine **(Maschinensetzer).** S., die zugleich als Buchdrucker ausgebildet sind, heißen **Schweizerdegen.** Der traditionelle Beruf des S. ist durch den Einsatz von Fotosetz- und Texterfassungsgeräten sowie Datenverarbeitungsanlagen in seiner Bedeutung eingeschränkt.

Schriftsprache, die überwiegend normierte Hochsprache (auch Standardsprache) im Unterschied zu den Dialekten.

Schriftsteller *der, -s/-,* Verfasser (Autor) literar. Werke aller Art (→Literatur), früher meist i. Ggs. zum Dichter (→dichten) gestellt, während heute die beiden Begriffe gleichwertig verwendet werden, wobei die Bez. Dichter stark zurückgetreten ist. Rechtliches →Urheberrecht.

Schriftstellerverbände, Vereinigungen von S. zur Wahrung ihrer berufständischen Interessen. 1969 schlossen sich die S. in der Bundesrep. Dtl. zum →Verband deutscher Schriftsteller e. V. zusammen. – In der Dt. Dem. Rep. wurde 1952 als Berufsorganisation der ›Dt. Schriftstellerverband‹ gegr., Sitz: Berlin (Ost). In Österreich bestehen der ›Schutzverband der österr. S.‹ und der ›Österr. S.-Verband‹ (beide in Wien), in der Schweiz der ›Schweizer S.-Verband‹ (Zentralsekretariat in Zürich).

Schriftwaage, die →Schreibwaage.

schrill, durchdringend, grelltönend, scharf. *Vb. es* **schrillt.**

Schrimpf, Georg, Maler, * München 13. 2. 1889, † Berlin 19. 4. 1938, malte mit den realist. Darstellungsmitteln der →Neuen Sachlichkeit Landschaften und schlichte figürliche Bilder von klarer, plastischer Form.

schrinden [ahd.]. *es* **schrindet** (ist geschrunden), **1)** ✿ birst, bekommt Risse: *Lehm schrindet,* bekommt Trockenheitsrisse. **2)** *die Wunde schrindet* (hat geschrunden), *norddt.:* brennt. **Schrindstelle,** *norddt.:* trockener oder saurer Fleck im Acker.

Schrippe [zu schrapen] *die, -/-n, norddt.:* längliche Brötchen mit aufgerissener Kruste.

Schritt [ahd., von schreiten] *der, -(e)s/-e* und als Maßangabe -, **1)** das Vorsetzen eines Fußes, als Maß 75 oder 80 cm: *S. für S.,* Ü allmählich, ganz langsam; *auf S. und Tritt,* Ü immer wieder, überall: *treten Sie doch einen S. näher,* kommen Sie näher heran; *ich habe heute noch keinen S. aus dem Haus getan,* Ü das Haus noch nicht verlassen; *der soll mir zehn S. vom Leibe bleiben,* Ü mit dem will ich nichts zu tun haben. **2)** bei Hosen der Ansatz der Beine: *die Hose ist im S. zu eng.* **3)** das Gehen, eine Gangart: *alle Fahrzeuge mußten (im) S. fahren; er konnte mit ihnen nicht S. halten,* kam nicht so schnell vorwärts, auch Ü. **4)** die langsamste →Gangart des Pferdes. **5)** Ü Handlung, die etwas in die Wege leitet: *ich tue, unternehme, veranlasse die nötigen Schritte; die Verhandlungen sind bisher keinen S. weitergekommen,* stocken. **schrittlings, 1)** schrittweise. **2)** *oberdt.:* grätschend. **schrittweise,** S. für S.

Schrittgeschwindigkeit, (ψ) das →Baud.

Schrittmacher *der, -s/-,* **1)** Radsport: Motorradfahrer, der vor dem Langstreckenfahrer (Steher) herfährt, um durch Brechen des Luftwiderstands eine höhere Geschwindigkeit zu ermöglichen. **2)** ⚕ →Herzschrittmacher.

Schrittmacher|enzym, das →Schlüsselenzym.

Schrittspannung. Teil der elektr. Spannung an der Erdoberfläche, der von einem Menschen mit 1 m Schrittweite überbrückt werden kann. Eine für Mensch und Tier gefährliche S. tritt auf, wenn infolge von Erdschlüssen bei elektr. Anlagen oder Blitzeinschlägen kurzfristig hohe Erdströme fließen.

Schrittzähler, Pedometer *das, -s/-,* kleines Gerät in Taschenuhrform zum Zählen der Schritte, mißt die regelmäßigen Erschütterungen beim Gehen mit einem Zählwerk.

Schrobenhausen, Stadt im Kr. Neuburg-S., Oberbayern, (1984) 14300 Ew.; Lenbach-Museum; Spezialtiefbau, Flugzeugbau, Münz- und Prägewerk, Textil-, Papier-, Cellulose- u. a. Ind., Photowerke; Pfarrkirche (15. Jh.).

Schröder *der, -s/-,* **Schröer,** *oberdt., hess.:* der →Schröter.

Schröder, 1) Friedrich Ludwig, Schauspieler und Theaterleiter, * Schwerin 3. 11. 1744, † Rellingen bei Pinneberg 3. 9. 1816, leitete die Hamburger Bühne 1771–80, 1785–98 und 1811/12. S. war der erste große dt. Schauspieler, der in Vortrag und Gebärde Natürlichkeit des Spiels anstrebte. Er bearbeitete Shakespeare für die dt. Bühne und schrieb Unterhaltungsstücke. S. hatte großen Einfluß auf die Entwicklung der dt. Freimaurerei.

2) Gerhard, Politiker (CDU), * Saarbrücken 11. 9. 1910, Jurist, 1949–80 MdB., 1953–61 Bundesinnen-Min., 1961–66 Bundesaußen-Min., 1966–69 Bundesverteidigungs-Min.; unterlag 1969 G. Heinemann bei der Wahl zum Bundespräs.

3) Rudolf Alexander, Schriftst., * Bremen 26. 1. 1878, † Bad Wiessee 22. 8. 1962, gründete 1899 in München mit A. W. Heymel und O. J. Bierbaum die Zeitschrift ›Die Insel‹ und als deren Trägerin 1902 den Insel-Verlag, später mit R. Borchardt und H. v. Hofmannsthal die ›Bremer Presse‹. S. war als Dichter geprägt von der Lebenskultur seiner Vaterstadt, der abendländ. Tradition und dem europ. Humanismus; er wurde in der Zeit des Nat.-Soz. zum Bekenner und Prediger des prot. Christentums (Erneuerung des prot. Kirchenlieds). Seine Gedichte sind von plastisch-strenger, oft antiken Mustern (Elegie, Ode) nachgebildeter Form. – Übersetzungen und Nachdichtungen antiker (Homer, Vergil, Horaz), klass. und moderner Schriftst. (Racine, Molière, Shakespeare, T. S. Eliot).

HW: *Lyrik:* Mitte des Lebens (1930); Weltl. Gedichte (1940); Die geistl. Gedichte (1949) u. a.; zahlreiche Aufsätze, Reden.

Schröder-Devrient [-dəfrˈint, -dəvriˈɛ̃], Wilhelmine, geb. **Schröder,** Sängerin (dramat. Sopran), * Hamburg 6. 12. 1804, † Coburg 26. 1. 1860; war 1823–47 Mitgl. der Dresdner Oper.

Schrödinger, Erwin, Physiker, * Wien 12. 8. 1887, † ebd. 4. 1. 1961. Er baute 1926 die Ansätze L.-V. von Broglies über Materiewellen zur →Wellenmechanik aus; die von ihm als Wellengleichung aufgestellte **Schrödinger-Gleichung** wurde durch die statist. Deutung (→Quantenmechanik) zur quantenmechan. Bewegungsgleichung und liefert eine Beschreibung des Verhaltens mikrophysikal. (atomarer) Systeme im nichtrelativist. Grenzfall. S. förderte die Farbenlehre, bemühte sich um die Fortentwicklung der allgemeinen Relativitätstheorie. Er erhielt 1933 zus. mit P. A. M. Dirac den Nobelpreis für Physik.

Georg Schrimpf: Mädchen am Fenster, 1925 (Basel, Kunstmuseum)

Schroeder, Louise, Politikerin (SPD), * Altona 2. 4. 1887, † Berlin 4. 6. 1957, war 1920–33 MdR., wurde 1946 Bürgermeister von Berlin, vertrat E. →Reuter 1947–48 als 1. stellv., 1948–49 als amtierender Oberbürgermeister, 1949–57 MdB.

schroff [mhd.], **1)** jäh abfallend, steil aufragend (Felsen). **2)** Ü abweisend-heftig, grob-unnahbar: *ein schroffes Wesen. Subst. die* **Schroffheit,** *-/-en. der* **Schroff,** *-(e)s* oder *-en/-en, die* **Schroffe,** *-/-n, der* **Schroffen,** *-s/-, oberdt.:* steiler Fels, Felskopf, Felsabsatz.

schroh, *fränk., hess.:* häßlich; rauh; roh, grob.

schröpfen [mhd. schrepfen]. *ich* **schröpfe** (habe geschröpft), **1)** *ihn,* ⚕ sauge (mit dem Schröpfglas) Blut ab (vgl. unten): *er wurde gehörig geschröpft,* U finanziell ausgenutzt, mußte viel zahlen. **2)** *Getreide,* schneide die Spitzen ab. **3)** *Obstbäume,* mache Längsschnitte in die Rinde. **4)** *es, oberdt.:* schäle (Rasen, Stoppel), hacke Unkraut.

⚕ Die örtl. Blutentziehung durch S. wurde früher bei versch. Krankheitsvorgängen (Entzündung, Blutstauung, Fieber u. a.) angewendet; unblutig als Saugbehandlung mit der Saugglocke; blutig durch Anlegen von Blutegeln und Ansetzen von **Schröpfköpfen (Schröpfgläsern)** auf die vorher eingeritzte Haut.

Schrot [ahd.] *das* oder *der, -(e)s/-e,* **1)** Bleikörner von 1-6 mm Durchmesser, bes. zum Schießen auf Jagdtiere; die feinste Sorte heißt Dunst, die stärkste Sorte → Posten 6 (→ Rehposten). **2)** grob zerkleinerte Getreidekörner. **3)** das Bruttogewicht (Rauhgewicht) einer Münze: *von echtem S. und Korn,* Ü tüchtig, von guter Art. **4)** ⚘ unförmige Stücke, wie Klötze, Scheite, Abschnitte. **5)** *oberdt.:* Salband, feste Webekante. **6)** *oberdt.:* Bahn (als Leinwandmaß). *ich* **schrote** *es,* **1)** zermalme, zerschneide, zerkleinere grob, z. B. Getreide, Alteisen. **2)** wälze, rolle, ziehe fort. **3)** *oberdt.:* schneide (Kleider) zu. **Schrotleiter,** zwei miteinander verbundene Gleitbalken zum Abladen.

Schröter [von schroten] *der, -s/-,* **1)** ⚘ Verlader, Fuhrmann. **2)** ⚘ Handwerker, der etwas schneidet, z. B. Tuchschneider, Münzschneider. **3)** *oberdt.:* Hirschkäfer.

Schröter, 1) Schroeter, Carl Josef, Botaniker, * Esslingen am Neckar 19. 12. 1855, † Zürich 17. 2. 1939; begründete die ›Zürcher Schule‹ der Pflanzengeographie; schrieb ›Das Pflanzenleben der Alpen‹ (1904–08).

2) Corona, Sängerin, * Guben 14. 1. 1751, † Ilmenau 23. 8. 1802; 1778 von Goethe als Kammersängerin nach Weimar berufen; auch als Schauspielerin geschätzt.

Schrothsche Trockenkur [n. d. mähr. Landwirt J. Schroth, * 1800, † 1856], eine Trockenkost mit genau vorgeschriebener Flüssigkeitsmenge, eine Form der Ernährungstherapie bei Stoffwechselstörungen (Fettsucht, Gicht), chron. Muskel- und Gelenkrheumatismus, chron. Bronchitis.

Schrotmühlen, Landwirtschaft: Mühlen zum Schroten von Futtergetreide. Außer Stein-S. werden auch Mühlen mit geriffelten Walzen oder gezahnten Mahlscheiben, neuerdings auch → Hammermühlen, verwendet.

Schrotrauschen, frequenzunabhängiges → Rauschen (›weißes Rauschen‹), das bei Ladungsträgerströmungen beim Überschreiten von elektr. Potentialbarrieren entsteht. S. tritt in Elektronenröhren auf Grund unregelmäßiger Emission von Elektronen aus der Kathode und in Halbleitern z. B. zw. 2 Halbleiterzonen oder an einem Metall-Halbleiter-Kontakt auf.

Schrotschnitt, eine im 15. und 16. Jh. vorkommende Sonderart des → Metallschnitts, bei der mit einer Punze in die Platte geschlagene Punkte weiß auf schwarzem Grund erscheinen.

Schrott [von Schrot] *der, -(e)s,* metallenes Altmaterial (Fabrikationsabfälle und unbrauchbare Gegenstände), das eingeschmolzen und der Neuproduktion zugeführt wird (→ Altmetallverhüttung). **Schrottwert,** der Wert, der für ein nicht mehr nutzbares Material bezahlt wird.

schrubben [mnd.]. *ich* **schrubbe** *mich, ihn, es,* U reibe kräftig ab, scheuere (Fußböden). *der* **Schrubber,** *-s/-,* rauhe Bürste mit langem Stiel, Scheuerbesen.

Schrulle [mhd. schrul ›böse Laune‹] *die, -/-n,* **1)** verrückter Einfall, Wunderlichkeit. **2)** U verächtlich: wunderliche ältliche Frau: *alte S.! Adj.* **schrullig.**

Schrumpel *die, -/-n, norddt.:* Runzel, Falte. *es* **schrumpelt** (ist geschrumpelt), U **1)** schrumpft. **2)** wird runzelig. **schrump(e)lig,** runzelig.

Schrumpfblase, Verkleinerung der Harnblase, mögliches Endstadium chron. Blasenentzündungen. Das Fassungsvermögen kann von 300–400 ml auf 50 ml und weniger abnehmen.

schrumpfen [mhd.]. *es* **schrumpft** (ist geschrumpft) **(ein, zusammen), 1)** geht ein, wird kleiner: *das Kleid ist in der Wäsche (ein-) geschrumpft; die Ersparnisse sind (zusammen)geschrumpft,* Ü. **2)** wird runzelig. *Subst. die* **Schrumpfung,** *-/-en.*

Schrumpfen *das, -s,* ⚙ die Ausnutzung der mit der Abkühlung metallischer oder nichtmetall. Werkstoffe verknüpften Kontraktion zur kraftschlüssigen Verbindung von Maschinenteilen. Das **Aufschrumpfen** dient zur festen Verbindung zweier einander umschließender Metallteile, z. B. Welle und Ring, oder bei der Herstellung der Eisenbahnräder (Aufziehen des Radreifens auf den Radkörper und des Rades auf die Achse).

Schrumpfkopf, → Tsantsa.

Schrumpfleber, die → Leberzirrhose.

Schrumpfniere, Nierenverkleinerung durch Untergang und narbigen Ersatz von Nierengewebe, mit → Niereninsuffizienz einhergehendes Endstadium chron. Nierenerkrankungen, so von → Nierenbeckenentzündung, → Nierenentzündung und Arterienverkalkung der Nierengefäße.

Schrumpfungstheorie, Kontraktionstheorie, die Lehre, daß die Hebungen und Senkungen sowie Gebirgsbildungen der Erdkruste auf der durch Wärmeabgabe (Abkühlung) bewirkten Volumenverminderung der Erdkugel beruhen, bei der die starre Erdrinde dem schrumpfenden Kern folgt und sich dabei faltet, zerbricht oder überschiebt; bes. von E. Sueß vertreten. Viele geolog. und tekton. Erscheinungen macht die S. nicht erklärbar, daher nicht allgemein anerkannt.

Schrunde [mhd.] *die, -/-n,* **1)** *der* **Schrund,** *-(e)s/⸗e:* Riß, Spalte, Fels- oder Gletscherspalte. **2) Rhagade,** ⚕ Hauteinriß, der beim → Aufspringen der Haut entsteht. *Adj.* **schrundig.**

Schruns, Marktgem. im Bez. Bludenz, Vorarlberg, Österreich, (1984) 3 800 Ew.; Wintersportplatz und Luftkurort im Montafon, 689 m ü. M.; Textil-Ind.

schruppen. *ich* **schruppe** *es,* ⚙ bearbeite ein Werkstück durch Abnehmen grober Späne.

Schrute *die, -/-n, mitteldt., nd.:* Truthenne.

schruweln. *mir* **schruwelt,** *nd.:* schaudert, graut.

Schtscheglowsk, bis 1932 Name von → Kemerowo.

Schtscherbakow, 1946–57 Name von → Rybinsk.

Schtschi [russ.] *Pl.,* Kohlsuppe aus frischem Weißkohl oder Sauerkraut mit Speck, Rindfleisch und saurer Sahne.

Schtscholkowo, Ščolkowo, Stadt im Gebiet Moskau, Russ. SFSR, an der Kljasma, (1980) 101 000 Ew.; Maschinenbau-, chem., Textil- und pharmazeut. Ind.; Polytechn. Institut, Chemietechnikum.

Schtschussew, Ščusew, Aleksej Wiktorowitsch, russ. Architekt, * Kischinjow 8. 10. 1873, † Moskau 24. 5. 1949, schuf in Moskau u. a. den Kasaner Bahnhof (Baubeginn 1914) und das Lenin-Mausoleum (1924–30), entwarf Pläne für den Neuaufbau zerstörter Städte nach dem 2. Weltkrieg.

Schub [mhd., von schieben] *der, -(e)s/⸗e,* **1)** Festigkeitslehre: die → Scherung. **2)** Dynamik: die Vortriebskraft, durch die Fahrzeuge (Schiffe, Flugzeuge, Raketen) mit Propeller- oder Strahlantrieb vorwärts bewegt werden. Die Krafterzeugung beim Propeller- und beim Strahlantrieb beruht auf dem Impulserhaltungssatz der Strömungsmechanik. Bei in der Atmosphäre arbeitenden Strahltriebwerken setzt sich der S. aus dem Impuls-S. (abhängig von Massendurchsatz und Ausströmungsgeschwindigkeit) und dem Druck-S. (abhängig von der Druckdifferenz zw. Düsenendquerschnitt und Außenluft) zusammen. Die Einheit des S. ist das Newton (früher Kilopond). **3)** das Geschobene, z. B. Kegelwurf: *per S., schubweise,* in Schüben, in kleinen Gruppen. **4)** ⚕ Abschnitt gesteigerter Aktivität innerhalb von Krankheiten, bei denen ruhige und lebhafte Perioden abwechseln (z. B. bei multipler Sklerose), bes. auch bei psych. Erkrankungen (z. B. Schizophrenie). **5)** *ostmitteldt.:* Schublade, Kasten; Tasche. **Schubfach,** Schubkasten. **Schubkarre,** Schieb(e)karre. **Schublade,** ausziehbare Tisch- und Schranklade. **Schublehre,** → Schieblehre. *der* **Schübling,** *-s/-e,* **1)** *schweizer.:* polizeilich Begleiteter, Abzuschiebender. **2)** *alemann.:* Name für eine Hartwurst.

Schrotschnitt eines oberrhein. Meisters, Ende 15. Jh.; St. Bernardin von Siena

Schubart, Christian Friedrich Daniel, Dichter und Musiker, * Obersontheim (Württemberg) 24. 3. 1739, † Stuttgart 10. 10. 1791, war Organist und Kapellmeister am württemberg. Hof in Ludwigsburg, gründete 1774 in Augsburg die Zeitschrift ›Deutsche Chronik‹ und wurde wegen seiner mit kühnem Freimut geschriebenen Artikel vom Herzog von Württemberg 1777–87 auf der Festung Hohenasperg gefangengehalten. S., der der Kunst des Sturm und Drang nahestand, schuf polit. Anklage-Lyrik (›Die Fürstengruft‹, ›Kaplied‹), komponierte Lieder und Klavierwerke und hinterließ die Fragmente ›Ideen zu einer Ästhetik der Tonkunst‹ (hg. von seinem Sohn 1806).

schubben, schubbern. *ich* **schubbe, schubb(e)re** *es, mich, norddt.:* reibe, scheuere, kratze.

Schubert, Franz, Komponist, * Lichtenthal bei Wien 31. 1. 1797, † Wien 19. 11. 1828, Sohn eines Lehrers, wurde 1808 als Sopranist in die Hofkapelle und die Konviktschule aufgenommen, war 1813–17 Schulgehilfe seines Vaters, machte sich 1818 mit Hilfe seines Freundes F. v. Schober selbständig und widmete sich ganz der Musik; 1818 und 1824 war er Musiklehrer der Familie Esterházy in Zelesz (Ungarn). S. starb, in den letzten Lebensjahren zunehmend durch Krankheit erschöpft, an Typhus. Im Mittelpunkt seines Werkes steht das Lied, das er aus der Dichtung Goethes und seiner Zeit schöpfte. Er erfaßte ein Gedicht als lyrisches Gebilde und zugleich als sprachl. Struktur. Aus der musikal. Grundhaltung des Liedes erwächst die neuartige Funktion des Klavierparts, der, oft selbständiger Träger einer Stimmungskomponente, v. a. die Grundlage des musikal. Baus bildet. Der lebendige Einschlag der österreichisch-ungar. Volksmusik zeigt sich bes. in den Märschen und Tänzen für Klavier, aber auch in der Instrumentalmusik. Er bevorzugte das einsätzige Klavierstück; seine ›Impromptus‹ und ›Moments musicaux‹ wurden wegweisend. S.s Sonaten, Kammermusik und Sinfonien knüpfen in der Form an die Wiener Klassik an, tragen jedoch in Klangphantasie und Melodik romant. Merkmale.

Franz Schubert (aus einer Lithographie von J. Kriehuber)

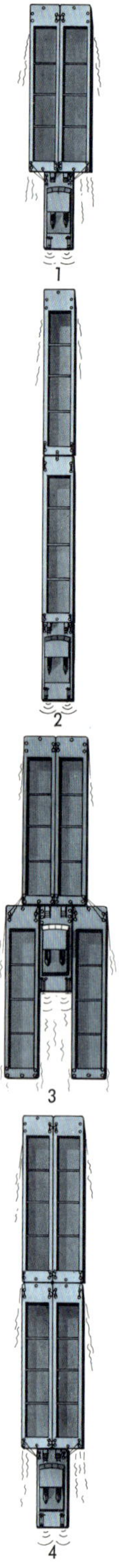

Schubschiffahrt: 1 und 2 Zweierverband, 1 Talfahrt im Fluß, 2 im Kanal oder Bergfahrt im Fluß; 3 und 4 Viererverband im Fluß, 3 Talfahrt, 4 Bergfahrt

HW: *Orchester:* 8 Sinfonien, darunter Nr. 8 h-Moll (›Unvollendete‹, 1822). 19 Ouvertüren, einschließlich der zu Bühnenwerken komponierten; Polonaise für Violine und Streichorchester (1817); ›Deutsche Tänze‹ (1824). *Kammermusik:* 18 Streichquartette und Quartettsätze, darunter a-Moll (1824), d-Moll (mit Variationen ›Der Tod und das Mädchen‹, 1824), G-Dur (1826); Streichquintett C-Dur (1828); Klavierquintett A-Dur (›Forellenquintett‹, 1819); Klaviertrios B-Dur, Es-Dur (1827). *Klavier:* 23 Sonaten (einschließlich der unvollständigen), zahlreiche Tänze; ›Wandererfantasie‹ (1822); 8 Impromptus, 6 Moments musicaux, zahlreiche vierhändige Klavierwerke. *Kirchenmusik:* 6 Orchestermessen; ›Deutsche Trauermesse‹ (1818); Stabat mater; Magnificat, Requiem u. a. *Opern* und *Singspiele,* darunter: Musik zu Rosamunde (1823). Gemischte *Chöre* mit Orchester, Klavier und ohne Begleitung; Männer- und Frauenchöre. Über 600 *Lieder* für eine Singstimme und Klavier, darunter: Gretchen am Spinnrade (1814); Wandrers Nachtlied, Heidenröslein, Erlkönig (1815); Gesänge des Harfners, Lied der Mignon, Der Wanderer, Der Tod und das Mädchen, Die Forelle (1817); Auf dem Wasser zu singen, Zyklus ›Die schöne Müllerin‹ (1823); Der Wanderer an den Mond (1826); Zyklus ›Winterreise‹ (1827); Lieder des ›Schwanengesang‹ (1828).

Schubiack [von nd. schubben und Jak ›Jakob‹] *der, -s/-s* und *-e,* **Schubbejack,** U Lump, Schuft; Bettler.

Schubmodul, ⊠ → Scherung.

Schubs, *südd.* **Schups** *der, -es/-e,* Stoß, Puff. *ich* **schubse, schupse** *ihn,* schiebe stoßend.

Schubschiffahrt, neuzeitl. Betriebsform der Binnenschiffahrt, bei der starr verbundene, kastenförmige Spezialkähne **(Schubleichter),** zu **Schubverbänden** zusammengefaßt, von einem **Schubschiff** geschoben und gesteuert werden; sehr wirtschaftlich, weil nur das Schubschiff Besatzung erfordert und die Baukosten der Leichter niedrig sind. Zahl und Anordnung der Leichter hängen von den Fahrwasserverhältnissen ab. Schubverbände aus einem Motorschiff mit starr verbundenem Leichter heißen **Koppelverband.**

Schubstange, die → Pleuelstange.

schüch, schuch, schücht, *nd., westdt.:* scheu.

Schuch, 1) Carl, Maler, * Wien 30. 9. 1846, † ebd. 13. 9. 1903, gehörte mit W. Trübner dem Leibl-Kreis an, malte Stilleben, Interieurs, Landschaften und Bildnisse, entwickelte eine breitflächige Malweise mit meisterhaft abgestimmten Tonwerten.

2) Ernst von (1897), Dirigent, * Graz 23. 11. 1846, † Dresden 10. 5. 1914, war seit 1872 Musikdirektor der Dresdner Hofoper, seit 1889 Generalmusikdirektor.

schüchtern, scheu, ängstlich, anderen Menschen gegenüber unsicher und beklommen. *ich* **schücht(e)re** *ihn* **ein,** mache ihn ängstlich, unsicher.

Schüchternheit *die, -,* Ⓟ Kontaktscheu und Gehemmtheit in sozialen Situationen, z. T. verbunden mit unverhältnismäßigen Reaktionen affektiver Erregung und vegetativen Symptomen (Erröten, Schwitzen, Zittern, Harndrang); in gewissen Grenzen bei Kindern und als Phase der Pubertät und Adoleszenz normal; sonst Anzeichen geringen Selbstgefühls, verstärkt bei Neurosen.

schuckeln. *ich* **schuck(e)le, 1)** U schaukele, wackele. **2)** *rhein., fränk.:* werfe Ball.

schuckern. *mich* **schuckert,** *norddt.:* **1)** mir ist kalt. **2)** ich habe Schluckauf.

Schuckert, Johann Siegmund, Unternehmer, * Nürnberg 18. 10. 1846, † Wiesbaden 17. 9. 1895, gründete 1873 in Nürnberg eine mechan. Werkstatt, die spätere Elektrizitäts-AG, die 1903 mit der Starkstromabteilung von Siemens & Halske fusionierte (→ Siemens AG).

Schücking, 1) Levin, Schriftst., Großvater von 2), * Clemenswerth bei Sögel (Westfalen) 6. 9. 1814, † Pyrmont 31. 8. 1883, wurde durch Vermittlung von Annette von Droste-Hülshoff 1841 Bibliothekar des Frhr. von Laßberg auf Schloß Meersburg, dann Redakteur an Zeitungen in Augsburg und Köln, schrieb Novellen und Romane, meist über Adel und Bauern seiner westfäl. Heimat.

2) Levin Ludwig, Anglist, Enkel von 1), * Burgsteinfurt 29. 5. 1878, † Farchant (Obb.) 12. 10. 1964, war Prof. in Jena, Breslau, Leipzig, Erlangen.

HW: Charakterprobleme bei Shakespeare (1919); Soziologie der literar. Geschmacksbildung (1923); Shakespeare und der Tragödienstil seiner Zeit (1947).

Schudder [von Schauder] *der, -s/-, norddt.:* Schauder, Kältegefühl, Zittern. *ich* **schudd(e)re,** *norddt.:* **1)** zittere, schaudere. **2)** *es,* schüttele. **schudd(e)rig,** *norddt.:* fröstelnd.

Schüdderump [nd. ›Schüttelrumpf‹] *der, -s,* **1)** Korntrichter in der Mühle; Müller. **2)** alter Wagen; Leichenwagen.

Schudra *der, -s/-s,* Angehöriger der untersten der 4 Hauptkasten der arischen Inder.

schufeln. *ich* **schuf(e)le** (bin geschufel[e]t), *oberdt.:* gleite.

Schuffel [zu Schaufel] *der, -s/-, norddt.:* Jätehacke.

Schuft [nd.] *der, -(e)s/-e,* **1)** Schurke, ehrloser Mensch. **2)** Widerrist, Schulter des Schlachtviehs. *ich* **schufte,** U arbeite hart. *die* **Schufterei,** *-/-en,* U harte Arbeit. **schuftig,** ehrlos, gemein, verräterisch. *Subst. die* **Schuftigkeit,** -.

Schuh [ahd.] *der, -(e)s/-e,* **1)** Fußbekleidung des Menschen mit fester Sohle und geschlossenem Oberteil (vgl. unten): *ich weiß, wo ihn der S. drückt,* U kenne den genauen Grund des Unbehagens; *man wollte es ihm in die S. schieben,* U ihm die Schuld geben, es ihm aufbürden. **2)** Bautechnik: stählerne Ummantelung von Gründungspfählen, stählerne Kappe in Knotenpunkten von Holzkonstruktionen. **3)** kurz für: → Kabelschuh. **4)** kurz für: → Hemmschuh. **5)** *ohne Pl.,* altes Längenmaß, → Fuß 4).

Schuharten. S. werden hergestellt aus Leder, Kunststoff, Gummi, Holz, Filz, textilem Gewebe, Stroh. **Halbschuhe** gehen nur bis zum Knöchel, **Schnürstiefel** hüllen den Fuß bis über den Knöchel vollständig ein, **Stiefeletten** reichen bis knapp an den Knöchel, **Langschäfter** gehen über die Wade. – Zur Geschichte des S. → Kleidung.

Aufbau. Der den Fuß von oben umschließende **Schaft** wird aus weichem, nachgiebigem Material hergestellt; er ist meist aus mehreren Teilen zusammengesetzt: Kappe (Vorderkappe meist versteift), Blatt, Besatz oder Seitenteile oder Quartiere oder Derby. Die **Sohle** besteht aus einem Stück Sohlleder von 1,5–10 mm Dicke, aus Kautschuk oder Kunststoff. Zwischen Sohle und Schaft liegt die **Brandsohle,** auf der der Schaft befestigt wird. In der Mitte des S. ist zw. Sohle und Brandsohle ein **Gelenk** (aus Preßpappe mit Stahlband verstärkt oder einer Stahlfeder, selten aus Leder) als Stütze des Fußes eingelegt. Der Absatz besteht meist aus Leder, Holz oder Kunststoff, z. T. auch aus Holz mit Kunststoffüberzug.

Für **Schuhgrößen** gibt es keine allgemeinverbindl. Norm, deshalb muß man international mit Abweichungen rechnen, die aber meist nur eine halbe Nummer betragen. Die 2 gebräuchl. Größentabellen für Damen- und Herrenschuhe entsprechen sich wie folgt:

frz. (Pariser) Stich	engl. Size	frz. (Pariser) Stich	engl. Size
34	2	$41^{1}/_{3}$	$7^{1}/_{2}$
$34^{2}/_{3}$	$2^{1}/_{2}$	42	8
$35^{1}/_{3}$	3	$42^{2}/_{3}$	$8^{1}/_{2}$
36	$3^{1}/_{2}$	$43^{1}/_{3}$	9
$36^{2}/_{3}$	4	44	$9^{1}/_{2}$
$37^{1}/_{3}$	$4^{1}/_{2}$	$44^{2}/_{3}$	10
38	5	$45^{1}/_{3}$	$10^{1}/_{2}$
$38^{2}/_{3}$	$5^{1}/_{2}$	46	11
$39^{1}/_{3}$	6	$46^{2}/_{3}$	$11^{1}/_{2}$
40	$6^{1}/_{2}$	$47^{1}/_{3}$	12
$40^{2}/_{3}$	7		

Herstellung. Die Schaftteile werden in der Zuschneiderei zugeschnitten, bei großen Serien gestanzt, in der Stepperei vorgerichtet, zusammengenäht oder geschweißt. In der Stanzerei werden die Sohlen ausgestanzt und Absätze gebaut. In der Zwickerei wird auf den → Leisten die Brandsohle geheftet. Der Schaft wird darübergestülpt und mit kleinen Stahlstiften (Täcksen) auf der Brandsohle längs der Kante festgeheftet (gezwickt). Dann legt man die Sohle auf und verbindet sie mit der Brandsohle. Bei den **Mak-Kay-S.** [mək'eɪ-], **(durchgenähte S.)** wird die Sohle mit Schaft und Brandsohle fest vernäht. Bei den **Rahmen-S. (Goodyeararbeit** [g'ʊdjə:-]) wird zunächst an dem fertig gezwickten Schaft längs der Kante ein schmaler Lederstreifen, der Rahmen, angenäht, dann wird die Sohle an diesen Rahmen durch Doppelnaht angenäht (Doppeln). Bei **geklebten S. (Ago-Arbeit)** wird das Oberleder auf die Brandsohle und die Sohle an den Oberledereinschlag geklebt. Beim **vulkanisierten** oder **angespritzten S.** werden Sohle und Absatz aus Gummi oder Kunststoff in einem Stück an den Schaft anvulkanisiert oder angespritzt; eine weitere Bearbeitung des S. wie bei anderen Macharten entfällt. Bei **gewendeten S.** wird die Sohle verkehrt auf den Leisten geheftet und der Schaft ebenfalls umgekehrt direkt auf die Sohle aufgezwickt, dann flach an die Sohle angenäht. **Flexibel-** oder **Stitchdown-S.** [st'ɪtʃdaʊn-] werden hergestellt, indem die Sohle auf dem Leisten befestigt und der Schaft zunächst darauf geheftet wird, wobei das Oberleder nach außen gearbeitet wird. Es wird unter Mitführung eines Lederrahmens auf die Sohle gedoppelt (angenäht). Beim **California-S.** wird die Brandsohle zusammen mit einem Bezugstreifen an den Schaft angenäht, dann der Leisten hineingeschoben, eine Vorfußzwischensohle aufgeklebt und der S. fertig gearbeitet. Zum Schluß werden bei allen Macharten Sohlen und Sohlenkanten geglättet, abgeschliffen und poliert (›ausgeputzt‹), das Obermaterial gereinigt, ggf. poliert und repariert (›Schuhfinish‹).

W i r t s c h a f t l i c h e s. Die größten Produktionsländer der Welt sind (Produktion 1981 in Mio. Paar Straßenschuhe): UdSSR (739), USA (305), Italien (über 300), Polen (126), ferner Frankreich, Großbritannien, Bundesrep. Dtl., Dt. Dem. Rep. - In der Bundesrep. Dtl. gab es (1983) 373 Betriebe (von Unternehmen mit mehr als 20 Beschäftigten) mit insgesamt 47115 Beschäftigten. Der Umsatz betrug 5,95 Mrd. DM. Es wurden 92 Mio. Paar S. hergestellt, 207 Mio. Paar importiert, 30 Mio. Paar exportiert. (Weitere BILDER S. 620)

Schuh, O s c a r F r i t z, Theaterleiter, * München 15. 1. 1904, † Großgmain bei Salzburg 22. 10. 1984, leitete 1953-58 das Theater am Kurfürstendamm in Berlin, war 1959-63 Generalintendant in Köln, dann als Nachfolger von G. Gründgens bis 1968 Generalintendant in Hamburg, Regisseur und Mitgestalter der Salzburger Festspiele.

Schuhcreme, Mittel zum Reinigen und Konservieren des Leders und Glänzendmachen von Schuhen. Ölcreme besteht aus Wachsgemischen mit Terpentinöl oder Benzin als Lösungsmittel; bei der Emulsionscreme sind Wachse und Lösungsmittel durch Emulgatoren in Wasser emulgiert. Lederfette enthalten Wachse, tierische Fette und Vaselinöl.

Schuh|einlagen, orthopäd. Stützvorrichtungen aus Kunststoff, Holz, Leder, die im Schuh getragen werden; bes. zur Behandlung von → Fußdeformitäten.

Schuhmacher *der, -s/-,* **Schuster,** die Berufe S. allgemein, Maß-, Orthopädie-S., Schaftmacher, Schuhmodelleure u. a. Ausbildungsberuf (Handwerk, 3 Jahre). In der Industrie gibt es den Ausbildungsberuf Schuhfertiger (3 Jahre).

Schuhplattler *der, -s/-,* der älteste Paarwerbetanz in Europa, noch heute Volkstanz im alpenländ. Raum. Während sich die Frauen um die eigene Achse drehen, umtanzen die Männer diese in Sprung- und Hüpfbewegungen und schlagen sich im Takt mit der Handfläche auf Schenkel, Gesäß und Fußsohlen (›platteln‹).

Schuhschnabel, Abu Markub, Balaeniceps rex, hochbeiniger blaugrauer Schreitvogel der Sümpfe am Weißen Nil, etwa 1,20 m lang, mit schuhförmigem Schnabel; Fischfänger.

Schuhu *der, -s/-s, schwäb., thüring.:* → Uhu.

Schuja, Stadt im Gebiet Iwanowo, Russ. SFSR, an der Tesa, (1977) 72000 Ew.; Textil-, Bekleidungs-, chem., Maschinenbau- und Musikinstrumentenindustrie; pädagog. Institut, Industrietechnikum, Medizinische Lehranstalt, Museum.

Schukow, Žukov, G e o r g i j Konstantinowitsch, Marschall der Sowjetunion (1943), * Strelkowka (Mittelrußland) 11. 12. 1896, † Moskau 18. 6. 1974, war im Winter 1941/42 Oberbefehlshaber an der Mittelfront, Anfang 1943 der Südfront (Stalingrad), besetzte 1945 mit seinen Truppen Berlin, war 1945-46 Befehlshaber der sowjet. Truppen in Dtl., 1955-57 Verteidigungs-Min.; 1957 in das Parteipräsidium berufen, wurde er im gleichen Jahr aller Partei- und Regierungsfunktionen enthoben.

Schukowskij, Žukovskij, W a s s i l i j Andrejewitsch, russ. Dichter, * Gut Mischenskoje (Gouv. Tula) 9. 2. 1783, † Baden-Baden 24. 4. 1852, bed. Wegbereiter der russ. Romantik, führte Elegie und Ballade in die russ. Lit. ein, übersetzte bes. engl. und dt. Dichtungen (Schiller, Goethe, Byron, Gray, Bürger u. a.).

Schul|aufsicht, die staatl. Ordnungsgewalt über die Schule. Sie erstreckt sich auf Erziehung und Unterricht, Lehrplangestaltung, Prüfungen, dienstrechtl. Verhältnise der Lehrer u. a. In der B u n d e s r e p. D t l. wird die oberste S. von den Kultusministern ausgeübt. Die untere Schulaufsichtsbehörde ist der → Schulrat. Die staatl. S. gilt in unterschiedl. Umfang auch für die Privatschulen. - In der D t. D e m. R e p. übt das Volksbildungsministerium die S. aus, in Ö s t e r r e i c h der Bundes-Min. für Unterricht und Kunst, in der S c h w e i z die kantonalen Schulinspektoren.

Schulbrüder, kath. Laiengenossenschaften, die bes. im Knabenunterricht tätig sind, in Dtl. die **Christl. S.,** gegr. 1680 von J. B. de → La Salle, mit dem Sitz des Generalsuperiors in Rom und (1984) 9348 Mitgl.

Schulbuch, für den Schulunterricht erstelltes Lehr- und Arbeitsbuch, das den in Lehrplänen festgelegten Unterrichtsstoff sachgerecht und didaktisch aufbereitet darbietet. In der B u n d e s r e p. D t l. und Ö s t e r r e i c h unterliegen S. der ministeriellen Genehmigungspflicht, in der D t. D e m. R e p. werden S. zentral erstellt, in der S c h w e i z ist ihre Herstellung und Verwaltung kantonal unterschiedlich geregelt.

Schulchan Aruch [hebr. ›gedeckter Tisch‹] *der, - -,* Auszug aus dem Kompendium des jüd. Ritualgesetzes und des praktisch geltenden Rechtes von Josef Karo (* 1488, † 1575). Der S. A. (zuerst gedruckt Venedig 1564-67) wurde für das orthodoxe Judentum maßgebend; er enthält in 4 Teilen Vorschriften über häusl. und gottesdienstl. Leben, Ritualvorschriften, Zivil-, Straf- und Eherecht. Noch bei Lebzeiten Karos erschienen kritische Glossen zum S. A., von denen die des Moses Isserles († 1572) in der Folgezeit mit abgedruckt und ein Bestandteil des S. A. wurden.

Schuld [ahd., zu sollen] *die, -/-en,* **1)** die Verpflichtung zur Rückzahlung von Geld: *er hat Schulden gemacht* (vgl. unten ⚖).

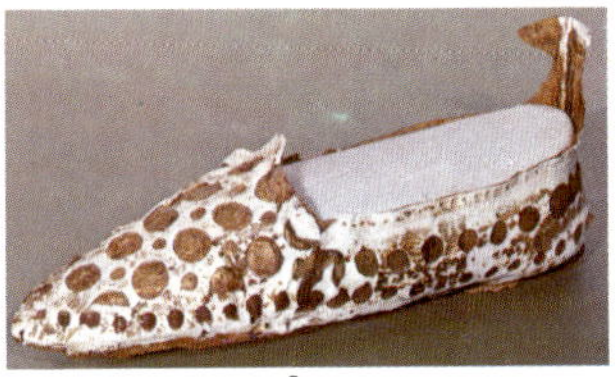
1

2

3

Schuh 1): **1** Koptischer S., 4. Jh. **2** Schnabelschuh (Spitze 14 cm lang, Gesamtlänge 37 cm), 15. Jh. **3** Hornschuh, 16. Jh. **4** Chopine, Venedig, um 1600. **5** Stöckelschuh, um 1680. **6** Absatzloser Damenschuh, um 1805. **7** Damenstiefel, Paris, 1870

4

5

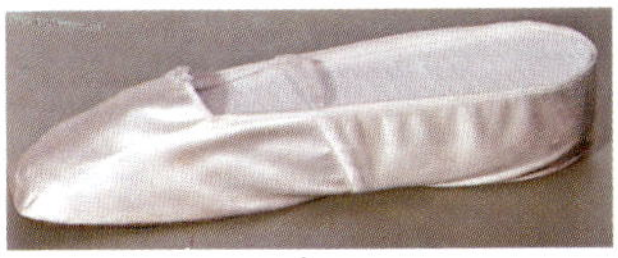
6

7

2) *ohne Pl., an etwas,* Ursache von etwas Bösem, Verantwortung dafür: *du trägst die S. an allem; er wälzt die S. auf andere ab,* die Verantwortlichkeit. **3)** *ohne Pl.,* die Übertretung eines göttl. oder menschl. Sittengebots oder das Bewußtsein, der erkannten sittlichen Pflicht zuwidergehandelt zu haben. **schuld** *an etwas, daß es geschah,* die Ursache bildend: *er ist schuld daran; er hat schuld,* aber: *er hat die S. auf sich geladen; ich gebe ihm schuld,* aber: *ich gebe ihm die S. ich* **schulde** *es ihm,* **1)** bin verpflichtet, es ihm zu gewähren, zurückzuzahlen: *ich schulde dir 10 DM.* **2)** verdanke: *ich schulde dir mein Leben.* **schuldhaft, 1)** schuldig für etwas. **2)** ⚖ vorsätzlich oder fahrlässig: *schuldhaftes Verhalten.* **schuldig, 1)** *an, für etwas,* schuldbeladen, verantwortlich: *an dieser Tat sind wir alle schuldig; er ist des Todes schuldig,* P hat den Tod verdient; *er ist schuldig,* ⚖ hat (nach Feststellung des Gerichtes) die Tat begangen. **2)** *es ihm,* bin verpflichtet zu geben: *du bist mir noch 100 Mark, die Antwort schuldig.*

⚖ Im b ü r g e r l. R e c h t ist S. die auf Grund eines → Schuldverhältnisses der Forderung des Gläubigers gegenüberstehende Verpflichtung des Schuldners zu einer Leistung (Tun oder Unterlassen).

Im S t r a f r e c h t ist S. die Vorwerfbarkeit der Willensbildung des Täters (→ Verschulden). Sie setzt voraus, daß der Täter statt des rechtswidrigen einen normgemäßen Handlungswillen hätte bilden können. Das Vorliegen von S. ist Voraussetzung für die Bestrafung. **Schuldausschließungsgründe** (Entschuldigungsgründe) sind v. a. → Schuldunfähigkeit, verminderte Schuldfähigkeit (§ 21), unvermeidbarer Verbotsirrtum und entschuldigender → Notstand (§ 35 StGB). Die **Schuldfrage** (ob der Angeklagte der Tat schuldig ist) besteht aus der Beweisfrage (ob die Begehung der Tat durch den Angeklagten erwiesen ist) und der Frage nach der Gesetzesanwendung (Subsumtion; ob ein im Strafgesetz bezeichneter Tatbestand vorliegt). Sie umfaßt ferner die Strafe ausschließende, mindernde oder erhöhende Umstände.

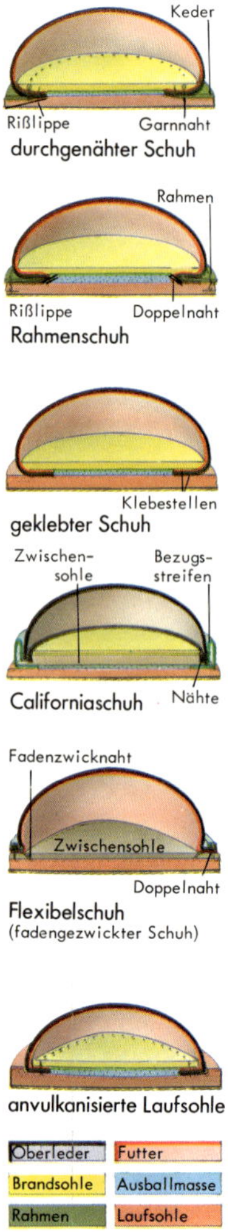

Schuh 1): Befestigungsarten der Sohle am Schaft

Schuld|anerkenntnis, die schriftl. Anerkennung des Bestehens eines Schuldverhältnisses (§ 781 BGB). – Auch das österr. und schweizer. Recht kennen S.

Schuld|ausschließungsgründe, → Schuld.

Schuldbetreibung, *schweizer.:* Zwangsvollstreckung.

Schuldbrief, ⚖ die bei der Erteilung einer Briefgrundschuld ausgestellte Urkunde (→ Grundschuld). In der Schweiz ist der S. eine der 3 Formen des → Grundpfandrechts.

Schuldbuch, Staatsschuldbuch, → Staatsschulden.

Schulden|abkommen, → Londoner Schuldenabkommen.

Schuldenmasse, Passivmasse, Konkursrecht: die Gesamtheit der aus der Konkursmasse zu befriedigenden Forderungen.

Schuldhaft, früher Haft des säumigen Schuldners auf Betreiben des Gläubigers bis zur Tilgung der Schuld. Sie entstand im MA. aus der Schuldknechtschaft; im Norddt. Bund 1868 abgeschafft.

Schuldknechtschaft, früher eine Form der Zwangsvollstreckung gegen zahlungsunfähige Schuldner. Urspr. war der Schuldner der Willkür des Gläubigers ausgesetzt, später entstand ein Dienstverhältnis unter Wahrung der persönl. Freiheit des Schuldners.

Schuldner *der, -s/-,* lat. **Debitor** *der, -s/...t'oren,* die aus einem → Schuldverhältnis verpflichtete Person, im Unterschied zum → Gläubiger. Über den S. im Konkurs → Gemeinschuldner.

Schuldnerbegünstigung, Verheimlichung oder Beiseiteschaffung von Vermögensstücken oder die Geltendmachung erdichteter Forderungen im Interesse eines Schuldners, der seine Zahlungen eingestellt hat oder über dessen Vermögen das Konkursverfahren eröffnet ist; wird mit Freiheitsstrafe bis zu 10 Jahren bestraft (§ 283d StGB).

Schuldnerverzeichnis, von den Amtsgerichten geführtes Verzeichnis über Personen, die eine eidesstattl. Versicherung geleistet haben oder gegen die die Haft zu ihrer Erzwingung angeordnet ist (§ 915 ZPO).

Schuldnerverzug, die vom Schuldner zu vertretende Verzögerung einer geschuldeten Leistung. Der S. tritt ein, wenn der Schuldner auf eine nach Fälligkeit ausgesprochene Mahnung des Gläubigers nicht leistet. Der Mahnung stehen Leistungsklage und Mahnbescheid gleich (§§ 284ff. BGB). Ohne Mahnung tritt der S. bei terminbestimmten Leistungen ein; er setzt stets ein Verschulden voraus. Der im Verzug befindl. Schuldner bleibt zur Leistung verpflichtet; er hat daneben dem Gläubiger den durch die Verspätung entstandenen Schaden zu ersetzen. Hat die Leistung für den Gläubiger kein Interesse mehr, so kann dieser unter Ablehnung der Leistung Schadensersatz wegen Nichterfüllung verlangen. Während des S. hat der Schuldner jede Fahrlässigkeit zu vertreten, er ist auch für die durch Zufall eintretende Unmöglichkeit der Leistung verantwortlich. Eine Geldschuld ist während des S. mit 4%, bei beiderseitigen Handelsgeschäften mit 5% zu verzinsen (§ 352 HGB).

Schul|dorf, → Kinderdörfer.

Schul|dramen, Dramen, meist in lat. Sprache, die zunächst im Geist des Humanismus abgefaßt waren, oft mit bibl. Stoffen (J. Reuchlin, G. Macropedius, G. F. Gnapheus, N. Frischlin). Die Reformation stellte die S. in ihren Dienst (T. Naogeorgus), ebenso die Gegenreformation (→ Jesuitentheater). Seit 1530 wurde auch die dt. Sprache üblich (P. Rebhun, F. Dedekind, später C. Weise).

Schuld|recht, Recht der Schuldverhältnisse, Obligationenrecht, Rechtsvorschriften, die die Rechtsbeziehungen zw. Personen regeln, kraft deren die eine Person von der anderen eine Leistung fordern darf. Das S. ist zum größten Teil enthalten im 2. Buch des BGB (§§ 241-853); auch die Bestimmungen des Allg. Teils sind bes. für die Entstehung der Schuldverhältnisse von Bedeutung. – Im Zivilgesetzbuch der Dt. Dem. Rep. enthalten die §§ 43-361 vergleichbare Regelungen. Das österr. Recht regelt das S. als ›persönl. Sachenrecht‹ in den §§ 859–1341 ABGB. Das schweizer. Recht behandelt es im Obligationenrecht (→ Zivilgesetzbuch).

Schuldschein, die Verpflichtung begründende oder bestätigende, der Beweissicherung dienende Urkunde. Das Eigentum am S. steht dem Gläubiger zu (§ 952 BGB). Bei Erfüllung der Schuldverbindlichkeit kann der Schuldner die Rückgabe des S. verlangen (§ 371 BGB). Österreich und die Schweiz haben ähnliche Regelungen.

Schuldtitel, jede Urkunde, durch die jemand zu einer Leistung verpflichtet wird, bes. eine öffentl. Urkunde, die eine Zwangsvollstreckung ermöglicht **(Vollstreckungstitel):** Urteile, Kostenfestsetzungs- und Arrestbeschlüsse, einstweilige Verfügungen, vor Gericht abgeschlossene Vergleiche, vollstreckbare Urkunden u. a.

Schuld|übernahme, die Übernahme einer Schuld durch einen Dritten, der an die Stelle des bisherigen Schuldners tritt **(befreiende S.).** Sie kommt durch Vertrag zw. Gläubiger und Schuldübernehmer (§ 414 BGB) oder mit Genehmigung des Gläubigers durch Vertag zw. Schuldner und Übernehmer (§ 415 BGB) zustande. Bei der **kumulativen (bestärkenden) S. (Schuldbeitritt)** tritt der Dritte neben den bisherigen Schuldner als Gesamtschuldner. In Österreich (§§ 1347, 1404ff. ABGB) und in der Schweiz (Art. 175ff. OR) besteht eine ähnliche Regelung.

Schuld|umwandlung, 1) → Novation. **2)** → Konversion 2).

Schuld|unfähigkeit, nach § 20 StGB ein die Schuld ausschließender Zustand des Täters; ohne Schuld handelt er z. B. bei einer Bewußtseinsstörung (oder Bewußtlosigkeit), wenn er unfähig war, das Unerlaubte der Tat einzusehen und nach Einsicht zu handeln.

Schuldverhältnis, Rechtsverhältnis, das eine Partei (Gläubiger) berechtigt, von der anderen (Schuldner) eine Leistung zu fordern (§ 241 BGB). S. entstehen aus Rechtsgeschäften, unerlaubten Handlungen oder besonderer Vorschrift.

Schuldverschreibung *die, -/-en,* **Obligation,** Urkunde, die ein Leistungsversprechen des Ausstellers, meist Zahlung einer best. Geldsumme nebst laufenden Zinsen, verbrieft. Im Wirtschaftsleben werden S. überwiegend im Rahmen der Kapitalbeschaffung durch Anleihen von Staat, Gemeinden und Privatunternehmen **(Industrieobligationen)** ausgegeben, aber auch von Realkreditinstituten als **Pfandbriefe** und **Kommunalobligationen** ausgestellt. Die Gesamtanleihe wird meist in Stücken über eine best. runde Summe **(Teil-S., Partialobligation)** zus. mit den zugehörigen Zinsscheinen in den Verkehr gebracht. S. sind festverzinsl. Wertpapiere (Rentenpapiere), die an der Börse gehandelt werden (Rentenmarkt). I. d. R. lauten sie auf den Inhaber (§§ 793 ff. BGB), können jedoch auf einen best. Gläubiger umgeschrieben werden. An Order gestellte, indossable S. sind die kaufmänn. Verpflichtungsscheine nach § 363 HGB; in dieser Form werden Industrieobligationen ausgegeben. Zum Schutz vor Schwindelpapieren und zur Steuerung des Kapitalmarktes bedarf die Ausgabe von S., die auf Geld lauten, staatl. Genehmigung. Der Aussteller muß nur ge-

Schulen in der Dt. Dem. Rep. (1983)

Schulart	Anzahl	Lehrer	Schüler
Kindergärten und -wochenheime (ohne Saisoneinrichtungen)	12 793	65 252	784 884
Allgemeinbildende polytechn. Oberschule	5 183	–	1 973 902
Erweiterte polytechn. Oberschule	214	171 914	44 985
Sonderschulen	483	–	58 022
Berufsschulen	969	16 777	411 166
Fachschulen	240	–	167 864
Hochschulen	54	–	130 097

Schulen in Österreich (1983/84)

Schulart	Anzahl	Schüler
Allg. Schulwesen		
Pflichtschulen (Volks-, Haupt- und Sonderschulen, polytechn. Lehrgänge, integrierte Gesamtschulen)	4 997	704 247
höhere Schulen	292	149 663
Berufl. Schulwesen		
Pflichtschulen	224	183 859
mittlere und höhere Schulen	761	159 889
mittlere Anstalten und Akademien der Lehrer- und Erzieherbildung	72	17 239
Hochschulwesen		
Universitäten	12	142 106
Kunsthochschulen	6	6 860

Schulen in der Schweiz (1982/83)

Schulart	Schüler
Vorschule	120 076
Primarstufe	415 478
Sekundarstufe I	347 601
Sekundarstufe II	
Maturitätsschulen	55 380
andere allgemeinbildende Schulen	13 183
Schulen für Unterrichtsberufe	10 139
Berufsausbildung	235 835
Tertiärstufe	
Schulen für Unterrichtsberufe	3 248
Berufsausbildung	21 114
Hochschulen	66 206

Schulen in der Bundesrep. Dtl. 1983 (einschl. West-Berlin)

Schulart	Schulen[1]) insgesamt	private Schulen[2])	Schüler insgesamt	Schüler Deutsche	Schüler Ausländer	Lehrer hauptberufl.	Lehrer nebenberufl.
Schulen der allg. Ausbildung . .	29 570	1 574	8 007 159	7 288 347	718 812	500 615	50 156
Schulkindergärten[3])	2 988	143	58 676	47 217	11 459	3 622	629
Grund- und Hauptschulen . .	18 356	296	4 246 704	3 693 504	553 200	238 705	23 119
Sonderschulen	2 800	471	301 902	262 615	39 287	41 186	3 897
Realschulen	2 644	249	1 214 411	1 170 032	44 379	63 655	6 437
Gymnasien	2 485	335	1 960 736	1 908 782	51 954	125 487	14 778
Gesamtschulen	297	80	224 730	206 197	18 533	27 960	1 296
Schulen der allg. Fortbildung . .	245	105	41 401	39 661	1 740	2 588	2 505
Abendrealschulen	108	65	9 231	8 264	967	247	981
Abendgymnasien	60	20	16 539	16 003	536	1 021	912
Kollegs	77	30	15 631	15 394	237	1 320	612
Schulen der berufl. Ausbildung	4 992	798	2 512 928	2 395 191	117 737	78 170	43 144
Berufsschulen	1 289	94	1 924 480	1 830 579	93 901	41 783	21 306
Berufssonderschulen	163	106	17 126	16 249	877	903	871
Berufsaufbauschulen	420	31	15 672	15 359	313	823	969
Berufsfachschulen	2 120	513	405 590	386 906	18 684	24 852	16 282
Fachoberschulen	652	46	86 406	83 882	2 524	4 616	1 081
Fachgymnasien	348	8	63 654	62 216	1 438	5 193	2 635
Schulen der berufl. Fortbildung	2 824	1 291	205 476	200 828	4 648	9 805	37 139
Bundesgebiet insgesamt	**37 631**	**3 768**	**10 766 964**	**9 924 027**	**842 937**	**591 178**	**132 944**

[1]) Unterschiede in den Bezeichnungen für Schultypen und Schulzweige in den einzelnen Bundesländern sind hier nicht berücksichtigt. [2]) 1982. [3]) Einschl. Vorklassen sowie Schulkindergärten und Vorklassen an Sonderschulen.

gen Aushändigung der S. leisten, darf dann aber die Leistung nur verweigern, wenn er die Nichtberechtigung des Inhabers (z. B. wegen Diebstahls) nachweist. Ist die Urkunde beschädigt, so kann sie ersetzt, eine abhanden gekommene im Aufgebotsverfahren für kraftlos erklärt werden. Sonderformen der S. sind **Wandel-S.** und **Gewinn-S.** – Ähnliche Regeln gelten in Österreich und der Schweiz.

Schụldversprechen, schriftl. Vertrag, durch den eine Leistung unabhängig vom Bestehen oder Nichtbestehen eines Schuldgrunds versprochen wird (§§ 780, 782 BGB). – Das österr. und das schweizer. Recht kennen das S. nicht.

Schụle [ahd. scuola, zu lat. schola, aus grch. schole ›Freisein von Geschäften‹] *die, -/-n,* **1)** öffentl. oder private Bildungseinrichtung; Schulhaus; Unterricht in Klassen für Kinder oder Jugendliche (vgl. unten Schulwesen); auch Spezial- oder Fortbildung für Erwachsene: *Volkshochschule; Schauspielschule; er geht in die S.; er besucht die S.; wir haben morgen um 8 Uhr S.,* Unterricht; *er ist durch eine harte S. gegangen,* Ü er wurde vom Leben schwer geprüft; *die S. des Lebens,* Ü Erziehung durch das Leben; *er plaudert aus der S.,* U plaudert Geheimnisse aus. **2)** von einem Meister ausgehende künstler. oder wissenschaftl. Richtung: *die S. Rembrandts; sein Beispiel macht S.,* U wird nachgeahmt. **3)** in Zusammensetzungen: Lehrbuch: *Klavierschule.* **4)** Synagoge. **5)** kurz für: Hohe Schule (Dressurreiten). **6)** kurz für: Baumschule. *Adj.* **schụlisch.** *ich* **schụle** *ihn, es,* unterrichte, unterweise, übe sicher ein: *geschultes Personal. ich* **schụle** *ihn* **ein,** gebe (ein Kind) zum erstenmal in die S. *ich* **schụle** *ihn* **um, 1)** gebe auf eine andere S. **2)** lehre um, bilde für einen anderen Beruf aus. *Subst.* die → Schulung. *der* **Schụ̈ler,** *-s/-, die* **Schụ̈lerin,** *-/-nen,* **1)** Angehöriger einer S.; *der fahrende Schüler,* umherziehender Student im Mittelalter. **2)** Lernender: *ein Schüler von Freud.* **schụ̈lerhaft,** noch unselbständig. **Schụlfuchs,** ♧ Kleinigkeitskrämer, Pedant. **Schụlkind,** Schüler. **Schụlmeister, 1)** U Lehrer. **2)** Ü jemand, der andere kleinlich belehrt und bekrittelt. *Adj.* **schụlmeisterlich.** *ich* **schụlmeist(e)re** *ihn. die* **Schụltheke** *-/-n, der* **Schụlthek,** *-(e)s/-en, schweizer.:* Schulmappe, Ranzen. **Schụlweisheit,** trockenes, einseitiges, angelerntes Bücherwissen.

Schulwesen. Es wird meist unterschieden zw. allgemeinbildenden S. (Grund-, Haupt-, Real-S., Gymnasien, Sonder-S.) und berufsbildenden S. (Berufs-, Gewerbe-, Berufsfach-, Fach-S.), weiter zw. öffentlichen S., die von den Gemeinden unter Staatsaufsicht oder vom Staat unmittelbar betrieben werden, und → Privatschulen. Das **Schulrecht** regelt schulorganisator. Fragen, Schulpflicht, Gestaltung des Unterrichts, Lehrerbildung, Schulaufsicht, Mitwirkung der Eltern u. a. Es ist in der Bundesrep. Dtl. in Art. 7 GG, Bundes- und Ländergesetzen, Erlassen der Schulaufsichtsbehörden u. a. enthalten.

Die **Schulpflicht** spricht die Verpflichtung zum Schulbesuch für Kinder best. Alters aus. Für ihre Erfüllung sind die Erziehungsberechtigten verantwortlich. Sie beginnt in Deutschland, Österreich u. a. Ländern mit dem 6. Lebensjahr. In der Bundesrep. Dtl. beträgt sie 9 Jahre Vollzeitschule und 3 Jahre Berufsschule (Teilzeitschule). Ein 10. Vollzeitschuljahr wird in einigen Bundesländern erprobt. Für körperlich und geistig Behinderte bestehen oft Sonderbestimmungen. In der Schweiz sind Schulwesen und damit auch Einschulung und Schulpflicht kantonal geregelt, jedoch wird eine Vereinheitlichung in der ›Erziehungsgesetzgebung‹ angestrebt.

Schulzwang ist ein über die Schulpflicht hinausgehender Zwang, eine best. Schulart zu besuchen. Er besteht in Dtl. seit dem Reichsgrundschulgesetz von 1920 für die 4jährige, in Berlin seit 1948/1949 für die 6jährige Grundschule.

Hauptziele der **Schulreform** sind Anpassung der S. an die Gegenwartsforderungen, Mobilisierung der Begabungsreserven für den Berufsbedarf der Gesellschaft und Verbesserung der pädagog. und didaktisch-method. Voraussetzungen. Sie ist in fast allen Ländern der Welt im Gang. Die großen Kulturländer stützen sich auf die Erfahrung ihrer z. T. sehr alten Schulsysteme. Die Ostblockländer, bes. die UdSSR, vervielfachen ihre Ausbildungswege, v. a. um einen genügend großen Facharbeiternachwuchs heranzubilden. In den westl. Ländern stehen die Erweiterung und Verbesserung der allgemeinen Bildungschancen und der Bildungswege im Vordergrund. Mit Aufmerksamkeit betrachtet man den Aufbau in den Entwicklungsländern. Hier stellt die UNESCO große Mittel bereit, um allen Menschen allmählich ein Mindestmaß an Bildung zu gewährleisten (Grundbildung).

In der Bundesrep. Dtl. wurden als Hauptpunkte der Reform v. a. organisator. Verbesserungen (Vermehrung von S. und Hoch-S., Ausbau der Hauptschule, Verbesserung der Lehrerbildung, Einrichtung oder Erprobung von Ganztags- oder Gesamtschulen, → Durchlässigkeit der Bildungswege, → Chancengleichheit, Intensivierung der Vorschulerziehungen), Demokratisierung des Schullebens und die wissenschaftl. Begründung und Kontrolle der Lernziele und Lerninhalte durch eine umfassende Curriculumforschung angesehen; die großen Erwartungen gegenüber dem Einsatz techn. Medien und Lernmaschinen (audiovisuelle Unterrichtsmittel) gingen nur z. T. in Erfüllung. Da das Schulwesen in den Zuständigkeitsbereich der Länder fällt, wurde in der Bundesrep. Dtl., um eine weitgehende Vereinheitlichung zu erreichen und eine Anpassung an die Erfordernisse der Gegenwart zu gewährleisten, 1948 eine ›Ständige Konferenz der Kultusminister‹ geschaffen. Als beratende Expertengremien wirkten von 1953 bis 1965 der ›Dt. Ausschuß für das Erziehungs- und Bildungswesen‹, von 1965 bis 1975 der ›Dt. Bildungsrat‹. Im ›Düsseldorfer Abkommen der Länder‹ wurden (1955) einheitl. Schul- und Klassenbezeichnungen festgelegt. Ein ›Rahmenplan zur Umgestaltung und Vereinheitlichung des allgemeinbildenden öffentlichen Schulwesens‹ wurde 1959 vom Dt. Ausschuß vorgelegt, ebenso ›Empfehlungen und Gutachten‹ für einzelne Schularten und Erziehungsbereiche. Die ›Saarbrücker Rahmenvereinbarung‹ der Kultusministerkonferenz von 1960 ordnete die Gymnasialoberstufe neu. Das ›Hamburger Abkommen‹ (Okt. 1964) legte den Beginn des Schuljahres auf den 1. August, die Vollzeitschulpflicht auf 9 Jahre fest. Auf der Grundschule bauen auf: Hauptschule, Realschule und Gymnasium. Die Klassen werden, beginnend vom 1. Grundschuljahr, von Klasse 1 bis 13 durchgezählt. Realschulen und Gymnasien kommen in Normalform oder in Aufbauform vor. Letztere schließt spätestens an

Griechenland

5. Jh. v. Chr. Wirken der Sophisten; Unterweisung in grammatisch-rhetorischen und philosophischen Fragen.

Um 430. Sokrates lehrt die Tugend im Zwiegespräch; entwikkelnde (sokratische) Methode.

387. Platon lehrt in der Akademie; Forderung der Staatserziehung.

Um 334. Aristoteles lehrt im Lykeion; die Staatspädagogik der ›Politika‹.

Nach 300. Hellenistisches Zeitalter. Pflege der enzyklischen (allgemeinbildenden) Lehrfächer.

Rom

1. Jh. n. Chr. Quintilian Lehrer der Beredsamkeit. Aufbau von Grammatikschulen und Rhetorenschulen. Griechische Sprache als Schulziel des gebildeten Römers.

2. Jh. Errichtung christlicher Katechetenschulen.

Mittelalter

397. Augustinus: ›De doctrina christiana‹, Empfehlung des Studiums der Freien Künste.

529. Gründung des Benediktinerordens; die ersten Klosterschulen des Abendlandes.

Um 800. Karl der Große; fränk. Kloster- und Domschulen.

13. Jh. Höhepunkt der Scholastik. Entstehung von Universitäten (Studium generale). Blütezeit der ritterlichen Erziehung. Rats- und Stadtschulen.

14. Jh. Schreibschulen für deutsches Schreiben.

Humanismus und Reformationszeit

Um 1350. Petrarca und Boccaccio, die Bahnbrecher des italienischen Humanismus.

Um 1470. R. Agricola, einer der Begründer des dt. Humanismus: ›De formando studio‹.

1510. Erasmus von Rotterdam: ›Ratio studii‹. Höhepunkt des Humanismus in Deutschland.

1524. Luthers Sendschreiben ›An die Ratsherren aller Städte deutschen Landes, daß sie christliche Schulen aufrichten und halten sollen‹.

1528. Melanchthons Kursächs. Kirchen- und Schulordnung.

1529. Luthers Kleiner Katechismus, das verbreitetste Lehr- und Lesebuch der evangelischen Volksschule.

1538. J. Sturm eröffnet das Straßburger Gymnasium.

Von 1600 bis 1700

Nach 1600. Staatliche Verordnungen zur Schulpflicht in dt. Ländern (Kirchen- und Schulordnungen).

Um 1615. W. Ratke: methodischer Unterricht.

1642. Gothaischer ›Schulmethodus‹ des Herzogs Ernst des Frommen: Sachunterricht in der Volksschule.

1650–1750. Gründung von Ritterakademien: Standesschulen für den Hof-, Kriegs- und Beamtenadel.

1654–57. J. A. Comenius: ›Didactica magna‹, ›Orbis pictus‹; Verbindung von Sach- und Sprachunterricht (Anschauung).

1687. F. de Fénelon: ›Traité de l'éducation des filles‹, Theorie der Mädchenerziehung.

1693. J. Locke: ›Gedanken über Erziehung‹.

Von 1700 bis 1750

Um 1700. A. H. Francke gründet Erziehungsanstalten in Halle (Franckesche Stiftungen); pietist. Pädagogik. Chr. Semler gründet eine Realschule (Halle).

1717. Einführung der Schulpflicht in Preußen.

1747/48. Gründung einer Realschule und eines Lehrerseminars in Berlin durch den Pietisten J. J. Hecker.

Von 1750 bis 1800

1762. J.-J. Rousseaus Erziehungsroman ›Émile‹.

1773. F. E. v. Rochow beginnt Volksschulreformen in der Mark Brandenburg.

1774. J. B. Basedow: ›Elementarwerk‹; Gründung des ›Philanthropins‹ in Dessau.

1778. S. Heinicke gründet die Taubstummenanstalt in Leipzig.

1784. Chr. G. Salzmann: Erziehungsheim Schnepfenthal.

1784. V. Haüy gründet die erste Blindenanstalt (Paris).

1785–92. J. H. Campe gibt die ›Allg. Revision des gesamten Schul- und Erziehungswesens‹ heraus.

1793. J. Chr. F. Guts Muths: ›Gymnastik für die Jugend‹.

Von 1800 bis 1850

Um 1800. J. H. Pestalozzi: ›Wie Gertrud ihre Kinder lehrt‹ (1801); geistiger Schöpfer der modernen Volksschule.

1806. J. F. Herbart: ›Allgemeine Pädagogik‹.

1809. W. v. Humboldt Leiter des Kultus- und Unterrichtswesens in Preußen; Gründung der Universität Berlin (1810), Einführung der Staatsprüfung für wissenschaftl. Lehrer, Aufbau des Gymnasiums.

1813. J. Falk gründet eine Rettungs- und Erziehungsanstalt für verwahrloste Kinder in Weimar.

1820–47. A. Diesterweg fördert Schule und Lehrerbildung.

Um 1822. A. G. Spilleke fördert das Realschulwesen.

1833. J. H. Wichern gründet das ›Rauhe Haus‹ (Horn bei Hamburg).

1840. F. Fröbel (1826, ›Menschenerziehung‹) eröffnet den ersten Kindergarten.

1846. A. Kolping gründet die Gesellenvereine.

Von 1850 bis 1900

1859. Die Realschulen I. Ordnung (später Realgymnasien genannt) erhalten Hochschulstudienberechtigung.

1872. F. v. Bodelschwingh gründet eine Anstalt für epileptische Kinder in Bethel bei Bielefeld.

1878. Altonaer Reformplan für höhere Schulen: gemeinsame lateinlose Unterstufe für Realgymnasien und Oberrealschulen (Reformrealgymnasien).

1881. Allg. Dt. Schulverein gegründet (seit 1908 Verein für das Deutschtum im Ausland).

1882. Schaffung der Oberrealschule.

1892. Frankfurter Reformplan für höhere Schulen: gemeinsame lateinlose Unterstufe für alle höheren Schulen, auch für das altsprachliche Gymnasium (Reformgymnasium).

1895. Einführung des →Mannheimer Schulsystems.

1898. H. Lietz gründet das Landeserziehungsheim Ilsenburg.

20. Jahrhundert

Um 1900. Helene Lange Führerin der deutschen Frauenbewegung; Ausbau des höheren Mädchenschulwesens mit Berechtigung zum Hochschulstudium.

1900. Gymnasien, Realgymnasien und Oberrealschulen als gleichberechtigte höhere Schulen.
Fürsorgegesetze der dt. Länder.

1901. Kunsterziehungstag Dresden (1903 Weimar, 1905 Hamburg). G. Kerschensteiner: ›Staatsbürgerl. Erziehung der dt. Jugend‹.

1906. B. Otto: ›Hauslehrerschule‹; Gesamtunterricht (1908 ›Kindesmundart‹).

1907. Maria Montessori: Gründung des ›Kinderhauses‹.

1908. Neuordnung der Mädchenschulen.

1910. Neuordnung der preuß. Mittelschulen.

1912. G. Kerschensteiner: ›Begriff der Arbeitsschule‹.

1913. Tagung der Jugendbünde auf dem Hohen Meißner (G. Wyneken).

1915. Gründung des Zentralinstituts für Erziehung und Unterricht (L. Pallat).

1919. Gründung der ersten Waldorfschule in Stuttgart durch R. Steiner.

1920. Reichsschulkonferenz; Reichsgrundschulgesetz (vierjährige Grundschule).

1921. A. S. Neill gründet die Internatsschule ›Summerhill‹.

1922. H. Gaudig: ›Freie geistige Schularbeit in Theorie und Praxis‹. Reichsjugendwohlfahrtsgesetz.

1924. E. Spranger: ›Psychologie des Jugendalters‹.

1925. Neuordnung der höheren Schulen: Schaffung der Deutschen Oberschule (H. Richert).

1926. Pädagogische Akademien in Preußen.

1927. P. Petersen: ›Jena-Plan einer freien allg. Volksschule‹.

1929. Erziehungs-Enzyklika: Rundschreiben Papst Pius' XI. über die christliche Erziehung der Jugend.

1933. Reichskonkordat mit dem Hl. Stuhl, u. a. über das Schulwesen (Bekenntnisschulen, Religionsunterricht).

1933–45. Nat.-soz. Bildungswesen (Nat.-pol. Erziehungsanstalten; Adolf-Hitler-Schulen; 1938 Hauptform der höheren Schule: Oberschule, Gymnasium; 1941 Lehrerbildungsanstalten).

1946. Gründung der UNESCO; Bemühungen um die Hebung der Bildung in allen Ländern.
Gründung des Pestalozzidorfes in Trogen (Schweiz) und weiterer Kinder-, Jugend- und Schuldörfer.

1948. Gründung einer Ständigen Konferenz der Kultusminister der Länder in der Bundesrep. Dtl.

1951. Erlaß des Jugendschutzgesetzes in der Bundesrep. Dtl.

1953. Gründung des Deutschen Ausschusses für das Erziehungs- und Bildungswesen in der Bundesrep. Dtl.

1955. Abkommen der dt. Länder (Düsseldorfer Abkommen) zur Vereinheitlichung des Schulwesens: altsprachliches, neusprachliches, mathematisch-naturwissenschaftl. Gymnasium; Langform und Kurzform (Aufbauschule.)

Schule: Geschichte des Unterrichts und der Erziehung

1959. Schulreformplan des Dt. Ausschusses (Rahmenplan).
1960. Saarbrücker Rahmenvereinbarung: Oberstufenreform der höheren Schule. Bremer Plan zur Schulreform der Arbeitsgemeinschaft dt. Lehrerverbände. Jugendarbeitsschutzgesetz.
1961. Gesetz für Jugendwohlfahrt (JWG).
1962. Österreichische Schulreformgesetze.
1964. Abkommen der dt. Länder (Hamburger Abkommen) zur Vereinheitlichung des Schulwesens.
1965. Gründung des Dt. Bildungsrates in der Bundesrep. Dtl. als Nachfolger des Dt. Ausschusses.
1965. Gesetz über das einheitliche sozialistische Bildungssystem in der Dt. Dem. Rep.
1967. S. B. Robinsohn: Bildungsreform als Revision des Curriculums (Beginn der Dt. Curriculumforschung).
1969. Berufsausbildungsgesetz.
1970. Strukturplan für das Bildungswesen des Dt. Bildungsrates.
1971. Bundesausbildungsförderungsgesetz (BAFöG).
1972. Vereinbarung zur Neugestaltung der gymnasialen Oberstufe der Kultusministerkonferenz (›Enttypisierung‹).
1973. Bildungsgesamtplan der Bund-Länder-Kommission für Bildungsplanung verabschiedet: Gliederung des Bildungswesens nach Stufen unter Einbeziehung der Vorschulerziehung, der beruflichen Bildung und der systematischen Weiterbildung gefordert.
1977. Neufassung des Jugendwohlfahrtsgesetzes.
1977. Das Bundesverfassungsgericht bestätigt das Recht, neben der Gemeinschaftsschule als Regelschule Konfessionsschulen zu errichten.
1979. Die Fortschreibung des Bildungsgesamtplans scheitert am Streit der Bundesländer um die Gesamtschule und die Lehrerausbildung.
1981. Das Bundesverfassungsgericht läßt die Gesamtschulen als Regelschulen zu.
1982. Vereinbarung der Bundesländer über die gegenseitige Anerkennung von Abschlüssen an integrierten Gesamtschulen.

das 7. Schuljahr an. Das Gymnasium gliedert sich in versch. Schultypen. Gemäß einer Vereinbarung der Kultusministerkonferenz von 1972 ist die gymnasiale Oberstufe durch ein vielgestaltiges Kurssystem flexibel gestaltet und ›enttypisiert‹ worden. 1973 legte die (1970 gegründete) Bund-Länder-Kommission für Bildungsplanung einen Bildungsgesamtplan vor, der die 1970 im Strukturplan für das Bildungswesen vom Dt. Bildungsrat unterbreiteten Vorschläge zur Bildungsreform aufgreift und zu einer Zielprojektion bis 1985 ausweitet: Umbau des bestehenden vertikal gegliederten Schulsystems in eine horizontal gegliederte differenzierte Stufenschule (einschließlich berufl. Schulwesen und Vorschulerziehung): 4jährige Primarschule (bisherige Grundschule, Einschulung mit 5 Jahren), Orientierungsstufe (5. und 6. Klasse), Sekundarstufe I (zunehmend differenziertes Lernangebot, bis Klasse 10) mit unterschiedlich profilierten Abschlüssen, Sekundarbereich II (bisherige gymnasiale Oberstufe und berufsbildende Schulen, berufsbezogene und studienbezogene Profile).

Seit einigen Jahren hat sich die Schulreform deutlich verlangsamt. Gründe dafür sind zum einen die schlechte Finanzlage der öffentlichen Hand und zum anderen der Streit um best. Neuerungen (Orientierungsstufe, integrierte Gesamtschule u. a.).

→ Bundesrepublik Deutschland, Bildung, → Deutsche Demokratische Republik, Bildung, → Österreich, Bildungswesen, → Schweiz, Bildungswesen.

schulen [mhd.]. *ich* **schule**, *nd.:* **1)** lauere, spähe. **2)** schiele.

schulen [zu Schule]. *ich* **schule** *ihn, es,* unterrichte, unterweise, übe sicher ein: *eine geschulte Stimme; geschultes Personal.*

Schulenburg, 1) Friedrich Werner Graf von der, Diplomat, Onkel von 2), * Kemberg (Kr. Wittenberg) 20. 11. 1875, † (hingerichtet) Berlin-Plötzensee 10. 11. 1944; 1934–41 Botschafter in Moskau, gehörte der Widerstandsbewegung an.

2) Fritz-Dietlof Graf von der, Neffe von 1), * London 5. 9. 1902, † (hingerichtet) Berlin-Plötzensee 10. 8. 1944; 1937–39 stellv. Polizeipräsident in Berlin, 1939–40 stellv. Oberpräsident in Schlesien, gehörte der Widerstandsbewegung an.

Schüler|austausch, Austausch von Schülern versch. Nationen zur Förderung der Sprachkenntnisse und der Völkerverständigung. Die Schüler werden einzeln von Familie zu Familie oder in Gruppen von Schule zu Schule ausgetauscht. In der Bundesrep. Dtl. besteht ein Pädagog. Austauschdienst, Zentralstelle Bonn.

Schülerheim, Wohnstätte für Schüler, die nicht am Schulort ansässig sind; privat oder einer öffentl. Schule angegliedert, unterstehen der örtl. Schulbehörde oder Schulleitung.

Schülerlotse, Schüler als Verkehrshelfer, der Mitschüler zu Beginn und am Ende des Unterrichts über gefährl. Straßen leitet.

Schülermitverwaltung, Schülermitverantwortung, Abk. **SMV,** früher **Schülerselbstverwaltung,** Beteiligung der Schüler an der Verwaltung und Gestaltung des Schullebens. Die Mittel sind vielgestaltig: Klassensprecher, Schulsprecher, Schülerausschüsse, Planung und Gestaltung von Schulfeiern, Schulveranstaltungen und Schülerzeitschriften, Einrichtung von Arbeitsgemeinschaften, Aufrechterhaltung der Disziplin.

Schülerunfallversicherung, Versicherungsschutz für alle auf dem Schulweg, dem Schulgrundstück und bei Schulveranstaltungen erlittenen Unfallschäden der Schüler.

Schulferi|en. Seit dem Hamburger Abkommen beträgt ihre Gesamtdauer in der Bundesrep. Dtl. während eines Schuljahres 75 Werktage. Die Sommerferien werden seit 1972 zw. dem 15. 6. und 15. 9. nach einem jährlich wechselnden System gestaffelt (mit Ausnahme von Bayern, das immer den spätesten Termin hat).

Schulfernsehen, → Bildungsfernsehen.

Schulfunk, Hörfunkprogramme für den Unterricht in allgemeinbildenden Schulen (in Dtl. seit 1926). In der Bundesrep. Dtl. verbreiten alle Rundfunkanstalten S.-Programme. Die Lehrer erhalten vor Beginn eines Schuljahres von den Anstalten Vorausinformationen über Themen, Inhalte und Sendezeiten, Beihefte zu jedem Einzelprogramm sowie Hinweishefte über programmbezogene Unterrichtsgestaltung im Zusammenhang mit den Stoffplänen der Schulen und Unterrichtsstufen.

Schulgeld, Entgelt für die Leistungen der Schule. In der Bundesrep. Dtl. herrscht S.-Freiheit (Ausnahme: Privatschulen und Landerziehungsheime), ebenso in Österreich und in der Dt. Dem. Rep. In der Schweiz ist z. T. an den oberen Mittelschulen ein mäßiges S. zu zahlen.

Schulgemeinde, 1) die Gesamtheit der Lehrer, Schüler und Eltern einer Schule; in Österreich der Zusammenschluß mehrerer Ortsgemeinden in der Schulverwaltung zum Zweck der Schulerrichtung und -erhaltung; in der Schweiz mit der polit. Gemeinde identisch und auch rechtlich selbständig in Schulverwaltung und -aufsicht. – In der Dt. Dem. Rep. bestehen Klasseneltern-Aktive, Ortseltern-Aktive und Elternbeiräte zur Unterstützung der sozialist. Erziehungs- und Bildungsarbeit in Schule und Familie. **2)** die → Freie Schulgemeinde.

Schulgesundheitspflege, Maßnahmen zur Sicherung der Gesundheit von Schülern, Lehrern und sonstigem Personal in allgemeinbildenden Schulen, in Fach- und Hochschulen. In den allgemeinbildenden und Berufsschulen obliegt die S. Ärzten des Gesundheitsamts (auch bauhygien. Maßnahmen, Einrichtungsfragen), an Hochschulen i. d. R. ärztl. Mitgl. dieser Einrichtungen.

In der Dt. Dem. Rep. gibt es 4 obligator., i. d. R. von Jugendärzten durchgeführte Schuluntersuchungen. – In Österreich regelt die ›Dienstanweisung für Schulärzte an mittleren Lehranstalten‹ Rechte und Pflichten des Schularztes. – In der Schweiz obliegt die S. i. d. R. Schulärzten, die sich aus dem Kreis der im Einzugsbereich der Schule niedergelassenen Ärzte rekrutieren. Der schulärztl. Dienst umfaßt auch Privat- und Kleinkinderschulen, Lehrlingsheime, Erziehungsanstalten u. a.

Schulkindergarten, einjähr. Kindergarten (in Hessen: Vorklasse) für Kinder im Schulalter, die noch nicht die Schulreife haben und, bes. durch didaktisches Spiel unter Anleitung von Sozialpädagogen und Erziehern, auf den Schuleintritt vorbereitet werden sollen. Die Aufnahme in den S. erfolgt mit Zustimmung der Eltern zu Beginn oder während des 1. Schuljahres (→ Vorschulerziehung). – In der Schweiz bestehen vergleichbare Einrichtungen unter versch. Bezeichnungen.

Schullandheim, Erholungsheim städt. Schulen auf dem Land; seit 1925 im Reichsbund dt. S., seit 1953 als Verband dt. S. e. V. zusammengefaßt.

Schulleistungstests, Verfahren, die im Unterricht als Ersatz für Klassenarbeiten zur Analyse von Lernprozessen und zur Kontrolle des Lehrerfolgs eingesetzt werden. **Schulreifetests** dienen der Erfassung der → Schulreife vor der Einschulung.

Schuller, Gunther, amerikan. Komponist, Dirigent, Hornist, * New York 22. 11. 1925, Vertreter der ›Third Stream Music‹ (Verbindung von Jazz und Formen zeitgenöss. ernster Musik); Oper ›The Visitation‹ (›Die Heimsuchung‹, 1966).

Schulmedizin, die an den Hochschulen gelehrte, naturwissenschaftlich begründete Heilkunde.

Schulp [nd.] *der, -(e)s/-e,* Schale der → Kopffüßer.

Schulpflegschaft, Ausschuß in einer Gemeinde oder einem Kreis, der nach landesgesetzl. Regelung als Träger der Schulpflege arbeitet; umfaßt die sachliche und personelle Betreuung der öffentl. Schule durch Eltern und Lehrerschaft unter Mitwirkung kirchl. Stellen.

Schulpflicht, → Schule. *Adj.* **schulpflichtig,** *ein schulpflichtiges Kind.*

Hermann Schulze-Delitzsch

Kurt Schumacher

Robert Schuman

Schulpforta, ehemalige Fürstenschule, → Pforta.

Schulpsychologie, Teilgebiet der angewandten Psychologie, das sich mit psychologischen Problemen der Schule befaßt. Die sich aus der pädagog. Praxis ergebenden Fragen (Schullaufbahnberatung, Überprüfung der Schulreife, Eignung zum Besuch weiterführender Schulen oder versch. Niveaustufen in der Gesamtschule, Diagnose und Behandlung von Lernschwierigkeiten u. a.) werden vom **Schulpsychologen** bearbeitet.

Schulpuse *die, -/-n, nd.:* Stechmücke.

Schulrat, in der Bundesrep. Dtl. der staatl. Aufsichtsbeamte für die Grund-, Haupt- und Sonderschulen, in Schlesw.-Holst. auch für die Realschulen; Ober-S. für Gymnasien und berufsbildende Schulen. In der Dt. Dem. Rep. ist der S. erste Instanz der Schulaufsicht bei den Räten der Kreise. In Österreich erfüllen Bezirks- und Landesschulinspektoren die Funktion des S.; die Bez. S. und Ober-S. ist auch Auszeichnungstitel für verdiente Pflichtschullehrer. Landes-S. heißt die oberste Schulbehörde eines Bundeslandes, Bezirks-S. die Behörde für die Pflichtschulen eines Schulbezirks. In der Schweiz Kollegium zur Leitung der Eidgenöss. Techn. Hochschule.

Schulrecht, → Schule.

Schulreform, → Schule.

Schulreife, der körperlich-geistig-seelische Entwicklungsstand eines Kindes, in dem es den Anforderungen des Elementarunterrichts in der Schule gewachsen ist. Die S. wird durch S.-Tests überprüft; bei fehlender Reife ist spezielle Förderung notwendig. (→ Schulkindergarten, → Vorschulerziehung)

Schuls, amtl. rätoroman. **Scuol** [ʃk'uəl], Kurort im Kt. Graubünden, Schweiz, (1980) 1700 Ew., 1225 m ü. M.; bildet mit Tarasp den Kurort **S.-Tarasp-Vulpera** (Schwefel- und Eisenquellen).

Schulschiff, Fahrzeug von Handels- und Kriegsmarinen zur Ausbildung des seemänn. Nachwuchses.

Schulschwestern, kath. Klostergenossenschaften, die vorwiegend in der Mädchenbildung tätig sind, bes. die **Armen S. von Unserer Lieben Frau** (1833 gegr., Sitz der Generaloberin: München), die → Englischen Fräulein und die → Ursulinen.

Schulsport, die sportl. Betätigung von Jugendlichen im Schulunterricht. Ziel ist die Vermittlung von Bewegungserfahrungen, die Ausbildung motorischer Techniken, das Entdecken geeigneter Sportarten zur Leistungsförderung und der körperl. Ausgleich.

Schuls-Tarasp-Vulpera, schweizer. Kurort, → Schuls.

Schulter [ahd. scult(ar)a] *die, -/-n,* beim Menschen die obere Grenze des Rumpfs zu beiden Seiten des Halses, gebildet von den Schlüsselbeinen, den Schulterblättern und den zugehörigen Muskeln: *ihr ladet alles auf meine Schultern,* Ü ihr bürdet mir zuviel auf; *er nimmt es auf die leichte S.,* Ü läßt den nötigen Ernst vermissen; *sie zeigte ihm die kalte S.,* Ü hat ihn abgewiesen. *ich* **schult(e)re** *es* **(auf),** nehme auf die S. (besonders das Gewehr).

Schulter-Arm-Syndrom, Schmerzen, die von der Schulter zum Hals und meist zur Ellenseite des Armes bis zur Hand ausstrahlen und häufiger links als rechts vorkommen; beruhen auf Erkrankungen von Organen (z. B. beim Herzinfarkt), die in dem genannten Bereich ihre → Headschen Zonen besitzen. Weitere Ursachen sind krankhafte Veränderungen der Halswirbelsäule, Halsrippen oder entzündl. Reizzustände der Schultergelenkkapsel **(Periarthritis humeroscapularis).**

Behandlung: je nach Ursache; schmerzlindernde, durchblutungsfördernde und entzündungshemmende Maßnahmen.

Schultergürtel, bei Mensch und Wirbeltieren der knöcherne Träger der Vordergliedmaßen (Arme), der nicht mit der Wirbelsäule verbunden ist; besteht meist aus den Schlüsselbeinen und den auf dem Rücken zu beiden Seiten der Wirbelsäule liegenden **Schulterblättern,** die beim Menschen die Gelenkpfanne für das Oberarmbein **(Schultergelenk)** tragen und gelenkig mit den Schlüsselbeinen verbunden sind.

Schulter-Hals-Syndrom, das → Zervikalsyndrom.

Schulterklappe, ✤ früher **Achselklappe,** Tuchklappe auf den Schulterteilen der Uniform; wird von allen Soldaten der Bundeswehr getragen, vom Unteroffizier aufwärts mit Dienstgradabzeichen.

Schulterriemen, ✤ Uniformstück bei Militär und Polizei.

Schulterschnur, ✤ geflochtene Schnur, die unter die rechte Schulterklappe eingeknöpft und beim Heer und bei der Luftwaffe von Offizieren und Unteroffizieren im Wachdienst (silbern), vom Kompanie-, Batterie-, Staffelfeldwebel (goldgelb) und vom Unteroffizier vom Dienst (blau) zum Dienst getragen wird. (→ Fangschnur)

Schulterstück, frz. **Epaulette** [epol'ɛt], ✤ früher in versch. Heeren (z. B. im dt. und russ.) ein Offiziersabzeichen aus goldenen oder silbernen Schnüren; heute noch im Bundesgrenzschutz und in der Dt. Dem. Rep. getragen.

Schult|heiß [ahd.] *der, -en/-en,* **1)** urspr. der Beamte, der die Mitglieder einer Gemeinde zur Einhaltung ihrer Pflichten gegenüber dem Landesherrn anzuhalten hatte, später der Vorsteher eines städt. **(Stadtschultheiß)** oder dörfl. **(Schulze)** Gemeinwesens.

2) im schweizer. Kanton Luzern der Vorsitzende des Regierungsrates.

Schult|heiss-Brauerei AG, → Dortmunder Union-Schultheiss Brauerei AG.

Schulträger, → Schulunterhaltung.

Schultz, 1) Johannes Heinrich, Nervenarzt, * Göttingen 20. 6. 1884, † Berlin 19. 10. 1970; entwickelte das → autogene Training.

2) Theodore William, Agrarwissenschaftler, * Arlington (S. D.) 30. 4. 1902, betonte die Bedeutung des ›human capital‹, bes. im Hinblick auf die Entwicklungsländer. 1979 erhielt er mit A. Lewis den Nobelpreis für Wirtschaftswissenschaften.

Schultze-Naumburg, Paul, Architekt und Schriftst., * Almrich a. d. Saale 10. 6. 1869, † Jena 19. 5. 1949, seit 1930 Direktor der Weimarer Kunsthochschule; hatte starken Einfluß durch seine Bestrebungen, die Kunst aus den Kräften des Volkstums zu erneuern; schrieb ›Kulturarbeiten‹, 9 Bde. (1901–17).

Schulung *die, -/-en,* Übung, Ausbildung in techn., handwerklichen, geistigen u. a. Fertigkeiten; i. e. S. planmäßige polit. Beeinflussung im Sinne eines polit. Systems **(politische S.).**

Schul|unterhaltung, das Aufbringen der persönl. (z. B. Dienst- und Versorgungsbezüge der Lehrer) und sächlichen (Bau und Unterhaltung der Schulgebäude, Beschaffung der Lehrmittel u. a.) Kosten für die Schulen. Der Träger der sächl. Unterhaltungskosten wird als **Schulträger** bezeichnet (Staat, Gemeinden, Körperschaften). Die persönl. Kosten der öffentl. Schulen werden i. d. R. vom Staat getragen, bei staatl. und kommunalen Schulen kommen der Staat oder die Gemeinden grundsätzlich für den gesamten Personal- und Sachaufwand ihrer Schulen auf.

Schulverband, Gesamtschulverband, der freiwillige Zusammenschluß von kleinen Gemeinden und Landkreisen zur gemeinsamen → Schulunterhaltung.

Schulverwaltung, die Lenkung, Ordnung und Sicherung der Schule, i. e. S. die Verw. der äußeren Schulangelegenheiten (z. B. Errichtung von Schulen, Schulunterhaltung), die durch die Schulträger ausgeübt wird. Die beratende Teilnahme von Eltern, Lehrern und Schülern hat an Bedeutung gewonnen. I. w. S. umfaßt die S. auch die Schulaufsicht.

Schulz, 1) Bruno, poln. Schriftst. und Graphiker, * Drogobytsch (Galizien) 12. 7. 1892, † ebd. (von der Gestapo ermordet) 19. 11. 1942, schrieb die durch autobiograph. Kindheitserinnerungen geprägten Erzählungen ›Die Zimtläden‹ (1934) und ›Das Sanatorium zur Todesanzeige‹ (1937).

2) Johann Abraham Peter, Komponist und Musikschriftst., * Lüneburg 31. 3. 1747, † Schwedt a. d. O. 10. 6. 1800, schuf die ›Lieder im Volkston‹ (3 Teile, 1782–90; darin ›Der Mond ist aufgegangen‹, ›Alle Jahre wieder‹).

Schulzahnpflege, Jugendzahnpflege, Gesamtheit aller Maßnahmen zur Gesunderhaltung des Kauorgans und seiner Funktion bei Kindern und Jugendlichen in Kindergärten und Schulen. Die S. ist Aufgabe der Gesundheitsämter; die Behandlung festgestellter Schäden wird meist von niedergelassenen Zahnärzten durchgeführt.

Schulze [von Schultheiß] *der, -n/-n,* ✤ Gemeindevorsteher.

Schulze-Delitzsch, Hermann, Genossenschaftsführer, * Delitzsch 29. 8. 1808, † Potsdam 29. 4. 1883, schuf 1849 in Delitzsch die erste Rohstoffgenossenschaft. Größte Verbreitung fanden seine Kreditgenossenschaften (Volksbanken). Jede Form der Staatshilfe lehnte er im Unterschied zu → Raiffeisen ab. 1859 gründete er den ›Allgemeinen Verband der dt. Erwerbs- und Wirtschaftsgenossenschaften‹. Maßgeblich arbeitete er an der Gestaltung des Genossenschaftsrechts mit.

Schumacher, 1) Emil, Maler, * Hagen (Westf.) 29. 8. 1912, entwickelte eine romantisch düstere Sonderform der → Informellen Kunst.

2) Fritz, Architekt, * Bremen 4. 11. 1869, † Lüneburg 5. 11. 1947, seit 1909 Baudirektor in Hamburg, wo er viele öffentl. Gebäude bes. in Backstein schuf; schrieb ›Stufen des Lebens, Erinnerungen eines Baumeisters‹ (1935).

3) Kurt, Politiker (SPD), * Culm (Westpreußen) 13. 10. 1895, † Bonn 20. 8. 1952, Volkswirtschaftler, 1930–33 MdR., 1933–45 (mit Unterbrechung 1943) im KZ, maßgeblich an der Wiederbegründung der SPD beteiligt, wurde 1946 deren Vors. In den westl. Besatzungszonen und den Westsektoren Berlins wandte er sich erfolgreich gegen die Vereinigung von SPD und KPD. Er war Mitgl. des Parlamentar. Rats, 1949–52 MdB. Als SPD-Fraktionsvors. im Bundestag führte er die Opposition gegen die Reg. K. Adenauer.

Schuman, Robert, frz. Politiker (MRP), * Luxemburg 29. 6. 1886, † Scy-Chazelles (Dép. Moselle) 4. 9. 1963, Rechtsanwalt, 1940 Staatssekretär, 1940–42 in dt. Haft, schloß sich 1942 der frz. Widerstandsbewegung an. 1944 beteiligte er sich an der Gründung des ›Mouvement Républicain Populaire‹ (MRP). Er war mehrfach Minister (u. a. Finanzen, 1946/47; Äußeres 1948–52) sowie 1947/48 MinPräs. 1950 schlug er die Schaffung einer europ. Gemeinschaft für Kohle und Stahl vor **(Schuman-Plan,** → Montanunion). S. war Präs. der Europ. Bewegung (1956–62); erhielt 1958 den Aachener Karlspreis.

Schumann, 1) Clara, geb. **Wieck**, Pianistin, Frau von 4), * Leipzig 13. 9. 1819, † Frankfurt a. M. 20. 5. 1896, unternahm als Schülerin ihres Vaters Friedrich Wieck schon als Dreizehnjährige Konzertreisen. 1878–92 war sie Lehrerin am Dr. Hoch'schen Konservatorium in Frankfurt a. M. Sie war befreundet mit Brahms, den sie neben Beethoven, Chopin und Robert S. interpretierte. Sie komponierte auch selbst.

2) Georg, Komponist, * Königstein (Sachsen) 25. 10. 1866, † Berlin 23. 5. 1952, seit 1900 Leiter der Berliner Singakademie; Chorwerke, Motetten, Orchesterwerke, Kammermusik, Orgel- und Klavierstücke, Lieder.

3) [ʃum'an], Maurice, frz. Politiker (MRP), * Paris 10. 4. 1911; Journalist, 1940–44 in der frz. Widerstandsbewegung tätig, 1944–48 Präs., 1949–65 Gen.-Sekr. des MRP, leitete 1959–67 (mit kurzer Unterbrechung 1962) den Außenpolit. Ausschuß der Nationalversammlung, war mehrfach Min. (1967–68 Wissenschaftl. Forschung; 1968–69 Soziales; 1969–73 Äußeres).

4) Robert, Komponist, * Zwickau 8. 6. 1810, † Endenich bei Bonn 29. 7. 1856, studierte 1828–30 in Leipzig und Heidelberg Jura, hatte in Leipzig Klavierunterricht bei Friedrich Wieck und widmete sich seit 1830 ganz der Musik. 1840 heiratete er Clara Wieck (→ Schumann 1). Mendelssohn-Bartholdy berief ihn 1843 als Kompositionslehrer an das Leipziger Konservatorium, aber schon 1844 zog er nach Dresden, wo er seit 1847 Chorvereinigungen leitete. 1850–53 war er städt. Musikdirektor in Düsseldorf. In geistiger Umnachtung stürzte er sich 1854 in den Rhein; er wurde gerettet und verbrachte noch 2 Jahre in der Heilanstalt Endenich. – S. ist der Hauptvertreter der musikal. Hochromantik in Dtl. Im Mittelpunkt seines Schaffens stehen Klavierwerke und Lieder. Als einflußreicher Musikschriftsteller hat S. sich u. a. für Chopin, Mendelssohn-Bartholdy und bes. für Brahms eingesetzt. – In Zwickau besteht seit 1913 ein S.-Museum und seit 1920 eine R.-S.-Gesellschaft.

HW: *Klavierwerke:* Papillons (1832), Sinfon. Etüden (1834), Karneval (1834/35), 3 Sonaten (1835–38), Phantasie (1836), Kinderszenen (1838), Kreisleriana (1838), Album für die Jugend (1848). *Lieder* mit Klavier, darunter der Zyklus ›Frauenliebe und -leben‹ (Chamisso). *Orchesterwerke:* 4 Sinfonien, Ouvertüren, Klavierkonzert (1841–45); Cellokonzert (1850). *Kammermusik:* 3 Streichquartette, Klavierquintett, Klavierquartett, 3 Klaviertrios, 2 Violinsonaten. *Chorwerke mit Orchester:* Das Paradies und die Peri (1841–43), Der Rose Pilgerfahrt (1851), Manfred (1848/49), Szenen aus Goethes Faust (1844–50). *Oper:* Genoveva (1847–50).

Schumen, türk. **Şumnu** [ʃ'umnu], 1950–65 **Kolarowgrad,** Stadt im NO Bulgariens, (1981) 96 600 Ew.; Bahnknoten, landwirtschaftl. Maschinen- u. a. Ind. – S., zur Türkenzeit die stärkste Festung Bulgariens, war der geistige Mittelpunkt der türk. Minderheit bis zu deren Aussiedlung.

Schummel [aus Rotwelsch] *der, -s/-, oberdt., nd.:* **1)** *ohne Pl.,* Betrug. **2)** Knecht; Aschenbrödel. **3)** *die, -/-n,* leichtfertiges Mädchen. *ich* **schumm(e)le,** U schwindle, betrüge.

Schummer [zu Schimmer] *der, -s/-, norddt., mitteldt.:* Dämmerung: *Schummerstunde,* Dämmerstunde. *Adj.* **schumm(e)rig.** *ich* **schumm(e)re, 1)** *es,* hebe auf Landkarten die Geländeformen durch Schattierung hervor. **2)** *es schummert, norddt., mitteldt.:* dämmert. *die* **Schummerung,** *-/-en,* Schattierung auf Landkarten.

schumpern. *ich* **schump(e)re** *ihn, ostmitteldt.:* schaukele auf dem Schoß. **Schumperlied,** *ostmitteldt.:* Liebeslied.

Schuppentiere: südafrikan. Steppenschuppentier

Schumpeter, Joseph Alois, Sozialwissenschaftler, * Triesch (Mähren) 8. 2. 1883, † Taconic (Conn.) 8. 1. 1950, befaßte sich in seiner ›Theorie der wirtschaftl. Entwicklung‹ (1912) bes. mit dem ›dynam. Unternehmer‹, der → Innovationen in Gang setzt und so den Konjunkturaufschwung herbeiführt; weitere bed. Beiträge zur Konjunktur- und Wachstumstheorie.

WW: Das Wesen und der Hauptinhalt der theoret. Nationalökonomie (1908); Konjunkturzyklen, 2 Bde. (1939); Kapitalismus, Sozialismus und Demokratie (1942).

Schund [zu schinden] *der, -(e)s,* Ausschußware, Wertloses.

Schundliteratur, abwertende Bez. für künstlerisch wertlose Schriften vorwiegend erzählenden Inhalts (→ Trivialliteratur), die je nach Bewertungsgrundlage auch als moralisch anstößig (z. B. verrohende Wirkung) gelten. Die Übergänge zu Kitsch und Pornographie sind oft fließend. – Die S. hat sich aus den Ritter- und Räuberromanen des 18. Jh. entwickelt. Um 1900 verdrängte die literarisch minderwertige, sensationell illustrierte Detektivgeschichte den alten **Hintertreppenroman.** In neuerer Zeit sind v. a. Romanheftreihen und z. T. Comics der S. zugerechnet worden.

Rechtliches. Grundlage der Bekämpfung ist in der Bundesrep. Dtl. das Ges. über die Verbreitung jugendgefährdender Schriften i. d. F. v. 29. 4. 1961. Danach sind Schriften, die geeignet sind, Jugendliche sittlich zu gefährden, in eine Liste aufzunehmen; die Aufnahme ist bekanntzumachen. Solche Schriften dürfen einem Jugendlichen unter 18 Jahren nicht angeboten oder zugänglich gemacht werden. Für Schriften, die ›Jugendliche offensichtlich sittlich schwer gefährden‹, gelten die Beschränkungen auch ohne Aufnahme in die Liste. Strafbarkeit besteht in der Bundesrep. Dtl. nach § 184 StGB (→ Pornographie), auch in der Dt. Dem. Rep. in §§ 125, 146 StGB, in Österreich in §§ 208, 218 StGB und in der Schweiz in Art. 204, 212 StGB.

Schungit *der, -s,* unreine, z. T. in Graphit umgewandelte Kohle, v. a. in präkambr. Gesteinen Kareliens.

schunkeln [zu schaukeln]. *ich* **schunk(e)le,** U schaukele, wiege mich hin und her, untergehakt mit anderen in einer Reihe.

Schupf [mhd.] *der, -(e)s/-e, oberdt.:* Stoß. *die* **Schupfe,** *-/-n, oberdt.:* **1)** Schaukel. **2)** Schöpfkelle. *ich* **schupfe** *ihn, es, oberdt.:* **1)** stoße, werfe. **2)** schaukele. **Schupfen** *der, -s/-, oberdt.:* Schuppen.

Schupo, U **1)** *der, -s/-s,* Kw. für **Schutzpolizist. 2)** *die, -,* Kw. für **Schutzpolizei.**

Schupp *der, -(e)s/-e, nd.:* Schub, Stoß: *er sitzt auf dem S.,* ist bereit. *Vb. ich* **schuppe** *ihn, es.*

Schupp [russ.] *der, -s/-en,* Waschbär und dessen Fell.

Schuppe [zu schaben] *die, -/-n,* **1)** Biologie: eine Hautbildung von sehr verschiedenem Aufbau. Die S. der Schmetterlingsflügel bestehen aus Chitin, die der Haifische (Plakoidschuppen) aus Schmelz, Zahnbein und Zement. Die Knochenfisch-S. entsprechen von äußerer Haut überzogenen Knochenplatten, während die S. der Kriechtiere Verhornungen der äußeren Haut sind. Bei den Menschen und Säugetieren verhornen die äußeren Schichten der Haut und lösen sich als S. ab. – Redensart: *es fällt ihm wie Schuppen von den Augen,* er erkennt plötzlich die Zusammenhänge, den wahren Sachverhalt. **2)** ⚕ spontan abfallende oder abkratzbare oberflächl. Hautauflagerung von verschiedener Größe, Dicke und Farbe, die bei Hautkrankheiten durch unvollständige, übermäßige oder fehlerhafte Verhornung entsteht (→ Fischschuppenkrankheit, → Schuppenflechte). Über **Kopfschuppen** → Seborrhö. *ich* **schuppe, 1)** *einen Fisch,* entferne die Schuppen. **2)** *die Haut schuppt sich,* bildet Schuppen. *Adj.* **schuppig.**

Schuppen [verwandt mit Schober und Schopf] *der, -s/-,* überdeckter Raum (für Wagen, Geräte), leichtes Bauwerk, Anbau; Speicher: *Geräteschuppen: das ist ein alter S.,* U ein baufälliges altes Haus.

Schuppenbaum, Lepidodendron, Gatt. der Schuppenbaumgewächse, im Unteren und Mittleren Karbon weit verbreitet; Bäume der Steinkohlenflora.

Schuppenbaumgewächse, Lepidodendraceae, ausgestorbene Fam. der Schuppenbaumpflanzen aus dem Paläozoikum mit mehreren Gatt., z. B. der → Schuppenbaum.

Schuppenflechte, grch.-lat. **Psoriasis vulgaris,** nicht übertragbare Hautkrankheit unbekannter Ursache, bei deren Zustandekommen erbl. Faktoren eine Rolle spielen. S. geht mit gesteigertem Wachstum der Oberhaut und starker Hornschichtbildung einher und verläuft in Schüben. – Krankheitszeichen: flache, scharf begrenzte, rötl. Flecke auf der Haut mit silberweißen Schuppen, meist an den Streckseiten der Gliedmaßen, am Rumpf und am behaarten Kopf.

Behandlung: Salben, die Salicylsäure, Teer, Glucocorticoide u. a. enthalten; Ultraviolettlicht.

Schuppenkriechtiere, Schuppen|echsen, Squamata, Ordn. der Kriechtiere mit Hornschuppen. Unterordn. sind die Echsen und die Schlangen.

Schuppentiere, Tannenzapfentiere, Pangolins, Pholidota, einheitl. Säugetierordn. mit der Fam. **Manidae** (z. B. das **Steppenschuppentier, Manis temmincki);** Baum- oder Bodenbewohner der Tropen Afrikas und Asiens. Der Körper ist mit dachziegelartig übereinanderliegenden Hornschuppen bedeckt. Mit den scharfen Krallen der Vorderbeine zerbrechen sie Ameisen- und

Clara Schumann

Maurice Schumann

Robert Schumann

Joseph Schumpeter

Schuppenwurz

Termitennester. S. sind zahnlos und nachtaktiv. Mit einer Gesamtlänge von etwa 140 cm ist das afrikan. **Riesenschuppentier (Manis gigantea)** die größte Art.

Schuppenwurz, Lathraea, Gatt. der Rachenblüter mit fünf Arten, chlorophyllose Wurzelparasiten auf Laubbäumen; in Mitteleuropa gibt es nur die Art **Lathraea squamaria** mit fleischigem Wurzelstock und rosa Blüten, bes. in Auen, feuchten Laubwäldern und Schluchten.

Schups, → Schubs.

Schur [mhd., zu scheren] *die, -/-en,* **1)** Schnitt von Pflanzen, besonders Heu-, Kleeschnitt. **2)** das Scheren der Schafe.

schüren [mhd.]. *ich* **schüre** *es,* fache an, errege: *ich schüre das Feuer; er schürte ihren Haß,* U. *der* **Schürer,** *-s/-,* **1)** Heizer. **2)** Schürhaken.

schürfen [ahd. scurfan]. *ich* **schürfe, 1)** ⚒ *es, nach etwas,* grabe, suche nach nutzbaren Mineralien auf ihrer natürl. Lagerstätte (→ Bergbau): *sie schürfen nach Gold; Schürfrecht; Schürfschein.* **2)** U suche emsig, forsche: *eine tiefschürfende Untersuchung,* gründliche. **3)** *mich, es,* verletze leicht (Haut): *Schürfwunde. ich* **schürfe** *mir die Haut* **ab,** reiße auf.

Schürfkübel, ein Grabgefäß für Seilbagger oder der Transportbehälter von **Schürfwagen (Schürfkübelwagen,** engl. **Scraper)** oder **Schürfraupen (Schürfkübelraupen),** der sich beim Fahren (z. B. mit Erde oder Schutt) füllt.

Schuricht, Carl, Dirigent, * Danzig 3. 7. 1880, † Corseaux-sur-Vevey (Schweiz) 7. 1. 1967.

schurigeln [ahd.]. *ich* **schurig(e)le** *ihn,* U quäle.

Schurke [ahd. (fiur)scurgo ›(Feuer-)Schürer‹] *der, -n/-n,* gemeiner, ehrloser Mensch, Verräter. **Schurkenstreich,** *die* **Schurkerei,** *-/-en,* gemeine, ehrverletzende Handlung. *Adj.* **schurkisch.**

schurren. *ich* **schurre,** *norddt.:* **1)** (auch: bin geschurrt) gleite. **2)** scharre. *die* **Schurre,** *-/-n, norddt.:* eine → Rutsche zum Einfüllen von Schüttgut.

Schuruppak, Schurippak, Stadt in Mittelbabylonien, im dritten und beginnenden zweiten Jahrtsd. v. Chr. besiedelt. Nach der ninivit. Fassung des Gilgamesch-Epos war S. Sitz des babylon. Noah, Utnapischtim (→ Sintflut), der dort seine Arche baute. Die Hauptgottheit von S. hieß Sud. Bei Ausgrabungen wurden bes. Funde aus der frühdynast. Zeit (2700–2350 v. Chr.) gemacht, darunter Wirtschaftstexte in sumer. Sprache und Listen, wie sie im Schulunterricht verwendet wurden.

Schurwald, Schlichterwald, bewaldetes Keuperbergland östlich von Stuttgart, Teil des Schwäbisch-Fränkischen Stufenlandes, im Kernen 513 m hoch.

Schurz [ahd., zu kurz] *der, -es/-e,* der → Lendenschurz.

Carl Schurz

Schurz, Carl, dt.-amerikan. Politiker und Publizist, * Liblar bei Köln 2. 3. 1829, † New York 14. 5. 1906, schloß sich 1848 der demokrat. Bewegung an, entkam nach dem pfälzisch-badischen Aufstand 1849 in die Schweiz und emigrierte nach der Befreiung G. → Kinkels über Frankreich und England 1852 in die USA. Dort schloß er sich der Republikan. Partei an (von der er sich später wieder abkehrte) und trug wesentlich zur Wahl A. Lincolns bei. Im Sezessionskrieg befehligte er eine dt.-amerikan. Division. Als Innen-Min. (1877–81) bekämpfte er die Mißwirtschaft der Parteien und setzte die von ihm geforderte Zivildienstreform durch. Als Journalist hatte er großen Einfluß (u. a. Mithg. der Evening Post). Die 1930 gegr. Carl Schurz Memorial Foundation in New York pflegt die dt.-amerikan. Beziehungen.

Schürze [zu Schurz] *die, -/-n,* **1)** Überbekleidungsstück zum Schutz bei der Arbeit, bes. von Frauen getragen. **2)** Haarbüschel am Geschlechtsteil des weibl. Rehs (→ Feige 2). **Schürzenjäger,** U Mann mit betontem Interesse für Frauen.

schürzen [zu Schurz]. *ich* **schürze, 1)** *es,* hebe, raffe (den Rock, die Lippen). **2)** *den Knoten,* schlinge den Faden zu einem Knoten; P führe einen Konflikt herbei (im Drama).

Schuschnigg, Kurt (von), österr. Politiker (christlich-sozial), * Riva (Gardasee) 14. 12. 1897, † Mutters (bei Innsbruck) 18. 11. 1977; Rechtsanwalt, 1932–34 Justiz- und Unterrichts-Min.; wurde nach der Ermordung von Dollfuß am 30. 7. 1934 Bundeskanzler, 1934–36 auch Unterrichts-, 1934–38 Verteidigungs-, 1936–38 Außen-Min. In der Fortsetzung der Politik von Dollfuß suchte S. die Unabhängigkeit Österreichs gegenüber dem nat.-soz. Dtl. zu sichern (→ Österreich, Geschichte). Am 11. 3. 1938 mußte er zurücktreten. Bis 1945 war S. in Haft (zuletzt im KZ). 1967 kehrte er aus dem amerikan. Exil nach Österreich zurück.

Schuß [ahd. scuz] *der, Sch'usses/Sch'üsse,* **1)** das Fortschleudern eines Geschosses, das Abdrücken einer Feuerwaffe, auch: das dabei entstehende Geräusch und das Geschoß selbst: *Schußrichtung; Schußwinkel; Bauchschuß,* S. in den Bauch; *der S. traf ins Schwarze,* in den Mittelpunkt der Zielscheibe, U etwas traf den Kern der Sache; *er ist weit vom S.,* U weit entfernt (von der Gefahr); *er ist keinen S. Pulver wert,* U taugt nichts. **2)** kräftiges Fortbewegen eines Balles, harter Fußstoß beim Fußball: *der letzte S. traf ins Tor.* **3)** *ohne Pl.,* Schwung: *sie hat den Haushalt gut in S.,* U in Ordnung; *es kommt in S.,* U in Gang. **4)** *ohne Pl.,* schnelles Wachstum: *der Junge hat im letzten Jahr einen kräftigen S. getan,* U. **5)** Weberei: **Schußfaden,** Querfaden eines Gewebes. **6)** *ohne Pl.,* Schub, so viel, wie man auf einmal hineingießt: *ein S. Rum,* kleine Menge; *eine (Berliner) Weiße mit S.,* Weißbier mit Himbeersaft. **7)** ⚒ Sprengung, Sprengladung. **8)** auch **Schutz,** *südwestdt.:* Stoß; Sprung; Abhang; Strecke. **9)** *ohne Pl.,* U Injektion von Drogen: *er braucht wieder einen S.* **schußgerecht,** ein gutes, erreichbares Ziel bildend.

Schussel, 1) *der, -s/-,* U hastiger, fahriger Mensch. **2)** *die, -/-n, ostmitteldt.:* Schlitterbahn. *ich* **schussele, schußle, 1)** (habe geschusselt), U handle übereilt. **2)** (bin geschusselt), *ostmitteldt.:* schlittere. *Adj.* **schusselig, schußlig.**

Schüssel [ahd., aus lat.] *die, -/-n,* **1)** rundliches Gefäß, bes. für Speisen: *Salatschüssel.* **2)** das in der S. aufgetragene Gericht.

Schussen *die,* nördl. Zufluß des Bodensees, 50 km, entspringt bei Schussenried, mündet östlich von Friedrichshafen.

Schussenried, Bad S., Stadt im Kr. Biberach, Bad.-Württ., (1984) 7600 Ew., 570 m ü. M.; Maschinen-, Metall-, Textil-Ind.; Moorbad; ehem. Prämonstratenserkloster (1183 gestiftet, 1750 bis 1770 neu errichtet nach Plänen von D. Zimmermann) mit Bibliothekssaal (1754–61). Funde einer jungsteinzeitl. Siedlung wurden namengebend für die **S.-Gruppe** der jüngeren Jungsteinzeit.

Schusser [mhd. schuzzer] *der, -s/-, schwäb., bair.:* Murmel, Spielkugel. *ich* **schussere, schußre,** spiele mit Murmeln.

Schußfahrt, Skisport: Fahren in der Fallinie.

Schußfeld, das von einer Schußwaffe bestrichene Gelände.

Schußwaffen, tragbare Waffen, die zum Angriff, zur Verteidigung, zum Sport, zum Spiel oder zur Jagd bestimmt sind und bei denen Geschosse durch einen Lauf getrieben werden (Waffen-Ges. v. 19. 9. 1972 i. d. F. v. 8. 3. 1976). S. mit einer Länge bis zu 40 cm sind **Kurzwaffen,** mit einer Länge von mehr als 40 cm **Langwaffen.** Rechtliches → Waffenrecht.

Schußwunde, durch eine Handfeuerwaffe oder ein Sprenggeschoß hervorgerufene Wunde. Je nach Durchschlagskraft des Geschosses unterscheidet man zw. **Durchschuß** oder **Steckschuß,** man spricht von **Einschuß, Schußkanal** und **Ausschuß.** Bes. zerstörend wirkt eine schräge oder quere Stellung des Geschosses im Augenblick des Auftreffens **(Querschläger).** Ein mit zu geringer Geschwindigkeit auf die Haut auftreffendes Geschoß prallt durch den elast. Widerstand des Gewebes ab und erzeugt nur eine Quetschung **(Prellschuß).** Beim tangential und oberflächlich auftreffenden **Streifschuß** entstehen nur Rinnen in der Haut. Bei Sprenggeschossen geht die Wirkung vom leichten Prellschuß bis zur breiten Eröffnung von Körperhöhlen; auch ganze Glieder können abgerissen werden.

Schuster [zu Schuh und lat. sutor ›Näher‹] *der, -s/-,* **1)** der → Schuhmacher: *auf Schusters Rappen,* U zu Fuß; *S. bleib bei deinem Leisten!,* U tu nur das, wovon du etwas verstehst, bleib in deinem Fachgebiet. **2)** als Scheltwort: Pfuscher: *Flickschuster.* **Schusterdraht,** gepechter Faden. *ich* **schust(e)re, 1)** ♧ arbeite als Schuhmacher. **2)** U pfusche. *ich* **schust(e)re** *es* **zu,** U **1)** zahle drauf; verliere. **2)** steuere bei. **3)** *ihm,* vermittle, lasse zukommen: *sie hat ihm Geld zugeschustert. ich* **schust(e)re** *es* **zusammen,** U pfusche. **Schusterjunge, 1)** U ♧ Lehrling des Schuhmacherhandwerks. **2)** ✐ die erste Zeile eines neuen Absatzes, die noch auf der vorangehenden Seite steht. **3)** *norddt.:* Roggenbrötchen.

Schusterkugel, ♧ mit Wasser gefüllte Glaskugel, die das Licht dahinterstehender Lichtquellen durch Linsenwirkung sammelt, um die Arbeitsfläche auszuleuchten.

Schusterpalme, Fleischerpalme, Metzgerpalme, Selcherpalme, U für die Schildblume oder → Aspidistra und die Hartriegelgewächsart **Aukube (Aucuba japonica),** mit immergrünen, gelbgefleckten Blättern und korallenroten Beeren.

Schute [mittelnd. schute, zu schießen] *die, -/-n,* **1)** flacher, breiter Schleppkahn für den Hafenbetrieb und zum Abtransport von Baggergut. **2)** der → Kiepenhut.

Schutt [zu schütten] *der, -(e)s,* **1)** 🌐 Anhäufung grobkörniger (Durchmesser mehr als 2 mm), eckiger Gesteinstrümmer. Isolierte **Schuttkegel** und **-fächer** wachsen bes. im Hochgebirge zu **Schutthalden** zusammen, die sich bei starker Durchfeuchtung zu **Schuttströmen** (→ Mure) entwickeln können. In Trockengebieten entstehen **Schuttgebirge. 2)** allg.: Trümmer, Abfall: *Schuttabladeplatz; S. abladen verboten!; die Stadt wurde in S. und Asche gelegt,* vollständig zerstört.

Schütt, Inseln der Donau zw. Preßburg und Komorn: **1) Große S.,** slowak. **Veľký Žitný ostrov** [vʼɛljki: ʒʼitni: ʼɔstrɔu], magyar. **Csallóköz** [tʃʼɔllo:køz], größte europ. Flußinsel, in der Slowakei, 1885 km² groß, zw. der Großen und der Kleinen Donau. **2) Kleine S.,** slowak. **Malý Žitný ostrov,** magyar. **Szigetköz** [sʼigetkøz], 275 km² groß, zw. der Großen und der Kleinen Donau, gehört fast ganz zu Ungarn.

Schütte [zu schütten] *die, -/-n,* **1)** kleine Schublade in Küchenschränken. **2)** Krankheit der Nadelbäume, massenhaftes Abwerfen der Nadeln durch Pilzbefall. **3)** Ψ Futter, auch Futterplatz der Wildschweine und Fasanen. **4)** *oberdt.:* Kornspeicher. **5)** *oberdt.:*

Bettstreu, bes. Langstroh. **6)** *oberdt.:* Schutt. **7)** *oberdt.:* Platzregen.

Schütte, Johann, Ingenieur, * Oldenburg (Oldb.) 26. 2. 1873, † Berlin 10. 5. 1940, Arbeiten über Schiff- und Luftschiffbau, baute das starre **S.-Lanz-Luftschiff** mit hölzernem Traggerüst (Start 1911), dem 21 weitere folgten.

Schüttelfrost, ⚕ Begleiterscheinung bei → Fieber, tritt bes. bei schwerem Verlauf von Infektionen (z. B. bei Sepsis) auf.

Schüttellähmung, ⚕ → Parkinsonismus.

schütteln [ahd.]. *ich* **schütt(e)le, 1)** *ihn, es,* bewege schnell hin und her: *er schüttelte die Äpfel vom Baum; ich schütt(e)le verneinend den Kopf; ich schütt(e)le ihm die Hand,* begrüße oder beglückwünsche ihn; *er hat die Sache aus dem Ärmel geschüttelt,* U ohne längere Vorbereitung erledigt; *vor Gebrauch s.!,* Aufschrift, z. B. auf Arznei-, Kosmetikflaschen. **2)** *mich,* bewege mich heftig. **3)** *es schüttelt mich,* läßt die Glieder heftig erbeben. *ich* **schütt(e)le** *es* **ab, 1)** entferne durch Schütteln. **2)** U möchte nichts mehr damit zu tun haben: *ich habe die lästigen Erinnerungen (von mir) abgeschüttelt. ich* **schütt(e)le** *es* **auf,** lockere durch Schütteln (Betten). *ich* **schütt(e)le** *es* **aus,** säubere durch Schütteln: *ich schütt(e)le das Staubtuch aus.*

Schüttelreim, Reimspiel, ÜBERSICHT Reim.

Schütteltrichter, ⚗ der → Scheidetrichter.

schütten [ahd.]. *ich* **schütte, 1)** *es,* gieße, lasse strömen, fließen: *ich schütte Wasser, Mehl, Körner, Abfälle in ein Gefäß.* **2)** *es, oberdt.:* schüttele. **3)** *es, niederdt.:* pfände. **4)** *niederdt.:* sperre ab. **5)** *Getreide schüttet gut,* gibt guten Ertrag. **6)** *es schüttet,* U regnet heftig. *ich* **schütte** *es* **an, auf,** erhöhe oder verbreitere durch Anfahren von Erd- oder Schuttmassen (Dämme, Straßen). *ich* **schütte aus, 1)** *es,* leere aus, gieße aus: *ich schütte einen Eimer aus; er schüttete ihm sein Herz aus,* U teilte ihm seine Sorgen mit; *die Dividende wurde ausgeschüttet,* verteilt. **2)** *mich vor lachen,* U lache sehr.

schütter [ahd.], dünn, spärlich: *schütteres Haar.*

Schüttergebiet, das Gebiet, in dem vom Menschen ein Erdbeben wahrgenommen wird.

schüttern. *es* **schüttert,** stößt, bebt, donnert.

Schüttorf, Stadt im Kr. Gfsch. Bentheim, Ndsachs., (1984) 13000 Ew., an der Vechte; Klinker- und Ziegelwerke, Textil-, Fleischverarbeitungs- und elektrotechn. Ind.; Stadtkirche (um 800 gegründet, heutiger Bau 1477–1502).

Schuttpflanzen, → Ruderalpflanzen.

Schüttung [zu schütten] *die, -/-en,* **1)** aufgelegte Schicht (Stroh, Erde). **2)** Erd- und Wasserbau: Herstellung von Dämmen (→ Damm 1) durch Auftrag waagerechter Schichten **(Lagen-S.)** oder durch S. in Längsrichtung des Dammes von voller Dammhöhe aus **(Kopf-S.). 3)** die in einer Zeiteinheit geförderte Wassermenge einer Quelle. – **Schüttgut** besteht aus körnigem oder pulverförmigem Material. – **Schüttgewicht** ist die mittlere Dichte der Schüttung.

Schutz [mhd.] *der, -es,* **1)** etwas, das vor Unangenehmem oder Bedrohlichem bewahrt, Sicherheit bietet: *S. gegen* oder *vor Kälte; S. gegen Einbrecher; unter meinem S.; der Baum bietet uns S.; im, unter dem S. der Dunkelheit; ich nehme ihn in S.,* U trete für ihn ein, verteidige ihn; *Mutterschutz; Naturschutz.* **2)** vorbeugende Maßnahme: *Schutzanstrich; Schutzdach.* **3)** *Pl. -e, südwestdt.:* Schuß, Stoß. *der, die* **Schutzbefohlene,** *-n/-n, ein -r, eine -,* jemand, der einem zum Schutz anvertraut ist. **Schutzblech,** gewölbtes Blech über den Rädern von Fahrzeugen zum Abhalten von Straßenschmutz. *ich* **schütze, 1)** *mich, ihn, es,* bewahre, behüte, verteidige: *er schützte uns vor der Gefahr; die Brille schützt gegen starke Strahlungen der Sonne.* **2)** *es,* ⚔ sperre ab: *ich schütze Wasser,* staue es. **3)** *es,* ⚔ pfände. *ich* **schütze** *es* **vor,** schiebe als Grund vor: *er schützte als Grund für sein Fortbleiben Krankheit vor. der* **Schützling,** *-s/-e,* jemand, für den man sorgt oder der einem zum Schutz anvertraut ist. **schutzlos,** ohne Schutz; hilflos, wehrlos.

Schutz [ʃyts], Ordensname: **Frère** (Bruder) **Roger** [frɛːr rɔʒˈe], evang. ökumen. Theologe, * Provence (Kt. Waadt) 12. 5. 1915, gründete die → Communauté de Taizé (seit 1949 deren Prior). S. erhielt 1974 den Friedenspreis des Dt. Buchhandels.

Schütz [zu Schutz] *das, -es/-e,* auch *-en,* **1)** Wasserbau: gehäuselose (i. Ggs. zum Schieber) Verschlußvorrichtung zur Regelung des Durchflusses durch Öffnungen, z. B. in Schleusen, Wehren und Wasserkraftanlagen. Ausführungsformen z. B. Tafel-, Roll-, Rollkeil-, Segment- und Zylinder-S. **2)** ϟ elektromagnet. Schaltgerät für Starkstromkreise, ähnlich dem → Relais, aber für höhere Leistung. Die Schaltkontakte arbeiten meist in Luft **(Luft-S.),** oft auch in Öl **(Öl-S.).**

Schütz, 1) Heinrich, latinisiert **Sagittarius,** Komponist, * Köstritz bei Gera 14. 10. 1585, † Dresden 6. 11. 1672, war Schüler von G. Gabrieli in Venedig, 1613–17 Hoforganist in Kassel und seit 1617 Hofkapellmeister in Dresden, dazwischen in Braunschweig und Kopenhagen tätig. S. vermittelte der dt. Musik die neuen Formen der ital. Musik des 16. Jh.: den einstimmigen Sologesang mit Generalbaß (Monodie) und selbständig geführten ›konzertierenden‹ Soloinstrumenten und die Mehrchörigkeit der Venezian. Schule mit ihren Vokal- und Instrumentalgruppen. Er verschmolz sie mit der dt. Tradition der Polyphonie zu einem Stil von höchster schöpferischer Einheit, bes. auf dem Gebiet der protestant. Kirchenmusik. Hier stellte S. die Musik in den Dienst der Texterklärung. In den ›Geistlichen Konzerten‹ und ›Sinfoniae sacrae‹ (Kantaten für Chor und Solostimmen mit Instrumentalbegleitung) mit ihren aus Rezitativ, Arioso und Dialog gemischten Soloteilen und den dramatisch angelegten Chören erreichte S. Gestaltungsformen, die er in den Oratorien wiederaufnahm. Er komponierte auch die erste deutsche Oper ›Daphne‹ (1627; Musik nicht erhalten). Nach langer Vergessenheit wurde S. in der Romantik wiederentdeckt. ›Neue Schütz-Gesellschaft‹ (gegr. 1929, Sitz: Kassel), seit 1963 ›Internat. Heinrich Schütz-Gesellschaft‹.

HW: Ital. Madrigale (1611); Psalmen (1619); Cantiones sacrae (vierstimmige lat. Motetten, 1625); Beckerscher Reimpsalter (1628); Sinfoniae sacrae (solistisch mit Instrumenten, lat., 3 Tle., 1629–50); Kleine geistliche Konzerte (2 Tle., 1636–39); Geistl. Chormusik (fünf- bis siebenstimmige dt. Motetten, 1648); Die sieben Worte des Erlösers am Kreuz (1645?); Weihnachtsoratorium (1664); Passionen nach Matthäus, Lukas und Johannes (um 1666).

2) Klaus, Politiker (SPD), * Heidelberg 17. 9. 1926; 1957–61 MdB., 1966–67 Staatssekretär im Auswärtigen Amt, 1967–77 Regierender Bürgermeister von Berlin, 1977–80 Botschafter in Israel, seit 1981 Intendant der Dt. Welle.

Schutz|aufsicht, bis 1961 die → Erziehungsbeistandschaft.

Schutz bedrohter Tier- und Pflanzenarten, Bez. für die den Schutz der Biotope und Individuen umfassenden gesetzl. Maßnahmen wie → CITES, → Ramsar-Konvention, Richtlinien der Europ. Gemeinschaft, Europ. Übereinkommen über die Erhaltung wildwachsender Pflanzen und wildlebender Tiere und ihrer Lebensräume sowie die → Rote Liste. – In der Bundesrep. Dtl. wurde der Artenschutz unter Beachtung von CITES durch die Bundesartenschutz-VO v. 25. 8. 1980 neu geregelt.

Schutzbereich, früher **Rayon** [rɛjˈɔ̃, frz.], Gebiet, das aus Gründen der Verteidigung best. Eigentumsbeschränkungen unterliegt. Wirtschaftl. Einbußen werden entschädigt (Schutzbereichsges. v. 7. 12. 1956, letzte Änderung 20. 12. 1976).

Schutzbrief, Geleit(s)brief, → Geleit.

Schutzbrille, Augenschutz. Vor Staub, Splittern, chem. Ätzwirkungen u. ä. schützen Brillen aus nichtsplitterndem Glas, Glimmer oder engem Drahtgeflecht mit Seitenkappen. Brillen mit Filterglas dienen zum Schutz gegen Blendung (z. B. durch grelles Sonnenlicht; **Sonnenbrille),** gegen übermäßige Belichtung (z. B. beim Schweißen, bei Arbeiten am Schmelzofen oder mit Lasern; **Blendgläser),** zum Verhüten von Schneeblindheit **(Schneebrillen).** Seit einigen Jahren verwendet man auch Brillengläser aus photochromem Glas (→ lichtempfindliche Gläser 2).

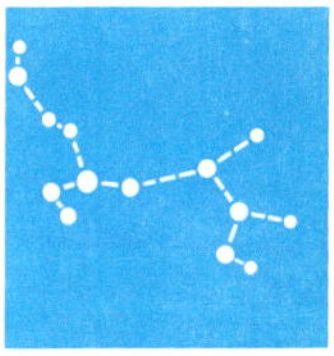

Schütze 3)

Schütze [zu schießen] *der, -n/-n,* **1)** jemand, der schießt, bes. mit einer Feuerwaffe: *er ist ein guter S.* **2)** ⚔ 1920–43 im dt. Heer der einfache Infanterist, heute unterster Dienstgrad bei einigen Truppengattungen des Heeres. **3)** *ohne Pl.,* ☆ **Sagittarius** [lat.], Sternbild des Südhimmels. 9. Zeichen des Tierkreises. In Richtung des S. liegt der Mittelpunkt des Milchstraßensystems.

Schützen *der, -s/-,* **Weberschützen, Weberschiffchen,** in der → Weberei das Schiffchen, das den Schuß einträgt.

Schützenfisch, Spritzfisch, Toxotes jaculator, 20 cm lange Art der Barschartigen Fische in Fluß- und Brackwasser Ostindiens und Nordaustraliens; spritzt Insekten von Pflanzen ab.

Schutz|engel, der nach kath. Glauben jedem Menschen zur Leitung und Hilfe beigegebene → Engel. Fest: 2. 10.

Schützengesellschaften, Vereinigungen zur Pflege des Schießsports; sie entstanden in den mittelalterl. Städten, die sich gegen Übergriffe des Adels und der Fürsten schützen mußten, und wurden durch Verleihung von Vorrechten, bes. an die besten Schützen **(Schützenkönig)** gefördert. Die **Schützenfeste** wurden zu Volksfesten. – In Dtl. entstanden die ersten S. (auch **Schützengilden, Schützenvereine)** im 11. Jh. Politisch-militär. Bedeutung erlangten die schweizer. S. im 14. Jh. gegen Österreich, die sächsisch-thüring. S. im 15. Jh. gegen die Hussiten, die niederländ. gegen Spanien und die Tiroler Standschützen 1809 gegen Napoleon. In der Bundesrep. Dtl. bestehen 1984 rd. 12800 S., die im Dt. Schützenbund (→ Schießsport) organisiert sind.

Heinrich Schütz (aus einem Gemälde von C. Spetner)

Schützengraben, ⚔ früher Graben zur Deckung der Infanterie gegen feindliches Feuer und zur sicheren Schußabgabe, oft mit Unterständen (Stollen) versehen; erstmals im Russisch-Japan. Krieg 1904/05. Heute dienen **Kampfstände** und **Kampfgräben** demselben Zweck.

Schützenkette, Feuerkette, Form der geöffneten Ordnung im Infanteriegefecht. Die Mannschaften einer Gruppe verteilen sich unter geringer Tiefenstaffelung in die Breite, um alle Feuerwaffen wirksam einsetzen zu können. Die **Schützenreihe** (hintereinander) und das **Schützenrudel** (nach Breite und Tiefe gestaffelt) dienen dem Vorgehen im Kampfgelände.

Schützenpanzer, ⚔ → Panzer 4).

Schützenrudel, ⚔ → Schützenkette.

Schutzgebiete

Schutzgebiete	Fläche in km²	Ew. 1913 in 1000	Verwaltungssitz	Erzeugnisse
Deutsch-Südwestafrika	836 000	81	Windhuk	Rinder, Schafe, Ziegen; Kupfer, Diamanten
Deutsch-Ostafrika	993 500	7 646	Daressalam	Kaffee, Sisal, Zuckerrohr, Kautschuk, Baumwolle, Kopra; Bergbau
Kamerun	797 400[1])	2 650	Buëa	Palmkerne, Palmöl, Holz, Kakao, Bananen
Togo	89 900	1 032	Lome	Kakao, Palmöl, Mais, Baumwolle, Eisenerz, Kolanüsse, Kopra
Deutsch-Neuguinea	242 600	418	Rabaul	Kokospalmen, Phosphate, Gold
Samoa	2 927	35	Apia	Kakao, Kopra, Ananas
Kiautschou	515	192	Tsingtau	Bergbau, Handel
Insgesamt	**2 962 842**	**12 054[2])**		

[1]) bis zum Marokko-Kongo-Abkommen (1911): 519000 km².
[2]) Zahl der Weißen 1896: 5000, 1913: 28860.

Schützenschnur, Abzeichen für besondere Schießleistungen der Unteroffiziere und Mannschaften, in Gold, Silber, Bronze.

Schützenstück, → Gruppenbild.

Schutzfärbung, die → Schutztracht.

Schutzfrist, → Urheberrecht.

Schutzgas, das → Inertgas.

Schutzgebiete, bis 1918 die amtl. Bez. für die dt. Kolonien. – Während seit dem 16. Jh. Deutsche fast nur im Dienst fremder Mächte an der Erschließung neuentdeckter Gebiete teilnahmen, schalteten sich nach 1815 dt., bes. hanseat., Kaufleute erfolgreich in den Welthandel ein. Vom Ende der 1870er Jahre an entstand unter dem Eindruck der Reichseinigung eine Bewegung für Kolonialerwerb (1882 Dt. Kolonialverein, seit 1887 Dt. Kolonialgesellschaft). Bismarck lehnte diese Bestrebungen wiederholt ab, machte sie sich aber 1884 überraschend zu eigen. Die zunächst als Handelskolonien gedachten Erwerbungen wurden allmählich Siedlungskolonien. Von 1898 an verwaltete das Reich alle S. selbst. In den meisten S. gab es eine kleine → Schutztruppe. Im 1. Weltkrieg wurden alle S. besetzt; im Versailler Vertrag (1919) mußte das Dt. Reich auf alle S. verzichten. Sie wurden → Mandatsgebiete, 1946 → Treuhandgebiete.

Deutsch-Südwestafrika. In dem dünnbesiedelten Gebiet zw. Angola und der Kapkolonie gründete 1883 der Bremer Kaufmann A. Lüderitz eine Niederlassung, schloß Verträge mit der ansässigen Bevölkerung ab und erhielt 1884 als erster den Schutz des Reichs. G. Nachtigal gewann das Gebiet der Namaleute hinzu; 1885 folgte ein Vertrag mit den Herero. Die Grenzen gegen Angola und die Kapkolonie wurden 1886 und 1890 festgelegt. 1904 wurde ein Aufstand der Herero niedergeschlagen (L. v. Trotha); diese wurden zum großen Teil vernichtet. Einen anschließenden Aufstand der Hottentotten (bis 1907) schlug B. v. Deimling nieder. Das S. erhielt 1907 Selbstverwaltung. Im 1. Weltkrieg mußte die Schutztruppe am 9. 7. 1915 kapitulieren. (→ Namibia)

Deutsch-Ostafrika. Mit den Häuptlingen im Hinterland schlossen Ende 1884 C. Peters und J. Graf v. Pfeil Verträge ab. Ihre Gesellschaft erhielt am 27. 2. 1885 einen kaiserl. Schutzbrief und wurde am 7. 9. eine Art Chartered Company mit polit. Rechten. Den Sultan von Sansibar, Sajjid Bargasch, zwang ein dt. Geschwader zur Anerkennung der dt. Schutzherrschaft (Aug. 1885). 1888 brach ein Araberaufstand aus, den eine dt. Truppe (H. v. Wissmann) niederschlug. Im Helgoland-Sansibar-Vertrag (1. 7. 1890) wurden die Grenzen festgelegt. Die Schutztruppe unter General P. v. Lettow-Vorbeck behauptete sich im 1. Weltkrieg bis Nov. 1918 gegen Briten, Belgier und Portugiesen. (→ Tansania)

Kamerun. Am 14. 7. 1884 wurde Kamerun durch G. Nachtigal als Reichskommissar zum Schutzgebiet erklärt; Großbritannien erkannte dies gegen Preisgabe dt. Ansprüche in Nigeria an. Nach der Marokko-Krise trat Frankreich am 4. 11. 1911 weitere Gebiete im O und S (Neu-Kamerun) ab, die an 2 schmalen Stellen den Kongo-Ubangi erreichten. Im Aug. 1914 übernahm die Schutztruppe die Abwehr der Briten und Franzosen; ihre Reste traten am 9. 2. 1916 nach Spanisch-Guinea über. (→ Kamerun)

Togo. Neben frz. und brit. Firmen etablierte sich in Togo ein Bremer Haus (F. M. Vietor Söhne), nach 1870 folgten weitere Deutsche. Der 1874 abgelehnte Schutz des Reichs wurde 1884 gewährt. Das Land galt als Musterkolonie. Die kleine Schutztruppe kapitulierte am 25. 8. 1914 vor brit. und frz. Streitkräften. (→ Togo)

Deutsch-Neuguinea. Der NO-Teil der Insel → Neuguinea wurde von Dtl. 1884 erworben und **Kaiser-Wilhelms-Land** genannt. Die Salomonen wurden 1886 und 1899 zw. Dtl. und Großbritannien aufgeteilt. Dtl. erklärte im Nov. 1884 seine Schutzherrschaft über die Marshall-Inseln (mit Nauru) und erwarb 1899 von Spanien die Karolinen, die Marianen und die Palau-Inseln (ohne Guam). Da keine Schutztruppe vorhanden war, wurden im Sept./Okt. 1914 das eigtl. Neuguinea und der Bismarck-Archipel von Australien, die Inselgruppen von Japan besetzt.

Samoa. Deutsche, amerikan. und brit. Handels- und Plantageninteressen auf den → Samoa-Inseln hatten 1889 zur Samoa-Konferenz in Berlin geführt. 1899 wurde die Inselgruppe zw. den USA und dem Dt. Reich aufgeteilt. Dt.-Samoa wurde am 29. 8. 1914 kampflos von Neuseeland besetzt.

Kiautschou. Aus Anlaß der Ermordung dt. Missionare wurde → Kiautschou am 14. 11. 1897 besetzt. Nach dem dt.-chines. Vertrag vom 6. 3. 1898 pachtete das Dt. Reich Kiautschou auf 99 Jahre. Das als Flottenstützpunkt dem Reichsmarineamt unterstellte Gebiet nahm einen raschen Aufschwung. Tsingtau, zur Hauptstadt ausgebaut, wurde der bedeutendste Handelsplatz der chines. NO-Küste. Im 1. Weltkrieg schlossen japan. Truppen Tsingtau ein, das am 7. 11. kapitulierte.

Schutzgeist, im Volksglauben ein den Menschen beschützender Geist. Bei den Römern entsprach ihm der Genius. Im german. Volksglauben war der S. der dem Menschen stets verbundene Begleiter; er lebte im gefällten Baum, im Schiffsmast als Klabautermann, im Balken des Hauses als Kobold.

Schutzgemeinschaft, Schutzvereinigung, Vereinigung zur Wahrung wirtschaftl. oder kultureller Interessen, z. B. → Kreditschutzvereine. Die **Dt. Schutzvereinigung für Wertpapierbesitz e. V.,** Düsseldorf, und die **S. der Kleinaktionäre e. V., Frankfurt,** Velbert, vertreten die Interessen der Wertpapiereigentümer. – Die **S. Dt. Wald Bundesverband e. V.,** Bonn, gegr. 1947, betreibt Öffentlichkeitsarbeit im Sinne des Naturschutzes (Anlage von Schutzwäldern, Waldlehrpfaden u. a.).

Schutzgenossen, Völkerrecht: die dem Schutz der diplomat. und konsular. Organe eines befreundeten oder, im Krieg, eines neutralen Staates (→ Schutzmacht) anvertrauten Personen; im weiteren Sinn Angehörige abhängiger oder kolonialer Gebiete.

Schutzgesetz, Rechtsnorm, die den Schutz der einzelnen bezweckt (z. B. die Strafbestimmungen zum Schutz von Leib und Leben). Der schuldhafte Verstoß gegen ein S. verpflichtet zum Schadensersatz (§ 823 Abs. 2 BGB).

Schutzgewalt, Völkerrecht: **1)** das Recht aller Staaten, ihren Angehörigen gegenüber fremden Staaten diplomat. Schutz zu gewähren. **2)** die über abhängige oder koloniale Gebiete ausgeübte Herrschaft eines Staates (→ Protektorat, → Schutzgebiete).

Schutzgruppen, ⟲ organ. Reste, die in organ. Molekülen mit mehreren aktiven Zentren selektiv bestimmte funktionelle Gruppen vorübergehend so zu binden vermögen, daß Reaktionen nur an den gewünschten ungeschützten (freien) Stellen ablaufen.

Schutzhaft, Schutzgewahrsam, 1) die polizeil. Verwahrung einer Person. **2) politische S.,** die Verwahrung von Personen, die die Staatssicherheit gefährden; in rechtsstaatl. Gemeinwesen nur während eines Ausnahmezustandes, bes. in Kriegszeiten, zulässig, z. B. von den Besatzungsmächten seit 1944 in Dtl. in großem Umfang verhängt. In totalitären Staaten wird sie zur Bekämpfung von Gegnern benutzt (→ Konzentrationslager). In der Bundesrep. Dtl. ist die polit. S. verboten, da eine Freiheitsentziehung über den Tag nach der Festnahme hinaus nur auf Grund eines richterl. Haftbefehls (also zur Strafverfolgung oder -vollstreckung) zulässig ist (Art. 104 GG).

Schutzheiliger, Schutzpatron, Kath. Kirche: Heiliger, der als Beschützer und Fürsprecher einzelner Länder, Orte, Kirchen, Orden, Berufe, Vereine, Personen u. a. verehrt wird.

Schutzhelm, → Helm, → Sturzhelm.

Schutzherrschaft, das → Protektorat.

Schutzhütten, von Alpenvereinen eingerichtete Unterkunftsstätten, die bei Bergbesteigungen und Paßwanderungen zur Übernachtung und als Stützpunkt dienen.

Schutz|impfung, künstl. Erzeugung einer → Immunität bei Mensch und Tier gegenüber Krankheitserregern oder Giften. Durch künstl. Verabreichung von → Antigenen oder vermehrungsfähigen Mikroorganismen, die Antigene im Körper bilden, wird der Organismus veranlaßt, → Antikörper und dadurch eine lang anhaltende Immunität zu entwickeln (aktive S.). Kurzfristige Immunität kann durch Injektion von Präparaten, die (körperfremde) Antikörper enthalten, geschaffen werden (passive S.).

Die **aktive S.** wird mit Lebend- oder Tot-Impfstoff durchgeführt. **Lebend-Impfstoffe** heißen Impfstoffe aus vermehrungsfähigen Mikroorganismen, deren krank machende Wirkung abgeschwächt ist. Die älteste S. ist die Pocken-S.; als Impfstoff dient die in Impfanstalten gewonnene Lymphe aus Kuhpockenblasen. Sie enthält den lebenden Erreger der Kuhpocken, der beim Menschen eine leichte Erkrankung, damit aber eine Immunität hervorruft, die zumindest gegen eine schwere und tödl. Pockeninfektion schützt. Impfschäden können z. B. durch eine unsachgemäße Behandlung der Impfstelle oder durch hinzutretende Gehirnentzündung entstehen. Weitere wichtige S. mit Lebend-Impfstoffen sind die S. gegen Tuberkulose, Gelbfieber, Kinderlähmung (Schluckimpfung, → Sabin-Impfung), Masern, Röteln, Mumps. **Tot-Impfstoffe (inaktivierte Impfstoffe)** werden Impfstoffe genannt, bei denen Bakterien und Viren durch chem. oder physikal. Verfahren ihre Vermehrungsfähigkeit genommen ist oder bei denen Gifte (Toxine) in eine unschädl. Form **(Toxoide)** umgewandelt wurden. S. mit inaktivierten Erregern werden zur Vorbeugung gegen Cholera, Typhus und Paratyphus, Keuchhusten, Grippe, Kinderlähmung (Injektionsimpfung, → Salk-Impfung), Masern durchgeführt. Die S. mit Toxoiden hat sich bei Infektionen bewährt, deren Erreger Bakteriengifte bilden. Hierzu gehören bes. die aktive S. gegen Diphtherie und Starrkrampf. Die **passive S.** wird mit Blutseren von Mensch und Tier (Heilserum) oder mit Präparationen daraus durchgeführt, die möglichst viele Antikörper enthalten. Der Schutz tritt wenige Stunden nach der Injektion ein und ist auf 3-4 Wochen begrenzt. Eine Infektionskrankheit kann durch sie nicht verhindert, aber in ihrem Verlauf wesentlich günstiger beeinflußt werden. Bes. verwendet werden passive S. gegen Starrkrampf, Diphtherie, Virusinfekte (Masern, Pocken). Bei Injektion von Seren tier. Herkunft kann es zu Überempfindlichkeitsreaktionen und bei wiederholter Gabe von Seren derselben Tierart zu schweren allerg. Zwischenfällen kommen. Deshalb werden heute möglichst Serumeiweiße (Immunglobuline, Gamma-Globuline) vom Menschen verwendet. Wo dies nicht möglich ist, soll bei mehrfachen Seruminjektionen die Tierart gewechselt werden.

Die **Simultanimpfung** verbindet die Vorteile der passiven S. (schnell einsetzender Schutz) und der aktiven S. (lang anhaltende Wirkung) und wird z. B. bei Starrkrampf und Diphtherie angewendet. **Mischimpfstoffe** dienen der gleichzeitigen Immunisierung gegen verschiedene Infektionskrankheiten, z. B. werden Zweifach-Mischimpfstoffe gegen Diphtherie und Starrkrampf und gegen Masern und Mumps verwendet.

Während eine Reihe von S. bes. bei Reisen in ferne Länder empfohlen werden oder vorgeschrieben sind (z. B. Gelbfieber, Typhus, Cholera), gibt es Impfungen, die bei jedem (gesunden) Menschen von Kindheit an durchgeführt werden sollten. Der Orientierung über Art und Zeitpunkt empfohlener S. dient der **Impfplan:**

Neugeborenenalter: Tuberkulose-S. (meist nur bei erhöhter Ansteckungsgefahr).

Ab 3.-4. Lebensmonat: 1) zweimalige S. gegen Diphtherie und Starrkrampf im Abstand von mindestens 6 Wochen (oder dreimal gegen Diphtherie, Starrkrampf und Keuchhusten bei bes. gefährdeten Kindern). 2) zweimalige Impfung gegen Kinderlähmung (Schluckimpfung) im Abstand von mindestens 6 Wochen (ggf. kombiniert mit den Impfungen gegen Diphtherie und Starrkrampf).

Ab 2. Lebensjahr: 1) S. gegen Masern, Mumps, Röteln. 2) S. gegen Diphtherie und Starrkrampf (oder Diphtherie, Starrkrampf und Keuchhusten). 3) S. gegen Kinderlähmung.

6.-7. Lebensjahr: Auffrischimpfung gegen Diphtherie.

10. Lebensjahr: Auffrischimpfung gegen Starrkrampf und gegen Kinderlähmung.

11.-14. Lebensjahr: Röteln-S. bei allen Mädchen, auch wenn im Kleinkindalter schon gegen Röteln geimpft.

Alle 5-10 Jahre: Auffrischimpfung gegen Kinderlähmung.

Alle 10 Jahre: Auffrischimpfung gegen Starrkrampf.

Impfzwang der Pockenschutzimpfung nach dem Reichsimpfgesetz von 1874 ist für Kleinkinder durch Ges. über die Pocken-S. v. 18. 5. 1976 aufgehoben worden. Er besteht nur noch für die Wiederimpfung und für best. Personengruppen. Bei erfolgloser S. findet eine Wiederholung statt, der bei erneutem Nichterfolg eine letzte folgt. Dritt-Impfungen werden bei der Bundeswehr, vor Reisen in bestimmte Länder und in Epidemiezeiten durchgeführt. Für Impfschäden besteht in der Bundesrep. Dtl. ein Entschädigungsanspruch nach § 51 Bundesseuchenges. - In Österreich ist die S. ähnlich geregelt, in der Schweiz kantonal verschieden. In der Dt. Dem. Rep. sind S. v. a. Aufgabe der ›Jugendgesundheitspflege‹.

Der **Impfpaß** ist eine Urkunde, in die die wichtigsten S. eingetragen werden. Die Weltgesundheitsbehörde gibt einen international gültigen Impfpaß heraus, in dem S. gegen Pocken (Gültigkeitsdauer 3 Jahre), Gelbfieber (10 Jahre) und Cholera (6 Monate) behördlich bescheinigt werden. Er dient der Verhütung von Einschleppung dieser Seuchen in das Ein- und Rückreiseland.

Schutz|insel, die → Verkehrsinsel.

Schutzkontaktsteckvorrichtung, elektromechanische → Steckvorrichtung, bestehend aus **Schutzkontaktstecker** und **Schutzkontaktsteckdose.** Beide Teile besitzen **Schutzkontakte,** die vor Herstellen der Verbindung für die stromführenden Kontakte eine Schutzleitung schließen (bei Haus- und Geräteinstallationen das mit grün-gelbem Kunststoffmantel isolierte Kabel), über die das Gerätegehäuse geerdet wird.

Schutzmacht, 1) im Kriegsfall ein neutraler Staat, der die Interessen einer kriegführenden Macht in einem Feindstaat wahrnimmt. **2)** → Protektorat.

Schutzmantelmadonna, Schutzmantelbild, Darstellung Marias, die mit ihrem von ihr selbst oder von Engeln ausgebreiteten Mantel die Gläubigen umfängt; bes. im späten MA. verbreitet.

Schutzmantelmadonna aus Ravensburg; um 1480 (Berlin-West, Staatl. Museen)

Schutzmarke, das → Warenzeichen.

Schutzpolizei, Abk. **Schupo** (auch für **Schutzpolizist**), in den meisten Bundesländern Bez. für die allg. und wichtigste Abteilung des uniformierten Polizeivollzugsdienstes. (→ Polizei)

Schutzraumbauten, Sammelbegriff für Luftschutzräume wie **Schutzstollen, Schutzbunker** und **Schutzkeller.** Die S. müssen allseitig geschlossene, biegesteife Stahlbetonkonstruktionen mit räumlicher Bewehrung sein und Wände best. Dicke aufweisen.

Schutzschaltung, elektr. Einrichtung, die das Bestehenbleiben einer zu hohen Berührungsspannung bei elektr. Niederspannungsanlagen verhindert. Im Fehlerfall wird die Anlage oder das Gerät in weniger als 0,2 s allpolig vom Netz getrennt. Nach der Funktionsweise unterscheidet man **Fehlerspannungsschutzschalter (FU-Schutzschalter,** meist nur für ein Gerät) und **Fehlerstromschutzschalter (FI-Schutzschalter,** für eine Anlage). Diese besitzen einen Summenstromwandler (→ Meßwandler), der feststellt, ob ein Fehlerstrom zur Erde abfließt, und bewirkt dann die Abschaltung des betreffenden Stromkreises.

Schutzstaffel, Gliederung der NSDAP, → SS.

Schutztracht, Schutzfärbung, tarnende Gestaltung der Körperoberfläche bei dazu passendem Verhalten, z. B. → Farbwechsel, → Mimikry, → Mimese.

Schutztrennung, Maßnahme des elektr. Berührungsschutzes, angewendet v. a. beim Umgang mit elektr. Verbrauchsmitteln (Geräten) an Orten erhöhter elektr. Gefährdung (beengte Verhältnisse, Körperkontakt mit elektrisch leitfähiger Umgebung): Ein Trenntransformator (Trafo mit hohen Anforderungen an die innere Isolation) zw. Steckdose und Gerät verhindert durch galvan. Trennung vom Netz das Auftreten von Berührungsspannungen bei einem möglichen Defekt im Gerät.

Schutztruppe, kaiserliche S., die 1891-1918 in den ehemaligen dt. → Schutzgebieten bestehende Truppe, überwiegend einheim. Soldaten unter dt. Offizieren.

Schutz|umschlag, dem Schutz des Einbandes dienender Umschlag mit umgeschlagenen Klappen an den Deckelseiten, häufig mit einem Klappentext (→ Klappe). Der S. wird werbekräftig und repräsentativ ausgestaltet, typographisch oder illustrativ mit zeichnerischen oder photograph. Mitteln.

Schutzvertrag, internat. Abkommen, durch das sich ein Staat der Schutzgewalt eines anderen Staates unterstellt (→ Protektorat); wurde bes. als Methode der kolonialen Durchdringung und der Schaffung von Einflußgebieten verwendet.

Schutzwald, Wald, der zum Schutz vor Gefahren (z. B. Erosion), zur Sicherung der Trinkwasserversorgung erhalten und bes. bewirtschaftet wird.

Schutzzoll, Einfuhrzoll, der die heim. Erzeugung vor der ausländ. Konkurrenz schützen soll (→ Protektionismus), im Unterschied zum → Finanzzoll. Bereits der Merkantilismus erhob als wichtigstes Mittel der Außenhandelspolitik einen S. auf ausländ. Fertigfabrikate. Um der Freihandelspolitik des 19. Jh. zu begegnen, befürwortete F. → List den Erziehungszoll, der mit Erstarken der inländ. Industrie allmählich sinken und schließlich wegfallen sollte. Um 1870 wurden in fast allen europ. Ländern erneut S. eingeführt. Im Rahmen des → GATT (Kennedy-Runde) ist ein allmählicher Abbau der S. vorgesehen.

Schuw *das, -es/"e, nd., westdt.:* Schublade.

Schwab, Gustav, Dichter, * Stuttgart 19. 6. 1792, † ebd. 4. 11. 1850 als Oberkonsistorialrat und Oberstudienrat, gehörte dem → Schwäbischen Dichterbund an. Einige seiner Romanzen und Lieder waren lange volkstümlich (›Der Reiter und der Bodensee‹, ›Das Gewitter‹). Nachhaltiger wirkten seine Nacherzählungen der ›Schönsten Sagen des klass. Altertums‹ (3 Bde., 1838-40) und der ›Dt. Volksbücher‹ (3 Bde., 1836 f.). S. gab 1833-38 mit A. v. Chamisso den ›Dt. Musenalmanach‹ heraus.

Schwabach, kreisfreie Stadt im RegBez. Mittelfranken, Bayern, (1983) 35 300 Ew.; Metall- (Nadeln, Draht, Schrauben, techn. Federn), Elektro-, Lebensmittel- u. a. Ind.; spätgot. Hallenkirche (um 1500), Rathaus (1509). - S. kam 1364 an die Burggrafen von Nürnberg, wurde 1371 Stadt, 1791 preußisch, 1806 bayerisch.

Schwabacher Artikel, 1529 von Wittenberger Theologen verfaßtes Glaubensbekenntnis, das die Bündnisbestrebungen der evang. Stände fördern sollte; wurde der erste Teil der → Augsburgischen Konfession.

Schwabacher Schrift, behäbige, breitlaufende dt. Schrift, die, aus der → gotischen Schrift entwickelt, in Frühdrucken in

Nürnberg, Ulm, Augsburg und Mainz um 1480 zum erstenmal vorkommt. Sie darf nicht mit der → Fraktur verwechselt werden.

Segelbawm dises schifleins

Schwabacher Schrift (Anfang des 16. Jh.)

schwabbeln [nd., zu schwappen]. *ich* **schwabb(e)le, 1)** *norddt.:* schwatze. **2)** *es,* bearbeite Oberflächen maschinell mit einer kreisenden Tuchscheibe und Paste. **3)** *es schwabbelt,* U wackelt, schlottert (bes. etwas gallertartig Weiches). *Subst. die* **Schwabbelei**, *-/-en.* **schwabb(e)lig,** U wackelig, weich, schlaff.

Schwabe [Scherzwort] *die, -/-n* oder *der, -n/-n,* Schabe.

Schwaben *Pl.,* **1)** german. Volksstamm, dessen Name mit den seit dem 3. Jh. nach SW abwandernden → Alemannen in das urspr. kelt., später röm. Gebiet zw. Rhein, Neckar und Donau getragen wurde. Heute versteht man unter S. stammesmäßig die Schwäbisch sprechenden Bewohner Altwürttembergs, Oberschwabens und des bayer. S. (bis zum Lech). Die stammesverwandten Bewohner Südbadens, Vorarlbergs, Liechtensteins, der deutschsprachigen Schweiz und des Elsaß heißen Alemannen. **2)** Name dt. Volksgruppen in Südosteuropa, z. B. → Banater Schwaben, → Donauschwaben. *Adj.* **schwäbisch.** *ich* **schwäb(e)le,** spreche schwäbische Mundart (ÜBERSICHT Mundarten).

Schwaben, 1) RegBez. in Bayern, 9994 km², (1984) 1,543 Mio. Ew., Hptst.: Augsburg. S. umfaßt die Landkreise Aichach-Friedberg, Augsburg, Dillingen a. d. Donau, Donau-Ries, Günzburg, Lindau (Bodensee), Neu-Ulm, Oberallgäu, Ostallgäu, Unterallgäu sowie die kreisfreien Städte Augsburg, Kaufbeuren, Kempten (Allgäu), Memmingen. **2)** altes dt. Herzogtum, umfaßte die dt. Schweiz (mit Graubünden), das Elsaß, Südbaden, Württemberg (ohne den N) und das bayer. S. bis zum Lech. Die Herzogswürde war 1079–1268 im Besitz der Staufer und erlosch dann. Während die Schweiz und das Elsaß im späten MA. immer mehr ihre eigenen Wege gingen, zerfiel das übrige S. in zahlreiche größere und kleinere Landesherrschaften, unter denen Württemberg und Baden die mächtigsten wurden (→ Schwäbischer Städtebund, → Schwäbischer Bund). Nur noch die Schwäb. Städtebank der Reichsstädte, der → Schwäbische Kreis und die Reichsritterschaft in S. waren bis 1806 die amtl. Vertreter eines gesamtschwäb. Bewußtseins.

Schwabenkorn, Weizenart, → Dinkel.

Schwabenkrieg, der 1499 von der Schweizer. Eidgenossenschaft gegen Maximilian I. und den Schwäb. Bund geführte Krieg, → Schweiz, Geschichte.

Schwabenspiegel, süddt. Rechtsbuch, um 1274/75 in Augsburg von einem unbekannten Geistlichen auf der Grundlage des Sachsenspiegels verfaßt.

Schwabing, Stadtteil von München, Künstlerviertel.

Schwäbische Alb, früher **Schwäbischer Jura,** Mittelgebirge in SW-Dtl., Schichtstufe des → Schwäbisch-Fränkischen Stufenlandes, zw. Hochrhein und Nördlinger Ries; höchste Erhebung der Lemberg im SW, 1015 m. Der steilen NW-Abdachung sind Vorberge (Zeugenberge) vorgelagert, z. T. früher von Burgen gekrönt: Plettenberg, Hohenzollern, Achalm, Hohenneuffen, Teck, Hohenstaufen. – Die S. A. besteht aus flach geneigten Juraschichten. Der untere Jura bildet Ackerböden, der mittlere eine Eisensandsteinstufe mit Nadelwäldern, der obere eine steile weiße Kalkmauer mit wasserarmen, klimatisch rauhen Hochflächen **(Rauhe Alb)** und zahlreichen Tropfsteinhöhlen. Es gibt wenig Landwirtschaft; aus bodenständigem Gewerbe entwickelte sich Textil- und feinmechanische Industrie.

Schwäbische Kaiser, die → Staufer.

Schwäbischer Bund, 1488 gegr. Vereinigung der schwäb. Reichsstände zur Sicherung des Landfriedens, der später auch die Kurfürsten von der Pfalz, Mainz und Trier, ferner Hessen, Bayern und die meisten oberdt. Stände beitraten. Der S. B., an dessen Spitze ein Bundesrat aus Vertretern der Fürsten, Städte und Ritter stand, wurde bes. unter Kaiser Maximilian I. zur Stütze der habsburg. Politik in Oberdeutschland. 1519 führte er den Feldzug gegen Herzog Ulrich von Württemberg, dessen Land an Österreich fiel; im Bauernkrieg 1525 warf er unter Georg Truchseß von Waldburg die Bauern nieder; das Raubrittertum wurde tatkräftig bekämpft. Infolge der Reformation lockerte sich der S. B. und löste sich 1534 auf.

Schwäbischer Dichterbund, ein Kreis württemberg. Dichter, der sich 1805–08 an der Universität Tübingen um L. Uhland und J. Kerner zusammenfand. Ihm gehörten K. Mayer, G. Schwab, später W. Hauff, G. Pfizer, A. Knapp, J. G. Fischer, E. Mörike an. Der S. D. wandte sich, angeregt v. a. von der Heidelberger Romantik, bes. dem volkstüml. Lied, der Ballade und den poetischen Zeugnissen der dt. Vergangenheit zu.

Schwäbischer Jura, die → Schwäbische Alb.

Schwäbischer Kreis, einer der 10 → Reichskreise des Dt. Reichs bis 1806, umfaßte die Hochstifte Konstanz und Augsburg, 4 gefürstete Abteien, das Hzgt. Württemberg, die Markgfsch. Baden, 6 Fürstentümer und Landgrafschaften, 21 Abteien, 25 Gfsch. und Herrschaften, 31 Reichsstädte (darunter Augsburg und Ulm). Das Direktorium führte Württemberg; die Kreistage wurden meist in Ulm abgehalten.

Schwäbischer Städtebund, 1376 unter Führung Ulms von 14 schwäb. Reichsstädten gegründet, die ihre Reichsunmittelbarkeit wahren wollten, später auf 89 Städte – vom Elsaß bis Bayern – angewachsen. Der Bund wurde von Kaiser Karl IV. geächtet und erfolglos bekämpft, von König Wenzel 1384 faktisch anerkannt, von Graf Eberhard II. von Württemberg 1388 bei Döffingen besiegt; durch den Reichslandfrieden von Eger 1389 aufgelöst.

Schwäbisches Meer, der → Bodensee.

Schwäbische Türkei, das Gebiet zw. Donau, Drau und Plattensee in Ungarn, wo nach der Vertreibung der Türken im 18. Jh. dt. Kolonisten (Donauschwaben) angesiedelt wurden;

Schwäbische Alb am Nordrand der mittleren Kuppenalb bei Reichenbach im Täle (Ortsteil von Deggingen, Kr. Göppingen)

heute neben dem → Banat das zweitgrößte Siedlungsgebiet der Donauschwaben.

Schwäbisch-Fränkisches Stufenland, die Großlandschaft zw. Schwarzwald, Odenwald und Böhmerwald. Der Wechsel harter und weicher Schichten bewirkt die Folge von steilen Schichtstufen (bes. ausgeprägt: Keuper- und Weißjurastufe) und weiten Landterrassen. Alte Siedlungsgaue finden sich auf den Muschelkalkflächen, im Ries, auf der Schwäb. und der südl. Fränk. Alb, dagegen meist erst im Hoch-MA. durchrodete Waldgebiete bes. im Bereich des Buntsandsteins und der Keupersandsteine.

Schwäbisch Gmünd, Stadt im Ostalbkr., Bad.-Württ., Große Krst., (1984) 56100 Ew., an der Rems; PH, FH für Gestaltung, Forschungsinstitut und Probieramt für Edelmetalle und Metallchemie, Museen, Stadtarchiv; Edelmetall-, Schmuck- u. a. Ind. S. G. besitzt alte Türme, Fachwerkhäuser aus dem 15. und 16. Jh., spätroman. Johanneskirche. Ein bed. Bauwerk ist die kath. Pfarrkirche zum Hl. Kreuz (um 1320 begonnen), eine der schönsten schwäb. Hallenkirchen. – S. G. wurde vor 1162 gegr., später Reichsstadt, kam 1802 an Württemberg.

Schwäbisch Hall, Krst. im RegBez. Stuttgart, Bad.-Württ., Große Krst., (1983) 30800 Ew., im Tal des Kochers; landwirtschaftl. Marktzentrum; Elektro-, Textilindustrie, Holz- und Kunststoffverarbeitung; Solquelle; Freilichtspiele. S. H., eine der schönsten alten Städte S-Dtl.s (St.-Michaels-Kirche, 1427–56, mit roman. Turm; Rathaus, 1730–35; Neuer Bau, 1510–27 Zeughaus, seit 1529 Festsaal), wurde 1276 Reichsstadt, kam 1802 an Württemberg. – Bei S. H. liegt die Klosterburg → Komburg.

Schwabmünchen, Stadt im Kr. Augsburg, Bayern, (1983) 10000 Ew., am O-Rand des Lechfeldes; Elektroindustrie, Kalenderdruck, Milchverwertung. S. war vom 10. Jh. bis 1802 Amtssitz der Bischöfe von Augsburg.

schwach [mhd. ›schlecht‹, ›gering‹], schwächer, am schwächsten, **1)** arm an Kraft oder Geist; nicht stark, kraftlos, dünn: *der Kranke ist noch ganz s.; der Beweis ist s., steht auf schwachen Füßen,* Ü überzeugt nicht; *das schwache Geschlecht,* U die Frauen; *er hat ein schwaches Gedächtnis,* ist sehr vergeßlich. **2)** gering an Zahl oder Menge: *die Versammlung war s. besucht,* aber: *eine schwachbesuchte Versammlung.* **3)** minderwertig, gehaltlos: *der Kaffee, ein Buch ist s.* **4)** *schwache Flexion,* Ⓢ ÜBERSICHTEN Adjektiv, Substantiv, Verb. *ich* **schwäche** *mich, ihn, es,* mindere die Kraft, mache geringer. *Subst. die* **Schwächung,** -. *die* **Schwäche,** *-/-n,* **1)** Mangel an Kraft; Geringwertigkeit: *die Schwäche seiner Augen hat zugenommen; die Schwäche dieser Arbeit liegt in der Gliederung; er hat seine Schwächen,* Fehler, Nachteile, Mängel. **2)** *für etwas,* Vorliebe. *die* **Schwachheit,** -, **1)** Schwäche, bes. das Fehlen der Widerstandskraft. **2)** *Pl. -en: bilde dir keine Schwachheiten ein!,* U mach dir keine falschen Vorstellungen! **schwächlich,** ohne Kraft, oft kränkelnd, matt. *der* **Schwächling,** *-s/-e,* körperlich oder charakterlich schwacher Mensch.

Schwachsichtigkeit *die,* -, **Sehschwäche,** ⚕ Herabsetzung der Sehschärfe, die nicht durch Ausgleich eines Brechungsfehlers behoben werden kann; sie kann auf Trübung von Hornhaut, Linse oder Glaskörper, Erkrankung der Netzhaut oder Aderhaut, des Sehnervs oder der Sehrinde im Großhirn beruhen.

Schwachsinn, Oligophrenie, angeborener oder früh erworbener Intelligenzmangel, der mit anderen Störungen, bes. mangelnder Persönlichkeitsentwicklung verbunden ist. Hinsichtlich des Schweregrades unterscheidet man zw. **Debilität** (Unfähigkeit, einen Beruf zu erlernen), **Imbezillität** (Unfähigkeit zum selbständigen Zurechtfinden im prakt. Leben) und **Idiotie** (völlige Bildungsunfähigkeit). S. leichten und z. T. auch mittelschweren Grades beruht meist auf Vererbung. Die schweren und viele mittelschwere Formen beruhen auf Gehirnschädigungen vor oder bei der Geburt oder im frühesten Kindesalter. Vom S. zu unterscheiden ist der später erworbene Intelligenzmangel bei → Demenz.

B e h a n d l u n g : In leichteren Fällen heilpädagog. Betreuung in Sonderkindergärten und -schulen, beschützenden Werkstätten und Wohnheimen, in schweren Fällen Unterbringung in psychiatr. Einrichtungen. Eine auf Beseitigung der Ursachen gerichtete Behandlung gibt es nicht.

schwaddern. *ich* **schwadd(e)re,** *norddt.:* **1)** *(es),* verschütte, gieße aus. **2)** *es schwaddert,* regnet sehr.

Schwaden [mhd.] *der, -s/-,* **1)** auch *die* **Schwade,** *-/-n,* Reihe hingemähten oder auf lange Zeilen geharkten Grases oder Getreides. **2) Flutender Schwaden, Entengras (Glyceria fluitans),** bis 1 m hohes ausdauerndes Süßgras an Ufern, dessen Körner **(Schwaden-, Mannagrütze)** früher in Nord-Dtl. als Grütze dienten. **3)** mit Rauchgasen oder Dämpfen gemischte Luftströmung: *Rauchschwaden; Dampfschwaden.*

schwadern [mhd.]. *ich* **schwad(e)re,** *oberdt.:* **1)** schnattere, schwätze. **2)** plätschere.

Schwadron [aus ital. squadrone ›viereckiger Haufen‹] *die, -/-en,* früher **Eskadron,** ♧ im früheren dt. Heer Truppeneinheit der Kavallerie, der Kompanie entsprechend, 120 Mann (in je 4 Zügen) unter einem Rittmeister.

schwadronieren [ital.]. *ich* **schwadroniere,** U prahle, schneide auf. *der* **Schwadroneur** [-n'øːr], *-s/-e,* U Prahler, Aufschneider.

schwafeln. *ich* **schwaf(e)le,** U rede töricht. *Subst. die* **Schwafelei,** -.

Schwager [ahd.] *der, -s/″,* **1)** Mann der Schwester, Bruder der Frau oder des Mannes (ÜBERSICHT Familie). *die* **Schwägerin,** *-/-nen.* **2)** ♧ gemütliche Anrede wie: Herr Nachbar, Gevatter. **3)** ♧ Postillon, Postkutscher. *Adj.* **schwägerlich.**

Schwägerschaft *die,* -, **Affinität,** das Rechtsverhältnis zw. dem einen Ehegatten und den Blutsverwandten des anderen (§ 1590 BGB). Die S. wird durch die Auflösung der Ehe, die sie begründet hat, nicht aufgehoben.

Schwäher [zu Schwager] *der, -s/-,* ♧ **1)** Schwiegervater. **2)** Schwager.

Schwaige [mhd.] *die, -/-n, oberdt.:* Sennerei, Viehgehöft. *der* **Schwaiger,** *-s/-,* Senner. *ich* **schwaige,** bereite Käse.

Schwal *der, -es/-e,* Fisch, die → Plötze.

Schwalbach, 1) bis 1982 **S./Saar,** Gem. im Kr. Saarlouis, Saarland, (1984) 19300 Ew.; Bekleidungs-Ind., Leichtmetallbau. **2) S. am Taunus,** Stadt im Main-Taunus-Kr., Hessen, (1984) 15300 Ew.; Waschmittel- u. a. Ind. Im N von S. die neue Wohnstadt Limes (rd. 10000 Ew.). **3) Bad S.,** bis 1875 **Langenschwalbach,** Krst. des Rheingau-Taunus-Kr., RegBez. Darmstadt, Hessen, (1984) 9500 Ew.; in einem Seitental des Aartals, 289–380 m ü. M.; Heilbad seit 1569 (Eisensäuerlinge zur Behandlung von Herz-, Kreislauf-, Rheuma-, Frauenkrankheiten).

Schwalben [ahd. swalwa], *Sg. die* **Schwalbe,** -, **Hirundinidae,** Singvögel mit sehr langen Flügeln, tiefer Mundspalte und kurzen Füßen, die Insekten im Gleitflug schnappen. In Mitteleuropa: **Rauch-S. (Hirundo rustica,** 19 cm lang), oben blauschwarz, unten weiß, braune Kehle, Schwanz tief gegabelt, Nest aus durchspeicheltem Erde, meist im Innern von Häusern angeklebt (BILD Nest); **Rötel-S. (Hirundo daurica),** ähnelt der Rauch-S., Unterseite und Bürzel rostgelb, Nest oft unter Brücken; **Mehl-S. (Delichon urbica,** 15 cm), kleiner, unten ganz weiß, oben schwarz mit weißem Bürzel, nistet an der Außenseite von Gebäuden oder an Felswänden; **Ufer-S. (Riparia riparia,** 12 cm), oben braun, unten weiß mit braunem Kropfband, nistet in Höhlen, die das Pärchen in senkrechte Sand- oder Lehmwände gräbt; **Felsen-S. (Ptyonoprogne rupestris,** 14 cm), nur in den Alpen heimisch, ähnlich der Ufer-S., aber größer, Schwanzfedern mit weißem Fleck, Nester in Felsnischen. Rauch-, Mehl- und Ufer-S. überwintern in Afrika südlich der Sahara. – Im Volksglauben ist die S. Glücksbringer und Blitzabwender; S. galten schon im Altertum als Frühlingsboten. – Redensart: *eine S. macht noch keinen Sommer,* ein erstes Anzeichen hat nichts zu bedeuten.

Schwalben

Schwalbennest, 1) das Nest der Schwalbe. **2)** *Pl.:* **eßbare S.,** die Indischen Vogelnester (→ Salanganen). **3)** Heer: ♧ Abzeichen der Musiker. **4)** Marine: ♧ balkonartiger, meist gepanzerter Geschützstand an der Bordwand früherer Kriegsschiffe.

Schwalbenschwanz, 1) Papilio machaon, in Europa und Nordasien verbreitete Art der Ritterfalter (BILD Insekten). Die grün, schwarz und rot gezeichnete Raupe lebt auf Doldengewächsen; sie hat eine in der Nackengegend ausstülpbare gelbrote, gegabelte Drüse zum Ausscheiden der mit den Nährpflanzen aufgenommenen äther. Öle. **2)** Maschinen- und Holzbau: eine Verbindung zweier Teile mit trapezförmigem Querschnitt, auch als Führung des einen Teils in dem anderen verwendet. **3)** U Frackschoß.

Schwalbenwurz, 1) Vincetoxicum, Pflanzengattung der Fam. **Schwalbenwurzgewächse (Asclepiadaceae); Hundswürger, Schlangenwurz (Vincetoxicum officinale),** ausdauernd, bis meterhoch, mit weißen, grünl. oder gelbl. Blüten, schotenartigen, aufspringenden Kapseln mit seidenhaarigen Samen, wächst an Schutthalden, in lichten Gehölzen Europas, Nordafrikas, West- und Innerasiens; enthält ein Glykosidgemisch (Vincetoxin) und war deshalb Volksmittel, z. B. gegen Vergiftungen. **2) Asclepias, Seidenpflanze,** Gatt. der Schwalbenwurzgewächse, vorwiegend in Amerika, mit fünfgliedrig-strahligen Blüten und Seidenhaarbesatz am Samen, der z. T. vegetabilische Seide gibt (→ Seide). **3)** andere Pflanzen, so Schöllkraut, Knöterich.

Schwalbenwurz 1): Schlangenwurz; OBEN blühend, UNTEN Früchte

Schwalch [mhd.] *der, -(e)s/-e,* **1)** ♧ Öffnung des Schmelzofens. **2)** *mitteldt.:* Dampf, Qualm. **3)** *nd.:* Schwall. **4)** *nd.:* Schwelgerei.

schwalken. *ich* **schwalke,** *nd.:* treibe mich herum.

Schwall [mhd.] *der, -(e)s/-e,* Flut, gewaltiger Guß: *der S. seiner Worte,* Ü sein Redefluß.

Schwall und Sunk, etwa mit Wellengeschwindigkeit fortschreitende Hebung und Senkung des Wasserspiegels in einem Gerinne, hervorgerufen z. B. durch die plötzl. Durchflußänderung eines Wehres oder Kraftwerks.

Schwalm *die,* rechter Nebenfluß der Eder, entspringt am Vogelsberg. Sie durchfließt die gleichnamige sehr fruchtbare Landschaft, ein Gebiet eigenständigen hessischen Brauchtums (Schwälmer Tracht).

Schwämme: LINKS Kalkschwamm (Kalknetz), 2–20 cm^2; MITTE Strahlschwamm (Aderschwamm), bis 145 cm^2; RECHTS Hornkieselschwamm (Höhlenwächter), 2–5 cm

Schwalm-Eder-Kreis, Landkreis im RegBez. Kassel, Hessen; Kreisstadt: Homberg (Efze).

Schwalmstadt, Stadt im Schwalm-Eder-Kr., Hessen, (1984) 17900 Ew., an der Schwalm; 1970 durch Zusammenschluß der Städte → Treysa und Ziegenhain u. a. Gem. entstanden; Fachschulen; Maschinen-, Kunststoff-, Bekleidungs- u. a. Industrie.

Schwalmtal, Gem. im Kr. Viersen, NRW, (1984) 14600 Ew.; Textil-, drahtverarbeitende Industrie.

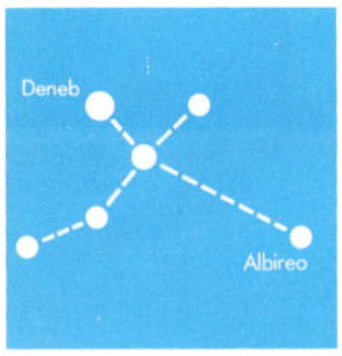

Schwan 3)

Schwamm [ahd.] *der, -(e)s/-̈e,* **1)** poriger Reinigungsgegenstand, der viel Wasser aufnimmt: *S. drüber!,* Ü das soll vergessen sein. **2)** niedriges, mehrzelliges Tier (→ Schwämme). **3)** auch **Schwammerl,** *oberdt.:* Pilz. **4)** Zunder zum Feueranzünden. **5)** kurz für: Holz zerstörender → Hausschwamm. **6)** Metallkunde: grobkörniges, poröses Endprodukt bei der Metallgewinnung (z. B. Titan, Zirkonium) durch Schmelzflußelektrolyse. **schwammig, 1)** aufgedunsen, weich. **2)** Ü unklar, verwaschen.

Schwämmchen *das, -s/-,* Pilzerkrankung der Mundschleimhaut (→ Soor).

Schwämme, Spongi|en, Porifera, Stamm vorwiegend im Meer lebender, vielzelliger Wassertiere (Parazoa); festsitzend, meist stockbildend. Das Einzeltier hat die Gestalt eines Bechers und besteht aus 2 Gewebeschichten. Die innere (Gastral-)Schicht wird von Geißelzellen gebildet, deren Geißelschlag Wasser mit Nahrung durch die Poren der äußeren (Dermal-)Schicht einsaugt und durch eine große gemeinsame Öffnung **(Osculum)** wieder ausstößt. Alle S. sind durch ein inneres Skelett verfestigt, das aus Kalk- oder Kieselnadeln oder aus Horn-(Spongin-)Fasern besteht. Nerven und Sinnesorgane fehlen. Die S. sind zwittrig oder getrenntgeschlechtig. Aus dem Ei entwickelt sich eine bewimperte Larve, die sich nach anfänglichem Umherschwärmen festsetzt und ein junges Einzelwesen bildet; dieses entwickelt sich dann durch fortgesetzte Knospung auf ungeschlechtl. Weg zu einem Tierstock. – Die S. werden in 5 Ordnungen eingeteilt: **Kalkschwämme (Calcarea** mit Kalknadelskelett); **Glasschwämme (Triaxonida,** mit Skelett aus dreiachsigen Kieselnadeln); **Strahlschwämme (Tetraxonida,** mit Skelett aus vierachsigen Kieselnadeln; hierzu gehören u. a. die → Bohrschwämme); **Hornkieselschwämme (Cornacuspongia,** mit Skelett aus Sponginfasern, in die einachsige Kieselnadeln eingelagert sein können; zu ihnen gehören u. a. Süßwasserschwämme und Badeschwämme); **Baumfaserschwämme (Dendroceratida,** mit baumförmig verzweigtem Sponginskelett). – Erdgeschichtlich treten die S. bes. im oberen Jura Süd-Dtl.s gesteinsbildend auf **(Schwammkalke).**

Die **Badeschwämme** sind Hornkieselschwämme, deren entfleischtes, faserig-maschiges, elastisch-weiches, saugfähiges Skelett verwendet wird (Levanteschwamm, Zimmokaschwamm, Großlöcheriger Pferdeschwamm). Hauptgebiete der Schwammgewinnung sind das Mittelmeer und Westindien. Aus 2–200 m Tiefe werden die Badeschwämme mit gabelartigen Geräten, Schleppnetzen oder von Tauchern emporgeholt. Man knetet und wäscht den Weichkörper heraus, läßt sie trocknen und bleicht sie mit Mangan- oder Wasserstoffperoxid.

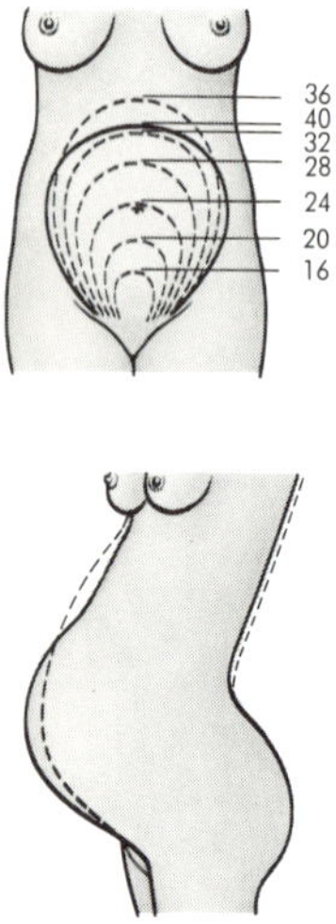

Schwangerschaft: OBEN Stand des Gebärmuttergrunds am Ende der verschiedenen Schwangerschaftswochen: 16. Woche: 2 Querfinger oberhalb des Schambeins. 20. Woche: 3 Querfinger unterhalb des Nabels. 24. Woche: Nabelhöhe. 28. Woche: 3 Querfinger oberhalb des Nabels. 32. Woche: Mitte zwischen Nabel und Schwertfortsatz des Brustbeins. 36. Woche: am Rippenbogen. 40. Woche: 1–2 Querfinger unterhalb des Rippenbogens. UNTEN Die Silhouette einer Schwangeren vor (gestrichelte Linie) und nach (getönte Fläche) Senkung des Leibes

Schwammerl *das, -s/-(n), oberdt.:* → Schwamm 3).

Schwammkunststoffe, künstl. hergestellte schwammartige Stoffe, z. B. Schaumstoffe aus natürl. oder künstl. Kautschuk (Schwammgummi) oder aus Kunststoffen (Schaumkunststoffe).

Schwammkürbis, Schwammgurke, die Kürbisgewächsarten **Luffa cylindrica** und **Luffa acutangula** im trop. Afrika und zw. Vorderindien und Neuguinea; die Fasernetze der reifen Früchte **(Luffaschwämme)** dienen als Schwämme.

Schwammspinner, Lymantria dispar, zu den Trägspinnern gehöriger Nachtschmetterling, Männchen grau, Weibchen weißlich, mit dunklen Querlinien. Die abgelegten Eier werden vom Weibchen mit schwammartiger Wolle des Hinterleibes überdeckt. S. sind Schädlinge an Obstbäumen.

Schwan [ahd.] *der, -(e)s/-̈e,* **1)** → Schwäne; Sinnbild stolzer Schönheit: *schwanenweiß.* **2)** ♘ schädlicher Trägspinner-Schmetterling. **3)** *ohne Pl.,* lat. **Cygnus,** ☆ Sternbild des nördl. Himmels im hellsten Teil der Milchstraße. Seine hellsten Sterne lassen sich zu einem Kreuz verbinden **(Kreuz des Nordens).**

Schwan-Bleistift-Fabrik, Schwanhäußer & Co. KG, Nürnberg, gegr. 1855 als Großberger & Kurz, 1922 AG, 1951 KG.

Schwand *der, -(e)s, oberdt.:* **1)** mittelsteiler Abhang (meist unterhalb einer schroffen Wand). **2)** Schwund.

Schwandorf, Krst. im RegBez. Oberpfalz, Bayern, Große Krst., (1984) 26400 Ew., an der Naab; Braunkohlen-, Aluminium-, Tonwaren-, Porzellan- u. a. Industrie.

Schwäne, Cygnus, Gatt. großer Gänsevögel, die durch ihren langen Hals und die kurzen breiten Schwimmfüße dem Nahrungserwerb auf flachen Seen mit reicher Bodenvegetation angepaßt sind; sie tauchen nicht, sondern gründeln wie die Schwimmenten. Der **Schwarzhalsschwan (Cygnus melanocoryphus)** Südamerikas ist an Kopf und Hals schwarz gefiedert. Der **Trauer-S.** oder **Schwarze S. (Cygnus atratus)** Australiens ist schwarz bis auf das Weiß seiner Schwingen (BILD Gänsevögel). In der gemäßigten Zone Europas und Asiens heimisch ist der weiße **Höckerschwan (Cygnus olor),** mit rotem Schnabel, an dessen Grund ein schwarzer Höcker aufragt (weiteres BILD Gänsevögel). Im Winter erscheint an den mitteleurop. Küsten der **Singschwan (Cygnus cygnus),** beheimatet in Island und im N Europas und Asiens; sein Schnabel ist an der Spitze schwarz, sonst leuchtend gelb. Dem Sing-S. ähnlich, aber kleiner ist der **Zwergschwan (Cygnus columbianus bewickii),** der im Sommer im nördlichsten Asien, im Winter stellenweise häufig in Mitteleuropa zu finden ist; sein Schnabel ist auf der vorderen Hälfte schwarz, auf der hinteren gelb. – S. werden in manchen Religionen als Seelenvögel verehrt. Im alten Griechenland galt der Schwan als heiliger Vogel Apolls.

schwanen. *mir* **schwant** *es,* Ü ich ahne, fühle voraus: *mir schwant Unheil.*

Schwanenblume, Blumenbinse, Wasserliesch, Storchblume, Wasserviole, Butomus umbellatus, meterhohe, einkeimblättrige, laichkrautartige Sumpfwasserstaude in Europa und Asien, mit schaftständiger roter Dolde.

Schwanenfluß, englisch **Swan River** [swɔn rˈıvə], Fluß in W-Australien, 390 km, mündet bei Fremantle in den Ind. Ozean.

Schwanengesang, Ü letztes Werk, bes. eines Dichters oder Komponisten, nach dem Glauben des Altertums (Aischylos, Cicero), daß der sterbende Schwan wunderbar singe.

Schwanenhals, 1) Ü schlanker, weißer Hals. **2)** beim Pferd ein langer, hoch aufgesetzter, oben stark gebogener Hals. **3)** S-förmig gebogener Teil, z. B. am Schlitten, Knierohr. **4)** 🦌 auch: **Berliner Eisen, Fuchseisen,** eine Raubtierfalle, deren Bügel das Tier am Hals umfassen, so daß es sofort getötet wird.

Schwanewede, Wohngem. im Kr. Osterholz, Ndsachs., (1984) 17400 Ew., nördlich von Bremen.

Schwang [zu schwingen und Schwank]; *es ist im Schwang(e), kommt in S.,* Ü ist, wird üblich, Brauch.

Schwangau, Gem. im Kr. Ostallgäu, Bayern, (1984) 3400 Ew., Luftkurort und Wintersportplatz, nahebei die Schlösser → Hohenschwangau und → Neuschwanstein.

schwanger [ahd.], **1)** *(mit ihm),* ein Kind austragend, erwartend. **2)** *mit etwas,* Ü erfüllt davon, etwas vorbereitend, in sich tragend: *er geht schon wochenlang mit diesem Plan s. ich* **schwängern(e)re, 1)** *eine Frau,* mache s. **2)** *einen Stoff,* durchtränke, sättige: *die Luft war von (mit) Rauch geschwängert.*

Schwangerenbetreuung, Schwangerenvorsorge, die → Schwangerschaftsbetreuung.

Schwangerschaft *die, -/-en,* **Gravidität,** Zeitraum, in dem im Körper einer Frau ein befruchtetes Ei bis zur Geburt eines Kindes heranreift. Die Zeit von der Befruchtung bis zur Geburt dauert durchschnittlich 267 Tage. Bei der Berechnung der Dauer geht man bei vorher normalem Menstruationszyklus vom 1. Tag der letzten Menstruation aus und rechnet zu diesem Tag 280 Tage dazu, oder man rechnet zum 1. Tag der letzten Menstruation 7 Tage dazu und zieht von der Zahl des Monats 3 Monate ab, z. B. 7. 6.;

7+7=14; 6−3=3; Geburtstermin 14. 3. (Naegelesche Regel). Da am errechneten Termin jedoch nur etwa 4% aller Geburten stattfinden, muß eine Schwangere spätestens 10–14 Tage vor dem errechneten Tag auf die Entbindung vorbereitet sein.

Die körperl. Veränderungen dienen der Anpassung an die erhöhte Leistung des Organismus, an die Raumverdrängung durch die Gebärmutter sowie die Vorbereitung auf die spätere Geburt. Die besonders beanspruchten Körperteile (Gebärmutterhals, Scheide, Damm, Bauchmuskulatur, Bauchhaut) werden aufgelockert, wodurch Dehnungsstreifen (Schwangerschaftsnarben) bes. an Unterbauch und Hüften entstehen können, gelegentlich auch an den Brüsten. Die Dehnungsstreifen lassen sich durch eine während der ganzen S. durchgeführte Massage und Salbeneinreibungen verhindern. Da die S. die gesamte psychosomat. Einheit der Frau betrifft, können psych. Gereiztheit, Stimmungsschwankungen u. ä. auftreten.

Beschwerden äußern sich bes. in der Anpassungsphase der ersten 3 Monate (Brechreiz, Appetitlosigkeit, Heißhunger nach oder Abscheu vor bestimmten Speisen, Schwindelgefühl) und in der Belastungsphase im letzten Drittel (Druck auf Magen, Blase, Störungen der Stuhlentleerung). Ferner kommt es während der S. zu Funktionsabweichungen der Drüsen mit innerer Sekretion (z. B. Pigmentstörungen), zu Veränderungen des Blutkreislaufs, Zunahme der Blutmenge mit größerer Belastung des Herzens, Erschlaffung der Blutgefäßwände (z. B. Krampfadern, Hämorrhoiden), zur Anschwellungsbereitschaft der Haut (z. B. Ödembildung, →Schwangerschaftstoxikosen); manchmal treten erhebliche Rückenschmerzen auf. Die Ursache von Blutungen ist stets durch den Arzt zu klären.

Das erste Schwangerschaftszeichen ist das Ausbleiben der Menstruation. Sichere, aber späte S.-Zeichen sind die Wahrnehmung der kindl. Herzaktion (ab 8.–12. Woche durch Ultraschall, ab 16.–20. Woche durch die Bauchwand mit dem Hörrohr), der Nachweis des kindl. Knochensystems auf dem Bildschirm durch Ultraschall. Die Früherkennung in den ersten 8–14 Tagen nach Ausbleiben der Menstruation ist nur durch →Schwangerschaftsreaktionen möglich.

Während der S. ist schwerere Arbeit oder Beschäftigung in gesundheitsschädigenden Betrieben verboten (→Mutterschutz), leichtere körperliche Betätigung, →Schwangerschaftsgymnastik, Aufenthalt an frischer Luft, Spaziergänge dagegen ratsam. Tägliche Waschungen des ganzen Körpers erhöhen die Hautelastizität. Körperwarme Vollbäder können bis zum Geburtstermin vorgenommen werden. Bei der Ernährung muß auf Obst und Frischgemüse als Vitaminträger, auf Milch- und Quarkspeisen zur Dekkung des Phosphor- und Calciumbedarfs bes. Wert gelegt werden. Die zusätzliche Einnahme von Calcium- und Eisenpräparaten ist häufig erforderlich. Wichtig ist die ausreichende Zufuhr von Eiweiß (tägl. etwa 100 g), von Elektrolyten und Spurenelementen. Alkohol und Kaffee sind in beschränktem Maße unschädlich; das Rauchen sollte unterbleiben. Ärztl. Betreuung (→Schwangerschaftsbetreuung, →Schwangerschaftsuntersuchungen) während der S. ist im Interesse der Gesundheit von Mutter und Kind erforderlich. Zur Kariesvorbeugung ist sorgfältige Zahnpflege und Kontrolle durch den Zahnarzt wichtig. Medikamente sind bes. im 1. Drittel der S. nie ohne Zustimmung des Arztes einzunehmen (→Embryopathie, →Thalidomid).

Zivilrecht. Die Mutter des nichtehel. Kindes kann vom Vater die Kosten der Entbindung sowie der weiteren Aufwendungen verlangen, die durch die S. oder die Entbindung erforderlich wurden (§ 1615 k BGB), außerdem die Unterhaltskosten für die Dauer von 6 Wochen vor und 8 Wochen nach der Geburt (§ 1615 l BGB). Durch einstweilige Verfügung kann angeordnet werden, daß der Mann, der die Vaterschaft anerkannt hat oder der mutmaßl. Vater ist, den Unterhalt des Kindes für die ersten 3 Monate zu zahlen hat (§1615 o BGB). Über Beschäftigungsverbote, Kündigungsschutz, Lohnzahlung während der S. →Mutterschutz. – In der Dt. Dem. Rep. richtet sich die Unterhaltspflicht des Vaters eines nichtehel. Kindes nach ›seinen Kräften, seinem Einkommen und seinen sonstigen Mitteln‹ (§ 46 Familiengesetzbuch). – Ähnl. Bestimmungen enthalten das österr. (§§ 166ff. ABGB) und das schweizer. (Art. 317 ZGB) Recht.

Schwangerschafts|abbruch, Schwangerschafts|unterbrechung, U **Abtreibung,** lat. **Interruptio graviditatis,** die künstliche Herbeiführung einer →Fehlgeburt **(Abort).**

⚕ Eine häufig verwendete Methode zum S. ist die instrumentelle Ausräumung der Gebärmutter durch →Ausschabung. Bis zur 12. Schwangerschaftswoche wird dabei, meist in Vollnarkose, der Muttermund erweitert und die Gebärmutter mit einer Kürette entleert. Nach der 12. Woche muß die Ausschabung ggf. in 2 Eingriffen vorgenommen werden, oder die Gebärmutter muß operativ eröffnet werden. In den letzten Jahren hat sich immer mehr die Absaugmethode (→Aspirations-Kürettage) durchgesetzt. Diese wird in verschiedenen Ländern auch zur ›menstruellen Regulierung‹ verwendet, wobei nach Ausbleiben der Menstruation ohne Nachweis einer tatsächlich bestehenden Schwangerschaft die Gebärmutter leergesaugt wird. Eine moderne Methode ist die Verabreichung von Prostaglandinen, die nach Einbringung in Fruchtblase oder Vene u. a. zum S. führen.

⚖ Nach geltendem Recht ist der S. im Grundsatz strafbar (§ 218), jedoch ist durch das Strafrechtsänderungs-Ges. v. 18. 5. 1976 ein Katalog von Ausnahmesituationen erstellt worden. Nidationshemmende Handlungen fallen nicht unter den S. (§ 219 d); der Abbruch bis zur 22. Woche nach der Empfängnis ist in vielen Fällen, danach in allen Fällen strafbar, es sei denn, daß eine der **Indikationen** (angezeigte Gründe) nach § 218 a vorliegt. Die 4 anerkannten Indikationen werden (wohl aus zivil- und versicherungsrechtl. Gründen) allgemein als Rechtfertigungsgründe angesehen, obwohl sie ihrer Natur nach auf dem Gedanken der Unzumutbarkeit (Konfliktsituation der Schwangeren) beruhen und daher nur Schuldausschließungsgründe sein müßten. Der S. ist bei medizinischer, eugenischer, ethischer und sozialer Indikation zulässig. Die **medizin. Indikation** setzt eine ernste Gefahr für Leben oder Gesundheit der Schwangeren voraus, die **eugenische** die Gefahr von körperlich oder geistig schwer geschädigtem Nachwuchs, die **ethische (kriminologische)** eine Schwangerschaft nach einer Sittlichkeitsstraftat der §§ 176–179 StGB und die **soziale** einen sozialen Härtefall. Hinzu kommen muß die Einwilligung der Schwangeren, auf die nur bei der medizin. Indikation verzichtet werden kann, d. h. wenn die Schwangere nur durch den Eingriff vor der Gefahr des Todes oder eines schweren Gesundheitsschadens bewahrt werden kann. Auch bei Minderjährigen entscheidet i. d. R. deren persönl. Einwilligung, nicht die ihrer Eltern. – Auch in den Fällen der Indikation ist der **Fremdabbruch** nach §§ 218 b, 219 StGB strafbar, wenn die Schwangere nicht vorher einen Arzt und eine anerkannte Beratungsstelle in Anspruch genommen hat und ärztlich beraten worden ist, ebenso wenn nicht eine schriftl. Feststellung eines Arztes, der selbst den Abbruch nicht vornimmt, über den Indikationsgrund vorliegt. Der **Eigenabbruch** privilegiert die Frau hinsichtlich des Strafrahmens (Freiheitsstrafe bis zu 1 Jahr) und des straflosen Versuchs (§ 218 StGB Absatz 3 und 4). – Strafbar ist ferner die öffentliche Werbung für den S. (§ 219 b).

Versicherte der sozialen Krankenversicherung und mitversicherte Familienangehörige haben Anspruch auf ärztl. Beratung und Untersuchung in Fragen der Empfängnisregelung. Bei legalem S. besteht Anspruch auf die Leistungen der Krankenversicherung (§§ 200 e–g RVO u. a. Vorschriften). Entsprechende Regelungen gelten in der Sozialhilfe (§§ 37 a, 37 b Bundessozialhilfeges.).

In der Dt. Dem. Rep. gilt die Fristenlösung (Straflosigkeit binnen 3 Monaten); darüber hinausgehend Strafbarkeit nach §§ 153, 154 StGB. – Auch Österreich hat sich 1975 für die Fristenlösung entschieden (§§ 96–98 StGB). – In der Schweiz gilt eine Indikationenlösung (Art. 120 StGB); die Strafbarkeit ist ähnlich geregelt wie in der Bundesrep. Dtl. Die Einführung der Fristenlösung wurde durch Volksabstimmung v. 26. 9. 1977 mit knapper Mehrheit abgelehnt.

Rechtspolit. Entwicklung des S.: Das 5. Strafrechtsreformges. v. 18. 6. 1974 hatte sich für die **Fristenlösung** (generelle Freigabe des S. in den ersten 12 Wochen) entschieden. Auf Antrag der Länder Bayern und Bad.-Württ. erklärte das Bundesverfassungsgericht die Fristenlösung durch Urteil v. 25. 2. 1975 für grundgesetzwidrig und nichtig. Das 15. Strafrechtsänderungsges. v. 18. 5. 1976 brachte die jetzt gültige Indikationenregelung. Ob die vom Urteil gezogenen Grenzen eingehalten sind, ist weiterhin umstritten, da man § 218 Abs. 3 Satz 2 als verkappte Fristenregelung ansehen kann.

Die ethische Einstellung zum S. hängt davon ab, ob und von welchem Zeitpunkt an das Recht auf Leben des ungeborenen Kindes anerkannt wird. Gegen dieses Recht sind die möglichen negativen Folgen von Schwangerschaft und Geburt abzuwägen. – Die kath. Moraltheologie geht davon aus, daß das menschl. Leben mit der Verschmelzung von Ei- und Samenzelle beginnt. Von diesem Zeitpunkt an ist es geschützt durch das Recht auf Leben als absolutes eth. Prinzip und vorstaatl. Menschenrecht. Ausnahmen davon sind nur möglich in bes. schweren Fällen von medizin. Indikation und als ungewollte Folge lebensnotwendiger medizin. Eingriffe bei der Schwangeren. Jeder andere S. gilt als objektiv schwere Sünde. Diese zieht bei allen Beteiligten als Kirchenstrafe die Exkommunikation nach sich, insofern die Willensfreiheit und die subjektive Einsicht in die Schwere der Schuld gegeben sind. Auch die evang. Sozialethik betont den Rechtsschutz des ungeborenen Lebens und lehnt ein grundsätzl. Recht auf S. und seine allg. Freigabe ab. Als Gründe für einen S. werden nur die medizin. und in gewissen Fällen die soziale Indikation anerkannt.

Schwangerschaftsbetreuung, Schwangerenbetreuung, Schwangerenvorsorge, ♧ **Schwangerenfürsorge,** wichtiger Teilbereich der Gesundheitshilfe zum Schutz der Schwangeren vor Komplikationen des Schwangerschafts- und Geburtsverlaufs. Die S. dient auch der Senkung der Müttersterblichkeit und der perinatalen Mortalität (Tod des Kindes kurz vor, während oder bis 7 Tage nach der Geburt). Die S. wird von niedergelassenen Frauen- und Allgemeinärzten sowie in Beratungsstellen an Krankenhäusern durchgeführt. Sie beginnt mit der Diagnose der Schwangerschaft und schließt Beratung über Lebensweise und Ernährung sowie die Überprüfung des Gesundheitszustandes der Frau (→ Schwangerschaftsuntersuchungen) und dessen laufende Kontrolle mit ein. Die Ergebnisse werden in einem → Mutterpaß festgehalten.

Schwangerschaftsgymnastik, körperl. Übungen zur Auflockerung muskulärer Verspannungen und Förderung der Durchblutung, der körperlich-seel. Geburtsvorbereitung, darunter auch dem Abbau von Angstgefühlen (→ Dick-Read).

Schwangerschaftsreaktionen, Schwangerschaftsnachweis, Untersuchungsverfahren zum frühzeitigen Nachweis einer Schwangerschaft. Ein sicherer Nachweis bereits 8–12 Tage nach Ausbleiben der Menstruation ist durch **immunolog. Schwangerschaftstests** möglich. Hierbei wird ein vom Mutterkuchen gebildetes Hormon (HCG) im Schwangerenurin dadurch nachgewiesen, daß z. B. in Kaninchen gegen menschl. HCG gebildete Antikörper dieses in einer Antigen-Antikörper-Reaktion binden und diese Reaktion oder deren Ausbleiben in einer entsprechenden Testanordnung sichtbar gemacht wird (Reagenzglastest). Heute kaum mehr verwendet werden biolog. S., bei denen Schwangerenharn Fröschen, Kröten **(Frosch-** und **Krötentest)** oder Mäusen **(Aschheim-Zondeksche Reaktion)** eingespritzt wird und die durch HCG ggf. bewirkten Veränderungen (z. B. an den Eierstöcken) beobachtet werden.

Einen deutl. Hinweis auf das Bestehen einer S. liefert auch eine frühe körperl. Schwangerschaftsveränderung, wenn nämlich die nach dem Eisprung ansteigende → Basaltemperatur über die Dauer des normalen Menstruationszyklus hinaus erhöht bleibt.

Schwangerschaftstoxikosen, Gestosen, bei Schwangeren wahrscheinlich auf dem Boden von Gefäßverengungen unbekannter Ursache auftretende Krankheiten. Nach den 3 vorherrschenden Krankheitszeichen der in der 2. Schwangerschaftshälfte auftretenden **Spätgestosen:** Ödeme, Eiweißausscheidung im Urin (Proteinurie) und hohem Blutdruck (Hypertonie) bezeichnet man sie besser (zumal ursächliche ›Toxine‹ nicht feststellbar sind) als **EPH-Gestosen.** Es kommt dabei u. a. zur Mangeldurchblutung lebenswichtiger Organe der Mutter, bes. des Mutterkuchens, was Lebensgefahr für Mutter und Kind bedeutet. Die schwerste Störung dieser Art ist die → Eklampsie.

Behandlung: Ernährungsumstellung, Ruhe, Medikamente; in schweren Fällen Krankenhaus-, ggf. Intensivtherapie.

Schwangerschafts|unterbrechung, der → Schwangerschaftsabbruch.

Schwangerschafts|untersuchungen, ärztl. Maßnahmen im Rahmen der → Schwangerschaftsbetreuung zur Feststellung der Schwangerschaft und zur Überwachung des Gesundheitszustandes von Mutter und Kind **(Schwangerschaftsvorsorgeuntersuchungen).** S. sind von großer Bedeutung, um Störungen und Risiken im Schwangerschaftsverlauf **(Risikoschwangerschaften** rd. 20%) frühzeitig festzustellen und deren Folgen (Fehlgeburt, Frühgeburt, Entwicklungsstörungen) begegnen zu können. Auf das Kind bezogen **(pränatale Diagnostik)** sind S. einer der wesentlichen Faktoren zur Senkung der Säuglingssterblichkeit. S. sollten bis zur 32. Schwangerschaftswoche etwa alle 4 Wochen, danach in Abständen von 14 Tagen oder weniger stattfinden.

Zur Erhebung des **Schwangerschaftsbefundes** gehört die Feststellung einer Schwangerschaft (Hinweise sind z. B. Ausbleiben der Menstruation, Auflockerung und Vergrößerung von Geschlechtsorganen; sichere Schwangerschaftszeichen sind immunolog. → Schwangerschaftsreaktionen, Nachweis kindl. Herztöne oder Körperstrukturen mittels Ultraschall). Zur Beurteilung eines ungestörten Schwangerschaftsverlaufs wird untersucht, ob die Größenzunahme der Gebärmutter, die Lage des Kindes, die Herztöne, die Kindsbewegungen normal sind und ob keine Störungen (z. B. Blutungen, Schmerzen) eintreten.

Bei der **Schwangerschaftsanamnese** werden bes. Risikofaktoren festgestellt, die sich aus der Vorgeschichte der Schwangeren ergeben, so höheres Alter, Krankheiten (Zuckerkrankheit, Hochdruckkrankheit, Herzfehler, Tuberkulose u. a.), weiterhin psych., soziale und berufliche Belastungen, Komplikationen früherer Schwangerschaften (Blutungen, Frühgeburten u. a.), Schäden bei bereits geborenen Kindern (z. B. Mongolismus). Wesentlich ist die Berechnung der Schwangerschaftsdauer und des voraussichtlichen Geburtstermins (→ Schwangerschaft). Bei den **allgemeinen S.** werden im Rahmen einer körperl. Untersuchung bes. solche Befunde erhoben, die für einen normalen Schwangerschaftsverlauf von Bedeutung sind (z. B. Blut- und Harnuntersuchung, Blutdruck- und Gewichtskontrolle als Hinweis auf eine Anämie oder Schwangerschaftstoxikose, zur Feststellung der Blutgruppe, des Rhesusfaktors u. a.).

Zu den speziellen Untersuchungsverfahren zählt die **Ultraschalluntersuchung** (→ Ultraschalldiagnostik), die am häufigsten durchgeführt wird. Mit ihr lassen sich Kindsbewegungen und kindl. Herzaktion (etwa ab 8. Woche), Fruchtblasen- und (ab der 12. Woche) Schädeldurchmesser (zur Bestätigung der Schwangerschaftsdauer, normalen Entwicklung und Geburtsreife), Lokalisation des Mutterkuchens, grobe kindl. Mißbildungen (z. B. Wasserkopf) u. a. feststellen. Wichtige Hinweise bei Verdacht auf Blasenmole oder drohende Fehlgeburt liefert die **Hormondiagnostik** (z. B. von HCG, Östrogenen). Die nach **Amniozentese** (Punktion der Fruchtblase durch die Bauchdecke und Entnahme von Fruchtwasser) durchgeführte Fruchtwasserdiagnostik ermöglicht genet. Untersuchungen (Chromosomenaberration, Geschlechtsbestimmung), die Feststellung von Stoffwechselanomalien, Erythroblastose u. a. Die mit dem Eingriff der Fruchtwasserentnahme verbundenen Risiken und hoher Aufwand erlauben eine solche Bestimmung nur in best. Fällen. Bei der **Amniographie** wird (bes. bei Verdacht auf kindl. Mißbildungen) nach Amniozentese Kontrastmittel in die Fruchtblase eingespritzt und die Frucht röntgenologisch dargestellt (Fetographie). Mit der **Kardiotokographie** (→ Tokographie) werden bes. bei vorzeitigen Wehen und während der Geburt Wehentätigkeit und kindl. Herztöne gleichzeitig graphisch dargestellt. Sie erlaubt Rückschlüsse auf das Maß kindl. Gefährdung (z. B. abnormes Absinken der Herzfrequenz bei Nabelschnurumschlingung) und auf das Geburtsstadium. Bei der gegen Ende der Schwangerschaft durchführbaren **Amnioskopie** wird ein Endoskop durch Scheide und Muttermund an die Fruchtblase herangeführt und das Fruchtwasser bes. hinsichtlich seiner Farbe beurteilt. Angewendet wird diese Untersuchung z. B. bei Übertragung, Schwangerschaftstoxikose.

Schwank [mhd. swanc ›Hieb‹, ›lustiger Streich‹] *der, -(e)s/¨e,* **1)** übermütiger Streich: *er erzählte einen S. aus seinem Leben.* **2)** anekdotisch knappe oder ausführlichere novellist. Darbietung eines witzigen oder komischen Vorgangs. Nach dem Vorbild frz. Fabliaux verfaßte der Stricker im 13. Jh. Reimschwänke um die Gestalt des Pfaffen Amîs. Seit dem 15. Jh. trat in der Schwankdichtung die Prosa neben die Reimform, an der v. a. Hans Sachs festhielt. Gefördert wurde der dt. S. durch die verwandte → Fazetie. In der Blütezeit des dt. S. im 16. und zu Anfang des 17. Jh. wurde bes. die vom Stricker begründete Form der um eine Mittelpunktfigur gesammelten S. gepflegt (Eulenspiegel, Schildbürger, Pfaffe vom Kahlenberg). Seit dem 16. Jh. erschienen viele Schwanksammlungen im Druck (J. Pauli ›Schimpf und Ernst‹, 1519; J. Wickram ›Rollwagenbüchlein‹, 1555; H. W. Kirchhoff ›Wendunmuth‹, 1558). Im 17. Jh. wurde der S. zurückgedrängt. **3)** der Posse nahestehende Komödienform. **schwank,** P dünn und federnd oder schwankend, unfest, unsicher: *er ist (wie) ein schwankendes Rohr im Winde,* unstet. *ich* **schwanke, 1)** (auch: bin geschwankt), schwinge hin und her, gehe oder stehe unsicher: *der Betrunkene schwankte durchs Zimmer; die Zweige schwanken im Wind; die Preise (Kurse) schwanken,* sind nicht fest. **2)** Ü zögere, bin unsicher, kann mich nicht entscheiden: *er schwankt noch, ob er es kaufen soll. Subst. die* **Schwankung,** *-/-en.*

Schwann, Theodor, Anatom, * Neuss 7. 12. 1810, † Köln 11. 1. 1882, beschrieb u. a. die **Schwannsche Scheide,** → Nerven.

Schwanritter, Schwanenritter, niederrhein. Sagengestalt, von Wolfram von Eschenbach als → Lohengrin in sein höf. Epos ›Parzival‹ eingefügt.

Schwansen, fruchtbare Landschaft an der Ostseeküste Schleswig-Holsteins zw. Schlei und Eckernförder Bucht.

Schwanthaler, Bildhauerfamilie, im 17., 18. und 19. Jh. in OÖ und Bayern tätig.

1) Franz, * Ried 2. 8. 1760, † München 4. 12. 1820, war dort der führende Bildhauer des Frühklassizismus.

2) Ludwig von (1844), Sohn von 1), * München 26. 8. 1802, † ebd. 14. 11. 1848, schuf als der bevorzugte Bildhauer Ludwigs I. viele Denkmäler in romantisch-klassizist. Stil, u. a. das Monumentalstandbild der → Bavaria in München (seit 1837).

3) Thomas, Urgroßvater von 1), * Ried 5. 6. 1634, † ebd. 13. 2. 1707, schuf bes. Holzfiguren und Altäre (u. a. in St. Wolfgang im Salzkammergut, Maria-Plain).

Schwanz [mhd. swanz von swanzen ›sich schwankend bewegen‹] *der, -es/¨e,* **1)** bewegl. Fortsatz des Rumpfes hinter dem After bei allen Wirbeltieren mit Ausnahme der Frösche, Kröten und der Menschenaffen. Der S. der Vögel ist ein Federbesatz; er dient als Steuer. – Redensart: *ein Pferd am (beim) S. aufzäumen,* eine Sache falsch beginnen. **2)** Körperende vieler wirbelloser Tiere. **3)** U langer hinterer Ansatz, Anhang, z. B. am Drachen, Steueranlage am Flugzeug; Frackschöße; Kleiderschleppe. **4)** U Fortsetzung, Nachspiel; nachzuholende Teilprüfung. **5)** U lange Reihe wartender Menschen (›Schlange‹). **6)** V männl. Glied. *ich* **schwänze, 1)** *eine Pflicht,* U versäume absichtlich (bes. Schule). **2)** ∞ schwänz(e)le. *ich* **schwänz(e)le** (habe oder bin geschwänzelt), **1)** gehe geziert umher. **2)** *um ihn,* U suche mich bei ihm beliebt zu machen. **3)** *der Hund schwänzelt* (hat geschwänzelt), wedelt mit dem Schwanz. *der* **Schwänzer,** *-s/-,* U jemand, der etwas absichtlich versäumt. **schwanzlastig,** im hinteren Teil zu schwer beladen (Flugzeug).

Schwanzbein, das → Steißbein.

Schwanzblume, Schweifblume, Anthurium, tropisch-amerikan. Gatt. der Aronstabgewächse; **Kleine Flamingoblume (Anthurium scherzerianum),** mit roter, wimpelförmiger Blütenscheide und gelbem, geschlängeltem Blütenkolben, ist Gewächshauspflanze.

Schwänze, *die,* -, Börse: → Korner.

Schwanzlurche, Caudata, Ordnung echsenähnl., v. a. auf der nördl. Halbkugel heim. Lurche mit rd. 300 Arten; → Olme, → Riesensalamander, → Molche und Salamander.

Schwanzmeise, Aegithalos caudatus, einzige europ. Art der Fam. Schwanzmeisen **(Aegithalidae)** mit bis zu 10 cm langem Schwanz.

schwappen [Schallwort]. *ich* **schwappe,** ∪ **1)** *es,* verschütte. **2)** *es schwappt,* bewegt sich, droht überzufließen: *das Wasser ist aus dem Eimer geschwappt. es* **schwappt über** (ist übergeschwappt), ∪ fließt über.

Schwäre [ahd. swero ›Schmerz‹, ›Qual‹, ›Gebrechen‹] *die, -/-n,* eiterndes Geschwür. *es* **schwärt** (hat geschwärt, ♧ schwiert, schwor, hat geschworen), eitert. *Adj.* **schwärig.**

Schwarm [ahd., verwandt mit ›schwirren‹] *der, -(e)s/-̈e,* **1)** Verband von vielen fliegenden Organismen (Vögeln, Insekten u. a.); Gruppe, Ansammlung: *ein S. von jungen Leuten.* **2)** Formation von 4 Flugzeugen. **3)** Liebhaberei, Gegenstand der Liebhaberei: *sie ist mein S. ich* **schwärme, 1)** *für ihn, etwas,* empfinde leidenschaftl. Begeisterung, bin hingerissen von ihm, davon. **2)** *Bienen haben, sind geschwärmt, sind ausgeschwärmt,* ein S. ist zur Gründung eines neuen Staates ausgeflogen. **3)** *Soldaten sind (aus)geschwärmt,* haben sich im Gelände verteilt. *der* **Schwärmer,** *-s/-,* **1)** jemand, der sich in Begeisterung verliert. **2)** auch: **Schwarmgeist,** religiöser Eiferer, → Schwärmer. **3)** ein Feuerwerkskörper. **4)** ⊕ Schwärmspore, → Spore. **5)** Schmetterling, → Schwärmer. *die* **Schwärmerei,** *-/-en,* übertriebene Begeisterung; Verzückung. *Adj.* **schwärmerisch.**

Schwärmer, Sphingidae, Fam. der Schmetterlinge, mit langen, schmalen Flügeln und kantig-spindelförmigen Fühlern; sie fliegen meist in der Dämmerung und saugen schwebend an den Blüten. (BILD Schmetterlinge)

Hans Schwarz: Der Tod und das Mädchen; Buchsbaum (Berlin-West, Staatl. Museen)

Schwärmer, Schwarmgeister, polem. Bez. für Anhänger eines unkirchl. relig. Bekenntnisses, i. e. S. reformator. Bewegungen (Täufer, Wiedertäufer), die aus spiritualist. Frömmigkeit und gegr. auf den schöpfer. Geistbesitz des ›inneren Lichtes‹ die reformator. Erkenntnis radikal zu verwirklichen und mit Mündigentaufe, Kirchenzucht und Gütergemeinschaft das Reich Gottes auf Erden vorzubereiten suchten. Als S. gelten bes. Th. Münzer, Karlstadt, K. v. Schwenckfeld, S. Franck, V. Weigel.

Schwarmverhalten, ♘ Zusammenschluß meist artgleicher Individuen auf Grund des Geselligkeits- oder Schwarmtriebes außerhalb der Fortpflanzungszeit. Auf der Wanderung können auch artfremde Tiere Mischschwärme bilden (z. B. Greif- und Kleinvogelzug). Prozessionsspinnerraupen und Pilzmückenlarven (›Heerwurm‹) kriechen in Körperberührung, Distanztiere halten auch im Verband (Schwalben auf Drahtleitungen) den kritischen Abstand ein.

Schwartau, Bad S., Stadt im Kr. Ostholstein, Schlesw.-Holst., (1984) 19600 Ew., nördlich von Lübeck; Nahrungsmittelu. a. Ind.; Jod-Sole-Moorbad u. a. gegen Gefäßerkrankungen, Rheuma und Frauenleiden.

Schwarte [mhd. swart(e)] *die, -/-n,* **1)** zähe Außenhaut, z. B. am Speck; im Pelzhandel: Sommerfell; ♉ Haut von Dachs und Wildschwein. **2)** ∪ Haut. **3)** Schwiele. **4)** die beim Einschnitt von Rundholz entstehenden äußeren Bretter mit Rinde. **5)** ∪ altes, wertloses Buch (eigtl. mit schweinsledernem Umschlag). *ich* **schwarte,** ∪ **1)** lese, bin versunken in Bücher. **2)** *ihn,* prügle. *ich* **schwarte** *es* **ab,** ziehe die Haut, Rinde ab. **Schwartenmagen,** in den Schweinemagen gefüllte Kochwurst.

Schwartz, Eduard, klass. Philologe, * Kiel 22. 8. 1858, † München 13. 2. 1940, einer der führenden klass. Philologen seiner Zeit, verdient bes. als Texteditor.

schwarz [ahd. swarz, verwandt mit lat. sordidus ›schmutzig‹], schwärzer, am schwärzesten, **1)** von schwarzer Farbe, ohne jede Helligkeit, ganz dunkel, wie die Farbe der Nacht: *ein schwarzes Kleid; schwarzer Kaffee,* ohne Milch; *schwarze Wolken,* dunkle; *der Schwarze Erdteil,* Afrika; *das Schwarze Brett,* Aushang, Anschlagbrett; *mir wird s. vor den Augen,* ich werde ohnmächtig; *das besitze ich s. auf weiß,* ∪ gedruckt, schriftlich. **2)** Sinnbild der Trauer, des Unglücks: *ein schwarzer Tag,* Unglückstag; *er hat mir das Unternehmen in den schwärzesten Farben geschildert,* schlimmer als nötig; *er wird s.,* Kartenspiel: bekommt keinen Stich; *da kannst du warten, bis du s. wirst,* ∪ vergeblich. **3)** Sinnbild des Bösen, Verbotenen: *er ist das schwarze Schaf in der Familie,* der mißratene Sohn; *der schwarze Mann,* ∪ Schornsteinfeger, auch: Kinderschreck; *er ist s. über die Grenze gegangen,* ∪ heimlich, unter Vermeidung einer amtl. Grenzstation. **4)** eine heraldische Tinktur, → Farbe 6). – Schreibung in Verbindung mit Verben: *ich lasse das Kleid s. färben;* Zusammenschreibung, wenn ein neuer Begriff entsteht: *ich arbeite s. – habe schwarzgearbeitet,* ∪ verrichte → Schwarzarbeit; *ich fahre s. – bin schwarzgefahren,* ∪ → Schwarzfahrer; *ich höre s. – habe schwarzgehört,* ∪ → Schwarzhörer; *ich sehe s. – habe schwarzgesehen,* ∪ bin pessimistisch, ∪ zahle für Benutzung meines Fernsehgerätes keine Gebühren. *das* **Schwarz,** *-(es),* **1)** schwarze Farbe: *sie geht in Schwarz,* trägt Trauerkleidung; *er hat ins Schwarze getroffen,* in den Mittelpunkt der Schießscheibe, ∪ hat den Kern einer Sache getroffen. **2)** eine Farbe im Spiel (neben Rot). **Schwarzbeere,** *bair., österr.:* Heidelbeere. *der* **Schwarze,** *-n/-n, ein -r,* **1)** Neger. **2)** schwarzhaariger Mann, Junge. **3)** ∪ Teufel. **4)** ∪ Angehöriger einer klerikalen Partei; jemand, der politisch rechts steht. **5)** *österr.:* Kaffee ohne Milch. *ich* **schwärze** *es,* **1)** mache schwarz. **2)** *oberdt.:* schmuggele. *ich* **schwärze** *ihn bei jemandem* **an,** ∪ verdächtige, verleumde. **schwärzlich,** leicht schwarz, schwarzgrau; sehr dunkel: *schwärzlichbraun.*

Schwanzblume

Schwanzmeise

Schwarz, 1) Berthold, Mönch aus Konstanz, lehrte in der ersten Hälfte des 14. Jh. als Magister artium an der Universität Paris; entdeckte bei Versuchen die Sprengwirkung einer Pulvermischung aus Schwefel, Salpeter und Holzkohle und gilt damit als der abendländ. Erfinder des Schießpulvers (Schwarzpulvers).

2) David, ungar. Luftschiffbauer, * Zalaegerszeg (Ungarn) 20. 12. 1850, † Wien 13. 1. 1897, baute 1896/97 mit Unterstützung des westfäl. Industriellen C. Berg das erste Starrluftschiff mit Aluminiumgerippe und -hülle, das auf der Probefahrt verunglückte.

3) Hans, Medailleur und Bildschnitzer, * Augsburg um 1492, † nach 1532, tätig in Nürnberg, dann meist im Ausland, schuf kleinplast. Arbeiten und v. a. Buchsbaummodelle für Bildnismedaillen von Persönlichkeiten seiner Zeit (über 150 bekannt).

4) Hermann Amandus, Mathematiker, * Hermsdorf (Schlesien) 25. 1. 1843, † Berlin 30. 11. 1921, lieferte Arbeiten zur Funktionentheorie, Analysis u. a.

5) Švarc [russ.], Jewgenij Lwowitsch, russ. Schriftst., * Kasan 21. 10. 1896, † Leningrad 15. 1. 1958, bekannt durch seine Märchenstücke, die in Verbindung mit polit. Allegorie und moralist. Kritik über die Kinderbühne hinaus wirkten: ›Der nackte König‹ (1934), ›Die Schneekönigin‹ (1938), ›Der Schatten‹ (1940), ›Der Drache‹ (1944), ›Die verzauberten Brüder‹ (1956).

6) Rudolf, Architekt, * Straßburg 15. 5. 1897, † Köln 3. 4. 1961, Meister des neuen kath. Kirchenbaus; Planer für den Wiederaufbau von Köln nach 1945 (St. Michael, Frankfurt a. M., St. Anna, Düren, Wallraf-Richartz-Museum in Köln, mit J. Bernard, Aufbau des Gürzenich in Köln, mit K. Brand).

Schwarza *die,* linker Nebenfluß der Saale im Thüringer Wald, 50 km, mündet zw. Rudolstadt und Saalfeld. Im Tal der S. liegt **Schwarzburg,** dessen Schloß (1736–44 neu aufgebaut) Stammsitz der Fürsten von Schwarzburg-Rudolstadt war.

Schwarz|afrika, die überwiegend von Negriden bewohnten Gebiete Afrikas südlich der Sahara, i. Ggs. zu → Weißafrika.

schwarz|amerikanische Literatur, engl. **Black American literature** [blæk əmˈerɪkən lˈɪtrətʃə], eine zeitweise eigenständige Richtung der amerikan. Literatur. Sie greift formal zunächst auf die mündl. Traditionen von Volksballade, Blues und Spiritual zurück und geht dabei thematisch von der Erfahrung der rass. und damit auch wirtschaftl. Unterdrückung sowie dem Bewußtsein einer besonderen kulturellen Identität aus. Als Protestliteratur tritt sie Mitte der 20er Jahre des 20. Jh. mit Claude McKay, Jean Toomer, Langston Hughes und Countee Cullen hervor. Die Romane von Richard Wright setzen im Grunde die Protesttradition fort, die sich dann in den Werken von Ralph Ellison und James Baldwin vielschichtig ausweitet. Die 60er Jahre sind v. a. im Bereich der Lyrik und des Theaters durch militante Autoren der ›black arts‹-Bewegung wie Imamu Amiri Baraka

(Pseudonym für Le Roi Jones), Ed Bullins und Eldridge Cleaver bestimmt, doch beginnt bereits mit den Stücken von Lorraine Hansberry und der frühen Lyrik von Gwendolyn Brooks ein Integrationsprozeß auf eine nur noch perspektivisch, nicht mehr ideologisch unterschiedl. literar. Identität hin, der sich in den 70er Jahren fortsetzt.

Schwarz|arbeit, der ungesetzl. Wettbewerb gegenüber dem ordnungsgemäß betriebenen Gewerbe (bes. Handwerk) unter Verstoß gegen gesetzl. Bestimmungen sowie die dem Arbeitsamt nicht gemeldete Tätigkeit Arbeitsloser, die Arbeitslosengeld oder -hilfe beziehen. Die S. ist Teil der → Schattenwirtschaft. Nach dem Ges. zur Bekämpfung der S. vom 31. 5. 1974 (in Kraft seit 1. 1. 1975) wird S. als Ordnungswidrigkeit mit einer Geldbuße bis zu 30000 DM geahndet. Gefälligkeitsarbeit (Nachbarschaftshilfe) und geringfügige Beschäftigung (§§ 101, 102 Arbeitsförderungsgesetz) sind erlaubt. – VO gegen die S. finden sich schon im Recht der Zünfte im ausgehenden MA.

Schwarzbeinigkeit *die, -,* Schwarzfärbung und Zersetzung des Wurzelhalses (z. B. beim Getreide, bei Kartoffeln und im Gemüsebau) durch Bakterien.

Schwarzburg, thüring. Grafengeschlecht seit dem 12. Jh. Günther von S. trat 1349 als Gegenkönig Karls IV. auf. 1571/99 teilte sich das Geschlecht in die Linien **S.-Sondershausen** und **S.-Rudolstadt.** Beide erhielten 1697 die Reichsfürstenwürde. Sie traten 1807 dem Rheinbund, 1815 dem Deutschen Bund und 1866/67 dem Norddeutschen Bund bei. Als 1909 Fürst Karl Günther von S.-Sondershausen kinderlos starb, wurde Fürst Günther Viktor (seit 1890) von S.-Rudolstadt auch Regent von S.-Sondershausen. Am 22. 11. 1918 dankte er ab. Beide Gebiete (862 und 941 km² mit 1910: 89900 und 100700 Ew.) wurden Freistaaten und gingen 1920 im Freistaat Thüringen auf.

Schwarzdorn, die → Schlehe 1).

Schwarzdrossel, die → Amsel.

Schwärze *die, -/-n,* **1)** schwarze Farbe, Dunkelheit. **2)** schwarzer Farbstoff tier., pflanzl. oder mineral. Ursprungs. **Beinschwarz,** feingepulverte Knochenkohle zur Herstellung von Schuhcreme, Druckerschwärze u. dgl. **3)** Name verwitterter Erze. **4)** *ohne Pl.,* Pflanzenkrankheiten, gekennzeichnet durch schwarze Pilzfäden auf Blättern, Trieben, Früchten, z. B. **Rapsschwärze.**

Schwarze Blattern, → Pocken.

Schwarze Fliege, zu den Blasenfüßern gehöriges Insekt, etwa 1 mm lang, schwarzbraun, am Hinterleibsende rotbraun; Gewächshausschädling.

Schwarze Hand, serb. **Crna Ruka** [ts'r:na-], 1911 gegr. serb. Geheimbund, dessen Ziel – im Bund mit der → Narodna Odbrana – die Befreiung der Serben von der türk. und österr. Herrschaft war; 1917 von der serb. Reg. zerschlagen.

Schwarze Harnwinde, Harnwinde, Kreuzrehe, Kreuzverschlag, Nierenverschlag, Lumbago, Pferdekrankheit mit plötzlich eintretender Lähmung der Hinterhand, Schwanken und Zusammenstürzen sowie Rot- bis Schwarzfärbung des Harns; tritt nach mehrtätiger Stallruhe bei kohlenhydratreichem und überreichlichem Futter auf.

Behandlung: Ruhigstellen des Tieres, Wärmeanwendungen; an Ruhetagen Futtereinschränkung.

Schwarze Kunst, Bezeichnung für **1)** ꝏ Buchdruckerkunst. **2)** Alchemie. **3)** Magie.

Schwarze Listen, Verzeichnis von Personen (seltener Sachen), bei denen in best. Beziehung (meist der Kreditgewährung) Vorsicht geboten ist, z. B. das von Amtsgerichten geführte Schuldnerverzeichnis. Die Speicherung, Veränderung und Übermittlung von Daten findet ihre rechtl. Grenzen im Bundesdatenschutz-Ges. v. 27. 1. 1977 sowie in den Datenschutz-Ges. der Länder.

Schwarze Messe, die → Teufelsmesse.

Schwarzenbach-Talsperre, → Murg.

Schwarzenbek, Stadt im Kr. Hzgt. Lauenburg, Schlesw.-Holst., (1984) 11800 Ew.; Präzisionswerkzeugfabrik.

Schwarzenberg, fränk. edelfreies Adelsgeschlecht, erhielt 1670 die Reichsfürstenwürde und erwarb reichen Besitz in der Steiermark, in Krain und Böhmen.

1) Felix Fürst zu, österr. Politiker, * Krumau (Böhmen) 2. 10. 1800, † Wien 5. 4. 1852, wurde 1848 Feldmarschalleutnant, dann MinPräs. Er führte die Thronbesteigung des jungen Kaisers Franz Joseph herbei und begann mit der Wiederaufrichtung der durch die Revolution erschütterten Machtstellung Österreichs. Den in Kremsier tagenden Reichstag löste er kurzerhand auf und erließ die Gesamtstaatsverf. vom 4. 3. 1849. In der Olmützer Punktation vom 29. 11. 1850 erreichte er den Verzicht Preußens auf die kleindeutsche Unionspolitik. Doch scheiterte am Widerstand Preußens S.s Plan des Eintritts des gesamten österr. Staatsgebiets in den Dt. Bund oder auch nur in den Dt. Zollverein. In der inneren Politik kehrte S. ganz zum Absolutismus zurück, indem er durch das ›Silvesterpatent‹ vom 31. 12. 1851 die Märzverf. von 1849 aufhob; er erstrebte einen zentralist. österr. Einheitsstaat.

2) Johann Frhr. von, Politiker, * 25. 12. 1463 (?), † Nürnberg 21. 10. 1528, Humanist; war zunächst Landhofmeister der Bischöfe zu Bamberg und verfaßte die → Bambergische Halsgerichtsordnung; förderte als Rat (1524–26) der Markgrafen von Brandenburg-Ansbach die Einführung der Reformation in Franken; war 1526/27 Berater Herzog Albrechts von Preußen.

3) Karl Philipp Fürst zu, österr. Feldmarschall, * Wien 15. 4. 1771, † Leipzig 15. 10. 1820, leitete als Botschafter in Paris die Unterhandlungen über die Vermählung Napoleons mit der Erzherzogin Marie Luise. Im Rußlandfeldzug von 1812 befehligte er das österr. Hilfskorps, in den Freiheitskriegen 1813/14 die Hauptarmee der Verbündeten und hatte erhebl. Anteil am Plan zur Völkerschlacht bei Leipzig.

Schwarzenberg (Erzgebirge), Krst. im Bez. Karl-Marx-Stadt, (1983) 17000 Ew.; Metall-, Holz- u. a. Ind., Spitzenklöppelei; Stadtkirche (1690–99), Schloß.

Schwarze Pumpe [n. einem Gasthaus benannt], Industrie-Gem. im Kr. Spremberg, Bez. Cottbus, zw. Spremberg und Hoyerswerda, (1973, ohne Arbeiter-Wohnsiedlungen, → Hoyerswerda) 3600 Ew. Das seit 1955 gebaute Gaskombinat ist größter Braunkohlenveredelungsbetrieb Europas. Das erzeugte Stadtgas wird in alle Teile der Dt. Dem. Rep. geliefert; ferner Erzeugung von Hochtemperatur-Hartkoks, Briketts, Elektroenergie, Teer, techn. Ölen. Seit 1973 wird auch sowjet. Erdgas verarbeitet.

Schwarzer, Alice, Journalistin, * Wuppertal 3. 12. 1942, eine der Wortführerinnen der feminist. Frauenbewegung in der Bundesrep. Dtl., schrieb u. a. ›Der kleine Unterschied und seine großen Folgen‹ (1977); Hg. von ›Emma. Ztschr. für Frauen von Frauen‹ (seit 1977).

Schwärzer-als-Schwarz-Bereich, Fernsehtechnik: der Bereich, in den sich die zur Zeilensynchronisation und zum Bildwechsel notwendigen Impulse erstrecken, bei der → Negativmodulation zw. 75% und 100% der maximalen Trägeramplitude. Dem Bildweiß entsprechen hierbei 10%, dem Bildschwarz maximal 75%.

Schwarz|erde, Steppenschwarz|erde, russ. **Tschernosjom,** fruchtbare und tiefgründige Böden auf Löß oder Mergeln der Steppen (zuerst im südl. Rußland beschrieben); neutrale Reaktion, hoher Gehalt an stickstoffreichen Huminsäuren, stabile Krümelung, optimale Bodengare.

Schwarzer Freitag, Tag, an dem die Aktienkurse an der Börse überdurchschnittlich sinken. Der Name verbindet sich bes. mit dem 13. 5. 1927 und dem 25. 10. 1929, als, von der New Yorker Börse ausgehend, die → Weltwirtschaftskrise ausgelöst wurde.

Schwarzer Humor, engl. **black humour** [blæk hj'u:mə], → Humor.

Schwarzer Jura, der durch dunkle, bituminöse Tonschiefer (Posidonienschiefer) gekennzeichnete untere Jura Süd-Dtl.s.

schwarzer Körper, schwarzer Strahler, Planckscher Strahler, ein Körper, der die elektromagnet. Strahlung aller Wellenlängen vollständig absorbiert (weder Strahlung reflektiert noch durchläßt) und, durch hohe Temperatur angeregt, eine Strahlung (Temperaturstrahlung) aussendet, deren spektrale Energieverteilung durch das → Plancksche Strahlungsgesetz beschrieben wird. Der ideale s. K. wird durch eine kleine Öffnung in einem Hohlkörper mit für elektromagnet. Strahlung undurchlässigen Wänden mit konstanter Temperatur verwirklicht. Im Innern eines derartigen Hohlraumes mit schwarzen Wänden steht die Strahlung im (Temperaturstrahlungs-)Gleichgewicht mit den Wänden **(Hohlraumstrahlung, schwarze Strahlung, Plancksche Strahlung).** Die Oberfläche des s. K. liefert das maximale mit einem therm. Strahler bei vorgegebener Temperatur erreichbare Emissionsvermögen.

Schwarzer Markt, Schwarzhandel, Schleichhandel, Verkauf von Waren entgegen Bewirtschaftungsvorschriften in wirtschaftl. Notzeiten zu überhöhten Preisen; i. w. S. jeder illegale Handel, der Zoll-, Steuer- und Devisenvorschriften umgeht.

Schwarze Romantik, die zum Unheimlichen, Gespenstischen, Schaurig-Grotesken, Dämonischen, Krankhaften neigende Richtung innerhalb der romant. Bewegung, darüber hinaus jede die Nachtseiten des Lebens verklärende Kunst. (→ Gothic novel, → Satanismus)

Schwarzer Peter, Kartenspiel mit ungerader Kartenzahl, zw. beliebig vielen Teilnehmern spielbar. Jeder Spieler zieht ein Blatt aus den verdeckten Karten seines rechten Nachbarn und kann 2 zusammengehörige Kartenblätter ablegen. Wer die letzte Karte behält, hat verloren und heißt S. P. – Redensart: *er hat mir den S. P. zugeschoben,* das Unangenehme.

Schwarzer Prinz, → Eduard 5).

Schwarzer Tod, Bez. im MA. für die → Pest.

Schwarzes Kreuz, Verein für Gefangenen- und Straffälligenhilfe.

Schwarzes Loch, Black Hole [blæk həul, engl.], theoretisch postuliertes Endstadium der → Sternentwicklung bei massereichen Sternen; ein Stern, der infolge seiner eigenen Schwere in sich zusammenstürzt (Gravitationskollaps), einschließlich des sehr kleinen kugelförmigen Raumbereichs extrem hoher Materiedichte um ihn herum. Die Ausdehnung dieses Raums ist durch den **Schwarzschild-Radius** $r_s = 2GM/c^2$ (G = Gravitationskonstante, M = Masse, c = Lichtgeschwindigkeit) bestimmt. Seine Oberfläche bildet einen Horizont, der weder Materie noch Photonen, d. h. keinerlei Signale, nach außen dringen läßt, so daß ein S. L. (Schwarzschildscher Art) nur an der starken Gravitationswirkung auf benachbarte Materie erkennbar ist. S. L. werden in engen Doppelstern-Systemen (z. B. Cygnus X-1) und im Zentrum der Quasare und Galaxien vermutet.

Schwarzes Meer, russ. **Tschornoje More,** türk. **Karadeniz** [-z], lat. **Pontus Euxinus,** östl. Nebenmeer des Europ. Mittelmeers, mit dem es durch Bosporus, Marmarameer und Dardanellen verbunden ist; 423 000 km² groß, mittlere Tiefe 1 270 m, größte 2 245 m, im Nord- und Westteil flache Schelfzone. Ein Seitenbecken des S. M., abgetrennt durch die →Krim, ist das →Asowsche Meer. Klimatisch gehören der S und SW zum mediterranen Klima, der N wird vom trockenen Steppenklima Südrußlands beeinflußt. Die Gezeiten sind sehr gering (halbtägige Springtidenhübe bis 11 cm).

Durch den Bosporus strömt ständig durch die Süßwasserzuflüsse (Donau, Dnjepr, Bug) auf 18,5‰ Salzgehalt verdünntes Oberflächenwasser ab, während ein entgegengesetzt gerichteter Unterstrom schweren (Salzgehalt 38‰) Mittelmeerwassers in das S. M. hineinfließt, wo es sich auf 19–22‰ verdünnt. Als Folge davon hat sich eine stabile Schichtung des Schwarzmeerwassers ausgebildet, mit einer 50–200 m dicken, gut durchlüfteten, an Organismen reichen Oberwasserschicht, unter der sauerstoffloses, schwefelwasserstoffhaltiges Tiefenwasser liegt, in welchem die niedersinkenden Tier- und Pflanzenreste nicht verwesen. – Die Bodensedimente des S. M., durch Schwefeleisen dunkelgrau bis schwarz gefärbt, haben einen Anteil an organ. Substanz von 2,5%, in subfossilen Sedimenten bis zu 35%; sie stellen typische feinschichtige →Faulschlamme dar, in denen organische Substanz angereichert wird, und die als →Muttergestein des Erdöls betrachtet werden. Die Art der Sedimente wird als **Schwarzmeer-** oder **euxinische Fazi|es** bezeichnet. Neuerdings wurden in einigen Meeresteilen beträchtl. biolog. Anreicherungen von Schwermetallen, v. a. Uran und Molybdän, nachgewiesen.

Das S. M. ist für den Seeverkehr, bes. für den Handel der UdSSR, von großer Bedeutung. Wichtige Häfen sind Burgas, Warna (Bulgarien), Constanţa (Rumänien), Odessa, Nikolajew, Cherson, Sewastopol, Kertsch, Rostow, Noworossijsk (UdSSR), Trabzon, Samsun, Zonguldak, Istanbul (Türkei); zahlreiche Seebäder (Mamaia, Jalta, Sotschi, Suchumi u. a.).

Seit 1952 besteht durch den Wolga-Don-Kanal über die Wolga eine Verbindung mit dem Kasp. Meer, der Ostsee und dem Weißen Meer. Anliegerstaaten: Bulgarien, Rumänien, UdSSR, Türkei. – Militär. Bedeutung: →Dardanellen, →Meerengen-Abkommen.

schwarze Verbindung, eine studentische Verbindung, die keine Farben (Mütze, Band) trägt.

Schwarze Witwe, Latrodectus mactans, amerikan. Giftspinne mit roter Zeichnung auf der Unterseite des Hinterleibs. Der Biß der ausgewachsenen Weibchen kann tödlich sein.

Schwarze Zwerge, (hypothetische) sternähnl. Himmelskörper mit einer Masse kleiner als etwa 0,08 Sonnenmassen, bei denen die bei der gravitativen Verdichtung des Protosterns (→Sternentwicklung) erreichte Temperatur zur Energieerzeugung durch Kernfusion nicht ausreicht. Es bildet sich ein kühler, nicht beobachtbarer Körper. – Die Bez. S. Z. wird manchmal auch für (wahrscheinlich in großer Zahl vorhandene) unbeobachtbare →Weiße Zwerge verwendet, die soweit abgekühlt sind, daß ihre Strahlung nicht mehr nachweisbar ist.

Schwarzfahrer, 1) jemand, der ein Kraftfahrzeug ohne Wissen und Willen des Fahrzeughalters benutzt. Für Schäden beim Betrieb des Fahrzeugs haftet der S. (§§ 7 ff. Straßenverkehrs-Ges.). **2)** jemand, der ein öffentliches Verkehrsmittel ohne Entrichtung des Fahrpreises benutzt.

Schwarzfäule, durch Pilze verursachte Fruchtfäule an Tomaten, Salat, Möhren, gelagerten Äpfeln u. a. Früchten.

Schwarzfersen|antilope, Impala, →Pala.

Schwarzfleckigkeit *die, -,* durch Pilze verursachte bräunliche bis violettschwarze Flecke auf Blättern, Trieben, Früchten; z. B. Runzelschorf des Ahorns.

Schwarzfuß-Indianer, engl. **Blackfoot** [blˈækfʊt], Gruppe nordamerikan. Indianerstämme aus der Sprachfamilie der Algonkin. Reste leben in Reservationen in Montana und Alberta.

Schwarzheide, Gem. im Kr. Senftenberg, Bez. Cottbus, (1973) 9500 Ew., in der Niederlausitz; Braunkohlenbergbau, Treibstoffherstellung.

Schwarzhemden, die ital. Faschisten unter Mussolini, nach dem schwarzen Hemd ihrer Uniform benannt.

Schwarzhörer, Schwarzfernseher, Rundfunk- oder Fernsehteilnehmer, der sein Empfangsgerät ordnungswidrig ohne Genehmigung und ohne Entrichtung von Gebühren benutzt.

Schwarzkehlchen *das, -s/-,* Singvogelart, →Schmätzer.

Schwarzkopf, Elisabeth, Sängerin (Sopran), * Jarotschin (Posen) 9. 12. 1915.

Schwarzkopf, Hans S. GmbH, Hamburg, Unternehmen der kosmetischen Ind. (bes. Haarkosmetik); gegründet 1903.

Schwarzkümmel, 1) Nigella, Hahnenfußgewächs-Gatt. mit bläul. oder gelben Blüten, Mittelmeergebiet; in Mitteleuropa Gartenpflanzen. **2)** die Samen der Hahnenfußgewächsart **Nigella sativa** werden als Gewürz und in der Heilkunde verwendet. Die Art **Jungfer im Grünen, Braut in Haaren** oder **Gretel im Busch (Nigella damascena)** ist Gartenzierpflanze.

Schwarzkümmel 2): Jungfer im Grünen mit Blüte (OBEN), Frucht (UNTEN)

Schwarzlot *das, -s,* bei der →Glasmalerei verwendete schwarze Schmelzfarbe.

Schwarzmeerdeutsche, im 18. Jh. in das Schwarzmeergebiet eingewanderte dt. Siedler.

Schwarz|ottern, Pseudechis, Giftnattern-Gatt. Australiens und Neuguineas; Oberseite schwarz oder dunkelbraun.

Schwarzpulver, →Schießpulver.

Schwarzreuter *der, -s/-,* **Schwarzreutel,** Fisch, →Saiblinge.

Schwarz-Rot-Gold, →deutsche Farben.

Schwarzsauer *das, -s,* gewürztes, gekochtes Fleisch von Schwein, Gans oder Ente, dessen Brühe mit Blut des betreffenden Tieres, Weizenmehl und Essig tunkenartig gekocht wird.

Schwarzschild, Karl, Astronom, * Frankfurt a. M. 9. 10. 1873, † Potsdam 11. 5. 1916, Prof. in Göttingen, 1909 Direktor des Astrophysikal. Observatoriums in Potsdam, lieferte grundlegende Arbeiten zur Photometrie der Fixsterne, deren Bewegung und Verteilung, zur geometr. Optik sowie zum Ausbau der allg. Relativitätstheorie.

Schwarzschild-Radius, →Schwarzes Loch.

Schwarz-Schilling, Christian, Politiker (CDU), * Innsbruck 19. 11. 1930, Unternehmer, seit 1976 MdB., seit Okt. 1982 Bundesmin. für das Post- und Fernmeldewesen.

Schwarzsender, eine ohne die erforderliche Sendelizenz errichtete Funk-Sendeanlage.

Schwärzung *die, -/-en,* Photographie: die Eigenschaft einer photograph. Schicht, nach der Entwicklung an den belichteten Stellen durch das vorhandene metall. Silber geschwärzt zu erscheinen. Je nach der Dichte der S. wird auffallendes Licht verschluckt. Zur Messung der S. werden **Schwärzungsmesser (Densitometer),** die mit Photozelle, Photoelement oder Graukeil arbeiten, und zur Bestimmung der S.-Kurve **registrierende Photometer** verwendet. Eine gleichmäßige geringe Untergrund-S. heißt **Schleier.**

Schwarzwald, süddeutsches Mittelgebirge, zw. Hochrhein im S und Kraichgau im N, etwa 160 km lang, im S 60 km breit, im N 22 km breit (BILD Europa). Das Gebirge fällt nach S und W steil ab, nach O geht es allmählich in das Schwäb. Stufenland über. Höchste Erhebungen: im S Feldberg (1 493 m), Herzogenhorn (1 415 m) und Belchen (1 414 m), im N Hornisgrinde (1 164 m). Die den S. von SO nach NW querende Kinzig trennt den höheren südl. Teil, der aus Graniten und Gneisen aufgebaut ist, vom nördl., wo der kristalline Kern von Buntsandstein überlagert wird. Die höchsten Teile zeigen Spuren der Eiszeit. Es entstanden Karseen (Feldsee, Mummelsee) und durch Endmoränen aufgestaute Seen (Titisee, Schluchsee). Entwässert wird der S. durch Nebenflüsse des Oberrheins und des Neckars; im S. entsteht die Donau aus Brigach und Breg. In der Landwirtschaft ist die Viehzucht bed., ferner Getreide-, Wein- und Obstbau, Waldwirtschaft, holzverarbeitende, feinmechan. (Uh-

Schwarzwald: Belchen

Schwebezug: Magnetschwebebahn Transrapid 06 auf der Versuchsanlage im Emsland

Permanent-magnetisches Schweben

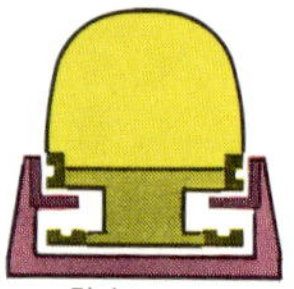

Elektro-magnetisches Schweben

Elektro-dynamisches Schweben

Schwebezug

ren), Metall-, Kraftwagen-, Leder-, Glas-, Emailwaren-, Schmuckwaren- und Textilind. - Im MA. war der S. weitgehend unbesiedelt. Vom 11.-16. Jh. gab es bed. Silberbergbau. Uranerzvorkommen im südl. S. (bei Menzenschwand) werden noch nicht genutzt. Der S. ist ein wichtiges Fremdenverkehrsgebiet (Baden-Baden, Wildbad, Badenweiler, Freudenstadt, Königsfeld, Feldberg, Titisee, Freiburg im Breisgau).

Schwarzwald-Baar-Kreis, Landkreis im RegBez. Freiburg, Bad.-Württ.; Kreisstadt: Villingen-Schwenningen.

Schwarzwasser *das,* **1)** rechter Nebenfluß der Zwickauer Mulde, 30 km. **2)** poln. **Wda** [vda], **Czarna Woda** [tʃ'arna-], linker Nebenfluß der Weichsel in Pommerellen, 168 km.

Schwarzwasserfieber, plötzlich auftretende Komplikation (Blutzerfall) bei Malaria, deren kennzeichnendes Symptom schwarzgefärbter Urin ist. Als Ursache werden Chininunverträglichkeit und Enzymdefekte diskutiert.

Schwarz-Weiß-Rot, → deutsche Farben.

Schwarzwild, ⚘ Wildschwein, Gatt. der → Schweine.

Schwarzwurzel, 1) Skorzonera, Salsifis (Scorzonera hispanica), Korbblüter, ein Wurzelgemüse (BILD Gemüse). **2) Schwarzwurz,** versch. Pflanzen: Beinwell, Christophskraut u. a.

Schwatz [mhd.] *der, -es/-e,* U kleine Plauderei, kurze Unterhaltung. *ich* **schwatze, 1)** plaudere vertraulich, rede viel. **2)** spreche während des Schulunterrichts. *ich* **schwatze** *es ihm* **auf,** U überrede ihn, es zu nehmen, zu kaufen. *ich* **schwatze** *es* **aus,** U plaudere aus, verrate. *ich* **schwätze, 1)** schwatze. **2)** *oberdt., mitteldt.:* rede. *Subst. die* **Schwätzerei,** *-/-en. der* **Schwätzer,** *-s/-,* **1)** Vielredner. **2)** oberflächlicher Redner. *Adj.* **schwatzhaft.**

Schwaz, Bezirksstadt in Tirol, Österreich, (1984) 10900 Ew., am Inn, 535 m ü. M.; Ordenshochschule der Franziskaner; Schleifmittelwerke, Tabak-, Majolika-, Lackfabrik; Fremdenverkehr; Pfarrkirche (15./16. Jh.), Franziskanerkloster (1507 gegr.), Burg Freundsberg oberhalb der Stadt. - S., 930 erstmals erwähnt, hatte bed. Kupfer- und Silberbergbau. - **Schwazit** ist ein nach S. benanntes → Fahlerz.

Schweb *der, -s,* → Schwebstoffe.

Schwebebahn, 1) Verkehrsmittel, bei dem die elektrisch angetriebenen Fahrzeuge an einem Fahrwerk hängen, dessen Räder auf einer Schiene (z. B. die 1901 fertiggestellte Schienen-S. in Wuppertal) oder einem Seil **(Seil-S.,** → Bergbahn) rollen, oder bei dem Kabinen oder Sessel oder Materialtransportbehälter an einem umlaufenden Seil festgeklemmt sind. **2)** der → Schwebezug.

Schwebebalken, Turnen: ein Turngerät des Frauenturnens (5 m lang, 1,20 m hoch, 10 cm breit), auf dem Gleichgewichtsübungen und Gestaltungsfähigkeit in der turner. Darbietung gezeigt werden. Der S. wurde um 1930 aus dem → Querbaum entwickelt.

Schwebeflug, von Hubschraubern und anderen Vertikalstartern erreichbarer Flugzustand, in dem das Luftfahrzeug in der Luft auf der Stelle verharrt. Der S. wird v. a. zur Aufnahme und zum Absetzen angehängter Lasten angewendet.

schweben [ahd. sweben ›wogen‹, ›schwimmen‹]. *es* **schwebt, 1)** (hat, ist geschwebt), bewegt sich langsam in der Luft, ohne festen Grund zu berühren, hängt frei: *der Vogel schwebt in der Luft; ein Ton schwebt,* Ü klingt lange nach; *der Name schwebt mir auf der Zunge, den Lippen.* **2)** *ich schwebe,* Ü schwanke, befinde mich zw. zwei Zuständen: *er schwebt zwischen Leben und Tod,* in Lebensgefahr. **3)** *ein Verfahren schwebt,* ⚖ ist noch im Gang, noch nicht entschieden. *es* **schwebt** *mir* **vor,** ist in meiner Vorstellung bereits vorhanden. *die* **Schwebe,** *-: die Sache ist in der Schwebe,* noch nicht entschieden. **schwebend, 1)** frei hängend, fliegend. **2)** Ü noch unentschieden. **3)** ⚒ flach steigend (unter 45°).

schwebende Betonung, im deutschen Vers der Versuch, einen Widerstreit zw. Vers- und Wortakzent durch ein Schweben der Stimme auszugleichen, z. B. in Schillers ›Wallenstein‹: ›Abgesetzt wurd' ich, Eure Gnaden weiß . . .‹ (das Metrum verlangt: Ab'gesetzt).

schwebende Schulden, kurzfristige öffentl. Schulden zum Ausgleich eines vorübergehenden Defizits, die nicht im Haushaltsplan erscheinen.

Schwebezug, auf Luftkissen **(Hovertrain** [h'ɔvətreɪn], **Aerotrain** [-treɪn]) nach dem Prinzip des → Bodeneffektfahrzeugs oder in magnet. Aufhängung **(Magnetkissen)** schwebendes, spurgeführtes Fahrzeug. Im Unterschied zum Bodeneffektfahrzeug, dessen Prinzip für den spurgeführten Verkehr nicht mehr in Frage kommt, wird die **Magnetschwebebahn (Magnetbahn)** als unkonventionelles Schnell- und Nahverkehrsmittel in Versuchsanlagen erprobt.

Beim **elektromagnet. (anziehenden) Schweben (EMS)** besteht das Trag- und Führungssystem aus Elektromagneten am Fahrzeug, die auf Anziehung gegenüber einer aus Walzstahl bestehenden Ankerschiene an der Fahrbahn arbeiten. Sensoren messen ständig die Abstände zw. den Fahrzeugmagneten und den Ankerschienen (10-20 mm). Bei abgeschalteten Magneten ruht das Fahrzeug auf Gleitkufen. Das **elektrodynam. (abstoßende) Schweben (EDS)** nutzt die physikal. Gesetzmäßigkeit, nach der bei der Bewegung eines Magnetfeldes über einem elektr. Leiter in ihm Strom erzeugt wird, der wiederum ein Magnetfeld aufbaut, das dem erzeugenden Magnetfeld entgegengesetzt ist und somit zu abstoßenden Kräften führt (›magnetisches Fliegen‹). Dies setzt eine Mindestgeschwindigkeit voraus, so daß Fahrzeuge auf Rädern starten und landen müssen. Beim **permanentmagnet. Schweben (PMS)** werden die abstoßenden senkrechten Kräfte entlang der Führungsschienen durch Dauermagnete mit einander zugeordneten gleichnamigen Polen erzeugt. Für die Seitenführung müssen jedoch aus physikal. Gründen andere Mittel herangezogen werden.

Die Hochgeschwindigkeits-Magnetschwebetechnik verlangt eine Fahrzeug-Vortriebskraft, die berührungslos auf den Fahrweg übertragen wird. Als elektr. Antrieb kommt der → Linearmotor (LIM) in Betracht. In der Bundesrep. Dtl. werden S. erprobt, die für elektrodynam. oder elektromagnet. Schweben geeignet sind. Zur Erprobung stehen kleinere Firmenanlagen und eine Großversuchsanlage (›Transrapid‹, seit 1983 in Betrieb bei Lathen im Emsland) mit (im Endausbau) 31,5 km Fahrweg auf einem Rundkurs zur Verfügung. Dort soll die ›Transrapid 06‹ im Dauerversuch Geschwindigkeiten bis 400 km/h erreichen. In Japan wurden 1978 mit einem Versuchsfahrzeug 337 km/h erreicht. Als Nahverkehrssystem wird der S. auf einer Anlage in Braunschweig erprobt (›M-Bahn‹).

Schwebfliegen, Schwirrfliegen, Syrphidae, artenreiche Fliegenfam., schnelle Flieger, die im Rüttelflug stillstehen. Die unbehaarten Arten ähneln oft Wespen, die behaarten Hummeln. Die Larven mancher Arten leben räuberisch von Blattläusen. Zu den S. gehört die Unterfam. **Eristalinae** (→ Schlammfliegen 1). BILD S. 639.

Schwebstoffe, Materieteilchen, die in Luft oder anderen Gasen als feste und flüssige Stoffe (Aerosole) oder in Flüssigkeiten als Feststoffe (z. B. Flußtrübe, Schweb), Emulsionen oder Schäume vorliegen können. Die Teilchen schweben in Luft, da ihre Fallgeschwindigkeit durch die Luftreibung kompensiert wird, in Wasser infolge Dichtegleichheit oder durch Turbulenz.

Schwebung *die, -/-en,* period. Schwankung der Amplitude einer Schwingung (BILD), entstanden durch Überlagerung zweier harmonischer Schwingungen gleicher Richtung und gleicher Amplitude mit wenig versch. Frequenzen, z. B. als Schwanken der Lautstärke beim Zusammenklang zweier frequenzmäßig eng benachbarter Töne empfunden. Die **S.-Frequenz** ist gleich der Differenzfrequenz der Einzelschwingungen. Bei der Stimmung von Musikinstrumenten wird die Übereinstimmung mit dem Stimmton dann erreicht, wenn die S. verschwinden.

Schwebung

Schwebungs|empfang, Heterodyn|empfang, Funktechnik: ein Empfangsverfahren, mit dem tonlose Telegraphiezeichen hörbar gemacht werden. Der Empfangsschwingung wird eine um eine Tonfrequenz (z. B. 900 Hz) von ihr abweichende Hochfrequenz überlagert; durch Gleichrichtung wird die hörbare Schwebungsfrequenz, d. h. die Differenzfrequenz, gewonnen.

Schwechat, Stadt in NÖ, (1984) 14800 Ew., südöstlich von Wien, an dem Fluß S.; österr. Raffineriezentrum mit Petrochemie u. a. Industrie. 6 km östlich von S. der Großflughafen Wien. - S., 1072 genannt, war 1938-54 Teil von Wien.

Schweden *Pl.,* nordgerman. Volk, das Staatsvolk Schwedens, ferner an der SO- und S-Küste von Finnland und auf den

Ålands-Inseln; große schwed. Volksgruppen siedeln in den Ackerbaugebieten der mittleren USA und Kanadas. Die S. sind hervorgegangen aus den im N ihrer Urheimat, dem südöstl. Skandinavien, zurückgebliebenen Germanen. *Adj.* **schwedisch,** *hinter schwedischen Gardinen,* U im Gefängnis.

Schweden, schwed. **Sverige** [sv'ærjə], Königreich im O der Skandinav. Halbinsel, 449964 km², (1982) 8,323 Mio. Ew. Hauptstadt: Stockholm. Amtssprache: Schwedisch. Währungseinheit: 1 Schwed. Krone (skr) = 100 Öre. *Adj.* **schwedisch.** *der* **Schwede,** *-n/-n.* (KARTE VIII/IX, n. S. 320)

Staat. Nach der mehrfach (zuletzt 1. 1. 1980) geänderten Verf. v. 1809 ist S. ein konstitutionelles Königreich, das sich seit 1917 zur parlamentar. Demokratie entwickelte. Der König (seit 1973 Carl XVI. Gustaf) ist Staatsoberhaupt und seit 1. 1. 1975 auf repräsentative Funktionen beschränkt. Volksvertretung ist der Reichstag (349 für 3 Jahre gewählte Abg., Einkammer-Parlament). Die Regierung ist nur dem Parlament verantwortlich. – Verwaltung. Das Land ist eingeteilt in 24 Provinzen (Län). – Basis der schwed. Rechtsprechung ist das (stark modifizierte) Gesetzbuch von 1734, bes. für das Zivilrecht; neues Strafrecht seit 1965.

Streitkräfte. Allg. Wehrpflicht; Gesamtfriedensstärke 68000 Mann (rd. 800000 Mann innerhalb 72 Stunden mobilisierbar); Heer: 48500; Luftwaffe: 9500 (420 Kampfflugzeuge); Marine: 10000 (einschl. Küstenartillerie; 12 U-Boote, 17 Flugkörperschnellboote, 6 Torpedoschnellboote). Freiwillige Heimatverteidigung: 500000.

Landesnatur, →Skandinavien.

Die Bevölkerung besteht überwiegend aus Schweden; nur im sehr dünn bevölkerten N leben Lappen und Finnen. Am dichtesten besiedelt ist der S des Landes.

Größe und Bevölkerung (1982)

Provinz (Hauptstadt)	km²	Ew. in 1000
Südschweden		
Blekinge (Karlskrona)	2 919	152,6
Gotland (Visby)	3 140	55,6
Halland (Halmstad)	5 454	232,7
Jönköping (Jönköping)	9 944	302,5
Kalmar (Kalmar)	11 168	241,1
Kristianstad (Kristianstad)	6 054	280,7
Kronoberg (Växjö)	8 453	174,2
Malmöhus (Malmö)	4 929	743,0
Mittelschweden		
Älvsborg (Vänersborg)	11 394	425,5
Göteborg u. Bohus (Göteborg)	5 112	710,1
Örebro (Örebro)	8 515	273,7
Östergötland (Linköping)	10 569	393,0
Skaraborg (Mariestad)	7 938	270,1
Södermanland (Nyköping)	6 060	252,2
Stockholm (Stockholm)	6 488	1 535,5
Uppsala (Uppsala)	6 989	245,4
Värmland (Karlstad)	17 609	283,2
Västmanland (Västerås)	6 302	258,6
Nordschweden		
Gävleborg (Gävle)	18 191	293,7
Jämtland (Östersund)	49 917	135,0
Kopparberg (Falun)	28 344	286,5
Norrbotten (Luleå)	98 906	266,1
Västerbotten (Umeå)	55 432	244,8
Västernorrland (Härnösand)	21 786	267,1
Schweden[1]	**411 613**[2]	**8 323,0**

[1]) Differenzen durch Abrundungen.
[2]) Mit Wasserflächen 449964 km².

Bildung. Allg. Schulpflicht. Pflichtschule ist die 9jähr. Grundschule (7.–16. Lebensjahr). Ihr schließen sich Gymnasien oder Fachschulen an. 1971 wurden Gymnasien, Fach- und Berufsschulen zu ›Gymnasialschulen‹ (2–4 Jahre) zusammengefaßt. Universitäten in Göteborg (gegr. 1891), Linköping (1967), Lund (1666), Stockholm (1877), Umeå (1963), Uppsala (1477), ferner Techn. Universitäten u. a. Hochschulen. – Religion. Die luther. Kirche in Schweden ist Staatskirche; sie ist in 13 von Bischöfen und Domkapiteln geleitete ›Stifter‹ gegliedert. 95% der Bev. gehören ihr an.

Wirtschaft. Die Landwirtschaft nutzt 9% der Landfläche (zu 4/5 als Ackerland und Dauerkulturen); sie hat ihren Schwerpunkt im S des Landes, wo bes. Weizen und Zuckerrüben angebaut werden; in den übrigen Landesteilen Gerste, Hafer, Kartoffeln, Roggen. Bed. Viehzucht (Rinder, Schweine). Im N herrscht Waldnutzung (57% des Landes sind Wald) vor; S. hat in Europa (außer UdSSR) den größten Holzeinschlag (1980: 47 Mio. m³); daneben Rentierzucht. Fischerei (1981: 253000 t) bes. an der Süd- und Westküste. Auf der Eisenerzförderung (1982: 10 Mio. t Eiseninhalt), v. a. in Nord-S., beruht eine hochentwickelte Eisen- und Stahl-, Maschinen- und Schiffbauindustrie. Ferner werden Blei, Kupfer, Pyrit, Zink, Silber, Gold gewonnen. Im Schiffbau gehört S. zu den wichtigsten Ländern der Erde. Bed. sind Holz-, Papier- und Textilindustrie. Die reichen Wasserkraftreserven im N des Landes werden weitgehend zur Energiegewinnung genutzt. In der Ausfuhr dominieren Maschinenausrüstungen und Fahrzeuge, Holz, Zellstoff und Papier, Eisen, Stahl und Erze. Wichtigste Handelspartner: Bundesrep. Dtl., Großbritannien, Norwegen, Dänemark, USA, Finnland.

Schweden: Ostseebucht in Småland

Verkehr. Das Eisenbahnnetz hat eine Streckenlänge von (1982) 11951 km (7601 km elektrifiziert); 87136 km asphaltierte Straßen (850 km Autobahnen). Die Handelsflotte hat (1979) 5,5 Mio. BRT. Rege Küsten- und Binnenschiffahrt (durch den Götakanal Verbindung Westküste-Binnenseen-Ostküste). Haupthafen ist Göteborg, ferner Stockholm, Hälsingborg, Malmö und Luleå. S. hat Anteil an der Luftfahrtges. Scandinavian Airlines System. Internat. Flughäfen bei Stockholm (Arlanda), Göteborg (Torslanda) und Malmö (Bulltofta).

Vorgeschichte: →Nordeuropa, Vorgeschichte.

Geschichte. Im frühen MA. war das Gebiet des heutigen S. von den Gauten und Svear besiedelt. Letztere gründeten um das heidn. Heiligtum von Uppsala ein Reich mit dem Königsgeschlecht der Ynglinge. Das schwedisch-gautische Land umfaßte das heutige S. ohne Schonen, Blekinge, einen Teil der W-Küste und das nördl. Norrland. Um 830 missionierte Ansgar, die Christianisierung wurde erst mit der Errichtung des Erzbistums Uppsala (1164) abgeschlossen. Birger Jarl, der die Eroberung Finnlands fortsetzte, war der Stammvater des Königshauses der Folkunger (1250–1363). 1388 wählte ein Teil des Adels Margarete von Dänemark zur Königin, die sich 1389 durchsetzte und so erstmals die 3 skandinav. Reiche vereinigen konnte (Kalmarer Union 1397). Seit der Bauernerhebung unter Engelbrecht Engelbrechtsson (1434–36) versuchte S., sich aus der Union zu lösen; Sten Sture d. Ä. konnte sich als Reichsverweser seit 1470 längere Zeit behaupten. Das ›Stockholmer Blutbad‹ (1520), mit dem Christian II. den schwed. Widerstand gegen die Union brechen wollte, führte zur Erhebung unter Gustav Wasa, der 1523 als Gustav I. zum schwed. König gewählt wurde. Er führte seit 1527 die luther. Reformation ein. Er brach die wirtschaftl. Übermacht Lübecks. Unter seinen Nachfolgern setzte eine aktive Außenpolitik ein. Gustav II. Adolf erhob S. zur führenden Macht in Nordeuropa und zur europ. Großmacht: Er erwarb 1617 von Rußland Karelien und Ingermanland, 1629 von Polen Livland. Durch sein Eingreifen in den →Dreißigjährigen Krieg (1630) stützte er den dt. Protestantismus und dehnte gleichzeitig den polit. Einfluß seines Landes aus. Seit 1632 leitete der Kanzler A. Oxenstierna die Vormundschaftsregierung für Königin Christine. Im Frieden von Brömsebro (1645) erhielt S. von Dänemark-Norwegen Jämtland, Härjedalen und Halland, die Inseln Gotland und Ösel und die Befreiung vom Sundzoll. Im Westfäl. Frieden (1648) erwarb es das Erzstift Bremen, Verden, Vorpommern, einen

Schweden

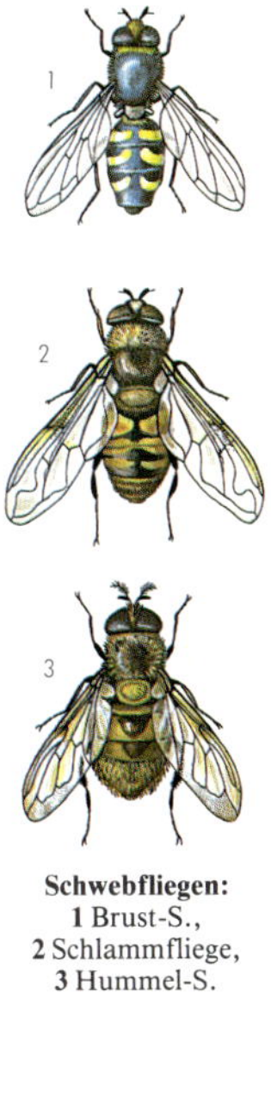

Schwebfliegen:
1 Brust-S.,
2 Schlammfliege,
3 Hummel-S.

Teil Hinterpommerns, Wismar und die Reichsstandschaft. 1654 trat Christine die Reg. an ihren Vetter Karl X. Gustav aus dem Haus Pfalz-Zweibrücken ab, der 1658 von Dänemark Schonen, Halland und Bohuslän gewann (→ Nordische Kriege 2). Sein Sohn Karl XI. konnte durch Einziehung der verliehenen Krongüter das finanzielle Übergewicht des Adels brechen und den Absolutismus durchsetzen. Karl XII. wurde 1700 in den Großen Nordischen Krieg (→ Nordische Kriege 3) verwickelt, der schließlich zum Verlust der Vormachtstellung in der Ostsee führte. Nach dem Tod Karls XII. setzten die Reichsstände eine Verfassung (1720) durch, die ihnen fast ausschließlich die Regierung überließ. So wurde die Politik unter den Königen Friedrich I. aus dem Haus Hessen-Kassel und Adolf Friedrich aus dem Haus Holstein-Gottorp durch die rivalisierenden Parteien der ›Hüte‹ und ›Mützen‹ bestimmt, die sich an Frankreich und Rußland anlehnten. Trotz außenpolit. Mißerfolge (Verlust SO-Finnlands 1743) brachte die ›Freiheitszeit‹ wirtschaftl. und kulturellen Fortschritt. 1772 stellte Gustav III. durch einen Staatsstreich den Absolutismus wieder her. Unter seiner Regierung erlebte S. eine kulturelle Blütezeit. Sein Sohn Gustav IV. Adolf schloß sich der 3. Koalition gegen Napoleon I. an. Als Rußland 1808 Finnland eroberte, wurde er abgesetzt. Karl XIII. schloß mit Rußland und Frankreich 1809 Frieden (Verlust Finnlands und der Ålands-Inseln). 1810 wurde der frz. Marschall J.-B. Bernadotte unter dem Namen Karl Johann zum Thronfolger ernannt und von Karl XIII. adoptiert. S. nahm an den Freiheitskriegen gegen Napoleon teil und erhielt für den Verzicht auf Vorpommern 1814 Norwegen in Personalunion; Norwegen behielt seine eigene Verfassung. Während der Regierung Karls XIV. Johann bildete sich eine liberale Opposition. Unter Oskar I. und Karl XV. wurden liberale Reformen durchgeführt, bes. 1866 eine Repräsentativverfassung (2 Kammern an Stelle des Reichstags der 4 Stände). Um 1860 erreichte der → Skandinavismus seinen Höhepunkt, v. a. von Karl XV. gefördert, doch blieb S. im deutsch-dän. Krieg von 1864 neutral. Die zunehmende Industrialisierung in der 2. Hälfte des 19. Jh. führte zu einem starken Anwachsen der Arbeiterklasse, die sich 1889 unter der Führung H. Brantings politisch organisierte. Unter Oskar II. kam es zu einer Annäherung an das Dt. Reich und zur Auflösung der Personalunion mit Norwegen 1905 (→ Norwegen, Geschichte).

Im 1. Weltkrieg blieb S. neutral. Die Wahlrechtsreformen von 1909 und 1921 begünstigten den Aufstieg der Sozialdemokratie zur stärksten Partei. 1920–32 bildeten Sozialdemokraten, Liberale und Konservative Minderheits-Reg. 1932 bildete der Sozialdemokrat P. A. Hansson mit Hilfe der Bauernpartei (seit 1958 Zentrum) eine Mehrheits-Reg. Innenpolitisch standen in den 20er und 30er Jahren bes. wirtschafts- und gesellschaftspolit. Fragen im Vordergrund. Als Mitgl. des Völkerbundes suchte S. aktiv dessen Bestrebungen zu fördern. 1921 sprach der Völkerbund die → Ålands-Inseln Finnland zu. Seit 1938 bemühte sich die schwed. Reg. um eine gemeinsame Neutralitätspolitik der nordeurop. Staaten. Im 2. Weltkrieg blieb Schweden neutral.

Nach dem Tod Gustavs V. (1950) bestieg Gustav VI. Adolf, nach dessen Tod (1973) Karl XVI. Gustav den Thron. Die sozialdemokratisch geführten Regierungen T. Erlander (1946–69) und O. Palme (1969–76) setzten den von MinPräs. Hansson eingeleiteten reformsozialist. Kurs fort (Ausbau kommunaler und genossenschaftl. Unternehmungen, allgemeine ›Volkspension‹, 1948; allgemeine Ergänzungspension, 1962). Wechselnde Kritik an dieser Politik, bes. an ihren steuerpolit. Folgen, führten 1976 zum Wahlsieg des Bürgerblocks (Zentrumspartei, Konservative und Liberale Partei); MinPräs. wurde T. Fälldin (Zentrumspartei; im Amt: 1976–78, 1979–83). 1980 entschied sich die Mehrheit der Bev. (58%) für den Ausbau der friedl. Kernenergienutzung. Nach dem Wahlsieg der Sozialdemokraten bildete O. Palme erneut die Regierung. Die Einführung von ›Arbeitnehmerfonds‹ (gespeist aus Anteilen der Unternehmensgewinne) 1983 stieß auf starke Kritik innerhalb und außerhalb des Parlaments.

Nach dem 2. Weltkrieg setzte Schweden seine Neutralitätspolitik fort und unterstützte v. a. die UNO bei ihren Versuchen, Konflikte friedlich beizulegen. Seit 1960 Mitglied der EFTA, schloß S. 1972 Freihandelsverträge mit der EWG ab.

Schwedenklee, Bastardklee, Trifolium hybridum, Kleeart in Europa, im Mittelmeerraum und in Vorderasien; als Futterpflanze kultiviert.

Schwedenplatte, schwed. Vorspeisen, Zusammenstellung bes. von Fischmarinaden.

Schwedenpunsch, ein Getränk unter Verwendung von Arrak und Gewürzen mit mindestens 25 Vol.-% Alkohol; eisgekühlt als Likör oder heiß als Punsch zu trinken.

Schwedenschanzen, volkstüml. Bezeichnung für vor- und frühgeschichtliche Befestigungen.

Schwedenstaffel, ⚒ eine → Schwellstaffel.

Schwedentrunk, Folterungsart im Dreißigjährigen Krieg: Dem Gemarterten wurde Jauche oder anderer Unrat in den gewaltsam geöffneten Mund gegossen.

Schwedische Akademie, schwed. **Svenska akademien,** Stockholm, 1786 nach dem Muster der Académie française von Gustav III. gestiftete Gesellschaft von 18 Mitgl. (de aderton ›Die Achtzehn‹); verleiht seit 1901 den Nobelpreis für Literatur.

Schwedische Gymnastik, Schwedisches Turnen, von P. H. Ling entwickelte Form der funktionellen Gymnastik zum Ausgleich von Haltungsschäden. Typische Geräte sind Sprossenwand, Leiter, Langbank und hoher Schwebebalken.

schwedische Kunst. In der Frühzeit entstanden blockhaft schwere Granitkirchen, auch schlichte Rundkirchen und auf Gotland von Westfalen beeinflußte Hallenkirchen. Der roman. Dom in Lund hat lombard. und rhein. Vorbilder. Im 13. Jh. kam der Backsteinbau auf. Zu den Hauptwerken der Gotik, deren Formen meist schlicht und gedrungen blieben, gehören die Dome von Uppsala und Linköping; der Bauschmuck folgt frz. und dt. Vorbildern. Im Spät-MA. wurde Holzbildnerei aus Lübeck eingeführt. B. Notke schuf sein Hauptwerk, die St.-Jürgen-Gruppe, für Stockholm. Spätmittelalterl. Wandmalereien finden sich in den Landkirchen um Stockholm.

Nach der Reformation trat der Bau von Kirchen hinter den Schloßbauten zurück (→ Gripsholm). Dt. Baumeister führten im 16. Jh. lombard. Renaissanceformen ein. Das größte der Schlösser des 17. Jh., die sich v. a. niederländ. Vorbildern anschlossen, ist → Drottningholm von N. v. Tessin d. Ä. Von N. v. Tessin d. J. wurde der Neubau des Stockholmer Schlosses in Formen des röm. Hochbarocks begonnen (1697; im 18. Jh. vollendet). – In der Plastik hatten zunächst Niederländer, im 18. Jh. Franzosen den Vorrang. Mit dem schwed. Bildhauer J. T. Sergel setzte sich der Klassizismus durch. – Die Hauptaufgabe der Malerei war seit der Renaissance das Porträt. In der 2. Hälfte des 17. Jh. wirkten in Schweden der Holländer M. van Meytens und der Hamburger D. Klöcker v. Ehrenstrahl. Aus seiner Schule, die von seinem Neffen D. v. Krafft fortgeführt wurde, entwickelte sich die Malerei des 18. Jh., zu deren bedeutendsten Malern G. Lundberg und A. Roslin gehören. Im 19. Jh. malte C. J. Fahlcrantz romantisch empfundene Landschaften. Viele Künstler gingen zu ihrer Ausbildung nach Düsseldorf, gegen Ende des Jh. nach Paris. Um die Jahrhundertwende hatte die schwed. Malerei internat. Niveau und zugleich eigenen Charakter mit C. Larsson, dem auch als Radierer hervorgetretenen A. Zorn, dem Tiermaler B. Liljefors und dem Landschaftsmaler Eugen Prinz von Schweden. Auf die folgende Entwicklung hatte bes. H. Matisse Einfluß (I. Grünewald, E. Jolin, N. v. Dardel). Seit 1929 gibt es eine surrealist. Malerei (E. Olsson, E. Thorén, S. Mörner). Nach dem 2. Weltkrieg wurde die Malerei überwiegend ungegenständlich (O. Baertling, P. Olofsson, L. Rodhe), während in der jüngsten Zeit ein neuer Realismus in den Vordergrund rückt (J. Franzén, P. Tillberg). Der führende Bildhauer war im 20. Jh. C. Milles. Der Holzbildhauer A. Petersson zeigt v. a. die menschl. Figur. P. Pernebi und A. Jones schaffen Plastiken mit aufgelöstem Volumen. Die sich vom Eklektizismus des 19. Jh. lösende Baukunst des 20. Jh. blieb der nat. Überlieferung eng verbunden (Stockholmer Stadthaus von R. Östberg). Mit der Stockholmer Ausstellung 1930 brach der Funktionalismus durch. Für die Architektur der Gegenwart haben S. Markelius, S. Backström, P. Celsing und R. Erskine schöpfer. Bedeutung.

schwedische Literatur, die Literatur in schwed. Sprache in Schweden und Finnland.

Anfänge bis 1611. In heidn. Zeit gab es Heldenlieder, Götterhymnen, Spruchdichtung, doch sind zusammenhängende Literaturdenkmäler nicht erhalten. Mit der christl. Kirche kamen lat. Sprache und Schrift sowie lat. Rechtsbücher nach Schweden. Die älteste schwedische Handschrift (vor 1250), ein Bruchstück des Västgötagesetzes, ist in Rechtsbewußtsein und Sprache noch germanisch-heidnisch. Große Wirkung ging im 14. Jh. von den zeitkrit. Visionen ›Uppenbarelser‹ der hl. Birgitta aus. Gering ist die ritterl. Dichtung vertreten. Der erste namhafte Dichter in schwed. Sprache war Bischof Thomas von Strängnäs († 1443). Seit Ende des 13. Jh. entwickelte sich die Volksballade (Folkvisa). Laurentius Petri leitete die große Bibelübersetzung (›Gustav-Wasa-Bibel‹, 1541), an der auch sein Bruder Olaus beteiligt war.

Großmachtzeit (1611–1718). Ging Lars Wivallius noch von volkstüml. Überlieferung aus, so begann man nun antike Muster nachzuahmen und barocke Kunstformen zu pflegen (Skogekär Bergbo, G. Stiernhielm). G. Dahlstierna vertrat den Manierismus. Begabter Lyriker war Lars Johansson, witzig, reimgewandt J. Runius. O. Rudbeck schrieb das nationale Geschichtswerk ›Atland eller Manheim‹ (1679–1702).

1719–1809. Mit dem Beginn der ›Freiheitszeit‹ nach dem Tod Karls XII. setzte auf allen Gebieten eine geistige Erneuerung ein. Der Botaniker C. v. Linné, dessen Reisebeschreibungen zu den klass. Werken der s. L. zählen, der Astronom A. Celsius, der Chemiker K. W. Scheele und der Naturforscher und Theosoph E. Swedenborg erlangten europ. Anerkennung. Neuschöpfer des Prosastils war O. v. Dalin mit seiner moralisch-satir. Wochenschrift ›Then Swänska Argus‹ (1732–34). Das philosoph. Gedankengut der Aufklärung vertrat bes. der literar. ›Orden der Gedankenbauer‹ mit der Lyrikerin Henriette Charlotte Nordenflycht, dem Idyllendichter Graf G. Creutz, dem Odendichter G. F. Gyllenborg. Zu den ältesten Romanschriftst. gehören J. H. Mörk und J. Wallenberg. Gustav III., der auch selbst Dramatiker war, ist der Gründer der Oper (1772) und des Nationaltheaters (1787) in Stockholm und der Stifter der Schwed. Akademie (1786). Dabei unterstützten ihn u. a. die Dichter J. G. Oxenstierna, J. H. Kellgren, C. G. af Leopold. Lebensfrohe, derb anakreontische Lieder schrieb C. M. Bellman. Zu den ›Spätgustavianern‹ gehört die realist. Dichterin Anna Maria Lenngren. Vorboten der Romantik waren T. Thorild, B. Lidner, F. M. Franzén und der geistliche Liederdichter J. O. Wallin.

Von 1809 bis zur Gegenwart. Die mystisch-spekulative Gruppe des Uppsalaer ›Aurorabundes‹ (gegr. 1807; nach ihrer Zeitschrift auch ›Phosphoristen‹ genannt) wurzelte in der dt. Romantik. Ihr Haupt war P. D. A. Atterbom. Stifter des historisch-vaterländisch eingestellten ›Götischen Bundes‹ (gegr. 1811; Zeitschrift ›Iduna‹) waren E. G. Geijer, der Volksliedsammler A. A. Afzelius, P. H. Ling. Aus der götischen Schule ging E. Tegnér hervor. Der Vollender der Romantik war E. J. Stagnelius.

Der einstige ›Göte‹ E. G. Geijer bekannte sich seit 1838 zum Liberalismus. C. J. L. Almquist begründete den Frührealismus. Der realist. Richtung gehören ferner an die Lyriker K. W. A. Strandberg, O. P. Sturzen-Becker, der Schilderer des Studentenlebens G. Wennerberg, die Frauenrechtlerin Frederika Bremer, Emilie Flygare-Carlén, die Finnlandschweden Z. Topelius, J. L. Runeberg. Mit dem bürgerlich-liberalen Humanitätsideal von V. Rydberg berührte sich z. T. ein Kreis von Dichtern, die sich in den 60er Jahren in Uppsala zusammenfanden: der Ästhetiker C. R. Nyblom, die Lyriker Graf C. Snoilsky, C. D. af Wirsén. Mit naturalist. Romanen und Dramen schaffte A. Strindberg den modernen Durchbruch. Den sozialkrit. Realismus der 1880er Jahre vertraten neben ihm v. a. G. af Geijerstam und Victoria Benedictsson. V. v. Heidenstam leitete die Neuromantik ein. Selma Lagerlöf erzählte Sagen und Geschichten aus ihrer värmländ. Heimat. Die schwed. Provinzen wurden in der neuromant. Lyrik lebendig: Värmland bei G. Fröding, Dalarna bei E. A. Karlfeldt, Schonen bei V. Ekelund und K. G. Ossiannilsson. Dem Pessimismus der Jahrhundertwende verschrieben sich die Lyriker Bo Bergman, O. Levertin und der Erzähler P. Hallström. Skept. Realist war H. Söderberg. Soziale und religiöse Probleme behandelte S. Lidman. Typisch schwed. Humor entfalteten A. Engström und H. Zetterström. Oft ans Groteske grenzen die Romane und Dramen H. Bergmans. Um 1910 brachen sich einige gesellschaftskrit. Erzähler Bahn: G. Hellström, L. Nordström, G. Hedenvind-Eriksson und Elin Wägner. Der kühnste formale Erneuerer dieser Zeit ist P. Lagerkvist, der einzige schwedische Expressionist.

Mit dem idyll. Realismus der frühen 20er Jahre brachen der Lyriker und Erzähler B. Sjöberg, die Lyriker Karin Ek und E. Blomberg. Für die sexuelle Freiheit der Frau kämpfte Agnes von Krusenstjerna. Eine neue Strömung setzte in den 30er Jahren mit den Autodidakten aus der Arbeiterschicht ein: die Lyriker und Erzähler H. Martinson, A. Lundkvist, die Erzähler V. Moberg, J. Fridegård, R. Värnlund, I. Lo-Johansson, E. Johnson. Den modernen Durchbruch in der Lyrik vollzogen H. Gullberg, J. Edfelt und G. Ekelöf. Zu dieser Lyrikergeneration gehören auch A. Ljungdal und O. Lagercrantz. Von visionärer Kraft erfüllt ist das Werk von Karin Boye. Die 40er Jahre waren bestimmt von einem Stil des Engagements und der kühnen Formexperimente; Erzähler sind S. Arnér, L. Ahlin, S. Dagerman, führende Lyriker E. Lindegren, K. Vennberg. Die Nachkriegsliteratur zeigte zunächst eine Abkehr von jeder Art von Ideologie (L. Gyllensten, S. Rosendahl, der Lyriker T. Tranströmer). Die Generation der 60er Jahre ist meist entschieden engagiert. Erzähler: S. Delblanc, P. C. Jersild, Sarah Lidman, J. Myrdal, P. O. Enquist, S. Stolpe, P. O. Sundman, L. Gustafsson, P. Odensten, P. F. Wahlöö, Maj Sjövall, Astrid Lindgren; Lyriker: Lars Forssell, K. Henmark, B. Håkanson und G. Sonnevi.

Die s. L. in Finnland hat sich seit J. R. Runeberg und Z. Topelius eigenständiger entwickelt. Bahnbrechend für den finnlandschwed. Realismus war K. A. Tavaststjerna. Namhafte Lyriker waren M. Lybeck, H. Procopé, A. Mörne, E. Zilliacus, B. Gripenberg. Der Erzähler und Lyriker R. Schildt und die Lyriker Edith Södergran und J. Hemmer leiteten zur Moderne über. Weitere Vertreter der Moderne sind E. Diktonius, G. Björling, R. Enckell, in den 30er Jahren R. Parland, Solveig von Schoultz, T. Colliander und G. Stenius. Die Erzählerin Sally Salminen knüpft an realist. Traditionen an. Nach dem 2. Weltkrieg traten als Lyriker bes. B. Carpelan und A. Cleve hervor. Romane schreiben u. a. J. Donner und C. Kihlmann.

schwedische Musik. Das ältere schwed. Volkslied, das sich an Kirchentonarten und Tanzrhythmik anlehnte, ist nur spärlich überliefert. Seit dem 13. Jh. entwickelte sich die gregorian. Kirchenmusik. Die Volksballade erlebte im 15./16. Jh. ihre Blüte. Die höf. Musikpflege war, den europ. Entwicklungen folgend, von niederländ., dt. (Musikerfamilie Düben) und später ital. Meistern bestimmt. Zu großer Volkstümlichkeit gelangten die Gesänge des Dichterkomponisten C. M. Bellman. Seit etwa 1750 wurde das Musikleben von Konzert und Oper bestimmt. In der 1. Hälfte des 19. Jh. ragt F. A. Berwald hervor, dessen Werke z. T. an H. Berlioz erinnern. Seit der Jahrhundertmitte wurde eine nat. Schule bestimmend: I. Hallström, L. Norman, J. A. Söderman, E. Sjögren, A. Hallén, die von der zeitgenöss. dt. Musik, bes. von R. Wagner, beeinflußt waren. Um die Wende zum 20. Jh. wirkten W. Peterson-Berger, W. Stenhammar, H. Alfvén. Ebenfalls nat. Züge trägt die Musik der Spätromantiker C. N. Berg, E. Kallstenius, T. Rangström, K. M. Atterberg. Nach dem 1. Weltkrieg fanden neuere Strömungen Eingang in die s. M., vertreten durch G. Nystroem, H. Rosenberg, D. Wirén. Nach dem 2. Weltkrieg traten die Rosenberg-Schüler S.-E. Bäck, I. Lidholm und bes. K.-B. Blomdahl hervor. Die Avantgarde repräsentieren u. a. B. Hambraeus und B. Nilsson mit seriellen und elektronischen Werken.

Schwedische Reichsbank, schwed. **Sveriges Riksbank** [sv'ærjəs-], Stockholm, gegr. 1668 als ›Bank der Reichsstände‹, älteste Zentralbank der Welt. Seit Sept. 1931 ist die Einlösung der Banknoten in Gold suspendiert, seit 1948 die Notenausgabe vom Gold unabhängig; der Notenumlauf wird regelmäßig durch Gesetze begrenzt. Das Direktorium wird vom Parlament gewählt.

schwedische Sprache. Sie bildet mit dem Dänischen den ostnord. Zweig der nordgerman. Sprachgruppe. Der musikal. Wort- und Satzakzent, die tönenden Endungen und der reiche Wechsel der Vokale machen die s. S. zu einer der klangvollsten Sprachen. Die ›Reichssprache‹ (rikssprå k) ist die gemeinsame Norm der geschriebenen und gesprochenen Sprache. Geschrieben wird in Lateinschrift; am Ende des Alphabets stehen å, ä, ö als eigene Buchstaben.

Die Schriftsprache entwickelte sich auf der Grundlage der Mundart von Östergötland. Der Einfluß der Hanse zeigt sich in vielen mittelnd. Lehnwörtern. Im 16. Jh. übte das Hochdeutsche als Sprache der Reformation Einfluß aus. Grundlage des älteren Neuschwedisch war die ›Gustav-Wasa-Bibel‹ (1541). Das Gesetzbuch von 1734 und die Zeitschrift ›Then Swänska Argus‹ von O. v. Dalin (1732–34) leiteten zur jetzigen Schriftsprache über. Eine 1944 gegr. Organisation (Nämnden för svensk språkvård) beobachtet und betreut neben der Schwed. Akademie die Sprachentwicklung. – Man unterscheidet 6 Dialektgruppen: 1) die Sveadialekte um den Mälarsee; 2) das Norrländische; 3) die Götadialekte; 4) das Südschwedische; 5) das Gutnische auf Gotland; 6) das Ostschwedische in Finnland und (früher) Estland, das sich an die ersten beiden Gruppen anschließt.

Schwedt/Oder, Stadtkreis im Bez. Frankfurt, (1983) 51700 Ew., bed. Industriestandort mit Erdölraffinerie, VEB Petrochem. Kombinat, Beton-, Papier-, Tabak- u. a. Ind. Die Stadt wurde 1945 stark zerstört, u. a. das Stadtschloß der ehem. Herrschaft Schwedt.

Schwefel [ahd.] *der, -s,* lat. **Sulfur, S,** nichtmetall. Element (→ chemische Elemente).

Eigenschaften. S. bildet mehrere Erscheinungsformen (Modifikationen). **Rhombischer S., α-S.,** hat die Dichte 2,07 g/cm^3 und den Schmelzpunkt 112,8 °C. Bei Temperaturen über dem Umwandlungspunkt 95,5 °C bildet sich **monokliner S., β-S.,** Dichte 1,96 g/cm^3 und Schmelzpunkt 119,0 °C. Erwärmt man rhomb. S. auf über 119 °C, ist der S. (**λ-S.**) dünnflüssig und gelb, wird etwa ab 160 °C dickflüssig und braun (λ- und **μ-S.**), bei 200 °C dunkelbraun und zäh wie Harz, bei 400 °C wieder dünnflüssig bis zum Siedepunkt von 444,6 °C. Beim Abkühlen kristallisiert zunächst β-S., der sich unter 95,5 °C in α-S. umwandelt. Bei raschem Abschrecken der Schmelze entsteht **plastischer S., μ-S.** (Kettenmoleküle mit 2000–5000 S.-Atomen). α-S. und β-S. enthalten ringförmige Moleküle, S_8 (Cyclooctaschwefel), die beim Schmelzen zu fadenförmigen Molekülen aufbrechen. **Monokliner S., γ-S.,** enthält 4 S_8-Moleküle in der Elementarzelle. S. verbrennt mit blauer Flamme zu Schwefeldioxid. S. ist ein Nichtleiter, löslich u. a. in Schwefelkohlenstoff, unlöslich in Wasser. S. wurde 1777 von A. L. Lavoisier als chemisches Element erkannt.

Vorkommen. S. ist ein auf der Erde relativ häufig vorkommendes Element. Freier, gediegener S. findet sich entweder als vulkanischer S. in Sizilien, Indonesien und Japan oder als sedimentärer S. in Sizilien, S-Polen, den USA und Mexiko. Gebunden kommt S. vor in Sulfaten, Sulfiden der Schwermetalle, im Schwefelwasserstoff (Erdgas und vulkan. Gase) und in organ. Verbindungen (z. B. Eiweißstoffen). Wirtschaftl. Bedeutung gewinnt der aus Erdöl und Erdgas stammende S.

Biologisch ist S. für alle Lebewesen unentbehrlich. S. ist enthalten in Aminosäuren (z. B. Methionin, Cystein), damit im Eiweiß, in Enzymen (z. B. Coenzym A), in Vitaminen (z. B. Thiamin, Biotin), in Antibiotika (z. B. Penicillin) sowie in Senfölen.

Die techn. Gewinnung von S. erfolgt durch Ausschmelzen schwefelhaltiger Gesteine (Italien) oder bei tiefergelegenen und bergmännisch schwer zugängl. Vorkommen (USA) durch Aus-

Schwefel: kristallisiert (Agrigent, Sizilien)

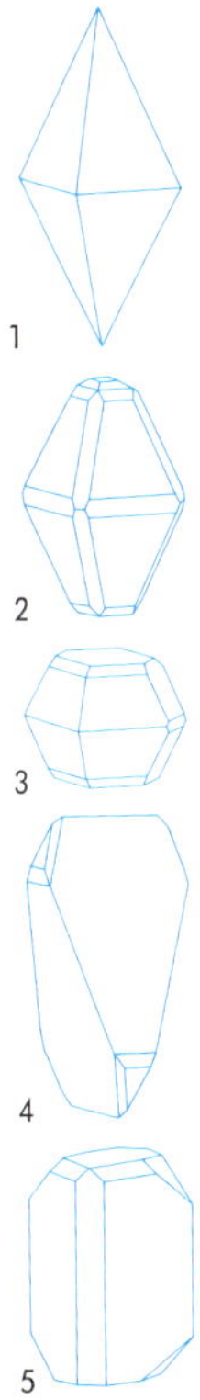

Schwefel: Kristalle, **1-4** rhombischer S., **5** monokliner S.

schmelzen mit überhitztem Wasserdampf (Frasch-Verfahren). Von zunehmender Bedeutung ist die Gewinnung des S. aus dem in vielen techn. Gasen enthaltenen Schwefelwasserstoff durch Verbrennen an geeigneten Katalysatoren.

Verwendung. S. wird gebraucht zur Darstellung von schwefliger Säure und →Schwefelsäure, zur Herstellung von Kunststoffen, Schießpulver und Feuerwerkskörpern, zum Vulkanisieren von Kautschuk, als Pflanzenschutzmittel, für Salben und S.-Präparate.

Wirtschaftliches. Die Weltproduktion an S. in allen Formen belief sich 1980 auf rd. 55 Mio. t, rd. 2/3 davon wurden als Elementar-S. gewonnen. Etwa 2/3 der Weltproduktion entfallen auf die westl. Welt (Haupterzeuger: USA, Kanada, Japan, Frankreich, Mexiko, Bundesrep. Dtl.). In den RGW-Staaten sind bei der Herstellung von S. die UdSSR und Polen führend.

Verbindungen. S. bildet in den Oxidationsstufen von −2 bis +6 Verbindungen. **Dischwefelchlorid,** S_2Cl_2, wird durch Einleiten von Chlor in geschmolzenen Schwefel dargestellt und beim Vulkanisieren verwendet. **S.-Dioxid, Schwefligsäureanhydrid,** SO_2, ein stechend riechendes Gas mit starker Reizwirkung auf Schleimhäute u. a. Schadwirkungen bei Immission (→Schwefeldioxid-Immissionsschäden), bildet sich bei der Verbrennung von S. und S.-Verbindungen; wird zur Herstellung von Schwefelsäure, als Bleichmittel und zur Kälteerzeugung in Kühlmaschinen verwendet. **S.-Trioxid, Schwefelsäureanhydrid,** SO_3, ist schon bei gewöhnl. Temperatur so leicht flüchtig, daß es an der Luft stark qualmt und raucht. Es verkohlt organ. Stoffe wie Holz, Cellulose, Stärke usw. unter Wasserentziehung. **S.-Kohlenstoff, Kohlenstoffdisulfid,** CS_2, wird durch Überleiten von S.-Dampf über glühende Holzkohlen oder aus S.-Dampf und Methan dargestellt; vorzügl. Lösungsmittel für S., Harze, Fette, Gummi; ein starkes Nervengift (→Schwefelkohlenstoffvergiftung). **S.-Wasserstoff,** H_2S, ist ein widerlich riechendes, giftiges (→Schwefelwasserstoffvergiftung), brennbares Gas. Die neutralen Salze des S.-Wasserstoffs sind die **Sulfide,** die sauren Salze die **Hydrogensulfide.** Mit Schwermetallen bildet S.-Wasserstoff sehr kräftig gefärbte, beständige Verbindungen, die in ihren mineral. Vorkommen Blenden, Glanze und Kiese heißen. **Schweflige Säure,** H_2SO_3, ist die wäßrige Lösung von S.-Dioxid, ein starkes Reduktionsmittel, daher zum Bleichen verwendet; die neutralen Salze heißen **Sulfite,** die sauren **Hydrogensulfite, Bisulfite.** Weitere Säuren sind die →Schwefelsäure, die **Thioschwefelsäure,** $H_2S_2O_3$, **Dithionsäure,** $H_2S_2O_6$, **Polythionsäuren,** $H_2S_nO_6$, u. a. Organ. S.-Verbindungen sind z. B. Thiole und Sulfonsäuren.

Schwefelbakterilen, Thiobakterilen, verschiedenartige Bakterien, die Schwefel oder oxidierbare Schwefelverbindungen mit Sauerstoff verbinden und mit der dabei gewonnenen Energie Kohlendioxid in organ. Bindung überführen (Assimilation).

Schwefelblüte, blaßgelber, pulveriger Schwefel.

Schwefeldioxid-Immissionsschäden, durch Schwefeldioxid, SO_2, an Menschen, Tieren und Pflanzen, Gebäuden, Denkmälern u. a. verursachte Schäden (→Luftverschmutzung); bei Mensch und Tier Reizungen der Schleimhäute, Atembeschwerden, wenn die Konzentration ein Mehrfaches der Toleranzgrenze (0,14 mg/m³ Luft bei Langzeiteinwirkung) beträgt. Bei Pflanzen treten rotbraune Flecken auf den Blättern auf, Nadeln verfärben sich, bis schließlich der Vertrocknungsprozeß einsetzt. – Baustoffe und Metalle werden durch die mit Luftfeuchtigkeit gebildete Säure angegriffen (z. B. Schäden am Kölner Dom). →saurer Regen.

Schwefelfarbstoffe, künstliche, farbstarke, licht- und waschechte, chemisch uneinheitliche, meist braune, blaue, gelbe oder schwarze Farbstoffe, die durch Erhitzen von aromat. oder heterozykl. Verbindungen mit Schwefel oder Schwefel abgebenden Stoffen hergestellt werden, z. B. Schwefelschwarz. S. sind wichtige Textilfarbstoffe.

Schwefelkies, Mineral, →Eisenkies.

Schwefelkohlenstoffvergiftung, akute oder chron. Schädigung durch Einatmen von Schwefelkohlenstoffdämpfen. Anzeichen: Krämpfe, Kopfschmerzen, Sehstörungen, Benommenheit bis Bewußtlosigkeit, Koma, Atemstillstand, bei chron. S. auch Polyneuritis; als Berufskrankheit melde- und entschädigungspflichtig. Erste Hilfe bei akuter Vergiftung: Frischluftzufuhr, künstliche Beatmung, Arztruf oder Notruf!

Schwefelkopf, Büschelpilz, Hypholoma, Blätterpilzgatt., büschelig an Holz wachsend. Der **Grünblättrige S. (Hypholoma fasciculare)** ist ungenießbar (BILD Pilze).

Schwefelleber, frisch leberbraune, später grüngelbe Stücke **(Hepar sulfuris),** Gemisch aus Kaliumpolysulfid, Kaliumsulfat und Kaliumthiosulfat **(Kali-S.);** wird für medizin. (Schwefel-)Bäder verwendet.

Schwefelmoos, schwefelgelbe Krustenflechten, bes. auf kalkarmem Gestein.

schwefeln. *ich* **schwef(e)le, 1)** *es* **(aus, ein),** räuchere, tränke mit Schwefel. **2)** verwende feinverteilten Schwefel (Schwefelkalkbrühe) als fungizides Pflanzenschutzmittel. **3)** behandle ein Substrat mit gasförmigem oder in Wasser gelöstem Schwefeldioxid (auch mit Lösungen von Sulfiten, Hydrogen- oder Disulfiten), wobei die desinfizierende (konservierende) oder die reduzierende Wirkung von Schwefeldioxid ausgenutzt wird. So wirken z. B. 2 Vol.-% Schwefeldioxid innerhalb 6 Stunden in geschlossenen Räumen insektentötend (früher Schwefelräucherung von Krankenzimmern, heute Vergasen von Ungeziefer, Insekten u. ä.). Lebensmittel (z. B. →Wein) und Silofutter werden durch Schwefelung haltbar gemacht, Fässer und Konservengläser sterilisiert, Textilien, Stroh, Zucker und andere Lebensmittel gebleicht. Das bei der Schwefelung verwendete Schwefeldioxid ist stark toxisch. Der MAK-Wert ist auf 13 mg/m³ festgesetzt. Die Anwendung von Rückstandshöchstmengen (berechnet als SO_2) sowie Kenntlichmachung ist durch Zusatzstoff-Zulassungs-VO vom 22. 12. 1981 (zuletzt geändert 26. 10. 1982) geregelt. *Subst. die* **Schwef(e)lung,** *-/-en.* **schwef(e)lig,** schwefelhaltig, schwefelartig.

Schwefelquellen, schwefelhaltige Heilquellen (ÜBERSICHT Heilquellen).

Schwefelsäure, H_2SO_4, eine der wichtigsten anorgan. Säuren, eine farblose ölige Flüssigkeit, die stark wasserentziehend wirkt und nur mit großer Vorsicht gehandhabt werden darf; Dichte 1,836 g/cm³, Schmelzpunkt 10,4 °C, Siedepunkt 338 °C. Verdünnte S. ist etwa 16%ig, Akkumulatorensäure 30%ig, konzentrierte S. 96%ig. – S. bildet als zweibasige Säure primäre saure Salze, die **Hydrogensulfate,** und sekundäre neutrale Salze, die **Sulfate.**

Die techn. Darstellung der S. erfolgt nach dem Kontakt- und dem heute selten angewandten Bleikammerverfahren. Bei beiden geht man von Schwefeldioxid (SO_2) aus, das durch Verbrennen von Schwefel oder durch Rösten sulfid. Erze, bes. Pyrit, FeS_2, gewonnen wird. Auch durch Umsetzung von Anhydrit, $CaSO_4$, mit Kohlenstoff (Koks) kann SO_2 erzeugt werden. Beim älteren **Bleikammerverfahren** wird das vorgereinigte heiße SO_2-Luftgemisch im Gloverturm mit nitroser Säure zusammengebracht und in den mit Blei ausgekleideten Kammern mit Stickstoff-Oxiden, die als Sauerstoffüberträger wirken, und eingesprühtem Wasser zu S. umgesetzt. Am Boden der Kammer fällt dabei eine etwa 60%ige S. an **(Kammersäure),** die direkt zur Herstellung von Superphosphat, Ammoniumsulfat u. a. Sulfaten verwendet werden kann. Im Gay-Lussac-Turm wird aus restlichen stickoxidreichen Gasen wieder nitrose Säure gewonnen. Beim **Kontaktverfahren** werden praktisch die gleichen, SO_2 und Luft enthaltenden Verbrennungs- oder Röstgase verwendet. Im Kontaktofen findet bei 450–500 °C an Katalysatoren (Kontakten) die Oxidation zu Schwefeltrioxid (SO_3) statt. Als Kontakt wird heute fast ausschließlich Vanadinpentoxid, V_2O_5, verwendet. Das gebildete SO_3 wird von konzentrierter 98%iger S. aufgenommen. Durch Verdünnen mit Wasser werden handelsübl. Konzentrationen hergestellt. Lösungen von SO_3 in 100%iger S. sind als **rauchende S. (Oleum)** in verschiedenen Gehalten an SO_3 gebräuchlich. Sie dient im großen Umfang zur →Sulfonierung organ. Verbindungen.

Verwendung. S. gehört zu den in großen Mengen großtechnisch hergestellten Chemikalien. Sie dient zur Herstellung von Kunstdüngern, zur Darstellung anderer Mineralsäuren, zur Herstellung von Farbstoffen, Kunstseide, Zellwolle und anderen organ. Verbindungen, von Natriumsulfat (Glaubersalz) zur Glasbereitung und als Akkumulatorsäure. Über Vergiftung mit S. →Säurevergiftung.

Schwefelsäure-Erzeugung in 1000 t¹)

Land	1938	1969	1982
Verein. Staaten	3 800	26 071	29 039
Sowjetunion	1 544	10 660	23 844
Japan	2 139	6 759	6 530
Bundesrep. Dtl.	1 655²)	4 481	4 411
Frankreich	1 272	3 527	4 136
Kanada	243	2 587³)	4 117⁴)
Spanien	87	2 084	3 052⁵)
Polen	—	1 516	2 682
Großbritannien und Nordirland ...	1 011	3 240	2 587
Italien	1 076	3 204	2 341
Indien	—	966³)	2 134⁴)
Niederlande	475	1 511	1 609

¹) berechnet auf H_2SO_4; ²) Gebiet der Bundesrep. Dtl.; ³) 1968; ⁴) 1981; ⁵) 1980.

Schwefelwasserstoffbakterilen, Bakterien, die beim Abbau schwefelhaltiger Aminosäuren Schwefelwasserstoff bilden können, z. B. die sulfatreduzierenden Bakterien **(Desulfurikanten),** die bei der Atmung Sulfat als Wasserstoff-Akzeptor benutzen und dabei Schwefelwasserstoff bilden, der bei Gegenwart von

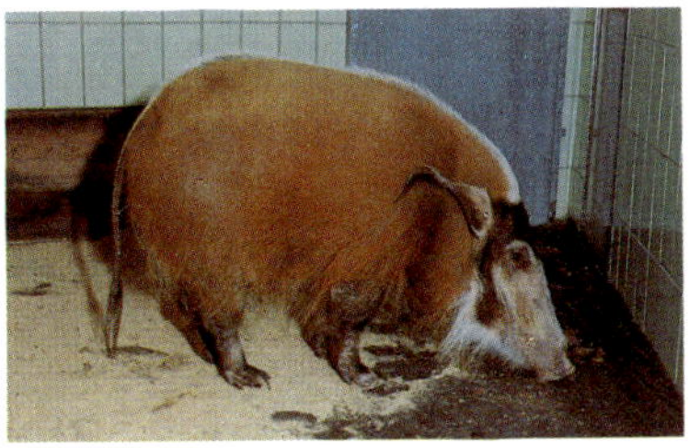

Schweine: LINKS Pinsel(ohr)schwein, MITTE Wildschwein, RECHTS Hirscheber

Schwermetallen als schwarze Sulfide ausgefällt wird. S. gibt es z. B. massenhaft im Faulschlamm, in durchnäßten Böden und im Pansen der Wiederkäuer.

Schwefelwasserstoffvergiftung, Kanalgasvergiftung, eine melde- und entschädigungspflichtige Berufskrankheit durch Schwefelwasserstoffgas (H_2S, z. B. in Kloaken-, Kanalgasen, Fabrikabwässern enthalten). Es kommt zu Reizung der Augen und Atemwege, Erbrechen, Kopfschmerzen, in hohen Konzentrationen zu Bewußtlosigkeit und Tod durch Atemlähmung. Erste Hilfe: Frischluftzufuhr, künstliche Atmung; Arztruf oder Notruf!

Schwefelwurz, Pflanzenart, → Haarstrang.

Schwegel [ahd. swegala] *die, -/-n,* **1)** eine Einhand-Schnabelflöte. **2)** *schweizer.:* Rohrpfeife, Klarinettflöte.

Schweidnitz, poln. **Świdnica** [sjfidn'itsa], Stadt in der poln. Wwdschaft Wałbrzych (Waldenburg/Schles.), (1981) 55000 Ew., frühere Krst. in Niederschlesien, im Vorland des Eulengebirges, an der Weistritz; Eisenbahnwaggonbau, elektrotechn., Leder-, Lebensmittel-, Metall-(Industrieausrüstungen) u. a. Ind.; kath. Pfarrkirche (14.–16. Jh., 103 m hoher Turm, Haube von 1613), evang. Friedenskirche (1657–59), Rathaus mit Turm von 1548, Portal der ehem. Fürstl. Burg (1537) u. a. – Das **Fürstentum S.** wurde 1291 gegr., 1346 mit Jauer vereinigt und fiel 1368/69 an Böhmen, 1536 an die Habsburger, 1742 an Preußen.

Schweif [ahd.] *der, -(e)s/-e,* Schleppe, langer Schwanz: *Pferdeschweif; der Komet hat einen S.*

Schweifblume, Pflanzengattung, → Schwanzblume.

schweifen [ahd.]. *ich* **schweife, 1)** *es,* Holzbearbeitung: säge kreis- oder bogenförmige Konturen mit der Schweif-, Stich-, Band- oder Dekupiersäge. **2)** *es,* Metallbearbeitung: krümme Metall durch einseitiges Recken, vorwiegend in der Blechebene. **3)** *es, alemann.:* kehre aus. **4)** *es ist geschweift,* mit einem Schweif versehen (Komet). **5)** (bin geschweift), wandere, gehe ziellos: *er schweift gern durch die Wälder; ich lasse meine Gedanken s. ich* **schweife** *von ihm* **ab** (bin abgeschweift), komme vom Weg ab; U verlasse den Gegenstand eines Gesprächs. *ich* **schweife aus, 1)** (bin ausgeschweift), lebe genußsüchtig, maßlos: *er führt ein ausschweifendes Leben.* **2)** *es,* kerbe aus, runde ab. **Schweifstern,** Komet.

Schweigegeld, Vergütung, die jemandem unter der Bedingung gewährt wird, daß er über einen Vorgang Stillschweigen bewahrt. Abnötigung eines S. kann als Erpressung strafbar sein.

schweigen [ahd.]. *ich* **schweige** (habe geschwiegen) *auf etwas, über ihn, über etwas, von ihm,* sage nichts, bin still: *er kann s.,* ein Geheimnis bewahren. *ich* **schweige** *mich* **aus,** bin durch nichts zum Reden zu bringen. *ich* **schweige** *ihn, es* **tot,** lasse nicht bekannt werden. *das* **Schweigen,** -, Stille, Ablehnung, etwas zu sagen: *Schweigemarsch; sie hüllte sich in Schweigen,* U sagte nichts; *Reden ist Silber, Schweigen ist Gold,* ein Sprichwort. *der* **Schweiger,** *-s/-,* **1)** jemand, der nicht viel spricht, wortkarg ist. **2)** *oberdt.:* Schwaiger, Senn. **schweigsam,** wortkarg, verschlossen, zurückhaltend. *Subst. die* **Schweigsamkeit,** -.

Schweigende Mehrheit, unterschiedlich akzentuierter Ausdruck für die Vorstellung, daß sich eine zahlenmäßig nicht faßbare Mehrheit von Bürgern eines Staats zu öffentlich diskutierten polit. Fragen nicht äußert.

Schweigepflicht, → Amtsgeheimnis, → Berufsgeheimnis.

Schweigezone, Zone des Schweigens, ein ringförmiges Gebiet zw. 50 und 150 km Entfernung von einer Schallquelle, in dem z. B. eine Detonation nicht hörbar ist, während sie außerhalb dieses Gebietes wegen der Krümmung der Schallstrahlen in der Stratosphäre (durch Brechung und Totalreflexion bei nach oben zunehmender Lufttemperatur) wieder hörbar wird.

Schweikart, Hans, Regisseur, Theaterleiter und Dramatiker, * Berlin 1. 10. 1895, † München 1. 12. 1975, war u. a. Intendant der Münchener Kammerspiele (1947–62); schrieb Komödien, drehte auch Filme.

Hans Schweikart

Schwein [ahd. swin] *das, -(e)s/-e,* **1)** ein Säugetier, → Schweine; Sinnbild der Unsauberkeit: *du S.!,* U schmutziger oder unanständiger, gemeiner Mensch; *kein S.,* U niemand; *er ist ein armes S.,* U ein bedauernswerter Mensch. **2)** *ohne Pl.,* U Glück, unverhofft günstiger Ausgang (früher der letzte Preis, Trostpreis beim Schießen): *da hast du wieder einmal S. gehabt!* **Schweinehund,** U derb: nichtswürdiger Mensch, Lump: *der innere Schweinehund,* U die erbärmliche, feige Seite im Menschen. *die* **Schweinerei,** *-/-en,* U derb: **1)** viel Schmutz, unordentlicher Zustand: *was ist das hier für eine Schweinerei!* **2)** Unanständigkeit, Zote. **3)** etwas sehr Unangenehmes: *so eine Schweinerei!* **schweinern,** *oberdt.:* aus Schweinefleisch. **Schweinigel, 1)** *meist nd.:* Swinegel, Igel. **2)** U schmutziger, unanständiger Mensch. *ich* **schweinig(e)le,** U erzähle unanständige Geschichten, Witze. *Subst. die* **Schweinigelei,** -. **schweinisch,** U derb: unanständig.

Schweine, Suidae, weltweit verbreitete Fam. der → Schweineartigen mit breiten, vielhöckerigen Backenzähnen (Allesfressergebiß) und großen Eckzähnen (Hauern, ♆ Gewaff), die als Grabwerkzeug und Waffen dienen und ständig nachwachsen.

Die S. umfassen 5 Gatt. und 8 Arten: Das **Fluß-** oder **Buschschwein (Potamochoerus porcus)** bewohnt Afrika südlich der Sahara sowie Madagaskar; die westafrikan. Unterart, das **Pinsel(ohr)schwein (Potamochoerus porcus pictus),** gehört zu den buntesten Säugetieren: Der Körper ist rostrot, Rückenstreifen und Ohrpinsel weiß und die Beine schwarz. Das **Warzenschwein (Phacochoerus aethiopicus)** lebt in afrikan. Savannen; der breite Kopf trägt 3–4 Paar Hauthöcker; es hat eine lange Nacken- und Rückenmähne sowie riesige Eckzähne; beim Wühlen rutscht es auf Schwielen der Handwurzel. Das **Riesenwaldschwein (Hylochoerus meinertzhageni)** Zentralafrikas ist mit einer Rückenhöhe bis 110 cm eines der größten S.; die graue Haut ist mit langen schwarzen Haaren bedeckt. Fast unbehaart ist der **Hirscheber** oder **Babirusa (Babyrousa babyrussa)** von Celebes und einigen benachbarten Inseln; die oberen Eckzähne biegen sich nach hinten und können in den Schädel einwachsen.

Die **Wildschweine** (auch **Schwarzwild,** Gatt. **Sus)** sind über ganz Eurasien verbreitet: **Bartschwein (Sus barbatus)** und **Pustelschwein (Sus verrucosus)** von den Sunda-Inseln und den Philippinen, das hasengroße **Zwergwildschwein (Sus salvanius)** aus dem S-Himalaya sowie das **Wildschwein** oder **Schwarzwild (Sus**

Schweine: LINKS Deutsches Landschwein, MITTE Pietrain, RECHTS Hängebauchschwein

Schweine, Bestand 1982/83 (in 1 000)

Europa		Kanada	9 922
Bundesrep. Dtl.	22 478	Mexiko	18 900
Dt. Dem. Rep.	12 107	Verein. Staaten	53 935
Dänemark	9 289		
Frankreich	11 709		
Großbritannien	8 189	*Asien*	
Italien	9 132	China (VR und Taiwan)	305 580
Jugoslawien	8 370	Indien	8 600
Österreich	3 981	Japan	10 273
Polen	15 581	Thailand	3 800
Schweiz	2 166		
Sowjetunion	76 671	*Afrika*	
Amerika		Rep. Südafrika	1 450
Argentinien	3 800		
Brasilien	33 500	**Welt**	**773 599**

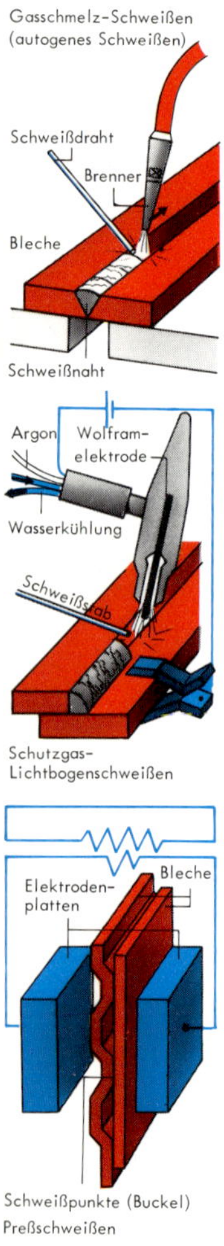

Schweißen

scrofa). Je nach Unterart – man kennt rd. 30 – schwankt das Gewicht zw. 50 und 350 kg, die Rückenhöhe zw. 55 und 110 cm. Nach der Tragzeit von etwa 135 Tagen werden 5–7 längsgestreifte Frischlinge geboren, die, wie alle Huftiere, Nestflüchter sind. Die Jungen werden gegen Luchs, Bär, Wolf und Mensch verteidigt. Die Nahrung der Wildschweine besteht v. a. aus Pflanzenstoffen. – Hauptjagdarten auf das Wildschwein sind der →Anstand und die →Treibjagd.

Das **Haus-S.** ist neben dem Rind für die Ernährung wichtig. Die früheren fruchtbaren, aber spätreifen **Land-S.** sind umgezüchtet worden zu den heute bodenständigen Rassen des weißen **Edel-S.** und des veredelten Land-S. Die Zuchtrassen werden nach dem Verhältnis von Fleisch zu Fett in **Fleisch-S.** (1:0,8) und **Fett-S.** (1:4 und mehr) unterteilt. Fett-S. mit Rückenspeckdicken von 5–9 cm werden im SO Europas **(Mangalitza-S.)**, in China und Rußland gehalten. Das amerikan. **Speck-(Lard)-S.** geht stark zurück, der Anteil an Fleisch-S. **(Pietrain,** ein Spezial-Fleisch-S.) wächst. Zwei schwarzweiße alte Landrassen **(Schwäb. Hallisches Haus-S., Angler-Sattel-S.)**, ebenso 2 urspr. aus England eingeführte Rassen **(schwarzes Cornwall, Berkshire,** schwarz mit weißen Zeichen), werden noch in Kreuzung verwendet. Ein alter Landschlag ist das schwarzweiße **Weide-S. (Hannover-Braunschweigisches S.).** Ausländische Rassen sind **Dän. Landschwein, Yorkshires** (England, Frankreich, Italien), **Hampshires** in den USA, das schwarze vietnames. **Hängebauchschwein** u. a.

Gebräuchl. Geschlechtsnamen: Das männl. Tier heißt Baier, Hauer, Bär, Eber, Hacksch, Kämpe, Keiler; das weibl. Tier Sau, Suz, Bache, Docke, Kosel; das Junge in der Säugzeit Saugferkel, Spanferkel, Frischling, später Läufer, Überläufer, Fasel; kastrierte männl. Haus-S. heißen Barch, Barg, Bark, Bork; einhodige S. Binneneber; kastrierte weibliche Tiere Nonnen.

Fruchtbarkeit. Der Geschlechtstrieb setzt mit 3–4 Wochen, die Geschlechtsreife mit 4–10 Monaten ein. Die Brunst (Rausche) dauert 36–48 Stunden. Die Zahl der Ferkel schwankt stark, 10–12 sind erwünscht. 6–8% der Ferkel werden in den mitteleurop. Zuchten tot geboren. Die Aufzuchtverluste erreichen über 8–15%. Die Brunst erscheint nicht vor 8 Tagen nach dem Wegnehmen der Ferkel und bei Nichtträchtigsein im Abstand von 21–25 Tagen. Die Zuchtbenutzung sieht den 1. Wurf im (11.) 12. Lebensmonat vor, die folgenden Würfe im Abstand von 170–185 Tagen.

Ernährung und Aufzucht. Für alle Lebensalter und Zwecke sind Rationen, Kraftfutterzusammensetzung, Normen erarbeitet und veröffentlicht; sie werden laufend bearbeitet. Einzelfütterung fördert die Leistungen. Die Aufzucht erfolgt in den ersten 5 Wochen mit Muttermilch und ›Ferkelstarter‹ (Pellets). Die Umgebungstemperatur soll in der ersten Woche 30 °C, in der 5. Woche 18–20 °C betragen.

Das S. gilt in einigen Religionen als unreines Tier, dessen Genuß verboten ist (z. B. im A. T., Islam). Bei den Germanen u. a. ist das S. Opfertier. In der christl. Symbolik erscheint oft der Teufel in Gestalt eines S.

Schweine|artige, Suoidea, Nichtwiederkäuer mit 2 Fam.: →Schweine und **Pekaris (Nabelschweine, Tayassuidae).** Das **Halsbandpekari, Tayassu tajacu,** mit weißer Halsbinde, lebt im S Nordamerikas bis Mittelargentinien, das größere, dunkler gefärbte **Weißbartpekari** oder **Bisamschwein, Tayassu albirostris,** im tropischen Süd- und Mittelamerika.

Schweinebandwurm, Art der →Bandwürmer.

Schweinelähme, Teschener S., in Teschen (ČSSR) erstmals festgestellte, durch ein Virus verursachte ansteckende Gehirn-Rückenmarks-Entzündung der Schweine, mit Lähmung verlaufend.

Schweinelaus, Haematopinus suis, eine 5 mm große Tierlaus, Parasit von Wild- und Hausschweinen.

Schweinepest, Virusschweinepest, verlustreiche, durch ein Virus hervorgerufene Infektionskrankheit der Schweine, mit inneren Blutungen infolge Schädigung der kleinsten Blutgefäße. S. ist anzeigepflichtig und wird veterinärpolizeilich bekämpft. Schutzimpfung mit Genehmigung in Mästereien.

Schweineseuche, hämorrhagische Septik|ämie, eine durch →Pasteurellen verursachte akute oder chron., ansteckende Lungen-Brustfell-Entzündung der Schweine.

Schweinetang, an den Ostseeküsten und auf Gotland als Schweinefutter verwendete, mit Kleie vermischte Braunalgen, besonders Blasentang und Blatt-Tange.

Schweinezyklus, Konjunkturtheorie: Angebots- und Preisschwankungen in der Schweinewirtschaft als Beispiel wirtschaftl. Wellenbewegungen: Hohe Preise bewirken eine Ausdehnung der Schweinezucht, das folgende große Angebot läßt die Preise sinken, worauf die Schweinehaltung eingeschränkt wird; bei niedrigerem Angebot ziehen die Preise wieder an. Zur Verhinderung dieser Entwicklung ist eine Marktvorschau üblich.

Schweinfurt, kreisfreie Stadt und Sitz der Verwaltung des Landkr. S. im RegBez. Unterfranken, Bayern, (1984) 51 550 Ew., am Main; metallverarbeitende (Fichtel & Sachs AG), bes. Kugellager-Ind., Farben-, Textilind., Mühlen, Kunststoffherstellung;

Schweinfurt: Rathaus

Johanniskirche (spätromanisch, mehrfach verändert), Rathaus (1570–72), Gymnasium (1582, heute Museum), Zeughaus (1590). – Anfang des 13. Jh. Stadt, 1254 Reichsstadt, kam 1802/14 an Bayern.

Schweinfurter Grün, das erstmals 1814 in Schweinfurt technisch hergestellte Kupferpigment Cu $(CH_3COO)_2 \cdot 3$ Cu $(AsO_2)_2$ (Kupfer(II)-acetat-arsenit); ein intensiv grüner, giftiger Farbstoff; früher Pigment für Künstlerfarben (Französischgrün), heute nur noch als Unterwasseranstrich gegen Algenbewuchs erlaubt.

Schweinfurth, Georg, Afrikaforscher, * Riga 29. 12. 1836, † Berlin 19. 9. 1925, bereiste seit 1864 mehrfach das Gebiet des oberen Nil und seiner westl. Zuflüsse, NO-Afrika und Arabien. S. lieferte der Afrikaforschung wertvolle Beiträge.

Schweins|affen, Art der →Makaken.

Schweinsfisch, 1) Art der →Drückerfische. **2) Anisotremus virginicus,** Art der Süßlippen im Westatlantik von den Bermudas über Florida bis Brasilien. **3)** Art der →Schweinswale.

Schweinsfrosch, Rana grylio, bis 16 cm langer Wasserfrosch in Nordamerika, mit grunzenden Rufen.

Schweinsleder, gegerbte Haut des Hausschweins, hellgelb, mit charakteristischem, stark ausgeprägtem Narbenmuster.

Schweins|ohr, 1) ♧ **Keulen-Pfifferling, Cantharellus clavatus,** ein dem Pfifferling verwandter Speisepilz. – Volkstümlich für Kalla, Wegerich. **2)** ohrenförmiges Gebäck aus Blätterteig.

Schweinswale, Phocaenidae, Fam. der Zahnwale mit dem auch an den mitteleurop. Küsten und im Unterlauf der Flüsse vorkommenden 2 m langen **Kleinen Tümmler (Meerschwein, Braunfisch, Schweinswal, Schweinsfisch).**

Schweisfurth-Gruppe, Herta KG Karl Schweisfurth, Herten (Westf.), Unternehmensgruppe zur Herstellung von Fleisch- und Wurstwaren; gegründet 1947.

Schweiß [ahd. sweiz, zu lat. sudor] *der, -es,* **1)** wäßrige Absonderung (Transpiration) der **Schweißdrüsen** der →Haut. Unmerkliche S.-Absonderung vollzieht sich ständig zur Aufrechterhaltung des Wasser- und Salzhaushalts und zur Regelung der Körperwärme, sichtbares Schwitzen bei Hitze, anstrengender körperlicher Arbeit, seel. Erregung oder als Krankheitserscheinung. Der S. enthält außer Wasser viel Kochsalz, daneben Kalium-, Calcium-, Magnesium-, Phosphat- und Sulfationen, ferner Harnstoff, flüchtige niedrige Fettsäuren, Neutralfette, Cholesterin, Duftstoffe u. a. – *in S. geraten,* bei Hitze, Erregung, Krankheit, Arbeit zu schwitzen beginnen; *Schweißausbruch.* **2)** Sinnbild der Arbeit, Mühe: *das hat viel S. gekostet,* viel Mühe. **3)** ⚘ Blut der Jagdtiere und Hunde. *Adj.* **schweißig.** *ich* **schweiße, 1)** *nd., mitteldt.:* schwitze. **2)** *Wild schweißt,* ⚘ blutet. **3)** *es,* ⚙ → Schweißen. *ich* **schweiße** *es* **an, 1)** befestige durch Schweißen. **2)** ⚘ schieße wund. *ich* **schweiße** *es* **auf,** öffne durch Schweißen. **Schweißfährte, Schweißspur,** ⚘ Spur angeschossenen Wildes. **Schweißleder,** Schutzstreifen innen im Hut.

Schweißbläs|chen, Schweißfriesel, → Friesel.

Schweißbrenner, Daniellscher Hahn [d'ænjəl-, n. dem engl. Chemiker J. F. Daniell, * 1790, † 1845], ein Hahn aus 2 ineinandergesteckten Röhren, der eine Mischung und explosionslose Verbrennung von Wasserstoff oder Acetylen mit Sauerstoff ermöglicht. (BILD S. 647)

Schweißen *das, -s,* Fertigungstechnik: Verbinden metall. Werkstoffe sowie thermoplast. Kunststoffe durch Wärme **(Schmelz-S.)** oder Druck und Wärme **(Preß-S.).**

Metallschweißen. Als Wärmequelle dienen die Gasflamme eines Schweißbrenners **(Gas-S., autogenes S.),** der elektr. Lichtbogen **(Lichtbogen-S.),** elektr. Strom **(Widerstands-S.),** Strahlenergie **(Elektronenstrahl-S., Laser-S.** [l'eɪzə-], **Plasma-S.),** chem. Reaktion **(aluminotherm. S.),** geschmolzene Metalle **(Gieß-S.),** Reibung **(Reib-S., Ultraschall-S.)** und beim **Feuer-S.** offenes Feuer oder ein Ofen.

Zu den **Preßschweißverbindungen** gehört als älteste Form das Feuer-S. im Schmiedefeuer oder im Ofen durch Hämmern, Walzen oder Pressen. Beim Preßstumpf-S. werden die sich an der Schweißstelle erwärmenden Teile durch stetiges Stauchen vereinigt. Reib-S. und Diffusions-S. ermöglichen das Vereinigen von Werkstücken mit unterschiedl. Querschnitten und z. T. unterschiedl. Werkstoffen. Widerstands-Punkt- und Naht-S. dienen v. a. zum Verbinden von Blechteilen.

Am häufigsten angewendet wird das **Schmelz-S.,** bes. als Gas- und Lichtbogen-S. Dazu dient ein meist mit Acetylen und Sauerstoff betriebener Schweißbrenner oder ein Lichtbogen, der zw. Werkstück und Elektrode brennt. Oft wird artgleicher oder artverwandter Zusatzwerkstoff in Form von Draht oder Stäben, auch als abschmelzende Elektrode, zugeführt. Das Schmelzbad wird beim Gasschmelz-S. durch die Flamme, beim Lichtbogen-S. durch Schutzgas (Schutzgas-Lichtbogen-S.) u. a. gegen die Atmosphäre abgeschirmt. Die hohe Verbrennungswärme des Aluminiums bei der Reduktion von Metalloxiden wird beim aluminotherm. S. **(Thermit-S.,** → Aluminothermie) bes. für Reparaturschweißungen genutzt. Beim Strahl-S. erlaubt die hohe Energiedichte ein S. auch hochschmelzender Werkstoffe oder Werkstoffpaarungen, wobei Elektronenstrahl-S. nur im Vakuum möglich ist.

In der Feinwerktechnik und der Elektronik müssen feinste Drähte, Folien und Kontaktflächen miteinander und untereinander verbunden werden. Die für das Kontaktieren bei der Herstellung von Halbleiterbauelementen verwendeten Verfahren sind das Thermokompressions-S., bes. das Ultraschall-S. (→ Bonden). Weitere Verfahren, bei denen örtlich eng begrenzt schnell hohe Temperaturen erreicht werden, sind Widerstands-S. (z. B. als Kondensatorentladungs-S.), Laserstrahl-S. und Elektronenstrahl-S.

Kunststoffschweißen. Thermoplast. Kunststoffe können nach Erwärmen örtlich erweicht und mit oder ohne Schweißzusatzwerkstoff unter Druck vereinigt werden. Je nach der Wärmeerzeugung unterscheidet man Warmgas-, Heizelement-, Reib-, Hochfrequenz-, Ultraschall-S. Nicht schmelzbare Kunststoffe, z. B. Duroplaste, kann man nicht schweißen. (Weitere BILDER S. 644)

Geschichtliches. Das S. von Eisen wurde schon im 14. Jh. v. Chr. in Kleinasien geübt. Das S. mit Acetylen-Sauerstoff-Flamme entwickelte v. a. der Franzose W. Fouché (1900/01). Die elektr. Widerstandsschweißung wurde 1877 von Elihu Thomson erfunden. Die Lichtbogenschweißung mit Kohleelektroden gab N. N. von Benardos 1885 an. Im Zug der Automatisierung wird auch das S. z. T. von automat. Werkzeugmaschinen ausgeführt.

Schweißer *der, -s/-,* **Brennschneider,** Berufsordnung der Gruppe Metallverbinder; keine Ausbildungsberufe.

Schweißfuß, Fußschweiß, übermäßige Schweißabsonderung der Füße, häufig anlagemäßig bedingt, auch Begleiterscheinung anderer Krankheiten (z. B. vegetative Störungen) oder unzureichender Körperpflege. – Behandlung: Waschungen, Fußpuder, luftdurchlässige Fußbekleidung.

Schweißhunde, Bluthunde, Bez. bes. für die beiden mittelgroßen Jagdhunderassen mit überlangen Ohren: **Hannoverscher S.** und **Bayerischer Gebirgs-S.;** versch. Haarfarben (graubraun, rötlich, fahlgelb, rotgrau). S. eignen sich zur Verfolgung angeschossenen und zum Bestätigen gesunden Wildes; S. werden auch als Polizei- und Lawinenhunde eingesetzt.

Schweißschlacke, 🜨 tuffartige vulkan. Ablagerung, entstanden durch ausgeschleuderte glutflüssige Lavafetzen, die zu einer festen, oft stark glasigen Masse zusammenschweißen.

schweißtreibende Mittel, Diaphoretika, Stoffe, die die Schweißdrüsen anregen, so Lindenblüten-, Kamillen-, Holunder- oder Fliedertee, heißes Zitronenwasser, ferner physikal. Verfahren zur → Schwitzkur.

Schweißtuch der hl. Veronika, → Veronika.

Schweitzer, 1) Albert, evang. Theologe, Arzt, Kulturphilosoph und Musiker, * Kaysersberg (Elsaß) 14. 1. 1875, † Lambarene (Gabun) 4. 9. 1965, war seit 1902 Dozent für Theologie in Straßburg, ging 1913 als Missionsarzt nach Lambarene. Die Mittel für sein dort gegründetes Tropenhospital erwarb er z.T. durch Veröffentlichungen, Vorträge und Orgelkonzerte in Europa. S., der in der ›Ehrfurcht vor dem Leben‹ das Fundament der Ethik sah, galt in weitesten Kreisen als moral. Autorität. Von seinen theolog. Arbeiten war die Aufarbeitung der Leben-Jesu-Forschung bes. wirksam, in der er den konsequent eschatolog. Standpunkt vertrat. Grundlegend blieben auch die Arbeiten S.s über J. S. Bachs Werk und Persönlichkeit und über den Orgelbau. 1951 Friedenspreis des Dt. Buchhandels, 1952 Friedensnobelpreis, 1954 Orden der Friedensklasse des ›Pour le mérite‹.

HW: J. S. Bach (1905); Gesch. der Leben-Jesu-Forschung (1906); Dt. und frz. Orgelbaukunst (1906); Bachs Orgelwerke (1912–14); Zw. Wasser und Urwald (1921); Kultur und Ethik (1923); Aus meiner Kindheit und Jugendzeit (1924); Die Mystik des Apostels Paulus (1930); Aus meinem Leben und Denken (1932); Denken und Tat, hg. v. R. Grabs (1950; Lebensdaten, Werke, Quellennachweis); Reich Gottes und Christentum, hg. v. U. Neuenschwander (1967).

2) Pierre-Paul, frz. Wirtschafts- und Finanzfachmann, Neffe von 1), * Straßburg 29. 5. 1912; 1963–73 Geschäftsführender Direktor des Internat. Währungsfonds.

Schweiz, amtlich dt. **Schweizerische Eidgenossenschaft,** lat. **Confoederatio Helvetica (CH),** frz. **Suisse,** amtlich **Confédération Suisse** [kɔ̃federasj'ɔ̃ sɥis], ital. **Svizzera,** amtlich **Confederazione Svizzera** (auch **Elvetica),** rätoroman. **Svizzra,** Bundesstaat im SW Mitteleuropas, 41 293 km², (1984) 6,42 Mio. Ew. Bundesstadt ist Bern. Amtssprachen sind Deutsch, Französisch, Italienisch; Rätoromanisch ist seit 1938 auch als Landessprache anerkannt. Währung ist der Schweizer Franken (sfr) = 100 Rappen (Rp.) oder Centimes (c). *Adj.* **schweizerisch.** *der* **Schweizer,** *-s/-.* (KARTE X/XI, n. S. 320)

Staat. Die S. ist nach der Verf. v. 29. 5. 1874 (mit Abänderungen) ein demokrat. Bundesstaat mit 26 Kt. (20 Ganz-, 6 Halbkt.). Die Bundesgesetzgebung wird von der Bundesversammlung (frz. Assemblée fédérale, ital. Assemblea federale) ausgeübt: Diese besteht aus 2 Kammern (Nationalrat und Ständerat), die sich getrennt versammeln und nur zur Wahl von Bundesrat, Bundespräsident und Bundesgericht, zur Ausübung des Begnadigungsrechts und zur Entscheidung von Zuständigkeitsstreitigkeiten gemeinsam als Vereinigte Bundesversammlung unter dem Vors. des Nationalratspräsidenten tagen. In den Ständerat (frz. Conseil des États, ital. Consiglio degli Stati) entsenden die Kt. (›Stände‹) 46 Vertreter (die 20 Voll- je 2, die 6 Halbkt. je 1). Die Abgeordneten werden in den Kt. unmittelbar, in einem Kt. noch durch die gesetzgebende Körperschaft meist für 4 Jahre gewählt. Der Nationalrat (frz. Conseil national, ital. Consiglio nazionale) zählt 200 Mitgl., die in allgemeiner, geheimer Verhältniswahl auf 4 Jahre gewählt werden. Der Bundesrat (frz. Conseil fédéral, ital. Consiglio federale), der aus 7 von der Bundesversammlung auf 4 Jahre gewählten Mitgl. besteht, ist Staatsoberhaupt und übt die vollziehende Gewalt aus. Der aus der Zahl seiner Mitgl. von der Bundesversammlung jährlich im Dezember gewählte Bundespräsident ist Vors. des Bundesrates. Volksbegehren gibt es im Bund für Änderungen der Verf.; es muß von mindestens 100 000 Bürgern beantragt sein. Der Volksentscheid (Referendum) kann verlangt werden von 50 000 Bürgern oder 8 Kt. bes. für Bundesgesetze. Die Bundesverwaltung wird durch 7 Bundesministerien (Departemente) geleitet (Auswärtiges; Inneres; Justiz und Polizei; Militär; Finanz und Zoll; Volkswirtschaft; Verkehr und Energiewirtschaft) sowie durch die Bundeskanzlei, deren Vorsteher der Bundeskanzler ist. In Kantonsangelegenheiten üben die Kantonsorgane Gesetzgebung und Vollzug aus. Die Verf. der Kt. müssen nach der Bundesverfassung in deren Rahmen gehalten, freistaatlich, vom Kantonsvolk angenommen und auf Verlangen der einfachen Mehrheit der Kantonsbürger abänderbar sein. Die Volksvertretung heißt in den meisten Kt. → Großer Rat oder → Landrat. Das Frauenwahlrecht auf Bundesebene wurde im Febr. 1971 generell eingeführt, für Kantonalwahlen nur teilweise.

Recht. Das bürgerl. und Handelsrecht werden durch das

Albert Schweitzer

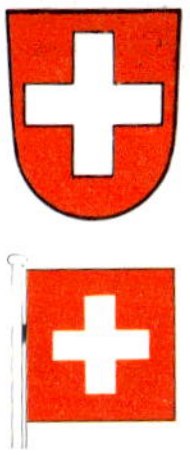

Schweiz

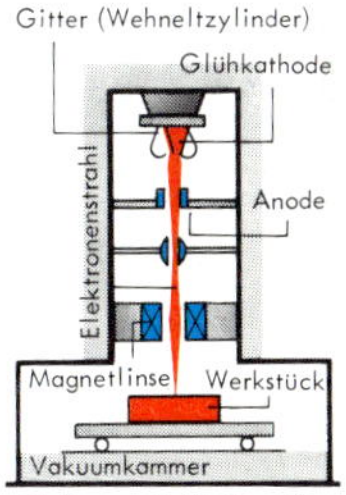

Elektronenstrahlschweißen

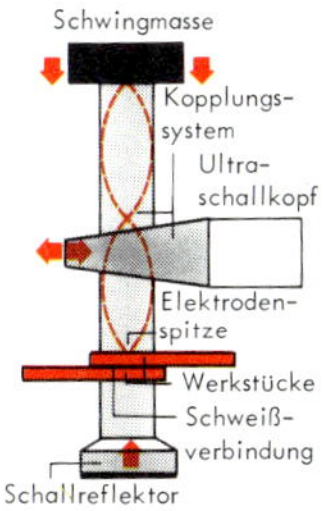

Ultraschallschweißen

Schweißen

Schweiz: OBEN Appenzeller Land; UNTEN Lötschental, Wallis

Schweizerische → Zivilgesetzbuch v. 10. 12. 1907 und das Schweizer. Obligationenrecht (Bundesges. v. 14. 6. 1881; revidiert 1911 und 1936) geregelt. Wichtig sind ferner die Gesetze des Bundes betreffend die zivilrechtl. Verhältnisse der Niedergelassenen und Aufenthalter (1891), den unlauteren Wettbewerb (1943), die Erhaltung des bäuerl. Grundbesitzes (1951), die Seeschiffahrt unter Schweizer Flagge (1953). Das Strafrecht wird durch das Schweizerische Strafgesetzbuch (in Kraft seit 1942, geändert 1. 7. 1971) geregelt, das für die ganze Schweiz einheitl. Recht schuf. Die Rechtspflege gehört verfassungsmäßig zur Zuständigkeit der Kantone, nur als oberste Instanz besteht das Schweizerische Bundesgericht in Lausanne.

Streitkräfte. Allg. Wehrpflicht im Milizsystem. Reguläre Armee: 3500 Mann und zweimal jährlich Rekruten-Einberufung von jeweils 17000 Mann (17 Wochen Grundausbildung, 8–12 Jahre lang je 3 Wochen Reserveübungen, danach Übungen für Landwehr und Landsturm). 48 Stunden nach einer Mobilmachung wird eine Gesamtstärke von 625000 Mann erreicht (Heer: 580000; Luftwaffe: 45000 mit 321 Kampfflugzeugen).

Landesnatur. Die S. liegt im Gebiet der mittleren Alpen und deren nördl. Vorland zw. Frankreich, Italien, Österreich, Liechtenstein und der Bundesrep. Dtl. Landschaftlich gliedert sie sich in: Jura, Mittelland und Alpen. Der Schweizer Anteil am → Jura bildet die Nordwestflanke. Das Schweizer Mittelland gehört zum Alpenvorland und erstreckt sich zw. Jura und Alpen, Bodensee und Genfer See als ein von Flußtälern stark zerschnittenes, 400–1000 m hohes Moränenhügelland. Die Schweizer Alpen nehmen 6/10 der Landesfläche ein. Sie sind durch die große Längstalzone Rhonetal–Rheintal und zahlreiche Quertäler stark gegliedert und dem Verkehr geöffnet. Der nördl. Alpenzug, den eine niedrigere Voralpenzone begleitet, erreicht in den stark vergletscherten Berner Alpen seine größte Höhe (Finsteraarhorn 4274 m); der südl. Teil trägt in den gletscherreichen Walliser Alpen den höchsten Punkt der S. überhaupt (Monte Rosa 4634 m), während im O die schon zu den Ostalpen gerechneten Rätischen Alpen im Piz Bernina (4049 m) gipfeln. Mit dem Tessin hat die S. einen schmalen Anteil an der Südabdachung der Alpen. Das St.-Gotthard-Massiv ist das Quellgebiet zahlreicher Flüsse; von ihm gehen strahlenförmig Rhein, Reuß, Aare, Rhone und Tessin aus. Das Hochtal des Engadin im O wird durch den Inn zur Donau entwässert. Sehr reich ist die S. an Seen; sie hat Anteil an den beiden größten nördl. Vorlandseen Bodensee und Genfer See und an den oberital. Seen Lago Maggiore und Luganer See und besitzt maler. Alpenrandseen, wie Vierwaldstätter See, Zürichsee, Thuner See, am Jurarand Neuenburger und Bieler See. Die Pflanzenwelt ist vorwiegend mitteleuropäisch und nach der Höhenlage abgestuft (→ Alpen). Weitere BILDER Engadin, Europa, Jura, Rhein, Sankt Gotthard, Schweizer Nationalpark, Tessin, Wallis.

Bevölkerung. Die → Schweizer gehören der dt., der frz., der ital. und der rätoroman. Sprach- und Kulturgemeinschaft an und bilden eine nat. Einheit. Eine Minderheitenfrage besteht kaum; nur ein Teil der französischsprachigen Jurassier setzte die Gründung eines eigenständigen Kt. Jura durch. Deutschsprachig ist der größte Teil des Mittellandes und der Alpen bis ins Monte-Rosa-Gebiet; im größten Teil des Juras, im südwestl. Mittelland (Waadt) und im Unterwallis wird französisch, im Tessin und den Randtälern Graubündens italienisch, in Graubünden auch rätoromanisch gesprochen. Am dichtesten besiedelt sind das Mittelland, das untere Tessin und Teile des Juras. Im Gebirge ist die Bevölkerungsdichte gering; es gibt 5 Großstädte.

Bildung. Die allg. Schulpflicht (je nach Kt. 8–9 Jahre) wurde 1874 eingeführt. Unterrichtssprachen sind die 4 Landessprachen. Ein freiwilliges 10. Schuljahr wird in vielen Kt. angeboten. Das Schulwesen ist überwiegend Kantonsangelegenheit. Die Primarschulbelange werden in stärkerem Maße von den Gemeinden geregelt, die der Mittel-(Gymnasien), Berufs- und Hochschulen (außer der Eidgenöss. Techn. Hochschule Zürich) von den Kt., soweit keine Bundesbestimmungen vorliegen. Privatschulen (auch ohne öffentl. Förderung) unterstehen ebenfalls der Aufsicht der Kt. Aufbau: Die Primarschule ermöglicht nach 4–6 Jahren den Übergang in die Oberstufe, die Sekundar- oder Realschule, die Untergymnasien oder nach 6 Jahren in die Abschlußklassen der Primarschule. Die Untergymnasien und die Sekundar- oder Realschulen führen weiter zu den Gymnasien (3–4 Jahre), den Lehrerseminaren, den Handelsschulen, den Ganztagsberufs- und Fachschulen und den Berufsbegleitenden Schulen. Die Abschlußklassen der Primarschule ermöglichen einfachere Berufslehren mit praxisbegleitendem Unterricht. Es gibt Univ. in Basel (gegr. 1460), Bern (1834), Freiburg (1889), Genf (1873), Lausanne (1890), Neuenburg (1909), Zürich (1833), 2 Eidgenöss. Techn. Hochschulen in Zürich und Lausanne, die Hochschule St. Gallen für Wirtschafts- und Sozialwissenschaften sowie Kunst-, Musik- u. a. Hochschulen.

Religion. 44,3% der Bevölkerung sind Protestanten (1980). Die Katholiken (47,6%) gehören den Bistümern Basel, Lugano, Chur, Lausanne, St. Gallen und Sitten an.

Wirtschaft. Polit. Neutralität und bekannte Qualität der schweizer. Produkte bedingen eine stabile Wirtschaft. Sie beruht auf einer arbeitsintensiven Industrie (40% des Bruttosozialprodukts) und einem starken Dienstleistungsgewerbe (47%). An erster

Schweiz: Kantone und Sprachen (vgl. Übersicht S. 647)

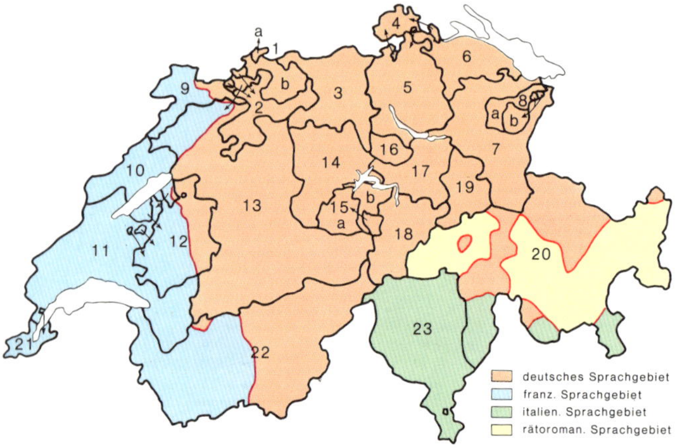

Größe und Bevölkerung der Schweiz

Nr. der Karte	Kanton (Hauptort)	Fläche in km²	Ew. in 1000 (1980)	Sprachen in % (1980)				Konfession in % (1980)	
				dt.	frz.	ital.	räto-roman.	prot.	röm.-kath.
1	Basel								
a	Basel-Stadt (Basel)	37	203,9	80,7	3,4	8,0	0,3	44,4	35,5
b	Basel-Landschaft (Liestal)	428	219,8	85,1	2,4	6,8	0,2	54,3	36,3
2	Solothurn (Solothurn)	791	218,2	87,0	1,5	6,8	0,2	36,5	54,9
3	Aargau (Aarau)	1 405	453,4	85,6	1,0	7,4	0,2	45,1	46,5
4	Schaffhausen (Schaffhausen)	298	69,4	85,3	0,7	6,2	0,2	60,5	27,7
5	Zürich (Zürich)	1 729	1 122,8	82,9	1,7	8,0	0,5	54,7	35,4
6	Thurgau (Frauenfeld)	1 013	183,8	86,7	0,5	7,1	0,3	53,1	41,0
7	Sankt Gallen (St. Gallen)	2 014	392,2	88,5	0,4	5,2	0,5	33,5	61,0
8	Appenzell								
a	Außerrhoden (Herisau)	243	47,6	89,6	0,4	4,6	0,2	64,1	28,7
b	Innerrhoden (Appenzell)	172	12,8	92,9	0,1	2,8	0,1	6,8	90,5
9	Jura (Delsberg)	838	65,1	6,3	85,9	4,4	0,0	13,3	83,6
10	Neuenburg (Neuenburg)	797	158,3	8,0	77,1	8,8	0,1	53,0	36,2
11	Waadt (Lausanne)	3 219	528,7	8,6	75,1	7,4	0,1	55,7	35,7
12	Freiburg (Freiburg)	1 670	185,2	32,3	61,4	2,6	0,1	13,6	83,2
13	Bern (Bern)	6 049	912,0	84,4	8,2	4,0	0,1	76,8	17,5
14	Luzern (Luzern)	1 492	296,1	90,9	0,7	3,9	0,2	12,9	82,4
15	Unterwalden								
a	Obwalden (Sarnen)	491	25,8	94,0	0,5	2,1	0,1	5,3	92,1
b	Nidwalden (Stans)	276	28,6	93,6	0,6	2,5	0,2	11,0	86,1
16	Zug (Zug)	239	75,9	86,8	1,2	5,3	0,4	18,4	75,3
17	Schwyz (Schwyz)	908	97,3	91,0	0,4	4,8	0,3	10,0	86,6
18	Uri (Altdorf)	1 077	33,8	93,3	0,3	3,3	0,3	5,9	91,0
19	Glarus (Glarus)	684	36,7	83,3	0,4	10,0	0,4	51,7	43,0
20	Graubünden (Chur)	7 106	164,6	59,9	0,6	13,5	21,9	45,2	51,0
21	Genf (Genf)	282	349,3	9,5	64,7	9,4	0,1	30,6	51,1
22	Wallis (Sitten)	5 226	218,7	32,1	60,0	4,8	0,1	4,7	92,8
23	Tessin (Bellinzona)	2 811	265,9	11,1	1,9	83,9	0,2	7,6	87,1
	Schweiz[1])	**41 293**	**6 365,9**	**65,0**	**18,4**	**9,8**	**0,8**	**44,3**	**47,6**

Stelle der Produktion stehen Maschinen- und Apparatebau (Präzisionsinstrumente, Elektrogeräte, Automontage), es folgen Metall- (Aluminium, Eisen, Stahl), Uhren-, Chemie- (Pharmaka, Schwefelsäure, Stickstoffdünger, Elektrochemie), Textil-, Papier-, Gummi-, Zement- sowie Nahrungs- und Genußmittelindustrie. Abbau von Steinen und Erden. Die Wasserkräfte werden weitgehend zur Energiegewinnung genutzt (1982: 11423 MW installierte Leistung), ergänzt durch Kernkraftwerke (1926 MW) und Wärmekraftwerke (über 1200 MW).

Im Bereich des Dienstleistungsgewerbes dominiert der Fremdenverkehr (1982: 76 Mio. Übernachtungen), v. a. in den Städten des Mittellandes (Transit) und in den alpinen Höhenluftkurorten und Wintersportplätzen (Sommer und Sommer-Wintersaison). Die Banken, welche die S. zu einem der wichtigsten Finanzzentren in der Welt machen, weisen einen Reingewinn von (1982) 2,5 Mrd. sfr aus. Die Landwirtschaft ist nur mit (1982) 2,4% am Bruttosozialprodukt beteiligt, deckt jedoch trotz ständiger Verringerung der Anbaufläche (1980: 1,1 Mio. ha) über die Hälfte des Inlandbedarfs an Agrarerzeugnissen. 22,9% der Nutzfläche entfallen auf den Ackerbau (Getreide, Hackfrucht, Gemüse), 73% auf Graswirtschaft, die in Gebieten mit über 1000 mm Jahresniederschlag dominiert (hochentwickelte Viehwirtschaft mit bed. Milchverarbeitung). Im Süden Weinbau. 1/4 des Landes ist mit Wald bedeckt. Der Einfuhrüberschuß wird durch die Erträge von Kapitalanlagen im Ausland und des Fremdenverkehrs ausgeglichen. Hauptausfuhrgüter sind Maschinen, Instrumente, Uhren, Chemikalien, Pharmaka. Haupthandelspartner (1982): Bundesrep. Dtl. u. a. EG-Länder, USA, Brasilien, Japan, Hongkong, Libyen.

Verkehr. Die S. hat durch ihre zentrale Lage eine Schlüsselposition im europ. Durchgangsverkehr; das Mittelland verbindet Rhein und Rhône, Alpenpässe und -tunnels leiten von N- nach S-Europa. Das Straßennetz (1981: 68718 km) und das ganz elektrifizierte Eisenbahnnetz (1981: 4994 km) bieten, zus. mit Zahnrad- und Seilbahnen, eine hervorragende verkehrstechn. Erschließung der Alpen; die schweizer. Tunnelbauten zählen zu den größten der Erde (ÜBERSICHTEN Tunnel, Alpenstraßen; → Simplon, → Sankt Gotthard). Kfz-Bestand (1982) 2,998 Mio. Der Flußhafen Basel, Endpunkt der Rheinschiffahrt, ermöglicht die Verbindung zum Meer (Hochseehandelsflotte). Nationale Fluggesellschaft ›Swissair‹; internat. Flughäfen Zürich und Genf.

GESCHICHTE

Über die Vorgeschichte des heute schweizer. Raums → Mitteleuropa und → Westeuropa.

Römisches Altertum und frühes Mittelalter

Die kelt. Helvetier, nach denen sich die S. noch heute nennt, wanderten erst kurz vor 100 v. Chr. zw. Jura und Alpen ein. Sie wurden 58 v. Chr. von den Römern (Caesar) unterworfen; 15 v. Chr. wurden Räter und Alpenkelten dem Röm. Reich eingegliedert. Um 445 machten sich die im SW eingewanderten Burgunder unabhängig und unterwarfen das Wallis und das Gebiet bis zur Aare; das übrige Land wurde seit Mitte des 5. Jh. von Alemannen besiedelt. In Graubünden hielten sich romanisierte Räter. Bis 536 unterwarfen die Franken den größten Teil des Landes. Beim Zerfall ihres Reiches Ende des 9. Jh. kam der W zum Kgr. Burgund, während der übrige Teil zum Herzogtum Schwaben gehörte; 1032–34 wurde auch Burgund mit dem Dt. Reich vereinigt. Bald entstanden viele kleine weltl. und geistl. Herrschaften. Die Herzöge von Zähringen gründeten als Rektoren Burgunds (1127–1218) die Städte Freiburg und Bern. In der 2. Hälfte des 13. Jh. erlangten die Grafen von Savoyen im SW, die Habsburger im N und O die Vorherrschaft.

Die Eidgenossenschaft bis zu ihrer Lösung vom Deutschen Reich

Den beiden Tälern Uri und Schwyz, die infolge der Eröffnung des Gotthardpasses zu Bedeutung gelangt waren, verlieh der Staufenkaiser Friedrich II. 1231 und 1240 die Reichsunmittelbarkeit, die jedoch von den Habsburgern bestritten wurde. Anfang August 1291 schlossen die 3 ›Urkantone‹ (Waldstätte) Uri, Schwyz und Unterwalden einen ›Ewigen Bund‹. Wieweit die Befreiungssagen um Tell und den ersten Rütlischwur einen geschichtl. Kern haben, ist fraglich. In der Folgezeit hielten die Eidgenossen stets zu Habsburgs Gegnern. Die Urkantone siegten am Morgarten (1315) über ein österr. Ritterheer; darauf erneuerten sie den ›Ewigen Bund‹; ihm traten 1332 Luzern, 1351 die Reichsstadt Zürich, 1352 Glarus und Zug, 1353 die Reichsstadt Bern bei. So entwickelte sich die Eidgenossenschaft der ›Acht alten Orte‹, auf die dann der Name von Schwyz als Gesamtbezeichnung überging. Durch den Sieg bei Sempach (1386) über Habsburg sicherten sich die Waldstätte und Luzern, durch den Sieg bei Näfels (1388) die Glarner ihre Unabhängigkeit. 1415 eroberten die Eidgenossen den habsburg. Aargau, wehrten 1444 bei St. Jakob an der Birs (heute Stadtteil von Basel) die frz. Armagnaken (→ Armagnac) ab und eroberten 1460 den habsburg. Thurgau. In den Burgunderkriegen (1474–77) besiegten sie Karl den Kühnen von Burgund bei Grandson, Murten und Nancy. 1481 schlossen sich Freiburg und Solothurn der Eidgenossenschaft an. Die Ablehnung der Reichsreformpläne unter Kaiser Maximilian I. führte zum ›Schwabenkrieg‹ von 1499, dessen Er-

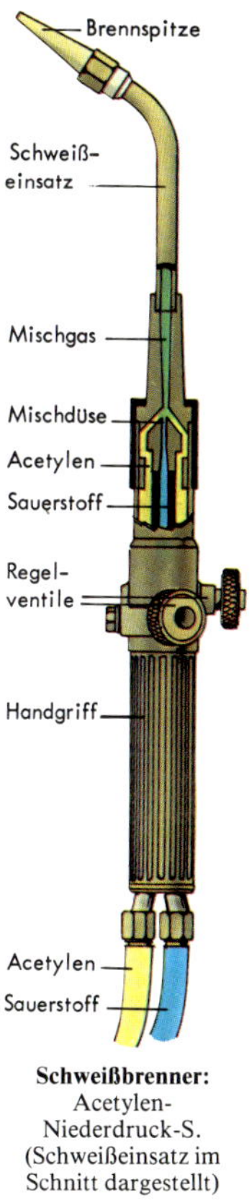

Schweißbrenner: Acetylen-Niederdruck-S. (Schweißeinsatz im Schnitt dargestellt)

gebnis die tatsächliche Loslösung der S. vom Dt. Reich war. Durch die Aufnahme Basels und Schaffhausens (1501) sowie Appenzells (1513) erweiterte sich die Eidgenossenschaft zum Bund der ›Dreizehn alten Orte‹. Sie griffen 1512–16 selbständig als Gegner Frankreichs in den Kampf um das Hzgt. Mailand ein, erlitten zwar 1515 die Niederlage bei Marignano, gewannen aber 1516 das Tessin und die verbündeten Graubündner das Veltlin. Die Schlacht bei Marignano bedeutete das Ende der selbständigen eidgenöss. Machtpolitik und den Beginn der Neutralität nach außen.

Die Reformation bewirkte eine dauernde konfessionelle Spaltung der S. Seit 1519 wurde sie in Zürich von Zwingli, später in Basel und Bern, in der welschen S. von Calvin und Farel eingeführt; sie fand in den meisten Städtekantonen und deren Untertanenländern Eingang, während die 3 Urkantone, Luzern, Zug, Freiburg und Solothurn den kath. Glauben bewahrten. Der ›Zweite Kappeler Krieg‹ (1531) brachte durch den Sieg der Katholiken über Zürich und den Tod Zwinglis die Ausbreitung der Reformation in der dt. S. zum Stillstand; sie behauptete sich aber in der Westschweiz; Genf wurde Mittelpunkt des Calvinismus. Im Kampf gegen Savoyen wurde Genf 1526 ein ›Zugewandter Ort‹ der Eidgenossenschaft, und die Berner eroberten 1536 die Waadt. Während der Gegenreformation ließen sich die Jesuiten auch in der S. nieder, und in Luzern nahm ein päpstl. Nuntius seinen Sitz. 1586 schlossen die 7 kath. Orte den ›Goldenen (seit 1655: Borromäischen) Bund‹. Vom Dreißigjährigen Krieg blieb die S. mit Ausnahme → Graubündens (→ Jenatsch) verschont. Der Westfäl. Friede brachte die völkerrechtl. Loslösung vom Dt. Reich. Die Katholiken behaupteten die polit. Vorherrschaft, bis sie 1712 durch den zweiten Villmergerkrieg auf Bern und Zürich überging.

Den Kern der alten Eidgenossenschaft bildeten die 13 selbstherrlichen Orte (Kantone); die gemeinsamen Angelegenheiten wurden auf der ›Tagsatzung‹ durch instruierte Gesandte der Orte behandelt. Eine einheitl. Außenpolitik der Schweiz war kaum möglich; daraus ergab sich eine Politik der Neutralität. Die Verfassungen der Stadt-Kt. wurden im 16. und 17. Jh. zunehmend aristokratisch. Unselbständig waren die von Landvögten verwalteten Landgebiete der Stadt-Kt. und die den Eidgenossen gemeinsam gehörenden Gebiete (Gemeine Herrschaften), wie Thurgau, Tessin, Veltlin, Teile des Aargaus und Rheintales.

Von der Helvetischen Republik bis 1848

Von Anhängern der revolutionären Ideen (P. Ochs, F. C. de La Harpe) gerufen, griff Frankreich 1798 in die schweizer. Verhältnisse ein. Nach dem Vorbild der Frz. Revolution wurde die ›Eine und unteilbare Helvetische Republik‹ als demokrat. Einheitsstaat mit einer von dem Baseler P. Ochs ausgearbeiteten Verfassung geschaffen, der Widerstand der Innerschweiz gebrochen; Mülhausen, das Bistum Basel, Biel und Genf wurden zu Frankreich, das Veltlin zur Zisalpinischen Republik (Oberitalien) geschlagen. Als aber 1802 ein allgemeiner Aufstand gegen die helvet. Regierung in Bern ausbrach, gab Napoleon Bonaparte durch die ›Mediationsakte‹ vom 19. 2. 1803 der S. eine neue Verf., die den Staatenbund der Kantone wiederherstellte; zu den 13 alten kamen 6 neue Kt. (St. Gallen, Graubünden, Aargau, Thurgau, Tessin und Waadt). Genf blieb französisch; zugleich wurde Wallis zu einem eigenen Freistaat erhoben, aber 1810 Frankreich einverleibt; Neuenburg war 1806–13 ein Fürstentum des frz. Marschalls Berthier. Infolge der Freiheitskriege wurden Ende 1813 wieder aristokrat. Regierungsformen eingeführt, aber nicht die Abhängigkeit der früheren Untertanenländer. Der Erste Pariser Friede von 1814 gab der S. die von Frankreich entrissenen Gebiete mit Ausnahme des Veltlins zurück, das bei Österreich blieb. Das Hochstift Basel kam größtenteils an Bern, während Genf, Wallis und Neuenburg die Zahl der Kt. auf 22 vermehrten; Neuenburg blieb zugleich bis 1848/57 noch ein Fürstentum der preuß. Könige (seit 1707). Im Zweiten Pariser Frieden von 1815 wurde die dauernde Neutralität der S. allgemein anerkannt. Der schweizer. ›Bundesvertrag‹ vom 7. 8. 1815 errichtete nur einen lockeren Staatenbund. Der rasch anwachsende Liberalismus erstrebte eine Reform der Bundesverfassung und den Sturz der in den meisten Kt. herrschenden Aristokratie. Durch die frz. Julirevolution erhielt er einen starken Antrieb, und 1830/31 wurde in einer Reihe von Kt. die Verfassung im liberalen Sinne umgestaltet; so folgte auf die ›Restauration‹ von1813–15 die ›Regenerationszeit‹. Den vordringenden Liberalen leistete die katholisch-konservative Partei zähen Widerstand; die kath. Kt. (die Urkantone und Luzern, Zug, Freiburg, Wallis) schlossen 1843 einen ›Sonderbund‹, dessen Auflösung aber im ›Sonderbundkrieg‹ vom Nov. 1847 durch die eidgenössischen Truppen erzwungen wurde.

Die Schweiz seit 1848

Nun konnte die Bundesreform ungestört durchgeführt werden. Die Verf. vom 12. 9. 1848 machte die S. zu einem Bundesstaat und Bern zur Bundesstadt; als oberste Regierung setzte sie den von beiden Kammern (Nationalrat und Ständerat) gewählten siebenköpfigen Bundesrat ein. Post, Münze, Maß, Gewicht und Zoll wurden zentralisiert. Die freisinnig-demokrat. Partei, die den entschiedenen Liberalismus vertrat, beherrschte lange Zeit unbestritten den Nationalrat wie den Bundesrat. Die neue Bundesverf. vom 29. 5. 1874 verstärkte die Bundesgewalt (Zentralismus) und baute die demokrat. Einrichtungen aus; auch in den einzelnen Kt. wurde nach und nach die volle Demokratie durchgeführt (Volksbegehren, Volksentscheid, z. T. Trennung von Kirche und Staat). Der ›Kulturkampf‹ der 1870er Jahre gegen die Kath. Kirche war am schärfsten in den Kt. Bern und Genf. Im 1. Weltkrieg bemühte sich die S. um völlige Neutralität. Durch ihren Rohstoffmangel geriet sie in eine sehr schwierige wirtschaftl. Lage. Der von der Sozialdemokratie verursachte ›Landesstreik‹ im Nov. 1918 scheiterte am Widerstand des Bürger- und Bauerntums.

Im Versailler Vertrag von 1919 wurde die 1815 zugunsten der S. festgelegte Neutralisierung Nordsavoyens aufgehoben; um die zum Schutz der Genfer Wirtschaft geschaffenen Freizonen im frz. Grenzgebiet entstand der Zonenstreit. 1920 trat die S. dem Völkerbund bei, der seinen Sitz in Genf genommen hatte; doch wahrte die schweizer. Außenpolitik auch dem Völkerbund gegenüber ihren Grundsatz unbedingter Neutralität. Durch die Einführung der Verhältniswahl für den Nationalrat (Okt. 1918) ging 1919 die freisinnige Mehrheit verloren. Seit 1924 besteht eine Zollunion der S. mit Liechtenstein. Nach dem 2. Weltkrieg, in dem die S. ihre Neutralität wahrte, beteiligte sie sich an den internat. Hilfswerken und trat den kulturellen, wirtschaftl. und humanitären Sonderorganisationen der UNO bei. Seit 1960 ist die S. Mitgl. der Europäischen Freihandelsgemeinschaft (EFTA); 1963 trat sie dem Europarat bei. Vor dem Hintergrund einer landesweiten Diskussion über den Beitritt zur UNO empfahl 1981 der Bundesrat, 1984 der Nationalrat den Beitritt.

Im Bundesrat bildete sich 1959/60 die noch heute (1985) bestehende Koalition aus Freisinnig-demokrat. Partei, Katholisch-konservativer Partei (seit 1970: Christlich-demokrat. Partei), Sozialdemokrat. Partei und Bauern-, Gewerbe- und Bürgerpartei (seit 1971 Schweizer Volkspartei). Verfassungs-, bevölkerungs-, umwelt- und gesellschaftspolit. Fragen standen u. a. innenpolitisch zur Diskussion. In den 70er Jahren bildete sich der Kt. → Jura.

KUNST

An Kunstdenkmälern aus dem frühen MA. sind erhalten: Taufkirche von Riva S. Vitale, Kirche und Kirchenschatz in St. Maurice (Wallis), die Fresken von St. Johann in Münster (Graubünden), die Deckenmalereien der Kirche in Zillis (Graubünden; BILD Zillis) und die Handschriften der Stiftsbibliothek in St. Gallen. Um 1000 entstanden die Kirchen von Spiez und Romainmôtier, in roman. Zeit die Kirche in Payerne, Allerheiligen in Schaffhausen und das Basler Münster, das Hauptwerk der elsäss. Romanik. Lausanne hat die älteste burgundisch-got. Kathedrale. Aus hochgot. Zeit stammt u. a. die → Manessische Handschrift, aus der Spätgotik das Münster von Bern.

Typisch schweizer. Gepräges war die um 1500 erblühende Bürgerkultur der freien Städte. In Basel arbeiteten K. Witz aus Rottweil, später H. Holbein d. J. aus Augsburg. Die Zeit der Burgunder- und Mailänderkriege spiegeln die Bilderchroniken, die Gemälde und Zeichnungen von N. Manuel, U. Graf und H. Leu d. J. Die Glasmalerei bildete als bürgerl. Sonderart die Kabinettscheibe (Schweizerscheibe) aus. Früh fand die Renaissance Eingang, bes. in Basel und Luzern, im Tessin mit S. Lorenzo in Lugano (Fassade 1512). Die wichtigste der erhaltenen Fassadenmalereien ist nördlich der Alpen die des Hauses zum Ritter in Schaffhausen von T. Stimmer (BILD Schaffhausen). Reichere Barockbauten wurden nur in den kath. Kantonen geschaffen (K. Moosbrugger u. a.), z. B. die Klosterkirchen St. Gallen und Maria Einsiedeln. Tessiner Baumeister zählen zu den bedeutendsten des römischen Barocks (C. Maderna, D. und C. Fontana, F. Borromini).

Im 18. Jh. wurde S. Geßner v. a. durch die Radierungen zu seinen Idyllen bekannt. J.-É. Liotard war in vielen Ländern tätig, A. Graff (BILD) als Porträtmaler in Dresden, J. H. Füßli (BILD), der bedeutendste Maler des ›Sturm und Drang‹, in London.

Im 19. Jh. traten F. Diday und A. Calame als Hochgebirgsmaler hervor, R. Toepffer mit gezeichneten Bilderfolgen, R. Koller als Tiermaler, F. Buchser mit Porträts (wie K. Stauffer-Bern) und Landschaften. Alle überragte der phantasiestarke A. Böcklin (BILD) und um die Wende zum 20. Jh. F. Hodler (BILDER Historienmalerei, Hodler), der Erneuerer der monumentalen Wandmalerei, außerdem F. Vallotton (BILD). Eine weiterführende Gestalt war O. Meyer-Amden. M. Bill (BILD) erreichte, daß die S. wieder einen wesentl. Einfluß auf die abstrakte Kunst ausübte (Künstlergruppe ›Allianz‹: L. Leuppi u. a.).

Weitere der Tradition der gegenständl. Malerei verpflichtete Künstler des 20. Jh. sind: H. Altherr, M. Barraud, P. B. Barth, A. Blanchet, P. Bodmer, R. T. Bosshard, H. Erni, M. Gubler, H. Fischer, W. Gimmi, M. Hunziker, M. Lauterburg, E. Morgenthaler,

F. Pauli, A. H. Pellegrini, T.-A. Steinlen, E. Vallet, W. K. Wiemken. Die verschiedensten internat. Richtungen der Malerei der Gegenwart vertreten u. a. J. Baier, J. Berger, S. Brignon, Th. Eble, F. Fédier, J. Lecoultre, R. Iseli, J. Itten, M. v. Mühlenen, Ch. Rollier, Denise Voita.

A. Giacometti (BILD) gab in gewollt unproportionierten Skulpturen die Einsamkeit der Menschen unserer Zeit wieder. Weitere Bildhauer, die über ihre Landesgrenzen hinaus von Bedeutung wurden, sind: O. Ch. Bänninger, C. Burckhardt, K. Geiser, H. Haller (BILD), H. Hubacher, M. Martin, J. Probst, R. Rossi, G. Schneider, A. Zschokke (BILD). Durch ihre nichtfigürl. Plastiken wurden bekannt: H. Aeschbacher, H.-G. Gisiger, Z. Kemeny, R. Lienhard, B. Luginbühl, E. Müller, R. Müller, J. Tinguely (BILD).

Die modernen Baugedanken begannen sich in der S. mit der Siedlung Neubühl bei Zürich auszubreiten (1930–32 P. Artaria, H. Schmidt, M. E. Haefeli, C. Hubacher, R. Steiger, Werner M. Moser und E. Roth). H. Brechbühler (Gewerbeschule Bern 1937–39), H. Baur (Schule auf dem Bruderholz, Basel 1938/39) und O. R. Salvisberg (Betriebsgebäude der Hoffmann-La Roche & Co. AG, Basel) wurden wegweisend. K. Moser erbaute die erste moderne Kirche der Schweiz (Antoniuskirche in Basel 1926/27).

Das hohe Niveau der Schweizer Architektur der Nachkriegszeit zeigte sich weiterhin in vorbildl. Schul- oder Mehrzweckgebäuden. E. Gisel erbaute in Grenchen das Parktheater (1949–54), O. Senn wurde durch Kirchenentwürfe und Schriften über Kirchenbau bekannt. In der Nachfolge Le Corbusiers wirkten die Architekten der ›Gruppe 5‹; in Solothurn entwickelten F. Haller und F. Fueg die Ideen Mies van der Rohes weiter. J. Schaders Meisterwerk ist die Kantonschule von Zürich. Die Hochschule für Wirtschafts- und Sozialwissenschaften in St. Gallen (O. Förderer und H. Zwimpfer) bezieht Werke abstrakter Künstler in ihre sehr moderne Architektur mit ein.

LITERATUR

Deutschsprachige Literatur

Literarisches Schaffen in der deutschen Schweiz setzte mit den Sprachzeugnissen aus dem Kloster St. Gallen ein, wo Geistliche wie Notker Labeo († 1022) für die gesamte dt. Sprache bahnbrechend wirkten. Zur Minnedichtung trugen Zürcher Vertreter (Hadloub u. a.) ihren Teil bei. Bürgerl. und bäuerl. Motive stehen hier schon im Vordergrund; verstärkt erscheinen sie in der kraftvoll-derben Dichtung ›Der Ring‹ des Thurgauers Heinrich Wittenweiler (Wende des 14. zum 15. Jh.). Vom Lebensgefühl der Renaissance beeinflußt, erscheint kampfbewegte Gemeinschaft im ›Urner Tellenspiel‹ von 1511 und in den Reformationsdramen des Berners Niklaus Manuel. Soziales und religiöses Verhalten gehen in schweizer. Verhältnissen stets eine starke Bindung ein (Zwingli, Calvin, bis Gotthelf).

Im Zeitalter der Aufklärung, das durch J. H. Pestalozzi den Zug zum wirkl. Leben und zur Volksgemeinschaft vertiefte, blühte mit J.-J. Rousseau und A. v. Haller ein neues Naturgefühl auf, das durch S. Geßner in der Folge verinnerlicht wurde. Gleichzeitig wirkte im 18. Jh. in Zürich J. J. Bodmer mit seinem Gefährten J. J. Breitinger als einer der ersten Vermittler und Kritiker der literar. Kultur, eine Tätigkeit, die bis in die neueste Zeit hinein als eine Aufgabe der vielsprachigen S. verstanden wird. Neben den Arbeiten des Völkerpsychologen K. V. v. Bonstetten († 1832) bemühten sich um ein Verständnis zw. Sprachen und Völkern im 20. Jh. C. J. Burckhardt als Kulturhistoriker, H. Wölfflin als Kunsthistoriker, F. Ernst als Komparatist und M. Rychner, E. Staiger, K. Schmid, W. Weber u. a. im Feld der Literaturkritik.

Extreme Bewegungen im Bereich der dt. Literaturgeschichte, wie Sturm und Drang, dogmat. Naturalismus oder Expressionismus, haben in der dt. Schweiz wenig Spuren hinterlassen. Der Sinn für das Mögliche, der eine völlig unpathet. Wirklichkeitsliebe zeitigt, zeigt sich um die Jahrhundertmitte in den eigenständigen Leistungen der Schweizer Realisten J. Gotthelf und G. Keller.

Weniger dem Gegenwärtigen, mehr dem Vergangenen einerseits und dem Symbolisch-Zeitlosen andererseits war das Werk des Erzählers und Lyrikers C. F. Meyer zugewandt. Stärker noch als Meyer hat sich um die Jahrhundertwende C. Spitteler in eine Gegenposition zur materialisierten und technisierten Außenwelt gestellt, während R. Walser die ›Zeichen des Zerfalls‹ in Skizzen und Romanen festhielt. Das bewahrende Element vertraten über die Zeiten der Erschütterung durch den 1. Weltkrieg hin H. Federer, J. Boßhart und bis in die neueste Zeit hinein M. Inglin, H. A. Moser, K. Guggenheim, als Lyriker A. Zollinger, E. Jaeckle.

Auch in der S. bedeutet das Jahr 1945 einen Einschnitt auf literar. Gebiet. Die erste Nachkriegszeit bis hinein in die 60er Jahre ist geprägt durch die Werke zweier bedeutender Bühnenautoren, M. Frisch und F. Dürrenmatt. Viele jüngere Autoren wie O. F. Walter, H. Loetscher, J. Federspiel, A. Muschg setzen sich kritisch mit den Ideen der Zeit und, oft sehr engagiert, mit dem Bild der S. in der Moderne auseinander (so auch W. M. Diggelmann, P. Bichsel, J. Steiner, A. Honegger, P. Nizon u. a.). Zum Satirischen neigen G. Späth, B. Brechbühl, W. Vogt. Weibl. Autoren: Gertrud Leutenegger, Erica Pedretti, Verena Stefan.

In der Lyrik traten nach 1945 im hochsprachl. Bereich Erika Burkart, Silja Walter sowie H. Meier hervor; die Mundartdichtung, die auf eine eigene Tradition zurückblicken kann (M. Lienert, R. v. Tavel, S. Gfeller u. a.), hat in den späten 60er Jahren durch K. Marti einen neuen Impuls erhalten. Parodie, Ironie und Sprachspielerei sind weitere Mittel der neueren Lyrik (E. Gomringer). Jüngere Autoren: M. Matter und D. Fringeli.

Französischsprachige Literatur

Ein wesentl. Kennzeichen der frz.-schweizer. Lit. ist seit jeher die Spannung zw. Regionalismus und Internationalismus. In ihren Ursprüngen ist diese Lit. stark vom Calvinismus geprägt. Im 18. und frühen 19. Jh. gelangte sie mit J.-J. Rousseau, Mme. de Staël und B. Constant de Rebecque zu europ. Geltung. Ein kritisch-analyt. Schrifttum entstand mit A. Vinet und H.-F. Amiel, im 19. und beginnenden 20. Jh. mit E. Rambert, M. Monnier, V. Rossel. Bed. Erzähler waren R. Töpffer, Ph. Monnier, V. Cherbuliez, E. Rod, Lyriker J. Olivier, L. Duchosal, H. Warnery.

Im 20. Jh. führte der Waadtländer C. F. Ramuz den Regionalroman zu weltliterar. Bedeutung. Regionalisten sind auch die Essayisten C.-A. Cingria und E. Gilliard und die Romanschriftst. Monique Saint-Hélier, G. de Pourtalès, J. Chenevière. In der Lyrik herrscht von H. Spiess und R.-L. Piachaud bis zu P. L. Matthey, G. Roud und W. Renfer individualist. Innerlichkeit vor, während der Jurassier B. Cendrars einen kosmopolit. Avantgardismus repräsentiert. Die Tradition der Literaturkritik wird in der Gegenwart fortgesetzt, u. a. mit A. Béguin, M. Raymond, I. Mercanton, Ch. Clerc, J. Starobinski, M. Gsteiger, und die Essayistik mit G. de Reynold und D. de Rougemont. Die Stimme des Wallis wird u. a. bei M. Zermatten und in den Dichtungen von M. Chappaz und Corinna Bille vernehmbar. Zur jüngeren und jüngsten Generation gehören die Lyriker Ph. Jaccottet, G. Haldas, A. Voisard, der Lyriker und Romanschriftst. J. Chessex und die Romanschriftst. J.-P. Monnier, Y. Velan, Alice Rivaz, Cathérine Colomb, G. Borgeaud, J. Roudaut, E. Barilier und R. Pinget. Nach dem ›Volkstheater‹ von R. Morax vertreten das moderne Theater L. Gaulis, W. Weideli und H. Deblué.

Italienischsprachige Literatur

Von einer italienischsprachigen schweizer. Literatur läßt sich erst sprechen, seit 1803 das Tessin autonome Republik und Kanton wurde. Im 19. Jh. überwiegen histor. und polit. Untersuchungen. Im 20. Jh. erlangte der Lyriker und Erzähler F. Chiesa weltweiten Ruf. Als Verteidiger der ›Italianità‹ des Tessins beeinflußte er das Werk von Essayisten wie A. Janner, G. Zoppi und des Essayisten und Erzählers G. Calgari. A. Nessi rief ironisch die kleine provinzielle Welt in Erinnerung. Neuere Erzähler sind A. Jenni, G. Bonalumi, P. Ortelli, F. Filippini, P. Martini, P. Scanziana, M. Agliati, C. Castelli und Fiorenza Venturini. Als Lyriker treten hervor V. Abbondio, F. Manghini, U. Frey, R. Fasani, A. Pedroli, A. Casé und bes. G. Orelli.

Über die rätoroman. Lit. der S. → rätoromanische Sprache.

MUSIK

Bis ins 17./18. Jh. ist das Musikleben stilistisch in die Entwicklungslinien der dt., seltener der frz. Musikgeschichte einzuordnen. Erst im 19. Jh. brachte die S. eine eigenständige Musikkultur hervor (K. Attenhofer, F. Hegar, H. Huber, H. Suter und bes. den Liederkomponisten O. Schoeck).

Die Neue Musik ist repräsentiert durch A. Honegger und F. Martin. Von der jüngeren Generation sind u. a. zu nennen: H. Sutermeister, W. Burkhard, J.-F. Zbinden, R. Suter, J. Wildberger, R. Kelterborn, H. Holliger.

Schweizer, 1) die Bewohner der Schweiz. Entsprechend den ethnisch differenzierten Volksteilen (deutsch-, französisch-, italienisch- und rätoromanischsprachige Bevölkerung) und der lang währenden Souveränität der Kt. hat sich ein ausgeprägtes Regionalbewußtsein entwickelt, das neben der Unterschiedlichkeit von Landschaft und Klima an der bunten Vielfältigkeit der schweizer. Volkskultur mitgewirkt hat. Diese Sonderheiten zeigen sich v. a. im Brauchtum: Basler Fastnacht, Zürcher Sechseläuten u. a. Unter den ländl. **Siedlungsformen** herrschten früher in Ackerbau- und Weinbaugegenden geschlossene Dörfer vor, in Gebieten mit Viehwirtschaft Weiler- und Hofsiedlungen, bes. entlang dem nördlichen Alpenrand.

Die Häuser des Jura, des Mittellandes und des Engadins sind Mehrzweckbauten, bei denen Wohnteil, Tenne, Stall und Speicherräume unter einem Dach vereinigt sind. In den voralpinen Viehzuchtgebieten sind Wohnhaus und Stallungen meistens getrennt. Die inneralpinen und tessin. Täler mit alter Selbstversorgungswirtschaft (Ackerbau und Viehzucht) weisen eine Streulage der Wirtschaftsgebäude auf. Traditionelles Baumaterial ist im W

(Jura, Waadt, Genf) und im südl. Tessin Stein, das Bauernhaus des dt.-sprachigen Mittellandes ist ein Fachwerk- oder Ständerbau. Die repräsentativsten Formen finden sich im Berner Mittelland und im Emmental. In ländl. Gegenden, bes. im Alpengebiet, hat sich häufig bis heute eine urtüml. Sachkultur erhalten, die mit archaischen Wirtschaftsformen und der brauchmäßigen Gestaltung des privaten und dörfl. Lebens einen starken Ggs. zur Lebensweise im industriereichen Mittelland bildet.

Die **Volkskunst** erzeugt Holzschnitzereien (Berner Oberland), Stickerei (Unterengadin), Bauernmalerei (Toggenburg) und Handweberei (Münstertal). – *Adj.* **schweizerisch.**

2) Kath. Kirche: Pförtner, Kirchenaufseher. **3)** Söldner in fremden Diensten, bes. die → Schweizergarde. **4)** ꝏ Melker.

Schweizerdegen, ꝏ Angehöriger des graph. Gewerbes, der Schriftsetzer und Buchdrucker war. Er trug einen zweischneidigen, dem schweizer. Landsknechtsdegen ähnlichen Degen.

Schweizerdeutsch, das → Schwyzerdütsch.

Schweizer Franken, Abk. **sfr,** → Franken.

Schweizergarde, 1) die aus Schweizern gebildeten Soldtruppen, die in versch. Staaten mit dem Verfall der Ritterheere zum Ende des MA. aufkamen (Frankreich Ende des 18. Jh. etwa 15000 Mann). **2)** die aus gebürtigen Schweizern bestehende päpstliche Leibwache.

Schweizerische Aluminium AG, Alusuisse [-sɥis], Zürich, bed. Aluminiumproduzent mit über 100 Tochter- und Beteiligungs-Ges.; gegr. 1888.

Schweizerische Bankgesellschaft, frz. **Union de Banques Suisses** [ynj'ɔ̃ də bãk sɥis], ital. **Unione di Banche Svizzere** [-b'aŋke-], Zürich, große schweizer. Geschäftsbank (ÜBERSICHT Banken), Rechtsform: AG, entstanden 1912 durch Fusion der Bank von Winterthur (gegr. 1862) und der Toggenburger Bank (gegr. 1863).

Schweizerische Bundesbahnen, Abk. **SBB,** frz. **Chemins de Fer Fédéraux** [ʃmɛ̃df'ɛr feder'o], Abk. **CFF,** ital. **Ferrovie Federali Svizzere,** Abk. **FFS,** die Eisenbahnen im Eigentum des schweizer. Bundesstaats; sie haben die Rechtsform einer unselbständigen öffentl. Anstalt des Bundes mit weitgehender gesetzlich festgelegter Finanz- und Verwaltungsautonomie; Sitz der Generaldirektion ist Bern. Die Netzlänge betrug (1982) 2941 km und ist voll elektrifiziert, mit vielen Brücken und Tunneln. 1982 waren bei den SBB 39213 Personen beschäftigt. – Bis 1902 gab es nur Privatbahnen; das Staatsbahnprinzip war lange umkämpft.

Schweizerische Depeschen|agentur, Abk. **SDA,** frz. **Agence Télégraphique Suisse** [aʒ'ãs telegraf'ik sɥis], Abk. **ATS,** schweizer. Nachrichtenagentur, gegr. 1894; Sitz: Bern.

Schweizerische Eidgenossenschaft, amtl. Name der → Schweiz.

Schweizerische Gesellschaft für Statistik und Volkswirtschaft, gegr. in Bern 1864 als ›Schweizerische Statistische Gesellschaft‹, 1939 Namensänderung. Sie gibt die ›Schweizer. Ztschr. für Volkswirtschaft und Statistik‹, die ›Schweizer. Bibliographie für Statistik und Volkswirtschaft‹, das ›Hb. der Schweizer. Volkswirtschaft‹ heraus, veranstaltet wissenschaftl. Tagungen.

Schweizerische Gesellschaft für Uhren|industrie AG, frz. **Société Suisse pour l'Industrie Horlogère S. A.** [sɔsjet'e sɥis pur lɛ̃dystr'i ɔrlɔʒ'ɛ:r-], Abk. **SSIH,** Biel und Genf, größte europ. Unternehmensgruppe der Fertiguhrenindustrie; gegr. 1930.

Schweizerische Gewerkschaften umfassen als wichtigste Organisationen: den Allg. Schweizer. Gewerkschaftsbund, SGB (1983: rd. 459000 Mitgl.), den Föderativverband des Personals Öffentl. Verwaltungen und Betriebe (rd. 126000 Mitgl.), die Vereinigung Schweizer. Angestelltenverbände (rd. 152000 Mitgl.), den Christlich-Nationalen Gewerkschaftsbund (rd. 111000 Mitgl.), den Landesverband Freier Schweizer Arbeitnehmer (rd. 23000 Mitgl.). Die kantonalen Gewerkschaftskartelle besitzen weitreichende Autonomie. Dem SGB sind die Berufsverbände angeschlossen, deren stärkster der Verband der Metall- und Uhrenarbeitnehmer ist.

Schweizerische Kreditanstalt, frz. **Crédit Suisse** [kred'i sɥis], ital. **Credito Svizzero,** Zürich, schweizer. Großbank, Rechtsform: AG, gegr. 1856. (ÜBERSICHT Banken)

Schweizerische Nationalbank, frz. **Banque Nationale Suisse** [bãk nasjɔn'al sɥis], ital. **Banca Nazionale Svizzera,** Bern, Zentralnotenbank der Schweiz, Rechtsform: AG, gegr. 1905, Geschäftseröffnung 1907, Notenausgabemonopol seit 1910. Nach dem Bundes-Ges. über die S. N. v. 23. 12. 1953/15. 12. 1978 muß die Golddeckung des Notenumlaufs mindestens 40% betragen. Die gesetzl. Einlösung der Banknoten in Gold ist suspendiert.

Schweizerische Post-, Telephon- und Telegraphenbetriebe, Abk. **PTT,** ein innerhalb der Gesetzgebung (d. h. innerhalb des gesetzl. Rahmens) selbständiger Betrieb. Organe der PTT sind der Verwaltungsrat, der die unmittelbare Aufsicht über die PTT-Betriebe ausübt, und die Generaldirektion, die mit der allg. Geschäftsführung betraut ist. Mittelbehörden sind die 11 Kreispostdirektionen in Aarau, Basel, Bellinzona, Bern, Chur, Genf, Lausanne, Luzern, Neuenburg, St. Gallen und Zürich. Der Betriebsdienst wird von Ämtern, Büros und Agenturen sowie Postscheckämtern wahrgenommen. Seit 1921 betreibt die Schweiz auch das Postwesen im Fürstentum Liechtenstein auf dessen Rechnung.

Schweizerische Radio- und Fernsehgesellschaft, Abk. **SRG,** frz. **Société suisse de radiodiffusion et télévision** [sɔsjet'e sɥis də radiodifyʒj'ɔ̃ e televiʒj'ɔ̃], ital. **Società svizzera di radiotelevisione** [sotʃet'a-], Sitz: Bern, gegr. 1931 als ›Schweizerische Rundspruch-Gesellschaft‹.

Schweizerischer Bankverein, frz. **Société de Banque Suisse** [sɔsjet'e də bãk sɥis], ital. **Società de Banca Svizzera** [sotʃet'a-], Basel, schweizer. Geschäftsbank, Rechtsform: AG, gegr. 1872 als Basler Bankverein. (ÜBERSICHT Banken)

Schweizerischer Landesverband für Sport, Abk. **SLS,** 1922 als **Schweizer. Landesverband für Leibesübungen** gegr. Dachorganisation des schweizer. Sports, jetziger Name seit 1977; Hauptaufgaben: Koordinierung aller den schweizer. Sport betreffenden Fragen (z. B. Förderung des Breiten- und des Elitesports, Sportstättenbau).

Schweizerische Rückversicherungs-Gesellschaft, AG, Zürich, gegr. 1863, eines der größten Rückversicherungsunternehmen der Welt in allen Zweigen.

Schweizerische Unfallversicherungsanstalt, Abk. **SUVA,** Träger der staatl. obligator. Unfallversicherung der Schweiz; Sitz: Luzern.

Schweizerische Verkehrszentrale, Abk. **SVZ,** Zürich, gegr. 1917, Zentralstelle für Fremdenverkehr und -werbung mit Außenstellen im Ausland.

Schweizerische Volksbank, Bern, schweizer. Universalbank, 1869 in Anlehnung an die dt. Kreditgenossenschaften als Volksbank gegr. (ÜBERSICHT Banken)

Schweizerische Volkspartei, Abk. **SVP,** seit 1971 Name der 1919 gegr. **Bauern-, Gewerbe- und Bürgerpartei,** fördert die Landwirtschaft und Kleinindustrie, gewann (1983) 23 von 200 Mandaten im Nationalrat.

Schweizer Jura, Teil des → Jura.

Schweizerkäse, harter Labkäse (→ Käse), meist vollfett; als **Emmentaler Käse** Hauptausfuhrerzeugnis der schweizer. Milchwirtschaft.

Schweizer Nationalpark, Naturschutzgebiet im Unterengadin, Kt. Graubünden; rd. 169 km²; steht unter der Obhut der Schweizer. Naturforschungsgesellschaft.

Schweizersbild, nischenartige Höhle bei Schaffhausen, mit Funden aus der Magdalénienstufe der Altsteinzeit; darüber jungsteinzeitliche Bestattungen kleinwüchsiger Menschen.

Schweizer Volkspartei, die → Schweizerische Volkspartei.

schwelen [mnd. ›dörren‹]. *ich* **schwele, 1)** *es,* verbrenne (Rasen). **2)** *es,* ۞ erhitze Brennstoffe unter Luftabschluß (→ Schwelung). **3)** *es schwelt,* glimmt, brennt langsam ohne helle Flamme; Ü lebt unter der Oberfläche weiter: *schwelender Haß.*

schwelgen [ahd. swelgan, eigtl. ›verschlucken‹]. *ich* **schwelge, 1)** esse und trinke gut und mit Genuß. **2)** *in etwas,* Ü genieße es in vollen Zügen: *sie schwelgt in Erinnerungen. der* **Schwelger,** *-s/-,* Genießer. *die* **Schwelgerei,** *-/-en,* üppiger Genuß, bes. verschwenderisches Essen. *Adj.* **schwelgerisch.**

Schweizer Nationalpark,
Graubünden, im Hintergrund Piz dell'Acqua

Schwel|kohle, bitumenreiche Braunkohle zur Braunkohleschwelung, liefert mehr als 6% Teer.

Schwelle [ahd., urverwandt mit grch. selma ›Balken‹] *die, -/-n,* **1)** 🏛 waagerechter Balken; unterer Abschluß der Türöffnung: *er tritt über die S.,* betritt das Haus, die Wohnung; *an der S. einer neuen Zeit,* Ü. **2)** bei Schienenbahnen: Querträger aus Holz, Stahl oder Stahlbeton, auf dem die Schienen befestigt sind (→Eisenbahnbau). **3)** Sinnesphysiologie: **Reizschwelle,** →Reiz; →Weber-Fechnersches Gesetz. **4)** 🌐 undeutlich begrenzte Aufwölbung des Land- oder Meeresbodens.

schwellen [ahd.]. *ich* **schwelle, 1)** *es,* mache dick, weite aus: *der Wind schwellt die Segel.* **2)** *es, oberddt.:* koche. **3)** *es schwillt* (ist geschwollen), wird dick, groß, gequollen, weitet sich: *mir ist die Hand geschwollen. es* **schwillt ab, 1)** geht zurück (Schwellung). **2)** wird leiser (ein Ton). *es* **schwellt an, 1)** *es,* macht dicker, größer: *die Schneeschmelze schwellte die Flüsse an.* **2)** *es schwillt an,* wird dicker, größer: *die Flut schwoll an,* stieg; *nach dem Insektenstich ist die Hand angeschwollen. der* **Schweller,** *-s/-,* Tonverstärker bei Orgel und Harmonium. *die* **Schwellung,** *-/-en,* das Schwellen; geschwollene Stelle.

Schwellenländer, auch **Newly Industrializing Countries** [nj'u:lı ınd'ʌstrıəlaızıŋ k'ʌntrıız, engl.], Abk. **NIC,** Staaten, die im Begriff sind, sich vom Entwicklungs- zum Ind.-Land zu entwickeln. S. sind – gemessen an anderen Entwicklungsländern – durch relativ hohe Pro-Kopf-Einkommen, diversifizierte Produktionsstrukturen sowie relativ hohe Anteile von Ind.-Waren bei der Ausfuhr gekennzeichnet. Zu den S. zählen in Lateinamerika: Argentinien, Brasilien, Mexiko; in Asien: Hongkong, Singapur, Süd-Korea, Taiwan; verschiedentlich werden einige Mittelmeerländer (Griechenland, Portugal, Spanien) zu den S. gerechnet.

Schwellenmächte, Staaten, die auf Grund ihrer technolog. und wirtschaftl. Entwicklung in kurzer Zeit Kernwaffen produzieren könnten.

Schwellenwert, kleinster Betrag eines Stoffes, einer Größe, einer Anregung, eines Reizes, der eine erkennbare Wirkung oder einen wahrnehmbaren Vorgang auslöst, z. B. die krit. Magnetfeldstärke (der supraleitende Zustand bricht zusammen).

Schwellknie|alge, Schwellglied|alge, Oedogonium, artenreiche Grünalgen-Gatt. des Süßwassers; ihre Fäden sind unverzweigt. Einzelne Zellen schwellen zu tonnenförmigen Oogonien an, die ein Ei enthalten; andere Fadenzellen sind Antheridien, aus denen zwei mit einem Geißelkranz versehene Spermatozoiden schlüpfen. Die vegetative Fortpflanzung erfolgt durch Zoosporen, die einzeln in den Fadenzellen gebildet werden.

Schwellkörper, 1) Corpus cavernosum, bei Mensch und Säugetieren: zur →Erektion fähiger, schwammiger Gewebsverband, so am Penis und am Kitzler. **2)** bei Pflanzen: Organ oder Gewebe, das durch Größenzunahme passive Bewegung bewirkt, so das →Gelenk 2).

Schwellstaffel, ⚔ Staffelwettbewerbe in der Leichtathletik und im Schwimmen mit ab- oder zunehmenden Teilstrecken je Teilnehmer, z. B. in der Leichtathletik die **Schwedenstaffel** (100 m, 200 m, 300 m, 400 m).

Schwellverse, Alliterationsverse mit bes. großer Hebungs- und Silbenzahl, so im ›Beowulf‹ und ›Heliand‹.

Schwellwerk, in der Orgel die im Schwellkasten stehenden Register, meist das Oberwerk (III. Manual).

Schwelm, Krst. des Ennepe-Ruhr-Kr. im RegBez. Arnsberg, NRW, (1984) 30300 Ew.; Maschinenbau, Stahl- und Metallverarbeitung, Elektrotechnik, Textil- u. a. Ind. – S. erhielt 1496 und erneut 1590 Stadtrecht.

Schwelung *die, -/-en,* therm. Behandlung von Kohle, Holz, Ölschiefer und ähnlichen Brennstoffen unter Sauerstoffausschluß bis zu Temperaturen von etwa 700 °C. Als Produkte entstehen dabei v. a. **Schwelgas, Schwelteer** und **Schwelkoks.** Über S. des Holzes →Holzverkohlung, →Köhlerei.

schwemmen [zu schwimmen]. *ich* **schwemme** *es,* spüle mit viel Wasser; lasse vom Wasser treiben: *das Hochwasser hat Schlamm auf die Straßen geschwemmt; ich schwemme Pferde,* bade sie. *ich* **schwemme** *es* **an,** treibe (ans Ufer) heran: *ein Fluß schwemmt Sand, Kies, Geröll an,* trägt herbei und setzt es ab, landet. *ich* **schwemme auf, 1)** *es,* quelle auf, weiche auf. **2)** (bin aufgeschwemmt), werde unförmig dick, besonders durch zu vieles Trinken: *er hatte ein aufgeschwemmtes Gesicht,* ein gedunsenes. *die* **Schwemme,** *-/-n,* **1)** Bad für Tiere, bes. Wild und Pferde. **2)** übergroßes Angebot: *Obstschwemme.* **3)** U Schankraum, Kneipe. **4)** *nd.:* Holzfloß.

Schwemmkegel, Schwemmfächer, fächerförmige Ablagerung eines Flusses, z. B. bei der Einmündung eines Nebenflusses in das Haupttal, wobei infolge abnehmender Wassergeschwindigkeit ein Teil der Geröllfracht abgelagert wird.

Schwemmland, Ablagerung durch stehende oder fließende Gewässer aus geologisch jüngster Zeit, daher i. d. R. unverfestigt und mit noch wenig entwickeltem Bodenprofil.

Schwemmsteine, ⚙ für Bimsbetonsteine.

Schwenckfelder, Schwenkfeldianer *Pl.,* mystische Sekte der Reformationszeit, gegr. von K. v. Schwen(c)kfeld (* 1489, † 1561). In Schlesien und Süddtl. bildeten sich Gemeinden; ihre Reste wanderten (nach Verfolgung im 17. Jh.) 1734 nach Pennsylvania aus. Dort bestehen noch einige Gemeinden mit etwa 2500 Mitgliedern.

Schwende [mhd.] *die, -/-n, oberdt.:* Rodung. *ich* **schwende** *Wald, oberdt.:* lichte aus; brenne ab, rode.

Schwendi, Lazarus Frhr. von, Politiker und Heerführer, * Mittelbiberach 1522, † Kirchhofen (Breisgau) 28. 5. 1584, trat 1546 in den Dienst Karls V., kämpfte u. a. in den Span. Niederlanden, in Ungarn gegen die Türken. Als Ratgeber Maximilians II. und Rudolfs II. suchte S. der steigenden Politisierung der Religionsgegensätze entgegenzutreten.

Schwengel [zu schwenken] *der, -s/-,* **1)** Klöppel der Glocke; Hebel der Kolbenpumpe des Schachtbrunnens (→Brunnen). **2)** U Bursche: *Ladenschwengel.*

Schweninger, Ernst, Arzt, * Freystadt (Oberpfalz) 15. 6. 1850, † München 13. 1. 1924, war seit 1881 Arzt des Fürsten Bismarck; bekannt durch die bes. aus Diät und Hydrotherapie bestehende S.-Kur (z. B. gegen Fettsucht).

schwenken [zu schwingen]. *ich* **schwenke, 1)** *ihn, es,* schleudere, bewege, schwinge hin und her: *beim Abschied schwenkte er sein Taschentuch.* **2)** *es,* spüle. **3)** (bin geschwenkt), gehe im Bogen, verändere die Richtung; Ü ändere meine Meinung. **4)** *ihn, es,* drehe um, wälze. *ich* **schwenke ein, 1)** biege ein: *sie ist in die Seitenstraße eingeschwenkt.* **2)** Ü reihe mich ein: *er ist in die allgemeine Richtung eingeschwenkt. ich* **schwenke um, 1)** (habe umgeschwenkt) *es,* wende um. **2)** (bin umgeschwenkt), gehe in eine andere Richtung; Ü wechsle die Gesinnung. *der* **Schwenker,** *-s/-,* **1)** ⚙ jemand, der etwas abspült; Küfer. **2)** *mitteldt., ostdt.:* Herrenschoßrock. **3) Schwenkglas,** bauchiges Weinbrandglas. *die* **Schwenkung,** *-/-en,* das Schwenken.

Schwenkflügel, in bestimmten Pfeilstellungen schwenkbare Flugzeugtragflügel, die optimale Schnell-, Start- und Landeflugwerte ergeben; nur für Flugzeuge mit hoher Überschallgeschwindigkeit.

Schwenningen am Neckar, →Villingen-Schwenningen.

Schweppermann, Seifried, † 1337, Feldhauptmann Ludwigs des Bayern in der Schlacht bei Gammelsdorf (1313).

schwer [ahd.], **1)** von bestimmtem Gewicht: *diese Kiste ist drei Zentner s.,* wiegt drei Zentner; *s. wie Blei.* **2)** von großem Gewicht, lastend, massig drückend, wuchtig: *ein sehr schwerer Stein; das Fahrzeug ist s. beladen,* aber: *ein schwerbeladenes Fahrzeug.* **3)** Ü mühsam, anstrengend, hart: *er mußte sein Leben lang s. arbeiten; er kann nur s. hören,* ist schwerhörig; *ich konnte ihn nur s. davon überzeugen,* nur mit Mühe; *es fällt mir s. – ist mir schwergefallen,* macht mir Mühe oder ich tue es widerwillig, ungern, aber: *sie ist s. gefallen,* hingefallen; *es hält s. – hat schwergehalten, ihn umzustimmen,* ist schwierig, aber: *er konnte die Hantel nur s. halten.* **4)** Ü unheilvoll, lastend, drückend; unglücklich, ernst: *er nimmt es s. – hat es schwergenommen,* aber in Verbindung mit einem Adverb der Komparation: *er sollte es nicht allzu s. nehmen; ein schwerer Verdacht liegt auf ihm; sie ist s. krank,* aber: *eine schwerkranke Frau.* **5)** Ü sehr, groß, stark: *er ist s. reich,* U sehr reich, aber: *ein schwerreicher Mann; schwere, schwerverdauliche Speisen; schwere Strafen,* hohe. **6)** Ü schwerfällig, unbeholfen, massig: *er ist s. von Begriff,* U denkt langsam; *er hat eine schwere Zunge,* das Sprechen fällt ihm schwer. **schwerblütig,** nicht leicht beweglich, langsam und bedächtig im Denken und Handeln. *Subst. die* **Schwerblütigkeit,** -. *die* **Schwere,** -, **1)** das Schwersein. **2)** Ü Schwierigkeit, Gewichtigkeit; Ernst: *die Schwere der Situation, des Verbrechens.* **3)** ⊠ Eigenschaft eines Körpers, von einem anderen Körper, insbes. von der Erde, angezogen zu werden, die quantitativ durch die schwere →Masse erfaßt wird. Häufig wird unter Schwere auch die →Schwerkraft verstanden. In der Geophysik wird die Fallbeschleunigung *g* (→Fall) als **natürliche Schwere** bezeichnet, bei der **normalen Schwere** (→Normalschwere) handelt es sich um einen theoret. Wert für die Schwerebeschleunigung. **schwerfällig,** unbeweglich, plump, nicht gewandt, langsam in Bewegungen oder im Denken. *Subst. die* **Schwerfälligkeit,** -. **schwerlich,** kaum. **Schwerverbrecher,** jemand, der bes. schwere Straftaten begangen hat. **schwerwiegend,** Ü wichtig, gewichtig: *eine schwerwiegende Entscheidung.*

Schwer|athletik, Sammelbez. für die athletischen Sportarten Gewichtheben, Ringen, Sportakrobatik, Rasenkraftsport und das früher ausgeübte Tauziehen.

Schwerbehinderte, früher **Schwerbeschädigte,** Personen, die infolge körperl., geistiger oder seel. Behinderung in ihrer Erwerbsfähigkeit nicht nur vorübergehend um wenigstens 30% gemindert sind und deswegen einen geeigneten Arbeitsplatz nicht erlangen oder behalten. Das **Schwerbehinderten-Ges.** v. 1. 5. 1974 i. d. F. v. 8. 10. 1979 gewährt Hilfen zur Eingliederung in das Arbeitsleben, zur Erhaltung des Arbeitsplatzes in Ergänzung zu medizin., berufsfördernden Maßnahmen, zur Rehabilitation auf

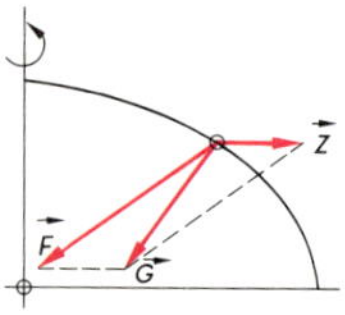

Schwerkraft:
F = Gravitationskraft,
G = Schwerkraft,
Z = Zentrifugalkraft

Grund anderer Gesetze. Private und öffentl. Arbeitgeber mit mehr als 15 Arbeitsplätzen haben 6% ihrer Arbeitsplätze mit S. zu besetzen oder eine Ausgleichsabgabe **(Schwerbehindertenabgabe)** je unbesetzten Pflichtplatz zu zahlen, die Zwecken der berufl. Rehabilitation zugeführt wird. Darüber hinaus bestehen besondere Fürsorge-, Förderungs- und Nebenpflichten (u. a. Pflicht zur Gewährung eines jährl. Zusatzurlaubs von 6 Arbeitstagen). Ordentl. und außerordentl. Kündigungen durch den Arbeitgeber bedürfen der vorherigen behördl. Zustimmung. Die Hauptfürsorgestellen haben in Zusammenarbeit mit der Bundesanstalt für Arbeit (Arbeitsämter) und den übrigen Rehabilitationsträgern nachgehende Hilfen im Arbeitsleben zu erbringen. Dazu gehören auch Hilfen zur Beschaffung und Erhaltung einer behindertengerechten Wohnung und zur Gründung und Aufrechterhaltung einer selbständigen Existenz. Innerbetrieblich nimmt neben dem Betriebs-(Personal-)Rat der Vertrauensmann die Interessen der S. wahr. Neben dem Schutz auf Grund des S.-Ges. haben die S. nach dem Bundesversorgungs-Ges., der RVO, dem Arbeitsförderungs-Ges. oder dem Bundessozialhilfe-Ges. Anspruch auf Renten, Rehabilitations- u. a. Sozialleistungen sowie steuerl. u. a. Vergünstigungen. - Auch in der Dt. Dem. Rep., in Österreich und der Schweiz bestehen zum Schutz der S. besondere Gesetze.

Schwerbeschädigte, frühere Bez. für → Schwerbehinderte.

Schwer|chemikali|en, in großen Mengen hergestellte, v. a. anorgan. Stoffe von techn. Reinheitsgrad, z. B. → Mineralsäuren, Ätzalkalien, Ammoniak.

Schwere|anomali|en, Geophysik: Abweichungen der beobachteten Schwere von der → Normalschwere, die geologisch bedingt sind und sich aus der Massenverteilung in der Erdkruste und im Erdinneren ergeben.

Schwerebeschleunigung, Fallbeschleunigung, → Fall, → Schwerkraft.

Schwerefeld, das Feld der → Schwerkraft eines Himmelskörpers, das den freien Fall eines Körpers bewirkt. Die Feldstärke des **ird. S.** ist durch die Fallbeschleunigung **(natürliche Schwerefeldstärke, natürl. Schwere)** *g* festgelegt.

Schwerelosigkeit *die, -,* Zustand, der beim Wegfall oder der Kompensation des Einflusses der Schwerkraft (Gravitation) auf einen Körper, z. B. durch Trägheitskräfte, auftritt, wenn sich also die wirkenden masseabhängigen Kräfte nach Größe und Richtung aufheben. Schwerelos (gewichtslos) sind a) frei fallende Körper, b) Flugzeuge auf einer Flugbahn, auf der die Zentrifugalbeschleunigung genau der Schwerebeschleunigung entspricht, c) Raumflugkörper und Raumfahrzeuge bei antriebslosem Raumflug.

Schweremessung, Gravimetrie, die Messung der Schwerebeschleunigung mit Pendeln oder Schweremessern (Gravimetern, Schwerevariometern), meist auf dem Prinzip der Federwaage beruhend; liefert Aufschlüsse über die Massenverteilung im Erdinnern und kann zur Lagerstättensuche benutzt werden.

Schwerenöter [eigtl. jemand, dem man die Schwerenot, ⚘ Epilepsie, wünscht] *der, -s/-,* durchtriebener Mensch; bes. jemand, der auf das weibl. Geschlecht Eindruck zu machen sucht.

Schwerer Wasserstoff, das → Deuterium.

Schwer|erziehbarkeit *die, -,* anlage- oder entwicklungsbedingte verminderte erzieherische Beeinflußbarkeit. Schwererziehbare Kinder müssen unter sorgfältiger, wo nötig psychotherapeutischer Aufsicht erzogen werden. In schwierigen Fällen kann Einweisung in heilpädagogische Heime oder Sonderschulen nötig sein. S. kann unter ungünstigen Umständen in neurotische Dauerhaltung einmünden.

Schwerin 2): Dom und Oper

Schweres Wasser, Deuterium|oxid, D_2O, Wasser, in dem die beiden gewöhnlichen Wasserstoffatome (Wasserstoffisotope mit der Massenzahl 1) durch → Deuterium ersetzt sind. Dichte bei 20 °C 1,1059 g/cm³, Schmelzpunkt 3,82 °C, Siedepunkt 101,43 °C. Hochprozentiges S. W. ist giftig. Nahezu reines S. W. wurde 1933 von G. N. Lewis und R. T. MacDonald durch fortgesetzte Wasserelektrolyse hergestellt. S. W. ist ein Moderator in Kernreaktoren.

Schweretrennung, Trennung von gepulverten Mineralgemischen auf Grund der unterschiedl. Mineraldichten mittels schweren Lösungen mit genau eingestellten Dichten.

Schwerfahrzeug, Schwerwagen, Eisenbahnwagen, für dessen Beförderung besondere Bestimmungen gelten. Wagen mit über 40 t schweren Einzellasten, z. B. Tiefladewagen, Kranwagen, heißen **Schwerlastwagen.**

Schwergewicht *das, -(e)s,* **1)** hauptsächl. Belastung. **2)** der Teil einer Darlegung, auf dem besonderer Nachdruck liegt. **2)** ⚔ eine → Gewichtsklasse.

Schwerhörigkeit *die, -,* die vorübergehende oder dauernde, auch zunehmende, ein- oder doppelseitige Minderung des normalen Hörvermögens (→ Gehör, → Ohr). - Die Ursache der S. kann in einer Verlegung des äußeren Gehörganges (z. B. durch Ohrenschmalzpfropf) oder in einer Mittelohrerkrankung (z. B. Mittelohrentzündung) liegen; in diesen Fällen beruht die S. auf einer Störung der Schalleitung **(Schalleitungs-S.).** Bei Erkrankung des inneren Ohres (z. B. Menièrsche Krankheit) liegt eine Störung der Schallempfindung vor **(Schallempfindungs-S.),** die durch ein schlechteres Hören im Bereich bes. der hohen Töne gekennzeichnet ist. Die genaue Feststellung der S. ist durch Hörprüfung (Audiometrie) möglich.

Durch die erschwerte Verständigung mit den Mitmenschen werden Schwerhörige leicht mißtrauisch und empfindlich, was stets eine erhebliche seelische Belastung bedeutet. Bei dauernder S., bes. Schalleitungsstörung bei noch guter Funktion des Innenohres, kommt als Behandlung eine gehörverbessernde Operation oder die Verwendung eines → Hörgeräts in Betracht.

Gehörverbessernde Operationen werden am Mittelohr ausgeführt. Die bei chron. Entzündungen oder Mißbildungen des Mittelohres durch Fixation oder Zerstörung der Gehörknöchelchenkette beeinträchtigte Schalleitung soll dabei wiederhergestellt werden (Tympanoplastik). Trommelfelldefekte werden durch Haut- oder Faszienüberpflanzung geschlossen (Trommelfellplastik). Sind Hammer und Amboß z. B. infolge langwieriger Mittelohreiterung zerstört, so wird die Gehörknöchelchenkette durch Knochen-, Knorpel- oder Kunststoffstückchen wiederaufgebaut oder die Trommelfellplastik zur unmittelbaren Schallübertragung dem Steigbügel angelegt. Die günstigen Erfolge der Tympanoplastik lassen zur Frühoperation raten.

Bei → Otosklerose ist die Übertragung des Luftschalldruckes vom Trommelfell auf das Innenohr meist durch Knochenwucherungen am ovalen Fenster gestört. Durch eine Fensterungsoperation wurde früher ein zusätzliches Fenster am horizontalen Bogengang geschaffen. Später ging man dazu über, den Steigbügel wieder beweglich zu machen (Stapesmobilisation), heute ersetzt man sowohl die Steigbügelplatte (durch Faszie) als auch den Steigbügel (meist durch Kunststoff). Das so entstandene Übertragungssystem: Trommelfell-Gehörknöchelchen-Steigbügel-Faszientransplantat-Innenohr bringt gute Hörverbesserungen.

Erst die Anwendung der Antibiotika und eine verfeinerte Operationstechnik (Operationsmikroskope, feinste Bohrer) ermöglichten gehörverbessernde Operationen.

Schwerin, 1) Bezirk der Dt. Dem. Rep., 8672 km², (1982) 590900 Ew., 1952 aus Teilen der Länder Mecklenburg und Brandenburg gebildet. Der Bezirk umfaßt die Landkreise Bützow, Gadebusch, Güstrow, Hagenow, Ludwigslust, Lübz, Parchim, Perleberg, S., Sternberg und den Stadtkreis S. **2)** Bezirksstadt von 1), Stadtkreis und Sitz der Verwaltung des Landkr. S., (1983) 123400 Ew., am SW-Ufer des **Schweriner Sees;** Sitz vieler Verwaltungsbehörden und des Landesbischofs der Evang.-Luther. Landeskirche von Mecklenburg; PH; Werke für Schiffsausrüstung und -kräne, Kabel- und Plastewerk, Getriebebau, Holz-, Zigaretten- u. a. Ind.; Torfgewinnung. Ältere Bauten: der Dom (1270-1416), die Kirche St. Nikolai (1708-13), das auf einer Insel zw. Schweriner und Burgsee unter Erhaltung alter Bauteile 1845-57 erbaute Schloß mit Schloßkirche (1560-63), das Neue Gebäude (1785), das ehem. Arsenal (1844). - S., 1018 als Wendenburg genannt, wurde nach Eroberung durch Heinrich den Löwen 1160 Sitz der Grafen von S., 1358 kam die Grafschaft S. an die Herzöge von Mecklenburg, 1648 dazu auch das 1171 gegr. Bistum S., dessen Bischöfe seit 1239 in Bützow residiert hatten. **3) S. (Warthe),** poln. **Skwierzyna** [skfjɛʒ'ina], Stadt in der poln. Wwschaft Gorzów Wielkopolski (Landsberg a. d. Warthe), (1977) 8100 Ew., ehem. in Brandenburg (bis 1938 Grenzmark Posen-Westpreußen), an der Obramündung; Sägewerke, Ziegelei, Kalkbrennerei.

Schwerin, 1) Curt Christoph Graf (1741) von, preuß. Generalfeldmarschall (1740), * Löwitz (Kr. Anklam) 26. 10. 1684,

† (gefallen) bei Prag 6. 5. 1757, siegte am 10. 4. 1741 bei Mollwitz, eroberte 1744 Prag.

2) Johann Ludwig (Lutz) Graf **S. von Krosigk,** * Rathmannsdorf (Anhalt) 22. 8. 1887, † Essen 4. 3. 1977; 1932–45 Reichsfinanz-Min., im Mai 1945 Leitender Minister und Reichsaußen-Min. unter K. Dönitz; wurde im ›Wilhelmstraßenprozeß‹ vor dem amerikan. Militärgericht zu 10 Jahren Gefängnis verurteilt, 1951 entlassen.

Schwer|industrie, Roh-, Grundstoff|industrie, i. e. S. die Industriebereiche, die sich mit der Rohstoffförderung (z. B. Erze, Kohle, Erdöl) befassen; i. w. S. auch die Weiterverarbeitung von Rohstoffen, soweit sie sich in enger Verbindung zur Gewinnung vollzieht (z. B. Stahl- und Walzwerke).

Schwer|ionenforschung, Forschungszweig, der sich mit der Erzeugung, Beschleunigung und Wirkung ein- oder mehrfach ionisierter Atome mit Massenzahlen größer als vier befaßt. Neben der reinen Grundlagenforschung **(Schwerionenphysik)** beschäftigt sich die S. auch mit anwendungsorientierten Problemen. Mit dem Hochfrequenz-Linearbeschleuniger UNILAC (Abk. für engl. Universal Linear Accelerator) der Gesellschaft für Schwerionenforschung mbH (GSI) in Darmstadt können Ionen aller chem. Elemente bis hin zum Uran auf sehr hohe Geschwindigkeiten gebracht und als Projektilsonden auf die Atome der Zielmaterie (engl. ›Targets‹) geschossen werden. Die schwersten Ionen haben dann Höchstenergien von rd. 2,5 GeV, d. h. rd. 10 MeV pro Nukleon (was einer Geschwindigkeit von rd. 15% der Lichtgeschwindigkeit entspricht). Diese Energie reicht aus, um selbst beim Stoß Uran auf Uran die durch die hohen Kernladungen bewirkte starke Coulomb-Abstoßung zu überwinden. Somit ist man in der Lage, Reaktionen von der Übertragung weniger Nukleonen von einem Kern auf den anderen bis zur Verschmelzung zw. zwei beliebigen, natürlich vorkommenden Kernen zu untersuchen. Wählt man eine niedere Energie, so nähern sich zwei schwere Kerne nur aneinander an, ohne sich dabei zu berühren. Durch die abstoßenden Coulomb-Felder können die Kerne in Rotation versetzt, deformiert und sogar gespalten werden **(Coulomb-Spaltung).** Beim Vorbeiflug eines schweren Ions an einem anderen Atomkern ist auch die kurzzeitige Bildung von superschweren → Quasimolekülen und Quasiatomen beobachtet worden.

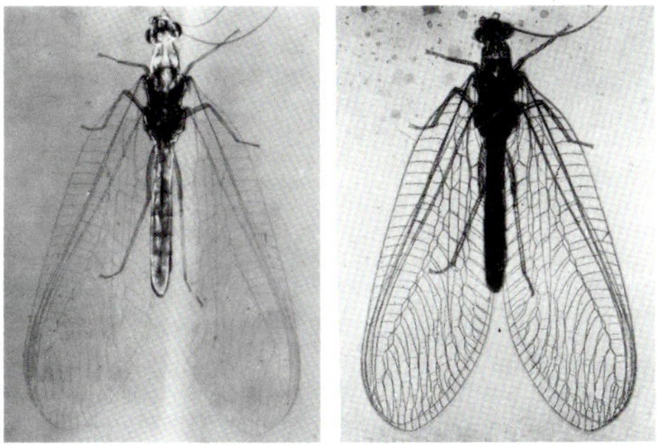

Schwerionenforschung:
LINKS Röntgenbild eines Insekts, RECHTS eine ›Durchleuchtung‹ mit Schwerionen, die geringere Dichteunterschiede (wie Flügelversteifungen) in solchen Objekten deutlicher sichtbar macht

Durch ›kalte‹ Kernverschmelzung im Schwerionenstoß wurde 1981 bei der GSI das Element 107 eindeutig nachgewiesen, die Elemente 108 (1984) und 109 (1982) wurden erstmals erzeugt, die Herstellung stabiler → superschwerer Elemente wird versucht. 1981 wurde bei der GSI eine neue Art des radioaktiven Zerfalls beobachtet, bei dem sich Atomkerne durch Aussendung von Protonen in Kerne mit einer um 1 erniedrigten Ordnungszahl umwandeln.

Anwendung schwerer Ionen. Zur Herstellung von integrierten Schaltkreisen mit extrem kleinen Abmessungen eignet sich bes. die → Lithographie 2) mit Schwerionen **(Schwerionen-Lithographie).** – Durch die geradlinige Bahn der hochenerget. schweren Ionen in Materie ergibt sich die Möglichkeit der Durchleuchtung oder Strukturermittlung (z. B. von Zellkernen). Hierbei können wesentlich geringere Dichteunterschiede als bei Verwendung von Röntgenstrahlen sichtbar gemacht werden (vgl. BILD). – Beschießt man z. B. Glimmer oder Glas mit schweren Ionen (Einschlagtiefe etwa 0,1 mm), so lassen sich an den Einschlagstellen Kanäle herausätzen. Es entstehen anders nicht herstellbare Filter höchster Feinheit und Güte. – Die Energiegewinnung durch Kernverschmelzung mit Hilfe des Trägheitseinschlusses eines Fusions-Plasmas mit schweren Ionen scheint technisch aussichtsreich.

Schwerkraft, Gewichtskraft, die an der Oberfläche oder im Inneren eines Himmelskörpers (v. a. der Erde) auf einen materiellen Körper der Masse *m* wirkende massenabhängige Kraft ***G***. Sie ist die Resultierende aus der Gravitationskraft ***F*** (→ Gravitation) und der von der Rotation des Himmelskörpers herrührenden (senkrecht von der Drehachse weggerichteten) Zentrifugalkraft ***Z*** (vgl. BILD). Die S. $G = mg$ und damit auch die Schwerebeschleunigung ***g*** (Fallbeschleunigung, natürliche Schwere, → Fall) weicht durch die Breitenabhängigkeit der Zentrifugalkraft geringfügig von der Richtung zum Mittelpunkt der Massenverteilung hin ab, ihr Betrag erhöht sich vom Äquator zum Pol, was durch die Abplattung der rotierenden Himmelskörper noch verstärkt wird. (BILD S. 652)

Schwermetalle, Metalle und Legierungen mit einer Dichte über 4,5 g/cm³, im allgemeinen für Eisen, Kupfer und andere Buntmetalle gebrauchte Bezeichnung. Manche S. (v. a. Blei, Cadmium, Quecksilber) sind stark giftig und können, u. a. auf dem Weg der Emission (Abgase, Abwässer), schädigend auf Pflanzen, Tiere und (teils durch Anreicherung in der Nahrungskette) auch auf den Menschen wirken, wenn best. Grenzwerte der Konzentration überschritten werden.

Schwerminerale, bes. widerstandsfähige Leitminerale mit einer Dichte größer als 2,9; v. a. in Sedimentgesteinen, z. B. Zirkon, Rutil, Turmalin, Granat, Disthen, Epidot. S. weisen auf Herkunft und Bildungsbedingungen des Sediments hin.

Schwermut *die, -,* **1)** Niedergeschlagenheit als Ausdruck einer tiefen Verzweiflung. **2)** Gemütskrankheit, → Zyklothymie. *Adj.* **schwermütig.**

Schwer|öl, bei der Erdölverarbeitung, Teerdestillation, Kohlehydrierung u. a. anfallende hochviskose, hochsiedende oder nicht destillierbare Produkte.

Schwerpunkt, 1) ⊠ der → Massenmittelpunkt. **2)** △ Der **S. eines Dreiecks** liegt auf dem Schnittpunkt der Seitenhalbierenden (der **Schwerlinien**).

Schwerpunkt|industrie, Wirtschaftsbereiche oder Industrien, die als bes. wichtig angesehen und aus wirtschaftspolit. Gründen bevorzugt gefördert werden.

Schwerpunktsatz, einer der physikal. → Erhaltungssätze: Der Schwerpunkt eines Systems von Massen behält seine Lage unverändert bei oder führt eine geradlinig gleichförmige Bewegung aus, solange keine äußeren Kräfte einwirken. Greifen äußere Kräfte an, dann bewegt er sich so, als ob die gesamte Masse im Schwerpunkt konzentriert wäre.

Schwerspat, Baryt, verbreitetstes und sehr formenreiches Barium-Mineral, $BaSO_4$, weiß, gelb oder rötlich, auch grau; Härte 3–3,5, Dichte um 4,5; Kristalle tafelig oder säulig, auch schalige Aggregate. Weitverbreitetes hydrothermales Gangmineral, auch in Sedimenten (z. B. Barytrosen) oder metasomatisch. Die Hauptmenge des S. wird zur Herstellung von Bohrspülmitteln in der Erdöl-Ind. verwendet, daneben u. a. als Malerfarbe, als Füllstoff für Papier, Kautschuk und Kunststoffe.

Schwert [ahd., wurzelverwandt mit Schwäre] *das, -(e)s/-er,* **1)** seit der Bronzezeit gebräuchl. Hieb- und Stoßwaffe für den Nahkampf, ein- oder zweischneidig, meist mit gerader, breiter Klinge. Große Bedeutung gewann das S. vor allem in Asien (Japan, China, Indien), hier meist mit gebogener Klinge. In Mitteleuropa ist das S. mit eiserner Klinge seit etwa 750 v. Chr. (Beginn der Hallstatt-Kultur) in Gebrauch. In der Latènezeit sind Griff und Scheide oft reich verziert (→ keltische Kunst). Das Kurzschwert, z. B. der german. → Sax, diente hauptsächlich als Stoßwaffe, das Langschwert als Hiebwaffe, z. B. der fast 2 m lange Zweihänder (als → Flamberg lediglich für repräsentative und dekorative Zwecke). Nach dem Aufkommen der Feuerwaffen wurde das S. mehr und mehr durch Säbel und Degen verdrängt. – Das S. gilt als Sinnbild der Macht und der strafenden Gerechtigkeit und spielte zu allen Zeiten in Volksleben und Brauchtum eine Rolle (BILDER S. 654). **2)** ⚓ bei flachbodigen Booten (z. B. Yacht) eine Stahl- oder Holzplatte, die ins Wasser hinabgelassen werden kann, um ein Abtreiben zu verhindern. Seiten-S. werden seitlich an der Bordwand ins Wasser gehängt. **3)** 🏛 schräge Verstrebung an Gerüsten.

Schwert|adel, urspr. das berufsständische Rittertum, dann der durch die → Schwertleite in den Ritterstand erhobene Adel; später Militäradel.

Schwertbohne, Madagaskarbohne, ein Hülsenfrüchter, der in den Tropen, besonders in Ostafrika, angebaut wird.

Schwertbrüder|orden, lat. **Fratres militiae Christi** [›Brüder der Ritterschaft Christi‹], dt. Ritterorden in Livland, 1202 vom Zisterziensermönch Theoderich gegr. und wegen seiner Tracht (rotes Schwert und Kreuz auf weißem Mantel) S. genannt. Nach verlustreichem Kampf gegen die Litauer schloß er sich 1237 dem Deutschen Orden an.

Schwerte, Stadt im Kr. Unna, NRW, (1984) 47 700 Ew., an der Ruhr; Nickelwerke, Textilfabrik, Eisenbahnwerkstätten; Viktors-

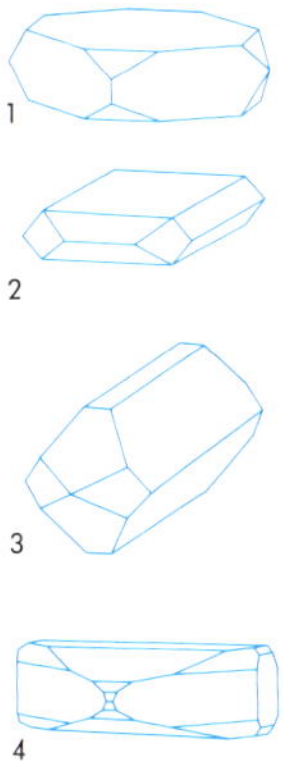

Schwerspat:
1 und **2** tafelige, **3** und **4** gestreckte Kristalle

Schwerspat

Schwerspat: OBEN helle, gestreckte Kristalle (Iberg bei Bad Grund, Harz); MITTE blättrige, braune Kristalle (Schemnitz, ČSSR); UNTEN dicht (Bottenhorn, Kreis Marburg-Biedenkopf, Hessen) kirche (14. Jh.; Schnitzaltar, 1523), spätgot. Rathaus (jetzt Ruhrtalmuseum). – S. erhielt 1397 Stadtrecht und gehörte früher zur Gfsch. Mark.

Schwertel [von Schwert] *der, -s/-, österr.: das, -s/-,* Gladiole, Schwertlilie.

Schwertertanz, ein → Waffentanz.

Schwertfarn, Nephrolepis exaltata, Zierfarn mit langen Ausläufern.

Schwertfeger [eigtl. ›Schwertpolierer‹] *der, -s/-,* im MA. der Blankwaffenhersteller.

Schwertfisch, 1) **Xiphias gladius,** bis 5 m langer und 350 kg schwerer makrelenartiger Fisch aller Weltmeere mit schwertartig verlängertem Fortsatz im Oberkiefer, mit dem er Beutefische verletzt und tötet; wirtschaftlich von Bedeutung. **2)** ☆ **Goldfisch,** lat. **Dorado,** Sternbild des südl. Himmels, in dem der Südpol der Ekliptik und die Große Magellansche Wolke liegen.

Schwertfortsatz, $ der unterste Fortsatz des Brustbeins.

Schwertgehänge, ☆ Sterngruppe im Sternbild Orion.

Schwertleite *die, -/-n,* **Schwertnahme,** feierl. Aufnahme eines Knappen in die Ritterschaft durch Umgürten mit dem Schwert; im 14. Jh. abgelöst durch den Ritterschlag.

Schwertlilie, Schwertel *der, -s/-, österr.: das, -s/-,* **Iris,** Pflanzengatt. der **Schwertliliengewächse (Iridaceae);** Stauden mit kräftigem, kriechendem Wurzelstock und schwertförmigen, zu zwei Zeilen geordneten, hochkantig sitzenden Blättern. Die Blüten haben neben sechs Blütenhüllblättern noch drei blumenblattähnl. Teile, die zweilippigen Äste des Griffels. Die **Gelbe S. (Wasser-, Schilflilie, Schwert-, Storch-, Schellblume, Iris pseudacorus),** bis meterhoch, mit gelben Blüten und hängenden, kleinfingerlangen Fruchtkapseln, in Europa, Nordafrika, Vorderasien in Sümpfen und an Teichen, hat einen dicken, kriechenden Wurzelstock **(Gilgenwurzel, Falscher Kalmus).** Die schmalblättrige **Blaue Sibirische S. (Iris sibirica)** wächst auf sumpfigem Grasland Europas, Nord- und Ostasiens. Der dickfleischige, gegliederte, veilchenduftende Wurzelstock der blauviolett und gelb blühenden **Deutschen S. (Iris germanica, Blaue Lilie)** wird als **Iris-, Veilchen-, Schwertel-, Kinder-, Zahnwurzel** zu (unhygienischen) Kaugegenständen für zahnende Kinder und als Volksmittel verwendet. Die Wurzelstöcke der in Italien, Frankreich, Nordafrika, Indien angebauten **Iris pallida** (in geringeren Mengen auch der Iris germanica) liefern Drechselstoff sowie das feste, veilchenduftende **Irisöl** für Riechstoffe und Aromen. Weitere Arten der S. sind Zierstauden. (BILD S. 655)

Schwertmage, Speermage, im älteren dt. Recht ein Blutsverwandter im Mannesstamm.

Schwer|trübesortierung, verbreitetes Sortierverfahren für ein körniges Haufwerk, z. B. Steinkohle, nach seiner Dichte in **Schwertrüben** (Aufschlämmungen feinster Feststoffteilchen in Wasser) und in Ausnahmefällen **Schwerflüssigkeiten** (meist organ. Flüssigkeit) mit bekannter, einstellbarer Dichte **(schwere Lösung).**

Schwertschwänze, die → Pfeilschwänze.

Schwertschwanzleguane, Xiphicercus, Gatt. baumbewohnender Leguane auf Jamaika, mit Greifschwanz.

Schwertseite, im älteren dt. Recht die Verwandten der väterl. Seite; die mütterliche Seite heißt **Kunkelseite.**

Schwert|tanz, ein → Waffentanz.

Schwert|träger, Xyphophorus helleri, als Zierfisch gehaltener Zahnkarpfen aus dem trop. Amerika. Beim Männchen ist der untere Teil der Schwanzflosse schwertförmig verlängert. (BILD Zierfische)

Schwertwal, größte Art der → Delphine.

Schwerwasser|reaktor, ein Kernreaktor (→ Reaktor) mit Schwerem Wasser (D_2O) als Kühlmittel und Moderator.

Schwery, Henri, kath. Bischof, * St. Léonard (Kt. Wallis) 14. 6. 1932, seit 1977 Bischof von Sitten, 1983 zugleich Präs. der Schweizer Bischofskonferenz.

Schwester [ahd.] *die, -/-n,* **1)** eine weibl. Person im Verhältnis zu den Geschwistern. **2)** Abk. **Schw.,** geprüfte Kranken- oder Säuglingspflegerin. **3)** Abk. **Schw.,** Nonne; weibl. Mitglied einer kirchl. oder karitativen Vereinigung. **4)** Angehörige derselben Vereinigung: *Betschwester,* Ü; *Kaffeeschwester,* Ü. **schwester...,** **1)** von einer S. stammend: *Schwesterliebe;* aber: *Schwesternliebe,* Liebe zw. Schwestern. **2)** Ü verwandt, ähnlich, zusammengehörig: *Schwesterfirma.* **schwesterlich, 1)** von einer S. stammend. **2)** wie unter liebevollen Schwestern; verläßlich, treu.

Schwestern Unserer Lieben Frau, 1850 in Coesfeld gegr. kath. Kongregation zur Mädchenerziehung; Generalrat in Rom, (1984) 3305 Mitgl. in 303 Häusern.

Schwestern vom Allerheiligsten Heiland, die → Niederbronner Schwestern.

Schwestern vom Guten Hirten, Schwestern Unserer Frau von der Liebe des Guten Hirten, 1829 in Angers gegr., bes. in der weibl. Fürsorgeerziehung tätige kath. Kongregation; Sitz in Rom, (1984) 8043 Mitgl. in 674 Häusern. Gründerin: Rose-Virginie Pelletier (Klostername: Maria von der hl. Euphrasia, * 1796, † 1868), heiliggesprochen 1940; Tag: 24. 4.

Schwert 1)

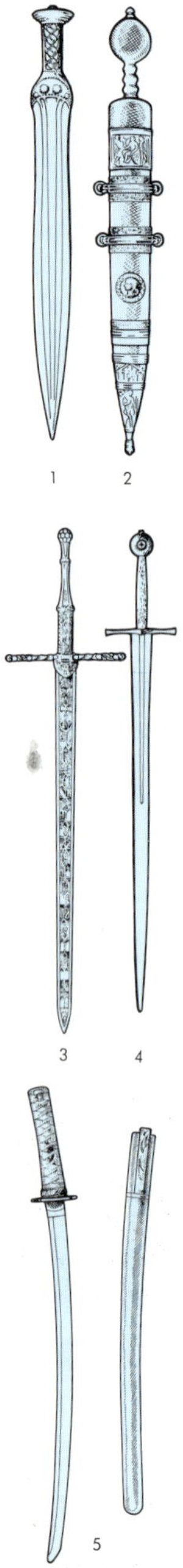

1 German. Schwert, Griff mit Einlage, Bronzezeit (Mainz, Römisch-German. Zentralmuseum). 2 Röm. Gladius (London, Brit. Museum, Nachbildung in Mainz, Römisch-German. Zentralmuseum). 3 Lehensschwert Kaiser Maximilians, datiert 1496 (Wien, Hofburg, Weltl. Schatzkammer). 4 Ritterschwert, 2. Hälfte des 13. Jh. (Nürnberg, German. Nationalmuseum). 5 Japan. Langschwert (Berlin-West, Museum für Völkerkunde)

Schwertfisch 1)

Schwetzingen, Stadt im Rhein-Neckar-Kr., Bad.-Württ., (1984) 18200 Ew.; industrielle Verarbeitung von Spargel und Tabak, Metall-, Motoren- und Textilind. Der Park des 1715 vollendeten Schlosses ist im frz., später im engl. Stil angelegt; Rokokotheater. S. war bis 1803 kurpfälzisch, kam dann an Baden.

Schwetzingen: Schloß

Schwib|bogen [ahd., eigtl. ›Schwebebogen‹], **1)** frei schwebender Bogen zw. zwei Mauern. **2)** oft für: got. Spitzbogen.

Schwibel *der, -s/-n,* **Schwibele** *die, -/-n, schweizer.:* Griff, Handhabe (zum Anfassen).

schwichten [mhd. swiften]. *ich* **schwichte, 1)** *es,* schnüre durch Taue zusammen. **2)** *ihn, nd.:* bringe zum Schweigen.

Schwiebus, poln. **Świebodzin** [sjfjɛbˈɔdzjin], Stadt in der poln. Wwschaft Zielona Góra (Grünberg), (1979) 17000 Ew., ehem. in Brandenburg, in der Neumark; Technikum für Mechanik, Fabriken für thermo-techn. Anlagen, Möbel, Nährmittel, Baustoffe und Textilien. S. kam 1742 (mit Schlesien) an Preußen.

schwieger... [ahd.], durch Anheirat gewonnene Verwandte: *Schwiegereltern, -vater, -mutter, -sohn, -tochter* (ÜBERSICHT Familie).

Schwiele [ahd. swil(o), zu schwellen] *die, -/-n,* **1)** durch fortgesetzte mechan. oder entzündl. Reizung entstandene Wucherung der Hornhaut im Bereich der äußeren Haut oder durch entzündl. Vorgänge ausgelöste bindegewebl. Vernarbung; Sinnbild der Arbeit. **2)** Hautwulst: *Gesäßschwiele der Affen. Adj.* **schwielig:** *schwielige Hände.*

Schwielensohler, Tylopoden, Tylopoda, eine bis auf die → Kamele ausgestorbene Unterordnung der Paarhufer, z. B. mit der Gatt. **Protylopus,** nur hasengroße Vorläufer der Kamele.

Schwielochsee, See im Bez. Frankfurt, von der Spree durchflossen, 13,5 km².

Schwiemel [mhd. swimel ›Schwindel‹, zu mhd. swimen ›schweben‹] *der, -s/-, nd., mitteldt.:* **1)** Schwindel, Taumel; oft Ohnmacht. **2)** liederlicher Mensch. *ich* **schwieme** (bin geschwiemt), *nd., mitteldt.:* taumele, werde ohnmächtig. *ich* **schwiem(e)le,** *nd., mitteldt.:* **1)** (bin geschwiemelt), taumele, werde ohnmächtig. **2)** (habe geschwiemelt), lebe leichtsinnig, trinke viel. **schwiem(e)lig,** *nd., mitteldt.:* schwindlig, taumelig.

Schwientochlowitz, poln. **Świetochłowice** [sjfjɛntɔxlɔv'itsɛ], Stadt in der poln. Wwschaft Katowice (Kattowitz), (1979) 56000 Ew.; Steinkohlenbergbau, Eisen-, Zinkhütte, Maschinenbau.

schwierig [nhd., mhd. swiric ›schwärend‹], **1)** mühsam; schwer zu bewerkstelligen, zu lösen: *eine schwierige Frage.* **2)** schwer zu behandeln: *er ist s.; ein schwieriges Kind.* **3)** *mitteldt.:* schwärend. *Subst. die* **Schwierigkeit,** *-/-en.*

Schwimm-Aufbereitung, die → Flotation.

Schwimmbad, Badeanstalt, Anlage zum Schwimmen im Freien, an natürl. Gewässern oder in Gebäuden mit Wannen, Duschen und großem Wasserbecken **(Hallenbad).** Schwimmbeckengröße (für Rekorde) mindestens 25 × 12 m, internat. 50 × 21 m; die Beckentiefe kann bis 4,50 m an den Sprunganlagen abfallen.

Schwimmbadreaktor, ein Kernreaktor für Forschungs- und Testzwecke in Form eines großen Beckens mit Wasser als Kühlmittel, Moderator und Reflektor.

Schwimmblase, 1) Luft oder Gas enthaltende Auftreibungen mancher Algen zur Aufrichtung blattartiger Organe. **2)** bei Fischen eine mit Sauerstoff, Stickstoff und Kohlendioxid gefüllte Ausstülpung der Darmwand zw. Schlund und Magen, die durch Wechsel des Gasdrucks die Anpassung der Dichte des Fisches an die des umgebenden Wassers regelt.

schwimmen [ahd.]. *ich* **schwimme** (schwamm, bin, habe geschwommen; wenn er schwömme oder schwämme), **1)** *es schwimmt,* wird von einer Flüssigkeit getragen, geht nicht unter: *das Holz schwimmt auf dem Wasser* (vgl. unten Physik). **2)** bewege mich im Wasser fort (vgl. unten Schwimmsport); *er schwimmt häufig gegen den Strom,* Ü stellt sich gegen die allgemeine Meinung. **3)** *es schwimmt,* U ist sehr naß: *der Boden schwimmt,* U; *es schwimmt ihm vor den Augen,* er kann nicht mehr deutlich sehen, U wird ohnmächtig. **4)** *in etwas,* Ü besitze im Überfluß: *er schwimmt in* oder *im Geld,* U ist sehr wohlhabend; *sie schwimmt in Tränen,* weint sehr heftig. **5)** U weiß nicht Bescheid, habe nur ungenügende Kenntnisse: *in dieser Prüfung bin ich so ziemlich ins Schwimmen gekommen; der Schauspieler schwimmt,* U beherrscht seinen Text nicht. **6)** *es,* erreiche im Schwimmen: *er schwamm eine Rekordzeit; ich schwimme die Strecke in 2 Minuten. ich* **schwimme** *mich* **frei,** lege eine Schwimmprüfung ab.

S c h w i m m s p o r t . Sammelbez. für Kunst- und Synchronschwimmen, Lebensrettung (Rettungsschwimmen), Tauchen, Wasserspringen (Kunst- und Turmspringen) und Sportschwimmen. Das S. ist auch Teilprüfung des Modernen Fünfkampfes. Das Sportschwimmen umfaßt 4 Stilarten: Brust-, Schmetterlings-, Kraul- und Rückenschwimmen. Für internat. Wettbewerbe sind Schwimmbahnen von 50 m Länge vorgeschrieben. Olymp. Wettbewerbe im S. sind (jeweils für Damen und Herren): 100 m, 200 m, 400 m Kraul; 100 m, 200 m Brust; 100 m, 200 m Schmetterling; 100 m, 200 m Rücken; 400 m Lagen (Aneinanderreihung der versch. Stilarten); als Staffelwettbewerb: 4 × 100 m Lagen; außerdem für Damen: 800 m Kraul, 4 × 100 m Kraul; für Herren: 1500 m Kraul und 4 × 200 m Kraul. In der Bundesrep. Dtl. besteht als Fachverband der **Dt. Schwimmverband (DSV),** Sitz: München; in der D t . D e m . R e p . der **Dt. Schwimmsport-Verband (DSSV),** Sitz: Berlin (Ost); in Ö s t e r r e i c h der **Verband Österr. Schwimmvereine (VÖS),** Sitz: Wien; in der S c h w e i z der **Schweizer. Schwimmverband (SSCHV),** Sitz: Biel; Weltfachverband ist die → FINA.

P h y s i k . S. ist die Eigenschaft eines Körpers, von einer Flüssigkeit getragen zu werden und teilweise aus ihr herauszuragen. Körper, deren spezif. Dichte kleiner ist als die der Flüssigkeit, schwimmen in jeder Lage allein durch statischen → Auftrieb **(passives S.).** Körper aus einem Material mit größerer Dichte als die der Flüssigkeit schwimmen bei geeigneter Formgebung (z. B. Hohlform bei Schiffen) oder in Verbindung mit leichteren Körpern (z. B. Nichtschwimmer mit Schwimmgürtel) durch statischen Auftrieb, sobald die Gewichtskraft des von ihnen verdrängten Flüssigkeitsvolumens gleich ihrer eigenen Gewichtskraft wird; bei geeigneter Bewegung schwimmen sie durch dynamischen Auftrieb **(aktives S.** des Menschen und der Landtiere).

Schwimmer *der, -s/-,* **1)** jemand, der schwimmen kann, der Schwimmsport treibt. **2)** ⚙ Körper, der auf einer Flüssigkeit schwimmt, z. B. als Träger einer Last (S. bei Wasserflugzeugen) oder als Regelorgan, z. B. im Vergaser oder im Spülkasten des Spülaborts, auch ein Stab zur Messung der Wassergeschwindigkeit. **3)** Teil der → Angel.

Schwimmgürtel, Gürtel aus Korkstücken zur Erleichterung des Schwimmens für Ungeübte.

Schwimmhaut, Haut zw. den Zehen schwimmender Tiere, z. B. Lurche, Vögel.

Schwimmkäfer, Fadenschwimmkäfer, Dytiscidae, Käfer-Fam. mit rd. 3000 Arten. Der bis 4 cm lange, in ruhigen Binnengewässern verbreitete, olivgrüne **Gelbrand (Dytiscus marginalis)** hat fadenförmige Fühler, als Weibchen furchige Flügeldecken. Käfer und Larve sind Fischvernichter. Der nahverwandte, ebenfalls im Wasser lebende, über 4 cm lange, plumpe, pechschwarze **Kolbenwasserkäfer** oder **Karpfenstecher (Hydrous aterimus)** ist meist Algenfresser; die Larve frißt Wassertiere. Die **Dreh-** oder **Taumelkäfer (Gyrinidae)** sind 3–20 mm lang, oberseits gewölbt, unten flach; sie leben räuberisch in stehenden Gewässern und in Gebirgsbächen. Sie haben zweiteilige Augen (Oberwasser- und Unterwasseraugenteil) und stark abgeplattete Mittel- und Hinterbeine (›Flossenbeine‹); sie bewegen sich auf der Wasseroberfläche kreisend oder schwimmen auch untergetaucht.

Schwimmsand, von Wasser durchtränkter, fließfähiger Feinsand **(Flottsand).**

Schwimmvögel, Natatores, ♧ für Vögel, deren Füße Schwimmhäute haben, z. B. Enten, Ruderfüßer, Möwen, Rallen.

Schwimmwanze, Naucoris cimicoides, 11–13 mm lange Wasserwanze, die mit sichelförmigen Vorderbeinen Kleintiere fängt.

Schwimmweste, die → Rettungsweste.

schwind, *oberdt., mitteldt.:* geschwind. *die* **Schwinde,** *-/-n, oberdt., mitteldt.:* Flechte, ein Hautausschlag. *der* **Schwinderling,** *-s/-e, oberdt., mitteldt.:* Ohrfeige.

Schwind, M o r i t z von, Maler, * Wien 21. 1. 1804, † München 8. 2. 1871, ging 1825 nach München, wo er entscheidende Eindrücke von P. Cornelius empfing und die ersten der ihn auch später v. a. beschäftigenden Wandmalereien schuf (Münchner Residenz, 1833/34; Kunsthalle in Karlsruhe, 1839–44; Wartburg, 1854–56; Hofoper in Wien, 1866/67). Gleichzeitig entstanden zahlreiche Gemälde, zyklische Kompositionen, graph. Arbeiten, Zeichnungen für die ›Fliegenden Blätter‹, ›Münchner Bilderbogen‹ u. a. Durch seine illustrative, poetisch-gemütvolle, von feinem Humor bestimmte Kunst wurde S. zu einem der Hauptmeister der dt. Spätromantik. (BILD S. 656)

Schwindel *der, -s/-,* **1)** U Vorspiegelung falscher Tatsachen, Lüge, Betrug: *das ist ja alles S.; auf diesen S. falle ich nicht herein.* **2)** U wertlose Sache, Kram. **3)** Gefühl des gestörten Gleichgewichts (vgl. unten Medizin): *Schwindelanfall; Schwindelgefühl; sie wurde von einem plötzlichen S. gepackt. ich* **schwind(e)le, 1)** sage nicht ganz die Wahrheit, flunkere; betrüge (meist nur von kleinerem Betrug). **2)** *es schwindelt mir,* ♧ *mich schwindelt,* ich werde vom S. befallen: *mir schwindelt der Kopf; in schwindelnder Tiefe,* in schwindelerregender. *ich* **schwind(e)le** *ihn* **an,** belüge, täusche. *ich* **schwind(e)le** *ihm etwas* **vor,** erzähle Lügen, schneide auf, täusche. *die* **Schwindelei,** *-/-en,* U Schwindel, Betrug. **schwindelerregend,** so beschaffen, daß man davon schwindlig wird: *in schwindelerregender Tiefe.* **schwindelhaft, 1)** vorgespielt, vorgetäuscht, betrügerisch. **2)** schwindelerregend. **schwind(e)lig, 1)** an Schwindelgefühl leidend: *mir wird schwindlig.* **2)** schwindelerregend: *in schwindliger Höhe. der* **Schwindler,** *-s/-,* Lügner, Gauner; Hochstapler, Betrüger. *Adj.* **schwindlerisch.**

M e d i z i n . S. ist die mit Bewegungsempfindungen, oft mit Unlustgefühlen verbundene Unsicherheit über die Lage des eigenen Körpers im Raum, die sich als **Dreh-S., Fall-S.** oder **Schwank-S.** äußert, z. B. als Folge intensiver Drehbewegung und nach längerem Aufenthalt auf schwankendem Untergrund (→ Kinetose). Als Krankheitszeichen tritt S. z. B. bei Durchblutungsstörungen des

Schwertlilie: Deutsche S.

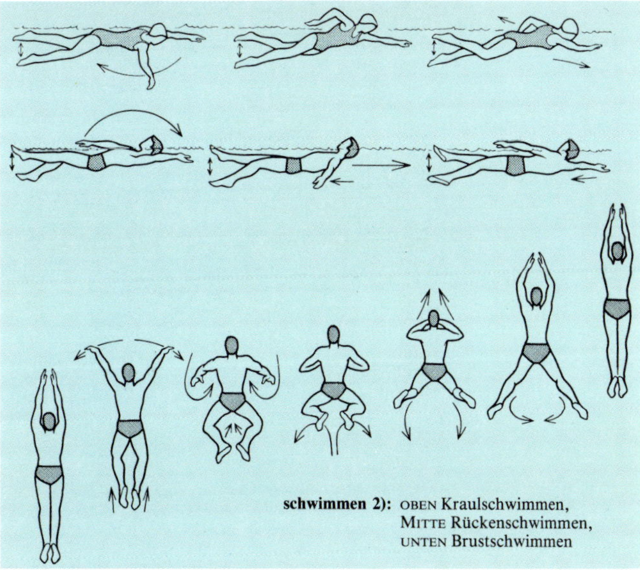

schwimmen 2): OBEN Kraulschwimmen, MITTE Rückenschwimmen, UNTEN Brustschwimmen

Gehirns, Migräne, Gehirnerschütterung, Menièrscher Krankheit auf. Mit ›Schwarzwerden vor den Augen‹ oder ›Sternchensehen‹ verbundener S. hat seine Ursache meist in Kreislaufregulationsstörungen (→ Hypotonie, vegetative → Dystonie). Psychisch bedingter S. tritt bes. als **Höhen-S.** beim Hinabsehen in die Tiefe auf.

Moritz von Schwind: Rübezahl, um 1860 (München, Schackgalerie)

schwinden [ahd.]. *ich* **schwinde** (schwand, bin geschwunden), **1)** P verschwinde: *Mond und Sterne schwanden.* **2)** auch *es schwindet mir, oberdt.:* ich werde ohnmächtig. **3)** *es schwindet,* wird klein, vermindert sich: *ein Brett schwindet,* schrumpft (→ Schwindung); *mein Vertrauen ist geschwunden,* ich habe es verloren. **4)** *Farben schwinden,* werden blasser oder gehen ineinander über.

Schwindling *der, -s/-e,* **Marasmius,** kleine zähe, als Würze wertvolle Blätterpilze, so: **Nelken-S. (Nelkenpilz),** ledergelb, auf Grasboden; **Knoblauchpilz,** rotbraun, mit starkem Knoblauchgeruch, in Nadelwäldern.

Schwindsucht [von schwinden], U meist für → Tuberkulose **(Lungen-S.)**; auch für → Tabes dorsalis **(Rückenmark-S.).**

Schwindung *die, -/-en,* Verkleinerung der Länge oder des Volumens, z. B. von Holz beim Trocknen, von Tonwaren beim Trocknen und Brennen, von Metall und Kunststoff beim Abkühlen und Erhärten. Das **Schwindmaß (Schwundmaß)** beträgt wenige %, z. B. Zinn 0,5%, Stahl und Nickel 2%, Beton 0,05%, Kunststoffe 0,1–3%.

Schwingboden, federnder, leicht nachgebender Boden in Turn- und Sporthallen, bes. für Gymnastik und Bodenturnen.

Schwinge [ahd.] *die, -/-en,* **1)** P Flügel, eigtl. die Schwungfeder der Vögel. **2)** *oberdt., mitteldt.:* Wanne, Sieb zum Reinigen von Futter und Getreide: *Futterschwinge.* **3)** Gerät zum Bearbeiten von Flachs und Hanf: *Flachsschwinge.*

Schwingel *der, -s/-,* **Festuca,** eine Grasgatt.; in Mitteleuropa heimisch sind z. B. **Schaf-S. (Festuca ovina),** mit borstenförmigen Blättern und begrannten, oft violetten Einzelährchen, auf trockenem Grasland, Schafweide, Zierrasen für Schatten; **Wiesen-S. (Festuca pratensis),** meterhoch, mit einseitswendiger Rispe unbegrannter Ährchen, Wiesengras für feuchteren Boden.

schwingen [ahd.]. *ich* **schwinge** (schwang, habe geschwungen), **1)** *mich, ihn, es,* bewege hin und her, schwenke, bewege mit Schwung: *ich schwinge eine Fahne; er schwingt sich in den Sattel.* **2)** *es, oberdt., mitteldt.:* siebe Korn. **3)** *Flachs, Hanf,* entferne die Holzteile. **4)** pendle, baumle, bewege mich hin und her: *ein Pendel schwingt; der Turner schwingt am Reck.* **5)** *die Töne s.,* ändern sich periodisch. **6)** *mit ihm,* ringe nach schweizer. Art (→ Schwingen). **7)** Skisport: reihe weitgezogene Bogen bei paralleler Skiführung aneinander. **8)** *es schwingt sich,* wölbt, rundet sich: *geschwungene Linien.* **schwinge** *mich* **auf, 1)** *zu etwas,* U entschließe mich nur mit Mühe dazu. **2)** *Vögel s. sich auf,* fliegen in die Höhe. *ich* **schwinge aus, 1)** *schweizer.:* kämpfe für den Endkampf im Schwingen. **2)** *es schwingt aus,* hört allmählich auf zu s. *es* **schwingt mit:** *in seinen Worten schwang ein Ton der Verachtung mit,* U war herauszuhören.

Schwingen *das, -s,* Form des Ringkampfs **(Kleiderringen)** in der Schweiz, bei dem alle Griffe vorgeschrieben sind. Über den Kleidern werden Schwingerhosen aus Drillich getragen. Ein Gang oder Schwung gilt als entschieden, wenn der Gegner auf Rücken, Nacken oder Gesäß geworfen wird. Bei Wettkämpfen **(Schwinget)** wird der Sieger in 2 Gängen ermittelt; bei den eidgenöss. Schwingerfesten ein **Schwingerkönig** in 8 Gängen.

Schwinger *der, -s/-,* Boxen: Fauststoß mit angekrümmtem, steif gehaltenem Arm unter Ausnutzung des Körperschwungs.

Schwinger, Julian Seymour, amerikan. Physiker, * New York 12. 2. 1918, arbeitete am Ausbau der Quantenelektrodynamik und über Atombau; erhielt 1965 mit R. Ph. Feynman und S. Tomonaga den Nobelpreis für Physik.

Schwingkreis, Resonanzkreis, Zusammenschaltung einer Induktivität (Spule) und einer Kapazität (Kondensator) zu einer elektr. Schaltungsanordnung, die durch eine Wechselspannung oder einen Wechselstrom zu elektromagnet. Schwingungen angeregt wird. Dabei schwingt die elektr. Energie im S. zw. der magnet. Energieform in der Spule und der elektr. Energieform im Kondensator hin und her. Der Scheinwiderstand (die Impedanz) des S. hat bei einer best. Frequenz (Resonanzfrequenz) einen Extremwert, bei dem sich der induktive Blindwiderstand der Spule und der kapazitive Blindwiderstand des Kondensators gegenseitig aufheben. Im Resonanzfall bleibt nur der in jedem realen S. vorhandene Ohmsche Widerstandsanteil wirksam. Dieser ist für die Dämpfung der sich ausbildenden Schwingungen verantwortlich.

Es gibt 2 Formen der Zusammenschaltung: Der **Parallelschwingkreis (Parallelresonanzkreis)** ist als Parallelschaltung von Induktivität und Kapazität aufgebaut. Er eignet sich z. B. zum Aussieben unerwünschter Frequenzen aus einem Frequenzgemisch (Sperrkreis) oder als frequenzbestimmendes Glied in schwingungserzeugenden Schaltungen (→ Oszillator). Der **Reihenschwingkreis (Reihenresonanzkreis, Serienresonanzkreis)** besteht aus einer Reihenschaltung von Induktivität und Kapazität. Reihen-S. werden wegen ihrer Kurzschlußwirkung z. B. als Saugkreise eingesetzt.

Schwingmetall, Handelsname für eine Gummifeder aus Metallplatten mit zwischengelegtem, einvulkanisiertem Gummiklotz; verwendet zur Lagerung von Maschinen und im Fahrzeugbau.

Schwingquarz, kurz **Quarz,** dünne Quarzscheibe aus sehr reinem Siliciumdioxid (SiO_2), die auf beiden Seiten mit metall. Kontakten versehen ist. Legt man an diese Kontakte eine Wechselspannung, so deformiert sich der S. auf Grund des reziproken piezoelektr. Effekts (→ Piezoelektrizität), d. h. er führt mechan. Schwingungen aus. Seine Resonanzfrequenz ist festgelegt durch die geometr. Abmessungen des Quarzplättchens. Die durch das Wechselfeld angeregten Schwingungen erzeugen im Kristall eine dielektr. Polarisation, die als hochfrequente Wechselspannung an den Metallkontakten abgegriffen werden kann. S. sind wegen ihrer konstanten Resonanzfrequenzen bes. für frequenzstabile Oszillatoren **(Quarzoszillator, Quarzgenerator)** in Sendern, Empfängern, Filtern, Quarzuhren u. a. geeignet.

Schwingung *die, -/-en,* die zeitl. Änderung einer Größe eines physikal. Systems, wobei der Wert der Größe in stetigem Wechsel ab- und zunimmt, i. e. S. eine period. Zustandsänderung, z. B. bei

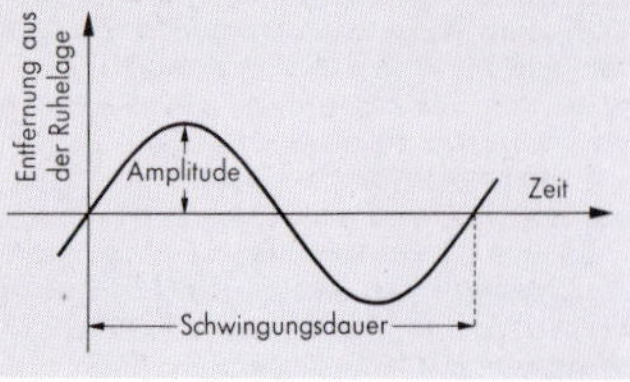

Schwingung: harmonische (sinusförmige) S.

der **harmon. S.,** die mathematisch durch eine reine Sinusfunktion beschrieben wird **(Sinus-S.,** BILD). Typische Schwingungserscheinungen sind Pendelbewegungen, period. Dichteänderungen bei der Schallausbreitung in Gasen, die Änderungen der elektr. und magnet. Feldstärke in elektromagnet. Wellen. Die momentane Entfernung aus der Ruhelage (Abweichung vom zeitl. Mittelwert der Größe) heißt **Elongation,** die größtmögl. Elongation **Schwingungsweite (Amplitude),** die Zeit zw. 2 Zuständen gleicher Elongation und Richtung **Schwingungsdauer.** S. mit gleichbleibender Amplitude heißen **ungedämpft,** solche mit abnehmender **gedämpft.** Der augenblickl. Schwingungszustand wird als **Schwingungsphase** bezeichnet. Aufeinanderfolgende S. nebeneinanderliegender Punkte können zur Bildung von fortschreitenden Wellen führen. Die Anzahl der S. in der Zeiteinheit heißt **Schwingungszahl** oder **Frequenz. Schwingungsknoten** werden bei stehenden → Wellen diejenigen Stellen genannt, die bei der S. in Ruhe bleiben, im Unterschied zu den **Schwingungsbäuchen,** die den Stellen größter Elongation entsprechen. Häufig kommen zu period. Bewegungen zusammengesetzte S. vor; sie bestehen meist aus einer **Grund-S.**

und einer ganzen Reihe von **Ober-S. (Partial-S.),** die sich von jener durch ihre kleinere Amplitude und durch ihre Frequenz unterscheiden, die das 2-, 3-, 4-, ... fache der Frequenz der Grund-S. beträgt. **Nichtharmonische S.** sind z. B. **Kipp-S.,** d. h. S. mit sägezahnförmigem Verlauf.

Schwingungsdämpfer, Vorrichtung zur Verringerung der Schwingungsamplitude durch Entzug von Schwingungsenergie durch trockene Reibung, Strömungsverluste in Flüssigkeiten und Gasen (→Stoßdämpfer an Maschinen und Fahrzeugen, Dämpfungsfahnen an Zeigern von Meßgeräten) und elektromagnet. Effekte (Wirbelströme).

schwipp!, Schallwort als Ausdruck für plötzl. Hochspritzen oder Hochschnellen. **schwipp(e),** *nd.:* schwank, schwingend. *ich* **schwippe,** *mitteldt.:* **1)** *es,* verspritze (Wasser). **2)** bringe eine plötzl. Bewegung hervor; schlage (mit der Gerte). *die* **Schwippe,** *-/-n, mitteldt.:* federnder Teil einer Gerte, Peitschenschnur. **Schwippschwager, Schwippschwägerin,** ÜBERSICHT Familie.

Schwippert, Hans, Architekt, *Remscheid 25. 6. 1899, † Düsseldorf 18. 10. 1973, 1946–61 Prof. an der TH Aachen, bis 1967 Direktor der Kunstakademie Düsseldorf, seit 1950 Vors. des Dt. Werkbundes. Seine Bauten sind dem Funktionalismus verpflichtet (Seitenflügel des Bundeshauses in Bonn, 1949).

Schwips [zu schwipp] *der, -es/-e,* U **1)** leichter Rausch. **2)** *mitteldt.:* Schlag mit der Gerte.

Schwirle [zu schwirren], *Sg. der* **Schwirl,** *-(e)s,* **Locustella,** den Rohrsängern nahestehende bräunl. Singvögel. Der in feuchten Wiesen heimische **Feldschwirl (Heuschreckensänger)** hat einen dem Zirpen der Heuschrecken ähnlichen Gesang.

schwirren [Schallwort]. *ich* **schwirre, 1)** (bin geschwirrt), Ü bewege mich schnell, geschäftig: *schwirrt alle (ab) zum Baden!* **2)** *es schwirrt* (ist, hat geschwirrt), fliegt, bewegt sich schnell mit einem zitternden Geräusch: *der Vogel, Pfeil schwirrt durch die Luft; Gerüchte schwirren durch die Stadt (schwirren umher),* Ü; *mir schwirrt der Kopf,* U ich bin verwirrt, benommen.

Schwirrholz, kultisches Gerät verschiedener Naturvölker: flaches Brettchen mit abgerundeten Enden, das an einer Schnur herumgeschwungen wird. Das dabei entstehende Summgeräusch wird als Geisterstimme gedeutet.

Schwitters, Kurt, Maler, Bildhauer, Dichter, *Hannover 20. 6. 1887, † Ambleside (Westmoreland) 8. 1. 1948, begr. in Hannover ›Merz‹, eine Sonderrichtung des Dadaismus; in seinen Collagen bezog er banale Gegenstände der Alltagswirklichkeit in die Kunst ein. S. ist einer der wichtigsten Anreger der modernen Kunst. (BILD Collage)

schwitzen [zu Schweiß]. *ich* **schwitze, 1)** sondere →Schweiß ab: *ich schwitze leicht; ich schwitze vor Angst; ich schwitze Blut und Wasser,* U habe sehr große Angst; *die Wände s.,* Wasser tritt aus ihnen oder schlägt sich an ihnen nieder. **2)** *es,* brate in Butter. **3)** *Häute,* enthaare durch Hitze. *ich* **schwitze** *es* **aus,** sondere durch die Poren ab. *die* **Schwitze,** *-/-n,* **1)** kurz für Mehlschwitze, →Einbrenne. **2)** Fellenthaarung. **schwitzig,** *oberdt.:* schweißig.

Schwitzkur, Erzeugen eines Schweißausbruchs durch Wärmezufuhr von außen (→Dampfbad, →Heißluftbad, →Sandbad, →Sauna) oder Wärmestauung (→Paraffinbehandlung).

schwöden [wohl zu ahd. suedan ›brennen‹]. *ich* **schwöde** *Felle,* enthaare (mit Kalk). *die* **Schwöde,** *-,* Gerberei: Haarlockerungsverfahren, bei dem Kalb-, Ziegen- und Schaffelle auf der Fleischseite mit einer Aufschwemmung von Calciumhydroxid in einer wäßrigen Natriumsulfidlösung bestrichen werden.

Schwof [zu Schweif] *der, -(e)s/-e,* U einfaches öffentl. Tanzvergnügen. *Vb. ich* **schwofe.**

schwögen. *ich* **schwöge,** *niederdt.:* rede geschwollen.

schwojen, schwoien [nd.]. *ein Schiff* **schwojt, schwoit,** dreht sich, während es vor Anker oder an der Boje liegt, infolge von Wind und Strom hin und her.

schwören [ahd.]. *ich* **schwöre** (schwor, ꝏ schwur; habe geschworen; wenn er schwüre), **1)** *es,* versichere durch einen Eid; verspreche, erkläre feierlich: *der Zeuge muß s.; er schwört Stein und Bein,* U behauptet fest. **2)** *auf etwas, bei ihm, etwas,* nehme zum Eideszeugen: *ich schwöre bei Gott, bei meiner Ehre.* **3)** *auf etwas,* U glaube fest daran; vertraue: *schon meine Mutter schwor auf dieses Mittel.*

schwül [zu schwelen], **1)** beklemmend, drückend heiß; feuchtwarm. **2)** Ü sinnlich-dumpf. *die* **Schwüle,** *-,* Zustand der Atmosphäre, bei dem hohe Temperatur und Luftfeuchte (mangelnde Verdunstung) die Wärmeabgabe des Körpers erschweren. Das subjektive Empfinden der Schwüle ist von Tätigkeit, Kleidung und phys. Verfassung abhängig, tritt jedoch gewöhnlich auf, wenn die Summe von Temperatur und →Taupunkt 45 °C übersteigt. **schwul,** U homosexuell. *Subst. der* **Schwule,** *-n/-n. die* **Schwulität,** *-/-en,* U Bedrängnis, Verlegenheit: *er geriet in Schwulitäten.*

Schwulst [von schwellen] *der, -es/⸚e,* **1)** geschraubte, aufgeblasene Ausdrucksweise. **2)** Überladung, überreicher Schmuck. **schwulstig, 1)** stark angeschwollen, aufgeworfen, verdickt. **2)** Ü schwülstig. **schwülstig,** hochtrabend, überladen: *eine schwülstige Ausdrucksweise; ein schwülstiger Baustil. Subst. die* **Schwülstigkeit,** *-/-en.* **Schwulststil,** ꝏ für den Stil der barocken Dichtung.

schwumm(e)rig [zu Schwiemel], U schwindlig, übel; beklommen, ängstlich: *mir ist s. zumute.*

Schwund [von schwinden] *der, -(e)s,* Abnehmen, oft bis zum völligen Aufhören, ✍ bei Waren auftretende Gewichtsverluste durch Lagerung, Transport, Verpackung.

Schwund|erscheinung, Fading|effekt [f'eɪdɪŋ-], Funktechnik: kurzzeitiges Schwächen oder Auslöschen des Empfanges durch gleichzeitiges Eintreffen zweier Wellenzüge vom gleichen Sender (z. B. Bodenwelle und in der Ionosphäre reflektierte →Raumwelle oder 2 an versch. Schichten reflektierte Raumwellen), die versch. lange Wege zurückgelegt haben und sich überlagern; eine Interferenzerscheinung. Zur Beseitigung dient ein selbsttätiger **Schwundausgleich** im Empfänger.

Schwundgeld, Freigeld, Geldart, deren Nominalwert sich ständig verringert, damit vom Horten (längerfristiger Entzug von Zahlungsmitteln aus dem Verkehr) ausgehende Störungen der Wirtschaft vermieden werden. Das S. ist ein wesentl. Bestandteil der Freiwirtschaftslehre von S. →Gesell.

Schwung [mhd.] *der, -(e)s/⸚e,* **1)** schnelle Bewegung, Antrieb: *ich bringe ihn, es in S.,* U in Bewegung, treibe an; *er, es kommt in S.* **2)** Kraft, die einem bewegten Körper innewohnt. **3)** mitreißende Kraft, Begeisterung: *rednerischer S.; er hat keinen S.,* U keine Energie. **4)** eindrucksvolle Linienführung, bes. in großen, runden Linien. **5)** *ohne Pl.,* U Masse: *ein ganzer S. Briefe.* **6)** Richtungsänderung im Skilauf. **schwunghaft,** lebhaft: *er trieb einen schwunghaften Handel mit alten Möbeln.* **schwungvoll,** mit viel Schwung, lebhaft, feurig: *eine schwungvolle Rede.*

Schwungrad, ein Scheiben-, seltener ein Speichenrad mit einem schweren Radkranz (großes Trägheitsmoment). Infolge seines Beharrungsvermögens kann es überschüssige Arbeit aufnehmen und im Bedarfsfall wieder abgeben, also energiespeichernd wirken; wird zur Erzeugung eines mittleren konstanten Drehmoments bei Kolbenmaschinen verwendet.

Schwungstemme *die, -/-n,* Turnübung an Reck, Barren und Ringen, die mit gestreckten Armen durch Rück- oder Vorschwung vom Hang in den Stütz (oder Handstand) führt.

schwupp!, schwups!, Schallwort als Ausdruck plötzl. Bewegung. *der* **Schwupp, Schwups,** *-es/-e,* U Stoß; Spritzer. *der* **Schwupper,** *-s/-, mitteldt.:* Versehen. **schwuppdiwupp!,** U plötzlich!

Schwur [von schwören] *der, -(e)s/⸚e,* der Eid.

Schwurgericht, Geschworenengericht, Gericht zur Aburteilung schwerer Straftaten, zusammengestellt in § 74 Abs. 2 GVG (z. B. Mord, Totschlag, schwerer Raub), das aus Berufsrichtern und →Schöffen besteht. Das alte S. (bis 1924) setzte sich aus 3 richterl. Mitgl. und 12 Geschworenen **(Geschworenenbank)** zusammen. Die Laienrichter entschieden über die Schuldfrage mit ›Ja‹ oder ›Nein‹; auf Grund dieses Schuldspruchs wurde das eigtl. Urteil vom Richterkollegium gefällt. Das neue S. (1924–39, 1945–74) war ein nach der Art der →Schöffengerichte aus 3 rechtsgelehrten Richtern und 6 Schöffen gebildeter Gerichtshof, der über die Schuld- und Straffrage einheitlich entschied (§§ 81 ff. GVG). Die S., seit 1975 aus 3 Richtern und 2 Schöffen bestehend (§ 76 GVG), treten bei Bedarf beim Landgericht zusammen. – In der Dt. Dem. Rep. nimmt seit der Neuordnung von 1952 das Bezirksgericht die Aufgaben der S. wahr. In Österreich entscheiden in den S. **(Geschworenengerichte)** über die Schuldfrage 8 Geschworene **(Geschworenenbank),** über die Straffrage die Geschworenen und 3 Berufsrichter **(Schwurgerichtshof)** gemeinsam. Auch in der Schweiz gibt es S. mit ähnlicher Regelung.

Schwyz, 1) Kt. der Zentralschweiz, 908 km², (1983) 98 700 Ew., zw. Vierwaldstätter See und Zürichsee; Hauptort: Schwyz. Der südl. Teil wird von den Schwyzer Alpen durchzogen, der nördl. ist bewaldetes Alpenvorland. Haupterwerbszweige: Viehzucht, Alpwirtschaft, Wasserkraftwerke, Textil-, Holz- und Möbel-Ind., Fremdenverkehr. Der Kt. hat 6 Bezirke: Einsiedeln, Gersau, Höfe, Küßnacht, March und Schwyz.

Geschichte. Kaiser Friedrich II. verlieh den Bauern von S. 1240 Reichsfreiheit, die von den Habsburgern angefochten wurde. S. gehört zu den Urkantonen der Schweiz. Sein Name wurde später auf die gesamte Eidgenossenschaft übertragen. 1848 wurde die Landgemeinde aufgehoben. Mit dem obligator. Referendum und der Initiative bei der Verfassungsrevision von 1876 erhielt S. eine modern-demokratische Verfassung.

2) Hauptort von 1), (1983) 12 300 Ew., 455 m ü. M.; Pfarrkirche (1769–74), Rathaus (Neubau 1642/43), Bundesbriefarchiv mit den ältesten eidgenöss. Urkunden und Fahnen.

Schwyzer Alpen, Gruppe der schweizer. Voralpen, zw. Vierwaldstätter See und oberem Zürichsee, im Drusberg 2 138 m hoch.

Schwyzerdütsch *das, -(s),* Sammelbegriff für die unter sich sehr verschiedenen schweizer. Mundarten. In manchen Gegenden der Schweiz wird dieser Begriff kaum verwendet; man gebraucht die lokalen Bez. ›Bärndütsch‹, ›Baseldytsch‹ usw.

Schwirrholz

Schwyz 1) und 2)

Walter Scott
(aus einem Gemälde von H. Raeburn)

Scilla:
Zweiblättriger Blaustern

Madeleine de Scudéry

Schygulla, Hanna, Filmschauspielerin, * Kattowitz 25. 12. 1943, spielte v. a. in Filmen von R. W. Fassbinder: ›Liebe ist kälter als der Tod‹ (1969), ›Effi Briest‹ (1974), ›Die Ehe der Maria Braun‹ (1978), ›Berlin Alexanderplatz‹ (1980), ›Lili Marleen‹ (1980) u. a.

Sciacca [ʃ'akka], Michele Federico, ital. Philosoph, * Giarre (Catania) 12. 7. 1908, † Genua 26. 2. 1975, entwickelte eine ›Philosophie der Integralität‹ (christl. Spiritualismus).

Sciascia [ʃ'aʃa], Leonardo, ital Schriftst., * Racalmuto (Agrigent) 8. 1. 1921, schreibt sozialkrit. Romane, z. T. mit Motiven der Kriminalgeschichte (›Der Tag der Eule‹, 1961; ›Tote auf Bestellung‹, 1966; ›Candido oder ein Traum von Sizilien‹, 1977), Dramen, literar. und histor. Essays (›Die Affäre Moro‹, 1979).

Science Fiction [s'aɪəns f'ɪkʃn, engl. ›Wissenschaftsdichtung‹] *die, --/-s,* Bereich der Literatur, in dem eine Verbindung von (Natur-)Wissenschaft und erzählender Dichtung angestrebt wird. Die S. F. stellt eine Möglichkeitswelt dar, wie sie auf Grund der wissenschaftl. Erkenntnisse und der auf ihr beruhenden Technik nach Meinung der Verfasser in der Zukunft sein könnte (Zukunftsroman). Die Entwicklung wird vorweggenommen, ihre techn. Probleme (Reisen im Weltraum, Destruktion durch neue Waffen, Kommunikation mit Robotern) wie ihre biolog. (genet. Veränderungen des Menschen) werden behandelt, unbekannte Welten und Invasionen außerirdischer Besucher beschrieben.

Abgesehen von den Vorläufern der literar. → Utopie kann man den Beginn der S. F. bei J. Verne und H. G. Wells (›Die Zeitmaschine‹, 1895), in Dtl. bei R. Kraft, K. Laßwitz (›Auf zwei Planeten‹, 1897) und H. Dominik (seit 1922) ansetzen. Moderne S. F. beginnt wohl mit der Gründung ausschließlich der S. F. gewidmeter Zeitschriften (›Amazing Stories‹, New York, seit 1926) und der Prägung des Begriffs (zuerst Scienti-Fiction, dann S. F.) durch H. Gernsback. In den folgenden Jahren erlebte die S. F. bes. in den USA eine Entwicklung; Autoren sind I. Asimov, R. Bradbury, A. C. Clarke, R. Heinlein, F. Hoyle, C. Siodmak, Th. Sturgeon, F. Pohl u. a. Vertreter einer experimentellen S. F. sind in den USA Ph. K. Dick, Th. Disch, K. Vonnegut, in der UdSSR I. Jefremow und die Brüder Strugatzki, in Polen S. Lem, in der Bundesrep. Dtl. W. Jeschke, H. W. Franke, A. Brandthorst, M. Weissner.

Der **Science-Fiction-Film** ging vom phantastischen Film aus (›Le Voyage dans la lune‹ von G. Méliès, 1902, nach dem Roman von J. Verne), um sich langsam zur Zukunftsvision einer technisierten Welt zu entwickeln: ›Metropolis‹ (1926, von F. Lang), ›Frau im Mond‹ (1929, von dems.), ›2001 - Odyssee im Weltraum‹ (1965 bis 1968, von S. Kubrick), ›Krieg der Sterne‹ (1977, von G. Lucas), ›Alien‹ von R. Scott (1979); zahlreiche Fernsehserien.

Scientific Management [saɪənt'ɪfɪk m'ænɪdʒmənt], **wissenschaftliche Betriebsführung,** von F. W. → Taylor begründete Methode der Betriebsführung, die durch systemat. Untersuchungen der einzelnen Bereiche (menschl., techn., wirtschaftl. u. a.) den Ablauf des Betriebsprozesses gestaltet.

Scientology Church [saɪənt'ɔlədʒɪ tʃə:ʃ], eine von L. R. Hubbard (* 1911) in den USA 1954 gegr. Gemeinschaft, die zu den → Jugendreligionen zählt. Durch Beratungen und Kurse will sie die Aufhebung der vielfältigen Behinderungen des menschl. Geistes erreichen. **Scientology Kirche Deutschland** (seit 1970), Sitz: München, zw. 10000 und 60000 Mitgl. (Schätzung 1980).

scil., Abk. für lat. **scilicet**, das heißt, nämlich, svw.

Scilla [grch. skilla ›Meerzwiebel‹] *die, -/...llen,* **Blaustern,** eine Gatt. der Liliengewächse; Zwiebelpflanzen mit linealischen grundständigen Blättern und Trauben oder Doldentrauben blauer bis rötlicher Blüten. In Mitteleuropa sind heimisch: **Zweiblättriger Blaustern (S. bifolia),** bis 0,2 m hoch, mit azurblauen Blüten, Vorfrühlingsblüher in Laubgehölzen, und **Hasenglöckchen (S. nonscripta),** einer blauen Hyazinthe ähnlich, bis 0,4 m hoch; beides Zierpflanzen. Die **Herbstmeerzwiebel (S. autumnalis),** mit langer, bis dreißigblütiger Blütentraube ist in S- und W-Europa, N-Afrika und Vorderasien verbreitet.

Scilly-Inseln [s'ɪlɪ-], engl. **Scilly Islands** [s'ɪlɪ'aɪləndz], brit. Inselgruppe, 40 km vor der SW-Spitze Englands, 16,4 km² mit (1978) 2400 Ew.; größte der 5 bewohnten Inseln ist Saint Mary's.

Scipio, Name einer röm. Patrizierfamilie der Gens Cornelia.

1) Publius Cornelius S., später **Africanus maior** genannt, * um 235 v. Chr., † Liternum 183 v. Chr., Vater der → Cornelia, eroberte im 2. Punischen Krieg Spanien und besiegte 202 Hannibal bei Zama; 190/189 Feldzug gegen Antiochos III. von Syrien.

2) Publius Cornelius S. Aemilianus, später **Africanus minor** genannt, * um 185 v. Chr., † 129 v. Chr., Sohn des Lucius Aemilius Paullus, durch Adoption Enkel von 1), eroberte und zerstörte 146 im 3. Punischen Krieg Karthago, 133 Numantia.

Scirocco [ʃir-, ital.] *der, -s/-s,* der → Schirokko.

Scopolamin *das, -s,* **Hyoscin,** Alkaloid aus Nachtschattengewächsen, das in der Medizin z. B. zur Dämpfung von Erregungszuständen oder bei Bewegungskrankheiten (Seekrankheit) verwendet wird. In höheren Dosen können Erregungszustände mit Halluzinationen auftreten.

Scordatura [ital.] *die, -,* bei Saiteninstrumenten eine von der Normalstimmung abweichende Stimmung der Saiten, die besondere Akkorde, auch Klangfarben, ermöglicht.

Scorel, Jan van, niederländ. Maler, * Schoorl bei Alkmaar 1. 8. 1495, † Utrecht 6. 12. 1562, wurde 1522 Aufseher der päpstl. Kunstsammlungen in Rom; seit 1524 Kanonikus in Utrecht. S. schuf, durch die Venezianer und Raffael angeregt, Altartafeln, Bildnisse und Gruppenbilder in klar gegliedertem Aufbau und reicher Farbigkeit. Um 1540 wurde sein Stil manieristisch.

Scoresbysund [sk'ɔ:zbi-], 300 km weit ins Land eindringender Fjord in O-Grönland; der größte Fjord der Erde; von dem engl. Seefahrer William Scoresby (* 1789, † 1857) nach seinem um die Polarforschung verdienten Vater benannt.

Scorpius [lat.] *der, -,* das Sternbild → Skorpion.

Scotch [engl. skɔtʃ] *der, -s/-s,* U kurz für schottischer Whisky.

Scotch-Terrier [engl. sk'ɔtʃ-], ein Haushund. (BILD Hunde)

Scotland [sk'ɔtlənd], engl. Name von → Schottland.

Scotland Yard [sk'ɔtlənd jɑ:d], ehem. Hauptgebäude der Londoner Polizei; Ü die Londoner Kriminalpolizei.

Scott, 1) Cyril Meir, brit. Komponist, * Oxton 27. 9. 1879, † Eastbourne (Sussex) 31. 12. 1970; seine eigenwillig experimentellen Werke neigen zur Mystik und Exotik; Opern, Orchesterwerke, Klavier- und Kammermusik, Kirchenmusik, Lieder.

2) Robert Falcon, brit. Polarforscher, * Devonport 6. 6. 1868, † Ende März 1912, leitete 1901–04 die Südpolarexpedition der ›Discovery‹ und erreichte bei einer 1910 begonnenen Expedition am 18. 1. 1912 (4 Wochen nach R. Amundsen) den Südpol. Beim Rückweg kam er mit seinen Begleitern um.

3) Sir (1820) Walter, schott. Dichter, * Edinburgh 15. 8. 1771, † Schloß Abbotsford 21. 9. 1832, Rechtsanwalt, Sheriff der Gfsch. Selkirk und Richter in Edinburgh, baute sich 1812–14 in mittelalterl. Stil Schloß Abbotsford am Tweed, geriet durch den Bankrott seines Verlegers 1825 in finanzielle Schwierigkeiten, die er schließlich überwand; sie führten jedoch zu seinem körperl. Zusammenbruch. Seine dichterische Tätigkeit begann mit Übersetzungen aus der dt. Literatur und der Sammlung schott. Volksballaden. Danach veröffentlichte er mehrere epische Versromanzen, meist aus der schott. Geschichte (›The lady of the lake‹, 1810). Seit 1810 wandte er sich der Prosa zu und schrieb, anfangs anonym, 27 Romane (›Waverley-Romane‹, nach dem ersten der Reihe ›Waverley‹, 1814). Die meisten spielen im Schottland des 17. und 18. Jh. (›Die Braut von Lammermoor‹, 1819), einige im England der Kreuzzüge (›Ivanhoe‹, 1820) und der Königin Elisabeth (›Kenilworth‹, 1821) oder im Frankreich Ludwigs XI. (›Quentin Durward‹, 1823). Die spannungsreiche Handlung rankt sich meist um erdachte Personen. Die geschichtl. Tatsachen sind nicht immer genau wiedergegeben, dagegen entwarf S. sehr farbige Zeitbilder. Er begründete den europ. histor. Roman.

Scotto, Renata, ital. Sängerin (Sopran), * Savona 24. 2. 1933, ist internat. bes. mit Partien aus ital. Opern hervorgetreten.

Scott-Schaltung, eine Transformatorschaltung zur Umformung eines Dreiphasen-(Drehstrom-)Systems in ein Zweiphasen-(Wechselstrom-)System und umgekehrt.

Scot(t)us, frühmittelalterl. Philosoph, → Johannes Scot(t)us.

Scotus, mittelalterlicher Philosoph, → Duns Scotus.

Scout [skaut, engl. ›Späher‹] *der, -s/-s,* **1)** → Pfadfinder. **2)** amerikan. vierstufige Trägerrakete mit Feststoffantrieb.

Scribe [skri:b], (Augustin-)Eugène, frz. Dramatiker, * Paris 24. 12. 1791, † ebd. 20. 2. 1861, schrieb problemlose, gutgebaute Lustspiele (u. a. ›Das Glas Wasser‹, 1840), Texte zu den Opern ›Fra Diavolo‹, ›Die Stumme von Portici‹ von D. F. E. Auber, ›Robert der Teufel‹, ›Die Hugenotten‹ von G. Meyerbeer, ›Die weiße Dame‹ von F.-A. Boieldieu.

Script [engl.] *das, -s/-s,* **Skript** *das, -(e)s/-en* oder *-s,* **1)** kurz für Skriptum. **2)** Drehbuch. **Scriptgirl** [-gə:l], beim Film die Sekretärin der Regie während der Aufnahmen.

Scriptor [lat.] *der, -s/...t'oren,* Schreiber. *das* **Scriptum,** *-s/...ten* oder *...ta,* das Geschriebene; schriftl. Aufzeichnungen.

Scrub [skrʌb, engl. ›Gestrüpp‹] *der, -(s)/-s,* bes. in Australien gebräuchlicher Name für Busch und Hartlaubgewächse.

Scudéry [skyder'i], Madeleine de, frz. Schriftstellerin, * Le Havre 15. 10. 1607, † Paris 2. 6. 1701. In ihrem Pariser Salon begann die Ära der späten Preziosität (→ Précieuses). Ihre pseudohistor.-galanten (meist Schlüssel-)Romane galten als verbindl. Regelbücher gesellschaftl. Umgangsformen (›Ibrahims oder des durchleuchtigen Bassa und der beständigen Isabellas Wundergeschichte‹, 4 Bde., 1641; ›Artamène ou le Grand Cyrus‹, 10 Bde., 1649–53; ›Clelia: eine Röm. Gesch.‹, 10 Bde., 1654–60).

Scudo [ital. ›Schild‹] *der, -/...di* oder *-s,* alter ital. Silbertaler.

sculpsit [lat. ›hat gestochen‹ oder ›hat gemeißelt‹], Abk. **sculps.** oder **sc.,** bezeichnet auf graph. Blättern den Stecher, bei Skulpturen den Bildhauer.

Sculptor [lat.] *der, -s,* das Sternbild → Bildhauer(werkstatt).

Scunthorpe [sk'ʌnθɔ:p], Stadt in der engl. Cty. Humberside, (1981) 66400 Ew.; Museum; Eisen- und Stahlwerke, chem. und Bau-Ind., Maschinenbau.

Scuol [ʃk'uəl], amtl. rätoroman. Name der Stadt → Schuls.
Scutellum [lat.] *das, -s/...len,* das → Schildchen.
Scutum [lat.] *das, -s,* das Sternbild → Schild.
SD, Abk. für **Sicherheitsdienst,** → SS.
s. d., Abk. für **s**ieh(e) **d**ies!
S. D., postal. **SD,** Abk. für den Staat South **D**akota, USA.
SDB, Abk. für **Salesianer Don Boscos,** → Salesianer.
SDI, Abk. für **Strategic Defense Initiative** [strət'i:dʒɪk dɪf'ens ɪn'ɪʃətɪv, engl. ›Initiative zur strateg. Verteidigung‹], von Präs. R. Reagan stark geförderter Plan zur Installierung eines Raketenabwehrsystems im Weltraum (→ Weltraumwaffen). Die von der amerikan. Regierung vorgeschlagene Beteiligung europ. NATO-Staaten an techn. Forschungen zu diesem Projekt wird in den betroffenen Staaten (z. B. Großbritannien, Frankreich, Bundesrep. Dtl.) z. Zt. (1985) v. a. im Hinblick auf ihre sicherheitspolit. Zielsetzungen stark diskutiert.

Sebastiano del Piombo: Beweinung Christi (Viterbo, Museo Civico)

S. D. N., Abk. für frz. **Société des Nations** [sɔsjet'e denasj'ɔ̃], der → Völkerbund.
SDS, 1) Abk. für **Societas Divini Salvatoris,** → Salvatorianer. **2)** Abk. für **Sozialist. Deutscher Studentenbund,** → studentische Vereinigungen.
Se, chemisches Symbol für → Selen.
Seaborg [s'i:bɔ:g], Glenn Theodore, amerikan. Chemiker, * Ishpeming (Mich.) 19. 4. 1912, leistete bahnbrechende Arbeiten auf dem Gebiet der → Transurane, war beteiligt an der Entdeckung von Plutonium, Americium, Curium, Berkelium und Californium. Nobelpreis für Chemie 1951, zus. mit E. M. McMillan.
Seafloor-Spreading [s'i:flɔ: spr'edɪŋ, engl.], **Spreading-Hypothese** [spr'edɪŋ-], 🌐 Theorie, nach der durch aufdringende magmat. Schmelzen aus dem Erdmantel im Bereich der Zentralgräben der → Mittelozeanischen Rücken ständig ozean. Kruste neu gebildet wird und sich symmetrisch nach beiden Seiten ausbreitet **(Meeresbodenspreizung, Ozeanbodenzergleitung);** maximale Ausdehnungsrate z. Z. rd. 1 cm/Jahr im Atlantik, rd. 5–8 cm/Jahr im Pazifik. Auf diese Weise sollen in der geolog. Neuzeit (rd. 65 Mio. Jahre) etwa 50% des Tiefseebodens der Erdoberfläche neu entstanden sein. Gestützt wird die S.-S.-Theorie durch das Alter von Sedimenten am Atlantikboden, die von der Zentralzone aus in Richtung auf die beiden Ränder mächtiger und älter werden, sowie durch paläomagnet. Messungen. (→ Plattentektonik)
Seal [si:l, engl.] *der* oder *das, -s/-s,* **Sealskin** [s'i:lskɪn], Fell der Ohrenrobben (Bärenrobbe, Seebär), auch der Pelzseehunde. Die Felle werden naturell oder tiefgeschoren und gefärbt sowie entgrannt und gefärbt zu Pelzwerk verarbeitet. Veredlungen anderer Felle auf S. ergeben **Sealbisam, Sealkanin, Sealotter.**
Sealsfield [s'ilzfi:ld], Charles, eigtl. Karl Anton **Postl,** Schriftst., * Poppitz bei Znaim 3. 3. 1793, † Solothurn 26. 5. 1864, trat in das Ordenshaus der Kreuzherren zu Prag ein, floh jedoch 1823 nach Amerika, von wo er 1831 zurückkehrte. Seit 1832 lebte er in der Schweiz. Seine Herkunft und sein eigtl. Name wurden erst durch sein Testament bekannt. S.s erzählerisches Werk bildet mit seinen farbigen, realist. Schilderungen von Natur und Menschen die erste epische Bewältigung des aufstrebenden Amerika.
HW: Der Legitime und die Republikaner (1833); Der Virey und die Aristokraten, 3 Bde. (1834); Lebensbilder aus beiden Hemisphären, 6 Bde. (1835–37); Kajütenbuch, 2 Bde. (1841).
Séance [se'ãs, frz.] *die, -/-n,* Sitzung, bes. spiritistische.
Sears, Roebuck & Co. [s'ɪəz, r'əubʌk-], Chicago, bed. Kaufhauskonzern mit rd. 900 Kaufhäusern, dazu Versandhäuser und Verkaufsbüros; gegründet 1886.
SEATO, Abk. für engl. **South East Asia Treaty Organization** [sauθ i:st'eɪʃə tr'i:tɪ ɔ:gənaɪz'eɪʃn], → Südostasiatischer Sicherheitsvertrag.
Seattle [sɪ'ætl], Stadt im Staat Washington, USA, (1980) 494000 Ew., zw. dem Pugetsund und dem Washingtonsee; Erzbischofssitz; University of Washington; Handelsmittelpunkt und Sitz aller Unternehmungen der Alaska-Schiffahrt und -Fischerei, Stahl-, Maschinen-, Elektrogerätebau-, Papierind., Schiffswerften, Flugzeugbau (Boeing-Werke); 1962 Weltausstellung.

COOH
|
$(CH_2)_8$
|
COOH

Sebacinsäure

Sebacinsäure, 1,8-Octandicarbonsäure, kristalline organ. Säure, die zur Herstellung von Weichmachern, Polyamiden und Alkydharzen dient.
Sebald, Sebaldus [latinisierte Form von Siegbald], männl. Vornamen.
Sebaldus, Einsiedler, kam im 11. Jh. (oder 8.–10. Jh.) von Dänemark (?) in die Gegend von Nürnberg, wo er predigte; Schutzpatron von → Nürnberg (Grabmal ebd.). Heiliger (Tag: 19. 8.).

Hl. Sebaldus (Bildwerk von Peter Vischer d. Ä.)

Sebastian [grch. ›verehrungswürdig‹], männl. Vorname.
Sebastian, röm. Märtyrer aus der 2. Hälfte des 3. Jh., nach der Legende durch Bogenschützen gemartert und getötet, daher Patron der Bogenschützen. Heiliger (Tag: 20. 1.). Die Marter des an einen Baum oder eine Säule gebundenen, von Pfeilen durchbohrten und nur mit einem Lendenschurz bekleideten S. wurde seit dem 15. Jh. oft dargestellt (S. Botticelli, P. Perugino, A. Dürer, M. Grünewald, T. Riemenschneider u. a.). BILD G. Petel.
Sebastian, König von Portugal (1557–78), * Lissabon 20. 1. 1554, † (gefallen) bei Ksar el-Kebir 4. 8. 1578, von der Idee des christl. Glaubenskrieges gegen den Islam erfüllt, wollte S. die portugies. Machtstellung in Marokko erneuern; er griff das Heer des Sultans von Marokko an und fiel in der Schlacht bei Ksar el-Kebir. Das portugies. Volk glaubte nicht an seinen Tod und erwartete seine Wiederkehr **(Sebastianismus).**
Sebastiano del Piombo, eigtl. **Luciani** [lutʃ'a:ni], ital. Maler, * Venedig um 1485, † Rom 21. 6. 1547, malte in Venedig unter dem Einfluß Giorgiones (Altarbild in S. Giovanni Crisostomo) und ging 1511 nach Rom, wo er zunächst von Raffael (Fresken in der Farnesina in Rom, 1511), später von Michelangelo, der ihm bisweilen Zeichenvorlagen lieferte, beeinflußt wurde (›Pietà‹, 1516, Viterbo, Museo Civico; ›Auferweckung des Lazarus‹, um 1519, London National Gallery). Später malte er v. a. Bildnisse, die zu den großartigsten der Renaissance gehören (›Clemens VII.‹, Neapel, Museo Nazionale). Den Beinamen Piombo (›Siegel‹) erhielt er nach dem ihm 1531 verliehenen Amt als päpstl. Siegelbewahrer.
Sebastopol, russ. Stadt, → Sewastopol.
Sebestane, Sebestene, Sebeste [nach Samaria oder Sebaste in Palästina] *die, -/-n,* **Brustbeere,** die schleimigen Früchte von zwei Boretschgewächsarten der Gatt. Cordia.
Sebnitz, Krst. im Bez. Dresden, (1982) 12300 Ew., an der tschechoslowak. Grenze, im Lausitzer Bergland; Herstellung künstl. Blumen und landwirtschaftl. Maschinen, Textil-, Glasfaser-, Holz- u. a. Industrie.
Seborrhö [-r'ø:, lat.-grch.] *die, -/...rh'ö|en,* gesteigerte und chemisch veränderte Absonderung der Talgdrüsen. Man unterscheidet **trockene S. (Kleienflechte)** mit kleiiger Schuppenbildung (Kopfschuppen, Schinnen) und **fettige S. (Schmerfluß),** bei der u. a. die Haare locker werden und ausfallen.
Behandlung. Salicylsäure-, Schwefel-, Teerpräparate, z. B. in Form von Shampoos, Haarwässern.
Sebou [seb'u] *der,* Fluß in NW-Marokko, 450 km, entspringt im Mittleren Atlas, mündet bei Kenitra in den Atlant. Ozean; wichtigster Fluß Marokkos für die Bewässerungswirtschaft.
Sebulon, Vulgata: **Zabulon,** Sohn Jakobs und der Lea, legendärer Ahnherr des gleichnamigen israelit. Stammes in Galiläa.
sec [frz.], trocken, herb (Weine, Schaumweine).
sec, 1) △ Abk. für **Secans,** → Winkelfunktionen. **2)** ⊠ früheres Einheitenzeichen für die Zeiteinheit Sekunde, nach dem SI-Einheitssystem **s.**
SEC, Abk. für → **S**ecurities and **E**xchange **C**ommission.
Secale [lat.], **1)** → Roggen. **2) S. cornutum,** das → Mutterkorn.
SECAM, Abk. für **Système en Couleur avec Mémoire** [sist'ɛm ãkul'œ:r av'ɛk memw'a:r, frz. ›Farbsystem mit Speicherung‹] oder **Séquentiel à Mémoire** [sekãsj'ɛl-, frz. ›zeitlich nacheinander mit Speicherung‹], das von Frankreich, den Ostblockstaaten und den meisten arab. Staaten eingeführte Farbfernsehsystem, bei dem die Signale für Farbton und Farbsättigung

Charles Sealsfield (Stahlstich von Weger)

abwechselnd durch die gleiche Trägerwelle übertragen und vor dem Steuerungsvorgang jeweils kurzzeitig gespeichert werden. (→PAL, →Fernsehen)

Secchi [s'ekki], Angelo, ital. Astronom, *Reggio nell' Emilia 29. 6. 1818, † Rom 26. 2. 1878, Jesuit, einer der Pioniere der Astrophysik, bes. der Spektralanalyse der Sonne und Fixsterne.

secco [ital. ›trocken‹], **1)** Malerei: →a(l) secco. **2) Seccorezitativ,** das nur vom Cembalo begleitete Rezitativ.

Secentismus [setʃɛn-, ital] *der, -,* der ital. literar. Geschmack im 17. Jh., der sich stark mit den Ausdrucksformen des Barock berührt; er ist am reinsten verkörpert im Werk von G. →Marino. (→Seicento)

Secessio [lat. ›Absonderung‹] *die,* **Sezession,** der Auszug der Plebs aus Rom zur Durchsetzung ihrer Forderungen. Historisch gesichert ist die 3. S. nach dem Janiculum 287 v. Chr.

Sech [ahd., zu lat. secare ›schneiden‹] *das, -(e)s/-e,* Pflugmesser.

sechs [ahd.], als Ziffer **6,** vgl. ÜBERSICHT Zahlen; *wir sind zu sechsen* oder *zu sechst. die* **Sechs,** *-/-en,* die Zahl 6; als Note ›ungenügend‹.

Sechs|eck, Hexagon *das, -s/-e,* ein Vieleck mit sechs Ecken. Im **regelmäßigen S.** ist jeder Innenwinkel gleich 120°.

Sechse|läuten, alljährlich in Zürich am 3. Montag im April gefeiertes Frühlingsfest mit Umzug der Zünfte in histor. Trachten.

Sechser *der, -s/-,* volkstüml. für frühere Münzen, die das Sechsfache einer kleinen Münzeinheit darstellten; U Fünfpfennigstück.

Sechs|tagefahrt, internat. Motorrad-Geländeprüfung für Mannschaften; um die Welt-Trophy fahren 6 Sportler auf Maschinen landeseigener Produktion in 3 Hubraumklassen.

Sechs|tagekrieg, der arabisch-israel. Krieg vom 5. bis 10. 6. 1967, →Nahostkonflikt.

Sechs|tagerennen, Radsport: auf Hallenbahnen von Berufsradfahrern ausgetragenes Dauerrennen über rd. 50, früher bis zu 145 Stunden Fahrzeit, mit eingelegten Runden und Punktwertung. Die Mannschaften (2–3 Fahrer) können sich ablösen.

Sechs|tagewerk, grch. **Hexa|emeron,** die Erschaffung der Welt in 6 Tagen, wie sie im A. T. von der Priesterschrift (1. Mos. 1, 1–2, 4a) berichtet wird.

sechster Sinn, Volksmund: das einem Menschen zugeschriebene Vermögen zu außersinnlicher Wahrnehmung.

Sechsundsechzig *das, -(s),* Kartenspiel unter 2–4 Spielern, mit der Pikettkarte (32 Blatt) oder der dt. Karte (24 Blatt) um Augen gespielt; wer zuerst 66 Punkte erreicht, hat gewonnen. Eine Abart ist u. a. das Elfern.

Sechter [ahd., zu lat. sextarius ›Sechstel‹] *der, -s/-,* **1)** altes Hohlmaß: 7,2 l. **2)** *oberdt.:* Handschöpfer; Sieb.

Seckau, Marktgem. in der Steiermark, Österreich, (1981) 1300 Ew. Das Stift, 1140 in St. Marein gegr., wurde 1142 nach S. verlegt, 1782 aufgehoben und 1883 von den Beuroner Benediktinern neu besiedelt. In der roman. Basilika (1142–64, 1619–57 z. T. barock umgebaut) errichtete Karl II. ein prunkvolles Renaissance-Mausoleum. Das **Bistum S.** wurde 1218 gegr.; bis 1786 residierte der Bischof (bis 1918 Fürstbischof) in S., danach in Graz; der Name wurde 1963 in Graz-S. geändert.

Seckendorff, Veit Ludwig von, Staatsmann und Gelehrter, *Herzogenaurach 20. 12. 1626, † Halle 18. 12. 1692, war u. a. Kanzler des Herzogs Ernst des Frommen von Sachsen-Gotha-Altenburg (→Ernst 7), 1692 Gründungskanzler der Univ. Halle. Sein ›Teutscher Fürstenstaat‹ (1656) gab Anregungen für den Wiederaufbau Dtl.s nach dem Dreißigjährigen Krieg.

Second-hand-shop [s'ekənd hænd ʃɔp, engl.] *der,* Geschäft, in dem gebrauchte Ware, bes. Kleidung, verkauft wird.

Second Messenger [s'ekənd m'esındʒə, engl.] *der,* von E. W. Sutherland entdeckte chem. Verbindung: zykl. Adenosinmonophosphat (cyclo-3', 5'-AMP, cAMP), die als Informationsüberträger die Wirkung vieler Hormone vermittelt.

secondo [ital.], der zweite.

Second Source [s'ekənd sɔ:s, engl.] *die,* eine ›Nachfolgefirma‹, die das Konzept für die Fertigung bes. von Halbleiterbauelementen (z. B. Mikroprozessoren, Operationsverstärker) von einer ›Entwicklerfirma‹ übernimmt und unter derselben Bez., jedoch eigenem Firmennamen herstellt und vertreibt.

Secretary [s'ekrətrı, engl.], in Großbritannien und den USA Titel der Minister; die 6 wichtigsten Kabinettsmitglieder heißen in Großbritannien ›Secretary of State‹; in den USA nur für den Außenminister gebraucht.

Secret Service [s'ikrıt s'ə:vıs, engl.] *der, --,* der Geheimdienst in Großbritannien.

Secundus, Johannes, eigtl. Jan Nicolai **Everaerts** ['ewəra:rts], niederländ. nlat. Dichter, *Den Haag 24. 11. 1511, † Tournai 8. 10. 1536; bekannteste seiner Dichtungen ist ›Basia‹, eine Episode aus seinen Liebeselegien.

Securities and Exchange Commission [sıkj'uərətız ænd ıkstʃ'eındʒ kəm'ıʃn], Abk. **SEC,** in den USA Bundesbehörde, die sich mit der Börsenzulassung von Wertpapieren amerikan. Firmen befaßt.

SED, Abk. für →**S**ozialistische **E**inheitspartei **D**eutschlands.

Sedan [frz. səd'ã], Stadt im frz. Dép. Ardennes, (1982) 23400 Ew., an der Maas; Woll-, Metall- u. a. Ind. – Schlacht und Kapitulation von S. →Deutsch-Französischer Krieg von 1870/71.

sedat [lat.], ☙ ruhig, gesetzt. **sedativ,** ⚕ beruhigend. *das* **Sedativ,** *-s/-e, das* **Sedativum,** *-s/...va,* ⚕ →Beruhigungsmittel.

Seddin, Gem. im Kr. Perleberg, Bez. Schwerin; bei S. wurde ein Hügelgrab aus der späten Bronzezeit gefunden.

sedentär, Bez. für aufgewachsene Massen (z. B. Torf, Korallenkalk), i. Ggs. zu abgelagerten.

Seder [hebr. ›Ordnung‹] *der, -,* Judentum: die häusl. religiöse Feier mit Rezitation der Pessach-Haggada (→Haggada) und Festmahl an den beiden ersten Abenden des Passah.

Sedez [lat.] *das, -es,* Kurzzeichen 16°, ☙ Buchformat in Sechzehntelbogengröße; der Bogen hat 16 Blätter = 32 Seiten.

Sedezimalsystem, das →Hexadezimalsystem.

Sedia gestatoria [-dʒɛs-, ital.] *die,* Tragsessel, auf dem der Papst gelegentlich bei feierl. Anlässen getragen wurde.

Sediment [lat.] *das, -(e)s/-e,* Ablagerung, Bodensatz.

Sedimentation [lat.] *die, -/-en,* **1)** Absetzen von Feststoffteilchen in einer →Trübe auf Grund der Schwerkraft oder der Zentrifugalkraft. Geräte zur **Schwerkraft-S.:** Eindicker, Klärer; zur **Zentrifugalentwässerung:** Schleuder, Zentrifugen. **2)** Geologie: die →Ablagerung.

Sedimentations|analyse, Verfahren zur Korngrößenbestimmung in Pulvern, Böden, Sedimentsgesteinen u. a. durch Messen der Sinkgeschwindigkeit in einer geeigneten Aufschlemmung unter Berücksichtigung der Dichteunterschiede von Teilchen und Flüssigkeit sowie der Einflüsse der Viskosität.

Sedimentgesteine, Sedimentite *Pl.,* **Absatzgesteine,** durch →Ablagerung oder biolog. Wachstum gebildete und durch →Diagenese verfestigte Gesteine. Den Hauptmineralbestand der S. liefert die →Verwitterung. Wegen des meist lagigen oder schichtigen Aufbaus (→Schichtung) werden S. auch **Schichtgesteine** genannt. – Nach dem Ablagerungsraum und der Transportart (→Fazies) lassen sich die S. in versch. Typen einteilen, z. B. marin, limnisch, aquatisch oder terrestrisch.

Petrographisch und genetisch werden unterschieden: Klastische oder Trümmersedimentite, chemische und biogene Sedimentite und Kaustobiolithe.

Sedisvakanz [lat.], der Zeitraum, währenddessen der päpstl. oder ein bischöflicher Stuhl nicht besetzt ist.

Sedlmayr, Hans, Kunsthistoriker, *Hornstein (Burgenland) 18. 1. 1896, † Salzburg 9. 7. 1984, veröffentlichte Arbeiten über alle Epochen der europ. Kunstgeschichte (›Österr. Barockarchitektur‹, 1930; ›Die Entstehung der Kathedrale‹, 1950) und krit. Untersuchungen zur modernen Kunst (›Verlust der Mitte‹, 1948; ›Die Revolution der modernen Kunst‹, 1955), ›Epochen und Werke‹, 2 Bde. (1959/60), u. a.

Sedow, Leonid Iwanowitsch, sowjet. Physiker, *Rostow am Don 14. 11. 1907, arbeitete über Strömungslehre, Gasdynamik, Festigkeitslehre, astrophysikal. Fragen. Unter seiner Leitung wurden die Sputniks gebaut; 1961–62 Präs. der Internat. Astronautischen Föderation.

Sedum, Pflanzengattung, →Fetthenne.

See [ahd. seo], **1)** *der, -s/-n,* (hierzu ÜBERSICHT), größeres stehendes Binnengewässer ohne unmittelbaren Zusammenhang mit dem Meer, auch künstlich geschaffenes Wasserbecken **(Stausee,** mit Talsperre). Flache S. sind die (meist künstlich geschaffenen) Weiher und Teiche. Im allg. Sprachgebrauch heißen auch manche S. Meere (Kaspisches Meer, Totes Meer, Steinhuder Meer u. a.). Weiteres vgl. unten. **2)** *die, -,* Meer: *eine bewegte, rauhe S.; er reist an die S.; er fährt zur S.,* ist Seemann; *auf hoher S.,* weit von der Küste entfernt. **3)** *die, -/-n,* Welle, Sturzwelle: *schwere S.,* mit hohen, sich brechenden Wellenbergen.

Die Verteilung der S. über die Erdoberfläche hängt zusammen mit der Bildung der als Seebecken dienenden Hohlformen: **Glazialseen** (in Gebieten gegenwärtiger und ehem. Vereisung) treten gehäuft in **Seenplatten** auf (Kanada, Nord-Dtl., UdSSR, Finnland), sind meist nicht sehr tief und bilden (vielfach als **Grundwasserseen)** im Moränengebiet **Sölle,** gelappte **Moränenseen** und lange, oft perlschnurartig längs eines Flusses angeordnete, schmale **Rinnenseen.** Gleichfalls glazial sind die Alpenvorlandseen; im Gebirgsinnern finden sich **Kar-** und **Jochseen** (Tatra), in Gletscherbetten **Talseen** und – abgedämmt durch Gletschereis, Moränen, Schuttkegel von Nebenflüssen, Bergstürze, andernorts auch durch Lavaströme – **Stau-** oder **Dammseen.** Die **tektonischen S.** der Bruchzonen sind meist tief und langgestreckt (Tanganjikasee, Baikalsee, Totes Meer), während die **Wannenseen** im Innern der Festländer vorwiegend groß und flach sind, einzeln auftreten (Victoriasee) und, mit Trockenzonen zusammenfallend, →Salzseen bilden (Großer Salzsee, Aralsee). Die S. vulkanischer Gebiete erscheinen als →Maare. Die **Reliktseen** in Altwässern mäandrierender Flüsse

Seen (Auswahl natürl. Seen; Fläche in km²)

Deutschland

Bodensee	538
Müritz	117
Spirdingsee	114
Mauersee	105
Chiemsee	82
Lebasee	71
Schweriner See	63
Starnberger See	57
Dammscher See	56
Ammersee	47
Plauer See	38
Madüsee	35
Kummerower See	33
Geserichsee	34
Steinhuder Meer	29
Gr. Plöner See	29
Walchensee	16

Übriges Europa

Ladogasee	17 700
Onegasee	9 700
Vänersee	5 585
Peipussee	3 550
Ilmensee	610–2 100
Vättersee	1 912
Saimaa	1 460
Mälarsee	1 140
Inari	1 085
Plattensee	591
Genfer See	581
Gardasee	370
Neusiedler See	320[1]
Neuenburger See	218
Lago Maggiore	212
Comer See	146
Vierwaldstätter See	114
Zürichsee	90
Iseosee	65
Luganer See	48,7
Attersee	45,9
Traunsee	24,5

[1]) einschl. Schilfgürtel.

Asien

Kaspisches Meer	371 000
Aralsee (1975)	54 400
Baikalsee	31 500
Balchaschsee	17 000–22 000
Issyk-kul	6 236
Urmiasee	3 885–7 500
Kuku-nor	5 000
Totes Meer, max.	1 020

Afrika

Victoriasee	68 000
Tanganjikasee	34 000
Malawisee	30 800
Tschadsee	12 000–26 000
Turkana-See	8 000–8 600

Amerika

Oberer See	82 103
Huronsee	61 797
Michigansee	57 757
Gr. Bärensee	31 329
Gr. Sklavensee	28 570
Eriesee	25 719
Winnipegsee	24 390
Ontariosee	19 011
Titicacasee	8 300
Nicaraguasee	8 262
Athabascasee	8 081
Gr. Salzsee (1970)	4 000

Australien

Eyre-See	10 000–15 000 (meist ausgetrocknet)

sind sichelförmige **Kolke; Schwemmlandseen** finden sich im Anschwemmungsgebiet der Ströme. In den Kalksteingebieten zeigen die **Karstseen** besondere Eigenarten. Oft liegt der Seeboden, auch der Seespiegel, unter dem Meeresniveau (→Depression 3). Die Gesamtfläche aller S. der Erde wird auf 2,5 Mio. km² (1,8% der Landmasse) geschätzt.

Seeadler, Haliaeëtus, Gatt. der Adler mit unbefiedertem Lauf. Der 70–90 cm lange **Weißschwänzige S.,** braun, mit weißem Schwanz, bewohnt v. a. die nördl. Küsten Europas, das nördl. und mittlere Asien sowie SW-Grönland. Der **Weißköpfige S.,** 68–76 cm, mit weißem Kopf und Hals, lebt in Nordamerika. (BILD Adler)

Seealpen, Meeralpen, frz. **Alpes Maritimes** [alp marit'im], Teil der Westalpen, zw. Golf von Genua und Ubaye (linker Nebenfluß der Durance), in der Punta Argentera 3297 m hoch.

Seeampfer, Rippentang, mehrere Arten der Rotalgengattung **Delesseria,** in allen Meeren. Der Thallus besitzt eine deutliche Mittelrippe, aus der kleine Blättchen entspringen.

Seeamt, in der Bundesrep. Dtl. Landesbehörde zur Untersuchung und Feststellung von Mängeln an Schiffen und Seeverkehrseinrichtungen oder von persönl. Verschulden bei Seeunfällen; für eine best. Küstenstrecke zuständig. Die Entscheidungen des S. sind Verwaltungsakte, keine Gerichtsurteile. Berufungsinstanz ist das **Bundesoberseeamt.**

Seeanemonen, Korallentiere, →Aktinien.

Seebad, 1) Erholungsort am Meer. **2)** Bad im offenen Meer, dessen Wirkung auf dem Salzgehalt, der Kühle des Wassers und auf der Wellenbewegung beruht; warme S. wirken wie Solbäder (→Heilquellen).

Seebär, 1) auch **Pelzrobbe, Bärenrobbe,** eine Unterfamilie der Ohrenrobben (→Robben). **2)** U älterer, erfahrener Seemann.

Seebeben sind →Erdbeben, deren Herd unter dem Meeresboden liegt (bes. in Tiefseerücken und Tiefseegräben). Starke S. können Ausgangspunkt von →Tsunamis sein.

Seebeck-Effekt [n. dem Physiker T. J. Seebeck, * 1770, † 1831], ein 1821 entdeckter thermoelektr. Effekt (→Thermoelektrizität): Hält man die beiden Verbindungsstellen zweier zu einem Kreis geschlossenen Stücke aus versch. Metallen (oder Halbleitern) auf unterschiedl. Temperatur, so fließt infolge der unterschiedl. Thermospannung (thermoelektr. →Spannungsreihe) der ›Thermostrom‹. Der S.-E. ist die Umkehrung des →Peltier-Effekts; er wird zur Temperaturmessung mit →Thermoelementen und thermoelektr. Energiewandlung benutzt.

See-Berufsgenossenschaft, →See-Sozialversicherung.

Seeblatt, ▽ stilisiertes Seerosenblatt.

Seebohm, Hans-Christoph, Politiker (DP; CDU), * Emanuelssegen bei Pleß 4. 8. 1903, † Bonn 17. 9. 1967; MdB., 1949–66 Bundes-Min. für Verkehr, seit 1959 Sprecher der Sudetendt. Landsmannschaft.

Seebrügge, dt. Name von →Zeebrugge.

Seebuck *der,* SO-Gipfel des Feldbergs im Schwarzwald, 1450 m.

Seebulle, Fisch, der →Seehase.

Seeckt, Hans von, Generaloberst, * Schleswig 22. 4. 1866, † Berlin 27. 12. 1936, im 1. Weltkrieg Generalstabschef, baute als Chef der Heeresleitung (1920–26) die Reichswehr auf und suchte sie ›unpolitisch‹ loyal zum gegebenen Staat zu halten. 1930–32 war er MdR. (Deutsche Volkspartei); 1934–35 militär. Berater Tschiang Kai-scheks.

Seedistel, Krebsschere, Stratiotes aloides, Schwimmstaude der Froschbißgewächse in ruhigen Gewässern Europas und Westsibiriens, hat stachelzackige Blätter und weiße Blüten.

Seedorf-Stufe, letzter Abschnitt der westgerman. frühen Eisenzeit (etwa 50 v. Chr. bis 50 n. Chr.).

Seedorn, Strauch, →Sanddorn.

Seedrachen, Chimären, Holocephali, Unterklasse der Knorpelfische mit 3 Fam.: **Seekatzen (Chimaeridae)** mit der 1 m langen, in europ. Gewässern bis zu 1000 m Tiefe lebenden **Spöke (Seeratte); Langnasen-Chimären (Rhinochimaeridae),** die in allen Meeren bis in 2600 m Tiefe leben und einen aufrichtbaren Giftstachel haben, und die **Elefanten-Chimären (Callorhynchidae)** in höchstens 180 m Tiefe um das südl. Afrika.

See-Elefant, Säugetier, →Seehunde.

Seefahrts|amt, →Seemannsamt.

Seefahrtsbuch, Seepaß, Ausweis, in den jede An- und Abmusterung eines Seefahrers durch ein →Seemannsamt eingetragen wird; Nachweis für geleistete Seefahrtszeit.

Seefahrtschulen, Schiffahrtsschulen, Navigationsschulen, staatl. Fachhochschulen und Fachschulen zur Ausbildung von Schiffsingenieuren, Seesteuermännern, Schiffsoffizieren und Kapitänen für die Handelsmarine. Die Ausbildungsdauer beträgt je nach Seepatent 3–6 Semester. Zudem können Prüfungen für den Erwerb des kleinen Küstenschiffer-Patents (AKü) und zum Seefischer in kleiner Hochseefahrt (BKü) abgelegt werden. S. bestehen u. a. in Hamburg, Bremen, Lübeck und Cuxhaven.

Seefedern, Federkorallen, Pennatularia, Ordn. der achtstrahligen Korallentiere, federförmige, locker im Meeresgrund sitzende Stöcke.

Seefelder, trockengelegtes Hochmoor nahe der Hohen Mense (Adlergebirge) bei Bad Reinerz in Niederschlesien, 751 m ü. M.

Seefeld in Tirol, Gem. in Tirol, Österreich, (1982) 2500 Ew., 1182 m ü. M., auf dem **Seefelder Sattel,** Höhenluftkurort und Wintersportplatz; Heilquelle.

seefest, 1) an Bord eines Schiffes fest gelagert. **2)** nicht anfällig gegen Seekrankheit.

Seefische, Meeresfische, in den Meeren lebende Fischarten, i. Ggs. zu den Brackwasserfischen und Süßwasserfischen. Die meisten S., bes. die wichtigsten Nutzfische, leben in flachen Meeren oder in Schelfmeeren. Einige Fischarten wandern zum Laichen vom Meer in die Flüsse, andere verlassen zum Laichen das Süßwasser und ziehen ins Meer. Man unterscheidet **ozeanische** und **litorale** (an den Küsten oder im Schelfmeer lebende) S. Zu den ozean. S., bis 150 m Tiefe, gehören Thune, Schwertfische u. a. Zw. 150 und 500 m Tiefe leben meist silbrige Fischarten mit großen Augen und solche von schwärzl. Farbe mit kleinen Augen. **Tiefseefische** haben häufig Leuchtorgane. **Küstenfische** sind Heringe, Makrelen, Plattfische, Schellfischähnliche, Korallenfische u. a.

Seefrachtbrief, das →Konnossement.

Seefrachtvertrag, Frachtvertrag zur Beförderung von Gütern mit Seeschiffen. Er kann sich auf das ganze Schiff, einen best. Teil oder auf einzelne Güter beziehen (§§ 556–663b HGB).

Seefried, Irmgard, Sängerin (Sopran), * Köngetried (Bayern) 9. 10. 1919, bed. Mozart-Interpretin.

Seegang *der, -(e)s,* die winderzeugten Kapillar- und Schwerewellen (→Meereswellen) an der Oberfläche des Meeres mit Wellenperioden bis zu 30 s. Solange der S. unter dem direkten Einfluß des erzeugenden Windfeldes steht, wird er **Windsee,** andernfalls **Dünung** genannt.

Seeger [s'i:gə], Pete (Peter R.), amerikan. Sänger und Liederschreiber, * New York 3. 5. 1919, hatte wesentl. Anteil an der Wiederbelebung des amerikan. Folksongs; als einer der ersten erfolgreich mit politisch engagierten Liedern (›We shall overcome‹, ›Where have all the flowers gone‹ u. a.).

Seeigel: LINKS Eßbarer S.; RECHTS Kletter-S.

Seegras, 1) auf dem Meeresgrund wachsende, grasförmige Laichkrautgewächse, z. B. **Gemeines S. (Zostera marina)** auf der nördl. Halbkugel, das als Polsterstoff, Packstoff und Dünger dient. 2) andere Pflanzen des Meeresgestades, z. B. Segge-Arten.

Seegurken, ♎ die → Seewalzen.

Seehafen, → Hafen.

Seehandbücher, Küstenhandbücher, engl. **Pilots** [p'aɪləts], nautische Bücher, Beschreibungen der See- und Küstengebiete als Ergänzung der Seekarten.

Seehandlung, die → Preußische Staatsbank.

Seehase, Meerhase, Lump|fisch, Seebulle, Cyclopterus lumpus, ein Fisch der Panzerwangen des N-Atlantik (einschließlich der Nordsee), der sich an Steinen mit einem Saugnapf, den umgebildeten Bauchflossen, anheftet.

Seehausen (Altmark), Stadt im Kr. Wanzleben, Bez. Magdeburg, (1972) 5300 Ew.; landwirtschaftl. Ind., Sägewerke, Konservenfabrik; Petrikirche (13. Jh.).

Seehecht, Unterfam. der Schellfische, deren Fleisch zu Stockfisch verarbeitet wird.

Seeheim-Jugenheim, Gem. im Kr. Darmstadt-Dieburg, Hessen, (1984) 16500 Ew., Luftkurort an der Bergstraße; Schuldorf Bergstraße (mit Internat); Obst-, Wein-, Spargelanbau.

Seeherrschaft, → Seemacht.

Seehöhe, Höhe eines Ortes über → Normal-Null.

Seehunde, Phocidae, Robbenfam., die schon aus dem oberen Tertiär bekannt ist, ohne Ohrmuscheln. S. schwimmen mit Schlängelbewegungen. Außerhalb des Wassers bewegen sich die S. durch Kriechen, das ›Robben‹, ungeschickt fort. Die Vordergliedmaßen tragen scharfe Krallen. Nach fast einjähriger Tragzeit wird ein Junges (bei manchen Arten mit wolligem Fell) geboren, das die Mutter erst nach dem Haarwechsel ins Wasser begleitet. Man unterscheidet 4 Unterfamilien:

Die **S.** i. e. S. oder **Hundsrobben (Phocinae)** bewohnen die nördl. Meere. Der **S.** oder das **Meerkalb (Phoca vitulina)** lebt an Küsten des nördl. Atlantik und Pazifik, bes. auf Sandbänken der Gezeitenzone; sein gelbbraunes Fell ist oft dunkel gefleckt; er wird 100 kg schwer und knapp 2 m lang. Verirrte oder verlassene Jungtiere (›Heuler‹) gehen ohne menschl. Obhut zugrunde. Als Nahrung dienen Fische, gelegentlich auch Garnelen. Die kleinere **Ringelrobbe (Phoca hispida)** hat Ringflecken; mehrere Unterarten wie die **Ladoga-Robbe** und die **Baikal-Robbe** leben in Süßwasserseen. Die schwimmgewandte **Sattelrobbe (Pagophilus groenlandicus)** lebt in größeren Herden. Ein kegelförmig gestreckter Kopf kennzeichnet die **Kegelrobbe (Halichoerus grypus),** die bis 3 m lang wird. Weitere Verwandte sind die **Bart-** und die **Bandrobbe.** Die **Mönchsrobben (Monachinae)** mit nur einer Art, der **Mönchsrobbe** oder dem **Seemönch (Monachus monachus),** sind auf die warmen Meere beschränkt; die oberseits braungraue **Mittelmeer-Mönchsrobbe,** eine Unterart, lebt auch an den Felsküsten Jugoslawiens. Die **Südrobben (Lobodontinae)** bewohnen nur die Antarktis. Die Zähne des **Krabbenfressers (Lobodon carcinophagus)** dienen als Seihapparat (ähnlich den Barten der Wale). Bis 3,80 m lang wird der **Seeleopard (Hydrurga leptonyx),** der u. a. auch Pinguine jagt. Bei den **Rüssel-** oder **Blasenrobben (Cystophorinae)** tragen die Männchen rüsselartige Nasenbildungen, die sich bei Erregung vergrößern. Die bis 3,50 m lange **Klappmütze** oder der **Haubenkerl (Cystophora cristata)** kann 2 rote Schleimhautblindsäcke aus der Nase blasen. Die größte Robbe ist der **See-Elefant** oder die **Elefantenrobbe (Mirounga leonina);** Bullen werden über 3 t schwer und bis 6,50 m lang. In großen Herden leben die beiden Unterarten vor der kaliforn. Küste (Nördlicher See-Elefant) und auf antarkt. Inseln (Südlicher See-Elefant). BILD Robben.

Pelzfelle liefern die Ringelrobbe, der Seehund, die Sattelrobbe und die Klappmütze. Die Felle werden naturell oder gefärbt verarbeitet. Über die Jagd (Robbenschlag) → Robben.

Seekanne: Heimische S.

Seeigel, Echinoidea, Klasse der Stachelhäuter mit armlosem, meist kugeligem Körper, mit dem Mund nach unten; umschlossen von einer kalkigen Schale aus 5 ›radialen‹ Doppelreihen von Ambulakralplatten und 5 ›interradialen‹ Doppelreihen von Interambulakralplatten. Auf Höckern der Schalenplatten stehen bewegliche Stacheln, zw. diesen, v.a. um den Mund herum, kleine Greifzangen **(Pedizellarien).** Die innen der Schale anliegenden Kanäle des Wassergefäßsystems (→ Stachelhäuter) entsenden Füßchen durch Porenpaare der Ambulakralplatten. Bei den meisten S. umgibt ein kompliziert gebauter Kieferapparat (›Laterne des Aristoteles‹) mit 5 Zähnen den Vorderdarm. Die frei schwimmende zweiseitig-symmetrische Larve der S. heißt **Echinopluteus.** Die S. leben meist in der Küstenregion, so der kugelige **Kletter-S.** im Mittelmeer und Atlantik und der **Eßbare S.** in den nordeurop. Meeren. Manche sind räuberisch, andere ernähren sich von Tang. - Zu den **Regulären S.** (deren After mitten im Scheitelgebiet liegt) gehören z. B. die Lederigel, zu den **Irregulären S.** (deren After auf die Unterseite der Schale gerückt ist) die Herzigel.

Seejungfer, ein Fabelwesen, halb Mensch, halb Fisch.

Seejungfern, 1) die Säugetier-Ordn. → Seekühe. 2) Gatt. der → Libellen.

Seekadett, Dienstgrad eines Offiziersanwärters.

Seekanne, Sumpfrose, Nymphoides, Gatt. einer den Enziangewächsen nahestehenden Fam. **(Menyanthaceae)** mit meist trop. und subtrop. Arten. Die Art **Heim. S. (Nymphoides peltata),** bes. in Nord-Dtl., ist Wasserpflanze mit Schwimmblättern.

Seehase

Seekarte, früher auch **Admiralitätskarte,** Karte für die Schiffahrt, hergestellt von Marineämtern oder zivilen Seeämtern, in Dtl. vom → Deutschen Hydrographischen Institut. In der S. finden sich alle Angaben, die sich auf das Fahrwasser (Tiefen, Untiefen, Watten, Sandbänke, Riffe, Klippen), auf Seezeichen (Leuchtfeuer, Baken u. a.) sowie auf zeitl. Hindernisse, Wracks u. a. beziehen. Die Küste erscheint in einem schmalen, der Orientierung dienenden Streifen. - Wegen der naut. Erfordernisse (Standort-Peilungen) werden nur winkeltreue Kartenprojektionen verwendet, bes. die Mercatorprojektion (→ Kartennetzentwurf). Den Karteninhalt liefert die Seevermessung durch Vermessungsschiffe und Peilboote. Dem → Normal-Null der Landkarte entspricht auf der S. als Seekartennull (Ausgangsfläche für die Tiefenmessung) ein Niveau niedrigen Wasserstandes, bei den dt. S. der Nordsee die des örtl. mittleren Springniedrigwassers.

Man unterscheidet: Ozeankarten (1:5 Mio. und kleiner), Übersichtskarten (1:1 Mio. bis 1:5 Mio.), Segelkarten (1:250000 bis 1:1 Mio.), Küstenkarten (1:40000 bis 1:250000) und Sonderkarten in größeren Maßstäben für Flußmündungen und Häfen.

Seekasse, → See-Sozialversicherung.

Seekatz, Johann Conrad, Maler, * Grünstadt (Pfalz) 4. 9. 1719, † Darmstadt 25. 8. 1768, dort seit 1753 Hofmaler, verkehrte in Frankfurt a. M. mit Goethes Vater, malte kleinformatige religiöse und Historienbilder, auch Sittenbilder und Landschaften in niederländ. Art.

Seekatzen, Familie der → Seedrachen.

seeklar, segelfertig, ist ein Schiff, das die Reise antreten kann. Ein s. Schiff kann durch gerichtl. Arrest oder Pfändung nur angehalten werden, wenn Schulden nicht bezahlt worden sind, die die Seereise betreffen. (→ klarieren)

Seeklima, maritimes Klima, ozeanisches Klima, vom Meer beeinflußtes Klima, in gemäßigten Breiten durch geringe Temperaturunterschiede zw. Tag und Nacht, milde Winter und kühle Sommer, relativ hohe Windgeschwindigkeiten und meist geringe Luftverschmutzung ausgezeichnet.

Seekrankheit, Form der Bewegungskrankheit (→ Kinetose).

Seekreide, feinkristalline, tonarme Kalkablagerungen warmer stehender Gewässer, von Pflanzen durch Kohlensäureentzug aus dem Wasser gebildet, meist mit Molluskenschalen durchsetzt. - **Seemergel** ist tonreich.

Seekrieg, → Seemacht.

Seekriegsrecht, die besonderen, neben dem → Kriegsrecht zu Land für die Kriegführung zur See geltenden Regeln des Völkerrechts (→ Blockade, → Prise). Neue Kriegstechniken und der umfassende Charakter des Wirtschaftskrieges haben die Bedeutung des klass. S. stark gemindert. - Die wichtigsten Grundlagen des S. sind die → Pariser Seerechtsdeklaration von 1856 und das Haager Abkommen von 1907 über die Behandlung feindl. Handelsschiffe bei Kriegsausbruch, die Umwandlung von Handelsschiffen in Kriegsschiffe (Hilfskreuzer), die Verlegung von Seeminen u. a. sowie das Zweite Genfer Abkommen von 1949 zur Verbesserung des Loses der Verwundeten im Seekrieg.

Seekühe, Sirenen, Seejungfern, Sirenia, Säugetierordn. der Huftiere, im Wasser lebende, algenfressende, fettreiche Tiere mit flossenartigen Vorder- und rückgebildeten Hintergliedmaßen, 2 brustständigen Zitzen, hornigem Gaumen und mit mehr oder minder rückgebildetem Gebiß. Der **Dugong (Dugong dugong),** einziger Vertreter der **Gabelschwanz-S. (Dugongidae),** lebt im Roten Meer, im Indischen Ozean und westl. Pazif. Ozean. Die **Ruderschwanz-S. (Trichechidae)** leben mit 2 Arten, den **Manatis,** in den Flüssen des Amazonas- und Orinocobeckens, mit einer Art, dem **Lamantin,** an der westafrikan. Küste. Seit 1768 ausgestorben sind die **Borkentiere (Rhytinidae)** mit der über 7 m langen **Stellerschen S. (Rhytina gigas),** die bei der Beringinsel vorkam. (BILD Aussterben)

Seelachs, Handelsname für Köhler (→ Kohlfisch), Blaufisch, Sei u. a.

Seeland, 1) niederländ. **Zeeland** [z'e:lant], Prov. der → Niederlande, umfaßt das Mündungsgebiet der Schelde mit Seeländisch-Flandern und den Inseln Schouwen-Duiveland, Tholen, St. Philipsland, Walcheren, Nord- und Südbeveland. – Im MA. gehörten die nördl. Inseln zur Gfsch. Holland; der mittlere Teil stand bis 1323 unter Oberlehnsherrschaft von Flandern. Der südl. festländ. Teil, urspr. flandrisch, 1577 von den Niederländern erobert, ihnen 1648 überlassen, war bis 1795 ein Generalitätsland.

2) dän. **Sjælland** [sj'ɛlan], größte Insel Dänemarks, zw. Öresund und Gr. Belt, 7 444 km^2 groß mit (1978) 2,2 Mio. Ew. einschließlich der Landeshauptstadt Kopenhagen. S. hat Landwirtschaft, ist im N wald- und seenreich; hat in Risø am Roskildefjord Staatl. Versuchsstation für die friedl. Nutzung der Kernenergie.

Seele [ahd. zu See, in dem man die S. vor der Geburt vermutete] *die, -/-n,* **1)** das Prinzip der Einheit der psychischen und geistigen Vorgänge bes. des Menschen. Dabei kann die S. nur in einzelnen Aspekten (z. B. Gemüt) empirisch erfaßt und beschrieben werden. Der Begriff S. ist geistesgeschichtlich verschieden ausgeprägt: er kann den Glauben an die eigene, die menschl. S. wie an die Beseelung des gesamten Naturbereichs umfassen (vgl. unten Philosophie, Psychologie und Religion). – Redensarten: *die beiden sind ein Herz und eine S.,* U verstehen sich sehr gut; *es tut mir in der S. weh,* berührt mich bis ins Innerste; *du sprichst mir aus der S.,* U vertrittst ganz meine Ansicht. **2)** Mensch, bes. Einwohner: *ein Dorf von 800 Seelen; sie ist eine treue S.,* U; *keine S. war da,* niemand. **3)** Ü Triebkraft, belebender Mittelpunkt: *die S. des Unternehmens.* **4)** ein innerer Teil, z. B. die Höhlung des Laufes von Feuerwaffen; Stimmstock der Streichinstrumente; innere Litze eines Taues. *Adj.* **seelisch. Seelenleben,** Innenleben, Gemütsleben. **seelenlos,** ohne innere Wärme, gefühllos. **Seelenruhe,** Gemütsruhe, Gelassenheit. *Adj.* **seelenruhig:** *seelenruhig erwartete er das Prüfungsergebnis.* **seelenvergnügt,** stillvergnügt. **Seelenverkäufer, 1)** urspr. Sklavenhändler; U gewinnsüchtiger Heuerbaas (→ Baas). **2)** ein nicht seetüchtiges Fahrzeug.

Philosophie. Philosophisch wird die S. verschieden gedeutet: in realidealist. Sicht als unstoffl. Substanz, in materialist. Sicht als unselbständige Eigenschaft des Körperlichen. Durch Isolierung ihres geistigen Aspekts im Rationalismus trat die S. i. Ggs. zum Körper als materieller Substanz. Aus der Frage des Zusammenwirkens beider entwickelte sich das → psychophysische Problem. Platon hat als erster eine Sinnen-S. von einer Geist-S. unterschieden und eine Einheit beider im Menschen angenommen. Aristoteles unternahm dann den Versuch, den Menschen in seiner Ganzheit im Begriff der S. metaphysisch zu erfassen. Für ihn war die S. zunächst das den Körper belebende Prinzip (→ Entelechie), nur die Geistseele ist nach ihm präexistent und unsterblich. – Verschieden von dieser einheitl. Auffassung der S. ist der Gedanke R. Descartes, daß alle Formen der S. Selbstbewußtsein hätten. Aus ihm ergab sich die später selbstverständl. Meinung, daß der Leib materiell, die S. dagegen vom Bewußtsein her zu begreifen sei. Folgenreich war später die These A. Schopenhauers, das Wesen des Menschen sei nicht vom Geist, sondern vom Drang oder Willen bestimmt, das Bewußtsein sei ein lenkbarer Faktor.

Die neuere Psychologie (seit W. Wundt) beschränkte sich lange Zeit auf die Untersuchung und Klassifikation der seel. Einzelvorgänge und ihres Zusammenhanges mit leibl. Bedingungen und Erscheinungsweisen (Ausdruck, Konstitution). Erst die Ganzheits- und Strukturpsychologie oder der Personalismus nahmen Entwicklungsweise und Struktur des Seelenlebens insgesamt wieder in den Blick. Neuere empir. Erörterungen verzichten jedoch auf metaphys. Aussagen, lassen den Begriff S. zurücktreten und untersuchen das Verhalten und Erleben unter dem Aspekt der durch Umwelt und Anlagen geprägten Persönlichkeit.

Religion. Im christl. Glauben ist S. der dem einzelnen Menschen von Gott unmittelbar zu eigen gegebene Grund des Lebens, aus dem seine Integrität als Person entsteht. – Im Seelenglauben der Naturvölker wird die S. vielfach als ein im Körper befindliches zweites Wesen angesehen. Beim Verlassen des Körpers im Tod könne die S. in einen anderen übergehen (→ Seelenwanderung). Für die S. Verstorbener werden Feste gefeiert. Sie gehen nach dem Glauben vieler Völker in ein Totenreich ein.

Seeland 2)

Seelen|achse, gedachte Linie durch die Mitte des Laufs (des Rohres) einer Feuerwaffe.

Seelenblindheit, das Sehen betreffende → Agnosie.

Seelenheilkunde, die → Psychiatrie.

Seelenmesse, Seelen|amt, → Requiem.

Seelentaubheit, das Hören betreffende → Agnosie.

Seelenwanderung, im Glauben der antiken Orphiker und Pythagoreer (Metempsychose) wie im Hinduismus der Übergang der Seele eines Menschen im Augenblick seines Todes auf ein neues Wesen (Mensch, Tier, Pflanze); in ihm nimmt die Seele wieder Gestalt an (Reinkarnation). Im → Buddhismus in besonderer Deutung vertreten, da ein beständiges Selbst geleugnet wird.

Seeler, Uwe, Fußballspieler, * Hamburg 5. 11. 1936; 72 Länderspiele (1954–70), schoß dabei 43 Tore.

Seelili|en, Ordn. der → Haarsterne und Seelilien; Stielglieder ausgestorbener S. heißen → Bonifaziuspfennige.

seelische Krankheiten, Bez. für Verhaltensstörungen und Krankheiten aus dem Bereich der Psychopathologie, Psychosomatik und Psychiatrie.

Einteilung. Nach K. Schneider (* 1887, † 1967) werden 2 Gruppen s. K. unterschieden: 1) seel. Störungen, die sich als Variationen von der Durchschnittsnorm ohne krankhaften Körperbefund darbieten. 2) seelisch abnorme Phänomene, die Folge von Krankheit oder Mißbildung sind.

Zur 1. Gruppe zählen: **abnorme seel. Reaktionen und Entwicklungen,** darunter Neurosen, Persönlichkeitsstörungen und abnorme Persönlichkeitsentwicklungen, sexuelle Verhaltensabweichungen, Drogenabhängigkeit, psychosomat. Störungen. – Zur 2. Gruppe rechnen die endogenen und exogenen Psychosen. **Psychosen** sind s. K., bei denen die Beeinträchtigung psych. Funktionen ein so großes Ausmaß erreicht hat, daß dadurch die Einsicht und die Fähigkeit, einigen der üblichen Lebensanforderungen zu entsprechen, oder der Realitätsbezug erheblich gestört sind. Zu den **endogenen Psychosen,** deren Ursache man noch nicht kennt, bei denen aber die Annahme einer zugrunde liegenden Körperkrankheit einer wohlbegründeten Hypothese entspricht, gehört das manisch-depressive Kranksein und die Schizophrenie. Zu den **exogenen Psychosen** zählen s. K., die nachweisbar auf körperl. Schädigungen beruhen, z. B. Vergiftungen, Paralyse, Hirnmißbildungen und -verletzungen, Hirngefäßleiden (bes. Arteriosklerose), Epilepsie. – Viele Begriffe zur Kennzeichnung s. K. werden uneinheitlich verwendet. **Geisteskrankheit** wird so i. w. S. für Psychose, i. e. S. bes. für Schizophrenie, jurist. für jede geistige Störung erhebl. Ausmaßes verwendet. **Gemütskrankheit** bezeichnet meist Zyklothymie oder Depression.

Behandlung. Je nach Ursache oder Symptomen Psychopharmaka, Psychotherapie u. a.; schwere s. K. bedürfen ggf. der Behandlung in einer Heilanstalt.

Rechtliches. Das BGB unterscheidet die Geisteskrankheit von der (leichteren) Geistesschwäche, wobei entscheidend ist, ob der Kranke in seinen Fähigkeiten noch einem siebenjährigen Kind gleichzustellen ist oder nicht. Wer infolge von Geisteskrankheit oder Geistesschwäche seine Angelegenheiten nicht zu besorgen vermag, kann entmündigt werden (§ 6 BGB). Der wegen Geisteskrankheit Entmündigte sowie derjenige, der sich in einem die freie Willensbestimmung ausschließenden Zustand krankhafter Störung der Geistestätigkeit befindet, ist geschäftsunfähig; der wegen Geistesschwäche Entmündigte ist beschränkt geschäftsfähig. – Strafrecht: →Zurechnungsfähigkeit. – Verwaltungsrecht: Die Fürsorge für geisteskranke Personen (Betreuung, Heilung, auch Anstaltsunterbringung) wird regelmäßig durch die Krankenversicherung oder die Sozialhilfe (Kranken-, Eingliederungs-, Pflegehilfe) gewährleistet. Geeignete Einrichtungen werden durch die Träger der freien Wohlfahrt oder der Sozialhilfe bereitgestellt. Die Unterbringung gemeingefährlicher Geisteskranker regelt sich nach Landes-(Polizei-)Recht. Die Einweisung in eine Heil- und Pflegeanstalt gegen den Willen des Erkrankten bedarf der richterl. Entscheidung (Art. 104 GG).

In der Dt. Dem. Rep. gelten für das Zivil- und Strafrecht die gleichen oder gleichartige Bestimmungen. Die öffentl. Heilanstalten unterstehen den Bezirken. In Österreich werden öffentl. Heilanstalten von den Ländern unter Aufsicht des Bundes (Art. 10 Abs. 1 Ziff. 12 Bundesverfassungsgesetz), in der Schweiz von den Kantonen errichtet und unterhalten.

Seelöwen, Säugetiere, →Robben.

Seelsorge, in den christl. Kirchen die geistl. Betreuung und Lebenshilfe für den Einzelnen und die Gemeinde. Die **Einzel-S.** umfaßt z. B. Hausbesuche, Kranken-S., Gefängnis-S. Die **Gruppen-S.** ist meist Berufs- oder Standes-S., z. B. Militär-S., Seemannsmission, Studenten-S., S. in Standesvereinen. *der* **Seelsorger,** *-s/-. Adj.* **seelsorgerisch, seelsorglich.**

Seelze, Gem. im Kr. Hannover, Ndsachs., (1984) 29900 Ew., an der Leine und am Mittellandkanal; bed. chem. Ind., Papier-, Asbest- und Kieselgurwarenfabrik.

Seemacht, polit. Macht, die militärisch wesentlich auf der Marine und der durch sie ermöglichten Ausübung von Seeherrschaft, wirtschaftlich meist auf dem durch die eigene Handelsflotte getragenen Handel, daneben oft auf einer ausfuhrfähigen Industrie beruht. Das seebezogene Denken in Stützpunkten, Verbindungslinien und Einflußzonen wirkt auf das polit. Handeln. Die überseeischen Positionen fallen in erster Linie mit ihrer Bedeutung als Häfen, ferner als Handelsniederlassungen und Einfallspforten nach dem Hinterland ins Gewicht. Die **Seestrategie** ist Teil der Gesamtstrategie eines von der See beeinflußten Staates. In ihr kommen polit., wirtschaftl. und militär. Überlegungen zum Tragen. In ihrem Rahmen muß eine vorausschauende Marinepolitik für eine angemessene Seerüstung sorgen, da Seestreitkräfte sich nicht kurzfristig aufstellen lassen. Zum Wesen der Seestrategie gehört es, Flottendemonstrationen als Mittel der Politik anzuwenden. Die verhältnismäßig ungehinderten Bewegungsmöglichkeiten auf den Meeren ermöglichen das jederzeitige Auftreten von Seestreitkräften, um politisch-psycholog. Wirkungen zu erzielen. Verzugslose Nachrichtenübermittlung, verbunden mit der hohen Beweglichkeit von Schiffen, ermöglichen durch rasche Schwerpunktbildung ein weites Maß polit. Flexibilität, ohne die Rechte anderer Staaten zu verletzen. Seit dem Ende der Kolonialepoche ist der Erwerb überseeischer Besitzungen nicht mehr polit. Ziel. Um so mehr kommt es darauf an, durch polit. Bindungen Stützpunktrechte zu erwerben, weil trotz gesteigerter Seeausdauer keine Flotte auf Hafenaufenthalte zur Instandhaltung der Schiffe und Erholung der Besatzungen verzichten kann. Der **Seekrieg** ist eine mit militär. Mitteln geführte polit. Auseinandersetzung zw. Staaten oder Staatenbündnissen mit dem Ziel, Seeherrschaft auszuüben. Die Unzerstörbarkeit der Weltmeere sowie Zielsetzung, Stand der Seerüstung, geograph. Lage und wirtschaftl. Abhängigkeit der Kriegführenden von der See beeinflussen seinen Verlauf. Da jede Beeinträchtigung des Seeverkehrs mit ihren Wirkungen auf die Wirtschaftsbeziehungen auch die Interessen der nichtkriegführenden Staaten berührt, hat er eine viel stärkere polit. Bedeutung als der Landkrieg; so spielen neben den militär. Mitteln in weit höherem Maße Diplomatie, wirtschaftl. Maßnahmen, Bündnispolitik und Handhabung des Völkerrechts eine Rolle.

Mittel des Seekrieges sind Über- und Unterwasserstreitkräfte wie auch Flugzeuge. Zu den Waffen gehören Geschütze, Flugkörper, Torpedos und Minen; vielfältige Landeeinrichtungen für die Führung und Unterstützung der Seekriegsmittel sind Voraussetzungen für deren Einsatz.

Schon in einer Zeit polit. Spannungen können Seestreitkräfte den Erfordernissen eines Krieges entsprechend entsandt werden. Bei Kriegsbeginn kann ohne den Zeitverlust langer Anmarschwege angegriffen werden. In einer Kampfgruppe zusammengefaßte Flugzeugträger ermöglichen Luftangriffe mit konventionellen oder Nuklearwaffen gegen See- und Landziele. Kreuzer, Zerstörer und Fregatten geben Schutz gegen Luft- und U-Boot-Bedrohung. Die Fähigkeit zur Abwehr von Luftangriffen ist mit Flugzeugen und Flugkörpern vielfach gestaffelt. Der Abwehr von U-Booten dienen weitreichende Ortungsmittel und Waffen auf Schiffen und Flugzeugen. Eine Vielfalt von Versorgungsschiffen sorgt für hohe Seeausdauer. U-Boote dienen auch der Bekämpfung feindl. Seetransporte. Landungsschiffe können die Landkriegführung flexibel über See unterstützen. In begrenzten Seeräumen mit geringer Wassertiefe operieren für schnelle Vorstöße geeignete kleine Fahrzeuge. Minen schränken die Bewegungsfreiheit ein, landgestützte Flugzeuge und Flugkörperbatterien schaffen eine Luftbedrohung. Ortungseinrichtungen an Land überwachen den Seeraum und liefern den Befehlshabern Entscheidungsgrundlagen. (→Seekriegsrecht)

Seeherrschaft ist die Fähigkeit, durch den Einsatz von Seekriegsmitteln die Seewege für eigene militär. und wirtschaftl. Transporte freizuhalten und den Gegner an ihrer Nutzung zu hindern. Die Seeherrschaft ist kein absoluter Wert, da die See nicht wie ein Territorium besetzt werden kann; sie wird nur ausgeübt, wo sich eine überlegene Seemacht im Einsatz geltend machen kann. Seeherrschaft erfordert Flottenstärke und Stützpunkte. Seeherrschaft kann ihrem Wesen nach nur im Krieg ausgeübt werden.

Die seestrateg. Entwicklung seit dem Ende des 2. Weltkriegs ist durch die maritime Expansion der UdSSR gekennzeichnet. Aus der Erkenntnis, daß die angelsächs. Mächte nur auf See zu schlagen sind, folgte der Aufbau einer umfangreichen und leistungsfähigen Flotte. Die maritime Präsenz trägt dazu bei, politisch-psycholog. Einfluß, insbes. auf die Staaten der ›Dritten Welt‹, auszuüben.

Auch die Seerechtsentwicklung muß berücksichtigt werden. Ausgehend von den brit. Interessen an weltweitem Handel wurde frühzeitig das Prinzip von der Freiheit der Meere entwickelt, das auch machtpolitischen Zwecken diente.

Vgl. Kriegsmarine und die Abschnitte Streitkräfte der einzelnen Länderartikel.

Seemann, *Pl.* **Seeleute,** die Berufstätigen in der Seeschiffahrt einschließlich der Küstenschiffahrt, ausgebildet durch mehrjährige Fahrt als Schiffsjunge und Leichtmatrose auf Handels- oder Schulschiffen. Der ausgebildete S. wird als Matrose angemustert. Nach Erlangen der Fach- oder Fachhochschulreife und dem erfolgreichen Besuch einer Seefahrtschule oder Fachhochschule für Seefahrt ist Aufstieg zum Schiffsoffizier und Kapitän möglich. Die rechtl. Verhältnisse des S., bes. die aus dem →Heuerverhältnis, sind im dt. Seemannsgesetz vom 26. 7. 1957 (mehrfach geändert) geregelt. Berufsverbände sind die Dt. Angestellten-Gewerkschaft (DAG), die Gewerkschaft Öffentl. Dienste, Transport und Verkehr (ÖTV) und der Verband Dt. Kapitäne und Schiffsoffiziere (VDKS). – In der Dt. Dem. Rep. gilt die Seemannsordnung vom 18. 7. 1969 und das ›Gesetzbuch der Arbeit‹ vom 12. 4. 1961 i. d. F. vom 23. 11. 1966.

Seemanns|amt, staatl. Behörde zur Beaufsichtigung der Schiffsmannschaft (S.-VO v. 3. 6. 1959). Aufgaben: Ausfertigung der Seefahrtsbücher, An- und Abmusterung (Heuerverhältnis), Schlichtung von Streitigkeiten zw. Kapitän und Mannschaft, Ahndung best. Ordnungswidrigkeiten. – In der Dt. Dem. Rep. werden die Aufgaben des S. seit dem 20. 8. 1953 vom **Seefahrtsamt** in Rostock wahrgenommen.

Seemannschaft, die für einen Seemann erforderlichen Kenntnisse und Fertigkeiten (Praxis der Nautik).

Seemannsgarn *das, -(e)s,* U abenteuerliche Erzählung (eines Seemanns) mit geringem Wahrheitsgehalt.

Seemannsmission, die seelsorger. Betreuung der Seeleute in den Häfen, in den evang. Kirchen ein Zweig des Diakonischen Werkes, in der Kath. Kirche vom ›Apostolat des Meeres‹ (gegr. 1922, Sitz in Rom) getragen.

Seemanns|sprache, →Standessprachen.

Seemäuse, U für die Eier der Rochen und Haifische.

Seemeile, kurz für **internationale Seemeile, nautische Meile,** Einheitenzeichen **sm,** Längeneinheit in der See- und Luftfahrt. Die internat. S. (→nautical mile) beträgt 1,852 km (mittlere Meridianminute). Der 10. Teil einer S. heißt **Kabellänge.**

Seemoos, getrocknete, grün gefärbte Stöcke der **Sertularia argentea,** in der Nordsee häufig, zu den Hydrozoen gehörig.

Seenadeln, Gattungsgruppe der Büschelkiemer, die mit den Seepferdchen eine Fam. **(Syngnathidae)** bildet; die S. haben eine rüsselförmige Schnauze; sie schwimmen durch Wellenbewegungen der Rückenflosse. Das Männchen trägt Eier und Junge in einer Vertiefung oder in einer Hautfalte am Bauch. Die 45 cm lange **Große S. (Syngnathus acus)** ist im östl. Atlantik und in der Nordsee heimisch.

Seenelke, Korallentier, →Aktinien.

Seenkunde, Zweig der Gewässerkunde; befaßt sich mit der Erforschung der Seen, dabei bes. mit den chem., physikal. und biolog. Verhältnissen des Seewassers. Urspr. wurde die S. mit der Limnologie gleichgestellt, heute wird sie als Teil der Limnologie (Binnengewässerkunde) betrachtet.

Seenot, die für ein Schiff entstandene Gefahr, die fremde Hilfe notwendig macht (z. B. Feuer im Schiff); in diesem Fall gibt der Kapitän →Notsignal. (→Deutsche Gesellschaft zur Rettung Schiffbrüchiger)

Seenotrettungsflugzeug, Wasserflugzeug oder Hubschrauber zur Rettung von Flugzeug- und Schiffsbesatzungen aus Seenot.

Seenotwelle, → Funkstille.

Seeohren, Meer|ohren, Ohrschnecken, Haliotis, Faßschnecken-Gatt. mit ohrmuschelförmiger Perlmutterschale.

Seeon-Seebruck, Gem. im Kr. Traunstein, Bayern, (1984) 3600 Ew.; ehem. Benediktinerkloster (994–1803) mit urspr. roman. Kirche (im 15. Jh. umgebaut), Klostergebäude (17. Jh.).

Seepaß, das → Seefahrtsbuch.

Seepatent, für die Seeschiffahrt **Kapitänspatent** (→ Kapitän 1), für die Binnenschiffahrt → Schifferpatent.

Seepferdchen, Hippocampus, vorwiegend trop. Fischgatt. der → Seenadeln, an Kopf und Vorderkörper pferdeähnlich, mit Greifschwanz ohne Schwanzflosse. Das **Gefleckte S. (Hippocampus guttulatus)** lebt im Mittelmeer, selten in der Nordsee.

Seepocken, Krebstiere, → Rankenfüßer.

Seeprotest, → Verklarung.

Seequappen, Gattungsgruppe der Dorsche. In europ. Meeren lebt z. B. die **Fünfbärtelige S.** oder das **Seewiesel,** das bis 45 cm lang wird.

Seeräuberei, → Piraterie.

Seeräuberküste, → Piratenküste.

Seeschmetterling

Seerecht, die für das Seewesen und die Schiffahrt geltenden Rechtsnormen. Das S. ist öffentl. oder Privatrecht. **1)** das dt. privat e S. ist zusammengefaßt im 4. Buch des HGB und im Seemanns-Ges. v. 26. 7. 1957, zuletzt geändert 1. 3. 1983. **2)** Öffentl. Recht: die Gesetzgebung auf dem Gebiet der Seeschiffahrt gehört in der Bundesrep. Dtl. zur konkurrierenden Zuständigkeit des Bundes (Art. 74 Ziff. 21 GG); vgl. z. B. das Ges. über die Aufgaben des Bundes auf dem Gebiet der Seeschiffahrt i. d. F. v. 30. 6. 1977, das Flaggenrechtsgesetz v. 8. 2. 1951, die Seeschiffahrtsstraßenordnung i. d. F. v. 9. 8. 1977. – In der Dt. Dem. Rep. sind die Ordnung und die Ausübung der Seeschiffahrt Angelegenheit des Staates. Wichtige Regelungen: Seewasserstraßenordnung v. 16. 5. 1968, Flaggen-VO v. 1. 10. 1959, die AO über das Seefahrtsamt v. 8. 11. 1967 u. a. – Für schweizer. Schiffe gilt das Ges. v. 23. 9. 1953 über die Seeschiffahrt unter der Schweizer Flagge. **3)** Der wichtigste Grundsatz des internationalen S. ist die → Freiheit der Meere, wonach die Schiffahrt und die Fischerei auf der hohen See von allen Staaten und ihren Angehörigen unbehindert ausgeübt werden dürfen. Die auf der 2. Genfer Seerechtskonferenz entworfenen vier S.-Abkommen vom 29. 4. 1958 versuchen eine Kodifikation des seerechtl. Völkergewohnheitsrechts; die 3. Seerechtskonferenz der Vereinten Nationen hat 1982 mit 130 gegen 4 Nationen (darunter die USA) und 17 Enthaltungen (darunter die Bundesrep. Dtl.) den Entwurf einer Internat. S.-Konvention verabschiedet. Sie tritt nach Ratifizierung durch 60 Staaten in Kraft. Die Konvention sieht eine Ausdehnung der Hoheitszone (Küstengewässer) auf 12 sm, exklusive Wirtschaftszonen (200 sm), die Errichtung einer Meeresboden-Behörde und eines Internat. Seegerichtshofes u. a. vor. Die Ratifizierung durch die Bundesrep. Dtl. ist nicht erfolgt. Außerdem sind in einer großen Zahl von Verträgen einzelne Gegenstände des Seewesens, der Schiffahrt und der Fischerei (→ Fischereirecht) geregelt, z. B. die Londoner Schiffssicherheitsverträge vom 10. 6. 1948 und 17. 6. 1960, das Europ. Fischerei-Übereinkommen vom 9. 3. 1964.

Seerose, 1) Wasserrose, Nymphaea, Gatt. der Fam. Seerosengewächse (Nymphaeaceae) mit kriechendem Wurzelstock, langgestielten ledrigen Schwimmblättern und langgestielten, rosenförmigen Blüten. Die **Weiße S.** mit vielblättrigen weißen Blüten wächst in Mitteleuropa, die **Blaue Lotosblume** mit blauen Blüten im Nilgebiet. Gelegentlich heißt auch die Gelbe → Teichrose **Gelbe S. 2)** auch **Erdbeerrose,** ein Korallentier, → Aktinien.

Seescheiden, Ascidiacea, Klasse festsitzender, weißer, roter oder brauner Manteltiere, schlauch-, knollen- oder fadenförmig; Mantel gelatinös oder lederig. S. leben einzeln, wie die durchsichtige **Ciona** im Mittelmeer, oder in Kolonien, so die **Botryllus**-Arten der Nordsee, die sich auch durch Sprossung fortpflanzen. Leuchtvermögen bei den Feuerwalzen.

Seerose 1): LINKS und MITTE Lotosblumen, RECHTS Weiße S.

Seeschiffahrt, die → Schiffahrt auf See außerhalb der → Binnengewässer, die staats- und völkerrechtlich besonderen Regeln unterliegt. (→ Küstenschiffahrt, → Binnenschiffahrt)

Seeschlangen, 1) Hydrophiidae, Fam. meeresbewohnender und lebendgebärender, selten über 2 m langer Giftschlangen des Indischen und Pazif. Ozeans, mit seitlich abgeflachtem Ruderschwanz; einige Arten, z. B. die **Zeilenschlange,** legen Eier auf dem Land ab. **2)** Fabeltiere.

Seeschmetterling, Blennius ocellaris, bis 15 cm langer Schleimfisch, mit schwarzem Fleck auf der vorderen hohen Rükkenflosse; lebt im Mittelmeer und Ostatlantik, im N bis zum Ärmelkanal.

Seeschwalben, Sterninae, Unterfam. der Möwen mit schlankem spitzem Schnabel, schmalen Flügeln und kleinen Füßen; im mitteleurop. Binnenland auf verlandenden Seen die fast schwarze amselgroße **Trauer-S.;** an Binnengewässern und an der Küste die **Fluß-S.,** mit rotem Schnabel und schwarzer Schnabelspitze. Ähnlich ist die **Küsten-S.,** kleiner die **Zwerg-S.** Häufig ist auf einigen Nordsee-Inseln die **Brand-S.** mit schwarzem Schnabel, gelber Spitze.

Seesen, Stadt und Luftkurort im Kr. Goslar, Ndsachs., (1984) 22000 Ew., am NW-Fuß des Harzes, 209 m ü. M.; Blechwaren-, Konserven-Ind., Teigwaren- und Fertiggerichte-Herstellung.

Seesker Höhe, poln. **Wzgórza Szeskie** [vzgˈuʒa ʃˈɛskjɛ], Erhebung des → Preußischen Landrückens am O-Rand Ostpreußens, bis 309 m.

Seeskorpion, Seeteufel, schwimmblasenloser Fisch der Panzerwangen, der vom Eismeer bis zur O-Küste der USA vorkommt.

See-Sozialversicherung, Unfall-, Renten-, Krankenversicherung der Seeleute. Träger der S.-S. ist die 1887 gegr., auf Selbstverwaltung der Reeder und der Versicherten beruhende **See-Berufsgenossenschaft,** Sitz: Hamburg; eine öffentl.-rechtl. Körperschaft zur Vertretung gemeinsamer Interessen und Aufstellung von Vorschriften für die Schiffahrt, die gleichzeitig Schiffssicherheitsbehörde ist und zur Durchführung ihrer Anordnungen Ordnungsstrafen festsetzen kann. Die Kosten der See-Berufsgenossenschaft tragen die Reeder. Sonderanstalt für Rentenversicherung ist die **Seekasse** (zugleich Generalbevollmächtigte der Bundesversicherungsanstalt für Angestellte für die seemännisch Angestellten), für die Krankenversicherung deren Abteilung **See-Krankenkasse.**

Seespinne, Krebstier, → Krabben.

Seesterne, Asteroidea, Klasse der Stachelhäuter, deren Körper meist aus einer zentralen Scheibe und fünf oder mehr Armen besteht. Die Scheibe enthält den Darm (mit Mundöffnung auf der Unter- und After auf der Oberseite) und die Geschlechtsdrüsen. Die Arme, deren Skelett aus wirbelartig verbundenen Kalkstücken besteht, tragen Stacheln, Greifzangen (Pedizellarien) und

Seepferdchen: Geflecktes S.

Seesterne: LINKS Mittelmeer-Kammstern; RECHTS Fünfeckstern

Seestück: ›Het IJ‹ vor Amsterdam, Gemälde von Willem van de Velde d. J. (Amsterdam, Rijksmuseum)

Ambulakralfüßchen mit Saugscheiben, die an das Wassergefäßsystem angeschlossen sind. Aus den Eiern der meist getrenntgeschlechtigen S. entwickeln sich zunächst frei schwimmende Larven. Nahrung sind Muscheln, Korallen u. a. Meerestiere. Die S. besitzen ein hohes Regenerationsvermögen; abgebrochene Arme ergänzen sich zu vollständigen Tieren. Häufig vorkommende S. sind z. B. **Buckelstern, Eisstern, Mittelmeer-Kammstern, Purpurstern.**

Seestraßen|ordnung, die auf der internat. Konferenz von Washington (1889) anerkannten Regeln zur Verhütung von Zusammenstößen auf See (Lichterführung, Fahr- und Ausweichregeln u. a.), durch das Londoner Übereinkommen v. 20. 10. 1972 neu festgelegt. - In der Bundesrep. Dtl. gelten diese Regeln in der VO zur S. zu den Regeln von 1972 v. 13. 6. 1977. Für die von Seeschiffen befahrenen dt. Wasserstraßen gilt die Seeschiffahrtsstraßenordnung i. d. F. v. 9. 8. 1977. - Die Dt. Dem. Rep. ist 1977 der Fassung des Londoner Übereinkommens zur S. von 1972 beigetreten.

Richard Seewald: Illustration zu Vergils Hirtengedichten, 1953

Seestrategie, → Seemacht.

Seestück, Marinestück, ein Bild, das die See, meist mit Schiffen, eine Meeresküste, Hafenansicht, auch eine Seeschlacht darstellt. Zu einer eigenen Bildgattung wurde das S. Ende des 16. Jh. von niederländ. Malern entwickelt und erreichte eine Blütezeit im 17. Jh. (J. Porcellis, S. de Vlieger, H. J. Dubbels, L. Backhuysen, S. van de Capelle, W. van de Velde). Seither blieb sie eine bes. von nord. Künstlern gepflegte Gattung, die noch einmal in der Romantik (W. Turner, C. D. Friedrich, T. Géricault, J. C. Dahl) und im Impressionismus (C. Monet, A. Sisley, P. Signac u. a.) zu Höhepunkten gelangte.

Seetaler Alpen, seen- und waldreiche Gebirgsgruppe in der Obersteiermark, Österreich, im Zirbitzkogel 2396 m.

Seetang, großwüchsige Formen der Braun- und Rotalgen.

Seetaucher, Gaviae, Unterordn. der Steißfüße, große, unter Wasser grätschende Tauchvögel mit Schwimmhäuten. In Mitteleuropa tritt der **Prachttaucher (Gavia arctica)** im Winterkleid auf, mit dunklem Rücken und weißem Vorderhals. Im Sommerkleid ist der Rücken weiß getupft. Seltenere Wintergäste sind **Sterntaucher (Gavia stellata)** und **Eistaucher (Gavia immer).**

George Segal: Busfahrer, 1962 (New York, Museum of Modern Art)

Seetherapie, Verfahren zur Beseitigung der → Eutrophierung von Seen. Als **Seesanierung** werden Maßnahmen zur Beseitigung der Ursachen von Eutrophierung bezeichnet: Ringleitungen zur Erfassung aller Abwässer, Abwasserbehandlung in Kläranlagen sowie Phosphatausfällung in den natürl. Zuflüssen von Seen. Als **Seerestaurierung** gelten Verfahren zur Bekämpfung der negativen Folgen der Eutrophierung (aber nicht diese selbst): Ableitung von Tiefenwasser, Tiefenwasserbelüftung, Phosphatausfällung im See, Entfernung oder Abdeckung des Sediments u. a.

Seetüchtigkeit, Seefähigkeit, die Fähigkeit eines Schiffes oder Bootes, den Beanspruchungen durch die See zu widerstehen.

Seevermessung, die Vermessung des Meeresbodens (Tiefenmessung), der Ufer- und Hafenbereiche, der Seezeichen und der Gefahrenstellen zur Herstellung von → Seekarten; wird durch Vermessungsschiffe ausgeführt.

Seeversicherung, See|assekuranz, Versicherung insbes. von Schiff, Ladung, Fracht gegen die Seegefahren wie Untergang, Strandung, Verschollenheit, Zusammenstoß, Leckage, Seeraub, Brand, Explosion; geregelt in §§ 778-900 HGB und den i. d. R. zugrunde gelegten Allg. Dt. S.-Bedingungen von 1919. - Mangels anderer Abrede ist die Seekriegsgefahr ausgeschlossen. Die S. haftet nicht für Schäden durch Abnutzung und Alter.

Seevetal, Gem. im Kr. Harburg, Ndsachs., (1984) 36900 Ew., südl. von Hamburg; 1972 durch Zusammenschluß mehrerer Gem. entstanden; Werk für Maschinenforschung, großer Rangierbahnhof im Ortsteil Maschen.

Seevogelfreistätten, an Meeresküsten gelegene Schutzgebiete, die den Strand- und Seevögeln als Brut- und Lebensraum dienen und sie vor der Ausrottung bewahren sollen.

Seevölker, Bez. für eine Völkergruppe des Mittelmeerraums und des Vorderen Orients, die während der Ägäischen Wanderung im 13./17. Jh. von See her in das Nildelta, Syrien und Palästina vordrang. S. werden in den Briefen von → Amarna als ägypt. Besatzungstruppe in Byblos erwähnt. Unter Ramses II. (1290-1224 v. Chr.) traten die S. auf ägypt. und hethit. Seite als Hilfstruppen auf. Um 1200 v. Chr. machten die S. dem Hethiterreich ein Ende, bedrohten danach erneut Ägypten, wurden aber 1177 v. Chr. von Ramses III. (1184-1153 v. Chr.) besiegt.

Seewald, Richard, Maler, Graphiker, Schriftst., * Arnswalde (Neumark) 4. 5. 1889, † München 29. 10. 1976. Von seinen vielseitigen Arbeiten wurden bes. seine Buchillustrationen bekannt; S. schuf auch Wandgemälde, Glasfenster, Mosaiken und entwarf Gobelins; ferner: Romane, Spiele, Erinnerungen.

Seewalzen, Seegurken, Holothuri|en, Holothurioidea, Klasse der Stachelhäuter mit wurmförmig gestrecktem Körper. Das Skelett ist auf kleine Kalkkörperchen in der lederartigen Haut und einen den Schlund umgreifenden Kalkring beschränkt. Der Mund hat einziehbare Fühler; in die Kloake münden 2 verästelte Schläuche, die Wasserlungen. Die Entwicklung verläuft meist über eine frei schwimmende bilaterale Larve.

Seewarte, Deutsche S., 1875 in Hamburg gegr. Reichsanstalt zur Erforschung der Naturverhältnisse der Meere; 1945 aufgelöst. Ihre Aufgaben übernahmen das → Deutsche Hydrographische Institut und das Seewetteramt des Dt. Wetterdienstes in Hamburg.

Seewölfe, Anarhichidae, Fam. der Schleimfischartigen Fische mit plumpem Kopf und großen Mahlzähnen, z. B. der **Gestreifte S.** oder **Katfisch (Anarhichas lupus),** bis 1,5 m lang, lebt an den Küsten des Nordatlantik und des Eismeers. S. sind Speisefische; aus den Häuten wird Leder hergestellt.

Seezeichen, international geltende Zeichen für die Schiffahrt zur Kennzeichnung von Fahrwassern und als Wegweiser. Die S. sind teils landfest (Leuchttürme, Baken, Dalben, Stangen, Pricken), teils schwimmend (Feuerschiffe, Baken-, Leucht-, Heul-, Glocken-, Spieren-, Kugel-, Faß-, spitze und stumpfe Tonnen, Bojen). Zur Unterscheidung ähnlicher S. und als besondere Hinweise

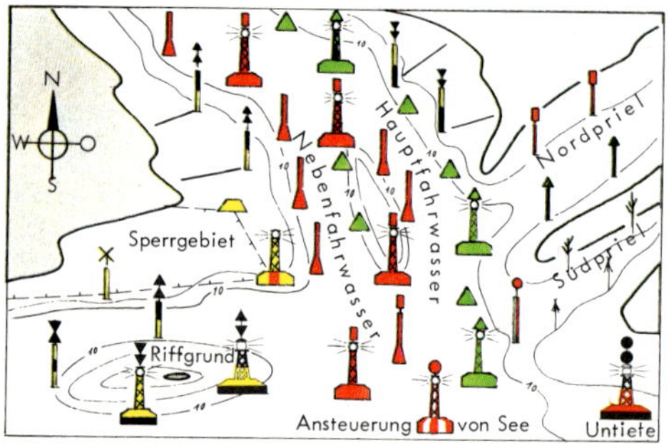

Seezeichen in ihrer Erscheinungsform bei Tag

werden Toppzeichen und Aufschriften, bei → Leuchtfeuern versch. Kennungen angewendet. Länger gleichbleibende Kurse werden durch Leitfeuer (mit einem Leitsektor und beidseitigen Warnsektoren) oder durch Richtbaken festgelegt, starke Kursänderungen durch Quermarkenfeuer angegeben. Wichtige S. erhalten zur besseren Kennzeichnung Radarreflektoren. (Weitere BILDER S. 667)

Seezollgrenze, gesetzlich bestimmte Linie an der Meeresküste gegen die freie See (Zollausland), in der Bundesrep. Dtl. die Strandlinie. **Seezollhäfen** liegen hinter der S.

Seezungen, Fische, → Plattfische. (BILD Fische)

Sefer [hebr.] *das, -/-,* Buch. **Sefer-Thora,** → Thora.

Seferis, Giorgos, eigtl. Georgios **Seferiades,** ngrch. Lyriker, * Smyrna 19. 2. 1900, † Athen 20. 9. 1971, Diplomat; schrieb klare, unpathet. Verse und gilt als Begründer der modernen Lyrik in Griechenland; Nobelpreis für Literatur 1963.

HW: *Gedichte:* Die Wendung (1931); Logbuch, I (1940), II (1944); Gedichte (1950); Sechzehn Haikus (1968). - Essays (1944).

Sefewiden *Pl.,* pers. Dynastie, → Safawiden.

Segal [s'i:gəl], **1)** Erich Wolf, amerikan. Schriftst., * New York 16. 6. 1937, veröffentlichte Arbeiten über Plautus und Euripides; sein Roman ›Love story‹ (1970) errang Welterfolg.

2) George, amerikan. Bildhauer, * New York 26. 11. 1924, begann als Maler; seine in Gips abgeformten Modelle stellen häufig Menschen bei alltägl. Arbeiten dar.

Segelflugzeug:
LS 1 (Rolladen-Schneider o.H.G., Egelsbach); Hochleistungssegelflugzeug der Standardklasse in Kunststoffbauweise

Segantini, Giovanni, ital. Maler, * Arco (Prov. Trient) 15. 1. 1858, † bei Pontresina 28. 9. 1899. S., der Maler des Hochgebirges und seiner Menschen, entwickelte eine eigene Technik, indem er ungemischte Farben in dicht nebeneinandergesetzten Strichlagen auftrug. (BILD S. 668)

Segeberg, Bad S., Krst. des Landkreises S. in Schlesw.-Holst., (1984) 13 500 Ew., an der Trave; Imker-, Waldarbeiter-, Landwirtschaftsschule, evang. Akademie; Fremdenverkehr. Über der Stadt erhebt sich der 91 m hohe Kalkberg, ein Gipsfelsen mit Kalkhöhlen und Freilichttheater (seit 1952 Karl-May-Festspiele); Marienkirche (1156 bis Anfang 13. Jh., das äußere 1863–66 neuromanisch ummantelt) mit kostbarem Schnitzaltar (um 1515).

Segel [ahd.] *das, -s/-,* **1)** Fläche aus bes. appretiertem, auch beschichtetem **Segeltuch,** einem festen, dichten Leinwand- oder Ripsgewebe aus häufig synthet. Chemiefäden, das den Wind zur Fortbewegung von Wasserfahrzeugen (Segelschiffe, Segelboote) ausnutzt. – Redewendungen: *er geht unter S.,* fährt ab; *ich setze die S.,* rolle, ziehe die S. auf; *er streicht die S.,* zieht die S. ein, U gibt klein bei, gibt nach; *ich habe ihm den Wind aus den S. genommen,* U habe ihm den Schwung zu seinem Vorhaben genommen. **2)** ☆ Sternbild, → Segel des Schiffes.

Segel|anweisung, ⚓ für Kapitäne bestimmte schriftl. Ratschläge über den günstigsten Seeweg, Teil der Seehandbücher.

Segelboot, zum → Segeln eingerichtetes kleineres Wasserfahrzeug, das sich hauptsächlich als Sportboot erhalten hat (→ Jolle 2, → Yacht), früher aus Holz, heute meist aus Kunststoff hergestellt. Die Besegelung besteht aus längsschiff stehenden Schratsegeln. Die Takelagen sind ein-, anderthalb- oder zweimastig; zum Hauptsegel (Lugger-, Gaffel-, Hochsegel) lassen sich Beisegel (Toppsegel, Flieger, Ballon, Spinnaker, Sturmfock) setzen. Der Abtrift der S. wird durch Kielform oder Schwert begegnet. Auftriebstanks verhindern ein Sinken der S. beim Kentern. Eine Sonderform ist der → Katamaran. (BILDER S. 672)

Segel des Schiffes, Segel, Vela [lat.], in der Milchstraße gelegenes Sternbild des südl. Himmels.

Segelfalter, Iphiclides podalirius, Art der Ritterfalter mit gelben, schwarzgestreiften Flügeln; die Raupe lebt bes. an Schlehen.

Segelflosser, Skalar, Blattfisch, Pterophyllum scalare, Buntbarschart, bes. im Amazonas, mit seitlich abgeplattetem Körper, großer Rücken- und Afterflosse; Aquarienfisch.

Segelflug, das Fliegen mit einem → Segelflugzeug. Es beruht auf dem mit Höhenverlust verbundenen Gleitflug und der Ausnutzung aufsteigender Luftströmungen zum Steigen: **Hang-S.** im Aufwind an Berghängen, die vom Wind angeblasen werden; **Thermik-S.** in vertikalen Luftströmungen, die sich bei verschieden starker Erwärmung des Erdbodens bilden; **Gewitter-** und **Fronten-S.** in den thermischen Konvektionsströmen vor Gewitterfronten; **Wellen-S.** in den Aufwinden in größeren Höhen auf der Leeseite langgestreckter Gebirgszüge, wenn diese von der Luft quer überströmt werden; der dynam. S. nutzt starke Windscherungen zum Höhengewinn. Die zum Start eines Segelflugzeugs benötigte Anfangshöhe oder Anfangsgeschwindigkeit wird erreicht durch Windenschleppstart, bei dem das Flugzeug von einer feststehenden Motorwinde mit einem Kunststoffseil emporgezogen wird, oder Flugzeugschleppstart mit Hilfe eines Motorflugzeugs oder Eigenstart mit Hilfe eines eingebauten Hilfsmotors beim **Motorsegler.** Der Gummiseilstart wird heute kaum noch ausgeführt. (BILD S. 668)

Wettbewerbs- und Rekordkonkurrenzen. Streckenflug, Zielstreckenflug, Zielflug mit Rückkehr zum Startort, Höhenflüge, Dreiecksflüge über unterschiedl. Entfernungen. Bisher wurden Entfernungen von über 1 450 km zurückgelegt, Höhen von über 14 100 m und Geschwindigkeiten von mehr als 165 km/h erreicht sowie Dauerflüge von über 60 Stunden ausgeführt. Die geringsten Sinkgeschwindigkeiten guter Segelflugzeuge liegen zw. 0,45 und 0,75 m/s, die größten Gleitzahlen zw. 40 und 50.

Segelfalter

Geschichte. Als Vorkämpfer der Segelfliegerei kann O. Lilienthal angesehen werden (Gleitflüge 1891–96). In den USA führten die Gebrüder Wright Gleitflüge durch (u. a. 1911). In Dtl. reichen die Anfänge der Segelfliegerei bis 1911 zurück; sie nahm nach dem 1. Weltkrieg einen großen Aufschwung; jährlich Rhön-Wettbewerbe. Nach dem 2. Weltkrieg wurde der S. in der Bundesrep. Dtl. 1951 wieder zugelassen; seitdem wird er in zahlreichen Segelfliegergruppen betrieben, auch von akadem. Fliegergruppen für wissenschaftl. Zwecke.

Segelflugzeug, motorloses ein- oder zweisitziges leichtes Flugzeug mit großer Flügelspannweite, auch mit Hilfsmotor ausgerüstet **(Motorsegler),** mit dem man in aufsteigenden Luftströmungen fliegen kann (→ Segelflug). Nach der Bauweise unterscheidet man Holz-, seltener Ganzmetall- und heute überwiegend Kunststoffbauweise (GFK), nach der Leistungsfähigkeit Schul-, Übungs-, Leistungs- und Hochleistungs-S., Gleitflugzeuge (Schulgleiter). Das S. hat einfache Knüppelsteuerung und ist ausgerüstet mit Fahrt-(Geschwindigkeits-)Messer, Höhenmesser, Variometer, künstl. Horizont, Wendezeiger, Kompaß, Uhr, Funksprechgerät.

Segelkarte, eine → Seekarte.

segeln [mhd.]. *ich seg(e)le* (habe, bin gesegelt), **1)** bewege mich in einem Segelboot mit Hilfe des Windes fort. **2)** U schwebe, gleite: *die Wolken segelten dahin.* **3)** U falle hin: *er ist durch die Prüfung gesegelt,* U hat nicht bestanden. *ich* **seg(e)le ab, 1)** (bin abgesegelt), gehe auf Segelfahrt. **2)** (habe abgesegelt), mache die letzte Segelfahrt des Sommers. *ich* **seg(e)le an** (habe angesegelt), **1)** eröffne die Segelsaison. **2)** *es,* steuere die Küste an. *ich* **seg(e)le aus** (bin ausge-

Seezeichen

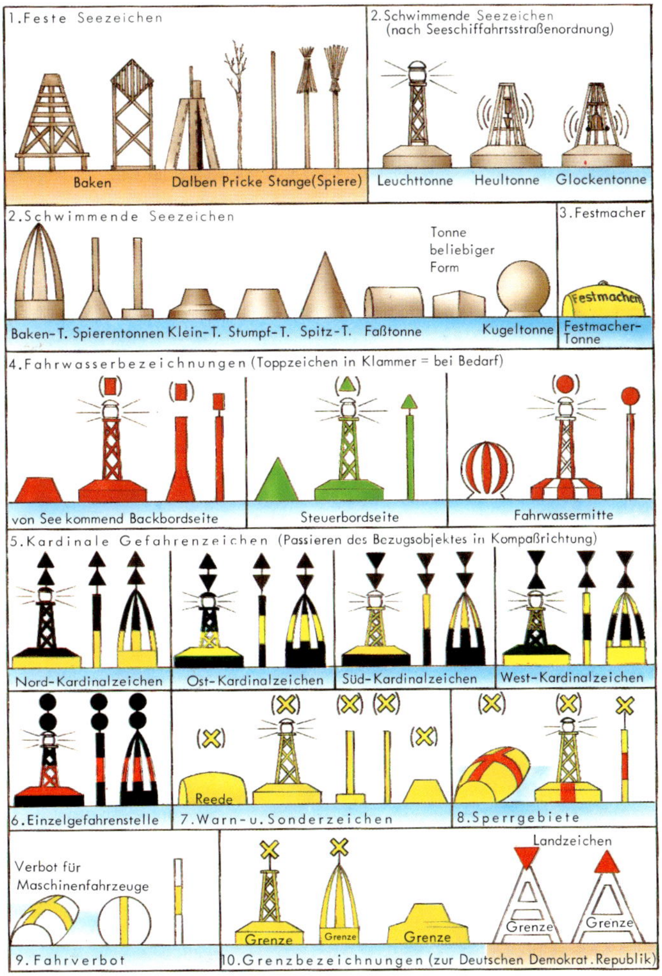

Giovanni Segantini: An der Tränke, 1888 (Basel, Museum)

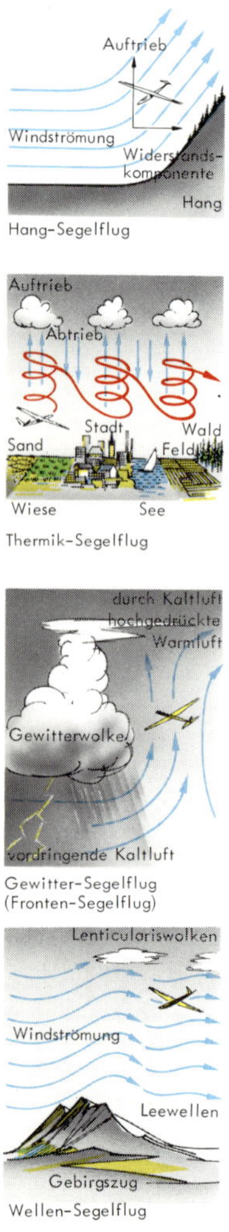

Segelflug

segelt), steche in See, gehe auf Segelfahrt. **segelfertig,** bereit abzusegeln. **segelfliegen,** *nur Infinitiv üblich,* einen Segelflug machen.

Segeln [zu Segel] *das, -s,* die Fortbewegung eines Bootes oder Schiffes durch Wind und Segel. Zur richtigen Ausnutzung des Windes müssen die Segelflächen den durch Kielrichtung und Windrichtung gebildeten Winkel etwa halbieren. Der Wind löst um die Segel Strömungen ähnlich denen an den Tragflächen eines Flugzeuges aus. Danach ist die Strömungsgeschwindigkeit der Luft auf der gewölbten Außenseite des Segels größer als auf der Innenseite. Aus der damit verbundenen Druckdifferenz resultiert die Windkraft auf das Segel, die sich in eine Komponente in Längsrichtung des Schiffes und in eine Querkomponente zerlegen läßt. Für die Segelstellung ist nicht der wahre, sondern der scheinbare (gefühlte) Wind maßgebend, der sich aus dem wahren und dem Fahrtwind zusammensetzt und am Windstander oben am Mast zu erkennen ist. Abgesehen vom Kurs ›vor dem Wind‹ wird nur ein Teil der Kraft des scheinbaren Windes für die Fortbewegung wirksam, bes. ›beim Wind‹, wenn der Wind seitlich von vorn kommt. Am besten wird die Segelfläche ›vor dem Wind‹ ausgenutzt, d. h., wenn der Wind genau in der Fahrtrichtung weht. Soll das Fahrzeug an den Wind gehen (anluven), müssen die Segel ›angeholt‹ werden; es segelt dann mit dem ›raumen Wind‹. Wind schräg von achtern heißt ›Backstagsbrise‹, von querein ›halber Wind‹. Weht der Wind direkt von vorn, muß das Boot kreuzen. Kiel oder Schwert wirken dem seitl. Abdriften des Schiffes unter dem Einfluß der Querkomponente der Windkraft in Leerichtung entgegen. Unter dem seitl. Druck des Windes neigt sich (krängt) das Fahrzeug nach Lee. Die Größe der vor und hinter dem Drehpunkt des Fahrzeugs befindlichen Segelflächen bestimmt die Neigung des Schiffes, in den Wind oder von ihm fortzudrehen (anzuluven oder abzufallen). Kursänderungen, nach denen der Wind von der anderen Seite kommt, erfordern ein Wenden, wenn der Bug durch den Wind geht, ein Halsen, wenn das Heck durch den Wind geht.

Der **Segelsport** wird in Binnen-, Küste- oder See- und Hochseeregatten sowie auf Wanderfahrten ausgeübt. Die Segelboote werden in Bootsklassen eingeteilt: 1) Olympiaklassen, 1984: Soling, Flying Dutchman, Finndingi, 470er Zweimannjolle, Tornado-Katamaran, Windglider, Star; 2) Internat. Klassen; 3) Nat. Klassen; 4) Ausländ. Klassen; 5) Einheitsklassen; 6) Konstruktionsklassen; 7) Formelyachten, z. B. das Kielboot und die Kielschwertyacht; 8) Ausgleichsklassen; 9) Werftklassen; 10) Freie Rennklassen; daneben gibt es unterschiedl. Bootsklassen, z. B. Cadet, Lightning, Kormoran, Jollenkreuzer, Walboot und Optimist.

An **Regatten** teilnehmende Segelboote führen im Großsegel Registriernummer, Bootstypzeichen und (bei internat. Regatten) Nationalitätszeichen. Im Sportsegeln unterscheidet man v. a. die Dreiecksregatten auf Binnenrevieren und oder an den Küsten sowie die Hochseerennen. Zu ersteren zählen seit 1900 auch die olymp. Segelwettkämpfe, die 2. Kategorie reicht vom Rennen ›Rund um Helgoland‹ bis zum Transatlantikrennen. – Oberstes Organ in der Bundesrep. Dtl. ist der Dt. Segler-Verband (DSV, gegr. 1888; Sitz: Berlin; 1984: rd. 155000 Mitgl.), in der Dt. Dem. Rep. der Bund Dt. Segler (BDS, gegr. 1959; Sitz: Berlin-Ost; 1983: 28000 Mitgl.), in Österreich der Österr. Segler-Verband (ÖSV, gegr. 1946; Sitz: Wien; 1984: 20000 Mitgl.), in der Schweiz die Union Schweizer. Yachtklubs (USY, gegr. 1939; Sitz: Bern; 1984: rd. 24000 Mitgl.); internat. Dachverband ist die International Yacht Racing Union (IYRU, gegr. 1907; Sitz: London) mit 75 nat. Mitgliedsverbänden. (BILDER S. 669 und 670)

Segelschiff, durch die Windkraft fortbewegtes Schiff mit Segeln. Den Typ des S. bestimmen die Bauart des Schiffskörpers, die Anzahl der Masten und die Form und Anordnung der **Segel.** Diese sind entweder Rahsegel (Quersegel), die mit ihrer Oberkante an den querschiffs an den Masten angebrachten Rahen befestigt sind, oder Schratsegel, deren Vorkante in der Mittschiffsebene steht, deren Hinterende durch eine Schot eingestellt wird und die Gaffel-, Gaffeltopp- oder Stagsegel sein können. Die Segel eines voll getakelten Mastes sind von unten: Untersegel (Fock-, Groß- u. a. Segel), Unter-, Obermarssegel, Unter-, Oberbramsegel, Royal und – bei sehr großen S. – Skysegel. Vom Fockmast nach vorn zum Klüverbaum und zw. den Masten werden meist noch dreieckige Stagsegel gesetzt. S. mit voll getakelten Masten heißen **Vollschiff.** Zu den Rahschiffen zählen (Fünf-, Vier-, Dreimast-)**Vollschiffe, Briggen** (Zweimastvollschiffe) und **Barken** (Dreimastsegler; hinterster Mast trägt Schratsegel, die anderen Rahsegel). **Schoner** haben nur Schratsegel. Die gemischte Takelage aus Rah- und Schonersegeln hat zu einer reichhaltigen Typenbildung (Rahschoner) ohne einheitl. Bezeichnungen geführt (→Schiff, →Segelboot, →Mast, →Takelage). BILDER S. 670 und 671.

Geschichte. In Altkreta und Phönikien sind die ältesten S. im 2. Jahrtsd. v. Chr. nachzuweisen, in Nordeuropa um 400 n. Chr. Das reine Hochsee-S. ist eine Erfindung der Hanse (→Hulk 1, →Kogge); es war gleichzeitig Handels- und Kriegsschiff. Im 15. Jh. kamen die Dreimaster auf (→Karavelle). Mit dem 17. Jh. trennte sich der Bau von Handels- und Kriegsschiffen. Im 19. Jh. wurden S. gebaut, die bis zu 7 Segel an einem Mast hatten. 1875 entstand das 1. eiserne Viermastvollschiff. Als Schnellsegler kamen die →Klipper auf. Ende des 19. Jh. begannen die Dampfschiffe die großen S. zu verdrängen. Heute ist das S. bis auf einige Schulschiffe fast vollständig verschwunden; in der Küstenschiffahrt und der Fischerei hat sich Besegelung noch als Hilfsantrieb erhalten; er wird neuerdings zur Energieeinsparung wieder erwogen.

Segelschlitten, Eisjacht, →Eissegeln.

Segelsport, →Segeln.

Segeltuch, →Segel.

Segen [ahd., zu lat signum ›Zeichen‹] *der, -s/-,* **1)** Religionsgeschichte: hl. Handlung (z. B. Handauflegung) und mächtiges Wort zur Übertragung besonderer Kraft; Gebet, bes. Tischgebet (vgl. unten). **2)** ☘ Zauberformel. **3)** Gottes Gunst; Glück, Gedeihen: *auf seiner Arbeit ruht kein S.* **4)** reicher Ertrag: Fülle. **5)** U Einverständnis, Erlaubnis: *meinen S. hast du.* **segensreich,** reich an Glück, Gunst, Erfolg. *ich* **segne** *ihn, es,* **1)** spreche einen S. darüber, mache das Zeichen des Kreuzes, wünsche ihm Gottes Gunst: *Gott segne dich!* **2)** *gesegnet mit etwas,* Ü reich damit versehen: *gesegneten Leibes,* P schwanger. **3)** denke daran mit Liebe und Dankbarkeit. *ich* **segne** *ihn, es* **ein, 1)** erteile einen S. darüber. **2)** *ihn,* konfirmiere. *die* **Segnung,** *-/-en,* **1)** das Segnen. **2)** Folge des Segens, wohltätige Wirkung.

In der Kath. Liturgie ist der S. (auch **Segnung, Benediktion**) unter den →Sakramentalien der Kirche das häufigste, urspr. durch Handauflegung, dann durch den Gestus des Kreuzzeichens, seit dem MA. auch mit der in der Monstranz enthaltenen Eucharistie **(sakramentaler S.)** erteilt. Der **Päpstliche** oder **Apostolische S.** ist mit vollkommenem Ablaß verbunden. Eine Zusammenstellung aller gebräuchlichen Segnungen findet sich im ›Rituale Romanum‹ (→Rituale).

Evang. Kult. In den aus der Reformation hervorgegangenen Kirchen gibt es den trinitarischen Eingangs-S., den Kanzel-S. nach der Predigt, den Schluß-S., zumeist der **Aaronitische S.** (→Aaron), aber auch allg. trinitarische Segensformeln. Der S. gehört zu fast allen gottesdienstlichen Handlungen. Sichtbare Zeichen können Handauflegung, erhobene Hände und Kreuzzeichen sein.

Seger-Kegel [n. dem Keramiker Hermann Seger, *1839, †1893], Abk. **SK,** etwa 6 cm hohe pyramidenförmige keramische Schmelzkörper. Die versch. Schmelzpunkte der S.-K. (von etwa 600 bis etwa 2000 °C) dienen zur Bestimmung der Garbrandtemperatur beim Brennen keramischer Erzeugnisse.

Segesta, grch. **Egesta,** Stadt des Altertums im NW Siziliens, eine Gründung der Elymer (nichtgrch. Bevölkerung W-Siziliens), die politisch in Gegensatz zu den grch. Städten der Insel standen, bes. zu Selinunt, gegen das sie 415 v. Chr. die Athener zu Hilfe riefen. Erhalten blieben ein unvollendeter dor. Tempel und ein Theater. (BILD S. 669)

Segestes, römerfreundl. Cheruskerfürst (um Christi Geburt), Vater der Thusnelda, Gegner des Arminius.

Segge [nd.] *die, -/-n,* **Ried(gras), Riet(gras), Liesch, Sauergras, Carex,** Gatt. der Riedgräser, grasähnl. Stauden, meist feuchten Standorts, mit eingeschlechtigen Blütchen. Die oft dreikantige Frucht bleibt umschlossen von einem schlauchähnl. Vorblatt. Die **Sand-S. (Carex arenaria)** wird zur Flugsandbefestigung angepflanzt. Die **Zittergras-S. (Carex brizoides),** bis 0,5 m hoch, wächst in feuchten Wäldern. Die **Steife S. (Carex stricta),** graugrün, bis meterhoch, mit dreikantigem Stengel, rauhen Blättern, gibt Rasenpolster, Streu (BILD Riedgräser). Die **Wiesen-S. (Carex goodenowii)** ist graugrün, bis 0,5 m hoch.

Seghers, 1) Anna, eigtl. Netty **Radvanyi** [r'ɔdva:nji], geb. **Reiling,** Schriftstellerin, * Mainz 19. 11. 1900, † Berlin (Ost) 1. 6. 1983, trat 1928 in die KPD ein, emigrierte 1933 über Frankreich und Spanien nach Mexiko, kehrte 1947 nach Dtl. zurück, behandelte in herb-sachl. Stil in Erz. und Romanen meist Themen aus dem polit. und sozialen Geschehen der Gegenwart.

Werke: *Erz.:* Der Aufstand der Fischer von St. Barbara (1928); Die Kinder (1951); Brot und Salz (1958); Die Kraft der Schwachen (1965); Sonderbare Begegnungen (1973). – *Romane:* Die Gefährten (1932); Der Kopflohn (1933); Das siebte Kreuz (1942); Transit (1947); Die Toten bleiben jung (1949); Die Entscheidung (1959); Das Vertrauen (1968); Überfahrt (1971).

2) Segers [s'e:xərs], Hercules, niederländ. Maler und Radierer, * Haarlem (?) 1589 oder 1590, † Den Haag vor 1639, malte phantastisch-wilde, stimmungshafte Gebirgsbilder und schlichte holländ. Flachlandschaften; regte Rembrandt an.

Segler, *Sg. der* **S.,** *-s,* **Apodidae,** Fam. der Seglerartigen, schwalbenähnl. Vögel. In europ. Städten ist von Mai bis August der **Mauer-S. (Apus apus)** verbreitet, schwarzbraun mit heller Kehle; er nistet gesellig im Dachstuhl hoher Bauten, wo er Federn und Halme mit Speichel zu einem Nest verklebt. Im Alpengebiet lebt der größere **Alpen-S. (Apus melba),** oben braun, unten weiß, mit braunem Kropfband. In den Tropen leben die Palmsegler, → Salanganen, → Stachelschwanzsegler. (BILD S. 671)

Segovia 2): Alcázar

Segler|artige, Ordn. der Vögel mit den Fam. Segler und Kolibris.

Segment [lat.] *das, -(e)s/-e,* **1)** △ Kreis- oder Kugelabschnitt. **2)** Sproßabschnitt bei Pflanzen; Körperabschnitt bei Mensch und Tier. *Adj.* **segmental.**

Segmentresektion, → Lungenoperationen.

Segment|therapie, Behandlungsverfahren, das sich die reflektor. Beziehungen von Segmenten der Körperoberfläche (→ Headsche Zonen) zu best. inneren Organen zunutze macht und durch oberflächl. örtl. Eingriffe (Injektion, Massage u. a.) Fernwirkungen auf diese Organe (z. B. Herz, Leber) erzielt.

Segni [s'eɲi], Antonio, ital. Politiker (Christl. Demokrat), * Sassari 2. 2. 1891, † Rom 1. 12. 1972, gehörte zu den Schöpfern des Autonomiegesetzes für Sardinien; versch. Ministerämter, 1955–57 und 1959–60 MinPräs., Mai 1962 bis Dez. 1964 Staatspräs.

Segesta: Dorischer Tempel; um 420 v. Chr.

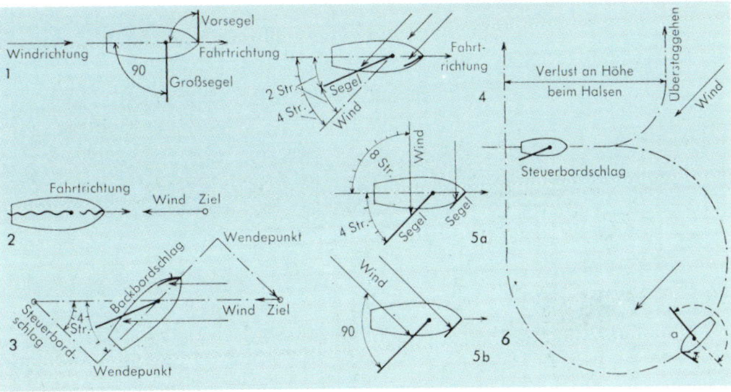

Segeln: 1 vor dem Wind, **2** Wind von vorn, **3** Kreuzen, **4** bei Wind von schräg vorn, **5a** bei Wind quer zur Fahrtrichtung, **5b** bei raumem Wind, **6** Halsen

Anna Seghers

segno [s'eɲo, ital.], Abk. **s.,** 𝅘𝅥𝅮 Zeichen für Wiederholungen; **dal s.,** Abk. **d. s.,** vom Zeichen an; **al s.,** Abk. **al s.,** bis zum Zeichen. (BILD S. 670)

Ségou [frz. seg'u], **Segu,** Stadt in SW-Mali, (1980) 77000 Ew., am Niger; bed. Markt für Fleisch, Vieh, Häute, Baumwolle; kath. Bischofssitz.

Segovia [seɣ'oβia], **1)** Prov. in Altkastilien, Spanien, 6949 km², (1981) 149400 Ew. **2)** Hptst. von 1), (1981) 50800 Ew., 1000 m ü. M., am Rand der Hochfläche Altkastiliens; Textil-, chem., Holz-Ind.; röm. Aquädukt, Burg (Alcázar, urspr. 11. Jh., im 14./15. Jh. erneuert), zahlreiche roman. Kirchen, Kathedrale (16. Jh.). S., von den Iberern gegr., war unter den Römern bed. Militärstützpunkt.

Segovia [seɣ'oβia], Andrés, span. Gitarrist, * Linares (Prov. Jaén) 21. 2. 1893; war seit 1909 als Solist international bekannt.

Segre [s'eɣre] *der,* linker Nebenfluß des Ebro, 261 km, entspringt in den frz. O-Pyrenäen, speist im Ebrobecken Bewässerungskanäle.

Segrè [segr'ɛ], Emilio, italo-amerikan. Physiker, * Tivoli 1. 2. 1905; nach kernphysikal. Untersuchungen wandte er sich später der Hochenergiephysik zu. 1955 wies er mit O. Chamberlain u. a. die Existenz des Antiprotons nach. Dafür erhielten er und O. Chamberlain 1959 den Nobelpreis für Physik.

Segregation [lat. ›Absonderung‹] *die, -/-en,* **1)** Genetik: die Aufspaltung der Gene während der Reifeteilung der Geschlechtszellen. **2)** sozialökologisch die räuml. Entwicklung sozialer Strukturen einer Bevölkerung; soziologisch ist am häufigsten die gesellschaftl., eigentumsrechtl. und räuml. Absonderung einer Gruppe, die innerhalb einer Gemeinschaft als fremdartig empfunden wird, z. B. die (verbotene) Absonderung der Neger in den Südstaaten der USA, der Unberührbaren in Indien (durch die Verfassung von 1950 aufgehoben). In Südafrika war die S. die liberale Vorstufe der → Apartheid.

Seguidilla [seɣið'iʎa, von span. seguir ›folgen‹] *die, -,* span. Tanzlied im Tripeltakt. Jeder Strophe wurden meist 4 Takte des charakterist. Kastagnettenrhythmus vorangestellt. Dazu wurde ein Paartanz von regional unterschiedl. Ausprägung getanzt. In dieser volkstüml. Form wurde die S. in die Kunstmusik eingeführt (z. B. G. Bizet in ›Carmen‹).

Segura [seɣ'ura] *der,* Fluß in SO-Spanien, 325 km, entspringt in der Sierra de Segura, speist das Bewässerungsland von Murcia und Orihuela, mündet in den Golf von Alicante.

sehen [ahd.]. *ich* **sehe** (sah, habe gesehen; du siehst, er sieht; sieh[e]!), **1)** *mich, ihn, es,* nehme mit den Augen wahr (vgl. unten Physiologie, Psychologie): *er sieht nicht gut, kann nicht gut s.,* hat schwache Augen; *ich kenne ihn nur vom Sehen,* nur flüchtig. **2)** *mich, ihn, es,* Ü erkenne, beurteile, entdecke, bemerke: *wie s. Sie die Sache?,* wie urteilen Sie?; *leider sehe ich mich gezwungen . . .,* bin ich; *ich will s., was sich machen läßt.* **3)** *irgendwohin,* richte den Blick dorthin: *ich sehe aus dem Fenster, ins Grüne, auf die Uhr. ich* **sehe ab, 1)** *es ihm,* lerne von ihm, ahme nach. **2)** *es,* erblicke, erkenne: *ich kann das Ende davon nicht absehen.* **3)** *es auf ihn, etwas,*

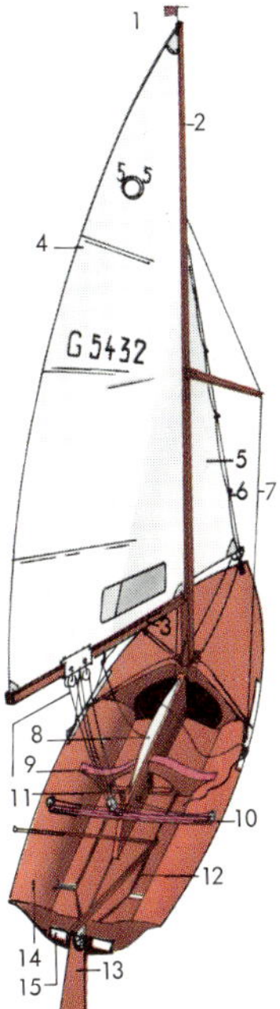

Segeln: Rennjolle (505er); **1** Windrichtungsanzeiger (Verklicker); **2** flexibler Mast; **3** Baum mit Niederholer; **4** Großsegel mit Klassenzeichen, Registriernummer und Steuerfenster; **5** Vorsegel (Rollfock); **6** Vorstag; **7** Want; **8** Schwert im Schwertkasten; **9** Querducht; **10** Traveller; **11** Großschott; **12** Ausreitgurte; **13** Ruder, Pinne, Pinnenausleger; **14** Seitentank (Auftriebskörper); **15** Spiegel mit Lenzventilen

Segeln: Flying-Dutchman-Regatta (Bojenmanöver)

mache zum Ziel: *die Diebe hatten es auf Geld abgesehen.* **4)** *von etwas,* berücksichtige nicht, verzichte: *von einer Klage möchte ich absehen. ich* **sehe an, 1)** *ihn, es,* richte die Augen fest darauf; betrachte; beurteile: *ich sehe es als meine Pflicht an; das kann ich nicht länger (mit) ansehen,* Ü dulden. **2)** *es ihm,* merke (aus best. Anzeichen): *ich sehe es dir an, daß du geweint hast.* **3)** *ihn für etwas,* halte ihn für etwas. **4)** *angesehen,* Ü geschätzt, geachtet. *ich* **sehe auf, 1)** blicke empor. **2)** *zu ihm,* Ü bewundere ihn. *ich* **sehe aus, 1)** *wie etwas, nach etwas, gut, schlecht,* habe das Aussehen, scheine, wirke so: *es sieht nach Regen aus.* **2)** *nach ihm,* schaue, ob er kommt. *ich* **sehe durch, 1)** *durch etwas,* schaue hindurch (Fenster, Fernrohr). **2)** *es,* prüfe nach, überprüfe (Rechnungen, Hausaufgaben). *ich* **sehe** *es* **ein, 1)** schaue hinein, überblicke: *ich habe die Akten eingesehen.* **2)** begreife, verstehe: *er sah sein Unrecht ein. ich* **sehe** *ihm* **entgegen,** erwarte ihn, *es. ich* **sehe fern,** sehe eine Fernsehsendung: *wir haben gestern abend ferngesehen. ich* **sehe** *ihm* **gleich,** sehe ihm ähnlich: *sie sollen sich gleichsehen,* aber: *ihr werdet gleich sehen,* sofort. *ich* **sehe herab, herunter, 1)** blicke nach unten. **2)** *auf ihn,* Ü behandle ihn herablassend, verachte ihn. *ich* **sehe nach, 1)** *ihm,* verfolge ihn, es mit den Augen. **2)** *es,* prüfe, überwache, z. B. Hausaufgaben. **3)** *es,* schlage nach: *diesen Begriff kannst du im Lexikon nachsehen.* **4)** *es ihm,* Ü verzeihe. *ich* **sehe vor, 1)** *es, ihn,* beabsichtige, plane für etwas ein. **2)** *mich,* bin vorsichtig, nehme mich in acht. *ich* **sehe** *es* **voraus,** ahne; weiß, daß es sicher eintreten wird. *ich* **sehe** *ihn, es* **wieder,** treffe nach Trennung wieder; sehe noch einmal. *ich* **sehe zu, 1)** betrachte (ohne mich zu beteiligen). **2)** *ihm,* betrachte ihn bei seinem Tun. **3)** *es zu tun,* bemühe mich; versuche. **sehenswert, sehenswürdig,** des Betrachtens wert. *die* **Sehenswürdigkeit,** *-/-en,* etwas Sehenswertes, bes. Kunst- oder Baudenkmal. *der* **Seher,** *-s/-,* **1)** jemand, der in die Zukunft schaut, Prophet. **2)** Auge (bei Hasen, Kaninchen, Murmeltieren). *die* **Seherin,** *-/-nen,* Weissagerin, Prophetin. **seherisch,** die Zukunft erblickend, prophetisch.

Physiologie. Das S. als Wahrnehmung beruht auf der Aufnahme von Lichtwellen mit den → Augen und der Verarbeitung im Gehirn. Im normalsichtigen Auge der Wirbeltiere und des Menschen werden die Lichtwellen durch Hornhaut, Kammerwasser, Linse und Glaskörper so gebrochen, daß auf der Netzhaut ein umgekehrtes reelles Bild entsteht. Dabei dienen die Stäbchenzellen der Netzhaut dem Dämmerungssehen, die Zapfenzellen dem Farbensehen. Die Iris blendet den Strahlengang durch Zusammenziehen der Pupille ab. Die Scharfstellung des Auges für verschiedene Entfernungen erfolgt durch Änderung der Linsenkrümmung. Die in den Stäbchen und Zapfen enthaltenen Photopigmente (z. B. Sehpurpur der Stäbchen) werden durch die auftretenden Lichtquanten chemisch verändert und bewirken elektr. Erregungsmuster, die an das Gehirn (Sehrinde) weitergeleitet werden. Der **Sehbereich** des menschlichen Auges umfaßt die Wellenlängen von etwa 750–400 nm, bei der Biene von etwa 640–300 nm. Viele nächtlich lebende Tiere sind farbenblind.

Die Psychologie unterscheidet die im Seherlebnis zusammenwirkenden Momente der Empfindung (Körperlichkeit) und der Wahrnehmung (Bildhaftigkeit) sowie den Auffassungsakt, in dem jeweils bestimmte Teilbereiche des Erlebens bewußt werden.

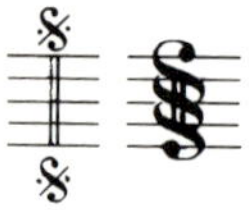

segno

Sehfarbstoffe, Sehpigmente, Stoffe, die durch Absorption von Lichtquanten Energie aufnehmen und dabei verändert werden, z. B. → Sehpurpur, → Sehviolett.

Sehloch, die Pupille (→ Auge).

Sehm *der, -(e)s/-e, norddt.:* der → Seim. *Adj.* **sehmig.**

Sehnde, Gem. im Kr. Hannover, Ndsachs., (1984) 17 800 Ew.; Kaliwerke, Zement-Ind., Zuckerfabrik.

Sehne [ahd.] *die, -/-n,* **1)** bei Mensch und Wirbeltieren: aus zugfesten Bindegewebsfasern bestehendes Verbindungsstück zw. Muskel und Knochen. **2)** Geometrie: eine Strecke, die zwei Punkte einer Kurve oder Fläche verbindet. **3)** Strang zum Spannen des Bogens. **sehnig,** kräftig, zäh.

sehnen [mhd.]. *ich* **sehne** *mich nach ihm, etwas,* habe den innigen Wunsch, ihn wiederzusehen, es zu bekommen. *ich* **sehne** *es, ihn* **herbei,** wünsche dringend. *Adj.* **sehnlich. Sehnsucht** *nach ihm,* schmerzliches Herbeiwünschen, Verlangen, Heimweh. *Adj.* **sehnsüchtig, sehnsuchtsvoll.**

Sehnenscheide, bindegewebige Hülle, in der Sehnen gleiten; die innere Schicht der S. sondert eine Flüssigkeit ab, die das reibungslose Gleiten ermöglicht.

Sehnenscheiden|entzündung, schmerzhafte Entzündung der Sehnenscheiden durch Überanstrengung, Sehnenzerrung oder Infektion; meist zw. Unterarm und Hand. – Behandlung: Ruhigstellung, feuchte Wärmeanwendung u. a.

Seh|nerv, 2. (paariger) Gehirnnerv (→ Auge, → Gehirn).

Sehpurpur, Rhodopsin [grch.] *das, -s,* ein → Sehfarbstoff in Lichtsinneszellen vieler Wirbeltiere und des Menschen sowie in den Augen von Tintenfischen, Krebsen und Insekten.

sehr [ahd. sero ›schmerzlich‹], in hohem Grade, viel, stark: *danke s.; ich wünsche das s.; ich bin s. krank; s. gut,* als Note: 1.

Sehr *das* oder *der, -/-e(n), alemann.:* Schmerz. **sehr,** *alemann.:* schmerzhaft, wund. *ich* **sehre** *es,* ⚭, *noch alemann.:* versehre, beschädige.

Seh|rohr, das → Periskop.

Sehschärfe, die Fähigkeit des Auges, feine Einzelheiten zu erkennen, d. h. 2 Punkte eben noch als getrennt wahrzunehmen (Auflösungsvermögen). Zur Ermittlung bes. von → Brechungsfehlern des Auges dienen Sehproben: Erkennen von Buchstaben oder Zeichen versch. Größe in einer best. Entfernung. – Beim Tier wird die S. z. B. durch Dressur bestimmt, wobei es eine gemusterte Fläche von einer ungemusterten zu unterscheiden lernt. Beim Erkennen entfernter Objekte leisten viele Vögel mehr als der Mensch; so wurden Tauben auf dem Boden von Falken aus 1 080 m Höhe erkannt.

Sehtest, für Führerscheinanwärter vorgeschriebene Sehprüfung (Grobausleseverfahren).

Segelschiff; Takelriß eines Vollschiffs (**1–6** Masten und Rahen mit gleichnamigen Segeln):

Ziffer	Fockmast	Großmast	Kreuz-(Besan-)Mast	Bezeichnung
1	Fock-	Groß-	Bagien-(Besan-)	Rahe
2	Vor-	Groß-	Kreuz-(Besan-)	Untermars-Rahe
3	Vor-	Groß-	Kreuz-(Besan-)	Obermars-Rahe
4	Vor-	Groß-	Kreuz-(Besan-)	Unterbram-Rahe
5	Vor-	Groß-	Kreuz-(Besan-)	Oberbram-Rahe
6	Vor-	Groß-	Kreuz-(Besan-)	Royal-(Reuel-)Rahe

7 Klüverleiter, **8** Bugspriet, **9** Klüverbaum, **10** Stampfstock, **11** Kreuz-(Besan-)Gaffel, **12** Kreuz-(Besan-)Baum, **11, 12** mit Segel. T = Topnanten, S = Stagen, B = Brassen

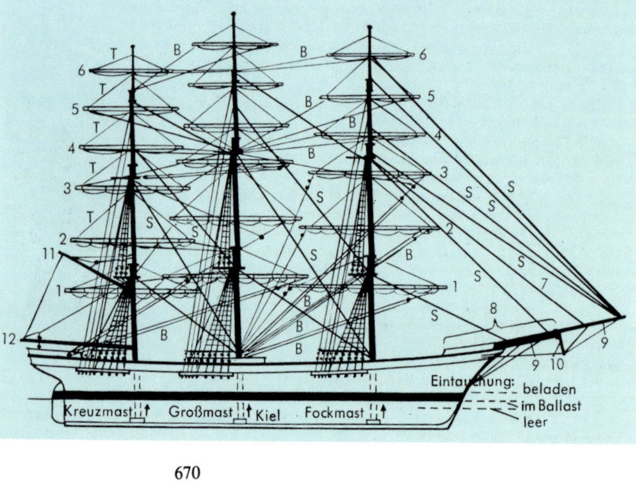

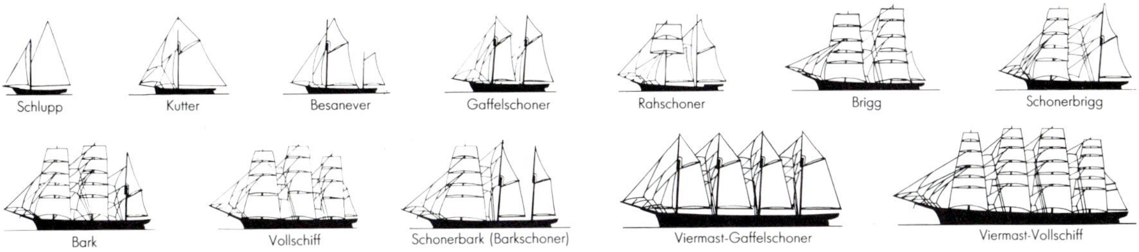

Segelschiff

Sehviolett, Porphyropsin, →Sehfarbstoff in den Augen von Süßwasserfischen und einigen Wasserlurchen.

Sehweite, →deutliche Sehweite.

Sehwinkel, physiolog. Optik: individuell wahrgenommener Winkel, unter dem dem Auge die lineare Ausdehnung eines Objekts erscheint; er kann durch opt. Hilfsmittel (Lupe u. a.) verändert werden.

Sehzellen, Lichtsinnesorganzellen, die meist in der Zellmembran Sehstoffe, z. B. Sehpurpur, enthalten, die für die Entstehung von Nervenerregung durch Licht wesentlich sind.

Seiber [zu Seife] *der, -s, nd.:* ausfließender Speichel. *Vb. ich* **seib(e)re.**

Seibold, Eugen, Geologe, * Stuttgart 11. 5. 1918, Prof. in Tübingen und Kiel, seit 1980 Präs. der Dt. Forschungsgemeinschaft, seit 1984 Präs. der Europ. Wissenschaftsstiftung; Arbeiten zur Meereskunde, Fahrtleiter der Forschungsschiffe ›Meteor‹, ›Valdivia‹ und ›Glomar Challenger‹.

Seicento [seitʃ'ɛnto, ital. ›sechshundert‹, Abk. für 1600] *das, -(s),* ital. Bez. für das 17. Jh. und seinen Stil (Barock).

Seich [ahd.] *der, -(e)s,* **Seiche** *die, -,* U derb: **1)** Harn. **2)** Gerede, Gewäsch. *Vb. ich* **seiche.**

Seiches [sɛ:ʃ, frz.] *Pl.,* **Schaukelwellen,** freie Schwingungen ganz oder z. T. abgeschlossener Wassermassen, z. B. Seen, als stehende Wellen infolge von Luftdruckschwankungen und Wasserstau.

seicht [mhd.], **1)** ohne Tiefe, flach (Gewässer). **2)** U oberflächlich: *seichte Reden. Subst. die* **Seichtheit,** -.

Seide [ahd. aus mlat.] *die, -/-n,* hochglänzende Fasern und Gewebe, **1) Maulbeerseide, Echte S.,** Gespinst der Raupe des Maulbeerspinners (vgl. unten Seidengewinnung): *er geht in Samt und S.,* Ü ꝏ in großer Pracht. **2) Kunstseide,** ꝏ für die auf Basis von Cellulose ersponnenen Filamentgarne (→Chemiefasern). **seiden, 1)** aus S. **2)** auch **seidig,** wie S. glänzend oder weich (Gewebe, Haar).

Seidengewinnung. Der beim Verpuppen der Raupen der →Seidenspinner als Drüsensekret entstehende Faden ist etwa 3000–4000 m lang. Der aus dem Faden gebildete, etwa taubeneigroße Kokon besteht aus drei Fadenschichten: Die äußere, wirre Fadenschicht liefert **Flockseide,** die nächste Schicht etwa 700–1000 m gleichmäßigen Faden, die innere Schicht keinen gleichmäßigen Faden. Zur Gewinnung des Seidenfadens werden die Puppen durch Erhitzen der Kokons auf etwa 60 °C abgetötet, die Kokons in Wasser von 70–100 °C eingeweicht und durch Bürsten von der Flock-S. befreit. Hierauf wird der Seidenfaden abgehaspelt. In der Regel werden drei bis acht Kokonfäden zusammengenommen, über Glaswalzen gekreuzt und auf einem Haspelrahmen aufgehaspelt. Die so gewonnene **Rohseide** kommt als Strang in Zopfform in den Handel. Auf 1 kg Roh-S. rechnet man ungefähr 7–9 kg getrocknete Kokons. – Der Rohseidenfaden **(Grège** [grɛ:ʒ-], **Bastseide)** besteht aus zwei schwach abgeplatteten Kernfäden (aus Fibroin), die von einer gemeinsamen Hülle (dem **Seidenleim, Seidenbast** oder **Sericin)** umgeben sind. Die Dicke des Fibroinfadens beträgt 8–15 µm. – Zur Weiterverarbeitung wird die gelbliche, schwachglänzende Roh-S. durch Kochen in einer Seifenlösung vom Seidenleim befreit (entbastet, degummiert); hierdurch erhält sie reinweiße Farbe, weichen Griff und schönen Glanz. Eine noch nicht entbastete Roh-S. wird **Ecruseide** [ekr'y-] genannt, unvollständig entbastete S. heißt **Soupleseide** [z'u:pl-], ganz entbastete **Cuiteseide** [ky'it-]. Bei der Zwirnerei werden mehrere Fäden zusammengedreht zu **Organsin,** einer stark gezwirnten S., die bes. in der Weberei als Kette verwendet wird, und zu **Trameseide,** schwächer gedreht, als Schuß benutzt. – Die bei der Gewinnung der Roh-S. entstehenden Abfälle werden zu **Florett-** oder **Schappeseide,** die in der Florettspinnerei ausgekämmten kurzen Fasern zu **Bourretteseide** [bur'ɛt-] versponnen. S. hat die höchste Festigkeit und Elastizität unter den Naturfasern; sie ist ein schlechter Wärme- und Elektrizitätsleiter. Darauf beruht ihre vielseitige Verwendbarkeit für Bekleidung. Warme verdünnte Säuren greifen S. nicht an, dagegen heiße (selbst verdünnte) Alkalien, daher dürfen Seidenstoffe nur mit kalten Lösungen gewaschen werden.

Wilde Seiden sind Gespinste von wildlebenden Schmetterlingsarten Asiens und Afrikas. Der Kokon ist meist schlecht abhaspelbar, der Einzelfaden weniger gut als der echte Seidenfaden. Die wichtigste Wild-S. ist die **Tussahseide** des Tussahspinners (Indien) und des Eichenspinners (Japan), die zu Florgarn für Velours, Plüsche und zu Nähseide verarbeitet wird; außerdem die **Eriaseide** des Rizinusspinners (Ostasien).

Die S.-Industrie gliedert sich in die Rohseidenherstellung und in die verarbeitende Industrie (Haspelei, Spinnerei und Weberei). Roh-S. erzeugen hauptsächlich VR China, Japan, Süd-Korea, UdSSR, Nord-Korea, Indien, Brasilien. – In der Bundesrep. Dtl. verlor die S.-Weberei an Bedeutung; sie wurde zurückgedrängt von den synthet. Fasern und vom Import fertiger Gewebe.

Geschichtliches. Die Heimat der Seidenraupenzucht ist China, wo diese Kunst jahrtausendelang als Geheimnis gehütet wurde. Um 200 v. Chr. gelangte der Seidenbau nach Korea und von dort später nach Japan. Chines. S. wurde weit exportiert, nach dem W v. a. über die →Seidenstraße. Große Bedeutung erlangte die S.-Weberei in Byzanz, bes. seit Justinian. Von hier aus verbreitete sich der Seidenbau nach Spanien, Italien und Frankreich.

Seide, ⊕ **1) Cuscuta,** Gatt. der Windengewächse, Schmarotzer ohne Wurzel, Blatt und Blattgrün, mit fadenförmigem, windendem, saugwarzenbesetztem Stengel und büschelig stehenden Blütchen. Mitteleurop. Arten sind z. B. **Klee-** oder **Fein-S. (Cuscuta trifolii),** mit rötl. Blüten, auf Klee, Luzerne; **Flachs-** oder **Lein-S. (Cuscuta epilinum),** mit gelblichweißen Blütchen, bes. auf Flachs. **2) Pflanzenseide, vegetabilische S.,** die Samenhaare einiger Hundsgiftgewächse (z. B. **Strophanthus)** und Schwalbenwurzgewächse; für künstliche Blumen, Watte, Polsterstoff.

Seidenschwanz

Seidel [aus lat. situla ›Eimer‹] *das, -s/-,* **Seitel, 1)** Bierglas. **2)** früheres Flüssigkeitsmaß, in Bayern 0,535 l, in Österreich 0,354 l.

Seidel, 1) Hanns, Politiker (CSU), * Schweinheim (bei Aschaffenburg) 12. 10. 1901, † München 5. 8. 1961; 1957–60 bayer. MinPräs., 1957–61 Vors. der CSU.

2) Heinrich, Schriftst., Vater von 3), * Perlin (Mecklenburg) 25. 6. 1842, † Großlichterfelde 7. 11. 1906, schilderte die idyllischen Seiten des einfachen bürgerl. Lebens: ›Leberecht Hühnchen‹ (1882, Forts. 1888 und 1890).

3) Heinrich Wolfgang, Schriftst., Sohn von 2), ⚭ mit 4), * Berlin 28. 8. 1876, † Starnberg 22. 9. 1945, Pfarrer, schrieb besinnlich-humorvolle Romane: ›George Palmerstone‹ (1922), ›Krüsemann‹ (1935).

4) Ina, Schriftstellerin, ⚭ mit ihrem Vetter S. 3), * Halle a. d. S. 15. 9. 1885, † Ebenhausen (bei München) 2. 10. 1974, schrieb Lyrik in der Nachfolge der Romantik, Balladen, visionäre Hymnen. Ihre geschichtl. Romane zeichnen sich aus durch Kunst der Erfassung der geistigen Problematik histor. Epochen und psychologisch feinfühlige Darstellung, bes. der weibl. Charaktere.

HW: *Romane:* Das Labyrinth (1922); Das Wunschkind (1930); Der Weg ohne Wahl (1933); Lennacker (1938); Das unverwesliche Erbe (1954); Michaela (1959). – *Erz.:* Die Fürstin reitet (1926); Unser Freund Peregrin (1940).

Ina Seidel

Seidelbast [mhd. wohl ›Honigweide‹] *der,* **Daphne,** Gatt. der Seidelbastgewächse **(Thymelaeaceae)** mit rd. 50 Arten; davon in Mitteleuropa: **S., Kellerhals, Dt. Pfeffer, Pfefferstaude, Pfefferinde, Rachbeere** oder **Waldlorbeer (Daphne mezereum)** mit rosaroten oder lilafarbenen Blüten und scharlachroter Frucht, in schattigen Gehölzen; **Steinröschen** oder **Rosmarin-S. (Daphne cneorum),** Zwergstrauch mit roten, filzigen, nelkenduftenden Blüten und rötlichbrauner, ledriger Beere, auf Matten, in lichten Gehölzen; **Gestreifter S. (Daphne striata)** mit fein längsstreifigen, fliederduftenden Blüten und orangefarbenen Beeren, auf steinigen Matten der Alpen. – In allen Pflanzenteilen des S. ist das harzartige Mezerein, in Rinde, Blatt und Blüte das Glykosid Daphnin enthalten. (BILD Giftpflanzen)

Seiden|äffchen, Zwergseiden|äffchen, →Krallenaffen.

Seidengras, Wollblütgras, Erianthus, Grasgatt. in wärmeren Gebieten; das bis 1,5 m hohe **Ravennagras (Erianthus ravennae)** ist Zier- und Trockenstraußpflanze.

Segler: Mauer-S.

Segelboot

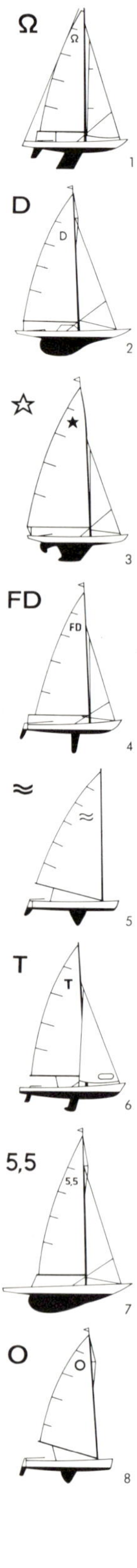

Seidenkuckucke, Coua, Gatt. der Kuckucke auf Madagaskar; der **Riesen-S. (Coua gigas)** wird bis 51 cm lang.

Seidenpapier, sehr dünnes holzfreies oder holzhaltiges Papier unter 25 g/m² Flächengewicht zum Verpacken empfindl. Güter, für Dekorationen u. a.

Seidenpflanze, ✿ für → Schwalbenwurz.

Seidenraupe, die Raupe der → Seidenspinner.

Seidenschwanz, Bombycilla garrulus, knapp drosselgroße Art der Singvögel der nördl. Waldzone; rötlich-graues Gefieder, schwarze Schwingen; Armschwingenspitzen mit roten Hornplättchen, Schwingen und Schwanz mit weißen und gelben Binden. Als Zugvogel zieht er im Winter nach S. Im Brutgebiet frißt er Insekten, im Winterquartier v. a. Beeren. (BILD S. 671)

Seidenspinner, Bombycidae, Schmetterlings-Fam.; das Gespinst (Kokon) des weißl., ostasiat. **Maulbeer-S. (Bombyx mori)** wird zu Seide verarbeitet. Am Laub des Weißen Maulbeerbaums legt er 1–1,5 mm dicke Eier (200–400 Stück) ab, aus denen nach 10 Monaten die Raupen **(Seidenraupe, Seidenwurm)** schlüpfen; sie spinnen sich nach 5 Wochen ein und werden zur Puppe; nach 1 Woche schlüpft der Schmetterling. Die S.-Rassen heißen nach der Gespinstfarbe: Gelb-, Weiß-, Grünspinner. Außer dem Maulbeer-S. liefern noch andere Schmetterlinge Seide (Wildseide, → Seide).

Seidenstraße, die alte Karawanenstraße von China durch Zentralasien nach W-Asien, auf der u. a. chines. Seide befördert wurde. Die S. umging die Wüste O-Turkestans in 2 Zügen, einem südlichen (später aufgegeben) und einem nördlichen. Durch den Zwischenhandel entstanden die Stadtstaaten Turfan, Khotan, Yarkand u. a. Die S. bestand spätestens seit dem 2. Jh. v. Chr., vielleicht schon Jahrhunderte früher.

Seiditen, Saiditen, Zaiditen *Pl.,* Partei der → Schiiten.

Seidl, Gabriel von (1900), Architekt, * München 9. 12. 1848, † Bad Tölz 27. 4. 1913, schuf in historisierenden Stilformen öffentliche und private Bauten, in München die Villa Lenbach (1881–91), das Bayer. Nationalmuseum (1894–1900) und das Dt. Museum (1906 ff.), das sein Bruder Emanuel von S. (* 1856, † 1919) weiterführte (1925 vollendet).

Seife [ahd. saiffa ›(tropfendes) Harz‹, zu kelt. saipo, spätlat. sapo] *die, -/-n,* **1)** ein Waschmittel sowie für techn. Zwecke verwendete Stoffe (vgl. unten). **2)** 🌐 *nur Pl.,* Sande und/oder Geröll mit einem abbauwürdigen Mineralgehalt, z. B. von Gold, Platin, Diamanten, Zinn. *ich* **seife** *es,* wasche aus (Erz). *ich* **seife ein, 1)** *ihn, es,* reibe mit S. ein. **2)** *ihn,* U überliste. **seifig,** S. enthaltend; glatt, schmierig wie S. *der* **Seifner,** *-s/-,* ✿ Erzwäscher. **Seifenblase,** aus Seifenschaum geblasene Kugel; Sinnbild rasch vergänglicher Einbildungen, nichtiger Pläne. **Seifenerde,** Walkerde. *der* **Seifensieder,** *-s/-,* Seifenhersteller: *mir geht ein Seifensieder auf,* U mir wird alles klar.

⊕ S. sind Gemische fester oder halbfester, in Wasser lösl. Alkalisalze höherer Fettsäuren mit vorwiegend 8–18 Kohlenstoffatomen. S. sind die klass. anionenaktiven → Tenside, die heute v. a. zur Körperreinigung verwendet werden. Wegen ihrer Empfindlichkeit gegenüber den Härtebildnern des Wassers (Ausfällung von **Kalkseifen,** → Wasserhärte) werden S. in Waschmitteln kaum noch verwendet. Zur Herstellung von **Grundseifen** werden Fette (z. B. Rindertalg, Kokosöl) bei 80–100 °C mit Natronlauge (für pastöse Schmierseifen mit Kalilauge) verseift (Neutralöl-Verseifung) oder destillierte Fettsäuren mit Natronlauge oder Sodalösung neutralisiert (Fettsäure-Verseifung). Der Siedeprozeß in offenen Kesseln ist weitgehend durch kontinuierl. Verfahren abgelöst worden. Die bei der Verseifung entstehende homogene Masse **(Seifenleim)** wird durch Zusatz von Kochsalz in einen **Seifenkern** geringerer Dichte und eine wäßrige Lösung von Kochsalz, Natronlauge und – bei der Neutralöl-Verseifung – Glycerin (Unterlauge) gespalten. Der flüssige Seifenkern wird mit Kochsalzlösung gewaschen und durch ›Schleifen‹ mit Kochsalz, Natronlauge und Wasser gereinigt. Zur Herstellung von **Feinseifen (Toiletteseifen** [twal'et-]) wird helle, geruchsneutrale Grund-S. auf einen Fettsäuregehalt von 78–80% getrocknet und mit Antioxidantien, Parfümölen, Farbstoffen, Rückfettern und/oder Deodorantien versetzt. **Kernseifen** werden aus Fetten geringerer Qualität mit einem Fettsäuregehalt von 72–75% hergestellt. **Metallseifen** sind Metallsalze von Fettsäuren mit Ausnahme der Natrium- und Kaliumsalze. Sie werden für techn. Zwecke verwendet, z. B. als Gleitmittel in der Kunststoffverarbeitung (z. B. Calcium-, Magnesium- und Zink-S.), als Trockenstoffe (z. B. Blei- und Kobalt-S.), als Hydrophobierungsmittel im Bauwesen (z. B. Aluminium- und Calcium-S.) und als Eindicker in Schmierfetten (z. B. Lithium-S.).

Wirtschaftliches. Der Markt für S. und Waschmittel zählt in den westl. Ind.-Ländern zu den umkämpften Konsumgütermärkten. – In der Bundesrep. Dtl. wurden 1983 S. im Wert von 430 Mio. DM und Waschmittel im Wert von 2 Mrd. DM hergestellt. Dachorganisation ist der Ind.-Verband Körperpflege- und Waschmittel e. V. (IKW), Frankfurt a. M. (BILD S. 673)

Segelboot: Bootsklassen, **1** Soling, **2** Drachen, **3** Star, **4** Flying Dutchman, **5** Finndingi, **6** Tempest, **7** 5,5-m-Klasse, **8** Olympiajolle

Seidenspinner: LINKS OBEN Raupen des Maulbeer-S. nach der dritten Häutung; LINKS UNTEN männlicher Schmetterling; RECHTS Puppe im Kokon

Seifenbaum, 1) Chilenischer S. (Quillaja saponaria), südamerikan. Baum der Rosengewächse mit ledrigen Blättern, Rispen weißer Blüten und sternförmigen Früchten. Die saponinhaltige Rinde **(Seifen-, Panama-, Quillajarinde)** dient in Form von Spänen **(Seifenspänen)** als Waschmittel für feine farbige Gewebe, in Extraktform als Hustenmittel und gegen Hautkrankheiten (BILD S. 673). **2)** Gattung → Seifennuß.

Seifenbeere, Frucht, → Seifennuß.

Seifenkistenrennen, aus den USA stammender Rennwettbewerb für Jugendliche in selbstgefertigten, motorlosen Kleinstwagen, die auf abschüssiger Strecke gefahren werden; seit 1950 in der Bundesrep. Dtl. als dt. Meisterschaft ausgetragen.

Seifenkraut, Saponaria, staudige Gatt. der Nelkengewächse. Die Art **S. (Hundsnelke, Seifenwurz, Saponaria officinalis),** bis 0,7 m hoch, mit ausläuferähnl. Wurzelstock und rosaweißen, duftenden Blüten, wächst auf trockenem Boden Mittel- und Südeuropas, Nord- und Ostasiens; enthält ein in Wasser stark schäumendes, giftiges Saponin; Gartenzierpflanze. (BILD S. 673)

Seifen|nuß, Seifen(nuß)baum, Sapindus, zweikeimblättrige Pflanzengatt. mit gefiederten bis dreiteiligen Blättern, Rispen vieler strahliger Blütchen und fleischigen Spaltfrüchten **(Seifenbeeren),** die bei tropischen asiat. und amerikan. Arten viel Saponin enthalten.

Seifenrinde, Quillajarinde, → Seifenbaum.

Seifenstein, 1) ⊕ Ätznatron zum Seifensieden oder Abbeizen von Ölfarbe. **2)** 🌐 **Saponit,** Mineral, weiß bis gelblich, basisches wasserhaltiges Magnesiumsilicat; im trocknen Zustand seifenartig, quellfähig.

Seifenstuhl, v. a. bei Säuglingen durch Fehlernährung (→ Milchnährschaden) auftretender trockener, unangenehm faulig riechender Stuhl mit alkalischer Reaktion und hellgrauer Farbe, der reich an Kaliumsalzen von Fettsäuren ist.

Seifenzäpfchen, Stuhlzäpfchen, die Glycerin und Natronseife enthalten; leichtes Abführmittel.

Seifer [mhd.] *der, -s, oberdt.:* ausfließender Speichel.

Seifert, Jaroslav, tschech. Lyriker, * Prag 23. 9. 1901, schilderte die Welt der Proletarier in revolutionärer Lyrik, übersetzte A. Blok, G. Apollinaire u. a.; 1984 Nobelpreis für Literatur. (BILD S. 673)

Seiffen/Erzgebirge, Kurort und Gem. im Kr. Marienberg, Bez. Karl-Marx-Stadt, (1973) 3900 Ew., am Fuß des Schwartenbergs; Spielzeugmuseum; bed. Spielwarenherstellung, Sägewerk, Fertigung von Möbeln u. a. Holzwaren; Fremdenverkehr.

Seifhennersdorf, Gem. im Kr. Zittau, Bez. Dresden, (1973) 8100 Ew., im Lausitzer Bergland; Damast-, Leinen-, Baumwollerzeugnisse, Schuh-, Bekleidungs-Ind., Pianofortefabrik.

Seifried Helbing, Sammlung von 15 mhd. Gedichten, so genannt nach dem Namen eines Fahrenden, der in einem der Gedichte auftritt; ein Spiegel der Zeitverhältnisse; entstanden Ende des 13. Jh., von einem unbekannten Verfasser aus NÖ.

Seige [mhd.] *die, -/-n,* ⚒ vertiefte Stelle, an der sich Wasser sammelt. *der* **Seigel,** *-(s)/-(n), alemann.:* Leitersprosse, Hühnerstange. **seiger,** ⚒ senkrecht. *der* **Seiger,** *-s/-,* **1)** mittelalterl. Münzwaage. **2)** *ostmitteldt.:* Wanduhr. **3)** *schweizer.:* Seigel. *ich* **seig(e)re, 1)** *es,* ✿ lasse sickern, seihe. **2)** *es seigert sich,* scheidet sich aus. **3)** *eine Legierung seigert,* → Seigern. *Subst. die* **Seigerung,** *-/-en.*

Seigern, früher **Saigern,** Entmischungsvorgang während der Erstarrung von Legierungen, in der Hüttentechnik auch das Herausschmelzen eines leichter schmelzenden Körpers aus einem Gemenge von Metallen oder Metallverbindungen.

Seignette-Elektrizität [sɛɲ'ɛt-, frz.], → Ferroelektrizität.

Seignettesalz [sɛɲ'ɛt-, n. d. frz. Apotheker P. Seignette, * 1660, † 1719], **Rochellesalz** [rɔʃ'ɛl-], → Weinsäure.

Seigneur [sɛɲ'œ:r, frz. aus lat. senior], kurz **Sieur** [sj'œ:r], in Frankreich bis 1789 der Lehnsherr oder der Grundherr. Die Kurzform **Sire** [si:r] wurde zur Anrede souveräner Fürsten.

seihen [ahd.]. *ich* **seihe** *es* **(durch),** lasse durchsickern, filtere durch. *der* **Seiher,** *-s/-,* **1)** Filter, z. B. Sickertuch oder -papier. **2)** Rückstand beim Seihen; Treber.

Seikan-Tunnel, seit 1972 im Bau befindl. Eisenbahntunnel zw. den japan. Inseln Honshu und Hokkaido, 100 m unter dem Meeresboden, 54 km lang; Fertigstellung etwa 1985.

Seil [ahd.] *das, -(e)s/-e,* **1)** Faser- oder Drahterzeugnis (→ Drahtseil), gewonnen durch Zusammendrehen (Zwirnen) und Verseilen (Seilerei) oder durch Verflechten. **Faserseile** bestehen aus Hartfasern (Manilafaser, Sisal u. dgl.), Hanf, Baumwolle oder Synthesefasern (bes. reißfest), verwendet z. B. als Förder-, Treib-, Berg-, Kletter-, Abschleppseil. Breite **Flachseile (Bandseile)** entstehen durch Zusammennähen mehrerer nebeneinandergelegter Rund- oder Quadratseile. Ohne scharfe Abgrenzung heißen dünne S. **Schnüre** oder **Leinen,** dicke S. **Taue** oder **Trossen. 2)** [zu Segel], *nd.:* Segel. *ich* **seile, 1)** fertige Seile an (→ Seiler). **2)** *nd.:* segele. *ich* **seile** *mich, ihn, es* **ab,** lasse (an Felswänden) am S. herab. *ich* **seile** *mich, ihn, es* **an,** befestige durch ein S. *die* **Seilerei,** *-/-en,* **1)** *ohne Pl.,* handwerksmäßige Herstellung von Faserseilen. **2)** Werkstatt des Seilers. Auf der **Seiler-** oder **Reeperbahn** wird durch Zusammendrehen (Litzenschlagen) mehrerer Fäden die **Litze (Duchte)** gebildet; 3 oder 4 Litzen werden zum S. gedreht (Seilschlagen). 3 S. werden als ›Kardeele‹ durch Linksschlagen im ›Kabelschlag‹, durch Rechtsschlagen im ›Trossenschlag‹, 4 S. im ›Wantschlag‹ vereinigt. Aus 8 Litzen entsteht ein **Quadratseil.**

Seilbahn, Bahn, deren Wagen oder Gehänge an einem Seil fortbewegt werden; ausgeführt als **Stand-S.** oder **Seilschwebebahn.** Während S. zur Personenbeförderung fast ausschließlich zur Überwindung größerer Steigungen gebaut werden, kommen S. als Fördermittel für Güter **(Material-S.)** auch bei geringen Steigungen oder in der Ebene vor. (Bild Bergbahnen)

Seiler *der, -s/-,* **Tau-, Reepschläger,** Ausbildungsberuf des Handwerks (3 Jahre): Reparatur und Herstellung von Seilen, Tauen, Netzen, Fischereigeräten u. a.

Seilschaft *die, -/-en,* Bergsteigen: Klettermannschaft, vorwiegend als Zweier-S. im Fels und Dreier-S. auf Gletschern; bei langen und bes. schwierigen Unternehmen auch als Vierer-S.

Seilscheibe, Rad mit einer oder mehreren Seilrillen zur Führung von Seilen, z. B. in der Spitze eines Fördergerüstes über einem Schacht (Bergbau) oder bei Seilbahnen.

Seiltänzer, Artist, der auf einem gespannten Seil, meist mit Balancierstange, läuft und akrobatische Kunststücke vorführt.

Seiltragwerke, weitgespannte Dachkonstruktionen, bei denen vorgespannte Seilnetze die Belastung aus Eigengewicht, Schnee und Wind aufnehmen. Bei frei überdachten Hallen werden

Seiltragwerke:
Zeltdachkonstruktion im Münchener Olympia-Stadion

die Einzelseile an ihren Enden in den Abschlußbauten verankert (Speichenradkonstruktion). Großflächige Dächer erfordern Maste und Stützen (Olympiabauten München).

Seiltrieb, Seilgetriebe, ⚙ ein Zugmittelgetriebe, Kraftübertragung mit einem Seil, z. B. bei Aufzügen.

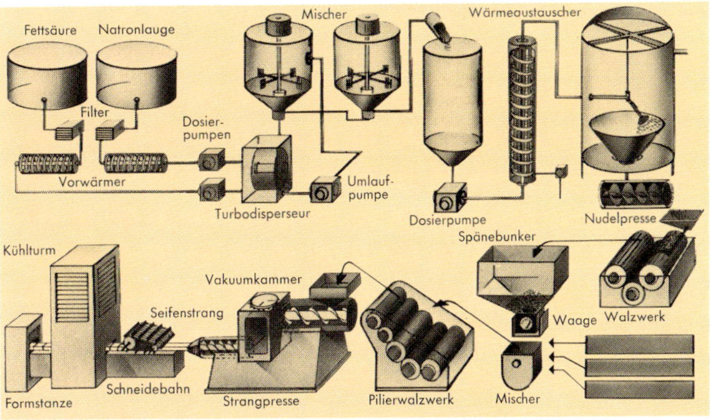

Seife 1): Schema der Herstellung

Seim [ahd.] *der, -(e)s/-e,* eingedickte, zähe Flüssigkeit: *Honigseim.* **seimig,** dickflüssig.

sein [ahd.], **1)** Possessivpronomen (Übersicht Pronomen und Fragewort), ihm gehörig, von ihm ausgehend: *das Tier und s. Fell; seine Familie; seiner Meinung nach.* **2)** auch: **seiner,** Genitiv von er und es: *ich gedenke sein(er).* **seinerseits,** zu seinem Teil; von ihm. **seinerzeit,** einst, damals; aber: *alles zu seiner Zeit.* **seinesgleichen,** *nicht flektierbar,* Personen wie er, Sachen von gleichem Wert. **seinethalben, seinetwegen,** *um* **seinetwillen,** mit Rücksicht auf ihn. *der, die, das* **sein(ig)e,** das, was (zu) ihm gehört: *dies sind meine Bücher, und das sind die sein(ig)en;* aber: *jeder muß das Sein(ig)e dazu beitragen; er sorgt für die Sein(ig)en;* vgl. dein, dein(ig)e.

sein [ahd.]. *ich* **bin** (Übersicht S. 674), **1)** bestehe, existiere: *das kann (nicht) sein.* **2)** befinde mich, halte mich auf: *ich bin in Not, in Leipzig.* **3)** stamme aus: *er ist aus Berlin.* **4)** *dein, des Todes,* gehöre. **5)** *der Ansicht, der Meinung,* glaube, meine. **6)** befinde mich in einem bestimmten Zustand: *ich bin außer mir (vor Empörung); mir ist nicht gut.* **7)** *es ist,* findet statt, geschieht: *das war schon gestern.* **8)** bin durch Beruf, Neigung, Verhalten einer best. Gruppe zuzuordnen: *ich bin Arzt; er ist Vegetarier.* **9)** *zwei und zwei ist vier,* machen aus, bilden. **10)** Hilfsverb zur Bildung zusammengesetzter Zeiten: *ich bin gewesen* (Übersicht Verb). *ich* **bin ab, 1)** U bin sehr erschöpft. **2)** *es ist ab,* abgerissen, entfernt. *ich* **bin auf,** U halte mich außer Bett auf: *er soll schon aufsein. ich* **bin aus,** U **1)** bin außer Hause. **2)** *es ist aus,* zu Ende: *die Schule wird bald aussein.* **3)** *er ist darauf aus,* trachtet danach: *er soll nur aufs Geld aussein. es* **ist um,** U ist vorbei: *deine Zeit wird bald umsein,* vorbeisein.

Sein *das, -s,* Ⓟⓗ das Vorhandene, Bestehende, Wirkliche (Ggs.: Nichtsein, Nichts); das, wodurch das real Existierende Existenz hat; auch: das Bleibende, Dauernde, unbedingt Beharrende (Ggs.: Werden). S. ist der allgemeinste Begriff des menschl. Denkens und Gegenstand der → Ontologie. Die unterschiedl. Auffassung des S. ist entscheidend für die philosoph. Hauptsysteme (Idealismus, Materialismus usw.). Das konkret Einzelne heißt **Seiendes;** die Differenz von S. und Seiendem (ontolog. Differenz) wurde bes. von Heidegger hervorgehoben. – Redensart: *es geht um S. oder Nichtsein.*

Seine [sɛ:n] *die,* Fluß in Nordfrankreich, 776 km, entspringt auf dem Plateau von Langres, durchfließt das Pariser Becken und mündet in einem Trichter bei Le Havre in den Ärmelkanal. Die S. wird unterhalb von Troyes schiffbar und hat durch ihre Kanalverbindungen mit allen frz. Flußsystemen große Verkehrsbedeutung. Sie ist bis Rouen für Seeschiffe (9,50 m Tiefgang) befahrbar. Die wichtigsten Nebenflüsse sind von links Yonne und Eure, von rechts Aube, Marne und Oise.

Seine-Becken [s'ɛ:n-], das → Pariser Becken.

Seine-et-Marne [sɛ:nem'arn], Dép. in Frankreich, 5917 km², (1982) 887100 Ew., östlich von Paris; Hptst.: Melun.

Seine-Maritime [sɛ:nmarit'im], Dép. in NW-Frankreich, 6254 km², (1982) 1,193 Mio. Ew., im Mündungsgebiet der Seine; Hptst.: Rouen.

Seine-Saint-Denis [sɛ:nsɛ̃dn'i], Dép. in Frankreich, 236 km², (1982) 1,324 Mio. Ew., im Pariser Becken; Hptst.: Bobigny.

Seipel, Ignaz, österr. Politiker (Christlich-soziale Partei), * Wien 19. 7. 1876, † Pernitz (NÖ) 2. 8. 1932, kath. Priester, seit 1909 Prof. für Moraltheologie, seit 1921 Prälat, 1921–29 Obmann seiner Partei, erwirkte als Bundeskanzler (1922–24, 1926–29) gegen die Zusicherung, die staatl. Unabhängigkeit Österreichs zu wahren, eine Völkerbundsanleihe, mit deren Hilfe er die österr. Staatsfinanzen sanierte und die Währung stabilisierte. Er förderte die Heimwehrbewegung, um die österr. Sozialdemokratie zurückzudrängen. 1930 war S. Außenminister.

Seifenbaum 1):
Chilenischer S.

Seifenkraut:
Hundsnelke

Jaroslav Seifert

sein							
Infinitiv **sein**		Präsens	Präteritum	Konjunktiv		Partizip Präsens **seiend**	Zusammengesetzte Formen:
Imperativ	*ich*	**bin**	**war**	**sei**	**wäre**		*ich* **bin gewesen**
	du	**bist**	**warst**	**sei(e)st**	**wär(e)st**		*ich* **war gewesen**
sei!	*er, sie, es*	**ist**	**war**	**sei**	**wäre**	Partizip Perfekt	*ich* **wäre gewesen**
es sei!	*wir*	**sind**	**waren**	**seien**	**wären**		*ich* **werde sein**
seid!	*ihr*	**seid**	**wart**	**seiet**	**wär(e)t**		*ich* **würde sein**
seien Sie!	*sie*	**sind**	**waren**	**seien**	**wären**	**gewesen**	*ich* **werde, würde gewesen sein**

Seiser Alm, ital. **Alpe di Siusi,** Hochfläche der Südtiroler Dolomiten, südlich vom Grödner Tal, 1800–2100 m; Erholungs- und Wintersportgebiet.

Seismik [grch. seismos ›Erschütterung‹] *die, -,* **1) Erdbebenkunde, Seismologie,** Wissenschaft von der Entstehung, Ausbreitung und Auswirkung von Erdbeben. **2) angewandte S.,** geophysikal. Verfahren zur Untersuchung des geolog. Aufbaus der Erdkruste, der Lagerstätten und des Baugrundes, meist mit Hilfe von künstlich hervorgerufenen seism. Wellen, die an geolog. Schichtgrenzen gebrochen oder zurückgeworfen und mittels spezieller Seismographen (Geophone und Hydrophone, →Seismophon) aufgezeichnet werden **(Refraktions-** und **Reflexions-S.). seismo...,** erdbeben... *Adj.* **seismisch.**

seismische Wogen, die →Tsunamis.

Seismizität [grch.] *die, -,* 🌐 Verhalten eines Gebiets gegenüber Erdbeben; auch Häufigkeit und Stärke der Erdbeben eines Gebietes.

Seismograph [grch.] *der, -en/-en,* **Seismometer, Erdbebenmesser,** Gerät zur fortlaufenden Aufzeichnung von Erdbebenwellen in Form von **Seismogrammen,** aus denen Laufzeit, Form und Stärke der Bodenbewegungen entnommen werden können. **Seismoskope** zeigen nur an, daß ein Beben stattgefunden hat. Bei den S. ist ein Körper mit großer träger Masse so leicht beweglich aufgehängt, daß er gegenüber den Bodenbewegungen annähernd in Ruhe bleibt. Seine relativen Bewegungen gegenüber dem Erdboden werden vergrößert (z. B. durch elektron. Verstärkung) aufgezeichnet.

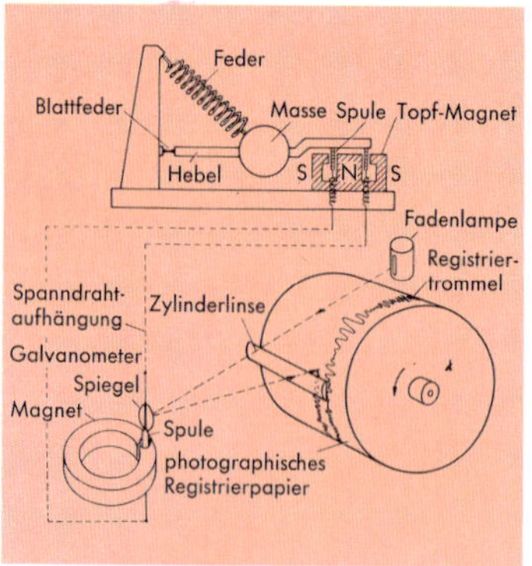

Seismograph mit Galvanometer und Registriertrommel für photographische Registrierung. Bei Bodenbewegungen werden in der Spule des Seismometers elektrische Spannungen induziert, dem Spiegelgalvanometer zugeführt und photographisch registriert

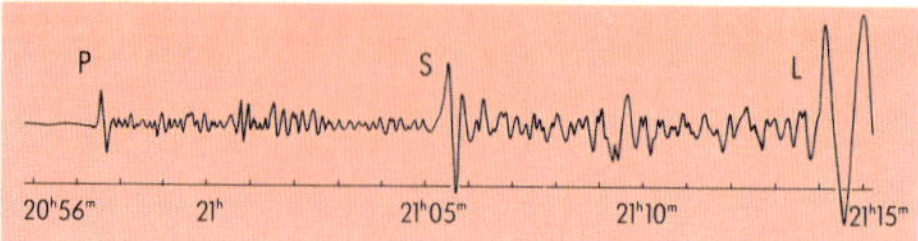

Seismograph: Seismogramm eines Bebens auf dem Mittelatlantischen Rücken, registriert in Stuttgart (17. 3. 1962). P Einsatz der Kompressionswelle, S Einsatz der Scherungswelle, L Beginn der Oberflächenwellen

Seismophon [grch.] *das, -s/-e,* **Geophon,** Gerät, mit dem die Schwingungen von Schallwellen im Boden aufgenommen werden, z. B. in der Erdbebenforschung oder der angewandten →Seismik. Bei Messungen auf See werden **Hydrophone** benutzt.

Seismo|reaktion [grch.], verändertes Verhalten (Unruhe bis Flucht) von Tieren, bereits Stunden vor einem Erdbeben.

seit [ahd.] *ihm,* von der genannten Zeit an: *s. heute; s. mehreren Jahren; s. es geschehen ist,* seitdem. **seitdem, 1)** von da an: *ich habe seitdem nichts von ihm gehört.* **2)** seit: *seitdem er da ist, ...* **seither,** von einer bestimmten Zeit an. *Adj.* **seitherig.**

Seite [ahd.] *die, -/-n,* **1)** jede Begrenzungsfläche oder -linie eines Gegenstandes: *die S. eines Dreiecks, Vierecks, eines Würfels.* **2)** linke oder rechte Begrenzung oder linker oder rechter Teil von der Mitte aus: *geh auf die S.!,* beiseite, aus dem Weg; *sie hat Geld auf die S. gelegt,* U gespart; *er ist heimlich auf die S.* (auch: *beiseite) geschafft worden,* U getötet worden. **3)** vordere oder hintere Fläche (bei flachen Gegenständen): *Vorderseite; Rückseite; alles hat seine 2 S.,* U hat Vor- und Nachteile. **4)** Abk. **S.,** kurz für: Buch- oder Heftseite, eine Fläche eines Papierblattes: *ich schlage eine S. auf; dieser Absatz steht auf S. 120.* **5)** Teil des menschl. Rumpfes zw. Achselhöhle und Hüfte: *er trägt den Säbel an der S.; seit dem Schlaganfall ist sie auf der rechten S. gelähmt; er steht mir mit Rat und Tat zur S.,* U hilft mir; *man sieht ihn von der S. an,* U mißgünstig, verächtlich. **6)** Seitenteile des Rumpfes, Flanke. **7)** Familie, Richtung, Partei: *alle stehen auf unserer S.,* sind unserer Meinung; *wie wir von gutunterrichteter S. erfahren, ...* **8)** Eigenschaft, Gestaltung: *von dieser S. kenne ich ihn gar nicht.* **seitab,** abseits, fern. *auf, von, zu* **seiten,** auf, von, an der S. **Seitenblick, 1)** (verstohlener) Blick von der S. **2)** Ü neidischer oder verächtl. Blick. **Seitenhieb, 1)** Fechthieb von der S. **2)** Ü bissige oder spöttische Bemerkung. **seitenlang,** sich über viele Buchseiten hinziehend; aber: 5 S. lang. **Seitenlinie, 1)** Nebenlinie der Eisenbahn. **2)** Nebenzweig einer Familie. **3)** in den Ballsportarten die seitl. Begrenzungslinie des Spielfeldes. **seitens,** K von seiten: *seitens der beklagten Partei wurden folgende Auslassungen gemacht,* U. **Seitenschiff,** schmaleres Kirchenschiff parallel zum Mittelschiff. **Seitensprung,** U Ehebruch. **Seitenstück, 1)** seitlicher Teil. **2)** Gegenstück, Pendant. **...seitig,** mit einer bestimmten Anzahl oder Art von S.: *zweiseitig; linksseitig.* **seitlich, 1)** rechts oder links, beiderseits der Hauptrichtung. **2)** abzweigend. **...seits,** Ableitungssilbe, nach einer best. S.: *einerseits; ander(er)seits; mütterlichseits; allerseits.* **seitwärts,** nach der S. hin.

Seitenband, →Modulation.

Seitengang, Pferdesport: Seitwärts-Vorwärts-Bewegung des Pferdes, wobei Vorhand und Hinterhand auf 2 verschiedenen Hufschlägen gehen.

Seitengewehr, kurze Hieb- und Stichwaffe, auch als →Bajonett benutzt; heute noch zu Repräsentationszwecken gebraucht.

Seitenhalbierende, △ beim Dreieck die Verbindungslinie einer Ecke mit der Mitte der gegenüberliegenden Seite. Die S. schneiden sich im **Schwerpunkt** des Dreiecks.

Seitenkanal, Binnenschiffahrtskanal neben einer Flußstrecke (z. B. Rhein-S., Elbe-S.), i. d. R. mit mehreren Staustufen; kann zugleich der Wasserkraftnutzung dienen.

Seitenlini|en|organe, Lateralis|organe, Strömungs- und Drucksinnesorgane bei Fischen und im Wasser lebenden Lurchen oder deren Larven. Die S. verteilen sich linienartig auf beiden Körperseiten in Poren oder Kanälchen und verdichten sich in der Kopfregion.

Seitenriß, △ zeichnerische Darstellung der Seitenansicht eines Gegenstandes.

Seitenstechen *das, -s,* stechende Empfindungen im Bereich der Rippenbögen, meist links, die bei raschem Gehen oder sportl. Betätigung auftreten. Die Ursache ist unklar; eine Zusammenziehung der Milz- oder Leberkapsel in Verbindung mit einer belastungsbedingten Verschiebung der Blutmenge im Körper wird vermutet. Die Beschwerden gehen zurück, wenn die körperliche Belastung aufhört.

Seitenwagen, Beiwagen, an den Kraftradrahmen seitlich anmontierter Behälter (für Personen oder Sachen) mit einer nicht angetriebenen Achse. Zur besseren Lenkbarkeit müssen Kraftrad und S. Radsturz haben, die S.-Achse muß der Hinterachse voreilen (Vorspur).

Seitpferd, Turnen: →Pferd.

Seitz, Karl, österr. Politiker, * Wien 4. 9. 1869, † ebd. 3. 2. 1950; seit 1901 Abg. des österr. Reichsrats, einer der Führer der österr. Sozialdemokratie, war 1919–20 als 1. Präs. der Konstituierenden Nationalversammlung provisor. Staatsoberhaupt. 1923 wurde S. Bürgermeister von Wien, zu Beginn des sozialdemokrat.

Februaraufstands (1934) von der Regierung E. Dollfuß abgesetzt. 1944–45 war S. im KZ Mauthausen.

Seiwal, Säugetier, ein Art der → Furchenwale.

Seiyukai [seɪju-, japan. ›Vereinigung polit. Freunde‹], japan. konstitutionalistische Partei, 1900 von Fürst H. Ito als Nachfolgeorganisation der liberaldemokrat. Jiyūto gegr.; löste sich 1940 nach Einführung des totalitären Systems in Japan auf.

Seja *die,* linker Nebenfluß des Amur, 1 242 km, entspringt am S-Hang des Stanowojgebirges, mündet bei Blagoweschtschensk; vom Hafen S. (Gebiet Amur, RSFSR) an schiffbar.

Sejan, lat. **Seianus,** Lucius Aelius, röm. Prätorianerpräfekt, * Volsinii (Etrurien) 20/16 v. Chr., † Rom 18. 10. 31 n. Chr., regierte, auf das Vertrauen des Tiberius gestützt, fast unumschränkt, wurde dann aber von diesem des Hochverrats bezichtigt und hingerichtet.

Sejm [poln. ›Versammlung‹] *der, -s,* der poln. Reichstag, seit 1493 oberstes gesetzgebendes Organ des polnisch-litauischen Königreichs. In der Rep. Polen (1919–39) bildete der S. die 2. Kammer; auch in der Volksrep. Polen bezeichnet S. das Parlament. – Das Parlament der Rep. Litauen (1920–40) hieß **Saimas,** das der Republik Lettland (1920–40) **Saeima.**

sek.-, s.-, ⚗ Abk. für → sekundär.

Sekante [lat.] *die, -/-n,* △ Gerade, die eine Kurve, insbes. einen Kreis, oder eine gekrümmte Fläche in mindestens 2 Punkten schneidet. Der zwischen den Schnittpunkten liegende Teil der S. wird als **Sehne** bezeichnet.

sekkant [ital.], ♧, *noch österr.:* aufreizend, lästig. *die* **Sekkatur,** *-/-en,* ♧, *noch österr.:* Belästigung, Quälerei. *Vb. ich* **sekkiere** *ihn.*

Sekond [frz.] *die, -/-en,* Fechten: ein Stoß oder Hieb gegen eine von der rechten Hüfte zur linken Schulter oder Schläfe angenommene Linie (untere Innenblöße).

Sekondi-Takoradi, Regionshauptstadt in Ghana, (1980) 226 000 Ew. (Agglomeration), an der Guineaküste; bed. Handelszentrum und Industriestandort (Zement, Textilien, Nahrungsmittel, Holz u. a.), wichtigster Exporthafen des Landes.

Sékou Touré [sekutur'e], afrikan. Politiker, → Touré.

Sekret [lat.] *das, -(e)s/-e,* **1)** bei Mensch, Tieren und Pflanzen durch Sekretion (→ Absonderung 3) abgegebene Flüssigkeit. **2)** Geheimsiegel; vertraul. Mitteilung. **3)** *die, -,* Kath. Kirche: stilles Gebet des Geistlichen in der Messe. **sekret,** ♧ geheim.

Sekretär [zu lat. secretus ›geheim‹] *der, -s/-e,* **Sekretärin** *die, -/-nen,* **1)** *nur männlich:* ♧ Schreiber, Geheimschreiber. **2)** Dienstbezeichnung für Beamte der mittleren Laufbahn. **3)** qualifizierter Angestellter in Privatwirtschaft, Verwaltung, Sozialwesen. S. als kaufmännische Angestellte erledigen alle Büro- und Verwaltungsarbeiten und sind oft organisatorische Mitarbeiter (Assistenten) leitender Persönlichkeiten. **4)** i. w. S. führender Partei- oder Verbandsfunktionär; oft wird der Leiter einer Partei oder eines Verbandes General-S. genannt; i. e. S. Leiter bestimmter Fachresorts in einer kommunist. Partei (S. des ZK). Der **Erste S.** ist der Leiter der kommunist. Parteiorganisation auf Gemeinde-, Regional- oder Gesamtstaatsebene. Der Erste S. auf Gesamtstaatsebene wird oft auch **Generalsekretär** genannt. **5)** *nur männlich:* Schreibschrank. *das* **Sekretariat,** *-(e)s/-e,* Geschäftsstelle, Kanzlei.

Sekretär *der, -s/-e,* **Sagittarius serpentarius,** hochbeiniger Greifvogel der afrikan. Steppen südlich der Sahara; erbeutet bodenlebende Kleintiere, bes. Reptilien, auch Giftschlangen.

Sekretin [lat.] *das, -s,* in der Schleimhaut des Zwölffingerdarms gebildetes Polypeptidhormon, das u. a. die Sekretion der Bauchspeicheldrüse anregt; synthetisch herstellbar.

Sekretion [lat.] *die, -/-en,* **1)** Absonderung. **2)** ⊕ mineral. Ausfüllung von Hohlräumen im Gestein durch Stoffabsatz aus Lösungen (z. B. Drusen, Gänge). *Adj.* **sekretorisch.**

Sekret|zellen, ⚘ Zellen, die Sekrete absondern und speichern, z. B. Milchröhren der Wolfsmilchgewächse.

Sekt [aus frz. vin sec ›trockener Wein‹] *der, -(e)s/-e,* Qualitätsschaumwein, der den Vorschriften des dt. Wein-Ges. (1971) entsprechen muß. Stammt er zu mindestens 60% aus inländ. Weinen, darf er als ›Prädikats-S.‹ bezeichnet werden. Der im Wein-Ges. geregelte Vorbehalt der Bez. ›Sekt‹ für dt. Schaumweine ist nach einem Urteil des Europ. Gerichtshofs mit dem EG-Recht unvereinbar und deshalb unwirksam.

Sekte [lat.] *die, -/-n,* religiöse Sondergruppe, die sich von einer größeren konfessionellen Gemeinschaft gelöst hat und von ihr in Lehre, Kultus und Sitte abweicht. Gründe für das Entstehen einer S. sind meist Sendungsbewußtsein eines Einzelnen oder einer kleinen Gruppe, Ablehnung best. Glaubensinhalte oder der als mangelhaft empfundenen Glaubenspraxis der großen Kirchen. Kennzeichnend sind häufig ein dualistisches Weltbild mit einem oft ausgeprägten → Chiliasmus, rigorose Lebensführung, Missionseifer, Absolutheitsanspruch. Geboten wird die Heilsgewißheit und das Gefühl der Geborgenheit in einer straffen, überschaubaren Gemeinschaft. Zu den S. gehören u. a. die → Adventisten vom Siebenten Tag, die → Neuapostolische Kirche und die → Zeugen Jehovas. In übersteigerter Form zeigen sich typ. Formen der S. bei den → Jugendreligionen. *der* **Sektierer,** *-s/-,* Anhänger einer S. *Adj.* **sektiererisch.**

Sektion [lat.] *die, -/-en,* **1)** Gruppe, Abteilung. **2)** ⚕ **Leichenöffnung, Obduktion, Autopsie,** das Öffnen einer Leiche zur Erkennung von Krankheiten und Feststellung von Todesursachen, kann auch gegen den Willen des Verstorbenen oder seiner Angehörigen vorgenommen werden, wenn ein berechtigtes Interesse besteht. Eine **gerichtliche S.** findet im Strafprozeß statt, wenn die Todesursache bei Verdacht eines nicht natürlichen Todes nicht durch bloße Leichenschau festgestellt werden kann. Nach § 87 StPO wird die S. im Beisein des Richters von 2 Ärzten, unter denen sich ein Gerichtsarzt befinden muß, vorgenommen. – Ähnliche Bestimmungen gelten in der Dt. Dem. Rep. (§ 45 StPO), in Österreich (§§ 127 ff. StPO) und in den kantonalen Strafprozeßgesetzen der Schweiz. **3)** in Österreich Bez. einer Abteilung in Ministerien, im Bundeskanzleramt u. a.; Leiter: **Sektionschef.**

Sektionsbauweise, Schiffbau: Verfahren, bei dem man größere Bauteile **(Sektionen),** die in der Werkstatt oder auf einem besonderen Bauplatz zusammengebaut werden, als Ganzes auf der Helling oder im Baudock in den Schiffskörper einsetzt. Beim Serienbau kleinerer Schiffe werden ganze Abschnitte als Sektionen außerhalb der Werft gefertigt. – Im Flugzeugbau wird die S. z. B. beim Bau des Flugzeugrumpfes angewandt.

Sektor [lat.] *der, -s/...t'oren,* **1)** △ von 2 Strahlen und einem Kurvenbogen, insbes. einem Kreisbogen, begrenztes ebenes Flächenstück. **2)** △ Raumteil, der von einem Kegelmantel und einer gekrümmten Fläche begrenzt ist, z. B. Kugelausschnitt. **3)** Gebietsteil: *Berlin ist in 4 S. geteilt.* **4)** Ü Sachgebiet, Fachbereich: *auf dem politischen S. ist er sehr aktiv.*

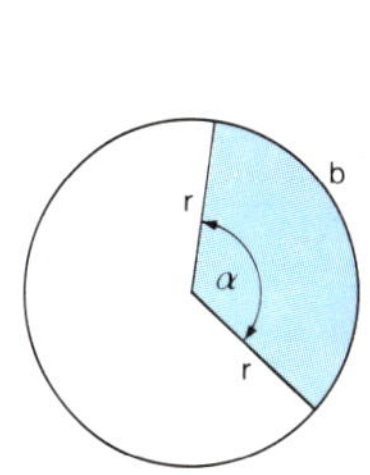

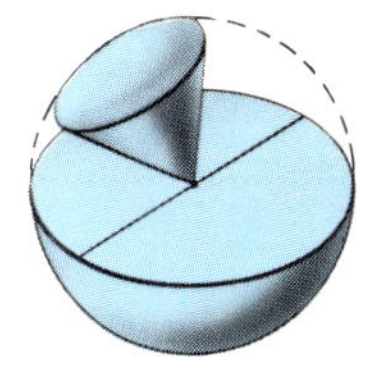

Sektor 1) und **2)**

Sektor 1) und **2):** OBEN Kreissektor, α Zentriwinkel, b Kreisbogen, r Radius; UNTEN Kugelsektor auf einer Halbkugel

Sekunda [lat. ›die zweite‹] *die, -/...den,* ♧ die 6. **(Unter-S.)** und die 7. **(Ober-S.)** Klasse eines Gymnasiums; jetzt allg. als 10. und 11. Klasse bezeichnet.

Sekund|akkord, ♪ 3. Umkehrung des Dominantseptakkords mit der Septime im Baß (→ Septakkord).

Sekundant [lat.] *der, -en/-en,* Helfer, Beistand, Zeuge beim Zweikampf (→ Mensur). *Vb.* → sekundieren.

sekundär [lat.], **1)** abhängig, zweitrangig, untergeordnet. **2)** ⚗ Abk. **sek.-** oder **s.-**. In der organ. Chemie sind sekundäre Kohlenstoff- und sekundäre Stickstoffatome im Molekül mit 2 Kohlenstoffatomen verbunden; z. B. Propan $CH_3-CH_2-CH_3$. In der anorgan. Chemie werden sekundäre Salze diejenigen Salze von mehrbasigen Säuren genannt, in denen 2 Wasserstoff-Ionen der Säure durch andere Kationen besetzt sind; z. B. sekundäres Natriumphosphat Na_2HPO_4.

Sekundär|elektronen, ⊠ beim Beschuß eines Festkörpers mit Elektronen **(Primärelektronen)** unter Überwindung der Austrittsarbeit aus diesem ausgelöste Elektronen **(S.-Emission, Sekundäremission).**

Sekundär|elektronenvervielfacher, → Photovervielfacher.

Sekundär|element, ⚡ der → Akkumulator.

Sekundär|energie, → Primärenergie.

sekundäres Dickenwachstum, meist zeitlebens anhaltende Verdickung der Sproßachsen und Wurzeln der Gehölze.

Sekundärgruppe, → Primärgruppe.

Sekundärliteratur, die wissenschaftl. Literatur über Werke aus allen Gebieten des literar. Schaffens **(Primärliteratur),** auch über historische u. a. Quellen.

Sekundär|radar, Zusatzgerät und -verfahren zum Primärradar (→ Radar), bei dem das Ziel mit einem → Transponder ausgerüstet ist, der auf codierte Abfragesignale der Bodenstation entsprechend verschlüsselte Antwortsignale (meist Kennung und Flughöhe) zurücksendet. Vorteile: größere Reichweite, geringere Störanfälligkeit, Verschlüsselungsmöglichkeit auf beiden Wegen; in der Praxis werden Primärradar und S. kombiniert.

Sekundarschule, eine auf der Primarschule aufbauende Schule. Zum Sekundarschulsektor sind Hauptschule, Realschule und Gymnasium zu rechnen. Der Strukturplan des Dt. Bildungsrates sieht statt der vertikalen eine horizontale Stufung unter Einbeziehung des berufl. Schulwesens vor **(Sekundarstufe I:** Klassen 5–10; **Sekundarstufe II:** Klassen 11–13). – In der Dt. Dem. Rep. rechnen zur **Sekundarstufe Ia** die Mittelstufe der allgemeinbildenden polytechn. Oberschule (Klassen 4–8), zur **Sekundarstufe Ib** die Oberstufe (Klassen 9 und 10), zur **Sekundarstufe II** die Abiturstufe (Klassen 11 und 12) und die Einrichtungen der jugendl. Berufsausbildung. In Österreich ist der Begriff nicht gebräuchlich. In der Schweiz sind S. weiterführende Schulen nach dem 4.–6. Schuljahr; z. T. ist die S. auch identisch mit der Realschule.

Sekretär

Sekundärstruktur, ⚗ Strukturmerkmale von Polymeren, die über die Reihenfolge der Atome in der Molekülkette (Primärstruktur) hinausgehen. Zur S. gehören Kettenlänge, Kettenform und Kettenbeweglichkeit (z. B. bei Eiweißen).

Sekundärwicklung, ⚡ bei Transformatoren und Induktionsmotoren die Wicklung, in der von der → Primärwicklung auf induktivem Weg eine Spannung hervorgerufen und elektr. Energie übertragen wird.

Sekundärzellen, wiederaufladbare → Akkumulatoren, deren elektrochem. Reaktionen umkehrbar verlaufen.

Sekunde [lat.] *die, -/-n,* **1)** Zeitrechnung: SI-Einheit der Zeit, Einheitenzeichen **s** (früher auch **sec**), bei astronom. Zeitangaben auch hochgestellt (^{s}), urspr. definiert als der 86400. Teil des mittleren Sonnentages. Seit 1967 wird die S. als das 9192631770fache der Periodendauer der Strahlung eines Cäsiumatoms des Isotops ^{133}Cs definiert, die dem Übergang zw. den beiden Hyperfeinstrukturniveaus des Grundzustands entspricht. **2)** △ Einheitenzeichen ″, gesetzl. SI-fremde Einheit des ebenen Winkels, 60. Teil einer Winkelminute (′), die wiederum als 60. Teil eines Winkelgrades (°, → Grad 2) definiert ist: $1'' = 1'/60 = 1°/3600 = (\pi/648000)$ rad. Die S. wurde früher als **Altsekunde** bezeichnet i. Ggs. zur → Neusekunde. **3)** 𝅘𝅥𝅮 die 2. Stufe der diaton. Tonleiter, daher allg. benachbarte Tonstufen (Obersekunde, Untersekunde), und zwar als **große, kleine, übermäßige** oder **verminderte S.** (BILD Intervalle).

Sekundenherztod, plötzlich eintretender → Herzstillstand mit Todesfolge.

sekundieren [lat.]. *ich* **sekundiere** *ihm,* leiste Beistand.

Sekundogenitur [lat.] *die, -/-en,* in fürstl. Häusern eine den Zweitgeborenen zustehende Erb- oder Vermögensfolge sowie deren Anwartschaft auf bestimmte Herrschafts- oder Amtsstellungen (→ Primogenitur). Die Anwartschaft der Drittgeborenen heißt **Tertiogenitur.**

Sekurität [lat.] *die, -/-en,* Sicherheit.

sel., Abk. für **selig** (verstorben).

...sel [von ...sal], Suffix mit verkleinernder Bedeutung für sächl. Substantive, vom Verb abgeleitet: *das Anhängsel; das Mitbringsel.*

Sela [hebr.] *das, -s/-s,* 𝅘𝅥𝅮 Vortragsbezeichnung in hebr. Psalmen (Bedeutung: Zwischenruf?). **sela!,** U abgemacht.

Seladon, 1) *der, -s/-s,* ꕥ schmachtender Liebhaber, nach **Céladon** [selad′ɔ̃], einer Figur aus dem Schäferroman ›Astrée‹ von H. d'Urfé. **2)** *das, -s,* eine grünl., jadeähnl. Glasur, mit der chines. Porzellan seit der Sung-Zeit überzogen wurde.

Seladonit [nach Seladon] *der, -s/-e,* **Grün|erde,** ⊕ glimmerartiges Verwitterungsmineral, grün, feinerdig, dicht und derb, dient als lichtechte Anstrichfarbe (**Veroneser Grün, Böhm. Erde**).

Selaginella [lat.], ⊕ → Moosfarne.

Selam [arab.], **Salam,** Friede, Heil. **Selam aleikum,** ›Friede über euch!‹, Gruß der Muslime; Antwort: **We aleikum es-selam,** ›und über euch sei Friede!‹

Selangor, Bundesstaat von → Malaysia.

selb, derselbe, dieselbe, dasselbe: *im selben Augenblick, als...,* aber: *in demselben Augenblick kam er.* **selb...,** mit Zahlwörtern: ꕥ mit dem Genannten: *selbdritt,* zu dreien (→ Anna selbdritt); *selbander,* ꕥ zu zweit. **selber,** *nicht flektierbar,* U selbst: *ich muß das selber sehen.* **selbig,** ꕥ derselbe, dieselbe, dasselbe: *am selbigen Tag. der, die, das* **selbige,** *-n/-n,* ohne Artikel: *-r, -, -s,* K derselbe, dieselbe, dasselbe; oft: der, die, das.

Selb, Stadt im Kr. Wunsiedel im Fichtelgebirge, Bayern, Große Krst., (1983) 20800 Ew., im östl. Fichtelgebirge; ein Mittelpunkt der dt. Porzellan-Ind. (Rosenthal, Hutschenreuther, Heinrich), staatl. Fachschule für Porzellan.

Selbmann, Fritz, Politiker (KPD, SED), * Lauterbach (Hessen) 29. 9. 1899, † Berlin (Ost) 26. 1. 1975, 1932–33 MdR., 1933–45 im KZ, war in der SBZ u. a. stellv. Vors. der Dt. Wirtschaftskommission (1948–49), in der Dt. Dem. Rep. u. a. stellv. MinPräs. (1956–58) und stellv. Vors. der Staatl. Plankommission (1958).

selbst [zu selb], *nicht flektierbar,* **1)** in eigener Person, etwas, jemand, von dem die Rede ist: *das mußt du s. am besten wissen; er ist die Großmut s.* **2)** *von s.,* ohne fremde Hilfe; durch sich; mühelos: *das geht ja wie von s.* **3)** sogar: *s. das kann er nicht;* aber: *das kann er nicht s. (machen),* er benötigt fremde Hilfe dazu. **selbst...,** **1)** auf die eigene Person, den eigenen Leib bezogen: *Selbstbeherrschung; Selbsterhaltung.* **2)** von sich aus bewirkt; oft: Frucht eigener Arbeit: *Selbstreinigung; selbsttätig. das* **Selbst,** -, die eigene Person. **selbständig,** ohne fremde Hilfe auskommend, unabhängig: *er hat sich selbständig gemacht,* hat ein eigenes Geschäft, eine eigene Praxis errichtet (→ Selbständige). *Subst. die* **Selbständigkeit,** -. **Selbstbeherrschung,** Bezwingung der eigenen Gefühle und Triebe. **Selbsterkenntnis,** Erkenntnis der eigenen Fähigkeiten, auch der Fehler. **selbstgefällig,** eitel, in eigenes Tun verliebt. *Subst. die* **Selbstgefälligkeit,** -. **Selbstgefühl,** Selbstbewußtsein, Eitelkeit. **selbstgenügsam,** zufrieden mit der eigenen Leistung; sich selbst genug. *Subst.* **Selbstgenügsamkeit. selbstgerecht,** von der Richtigkeit eigenen Denkens und Handelns überzeugt; kritiklos gegen sich. *Subst.* **Selbstgerechtigkeit. Selbstgespräch,** Gespräch mit sich selbst, Monolog. **selbstherrlich,** rücksichtslos, autoritär, tyrannisch. *Subst.* **Selbstherrlichkeit. selbstisch,** selbstsüchtig, egoistisch. **selbstlos,** uneigennützig. *Subst. die* **Selbstlosigkeit,** -. **selbstredend,** U selbstverständlich. **selbstsicher,** seiner Wirkung bewußt; ohne Schüchternheit. *Subst. die* **Selbstsicherheit,** -. *die* **Selbstsucht,** -, Egoismus. *Adj.* **selbstsüchtig. selbsttätig, 1)** automatisch. **2)** aus eigenem Antrieb. **selbstverständlich,** ohne Begründung, Erklärung verständlich; natürlich. *Subst.* **Selbstverständlichkeit. Selbstzweck,** ein sich in der Sache selbst erfüllender Zweck; Mangel an äußeren Zielen.

Selbständige *Pl.,* alle Erwerbstätigen, die eine Tätigkeit für eigene Rechnung in eigener Verantwortung ausüben, im Unterschied zu den in abhängiger Stellung tätigen Arbeitern, Angestellten, Beamten und mithelfenden Familienangehörigen. Der Anteil der S. an den Erwerbstätigen betrug 1982 in der Bundesrep. Dtl. 8,7% (2,32 Mio., davon 78,5% männlich).

Selbständige Evangelisch-Lutherische Kirche, Abk. **SELK,** der 1972 vollzogene Zusammenschluß der Evang.-Luther. (altluther.) Kirche, der Selbständigen Evang.-Luther. Kirche und der Evang.-Luther. Freikirche in der Bundesrep. Dtl. und Berlin (West).

Selbst|anzeige ist bes. im Steuerstrafrecht von Bedeutung. Wenn bei Steuerhinterziehung, Steuerverkürzung oder Schmuggel der Täter unrichtige oder unvollständige Angaben bei der Steuerbehörde selbst berichtigt, ohne dazu durch eine unmittelbare Gefahr der Entdeckung seiner Tat veranlaßt zu sein, bleibt er straffrei (§§ 371, 378 AO); die S. muß erfolgt sein, bevor der Betroffene angezeigt oder eine Untersuchung gegen ihn eingeleitet worden ist.

Selbst|auslöser, Vorrichtung an Kameras, durch die der Verschluß mittels eines einstellbaren mechan. oder elektron. Vorlaufwerks erst einige Sekunden nach Betätigung ausgelöst wird. Dadurch kann der Photographierende sich selbst aufnehmen.

Selbstbedienungsläden, Einzelhandelsgeschäfte (v. a. die **Supermärkte** des Lebensmitteleinzelhandels, Warenhäuser), in denen zur Personaleinsparung der Kunde die Waren selbst aussucht und zur Kasse bringt.

Selbstbefreiung, → Gefangenenbefreiung.

Selbstbefriedigung, geschlechtliche S., → Masturbation.

Selbstbefruchtung, Vereinigung der männl. und weibl. Geschlechtszellen desselben Lebewesens (→ Autogamie).

Selbstbehalt *der, -(e)s,* Rückversicherung: Teil der Versicherungssumme, den der Erstversicherer nicht in Rückversicherung weitergibt.

Selbstbeobachtung, systemat. Verfolgen der eigenen Bewußtseinsvorgänge. Die S. stellt als psycholog. Methode die erste Quelle aller Erfahrungen über das Psychische dar. Sie wird jedoch i. a. durch objektiv-empirische Methoden ergänzt, weil sie die Gefahr der Subjektivität enthält. Der → Behaviorismus und an ihm orientierte psycholog. Richtungen lehnen die S. zugunsten der objektiven Beobachtung des Verhaltens ab. – Vermehrte, auch zwanghafte S. ist ein neurot. Symptom.

Selbstbestäubung, ⊕ Bestäubung der Narbe durch Pollen derselben Blüte.

Selbstbestimmungsrecht, Völkerrecht: Anspruch jedes Volkes auf politische Unabhängigkeit im eigenen Staat. Daraus ergibt sich das Recht gebietlich zusammenhängender Völker oder Volksgruppen, über ihre staatl. Organisation, bes. ihre Zugehörigkeit zu einem bestimmten Staat, selbst zu entscheiden. Der Grundsatz vom S. der Völker lag bereits der Unabhängigkeitserklärung der USA von 1776 zugrunde, später z. B. der ital. Einigungsbewegung (1830–70) und der Einigung Deutschlands (1848, 1866–71). 1918 verkündete Präsident Wilson das S. als Grundlage für die Neuregelung der europ. Gebietsverhältnisse; es wurde aber nur teilweise verwirklicht. Im 2. Weltkrieg wurde das S. in der → Atlantik-Charta festgelegt. Die Nationen Asiens und die Völker Afrikas nahmen das S. auf und machten es mit zunehmendem Erfolg zu einer Grundforderung ihrer Politik. Nach marxistisch-leninist. Auffassung ist die Erkenntnis der objektiven Gesetzmäßigkeiten der Geschichte, wie sie durch K. Marx, F. Engels und später durch W. I. Lenin analysiert worden sind, die Grundvoraussetzung für die sinnvolle Ausübung des S.

Durch Beschluß der Generalversammlung der UN v. 21. 12. 1952 wurde das S. anerkannt und in den Entwurf einer Konvention der Menschenrechte eingefügt. Das S. wurde in einem von der Vollversammlung der UN beschlossenen Entwurf eines ›Internationalen Pakts über wirtschaftl., soziale und kulturelle Rechte‹ vom 16. 2. 1966 sowie in einer Resolution vom 4. 11. 1970 bekräftigt und konkretisiert. Seine rechtl. Wirkung bleibt allerdings in vielem unklar, weil das S. in einen Widerstreit mit den fundamentalen Sätzen der Achtung der staatl. → Souveränität und territorialen Integrität und des Verbots der Gewaltanwendung und der Intervention treten kann.

Selbstbeteiligung, Versicherung: Anteil des Versicherten am Schaden; die Versicherung zahlt bei jedem Schaden erst nach Überschreiten des vereinbarten Betrages, um sich von Bagatellschäden zu entlasten (z. B. bei der Auto-Kaskoversicherung).

Selbstbewußtsein, im engeren psycholog. Sinn das Wissen einer Person von ihrem Ich als dem gleichbleibenden Träger der Eigenheit und Einheit ihrer wechselnden Erlebnisse, im Unterschied zum Bewußtsein von der Außenwelt; i. w. S. das Bewußtsein oder das Gefühl vom Wert der eigenen Person. Als solche ist die Ausbildung des S. ein wesentliches Moment der Persönlichkeitsfindung in der Entwicklung des Menschen. Ihre Festigung durch die Vermittlung von Selbstbestätigung und Erfolgserlebnissen ist eine wesentliche Aufgabe der Erziehung.

Selbstbildnis, Selbstporträt, Selbstdarstellung eines Künstlers durch ein gemaltes, gezeichnetes, graph. oder plast. Bildnis. Aus der Antike sind S. nur literarisch bezeugt. Im MA. kommen typisierte S. in religiösem Zusammenhang vor, bes. auch S. von Buchmalern in Handschriften. Mit dem erstarkenden Realismus des späten MA. verselbständigte sich wie das Bildnis auch das S. Seit dem 15. Jh. stellten sich die Künstler nicht nur immer häufiger als Begleitfigur in religiösen Bildern, sondern auch einzeln dar, bes. Dürer, der sich schon als Kind nach dem Spiegel zeichnete. Aus der Fülle der seitdem entstandenen S. ragen die zahlreichen S. von Rembrandt hervor. Von den Malern und Bildhauern der neueren Zeit haben sich die meisten auch selbst dargestellt. (BILDER Busch, Dürer, van Gogh, Goya, E. T. A. Hoffmann, Holbein d. Ä., Ingres, Janssen, Kauffmann, Kollwitz, Krafft, Lenbach, Liebermann, F. Lippi, Marcks, Pesne, Pilgram, Rauch, Rembrandt, Runge, Scheibe, Slevogt, Tintoretto, Tischbein, Tizian, Velázquez, Vischer d. Ä., Wenziger)

Selbstbinder, 1) Schlips (Krawatte) ohne fertigen Knoten. **2)** →Mähmaschine, die zugleich Garben bindet (Garbenbindemaschine).

Selbstbindung der Verwaltung, die durch eigenes rechtmäßiges Handeln bewirkte Bindung für zukünftige Fälle. Ähnlich gelagerte Fälle darf eine Verwaltungsbehörde (ohne Verletzung der Gleichbehandlungspflicht) nur abweichend behandeln, wenn dies durch besondere Gründe gerechtfertigt ist.

Selbstbucher *der, -s/-,* Versender mit starkem Postverkehr, der Brief- und Paketsendungen selbst für den Postversand vorbereitet (z. B. freistempelt).

Selbst|eintritt, 1) Handelsrecht: im Kommissionshandel die Lieferung der zu kaufenden oder die Übernahme der zu verkaufenden Waren oder Wertpapiere durch den Kommissionär selbst (§§ 400ff. HGB), auch beim Handelsmakler möglich. **2)** Verwaltungsrecht: Wahrnehmung einer Verwaltungsaufgabe durch die übergeordnete Behörde durch An-sich-ziehen (Eintrittsrecht, Devolutionsrecht).

Selbst|energie, ⊠ Energie, die der Wechselwirkung eines Teilchens mit dem von ihm selbst erzeugten Feld entspricht, z. B. die S. eines Elektrons in dem durch seine Ladung verursachten elektrostat. Feld, die S. eines Massenpunktes in seinem Gravitationsfeld oder eines Photons in seinem Strahlungsfeld.

Selbst|entzündung, Entflammung (Entzündung) eines brennfähigen Stoffes ohne Wärmezufuhr von außen durch spontane chem. Reaktionen oder physikal. Vorgänge (z. B. Reibung, elektrostat. Aufladung), die in oder an der Oberfläche der Brandstoffe die erforderliche Wärmeenergie erzeugen. Selbstentzündl. Stoffe sind z. B. weißer Phosphor, Gemische aus brennbarem Material und starken Oxidationsmitteln wie Perchlorat und Peroxide, frisch geglühte Holzkohle, feuchtes Heu, ölgetränkte Lappen. S. tritt ein, sobald die **S.-Temperatur** überschritten wird.

Selbst|erhaltungstrieb, Gesamtheit der anlagebedingten Mechanismen, die der Lebenserhaltung eines Individuums dienen (z. B. Nahrungs-, Schutz-, Verteidigungstrieb).

Selbst|erregung, der Aufbau des Magnetfeldes in Gleichstrom-Generatoren durch Selbstinduktion. S. ist auch bei einer Asynchronmaschine bei kapazitiver Belastung möglich, die dann als selbständiger Generator arbeiten kann.

Selbstfahrer, 1) motorisierte (selbstfahrende) Güterschiffe der Binnenschiffahrt. **2)** landwirtschaftl. Maschine (Erntemaschine), die mit Hilfe eines eigenen Fahrwerks selbständig fahren kann. **3)** Mieter eines Kfz, das von ihm selbst gesteuert wird. Der Vermieter muß seinen Gewerbebetrieb der Gewerbeaufsichtsbehörde melden; die Fahrzeugpapiere tragen den Vermerk ›S.-Vermietfahrzeug‹ (§ 14 GewO; Überwachungs-VO v. 4. 4. 1955).

Selbstfahrlafette, teilgepanzertes oder ungepanzertes Ketten- oder Räderfahrzeug mit aufgesetzter Kanone, Haubitze, Raketenstartrampe u. ä.

Selbstfinanzierung, Finanzierung aus dem Gewinn, indem die Überschüsse nicht ausgeschüttet, sondern im Unternehmen investiert werden. Die S. kann ›offen‹ durch Bildung offener Rücklagen erfolgen oder ›still‹ durch Unterbewertung von Vermögensteilen oder Überbewertung von Schulden. Sie ist seit jeher wichtigste Finanzierungsart kleiner und mittlerer Unternehmen.

Selbstherrscher, Herrscher, der die unumschränkte Staatsgewalt in seiner Person vereinigt (→Autokratie).

Selbsthilfe, 1) eigenmächtiger Eingriff in einen fremden Rechtsbereich in Ausübung eines Rechts. Im bürgerlichen Recht (§ 229 BGB) ist die S., insbes. die Wegnahme, Beschädigung oder Zerstörung einer fremden Sache, die Festnahme eines fluchtverdächtigen Schuldners, dann nicht widerrechtlich, wenn obrigkeitl. Hilfe nicht rechtzeitig zu erlangen ist und ohne sofortiges Eingreifen die Gefahr besteht, daß die Verwirklichung des Anspruchs vereitelt oder wesentlich erschwert wird. Die S. darf nicht weiter gehen, als zur Abwendung der Gefahr erforderlich ist. S.-Recht ist auch das Recht des Besitzers, eine weggenommene bewegl. Sache dem verfolgten Täter wieder abzunehmen (§ 859 BGB), ferner das Recht des Grundstücksvermieters (-verpächters) und des Gastwirtes, die Entfernung der ihrem gesetzl. Pfandrecht unterliegenden Sachen zu verhindern (§§ 561, 581, 704 BGB). – Über die Bedeutung der S. im Strafrecht →Notwehr, →Notstand.

Ähnlich ist das Recht auf S. in der Dt. Dem. Rep. (§§ 354f. ZGB), in Österreich (§§ 19, 344 ABGB) und in der Schweiz (Art. 52, Abs. 3 OR; Art. 926 ZGB) geregelt.

2) Sozialpolitik: Behebung eines Notstands oder Verbesserung der wirtschaftl. oder sozialen Lage aus eigener Initiative durch einzelne soziale Gruppen oder Völker, z. B. durch Gründung von Genossenschaften. Maßnahmen der staatl. Sozialpolitik, der Entwicklungshilfe u. a. sind oft als ›Hilfe zur S.‹ gedacht.

3) Wohnungsbau: unbezahlte Mitarbeit des Bauherrn am eigenen Bau, an der Bauorganisation oder der Baustoffproduktion für Eigenzwecke.

Selbsthilfegruppen, aus freier Initiative gegr. Kleingruppen, deren Teilnehmer durch regelmäßige Zusammenkünfte mit persönl. Aussprache und Beratung die Bewältigung best., gleichgelagerter persönl. Probleme (seel. und/oder körperl. Störungen oder Beeinträchtigungen) anstreben, z. B. die →Anonymen Alkoholiker, S. von Eltern mit behinderten Kindern, Infarktkranke. Förderungsorganisation: ›Dt. Arbeitsgemeinschaft S.‹ (Gießen).

Selbsthilfeverkauf, der Verkauf geschuldeter bewegl. Sachen für Rechnung des Gläubigers durch öffentl. Versteigerung (z. T. auch freihändiger Verkauf); er ist für den Schuldner bes. im Falle des Gläubigerverzugs – nach vorheriger Androhung – zulässig, wenn die geschuldete Sache zur Hinterlegung nicht geeignet ist (§§ 383ff. BGB, § 373 HGB).

Selbst|induktion, →Induktion.

Selbst|induktionsko|effizi|ent, die →Induktivität.

Selbstklebefoli|en, durchscheinende oder undurchsichtige, auch bedruckte Folien mit einer Klebschicht zur schützenden oder dekorativen Abdeckung von Wänden, Glas, Papier und dgl.

Selbstkosten, Betriebswirtschaftslehre: die Summe der Kosten für die Herstellung und den Vertrieb der Erzeugnisse eines Unternehmens. Die S. umfassen die Material- und die Fertigungskosten (jeweils Einzel- und Gemeinkosten) sowie die Verwaltungs- und Vertriebsgemeinkosten und die Sondereinzelkosten des Vertriebs. (→Kostenrechnung)

Selbstkritik, die kritische Beurteilung des eigenen Denkens und Handelns. Sie ist in konstruktiver Form ein wichtiges Mittel zur geistigen und sittl. Vervollkommnung der Persönlichkeit. Im Sinne der philosoph. Wahrheitssuche entspricht die S. der Forderung nach Selbsterkenntnis. In diktatorisch regierten, von einer vorherrschenden Ideologie bestimmten Staaten spielt die methodisch (oft unter Druck) eingesetzte S. eine besondere Rolle als Mittel der Indoktrination im Sinn der herrschenden Lehre und polit. Linie. Oft dient die S. in diesen Staaten dazu, in →Schauprozessen häufig durch →Gehirnwäsche erzwungene Geständnisse abzulegen.

Selbstlader *der, -s/-,* halbautomat. Waffe, bei der der Schütze nur zielt und abfeuert, die Waffe aber automatisch geladen wird.

Selbstlaut, Ⓢ der →Vokal.

Selbstmedikation *die, -/-en,* Anwendung von Arzneimitteln ohne ärztl. Rat oder Verordnung. Angebracht ist die S. bei gewöhnl. Unpäßlichkeiten, leichten Beschwerden oder Alltagskrankheiten (Sodbrennen, Kopfschmerzen, Schnupfen). Nicht angezeigt ist S. bei häufig wiederkehrenden oder länger anhaltenden gesundheitl. Störungen, ferner die eigenmächtige Einnahme stark wirksamer (rezeptpflichtiger) Arzneimittel über die vom Arzt angegebene Dauer hinaus oder bei einer neuen Krankheit. Zu beachten sind die →Nebenwirkungen von Arzneimitteln, die auch bei einfacheren Mitteln auftreten können.

Selbstmord, Freitod, Suizid, die vorsätzl. Beendigung des eigenen Lebens. Gründe können für unlösbar gehaltene Konflikte in inneren oder äußeren Krisensituationen, psych. Störungen oder Erkrankungen, ein als unerträglich eingeschätzter Leidensdruck (z. B. unheilbare Krankheit) sein. Doch kann der S. auch als äußerstes Mittel zur Verwirklichung best. (v. a. polit.) Ziele durch Selbstopfer dienen. Hinsichtlich der Häufigkeit des S. zeigen sich best. Regelmäßigkeiten: Männer etwa doppelt so häufig wie Frauen, ältere Menschen häufiger als jüngere, besondere Gefährdung von

Selbstmord und Selbstbeschädigung je 100000 Einwohner

Land	Jahr		Land	Jahr	
Australien	1980	11,0	Neuseeland	1981	10,1
Bulgarien	1982	15,3	Niederlande	1982	10,7
Bundesrep. Dtl.	1983	21,3	Norwegen	1982	14,0
Dänemark	1982	29,0	Österreich	1982	27,6
Frankreich	1981	19,6	Schottland	1983	9,8
Griechenland	1982	3,5	Schweden	1982	19,4
Israel	1980	6,0	Schweiz	1979	24,5
Italien	1980	7,3	Ungarn	1982	43,5
Japan	1982	17,4	Verein. Staaten		
Luxemburg	1980	12,9	von Amerika	1980	11,8

Alleinlebenden, v. a. bei geringer sozialer Integration sowie Suchtproblemen.

Soziologisch hängt nach der klass. Theorie von É. Durkheim der S. mit Normen- oder Orientierungskonflikten des Individuums (z. B. in Zeiten schnellen sozialen Wandels) zusammen. Psychiatrisch gesehen kommt S. bei allen seelischen Krankheiten vor. Die größte Zahl von S. wird von geistig Gesunden mit abnormer seelischer Entwicklung verübt. In der überwiegenden Zahl der Fälle wird der S. vorher angekündigt. Bei den statistisch schwer zu erfassenden S.-Versuchen (etwa zehnmal so häufig wie erfolgreiche S.-Handlungen, dabei doppelt soviel Frauen wie Männer), bei denen der Täter z. T. Vorkehrungen für seine Rettung trifft, handelt es sich oft um Appelle an die Hilfsbereitschaft der Umwelt. Beim erweiterten S. geht die Tötung anderer (meist naher Familienangehöriger) voraus. Neben familiärem und sozialem Umfeld gelten auch vererbbare suizidale Neigungen als mögl. Ursache.

Die ethische Bewertung des S. hat zw. schärfster Verurteilung und sittlicher Rechtfertigung oder sogar Verherrlichung geschwankt (z. B. →Harakiri in Japan). Die Stoiker und Epikureer bejahten den S. in bestimmten Fällen. Im alten Rom wurde S. aus edlen Beweggründen als Kennzeichen seel. Größe empfunden. Das Christentum verwarf ihn von Anfang an als sündhaften Eingriff in die Schöpfungsordnung. Im MA. war daher der S. nach kirchl. und weltl. Recht strafbar, der Selbstmörder verfiel unehrenhaftem Begräbnis. Seit der Renaissance, bes. seit der Aufklärung, lockerte sich das Verwerfungsurteil, doch durchgängig mehr im Sinne einer Entschuldbarkeit als einer Rechtfertigung des S. Die evang. Kirchen lassen heute eine kirchl. Beerdigung zu, die Kath. Kirche nur dann, wenn die Verantwortlichkeit gemindert war.

Rechtlich kennen das StGB der Bundesrep. Dtl. und der Dt. Dem. Rep. für S., S.-Versuch, Anstiftung und Beihilfe zum S. keine Bestrafung. Dagegen kann die Bestimmung eines Willenlosen zum S. als mittelbare Tötung strafbar sein. In Österreich wird die Mitwirkung am S. als Verbrechen bestraft (§ 78 StGB). Das schweizer. StGB (Art. 115) bedroht den, der aus selbstsüchtigen Beweggründen jemanden zum S. verleitet oder ihm dazu Hilfe leistet, mit Zuchthaus bis zu 5 Jahren oder mit Gefängnis, wenn der S. ausgeführt oder versucht wird.

Selbstporträt, →Selbstbildnis.

Selbstreinigung, **1)** das Sichselbstreinigen, z. B. von Backöfen, Grillgeräten. **2)** Ökologie: Abbau toter organ. Materie in Gewässern (vorwiegend durch Algen und Bakterien). Das **Selbstreinigungsvermögen** bezeichnet die Möglichkeiten des Ökosystems ›Gewässer‹ zur Eigenregulierung seines internen Gleichgewichts bei äußeren Störungen, z. B. bei Verschmutzungen durch organ. Substanzen (→Eutrophierung).

Selbstschuldner, Bürge, der bei Fälligkeit der Schuld vom Gläubiger ohne vorherige Klage gegen den Hauptschuldner in Anspruch genommen werden kann (→Bürgschaft).

Selbstschuß|anlage, Sicherungsmittel für Grundstücke; das Berühren eines fallenartig ausgelegten Drahts löst den Schuß aus. Die Installation von S. ist im Rahmen der →Notwehr nur unter strenger Beachtung der Verhältnismäßigkeit zulässig.

Selbstschutz, Vorsorgemaßnahmen gegen Kriegseinwirkungen, bes. der private Schutzraumbau zum Schutz vor den atomaren, biolog. und chem. Kampfmitteln. S. ist Teil des Zivilschutzes.

Selbst|steuerung, auf Schiffen der Ersatz eines Rudergängers durch einen Kreiselkompaß, der automatisch den Kurs kontrolliert und die Einrichtung zum Innehalten des vorgegebenen Kurses steuert. Über S. bei Flugzeugen →Flugregler.

Selbst|tränke, Vorrichtung (z. B. in Viehställen), aus der Tiere selbständig Wasser entnehmen können. Das Tier öffnet durch Druck mit dem Maul gegen eine Blechplatte das Zuflußventil, so daß Wasser in ein Becken fließt.

Selbstung, Selbstbefruchtung einer zwittrigen, aber normalerweise der Fremdbefruchtung unterliegenden Art.

Selbstverbrauch, Güter und Leistungen, die vom herstellenden Betrieb selbst verbraucht und nicht verkauft werden, im Unterschied zum →Eigenverbrauch.

Selbstvergiftung, die →Autointoxikation.

Selbstverlag, Vertrieb eines Werkes der Literatur, Tonkunst oder bildenden Kunst durch den Urheber selbst.

Selbstversicherung, Sozialversicherung: die freiwillige Mitgliedschaft in der gesetzl. Kranken- und Rentenversicherung.

Selbstversorger *der, -s/-,* Verbraucher, der seinen Bedarf an bestimmten Erzeugnissen, z. B. Lebensmitteln, aus eigener Herstellung deckt.

Selbstverstümmelung, **1)** die Beschädigung des eigenen Körpers. Grundsätzlich ist die S. straflos, es sei denn, der Täter wolle einen Versicherungsbetrug begehen oder sich wehrpflichtuntauglich machen. Im letzten Fall werden Wehrpflichtige nach § 109 StGB, Soldaten nach § 17 WehrStG regelmäßig mit einer Freiheitsstrafe bis zu 5 Jahren bestraft. Ähnliche Bestimmungen gelten in der Dt. Dem. Rep. (§ 256, Abs. 2 StGB), in Österreich (§ 10 Militär-StG v. 30. 10. 1970) und in der Schweiz (Art. 95 Militär-StGB 1927). **2)** die →Autotomie.

Selbstverteidigung, die rechtlich erlaubte unmittelbare Abwehr eines rechtswidrigen Angriffs oder einer drohenden Gefahr (→Notwehr, →Notstand). **Waffenlose S.,** v. a. die in O-Asien ausgebildeten Formen der Verteidigung, →Jujutsu.

Selbstverwaltung, die Regelung öffentl. Angelegenheiten durch jurist. Personen des öffentl. Rechts (Gemeinden, Verbände, Körperschaften) unter eigener Verantwortung (**körperschaftl. S.**). Sie erfüllen ihre Aufgaben auf Grund staatl. Ermächtigung und unter staatl. Aufsicht. Die klass. Form der S. ist die **kommunale S.** (→Gemeinde), das klass. Land der S. ist England (Besorgung öffentl. Aufgaben durch unbesoldete Ehrenbeamte = Selfgovernment). Sie geht auf die selbstverantwortl. Teilnahme der Bürger an der polit., wirtschaftl. und kulturellen Entwicklung ihrer Städte im MA. zurück. Die S. wurde in Preußen von Frhr. vom Stein neu belebt; seine Städteordnung (1808) wurde Vorbild für die anderen dt. Gemeindeverfassungsgesetze. Außer der kommunalen S. gibt es die **wirtschaftliche S.** (z. B. die Industrie- und Handelskammern, die Handwerkskammern), die **berufsständische S.** (z. B. die Kammern der Ärzte, Rechtsanwälte), die **soziale S.** (z. B. die Sozialversicherungsträger, die Bundesanstalt für Arbeit) und die **kulturelle S.** (z. B. die Universitäten). Von den S.-Angelegenheiten sind die Aufgaben zu unterscheiden, die der Staat außerhalb des Bereichs der S. ihren Trägern stellt und die sie nach seiner Weisung wie Staatsbehörden auszuführen haben (→Auftragsangelegenheiten). Unter dem Nationalsozialismus war die S. stark beschnitten; in der Bundesrep. Dtl. ist die kommunale S. gewährleistet (Art. 28 GG), ebenso in Österreich (Art. 116–119a Bundesverfassungs-Ges.); in der Dt. Dem. Rep. ist sie in Art. 81 ff. der Verf. festgelegt, seit der Verwaltungsreform 1952 aber praktisch beseitigt. In der Schweiz setzt die Bundes-Verf. die S. voraus, ohne sie im einzelnen zu regeln.

Selbstwählferndienst, Abk. **SWFD, Selbstwählfernverkehr,** der Aufbau von Fernsprechfernverbindungen durch direkte Wahl des Teilnehmers (→Fernsprecher). Nach 1945 wurde der **vereinfachte S. (vSWFD)** zw. den großen Städten der Bundesrep. Dtl. eingeführt. Daneben begann der Aufbau der Landesfernwahltechnik. 1955 wurde die erste internat. Verkehrsbeziehung im S. zw. Basel und Lörrach in Betrieb genommen; in jüngster Zeit zum weltweiten S. ausgebaut. Die Rufnummer besteht aus Verkehrsausscheidungsziffer (Inland 0, Ausland 00), Landeskennziffer, Ortskennziffer und Rufnummer des Teilnehmers.

Selbstzündung, Eigenschaft von Treibstoffgemischen, sich bei Erreichen eines best. Energiezustandes (Druck, Temperatur) selbst zu entzünden.

Selby, Hubert, amerikan. Schriftst., * Brooklyn (N. Y.) 23. 7. 1928, wurde mit seinem Roman ›Letzte Ausfahrt Brooklyn‹ (1964), einer harten, realist. Schilderung des Alltags von Brooklyn, international bekannt; ›Mauern‹ (1971).

selchen [mhd.]. *ich* **selche** *es, oberdt.:* räuchere, dörre (Fleisch). *die* **Selch,** *-/-en, oberdt.:* Räucherkammer. *der* **Selcher,** *-s/-, oberdt.:* Händler für geräucherte Fleischwaren. *die* **Selcherei,** *-/-en, oberdt.:* Fleisch- und Wursträucherei; Fleischerei.

Seldschuken *Pl.,* nach dem Anführer Seldschük in Turkestan (um 1000) benanntes türk. Herrschergeschlecht und Volk, das im 11. und 12. Jh. seine Herrschaft über Persien, Mesopotamien, Syrien und Kleinasien ausdehnte. Das **großseldschukische Reich** zerfiel seit 1092. In Kleinasien hielten sich die **Rum-S.** bis um 1318 (Hauptstadt: Konya).

Seldte, Franz, Politiker (Stahlhelm, seit 1933 Nationalsozialist), * Magdeburg 29. 6. 1882, † (in Haft) Fürth 1. 4. 1947, Fabrikant, gründete 1918 den →Stahlhelm, dessen Bundesführer er bis zur Auflösung 1933 war; 1933–45 Reichsarbeitsminister.

Selektion [lat.] *die, -/-en,* **1)** →Auslese, Zuchtwahl. **selektiv,** auswählend. **2) Selektionstheorie,** →Darwinismus. **3) Trennwirkung,** das Verhältnis der Resonanzspannung eines auf einen Sender abgestimmten Schwingkreises zur Spannung eines gleich stark empfangenen, frequenzbenachbarten Senders.

Selektivität [lat.] *die, -,* die →Trennschärfe.

Selen [nach grch. selene ›Mond‹] *das, -s,* **Se,** dem Schwefel und Tellur nahe verwandtes → chemisches Element. S. bildet mehrere allotrope Modifikationen: Die stabilste Form ist das **graue, metallische S.,** Schmelzpunkt 217 °C, Siedepunkt 685 °C. Es ist ein Halbmetall und ein Halbleiter, dessen elektr. Leitfähigkeit von der Belichtung abhängt. Die 2 **roten kristallinen** Modifikationen (α-S., β-S.) und das **rote amorphe S.** bestehen aus Se_8-Molekülen; sie leiten den elektr. Strom nicht. Das **schwarze, glasartige S.** wird oberhalb von 60 °C plastisch. Alle Modifikationen gehen beim Erhitzen in die stabile graue Form über. – In geringsten Gehalten kommt es in den natürl. Sulfiden vor, bei deren Abrösten es sich als **S.-Dioxid,** SeO_2, im Flugstaub anreichert. Ferner findet es sich in elementarer Form im Bleikammerschlamm. Sehr bed. ist die Gewinnung von S. aus dem Anodenschlamm (→ Anode). – Techn. Verwendung findet S. in den **S.-Zellen,** ferner zum Färben von Gläsern, für elektron. Bauteile und in der Xerographie. S. ist ein essentielles Spurenelement für höhere Tiere. Größere Mengen von S.-Verbindungen sind giftig. – Bestimmte **S.-Verbindungen** sind denen des Schwefels formal sehr ähnlich. **S.-Wasserstoff,** H_2Se, ist ein giftiges Gas, seine Metallsalze sind die **Selenide. S.-Dioxid,** SeO_2, entsteht beim Verbrennen von S., bildet mit Wasser **Selenige Säure,** H_2SeO_3, ihre Salze heißen **Selenite,** die Salze der **S.-Säure,** H_2SeO_4, **Selenate.**

Selene, auch **Mene,** grch. Mythos: die Mondgöttin, Schwester des Helios und der Eos (→ Endymion).

Selenga *die,* Fluß in der Mongol. Volksrepublik und der Burjat. ASSR, 1024 km, entsteht aus den Quellflüssen Ider und Muren, mündet in den Baikalsee.

Selenicere|us [lat.], von Texas bis Argentinien verbreitete Kakteen-Gatt., darunter die → Königin der Nacht.

Selenit [grch.] *der, -s/-e,* Mineral, internationaler wissenschaftlicher Name für → Gips.

Selenographie [grch.] *die, -,* physikal. und topograph. Beschreibung der Mondoberfläche.

Selenologie [grch.], **Mondgeologie,** Zweig der Kosmologie, der sich der Erforschung des Mondes mit geolog. Methoden, bes. seit der Entwicklung der Raumfahrt, widmet.

Selentschuk, astrophysikal. Observatorium der Akademie der Wiss. der UdSSR im Nord-Kaukasus mit dem größten optischen Teleskop der Erde ›BTA-6‹ (Spiegeldurchmesser 6 m) und dem ringförmigen Radioteleskop ›Ratan-600‹ (Durchmesser 600 m).

Selenzelle, das als erstes bekannt gewordene Photoelement.

Sélestat [selɛst'a], frz. Name von → Schlettstadt.

Seleukiden *Pl.,* die von **Seleukos I. Nikator** (* um 358 v. Chr., † 281 v. Chr.) begründete makedon. Dynastie in Syrien, die von 312 bis 64 v. Chr. regierte. Ihr Reich umfaßte bei dem Tod des Seleukos fast ganz Vorderasien bis zum Indus; aber schon im 3. Jh. v. Chr. gingen große Gebiete im O verloren. **Antiochos III. d. Gr.** (223–187 v. Chr., → Antiochos 2) stellte noch einmal den alten Umfang des Reiches her; mit seinem Krieg gegen Rom begann der Niedergang (Schlacht bei Magnesia 190 v. Chr.). Den letzten S., **Philipp II.** (65/64 v. Chr.), setzte Pompeius ab, der Syrien zur röm. Provinz machte.

Selfaktor [engl. self'æktə] *der, -s/-s,* **Wagenspinner, Mulemaschine,** eine Feinspinnmaschine, → Spinnerei.

Self-fulfilling prophecy [self fʊlf'ılıŋ pr'ɔfısı, engl.], nach R. K. Merton eine sozialwissenschaftl. Prognose, welche auf die von ihr betroffenen Handlungssubjekte einen bewußten oder unbewußten Erfüllungszwang ausübt. Ein der Vorhersage entgegenwirkendes Verhalten heißt **Self-defeating prophecy** [-dıf'i:tıŋ-].

Selfgovernment [-g'ʌvənmənt, engl.] *das, -s/-s,* → Selbstverwaltung.

Selfmademan [s'elfmeıdmæn, engl.] *der, -s/...men,* jemand, der sich durch eigene Kraft emporgearbeitet hat.

selig [ahd.], **1)** völlig beglückt, wunschlos zufrieden. **2)** kirchlich: nach dem Tod im Genuß der himmlischen Freude (der ewigen Seligkeit): *Gott hab' ihn s.,* nehme ihn zu sich in den Himmel. **3)** Abk. **sel.,** verstorben: *mein seliger Mann;* ꝏ, *noch süddt.: mein Mann selig(er).* **4)** seliggesprochen (→ Seligsprechung).

Selige *der, die, -n/-n,* Kath. Kirche: Verstorbener, dem durch die → Seligsprechung öffentliche kultische Verehrung, jedoch (im Unterschied zu den → Heiligen) nach Bereich und Form eingeschränkt, zuerkannt worden ist.

Seligenstadt, Stadt im Kr. Offenbach, Hessen, am Main, (1984) 16900 Ew.; Museum; Brauereien, Metall-, Leder- und Textilind. – Hier gründete → Einhard 828 eine Abtei, die bis 1803 bestand, baute die karoling. Basilika, in der sich seine und seiner Gemahlin Imma Grabstätte befindet. S. hat Reste einer stauf. Kaiserpfalz (um 1235), Stadtmauer mit Wehrtürmen, Torturm (1605) und Fachwerkhäuser. 1063 kam S. an das Erzstift Mainz, 1309–1803 gehörte es zu Kurmainz.

Seligkeit *die, -,* **1)** kath. Theologie: der Zustand der Gerechten im Jenseits, die frei von Sünden gestorben sind oder sie abgebüßt haben. **Ewige S., Ewiges Leben,** die unmittelbare Schau und Erfahrung der Liebe Gottes. **2)** evang. Theologie: die Veränderung des Glaubenden auf Grund der → Rechtfertigung, vielfach gleichbedeutend mit Heil (Erlösung).

Seligpreisungen, Glücklichpreisungen des N. T. Mit der Gruppe der neun S. wird die → Bergpredigt (Mt. 5,3–11, vgl. Lk. 6,20–23) eröffnet.

Seligsprechung *die, -/-en,* **Beatifikation,** kath. Kirchenrecht: die feierl. päpstl. Erklärung, daß ein verstorbenes Mitglied der Kirche von Gott in die Zahl der Seligen (beati) aufgenommen worden ist. Die S. wird wie die → Heiligsprechung durch einen Prozeß (→ Advocatus Dei) bei der Heiligsprechungs-Kongregation (→ Ritenkongregation) vorbereitet.

Selim I. Yavuz [-jav'uz], **der Strenge,** türk. Sultan (1512–20), * Amasya 1467 oder 1470, † bei Çorlu 20. 9. 1520, zwang die iran. Safawiden 1514 zur Abtretung eines Teils von Aserbaidschan, unterwarf das Zweistromland, Syrien, Palästina, Ägypten. Er schrieb Gedichte in pers. Sprache.

Selinko, Annemarie, Schriftstellerin, * Wien 1. 9. 1914, lebt in Kopenhagen, war 1956–64 Vorstandsmitgl. der dän. Autorenvereinigung und des dän. PEN-Clubs. Ihr Roman ›Désirée‹ (1951) hatte Welterfolg.

Selinunt, grch. **Selinus,** ital. **Selinunte,** die westlichste grch. Siedlung auf Sizilien, 628 v. Chr. von Dorern gegr., 409 v. Chr. von den Karthagern zerstört und von diesen nach Wiederaufbau endgültig vernichtet (250 v. Chr.). Ruinenstätte in der Nähe von Castelvetrano mit Überresten von 8 Tempeln (Metopen im Nationalmuseum in Palermo).

Selke *die,* Nebenfluß der Bode, 70 km, entspringt bei Güntersberge (Unterharz) und mündet nordöstlich von Quedlinburg.

Selkirk [s'elkə:k], Alexander, schott. Seemann, * Largo (Fife) 1676, † (auf See) 12. 12. 1721. Seine Erlebnisse gaben D. Defoe die Anregung zu seinem → Robinson Crusoe.

Sellagruppe, Bergstock in den Dolomiten, Italien, nördl. der Marmolada, zw. Grödnerjoch (2121 m) und Pordoijoch (2239 m); in der Boèspitze (Piz di Boè) 3152 m hoch.

Sellerie [frz. aus grch.] *der, -s/-(s),* auch *die, -/... r'i|en,* **Zeller, Eppich, Apium graveolens,** Doldenblüter-Art, Gemüse- und Gewürzpflanze, mit kantig-gefurchten Stengeln, breitfiedrigen, glänzenden Blättern, weißen Blütendolden. S. wird in 3 Formen gezüchtet: **Knollen-** oder **Wurzel-S. (Mark, Merk), Stiel-, Stengel-** oder **Bleich-S.** (mit magerer Wurzel, doch kräftigen Blattstielen) und **Schnitt-S.** (nur die Blätter werden verwendet). Auch das äther. Öl der Samen und des Krauts gibt Würze. (Bild Gemüse)

Sellin, Ostseebad auf Rügen, Bez. Rostock, (1973) 2400 Ew.

Sellner, Gustav Rudolf, Regisseur und Theaterleiter, * Traunstein 25. 5. 1905, war 1951–61 Intendant in Darmstadt (Ionesco-Uraufführungen); 1961–72 Intendant der Dt. Oper in Berlin (West).

Selm, Stadt im Kr. Unna, NRW, (1984) 25400 Ew.; Eisen-, Elektro-, Textil- u. a. Ind.; spätgot. Kirche mit roman. Turm; im Ortsteil Cappenberg Schloß (früher Propstei) mit Frhr.-vom-Stein-Archiv und Museum.

Selma [zu Anselm], weibl. Vorname.

selten [ahd.], **1)** nicht häufig: *du kommst s.; ein seltener Fall.* **2)** U ungewöhnlich, außerordentlich: *ein s. schöner Tag. die* **Seltenheit,** *-/-en,* **1)** *ohne Pl.,* spärliches Vorkommen. **2)** etwas, das man nicht oft trifft, Rarität. **seltsam, 1)** eigenartig, ungewöhnlich, befremdend: *eine seltsame Geschichte.* **2)** *alemann.:* wählerisch. *Adv.* **seltsamerweise.** *Subst. die* **Seltsamkeit,** -.

Seltene Erden, Selten|erden, ⟲ historische, aber irreführende Bez. für die → Seltenerdmetalle; heute Bez. für deren Oxide.

Selten|erdmetalle, ⟲ Bez. für die chem. Elemente Scandium (Ordnungszahl 21), Yttrium (39) und Lanthan (57) sowie 14 weitere Elemente (58–71); vgl. Übersicht chemische Elemente. Die pyrophoren S. haben silbrige, frische Schnittflächen, die sich rasch mit einer Oxidschicht überziehen. Der Anteil der gesamten S. am Aufbau der festen Erdkruste wird auf 0,01–0,02% geschätzt, wobei Cer und Yttrium dominieren. Anwendung: Färbung optischer Gläser, TV-Phosphore für das Farbfernsehen, Steuerstäbe in Kernreaktoren, Polschuhe in Elektromagneten und magnet. Linsen, Dotierungsmittel für Laser, katalyt. Autoabgasverbrennung.

Selter(s)wasser, kurz: **Selters** *das, -,* **1)** ein alkalisch-kochsalzhaltiger Säuerling (→ Heilquellen) aus der Mineralquelle in Niederselters, Gem. im Kr. Limburg-Weilburg, Hessen. **2)** heute allg. für Mineralwasser.

seltsame Teilchen, engl. **Strange Particles** [streındʒ p'a:tıklz], Elementarteilchen mit der **Seltsamkeit** (→ Strangeness) ungleich Null, wie Kaonen, Hyperonen (Übersicht Elementarteilchen).

Selvagens, Ilhas S. [ˈiʎaʃ selv'aʒãiʃ], nur zeitweilig von kanarischen Fischern aufgesuchte, sonst unbewohnte Vulkaninseln im Atlant. Ozean, bis 157 m hoch; gehören zum portugies. Distrikt Funchal (Madeira).

Selvas [portug.; span. s'elβas] *Pl.,* trop. Regenwälder im Amazonasbecken.

Selene
(röm. Kopie einer grch. Statue aus dem 4. Jh.; Florenz, Uffizien)

Selye [z'ɛljə], Hans, kanad. Arzt, *Wien 26. 1. 1907, †Montreal 16. 10. 1982, begründete die Lehre vom →Stress und vom Anpassungs- oder Adaptationssyndrom als zusammenhängender hormonaler Leistung des Hypophysenvorderlappens und der Nebennierenrinde.

Sem, im A. T. der älteste Sohn Noahs (Gen. 5,31; 6,10; 9,18 ff.) und Ahnherr der Semiten.

Semang, kleinwüchsiges, zu den →Negritos gehörendes Volk auf der Malaiischen Halbinsel, mit austroasiat. Sprache; die S. lebten früher als Sammler und Jäger in kleinen Horden, ihre Waffe war das Blasrohr.

Semantik [grch. ›Zeichenlehre‹] *die, -,* auch **Semiologie,** die Lehre von den Bedeutungen, von der Beziehung der Zeichen zum gemeinten Gegenstand; Teilgebiet der →Semiotik, auch synonym zu ihr verwendet.

In der Psychologie spielt die S. bei der charakterolog. Deutung von z. B. Körperhaltung, Gestik, Handschrift, Sprachmelodie, bei der Analyse des Sinngehalts von Wörtern und Redewendungen, soweit sie über den Sachverhalt hinaus (denotative Bedeutung) Rückschlüsse auf die gefühlsmäßige Einstellung des Sprechers erlaubt (konnotative Bedeutung), eine Rolle. Zur Ermittlung des Gefühlswerts der Wörter bedient man sich des ›semantischen Differentials‹ (C. E. Osgood) oder des ›Polaritätsprofils‹ (P. R. Hofstätter).

In der Logik versteht man unter S. die Theorie der Auslegung (Interpretation) axiomat. Theorien oder ihrer Formalisierungen, für die es wesentlich ist, welche Bedeutung die vorkommenden Zeichen bekommen. Die Gültigkeit hängt insbes. von Aussagen einer axiomat. Theorie (speziell einem ihrer Axiome), von der gewählten Interpretation ab, ist also ein **semantischer Begriff.**

In der Sprachwissenschaft ist S. die Lehre von den Wortbedeutungen, ihren histor. Wandlungen und dem Anwendungsbereich der Wörter im Ganzen einer sprachlichen Äußerung. Die sprachwissenschaftliche Disziplin, die sich damit beschäftigt, ist die **Semasiologie.** Den Verwendungszusammenhang von Gesprochenem und Sachverhalt und die Wechselwirkung von Sprecher und Hörer behandelt die Pragmatik (zusammen mit der Kommunikationswissenschaft). **semantisch, semasiologisch,** zeichenhaft, bedeutungsmäßig.

Nikolaj Semjonow

Semaphor [grch.] *der* oder *das, -s/-e,* Mast mit schwenkbaren Armen, dient zur Nachrichtenübermittlung (z. B. Anzeigen von Windstärke und -richtung); heute veraltet.

Semarang, Prov.-Hptst. und Hafen an der N-Küste Javas, Indonesien, (1980) 1,027 Mio. Ew., Erzbischofssitz; Univ.; Werft, Textil-, Tabak- u. a. Industrie.

Semde *die, -/-n, oberdt.:* schmaler Saum.

Semele, grch. Mythos: Tochter des Kadmos aus Theben; Geliebte des Zeus; Mutter des Dionysos.

Semen [lat.] *das, -s/... mina,* Samen.

Semendria, dt. Name für die jugoslaw. Stadt →Smederevo.

Semeru, Vulkan, höchster Berg (3676 m) auf Java.

Semester [lat.] *das, -s/-,* Halbjahr, bes. Studienhalbjahr: *Sommersemester; ein altes S.,* U Student(in), der (die) schon lange studiert hat, Ü älterer Mensch.

Semgalen, Semgallen, lett. **Zemgale** [z'ɛm-], histor. Landschaft in der Lettischen SSR, ehemals die südl. Provinz Lettlands mit der Hauptstadt Mitau.

semi... [lat.], halb...

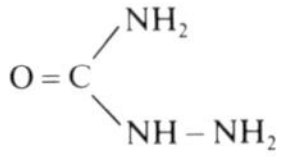

Semicarbazid

Semicarbazid *das, -s,* **Aminoharnstoff,** organische bas. Verbindung, die in der organ. Chemie zum Nachweis von Carbonylgruppen verwendet wird, mit denen es gut kristallisierende **Semicarbazone** bildet.

Semifinale, Vorschlußrunde bei Sportwettkämpfen.

Semikolon [grch.] *das, -s/-s* oder *... la,* Strichpunkt (;), ÜBERSICHT Satzzeichen.

semilateral [lat.], halbseitig, einseitig.

Semiletalfaktor, →Letalfaktoren.

Seminar [lat. ›Pflanzschule‹] *das, -s/-e,* **1)** Ausbildungsstätte für Geistliche, in den evang. Kirchen die →Predigerseminare, in der Kath. Kirche Klerikal- oder Priester-S. für Weltgeistliche. **2)** früher →Lehrerseminar. **3)** Forschungsinstitut im Rahmen der Hochschulen mit fachl. Auftrag; größere S. heißen oft Institute. **4)** Veranstaltung eines **Hochschul-S.** für Studierende **(S.-Übung). 5) Studien-S. (Bezirks-S., Pädagog. S.),** Einrichtung in Verbindung mit höheren Schulen zur prakt. Ausbildung der Anwärter für das höhere Lehrfach. *der* **Seminarist,** *-en/-en,* Angehöriger eines S. *Adj.* **seminaristisch.**

Ignaz Semmelweis

Seminolen *Pl.,* nordamerikan. Indianerstamm mit einer Maskoki-Sprache, v. a. Creek, z. T. mit entlaufenen Negersklaven vermischt. Die S. führten (1817–18, 1835–42 und 1855–58) die 3 **Seminolenkriege** gegen die USA; Restgruppen leben in Florida.

Semiotik [zu grch. sema ›Zeichen‹] *die, -,* Lehre von den →Zeichen, i. a. gegliedert in Semantik, Pragmatik und Syntax.

Semipalatinsk, kasachisch **Semei,** Hptst. des Gebiets S. und Hafen in der Kasach. SSR, am Irtysch und an der Turkestanisch-Sibir. Bahn, (1982) 296000 Ew., Umschlagplatz; Nahrungsmittel-, Leder-, Pelz-, Textil-Ind.; Wasserkraftwerk.

semipermeabel [lat.], halbdurchlässig; z. B. semipermeable Membranen (→Osmose).

Semiramis, sagenhafte Königin von Assyrien, soll viele Länder unterworfen und Städte gegründet haben; der Sage nach Schöpferin der →Hängenden Gärten zu Babylon. In dem Namen S. lebt die Erinnerung an die assyr. Königin Sammuramat fort, die bestimmenden Einfluß auf die Regierung ihres Sohnes Adadnirari III. (810–782 v. Chr.) ausübte. - Oper von Rossini (1823).

Semiten [nach →Sem] *Pl.,* die Völker, die um 3000 v. Chr. wahrscheinlich aus der arab. Halbinsel nach Mesopotamien, Syrien, Palästina und, vor 700 v. Chr., von Südarabien nach dem gegenüberliegenden afrikan. Festland (Äthiopien) vorgedrungen sind. Die S. sind keine Rasse, sondern eine sprachliche Gemeinschaft. In der Hauptsache bestehen sie aus Armeniden und Orientaliden, zu denen auch indoeurop. Völker gehören. S. sind die Araber und die von ihnen abgezweigten Äthiopier (mit den heutigen äthiop. Völkerschaften), die Akkader (Assyrer und Babylonier) des Zweistromlandes, die Kanaanäer (Ugarit, Phöniker - später Punier, Hebräer, Moabiter u. a.) und die Aramäer (Syrer) mit den geschichtlich bedeutsamen Oasen Palmyra und Damaskus; einer späteren Zeit gehören die Juden an. Die S. hatten nachhaltige Wirkung auf ihre Umwelt und auf die Weltgeschichte: Die babylonische Astrologie führte zu Astronomie und Mathematik des Vorderen Orients und des Abendlandes; von den nord(west)semit. Kulturen stammt die alphabet. Schrift, von den Arabern die islam. Kultur. Die Juden waren ein wesentliches Element der abendländ. Geistesgeschichte. *der* **Semit,** *-en/-en, die* **Semitin,** *-/-nen. Adj.* **semitisch.**

semitische Sprachen, Sprachgruppen in N- und NO-Afrika und SW-Asien. Zum Südsemitischen gehören das Nordarabische und das Südarabische samt dem Äthiopischen (→hamitosemitische Sprachen). Das Nordsemitische teilt man in Ostsemitisch (Akkadisch, das ist Assyrisch-Babylonisch) und Nordwestsemitisch; letzteres in Aramäisch (mit Syrisch) und Kanaanäisch (Ugaritisch, Hebräisch, Phönikisch, Punisch und Moabitisch). Eigentümlich ist den s. S. der Reichtum an Kehllauten und emphatischen (am Gaumen gebildeten) Lauten, die Konsonantenschrift ohne Vokalbezeichnung u. a. Vorgeschichtl. Beziehungen bestehen zum Altägyptischen und zu den Berbersprachen.

Semitistik *die, -,* Lehre von den semit. Sprachen und Literaturen. *der* **Semitist,** *-en/-en,* Kenner der semit. Sprachen und Literaturen. *Adj.* **semitistisch.**

Semjonow, 1) Nikolaj Nikolajewitsch, sowjet. Chemiker, *Saratow 15. 4. 1896, Prof. in Leningrad, Dir. des Chemisch-physikal. Inst. der Akademie der Wissenschaften in Moskau, arbeitete über Oxidation und Verbrennungs-Kettenreaktionen und erhielt für diese Untersuchungen zugleich mit C. N. Hinshelwood 1956 den Nobelpreis für Chemie.

2) Wladimir Semjonowitsch, sowjet. Diplomat und Politiker, *Krasnoslobodskoje (Gebiet Tambow) 16. 2. 1911, beriet 1945–49 die sowjet. Militäradministration in Berlin, 1949–53 die sowjet. Kontrollkommission; 1953–54 Hochkommissar und Botschafter in der Dt. Dem. Rep. 1954 wurde S. einer der stellv. Außen-Min., 1966 Mitgl. des ZK, 1969 Vertreter der UdSSR bei den SALT-Gesprächen. Seit 1978 ist er Botschafter in Bonn.

Semjonow-Tjan-Schanskij [n. Tjan-Schan, russ. für Tienshan], Pjotr Petrowitsch, russ. Geograph und Forschungsreisender, *Urussowo (heute Gebiet Lipezk) 14. 1. 1827, †St. Petersburg 11. 3. 1914, bereiste als erster den Tien-shan; ›P. v. S.s Erforschungsreisen in Innerasien i. J. 1857‹ (1858); ›Rußland‹, 10 Bde. (1904–14).

Semler, 1) Christoph, Pfarrer und Schulmann, *Halle (Saale) 2. 10. 1669, †ebd. 8. 3. 1740, gründete in Halle die erste dt. Realschule (1706–08, erneut 1738).

2) Johann Salomo, evang. Theologe, *Saalfeld (Thür.) 18. 12. 1725, †Halle (Saale) 14. 3. 1791, war Prof. in Altdorf und Halle, wirkte bahnbrechend für eine freie, streng histor. Erforschung der Bibel und Dogmengeschichte.

Semliki, Fluß in O-Afrika, verbindet Edward- und Albertsee.

Semlin, Stadtteil von Belgrad, →Zemun.

Semmel [ahd. aus lat.] *die, -/-n,* Kleingebäck, aus Weizenmehl mit Wasser oder Milch und Hefe hergestellt: *das geht weg wie warme Semmeln,* Ü ist sehr begehrt. **Semmelkur,** die Schrothsche Kur. **Semmelmehl,** Mehl aus geriebenen Semmeln.

Semmelstoppelpilz, ein →Stachelpilz.

Semmelweis, Ignaz Philipp, Arzt und Geburtshelfer, *Ofen (heute Budapest) 1. 7. 1818, †psychiatr. Krankenhaus Döbling (heute Wien) 13. 8. 1865, erkannte die Kontaktinfektion (→Infektion) als Ursache des Wochenbettfiebers und setzte sich für seine Verhütung durch Desinfektion ein; erwarb sich den Titel ›Retter der Mütter‹. S. starb an einer Wundinfektion.

Semmering *der,* Gebirgspaß in Österreich, 985 m ü. M., verbindet Gloggnitz (457 m) in NÖ mit Mürzzuschlag (678 m) in der Steiermark. Der **Luftkurort S.,** auf der Nordseite des S.-Passes,

(1978) 1000 Ew., ist Ferienort und Wintersportplatz. Über die **S.-Bahn** vgl. ÜBERSICHT Alpenstraßen, Alpenbahnen, Alpenpässe.

Semnonen *Pl.,* elbgermanischer Stamm der swebischen Gruppe, zw. mittlerer Elbe und Oder, stieß von dort nach SW vor; so gelangten semnonische Stammesteile nach Alemannien.

Sempach, Stadt im schweizer. Kt. Luzern, am Sempacher See (14,5 km², bis 87 m tief), (1980) 2200 Ew.; Sitz der schweizer. Vogelwarte; chem. Ind. - Am 9. 7. 1386 siegte hier ein eidgenöss. Bauernheer (→ Winkelried) über das Ritterheer Herzog Leopolds III. von Österreich (am Schlachtort Kapelle von 1387).

semper [lat.], immer. **semper idem,** unwandelbar derselbe.

Semper, Gottfried, Baumeister und Kunsttheoretiker, * Hamburg 29. 11. 1803, † Rom 15. 5. 1879, Prof. der Architektur in Dresden und Zürich, seit 1871 kaiserl. Architekt in Wien, schuf klar gestaltete Bauten, reich gegliedert mit selbständig verarbeiteten Stilformen der ital. Renaissance.

HW: Dresden: Hoftheater (1838-41, 1869 abgebrannt, 1871-78 Neuaufbau, 1945 ausgebrannt, 1985 wiedereröffnet); Gemäldegalerie (1847-54). Zürich: Polytechnikum und Sternwarte (1858-64). Wien (mit K. v. Hasenauer): Hofmuseum; Hofburgneubau (1881-1913); Hofburgtheater (1874-88).

Semperit AG, Wien, ältestes kontinentaleurop. Unternehmen der Kautschuk-Ind., gegr. 1824.

Sempervivum [lat.], die Pflanzengattung → Hauswurz.

Sempione, ital. Name des → Simplon.

sempre [ital.], immer. **s. legato,** ♪ immer gebunden.

Semprún [frz. sãpr'œ̃], Jorge, Pseudonym Federico **Sánchez** [s'antʃɛθ], span.-frz. Schriftst., * Madrid 10. 12. 1923, lebt seit dem Span. Bürgerkrieg in Frankreich; 1943 als frz. Widerstandskämpfer ins KZ Buchenwald deportiert. Sein Roman ›Der zweite Tod des Ramón Mercader‹ (1969) schildert seine Gefangenschaft; ›Die große Reise‹ (1963), ›Federico Sánchez‹ (1977, Autobiographie), ›Yves Montand. Das Leben geht weiter‹ (1984); Drehbücher.

Semstwo, Zemstvo, in Rußland Form der Selbstverwaltung für die Gouvernements und Kreise; bestand 1864-1917.

Sen *der, -(s)/-(s),* **1)** kleine Währungseinheit in Indonesien (1 S. [S] = 1/100 Rupiah), in Japan (1 S. = 1/100 Yen), in Kambodscha (1 S. = 1/100 Riel), in Malaysia (1 S. [c] = 1/100 Malays. Ringgit). **2)** ⚘ thailänd. Längenmaß = 40 m.

sen., Abk. für → **sen**ior.

...sen, in Namen: ... sohn: *Petersen,* Peters Sohn.

Senancour [sənãk'u:r], Étienne Pivert de, frz. Schriftst., * Paris 5. oder 6. 11. 1770, † Saint-Cloud 10. 1. 1846, schrieb unter dem Einfluß J.-J. Rousseaus pessimist. ›Rêveries sur la nature primitive de l'homme‹ (1799). Sein Briefroman ›Obermann‹ (1804) ist eines der wichtigsten Werke der frz. Frühromantik.

Senar [lat. senarius ›Sechsfüßler‹] *der, -s/-e,* lat. Versmaß, entspricht dem grch. iambischen → Trimeter.

Senat [lat. senatus ›Rat der Alten‹] *der, -(e)s/-e,* **1)** im antiken Rom ein Beirat der → Magistrate, dessen Beschluß **(Senatus Consultum)** eine bindende Weisung an die ausführenden Beamten war, bei Einspruch eines Volkstribunen nur Willenserklärung **(Senatus Auctoritas);** → Römisches Reich, Staatsverwaltung. **2)** Hochschulwesen: oberstes Entscheidungsorgan einer Hochschule. Vor dem Erlaß der Hochschulgesetze (1968-71) bestand der S. aus dem Rektor, Prorektor, den Dekanen und einigen gewählten Professoren. Die Gesetze haben die Stellung des S. gegenüber den Fachbereichen (Fakultäten) verstärkt und seine Zusammensetzung geändert: Dekane der Fachbereiche, Hochschullehrer, Studenten und Assistenten, Arbeiter und Angestellte der Hochschule. Der **Große S.** (nur noch in Bad.-Württ. unter diesem Namen, sonst **Konzil, Konvent** oder **Versammlung)** ist das satzungsschöpfende Organ der Hochschule, wählt den Rektor (Präsidenten) und beruft ihn ab. In der Dt. Dem. Rep. ist durch VO v. 25. 2. 1970 an die Stelle des S. der Wissenschaftl. Rat getreten, der seinerseits einen S. bildet. In Österreich und in der Schweiz bestehen die S. wie in der Bundesrep. Dtl. vor 1968. **3)** Gerichtsverfassung: die Richterkollegien bei den oberen Gerichten, z. B. dem Bundesverfassungsgericht, dem Bundesgerichtshof, den Oberlandesgerichten **(Zivil-S., Straf-S.). 4)** in Hamburg, Bremen und seit 1950 in Berlin (West) das höchste Regierungsorgan der Stadt. **5)** die Erste Kammer in versch. Staaten (Belgien, Frankreich, Italien, USA u. a.).

Senator *der, -s/...t'oren,* Mitglied des → Senats.

Senatus Populusque Romanus [lat. ›Senat und Volk von Rom‹], in der Abk. **SPQR** offiziöse Bez. der röm. Republik auf Feldzeichen, Gebäuden u. a., die das Zusammenwirken von Senat und Volk besonders fremden Völkern gegenüber ausdrückte.

Senckenbergische Naturforschende Gesellschaft, gegr. 1817 in Frankfurt a. M. durch J. G. Neuburg, P. J. Cretzschmar u. a. Die S. N. G. errichtete 1820/21 das heutige **Forschungsinstitut und Naturmuseum Senckenberg,** 1928 die **Forschungsanstalt für Meeresgeologie und Meeresbiologie Senckenberg** in Wilhelmshaven, die **Senckenberg-Bibliothek** (über 400000 Bände); benannt nach dem Arzt **J. C. Senckenberg**

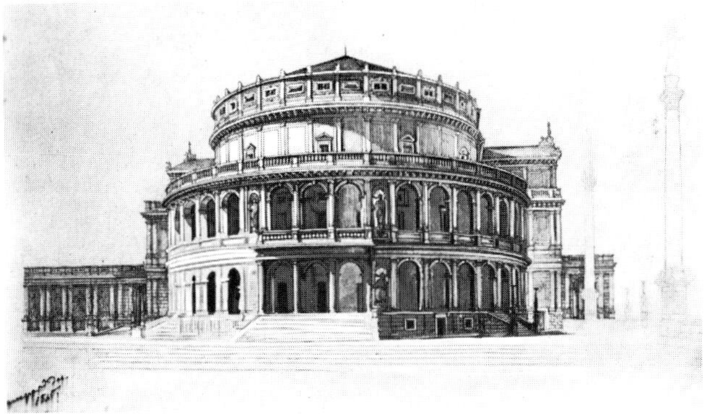

Gottfried Semper: Zeichnung zur Fassade des Dresdner Opernhauses (Dresden, Kupferstichkabinett)

(* Frankfurt a. M. 28. 2. 1707, † ebd. 15. 11. 1772), der 1763 die **Senckenbergische Stiftung** gründete.

Send [ahd. aus grch.] *der, -(e)s/-e,* **1)** früher geistl. Gericht, → Sendgericht. **2)** *westfäl.:* Jahrmarkt.

Sendai, Hptst. des japan. Ken Miyagi, im N der Insel Honshu, (1982) 650000 Ew.; Univ.; Nahrungsmittel-, Metall-, Holzwaren- und chemische Industrie.

Sendelbinde, im 15. Jh. nach dem Seidenstoff Zendel genanntes Stoffband an der männl. Kopfbedeckung, das entweder an einer Seite herunterhing oder um Kopf und Kinn gewickelt wurde.

senden [ahd.]. *ich* **sende, 1)** (sandte, habe gesandt; selten: sendete, habe gesendet) *ihn, es,* schicke, lasse mit einem Auftrag gehen: *er sendet dir Grüße.* **2)** (sendete, habe gesendet) *es,* ((ψ)) strahle aus, verbreite (durch Rundfunk, Fernsehen): *der Rundfunk hat gestern ein Hörspiel gesendet. ich* **sende** *ihn, es* **ab,** schicke fort. *ich* **sende aus, 1)** *ihn,* gebe ihm einen Auftrag, den er erfüllen soll. **2)** *es,* ((ψ)) sende, strahle aus. *ich* **sende** *es ihm* **ein, zu,** schicke ein, zu: *das eingesandte Manuskript.* **Sendbote,** Abgesandter; Apostel; Missionar. **Sendbrief,** ⚘ offener Brief. **Sendefolge,** Reihenfolge von Rundfunk- oder Fernsehsendungen; Sendung in Fortsetzungen. **Sendepause,** Zeitraum, in dem kein Rundfunk- oder Fernsehprogramm gesendet wird. **Senderaum,** Raum mit der Aufnahmeeinrichtung. *der* **Sendling,** *-s/-e,* ⚘ Sendbote. *die* **Sendung,** *-/-en,* **1)** das zur Beförderung Gegebene. **2)** Auftrag, Berufung. **3)** Funksendung; Rundfunk- oder Fernsehdarbietung.

Senden, 1) Stadt im Kr. Neu-Ulm, Bayern, im Illertal, (1984) 19100 Ew.; Pendlerwohngem., Uhrenfabrik. **2)** Gem. im Kr. Coesfeld, NRW, (1984) 15200 Ew.; Geräte- und Beton-Element-Bau; in der Nähe Schloß S.

Sender *der, -s/-,* ((ψ)) Gerät oder Anlage zur Erzeugung und Aussendung von Schallwellen, elektromagnet. oder Lichtwellen zur Nachrichtenübermittlung oder Richtungsbestimmung. **Rundfunk-S.,** → Rundfunk.

Sender, Ramón José, span. Schriftst., * Alcolea de Cinca (Huesca) 3. 2. 1902, † San Diego (Cal.) 16. 1. 1982, emigrierte nach dem Span. Bürgerkrieg in die USA.

HW: *Romane:* Der Verschollene (1939); Der König und die Königin (1947); Die fünf Bücher der Ariadne (1957); Die Heilige und der Sünder (1967); Essays, Dramen u. a.

Sender Freies Berlin, Abk. **SFB,** Rundfunkanstalt öffentl. Rechts (gegr. 1946 als ›Funkhaus Berlin‹ des Nordwestdt. Rundfunks), sendet seit 1953 Programmbeiträge für das Dt. Fernsehen. 1958 wurde das Regionalprogramm, 1965 ein Drittes Fernsehprogramm eröffnet.

Sender Freies Europa, engl. **Radio Free Europe** [r'eɪdɪəʊ fri: j'ʊərəp], Abk. **RFE,** Sitz: München; gegr. 1949, sendet täglich nach Bulgarien, Polen, Rumänien, der Tschechoslowakei, Ungarn in den Sprachen dieser Länder.

Sende Rud, Sajende Rud, Zayenderud *der,* Fluß in Iran, entspringt im Bachtiarengebirge, mündet in einem Salzsumpf; großer Staudamm (1971) oberhalb Isfahan.

Sendgericht, Send, lat. **Synodus,** kirchl. Sittengericht des MA. für die Aburteilung kirchl. Vergehen von Laien, urspr. von dem Bischof oder seinem Vertreter, später von den Archidiakonen abgehalten.

Sendgrafen, → Königsboten.

Sendling, Stadtteil von München. **Sendlinger Mordweihnacht** (1705), → München, Geschichte.

Sendungsbewußtsein, die in einer Einzelperson, einer religiösen Gemeinschaft oder einem polit. Verband lebendige Gewiß-

Alois Senefelder

heit, daß der im eigenen Raum ausgebildete Lebensstil, die eigene Lehre oder politisch-soziale Ordnung vorbildlich sei und auch auf andere Völker ausgedehnt werden müsse.

Seneca, Seneka, nordamerikan. Indianerstamm, eines der bedeutendsten Mitglieder des Irokesenbundes (→ Irokesen).

Seneca, Lucius Annaeus, philosoph. Schriftst. und Dichter, * Córdoba (Spanien) um 4 v. Chr., † Rom 65 n. Chr., war Erzieher und danach (bis 59) erster Berater des Kaisers Nero. Später fiel er in Ungnade und wurde gezwungen, sich selbst zu töten. S. suchte in zahlreichen Schriften in allgemeinverständl. Form v. a. die sittl. Gedanken der stoischen Philosophie zu verkünden. Ferner verfaßte er unter Benutzung grch. Stoffe Tragödien über die furchtbare Wirkung menschl. Leidenschaften; sie haben seit der Renaissance die Entwicklung des abendländ. Schauspiels stark beeinflußt.

Senecio, Pflanzengattung, → Kreuzkraut.

Senefelder, Alois, Erfinder der → Lithographie, * Prag 6. 11. 1771, † München 26. 2. 1834, entdeckte bei Vervielfältigungsversuchen 1797–99, daß geschliffener Solnhofener Schiefer, mit Fettkreide oder -tusche beschrieben und mit Gummiarabicum-Lösung geätzt, nur an den beschriebenen Stellen Druckfarbe annimmt; baute auch eine Stangen- und eine Handpresse.

Senegal *der,* frz. **Sénégal,** Fluß in W-Afrika, vom Zusammenfluß des vom Fouta Djalon kommenden Bafing mit dem Bakoy (in SW-Mali) bis zur Mündung in den Atlant. Ozean bei Saint-Louis 1430 km lang (mit Bafing); schiffbar ab Kayes von August bis Oktober.

Senegal

Senegal, amtl. **République du Sénégal** [repybl'ik dy-], Rep. in W-Afrika am Atlant. Ozean, 196192 km², (1982) 5,968 Mio. Ew. Hauptstadt: Dakar. Amtssprachen: Französisch und Wolof. Währungseinheit: 1 CFA-Franc = 100 Centimes (c). *Adj.* **senegalesisch.** *der* **Senegalese,** *-n/-n.* (Karte II/III, n. S. 320)

Staat. Nach der Verf. v. 3. 3. 1963 (zuletzt geändert 1976) ist Staatsoberhaupt der auf 5 Jahre gewählte Präs.; er ernennt den MinPräs. und übt mit ihm die Exekutive aus; er ist zugleich Oberbefehlshaber der Streitkräfte. Die Legislative liegt, mit einigen Einschränkungen, bei der auf 5 Jahre gewählten Nationalversammlung (100 Abg.). Wahlrecht haben alle Bürger. S. ist in 7 Regionen eingeteilt. Rechtsprechung nach frz. Vorbild. – Streitkräfte. 9700 Mann; Heer 8500; Luftwaffe 500; Marine 700; Sicherheitskräfte 6800. Allg. Wehrpflicht.

Landesnatur. Weite Flachländer (meist unter 100 m ü. M.) umschließen das Staatsgebiet von Gambia und steigen nur im O und SO leicht (bis 400 m ü. M.) an. Das Klima ist tropisch mit Sommerregen, die von S nach N abnehmen. Im Innern herrscht Trocken-, im N Dornsavanne, im SW (Casamance) Feuchtwald.

Senf: Schwarzer S.

Bevölkerung. Die größten Stammesgruppen sind die Wolof, Fulbe, Serer und Tukulor, daneben rd. 50000 Nichtafrikaner (bes. Franzosen und Libanesen). Großstädte: Dakar, Kaolack, Rufisque, Thiès. – Bildung. Allg. Schulpflicht (6.–12. Lebensjahr); nach frz. Vorbild aufgebautes Schulsystem, aber Reformbestrebungen mit dem Ziel einer ›Afrikanisierung‹ des Unterrichts; Analphabetenquote (1981): 54,4%. Univ. in Dakar (gegr. 1949, seit 1957 Univ.). – Religion. 91% der Bev. sind Muslime, 5,7% überwiegend kath. Christen.

Wirtschaft. Von der Landwirtschaft, die etwa 13% der Fläche ackerbaulich nutzt (bes. im SW), leben etwa 80% der Bevölkerung. Neben Erdnüssen (40% der Anbaufläche) werden Hirse, Reis, Mais, Maniok, Baumwolle angebaut; im N und NO extensive Viehhaltung (z. T. nomadisch). An der fischreichen Küste und in Binnengewässern Fischfang (1981: 229300 t). Abbau von Aluminium- und Kalkphosphaten. Bed. Nahrungsmittel-Ind., ferner chem. und Textil-Ind. Ausfuhr: Erdölprodukte, Fischereierzeugnisse, Phosphate, Erdnußprodukte, Baumwolle. Wichtigster Handelspartner: Frankreich.

Verkehr. Dichtes Straßennetz im Gebiet Dakar-Thiès; insgesamt (1981) 14500 km Straßen (3518 km asphaltiert). 1186 km Eisenbahnlinien (Hauptstrecke Dakar-Mali). Handelsflotte (1981) 37800 BRT. Dakar ist der größte und modernste westafrikan. Seehafen und internat. Flughafen. Nat. Fluggesellschaft: Air Sénégal.

Léopold Senghor

Geschichte. Seit dem 17. Jh. ließen sich die Franzosen im Gebiet des heutigen S. nieder (**Senegambien;** 1659 Gründung von Saint-Louis, später Eroberung von Gorée; 1857 Gründung von Dakar). 1895 wurde die Kolonie Teil der Gebietsgruppe Frz.-Westafrika. 1958 wurde S. autonome Republik innerhalb der Frz. Gemeinschaft. 1959–60 bildete es mit Frz.-Sudan die Mali-Föderation. 1960 wurde das Land unter Präs. L. S. Senghor (1960–80) unabhängig. Außenpolitisch arbeitet S. eng mit Frankreich zusammen. Seit 1981 ist A. Diouf Präs. Nachdem senegales. Truppen 1981 auf Bitten der gamb. Regierung einen Putsch kommunistisch gesinnter Kräfte in Gambia niedergeschlagen hatten, schlossen sich S. und Gambia zur Konföderation → Senegambia zusammen.

Senegambia, Konföderation zw. Senegal und Gambia, gegr. im Nov. 1981, besteht seit dem 1. 1. 1982. Ziel des Zusammenschlusses: Vereinigung der Sicherheitskräfte beider Staaten, Wirtschafts- und Währungsunion, koordinierte Außenpolitik.

Senegawurzel, Arzneidroge, → Kreuzblume.

Seneschall *der, -s/-e,* frz. **Sénéchal** [-ʃ'al, von ahd. senescalh ›ältester Diener‹], Hofbeamter im merowing. Reich, später in Frankreich, der das königl. Hauswesen besorgte (entsprechend dem dt. → Truchseß) und auch richterliche Befugnis hatte.

Seneszenz [lat.] *die, -,* das Altern.

Senf [lat.-grch. sinapi] *der, -(e)s/-e,* Bez. für Arten der Kreuzblüter; auch Gewürz und Speisewürze. **Weißer S. (Sinapis alba),** einjähriger, bis 60 cm hoher Kreuzblüter mit hellgelben, violettadrigen, vanilleduftenden Blüten, wächst wild am Mittelmeer, in anderen Gebieten angebaut. Die Samen sind 2 mm dick, weißlich bis gelblich und enthalten das Senfglucosid Sinalbin. Das Enzym Myrosin spaltet daraus das ätherische Sinalbin-Senföl ab. **Schwarzer S., Senfkohl (Brassica nigra),** einjährig, bis meterhoch, mit bläulichem Stengel, unten leierförmig-fiederspaltigen Blättern und gelben Blüten, später mit stäbchenförmigen Schoten (Bild Frucht); in allen Erdteilen angebaut. Die gemahlenen Samen heißen → Senfmehl. Der **Acker-S. (Sinapis arvensis)** ist ein weitverbreitetes Unkraut.

Speisesenf, Mostrich, Küchengewürz, hergestellt aus frisch gemahlenem Samen von Schwarzem und Weißem S. mit Essig, Salz und anderen Gewürzen. Je nach Rezeptur erhält man: **Tafel-S., Wein-S., Diät-S., Scharfen S., Süßen S., Frz. S., Engl. S.** u. a. – Redensart: *seinen S. dazugeben,* U auch seine Meinung sagen. **Senffrüchte,** in gesüßtem Essig mit S.-Körnern und anderen Gewürzen eingelegte Früchte (Obst, Gurken u. a.). **Senfpflaster, Senfspiritus,** Hautreizmittel.

Senfgas, Lost, das → Dichlordiäthylsulfid.

Senfl, Ludwig, Komponist, * Basel um 1486, † München zw. 2. 12. 1542 und 10. 8. 1543, bed. Meister der mehrstimmigen (polyphonen) Vokalmusik zw. H. Isaac und Orlando di Lasso; 262 kunstvolle mehrstimmige Volksliedbearbeitungen, ausdrucksstarke Liedweisen, 240 Motetten, 2-bis 5stimmige Magnifikate, 7 Messen von strenger Schlichtheit.

Senfmehl, die gemahlenen Samen des Schwarzen Senfs, die, mit warmem Wasser angerührt, als **Senfteig** oder **Senfpapier** zu hautreizenden Umschlägen **(Senfpackung)** dienen.

Senf|öle, Gruppe von Isothiocyanaten, natürliche und auch synthetisch hergestellte, schwefelhaltige Verbindungen der allgemeinen Formel S = C = N – R (R = organ. Rest). Schwarzer Senf und Meerrettich enthalten das **Allylsenf|öl; p-Hydroxybenzyl-S.** ist im Weißen Senf, **Benzylsenf|öl** in der Gartenkresse, **Phenylsenf|öl** in der Brunnenkresse enthalten. Verwendung als Schmier- und Speiseöl und zur Seifenherstellung.

Senftenberg, Krst. im Bez. Cottbus, an der Schwarzen Elster, (1983) 31800 Ew.; Mittelpunkt des Niederlausitzer Braunkohlenbergbaus; Eisenwerk, Brikett-, Glas- u. a. Industrie.

sengen [ahd.]. *ich* **senge, 1)** *es,* verbrenne die Oberfläche, z. B. brenne Flaum ab (von der Haut des Geflügels); Textilindustrie: → Appretur. **2)** *es sengt,* brennt oberflächlich an: *die Sonne sengt. ich* **senge** *es* **ab,** brenne oberflächlich ab. *ich* **senge** *es* **an,** versenge leicht. **Senge** *Pl., norddt.:* Prügel: *er hat Senge gekriegt, bezogen.* **seng(e)rig,** *norddt.:* brandig, brenzlig, angebrannt: *es riecht sengerig.*

Senghaas, Dieter, Politikwissenschaftler, * Geislingen 27. 8. 1940; seit 1978 Professor für Sozialwiss. an der Univ. Bremen; Schwerpunkt: Friedens- und Konfliktforschung.

HW: Gewalt-Konflikt-Frieden (1974); Weltwirtschaftsordnung und Entwicklungspolitik ([3]1980); Abschreckung und Frieden ([3]1981).

Senghor [sɛ̃g'ɔ:r], Léopold Sédar, afrikan. Politiker und Schriftst. in frz. Sprache, * Joal (Senegal) 9. 10. 1906; 1946–59 Abg. in der frz. Nationalversammlung, war 1960–80 Präs. der Republik Senegal, 1962–70 auch Premier-Min. – In bibelversartig gegliederten, an die Rhythmen von Negerliedern erinnernden Gedichten gibt S. einer mystischen Weltschau Ausdruck, in der sich europäisches und afrikan. Seelenleben vermischen (→ Négritude); seit 1983 als erster Farbiger Mitgl. der Académie française.

HW: Tam-Tam schwarz (Gesänge, 1955); Botschaft und Anruf. Sämtliche Gedichte (1963).

Sengsen|gebirge, Gebirgszug in den Nördl. Kalkalpen, OÖ, im Hohen Nock 1963 m hoch.

Senhor [sɪɲ'or, portugies.] *der, -s/-es,* Herr. *die* **Senhora** [sɪɲ'ora], *-/-s,* Dame, Frau. *die* **Senhorita** [sɪɲor'ita], *-/-s,* Fräulein.

Seni, Giovanni Battista, Sterndeuter in Diensten Wallensteins 1629–34, * Padua 1600, † Genua 1656.

Senigallia, Sinigallia, Hafenstadt und Seebad in der ital. Prov. Ancona, am Adriat. Meer, (1981) 40100 Ew.; kath. Bischofssitz; Fischerei; Textil-, Lebensmittel-, mechan. u. a. Ind. – Im Altertum war S. als Sena Gallica ein Hauptort der gall. → Senonen.

senil [lat.], greisenhaft, altersschwach. *Subst. die* **Senilität,** -.

senior [lat.], Abk. **sen.,** der Ältere (hinter Namen). *der* **Senior,** *-s/... 'oren,* **1)** Ältester; Vors.; Ggs.: Junior. **2)** ⚒ Alterseinstufung eines Sportlers, meist zwischen dem 20. und 30. Lebensjahr.

Seniorat [lat.] *das, -s,* bei Familiengütern eine Erbfolgeordnung, bei der das älteste Mitglied der Familie ohne Rücksicht auf den Verwandtschaftsgrad nachfolgt. Ggs.: → Jüngstenrecht, → Majorat, → Primogenitur. Das S. galt manchmal auch in der Thronfolge (z. B. seit 1617 in der Türkei).

Senioren-Convent, Abk. **S. C.,** Zusammenschluß der Corps an einzelnen Hochschulen (→ studentische Verbindungen).

Seniorenkonvent, der → Ältestenrat.

Seniorenpaß, Ausweis der Dt. Bundesbahn für Damen ab 60, Herren ab 65 Jahren, der Reisen zu ermäßigten Fahrpreisen ermöglicht.

Senkblei, Senklot, → Lot 2).

senken [ahd., zu sinken]. *ich* **senke, 1)** *es,* lasse sinken, hängen, mache niedriger: *die Preise wurden gesenkt,* herabgesetzt; *ich senke den Blick,* blicke abwärts, zu Boden; *ich senke die Stimme,* spreche leiser. **2)** *es senkt sich,* sinkt ein, neigt sich herab: *der Boden hat sich gesenkt. ich* **senke** *es* **ab, 1)** ⊕ lege einen Trieb zur Bewurzelung in die Erde. **2)** bestimme die Senkrechte. **3)** lockere die Stützen einer Schalung. **4)** senke den Grundwasserspiegel. *ich* **senke** *es* **ein,** versenke, treibe tief ein. *Subst. die* → Senkung. *die* **Senke,** *-/-n,* **1)** Vertiefung des Bodens. **2)** ⊠ Stelle in einem Feld, in der Feldlinien enden. *der* **Senkel,** *-s/-,* **1)** Band zum Zuschnüren der Schuhe. **2)** *schweizer.:* Senklot. **senkrecht,** △ im Winkel von 90° aufeinanderstehend. *Subst. die* **Senkrechte,** *-n/-n.*

Senker *der, -s/-,* **1)** Gärtnerei: **Absenker,** der → Ableger. **2)** ⊕ wurzelähnliche Organe der Mistel. **3)** spanende Formung: ein Werkzeug mit einer oder mehreren Schneiden, das zum Aufbohren oder stirnseitigen Profilieren von Bohrungen dient. Dazu benutzt man Spiral-, Spitz- und Zapfen-S.

Senkfuß, die Fußsenkung (→ Fußdeformitäten).

Senkgrube, Abortgrube, abflußlose, wasserdichte Grube, in der menschliche Exkremente gesammelt werden.

Senk|kasten, → Gründung.

Senkrechtstarter, 1) der → Vertikalstarter. **2)** Ü jemand, der sehr schnell (politische) Karriere gemacht hat.

Senk|rücken, fehlerhafte Rückenform des Pferdes mit Durchbiegen nach unten, beeinträchtigt die Tragfähigkeit des Rückens.

Senkung *die, -/-en,* **1)** Tieferlegen, Sinken: *die S. des Wasserspiegels.* **2)** Geologie: Niveauveränderungen von Erdkrustenteilen (→ Hebung 2). **3)** das Herabsetzen, Geringermachen: *Steuersenkung.* **4)** die unbetonte Silbe des Verses (ÜBERSICHT Metrik). **5)** ⚕ → Eingeweidesenkung. **Blut-S.,** → Blutkörperchen-Senkungsgeschwindigkeit.

Senkungs|abszeß, Eiterung mit Senkung (gelenkt durch anatomisch vorgegebene Bahnen) des Abszesses; häufig ein tuberkulöser Abszeß der unteren Brustwirbelsäule.

Senkwaage, Senkspindel, das → Aräometer.

Senlis [sãl'i], Stadt im frz. Dép. Oise, (1982) 14500 Ew.; Holz-, Maschinen- u. a. Ind.; röm. und mittelalterl. Bauten, so die gotische Kathedrale mit Portalplastik (12. Jh.).

Senn *der, -(e)s/-e,* **Senne** *der, -n/-n,* **Senner** *der, -s/-,* **Sennin, Sennerin** *die, -/-nen, bair., österr., schweizer.:* Almhirt(in), der (die) auch die Verwertung der Molkereierzeugnisse (Käserei) besorgt. *die* **Sennerei,** *-/-en,* Almwirtschaft. *Vb. ich* **senne.**

Sennar, Sannar, Stadt in der Rep. Sudan, rd. 15000 Ew., am Blauen Nil; der nahe gelegene **S.-Staudamm** (mit Kraftwerk) dient der Bewässerung des Gebiets von → Gesira.

Senne *die, -/-n,* **1)** *ohne Pl., westfäl.:* Heide. **2)** *bair., alemann.:* Alpenweide; Alpenherde.

Senne *die,* sandige Landschaft am S-Rand des Teutoburger Waldes, im N der Truppenübungsplatz Sennelager.

Sennesblätter, die Blätter einiger Arten der Gatt. → Kassie.

Sennestadt, seit 1973 Stadtteil von Bielefeld. S. war seit 1956 nach Gesichtspunkten neuzeitl. Stadt- und Verkehrsplanung aufgebaut worden.

Senoi, auch **Sakai,** die weddide (→ Wedda) Bev. im Zentrum der Malaiischen Halbinsel, Wildbeuter, mit malaiischer Sprache.

Senonen *Pl.,* lat. **Senones,** kelt. Volksstamm an der oberen Seine, von Caesar 54–52 v. Chr. unterworfen. Ein Teil der S. war um 400 v. Chr. nach Oberitalien ausgewandert, war 387 v. Chr. an der Eroberung Roms beteiligt, wurde aber 283 v. Chr. von den Römern unterworfen.

Señor [seɲ'ɔr, span.] *der, -s/-es,* Herr. *die* **Señora** [seɲ'ora], *-/-s,* Frau. *die* **Señorita** [seɲɔr'ita], *-/-s,* Fräulein.

Sensal [ital.] *der, -s/-e,* der Kursmakler, → Makler.

Sensation [frz.] *die, -/-en,* Aufsehen, aufsehenerregendes Ereignis, Tagesgespräch. *Adj.* **sensationell.**

Sensburg, poln. **Mrągowo** [mrɔŋg'ɔvɔ], Stadt in der poln. Wwschaft Olsztyn (Allenstein), ehem. Krst. in Ostpreußen, (1979) 16000 Ew.; Holz-, Lebensmittel-, Maschinenindustrie.

Sense [ahd.] *die, -/-n,* etwa armlanges, leicht gebogenes Stahlmesser (Blatt) zum Mähen von Halmgut, an langem Stiel **(Sensenbaum)** mit Handgriffen. Die Getreidesense trägt noch zum Beiseiteraffen der Halme zu Schwaden den Korb **(Gestell, Reff). Sensenmann, 1)** der Schnitter. **2)** P der Tod.

sensibel [lat.], empfindsam, feinfühlig, empfindlich. *Subst. die* **Sensibilität,** *-,* Zartgefühl, die Fähigkeit, auf äußere Reize mit seel. Vorgängen (Empfindungen, Wahrnehmungen, Gefühlen) zu reagieren. **sensible Nerven,** Empfindungsnerven (→ Nerven). **sensitiv,** besonders empfindlich.

sensibilisieren [lat.]. *ich* **sensibilisiere** *es,* mache empfindlich, z. B. für best. Reize. *die* **Sensibilisierung,** *-/-en,* **1)** Verfahren zur Steigerung der Empfindlichkeit photographischer Schichten zur Erhöhung der allg. Lichtempfindlichkeit mit best. Chemikalien (Schwefelverbindungen, Gold in feinster Verteilung, **chem. Sensibilisatoren).** Zur Erhöhung der Farbempfindlichkeit (insbes. im roten und infraroten Bereich) dienen versch. organ. Farbstoffe **(opt. Sensibilisatoren).** Die Sensibilisatoren absorbieren die Energie des auffallenden Lichtes und übertragen sie auf das Bromsilber der photograph. Schichten. Eine **Hypersensibilisierung** kann bei Infrarotmaterial erzielt werden durch Baden der Platten in destilliertem Wasser oder verdünntem Ammoniak. **2)** Physiologie: die Erscheinung, daß die Einverleibung eines Stoffs (z. B. Nahrungsmittel, eingespritztes artfremdes Eiweiß) eine Überempfindlichkeit gegen ihn auslöst (→ Allergie).

Sensitivitäts|training, Sensitivity training [sensɪt'ɪvətɪ tr'eɪnɪŋ, engl.], eine Form der psychotherapeut. → Gruppentherapie, die durch geistige und körperliche Begegnung und offene Aussprache die Kontaktfähigkeit fördern soll.

Sensitivity [sensɪt'ɪvətɪ, engl.] *die, -,* → Oktanzahlen.

Sensitometrie [lat.-grch.] *die, -,* die Feststellung der Empfindlichkeit und des Verlaufs der Schwärzungskurve von photograph. Material. Die Messung wird mit DIN-, Keil- oder Scheiner-Sensitometern vorgenommen.

Sensomotorik, Sensumotorik [lat.], die Gesamtheit der Nervenprozesse, bei denen sowohl sensorische (sensible, afferente, ›aufnehmende‹) wie motorische (efferente, ›bewirkende‹, Bewegungs-)Fasern aktiviert sind.

Sensor [lat.] *der, -s/... 'oren,* **Meßfühler, Meß(wert)geber,** elektr. Bauelement, das physikal. Größen (z. B. Temperatur, elektromagnet. Strahlung, Druckunterschied, Beschleunigung), chem. Größen (z. B. stoffl. Zusammensetzung von Gasen und Flüssigkeiten) und elektrochem. Größen (z. B. zum Messen von Aktivitäten) erfaßt und in ein elektr. Signal umsetzt. Der S. stellt das erste Glied einer Meßanordnung oder Einrichtung zur Meßwerterfassung dar. Beispiele für S. sind: Photodiode, Heißleiter, Dehnungsmeßstreifen, Hall-Generator, Piezodiode u. a.

sensorische Analyse, Beurteilung von Nahrungs- und Genußmitteln (z. B. Konservierungsverfahren, Düngerwirkungen, Lagereinflüsse, Rezepte) mit Hilfe der Sinne: 1) Geruch **(olfactorische Eindrücke),** 2) Geschmack **(gustatorische Eindrücke);** beide Begriffe faßt man auch als **Flavour** [fl'eɪvə, engl.] zusammen; 3) Form/Farbe **(visuelle Wahrnehmung);** 4) Gehör **(auditorische Eindrücke,** wie ›knackiger Biß‹); 5) Berührung **(haptische Eindrücke,** z. B. auch Feststellung der Konsistenz, keine Geschmackseindrücke). Die s. A. wird durch geschulte Prüfer oder Laien vorgenommen; Bewertung nach Punkten.

Sensorium [lat.] *das, -s,* urspr. das Empfindungsvermögen; auch alle Sinnesorgane mit ihren Zentren wie Riech-, Hör-, Sehzentrum. **sensorisch, sensoriell,** auf die Sinne oder Sinneswahrnehmungen bezüglich.

Sensortaste, Taste ohne mechanisch bewegbare Teile. Durch Berühren der S. mit dem Finger wird z. B. durch einen schwachen Erdstrom ein elektron. Schalter ausgelöst.

Sensualismus [lat.] *der, -,* Ⓟⓗ die Lehre, nach der Seelenleben, Erkennen und Handeln allein oder vornehmlich von Sinnesempfindungen bestimmt sind (É. B. de Condillac, J. Locke); Ggs.: Intellektualismus. **sensuell,** sinnlich wahrnehmbar.

Senta, weiblicher Vorname.

Senta, ungar. **Zenta** [z'ɛntɔ], Stadt in der Batschka, Wojwodina, Jugoslawien, an der Theiß, (1971) 24800 Ew.; Textil-, Möbel-, Nahrungsmittelind. – Bei S. siegte Prinz Eugen von Savoyen am 11. 9. 1697 über die Türken.

Sente *die, -/-n, nd.:* ⚓ Richtlinie, Richtlatte.

Sentenz [lat.] *die, -/-en,* **1)** thesenartiger Ausspruch, Gnome. S. wurden seit dem 8. Jh. aus der Hl. Schrift, den Kirchenvätern u. a. für Lehrzwecke gesammelt und in der Frühscholastik systematisch zu Lehrbüchern zusammengestellt **(Sentenzenbücher,** bes. die des → Petrus Lombardus). **2)** Literatur: treffend geprägter Ausspruch, Denkspruch, Sinnspruch; die Bez. wird meist nur angewendet auf sehr bekannte, dem Sprichwort nahestehende Aussprüche. *Adj.* **sentenziös.**

Sentiment [sãtim'ã, frz.] *das, -s/-s,* Empfindung, Gefühl.

sentimental [engl. aus frz.], empfindsam, rührselig. *die* **Sentimentalität,** *-/-en,* eine gesteigerte Gefühlsansprechbarkeit. Im 18.

Senker 3): dreilippiger Spiralsenker

Senlis: Gewändefiguren am Westportal der Kathedrale von S.; 2. Hälfte des 12. Jh.

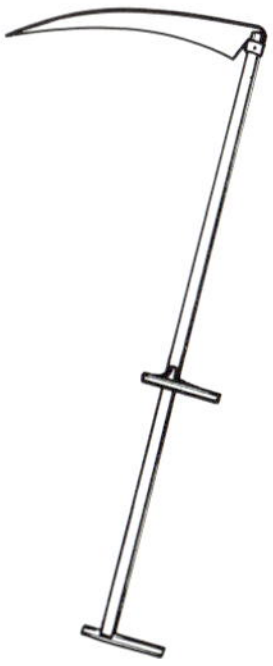

Sense

Jh. wurde Sentimentalität in der gebildeten Gesellschaft Mode (→ Empfindsamkeit). Schiller nennt eine Dichtung, die die Sehnsucht nach der verlorenen Natur und Natürlichkeit ausdrückt, **sentimentalisch,** im Gegensatz zur naiven.

Sentimentale *die, -n/-n,* Theater: früher ein Rollenfach, Vertreterin weiblicher Empfindsamkeit.

Senussi, arab. **Snussi, Sanusi,** ein bes. in der Anfangszeit europäer- und christenfeindlicher, von den Wahhabiten beeinflußter islam. Orden, 1833 von Mohammed Ibn Ali es-Senussi (* um 1791, † 1859) in Mekka gegr., bald nach der Oase Djaghbub in Libyen, 1896 nach Kufra verlegt. Die S. bekämpften die ital. Kolonialherrschaft in Libyen, wurden jedoch 1923 von den Italienern besiegt.

senza [ital.], ♪ ohne: *s. pedale,* ohne Pedal.

Seo de Urgel [s'eo ðe urx'ɛl], Stadt in der span. Prov. Lérida, in den katalan. Pyrenäen, (1976) 9900 Ew.; kath. Bischofssitz (seit dem 9. Jh.). Der Bischof von S. de U. übt seit 1278 gemeinsam mit Frankreich die Oberherrschaft über Andorra aus.

Seoul [se'ul], **Sŏul,** Hptst. von S-Korea, (1980) 8,367 Mio. Ew.; Erzbischofssitz, Univ. (gegr. 1923), Korean. Institut für Wiss. und Technologie; Wirtschafts- und Verkehrszentrum des Landes; Textil-, Metallwaren-, Nahrungsmittel- u. a. Ind.; Botan. und Zoolog. Garten, Paläste.

Sepalen [lat.] *Pl.,* ⊕ die Kelchblätter (→ Blüte).

separat [lat.], abgesondert, für sich, getrennt. *Subst. die* → Separation. *das* **Séparée,** *-s/-s,* kurz für: Chambre séparée, ꙮ Sonderraum in einer Gaststätte. *ich* **separiere** *es, ihn, mich von ihm,* trenne, scheide, sondere ab.

Separatfriede, Sonderfrieden, → Friedensvertrag.

Separation [lat.] *die, -/-en,* **1)** Absonderung, Trennung. **2)** Agrargeschichte: Auflösung der genossenschaftl. Wirtschaftsweise, in Dtl. im 18. und frühen 19. Jh. bes. die Aufteilung der Allmende (→ Gemeinheit).

Separatismus [lat.] *der, -,* abwertende Bez. für Bestrebungen, ein bestimmtes Gebiet aus seinem bisherigen Staatsverband zu lösen, es staatlich zu verselbständigen oder an einen anderen Staat anzuschließen.

Zw. 1919 und 1924 förderten Frankreich und Belgien Abtrennungsversuche im Rheinland. Zunächst tauchte der Gedanke einer ›Rheinischen Republik‹ im Rahmen des Dt. Reichs auf. Am Ende des Ruhrkampfs im Herbst 1923 kam es am 21. 10. in Aachen und dann auch in den meisten anderen linksrhein. Städten zu Putschversuchen. A. Dorten und J. Matthes bildeten in Koblenz eine ›Vorläufige Regierung der Rhein. Republik‹, vom frz. Oberkommandierenden P. Tirard am 26. 10. anerkannt. Die Bevölkerung schlug die Separatisten in einer Vielzahl lokaler Erhebungen nieder (›Schlacht im Siebengebirge‹). Die ›Vorläufige Regierung‹ löste sich am 26. 11. wieder auf. Am 5. 11. hatten die Separatisten unter J. Heinz-Orbis eine ›Autonome Regierung der Pfälz. Republik‹ errichtet, die jedoch im Febr. 1924 wieder aufgelöst wurde (Sturm auf das von Separatisten besetzte Bezirksamt Pirmasens). – *der* **Separatist,** *-en/-en,* Anhänger des S. – *Adj.* **separatistisch.**

Separator [lat.] *der, -s/...t'oren,* → Zentrifuge.

Sephardim [auch -d'im, vom bibl. Ortsnamen Sepharad, seit dem MA. gleichgesetzt mit der Iber. Halbinsel] *Pl.,* auch **Spaniolen,** die 1492 aus Spanien und Portugal vertriebenen → Juden und ihre Nachkommen. *Adj.* **sephardisch.**

Sepia 1): Tintenfisch

Sepia [grch.] *die, -/...pi|en,* **1)** Gatt. der zehnarmigen Kopffüßer mit ovalem, abgeflachtem Körper und waagerechtem Flossensaum. Die Fangarme sind in Taschen zurückziehbar. Die vom Mantel überwachsene Schale (Schulp) ist kalkig. Bei Gefahr wird aus einer Enddarmdrüse (Tintenbeutel) ein Sekret, der Sepiafarbstoff, ausgestoßen, der das Wasser trübt. Der eßbare **Tintenfisch (Sepia officinalis),** bis 40 cm lang, kommt im Mittelmeer vor. **2)** ein aus dem Tintenbeutel von 1) gewonnenes Pigment für Wasserfarben; es ergibt lichte graubraune Töne; seit dem 18. Jh. für Tusch- und Federzeichnungen verwendet.

Sepik *der,* während der dt. Kolonialzeit **Kaiserin-Augusta-Fluß,** Fluß in NO-Neuguinea, rd. 1200 km lang.

Sepiolith [von Sepia] *der, -(e)s/-e,* der → Meerschaum.

Sepoy [s'i:pɔɪ, engl.] *der, -s/-s,* eingeborener Soldat im früheren anglo-indischen Heer.

Sepp, Seppl [bair.], Kurzformen von Josef.

Sepsis [grch. ›Fäulnis‹] *die, -/S'epsen,* volkstümlich **Blutvergiftung,** Allgemeininfektion des Körpers, die entsteht, wenn die Erreger einer örtl. Infektion mit entzündl. Eiterherd **(S.-Herd)** die lokalen Schutzmechanismen durchbrechen, in die Blutbahn eindringen und dort nicht innerhalb kurzer Zeit von der körpereigenen Abwehr zerstört werden können. Es kommt zu einer allg. Schädigung innerer Organe wie Milz, Leber, Niere. Typ. S.-Herde sind infizierte Wunden, die Gebärmutter nach Geburt oder Fehlgeburt, entzündetes Nierenbecken oder Mandeln. Falls sich die im Blut kreisenden Erreger in anderen Organen ansiedeln und wiederum örtlich begrenzte Entzündungsherde (Abszesse; **sept. Metastasen)** erzeugen, liegt eine **Pyämie** vor. Im Unterschied zur S. spricht man bei nur kurzfristiger Anwesenheit von Bakterien im Blut (z. B. nach dem Ziehen eines Zahnes) von **Bakteriämie.** Krankheitszeichen sind u. a.: schweres Krankheitsgefühl, Fieber, Schüttelfrost, Milzschwellung, Schock. Zur Erregerdiagnostik muß der Erreger aus dem Blut angezüchtet werden (Blutkultur). Häufige Erreger einer S. sind Staphylokokken, Streptokokken, Kolibakterien u. a. – B e h a n d l u n g : Antibiotika, ggf. chirurg. Sanierung des S.-Herdes.

Sept|akkord, Septimen|akkord, dissonanter Vierklang aus Grundton, Terz, Quinte und Septime. Wichtige S. sind der **Dominant-S.** auf der 5. Stufe (in C-Dur: g-h-d-f), bes. in der

Septakkord: 1 Dominantseptakkord in C-Dur. **2** Verminderter Septakkord (Septakkord der 7. Stufe in c-Moll). a Grundform; b erste Umkehrung: Quintsextakkord; c zweite Umkehrung: Terzquartakkord; d dritte Umkehrung: Sekundakkord

→ Kadenz, und der **verminderte S.** auf der 7. Stufe in Moll (in c-Moll: h-d-f-as), z. B. als Mittel zur → Modulation. Umkehrungen des S.: **Quintsextakkord, Terzquartakkord, Sekundakkord.**

September [lat.] *der, -(s)/-,* Abk. **Sept.,** der 9. Monat des Jahres, mit 30 Tagen, im alten röm. Kalender der 7.; frühere dt. Namen: **Herbstmond,** da am 23. S. der Herbst beginnt, **Scheiding.**

Septennat [lat.] *das, -(e)s/-e,* **Septennium** *das, -s/...ni|en,* ꙮ Zeitraum von 7 Jahren.

septentrional [lat.], nördlich.

Septett *das, -(e)s/-e,* Musikstück für 7 Gesangssolostimmen (auch mit Begleitung) oder 7 Soloinstrumente; danach auch die 7 Ausführenden.

Sept Îles [set'i:l], → Les Sept-Îles.

Septime [lat.] *die, -/-n,* die 7. Stufe der diaton. Tonleiter und das Intervall, das 6 diaton. Tonschritte enthält. Man unterscheidet **große** (z. B. c-h) und **kleine** (c-b), **übermäßige** (c-his) und **verminderte S.** (cis-b). **Septimenakkord,** der → Septakkord.

Septimer *der,* Paß in den Alpen, Kt. Graubünden, Schweiz, bis 2311 m ü. M., verbindet, 11 km lang, die Täler Oberhalbstein (Bivio) und Bergell (Casaccia).

septisch, 1) die → Sepsis betreffend, mit Sepsis einhergehend. **2)** mit Keimen behaftet. Ggs.: aseptisch.

Septole [ital.] *die, -/-n,* **Septimole,** Notengruppe in siebenteiligem Rhythmus auf dem Raum von 6 oder 8 Noten gleicher Wertordnung.

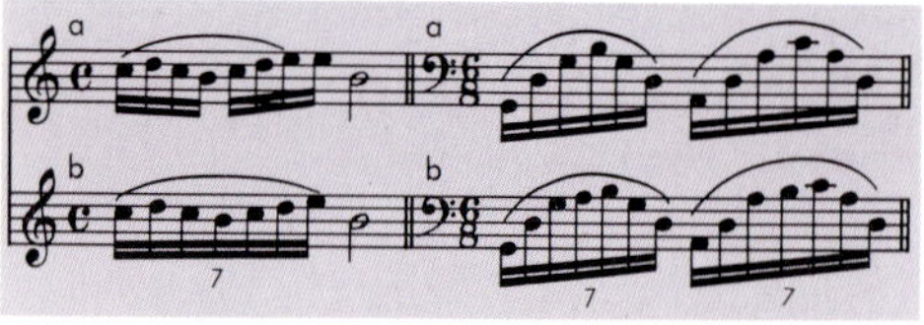

Septole: a regelmäßige Bildungen, b Septolen

Septuagesima [lat. ›die siebzigste‹] *die, -,* der 70. Tag vor Ostern; **Sonntag S.,** in der lat. Liturgie früher Bez. des 3. Sonntags vor Aschermittwoch; in der evang. Kirche beibehalten.

Septuaginta [lat. ›die Siebzig‹] *die, -,* in Zahlzeichen **LXX,** die Übersetzung des A. T. ins Griechische, nach dem Brief des Aristeas unter Ptolemaios II. Philadelphos von 72 Übersetzern auf der Insel Pharos angefertigt. Der LXX-Text hat noch heute bei den orthodoxen Kirchen offizielle Geltung.

SEQ, Abk. für **sensorische und ernährungsphysiologische Qualität,** Bez. für Qualitätseigenschaften bei Lebensmitteln (appetitlich, wohlschmeckend, bekömmlich).

Sequaner *Pl.,* kelt. Stamm zw. Saône und Schweizer Jura mit dem stark befestigten Hauptort Vesontio (Besançon).

sequens [lat.], Abk. **seq.,** der oder das Folgende. **sequentes,** Abk. **seqq.,** die Folgenden.

Sequential|analyse, Statistik: Verfahren der Gewinnung und Untersuchung von Stichproben.

Sequenz [lat. sequentia ›Folge‹] *die, -/-en,* **1)** in die Meßliturgie eingefügte Dichtung, entstanden im 9. Jh. durch Unterlegung eines Textes unter die Tonfolgen auf dem Schluß-a des Halleluja. Aus der reimlosen S. (z. B. von Notker Balbulus) entstand seit dem 12. Jh. die metrische und Reimsequenz; Beispiel: ›Dies irae‹ und ›Stabat mater dolorosa‹. Die S. war neben der Hymne im MA. die verbreitetste Dichtungsgattung. **2)** ♪ die Wiederholung einer Tonfolge auf einer höheren oder tieferen Tonstufe, ein häufig angewandtes Mittel der melod. Fortspinnung und Steigerung; auch zur Modulation angewendet. **3)** Aufeinanderfolge der zahlreichen gleichartigen Bausteine in biolog. Makromolekülen, z. B. die **Aminosäuren-S.** in Proteinmolekülen. Die **S.-Analyse** ist ein wichtiges Mittel der Konstitutionsaufklärung bes. von Proteinen und Nucleinsäuren. **4)** Kartenspiel (z. B. bei Pikett): **S.** oder **Folge**, eine Reihe von 3 oder mehr im Wert aufeinanderfolgenden Karten gleicher Farbe; auch die aufeinanderfolgenden Augen beim Würfelspiel.

Sequenz|analyse, Verlaufs|analyse, Volkswirtschaftslehre: Verfahren zur Darstellung und Erklärung zeitabhängiger ökonomischer Vorgänge.

Sequester [von lat. sequestrare ›absondern‹], **1)** *das, -s/-,* abgestorbenes Gewebestück, z. B. ein bei → Knochenmarkentzündung abgestorbenes Knochenstück. **2)** *der, -s/-,* amtlich bestellter Verwahrer oder Verwalter (→ Sequestration). *ich* **sequestriere** *es,* gebe in Zwangsverwaltung.

Sequestration [lat. ›Absonderung‹] *die, -/-en,* die gerichtlich angeordnete Übergabe einer strittigen Sache an einen Dritten **(Sequester)** zu einstweiliger Verwaltung oder Verwahrung, z. B. die Zwangsverwaltung von Grundstücken (§§ 848, 855 ZPO). – Im Staats- und Völkerrecht heißt S. auch die Zwangsverwaltung eines Staats oder eines Staatsteiles, dessen Regierung ihrer Funktion enthoben ist.

Sequoia [indian.], Nadelholz-Gatt., → Mammutbaum.

Sequoia National Park [sɪkw'ɔɪə næʃnl pɑːk], 1558 km² großer Naturschutzpark der USA, in der Sierra Nevada Mittelkaliforniens, 1890 gegr.; seenreiche Hochgebirgslandschaft mit Mammutbaumwäldern.

Seradella, Schmetterlingsblüter, die → Serradella.

Serafin, Tullio, ital. Dirigent, * Rottanova di Cavarzere 8. 12. 1878, † Rom 2. 2. 1968.

Serai [pers.-türk. ›Palast‹] *das, -s/-s,* **Serail, Serei, Sarai, Saray,** in Kleinasien Schloß, bes. die Palastanlagen der Osmanen-Sultane (Topkapı-S. in Istanbul).

Seraing [sər'ɛ̃], Stadt in der belg. Prov. Lüttich, an der Maas, (1981) 64400 Ew.; Eisen- und Stahlindustrie.

Seram, Ceram, die größte der Molukkeninseln Indonesiens, mit Nebeninseln rd. 18600 km² groß. Eine bis 3019 m hohe Gebirgskette durchzieht die Insel von O nach W. Die Insel liefert Sago, Kokosnüsse, Gewürznelken, Reis, Tabak, Kakao, Erdöl. Die meisten Bewohner sind Alfuren; Hauptort ist Masohi an der SW-Küste. Erdölraffinerie in Bula.

Serao, Matilde, ital. Schriftstellerin, * Patras (Griechenland) 7. 3. 1856, † Neapel 25. 7. 1927, schrieb Romane und Novellen aus dem neapolitan. Volksleben.

Serapeum *das, -s,* grch. **Serapeion,** Tempelanlage des ägypt. Gottes Sarapis, z. B. das 1850 freigelegte S. von Memphis mit den Gräbern der hl. Apisstiere und einem grch. Sarapistempel.

Seraph [hebr. saraph ›Schlange‹] *der, -s/-e* oder *-im,* sechsflügelige Wesen, die in der Berufungsvision des Jesaja (Kap. 6) Jahwe umschweben. Nach späterer Spekulation sind die S. der höchste der 9 Engelchöre und Träger höchster Liebesglut. **seraphisch,** engelgleich, erhaben. **Seraphischer Heiliger,** der hl. Franz von Assisi. **Seraphischer Orden,** die Franziskaner.

Seraphine [von Seraph], weiblicher Vorname.

Séraphine [seraf'iːn], eigtl. S. **Louis** [lwi], frz. naive Malerin, * Arsy (Oise) 2. 9. 1864, † Clermont (Oise) 11. 12. 1942. Ihre Bilder, meist Pflanzen (Bäume oder Blumen), zeigen eine suggestive Phantastik (BILD Naive Malerei).

Serapionsbrüder, 1) 1816 in Berlin gegr. Bund der Freunde E. T. A. Hoffmann, F. de la Motte Fouqué, K. W. Contessa, D. F. Koreff. **2)** Gruppe russ. Schriftsteller, 1921 in Petrograd gebildet, die für eine experimentierfreudige, neues Material in neuen Formen gestaltende, ideologisch nicht festgelegte Literatur eintrat. Später gehörten ihr u. a. M. Soschtschenko, K. Fedin, W. Iwanow, N. Tichonow an.

Serapis, ägypt. Gott, → Sarapis.

serben [ahd.]. *es* **serbt, serbelt,** *oberdt., schweizer.:* welkt, siecht dahin (Pflanze, Tier). *die* **Serbe,** *-, oberdt., schweizer.:* langes Kränkeln.

Serben *Pl.,* serbokroat. **Srbi,** *Sg.* **Srbin,** südslaw. Volk mit etwa 8,4 Mio. Menschen, 39,7% der Bevölkerung → Jugoslawiens. Die Urheimat der S. soll, nach Angabe byzantin. Schriftst., Ostgalizien gewesen sein. In die neue Heimat mit der Kernlandschaft Raszien (um das heutige Novi Pazar) gelangten die S. am Anfang des 7. Jh. Stämme haben sich nur in abgelegenen Gebirgslandschaften gehalten, bes. unter den Montenegrinern. Die starke geograph. Gliederung bildete Sondergruppen heraus (z. B. Bosniaken, Herzegowiner). Aus Flüchtlingsgruppen gingen Bunjewzen und Schokzen hervor.

Serbi|en, serbokroatisch **Srbija,** Sozialist. Republik im O Jugoslawiens einschließlich der autonomen Gebietskörperschaften Kosovo und Wojwodina, 88361 km², (1981) 8,939 Mio. Ew.; Hptst.: Belgrad. Die Landschaft am Zusammenfluß von Donau, Save, Theiß und Morava im N bildet den fruchtbaren, dichtbesiedelten Kernraum. Den S nimmt ein durch zahlreiche Becken gegliedertes Gebirgsland ein. Die Bevölkerung besteht hauptsächlich aus Serben, gefolgt von Albanern und Magyaren. Hauptlandwirtschaftsgebiet mit starker industrieller Durchsetzung ist die Wojwodina. Industriearm ist der Osten S.s (Weinbau). S. ist reich an Bodenschätzen (Erdöl, Kupfer, Bor, Braunkohle, Blei, Zink, Antimon) und weist eine vielfältige Ind. auf (chem., Textil-, Nahrungsmittel-, Metall-, Maschinen-, Elektroind., Kraftfahrzeugbau, Erdölraffinerien).

Geschichte. In S., das im Altertum von illyr., thrak. und kelt. Stämmen bewohnt war, wanderten im 7. Jh. die südslaw. Serben ein, die vom 8. bis 12. Jh. fast ununterbrochen unter bulgar. und byzantin. Oberhoheit standen. Nach 1180 machten sich die Nemanjiden, die 1217 vom Papst die Königskrone erwarben, vom Byzantin. Reich unabhängig und gründeten das altserb. Reich. Die größte Ausdehnung hatte es unter Stephan IV. Dušan (1331–55), der Makedonien, Thessalien, Albanien und Epirus gewann. Nach der Schlacht auf dem Amselfeld (1389) unterwarfen die Türken bis 1521 (Eroberung Belgrads) das ganze serb. Gebiet. Führer im Freiheitskampf (1804–16) gegen das Osman. Reich, zugleich die ersten Fürsten, waren Karadjordje (1804–13) und Miloš Obrenović (1817–39); sie gründeten die beiden Fürstenhäuser, die im 19. Jh. um die Herrschaft in S. stritten. Zunächst blieb S. trotz innerer Selbständigkeit den Türken tributpflichtig. Erst der Berliner Kongreß von 1878 gab S. die volle Unabhängigkeit; 1882 nahm Fürst Milan den Königstitel an. N. → Pašić, der Führer der Radikalen Partei, in der die Vertreter der großserb. Bestrebungen (→ Narodna Odbrana) organisiert waren, kam nach der Ermordung Alexanders I. Obrenović mit Peter I. Karadjordjević zur Macht. Der Gegensatz zu Österreich wurde durch die Einverleibung Bosniens und der Herzegowina durch Österreich 1908 und die Erfolge S.s in den Balkankriegen 1912/13 noch gesteigert; er führte schließlich zur Ermordung des österreichisch-ungar. Thronfolgers Franz Ferdinand in Sarajevo (→ Schwarze Hand) und damit zum Ausbruch des 1. Weltkriegs. 1915/16 wurde S. von den Mittelmächten besetzt. Nach deren Zusammenbruch im Herbst 1918 kam es zur Vereinigung aller Südslawen Österreich-Ungarns und auch Montenegros mit S. zum neuen Königreich der Serben, Kroaten und Slowenen, seit 1929 → Jugoslawien.

serbische Kunst. Der s. K. gab die Christianisierung Serbiens durch östl. Missionare ihr Gepräge. Die Baukunst bildete, von frühchristl. und byzantin. Kirchenbauten ausgehend, diese in mannigfachen Typen fort. In der Malerei herrschte das Fresko vor. Byzantin. Vorbilder wurden nachgeahmt, aber rasch überflügelt. Noch byzantinisch sind die Fresken in Ohrid und in Nerezi bei Skopje. Die ältesten, um 1205 datierbaren serb. Fresken sind in Studenica. Die Figuren der Fresken dieser Zeit erscheinen in monumentaler Größe und majestät. Ruhe vor gelbem Hintergrund, wohl einer Nachahmung des Goldgrundes der Mosaiken; so auch in Sopočani und bes. in Mileševa. Oft sind die Herrscher mit dem Modell der von ihnen gestifteten Kirche in der Hand dargestellt, auch ihre Frauen und Kinder sowie geistl. Würdenträger. Im 14. Jh. wurden v. a. erzählende Themen aus der Passion, dem Marien- und Heiligenleben in mehreren Streifen übereinandergemalt (besonders zahlreich in der Kirche von Dečani).

serbokroatisch, die Serben und Kroaten betreffend. **Serbokroatisch** *das, -(s),* die → serbokroatische Sprache.

serbische Kunst:
Beweinung Christi, Fresko in der Kirche von Nerezi, 1164

Serengeti: Zebras im S.-Nationalpark, Tansania

serbokroatische Literatur. Dem Schrifttum in der Volkssprache ging eine umfangreiche kirchenslaw. Literatur voraus. Nach der türk. Eroberung kam die s. L. zum Erliegen. Beliebtester Held der weiterlebenden Volksdichtung war →Kraljević Marko. Erst im 15. Jh. begann sich in Dalmatien, hauptsächlich unter dem Einfluß der ital. Renaissance, ein künstler. Schrifttum in der Volkssprache zu entwickeln; neben lyrischer und epischer Dichtung weltl. und geistl. Inhalts (P. Hektorović, M. Držić, M. Marulić, J. Gundulić) erreichte in Ragusa (Dubrovnik) v. a. auch die Komödie eine beachtliche Höhe.

In der Zeit der Gegenreformation wurde das kroat. Schrifttum durch den Lyriker und Molière-Übersetzer F. Krsto Frankopan und durch den Dichter und Gelehrten P. Ritter Vitezović gepflegt. Im 18. Jh. erzielte der Dalmatiner A. Kačić-Miošić großen Erfolg durch seine Nachahmungen der epischen Volksdichtung; im Norden suchte der Slawonier M. A. Reljković durch Versdichtungen zur Verbreitung der Aufklärungsideen beizutragen, deren serb. Hauptvertreter D. Obradović war.

Das eigtl. literar. Schaffen begann im Zeichen der Romantik, nachdem die bahnbrechende Tätigkeit von Vuk Karadžić die Volksdichtung zu einer Quelle literar. Anregungen gemacht hatte, während bei den Kroaten die ›illyrische Bewegung‹ (→Illyrismus) der polit. und sprachl. Zersplitterung ein gesamtsüdslaw. Bewußtsein entgegenstellte. Die Kroaten I. Mažuranić und P. Preradović, der Montenegriner P. Petrović Njegoš und der Serbe B. Radičević können als die eigtl. Begründer der neuen s. L. angesehen werden. Ein bed. serb. Dramatiker des 19. Jh. war J. Popović. In der 2. Hälfte des 19. Jh. ist als Vertreter der folklorist. Richtung v. a. der serb. Erzähler L. Lazarević zu nennen; die histor. Romantik fand ihren Hauptvertreter in dem Kroaten A. Šenoa. Humorvollrealist. Erzählungen schrieb der Serbe St. Sremac.

Gegen Ende des 19. Jh. vermochte die Lyrik unter Einfluß von C. Baudelaire und P. Verlaine die allzu starke Abhängigkeit von der Volksdichtung zu überwinden. Im Mittelpunkt des dichterischen Schaffens stand nach wie vor die Erzählung aus dem Volksleben; der Themenbestand wurde jedoch durch vertiefte soziale und kulturelle Problemstellung erweitert. Zahlreiche Vertreter dieser Richtung (V. Nazor, M. Krleža, der Nobelpreisträger I. Andrić u. a.) trugen die zw. den Weltkriegen erarbeitete literar. Überlieferung in die Gegenwart hinüber. Nach dem polit. Bruch Jugoslawiens mit dem Kominformbüro (1948) fiel der Zwang zum ›Sozialist. Realismus‹ weg, und die Literatur entfaltete sich zw. den Extremen des konservativen Realismus, der herkömml. Gefühls- und Naturlyrik auf der einen und dem experimentellen ›neuen Modernismus‹ auf der anderen Seite. Bezüge zur gesellschaftlich-polit. Gegenwart werden meist vermieden, vereinzelt gibt es allerdings Bemühungen um eine Lösung ethischer Fragen der sozialist. Wirklichkeit. Neben starker Nachwirkung der Folklore zeigen sich deutliche Einflüsse westl., bes. angelsächs. und frz. Schriftst. (J. Joyce, E. Hemingway, J. Dos Passos, W. Faulkner, P. Éluard, A. Camus, F. Kafka). Wichtige Autoren sind neben Andrić und Krleža V. Desnica, O. Davičo, M. Lalić, B. Ćopić, M. Božić, D. Ćosić, M. Bulatović.

Sericit auf Sericitgneisfläche (Hallgarten, Hessen)

serbokroatische Sprache, eine südslaw. Sprache (→slawische Sprachen). Die Einzelentwicklung der serb. und kroat. Sprache hat sich ergeben aus historisch bedingten polit. und konfessionellen Unterschieden in den Gebieten, in denen die s. S. gesprochen wird; die Dialektgliederung läßt sich nicht mit dieser Zweiteilung in Einklang bringen. Dagegen besteht ein Unterschied der Schrift (lat. bei den Kroaten, kyrillisch bei den Serben, →Kyrilliza). Man unterscheidet 3 große Dialektgruppen: das **Kajkavische** im NW zw. Kupa und Drau (Übergangsdialekt zum Slowenischen), das **Čakavische** [tʃ'a-] entlang der Adriaküste und das **Štokavische** [ʃt'ɔ-] in Serbien, Bosnien, der Herzegowina, Montenegro und im kroatisch-slawon. Raum. Die heutige Schriftsprache ist wesentlich ein Werk von Vuk Karadžić; doch sind in der Folgezeit die besonderen Kennzeichen seines engeren (südherzegowin.) Dialekts beseitigt worden.

Seremban, Hptst. des malays. Teilstaats Negri Sembilan, West-Malaysia, (1980) 136300 Ew.; Kautschukverarbeitung, Ansätze zur Industrialisierung (Senawang-Industriegebiet).

Serenade [frz., zu ital. sereno ›heiter‹] *die, -/-n,* ital. und span. **Serenata,** Abendmusik, (Abend-)Ständchen für Gesang mit oder ohne Begleitung oder für Instrumente allein (so bes. in Dtl. im 18. Jh.: Haydn, Mozart). Zahl und Reihenfolge der Sätze sind verschieden. Anfang und Schluß bilden häufig marschartige Sätze, in der Mitte wechseln Tanzstücke mit langsamen Sätzen.

Serengeti, Hochfläche in N-Tansania; mit wildreichem **S.-Nationalpark** (rd. 12500 km²).

Serenissimus [lat.] *der, -/...mi,* **1)** ›Durchlauchtigster Herr‹, bis ins 19. Jh. Titulierung regierender Fürsten. **2)** U Duodezfürst (nach einer Kabarettfigur O. E. Hartlebens). *die* **Serenität,** -, Heiterkeit.

Sereth *der,* rumän. **Siret,** 686 km langer Nebenfluß der unteren Donau, entspringt in den Waldkarpaten, mündet bei Galatz.

Serge [sɛrʒ, frz.] *die, -/-n,* der →Köper.

Sergeant [sɛrʒ'ant] *der, -en/-en,* frz. **sergent** [sɛrʒ'ã], engl. **sergeant** [s'ɑ:dʒənt], seit dem 17. Jh. Dienstgradbezeichnung für ältere Unteroffiziere; heute noch Dienstgrad u. a. in den USA, Großbritannien, Frankreich.

Sergipe [sɛrʒ'ipɛ], Küstenstaat im nordöstl. →Brasilien; Hptst.: Aracajú.

Sergius [lat.], männl. Vorname, nach einer altröm. Patrizierfamilie; Name verschiedener Päpste vom 7. bis 11. Jh.

Sericin [lat. sericus ›seiden‹] *das, -s,* **Seidenbast, Seidenleim,** leimartige Eiweißsubstanz aus wenigstens 12 Aminosäuren; umhüllt im Rohseidenfaden die beiden Fibroinfäden (→Seide). Verwendet für Bakteriennährböden oder Emulgatoren.

Sericit, Serizit [lat. sericus ›seiden‹] *der, -s/-e,* feinschuppiger, seidenglänzender, gelbl. oder ölgrüner Muskovit (→Glimmer), z. B. in epizonalem S.-Gneis und -Schiefer.

Seri|e [lat.] *die, -/...ri|en,* **1)** eine Reihe oder Gruppe gleichartiger Gegenstände (z. B. Fabrikerzeugnisse) oder Ereignisse. **2)** Publizistik: regelmäßige Folge von Veröffentlichungen. Beliebt wurden S. in Hörfunk und Fernsehen (Familien-S., Kriminal-S.). **3)** Spektroskopie: regelmäßige Folge von Spektrallinien im Spektrum von Atomen, für die eine **S.-Formel** (→Rydberg 2) aufgestellt werden kann. Zu einer S. gehören alle Linien, die das Atom beim Übergang aus verschiedenen angeregten Zuständen in ein und demselben energetisch niedriger liegenden Endzustand emittiert. Durch additive oder subtraktive Kombination der Frequenzen von Spektrallinien erhält man neue Spektrallinien des betreffenden Atoms (Ritzsches Kombinationsprinzip). Der Abstand benachbarter Linien in einer S. wird nach dem Ultraviolett hin immer kleiner bis zum Grenzkontinuum. Die S. des Wasserstoffatomspektrums sind: **Lyman-S., Balmer-S., Paschen-S., Brackett-S., Pfund-S.** Auch bei anderen, komplizierter gebauten Atomen sind der Wasserstofformel ähnl. S.-Beziehungen gefunden worden. **4)** 🌐 Unterabschnitt eines stratigraph. →Systems (z. B. Malm, eine S. des →Jura). Die Bildungszeit einer S. ist die **Epoche.**

seriell, Datenverarbeitung: Werden Informationselemente zeitlich nacheinander übertragen oder verarbeitet oder greift man zu gespeicherten Daten in der Reihenfolge zurück, in der sie aufgezeichnet sind, so spricht man von **seriellem Übertrag, serieller Verarbeitung** oder **seriellem Zugriff.** – Ggs.: **parallel.**

serielle Musik, auf dem Prinzip der Ordnung aller Toneigenschaften in Reihen aufgebaute Musik. Da sie bes. die Beziehungen zw. Tonhöhe und Tondauer regeln will, kommt der Fixierung der versch. Tondauern und ihrer reihenmäßigen Anordnung besondere Bedeutung zu. Die Werte dieser Reihen können z. B. durch Multiplikation eines kleinsten Zahlenwertes (𝅘𝅥𝅯 = 1, ♪ = 2, ♪. = 3, ... 𝅗𝅥 = 12) ermittelt werden. Bei der **punktuellen Musik** werden die Eigenschaften der einzelnen Töne seriell geregelt, bei der **statistischen Musik** nur die Eigenschaften des Tonsatzes (z. B. Umfang, Tondichte) vorbestimmt, während die Beziehungen der hinter den Tongruppen zurücktretenden Einzeltöne dem Reihenzwang entzogen sind. – Die s. M., die um 1950, angeregt durch A. v. Webern, entstand, bedeutet durch ihre unterschiedl. Techniken zugleich Weiterentwicklung und Zerfall der →Zwölftonmusik. Hauptvertreter: P. Boulez, E. Krenek, B. Maderna, L. Nono, H. Pousseur, K. Stockhausen.

Seriema [indianisch-span.] *die, -/-s,* **Cariama cristata,** großer, stelzbeiniger, südamerikan. Vogel, den Kranichen naheste-

Sèvres [sˈɛ:vr], Stadt im frz. Dép. Hauts-de-Seine, (1982) 20200 Ew., südwestlich von Paris; Internat. Büro für Maße und Gewichte; Porzellanmanufaktur (→Sèvres-Porzellan); über den Friedensvertrag von S. (1920) →Türkei, Geschichte.

Sèvres-Porzellan [sˈɛ:vr-], das in der frz. Staatsmanufaktur Sèvres hergestellte Porzellan. Die Manufaktur, 1738 in Vincennes gegr., 1756 nach Sèvres verlegt, seit 1759 königl. Manufaktur, stellte zunächst Weichporzellan her; das Frittenporzellan zeichnet sich durch die Leuchtkraft seiner Fondfarben aus; seit 1769 wird Hartporzellan produziert. Modelle für figürl. Porzellan schufen v. a. E. M. Falconet und J. B. Pigalle. (BILD Porzellan)

Sewansee [russ.], **Goktschasee,** See im Armen. Hochland, in der Armen. SSR, 1900 m ü. M., 1262 km² groß, entsendet den Rasdan, der in der S.-Rasdan-Kaskade durch 6 Stauwerke zur Energieerzeugung (zusammen 556 MW) genutzt wird, zum Araks.

Seward-Halbinsel [sjˈu:əd-, engl.], rund 50000 km² große Halbinsel Alaskas; bedeutendste Siedlung ist →Nome.

Sewastopol, Sebastopol, Hafenstadt und Flottenstützpunkt im SW der Halbinsel Krim, Ukrain. SSR, an der gleichnamigen Bucht des Schwarzen Meeres, (1982) 321000 Ew.; Hafenanlagen, Werft, Nahrungsmittel-, Holz-Ind., Maschinenbau; 3 Hoch-, 4 Fachschulen, Meeresobservatorium. – S., 1783 gegr., wurde als Kriegshafen der russ. Schwarzmeerflotte im Krimkrieg 1854/55 und im 2. Weltkrieg heftig umkämpft.

Sewernaja Semlja, Nordland, Nikolaus-II.-Land, unbewohnte, zur UdSSR gehörige Inselgruppe im Nordpolarmeer, nördlich der Taimyr-Halbinsel.

Sewerodonezk, Stadt in der Ukrain. SSR, im Donezbecken, (1982) 118000 Ew.; Chemiekombinat, Maschinenbau, Baustoffindustrie; Forschungsinstitute.

Sewerodwinsk, 1938–57 **Molotowsk,** Stadt im Gebiet Archangelsk, Russ. SFSR, Hafen an der Mündung der Dwina, (1982) 214000 Ew.; Maschinenbau, Baustoff-, Nahrungsmittelindustrie.

Sex [engl., aus lat. sexus ›Geschlecht‹] *der, -(es),* Erotik, Geschlechtstrieb. *der* **Sex-Appeal** [sˈeksəpi:l], *-s,* die starke erotische Anziehungskraft. **sexy,** U sexuell anziehend, erotischattraktiv.

Sexagesima [lat.], der sechzigste Tag vor Ostern, in der lat. Liturgie früher der 2. Sonntag der Vorfastenzeit; in der evang. Kirche der 8. Sonntag vor Ostern.

Sexchromatin, das →Barr-Körperchen.

Sexismus [lat.] *der, -,* krit. Begriff der emanzipator. Frauenbewegung, der die Bestimmtheit des gesellschaftl. Denkens durch geschlechtsbezogene, auf die Benachteiligung der Frau zielende Stereotypen bezeichnet.

Sexpol, von W. Reich in den 20er Jahren begr. Bewegung, die in Verbindung marxist. und psychoanalyt. Theorien auf die Verknüpfung von Sexualmoral und polit. Herrschaftsstrukturen hinwies und die Befreiung von sexueller Triebunterdrückung forderte; in den 60er Jahren von den antiautoritären und neomarxist. Schüler- und Studentenbewegungen wieder aufgegriffen.

Sext [lat. ›die 6. Stunde‹] *die, -,* die auf 12 Uhr angesetzte Tageszeit des kirchlichen Stundengebets (→Brevier).

Sexta [lat.] *die, -/... ten,* früher die 1. Klasse des Gymnasiums; sie heißt jetzt allg. die 5. Klasse. *der* **Sextaner,** *-s/-, die* **Sextanerin,** *-/-nen,* Schüler(in) der Sexta.

Sext|akkord, ♪ Akkord aus Grundton, Terz und Sexte, 1. Umkehrung des →Dreiklangs mit der Terz als Baßton.

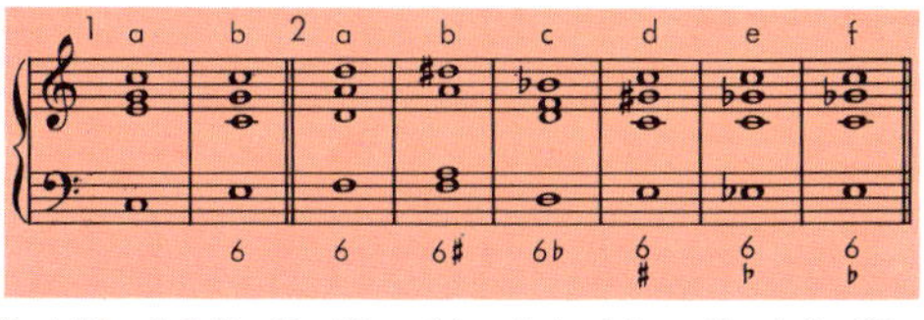

Sextakkord: 1 Dur-Dreiklang (a) und abgeleiteter S. mit Bezifferung (b). **2** Weitere Gestalten des S. mit Bezifferung: a S. des Moll-Dreiklangs, b übermäßiger S., c tiefalterierter (Neapolitanischer) S., d S. des übermäßigen Dreiklangs, e S. des verminderten Dreiklangs, f S. des hartverminderten Dreiklangs

Sextant [lat.] *der, -en/-en,* **1)** Navigation: ein freihändig benutzbares Gerät zum Messen von Winkeln zw. 2 Visierlinien, insbes. von Gestirnen. Mit einem Fernrohr h wird durch den oberen unbelegten (durchsichtigen) Teil des kleinen Spiegels f der eine Stern anvisiert. Mit dem großen Spiegel c, dessen Drehung an einer Skala a oder Trommel d **(Trommel-S.)** abgelesen werden kann, wird über den spiegelnden unteren Teil von f der 2. Stern anvisiert **(Spiegel-S.).** Ggf. können die Blendgläser e und g vorgeschaltet werden. Aus der Drehung des Spiegels c wird der Winkelabstand der Gestirne berechnet. Beim **Radio-S.** tritt an Stelle der Spiegel eine Richtantenne. **2)** ☆ **Sextans** [lat.], Sternbild der Äquatorzone.

Sexte [lat.] *die, -/-n,* ♪ die 6. Stufe der diaton. Tonleiter und das Intervall, das 5 diaton. Tonschritte enthält. Man unterscheidet die **große S.** (z. B. c-a) und die um einen Halbton kleinere **kleine S.** (z. B. e-c′), die chromatisch alterierte **übermäßige S.** (z. B. c-ais) und die **verminderte S.** (z. B. eis-c′).

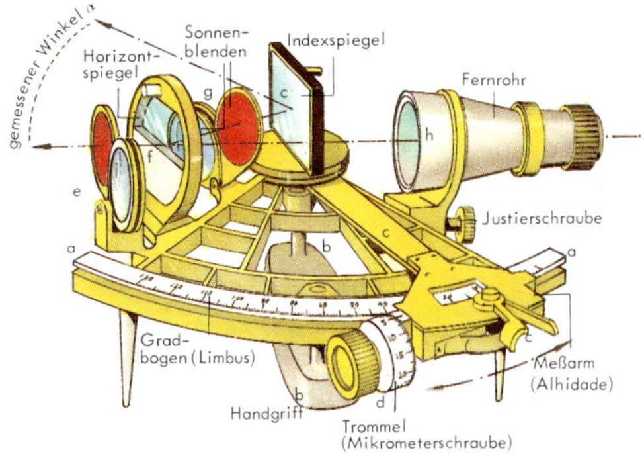

Sextant 1): Spiegel-S. (Trommel-S.)

Sextett [ital.] *das, -(e)s/-e,* Musikstück für 6 Gesangsolostimmen oder für 6 Soloinstrumente, z. B. **Streich-S.** (i. d. R. je 2 Geigen, Bratschen, Violoncelli).

Sextilschein, ☆ ein →Aspekt.

Sextole [ital.] *die, -/-n,* ♪ Tongruppe in sechsteiligem Rhythmus auf dem Raum von 4 oder 8 Noten gleichen Wertes.

Sextus Empiricus, grch. Philosoph, lebte um 200 n. Chr. vermutlich in Alexandria und Rom, sammelte die Grundsätze und Argumente bedeutender Skeptiker. Seine Schriften sind wichtige Quellen für das Studium der grch. Philosophie.

Sexualhormone, die →Geschlechtshormone.

Sexualhygi|ene, die Lehre von der Erhaltung der Gesundheit im Bereich der menschl. Sexualität, befaßt sich u. a. mit biologischkörperl. Aspekten bei Eintritt der Geschlechtsreife, Bekämpfung und Abwehr von Geschlechtskrankheiten, Vorbeugung und Bekämpfung psych. Störungen. Die S. verwendet Ergebnisse der Sexualpädagogik und Sexualwissenschaft und wird im Sexualunterricht in Schulen und in der Sexualberatung in Beratungsstellen für Ehe-, Erziehungs- u. a. Fragen behandelt.

Sexualität [lat.] *die, -,* die Geschlechtlichkeit als Gesamtheit aller Verhaltensweisen, Triebe und Bedürfnisse bei Mensch und Tier, die sich auf den Geschlechtsakt (→Beischlaf) oder i. w. S. auf die Befriedigung des Sexualtriebs beziehen. *Adj.* **sexuell, sexual.**

Die S. ist i. w. S. der biolog. Geschlechtigkeit allg. Prinzip der Natur (→Geschlecht). I. a. sind Organismen mit der Befruchtung in ihrem Geschlecht festgelegt (→Geschlechtsbestimmung). Intersexualität ist selten. Die S. ist darauf angelegt, daß (meist) 2 Organismen verschiedenen Geschlechts mit der Vereinigung ihrer Geschlechtszellen die Fortpflanzung durch die Kombination ihres Erbgutes bewirken. Bei höheren Tieren wird die Tendenz zur geschlechtl. Vereinigung durch den Sexualtrieb bestimmt. Seine Hauptaspekte sind die Geschlechtskraft (Potenz) und das geschlechtl. Verlangen (Libido).

Die menschl. S. ist dadurch gekennzeichnet, daß sie innerhalb der Grenzen der Geschlechtsreife und dem Erlöschen der Libido keiner Periodizität (wie die Brunftzeit bei Tieren) unterworfen ist und daß entsprechend der Persönlichkeitsstruktur in unterschiedl. Maße die Fähigkeit zur Triebkontrolle, zum Triebverzicht und zur Sublimierung der S. besteht. Die ausschließl. Bindung der S. an den Fortpflanzungszweck ist beim Menschen aufgehoben; als Bestandteil der Persönlichkeit hat die S. am psychisch-geistigen Bereich teil und kann innerhalb der Grenzen der Bildbarkeit des Menschen mit individuell unterschiedl. Inhalt erfüllt sein. Sie vermag damit als Teil der geistig-seel., sinnlich-leibl. Vereinigung in der Liebe der triebhaften Selbstbezogenheit enthoben und in die spezifisch menschl. Dimension einer ganzheitl., partnerschaftlichpersonalen und wertbezogenen Beziehung eingebettet zu werden. Sie kann in Form der →Erotik auch neutrale Bereiche der mitmenschl. Kommunikation durchdringen und ihre Objektivation in der Kunst finden. Durch diesen Freiheitsspielraum verliert die S. ihren reinen Triebcharakter; jedoch kann ihre völlige Unterdrükkung je nach Veranlagung zu psych. Spannungen und Störungen führen. Nach den Erkenntnissen der Tiefenpsychologie ist der Mensch bereits im Säuglingsalter ein sexuell empfindendes Wesen und macht bis zur Geschlechtsreife eine Reihe von Entwicklungsphasen durch, die nach Auffassung der →Psychoanalyse durch die genitale Phase abgelöst werden.

Das gesamte geschlechtl. System (→Geschlechtsorgane) ist bei

Sevilla 2): Glockenturm Giralda; 1184–96

der Geburt bereits angelegt. Es verbleibt bis auf mäßige Volumenzunahme die Kindheit hindurch im Ruhezustand; erst mit der → Pubertät machen sich erste Anzeichen geschlechtl. Reifung bemerkbar, denen die Reifung der Keimdrüsen entspricht.

Abnormitäten (Perversionen), Störungen des sexuellen Verhaltens und der geschlechtsspezifischen Erscheinung können z. T. durch organ. Gegebenheiten, Gehirn- und Rückenmarkskrankheiten, hormonale Störungen u. a. verursacht werden. Häufiger liegen jedoch Persönlichkeitsstörungen mit psych. Ursachen zugrunde, die auch oft die Ursache für die Impotenz beim Mann und die Frigidität der Frau darstellen. Eine der häufigsten Abnormitäten ist die Homosexualität als ausschließlich gleichgeschlechtl. Empfindung und/oder Betätigung bei Männern und Frauen (lesbische Liebe). Sie wird auf biogenet. oder psych. Anlagefaktoren oder auch auf Umwelteinflüsse, nach Auffassung der Psychoanalyse auf frühkindl. Erfahrungen (Mutterfixierung) zurückgeführt. Der männl. Homosexuelle liebt seinen Partner als Mann und muß keine weibl. Züge aufweisen. Nur der Transvestit wünscht als Frau begehrt und öffentlich anerkannt zu werden. Die weibl. Homosexualität weist schätzungsweise nur etwa ein Viertel der Häufigkeit der männl. auf; sie kann mit einer Vermännlichung des Ausdrucksgebarens verbunden sein. Wenn ein Leidensdruck und Heilungswunsch bestehen, kann in manchen Fällen psychotherapeut. Behandlung helfen. Als Minderheit in einer heterosexuellen Gesellschaft sind die Homosexuellen häufig durch Vorurteile und Diskriminierungen belastet. Auch die seit Anfang der 80er Jahre ursprünglich v. a. bei Homosexuellen auftretende Infektionskrankheit → AIDS trägt hierzu wieder verstärkt bei.

Seychellen

Die S. ist Untersuchungsgegenstand verschiedener jüngerer Wissenschaftsdisziplinen (→ Sexualpädagogik, → Sexualpsychologie), die unter dem Begriff der → Sexualwissenschaft zusammengefaßt werden. Besondere themat. Bedeutung haben die Bereiche der Abweichung von der ›normalen‹ S. (Sexualpathologie). In soziolog. Hinsicht wird die Abhängigkeit des Sexualverhaltens und der normativen Bewertung der S. von gesellschaftl. Voraussetzungen herausgearbeitet; dabei wird u. a. die biolog. Fundierung der Geschlechterrollen in Frage gestellt. Die Relativität von Normen und Auffassungen über das, was sexuell als normal anzusehen ist, wurde an Hand von Untersuchungen über die tatsächliche Variationsbreite sexueller Einstellungen (Kinsey-Report, 1948 und 1953) und den Wandel ihrer Bewertung in der Gesellschaft hervorgehoben. Insgesamt hat sich seit den 60er Jahren eine starke Liberalisierung und ›Enttabuisierung‹ der sexuellen Sphäre durchgesetzt, die auch in einer Reform des Sexualstrafrechts Ausdruck gefunden hat.

Sexual|lockstoffe, bei Insekten Wirkstoffe, die zur Anlokkung der Männchen dienen (→ Pheromone).

Sexualneurose, Begriff, der die Gesamtheit der nach Ursachen und Auswirkungen verschiedenartigen Formen der → Neurose bezeichnet, die mit Unstimmigkeiten im sexuellen Funktionsablauf und Erleben verbunden sind, z. B. Berührungsangst, Koitusangst, Impotenz, Vaginismus, sexuelle Gehemmtheit, übersteigerte Erregbarkeit. Auslöser kann ein → sexuelles Trauma sein.

Sexualpädagogik, die Theorie und Lehre von der Geschlechtserziehung einschließlich der sexuellen Aufklärung. Hauptaufgabe der S. ist es, dem Heranwachsenden bei der Eingliederung der Sexualität in die Gesamtpersönlichkeit und der Bewältigung der dabei auftretenden Probleme durch sachl. Information und charakterl. Erziehung zu helfen. Dies erfordert nach heutiger Erkenntnis einen kontinuierl. Erziehungsprozeß, der schon in der frühen Kindheit einsetzen sollte. Die Erfüllung der elementaren Bedürfnisse und der persönl. Liebesbezug des Kleinkindes zur Mutter sind entscheidend für die spätere Liebesfähigkeit und die Fähigkeit zum Triebverzicht. Rigorose Sauberkeitserziehung und sexuelle Tabuisierungen können nach psychoanalyt. Auffassung zu einem sexuellen Trauma und zu Sexualneurosen führen. Die sexuelle Aufklärung ist an kein best. Alter gebunden; entscheidend ist die altersgemäße Information. In der Pubertät ist es neben der Vermittlung des sachl. Wissens (Sexualbiologie, Sexualhygiene) Aufgabe der S., psycholog., gesellschaftl. und ethische Gesichtspunkte von Sexualität, Liebe und Ehe zu erörtern und die Entwicklung einer partnerschaftl. Einstellung zu fördern sowie erzieherische und therapeut. Hilfe bei sexuellen Schwierigkeiten zu leisten. Die Aufgabe der Sexualerziehung muß vom Elternhaus und von der Schule gemeinsam gelöst werden. Ansätze zu einem Sexualkundeunterricht entstanden erst in den 50er und 60er Jahren; an vielen gegenwärtigen Formen und Mitteln der S. (Sexualkundeatlas) wird die Verkürzung auf biologisch-genitale Aspekte kritisiert.

Sexualpathologie, Lehre von Störungen der Sexualität.

Sexualpsychologie, Gesamtbezeichnung für diejenigen Bereiche der Psychologie, die die Erscheinungsformen sexuellen Verhaltens und Erlebens untersuchen. Erforscht werden u. a. das Werbe- und Paarungsverhalten, die Entwicklung der kindl. und jugendl. Sexualität sowie der Alterssexualität, die Unterschiede im Sexualverhalten, Fragen der Partnerwahl, Geschlechterrollen und Sexualnormen, sexuelle Störungen und Abweichungen (Neurosen, Perversionen) sowie deren Therapie. In den USA lieferten v. a. A. C. Kinsey, W. H. Masters und Virginia Johnson durch ihre Untersuchungen der sexuellen Verhaltensformen einen entscheidenden Beitrag zur S.; in Dtl. arbeitete H. Giese als einer der ersten auf dem Gebiet der S.

Sexualtrieb, Geschlechtstrieb, der Trieb zur geschlechtl. Vereinigung und dadurch zur Befruchtung und Fortpflanzung (→ Libido, → Pubertät, → Brunst).

Sexualverbrechen, die → Sittlichkeitsstraftaten.

Sexualwissenschaft, Sexologie *die,* -, Sammelbez. für diejenigen Wissenschaftsdisziplinen, die sich mit der Erforschung der Sexualität beschäftigen. Hierzu rechnen hauptsächlich Sexualbiologie und -medizin (physiolog. Aspekt), Sexualpsychologie und -pathologie, Sexualpädagogik (psycholog. Aspekt), Sexualhygiene (physiolog. und psycholog. Aspekt) und Teilbereiche der Soziologie, Rechtswiss., Kunstgeschichte und Theologie, die noch keine selbständige Bez. führen. Lehrstühle für S. bestehen in Frankfurt a. M. und Hamburg.

sexuell [lat.], geschlechtlich, das Geschlechtliche betreffend.

sexuelles Trauma, schreckhaftes oder angsterzeugendes Erlebnis im Sexualbereich (Strafandrohung bei Onanie, Vergewaltigungserlebnis, Versagen beim Geschlechtsakt); kann zu seel. Störungen oder neurot. Erkrankungen führen (→ Sexualneurose).

Seychellen [zɛʃ-], **Seschellen, Republic of Seychelles** [rɪpˈʌblɪk ɔv seɪʃˈelz], **République des Seychelles** [repybl'ik de sɛʃˈɛl], Inselgruppe im Ind. Ozean, 443 km², (1982) 60000 Ew. Hauptstadt und Hafen: Victoria auf Mahé. Amtssprachen: Englisch und Französisch. Währungseinheit: 1 Seschellen-Rupie (SR) = 100 Cents (c). (KARTE II/III, n. S. 320)

Staat. Nach der Verf. von 1979 sind die S. eine unabhängige Präsidialrepublik im Commonwealth mit Einkammerparlament. Der Präs. wird auf 5 Jahre gewählt. Allein zugelassene Partei ist die ›Fortschrittl. Front des seychell. Volkes‹. – Keine regulären Streitkräfte; Polizeitruppe (rd. 500 Mann), Volksmiliz (1982: rd. 1500 Mann). Die USA dürfen militär. Anlagen unterhalten.

Landesnatur. Die S. bestehen aus über 90 z. T. gebirgigen Inseln, die größte ist Mahé; es handelt sich meist um Koralleninseln oder Atolle. Das Klima ist tropisch-ozeanisch. Die heiße und niederschlagsreiche Zeit fällt auf November bis April.

Die Bevölkerung, überwiegend Kreolen (94%), ist zu 89,3% katholisch; 7,4% Anglikaner. 80% der Bev. leben auf Mahé. – Seit 1980 besteht 9jährige Schulpflicht.

Wirtschaft. Etwa die Hälfte der Fläche wird von rd. 20% der Erwerbspersonen landwirtschaftlich genutzt. Haupterzeugnisse und -ausfuhrprodukte sind Kopra und Zimt (90% des Exportwertes). Weitere Devisenquellen sind der Guanoexport und der Fremdenverkehr, der durch den modernen Großflughafen auf Mahé einen erhebl. Aufschwung genommen hat (1979: 79000 Touristen). Hauptverkehrsträger: Schiff und Flugzeug; rd. 220 km Straßen.

Geschichte. Die S. wurden im 16. Jh. von Portugiesen entdeckt, 1794 von den Briten erobert, 1903 Kronkolonie unter einem Gouverneur. 1976 entließ Großbritannien die S. in die Unabhängigkeit. Nach einem Staatsstreich (1977) übernahm F. A. René die Macht und baute als Präs. einen sozialistisch orientierten Einparteienstaat auf.

Seychellen|nuß [zɛʃ-], **Malediven|nuß,** die Frucht der **S.-Palme (Lodoicea maldivica)** auf den Seychellen, eine Doppelnuß, bis 0,5 m lang, bis 25 kg schwer.

Seydlitz, 1) Friedrich Wilhelm von, preuß. General, * Kalkar 3. 2. 1721, † Ohlau 8. 11. 1773, führte die Ausbildung der gesamten Kavallerie in der Geländereiterei (›Campagne-Schule‹) statt des einzelnen Reiters in der Hohen Schule ein; entschied den preuß. Sieg bei Roßbach (5. 11. 1757) und führte bei Zorndorf (25. 8. 1758) die entscheidende Wende herbei.

2) S.-Kurzbach, Walther von, Generaloberst, * Hamburg 22. 8. 1888, † Bremen 28. 4. 1976, bei Stalingrad gefangengenommen, war 1943–45 Vors. des → Bundes Deutscher Offiziere.

Seyfer, Syfer, Hans, Bildhauer, † Heilbronn 1509, dort seit 1502 nachweisbar; schuf, die oberrhein. Überlieferung in Niederschwaben fortsetzend, für den Hochaltar der Kilianskirche in Heilbronn die Holzbildwerke des Schreins und der Staffel und für Stuttgart die steinerne Kreuzigungsgruppe hinter dem Chor der Leonhardskirche (1501; durch Kopie ersetzt, Original in der Hospitalkirche).

Seyfert-Galaxi|en [n. dem amerikan. Astrophysiker C. K. Seyfert, * 1911, † 1960], Sternsysteme mit äußerst hellen Kernen, die breite Emissionslinien im Spektrum zeigen.

Seyffert, Rudolf, Betriebswirtschaftler, * Leipzig 15. 3. 1893, † Köln 16. 2. 1971; Hauptarbeitsgebiete: Wirtschaftslehre des Handels, Werbelehre.

HW: Über Begriff und Aufgaben der Betriebswirtschaftslehre (1925); Wirtschaftslehre des Handels (1951); Werbelehre, 2 Bde. (1966).

Seyhan [s'ɛjhan], Fluß in der Türkei, 515 km lang, entspringt im östl. Taurus, mündet bei Adana ins Mittelmeer, im Unterlauf durch eine Talsperre zur Bewässerung gestaut; Kraftwerk.

Seymouria, fossile Tiergatt. aus dem Rotliegenden von Texas, kriechtierähnl. Lurche.

Seyß-Inquart, Arthur, österr. Politiker, * Stannern (bei Iglau) 22. 7. 1892, † (hingerichtet) Nürnberg 16. 10. 1946, Rechtsanwalt, vollzog als Bundeskanzler (März 1938) den Anschluß Österreichs an das Dt. Reich, war bis April 1939 Reichsstatthalter in Wien, 1940–45 Reichskommissar für die besetzten Niederlande; als Kriegsverbrecher zum Tode verurteilt.

sezernieren [lat.]. *ich* **sezerniere** *es,* ⚕ sondere ein Sekret ab.

Sezession [lat.] *die, -/-en,* **1)** Absonderung, Trennung. **2)** Völkerrecht: Abtrennung eines Gebietsteiles eines Staates gegen dessen Willen durch die dort ansässige Bevölkerung mit dem Ziel, einen neuen Staat zu bilden oder sich einem bestehenden Staat anzuschließen. **3)** seit Ende des 19. Jh. Name von Künstlergruppen, die sich von einer der bestehenden → Künstlervereinigungen lösten, z. B. die Münchner S., gegr. 1892 von F. v. Stuck u. a., Berliner S., gegr. 1899 von M. Liebermann. Die Wiener S. (gegr. 1897) gab einer Variante des Jugendstils den Namen **Secessionsstil** (Hauptvertreter G. Klimt, Kolo Moser, J. M. Olbrich).

Sezessionskrieg, der Bürgerkrieg in den Verein. Staaten, 1861–65, zw. den Nordstaaten, die den Industrie- und Bankkapitalismus und die Gleichberechtigung vertraten, und den Südstaaten, in denen landwirtschaftl. Großbetriebe mit Sklavenarbeit vorherrschend waren (→ Vereinigte Staaten von Amerika, Geschichte). Als Lincoln, Gegner der Sklaverei, sein Amt antrat, erklärten die 11 Südstaaten (Virginia, Nord- und Südkarolina, Georgia, Florida, Alabama, Tennessee, Mississippi, Louisiana, Arkansas, Texas) ihren Austritt aus der Union und gründeten die **Konföderierten Staaten von Amerika** unter dem Präs. Davis mit der Hptst. Richmond. Als die Union den Austritt ablehnte, begannen die Kampfhandlungen. Der blutig geführte Krieg endete nach Anfangserfolgen der Südstaaten (unter Lee) mit dem Sieg der Nordstaaten (unter Grant und Sherman). Die Negersklaverei wurde abgeschafft (1. 1. 1863, XIII. Verf.-Zusatz 1865).

sezieren [lat.]. *ich* **seziere** *es,* **1)** ⚕ zergliedere, nehme eine Leichenöffnung (→ Sektion) vor. **2)** Ü untersuche sehr genau.

sf., ♪ Abk. für → **sf**orzato.

Sfax, Hafenstadt an der Ostküste Tunesiens, (1976) 171 300 Ew.; wichtigster Exporthafen des Landes (Olivenöl, Südfrüchte,

Sfax: Marktplatz

Phosphat, Schwämme, Fische), Wirtschaftszentrum S-Tunesiens; arab. Altstadt (Medina) mit Moschee, Burg und Kasba; Europäerviertel.

SFB, Abk. für → **S**ender **F**reies **B**erlin.

Sferics, verkürzt aus **Atmosferics** [ætməsf'ɛrɪks, engl.], → Spherics.

Sforza, ital. Adelsgeschlecht, in der Hauptlinie 1450–1535 Herzöge von Mailand.

1) Carlo Graf, ital. Politiker, * Montignoso di Lunigiana 25. 9. 1872, † Rom 4. 9. 1952; 1920–21 sowie 1947–51 Außen-Min., Liberaler und entschiedener Gegner des Faschismus, lebte 1926–43 in der Emigration; förderte den Gedanken der europ. Einigung.

2) Francesco, ital. Kondottiere, * San Miniato 23. 7. 1401, † Mailand 6. 3. 1466, durch Heirat mit der Erbtochter Bianca Maria Visconti 1450 Herzog von Mailand und Graf von Pavia, erwarb 1464 Genua (mit Korsika) und Bari.

3) Ludovico, gen. **il Moro,** Herzog (1494–99), * Vigevano 27. 7. 1452, † Loches bei Tours 27. 5. 1508, rief Karl VII. von Frankreich über die Alpen, trat aber bald zu dessen Feinden über und starb in frz. Gefangenschaft.

sforzato, sforzando [ital.], Abk. **sf.,** seltener **forzato, forzando,** Abk. **fz.,** ♪ Vortragsbezeichnung: verstärkt, stark betont; Zeichen (meist) > oder ∧.

sfumato [ital.], duftig; mit weichen Umrissen (Malerei).

Sgambati, Giovanni, ital. Musiker, * Rom 28. 5. 1841, † ebd. 14. 12. 1914, Klaviervirtuose und Dirigent; komponierte im Stil der Neuromantik u. a. Sinfonien, Kammermusik, Lieder.

Sganarelle [-r'ɛl, frz.] *der, -,* Possengestalt, eine spießbürgerl. Abart des Harlekins; von Molière 1660 geschaffen.

S.-Geschoß, Spitzgeschoß; **S.-Munition:** Patronen, die mit einem S.-G. versehen sind. Bei der S.-Patrone besteht der Geschoßkern aus Weichblei, bei der SmK-Patrone aus Stahl. Das Geschoß der SmKL-Patrone besitzt einen Leuchtsatz.

Sgraffito [ital.] *das, -s/-s* oder *...ti,* eine Art von Wandmalerei, bei der ein farbiger Putz mit einer weiteren Schicht überputzt

Sgraffito: Sgraffitoschmuck an einem Wohnhaus in Frohnhausen, Hessen

und aus dieser, solange sie noch feucht ist, die Linien der Darstellung bis auf die untere Schicht herausgekratzt werden; in Dtl. seit dem 14. Jh., in Italien bes. in der Renaissance geübt, als Volkskunst (Kratzputz) bes. in Thüringen, Hessen, Engadin.

's-Gravenhage [sxra:vənh'a:xə], amtl. niederländ. Name von → Den Haag.

sh, Abk. für → **Sh**illing.

Shaanxi [ʃansji], Stadt in China, → Shensi.

Shaba [ʃ'aba], bis 1971 **Katanga,** Prov. im S von Zaire, 496 965 km², (1981) 3,8 Mio. Ew.; Hptst.: Lubumbashi; Savannenhochland; bed. Bergbaugebiet: Kupfer, Kobalt, Zinn, Uran, Mangan, Steinkohle. Die Prov. war 1960–63 vom Staatsgebiet abgetrennt.

Shackleton [ʃ'ækltən], Sir (1909), Ernest Henry, brit. Polarforscher, * Kilkee (Irland) 15. 2. 1874, † auf Süd-Georgien (Antarktis) 5. 1. 1922, nahm 1901–04 an der ›Discovery-Expedition‹ teil, unternahm 1908/09 von Süd-Victoria-Land aus einen ersten Vorstoß zum Südpol, entdeckte 1915 das Caird-Land im SO der Weddellsee.

Shaffer [ʃ'æfə], Peter, engl. Dramatiker, * London 15. 5. 1926; schrieb die Dramen ›Fünffingerübung‹ (1958), ›Schwarze Komödie‹ (1965), ›Equus‹ (1973), ›Amadeus‹ (1979).

Shaftesbury [ʃ'ɑ:ftsbərɪ], Anthony **Ashley-Cooper** ['æʃlɪ k'u:pə], 3. Earl of S., Philosoph, * London 26. 2. 1671, † Neapel 4. 2. 1713. Nach seiner Lehre stellt das Sittliche die vollkommene harmon. Entfaltung natürlicher menschl. Anlagen dar. Damit beantwortete er eines der Hauptprobleme der Aufklärung, ob Sittlichkeit ohne Offenbarungsreligion möglich sei, in positivem Sinn. Im Deismus S.s wurde die Religion zu einem fast lyr. Erlebnis der Weltharmonie. Sein Einfluß, bes. auf die Ästhetik, war bedeutend (Pope, Diderot, Herder, Schiller, Goethe, Rousseau, Voltaire). Sein Begriff des als Naturkraft, aus ›Enthusiasmus‹ schaffenden Genies diente dem dt. Sturm und Drang zur Rechtfertigung der revolutionären Durchbrechung aller Regeln.

HW: Untersuchung über die Tugend (1699); Die Moralisten (1705); Ein Brief über den Enthusiasmus (1708).

Shag [ʃæg, engl.] *der, -s/-s,* feingeschnittener Tabak für die **Shag-Pfeife,** eine kurze, gerade Pfeife mit kleinem Kopf.

Shake [ʃeɪk, engl.] *der, -s/-s,* ein Mixgetränk.

Shaker [ʃ'eɪkə, engl. ›Schüttler‹] *der, -s/-,* **1)** Mixbecher für alkoholische Getränke. **2)** Vorbereitungsmaschine zum Reinigen von Lumpen, Faserabfällen u. a. für die Abfallspinnerei.

Shakespeare [ʃ'eɪkspɪə], William, engl. Dramatiker, Schauspieler und Dichter, * Stratford-upon-Avon wohl 23. 4. (getauft 26. 4.) 1564, † ebd. 23. 4. 1616.

William Shakespeare (sog. Chandos-Porträt; London, National Portrait Gallery)

S. entstammt einer begüterten Bürgerfamilie und besuchte wahrscheinlich die Stratforder Lateinschule. 18jährig heiratete er die 8 Jahre ältere Anne Hathaway († 6. 8. 1623), mit der er 3 Kinder hatte. Um 1586 ging S. möglicherweise mit einer der vielen reisenden Schauspielertruppen nach London. Als der erfolgreichste Bühnenautor seiner Zeit und Teilhaber am → Globe Theatre kam er rasch zu Wohlstand. Um 1611 zog sich S. von der Bühne zurück und siedelte nach Stratford über. Dort wurde er 1616 in der Trinity Church beigesetzt. – Seit der Mitte des 19. Jh. wurden immer wieder Versuche unternommen, S. als Verfasser der unter seinem Namen überlieferten Werke anzuzweifeln. Genannt wurde v. a. F. Bacon.

Werke. Versdichtung. Den ersten Beweis literar. Größe i. S. der Renaissancepoetik erbrachte S. mit den beiden Verserz. ›Venus and Adonis‹ (1593) und ›The Rape of Lucrece‹ (1594; Die Vergewaltigung der Lukrezia) sowie mit einer um die gleiche Zeit entstandenen Samml. von 154 Sonetten (gedr. 1609) v. a. über Themen der Liebe und Freundschaft.

Dramen. S.s dramat. Werk umfaßt 35 Stücke, an 3 weiteren hat er maßgeblich mitgearbeitet. Die Folioausgabe (erste Gesamtausgabe) von 1623 enthält 36 Stücke, 14 Komödien, 10 Historien und 12 Tragödien, wobei ›Cymbeline‹ (1609/10) und ›Troilus and Cressida‹ (1601/02) irrigerweise als Tragödien eingestuft wurden. Die Literaturwiss. hat die Gattungseinteilung übernommen. Sie unterscheidet aber bei den Komödien die ›heiteren‹ wie ›The comedy of errors‹ (um 1591; Die Komödie der Irrungen), ›The two gentlemen of Verona‹ (um 1593; Die beiden Herren aus Verona), ›The taming of the shrew‹ (um 1593; Der Widerspenstigen Zähmung), ›Love's labour's lost‹ (um 1594; Verlorene Liebesmüh), ›A midsummer night's dream‹ (um 1595; Ein Sommernachtstraum) und ›Much ado about nothing‹ (1598; Viel Lärm um nichts) von den sog. Problemstücken mit trag. Elementen und pessimist. Grundtenor wie ›Troilus and Cressida‹, ›All's well that ends well‹ (1602/03; Ende gut, alles gut) und ›Measure for measure‹ (1604; Maß für Maß) und von den späten, versöhnlich gestimmten und märchenhaften Romanzen ›Cymbeline‹, ›The winter's tale‹ (1610; Das Wintermärchen) und ›The tempest‹ (1611; Der Sturm). Drast. Situationskomik zeigt das farcenhafte ›The merry wives of Windsor‹ (um 1597; Die lustigen Weiber von Windsor); ›The merchant of Venice‹ (um 1597; Der Kaufmann von Venedig; → Shylock) verbindet unbeschwerte Märchenwelt und das Problem der Judendiskriminierung. Bei den Tragödien wird ein frühes Werk wie das Greuelstück ›Titus Andronicus‹ (um 1590) im Stil der damals beliebten blutrünstigen Rachetragödien von den bekannten Römerdramen wie ›Julius Caesar‹ (1599). ›Anthony and Cleopatra‹ (1607/08) und ›Coriolanus‹ (1608) sowie von den vier ›großen‹ Tragödien ›Hamlet‹ (1601; → Hamlet), ›Othello‹ (1604; → Othello), ›King Lear‹ (1605/06) und ›Macbeth‹ (um 1606; → Macbeth) und dem typen- und moralitätenhaften ›Timon of Athens‹ (um 1607) abgesetzt.

Die Entwicklung von S.s dramat. Kunst ist gekennzeichnet durch die rasch zunehmende Beherrschung der Grundelemente dramat. Ausdrucks, von Sprache, Charakterdarstellung und Handlungsführung, die er bald nach Maßgabe für ihn typischer ästhet. Prinzipien auf die jeweils zentrale themat. Idee auszurichten lernte. Am Anfang stehen Werke wie die frühen Komödien, die in ihrer gekünstelten Sprache, ihrer typisierenden Psychologie und den z. T. konventionellen Handlungselementen noch dem Zeitgeschmack huldigten, der Theatereffekte um ihrer selbst willen liebte. Die ersten Historien, die Trilogie ›Henry VI‹ (1590/91), haben noch einen episodenhaften Aufbau, der aber schon in ›Richard III‹ (1592) überwunden ist und in den späteren Königsdramen ›Richard II‹ (1595), ›Henry IV‹ (1597/98) und ›Henry V‹ (1599) dem ihm gemäßen Historienstil Platz macht: der Gruppierung der Handlung um eine überragende Persönlichkeit und der zwingenden Entfaltung des Themas von Schuld und Sühne, Usurpation und Rebellion. Im Gegensatz dazu dominiert in ›Henry VIII‹ (1613) zeremonieller Festspielcharakter. Ist S.s Frühwerk z. T. noch Auseinandersetzung mit zeitgenöss. Meistern des Dramas wie Kyd, Marlowe und Lyly, so ist die komplexe Dramentechnik der folgenden Schaffensperioden ganz sein eigen. Sprache und Handlung werden vielschichtig, in den Charakteren scheint bei aller Individualisierung der Idealtypus der Leidenschaft durch. So gelingen ihm in den Komödien ›A midsummer night's dream‹, ›As you like it‹ (1599/1600; Wie es Euch gefällt), ›Twelfth night or What you will‹ (1601/02; Was ihr wollt) einzigartige Verbindungen von Zauber, Witz, Ironie und romantischem Gefühl. Burlesker Realismus und poetische Sublimation sind hier durch seine wandlungsreiche Formkultur zur Synthese gebracht.

In den Tragödien vollzieht S. eine andere Synthese, die von Charakter und Schicksal. Der trag. Held scheitert an seinem eigenen ambivalenten Charakter. Indem er sich gegen die ethische Ordnung auflehnt oder seinem eigenen Wesen untreu wird, versündigt er sich wider die gottgesetzte Natur der Dinge und muß auf der trag. Bahn seiner Selbstzerstörung die ganze Spannweite menschl. Leidensfähigkeit ausmessen. Alle Elemente der Handlung mit ihrem vielschichtigen System von Spiegelungen, Kontrastierungen und Abwandlungen bis hin zum sinnstützenden Einbezug selbst der Komik dienen der Pointierung und symbol. Vertiefung dieser Problematik. Das spannungsreiche Gefüge und die zielgerichtete Gestaltung komplexer, lebenswahrer Charaktere in Situationen existentiellen Auslebens ihrer Identität haben S.s Tragödien ein reiches Nachleben im Rahmen unterschiedl. theatral. Ausdrucksbedürfnisse gesichert.

Gesamtcharakteristik. S. bezeichnete die Einbildungskraft (›imagination‹) als den Urgrund des künstler. wie des leidenschaftl. Lebens. Für ihn als Dichter ist sie das Kunstprinzip, nach dem er arbeitet; für seine Gestalten ist sie der Antrieb, der sie zu leidenschaftl. Selbstverwirklichung und Selbststilisierung treibt. S.s Weltbild ist das seiner Zeit. Im Sinne der Renaissance bejahte er das Diesseits als den Bereich, in dem Natur erlebt, Liebe gefühlt, Glück gewonnen und Ehre errungen werden. Gemäß mittelalterl. Denkweisen ist dieses lockende und gefährl. diesseitige Leben aber unlösbar mit dem Gang der Gestirne verknüpft und an unverrückbare Ordnungen gebunden. Zw. Gebundenheit und Freiheit, zw. MA. und Renaissance spielt das Abenteuer S.scher Existenz. Von den anarch., turbulenten Verwirrungen der Komödien bis hin zu den Tragödien und quälenden Problemstücken geht die teils heitere, teils ernste, teils bittere Auseinandersetzung um das Verhältnis von Schein und Sein, Chaos und Ordnung, Vergänglichkeit und Dauer.

Für diese besondere Ausgestaltung seiner Kunst hatte S. wenig Vorbilder. Die Quellen, die er benutzte (Holinshed, Plutarch, Boccaccio, Chaucer), boten selten mehr als die Stoffabel.

Nachleben. Zu seinen Lebzeiten war S. unbestritten der führende Dramatiker, wenn auch kaum einer der Zeitgenossen seine wirkliche Bedeutung erkannte. In der 2. Hälfte des 17. Jh. wurden die Dramen S.s dem barocken Zeitgeschmack angepaßt; gleichzeitig versuchte J. Dryden, den Dichter aus dem Geist des Klassizismus zu rechtfertigen. Das 18. Jh. leistete verdienstvolle editorische Arbeit. Ferner wurden in dieser Zeit die Grundlagen einer wissenschaftl. S.-Kritik gelegt (S. Johnson). Ein vertieftes Verständnis S.s erwuchs zu Beginn des 19. Jh. unter dem Einfluß dt. und engl. S.-Kritik. Am nachhaltigsten war S.s Einfluß auf Dtl.; v. a. Goethes ›Götz von Berlichingen‹ ist ohne S. kaum denkbar.

Die Stücke S.s wurden ab 1660 der Illusionsbühne (Beseitigung des raschen Szenenwechsels) und dem jeweiligen Zeitgeschmack angepaßt. S. wurde idealisiert, romantisiert, historisiert. Seit 1910 erschloß der Anti-Illusionismus die Wege zu einer zugleich authent. und gegenwartsnahen Darstellung (M. Reinhardt, E. G. Craig, H. Granville-Barker). In den 60er Jahren kamen neue Anregungen aus Stratford durch die Regisseure P. Brook und P. Hall. Das Buch ›S. heute‹ (1961) des Polen Jan Kott hatte weltweite Wirkung. Regisseure wie P. Zadek und H. G. Heyme und in noch stärkerem Maß C. Marowitz und J. Papp unterwarfen S.s Stücke radikalen Regiekonzeptionen. Dramatiker wie E. Ionesco und Heiner Müller (›Macbeth‹, 1971), E. Bond (›Lear‹, 1972) und John Bowen (›Hail Caesar‹, 1973) schrieben S.s Stücke um.

Ausgaben. S. selbst gab nur seine beiden Versepen in Druck (1593/94); die Sonette brachte Th. Thorpe heraus (1609). Von den Bühnenwerken waren bis zum Tod S.s 20 nichtauthent. Quartoausgaben erschienen (Quarti facsimiles, hg. v. W. W. Greg, 1939 ff.). Die erste Gesamtausgabe der Dramen besorgten 2 Freunde S.s, die Schauspieler J. Heminge und H. Condell (London 1623, ^{2}1632, ^{3}1663/64, mit Pericles und 6 weiteren unechten Dramen, ^{4}1685; First folio facsimile, 1902 u. 1910, hg. v. H. Kökeritz, 1955; Facsimiles of the first folio text, 1928 ff.).

Deutsche Übersetzungen. Nach Ch. M. Wieland, 8 Bde. (1762–66), J. J. Eschenburg, 13 Bde. (1775–77, in Prosa) u. J. H. Voss, 9 Bde. (1818–29), schuf A. W. Schlegel mit Dorothea Tieck und W. von Baudissin die erste künstlerisch bedeutende dt. Gesamtübersetzung (S.s dramat. Werke, hg. v. L. Tieck, 9 Bde., 1825–33; neu, 10 Bde., 1979); weitere Ausgaben dieser Übers. v. A. Brandl (1896–99), F. Gundolf, 10 Bde. (1908–23, teilw. eigene Übers.), W. Keller, 5 Bde. (1912), L. L. Schücking, 20 Bde. (1912–35, zweisprachig), M. J. Wolff, 11 Bde. (1921–27), u. a. – Neuere Übersetzungen der Bühnenwerke: v. H. Rothe, 4 Bde. (1927–34, Neuausg. 1963/64), R. Flatter (1938 ff.), R. A. Schröder (1945 ff.), R. Schaller (1968 ff.), E. Fried (1970 ff.); Englisch-dt. Studienausg. der Dramen S.s, hg. v. W. Habicht, E. Leisi, R. Stamm (1976 ff.). – Sonette: K. Lachmann (1820), F. Bodenstedt (1862), O. Gildemeister (1871), M. J. Wolff (1903), St. George (1909, endgültige Fass. 1931), R. Flatter (1956), P. Celan (1967) u. a.

Shakespeare-Bühne [ʃ'eɪkspɪə-], die für das volkstüml. engl. Theater des ausgehenden 16. und beginnenden 17. Jh. charakterist. Bühnenform mit weit in den Zuschauerraum vorspringender Vorderbühne, kleiner Hinterbühne und darüber angeordneter Ober- oder Balkonbühne. (BILD S. 695)

Shakespeare-Gesellschaft [ʃ'eɪkspɪə-], **Deutsche S.-G.**, gegr. 1864 in Weimar; Jahrestagungen (Weimar und Bochum) und Herausgabe des Shakespeare-Jahrbuchs (seit 1865).

Shamir [ʃ-], Yitzhak, israel. Politiker (Herut), * Ruzinoy 1915; in Palästina Mitgl. zionist. Untergrundorganisation, arbeitete nach 1948 beim Geheimdienst; 1977–80 Präs. der Knesset, 1980–83 Außen-Min., übernahm 1983 die Führung des Likudblocks. 1983–84 war S. MinPräs.; seit 1984 stellv. MinPräs. und Außenminister.

Sha-mo [ʃa-], chines. Name der Wüste → Gobi.

Shampoo [ʃamp'u: oder ʃæmp'u:], **Shampoon** [ʃæmp'u:n, auch ʃamp'o:n, engl. shampoo] *das, -s/-s,* Haarwaschmittel in flüssiger, cremiger oder pulveriger Form; bauen auf waschaktiven Substanzen auf. *ich* **shampooniere** *das Haar.*

Shan [ʃ-], große, Tai sprechende Volksgruppe, überwiegend in NO-Birma, auch in Yünnan, Thailand und Laos. Die S. leben zumeist in Tälern und Ebenen; Hauptanbauprodukt ist Reis. Die Religion der S. ist der Buddhismus. (→ Schanstaat)

Shang [ʃ-], auch **Yin,** chines. Herrscherhaus, etwa 1500–1050 v. Chr. (→ chinesische Geschichte).

Shanghai [ʃ-], Stadt in China, → Schanghai.

Shankar [ʃ-], Ravi, ind. Sitarspieler und Komponist, * Benares 7. 4. 1920, gründete 1949 das Indian National Orchestra, eröffnete 1963 die ›Kinnara‹-School of Music in Bombay und 1965 eine Dependance in Los Angeles; zahlreiche Konzertreisen, spielte u. a. zusammen mit Y. Menuhin und den Beatles.

Shankara [ʃ-], ind. Philosoph (→ indische Philosophie und Religion).

Shannon [ʃ'ænən] *der,* der längste Fluß Irlands, 370 km, entspringt in der Cty. Leitrim, durchfließt mehrere Seen, mündet unterhalb Limerick in den Atlant. Ozean; das Großkraftwerk bei Ardnacrusha nutzt das Gefälle bei Limerick und wird durch einen Seitenkanal gespeist.

Shansi, Schansi, amtl. chines. **Shanxi** [ʃansji], Prov. in → China; Anbau von Weizen, Hirse, Mais, Reis, Baumwolle, Kartoffeln, Sojabohnen. Große Steinkohlenlager; Hptst.: Taiyüan.

Shantou [ʃ-, engl. und amtl. chines.], **Schantou,** früher **Swatow,** Hafenstadt in der chines. Prov. Kwangtung, rd. 350000 Ew.; Nahrungsmittel-, keram. Ind., Landmaschinenbau.

Shantung, Schantung, amtl. chines. **Shandong** [ʃ-], Prov. in → China, an der Ostküste; Hptst.: Tsinan. S. umfaßt das Bergland von S., die Halbinsel S. **(Shandong Bandao)** und größere Teile der Nordchines. Tiefebene. Angebaut werden Getreide, Sojabohnen, Baumwolle, Obst; Bodenschätze: Kohle, Bauxit, Eisenerz, Kaolin; Herstellung von Schantungseide und Töpferwaren; Eisen-, Stahl-, Fisch- u. a. Ind., Haupthafen ist Tsingtao.

Shanty [ʃ'æntı] *das, -s/...ties,* **Chanty** [tʃ'ɑ:ntı, engl.], Lied der Matrosen zu gemeinsamen Arbeiten; häufig im Wechsel von Solo- und Chorgesang.

Shanxi [ʃansji], Provinz in China, → Shansi.

Shaohsing, Schauhing, amtl. chines. **Shaoxing** [ʃaɔsjiŋ], Stadt in der chines. Prov. Chekiang, rd. 200000 Ew.; Seiden-, Baumwoll-, Stahl-Ind., Weinkellereien.

SHAPE [ʃeıp], Abk. für **Supreme Headquarter of the Allied Powers in Europe** [sjʊpr'i:m h'edkwɔtə ɔv ðı əl'aıd p'aʊəz ın j'ʊərəp], das Oberkommando der Streitkräfte des → Nordatlantikpakts.

Shaping-Maschine [ʃ'eıpıŋ-, engl.], → hobeln.

Shapley [ʃ'eıplı], Harlow, amerikan. Astronom, * Nashville (Mo.) 2. 11. 1885, † Boulder (Col.) 20. 10. 1972, Direktor des Harvard Observatory in Cambridge (Mass.), führend auf dem Gebiet der veränderl. Sterne, der Sternhaufen, des Aufbaus des Milchstraßensystems und der Verteilung der Sternsysteme. S. benutzte als erster die photometr. Methode zur Bestimmung von Sternentfernungen.

Sharaku [ʃ-], Künstlername **Toshusai,** als Meister des japan. Farbholzschnitts 1794/95 in Tokio tätig, schuf über 150 Schauspielerbildnisse mit starker dekorativer Wirkung.

Share [ʃ'eə, engl. ›Anteil‹] *der, -/-s,* anglo-amerikan. Recht: Anteil an einer AG. Der Aktionär erwirbt sich den S. durch Eintragung in die Bücher der AG und der den Kauf vermittelnden Bank; über die Beteiligung können von der AG Zertifikate ausgestellt werden. **Ordinary Share** [′ɔ:dınərı-], Stammaktie. **Preference Share** [pr'efərəns-], Vorzugsaktie. **Deferred Share** [dıf'ə:d-], Nachzugsaktie mit nachträgl. Dividendenzahlung. **Shareholder** [ʃ'eəhəʊldə], Aktionär.

Sharjah [ʃ'ardʒa], Scheichtum der → Vereinigten Arabischen Emirate.

Sharp [ʃɑ:p], William, Pseudonym Fiona **Macleod** [məkl'aʊd], schott. Dichter, * Paisley (Schottland) 12. 9. 1855, † Castello di Maniaci (Sizilien) 14. 12. 1905, schrieb Erz. aus dem schott. Hochland, Dramen aus der irischen Sage und lyrisch-epische Dichtungen.

Sharpeville [ʃ'ɑ:pvıl], Bantustadt bei Vereeniging, Rep. Südafrika, (1970) 39800 Ew., war 1960 Schauplatz einer von der Polizei blutig aufgelösten Demonstration von Schwarzafrikanern gegen die Paßgesetze der Rep. → Südafrika.

Shashi [ʃaʃi, engl. und amtl. chines.], **Schaschi,** auch **Shasi,** Stadt in der chines. Prov. Hupeh, (1959) 120000 Ew., Flußhafen am Jangtsekiang; Markt für Agrarerzeugnisse (Getreide, Baumwolle). Übertrifft heute das als Handelsplatz ebenfalls bed. benachbarte **Kiangling** (1967: 300000 Ew.).

Shasta, Mount S. [maʊnt ʃ'æstə], erloschener Vulkan in N-Kalifornien, USA, 4317 m.

Shaw [ʃɔ:], **1)** George Bernard, anglo-irischer Dramatiker, * Dublin 26. 7. 1856, † Ayot St. Lawrence (Hertfordshire) 2. 11. 1950. Nach kaufmänn. Lehrzeit in Dublin 1876 ging S. nach London und schloß sich der → Fabian Society an. 1885–92 wirkte er als Musik- und Theaterkritiker am Neuaufbau des engl. Theaters mit. Auf die frühen sozialkrit. Dramen folgten ironisch-satir. Gesellschaftslustspiele und als erster Höhepunkt ›Caesar and Cleopatra‹ (1901). ›Man and superman‹ (1903; Mensch und Übermensch) und ›Back to Methuselah‹ (1922; Zurück zu Methusalem) gelten als die beiden gedankentiefsten und ›Saint Joan‹ (1923; Die heilige Johanna) als das künstlerisch bedeutendste Werk. In den späteren Dramen, etwa beginnend mit ›The apple cart‹ (1929; Der Kaiser von Amerika), überwiegt die politische Satire.

George Bernard Shaw

S., der Schöpfer des modernen engl. Dramas, benutzte die Bühne als ›moralische Anstalt‹. Er vertrat einen aufgeklärten Puritanismus, bekämpfte die herrschende Wirtschaftsordnung und wandte sich gegen gesellschaftl. Heuchelei und religiöse Unduldsamkeit; er setzte dagegen seine Metaphysik der Lebenskraft (life force) und forderte die innerweltl. Bewährung des Menschen. Diese lehrhafte Tendenz verbirgt sich hinter geistvollem Witz und grimmiger Freude am Paradoxen und am Wegkratzen der ehrwürdigen Patina der Jahrhunderte. Nobelpreis für Literatur 1925.

WW: *Dramen:* Arms and the man (Urauff. 1894; Helden); Candida (Urauff. 1895); Plays unpleasant (1898); The philanderer (entstanden 1893; Der Liebhaber); Mrs. Warren's profession (entstanden 1893; Frau Warrens Gewerbe); The devil's disciple (1898; der Teufelsschüler); Major Barbara (1905); The doctor's dilemma (1906; Der Arzt am Scheideweg); Androcles and the lion (1912; Androcles und der Löwe); Pygmalion (1913); Too true to be good (1932; Zu wahr, um schön zu sein); Buoyant billions (1948; Zuviel Geld). Ferner Romane, Kurzgeschichten; kritische (u. a. über H. Ibsen, R. Wagner) und politische Schriften.

Sharaku: Die Schauspieler Nakamura Gwanzo und Nurajima Wataemon (Frankenau, Sammlung Exner)

2) Irwin, amerikan. Schriftst., * New York 27. 2. 1913, † Davos 19. 5. 1984, schrieb in der Tradition des Realismus und mit psycholog. Akzenten den Kriegsroman ›Die jungen Löwen‹ (1948), die Romane ›Zwei Wochen in einer anderen Stadt‹ (1959), ›Stimmen eines Sommertages‹ (1965), ›Aller Reichtum dieser Welt‹ (1970), ›Abend in Byzanz‹ (1973); ›Ende in Antibes‹ (1977).

Shawn [ʃɔ:n], Ted, amerikan. Tänzer, Choreograph und Tanzpädagoge, * Kansas City (Miss.) 21. 10. 1891, † Orlando (Fla.) 9. 1. 1972, einer der Pioniere des Tanzes in den USA.

Shawnee [ʃ'ɔ:ni:], nordamerikan. Indianerstamm der Algonkin, urspr. im mittleren Ohio-Tal ansässig. Ihr größter Held im Kampf gegen die vordringenden weißen Siedler war Tecumseh (* um 1768, † 1813). Reste der S. leben in Oklahoma.

SHB, Abk. für **Sozialdemokratischer Hochschulbund,** → studentische Vereinigungen.

Shearer [ʃ'ıərə], Moira, brit. Tänzerin, * Dumfermline (Fife) 17. 1. 1926, 1944–52 Mitgl. des Sadler's Wells Ballet in London.

Sheffield [ʃ'efi:ld], Stadt in der Metrop. Cty. South Yorkshire, (1981) 477100 Ew., Univ., Polytechnikum; Herstellung von Messerwaren, Eisen-, Messing- und Letterngießereien, chem., Farben-, Genußmittel-, Bekleidungs-, Papier- u. a. Industrie, Instrumentenherstellung.

Sheffield

Shell [ʃel], → Royal Dutch/Shell-Gruppe.

Shelley [ʃ'elı], **1)** Mary Wollstonecraft, engl. Schriftstellerin, Tochter von W. und Mary → Godwin, zweite Frau von 2), * Somers Town 30. 8. 1797, † London 1. 2. 1851, schrieb den Schauerroman ›Frankenstein‹ (1818); → Gothic novel.

2) Percy Bysshe, engl. Dichter, * Field Place bei Horsham (Sussex) 4. 8. 1792, † (ertrunken) bei Viareggio (Italien) 8. 7. 1822,

Shakespeare-Bühne: Modell des Globe Theatre und seiner Bühne (RECHTS) von J. C. Adams und J. Smith, 1950

Percy Bysshe Shelley (aus einem Gemälde von A. Curran, 1819)

schrieb als Student in Oxford 1811 das Pamphlet ›The necessity of atheism‹ und wurde deshalb von der Univ. verwiesen. Von der Gesellschaft geächtet, flüchtete er 1814 in die Schweiz, dann nach Italien. – Aus seinen Schriften spricht leidenschaftl. Auflehnung gegen jede Art der Unterdrückung (philosoph. Gedicht ›Queen Mab‹, 1813, Feenkönigin; Drama ›Prometheus unbound‹, 1820, Der entfesselte Prometheus). Ein aus der antiken Philosophie (Plato) und der Vernunftreligion der Aufklärung geschöpfter idealist. Pantheismus ist für ihn persönl. Erlebnis; das Gefühl des Einsseins mit der Natur findet unmittelbaren Ausdruck, v. a. in den großen Oden der letzten Jahre (›To the westwind‹, ›The cloud‹, ›To the skylark‹).

WW: *Gedichte:* Alastor or the spirit of solitude (1816); Hymn to intellectual beauty (1816); Epipsychidion (1821); Adonais: an elegy on the death of J. Keats (1821). *Epos:* The revolt of Islam (1817). *Schauspiel:* The Cenci (1819; Renaissancetragödie).

Shensi, Schensi, amtl. chines. **Shaanxi** [ʃansji], Prov. im NW →Chinas; Hptst.: Sian. Anbau von Reis, Tee, Hirse, Baumwolle, Maulbeerbäumen; reiche Kohlevorkommen, Erdöl-, Salzgewinnung. (→Langer Marsch)

Shenyang [ʃenjaŋ, engl. und amtl. chines.], **Schenjang,** früher (mandschur.) **Mukden,** Hptst. der chines. Prov. Liaoning, (1977) 4,4 Mio. Ew., Mittelpunkt der Mandschurei. Im Alten Palast der ehem. 2. Residenz der Mandschu-Kaiser Museum und Hochschule; vielseitige Ind. (bes. Maschinenbau, Metallverarbeitung). – S. wurde 1621 von den Mandschu erobert, 1625–44 Hptst. Chinas.

Sherardisieren [ʃ-] *das, -s,* Verfahren zum Verzinken von Eisen- und Stahlgegenständen in rotierenden Eisentrommeln mit Zinkstaub bei 250–400 °C.

Sheraton [ʃ'erətn], Thomas, engl. Schreiner und Möbelzeichner, * Stockton (Durham) 1751, † London 22. 10. 1806, veröffentlichte Vorlagebücher für vornehme, bürgerliche Möbel, deren feingliedrig klassizist. Stil großen Einfluß auf die Möbelherstellung Englands und N-Europas hatte.

Sheraton Corp. [ʃ'erətn-], internat. Hotelkonzern, gegr. 1937, Sitz: Boston.

Sheridan [ʃ'erɪdn], Richard Brinsley, anglo-irischer Dramatiker und Erzähler, * Dublin 30. 10. 1751, † London 7. 7. 1816, übernahm 1776 als Nachfolger D. Garricks die Leitung des Drury-Lane-Theaters, stellte in seinen geistreichen Lustspielen (›Die Nebenbuhler‹, 1775; ›Die Lästerschule‹, 1777) das Treiben einer auf Lüge und Heuchelei aufgebauten Gesellschaft dar. Nach 1780 widmete er sich der Politik; er war mit seinen Parlamentsreden, z. B. gegen W. Hastings, ein bed. polit. Redner seiner Zeit.

Sheriff [ʃ'erɪf, engl.] *der, -s/-s,* in England und Nordirland der von der Krone ernannte ehrenamtl. Verwaltungsbeamte einer Grafschaft. Neben v. a. repräsentativen Aufgaben ist er für die Vollstreckung gerichtl. Urteile und Anordnungen zuständig. In Schottland hat der von der Krone auf Dauer ernannte S. richterl. Funktionen. – In den USA ist der S. der oberste auf Zeit gewählte Vollzugsbeamte eines VerwBez. (County) mit begrenzten richterl. Aufgaben.

Sherlock Holmes [ʃ'ə:lɔk həʊmz], Name des Meisterdetektivs in den Romanen von A. C. Doyle.

Sherpa [ʃ-, tibet. sher-pa ›die aus dem Osten‹, d. h. Ostnepal] *der, -(s)/-(s),* Bergbevölkerung mit tibet. Sprache in O-Nepal, im Everest-Gebiet des Himalaya; im 15. oder 16. Jh. aus Tibet eingewandert. Ihre Gesamtzahl beträgt (1971) etwa 20000. Die S. sind ausgezeichnete Bergsteiger.

Sherriff [ʃ'erɪf], Robert Cedric, engl. Schriftst., * Kingston-upon-Thames 6. 6. 1896, † Rosebriars (Esher, Surrey) 13. 11. 1975, schrieb Dramen, das Kriegsschauspiel ›Die andere Seite‹ (1929) und Romane u. a. ›Badereise im September‹ (1931), ›Grüne Gartentüren‹ (1936).

Sherrington [ʃ'erɪŋtən], Sir Charles Scott, engl. Physiologe, * London 27. 11. 1857, † Eastbourne 4. 3. 1952, erforschte bes. die Physiologie des Nervensystems. Mit E. D. Adrian erhielt er 1932 den Nobelpreis für Physiologie und Medizin.

Sherry [ʃ'erɪ, engl.] *der, -s/-s,* **Jerez-Wein** [xer'εθ-], hell- bis goldgelber span. Wein aus der Umgebung von Jerez de la Frontera (W-Andalusien).

's-Hertogenbosch [shεrto:xənb'ɔs], niederländ. Name der Stadt →Herzogenbusch.

Shetland [ʃ'etlənd, engl.] *der, -(s)/-s,* urspr. Gewebe und Gestricke aus von den Shetland-Inseln stammender **S.-Wolle,** jetzt auch aus anderen fülligen und leichten Wollgarnen gefertigte Gewebe und Gestricke, die durch Walken verfilzt und so dem Griff der Original-S.-Wolle angeglichen werden.

Shetland-Inseln [ʃ'etlənd-], **Zetland** [z'etlənd], Inselgruppe im N Schottlands, bildet die schott. Island Area **Shetland,** 1429 km², (1981) 26700 Ew.; Hauptort: Lerwick auf Mainland. Die S.-I. sind hügelig, baumarm, mit feuchtem, mildem Klima. Fischerei, Viehhaltung (Rinder, Schafe, Shetlandponys), Wollverarbeitung (Strick- und Tweedwaren), Fremdenverkehr; Erdölvorkommen nördlich der Inseln. Die größten Inseln sind Mainland, Yell, Unst, Fetlar.

SHF, Abk. für engl. **Super High Frequency** [sj'upə hɑɪ fr'i:kwənsɪ], →Wellenbereich.

Shiftobjektiv [ʃ'ɪft-, engl.], →Photographie.

Shigatse, Schigatse, amtl. chines. **Xigaze** [sjigatse], Handelsplatz in der Autonomen Region Tibet, China, rd. 20000 Ew., 3600 m ü. M. im Tal des Tsangpo (Brahmaputra-Oberlauf); in der Nähe das lamaist. Kloster Tashilumpo.

Shigemitsu [ʃ-], Mamoru, japan. Politiker, * in der Präfektur Oita 29. 7. 1887, † Kanagawa 26. 1. 1957, 1943–45 Außen-Min., unterzeichnete am 3. 9. 1945 die Kapitulation Japans, 1947 als Kriegsverbrecher verurteilt, 1950 entlassen; 1954–56 wieder Außen-Min. und zugleich stellv. MinPräs.

Shihchiachuang, amtl. chines. **Shijiazhuang** [ʃidʒjaʒwaŋ], Hptst. der chines. Prov. Hopeh, (1970) über 600000 Ew.; Zentrum der Textil-Ind., chem. Ind., Maschinenbau.

Shih-ching [ʃidʒiŋ, ›Buch der Lieder‹], älteste chines. Lyrik-Sammlung, →chinesische Literatur.

Shijiazhuang [ʃidʒjaʒwaŋ], Stadt in China, →Shihchiachuang.

Shikimisäure [ʃ-], Carbonsäure, wichtiges Zwischenprodukt in der Biosynthese der für den Menschen essentiellen aromat. Aminosäuren Phenylalanin, Tyrosin und Tryptophan bei Pflanzen und Mikroorganismen.

Shikoku, Schikoku, die kleinste der 4 Hauptinseln Japans, mit Nebeninseln 18795 km², (1979) 4,183 Mio. Ew.

Shilh, Schluh, Schlöh, Schlöch, frz. **Chleuh** [ʃlø], **Chleuch** [ʃlœx], bed. Stammesgruppe der Berber in S-Marokko, bes. in den Tälern des westl. Hohen Atlas und Anti-Atlas, im dazwischenliegenden Sous-Tal und an der anschließenden Atlantikküste. Die über 1 Mio. S. sind Ackerbauern (Getreidebau, daneben Baumkulturen). Viele S. leben in den Städten und Bergwerkszentrum (Khouribga) als Arbeiter und Händler. Die Dialekte der S. bilden eine Gruppe innerhalb der Berbersprache.

Shilling [ʃ'ɪlɪŋ, engl.] *der, -s/-s,* bei Wertangaben *Pl.:* -, Abk. **s, sh,** Silbermünze, Münzeinheit in Großbritannien bis 15. 2. 1971, 1 sh = $^1/_{20}$ £ = 12 pence.

Shillong, Hptst. von Meghalaya, Indien, (1971) 87700 Ew., Höhenkurort, 1500 m ü. M.

Shilluk [ʃ'i-], **Schilluk,** Volk der →Niloten am Nilbogen um Malakal und Kodok, Rep. Sudan. Die rd. 110000 S. sind Ackerbauern mit Viehhaltung. Durch den Bau des Jonglei-Kanals sind die S. von Zwangsumsiedlung betroffen.

Shimizu, Schimisu, japan. Hafenstadt in der Prov. Shizuoka, (1980) 242000 Ew.; Werft, Stahlindustrie.

Shimmy [ʃ'ɪmɪ, engl.] *der, -s/-s,* ein 1920–24 populärer Gesellschaftstanz afro-amerikanischer Herkunft.

Shimonoseki, Schimonoseki, Hafenstadt in Japan, (1982) 262000 Ew., am W-Ende der Insel Honshu, an der Straße von S.; mit →Kitakyushu durch den Kammon-Tunnel und Brücke verbunden; Fischereiwirtschaft, Metallwaren-, chem. Ind., Schiffbau. – Über den Frieden von S. 1895 →Japan, Geschichte.

Shinkansen [ʃ-, japan. ›Neue Fernstrecke‹] *der, -/-,* Schnellverkehrsnetz der staatl. Eisenbahn Japans, befahren von elektr. Triebzügen mit 210 km/h Höchstgeschwindigkeit. Die erste Teilstrecke Tokio-Osaka (Tokaido-Linie) wurde 1964 eröffnet; die Strecke Tokio-Morioka (Tohoku-Linie, 1981) soll durch den →Seikan-Tunnel nach Sapporo auf Hokkaido weitergeführt werden.

Shinto [ʃ-, aus chines. shen-tao], japan. **Kami no michi** [-mitʃi, ›Weg der Gottheiten‹], die urspr. aus dem Erleben von Natur und Seele hervorgegangenen religiösen Vorstellungen der Japaner. So wurden etwa Naturerscheinungen, Nahrungsspender, die Zeugungskraft u. a. verehrt, mit der Entwicklung der Clan-Organisation und Gründung des Yamato-Staates Clan- und Ahnengottheiten. Die Ahnengottheit des Tenno-Clans, die Sonnengottheit Amaterasu – als ihr Enkel galt der erste Tenno –, stand schließlich an der Spitze einer Hierarchie von Natur- und Ahnengottheiten. Die Herrschaftsausübung des Tenno blieb somit stets Kulthandlung und galt als ›dem Göttlichen folgend‹. Durch Verschmelzung mit buddhist. Glaubensformen entstand seit dem 9. Jh. eine Mischreligion, nach der die buddhist. Gottheiten Erscheinungen der japanischen sind (→Shintoismus).

Shinto|ismus [ʃ-], der frühere Staatskult Japans (1868–1945), der die Reinheit des →Shinto wiederhergestellt hatte. Nach dem 2. Weltkrieg besteht der S. als Religion neben versch. Shinto-Sekten weiter. Die Gottheiten (bes. Amaterasu) manifestieren sich in **Shintai** [›Gottesleib‹] genannten Emblemen wie Spiegel und Schwert. Sie werden in Tempeln und Schreinen verehrt. Die gottesdienstl. Handlungen bestehen in geistiger und körperl. Reinigung, Opfer, Ritualgebeten und -tänzen. (Bild S. 697)

Shire [ʃ'aɪə, engl., in Zusammensetzungen -ʃɪə], früher svw. Grafschaft (County) in England, heute nur noch dem Eigennamen angehängt, z. B. Devonshire.

Shire [ʃ'i:reɪ], dt. **Schi̱re** *der,* linker Nebenfluß des Sambesi im südl. Afrika, 600 km, Abfluß des Njassasees. Östlich vom S. das 600–1 100 m hohe **Schire-Bergland,** eines der am dichtesten besiedelten Gebiete Malawis; im mittleren Abschnitt Katarakte (Nkulafälle, Kraftwerke).

Shirley [ʃ'ə:lɪ], James, engl. Dramatiker und Lyriker, * London 18. 9. 1596, † ebd. 29. 10. 1666, schrieb Sittenkomödien, die ein anschauliches Bild des zeitgenöss. Gesellschaftslebens vermitteln, Tragikomödien und Tragödien, in denen das Grauen als Grundstimmung vorherrscht.

Shi̱va [ʃ-], **Schi̱wa** [Sanskrit ›der Gütige‹], einer der Hauptgötter des → Hinduismus, bildet mit Brahma und Vishnu eine Dreiheit; er ist vielgestaltig mit sehr verschiedenartigen Wesenszügen, so ist er einerseits Gott der Zerstörung, andererseits ein Heilbringer. Neben seinen figürl. Kultbildern wurde seit dem 1. Jh. v. Chr. die Phallussäule (→ Linga) sein Symbol; sein Lieblingsaufenthalt ist der Berg → Kailas, sein Reittier der Stier Nandi. Von seiner Gattin → Durga hat er 2 Söhne: → Ganesha und den Kriegsgott Karttikeja (Skanda). *der* **Shivai̱smus,** -, die Lehre der Anhänger S.s.

Shizuoka, Schidsu̱oka, Hptst. der Präfektur S., Japan, (1980) 458 300 Ew., an der Südostküste der Insel Honshu; Univ.; Teeanbau und -handel, Lack-, Bambus- und Korbwarenherstellung.

shocking [ʃ'ɔkɪŋ, engl.], *nicht flektierbar,* anstößig empörend.

Shockley [ʃ'ɔklɪ], William, amerikan. Physiker, * London 13. 2. 1910, Hauptarbeitsgebiete: Festkörper- und Halbleiterphysik; untersuchte die praktisch-techn. Verwendbarkeit des Transistoreffekts und erhielt 1956 mit J. Bardeen und W. H. Brattain den Nobelpreis für Physik.

Shogun [ʃ-, japan. ›Heerführer‹], in Japan urspr. Titel eines kriegführenden kaiserl. Feldherrn, dann erbl. Titel des Kronfeldherrn, der von 1192 bis 1867 an Stelle des machtlosen Kaisers die Regierung **(Shoguna̱t)** leitete (→ Japan, Geschichte).

Shola̱pur [ʃ-], **Schola̱pur,** Stadt im ind. Staat Maharashtra, (1981) 205 800 Ew.; Baumwoll- u. a. Industrie.

Sho̱na [ʃ-], **Scho̱na, Mascho̱na,** sprachlich und kulturell verwandte Bantustämme in O-Simbabwe und Moçambique. Die rd. 5,4 Mio. S. bewohnen z. T. das Gebiet des ehem. Reiches → Monomotapa.

Shop [ʃɔp, engl.] *der, -s/-s,* Laden, Geschäft: *Jeansshop.*

Shopping-Center [ʃ'ɔpɪŋ sentə, engl.] *das, -s/-,* das → Einkaufszentrum.

Shopping goods [ʃ'ɔpɪŋ g'ʊds] *Pl.,* Güter des nicht alltägl. Bedarfs, die ein Konsument selten und deshalb mit größerem Aufwand an Kaufanstrengungen und Vergleichsbemühungen (Qualitäts- und Preisvergleiche) kauft; Ggs.: → Convenience goods.

SHORAN:
S_1 = Sekundärstrahler 1,
S_2 = Sekundärstrahler 2,
e_1, e_2 = Entfernungen,
Fl. = Flugzeug

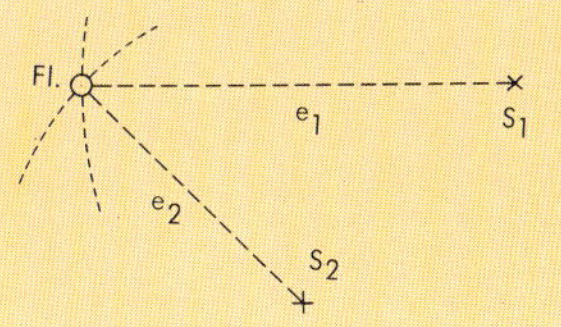

SHORAN, Abk. für **short range navigation** [ʃɔ:t reɪndʒ nævɪg'eɪʃn, engl.], ein Hyperbel-Navigationsverfahren (→ Funknavigation) für die Kurzstrecken-Navigation. Zur Standlinienbestimmung werden hierbei Laufzeitdifferenzen von impulsförmigen Signalen ausgewertet, die zw. mindestens 2 ortsfesten und der navigierenden Station (z. B. Flugzeug) übertragen werden.

Shore [ʃɔə, engl.], Gestade, Küste.

Short Drink [ʃɔ:t, engl.], alkoholisches Bargetränk, ohne zusätzliche Flüssigkeit (→ Long Drink).

Shorts [ʃɔ:ts, engl.] *Pl.,* kurze Hose.

Shorty [ʃ'ɔti, engl.] *das* oder *der, -s/-s* oder . . . *ties,* Damenschlafanzug mit kurzen Hosen.

Short Story [ʃɔ:t st'ɔ:rɪ, engl.] *die, --/-. . . ries,* offen strukturierte kurze Prosaerzählform mit meist verblüffendem, jedoch folgerichtig entwickeltem Schluß, die als eigenes Genre im früheren 19. Jh. in den USA entstand. Als ihre Begründer gelten W. Irving und v. a. E. A. Poe, der sie erstmals theoretisch definierte. Weitere Hauptvertreter im 19. Jh.: H. Melville, N. Hawthorne, Bret Harte, O. Henry, H. James und Jack London, im 20. Jh.: F. Scott Fitzgerald, E. Hemingway, A. Bierce, K. A. Porter, W. Faulkner und J. D. Salinger. Seit dem 1. Weltkrieg finden sich gattungsspezif. Merkmale der amerikan. S. S. auch in den Kurzprosaformen der europ. Literaturen.

short ton [ʃɔ:t tʌn], Einheitenzeichen **sh tn,** Gewichts- und Masseneinheit in den USA: 1 sh tn = 2000 pounds = 0,90718474 t.

Sho̱shone [ʃ-], **Shoshoni** [ʃəʊʃ'əʊnɪ], nordamerikan. Indianer mit uto-aztek. Sprache, im nördl. Großen Becken **(Nördl. S., Westl. S., Wind River S.).**

Show [ʃəʊ, engl.] *die, -/-s,* Vorführung, Schau, bunte Unterhaltungsdarbietung.

Showbusiness [ʃ'əʊbɪznɪs, engl.] *das, -,* Schaugeschäft, Unterhaltungsindustrie.

Showmaster [ʃ'əʊmɑ:stə, engl.] *der, -s/-,* Gestalter einer Show.

Shre̱dder [ʃ-, von engl. to shred ›zerfetzen‹] *der, -s/-s,* **S.-Anlage,** Schrottaufbereitungsanlage, die ausgediente, hauptsächlich aus Blechen bestehende Gegenstände wie Karosserien (Autowracks), Schränke, Herde, Stahlmöbel, Fässer, Fahrzeuge u. a. zertrümmert und zu einschmelzfähigen Schrottpaketen sortiert. S.-Anlagen leisten 750 kW und mehr. (BILD S. 698)

Shreveport [ʃr'i:vpɔ:t], Stadt in Louisiana, USA, (1980) 205 800 Ew., Erdölraffinerie, Holz- u. a. Industrie.

Shrewsbury [ʃr'u:zbərɪ], VerwSitz der engl. Cty. Shropshire (1981) 59 800 Ew., am Severn; Eisenbahnwerkstätten, Maschinenbau, Elektrotechnik, Werkzeugfabrikation; normann.-got. Kirche St. Mary's; Fachwerkbauten, v. a. aus dem 16. Jh.

Shrimp [ʃrɪmp, engl.] *der, -s/-s, meist Pl.,* Art der → Garnelen.

Shropshire [ʃr'ɔpʃiə], früher auch **Salop** [s'æləp], Cty. in W-England, 3 940 km², (1981) 375 610 Ew., VerwSitz: Shrewsbury.

sh tn, Einheitenzeichen für → **sh**ort **t**o**n.**

Shuffle-Board [ʃ'ʌflbɔ:d, engl.] *das, -s/-s,* **De̱ckgolf,** Deckspiel auf Ozeanschiffen: Holzscheiben werden mit 2 m langen Schiebern aus 10 m Entfernung auf ein Nummernfeld (– 10 bis + 10) gestoßen; Wertung nach Punkten.

Shufu [ʃ-], Stadt in China, → Kaschgar.

Shultz [ʃ-], George Pratt, amerikan. Wirtschaftswissenschaftler und Politiker (Republikan. Partei), * New York 13. 12. 1920; 1969–70 Arbeits-, 1972–74 Finanz-, seit 1982 Außen-Min.

Shunt [ʃʌnt, engl. ›Nebenschluß‹, ›Kurzschluß‹] *der, -s/-s,* **1)** ⚕ abnorme Verbindung zw. 2 versch. Kreislaufsystemen, z. B. dem großen und kleinen Blutkreislauf, kommt bei best. angeborenen Herzfehlern vor. **2)** ⚡ ein Nebenschlußwiderstand, → Nebenschluß.

Shute [ʃu:t], Nevil, eigtl. Nevil S. **Norway** [n'ɔ:weɪ], engl. Schriftst., * Ealing (heute zu London) 17. 1. 1899, † Melbourne 12. 1. 1960, urspr. Flugzeugingenieur; v. a. Flieger- und Kriegsromane: ›Eine Stadt wie Alice‹ (1950), ›Das letzte Ufer‹ (1957) u. a.

Shylock [ʃ'aɪlɔk], jüd. Geldverleiher in Shakespeares Schauspiel ›Der Kaufmann von Venedig‹, der auf Erfüllung seiner im Schuldschein festgelegten Ersatzforderung (ein Pfund Fleisch vom Leibe des säumigen Schuldners) besteht.

si, ♪ in den roman. Sprachen Name des Tones H (→ Solmisation).

Si, chem. Symbol für → **Si**licium.

SI, Abk. für **Système International d'Unités** [sist'ɛ:m ɛ̃ternasjɔn'al dynit'e, frz.], das Internationale Einheitensystem, das von den → SI-Einheiten gebildet wird.

Si̱al *das, -s,* auch **Sal,** die bes. durch **Si**licium- und **Al**uminiumminerale gekennzeichnete oberste Krustenzone der Erde.

Sialkot [sj'ɑ:lkəʊt, engl.], Stadt im Pandschab, Pakistan, (1972) 204 000 Ew.; Herstellung von chirurg. Instrumenten, Sportartikeln, Buchara-Teppichen u. a.

Sialsi̱ma *das,* 🌐 andere Bez. für das → Sima.

Si̱am, bis 1939 und 1946–49 Name von → Thailand.

Siame̱sen *Pl.,* ältere Bez. für die Bewohner von Thailand (Siam); heute ist der Name → Thai gebräuchlicher.

Shiva: S. mit Durga, Bronze; Tanjore, 11./12. Jh.

Shintoismus: Äußerer Schrein von Ise

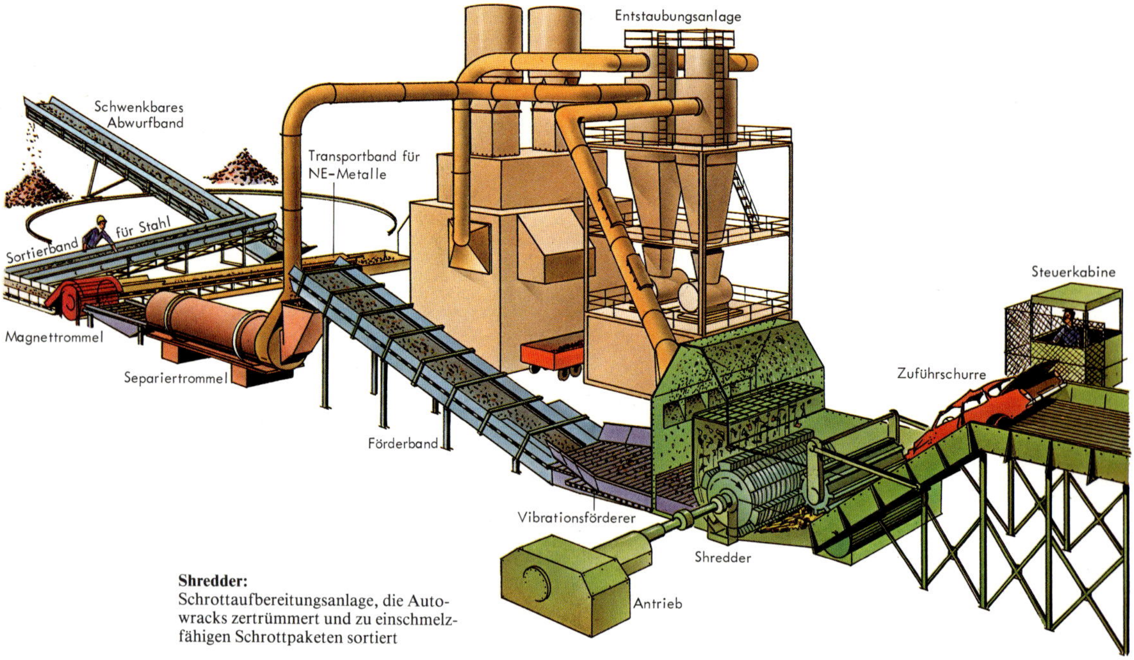

Shredder:
Schrottaufbereitungsanlage, die Autowracks zertrümmert und zu einschmelzfähigen Schrottpaketen sortiert

siamesische Sprache, Zweig der Sino-Tai-Gruppe der → sinotibetischen Sprachen.

Siamesische Zwillinge, eineiiges, lebensfähiges Zwillingspaar, das durch Gewebsbrücken am Rumpf (Brust, Rücken miteinander verwachsen ist. Benannt wird diese Mißbildung nach einem männl. Zwillingspaar aus Siam (* 1811, † 1874).

Sian, Hsian, Changan, amtl. chines. **Xian** [sjian], Hptst. der Prov. Shensi, China, (1975) 1,85 Mio. Ew.; Universitäten; wichtiger Handelsplatz, wirtschaftl. und kultureller Mittelpunkt des chines. NW; seit 1949 starke Industrialisierung. – S. war Hptst. der westl. Han-, der Sui- und T'ang-Dynastie; Ausgrabungen und bed. Architekturmonumente, v. a. die Wildganspagode (707–710) und die Große Wildganspagode (um 700), eine typisch chines. Stufenpagode aus Ziegeln.

Siangkiang, amtl. **Xiang Jiang** *der,* größter rechter Nebenfluß des unteren Jangtsekiang.

Siangtan, amtl. chines. **Xiangtan,** Stadt in der Prov. Hunan, China, (1970) rd. 400 000 Ew., am Siangkiang; Maschinen-, Textil-, Lebensmittel- u. a. Ind.; Handelsplatz bes. für Tee.

Jean Sibelius

Sibelius, J e a n , finn. Komponist, * Tavastehus 8. 12. 1865, † Järvenpää bei Helsinki 20. 9. 1957. Erzählende Breite, besinnl. Lyrik und einfache Motive kennzeichnen seine Musik.

HW: 7 Sinfonien (1899–1924). – *Sinfonische Dichtungen:* Eine Sage; Der Schwan von Tuonela; Finlandia; Der Barde; Tapiola. Kleinere Orchesterwerke (Valse triste u. a.). *Violinkonzert:* d-Moll; zwei Serenaden für Violine und Orchester. Kammer- und Klaviermusik, Chöre, Lieder u. a.

Šibenik [ʃ'ibɛnik], ital. **Sebenico,** Hafenstadt in Kroatien, Jugoslawien, (1971) 30 100 Ew.; Eisen-, Aluminium- u. a. Ind., Elektro- und Ferrolegierungswerk; Profan- und Sakralbauten (Dom) aus Gotik und Renaissance.

Sibilant [lat.] *der, -en/-en,* Zischlaut.

Sibiride *Pl.,* zu den → Mongoliden gehörige Menschenrasse.

Sibiri|en, russ. **Sibir,** der größte Teil des asiat. Territoriums der UdSSR, rd. 10 Mio. km², erstreckt sich vom Ural zu den Gebirgen der pazif. Wasserscheide (7000 km) und von der Küste des Nordpolarmeeres zum Kasach. Hügelland und den S-Hängen der südsibir. Gebirge (3500 km). Als histor. Raum umfaßt S. auch den Fernen Osten. Natürl. Großräume sind Westsibir. Tiefland, Mittelsibir. Bergland, die Gebirge Südsibiriens und Nordsibir. Gebirgsland.

Das **Westsibirische Tiefland** zw. Ural und Jenissej ist eines der großen Tiefländer der Erde, im Mittel 50–120 m ü. M. Das **Mittelsibirische Bergland** zw. Jenissej und Lena ist ein von tiefen cañonartigen Flußtälern zerschnittenes, 500–700 m hohes Schichtstufenplateau, an das im N das Nordsibir. Tiefland, die Halbinsel Taimyr und die Inselgruppe Sewernaja Semlja anschließen. Die **Gebirge Südsibiriens** bilden mit Altai, Sajan, Tannu-Ola, Tuwa, Baikalien und Transbaikalien eine hohe Barriere, die Nord-S. von Zentralasien trennt. Das **Nordostsibirische Gebirgsland** zw. Lena und Aldan im W und der pazif. Wasserscheide umfaßt den mächtigen Bogen des Werchojansker und Kolyma-Gebirges. (BILDER Asien, Sowjetunion).

Das K l i m a ist kontinental. Der Winter ist lang und kalt (durchschnittlich zw. – 30° und – 40 °C, – 70 °C bei Werchojansk und Ojmjakon). Der Sommer ist kurz und warm, im N kälter als im S. Mit Ausnahme des Westsibir. Tieflandes südlich 62° n. Br. ist ganz S. von Dauerfrostboden unterlagert. Die Vegetationszonen laufen parallel zu den Breitenkreisen; an die arkt. Kältewüste der nordpolaren Inseln und der Tajmyr-Halbinsel schließt die Zone der Tundra an, die nach S zunehmend als Flechten-, Moos-, Strauch-, Waldtundra ausgebildet ist und hier ihre größte geschlossene Ausdehnung auf der Erde erreicht. Südlich folgt die Taiga, die bes. aus sibir. Lärche u. a. Nadelholzarten besteht. Im äußersten S erstreckt sich eine schmale Waldsteppen- und Steppenzone vom Ural bis Altai, inselhaft bis zum Baikalsee.

W i r t s c h a f t . Ungünstige natürl. Verhältnisse lassen nur im S auf 26,7 Mio. ha (2,7% der Landesfläche) Ackerbau zu (Sommerweizen, Futtermittel, Kartoffeln). Die Viehzucht liefert mit 11 Mio. Rindern, 16 Mio. Schafen, großen Rentierherden, Geflügel- und Pelztierzucht 16% der Fleisch-, 10% der Butter-, 7% der Milcherzeugung der UdSSR. Reiche Bodenschätze (wie Erdöl, Erdgas, Kohle, Eisen-, Stahlveredler- und Buntmetallerze, Bauxit, Gold, Platin, Diamanten) und bed. Wasserkraftreserven, die an Angara, Jenissej, Ob genutzt werden, sind Grundlagen der sich seit 1950 auch durch den Bau neuer Verkehrswege schneller entwikkelnden Ind. mit den Zentren im Kusnezker Becken, Nowosibirsk, Omsk, Tjumen, Krasnojarsk, Irkutsk, Bratsk.

Das V e r k e h r s n e t z erschließt trotz Ergänzung der Transsibir. Bahn durch die Mittelsibir., Südsibir., Ural-Ob-Eisenbahnen, die neue Baikal-Amur-Magistrale und die Nordsibir. Eisenbahn nur die Randbereiche von S. und ist deshalb stark überlastet. Das Schienennetz umfaßt rd. 14 000 km (zur Hälfte elektrifiziert). Das Rohrleitungsnetz wurde längs der Transsibir. Bahn und im N des Westsibir. Tieflandes ausgebaut, ebenso die Häfen Dikson, Dudinka, Igarka sowie die Fernstraßen in Jakutien.

B e v ö l k e r u n g (→ Sibirier). S. hat (1980) 23 Mio. Ew. (davon 1970: 84,7% Russen, 3,7% Ukrainer, 1,8% Deutsche, 1,7% Tataren, 1,2% Burjaten, 1,1% Jakuten) bei sehr ungleichmäßiger Bevölkerungsverteilung; im Steppenstreifen und Kusnezker Becken leben 15–30, im N und NO 0,02–1 Ew. je km²; rd. 65% in Städten.

V o r g e s c h i c h t e . Aus der jüngeren Altsteinzeit sind Siedlungen von Jägersippen bekannt; wichtige Fundorte: Malta und Buret bei Irkutsk. Kulturelle Zusammenhänge mit Europa und Zentralasien sind anzunehmen. Die Mittelsteinzeit ist wenig erforscht. Am Baikalsee, wo sich die älteste Tonware (Kammkeramik) findet, blieb die Wirtschaft auch in der Jungsteinzeit auf Jagd und Fischfang beschränkt; Menschenreste zeigen mongoliden Typ. Im Gebiet des oberen Jenissej zeichnet sich der Ablauf der sibir. Vorgeschichte am deutlichsten ab; die hier ermittelte Kulturfolge ist die Grundlage für die Chronologie des ganzen nordasiat. Raumes.

In der Afanasjewo-Kultur, die den Übergang zur Bronzezeit bildet, sind bereits Haustiere nachweisbar. Bemalte Keramik und Kupfersachen weisen auf Beziehungen zum Vorderen Orient, Südrußland und China hin. Die Träger der Kultur gehören zur europiden Rassengruppe. In dieser Zeit (2. Jahrtsd. v. Chr.) wurde S. bis zu den Ufern des Nordpolarmeers von Menschen besiedelt. Zu Anfang des 1. Jahrtsd. v. Chr. bildete die Andronowo-Kultur einen einheitl. Formenkreis vom Altai bis zum südruss. Steppengebiet: Viehzucht und Ackerbau, Keramik mit Dreieck-, Winkel- und Mäandermustern, oft große Hügelgräber. Die Angehörigen der Karasuk-Kultur betrieben Viehzucht, Ackerbau und Kupferbergbau (Bronzetechnik). - Seit 700 v. Chr. bestanden in S. versch. Kulturen der Eisenzeit: die Tagar-Kultur am oberen Jenissej mit Bronzeschmuck, Knochenarbeiten, ein Zweig der skyth. Kultur, die Taschtyk-Kultur, von 100 v. Chr. bis 400 n. Chr. mit reich bemalten Porträtmasken aus Gips in den Gräbern, Waffen und Geräten aus Eisen. Lebhafter Handel mit China ist zu erkennen. - Im N von S. verblieb die Bevölkerung auf der Wirtschaftsstufe der Jäger, Fischer und einfachen Viehzüchter; sie läßt sich häufig bis zu den heutigen Stämmen verfolgen.

Geschichte. Im 13. Jh. größtenteils von den Mongolen unterworfen, gehörte der W zur → Goldenen Horde, bildete dann ein eigenes Chanat (seit 1495 **Sibir**). Nach der Eroberung von Kasan (1552) erhielt die Familie → Stroganow 1558 Privilegien zur wirtschaftl. Erschließung des Kamagebiets. In ihrem Auftrag leitete → Jermak mit seinen Kosaken 1579-82 die Eroberung S.s ein, die mit der Gewinnung des Amur- und Ussurigebietes (1858-60) und Sachalins (1875) ihren Abschluß fand. Die russ. Besiedlung erfolgte langsam; im 18. und 19. Jh. wurden bes. polit. Gefangene, seit 1760 aufsässige Leibeigene nach S. verschickt. Mit dem Bau der Transsibir. Bahn (seit 1896) begann die schnelle Aufwärtsentwicklung. Im Bürgerkrieg stand W-S. seit 1918 auf seiten von → Koltschak, O-S. war von Japanern besetzt, unter deren Schutz eine ›Fernöstl. Republik‹ errichtet wurde. Die Bolschewiki erreichten im Nov. 1919 Omsk, im Dez. 1922 Wladiwostok. Seitdem gehört S. zur RSFSR der → Sowjetunion.

Sibiri|er, Sibirjaken, die heutige, überwiegend russische, seit Ende des 16. Jh. eingewanderte Bevölkerung Sibiriens. Außer den S. leben in Sibirien viele kleine Völkerschaften und Stämme unterschiedl. Sprachzugehörigkeit (→ Paläosibirier), ferner Samojeden, Ob-Ugrier; Völker mit tungus. (Ewenken, Ewenen, Golden u. a.), türkischer (Jakuten, Tuwiner, Sibir. Tataren u. a.) und mongol. (Burjaten) Sprache.

Sibiu, rumän. Name von → Hermannstadt.

Sibylle [lat. und grch.], **1)** *die, -/-n,* im Altertum Name für weissagende Frauen. Die (83 v. Chr. verbrannten) **Sibyllinischen Bücher** im kapitolin. Jupitertempel in Rom, eine Sammlung von

Sibylle 1): Delphische S. von Michelangelo (Vatikan, Sixtinische Kapelle)

Kultvorschriften und Weissagungen, wurden der S. von Cumae in Unteritalien zugeschrieben. Die **Sibyllinischen Orakel** sind die christl. Bearbeitung jüd. Orakel in 14 Büchern (Bußmahnungen, Weissagungen über den kommenden Messias und das Weltende). An sie knüpfen die mittelalterlichen **Sibyllenbücher** an. **2)** weibl. Vorname. *Adj.* **sibyllinisch.**

sic! [lat.], so!, wörtlich so!

Sica, Vittorio de, Filmregisseur, → De Sica.

sich [ahd. sih], Reflexivpronomen (ÜBERSICHT Pronomen und Fragewort).

Sichel [lat.] *die, -/-n,* **1)** von Hand geführtes Mähwerkzeug; eine halbkreisförmige Klinge an handlangem Holzgriff. **2)** Ü Mondsichel. *ich* **sich(e)le** *es,* schneide mit der S.

Sicheldüne, der → Barchan.

Sichelflügel, ein → Pfeilflügel mit vom Rumpf zu den Flügelspitzen hin abnehmender Pfeilstellung der Flügelvorderkante; bietet baul. Vorteile sowie bessere Wirksamkeit der Querruder.

Sichelmöhre, Sperrkraut, Falcaria vulgaris, Doldenblüter auf trockenem Brachland, bes. des Mittelmeergebiets, mit mehrfach fiederschnittigen graugrünen Blättern.

Sichelnattern, Ficimia, Gatt. wühlender Schlangen in Nordamerika, mit aufgebogener Schnauzenspitze.

Sichelschrecken, Phaneropteridae, Fam. der Laubheuschrecken mit oft lebhaft grünen, v. a. trop. Arten. Die Larven einiger S. ähneln Ameisen, andere Sandlaufkäfern. Geflügelte Arten haben die Hinterflügel länger als die Deckflügel.

Sichelzell(en)|anämie, Form der hämolyt. Anämie, benannt nach der sichelförmigen Deformierung der roten Blutkörperchen. Die Ursache ist ein erblich bedingter fehlerhafter Aufbau des Hämoglobinmoleküls (→ Hämoglobinopathien), wodurch seine Funktion stark beeinträchtigt wird. Die Blutkörperchen gehen schneller zugrunde, das Blut ist zähflüssiger und verstopft die Kapillaren. Es kommt zu Gelbsucht, Niereninfarkt, Knochenschmerzen u. a. Träger der reinerbigen Form der S. haben eine geringe Lebenserwartung, die der mischerbigen Form zeigen nur leichte Krankheitserscheinungen.

Sichem, hebr. **Schecham** [›Schulter‹], im Altertum die bedeutendste Stadt Mittelpalästinas, heute Ruinenhügel **Tell Balata,** 2 km nördlich von Nablus. S., seit etwa 4000 v. Chr. besiedelt, wurde im 5. Jh. v. Chr. Mittelpunkt der Religionsgemeinschaft der Samaritaner. Ausgrabungen legten eine Burganlage (Kyklopenmauer, Tor, Tempel) aus der mittleren Bronzezeit frei.

sicher [ahd.], **1)** zweifelsfrei, gewiß, zuverlässig, untrüglich: *ich bin (mir) s., daß es so ist,* davon überzeugt; *ich weiß es aus sicherer Quelle; ja, aber s.!,* bestimmt! **2)** geübt, erfahren: *er hat eine sichere Hand,* eine feste und ruhige; *er ist ein sicherer Autofahrer, Schwimmer.* **3)** gefahrlos, ungefährdet, geschützt: *hier bist du s.; er ist s. vor ihm; er will in dieser Angelegenheit sichergehen,* sich vergewissern, aber: *er wird jetzt s. gehen,* wahrscheinlich; *er sitzt auf Nummer Sicher,* U im Gefängnis. **4)** sicherlich. *ich* **sich(e)re, 1)** *ihn, es,* schütze vor Gefahr, tue etwas, das Gefahren vorbeugt: *unsere Zukunft ist gesichert.* **2)** *es mir,* beschaffe frühzeitig: *ich habe mir einen guten Platz gesichert.* **3)** *Wild sichert,* ♆ äugt umher und wittert. *ich* **sich(e)re** *es ihm* **zu,** verspreche. **sicherheitshalber,** um der Sicherheit willen. **sicherlich,** vermutlich, sehr wahrscheinlich; bestimmt.

Sicherheit *die, -,* **1)** Gewißheit, Zuverlässigkeit, Bestimmtheit. **2)** Gefahrlosigkeit, Schutz vor Bedrohung; Unbesorgtheit. **3)** *Pl. -en,* Bürgschaft, Pfand.

Das S.-Streben des einzelnen Menschen richtet sich gegen die Gefährdung seiner individuellen und sozialen Existenz. Durch die Aufstellung von Rechtsnormen und durch ihre Kodifizierung haben die Gesellschaften schon früh dem S.-Bedürfnis des Menschen entgegenzukommen versucht (z. B. im MA. das System der Privilegien, d. h. standesgebundener Rechte und Pflichten; die Freibriefe, das freie Geleit). Jedoch erst mit dem Entstehen des Verfassungs- und Rechtsstaatsgedankens in der Zeit der Aufklärung bildeten sich die Forderungen nach individuellen Schutzrechten heraus (die Menschenrechte, die Grundrechte des Bürgers, die Garantie des Rechtsweges). Auf der Grundlage des christl. Liebesgebots wurde in der mittelalterl. Gesellschaft die soziale Fürsorge aktiviert durch Almosen und Armenpflege. Seit der industriellen Revolution am Ende des 18. Jh. wurde die Frage der → sozialen Sicherheit des Einzelnen und ganzer Gruppen zu einem Hauptproblem.

Im 19. Jh. begann der Staat eine gezielte Sozialpolitik. Er sucht seine Ordnung gegen Angriffe von innen wie von außen zu schützen. In liberalen Staaten kann dieses Streben nach Staatsschutz in einem Spannungsverhältnis stehen zu den Individualrechten, in autoritären oder totalitären Staaten hat es absoluten Vorrang vor diesen. Das Streben nach dauernder Friedenssicherung fand schon in der Antike, dann im MA. ihren Ausdruck (z. B. Pax Romana, Landfrieden). Die heutigen Bestrebungen, die S. von Staaten im internat. Rahmen zu gewährleisten und künftige Kriege zu verhindern, begannen um 1900. Nach dem Scheitern der Haager Friedenskonferenzen (1899, 1907) und nach den Erfahrungen des 1. Weltkriegs sollte die Gründung des → Völkerbundes die Idee des friedl. Ausgleichs von Gegensätzen und damit die internat. S. fördern (→ Friedenssicherung). Mit der Gründung der → Vereinten Nationen unternahmen die Siegermächte des 2. Weltkriegs wieder den Versuch, eine Institution für den friedl. Ausgleich zw. den Staaten zu schaffen.

Sicherheits|arrest, ⚖ der zur Sicherung einer Zwangsvollstreckung verhängte persönliche Arrest (§ 933 ZPO).

Sicherheitsdienst, Sicherheitsdienst des Reichsführers SS, Abk. **SD,** nat.-soz. Organisation, → SS.

Sicherheitsdirektion, in Österreich eine in jedem Bundesland eingerichtete Bundesbehörde der allg. Sicherheitspolizei, die der **Generaldirektion für öffentl. Sicherheit** im Bundesinnenministerium unterstellt ist. An der Spitze der S. steht der Sicherheitsdirektor, in Wien der Polizeipräsident.

Sicherheitsfaden, Mittel gegen Banknotenfälschung. Um diese zu erschweren, werden in das Papier farbige Fäden eingearbeitet (im 100-DM-Schein der Dt. Bundesbank neben dem Wasserzeichen).

Sicherheitsfahrschaltung, Abk. **Sifa, Totmanneinrichtung,** Eisenbahn: Einrichtung, die bei Dienstunfähigkeit des Triebfahrzeugführers an beliebiger Stelle der Strecke selbsttätig eine Schnellbremsung herbeiführt, wenn er während der Fahrt nicht ständig einen Schaltknopf **(Totmannknopf)** oder eine Fußtaste herunterdrückt und in best. Abständen losläßt (unterschiedl. Systeme).

Sicherheitsgläser, nicht splitternde Sondergläser zum Schutz gegen Verletzungen und Beschädigungen, die beim Bruch von Glasscheiben eintreten können; sie sind in Kraftwagen und Eisenbahnwagen zuerst verwendet und dann in die Fensterverglasung von Gebäuden übernommen worden. Man unterscheidet vorgespanntes Glas (Einscheiben-S.), das bei Bruch in kleine, runde, ungefährliche Stücke zerfällt, und Verbundglas (→ Glas), bei dem die Scherben von der hochelast. Zwischenschicht (Kunststoffolie) zusammengehalten werden, ferner das → Drahtglas.

Sicherheitsgurt, elast. Gurt aus Natur- oder Kunstfasern, z. B. in Kraftfahrzeugen und Flugzeugen, der die Insassen auf dem Sitz festhält und vor Aufprallverletzungen schützen soll.

⚖ In der Bundesrep. Dtl. müssen nach § 21a Straßenverkehrsordnung S. während der Fahrt angelegt werden. Verstöße gegen die Anschnallpflicht werden seit 1984 mit einem Bußgeld von 40 DM bedroht und führen ggf. zur Minderung von Schadensersatzansprüchen. Anschnallpflicht besteht auch in der Dt. Dem. Rep. sowie in Österreich und in der Schweiz (Gurtenobligatorium).

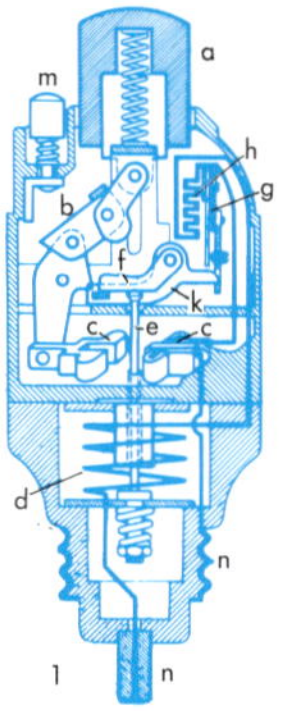

1

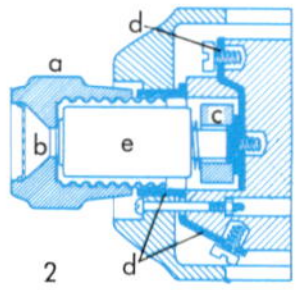

2

Sicherung 4): **1** Leitungsschutzautomat ausgeschaltet; a Druckknopf, b Hebelübertragung zu einem der Kontakte, c, d Magnetspule, die bei Überstrom durch den Stift e den Auslösehebel f betätigt, g Bimetallstreifen, h Widerstand, k Hebel des thermischen Auslösers, m Auslöseknopf, n Netzanschlußkontakt. **2** Sicherungselement; a Schraubkappe, b Schaufenster, c Paßschraube, d Netzanschlußkontakte, e Patrone

Sicherheitskraftwagen, Kraftwagen, der im Falle eines Unfalls definierten Anforderungen genügt: aktive Sicherheit (z. B. Bremswirkung, Fahrverhalten); passive Sicherheit (Rückhaltevorrichtungen, Steifigkeit des Innenraumes bei Aufprallgeschwindigkeiten von 50–65 km/h, Knautschzonen u. a.). S. wurden bisher nur als Experimentier-Sicherheitsfahrzeuge (Abk. **ESF**; engl. Experimental Safety Vehicle, Abk. **ESV**, oder in den USA Research Safety Vehicle Project, Abk. **RSV)** entworfen und gebaut.

Sicherheitslampe, die → Wetterlampe.

Sicherheitsleistung, lat. **Cautio,** eine in best. Fällen gesetzlich vorgeschriebene oder rechtsgeschäftlich vereinbarte Maßnahme. Sie erfolgt im bürgerl. Recht u. a. durch Hinterlegung von Geld oder Wertpapieren, durch Verpfändung bewegl. Sachen oder durch Bestellung einer Hypothek. Im Zivilprozeß ist die S. (Prozeßkaution) bes. im Arrestverfahren und bei der einstweiligen Verfügung vorgesehen, ebenso zur Ermöglichung, Abwendung oder einstweiligen Einstellung der Zwangsvollstreckung. Art und Höhe der S. bestimmt das Ermessen des Gerichts (§§ 108ff., 707, 710, 713, 769, 771, 921 ZPO). Im Strafprozeß ist die S. zulässig 1) als Kosten-S. des Privatklägers oder desjenigen, der die öffentl. Klage beantragt hat (§§ 176, 379 StPO); 2) zur Verschonung mit der Untersuchungshaft (§§ 116, 116a StPO); 3) als für den einem Verurteilten gewährten Strafaufschub (§ 456 StPO).

Sicherheits|polizei, Vollzugs|polizei, in der Bundesrep. Dtl. die exekutiv tätige Polizei i. e. S. im Unterschied zur Polizei als Verwaltungsbehörde, womit die heute von den Ordnungsbehörden wahrzunehmende Gefahrenüberwachung (bes. Meldewesen, Wege-, Wasser-, Bau- und Gewerbeaufsicht) bezeichnet wird.

Sicherheitsrat, → Vereinte Nationen.

Sicherheits|technik, die Anwendung von techn. Maßnahmen zur Erhöhung der Betriebssicherheit und Zuverlässigkeit von Geräten, Maschinen und Anlagen, um Menschen, Tiere und Sachen vor möglichen negativen Folgen durch Ausfälle oder fehlerhaftes Verhalten techn. Einrichtungen zu schützen. Außerdem umfaßt der Begriff S. auch die Anwendung von Erkenntnissen über die Vermeidung von Unfällen und Berufskrankheiten in Industrie, Handwerk, Verkehr, Haushalt u. a.

Sicherheitsventil, gewichts- oder federbelastetes Ventil an Kesseln, Rohrleitungen u. a., das sich selbsttätig öffnet, wenn der Druck eine einstellbare Größe überschreitet, und bei Erreichen des Solldrucks sich wieder schließt.

Sicherheitszeichen → Gefahrensymbole.

sichernde und bessernde Maßregeln, → Maßregeln der Besserung und Sicherung.

Sicherstellung von Gegenständen, ⚖ im Unterschied zur strafprozessualen → Beschlagnahme, die Beweiszwecken dient, eine vorbeugende polizeil. Maßname zum Schutz von Gegenständen eines Einzelnen vor Verlust oder Beschädigung; ferner zur Sicherung der Einziehung, des Verfalls und der Unbrauchbarmachung. Voraussetzung der S. v. G., ihre Durchführung usw. sind in der Bundesrep. Dtl. in den §§ 111 b StPO und durch Polizeigesetze der Länder geregelt.

Sicherung *die, -/-en,* **1)** *ohne Pl.,* das Sichern, Schutz, Schutzmaßnahme. **2)** ⚔ techn. und taktische Maßnahmen der Truppe gegen plötzliche feindl. Angriffe (→ Vorhut, → Vorposten). **3)** Schutzvorrichtung an Schußwaffen zur Verhinderung von unbeabsichtigtem Abfeuern und selbsttätigem Öffnen des Verschlusses. **4)** Elektrotechnik: Schutzvorrichtung, die einen Stromkreis bei Kurzschluß oder Überlastung selbsttätig abschaltet. Sie besteht im wesentl. aus dem in einem Porzellan- oder Glasrohr in Quarzsand eingebetteten Schmelzdraht, der durchschmilzt, wenn die Stromstärke einen best. Höchstbetrag überschreitet **(Schmelz-S.);** ein mit dem Schmelzdraht verbundenes, für jede Nennstromstärke anders gefärbtes Plättchen wird beim Schmelzen des Drahtes von einer Feder weggeschleudert. Schmelz-S. werden für Stromstärken von 0,5 mA bis 3 500 A und für Spannungen von 2 V bis 30 000 V gefertigt. Heute werden vielfach wegen der bequemeren Handhabung (Wiedereinschaltung nach Beseitigung der Störung) in Haushalten und bei elektr. Maschinen an Stelle von S. **Leitungsschutzautomaten** oder **Motorschutzschalter** verwendet. Diese werden bei längerer Zeit auftretenden Überströmen mit Hilfe von Bimetallstreifen (→ Bimetall) abgeschaltet; bei Kurzschluß werden die Kontakte in sehr kurzer Zeit durch einen von einer Magnetspule bewegten Metallstift betätigt.

In der Fernmeldetechnik werden **Rücklot-S.** oder **Umkehrauslöser** angewendet; sie bestehen aus einer in dem zu schützenden Stromkreis liegenden Heizspule von einigen Ohm Widerstand mit eingelötetem Metallstift. Hat der durch den Stift fließende Strom 40 Sekunden lang die Nennstromstärke erreicht, schmilzt das Lot, und der Stift wird von einer Feder weggezogen. Durch Umsetzen des erkalteten Löteinsatzes ist die S.wieder gebrauchsfertig (etwa 200mal).

Sicherungs|übereignung, die Übertragung des Eigentums an einer bewegl. Sache mit der Abrede, daß das Eigentum nur für die Dauer des Bestehens einer Forderung des Erwerbers gegen den Veräußerer zu deren Sicherung übertragen werden solle. Die S. dient als Ersatz für das ohne Besitzübertragung nicht zulässige → Pfandrecht. Sie erfolgt durch Übereignung nach § 930 BGB; der Veräußerer bleibt im unmittelbaren Besitz der Sache; an Stelle der Übergabe tritt die Vereinbarung eines Rechtsverhältnisses, durch das der Erwerber den mittelbaren Besitz erlangt, z. B. eines Leihvertrags, Mietvertrags. Nach Befriedigung des Gläubigers hat der urspr. Eigentümer einen Anspruch auf Rückübereignung. Zulässig ist auch die Vereinbarung, daß das Einlösungsrecht des Veräußerers zeitlich beschränkt und nach Fristablauf der Anspruch auf Rückübereignung ausgeschlossen ist. Die S. ist auch an einem Warenlager mit wechselndem Bestand zulässig; doch müssen die übereigneten Waren hinreichend bestimmbar sein. Die S. der gesamten Aktiven kann als → Knebelungsvertrag sittenwidrig und daher nichtig sein, ebenso kann die S. des gesamten Vermögens nach § 419 BGB die Haftung des Erwerbers für die Schulden des Veräußerers begründen. Im Falle der Gläubigerbenachteiligung ist die S. nach den Vorschriften der Konkursordnung und des Anfechtungsgesetzes anfechtbar. – In der Dt. Dem. Rep. wird eine S. nicht mehr ermöglicht. In Österreich ist die S. gesetzlich in § 10 der Konkurs- und Ausgleichsordnung anerkannt. Nach schweizer. Recht ist die S. Dritten gegenüber unwirksam, wenn die Sache im unmittelbaren Besitz des Veräußerers verbleibt (Art. 717, 884 Abs. 3 ZGB).

Sicherungsverfahren, das auf Antrag der Staatsanwaltschaft zu betreibende Verfahren auf Unterbringung des Beschuldigten in einer Heil- und Pflegeanstalt, wenn Anhaltspunkte dafür vorliegen, daß dieser eine mit Strafe bedrohte Handlung im Zustand der Unzurechnungsfähigkeit begangen hat. Für das S. gelten sinngemäß die §§ 413–416 StPO.

Sicherungsverwahrung, eine der Sicherungsmaßregeln des Strafrechts, die vom Gericht bei Tätern, die zu einer Freiheitsstrafe von mindestens 2 Jahren verurteilt werden und bereits mehrmals straffällig gewesen sind, neben der Strafe anzuordnen ist, wenn die öffentl. Sicherheit es erfordert (§ 66 StGB). Die S. erfolgt in einer Anstalt und dauert so lange, wie ihr Zweck es erfordert, die erstmalige S. höchstens 10 Jahre (§ 67 dStGB). – Ähnlicher Art ist die Einweisung von Gewohnheitsverbrechern in eine Verwahrungsanstalt nach Art. 42 des schweizer. StGB, die aber an die Stelle der sonst verwirkten Freiheitsstrafe tritt, und die Unterbringung in einer Anstalt für gefährliche Rückfalltäter nach § 23 des österr. StGB. Die Dt. Dem. Rep. kennt keine S.

Sicht [ahd.] *die, -,* **1)** Möglichkeit des Sehens; Ausblick: *heute ist gute S.; etwas ist in S.,* kann gesehen werden, Ü ist in greifbarer Nähe; *auf lange S.,* für längere Zeit, für die Zukunft; *er ist außer S.,* kann nicht gesehen werden. **2)** Wechselrecht: Vermerk auf Wechseln, daß der Wechsel bei Vorlage fällig ist. **3)** komplexe meteorolog. Größe, in Bodennähe definiert als größte horizontale Entfernung, in der am Tage ein dunkler Gegenstand im Gelände vor hellem Horizont **(meteorolog. S.)** oder in der Nacht das weiße Licht einer normalen Lampe (nicht Schweinwerfer) von einem Beobachter gerade noch erkannt wird **(Feuersicht).** Die **Sichtweite** wird vermindert bei Überstrahlung der **Sichtmarke** durch gestreutes Sonnen- oder Mondlicht (Umfeldhelligkeit), das an Luftmolekülen, Aerosolen und Tröpfchen entsteht. **sichtbar, 1)** so beschaffen, daß man es sehen kann. **2)** Ü sichtlich. *ich* **sichte, 1)** *ihn, es,* erblicke. **2)** *es,* wähle aus, scheide aus. **sichtlich,** offenkundig, offensichtlich.

Sichtbeton, Beton, der ohne Verkleidung oder Überzug sichtbar bleibt und als solcher architekton. Ausdrucksmittel ist.

Sicht|einlagen, Sichtdepositen, täglich fällige Verbindlichkeiten bei Banken.

Sichter *der, -s/-,* die → Sichtmaschine.

Sichtflug, VFR-Flug, die Führung eines Luftfahrzeugs ohne Überwachung und Lenkung durch den Flugsicherungs-Kontrolldienst, wobei die Vorschriften der **Sichtflugregeln,** engl. **Visual Flight Rules** [vˈɪzjuəl flaɪt ru:lz], Abk. **VFR,** zu beachten sind. Zum Schutz des Instrumentenflugverkehrs ist in der Bundesrep. Dtl. der S. unterhalb der Flugfläche 100 (rd. 3000 m Höhe) sowie in besonderen Sichtflugbeschränkungsgebieten (Verkehrsflughäfen mit hohem Verkehrsaufkommen) verboten. Durch Einführung neuer Regeln für vom Flugsicherungs-Kontrolldienst überwachte Sichtflüge, engl. **Controlled-VFR** [kəntrˈəʊld-], Abk. **CVFR,** wurden diese Beschränkungsgebiete seit 1977 begrenzt für die Allg. Luftfahrt nutzbar gemacht.

Sichtgerät, Sicht|anzeigegerät, bei Datenverarbeitungs- und Rechenanlagen ein Anzeigegerät (Display) mit Leuchtfeldern oder einem Bildschirm (Elektronenstrahlröhre), das Ergebnisse als Schriftzeichen, Kurven oder Zeichnungen darbietet. Bei Sonderausführungen kann der Benutzer mit einem → Lichtstift eines der auf dem Bildschirm dargestellten Zeichen oder Zeichnungselemente kennzeichnen und dadurch eine Bearbeitung im Computer beeinflussen, z. B. Zeichnungsteile abändern.

Sichtguthaben, täglich abrufbare Guthaben bei Kreditinstituten.

Sichtkurs, Devisenkurs für kurzfristig fällige Auslandszahlungsmittel.

Sichtmaschine, Sichter, Maschine der Müllerei und Landwirtschaft zum Trennen versch. Bestandteile, z. B. von Mahlerzeugnissen, so der → Plansichter und der → Windsichter.

Sichtvermerk, Visum, der von den Vertretungsbehörden des betreffenden Staates ausgestellte Erlaubnisvermerk in einem Paß, erforderlich für die Einreise eines Ausländers in einen Staat **(Einreisevisum),** in Ausnahmezeiten auch für die Ausreise **(Ausreisevisum);** von vielen Staaten nicht mehr gefordert.

Sichtwechsel, ⚖ ein nach Vorlegung fällig werdender → Wechsel.

Sichuan, Prov. in China, → Szechwan.

Siciliano [sitʃiljˈa:no, ital.] *der, -s/-s* oder *... ni,* frz. **Sicilienne** [sisiljˈɛn] *die, -/-s,* im 18. Jh. verbreiteter ital. Volkstanz vermutlich sizilian. Herkunft, wird mit sanften Schüttelbewegungen im 6/8- oder 12/8-Takt getanzt. Der S. fand Eingang in die vokale und instrumentale ital., dann auch dt. Barockmusik bis zu J. S. Bach und G. F. Händel.

sicken. *ich* **sicke** *es,* bringe rinnenartige Vertiefungen **(Sicken)** zum Versteifen von Blechteilen und Rohren durch Biegen, Hohlprägen oder Walzen auf der **Sickenmaschine** an.

Sickeranlage, Anlage aus Gruben, Gräben, Schächten, Rohren o. ä. mit wasserdurchlässigen Wandungen, z. T. gefüllt mit verwitterungsbeständigem, filterstabilem Material; dient zum beschleunigten Versickern von Niederschlags- und Abwasser im Boden sowie zum Entzug von Grundwasser.

sickern [nd. sikern]. *es* **sickert** (ist gesickert) **(durch), 1)** fließt langsam und dünn hindurch: *das Blut ist durch den Verband (durch)gesickert.* **2)** Ü wird langsam, meist ungewollt bekannt.

Sickerwasser, das im Boden zum → Grundwasser absinkende Niederschlags- oder Oberflächenwasser. Die Gesteinszone, in der das Wasser versickert, ist der **S.-Bereich.**

Sickingen, Franz von, Reichsritter, * Ebernburg 2. 3. 1481, † Burg Nannstein bei Landstuhl 7. 5. 1523, kämpfte seit 1517 als Feldhauptmann Maximilians I., dann Karls V.; gewährte auf der → Ebernburg Anhängern des Humanismus und der Reformation Zuflucht. Als Hauptmann der schwäb. und rhein. Ritterschaft griff er 1522 den Kurfürsten von Trier an, wurde aber von den Fürsten von Hessen, Pfalz und Trier auf seiner Burg eingeschlossen und tödlich verwundet.

Franz von Sickingen (Kupferstich von H. Hopfer, um 1520)

Sickinger, Josef Anton, Volksschulreformer, * Harpolingen (Baden) 21. 9. 1858, † Oberstdorf 3. 8. 1930, war 1895–1923 Stadtschulrat in Mannheim, wo er das → Mannheimer Schulsystem schuf.

sic transit gloria mundi [lat. ›so vergeht die Herrlichkeit der Welt‹], Zuruf an einen neugewählten Papst bei Beginn der Krönung, seit dem 12. Jh. nachweisbar, heute nicht mehr üblich.

Sidamo, eine Gruppe von Stämmen (rd. 735000 Menschen) östlich des Abayasees am Rand des Äthiop. Hochlandes.

Siddhattha [Pali], altind. **Siddhartha** [›der sein Ziel erreicht hat‹], Beiname des → Buddha 2).

Sideboard [sˈaɪdbɔ:d, engl.] *das, -s/-s,* urspr. engl. Möbeltyp des 18. Jh., heute niedriger Geschirrschrank, Anrichte.

siderisch, sideral [lat. sidus ›Gestirn‹], auf die Sterne bezogen, z. B. **siderisches Jahr,** Sternjahr (→ Jahr).

siderisch [grch. sideros ›Eisen‹], Eisen betreffend.

siderisches Pendel, an einem Faden befestigter Metallgegenstand, der, ähnlich wie die → Wünschelrute, durch Pendelausschläge medial begabten Personen zur Auffindung verborgener Informationen dienen soll.

Siderit [grch.] *der, -s/-e,* der → Eisenspat.

sider(o)... [grch. sideros ›Eisen‹], eisen...

Siderochrome *Pl.,* eisenhaltige Naturstoffe aus Mikroorganismen (bes. Pilze und Bakterien), die Eisen zu transportieren vermögen. Zu den S. gehören die wachstumsfördernden **Sideramine,** sowie deren antibiotisch wirkende Antagonisten, die **Sideromycine.**

Siderolith [grch. ›Eisenstein‹] *der, -s/-e,* → Meteorite.

siderophil heißen solche chem. Elemente, die eine starke Tendenz haben, sich mit Eisen zu verbinden, bes. Nickel, Kobalt, Palladium, Iridium, Platin, Gold, Molybdän, Kohlenstoff.

Siderose [grch.] *die, -/-n,* **Eisenspeicherungskrankheit,** krankhafte Ablagerung eisenhaltigen Pigments (Siderin, Hämosiderin) in inneren Organen, bes. Leber, Bauchspeicheldrüse, Herz, Niere, Milz. Bei der **primären S. (Hämochromatose, Siderophilie)** ist hierfür ein erbl. Stoffwechseldefekt verantwortlich, der zu vermehrter Eisenresorption aus dem Darm führt. Bei der **sekundären S.** stammt das vermehrt eingelagerte Eisen aus einem gesteigerten Abbau (eisenhaltiger) roter Blutkörperchen (z. B. nach Transfusionen, hämolytischen Anämien).

Siderosphäre, der äußere Kern der Erde, in dem siderophile Elemente überwiegen sollen.

Siderostat [grch.] *der, -en/-en* oder *-(e)s/-e,* Gerät, das mittels eines mit Uhrwerk versehenen drehbaren Planspiegels die Strahlung eines astronom. Gegenstandes, unabhängig von der Erddrehung, in eine konstante Richtung reflektiert, z. B. um das Sonnenlicht auf ein stationär montiertes Fernrohr zu lenken. S. zur Untersuchung des Sonnenlichts bezeichnet man als **Heliostaten.** Das reflektierte Bild der Sonne dreht sich dabei um seinen Mittelpunkt entsprechend der Drehung des Spiegels. Um dies zu vermeiden, verwendet man Anordnungen mit 2 Spiegeln (→ Zölostat).

Siders, frz. **Sierre** [sjɛ:r], Bezirkshauptort im Kt. Wallis, Schweiz, (1983) 13200 Ew., 540 m ü. M., an der Rhone; Weinbau; Fremdenverkehr; Château des Vidomnes (15. Jh.), Château de la Cour (17. Jh., Umbauten 20. Jh.).

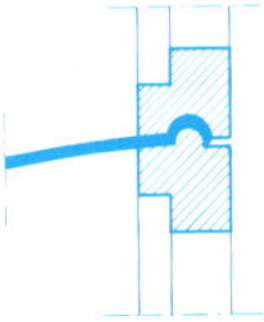

sicken

Sidgwick [sˈɪdʒwɪk], Nevil Vincent, engl. Chemiker, * Oxford 8. 5. 1873, † ebd. 15. 3. 1952, wendete die Theorie des Atomaufbaus zur Erklärung des chem. Verhaltens der Elemente an, förderte die Kenntnis über den Aufbau der Moleküle, untersuchte chem. Vorgänge (Dampfdruck, Isomerie u. a.).

Sidi [arab. (N-Afrika)] *der, -,* in NW-Afrika Anrede: mein Herr.

Sidi-Bel-Abbès [sidibɛlabˈɛs], Stadt in Algerien, (1978) 329000 Ew.; landwirtschaftl. Handelszentrum. Die Stadt war 1843–1962 Hauptgarnison der frz. Fremdenlegion.

Sidi Krir, Sidi Kerir, Erdölhafen und Badeort 35 km westl. von Alexandria, Ägypten; Kernkraftwerk (im Bau).

Sidney [sˈɪdnɪ], Sir Philip, engl. Staatsmann und Dichter, * Penshurst (Kent) 30. 11. 1554, † Arnheim 17. 10. 1586, trat 1575 in den Dienst der Königin Elisabeth I., Vertreter der engl. Renaissancedichtung. Der Sonettenzyklus ›Astrophel and Stella‹ (gedruckt 1591) enthält Liebesgedichte in der Art Petrarcas; sein Ritter- und Schäferroman ›Arcadia‹ (gedruckt 1590; dt. Bearbeitung von M. Opitz, 1642) gibt moral. Lehren. Die Prosaschrift ›The defence of poesie‹ (gedruckt 1595) ist eine Würdigung der Dichtkunst.

Sir Philip Sidney

Sidon, heute → Saida, alte Hafenstadt Phönikiens, besaß bis 1000 v. Chr. die Vorherrschaft über Phönikien, dann von Tyros überflügelt. 332 v. Chr. wurde S. von Alexander d. Gr. erobert, 63 v. Chr. kam es unter röm. Herrschaft. In der Nekropole von S. wurde u. a. der → Alexandersarkophag entdeckt.

SIDS, Abk. für **Sudden Infant Death Syndrome** [sʌdn ˈɪnfənt deθ sɪndrˈəʊm, engl.], → Säuglingstod.

HINWEISE FÜR DEN BENUTZER

Der Neue Brockhaus vereinigt in einem Alphabet Lexikon und Wörterbuch. Als Lexikon berichtet er nach dem neuesten Stand über alle Wissensgebiete; als Wörterbuch stellt er darüber hinaus das heutige Deutsch dar.

Reihenfolge und Schreibung der Stichwörter

Die Stichwörter folgen einander nach dem Abc. Für das Einordnen gelten alle **fett**gedruckten Buchstaben, auch wenn das Stichwort aus mehreren Wörtern besteht; Unterstichwörter sind in **halbfetter** Schrift gesetzt. Die Umlaute ä, ö, ü werden wie die einfachen Buchstaben a, o, u behandelt, also folgen z. B. aufeinander: **Bader, Bäder, Bäderkunde, Badezimmer.** Ae, oe, ue werden wie getrennte Buchstaben behandelt, auch wenn sie wie ä, ö, ü oder sonst abweichend vom Schriftbild gesprochen werden: z. B. folgen aufeinander: **Cadmium, Caesar, Café.** Auch die Doppellaute ai, au, äu, ei, eu, ebenso scht, st, sp usw. werden getrennt alphabetisiert. Getrennte Aussprache zusammenstehender Buchstaben wird in Zweifelsfällen durch senkrechten Strich angezeigt, z. B. **Akazi|e, Alt|azimut.** Zusammengesetzte geographische Namen werden wie folgt eingeordnet: Zusammensetzungen
a) mit ›Bad‹ unter dem Ortsnamen (z. B. Bad Schwalbach unter Schwalbach, Bad S.);
b) mit ›Sankt‹ (und den fremdsprachigen Entsprechungen Saint, San, São usw.) jeweils unter S. . . .;
c) mit fremdsprachigen Artikeln unter dem Anfangsbuchstaben des Artikels dann, wenn dieser als fester Bestandteil des Namens geläufig ist (z. B. Los Angeles, Le Havre, La Spezia, La Coruña, Den Haag), sonst unter dem Eigennamen;
d) mit geograph. Begriffen (z. B. Kap, Mount, Río, Sierra) unter dem Eigennamen (z. B. Everest, Mount; Deschnjow, Kap), außer wenn ein solcher geograph. Begriff Bestandteil des Namens ist (z. B. Mount Rushmore National Memorial, Kap der Guten Hoffnung) oder wenn die Zusammensetzung sprachlich enger zusammengehört oder geläufiger ist (z. B. Sierra Madre, Rio Grande, Monte Rosa).
Von dieser Regelung gibt es Ausnahmen. Grundsatz der redaktionellen Bearbeitung ist es, die Texte möglichst dort zu bringen, wo der Leser sie erfahrungsgemäß am ehesten sucht.
Trennbar zusammengesetzte Zeitwörter findet man beim Grundwort, z. B. **auslachen** bei **lachen.**

Wörter aus Sprachen mit nichtlateinischer Schrift erscheinen als Stichwörter in einer der Aussprache der Wörter (z. B. Russisch, Arabisch) oder dem allgemeinen Sprachgebrauch (z. B. Chinesisch) angepaßten Umschrift; die wissenschaftliche Transliteration (buchstabengetreue Umsetzung) wird, wo es angezeigt erscheint, als Zweitstichwort und in wichtigen Fällen auch als Verweisung gebracht. Zur Umschrift vgl. im übrigen z. B. die Artikel ›griechische Schrift‹, ›russische Sprache‹. Sind eingedeutschte Namen geläufig (z. B. Kairo), so sind diese Hauptstichwort.

Betonung und Aussprache

Die Betonung ist durch einen Punkt unter dem betonten Laut angegeben, z. B. **Ọtranto, Alaụne.** Die Aussprache schwieriger Wörter und Namen wird nach dem internationalen Lautschriftsystem bezeichnet, z. B. **Courage** [kur'a:ʒə].

- a = helles a, dt. Bl*a*tt, frz. p*a*tte
- ɑ = dunkles a, dt. w*a*r, engl. r*a*ther
- ã = nasales a, frz. bl*an*c
- ʌ = dumpfes a, engl. b*u*t
- β = halboffener Reibelaut b, span. Ha*b*anera
- ç = deutscher I*ch*-Laut
- ð = stimmhaftes engl. th, engl. *th*e
- æ = breites ä, engl. h*a*t
- ɛ = offenes e, dt. f*e*tt
- e = geschlossenes e, engl. *e*gg, dt. B*ee*t
- ə = dumpfes e, dt. all*e*
- ɛ̃ = nasales e, frz. f*in*
- γ = geriebenes g, span. Tarra*g*ona, niederländ. *G*ogh
- i = geschlossenes i, dt. W*ie*se
- ɪ = offenes i, dt. b*i*n, E*i*
- ĩ = nasales i, portugies. *I*nfante
- ł = dunkles l, poln. Stanis*ł*aw
- ʎ = lj, ital. eg*li*
- ŋ = deutscher ng-Laut, dt. la*ng*e
- ɲ = nj-Laut, Campa*gn*er
- ɔ = offenes o, dt. K*o*pf
- o = geschlossenes o, dt. T*o*r
- ɔ̃ = nasales o, frz. *on*
- ø = geschlossenes ö, dt. H*ö*hle
- œ = offenes ö, dt. H*ö*lle
- œ̃ = nasales ö, frz. *un*
- s = stimmloses s, dt. wa*s*
- z = stimmhaftes s, dt. *s*ingen
- ʃ = stimmloses sch, dt. *Sch*uh
- ʒ = stimmhaftes sch, frz. *j*our
- θ = stimmloses th, engl. *th*ing
- u = geschlossenes u, dt. K*u*h
- ʊ = offenes u, dt. b*u*nt, Ha*u*s
- ũ = nasales u, portugies. F*u*nchal
- v = deutsches stimmhaftes w, dt. *W*ald
- w = halbvokalisches w, engl. *w*ell
- x = deutscher Ach-Laut, dt. Kra*ch*
- y = deutsches ü
- ɥ = konsonantisches y, frz. h*u*ile, S*u*isse
- : bezeichnet Länge des vorhergehenden Vokals
- ' bezeichnet Betonung und steht vor dem Vokal der betonten Silbe, z. B. 'ætlɪ = Attlee

b, d, f, g, h, j, k, l, m, n, p, r, t geben in den meisten Sprachen etwa den Lautwert wieder, den sie im Deutschen haben. Im Englischen wird ›r‹ weder wie ein deutsches Zäpfchen-r noch wie ein gerolltes Zungenspitzen-r gesprochen, sondern mit der Zungenspitze an den oberen Vorderzähnen oder am Gaumen gebildet.

Sprachliche Informationen

Neben den Sachstichwörtern wurden die wichtigsten Wörter und Regeln zum richtigen Verstehen und korrekten Gebrauch der dt. Sprache aufgenommen. Fremdwörter und wichtige Neubildungen wurden berücksichtigt. Auf zusammengesetzte Wörter, die sich aus ihren Teilwörtern erklären, wurde weitgehend verzichtet. Beispiele zeigen, wie die Wörter gebraucht werden. Die wichtigsten Regeln aus Formen-, Satz- und Wortbildungslehre, über Zeichensetzung, Rechtschreibung, Betonung und andere sprachliche Zweifelsfragen sind in Übersichten, auf das Abc verteilt, behandelt:

Ablaut und andere Lautwechsel
Adjektiv
Apostroph (Auslassungszeichen)
Aussprache
Betonung: Grundregeln der deutschen Betonung
Buchstabiertafel
Deutsche Sprache:
I. Gliederung der germanischen Sprachen
II. Stammbaum der deutschen u. niederländischen Sprache
Genus und Artikel
Grammatik (Sprachlehre)
Groß- und Kleinschreibung
Konjunktiv
Korrekturzeichen
Metrik
Mundarten
Namen
Präposition
Pronomen und Fragewort
Redefiguren
Reim
Satzzeichen
sein
Silbentrennung
Substantiv
Syntax
Verb
Zahlen
Zusammen- und Getrenntschreibung
Zusammenziehung

Herkunft der Wörter (Etymologie). Herkunftsangaben stehen in eckiger Klammer hinter dem Stichwort. Fremdwörter werden durch Angabe der Herkunftssprache gekennzeichnet: **animoso** [ital.]. Wo die wörtliche deutsche Entsprechung des fremden Begriffs von Bedeutung ist, wird sie angegeben: **allons** [al'õ, frz. ›gehen wir!‹].

Genus, Flexion, Komparation. Bei jedem Stammwort stehen sprachkundliche Hinweise:

Hinter Substantiven gibt der nachgestellte Artikel das Genus an, der folgende Genitiv Singular und Nominativ Plural die Deklination, z. B.: **Apfel** *der, -s/″*. Das Zeichen ″ bedeutet Umlaut der Stammsilbe. Bei zusammengesetzten Substantiven sind Artikel und Kennfälle der Deklination dann angegeben, wenn sie nicht mit denen des Grundworts übereinstimmen.

Hinter Adjektiven ist die Komparation angegeben, 1) bei Umlaut: **alt** (älter, am ältesten); 2) bei unregelmäßiger Bildung: **gut** (besser, am besten).

Verben stehen im Infinitiv; meist folgt das Präsens in der ersten Person, anschließend in Klammern bei starken Verben außer dem Perfekt das Präteritum, wenn beide nicht den gleichen Stammvokal haben, bei schwachen Verben nur das Perfekt, wenn es mit haben oder sein gebildet wird; dann folgen die Formen, die Schwierigkeiten machen könnten: **backen,** ich **backe** (backte, älter: buk, habe gebacken; du bäckst, er bäckt; wenn er backte; älter: büke).

Verweisungen · Weiterführende Stichwörter

Der Verweisungspfeil → fordert auf, das dahinterstehende Wort nachzuschlagen, um weitere Auskunft zu finden. Hinweise auf Bilder, Karten und Übersichten an anderer Stelle stehen ohne Verweisungspfeil; das entsprechende Stichwort ist mit dem Hinweis BILD, KARTE oder ÜBERSICHT versehen.

Zeichen

- Bauwesen, Baukunst
- Bergbau; Hüttenwesen
- Chemie
- Geowissenschaften
- Militärwesen, Soldatensprache
- Luftfahrt
- Wirtschaft, Handel
- Kraftfahrzeug, Kraftverkehr
- Physik
- Mathematik
- Rechtswesen
- Nachrichtentechnik
- Schiffahrt, Segelsport
- Psychologie
- Astronomie
- Pädagogik
- Weidmannssprache
- Technik
- Verkehrswesen
- Wappenkunde
- Zoologie, Viehzucht
- Sprachwissenschaft
- Medizin
- Sport
- Philosophie
- Buchherstellung
- veralteter Ausdruck
- Musik
- Elektrizität, Elektrotechnik
- Botanik
- Forstwesen, Holzwirtschaft
- B Begriff aus der Bibel
- G Gaunersprache
- K Kanzleistil
- P poetische und gehobene Sprache
- U Umgangssprache
- Ü übertragene Bedeutung
- V vulgärer Ausdruck

Weitere Zeichen: * geboren, † gestorben, ∞ verheiratet, ∅ Durchmesser, > größer als, < kleiner als.

Bildquellen zum vierten Band

ADN-Zentralbild, Berlin-Ost · AEG-Telefunken, Briefsortiertechnik, Konstanz · A. G. E. Foto Stock, Barcelona · Ahlborn-Orgel GmbH, Ditzingen · Anthony-Verlag, Starnberg · AP Bilderdienst, Frankfurt am Main · Archiv für Kunst und Geschichte, Berlin · ARD-Büro, Frankfurt am Main · F. Arens, Mainz · Art Institute of Chicago · Atlas Photo, Paris · Atelier Frei Otto, Warmbronn · Autoflug GmbH, Rellingen/Hamburg · H. Barisch, Köln · Bavaria-Verlag, Bildagentur, Gauting · K. Beck, Wiesbaden · Bildarchiv für Medizin München GmbH, München · Bildarchiv Huber, Garmisch-Partenkirchen · Bildarchiv Preußischer Kulturbesitz, Berlin · Binz GmbH & Co., Lorch, Württ. · E. Blass, Hamburg · Otto Bock K. G., Duderstadt · J. Bottin, Paris · H. u. R. Bukor, Eltville am Rhein · Central-Color, Garmisch-Partenkirchen · Cosmopress, Genf · CUNARD/NAC, Hamburg · H. M. Czerney, München · Der Bundesminister für das Post- und Fernmeldewesen, Bonn · Deutsche Fotothek, Dresden · Deutsche Luftbild K. G., Hamburg · Deutsches Ledermuseum – Deutsches Schuhmuseum, Offenbach am Main · Deutsches Museum, München · R. u. H. Dornauf, Frankfurt am Main · Dornier GmbH, Friedrichshafen · dpa-Bildarchiv, Frankfurt am Main · H. Elnain GmbH, Wiesbaden · W. Ernst, Ganderkesee · Euro Photo G. m. b. H., Canon Archiv, Willich · Farbwerke Hoechst AG, Frankfurt am Main-Höchst · H. Finke, Konstanz · Foto Hörlein, Nürnberg · Foto Marburg, Marburg an der Lahn · Foto M. Mühlberger, München · G. Gerster, Zumikon · I. Gröblinghoff, Werne · G. Gropp, Hamburg · GSI-Foto, Darmstadt · R. Halin, Paris · C. u. L. Hansmann, Stockdorf · L. Hausdorff, Wiesbaden · Dr. Rudolf Hell-GmbH, Kiel · Heraeus Quarzschmelze GmbH, Hanau · A. Herold, Gerbrunn · H. Hinz, Allschwil · J. Hofmann, Frankfurt am Main · Howaldtswerke-Deutsche Werft AG, Hamburg und Kiel · A. Hutchison Library, London · IBM Deutschland GmbH, Stuttgart · Internat. Bilder-Agentur, Oberengstringen b. Zürich · H. Jehle, Stuttgart · K. H. Jürgens, Köln · KNA Pressebild GmbH, Frankfurt am Main · C. Kaufmann, Basel · G. Klammet, Ohlstadt · D. Knösel, Hamburg · P. Koch, Zollikon · H. W. Köhler, Augsburg · G. Kohlhepp, Mannheim · Kultur- und Fremdenverkehrsamt Rothenburg ob der Tauber · Kunstbildarchiv Aline Lenz, Hamburg (Fotograf: Hans-Joachim Remmer) · Kunsthalle Tübingen · Kunst- und Museumsbibliothek, Köln · F. H. Rapp, Calw · Reinhard-Tierfoto, Eiterbach b. Heidelberg · Landesmuseum für Vor- und Frühgeschichte, Schleswig · S. Lauterwasser, Überlingen · Luftbild A. Brugger, Stuttgart · Luftbild Klammet & Aberl, Germering · H. P. Majewski, Wiesbaden · L. v. Matt, Buochs · W. Menzendorf, Berlin · Mergenthaler Linotype GmbH, Eschborn, Taunus · J. Merkel, Schopfheim · Messerschmitt-Bölkow-Blohm GmbH, München und Kirchheim/Teck · MINOX GmbH, Gießen · C. E. Mulder, Bonn-Bad Godesberg · C. H. F. Müller, Unternehmensbereich der Philips GmbH, Hamburg · Museum Behnhaus, Lübeck · Museum für Völkerkunde, Basel · Museum für Völkerkunde, Berlin · Museum of Fine Arts, Boston · Museum Wiesbaden · U. Muuß, Altenholz · NASA Headquarters, Washington, D. C. · National Portrait Gallery, London · W. Neumeister, München · W. K. H. Panofsky, Stanford · K. Paysan, Stuttgart · Pergamon-Museum, Berlin-Ost · Philips GmbH, Kassel · Philips GmbH, Werk für Meßtechnik, Hamburg · photair A. Perceval, Paris · Photo-Center Greiner & Meier, Braunschweig · Photo-Löbl-Schreyer, Bad Tölz · Photo Meyer K. G., Wien · Photographie Giraudon, Paris · Picturepoint Ltd., London · Polska Agencja Interpress, Warschau · Polygram GmbH, Hannover · Pontis-Photo-A. von Drechsel, München · P. Popper Ltd., London · Prenzel-IFA Bildagentur, München · Presse-Photo E. Baumann, Ludwigsburg · Presse- und Informationsamt der Bundesregierung, Bonn · SCALA, Florenz · B. Schipke, Hamburg · A. Schmidecker, Oberschleißheim · T. Schneiders, Lindau (Bodensee) · P. Schramm, Taunusstein · P. Seitz, Frankfurt am Main · P. Seliger, Stuttgart · W. Senftleben, Ringingen · W. L. Shostal, New York · Sonopress GmbH, Gütersloh · SONY, Köln · SVEN SIMON, Essen · Staatsgalerie Stuttgart · Städtische Kurverwaltung, Freudenstadt · W. Stoess, Wiesbaden · Streitkräfteamt Abt. I, Dezernat Militärmusik, Bonn · Studio Boersch, Wiesbaden · W. Stürmer, Erlangen · F. Thorbecke, Lindau (Bodensee) · Tierbilder OKAPIA KG, Frankfurt am Main · Titus, Turin · Universitetets Oldsaksamling, Oslo · USIS, Bonn-Bad Godesberg · Verband der Züchter und Freunde des Warmblut-Pferdes Trakehner Abstammung e. V., Hamburg · Verband hannoverscher Warmblutzüchter e. V., Hannover · vwi Werbung GmbH, Herrsching · G. Wawra, Wiesbaden · E. Weiland, Zollikon · H. Wilhelmy, Tübingen · ZEFA, Düsseldorf.

Reproduktionsgenehmigungen für Abbildungen künstler. Werke von Mitgliedern und Wahrnehmungsberechtigten der Verwertungsgesellschaften S. P. A. D. E. M./Paris, S. A. B. A. M./Brüssel, BEELDRECHT/Amsterdam, V. A. G. A./New York, S. I. A. E./Rom wurden erteilt durch die Verwertungsgesellschaft BILD-KUNST/Bonn

Abkürzungen

Endungen oder Wortteile werden zur Raumersparnis weggelassen, wo sie ohne Schwierigkeit ergänzt werden können, z. B. Abt. für Abteilung; geistl. für geistlich; physikal. für physikalisch. Alle hier nicht verzeichneten Abkürzungen haben eigenes Stichwort.

Abg.	Abgeordneter
Abk.	Abkürzung
Adj.	Adjektiv
Adv.	Adverb
AG	Aktiengesellschaft
ags.	angelsächsisch
ahd.	althochdeutsch
allg.	allgemein
AO	Abgabeordnung
Art.	Artikel
A. T.	Altes Testament
Ausw.	Auswahl
Bad.-Württ.	Baden-Württemberg
Bd., Bde.	Band, Bände
bed.	bedeutend
begr.	begründet
bes.	besonders
best.	bestimmt
Bev.	Bevölkerung
Bez.	Bezirk; Bezeichnung
BezGer.	Bezirksgericht
BGB	Bürgerliches Gesetzbuch
Bio.	Billion(en)
bto., Btto.	brutto
Bundesrep. Dtl.	Bundesrepublik Deutschland
Chr.	Christus
Cty.	County
D.	Dichte in g/cm³
d. Ä.	der (die) Ältere
Dep.	Departamento
Dép.	Département
dgl.	dergleichen, desgleichen
d. Gr.	der Große
d. h.	das heißt
Distr.	Distrikt
d. J.	der (die) Jüngere
dt.	deutsch
Dt.Dem.Rep.	Deutsche Demokratische Republik
Dtl.	Deutschland
ebd.	ebenda
EG	Einführungsgesetz
ehem.	ehemalig; ehemals
eigtl.	eigentlich
Erz.	Erzählung(en)
evang.	evangelisch
Ew.	Einwohner
f., ff.	folgende (Seiten)
Fam.	Familie
FH	Fachhochschule
Frhr.	Freiherr
frz.	französisch
Fstt.	Fürstentum
Gatt.	Gattung
gegr.	gegründet
Gem.	Gemeinde
gen.	genannt
Gen.-Sekr.	Generalsekretär
Gen.-Vers.	Generalversammlung
Ger.	Gericht
Ges.	Gesetz; Gesellschaft
Gesch.	Geschichte
Ges. W.	Gesammelte Werke
GewO	Gewerbeordnung
Gfsch.	Grafschaft
GG	Grundgesetz
ggf.	gegebenenfalls
Ggs.	Gegensatz
Ghzgt.	Großherzogtum
Gouv.	Gouverneur, Gouvernement
grch.	griechisch
H.	Härte nach Mohs
Hb.	Handbuch
hd.	hochdeutsch
hebr.	hebräisch
Hg.	Herausgeber(in)
HGB	Handelsgesetzbuch
hg. v.	herausgegeben von
hl., Hl.	heilig; Heilige(r)
Hptst.	Hauptstadt
HW	Hauptwerk(e)
Hwb.	Handwörterbuch
Hzgt.	Herzogtum
i. a.	im allgemeinen
i. d. F. v.	in der Fassung vom
i. d. R.	in der Regel
i. e. S.	im engeren Sinn
i. J.	im Jahre
Ind.	Industrie
i. S.	im Sinn
ital.	italienisch
i. V.	in Vertretung
i. w. S.	im weiteren Sinn
Jahrtsd.	Jahrtausend
Jb.	Jahrbuch
Jh.	Jahrhundert
jr.	junior; der jüngere
kath.	katholisch
Kdr.	Kommandeur
Kgr.	Königreich
Kr.	Kreis
Krst.	Kreisstadt
Kt.	Kanton
Kw.	Kurzwort
lat.	lateinisch
Lb.	Lehrbuch
LdGer.	Landgericht
Lit.	Literatur
Lw.	Lehnwort
M	Mark
MA.	Mittelalter
magy.	magyarisch
MdB.	Mitglied des Bundestags
MdEP.	Mitglied des Europäischen Parlaments
MdL.	Mitglied des Landtags
MdR.	Mitglied des Reichstags
mhd.	mittelhochdeutsch
Min.	Minister
MinPräs.	Ministerpräsident
Mio.	Million(en)
Mitgl.	Mitglied
mlat.	mittellateinisch
mnd.	mittelniederdeutsch
Mrd.	Milliarde(n)
n.	nach
N	Nord(en)
nat.	national
nat.-soz.	nationalsozialistisch
n. Chr.	nach Christi Geburt
nd.	niederdeutsch
Ndsachs.	Niedersachsen
ngrch.	neugriechisch
nhd.	neuhochdeutsch
nlat.	neulateinisch
NN	Normal Null
NO	Nordost(en)
NÖ	Niederösterreich
NRW	Nordrhein-Westfalen
N. T.	Neues Testament
NW	Nordwest(en)
O	Ost(en)
o. J.	ohne Jahr
OKH	Oberkommando des Heeres
OKW	Oberkommando der Wehrmacht
OÖ	Oberösterreich
OR	Obligationenrecht
Ordn.	Ordnung
orth.	orthodox
österr.	österreichisch
Pf	Pfennig
PH	Pädagogische Hochschule
Pl.	Plural
Präs.	Präsident
prot.	protestantisch
Prov.	Provinz
rd.	rund
ref.	reformiert
Reg.	Regierung
RegBez.	Regierungsbezirk
RegPräs.	Regierungspräsident
Rep.	Republik
Rheinl.-Pf.	Rheinland-Pfalz
RM	Reichsmark
S	Süd(en)
S.	Seite
Samml.	Sammlung
Schlesw.-Holst.	Schleswig-Holstein
Schriftst.	Schriftsteller
Sg.	Singular
SO	Südost(en)
stellv.	stellvertretende(r)
Stellv.	Stellvertreter(in)
StGB	Strafgesetzbuch
StPO	Strafprozeßordnung
Subst.	Substantiv
svw.	soviel wie
SW	Südwest(en)
Tb.	Taschenbuch
TH	Technische Hochschule
Tl., Tle.	Teil(e)
TU	Technische Universität
u. a.	und andere, unter anderem
u. ä.	und ähnlich(e)
UdSSR	Sowjetunion
u. d. T.	unter dem Titel
ü. M., u. M.	über (unter) dem Meeresspiegel
Univ.	Universität
urspr.	ursprünglich
USA	Vereinigte Staaten
usf.; usw.	und so fort; und so weiter
u. v. a.	und viele(s) andere
v. a.	vor allem
Vb.	Verb
v. Chr.	vor Christi Geburt
Verf.	Verfassung, Verfasser
versch.	verschieden(e)
VerwBez.	Verwaltungsbezirk
vgl.	vergleiche
VO	Verordnung
Vors.	Vorsitzender
VR	Volksrepublik
W	West(en)
Wb.	Wörterbuch
Wiss.	Wissenschaft
WW	weitere(s) Werk(e)
Wwschaft	Woiwodschaft
z. B.	zum Beispiel
ZGB	Zivilgesetzbuch
ZK	Zentralkomitee
ZPO	Zivilprozeßordnung
z. T.	zum Teil
Ztschr.	Zeitschrift
zus.	zusammen
zw.	zwischen
z. Z.	zur Zeit

1. Teil
NARRHEITEN *und* WAHRHEITEN

EINFÜHRUNG

Wenn Wilhelm Busch nichts weiter wäre als das, wofür ihn die meisten seiner Leser und Betrachter halten, nämlich ein bestenfalls geistvoller Spaßmacher, so wäre er schon längst vergessen. Doch die Tatsache, daß sich sein dichterisch-graphisches Werk mehr als ein halbes Jahrhundert nach seinem Tod – dem 9. Januar 1908 – mehr und mehr ausbreitet; daß es nicht nur die für sich gewinnt, die schon zufrieden sind, wenn sie gut unterhalten werden, sondern gerade jene anderen, die mehr suchen als den primitiven Lachreiz; daß sich in einem noch vor wenigen Jahrzehnten für unmöglich gehaltenen Ausmaß die besten Geister unserer Gegenwart zu Wilhelm Busch bekennen – diese Entwicklung gibt zu denken, gibt Rätsel auf. Diese sind am ehesten mit dem Blick auf Leben und Schicksal zu lösen.

Seine Wiege stand im deutschen Tiefland – in *Wiedensahl*, einem langgestreckten Straßendorf zwischen Mittelweser und Steinhuder Meer, ein paar Kilometer südlich der alten und heute noch berühmten Zisterzienserabtei Loccum. Dort wurde er am 15. April 1832 dem »Bürger und Kaufmann« Friedrich Wilhelm Busch und seiner Ehefrau Henriette Dorothee Charlotte geb. Kleine »als erster von sieben« geboren. Seine Mutter hatte in ihrer ersten Ehe mit dem Wundarzt Stümke bereits drei Kindern das Leben geschenkt, die früh verstarben. Wilhelm Busch war mithin das vierte von den insgesamt zehn Kindern seiner Mutter. Sie war, als er zur Welt kam, 29 Jahre alt.

Solche Einzelheiten verschweigt der knappe Lebensabriß »Von mir über mich«. Er läßt auch kaum die Bitternis erkennen, die der Neunjährige empfand, als er dem frisch und fraglos empordrängenden Leben im Vaterhaus weichen mußte. Da war im Februar 1841 das fünfte Kind, der Bruder Otto, geboren. Reichlich dreißig Jahre später stand – seltsame Fügung – dieser Jüngere dem Ältesten abermals im Weg. Doch beidemal erwies sich der durch ihn bewirkte Wohnplatzwechsel dennoch als ein Segen. Das erstemal führte eine Mehrtagereise im Pferdefuhrwerk durch eine Anzahl kleindeutscher Fürstentümer nach *Ebergötzen* bei Göttingen zu einem Bruder der Mutter, Pastor *Georg Kleine*. Das zweitemal führte Otto BuschsVerhalten mit den Entschluß herbei, Frankfurt als Wohnsitz aufzugeben und ein für allemal als Schaffensort Wiedensahl zu wählen.

Den Namen Georg Kleine verzeichnen noch die älteren Konversationslexika als den eines berühmten Bienenvaters. Als Seelsorger tat er gewiß, was ihm oblag, aber er plagte seine Schäflein nicht sehr mit geistlichen Pflichten. Er hat den Neffen in allen Fächern eines auf die mittlere Reife abzielenden Privatunterrichtes, an dem auch Erich Bachmann, der Älteste aus der Ebergötzener Obermühle teilnahm – er wurde ein Freund für weitere fünfundsechzig Jahre –, so weit gefördert, daß man 1847 wagen konnte, den Fünfzehnjährigen auf der Polytechnischen Schule in *Hannover* zur Ausbildung als Maschinenbauer anzumelden.

Damit entsprach man einem Wunsch des Vaters, sicher aber nicht des Zöglings. Dessen Entwicklung hätte nicht nur den hellhörigen Erzieher ahnen lassen sollen, daß da ein Mensch heranwuchs, dem eine außergewöhnlich lange Reifezeit und ein gar nicht bürgerliches Schicksal beschieden war. Gewiß, das unverkennbare Zeichentalent, geübt im Kopieren dessen, was Hauspostillen, Almanache, Kalender, naturwissenschaftliche, ja selbst freireligiöse Schriften als Anschauungsstoff darboten, konnte auch einem Techniker nützen. Die Innigkeit, mit der der weit über seine Jahre hinaus entwickelte Knabe an seinen Märchenbüchern hing; die Ausdauer, mit der er selbst schwierigen Gedankenwegen grübelnd nachspürte; die außergewöhnliche Schärfe, mit der er Naturvorgänge um sich her beobachtete; der Hang zu träumerischem Nachempfinden dessen, was an Reimgewohnheiten in diesen Jahren zwischen Romantik und dichterischem Realismus lebte – all dies hätte jedoch ein Scheitern auf der Bahn des Maschineningenieurs wahrscheinlich machen müssen, ganz zu schweigen von der nicht nur erheiternden Tatsache, daß ein selbstverfaßtes Sonett zu guter Letzt die Tore der auserwählten Bildungsanstalt hatte öffnen helfen müssen.

Doch in den unmittelbar voraufgegangenen Generationen hatte sich weder in der väterlichen Linie, noch bei den Müttern eine Begabung geregt, die dem Enkel hätte helfen können, hartnäckige Vorurteile gegen brotlose Künste rechtzeitig beiseite zu räumen. Er verlangte viel von seinem Vater, als er nach mehr als dreijährigem Studium mit dem Entschluß hervortrat, Maler zu werden. Die Eins mit Auszeichnung in der reinen Mathematik war auf die Dauer

Eine Seite aus den Kollegbüchern von Wilhelm Busch

eben doch kein ausreichendes Gewicht gegen das Versagen in der angewandten Mathematik, das heißt in der Praxis. Seitdem behauptete sich bei Busch unerschütterlich die Abneigung gegen alles, was den Namen Technik trug. Sie bestimmte sein Schicksal entscheidend mit.

Er durfte sich für auserlesen halten, als er im Juni 1851 in *Düsseldorf* um Aufnahme in die Kunstakademie nachsuchte. Hatten sich schon nach zwei Hannoverschen Studiensemestern die sonst so sorgsam geführten Kollegheft mit den Gestalten einer skurrilen Phantasie belebt, so trug das Verlangen nach zeichnerischem Ausdruck nicht nur bei dem Ramberg-Schüler Heinrich Schulz, sondern auch in selbstgestellten Aufgaben beachtliche Früchte: u. a. in ein paar aus romantischem, an Ludwig Richter gemahnendem Empfinden entstandenen Blättern zu deutschen Märchen. Als dann am »Sammelplatz der Ideale«, im Düsseldorfer Antikensaal, verspieltes Schöpfertum in den Ernst harter Kunstform einmündete, da war die erste große Enttäuschung fällig, die Busch einem eigenen Entschluß zuzuschreiben hatte. So ist es kein Wunder, daß er noch vor Ablauf eines Jahres dem nüchternen akademischen Drill entfloh und sich ein Stück weiter westwärts wandte: nach *Antwerpen.* Hier, im Bannkreis der großen und unvergessenen Meister der Niederländischen Malerei des 16. und 17. Jahrhunderts, gingen dem Niedersachsen die Malerauge auf. Ein paar lebensgroße Studienköpfe, jetzt im Wilhelm-Busch-Museum Hannover, beweisen es.

Doch auch das Antwerpener Studium war kurz bemessen. Ein glücklich überstandener Typhusanfall nötigte im März 1853 zur Rückkehr in die Heimat. Und da sprach wohl auch seelisches Erleben mit: geblendet von dem Glanz einer malerischen Hochblüte ohnegleichen zog der junge Busch von dannen. Wie es in ihm aussah, das steht in der ersten Fassung der Selbstbiographie vom Herbst 1886 »Was mich betrifft« ziemlich deutlich zwischen den Zeilen: »In Antwerpen sah ich zum erstenmal im Leben die Werke alter Meister: Rubens, Brouwer, Teniers; später Frans Hals. Ihre göttliche Leichtigkeit der Darstellung, die nicht patzt und kratzt und schabt, diese Unbefangenheit eines guten Gewissens,welches nichts zu vertuschen braucht, dabei der stoffliche Reiz eines schimmernden Juwels, haben für immer meine Liebe und Bewunderung gewonnen; und gern verzeih ich's ihnen, daß sie mich zu sehr geduckt haben, als daß ich's je recht gewagt hätte, mein Brot mit Malen zu verdienen, wie manch anderer auch. Die Versuche, freilich, sind nicht ausgeblieben; denn geschafft muß werden, und selbst der Taschendieb geht täglich auf Arbeit aus; ja, ein wohlmeinender Mitmensch darf getrost voraussetzen, daß diese Versuche, deren Resultate zumeist für mich abhanden gekommen, sich immerfort durch die Verhältnisse hindurchziehen, welche mir schließlich meinen bescheidenen Platz anwiesen.«

Anderthalb Jahre der Rast, teils im Elternhaus in Wiedensahl, teils in *Lüthorst* – einem Dörfchen am Rande des Weserberglandes – bei dem so nachsichtigen Onkel Kleine, nutzte der Heimgekehrte vor allem, um aufzuzeichnen, was in diesen noch unverstädterten Bereichen seiner niedersächsischen Heimat an altem Volksgut lebendig geblieben war: Märchen, Sagen, Volkslieder. Einen Teil dieser erst

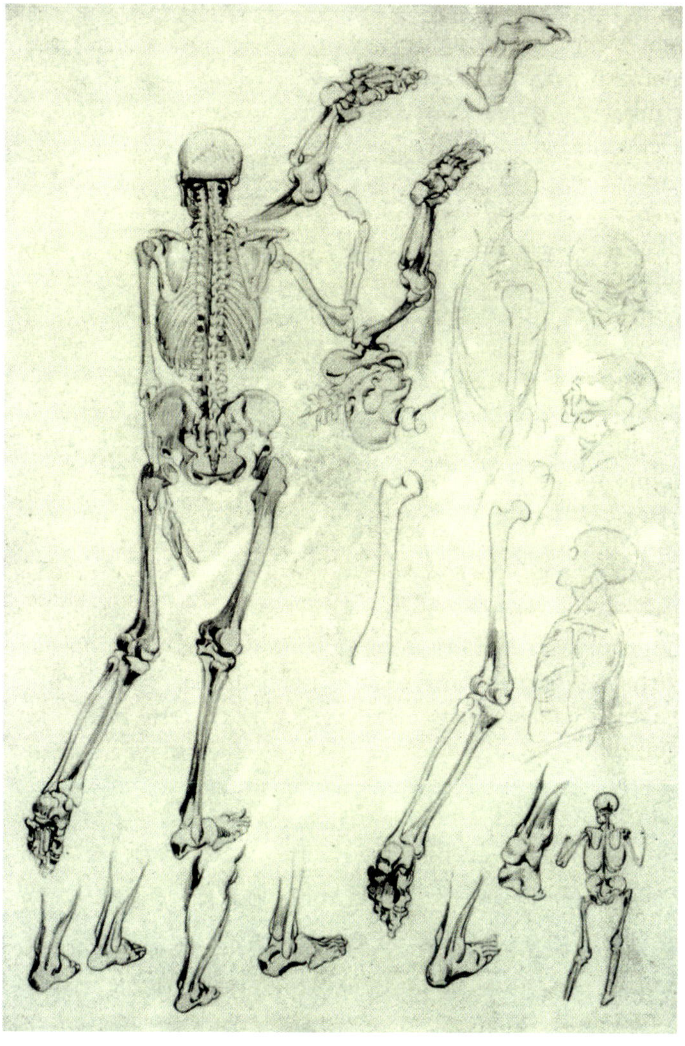

Studienblatt mit Skeletten, Bleistift, München 1858

1910 unter dem Titel »Ut ôler welt« (Aus alter Zeit) veröffentlichten Texte suchte er schon ein paar Jahre später an den Mann zu bringen. Ein Buchhändler im Lüthorst benachbarten Einbeck nahm die Sache leider nicht ganz so ernst wie der Kunststudent, der damals bereits auf ein weiteres Mißgeschick zurückblickte: sein erstes Scheitern in *München.*

Schon bald nach der Ausfahrt – Ende Oktober 1854 – hatte es sich nämlich gezeigt, daß Busch im akademischen Fahrwasser der aufgemalte »Unglücksfälle« so erpichten Ära Kaulbach, der Zeit der Historienmalerei, nicht finden konnte, was er suchte: das Leben, sowie es die angebeteten Niederländer, allen voran Frans Hals und Adriaen Brouwer, auf ihren Malgründen eingefangen hatten. Um so lebendiger ging's im Künstlerverein »Jung-München« zu, einer Sezession der jungen Zugereisten. Doch bevor der kühle, oft schweigsame, nichtsdestoweniger trink- und sitzfreudige Niedersachse im Verein hervortrat, vergingen noch vier Jahre – Jahre des Wartens, der tastenden Versuche und der Enttäuschungen. Mehr noch als das Elternhaus wurde Lüthorst der eigentliche Zufluchtsort. Die Tätigkeit des Märchensammelns lebte zeitweise wieder auf. Ein für die Wappenkunde eingenommener Freund aus der Gegend von Hameln, der später als Heraldiker bekannt gewordene Friedrich Warnecke, wußte den oft so Ratlosen geschickt zum Abzeichnen alter Grabsteine, Tafeln, Reliefs, Inschriften, Münzen und dergleichen zu bestimmen. Der Onkel Georg regte zum intensiven Studium der Bienenkunde an. Und in der Nachbarschaft – in dem Städtchen Dassel – lockte die in einem geistlich geführten »Club« vereinte theaterfreudige Jugend zu einiger Kurzweil auf den Brettern, die die Welt bedeuten – damals, als der Märchenbuchplan scheiterte. Das half über Schlimmstes hinweg und entschied wohl auch mit gegen den absonderlichen Gedanken, als Bienenzüchter nach Brasilien auszuwandern.

Als Busch im Mai 1858, nach einem teilweise nutzlos verwarteten Zeitraum von anderthalb Jahren, wiederum zu seinen Jung-Münchenern zurückkehrte, stand ihm eine Wende nahe bevor. Verbürgt sind für diese Zeit eifrige anatomische Studien. Gedichte von Busch in der Kneipzeitung »Der Beiwagen« und treffsichere Beiträge zum Karikaturenbuch erregten die Aufmerksamkeit des Verlegers der damals weitberühmten »Fliegenden Blätter«, Caspar Braun. Der Siebenundzwanzigjährige wurde Mitarbeiter, denn er hatte sich fest vorgenommen, sich nun seinen Lebensunterhalt selber zu verdienen. Und damit war endlich, wenn auch ganz anders als in Jugendträumen ersehnt, ein Weg gefunden. Daß Busch fortan mißgelaunt beiseite ging oder gekränkt verstummte, wenn er seinen Musenkindern in der Öffentlichkeit begegnete oder gar daraufhin angesprochen wurde, das wird vielleicht verständlich, wenn wir bedenken, in welchem Maße seine erheiternde Tätigkeit seiner Meinung nach ihn an dem vorbeiführte, was sein künstlerisches Streben bestimmt hatte. Aber gerade hier ergibt sich eine Antwort auf die oft gestellte Frage nach der Unzerstörbarkeit seiner »stilvoll-heiteren Gestalten«: Busch wußte zu einer verpflichtenden schöpferischen Aufgabe zu machen, was zunächst nichts weiter war als Ausgeburt einer absonderlichen Vorstellungskraft. Mit Menschlichem und Allzumenschlichem zu rechnen, wurde diesem scharfen Beobachter zur zweiten Natur. Daß er es fertigbrachte, diese skurrile Algebra mit künstlerischen Mitteln zu letztmöglichen formelhaft-kurzen Fassungen zu steigern, macht seine einmalige Größe aus. Wenn er als alter Mann von den Gedankenkräutern sprach, die zu destillieren er sich angewöhnt hatte, so meinte er damit nicht nur die Einfälle, die er schreibend zum Epigramm verdichtet, sondern auch jene, die er zeichnend in den Rang des Symbols erhoben hatte.

Aus der Handschrift »Max und Moritz«.
Die Tüte wurde später durch eine Flasche ersetzt

In den elf Jahren seiner Mitarbeit an den »Fliegenden Blättern« schuf Busch mehr als hundert Beiträge, außerdem fünfzig »Münchener Bilderbogen«. Zusammen mit den übrigen Arbeiten aus dieser Zeit – »Max und Moritz«, »Hans Huckebein der Unglücksrabe« nebst Gefolge, »Schnurrdiburr oder die Bienen«, »Der heilige Antonius von Padua« – ergibt sich die stattliche Zahl von rund 1500 Zeichnungen, deren jede wenigstens zehnmal vorgearbeitet und so lange »geübt« worden war, bis sie sich mühelos auf den Holzstock niederschreiben ließ. Da die meist biederen, ganz und gar ungenialen Holzstecher nur einwandfrei wiedergeben konnten, was unmißverständlich vorgezeichnet war, spielte der Holzschnitt für den Künstler die Rolle eines Zuchtmeisters ohnegleichen. Wenn Busch vom alten praktischen Holzschnittstrich spricht, der ihm wie anderen zu Gebote stand, so schwingt in diesem Rückblick auch die Dankbarkeit für ein Reproduktionsverfahren mit, dem er

einen Teil seiner ans Unerhörte grenzenden Meisterschaft des Griffels verdankt – der sorgsam zurechtgeschnittenen und mit dem selbstbereiteten Sepiasaft gefüllten Gänsefeder, seltener des Bleistiftes, den er desto eifriger benutzte, wenn er ohne publizistische Nebenabsichten frei skizzierte.

Noch wichtiger aber wurde für den Mitarbeiter der »Fliegenden« die Sicherheit, mit der er Vers und Reim zu handhaben verstand. Die Geläufigkeit, die er da entfaltete, diente seiner Volkstümlichkeit noch mehr als seine doch schon ausgiebig in die allgemeine Vorstellungswelt eingegangenen Figuren. Bilder kann man nicht zitieren, Verse wohl. Außerdem: Wer kann schon Bilder ohne Text so lesen, wie es wünschenswert wäre?

Durch diese und ähnliche Gesichtspunkte war dem vielseitigen und stets zum Grübeln bereiten Künstler der Weg vorgezeichnet. Er führte vom illustrierenden Einzelbild zu fremdem Text bis hinauf zum Gesamtkunstwerk, zur klassischen Einheit von »Konturwesen« und einprägsam-biederem Vers: »... die Lust am Wechselspiel der Wünsche, am Wachsen und Werden war auch bei mir vorhanden. So nahmen denn bald die kontinuierlichen Bildergeschichten ihren Anfang, welche, mit der Zeit sich unwillkürlich erweiternd, mehr Beifall gefunden, als der Verfasser erwarten durfte. Wer sie freundlich in die Hand nimmt, etwa wie Spieluhren, wird vielleicht finden, daß sie, trotz bummlichten Aussehens, doch teilweise im Leben geglüht, mit Fleiß gehämmert und nicht unzweckmäßig zusammengesetzt

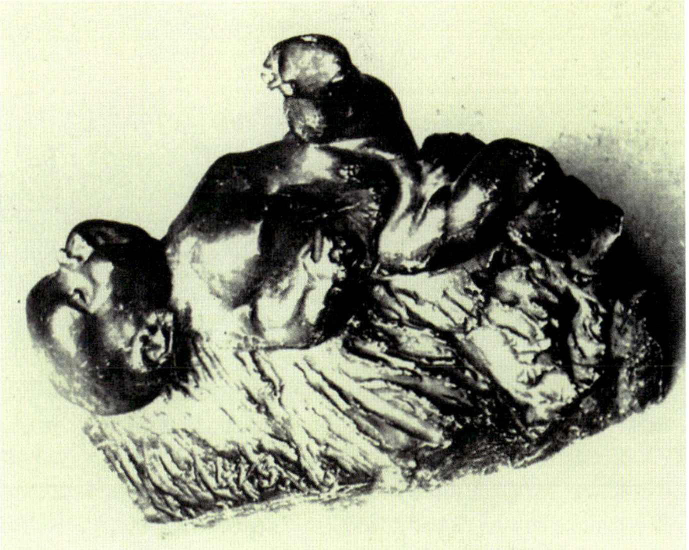

Eine Kleinplastik von Wilhelm Busch aus der Frankfurter Zeit (um 1870)

sind.« An einer Zwischenstation meinte Busch, dessen primäres Erleben stets ein bildhaft faßbarer Gedanke war, immer wieder einmal auf Texte verzichten zu können. Teilweise wurden diese Bilderfolgen späterhin ohne Text weiterverbreitet, teilweise – z. B. »Der hohle Zahn«, »Müller und Schornsteinfeger« – entschloß sich der Autor dann doch noch, die so wichtigen zweizeiligen Bindeglieder hinzuzufügen, deren viele heute zum unverlierbaren Besitz unserer Spruchweisheit gehören:

Am Schluß ist Zank und Streit vorbei,
Sie lieben sich zu zwei und zwei.
Oder:
Drei Wochen war der Frosch so krank!
Jetzt raucht er wieder, Gott sei Dank!

Bei alledem blieben dem bewährten Mitarbeiter der »Fliegenden« auch Fehlschläge nicht erspart. Eine kleine Sammlung »Bilderpossen«, zum Beispiel, 1863 von einem Dresdner Verleger namens Richter (einem Sohn des berühmten Malers) auf den Markt gebracht, verkaufte sich schlecht. Das wahrhaft großzügige Angebot des Autors, ohne Honoraranspruch mit einer inzwischen fertiggewordenen »Bubengeschichte in sieben Streichen« das Manko in der Verlagskasse auszugleichen, lehnte Richter ab. Aber Caspar Braun, von dem sich Busch schon damals zu lösen gedachte, sagte zu und machte »Max und Moritz« (1865) zu einem Welterfolg, den wohl weder er noch der Autor, der die Geschichte »gar schön in Farben gesetzt« hatte, in diesem Umfang hatte vorhersehen können. Auf diese absonderliche Weise kam der Durchbruch. Busch wurde berühmt.

Seit 1858 lebte er teils in München, teils in Wiedensahl. Zehn Jahre später aber begann er sich in *Frankfurt* einzurichten. Im Hause des Bankiers Keßler an der Bockenheimer Landstraße–Ecke Wiesenau wirkte der jüngere Bruder Dr. Otto Busch als Hauslehrer. Er stellte die Verbindung her. Entscheidend aber wurde die Begegnung mit der Frau des Hauses, *Johanna Keßler*, die sich des elegant auftretenden, wenn auch sicherlich etwas schwierigen Künstlers annahm und, mütterlich um ihn besorgt, Vorstellungen erweckte, die kaum je Wirklichkeit werden konnten. Zeitweise hat Busch, der anfangs bei Keßlers wohnte, in der Nachbarschaft einen eigenen Haushalt geführt und nicht weit davon auch ein Atelier unterhalten. Johanna hoffte, bei allem Verständnis für den Schöpfer einiger weitverbreiteter Bildergeschichten, vor allem auf den Maler Busch, der ihr und ihren Malerfreunden schon mehrfach Gelegenheit gegeben hatte, ein freilich meist nur zu kleinformatigen Ölbildern bereites Talent zu bewundern. Daß sich die Hoffnungen, trotz Buschs vielseitiger künstlerischer Tätigkeit in Frankfurt, nicht erfüllten, führte späterhin einen für beide Teile schmerzhaften Bruch herbei.

So wenig die Geselligkeiten im Keßlerhaus, die Veranstaltungen des Frankfurter Kulturwinters oder etwa ein Stammtisch am Barfüßereck noch auch der Umgang mit allerlei bemerkenswerten Persönlichkeiten auf die Dauer den Nährboden abgeben mochten, auf dem sich das Künstlertum eines Wilhelm Busch hätte entfalten können, so erwünscht war eine Zeitlang der anregende Umgang mit dem Bruder Otto. Dieser war um das Werk des »großen Grimmen«, des Philosophen Arthur *Schopenhauer*, der in den fünfziger Jahren in Frankfurt seinen wohlverdienten späten Ruhm geerntet hatte, fast jüngerhaft bemüht. Schopenhauer lehrte, daß die Welt die denkbar schlechteste aller Welten sei: erkennbar nur im engen Gehäuse unserer durchaus nicht sehr zuverlässigen Sinne, erlebbar hingegen nur als Äußerung des »Willens«, des allgegenwärtigen

Drangs zum Leben. Wie sehr Busch, die Anregungen seines Bruders aufgreifend, nicht etwa einem damals weit und breit berühmten Modephilosophen verfiel, sondern eine Weltanschauung vorfand, die in vielen Zügen seinem eigenen Denken nahe kam, hat sich oft in seinen Briefen niedergeschlagen:

»In meinem elften Jahr verblüffte mich der Widerspruch zwischen der Allwissenheit Gottes und dem freien Willen des Menschen; mit 15 Jahren zweifelte ich am ganzen Katechismus. Seit ich Kant in die Hände kriegte, scheint mir die Idealität von Zeit und Raum ein unwiderstehliches Axiom. Ich sehe die Glieder der Kette in Eins: Kinder, Eltern, Völker, Tiere, Pflanzen und Steine. Und alle sehe ich sie von *einer* Kraft erfüllt ... Die ist, was Schopenhauer den *Willen* nennt: der allgegenwärtige Drang zum Leben; überall derselbe, der einzige; im Himmel und auf Erden; in Felsen, Wasser, Sternen, Schweinen, wie in unserer Brust. Er schafft und füllt und drängt, was ist. Im Oberstübchen sitzt der *Intellekt* und schaut dem Treiben zu. Er sagt zum Willen: ›Alter! laß das sein! Es gibt Verdruß!‹ Aber er hört nicht. Enttäuschung; kurze Lust und lange Sorge; Alter, Krankheit, Tod, sie machen ihn nicht mürbe; er macht so fort. Und treibt es ihn auch tausend Mal aus seiner Haut, er findet eine neue, die's büßen muß. – Und dieser Wille, das bin *ich*. Ich bin mein Vater, meine Mutter, ich bin Sie und Alles. *Darum* gibt es Mitleid, *darum* gibt's Gerechtigkeit ... Der Wille ist der Starke, Böse, Wirkungsvolle, Erste; der Intellekt ist No. 2. – *Nichtwollen*, Ruhe wär' das Beste. -Wie soll das kommen? – Da steckt's Mysterium.« (An Maria Anderson, 29. 5. 1875.) – In die Spruchweisheit der Bildergeschichten übertragen, lautet dies:

Das Gute – dieser Satz steht fest –
Ist stets das Böse, was man läßt!

Dem Niederschlag der pessimistischen Philosophie Schopenhauers begegnen wir in den Werken Buschs auf Schritt und Tritt. Genau besehen erleben wir da immer wieder den Zusammenstoß des Gestalt gewordenen Willens mit der menschlichen oder mit der tierischen Gesellschaft. Das führt entweder zur Katastrophe, wenn sich der Wille starr behauptet, oder es endet im mehr oder weniger bitter erkämpften Verzicht. Wie ... – das zu entdecken, sei dem Leser überlassen. Die Werke Buschs bedürfen nach dieser Seite hin kaum einer zusätzlichen Erklärung. –

In einem Stübchen über dem Wiedensahler Kramladen wurde im Spätsommer 1871 – »fern der Frankfurter Börsenluft« – das Werk aufgezeichnet, das nächst »Max und Moritz« Buschs berühmteste Bildergeschichte werden sollte: *»Die fromme Helene«*. Sie spiegelt unverkennbar Frankfurter Zustände wider: die hohe Börse, G. J. C.Schmöck & Co., das sündhafte Geräusch nach Noten im Thalia-Theater, wo der überaus beliebte Jacques Offenbach damals selbst seine »Schöne Helena« dirigierte, und vieles andere mehr. – Eine weitere Arbeit, angeregt durch einen Verleger, der Kortums unvergessenes Knittelversepos »Leben, Meinungen und Taten von Hieronymus Jobs dem Kandidaten« illustriert herausbringen wollte, eine stattliche Folge von Zeichnungen nebst einer Kurz- und Neufassung des »Jobs«, lag außerdem im damals noch bestehenden Frankfurter Atelier zur Veröffentlichung bereit. Aber es fehlte der geeignete Verleger. Moritz Schauenburg in Lahr, der 1870 den seit 1866 im Manuskript vorliegenden »Heiligen Antonius von Padua« endlich herausgebracht hatte, schien dem Autor nicht die passende Persönlichkeit zu sein, trotz des Mutes, den er bewiesen, als er sich dieserhalb – »wegen ... Herabwürdigung der Religion ... und ... Verbreitung unzüchtiger Schriften« – vor dem Offenburger Kreisgericht hatte verantworten müssen. Im Oktober führte einer der in Buschs Leben häufigen schnellen Entschlüsse die ideale Lösung herbei: den bis 1908 wirksamen Verlagsvertrag mit dem Jung-Münchener Freund Otto *Bassermann*. »Helene«, die 1872 den Reigen der dreizehn Titel eröffnete, die später den »Humoristischen Hausschatz« bildeten, schien zu bestätigen, was seit dem »Antonius« viele Leser vermuteten: Buschs eigentliche Stärke sei die kulturpolitische Satire,

Otto Busch in niederländischer Tracht. Öl. Frankfurt 1870

die damals, als die Auseinandersetzung Bismarcks mit der römischen Kirche, der »Kulturkampf«, gerade seinen Höhepunkt erreichte, mancherlei im Rang recht unterschiedlicher Geister auf den Plan rief. Otto Bassermann, der dem politischen Tagesgeschehen viel mehr Aufmerksamkeit entgegenbrachte als sein berühmter Autor, regte kurz nach Erscheinen der »Frommen Helene« im Mai 1872 eine Satire gegen die Jesuiten an und sandte als Material unter anderem Corvins »Pfaffenspiegel« nach Wiedensahl. Doch nachdem die Frucht dieser Bemühungen, das »allegorische

Zeitbild« mit dem Titel »Pater Filucius« – gleichzeitig mit den »Bildern zur Jobsiade« – das Licht der Öffentlichkeit erblickt hatte, bewirkten dumme Fragen nach dem Sinn der Allegorie von überallher, daß dem Verfasser diese Art von Publizistik gründlich verleidet wurde.

Seine unleugbar vorhandenen satirischen Bedürfnisse befriedigte Busch hinfort nicht mehr im antikatholischen Fahrwasser, sondern sah sich, allen andersgearteten Anregungen Bassermanns zum Trotz, zunächst nur noch aufgerufen, seinen in ungebrochener Lieb und Treu zum angestammten Königshaus erglühenden niedersächsischen Landsleuten die mit den deutschen Einheitsbestrebungen wenig vereinbare partikularistische Haltung gelinde spottend vor Augen zu führen. Dieser *»Geburtstag«* geriet ihm denn auch zu einer seiner reizvollsten Bildergeschichten. Indessen, der sonst so schneidige Verleger, der im »Filucius« geharnischte Strafpredigten gegen den Machtanspruch überstaatlicher Mächte gutgeheißen hatte, schreckte zurück, als ihm Busch als seiner derzeitigen Weisheit letzten Schluß die Wirtschaftswunderseligkeit der Gründerjahre nach 1870 bildhaft demonstrierte:

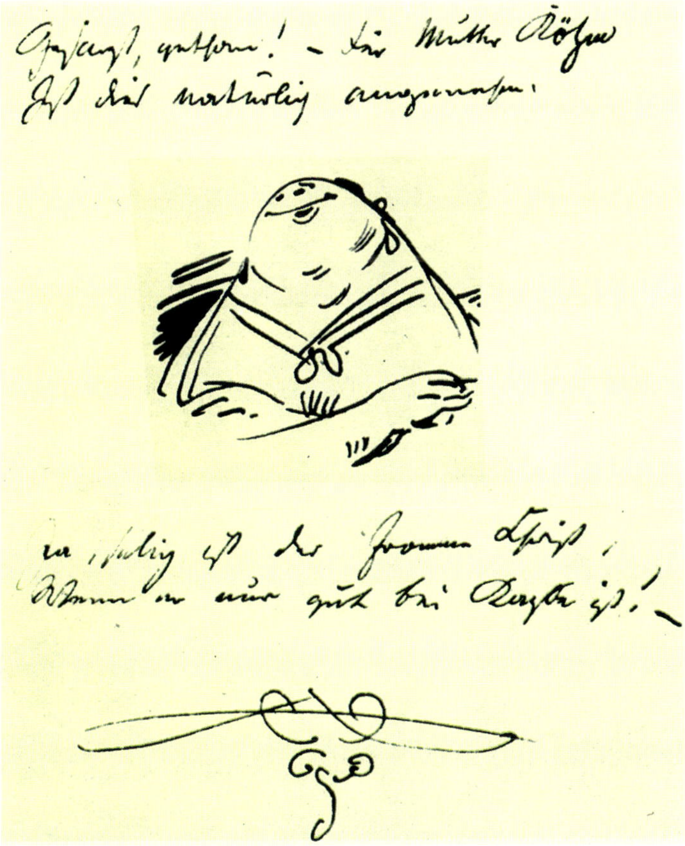

Mutter Köhm: letzte Seite der Handschrift »Der Geburtstag«.

Ja, selig ist der fromme Christ,
Wenn er nur gut bei Kasse ist! –

Hier offenbarte sich, welchen Mißverständnissen die scheinbar so mühelos vorgebrachten Weisheiten immer wieder ausgesetzt waren. Wenn selbst Freund Bassermann nicht erkannte, daß der Pfeil auf die Nutznießer, nicht aber auf die von Busch nie angetastete christliche Ethik abgeschossen wurde ...! –

Ein hiernach durchaus begreiflicher Versuch, die ernsten Hintergründe im skurrilen Spiel der Konturen und der Reime deutlicher sichtbar zu machen, liegt in der 1873 erschienenen Sammlung »Dideldum!«vor. An der Beweisführung

Denn die Summe unsres Lebens
Sind die Stunden, wo wir lieben

war gewiß nicht zu rütteln. Doch der zeichnende Dichter durfte damals wohl am ehesten bei seinen Frankfurtern auf menschliches Verständnis hoffen, wenngleich er bereits seit mehr als einem Jahr Frankfurt als Wohnsitz aufgegeben hatte. – Die übrigen Leser grasten friedlich an der belustigenden Außenseite weiter. Und dann machte ein seltsames Gerücht die Runde: Er, Busch, sei gewiß ein guter Zeichner; die Verse aber lasse er sich von seinem hierin begabteren Bruder machen ... – und so fort.

Die *»Kritik des Herzens«*, heute eiserner Bestand unserer heiteren Epigrammatik, sollte dem Geschwätz Einhalt gebieten. Vergebens! Sie entfachte im Gegenteil kurz vor dem Weihnachtsfest 1874 einen unerwarteten Entrüstungssturm. Ein kaiserlich-türkischer Generalkonsul tat sich bei diesem Treiben besonders hervor. Wer, so wandte er sich an eine Redaktion, seine Popularität mißbrauche wie der Verfasser, dem gebühre für die meist schmutzig-lasziven Gedichte eine derbe Abfertigung. Busch schrieb damals in ein Exemplar der ersten Ausgabe:

»In kleinen Variationen über ein bedeutendes Thema soll dieses Büchlein ein Zeugnis meines und unseres bösen Herzens ablegen. Recht unbehaglich! muß ich sagen. Also schweigen wir darüber, oder nehmen wir die Miene der Verachtung an und sagen, es sei nicht der Mühe wert, oder werfen wir uns in die Brust und erheben wir uns in sittlicher Entrüstung! oder sagen wir kurzweg: es ist nicht wahr! Wer das letztere vorzieht und das Büchlein für falsch hält, der trete vor und lasse sich etwas genauer betrachten. – Was aber die sogenannte sittliche Entrüstung anbelangt, so muß sie wohl keine rechte Tugend sein, weil wir so eifrig dahinter her sind. – Schwieriger und heilsamer scheint mir das offene Geständnis, daß wir nicht viel taugen ›von Jugend auf‹.«

Eine der wenigen positiven Auswirkungen der »Kritik« unmittelbar nach Erscheinen ist der Briefwechsel mit der holländischen Schriftstellerin *Maria Anderson.* Sie hatte sich rückhaltlos zu dem Dichter Busch bekannt, und sie verstand es eine Zeitlang, den Junggesellen in ein gedankenreiches Briefgespräch zu verwickeln, dem freilich das Ende bestimmt war, sobald ein Stelldichein mit der Witwe in Mainz eine durch Diskussionen über Plato, Schopenhauer, Seelenwanderung, Kunst- und Glaubensfragen entstandene Idealvorstellung von ihr gründlich ad absurdum geführt hatte.

Daß die skeptische Grundstimmung der Lebensjahre zwischen Vierzig und Fünfzig hier einmal aufgegeben wurde, dies hatte eine Enttäuschung zur Folge, die den gesamten

Alte Frau in Schwarzgrün, Öl auf Holz, Wolfenbüttel, 1875

Bruder Kellermeister, Öl auf Holz, München, nach 1875

Landschaft mit Windmühle, Öl, Wiedensahl, Anfang der neunziger Jahre

Rotjacke im Birkenwald, Öl, Wiedensahl, um 1895

Plakatentwurf von Wilhelm Busch für die Weltausstellung Wien 1873

satirischen Gehalt der drei Bildergeschichten rechtfertigen könnte, die nun folgten: *»Abenteuer eines Junggesellen«* (1875), *»Herr und Frau Knopp«* (1876) und *»Julchen«* (1877). Später zur Trilogie vereint, bildeten sie im öffentlichen Urteil der Zeitgenossen den Höhepunkt des heiteren Gesamtwerks: große, breit angelegte Schau auf ein Spießerschicksal, das sich im nutzlosen Bemühen um eine schlanke Linie, in einer abenteuer- und enttäuschungsreichen Freite, einem im Durchschnitt wenig erbaulichen Honigmond und in den zweifelhaften Freuden des Vaterdaseins erschöpft; es ist fast so etwas wie eine Legitimation des Hagestolzentums, dem der Verfasser frönte. Daß die Vereinsamung durch absonderliche Schicksalsläufte herbeigeführt war, dürften wir aus dem Gedicht vom hübschen Blümlein schließen, das zu guter Letzt ein alter Esel fraß ... (S. 320). Doch es gibt in mannigfachen Stimmen des Verzichtens noch vielerlei Anhaltspunkte dafür: die zweite Strophe von »Summa summarum« etwa (S. 219) oder das in Verse eingefangene Bild des Bauern, der »mit heimlichem Vergnügen« die Wurst betrachtet, die oben im Rauche hängt, während er sein trockenes Brot kaut (S. 317).

Für Busch verliefen diese entscheidenden Schaffensjahre in Wiedensahl, Wolfenbüttel, Lüthorst und München. In Wiedensahl hatte er seinen Wohnsitz im Pfarrhaus. Seine Schwester Fanny war mit Pastor Nöldeke verheiratet. In Wolfenbüttel stand beim Forsthaus vor dem neuen Tore in einer Bretterbude neben Bruder Gustavs Konservenfabrik eine Art Atelier für ihn bereit. Auch in Lüthorst kehrte er mehrfach zu längerem Mal-Aufenthalt ein. In München aber weilte er in der zweiten Hälfte der siebziger Jahre zu wiederholten Malen auf ein Vierteljahr und länger. Zeitweise unterhielt er dort sogar ein Atelier, das ihm gestattete, wenigstens auf Stunden dem Gesellschaftstrubel zu entfliehen, in den ihn die Getreuen seiner Meisterjahre, unter ihnen die Maler Franz Lenbach und F. A. Kaulbach, der vielseitig begabte Bildhauer und Architekt Lorenz Gedon und der Wagnerdirigent Hermann Levi, hineinzogen. Die Künstlervereinigung »Allotria« bildete den ganz und gar nicht bürgerlichen Hintergrund eines Betriebs, dem sich der spröde Niedersachse jeweils nur auf kurze Zeit aussetzen mochte. Dann zog es ihn immer wieder heim in seinen abgelegenen Zufluchtsort.

Der zerbrochene Krug. Öl auf Holz.
Wahrscheinlich München, zweite Hälfte der siebziger Jahre

Hatte einst der »drängende Ernährungstrieb« dem Malerehrgeiz Buschs im Wege gestanden, so verhinderte nun umgekehrt der im Gefolge der wirtschaftlichen Unabhängigkeit einhergehende Ruhm ein stilles Sichversenken in malerische Aufgaben, die mehr Wahrheit verhießen als etwa die historisierende Oberflächenmalerei der Zeit oder ein Realismus, der diesen Namen nur selten verdiente. So kam es schließlich, zumal es der Norddeutsche nicht vertrug, wenn man ihm beim Malen über die Schulter blickte, daß sich trotz einiger bemerkenswerter Anläufe die großen Hoffnungen nicht erfüllten, die insbesondere Johanna Keßler auf den Maler Busch setzte. Neben dem mit der Zeit immer abweisenderen Verhalten des Bruders Otto (dem übrigens – 1878 – ein frühes Ende beschieden war) wurde dies einer der Anlässe, die zwischen 1878 und 1891 ein hartnäckiges Schweigen zwischen Frankfurt und Wiedensahl bewirkten.

Wenn man bedenkt, daß besonders Busch dieses Schweigen als bitter empfand, so erhalten Verse wie etwa

Enthaltsamkeit ist das Vergnügen
An Sachen, welche wir nicht kriegen

doch einen tieferen Hintersinn, als ihnen ein nur auf Erheiterung erpichter Leser im allgemeinen beimißt. Andererseits ist unverkennbar, wie der Schmerz das Können des Zeichners und des Reimers gerade in den »*Haarbeuteln*« auf die Spitze getrieben hat. Haarbeutel nannte man übrigens das Säckchen, in das Perückenträger in der Zopfzeit zum Schutz ihrer Kleidung ihren meist gepuderten Kopfschmuck einzubinden pflegten. Da dieser Behälter beim Gehen hin- und herpendelte, hat sich eine wohl auf den schwankenden Gang Betrunkener abzielende Nebenbedeutung ergeben. Den Spottruf »Haarbüdel!« kann man in einigen Gegenden des plattdeutschen Sprachraums mitunter heute noch vernehmen.

Zu einem weiteren Höhepunkt wurde 1879 die Satire auf die oft überspitzt zur Schau getragene Menschenwürde, »Fipps der Affe«. Die Würde hatte ohnedies einen empfindlichen Stoß erlitten, als der englische Forscher Charles Darwin in seiner damals auch in deutscher Sprache vorgelegten Abstammungsgeschichte den Menschen biologisch in das Tierreich einzuordnen wagte. – Mit dem »Fipps«, dessen erste und höchst reizvoll farbig ausgeführte Niederschrift im Gegensatz zu den meisten übrigen Bildergeschichten in München entstand (Spätherbst 1878), ging die Zeit der schöpferischen Hochblüte für Busch zu Ende. Was danach folgte, die für Kinder bestimmten Sammlungen »Sechs Geschichten für Neffen und Nichten« und »Der Fuchs. Die Drachen – Zwei lustige Sachen«, ließ zwar weit hinter sich zurück, was armselige Nachahmer vorlegten, erntete jedoch nicht den Erfolg wie alles Bisherige.

Eine Gesundheitskrise und eine seelische Krise gingen nebenher. Dem passionierten Raucher mußte der Arzt eine Zeitlang jeden Nikotingenuß verbieten. Die »Reiselust nach der Grenze des Unfaßbaren« ebenso wie die Freude am Ortswechsel hienieden, für den Einsamen stets ein Gradmesser seines relativen Behagens, seines Sehnens und Wollens, schwanden mitunter völlig. In Wiedensahl ging nach dem Tode des Schwagers der Umzug ins Pfarrwitwenhaus vor sich. Dort führte für die nächsten zwanzig Jahre die Schwester Fanny dem »Schwierigen« den Haushalt. Busch aber wurde für drei Neffen Vaterstellvertreter. Vielleicht wird auch aus diesem Rollenwechsel heraus die Wendung zum Kinderbuch verständlich.

Aber es blieb zum Glück nur ein Übergang. Die »philosophische Erkältung« ließ keine unheilbaren Spuren zurück. Die alte Schaffensfreude kehrte beim Überschreiten der Schwelle zum sechsten Lebensjahrzehnt wieder – und in drei großen Bildergeschichten erreichte er, dem die Heiterkeit Handwerkszeug war, nicht nur die einstige Höhe, sondern er übertraf sich selbst. In die Hundegeschichte »Plisch und Plum«, die ursprünglich als Kinderbuch gedacht war, flossen viele scharf beobachtete psychologische Züge ein, die nur Erwachsene voll auskosten können. »Balduin Bählamm,der verhinderte Dichter«, nahm, wenngleich vielfach verfremdet, mancherlei vom Schicksal seines Schöpfers in sich auf. »Maler Klecksel« schließlich läßt keinen Zweifel daran, daß hier der Künstler sehr entscheidend Selbsterlebtes, Selbsterduldetes und in gewissem Sinn auch einen Verzicht zum Muster nimmt, der dem seinen ähnelt. Der bildungsphilisterhafte Ton war nur eine Maske, um der Lächerlichkeit preisgeben zu können, was sonst in einer seelischen Katastrophe hätte enden müssen.

Sitzendes Mädchen. Bleistift. Siebziger Jahre

Wiedensahler Landschaft. Bleistiftzeichnung. Ende der achtziger Jahre

»Wär nicht die rechte Bildung da,
Wo wären wir? Ja ja, ja ja!!«

Nach diesem von Botel gemachten Vermerk
Schließen wir freudig das löbliche Werk.

Vielleicht sollten die Verse zunächst nur den »Maler Klecksel« abschließen. Sie wurden ein markanter Schlußstrich unter das Werk, dem der Verleger Otto Bassermann damals den Namen »Humoristischer Hausschatz« gab. In dieser Zusammenfassung weiterwirkend, hat das »Wilhelm-Busch-Album« bis in unsere Gegenwart hinein Jahr um Jahr Tausende von neuen Freunden gewonnen.

Nach dem »Klecksel« schien Busch ein für allemal zu verstummen. Es war, als wolle er von der Welt draußen, jenseits der kleinen Ringelreisestrecken, die er alljährlich im engen Freundes- und Familienkreis zurücklegte, nichts mehr wissen. Statt dessen versenkte er sich malend und zeichnend in die vielen Aufgaben, die ihm seine niederdeutsche Heidelandschaft stellte. Den Verkehr mit den alten Künstlerfreunden hielten Briefe aufrecht, die in ihrem Bilderreichtum und in der Originalität des Ausdrucks zu dem Schönsten gehören, was uns Busch hinterlassen hat. Fast jedes dieser Schriftstücke ist ein Bekenntnis:

Wiedensahl, 21. Oktober 1885.

Nur langmütig, liebster Lenbach! Möcht ich doch auch so scheinen. – Von Levi erhielt ich seit Jahresfrist keine Antwort; Spatzen, Katzen und die Kölnische Zeitung sind inzwischen meine musikalischen Leitsterne. Dem Kaulbach scheint auch schon seit anno 84 das Stubenmädel die Tintenviole verschüttet zu haben. Du selber schriebst vor ein paar Wochen nach hartnäckiger Pause. – Was ist da zu machen? – Mit sich selbst ist man nicht immer in der vornehmsten Gesellschaft. Die großen Geister, deren Körper zur Zeit noch die Ehre haben sie zu beherbergen, wollen nicht stets in der schriftlichen Droschke herumrumpeln um Visiten zu schneiden. Die Gefahr läge nahe, in angenehmer Fäulnis gemächlich dahin zu stumpfen, gäb's nicht liebenswürdige Tote, die, schon längst der irdischen Hülle entledigt und unabhängig von Eisenbahnbillets und Postmarken, allstündlich bereit sind, den Einsamen besuchend zu umschweben, zu belustigen, zu belehren, und auf den leisesten Wink sanft säuselnd wieder hinweg zu schwinden. – Das tröstet, das macht geduldig, das macht verstockt. – Schon meinte ich, mit meiner Antwort hätt's Zeit bis nächste Woch. Da Du aber drohend einen so großmächtigen Potentaten zitierst, wie den Landesvater aller Lügen, der ja leider auch meiner ist, so mußt ich wohl sofort den Ellenbogen und die Finger krumm machen, um Dir was zu erwidern. Zudem hielt ich's nicht für ehrenrührig, Deinem Brief ein bißl zwischen die Falten zu spähn. Du kommst nach Kassel. Sollte es Dir recht sein, wenn wir alldort mal zusammen die Bilder besähn?Wenn ich morgens früh von hier wegfahre, bin ich nachmittags zwischen 4 und 5 in Kassel. Angenommenenfalls bitt ich Dich also, mir rechtzeitig telegraphisch Nachricht zu geben.

Mit den allerherzlichsten Grüßen Dein Wilh.Busch

Am Tage nach dem hier erwähnten Besuch der Kasseler Galerie gewährte Busch in Hannover einem gewissen Eduard Daelen eine längere Aussprache. Wie sich bald herausstellte, hatte er sich da in ein recht zweifelhaftes Abenteuer eingelassen. Daelen, unter anderem auch malendes Mitglied des Düsseldorfer »Malkastens«, trompetete im Sommer 1886, ein gutes halbes Jahr nach jener Zusammen-

kunft, in einer »Lustigen Streitschrift« sein spärliches Wissen »Über Wilhelm Busch und seine Bedeutung« mit großem Aufwand und geringem Empfinden für den rechten Ton in die Welt hinaus, sehr zum Leidwesen des Gefeierten, der ganz gegen seine sonstige Gewohnheit dem Unternehmen anfangs durchaus nicht skeptisch entgegengesehen hatte. Nun aber fühlte Busch sich aufgerufen, einiges gründlich Mißverstandene zurechtzurücken. Zwei in der »Frankfurter Zeitung« vom 10. Oktober und 2. Dezember 1886 veröffentlichte »Feuilletons« überschrieb er *»Was mich betrifft«*. Den ersten Teil dieser eigenwilligen Beichte über ein Leben, von dem er meinte, daß es kaum bemerkenswerte Ereignisse enthalte, hat er später noch zweimal (1892 und 1893) überarbeitet. Die dritte und letzte Fassung dieses »Von mir über mich« ist im vorliegenden Band auf den Seiten 21–24 enthalten.

Die Wirkung, die der Verfasser des »Was mich betrifft« erwartet haben mag, traf nicht ein. Busch blieb weiterhin für seine wachsende Lesergemeinde der Schalksnarr, der ein Vierteljahrhundert lang fast Jahr um Jahr mit Werken aufgetreten war, auf die man sich von Herzen freuen konnte – aber auch nicht mehr. Die entschiedene Blickrichtung auf

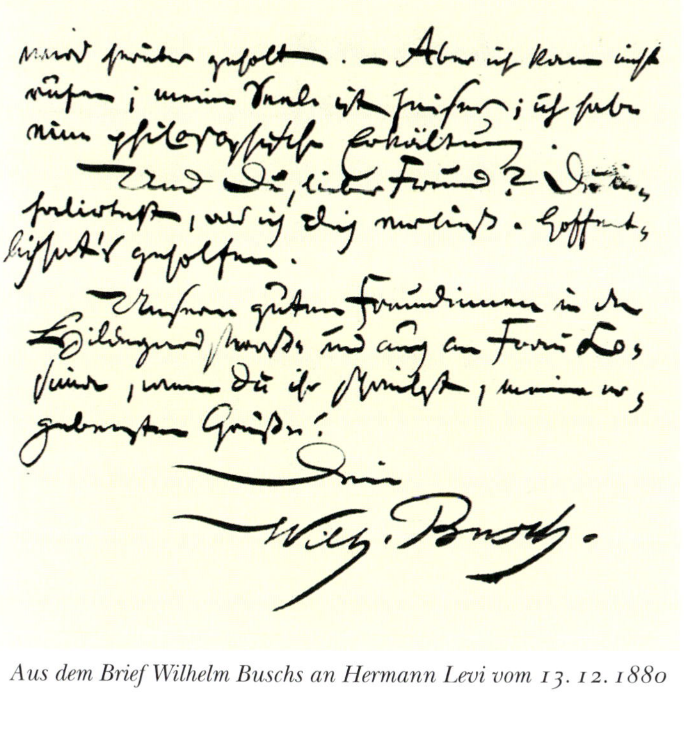

Aus dem Brief Wilhelm Buschs an Hermann Levi vom 13. 12. 1880

die Ausgangstür unseres irdischen Daseins, geformt in Dutzenden von Katastrophen, die sich nach einem Gesetz vollziehen, das den Figuren innewohnt, nahm man allenfalls peinlich berührt mit in Kauf, denn auf dem Weg zum irgendwie bitteren Ende hatten sich ja immerhin einige köstliche Aussichtspunkte ergeben. Dann aber fühlte man sich auch immer wieder einmal bemüßigt, dem »Künstler, der gar so naiv ist«, Grausamkeiten anzukreiden. Wie auffällig man da Grund und Folge verwechselte, dies kam der lesenden Mit- und Nachwelt nur selten in den Sinn. Am ehesten ahnten sie, wie hier ein vielseitig schöpferischer Mensch mit auch auf den sprachlichen Ausdruck übertragenen graphischen Kontrastmitteln harte Gegensätze schuf und deutlich sichtbar machte, was in dieser Welt besserungsbedürftig, Anlaß zur Besorgnis oder auch Grund zu besonderer Vorsicht ist. Eine Formel dafür findet sich in dem berühmten Brief Buschs an Hermann Levi vom 13. Dezember 1880, dem auch unsere hier abgebildete Schriftprobe entnommen ist:

»... Wehe, wehe! – Wer jemals das Auge der energischen Bestialität hat blitzen sehn, den beschleicht eine grauenvolle Ahnung, daß ein einziger sonderbarer Halunke auf dem Uranus die Erlösung aufhalten, daß ein einziger Teufel stärker sein könnte, als ein ganzer Himmel voll Heiliger. Haben die Christen recht? Kommen die Unverbesserlichen am Schluß in die Hölle? Kann der Einzelne eine Anleihe machen im Betrag seines Anteils an der gemeinsam kontrahierten Schuld, das Geld auf den Tisch legen und sagen: Adieu, auf Nimmerwiedersehn?!

Drüben, am andern Ufer des Stroms, steht der heilige Augustinus. Er nickt mir ernsthaft zu: Hier liegt das Boot des Glaubens; Gnade ist Fährmann; wer dringend ruft, wird herüber geholt. – Aber ich kann nicht rufen; meine Seele ist heiser; ich habe eine philosophische Erkältung.«

Daß in jenen Jahren des Schweigens Busch zeichnend, malend, grübelnd, Gedankenkräuter destillierend *seinen* Weg ans Meer still und in der ihm eigenen Konsequenz weiterging, wußte außer den relativ wenigen Briefpartnern draußen in der Welt keiner. Nicht viele horchten denn auch verwundert auf, als ihnen 1891 ein neues Werk in Prosa, »Eduards Traum«, angeboten wurde. Was sollten sie schon mit einem symbolischen Märchen anfangen, das in der Kürze und Gedrängtheit seiner Aussage Bild neben Bild enthielt und immer wieder einmal Summen zog, die eine unbehagliche Mischung von Schauder und Heiterkeit hervorriefen. Sowohl diese Dichtung wie den 1895 erschienenen »Schmetterling« behandle ich ausführlich im Nachwort zu Band 2 dieser Ausgabe.

Zwischen den beiden dichterischen Rechenschaftsberichten Buschs – über das Werden und Wachsen seiner Weltschau: »Eduards Traum«, und über sein Schicksal: »Der Schmetterling« – liegt die Wiederkehr nach Frankfurt am Main: nicht eine Einkehr für dauernd allerdings, sondern immer nur, doch mit eiserner Regelmäßigkeit, auf Wochen. Dem als Kontaktmann begabten Lenbach war es gelungen zu vermitteln. Im Oktober und November 1891 hatten die drei »anmutigen Tanten«, die inzwischen verwitwete Johanna Keßler und ihre jüngsten Töchter Nanda und Letty, ihren »Onkel Wilhelm« erstmals wieder ausgiebig bei sich zu Gast. Schon ehe er kam, ließ er verlauten, wie sehr er der Fügung dankbar war: »Trotz diesem und dem, liebste Tante, bin ich doch eigentlich sehr glücklich in dem Gefühl, daß ich Sie und die Ihrigen wieder habe und damit ein geliebtes Stück dieser Welt, welches ich, hauptsächlich durch eigene Schuld, schon für immer verloren glaubte.« (11.10.1891.)

Von fast schicksalhafter Bedeutung wurde das Wiedersehen mit der dreißig Jahre jüngeren lebensfrohen Nanda, der »Nausikaa«, die den »alten ruppigen Odysseus« ge-

Vignette zum »Humoristischen Hausschatz«. Sepia, 1892

schickt zu nehmen wußte. Der bis auf den heutigen Tag zum großen Teil unveröffentlichte Briefwechsel läßt auf eine Freundschaft schließen, aus der beide hohen menschlichen Gewinn zogen: sie – außerordentlich mitteilsam, indem sie ihm rückhaltlos anvertraute, was ihr von vielen Wünschen und Enttäuschungen bestimmtes Leben erfüllte; er, in der beglückenden Gewißheit, einem wesentlich jüngeren Menschen auf seinem Weg durch die Wirrnisse eines von Geldsorgen befreiten Daseins immer wieder einmal beistehen, sich aber auch verzaubern lassen zu dürfen: »Warum lacht die Hex? Weil sie weiß, daß sie hexen kann.«

In Jahren zunehmender Vereinsamung half Nanda ihrem »tausendjährigen Onkel« über manche Depression hinweg. Denn im Wiedensahler Pfarrwitwenhaus wurde es immer stiller um die beiden Alten Wilhelm Busch und seine Schwester Fanny, im gleichen Maße, wie die drei Neffen ihren eigenen Hausstand gründeten. Dies führte im Herbst 1898 endlich den Entschluß zu einem Ortswechsel herbei. Den Umzug ins Pfarrhaus zum jüngsten Neffen Otto Nöldeke, der einem Ruf nach Mechtshausen, einem Dorf südlich von Hildesheim, gefolgt war, hatte keiner der Beteiligten zu bereuen. Es wurden für Busch neun ersprießliche, von einem späten, stillen Glück erfüllte Jahre. Als der siebzigste Geburtstag herannahte, der 15. April 1902, da sprach es sich allerdings auch im Dorf herum, wer der hochgewachsene, weißbärtige alte Herr war, der viel im Pfarrgarten wandelte oder hinüber zum sanft ansteigenden bewaldeten Heberrücken promenierte, aber auch immer wieder einmal auf Wochen ganz und gar verschwand, wenn er seine Besuchsreisen nach Frankfurt und zu Verwandten in Niedersachsen und Westfalen unternahm.

Zwei Jahre nach dem in der Presse weit und breit beachteten Datum rief der späten Gedichtlese erster Teil, »Zu guter Letzt«, den Namen des berühmten Sonderlings der Öffentlichkeit aus den Schaufenstern der Buchhandlungen heraus ins Gedächtnis. Ganz anders als ein Menschenalter zuvor nahm man diesmal dankbar hin, was Busch an Besinnlichem, Bissigem und Heiterem noch vorzubringen hatte, und die Hoffnung wurde laut, daß es mit diesem »Büchlein« nicht sein Bewenden haben möge. Doch dieser Wunsch erfüllte sich zu des Autors Lebzeiten nicht mehr. Erst 1909 rundete das von Otto Nöldeke zusammengestellte Gedichtbändchen »Schein und Sein« gemeinsam mit der 1904 von Busch zum Erscheinen nach seinem Tod bestimmten Bilder-und Gedankenlese »Hernach« (1908) das Gesamtbild eines schöpferischen Menschen, den in seiner Bedeutung zu erkennen, wie so oft, der Nachwelt vorbehalten bleiben sollte. Die Gedächtnisausstellungen der Folgejahre bekräftigten, daß am 9. Januar 1908 einer von den großen Deutschen dahingegangen war.

Friedrich Bohne

Wilhelm Busch 1878.
Foto Ernst Hanfstaengl, München

WILHELM BUSCH

VON MIR ÜBER MICH (1893)

Kein Ding sieht so aus, wie es ist. Am wenigsten der Mensch, dieser lederne Sack voller Kniffe und Pfiffe. Und auch abgesehen von den Kapriolen und Masken der Eitelkeit. Immer, wenn man was wissen will, muß man sich auf die zweifelhafte Dienerschaft des Kopfes und der Köpfe verlassen und erfährt nie recht, was passiert ist. Wer ist heutigen Tages noch so harmlos, daß er Weltgeschichten und Biographien für richtig hält? Sie gleichen den Sagen und Anekdoten, die Namen, Zeit und Ort benennen, um sich glaubhaft zu machen. Sind sie unterhaltlich erzählt, sind sie ermunternd und lehrreich, oder rührend und erbaulich, nun gut! so wollen wir's gelten lassen. Ist man aber nicht grad ein Professor der Beredsamkeit und sonst noch allerlei, was der heilige Augustinus gewesen, und will doch partout über sich selbst was schreiben, dann wird man wohl am besten tun, man faßt sich kurz. Und so auch ich.

Ich bin geboren 1832 in Wiedensahl. Mein Vater war Krämer – heiter und arbeitsfroh; meine Mutter, still und fromm, schaffte fleißig in Haus und Garten. Liebe und Strenge sowohl, die mir von ihnen zuteil geworden, hat der »Schlafittig« der Zeit aus meiner dankbaren Erinnerung nicht zu verwischen vermocht.

Mein gutes Großmütterlein war zuerst wach in der Früh. Sie schlug Funken am P-förmigen Stahl, bis einer zündend ins »Usel« sprang, in die halbverkohlte Leinwand im Dekkelkästchen des Feuerzeugs, und bald flackerte es lustig in der Küche auf dem offenen Herde unter dem Dreifuß und dem kupfernen Kessel; und nicht lange, so hatte auch das Kanonenöfchen in der Stube ein rotglühendes Bäuchlein, worin's bullerte. Als ich sieben, acht Jahre alt war, durft ich zuweilen mit aufstehn; und im Winter besonders kam es mir wonnig geheimnisvoll vor, so früh am Tag schon selbstbewußt in dieser Welt zu sein, wenn ringsumher noch alles still und tot und dunkel war. Dann saßen wir zwei, bis das Wasser kochte, im engen Lichtbezirk der pompejanisch geformten zinnernen Lampe. Sie spann. Ich las ein paar schöne Morgenlieder aus dem Gesangbuch vor.

Später beim Kaffee nahmen Herrschaft, Knecht und Mägde, wie es guten Freunden geziemt, am nämlichen Tische Platz.

Um diese Zeit meines Lebens passierte eine kleine Geschichte, die recht schmerzhaft und schimpflich für mich ablief. Beim Küster diente ein Kuhjunge, fünf, sechs Jahre älter als ich. Er hatte in einen rostigen Kirchenschlüssel, so groß wie dem Petrus seiner, ein Zündloch gefeilt, und gehacktes Fensterblei hatte er auch schon genug; bloß das Pulver fehlte ihm noch zu Blitz und Donner. Infolge seiner Beredsamkeit machte ich einen stillen Besuch bei einer gewissen steinernen Kruke, die auf dem Speicher stand. Nachmittags zogen wir mit den Kühen auf die einsame Waldwiese. Großartig war der Widerhall des Geschützes. Und so beiläufig ging auch ein altes Bäuerlein vorbei, in der Richtung des Dorfes. Abends kehrt ich fröhlich heim und freute mich so recht auf das Nachtessen. Mein Vater empfing mich an der Tür und lud mich ein, ihm auf den Speicher zu folgen. Hier ergriff er mich am linken Flügel und trieb mich vermittels eines Rohrstockes im Kreise umher, immer um die Kruke herum, wo das Pulver drin war. Wie peinlich mir das war, ließ ich weithin verlautbaren. Und sonderbar! Ich bin weder Jäger noch Soldat geworden.

Als ich neun Jahre alt war, sollte ich zu dem Bruder meiner Mutter nach Ebergötzen. Wie Kinder sind, halb froh, halb wehmütig, plätscherte ich am Abend vor der Abreise mit der Hand in der Regentonne, über die ein Strauch von weißen Rosen hing, und sang Christine! Christine! versimpelt für mich hin.

Und so spannte denn in der Früh vor Tag Knecht Heinrich das Pommerchen vor den Leiterwagen. Die ganze Familie, ausgenommen der Vater, stieg auf, um dem guten Jungen das Geleite zu geben. Hell schienen die Sterne, als wir durch den Schaumburger Wald fuhren. Hirsche sprangen über den Weg. In Wirtshäusern einkehren taten wir nicht; ein wenig seitwärts von der Straße wurde still gehalten, der Deckel der Ernährungskiepe wurde aufgetan und unter anderm ein ganzer geräucherter Schinken entblößt, der sich bald merklich verminderte. Nach mehrmaligem Übernachten bei Verwandten, erreichten wir glücklich das Ebergötzener Pfarrhaus.

Gleich am Tage nach der Ankunft schloß ich Freundschaft mit dem Sohne des Müllers. Wir gingen vors Dorf

hinaus, um zu baden. Wir machten eine Mudde aus Erde und Wasser, die wir »Peter und Paul« benannten, überkleisterten uns damit von oben bis unten, legten uns in die Sonne, bis wir inkrustiert waren wie Pasteten, und spülten's im Bach wieder ab.

Auch der Wirt des Ortes, weil er ein Piano besaß, wurde bald mein guter Bekannter. Er war rauh, wie Esau. Ununterbrochen kroch das schwarze Haar in die Krawatte und aus den Ärmeln wieder heraus bis dicht an die Fingernägel. Beim Rasieren mußte er weinen, denn das Jahr 48, welches selbst den widerspenstigsten Bärten die Freiheit gab, war noch nicht erschienen. Er trug lederne Klapp-Pantoffeln und eine gelbgrüne Joppe, die das hintere Mienenspiel der blaßblauen Hose nur selten zu bemänteln suchte. Seine Philosophie war der Optimismus mit rückwirkender Kraft; er sei zu gut für diese Welt, pflegte er gern und oft zu behaupten. Als er einst einem Jagdhunde mutwillig auf die Zehen trat, und ich meinte, das stimmte nicht recht mit seiner Behauptung, kriegt ich sofort eine Ohrfeige. Unsere Freundschaft auch. Doch die Erschütterung währte nicht lange. Er ist mir immer ein lieber und drolliger Mensch geblieben. Er war ein geschmackvoller Blumenzüchter, ein starker Schnupfer und hat sich dreimal vermählt.

Bei ihm fand ich einen dicken Notenband, der durchgeklimpert, und freireligiöse Schriften jener Zeit, die begierig verschlungen wurden.

Mein Freund aus der Mühle, der meine gelehrten Unterrichtsstunden teilte, teilte auch meine Studien in freier Natur. Dohnen und Sprenkeln wurden eifrig verfertigt, und der Schlupfwinkel keiner Forelle, den ganzen Bach entlang, unter Steinen und Baumwurzeln, blieb unbemerkt von uns. Zwischen all dem herum aber schwebte beständig das anmutige Bildnis eines blondlockigen Kindes. Natürlich sehnte ich oft die bekannte Feuersbrunst herbei mit nachfolgendem Tode zu den Füßen der geretteten Geliebten. Meist jedoch war ich nicht so rücksichtslos gegen mich selbst, sondern begnügte mich mit dem Wunsch, daß ich zauberhaft fliegen und hüpfen könnte, hoch in der Luft, von einem Baum zum andern, und daß sie es mit ansähe und wäre starr vor Bewunderung.

Von meinem Onkel, der äußerst milde war, erhielt ich nur ein einzigmal Hiebe, mit einem trockenen Georginenstengel, weil ich den Dorftrottel geneckt hatte. Dem war die Pfeife voll Kuhhaare gestopft und dienstbeflissen angezündet. Er rauchte sie aus, bis aufs letzte Härchen, mit dem Ausdruck der seligsten Zufriedenheit. Also der Erfolg war unerwünscht für mich in zwiefacher Hinsicht. Es macht nichts. Ein Trottel bleibt immer eine schmeichelhafte Erinnerung.

Gern gedenk ich auch des kleinen alten Bettelvogts, welcher derzeit dat baddelspeit trug, den kurzen Spieß, als Zeichen seines mächtigen Amtes. Zu warmer Sommerzeit hielt er sein Mittagsschläfchen im Grase. Er konnte bemerkenswert schnarchen. Zog er die Luft ein, so machte er den Mund weit auf und es ging: Krah! Stieß er sie aus, so machte er den Mund ganz spitz und es ging: Püh! wie ein sanfter Flötenton. Einst fanden wir ihn tot unter dem berühmtesten Birnbaume des Dorfes; Speer im Arm; Mund offen; so daß man sah: Krah! war sein letzter Laut gewesen. Um ihn her lagen die goldigsten Sommerbirnen; aber für diesmal mochten wir keine.

Etwa ums Jahr 45 bezogen wir die Pfarre zu Lüthorst.

Unter meinem Fenster murmelte der Bach. Gegenüber am Ufer stand ein Haus, eine Schaubühne des ehelichen Zwistes. Das Stück fing an hinter der Szene, spielte weiter auf dem Flur und schloß im Freien. Sie stand oben vor der Tür und schwang triumphierend den Reiserbesen, er stand unten im Bach und steckte die Zunge heraus; und so hatte er auch seinen Triumph.

In den Stundenplan schlich sich nun auch die Metrik ein. Dichter, heimische und fremde, wurden gelesen. Zugleich fiel mir die »Kritik der reinen Vernunft« in die Hände, die, wenn auch damals nur spärlich durchschaut, doch eine Neigung erweckte, in der Gehirnkammer Mäuse zu fangen, wo es nur gar zu viel Schlupflöcher gibt.

Sechzehn Jahre alt, ausgerüstet mit einem Sonett und einer ungefähren Kenntnis der vier Grundrechnungsarten, erhielt ich Einlaß zur Polytechnischen Schule in Hannover.

Hier ging mit meinem Äußeren eine stolze Veränderung vor. Ich kriegte die erste Uhr – alt, nach dem Kartoffelsystem – und den ersten Paletot – neu, so schön ihn der Dorfschneider zu bauen vermochte. Mit diesem Paletot, um ihn recht sehen zu lassen, stellt ich mich gleich den ersten Morgen sehr dicht vor den Schulofen. Eine brenzlichte Wolke und die freudige Teilnahme der Mitschüler ließen mich ahnen, was hinten vor sich ging. Der umfangreiche Schaden wurde kuriert nach der Schnirrmethode, beschämend zu sehn; und nur noch bei äußerster Witterungsnot ließ ich das einst so prächtige Kleidungsstück auf offener Straße blicken.

In der reinen Mathematik schwang ich mich bis zu »Eins mit Auszeichnung« empor, aber in der angewandten bewegt ich mich mit immer matterem Flügelschlage.

Ein Maler wies mir den Weg nach Düsseldorf. Ich kam, soviel ich weiß, grad an zu einem jener Frühlingsfeste, für diesmal die Erstürmung einer Burg, die weithin berühmt waren. Ich war sehr begeistert davon und von dem Maiwein auch.

Nachdem ich mich schlecht und recht durch den Antikensaal hindurchgetüpfelt hatte, begab ich mich nach Antwerpen in die Malschule, wo man, so hieß es, die alte Muttersprache der Kunst noch immer erlernen könne.

In dieser kunstberühmten Stadt sah ich zum ersten Male die Werke alter Meister: Rubens, Brouwer, Teniers, Frans Hals. Ihre göttliche Leichtigkeit der Darstellung malerischer Einfälle, verbunden mit stofflich juwelenhaftem Reiz; diese Unbefangenheit eines guten Gewissens, welches nichts zu vertuschen braucht; diese Farbenmusik, worin man alle Stimmen klar durchhört, vom Grundbaß herauf, haben für immer meine Liebe und Bewunderung gewonnen.

Ich wohnte am Eck der Käsbrücke bei einem Bartscherer. Er hieß Jan, seine Frau hieß Mie. In gelinder Abendstunde saß ich mit ihnen vor der Haustür; im grünen Schlafrock; die Tonpfeife im Munde; und die Nachbarn kamen auch

herzu; die Töchter in schwarzlackierten Holzschuhen. Jan und Mie halbierten mich abwechselnd, verpflegten mich während einer Krankheit und schenkten mir beim Abschied in kalter Jahreszeit eine warme, rote Jacke und drei Orangen.

Nach Antwerpen hielt ich mich in der Heimat auf.

Was damals die Leute ut ôlerwelt erzählten, sucht ich mir fleißig zu merken, doch wüßt ich leider zuwenig, um zu wissen, was wissenschaftlich bemerkenswert war. Das Vorspuken eines demnächstigen Feuers hieß: wabern. Den Wirbelwind, der auf der Landstraße den Staub auftrichtert, nannte man: warwind; es sitzt eine Hexe drin. Übrigens hörte ich, seit der »Alte Fritz« das hexen verboten hätte, müßten sich die Hexen überhaupt sehr in acht nehmen mit ihrer Kunst.

Von Märchen wußte das meiste ein alter, stiller, für gewöhnlich wortkarger Mann. Für Spukgeschichten dagegen, von bösen Toten, die wiederkommen zum Verdrusse der Lebendigen, war der Schäfer Autorität. Wenn er abends erzählte, lag er quer über dem Bett, und wenn's ihm trokken und öd wurde im Mund, sprang er auf und ging vor den Tischkasten und biß ein neues Endchen Kautabak ab zur Erfrischung. Sein Frauchen saß daneben und spann.

In den Spinnstuben sangen die Mädchen,was ihre Mütter und Großmütter gesungen. Während der Pause, abends um neun, wurde getanzt; auf der weiten Haustenne; unter der Stallaterne; nach dem Liede:

maren will wi hawern meihn,
wer schall den wol binnen?
dat schall meiers dortchen don,
de will eck wol finnen.

Von Wiedensahl aus besucht ich auf längere Zeit den Onkel in Lüthorst. Es hatte sich grad um einen Grundsatz der Wissenschaft, nämlich, daß nur aus einem befruchteten Ei ein lebendes Wesen entstehen könne, ein Streit erhoben. Ein schlichter katholischer Pfarrer wies nach, daß die Bienen eine Ausnahme machten. Mein Onkel als gewandter Schriftsteller und guter Beobachter, ergriff seine Partei und beteiligte sich lebhaft an dem Kampfe. Auch mich zog es unwiderstehlich abseits in das Reich der Naturwissenschaften. Ich las Darwin, ich las Schopenhauer damals mit Leidenschaft. Doch sowas läßt nach mit der Zeit. Ihre Schlüssel passen ja zu vielen Türen in dem verwunschenen Schloß dieser Welt; aber kein »hiesiger« Schlüssel, so scheint's und wär's der Asketenschlüssel, paßt je zur Ausgangstür.

Von Lüthorst ging ich nach München. Indes in der damaligen akademischen Strömung kam mein flämisches Schifflein, das wohl auch schlecht gesteuert war, nicht recht zum Schwimmen.

Um so angenehmer war es im Künstlerverein, wo man sang und trank und sich nebenbei karikierend zu necken pflegte. Auch ich war solchen persönlichen Späßen nicht abgeneigt. Man ist ein Mensch und erfrischt und erbaut sich gern an den kleinen Verdrießlichkeiten und Dummheiten anderer Leute. Selbst über sich selber kann man lachen mitunter, und das ist ein Extrapläsier, denn dann kommt man sich sogar noch klüger und gedockener vor als man selbst.

Lachen ist ein Ausdruck relativer Behaglichkeit. Der Franzel hinterm Ofen freut sich der Wärme um so mehr, wenn er sieht, wie sich draußen der Hansel in die rötlichen Hände pustet. Zum Gebrauch in der Öffentlichkeit habe ich jedoch nur Phantasiehanseln genommen. Man kann sie auch besser herrichten nach Bedarf und sie eher tun und sagen lassen, was man will. Gut schien mir oft der Trochäus für biederes Reden; stets praktisch der Holzschnittstrich für stilvoll heitere Gestalten. So ein Konturwesen macht sich leicht frei von dem Gesetze der Schwere und kann, besonders wenn es nicht schön ist, viel aushalten, eh' es uns weh tut. Man sieht die Sach an und schwebt derweil in behaglichem Selbstgefühl über den Leiden der Welt, ja über dem Künstler, der gar so naiv ist.

Auch das Gebirg, das noch nie in der Nähe gesehene, wurde für längere Zeit aufgesucht. An einem Spätnachmittag kam ich zu Fuß vor dem Dörfchen an, wo ich zu bleiben gedachte. Gleich das erste Häuschen mit dem Plätscherbrunnen und dem Zaun, von Kürbis durchflochten, sah verlockend idyllisch aus. Feldstuhl und Skizzenbuch wurden aufgeklappt. Auf der Schwelle saß ein steinaltes Mütterlein und schlief, das Kätzchen daneben. Plötzlich, aus dem Hintergrunde des Hauses, kam eine jüngere Frau, faßte die Alte bei den Haaren und schleifte sie auf den Kehrichthaufen. Dabei quäkte die Alte wie ein Huhn, das geschlachtet werden soll. Feldstuhl und Skizzenbuch wurden zugeklappt. Mit diesem Rippenstoße führte mich das neckische Schicksal zu den trefflichen Bauersleuten und in die herrliche Gegend, von denen ich nur ungern wieder Abschied nahm.

Es kann 59 gewesen sein, als zuerst in den »Fliegenden« eine Zeichnung mit Text von mir gedruckt wurde: zwei Männer, die aufs Eis gehen, wobei einer den Kopf verliert. Vielfach, wie's die Not gebot, illustrierte ich dann neben eigenen auch fremde Texte. Bald aber meint ich, ich müßt alles halt selber machen. Die Situationen gerieten in Fluß und gruppierten sich zu kleinen Bildergeschichten, denen größere gefolgt sind. Fast alle hab ich, ohne wem was zu sagen, in Wiedensahl verfertigt. Dann hab ich sie laufen lassen auf den Markt, und da sind sie herumgesprungen, wie Buben tun, ohne viel Rücksicht zu nehmen auf gar zu empfindsame Hühneraugen; wohingegen man aber auch wohl annehmen darf, daß sie nicht gar zu empfindlich sind, wenn sie mal Schelte kriegen.

Man hat den Autor für einen Bücherwurm und Absonderung gehalten. Das erste mit Unrecht.

Zwar liest er unter anderm die Bibel, die großen Dramatiker, die Bekenntnisse des Augustin, den Pickwick und Don Quichotte und hält die Odyssee für das schönste der Märchenbücher, aber ein Bücherwurm ist doch ein Tierchen mit ganz anderen Manierchen.

Ein Sonderling dürft er schon eher sein. Für die Gesellschaft, außer der unter vier bis sechs Augen, schwärmt er nicht sehr.

Groß war auch seine Nachlässigkeit, oder Schüchternheit, im schriftlichen Verkehr mit Freunden. Der gewandte

Stilist, der seine Korrespondenten mit einem zierlichen Strohgeflechte beschenkt, macht sich umgehend beliebt, während der Unbeholfene, der seine Halme aneinanderknotet wie der Bauer, wenn er Seile bindet, mit Recht befürchten muß, daß er Anstoß erregt. Er zögert und vergißt. Verheiratet ist er auch nicht. Er denkt gelegentlich eine Steuer zu beantragen auf alle Ehemänner, die nicht nachweisen können, daß sie sich lediglich im Hinblick auf das Wohl des Vaterlandes vermählt haben. Wer eine hübsche und gescheite Frau hat, die ihre Dienstboten gut behandelt, zahlt das Doppelte. Den Ertrag kriegen die alten Junggesellen, damit sie doch auch eine Freud haben.

Ich komme zum Schluß. Das Porträt, um rund zu erscheinen, hätte mehr Reflexe gebraucht. Doch manche vorzügliche Menschen, die ich liebe und verehre, für Selbstbeleuchtungszwecke zu verwenden, wollte mir nicht passend erscheinen, und in bezug auf andere, die mir weniger sympathisch gewesen, halte ich ohnehin schon längst ein mildes, gemütliches Schweigen für gut.

So stehe ich denn tief unten an der Schattenseite des Berges. Aber ich bin nicht grämlich geworden, sondern wohlgemut, halb schmunzelnd, halb gerührt, höre ich das fröhliche Lachen von anderseits her, wo die Jugend im Sonnenschein nachrückt und hoffnungsfreudig nach oben strebt.

MAX UND MORITZ

Eine Bubengeschichte in sieben Streichen

VORWORT

Ach, was muß man oft von bösen
Kindern hören oder lesen!!
Wie zum Beispiel hier von diesen,
Welche Max und Moritz hießen;

Die, anstatt durch weise Lehren
Sich zum Guten zu bekehren,
Oftmals noch darüber lachten
Und sich heimlich lustig machten. –
Ja, zur Übeltätigkeit,
Ja, dazu ist man bereit! –
Menschen necken, Tiere quälen,
Äpfel, Birnen, Zwetschgen stehlen –
Das ist freilich angenehmer
Und dazu auch viel bequemer,
Als in Kirche oder Schule
Festzusitzen auf dem Stuhle. –
Aber wehe, wehe, wehe!
Wenn ich auf das Ende sehe!! –
Ach, das war ein schlimmes Ding,
Wie es Max und Moritz ging.
Drum ist hier, was sie getrieben,
Abgemalt und aufgeschrieben.

ERSTER STREICH

Mancher gibt sich viele Müh'
Mit dem lieben Federvieh;
Einesteils der Eier wegen,
Welche diese Vögel legen,
Zweitens: weil man dann und wann
Einen Braten essen kann;
Drittens aber nimmt man auch
Ihre Federn zum Gebrauch
In die Kissen und die Pfühle,
Denn man liegt nicht gerne kühle. –

Seht, da ist die Witwe Bolte,
Die das auch nicht gerne wollte.

Ihrer Hühner waren drei
Und ein stolzer Hahn dabei. –

Max und Moritz dachten nun:
Was ist hier jetzt wohl zu tun? –
Ganz geschwinde, eins, zwei, drei,
Schneiden sie sich Brot entzwei,

In vier Teile, jedes Stück
Wie ein kleiner Finger dick.
Diese binden sie an Fäden,
Übers Kreuz, ein Stück an jeden,
Und verlegen sie genau

In den Hof der guten Frau. –
Kaum hat dies der Hahn gesehen,
Fängt er auch schon an zu krähen:
Kikeriki! Kikikerikih!! –
Tak, tak, tak! – da kommen sie.

Hahn und Hühner schlucken munter
Jedes ein Stück Brot hinunter;

Aber als sie sich besinnen,
Konnte keines recht von hinnen.

In die Kreuz und in die Quer
Reißen sie sich hin und her,

Flattern auf und in die Höh',
Ach herrje, herrjemine!

Ach, sie bleiben an dem langen,
Dürren Ast des Baumes hangen. –

Und ihr Hals wird lang und länger,
Ihr Gesang wird bang und bänger;

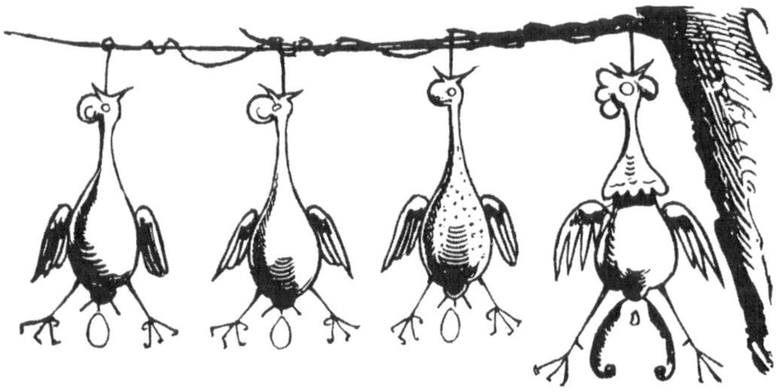

Jedes legt noch schnell ein Ei,
Und dann kommt der Tod herbei. –

Witwe Bolte in der Kammer
Hört im Bette diesen Jammer;

Ahnungsvoll tritt sie heraus:
Ach, was war das für ein Graus!

»Fließet aus dem Aug', ihr Tränen!
All mein Hoffen, all mein Sehnen,
Meines Lebens schönster Traum
Hängt an diesem Apfelbaum!!«

Tiefbetrübt und sorgenschwer
Kriegt sie jetzt das Messer her;
Nimmt die Toten von den Strängen,
Daß sie so nicht länger hängen,

Und mit stummem Trauerblick
Kehrt sie in das Haus zurück. –

Dieses war der erste Streich,
Doch der zweite folgt sogleich.

ZWEITER STREICH

Als die gute Witwe Bolte
Sich von ihrem Schmerz erholte,
Dachte sie so hin und her,
Daß es wohl das beste wär',
Die Verstorb'nen, die hienieden
Schon so frühe abgeschieden,
Ganz im stillen und in Ehren
Gut gebraten zu verzehren. –
Freilich war die Trauer groß,
Als sie nun so nackt und bloß
Abgerupft am Herde lagen,
Sie, die einst in schönen Tagen
Bald im Hofe, bald im Garten
Lebensfroh im Sande scharrten. –

Ach, Frau Bolte weint aufs neu,
Und der Spitz steht auch dabei. –

Max und Moritz rochen dieses;
»Schnell aufs Dach gekrochen!« hieß es.

Durch den Schornstein mit Vergnügen
Sehen sie die Hühner liegen,
Die schon ohne Kopf und Gurgeln
Lieblich in der Pfanne schmurgeln. –

Eben geht mit einem Teller
Witwe Bolte in den Keller,
Daß sie von dem Sauerkohle
Eine Portion sich hole,
Wofür sie besonders schwärmt,
Wenn er wieder aufgewärmt. –

Unterdessen auf dem Dache
Ist man tätig bei der Sache.
Max hat schon mit Vorbedacht
Eine Angel mitgebracht. –

Schnupdiwup! da wird nach oben
Schon ein Huhn her aufgehoben.
Schnupdiwup! jetzt Numro zwei;
Schnupdiwup! jetzt Numro drei;
Und jetzt kommt noch Numro vier:
Schnupdiwup! dich haben wir!! –
Zwar der Spitz sah es genau,
Und er bellt: Rawau! Rawau!

Aber schon sind sie ganz munter
Fort und von dem Dach herunter. –

Na! Das wird Spektakel geben,
Denn Frau Bolte kommt soeben;
Angewurzelt stand sie da,
Als sie nach der Pfanne sah.

Alle Hühner waren fort –
»Spitz!!« – das war ihr erstes Wort. –

»Oh, du Spitz, du Ungetüm!!
Aber wart! ich komme ihm!!!«

Mit dem Löffel, groß und schwer,
Geht es über Spitzen her;
Laut ertönt sein Wehgeschrei,
Denn er fühlt sich schuldenfrei. –

Max und Moritz im Verstecke
Schnarchen aber an der Hecke,
Und vom ganzen Hühnerschmaus
Guckt nur noch ein Bein heraus.

Dieses war der zweite Streich,
Doch der dritte folgt sogleich.

DRITTER STREICH

Jedermann im Dorfe kannte
Einen, der sich Bock benannte. –

Alltagsröcke, Sonntagsröcke,
Lange Hosen, spitze Fräcke,
Westen mit bequemen Taschen,
Warme Mäntel und Gamaschen –
Alle diese Kleidungssachen
Wußte Schneider Bock zu machen. –
Oder wäre was zu flicken,
Abzuschneiden, anzustücken,
Oder gar ein Knopf der Hose
Abgerissen oder lose –
Wie und wo und was es sei,
Hinten, vorne, einerlei –
Alles macht der Meister Bock,
Denn das ist sein Lebenszweck. –
Drum so hat in der Gemeinde
Jedermann ihn gern zum Freunde. –
Aber Max und Moritz dachten,
Wie sie ihn verdrießlich machten. –

Nämlich vor des Meisters Hause
Floß ein Wasser mit Gebrause.

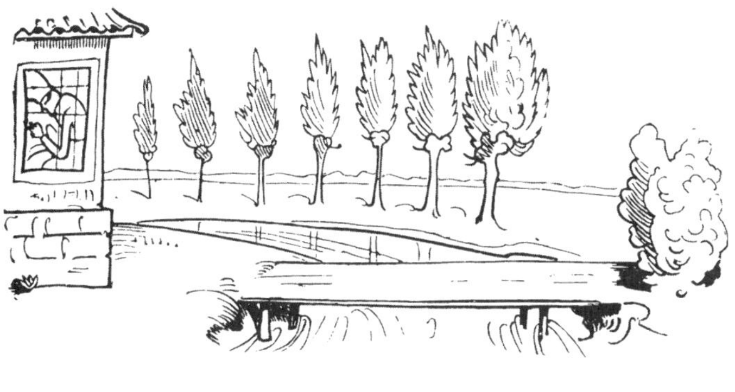

Übers Wasser führt ein Steg
Und darüber geht der Weg. –

Max und Moritz, gar nicht träge,
Sägen heimlich mit der Säge,
Ritzeratze! voller Tücke,
In die Brücke eine Lücke. –

Als nun diese Tat vorbei,
Hört man plötzlich ein Geschrei:

»He, heraus! du Ziegen-Böck!
Schneider, Schneider, meck, meck, meck!!«-
Alles konnte Bock ertragen,
Ohne nur ein Wort zu sagen;
Aber wenn er dies erfuhr,
Ging's ihm wider die Natur.

Schnelle springt er mit der Elle
Über seines Hauses Schwelle,
Denn schon wieder ihm zum Schreck
Tönt ein lautes: »Meck, meck, meck!!«

Und schon ist er auf der Brücke,
Kracks! die Brücke bricht in Stücke:

Wieder tönt es: »Meck, meck, meck!«
Plumps! Da ist der Schneider weg!

Grad als dieses vorgekommen,
Kommt ein Gänsepaar geschwommen,
Welches Bock in Todeshast
Krampfhaft bei den Beinen faßt.

Beide Gänse in der Hand,
Flattert er auf trocknes Land.

Übrigens bei alle dem
Ist so etwas nicht bequem;

Wie denn Bock von der Geschichte
Auch das Magendrücken kriegte.

Hoch ist hier Frau Bock zu preisen!
Denn ein heißes Bügeleisen,
Auf den kalten Leib gebracht,
Hat es wieder gut gemacht. –

Bald im Dorf hinauf, hinunter,
Hieß es: Bock ist wieder munter!!

Dieses war der dritte Streich,
Doch der vierte folgt sogleich.

VIERTER STREICH

Also lautet ein Beschluß:
Daß der Mensch was lernen muß. –
Nicht allein das ABC
Bringt den Menschen in die Höh';
Nicht allein im Schreiben, Lesen
Übt sich ein vernünftig Wesen;
Nicht allein in Rechnungssachen
Soll der Mensch sich Mühe machen;
Sondern auch der Weisheit Lehren
Muß man mit Vergnügen hören. –

Daß dies mit Verstand geschah,
War Herr Lehrer Lämpel da. –

Max und Moritz, diese beiden,
Mochten ihn darum nicht leiden;
Denn wer böse Streiche macht,
Gibt nicht auf den Lehrer acht. –

Nun war dieser brave Lehrer
Von dem Tobak ein Verehrer,
Was man ohne alle Frage
Nach des Tages Müh und Plage
Einem guten, alten Mann
Auch von Herzen gönnen kann. –

Max und Moritz, unverdrossen,
Sinnen aber schon auf Possen,
Ob vermittels seiner Pfeifen
Dieser Mann nicht anzugreifen. –

Einstens, als es Sonntag wieder
Und Herr Lämpel brav und bieder
In der Kirche mit Gefühle
Saß vor seinem Orgelspiele,
Schlichen sich die bösen Buben
In sein Haus und seine Stuben,
Wo die Meerschaumpfeife stand;
Max hält sie in seiner Hand;

Aber Moritz aus der Tasche
Zieht die Flintenpulverflasche,
Und geschwinde, stopf, stopf, stopf!
Pulver in den Pfeifenkopf. –
Jetzt nur still und schnell nach Haus,
Denn schon ist die Kirche aus. –

Eben schließt in sanfter Ruh'
Lämpel seine Kirche zu;

Und mit Buch und Notenheften,
Nach besorgten Amtsgeschäften,

Lenkt er freudig seine Schritte,
Zu der heimatlichen Hütte.

Und voll Dankbarkeit sodann,
Zündet er sein Pfeifchen an.

»Ach!« – spricht er – »die größte Freud'
Ist doch die Zufriedenheit!! -«

Rums!! – Da geht die Pfeife los
Mit Getöse, schrecklich groß.
Kaffeetopf und Wasserglas,
Tobaksdose, Tintenfaß,
Ofen, Tisch und Sorgensitz –
Alles fliegt im Pulverblitz. –

Als der Dampf sich nun erhob,
Sieht man Lämpel, der – gottlob! –
Lebend auf dem Rücken liegt;
Doch er hat was abgekriegt.

Nase, Hand, Gesicht und Ohren
Sind so schwarz als wie die Mohren,
Und des Haares letzter Schopf
Ist verbrannt bis auf den Kopf. –

Wer soll nun die Kinder lehren
Und die Wissenschaft vermehren?
Wer soll nun für Lämpel leiten
Seine Amtestätigkeiten?
Woraus soll der Lehrer rauchen,
Wenn die Pfeife nicht zu brauchen??

Mit der Zeit wird alles heil,
Nur die Pfeife hat ihr Teil.

Dieses war der vierte Streich,
Doch der fünfte folgt sogleich.

FÜNFTER STREICH

Wer im Dorfe oder Stadt
Einen Onkel wohnen hat,
Der sei höflich und bescheiden,
Denn das mag der Onkel leiden. –
Morgens sagt man: »Guten Morgen!
Haben Sie was zu besorgen?«
Bringt ihm, was er haben muß:
Zeitung, Pfeife, Fidibus. –
Oder sollt' es wo im Rücken
Drücken, beißen oder zwicken,
Gleich ist man mit Freudigkeit
Dienstbeflissen und bereit. –
Oder sei's nach einer Prise,
Daß der Onkel heftig niese,
Ruft man: »Prosit!« allsogleich,
»Danke, wohl bekomm' es Euch!« –
Oder kommt er spät nach Haus,
Zieht man ihm die Stiefel aus,
Holt Pantoffel, Schlafrock, Mütze,
Daß er nicht im Kalten sitze –
Kurz, man ist darauf bedacht,
Was dem Onkel Freude macht. –

Max und Moritz ihrerseits
Fanden darin keinen Reiz. –
Denkt euch nur, welch' schlechten Witz
Machten sie mit Onkel Fritz! –

Jeder weiß, was so ein Mai-
Käfer für ein Vogel sei.
In den Bäumen hin und her
Fliegt und kriecht und krabbelt er.

Max und Moritz, immer munter,
Schütteln sie vom Baum herunter.

In die Tüte von Papiere
Sperren sie die Krabbeltiere.

Fort damit, und in die Ecke
Unter Onkel Fritzens Decke!

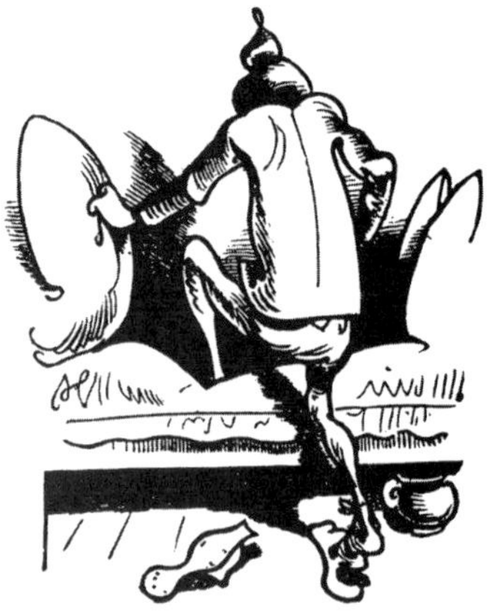

Bald zu Bett geht Onkel Fritze
In der spitzen Zippelmütze;

Seine Augen macht er zu,
Hüllt sich ein und schläft in Ruh.

Doch die Käfer, kritze, kratze!
Kommen schnell aus der Matratze.

Schon faßt einer, der voran,
Onkel Fritzens Nase an.

»Bau!!« schreit er – »Was ist das hier?!!«
Und erfaßt das Ungetier.

Und den Onkel, voller Grausen,
Sieht man aus dem Bette sausen.

»Autsch!!« – Schon wieder hat er einen
Im Genicke, an den Beinen;

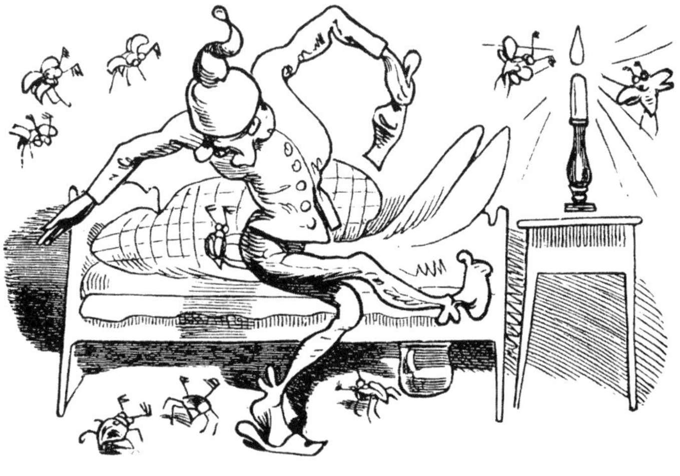

Hin und her und rund herum
Kriecht es, fliegt es mit Gebrumm.

Onkel Fritz, in dieser Not,
Haut und trampelt alles tot.

Guckste wohl! Jetzt ist's vorbei
Mit der Käferkrabbelei!!

Onkel Fritz hat wieder Ruh'
Und macht seine Augen zu.

Dieses war der fünfte Streich,
Doch der sechste folgt sogleich.

SECHSTER STREICH

In der schönen Osterzeit,
Wenn die frommen Bäckersleut'
Viele süße Zuckersachen
Backen und zurechte machen,
Wünschten Max und Moritz auch
Sich so etwas zum Gebrauch. –

Doch der Bäcker, mit Bedacht,
Hat das Backhaus zugemacht.

Also, will hier einer stehlen,
Muß er durch den Schlot sich quälen. –

Ratsch!! – Da kommen die zwei Knaben
Durch den Schornstein, schwarz wie Raben.

Puff! – Sie fallen in die Kist',
Wo das Mehl darinnen ist.

Da! Nun sind sie alle beide
Rund herum so weiß wie Kreide.

Aber schon mit viel Vergnügen
Sehen sie die Brezeln liegen.

Knacks!! – Da bricht der Stuhl entzwei.

Schwapp!! – Da liegen sie im Brei.

Ganz von Kuchenteig umhüllt,
Stehn sie da als Jammerbild. –

Gleich erscheint der Meister Bäcker
Und bemerkt die Zuckerlecker.

Eins, zwei, drei! – eh' man's gedacht,
Sind zwei Brote draus gemacht.

In dem Ofen glüht es noch –
Ruff!! – damit ins Ofenloch!

Ruff!! Man zieht sie aus der Glut;
Denn nun sind sie braun und gut. –

Jeder denkt, »die sind perdü!«
Aber nein! – noch leben sie! –

Knusper knasper! – Wie zwei Mäuse
Fressen sie durch das Gehäuse;

Und der Meister Bäcker schrie:
»Ach herrje! da laufen sie!!« –

Dieses war der sechste Streich,
Doch der letzte folgt sogleich.

LETZTER STREICH

Max und Moritz, wehe euch!
Jetzt kommt euer letzter Streich!

Wozu müssen auch die beiden
Löcher in die Säcke schneiden?? –

Seht, da trägt der Bauer Mecke
Einen seiner Maltersäcke. –

Aber kaum, daß er von hinnen,
Fängt das Korn schon an zu rinnen.

Und verwundert steht und spricht er:
»Zapperment! Dat Ding werd lichter!«

Hei! Da sieht er voller Freude
Max und Moritz im Getreide.

Rabs!! – In seinen großen Sack
Schaufelt er das Lumpenpack.

Max und Moritz wird es schwüle,
Denn nun geht es nach der Mühle. –

»Meister Müller, he, heran!
Mahl' er das, so schnell er kann!«

»Her damit!!« Und in den Trichter
Schüttelt er die Bösewichter. –

Rickeracke! Rickeracke!
Geht die Mühle mit Geknacke.

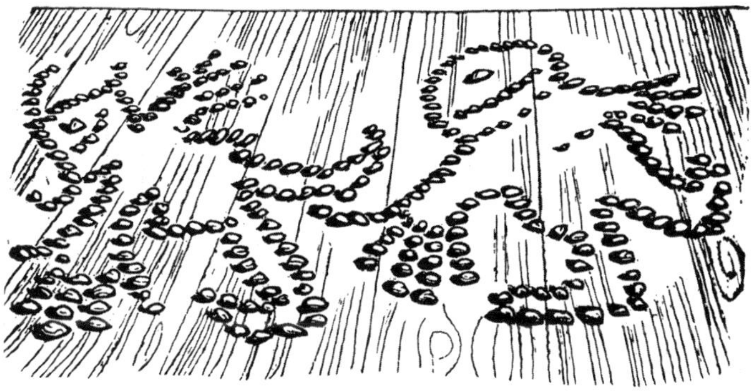

Hier kann man sie noch erblicken
Fein geschroten und in Stücken.

Doch sogleich verzehret sie
Meister Müllers Federvieh.

SCHLUSS

Als man dies im Dorf erfuhr,
War von Trauer keine Spur.
Witwe Bolte, mild und weich,
Sprach: »Sieh da, ich dacht' es gleich!«
»Ja, ja, ja!« rief Meister Böck,
»Bosheit ist kein Lebenszweck!«
Drauf, so sprach Herr Lehrer Lämpel:
»Dies ist wieder ein Exempel!«
»Freilich!« meint der Zuckerbäcker,
»Warum ist der Mensch so lecker?!«
Selbst der gute Onkel Fritze
Sprach: »Das kommt von dumme Witze!«
Doch der brave Bauersmann
Dachte: »Wat geiht meck dat an?!«
Kurz, im ganzen Ort herum
Ging ein freudiges Gebrumm:
»Gott sei Dank! Nun ist's vorbei
Mit der Übeltäterei!!«

HANS HUCKEBEIN

Der Unglücksrabe

Hier sieht man Fritz, den muntern Knaben,
Nebst Huckebein, dem jungen Raben.

Und dieser Fritz, wie alle Knaben,
Will einen Raben gerne haben.

Schon rutscht er auf dem Ast daher,
Der Vogel, der mißtraut ihm sehr.

Schlapp! macht der Fritz von seiner Kappe
Mit Listen eine Vogelklappe.

Beinahe hätt' er ihn! – Doch ach!
Der Ast zerbricht mit einem Krach.

In schwarzen Beeren sitzt der Fritze,
Der schwarze Vogel in der Mütze.

Der Knabe Fritz ist schwarz betupft;
Der Rabe ist in Angst und hupft.

Der schwarze Vogel ist gefangen,
Er bleibt im Unterfutter hangen.

»Jetzt hab' ich dich, Hans Huckebein,
Wie wird sich Tante Lotte freun!«

Die Tante kommt aus ihrer Tür;
»Ei!« spricht sie, »welch ein gutes Tier!«

Kaum ist das Wort dem Mund entflohn,
Schnapp! – hat er ihren Finger schon.

»Ach!« ruft sie, »er ist doch nicht gut!
Weil er mir was zuleide tut!!«

Hier lauert in des Topfes Höhle
Hans Huckebein, die schwarze Seele.

Den Knochen, den der Spitz gestohlen,
Will dieser jetzt sich wieder holen.

So ziehn mit Knurren und Gekrächz
Der eine links, der andre rechts.

Schon denkt der Spitz, daß er gewinnt,
Da zwickt der Rabe ihn von hint'.

O weh! Er springt auf Spitzens Nacken,
Um ihm die Haare auszuzwacken.

Der Spitz, der ärgert sich bereits
Und rupft den Raben seinerseits.

Derweil springt mit dem Schinkenbein
Der Kater in den Topf hinein.

Da sitzen sie und schaun und schaun. –
Dem Kater ist nicht sehr zu traun.

Der Kater hakt den Spitz, der schreit,
Der Rabe ist voll Freudigkeit.

Schnell faßt er, weil der Topf nicht ganz,
Mit schlauer List den Katerschwanz.

Es rollt der Topf. Es krümmt voll Quale
Des Katers Schweif sich zur Spirale.

Und Spitz und Kater fliehn im Lauf. –
Der größte Lump bleibt obenauf!! –

Nichts Schönres gab's für Tante Lotte
Als schwarze Heidelbeerkompotte.

Doch Huckebein verschleudert nur
Die schöne Gabe der Natur.

Die Tante naht voll Zorn und Schrecken;
Hans Huckebein verläßt das Becken.

Und schnell betritt er, angstbeflügelt,
Die Wäsche, welche frisch gebügelt.

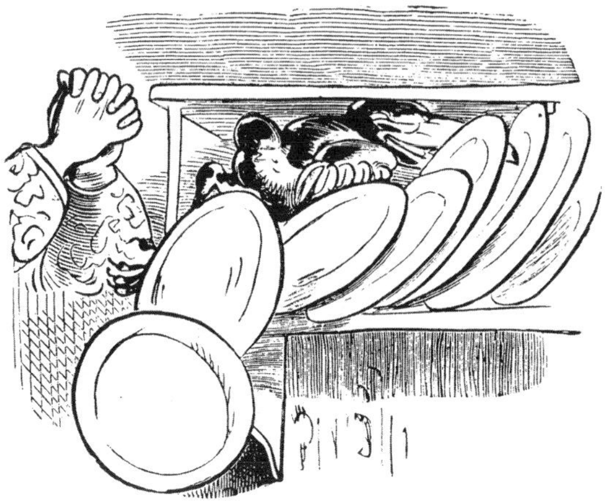

O weh! Er kommt ins Tellerbord;
Die Teller rollen rasselnd fort.

Auch fällt der Korb, worin die Eier –
Ojemine! – und sind so teuer!

Patsch! fällt der Krug. Das gute Bier
Ergießt sich in die Stiefel hier.

Und auf der Tante linken Fuß
Stürzt sich des Eimers Wasserguß.

Sie hält die Gabel in der Hand,
Und auch der Fritz kommt angerannt.

Perdums! Da liegen sie. – Dem Fritze
Dringt durch das Ohr die Gabelspitze.

Dies wird des Raben Ende sein –
So denkt man wohl – doch leider nein!

Denn – schnupp! – der Tante Nase faßt er;
Und nochmals triumphiert das Laster!

Jetzt aber naht sich das Malheur,
Denn dies Getränk ist Likör.

Es duftet süß. – Hans Huckebein
Taucht seinen Schnabel froh hinein.

Und läßt mit stillvergnügtem Sinnen
Den ersten Schluck hinunterrinnen.

Nicht übel! Und er taucht schon wieder
Den Schnabel in die Tiefe nieder.

Er hebt das Glas und schlürft den Rest,
Weil er nicht gern was übrigläßt.

Ei, ei! Ihm wird so wunderlich,
So leicht und doch absunderlich.

Er krächzt mit freudigem Getön
Und muß auf einem Beine stehn.

Der Vogel, welcher sonsten fleucht,
Wird hier zu einem Tier, was kreucht.

Und Übermut kommt zum Beschluß,
Der alles ruinieren muß.

Er zerrt voll roher Lust und Tücke
Der Tante künstliches Gestricke.

Der Tisch ist glatt – der Böse taumelt –
Das Ende naht – sieh da! Er baumelt.

»Die Bosheit war sein Hauptpläsier,
Drum«, spricht die Tante, »hängt er hier!«

BILDERGESCHICHTEN

DAS BAD AM SAMSTAGABEND

Hier sieht man Bruder Franz und Fritzen
Zu zweit in einer Wanne sitzen.

Denn Reinlichkeit ist für die zwei
Am Ende doch nur Spielerei. –

Die alte Lene geht; – und gleich
Da treibt man lauter dummes Zeug.

Jetzt will der Fritz beim Untertauchen
Nur seinen einen Finger brauchen.

Natürlich läuft ihm was ins Ohr,
Dem Franz kommt dieses lustig vor.

Das ärgert aber Bruder Fritzen,
Drum fängt er an, den Franz zu spritzen.

Doch der mit seiner großen Zehe
Tut Fritzen an der Nase wehe;

Dafür taucht Fritz den Kopf ihm nieder,
Was so im Wasser sehr zuwider.

Franz aber zieht an Fritzens Bein;
Der zappelt sehr und kann nicht schrein.

In Mund und Auge, zornentbrannt,
Greift jetzt die rachbegier'ge Hand.

Die Wanne wird zu enge
Für dieses Kampfgedränge.

Perdatsch!! – Die alte, brave Lene
Kommt leider grad zu dieser Szene.

Sie spricht voll Würde und voll Schmerz:
»Die Reinlichkeit ist nicht zum Scherz!!«

Und die Moral von der Geschicht':
Bad zwei in einer Wanne nicht!

DAS PUSTEROHR

Hier sitzt Herr Bartelmann im Frein
Und taucht sich eine Brezel ein.

Der Franz mit seinem Pusterohr
Schießt Bartelmann ans linke Ohr.

»Ei, Zapperment« – so denkt sich der –
»Das kam ja wohl von unten her!«

»Doch nein« – denkt er – »es kann nicht sein!«
Und taucht die Brezel wieder ein.

Und – witsch – getroffen ist die Brezen,
Herrn Bartelmann erfaßt Entsetzen.

Und – witsch – jetzt trifft die Kugel gar
Das Aug', das sehr empfindlich war.

So daß dem braven Bartelmann
Die Träne aus dem Auge rann.

»Ei, Zapperment« – so denkt sich der –
»Das kommt ja wohl von oben her!«

Aujau! Er fällt – denn mit Geblase
Schießt Franz den Pfeil ihm in die Nase.

Da denkt Herr Bartelmann: »Aha!
Dies spitze Ding, das kenn' ich ja!«

Und freudig kommt ihm der Gedanke:
Der Franz steht hinter dieser Planke!

Und – klapp! schlägt er mit seinem Topf
Das Pusterohr tief in den Kopf!

Drum schieß mit deinem Püsterich
Auf keine alten Leute nicht!

DIE KÜHNE MÜLLERSTOCHTER

Es heult der Sturm, die Nacht ist graus,
Die Lampe schimmert im Müllerhaus.

Da schleichen drei Räuber wild und stumm
– Husch, husch! pist, pist! – ums Haus herum.

Die Müllerstochter spinnt allein,
Drei Räuber schaun zum Fenster herein.

Der zweite will Blut, der dritte will Gold,
Der erste, der ist dem Mädel hold.

Und als der erste steigt herein,
Da hebt das Mädchen den Mühlenstein.

Und – patsch! der Räuber lebt nicht mehr,
Der Mühlstein druckt ihn gar zu sehr.

Doch schon erscheint mordgierig-heiter
Und steigt durchs Loch der Räuber zweiter.

Ha! Hu! – Er ist, eh er's gewollt
Wie Rollenknaster aufgerollt.

Jetzt aber naht mit kühnem Schritte
Voll Goldbegierigkeit der dritte.

Schnapp! – ist der Hals ihm eingeklommen;
Er stirbt, weil ihm die Luft benommen.

So starben die drei ganz unverhofft.
O, Jüngling! da schau her!!!
So bringt ein einzig Mädchen oft
Drei Männer ins Malheur!!!!

DER SCHREIHALS

»Da, Lina, zieh ihm's Nachtzeug an,
Daß ich die Flasche wärmen kann.«

Die Mutter geht, und eh' sie scheidet,
Wird Willi schon des Hemds entkleidet.

Die Wäscherei gefällt ihm nicht,
Vor allen Dingen im Gesicht.

Doch schreit er nicht und hält ganz still,
Und läßt sich pudern, wo man will.

Kaum aber schnüret man ihn ein,
So fängt er auch schon an zu schrein.

Habäh – So tönt sein Wehgeschrei
Und lockt den Vater selbst herbei.

»Hier, halt ihn eben mal, Papa!
Ich geh' und rufe die Mama!«

Der Vater trommelt an den Scheiben,
Um Willis Trauer zu vertreiben.

Er läßt ihn in den Spiegel schaun. –
Der Willi schreit, bis daß er braun.

»Horch, Willi, horch, die Ticktackuhr!« –
Der Willi schreit noch ärger nur.

»Susu, mein Herz! Schlaf ein, schlaf ein!« –
Er fängt noch lauter an zu schrein.

Jetzt macht er einen Butzemann –
O weh! – nun geht's noch schlimmer an.

Mit List zeigt er die Zipfelhauben –
Umsonst! – der Willi will's nicht glauben.

Die Mutter öffnet grad die Tür:
»Mein Herz! Was machen sie mit dir?!!«

Die Mutter macht ein ernst Gesicht:
»Ja, was ist das? – Auch dieses nicht?!!«

Grad kommt die Tante auf Visite
Und ruft erschreckt: »Du meine Güte!!« –

Voll Weisheit öffnet sie den Bund. –
Da haben wir's! – Das war der Grund!

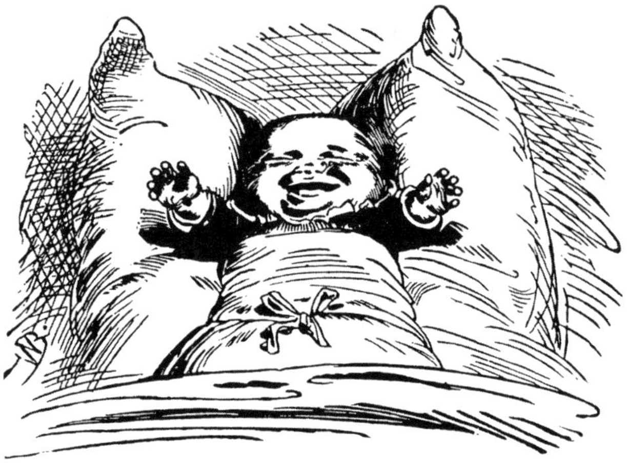

Und Willi, der von Schmerz befreit,
Lacht laut vor lauter Heiterkeit.

DIE PRISE

Der Herr Direktor sitzt beim Wein
Und schaut gar sehr verdrießlich drein.

Das Auge schweift ins Grenzenlose;
Die Hand greift nach der Tabaksdose.

Das wohlgeübte Fingerpaar
Erfaßt so viel, als möglich war.

Und sparsam, selbst im Überfluß,
Vertieft er sich in den Genuß.

Zwar fühlt er sich zunächst geniert,
Weil er nur halbe Wirkung spürt.

Doch soll ein mildes Nasenreiben
Die Sache fördern und betreiben.

Auch wird das Sacktuch, blaugeblümt,
Als Nasenfeile sehr gerühmt.

Und hilft auch alles dieses nicht,
So hilft ein Blick ins Sonnenlicht.

Die Spannung steigt, der Drang wird groß –
Nur still! gebt acht! – gleich drückt er los!

Haptschih! – Wer schnupft und dieses hört,
Der findet es beneidenswert.

Denn was die Seele dumpf umhüllt,
Wird plötzlich heiter, klar und mild.

Ja! – Sehr erheitert uns die Prise,
Vorausgesetzt, daß man auch niese!

DER WURSTDIEB

Hier hängt die Wurst – dort an der Mauer
Steht Louis heimlich auf der Lauer.

Und schon bemerkt man sein Bestreben,
Sich eine Wurst herauszuheben.

Jetzt hat er sie und schleicht davon;
Doch Graps, der Hund, erblickt ihn schon.

Eh' Louis denkt, daß er ihn packe,
Hat Graps ihn hinten bei der Jacke.

Die zwei, die schaun sich ins Gesicht,
Der eine froh, der andre nicht.

Graps aber trägt mit sanftem Schritte
Die Wurst zu seiner stillen Hütte.

Indessen Graps sich so ergötzt,
Hat Louis aufrecht sich gesetzt.

Und will ganz heimlich sich soeben
Aus dieser Gegend fortbegeben.

Doch Graps, der wachsam, zieht ihn wieder
Mit kühnem Griff nach hinten nieder.

Er legt sich klüglich auf die Spitze
Von Louis seiner Zipfelmütze.

Der treue Graps, der denkt sich: »Nun
Kann ich getrost ein wenig ruhn!«

Doch Louis zog ganz in der Stille
Den Kopf aus seiner spitzen Hülle;

Und wäre glücklich fast entkommen,
Hätt' ihn der Graps nicht festgenommen.

Er steht und darf sich nicht bewegen;
Von oben strömt ein kühler Regen.

Der Regen wird zu kaltem Reif;
Der Louis friert ganz starr und steif.

Der gute Nachbar sah ihn stehn
Und will mit ihm zum Ofen gehn.

Bauz! Klirr! – Er stolpert an der Schwelle;
Der Louis ist ein Eisgerölle.

Da nimmt der gute Nachbar schnell den Besen
Und fegt hinaus, was Louis einst gewesen.

SCHNURRDIBURR

oder

DIE BIENEN

O Muse! Reiche mir den Stift, den Faber
In Nürnberg fabrizieren muß!
Noch einmal sattle mir den harten Traber;
Den alten Stecken-Pegasus!
Nu jüh! – So reiten wir zu Imker Drallen
Und zu Christinen, welche schön,
Und zu Herrn Knörrje, dem sie sehr gefallen,
Und dessen Neffen, dem Eugen!

ERSTES KAPITEL

Sei mir gegrüßt, du lieber Mai,
Mit Laub und Blüten mancherlei!
Seid mir gegrüßt, ihr lieben Bienen,
Vom Morgensonnenstrahl beschienen!
Wie fliegt ihr munter ein und aus
In Imker Dralles Bienenhaus

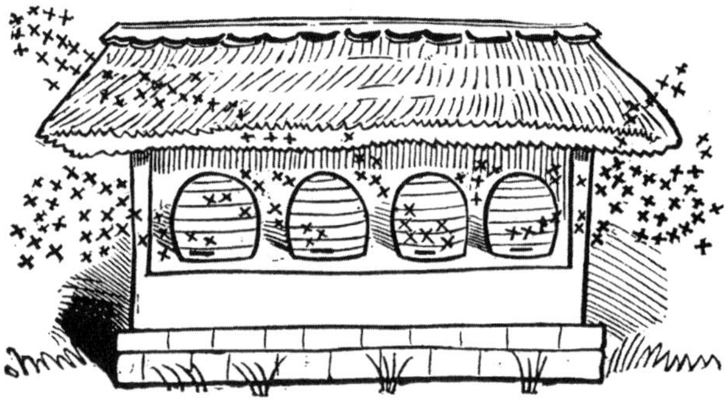

Und seid zu dieser Morgenzeit
So früh schon voller Tätigkeit.

Für Diebe ist hier nichts zu machen,
Denn vor dem Tore stehn die Wachen.

Und all die wackern Handwerksleute
Die hauen, messen stillvergnügt,
Bis daß die Seite sich zur Seite
Schön sechsgeeckt zusammenfügt.

Schau! Bienenlieschen in der Frühe
Bringt Staub und Kehricht vor die Tür;
Ja! Reinlichkeit macht viele Mühe,
Doch später macht sie auch Pläsier.

Wie zärtlich sorgte die Tante Linchen
Fürs liebe, kleine Wickelkind!
»Hol Wasser!« ruft sie, »liebes Minchen,
Und koch den Brei und mach geschwind!«

Auch sieht die Zofen man, die guten,
Schon emsig hin- und widergehn;
Denn Ihre Majestät geruhten
Höchstselbst soeben aufzustehn.

Und nur die alten Brummeldrohnen,
Gefräßig, dick und faul und dumm,
Die ganz umsonst im Hause wohnen,
Faulenzen noch im Bett herum.

»Hum!« brummelt so ein alter Brummer,
»Was, Dunner! ist es schon so spät!?
He, Trine! lauf einmal herummer,
Und bring uns Honigbrot und Met!« –
»Geduld!« ruft sie, »ihr alten Schlecker!«
Und fliegt zu Krokus, dem Bienenbäcker. –

»Hier diese Kringel, frisch und süße« –
So lispelt Krokus, »nimm sie hin;
Doch höre, sei so gut und grüße
Aurikelchen, die Kellnerin!«

Hier steht Aurikel in der Schenke
Und zapft den Gästen das Getränke.
Als sie den Brief gelesen hat,
Da schrieb sie auf ein Rosenblatt:

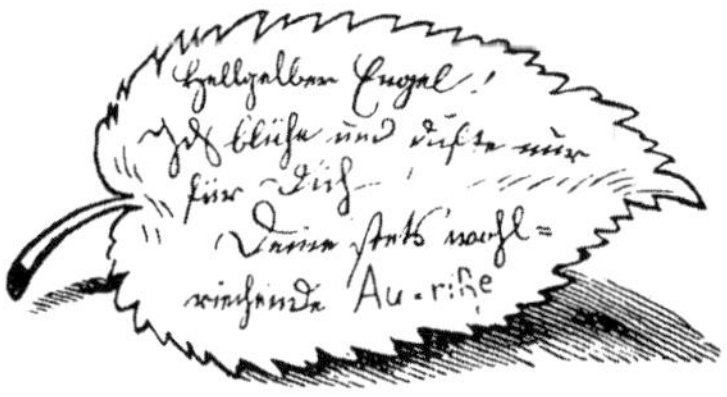

Schnell fliegt das Bienchen von Aurikel
Zu Krokus mit dem Herzartikel.

Jetzt heim! – Denn schon mit Zorngebrumme
Rumort und knurrt die Drohnenbrut:

»Du dumme Trine! Her die Mumme!
Wenn man nicht alles selber tut!«

ZWEITES KAPITEL

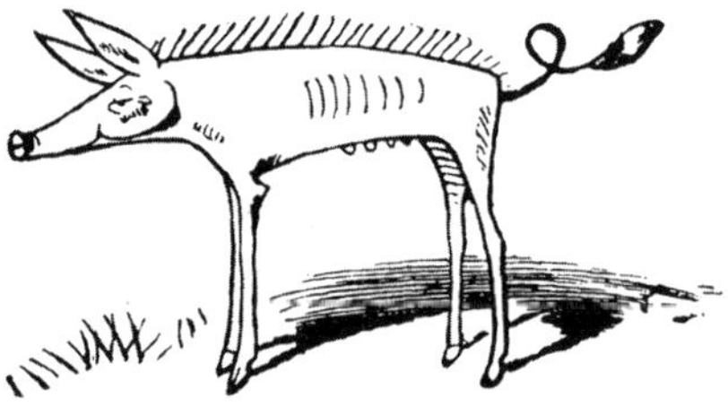

Hans Dralle hat ein Schwein gar nett,
Nur ist's nicht fett.

Es schnuppert keck in allen Ecken
Und schabt sich an den Bienenstöcken.

Die Bienen kommen schnell herfür
Und sausen auf das Borstentier.

U, ik! U, ik! – So hat's geschrien. –
Hans Dralle denkt: »Wat hat dat Swien?!«

Wie staunt Hans Dralle, als er's da
Schön abgerundet stehen sah!

Der Schweinekäufer geht vorüber:
»Was wollt Ihr für das Schwein, mein Lieber?«

»So'n twintig Daler, heb ick dacht!«
Hier sind sie, fertig, abgemacht!

Hans Dralle denkt sich still und froh:
»Wat schert et meck! Hei woll dat jo!«

Er stellt sich flugs vor seine Bienen
Und pfeift ein altes Lied von ihnen:

Fliege, liebe Biene, fliege
Über Berg und Tal
Auf die Blumen hin und wiege
Dich im Sonnenstrahl!
Kehre wieder, kehre wieder,
Wenn die Kelche zu;
Leg die süße Bürde nieder
Und geh auch zur Ruh!

Ei, ei! Was soll denn dieses geben?!
Zwei Bienen schon mit Wanderstäben?!

Hans Dralle schaut ins Immenloch:
»Wat Deuker! Hüte swarmt se noch!«

Die Luft ist klar, die Luft ist warm;
Hans Dralle wartet auf den Schwarm.

Ihm wird so dumm und immer dummer;
Hans Dralle sinkt in sanften Schlummer.

Tüt, tüt! Sim, sim! So tönt es leise
Im Bienenstocke her und hin;
Es sammelt sich das Volk im Kreise,
Denn also spricht die Königin:

»Auf, Kinder! Schnürt die Bündel zu!
Er schnarcht, der alte Staatsfilou!
Nennt sich gar noch Bienenvater!
Ein schöner Vater! Sagt, was tat er?
Und wozu taugt er?
Aus seinem Stinkehaken raucht er!
Ist ein Gequalm und ein Geblase,
Ewig hat man den Dampf in der Nase!
Da hält man sich nun im Sommer knapp,
Schleppt und quält und rackert sich ab;
Denkt sich was zurückzulegen,
In alten Tagen den Leib zu pflegen …
Ja wohl!
Kaum sind Kisten und Kasten voll,
Trägt uns der Schelm den Schwefel ins Haus
Und räuchert und bläst uns das Leben aus.
Kurzum! Er ist ein Schwerenöter!
Ein Honigdieb und Bienentöter!
Drum auf und folgt der Königin!!«

Schnurrdiburr! Da geht er hin!

DRITTES KAPITEL

Zuweilen brauchet die Familie
Als Suppenkraut die Petersilie.
Und da nun grad Christine Dralle
Heut morgen auch in diesem Falle,
So sieht man sie mit Wohlgefallen

In ihres Vaters Garten wallen.
Herrn Knörrjes Garten liegt daneben;
Und ach! sie denkt an Knörrje eben.
Zu Anfang schätzt sie ihn als Lehrer,
Dann aber immer mehr und mehrer;
Und also schlich die süße Pein
Sich peu à peu ins Herz hinein.
Die Liebe – meistens schmerzlich heiter
Vergißt gar leicht die Suppenkräuter;

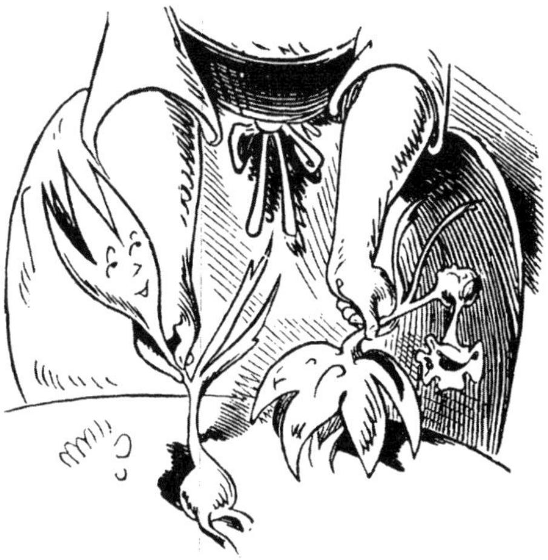

Sie liebt vielmehr die Blumenkelche,
Und auch Christine pflückt sich welche.

Aurikel – Krokus – diese Guten
Sind so vereint, eh sie's vermuten.

Christine aber läßt sich nieder
Unterm Flieder.
Herrn Knörrjes Neffe, der Eugen,
Hat dies mit Freuden angesehn;
Denn dieser Knab' von vierzehn Jahren,
So jung er ist und unerfahren,
Fühlt doch, obschon noch unbewußt,
Ein süßes Ahnen in der Brust.

Behutsam schleichend, auf der Lauer
Drückt er sich an die Gartenmauer;

Dann plötzlich macht er einen Satz,
Und – pitsch! – Christine kriegt'n Schmatz.

Und – schwapp! – da tönt's im tiefen Baß:
»Ha, Ungetüm, was ist denn das?!!«
Herr Knörrje schlägt mit seinem Stabe
Und tief gekränkt entflieht der Knabe.

Herr Knörrje aber faßt ans Kinn
Christinen seiner Nachbarin.

Er hebt es leise in die Höh' –
Ach ja! und sie errötete! –

»Hier diese Blumen, darf ich's wagen?«
Christine wagt nicht nein zu sagen.

Jetzt faßt er sanft ihr um das Mieder,
Ach ja! und sie errötet wieder.

Und jetzt, da gibt er gar zum Schluß
Dem guten Mädchen einen Kuß.

»Ade! Und also so um zehn
Beim Bienenhaus! Auf Wiedersehn!«
Eugen, der horcht, bemerkt mit Schmerzen
Das Einverständnis dieser Herzen. –

Nun steht er da und schreit und lärmt:
»He! Nachbar, he! Der Imme schwärmt!«

VIERTES KAPITEL

Hans Dralle, der noch immer schlief,
Als ihn Eugen so heftig rief,
Erwacht aus seinem sanften Traum –

Da hängt der Schwarm im Apfelbaum!

Schnell Kappe her und Korb und Leiter,
Sonst fliegt er noch am Ende weiter!

Gar wohl vermummt, doch ohne Bangen
Hat er den Schwarm bereits gefangen;

Hoch oben steht er kühn und grade,
Da sticht's ihn in die linke Wade.

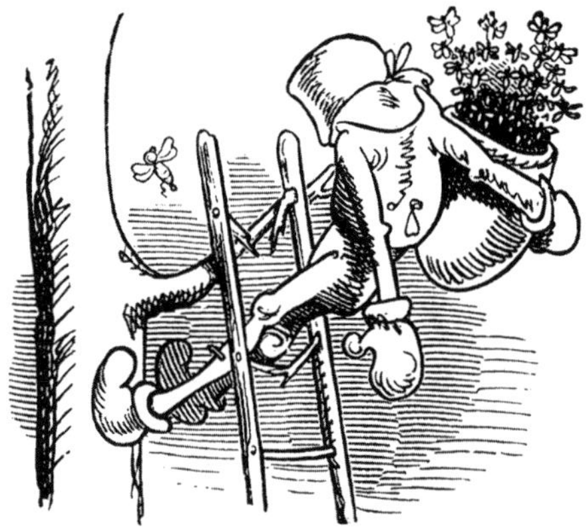

Au, jau! – Die erste Sprosse bricht,
Denn viel zu groß ist das Gewicht;

Und – kracks! – ist er herabgeschossen
Durch alle sieben Leitersprossen.

Die Bienen aber mit Gebraus
Sausen ums Haus.

Zwei Knaben sitzen an der Pfütze
Und spritzen mit der Wasserspritze. –
Die Bienen kümmern sich nicht drum,
Sie sausen weiter mit Gebrumm.

Den Besen schwingt die alte Grete,
Der Kirmesanton bläst Trompete.

Ernst, Fritz und Wilhelm pfeifen, schrein;
Der Schwarm läßt sich darauf nicht ein.

Jetzt ist er oben am Kamin,
Der Schornsteinfeger sieht ihn ziehn.

Jetzt geht er übers Kirchendach;
Krach! – schießt der Förster hinten nach.

Jetzt hinkt Hans Dralle auch daher;
Und jetzo sieht man gar nichts mehr.

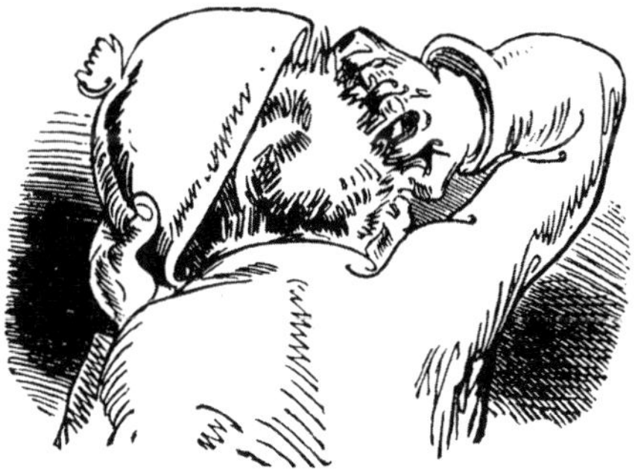

»Mi ärgert man« – denkt er – »datt dat
Min Nawer Knörrje seihen hat.«

FÜNFTES KAPITEL

So machet dem Apistikus
Die Schwärmerei gar viel Verdruß;
Und ganz besonders hat sie Drallen
Seit der Geschichte sehr mißfallen.
Doch solcherlei Verdrüsse pflegen
Die Denkungskräfte anzuregen.
»Platz mot'r sin!« – So denkt er weise,
Und macht zwo große Strohgehäuse.
»Recht guten Morgen auch, mein Lieber!«
Ruft Knörrje da zu ihm herüber.

»So fleißig?! Nun, wie geht es Ihnen?
Und dann, wie geht's den lieben Bienen?«
»Ja, ja, de Minsche mot sick plagen!«
»Mein Freund, das müssen Sie nicht sagen!
Die Immen sind ja ein Vergnügen,
Wie sie so umeinander fliegen;
Und standen auch in großem Ruhme
Bereits im grauen Heidentume.
So zum Exempel hielt Virgil,
Der ein Poet, von ihnen viel;
Denn als die römischen Legionen,
Die ja bekanntlich nichts verschonen,
Am Ende auch bei ihm erschienen,
Wer half ihm da, wie seine Bienen?«

Friedlich lächelt Virgil, umsäuselt von sumsenden Bienen;
Aber die runzlichte Schar bärtiger Krieger entfleucht!

»Wenn man de Schwarmerei nich wör!«
Sagt Dralle – »Datt ist dat Malheur«!
»Mein lieber Freund, das ist zum Lachen;
Ableger, Nachbar, müßt Ihr machen;
So habt Ihr, ehe man's gedacht,
Aus einem Stocke zwei gemacht;
Ableger, Freund, das heißt Methode!!«

»Adje! Dat is de nie Mode!!«

SECHSTES KAPITEL

Eugen, der nach dem Mittagessen
Im schattenkühlen Wald gesessen,

Sieht hier mit herzlichem Vergnügen
Aus einem Baume Bienen fliegen. –
Aha, das müssen wir versuchen,
Da drinnen gibt es Honigkuchen! –

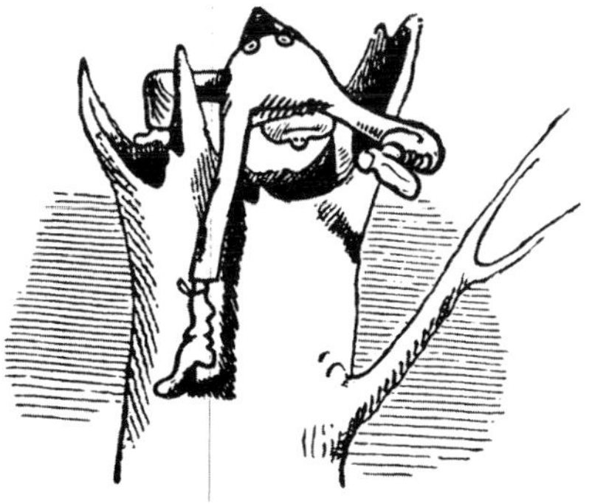

Schnell steigt der Eugen auf den Baum
Von oben in den hohlen Raum.

Nur Vorsicht, immer leise! – Schrapp!! –
Da rutscht er auf den Grund hinab.

Da sitzt er nun im Baume fest,
Die Beine stehn im Immennest,

Und leider haben auch nach oben
Die Hosenschläuche sich verschoben,

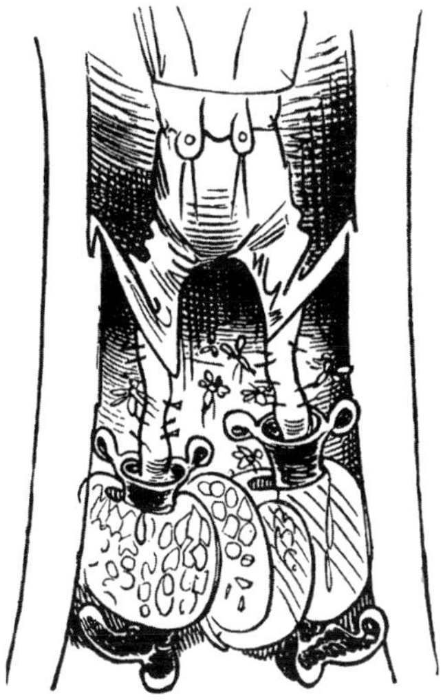

So daß auf seine bloßen Waden
Die Bienen ihren Zorn entladen. –

Ein alter, rupp'ger Tanzebär,
Der durchgebrannt, kommt auch daher.

»Da muß ich wohl von oben kommen!«
Denkt er – und ist hinaufgeklommen.

Ach! – Wie erschrak der Jüngling da,
Als er das Tier von hinten sah.

Uhuu! – Mit schrecklichem Geheul
Faßt er des Bären Hinterteil.

Dem Bären fährt es durch die Glieder,
Der Schreck treibt ihn nach oben wieder.

Er reißt den Knaben aus den Ritzen,

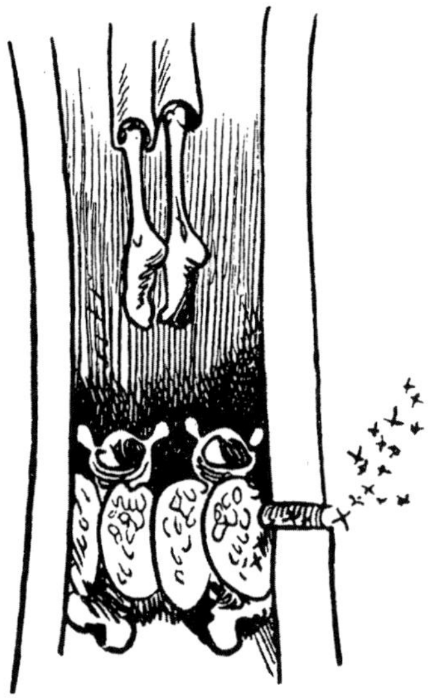

Doch beide Stiefel bleiben sitzen.

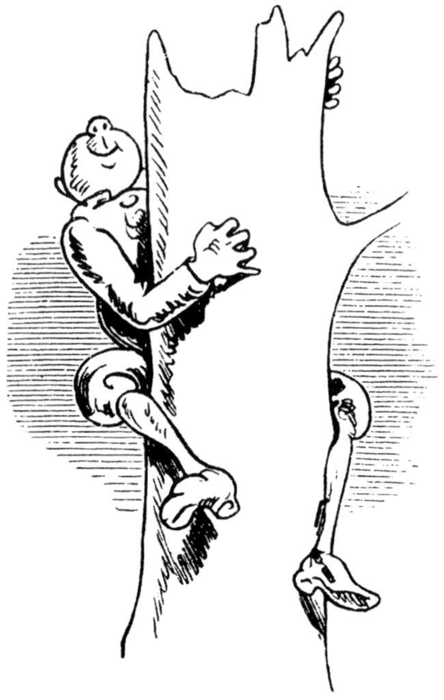

Grad ist Hans Dralle hergekommen
Und auch auf diesen Baum geklommen.

Habuh! – Was war das für ein Graus

Grad krabbelt da der Bär heraus.

Und alle drei kopfüber purzeln

Hernieder auf des Baumes Wurzeln,

Und grad kommt Förster Stakelmann
Und legt die lange Flinte an

Fürwahr! Er hätte ihn getroffen,
Wär' nur der Bär nicht fortgeloffen.

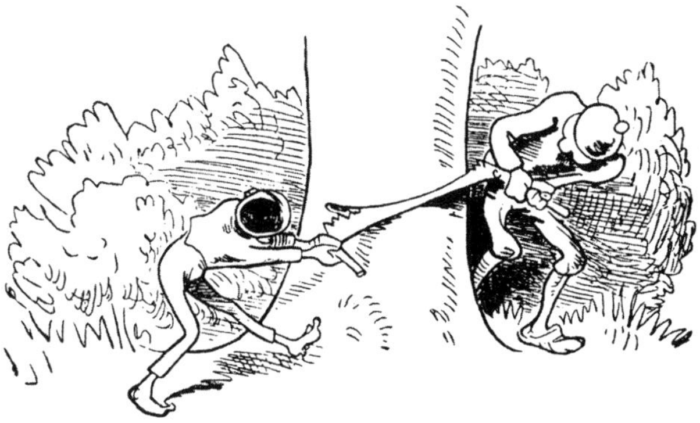

Jetzt eins, zwei, drei, geht man dabei
Und sägt den Honigbaum entzwei.

Und denkt nicht dran, daß man durchbohre
Des Jünglings beide Stiefelrohre.

Hans Dralle aber trägt Verlangen,
Das Bienenvolk sich einzufangen.
»Nu sühst du woll! Nu heb ick deck!«
Schnurr! Geht der Schwärm von unten weg.

SIEBENTES KAPITEL

Der Knabe Eugen, der indessen
Aufs Honigessen ganz versessen,
Gedenkt denselben ganz verstohlen
Aus Dralles Körben sich zu holen.

Ojemine! Ein ganzes Korps
Von Bienen rückt auf einmal vor,

Und pudelrauh ist der Eugen
Vom Kopf herab bis zu den Zeh'n.

Zum Glück ist Wasser in der Näh'. –
Perdums! Kopfüber in den See!

Sieh da! Er taucht schon wieder auf
Und eilt nach Haus in schnellem Lauf.

Dem guten Knaben ist recht übel!
Drum schnell mit ihm zu Doktor Siebel!
Der Doktor Siebel horcht am Magen:
»Da murkst ja einer, möcht' ich sagen!

Und judizier' ich, daß der Knabe
Ein Ungetier im Leibe habe;

Als welches wir sogleich mit Listen
Gewissermaßen fangen müßten!

Schau, schau! Da ist der Bösewicht!

Allez! – Der Schönste bist du nicht!«

Schnell huckt der Frosch zum nahen Teich
Und nimmt ein kühles Bad sogleich.
Er rüttelt sich, er schüttelt sich:
»Quarks dreckeckeck! Da danke ich!«

ACHTES KAPITEL

Man sollte denken, daß nach allen
Verdrüssen, welche vorgefallen,
Am Ende dieser gute Knabe
Vor Süßigkeiten Abscheu habe!
Ach nein! – Schon spekuliert der Tropf
Auf Vater Dralles Honigtopf,
Der, wie er weiß, auf einem Brett
Dicht über dessen Bette steht.

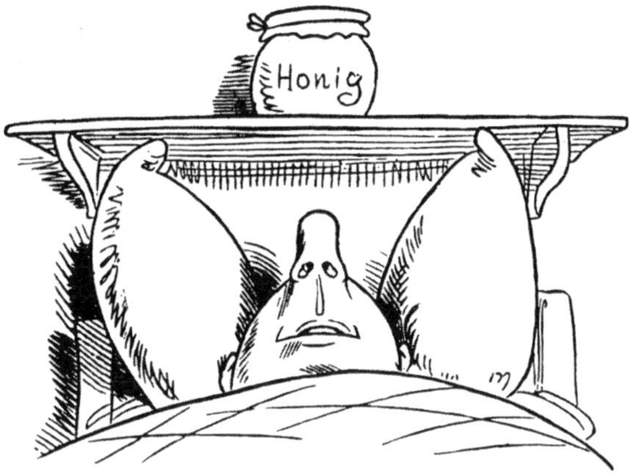

Als heut nun Dralle lag und schlief,
So gegen zehn recht fest und tief,

Da ist's ihm so, als ob was rauscht.
Hans Dralle spitzt das Ohr und lauscht.

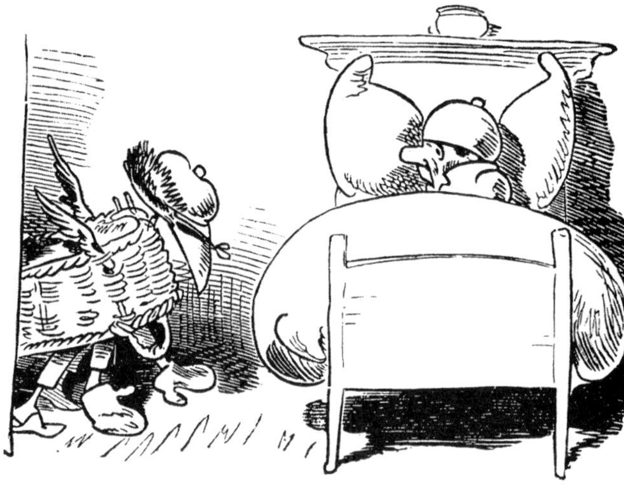

Ha! Schleicht nicht dort aus jener Tür
Ein greulich Phänomen herfür??!!

In seinen Augen kann man's lesen:
»Dies ist fürwahr kein menschlich Wesen!!«

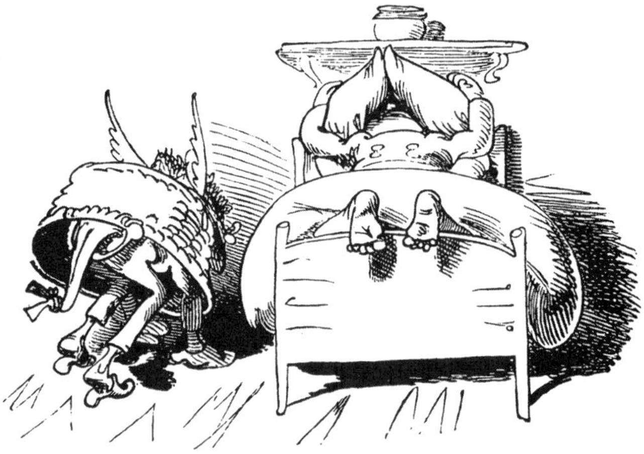

Ein Quadruped ist hier zu schauen,
Ein Flügeltier mit Schweif und Klauen.

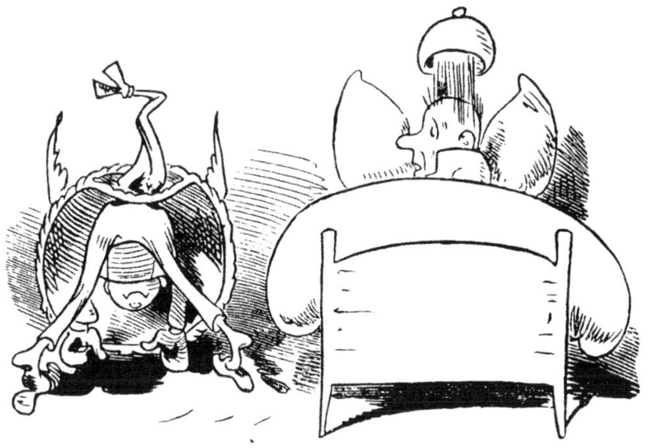

Hans Dralle steht das Haar nach oben,
Die Zipfelhaube wird gehoben.

Schon kommt's mit fürchterlichen Sprüngen,
Den Bienenvater zu verschlingen.

Und dumpf ertönt's wie Geisterstimmen:
»Hans Dralle, kiek na dinen Immen!«

Es hebt sich auf die Hintertatzen,
Man hört es an den Wänden kratzen.

Gottlob! Jetzt kehrt es wieder um!
Hans Dralle ist vor Schrecken stumm.

Ihm hängt der Schweiß an jedem Haar,
Bis das Phantom verschwunden war.

Bald drauf sitzt der Eugen zu Haus
Und schleckt den Topf voll Honig aus.

NEUNTES KAPITEL

Die Blumen, die Christine pflückte,
Womit sie Knörrje hochbeglückte,

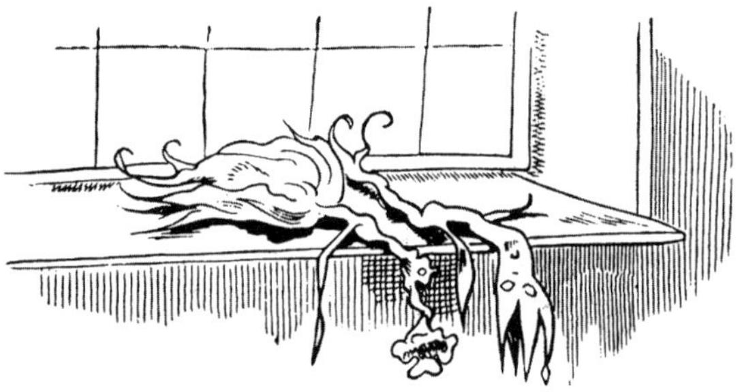

Sie hängen auf dem Fensterbord
Und sind verdorrt.

Herr Knörrje nimmt und legt sie nieder
Und preßt sie in sein Buch der Lieder,

Wo diese treuen Seelen nun
Auf ewig beieinander ruhn.

Vom Kirchenturme tönt es zehn,
Für Knörrje ist es Zeit zum Gehn.
Er eilt aus seiner stillen Klause
Zum Rendezvous beim Bienenhause.

Wo schon Christine harrend weilt
Und ihrem Freund entgegeneilt.

Doch horch! Was hör' ich dort sich regen?!
Es ist ein Dieb auf bösen Wegen.

Der Bienenraub ist sein Gewerbe;
Nur schnell hier in die großen Körbe!!

»Ja«, spricht der Dieb, »da ist's am besten,
Ich nehme gleich den allergrößten!«

Er packt sich richtig Knörrjen auf
Und eilt davon im Dauerlauf.

»Hoho«!« – schreit Knörrje – »wart, du Tropf!«
Und stülpt den Korb ihm übern Kopf.

Vergebens sucht er sich zu sträuben.
Er muß im Korbe sitzen bleiben.

Doch ach! Was muß Christine schaun?!
Der Zottelbär steigt übern Zaun,

Riecht in den Korb, und mit Geblase
Steckt er durchs Spundloch seine Nase.

Hier diesen Pflock, nur flink, nur flink!
Quer durch des Bären Nasenring!

Ja, brülle nur!
Die Nase geht nicht mehr retour!

So wär' nun alles wohlgelungen;
Die Liebenden stehn fest umschlungen.

Da naht Hans Dralle. – Die Geschichte
Sieht er mit staunendem Gesichte.

Er steht und staunt und wundert sich:
»Ne Kinders, düt verstah eck nich!«

Doch Knörrje, der das Wort genommen,
Erzählt, wie alles so gekommen.

»No ja!« – spricht Dralle – »Minetwegen!«
Und gibt dem Paare seinen Segen.

Schon stehn umher voll Schreckensfreude
Des Dorfes wack're Biederleute.

Der Förster will den Bären schießen,
Wenn sie ihn nur zufrieden ließen.

Die Wache naht. – Sie trägt sofort
Den Dieb an einen stillen Ort.

Und auch der Bärenführer kommt
Und nimmt den Bären, welcher brommt.

Der Anton stößt in die Trompete
Und »Vivat!« schreit die alte Grete;
Und »Vivat!« schreien sie nun alle,
»Vivat, es lebe unser Dralle!!« –

ZEHNTES KAPITEL

Die Nacht ist warm, die Menschen träumen
Und leise flüstert's in den Bäumen,
Und leise schleicht der Mondenschein
In Dralles Garten sich herein.

Von seinem Dämmerlicht beschienen,
In Gras und Blüten, summen Bienen.
Die feiern heut bei des Mais Beginn
Das Hochzeitsfest der Königin.

Schon sitzen im hohen Rosensaal
Die Königin und der Prinzgemahl.

Sie winkt – da schießet mit Getos
Der Bombardist den Böller los.

Zing, zing, traromm! – Und auf der Stelle
Ertönen die Klänge der Hofkapelle.

Die Fliege blus Trompete,
Der Mück Klarinette,
Die Hummel die Trummel
Der Heuschreck die Geigen;
Das gab fürwahr einen lustigen Reigen.

Schau! Holzbock, der Lange,
Ist eifrig im Gange
Mit Bienenlieschen
Auf zierlichen Füßchen,

Und da der Kleine
Mit Minchen, dem Bienchen,
Rührt auch die Beine.

Und seht mir nur das nette Trinchen!
Da macht ja wohl Herr Schröter
Den angenehmen Schwerenöter!

Im Apfelbaum sitzt auch der Mond
Und hat dem Feste beigewohnt.

Nun waren da auch zwei Maienkäfer,
Recht nette Bübchen,
Doch blöde Schäfer;
Die rauchen und trinken im Nebenstübchen,

Bis sie im nassen Grase liegen
Und können nicht mehr nach Hause fliegen.

Der Wächter Schuhu findet sie.
Er spricht: »Aha, das sind ja die!! –
Schon wieder mal!!« –

Und bringt sie in sein Wachtlokal.

Der Mond, der auch nicht recht mehr munter,
Hüllt sich in Wolken und geht unter.

DER HEILIGE ANTONIUS VON PADUA

VORWORT

Ach, ja, ja! – so seufz' ich immer –;
Denn die Zeit wird schlimm und schlimmer.
Oder kann in unsern Tagen
Einer wagen, nein! zu sagen,
Der mit kindlichem Gemüt
Morgens in die Zeitung sieht?

Hier Romane, dort Gedichte,
Malzextrakt und Kursberichte,
Näh- und Mäh- und Waschmaschinen,
Klauenseuche und Trichinen –
Dieses druckt man groß und breit –
Aber wo ist Frömmigkeit???

Hält denn nicht, o Sünd und Schand,
Weltlicher Arm die geistliche Hand,
Daß man also frech und frei
Greife den Beutel der Klerisei?!

Wehe! Selbst im guten Öster-
Reiche tadelt man die Klöster –

Und so weiter und so weiter –
Doch das Ende ist nicht heiter!!!
Ja, es ist abscheulich, greulich!!!
Aber siehe! wie erfreulich
Ist's dagegen, wenn wir lesen,
Wie man sonsten fromm gewesen;
Wie zum Beispiel Sankt Anton,
Unsrer Kirche großer Sohn,
Litt und stritt und triumphierte –
Kurz! – ein christlich Leben führte –
Dieses laßt uns mit Bemühen
Heute in Erwägung ziehen.

Erstens

FRÜHE TALENTE

Wennschon der Mensch, eh' er was wird,
Zuweilen strauchelt oder irrt,
Wennschon die Heiligen vor allen
Mitunter in Versuchung fallen –
So gilt doch dies Gesetz auf Erden:
Wer mal so ist, muß auch so werden!
Auch unser Toni zeigte früh
Zum Heil'gen mancherlei Genie. –
Man rechnet meistens zu den Lasten
Das kirchliche Gebot der Fasten;
Man fastet, weil man meint, man muß.
Für Toni aber war's Genuß!
Bouillon und Fleisch und Leberkloß,
Das war ihm alles tutmämschos.
Dagegen jene milden Sachen,
Die wir aus Mehl und Zucker machen,
Wozu man auch wohl Milch und Zimt
Und gute, sanfte Butter nimmt –
Ich will mal sagen: Mandeltorten,
Dampfnudeln, Krapfen aller Sorten,
Auch Waffel-, Honig-, Pfannenkuchen –
Dies pflegt' er häufig aufzusuchen.
Den Freitag war er gern allein,
Um sich besonders zu kastein.
Der Tag war ihm besonders heilig. –

Früh stund er auf und schlich sich eilig
Zur Scheune auf die kühle Tenne,
Denn Piccola, die kluge Henne,
Legt' hier versteckt in frisches Heu
Behutsam schon ihr Morgenei.

Er trank es aus. – Hier sehen wir,
Daß selbst das unvernünft'ge Tier
Mit sonst gedankenlosen Werken
Den Frommen fördern muß und stärken. –

Ein Gärtner wohnt ganz nahebei,
Der, im Besitz der Fischerei,
Doch, immer nur auf Fleisch bedacht,
Sich aus dem Freitag wenig macht
Und als ein pflichtvergess'ner Greis
Den christlichen Familienkreis
An diesem Tag beharrlich flieht,
In dunkle Ketzerkneipen zieht
Und da, als wär's am Kirchweihfest,
Sich Wurst und Braten geben läßt.

O pfui! – – Doch sieh! Der Toni kam,
Sobald der Fischer Abschied nahm.
Im traulich stillen Gartenraume
Pflückt er die Kirsche und die Pflaume,
Geht dann hinab zum Murmelbach
Und sieht des Fischers Angel nach;
So daß er manchen Fisch sodann
Der guten Mutter bringen kann. –

Gesegnet sind die Frommen! Ihnen
Muß jedes Ding zum Besten dienen!

Doch nicht allein die Fastenzeit
Fand ihn stets willig und bereit.
Nein! Auch die vielen Feiertage
Trug er geduldig ohne Klage.
So wie die braven, guten Alten
Pflegt' er die Kirchweih streng zu halten.

In allen Kirchen nah und fern
Ging er zur Beichte oft und gern,
Und gab der Beichte Zettel willig
An andre Knaben – aber billig.

Wenn Messe war, stets war er da;
Wo Julchen kniete, stand er nah;
Denn dieses Mädchen, ob es gleich
Schon älter war und etwas bleich,
Zog doch durch andachtsvollen Sinn
Den frommen Knaben zu sich hin.

Ihr guten Mädchen! Ach wie schön
Ist dieses Beispiel anzusehn! –

Zuweilen auch, bei kühler Zeit,
Trieb ihn der Geist der Einsamkeit,

So daß er morgens auf dem Pfühle,
Entfernt von Schul- und Weltgewühle,
Bis in den hellen Wintertag,
Ein stiller Klausner, sinnend lag. –

Kurzum! Man sah an diesem Knaben
Schon früh die Keime jener Gaben,
Die er in gnadenvoller Zeit
Gepflegt zum Ruhm der Christenheit.

Zweitens

LIEBE UND BEKEHRUNG

Ein Irrtum, welcher sehr verbreitet
Und manchen Jüngling irreleitet,
Ist der: daß Liebe eine Sache,
Die immer viel Vergnügen mache.

Antonio meinte dieses, als
Er größer wurde, ebenfalls. –

Denn ach! noch immer liebt' er ja
Die schon erwähnte Julia,
Selbst dann noch, als die Auserwählte
Sich einem Manne anvermählte. –

An einem Abend, kalt und bitter,
Als er, wie öfters schon, die Zither
Vor ihrem Fenster klagend schlägt,
Ob er vielleicht ihr Herz bewegt,

Pst! pst! ertönt es da hernieder –
Daß durch die halberstarrten Glieder
Ein wonnevoller Schrecken dringt. –
Pst! pst! Sieh da! Sie winkt, sie winkt! –
Von Hoffnungsflügeln sanft gehoben
Schwebt er treppauf und fliegt nach oben.

Wer möchte nicht, wenn er durchfroren,
Die halbverglasten, steifen Ohren
An einen warmen Busen drücken
Und so allmählich sich erquicken?

Antonio hoffte dieses, als
Er hergekommen ebenfalls.
Doch ach! kaum hat er Platz genommen,
Da hört man draußen schon was kommen.
Mit Husten und mit Sporenklang
Klirrt der Gemahl den Gang entlang.

»Schnell unters Faß!« – so ruft das Weib
Und stülpt's Antonio auf den Leib
Und auch die Katze wird erschreckt,
Wird in der Hast mit zugedeckt.

Der Hausherr fängt als Biedermann
Mit seiner Frau zu kosen an.

Antonio aber, sehr beengt,
Hat seine Finger eingezwängt.

Derweil verspüret hinterwärts
Am Schwanz die Katze großen Schmerz.

Sie meint: Antonio hat's getan!
Die Kralle kratzt, es beißt der Zahn.

Das Faß fällt um, der Lärm wird groß,
Die Katze läßt so leicht nicht los.

Mit seinem Degen stößt der Mann,
Antonio drückt sich, wie er kann,

Und kommt gekrochen und gefroren
Zu eines Klosters ernsten Toren

O Welt, mit uns ist's nun vorbei!
Ihr Weiber, fahrt mir aus dem Sinn!
Du Königin des Himmels, sei
Auch meines Herzens Königin!
Salve Regina!

Drittens

UNSERER FRAUEN BILDNIS

Ein hoffnungsvoller junger Mann
Gewöhnt sich leicht das Malen an! –
Auch Bruder Antonio, welcher nun,
Von seinen Sünden auszuruhn,
Zu Padua im Kloster lebt
Und geistlicher Bildung sich bestrebt,
Hat es gar bald herausgebracht,
Wie man die schönen Bilder macht,
Und malt auf Gold schön rot und blau
Das Bildnis unserer lieben Frau.
Umflattert von der Englein Chor
Tritt sie hervor aus des Himmels Tor.

Den blauen Mantel faßt die Linke;
Die Rechte sieht man sanft erhoben,
Halb drohend, halb zum Gnadenwinke,
So kommt die Königin von oben.

Doch ihr zu Füßen windet sich
Der Teufel schwarz und fürchterlich.
Dem Teufel war's nicht einerlei,
Daß er so gar abscheulich sei.
Er fängt alsbald das Grübeln an,
Wie er den Bruder kränken kann.

Ein Kloster lag nicht weit von hinnen,
Besetzt mit Karmeliterinnen,
Und war als Kustorin allda
Die fromme Jungfrau Laurentia. –
Bescheiden, still und glaubensfroh,
Hat sie der gute Antonio,
Den alles Gute stets ergötzt,
Schon längst von Herzen hochgeschätzt.
Natürlich im allgemeinen und überhaupt,
Wie's unsere heilige Kirche erlaubt.

Einst, als er so in stiller Nacht,
Von Träumen umgaukelt, halb schläft, halb wacht,
Tritt bei des Mondes Dämmerhelle
Schwester Laurentia in seine Zelle

Und beugt sich nieder und seufzt und spricht:
»Antonio, Lieber, kennst du mich nicht?
Ich bin entflohen aus des Klosters Zwang,
Konnt' nicht widerstehn meines Herzens Drang,
Bin aus Liebe zu dir und großem Verlangen
Mit dem Silbergerät davongegangen.
Auf, auf, Antonio! Tue desgleichen
Und laß uns in fremde Lande entweichen!«

Dem Bruder tät die Sache scheinen,
Nimmt die heiligen Gefäße aus den Schreinen,
Packt's in die Kutten emsiglich
Und läßt das Kloster hinter sich.

Aber da draußen im freien Feld
Ward ihm die Lieb' und Lust vergällt.
Statt der guten Jungfrau Laurentia
War plötzlich der leidige Satan da.

»Hei, hei!« – lacht der Teufel, »so ist's der Brauch.
Du maltest den Teufel, nun zahlt er auch!«

Flugs flog er auf, dem Kloster zu,
Und rüttelt die Patres aus ihrer Ruh.
Bruder Antonio wär' schier verzagt,
Ringt seine Hände, weint und klagt,

Vermeinend, daß aus dieser Beschwer
Nirgends ein Ausgang zu finden wär'!
Doch sieh! Aus dunklem Wolkenflor
Tritt unsre liebe Frau hervor.

»Sei getrost, Antonio, ich bin voller Gnaden,
Der böse Feind soll dir nicht schaden.
Mein Bildnis in des Klosters Hallen
Sah ich mit gnädigem Wohlgefallen!«
Sprach's und winkte mit der Hand,
Schwebte nach oben und verschwand.
Alsbald, so kommt der ganze Haufen
Der Klosterbrüder zugelaufen
Und führen mit vielem Heh! und Hoh!
Zum Kerker den guten Antonio.

Doch in der Früh, als das Glöcklein läutet
Und jeder hinab zur Metten schreitet, –
O Wunder! – da sitzt schon emsig und frei
Bruder Antonio vor seiner Staffelei!
Im Gefängnis aber in einer Ecken

Hockt der Teufel mit Knurren und Zähneblecken,
Der Prior tunkt ein den langen Wedel
Und besprengt ihm den harten Teufelsschädel,

Und plärrend und mit Ach! und Krach!
Fährt er ab mitsamt dem Fensterfach.
Recht nützlich ist die Malerei,
Wenn etwas Heiligkeit dabei.

Viertens

ZWEI STIMMEN VON OBEN

In Sachen des Klosters ausgesandt,
Kam Bruder Antonio einst über Land.
Und ihm zur Seite, mit leichtem Fuß,
Schritt Doktor Alopecius.
(Ach! das war auch so einer von denen!)
Rechts und links begrüßt er die ländlichen Schönen,
Faßt sie beim Kinn, anmutig-milde,
Schenkt ihnen gar schöne Heiligenbilde,
Und macht auch wohl so hin und wieder
Dominus vobiscum! über das Mieder.

Wie man denn meistens auf der Reis'
Die Schönheit der Natur erst recht zu würdigen weiß.
Bruder Antonio aber dagegen,
Dem nichts an irdischer Liebe gelegen,
Trug einzig allein in Herz und Sinn
Die süße Himmelskönigin.

Er wandelt abseit und schaut sich nicht um,
Er spricht das Salve und Sub tuum präsidium.
So zogen sie weiter. Der Tag verstrich.
Der Abend wird schwül. Es türmet sich
Ein grau Gewölke am Horizonte,
Worin's schon ferne zu donnern begonnte.

Doktor Alopecius, in diesen Sachen
Ein arger Spötter, spricht mit Lachen:
»Na, was hat denn wieder der alte Brummer?
Rumort ja schrecklich in den Wolken rummer?«
Und näher wälzt sich der Wolkenballen.
Gewaltig braust der Sturm. Die Donner schallen.
Bruder Antonio schaut sich nicht um,
Er spricht das Salve und Sub tuum präsidium.

Der Doktor aber nimmt sein Paraplü,
Spannt's auf und spricht: »Jetzt kommt die Brüh!!«
Horch! – Plötzlich wie des Gerichts Trompete,
Donnert von oben eine Stimme: »Töte!! Töte!!«

»Schon recht!!!« – ertönt voll Grimme
Eine zweite Stimme.
Huit! – Knatteradoms! – Ein Donnerkeil –

Und Alopecius hat sein Teil.
Bruder Antonio schaut sich nicht um,

Er betet das Salve und Sub tuum präsidium.
So wandelt er weiter in stillem Gebete. –

Und wieder donnert die erste Stimme:
»Töte! Töte!!!«

»Ja, töte, töte!! Sie leid't's halt nit!!!«
So ruft voll Grimme
Die zweite Stimme.

Und grollend zog das Wetter hinunter. –
Antonio aber, getrost und munter,
Zieht seines Weges fürderhin,

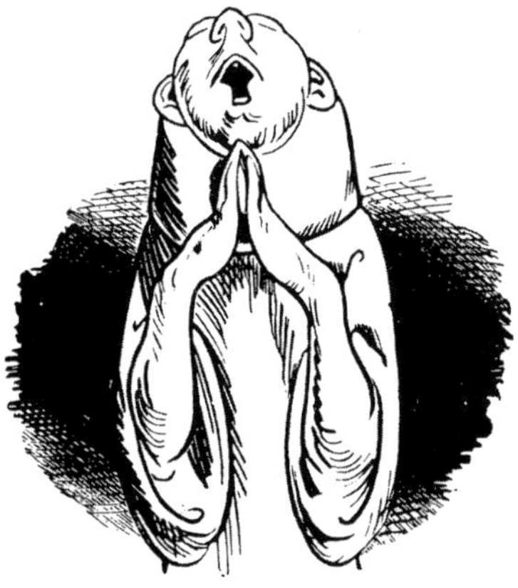

(Dank dir, o Himmelskönigin!)
Bis Padua, die werte Stadt,
Ihn wieder aufgenommen hat.

Fünftens

KIRCHWEIH

Gen Padua, wenn Kirchweih ist,
Wallfahrten die Bruderschaften;
Denn da erlangt der fromme Christ
Einen Ablaß von großen Kraften.

Die Bruderschaft und den Jungfernverband,
Die tut es gewaltig dürsten;
Drum ist ein Wirtshaus allda zur Hand
Mit Bier und schweinernen Würsten.

Und als man nachts zu Bette ging,
Nahm man sich nicht in achte,
Das Wirtshaus, welches Feuer fing,
Brannthell, als man erwachte.

Das Kloster mit seiner Kellerei
Liegt nahe in großen Nöten;
Die Mönche erhuben ein groß Geschrei,
Antonio hub an zu beten:

»Ave Maria, mundi spes!
Erhalt uns armen Mönchen –
Du weißt es ja, wir brauchen es –
Den Wein in unsern Tönnchen!«

Und sieh! Erloschen ist die Glut
Der gier'gen Feuerzungen;

Die frommen Brüder fassen Mut,
Sie waren so fröhlich und sungen:
»Der Saft, der aus der Traube quoll,
Kann heut ja wohl nicht schaden!
Juchhe! Wir sind ja wieder voll,
Ja wieder voller Gnaden!« –

Sechstens

BISCHOF RUSTICUS

Zu Padua war groß Gedränge
Der andachtsvollen Christenmenge.
Man eilt zu Kanzeln und Altären,
Den frommen Antonius zu hören,
Der sich alldorten seiner Predigt
Mit wunderbarer Kraft entledigt.
Auch tät er oft, vom Geist getrieben,
Herrliche Zeichen und Wunder verüben.
Jedoch die Kinder dieser Welt,
Denen so etwas selten gefällt,
Murren und munkeln so allerlei
Von Teufelskünsten und Zauberei
Und verklagen den frommen Antonius
Beim guten Bischof Rusticus.

Der Bischof läßt den Bruder kommen:
»Ich hab' von deiner Kunst vernommen!
Allein, mein Freund, wie ist der Glaube?«

Flugs nimmt Antonius seine Haube
Und hängt sie, wie an einen Pfahl,
An einen warmen Sonnenstrahl.

Der Bischof sprach: »Bravo! – Allein!
Dies kann auch Teufelsblendwerk sein!«
Nun spielte da im Sand herum
Ein Findelknabe, taub und stumm,
Und keiner hatte je erfahren,
Wer Vater oder Mutter waren. –
Antonius sprach: »Sag an, mein Kind,
Wer deine lieben Eltern sind!!«
O Wunder! Der bis diese Stund'
Nicht sprechen konnte, sprach jetzund:

»Der Bischof Rusticus, der ist ...«
»Ps–s–s–s–st!!!«
Sprach der Bischof – »Es ist schon recht!!!

Antonius, du bist ein Gottesknecht!!!«
Seit dieser Zeit sah groß und klein
Antonius mit dem Heiligenschein.

Siebtens

DIE BEICHTE

Es wohnte zu Padua ein Weib,
Bös von Seele, gut von Leib,
Genannt die schöne Monika. –
Als die den frommen Pater sah,
Verspürte sie ein groß Verlangen,
Auch ihn in ihre Netze zu fangen.
»Geht, rufet mir den heiligen Mann«, –
So sprach sie – »daß ich beichten kann!«
Er kam und trat ins Schlafgemach.
Sie war so krank, sie war so schwach.

»Sei mir gegrüßt, o heil'ger Mann!
Und höre meine Beichte an!«

Antonius sprach mit ernstem Ton:
»Fahre fort, meine Tochter, ich höre schon!«
»Am Freitag war es, vor acht Tagen –
Ach Gott! ich wag' es kaum zu sagen!
Es war schon spät, ich lag allein –
Da trat ein Freund zu mir herein.
Gewiß, ich konnte nichts dafür!
Er setzte sich ans Bett zu mir. .–. .
Ach, frommer Pater Antonio!
Wie Ihr da sitzt! Gerade so!«

Antonius sprach mit ernstem Ton:
»Fahre fort, meine Tochter, ich höre schon!«

»So saß er da und sprach kein Wort
Und sah mich an in einem fort
Und sah so fromm und freundlich drein –
Ich konnte ihm nicht böse sein!
Die Finger waren schlank und zart.
Blau war sein Auge, blond sein Bart …
Ach, guter Vater Antonio!
Gerade wie Euer! Gerade so!«

Antonius sprach mit ernstem Ton:
»Fahre fort, meine Tochter, ich höre schon!«

»Und leise tändelnd mit der Rechten
Berührt er meine losen Flechten,
Zieht meine Hand an seine Lippen,
Gar lieb und kosend dran zu nippen …
Ach, bester Vater Antonio,
So nippte er! Gerade so!!!«

Antonius sprach mit ernstem Ton:
»Fahre fort, meine Tochter, ich höre schon!«

»So nippte er – und nippt nicht lange –
Er preßt den Mund an meine Wange.
›Geliebte‹, sprach er, ›liebst du mich??‹

Ja, sprach ich, rasend lieb' ich dich!!
Ja, liebster, bester Antonio!

Ich liebe dich rasend, gerade so!!!«
Da sprach Antonius mit barschem Ton:

»Verruchtes Weib! Jetzt merk' ich's schon!«

Kehrt würdevoll sich um – und klapp!! –
Die Türe zu – geht er treppab.

Da sprach die schöne Monika,
Die dieses mit Erstaunen sah:
»Ich kenne doch so manchen Frommen,
So was ist mir nicht vorgekommen!!«

Achtens

WALLFAHRT

Ein Christ verspüret großen Drang,
Das heil'ge Grab zu sehn,
Drum will Antonius schon lang
Dahin wallfahrten gehn.

Es schickt sich, daß ein frommer Mann
Die Sache überlegt;
Er schafft sich einen Esel an,
Der ihm den Ranzen trägt.

So zogen sie hinaus zum Tor
Und fürder allgemach;
Der Heilige, der ging her vor,
Der Esel hinten nach.

Da kam aus seinem Hinterhalt
Ein Bär in schnellem Lauf;

Und greift den Esel alsobald
Und zehrt ihn mählich auf.

Antonius als guter Christ
Schaut's an mit Seelenruh:
»He, Alter! Wenn du fertig bist, –
Wohlan! – so trage du!«

Der heilige Antonius macht
Sich bald das Ding bequem,

Er setzt sich auf und reitet sacht
Bis nach Jerusalem.
Wo Salomonis Tempel stand,
Liegt mancher dicke Stein,

Den allerdicksten, den er fand
Packt Sankt Antonius ein.

Er sprach: »Den Stein, den nehm' ich mit!«
Der Bär, der macht: Brumm, brumm!

Das hilft ihm aber alles nit,
Wir kümmern uns nicht drum.

Der Bär, obschon ganz krumm und matt,
Setzt sich in kurzen Trab

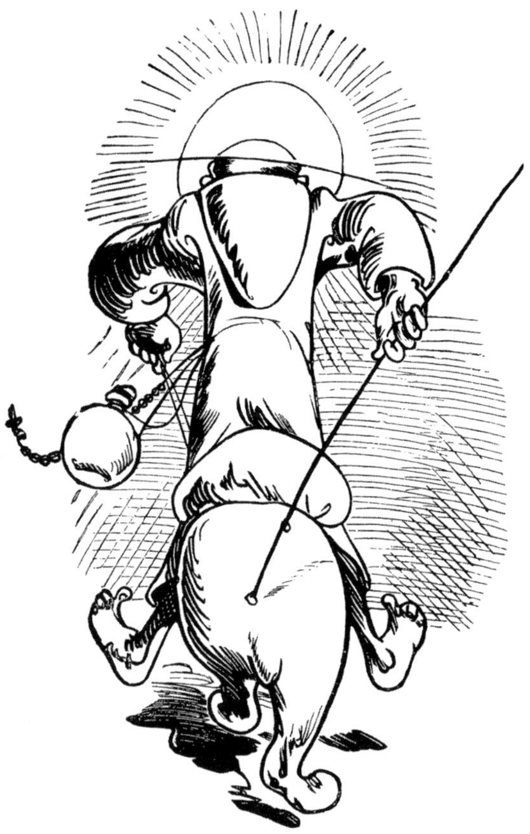

Bis hin nach Padua der Stadt;
Da stieg Antonius ab.

Und milde sprach der heil'ge Mann:

»Mein Freund, du kannst nun gehn!
Und wie es einem gehen kann,
Das hast du nun gesehn!«

Der Bär, als er zum Walde schlich,
Der brummte vor sich her:

»Mein Leben lang bekümmr' ich mich
Um keinen Esel mehr!«

Neuntens

LETZTE VERSUCHUNG

Der heilige Antonius von Padua
Saß oftmals ganz alleinig da
Und las bei seinem Heiligenschein
Meistens bis tief in die Nacht hinein. –

Einst, als er wieder so sitzt und liest –
Auf einmal, so räuspert sich was und niest;

Und wie er sich umschaut, der fromme Mann,
Schaut ihn ein hübsches Mädchen an. –
Der heilige Antonius von Padua
War aber ganz ruhig, als dies geschah.
Er sprach: »Schau du nur immer zu,
Du störst mich nicht in meiner christlichen Ruh!«
Als er nun wieder so ruhig saß
Und weiter in seinem Buche las –

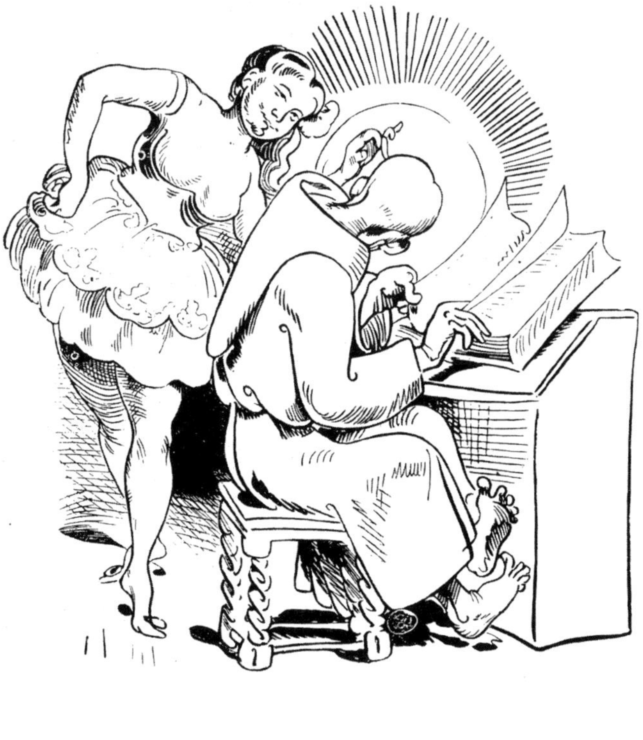

Husch, husch! – so spürt er auf der Glatzen
Und hinterm Ohr ein Kribbelkratzen,
Daß ihm dabei ganz sonderbar,
Bald warm, bald kalt zumute war. –
Der heilige Antonius von Padua
War aber ganz ruhig, als dies geschah.
Er sprach: »So krabble du nur zu,
Du störst mich nicht in meiner christlichen Ruh!«

»Na! – – Na!«

»Na, na! – sag' ich!!!«

»Hm! hm! – – hm!!!«

Auf einmal – er wußte selber nicht wie –
Setzt sich das Mädel ihm gar aufs Knie

Und gibt dem heil'gen Antonius
Links und rechts einen herzhaften Kuß.

Der heilige Antonius von Padua
War aber nicht ruhig, als dies geschah.

Er sprang empor, von Zorn entbrannt;
Er nahm das Kreuz in seine Hand:

»Laß ab von mir, unsaubrer Geist!
Sei, wie du bist, wer du auch seist!«

Puh!! – Da sauste mit großem Rumor
Der Satanas durchs Ofenrohr.

Der heilige Antonius, ruhig und heiter,
Las aber in seinem Buche weiter! –

O heil'ger Antonius von Padua,
Du kennst uns ja!
So laß uns denn auf dieser Erden
Auch solche fromme Heil'ge werden!

Zehntens

KLAUSNERLEBEN UND HIMMELFAHRT

Der heilige Antonius – so wird berichtet –
Hat endlich ganz auf die Welt verzichtet;
Ist tief, tief hinten im Wald gesessen,
Hat Tau getrunken und Moos gegessen,
Und sitzt und sitzt an diesem Ort
Und betet, bis er schier verdorrt,
Und ihm zuletzt das wilde Kraut
Aus Nase und aus Ohren schaut.

Er sprach: »Von hier will ich nicht weichen,
Es käm' mir denn ein glaubhaft Zeichen!«

Und siehe da! – Aus Waldes Mitten
Ein Wildschwein kommt dahergeschritten,

Das wühlet emsig an der Stelle
Ein Brünnlein auf, gar rein und helle.
Und wühlt mit Schnauben und mit Schnüffeln
Dazu hervor ein Häuflein Trüffeln. –

Der heilige Antonius, voll Preis und Dank,
Setzte sich nieder, aß und trank
Und sprach gerührt: »Du gutes Schwein,
Du sollst nun ewig bei mir sein!«

So lebten die zwei in Einigkeit
Hienieden auf Erden noch lange Zeit,

Und starben endlich und starben zugleich,
Und fuhren zusammen vors Himmelreich. –
»Au weih geschrien! Ein Schwein, ein Schwein!«
So huben die Juden an zu schrein.
Und auch die Türken kamen in Scharen
Und wollten sich gegen das Schwein verwahren. –

Doch siehe! – Aus des Himmels Tor
Tritt unsre liebe Frau hervor.

Den blauen Mantel hält die Linke,
Die Rechte sieht man sanft erhoben,
Halb drohend, halb zum Gnadenwinke;
So steht sie da, vom Glanz umwoben.

»Willkommen! Gehet ein in Frieden!
Hier wird kein Freund vom Freund geschieden.
Es kommt so manches Schaf herein,
Warum nicht auch ein braves Schwein!!«

Da grunzte das Schwein, die Englein sangen;
So sind sie beide hineingegangen.

DIE FROMME HELENE

Erstes Kapitel

LENCHEN KOMMT AUFS LAND

Wie der Wind in Trauerweiden
Tönt des frommen Sängers Lied,
Wenn er auf die Lasterfreuden
In den großen Städten sieht.

Ach, die sittenlose Presse!
Tut sie nicht in früher Stund
All die sündlichen Exzesse
Schon den Bürgersleuten kund?!

Offenbach ist im Thalia,
Hier sind Bälle, da Konzerts.
Annchen, Hannchen und Maria
Hüpft vor Freuden schon das Herz.

Kaum trank man die letzte Tasse,
Putzt man schon den ird'schen Leib.
Auf dem Walle, auf der Gasse
Wimmelt man zum Zeitvertreib.

Wie sie schauen, wie sie grüßen!
Hier die zierlichen Mosjös,
Dort die Damen mit den süßen,
Himmlisch hohen Prachtpopös.

Und der Jud mit krummer Ferse,
Krummer Nas' und krummer Hos'
Schlängelt sich zur hohen Börse
Tiefverderbt und seelenlos.

Schweigen will ich von Lokalen,
Wo der Böse nächtlich praßt,
Wo im Kreis der Liberalen
Man den Heil'gen Vater haßt.

Schweigen will ich von Konzerten,
Wo der Kenner hoch entzückt
Mit dem seelenvoll-verklärten
Opernglase um sich blickt,

Wo mit weichen Wogebusen
Man schön warm beisammen sitzt,
Wo der hehre Chor der Musen,
Wo Apollo selber schwitzt.

Schweigen will ich vom Theater,
Wie von da, des Abends spät,
Schöne Mutter, alter Vater
Arm in Arm nach Hause geht.

Zwar man zeuget viele Kinder,
Doch man denket nichts dabei.
Und die Kinder werden Sünder,
Wenn's den Eltern einerlei.

»Komm Helenchen!« sprach der brave
Vormund – »Komm, mein liebes Kind!
Komm aufs Land, wo sanfte Schafe
Und die frommen Lämmer sind.

Da ist Onkel, da ist Tante,
Da ist Tugend und Verstand,
Da sind deine Anverwandte!«
So kam Lenchen auf das Land.

Zweites Kapitel

DES ONKELS NACHTHEMD

»Helene!« – sprach der Onkel Nolte –
»Was ich schon immer sagen wollte!
Ich warne dich als Mensch und Christ:
Oh, hüte dich vor allem Bösen!
Es macht Pläsier, wenn man es ist,
Es macht Verdruß, wenn man's gewesen!«

»Ja, leider!« – sprach die milde Tante –
»So ging es vielen, die ich kannte!
Drum soll ein Kind die weisen Lehren
Der alten Leute hochverehren!
Die haben alles hinter sich
Und sind, gottlob! recht tugendlich!
Nun gute Nacht! Es ist schon späte!
Und, gutes Lenchen, bete! bete!«

Helene geht. – Und mit Vergnügen
Sieht sie des Onkels Nachthemd liegen.

Die Nadel her, so schnell es geht!
Und Hals und Ärmel zugenäht!

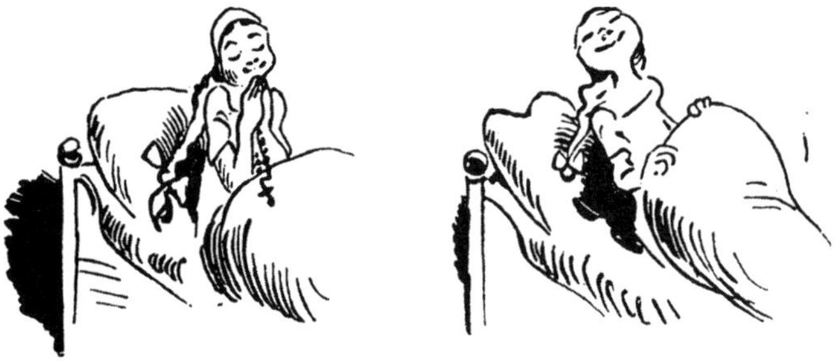

Darauf begibt sie sich zur Ruh
Und deckt sich warm und fröhlich zu.

Bald kommt der Onkel auch herein
Und scheint bereits recht müd zu sein.

Erst nimmt er seine Schlummerprise,
Denn er ist sehr gewöhnt an diese.

Und nun vertauscht er mit Bedacht
Das Hemd des Tags mit dem der Nacht.

Doch geht's nicht so, wie er wohl möcht,
Denn die Geschichte will nicht recht.

»Potztausend, das ist wunderlich!«
Der Onkel Nolte ärgert sich.

Er ärgert sich, doch hilft es nicht.
Ja siehste wohl! Da liegt das Licht!

Stets größer wird der Ärger nur,
Es fällt die Dose und die Uhr.

Rack! – Stößt er an den Tisch der Nacht,
Was einen großen Lärm gemacht.

Hier kommt die Tante mit dem Licht. –
Der Onkel hat schon Luft gekriegt.

»Oh, sündenvolle Kreatur!
Dich mein ich dort! – Ja, schnarche nur!«
Helene denkt: »Dies will ich nun
Auch ganz gewiß nicht wieder tun.«

Drittes Kapitel

VETTER FRANZ

Helenchen wächst und wird gescheit
Und trägt bereits ein langes Kleid. –

»Na, Lene! hast du's schon vernommen?
Der Vetter Franz ist angekommen.«
So sprach die Tante früh um achte,
Indem sie grade Kaffee machte.
»Und hörst du, sei fein hübsch manierlich
Und zeige dich nicht ungebührlich,
Und sitz bei Tische nicht so krumm
Und gaffe nicht soviel herum.
Und ganz besonders muß ich bitten:
Das Grüne, was so ausgeschnitten –
Du ziehst mir nicht das Grüne an,
Weil ich's nun mal nicht leiden kann.«

»Ei!« – denkt Helene – »Schläft er noch?«
Und schaut auch schon durchs Schlüsselloch.

Der Franz, ermüdet von der Reise,
Liegt tief versteckt im Bettgehäuse.

»Ah, ja, ja, jam!« – so gähnt er eben –
»Es wird wohl Zeit, sich zu erheben

Und sich allmählich zu bequemen,
Die Morgenwäsche vorzunehmen.«

Zum ersten: ist es mal so schicklich,
Zum zweiten: ist es sehr erquicklich;

Zum dritten: ist man sehr bestaubt
Und viertens: soll man's überhaupt,

Denn fünftens: ziert es das Gesicht

Und schließlich: schaden tut's mal nicht.

Und erntet endlich stillerfreut

Die Früchte seiner Reinlichkeit.

Wie fröhlich ist der Wandersmann,
Zieht er das reine Hemd sich an.

Und neugestärkt und friedlich-heiter
Bekleidet er sich emsig weiter.

Jetzt steckt der Franz die Pfeife an,
Helene eilt, so schnell sie kann.

Plemm!! – Stößt sie an die alte Brause,
Die oben steht im Treppenhause.

Sie kommt auf Hannchen hergerollt,
Die Franzens Stiefel holen wollt.
Die Lene rutscht, es rutscht die Hanne;
Die Tante trägt die Kaffeekanne.

Da geht es klirr! und klipp! und klapp!
Und auch der Onkel kriegt was ab.

Viertes Kapitel

DER FROSCH

Der Franz, ein Schüler hochgelehrt,
Macht sich gar bald beliebt und wert.
So hat er einstens in der Nacht
Beifolgendes Gedicht gemacht:
   Als ich so von ungefähr
   Durch den Wald spazierte,
   Kam ein bunter Vogel, der
   Pfiff und quinquilierte.

Was der bunte Vogel pfiff,
Fühle und begreif ich:
Liebe ist der Inbegriff,
Auf das andre pfeif ich.

Er schenkt's Helenen, die darob
Gar hocherfreut und voller Lob.

Und Franz war wirklich angenehm,
Teils dieserhalb, teils außerdem.

Wenn in der Küche oder Kammer
Ein Nagel fehlt – Franz holt den Hammer!

Wenn man den Kellerraum betritt,
Wo's öd und dunkel – Franz geht mit!

Wenn man nach dem Gemüse sah
In Feld und Garten – Franz ist da! –

Oft ist zum Beispiel an den Stangen
Die Bohne schwierig zu erlangen.
Franz aber faßt die Leiter an,
Daß Lenchen ja nicht fallen kann.

Und ist sie dann da oben fertig –
Franz ist zur Hilfe gegenwärtig.

Kurzum! Es sei nun, was es sei –
Der Vetter Franz ist gern dabei.

Indessen ganz insonderheit
Ist er voll Scherz und Lustbarkeit.

Schau, schau! Da schlupft und hupft im Grün
Ein Frosch herum! – Gleich hat er ihn!

Und setzt ihn heimlich nackt und bloß
In Nolten seine Tobaksdos'.

Wie nun der sanfte Onkel Nolte
Sich eine Prise schöpfen wollte –

Hucks da! Mit einem Satze saß
Der Frosch an Nolten seiner Nas'.

Platsch! Springt er in die Tasse gar,
Worin noch schöner Kaffee war.

Schlupp! Sitzt er in der Butterbemme
Ein kleines Weilchen in der Klemme.

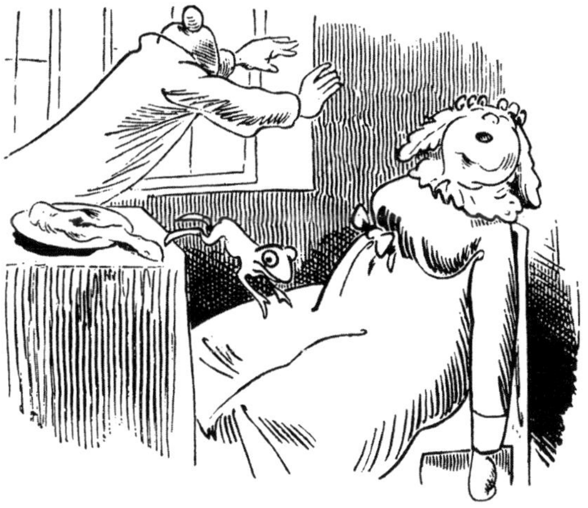

Putsch!! – Ach, der Todesschreck ist groß!
Er hupft in Tante ihren Schoß.

Der Onkel ruft und zieht die Schelle:
»He, Hannchen, Hannchen, komme schnelle!«

Und Hannchen ohne Furcht und Bangen
Entfernt das Scheusal mit der Zangen.

Nun kehrt die Tante auch zum Glück
Ins selbstbewußte Sein zurück.

Wie hat Helene da gelacht,
Als Vetter Franz den Scherz gemacht!

Eins aber war von ihm nicht schön:
Man sah ihn oft bei Hannchen stehn!
Doch jeder Jüngling hat wohl mal
'n Hang fürs Küchenpersonal,
Und sündhaft ist der Mensch im ganzen!
Wie betet Lenchen da für Franzen!!

Nur einer war, der heimlich grollte:
Das ist der ahnungslose Nolte.
Natürlich tut er dieses bloß
In Anbetracht der Tobaksdos'.
Er war auch wirklich voller Freud,
Als nun vorbei die Ferienzeit
Und Franz mit Schrecken wiederum
Zurück muß aufs Gymnasium.

Fünftes Kapitel

DER LIEBESBRIEF

»Und wenn er sich auch ärgern sollte,
Was schert mich dieser Onkel Nolte!«

So denkt Helene, leider Gotts!
Und schreibt dem Onkel grad zum Trotz:

»Geliebter Franz!
Du weißt es ja, Dein bin ich ganz!

Wie reizend schön war doch die Zeit,
Wie himmlisch war das Herz erfreut,

Als in den Schnabelbohnen drin
Der Jemand eine Jemandin,

Ich darf wohl sagen: herzlich küßte. –
Ach Gott, wenn das die Tante wüßte!

Und ach! wie ist es hierzuland
Doch jetzt so schrecklich anigant!
Der Onkel ist, gottlob, recht dumm,
Die Tante nöckert so herum,

Und beide sind so furchtbar fromm;
Wenn's irgend möglich, Franz, so komm
Und trockne meiner Sehnsucht Träne!
Zehntausend Küsse von Helene.«

Jetzt Siegellack! – Doch weh! alsbald

Ruft Onkel Nolte donnernd: »Halt!«

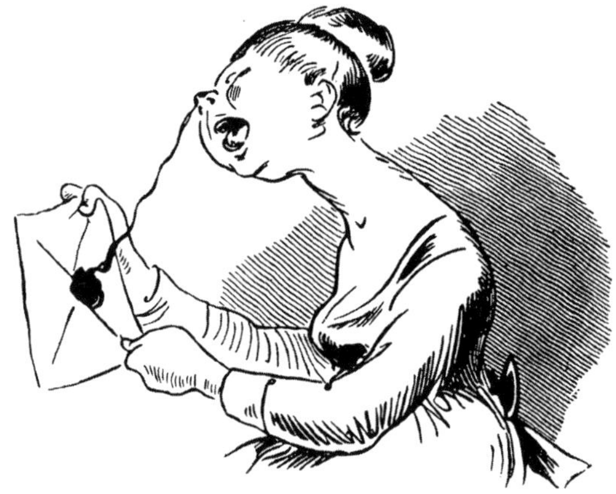

Und an Helenens Nase stracks
Klebt das erhitzte Siegelwachs.

Sechstes Kapitel

EINE UNRUHIGE NACHT

In der Kammer, still und donkel,
Schläft die Tante bei dem Onkel.

Mit der Angelschnur versehen
Naht sich Lenchen auf den Zehen.

Zupp! – Schon lüftet sich die Decke
Zu des Onkels großem Schrecke.

Zupp! – Jetzt spürt die Tante auch
An dem Fuß den kalten Hauch.

»Nolte!« – ruft sie – »Lasse das,
Denn das ist ein dummer Spaß!«

Und mit Murren und Gebrumm
Kehrt man beiderseits sich um.

Schnupp! – Da liegt man gänzlich bloß
Und die Zornigkeit wird groß;

Und der Schlüsselbund erklirrt,
Bis der Onkel flüchtig wird.

Autsch! Wie tut der Fuß so weh!
An der Angel sitzt die Zeh.

Lene hört nicht auf zu zupfen,
Onkel Nolte, der muß hupfen.

Lene hält die Türe zu.
Oh, du böse Lene du!

Stille wird es nach und nach,
Friede herrscht im Schlafgemach.

Am Morgen aber ward es klar,
Was nachts im Rat beschlossen war.
Kalt, ernst und dumpf sprach Onkel Nolte:
»Helene, was ich sagen wollte: –«

»Ach!« – rief sie – »Ach! Ich will es nun
Auch ganz gewiß nicht wieder tun!«

»Es ist zu spät! – drum stantepeh
Pack deine Sachen! – So! – Ade!«

Siebentes Kapitel

INTERIMISTISCHE ZERSTREUUNG

Ratsam ist und bleibt es immer
Für ein junges Frauenzimmer,
Einen Mann sich zu erwählen
Und wo möglich zu vermählen.

Erstens: will es so der Brauch.
Zweitens: will man's selber auch.
Drittens: man bedarf der Leitung
Und der männlichen Begleitung;

Weil bekanntlich manche Sachen,
Welche große Freude machen,
Mädchen nicht allein verstehn;
Als da ist: ins Wirtshaus gehn. –

Freilich oft, wenn man auch möchte,
Findet sich nicht gleich der Rechte;
Und derweil man so allein,
Sucht man sonst sich zu zerstreun.

Lene hat zu diesem Zwecke
Zwei Kanari in der Hecke,

Welche Niep und Piep genannt.
Zierlich fraßen aus der Hand
Diese goldignetten Mätzchen;

Aber Mienzi hieß das Kätzchen.

Einstens kam auch auf Besuch
Kater Munzel, frech und klug.

Alsobald so ist man einig. –
Fest entschlossen, still und schleunig

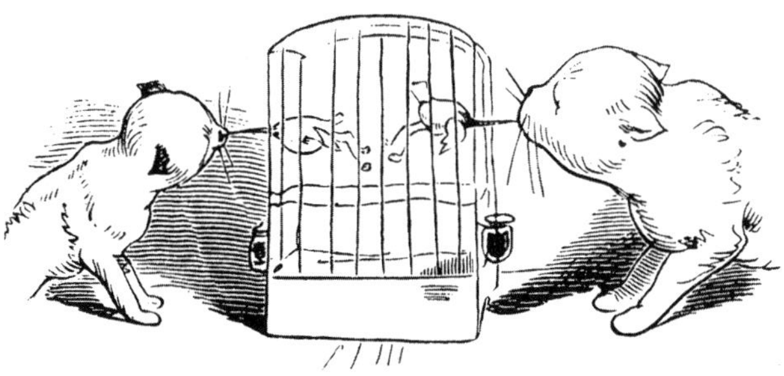

Ziehen sie voll Mörderdrang
Niep und Piep die Hälse lang.

Drauf so schreiten sie ganz heiter
Zu dem Kaffeetische weiter. –

Mienzi mit den sanften Tätzchen
Nimmt die guten Zuckerplätzchen.
Aber Munzels dicker Kopf
Quält sich in den Sahnetopf.
Grad kommt Lene, welche drüben
Eben einen Brief geschrieben,
Mit dem Licht und Siegellack
Und bemerkt das Lumpenpack.

Mienzi kann noch schnell enteilen,
Aber Munzel muß verweilen;

Denn es sitzt an Munzels Kopf
Festgeschmiegt der Sahnetopf.

Blindlings stürzt er sich zur Erd'.
Klacks! – Der Topf ist nichts mehr wert.

Aufs Büfett geht es jetzunder;
Flaschen, Gläser – alles runter!

Sehr in Ängsten sieht man ihn

Aufwärts sausen am Kamin.
Ach! – Die Venus ist perdü –
Klickeradoms! – von Medici!

Weh! Mit einem Satze ist er
Vom Kamine an dem Lüster;

Und da geht es Klingelingelings!
Unten liegt das teure Dings.

Schnell sucht Munzel zu entrinnen,
Doch er kann nicht mehr von hinnen. –

Wehe, Munzel! – Lene kriegt
Tute, Siegellack und Licht.

Allererst tut man die Tute
An des Schweifs behaarte Rute;

Dann das Lack, nachdem's erhitzt,
Auf die Tute, bis sie sitzt.

Drauf hält man das Licht daran,
Daß die Tute brennen kann.

Jetzt läßt man den Munzel los. –
Mau! – Wie ist die Hitze groß!

Achtes Kapitel

DER HEIRATSENTSCHLUSS

Wenn's einer davon haben kann,
So bleibt er gerne dann und wann
Des Morgens, wenn das Wetter kühle,
Noch etwas liegen auf dem Pfühle.
Und denkt sich so in seinem Sinn:
Na, dämm're noch 'n bissel hin!
Und denkt so hin und denkt so her,
Wie dies wohl wär, wenn das nicht wär. –
Und schließlich wird es ihm zu dumm. –
Er wendet sich nach vorne um,
Kreucht von der warmen Lagerstätte
Und geht an seine Toilette.

Die Propertät ist sehr zu schätzen,
Doch kann sie manches nicht ersetzen. –

Der Mensch wird schließlich mangelhaft.

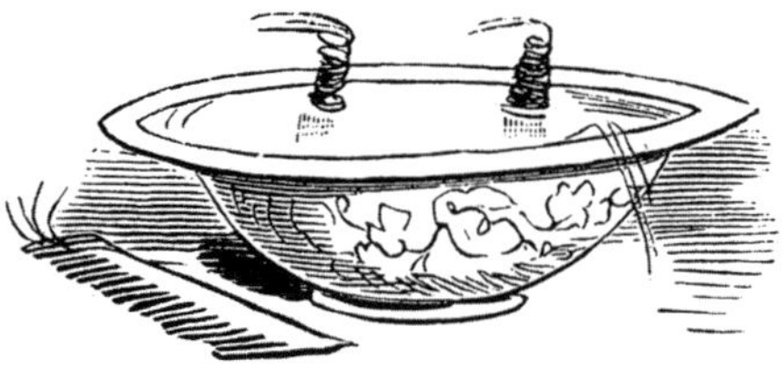

Die Locke wird hinweggerafft. –

Mehr ist hier schon die Kunst zu loben,

Denn Schönheit wird durch Kunst gehoben.

Allein auch dieses, auf die Dauer,
Fällt doch dem Menschen schließlich sauer.

»Es sei!« sprach Lene heute früh –
»Ich nehme Schmöck und Kompanie!«

G. J. C. Schmöck, schon längst bereit,
Ist dieserhalb gar hoch erfreut.
Und als der Frühling kam ins Land,
Ward Lene Madam Schmöck genannt.

Neuntes Kapitel

DIE HOCHZEITSREISE

's war Heidelberg, das sich erwählten
Als Freudenort die Neuvermählten. –

Wie lieblich wandelt man zu zwein
Zum Schloß hinauf im Sonnenschein.

»Ach, sieh nur mal, geliebter Schorsch!
Hier diese Trümmer, alt und morsch!«

»Ja!« – sprach er – »Aber diese Hitze!
Und fühle nur mal, wie ich schwitze!«

Ruinen machen vielen Spaß. –
Auch sieht man gern das große Faß.

Und – alle Ehrfurcht! – muß ich sagen.

Alsbald, so sitzt man froh im Wagen
Und sieht das Panorama schnelle
Vorüberziehn bis zum Hotelle;

Denn Spargel, Schinken, Koteletts
Sind doch mitunter auch was Nett's.

»Pist! Kellner! Stell'n Sie eine kalt!
Und, Kellner! Aber möglichst bald!«

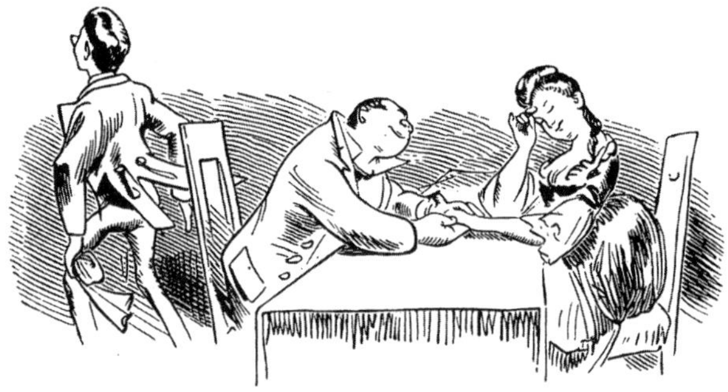

Der Kellner hört des Fremden Wort.
Es saust der Frack. Schon eilt er fort.

Wie lieb und luftig perlt die Blase
Der Witwe Klicko in dem Glase. –
Gelobt seist du viel tausendmal!

Helene blättert im Journal.

»Pist! Kellner! Noch einmal so eine!« –
Helenen ihre Uhr ist neune. –

Der Kellner hört des Fremden Wort.
Es saust der Frack. Schon eilt er fort.

Wie lieb und luftig perlt die Blase
Der Witwe Klicko in dem Glase.

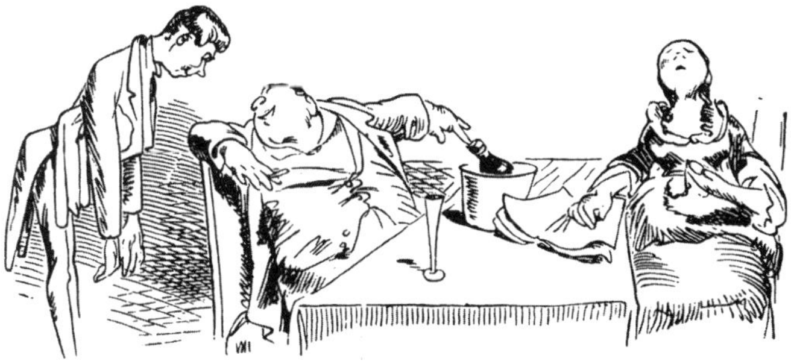

»Pist! Kellner! Noch so was von den!« –
Helenen ihre Uhr ist zehn. –

Schon eilt der Kellner emsig fort. –
Helene spricht ein ernstes Wort. –

Der Kellner leuchtet auf der Stiegen.
Der fremde Herr ist voll Vergnügen.

Pitsch! – Siehe da! Er löscht das Licht.

Plums! Liegt er da und rührt sich nicht.

Zehntes Kapitel

LÖBLICHE TÄTIGKEIT

Viele Madams, die ohne Sorgen,
In Sicherheit und wohlgeborgen,
Die denken: Pah! Es hat noch Zeit! –
Und bleiben ohne Frömmigkeit. –

Wie lobenswert ist da Helene!
Helene denkt nicht so wie jene. –
Nein, nein: sie wandelt oft und gerne
Zur Kirche hin, obschon sie ferne.

Und Jean mit demutsvollem Blick,
Drei Schritte hinterwärts zurück,
Das Buch der Lieder in der Hand,
Folgt seiner Herrin unverwandt.

Doch ist Helene nicht allein
Nur auf sich selbst bedacht. – O Nein! –
Ein guter Mensch gibt gerne acht,
Ob auch der andre was Böses macht;
Und strebt durch häufige Belehrung
Nach seiner Beßrung und Bekehrung.

»Schang!« – sprach sie einstens – »Deine Taschen
Sind oft so dick! Schang! Tust du naschen?

Ja, siehst du wohl! Ich dacht' es gleich!
O Schang! Denk an das Himmelreich!«

Dies Wort drang ihm in die Natur,
So daß er schleunigst Beßrung schwur.

Doch nicht durch Worte nur allein
Soll man den andern nützlich sein. –

Helene strickt die guten Jacken,
Die so erquicklich für den Nacken;
Denn draußen wehen rauhe Winde. –
Sie fertigt auch die warme Binde;

Denn diese ist für kalte Mägen
Zur Winterszeit ein wahrer Segen. –
Sie pflegt mit herzlichem Pläsier
Sogar den fränk'schen Offizier,
Der noch mit mehren dieses Jahr
Im Deutschen Reiche seßhaft war. –

Besonders aber tat ihr leid
Der armen Leute Bedürftigkeit. –
Und da der Arzt mit Ernst geraten,
Den Leib in warmem Wein zu baden,

So tut sie's auch. Oh, wie erfreut
Ist nun die Schar der armen Leut',
Die, sich recht innerlich zu laben,
Doch auch mal etwas Warmes haben.

Elftes Kapitel

GEISTLICHER RAT

Viel Freude macht, wie männiglich bekannt,
Für Mann und Weib der heilige Ehestand!
Und lieblich ist es für den Frommen,
Der die Genehmigung dazu bekommen,
Wenn er sodann nach der üblichen Frist
Glücklicher Vater und Mutter ist. –
Doch manchmal ärgert man sich bloß,
Denn die Ehe bleibt kinderlos. –

Dieses erfuhr nach einiger Zeit
Helene mit großer Traurigkeit. –

Nun wohnte allda ein frommer Mann,
Bei Sankt Peter dicht nebenan,
Von Fraun und Jungfraun weit und breit
Hochgepriesen ob seiner Gelehrsamkeit. –
(Jetzt war er freilich schon etwas kränklich.)

»O meine Tochter!« – sprach er bedenklich –
»Dieses ist ein schwierig' Kapitel;
Da helfen allein die geistlichen Mittel!
Drum, meine Beste, ist dies mein Rat:
Schreite hinauf den steilen Pfad
Und folge der seligen Pilgerspur
Gen Chosemont de bon secours,
Denn dorten, berühmt seit alter Zeit,
Stehet die Wiege der Fruchtbarkeit.

Und wer allda sich hinverfügt,
Und wer allda die Wiege gewiegt,
Der spürete bald nach selbiger Fahrt,
Daß die Geschichte anders ward.

Solches hat noch vor etzlichen Jahren
Leider Gotts! eine fromme Jungfer erfahren,
Welche, indem sie bis dato in diesen
Dingen nicht sattsam unterwiesen,
Aus Unbedacht und kindlichem Vergnügen
Die Wiege hat angefangen zu wiegen. –
Und ob sie schon nur ein wenig gewiegt,
Hat sie dennoch ein ganz kleines Kind gekriegt. –

Auch kam da ein frecher Pilgersmann,
Der rühret aus Vorwitz die Wiegen an.
Darauf nach etwa etzlichen Wochen,
Nachdem er dieses verübt und verbrochen,

Und – – Doch, meine Liebe, genug für heute!
Ich höre, daß es zur Metten läute.
Addio! Und – Trost sei Dir beschieden!
Zeuge hin in Frieden!«

Zwölftes Kapitel

DIE WALLFAHRT

Hoch von gnadenreicher Stelle
Winkt die Schenke und Kapelle. –

Aus dem Tale zu der Höhe,
In dem seligen Gedränge
Andachtsvoller Christenmenge
Fühlt man froh des andern Nähe;
Denn hervor aus Herz und Munde,
Aus der Seele tiefstem Grunde
Haucht sich warm und innig an
Pilgerin und Pilgersmann. –

Hier vor allen, schuhbestaubt,
Warm ums Herze, warm ums Haupt,
Oft erprobt in ernster Kraft,
Schreitet die Erzgebruderschaft.

Itzo kommt die Jungferngilde,
Auf den Lippen Harmonie, –
In dem Busen Engelsmilde,
In der Hand das Paraplü. –
Oh, wie lieblich tönt der Chor!
Bruder Jochen betet vor. –

Aber dort im Sonnenscheine
Geht Helene traurig-heiter,
Sozusagen, ganz alleine,

Denn ihr einziger Begleiter,
Stillverklärt im Sonnenglanz,
Ist der gute Vetter Franz,

Den seit kurzem die Bekannten
Nur den »heil'gen« Franz benannten.
Traulich wallen sie zu zweit
Als zwei fromme Pilgersleut.

Gott sei Dank, jetzt ist man oben!
Und mit Preisen und mit Loben
Und mit Eifer und Bedacht
Wird das Nötige vollbracht.

Freudig eilt man nun zur Schenke,
Freudig greift man zum Getränke,
Welches schon seit langer Zeit
In des Klosters Einsamkeit
Ernstbesonnen, stillvertraut,
Bruder Jakob öfters braut.

Hierbei schaun sich innig an
Pilgerin und Pilgersmann.

Endlich nach des Tages Schwüle
Naht die sanfte Abendkühle.

In dem gold'nen Mondenscheine
Geht Helene froh und heiter,
Sozusagen, ganz alleine,
Denn ihr einziger Begleiter,
Stillverklärt im Mondesglanz,
Ist der heil'ge Vetter Franz.
Traulich ziehn sie heim zu zweit
Als zwei gute Pilgersleut. –

Doch die Erzgebruderschaft
Nebst den Jungfern tugendhaft,
Die sich etwas sehr verspätet,
Kommen jetzt erst angebetet.
Oh, wie lieblich tönt der Chor!
Bruder Jochen betet vor.

Schau, da kommt von ungefähr
Eine Droschke noch daher. –

Er, der diese Droschke fuhr,
Frech und ruchlos von Natur,
Heimlich denkend: papperlapp!
Tuet seinen Hut nicht ab. –

Weh! Schon schaun ihn grollend an
Pilgerin und Pilgersmann. –
Zwar der Kutscher sucht mit Klappen
Anzusporнen seinen Rappen,

Aber Jochen schiebt die lange
Jungfernbundesfahnenstange
Durch die Hinterräder quer –

Schrupp! – und's Fuhrwerk geht nicht mehr. –

Bei den Beinen, bei dem Rocke
Zieht man ihn von seinem Bocke;

Jungfer Nanni mit der Krücke
Stößt ihn häufig ins Genicke.
Aber Jungfer Adelheid
Treibt die Sache gar zu weit,

Denn sie sticht in Kampfeshitze
Mit des Schirmes scharfer Spitze;
Und vor Schaden schützt ihn bloß
Seine warme Lederhos'. –

Drauf so schaun sich fröhlich an
Pilgerin und Pilgersmann,

Fern verklingt der Jungfernchor,
Bruder Jochen betet vor. –

Doch der böse Kutscher, dem
Alles dieses nicht genehm,
Meldet eilig die Geschichte
Bei dem hohen Stadtgerichte.
Dieses ladet baldigst vor
Jochen und den Jungfernchor.

Und das Urteil wird gesprochen:
Bruder Jochen kriegt drei Wochen,
Aber Jungf- und Bruderschaften
Sollen für die Kosten haften. –

Ach! Da schaun sich traurig an
Pilgerin und Pilgersmann.

Dreizehntes Kapitel

DIE ZWILLINGE

Wo kriegten wir die Kinder her,
Wenn Meister Klapperstorch nicht wär?

Er war's, der Schmöcks in letzter Nacht
Ein kleines Zwillingspaar gebracht.

Der Vetter Franz, mit mildem Blick,
Hub an und sprach: »Oh, welches Glück!
Welch' kleine, freundliche Kollegen!
Das ist fürwahr zwiefacher Segen!
Drum töne zwiefach Preis und Ehr!
Herr Schmöck, ich gratuliere sehr!«

Bald drauf um zwölf kommt Schmöck herunter,
So recht vergnügt und frisch und munter.
Und emsig setzt er sich zu Tische,
Denn heute gibt's Salat und Fische.

Autsch! – Eine Gräte kommt verquer,
Und Schmöck wird blau und hustet sehr;

Und hustet, bis ihm der Salat
Aus beiden Ohren fliegen tat.

Bums! Da! Er schließt den Lebenslauf.
Der Jean fängt schnell die Flasche auf.

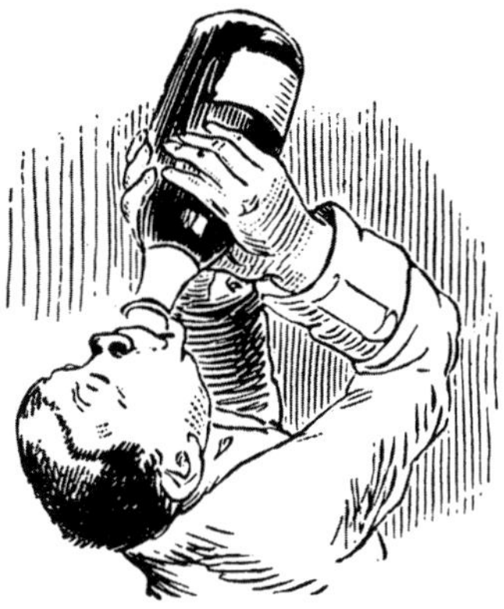

»Oh!« – sprach der Jean – »es ist ein Graus!
Wie schnell ist doch das Leben aus!«

Vierzehntes Kapitel

EIN TREULOSER FREUND

»O Franz!« – spricht Lene – und sie weint –
»O Franz! Du bist mein einz'ger Freund!«
»Ja!« – schwört der Franz mit mildem Hauch –
»Ich war's, ich bin's und bleib' es auch!

Nun gute Nacht! Schon tönt es zehn!
Will's Gott! Auf baldig Wiedersehn!«

Die Stiegen steigt er sanft hinunter. –
Schau, schau! Die Kathi ist noch munter.

Das freut den Franz. – Er hat nun mal
'n Hang fürs Küchenpersonal.

Der Jean, der heimlich näher schlich,
Bemerkt die Sache zorniglich.

Von großer Eifersucht erfüllt,
Hebt er die Flasche rasch und wild.

Und – Kracks! es dringt der scharfe Schlag
Bis tief in das Gedankenfach.

's ist aus! – Der Lebensfaden bricht. –
Helene naht. – Es fällt das Licht. –

Fünfzehntes Kapitel

DIE REUE

Ach, wie ist der Mensch so sündig! –
Lene, Lene! Gehe in dich! –

Und sie eilet tieferschüttert
Zu dem Schranke schmerzdurchzittert.

Fort! Ihr falschgesinnten Zöpfe,
Schminke und Pomadentöpfe!

Fort! Du Apparat der Lüste,
Hochgewölbtes Herzgerüste!

Fort vor allem mit dem Übel
Dieser Lust- und Sündenstiebel!

Trödelkram der Eitelkeit,
Fort, und sei der Glut geweiht!

O wie lieblich sind die Schuhe
Demutsvoller Seelenruhe!

Sieh, da geht Helene hin,
Eine schlanke Büßerin!

Sechzehntes Kapitel

VERSUCHUNG UND ENDE

Es ist ein Brauch von alters her:
Wer Sorgen hat, hat auch Likör!

»Nein!« – ruft Helene – »Aber nun
Will ich's auch ganz – und ganz – und ganz –
und ganz gewiß nicht wieder tun!«

Sie kniet von ferne fromm und frisch.
Die Flasche stehet auf dem Tisch.

Es läßt sich knien auch ohne Pult.
Die Flasche wartet mit Geduld.

Man liest nicht gerne weit vom Licht.
Die Flasche glänzt und rührt sich nicht.

Oft liest man mehr als wie genug.
Die Flasche ist kein Liederbuch.

Gefährlich ist des Freundes Nähe.
O Lene, Lene! Wehe, wehe!

O sieh! – Im sel'gen Nachtgewande
Erscheint die jüngstverstorb'ne Tante.

Mit geisterhaftem Schmerzgetöne –
»Helene!« – ruft sie – »Oh, Helene!!!«

Umsonst! – Es fällt die Lampe um,
Gefüllt mit dem Petroleum.

Und hilflos und mit Angstgewimmer
Verkohlt dies fromme Frauenzimmer.

Hier sieht man ihre Trümmer rauchen,
Der Rest ist nicht mehr zu gebrauchen.

Siebzehntes Kapitel

TRIUMPH DES BÖSEN

Hu! Draußen welch ein schrecklich Grausen!
Blitz, Donner, Nacht und Sturmesbrausen! –

Schon wartet an des Hauses Schlote
Der Unterwelt geschwänzter Bote.

Zwar Lenens guter Genius
Bekämpft den Geist der Finsternus.

Doch dieser kehrt sich um und packt
Ihn mit der Gabel zwiegezackt.

O weh, o weh! Der Gute fällt!
Es siegt der Geist der Unterwelt.

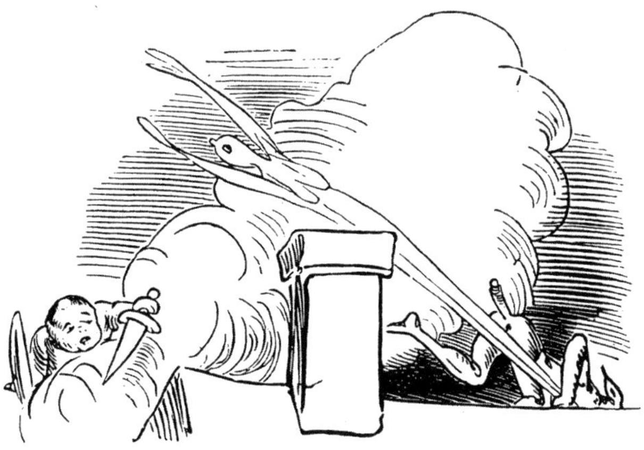

Er faßt die arme Seele schnelle

Und fährt mit ihr zum Schlund der Hölle.

Hinein mit ihr! – Huhu! Haha!
Der heil'ge Franz ist auch schon da.

SCHLUSS

Als Onkel Nolte dies vernommen,
War ihm sein Herze sehr beklommen.

Doch als er nun genug geklagt:
»Oh!« – sprach er – »Ich hab's gleich gesagt!

Das Gute – dieser Satz steht fest
Ist stets das Böse, was man läßt!

Ei, ja! – Da bin ich wirklich froh!
Denn, Gott sei Dank! ich bin nicht so!!«

PATER FILUCIUS

Höchst erfreulich und belehrend
Ist es doch für jedermann,
Wenn er allerlei Geschichten
Lesen oder hören kann.

So zum Beispiel die Geschichte
Von dem Gottlieb Michael,
Der bis dato sich beholfen
So la la als Junggesell.

Zwo bejahrte fromme Tanten
Lenken seinen Hausbestand;

Und Petrine und Pauline
Werden diese zwo benannt.

Außerdem, muß ich bemerken,
Ist noch eine Base da,
Hübsch gestaltet, kluggelehrig,
Nämlich die Angelika.

Wo viel zarte Hände walten –
Na, da ist so wie es ist!

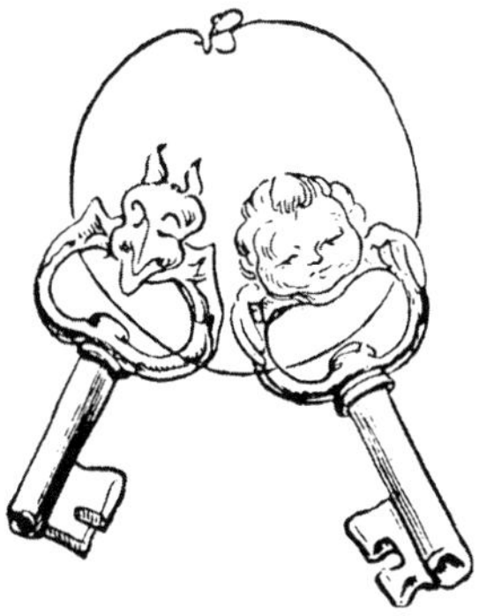

Kellerschlüssel, Bodenschlüssel
Führen leicht zu Zank und Zwist.

Ebenso in Kochgeschichten
Einigt man sich öfters schwer.

Gottlieb könnte lange warten,
Wenn Angelika nicht wär.

Sie besorgt die Abendsuppe
Still und sorgsam und geschwind;

Gottlieb zwickt sie in die Backe:
»Danke sehr, mein gutes Kind!«

Grimmig schauen itzt die Tanten
Dieses liebe Mädchen an:
»Ei, was muß man da bemerken?
Das tut ja wie Frau und Mann!«

Dennoch und trotz allediesem
Geht die Wirtschaft doch so so. –

Aber aber, aber aber
Jetzt kommt der Filuzio.

Nämlich dieser Jesuiter
Merkt schon längst mit Geldbegier
Auf den Gottlieb sein Vermögen,
Denkend: »Ach, wo krieg ich dir?«

Allererst pirscht er sich leise
Hinter die Angelika,
Die er Äpfelmus bereitend,
An dem Herde stehen sah.

Und er spricht mit Vaterstimme:
»Meine Tochter, Gott zum Gruß!«

Schlapp! da hat er im Gesichte
Einen Schleef von Appelmus.

Dieses plötzliche Ereignis
Tut ihm in der Seele leid. –

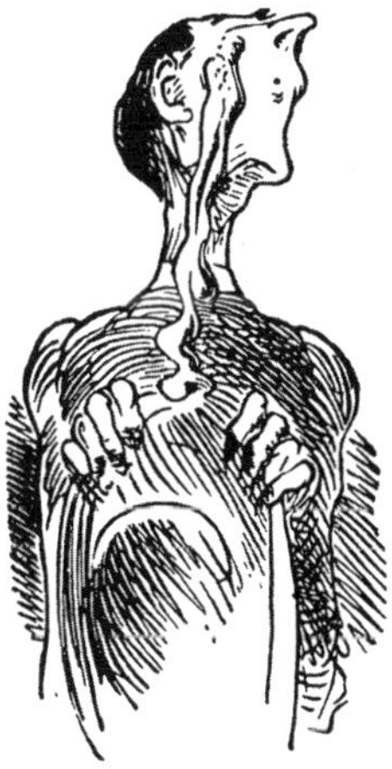

Ach, man will auch hier schon wieder
Nicht so wie die Geistlichkeit!! –

Doch die gute Tante Trine
Sehnt sich ja so lange schon
Nach dem Troste einer frommen,
Klerikalen Mannsperson. –

Da ist eher was zu machen. –
Luzi macht sich lieb und wert,

Weil er ihr als Angebinde
Schrupp, den kleinen Hund, beschert.

Schrupp ist wirklich auch possierlich.
Er gehorchet auf das Wort,

Holt herbei, was ihm befohlen,
Wenn es heißet: »Schrupp, apport!«

Heißt es: »Liebes Schrupperl, singe!«
Fängt er schön zu singen an;

Spielt man etwas auf der Flöte,
Hupft er, was er hupfen kann.

Wenn es heißet: »Wo ist's Ketzerl?«
Wird er wie ein Borstentier;

Und vor seinem Knurren eilet
Tante Line aus der Tür.

Spricht man aber diese Worte:
»Schrupp, was tun die schönen Herrn?«

Gleich küßt er die Tante Trine,
Und sie lacht und hat es gern.

Eines nur erzeugt Bedenken.
Schrupp entwickelt letzterzeit

Mit dem Hinterfuße eine
Merkliche Geschäftigkeit.

Mancher hat in diesen Dingen
Eine glückliche Natur.
Tante Trine, zum Exempel,
Fühlt von allem keine Spur,

Wohingegen Tante Line
Keine rechte Ruh genießt,

Wenn sie abends, wie gewöhnlich,
In der Hauspostille liest.

Und auch Gottlieb muß verspüren,
Ganz besonders in der Nacht,

Daß es hier

und da

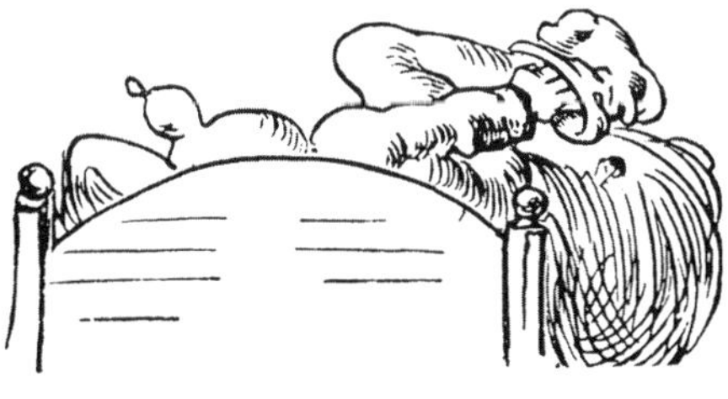

und dorten
Immer kribbelkrabbel macht.

Prickeln ist zwar auch zuwider,
Doch zumeist die Jagderei;
Und mit Recht soll man bedenken,
Wie dies zu verhindern sei.

Mancher liebt das Exmittieren;
Und die Sache geht ja auch.

Aber sicher und am besten –
Knacks! – ist doch der alte Brauch.

Freilich ist hier gar kein Ende.
Man gelanget nicht zum Ziel.
Jeder ruft: »Wie ist es möglich?«
Bis man auf den Schrupp verfiel.

Zwar die Tante und Filuzi
Rufen beide tief gekränkt:

»Engelrein ist sein Gefieder!« –
Aber Schrupp wird eingezwängt.

In ein Faß voll Tobakslauge
Tunkt man ihn mit Haut und Haar,

Ob er gleich sich heftig sträubte
Und durchaus dagegen war.

Drauf so wird in einem Stalle
Er mit Vorsicht interniert,

Bis, was man zu tadeln findet,
So allmählich sich verliert.

Anderseits bemerkt man dieses
Unter großem Herzeleid.

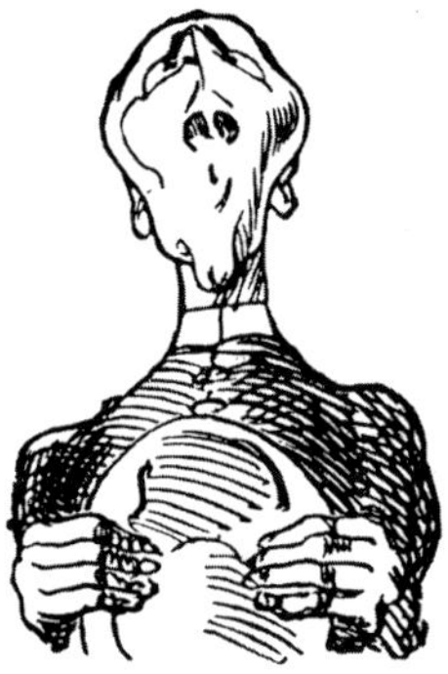

Ach, man will auch hier schon wieder
Nicht so wie die Geistlichkeit!!

Jetzt wär alles gut gewesen,
Wäre Schrupp kein Bösewicht. –
Er gewöhnt sich an das Kauen,
Und das läßt und läßt er nicht.

Hat er Gottlieb seine Stiefel
Nicht zur Hälfte aufgezehrt?
Tante Linens Hauspostille,
Hat er die nicht auch zerstört?

Zwar die Tante und Filuzi
Blicken mitleidsvoll empor:

»Armes gutes Schruppuppupperl!
Immer haben sie was vor!!«
Ja, es ließe sich ertragen,
Täte Schrupp nur dieses bloß;

Würde Schrupp nicht augenscheinlich
Scham- und ruch- und rücksichtslos.

Und so muß er denn empfinden,
Daß zuletzt die böse Tat

Für den Übeltäter selber
Unbequeme Folgen hat.

Anderseits bemerkt man dieses
Nur mit tiefem Herzeleid.
Ach, man will auch hier schon wieder
Nicht so wie die Geistlichkeit!

Leichter schmiegt sich Seel an Seele
In der schmerzensreichen Stund,
Und man schwört in der Bergère
Sich den ew'gen Freundschaftsbund.

Aber wie sie da so sitzen,
Öffnet plötzlich sich die Tür.

Gottlieb ruft mit rauher Stimme:
»Ei, ei, ei! was macht man hier?«

Freilich hüllen sich die beiden
Schnell in fromme Lieder ein;

Doch nur kurze Zeit erschallen
Diese schönen Melodein.

Ach, die weltlichen Gewalten! –

Durch des Armes Muskelkraft
Wird der fromme Pater Luzi
Wirbelartig fortgeschafft.

Dieses plötzliche Ereignis
Tut ihm in der Seele leid.

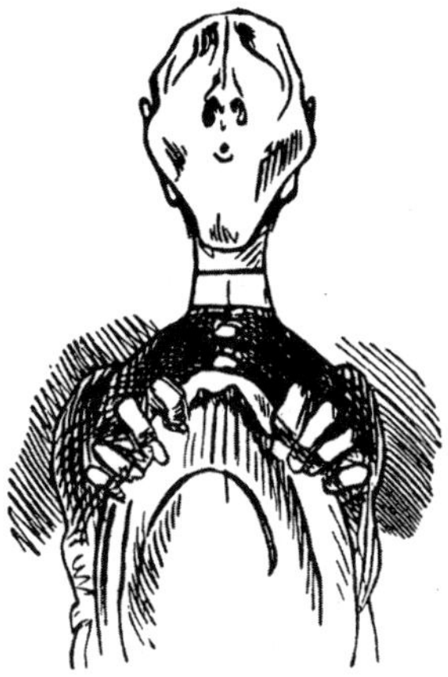

Ach, man will auch hier schon wieder
Nicht so wie die Geistlichkeit!!

Schlimm ist's Schrupp dabei ergangen,
Weil er sich hineingemengt;

Mit dem Fuße unvermutet
Fühlt er sich zurückgedrängt.

Pater Luzi aber schleichet
Heimlich lauschend um das Haus.
Ein pechschwarzes Ei der Rache

Brütet seine Seele aus.

Gottlieb seine Abendsuppe
Stehet am gewohnten Ort. –

Husch! da steigt wer durch das Fenster;
Husch! Jetzt ist er wieder fort.

Gottlieb, der im Nebenzimmer
Eben seine Hände wusch,

Sieht's zum Glück und daß der Täter
Lauschend sitzt im Fliederbusch.

Jetzt hebt Gottlieb, friedlich lächelnd,
Von dem Tisch den Suppentopf.

Bratsch! – die Brühe samt der Schale
Kommt Filuzi auf den Kopf.

Diese eklige Geschichte
Tut ihm in der Seele leid.
Ach, man will auch hier schon wieder
Nicht so wie die Geistlichkeit!

Schrupp, der nur ein wenig leckte,
Zieht es alle Glieder krumm;
Denn ein namenloser Jammer
Wühlt in seinem Leib herum.

Pater Luzi, finster blickend,
Heimlich schleichend um das Haus,
Wählt zu neuem Rachezwecke
Zwo verwogne Lumpen aus. –

Einer heißt der Inter-Nazi
Und der zweite Jean Lecaq,
Alle beide wohl zu brauchen,
Denn es mangelt Geld im Sack.

Eben wandelt in der stillen
Abendkühle der Natur

Base Gelika im Garten –
Horch! da tönt der Racheschwur!
Tieferschrocken, angstbeflügelt,
Eilet sie ins Haus geschwind.

Gottlieb küßt sie auf die Backe:
»Danke sehr, mein gutes Kind!«

Schleunig sucht er seine Freunde,
Glücklich trifft er sie zu Haus.

Wächter Hiebel ist der erste,
Freudig ruft er: »Säbel raus!«

Meister Fibel, als der zweite,
Vielerprobt im Amt der Lehr,

Greift in die bekannte Ecke
Mit den Worten: »Knüppel her!«

Bullerstiebel ist der dritte. –
Kaum vernimmt er so und so,
Faßt er auch schon nach der Gabel
Mit dem Rufe: »Nu man to!«

Nun hat Schrupp, dieweil er leidend,
Sich in Gottliebs Bett gelegt,

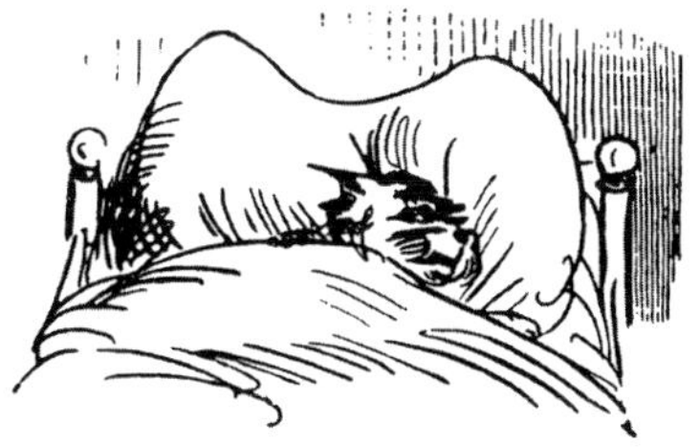

Wie er, wenn man nicht zugegen,
Auch wohl sonst zu tuen pflegt.

Zwölfe dröhnt es auf dem Turme. –
Leise macht man: Pistpistpist!

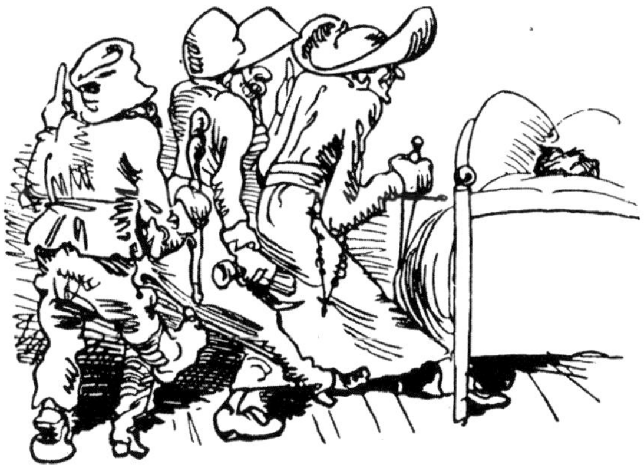

Drei Gestalten huschen näher
An das Bett voll Hinterlist.

Weh, jetzt trifft der Dolch, der spitze,
Und der Knüppel, dick und rauh,

Und die Taschenmitraljöse –
Aber Schrupp macht: »Auwauwau!«
In demselbigten Momente
Donnert es von hinten: »Drauf!!«

Und ein blasser Todesschrecken
Hindert jeden Weiterlauf.

Pater Luzi ganz besonders
Macht sich ahnungsvoll bereit.

Ach, man will auch hier schon wieder
Nicht so wie die Geistlichkeit!!

Hei! Wie Fibels Waffe sauset!

Heißa! Wie der Sabel blitzt! –

Zwiefach ist der Stich der Gabel,

Weil sie zwiefach zugespitzt. –

Motten fliegen, Haare sausen;
Das gibt Leben in das Haus.

Hulterpulter! Durch das Fenster
Springt man in die Nacht hinaus.

Klacks! da stecken sie im Drecke.
Ängstlich zappelt noch der Fuß. –
Eine Stimme hört man klagen:
»Oh, Filu – Filucius!« –

»Kinder, das hat gut gegangen!«
Rufet Gottlieb hocherfreut;
»Wein herbei! Denn zu vermelden
Hab' ich eine Neuigkeit.

Länger will ich nicht mehr hausen
Wie seither als Junggesell.

Hier Angelika, die gute,
Werde Madam Michael.«

Drauf ergreift das Wort Herr Fibel,
Und er spricht: »Eiei! Sieh da!
Ich erlaube mir zu singen:
Vivat Hoch! Halleluja!«

BILDER ZUR JOBSIADE

An

KARL ARNOLD KORTUM

Verfasser der Jobsiade

Hier sitz ich auf dem Meilenstein
Und sehe froh-verwundert,
Wie Du auf Deinem Rößlein fein
Hertrabst durch das Jahrhundert.

Jetzt bis Du da. – Ich zieh den Hut,
Du ziehst den vollen Säckel
Und wirfst die Batzen wohlgemut
In meinen alten Deckel.

Das Rößlein schüttelt mit dem Kopf,
Es sitzt so stramm der Reiter;
Wie lustig wackelt ihm der Zopf!
Zack zack! So geht es weiter.

ERSTES KAPITEL

Sintemalen denn alles beisammen allhier:
Feder, Tinte, Tobak und Papier;
So wollen wir dem Hieronymus Jobsen –
Nachdem wir uns eine Pfeife gestopsen –
Sein Leben, Lernen, Leiden und Lieben
Und was er sonsten allhier getrieben,
Mit allem Fleiße aufnotieren
Und standesgemäß zu skizzieren probieren. –

Dies hier ist Jobs, der Herr Senater,
Des Hieronymus zukünftiger Vater. –

Die Frau Senaterin aber war
Eine geborene Plappelplar,
Mit welcher indessen der treue Gatte
Bis dato nur weibliche Kinder hatte. –
Darum so war ihr Streben und Sinnen,
Demnächst einen Knaben sich zu gewinnen.

Einst, als die Frau Senaterin Jobs
Im Bette schlief, recht sanft gottlobs!
Da war ihr so, als wenn ihr so wär,
Als hätte sie mit vieler Beschwer

Ein großes allmächtiges Tutehorn
Statt eines kleinen Kindes geborn. –

– Drei Wochen nach diesem Traumgesicht
Begab sich ein kleiner Jobs ans Licht. –
Wie freut sich der betreffende Vater,
Nämlich Jobs, der alte Senater.

Es eilten herbei mit freudigem Schnattern
Alle die Tanten, Basen, Gevattern.
Sie sagten, daß es auf ihre Ehre
Ein ganzer reizender Knabe wäre. –

Drauf, als Frau Jobs in ihrer Art
Den neulich gehabten Traum offenbart,
Hub alles die Hände in die Höh:
»Grundgütiger, o jemine!
Was wäre denn das? Was wäre denn das?
So was bedeutet sicher was!«

Frau Schnepperle sprach mit weisem Ton:
»Ja, ja! Da bringt mich keiner von!
Frau Schnatrin, glauben Sie es nur:
Ein Traum, der kommt aus der Natur!«

ZWEITES KAPITEL

Nach allgemeinem Familienbeschluß
Nennt man den Knaben Hieronymus. –

Meistens war er ganz gut zufrieden,
Besonders, wenn ihm ein Schnuller beschieden.

Aber dann kamen die bösen Insekten,
Welche ihn immer so leckten und neckten,
Daß er sich nicht zu helfen wußte
Und seinen Schnuller entlassen mußte.

Weithin erscholl sein Wehgeschrei
Und lockte die guten Eltern herbei.

Die gaben dann manchen zärtlichen Kuß
Ihrem lieben kleinen Hieronymus.

Als nun Hieronymus sieben Jahr
Und auch bereits in der Schule war,
Da hat es sich leider Gottes gezeigt,
Daß er dem Lernen sehr abgeneigt.

Statt dessen fing er häufig mit Spucke
Zwischen den Fingern sich eine Mucke,
Und tat's auch dann noch, wenn es hieß:
»Hieronymus, unterlasse dies!«

Auch trieb er noch manch' andere Possen,
Die den Herrn Rektor sehr verdrossen.

Zum Beispiel stutzt er sich seinen Zopf

Und stopft das in den Pfeifenkopf.

Der gute Rektor kommt gegangen,
Greift nach der Pfeife voll Verlangen,

Und, da er sie noch geladen findet,
Hat er sie baldigst angezündet.

Aber schon nach den ersten Zügen
Macht ihm die Sache kein rechtes Vergnügen.

»Bäbä!« – so spuckt er. – »Ich glaube gar,
Dies schmeckt wie gebratenes Menschenhaar!

Ei, ei! Hieronymus, du Tropf!
Da fehlt ja was hinten an deinem Zopf!«

Der Rektor, welcher in heftigem Zorn,
Schlägt nach hinten und zieht nach vorn.

Des Rektors Pfeife ist ruiniert;
Hieronymus ist mit Tinte beschmiert. –
Hieraus ziehet der Rektor den Schluß:
's wird nichts aus diesem Hieronymus.

DRITTES KAPITEL

Öfters noch sprach der Rektor Bax:
»Der Junge, der bleibt ein fauler Lachs!«
Aber die Eltern blieben dabei,
Daß Hieronymus dieses nicht sei. –
Frau Jobs, die noch ihren Traum im Sinn,
Befraget die alte Zigeunerin.
Die sprach: »Aus diesem Hörn zum Tuten
Kann man mit Sicherheit vermuten,
Dereinst wird der Herr Sohn auf Erden
Ein Mann von großem Ruhme werden.

Er wird ermahnen, er wird belehren;
Einer wird reden und viele hören.
Die Schläfer wird er auferwecken.
Den Kranken ein Tröster, den Bösen ein Schrecken.«

Demnach so ist es denn fest beschlossen,
Obschon es den Rektor heftig verdrossen,
Hieronymus soll das Studieren erlernen,
Sich Ostern zur Universität entfernen
Und dort verbleiben zu Nutz und Ehr,
Bis daß er ein geistlicher Herre wär. –

Den Beutel mit schönen Dukaten gespickt,
Ist er richtig zu Ostern ausgerückt

Und, von dem alten Hausknecht beglitten,
Recht heiter zur nächsten Post geritten.

In der Stube der Passagiere
Befand sich ein Herr von feiner Turnüre,

Bekleidet mit einer großen Perücke;
Der tät ihn begrüßen mit freundlichem Blicke
Und sagte so unter anderen Sachen,
Sie wollten ein kleines Spielchen machen. –

Anfangs ging die Sache recht gut,
Hieronymus war froh und faßte Mut.
Als aber das Posthorn lustig erklang,
Ward es ihm in der Seele bang.

Mit Schmerzen läßt er sein Geld zurücke
Dem fremden Herrn mit der großen Perücke.

So sitzt er nun im Wageneck,
Gedenkt an seine Dukaten, die weg,

Und ist voll tiefer Melancholie. –
Ein hübsches Mamsellchen sitzt vis-à-vis.

Diese gute Demoiselle
Tröstet den armen Jüngling schnelle.

Dem Mitleid folgt in kurzer Zeit
Die Liebe und dieser die Zärtlichkeit.

Und auch der Schwager seinerseits
Findet die Sache nicht ohne Reiz. –

Ach, aber kaum lernt man sich kennen,
So muß man sich schon wieder trennen.
Der Schwager bläst trara, trara!
Und fort muß die Amalia.

Wie nun Hieronymus weiterfuhr,
Denkt er sich so: Was ist wohl die Uhr?
Er sucht sie vorne, er sucht sie hinten,
Aber er kann die Uhr nicht finden.

Auweh! Jetzt fällt's ihm plötzlich ein:
Man soll mit Vorsicht zärtlich sein.

VIERTES KAPITEL

Die erste Pflicht der Musensöhne
Ist, daß man sich ans Bier gewöhne.

Hieronymus ward dieses nicht schwer;
Er konnte es schon von der Schule her.

Im goldenen Engel auf der Bank
Saß er fleißig und sang und trank.

Und wenn es dann Feierabend hieß,
Und jeder den goldenen Engel verließ,
War's ihm nicht recht. Denn saß er mal,

So verließ er nur ungern das schöne Lokal.

Die Rinnen des Daches, nützlich und gut,
Biegt er nach außen, bis alles kaputt.

Dahingegen leeret die Dame vom Haus
Die Schale des Zornes über ihn aus.

Gibt's irgendwo 'ne Paukerei,
Natürlich, Hieronymus ist dabei,

Und kriegt denn auch eine schöne Quarte
In seine dicke, fette Schwarte.

Oft wandelt er mit Schmitts Karlinen,
Selbst wenn der Mond auch nicht geschienen,

In traulich stillem Wechselverkehr
Auf dem Walle der Stadt umher. –
Dieses war stets ein großer Genuß
Für den guten Hieronymus. –

Übrigens hat er unterdessen
Seine guten Alten auch nicht vergessen:

»Liebe Eltern!« – (so schrieb er oft) – »Ich melde
Hiebei, daß es mir fehlet an Gelde,
Habet also die Gewogenheit
Und schicket mir bald eine Kleinigkeit.

Nämlich etwa zwanzig Dukaten,
Denn ich weiß mich kaum mehr zu raten,
Weil es alles so knapp geht hier,
Drum sendet doch dieses Geld bald mir.

Kaum begreift Ihr die starke Ausgabe,
Welche ich auf der Universität habe,
Für so viele Bücher und Kollegia;
Ach, wären die zwanzig Dukaten da!

Hiemit will ich also mein Schreiben beschließen.
Meine Geschwister tu ich freundlich grüßen,
Und verharre hierauf zum Schluß
Euer gehorsamer Sohn
Hieronymus.

Ich setze noch eilig zum Postskripte:
Meine hochgeehrte und sehr geliebte
Eltern, ich bitte kindlich,
Schicket doch bald das Geld an mich.«

Was hierauf des Vaters Antwort gewesen,
Das kann man folgendermaßen lesen:

»Mein herzvielgeliebtester Sohn!
Dein Schreiben hab' ich erhalten schon.

Es sind noch nicht drei Monat vergangen,
Daß Du hundertundfünfzig Taler empfangen;
Fast weiß ich nicht, wo in der Welt
Ich hernehmen solle all das Geld.

Ich höre gerne, daß Du studierest
Und Dich fleißig und ordentlich aufführest;
Aber höchst ungern vernehme ich von Dir,
Daß Du zwanzig Dukaten forderst von mir.

Ich werde es also sehr gern sehen,
Wenn Du von der Universität tust gehen,
Denn es fällt mir wahrlich gar schwer,
Alle die Gelder zu nehmen woher.
Ich verharre übrigens
((rechts))Dein treuer Vater,

Hans Jobs, pro tempore Senater.
N.S. Dein Schreiben mir zwar gefällt,
Aber verschone mich weiter mit Geld.«

Um demnach seiner Eltern Verlangen und Willen,
Die seine Heimkunft begehrten, zu erfüllen,
Tut Hieronymus zu dieser Frist
Was zum Abmarsche nötig ist.

FÜNFTES KAPITEL

Grad als die Mutter, Frau Senaterin Jobsen,
Ein wenig zankte, weil sie's verdrobsen,
Daß schon wieder in selbigter Wochen

Ein Kaffeetopf entzweigebrochen –
Grad als der Vater im Lehnstuhl saß
Und nach Tisch in der Zeitung las –

Vernahm man draußen ein heftiges Knallen.

Der Vater lässet die Zeitung fallen;
Und jeder eilt mit Schrecken herbei,
Zu sehn, was das für ein Lümmel sei.

Zwar erst erkannte man ihn nicht
Vor seinem dicken Bauch und Gesicht;
Dann aber war die Freude groß. –
Nur tadelnswert fand man es bloß,
Daß Kleidung sowohl wie der Stoppelbart
Nicht passend für seine geistliche Art.

Hieronymus überlegte es auch
Und tät sich bekleiden nach Standesgebrauch. –
Er hatte mit klugem Vorbedacht
Bereits eine Predigt mitgebracht,
Welche ein Freund in der Musenstadt
Fleißig für ihn verfertigt hat. –

Schon am nächsten Sonntag betrat
Hieronymus die Kanzel als Kandidat.

Er sagt es klar und angenehm,
Was erstens, zweitens und drittens käm.

»Erstens, Geliebte, ist es nicht so?
Oh, die Tugend ist nirgendwo!

Zweitens, das Laster dahingegen
Übt man mit Freuden allerwegen.

Wie kommt das nur? So höre ich fragen.
O Geliebte, ich will es Euch sagen.

Das machet, drittens, die böse Zeit.
Man höret nicht auf die Geistlichkeit.

Wehehe denen, die dazu raten;
Sie müssen all in der Hölle braten!!

Zermalmet sie! Zermalmet sie!
Nicht eher wird es anders allhie!

Aber Geduld, geliebte Freunde!
Sanftmütigkeit ziert die Gemeinde!«

Als Hieronymus geredet also,
Stieg er herab und war sehr froh.
Die Bürger haben nur grad geschaut
Und wurde ein großes Gemurmel laut:

»Diesem Jobs sein Hieronymus,
Der erregt ja Verwundernus!«

SECHSTES KAPITEL

Es blieb aber nunmehro noch etwas zurücke
Als Erfordernis zum geistlichen Glücke –
Nämlich das Examen – welches zwar
Dem Hieronymus fast zuwider war;

Indes ist doch schließlich das Zögern vergebens.
Die fürchterlichste Stunde seines Lebens
Naht anitzo ernstlich herzu.

Ach, du armer Hieronymus, du!

Der Herr Inspektor machte den Anfang,
Hustete viermal mit starkem Klang,
Schneuzte und räusperte auch viermal sich
Und sagte, indem er den Bauch sich strich:

»Ich, als zeitlicher pro tempore Inspektor
Und der hiesigen Geistlichkeit Direktor,

Frage Sie: Quid sit episcopus?«
Alsbald antwortete Hieronymus:

»Ein Bischof ist, wie ich denke,
Ein sehr angenehmes Getränke
Aus rotem Wein, Zucker und Pomeranzensaft
Und wärmet und stärket mit großer Kraft.«

Über diese Antwort des Kandidaten Jobses
Geschah allgemeines Schütteln des Kopfes.
Der Inspektor sprach zuerst hem! hem!
Drauf die andern secundum ordinem.

Nun hub der Assessor an zu fragen:
»Herr Hieronymus, tun Sie mir sagen,

Wer die Apostel gewesen sind?«
Hieronymus antwortete geschwind:

»Apostel nennet man große Krüge,
Darin gehet Wein und Bier zur Genüge;
Auf den Dörfern und sonst beim Schmaus
Trinken die durstigen Burschen daraus.«

Über diese Antwort des Kandidaten Jobses
Geschah allgemeines Schütteln des Kopfes.
Der Inspektor sprach zuerst hem! hem!
Drauf die andern secundum ordinem.

Nun traf die Reihe den Herrn Krager,
Und er sprach: »Herr Kandidat, sag er,

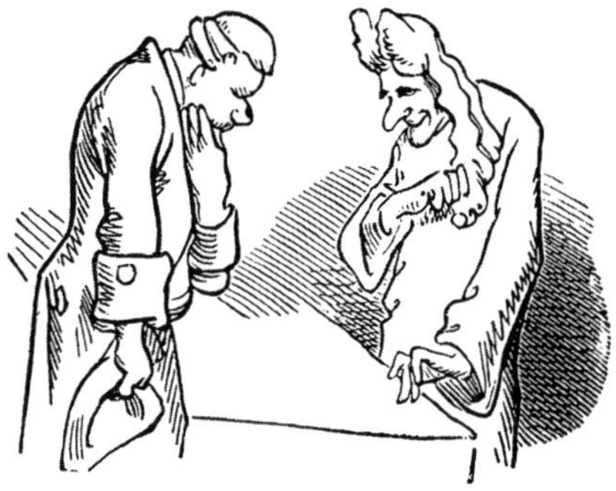

Wer war der heilige Augustin?«
Hieronymus antwortete kühn:

»Ich habe nie gehört oder gelesen,
Daß ein andrer Augustin gewesen
Als der Universitätspedell Augustin,
Er zitierte mich oft zum Prorektor hin.«

Über diese Antwort des Kandidaten Jobses
Geschah allgemeines Schütteln des Kopfes;
Der Inspektor sprach zuerst hem! hem!
Drauf die andern secundum ordinem.

Nun folgte Herr Krisch ohn' Verweilen
Und fragte: »Aus wieviel Teilen

Muß eine gute Predigt bestehn,
Wenn sie nach Regeln soll geschehn?«

Hieronymus, nachdem er sich eine Weile
Bedacht, sprach: »Die Predigt hat zwei Teile.
Den einen Teil niemand verstehen kann,
Den andern Teil aber verstehet man.«

Über diese Antwort des Kandidaten Jobses
Geschah allgemeines Schütteln des Kopfes;
Der Inspektor sprach zuerst hem! hem!
Drauf die andern secundum ordinem.

Nun fragte Herr Beff, der Linguiste,
Ob Herr Hieronymus auch wohl wüßte,
Was das hebräische Kübbuz sei? –
Und Hieronymus antwortete frei:

»Das Buch, genannt Sophiens Reisen,
Von Memel nach Sachsen tut es weisen,
Daß sie den mürrischen Kübbuz bekam,
Weil sie den reichen Puff früher nicht nahm.«

Über diese Antwort des Kandidaten Jobses
Geschah allgemeines Schütteln des Kopfes;
Der Inspektor sprach zuerst hem! hem!
Drauf die andern secundum ordinem.

Nun kam auch an den Herrn Schreie,
Den Hieronymus zu fragen, die Reihe.

Er fragte also: Wie mancherlei
Die Gattung der Engel eigentlich sei?
Hieronymus tat die Antwort geben:
Er kenne zwar nicht alle Engel eben,
Doch war ihm ein goldner Engel bekannt
Auf dem Schild an der Schenke »Zum Engel« genannt.

Über diese Antwort des Kandidaten Jobses
Geschah allgemeines Schütteln des Kopfes;
Der Inspektor sprach zuerst hem! hem!
Drauf die andern secundum ordinem.

Herr Plotz hat nun fortgefahren
Zu fragen: »Herr Kandidate, wie viele waren

Concilia oecumenica?« –
Und Hieronymus antwortete da:
»Als ich auf der Universität studieret,
Ward ich oft vors Konzilium zitieret,
Doch betraf solches Konzilium nie
Sachen aus der Ökonomie.«

Über diese Antwort des Kandidaten Jobses
Geschah allgemeines Schütteln des Kopfes;
Der Inspektor sprach zuerst hem! hem!
Drauf die andern secundum ordinem.

Nun folgte Herr Keffer, der geistliche Herre;
Seine Frage schien zu beantworten schier schwere.

Sie betraf der Manichäer Ketzerei
Und was ihr Glaube gewesen sei?

Antwort: »Ja, diese einfältigen Teufel
Glaubten, ich würde sie ohne Zweifel
Vor meiner Abreise bezahlen noch;
Ich habe sie aber geprellet doch.«

Über diese Antwort des Kandidaten Jobses
Geschah allgemeines Schütteln des Kopfes;
Der Inspektor sprach zuerst hem! hem!
Drauf die andern secundum ordinem.

Als nun die Prüfung zu Ende gekommen,
Hat Hieronymus seinen Abtritt genommen;
Damit man die Sache nach Kirchenrecht
In reife Überlegung nehmen möcht;

Ob es mit gutem Gewissen zu raten,
Daß man in die Klasse der Kandidaten
Des heiligen Ministerii den
Hieronymum aufnehmen könn'.

Es ging also an ein Votieren.
Doch ohne vieles Disputieren
Lautet der Spruch des geistlichen Gerichts:
Mit Herrn Hieronymus ist es nichts.

SIEBENTES KAPITEL

Die Hoffnung, dereinst ein Pfarrer zu werden,
Ist also vergeblich auf dieser Erden. –
Hieronymus findet es nötig nun,
Anderswohin sich umzutun. –
Es macht sich auch. – Von da nicht fern
Auf dem Gut eines alten gnädigen Herrn
Suchte man längst schon hin und her
Einen passenden Sekretär.

Und, richtig, unser Hieronymus
Wird wirklich Herr Sekretarius.

Eine Kammerjungfer ist auch noch da. –
Schau, schau! Es ist die Amalia! –

Das mit der Uhr war freilich abscheulich,
Aber Hieronymus fand es verzeihlich,
Denn Amalia war sehr betrübt,
Machte sich, wo sie konnte, beliebt

Und half ihm mit allen ihren Kräften
Bei seinen schwierigen Amtsgeschäften. –

Aber die Sache wird bald sehr peinlich,
Denn der Alte benimmt sich kleinlich;
Und Hieronymus, ohne Lohn,
Verläßt die bisherige Kondition.

Einem frommen Fräulein, bedeutend bemittelt,
Die längst ihre Jugend abgeschüttelt,

Fehlt eben ein kräftiger Assistente,
Der mit ihr beten und singen könnte. –
Von allen, die kamen, schien ihr am meisten
Hieronymus geeignet dieses zu leisten.

Drum hieß sie ihn zu Nutz und Frommen
Als Mitgehilfen hochwillkommen.

Als er nun aber singen sullt,
Da fehlt ihm die christliche Geduld. –

So mußte die Alte wieder allein
Bei ihrer Andacht tätig sein. –

Hieronymus, in einer Spelunke,
Findet zwo Lumpen bei ihrem Trunke;

Und ist ihm auch der eine von ihnen
Gewissermaßen bekannt erschienen. –
Hieronymus legt sich bald auf's Ohr.

Die Lumpen ziehen die Börse hervor,
Und als der Morgen kommt, o Schreck!
Ist die Börse mitsamt den Lumpen weg. –

Der Wirt, der großes Mitleid hat,
Nimmt sich den Rock an Zahlungsstatt. –
So irret Hieronymus sorgenschwer
Kreuz und quer in einem Walde umher. –

Auf einmal, so höret er Jammern und Klagen
Und Degengeklirr und Knittelschlagen,

Und siehe da, eine Equipage
Ist überfallen von Räuberbagage.

Der Kutscher ist auf der Erde gelegen,
Der Herr, der wehrt sich mit seinem Degen,
Die gnädige Frau steht auch dabei
Und machet ein großes Wehgeschrei. –

Hieronymus aber eilet sofort
An diesen Jammer- und Schreckensort
Und entscheidet die Sache vermittels
Seines kräftig geschwungenen Knittels.

Die Räuber kommen in große Not!
Der eine muß laufen, der andre bleibt tot.
Und schau, der hier zu Tode gekommen,
Hat ihm zu Nacht den Beutel genommen.

Auch fällt dem alten Bösewicht
Sein schwarzes Pflaster vom Gesicht;
Und schau, da ist's der Perückenmann,
Der einst auf der Post die Dukaten gewann.

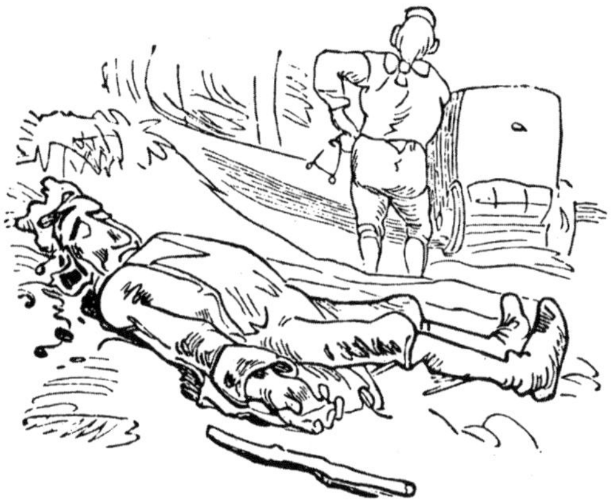

Hieronymus tut ihn nicht beklagen,
Nimmt die Börse und folgt dem Herrschaftswagen.
Die Herrschaft aber preist die Götter
Und ihren mutigen Lebensretter.

ACHTES KAPITEL

Es war aber grade da zu Land
Die Dorfschulmeisterstelle vakant,
Und hat darüber die Disposition
Der gnädige Herr als Schutzpatron.
Aus Dankbarkeit auf höchsten Beschluß
Kriegt diese Stelle Hieronymus. –

So hat er nun die Schulmeisterei
Und sieht, was hierbei zu machen sei.

Zuvörderst findet er in der Fibel
Manche veraltete Mängel und Übel;
Wie er dann gleich mit Schrecken sah,
Daß das ff und ph nicht da. –

Auch scheint ihm gar nicht wohlgetan
Der abgemalete Gockelhahn. –
Er streichet ihm hinweg zuvoren
Die überflüssigen Reitersporen.

Er füget ihm aber dagegen bei
Ein Nest mit eingelegtem Ei;
Damit man sehe, daß eigentlich dies
Der Segen und Nutzen des Federviehs.

Nachdem er also die Lehre verbessert,
Bedenkt er, wie man die Strafe vergrößert.
Nämlich im Schulvermögen war
Ein Eselskopf als Inventar.

Hieronymus, zu größerer Schand und Graus,
Macht einen ganzen Esel daraus. –

Die Bauern aber murren sehr
Über die neu erfundene Lehr.

Sie taten sich hoch und heilig vereiden,
Sie wollten und wollten dieses nicht leiden
Und wollten den neuen Meister der Schule
Herunterstoßen von seinem Stuhle.

Eines Morgens in aller Früh
Wohl ausgerüstet marschieren sie.

Hieronymus schlummert noch sanft und gut,
Da tönet die Stimme: »Kumm man mal rut!«

Alsbald so fühlt er sich fortgeschoben,
Schwupp da! – Er wird seines Amtes enthoben.

Die Bauern, geschmückt mit vielen Trophä'n
Machen ein großes Siegesgetön.

Sie füllen die Gläser und stoßen an:
»Prost, vivat! Düt hett gude gan!«

Als aber vorüber das erste Feuer,
Ist manchem doch nicht so recht geheuer.

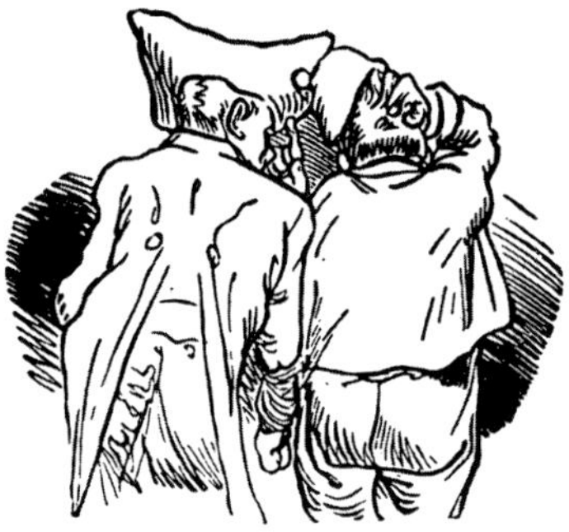

Ja, wenn der gnädige Herr nicht wär!
Der gnädige Herr, was sagt aber der??

»Mal fünfundzwanzig! Nach altem Brauch!«
Richtig geraten! – So kommt es auch. –

NEUNTES KAPITEL

Hieronymus, nach diesem Mißgeschicke,
Will nicht wieder ins Amt zurücke. –
Er hat seinen Wanderstab genommen
Und sucht sich sonstwo ein Unterkommen.

Wie's nun so geht! – Einstmalen hat er
Sich hinbegeben ins Theater,
Und ist da eben auf der Szene
Eine Prinzessin wunderschöne.

Ach Gott! Wie wird ihm zumute da!
's ist seine geliebte Amalia!

Das Stück ist endlich zu Ende gegangen.
Die Liebenden halten sich fest umfangen. –

Hieronymus aber war es zur Stund,
Als riefe in seines Leibes Grund
Der innern Stimme ernster Baß:
Hieronymus, werde auch so was! –

Es ging nicht lange Zeit herum,
So zeigt er sich schon dem Publikum
Als ein verliebter ländlicher Schäfer.

In anderen Rollen ist er noch bräver,
Und überhaupt sehr löb- und preislich.

Aber Amalia benahm sich scheußlich. –

Drum entfernt sich mit Weh und Ach
Hieronymus aus dem Künstlerfach.
Und da man grad in der Vaterstadt
Einen Nachtwächter nötig hat,
So erwirbt er sich diesen schönen Posten
Und stößt ins Horn auf städtische Kosten.

Das mütterliche Traumbild
Vom großen Horn ist nun erfüllt. –

Hieronymus blus auch wirklich gut:
Kaum schlägt es zehn, so geht's Tu-huth!

Und ruft er dann das: Hört ihr Herrn!
Wacht jeder auf und hört es gern.

Einst, da er in einer heftig kalten
Nacht, sein schwieriges Amt zu verwalten,
Den Mund eröffnet, um zwölfe zu schrein,
Bläst ihm der nördliche Wind hinein. –

Zwar um eins geht's noch: tu-huth!
Um zwei aber ist's ihm schon gar nicht gut,
Glock drei bereits legt er sich nieder
Mit Schmerzen des Leibes und der Glieder.

Um acht Uhr kommt die Medizin,
Wonach es auch etwas besser schien.

Doch sah man etwa gegen zehn:
Hieronymus wird von dannen gehn!

Punkt zwölf erscheint der Knochenmann
Und hält das Perpendikel an. –

Also geht alles zu Ende allhier:
Feder, Tinte, Tobak und auch wir.
Zum letztenmal wird eingetunkt,
Dann kommt der große
schwarze

DER GEBURTSTAG

oder

DIE PARTIKULARISTEN

Schwank in 100 Bildern

Erstes Kapitel

IM WEISSEN PFERD

Wer Bildung und Moral besitzt,
Der wird bemerken, daß anitzt
Fast nirgends mehr zu finden sei
Die sogenannte Lieb und Treu. –

Man sieht zuerst mit Angstgefühlen
Herunterfallen von den Stühlen
Die angestammten Landesväter –
Sodann, als kühler Hochverräter,
Zieht man die Tobaksdos' hervor,
Blickt sanft und seelenvoll empor,
Streckt sich auf weichem Kanapee,
Schlürft mit Behagen den Kaffee –
Und ist man so aufs neu erfrischt,
Dann denkt man: »Na, die hat's erwischt!«

So denkt der böse Mensch. – Jedoch
Es gibt auch gute Menschen noch. –

Zu Milbenau im weißen Pferd
Bei Mutter Köhm, die jeder ehrt,
Da sitzen, eng vereint und bieder,
Auch diesen Sonntagabend wieder
Nach altem Brauch im Freundschaftskreise
Die Männer und die Mummelgreise.
»Et blivt nich so! – Et blivt nich so!!«
So murmelt jeder hoffnungsfroh. –

»Et schall nich bliben ans et is!
Et schall weer weren anse süß!!«

»Un dat seg eck! Un dat seg eck!«
So spricht entschieden Schneider Bock. –
Hierauf spricht lächelnd Krischan Stinkel
Und zwinkert mit dem Augenwinkel:

»Eck segge man, vor min Pläsier,
Gottlof! Wat is de Botter dür!!«

Dagegen ruft der lange Korte
Mit Zorneseifer diese Worte:

»Kreuzhimmeltausenddonnerwär,
Uns' olle König mot weer her!!«

Jetzt sieht sich Bürgermeister Mumm
Bedenklich nach der Seite um.

»Pißt!!« – ruft er – »Ruhig, liebe Leut!
Seid Untertan der Obrigkeit!!«

»Ja, aber man bis insoweit!
Seggt unse olle Herr Pastor.«

»Dat hat he seggt!!!« – so tönt's im Chor.
Hierauf, so wird es etwas stille,
Und grad kommt Herr Aptheker Pille.

»Ihr Leute, daß ich's bloß man sage!
Denn morgen ist der Tag der Tage,
Da er geboren, der – – ihr wißt! – –«

»Ja, ja, so is't! Ja, ja, so is't!!«
»Nun ist Euch allen wohlbekannt
Der Busenfreund, den ich erfand,

Der segensreiche Labetrank,
Der, sei man munter oder krank,
Erwärmend dringt bei hoch und nieder
Durch Kopf, Herz, Magen und die Glieder – –

Wie wär es, hochverehrte Freunde,
Wenn man im Namen der Gemeinde
Ein Dutzend Flaschen oder so – –«
»Ja, ja, man to! Ja, ja, man to!!«

So tönt es laut im treuen Kreise
Der Männer und der Mümmelgreise.
Und jeder ruft: »He, Mutter Köhmen!
Up düt will wi noch Einen nöhmen!!«

Gesagt, getan. – Für Mutter Köhm
Ist dies natürlich angenehm.

Zweites Kapitel

NÄCHTLICHE POLITIK

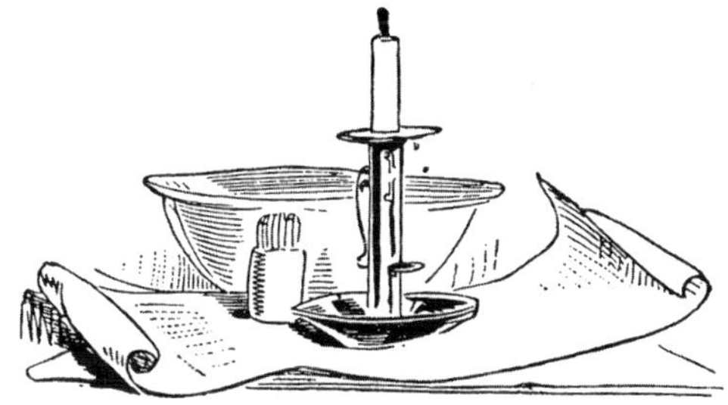

In seinem Bett um Mitternacht,
Voll Sorgen, die er sich gemacht,
Liegt hier des Dorfes Bürgermeister.

Die aufgestörten Lebensgeister
Befassen sich beim Kerzenlichte
Noch immer mit der Weltgeschichte,
Wie sie getreu vermeldet hat
Das angestammte Wochenblatt;

Daß nämlich, wie die Sachen liegen,
Die Preußen nächstens Schläge kriegen. –

Nur einer macht ihm stilles Graun –
Der Bismarck, dem ist nicht zu traun!

So liegt er da und ballt die Rechte
Und täte gerne, was er möchte;

Bis ihn in Schlummer wiegt um eins
Der Genius des Branntweins. –

Na, na! Das gibt noch ein Malheur! –
Die Zipfelkappe neigt sich sehr. –

Es kommen in Berührung fast
Die Flamme und der Mützenquast. –

Schon brennt der Zipfel wie ein Licht.
Die Obrigkeit bemerkt es nicht. –

Bald aber dringt die Glut und Hitze
Zum schlummernden Gedankensitze. –

Potzsapperment: hier heißt es schnelle!
Die Kopfbedeckung leuchtet helle.

Kreuzdunnerschlag! Ich dacht es ja!
's ist wieder mal kein Wasser da!!

In Ängsten findet manches statt,
Was sonst nicht stattgefunden hat.

Da liegt die Mütze sehr versehrt..
Das Haar ist meistens weggezehrt. –
Doch kann ein Sacktuch auch zuzeiten
In kühler Nacht das Haupt bekleiden;

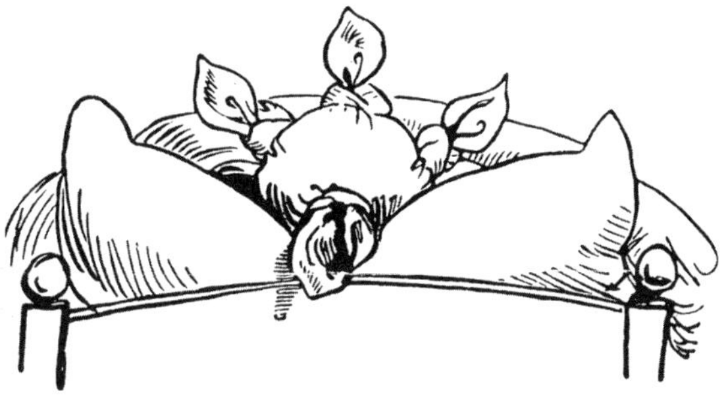

Nur hat sodann die Zippelmütze
Vier Spitzen statt der einen Spitze.

Drittes Kapitel

DER BUSENFREUND

Es war ein schönes Morgenrot.
Die Hähne krähn, es dampft der Schlot.
Schon hörte man wie Müseling,
Der Kuhhirt, an zu tuten fing.

Und jeder holet aus dem Stalle
Bei lustigem Trompetenschalle
Die krummgehörnten Buttertiere,
Daß Müseling sie weiterführe.

Wer auch schon munter, das ist Pille.
Er bürstet seine Sonntagshülle.

Und rüstet sich beizeiten schon
Zu seiner hohen Staatsmission.

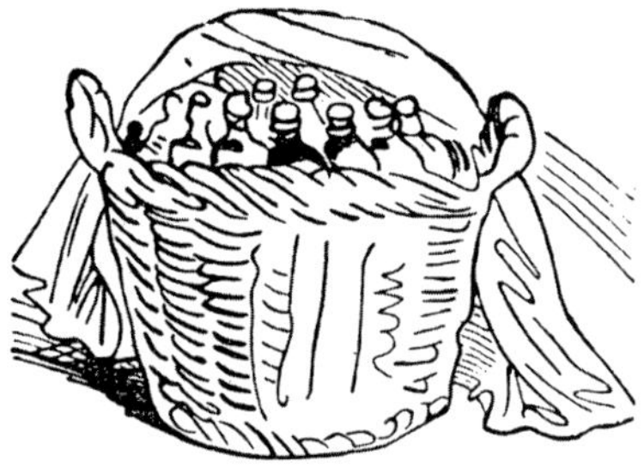

Allhier im Korbe, eng vereint,
Sind zwanzig Flaschen Busenfreund.

Und hier der Nachbar Fritze Jost
Befördert sie zur nächsten Post.
»Nur ja recht sachte und gemach!«
Ruft Pille – »Gleich, gleich komm' ich nach!«

Schon hinter Meiers alter Planke
Kommt Fritze Josten ein Gedanke.

Verlockend ist der äußre Schein.
Der Weise dringet tiefer ein.

Hier trägt er neugestärkt und heiter
Die süße Bürde emsig weiter.

Doch allbereits an Müllers Hecke
Verweilt er zu demselben Zwecke.

Bald treibt ein süßes Hochgefühl
Ihn weiter fort zu seinem Ziel.

Nur an der ernsten Kirchhofsmauer
Nimmt er es noch einmal genauer.

Zum Schlusse sieht er sich genötigt,
Hinwegzuschaffen, was erledigt. –

Nun aber zeigt er sich alsbald
Als eine schwankende Gestalt,

Die an der Mauer festbegründet
Bis jetzt noch eine Stütze findet.

Indessen bald so fehlt die Stütze –
Der Busenfreund rinnt in die Pfütze. –

Mit viel Geschrei in einer Reih
Kommt eine Gänseschar herbei.

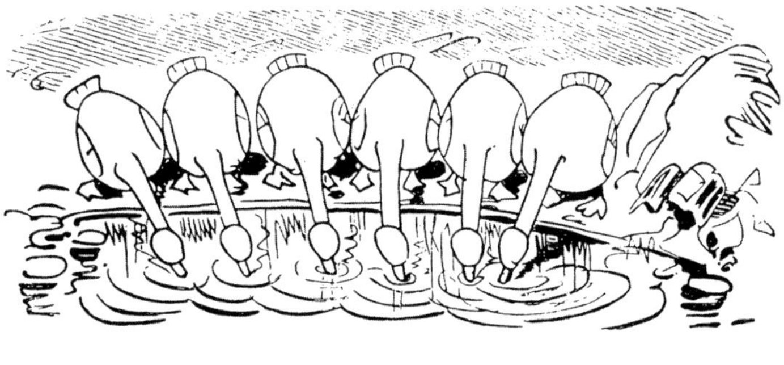

Als nun die Schnabelei begann,

Schaut eine Gans die andre an.

Sie tauchen froh nach kurzer Zeit

Sich tiefer in die Süßigkeit,

Derweil die Frösche schnell und grün
Aus tiefem Grund ans Ufer fliehn. –

Grad kommen, denn es ist halb neune,

Der Schweinehirt und seine Schweine.

Nun wird es lustig allerseits,
Die Gänse wackeln schon bereits.

Dem Hirt sein Bock fängt an zu springen,
Die Schweine wälzen sich und singen.

Viel Kurzweil treibt man anderweitig
Sowohl allein wie gegenseitig.

Jetzt eilt die Bauernschaft herbei
Und wundert sich, was dieses sei.

Bald ist auch Pille reisefertig
Bei diesem Schauspiel gegenwärtig.

Zuerst erfaßt zu aller Schreck
Der Ziegenbock den Meister Böck.

Auf seinem zackigen Gehörne
Trägt er denselben in die Ferne.

Der Bürgermeister, ängstlich blau,
Bewegt sich fort auf Kanters Sau.

Jetzt kommen, Pille in der Mitten.
Zwei alte Weiber angeritten.

Herr Pille aber wird zuletzt
Vor einer Stalltür abgesetzt.
Hierbei verlieret seinen Glanz
Der schöne Sonntagsschwalbenschwanz. –

Als man hierauf verwundersam
In einem Kreis zusammenkam,
Da hieß es: »Kommt na Mutter Köhmen,
Up düt da will wi Einen nöhmen!!«

Gesagt, getan! – Für Mutter Köhm
Ist dies natürlich angenehm.

Viertes Kapitel

DIE EIER

Das weiß ein jeder, wer's auch sei,
Gesund und stärkend ist das Ei –
Nicht nur in allerlei Gebäck,
Wo es bescheiden im Versteck;
Nicht nur in Soßen ist's beliebt,
Weil es denselben Rundung gibt;
Nicht eben dieserhalben nur –
Nein, auch in leiblicher Statur,
Gerechtermaßen abgesotten,
Zu Pellkartoffeln, Butterbroten,
Erregt dasselbe fast bei allen
Ein ungeteiltes Wohlgefallen;
Und jeder rückt den Stuhl herbei
Und spricht: »Ich bitte um ein Ei!«
Daß dieses wahr, das fühlte klar
Sogar die treue Bauernschar. –
Der Plan mit Pillens Busenfreund,
So wohlbedacht, so gut gemeint –
Man kann wohl sagen – ist mißraten,
Doch Treue sinnt auf neue Taten. –
Denn daß zu diesem hohen Tage
Etwas geschieht, ist keine Frage. –
Der sanfte Johann Heinrich Dreier,
Der sprach: »Wo dünket jük de Eier?«
»Kein besser Ding vor diesen Zweck!«
Rief Schneider Böck, – »Und dat seg eck!«
»Ick ok!« – schreit Korte – »Dunnerslag!
Keen Minsche, de nich Eier mag!«
Und alle riefen laut und froh:
Ja, ja, man to! Ja, ja, man to!«

Bald ist im Dorfe weit und breit
Mann, Weib und Kind in Tätigkeit,
Um zu den obgedachten Zwecken
In Scheunen, Ställen und Verstecken,
In unwirtsamen dunklen Ecken
Des Huhnes Eier zu entdecken. –

Die Hühner machen groß Geschrei;
Denn auch das Huhn verehrt das Ei,
Was es im stillen treu gelegt
Und gerne weiter hegt und pflegt,
Bis nach den vorgeschriebnen Wochen
Ein Pieperich hervorgekrochen. –
Jedoch nicht jedes ist so gut. –
Es gibt auch welche, die die Brut
Treulos verlassen – und so eins
Ist leider Krischan Stinkel seins. –

»Du wutt nich sitten, Lork?« denkt Stinkel
Und zwinkert mit dem Augenwinkel –
»Na, denn loop hen! Na, denn man to!
Ok recht! Ick weit wohl, wat ick doü«
Nachdem er so in seiner Mütze
Die Eier, daß er sie benütze,

Mit etwas Häckerling vermengt,
Behutsam leise eingezwängt,
Trägt er dieselben zu dem Orte,
Wo dieses Mal der lange Korte,
Der ehedem und hierzuvor
Gestanden bei dem Gardekorps,
Die Gaben gern entgegennimmt.
Ja, dieser Korte ist bestimmt,
Als Ehrengreis und Biedermann,
Der so etwas am besten kann,
Begleitet von zwei Ehrendamen,
Natürlich in Gemeinde Namen,
Das Festgeschenk noch diesen Morgen
An hoher Stelle zu besorgen.

Hier steht die Kutsche vom Pastor
Und Kortens Ochse steht davor.

Daneben stehet Kortens Sohn. –
Zwei Stunden ist's zur Bahnstation. –

Mit Vorsicht wird zuerst placiert
Der Eierkorb, wie sich's gebührt.

Sogleich nach diesem, wie sich's schickt,

Die Ehrenjungfern, reich geschmückt.

Mit Ruh und Würde und zuletzt
Hat Korte sich hineingesetzt.

»Nu, Kunrad, jüh! Wi wünschet Glücke!!« –
Nicht weit davon ist eine Brücke.

Es rutscht das Rad. – Herrje! Schrumbum!
Da fällt die alte Kutsche um. –

Bestürzt ist jedes Angesicht.
Wie's drinnen ist, das weiß man nicht.

Nun hebt nach oben, ohne Worte,
Sich Korte aus der Kutschenpforte.

Nun kommt ein Ehrenjungfernbild,
In Eigelb merklich eingehüllt.

O weh! Es fehlt noch immer eine! –
Gottlob! Hier sieht man ihre Beine! –

Die Jungfern und der Ehrengreis
Sind alle drei ganz gelb und weiß.

Man ist bemüht, sie abzuwischen. –
»Puh!« – hieß es – »Hier sind fule twischen!!«

Hier schlich beiseite Krischan Stinkel
Und zwinkert mit dem Augenwinkel,

Un spricht zu seiner Frau Christine:
»De fulen, Stine, dat sind mine!!« –

Als man darauf verwundersam
In einem Kreis zusammenkam,
Da hieß es: »Kommt na Mutter Köhmen!
Up düt, da möt wi Einen nöhmen!!«

Gesagt, getan. – Für Mutter Köhm
Ist dies natürlich angenehm. –

Fünftes Kapitel

DIE BUTTERHENNE

Das wäre also auch mißraten.
Doch ist's noch Zeit zu neuen Taten. –

Hierauf bezüglich mit Gefühl
Sprach Herr Adjunktus Klingebühl:

»Geliebte! So wie ich erachte,
Indem ich diesen Fall betrachte,
Bedenke, prüfe, überlege
Und mit Bedachtsamkeit erwäge –
So ist gewiß für treue Liebe
Und sonsten eingepflanzte Triebe
Das schönste Beispiel, so ich kenne,
Das Mutterhuhn, genannt die Henne. –
Ich weiß nicht, ob Ihr dieses wißt – –«
»Ja, ja« – rief jeder – »ja, so is't!!«
»– – – – Nun wohl!
So lasse man, als ein Symbol,

Durch unsern Bäcker und Konditer –
Ich meine hier Herrn Knickebieter –
Aus Butter und dergleichen Sachen
Ein Ebenbild der Henne machen.« –
»Ja, ja« – rief jeder laut und froh –
»Ja, ja! man to! Ja, ja! man to!!«

Bald ist im Dorfe weit und breit
Manch treues Weib in Tätigkeit,

Die Butter durch ein rastlos Wälzen
Und Kneten innig zu verschmelzen.

Und alle diese schöne Butter
Legt freudig Tochter oder Mutter

Als eine tiefempfundne Spende
In Knickebieters Künstlerhände.

Mit Freuden tut er sie begucken
Und denkt: »Das ist ein schöner Hucken!«

Sogleich, nachdem er sich geschneuzt,
Wird er zum Schaffen angereizt.

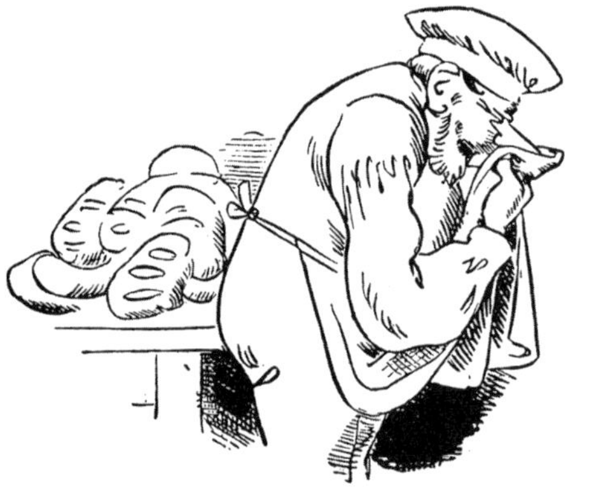

»Sieh, sieh! Da ist ja eine bei,

Die innen voll Kartoffelbrei.

Oh!« – sprach er – »O du alter Schlinkel,
Die ist gewiß von Krischan Stinkel!!«

Zuerst mit großem Vorbedacht
Wird Kopf und Leib und Schwanz gemacht.

Die Augen macht man mit dem Daumen
Vermittelst zwo gedörrter Pflaumen.

Als Schnabel wird die rote Rüben
Zweckmäßig in den Kopf getrieben.

Nun wirft man mit geheimer Wonne
Den Überrest in seine Tonne.

Nicht übel! Nur erscheint mir bloß
Das ganze Bildnis etwas groß.

Noch mal gemacht! – Und zwei Rosinen
Die können auch als Augen dienen.
Und, da das Ganze ein Symbol,
So kann's nicht schaden, wenn es hohl.

Und wieder mit geheimer Wonne
Wirft er, was übrig, in die Tonne.

Er steht und sieht sein Werk von ferne
Und spricht: »Na, so hab' ich dich gerne!«

Er schafft die Tonne fort verstohlen.
Man kommt, die Glucke abzuholen.

»Willkommen! Eure Meinung bitt ich!«
»Gott ja! Man bloß 'n beten lüttich!«

Der Wagen steht und wartet schon. –
Der Bürgermeister in Person
Wird dieses Mal (und zwar allein)
Der Fest- und Ehrenbote sein.

Bei jedem ist die Freude groß,
Denn gleich geht die Geschichte los.
Und jeder ruft: »Wi wünschet Glücke!« –

Den Gaul umschwirrt die Stachelmücke.

»Oha!« schrie alles voller Not –
»Herrgott! He sit de Glucken dot!«

Er sitzt am Boden sehr erschreckt.
Das Festgeschenk ist fast verdeckt.

Du liebe Zeit! Welch ein Malheur!
Man kennt das schöne Bild nicht mehr.

Sechstes Kapitel

FINALE

Die Zeit ist um, der Tag vergeht.
Für dieses Jahr ist es zu spät.
Und stumm und in sich selbst gekehrt

Begibt man sich ins weiße Pferd. –
»Ja, ja! De Botter de is dür!«
Sprach Krischan Stinkel, als man hier. –
»Nu is't to late!« – meinte Böck –
»Ich schäme mir vor diesen Zweck!«
»Dat hat Aptheker Pille schuld!«
Schrie Korte voller Ungeduld.

»Da muß ich bitten! Liebster, Bester!«
»Ne – Korte!« – »Ne – de Burgemester!«

So schrie man laut und fürchterlich.
Der Tisch fällt um. Man prügelt sich. –

Als man hierauf verwundersam
In einem Kreis zusammenkam,

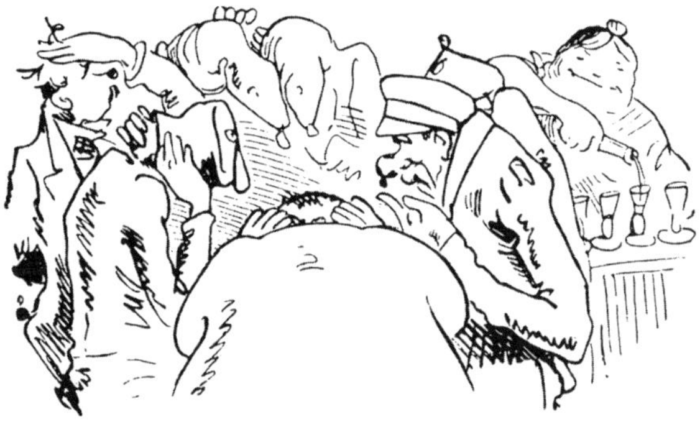

Da hieß es: »Heda, Mutter Köhmen!
Up düt da will wi Einen nöhmen!!«

Gesagt, getan. –

Für Mutter Köhm
War alles dieses angenehm.

DIDELDUM

INDIVIDUALITÄT

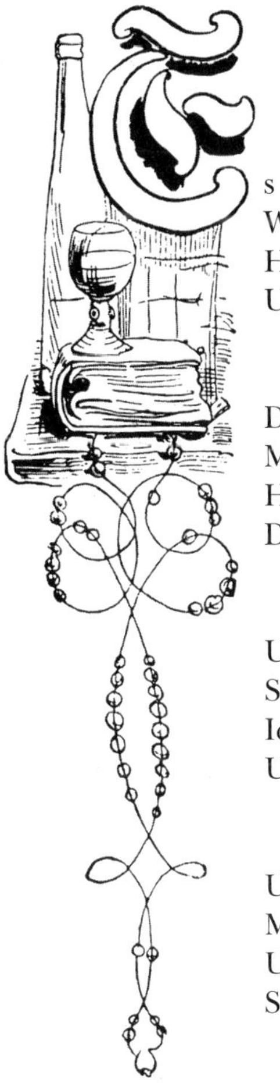

Es ist mal so, daß ich so bin.
Weiß selber nicht warum.
Hier ist die Schenke. Ich bin drin
Und denke mir: Dideldum!

Daß das so ist, das tut mir leid.
Mein Individuum
Hat aber mal die Eigenheit,
Drum denk ich mir: Dideldum!

Und schaut die Jungfer Kellnerin
Sich auch nach mir nicht um;
Ich weiß ja doch, wie schön ich bin,
Und denke mir: Dideldum!

Und säße einer da abseit
Mit Knurren und Gebrumm
Und meint, ich wäre nicht gescheit,
So denk ich mir: Dideldum!

Doch kommt mir wer daher und spricht,
Ich wäre gar nicht frumm
Und hätte keine Tugend nicht,
Das nehm ich krumm. – Dideldum!

TRÜBE AUSSICHT

Nein, höre mal! – so sprach mein Vetter –
Es wirkt doch nicht erhebend aufs Gemüt,
Wenn man bei Regenwetter

So etwas sieht.

WANKELMUT

Was bin ich alter Bösewicht
So wankelig von Sinne.
Ein leeres Glas gefällt mir nicht,
Ich will, daß was darinne.

Das ist mir so ein dürr Geklirr;
He, Kellnerin, erscheine!
Laß dieses öde Trinkgeschirr
Befeuchtet sein von Weine!

Nun will mir aber dieses auch
Nur kurze Zeit gefallen;
Hinunter muß es durch den Schlauch
Zur dunklen Tiefe wallen. –

So schwank ich ohne Unterlaß
Hinwieder zwischen beiden.
Ein volles Glas, ein leeres Glas
Mag ich nicht lange leiden.

Ich bin gerade so als wie
Der Erzbischof von Köllen,
Er leert sein Gläslein wuppheidi
Und läßt es wieder völlen.

TRINKLIED

Gestern ging ich wieder mal
In die Schenke schnelle,
Wie der durst'ge Pilgersmann
Eilt aus der Kapelle.

Alldieweil der Durst so groß,
Trink ich etwas eil'ger
Und erglänze alsobald
Wie ein neuer Heil'ger.

Wie der Pater Gabriel
Werd ich allnachgrade;
Zwicke schon der Kellnerin
Listig in die Wade. –

Beim Getränke lieb' ich mir
So ein Spiel ein kleines;
Ach, mein Geld ist hin wie einst
Kozmianen seines.

Da der Wirt auf Zahlung dringt,
Fang' ich an zu tosen.
Drauf ergeht's mir wie dem Erz-
Bischof hint in Posen.

Meinen Rock verwahrt der Wirt
Und die Schelle zieht er:

»Heda, Hausel! Schiebe fort
Diesen Jesuiter!«

Als ich auf der Gasse lag,

Schlägt die Glocke zwölfe,
Und ich grolle tiefempört
Wie ein alter Weife.

Gleich so fragt mich ein Gendarm,
Was ich hier bezweckte.

Keine Auskunft geben wir
Seminarpräfekte!

Darum sitz ich heut im Loch. –
Ach! und dieser Kater!
Fluchend geh ich auf und ab,
Wie ein heil'ger Vater.

ROMANZE

Es war einmal ein Schneiderlein
Mit Nadel und mit Scher,
Der liebt ein Mädel hübsch und fein
So sehr, ach Gott, so sehr.

Er kam zu ihr in später Stund
Und red't so hin und her,
Ob er ihr etwa helfen kunnt
Mit Nadel und mit Scher.

Da dreht das Mädel sich herum!
»O je, o jemine!
Deine Nadel ist ja schon ganz krumm,
Geh geh, mein Schneider, geh!«

Der Schneider schrie: »Du falsche Dirn,
Hätt' ich Dich nie gekannt!«

Er kauft sich einen Faden Zwirn

Und hängt sich an die Wand.

DER MAULWURF

In seinem Garten freudevoll
Geht hier ein Gärtner namens Knoll.

Doch seine Freudigkeit vergeht;
Ein Maulwurf wühlt im Pflanzenbeet.

Schnell eilt er fort und holt die Hacke,
Daß er den schwarzen Wühler packe.

Jetzt ist vor allem an der Zeit
Die listige Verschwiegenheit.

Aha! Schon hebt sich was im Beet,
Und Knoll erhebt sein Jagdgerät.

Schwupp! Da – und Knoll verfehlt das Ziel.
Die Hacke trennt sich von dem Stiel.

Das Instrument ist schnell geheilt;
Ein Nagel wird hineingekeilt.

Und wieder steht er ernst und krumm
Und schaut nach keiner Seite um.

Klabumm! So krieg die Schwerenot! –
Der Nachbar schießt die Spatzen tot.

Doch immerhin und einerlei!
Ein Flintenschuß ist schnell vorbei.

Schon wieder wühlt das Ungetier.
»Wart!« – denkt sich Knoll –
»Jetzt kommen wir.«

Er schwingt die Hacke voller Hast
Radatsch! – o schöner Birnenast!

Die Hacke ärgert ihn doch sehr,
Drum holt er jetzt den Spaten her.

Nun, Alter, sei gescheit und weise,
Und mache leise, leise, leise!

Schnarräng!! – Da tönt ihm in das Ohr
Ein Bettelmusikantenchor.

Musik wird oft nicht schön gefunden,
Weil sie stets mit Geräusch verbunden.

Kaum ist's vorbei mit dem Trara,
So ist der Wühler wieder da.

Schnupp! Dringt die Schaufel, wie der Blitz,
Dem Maulwurf unter seinen Sitz.

Und mit Hurra in einem Bogen
Wird er herauf ans Licht gezogen.

Aujau! Man setzt sich in den Rechen
Voll spitzer Stacheln, welche stechen.

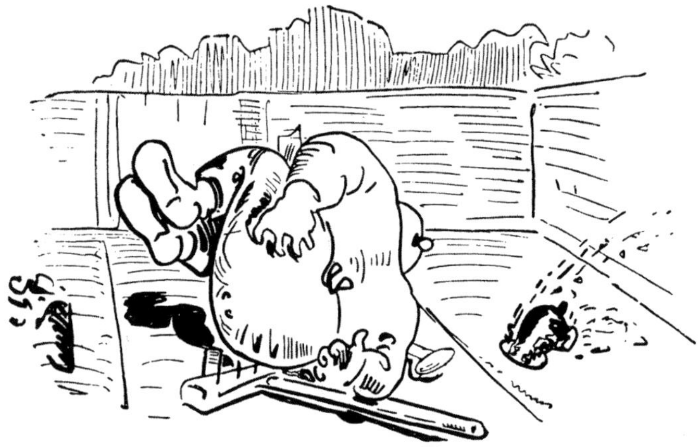

Und Knoll zieht für den Augenblick
Sich schmerzlich in sich selbst zurück.

Schon hat der Maulwurf sich derweil
Ein Loch gescharrt in Angst und Eil.

Doch Knoll, der sich emporgerafft,
Beraubt ihn seiner Lebenskraft.

Da liegt der schwarze Bösewicht.
Und wühlte gern und kann doch nicht;
Denn hinderlich, wie überall,
Ist hier der eigne Todesfall.

DIE KIRMES

Fest schlief das gute Elternpaar
Am Abend, als die Kirmes war.

Der Vater hält nach seiner Art
Des Hauses Schlüssel wohl verwahrt;

Indem er denkt: »Auf die Manier
Bleibt mein Herminchen sicher hier! –«

Ach, lieber Gott, ja, ja, so ist es!
Nicht wahr, ihr guten Mädchen wißt es:

Kaum hat man was, was einen freut,
So macht der Alte Schwierigkeit!

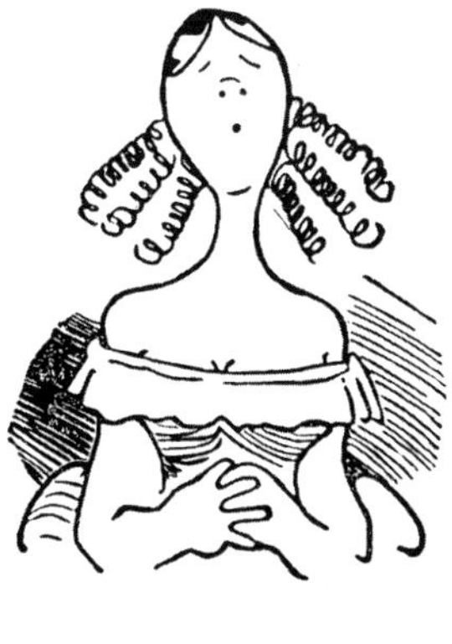

Hermine seufzt. –
Dann denkt sie: »Na!
Es ist ja noch das Fenster da!«

Durch dieses eilt sie still behende

Hierauf hinab am Weingelände

Und dann durchs Tor voll frohen Drangs
Im Rosakleid mit drei Volangs. –

Grad rüsten sich zum neuen Reigen
Rumbumbaß, Tutehorn und Geigen.

Tihumtata humtata humtatata!
Zupptrudiritirallala rallalala!

's ist doch ein himmlisches Vergnügen,
Sein rundes Mädel herzukriegen

Und rund herum und auf und nieder
Im schönen Wechselspiel der Glieder

Die ahnungsvolle Kunst zu üben,
Die alle schätzen, welche lieben. –

Hermine tanzt wie eine Sylphe,
Ihr Tänzer ist der Forstgehilfe. –

Auch dieses Paar ist flink und niedlich,
Der Herr benimmt sich recht gemütlich.

Hier sieht man zierliche Bewegung,
Doch ohne tiefte Herzensregung.

Hingegen diese, voll Empfindung,
Erstreben herzliche Verbindung.

Und da der Hans, der gute Junge,
Hat seine Grete sanft im Schwunge;

Und inniglich, in süßem Drange,
Schmiegt sich die Wange an die Wange;

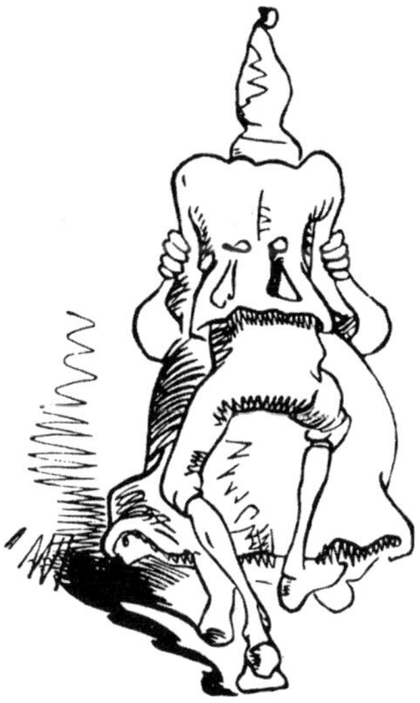

Und dann mit fröhlichem Juchhe,
Gar sehr geschickt, macht er Schaßeh.

Der blöde Konrad steht von fern
Und hat die Sache doch recht gern.

Der Konrad schaut genau hinüber.
Die Sache wird ihm immer lieber.

Der Konrad leert sein fünftes Glas,
Die Schüchternheit verringert das.

Flugs engagiert er die bewußte
Von ihm so hochverehrte Guste.

Die Seele schwillt, der Mut wird groß.
Heidi! Da saust der Konrad los.

Zu große Hast macht ungeschickt. –
Hans kommt mit Konrad in Konflikt.

Und – hulterpulter rumbumbum! –
Stößt man die Musikanten um.

Am meisten litt das Tongeräte. –
Und damit ist die schöne Fete
Zu jedermanns Bedauern aus. –

Hermine eilt zum Elternhaus

Und denkt, wie sie herabgekommen,
Auch wieder so hinauf zu kommen.

O weh! Da bricht ein Stab der Reben.
Nun fängt Hermine an zu schweben.

Die Luft weht kühl. Der Morgen naht. –
Die gute Mutter, welche grad,

Das Waschgeschirr in allen Ehren
Gewohntermaßen auszuleeren,

Das Fenster öffnet, sieht mit Beben
Herminen an der Stange schweben.

Und auch die Jugend, die sich sammelt,
Ist froh, daß da wer bimmelbammelt.
Doch sieh, da zeigt der Vater sich
Und schneidet weg, was hinderlich.

Und mit gedämpftem Schmerzenshauch
Senkt sie sich in den Rosenstrauch.

DER ZYLINDER

Josephitag ist, wie du weißt,
Ein Fest für den, der Joseph heißt.
Drum bürstet, weil er fromm und gut,
Auch dieser Joseph seinen Hut

Und macht sich überhaupt recht schön,
Wie alle, die zur Metten gehn.

Hier geht er aus der Türe schon
Und denkt an seinen Schutzpatron. –

Heraußen weht nicht sehr gelind
Von Osten her ein kühler Wind,
So daß die beiden langen Spitzen,

Die hinten an dem Fracke sitzen,
Mit leichtem Schwunge sich erheben
Und brüderlich nach Westen streben. –

Jetzt kommt die Ecke.

Immer schlimmer
Weht hier der Wind. – Ein Frauenzimmer,
Obschon von Wuchse schön und kräftig,
Ist sehr bewegt und flattert heftig,
So daß man wohl bemerken kann – – –

O Joseph, was geht dich das an?

Ja, siehst du wohl, das war nicht gut!
Jetzt nimmt der Wind dir deinen Hut!

Schnell legt der Joseph sein Brevier
Auf einen Stein vor einer Tür,

Um so erleichtert ohne Weilen
Dem schönen Flüchtling nachzueilen. –

O weh, da trifft und faßt ihn grad,

Doch nur am Rand, ein Droschkenrad.

Jetzt eilt er wieder schnell und heiter
In schönen Kreisen emsig weiter,
Und Joseph eilet hinterdrein.

Hopsa! Da liegt ja wohl ein Stein.

Wutschi – Der Joseph liegt im Saft.

Der Hut entfernt sich wirbelhaft.

Dies sieht aus frohem Hintergrund
Ein alter Herr mit seinem Hund,

Und grade kommen auch daher
Die andern frommen Josepher
Und denken sich mit frohem Graus:
»Wie schauderhaft sieht Joseph aus!«

Und Josephs Hut, wo wäre der,
Wenn der Soldat allhier nicht wär

Und nicht mit seinem Bajonett
Ihn mutig aufgehalten hätt'. – –

Nun hat ihn doch der Joseph wieder. –
Stolz geht der Krieger auf und nieder. –

Der Joseph aber schaut geschwind,
Wo seine andern Sachen sind.

Gottlob, sie sind noch alle dort. –
Der Herr mit seinem Hund geht fort,

Und Joseph schreitet auch nach Haus. –
Er sieht nicht mehr so stattlich aus

Und muß nun leider dessentwegen
Privatim seiner Andacht pflegen.

Drum soll man nie bei Windeswehen
Auf weibliche Gestalten sehen.

DILEMMA

Das glaube mir – so sagte er –
Die Welt ist mir zuwider,
Und wenn die Grübelei nicht wär,
So schöß ich mich darnieder.

Was aber wird nach diesem Knall
Sich späterhin begeben?
Warum ist mir mein Todesfall
So eklig wie mein Leben?

Mir wäre doch, potzsapperlot,
Der ganze Spaß verdorben,
Wenn man am Ende gar nicht tot,
Nachdem daß man gestorben.

IDIOSYNKRASIE

Der Tag ist grau. Die Wolken ziehn,
Es saust die alte Mühle.
Ich schlendre durch das feuchte Grün
Und denke an meine Gefühle.

Die Sache ist mir nicht genehm.
Ich ärgre mich fast darüber.
Der Müller ist gut; trotz alledem
Ist mir die Müllerin lieber.

ANLEITUNG ZU HISTORISCHEN PORTRÄTS

I

Zum Beispiel machen wir zum Spaß

Mal erstens das!

Dann zweitens zur Erheiterung

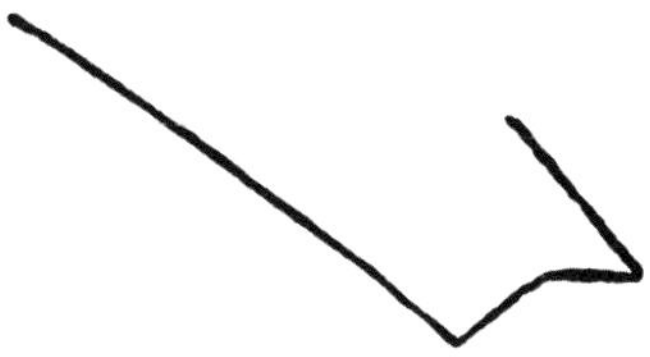

Kommt dieses als Erweiterung

Zum dritten, wie auch zum Vergnügen

Ist folgendes hinzuzufügen.

Hierauf noch 4. mit Pläsier

Gelangen wir zu diesem hier.

Zum Schluß noch dieses! – Ei Potzblitz,

Da haben wir den alten Fritz.

II

Mach still und froh

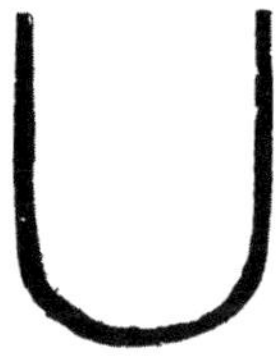

mal so

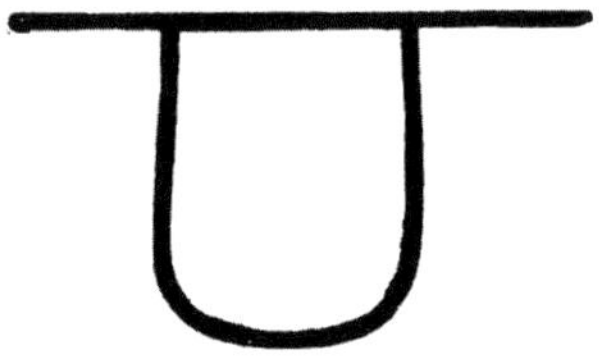

und so,

Gleich steht er do,

bei Austerlitz

und Waterloo.

III

Gesetzt, daß dies ein Kürbis sei,
Eine Gurke und drei Radi dabei

So wär's nicht übel, sollt ich meinen,
Kürbis und Gurke zu vereinen;

Denn setzen wir jetzt die Radi dran,
So haben wir noch einen großen Mann.

SUMMA SUMMARUM

Sag, wie wär es, alter Schragen,
Wenn du mal die Brille putztest,
Um ein wenig nachzuschlagen,
Wie du deine Zeit benutztest.

Oft wohl hätten dich so gerne
Weiche Arme warm gebettet;
Doch du standest kühl von ferne,
Unbewegt, wie angekettet.

Oft wohl kam's, daß du die schöne
Zeit vergrimmtest und vergrolltest,
Nur weil diese oder jene
Nicht gewollt, so wie du wolltest.

Demnach hast du dich vergebens
Meistenteils herumgetrieben;
Denn die Summe unsres Lebens
Sind die Stunden, wo wir lieben.

SCHLUSSCHOR

Was mit dieser Welt gemeint,
Scheint mir keine Frage.
Alle sind wir hier vereint
Froh beim Festgelage.

Setzt Euch her und schaut Euch um,
Voll sind alle Tische;
Keiner ist von uns so dumm,
Daß er nichts erwische.

Jeder schau der Nachbarin
In die Augensterne,
Daß er den geheimen Sinn
Dieses Lebens lerne.

Stoßet an! Die Wonnekraft
Möge selig walten,
Bis die Zeit uns fortgerafft
Zu dem Chor der Alten;

Bis in süßem Unverstand
Unsre Lippen lallen,
Bis das Auge und die Hand,
Bis wir selber fallen. –

Dann so tragt mich nur beiseit
In die dunkle Kammer,
Auszuruhn in Ewigkeit
Ohne Katzenjammer.

MÜNCHENER BILDERBOGEN

NATURGESCHICHTLICHES ALPHABET

für größere Kinder und solche, die es werden wollen

Im Ameishaufen wimmelt es,
Der *A*ff' frißt nie Verschimmeltes.

Die *B*iene ist ein fleißig Tier,
Dem *B*ären kommt dies g'spaßig für.

Die *C*eder ist ein hoher Baum,
Oft schmeckt man die *C*itrone kaum.

Das wilde *D*romedar man koppelt,
Der *D*ogge wächst die Nase doppelt.

Der *E*sel ist ein dummes Tier,
Der *E*lefant kann nichts dafür.

Im Süden fern die *F*eige reift,
Der *F*alk am *F*inken sich vergreift.

Die *G*ams im Freien übernachtet,
Martini man die *G*änse schlachtet.

Der *H*opfen wächst an langer Stange,
Der *H*ofhund macht dem Wandrer bange.

Trau ja dem *I*gel nicht, er sticht,
Der *I*ltis ist auf Mord erpicht.

*J*ohanniswürmchen freut uns sehr,
Der *J*aguar weit weniger.

Den *K*akadu man gern betrachtet,
Das *K*alb man ohne weiters schlachtet.

Die *L*erche in die *L*üftc steigt,
Der *L*öwe brüllt, wenn er nicht schweigt.

Die *M*aus tut niemand was zu Leide,
Der *M*ops ist alter Damen Freude.

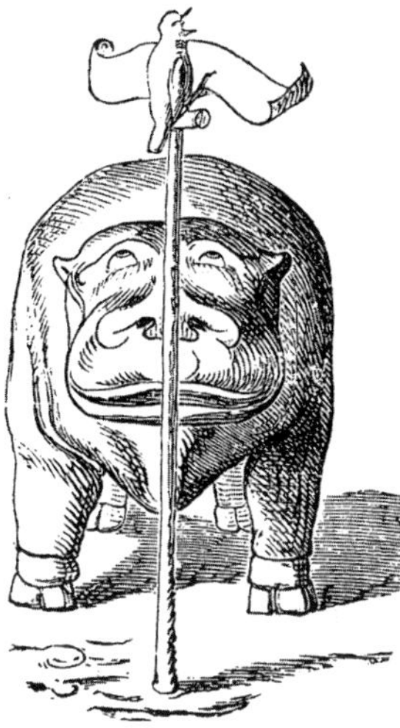

Die *N*achtigall singt wunderschön,
Das *N*ilpferd bleibt zuweilen stehn.

Der *O*rang-Utan ist possierlich,
Der *O*chs benimmt sich unmanierlich.

Der *P*apagei hat keine Ohren,
Der *P*udel ist meist halb geschoren.

Das *Q*uarz sitzt tief im Berges-Schacht,
Die *Q*uitte stiehlt man bei der Nacht.

Der *R*ehbock scheut den Büchsenknall,
Die *R*att' gedeihet überall.

Der *S*teinbock lange Hörner hat,
Auch gibt es »*S*chweine in der Stadt.

Die *T*urteltaube Eier legt,
Der *T*apir nachts zu schlafen pflegt.

Die *U*nke schreit im Sumpfe kläglich,
Der *U*hu schläft zwölf Stunden täglich.

Das *V*ieh sich auf der Weide tummelt,
Der *V*ampyr nachts die Luft durchbummelt.

Der *W*alfisch stört des Herings Frieden,
Des *W*urmes Länge ist verschieden.

Die *Z*wiebel ist der Juden Speise,
Das *Z*ebra trifft man stellenweise.

DER BAUER UND DER WINDMÜLLER

Die Luft ist kühl, es weht der Wind.
Der Bauer zieht zur Mühl' geschwind.

Ei, denkt der brave Bauersmann,
Da bind' ich meinen Esel an.

Der böse Müller hat's gesehn
Und läßt sogleich die Mühle gehn.

Den Esel zieht es fort, o Graus!
Der Müller guckt zum Loch heraus.

Denn sieh! die Haare halten nicht.
Bumbs! liegt er da, der arme Wicht.

Am Schwanz hängt sich der Bauer an,
Was ihm jedoch nichts helfen kann.

Der Müller aber mit Vergnügen
Sieht in der Luft den Esel fliegen.

Indessen haut dem Bäuerlein
Ein Flügel an das rechte Bein.

Jetzt endlich bleibt die Mühle stehn.
Doch um den Esel ist's geschehn.

Hier siehst du nun auf einem Karr'n
Den Abgeschied'nen heimwärts fahrn.

Und als der Bauer kam nach Haus,
Fuhr seine Frau zur Tür heraus,

Mit einem Besen, groß und lang
Macht sie dem Bauern angst und bang.

Der Bauer nimmt die Säge
Und wehrt sich ab die Schläge.

Ein Sägezahn trifft ganz genau
Ins Nasenloch der Bauersfrau.

Die Nase blutet fürchterlich,
Der Bauer denkt: »Was kümmert's mich?«

Zur Mühle geht der Bauersmann
Und fängt sogleich zu sägen an.

Racksknacks! Da bricht die Mühle schon,
Das war des bösen Müllers Lohn.

Der böse Müller aber kroch
Schnell aus dem offnen Mühlenloch.

DIE FLIEGE

Dem Herrn Inspektor tut's so gut,
Wenn er nach Tisch ein wenig ruht.

Da kommt die Fliege mit Gebrumm
Und surrt ihm vor dem Ohr herum.

Und aufgeschreckt aus halbem Schlummer,
Schaut er verdrießlich auf den Brummer.

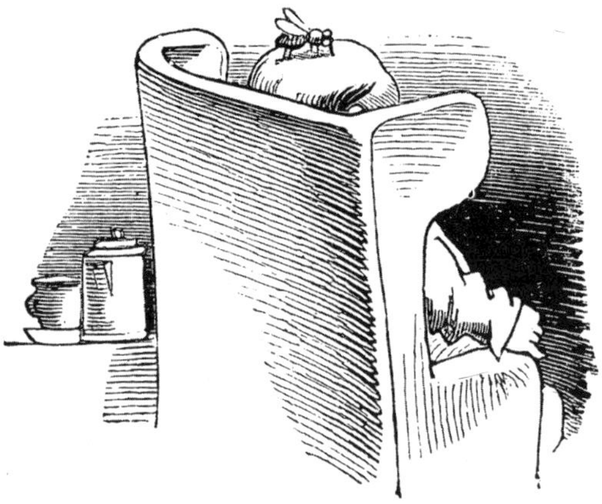

Die böse Fliege! Seht, nun hat se
Sich festgesetzt auf seiner Glatze.

»Wart nur, du unverschämtes Tier!
Anitzo aber komm' ich dir!!«

Behutsam schleicht er nach der Tasse,
Daß er die Fliege da erfasse.

Perdauz! – Darin ist er gewandt –
Er hat sie wirklich in der Hand.

Hier schaut er nun mit großer List,
Wo sie denn eigentlich wohl ist.

Surr! – Da! Sie ist schon wieder frei.
Ein Bein, das ist ihr einerlei.

Jetzt aber kommt er mit der Klappe,
Daß er sie so vielleicht ertappe.

Und um sie sicher zu bekommen,
Hat er den Sorgenstuhl erklommen.

Rumbums! Da liegt der Stuhl und er.
Die Fliege flattert froh umher.

Da holt er aus mit voller Kraft,
Die Fliege wird dahingerafft.

Und fröhlich sieht er das Insekt
Am Boden leblos ausgestreckt.

Erquicklich ist die Mittagsruh,
Nur kommt man oftmals nicht dazu.

DIE BEIDEN ENTEN UND DER FROSCH

Sieh da, zwei Enten jung und schön,
Die wollen an den Teich hingehn.

Zum Teiche gehn sie munter
Und tauchen die Köpfe unter.

Die eine in der Goschen
Trägt einen grünen Froschen.

Sie denkt allein ihn zu verschlingen.
Das soll ihr aber nicht gelingen.

Die Ente und der Enterich,
Die ziehn den Frosch ganz fürchterlich.

Sie ziehn ihn in die Quere,
Das tut ihm weh gar sehre.

Der Frosch kämpft tapfer wie ein Mann. –
Ob das ihm wohl was helfen kann?

Schon hat die eine ihn beim Kopf,
Die andre hält ihr zu den Kropf.

Die beiden Enten raufen,
Da hat der Frosch gut laufen.

Die Enten haben sich besunnen
Und suchen den Frosch im Brunnen.

Sie suchen ihn im Wasserrohr,
Der Frosch springt aber schnell hervor.

Die Enten mit Geschnatter
Stecken die Köpfe durchs Gatter.

Der Frosch ist fort – die Enten,
Wenn die nur auch fort könnten!

Da kommt der Koch herbei sogleich
Und lacht: »Hehe, jetzt hab' ich euch!«

Drei Wochen war der Frosch so krank!
Jetzt raucht er wieder. Gott sei Dank!

DER HOHLE ZAHN

Oftmalen bringt ein harter Brocken
Des Mahles Freude sehr ins Stocken.

So geht's nun auch dem Friedrich Kracke;
Er sitzt ganz krumm und hält die Backe.

Um seine Ruhe ist's getan;
Er biß sich auf den hohlen Zahn.

Nun sagt man zwar: es hilft der Rauch!
Und Friedrich Kracke tut es auch.

Allein schon treiben ihn die Nöten,
Mit Schnaps des Zahnes Nerv zu töten.

Er taucht den Kopf mitsamt dem Übel
In einen kalten Wasserkübel.

Jedoch das Übel will nicht weichen,
Auf andre Art will er's erreichen.

Umsonst! – Er schlägt, vom Schmerz bedrängt,
Die Frau, die einzuheizen denkt.

Auch zieht ein Pflaster hinterm Ohr
Die Schmerzen leider nicht hervor.

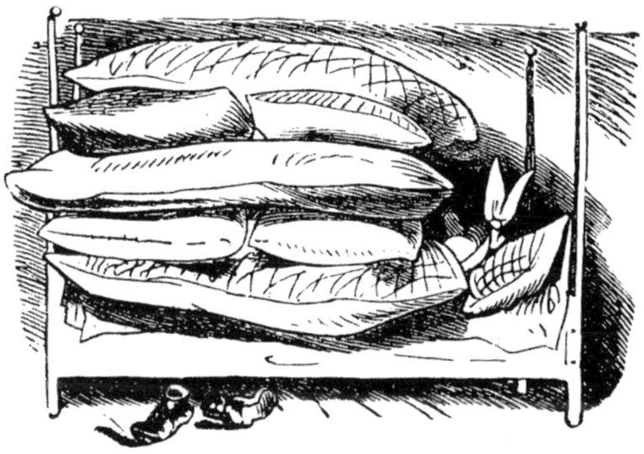

»Vielleicht« – so denkt er – »wird das Schwitzen
Möglicherweise etwas nützen.«

Indes die Hitze wird zu groß,
Er strampelt sich schon wieder los;

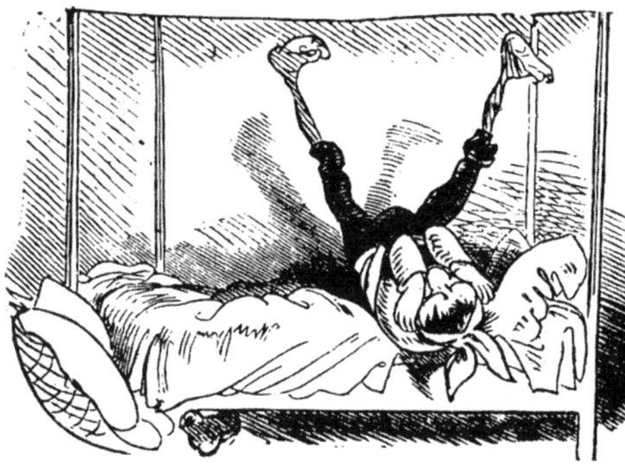

Und zappelnd mit den Beinen,
Hört man ihn bitter weinen.

Jetzt sucht er unterm Bette
Umsonst die Ruhestätte.

Zuletzt fällt ihm der Doktor ein.
Er klopft. – Der Doktor ruft: »Herein!«

»Ei, guten Tag, mein lieber Kracke,
Nehmt Platz! Was ist's denn mit der Backe?

Laßt sehn! Ja, ja! Das glaub' ich wohl!
Der ist ja in der Wurzel hohl!«

Nun geht der Doktor still beiseit.
Der Bauer ist nicht sehr erfreut.

Und lächelnd kehrt der Doktor wieder,
Dem Bauern fährt es durch die Glieder.

Ach, wie erschrak er, als er da
Den wohlbekannten Haken sah!

Der Doktor, ruhig und besonnen,
Hat schon bereits sein Werk begonnen.

Und unbewußt nach oben
Fühlt Kracke sich gehoben.

Und rack – rack! – da haben wir den Zahn,
Der so abscheulich weh getan!

Mit Staunen und voll Heiterkeit
Sieht Kracke sich vom Schmerz befreit.

Der Doktor, würdig, wie er war,
Nimmt in Empfang sein Honorar.

Und Friedrich Kracke setzt sich wieder
Vergnügt zu Abendessen nieder.

DIOGENES UND DIE BÖSEN BUBEN VON KORINTH

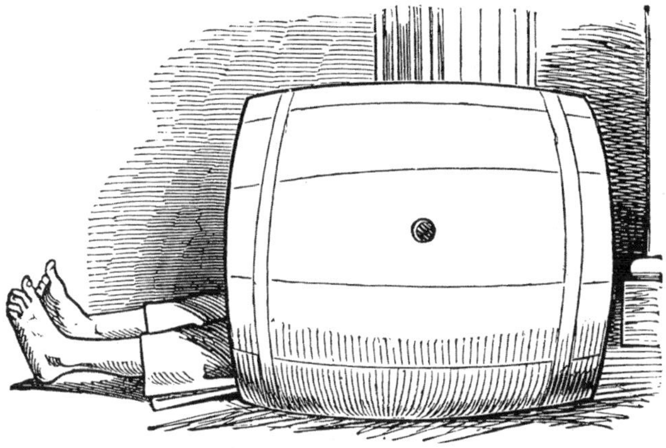

Nachdenklich liegt in seiner Tonne
Diogenes hier an der Sonne.

Ein Bube, der ihn liegen sah,
Ruft seinen Freund; gleich ist er da.

Nun fangen die zwei Tropfen
Am Fasse an zu klopfen.

Diogenes schaut aus dem Faß
Und spricht: »Ei, ei, was soll denn das?«

Der Bube mit der Mütze
Holt seine Wasserspritze.

Er spritzt durchs Spundloch in das Faß.
Diogenes wird pudelnaß.

Kaum legt Diogenes sich nieder,
So kommen die bösen Buben wieder.

Sie gehn ans Faß und schieben es;
»Halt, halt!« schreit da Diogenes.

Ganz schwindlich wird der Brave. –
Paßt auf! Jetzt kommt die Strafe.

Zwei Nägel, die am Fasse stecken,
Fassen die Buben bei den Röcken.

Die bösen Buben weinen
Und zappeln mit den Beinen.

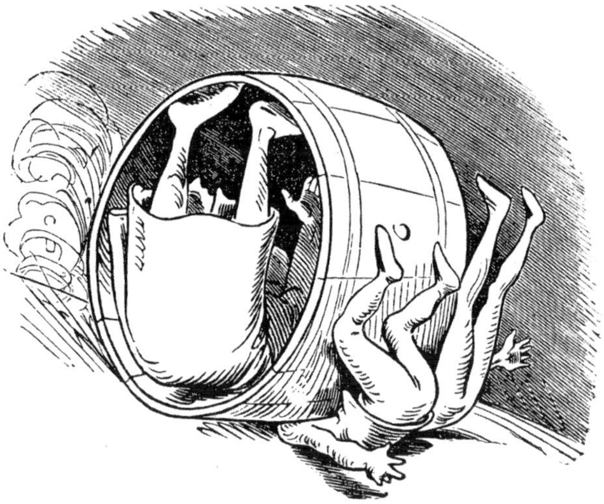

Da hilft kein Weinen und kein Schrein,
Sie müssen unter's Faß hinein.

Die bösen Buben von Korinth
Sind platt gewalzt, wie Kuchen sind.

Diogenes der Weise aber kroch ins Faß
Und sprach: »Ja, ja, das kommt von das!!«

DER HAHNENKAMPF

Der Gickerich, ein Gockel fein,
Guckt in den Topf voll Brüh hinein.

Ein zweiter, Gackerich genannt,
Kommt auch sogleich herzugerannt.

Und jeder langt mit Mühe
Im Topfe nach der Brühe.

Der Gicker- und der Gackerich
Betrachten und fixieren sich

Zum Kampf gerüstet und ganz nah,
So stehn sie Aug' in Auge da.

Sie fangen mit den Tatzen
Entsetzlich an zu kratzen,

Und schlagen sich die Sporen
Um ihre roten Ohren.

Jetzt rupft der Gickerich, o Graus,
Dem Gackerich die schönste Feder aus.

Doch Gackerich, der erst entfloh,
Macht's jetzt dem andern ebenso.

Und zieht den Gickerich noch obendrein
Beim Schopfe in den Topf hinein.

Da kämpfen sie noch ganz erhitzt,
Daß rund herum die Brühe spritzt.

Und keiner hält sich für besiegt,
Obschon der Topf am Boden liegt.

Jetzt kommt der Schnauzel hergerennt
Und macht dem ganzen Streit ein End'.

Sieh da, die Hähne gehn nach Haus
Und sehen ganz erbärmlich aus.

Der Schnauzel frißt den Rest der Brüh',
Den Schaden hat das Federvieh.

DIE RACHE DES ELEFANTEN

Den Elefanten sieht man da
Spazierengehn in Afrika.

Gemütlich geht er zur Oase
Und trinkt vermittelst seiner Nase.

Ein Mohr, aus Bosheit und Pläsier,
Schießt auf das Elefantentier.

Da dreht der Elefant sich um
Und folgt dem Neger mit Gebrumm.

Vergebens rennt der böse Mohr,
Der Elefant faßt ihn beim Ohr.

Er zieht ihn unter Weh und Ach
Zu einem nahen Wasserbach.

Da taucht er ihn ganz munter
Mit seinem Rüssel unter.

Den Mohren hätte unterdessen
Beinah das Krokodil gefressen.

Nun aber spritzt den Negersmann
Der Elefant mit Wasser an.

Er hebt ihn bei den Hosen auf
Und trägt ihn fort in schnellem Lauf.

Und wirft ihn in ein Kaktuskraut;
Der Kaktus sticht, der Mohr schreit laut.

Der Elefant geht still nach Haus,
Der Mohr sieht wie ein Kaktus aus.

ZWEI DIEBE

Ganz heimlich flüstern diese zwei,
Natürlich nur von Lumperei.

Da gehen sie in tiefem Schweigen,
Wohin? Das wird sich später zeigen.

Ein Fenster, welches nicht verschlossen,
Erklimmen sie auf Leitersprossen.

Hier schläft ein reicher Privatier
Bei seinem Gelde in der Näh!

Und als der Privatier erwacht,
Ein Messer ihm entgegenlacht.

Schnell will er die Pistole kriegen,
Der Dieb mißgönnt ihm das Vergnügen.

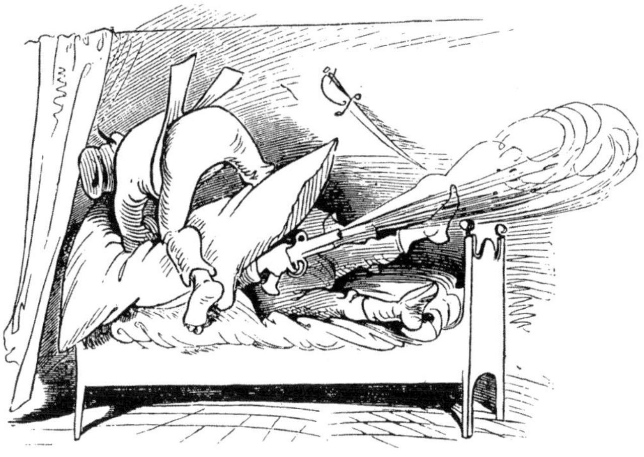

Seht nur! wie die Pistole kracht,
Dem Lumpen hat es nichts gemacht.

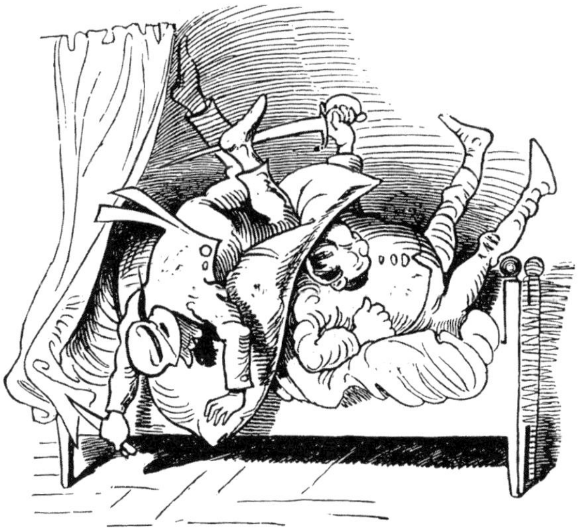

Der Privatier, ganz zornentbrannt,
Haut mit dem Säbel umeinand.

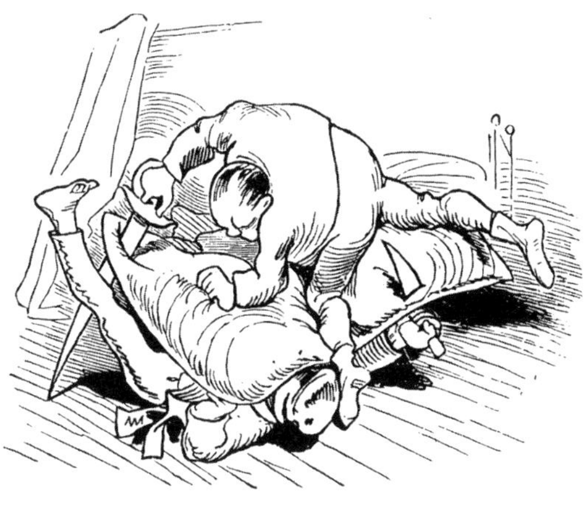

Und jeder haut und jeder sticht,
Und keiner trifft den andern nicht.

Hier knebeln sie den dicken Mann,
Daß er nicht schrein und laufen kann.

Und hängen ihn, o Sünd' und Schand',
An einen Nagel an die Wand.

Da kommt, vom lauten Knack erwacht,
Die Köchin im Gewand der Nacht

Und ruft mit bangem Wehgeschrei
Durchs Fenster nach der Polizei.

Da faßt der Dieb sie bei der Jacke
Und überzieht sie mit dem Sacke.

Da liegt sie nun, was hilft ihr Schrein?
Der Sack hüllt ihre Klagen ein.

Doch seht! Die brave Polizei
Kommt, wie gewöhnlich, schnell herbei.

Die Diebe sind im Schrank versteckt,
Die Polizei hat's gleich entdeckt.

Die Diebe sausen ins Gemach
Mit aufgespanntem Regendach.

Am Rücken liegt die Polizei,
Die Diebe stürmen schnell vorbei.

Da sieht man beide lustig fliegen,
Die böse Sache scheint zu siegen.

Doch still: die Strafe fehlet nie!
Gesegnet sei das Paraplü!

DER SCHNULLER

»Hier hast du ihn! Nun sei hübsch still,
Weil ich die Wäsche trocknen will.«

Dem Willi schmeckt der Schnuller süß,
Zwei junge Hunde sehen dies.

Der Willi spielt mit seiner Zehe,
Die Wespe lauert in der Nähe.

Schon krabbelt Schnupp, der eine Hund,
Ganz nah an Willi seinem Mund.

Er faßt mit Hast die süße Beute,
Und eilt von dannen voller Freude.

Nun kommt auch Schnapp, der zweite Hund,
Und leckt dem Willi seinen Mund.

Der Willi aber weinet sehr,
Denn er hat keinen Schnuller mehr.

Hier krabbelt er mit Händ' und Füßen
Zur Kanne hin, die zum Begießen;

Und sucht mit Mühe sich soeben
An dieser Kanne zu erheben.

Allein vergeblich ist sein Mühn;
Der kalte Guß kommt über ihn.

Hier läuft der Schnupp in großer Hast
Und hält den Schnuller fest gefaßt.

Schön schmeckt des Schnullers Süßigkeit;
Die andern zwei sind voller Neid.

Ein jeder möchte, sich zu laben,
Den Schnuller gern alleine haben.

Der Wespenstich macht keine Freude,
Die Hunde fliehen alle beide.

Die Wespe mit vergnügtem Sinn
Betrachtet sich als Siegerin.

Großmutter aber kommt allhier

Und kehrt hinweg das Stacheltier.

Sie trägt zu einem warmen Ort
Den Willi und den Schnuller fort.

Hier liegt und schwelgt er zum Beschluß
In ungestörtem Hochgenuß.

MÜLLER UND SCHORNSTEINFEGER

Schau, schau! Der Müller, dick und rund,
Küßt Jungfer Nanni auf den Mund.

Und bald nach diesem – ei, ei, ei! –
Schwört er der Fanny ew'ge Treu!

Der Schornsteinfeger, gleich darnach,
Klagt dieser auch sein Liebesach.

Doch ungeachtet solcher Schmerzen
Küßt er die Nanni recht von Herzen.

Nun sehen Nann- und Fanny beid'
Die Spuren dieser Zärtlichkeit.

Sogleich gießt Nanni aus dem Topf
Das Wasser über Fannys Kopf.

Worauf dieselbe, sehr empört,
Die Nanni mit dem Besen kehrt.

Der Schornsteinfeger folgt derweile
Dem Müller nach in Zorn und Eile.

Der will im Kasten sich verstecken
Und kann sich doch nicht ganz bedecken.

Die Ofengabel faßt er kühn,
Der Schwarze hüpft in den Kamin.

Zu höchst ist er nun auf dem Dach.
Wer wagt es, ihm zu steigen nach?

Schon klettert auf des Daches Giebel
Der Müller mit dem Wasserkübel.

Da langt in Eile und in Not
Der Schornsteinfeger aus dem Schlot.

Die beiden Mädln machen Feuer, –
Den' droben wird's da nicht geheuer.

Schnurr! – sausen beide nun herunter,
Die Mädchen lachen froh und munter.

Nun setzt sich auf die Kiste gar
Das schadenfrohe Mädchenpaar.

Indes – man lache nicht zu früh!
Denn – schlapp! – hier unten liegen sie.

Man sieht, daß es Spektakel gibt,
Wenn man sich durcheinander liebt.

Zum Schluß ist Zank und Streit vorbei.
Sie lieben sich zu zwei und zwei.

DER BAUER UND DAS KALB

Ein Bauer, der kein Geld mehr hat,
Der brächte gern sein Kalb zur Stadt.

Doch schau, wie dieses Tier sich sträubt
Und widerspenstig stehen bleibt!

Der liebenswürdige Bauersmann
Bietet umsonst ihm Kräuter an.

Vergebens druckt er es und schiebt,
Das Kalb bleibt stehn, wie's ihm beliebt.

Und ganz vergeblich ebenfalls
Sucht er es fortzuziehn am Hals.

Jetzt schau, wie er's mit Disteln sticht!
Das Kalb schreit: »Bäh!« Doch geht es nicht.

Er nimmt das Kalb bei Schweif und Ohr,
Doch bleibt es störrisch wie zuvor.

Mit Drohen und Belehren
Sucht er es zu bekehren.

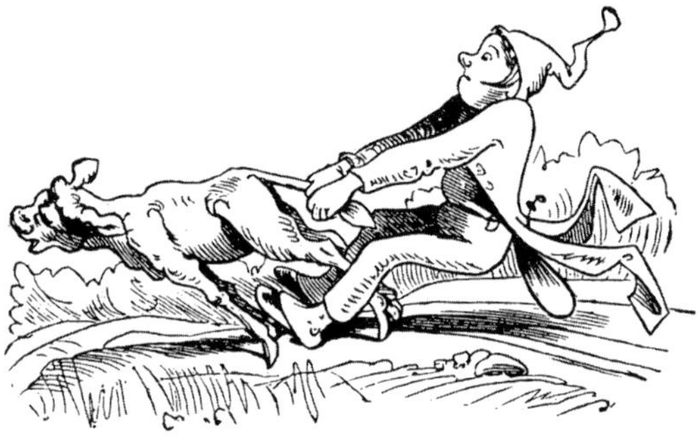

Doch schon im nächsten Augenblick
Möcht' es durchaus zum Stall zurück.

Da denkt er, es mit Schlägen
Zum Gehen zu bewegen.

Allein trotz allem Schlagen
Muß er das Kalb noch tragen.

Weil das ihm aber lästig ist,
Besinnt er sich auf eine List.

Er hängt die Glocke um, schreit: »Muh!«
Da glaubt das Kalb, er sei die Kuh.

ADELENS SPAZIERGANG

Ein Mädchen, schön und voll Gemüt,
Geht hier spazieren, wie man sieht.

Sie pflückt auf frühlingsgrüner Au
Vergißmeinnicht, das Blümlein blau.

Ach Gott! da hupft ein grüner, nasser,
Erschrecklich großer Frosch ins Wasser.

Adele, die ihn hupfen sah,
Fällt um und ist der Ohnmacht nah.

Ameisenbisse tun gar weh;
Schnell springt Adele in die Höh'.

Ein Schäfer weidet in der Fern. –
Den Ziegenbock hat man nicht gern.

Es stößt der Bock – Adele schreit
Der Hirt ist in Verlegenheit.

Auf seine Hörner nimmt der Bock
Adelens Krinolinenrock.

Hund, Hirt und Herde stehen stumm
Um diesen Unglücksfall herum.

Der Schäfer trägt Adelen fort;
Ein Storch kommt auch an diesen Ort.

Schnapp! faßt der Storch die Krinoline
Und fliegt davon mit froher Miene.

Hier sitzt das Ding im Baume fest
Als wunderschönes Storchennest.

DER HINTERLISTIGE HEINRICH

Die Mutter sprach: »O Heinrich mein!
Nimm diese Brezen, sie sei dein!«

Der böse Heinrich denkt sich gleich:
»Jetzt fang ich Gänse auf dem Teich.«

Ein junges Gänslein schwamm ans Land,
Schwapp! hat es Heinrich in der Hand.

Es schreit und zappelt fürchterlich;
Die Alten sind ganz außer sich.

Jetzt faßt die Gans den Heinrich an,
Wo sie zunächst ihn fassen kann.

Der Heinrich fällt auf seinen Rücken;
Am Ohr tun ihn die Gänse zwicken.

Sie fliegen dann, – o weh, o weh!
Mit Heinrich fort und in die Höh.

Hoch über seiner Mutter Haus,
Da lassen sie den Heinrich aus.

Der fällt ganz schwarz und über Kopf
Der Mutter in den Suppentopf.

Mit einer Gabel und mit Müh'
Zieht ihn die Mutter aus der Brüh'.

Hier sieht man ihn am Ofen stehn. –
Dem Schlingel ist ganz recht geschehn!

Die Gänse aber voll Ergötzen
Verzehren Heinrichs braune Brezen.

DER VIRTUOS

Ein Neujahrskonzert

Zum neuen Jahr begrüßt euch hier
Ein Virtuos auf dem Klavier.
Er führ' euch mit Genuß und Gunst
Durch alle Wunder seiner Kunst.

Silentium

Introduzione

Scherzo

Piano

Adagio

Smorzando

Adagio con sentimento

Maestoso

Capriccioso

Passagio chromatico

Fuara del diavolo

Forte vivace

Fortissimo vivacissimo

Finale furioso

Bravo, bravissimo!

DIE STRAFE DER FAULHEIT

Fräulein Ammer kost allhier
Mit Schnick, dem allerliebsten Tier.

Sie füttert ihn, so viel er mag,
Mit Zuckerbrot den ganzen Tag.

Und nachts liegt er sogar im Bett,
Da wird er freilich dick und fett.

Einstmals, als sie Spazierengehen,
Sieht man den Hundefänger stehen.

Er lockt den Schnick mit einer Brezen.
Das Fräulein ruft ihn voll Entsetzen.

Doch weil er nicht gehorchen kann,
Fängt ihn – gripsgraps! – der böse Mann.

Seht, wie er läuft, der Hundehäscher!
Und trägt im Sack den dicken Näscher.

Gern lief er fort, der arme Schnick,
Doch ist er viel zu dumm und dick.

»Den schlacht' ich!« spricht der böse Mann,
»Weil er so fett und gar nichts kann.«

Das Fräulein naht und jammert laut,
Es ist zu spat: da liegt die Haut.

Zwei Gülden zahlt sie in der Stille
Für Schnickens letzte Außenhülle.

Hier steht der ausgestopfte Schnick; –

Wer dick und faul, hat selten Glück.

DER LOHN DES FLEISSES

»Komm Nero!« spricht Herr Bartel ernst,
»Es wird jetzt Zeit, daß du was lernst!

Du willst nicht? – Gut! so hau' ich dich
Mit einem Stecken fürchterlich.«

Drauf sitzt der Nero mäuschenstill
Und hört, was man ihm sagen will.

»Hut ab!« das ist das erste Stück,
Der Nero macht es mit Geschick.

Zum zweiten: »Jenen Stecken dort!
Nur munter, Nero! such! apport!«

Und jetzt: »Die Tür auf! – So, so, so!
Das geht ja schon: Bravissimo!«

»Ach!« denkt der Nero, »ach, wozu
Läßt mich mein Herr doch nicht in Ruh'?!«

Da kommt, als sie spazierengingen,
Der Hundefänger mit der Schlingen.

»Hut ab!« ruft schnell Herr Bartel jetzt,
Der Hundefänger ist entsetzt.

Und läßt, dieweil der Schreck so groß,
Die festgemachte Schlinge los.

Gleich sitzt der Nero mit der Mütze
In einer tiefen Wasserpfütze.

Der böse Mann, gar sehr gewandt,
Fischt aber Nero an das Land,

Und sperrt ihn in den Gitterkasten,
Und schreit: »Jetzt soll der Schlingel fasten!«

Doch kaum hat sich der Mann entfernt,
Zeigt Nero, daß er was gelernt.

Er macht die Türe auf und dann
Läuft er nach Haus, so schnell er kann.

Hier kehrt er heim und ist erfreut, –
Das macht allein die Fleißigkeit.

DIE ENTFÜHRUNG AUS DEM SERAIL

Der Sultan winkt – Zuleima schweigt
Und zeigt sich gänzlich abgeneigt.

»Ha!« ruft der Sultan zorn'gen Muts,
»Führt sie hinweg!!« – Der Sklave tut's.

Der Ritter Artur sucht voll Tücken
Des Hauses Wächter zu berücken.

Schon trinkt die Wache ziemlich viel,
Herr Artur stimmt sein Lautenspiel.

Jetzt ist die Schildwach' schon betrunken,
Und schau! Zuleima hat gewunken.

Der ruft: »Herr Sultan, kommt in Eil'!
Grad steigt da wer in das Serail!«

Hier grüßt man sich voll Zärtlichkeit –
– Gebt acht! der Aga ist nicht weit!

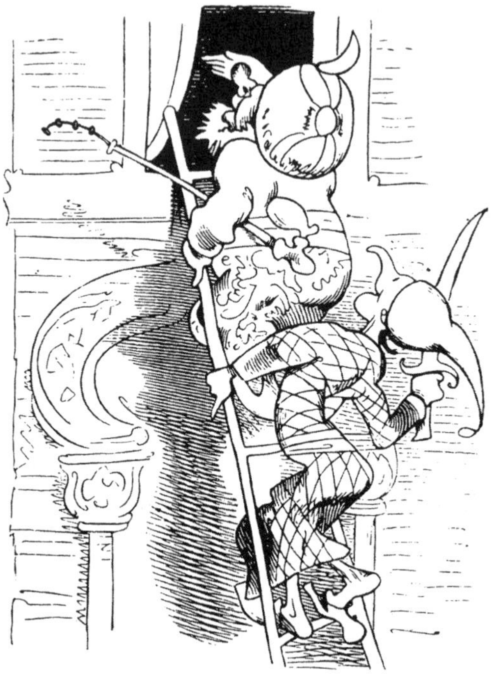

Die beiden Türken steigen nach
Bis zu Zuleimas Vorgemach.

Kaum sind die beiden Türken oben,
Da wird die Leiter umgeschoben.

Der Aga sticht in großer Hitze
Dem Sultan in die Nasenspitze.

Dem Sultan aber klopft das Herz
Vor Herzenspein und Nasenschmerz.

Das Pärchen aber, froh und heiter,
Entflieht per Schiff und segelt weiter.

DIE BRILLE

Des Mittags, als es zwölfe war,
Setzt sich zu Tisch der Herr Aktuar.

Er schaut bedenklich, ernst und stille,
Die Suppe an durch seine Brille.

Und durch die Brille, scharf und klar,
Entdeckt er gleich ein langes Haar.

»Nun!« – sprach die Frau – »das kann wohl mal passieren!
Hast du mich lieb, so wird's dich nicht genieren!«

Er aber kehrt sich schleunigst um
Und holt die Flasche, die voll Rum.

Er trinkt und ist so sehr verstockt,
Daß selbst die Wurst ihn nicht verlockt.

»Ach!« denkt die Frau, »wie wird das enden!«
Und sucht die Flasche zu entwenden.

Doch hierin kennt er keinen Spaß
»Gleich stell sie her! Sonst gibt es was!«

Und schon ergreift er mit der Hand
Den Stock, der in der Ecke stand.

Die Frau versucht zu fliehn; indes
Der Hakenstock verhindert es.

Ein Schlag, gar wohlgezielt und tüchtig,
Trifft und zerbricht die Flasche richtig.

Nun nimmt die Frau die Sache krumm
Und kehrt sich zur Attacke um.

Sie hat die Brill' und freut sich sehr,
Der Mann steht da und sieht nichts mehr.

Er tappt herum als blinder Mann,
Ob er den Feind nicht finden kann.

Und tappt in seiner blinden Wut –
Autsch! – an des Ofens heiße Glut.

Er dreht sich um und allbereits
Brennt ihn der Ofen anderseits.

Nun aber wird die Wut erst groß –
Was es auch sei – er haut drauflos.

Die Suppenschüssel, Wurst und Glas
Wird ruiniert, der Hund wird naß.

Und Frau und Hund entfliehn; doch er
Fällt mit dem Stuhl schnell hinterher.

Voll Eifer will er nach, und ach!
Rennt an die Tür mit großem Krach.

Nun ist's zu Ende mit dem Rasen!
Das rote Blut rinnt aus der Nasen.

Und demutsvoll und flehentlich
Bemüht er um die Brille sich.

Er nimmt mit Freud' und Dankgefühl
Die Brille von dem Besenstiel.

So triumphiert das brave Weib. –
Die Wurst hat Tapp, der Hund, im Leib.

DAS RABENNEST

Zwei Knaben, jung und heiter,
Die tragen eine Leiter.

Im Nest die jungen Raben,
Die werden wir gleich haben.

Da fällt die Leiter um im Nu,
Die Raben sehen munter zu.

Sie schreien im Vereine,
Man sieht nur noch die Beine!

Der Jäger kommt an diesen Ort
Und spricht zu seinem Hund: »Apport!«

Den Knaben apportiert der Hund,
Der Jäger hat die Pfeif im Mund.

»Nun hole auch den andern her!«
Der Schlingel aber will nicht mehr.

Der Jäger muß sich selbst bemühn.
Den Knaben aus dem Sumpf zu ziehn.

Zur Hälfte sind die Knaben
So schwarz als wie die Raben.

Der Hund und auch der Jägersmann,
Die haben schwarze Stiefel an.

Die Raben in dem Rabennest
Sind aber kreuzfidel gewest.

DAS WARME BAD

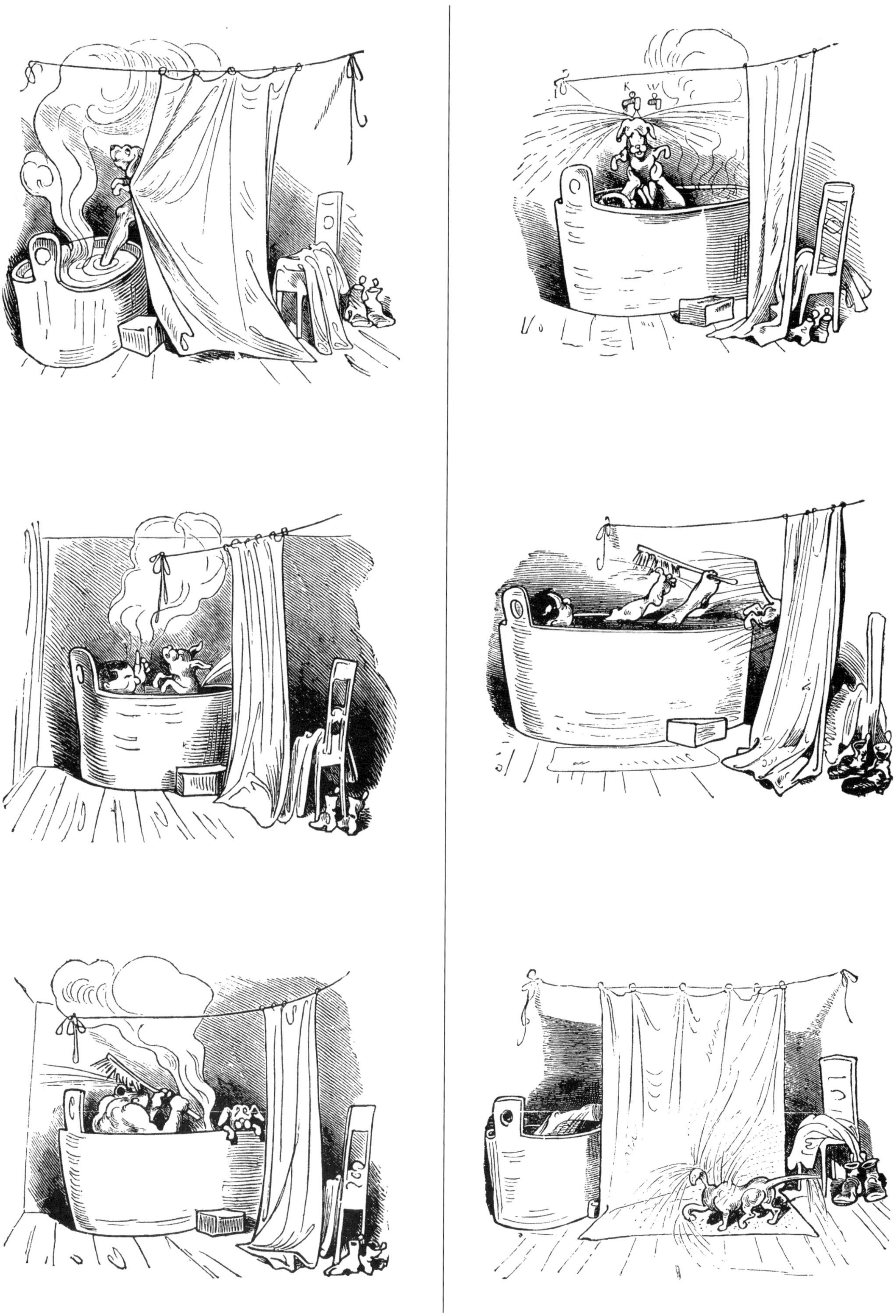

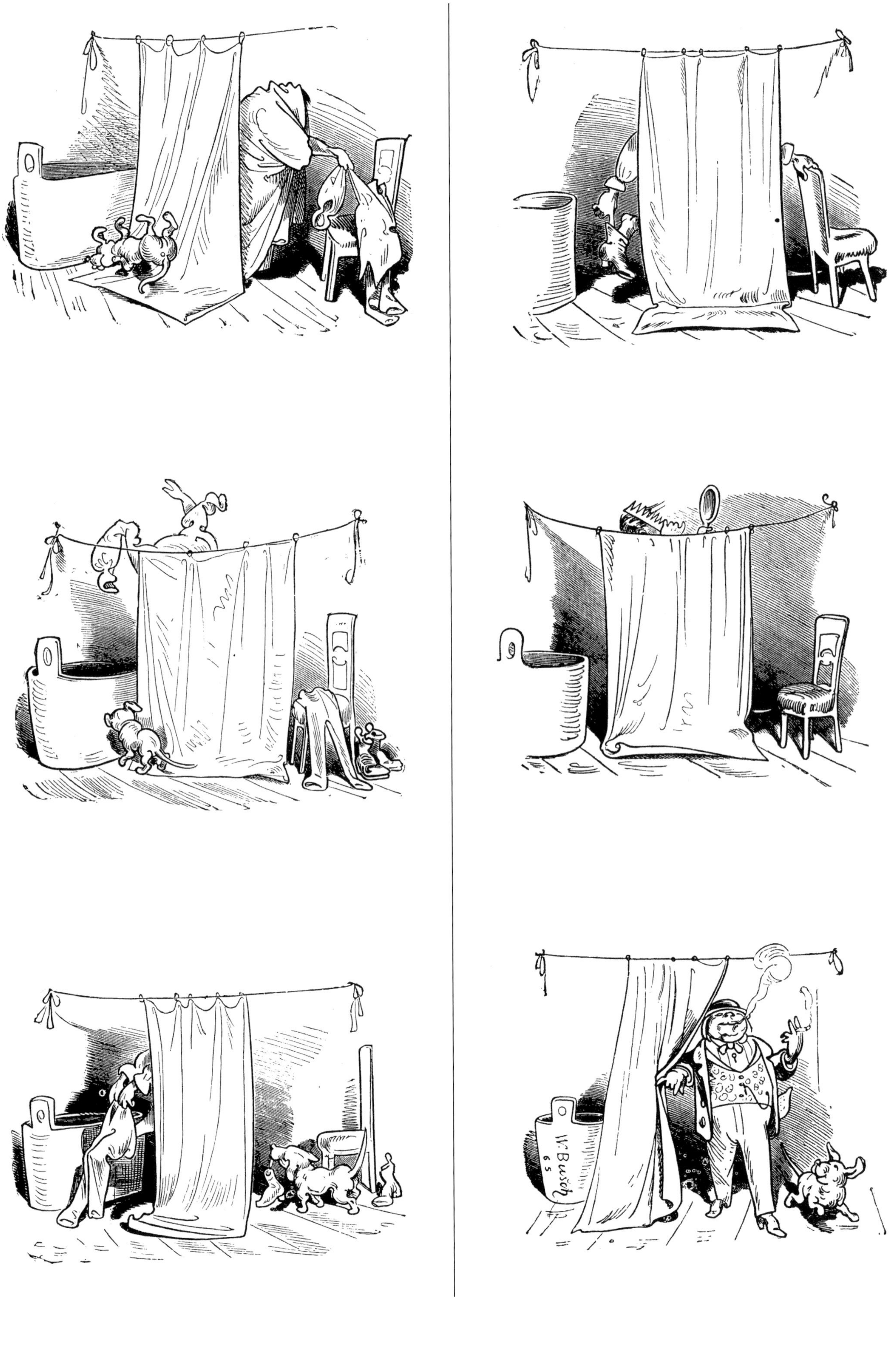
W. Busch
65

AUS DER KNEIPZEITUNG UND DEM KARIKATURENBUCH

KLAGELIED EINES JUNGGESELLEN (Kn)

Mir fehlt etwas, mir ist nicht recht,
Doch wüßt' ich wohl, was ich wohl möcht'.
Ich möchte was und weiß warum,
Das geht mir so im Kopf herum.

Heut' sprangen mir von meiner Hos'
Schon wieder mal zwei Knöpfe los;
Da setz' ich mich und näht' herum
Wohl eine Stund, bis ich ganz krumm;
Bin dann zu Probsten hingerennt,
Zu schlürfen, was man Kaffee nennt.
Da fühlt' ich wieder mal so recht,
Daß mir was fehlt, was ich wohl möcht'.

Ein Gast, ein traurig schmerzensvoller,
Saß ich zu Mittag dann beim Koller.
Die Serviette war beschmutzt,
Die Gabel war nicht abgeputzt,
Kurzum, ich fühlte da so recht,
Daß mir was fehlt, was ich wohl möcht'.

Und abends in der Dämmerfrist,
Wenn man so ganz alleinig ist,
Da möcht' ich wohl so dann und wann
Etwas zu titscheln-tatscheln ha'n.
Jedoch – da fühle ich so recht,
Daß mir was fehlt, was ich wohl möcht'.

Was soll der Mensch des Abends tun?
Ich denk, zum Kappler geh ich nun;
Da sitz ich so bei meinem Bier
Als wie ein rechtes Murmeltier
Und fühle wieder mal so recht,
Daß mir was fehlt, was ich wohl möcht'.

Nun tönt die Glocke zwölf vom Turm,
Ich muß nach Haus, ich armes Wurm.
Es fällt der Schnee, der Wind geht kühl,
Daß ich's durch Hemd und Hosen fühl',
Und komm ich endlich dann nach Haus
Und zieh mich zähneklappernd aus
Und steig ins Bett, – – so fühl ich recht,
Daß mir was fehlt, was ich wohl möcht'.

Zeichnung aus dem Karikaturenbuch

SEELENWANDERUNG (Kn)

Der dicke Kämmerer im Ägypterland
War weit und breit als Grobian bekannt,
Bekannt als größter Tier- und Menschenschinder;
Er schlug sein Weib und seine kleinen Kinder.
Er schlug mit seinem Rohr die alten, braven
Kamele und die schwarzen Mohrensklaven;
Und als er sie geschlagen manchen Tag,
Da traf ihn eines Tages selbst der Schlag. –

Er starb. – Da tönt des Schicksals Donnerwort:
Die Seele wandre durch Kamele fort
Und komme nicht zur Ruh im sel'gen Land
Bis sie das größte der Kamele fand!! –
Im ersten Schrecken fuhr des Kämmerers Seele
In eines seiner eignen Leibkamele.
Die Kinder ritten ihn, die eignen Fraun,
Er ward von eignen Sklaven oft gehaun,
Und endlich unterlag er seinen Leiden. –

Die arme Seele mußt' von hinnen scheiden;
Sie fuhr entsetzt davon und fuhr und flog
In ein Kamel, das durch die Wüste zog.

Die Sonne brennt, es weht der heiße S'mum,
Vor Hitze kommen fast die Leute um.
Da schneidet dem Kamel man auf den Bauch
Und zieht hervor den großen Wasserschlauch;
Die Karawane trinkt, der Durst war groß,

Und wieder ist die Seele obdachlos.
Und wieder muß die arme Seele wandern
Durch ein Kamel hinaus, hinein zum andern,
Und findet nicht das größte der Kamele.

Vergebens wandert die geplagte Seele
In das Kamel, das den Propheten trug;
Auch dies sogar war noch nicht groß genug. –

Da ist sie einst nach manchen tausend Jahren
Zu Turkestan in ein Kamel gefahren,
Das man als größtes, das man jemals fand,
Herüber brachte in den Zollverband.
Man zeigt es in den Buden, in den Gassen,
Es mußte sich geduldig schinden lassen
Und starb zuletzt von allzuvielem Schinden.
Wo soll die Seele noch ein größ'res finden? –

Ein Hofrat stand dabei. – Als blauer Rauch
Fuhr ihm die arme Seele in den Bauch.
Da griff er schnell zu Feder und Papiere
Und schrieb ein Buch zum Schutz der lieben Tiere.

Der Hofrat starb. – – Ersehnte Ruhe fand
Des Kämmerers Seele aus Ägypterland.

(Kb)

FÜR EINEN PORTRÄTMALER (Kn)

Die gnädige Frau, die alte,
Die hab' ich konterfeit.
Sie hatte manche Falte,
Drob war sie nicht erfreut.

Die Falten und die Runzeln,
Die malt ich nimmermehr,
Drob tät sie gnädig schmunzeln,
Das freut die Alte sehr.

Sie hatte viele Pocken –
Ich fand den Teint so klar;
Sie hatte falsche Locken –
Ich lobt ihr schönes Haar.

An ihrer roten Nase
Pries ich den feinen Ton;
Denn jede schöne Phrase,
Die findet ihren Lohn.

Die Alte fand geraten
Ihr gnädig Konterfei.
Sie zahlt mir zehn Dukaten,
Weil's gar so ähnlich sei.

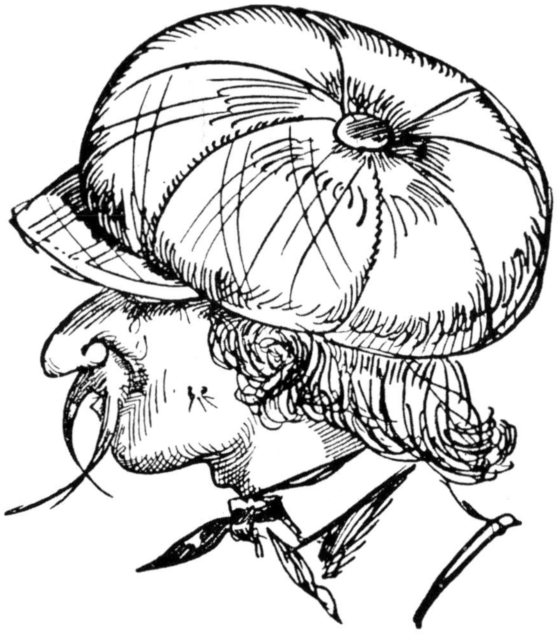

Selbstkarikaturen

AUS DEN FLIEGENDEN BLÄTTERN

LIEBESGLUT

1.

Sie liebt mich nicht. Nun brennt mein Herz
Ganz lichterloh vor Liebesschmerz,
Vor Liebesschmerz ganz lichterloh
Als wie gedörrtes Haferstroh.

Und von dem Feuer steigt der Rauch
Mir unaufhaltsam in das Aug',
Daß ich vor Schmerz und vor Verdruß
Viel tausend Tränen weinen muß.

Ach Gott! Nicht lang' ertrag' ich's mehr! –
Reicht mir doch Feuerkübel her!
Die füll' ich bald mit Tränen an,
Daß ich das Feuer löschen kann.

2.

Seitdem du mich so stolz verschmäht,
Härmt ich mich ab von früh bis spät,
So daß mein Herz bei Nacht und Tag
Als wie auf heißen Kohlen lag.

Und war es dir nicht heiß genug,
Das Herz, das ich im Busen trug,
So nimm es denn zu dieser Frist,
Wenn dir's gebacken lieber ist!

LIEDER EINES LUMPEN

In den Bildern

hat Wilhelm Diez, München, seinen Freund Wilhelm Busch

karikierend dargestellt.

I.

Als ich ein kleiner Bube war,
War ich ein kleiner Lump;
Zigarren raucht' ich heimlich schon,
Trank auch schon Bier auf Pump.

Zur Hose hing das Hemd heraus,
Die Stiefel lief ich krumm,
Und statt zur Schule hinzugeh'n,
Strich ich im Wald herum.

Wie hab' ich's doch seit jener Zeit
So herrlich weit gebracht! –
Die Zeit hat aus dem kleinen Lump
'n großen Lump gemacht.

II.

Der Mond und all' die Sterne,
Die scheinen in der Nacht;
Hinwiederum die Sonne
Bei Tag am Himmel lacht.

Mit Sonne, Mond und Sternen
Bin ich schon lang' vertraut,
Sie scheinen durch den Ärmel
Mir auf die bloße Haut.

Und was ich längst vermutet,
Das wird am Ende wahr:
Ich krieg' am Ellenbogen
Noch Sommersprossen gar.

III.

Ich hatt' einmal zehn Gulden. –
Da dacht' ich hin und her,
Was mit den schönen Gulden
Nun wohl zu machen wär'.

Ich dacht' an meine Schulden,
Ich dacht' ans Liebchen mein,
Ich dacht' auch ans Studieren –
Das fiel zuletzt mir ein.

Zum Lesen und Studieren,
Da muß man Bücher han,
Und jeder Manichäer
Ist auch ein Grobian.

Und obendrein das Liebchen,
Das Liebchen fromm und gut,
Das quälte mich schon lange
Um einen neuen Hut.

Was sollt' ich Ärmster machen?
Ich wußt' nicht aus noch ein. –
Im Wirtshaus an der Brucken
Da schenkt man guten Wein.

Im Wirtshaus an der Brucken,
Saß ich den ganzen Tag.
Ich saß wohl bis zum Abend
Und sann dem Dinge nach.

Im Wirtshaus an der Brucken,
Da wird der Dümmste klug.
Des Nachts um halber zwölfe,
Da war ich klug genug.

Des Nachts um halber zwölfe
Hub ich mich von der Bank
Und zahlte meine Zeche
Mit zehen Gulden blank.

Ich zahlte meine Zeche,
Da war mein Beutel leer. –
Ich hatt' einmal zehn Gulden.
Die hab' ich jetzt nicht mehr.

IV.

Im Karneval da hab' ich mich
Recht wohlfeil amüsiert;
Denn von Natur war ich ja schon
Fürtrefflich kostümiert.

Bei Maskeraden konnt' ich so
Passieren frank und frei;
Man meinte am Entree, daß ich
Charaktermaske sei.

Recht unverschämt war ich dazu
Noch gegen jedermann,
Und hab' aus manchem fremden Glas
Manch' tiefen Zug getan.

Darüber freuten sich die Leut'
Und haben recht gelacht,
Daß ich den echten Lumpen so
Natürlich nachgemacht.

Nur einem groben Kupferschmied,
Dem macht' es kein Pläsier,
Daß ich aus seinem Glase trank –
Er warf mich vor die Tür'.

V.

Von einer alten Tante
Ward ich recht schön bedacht;
Sie hat fünfhundert Gulden
Beim Sterben mir vermacht.

Die gute, alte Tante!! –
Fürwahr! Ich wünschte sehr,
Ich hätt' noch mehr der Tanten
Und – hätt' sie bald nicht mehr.

VI.

Ich bin einmal hinausspaziert,
Hinaus wohl vor die Stadt –
Da kam es, daß ein Mädchen mir
Mein Herz gestohlen hat.

Ihr Aug' war blau, ihr Mund war rot,
Blondlockig war ihr Haar. –
Mir tat's in tiefster Seele weh,
Daß solch ein Lump ich war.

VII.

Seit ich das liebe Mädchen sah,
War ich wie umgewandt.
Es hätte mich mein bester Freund
Wahrhaftig nicht gekannt.

Vom Fuße war ich bis zum Kopf
Ein Stutzer comme il faut!
Ich war, was mancher and're ist,
Ein Lump inkognito.

Ich trug – fürwahr! – Glacéhandschuh',
Glanzstiefel, chapeau claque,
Vom feinsten Schnitt war das Gilet
Und magnifik der Frack.

VIII.

Was tat ich ihr zuliebe nicht?!
Zum erstenmal im Leben
Hab' ich mich neulich, ihr zulieb'
Auf einen Ball begeben.

Sie sah wie eine Blume aus
In ihrer Krinolinen.
Ich bin als schwarzer Käfer mir
In meinem Frack erschienen.

Für einen Käfer – welche Lust! –
An einer Blume baumeln;
Für mich – welch' Glück! – an ihrer Brust
Im Tanz dahinzutaumeln.

Doch – ach! – mein schönes Käferglück,
Das war von kurzer Dauer;
Ein kläglich schnödes Mißgeschick
Lag heimlich auf der Lauer.

Denn, weiß der Teufel wie's geschah,
Es war so glatt im Saale –
Ich rutschte – und so lag ich da
Rumbums – mit einem Male.

An ihrem seidenen Gewand
Dacht' ich mich noch zu halten –
Ritsch ratsch! Da hielt ich in der Hand
Ein halbes Dutzend Falten.

Sie floh entsetzt. – Ich armer Tropf,
Ich meint', ich müßt' versinken.
Ich kratzte mir beschämt den Kopf
Und tät' beiseite hinken.

IX.

Den ganzen noblen Plunder soll,
Den soll der Teufel holen!!
Ein Leutnant von der Garde hat
Mein Liebchen mir gestohlen.

Du neuer Hut, du neuer Frack,
Ihr müßt ins Pfandhaus wandern.
Ich selber sitz' im Wirtshaus nun
Von einem Tag zum andern.

Ich sitz' und trinke aus Verdruß
Und Ärger manchen Humpen.
Die Lieb', die mich solid gemacht,
Die macht mich nun zum Lumpen. –

Und wem das Lied gefallen hat,
Der lasse sich nicht lumpen;
Der mög' dem Lumpen, der es sang,
Zum Dank – n' Gulden pumpen.

TRAURIGES RESULTAT EINER VERNACHLÄSSIGTEN ERZIEHUNG

Ach, wie oft kommt uns zu Ohren,
Daß ein Mensch was Böses tat,
Was man sehr begreiflich findet,
Wenn man etwas Bildung hat.

Manche Eltern sieht man lesen
In der Zeitung früh bis spät;
Aber was will dies bedeuten,
Wenn man nicht zur Kirche geht?

Denn man braucht nur zu bemerken,
Wie ein solches Ehepaar
Oft sein eignes Kind erziehet.
Ach, das ist ja schauderbar!

Ja, zum Instheatergehen,
Ja, zu so was hat man Zeit,
Abgesehn von andren Dingen,
Aber wo ist Frömmigkeit?

Zum Exempel, die Familie,
Die sich Johann Kolbe schrieb,
Hatt' es selbst sich zuzuschreiben,
Daß sie nicht lebendig blieb.

Einen Fritz von sieben Jahren,
Hatten diese Leute bloß,
Außerdem, obschon vermögend,
Waren sie ganz kinderlos.

Nun wird mancher wohl sich denken:
Fritz wird gut erzogen sein,
Weil ein Privatier sein Vater;
Doch da tönt es leider: Nein!

Alles konnte Fritzchen kriegen,
Wenn er seine Eltern bat,
Äpfel-, Birnen-, Zwetschgenkuchen,
Aber niemals guten Rat.

Das bewies der Schneider Böckel,
Wohnhaft Nummer 5 am Eck;
Kaum, daß dieser Herr sich zeigte,
Gleich schrie Fritzchen: »Meck, meck, meck!«

Oftmals, weil ihn dieses kränkte,
Kam er und beklagte sich;
Aber Fritzchens Vater sagte,
Dieses wäre lächerlich.

Wozu aber soll das führen,
Ganz besonders in der Stadt,
Wenn ein Kind von seinen Eltern
Weiter nichts gelernet hat?!

So was nimmt kein gutes Ende. –
Fast verging ein ganzes Jahr,
Bis der Zorn in diesem Schneider
Eine schwarze Tat gebar.

Unter Vorwand eines Kuchens
Lockt er Fritzchen in sein Haus,
Und mit einer großen Schere
Bläst er ihm das Leben aus.

Kaum hat Böckel dies verbrochen,
Als es ihn auch schon geniert,
Darum nimmt er Fritzchens Kleider,
Welche grün und blau kariert.

Fritzchen wirft er schnell ins Wasser,
Daß es einen Plumpser tut.
Kehrt beruhigt dann nach Hause,
Denkend: »So, das wäre gut!«

Ja, es setzte dieser Schneider
An die Arbeit sich sogar,
Welche eines ›Tandlers Hose‹
Und auch sehr zerrissen war.

Dazu nahm er Fritzchens Kleider,
Weil er denkt: »Dich krieg' ich schon!«
Aber ach, ihr armen Eltern,
Wo ist Fritzchen, euer Sohn?

In der Küche steht die Mutter,
Wo sie einen Fisch entleibt,
Und sie macht sich große Sorge:
Wo nur Fritzchen heute bleibt?

Als sie nun den Fisch aufschneidet,
Da war Fritz in dessen Bauch. –
Tot fiel sie ins Küchenmesser:
Fritzchen! war ihr letzter Hauch.

Wie erschrak der arme Vater,
Der grad eine Prise nahm;
Heftig fängt er an zu niesen,
Welches sonst nur selten kam.

Stolpern und durchs Fenster stürzen,
Ach, wie bald ist das geschehn!
Ach, und Fritzchens alte Tante
Muß auch grad vorübergehn.

Dieser fällt man auf den Nacken,
Knacks! da haben wir es schon! –
Beiden teuren Anverwandten
Ist die Seele sanft entflohn.

Drob erstaunten viele Leute,
Und man munkelt' allerlei;
Doch den wahren Grund der Sache
Fand die wackre Polizei.

Nämlich eins war gleich verdächtig:
Fritz hatt' keine Kleider an!
Und wie wäre so was möglich,
Wenn es dieser Fisch getan?

Lange fand man keinen Täter,
Bis man einen Tandler fing,
Der, es war ganz kurz vor Ostern,
Eben in die Kirche ging.

Ein Gendarm, der auf der Lauer,
Hatte nämlich gleich verspürt,
Daß die Hose dieses Tandlers
Hinten grün und blau kariert.

Und es war ein dumpf Gemurmel
Bei den Leuten in der Stadt,
Daß 'ne schwarze Tandlerseele
Dieses Kind geschlachtet hat.

Hochentzücket führt den Tandler
Man zur Exekution;
Zwar er will noch immer mucksen,
Aber wupp! da hängt er schon.

Nun wird mancher hier wohl fragen:
»Wo bleibt die Gerechtigkeit?
Denn dem Schneidermeister Böckel
Tut bis jetzt man nichts zuleid.«

Aber in der Westentasche
Des verstorbnen Tandlers fand
Man die Quittung seiner Hose
Und von Böckels eigner Hand.

Als man diese durchgelesen,
Schöpfte man sogleich Verdacht,
Und man sprach zu den Gendarmen:
»Kinder, habt auf Böckel acht!«

Einst geht Böckel in die Kirche. –
Plötzlich fällt er um vor Schreck,
Denn ganz dicht an seinem Rücken
Schreit man plötzlich: »Meck, meck, meck!«

Dies geschah von einer Ziege;
Doch für Böckel war's genug,
Daß sein schuldiges Gewissen
Ihn damit zu Boden schlug.

Ein Gendarm, der dies verspürte,
Kam aus dem Versteck herfür,
Und zu Böckel hingewendet
Sprach er: »Böckel, geh mit mir!«

Kaum noch zählt man 14 Tage,
Als man schon das Urteil spricht:
Böckel sei aufs Rad zu flechten.
Aber Böckel liebt dies nicht.

Ach, die große Schneiderschere
Ließ man leider ihm, und schnapp!
Schnitt er sich mit eignen Händen
Seinen Lebensfaden ab.

Ja, so geht es bösen Menschen:
Schließlich kriegt man seinen Lohn.
Darum, o ihr lieben Eltern,
Gebt doch acht auf euren Sohn!

DAS TEUFELSWIRTSHAUS

Es stand ein Wirtshaus an der Höh',
War gar so nett und fein;
Da setzten sich von nah und fern
Die großen und die kleinen Herrn
Bei Bier und Branntewein.

Der Wirt, der war kein frommer Christ,
Hielt nicht die zehn Gebot;
Oftmalen um die Mitternacht
Hat ihm der Teufel Geld gebracht
Hernieder durch den Schlot.

Der Teufel hat 'n gluhen Schweif,
Brennt schwefel-lichterloh;
Fuhr einstmals auch zum Dach herein
Und zog den langen Schweif nicht ein,
Hoho! da brennt das Stroh.

Das Stroh, das brennt, das Dach, das brennt,
Der Teufel fuhr heraus,
Die Gäste fielen von der Bank,
Dieweil es so nach Schwefel stank,
Und krabbeln vor das Haus.

Der Teufel sitzt im Appelbaum
Und plärrt als wie ein Kind;
Er heult und plärrt und weint so sehr,
Daß ihm die dicke Wagenschmeer
Von seinen Äuglein rinnt.

»Du dummer Teufel, sei doch still!
Fahr lieber in die Höll'
Und hol 'n Sack voll Geld herauf,
So bau'n wir's Wirtshaus wieder auf,
Hier an derselben Stell'.«

Und wenn der Teufel das nicht will,
So laßt's der Teufel sein.
Wir trinken frisch, wir trinken froh,
Ist's nicht allhier, ist's anderswo;
Stoß an, fein's Brüderlein!

SCHRECKLICHE FOLGEN EINES BLEISTIFTS

Ballade

I.

O Madrid, ich muß dich hassen,
Denn du hast ihn schnöd verkannt,
Den Murillo seinen besten
Schüler stets mit Stolz genannt.

Keiner hatte wie Pedrillo
Dieses lange Lockenspiel,
Keiner trug Hispaniens Mantel
Mit so vielem Kunstgefühl.

Keiner wiegte auf dem Haupte
Solchen hohen, spitzen Hut,
Und das edle Bleistiftspitzen
Konnt' er aus dem Grunde gut.

Meistens nahm er Nro. 7
Und mit kunstgeübter Hand
Spitzt' er ihn an beiden Enden,
Weil er dieses praktisch fand.

Einstmals merkte dies Murillo
Und er sprach mit ernstem Ton:
»Was ich eben da bemerke,
Das gefällt mir nicht, mein Sohn;

Denn ich glaube, daß du hierin
Sehr auf falschem Wege bist,
Weil es erstens sehr gefährlich,
Zweitens auch nicht nötig ist.«

Doch Pedrillo (wie gewöhnlich
Diese jungen Leute sind)
Schlug Murillos weise Lehre –
Lirum, larum! in den Wind.

2.

Übrigens (das muß man sagen)
Was die edle Kunst betraf,
Überhaupt in seinem Fache,
War Pedrillo wirklich brav.

So z. B. die Madonna;
Ja, wer hätte das gedacht?
Selbst der große Don Murillo
Hätte Beßres nicht gemacht.

Aber so was kostet Mühe
Und es kostet auch noch Geld,
Denn Pedrillo hatte häufig
Sich dazu Modell bestellt.

Sie war eine Schneiderstochter
Aus der Vorstadt von Madrid,
Schwarze Augen, blonde Flechten
Brachte dieses Mädchen mit.

Als Pedrillo nun gemalet
Dieses Mädchen als Porträt,
War der große Don Murillo
Auch nicht ungern in der Näh'.

Früh vom Morgen bis zum Abend
Unterweist der Meister ihn
Und Pedrillo folgte willig
Stets mit eifrigem Bemühn.

Aber abends, wo ein jeder
Gerne seine Ruhe hat,
Führt' Pedrillo jenes Mädchen
Oft spazieren vor die Stadt.

Einstmals merkte dies Murillo
Und er sprach mit ernstem Ton:
»Was ich eben da bemerke,
Das gefällt mir nicht, mein Sohn;

Denn ich glaube, daß du hierin
Sehr auf falschem Wege bist,
Weil es erstens sehr gefährlich,
Zweitens auch nicht nötig ist.«

Doch Pedrillo (wie gewöhnlich
Diese jungen Leute sind)
Schlug Murillos weise Lehre –
Lirum, larum! in den Wind.

3.

Schon am nächsten Donnerstage,
Als ein schöner Abend war,
Sah man draußen vor dem Tore
Dieses pflichtvergess'ne Paar,

Zu dem dort'gen Myrtenhaine
Gingen sie im Mondeslicht,
Aber keiner sah sie wieder,
Wenigstens lebendig nicht.

Denn es sprach zu ihr Pedrillo:
»Sprich, Geliebte, liebst du mich?«
Und sie preßt ihn an den Busen,
Sprechend: »Ja, ich liebe dich!«

»Au!« schrie plötzlich da Pedrillo,
Und das Mädchen schrie es auch;
Tödlich fielen beide nieder
Unter einem Myrtenstrauch.

Keiner wußte, was geschehen,
Bis des Morgens in der Früh;
Denn da kam ein alter Klausner
Durch den Wald und merkte sie.

Und als er die beiden Leichen
In der Nähe sich besah,
Fand er alles sehr natürlich,
Denn – ach Gott! – was fand er da?

Ach! ein Bleistift Nro. 7,
Den Pedrillo zugespitzt,
Zugespitzt an beiden Enden,
Hatte dieses Blut verspritzt.

Als Murillo dies vernommen,
Sprach er sanft und weinte sehr:
»Ach! O Jüngling, spitze niemals
Einen harten Bleistift mehr!

Führe Mädchen nie spazieren,
Denn dies Beispiel zeigt es klar,
Daß es erstens sehr gefährlich,
Zweitens auch nicht nötig war.«

METAPHERN DER LIEBE

Welche Augen! Welche Miene!
Seit ich dich zuerst gesehen,
Engel in der Krinoline,
Ist's um meine Ruh' geschehen.

Ach! in fieberhafter Regung
Lauf' ich Tag und Nacht spazieren,
Und ich fühl' es, vor Bewegung
Fang' ich an zu transpirieren.

Und derweil ich eben schwitze,
Hast du kalt mich angeschaut;
Von den Stiefeln bis zur Mütze
Spür' ich eine Gänsehaut.

Wahrlich! Das ist sehr bedenklich,
Wie ein jeder leicht ermißt,
Wenn man so schon etwas kränklich
Und in Nankinghosen ist.

Würde deiner Augen Sonne
Einmal nur mich freundlich grüßen,
Ach – vor lauter Lust und Wonne
Schmölz ich hin zu deinen Füßen.

Aber – ach! – aus deinen Blicken
Wird ein Strahl herniederwettern,
Mich zerdrücken und zerknicken
Und zu Knochenmehl zerschmettern.

DIE BALLADE VON DEN SIEBEN SCHNEIDERN

Es hatten sieben Schneider gar einen grimmen Mut;
Sie wetzten ihre Scheren und dürsteten nach Blut.

Dort auf der breiten Heide loff eine Maus daher –
Und war sie nicht geloffen, so lebte sie nicht mehr.
Und zu derselben Stunde (es war um halber neun)
Sah dieses mit Entsetzen ein altes Mütterlein.

Die Schneider mit den Scheren, die kehrten sich herum,
Sie stürzten auf die Alte mit schrecklichem Gebrumm.

»Heraus nun mit dem Gelde! Da hilft kein Ach und Weh!«
Das Mütterlein, das alte, das kreischte: »Ach herrje!«

Ein Geißbock kam geronnen, so schnell er eben kann,
Und stieß mit seinem Horne den letzten Schneidersmann.

Da fielen sieben Schneider – pardauz – auf ihre Nas'
Und lagen beieinander maustot im grünen Gras.

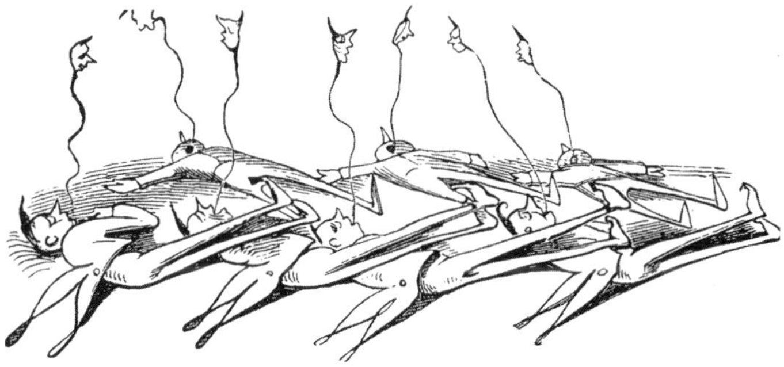

Und sieben Schneiderseelen, die sah man aufwärts schwirr'n
Sie waren anzuschauen wie sieben Fäden Zwirn.

Der Teufel kam geflogen, wie er es meistens tut,
Und fing die sieben Seelen in seinem Felbelhut.

Der Teufel, sehr verdrießlich, dem war der Fang zu klein;
Drum schlug er in die Seelen gleich einen Knoten drein.

Er hängt das leichte Bündel an eine dürre Lind';
Da pfeifen sie gar kläglich – piep, piep – im kühlen Wind. –

Und zieht ein Wandrer nächtlich durch dieses Waldrevier,
So denkt er bei sich selber: »Ei, ei, wer pfeift denn hier?«

DER LOHN EINER GUTEN TAT

Wenn man von dem Lohn der Tugend
Hin und wieder was erfährt,
So ist das im allgemeinen
Jedenfalls nur wünschenswert.

Aber so was kann mich ärgern,
Wenn man in der Zeitung sieht,
Was dem Johann Luënicka
Für sein gutes Werk geschieht.

Von Geburt aus Leitomischl,
Handwerksbursche von Metjeh,
Kam er auch auf seiner Reise
Einst an einen großen See.

Plötzlich sieht er einen Knaben,
Welcher etwa dreizehn Jahr',
Und, nachdem er sich gebadet,
Eben beim Ertrinken war.

Dieses kann Johann nicht leiden,
Stürzt sich mutig in die Flut,
Faßt das Kind beim linken Beine,
Aber – ach – verliert den Hut.

Erst jedoch, nachdem er alle
Rettungsmittel angewandt,
Fühlt er mittels seiner Hände,
Daß er seinen Hut nicht fand.

Unbemittelt und vertrauend
Auf das Werk, das er getan,
Hält er bei der Ortsgemeinde
Höflichst um Belohnung an.

Hier nimmt man das Anersuchen
Auch sogleich zu Protokoll
Und berichtet an das Kreisamt,
Wie man sich verhalten soll.

Von dem Kreisamt schreibt man wieder,
Und der Brave ist schon froh;
Aber groß war sein Erstaunen;
Denn die Antwort lautet so:

»Erstens, da der Luënicka
Schwimmen kann, so ist es klar,
Daß sein Leben bei der Sache
Nicht besonders in Gefahr.

Drum, nach reiflichem Bedenken,
Lautet unser Amtsbeschluß,
Daß die fragliche Belohnung
Jedenfalls von Überfluß.

Zweitens, hat der Luënicka
Sein Ersuchen eingeschickt,
Ohne daß, wie es gesetzlich,
Ihm ein Stempel aufgedrückt.

Drum, nach reiflichem Bedenken,
Lautet unser Amtsbeschluß,
Daß er 72 Kreuzer
Stempeltaxe zahlen muß.« –

Ja, so lautet das Erkenntnis. –
Zahlen muß der junge Mann,
Ob ihm gleich von jedem Auge
Eine stille Träne rann.

Und wir fragen uns im stillen:
Wozu nützt die gute Tat,
Wenn ein tugendsamer Jüngling
Obendrein noch Kosten hat?!

EGINHARD UND EMMA

Ein Fastnachtsschwank in Bildern

Carolus Magnus kroch ins Bett,
Weil er sehr gern geschlafen hätt'.

Jedoch vom Sachsenkriege her
Plagt ihn ein Rheumatismus sehr.

Die Nacht ist lang, das Bein tut weh;
Carolus übt das ABC.

»Autsch, autsch!« Da reißt's ihn aber wieder;
Carolus wirft die Tafel nieder.

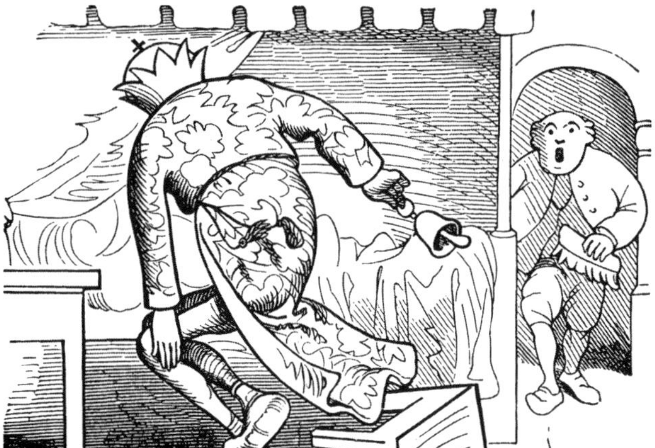

Er schellt. – Der alte Friedrich rennt. –
»Frottier' Er mich! Potz sapperment!«

Der Friedrich spricht: »Hab's gleich gedacht!
Es schneit ja schon die halbe Nacht!«

»Was?!« schreit der Kaiser, »Teufel auch!«
Und tritt dem Friedrich vor den Bauch.

Der alte Friedrich schleicht beiseit;
Der Kaiser schaut, wie's draußen schneit.

Was sieht er da, vor Schreck erstarrt?
Die Emma trägt den Eginhard.

Er ruft die Wache gleich herbei
Und spricht: »Jetzt fangt mir diese zwei!«

Die Wache nimmt den Eginhard
Beim Kragen mit der Hellebard,

Und als man sie zum Kaiser bringt,
Da steht er würdevoll und winkt.

Sie knien und sind vor Tränen stumm;
Der Kaiser dreht sich gar nicht um.

Jetzt aber wird er mild und weich
Und spricht gerührt: »Da habt Ihr Euch!«

DER UNFREIWILLIGE SPAZIERRITT

Herr Pumps labt sich im kühlen Bad,
Als hoch zu Roß ein Leutnant naht.

Ergreift den Zaum mit starker Hand
Und schwingt sich dann aufs Roß gewandt.

Des Leutnants Roß wird plötzlich scheu,
Herr Pumps eilt gleich zur Hilf herbei;

Kaum sitzt er – zu des Leutnants Schreck –
Da rennt das Roß mit ihm vom Fleck;

Und rennt und stürmt vorbei mit Wut
An einem Fräulein-Institut.

Und rennt hinein zur Stadt – o Graus –
Wo eben ward die Schule aus;

Und rennt, bis es gerannt genug,
Und wirft Herrn Pumps noch ab im Flug.

Und faßt die nächste Tür' – o weh –
Zwei Fräulein sitzen beim Kaffee;

Die Jugend sieht's und lacht ihn aus;
Schnell eilt Herr Pumps ins nächste Haus.

Doch wie er schnell den Rückzug sucht,
Hemmt's Stubenmädel seine Flucht.

Endlich erreicht er ein Gemach,
Ein Diener bringt ihm Kleider nach,

Schafft eine Droschke dann zur Steh«,
Drin fährt Herr Pumps nach Hause schnell.

EIN GALANTES ABENTEUER

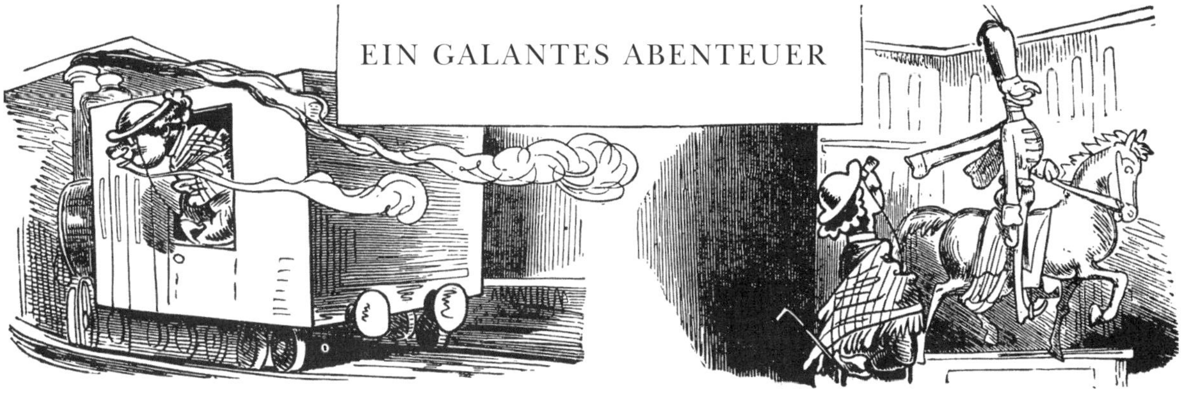

Der Morgen graut. Ich kam per Bahn
Stolz in der Stadt der Welfen an.

Und wie ich wandle, seh' ich walten
Im Morgenscheine fünf Gestalten.

»Seid mir gegrüßt, ihr edlen Frauen,
So wunderlieblich anzuschauen!«

»Wa het he seggt?!« so tönt's im Chor,
Fünf Besen heben sich empor.

Ich stolp're in ein Kehrichtfaß;
Die Besen sind sehr dürr und naß.

Kaum rett' ich mich, schon halb verdroschen,
Mit 25 Silbergroschen.

Das hemmt der Besengarde Lauf. –
Ein Bad nimmt meine Glieder auf.

So geht's! – Bei Damen sollst du fein,
Gar niemals nicht ironisch sein.

DAS GESTÖRTE RENDEZVOUS

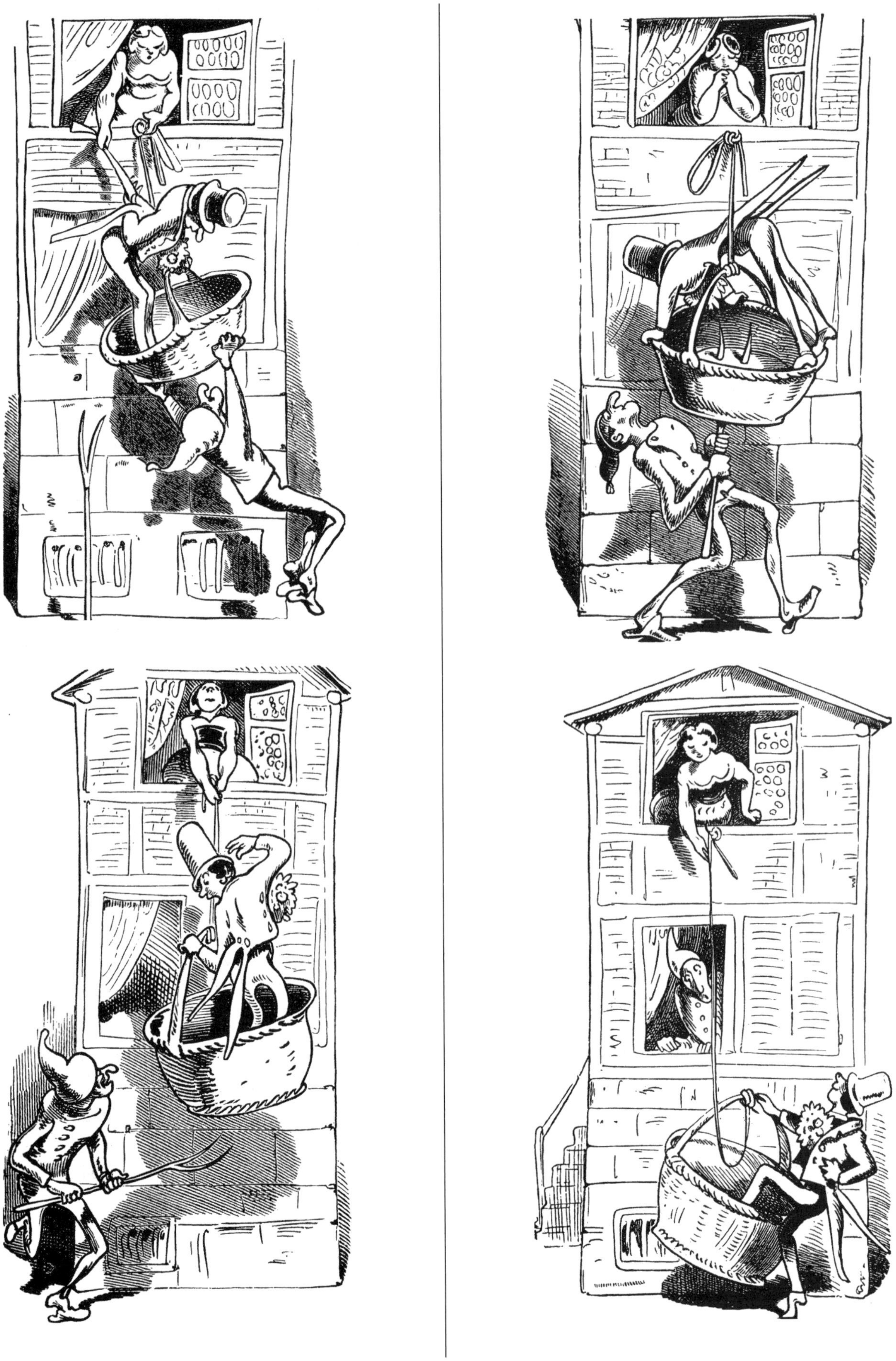

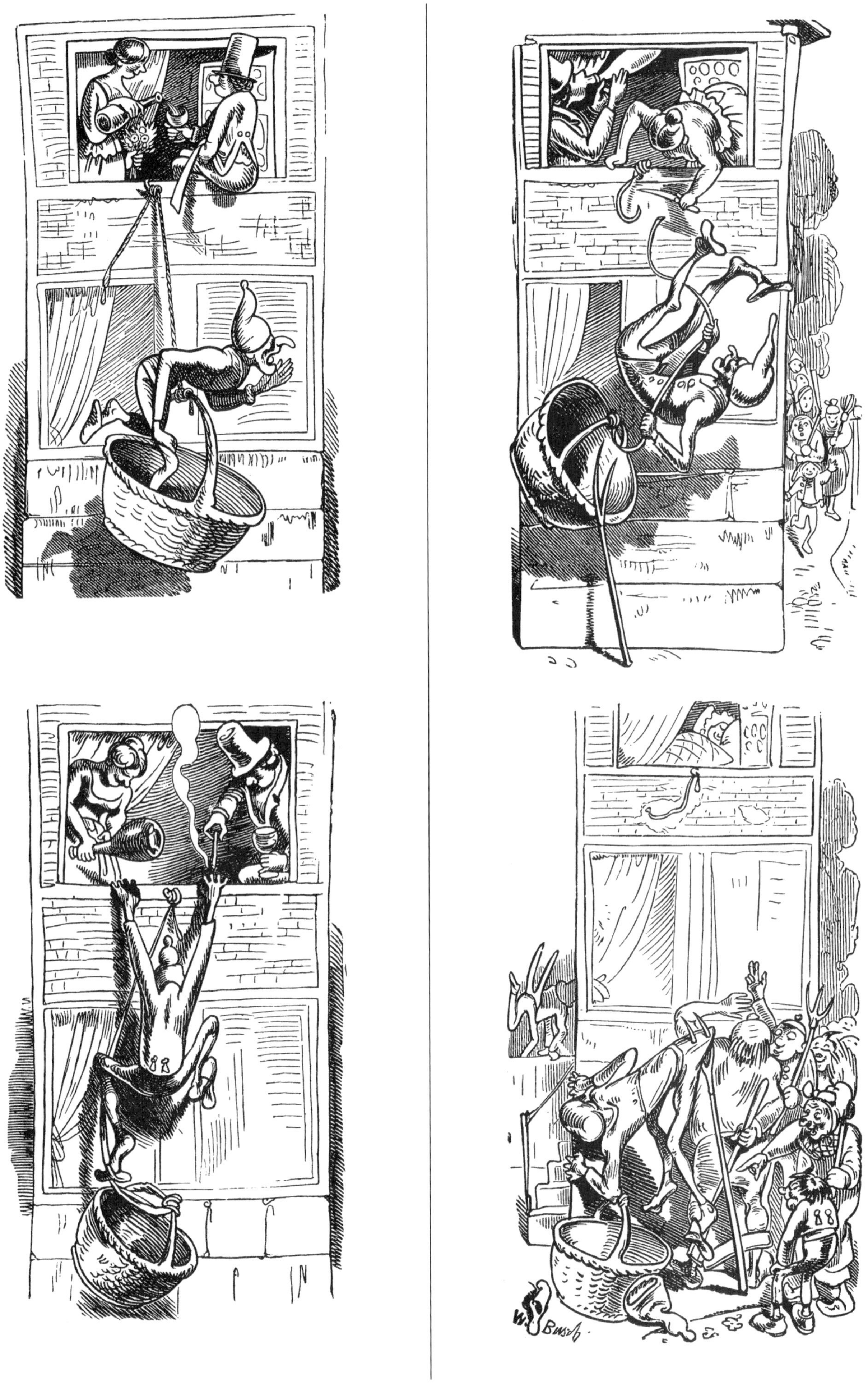
W. Busch

DER SCHÖNE RITTER

»Heut' werden s' schauen. Alles echt und sitzt famos.«

»Ah, da schaut's her, den Ritter; aber der is schön!«

»Der verflixte Harnisch, wenn er nur net so drucket!«

Erholung im Seitenkabinett.

Ritterliche Großmut, welche sich zwei plebejische Masken sehr zu Nutze machen.

Die Kerls werden unverschämt.

Es kommt zum Kampfe.

Der plebejischen Taktik gegenüber erweist sich der Harnisch in mancher Hinsicht als unzulänglich.

Amorette (sich demaskierend): »Ich erlaube mir, Ihnen bei dieser Gelegenheit Ihre Schneiderrechnung zu überreichen.«

Unser schöner Ritter gewinnt eine Droschke, wobei er nachdrücklichst unterstützt wird.

»Kreuz Dunnerwetter, wenn ich nur die verfluchte Schnalle aufbräch t'; ich kann mich ja doch nicht mit dem Harnisch ins Bett legen!«

»Das wird eine schöne Nacht werden mit dem kalten, harten, engen, eisernen Bettjankerl!«

»Kracks, da haben wir's!«

»Ja, gnä' Herr, was haben denn Sie heut' nacht angefangen?!«

»O liebe Moni, helfens S' mir doch um Gotteswillen, daß ich das Ding vom Leib krieg'!«

»Malefizgelump, marsch!«

Schmerzliche Vergißmeinnicht!

»Nie und Nimmermehr!!«

KRITIK DES HERZENS

Es wohnen die hohen Gedanken
In einem hohen Haus.
Ich klopfte, doch immer hieß es:
Die Herrschaft fuhr eben aus!

Nun klopf' ich ganz bescheiden
Bei kleineren Leuten an.
Ein Stückel Brot, ein Groschen
Ernähren auch ihren Mann.

*

Ich kam in diese Welt herein,
Mich baß zu amüsieren,
Ich wollte gern was Rechtes sein
Und mußte mich immer genieren.
Oft war ich hoffnungsvoll und froh
Und später kam es doch nicht so.

Nun lauf ich manchen Donnerstag
Hienieden schon herummer,
Wie ich mich drehn und wenden mag,
's ist immer der alte Kummer.
Bald klopft vor Schmerz und bald vor Lust
Das rote Ding in meiner Brust.

*

Es sitzt ein Vogel auf dem Leim,
Er flattert sehr und kann nicht heim.
Ein schwarzer Kater schleicht herzu,
Die Krallen scharf, die Augen gluh.
Am Baum hinauf und immer höher
Kommt er dem armen Vogel näher.

Der Vogel denkt: Weil das so ist
Und weil mich doch der Kater frißt,
So will ich keine Zeit verlieren,
Will noch ein wenig quinquilieren
Und lustig pfeifen wie zuvor.
Der Vogel, scheint mir, hat Humor.

Die Selbstkritik hat viel für sich.
Gesetzt den Fall, ich tadle mich,
So hab' ich erstens den Gewinn,
Daß ich so hübsch bescheiden bin;

Zum zweiten denken sich die Leut,
Der Mann ist lauter Redlichkeit;
Auch schnapp' ich drittens diesen Bissen
Vorweg den andern Kritiküssen;

Und viertens hoff ich außerdem
Auf Widerspruch, der mir genehm.
So kommt es denn zuletzt heraus,
Daß ich ein ganz famoses Haus.

*

Ach, ich fühl es! Keine Tugend
Ist so recht nach meinem Sinn;
Stets befind ich mich am wohlsten,
Wenn ich damit fertig bin.

Dahingegen so ein Laster,
Ja, das macht mir viel Pläsier;
Und ich hab die hübschen Sachen
Lieber vor als hinter mir.

*

Sei ein braver Biedermann,
Fange tüchtig an zu loben!
Und du wirst von uns sodann
Gerne mit empor gehoben.

Wie, du ziehst ein schiefes Maul?
Willst nicht, daß dich andre adeln?
Na, denn sei mir nur nicht faul
Und verlege dich aufs Tadeln.

Gelt, das ist ein Hochgenuß,
Schwebst du so mit Wohlgefallen
Als ein sel'ger Kritikus
Hocherhaben über allen.

Wer möchte diesen Erdenball
Noch fernerhin betreten,
Wenn wir Bewohner überall
Die Wahrheit sagen täten.

Ihr hießet uns, wir hießen euch
Spitzbuben und Halunken,
Wir sagten uns fatales Zeug
Noch eh wir uns betrunken.

Und überall im weiten Land,
Als langbewährtes Mittel,
Entsproßte aus der Menschenhand
Der treue Knotenknittel.

Da lob' ich mir die Höflichkeit,
Das zierliche Betrügen.
Du weißt Bescheid, ich weiß Bescheid;
Und allen macht's Vergnügen.

*

Es kam ein Lump mir in die Quer
Und hielt den alten Felbel her.
Obschon er noch gesund und stark,
Warf ich ihm dennoch eine Mark
Recht freundlich in den Hut hinein.

Der Kerl schien Philosoph zu sein.
Er sprach mit ernstem Bocksgesicht:
Mein Herr, Sie sehn, ich danke nicht.
Das Danken bin ich nicht gewohnt.
Ich nehme an, Sie sind gescheit
Und fühlen sich genug belohnt
Durch Ihre Eitelkeit.

*

Mich wurmt es, wenn ich nur dran denke. –
Es saß zu München in der Schenke
Ein Protz mit dunkelroter Nase
Beim elften oder zwölften Glase.

Da schlich sich kümmerlich heran
Ein armer, alter Bettelmann,
Zog vor dem Protzen seinen Hut
Und fleht: Gnä Herr, ach sein S' so gut!

Der Protz jedoch, fuchsteufelswild,
Statt was zu geben, flucht und schilt:
Gehst raus, du alter Lump, du schlechter!
Nix möcht' er, als grad saufen möcht' er!

Kennt der Kerl denn keine Gnade?
Soll er uns mit seiner Suade,
Durch sein breites Explizieren,
Schwadronieren, Disputieren,
Soll er uns denn stets genieren
Dieser säuselnde Philister,
Beim Genuß des edlen Weins?
Pump ihn an, und plötzlich ist er
Kurz und bündig wie Glock eins.

*

Man wünschte sich herzlich gute Nacht;
Die Tante war schrecklich müde;
Bald sind die Lichter ausgemacht,
Und alles ist Ruh und Friede.

Im ganzen Haus sind nur noch zween,
Die keine Ruhe finden,
Das ist der gute Vetter Eugen
Mit seiner Base Lucinden.

Sie wachten zusammen bis in der Früh,
Sie herzten sich und küßten.
Des Morgens beim Frühstück taten sie,
Als ob sie von nichts was wüßten.

*

Mein Freund, an einem Sonntagmorgen,
Tät sich ein hübsches Rößlein borgen.
Mit frischem Hemd und frischem Mute,
In blanken Stiefeln, blanken Hute,
Die Haltung stramm und stramm die Hose,
Am Busen eine junge Rose,
So reitet er durch die Alleen,
Wie ein Adonis anzusehen.

Die Reiter machen viel Vergnügen,
Wenn sie ihr stolzes Roß bestiegen.

Nun kommt, da unter sanftem Knarren
Ein milchbeladner Eselskarren.
Das Rößlein, welches sehr erschrocken,
Fängt an zu trappeln und zu bocken,
Und, hopp, das war ein Satz, ein weiter!
Dort rennt das Roß, hier liegt der Reiter,
Entfernt von seinem hohen Sitze,
Platt auf dem Bauche in der Pfütze.

Die Reiter machen viel Vergnügen,
Besonders, wenn sie drunten liegen.

Du fragtest mich früher nach mancherlei.
Ich sagte dir alles frank und frei.
Du fragtest, wann ich zu reisen gedächte,
Welch ein Geschäft ich machen möchte.

Ich sagte dir offen: dann und dann;
Ich gab dir meine Pläne an.
Oft hat die Reise mir nicht gepaßt;
Dann nanntest du mich 'n Quirlequast.

Oft ging's mit dem Geschäfte krumm;
Dann wußtest du längst, es wäre dumm.
Oft kamst du mir auch mit List zuvor;
Dann schien ich mir selber ein rechter Tor.

Nun hab ich, weil mich dieses gequält,
Mir einen hübschen Ausweg gewählt.
Ich rede, wenn ich reden soll,
Und lüge dir die Jacke voll.

*

Vor Jahren waren wir mal entzweit
Und taten uns manches zum Torte;
Wir sagten uns beide zu jener Zeit
Viel bitterböse Worte.

Drauf haben wir uns ineinander geschickt;
Wir schlossen Frieden und haben
Die bitterbösen Worte erstickt
Und fest und tief begraben.

Jetzt ist es wirklich recht fatal,
Daß wieder ein Zwist notwendig.
O weh! die Worte dazumal,
Die werden nun wieder lebendig.

Die kommen nun erst in offnen Streit
Und fliegen auf alle Dächer;
Nun bringen wir sie in Ewigkeit
Nicht wieder in ihre Löcher.

*

Denkst du dieses alte Spiel
Immer wieder aufzuführen?
Willst du denn mein Mitgefühl
Stets durch Tränen ausprobieren?

Oder möchtest du vielleicht
Mir des Tanzes Lust versalzen?
Früher hast du's oft erreicht;
Heute werd ich weiter walzen.

Laß doch das ew'ge Fragen,
Verehrter alter Freund.
Ich will von selbst schon sagen,
Was mir vonnöten scheint.

Du sagst vielleicht dagegen:
Man fragt doch wohl einmal.
Gewiß! Nur allerwegen
Ist mir's nicht ganz egal.

Bei deinem Fragestellen
Hat eines mich frappiert:
Du fragst so gern nach Fällen,
Wobei ich mich blamiert.

*

Wenn mir mal ein Malheur passiert,
Ich weiß, so bist du sehr gerührt.
Du denkst, es wäre doch fatal,
Passierte dir das auch einmal.
Doch weil das böse Schmerzensding
Zum Glück an dir vorüber ging,
So ist die Sache anderseits
Für dich nicht ohne allen Reiz.
Du merkst, daß die Bedaurerei
So eine Art von Wonne sei.

*

Als er noch krause Locken trug,
War alles ihm zu dumm,
Stolziert daher und trank und schlug
Sich mit den Leuten herum.

Die hübschen Weiber schienen ihm
Ein recht beliebtes Spiel;
An Seraphim und Cherubim
Glaubt er nicht sonderlich viel.

Jetzt glaubt er, was der Pater glaubt,
Blickt nur noch niederwärts,
Hat etwas Haar am Hinterhaupt
Und ein verprömmeltes Herz.

*

Wirklich, er war unentbehrlich!
Überall, wo was geschah
Zu dem Wohle der Gemeinde,
Er war tätig, er war da.

Schützenfest, Kasinobälle,
Pferderennen, Preisgericht,
Liedertafel, Spritzenprobe,
Ohne ihn da ging es nicht.

Ohne ihn war nichts zu machen,
Keine Stunde hatt' er frei.
Gestern, als sie ihn begruben,
War er richtig auch dabei.

*

Gerne wollt ihr Gutes gönnen
Unserm Goethe, unserm Schiller,
Nur nicht Meier oder Müller,
Die noch selber lieben können.

Denn durch eure Männerleiber
Geht ein Konkurrenzgetriebe
Sei es Ehre, sei es Liebe;
Doch dahinter stecken Weiber.

*

Wenn alles sitzen bliebe,
Was wir in Haß und Liebe
So voneinander schwatzen;
Wenn Lügen Haare wären,
Wir wären rauh wie Bären
Und hätten keine Glatzen.

*

Ich weiß noch, wie er in der Juppe
Als rauhbehaarte Bärenpuppe
Vor seinem vollen Humpen saß
Und hoch und heilig sich vermaß,
Nichts ginge über rechten Durst,
Und Lieb und Ehr wär gänzlich Wurst.
Darauf verging nicht lange Zeit,
Da sah ich ihn voll Seligkeit,
Gar schön gebürstet und gekämmt,
Im neuen Frack und reinen Hemd,
Aus Sankt Micheli Kirche kommen,
Allwo er sich ein Weib genommen.
Nun ist auch wohl, so wie mir scheint,
Die Zeit nicht ferne, wo er meint,
Daß so ein kleines Endchen Ehr
Im Knopfloch gar nicht übel wär.

*

Er stellt sich vor sein Spiegelglas
Und arrangiert noch dies und das.
Er dreht hinaus des Bartes Spitzen,
Sieht zu, wie seine Ringe blitzen,
Probiert auch mal, wie sich das macht,
Wenn er so herzgewinnend lacht,
Übt seines Auges Zauberkraft,
Legt die Krawatte musterhaft,
Wirft einen süßen Scheideblick
Auf sein geliebtes Bild zurück,
Geht dann hinaus zur Promenade,
Umschwebt vom Dufte der Pomade,
Und ärgert sich als wie ein Stint,
Daß andre Leute eitel sind.

*

Es saß in meiner Knabenzeit
Ein Fräulein jung und frisch
Im ausgeschnittnen grünen Kleid
Mir vis-à-vis bei Tisch.

Und wie's denn so mit Kindern geht,
Sehr frömmig sind sie nie,
Ach, dacht ich oft beim Tischgebet,
Wie schön ist doch Marie!

*

Es saßen einstens beieinand
Zwei Knaben, Fritz und Ferdinand.
Da sprach der Fritz: Nun gib mal acht,
Was ich geträumt vergangne Nacht.

Ich stieg in einen schönen Wagen,
Der Wagen war mit Gold beschlagen.
Zwei Englein spannten sich davor,
Die zogen mich zum Himmelstor.

Gleich kamst du auch und wolltest mit
Und sprangest auf den Kutschentritt,
Jedoch ein Teufel, schwarz und groß,
Der nahm dich hinten bei der Hos

Und hat dich in die Höll getragen.
Es war sehr lustig, muß ich sagen. –
So hübsch nun dieses Traumgesicht,
Dem Ferdinand gefiel es nicht.

Schlapp! schlug er Fritzen an das Ohr,
Daß er die Zippelmütz verlor.
Der Fritz, der dies verdrießlich fand,
Haut wiederum den Ferdinand;

Und jetzt entsteht ein Handgemenge,
Sehr schmerzlich und von großer Länge. –
So geht durch wesenlose Träume
Gar oft die Freundschaft aus dem Leime.

*

Ein dicker Sack – den Bauer Bolte,
Der ihn zur Mühle tragen wollte,
Um auszuruhn, mal hingestellt
Dicht an ein reifes Ährenfeld –
Legt sich in würdevolle Falten
Und fängt 'ne Rede an zu halten.

Ich, sprach er, bin der volle Sack.
Ihr Ähren seid nur dünnes Pack.
Ich bin's, der euch auf dieser Welt
In Einigkeit zusammenhält.
Ich bin's, der hoch vonnöten ist,
Daß euch das Federvieh nicht frißt;
Ich, dessen hohe Fassungskraft
Euch schließlich in die Mühle schafft.
Verneigt euch tief, denn ich bin Der!
Was wäret ihr, wenn ich nicht war?
Sanft rauschen die Ähren:

Du wärst ein leerer Schlauch,
wenn wir nicht wären.

*

Es saß ein Fuchs im Walde tief.
Da schrieb ihm der Bauer einen Brief:
So und so, und er sollte nur kommen,
's wär alles verziehn, was übel genommen.
Der Hahn, die Hühner und Gänse ließen
Ihn alle zusammen auch vielmals grüßen.
Und wann ihn denn erwarten sollte
Sein guter, treuer Krischan Bolte.
Drauf schrieb der Fuchs mit Gänseblut:
Kann nicht gut.
Meine Alte mal wieder
Gekommen nieder!
Im übrigen von ganzer Seele
Dein Fuchs in der Höhle.

*

Was ist die alte Mamsell Schmöle
Für eine liebe, treue Seele!
Sie spricht zu ihrer Dienerin:
Ach, Rike, geh Sie da nicht hin!

Was will Sie da im goldnen Löben
Heut abend auf und nieder schweben?
Denn wedelt nicht bei Spiel und Tanz
Der Teufel fröhlich mit dem Schwanz?

Und überhaupt, was ist es nütz?
Sie quält sich ab, Sie kommt in Schwitz,
Sie geht hinaus, erkältet sich
Und hustet dann ganz fürchterlich.

Drum bleibe Sie bei mir nur lieber!
Und, Rike, geh Sie mal hinüber
Und hole Sie von Kaufmann Fräse
Ein Viertel guten Schweizerkäse,

Und sei Sie aber ja, ja, ja,
Gleich zur Minute wieder da!

So ist die gute Mamsell Schmöle
Besorgt für Rikens Heil der Seele.

Ja später noch, in stiller Nacht,
Ist sie auf diesen Zweck bedacht
Und schleicht an Rikens Kammertür
Und schaut, ob auch die Rike hier,

Und ob sie auch in Frieden ruht
Und daß ihr ja nicht wer was tut,
Was sich nun einmal nicht gehört,
Was gottlos und beneidenswert.

*

Hoch verehr ich ohne Frage
Dieses gute Frauenzimmer.
Seit dem segensreichen Tage,
Da ich sie zuerst erblickt,
Hat mich immer hoch entzückt
Ihre rosenfrische Jugend,
Ihre Sittsamkeit und Tugend
Und die herrlichen Talente.
Aber dennoch denk ich immer,
Daß es auch nicht schaden könnte,
Wäre sie ein bissel schlimmer.

*

Es wird mit Recht ein guter Braten
Gerechnet zu den guten Taten;
Und daß man ihn gehörig mache,
Ist weibliche Charaktersache.
Ein braves Mädchen braucht dazu
Mal erstens reine Seelenruh,
Daß bei Verwendung der Gewürze
Sie sich nicht hastig überstürze.
Dann zweitens braucht sie Sinnigkeit,
Ja, sozusagen Innigkeit,
Damit sie alles appetitlich,
Bald so, bald so und recht gemütlich
Begießen, drehn und wenden könne,
Daß an der Sache nichts verbrenne,
In Summa braucht sie Herzensgüte,
Ein sanftes Sorgen im Gemüte,
Fast etwas Liebe insofern,
Für all die hübschen, edlen Herrn,
Die diesen Braten essen sollen
Und immer gern was Gutes wollen.
Ich weiß, daß hier ein jeder spricht:
Ein böses Mädchen kann es nicht.
Drum hab' ich mir auch stets gedacht
Zu Haus und anderwärts:
Wer einen guten Braten macht,
Hat auch ein gutes Herz.

Ihr kennt ihn doch schon manches Jahr,
Wißt, was es für ein Vogel war;
Wie er in allen Gartenräumen
Herumgeflattert auf den Bäumen;

Wie er die hübschen roten Beeren,
Die andern Leuten zugehören,
Mit seinem Schnabel angepickt
Und sich ganz lasterhaft erquickt.

Nun hat sich dieser böse Näscher,
Gardinenschleicher, Mädchenhäscher,
Der manchen Biedermann gequält,
Am Ende selber noch vermählt.

Nun legt er seine Stirn in Falten,
Fängt eine Predigt an zu halten
Und möchte uns von Tugend schwatzen.

Ei, so ein alter Schlingel! Kaum
Hat er 'nen eignen Kirschenbaum,
So schimpft er auf die Spatzen.

*

Der Hausknecht in dem »Weidenbusch«
Zu Frankfurt an dem Main,
Der war Poet, doch immer kurz,
Denn wenig fiel ihm ein.

Ja, sprach er, Freund, wir leben jetzt
In der Depeschenzeit,
Und Schiller, käm er heut zurück,
Wär auch nicht mehr so breit.

*

Ich habe von einem Vater gelesen:
Die Tochter ist beim Theater gewesen.
Ein Schurke hat ihm das Mädchen verdorben,
So daß es im Wochenbette gestorben.

Das nahm der Vater sich tief zu Gemüte.
Und als er den Schurken zu fassen kriegte,
Verzieh er ihm nobel die ganze Geschichte.
Ich weine ob solcher Güte.

*

Es ging der fromme Herr Kaplan,
Nachdem er bereits viel Gutes getan,
In stiller Betrachtung der schönen Natur
Einst zur Erholung durch die Flur.

Und als er kam an den Waldessaum,
Da rief der Kuckuck lustig vom Baum:
Wünsch guten Abend, Herr Kollege!
Der Storch dagegen, nicht weit vom Wege,
Steigt in der Wiese auf und ab
Und spricht verdrießlich: Plapperapapp!
Gäb's lauter Pfaffen lobesam,
Ich wäre längst schon flügellahm!

Man sieht, daß selbst der frömmste Mann
Nicht allen Leuten gefallen kann.

*

Es stand vor eines Hauses Tor
Ein Esel mit gespitztem Ohr,
Der käute sich ein Bündel Heu
Gedankenvoll und still entzwei. –

Nun kommen da und bleiben stehn
Der naseweisen Buben zween,
Die auch sogleich, indem sie lachen,
Verhaßte Redensarten machen,

Womit man denn bezwecken wollte,
Daß sich der Esel ärgern sollte. –

Doch dieser hocherfahrne Greis
Beschrieb nur einen halben Kreis,
Verhielt sich stumm und zeigte itzt
Die Seite, wo der Wedel sitzt.

*

Ach, wie geht's dem heilgen Vater!
Groß und schwer sind seine Lasten,
Drum, o Joseph, trag den Gulden
In Sankt Peters Sammelkasten!

So sprach im Seelentrauerton
Die Mutter zu dem frommen Sohn.
Der Joseph, nach empfangener Summe,
Eilt auch sogleich ums Eck herumme,

Bis er das Tor des Hauses fand,
Wo eines Bockes Bildnis stand,
Was man dahin gemalt mit Fleiß
Zum Zeichen, daß hier Bockverschleiß.

Allhier in einen kühlen Hof
Setzt sich der Joseph hin und soff;
Und aß dazu, je nach Bedarf,
Die gute Wurst, den Radi scharf,

Bis er, was nicht gar lange währt,
Sankt Peters Gulden aufgezehrt.
Nun wird's ihm trauriglich zu Sinn
Und stille singt er vor sich hin:

Ach, der Tugend schöne Werke,
Gerne möcht ich sie erwischen,
Doch ich merke, doch ich merke,
Immer kommt mir was dazwischen.

Ich wußte, sie ist in der Küchen,
Ich bin ihr leise nachgeschlichen.
Ich wollt' ihr ew'ge Treue schwören
Und fragen, willst du mir gehören?

Auf einmal aber stutzte ich.
Sie kramte zwischen dem Gewürze;
Dann schneuzte sie und putzte sich
Die Nase mit der Schürze.

*

Die erste alte Tante sprach:
Wir müssen nun auch dran denken,
Was wir zu ihrem Namenstag
Dem guten Sophiechen schenken.

Drauf sprach die zweite Tante kühn:
Ich schlage vor, wir entscheiden
Uns für ein Kleid in Erbsengrün,
Das mag Sophiechen nicht leiden.

Der dritten Tante war das recht:
Ja, sprach sie, mit gelben Ranken!
Ich weiß, sie ärgert sich nicht schlecht
Und muß sich auch noch bedanken.

*

Gott ja, was gibt es doch für Narren!
Ein Bauer schneidet sich 'n Knarren
Vom trocknen Brot und kaut und kaut.
Dabei hat er hinaufgeschaut
Nach einer Wurst, die still und heiter
Im Rauche schwebt, dicht bei der Leiter.
Er denkt mit heimlichem Vergnügen:
Wenn ick man woll, ick könn di kriegen!

*

Das Bild des Mann's in nackter Jugendkraft,
So stolz in Ruhe und bewegt so edel,
Wohl ist's ein Anblick, der Bewundrung schafft;
Drum Licht herbei! Und merke dir's, o Schädel!

Jedoch ein Weib, ein unverhülltes Weib –
Da wird dir's doch ganz anders, alter Junge.
Bewundrung zieht sich durch den ganzen Leib
Und greift mit Wonneschreck an Herz und Lunge.

Und plötzlich jagt das losgelaßne Blut
Durch alle Gassen, wie die Feuerreiter.
Der ganze Kerl ist eine helle Glut;
Er sieht nichts mehr und tappt nur noch so weiter.

Da kommt mir eben so ein Freund
Mit einem großen Zwicker.
Ei, ruft er, Freundchen, wie mir scheint,
Sie werden immer dicker.

Ja, ja, man weiß oft selbst nicht wie,
So kommt man in die Jahre;
Pardon, mein Schatz, hier haben Sie
Schon eins, zwei graue Haare! –

Hinaus, verdammter Kritikus,
Sonst schmeiß ich dich in Scherben.
Du Schlingel willst mir den Genuß
Der Gegenwart verderben!

*

Der alte Förster Püsterich
Der ging nach langer Pause
Mal wieder auf den Schnepfenstrich
Und brachte auch eine nach Hause.

Als er sie nun gebraten hätt,
Da tät ihn was verdreußen;
Das Tierlein roch wie sonst so nett,
Nur konnt er's nicht mehr beißen.

Ach ja! So seufzt er wehgemut
Und wischt sich ab die Träne,
Die Nase wär so weit noch gut,
Nur bloß, es fehlen die Zähne.

*

Zwischen diesen zwei gescheiten
Mädchen, Anna und Dorette,
Ist zu allen Tageszeiten
Doch ein ewiges Gekrette.

Noch dazu um Kleinigkeiten –
Gestern gingen sie zu Bette,
Und sie fingen an zu streiten,
Wer die dicksten Waden hätte.

*

Kinder, lasset uns besingen,
Aber ohne allen Neid,
Onkel Kaspers rote Nase,
Die uns schon so oft erfreut.

Einst ward sie als zarte Pflanze
Ihm von der Natur geschenkt;
Fleißig hat er sie begossen,
Sie mit Wein und Schnaps getränkt.

Bald bemerkte er mit Freuden,
Daß die junge Knospe schwoll,
Bis es eine Rose wurde,
Dunkelrot und wundervoll.

Alle Rosen haben Dornen,
Diese Rose hat sie nicht,
Hat nur so ein Büschel Haare,
Welches keinen Menschen sticht.

Ihrem Kelch entströmen süße
Wohlgerüche, mit Verlaub:
Aus der wohlbekannten Dose
Schöpft sie ihren Blütenstaub.

Oft an einem frischen Morgen
Zeigt sie uns ein duftig Blau,
Und an ihrem Herzensblatte
Blinkt ein Tröpfchen Perlentau.

Wenn die andern Blumen welken,
Wenn's im Winter rauh und kalt,
Dann hat diese Wunderrose
Erst die rechte Wohlgestalt.

Drum zu ihrem Preis und Ruhme
Singen wir dies schöne Lied.
Vivat Onkel Kaspers Nase,
Die zu allen Zeiten blüht!

*

Gestern war in meiner Mütze
Mir mal wieder was nicht recht;
Die Natur schien mir nichts nütze
Und der Mensch erbärmlich schlecht.

Meine Ehgemahlin hab ich
Ganz gehörig angeplärrt,
Drauf aus purem Zorn begab ich
Mich ins Symphoniekonzert.

Doch auch dies war nicht so labend,
Wie ich eigentlich gedacht,
Weil man da den ganzen Abend
Wieder mal Musik gemacht.

*

Die Tante winkt, die Tante lacht:
He, Fritz, komm mal herein!
Sieh, welch ein hübsches Brüderlein
Der gute Storch in letzter Nacht
Ganz heimlich der Mama gebracht.
Ei ja, das wird dich freun!
Der Fritz, der sagte kurz und grob:
Ich hol'n dicken Stein
Und schmeiß ihn an den Kopp!

*

Es flog einmal ein muntres Fliegel
Zu einem vollen Honigtiegel.
Da tunkt es mit Zufriedenheit
Den Rüssel in die Süßigkeit.
Nachdem es dann genug geschleckt,
Hat es die Flüglein ausgestreckt
Und möchte sich nach oben schwingen.
Allein das Bein im Honigseim
Sitzt fest als wie in Vogelleim.
Nun fängt das Fliegel an zu singen:
Ach, lieber Himmel, mach mich frei
Aus dieser süßen Sklaverei!

Ein Freund von mir, der dieses sah,
Der seufzte tief und rief: Ja, ja!

*

Die Liebe war nicht geringe.
Sie wurden ordentlich blaß;
Sie sagten sich tausend Dinge
Und wußten noch immer was.

Sie mußten sich lange quälen,
Doch schließlich kam's dazu,
Daß sie sich konnten vermählen.
Jetzt haben die Seelen Ruh.

Bei eines Strumpfes Bereitung
Sitzt sie im Morgenhabit;
Er liest in der Kölnischen Zeitung
Und teilt ihr das Nötige mit.

*

Was soll ich nur von eurer Liebe glauben?
Was kriecht ihr immer so in dunkle Lauben?
Wozu das ew'ge Flüstern und Gemunkel?
Das scheinen höchst verdächtige Geschichten.
Und selbst die besten ehelichen Pflichten,
Von allem Tun die schönste Tätigkeit,
In Tempeln von des Priesters Hand geweiht,
Ihr hüllt sie in ein schuldbewußtes Dunkel.

*

Selig sind die Auserwählten,
Die sich liebten und vermählten;
Denn sie tragen hübsche Früchte.

Und so wuchert die Geschichte
Sichtbarlich von Ort zu Ort.
Doch die braven Junggesellen,
Jungfern ohne Ehestellen,
Welche ohne Leibeserben
So als Blattgewächse sterben,
Pflanzen sich durch Knollen fort.

*

Ich hab' in einem alten Buch gelesen
Von einem Jüngling, welcher schlimm gewesen.
Er streut sein Hab und Gut in alle Winde.
Von Lust zu Lüsten und von Sünd zu Sünde,
In tollem Drang, in schrankenlosem Streben
Spornt er sein Roß hinein ins wilde Leben,
Bis ihn ein jäher Sturz vom Felsenrand
Dahingestreckt in Sand und Sonnenbrand,
Daß Ströme Bluts aus seinem Munde dringen
Und jede Hoffnung fast erloschen ist.
Ich aber hoffe – sagt hier der Chronist –
Die Gnade leiht dem Jüngling ihre Schwingen.

Im selben Buche hab ich auch gelesen
Von einem Manne, der honett gewesen.
Es war ein Mann, den die Gemeinde ehrte,
Der so von sechs bis acht sein Schöppchen leerte,
Der aus Prinzip nie einem etwas borgte,
Der emsig nur für Frau und Kinder sorgte;
Dazu ein propper Mann, der nie geflucht.
Der seine Kirche musterhaft besucht.
Kurzum, er hielt sein Rößlein stramm im Zügel,
Und war, wie man so sagt, ein guter Christ.
Ich fürchte nur – bemerkt hier der Chronist –
Dem Biedermanne wachsen keine Flügel.

*

Wie schad, daß ich kein Pfaffe bin.
Das wäre so mein Fach.
Ich bummelte durchs Leben hin.
Und dächt' nicht weiter nach.

Mich plagte nicht des Grübelns Qual,
Der dumme Seelenzwist,
Ich wüßte ein für allemal,
Was an der Sache ist.

Und weil mich denn kein Teufel stört,
So schlief ich recht gesund,
Wär wohlgenährt und hochverehrt
Und würde kugelrund.

Käm dann die böse Fastenzeit,
So wär ich fest dabei,
Bis ich mich elend abkasteit
Mit Lachs und Hühnerei.

Und dich, du süßes Mägdelein,
Das gern zur Beichte geht,
Dich nähm ich dann so ganz allein
Gehörig ins Gebet.

*

Sahst du das wunderbare Bild von Brouwer?
Es zieht dich an wie ein Magnet.
Du lächelst wohl, derweil ein Schreckensschauer
Durch deine Wirbelsäule geht.

Ein kühler Doktor öffnet einem Manne
Die Schwäre hinten im Genick;
Daneben steht ein Weib mit einer Kanne,
Vertieft in dieses Mißgeschick.

Ja, alter Freund, wir haben unsre Schwäre
Meist hinten. Und voll Seelenruh
Drückt sie ein andrer auf. Es rinnt die Zähre
Und fremde Leute sehen zu.

*

Ich sah dich gern im Sonnenschein,
Wenn laut die Vöglein sangen,
Wenn durch die Wangen und Lippen dein
Rosig die Strahlen drangen.

Ich sah dich gern im Mondenlicht
Beim Dufte der Jasminen,
Wenn mir dein freundlich Angesicht
So silberbleich erschienen.

Doch, Mädchen, gern hätt' ich dich auch,
Wenn ich dich gar nicht sähe,
Und fühlte nur deines Mundes Hauch
In himmlisch warmer Nähe.

*

Wenn ich dereinst ganz alt und schwach,
Und 's ist mal ein milder Sommertag,
So hink' ich wohl aus dem kleinen Haus
Bis unter den Lindenbaum hinaus.
Da setz ich mich denn im Sonnenschein
Einsam und still auf die Bank von Stein,
Denk an vergangene Zeiten zurücke
Und schreibe mit meiner alten Krücke
Und mit der alten zitternden Hand

So vor mir in den Sand.

Du willst sie nie und nie mehr wiedersehen?
Besinne dich, mein Herz, noch ist es Zeit.
Sie war so lieb. Verzeih, was auch geschehen.
Sonst nimmt dich wohl beim Wort die Ewigkeit
Und zwingt dich mit Gewalt zum Weitergehen
Ins öde Reich der Allvergessenheit.
Du rufst und rufst; vergebens sind die Worte;
Ins feste Schloß dumpfdröhnend schlägt die Pforte.

*

Sie war ein Blümlein hübsch und fein,
Hell aufgeblüht im Sonnenschein.
Er war ein junger Schmetterling,
Der selig an der Blume hing.

Oft kam ein Bienlein mit Gebrumm
Und nascht und säuselt da herum.
Oft kroch ein Käfer kribbelkrab
Am hübschen Blümlein auf und ab.

Ach Gott, wie das dem Schmetterling
So schmerzlich durch die Seele ging.

Doch was am meisten ihn entsetzt,
Das Allerschlimmste kam zuletzt.
Ein alter Esel fraß die ganze
Von ihm so heiß geliebte Pflanze.

*

Wärst du ein Bächlein, ich ein Bach,
So eilt ich dir geschwinde nach.
Und wenn ich dich gefunden hätt'
In deinem Blumenuferbett:
Wie wollt ich mich in dich ergießen
Und ganz mit dir zusammenfließen,
Du vielgeliebtes Mädchen du!
Dann strömten wir bei Nacht und Tage
Vereint in süßem Wellenschlage
Dem Meere zu.

*

Ferne Berge seh ich glühen!
Unruhvoller Wandersinn!
Morgen will ich weiter ziehen,
Weiß der Teufel, wohin?

Ja, ich will mich nur bereiten,
Will – was hält mich nur zurück?
Nichts wie dumme Kleinigkeiten!
Zum Exempel, dein Blick!

Sie hat nichts und du desgleichen;
Dennoch wollt ihr, wie ich sehe,
Zu dem Bund der heil'gen Ehe
Euch bereits die Hände reichen.

Kinder, seid ihr denn bei Sinnen?
Überlegt euch das Kapitel!
Ohne die gehör'gen Mittel
Soll man keinen Krieg beginnen.

*

Strebst du nach des Himmels Freude
Und du weißt's nicht anzufassen,
Sieh nur, was die andern Leute
Mit Vergnügen liegen lassen.

Dicke Steine, altes Eisen
Und mit Sand gefüllte Säcke
Sind den meisten, welche reisen,
Ein entbehrliches Gepäcke.

Laß sie laufen, laß sie rennen;
Nimm, was bleibt, zu deinem Teile.
Nur was sie dir herzlich gönnen,
Dient zu deinem ew'gen Heile.

*

Der alte Junge ist gottlob
Noch immer äußerst rührig;
Er läßt nicht nach, er tut als ob,
Wenn schon die Sache schwierig.

Wie wonnig trägt er Bart und Haar,
Wie blinkt der enge Stiefel.
Und bei den Damen ist er gar
Ein rechter böser Schliefel.

Beschließt er dann des Tages Lauf,
So darf er sich verpusten,
Setzt seine Zipfelkappe auf
Und muß ganz schrecklich husten.

*

Er war ein grundgescheiter Mann,
Sehr weise und hocherfahren;
Er trug ein graumeliertes Haar,
Dieweil er schon ziemlich bei Jahren.

Er war ein abgesagter Feind
Des Lachens und des Scherzens
Und war doch der größte Narr am Hof
Der Königin seines Herzens.

Die Rose sprach zum Mägdelein:
Ich muß dir ewig dankbar sein,
Daß du mich an den Busen drückst
Und mich mit deiner Huld beglückst.

Das Mägdlein sprach: O, Röslein mein,
Bild dir nur nicht zu viel drauf ein,
Daß du mir Aug und Herz entzückst.
Ich liebe dich, weil du mich schmückst.

*

Du warst noch so ein kleines Mädchen:
Von acht, neun Jahren ungefähr,
Da fragtest du mich vertraut und wichtig:
Wo kommen die kleinen Kinder her?

Als ich nach Jahren dich besuchte,
Da warst du schon über den Fall belehrt,
Du hattest die alte vertrauliche Frage
Hübsch praktisch gelöst und aufgeklärt.

Und wieder ist die Zeit vergangen.
Hohl ist der Zahn und ernst der Sinn.
Nun kommt die zweite wichtige Frage:
Wo gehen die alten Leute hin?

Madam, ich habe mal vernommen,
Ich weiß nicht mehr so recht von wem:
Die praktische Lösung dieser Frage
Sei eigentlich recht unbequem.

*

Also hat es dir gefallen
Hier in dieser schönen Welt;
So daß das Vondannenwallen
Dir nicht sonderlich gefällt.

Laß dich das doch nicht verdrießen.
Wenn du wirklich willst und meinst,
Wirst du wieder aufersprießen;
Nur nicht ganz genau wie einst.

Aber, Alter, das bedenke,
Daß es hier doch manches gibt,
Zum Exempel Gicht und Ränke,
Was im ganzen unbeliebt.

*

Sehr tadelnswert ist unser Tun,
Wir sind nicht brav und bieder. –
Gesetzt den Fall, es käme, nun
Die Sündflut noch mal wieder.

Das wär ein Zappeln und Geschreck!
Wir tauchten alle unter;
Dann kröchen wir wieder aus dem Dreck
Und wären, wie sonst, recht munter.

*

Ich meine doch, so sprach er mal,
Die Welt ist recht pläsierlich.
Das dumme Geschwätz von Schmerz und Qual
Erscheint mir ganz ungebührlich.

Mit reinem kindlichen Gemüt
Genieß ich, was mir beschieden,
Und durch mein ganzes Wesen zieht
Ein himmlischer Seelenfrieden. –

Kaum hat er diesen Spruch getan,
Aujau, so schreit er kläglich.
Der alte hohle Backenzahn
Wird wieder mal unerträglich.

*

Mein kleinster Fehler ist der Neid. –
Aufrichtigkeit, Bescheidenheit,
Dienstfertigkeit und Frömmigkeit,
Obschon es herrlich schöne Gaben,
Die gönn' ich allen, die sie haben.
Nur wenn ich sehe, daß der Schlechte
Das kriegt, was ich gern selber möchte;
Nur wenn ich leider in der Nähe
So viele böse Menschen sehe,
Und wenn ich dann so oft bemerke,
Wie sie durch sittenlose Werke
Den lasterhaften Leib ergötzen,
Das freilich tut mich tief verletzen.
Sonst, wie gesagt, bin ich hienieden
Gottlobunddank so recht zufrieden.

*

Sie stritten sich beim Wein herum,
Was das nun wieder wäre;
Das mit dem Darwin war gar zu dumm
Und wider die menschliche Ehre.

Sie tranken manchen Humpen aus,
Sie stolperten aus den Türen,
Sie grunzten vernehmlich und kamen zu Haus
Gekrochen auf allen vieren.

Ich saß vergnüglich bei dem Wein
Und schenkte eben wieder ein.
Auf einmal fuhr mir in die Zeh
Ein sonderbar pikantes Weh.

Ich schob mein Glas sogleich beiseit
Und hinkte in die Einsamkeit
Und wußte, was ich nicht gewußt:

Der Schmerz ist Herr und Sklavin ist die Lust.

*

Wärst du wirklich so ein rechter
Und wahrhaftiger Asket,
So ein Welt- und Kostverächter,
Der bis an die Wurzel geht,

Dem des Goldes freundlich Blinken,
Dem die Liebe eine Last,
Der das Essen und das Trinken,
Der des Ruhmes Kränze haßt –

Das Gekratze und Gejucke,
Aller Jammer hörte auf;
Kracks! mit einem einz'gen Rucke
Hemmtest du den Weltenlauf.

*

Du hast das schöne Paradies verlassen,
Tratst ein in dieses Labyrinthes Gassen,
Verlockt von lieblich winkenden Gestalten,
Die Schale dir und Kranz entgegenhalten;
Und unaufhaltsam zieht's dich weit und weiter.

Wohl ist ein leises Ahnen dein Begleiter,
Ein heimlich Graun, daß diese süßen Freuden
Dich Schritt um Schritt von deiner Heimat scheiden,
Daß Irren Sünde, Heimweh dein Gewissen;
Doch ach umsonst! Der Faden ist zerrissen.
Hohläugig faßt der Schmerz dich an und warnt,
Du willst zurück, die Seele ist umgarnt.
Vergebens steht ob deinem Haupt der Stern.
Einsam, gefangen, von der Heimat fern,
Ein Sklave, starrst du in des Stromes Lauf
Und hängst an Weiden deine Harfe auf.

Nun fährst du wohl empor, wenn so zuzeiten
Im stillen Mondeslichte durch die Saiten
Ein leises, wehmutsvolles Klagen geht
Von einem Hauch, der aus der Heimat weht.

*

Nun, da die Frühlingsblumen wieder blühen,
In milder Luft die weißen Wolken ziehen,
Denk ich mit Wehmut deiner Lieb und Güte,
Du süßes Mädchen, das so früh verblühte.
Du liebtest nicht der Feste Lärm und Gaffen,
Erwähltest dir daheim ein stilles Schaffen,
Die Sorge und Geduld, das Dienen, Geben,
Ein innigliches Nurfüranderleben.
So teiltest du in deines Vaters Haus
Den Himmelsfrieden deiner Seele aus.
Bald aber kamen schwere, schwere Zeiten.
Wir mußten dir die Lagerstatt bereiten;
Wir sahn, wie deine lieben Wangen bleichten,
Sahn deiner Augen wundersames Leuchten;
Wir weinten in der Stille, denn wir wußten,
Daß wir nun bald auf ewig scheiden mußten.
Du klagtest nicht. Voll Milde und Erbarmen
Gedachtest du der bittern Not der Armen,
Gabst ihnen deine ganze kleine Habe
Und seufztest tief, daß so gering die Gabe.
Es war die letzte Nacht und nah das Ende;
Wir küßten dir die zarten weißen Hände;
Du sprachst, lebt wohl, in deiner stillen Weise,
Und: oh, die schönen Blumen! riefst du leise.
Dann war's vorbei. Die großen Augensterne,
Weit, unbeweglich, starrten in die Ferne,
Indes um deine Lippen, halbgeschlossen,
Ein kindlichernstes Lächeln ausgegossen.
So lagst du da, als hättest du entzückt
Und staunend eine neue Welt erblickt.
Wo bist du nun, du süßes Kind, geblieben?
Bist du ein Bild im Denken deiner Lieben?
Hast du die weißen Schwingen ausgebreitet,
Und zogst hinauf von Engelshand geleitet
Zu jener Gottesstadt im Paradiese,
Wo auf der heiligstillen Blütenwiese
Fernher in feierlichem Zug die Frommen
Anbetend zu dem Bild des Lammes kommen?
Wo du auch seist; im Herzen bleibst du mein.
Was Gutes in mir lebt, dein ist's allein.

*

Es hatt' ein Müller eine Mühl
An einem Wasser kühle;
Da kamen hübscher Mädchen viel
Zu mahlen in der Mühle.

Ein armes Mädel war darunt,
Zählt sechzehn Jahre eben;
Allwo es ging, allwo es stund,
Der Müller stund daneben.

Er schenkt ein Ringlein ihr von Gold,
Daß er in allen Ehren
Sie ewig immer lieben wollt;
Da ließ sie sich betören.

Der Müller, der war falsch von Sinn:
»Wenn ich mich tu vermählen,
So will ich mir als Müllerin
Wohl eine Reiche wählen.«

Da's arme Mädel das vernahm,
Wird's blaß und immer blasser
Und red't nit mehr und ging und kam
Und sprang ins tiefe Wasser.

Der Müller kümmert sich nicht viel,
Tät Hochzeitsleut bestellen
Und führt mit Sang und Saitenspiel
'ne andre zur Kapellen.

Doch als man auf die Brücke kam,
Fängt's Wasser an zu wogen
Und zischt und rauscht verwundersam
Herauf bis an den Bogen.

Die weiße Wassernixe stand
Auf schaumgekrönter Welle;
Sie hält in ihrer weißen Hand
Von Gold ein Ringlein helle.

Du Falscher, deine Zeit ist aus!
Bereite dich geschwinde!
Dich ruft hinab ins kalte Haus
Die Mutter mit dem Kinde.

*

Ich weiß ein Märchen hübsch und tief.
Ein Hirtenknabe lag und schlief.
Da sprang heraus aus seinem Mund
Ein Mäuslein auf den Heidegrund.
Das weiße Mäuslein lief sogleich
Nach einem Pferdeschädel bleich,
Der da schon manchen lieben Tag
In Sonnenschein und Regen lag.
Husch! ist das kleine Mäuslein drin,
Läuft hin und her und her und hin,
Besieht sich all die leeren Fächer,
Schaut listig durch die Augenlöcher
Und raschelt so die Kreuz und Quer
Im alten Pferdekopf umher. –

Auf einmal kommt 'ne alte Kuh,
Stellt sich da hin und macht Hamuh!
Das Mäuslein, welches sehr erschreckt,
Daß da auf einmal wer so blökt,
Springt, hutschi, übern Heidegrund
Und wieder in des Knaben Mund. –

Der Knab erwacht und seufzte: Oh,
Wie war ich doch im Traum so froh!
Ich ging in einen Wald hinaus,
Da kam ich vor ein hohes Haus,
Das war ein Schloß von Marmelstein.
Ich ging in dieses Schloß hinein.
Im Schloß sah ich ein Mädchen stehn,
Das war Prinzessin Wunderschön.
Sie lächelt freundlich und bekannt,
Sie reicht mir ihre weiße Hand,
Sie spricht: »Schau her, ich habe Geld,
Und mir gehört die halbe Welt.
Ich liebe dich nur ganz allein,
Du sollst mein Herr und König sein.«
Und wie ich fall in ihren Schoß,
Ratuh! kommt ein Trompetenstoß.
Und weg ist Liebchen, Schloß und alles
Infolge des Trompetenschalles.

*

Früher, da ich unerfahren
Und bescheidner war als heute,
Hatten meine höchste Achtung
Andre Leute.

Später traf ich auf der Weide
Außer mir noch mehre Kälber,
Und nun schätz ich, sozusagen,
Erst mich selber.

*

Seid mir nur nicht gar zu traurig,
Daß die schöne Zeit entflieht,
Daß die Welle kühl und schaurig
Uns in ihre Wirbel zieht;

Daß des Herzens süße Regung,
Daß der Liebe Hochgenuß,
Jene himmlische Bewegung,
Sich zur Ruh begeben muß.

Laßt uns lieben, singen, trinken,
Und wir pfeifen auf die Zeit;
Selbst ein leises Augenwinken
Zuckt durch alle Ewigkeit.

*

O du, die mir die Liebste war,
Du schläfst nun schon so manches Jahr.
So manches Jahr, da ich allein,
Du gutes Herz, gedenk ich dein.
Gedenk ich dein, von Nacht umhüllt,
So tritt zu mir dein treues Bild.
Dein treues Bild, was ich auch tu,
Es winkt mir ab, es winkt mir zu.
Und scheint mein Wort dir gar zu kühn,
Nicht gut mein Tun,
Du hast mir einst so oft verziehn,
Verzeih auch nun.

2. Teil
SPÄSSE *und* WEISHEITEN

WILHELM BUSCH

WAS MICH BETRIFFT II. (1886)

Wer grad in ein Ballett vertieft ist, wer eben seinen Namenstag mit Champagner feiert, wer zufällig seine eigenen Gedichte liest, wer Skat spielt oder Tarock, dem ist freilich geholfen.

Leider stehen diese mit Recht beliebten Mittel temporärer Erlösung nicht immer jedem zur Verfügung. Oft muß man schon froh sein, wenn nur einer, der Wind machen kann, mal einen kleinen, philosophisch angehauchten Drachen steigen läßt, aus altem Papier geklebt. Man wirft sein Bündel ab, den Wanderstab daneben, zieht den heißen Überrock des Daseins aus, setzt sich auf den Maulwurfshügel allerschärfster Betrachtung und schaut dem langgeschwänzten Dinge nach, wie's mehr und mehr nach oben strebt, sodann ein Weilchen in hoher Luft sein stolzes Wesen treibt, bis die Schnur sich verkürzt, bis es tiefer und tiefer sinkt, um schließlich matt und flach auf's dürre Stoppelfeld sich hinzulegen, von dem es aufgeflogen.

Wenigstens was mich betrifft, so mag nur einer kommen und mir beweisen, daß die Zeit und dies und das bloß ideal ist, ein angeerbtes Kopfübel, hartnäckig, inkurabel, bis der letzte Schädel ausgebrummt; er soll mich nur aufs Eis führen, seine blanken Schlittschuhe anschnallen, auf der gefrorenen Ebene seine sinnreichen Zahlen und Schnörkel beschreiben; ich will ihn gespannt begleiten, ich will ihm dankbar sein; nur darf es nicht gar so kühl werden, daß mir die Nase friert, sonst drücke ich mich lieber hinter irgendeinen greifbaren Ofen, wär es auch nur ein ganz bescheidener von schlichten Kacheln, bei dem man sich ein bissel wärmen kann.

Ja die Zeit spinnt luftige Fäden; besonders die in Vorrat, welche wir oft weit hinausziehen in die sogenannte Zukunft, um unsere Sorgen und Wünsche aufzuhängen,wie die Tante ihre Wäsche, die der Wind zerstreut. – Als ob's mit dem Gedrängel des gegenwärtigen Augenblicks nicht grad genug wäre.

Und dann dies liebe, trauliche, teilweis grauliche, aber durchaus putzwunderliche Polterkämmerchen der Erinnerung, voll scheinbar welken, abgelebten Zeugs; das dennoch weiter wirkt, drückt, zwickt, erfreut; oft ganz wie's ihm beliebt, nicht uns; das sitzen bleibt, obwohl nicht eingeladen, das sich empfiehlt, wenn wir es halten möchten. Ein Kämmerchen, in Fächer eingeteilt, mit weißen, roten Türen, ja selbst mit schwarzen, wo die alten Dummheiten hinter sitzen.

Vielleicht ist's grade Winter. Leise wimmeln die Flocken vor deinem Fenster nieder. Ein weißes Türchen tut sich auf. Sieh nur, wie deutlich alles dasteht; wie in einem hellerleuchteten Puppenstübchen. – Der Lichterbaum, die Rosinengirlanden, die schaumvergoldeten Äpfel und Nüsse, die braungebackenen Lendenkerle; glückliche Eltern, selige Kinder. – Freundlich betrachtest du das Bübchen dort, denn das warst du, und wehmütig zugleich, daß nichts Besseres und Gescheiteres aus ihm geworden, als was du bist.

Mach wieder zu. – Öffne dies rote Türchen. – Ein blühendes Frauenbild. Ernst, innig schaut's dich an; als ob's noch wäre, und ist doch nichts wie ein Phantom von dem, was längst gewesen.

Laß sein. – Paß auf das schwarze Türchen. – Da rumort's hinter. – Halt zu! – Ja, schon recht; solange wie's geht. – Du kriegst, wer weiß woher, einen Stoß auf Herz, Leber, Magen oder Geldbeutel. Du läßt den Drücker los. Es kommt die stille, einsame, dunkle Nacht. Da geht's um in der Gehirnkapsel und spukt durch alle Gebeine, und du wirfst dich von dem heißen Zipfel deines Kopfkissens auf den kalten und her und hin, bis dir der Lärm des aufdämmernden Morgens wie ein musikalischer Genuß erscheint.

Nicht du, mein süßer Backfisch! Du liegst da in deinem weißen Häubchen und weißen Hemdchen, du faltest deine schlanken Finger, schließest die blauen, harmlos-träumerischen Augen und schlummerst seelenfriedlich deiner Morgenmilch mit Brötchen entgegen, und selbst deiner Klavierstunde, denn du hast fleißig geübt.

Aber ich, Madam! und Sie, Madam; und der Herr Gemahl, der abends noch Hummer ißt, man mag sagen, was man will. – Doch nur nicht ängstlich. Die bösen Menschen brauchen nicht gleich alles zu wissen. Zum Beispiel ich, ich werde mich wohl hüten; ich lasse hier nur ein paar kümmerliche Gestalten heraus, die sich so gelegentlich in meinem Gehirn eingenistet haben, als ob sie mit dazu gehörten.

Es ist Nacht in der kunst- und bierberühmten Residenz. Ich komme natürlich aus dem Wirtshause, bin aber bereits in der Vorstadt und strebe meinem einsamen Lager zu. Links die Planke, rechts der Graben. Hinter mir eine Stadt voll leerer Maßkrüge, vor mir die schwankende Nebelsilhuette eines betagten Knickebeins. Bald drückt er zärtlich die Planke, bald zieht ihn der Graben an; bis endlich die Planke, des falschen Spieles müde, ihm einen solch ver-

ächtlichen Schubs gibt, daß er dem Graben, mit Hinterlassung des linken Filzschuhs, sofort in die geschmeidigen Arme sinkt. Ich ziehe ihn heraus bei den Beinen, wie einen Schubkarrn. Er wischt sich die Ohren und wimmert kläglich: »Wissen's i siech halt nimma recht!« – Gewiß häufig eine zutreffende Ausrede für ältere Herrn in verwickelten Umständen.

Ein andermal derselbe Weg. – Vor mir ein zärtliches Pärchen. Ihr schleift, am Bändel hängend, die Schürze nach. Ich wirble sie auf mit dem Stock und sage in gefälligem Ton: »Fräulein, Sie verlieren etwas.« Sie hört es nicht. Es ist der Augenblick vor einem Liebeskrach. Er schlägt sie zu Boden, tritt ihr dreimal hörbar auf die Brust, und fort ist er. – Schnell ging's. Und was für einen sonderbaren Ton das gibt, so ein Fußtritt auf ein weibliches Herz. Hohl, nicht hell. Nicht Trommel, nicht Pauke. Mehr lederner Handkoffer; voll Lieb und Treu vielleicht. – Ich gebe ihr meinen Arm, daß sie sich aufrichten und erholen kann; denn man ist oft gerührt und galant, ohne betrunken zu sein.

Ein andermal ein andrer Weg. – Ein berühmter Maler hat mich zu Mittag geladen. Stolz auf ihn und meine silbervergoldete Dose, geh ich durch eine einsame Straße und drehe mir vorher noch eben eine Zigarette. Hinter mir kommt wer angeschlürft; er schlürft an mir vorbei. »Ja, Bedelleit, die hat koana gern; die mag neamed.« Er spricht es leise und bescheiden. Er schaut nicht seitwärts, er schaut nicht um; er schlürft so weiter. Hände im schwärzlichgrauen Paletot; schwärzlichgrauer Hut im Nacken, Hose schwärzlichgrau, unten mit Fransen dran; da, wo Hut und Paletotkragen ihre Winkel bilden, je ein Stückchen blasses Ohr zu sehn. Ein armer, farbloser Kerl. Schon zehn Mark vermutlich würden ihm recht sein. Freilich – der Schneider – die Fahrt ins Tirol – am End versäuft er's nur. – Macht nichts. Gib's ihm halt! – Inzwischen ist er weg ums Eck, für immer unerwischbar.

Schnell eine andere Tür. – Schau, schau! – Zwischen zwei Hügeln, mitten hindurch der Bach, das Dörflein meiner Kindheit. Vieles im scharfen Sonnenlicht früher Eindrücke; manches überschattet von mehr als vierzig vergangenen Jahren; einiges nur sichtbar durch den Lattenzaun des Selbsterlebten und des Hörensagens. Alles so heiter, als hätt es damals nie geregnet.

Aber auch hier gibt's arme Leutchen. – Es ist noch die gute, alte Zeit, wo man den kranken Handwerksburschen über die Dorfgrenze schiebt und sanft in den Chausseegraben legt, damit er ungeniert sterben kann; obschon der unbemittelte Tote immerhin noch einen positiven Wert hat; unter anderm für den Fuhrmann, der ihn zur Anatomie bringt.

Im Dörflein seitab, hier hinter den trüben Fensterscheiben, da sitzt vielleicht das »Puckelriekchen«. Sie spinnt und spinnt. Auf die Lebensfreuden hat sie verzichtet. Aber drei Tage nach ihrem Tode, da wenigstens möchte sie sich mal so ein recht gemütliches Fest bereiten, nämlich ein ehrliches Begräbnis mit heilen Gliedmaßen, im schwarzlackierten Sarge, auf dem heimatlichen Kirchhofe. Nach dem Professor, der die toten Leute kaputtschneidet, will sie nicht hin; und dann müßte sie sich ja auch so schämen vor den Herren Studenten, weil sie gar so klein und mager und bucklig ist. Darum bettelt sie und sinnt und spinnt von früh bis spät. – O weh! Zu früh schneidet die Parze den Flachs- und Lebensfaden ab. Es hat nicht gelangt. Nun heißt es doch: »Hinein in die ungehobelte Kiste« und »Krischan, spann an«. Und dort fährt er hin mit ihr in der frühen Dämmerung, und wer grad verreisen muß, der kann mit aufsitzen. (Das wäre was gewesen für Tante Malchen, die immer so gern per Gelegenheit fuhr!)

Der dort langsam und verdrießlich Holz sägt, das scheint der »Pariser« zu sein. »Eine kalte Winternacht« – so pflegt er auf Plattdeutsch zu sagen – »ein Grenzstein im freien Feld und eine Pulle voll Schluck, das müßte einen bequemen Tod abgeben.« Oder: »Hätt ich nur erst eine Viertelstunde gehängt, mich dünkt, so wollt ich gleich mit einem um die Wette hängen, der schon ein ganzes Jahr gehängt hat.« Gegen die erste Manier schützt er Geldmangel vor, gegen die zweite den bedenklichen Anfang. Er zögert und zögert und muß sich zuletzt mit einem gewöhnlichen Tode begnügen, wie er grad vorkommt.

Hier im Hof, auf dem Steintritt vor der Tür, steht eine hübsche Frau. Sagen wir, Kreuzbänder an den Schuhen, Locken an den Schläfen, Schildpattkamm im Flechtennest. Ein fremder Betteljunge kommt durch die Pforte. Haare wie trockner Strohlehm; Hemd und Haut aus einem Topf gemalt; Hose geräumig, vermutlich das Geschenk eines mildtätigen Großvaters; Bettelsack mit scheinbar knolligem Inhalt; Stock einfach, zweckentsprechend. »Heut kriegst du nichts; wir haben selbst Arme genug.« »So bra'r jöck de Düwelwat ower, datje'r anne sticket!« Nach Abgabe dieses Segenswunsches entfernt er sich, um sein Sammelwerk anderweitig fortzusetzen. Nicht mit Erfolg. Hinter der Mauer hervor, bewehrt mit kurzem Spieß, tritt ihm unerwartet ein kleiner Mann entgegen, entledigt ihn, listig lächelnd, doch rücksichtslos, seiner Vorräte und zeigt ihm sodann, unter Zuhilfenahme der umgekehrten Waffe, durch stoßweise Andeutungen auf der Kehrseite, den richtigen Weg zum Dorfe hinaus.

Dieser Wachsame und Gewaltige ist der »alte Danne«. – Da er körperlich und geistig zu schwach geworden, um Tagelöhner zu sein, so hat man ihm ein Amt verliehn, mit dem Titel »Bettelvogt«, und als Zeichen seiner Würde den Speer, »dat Baddelspeit«. Kraft dessen ist er Herzog und Schirmherr aller einheimischen Bettler. – Er ißt »reihrund«. Er schläft nachts im Pferdestall, nachmittags, bei günstiger Witterung, im Baumgarten hinter dem Hause. – Und hier kann man am besten eine Eigentümlichkeit an ihm beobachten, welche hauptsächlich bei alten, unbemittelten Leuten vorzukommen scheint, die versäumt haben, sich ein neues Gebiß zu kaufen. – Atmet er ein – ein lautes Schnarchen; atmet er aus – ein leises Flöten. Erst dieser alte, faltige, grauborstige Mümmelmund, hübsch weit abgerundet nach innen gezogen, dann plötzlich bei hohlen Backen hübsch zugespitzt nach außen getrieben und nur ein ganz feins Löchlein drin. – Für den Naturforscher, selbst bei häufiger Wiederholung, ein interessantes Phänomen. – Leider geht der alte Danne nur noch kurze Zeit seinen Erholungen und

Amtsgeschäften nach. Es kommt so ein gewisser schöner, ausdermaßen warmer Nachmittag. Zwei flachsköpfige Buben, sehr bewandert in Obstangelegenheiten, besuchen grad zufällig in einem schattigen Garten einen berühmten Sommerbirnenbaum, um eben mal nachzusehen, wie die Sachen da liegen. – Der alte Danne liegt darunter. – Speer im Arm; still, bleich, geradeausgestreckt; die Augen starr nach oben in die vollen Birnen gerichtet; Mund offen; zwei Fliegen kriechen aus und ein. Der alte Danne ist tot. – Und schlau hat er's abgepaßt, denn der neue Kirchhof wird nächstens eingeweiht. Er kommt noch auf den alten und kann ruhig weiter liegen, ohne von später kommenden Schlafgästen gestört zu werden. – Eine geschmackvolle Garnitur von Brennesseln steht um sein Grab herum. –

Ja, mein guter, wohlsituierter und lebendiger Leser! So muß man überall bemerken, daß es Verdrießlichkeiten gibt in dieser Welt und daß überall gestorben wird. Du aber sei froh. Du stehst noch da, wie selbstverständlich, auf deiner angestammten Erde. Und wenn du dann dahinwandelst, umbraust von den ahnungsvollen Stürmen des Frühlings, und deine Seele schwillt mutig auf, als solltest du ewig leben; wenn dich der wonnige Sommer umblüht und die liebevollen Vöglein in allen Zweigen singen; wenn deine Hand im goldenen Herbst die wallenden Ähren streift; wenn zur hellglänzenden Winterzeit dein Fuß über blitzende Diamanten knistert – hoch über dir die segensreiche Sonne oder der unendliche Nachthimmel voll winkender Sterne – und doch, durch all die Herrlichkeiten hindurch, allgegenwärtig, ein feiner, peinlicher Duft, ein leiser, zitternder Ton – und wenn du dann nicht so was wie ein heiliger Franziskus bist – sondern wenn du wohlgemut nach Hause gehst zum gutgekochten Abendschmaus und zwinkerst deiner reizenden Nachbarin zu und kannst schäkern und lustig sein, als ob sonst nichts los wäre, dann darf man dich wohl einen recht natürlichen und unbefangenen Humoristen nennen.

Fast wir alle sind welche. – Auch du, mein kleines, drolliges Hänschen, mit deinem Mums, deiner geschwollenen Backe, wie du mich anlächelst durch Tränen aus deinem dicken, blanken, schiefen Gesicht heraus, auch du bist einer; und wirst du vielleicht später mal gar ein Spaßvogel von Metier, der sich berufen fühlt, unsere ohnehin schon große Heiterkeit noch künstlich zu vermehren, so komm nur zu uns, guter Hans; wir werden dir gerne unsere alten Anekdoten erzählen, denn du bist es wert.

»Ahem! – Wie war denn das Diner bei dem berühmten Maler?« so unterbrichst du mich, mein Wertester mit dem Doppelkinn. Nun! Kurz aber gut; Wein süperb; Schnepfen exquisit. – Doch ich sehe, du hast dich gelangweilt. Das beleidigt mich. Aber ich bin dir unverwüstlich gut. Ich werde sonstwie für dich sorgen; ich verweise dich auf den vielsagenden Ausspruch eines glaubwürdigen Blattes. »Il faut louer Busch pour ce qu'il a fait, et pour ce qu'il n'a pas fait.« Wohlan, mein Freund! Wende deinen Blick von links nach rechts, und vor dir ausgebreitet liegt das gelobte Land aller guten Dinge, die ich nicht gemacht habe.

Liebst du herz- und sonnenwarme Prosa, lies Werther. – Suchst du unverwelklichen Scherz, der wohl dauern wird, solange noch eine sinnende Stirn über einem lachenden Munde sitzt, begleite den Ritter von der Mancha auf seinen ruhmreichen Fahrten. – Willst du in einem ganzen Spiegel sehn, nicht in einer Scherbe, wie Menschen jeder Sorte sich lieben, necken, raufen, bis jeder sein ordnungsmäßiges Teil gekriegt, schlag Shakespeare auf. – Trägst du Verlangen nach entzückend mutiger Farbenlust, stelle dich vor das Flügelbild Peterpauls in der Scheidestadt und laß dich anglänzen von der jungfräulichen Mutter mit dem Kinde. – Oder sehnst du dich mehr nach den feierlichen Tönen einer durchleuchteten Dämmerung, besuch den heiligen Vater in seinem beneidenswerten Gefängnis und schau den Sebastian an. – Und ist dir auch das noch nicht hinreichend, so zieh meinetwegen an den Arno, wo eine gedeckte Brücke zwei wundersame Welten der Kunst verbindet.

Damit, denk ich, wirst du für acht Tage genug haben, und wärst du so genußfähig wie ein Londoner Schneidermeister auf Reisen.

DER NÖCKERGREIS

Ich ging zum Wein und ließ mich nieder
Am langen Stammtisch der Nöckerbrüder.
Da bin ich bei einem zu sitzen gekommen,
Der hatte bereits das Wort genommen.

»Kurzum« – so sprach er – »ich sage bloß,
Wenn man den alten Erdenkloß,
Der, täglich teilweis aufgewärmt,
Langweilig präzis um die Sonne schwärmt,
Genau besieht und wohl betrachtet
Und was darauf passiert, beachtet,
So findet man, und zwar mit Recht,
Daß nichts so ist, wie man wohl möcht.

Da ist zuerst die Hauptgeschicht:
Ein Bauer traut dem andern nicht.
Ein jeder sucht sich einen Knittel,
Ein jeder polstert seinen Kittel,
Um bei dem nächsten Tanzvergnügen
Gewappnet zu sein und obzusiegen,
Anstatt bei Geigen- und Flötenton,
Ein jeder mit seiner geliebten Person,
Fein sittsam im Kreise herumzuschweben.
Aber nein! Es muß halt Keile geben.

Und außerdem und anderweitig:
Liebt man sich etwa gegenseitig?
Warum ist niemand weit und breit
Im vollen Besitz der Behaglichkeit?
Das kommt davon, es ist hienieden
Zu vieles viel zu viel verschieden.

Der eine fährt Mist, der andre spazieren;
Das kann ja zu nichts Gutem führen,
Das führt, wie man sich sagen muß,
Vielmehr zu mehr und mehr Verdruß.

Und selbst, wer es auch redlich meint,
Erwirbt sich selten einen Freund.
Wer liebt, zum Beispiel, auf dieser Erde
Ich will mal sagen, die Steuerbehörde?
Sagt sie, besteuern wir das Bier,
So macht's den Christen kein Pläsier.
Erwägt sie dagegen die Steuerkraft
Der Börse, so trauert die Judenschaft.
Und alle beide, so Jud wie Christ,
Sind grämlich, daß diese Welt so ist.

Es war mal 'ne alte, runde Madam,
Deren Zustand wurde verwundersam.
Bald saß sie grad, bald lag sie krumm,
Heut war sie lustig und morgen frumm;
Oft aß sie langsam, oft aber so flink,
Wie Heinzmann, eh er zum Galgen ging.
Oft hat sie sogar ein bissel tief
Ins Gläschen geschaut, und dann ging's schief.
Sodann zerschlug sie mit großem Geklirr
Glassachen und alles Porzellangeschirr.
Da sah denn jeder mit Schrecken ein,
Es muß wo was nicht in Ordnung sein.

Und als sich versammelt die Herren Doktoren,
Da kratzten dieselben sich hinter den Ohren.
Der erste sprach: ›Ich befürchte sehr,
Es fehlt der innere Durchgangsverkehr;
Die Gnädige hat sich übernommen;
Man muß ihr purgänzlich zu Hilfe kommen.‹
Der zweite sprach: ›O nein, mit nichten!
Es handelt sich hier um Nervengeschichten.‹
›Das ist's‹ – sprach der dritte – ›was ich auch ahne;
Man liest zu viele schlechte Romane.‹

›Oder‹ – sprach der vierte – ›sagen wir lieber,
Man hat das Schulden- und Wechselfieber.‹
›Ja‹ – meinte der fünfte – ›das ist es eben;
Das kommt vom vielen Lieben und Leben.‹
›O weh!‹ – rief der sechste – ›der Fall ist kurios;
Am End ist die oberste Schraube los.‹

›Hah!‹ – schrie der letzte – ›das alte Weib
Hat unbedingt den Teufel im Leib;
Man hole sogleich den Pater her,
Sonst kriegen wir noch Malör mit der.‹

Der Pater kam mit eiligen Schritten;
Er tät den Teufel nicht lange bitten;

Er spricht zu ihm ein kräftiges Wort:
›Raus, raus und hebe dich fort,
Du Lügengeist,
Der frech und dreist
Sich hier in diesen Leib gewagt!‹
›I mag net!‹ – hat der Teufel gesagt.
Hierauf –

Doch lassen wir die Späß,
Denn so was ist nicht sachgemäß.
Ich sage bloß, die Welt ist böse.
Was soll, zum Beispiel, das Getöse,
Was jetzt so manche Menschen machen
Mit Knallbonbons und solchen Sachen?
Man wird ja schließlich ganz vertattert,
Wenn's immer überall so knattert.
Das sollte man wirklich solchen Leuten
Mal ernstlich verbieten, und zwar beizeiten,
Sonst sprengen uns diese Schwerenöter
Noch kurz und klein bis hoch in den Äther,
Und so als Pulver herumzufliegen,
Das ist grad auch kein Sonntagsvergnügen.
Wie oft schon sagt ich: Man hüte sich.
Was hilft's? Man hört ja nicht auf mich.
Ein jeder Narr tut, was er will.
Na, meinetwegen! Ich schweige still!«

So räsonierte der Nöckergreis.
Uns aber macht er so leicht nichts weis;
Und ging's auch drüber oder drunter.
Wir bleiben unverzagt und munter.
Es ist ja richtig: Heut pfeift der Spatz
Und morgen vielleicht schon holt ihn die Katz;
Der Floh, der abends krabbelt und prickt,
Wird morgens, wenn's möglich, schon totgeknickt;
Und dennoch lebt und webt das alles
Recht gern auf der Kruste des Erdenballes.

Froh hupft der Floh.
Vermutlich bleibt es noch lange so.

KNOPP-TRILOGIE

ABENTEUER EINES JUNGGESELLEN

DIE SACHE WIRD BEDENKLICH

Sokrates, der alte Greis,
Sagte oft in tiefen Sorgen:
»Ach, wie viel ist doch verborgen,
Was man immer noch nicht weiß.«

Und so ist es. – Doch indessen
Darf man eines nicht vergessen:
Eines weiß man doch hienieden,
Nämlich, wenn man unzufrieden. –

Dies ist auch Tobias Knopp,

Und er ärgert sich darob.

Seine zwei Kanarienvögel

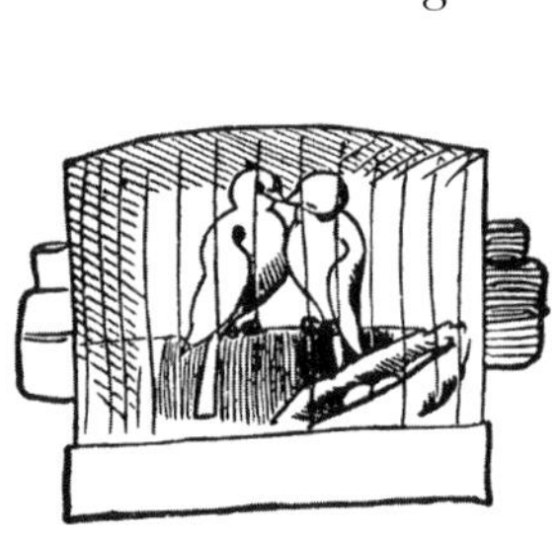

Die sind immer froh und kregel,
Während ihn so manches quält,
Weil es ihm bis dato fehlt.

Ja, die Zeit entfliehet schnell;
Knopp, du bist noch Junggesell! –

Zwar für Stiefel, Bett, Kaffee
Sorgt die gute Dorothee;
Und auch, wenn er dann und wann
Etwas nicht alleine kann,

Ist sie gleich darauf bedacht,
Daß sie es zurechte macht.
Doch ihm fehlt Zufriedenheit. –

Nur mit großer Traurigkeit
Bleibt er vor dem Spiegel stehn,
Um sein Bildnis zu besehn.

Vornerum ist alles blank;
Aber hinten, Gott sei Dank!
Denkt er sich mit frohem Hoffen,
Wird noch manches angetroffen.

Oh, wie ist der Schreck so groß!
Hinten ist erst recht nichts los;
Und auch hier tritt ohne Frage
Nur der pure Kopf zutage. –

Auch bemerkt er außerdem,
Was ihm gar nicht recht bequem,

Daß er um des Leibes Mitten
Längst die Wölbung überschritten,
Welche für den Speiseschlauch,
Bei natürlichem Gebrauch,
Wie zum Trinken, so zum Essen,
Festgesetzt und abgemessen. –
Doch es bietet die Natur
Hierfür eine sanfte Kur.

Draußen, wo die Blumen sprießen,
Karrelsbader Salz genießen
Und melodisch sich bewegen,
Ist ein rechter Himmelssegen;
Und es steigert noch die Lust,
Wenn man immer sagt: du mußt.

Knopp, der sich dazu entschlossen,

Wandelt treu und unverdrossen.

Manchmal bleibt er sinnend stehn,

Manchmal kann ihn keiner sehn.

Aber bald so geht er wieder
Treubeflissen auf und nieder. –

Dieses treibt er vierzehn Tage;
Darnach steigt er auf die Waage

Und da wird es freudig kund:
Heißa, minus zwanzig Pfund!

Wieder schwinden vierzehn Tage,
Wieder sitzt er auf der Waage,
Autsch, nun ist ja offenbar

Alles wieder, wie es war.

Ach, so denkt er, diese Welt
Hat doch viel, was nicht gefällt.

Rosen, Tanten, Basen, Nelken
Sind genötigt zu verwelken;
Auch – und endlich auch durch mich
Macht man einen dicken Strich.
Auch von mir wird man es lesen:
Knopp war da und ist gewesen.
Ach, und keine Träne fließt
Aus dem Auge, das es liest;
Keiner wird, wenn ich begraben,
Unbequemlichkeiten haben;
Keine Seele wird geniert,
Weil man keinen Kummer spürt.
Dahingegen spricht man dann:
Was geht dieser Knopp uns an?

Dies mag aber Knopp nicht leiden;
Beim Gedanken, so zu scheiden
In ein unverziertes Grab,
Drückt er eine Träne ab.

Sie liegt da, wo er gesessen,
Seinem Schmerze angemessen.

Dieses ist ja fürchterlich.
Also, Knopp, vermähle dich.
Mach dich auf und sieh dich um,
Reise mal 'n bissel rum.
Sieh mal dies und sieh mal das,
Und paß auf, du findest was.

Einfach ist für seine Zwecke
Das benötigte Gepäcke;

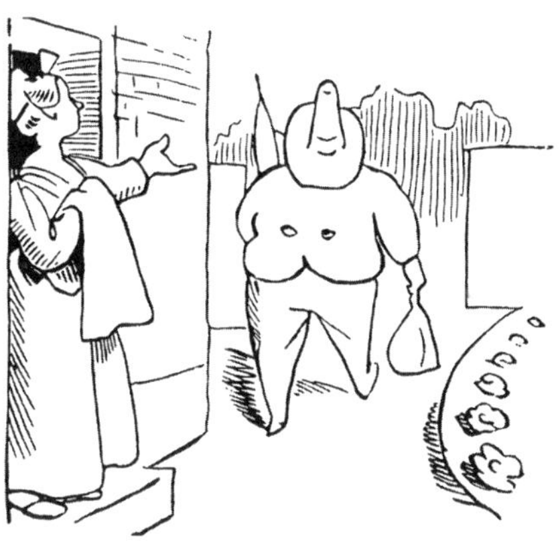

Und die brave Dorothee
Ruft: »Herr Knopp, nanu adjeh!«

EINE ALTE FLAMME

Allererst und allsofort
Eilet Knopp an jenen Ort,
Wo sie wohnt die Wohlbekannte,
Welche sich Adele nannte;
Jene reizende Adele,
Die er einst mit ganzer Seele
Tiefgeliebt und hochgeehrt,
Die ihn aber nicht erhört,
So daß er, seit dies geschah,
Nur ihr süßes Bildnis sah.

Transpirierend und beklommen
Ist er vor die Tür gekommen
Oh, sein Herze klopft so sehr,
Doch am Ende klopft auch er.

»Himmel« – ruft sie – »welches Glück!!«
(Knopp sein Schweiß, der tritt zurück.)

»Komm, geliebter Herzensschatz,
Nimm auf der Berschäre Platz!

Nur an dich bei Tag und Nacht,
Süßer Freund, hab ich gedacht.

Unaussprechlich inniglich,
Freund und Engel, lieb ich dich!«

Knopp, aus Mangel an Gefühl,
Fühlt sich wieder äußerst schwül,
Doch in dieser Angstsekunde
Nahen sich drei fremde Hunde.

»Hilfe, Hilfe!« – ruft Adele –
»Hilf, Geliebter meiner Seele!!!«

Knopp hat keinen Sinn dafür.
Er entfernt sich durch die Tür. –

Schnell verläßt er diesen Ort.
Und begibt sich weiter fort.

EIN SCHWARZER KOLLEGE

Knopp verfügt sich weiter fort
Bis an einen andern Ort.
Da wohnt einer, den er kannte,
Der sich Förster Knarrtje nannte. –

Unterwegs bemerkt er bald
Eine schwärzliche Gestalt,

Und nun biegt dieselbe schräg
Ab auf einen Seitenweg.

Sieh, da kommt ja Knarrtje her!

»Alter Knopp, das freut mich sehr!«

Traulich wandeln diese zwei
Nach der nahen Försterei.

»So, da sind wir, tritt hinein;
Meine Frau, die wird sich freun!«

»He, zum Teufel, was ist das?
Allez, Waldmann, allez faß!

Oh, tu tu verruchtes Weib,
Jetzt kommt Knarrtje dir zu Leib!«

Knopp's Vermittlung will nicht glücken,
Wums! da liegt er auf dem Rücken.

Schnell verläßt er diesen Ort
Und begibt sich weiter fort.

REKTOR DEBISCH

Knopp begibt sich weiter fort
Bis an einen andern Ort.
Da wohnt einer, den er kannte,
Der sich Rektor Debisch nannte.

Er erteilet seinem Sohn
Eben eine Lektion,

Die er aber unterbricht,
Als er Knopp zu sehen kriegt.

Zu dem Sohne spricht er dann:
»Kuno, sag ich, sieh mich an!
Höre zu und merke auf!
Richte itzo deinen Lauf
Dahin, wo ich dir befehle,
Nämlich in die Kellerhöhle.
Dorten lieget auf dem Stroh
Eine Flasche voll Bordeaux.

Diese Flasche, sag ich dir,
Zieh herfür und bringe mir!«
Kuno eilet froh und prompt,
Daß er in den Keller kommt,
Wo er still und wohlgemut
Etwas von dem Traubenblut

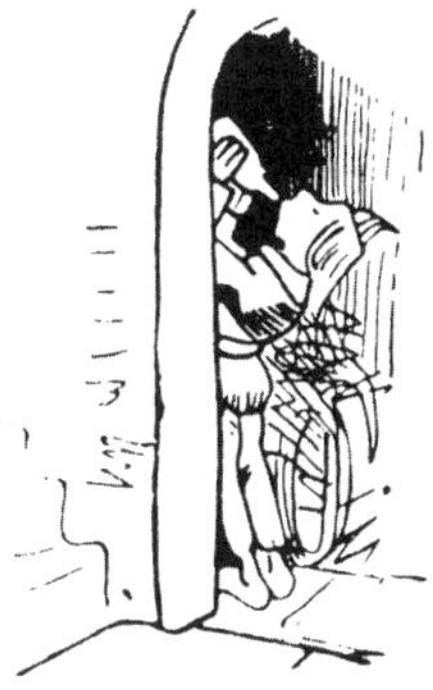

In sich selbst herüberleitet,
Was ihm viel Genuß bereitet.

Die dadurch entstandne Leere
Füllt er an der Regenröhre. –

Rotwein ist für alte Knaben
Eine von den besten Gaben.

Gern erhebet man das Glas.
Aber Knopp, der findet was.

»Ei« – spricht Debisch – »dieses ist,
Sozusagen Taubenmist.

Ei, wie käme dieses dann?
Kuno, sag ich, sieh mich an!!«

Drauf nach diesem strengen Blick
Kommt er auf den Wein zurück.

Aber Knopp verschmäht das Glas,
Denn schon wieder sieht er was.

»Dies« – spricht Debisch – »scheint mir ein
Neugeborner Spatz zu sein.

Ei, wie käme dieses dann?
Kuno, sag ich, sieh mich an!!
Deiner Taten schwarzes Bild
Ist vor meinem Blick enthüllt;

Und nur dieses sage ich:

Pfui, mein Sohn, entferne dich!! –

Das ist Debisch sein Prinzip:
Oberflächlich ist der Hieb.
Nur des Geistes Kraft allein
Schneidet in die Seele ein.

Knopp vermeidet diesen Ort
Und begibt sich weiter fort.

LÄNDLICHES FEST

Knopp begibt sich weiter fort
Bis an einen andern Ort.
Da wohnt einer, den er kannte,
Der sich Meister Druff benannte.

Druff hat aber diese Regel:
Prügel machen frisch und kregel
Und erweisen sich probat
Ganz besonders vor der Tat.

Auch zum heut'gen Schützenfeste
Scheint ihm dies für Franz das beste.
Drum hört Knopp von weitem schon

Den bekannten Klageton.

Darnach wandelt man hinaus
Schön geschmückt zum Schützenhaus. –

Gleich verschafft sich hier der Franz
Eines Schweines Kringelschwanz,
Denn er hat es längst beachtet,
Daß der Wirt ein Schwein geschlachtet;

Und an Knoppens Fracke hing
Gleich darauf ein krummes Ding. –

Horch, da tönet Horngebläse
Und man schreitet zur Française.

Keiner hat so hübsch und leicht
Sich wie unser Knopp verbeugt;

Keiner weiß sich so zu wiegen
Und den Tönen anzuschmiegen;

Doch die höchste Eleganz
Zeiget er im Solotanz.
Hoch erfreut ist jedermann,
Daß Herr Knopp so tanzen kann.

Leider ist es schon vorbei.

Und er schreitet stolz und frei
Wiederum zu seinem Tische,

Daß er etwas sich erfrische.

Rums! – Der Franz entfernt die Bank,
So daß Knopp nach hinten sank! –

Zwar er hat sich aufgerafft,
Aber doch nur mangelhaft.

Und er fühlt mit Angst und Beben:

Knopp, hier hat es Luft gegeben! –

Schnell verläßt er diesen Ort
Und begibt sich weiter fort.

DIE STILLE WIESE

Knopp begibt sich weiter fort
Bis an einen stillen Ort.

Hier auf dieser Blumenwiese,
Denn geeignet scheinet diese,
Kann er sich gemütlich setzen,
Um die Scharte auszuwetzen

Und nach all den Angstgefühlen
Sich ein wenig abzukühlen.

Hier ist alles Fried und Ruh,
Nur ein Häslein schauet zu.

Sieh da kommt der Bauer Jochen.
Knopp hat sich nur leicht verkrochen,

Doch mit Jochen seiner Frau
Nimmt er es schon mehr genau.

Kurz war dieser Aufenthalt.
Und mit Eifer alsobald
Richtet Knopp sein Augenmerk
Auf das angefangne Werk. –
Kaum hat er den Zweck erreicht,
Wird er heftig aufgescheucht,

Und es zeigt sich, ach herrje,
Jetzt sind Damen in der Näh.
Plumps! – Man kommt. – Indes von Knopp

Sieht man nur den Kopf, gottlob! –
Wie erschrak die Gouvernante,
Als sie die Gefahr erkannte,

Ängstlich ruft sie: »Oh mon dieu!
C'est un homme, fermez les yeux!«

Knopp, auf möglichst schnelle Weise,
Schlüpfet in sein Beingehäuse.

Dann verläßt er diesen Ort
Und begibt sich weiter fort.

BABBELMANN

Knopp begibt sich weiter fort
Bis an einen andern Ort.

Da wohnt einer, den er kannte,
Der sich Babbelmann benannte,
Der ihm immer so gefallen
Als der Lustigste von allen.

Schau, da tritt er aus der Tür.

»Na«, ruft Knopp, »jetzt bleib ich hier!‹

Worauf Babbelmann entgegnet:

»Werter Freund, sei mir gesegnet!
Erstens in betreff Logis,
Dieses gibt es nicht allhie,
Denn ein Pater hochgelehrt
Ist soeben eingekehrt.

Zweitens dann: für Essen, Trinken
Seh ich keine Hoffnung blinken.
Heute mal wird nur gebetet,
Morgen wird das Fleisch getötet,
Übermorgen beichtet man,
Und dann geht das Pilgern an.

Ferner drittens, teurer Freund, –

Pist! – denn meine Frau erscheint!«

Knopp, dem dieses ungelegen,
Wünscht Vergnügen, Heil und Segen
Und empfiehlt sich alsobald

Äußerst höflich, aber kalt. –

Schnelle flieht er diesen Ort
Und begibt sich weiter fort.

WOHLGEMEINT WIRD ABGELEHNT

Knopp verfügt sich weiter fort
Bis an einen andern Ort.
Da wohnte einer, den er kannte,
Der sich Küster Plünne nannte.

Knopp, der tritt durchs Gartengatter.
Siehe, da ist Hemdgeflatter,
Woraus sich entnehmen läßt:
Plünnens haben Wäschefest.

Dieses findet Knopp bekräftigt
Dadurch, wie der Freund beschäftigt.

Herzlich wird er aufgenommen.
Plünne rufet: »Ei, willkommen!

Gleich besorg ich dir zu essen,
Halte mal das Kind indessen.«

Knopp ist dieses etwas peinlich,
Plünne machet alles reinlich.

Knopp, der fühlt sich recht geniert.
Plünne hat derweil serviert.
Jetzt eröffnet er das Bette
Der Familienlagerstätte.

In dem Bette, warm und schön,
Sieht man eine Schale stehn.
Nämlich dieses weiß ein jeder:
Wärmehaltig ist die Feder.

Hat man nun das Mittagessen
Nicht zu knappe zugemessen,
Und, gesetzt den Fall, es wären
Von den Bohnen oder Möhren,
Oder, meinetwegen, Rüben
Ziemlich viel zurückgeblieben,
Dann so ist das allerbeste,
Daß man diese guten Reste
Aufbewahrt in einem Hafen,

Wo die guten Eltern schlafen,
Weil man, wenn der Abend naht,
Dann sogleich was Warmes hat.
Diese praktische Methode
Ist auch Plünnens ihre Mode.

»So« – ruft Plünne – »Freund, nanu
Setz dich her und lange zu!«

Knopp hat aber, wie man sieht,
Keinen rechten Appetit.

Schnell verläßt er diesen Ort
Und begibt sich weiter fort.

FREUND MÜCKE

Knopp begibt sich weiter fort
Bis an einen andern Ort.
Da wohnt einer, den er kannte,
Welcher Mücke sich benannte.

Wie es scheint, so lebt Herr Mücke
Mit Frau Mücke sehr im Glücke.

Eben hier, bemerken wir,
Küßt er sie und spricht zu ihr:

»Also Schatz, ade derweil!
Ich und Knopp, wir haben Eil.
Im historischen Verein
Wünscht er eingeführt zu sein.«

Bald so öffnet sich vor ihnen
Bei der Kirche der Kathrinen

Im Hotel zum blauen Aal
Ein gemütliches Lokal.

Mücke scheinet da nicht fremd,
Er bestellt, was wohlbekömmt.

Junge Hähnchen, sanft gebraten,
Dazu kann man dringend raten,

Und man darf getrost inzwischen
Etwas Rheinwein druntermischen.

Nötig ist auf alle Fälle,
Daß man dann Mussö bestelle.

Nun erfreut man sich selbdritt,
Denn Kathinka trinket mit!

»So jetzt wären wir so weit,
Knopp, du machst wohl Richtigkeit.«

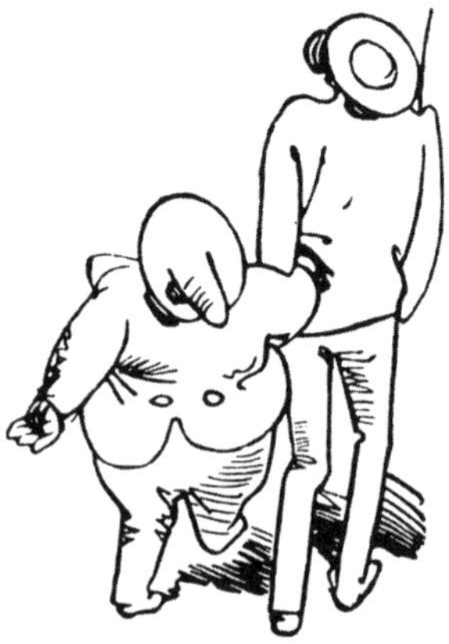

Lustig ist man fortspaziert
Zum Hotel, wo Knopp logiert.

Heftig bollert man am Tor,
Der Portier kommt nicht hervor.

»Komm«, – ruft Mücke – »Knopp, komm hier,
Du logierst die Nacht bei mir!«

Schwierig, aus verschiednen Gründen,
Ist das Schlüsselloch zu finden.

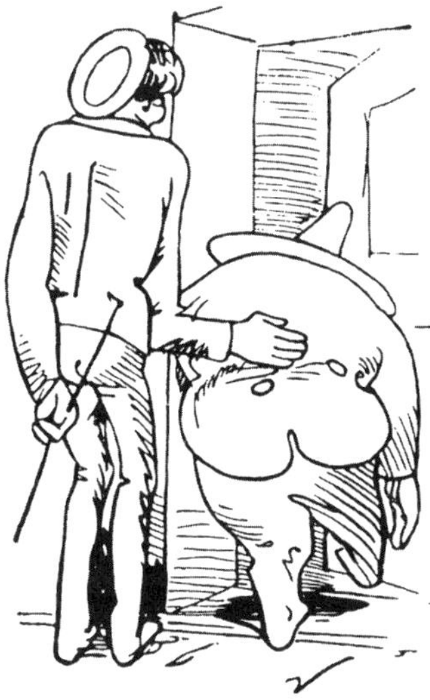

So, so, so! Jetzt nur gemach,
Tritt hinein, ich komme nach.

Knopp schiebt los. Indessen Mücke
Bleibt mit Listigkeit zurücke.

Schrupp! – Wie Knopp hineingekommen,
Wird er an die Wand geklommen.
»Wart!« ruft Mückens Ehgemahl –
»Warte, Lump, schon wieder mal!?«

Weil sie ihn für Mücken hält,
Hat sie ihm so nachgestellt.

Hei! Wie fühlt sich Knopp erfrischt,
Als der Besen saust und zischt.

Bums! Er fällt in einen Kübel
Angefüllt mit dem, was übel.

Oh, was macht der Besenstiel
Für ein schmerzliches Gefühl!

Und als regellose Masse
Findet Knopp sich auf der Gasse.

Schnell verläßt er diesen Ort
Und begibt sich weiter fort.

EIN FROHES EREIGNIS

Knopp verfügt sich weiter fort
Bis an einen andern Ort.
Da wohnt einer, den er kannte,
Der sich Sauerbrot benannte.

Sauerbrot, der fröhlich lacht,
Hat sich einen Punsch gemacht.

»Heißa!!« – rufet Sauerbrot –
»Heißa! meine Frau ist tot!!

Hier in diesem Seitenzimmer
Ruhet sie bei Kerzenschimmer.

Heute stört sie uns nicht mehr,
Also, Alter, setz dich her,

Nimm das Glas und stoße an.
Werde niemals Ehemann,
Denn als solcher, kann man sagen,
Muß man viel Verdruß ertragen.

Kauf Romane und Broschüren,
Zahle Flechten und Turnüren,
Seidenkleider, Samtjackets,
Zirkus- und Konzertbilletts –
Ewig hast du Nöckerei.
Gott sei Dank! Es ist vorbei!!«

Es schwellen die Herzen,
Es blinkt der Stern.
Gehabte Schmerzen,
Die hab ich gern.

Knarr! – da öffnet sich die Tür.

Wehe! Wer tritt da herfür!?
Madam Sauerbrot, die schein-
Tot gewesen, tritt herein.

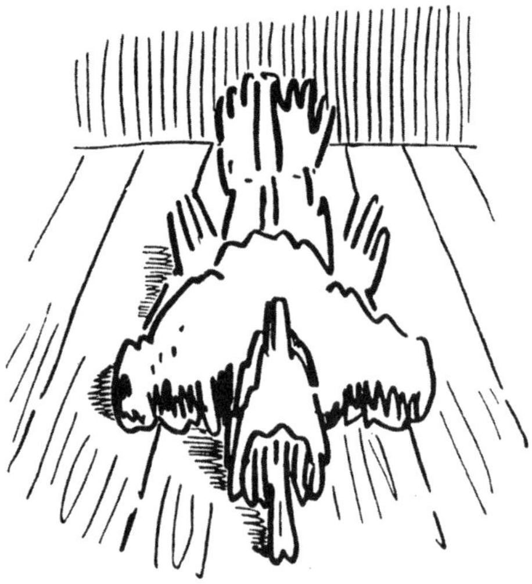

Starr vor Schreck wird Sauerbrot,
Und nun ist er selber tot. –

Knopp vermeidet diesen Ort
Und begibt sich eilig fort.

O WEH!

Knopp verfügt sich weiter fort
Bis an einen andern Ort.
Da wohnt einer, den er kannte,
Welcher Piepo sich benannte.

Aus dem Garten tönt Gelächter,
Piepo ist's und seine Töchter.

»Dies, mein lieber Knopp, ist Hilda,
Dort die ältre heißt Klotilda.

Hilda hat schon einen Freier,
Morgen ist Verlobungsfeier,
Doch Klotilda, ei, ei, ei,
Die ist noch bis dato frei.« –

Oh, wie ist der Abend milde!
Knopp, der wandelt mit Klotilde,
Die ihm eine Rose pflückt. –
Und er fühlt es tief beglückt:
Knopp, in diesem Augenblick
Da erfüllt sich dein Geschick. –

Drauf hat Piepo ihn geleitet,
Wo sein Lager zubereitet.
»Hier« – so spricht er – »dieser Saal
Ist für morgen Festlokal.

Hier zur Rechten ist die Klause,
Stillberühmt im ganzen Hause;

Und hier links da schlummerst du.
Wünsche recht vergnügte Ruh!«

Knopp ist durch und durch Gedanke
An Klotilde, jene Schlanke,
Und er drückt in süßem Schmerz
Ihre Rose an sein Herz.

»O Klotilde, du allein
Sollst und mußt die Meine sein.« –
Darauf ist ihm so gewesen:
Knopp, du mußt noch etwas lesen. –
Gern erfüllt er sein Verlangen;
Still ist er hinausgegangen

Und bei seiner Kerze Strahl
Hingewandelt durch den Saal. –

Oftmals kann man müde sein,
Setzt sich hin und schlummert ein.

Erst des Morgens so um achte,
als die Sonne freundlich lachte,
Dachte Knopp an sein Erwachen.
Er erwacht durch frohes Lachen. –
Dieses tut die Mädchenschar,
Welche schon beschäftigt war,

Um an dieses Festes Morgen
Für des Saales Schmuck zu sorgen.

»Ewig kannst du hier nicht sein« –
Denket Knopp voll Seelenpein.

Und so strömt er wohlverdeckt
Da hervor, wo er gesteckt.
Groß ist seines Laufes Schnelle;
Aber ach, die Kammerschwelle
Ist ihm äußerst hinderlich.

Hopsa! – Er entblättert sich. –

Heimlich flieht er diesen Ort
Und begibt sich weiter fort.

ABSCHRECKENDES BEISPIEL

Knopp begibt sich eilig fort
Bis zum höchsten Bergesort.

Hier in öder Felsenritzen
Sieht er einen Klausner sitzen.

Dieser Klausner, alt und greis,
Tritt aus seinem Steingehäus.

Und aus Knoppen seiner Tasche
Hebt er ernst die Wanderflasche.

»Ich« – so spricht er – »heiße Krökel
Und die Welt ist mir zum Ekel.

Alles ist mir einerlei.
Mit Verlaub, ich bin so frei.

O ihr Bürsten, o ihr Kämme,
Taschentücher, Badeschwämme,

Seife und Pomadebüchse,
Strümpfe, Stiefel, Stiefelwichse,
Hemd und Hose, alles gleich,
Krökel, der verachtet euch.

Mir ist alles einerlei.
Mit Verlaub, ich bin so frei.

O ihr Mädchen, o ihr Weiber,
Arme, Beine, Köpfe, Leiber,
Augen mit den Feuerblicken,
Finger, welche zärtlich zwicken

Und was sonst für dummes Zeug –
Krökel, der verachtet euch.

Mir ist alles einerlei.
Mit Verlaub, ich bin so frei.

Nur die eine, himmlisch Reine,
Mit dem goldnen Heilgenscheine,
Ehre, liebe, bet ich an;
Dich, die keiner kriegen kann,

Dich du süße, ei,ja,ja,
Heil'ge Emmerenzia.

Sonst ist alles einerlei.
Mit Verlaub, ich bin so frei.«

Hiermit senkt der Eremit
Sich nach hinten. – Knopp entflieht.

Knopp, der denkt sich: dieser Krökel
Ist ja doch ein rechter Ekel;
Und die Liebe per Distanz,
Kurz gesagt, mißfällt mir ganz.

Schnell verlassend diesen Ort
Eilet er nach Hause fort.

HEIMKEHR UND SCHLUSS

Knopp, der eilt nach Hause fort,
Und, sieh da, schon ist er dort.

Grade lüftet seine nette,
Gute Dorothee das Bette.

»Mädchen« – spricht er – »sag mir ob –«
Und sie lächelt: »Ja, Herr Knopp!«

Bald so wird es laut verkündet:
Knopp hat ehlich sich verbündet,

Tobias Knopp
Dorothea Lickefett

Erst nur flüchtig und zivil,
Dann mit Andacht und Gefühl. –

Na, nun hat er seine Ruh.
Ratsch! – Man zieht den Vorhang zu.

ERMAHNUNGEN UND WINKE

O wie lieblich, o wie schicklich,
Sozusagen herzerquicklich,
Ist es doch für eine Gegend,
Wenn zwei Leute, die vermögend,
Außerdem mit sich zufrieden,
Aber von Geschlecht verschieden,
Wenn nun diese, sag ich, ihre
Dazu nötigen Papiere,
Sowie auch die Haushaltsachen
Endlich mal in Ordnung machen
Und in Ehren und beizeiten
Hin zum Standesamte schreiten,
Wie es denen, welche lieben,
Vom Gesetze vorgeschrieben;
Dann ruft jeder freudiglich:
»Gott sei Dank, sie haben sich!«

Daß es hierzu aber endlich
Kommen muß, ist selbstverständlich. –
Oder liebt man Pfänderspiele?
So was läßt den Weisen kühle.
Oder schätzt man Tanz und Reigen?
Von Symbolen laßt uns schweigen.
Oder will man unter Rosen
Innig miteinander kosen? –
Dies hat freilich seinen Reiz;
Aber elterlicherseits
Stößt man leicht auf so gewisse
Unbequeme Hindernisse,
Und man hat, um sie zu heben,
Als verlobt sich kundzugeben. –

Das ist allerdings was Schönes;
Dennoch mangelt dies und jenes.
Traulich im Familienkreise
Sitzt man da und flüstert leise,
Drückt die Daumen, küßt und plaudert,
Zehne schlägt's, indes man zaudert,
Mutter strickt und Vater gähnt,
Und, eh man was Böses wähnt,
Heißt es: »Gute Nacht, bis morgen!«

Tief im Paletot verborgen,
Durch die schwarze, nassen Gassen,
Die fast jeder Mensch verlassen,
Strebt man unmutsvoll nach Hause
In die alte, kalte Klause,
Wühlt ins Bett sich tief und tiefer,
Schnatteratt! so macht der Kiefer,
Und so etwa gegen eine
Kriegt man endlich warme Beine.
Kurz, Verstand sowie Empfindung
Dringt auf ehliche Verbindung. –

Dann wird's aber auch gemütlich.
Täglich, stündlich und minütlich
Darf man nun vereint zu zween
Arm in Arm spazieren gehen!
Ja, was irgend schön und lieblich,
Segensreich und landesüblich
Und ein gutes Herz ergetzt,
Prüft, erfährt und hat man jetzt.

HERR UND FRAU KNOPP

EHELICHE ERGÖTZLICHKEITEN

Ein schönes Beispiel, daß obiges wahr,
Bieten Herr und Frau Knopp uns dar.

Hier ruht er mit seiner getreuen Dorette
Vereint auf geräumiger Lagerstätte.

Früh schon erhebt man die Augenlider,
Lächelt sich an und erkennt sich wieder,

Um alsobald mit einem süßen
Langwierigen Kusse sieh zu begrüßen.

Knopp aber, wie er gewöhnlich pflegt,
Ist gleich sehr neckisch aufgelegt.

Ganz unvermutet macht er: Kieks!
Hierauf erhebt sich ein lautes Gequieks.
Dorette dagegen weiß auch voll List,
Wo Knopp seine lustige Stelle ist.

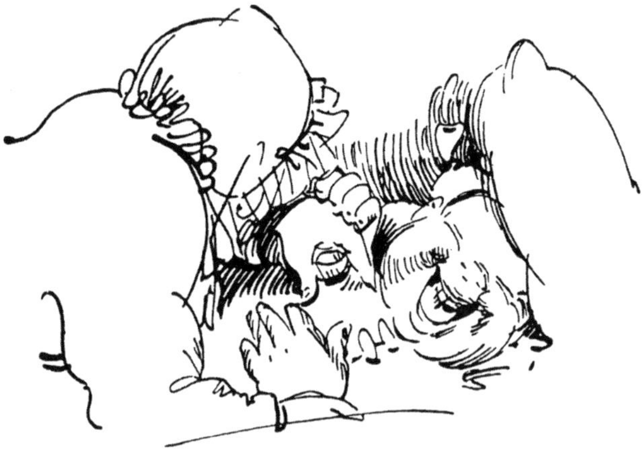

Nämlich er hat sie unten am Hals.
Kiewieks! Jetzt meckert er ebenfalls.

Nun freilich möchte sich Knopp erheben
Und schnell vom Lager hinwegbegeben,
Wird aber an seines Kleides Falten
Spiralenförmig zurückgehalten.
Husch! Er nicht faul, eh man sich's denkt,
Hat sich nach hinten herumgeschwenkt

Und unter die Decke eingebohrt,
Wo man recht fröhlich herumrumort. –

Nach diesen gar schönen Lustbarkeiten
Wird's Zeit zur Toilette zu schreiten.

Gern wendet Frau Doris anitzo den Blick
Auf Knopp sein Beinbekleidungsstück,
Welches ihr immer besonders gefiel
Durch Ausdruck und wechselndes Mienenspiel.

Bald schaut's so drein mit Grimm und Verdruß,

Bald voller Gram und Bekümmernus.

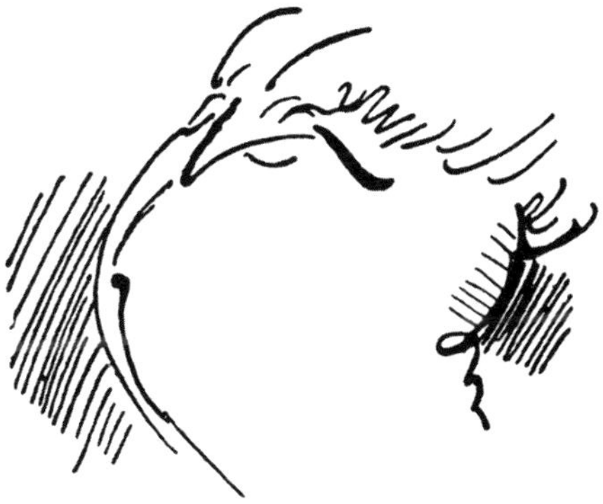

Bald zeigt dies edle Angesicht
Nur Stolz und kennt keinen Menschen nicht.

Aber bald schwindet der Übermut;
Es zeigt sich von Herzen sanft und gut,

Und endlich nach einer kurzen Zeit
Strahlt es in voller Vergnüglichkeit. –

Dorettens Freude hierüber ist groß.
Knopp aber ist auch nicht freudenlos;

Denn ihm lächelt friedlich und heiter,
Nach unten spitzig, nach oben breiter,
Weißlich blinkend und blendend schön,
Ein hocherfreuliches Phänomen.
Besonders zeigt sich dasselbe beim Sitzen,

In der Mädchensprache nennt man's Blitzen. –
»Madam, es blitzt!« ruft Knopp und lacht.

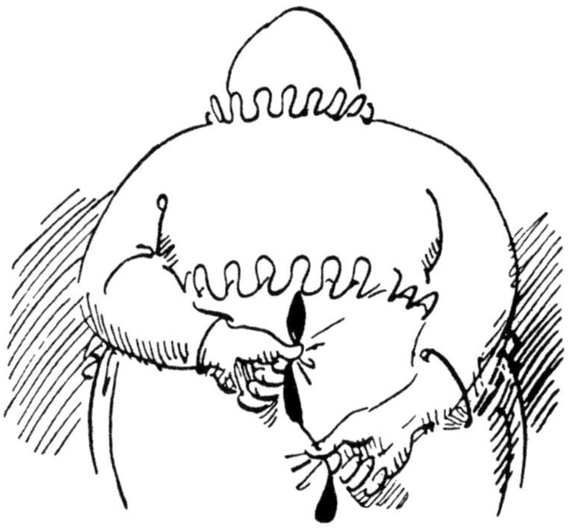

Schlupp! wird die Sache zugemacht.

DER ALTE JUNGE HAT'S GUT

Die Frühstückszeit hat Knopp vor allen,
Weil sehr behaglich, sehr gefallen.

Nachdem die Liese aufgetischt,
Hat Doris ihm den Trank gemischt.
Und außerdem genießt er heute

Noch eine ganz besondre Freude.

Frau Doris schenkt ihm eine Mütze,
Die rings mit Perlen und mit Litze
In Form von einem Kranz der Reben
Gar schön umwunden und umgeben.

Sehr freut ihn dieser Kopfbehälter,
Denn nach Micheli wird es kälter

Und weht schon oft ein herber Hauch,
Und außerdem verziert es auch.

Stolz sitzt er da auf seinem Sitze;
Das Haupt verschönt die Morgenmütze.

Die Pfeife ist ihm Hochgenuß,
Und Doris hält den Fidibus.

Schnell flieht der Morgen. – Unterdessen
Bereitet man das Mittagessen. –
Was dies betrifft, so muß man sagen,
Kann Knopp sich wirklich nicht beklagen.
Zum Beispiel könnt er lange suchen
Nach solchen guten Pfannekuchen.

Hierin ist Doris ohne Fehl.
Stets nimmt sie einen Löffel Mehl,
Die nöt'ge Milch, dazu drei Eier,
Ja vier sogar, wenn sie nicht teuer,
Quirlt dies sodann und backt es braun
Mit Sorgfalt und mit Selbstvertraun;

Und jedesmal spricht Knopp vergnüglich:
»Der Pfannekuchen ist vorzüglich!«

O wie behaglich kann er nun
An Doris' treuem Busen ruhn.
Gern hat er hierbei auf der Glatze
Ein loses, leises Kribbelkratze.
So schläft er mit den Worten ein:
»Wie schön ist's, Herr Gemahl zu sein!«

EIN MISSGRIFF

Der Samstag ist meistens so ein Tag,
Den der Vater nicht leiden mag.
Es wirbelt der Staub, der Besen schwirrt,
Man irrt umher und wird verwirrt.

Hier oben auf der Fensterbank
Steht Liese und macht die Scheiben blank.
Knopp, welcher seine Pfeife vermißt
Und gar nicht weiß, wo sie heute ist,
Schweift sorgenschwer im Haus umher,
Ob sie nicht wo zu finden wär.

Er denkt: »Wo mag die Pfeife sein?«
Und zwickt die Liese ins Bein hinein.

Obgleich dies nur ganz unten geschehen,
Frau Doris hat es nicht gern gesehen.

Sie ruft: »Das bitt ich mir aber aus!
Abscheuliches Mädchen, verlasse das Haus!«

So wären denn Knoppens also mal
Ohne weibliches Dienstpersonal,

Und morgens in früher Dämmerung
Hat Knopp eine schöne Beschäftigung. –

Alsbald so steht es im Wochenblatt,
Daß man Bedienung nötig hat.

Infolgedessen mit sanfter Miene
Erscheint eine Jungfrau namens Kathrine,

Welche hochheilig und teuer versprochen,
Stets fleißig zu putzen, beten, backen und kochen.

Hierin ist sie auch einerseits rühmlich,
Anderseits aber recht eigentümlich!

Erglänzt zum Beispiel am Sirupstopfe
Der unvermeidliche zähe Tropfe –

Schluppdiwutsch! – so schafft sie ihn dort
Mit schnellem Schwunge der Zunge fort.

Oder wenn sich beim Backen vielleicht
Irgendwo irgendwie irgendwas zeigt –

Schluppdiwutsch! sie entfernt es gleich
Durch einen doppelten Bogenstreich. –

Obschon dies sehr geschickt geschehen,
Frau Knoppen hat es nicht gern gesehen.
Sie ruft: »Das bitt' ich mir aber aus!
Abscheuliches Mädchen, verlasse das Haus!«

So wären denn Knoppens zum andern Mal
Ohne weibliches Dienstpersonal.

Knopp aber in früher Dämmerung
Hat eine schöne Beschäftigung.

Alsbald so setzt man ins Wochenblatt,
Daß man ein Mädchen nötig hat!

Hierauf erscheint nach kurzer Zeit
Eine Jungfrau mit Namen Adelheid,
Welche hochheilig und teuer versprochen,
Stets fleißig zu putzen, beten, backen und kochen.

Auch kann sie dieses; und augenscheinlich
Ist sie in jeder Beziehung sehr reinlich.

Pünktlich pflegt sie und ohne Säumen
Die ehliche Kammer aufzuräumen.

Recht angenehm ist dann der Kamm,
Pomade und Seife von Madam.

Doch für die Zähne verwendet sie gern
Den Apparat des gnädigen Herrn. –

Obgleich dies zu guten Zwecken geschehen,
Frau Knoppen hat es nicht gern gesehen.
Sie ruft: »Das bitt' ich mir aber aus!
Abscheuliches Mädchen, verlasse das Haus!«

Knopp aber in früher Dämmerung
Hat eine neue Beschäftigung.

KNOPP GEHT MAL AUS

Bekanntlich möchte in dieser Welt
Jeder gern haben, was ihm gefällt.
Gelingt es dann mal dem wirklich Frommen,
An die gute Gabe dranzukommen,
Um die er dringend früh und spat
Aus tiefster Seele so inniglich bat,
Gleich steht er da, seufzt, hustet und spricht:
»Ach Herr, nun ist es ja doch so nicht!«

Auch Knopp ist heute etwas ergrimmt
Und über sein ehliches Glück verstimmt.
Grad gibt es den Abend auch Frikadellen,
Die unbeliebt in den meisten Fällen.

Er lehnt sie ab mit stillem Dank,
Zieht seinen Frack aus dem Kleiderschrank,

Und ohne sich weiter an was zu kehren,
Wandelt er trotzig zum »Goldenen Bären«! –

»Potztausend, also auch mal hier!«
So rufen freudig beim Öffnen der Tür
Der kunstreiche Doktor Pelikan
Und Bello, der Förster und Jägersmann.

Knopp aber redet nicht eben viel;
Hat auch nicht Lust zum Solospiel;

Sondern tief in sich selbst gekehrt,
Hat er sein Schöppchen Bier geleert.

Punkt zehn schließt er die Rechnung ab

Und begibt sich zu Haus in gelindem Trab.

UNFREUNDLICHER EMPFANG

Grollend hat Madam soeben
Sich bereits zur Ruh begeben.

Freundlich naht sich Knopp und bang –

Bäh! – nicht gut ist der Empfang.

Demutsvoll und treu und innig
Spricht er: »Doris, schau, da bin ich!«

Aber heftig stößt dieselbe –
Bubb! – ihn auf sein Leibgewölbe.

Dieses hat ihn sehr verdrossen.
Tiefgekränkt, doch fest entschlossen
Schreitet er mit stolzem Blick
Wieder ins Hotel zurück.

Heißa, jetzt ist Knopp dabei,
Kartenspiel und was es sei.

Elfe, zwölfe schlägt die Glocke;
Man genießt verschiedene Groge,

Dreimal kräht des Hauses Hahn,
Bis der letzte Trunk getan.

HEIMKEHR

Knopp ist etwas schwach im Schenkel,
Drum so führt man ihn am Henkel.

Glücklich hat es sich getroffen,
Daß das Küchenfenster offen.

Man erhebt ihn allgemach
Und dann schiebt man etwas nach.

Düster ist der Küchenraum;

Platsch! Man fällt und sieht es kaum.

Ratsam ist es nachzuspähen,
Wo die Schwefelhölzer stehen.

Kracks! Da stößt das Nasenbein
Auf den offnen Küchenschrein.

Peinlich ist ihm das Gefühl;

Aber er verfolgt sein Ziel.

Oha! – Wieder geht er irr.
Dieses ist das Milchgeschirr.

Dies dagegen ist die volle,
Sanftgeschmeid'ge Butterstolle.

Doch hier hinten in der Ecke
Kommt er jetzt zu seinem Zwecke.

Autsch! – Er schreit mit lautem Schalle
Und sitzt in der Mausefalle.

Jetzo kommt ihm der Gedanke,
Nachzuspüren auf dem Schranke.

Ach! Vom Kopfe bis zum Fuß
Rinnt das gute Zwetschenmus.

Doch zugleich mit dieser Schwärze
Kriegt er Feuerzeug und Kerze.

Freilich muß er häufig streichen,
Ohne etwas zu erreichen.

Aber endlich und zuletzt
Hat er's richtig durchgesetzt.

Jetzt zur Ruh sich zu begeben,

Ist sein sehnlichstes Bestreben.

Hier ist nun die Kammertür,
Ach, man schob den Riegel für.

Demnach muß er sich bequemen,
Auf der Schwelle Platz zu nehmen.
So ruht Knopp nach alledem
Fest, doch etwas unbequem.

DONNER UND BLITZ

Hier sitzt Knopp am selbigen Morgen
Greulich brütend im Stuhl der Sorgen;
Tyrann vom Scheitel bis zur Zeh;
Und heftig tut ihm der Daumen weh.

Ei, schau! Die Liese ist wieder gekommen!
Ist Knopp egal. Man hört ihn brommen.

Reumütig nahet Frau Doris sich.
Knopp zeigt sich als schrecklicher Wüterich.

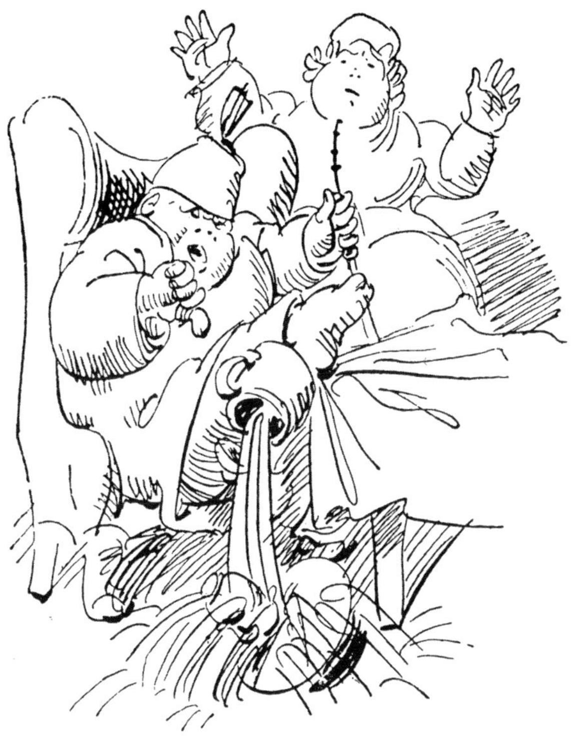

Perdatsch! – Mit einem großen Geklirr
Entfernt er das schöne Porzlangeschirr.

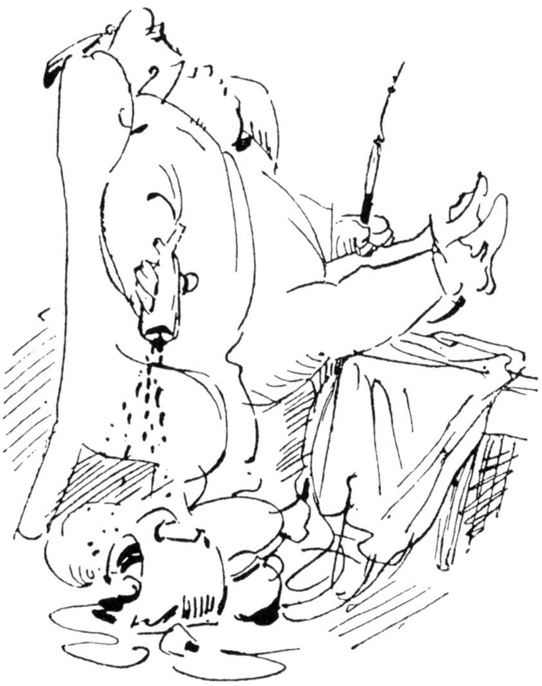

Dann klopft er über den ganzen Graus,
Ohne Rücksicht zu nehmen, die Pfeife aus.

Mit Tränen tritt Frau Doris hervor
Und sagt ihm ein leises Wörtchen ins Ohr.

Dies Wort fährt ihm wie Donner und Blitz
Durch Kopf, Herz, Leib in den Sorgensitz.

Und tief erschüttert und allsogleich
Zeigt er sich milde, gerührt und weich.

ÄNGSTLICHER ÜBERGANG UND FRIEDLICHER SCHLUSS

Wohlbekannt im ganzen Orte,
Mit der Klingel an der Pforte

Ist die Brave, Ehrenwerte,
Ofterprobte, Vielbegehrte,

Welche sich Frau Wehmut schrieb;
Und ein jeder hat sie lieb. –

Mag es regnen oder schneen,
Mag der Wind auch noch so wehen,
Oder wär sie selbst nicht munter,
Denn das kommt ja mal mitunter –
Kaum ertönt an ihrer Klingel
Das bekannte: Pingelpingel!
Gleich so ist Frau Wehmut wach
Und geht ihrer Nahrung nach.

Heute ist sie still erschienen,
Um bei Knoppens zu bedienen.

Auf dem Antlitz Seelenruhe,
An den Füßen milde Schuhe,
Wärmt sie sorglich ihre Hände,
Denn der Sommer ist zu Ende.

Also tritt sie sanft und rein
Leise in die Kammer ein.

Auch den Doktor Pelikan
Sieht man ernst bedächtig nahn,

Und es sagt sein Angesicht:
Wie es kommt, das weiß man nicht. –

Oh, was hat in diesen Stunden

Knopp für Sorgen durchempfunden!

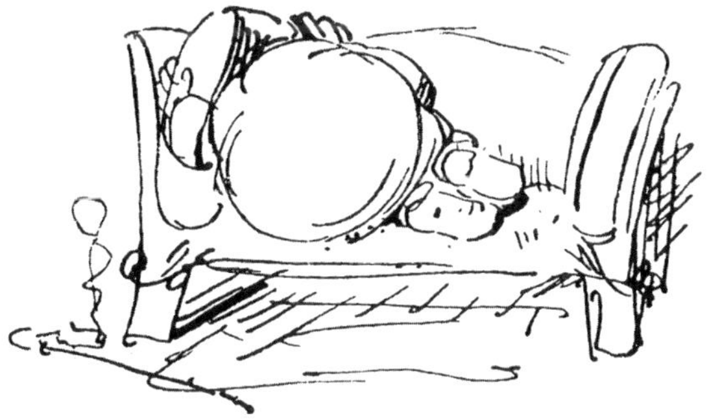

Rauchen ist ihm ganz zuwider.
Seine Pfeife legt er nieder.

Ganz vergebens tief im Pult
Sucht er Tröstung und Geduld.

Oben auf dem hohen Söller,

Unten in dem tiefen Keller –
Wo er sich auch hinverfüge,
Angst verkläret seine Züge.

Ja, er greifet zum Gebet,
Was er sonst nur selten tät. –
Endlich öffnet sich die Türe –
Und es heißt: ich gratuliere!
Friedlich lächelnd, voller Demut,
Wie gewöhnlich, ist Frau Wehmut. –
Stolz ist Doktor Pelikan,
Weil er seine Pflicht getan. –

Aber unser Vater Knopp
Ruft in einem fort: Gottlob!

Na, jetzt hat er seine Ruh.

Ratsch! Man zieht den Vorhang zu.

JULCHEN

VORBEMERK

Vater werden ist nicht schwer,
Vater sein dagegen sehr. –

Ersteres wird gern geübt,
Weil es allgemein beliebt.
Selbst der Lasterhafte zeigt,
Daß er gar nicht abgeneigt;
Nur will er mit seinen Sünden
Keinen guten Zweck verbinden,
Sondern, wenn die Kosten kommen,
Fühlet er sich angstbeklommen.
Dieserhalb besonders scheut
Er die fromme Geistlichkeit,
Denn ihm sagt ein stilles Grauen:
Das sind Leute, welche trauen. –
So ein böser Mensch verbleibt
Lieber gänzlich unbeweibt. –
Ohne einen hochgeschätzten
Tugendsamen Vorgesetzten
Irrt er in der Welt umher,
Hat kein reines Hemde mehr,
Wird am Ende krumm und faltig,
Grimmig, greulich, ungestaltig,
Bis ihn dann bei Nacht und Tag
Gar kein Mädchen leiden mag.
Onkel heißt er günst'gen Falles,
Aber dieses ist auch alles. –

Oh, wie anders ist der Gute!
Er erlegt mit frischem Mute
Die gesetzlichen Gebühren,
Läßt sich redlich kopulieren,
Tut im stillen hocherfreut
Das, was seine Schuldigkeit,
Steht dann eines Morgens da
Als ein Vater und Papa
Und ist froh aus Herzensgrund,
Daß er dies so gut gekunnt.

JULCHEN ALS WICKELKIND

Also, wie bereits besprochen:
Madame Knoppen ist in Wochen,
Und Frau Wehmut, welche kam
Und das Kind entgegennahm,
Rief und hub es in die Höh:
»Nur ein Mädel, ach herrje!«
(Oh, Frau Wehmut, die ist schlau;
So was weiß sie ganz genau!)
Freilich Knopp, der will sich sträuben,
Das Gesagte gleich zu gläuben;
Doch bald überzeugt er sich,

Lächelt etwas säuerlich
Und mit stillgefaßten Zügen
Spricht er: »Na, denn mit Vergnügen!!«

Dieses Kind hat eine Tante,
Die sich Tante Julchen nannte;

Demnach kommt man überein,
Julchen soll sein Name sein.

Julchen, als ein Wickelkind,
Ist so, wie so Kinder sind.

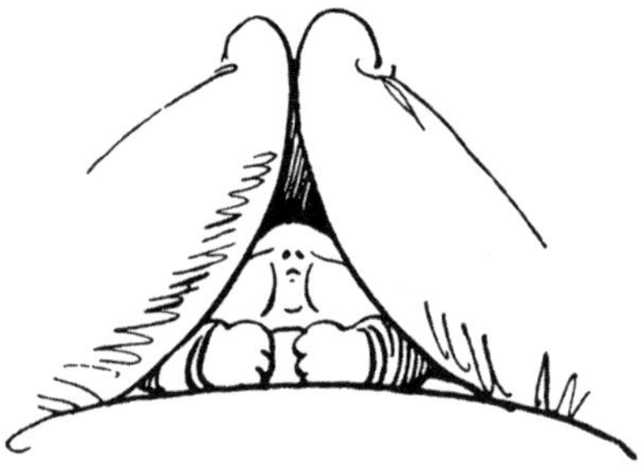

Manchmal schläft es lang und feste,
Tief versteckt in seinem Neste.

Manchmal mit vergnügtem Sinn
Duselt es so für sich hin.

Manchmal aber wird es böse,
Macht ein lautes Wehgetöse

Und gibt keine Ruhe nicht,
Bis es was zu lutschen kriegt. –

Sein Prinzip ist überhaupt:
Was beliebt, ist auch erlaubt;

Denn der Mensch als Kreatur
Hat von Rücksicht keine Spur. –

O ihr, die ihr Eltern seid,
Denkt doch an die Reinlichkeit!

Wahrlich, hier gebührt Frau Knopp
Preis und Ehre, Dank und Lob.

Schon in früher Morgenstund
Öffnet sie den Wickelbund,

Gleichsam wie ein Postpaket,
Worauf Knopp beiseite geht.

Mit Intresse aber sieht
Er, was fernerhin geschieht.

Macht man Julchens Nase reinlich,
So erscheint ihm dieses peinlich.

Wie mit Puder man verfährt,
Dünkt ihm höchst bemerkenswert.

Freudevoll sind alle drei,
Wenn die Säuberung vorbei.

Nun mag Knopp sich gern bequemen,
Julchen auch mal hinzunehmen.

Flötend schöne Melodien,
Schaukelt er es auf den Knien.

Auf die Backe mit Genuß
Drückt er seinen Vaterkuß.

EINE UNRUHIGE NACHT

Einszweidrei, im Sauseschritt
Läuft die Zeit; wir laufen mit. –

Julchen ist hübsch kugelrund
Und schon ohne Wickelbund. –

Es ist Nacht. – Frau Doris ruht,
Während Knopp das Seine tut.

Aber Julchen in der Wiegen
Will partout nicht stille liegen.

Er bedenkt, daß die Kamille
Manchmal manche Schmerzen stille.

Wirkungslos ist dieser Tee.
Julchen macht: rabäh, rabäh!

Lieber Gott, wo mag's denn fehlen?
Oder sollte sonst was quälen?

O wie gern ist Knopp erbötig
Nachzuhelfen, wo es nötig.

Aber weh, es will nicht glücken,
Und nun klopft er sanft den Rücken. –

Oder will's vielleicht ins Bette,
Wo auf warmer Lagerstätte

Beide Eltern in der Näh?
Nein, es macht: rabäh, rabäh!

Schau! Auf einmal wird es heiter. –
Knopp begibt sich eilig weiter

Und bemerkt nur dieses noch:
»Ei potztausend! Also doch!!«

EIN FESTLICHER MORGEN

Einszweidrei, im Sauseschritt
Läuft die Zeit; wir laufen mit. –

Julchen ist schon sehr verständig
Und bewegt sich eigenhändig. –

Heut ist Feiertag; und siehe!
Schon streicht Knopp in aller Frühe
Luftiglosen Seifenschaum
Auf des Bartes Stachelflaum.
Heut will er zur Messe gehn,
Denn da singt man doch so schön.

Frau Dorette trägt getreu
Frack und Biberhut herbei.

Julchen gibt indessen acht,
Was der gute Vater macht.

Bald ist seine Backe glatt,
Weil er darin Übung hat.

In die Kammer geht er nun,
Julchen macht sich was zu tun.

Gern ergreifet sie die Feder
An des Vaters Schreibkatheder.

Reizend ist die Kunstfigur
Einer Ticktacktaschenuhr.

Ach herrje! Es geht klabum!
Julchen schwebt; der Stuhl fällt um.

Allerdings kriegt Julchen bloß
Einen kleinen Hinterstoß,
Doch die Uhr wird sehr versehrt
Und die Tinte ausgeleert. –

Schmiegsam, biegsam, mild und mollig
Ist der Strumpf, denn er ist wollig.

Drum wird man ihn gern benutzen,
Um damit was abzuputzen. –

Wohlbesorgt ist dieses nun.
Julchen kann was andres tun.

Keine Messer schneiden besser,
Wie des Bartes Putzemesser.
Wozu nützen, warum sitzen
An dem Frack die langen Spitzen??

Hier ein Schnitt und da ein Schnitt,
Ritscheratsche, weg damit. –

Wohlbesorgt ist dieses nun.
Julchen kann was andres tun. –

In des Vaters Pfeifenkopf
Setzt sich oft ein fester Pfropf,
Ja, was schlimmer, die bewußte
Alte, harte, schwarze Kruste;

Und der Raucher sieht es gerne,
Daß man sie daraus entferne.

Wohlbesorgt ist dieses nun.
Julchen kann was andres tun. –

Stattlich ist der Biberhut;
Manchmal paßt er nur nicht gut.

Niemals soll man ihn benützen,
Um bequem darauf zu sitzen.

Seht, da kommt der Vater nun,
Um den Frack sich anzutun.

Schmerzlich sieht er, was geschehn,
Und kann nicht zur Messe gehn.

BÖSE KNABEN

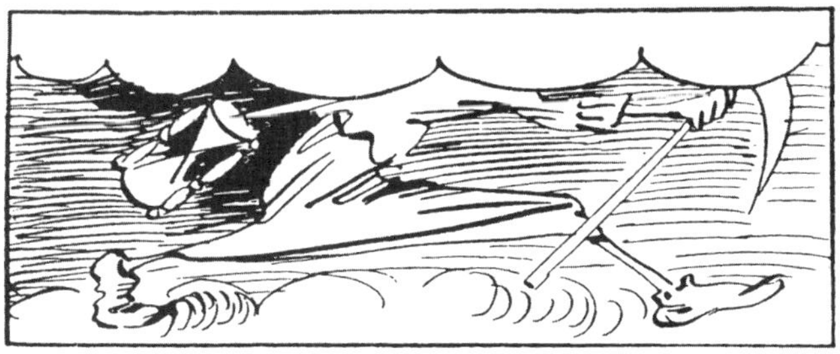

Einszweidrei, im Sauseschritt
Läuft die Zeit; wir laufen mit. –

Unsre dicke, nette Jule
Geht bereits schon in die Schule,

Und mit teilnahmsvollem Sinn
Schaut sie gern nach Knaben hin.

Einer, der ihr nicht gefiel,
Das ist Dietchen Klingebiel.

Ferdinandchen Mickefett
Scheint ihr nicht besonders nett.

Peter Sutitt, frech und dick,
Hat natürlich auch kein Glück.

Försters Fritze, blond und kraus,
Ja, der sieht schon besser aus.

Keiner kann wie er so schön
Grade auf dem Kopfe stehn;

Und das Julchen lacht und spricht:
»So wie Fritze könnt ihr's nicht!«

Kränkend ist ein solches Wort.
Julchen eilt geschwinde fort.

Knubbs! Da stoßen die drei Knaben
Julchen in den feuchten Graben

Und sie fühlen sich entzückt,
Daß der Streich so gut geglückt.

Wartet nur, da kommt der Fritze!
Schwapp, sie liegen in der Pfütze.

Fritz ist brav und sanft und spricht:
»Gutes Julchen, weine nicht!«

Julchens Kleid ist zu beklagen.
Knopp, der muß die Kosten tragen.

VATERSORGEN

Einszweidrei, im Sauseschritt
Läuft die Zeit; wir laufen mit. –

Julchen ist nun wirklich groß,
Pfiffig, fett und tadellos,

Und der Vater ruft: »Was seh' ich?
Die Mamsell ist heiratsfähig!«

Dementsprechend wäre ja
Mancher gute Jüngling da.

Da ist Sutitt; aber der
Praktiziert als Vetrinär.

Da ist Mickefett; doch dieser
Ist Apthekereiproviser.

Und dann Fritz, der Forstadjunkt,
Das ist auch kein Anhaltspunkt.
Einfach bloß als Mensch genommen
Wäre dieser höchst willkommen;

Nur muß Knopp sich dann entschließen,
Ganz bedeutend zuzuschießen. –
Kurz gesagt mit wenig Worten,
Ob auch Knopp nach allen Orten
Seine Vaterblicke richte,

Nirgends paßt ihm die Geschichte. –

Anderseits, wie das so geht,
Mangelt jede Pietät.
Man ist fürchterlich verliebt,
Ohne daß man Achtung gibt
Oder irgendwie bedenkt,
Ob man alte Leute kränkt.

Selten fragt sich so ein Tor:
Was geht in den Eltern vor?? –
Ja, so ist die Jugend heute! –
Schrecklich sind die jungen Leute
Hinter Knoppens Julchen her,
Und recht sehr gefällt es der. –

Was hat Knopp doch für Verdruß,
Wenn er das bemerken muß! –

Hier zum Beispiel abends spät,
Wie er still nach Hause geht,
Sieht er nicht mit Stirnefalten,
Wie drei männliche Gestalten

Emsig spähend da soeben
Starr vor Julchens Fenster kleben?

Zornig mit dem Wanderstab
Stochert er sie da herab.
Er verursacht großen Schreck,
Doch den Ärger hat er weg.

HERZVERLOCKENDE KÜNSTE

Wohl mit Recht bewundert man
Einen Herrn, der reiten kann. –
Herzgewinnend zeigt sich hier
Sutitt auf dem Satteltier. –

Doch die Wespen in der Mauer
Liegen heimlich auf der Lauer;

Sie sind voller Mißvertrauen,
Als sie einen Reiter schauen.

Hopps! Der Rappe springt und schnaubt,
Hebt den Schwanz und senkt das Haupt;

Und am Halse hängt der Reiter. –
Er ist ängstlich, Knopp ist heiter. –

Dahingegen Klingebiel
Hofft vermittels Saitenspiel

Julchens Seele zu entzücken
Und mit Tönen zu umstricken.

Dazu hat er sich gedichtet,
Aufgesetzt und hergerichtet
Ein gar schönes Schlummerlied.
Horch! er singt es voll Gemüt.

Ständchen

Der Abend ist so mild und schön.
Was hört man da für ein Getön??
  Sei ruhig, Liebchen, das bin ich,
  Dein Dieterich,
  Dein Dietrich singt so inniglich!!
Nun kramst du wohl bei Lampenschein
Herum in deinem Kämmerlein;
Nun legst du ab der Locken Fülle,
Das Oberkleid, die Unterhülle;
Nun kleidest du die Glieder wieder
In reines Weiß und legst dich nieder.
Oh, wenn dein Busen sanft sich hebt,
So denk, daß dich mein Geist umschwebt.
Und kommt vielleicht ein kleiner Floh
    Und krabbelt so –
  Sei ruhig, Liebchen, das bin ich,
  Dein Dieterich.
  Dein Dietrich, der umflattert dich!!

Platsch! – Verstummt ist schnell und bang
Nachtgesang und Lautenklang.

Eilig strömt der Sänger weiter;
Er ist traurig, Knopp ist heiter. –

DIE TANTE AUF BESUCH

Unvermutet, wie zumeist,
Kommt die Tante zugereist.
Herzlich hat man sie geküßt,
Weil sie sehr vermöglich ist.

Unser Julchen, als es sah,
Daß die gute Tante da,

Weiß vor Freude nicht zu bleiben
Und hat allerlei zu schreiben. –

Sutitt hielt vor großem Kummer
Grade einen kleinen Schlummer.
Froh wird er emporgeschnellt,
Als er dies Billett erhält:

»Weißt du, wo die Rose blüht???
Komm zu mir, wenn's keiner sieht!!«

Stolz und schleunig diese Zeilen
Mickefetten mitzuteilen,
Eilt er zur Aptheke hin.

Ach, wie wurde dem zu Sinn;
Plump! so fällt ihm wie ein Stein
Neidgefühl ins Herz hinein.

Aber sagen tut er nichts. –
Scheinbar heitern Angesichts

Mischt er mancherlei Essenzen,
Ums dem Freunde zu kredenzen

Unter Glück- und Segenswunsch;

Und dem Freunde schmeckt der Punsch. –
Hoffnungsvoll, beredt und heiter
Schlürft er arglos immer weiter.

Aber plötzlich wird er eigen,
Fängt sehr peinlich an zu schweigen

Und erhebt sich von dem Sitz.
»Ei«, ruft Mickefett, »potzblitz!
Bleib doch noch ein wenig hier!«

Schnupp! Er ist schon aus der Tür. –
Mickefett voll List und Tücke
Wartet nicht, bis er zurücke,

Sondern schleicht als falscher Freund,
Wo ihm Glück zu winken scheint. –

Seht, da steigt er schon hinein.
Freudig zittert sein Gebein.

Und er küßt die zarte Hand,
Die er da im Dunkeln fand.

Und er hält mit Liebeshast
Eine Nachtgestalt umfaßt. –

Mickefett! Das gibt Malheur,
Denn die Tante liebt nicht mehr! –

Ängstlichschnelle, laut und helle
Schwingt sie in der Hand die Schelle.

Schwer bewaffnet kommt man jetzt.
Mickefett ist höchst entsetzt.

Schamverwirrt und voller Schrecken
Will er sich sogleich verstecken.

Aber autsch! Der Säbel ritzt,
Weil er vorne zugespitzt.

Schmerzgefühl bei großer Enge
Wirkt ermüdend auf die Länge.

Bratsch! Mit Rauschen und Geklirr
Leert sich jedes Waschgeschirr.

Man ist sehr verwirrt und feucht.
Mickefett entschwirrt und fleucht.

Schmerzlich an den Stoff der Hose
Heftet sich die Dornenrose.

DAS GARTENHAUS

Liebe – sagt man schön und richtig –
Ist ein Ding, was äußerst wichtig.
Nicht nur zieht man in Betracht,
Was man selber damit macht,
Nein, man ist in solchen Sachen
Auch gespannt, was andre machen. –

Allgemein von Mund zu Munde
Geht die ahnungsvolle Kunde,
Sozusagen ein Gemunkel,
Daß im Garten, wenn es dunkel,
Julchen Knopp mit Försters Fritze
Heimlich wandle oder sitze. –

Diese Sage hat vor allen
Drei Personen sehr mißfallen,
Die sich leider ganz entzweit
Durch die Eifersüchtigkeit.

Jeder hat sich vorgenommen:
Ei, da muß ich hinterkommen.

Hier schleicht Sutitt schlau heraus
Zu Herrn Knoppens Gartenhaus,
Wo das Gartenbaugerät
Wohlverwahrt und trocken steht.

Husch! Er schlüpft in das Sallett,
Denn es naht sich Mickefett.

Husch! Der zögert auch nicht viel,
Denn es naht sich Klingebiel.

Husch! Auch der drückt sich hinein,
Denn hier naht im Mondenschein,
Wie wohl zu vermuten war,
Das bewußte Liebespaar.

O wie peinlich muß es sein,
Wenn man so als Feind zu drein
Engbedrückt zusammensitzt
Und vor Zorn im Dunkeln schwitzt! –

Siehste wohl! Da geht es plötzlich
Rumpelpumpel, ganz entsetzlich.

Alles Gartenutensil
Mischt sich in das Kampfgewühl;

Und, rabum! zum Überfluß
Löst sich laut der Flintenschuß.

Husch! Da schlupfen voller Schreck
Fritz und Julchen ins Versteck;
Denn schon zeigt sich in der Ferne
Vater Knopp mit der Laterne.

Knipp, der Hund, kratzt an der Tür.
Knopp der denkt: »Was hat er hier?«

Starr und staunend bleibt er stehn
Mit dem Ruf: »Was muß ich sehn??«
Dann mit Fassung in den Zügen
Spricht er: »Na, Ihr könnt Euch kriegen!!«

Jetzt kommt Mutter, jetzt kommt Tante,
Beide schon im Nachtgewande.

Oh, das war mal eine schöne
Rührende Familienszene!!! –

ENDE

Feierlich, wie sich's gebührt,
Ward die Trauung ausgeführt. –

Hierbei leitet Klingebiel
Festgesang und Orgelspiel
Unter leisem Tränenregen,
Traurig, doch von Amtes wegen;

Während still im Kabinett
Sutitt und Herr Mickefett
Hinter einer Flasche Wein
Ihren Freundschaftsbund erneun.

Knopp, der hat hienieden nun
Eigentlich nichts mehr zu tun. –
Er hat seinen Zweck erfüllt. –
Runzlich wird sein Lebensbild. –

Mütze, Pfeife, Rock und Hose
Schrumpfen ein und werden lose,
So daß man bedenklich spricht:
»Hört mal, Knopp gefällt mir nicht!«

In der Wolke sitzt die schwarze
Parze mit der Nasenwarze,
Und sie zwickt und schneidet, schnapp!!
Knopp sein Lebensbändel ab.

Na, jetzt hat er seine Ruh!
Ratsch! Man zieht den Vorhang zu.

DIE HAARBEUTEL

Haarbeutel war der Ausdruck für Betrunkene
im plattdeutschen Sprachgebiet

EINLEITUNG

Der Weise, welcher sitzt und denkt
Und tief sich in sich selbst versenkt,
Um in der Seele Dämmerschein
Sich an der Wahrheit zu erfreun,
Der leert bedenklich seine Flasche,
Hebt seine Dose aus der Tasche,
Nimmt eine Prise, macht habschih!
Und spricht: »Mein Sohn, die Sach ist die:

Eh man auf diese Welt gekommen
Und noch so still vorlieb genommen,
Da hat man noch bei nichts was bei;
Man schwebt herum, ist schuldenfrei,
Hat keine Uhr und keine Eile
Und äußerst selten Langeweile.
Allein man nimmt sich nicht in acht,
Und schlupp! ist man zur Welt gebracht.
Zuerst hast du es gut, mein Sohn,
Doch paß mal auf, man kommt dir schon!

Bereits dein braves Elternpaar
Erscheint dir häufig sonderbar.
Es saust der Stab, dann geht es schwapp!
Sieh da, mein Sohn, du kriegst was ab!
Und schon erscheint dir unabwendlich
Der Schmerzensruf: Das ist ja schändlich!

Du wächst heran, du suchst das Weite,
Jedoch die Welt ist voller Leute;
Vorherrschend Juden, Weiber, Christen,
Die dich ganz schrecklich überlisten,
Und die, anstatt dir was zu schenken,
Wie du wohl möchtest, nicht dran denken.
Und wieder scheint dir unabweislich
Der Schmerzensruf: Das ist ja scheußlich!

Doch siehe da, im trauten Kreis
Sitzt Jüngling, Mann und Jubelgreis,
Und jeder hebt an seinen Mund
Ein Hohlgemäß, was meistens rund,
Um draus, in ziemlich kurzer Zeit,
Die drin enthaltene Flüssigkeit
Mit Lust und freudigem Bemühn
Zu saugen und herauszuziehn.
Weil jeder dies mit Eifer tut,
So sieht man wohl, es tut ihm gut.
Man setzt sich auch zu diesen Herrn,
Man tut es häufig, tut es gern,
Und möglichst lange tut man's auch;
Die Nase schwillt, es wächst der Bauch,
Und bald, mein Sohn, wirst du mit Graun
Im Spiegelglas dein Bildnis schaun,
Und wieder scheint dir unerläßlich
Der Schmerzensruf: Das ist ja gräßlich!!

Mein lieber Sohn, du tust mir leid.
Dir mangelt die Enthaltsamkeit.
Enthaltsamkeit ist das Vergnügen
An Sachen, welche wir nicht kriegen.
Drum lebe mäßig, denke klug.
Wer nichts gebraucht, der hat genug!«

So spricht der Weise, grau von Haar,
Ernst, würdig, sachgemäß und klar,

Wie sich's gebührt in solchen Dingen;
Läßt sich ein Dutzend Austern bringen,
Ißt sie, entleert die zweite Flasche,
Hebt seine Dose aus der Tasche,
Nimmt eine Prise, macht habschüh!
Schmückt sich mit Hut und Paraplü,
Bewegt sich mit Bedacht nach Haus
Und ruht von seinem Denken aus.

SILEN

Siehe, da sitzet Silen
    bei der wohlgebildeten Nymphe.
Gern entleert er den Krug,
    was er schon öfters getan.

Endlich aber jedoch erklimmt
    er den nützlichen Esel,
Wenn auch dieses nicht ganz
    ohne Beschwerde geschah.

Fast vergißt er den Thyrsus,
    woran er sein Lebtag gewöhnt ist;
Käme derselbe ihm weg,
    wär' es ihm schrecklich fatal. –

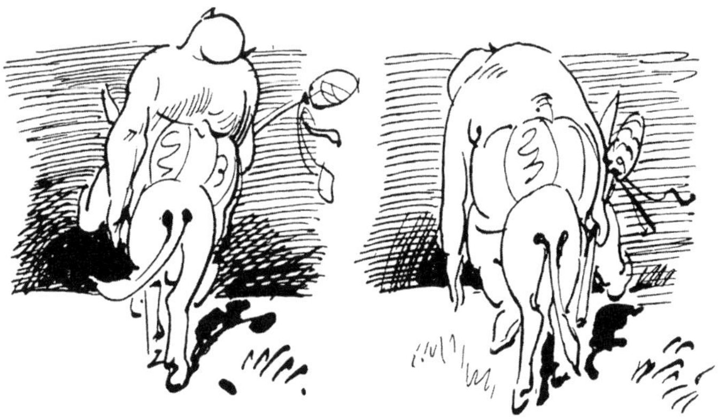

Also reitet er fort und erhebt
    auf Kunst keinen Anspruch;
Bald mal sitzet er so,
    bald auch wieder mal so.

Horch, wer flötet denn da?
Natürlich Amor, der Lausbub;
Aber der Esel erhebt
äußerst bedenklich das Ohr.

Schlimmer als Flötengetön
ist das lautlos wirkende Pustrohr;
Pustet man hinten,
so fliegt vorne was Spitzes heraus.

Ungern empfindet den Schmerz
das redlich dienende Lasttier;
Aber der Reiter hat auch
manche Geschichten nicht gern.

Leicht erwischt man den Vogel
durch List und schlaue Beschleichung;

Wenn er es aber bemerkt,
flieget er meistens davon.
Mancher erreichet den Zweck
durch täuschend geübte Verstellung;

Scheinbar schlummert der Leib,
aber die Seele ist wach.

Schnupp! Er hat ihn erwischt.
Laut kreischt der lästige Vogel,
Während der handliche Stab
tönend die Backe berührt.

Übel wird es vermerkt,
entrupft man dem Vogel die Feder,
Erstens scheint sie ihm schön,
zweitens gebraucht er sie auch.

Heimwärts reitet Silen
und spielt auf der lieblichen Flöte,
Freilich verschiedenerlei,
aber doch meistens düdellütt!

EINE MILDE GESCHICHTE

Selig schwanket Bauer Bunke
Heim von seinem Abendtrunke.

Zwar es tritt auf seinen Wegen
Ihm ein Hindernis entgegen,

Und nicht ohne viel Beschwerden
Kann es überwunden werden.

Aber, siehst du, es gelingt
Schneller, als ihm nötig dünkt.

Pfeife läßt er Pfeife sein,
Drückt sich in sein Haus hinein

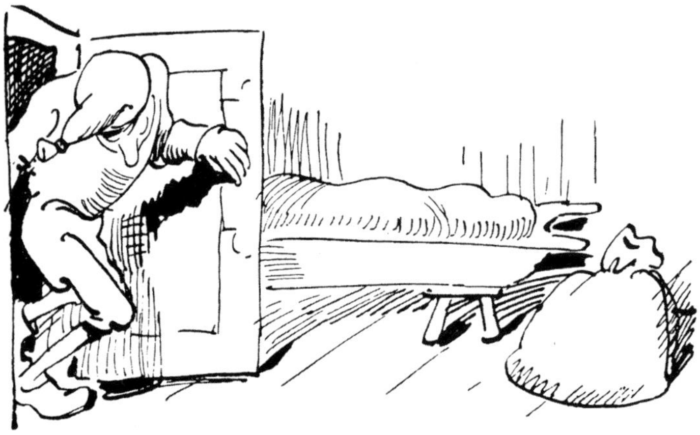

Und begibt sich ohne Säumen
Hin zu seinen Zimmerräumen,
Wo Frau Bunke für die Nacht
Einen Teig zurecht gemacht.

Unverzüglich, weil er matt,
Sucht er seine Lagerstatt.

Diese kommt ihm sehr gelegen,
Um darin der Ruh zu pflegen.

Oh, wie wonnig schmiegt das Mus
Sich um Kopf, Leib, Hand und Fuß.

Doch, wie sich der Mund bedeckt,

Wird er ängstlich aufgeschreckt.

Schnell, mit unterdrückter Klage,
Sucht er eine andre Lage.

Auf dem Bauche ruht er milde,
Wie die Kröte mit dem Schilde.

Lange bleibt er so nicht liegen.
Ihn verlangt es, Luft zu kriegen.

Ach, Frau Bunke steht erschrocken;
Ihre Lebensgeister stocken.

Traurig führet sie den Besen.
Kummer füllt ihr tiefstes Wesen;
Weinen kann ihr Angesicht,
Aber backen kann sie nicht.

DER UNDANKBARE

Einen Menschen, namens Meier,
Schubst man aus des Hauses Tor,
Und man spricht, betrunken sei er;
Selber kam's ihm nicht so vor.

Grade auf des Weges Mitte,
Frisch mit spitzem Kies belegt,
Hat er sich im Schlürferschritte
Knickebeinig fortbewegt.

Plötzlich will es Meier scheinen,
Als wenn sich die Straße hebt,
So daß er mit seinen Beinen
Demgemäß nach oben strebt.

Aber Täuschung ist es leider.
Meier fällt auf seinen Bauch,
Wirkt zerstörend auf die Kleider
Und auf die Zigarre auch.

Schnell sucht er sich aufzurappeln.
Weh, jetzt wird die Straße krumm,

Und es drehn sich alle Pappeln,
Und auch Meier dreht es um.

Knacks, er fällt auf seine Taschen,
Worin er mit Vorbedacht
Noch zwei wohlgefüllte Flaschen
Klug verwahrt und mitgebracht.

Hilfsbedürftig, voller Schmerzen
Sitzt er da in Glas und Kies,
Doch ein Herr mit gutem Herzen
Kam vorbei und merkte dies.

Voller Mitleid und Erbarmen
Sieht er, wie es Meiern geht,
Hebt ihn auf in seinen Armen,
Bis er wieder grade steht.

Puff! Da trifft ein höchst geschwinder
Schlag von Meiern seiner Hand
Auf des Fremden Prachtzylinder,
Daß der Mann im Dunkeln stand.

Ohne Hören, ohne Sehen
Steht der Gute sinnend da;
Und er fragt, wie das geschehen,
Und warum ihm das geschah.

FRITZE

Fritze war ein Ladenjüngling,
Dazu braver Eltern Sohn,
Und er stand bei Kaufmann Kunze
Schon ein Jahr in Konditschon.

»Fritze«, sagte einstens Kunze,
»Ich muß eben mal wohin;
Mache keine dummen Streiche,
Wenn ich nicht zugegen bin.«

Hiermit geht er aus der Türe.
Fritze hält das für ein Glück.
Er ergreift die Kümmelflasche
Und dann beugt er sich zurück.

Sieh, da naht die alte Grete,
Eine Jungfer ernst und still;
Sie verlangt nach grüner Seife,
Weil sie morgen waschen will.

Auch erhub sie eine Klage,
Daß sie's so im Leibe hat,
Weshalb sie vor allen Dingen
Erst um einen Kümmel bat.

Fritze zeigt sich dienstbeflissen.
Ihm ist recht konfus und wohl.
Statt der großen Kümmelflasche
Nimmt er die mit Vitriol.

Jungfer Grete, voller Freuden,
Greift begierig nach dem Glas;
Fritz, der grünen Seife wegen,
Beugt sich übers Seifenfaß.

Weh, was muß man nun erblicken?
Wo ist Fritzens Gleichgewicht?
Was sind dies für Angstgebärden
Hier auf Gretens Angesicht?

Fritze strampelt mit den Beinen,
Doch die Seife wird sein Grab;
Greten nagt die scharfe Säure
Ihre Mädchenseele ab.

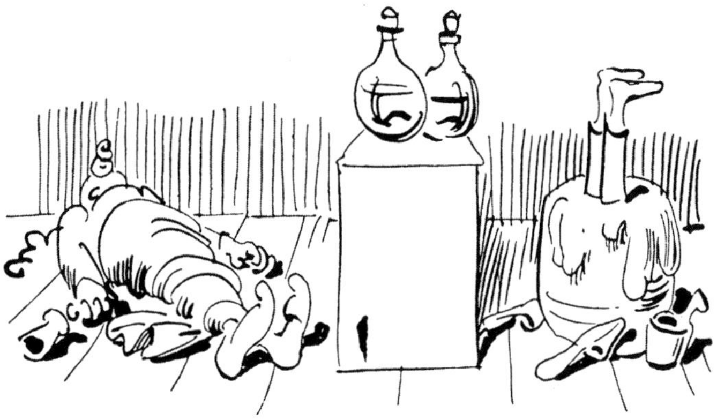

Kümmel zieret keinen Jüngling,
Dazu ist er noch zu klein;
Und ein braves altes Mädchen
Muß nicht mehr so happig sein.

NUR LEISE

Sehr häufig traf Studiosus Döppe
Paulinen auf des Hauses Treppe,
Wenn sie als Witwe tugendsam
Des Morgens aus der Stube kam.

Da sie Besitzerin vom Haus,
So sprach sich Döppe schließlich aus
Und bat mit Liebe und Empfindung
Um eine dauernde Verbindung.

»Herr Döppe«, sprach Pauline kühl,
»Ich ehr und achte Ihr Gefühl,
Doch dies Gepolter auf der Treppe
Fast jede Nacht ist bös, Herr Döppe!«

Worauf denn Döppe fest beschwor,
Die Sache käme nicht mehr vor.

Dies Schwören sollte wenig nützen.
Nachts hat er wieder einen sitzen.

Er kommt nach Haus in später Stund
Mit Pfeife, Rausch und Pudelhund.

Behutsam zieht er auf dem Gang
Die Stiefel aus, die schwer und lang,

Um auf den Socken, auf den weichen,
Geräuschlos sich emporzuschleichen.

Fast ist er schon dem Gipfel nah
Und denkt der letzte Tritt ist da.

Dies denkt er aber ohne Grund.
Die Pfeife bohrt sich in den Schlund;

Die alte Treppe knackt und knirrt,
Die Pfeife löst sich auf und klirrt;

Erschrecklich tönt der Stiefel Krach,
Dumpf rumpelt Döppe hinten nach.

Der Pudel heult und ist verletzt,
Weil Döppe seinen Schwanz besetzt.
Pauline kommt mit Kerzenlicht;

Beschämt verbirgt er sein Gesicht.
Man hört nichts weiter von Paulinen,
Als: »Döppe, ich verachte Ihnen!«

VIERHÄNDIG

Der Mensch, der hier im Schlummer liegt,
Hat seinen Punsch nicht ausgekriegt.

Dies ist dem Affen äußerst lieb;
Er untersucht, was übrig blieb.

Der Trank erscheint ihm augenblicklich
Beachtenswert und sehr erquicklich.

Drum nimmt er auch die Sache gründlich.
Der Schwanz ist aber recht empfindlich.

Der Hauch ist kühlend insoweit,

Doch besser wirkt die Flüssigkeit.

Begierig wird der Rest getrunken

Und froh auf einem Bein gehunken.

Das Trinkgeschirr, sobald es leer,
Macht keine rechte Freude mehr.

Jetzt können wir, da dies geschehn,
Zu etwas anderm übergehn.

Zum Beispiel mit gelehrten Sachen
Kann man sich vielfach nützlich machen.

Hiernach, wenn man es nötig glaubt,
Ist die Zigarre wohl erlaubt.

Man zündet sie behaglich an,

Setzt sich bequem und raucht sodann.

Oft findet man nicht den Genuß,
Den man mit Recht erwarten muß.

So geht es mit Tabak und Rum:
Erst bist du froh, dann fällst du um.

Hier ruhn die Schläfer schön vereint,
Bis daß die Morgensonne scheint.

Im Kopf ertönt ein schmerzlich Summen,
Wir Menschen sagen: »Schädelbrummen.«

DIE KALTE GESCHICHTE

Der Wind, der weht, die Nacht ist kühl.
Nach Hause wandelt Meister Zwiel.

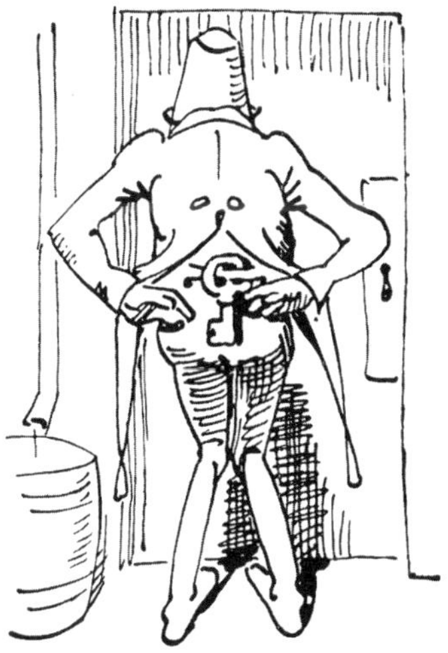

Verständig, wie das seine Art,
Hat er den Schlüssel aufbewahrt.

Das Schlüsselloch wird leicht vermißt,
Wenn man es sucht, wo es nicht ist.

Allmählich schneit es auch ein bissel;
Der kalten Hand entfällt der Schlüssel.

Beschwerlich ist die Bückerei;
Es lüftet sich der Hut dabei.

Der Hut ist naß und äußerst kalt;
Wenn das so fortgeht, friert es bald.

Noch einmal bückt der Meister sich,
Doch nicht geschickt erweist er sich.

Das Wasser in dem Fasse hier
Hat etwa null Grad Reaumur.

Es bilden sich in diesem Falle
Die sogenannten Eiskristalle.

Der Wächter singt: Bewahrt das Licht!
Der kalte Meister hört es nicht.

Er sitzt gefühllos, starr und stumm;
Der Schnee fällt drauf und drum herum.

Der Morgen kommt so trüb und grau;
Frau Pieter kommt, die Millichfrau;

Auch kommt sogleich mit ihrem Topf
Frau Zwiel heraus und neigt den Kopf.

»Schau, schau!« ruft sie in Schmerz versunken,
»Mein guter Zwiel hat ausgetrunken!

Von nun an, liebe Madam Pieter,
Bitt' ich nur um ein Viertel-Liter!«

EINE ÄNGSTLICHE NACHT

Heut bleibt der Herr mal wieder lang.
Still wartet sein Amöblemang.

Da kommt er endlich angestoppelt.
Die Möbel haben sich verdoppelt.

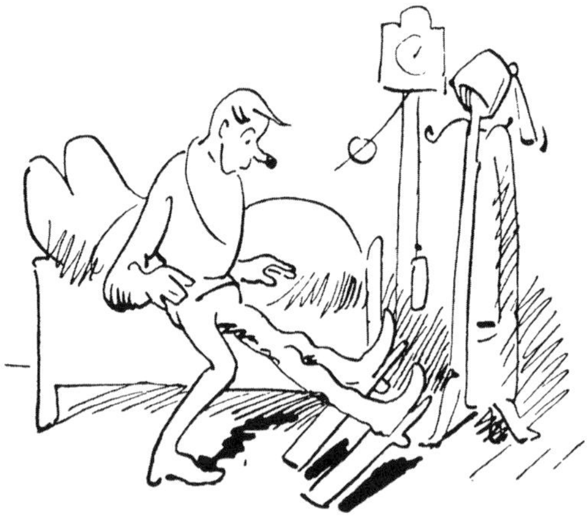

Was wär denn dieses hier? Ei, ei!
Aus einem Beine werden zwei.

Der Kleiderhalter, sonst so nütze,
Zeigt sich als unbestimmte Stütze.

Oha! Jetzt wird ihm aber schwach.
Die Willenskräfte lassen nach.

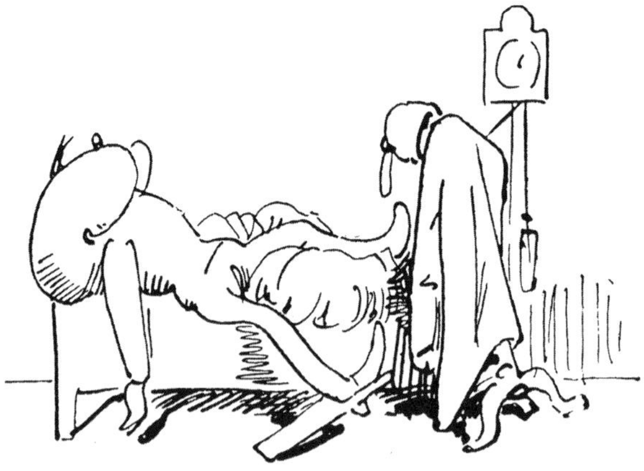

Er sucht auf seiner Lagerstatt
Die Ruhe, die er nötig hat.

Auweh! Der Fuß ist sehr bedrückt;
Ein harter Käfer beißt und zwickt.

Der Käfer zwickt, der Käfer kneift;
Mit Mühe wird er abgestreift.

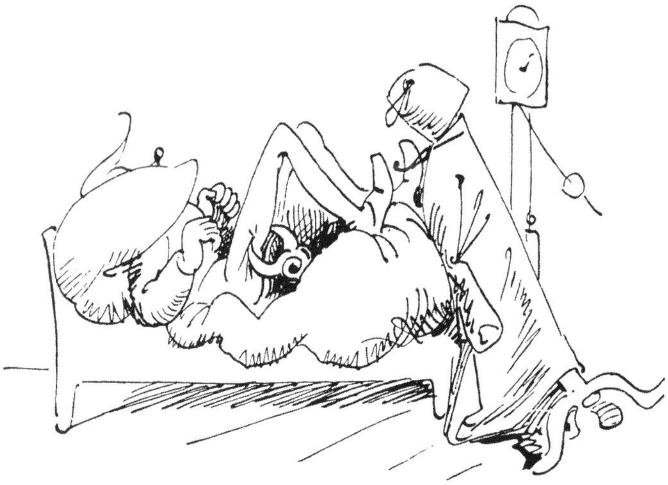

Jedoch die Ruhe währt nicht lange;
Schon wieder zwickt die harte Zange.

Er dreht sich um, so schnell er kann;
Da stößt ihn wer von hinten an.

Habuh! Da ist er! Steif und kalt;
Ein Kerl von scheußlicher Gestalt.

Ha, drauf und dran! Du oder ich!

Jetzt heißt es, Alter, wehre dich!
Heiß tobt der Kampf, hoch saust das Bein;

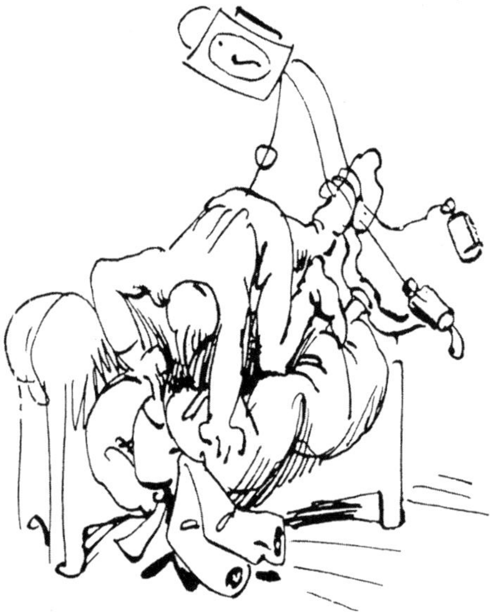

Es mischt sich noch ein Dritter drein.

Doch siehe da, der Feind erliegt.
Der Kampf ist aus, er hat gesiegt.

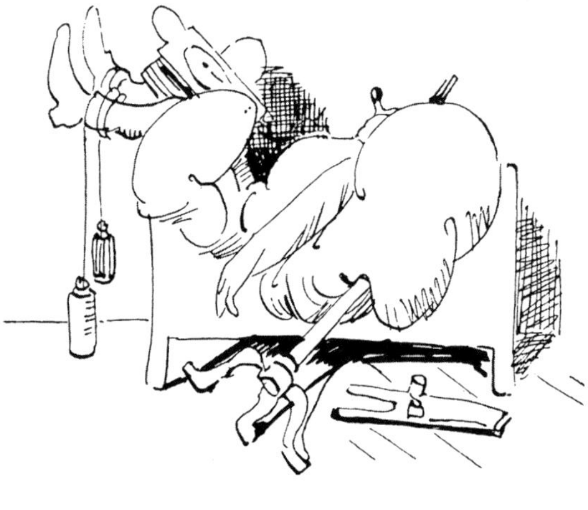

Gottlob, so kommt er endlich nun
Doch mal dazu, sich auszuruhn.

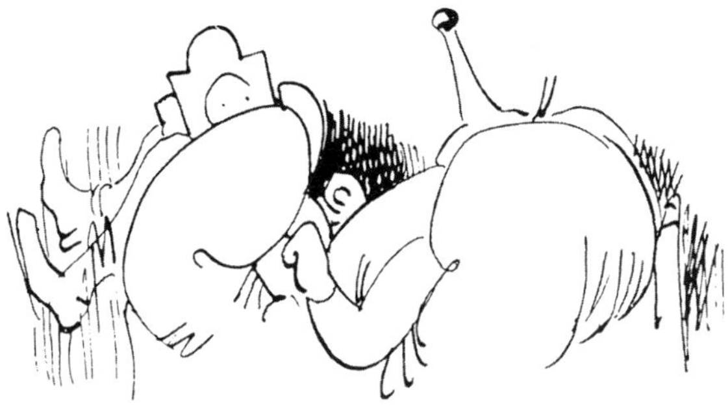

Doch nein, ihm ist so dumpf und bang;
Die Nase wird erstaunlich lang.

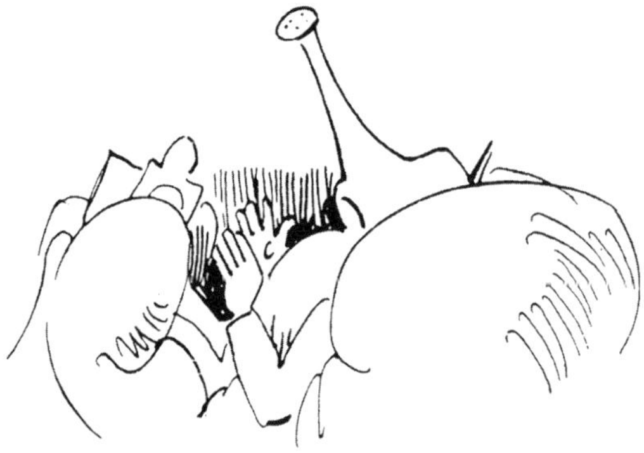

Und dick und dicker schwillt der Kopf;
Es ist von Blech, er wird zum Topf;

Wobei ein Teufel voller List
Als Musikus beschäftigt ist.

Wie er erwacht, das sieht man hier:
Ein jedes Haar ein Pfropfenziehr.

FIPPS DER AFFE

ANFANG

Pegasus, du alter Renner,
Trag mich mal nach Afrika,
Alldieweil so schwarze Männer
Und so bunte Vögel da.

Kleider sind da wenig Sitte;
Höchstens trägt man einen Hut,
Auch wohl einen Schutz der Mitte;
Man ist schwarz und damit gut. –

Dann ist freilich jeder bange,
Selbst der Affengreis entfleucht,
Wenn die lange Brillenschlange
Zischend von der Palme kreucht.

Kröten fallen auf den Rücken,
Ängstlich wird das Bein bewegt;
Und der Strauß muß heftig drücken,
Bis das große Ei gelegt.

Krokodile weinen Tränen,
Geier sehen kreischend zu;
Sehr gemein sind die Hyänen;
Schäbig ist der Marabu.

Nur die Affen, voller Schnaken,
Haben Vor- und Hinterhand;
Emsig mümmeln ihre Backen;
Gerne hockt man beieinand.

Papa schaut in eine Stelle,
Onkel kratzt sich sehr geschwind,
Tante kann es grad so schnelle,
Mama untersucht das Kind,

Fipps – so wollen wir es nennen –
Aber wie er sich betrug,
Wenn wir ihn genauer kennen,
Ach, das ist betrübt genug. –

Selten zeigt er sich beständig,
Einmal hilft er aus der Not;
Anfangs ist er recht lebendig,
Und am Schlusse ist er tot.

ERSTES KAPITEL

Der Fipps, das darf man wohl gestehn,
Ist nicht als Schönheit anzusehn.
Was ihm dagegen Wert verleiht,
Ist Rührig- und Betriebsamkeit.

Wenn wo was los, er darf nicht fehlen;
Was ihm beliebt, das muß er stehlen;
Wenn wer was macht, er macht es nach;
Und Bosheit ist sein Lieblingsfach.

Es wohnte da ein schwarzer Mann,
Der Affen fing und briet sie dann.

Besonders hat er junge gern,
Viel lieber als die altern Herrn.
»Ein alter Herr ist immer zäh!«
So spricht er oft und macht »Bebä!
«
Um seine Zwecke zu erfüllen,
Wählt er drei leere Kürbishüllen.

Für auf den Kopf die große eine,
Für an die Hände noch zwei kleine.

So kriecht er in ein Bündel Stroh,
Macht sich zurecht und wartet so. –

Dies hat nun allerdings den Schein,
Als ob hier schöne Früchte sein.

Fipps, der noch nie so große sah,
Kaum sieht er sie, so ist er da.

Er wählt für seinen Morgenschmaus
Sich gleich die allergrößte aus.

Doch wie er oben sich bemüht,
Erfaßt ihn unten wer und zieht,
Bis daß an jeder Hinterhand
Ringsum ein Kürbis sich befand.

So denkt ihn froh und nach Belieben
Der böse Mann nach Haus zu schieben.

An dieses Mannes Nase hing
Zu Schmuck und Zier ein Nasenring.
Fipps faßt den Reif mit seinem Schweif.
Der Schwarze wird vor Schrecken steif.

Die Nase dreht sich mehre Male
Und bildet eine Qualspirale.

Jetzt biegt der Fipps den langen Ast,
Bis er den Ring der Nase faßt.

Dem Neger wird das Herze bang,
Die Seele kurz, die Nase lang.

Am Ende gibt es einen Ruck,
Und oben schwebt der Nasenschmuck.

Der Schwarze aber aß seit dieser
Begebenheit fast nur Gemüser.

ZWEITES KAPITEL

Natürlich läßt Fipps die ekligen Sachen,
Ohne neidisch zu sein, von anderen machen.
Dagegen aber, wenn einer was tut,
Was den Anschein hat, als tät es ihm gut,
Gleich kommt er begierig und hastig herbei,
Um zu prüfen, ob's wirklich so angenehm sei.

Mal saß er an des Ufers Rand
Auf einer Palme, die dorten stand.
Ein großes Schiff liegt auf dem Meer;
Vom Schiffe schaukelt ein Kahn daher.

Im kleinen Kahn da sitzt ein Mann,
Der hat weder Schuhe noch Stiefel an;

Doch vor ihm steht ganz offenbar
Ein großes und kleines Stiefelpaar.

Das kleine, das er mit sich führt,
Ist innen mit pappigem Pech beschmiert;

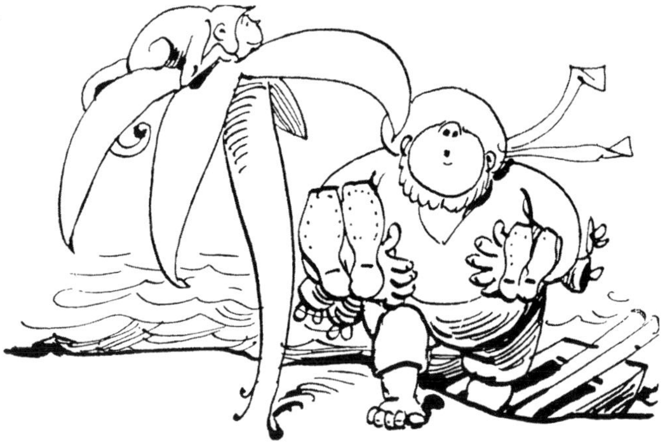

Und wie der Mann an das Ufer tritt,
Bringt er die zwei Paar Stiefel mit.

Er trägt sie sorglich unter dem Arm
Und jammert dabei, daß es Gott erbarm.

Kaum aber ziehet der Trauermann
Sich einen von seinen Stiefeln an,

So mildern sich schon ganz augenscheinlich
Die Schmerzen, die noch vor kurzem so peinlich,

Und gar bei Stiefel Numero zwei
Zeigt er sich gänzlich sorgenfrei.
Dann sucht er in fröhlichem Dauerlauf

Den kleinen Nachen wieder auf
Und läßt aus listig bedachtem Versehn
Das kleine Paar Stiefel am Lande stehn.

Ratsch, ist der Fipps vom Baum herunter,
Ziehet erwartungsvoll und munter
Die Stiefel an seine Hinterglieder,

Und schau! Der lustige Mann kommt wieder.

O weh! Die Stiefel an Fippsens Bein
Stören die Flucht. Man holt ihn ein.
Vergebens strampelt er ungestüm,

Der Schiffer geht in den Kahn mit ihm.

Zum Schiffe schaukelt und strebt der Kahn,
Das Schiff fährt über den Ozean,
Und selbiger Mann (er schrieb sich Schmidt)
Nimmt Fipps direkt nach Bremen mit.

DRITTES KAPITEL

Zu Bremen lebt gewandt und still
Als ein Friseur der Meister Krüll,
Und jedermann in dieser Stadt,
Wer Haare und wer keine hat,
Geht gern zu Meister Krüll ins Haus
Und kommt als netter Mensch heraus.

Auch Schmidt läßt sich die Haare schneiden.
Krüll sieht den Affen voller Freuden,

Er denkt: »Das wäre ja vor mir
Und meine Kunden ein Pläsier.«
Und weil ihn Schmidt veräußern will,
So kauft und hat ihn Meister Krüll.

Es kam mal so und traf sich nun,
Daß Krüll, da anders nichts zu tun,
In Eile, wie er meistens tat,

Das Seitenkabinett betrat.

Wo er die Glanzpomade kocht,
Perücken baut und Zöpfe flocht,
Kurz, wo die kunstgeübte Hand
Vollendet, was der Geist erfand.

Zur selben Zeit erscheint im Laden,
Mit dünnem Kopf und dicken Waden,

Der schlichtbehaarte Bauer Dümmel,
Sitzt auf den Sessel, riecht nach Kümmel
Und hofft getrost, daß man ihn schere,
Was denn auch wirklich nötig wäre.

Wipps! sitzt der Fipps auf seinem Nacken,
Um ihm die Haare abzuzwacken.

Die Schere zwickt, die Haare fliegen;
Dem Dümmel macht es kein Vergnügen.

Oha! das war ein scharfer Schnitt,
Wodurch des Ohres Muschel litt.

»Hör upp!« schreit Dümmel schmerzensbange.
Doch schon hat Fipps die Kräuselzange.

Das Eisen glüht, es zischt das Ohr,
Ein Dampfgewölk steigt draus hervor.

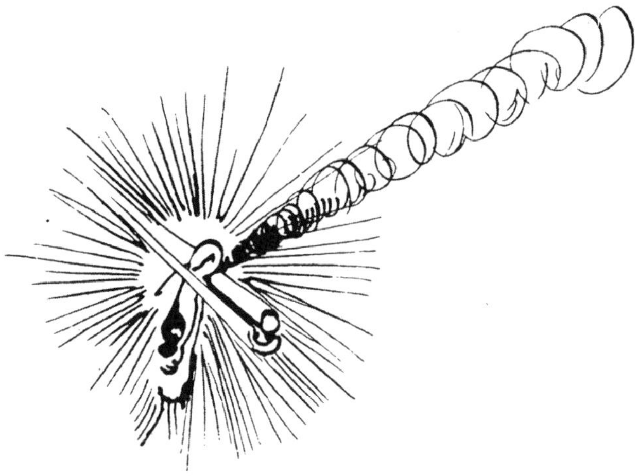

Die Schönheit dieser Welt verschwindet
Und nur der Schmerz zieht, bohrt und mündet
In diesen einen Knotenpunkt,

Den Dümmel hier ins Wasser tunkt. –

Der Meister kommt. – Hoch schwingt die Rechte,
Wie zum Gefechte, eine Flechte.

Der Spiegel klirrt, die Hand erlahmt;
Der Meister Krüll ist eingerahmt.

»Mir scheint, ich bin hier unbeliebt!«
Denkt Fips, der sich hinwegbegibt.

VIERTES KAPITEL

Dämmrung war es, als Adele
Mit dem Freunde ihrer Seele,
Der so gerne Pudding aß,
Traulich bei der Tafel saß.

»Pudding«, sprach er, »ist mein Bestes!«
Drum zum Schluß des kleinen Festes
Steht der wohlgeformte große
Pudding mit der roten Sauce
Braun und lieblich duftend da,
Was der Freund mit Wonne sah.
Aber, ach du meine Güte,
Plötzlich stockt das Herzgeblüte. –

Angelockt von Wohlgerüchen
Hat sich Fipps herbeigeschlichen,
Um mit seinen gier'gen Händen
Diesen Pudding zu entwenden,
Hergestellt mit großem Fleiß.

Ätsch! die Sache ist zu heiß! –

Ärgerlich ist solche Hitze.
Schlapp! der Freund hat eine Mütze
Tief bis über beide Backen.

Platsch! und in Adelens Nacken,
Tief bis unten in das Mieder,
Rinnt die rote Sauce nieder.

So wird oft die schönste Stunde
In der Liebe Seelenbunde
Durch Herbeikunft eines Dritten
Mitten durch- und abgeschnitten;
Und im Innern wehmutsvoll
Tönt ein dumpfes: kolleroll!

FÜNFTES KAPITEL

Für Fipps wird es dringende Essenszeit. –

Mit fröhlicher Gelenkigkeit
Durch eine Seitengasse entflieht er
Und schleicht in den Laden von einem Konditer.

Da gibt es schmackhafte Kunstgebilde,
Nicht bloß härtliche, sondern auch milde;
Da winken Krapfen und Mohrenköpfe,
Künstlich geflochtene Brezen und Zöpfe,
Auch sieht man da für gemischtes Vergnügen
Mandeln, Rosinen et cetera liegen. –

»Horch!« ruft voll Sorge Konditer Köck,
»Was rappelt da zwischen meinem Gebäck?!«

Die Sorge wandelt sich in Entsetzen,

Denn da steht Fipps mit Krapfen und Brezen.

Die Brezen trägt er in einer Reih
Auf dem Schwanz, als ob es ein Stecken sei,
Und aufgespießt, gleich wie auf Zapfen,
An allen vier Daumen sitzen die Krapfen.

Zwar Köck bemüht sich, daß er ihn greife
Hinten bei seinem handlichen Schweife,

Doch, weil er soeben den Teig gemischt,
So glitscht er ab und der Dieb entwischt.

Nichts bleibt ihm übrig als lautes Gebröll,
Und grad kommt Mieke, die alte Mamsell.

Unter hellem Gequieke fällt diese Gute
Platt auf die Steine mit Topf und Tute.
Durch ihre Beine eilt Fipps im Sprunge.
Ihn wirft ein schwärzlicher Schusterjunge

Mit dem Stulpenstiefel, der frisch geschmiert,
So daß er die schönen Krapfen verliert.

Auch wartet ein Bettelmann auf der Brücken
Mit einem Buckel und zween Krücken.

Derselbe verspürt ein großes Verlangen,
Die Brezeln vermittels der Krücke zu fangen.

Dies kommt ihm aber nicht recht zu nütze,
Denn Fipps entzieht ihm die letzte Stütze. –
Da liegt er nun, wie ein Käfer, am Rücken –
Fipps aber begibt sich über die Brücken
Und eilet gar sehr beängstigt und matt
Mit der letzten Brezel aus dieser Stadt. –

Schon ist es dunkel und nicht geheuer.
Er schwingt sich über ein Gartengemäuer.
Hier hofft er auf angenehm nächtliche Ruh. –

Klapp! schnappt die eiserne Falle zu. –

Sofort tritt aus dem Wohngebäude
Ein Herr und äußert seine Freude.

»Aha!« so ruft er, »du bist wohl der,
Der Hühner stiehlt? Na, denn komm her!!«

Hiermit schiebt er ihn vergnüglich
In einen Sack. Und unverzüglich

Ohne jede weitre Besichtigung
Beginnt er die schmerzhafte Züchtigung.

Drauf schließt er ihn für alle Fälle
In einen der leeren Hühnerställe,

Damit er am andern Morgen sodann
Diesen Bösewicht näher besichtigen kann.

SECHSTES KAPITEL

Wer vielleicht zur guten Tat
Keine rechte Neigung hat,
Dem wird Fasten und Kastein
Immerhin erfrischend sein. –

Als der Herr von gestern abend,
Fest und wohl geschlafen habend,
(Er heißt nämlich Doktor Fink)
Morgens nach dem Stalle ging,
Um zu sehn, wen er erhascht –
Ei, wie ist er überrascht,
Als bescheiden, sanft und zahm,
Demutsvoll und lendenlahm,

Fipps aus seinem Sacke steigt,
Näher tritt und sich verneigt.

Lächelnd reicht Frau Doktorin
Ihm den guten Apfel hin,
Und das dicke, runde, fette,
Nette Kindermädchen Jette
Mit der niedlichen Elise,
Ei, herrje, wie lachten diese. –

Zwei nur finden's nicht am Platze;
Schnipps der Hund und Gripps die Katze,

Die nicht ohne Mißvertrauen
Diesen neuen Gast beschauen.

Fipps ist aber recht gelehrig
Und beträgt sich wie gehörig.

Morgens früh, so flink er kann,
Steckt er Fink die Pfeife an.
Fleißig trägt er dürre Reiser,
Ja, Kaffee zu mahlen weiß er,
Und sobald man musiziert,
Horcht er still, wie sich's gebührt.
Doch sein innigstes Vergnügen
Ist, Elisen sanft zu wiegen,
Oder, falls sie mal verdrossen,
Zu erfreuen durch schöne Possen.
Kurz, es war sein schönster Spaß,
Wenn er bei Elisen saß. –

Dafür kriegt er denn auch nun
Aus verblümten Zitzkattun
Eine bunte und famose
Hinten zugeknöpfte Hose;
Dazu, reizend von Geschmack,
Einen erbsengrünen Frack;

Und so ist denn gegenwärtig
Dieser hübsche Junge fertig.

SIEBENTES KAPITEL

Elise schläft in ihrer Wiegen.
Fipps paßt geduldig auf die Fliegen.
Indessen denkt die runde Jette,
Was sie wohl vorzunehmen hätte;
Sieht eine Wespe, die verirrt
Am Fenster auf- und niederschwirrt,

Und treibt das arme Stacheltier
In eine Tute von Papier.

Sanft lächelnd reicht sie ihm die Tute,
Damit er Gutes drin vermute.

Er öffnet sie geschickt und gern,
Denn jeder Argwohn liegt ihm fern.

Schnurr pick! Der Stachel sitzt im Finger.
Der Schmerz ist gar kein so geringer.

Doch Fipps hat sich alsbald gefaßt,

Zermalmt das Ding, was ihm verhaßt,

Setzt sich dann wieder an die Wiegen
Und paßt geduldig auf die Fliegen. –

Vor allen eine ist darunter,
Die ganz besonders frech und munter.

Jetzt sitzt sie hier, jetzt summt sie da,
Bald weiter weg, bald wieder nah.

Jetzt krabbelt sie auf Jettens Jacke,

Jetzt wärmt sie sich auf Jettens Backe.
Das gute Kind ist eingenickt.
Kein Wunder, wenn sie nun erschrickt,

Denn, schlapp! die Fliege traf ein Hieb,

Woran sie starb und sitzen blieb. –

Fipps aber hockt so friedlich da,
Als ob dies alles nicht geschah,
Und schließet seine Augen zu
Mit abgefeimter Seelenruh.

ACHTES KAPITEL

Kaum hat mal einer ein bissel was,
Gleich gibt es welche, die ärgert das. –

Fipps hat sich einen Knochen stibitzt,
Wo auch noch ziemlich was drannen sitzt.

Neidgierig hocken im Hintergrund
Gripps der Kater und Schnipps der Hund.

Wauwau! Sie sausen von ihrem Platze.

Happs! macht der Hund, kritzekratze! die Katze;
Daß Fipps in ängstlichem Seelendrang

Eilig auf einen Schrank entsprang,
Allwo man aufbewahren tät
Mancherlei nützliches Handgerät.

Und Gripps der Kater und Schnipps der Hund
Schleichen beschämt in den Hintergrund.
Fipps aber knüpft mit der Hand gewandt
Den Knochen an ein Band, das er fand,

Und schlängelt dasselbe voller List
Durch einen Korb, welcher löchricht ist.

Sogleich folgt Gripps dem Bratengebein

Bis tief in das Korbgeflecht hinein.

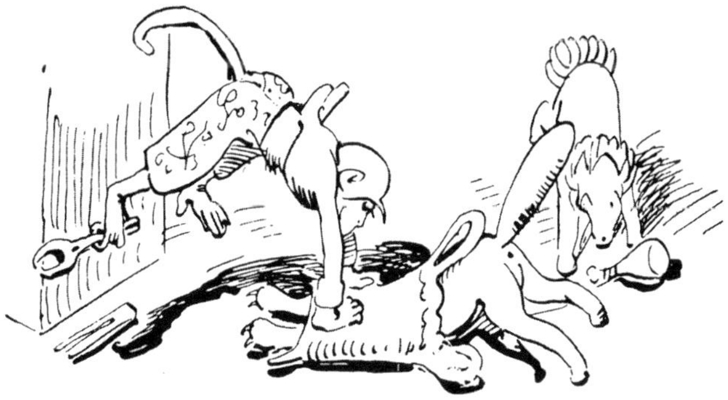

Schwupp! hat ihn der Fipps drin festgedrückt,
Und mit der Zange, die beißt und zwickt,
Entfernt er sorgsam die scharfen Klauen.

Ach, wie so kläglich muß Gripps miauen,
Denn grade in seinen Fingerspitzen
Hat er die peinlichsten Nerven sitzen.

Jetzt wird auch noch der Schweif gebogen
Und durch des Korbes Henkel gezogen.
Mit einer Klammer versieht er ihn,
Damit er nicht leichtlich herauszuziehn.
Schnipps der Hund schnappt aber derweilen
Den Knochen und möchte von dannen eilen.

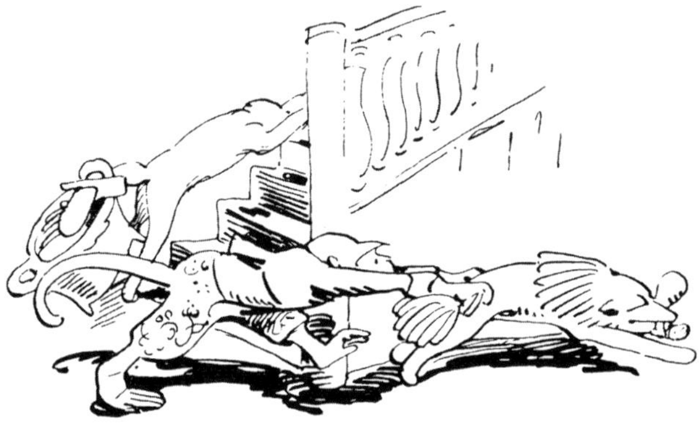

Dieses gelingt ihm jedoch nicht ganz,
Denn Fipps erwischt ihn bei seinem Schwanz

Und schwingt ihn solchermaßen im Kreis,
Bis er nichts Gescheits mehr zu denken weiß.

Hiernach, gewissermaßen als Schlitten,
Zieht er ihn durch des Hofes Mitten

Und läßt ihn dorten mal soeben
Über dem Abgrund des Brunnens schweben,
Wo ein schwäch- und ängstlich Gemüt
Nur ungern hängt und hinunter sieht.

Drauf so führt er ihn hinten nach
An des Daches Rinne bis auf das Dach

Und lehnt ihn über den Schlot allhier.
Daraus gehet ein merklicher Dampf herfür. –
Dem Auge höchst peinlich ist der Rauch,
Auch muß man niesen und husten auch,
Und schließlich denkt man nichts weiter als bloß:
»Jetzt wird's mir zu dumm und ich lasse los!«
So wird dieser Rauch immer stärker und stärker,
Schnipps fällt rücküber und auf den Erker,

Und Gripps, der gerad aus der Luke fährt,
Fühlt plötzlich, ihm wird der Korb beschwert.

Hulterpulter, sie rumpeln in großer Hast

Vom Dach und baumeln an einem Ast.

Hier trennt man sich nicht ohne Pein

Und jeder ist wieder

für sich allein.

Seitdem ward Fipps von diesen zween
Als Meister verehrt und angesehn.

NEUNTES KAPITEL

Mit Recht erscheint uns das Klavier,
Wenn's schön poliert, als Zimmerzier.
Ob's außerdem Genuß verschafft,
Bleibt hin und wieder zweifelhaft.

Auch Fips fühlt sich dazu getrieben,
Die Kunst in Tönen auszuüben.

Er zeigt sich wirklich sehr gewandt,
Selbst mit der linken Hinterhand.

Und braucht er auch die Rechte noch,
Den Apfel, den genießt er doch.

Zu Kattermäng gehören zwei,
Er braucht sich bloß allein dabei.

Piano klingt auf diese Weise
Besonders innig, weich und leise.

Jetzt stimmen ein mit Herz und Mund
Der Kater Gripps und Schnipps der Hund.

Bei dem Duett sind stets zu sehn
Zwei Mäuler, welche offen stehn.

Oft wird es einem sehr verdacht,
Wenn er Geräusch nach Noten macht.

Der Künstler fühlt sich stets gekränkt,
Wenn's anders kommt, als wie er denkt.

ZEHNTES KAPITEL

Wöhnlich im Wechselgespräch beim angenehm
schmeckenden Portwein
Saßen Professor Klöhn und Fink, der würdige Doktor.
Aber jener beschloß, wie folgt, die belehrende Rede:
»... Oh, verehrtester Freund! Nichts gehet doch
über die hohe
Weisheit der Mutter Natur. – Sie erschuf ja so
mancherlei Kräuter,

Harte und weiche zugleich, doch letztere mehr zu
Gemüse.

Auch erschuf sie die Tiere, erfreulich, harmlos und
nutzbar;
Hüllte sie außen in Häute, woraus man Stiefel verfertigt,
Füllte sie innen mit Fleisch von sehr beträchtlichem
Nährwert;
Aber erst ganz zuletzt, damit er es dankend benutze,
Schuf sie des Menschen Gestalt und verlieh ihm die
Öffnung des Mundes.

Aufrecht stehet er da, und alles erträgt er mit Würde.«

Also sprach der Professor, erhub sich und setzte den Hut auf.

Wehe, die Nase hernieder, ins Mundloch rieselt die Tinte.

Wehe, durch Gummi verklebt, fest haftet das nützliche Sacktuch.

Drohend mit Zorngebärde erhebt er den schlanken Spazierstock.

Autsch! Ein schmerzlich Geflecht umschlingt den schwellenden Daumen.

Hastig begibt er sich fort; indessen die Würde ist mäßig.

ELFTES KAPITEL

Wie gewöhnlich liest die Jette
Wieder nachts in ihrem Bette.
Auf dem Kopf hat sie die Haube,
In der Hand die Gartenlaube.
Hieran will sie sich erfreun,

Duselt, nickt und schlummert ein.
An das Unschlittkerzenlicht
Daran freilich denkt sie nicht. —
Erst brennt nur die Zeitungsecke

Dann der Vorhang, dann die Decke.
Schließlich brennt das ganze Haus;

Unten läuft man schon heraus. –

Vater Fink, er läuft nicht schlecht,
Trägt den treuen Stiefelknecht.

Mutter Fink, besorgt vor allen.
Rettet ihre Mäusefallen.

Jette schwebt vom Fensterrand;
Sie ist etwas angebrannt.

Doch sie sinkt ins Regenfaß,

Wo es drinnen kühl und naß. –

Also sicher wären diese. –

Aber ach, wo ist Elise??!

Seht nach oben! Fipps, der Brave,
Hält das Kind, was fest im Schlafe.

Aus dem Fenster, hoch im Raume,
Schwingt er sich zum nächsten Baume.

Höchst besorgt wie eine Amme,
Rutscht er abwärts an dem Stamme.

Sanft legt er Elisen nieder.
Sie hat ihre Eltern wieder;
Und die Flasche steht dabei,
Falls Elise durstig sei. –

ZWÖLFTES KAPITEL

Fink hat versichert, Gott Lob und Dank!
Bei der Aachener Feuerversicherungsbank,
Und nach zwei Jahren so ungefähr
Wohnt er weit schöner als wie vorher. –

Fipps natürlich, der hat es seitdem
In jeder Hinsicht sehr angenehm. –

Dies aber wird ihm im höchsten Grad
Unerträglich und wirklich fad.
Denn, leider Gottes, so ist der Schlechte,
Daß er immer was anderes möchte,
Auch hat er ein höchst verruchtes Gelüst,
Grad so zu sein, wie er eben ist.

Mal traf es sich, daß die Familie Fink
Zusammen aus- und spazieren ging,
Um nebst Besorgung von anderen Sachen
Professor Klöhn einen Besuch zu machen. –

Fipps sehnt sich förmlich nach bösen Streichen.
Sein Plan steht fest. Er will entweichen.

Schon ist er im Feld. Die Hasen fliehn.
Einen Wanderer sieht man des Weges ziehn.

Sehr heftig erschrickt der Wandersmann.
Die Töpfersfrau geht still voran.

Zuweilen fällt das Topfgeschirr,
Und dann zerbricht es mit großem Geklirr.
In jenem Haus da, so fügt's der Himmel,
Wohnt grad der bewußte Bauer Dümmel;

Und Dümmels Küchlein piepsen bang,
Denn Fipps zieht ihnen die Hälse lang.

Da steht auch Dümmels kleiner Sohn
Mit dem Butterbrot. –

Fipps hat es schon.

Des kleinen Dümmels durchdringender Schrei
Lockt seine erschrockene Mutter herbei.

Mit den Schreckensworten: »Da kummt de Dübel!!«
Fällt sie in einen dastehenden Kübel.

Doch Dümmel schreit und kennt ihn gleich wieder:
»Dat is de verdammtige Haresnieder!«

Schnell faßt er die Flinte, ein Schießeding,
Was da seit Anno funfzehn hing.

Auch versammeln sich eilig von jeglicher Seite
Die Nachbarsleute, gerüstet zum Streite.

Sie alle machen großmächtige Schritte,

Und plötzlich ruft einer: »Kiek, kiek, da sitt'e!«
Jetzt harrt ein jeglicher ängstlich und stumm.

Dümmel legt an. – Er zielt. – Er drückt. –

Dann geht es: Wumm!!
Groß ist der Knall und der Rückwärtsstoß,
Denn jahrelang ging diese Flinte nicht los.

ENDE

Wehe! Wehe! Dümmel zielte wacker.
Fipps muß sterben, weil er so ein Racker. –

Wie durch Zufall kommen alle jene,
Die er einst gekränkt, zu dieser Szene.

Droben auf Adelens Dienersitze
Thront der Schwarze mit dem Nasenschlitze.
Mieke, Krüll und Köck mit seinem Bauch,
Wandrer, Töpfersfrau, der Bettler auch;
Alle kommen; doch von diesen allen
Läßt nicht einer eine Träne fallen.
Auch ist eine solche nicht zu sehn
In dem Auge von Professor Klöhn,
Der mit Fink und Frau und mit Elisen
Und mit Jetten wandelt durch die Wiesen.

Nur Elise faßte Fippsens Hand,
Während ihr das Aug voll Tränen stand.

»Armer Fipps!« so spricht sie herzig treu.
Damit stirbt er. Alles ist vorbei.

Man begrub ihn hinten in der Ecke,
Wo in Finkens Garten an der Hecke
All die weißen Doldenblumen stehn.
Dort ist, sagt man, noch sein Grab zu sehn.
Doch, daß Kater Grips und Schnipps der Hund
Ganz untröstlich, sagt man ohne Grund.

DER FUCHS
DIE DRACHEN

zwei lustige Sachen

DER FUCHS

Die Bäurin hat ein Huhn erstochen
Um Supp mit Huhn davon zu kochen.
Der Bauer sprach: »Das gibt 'n Jux!
Mit diesem Huhn fang ich den Fuchs!«

Vor's Loch der Mauer stellt er schlau
Die Schlinge heimlich und genau.

Grad denkt der Fuchs:
»Was ist zu tun?
Ich stehle irgendwo ein Huhn!«

Und wie er da was Gutes riecht
Und durch das Loch
der Mauer kriecht –
Oh weh! der Schreck
ist nicht geringe –
Er hat das Huhn, ihn hat
die Schlinge.
Schon kommt in froher Hast
und Eile
Der Bauer mit dem langen Beile.

Er steigt hinauf; er hat von oben
Zum wucht'gen Hieb
das Beil gehoben.

Indessen kroch und schlüpfte flugs
Durch's Loch zurück
der schlaue Fuchs.

Draus sitzt der Fuchs,
drin steht der Bauer,
Dazwischen steht die Gartenmauer.

Doch unbedacht,
weil er in Zorn,
Zieht ihn der Hieb
zu sehr nach vorn.

Drin sitzt der Fuchs,
draus liegt der Bauer,
Dazwischen steht
die Gartenmauer.

Er läuft nach innen durch das Tor.
Das Ding ist wieder wie zuvor.

Er sieht, es geht nicht so allein;
Drum fängt er heftig
an zu schrein:
»Catrine, Catrine!
Komm 'raus, wir haben ihne!!«

Sie kommt begierig angerannt,
Die Ofengabel in der Hand.
Jetzt, Meister Fuchs,
mußt du erliegen,
Wenn sie dich in die
Mitte kriegen.

Der Fuchs kehrt um
und wartet nicht. –
Der Bauer faßt mit aller Kraft
Das Beil und zielt gewissenhaft.

Schnell fährt er auf die Bäurin los.
Zu langsam war der Gabelstoß.
Weh, aber, wenn sie noch mal sticht!

Trotz alledem zerhaut er bloß
Die Schlinge, und der
Fuchs ist los.
Der Fuchs beschleunigt
seinen Schritt
Und nimmt auch noch
das Hühnchen mit.

Verdonnert sehen hinterher
Sowohl die Bäurin
wie auch er.

Sie sahen, wie der Fuchs entrann;
Dann sahen sie sich selber an.
Du dumme Gans! sprach er zu ihr.
Du Schafskopf! nennt sie ihn dafür.

DIE DRACHEN

Schon seit mehren Wochen haben
Drei intim bekannte Knaben –
Fritz, Franz, Conrad hießen sie –
Mit Verstand, Geduld und Müh'
Schöne Drachen sich gepappt
Und zum Flug bereit gehabt,
So daß sie bis auf den Wind
Mit der Sache fertig sind.

Endlich weht 'ne frische Briese,
Und fort geht es auf die Wiese.
Conrad wandelt an der Spitze,
Dann kommt Franz und schließlich Fritze.

Freund, sprach plötzlich
Franz zu Fritzen –
Siehst du Zöpfel's
Äpfel sitzen?

Und als Fritze dies bejaht
Schreitet man sofort zur Tat.
Doch was Conrad anbetraf,
Der geht weiter klug und brav.

Trefflich gut ging die Geschichte;
Franz hat Zöpfel seine Früchte.
Lirum larum! dachte er –
Fritze hin und Fritze her!
Ich genieße, was ich habe! –
Damit ist der freche Knabe,
Grad als wäre nichts passiert,
Äpfel essend fortmarschiert.
Saftig kann man's knirschen hören.
Soll das Fritzen nicht empören??

Mit dem Fuße und mit Krachen,
Gradeweges durch den Drachen,
Gibt er Franzen rücksichtslos
Einen wirkungsvollen Stoß.

Franz, der dieses krumm genommen,
Ist sofort herum gekommen.

Und es hebt sich und es saust
Seine zorngeballte Faust
Durch den vorgeschützten Drachen,
Gleichfalls unter großem Krachen,
Dergestalt in Fritzen's Nacken,
Daß er meint, er muß zerknacken.

Jetzt sucht jeder sich zu decken,
Und es wird so mit den Pflöcken,
Wo die Schnur herum gewickelt,
Emsig hin und her geprickelt.

Franz zuerst durch kühnes Wagen
Trifft genau auf Fritzens Magen.

Dafür sticht ihn, Fritz, der flinke,
In das Nasenloch, das linke.

So entspinnt sich auf die Länge
Ein direktes Handgemenge,
Was zunächst und augenscheinlich
Für die Ohren äußerst peinlich.

Dennoch wird der Kampf zuletzt
Noch am Boden fortgesetzt.

Grad kommt Zöpfel wie gewöhnlich,
Um sich wieder mal persönlich
Und gewiß zu überzeugen,
Daß sein Obst noch an den Zweigen.
»Wer« – ruft er – »hat dies getan??«
Damit stockt sein Sprachorgan.

Ha! jetzt wird er grausam heiter.
Er entdeckt die beiden Streiter.

Fritze kriegt den ersten Schlag,
Weil er am bequemsten lag.

Und der Franz war schon vergnügt,
Daß er siegt und oben liegt;
Bis die Peitsche wieder pfiff
Und auch ihn empfindlich kniff.

Gern entrönnen nun die beiden,
Um das Weitre zu vermeiden,
Wären nicht die nöt'gen Beine,
Tief verwickelt in die Leine. –
Also folgt der Rest der Hiebe. –
Zöpfel tut's mit Lust und Liebe.

Sorgsam sammelt hierauf Zöpfel
Seine hochgeschätzten Äpfel.
Einer nur ist angenagt,
Was jedoch nicht viel besagt;
Und so kehrt er hocherfreut
Heim in seine Häuslichkeit.

Aber ach, wie traurig stand's
Um den Fritze und den Franz.
So viel ist gewiß für sie:
Ihre Drachen steigen nie,
Während Conrad seiner schon,
Dieser Erdenwelt entflohn,
Höher stets und höher steigt,
Bis man vor Erstaunen schweigt.

PLISCH UND PLUM

ERSTES KAPITEL

Eine Pfeife in dem Munde,
Unterm Arm zwei junge Hunde
Trug der alte Kaspar Schlich. –
Rauchen kann er fürchterlich.
Doch, obschon die Pfeife glüht,
Oh, wie kalt ist sein Gemüt! –

»Wozu« – lauten seine Worte –
»Wozu nützt mir diese Sorte?
Macht sie mir vielleicht Pläsier?
Einfach nein! erwidr' ich mir.
Wenn mir aber was nicht lieb,
Weg damit! ist mein Prinzip.«

An dem Teiche steht er still,
Weil er sie ertränken will.
Ängstlich strampeln beide kleinen
Quadrupeden mit den Beinen;
Denn die innre Stimme spricht:
Der Geschichte trau' ich nicht! –

Hubs! fliegt einer schon im Bogen.

Plisch! da glitscht er in die Wogen.

Hubs! der zweite hinterher.

Plum!! damit verschwindet er.

»Abgemacht!« rief Kaspar Schlich,
Dampfte und entfernte sich.
Aber hier, wie überhaupt,
Kommt es anders, als man glaubt.

Paul und Peter, welche grade
Sich entblößt zu einem Bade,
Gaben stillverborgen acht,
Was der böse Schlich gemacht.

Hurtig und den Fröschen gleich
Hupfen beide in den Teich.

Jeder bringt in seiner Hand
Einen kleinen Hund ans Land.

»Plisch« – rief Paul – »so nenn' ich meinen.«
Plum – so nannte Peter seinen.

Und so tragen Paul und Peter
Ihre beiden kleinen Köter
Eilig, doch mit aller Schonung,
Hin zur elterlichen Wohnung.

ZWEITES KAPITEL

Papa Fittig, treu und friedlich,
Mama Fittig, sehr gemütlich,
Sitzen, Arm in Arm geschmiegt,
Sorgenlos und stillvergnügt

Kurz vor ihrem Abendschmause
Noch ein wenig vor dem Hause,
Denn der Tag war ein gelinder,
Und erwarten ihre Kinder.

Sieh, da kommen alle zwei,
Plisch und Plum sind auch dabei. –
Dies scheint aber nichts für Fittig.

Heftig ruft er: »Na, da bitt' ich!«
Doch Mama mit sanften Mienen:
»Fittig!!« – bat sie – »gönn es ihnen!!«

Angerichtet stand die frische
Abendmilch schon auf dem Tische.
Freudig eilen sie ins Haus;
Plisch und Plum geschwind voraus.

Ach, da stehn sie ohne Scham
Mitten in dem süßen Rahm

Und bekunden ihr Behagen
Durch ein lautes Zungenschlagen.

Schlich, der durch das Fenster sah,
Ruft verwundert: »Ei, sieh da!

Das ist freilich ärgerlich,
Hehe! aber nicht für mich!!«

DRITTES KAPITEL

Paul und Peter, ungerührt,
Grad als wäre nichts passiert,
Ruhn in ihrem Schlafgemach;
Denn was fragen sie danach.
Ein und aus durch ihre Nasen
Säuselt ein gelindes Blasen.
Plisch und Plum hingegen scheinen
Noch nicht recht mit sich im reinen

In betreff der Lagerstätte.

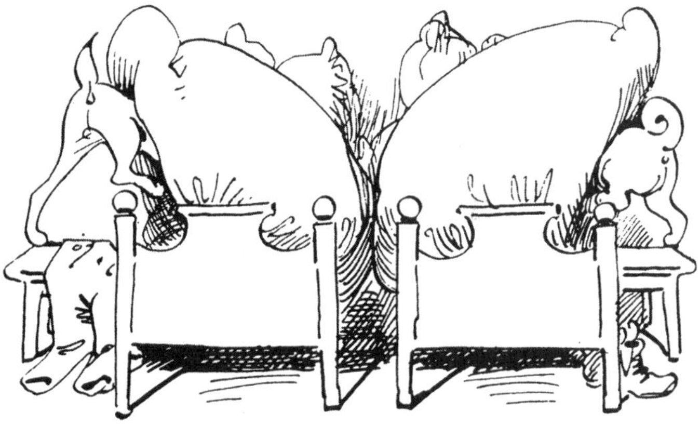

Schließlich gehn sie auch zu Bette.

Unser Plisch, gewohnterweise,
Dreht sich dreimal erst im Kreise.

Unser Plum dagegen zeigt
Sich zur Zärtlichkeit geneigt.

Denen, die der Ruhe pflegen,
Kommen manche ungelegen.

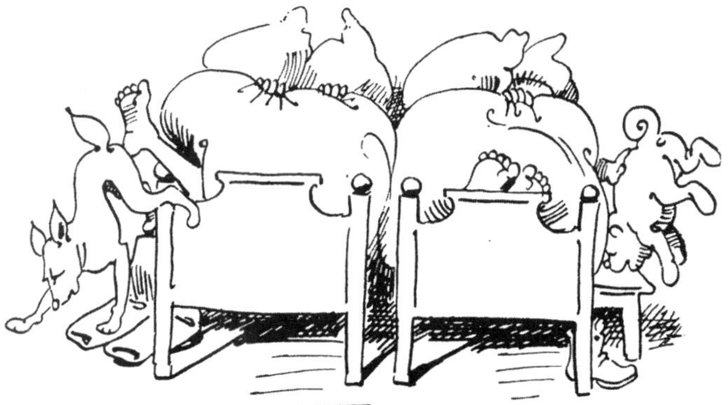

»Marsch!« – Mit diesem barschen Wort
Stößt man sie nach außen fort. –

Kühle weckt die Tätigkeit;
Tätigkeit verkürzt die Zeit.

Sehr willkommen sind dazu
Hier die Hose, da der Schuh;
Welche, eh der Tag beginnt,

Auch bereits verändert sind.

Für den Vater, welch ein Schrecken,
Als er kam und wollte wecken.

Der Gedanke macht ihn blaß,
Wenn er fragt: Was kostet das?

Schon will er die Knaben strafen,
Welche tun, als ob sie schlafen.
Doch die Mutter fleht: »Ich bitt' dich,
Sei nicht grausam, bester Fittig!«
Diese Worte liebevoll
Schmelzen seinen Vatergroll.

Paul und Peter ist's egal.
Peter geht vorerst einmal
In zwei Schlapp-Pantoffeln los,
Paul in seiner Zackenhos'.

Plisch und Plum, weil ohne Sitte,
Kommen in die Hundehütte.

»Ist fatal!« – bemerkte Schlich –
»Hehe! aber nicht für mich!«

VIERTES KAPITEL

Endlich fing im Drahtgehäuse
Sich die frechste aller Mäuse,

Welche Mama Fittig immer,
Bald im Keller, bald im Zimmer,
Und besonders bei der Nacht,
Fürchterlich nervös gemacht.

Dieses gibt für Plisch und Plum
Ein erwünschtes Gaudium;
Denn jetzt heißt es: »Mal heraus,
Alte, böse Knuspermaus!«
Husch! des Peters Hosenbein,

Denkt sie, soll ihr Schutz verleihn.

Plisch verfolgt sie in das Rohr;
Plum steht anderseits davor.

Knipp! in sein Geruchsorgan
Bohrt die Maus den Nagezahn.

Plisch will sie am Schwanze ziehn,

Knipp! am Ohre hat sie ihn.

Siehst du wohl, da läuft sie hin
In das Beet der Nachbarin.

Kritzekratze, wehe dir,
Du geliebte Blumenzier!

Madam Kümmel will soeben
Öl auf ihre Lampe geben.
Fast wär' ihr das Herz geknickt,
Als sie in den Garten blickt.

Sie beflügelt ihren Schritt,
Und die Kanne bringt sie mit.

Zornig, aber mit Genuß
Gibt sie jedem einen Guß;
Erst dem Plisch und dann dem Plum.
Scharf ist das Petroleum;

Und die Wirkung, die es macht,
Hat Frau Kümmel nicht bedacht.

Aber was sich nun begibt,
Macht Frau Kümmel so betrübt,
Daß sie, wie von Wahn umfächelt,
Ihre Augen schließt und lächelt.

Mit dem Seufzerhauche: U!
Stößt ihr eine Ohnmacht zu.

Paul und Peter, frech und kühl,
Zeigen wenig Mitgefühl;
Fremder Leute Seelenschmerzen
Nehmen sie sich nicht zu Herzen.

»Ist fatal!« – bemerkte Schlich –
»Hehe! aber nicht für mich.«

FÜNFTES KAPITEL

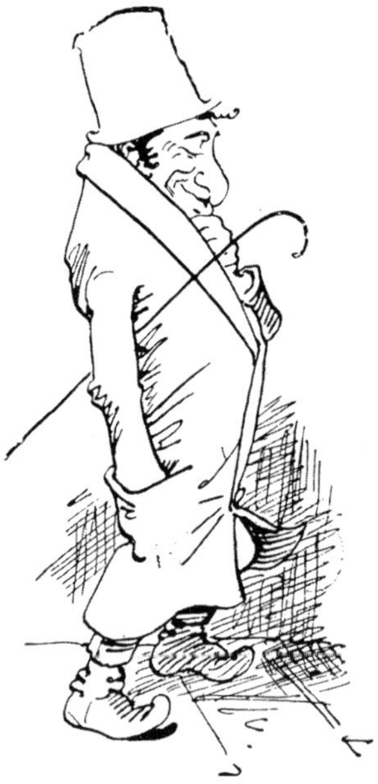

Kurz die Hose, lang der Rock,
Krumm die Nase und der Stock,
Augen schwarz und Seele grau,
Hut nach hinten, Miene schlau –
So ist Schmulchen Schievelbeiner.
(Schöner ist doch unsereiner!)

Er ist grad vor Fittigs Tür;
Rauwauwau! erschallt es hier. –
Kaum verhallt der rauhe Ton,

So erfolgt das Weitre schon.

Und, wie schnell er sich auch dreht,
Ach, er fühlt, es ist zu spät;

Unterhalb des Rockelores
Geht sein ganze Sach kapores.

Soll ihm das noch mal passieren?
Nein, Vernunft soll triumphieren.

Schnupp! Er hat den Hut im Munde.
Staunend sehen es die Hunde,

Wie er so als Quadruped
Rückwärts nach der Türe geht,

Wo Frau Fittig nur mal eben
Sehen will, was sich begeben. –
Sanft, wie auf die Bank von Moos,

Setzt er sich in ihren Schoß.

Fittig eilte auch herbei. –
»Wai!« – rief Schmul – »ich bin entzwei!
Zahlt der Herr von Fittig nicht,
Werd' ich klagen bei's Gericht!«

Er muß zahlen. – Und von je
Tat ihm das doch gar so weh.

Auf das Knabenpaar zurück
Wirft er einen scharfen Blick,
So, als ob er sagen will:
»Schämt euch nur, ich schweige still!«
Doch die kümmern sich nicht viel
Um des Vaters Mienenspiel. –

»Ist fatal!« – bemerkte Schlich –
»Hehe! aber nicht für mich.«

SECHSTES KAPITEL

Plisch und Plum, wie leider klar,
Sind ein niederträchtig Paar;
Niederträchtig, aber einig,
Und in letzter Hinsicht, mein' ich,
Immerhin noch zu verehren;
Doch wie lange wird es währen?
Bösewicht mit Bösewicht –
Auf die Dauer geht es nicht.

Vis-à-vis im Sonnenschein
Saß ein Hündchen hübsch und klein,
Dieser Anblick ist für beide
Eine unverhoffte Freude.

Jeder möchte vorne stehen,
Um entzückt hinauf zu spähen.

Hat sich Plisch hervorgedrängt,
Fühlt der Plum sich tief gekränkt.

Drängt nach vorne sich der Plum,
Nimmt der Plisch die Sache krumm.

Schon erhebt sich dumpfes Grollen,
Füße scharren, Augen rollen,

Und der heiße Kampf beginnt;

Plum muß laufen, Plisch gewinnt.

Mama Fittig machte grad
Pfannenkuchen und Salat,
Das bekannte Leibgericht,
Was so sehr zum Herzen spricht.

Hurr! da kommt mit Ungestüm
Plum, und Plisch ist hinter ihm.

Schemel, Topf und Kuchenbrei
Mischt sich in die Beißerei. –
»Warte, Plisch! du Schwerenöter!«
Damit reichte ihm der Peter
Einen wohlgezielten Hieb. –
Das ist aber Paul nicht lieb.

»Warum schlägst du meinen Köter?«
Ruft der Paul und haut den Peter.

Dieser auch nicht angefroren,
Klatscht dem Paul um seine Ohren.

Jetzt wird's aber desperat. –
Ach, der köstliche Salat
Dient den aufgeregten Geistern,
Sich damit zu überkleistern.

Papa Fittig kommt gesprungen
Mit dem Stocke hochgeschwungen.
Mama Fittig, voller Güte,
Daß sie dies Malheur verhüte:
»Bester Fittig» – ruft sie – »faß dich!«
Dabei ist sie etwas hastig.

Ihre Haube, zart umflort,
Wird von Fittigs Stock durchbohrt.
»Hehe!« – lacht der böse Schlich –
»Wie ich sehe, hat man sich!«

Wer sich freut, wenn wer betrübt,
Macht sich meistens unbeliebt.

Lästig durch die große Hitze
Ist die Pfannenkuchenmütze.

»Höchst fatal!« – bemerkte Schlich –
»Aber diesmal auch für mich!«

SIEBENTES KAPITEL

Seht, da sitzen Plisch und Plum
Voll Verdruß und machen brumm!
Denn zwei Ketten, gar nicht lang,
Hemmen ihren Tatendrang.

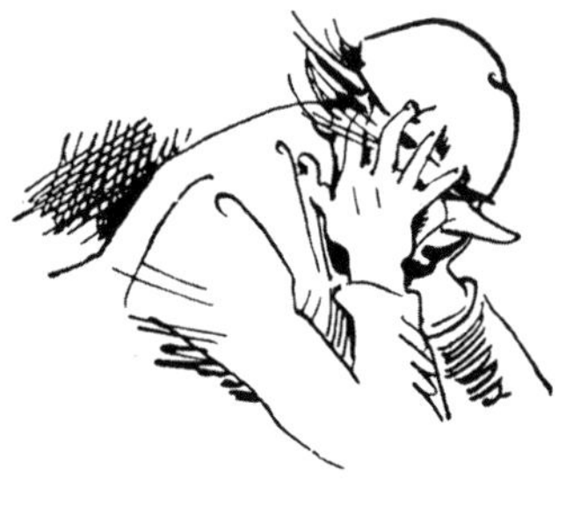

Und auch Fittig hat Beschwerden.
»Dies« – denkt er – »muß anders werden!
Tugend will ermuntert sein,
Bosheit kann man schon allein!«

Daher sitzen Paul und Peter
Jetzt vor Bokelmanns Katheder;
Und Magister Bokelmann
Hub, wie folgt, zu reden an:

»Geliebte Knaben, ich bin erfreut,
Daß ihr nunmehro gekommen seid,
Um, wie ich hoffe, mit allen Kräften
Augen und Ohren auf mich zu heften. –
Zum ersten: Lasset uns fleißig betreiben
Lesen, Kopf-, Tafelrechnen und Schreiben,
Alldieweil der Mensch durch sotane Künste
Zu Ehren gelanget und Brotgewinste.

Zum zweiten: Was würde das aber besagen
Ohne ein höfliches Wohlbetragen;
Denn wer nicht höflich nach allen Seiten,
Hat doch nur lauter Verdrießlichkeiten,
Darum zum Schlusse – denn sehet, so bin ich –
Bitt' ich euch dringend, inständigst und innig,

Habt ihr beschlossen in eurem Gemüte,
Meiner Lehre zu folgen in aller Güte,
So reichet die Hände und blicket mich an
Und sprechet: Jawohl, Herr Bokelmann!«

Paul und Peter denken froh:
»Alter Junge, bist du so??«
Keine Antwort geben sie,
Sondern machen bloß hihi!
Worauf er, der leise pfiff,
Wiederum das Wort ergriff.

»Dieweil ihr denn gesonnen« – so spricht er –
»Euch zu verhärten als Bösewichter,
So bin ich gesonnen, euch dahingegen
Allhier mal über das Pult zu legen,
Um solchermaßen mit einigen Streichen
Die harten Gemüter euch zu erweichen.«

Flugs hervor aus seinem Kleide,
Wie den Säbel aus der Scheide,
Zieht er seine harte, gute,
Schlanke, schwanke Haselrute,
Faßt mit kund'ger Hand im Nacken
Paul und Peter bei den Jacken

Und verklopft sie so vereint,
Bis es ihm genügend scheint.

»Nunmehr« – so sprach er in guter Ruh –
»Meine lieben Knaben, was sagt ihr dazu??

Seid ihr zufrieden und sind wir einig??«
»Jawohl, Herr Bokelmann!« riefen sie schleunig.

Dies ist Bokelmanns Manier.
Daß sie gut, das sehen wir.
Jeder sagte, jeder fand:

»Paul und Peter sind scharmant!!«
Aber auch für Plisch und Plum
Nahte sich das Studium
Und die nötige Dressur,
Ganz wie Bokelmann verfuhr.

Bald sind beide kunstgeübt,
Daher allgemein beliebt,

Und, wie das mit Recht geschieht,
Auf die Kunst folgt der Profit.

SCHLUSS

Zugereist in diese Gegend,
Noch viel mehr als sehr vermögend,
In der Hand das Perspektiv,
Kam ein Mister namens Pief.
»Warum soll ich nicht beim Gehen« –
Sprach er – »in die Ferne sehen?
Schön ist es auch anderswo,
Und hier bin ich sowieso.«

Hierbei aber stolpert er
In den Teich und sieht nichts mehr.

»Paul und Peter, meine Lieben,
Wo ist denn der Herr geblieben?«

Fragte Fittig, der mit ihnen
Hier spazieren geht im Grünen.

Doch wo der geblieben war,
Wird ihm ohne dieses klar.

Ohne Perspektiv und Hut
Steigt er ruhig aus der Flut.

»Allez, Plisch und Plum, apport!«
Tönte das Kommandowort.

Streng gewöhnt an das Parieren,
Tauchen sie und apportieren
Das Vermißte prompt und schnell.
Mister Pief sprach: »Weriwell!
Diese zwei gefallen mir!

Wollt ihr hundert Mark dafür?«
Drauf erwidert Papa Fittig
Ohne weiters: »Ei, da bitt' ich.«

Er fühlt sich wie neugestärkt,
Als er soviel Geld bemerkt.

»Also, Plisch und Plum, ihr beiden,
Lebet wohl, wir müssen scheiden,
Ach, an dieser Stelle hier,
Wo vor einem Jahr wir vier
In so schmerzlich süßer Stunde
Uns vereint zum schönsten Bunde;
Lebt vergnügt und ohne Not,
Beefsteak sei euer täglich Brot!«

Schlich, der auch herbeigekommen,
Hat dies alles wahrgenommen.
Fremdes Glück ist ihm zu schwer.
»Recht erfreulich!« murmelt er –
»Aber leider nicht für mich!!«

Plötzlich fühlt er einen Stich,
Kriegt vor Neid den Seelenkrampf,
Macht geschwind noch etwas Dampf,

Fällt ins Wasser, daß es zischt,

Und der Lebensdocht erlischt. –

Einst belebt von seinem Hauche,
Jetzt mit spärlich mattem Rauche
Glimmt die Pfeife noch so weiter
Und verzehrt die letzten Kräuter.
Noch ein Wölkchen blau und kraus –
Phütt! ist die Geschichte

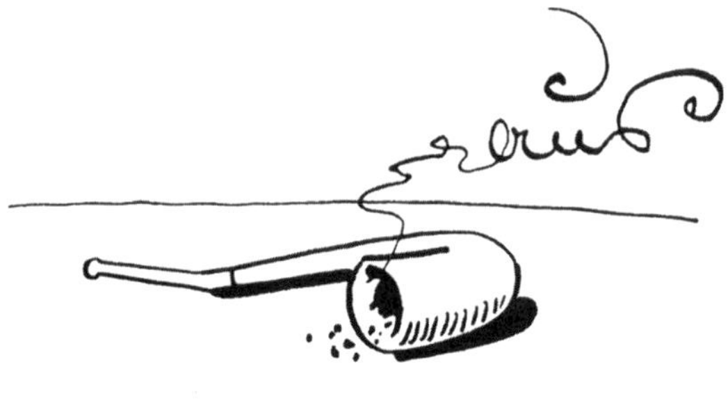

BALDUIN BÄHLAMM

Der verhinderte Dichter

ERSTES KAPITEL

Wie wohl ist dem, der dann und wann
Sich etwas Schönes dichten kann!

Der Mensch, durchtrieben und gescheit,
Bemerkte schon seit alter Zeit,
Daß ihm hienieden allerlei
Verdrießlich und zuwider sei.

Die Freude flieht auf allen Wegen;
Der Ärger kommt uns gern entgegen.
Gar mancher schleicht betrübt umher;
Sein Knopfloch ist so öd und leer.

Für manchen hat ein Mädchen Reiz,
Nur bleibt die Liebe seinerseits.
Doch gibt's noch mehr Verdrießlichkeiten.
Zum Beispiel läßt sich nicht bestreiten:

Die Sorge, wie man Nahrung findet,
Ist häufig nicht so unbegründet.
Kommt einer dann und fragt: Wie geht's?
Steht man gewöhnlich oder stets

Gewissermaßen peinlich da,
Indem man spricht: Nun, so lala!
Und nur der Heuchler lacht vergnüglich
Und gibt zur Antwort: Ei, vorzüglich!

Im Durchschnitt ist man kummervoll
Und weiß nicht, was man machen soll. –

Nicht so der Dichter. Kaum mißfällt
Ihm diese altgebackne Welt,
So knetet er aus weicher Kleie
Für sich privatim eine neue

Und sieht als freier Musensohn
In die Poetendimension,
Die fünfte, da die vierte jetzt
Von Geistern ohnehin besetzt.

Hier ist es luftig, duftig, schön,
Hier hat er nichts mehr auszustehn,
Hier aus dem mütterlichen Busen
Der ewig wohlgenährten Musen

Rinnt ihm der Stoff beständig neu
In seine saubre Molkerei.
Gleichwie die brave Bauernmutter,
Tagtäglich macht sie frische Butter.

Des Abends spät, des Morgens frühe
Zupft sie am Hinterleib der Kühe
Mit kunstgeübten Handgelenken
Und trägt, was kommt, zu kühlen Schränken,

Wo bald ihr Finger, leicht gekrümmt,
Den fetten Rahm, der oben schwimmt,
Beiseite schöpft und so in Masse
Vereint im hohen Butterfasse.

Jetzt mit durchlöchertem Pistille
Bedrängt sie die geschmeid'ge Fülle.
Es kullert, bullert, quietscht und quatscht,
Wird auf und nieder durchgematscht,

Bis das geplagte Element
Vor Angst in dick und dünn sich trennt.
Dies ist der Augenblick der Wonne.
Sie hebt das Dicke aus der Tonne,

Legt's in die Mulde flach, von Holz,
Durchknetet es und drückt und rollt's,
Und sieh, in frohen Händen hält se
Die wohlgeratne Butterwälze.

So auch der Dichter. – Stillbeglückt
Hat er sich was zurechtgedrückt
Und fühlt sich nun in jeder Richtung
Befriedigt durch die eigne Dichtung.

Doch guter Menschen Hauptbestreben
Ist, andern auch was abzugeben.
Der Dichter, dem sein Fabrikat
So viel Genuß bereitet hat,

Er sehnt sich sehr, er kann nicht ruhn,
Auch andern damit wohlzutun;
Und muß er sich auch recht bemühn,
Er sucht sich wen, und findet ihn;

Und sträubt sich der vor solchen Freuden,
Er kann sein Glück mal nicht vermeiden.
Am Mittelknopfe seiner Weste
Hält ihn der Dichter dringend feste,

Führt ihn beiseit zum guten Zwecke
In eine lauschig stille Ecke,
Und schon erfolgt der Griff, der rasche,
Links in die warme Busentasche,

Und rauschend öffnen sich die Spalten
des Manuskripts, die viel enthalten.
Die Lippe sprüht, das Auge leuchtet,
Des Lauschers Bart wird angefeuchtet,

Denn nah und warm, wie sanftes Flöten,
Ertönt die Stimme des Poeten. –
Vortrefflich! ruft des Dichters Freund;
Dasselbe, was der Dichter meint;

Und, was er sicher weiß, zu glauben
Darf sich doch jeder wohl erlauben.
Wie schön, wenn dann, was er erdacht,
Empfunden und zurechtgemacht,

Wenn seines Geistes Kunstprodukt,
Im Morgenblättchen abgedruckt,
Vom treuen Kolporteur geleitet,
Sich durch die ganze Stadt verbreitet.

Das Wasser kocht. – In jedem Hause,
Hervor aus stiller Schlummerklause,
Eilt neugestärkt und neugereinigt,
Froh grüßend, weil aufs neu vereinigt,

Hausvater, Mutter, Jüngling, Mädchen
Zum Frühkaffee mit frischen Brötchen.
Sie alle bitten nach der Reihe
Das Morgenblatt sich aus, das neue,

Und jeder stutzt und jeder spricht:
Was für ein reizendes Gedicht!
Durch die Lorgnetten, durch die Brillen,
Durch weit geöffnete Pupillen,

Erst in den Kopf, dann in das Herz,
Dann kreuz und quer und niederwärts
Fließt's und durchweicht das ganze Wesen
Von allen denen, die es lesen.

Nun lebt in Leib und Seel der Leute,
Umschlossen vom Bezirk der Häute
Und andern warmen Kleidungsstücken,
Der Dichter fort, um zu beglücken,

Bis daß er schließlich abgenützt,
Verklungen oder ausgeschwitzt.
Ein schönes Los! Indessen doch
Das allerschönste blüht ihm noch.

Denn Laura, seine süße Qual,
Sein Himmelstraum, sein Ideal,
Die glühend ihm entgegenfliegt,
Besiegt in seinen Armen liegt,

Sie flüstert schmachtend inniglich:
»Göttlicher Mensch, ich schätze dich!
Und daß du so mein Herz gewannst,
Macht bloß, weil du so dichten kannst!!«

Oh, wie beglückt ist doch ein Mann,
Wenn er Gedichte machen kann!

ZWEITES KAPITEL

Ein guter Mensch, der Bählamm hieß
Und Schreiber war, durchschaute dies.
Nicht, daß es ihm an Nahrung fehlt.
Er hat ein Amt, er ist vermählt.
Und nicht bloß dieses ist und hat er;
Er ist bereits auch viermal Vater.
Und dennoch zwingt ihn tiefes Sehnen,
Sein Glück noch weiter auszudehnen.
Er möchte dichten, möchte singen,
Er möchte was zuwege bringen
Zur Freude sich und jedermannes;
Er fühlt, er muß und also kann es.

Der Muße froh, im Paletot,
Verläßt er abends sein Büro.

Er eilt zum Park, um hier im Freien
Den holden Musen sich zu weihen.

Natürlich einer, der wie er
Gefühlvoll und gedankenschwer,
Mag sich an weihevollen Plätzen
Beim Dichten gern auch niedersetzen.

Doch schon besetzt ist jeder Platz
Von Leuten mit und ohne Schatz.

Da lenkt er doch die Schritte lieber
Zum Keller, der nicht fern, hinüber.

Er wählt sich unter vielen Bänken
Die Bank, die angenehm zum Denken.

Zwar erst verwirrte seinen Sinn
Das Nahgefühl der Kellnerin;

Doch führt ihn bald ein tiefer Zug
Zu höherem Gedankenflug.
Schon brennt der Kopf, schon glüht der Sitz,
Schon sprüht ein heller Geistesblitz;

Schon will der Griffel ihn notieren;
Allein es ist nicht auszuführen,
Der Hut, als Dämpfer der Ekstase,
Sinkt plötzlich tief auf Ohr und Nase.

Ein Freund, der viel Humor besaß,
Macht sich von hinten diesen Spaß.

Empört geht Bählamm fort nach Haus.
Der Freund trinkt seinen Maßkrug aus.

Zu Hause hängt er Hut und Rock
An den gewohnten Kleiderstock
Und schmückt in seinem Kabinett
Mit Joppe sich und Samtbaretr,
Die, wie die Dichtung Vers und Reim,
Den Dichter zieren, der daheim.

Scharfsinnend geht er hin und wider,
Bald schaut er auf, bald schaut er nieder.

Jetzt steht er still und ruft: »Aha!«
Denn schon ist ein Gedanke da.

Schnell tritt Frau Bählamm in die Tür,
Sie hält in Händen ein Papier.

Sie ruft: »Geliebter Balduin!
Du mußt wohl mal den Beutel ziehn.
Siehst du die Rechnung breit und lang?
Der Schuster wartet auf dem Gang.«

Besonders tief und voll Empörung
Fühlt man die pekuniäre Störung.

’s ist abgetan. – Das Haupt gesenkt,
Steht er schon wieder da und denkt.

Begeistert blickt er in die Höh:
»Willkommen, herrliche Idee!«

Auf springt die Tür. – An Bein und Arm
Geräuschvoll hängt der Kinderschwarm. –

»Ho!« – ruft der Franzel – »Kinder hört!
Jetzt spielen wir mal Droschkenpferd!
Papa ist Gaul und Kutscher ich.«
»Ja!« – ruft die Gustel – »fahre mich!«
»Ich« – ruft der Fritz – »will hinten auf!
Hopp, hopp, du altes Pferdchen, lauf!«

»Hü!« – ruft der kleine Balduin –
»Will er nicht ziehn, so hau’ ich ihn!« –
Wer kann bei so bewandten Dingen
Ein Dichterwerk zustande bringen? –

Nun meint man freilich, sei die Nacht,
Um nachzudenken, wie gemacht.
Doch oh! wie sehr kann man sich täuschen!
Es fehlt auch ihr nicht an Geräuschen.

Der Papa hat sich ausgestreckt,
Gewissenhaft sich zugedeckt!
Warm wird der Fuß, der Kopf denkt nach;
Da geht es: Bäh! – vielleicht nur schwach.
Doch dieses Bäh erweckt ein zweites,

Dann bäh aus jeder Kehle schreit es.
Aus Mamas Mund ein scharfes Zischen,
Bedrohlich schwellend, tönt dazwischen,
Und Papas Baß, der grad noch fehlte,
Verstärkt zuletzt das Tongemälde.

Wie peinlich dies, ach, das ermißt
Nur der, der selber Vater ist.

DRITTES KAPITEL

Ein großer Geist, wie Bählamm seiner,
Ist nicht so ratlos wie ein kleiner.
Er sieht, ihm mangelt bloß im Grunde
Der stille Ort, die stille Stunde,
Um das, was nötig ist zum Dichten,
Gemächlich einsam zu verrichten;
Und allsogleich spricht der Verstand:
Verlaß die Stadt und geh aufs Land!
Wo Biederkeit noch nicht veraltet,
Wo Ruhe herrscht und Friede waltet! –

Leicht reisefertig ist zumeist
Ein Mensch, wenn er als Dichter reist.

Die kleine Tasche, buntgestickt,
Ist schnell gefüllt und zugedrückt.
Ein Hut von Stroh als Sommerzier,
Ein Dichterkragen von Papier,
Das himmelblaue Flattertuch,
Der Feldstuhl, das Notizenbuch,
Ein Bleistift Nr. 4 und endlich
Das Paraplü sind selbstverständlich.

Zum Bahnhof führt ihn die Familie.

Hier spricht er: »Lebe wohl, Gäcilie!
Ich bring' euch auch was Schönes mit!«
Dann schwingt er sich mit leichtem Schritt,
Damit er nicht die Zeit verpasse,
In die bekannte Dichterklasse.
Der Pfiff ertönt, die Glocke schlug.

Fort schlängelt sich der Bummelzug.

Vorüber schnell und schneller tanzen,
Durch Draht verknüpft zu einem Ganzen,
Die schwesterlich verwandten, langen,
Zahlreichen Telegraphenstangen.
Der Wald, die Wiesen, das Gefilde
Als unstet wirbelnde Gebilde
Sind lästig den verwirrten Sinnen.
Gern richtet sich der Blick nach innen.
Ein leichtes Rütteln, sanftes Schwanken
Erweckt und sammelt die Gedanken.
Manch Bild, was sich versteckt vielleicht,
Wird angeregt und aufgescheucht.

Bald fühlt auch Bählamm süßbeklommen
Die herrlichsten Gedanken kommen. –

Ein langer Pfiff. – Da hält er schon
Auf der ersehnten Bahnstation. –

Ein wohlgenährter Passagier
In Nagelschuhen wartet hier.

Er zwängt sich hastig ins Coupé.

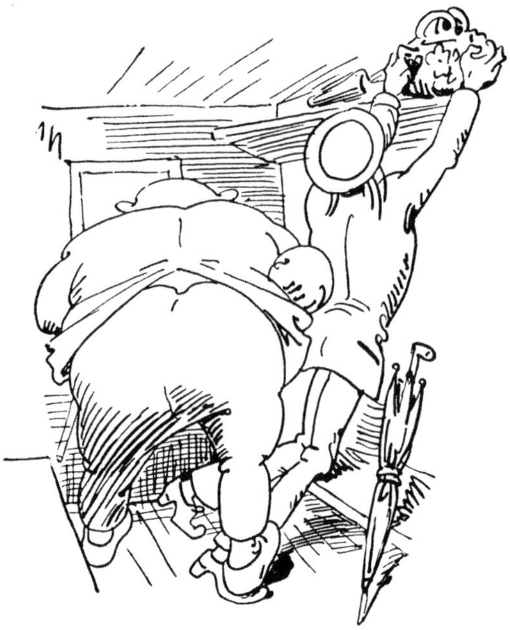

Pardon! – Er tritt auf Bählamms Zeh. –

Des Lebens Freuden sind vergänglich;
Das Hühnerauge bleibt empfänglich.

Wie dies sich äußert, ist bekannt.

Krumm wird das Bein und krumm die Hand;
Die Augenlöcher schließen sich,
Das linke ganz absonderlich;
Dagegen öffnet sich der Mund,
Als wollt' er flöten, spitz und rund.

Zwar hilft so eine Angstgebärde
Nicht viel zur Lindrung der Beschwerde;
Doch ist sie nötig jederzeit
Zu des Beschauers Heiterkeit.

VIERTES KAPITEL

Wie lieb erscheint, wie freundlich winkt
Dem Dichter, der noch etwas hinkt,

Des Dörfleins anspruchloses Bild,
In schlichten Sommerstaub gehüllt.

Hier reitet Jörg, der kleine Knabe,
Auf seinem langen Hakenstabe,

Die Hahnenfeder auf der Mütze,
Kindlich naiv durch eine Pfütze.

Dort mit dem kurzen Schmurgelpfeifchen
Auf seinem trauten Düngerhäufchen
Steht Krischan Bopp und füllt die Luft
Mit seines Krautes Schmeicheldfuft.

Er blickt nach Rike Mistelfink.
Ein Mädel sauber, stramm und flink.
Sie reinigt grad den Ziegenstall;
Und Friede waltet überall.

Sofort im ländlichen Logis
Geht Bählamm an die Poesie.
Er schwelgt im Sonnenuntergang,

Er lauscht dem Herdenglockenklang,
Und ahnungsfroh empfindet er's:
Glück auf! Jetzt kommt der erste Vers!

Klirrbatsch! – da liegt der Blumentopf.
Es zeigt sich ein gehörnter Kopf,
Das Maulwerk auf, die Augen zu,
Und plärrt posaunenhaft: Ramuh!!

Erschüttert gehen Vers und Reime
Mitsamt dem Kunstwerk aus dem Leime.
Das tut die Macht der rauhen Töne.
Die Sängerin verläßt die Szene.

FÜNFTES KAPITEL

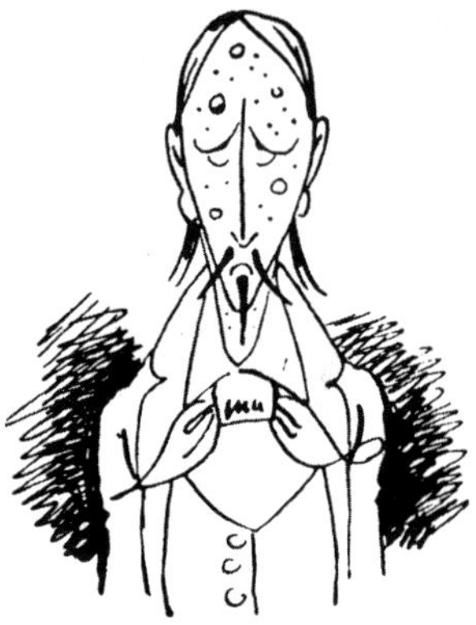

Die Nacht verstrich. Der Morgen schummert.
Hat unser Bählamm süß geschlummert?
Kennst du das Tierlein leicht beschwingt,
Was, um die Nase schwebend, singt?
Kennst du die andern, die nicht fliegen,
Die leicht zu Fuß und schwer zu kriegen?
Betrachte Bählamm sein Gesicht,
Du weißt Bescheid, drum frage nicht.

Hier auf dem Dreifuß unterm Flieder
Sitzt er bereits und dichtet wieder.

Der Knabe Jörg, in froher Laune,
Bemerkt ihn durch ein Loch im Zaune,

Er zieht die Nadel aus der Mütze,
Durchbohrt damit die Hakenspitze,

Und hat verschmitzt auch schon begonnen
Den kleinen Scherz, den er ersonnen.

Der Dichter greift sich ins Genicke.
Mal wieder, denkt er, eine Mücke.

Er nimmt die Hand in Augenschein.
Es mußte doch wohl keine sein.

Kaum hat er dies als wahr befunden,
So kommt ein Stich direkt von unten.

Um diese Gegend zu beschützen,
Kann man das Sacktuch auch benützen.

Insoweit wäre alles gut.
O weh! Wohin entschwebt der Hut?

»Ein leichtes Kräusellüftchen!« rief er,
Holt seinen Hut und setzt ihn tiefer.
Ganz arglos will er sich soeben
Zurück auf seinen Sitz begeben.
Doch die gewohnte Stütze mangelt.

Der Dreifuß wird hinweggeangelt.
Anstatt in den bequemen Sessel
Setzt er sich in die scharfe Nessel.

Und hell durchblitzt ihn der Gedanke:
Es sitzt wer hinter dieser Planke!

Sehr gut in solchen Fällen ist
Bedachtsamkeit, gepaart mit List.

Verlockend und zugleich gespannt
Setzt er sich wieder vor die Wand.

Aha! Und jetzt wird zugefaßt,
Und trefflich hat er's abgepaßt;

Denn grad im Zentrum bohrte sich
Durch seine Hand der Nadelstich.

Natürlich macht ihn das nervös.
Der Jörg entfernt sich sorgenlos.

SECHSTES KAPITEL

In freier Luft, in frischem Grün,
Da, wo die bunten Blümlein blühn,
In Wiesen, Wäldern, auf der Heide,
Entfernt von jedem Wohngebäude,
Auf rein botanischem Gebiet
Weilt jeder gern, der voll Gemüt.

Hier legt sich Bählamm auf den Rücken
Und fühlt es tief und mit Entzücken,
Nachdem er Bein und Blick erhoben:
Groß ist die Welt, besonders oben!

Wie klein dagegen und beschränkt
Zeigt sich der Ohrwurm, wenn er denkt.

Engherzig schleicht er durch das Moos,
Beseelt von dem Gedanken bloß,
Wo's dunkel sei und eng und hohl,
Denn da nur ist ihm pudelwohl.

Grad wie er wünscht und sehr gelegen
Blinkt ihm des Dichters Ohr entgegen.

In diesen wohlerwärmten Räumen,
So denkt er, kann ich selig träumen.

Doch wenn er glaubt, daß ihm hienieden
Noch weitre Wirksamkeit beschieden,
So irrt er sich. – Ein Winkelzug
Von Bählamms Bein, der fest genug,

Zerstört die Form, das heißt so ziemlich,
Die diesem Wurme eigentümlich,
Und seinem Dasein als Subjekt
Ist vorderhand ein Ziel gesteckt.

Sogleich und mit gewisser Schnelle
Vertauscht der Dichter diese Stelle
Für eine andre, mehr erhöht,
Allwo ein Bäumlein winkend steht.

Ein Vöglein zwitschert in den Zweigen;
Dem Dichter wird so schwül und eigen.
Die Stirn umsäuseln laue Lüfte;
Es zuckt der Geist im Faberstifte.

Pitschkleck! – Ein Fleck. Ein jäher Schreck. –
Erleichtert fliegt das Vöglein weg.

Indessen auch der andre Sänger
Verweilt an diesem Ort nicht länger.

Den Himmel, der noch eben blau,
Umwölkt ein ahnungsvolles Grau.

Vor Regen schützt die Scheidewand
Des Schirmes, wenn er aufgespannt.

Verquer durch Regen und Gestrüppe
Kommt Krischan mit der scharfen Hippe.
Vom Regen ist der Blick umflort,

Und richtig wird der Schirm durchbohrt.

Betrübend ist und wenig nütze
Das Paraplü mit einem Schlitze;
Doch ist noch Glück bei jedem Hieb,
Wobei der Kopf heroben blieb.

Auch braucht man, läßt der Regen nach,
Ja sowieso kein Regendach.

Und hier begleitet von der Ziege,
Kommt Rike über eine Stiege;

Und Bählamm, wie die Dichter sind,
Will diesem anmutsvollen Kind

Als Huldigung mit Scherz und Necken
Ein Sträußlein an den Busen stecken.

Ein Prall – ein Schall – dicht am Gesicht –

Verloren ist das Gleichgewicht.

So töricht ist der Mensch. – Er stutzt,
Schaut dämisch drein und ist verdutzt,

Anstatt sich erst mal solche Sachen
In aller Ruhe klarzumachen. –

Hier strotzt die Backe voller Saft;
Da hängt die Hand, gefüllt mit Kraft.
Die Kraft, infolge von Erregung,
Verwandelt sich in Schwungbewegung.
Bewegung, die in schnellem Blitze
Zur Backe eilt, wird hier zu Hitze.

Die Hitze aber, durch Entzündung
Der Nerven, brennt als Schmerzempfindung
Bis in den tiefsten Seelenkern,
Und dies Gefühl hat keiner gern.

Ohrfeige heißt man diese Handlung,
Der Forscher nennt es Kraftverwandlung.

SIEBENTES KAPITEL

Der Mond. Dies Wort so ahnungsreich,
So treffend, weil es rund und weich –
Wer wäre wohl so kaltbedächtig,
So herzlos, hart und niederträchtig,
Daß es ihm nicht, wenn er es liest,
Sanftschauernd durch die Seele fließt?

Das Dörflein ruht im Mondenschimmer,
Die Bauern schnarchen fest wie immer,
Es ruhn die Ochsen und die Stuten,
Und nur der Wächter muß noch tuten,
Weil ihn sein Amt dazu verpflichtet,

Der Dichter aber schwärmt und dichtet.

Was ist da drüben für ein Wink?
Ist das nicht Rike Mistelfink?

Ja, wie es scheint, hat sie bereut
Die rücksichtslose Sprödigkeit.
Der Dichter fühlt sein Herz erweichen.
Er folgt dem liebevollen Zeichen.

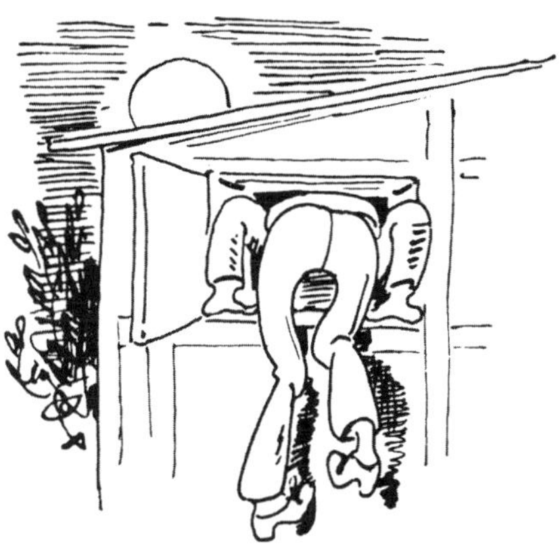

Er drängt sich, nicht ganz ohne Qual,
In ein beschränktes Stallokal.

Mit einem Mäh! (mit einem langen)

Sieht er sich unverhofft empfangen.
Doch nur ein kurzes Meck begleitet

Den Seitenstich, der Schmerz bereitet.

Ein Stoß grad in die Magengegend

Ist aber auch sehr schmerzerregend.

Daß selbst ein Korb in solcher Lage
Erwünscht erscheint, ist keine Frage.

Bedeckung findet sich gar leicht;
Es fragt sich nur, wie weit sie reicht. –

Und grade kommt die Rike hier,
Der Krischan emsig hinter ihr;

Sie mit vergnügtem Mienenspiel,
Er mit dem langen Besenstiel.

Er schiebt ihn durch des Korbes Henkel
Und zwischen Bählamm seine Schenkel.

Nachdem er sicher eingesackt,
Wird er gelupft und aufgepackt.

Er strampelt sehr, denn schwer im Sinn
Liegt ihm die Frage: Ach, wohin?

Ein Wasser, mondbeglänzt und kühl,
Ist das erstrebte Reiseziel,

Und angelangt bei diesem Punkt
Wird fleißig auf und ab getunkt;

Worauf, nachdem der Korb geleert,
Das Liebespaar nach Hause kehrt.

ACHTES KAPITEL

Es tut nicht gut, wenn man im Bad,
Und nur die Füße draußen hat. –

Auch Bählamm hat's nicht wohl getan.
Es zog ihm in den Backenzahn. –

Das Zahnweh, subjektiv genommen,
Ist ohne Zweifel unwillkommen;
Doch hat's die gute Eigenschaft,
Daß sich dabei die Lebenskraft,
Die man nach außen oft verschwendet,
Auf einen Punkt nach innen wendet
Und hier energisch konzentriert.
Kaum wird der erste Stich verspürt,
Kaum fühlt man das bekannte Bohren,
Das Rucken, Zucken und Rumoren –
Und aus ist's mit der Weltgeschichte,
Vergessen sind die Kursberichte,
Die Steuern und das Einmaleins.
Kurz, jede Form gewohnten Seins,
Die sonst real erscheint und wichtig,
Wird plötzlich wesenlos und nichtig.
Ja, selbst die alte Liebe rostet –
Man weiß nicht, was die Butter kostet –
Denn einzig in der engen Höhle
Des Backenzahnes weilt die Seele,
Und unter Toben und Gesaus
Reift der Entschluß: Er muß heraus!! –

Noch eh der neue Tag erschien,
War Bählamm auch soweit gediehn.

Er steht und läutet äußerst schnelle
An Doktor Schmurzel seiner Schelle.

Der Doktor wird von diesem Lärme
Emporgeschreckt aus seiner Wärme.

Indessen kränkt ihn das nicht weiter;
Ein Unglück stimmt ihn immer heiter.

Er ruft: »Seid mir gegrüßt, mein Lieber!

Lehnt Euch gefälligst hintenüber!
Gleich kennen wir den Fall genauer!«

(Der Finger schmeckt ein wenig sauer.)

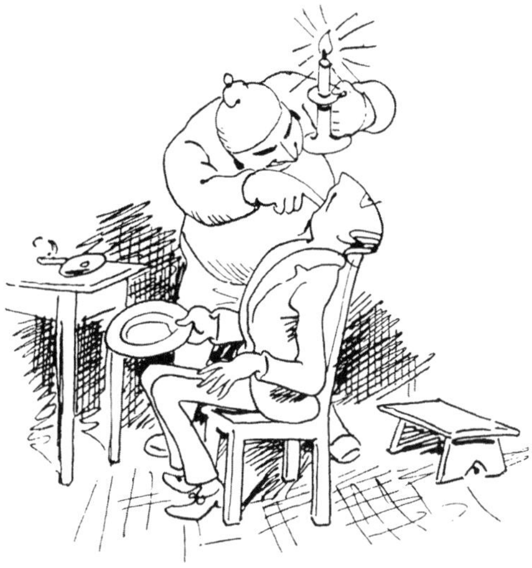

»Nun stützt das Haupt auf diese Lehne

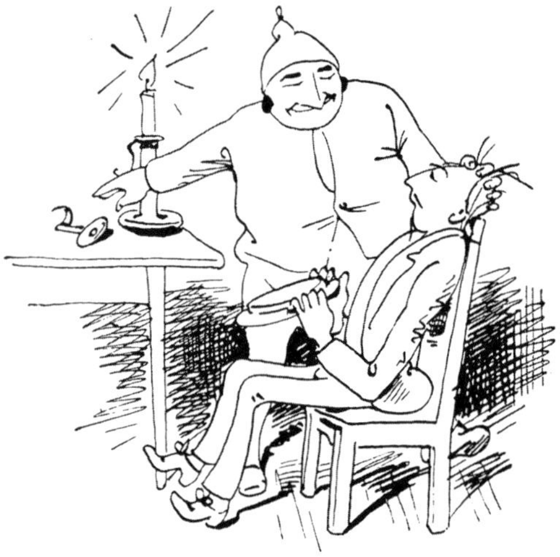

Und denkt derweil an alles Schöne!

Holupp!!
Wie ist es? Habt Ihr nichts gespürt?«
»Ich glaub', es hat sich was gerührt!«

»Da dies der Fall, so gratulier' ich!
Die Sache ist nicht weiter schwierig!

Hol – – – pp!!!«
Vergebens ist die Kraftentfaltung;
Der Zahn verharrt in seiner Haltung.

»Hab's mir gedacht!« sprach Doktor Schmurzel,

»Das Hindernis liegt in der Wurzel.
Ich bitte bloß um drei Mark zehn!

Recht gute Nacht! Auf Wiedersehn!«

NEUNTES KAPITEL

Dem hohen lyrischen Poeten
Ist tiefer Schmerz gewiß vonnöten;
Doch schwerlich, ach, befördert je
Das ganz gewöhnliche Wehweh,
Wie Bählamm seines zum Exempel,
Den Dichter in den Ruhmestempel.
Die Backe schwillt. – Die Träne quillt.
Ein Tuch umrahmt das Jammerbild.

Verhaßt ist ihm die Ländlichkeit
Mit Riken ihrer Schändlichkeit,
Mit Doktor Schmurzels Chirurgie,
Mit Bäumen, Kräutern, Mensch und Vieh,
Und schmerzlich dringend mahnt die Backer
Oh, kehre heim! Doch vorher packe! –

Gern möcht' er still von dannen scheiden,
Gern jede Ovation vermeiden,
Allein ihm bleibt bei seiner Fahrt
Ein Lebewohl nicht ganz erspart.

Meckmeck! so schallt's aus jeder Ecke;
Meckmeck! ruft einer durch die Hecke;
Meckmeck! so schmettert's in der Näh,
Und Rikens Ziege macht mähhäh! –

Da wundert sich wohl mancher sehr,
Wie's möglich sei, daß ein Malheur
So schleunige Verbreitung finde.
Der Weise schweigt. Er kennt die Gründe. –

Als Bählamm sein Coupé erreicht,
Wird ihm verhältnismäßig leicht.

'ne Frau, 'n Kind und eine Tasche,
Worin die Gummistöpselflasche,
Sind unsers Reisenden Begleiter.
Der Säugling zeigt sich äußerst heiter.
Er strebt und webt mit Hand und Füßen,
Er läßt sein Mäulchen überfließen;
Er ist so süß, daß fast mit Recht
Ein Junggesell ihn küssen möcht'.

O weh! die Fröhlichkeit entweicht.
Wohlmeinend wird ihm dargereicht
Das Glas, woraus er sich ernährt;

Er lehnt es ab; er ist empört;
Und penetrant, gleich der Trompete,
Klagt er in Tönen seine Nöte. –
Die Mutter seufzt. Der Trank ist kalt.
Wohl uns! Hier hat man Aufenthalt.

»Ach!« – bat sie – »halten S' ihn mal eben,
Ich muß ihm etwas Warmes geben!«

Sie eilt hinaus ins Restaurant.
Der Zug hält drei Minuten lang.

Einsteigen! Fertig! – Pfüt! – Und los!
Mit seinem Säugling auf dem Schoß,
Mit dicker Backe, wehem Zahn,
Rollt er dahin per Eisenbahn
Der Heimat zu und trifft um neun
Präzise auf dem Bahnhof ein. –
Der Säugling, des Gesanges müde,
Ruht aus von seinem Klageliede,
Umhüllt mit einer warmen Windel,
Auf Bählamms Arm als stilles Bündel.
Trotzdem hat Bählamm das Bestreben,
Ihn möglichst baldig abzugeben.

Der Schaffner, ohne Mitgefühl,
Bedankt sich höflich, aber kühl.

Desgleichen auch der Bahn Verwalter;

Desgleichen auch der Mann am Schalter.

So muß er sich denn wohl bequemen,
Sein Bündel mit nach Haus zu nehmen.

»Der Papa kommt!« so rufen hier
Die frohen Kinder alle vier.

»Und« – sprach die Mutter – »gebt mal acht!
Er hat was Schönes mitgebracht!«

Jedoch bei näherer Belehrung,
Wie wenig schätzt sie die Bescherung.

»Oh!« – ruft sie – »Aber Balduin!«
Dann wird's ihr vor den Augen grün.

Zum Glück in diesem Ungemach,
Kommt bald des Knaben Mutter nach.

Zwar ist die Flasche kalt wie nie,
Doch weil's pressiert, so nimmt er sie. –
Der Abschied war nicht sehr beschwerlich,
Was auch bei Bählamm sehr erklärlich;

Denn gerne gibt man aus der Hand
Den Säugling, der nicht stammverwandt.

SCHLUSS

Sofort legt Bählamm sich zur Ruh.
Die Hand der Gattin deckt ihn zu.
Der Backe Schwulst verdünnert sich;
Sanft naht der Schlaf, der Schmerz entwich,
Und vor dem innern Seelenraum
Erscheint ein lockend süßer Traum. –

Ihm war als ob, ihm war als wie,
So unaussprechlich wohl wie nie. –
Hernieder durch das Dachgebälke,
Auf rosenrotem Duftgewölke,
Schwebt eine reizend wundersame
In Weiß gehüllte Flügeldame,
Die winkt und lächelt wie zum Zeichen,
Als sollt' er ihr die Hände reichen;
Und selbstverständlich wunderbar
Erwächst auch ihm ein Flügelpaar;

Und selig will er sich erheben,
Um mit der Dame fortzuschweben.

Doch ach! Wie schaudert er zusammen!
Denn wie mit tausend Kilogrammen
Hängt es sich plötzlich an die Glieder,
Hemmt das entfaltete Gefieder
Und hindert, daß er weiterfliege.
Hohnlächelnd meckert eine Ziege.
Die himmlische Gestalt verschwindet,
Und nur das eine ist begründet,
Frau Bählamm ruft, als er erwacht:

»Heraus, mein Schatz! Es ist schon acht!«

Um neune wandelt Bählamm so
Wie ehedem auf sein Büro. –
So steht zum Schluß am rechten Platz
Der unumstößlich wahre Satz:
Die Schwierigkeit ist immer klein,
Man muß nur nicht verhindert sein.

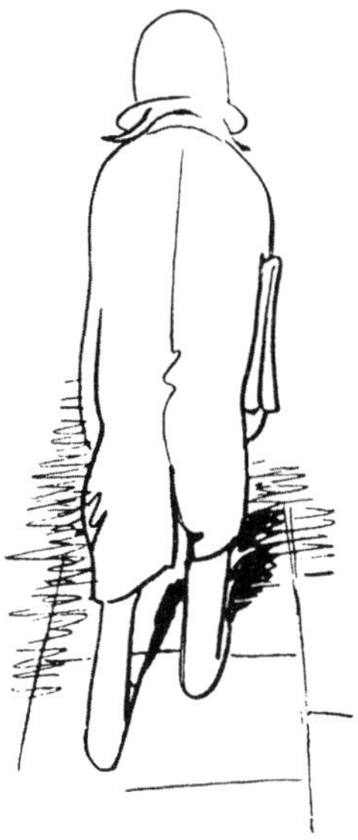

MALER KLECKSEL

ERSTES KAPITEL

Das Reden tut dem Menschen gut,
Wenn man es nämlich selber tut;
Von Angstprodukten abgesehn,
Denn so etwas bekommt nicht schön.

Die Segelflotte der Gedanken,
Wie fröhlich fährt sie durch die Schranken
Der aufgesperrten Mundesschleuse
Bei gutem Winde auf die Reise
Und steuert auf des Schalles Wellen
Nach den bekannten offnen Stellen
Am Kopfe, in des Ohres Hafen
Der Menschen, die mitunter schlafen.

Vor allem der Politikus
Gönnt sich der Rede Vollgenuß;
Und wenn er von was sagt, so sei's,
Ist man auch sicher, daß er's weiß.

Doch andern, darin mehr zurück,
Fehlt dieser unfehlbare Blick.
Sie lockt das zartere Gemüt
Ins anmutreiche Kunstgebiet,
Wo grade, wenn man nichts versteht,
Der Schnabel um so leichter geht.
Fern liegt es mir, den Freund zu rügen,
Dem Tee zu kriegen ein Vergnügen
Und im Salon mit geistverwandten
Ästhetisch durchgeglühten Tanten
Durch Reden bald und bald durch Lauschen
Die Seelen säuselnd auszutauschen.
Auch tadl' ich keinen, wenn's ihn gibt,
Der diese Seligkeit nicht liebt,
Der keinen Tee mag, selbst von Engeln,
Dem's da erst wohl, wo Menschen drängeln.
Ihn fährt die Droschke, zieht das Herz
Zu schönen Opern und Konzerts,
Die auch im Grund, was nicht zu leugnen,
Zum Zwiegespräch sich trefflich eignen.
Man sitzt gesellig unter vielen
So innig nah auf Polsterstühlen,
Man ist so voll humaner Wärme;
Doch ewig stört uns das Gelärme,
Das Grunzen, Plärren und Gegirre
Der musikalischen Geschirre,

Die eine Schar im schwarzen Fracke
Mit krummen Fingern, voller Backe,
Von Meister Zappelmann gehetzt,
Hartnäckig in Bewegung setzt.
So kommt die rechte Unterhaltung
Nur ungenügend zur Entfaltung.

Ich bin daher, statt des Gewinsel,
Mehr für die stille Welt des Pinsels;
Und, was auch einer sagen mag,
Genußreich ist der Nachmittag,
Den ich inmitten schöner Dinge
Im lieben Kunstverein verbringe;
Natürlich meistenteils mit Damen.

Hier ist das Reich der goldnen Rahmen,
Hier herrschen Schönheit und Geschmack,
Hier riecht es angenehm nach Lack;
Hier gibt die Wand sich keine Blöße,
Denn Prachtgemälde jeder Größe
Bekleiden sie und warten ruhig,
Bis man sie würdigt, und das tu' ich.
Mit scharfem Blick, nach Kennerweise,
Seh' ich zunächst mal nach dem Preise,
Und bei genauerer Betrachtung
Steigt mit dem Preise auch die Achtung.
Ich blicke durch die hohle Hand,
Ich blinzle, nicke: »Ach, scharmant!
Das Kolorit, die Pinselführung,
Die Farbentöne, die Gruppierung,
Dies Lüster, diese Harmonie,
Ein Meisterwerk der Phantasie.
Ach, bitte, sehn Sie nur, Komteß!«
Und die Komteß, sich unterdeß
Im duftigen Batiste schneuzend,
Erwidert schwärmrisch: »Oh, wie reizend!«

Und wahrlich! Preis und Dank gebührt
Der Kunst, die diese Welt verziert.

Der Architekt ist hochverehrlich
(obschon die Kosten oft beschwerlich),
Weil er uns unsere Erdenkruste,
Die alte, rauhe und berußte,
Mit saubern Baulichkeiten schmückt,
Mit Türmen und Kasernen spickt.

Der Plastiker, der uns ergötzt,
Weil er die großen Männer setzt,
Grauschwärzlich, grünlich oder weißlich,
Schon darum ist er löb- und preislich,
Daß jeder, der zum Beispiel fremd,
Soeben erst vom Bahnhof kömmt,
In der ihm unbekannten Stadt
Gleich den bekannten Schiller hat.

Doch größern Ruhm wird der verdienen,
Der Farben kauft und malt mit ihnen.

Wer weiß die Hallen und dergleichen
So welthistorisch zu bestreichen?
Al fresco und für ewig fast,
Wenn's mittlerweile nicht verblaßt.
Wer liefert uns die Genresachen,
So rührend oder auch zum Lachen?
Wer schuf die grünen Landschaftsbilder,
Die Wirtshaus- und die Wappenschilder?
Wer hat die Reihe deiner Väter
Seit tausend Jahren oder später
So meisterlich in Öl gesetzt?
Wer wird vor allen hochgeschätzt?
Der Farbenkünstler! Und mit Grund!
Er macht uns diese Welt so bunt.

Darum, o Jüngling, fasse Mut;
Setz auf den hohen Künstlerhut
Und wirf dich auf die Malerei;
Vielleicht verdienst du was dabei.

Nach diesem ermunterungsvollen Vermerke
Fahren wir fort im löblichen Werke.

ZWEITES KAPITEL

Nachdem die Welt so manches Jahr
Im alten Gleis gegangen war,
Erfuhr dieselbe unvermutet,
Daß, als der Wächter zwölf getutet,
Bei Kleckseis, wohnhaft Nr. 3,
Ein Knäblein angekommen sei. –
Bald ist's im Kirchenbuch zu lesen;
Denn wer bislang nicht dagewesen,
Wer so als gänzlich Unbekannter,
Nunmehr als neuer Anverwandter,
Ein glücklich Elternpaar besucht,
Wird flugs verzeichnet und gebucht.
Kritzkratz! Als kleiner Weltphilister
Steht Kuno Klecksel im Register. –

Früh zeigt er seine Energie,
Indem er ausdermaßen schrie;
Denn früh belehrt ihn die Erfahrung:
Sobald er schrie, bekam er Nahrung.

Dann lutscht er emsig und behende,
Bis daß die Flüssigkeit zu Ende.

Auch schien's ihm höchst verwundersam,
Wenn jemand mit der Lampe kam.
Er staunt, er glotzt, er schaut verquer,
Folgt der Erscheinung hin und her

Und weidet sich am Lichteffekt.
Man sieht bereits, was in ihm steckt.

Schnell nimmt er zu, wird stark und feist
An Leib nicht minder wie an Geist
Und zeigt bereits als kleiner Knabe

Des Zeichnens ausgeprägte Gabe.
Zunächst mit einem Schieferstiele
Macht er Gesichter im Profile;

Zwei Augen aber fehlen nie,
Denn die, das weiß er, haben sie.
Durch Übung wächst der Menschenkenner.
Bald macht er auch schon ganze Männer
Und zeichnet fleißig, oft und gern
Sich einen wohlbeleibten Herrn.

Und nicht nur, wie er außen war,
Nein, selbst das Innre stellt er dar.

Hier thront der Mann auf seinem Sitze
Und ißt zum Beispiel Hafergrütze.
Der Löffel führt sie in den Mund,
Sie rinnt und rieselt durch den Schlund,
Sie wird, indem sie weiterläuft,
Sichtbar im Bäuchlein angehäuft. –

So blickt man klar, wie selten nur,
Ins innre Walten der Natur. –

Doch ach! wie bald wird uns verhunzt
Die schöne Zeit naiver Kunst;
Wie schnell vom elterlichen Stuhle
Setzt man uns auf die Bank der Schule!

Herr Bötel nannte sich der Lehrer,
Der, seinerseits kein Kunstverehrer,
Mehr auf das Praktische beschränkt,
Dem Kuno seine Studien lenkt.

Einst an dem schwarzen Tafelbrett
Malt Kuno Böteln sein Portrett,

Herr Bötel, der es nicht bestellt,
Auch nicht für sprechend ähnlich hält,

Schleicht sich herzu in Zornerregung;
Und unter heftiger Bewegung
Wird das Gemälde ausgeputzt.
Der Künstler wird als Schwamm benutzt.

Bei Kuno ruft dies Ungemach
Kein Dankgefühl im Busen wach. –

Ein Kirchenschlüssel, von Gestalt
Ehrwürdig, rostig, lang und alt,
Durch Kuno hinten angefeilt,
Wird fest mit Pulver vollgekeilt.
Zu diesem ist er im Besitze
Von einer oft bewährten Spritze;
Und da er einen Schlachter kennt,
Füllt er bei ihm sein Instrument.

Die Nacht ist schwarz, Herr Bötel liest.
Bums! hört er, daß man draußen schießt.

Er denkt: »Was mag da vor sich gehn?
Ich muß mal aus dem Fenster sehn.«

Es zischt der Strahl, von Blut gerötet;
Herr Bötel ruft: »Ich bin getötet!«

Mit diesen Worten fällt er nieder
Und streckt die schreckgelähmten Glieder.

Frau Bötel war beim Tellerspülen;
Sie kommt und schreit mit Angstgefühlen:
»Ach, Bötel! lebst du noch, so sprich!«

»Kann sein!« – sprach er – »Man wasche mich!«

Bald zeigt sich, wie die Sache steht.
Herr Bötel lebt und ist komplett.
Er ruft entrüstet und betrübt:
»Das hat der Kuno ausgeübt!« –

Wenn wer sich wo als Lump erwiesen,
So bringt man in der Regel diesen
Zum Zweck moralischer Erhebung
In eine andere Umgebung.
Der Ort ist gut, die Lage neu,
Der alte Lump ist auch dabei. –

Nach diesem schon öfters erprobten Vermerke
Fahren wir fort im löblichen Werke.

DRITTES KAPITEL

Alsbald nach dieser Spritzaffäre
Kommt unser Kuno in die Lehre
Zum braven Malermeister Quast;
Ein Mann, der seine Kunst erfaßt,
Ein Mann, der trefflich tapeziert
Und Ofennischen marmoriert,
Und dem für künstlerische Zwecke.
Erreichbar selbst die höchste Decke.

Der Kunstbetrieb hat seine Plagen,
Viel Töpfe muß der Kuno tragen.

Doch gerne trägt er einen Kasten
Mit Vesperbrot für sich und Quasten.

Es fiel ihm auf, daß jeder Hund,
Bei diesem Kasten stille stund.

»Ei!« – denkt er – »das ist ja famos!«
Und macht den Deckel etwas los.

Ein Teckel, der den Deckel lupft,
Wird eingeklemmt und angetupft,

So daß er buntgefleckelt ward,
Fast wie ein junger Leopard.

Ein Windspiel, das des Weges läuft
Und naschen will, wird quer gestreift;

Es ist dem Zebra ziemlich ähnlich,
Nur schlanker, als wie dies gewöhnlich.

Ein kleiner Bulldogg, der als dritter
Der Meinung ist, daß Wurst nicht bitter,
Wird reizend grün und gelb kariert,
Wie's einem Inglischmän gebührt.

Ungern bemerkt dies Meister Quast.
Ihm ist die Narretei verhaßt!

Er liebte keine Zeitverschwendung
Und falsche Farbestoffverwendung.
Er schwieg. Doch als die Stunde kam,
Wo man die Vespermahlzeit nahm,
Da sprach er mild und guten Mutes:

»Ein guter Mensch kriegt auch was Gutes!«

Er schnitt vom Brot sich einen Fladen.
Der Kuno wird nicht eingeladen.

Er greift zur Wurst. Er löst die Haut.
Der Kuno steht dabei und schaut.

Die Wurst verschwindet allgemach.
Der Kuno blickt ihr schmachtend nach. –

Die Wurst verschwand bis auf die Schläue.
Der Kuno weint der Tränen zweie.

Doch Meister Quast reibt frohbedächtig
Den Leib und spricht: »Das schmeckte prächtig!
Heut abend laß ich nichts mehr kochen!« –

Er hält getreu, was er versprochen;
Geht ein durch seine Kammerpforte
Und spricht gemütlich noch die Worte:

»Sei mir willkommen, süßer Schlaf!
Ich bin zufrieden, weil ich brav!«

Der Kuno denkt noch nicht zu ruhn.
Er hat was Wichtiges zu tun.

Zunächst vor jeder andern Tat
Legt er sein Ränzel sich parat.
Sodann erbaut er auf der Diele
Aus Töpfen, Gläsern und Gestühle
Ein Werk im Stil der Pyramiden
Zum Denkmal, daß er abgeschieden.
Apart jedoch von der Verwirrnis
Stellt er den Topf, gefüllt mit Firnis.

Zuletzt ergreift er, wie zur Wehre,
Die mächtige Tapetenschere.

Quasts Deckbett ist nach altem Brauch
Ein stramm gestopfter Federschlauch.

Mit einem langen, leisen Schnitte
Schlitzt es der Kuno in der Mitte.

Rasch leert er jetzt den Firnistopf
Auf Quastens ahnungslosen Kopf.

Quast fährt empor voll Schreck und Staunen,
Greift, schlägt und tobt und wird voll Daunen.

Er springt hinaus in großer Hast,
Von Ansehn wie ein Vogel fast,

Und stößt mit schrecklichem Rumbum
Die neuste Pyramide um.

Froh schlägt das Herz im Reisekittel,
Vorausgesetzt, man hat die Mittel.

Nach diesem ahnungsvollen Vermerke
Fahren wir fort im löblichen Werke.

VIERTES KAPITEL

Recht gern empfängt die Musenstadt
Den Fremdling, welcher etwas hat. –
Kuno ist da. – Gedankentief
Verfaßte derselbe diesen Brief:
»Geehrter Herr Vater! Bei Meister Quast
Hat es mir leider nicht recht gepaßt.

Seit vorigen Freitag bin ich allhie,
Um zu besuchen die Akademie.
Geld hab' ich bereits schon gar nicht mehr.
Um solches, o Vater, ersuch' ich Euch sehr.
Logieren tu' ich auf hartem Gestrüppe.
Euer Sohn, das Hunger- und Angstgerippe.«

Der Vater, kratzend hinterm Ohr,
Sucht hundert Gulden bang hervor.
Eindringlich warnend vor Verschwendung,
Macht er dem Sohn die schwere Sendung.

Jetzt hat der Kuno Geld in Masse,
Stolz geht er in die Zeichenklasse.

Von allen Schülern, die da sitzen,
Kann keiner so den Bleistift spitzen.
Auch sind nur wenige dazwischen,
Die so wie er mit Gummi wischen.
Und im Schraffieren, was das Schwerste,
Da wird er unbedingt der Erste.

Jedoch zur Nacht, wenn er sich setzte,
Beim Schimmelwirt, blieb er der letzte.

Mit Leichtigkeit genießt er hier
So seine ein, zwei, drei Glas Bier.

Natürlich, da er so vorzüglich,
Sitzt er zu Ostern schon vergnüglich
Im herrlichen Antikensaale,
Dem Sammelplatz der Ideale.

Der Alten ewig junge Götter –
Wenn mancher auch in Wind und Wetter
Und sonst durch allerlei Verdrieß
Kopf, Arm und Bein im Stiche ließ –
Ergötzen Kuno unbeschreiblich,
Besonders, wenn die Götter weiblich.

Er ahmt sie nach in schwarzer Kreide

Doch kann er sich auch diese Freude
An schönen Sommernachmittagen,
Wenn's grade nötig, mal versagen
Und eilt mit brennender Havanna
Zum Schimmelwirt zu der Susanna.

Hier in des Gartens Lustrevier
Trinkt er so zwei, drei, vier Glas Bier.

Daher man denn auch bald erfuhr,
Der Klecksel malt nach der Natur.

Am linken Daumen die Palette,
Steht er schon da vor seinem Brette
Und malt die alte Runzeltante,
Daß sie fast jeder wiederkannte.

Doch eh die Abendglocke klang,
Macht er den hergebrachten Gang

Zur Susel und vertilgt bei ihr
So seine vier, fünf, sechs Glas Bier.

Da eines Abends sagt ganz plötzlich,
Grad als der Kuno recht ergötzlich,
Dies sonst so nette Frauenzimmer:
»Jetzt zahlen, oder Bier gibt's nimmer!«

Ach! reines Glück genießt doch nie,
Wer zahlen soll und weiß nicht wie!

Nach diesem mit Wehmut gemachten Vermerke
Fahren wir fort im löblichen Werke.

FÜNFTES KAPITEL

Ganz arglos auf dem Schillerplatzel
Geht Kunos Freund, der Herr von Gnatzel.

Ein netter Herr, ein lieber Mann.
Der Kuno pumpt ihn freudig an.

Freund Gnatzels Züge werden schmerzlich.
Er spricht gerührt: »Bedaure herzlich!
Recht dumm! Vergaß mein Portemonnaie!

Geduld bis morgen früh! Adieu!«

Von nun an ist es sonderbar,
Wie Gnatzel schwer zu treffen war.

Oft naht sich dieser Freund von ferne
Und Kuno grüßte ihn so gerne;

Doch kommt er nie zu seinem Zwecke;
Freund Gnatzel biegt um eine Ecke.

Oft sucht ihn Kuno zu beschleichen,
Um ihn von hinten zu erreichen;
Freund Gnatzel merkt es aber richtig,
Grad so, als ob er hintersichtig,

Schlüpft in die Droschke mit Geschick
Und läßt den Kuno weit zurück.

Der Kuno blickt in eine Schenke.
Sieh da! Freund Gnatzel beim Getränke!

Doch schnell entschlüpft er dem Lokal
Durchs Hinterpförtchen, wie ein Aal. –

Der Kuno sieht in dieser Not
Nur noch ein einzig Rettungsboot.

Er hat, von Schöpfungsdrang erfüllt,
Verfertigt ein historisch Bild:

Wie Berthold Schwarz vor zwei Sekunden
Des Pulvers große Kraft erfunden,
Dies Bildnis soll der Retter sein.
Er bringt es auf den Kunstverein.

Leicht kommt man an das Bildermalen,
Doch schwer an Leute, die's bezahlen.
Statt ihrer ist, als ein Ersatz,
Der Kritikus sofort am Platz.

Nach diesem, ach leider! so wahren Vermerke
Fahren wir fort im löblichen Werke.

SECHSTES KAPITEL

In selber Stadt ernährte sich
Ganz gut ein Dr. Hinterstich
Durch Kunstberichte von Bedeutung
In der von ihm besorgten Zeitung,

Was manchem das Geschäft verdirbt,
Der mit der Kunst sein Brot erwirbt.

Dies Blatt hat Klecksel mit Behagen
Von jeher eifrig aufgeschlagen.
Auch heute hält er's in der Hand
Und ist auf den Erfolg gespannt.

Wie düster wird sein Blick umnebelt!
Wie hat ihn Hinterstich vermöbelt!

Sogleich in eigener Person
Fort stürmt er auf die Redaktion.

Des Autors Physiognomie
Bedroht er mit dem Paraplü.

Der Kritikus, in Zornekstase,
Spießt mit der Feder Kunos Nase;

Ein Stich, der um so mehr verletzt,
Weil auch zugleich die Tinte ätzt.

Stracks wird der Regenschirm zur Lanze.

Flugs dient der Tisch als eine Schanze.

Vergeblich ist ein hoher Stoß,

Auch bleibt ein tiefer wirkungslos.

Jetzt greift der Kritikus voll Haß
Als Wurfgeschoß zum Tintenfaß.
Jedoch der Schaden bleibt gering,
Weil ihn das Paraplü empfing.

Der Kritikus braucht eine Finte.

Er zieht den Kuno durch die Tinte.
Der Tisch fällt um. Höchst penetrant

Wirkt auf das Augenlicht der Sand.

Indessen zieht der Kuno aber
Den Bleistift Numro 5 von Faber;

Und Hinterstich, der sehr rumort,
Wird mehrfach peinlich angebohrt.

Der Kuno, seines Sieges froh,
Verläßt das Redaktionsbüro.

Ein rechter Maler, klug und fleißig,
Trägt stets 'n spitzen Bleistift bei sich.

Nach diesem beherzigenswerten Vermerke
Fahren wir fort im löblichen Werke.

SIEBENTES KAPITEL

So ist denn also, wie das vorige
Ereignis lehrt, die Welthistorie
Wohl nicht das richtige Gebiet,
Wo Kunos Ruhm und Nutzen blüht.
Vielleicht bei näherer Bekanntschaft,
Schuf die Natur ihn für die Landschaft,
Die jedem, der dazu geneigt,
Viel nette Aussichtspunkte zeigt.

Zum Beispiel dieses Felsenstück
Gewährt ihm einen weiten Blick.

Wer kommt denn über jenen Bach?
Das ist das Fräulein von der Ach,
Vermögend zwar, doch etwas ältlich,
Halb geistlich schon und halb noch weltlich,

Lustwandelt sie mit Seelenruh
Und ihrem Spitz dem Kloster zu.

Zwei Hunde kommen angehüpft,
Die man durch eine Schnur verknüpft.

Der Spitz, gar ängstlich, retiriert,

Das gute Fräulein wird umschnürt.

Der Spitz enteilt, die Hunde nach;

Mit ihnen Fräulein von der Ach.

Der Kuno springt von seinem Steine.
Ein Messerschnitt zertrennt die Leine.

Der Kuno zeigt sich höchst galant.

Das Fräulein fragt, eh sie verschwand:
»Darf man Ihr Atelier nicht sehn?« –
»Holzgasse 5.« – »Ich danke schön!« –

Vielleicht, daß diese gute Tat
Recht angenehme Folgen hat!

Nach diesem hoffnungsvollen Vermerke
Fahren wir fort im löblichen Werke.

ACHTES KAPITEL

Sie blieb nicht aus. Sie kam zu ihm.
Hold lächelnd sprach sie und intim:
»Mein werter Freund! Seit längst erfüllt
Mich schon der Wunsch, ein lieblich Bild
Zu stiften in die Burgkapelle,
Was ich bei Ihnen nun bestelle.
So legendarisch irgendwie.
Vorläufig dies für Ihre Müh!«

Mit sanftem Druck legt sie in seine
Entzückte Hand zwei größre Scheine. –

Der Kuno, fremd in der Legende,
Verwendet sich zu diesem Ende
An einen grundgelehrten Greis,
Der folgende Geschichte weiß:

Der kühne Ritter
und
der greuliche Lindwurm

Es kroch der alte Drache
Aus seinem Felsgemache
Mit grausigem Randal.
All' Jahr ein Mägdlein wollt' er,
Sonst grollt er und radollt er,
Fraß alles ratzekahl.

Was kommt da aus dem Tore
In schwarzem Trauerflore
Für eine Prozession?
Die Königstochter Irme
Bringt man dem Lindgewürme;
Das Scheusal wartet schon.

Hurra.! Wohl aus dem Holze
Ein Ritter keck und stolze
Sprengt her wie Wettersturm.
Er sticht dem Untier schnelle
Durch seine harte Pelle;
Tot liegt und schlapp der Wurm.

Da sprach der König freudig:
»Wohlan, Herr Ritter schneidig,
Setzt Euch bei uns zur Ruh.
Ich geb' Euch sporenstreiches
Die Hälfte meines Reiches,
Mein Töchterlein dazu!«

»Mau, mau!« so rief erschrocken
Mit aufgesträubten Locken
Der Ritter stolz und keck.
»Ich hatte schon mal eine,
Die sitzt mir noch im Beine!
Ade!« und ritt ums Eck.

O altes blaues Wunder!
Da han wir doch jetzunder
Mehr Herz im Kamisol.
Wir ziehen unsre Kappe
Vor solchem Schwiegerpappe
Und sprechen: Ei, jawohl!

Der Stoff ist Kuno sehr willkommen,
Die zweite Hälfte ausgenommen,
Um ihn mit Kohle zu skizzieren
Und dann in Farben auszuführen. –

Gar oft erfreut das Fräulein sich
An Kunos kühnem Kohlenstrich,
Obgleich ihr eigentlich nicht klar,
Wie auch dem Künstler, was es war.
Wie's scheint, will ihm vor allen Dingen
Das Bild der Jungfrau nicht gelingen.

»Nur schwach, Natur, wirst du verstanden« –
Seufzt er – »wenn kein Modell vorhanden!«

»Kann ich nicht dienen?« lispelt sie.
»Schön!« – rief er – »Mittwoch in der Früh!«

Als nun die Abendglocke schlug,
Zieht ihn des Herzens süßer Zug
Zum Schimmelwirt, wie ehedem;
Und Susel macht sich angenehm.
Denn alte Treu, sofern es nur
Rentabel ist, kommt gern retour.
Ja, dies Verhältnis hier gedieh
Zu ungeahnter Harmonie. –

Mit zween Herrn ist schlecht zu kramen;
Noch schlechter, fürcht' ich, mit zwo Damen.

Nach diesem mit Zittern gemachten Vermerke
Fahren wir fort im löblichen Werke.

NEUNTES KAPITEL

Es war im schönen Karneval,
Wo, wie auch sonst und überall,
Der Mensch mit ungemeiner List
Zu scheinen sucht, was er nicht ist.
Dem Kuno scheint zu diesem Feste
Ein ritterlich Gewand das beste.

Schön Suschen aber schwebt dahin
Als holdnaive Schäferin.

Schon schwingt das Bein, das graziöse,
Sich nach harmonischem Getöse

Bei staubverklärtem Lichterglanze
Im angenehmsten Wirbeltanze. –

Doch ach! die schöne Nacht verrinnt.
Der Morgen kommt; kühl weht der Wind.

Zwei Menschen wandeln durch den Schnee
Vereint in Kunos Atelier.

Und hier besiegeln diese zwei
Sich dauerhafte Lieb und Treu. –

Hoch ist der Liebe süßer Traum
Erhaben über Zeit und Raum.
Der Kuno, davon auch betäubt,
Vergaß, daß man heut Mittwoch schreibt. –
Es rauscht etwas im Vorgemach.
O weh! Das Fräulein von der Ach!

»Herzallerliebster Schatz, allons!
Verbirg dich hinter dem Karton!«

»Willkommen, schönste Gönnerin!
Hier, bitte, treten Sie mal hin!«

Begonnen wird das Konterfei.
Der Spitz schaut hinter die Stafflei.

Der Künstler macht sein Sach genau.
Der Spitz, bedenklich, macht wau, wau!

Entrüstet aber wird der Spitz
Infolge eines Seitentritts.

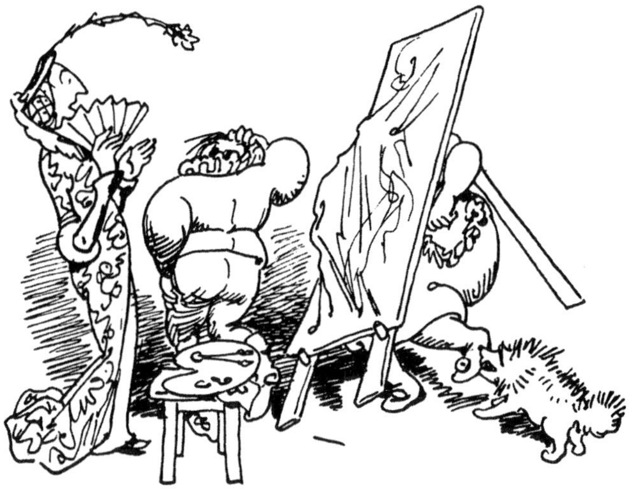

Die Haare sträuben sich dem Spitze,
Die Staffel schwankt. Ausrutscht die Stütze;

Und mit Gerassel wird enthüllt
Der Schäferin verschämtes Bild.

Nach dieser Krisis, wie ich bemerke,
Geht es zu End' mit dem löblichen Werke.

SCHLUSS

Hartnäckig weiter fließt die Zeit;
Die Zukunft wird Vergangenheit.
Von einem großen Reservoir
Ins andre rieselt Jahr um Jahr;
Und aus den Fluten taucht empor
Der Menschen buntgemischtes Korps.
Sie plätschern, traurig oder munter,
'n bissel 'rum, dann gehen s' unter
Und werden, ziemlich abgekühlt,
Für läng're Zeit hinweggespült. –

Wie sorglich blickt das Aug' umher!
Wie freut man sich, wenn der und der,
Noch nicht versunken oder matt,
Den Kopf vergnügt heroben hat.

Der alte Schimmelwirt ist tot.
Ein neuer trägt das Reichskleinod.
Derselbe hat wie seine Pflicht,
Dies Inserat veröffentlicht:

Kund sei es dem hohen Publiko,
Daß meine Frau Suse, des bin ich froh,
Hinwiederum eines Knäbleins genesen,
Als welches bis dato das fünfte gewesen.
Viel Gutes bringet der Jahreswechsel
Dem Schimmelwirte – Kuno Klecksel. –

So tut die vielgeschmähte Zeit
Doch mancherlei, was uns erfreut;
Und, was das Beste, sie vereinigt
Selbst Leute, die sich einst gepeinigt. –

Das Fräulein freilich, mit erboster
Entsagung, ging vorlängst ins Kloster.

Doch Bötel, wenn er in den Ferien
Die Stadt besucht und Angehörigen,
Und Meister Quast, der allemal
Von hier entnimmt sein Material,
Wie auch der vielgewandte Gnatzel,
(Jetzt schon bedeckt mit einer Atzel)
Ja, selbst der Dr. Hinterstich,
Dem alter Groll nicht hinderlich.

Sie alle trinken unbeirrt
Ihr Abendbier beim Schimmelwirt.

Oft sprach dann Bötel mit Behagen:
»Herr Schimmelwirt, ich kann wohl sagen:
Wär' nicht die rechte Bildung da,
Wo wären wir? Ja ja, ja ja!!«

Nach diesem von Bötel gemachten Vermerk
Schließen wir freudig das löbliche Werk.

HERNACH

PROSIT NEUJAHR

Da steht und kräht er.
Vielleicht gerät er.

PROSAISCHER KAUZ

Der holde Mond erhebt sich leise.
Ein alter Kauz denkt nur an Mäuse.

INNERER WERT

Ein kluger Mann verehrt das Schwein;
Er denkt an dessen Zweck.
Von außen ist es ja nicht fein,
Doch drinnen sitzt der Speck.

NACHHILFE

Dem Esel, störrisch im Geschäfte,
Verleiht der Knittel neue Kräfte.

KOMM, KOMM

Mit Güte lockt fast überall
Die Frau ihr Schweinchen in den Stall.

DROHENDES VERHÄNGNIS

Es machen sich die Fliegen
Ein lustig Tanzvergnügen.
Der Frosch, der denkt: Nur munter!
Ihr kommt schon noch herunter!

OSTERHAS

Es ist das Osterfest alljährlich
Doch für den Hasen recht beschwerlich.

UNWILLKOMMENER BESUCH

Wird man im Mittagsschlaf gestört,
Das ist verdrießlich, das empört.

DIE BRAVE GROSSMUTTER

Großmütterchen tut alles gern
Für Hänschen, ihren kleinen Herrn.

DER UNVERSCHÄMTE IGEL

In einem Baumstamm, unten hohl,
Da sitzt der Has und fühlt sich wohl.

Ein Igel, dem der Ort gefiel,
Möcht auch hinein, weil's draußen kühl.

Der Hase, voller Gütigkeit,
Macht höflich Platz und rückt beiseit.

Doch kaum ist er beiseitgerückt,
Fühlt er bereits, daß ihn was prickt.

Der unverschämte Igel.

(Text zu beiliegenden zwölf Zeichnungen)

In einem Baumstamm, unten hohl,
Da sitzt der Has' und fühlt sich wohl.
Ein Igel, dem der Ort gefiel,
Möcht' auch hinein, weil's draußen kühl.
Der Hase, voller Gütigkeit,
Macht höflich Platz und rückt beiseit.
Doch kaum ist er beiseit gerückt,
Fühlt er bereits, daß ihn was drückt.
Und plötzlich so geprickelt hat's,
Er muß heraus mit einem Satz.
Oh, unverschämtes Stachelthier!
Aha, der Fuchs ist auch schon hier.
Sogleich macht sich der Igel dick
Und zieht sich in sich selbst zurück.
Der Fuchs, der gern den Igel frißt,
Weiß aber, was zu machen ist.
Und greift, wie man ihn fassen kann,
Und schüttelt und verzehrt ihn dann.
Hier liegt die Haut, ganz hohl und leer.
Den Hasen, scheint's, erfreut es sehr.
Doch innerlich, so wie man sieht,
Ging ihm die Sache zu Gemüth.
Gottlob, nun sitzt der gute Has'
Gemüthlich wieder, wo er saß.

Und plötzlich so geprickelt hat's,
Er muß heraus mit einem Satz.

Oh, unverschämtes Stacheltier!
Aha, der Fuchs ist auch schon hier.

Zwar gleich macht sich der Igel dick
Und zieht sich in sich selbst zurück.

Der Fuchs, der gern den Igel frißt,
Weiß aber, was zu machen ist.

Und weiß, wie man ihn fassen kann,
Und schüttelt und verzehrt ihn dann.

Hier liegt die Haut, ganz hohl und leer.
Den Hasen, scheint's, erfreut es sehr.

Doch innerlich, so wie man sieht,
Ging ihm die Sache zu Gemüt.

Gottlob! nun sitzt der gute Has
Gemütlich wieder, wo er saß.

DIE ZEIT

I

II

III

So ist nun mal die Zeit allhie,
Erst trägt sie dich,

– Dann trägst du sie;

Und wann's vorüber, weißt du nie.

GEFAHR IM VERZUGE

Wenn das Rhinozeros, das schlimme,
Dich kriegen will in seinem Grimme,
Dann steig auf einen Baum beizeiten,
Sonst hast du Unannehmlichkeiten.

DAS NILPFERD

Das Nilpferd pflückt sich oft gemütlich
Ein Blümchen ab. Das macht sich niedlich!

KÜNSTLERS HOFFNUNG

Armer Künstler hat es sauer,
Doch Erfolg kommt allgemach!

Zeigt sich nur erst ein Beschauer
Folgen wohl die andern nach.

SORGLOS

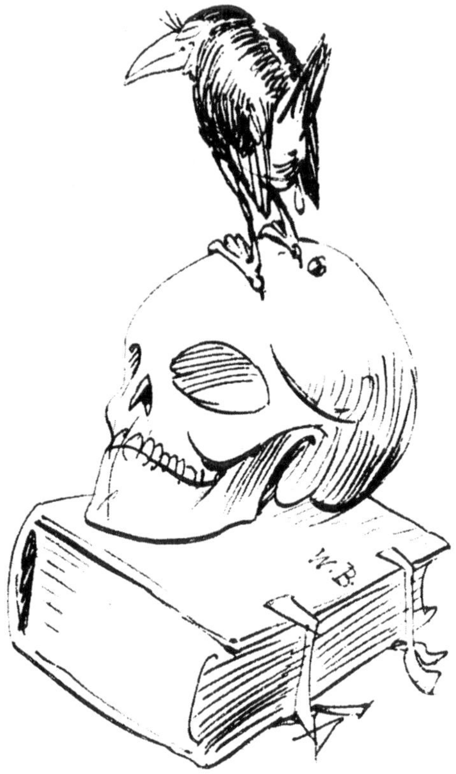

Selbst mancher Weise
Besieht ein leeres Denkgehäuse
Mit Ernst und Bangen. –
Der Rabe ist ganz unbefangen.

DER GRATULANT

Zu spät, mein Lieber!
Der Namenstag ist längst vorüber.

DER GEFÄLLIGE

I

Die Grete steigt zum Hühnernest.
Der Hansel hält die Leiter fest.

II

Die Leiter bricht von dem Gewicht.
Erfreulich ist's für beide nicht.

DER VERDÄCHTIGE

Trau keinem Filou,
Und hätt' er auch beide Augen zu.

EULE UND STAR

Guten Tag, Frau Eule!
Habt Ihr Langeweile?
Ja, eben jetzt,
Solang Ihr schwätzt!

DER FLIEGENDE FROSCH

I

Wenn einer, der mit Mühe kaum
Gekrochen ist auf einen Baum,

II

Schon meint,
daß er ein Vogel wär,

III

So irrt sich der.

UNVERHOFFT

Der Negerknabe ging so still
Am Nil dahin. Plötzlich erblickt er
Ein unverhofftes Krokodil.
Oh, wie erschrickt er!!

EIN MUSTER DER SCHNELLIGKEIT

Die Panzerkröte sprach zur Schnecke:
Pfui! Schäme dich!
Du kommst ja gar nicht recht vom Flecke!
Da sieh mal mich!!

DIE BÖSE ZIEGE

Ein Sträußlein, abgepflückt,
Damit es schmücke,

Wird oft, eh' daß es schmückt,
Ein Raub der Zicke.

DER DORFPOLITIKER

Altenteiler liest mit Ruh
In der Landeszeitung;
Friedlich grast die treue Kuh
Unter seiner Leitung.

Wenn sich zwei so einig sind
Und sich lange kennen,
Ach, wie kommt dann oft geschwind
Einer, sie zu trennen.

Daß die Trennung möglichst kurz,
Die die zwei betroffen,
Daß nicht gar zu hart der Sturz,
Nun, wir wollen's hoffen.

SCHNITZELN

REIME UND SINNSPRÜCHE

Solange Herz und Auge offen,
Um sich am Schönen zu erfreun,
Solange, darf man freudig hoffen,
Wird auch die Welt vorhanden sein.

*

Frühling, Sommer, und dahinter
Gleich der Herbst und bald der Winter.
Ach, verehrteste Mamsell,
Mit dem Leben geht es schnell.

*

Obgleich die Welt ja, sozusagen,
Wohl manchmal etwas mangelhaft,
Wird sie doch in den nächsten Tagen
Vermutlich noch nicht abgeschafft.

*

Dauerhaftem schlechtem Wetter
Mußt du mit Geduld begegnen,
Mach es wie die Schöppenstedter:
Regnet es, so laß es regnen.

*

Willst du das Leben recht verstehn,
Mußt du's nicht bloß von vorn besehn.
Von vorn betrachtet, sieht ein Haus
Meist besser als von hinten aus.

*

Scheint dir auch mal das Leben rauh,
Sei still und zage nicht,
Die Zeit, die alte Bügelfrau,
Macht alles wieder schlicht.

*

O Vöglein du, du hast es gut,
Du ziehst mit frohem Wandermut
In hoher Luft dem Süden zu,
O Vöglein, könnt' ich fort wie du!

*

Ich hörte mal, daß man Verdruß
Womöglich streng vermeiden muß.
Denn eine Störung seiner Freuden,
Sucht jeder möglichst zu vermeiden.

*

Wie traulich sitzt im Sonnenschein
Vor ihrer Tür auf einem Stein
Die Mutter mit dem Kind im Schoß
Und schaut, was auf dem Kopfe los.

*

Es saust der Stock, es schwirrt die Rute,
Du sollst nicht scheinen, was du bist.
Wie schad, o Mensch, daß dir das Gute
Im Grunde so zuwider ist.

*

Bettelleut' hat keiner gern,
Mehr beliebt sind reiche Herrn.

*

Heinrich, Heinrich, werde munter,
Denn sonst kömmste einen runter!

*

Oft ist das Denken schwer, indes
Das Schreiben geht auch ohne es.

*

Oft trifft man wen, der Bilder malt,
Viel seltener wen, der sie bezahlt.

*

In der Regel folgt auf Wenn
Erst ein So und dann ein Denn.

*

Also spricht der Fatalist:
Du mußt werden, wie du bist.
Widerstreben ist vergebens.
Der Gebieter alles Lebens
Gab dir schon von Anbeginn
Deinen Wunsch und Eigensinn,
Bald mit ja und bald mit nein,
Gerade so und so zu sein.

Sag nie bestimmt: Es wird erreicht!
Ein hübsches Wörtchen ist »vielleicht«.

*

Nur immer fix –
Sonst kriegste nix.

*

Wo man am meisten drauf erpicht,
Grad das bekommt man meistens nicht.

*

Vergebens predigt Salomo.
Die Leute machen's doch nicht so.

*

Wenn andre klüger sind als wir,
Das macht uns selten nur Pläsier,
Doch die Gewißheit, daß sie dümmer,
Erfreut fast immer.

*

Musik ist angenehm zu hören,
Doch ewig braucht sie nicht zu währen.

*

Ein hohler Zahn ist ein Asket,
Der allen Lüsten widersteht.

*

Dem Gourmand träumt es so süße
In der Silvesternacht:
Es hätt' ihm ein kleiner Engel
Was auf die Zunge gemacht.

*

Meistens schüchtern, selten herrisch,
Manchmal ernsthaft, manchmal närrisch
Zog er durch das Weltgetriebe,
Und fast immer fand er Liebe.

*

Meist in Wagen, die nicht federn,
Selten nur auf Gummirädern
Fährt der Mensch durch diese Welt,
Bis er in den Graben fällt.

*

Bald Holterpolter, wie gerädert,
In einem Wagen, der nicht federt,
Bald sanft wie im Automobil,
So kam er an sein Lebensziel.

SPRIKKER

Dürre Zweige, kurz gebrochen,
Etwas dünner oder dicker,
Um Kaffee dabei zu kochen,
Diese Zweige heißen Sprikker.

*

An all unserm Ärger sind andre schuld.
Das beste Mittel aber, um bei guter Laune zu bleiben,
ist die stets richtige Erkenntnis,
daß man selber nichts taugt.

*

Wenn man es nur versucht, so geht's.
Das heißt: mitunter, doch nicht stets.

*

Fernsicht gibt's,
und wär's nur von einem Maulwurfshaufen.

*

Wem Fortuna ein Haus schenkt,
dem schenkt sie auch Möbel.

*

Bemüh' dich nur und sei hübsch froh,
Der Ärger kommt schon sowieso.

*

Wer zusieht, sieht mehr, als wer mitspielt.

*

Erwischtes Laster verzeiht eher
als erwischte Dummheit.

*

Manche Wahrheiten sollen nicht,
manche brauchen nicht,
manche müssen gesagt werden.

*

Sage nie: Dann soll's geschehn.
Öffne dir ein Hinterpförtchen
Durch »Vielleicht«, das nette Wörtchen,
Oder sag: »Ich will mal sehn.«

*

Wie stark einer leidet,
ist nicht zu prüfen auf seine Richtigkeit,
da es verschiedene Dicke der Haut gibt.

Ungeduld
Hat häufig Schuld.

*

Wie klein ist das, was einer ist,
Wenn man's mit seinem Dünkel mißt.

*

Viel besser als ein guter Wille
Wirkt manchmal eine gute Pille.

*

Wer sich aufs Gebiet des Verstandes begibt,
muß sich den Gesetzen des Landes fügen.

*

Er ist durch die Kinderjahre hindurchgeprügelt.

*

Ein Onkel, der Gutes mitbringt,
ist besser als eine Tante, die bloß Klavier spielt.

*

Sagst du 2 × 2 = 4, so ist das klar, aber leer.
Sagst du »Wurst«, so ist was drin;
aber kann man das Wesen einer Wurst ergründen?!

*

Man kann sein Geld nicht schlechter anlegen
als in ungezogenen Kindern.

*

Auch das kleinste Ding
hat seine Wurzel in der Unendlichkeit,
ist also nicht völlig zu ergründen.

*

Glaube beruht auf Ursachen, nicht auf Gründen.

*

Der philosophische Ballon steigt nicht
über die irdische Atmosphäre hinauf.

*

Glaubenssachen sind Liebessachen.
Es gibt keine Gründe dafür oder dagegen.

*

Ein Haar in der Suppe mißfällt uns sehr,
Selbst wenn es vom Haupt der Geliebten wär.

*

Sie ist so unruhvoll,
als hätte sie einen Floh im Herzen.

Das Weib ist die Schatzhüterin des Lebens
in Verantwortung, Zurückhaltung, Sorgenahnung.

*

Ein böses Weib
soll man dem Teufel zum Geburtstag schenken.

*

Es ist der schlimmste Dienst:
Sklave eines bösen Weibes zu sein.

*

Er hatte ihr nichts zu verzeihen,
denn er hatte sie nicht beleidigt.

*

Der Glaube soll ruhig auf seiner Burg bleiben.
Da ist er sicher und geborgen.

*

Jeder hat gewisse normale Flut und Ebbe;
dazwischen, in diesen Abständen,
liegt sein natürliches Wesen;
je nachdem ihn der Mond, sein Genius,
sinken läßt oder hebt.
Was darunter, vielleicht auch, was darüber,
soll er nicht veröffentlichen.

*

Die Wahrheit ist zu schlau, um gefangen zu werden.

*

Auf der eigenen Leiter steigt man nicht
über die Mauer des verlorenen Paradieses.

*

Zwischen Bös und Gut
hat sich ein Streit erhoben.
Gut hat keinen Mut,
Bös bleibt oben.

*

Lästige Gedanken
sind wie zudringliche Stechmücken.

*

Gedanken sind nicht stets parat,
Man schreibt auch, wenn man keine hat.

*

»So ist die Sach'!« – Oh, wie so leise,
Wenn überhaupt, sagt das der Weise.

*

Dumme Gedanken hat jeder,
nur der Weise verschweigt sie.

*

Neue Gedanken sind nicht häufig;
Sag uns die alten nur geläufig.

Alle Worte scharwenzeln um die Wahrheit herum;
sie ist keusch.

*

Der Weise hält seine Meinung zurück;
also bin ich keiner.

*

Leben:
Die Stucken (Baumstümpfe) kriegt man fürs Ausroden.

*

Tod:
Wenn auch das Haus aufbrennt, der Kobold zieht mit um.

*

Das fatale Lächeln des Totenschädels.

*

Die unsichtbare Kraft der Toten, der Seelen:
der Fährmann sieht sie nicht,
aber sie beschweren den Kahn.

*

Leben heißt: ein Tyrann sein; Sterben: einwintern.

*

Der Tod ist nur die vorläufige Abrechnung.

*

Die Frage ist oft eine Mutter der Lüge.

*

Mancher ertrinkt lieber, als daß er um Hilfe ruft.

*

Schneide einen Dieb vom Galgen,
und er bestiehlt dich.

*

Der eine trägt Holz, der andre wärmt sich dran.

*

Dummheit ist auch eine natürliche Begabung.

*

Die Reue wegen Unterlassung einer bösen Tat ist,
fürcht' ich, nur zu häufig.

*

Der Schuster: Kein Hühnerauge sticht und brennt,
Das ihn nicht seinen Vater nennt.

*

Wer dir sagt, er hätte noch nie gelogen,
dem traue nicht, mein Sohn!

*

Zu viel und zu wenig Vertrauen sind Nachbarskinder.

Gottslohn! sagte der Bettler;
da fiel ihm das Brot durch die Kiepe.

*

Materie ist die Hartnäckigkeit der kleinsten Lebewesen.

*

Wer kann behaupten, daß die Naturgesetze ewig sind?
Wir kennen nur das eine Ende davon.

*

Zaunigel: Bild des bewaffneten Friedens.

*

Bei den Frühzügen kommt man am häufigsten zu spät.

*

Wer zu spät kommt, sieht nach der Uhr.

*

»Glück«, »Freiheit« sind Negationen der Wirklichkeit.

*

»Vielleicht« ist wie ein schlauer Krebs,
der vor- und rückwärts gehen kann.

*

Die Geschichte eines Flohs kann so interessant sein
wie die Geschichte Griechenlands.

*

Ein neues Klavier hat ungeborenen Lärm im Leibe.

*

Genie: Ganzes Genie und Brockengenie gibt's;
letzteres ist das gewöhnliche.

*

Kunstwerke:
Saft, der nicht stark genug eingekocht ist, verdirbt.

*

Töpfe sind auch Kunstgeschöpfe.

*

Der Lyriker bringt seine Gefühle zu Markt
wie der Bauer seine Ferkel.

*

Er läßt sich nicht helfen beim Dichten;
der Bauer macht seine Kinder auch selber.

*

In des Dichters Herzen – brennen oft mehrere Kerzen.

*

Eine ethische Bedeutung der Kunst ist zweifelhaft:
der Maler hält bei den Augen,
der Musiker bei den Ohren in der Welt fest.

Wer sagt, die ganze Welt sei schlecht,
Der hat wohl nur so ziemlich recht.

*

Ist darum schlecht die Welt,
Weil sie dir nicht gefällt?

*

Der Beste muß mitunter lügen;
Zuweilen tut er's mit Vergnügen.

*

Wir mögens keinem gerne gönnen,
Daß er was kann, was wir nicht können.

*

Dummheit, die man bei andern sieht,
Wirkt meist erhebend aufs Gemüt.

*

Wer anders glaubt ist schlecht;
wer anders denkt, ist dumm.

*

Je älter man wird, desto mehr findet sich Ersatz
der natürlichen Liebenswürdigkeit durch künstliche.

*

Klatschen heißt: anderer Leute Sünden beichten.

*

Das Feinste fällt durchs Sieb.

*

Mancher kann nicht aus dem Fenster hinausdenken.

*

Ein böses Wort läuft bis ans Ende der Welt.

*

Man tadelt oft den Lasterhaften,
weil man ihn beneidet.

*

Niemand holt sein Wort wieder ein.

*

Er mußte erst mit dem Kopf gegen die Bäume rennen,
ehe er merkte, daß er auf dem Holzwege war.

*

Was man besonders gerne tut,
Ist selten ganz besonders gut.

*

Der Gewinn anderer
wird fast wie ein eigener Verlust empfunden.

*

Wo was wächst, gleich ist wer da, der's frißt.

»Genug«, wenn's kommt, ist immer zu wenig,
wenn's da ist.

*

Erfüllte Wünsche kriegen Junge, viele wie die Säue.

*

Um Neid ist keiner zu beneiden.

*

Kalte Füße sind lästig, besonders die eigenen.

*

Wer hinter die Puppenbühne geht, sieht die Drähte.

*

Wer rudert, sieht den Grund nicht.

*

Ein Schönredner ist ein rhetorischer Seilwinder.

*

Ich nahm die Wahrheit mal aufs Korn
Und auch die Lügenfinten.
Die Lüge macht sich gut von vorn,
Die Wahrheit mehr von hinten.

*

Laster: Man liebt den Käse, aber deckt ihn zu.

*

Verhaßter Bote, der Verhaßtes meldet.

*

Dem Horcher guckt die Seele aus den Ohren.

*

Er hat den Hals zu voll, um »danke!« zu sagen.

*

Lacher gibt's vom Trottel bis zum Teufel.

*

Er leidet an einseitiger Liebe.

*

Wenigstens Selbstironie sollte der Sünder haben –
also jedermann.

*

Lachen ist Ausdruck der gekitzelten Eitelkeit.

*

Scheint die Welt so groß, weil der Kopf so klein?

*

Schwäche ist mißtrauisch.

*

Der Ungeduldige fährt sein Heu naß ein.

*

Wer kann, hat recht.

*

Der klugen Leute Ungeschick
Stimmt uns besonders heiter;
Man fühlt doch für den Augenblick
Sich auch einmal gescheiter.

ZU GUTER LETZT

DIE KLEINSTEN

Sag Atome, sage Stäubchen.
Sind sie auch unendlich klein,
Haben sie doch ihre Leibchen
Und die Neigung da zu sein.

Haben sie auch keine Köpfchen,
Sind sie doch voll Eigensinn.
Trotzig spricht des Zwerggeschöpfchen:
»Ich will sein so wie ich bin«.

Suche nur sie zu bezwingen,
Stark und findig wie du bist.
Solch ein Ding hat seine Schwingen,
Seine Kraft und seine List.

Kannst du auch aus ihnen schmieden
Deine Rüstung als Despot,
Schließlich wirst du doch ermüden,
Und dann heißt es: »Er ist tot«.

DER INNERE ARCHITEKT

Wem's in der Unterwelt zu still,
Wer oberhalb erscheinen will,
Der baut sich, je nach seiner Weise,
Ein sichtbarliches Wohngehäuse.
Er ist ein blinder Architekt,
Der selbst nicht weiß, was er bezweckt.
Dennoch verfertigt er genau
Sich kunstvoll seinen Leibesbau,
Und sollte mal was dran passieren,
Kann er's verputzen und verschmieren,
Und ist er etwa gar ein solch
Geschicktes Tierlein wie ein Molch,
Dann ist ihm alles einerlei,
Und wär's ein Bein, er macht es neu.
Nur schad, daß, was so froh begründet,
So traurig mit der Zeit verschwindet,
Wie schließlich jeder Bau hienieden,
Sogar die stolzen Pyramiden.

DER BEGLEITER

Hans, der soeben in der Stadt
Sein fettes Schwein verwertet hat,
Ging spät nach Haus bei Mondenschein.
Ein Fremder folgt und holt ihn ein.
Grüß Gott, rief Hans, das trifft sich gut,
Zu zweit verdoppelt sich der Mut.
Der Fremde denkt: Ha sapperlot!
Der Kerl hat Geld, ich schlag ihn tot;
Nur nicht von vorn, daß er es sieht,
Dagegen sträubt sich mein Gemüt.
Und weiter gehn sie allgemach,
Der Hans zuvor, der Fremde nach.
Jetzt, denkt sich dieser, mach ich's ab,
Er hob bereits den Knotenstab.
Was gilt die Butter denn bei euch?
Fragt Hans und dreht sich um zugleich.
Der Fremde schweigt, der Fremde stutzt,
Der Knittel senkt sich unbenutzt.
Und weiter gehn sie allgemach,
Der eine vor, der andre nach.
Hier, wo die dunklen Tannen stehn,
Hier, denkt der Fremde, soll's geschehn.
Spielt man auch Skat bei euch zuland?
Fragt Hans und hat sich umgewandt.

Der Fremde nickt und steht verdutzt,
Der Knittel senkt sich unbenutzt.
Und weiter gehn sie allgemach,
Der eine vor, der andre nach.
Hier, denkt der Fremde, wo das Moor,
Hier hau ich fest ihm hinters Ohr.
Und wieder dreht der Hans sich um.
Prost, rief er fröhlich, mögt ihr Rum?
Und zog ein Fläschlein aus dem Rock.
Der Fremde senkt den Knotenstock,
Tat einen Zug, der war nicht schwach,
Und weiter gehn sie allgemach.
Schon sind sie aus dem Wald heraus,
Und schau, da steht das erste Haus.
Es kräht der Hahn, es bellt der Spitz.
Dies, rief der Hans, ist mein Besitz.
Tritt ein, du ehrlicher Gesell,
Und nimm den Dank für dein Geleit.
Doch der Gesell entfernt sich schnell,
Vermutlich aus Bescheidenheit.

BEDÄCHTIG

Ich ging zur Bahn. Der Abendzug
Kam erst um halber zehn.
Wer zeitig geht, der handelt klug,
Er kann gemütlich gehn.

Der Frühling war so warm und mild,
Ich ging wie neubelebt,
Zumal ein wertes Frauenbild
Mir vor der Seele schwebt.

Daß ich sie heut noch sehen soll,
Daß sie gewiß noch wach,
Davon ist mir das Herz so voll,
Ich steh und denke nach.

Ein Häslein, das vorüberstiebt,
Ermahnt ich: Laß dir Zeit,
Ein guter Mensch, der glücklich liebt,
Tut keinem was zu leid.

Von ferne aus dem Wiesenteich
Erklang der Frösche Chor,
Und überm Walde stieg zugleich
Der goldne Mond empor.

Da bist du ja, ich grüße dich,
Du traulicher Kumpan.
Bedächtig wandelst du wie ich
Dahin auf deiner Bahn.

Dies lenkte meinen Denkersinn
Auf den Geschäftsverlauf;
Ich überschlug mir den Gewinn.
Das hielt mich etwas auf.

Doch horch, da ist die Nachtigall,
Sie flötet wunderschön.
Ich flöte selbst mit sanftem Schall
Und bleib ein wenig stehn.

Und flötend kam ich zur Station,
Wie das bei mir Gebrauch.
O weh, was ist das für ein Ton?
Der Zug, der flötet auch.

Dort saust er hin. Ich stand versteint.
Dann sah ich nach der Uhr
Wie jeder, der zu spät erscheint.
So will es die Natur.

DER PHILOSOPH

Ein Philosoph von ernster Art,
Der sprach und strich sich seinen Bart:

Ich lache nie. Ich lieb es nicht,
Mein ehrenwertes Angesicht
Durch Zähnefletschen zu entstellen
Und närrisch wie ein Hund zu bellen;
Ich lieb es nicht durch ein Gemecker
Zu zeigen, daß ich Witzentdecker.
Ich brauche nicht durch Wertvergleichen
Mit andern mich herauszustreichen,
Um zu ermessen, was ich bin,
Denn dieses weiß ich ohnehin.

Das Lachen will ich überlassen
Den minder hochbegabten Klassen.
Ist einer ohne Selbstvertraun
In Gegenwart von schönen Fraun,
So daß sie ihn als faden Gecken
Abfahren lassen oder necken,
Und fühlt er drob geheimen Groll
Und weiß nicht, was er sagen soll,
Dann schwebt mit Recht auf seinen Zügen
Ein unaussprechliches Vergnügen.

Und hat er Kursverlust erlitten,
Ist er moralisch ausgeglitten,
So gibt es Leute, die doch immer
Noch dümmer sind als er und schlimmer,
Und hat er etwa krumme Beine,
So gibt's noch krümmere als seine.

Er tröstet sich und lacht darüber
Und denkt: Da bin ich mir doch lieber.
Den Teufel laß ich aus dem Spiele.
Auch sonst noch lachen ihrer viele,
Besonders jene ewig Heitern,
Die unbewußt den Mund erweitern,
Die, sozusagen, auserkoren
Zum Lachen bis an beide Ohren.
Sie freuen sich mit Weib und Kind,
Schon bloß, weil sie vorhanden sind.

Ich dahingegen, der ich sitze
Auf der Betrachtung höchster Spitze,
Weit über allem Was und Wie,
Ich bin für mich und lache nie.

DIE WELT

Es geht ja leider nur soso
Hier auf der Welt, sprach Salomo.
Dies war verzeihlich. Das Geschnatter
Von tausend Frauen, denn die hatt' er,
Macht auch den Besten ungerecht.
Uns aber geht es nicht so schlecht.
Wer, wie es Brauch in unsern Tagen,
Nur eine hat, der soll nicht sagen
Und klagen, was doch mancher tut:
Ich bin für diese Welt zu gut.
Selbst, wenn es fehlt an dieser Einen,
Der braucht darob nicht gleich zu weinen
Und sich kopfüber zu ertränken.
Er hat, das mag er wohl bedenken,
Am Weltgebäude mitgezimmert
Und allerlei daran verschlimmert.
Und wenn er so in sich gegangen,
Gewissenhaft und unbefangen,
Dann kusch er sich und denke froh:
Gottlob, ich bin kein Salomo;
Die Welt, obgleich sie wunderlich,
Ist mehr als gut genug für mich.

LEBENSFAHRT

Lange warst du im Gedrängel
Aller Dinge tief versteckt,
Bis als einen kleinen Bengel
Unser Auge dich entdeckt.

Schreiend hast du Platz genommen,
Zum Genuß sofort bereit,
Und wir hießen dich willkommen,
Pflegten dich mit Zärtlichkeit.

Aber eh du recht empfunden,
Was daheim für Freuden blühn,
Hast dein Bündel du gebunden,
Um in fremdes Land zu ziehn.

Leichte, lustige Gesellen
Finden sich an jedem Ort.
Weiber schelten, Hunde bellen,
Lachend zogst du weiter fort.

Sahst die Welt an beiden Enden,
Hast genippt und hast genascht.
Endlich fest mit Klammerhänden
Hat die Liebe dich erhascht.

Und du zogst den Kinderwagen,
Und du trugst, was dir bestimmt,
Seelenlast und Leibesplagen,
Bis der Rücken sich gekrümmt.

Nur Geduld. Es steht ein Flieder
An der Kirche grau und alt.
Dort für deine müden Glieder
Ist ein kühler Aufenthalt.

BESCHRÄNKT

Halt dein Rößlein nur im Zügel,
Kommst ja doch nicht allzuweit.
Hinter jedem neuen Hügel
Dehnt sich die Unendlichkeit.

Nenne niemand dumm und säumig,
Der das Nächste recht bedenkt.
Ach, die Welt ist so geräumig,
Und der Kopf ist so beschränkt.

NICHT BEEIDIGT

Willst du gelobt sein, so verzichte
Auf kindlich blödes Wesen.
Entschließ dich, deine himmlischen Gedichte
Den Leuten vorzulesen.

Die Welt ist höflich und gesellig,
Und eh man dich beleidigt,
Sagt wohl ein jeder leicht, was dir gefällig,
Denn keiner ist beeidigt.

GEMARTERT

Ein gutes Tier
Ist das Klavier,
Still, friedlich und bescheiden,
Und muß dabei
Doch vielerlei
Erdulden und erleiden.

Der Virtuos
Stürzt darauf los
Mit hochgesträubter Mähne.
Er öffnet ihm
Voll Ungestüm
Den Leib, gleich der Hyäne.

Und rasend wild,
Das Herz erfüllt
Von mörderlicher Freude,
Durchwühlt er dann,
Soweit er kann,
Des Opfers Eingeweide.

Wie es da schrie,
Das arme Vieh,
Und unter Angstgewimmer
Bald hoch, bald tief
Um Hilfe rief,
Vergess' ich nie und nimmer.

DER GÜTIGE WANDRER

Fing man vorzeiten einen Dieb,
Hing man ihn auf mit Schnellbetrieb,
Und meinte man, er sei verschieden,
Ging man nach Haus und war zufrieden.
Ein Wandrer von der weichen Sorte
Kam einst zu solchem Galgenorte
Und sah, daß oben einer hängt,
Dem kürzlich man den Hals verlängt.
Sogleich, als er ihn baumeln sieht,
Zerfließt in Tränen sein Gemüt.
Ich will den armen Schelm begraben,
Denkt er, sonst fressen ihn die Raben.
Nicht ohne Müh, doch mit Geschick,
Klimmt er hinauf und löst den Strick;
Und jener, der im Wind geschwebt,
Liegt unten, scheinbar unbelebt.
Sieh da, nach Änderung der Lage
Tritt neu die Lebenskraft zutage,
So daß der gute Delinquent
Die Welt ganz deutlich wiederkennt.
Zärtlich, als wär's der eigne Vetter,
Umarmt er seinen Lebensretter
Nicht einmal, sondern noch einmal
Vor Freude nach so großer Qual.
Mein lieber Mitmensch, sprach der Wandrer,
Geh in dich, sei hinfür ein andrer.
Zum Anfang für dein neues Leben
Werd' ich dir jetzt zwei Gulden geben.
Das Geben tat ihm immer wohl.
Rasch griff er in sein Kamisol,
Wo er zur langen Pilgerfahrt
Den vollen Säckel aufbewahrt.
Er sucht und sucht und fand ihn nicht,
Und länger wurde sein Gesicht.
Er sucht und suchte wie ein Narr,
Weit wird der Mund, das Auge starr,
Bald ist ihm heiß, bald ist ihm kalt.
Der Dieb verschwand im Tannenwald.

GLAUBE

Stark in Glauben und Vertrauen,
Von der Burg mit festen Türmen
Kannst du dreist herniederschauen,
Keiner wird sie je erstürmen.

Laß sie graben, laß sie schanzen,
Stolze Ritter, grobe Bauern,
Ihre Flegel, ihre Lanzen
Prallen ab von deinen Mauern.

Aber hüte dich vor Zügen
In die Herrschaft des Verstandes,
Denn sogleich sollst du dich fügen
Den Gesetzen seines Landes.

Bald umringen dich die Haufen,
Und sie ziehen dich vom Rosse,
Und du mußt zu Fuße laufen
Schleunig heim nach deinem Schlosse.

DER WETTERHAHN

Wie hat sich sonst so schön der Hahn
Auf unserm Turm gedreht
Und damit jedem kundgetan,
Woher der Wind geweht.

Doch seit dem letztem Sturme hat
Er keinen rechten Lauf;
Er hängt so schief, er ist so matt,
Und keiner schaut mehr drauf.

Jetzt leckt man an den Finger halt
Und hält ihn hoch geschwind.
Die Seite, wo der Finger kalt,
Von daher weht der Wind.

ZAUBERSCHWESTERN

Zwiefach sind die Phantasien,
Sind ein Zauberschwesternpaar,
Sie erscheinen, singen, fliehen,
Wesenlos und wunderbar.

Eine ist die himmelblaue,
Die uns froh entgegenlacht;
Doch die andre ist die graue,
Welche angst und bange macht.

Jene singt von lauter Rosen,
Singt von Liebe und Genuß;
Diese stürzt den Hoffnungslosen
Von der Brücke in den Fluß.

DRUM

Wie dunkel ist der Lebenspfad,
Den wir zu wandeln pflegen.
Wie gut ist da ein Apparat
Zum Denken und Erwägen.

Der Menschenkopf ist voller List
Und voll der schönsten Kniffe;
Er weiß, wo was zu kriegen ist
Und lehrt die rechten Griffe.

Und weil er sich so nützlich macht,
Behält ihn jeder gerne.
Wer stehlen will, und zwar bei Nacht,
Braucht eine Diebslaterne.

WIE ÜBLICH

Suche nicht apart zu scheinen,
Wandle auf betretnen Wegen.
Meinst du, was die andern meinen,
Kommt man freundlich dir entgegen.

Mancher auf dem Seitensteige
Hat sich im Gebüsch verloren,
Und da schlugen ihm die Zweige
Links und rechts um seine Ohren.

DER KNOTEN

Als ich in Jugendtagen
Noch ohne Grübelei,
Da meint ich mit Behagen,
Mein Denken wäre frei.

Seitdem hab ich die Stirne
Oft auf die Hand gestützt
Und fand, daß im Gehirne
Ein harter Knoten sitzt.

Mein Stolz, der wurde kleiner.
Ich merkte mit Verdruß:
Es kann doch unsereiner
Nur denken, wie er muß.

ERNEUERUNG

Die Mutter plagte ein Gedanke.
Sie kramt im alten Kleiderschranke,
Wo kurz und lang, obschon gedrängt,
Doch friedlich beieinander hängt.
Auf einmal ruft sie: Ei, sieh da,
Der Schwalbenschwanz, da ist er ja!
Den blauen, längst nicht mehr benützten,
Den hinten zwiefach zugespitzten,
Mit blanken Knöpfen schön geschmückt,
Der einst so manches Herz berückt,
Ihn trägt sie klug und überlegt
Dahin, wo sie zu schneidern pflegt
Und trennt und wendet, näht und mißt,
Bis daß das Werk vollendet ist.
Auf die Art aus des Vaters Fracke
Kriegt Fritzchen eine neue Jacke.
Grad so behilft sich der Poet.
Du liebe Zeit, was soll er machen?
Gebraucht sind die Gedankensachen
Schon alle, seit die Welt besteht.

STREBSAM

Mein Sohn, hast du allhier auf Erden
Dir vorgenommen, was zu werden,
Sei nicht zu keck;
Und denkst du, sei ein stiller Denker.
Nicht leicht befördert wird der Stänker.
Mit Demut salbe deinen Rücken,
Voll Ehrfurcht hast du dich zu bücken,
Mußt heucheln, schmeicheln, mußt dich fügen;
Denn selbstverständlich nur durch Lügen

Kommst du vom Fleck.
Oh, tu's mit Eifer, tu's geduldig,
Bedenk, was du dir selber schuldig.
Das Gönnerherz wird sich erweichen,
Und wohl verdient wirst du erreichen
Den guten Zweck.

DANEBEN

Stoffel hackte mit dem Beile.
Dabei tat er sich sehr wehe,
Denn er traf in aller Eile
Ganz genau die große Zehe.

Ohne jedes Schmerzgewimmer,
Nur mit Ruh, mit einer festen,
Sprach er: Ja, ich sag es immer,
Nebenzu trifft man am besten.

QUERKOPF

Ein eigner Kerl war Krischan Bolte,
Er tat nicht gerne, was er sollte.
Als Kind schon ist er so gewesen.
Religion, Rechtschreiben und Lesen
Fielen für ihn nicht ins Gewicht:
Er sollte zur Schule und wollte nicht.
Später kam er zu Meister Pfriem.
Der zeigte ihm redlich und sagte ihm,
Jedoch umsonst, was seine Pflicht:
Er sollte schustern und wollte nicht.
Er wollte sich nun mal nicht quälen,
Deshalb verfiel er auf das Stehlen.
Man faßt ihn, stellt ihn vor Gericht:
Er sollte bekennen und wollte nicht.
Trotzdem verdammt man ihn zum Tode.
Er aber blieb nach seiner Mode
Ein widerspenstiger Bösewicht:
Er sollte hängen und wollte nicht.

ZU ZWEIT

Frau Urschel teilte Freud und Leid
Mit ihrer lieben Kuh;
Sie lebten in Herzeinigkeit
Ganz wie auf Du und Du.

Wie war der Winter doch so lang,
Wie knapp ward da das Heu;
Frau Urschel rief und seufzte bang:
O komm, du schöner Mai!

Komm schnell und lindre unsre Not,
Der du die Krippe füllst;
Wenn ich und meine Kuh erst tot,
Dann komme, wann du willst.

TRÖSTLICH

Nachbar Nickel ist verdrießlich,
Und er darf sich wohl beklagen,
Weil ihm seine Pläne schließlich
Alle gänzlich fehlgeschlagen.

Unsre Ziege starb heut morgen.
Geh und sag's ihm, lieber Knabe!
Daß er nach so vielen Sorgen
Auch mal eine Freude habe.

DUNKLE ZUKUNFT

Fritz, der mal wieder schrecklich träge,
Vermutet, heute gibt es Schläge,
Und knöpft zur Abwehr der Attacke
Ein Buch sich unter seine Jacke,
Weil er sich in dem Glauben wiegt,
Daß er was auf den Buckel kriegt.
Die Schläge trafen richtig ein.
Der Lehrer meint es gut. Allein
Die Gabe wird für heut gespendet
Mehr unten, wo die Jacke endet,
Wo Fritz nur äußerst leicht bekleidet
Und darum ganz besonders leidet.
Ach, daß der Mensch so häufig irrt
Und nie recht weiß, was kommen wird!

BEIDERSEITS

Frau Welt, was ist das nur mit euch?
Herr Walter sprach's, der alte.
Ihr werdet grau und faltenreich
Und traurig von Gestalte.

Frau Welt darauf erwidert schnipp'sch:
Mein Herr, seid lieber stille!
Ihr scheint mir auch nicht mehr so hübsch
Mit eurer schwarzen Brille.

DIE UNBELIEBTE

Habt ihr denn wirklich keinen Schimmer
Von Angst, daß ihr noch ruhig schlaft?
Wird denn in dieser Welt nicht immer
Das Leben mit dem Tod bestraft?

Ihr lebt vergnügt trotz dem Verhängnis,
Das näher stets und näher zieht.
So stiehlt der Dieb, dem das Gefängnis
Und später gar der Galgen blüht.

Hör auf, entgegnet frech die Jugend,
Du altes Jammerinstrument.
Man merkt es gleich: du bist die Tugend
Die keinem sein Vergnügen gönnt.

GUT UND BÖSE

Tugend will, man soll sie holen,
Ungern ist sie gegenwärtig;
Laster ist auch unbefohlen
Dienstbereit und fix und fertig.

Gute Tiere, spricht der Weise,
Mußt du züchten, mußt du kaufen;
Doch die Ratten und die Mäuse
Kommen ganz von selbst gelaufen.

PST

Es gibt ja leider Sachen und Geschichten,
Die reizend und pikant,
Nur werden sie von Tanten und von Nichten
Niemals genannt.

Verehrter Freund, so sei denn nicht vermessen,
Sei zart und schweig auch du.
Bedenk: Man liebt den Käse wohl, indessen
Man deckt ihn zu.

REUE

Die Tugend will nicht immer passen,
Im ganzen läßt sie etwas kalt,
Und daß man eine unterlassen,
Vergißt man bald.

Doch schmerzlich denkt manch alter Knaster,
Der von vergangnen Zeiten träumt,
An die Gelegenheit zum Laster,
Die er versäumt.

KOPF UND HERZ

Wie es scheint, ist die Moral
Nicht so bald beleidigt,
Während Schlauheit allemal
Wütend sich verteidigt.

Nenn den Schlingel liederlich,
Leicht wird er's verdauen;
Nenn ihn dumm, so wird er dich,
Wenn er kann, verhauen.

HINTEN HERUM

Ein Mensch, der etwas auf sich hält,
Bewegt sich gern in feiner Welt;
Denn erst in weltgewandten Kreisen
Lernt man die rechten Redeweisen,
Verbindlich, aber zugespitzt
Und treffend, wo die Schwäre sitzt.
Es ist so wie mit Rektor Knaut,
Der immer lächelt, wenn er haut.
Auch ist bei Knaben weit berüchtigt
Das Instrument, womit er züchtigt.
Zu diesem Zweck bedient er nämlich,
Als für den Sünder gut bekömmlich,
Sich einer schlanken Haselgerte,
Zwar biegsam, doch nicht ohne Härte,
Die sich, von rascher Hand bewegt,
Geschmeidig um die Hüfte legt.
Nur wer es fühlte, der begreift es:
Vorn schlägt er zu und hinten kneift es.

DER NARR

Er war nicht unbegabt. Die Geisteskräfte
Genügten für die laufenden Geschäfte.
Nur hat er die Marotte,
Er sei der Papst. Dies sagt er oft und gern
Für jedermann zum Ärgernis und Spotte,
Bis sie zuletzt ins Narrenhaus ihn sperr'n.

Ein guter Freund, der ihn daselbst besuchte,
Fand ihn höchst aufgeregt. Er fluchte:
Zum Kuckuck, das ist doch zu dumm.
Ich soll ein Narr sein und weiß nicht warum.

Ja, sprach der Freund, so sind die Leute.
Man hat an einem Papst genug.
Du bist der zweite.
Das eben kann man nicht vertragen.
Hör zu, ich will dir mal was sagen:
Wer schweigt, ist klug.

Der Narr verstummt, als ob er überlege.
Der gute Freund ging leise seiner Wege.

Und schau, nach vierzehn Tagen grade,
Da traf er ihn schon auf der Promenade.

Ei, rief der Freund, wo kommst du her?
Bist du denn jetzt der Papst nicht mehr?

Freund, sprach der Narr und lächelt schlau,
Du scheinst zur Neugier sehr geneigt.
Das, was wir sind, weiß ich genau.
Wir alle haben unsern Sparren,
Doch sagen tun es nur die Narren.
Der Weise schweigt.

DIE TUTE

Wenn die Tante Adelheide
Als Logierbesuch erschien,
Fühlte Fritzchen große Freude,
Denn dann gab es was für ihn.

Immer hat die liebe Gute
Tief im Reisekorb versteckt
Eine angenehme Tute,
Deren Inhalt köstlich schmeckt.

Täglich wird dem braven Knaben
Draus ein hübsches Stück beschert,
Bis wir schließlich nichts mehr haben
Und die Tante weiterfährt.

Mit der Post fuhr sie von hinnen
Fritzchens Trauer ist nur schwach.
Einer Tute, wo nichts drinnen,
Weint man keine Träne nach.

DER ASKET

Im Hochgebirg vor seiner Höhle
Saß der Asket;
Nur noch ein Rest von Leib und Seele
Infolge äußerster Diät.

Demütig ihm zu Füßen kniet
Ein Jüngling, der sich längst bemüht,
Des strengen Büßers strenge Lehren
Nachdenklich prüfend anzuhören.

Grad schließt der Klausner den Sermon
Und spricht: Bekehre dich, mein Sohn!
Verlaß das böse Weltgetriebe.
Vor allem unterlaß die Liebe,
Denn grade sie erweckt aufs neue
Das Leben und mit ihm die Reue.
Da schau mich an. Ich bin so leicht,
Fast hab ich schon das Nichts erreicht,
Und bald verschwind ich in das reine
Zeit-, raum- und traumlos Allundeine.

Als so der Meister in Ekstase,
Sticht ihn ein Bienchen in die Nase.

Oh, welch ein Schrei!
Und dann das Mienenspiel dabei.

Der Jüngling stutzt und ruft: Was seh ich?
Wer solchermaßen leidensfähig,
Wer so gefühlvoll und empfindlich,
Der, fürcht ich, lebt noch viel zu gründlich
Und stirbt noch nicht zum letztenmal.

Mit diesem kühlen Wort empfahl
Der Jüngling sich und stieg hernieder
Ins tiefe Tal und kam nicht wieder.

UNBERUFEN

Gestützt auf seine beiden Krücken,
Die alte Kiepe auf dem Rücken,
Ging durch das Dorf ein Bettelmann.
Und klopfte stets vergeblich an.

Erst aus dem allerletzten Haus
Kam eine gute Frau heraus,
Die grad den dritten Mann begraben,
Daher geneigt zu milden Gaben,
Und legt in seines Korbes Grund
Ein Brot von mehr als sieben Pfund.

Ein schmaler Steg führt gleich danach
Ihn über einen Rauschebach.

Jetzt hab ich Brot, jetzt bin ich glücklich!
So rief er froh, und augenblicklich
Fiel durch den Korb, der nicht mehr gut,
Sein Brot hinunter in die Flut.

Das kommt von solchem Übermut.

DIE TRUD

Wahrlich, sagte meine Tante,
Die fast alle Geister kannte,
Keine Täuschung ist die Trud.
Weißt du nicht, daß böse Seelen
Nächtlich aus dem Leibe rücken,
Um den Menschen zu bedrücken
Und zu treten und zu quälen,
Wenn er auf dem Rücken ruht?
Lautlos durch verschloss'ne Türen
Immer näher siehst du's kommen,
Zauberhaft und wunderlich.
Und dir graust es vor dem Dinge,
Und du kannst dich doch nicht rühren,
Und du fühlst dich so beklommen,
Möchtest rufen, wenn's nur ginge,
Und auf einmal hat es dich.
Doch wer klug, weiß sich zu schützen:
Abends beim Zurruhegehn
Brauchst du bloß darauf zu sehn,
Daß die Schuhe mit den Spitzen
Abgewandt vom Bette stehn.
Außerdem hab ich gehört:
Leichtes Herz und leichter Magen
Wie in andern Lebenslagen
Sind auch hier empfehlenswert.

VERSTAND UND LEIDENSCHAFT

Es ist ein recht beliebter Bau.
Wer wollt ihn nicht loben?
Drin wohnt ein Mann mit seiner Frau,
Sie unten und er oben.

Er, als ein schlaugewiegter Mann,
Hält viel aufweise Lehren,
Sie, ungestüm und drauf und dran,
Tut das, was ihr Begehren.

Sie läßt ihn reden und begeht,
Blind, wie sie ist, viel Wüstes,
Und bringt sie das in Schwulität,
Na, sagt er kühl, da siehst es.

Vereinen sich jedoch die zwei
Zu traulichem Verbande,
Dann kommt die schönste Lumperei
Hübsch regelrecht zustande.

So geht's in diesem Hause her.
Man möchte fast erschrecken.
Auch ist's beweglich, aber mehr
Noch als das Haus der Schnecken.

ES SPUKT

Abends, wenn die Heimchen singen,
Wenn die Lampe düster schwelt,
Hör ich gern von Spukedingen,
Was die Tante mir erzählt.

Wie es klopfte in den Wänden,
Wie der alte Schrank geknackt,
Wie es einst mit kalten Händen
Mutter Urschel angepackt,

Wie man oft ein leises Jammern
Grad um Mitternacht gehört
Oben in den Bodenkammern,
Scheint mir höchst bemerkenswert.

Doch erzählt sie gar das Märchen
Von dem Geiste ohne Kopf,
Dann erhebt sich jedes Härchen
Schaudervoll in meinem Schopf.

Und ich kann es nicht verneinen,
Daß es böse Geister gibt;
Denn ich habe selber einen,
Der schon manchen Streich verübt.

DER ALTE NARR

Ein Künstler auf dem hohen Seil,
Der alt geworden mittlerweil,
Stieg eines Tages vom Gerüst
Und sprach: Nun will ich unten bleiben
Und nur noch Hausgymnastik treiben,
Was zur Verdauung nötig ist.

Da riefen alle: Oh, wie schad!
Der Meister scheint doch allnachgrad
Zu schwach und steif zum Seilbesteigen!

Ha! denkt er, dieses wird sich zeigen!
Und richtig, eh der Markt geschlossen,
Treibt er aufs neu die alten Possen
Hoch in der Luft und zwar mit Glück,
Bis auf ein kleines Mißgeschick.

Er fiel herab in großer Eile
Und knickte sich die Wirbelsäule.

Der alte Narr! Jetzt bleibt er krumm!
So äußert sich das Publikum.

GESTÖRT

Um acht, als seine werte Sippe
Noch in den Federn schlummernd lag,
Begrüßt er von der Felsenklippe
Bereits den neuen Frühlingstag.

Und wie die angenehme Sonne
Liebreich zu ihm herniederschaut,
Da ist in süßer Rieselwonne
Sein ganzes Wesen aufgetaut.

Es schmilzt die schwere Außenhülle.
Ihm wird so wohl, ihm wird so leicht.
Er schwebt im Geist als freier Wille
Hinaus, so weit das Auge reicht.

Fort über Tal, zu fernen Hügeln,
Den Strom entlang, bis an das Meer,
Windeilig, wie auf Möwenflügeln,
Zieht er in hoher Luft einher.

Hier traf er eine Wetterwolke.
Die wählt er sich zum Herrschersitz.
Erhaben über allem Volke
Thront er in Regen, Sturm und Blitz.

O weh, der Zauber ist zu Ende.
Durchweicht vom Hut bis in die Schuh,
Der Buckel steif und lahm die Lende,
So schleicht er still der Heimat zu.

Zum Trost für seine kalten Glieder
Empfängt ihn gleich ein warmer Gruß.
Na, hieß es, jetzt bekommst du wieder
Dein Reißen in den Hinterfuß.

BEFRIEDIGT

Gehorchen wird jeder mit Genuß
Den Frauen, den hochgeschätzten,
Hingegen machen uns meist Verdruß
Die sonstigen Vorgesetzten.

Nur wenn ein kleines Mißgeschick
Betrifft den Treiber und Leiter,
Dann fühlt man für den Augenblick
Sich sehr befriedigt und heiter.

Als neulich am Sonntag der Herr Pastor
Eine peinliche Pause machte,
Weil er den Faden der Rede verlor,
Da duckt sich der Küster und lachte.

DER KOBOLD

In einem Häuschen, sozusagen –
(Den ersten Stock bewohnt der Magen)
In einem Häuschen war's nicht richtig.
Darinnen spukt und tobte tüchtig
Ein Kobold wie ein wildes Bübchen
Vom Keller bis zum Oberstübchen.
Fürwahr, es war ein bös Getös.
Der Hausherr wird zuletzt nervös,
Und als ein desperater Mann
Steckt er kurzweg sein Häuschen an
Und baut ein Haus sich anderswo
Und meint, da ging es ihm nicht so.
Allein, da sieht er sich betrogen.
Der Kobold ist mit umgezogen
Und macht Spektakel und Rumor
Viel ärger noch, als wie zuvor.
Ha, rief der Mann, wer bist du, sprich!
Der Kobold lacht: Ich bin dein Ich.

NICHT ARTIG

Man ist ja von Natur kein Engel,
Vielmehr ein Welt- und Menschenkind,
Und rings umher ist ein Gedrängel
Von solchen, die dasselbe sind.

In diesem Reich geborner Flegel,
Wer könnte sich des Lebens freun,
Würd' es versäumt, schon früh die Regel
Der Rücksicht kräftig einzubleun.

Es saust der Stock, es schwirrt die Rute.
Du darfst nicht zeigen, was du bist.
Wie schad, o Mensch, daß dir das Gute
Im Grunde so zuwider ist.

DER EINSAME

Wer einsam ist, der hat es gut,
Weil keiner da, der ihm was tut.
Ihn stört in seinem Lustrevier
Kein Tier, kein Mensch und kein Klavier,
Und niemand gibt ihm weise Lehren,
Die gut gemeint und bös zu hören.
Der Welt entronnen, geht er still
In Filzpantoffeln, wann er will.
Sogar im Schlafrock wandelt er
Bequem den ganzen Tag umher.

Er kennt kein weibliches Verbot,
Drum raucht und dampft er wie ein Schlot.
Geschützt vor fremden Späherblicken,
Kann er sich selbst die Hose flicken.
Liebt er Musik, so darf er flöten,
Um angenehm die Zeit zu töten,
Und laut und kräftig darf er prusten,
Und ohne Rücksicht darf er husten,
Und allgemach vergißt man seiner.
Nur allerhöchstens fragt mal einer:
Was, lebt er noch? Ei, Schwerenot,
Ich dachte längst, er wäre tot.
Kurz, abgesehn vom Steuerzahlen,
Läßt sich das Glück nicht schöner malen.
Worauf denn auch der Satz beruht:
Wer einsam ist, der hat es gut.

LACHE NICHT

Lache nicht, wenn mit den Jahren
Lieb und Freundlichkeit vergehen;
Was Paulinchen ist geschehen,
Kann auch dir mal widerfahren.

Sieh nur, wie verändert hat sich
Unser guter Küchenbesen.
Er, der sonst so weich gewesen,
Ist jetzunder stumpf und kratzig.

SEELENWANDERUNG

Wohl tausendmal schon ist er hier
Gestorben und wieder geboren,
Sowohl als Mensch wie auch als Tier,
Mit kurzen und langen Ohren.

Jetzt ist er ein armer blinder Mann,
Es zittern ihm alle Glieder,
Und dennoch, wenn er nur irgend kann,
Kommt er noch tausendmal wieder.

ÜBERLIEFERT

Zu Olims Zeit, auf der Oase
Am Quell, wo schlanke Palmen stehen,
Saß einst das Väterchen im Grase
Und hatte allerlei Ideen.

Gern sprach davon der Hochverehrte
Zu seinen Söhnen, seinen Töchtern,
Und das Gelehrte, oft Gehörte
Ging von Geschlechte zu Geschlechtern.

Auch wir in mancher Abendstunde,
Wenn treue Liebe uns bewachte,
Vernahmen froh die gute Kunde
Von dem, was Väterchen erdachte.

Und sicher klingt das früh Gewußte
So lang in wohlgeneigte Ohren,
Bis auf der kalten Erdenkruste
Das letzte Menschenherz erfroren.

SEHNSUCHT

Schon viel zu lang
Hab ich der Bosheit mich ergeben.
Ich lasse töten, um zu leben,
Und bös macht bang.

Denn niemals ruht
Die Stimme in des Herzens Tiefe,
Als ob es zärtlich klagend riefe:
Sei wieder gut.

Und frisch vom Baum
Den allerschönsten Apfel brach ich.
Ich biß hinein und seufzend sprach ich
Wie halb im Traum:

Du erstes Glück,
Du alter Paradiesesfrieden,
Da noch kein Lamm den Wolf gemieden,
O komm zurück!

NACHRUHM

Ob er gleich von hinnen schied,
Ist er doch geblieben,
Der so manches schöne Lied
Einst für uns geschrieben.

Unser Mund wird ihn entzückt
Lange noch erwähnen,
Und so lebt er hochbeglückt
Zwischen hohlen Zähnen.

DER TRAUM

Ich schlief. Da hatt' ich einen Traum.
Mein Ich verließ den Seelenraum.
Frei vom gemeinen Tagesleben,
Vermocht ich leicht dahinzuschweben.
So, angenehm mich fortbewegend,
Erreicht ich eine schöne Gegend.
Wohin ich schwebte, wuchs empor
Alsbald ein bunter Blumenflor,
Und lustig schwärmten um die Dolden
Viel tausend Falter, rot und golden.
Ganz nah auf einem Lilienstengel,
Einsam und sinnend, saß ein Engel.
Und weil das Land mir unbekannt,
Fragt ich: Wie nennt sich dieses Land?
Hier, sprach er, ändern sich die Dinge.
Du bist im Reich der Schmetterlinge.
Ich aber, wohlgemut und heiter,
Zog achtlos meines Weges weiter.
Da kam, wie ich so weiter glitt,
Ein Frauenbild und schwebte mit
Als ein willkommenes Geleite,
Anmutig lächelnd mir zur Seite,
Und um sie nie mehr loszulassen,
Dacht ich die Holde zu umfassen;
Doch eh ich Zeit dazu gefunden,
Schlüpft sie hinweg und ist verschwunden.
Mir war so schwül. Ich mußte trinken.
Nicht fern sah ich ein Bächlein blinken.
Ich bückte mich hinab zum Wasser.
Gleich faßt ein Arm, ein kalter, blasser,
Vom Grund herauf mich beim Genick.
Zwar zog ich eilig mich zurück,
Allein der Hals war steif und krumm,
Nur mühsam dreht ich ihn herum,
Und ach, wie war es rings umher
Auf einmal traurig, öd und leer.
Von Schmetterlingen nichts zu sehn,
Die Blumen, eben noch so schön,
Sämtlich verdorrt zerknickt, verkrumpelt.
So bin ich seufzend fortgehumpelt,
Denn mit dem Fliegen, leicht und frei,
War es nun leider auch vorbei.
Urplötzlich springt aus einem Graben,
Begleitet vom Geschrei der Raben,
Mir eine Hexe auf den Nacken
Und spornt mich an mit ihren Hacken
Und macht sich schwer wie Bleigewichte
Und drückt und zwickt mich fast zunichte,
Bis daß ich matt und lendenlahm
Zu einem finstern Walde kam.
Ein Jägersmann, dürr von Gestalt,
Trat vor und rief ein dumpfes Halt.
Schon liegt ein Pfeil auf seinem Bogen,
Schon ist die Sehne straff gezogen.
Jetzt trifft er dich ins Herz, so dacht ich,
Und von dem Todesschreck erwacht ich
Und sprang von Lager ungesäumt,
Sonst hätt' ich wohl noch mehr geträumt.

DER WIEDERGÄNGER

Es fand der geizige Bauer Kniep
Im Grabe keine Ruhe.
Die Sehnsucht nach dem Gelde trieb
Ihn wieder zu seiner Truhe.

Die Erben wollten diesen Gast
Im Haus durchaus nicht haben,
Weil ihnen der Verkehr verhaßt
Mit einem, der schon begraben.

Sie dachten, vor Drudenfuß und Kreuz
Ergebenst verschwinden sollt er.
Er aber vollführte seinerseits
Nur um so mehr Gepolter.

Zum Glück kam gerade zugereist
Ein Meister, der vieles erkundet.
Der hat gar schlau den bösen Geist
In einem Faß verspundet.

Man fuhr es bequem, als wäre es leer,
Bis an ein fließend Gewässer.
Da plötzlich machte sich Kniep so schwer
Wie zehn gefüllte Fässer.

Gottlieb, der Kutscher, wundert sich.
Nach rückwärts blickt er schnelle.
Wumm, knallt der Spund. Der Geist entwich
Und spukt an der alten Stelle.

Wie sonst besucht er jede Nacht
Die eisenbeschlagene Kiste
Und rumpelt, hustet, niest und lacht,
Als ob er von nichts was wüßte.

Kein Mittel erwies sich als probat.
Der Geist ward nur erboster.
Man trug, es blieb kein andrer Rat,
Den Kasten zum nächsten Kloster.

Der Pförtner sprach: Willkommen im Stift
Und herzlich guten Morgen!
Was Geld und böse Geister betrifft,
Das wollen wir schon besorgen.

DER GEIST

Es war ein Mägdlein froh und keck,
Stets lacht ihr Rosenmund,
Ihr schien die Liebe Lebenszweck
Und alles andre Schund.

Sie denkt an nichts als an Pläsier,
Seitdem die Mutter tot.
Sie lacht und liebt, obgleich es ihr
Der Vater oft verbot.

Einst hat sie frech und unbedacht
Den Schatz, der ihr gefällt,
Sich für die Zeit um Mitternacht
Zum Kirchhof hinbestellt.

Und als sie kam zum Stelldichein,
O hört, was sich begab,
Da stand ein Geist im Mondenschein
Auf ihrer Mutter Grab.

Er steht so starr, er steht so stumm,
Er blickt so kummervoll.
Das Mägdlein dreht sich schaudernd um
Und rennt nach Haus wie toll.

Es wird, wer einen Geist gesehn,
Nie mehr des Lebens froh,
Er fühlt, es ist um ihn geschehn.
Dem Mägdlein ging es so.

Sie welkt dahin, sie will und mag
Nicht mehr zu Spiel und Tanz.
Man flocht ihr um Johannistag
Bereits den Totenkranz.

DIE SEELEN

Der Fährmann lag in seinem Schiff
Beim Schein des Mondenlichts,
Als etwas kam und rief und pfiff;
Doch sehen tat er nichts.

Ihm war, als stiegen hundert ein.
Das Schifflein wurde schwer.
Flink, Fährmann, fahr uns übern Rhein,
Die Zahlung folgt nachher.

Und als er seine Pflicht getan,
Da ging es klinglingling,
Da warf ein Goldstück in den Kahn
Jedwedes Geisterding.

Husch, weg und weiter zog die Schar.
Verwundert steht der Mann:
So Seelen sind zwar unsichtbar,
Und doch ist etwas dran.

AUF WIEDERSEHN

Ich schnürte meinen Ranzen
Und kam zu einer Stadt,
Allwo es mir im ganzen
Recht gut gefallen hat.

Nur eines macht beklommen,
So freundlich sonst der Ort:
Wer heute angekommen,
Geht morgen wieder fort.

Bekränzt mit Trauerweiden
Vorüber zieht der Fluß,
Den jeder beim Verscheiden
Zuletzt passieren muß.

Wohl dem, der ohne Grauen,
In Liebe treu bewährt,
Zu jenen dunklen Auen
Getrost hinüberfährt.

Zwei Blinde, müd vom Wandern,
Sah ich am Ufer stehn;
Der eine sprach zum andern:
Leb wohl, auf Wiedersehn.

DURCHWEG LEBENDIG

Nirgend sitzen tote Gäste.
Allerorten lebt die Kraft.
Ist nicht selbst der Fels, der feste,
Eine Kraftgenossenschaft?

Durch und durch aus Eigenheiten,
So und so zu sein bestrebt,
Die sich lieben, die sich streiten,
Wird die bunte Welt gewebt.

Hier gelingt es, da mißglückt es.
Wünsche finden keine Rast.
Unterdrücker, Unterdrücktes,
Jedes Ding hat seine Last.

VERWUNSCHEN

Geld gehört zum Ehestande,
Häßlichkeit ist keine Schande,
Liebe ist beinah absurd.
Drum du nimmst den Junker Jochen
Innerhalb der nächsten Wochen.
Also sprach der Ritter Kurt.

Vater, flehte Kunigunde,
Schone meine Herzenswunde,
Ganz umsonst ist dein Bemühn.
Ja, ich schwör's bei Erd und Himmel,
Niemals nehm ich diesen Lümmel,
Ewig, ewig hass' ich ihn.

Nun, wenn Worte nicht mehr nützen,
Dann so bleibe ewig sitzen,
Marsch mit dir ins Burgverlies.
Zornig sagte dies der Alte,
Als er in die feuchte, kalte
Kammer sie hinunterstieß.

Jahre kamen, Jahre schwanden,
Nichts im Schlosse blieb vorhanden
Außer Kunigundens Geist.
Dort, wo graue Ratten rasseln,
Sitzt sie zwischen Kellerasseln,
Von dem Feuermolch umkreist.

Heut noch ist es nicht geheuer
In dem alten Burggemäuer
Um die Mitternacht herum.
Wehe, ruft ein weißes Wesen,
Will denn niemand mich erlösen?
Doch die Wände bleiben stumm.

HÖCHSTE INSTANZ

Was er liebt, ist keinem fraglich;
Triumphierend und behaglich
Nimmt es seine Seele ein
Und befiehlt: So soll es sein.

Suche nie, wo dies geschehen,
Widersprechend vorzugehen,
Sintemalen im Gemüt
Schon die höchste Macht entschied.

Ungestört in ihren Lauben
Laß die Liebe, laß den Glauben,
Der, wenn man es recht ermißt,
Auch nur lauter Liebe ist.

DIE FREUNDE

Zwei Knaben, Fritz und Ferdinand,
Die gingen immer Hand in Hand,
Und selbst in einer Herzensfrage
Trat ihre Einigkeit zutage.
Sie liebten beide Nachbars Käthchen,
Ein blondgelocktes, kleines Mädchen.
Einst sagte die verschmitzte Dirne:
Wer holt mir eine Sommerbirne?
Recht saftig, aber nicht zu klein?
Hernach soll er der Beste sein.
Der Fritz nahm seinen Freund beiseit
Und sprach: Das machen wir zu zweit;
Da drüben wohnt der alte Schramm,
Der hat den schönsten Birnenstamm.
Du steigst hinauf und schüttelst sacht,
Ich lese auf und gebe acht.
Gesagt, getan. Sie sind am Ziel:
Schon als die erste Birne fiel,
Macht Fritz damit sich aus dem Staube,
Denn eben schlich aus dunkler Laube,
In fester Faust ein spanisch Rohr,
Der aufmerksame Schramm hervor.
Auch Ferdinand sah ihn beizeiten
Und tät am Stamm heruntergleiten
In Ängstlichkeit und großer Hast.
Doch eh er unten Fuß gefaßt,
Begrüßt ihn Schramm bereits mit Streichen,
Als wollt er einen Stein erweichen.
Der Ferdinand, voll Schmerz und Hitze,
Entfloh und suchte seinen Fritze.
Wie angewurzelt blieb er stehn.
Ach, hätt' er es doch nie gesehn:
Die Käthe hat den Fritz geküßt,
Worauf sie eine Birne ißt.
Seit dies geschah, ist Ferdinand
Mit Fritz nicht mehr so gut bekannt.

NOCH ZWEI?

Durch das Feld ging die Familie,
Als mit glückbegabter Hand
Sanft errötend Frau Ottilie
Eine Doppelähre fand.

Was die alte Sage kündet,
Hat sich öfter schon bewährt:
Dem, der solche Ähren findet,
Wird ein Doppelglück beschert.

Vater Franz blickt scheu zur Seite.
Zwei zu fünf, das wäre viel.
Kinder, sprach er, aber heute
Ist es ungewöhnlich schwül.

DER SCHATZ

Der Stoffel wankte frohbewegt
Spät in der Nacht nach Haus.
Da ging, wie das zu kommen pflegt,
Ihm seine Pfeife aus.

Wer raucht, der raucht nicht gerne kalt.
Wie freut sich Stoffel da,
Als er ganz dicht vor sich im Wald
Ein Kohlenfeuer sah.

Die Kohlen glühn in einem Topf.
Der frohe Stoffel drückt
Gleich eine in den Pfeifenkopf
Und zieht als wie verrückt.

Wohl sieht er, wie die Kohle glüht,
Nur daß sie gar nicht brennt.
Da überläuft es sein Gemüt,
Er flucht Potzsapperment.

Das Wort war hier nicht recht am Platz.
Es folgt ein Donnerschlag.
Versunken ist der Zauberschatz
Bis an den jüngsten Tag.

Die Pfeife fällt vor Schreck und Graus
Auf einen harten Stein.
Ein Golddukaten rollt heraus,
Blitzblank im Mondenschein.

Von nun an, denkt der Stoffel schlau,
Schweig ich am rechten Ort.
Er kehrte heim zu seiner Frau
Und sprach kein einzig Wort.

SCHEU UND TREU

Er liebte sie in aller Stille.
Bescheiden, schüchtern und von fern
Schielt er nach ihr durch seine Brille
Und hat sie doch so schrecklich gern.

Ein Mücklein, welches an der Nase
Des schönen Kindes saugend saß,
Ertränkte sich in seinem Glase.
Es schmeckt ihm fast wie Ananas.

Sie hatte Haare wie ’ne Puppe,
So unvergleichlich blond und kraus.
Einst fand er eines in der Suppe
Und zog es hochbeglückt heraus.

Er rollt es auf zu einem Löckchen,
Hat’s in ein Medaillon gelegt.
Nun hängt es unter seinem Röckchen,
Da, wo sein treues Herze schlägt.

DIE SCHÄNDLICHE

Sie ist ein reizendes Geschöpfchen,
Mit allen Wassern wohl gewaschen;
Sie kennt die süßen Sündentöpfchen
Und liebt es, häufig draus zu naschen.

Da bleibt den sittlich Hochgestellten
Nichts weiter übrig, als mit Freuden
Auf diese Schandperson zu schelten
Und sie mit Schmerzen zu beneiden.

RÖSCHEN

Als Kind von angenehmen Zügen
War Röschen ein gar lustig Ding.
Gern zupfte sie das Bein der Fliegen,
Die sie geschickt mit Spucke fing.

Sie wuchs, und größere Objekte
Lockt sie von nun an in ihr Garn,
Nicht nur die jungen, nein, sie neckte
Und rupft auch manchen alten Narrn.

Inzwischen tat in stillem Walten
Die Zeit getreulich ihre Pflicht.
Durch wundersame Bügelfalten
Verziert sie Röschens Angesicht.

Und locker wurden Röschens Zähne.
Kein Freier stellte sich mehr ein.
Und schließlich kriegt sie gar Migräne,
Und die pflegt dauerhaft zu sein.

Dies führte sie zum Aberglauben,
Obwohl sie sonst nicht gläubig schien.
Sie meinte fest, daß Turteltauben
Den Schmerz der Menschen an sich ziehn.

Zwei Stück davon hat sie im Bauer,
Ein Pärchen, welches zärtlich girrt;
Jetzt liegt sie täglich auf der Lauer,
Ob ihnen noch nicht übel wird.

PLAUDERTASCHE

Du liebes Plappermäulchen,
Bedenk dich erst ein Weilchen
Und sprich nicht so geschwind.
Du bist wie unsre Mühle
Mit ihrem Flügelspiele
Im frischen Sausewind.

So lang der Müller tätig
Und schüttet auf das nötig,
Geht alles richtig zu;
Doch ist kein Korn darinnen,
Dann kommt das Werk von Sinnen
Und klappert so wie du.

IMMER WIEDER

Der Winter ging, der Sommer kam.
Er bringt aufs neue wieder
Den vielbeliebten Wunderkram
Der Blumen und der Lieder.

Wie das so wechselt Jahr um Jahr,
Betracht ich fast mit Sorgen.
Was lebte, starb, was ist, es war,
Und heute wird zu morgen.

Stets muß die Bildnerin Natur
Den alten Ton benützen
In Haus und Garten, Wald und Flur
Zu ihren neuen Skizzen.

SCHRECKHAFT

Nachdem er am Sonntagmorgen
Vor seinem Spiegel gestanden,
Verschwanden die letzten Sorgen
Und Zweifel, die noch vorhanden.

Er wurde so verwegen,
Daß er nicht länger schwankte.
Er schrieb ihr. Sie dagegen
Erwidert: Nein! Sie dankte.

Der Schreck, den er da hatte,
Hätt' ihn fast umgeschmissen,
Als hätt' ihn eine Ratte
Plötzlich ins Herz gebissen.

ABSCHIED

Ach, wie eilte so geschwinde
Dieser Sommer durch die Welt.
Herbstlich rauscht es in der Linde,
Ihre Blätter mit dem Winde
Wehen übers Stoppelfeld.

Hörst du in den Lüften klingend
Sehnlich klagend das Kuru?
Wandervögel, flügelschwingend,
Lebewohl der Heimat singend,
Ziehn dem fremden Lande zu.

Morgen muß ich in die Ferne.
Liebes Mädchen, bleib mir gut.
Morgen lebt in der Kaserne,
Daß er exerzieren lerne,
Dein dich liebender Rekrut.

IM HERBST

Der schöne Sommer ging von hinnen,
Der Herbst der reiche, zog ins Land.
Nun weben all die guten Spinnen
So manches feine Festgewand.

Sie weben zu des Tages Feier
Mit kunstgeübtem Hinterbein
Ganz allerliebste Elfenschleier
Als Schmuck für Wiese, Flur und Hain.

Ja, tausend Silberfäden geben
Dem Winde sie zum leichten Spiel,
Die ziehen sanft dahin und schweben
Ans unbewußt bestimmte Ziel.

Sie ziehen in das Wunderländchen,
Wo Liebe scheu im Anbeginn,
Und leis verknüpft ein zartes Bändchen
Den Schäfer mit der Schäferin.

DULDSAM

Des morgens früh, sobald ich mir
Mein Pfeifchen angezündet,
Geh ich hinaus zur Hintertür,
Die in den Garten mündet.

Besonders gern betracht ich dann
Die Rosen, die so niedlich;
Die Blattlaus sitzt und saugt daran
So grün, so still, so friedlich.

Und doch wird sie, so still sie ist,
Der Grausamkeit zur Beute;
Der Schwebefliegen Larve frißt
Sie auf bis auf die Häute.

Schluppwespchen flink und klimperklein,
So sehr die Laus sich sträube,
Sie legen doch ihr Ei hinein
Noch bei lebend'gem Leibe.

Sie aber sorgt nicht nur mit Fleiß
Durch Eier für Vermehrung;
Sie kriegt auch Junge hundertweis
Als weitere Bescherung.

Sie nährt sich an dem jungen Schaft
Der Rosen, eh sie welken;
Ameisen kommen, ihr den Saft
Sanft streichelnd abzumelken.

So seh ich in Betriebsamkeit
Das hübsche Ungeziefer
Und rauche während dieser Zeit
Mein Pfeifchen tief und tiefer.

Daß keine Rose ohne Dorn,
Bringt mich nicht aus dem Häuschen.
Auch sag ich ohne jeden Zorn:
Kein Röslein ohne Läuschen!

DER SCHADENFROHE

Ein Dornstrauch stand im Wiesental
An einer Stiege, welche schmal,
Und ging vorüber irgendwer,
Den griff er an und kratzte er.
Ein Lämmchen kam dahergehupft.
Das hat er ebenfalls gerupft.
Es sieht ihn traurig an und spricht:
Du brauchst doch meine Wolle nicht,
Und niemals tat ich dir ein Leid.
Weshalb zerrupfst du denn mein Kleid?
Es tut mir weh und ist auch schad.
Ei, rief der Freche, darum grad.

KRÄNZCHEN

In der ersten Nacht des Maien
Läßt's den Hexen keine Ruh.
Sich gesellig zu erfreuen,
Eilen sie dem Brocken zu.

Dorten haben sie ihr Kränzchen.
Man verleumdet, man verführt,
Macht ein lasterhaftes Tänzchen,
Und der Teufel präsidiert.

DIE BIRKE

Es wächst wohl auf der Heide
Und in des Waldes Raum
Ein Baum zu Nutz und Freude,
Genannt der Birkenbaum.

Die Schuh, daraus geschnitzet,
Sind freundlich von Gestalt.
Wohl dem, der sie besitzet,
Ihm wird der Fuß nicht kalt.

Es ist die weiße Rinde
Zu Tabakdosen gut,
Als teures Angebinde
Für den, der schnupfen tut.

Man zapfet aus der Birke
Sehr angenehmen Wein,
Man reibt sich, daß es wirke,
Die Glatze damit ein.

Dem Birkenreiserbesen
Gebühret Preis und Ehr;
Das stärkste Kehrichtwesen,
Das treibt er vor sich her.

Von Birken eine Rute,
Gebraucht am rechten Ort,
Befördert oft das Gute
Mehr als das beste Wort.

Und kommt das Fest der Pfingsten,
Dann schmückt mir fein das Haus,
Ihr, meine liebsten Jüngsten,
Mit Birkenzweigen aus.

SONST UND JETZT

Wie standen ehedem die Sachen
So neckisch da in ihrem Raum;
Schwer war's, ein Bild davon zu machen,
Und selbst der Beste konnt es kaum.

Jetzt, ohne sich zu überhasten,
Stellt man die Guckmaschine fest
Und zieht die Bilder aus dem Kasten,
Wie junge Spatzen aus dem Nest.

DIE MEISE

Auguste, wie fast jede Nichte,
Weiß wenig von Naturgeschichte.
Zu bilden sie in diesem Fache
Ist für den Onkel Ehrensache.

Auguste, sprach er, glaub es mir,
Die Meise ist ein nettes Tier.
Gar zierlich ist ihr Leibesbau,
Auch ist sie schwarz, weiß, gelb und blau.
Hell flötet sie und klettert munter
Am Strauch kopfüber und kopfunter.
Das härt'ste Korn verschmäht sie nicht,
Sie hämmert, bis die Schale bricht,
Mohnköpfen bohrt sie mit Verstand
Ein Löchlein in den Unterrand,
Weil dann die Sämerei gelind
Von selbst in ihren Schnabel rinnt.
Nicht immer liebt man Fastenspeisen,
Der Grundsatz gilt auch für die Meisen,
Sie gucken scharf in alle Ritzen,
Wo fette Käferlarven sitzen,
Und fangen sonst noch Myriaden
Insekten, die dem Menschen schaden,
Und hieran siehst du außerdem,
Wie weise das Natursystem. –
So zeigt er wie die Sache lag.

Es war kurz vor Martinitag.
Wer dann vernünftig ist und kann's
Sich leisten, kauft sich eine Gans.

Auch an des Onkels Außengiebel
Hing eine solche, die nicht übel,
Um, nackt im Freien aufgehangen,
Die rechte Reife zu erlangen.
Auf diesen Braten freute sich
Der Onkel sehr und namentlich
Vor allem auf die braune Haut,
Obgleich er sie nur schwer verdaut.

Martini kam, doch kein Arom
Von Braten spürt der gute Ohm.
Statt dessen trat voll Ungestüm
Die Nichte ein und zeigte ihm
Die Gans, die kaum noch Gans zu nennen,
Ein Scheusal, nicht zum Wiederkennen,
Zernagt beinah bis auf die Knochen.
Kein Zweifel war, wer dies verbrochen,
Denn deutlich lehrt der Augenschein,
Es konnten nur die Meisen sein.
Also ade! du braune Kruste.

Ja, lieber Onkel, sprach Auguste,
Die gern, nach weiblicher Manier,
Bei einem Irrtum ihn ertappt:
Die Meise ist ein nettes Tier.
Da hast du wieder recht gehabt.

DER KLUGE KRANICH

Ich bin mal so, sprach Förster Knast,
Die Flunkerei ist mir verhaßt,
Doch sieht man oft was Sonderbares.

Im Frühling vor fünf Jahren war es,
Als ich stockstill, den Hahn gespannt,
Bei Mondschein vor dem Walde stand.
Da läßt sich plötzlich flügelsausend
Ein Kranichheer, wohl an die tausend,
Ganz dicht zu meinen Füßen nieder.
Sie kamen aus Ägypten wieder
Und dachten auf der Reise nun
Sich hier ein Stündchen auszuruhn.

Ich selbstverständlich, schlau und sacht,
Gab sehr genau auf alles acht.

Du, Hans, so rief der Oberkranich»
Hast heut die Wache, drum ermahn ich
Dich ernstlich, halt dich stramm und paß
Gehörig auf, sonst gibt es was.

Bald schlief ein jeder ein und sägte.
Hans aber stand und überlegte.

Er nahm sich einen Kieselstein,
Erhob ihn mit dem rechten Bein
Und hielt sich auf dem linken nur
In Gleichgewicht und Positur.

Der arme Kerl war schrecklich müd.
Erst fiel das linke Augenlid,
Das rechte blinzelt zwar noch schwach,
Dann aber folgt's dem andern nach.
Er schnarcht sogar. Ich denke schon:
Wie wird es dir ergehn, mein Sohn?
So denk ich, doch im Augenblick,
Als ich es dachte, geht es klick!
Der Stein fiel Hänschen auf die Zeh,
Das weckt ihn auf, er schreit auweh!

Er schaut sich um, hat mich gewittert,
Pfeift, daß es Mark und Bein erschüttert,
Und allsogleich im Winkelflug
Entschwebt der ganze Heereszug.

Ich rief hurra! und schwang den Hut.
Der Vogel, der gefiel mir gut.
Er lebt auch noch. Schon oft seither
Sah man ihn fern am Schwarzen Meer
Auf einem Bein auf Posten stehn.

Dies schreibt mein Freund, der Kapitän,
Und was er sagt, ist ohne Frage
So wahr, als was ich selber sage.

BESTIMMUNG

Ein Fuchs von flüchtiger Moral
Und unbedenklich, wenn er stahl,
Schlich sich bei Nacht zum Hühnerstalle
Von einem namens Jochen Dralle,
Der, weil die Mühe ihn verdroß,
Die Tür mal wieder nicht verschloß.

Er hat sich, wie er immer pflegt,
So wie er war zu Bett gelegt.
Er schlief und schnarchte auch bereits.

Frau Dralle, welche ihrerseits
Noch wachte, denn sie hatt' die Grippe,
Stieß Jochen an die kurze Rippe.
Du, rief sie flüsternd, hör doch bloß,
Im Hühnerstall da ist was los;
Das ist der Fuchs, der alte Racker.

Und schon ergriff sie kühn und wacker,
Obgleich sie nur im Nachtgewand,
Den Besen, der am Ofen stand;
Indes der Jochen leise flucht
Und erst mal Licht zu machen sucht.

Sie ging voran, er hinterdrein.
Es pfeift der Wind, die Hühner schrein.

Nur zu, mahnt Jochen, sei nur dreist
Und sag Bescheid, wenn er dich beißt.

Umsonst sucht sich der Dieb zu drücken
Vor Madam Dralles Geierblicken.
Sie schlägt ihm unaussprechlich schnelle
Zwei-dreimal an derselben Stelle
Mit ihres Besens hartem Stiel
Aufs Nasenbein. Das war zuviel. –

Ein jeder kriegt, ein jeder nimmt
In dieser Welt, was ihm bestimmt.

Der Fuchs, nachdem der Balg herab,
Bekommt ein Armesündergrab.

Frau Dralle, weil sie leichtgesinnt
Sich ausgesetzt dem Winterwind
Zum Trotz der Selbsterhaltungspflicht,
Kriegt' zu der Grippe noch die Gicht.

Doch Jochen kriegte hocherfreut
Infolge der Gelegenheit
Von Pelzwerk eine warme Kappe
Mit Vorder- und mit Hinterklappe.

Stets hieß es dann, wenn er sie trug:
Der ist es, der den Fuchs erschlug.

HUND UND KATZE

Miezel, eine schlaue Katze,
Molly, ein begabter Hund,
Wohnhaft an demselben Platze,
Haßten sich aus Herzensgrund.

Schon der Ausdruck ihrer Mienen,
Bei gesträubter Haarfrisur,
Zeigt es deutlich: Zwischen ihnen
Ist von Liebe keine Spur.

Doch wenn Miezel in dem Baume,
Wo sie meistens hin entwich,
Friedlich dasitzt wie im Traume,
Dann ist Molly außer sich.

Beide lebten in der Scheune,
Die gefüllt mit frischem Heu.
Alle beide hatten Kleine,
Molly zwei und Miezel drei.

Einst zur Jagd ging Miezel wieder
Auf das Feld. Da geht es bumm!
Der Herr Förster schoß sie nieder.
Ihre Lebenszeit ist um.

Oh, wie jämmerlich miauen
Die drei Kinderchen daheim.
Molly eilt, sie zu beschauen,
Und ihr Herz geht aus dem Leim.

Und sie trägt sie kurz entschlossen
Zu der eignen Lagerstatt,
Wo sie nunmehr fünf Genossen
An der Brust zu Gaste hat.

Mensch mit traurigem Gesichte,
Sprich nicht nur von Leid und Streit,
Selbst in Brehms Naturgeschichte
Findet sich Barmherzigkeit.

JA JA!

Ein weißes Kätzchen voller Schliche
Ging heimlich, weil es gerne schleckt,
Des Abends in die Nachbarküche,
Wo man es leider bald entdeckt.

Mit Besen und mit Feuerzangen
Gejagt in alle Ecken ward's.
Es fuhr zuletzt voll Todesbangen
Zum Schlot hinaus und wurde schwarz.

Ja, siehst du wohl, mein liebes Herze?
Wer schlecken will, was ihm gefällt,
Der kommt nicht ohne Schmutz und Schwärze
Hinaus aus dieser bösen Welt.

HAHNENKAMPF

Ach, wie vieles muß man rügen,
Weil es sündlich und gemein,
So zum Beispiel das Vergnügen,
Zuzusehn bei Prügelein.

Noch vor kurzem hab ich selber
Mir zwei Gockel angesehn,
Hier ein schwarzer, da ein gelber,
Die nicht gut zusammenstehn.

Plötzlich kam es zum Skandale,
Denn der schwarze macht die Kur,
Was dem gelben alle Male
Peinlich durch die Seele fuhr.

Mit den Krallen, mit den Sporen.
Mit dem Schnabel, scharf gewetzt,
Mit den Flügeln um die Ohren
Hat es Hieb auf Hieb gesetzt.

Manche Feder aus dem Leder
Reißen und zerschleißen sie,
Und zum Schlusse ruft ein jeder
Triumphierend Kikriki!

Voller Freude und mit wahrem
Eifer sah ich diesen Zwist,
Während jedes Huhn im Harem
Höchst gelassen weiterfrißt.

Solch ein Weibervolk mit Flügeln
Meint, wenn Gockel früh und spät.
Seinetwegen sich verprügeln,
Daß sich das von selbst versteht.

BEWAFFNETER FRIEDE

Ganz unverhofft an einem Hügel
Sind sich begegnet Fuchs und Igel.
Halt, rief der Fuchs, du Bösewicht!
Kennst du des Königs Order nicht?
Ist nicht der Friede längst verkündigt,
Und weißt du nicht, daß jeder sündigt,
Der immer noch gerüstet geht?
Im Namen seiner Majestät
Geh her und übergib dein Fell.
Der Igel sprach: Nur nicht so schnell.
Laß dir erst deine Zähne brechen,
Dann wollen wir uns weiter sprechen!
Und allsogleich macht er sich rund,
Schließt seinen dichten Stachelbund
Und trotzt getrost der ganzen Welt:
Bewaffnet, doch als Friedensheld.

FUCHS UND GANS

Es war die erste Maiennacht.
Kein Mensch im Dorf hat mehr gewacht.
Da hielten, wie es stets der Fall,
Die Tiere ihren Frühlingsball.

Die Gans, die gute Adelheid,
Fehlt nie bei solcher Festlichkeit,
Obgleich man sie nach altem Brauch
Zu necken pflegt. So heute auch.

Frau Schnabel, nannte sie der Kater,
Frau Plattfuß, rief der Ziegenvater;
Doch sie, zwar lächelnd aber kühl,
Hüllt sich in sanftes Selbstgefühl.

So saß sie denn in ödem Schweigen
Allein für sich bei Spiel und Reigen,
Bei Freudenlärm und Jubeljux.

Sieh da, zum Schluß hat auch der Fuchs
Sich ungeladen eingedrängelt.
Schlau hat er sich herangeschlängelt.

Ihr Diener, säuselt er galant,
Wie geht's der Schönsten in Brabant?
Ich küss' der gnäd'gen Frau den Fittich.
Ist noch ein Tänzchen frei, so bitt ich.

Sie nickt verschämt: O Herr Baron!
Indem, so walzen sie auch schon.
Wie trippeln die Füße, wie wippeln die Schwänze
Im lustigen Kehraus, dem letzten der Tänze.
Da tönt es vier mit lautem Schlag.
Das Fest ist aus. Es naht der Tag. –

Bald drauf im frühsten Morgenschimmer
Ging Mutter Urschel aus, wie immer
Mit Korb und Sichel, um verstohlen
Sich etwas fremden Klee zu holen.
An einer Hecke bleibt sie stehn:
Herrje, was ist denn hier geschehn?
Die Füchse, sag ich, soll man rädern.
Das sind wahrhaftig Gänsefedern.
Ein frisches Ei liegt dicht daneben.
Ich bin so frei es aufzuheben.
Ach, armes Tier, sprach sie bewegt,
Dies Ei hast du vor Angst gelegt.

ZU GUT GELEBT

Frau Grete hatt' ein braves Huhn,
Das wußte seine Pflicht zu tun.
Es kratzte hinten, pickte vorn,
Fand hier ein Würmchen, da ein Korn,
Erhaschte Käfer, schnappte Fliegen
Und eilte dann mit viel Vergnügen
Zum stillen Nest, um hier geduldig
Das zu entrichten, was es schuldig.
Fast täglich tönte sein Geschrei:
Viktoria, ein Ei, ein Ei!
Frau Grete denkt: O, welch ein Segen,
Doch könnt es wohl noch besser legen.
Drum reicht sie ihm, es zu verlocken,
Oft extra noch die schönsten Brocken.
Dem Hühnchen war das angenehm.
Es putzt sich, macht es sich bequem,
Wird wohlbeleibt, ist nicht mehr rührig
Und sein Geschäft erscheint ihm schwierig.
Kaum daß ihm noch mit Drang und Zwang
Mal hie und da ein Ei gelang.

Dies hat Frau Gretchen schwer bedrückt,
Besonders, wenn sie weiterblickt;
Denn wo kein Ei, da ist's vorbei
Mit Rührei und mit Kandisei.
Ein fettes Huhn legt wenig Eier.
Ganz ähnlich geht's dem Dichter Meier,
Der auch nicht viel mehr dichten kann,
Seit er das große Los gewann.

VERLUST DER ÄHNLICHKEIT

Man sagt, ein Schnäpschen, insofern
Es kräftig ist, hat jeder gern.
Ganz anders denkt das Volk der Bienen.
Der Süffel ist verhaßt bei ihnen,
Sein Wohlgeruch tut ihnen weh.
Sie trinken nichts wie Blütentee,
Und wenn wer kommt, der Schnäpse trank,
Gleich ziehen sie den Stachel blank.

Letzthin hat einem Bienenstöckel
Der brave alte Schneider Böckel,
Der nicht mehr nüchtern in der Tat,
Aus Neubegierde sich genaht.
Sofort von einem regen Leben
Sieht Meister Böckel sich umgeben.
Es dringen giftgetränkte Pfeile
In seine nackten Körperteile,
Ja, manche selbst durch die nur lose
Und leichtgewirkte Sommerhose,
Besonders, weil sie stramm gespannt.
Zum Glück ist Böckel kriegsgewandt.
Er zieht sich kämpfend wie ein Held
Zurück ins hohe Erbsenfeld.
Hier hat er Zeit, an vielen Stellen
Des Leibes merklich anzuschwellen,
Und als er wiederum erscheint,
Erkennt ihn kaum sein bester Freund.
Natürlich, denn bei solchem Streit
Verliert man seine Ähnlichkeit.

DIE TEILUNG

Es hat einmal, so wird gesagt,
Der Löwe mit dem Wolf gejagt.
Da haben sie vereint erlegt
Ein Wildschwein, stark und gut gepflegt.

Doch als es ans Verteilen ging,
Dünkt das dem Wolf ein mißlich Ding.

Der Löwe sprach: Was grübelst du?
Glaubst du, es geht nicht redlich zu?
Dort kommt der Fuchs, er mag entscheiden,
Was jedem zukommt von uns beiden.

Gut, sagt der Wolf, dem solch ein Freund
Als Richter gar nicht übel scheint.

Der Löwe winkt dem Fuchs sogleich:
Herr Doktor, das ist was für Euch.
Hier dieses jüngst erlegte Schwein,
Bedenkt es wohl, ist mein und sein.
Ich faßt es vorn, er griff es hinten;
Jetzt teilt es uns, doch ohne Finten.

Der Fuchs war ein Jurist von Fach.
Sehr einfach, spricht er, liegt die Sach.
Das Vorderteil, ob viel, ob wenig,
Erhält mit Fug und Recht der König.
Dir aber, Vetter Isegrim,
Gebührt das Hinterteil. Da nimm!

Bei diesem Wort trennt er genau
Das Schwänzlein hinten von der Sau.
Indes der Wolf verschmäht die Beute,
Verneigt sich kurz und geht beiseite.

Fuchs, sprach der Löwe, bleibt bei mir.
Von heut an seid Ihr Großvezier.

SPATZ UND SCHWALBEN

Es grünte allenthalben.
Der Frühling wurde wach.
Bald flogen auch die Schwalben
Hell zwitschernd um das Dach.

Sie sangen unermüdlich
Und bauten außerdem
Am Giebel, rund und niedlich
Ihr Nest aus feuchtem Lehm.

Und als sie eine Woche
Sich redlich abgequält,
Hat nur am Eingangsloche
Ein Stückchen noch gefehlt.

Da nahm der Spatz, der Schlingel,
Die Wohnung in Besitz.
Jetzt hängt ein Strohgeklüngel
Hervor aus ihrem Schlitz.

Nicht schön ist dies Gebahren
Und wenig ehrenwert
Von einem, der seit Jahren
Mit Menschen viel verkehrt.

FINK UND FROSCH

Auf leichten Schwingen frei und flink
Zum Lindenwipfel flog der Fink
Und sang an dieser hohen Stelle
Sein Morgenlied so glockenhelle.

Ein Frosch, ein dicker, der im Grase
Am Boden hockt, erhob die Nase,
Strich selbstgefällig seinen Bauch
Und denkt: Die Künste kann ich auch.

Alsbald am rauhen Stamm der Linde
Begann er, wenn auch nicht geschwinde,
Doch mit Erfolg emporzusteigen,
Bis er zuletzt von Zweig zu Zweigen,
Wobei er freilich etwas keucht,
Den höchsten Wipfelpunkt erreicht
Und hier sein allerschönstes Quaken
Ertönen läßt aus vollen Backen.

Der Fink, dem dieser Wettgesang
Nicht recht gefällt, entfloh und schwang
Sich auf das steile Kirchendach.

Wart, rief der Frosch, ich komme nach.
Und richtig ist er fortgeflogen,
Das heißt, nach unten hin im Bogen,
So daß er schnell und ohne Säumen,
Nach mehr als zwanzig Purzelbäumen,
Zur Erde kam mit lautem Quak,
Nicht ohne großes Unbehagen.

Er fiel zum Glück auf seinen Magen,
Den dicken, weichen Futtersack,
Sonst hätt er sicher sich verletzt.

Heil ihm! Er hat es durchgesetzt.

EIN MAULWURF

Die laute Welt und ihr Ergötzen,
Als eine störende Erscheinung,
Vermag der Weise nicht zu schätzen.
Ein Maulwurf war der gleichen Meinung.
Er fand an Lärm kein Wohlgefallen,
Zog sich zurück in kühle Hallen
Und ging daselbst in seinem Fach
Stillfleißig den Geschäften nach.
Zwar sehen konnt er da kein bissel,
Indessen sein getreuer Rüssel,
Ein Nervensitz voll Zartgefühl,
Führt sicher zum erwünschten Ziel.
Als Nahrung hat er sich erlesen
Die Leckerbissen der Chinesen,
Den Regenwurm und Engerling,
Wovon er vielfach fette fing.
Die Folge war, was ja kein Wunder,
Sein Bäuchlein wurde täglich runder,
Und wie das häufig so der Brauch,
Der Stolz wuchs mit dem Bauche auch.
Wohl ist er stattlich von Person
Und kleidet sich wie ein Baron,
Nur schad, ihn und sein Sammetkleid
Sah niemand in der Dunkelheit.
So trieb ihn denn der Höhensinn,
Von unten her nach oben hin,
Zehn Zoll hoch oder gar noch mehr,
Zu seines Namens Ruhm und Ehr
Gewölbte Tempel zu entwerfen,
Um denen draußen einzuschärfen,
Daß innerhalb noch einer wohne,
Der etwas kann, was nicht so ohne.
Mit Baulichkeiten ist es mißlich.
Ob man sie schätzt, ist ungewißlich.
Ein Mensch von andrem Kunstgeschmacke,
Ein Gärtner, kam mit einer Hacke,
Durch kurzen Hieb nach langer Lauer
Zieht er ans Licht den Tempelbauer
Und haut so derb ihn übers Ohr,
Daß er den Lebensgeist verlor.
Da liegt er nun, der stolze Mann.
Wer tut die letzte Ehr ihm an?
Drei Käfer, schwarz und gelb gefleckt,
Die haben ihn mit Sand bedeckt.

DER RUHM

Der Ruhm wie alle Schwindelware,
Hält selten über tausend Jahre.
Zumeist vergeht schon etwas eh'r
Die Haltbarkeit und die Kulör.

Ein Schmetterling voll Eleganz,
Genannt der Ritter Schwalbenschwanz,
Ein Exemplar von erster Güte,
Begrüßte jede Doldenblüte
Und holte hier und holte da
Sich Nektar und Ambrosia.

Mitunter macht er sich auch breit
In seiner ganzen Herrlichkeit
Und zeigt den Leuten seine Orden
Und ist mit Recht berühmt geworden.

Die jungen Mädchen fanden dies
Entzückend, goldig, reizend, süß.

Vergeblich schwenkten ihre Mützen
Die Knaben, um ihn zu besitzen.

Sogar der Spatz hat zugeschnappt
Und hätt' ihn um ein Haar gehabt.

Jetzt aber naht sich ein Student,
Der seine Winkelzüge kennt.

In einem Netz mit engen Maschen
Tät er den Flüchtigen erhaschen,
Und da derselbe ohne Tadel,
Spießt er ihn auf die heiße Nadel.

So kam er unter Glas und Rahmen
Mit Datum, Jahreszahl und Namen
Und bleibt berühmt und unvergessen,
Bis ihn zuletzt die Motten fressen.

Man möchte weinen, wenn man sieht,
Daß dies das Ende von dem Lied.

DIE AFFEN

Der Bauer sprach zu seinem Jungen:
Heut in der Stadt da wirst du gaffen.
Wir fahren hin und seh'n die Affen.
Es ist gelungen
Und um sich schief zu lachen,
Was die für Streiche machen
Und für Gesichter
Wie rechte Bösewichter.
Sie krauen sich,
Sie zausen sich,
Sie hauen sich,
Sie lausen sich,

Beschnuppern dies, beknuppern das,
Und keiner gönnt dem andern was,
Und essen tun sie mit der Hand,
Und alles tun sie mit Verstand,
Und jeder stiehlt als wie ein Rabe.
Paß auf, das siehst du heute.
O Vater, rief der Knabe,
Sind Affen denn auch Leute?
Der Vater sprach: Nun ja,
Nicht ganz, doch so beinah.

DER SPATZ

Ich bin ein armer Schreiber nur,
Hab weder Haus noch Acker,
Doch freut mich jede Kreatur,
Sogar der Spatz, der Racker.

Er baut von Federn, Haar und Stroh
Sein Nest geschwind und flüchtig,
Er denkt, die Sache geht schon so,
Die Schönheit ist nicht wichtig.

Wenn man den Hühnern Futter streut,
Gleich mengt er sich dazwischen,
Um schlau und voller Rührigkeit
Sein Körnlein zu erwischen.

Maikäfer liebt er ungemein,
Er weiß sie zu behandeln;
Er hackt die Flügel, zwackt das Bein
Und knackt sie auf wie Mandeln.

Im Kirschenbaum frißt er verschmitzt
Das Fleisch der Beeren gerne;
Dann hat, wer diesen Baum besitzt,
Nachher die schönsten Kerne.

Es fällt ein Schuß. Der Spatz entfleucht
Und ordnet sein Gefieder.
Für heute bleibt er weg vielleicht,
Doch morgen kommt er wieder.

Und ist es Winterzeit und hat's
Geschneit auf alle Dächer,
Verhungern tut kein rechter Spatz,
Er kennt im Dach die Löcher.

Ich rief: Spatz komm, ich füttre dich!
Er faßt mich scharf ins Auge.
Er scheint zu glauben, daß auch ich
Im Grunde nicht viel tauge.

DIE SCHNECKEN

Rötlich dämmert es im Westen
Und der laute Tag verklingt,
Nur daß auf den höchsten Ästen
Lieblich noch die Drossel singt.

Jetzt in dichtbelaubten Hecken,
Wo es still verborgen blieb,
Rüstet sich das Volk der Schnecken
Für den nächtlichen Betrieb.

Tastend streckt sich ihr Gehörne.
Schwach nur ist das Augenlicht.
Dennoch schon aus weiter Ferne
Wittern sie ihr Leibgericht.

Schleimig, säumig, aber stete,
Immer auf dem nächsten Pfad,
Finden sie die Gartenbeete
Mit dem schönsten Kopfsalat.

Hier vereint zu ernsten Dingen
Bis zum Morgensonnenschein,
Nagen sie geheim und dringen
Tief ins grüne Herz hinein.

Darum braucht die Köchin Jettchen
Dieses Kraut nie ohne Arg.
Sorgsam prüft sie jedes Blättchen,
Ob sich nichts darin verbarg.

Sie hat Furcht, den Zorn zu wecken
Ihres lieben gnäd'gen Herrn.
Kopfsalat vermischt mit Schnecken
Mag der alte Kerl nicht gern.

GESCHMACKSACHE

Dies für den und das für jenen.
Viele Tische sind gedeckt.
Keine Zunge soll verhöhnen,
Was der andern Zunge schmeckt.

Lasse jedem seine Freuden,
Gönn ihm, daß er sich erquickt,
Wenn er sittsam und bescheiden
Auf den eignen Teller blickt.

Wenn jedoch bei deinem Tisch er
Unverschämt dich neckt und stört,
Dann so gib ihm einen Wischer,
Daß er merkt, was sich gehört.

DIE MÜCKEN

Dich freut die warme Sonne.
Du lebst im Monat Mai.
In deiner Regentonne
Da rührt sich allerlei.

Viel kleine Tierlein steigen
Bald auf- bald niederwärts,
Und, was besonders eigen,
Sie atmen mit dem Sterz.

Noch sind sie ohne Tücken,
Rein kindlich ist ihr Sinn.
Bald aber sind sie Mücken
Und fliegen frei dahin.

Sie fliegen auf und nieder
Im Abendsonnenglanz
Und singen feine Lieder
Bei ihrem Hochzeitstanz.

Du gehst zu Bett um zehne,
Du hast zu schlafen vor,
Dann hörst du jene Töne
Ganz dicht an deinem Ohr.

Drückst du auch in die Kissen
Dein wertes Angesicht,
Dich wird zu finden wissen
Der Rüssel, welcher sticht.

Merkst du, daß er dich impfe,
So reib mit Salmiak
Und dreh dich um und schimpfe
Auf dieses Mückenpack.

OBEN UND UNTEN

Daß der Kopf die Welt beherrsche,
Wär zu wünschen und zu loben.
Längst vor Gründen wär die närr'sche
Gaukelei in Nichts zerstoben.

Aber wurzelhaft natürlich
Herrscht der Magen nebst Genossen,
Und so treibt, was unwillkürlich,
Täglich tausend neue Sprossen.

PFANNKUCHEN UND SALAT

Von Fruchtomletts da mag berichten
Ein Dichter aus den höhern Schichten.

Wir aber, ohne Neid nach oben,
Mit bürgerlicher Zunge loben
Uns Pfannekuchen und Salat.

Wie unsre Liese delikat
So etwas backt und zubereitet,
Sei hier in Worten angedeutet.

Drei Eier, frisch und ohne Fehl,
Und Milch und einen Löffel Mehl,
Die quirlt sie fleißig durcheinand
Zu einem innigen Verband.

Sodann, wenn Tränen auch ein Übel,
Zerstückelt sie und mengt die Zwiebel
Mit Öl und Salz zu einer Brühe,
Daß der Salat sie an sich ziehe.

Um diesen ferner herzustellen,
Hat sie Kartoffeln abzupellen.
Da heißt es, fix die Finger brauchen,
Den Mund zu spitzen und zu hauchen,
Denn heiß geschnitten nur allein
Kann der Salat geschmeidig sein.

Hierauf so geht es wieder heiter
Mit unserem Pfannekuchen weiter.

Nachdem das Feuer leicht geschürt,
Die Pfanne sorgsam auspoliert,
Der Würfelspeck hineingeschüttelt,
So daß es lustig brät und brittelt,
Pisch, kommt darüber mit Gezisch
Das ersterwähnte Kunstgemisch.

Nun zeigt besonders und apart
Sich Lieschens Geistesgegenwart,
Denn nur zu bald, wie allbekannt,
Ist solch ein Kuchen angebrannt.

Sie prickelt ihn, sie stochert ihn.
Sie rüttelt, schüttelt, lockert ihn
Und lüftet ihn, bis augenscheinlich
Die Unterseite eben bräunlich,
Die umgekehrt geschickt und prompt
Jetzt ihrerseits nach oben kommt.

Geduld, es währt nur noch ein bissel,
Dann liegt der Kuchen auf der Schüssel.

Doch späterhin die Einverleibung,
Wie die zu Mund und Herzen spricht,
Das spottet jeglicher Beschreibung,
Und darum endet das Gedicht.

DER KOHL

Unter all den hübschen Dingen
In der warmen Sommerzeit
Ist ein Korps von Schmetterlingen
Recht ergötzlich insoweit.

Bist du dann zu deinem Wohle
In den Garten hinspaziert,
Siehst du über deinem Kohle
Muntre Tänze aufgeführt.

Weiß gekleidet und behende
Flattert die vergnügte Schar,
Bis daß Lieb und Lust zu Ende
Wieder mal für dieses Jahr.

Zum getreuen Angedenken,
Auf den Blättern kreuz und quer,
Lassen sie zurück und schenken
Dir ein schönes Raupenheer.

Leidest du, daß diese Sippe
Weiterfrißt, wie sie begehrt,
Kriegst du nebst dem Blattgerippe
Nur noch Proben ohne Wert.

Also ist es zu empfehlen,
Lieber Freund, daß du dich bückst
Und sehr viele Raupenseelen,
Pitsch, aus ihren Häuten drückst.

Denn nur der ist wirklich weise,
Der auch in die Zukunft schaut.
Denk an deine Lieblingsspeise:
Schweinekopf mit Sauerkraut.

TEUFELSWURST

Das Pfäfflein saß beim Frühstückschmaus.
Er schaut und zieht die Stirne kraus.
Wer, fragt er, hat die Wurst gebracht?
Die Köchin sprach: Es war die Liese,

Die Alte von der Gänsewiese.
Drum, rief er, sah ich in letzter Nacht,
Wie durch die Luft in feurigem Bogen
Der Böse in ihren Schlot geflogen.
Verdammte Hex,
Ich riech, ich schmeck's,
Der Teufel hat die Wurst gemacht.
Spitz, da geh her? – Der Hund, nicht faul,
Verzehrt die Wurst und leckt das Maul.
Er nimmt das Gute, ohne zu fragen,
Ob's Beelzebub unter dem Schwanz getragen.

DAS BROT

Er saß beim Frühstück äußerst grämlich,
Da sprach ein Krümchen Brot vernehmlich:

Aha, so ist es mit dem Orden
Für diesmal wieder nichts geworden.
Ja, Freund, wer seinen Blick erweitert
Und schaut nach hinten und nach vorn,
Der preist den Kummer, denn er läutert.
Ich selber war ein Weizenkorn.
Mit vielen, die mir anverwandt,
Lag ich im rauhen Ackerland.
Bedrückt von einem Erdenkloß,
Macht ich mich mutig strebend los.
Gleich kam ein alter Has gehupft
Und hat mich an der Nas gezupft;
Und als es Winter ward, verfror,
Was peinlich ist, mein linkes Ohr;
Und als ich reif mit meiner Sippe,
O weh, da hat mit seiner Hippe
Der Hans uns rutschweg abgesäbelt
Und zum Ersticken festgeknebelt
Und auf die Tenne fortgeschafft,
Wo ihrer vier mit voller Kraft
In regelrechtem Flegeltakte
Uns klopften, daß die Schwarte knackte.
Ein Esel trug uns nach der Mühle.
Ich sage dir, das sind Gefühle,
Wenn man, zerrieben und gedrillt
Zum allerfeinsten Staubgebild,
Sich kaum besinnt und fast vergißt,
Ob Sonntag oder Montag ist.
Und schließlich schob der Bäckermeister,
Nachdem wir erst als zäher Kleister
In seinem Troge baß gehudelt,
Vermengt, geknetet und vernudelt,
Uns in des Ofens höchste Glut.
Jetzt sind wir Brot. Ist das nicht gut?
Frischauf, du hast genug, mein Lieber,
Greif zu und schneide nicht zu knapp
Und streiche tüchtig Butter drüber
Und gib den andern auch was ab.

SCHEIN UND SEIN

Gedichte aus dem Nachlaß

SCHEIN UND SEIN

Mein Kind, es sind allhier die Dinge,
Gleichviel, ob große, ob geringe,
Im wesentlichen so verpackt,
Daß man sie nicht wie Nüsse knackt.

Wie wolltest du dich unterwinden,
Kurzweg die Menschen zu ergründen.
Du kennst sie nur von außenwärts.
Du siehst die Weste, nicht das Herz.

KÜNFTIG

O komm herbei, du goldne Zeit,
Wenn alle, die jetzt bummeln,
In schöner Unparteilichkeit
Sich bei der Arbeit tummeln.

Der Lärm, womit der Musikant
Uns stört, wird dann geringer.
Wer Dünger fuhr, wer Garben band,
Dem krümmen sich die Finger.

VERFRÜHT

Papa, nicht wahr,
Im nächsten Jahr,
Wenn ich erst groß
Und lesen kann und schreiben kann,
Dann krieg ich einen hübschen Mann
Mit einer Ticktackuhr
An einer goldnen Schnur.
Der nimmt mich auf den Schoß
Und sagt zu mir: Mein Engel,
Und gibt mir Zuckerkrengel
Und Kuchen und Pasteten.
Nicht wahr, Papa?
Der Vater brummt: Na, na,
Was ist das für Gefabel.
Die Vögel, die dann flöten,
Die haben noch keinen Schnabel.

BUCH DES LEBENS

Haß, als minus und vergebens
Wird vom Leben abgeschrieben.
Positiv im Buch des Lebens
Steht verzeichnet nur das Lieben.
Ob ein Minus oder Plus
Uns verblieben, zeigt der Schluß.

BERUHIGT

Zwei mal zwei gleich vier ist Wahrheit.
Schade, daß sie leicht und leer ist,
Denn ich wollte lieber Klarheit
Über das, was voll und schwer ist.

Emsig sucht ich aufzufinden,
Was im tiefsten Grunde wurzelt,
Lief umher nach allen Winden
Und bin oft dabei gepurzelt.

Endlich baut ich eine Hütte.
Still nun zwischen ihren Wänden
Sitz ich in der Welten Mitte,
Unbekümmert um die Enden.

ENTRÜSTET

Zu gräßlich hatt' er mich geneckt.
Wie weh war mir zu Sinn.
Und tief gekränkt und aufgeschreckt
Zum Kirchhof lief ich hin.
Ich saß auf einem Leichenstein,
Die Augen weint ich rot.
Ach lieber Gott, erbarm dich mein
Und mach mich endlich tot.
Sieht er mich dann in meinem Sarg,
So wird er lebenssatt
Und stirbt vor Gram, weil er so arg
Mein Herz behandelt hat.
Kaum war's gesagt, so legten sich
Zwei Arme um mich her,
Und auf der Stelle fühlte ich,
Wer das getan, war er.
Wir kehrten Arm in Arm zurück.
Ich sah ihn an bei Licht.
Nein, solchen treuen Liebesblick
Hat doch kein Bösewicht.

GESTÖRT

Ich gedachte still zu sitzen,
Doch sogleich begann das Treiben:
Du mußt gehen, laufen, schwitzen,
Um so forsch, wie wir, zu bleiben.

Und sie wollten mir nach ihrer
Mode keine Ruhe gönnen,
Gleich wie Boten und Hausierer
Sollt ich hin und wieder rennen.

Ich besah mir diese Geister,
Diese ungestümen Treiber.
Oft sind solche weisen Meister
Grad die ärgsten Klageweiber.

VERSÄUMT

Zur Arbeit ist kein Bub geschaffen,
Das Lernen findet er nicht schön;
Er möchte träumen, möchte gaffen
Und Vogelnester suchen gehn.

Er liebt es, lang im Bett zu liegen.
Und wie es halt im Leben geht:
Grad zu den frühen Morgenzügen
Kommt man am leichtesten zu spät.

LEIDER!

So ist's in alter Zeit gewesen,
So ist es, fürcht ich, auch noch heut.
Wer nicht besonders auserlesen,
Dem macht die Tugend Schwierigkeit.

Aufsteigend mußt du dich bemühen,
Doch ohne Mühe sinkest du.
Der liebe Gott muß immer ziehen,
Dem Teufel fällt's von selber zu.

TRÖSTLICH

Die Lehre von der Wiederkehr
Ist zweifelhaften Sinns.
Es fragt sich sehr, ob man nachher
Noch sagen kann: Ich bin's.

Allein was tut's, wenn mit der Zeit
Sich ändert die Gestalt?
Die Fähigkeit zu Lust und Leid
Vergeht wohl nicht so bald.

NIEMALS

Wonach du sehnlich ausgeschaut,
Es wurde dir beschieden.
Du triumphierst und jubelst laut:
Jetzt hab ich endlich Frieden!

Ach, Freundchen, rede nicht so wild.
Bezähme deine Zunge.
Ein jeder Wunsch, wenn er erfüllt,
Kriegt augenblicklich Junge.

BEFRIEDIGT

Er g'hört, als eines von den Lichtern,
Die höher stets und höher steigen,
Bereits zu unsern besten Dichtern,
Das läßt sich leider nicht verschweigen.

Was weiß man von den Sittenrichtern? –
Er lebt von seiner Frau geschieden,
Hat Schulden, ist nicht immer nüchtern –
Aha, jetzt sind wir schon zufrieden!

VERGEBLICH

Schon recht. Du willst als Philosoph
Die Wahrheit dir gewinnen;
Du machst mit Worten ihr den Hof,
Um so sie einzuspinnen.

Nur sage nicht, daß zwischen dir
Und ihr schon alles richtig.
Sie ist und bleibt, das wissen wir,
Jungfräulich, keusch und züchtig.

VIELLEICHT

Sage nie: Dann soll's geschehen!
Öffne dir ein Hinterpförtchen
Durch »Vielleicht«, das nette Wörtchen,
Oder sag: Ich will mal sehen!

Denk an des Geschickes Walten.
Wie die Schiffer auf den Plänen
Ihrer Fahrten stets erwähnen:
Wind und Wetter vorbehalten!

SELBSTGEFÄLLIG

Mein Büdelein
Is noch so tlein,
Is noch so dumm,
Ein ames Wum,
Muß tille liegen
In seine Wiegen
Und hat noch keine Hos'.
Ätsch, ätsch!
Und ich bin schon so goß.

MODERN

Hinweg mit diesen alten Herrn,
Sie sind zu nichts mehr nütz!
So rufen sie und nähmen gern
Das Erbe in Besitz.

Wie andre Erben, die in Not,
Vergeblich warten sie.
Der alte, reiche Hoffetot,
Der stirbt bekanntlich nie.

EITELKEIT

Ein Töpfchen stand im Dunkeln
An stillverborgner Stelle.
Ha, rief es, wie wollt ich funkeln,
Käm ich nur mal ins Helle.

Ihm geht es, wie vielen Narren,
Säß einer auch hinten im Winkel,
So hat er doch seinen Sparren
Und seinen aparten Dünkel.

BENEIDENSWERT

Sahst du noch nie die ungemeine
Und hohe Kunstgelenkigkeit,
Sowohl der Flügel, wie der Beine,
Im Tierbereich mit stillem Neid?

Sieh nur, wie aus dem Felsgeklüfte
Auf seinen Schwingen wunderbar
Bis zu den Wolken durch die Lüfte
In stolzen Kreisen schwebt der Aar.

Sieh nur das Tierchen, das geringe,
Das zu benennen sich nicht ziemt;
Es ist durch seine Meistersprünge,
Wenn nicht beliebt, so doch berühmt.

Leicht zu erlegen diese beiden,
Das schlag dir lieber aus dem Sinn,
Wer es versucht, der wird bescheiden,
Sei's Jäger oder Jägerin.

GREULICH

Er hatte, was sich nicht gehört,
Drei Bräute an der Zahl
Und nahm, nachdem er sie betört,
'ne vierte zum Gemahl.

Allein, es war ein kurzes Glück.
Kaum waren sie getraut,
So hat der Hund auch diesen Strick
Schon wieder abgekaut.

NÖRGELN

Nörgeln ist das Allerschlimmste,
Keiner ist davon erbaut;
Keiner fährt, und wär's der Dümmste,
Gern aus seiner werten Haut.

UNBEQUEM

Ernst und dringend folgt mir eine
Mahnung nach auf Schritt und Tritt:
Sorge nicht nur für das Deine,
Sondern für das andre mit.

Demnach soll ich unterlassen,
Was mir von Natur genehm,
Um das Gute zu erfassen?
Ei, das ist mal unbequem.

UNFREI

Ganz richtig, diese Welt ist nichtig.
Auch du, der in Person erscheint,
Bist ebenfalls nicht gar so wichtig,
Wie deine Eitelkeit vermeint.

Was hilft es dir, damit zu prahlen,
Daß du ein freies Menschenkind?
Mußt du nicht pünktlich Steuern zahlen,
Obwohl sie dir zuwider sind?

Wärst du vielleicht auch, sozusagen,
Erhaben über Gut und Schlecht,
Trotzdem behandelt dich dein Magen
Als ganz gemeinen Futterknecht.

Lang bleibst du überhaupt nicht munter.
Das Alter kommt und zieht dich krumm
Und stößt dich rücksichtslos hinunter
Ins dunkle Sammelsurium.

Daselbst umfängt dich das Gewimmel
Der Unsichtbaren wie zuerst,
Eh du erschienst, und nur der Himmel
Weiß, ob und wann du wiederkehrst.

UNBILLIG

Nahmst du in diesem großen Haus
Nicht selbst Quartier?
Mißfällt es dir, so zieh doch aus.
Wer hält dich hier?

Und schimpfe auf die Welt, mein Sohn,
Nicht gar zu laut.
Eh du geboren, hast du schon
Mit dran gebaut.

ÄRGERLICH

Aus der Mühle schaut der Müller,
Der so gerne mahlen will.
Stiller wird der Wind und stiller,
Und die Mühle stehet still.

So geht's immer, wie ich finde,
Rief der Müller voller Zorn.
Hat man Korn, so fehlt's am Winde,
Hat man Wind, so fehlt das Korn.

VERZEIHLICH

Er ist ein Dichter, also eitel.
Und, bitte, nehmt es ihm nicht krumm,
Zieht er aus seinem Lügenbeutel
So allerlei Brimborium.

Juwelen, Gold und stolze Namen,
Ein hohes Schloß im Mondenschein
Und schöne, höchstverliebte Damen,
Dies alles nennt der Dichter sein.

Indessen ist ein enges Stübchen
Sein ungeheizter Aufenthalt.
Er hat kein Geld, er hat kein Liebchen,
Und seine Füße werden kalt.

GRÜNDER

Geschäftig sind die Menschenkinder,
Die große Zunft von kleinen Meistern,
Als Mitbegründer, Miterfinder
Sich diese Welt zurechtzukleistern.

Nur leider kann man sich nicht einen,
Wie man das Ding am besten mache.
Das Bauen mit belebten Steinen
Ist eine höchst verzwickte Sache.

Welch ein Gedrängel und Getriebe
Von Lieb und Haß bei Nacht und Tage,
Und unaufhörlich setzt es Hiebe,
Und unaufhörlich tönt die Klage.

Gottlob, es gibt auch stille Leute,
Die meiden dies Gewühl und hassen's
Und bauen auf der andern Seite
Sich eine Welt des Unterlassens.

DAS BLUT

Wie ein Kranker, den das Fieber
Heiß gemacht und aufgeregt,
Sich herüber und hinüber
Auf die andre Seite legt –

So die Welt. Vor Haß und Hader
Hat sie niemals noch geruht.
Immerfort durch jede Ader
Tobt das alte Sünderblut.

EMPFEHLUNG

Du bist nervös. Drum lies doch mal
Das Buch, das man dir anempfahl.
Es ist beinah, wie eine Reise
Im alten, wohlbekannten Gleise.
Der Weg ist grad und flach das Land,
Rechts, links und unten nichts wie Sand.
Kein Räderlärm verbittert dich,
Kein harter Stoß erschüttert dich,
Und bald umfängt dich sanft und kühl
Ein Kaumvorhandenseinsgefühl.
Du bist behaglich eingenickt.
Dann, wenn du angenehm erquickt,
Kehrst du beim »stillen Wirte« ein.
Da gibt es weder Bier noch Wein.
Du schlürfst ein wenig Äpfelmost,
Ißt eine leichte Löffelkost
Mit wenig Fett und vieler Grütze,
Gehst früh zu Bett in spitzer Mütze
Und trinkst zuletzt ein Gläschen Wasser.
Schlaf wohl, und segne den Verfasser!

GLÜCKSPILZ

Geboren ward er ohne Wehen
Bei Leuten, die mit Geld versehen.
Er schwänzt die Schule, lernt nicht viel,
Hat Glück bei Weibern und im Spiel,
Nimmt eine Frau sich, eine schöne,
Erzeugt mit ihr zwei kluge Söhne,
Hat Appetit, kriegt einen Bauch,
Und einen Orden kriegt er auch,
Und stirbt, nachdem er aufgespeichert
Ein paar Milliönchen, hochbetagt;
Obgleich ein jeder weiß und sagt:
Er war mit Dummerjan geräuchert!

DOPPELTE FREUDE

Ein Herr warf einem Bettelmann
Fünf Groschen in den Felber.
Das tat dem andern wohl, und dann
Tat es auch wohl ihm selber.

Der eine, weil er gar so gut,
Kann sich von Herzen loben;
Der andre trinkt sich frischen Mut
Und fühlt sich auch gehoben.

ER IST MAL SO

Zwar mit seinem losen Mund
Neigt er zum Krakeele.
Dabei ist er doch im Grund
Eine treue Seele.

Die er seine Freunde nennt,
Dulden seine Witze,
Denn ein jeder, der ihn kennt,
Kennt auch seine Mütze.

BÖS UND GUT

Wie kam ich nur aus jenem Frieden
Ins Weltgetös?
Was einst vereint, hat sich geschieden,
Und das ist bös.

Nun bin ich nicht geneigt zum Geben,
Nun heißt es: Nimm!
Ja, ich muß töten, um zu leben,
Und das ist schlimm.

Doch eine Sehnsucht blieb zurücke,
Die niemals ruht.
Sie zieht mich heim zum alten Glücke,
Und das ist gut.

FRISCH GEWAGT

Es kamen mal zwei Knaben
An einen breiten Graben.
Der erste sprang hinüber,
Schlankweg je eh'r je lieber,
War das nicht keck?
Der zweite, fein besonnen,
Eh er das Werk begonnen,
Sprang in den Dreck.

SO UND SO

Zur Schenke lenkt mit Wohlbehagen
Er jeden Abend seinen Schritt
Und bleibt, bis daß die Lerchen schlagen.
Er singt die letzte Strophe mit.

Dagegen ist es zu beklagen,
Daß er die Kirche nie betritt.
Hier, leider, kann man niemals sagen:
Er singt die letzte Strophe mit.

BIS AUF WEITERS

Das Messer blitzt, die Schweine schrein,
Man muß sie halt benutzen,
Denn jeder denkt: »Wozu das Schwein,
Wenn wir es nicht verputzen?«

Und jeder schmunzelt, jeder nagt
Nach Art der Kannibalen,
Bis man dereinst »Pfui Teufel!« sagt
Zum Schinken aus Westfalen.

AUCH ER

Rührend schöne Herzgeschichten,
Die ihm vor der Seele schweben,
Weiß der Dichter zu berichten.
Wovon aber soll er leben?

Was er fein zusammenharkte,
Sauber eingebundne Werklein,
Führt er eben auch zu Markte,
Wie der Bauer seine Ferklein.

ZWEI JUNGFERN

Zwei Jungfern gibt es in Dorf und Stadt,
Sie leben beständig im Kriege,
Die Wahrheit, die niemand gerne hat,
Und die scharmante Lüge.

Vor jener, weil sie stolz und prüd
Und voll moralischer Nücken,
Sucht jeder, der sie nur kommen sieht,
Sich schleunigst wegzudrücken.

Die andre, obwohl ihr nicht zu traun,
Wird täglich beliebter und kecker,
Und wenn wir sie von hinten beschaun,
So hat sie einen Höcker.

LASS IHN

Er ist verliebt, laß ihn gewähren,
Bekümmre dich um dein Pläsier,
Und kommst du gar, ihn zu bekehren,
Wirft er dich sicher vor die Tür.

Mit Gründen ist da nichts zu machen.
Was einer mag, ist seine Sach,
Denn kurz gesagt: In Herzenssachen
Geht jeder seiner Nase nach.

RECHTHABER

Seine Meinung ist die rechte,
Wenn er spricht, müßt ihr verstummen,
Sonst erklärt er euch für Schlechte,
Oder nennt euch gar die Dummen.

Leider sind dergleichen Strolche
Keine seltene Erscheinung.
Wer nicht taub, der meidet solche
Ritter von der eignen Meinung.

DIE NACHBARSKINDER

Wer andern gar zu wenig traut,
Hat Angst an allen Ecken;
Wer gar zu viel auf andre baut,
Erwacht mit Schrecken.

Es trennt sie nur ein leichter Zaun,
Die beiden Sorgengründer;
Zu wenig und zu viel Vertraun
Sind Nachbarskinder.

VON SELBST

Spare deine guten Lehren
Für den eigenen Genuß.
Kaum auch wirst du wen bekehren,
Zeigst du, wie man's machen muß.

Laß ihn im Galoppe tollen,
Reite ruhig deinen Trab.
Ein zu ungestümes Wollen
Wirft von selbst den Reiter ab.

WOHER, WOHIN?

Wo sich Ewigkeiten dehnen,
Hören die Gedanken auf,
Nur der Herzen frommes Sehnen
Ahnt, was ohne Zeitenlauf.

Wo wir waren, wo wir bleiben,
Sagt kein kluges Menschenwort;
Doch die Grübelgeister schreiben:
Bist du weg, so bleibe fort.

Laß dich nicht aufs neu gelüsten.
Was geschah, es wird geschehn.
Ewig an des Lebens Küsten
Wirst du scheiternd untergehn.

WIEDERGEBURT

Wer nicht will, wird nie zunichte,
Kehrt beständig wieder heim.
Frisch herauf zum alten Lichte
Dringt der neue Lebenskeim.

Keiner fürchte zu versinken,
Der ins tiefe Dunkel fährt.
Tausend Möglichkeiten winken
Ihm, der gerne wiederkehrt.

Dennoch seh ich dich erbeben,
Eh du in die Urne langst.
Weil dir bange vor dem Leben,
Hast du vor dem Tode Angst.

DER FREMDE HUND

Was fällt da im Boskettgesträuch
Dem fremden Hunde ein?
Geht man vorbei, so bellt er gleich
Und scheint wie toll zu sein.

Der Gärtner holt die Flinte her.
Es knallt im Augenblick.
Der arme Hund, getroffen schwer,
Wankt ins Gebüsch zurück.

Vier kleine Hündchen liegen hier
Nackt, blind und unbewußt.
Sie saugen emsig alle vier
An einer toten Brust.

ARMER HAUSHALT

Weh, wer ohne rechte Mittel
Sich der Poesie vermählt.
Täglich dünner wird der Kittel,
Und die Milch im Hause fehlt.

Ängstlich schwitzend muß er sitzen,
Fort ist seine Seelenruh,
Und vergeblich an den Zitzen
Zupft er seine magre Kuh.

ABSCHIED

Die Bäume hören auf zu blühn,
Mein Schatz will in die Fremde ziehn;
Mein Schatz der sprach ein bittres Wort:
Du bleibst nun hier, aber ich muß fort.

Leb wohl, mein Schatz, ich bleib dir treu,
Wo du auch bist, wo ich auch sei.
Bei Regen und bei Sonnenschein,
So lang ich lebe, gedenk ich dein.

So lang ich lebe, lieb ich dich,
Und wenn ich sterbe, bet für mich,
Und wenn du kommst zu meinem Grab,
So denk, daß ich dich geliebet hab.

WAS DAS GROSSMÜTTERLEIN SANG

Surre, surre, surre!
Mein gutes Rädchen schnurre!
Für unser kleines Kätchen
Dreh mir ein feines Fädchen,
So lang von hier bis Köllen
Wohl mehr als tausend Ellen.
Wir wollen es winden
Und Docken von binden,

Meister Weber es geben,
Soll Leinen uns weben,
Das breiten wir beide
Auf blumige Heide,
Auf Anger und Wiesen
Und wollen es sonnen,
Benetzen und gießen
Aus Bächen und Bronnen.

Ach, komm du lieber Sonnenschein
Und bleiche unser Leinen rein.
Dann kriegt mein Herzenstäubchen
Wohl manch ein feines Hemd
Und Tüchlein oder Häubchen,
Bis daß der Freier kömmt.

Schön guten Tag, Herr Freiersmann!
Was schaut er so mein Kätchen an?
Das Kätchen geben wir nicht her,
Und wenn's für tausend Taler war.

Ei, Mutter, nur nicht gleich geschmält!
Den hübschen jungen Knaben,
Den will und muß ich haben;
Den Krauskopf, den Krauskopf
Hab ich mir auserwählt.

Und willst du denn ein Bräutchen sein,
So geb ich meinen Segen drein.
So manches Blümlein wachsen mag
Von Ostern bis Michelistag,
So manches Körnlein, als man sät,
So mancher Halm in Ähren steht,
So vielmal Gutes wünsch ich dir
Aus meines Herzens Grund herfür.

Und wenn die Pfeifen klingen,
Dann tanzen wir und springen;
Dann spring ich wohl und tanz ich
Von Danzig bis nach Nanzig –
Knipp, knapp!
Da reißt mein Faden ab!

ICH BIN PAPA

Mitunter schwitzen muß der Schreiner,
Er stößt auf manchen harten Ast.
So geht es auch, wenn unsereiner
Sich mit der Grübelei befaßt.

Zum Glück hat meine gute Frau,
Die liebevoll an alles denkt,
Mir einen kleinen Fritz geschenkt,
Denn oft erfreut mich dieser Knabe
Durch seinen kindlichen Radau,
Wenn ich so meine Schrullen habe.

Heut mittag gab es wieder mal
Mein Leibgericht, gespickten Aal,
Und wie ich dann zur Körperpflege,
Die Weste auf, die Augen zu,
Die Hände friedlich auf dem Magen
Im Posterstuhl mich niederlege,
Oh weh, ein Schwarm von dummen Fragen
Verscheucht die heißersehnte Ruh.

Ach, wird es mir denn niemals klar,
Wo ich gewesen, eh ich war?
Schwamm ich, verkrümelt in Atome,
Gedankenlos im Wirbelstrome,
Bis ich am Ende mich verdichtet
Zu einer denkenden Person?
Und jetzt, was hab ich ausgerichtet?
Was war der Mühe karger Lohn?
Das Geld ist rar, die Kurse sinken,
Dagegen steigt der Preis der Schinken.
Fast jeden Morgen klagt die Mutter:
Ach, Herr, wie teuer ist die Butter!
Ja, selbst der Vater wird gerührt,
Wenn er sein kleines Brötchen schmiert.
Und doch, trotz dieser Seelenleiden,
Will keiner gern von hinnen scheiden.
Wer weiß?

Ei sieh, wer kommt denn da?
Hallo, der Fritz! Nun wird es heiter,
Nun machen wir den Eselreiter.
Flugs stell ich mich auf alle Viere,
Indem ich auf und ab marschiere,
Und rufe kräftig mein Ih – ha!
Vor Wöhligkeit und Übermut.

Ih – ah! Die Welt ist nicht so übel.
Wozu das närrische Gegrübel?
Ich bin Papa, und damit gut.

DER TÜRMER

Der Türmer steht auf hohem Söller
Und raucht sein Pfeifchen echten Kneller,
Wobei der alte Invalid
Von oben her die Welt besieht.

Es kommt der Sommer allgemach.
Die Schwalben fliegen um das Dach,
Derweil schon manche stillbeglückt
Im Neste sitzt und fleißig drückt.
Zugleich tritt aus dem Gotteshaus
Ein neuvermähltes Paar heraus,
Das darf sich nun in allen Ehren
Getreulich lieben und vermehren. –

Der Sommer kam, und allenthalben
Schwebt ungezählt das Heer der Schwalben
Die, wenn sie flink vorüberflitzen,
Des Türmers alten Hut beschmitzen.
Vom Platze unten tönt Juchhei,
Die Klosterschüler haben frei,
Sie necken, schrecken, jagen sich,
Sie schlagen und vertragen sich
Und grüßen keck mit Hohngelächter
Des Turmes hochgestellten Wächter. –

Der Sommer ging, die Schwalben setzen
Sich auf das Kirchendach und schwätzen.
Sie warten, bis der Abend da,
Dann fliegen sie nach Afrika.
Doch unten, wo die Fackeln scheinen,
Begraben sie mal wieder einen
Und singen ihm nach frommer Weise
Ein Lebewohl zur letzten Reise.

Bedenklich schaut der Türmer drein.
Still geht er in sein Kämmerlein
Zu seinem großen Deckelkrug,
Und als die Glocke zehne schlug,
Nahm er das Horn mit frischem Mut
Und blies ein kräftiges Tuhuht.

SO WAR'S

Der Teetopf war so wunderschön,
Sie liebt ihn, wie ihr Leben.
Sie hat ihm leider aus Versehn
Den Todesstoß gegeben.

Was sie für Kummer da empfand,
Nie wird sie es vergessen.
Sie hielt die Scherben aneinand
Und sprach: So hat's gesessen!

GRÜNDLICHE HEILUNG

Es saß der fromme Meister
Mit Weib und Kind bei Tisch.
Ach, seine Lebensgeister
Sind nicht wie sonst so frisch.

Er sitzt mit krummem Nacken
Vor seinem Leibgericht,
Er hält sich beide Backen,
Worin es heftig sticht.

Das brennt wie heiße Kohlen.
Au, schreit er, au, verdammt!
Der Teufel soll sie holen,
Die Zähne allesamt!

Doch gleich, wie es in Nöten
Wohl öfter schon geschah,
Begann er laut zu beten:
Hilf, Apollonia!

Kaum, daß aus voller Seele
Er diesen Spruch getan,
Fällt aus des Mundes Höhle
Ihm plötzlich jeder Zahn.

Und schmerzlos, Dank dem Himmel,
Schmaust er, wie's sonst der Brauch,
Nur war es mehr Gemümmel,
Und lispeln tät er auch.

Pohsit! Wie klingt so niedlich
Des Meisters Säuselton.
Er trank, entschlummert friedlich,
Und horch, da schnarcht er schon.

ERBAULICHE BESCHEIDENHEIT

Sehr schlecht befand sich Mutter Klöhn.
Sie kann nicht gehn,
Ist krumm und lahm
Und liegt zu Bett und rührt sich nicht.
Seit zwanzig Jahren hat sie schon die Gicht.
Herr Küster Bötel, welcher häufig kam,
Um gute Bess'rung ihr zu wünschen,
Erzählt ihr auch des weitern,
Um sie ein wenig zu erheitern,
Die Mordgeschichte, die man jüngst verbrochen.
Ja, denken Sie nur mal,
Der Präsident von Frankreich ist erstochen
Von einem Strolch
Mit einem Dolch.
Ist das nicht ein Skandal?
Oh, Lü und Kinners, rief sie voller Graun,
Wat gift et doch vär Minschen.
Sau wat könn eck doch nich e daun!!
Herr Bötel sprach und sah sie freundlich an:
Dies Wort von Ihnen mag ich leiden.
Ein guter Mensch ist niemals unbescheiden
Und tut nicht mehr als was er kann.
Adieu, Frau Klöhn!
Auf fröhlich Wiedersehn!

UNBELIEBTES WUNDER

In Tours, zu Bischof Martins Zeit,
Gab's Krüppel viel und Bettelleut.
Darunter auch ein Ehepaar,
Was glücklich und zufrieden war.
Er, sonst gesund, war blind und stumm;
Sie sehend, aber lahm und krumm
An jedem Glied, bis auf die Zunge
Und eine unverletzte Lunge.

Das paßte schön. Sie reitet ihn
Und, selbstverständlich, leitet ihn
Als ein geduldig Satteltier,
Sie obenauf, er unter ihr,
Ganz einfach mit geringer Müh,
Bloß durch die Worte Hott und Hüh,
Bald so, bald so, vor allen Dingen
Dahin, wo grad die Leute gingen.

Fast jeder, der's noch nicht gesehn,
Bleibt unwillkürlich stille stehn,
Ruft: »Lieber Gott, was ist denn das?«
Greift in den Sack, gibt ihnen was
Und denkt noch lange gern und heiter
An dieses Roß und diesen Reiter.

So hätten denn gewiß die zwei
Durch fortgesetzte Bettelei,
Vereint in solcherlei Gestalt,
Auch ferner ihren Unterhalt,
Ja, ein Vermögen, sich erworben,
Wär' Bischof Martin nicht gestorben.

Als dieser nun gestorben war,
Legt man ihn auf die Totenbahr
Und tät' ihn unter Weheklagen
Fein langsam nach dem Dome tragen
Zu seiner wohlverdienten Ruh.
Und sieh, ein Wunder trug sich zu.

Da, wo der Zug vorüber kam,
Wer irgend blind, wer irgend lahm,
Der fühlte sich sogleich genesen,
Als ob er niemals krank gewesen.

Oh, wie erschrak die lahme Frau!
Von weitem schon sah sie's genau,
Weil sie hoch oben, wie gewohnt,
Auf des Gemahles Rücken thront.
»Lauf«, rief sie, »laufe schnell von hinnen,
Damit wir noch beizeit entrinnen.«
Er läuft, er stößt an einen Stein,
Er fällt und bricht beinah ein Bein.

Die Prozession ist auch schon da.
Sie zieht vorbei. Der Blinde sah,
Die Lahme, ebenfalls kuriert,
Kann gehn, als wie mit öl geschmiert,
Und beide sind wie neu geboren
Und kratzen sich verdutzt die Ohren.

Jetzt fragt es sich: Was aber nun?
Wer leben will, der muß was tun.
Denn wer kein Geld sein eigen nennt
Und hat zum Betteln kein Talent
Und hält zum Stehlen sich zu fein
Und mag auch nicht im Kloster sein,
Der ist fürwahr nicht zu beneiden.
Das überlegten sich die beiden.

Sie, sehr begabt, wird eine fesche,
Gesuchte Plätterin der Wäsche.
Er, mehr beschränkt, nahm eine Axt
Und spaltet Klötze, daß es knackst,
Von morgens früh bis in die Nacht.
Das hat Sankt Martin gut gemacht.

DER RENOMMIST

In einem Winkel, genannt die Butze,
Wo allerlei Kram,
Der nichts mehr nutze,
Zusammenkam;
Bei alten Hüten, alten Vasen,
Bei Töpfen, ohne Henkel und Nasen,
Befand sich ein Reiterstiefel auch,
Jetzt nur noch ein faltiger Lederschlauch.
Großmächtig hat er das Wort geführt
Und ganz gewaltiglich renommiert:

»Ha, damals! Ich und mein Kamerad!
Immer fein gewichst und hinten und vorn,
Blitzblank der Sporn,
Durch die Straßen geklirrt,
Alle Herzen verwirrt,
Es war ein Staat!
Hurra, der Krieg,
Maustot oder Sieg!
Unser Herr Leutenant,
Schneidig, Schwert in der Hand;
Doch hätt ich nicht gespornt sein Pferd,
Verloren wär die Schlacht von Wörth.«

In dem Moment, zu aller Schrecke,
Trat plötzlich hervor aus seiner Ecke
Ein strammer Reiserbesen.
»Hinaus!« rief er, »du alter Renommist!
Was schert es uns, was du gewesen;
Wir sehen, was du bist!« –

Ein Schubbs. Ein Schwung.
Der Stiefel liegt draußen auf dem Dung.

PEINLICH BERÜHRT

Im Dorfe wohnt ein Vetter,
Der gut versichert war
Vor Brand und Hagelwetter
Nun schon im zehnten Jahr.

Doch nie seit dazumalen
Ist ein Malheur passiert,
Und so für nichts zu zahlen,
Hat peinlich ihn berührt.

Jetzt, denkt er, überlasse
Dem Glück ich Feld und Haus.
Ich pfeife auf die Kasse.
Und schleunig trat er aus.

O weh, nach wenig Tagen
Da hieß es: »Zapperment!
Der Weizen ist zerschlagen
Und Haus und Scheune brennt.«

Ein Narr hat Glück in Masse,
Wer klug, hat selten Schwein.
Und schleunig in die Kasse
Trat er halt wieder ein.

DIE ALTE SORGE

Er kriegte Geld. Die Sorge wich,
Die ihn bisher beklommen.
Er hat die Jungfer Fröhlich sich
Zu seinem Schatz genommen.

Sie tranken Wein, sie aßen fein,
Sie sangen zum Klaviere;
Doch wie sie sich so recht erfreun,
Da klopft es an die Türe.

Die alte Sorge war's, o weh,
Die magerste der Sorgen.
Sie setzte sich ins Kanapee
Und wünschte guten Morgen.

FEHLGESCHOSSEN

Fritz war ein kecker Junge
Und sehr geläufig mit der Zunge.
Einstmals ist er beim Ährenlesen
Draußen im Felde gewesen,
Wo die Weizengarben, je zu zehn,
Wie Häuslein in der Reihe stehn.
Ein Wetter zog herauf.
Da heißt es: Lauf!
Und flink, wie ein Mäuslein
Schlüpft er ins nächste Halmenhäuslein.
Krach! – Potztausendnochmal!
Dicht daneben zündet der Wetterstrahl.
Ätsch! rief der Junge, der nicht bange,
Und streckt die Zunge aus, die lange:
Fehlgeschossen, Herr Blitz!
Hier saß der Fritz!

SO NICHT

Ums Paradies ging eine Mauer
Hübsch hoch vom besten Marmelstein.
Der Kain, als ein Bub, ein schlauer,
Denkt sich: »Ich komme doch hinein.«

Er steigt hinauf zu diesem Zwecke
An einer Leiter mäuschenstumm.
Da schlich der Teufel um die Ecke
Und stieß ihn samt der Leiter um.

Der Vater Adam, der's gesehen,
Sprach, während er ihn liegen ließ:
»Du Schlingel! Dir ist recht geschehen.
So kommt man nicht ins Paradies.«

ZUM GEBURTSTAG IM JUNI

Den Jahreszeiten allen
Selbviert sei Preis und Ehr
Nun sag ich: Mir gefallen
Sie minder oder mehr.

Der Frühling wird ja immer
Gerühmt, wie sich's gebührt,
Weil er mit grünem Schimmer
Die graue Welt verziert.

Doch hat in unsrer Zone
Er durch den Reif der Nacht
Schon manche grüne Bohne
Und Gurke umgebracht.

Stets wird auch Ruhm erwerben
Der Herbst, vorausgesetzt,
Daß er mit vollen Körben
Uns Aug und Mund ergötzt.

Indes durch leises Tupfen
Gemahnt er uns bereits:
Bald, Kinder, kommt der Schnupfen
Und's Gripperl seinerseits.

Der Winter kommt. Es blasen
Die Winde scharf und kühl;
Rot werden alle Nasen,
Und Kohlen braucht man viel.

Nein, mir gefällt am besten,
Das, was der Sommer bringt,
Wenn auf belaubten Ästen
Die Schar der Vöglein singt.

Wenn Rosen, zahm und wilde,
In vollster Blüte stehn,
Wenn über Lustgefilde
Zephire kosend wehn.

Und wollt' mich einer fragen,
Wann's mir im Sommer dann
Besonders tät behagen,
Den Juni gäb ich an.

Und wieder dann darunter
Den selben Tag gerad,
Wo einst ein Kindlein munter
Zuerst zutage trat.

Drum flattert dies Gedichtchen
Jetzt über Berg und Tal
Und grüßt das liebe Nichtchen
Vom Onkel tausendmal.

ZU NEUJAHR

Will das Glück nach seinem Sinn
Dir was Gutes schenken,
Sage Dank und nimm es hin
Ohne viel Bedenken.

Jede Gabe sei begrüßt,
Doch vor allen Dingen:
Das, worum du dich bemühst,
Möge dir gelingen.

Prosit Neujahr!
Ob gut, ob schlecht,
Wird später klar.
Doch bringt's nur Gesundheit
Und fröhlichen Mut
Und Geld genug,
Dann ist's schon gut.

ZUM GEBURTSTAG

Der Juni kam. Lind weht die Luft.
Geschoren ist der Rasen.
Ein wonnevoller Rosenduft
Dringt tief in alle Nasen.

Manch angenehmes Vögelein
Sitzt flötend auf den Bäumen,
Indes die Jungen, zart und klein,
Im warmen Neste träumen.

Flugs kommt denn auch dahergerennt,
Schon früh im Morgentaue,
Mit seinem alten Instrument
Der Musikant, der graue.

Im Juni, wie er das gewohnt,
Besucht er einen Garten,
Um der Signora, die da thront,
Mit Tönen aufzuwarten.

Er räuspert sich, er macht sich lang,
Er singt und streicht die Fiedel,
Er singt, was er schon öfter sang;
Du kennst das alte Liedel.

Und wenn du gut geschlafen hast
Und lächelst hold hernieder,
Dann kommt der Kerl, ich fürchte fast,
Zum nächsten Juni wieder.

GEDANKENVOLL

Ich weiß ein stilles Fensterlein
Liegt heimlich und versteckt,
Das hat mit Laub der grüne Wein
Und Ranken überdeckt.

Im Laube spielt der Sommerwind,
Die Rebe schwankt und nickt,
Dahinter sitzt ein hübsches Kind
Gedankenvoll und stickt.

Im jugendklaren Angesicht
Blüht wundersüß der Mund
Als wie ein Rosenknösplein licht
Früh in der Morgenstund.

Im Netzgeflecht das blonde Haar
Umfaßt ein braunes Band,
Das liebe blaue Augenpaar
Blickt sinnend auf die Hand.

Und's Köpfchen scheint so still zu sein.
Ist doch ein Taubenschlag.
Gedanken fliegen aus und ein
Den lieben langen Tag.

Sie fliegen über Wald und Flur
Ins weite Land hinaus.
Ach, käm ein einzig Täubchen nur
Und flöge in mein Haus.

DAS TRAURIGE RÖSLEIN

Ein Röslein war gar nicht munter,
Weil es im Topfe stand,
Sah immer traurig hinunter
Auf die Blumen im freien Land.
Die Blumen nicken und winken.
Wie ist es im Freien so schön
Zu tanzen und Tau zu trinken
Bei lustigem Windeswehn.
Von bunten Schmetterlingen
Umgaukelt, geschmeichelt, geküßt;
Dazwischen der Vöglein Singen
Anmutig zu hören ist.
Wir preisen dich und loben
Dich, fröhliche Sommerzeit;
Ach, Röslein am Fenster droben,
Du tust uns auch gar zu leid.
Da ist ins Land gekommen
Der Winter mit seiner Not.
In Schnee und Frost verklommen
Die Blumen sind alle tot.
Ein Mägdlein hört es stürmen,
Macht fest das Fenster zu.
Jetzt will ich dich pflegen und schirmen,
Du liebes Röslein du.

FRÜHLINGSLIED

In der Laube von Syringen,
Oh, wie ist der Abend fein.
Brüder, laßt die Gläser klingen,
Angefüllt mit Maienwein.

Heija, der frische Mai
Er bringt uns mancherlei.
Das Schönste aber hier auf Erden
Ist lieben und geliebt zu werden,
Heija, im frischen Mai.

Über uns die lieben Sterne
Blinken hell und frohgemut,
Denn sie sehen schon von ferne,
Auch hier unten geht es gut.

Wer sich jetzt bei trüben Kerzen
Der Gelehrsamkeit befleißt,
Diesem wünschen wir von Herzen,
Daß er bald Professor heißt.

Wer als Wein- und Weiberhasser
Jedermann im Wege steht,
Der genieße Brot und Wasser,
Bis er endlich in sich geht.

Wem vielleicht sein altes Hannchen
Irgendwie abhanden kam,
Nur getrost, es gab schon manchen,
Der ein neues Hannchen nahm.

Also, eh der Mai zu Ende,
Aufgeschaut und umgeblickt,
Keiner, der nicht eine fände,
Die ihn an ihr Herze drückt.

Jahre steigen auf und nieder;
Aber, wenn der Lenz erblüht,
Dann, ihr Brüder, immer wieder
Töne unser Jubellied.

Heija, der frische Mai,
Er bringt uns mancherlei,
Das Schönste aber hier auf Erden
Ist lieben und geliebt zu werden,
Heija, im frischen Mai.

IN TRAUTER VERBORGENHEIT

Ade, ihr Sommertage,
Wie seid ihr so schnell enteilt,
Gar mancherlei Lust und Plage
Habt ihr uns zugeteilt.

Wohl war es ein Entzücken,
Zu wandeln im Sonnenschein,
Nur die verflixten Mücken
Mischten sich immer darein.

Und wenn wir auf Waldeswegen
Dem Sange der Vögel gelauscht,
Dann kam natürlich ein Regen
Auf uns herniedergerauscht.

Die lustigen Sänger haben
Nach Süden sich aufgemacht,
Bei Tage krächzen die Raben,
Die Käuze schreien bei Nacht.

Was ist das für Gesause!
Es stürmt bereits und schneit.
Da bleiben wir zwei zu Hause
In trauter Verborgenheit.

Kein Wetter kann uns verdrießen.
Mein Liebchen, ich und du,
Wir halten uns warm und schließen
Hübsch feste die Türen zu.

VERTRAUT

Wie liegt die Welt so frisch und tauig
Vor mir im Morgensonnenschein.
Entzückt vom hohen Hügel schau ich
Ins frühlingsgrüne Tal hinein.

Mit allen Kreaturen bin ich
In schönster Seelenharmonie.
Wir sind verwandt, ich fühl es innig,
Und eben darum lieb ich sie.

Und wird auch mal der Himmel grauer;
Wer voll Vertraun die Welt besieht,
Den freut es, wenn ein Regenschauer
Mit Sturm und Blitz vorüberzieht.

IM SOMMER

In Sommerbäder
Reist jetzt ein jeder
Und lebt famos.
Der arme Doktor,
Zu Hause hockt er
Patientenlos.

Von Winterszenen,
Von schrecklich schönen,
Träumt sein Gemüt,
Wenn, Dank ihr Götter,
Bei Hundewetter
Sein Weizen blüht.

WASSERMUHMEN

In dem See die Wassermuhmen
Wollen ihr Vergnügen haben,
Fangen Mädchen sich und Knaben,
Machen Frösche draus und Blumen.

Wie die Blümlein zierlich knicksen,
Wie die Fröschlein zärtlich quaken,
Wie sie flüstern, wie sie schnacken,
So was freut die alten Nixen.

IMMERHIN

Mein Herz, sei nicht beklommen,
Noch wird die Welt nicht alt.
Der Frühling ist wiedergekommen
Frisch grünt der deutsche Wald.

Seit Urvätertagen
Stehen die Eichen am See,
Die Nachtigallen schlagen,
Zur Tränke kommt das Reh.

Die Sonne geht auf und unter
Schon lange vieltausendmal,
Noch immer eilen so munter
Die Bächlein ins blühende Tal.

Hier lieg ich im weichen Moose
Unter dem rauschenden Baum,
Die Zeit, die wesenlose,
Verschwindet als wie ein Traum.

Von kühlen Schatten umdämmert,
Versink ich in selige Ruh;
Ein Specht, der lustig hämmert,
Nickt mir vertraulich zu.

Mir ist, als ob er riefe:
Heija, mein guter Gesell,
Für ewig aus dunkler Tiefe
Sprudelt der Lebensquell.

WANDERLUST

Die Zeit, sie orgelt emsig weiter,
Sein Liedchen singt dir jeder Tag,
Vermischt mit Tönen, die nicht heiter,
Wo keiner was von hören mag.

Sie klingen fort. Und mit den Jahren
Wird draus ein voller Singverein.
Es ist, um aus der Haut zu fahren.
Du möchtest gern wo anders sein.

Nun gut. Du mußt ja doch verreisen.
So fülle denn den Wanderschlauch.
Vielleicht vernimmst du neue Weisen,
Und Hühneraugen kriegst du auch.

WALDFREVEL

Ein hübsches Pärchen ging einmal
Tief in des Waldes Gründe.
Sie pflückten Beeren ohne Zahl,
Er schnitt was in die Rinde.

Der pflichtgetreue Förster sieht's.
Was sind das für Geschichten?
Er zieht sein Buch, er nimmt Notiz
Und wird den Fall berichten.

GEDRUNGEN

Schnell wachsende Keime
Welken geschwinde;
Zu lange Bäume
Brechen im Winde.

Schätz nach der Länge
Nicht das Entsprungne;
Fest im Gedränge
Steht das Gedrungne.

IMMERFORT

Das Sonnenstäubchen fern im Raume,
Das Tröpfchen, das im Grase blinkt,
Das dürre Blättchen, das vom Baume
Im Hauch des Windes niedersinkt –

Ein jedes wirkt an seinem Örtchen
Still weiter, wie es muß und mag,
Ja, selbst ein leises Flüsterwörtchen
Klingt fort bis an den jüngsten Tag.

DER STERN

Hätt einer auch fast mehr Verstand,
Als wie die drei Weisen aus Morgenland,
Und ließe sich dünken, er wÄr wohl nie
Dem Sternlein nachgereist wie sie;
Dennoch, wenn nun das Weihnachtsfest
Seine Lichtlein wonniglich scheinen läßt,
Fällt auch auf sein verständig Gesicht,
Er mag es merken oder nicht,
Ein freundlicher Strahl
Des Wundersternes von dazumal.

EDUARDS TRAUM

Manche Menschen haben es leider so an sich, daß sie uns gern ihre Träume erzählen, die doch meist weiter nichts sind, als die zweifelhaften Belustigungen in der Kinder- und Bedientenstube des Gehirns, nachdem der Vater und Hausherr zu Bette gegangen. Aber!

»Alle Menschen, ausgenommen die Damen«, spricht der Weise, »sind mangelhaft!«

Dies möge uns ein pädagogischer Wink sein. Denn da wir insoweit alle nicht nur viele große Tugenden besitzen, sondern zugleich einige kleine Mängel, wodurch andere belästigt werden, so dürften wir vielleicht Grund haben zur Nachsicht gegen einen Mitbruder, der sich in ähnlicher Lage befindet.

Auch Freund Eduard, so gut er sonst war, hub an, wie folgt:

Die Uhr schlug zehn. Unser kleiner Emil war längst zu Bett gebracht. Elise erhob sich, gab mir einen Kuß und sprach:

»Gute Nacht, Eduard! Komm bald nach!« Jedoch erst so gegen zwölf, nachdem ich, wie gewohnt, noch behaglich grübelnd ein wenig an den Grenzen des Unfaßbaren herumgeduselt, tat ich den letzten Zug aus dem Stummel der Havanna, nahm den letzten Schluck meines Abendtrunkes zu mir, stand auf, gähnte vernehmlich, denn ich war allein, und ging gleichfalls zur Ruhe.

Eine Weile noch, als ich dies getan, starrt ich, auf der linken Seite liegend, ins Licht der Kerze. Mit dem Schlage zwölf pustete ich's aus und legte mich auf den Rücken. Vor meinem inneren Auge, wie auf einem gewimmelten Tapetengrunde, stand das Bild der Flamme, die ich soeben gelöscht hatte. Ich betrachtete sie fest und aufmerksam. Und nun, ich weiß nicht wie, passierte mir etwas Sonderbares.

Mein Geist, meine Seele, oder wie man's nennen will, kurz, so ungefähr alles, was ich im Kopfe hatte, fing an sich zusammenzuziehn. Mein intellektuelles Ich wurde kleiner und kleiner. Erst wie eine mittelgroße Kartoffel, dann wie eine Schweizerpille, dann wie ein Stecknadelkopf, dann noch kleiner und immer noch kleiner, bis es nicht mehr ging. Ich war zum Punkt geworden.

Im selben Momente erfaßte mich's wie das geräuschvolle Sausen des Windes. Ich wurde hinausgewirbelt. Als ich mich umdrehte, sah ich in meine eigenen Naslöcher.

Da saß ich nun auf der Ecke des Nachttisches und dachte über mein Schicksal nach.

Ich war nicht bloß ein Punkt, ich war ein denkender Punkt. Und rührig war ich auch. Nicht nur eins und zwei war ich, sondern ich war dort gewesen, und jetzt war ich hier. Meinen Bedarf an Raum und Zeit also machte ich selber, ganz en passant, gewissermaßen als Nebenprodukt.

Flink sprang ich auf und frei bewegt' ich mich. Es war eine Bewegung nach Art der Schwebefliegen, die – witsch Rose, witsch Nelke und weg bist'e! – an sonnigen Sommertagen von Blume zu Blume huschen.

Zuerst mal schwebt' ich nach meinem ehemaligen Körper hin.

Da lag er; Augen zu, Maul offen, ein stattlicher Mann.

Dann schwebt' ich über Elisen.

»Also so«, rief ich, »sieht der Vorgesetzte aus, wenn er schläft?«

Hieraus, meine Lieben, könnt ihr erseh'n, wie sehr ich mich im Traume zu meinen Ungunsten verändert hatte, indem ich es wagte, so frech und leichtsinnig einen Gedanken auszusprechen, den ich im wachen und kompletten Zustand doch lieber nicht äußern möchte. –

Darauf stand ich einen Augenblick über Emils Bettchen still.

Sein kleines Händchen ruhte unter der Backe; die leere Saugflasche lag daneben.

»Ein hübscher Junge!« dachte ich. »Und ganz der Vater!« –

Ich sehe euch an, meine Freunde! Der zustimmende Ausdruck auf euern lieben Gesichtern beschämt mich, und doch muß ich mir ja sagen, daß ihr recht habt.

Obwohl ich nun, wie erwähnt, infolge der traumhaften Isolierung meines Innern alle fünf Sinne, man möchte fast sagen, zu Hause gelassen, kam es mir doch vor, als bemerkte ich alles um mich her mit mehr als gewöhnlicher Deutlichkeit, selbst dann noch, als der Mond, der schräg durchs Fenster schien, bereits untergegangen. Es war eine Merkfähigkeit ohne viel Drum und Dran, was vielleicht manchem nicht einleuchtet.

Die Sache ist aber sehr einfach. Man muß nur noch mehr darüber nachdenken.

Um mal zu prüfen, ob ich überhaupt noch reflexfähig, flog ich vor den Spiegel.

Richtig! Da war ich! Ein feines Zappermentskerlchen von mikroskopischer Niedlichkeit!

»Wie?« rief ich, »hat man denn, nachdem man seinen alten Menschen so gut wie abgewickelt, doch noch immer was an sich? – Warrrum nicht gaarrrr!«

Hier unterbrach mich plötzlich eine Stimme mit den Worten:

»Eduard, schnarche nicht so!!«

Nur derjenige, welcher vielleicht mal zufällig durch ein redendes Nebelhorn in seinem Mittagsschläfchen gestört wurde, kann sich eine ungefähre Vorstellung davon machen, wie sehr dies Wort mein innerstes Wesen, man hätte meinen sollen für immer, ins Stocken brachte. Wohl drei ganze Sekunden verliefen, bis ich wieder zu mir selbst kam.

Die Sache hier paßte mir nicht. Ohne Rücksicht auf Frau und Kind beschloß ich auf Reisen zu gehn.

Telegraphisch gedankenhaft tat ich einen Seitenwitscher direkt durch die Wand, denn das war mir wie gar nichts, und befand mich sofort in einer freundlichen Gegend, im Gebiete der Zahlen, wo ein hübsches arithmetisches Städtchen lag.

Drollig! Daß im Traume selbst Schnörkel lebendig werden!

Der Morgen brach an. Einige unbenannte Ackerbürger vor dem Tore bearbeiteten schon zu so früher Stunde ihr Einmaleins. Diese Leutchen vermehren sich schlecht und recht, und wenn sie auch nicht viel hinter sich bringen, so wollen sie auch nicht hoch hinaus.

Mehr schon auf Rang und Stand geben die städtischen Beamten. Man sprach viel über eine gewisse Null, die schon manchem redlichen Kerl im Wege gestanden, und wenn einer befördert würde, sagten sie, der's nicht verdient hätte, dann steckte, so gewiß, wie zwei mal zwei vier ist, die alte intrigante Null dahinter.

Im Villenviertel hausen die Vornehmen, die ihren Stammbaum bis in die ältesten Abc-Bücher verfolgen können. Ein gewisser x ist der Gesuchteste von allen, doch so zurückhaltend, daß täglich wohl tausend Narren nach ihm fragen, ehe ein Weiser ihn treffen kann. Andere sind fast zudringlich zu nennen. Zwei, denen ich auf der Promenade begegnete, stellten sich mir gleich zweimal vor. Erst der Herr a und dann der Herr b und dann der Herr b und drauf der Herr a, und dann fragten sie mit süffisanter Miene, ob das nicht ganz gleich sei, nämlich $a + b = b + a$?

»Mir schon!« gab ich höflich zur Antwort. Und doch wußte ich nur zu gut, daß die Sache, wenigstens in einer Beziehung, nicht richtig war.

Aber solch kleine Ungenauigkeiten aus verbindlicher Rücksicht können auch im Träume wohl mal vorkommen. –

Ich begab mich auf den Markt, wo die benannten Zahlen ihr geschäftliches Wesen treiben.

In glitschiger Eile kam mir eine Wurst im Preise von 93 Pfennig entgegengelaufen. 17 Schneidergesellen, die mit gespreizten Beinen, gespreizten Scheren und gespreizten Mäulern hinter ihr her waren, faßten sie beim Zipfel. Sie hätten ihr Geld bezahlt, schrien sie, und nun wollten sie schnippschnapp dividieren. Das geht ja nicht auf, keuchte die Wurst, welche Angstfett schwitzte, denn die begierigen Schneider hatten sie bereits angeprickelt mit ihren Scheren; macht 34 Löcher. Jetzt kam ein rechenkundiger Schreiber dazu. Er trug eine schwefelgelbe Hose zu 45 Pfennigen die Elle, einen gepumpten Frack und einen unbezahlbaren Zylinder. Sofort stellte er eine falsche Gleichung auf und brachte dabei die Wurst auf seine Seite. Die Schneider verstanden das schlecht. Sie kürzten ihm den Schniepel, sie schnitten ihm die Knöpfe von der Hose, sie trennten die Hinternaht auf, und wäre er nicht eilig, unter Zurücklassung der Wurst, in ein unendlich kleines Nebengäßchen entsprungen, sie hätten ihn richtig aufgelöst. Nun aber, als sie eben wieder die Wurst ins Auge faßten, erhob sich ein neues Geschrei. Es war die Metzgersgattin – 257 Pfund Lebendgewicht. Sie hätte kein Geld gesehen, tobte sie, und 93 Pfennige gleich so nur in den rauchenden Schornstein zu schreiben, das ginge gegen ihr menschliches Defizit. Sofort, gegen die runde Summe ihres empörten Busens gerichtet, erklirrten die Scheren der beleidigten Schneider. Der Lärm war groß. Die Menge wuchs. 50 Stück gesalzene Heringe, ½ Schock Eier, 3 Dutzend Harzkäse, 1 Pulle Schnaps, ¾ Pfund Amtbutter, 6 Pfund Bauernbutter, 15 Lot Schnupftabak und zahlreiche Ditos vermehrten den Aufruhr.

Hart bedrängt von den spitzigen Scheren der Schneider tat die Metzgerin einen Rückschritt. Sie tritt auf die ¾ Pfund Amtbutter, gleitet aus, setzt sich in die 6 Pfund Bauernbutter, zieht im Fallen 2 Lot Schnupftabak in die Nase, in jedes Loch eins, muß niesen, schlägt infolgedessen einen Purzelbaum vornüber, zerdrückt 3 Harzkäse und die Schluckpulle und trifft mit ihren zwei schwunghaften Absätzen zwei Heringe dermaßen auf die Bauchflossen, daß ihnen ihre zwei armen Seelen aus dem Leibe rutschen wie geschmiert. Plötzlich, als die Verwicklung am schwierigsten schien, zerstreut sich die Menge. Eine überwiegende Größe, der Stadtsoldat, ist hinzugekommen. Schleunig drücken

sich die Heringe in ihre Tonnen; die Schneider, mit den noch schnell erwischten zwei Seelen, machen sich dünne; die Käse verduften; der Schnupftabak verkrümelt sich, aber sämtliche Eier, die nun doch weniger gut rochen als man's ihnen bei Lebzeiten allgemein zugetraut, verquirlt mit den sonst noch Verdrückten und Verunglückten, blieben zermatscht auf dem Platze; während die Metzgersfrau, die inmitten der ganzen Bescherung saß, die erschlaffte Wurst in der erhobenen Rechten schwang und in einem fort plärrte: »Es gibt keine Richtigkeit mehr in der Stadt, und das sag Ich!« bei welcher Gelegenheit ihr die zwei Lot Schnupftabak wieder aus der Nase liefen, aus jedem Loch eins, und auch noch glücklich entwischten. Der Stadtsoldat, seiner Aufgabe völlig gewachsen, notierte sich die entseelten Heringe, behielt die Käse, die Butter und die Glasscherben einfach im Kopfe, addierte Frau und Wurst, setzte sie in Klammern und transportierte sie auf die Stadtwaage, wo man richtig die eine zu schwer, die andere zu leicht fand. Subtraktion war die gerichtliche Folge. Die Wurst wurde abgezogen für den Fiskus, der Rest, wegen Verleumdung der Obrigkeit, dreimal kreuzweis durchgestrichen, und zwar mit Tinte, der brave Stadtsoldat dagegen vom unendlich großen Bürgermeister noch selbigen Tags zur dritten Potenz erhoben.

Übrigens schwebten vor der Verrechnungskammer gleichzeitig noch mehrere Fälle, die ebenso prompt erledigt wurden.

Jugendliche Schiefertafelschnitzer verknurrte man einfach zur Durchwischung mit Spucke; schon ältere in Blei zur eindringlichen Radierung mit Gummi, erstmalig mit weichem, bei Wiederholung mit hartem.

Was aber die weiblichen Additionsexempel anbelangt, deren sehr viele vorgeführt wurden, so mußten sie allesamt freigesprochen werden, weil sie sämtlich ihr geistiges Alibi nachweisen konnten.

Es fanden sich hübsche Lustgärten in dieser Stadt und Obstbäume voll goldener Prozentchen, und auf und nieder an papierenen Leitern stiegen die Dividenden, und einige fielen herunter, und dann rieben sie sich die Verlustseite und hinkten traurig nach Hause.

Kummer und Elend gab's auch sonst noch genug. An allen Straßenecken hockten die gebrochenen Zahlen; arme, geschwollene Nenner, die ihre kleinen, schmächtigen Zählerchen auf dem Buckel trugen und mich flehentlich ansah'n. Es ließ mich kühl. Ich hatte kein Geld bei mir; aber wenn auch, gegeben hätt ich doch nichts.

Ich hatte meine Natur verändert; denn daß es mir sonst da, wo die Not groß ist, auf zwei Pfennige nicht ankommt, das wißt ihr, meine Lieben!

Es mochte so nachmittags gegen fünf Uhr sein, als ich weiterreiste und, eine unbestimmte Gegend durchstreifend, auf der Gemeindetrift anlangte, wo grad das Völklein der Punkte sein übliches Freischießen feierte. Schwarz war heute der Punkt, worauf's ankommt, und Tüpfel war Schützenkönig.

Je kleiner die Leute, je größer das Pläsier. Alles krimmelte und wimmelte durcheinander wie fröhliche Infusorien in einer alten Regentonne.

Im Zelte ging's hoch her. Mit mückenhafter Gelenkigkeit wirbelten die »denkenden Punkte« mit ihren geliebten kleinen Ideen über den Tanzboden dahin. Auch ich engagierte eine, die schimmelte, ein simples Dorfkind, und walzte ein paarmal herum mit ihr.

Noch gewandter und windiger als wir, und das will doch was sagen, trieben die nur gedachten, die rein mathematischen Punkte ihre terpsichorischen Künste. Sie waren aber dermaßen schüchtern, daß sie immer kleiner und kleiner wurden, je mehr man sie ansah; ja, einer verschwand gänzlich, als ich ihn schärfer ins Auge faßte. –

Gelungene Burschen, diese Art Punkte! Der alte Brenneke, mein Mathematiklehrer, pflegte freilich zu sagen: »Wer sich keinen Punkt denken kann, der ist einfach zu faul dazu!« Ich hab's oft versucht seitdem. Aber just dann, wenn ich denke, ich hätt ihn, just dann hab ich gar nichts. Und überhaupt, meine Freunde! Geht's uns nicht so mit allen Dingen, denen wir gründlich zu. Leibe rücken, daß sie grad dann, wenn wir sie mit dem zärtlichsten Scharfsinn erfassen möchten, sich heimtückisch zurückziehen in den Schlupfwinkel der Unbegreiflichkeit, um spurlos zu verschwinden, wie der verzauberte Hase, den der Jäger nie treffen kann? Ihr nickt; ich auch. –

Mehr behäbig, so fuhr Freund Eduard in der Erzählung seines Traumes fort, als diese gedachten Punkte zeigten sich die gemachten in Tusche und Tinte. Sie saßen still und versimpelt auf ihren Reißbrettern an der Wand herum und freuten sich, daß sie überhaupt da waren.

Die kritischen Punkte dagegen, mit ihren boshaften Gesichtern, standen natürlich jedem im Wege. Einer von ihnen, ein besonders frecher, trat einer noch hübsch jugendlichen Idee auf die Schleppe und zugleich ihrem denkenden Herrn dermaßen aufs Hühnerauge, daß ihm die Gründe stockten, sein Geschrei also losging. Da sämtliche Streit- und Ehrenpunkte, deren viele zugegen, sich dreinmischten, so gab's einen netten, aufgeweckten Skandal, der alle erfreute, welche dabeistanden.

Der Kontrapunkt ließ weiterblasen. Ich wandte mich einer entfernteren Gesellschaft zu.

Es waren Atome, die eben zur Française antraten. Mit großer Sicherheit tanzten sie ihre verzwickten molekülarischen Touren durch, und als sie aufhörten und sich niedersetzten, war's allen hübsch warm geworden. Sie sind nicht so stupid, wie man sonst wohl zu glauben pflegt, sondern haben ihre interessanten und interessierten Seiten, so daß selbst so was wie ein zärtliches Verhältnis zwischen ihnen nicht selten ist.

Eine ihrer Damen kam mir bekannt vor. Wo hatt ich sie nur gesehen? Richtig! Bei Leibnizens. Die alte Monade, und ordentlich wieder jung geworden! Schon hat auch sie mich erkannt. Sie fliegt auf mich zu, sie umklammert mich mit ihren mageren Valenzen, sie preßt mir einen rotglühenden Kuß auf die Lippen und ruft schwärmerisch:

»Mein süßer Freund! Oh, laß uns ewig zusammenhaften!«

Ich verhielt mich abstoßend. Mit unglaublicher Schnelligkeit schoß ich oben durchs Zeltdach und eilte sodann, nicht ohne ängstliche Rückblicke, in die möglichste Ferne hinaus. Wie sich zeigte, nicht ganz allein.

Dicht neben mir ließ sich ein kümmerliches Hüsteln vernehmen. Es war der mathematische Punkt, den ich vorhin zu fixieren versuchte. Zu Hause, so klagte er lispelnd, brächte er's doch zu nichts. Nun wollte er einmal sehn, ob dort drunten in der geometrischen Ebene für ihn nichts zu machen sei.

Da lag sie vor uns, die Horizontalebene, im Glanze der sinkenden Abendsonne. Kein Baum, kein Strauch, kein Fabrikschornstein ragte draus hervor. Alles flach wie Judenmatzen, ja noch zehntausendmal flacher; und doch befanden wir uns am Eingang eines betriebsamen Städtchens, welches nur platt auf der Seite lag.

Das Tor, welches wir passieren mußten, hatte nur Breite, aber nicht die mindeste Höhe. Es war so niedrig, daß ich mir, obgleich ich mich bückte, doch noch die Glatze etwas abschabte, und selbst mein winziger Begleiter konnte nur eben drunter durch. Er fand noch am selben Abend eine Anstellung bei einem tüchtigen Geometer, der ihn sofort in die Reißfeder nahm, um ihn an den Ort seiner künftigen Wirksamkeit zu übertragen, wozu ich ihm besten Erfolg wünschte. Ich selber suchte, da es schon spät, eine naheliegende Herberge auf.

Hier nun trat mir zum erstenmal in Gestalt des Herrn Oberkellners eine richtige mathematische grade Linie entgegen. Etwas Schlankeres gibt's nicht. Mir fiel gleich dabei ein, was Peter, mein kleiner Neffe, mal sagte.

»Onkel Eduard!« sagte er. »Ein Geist muß aber recht mager sein, weil man ihn gar nicht sieht!«

Und wie lächerlich dünn so ein mathematischer Strich ist, das sah ich so recht des Nachts, als ich zu Bette gegangen. In der Kammer nebenan schliefen ihrer dreißig in einer Bettstelle, die nicht breiter war als ein Zigarettenetui, und doch blieb noch Platz übrig. Freilich, erst schalten sie sich, denn es war ein Pole dabei, der an unruhigen Träumen litt und sich viel hin und her wälzte, bis sie ihn schließlich durch zwei Punkte festlegten; dann gab er Ruh. Ich bemühte mich, seinen Namen auszusprechen: Chrr – Chrrr – Chrrrr –

Im selben Augenblick ließ sich wieder die Stimme vernehmen: »Eduard, schnarche nicht so!!«

Ich fuhr heftig zusammen. Aber während ich das erstemal fast volle drei Sekunden nötig hatte, um mein inneres Gleichgewicht wieder zu finden, brauchte ich diesmal kaum zwei; dann ging ich schon wieder meinen gewohnten Gedanken nach, als sei weiter nichts vorgefallen.

Vielleicht, meine Freunde, möchte nun dieser oder jener unter euch geneigt sein, von mir zu erfahren, woher die erwähnte Stimme denn wohl eigentlich kommen konnte. Darauf erwidere ich, daß ich in der Regel vielzuviel Takt besitze, um auch nur die allergeringste Mitteilung über Dinge zu machen, die keinen andern etwas angehn. Entschuldigt meine Entschiedenheit!

Am nächsten Morgen besah ich mir die Stadt. Selbstverständlich muß jedermann platt auf dem Bauche rutschen. Vornehme und Geringe sind auf den ersten Blick nur schwer zu unterscheiden, und wer genötigt ist, höflich zu sein, muß riesig aufpassen; denn da nichts Höhe hat, also gar keinen Schatten wirft, so erscheint vorläufig jeder, auch der quadratisch Gehaltvollste und Eckigste, der einem begegnet, als gewöhnlicher Strich.

Natürlich zieht der Mangel an Schatten auch den Mangel an Photographen nach sich, und so müssen denn die Leute den schönen Zimmerschmuck entbehren, wofür wir unsererseits diesen Künstlern so dankbar sind. Aber man behilft sich, so gut es geht. Man läßt seinen Schreiner kommen; man läßt sich ausmessen; er macht einen kleinen proportionalen Abriß in das Album des betreffenden Freundes, notiert den wirklichen Quadratinhalt nebst Jahr und Datum in die Mitte der werten Figur, und das Andenken ist fertig.

Was nun das ewige Rutschen betrifft, so wollte mir ein Eingeborener, der durchaus treuherzig und vollkommen glaubwürdig aussah, die feste Versicherung geben, daß es, obwohl hier jeder von Haus aus unendlich dünn sei, doch einige Briefträger gäbe, die sich mit der Zeit so abgeschabt hätten, daß sie auf ihre alten Tage nur halb so dünn wären wie möglich.

Dies scheint mir bemerkenswert wegen der Kongruenz. Denn erwies sich die Angabe als richtig, so war eine tatsächliche Deckung ganz gleicher Figuren, welche mir bei den äußerst gedrückten Ortsverhältnissen unmöglich schien, doch unter Umständen nicht ausgeschlossen. Ich erkundigte mich nach dem Kongruenzamte, eine Einrichtung, die ungefähr unserm Standesamte entsprechen würde. Da mir niemand Auskunft zu geben vermochte, wandte ich mich direkt an den Magistrat.

»Solche Dummheiten«, hieß es, »machen wir hier nicht. Die das wollen, müssen sich gefälligst in die dritte Dimension bemühen, und die Symmetrischen erst recht!«

Ihr altes Ratszimmer war ungemein dumpf und niedrig. Daher empfahl ich mich umgehends mit einem lustigen Vertikalsprung nach oben durch den Plafond und atmete auf im dreidimensionalen Raume, wo stereometrische Freiheit herrschte, wo der Kongruenz räumlich gleichgestimmter Paare keine Ehehindernisse im Wege standen. So dachte ich. Aber Ausnahmen, wie überall, gab's leider auch hier.

Grad kamen zwei sphärische Dreiecke, eines genau das geliebte Spiegelbild des andern, sehr gerötet vom Kongruenzamte, wo man sie abgewiesen. Sie trug ein schön krumm gebügeltes Sacktuch von unendlich durchsichtigem Battist und weinte die landesüblichen Tränen, gleich niedlichen Seifenbläschen, die der Zephir entführte. Ein Paar unendlich feiner Handschuhe, ein linker und ein rechter, er Brautführer, sie Kranzjungfer, versuchten ihr Trost zu spenden, indem sie sagten: Ihnen ginge es ja auch so, und wenn alle Stricke rissen, dann könnte man ja immer noch durchbrennen in die vierte Dimension, wo nichts mehr unmöglich sei.

»Ach!« schluchzte die Braut. »Wer weiß, wie es da aussieht!« Und ihre Tränen säuselten weiter.

Fürwahr, ein herbes Schicksal! Aber, meine Freunde, seien wir nicht zu voreilig mit unserm sonst löblichen Mitgefühl. Es war alles nur Getus.

Nämlich die Bewohner dieses unwesentlichen Landes sind hohl. Es scheint Sonne und Mond hindurch, und wer hinter ihnen steht, der kann ihnen mit Leichtigkeit die Knöpfe vorn an der Weste zählen. Einer durchschaut den andern; und doch reden diese Leute, die sich durch und durch kennen, die nicht so viel Eingeweide haben wie ein ausgepustetes Sperlingsei, von dem edlen Drange ihres Inneren und sagen sich darüber die schönsten Flattusen. Ja, einer war da, der wollte behaupten, er hätte einen fünf Pfund schweren Gallenstein und verfluchte sein Dasein und schnitt Gesichter, und seine Familie sprang nur so, wenn er pfiff, und tat ganz so, als wär's so, und seine Nachbarn machten ihm Kondolenzvisiten unter kläglichem Mienenspiel.

Wie heuchlerisch man hier ist und zugleich wie wesenlos, das bewiesen so recht zwei alte Freundinnen, die sich in den Tod nicht ausstehen konnten, und nun, nach langer Trennung, sich wieder begegneten. Sie küßten sich so herzlich und durchdringend, daß ihnen die gegenseitigen Nasen eine Elle lang hinten aus den gegenseitigen Chignons hervorstanden.

Schwere gab's hier nicht. Man bewegte sich am Boden oder in der Luft, gleichviel, mit einer unabhängigen Leichtigkeit, wie sie nur bei solch rein förmlichen Blasengestalten und Windbeuteln sich denken läßt.

Ich sah einen neckischen alten Geisbock, der turmhohe Sätze machte. Und was die Flöhe sind, wer da nicht aufpaßt beim ersten Griff, weg hupfen's bis in die Wolken.

Zwar hupfen konnt' ich auch, wie nur einer. Aber mit mir war das was anders. Ich hatte Fond. –

Wir ihr seht, meine Lieben; eine Ausrede zugunsten der eigenen Vortrefflichkeit stellt selbst im Traum sich ein!

Übrigens hatt' ich die leeren Gestalten dieser eingebildeten Welt jetzt satt gekriegt und beeilte mich wegzukommen. Am Ausgange wurde ich mit einer fetten Baßstimme von einem Unbekannten angeredet, der so rund und dick war, daß er die ganze Tür versperrte.

Er entpuppte sich als mein ehemaliger Reisebegleiter, das mathematische Pünktchen.

Durch eine gewandte Drehung in der Ebene hatte er's dort bald zu einem umfangreichen Kreise gebracht, war darauf in den dreidimensionalen Raum ausgewandert, hatte sich hier durch ähnliche Umtriebe zur wohlbeleibten Kugel entwickelt und wollte sich nun mit Hilfe eines geeigneten Mediums materialisieren lassen, um dann später, ein Streber wie er war, als Globus an die Realschule zu gehn.

Aus dem nichtssagenden Kerlchen war ein richtiger Protz geworden, der mich behaglich wohlwollend zu behandeln gedachte. Da ich mir das aber von einem bloß aufgeblasenen Punkte, denn das sind alle seinesgleichen, nicht gefallen lassen wollte, so tat ich, ohne mich weiter zu verabschieden, einen eleganten Seitensatz durch die Bretterwand, hinter welcher, so meint ich, die vollständige Welt lag. Es war aber nur Stückwerk.

Zunächst geriet ich in ein Kommunalwesen von lauter Köpfen, die sich auf der Höhe eines Berges in einem altdeutschen Gehölze eingenistet hatten. Hinter jedem Ohre besitzt jeder einen Flügel, eine zweckentsprechende Umbildung des bekannten Muskels, den wir Kopfnicker nennen. An den Sümpfen herum sitzen die Wasserköpfe, blinzeln träge mit den Augen und lassen sich die Sonne ins Maul scheinen. Querköpfe, welche die Eitelkeit ihrer Meinung besitzen, streiten und stoßen sich in der Luft herum; fast jeder hat Beulen grün und blau. Sie leben vom Wind. Was sie sonst brauchen, verdienen sie sich als Redner und Bänkelsänger. Zum Ohrfeigen, zum Hinausschmeißen, zum Balbieren und Frisieren mieten sie sich die geeigneten Hände; ebenso, um sich die Nase putzen zu lassen, was besonders kostspielig, wenn einer den Schupfen hat. Hosenstoffe gebrauchen sie nicht. Manche sind niedlich. Ihrer zwei, ein Männchen und ein Weibchen, saßen zärtlich zusammengeschmiegt in einem Baum voll grüner Notenblätter und sangen das schöne Duett: »Du hast mein Herz und ich das deine«, und wie's weiter geht.

Etwas tiefer am Berg hinab, in Hütten und Krambuden, leben, weben und schweben die Hände apart für sich. Sie sind teils Schreiber und Schrupper und sonst dergleichen für die Köpfe weiter oben, teils Strumpfwirker und Streichmusikanten und sonst dergleichen für die Füße, die unten im Tale hausen. Ihre Geschicklichkeit ist mitunter nicht unerheblich. Ein Barbier, der mit wenig Seife viel Schaum schlagen konnte, war kürzlich unter die Literaten gegangen. Er hatte großen Erfolg, wie ich hörte, trug bereits drei Brillantringe an jedem Finger und wollte sich demnächst mit einer Köchin verheiraten, die ohne Schwierigkeit ein einziges Eiweiß zu mehr als fünfzig Schaumklößen aufbauschte, also auch noch was leisten konnte. –

Übrigens muß ich sagen, meine Freunde, prätendieren eigentlich diese sich immerhin nicht als ganz unreell aufspielenden Extremitäten ein recht unverschämt unbefangenes Dasein. Das lästige Gummibändel z. B., womit sonst die Frackschöße aller Dinge hienieden, kein Mensch weiß wie, am Kernpunkt der Dinge haften, schienen sie gänzlich zu ignorieren, während die Köpfe wenigstens Flügel hatten. Und doch fiel mir's nicht auf in meinem Traume, und doch hielt ich mich für sehr scharfsichtig, und doch war ich's oft gar nicht; genau so, wie's uns geht, wenn wir wachen. –

Eben als ich mich von hier entfernt hatte, umwölkte sich der Himmel. Es donnerte und blitzte. Es war eins jener schrecklichen Unwetter, die dem Wanderer, dem Mitgliede des Alpenklubs, der auf steilen Pfaden ohne Führer herniedersteigt, so häufig verderblich werden. Meiner Wenigkeit dagegen war es sogar ganz lieb, als mich nun plötzlich ein heftiger Windstoß ins Tal entführte, wo das heiterste Wetter herrschte.

Auf einem sanft ansteigenden Wiesenflecke, umgeben von zopfigen Hecken, tanzten die zierlichsten Füße in rosa

Trikot ein anmutiges Kunstballett. Einige fette Hämmel wie auch viele kleine Meerschweinchen sahen zu, und zwei größere Zunftverbände von wohlgeleiteten Händen sorgten für Musik und ergiebigen Beifall.

Noch ehe das Stück zu Ende, verließ ich das Gebiet der aparten Körperteile vermittelst eines parabolischen Sprunges über die benachbarten Berge in die gewöhnliche Welt hinein, wo jeder seine gesunden Gliedmaßen beieinander hat.

Wohl zehn Meter hoch schwebt' ich nun über einem regelmäßig karierten Ackergefilde, in dessen Mitte ein freundliches Dörfchen lag.

Es war Sommer. Schon zog hie und da auf sanft bewegter Luft ein silbernes Fädchen dahin. Auf eins derselben ließ ich mich nieder, neben einer kleinen, verschrumpften Spinne, die, kaum daß sie mich bemerkt hatte, sich auch schon gedrungen fühlte, mich mit der Geschichte ihres Lebens zu beglücken.

Einst, so fing sie an zu wehmüteln, vor zirka zweitausend Jahren, da sei sie eine ungewöhnlich reizende Walküre gewesen, hochsausend auf stolzem Roß und beliebt bei den Mannsleuten. Dann, als sie alt geworden, hatte sich keiner mehr um sie bekümmert, außer der Teufel. So wäre sie zur Hexe geworden und wär' durch die Lüfte geritten auf dem Besenstiel, in böswilliger Absicht. Aber selbst der Teufel, nachdem sie ihren tausendsten Geburtstag gefeiert, sei ihr nicht treugeblieben. Da habe sie den Salbentopf hergekriegt und habe sich wirkungsvoll murmelnd in eine Spinne verwandelt und sich dann rückwärts dies Luftschiff verfertigt und segle mit gutem Winde all die Zeit her, und wenn die Leute riefen: Altweibersommer! so sei ihr das schnuppe. Apa!

»Madam!« sprach ich. »Sie haben was durchgemacht. Reisen Sie glücklich!«

Damit sprang ich ab und setzte mich auf den vorstehenden Ast einer stattlichen Linde.

Drunten am Boden kneteten zwei Bauernknaben schöne Klöße aus Lehm, den sie selber befeuchtet hatten. Ein Zwist brach aus. Sie klatschten sich ihr Backwerk auf die beiderseitigen Nasen, und die Töne, die sie dabei ausstießen, lauteten a! e! i! o! u!

Im Wipfel saß ein liebendes Taubenpärchen. Oben hoch drüber kreiste spähend ein Habicht. »Nurdu, nurdu!« girrte zärtlich der Täuberich. »Hihi!« kreischt der Habicht und hat ihn.

In Anbetracht der soeben vernommenen Naturlaute schickte ich mich an, eine wichtige Bemerkung zu machen.

»Der Urrsprrung der Sprrraaache« – fing ich an –

»Eduard, schnarche nicht so!!« unterbrach mich schon wieder die Stimme. Ich fuhr zusammen. Doch während ich das vorige Mal fast zwei volle Sekunden nötig hatte, um meine Haltung wieder zu gewinnen, brauchte ich diesmal nur eine.

Als ich mich gesammelt hatte, saß ich auf der Spitze eines Grashalms am Rande eines Teiches, der inmitten eines hübschen Gehöftes lag.

Drei lebenslustige Fliegen schwärmten dicht über dem Wasser. Drei genußfrohe Fischlein erschnappten sie. Indem, so schwammen drei Enten herbei. Jedwede erfaßte ein Fischlein beim Frack, erhob den Schnabel und ließ es hinunterglitschen ins dunkle Selbst hinab. Die erste hieß Mäs, die zweite hieß Bäs, die dritte hieß Tricktracktrilljäs. Diese letztere nun, um den Grund des Wassers zu erforschen, nahm eine Stellung an, wobei sich der Kopf nach abwärts richtet.

»Guck mal!« schnatterte die Frau Mäs der Frau Bäs ins Ohr. »Was hat unsere Frau Tricktracktrilljäs für ein dickes Gesäß!«

Hätten sie ahnen können, was die nächste Zukunft unter der Schürze trug, sie hätten wohl nicht so lieblos geurteilt über die körperlichen Verhältnisse einer Freundin, welche nun bald ebenso tot sein sollte wie sie selber.

Die freundliche Bauersfrau nämlich trat aus der Tür des Hauses, lockte unter dem Vorwand von Brotkrumen die Schnabeltiere in den Küchenraum und hackte ihnen die Köpfe ab.

Sie hackte sich aber auch, weil sie natürlich mal wieder zu hastig war, dabei in den Zeigefinger. Das Beil war rostig. Der Finger verdickte sich. Schon zeigten sich alle Symptome einer geschwollenen Blutwurst.

Der Doktor kam. Er wußte Bescheid. Erst schnitt er ihr den Finger ab, aber es half nicht; dann ging er höher und schnitt ihr den Ärmel ab, aber es half nicht; dann schnitt er ihr den Kopf ab, aber es half nicht; dann ging er tiefer und schnitt ihr die Trikottaille ab, und dann schnitt er die wollenen Strümpfe ab, aber es half nicht; als er aber an die empfindlichen Hühneraugen kam, vernahm man einen durchdringenden Schrei, und im Umsehen war sie tot.

Der Bauer war untröstlich; denn das Honorar betrug 53 Mark 75 Pfennig. Der Doktor steckte das Honorar in sein braunledernes Portemonnaie; der Bauer schluchzte. Der Doktor steckte sein braunledernes Portemonnaie in die Hosentasche; der Bauer sank auf einen geflochtenen Rohrstuhl und starrte seelenlos in die verödete Welt hinaus.

Der Doktor besaß Takt. Andante ritt er vom Hofe weg, und erst dann, als er die Landstraße erreichte, fing er scherzando zu traben an, und zwar englisch. Er wußte noch nicht, daß seine Hosentasche im stillen ein Loch hatte.

Inzwischen begab sich der betrübte Witwer in den Schweinestall und besah seine Ferkeln. Es waren ihrer dreizehn, das Stück zu zweiundzwanzig Mark.

Seine Tränen flossen langsamer. Als er wieder ins Freie trat, war er ein neuer Mensch geworden.

Ich flog ins Nachbarhaus.

Der Landmann, welcher hier wohnte, war ein Vetter des vorigen. Er hackte Holz entzwei, während seine Gemahlin sich mal eben entfernt hatte, um im nahen Gebüsch für die Meckerziege ein schmackhaftes Futter zu pflücken. »Oh, meine Mamme ist weg!« schrie das Kind und kam aus dem Hause gelaufen und weinte sehr heftig. »Da weinst du über!« sprach der besonnene Vater. »Mach dich doch nicht lächerlich!«

Dieser Vater, so scheint's, hatte bereits den Gipfel der ehelichen Zärtlichkeit erklommen, wo die Schneeregion anfängt.

Ich flog ins Nachbarhaus.

Der Landmann, welcher hier wohnte, war ein Onkel des vorigen. Soeben, mit dem Stabe in der Hand, von einem erfolgreichen Besuche der Schenke zurückkehrend, betrat er das Zimmer, wo ihn seine zahlreiche Familie voller Spannung erwartete. Er warf seinen Hut auf die Erde und rief: »Wer ihn aufhebt, kriegt Hiebe; wer ihn liegen läßt, auch!« Er war ein höchst zuverlässiger Mann. Er hielt sein Wort. –

Ach, meine Lieben! Wie oft im Leben wirft uns das Schicksal seinen tragischen Hut vor die Füße, und wir mögen tun, was wir wollen, Verdruß gibt's doch. –

Ich flog ins Nachbarhaus.

Im Kuhstall, den er soeben gereinigt, steht ein denkender Greis. Er schließt die Luke. »Merkwürdig!« sprach er und stützte das Kinn auf die Mistgabel. »Merkwürdig! Wenn man die Klappe zumacht, daß es dann dunkel wird!« Und so stand er noch lange und dachte und dachte; als ob es nicht schon Sorgen genug gäbe in der Welt, auch ohne das. Und es war sehr düster in diesem Kuhstalle.

Ich flog ins Nachbarhaus.

Die hübsche, stramme Bäuerin hat ihr hübsches, strammes Bübchen auf dem Schoße liegen, sein Gesichtchen nach unten gekehrt. Sie lüftet ihm das Hemdchen; sie reibt ihm den Rücken; er strampelt mit den Beinen vor lauter Behagen. »Oh, tu tu tu mit tein klein ticken tinketen Popösichen!« so ruft sie in mütterlich-kindischem Stoppeldeutsch; und während sie dies tut, gibt sie dem Herzensbengel bei jedem Worte ein klatschenden Schmatz auf die rosigen Hinterbäckchen. –

Ach, meine Freunde! Wieviel Liebes und Gutes passiert uns doch in der Jugend, worauf wir im Alter nicht mehr mit Sicherheit rechnen dürfen!

Ich flog ins Nachbarhaus.

Ein zehnjähriger Junge kommt grad aus der Schule, und noch ganz rot vor Begeisterung ruft er: »Hör mal Vater! Unser Schulmeister hat aber einen ganz verflixten Stock. Hier vorne schlägt er hin und da hinten kneift es!!«

Dieser heimtückische Stock stammte vermutlich aus der nämlichen Hecke, wo die abscheulichen Menschen ihre ironischen Gerten schneiden, die auch immer so hintenherum kommen. Ein treuherziger Mensch tut so was nicht. –

Ich flog – doch der Abwechslung wegen will ich lieber mal sagen: ich schwirrte.

Ich schwirrte ins Nachbarhaus.

Im wohnlichen Stübchen voll sumsender Fliegen steht das tätige Mütterlein. Sie sucht Fliegenbeine aus der Butter, die sie demnächst zu kneten gedenkt; denn Reinlichkeit ist die Zierde der Hausfrau. Aber ihr Stolz ist die Klugheit. Mit mildem Kartoffelbrei füllt sie die Butterwälze, denn morgen ist Markttag in der Stadt.

Ich schwirrte ins Nachbarhaus.

Des Bauern Töchterlein sitzt am Klavier. Es klopft. »Sind der Herr Vater zu Hause?« so fragte der Hammelkäufer. »Bedaure sehr!« erwiderte sie zierlich. »Papa fährt Mist!« –

Ein erfreuliches Beispiel frisch aufblühender Bildungsverhältnisse, die noch etwas von dem kräftigen Duft des humushaltigen Erdreichs an sich haben, worauf sie gewachsen sind.

Ich schwirrte ins Nebenhaus.

Ein altes, ehrwürdiges Gebäude. Der Besitzer schien etwas zerstreut zu sein. Er hält eine lange Unschlittkerze in der Hand, umwickelt sie unten mit Werg, das er mit Petroleum tränkt, steigt damit unters Dach, stellt sie sorgsam ins Stroh, zündet sie an, greift zu Hut und Stock, schließt das Tor und geht über Feld.

Solche Art Leute, dacht ich, sind doch zuweilen recht unvorsichtig. Ich flog dem Manne ans Ohr und warnte ihn; nicht aus Mitleid, sondern bloß um zu zeigen, daß er der Dümmere und ich der Gescheitere sei. Ich war nicht vorhanden für ihn. Es war klar. Durch die Konzentration meines Innern unter Zurückhaltung des Äußeren hatte ich die Fähigkeit zum Wechselverkehr mit der gewöhnlichen Menschheit verloren.

Ich schwirrte ins Nachbarhaus.

Und dies war das Wirtshaus. Am Haupttische tranken sich drei lustige Gesellen zu. Sie können wohl lachen. Sie haben in der Frühe drei handfeste Meineide abgeliefert und bereits wieder drei neue in Akkord gekriegt. Am Tisch im Winkel saß ein bescheidener Wandersmann. Nachdem er langsam aber gründlich seine Mahlzeit beendigt, steht er auf, um zu zahlen. Er läßt sich auf ein falsches Fünfmarkstück herausgeben und entfernt sich mit einem herzlichen »Gott befohlen«.

Auch ich machte, daß ich wegkam, und sah mal zu, was auf der Landstraße passierte.

Schlicht und sinnig, den Korb gefüllt mit den Produkten seiner Kunstfertigkeit, wandelte des Weges daher der Besen- und Rutenbinder. Wie's das Geschäft so mit sich bringt, denkt er viel nach über die Erziehung des Menschengeschlechts. Sein Blick ist zur Erde gerichtet. Infolgedessen hat er Gelegenheit, einen Gegenstand zu bemerken, den der flüchtige Beobachter vermutlich für nichts weiter angesprochen hätte, als einen Roßapfel in gedrückten Verhältnissen. Doch der aufmerksame Naturfreund, gewohnt, stets scharf zu prüfen, was vorkommt, erkannte sofort sein eigentliches Wesen. Es ist ein braunledernes Portemonnaie. Er blickt umher, und da die Wetteraussichten ringsum günstig sind, hebt er's auf und läßt es sanft in das Rohr seines Stiefels gleiten.

»Da wird er nicht dümmer nach!« so sprach er bedeutsam im wohlwollenden Hinblick auf den, der's verloren und in Erwägung der oft so heilsamen Folgen eines gehabten Verlustes. Und schon kommt der Doktor daher geritten, und zwar im Galopp. Er fragt, ob nichts gefunden sei.

»Nein, Herr!« entgegnete der Besenknüpfer mit überzeugender Mimik, und fort sprengt der Doktor mit ängstlicher Schnelligkeit.

So hatte der Weise einem seiner unerfahrenen Mitmenschen eine wertvolle Lehre gespendet, ohne ihn in die peinliche Lage zu bringen, sich bedanken zu müssen. Er konnte aber auch, nachdem er eine gute Tat verrichtet, zugleich mit dem angenehmen Bewußtsein nach Hause zurückkehren, daß dieselbe nicht unbelohnt geblieben, was sonst so selten ist; und daß er sich auch fernerhin ein enthaltsames Schweigen auferlegt haben wird, das darf man ihm bei seinen Fähigkeiten wohl zutraun. –

An der Gegend, über der ich schwebte, konnte ich nicht viel Rares finden. Doch auf die Gegend kommts nicht an; denn, wie die Tante zu sagen pflegt:

»Wer nur das richtige Auge hat, kann überall einen ›reizenden Blick‹ haben.«

So ging's auch dem gebildeten Landwirt, der mir auf der Straße entgegenkam. Er hatte seine Kartoffeln besichtigt. Sie standen prachtvoll. Durch seine transparenten Ohren scheint die verklärende Abendsonne. Er ist glücklich.

»Oh, wie schön ist doch die Welt!« ruft er schwärmerisch. »Oh, so schön! So schön! A a!«

Er hatte den Stellwagen nicht bemerkt, der hinter ihm herfuhr. Dieser fuhr ihm ein Bein ab.

Zum Glück war der Doktor, dem beim Anblick eines neuen Patienten wieder Friede und Heiterkeit, die noch soeben vermißten, auf der denkenden Stirne glänzten, sofort zur Stelle, um den nötigen Verband anzulegen.

Mittlerweile war es Nacht geworden. Im Dörfchen brannte ein Haus ab.

»Aha!« rief ich beim Anblick der Flammen, »Unvorsichtigkeit ist eine hervorragende Eigenschaft derjenigen Menschen, welche morgen genau wissen, was sie heute zu tun haben. Hehe!«

Fast hätte mich in diesem Augenblick eine alte Fledermaus erschnappt und aufgefressen, weil sie mich wahrscheinlich für eine kleinere Abart der Kleidermotte ansah; aber ich war schneller als sie und flog in einen dichten Wald und legte mich in das Näpfchen einer ausgefallenen Eichel; und hier, dachte ich, kannst du, wenn auch nicht aus Bedürfnis, so doch aus Prinzip, deiner nächtlichen Ruhe pflegen. Der Mond war aufgegangen und spiegelte sein fettes, glänzendes Gesicht in einem Wassertümpel, den wilde Rosen umkränzten. Schon hatte ich die Absicht, mich in die allergrößten Gedanken zu vertiefen, da ging der Spektakel los.

Siebenundneunzig dumpftönende Unken, dreihundertvierundvierzig hellquakende Wasserfrösche und zweitausendzweihundertundzweiundzwanzig hochzirpende Grillen gebrauchten ihre ausreichenden Stimmittel und emsigen Kunstgelenke zum Vortrage einer symphonischen Dichtung. Ein hohler Weiden,baum mit seinen zwei unteren Seitenästen dirigierte. Sein künstlerischer Chignon wehte im Winde der Begeisterung. Die Sache war langwierig; aber schließlich ging ihnen doch der Faden aus, und das bisher nur mit Mühe unterdrückte Bedürfnis des Beifalls konnte sich Luft machen.

Entzückt und befriedigt raschelten die Rosen mit den Blättern und dufteten sogar, was die wilden sonst kaum zu tun pflegen.

»Bravo!« quakten wie aus einem Munde fünf dicke, grüne Laubfrösche. »Brravo! Geschmackvoll! Geschmackvoll!!« Und sieben alte, graue Käuze, die im Hinterteil einer morschen Erle ihre Logenplätze hatten, quiekten maßgebend über alle hinweg:

»Manjifiek! Manjifiek!«

Ich meinerseits, um doch auch ein hohes Verständnis zu zeigen, suchte mein schönstes falsches Pathos hervor und brüllte, wie laut oder wie leise, das weiß ich nicht mehr:

»Offenbaarrung! Musikalische Offenbaaarrrung!« –

»Eduard, schnarche nicht so!!«

ließ sich wieder einmal die Stimme vernehmen. Kaum, daß ich danach hinhörte. Ich saß gemütlich in meinem Eichelnäpfchen, höchst sorglos versimpelt in den Gedankengang, der mir grad Spaß machte.

Müdigkeit, hatt' ich bisher immer geglaubt, gäb's für mich nicht. Nun aber sollt' ich so recht erfahren, welch unwiderstehlich wohltätige Wirkungen eine gute Musik hat. Schon nach fünf Minuten war ich in einen richtigen rücksichtslosen Schlummer versunken.

Ich mußte wohl ausgiebig geschlafen haben, denn als ich erwachte und mir gewissermaßen die Augen rieb, stand die Sonne schon tief am westlichen Himmel.

In bummligem Fortschritt schwebte ich nun einer bedeutenden Stadt entgegen, deren hochragende Türme und hochrauchende Schornsteine ich gestern schon von weitem bemerkt hatte.

Eben kam der nachmittägliche Kurierzug über die Brücke dahergesaust.

Im ersten Kupee hatte ein gewiegter Geschäftsmann Platz genommen, der, nachdem er seine Angelegenheiten geregelt hatte, nun inkognito das Ausland zu bereisen gedachte.

Im zweiten Kupee saß ein gerötetes Hochzeitspärchen; im dritten noch eins.

Im vierten erzählten sich drei Weinreisende ihre bewährten Anekdoten; im fünften noch drei; im sechsten noch drei.

Sämtliche noch übrigen Kupees waren vollbesetzt von einer Kunstgenossenschaft von Taschendieben, die nach dem internationalen Musikfeste wollten.

Auf dem Bahndamme standen mehrere Personen. Ein Greis ohne Hoffnung, eine Frau ohne Hut, ein Spieler ohne Geld, zwei Liebende ohne Aussichten und zwei kleine Mädchen mit schlechten Zeugnissen.

Als der Zug vorüber war, kam der Bahnwärter und sammelte die Köpfe. Er hatte bereits einen hübschen Korb voll in seinem Häuschen stehn.

In den Anlagen der Handelsgärtnerei, die in der Nähe der Brücke lag, wandeln zwei Damen, Frau Präsidentin nebst Tochter. Letztere hatte sich Pflaumen gekauft. »Oh, Mama!« spricht sie beklommen. »Ich kriege so« – »Pfui, Pauline!« unterbrach sie die zartfühlende Mutter. »Von so

etwas spricht man nicht!« »Guten Morrrgen!« schnarrte des Gärtners zahmer Rabe dazwischen. »Oh, sieh mal, Mama!« rief die bereits wieder heitere Pauline. »Welch ein himmlischer Vogel! Bitte, gutes Pappchen, sprich doch noch mal!« »Drrreck!« schnarrte der Rabe. »Komm her, mein Kind!« sprach die indignierte Frau Präsidentin. »Jetzt wird er gemein!!«

Hieran bemerkte ich so recht, daß ich mich nicht mehr im Bezirke der annähernd zwanglosen Gemütsäußerungen befand, sondern vielmehr in der Nähe einer feinen und hochgebildeten Metropole.

Mir entgegen aus dem Tore bewegte sich ein herrlicher Trauerzug. Im Sarge befand sich ein angesehener, aber toter Bankier, beweint und begleitet von hoch und gering. Ich konnte deutlich bemerken, wie er aussah. Er lächelte so recht pfiffig und selbstzufrieden in sich hinein, als ob er sich amüsierte, daß er ein solch schönes Begräbnis weg hatte und ein so langes Gefolge, und daß so viele geschmackvolle Kränze seinen Triumphwagen schmückten.

Das wäre was gewesen für Peter, meinen kleinen Neffen! Die Freude hätte ich ihm wohl gönnen mögen! Als vergangenen Herbst die alte Frau Amtmann zur letzten Ruhe bestattet wurde, rief er entzückt: »Ah! was hat unsere selige Frau Amtmann für eine prachtvolle Kommode!« Wohnungsumzüge und Leichenzüge hält er für die zwei unterhaltlichsten Schaustellungen dieser Welt; und eine gewisse Ähnlichkeit zwischen beiden läßt sich ja auch nicht ableugnen, obwohl der ruhige Erfolg vielleicht mehr auf seiten der letzteren ist.

Ich flog weiter. Eine leichte heidnische Dunstwolke mit einem aromatischen Anhauch von Pomade und Knoblauch, die über der christlichen Stadt schwebte, umfing mich. Auf Straßen und Promenaden flutet das bunte Publikum und ergießt sich in die hochragenden Speise- und Schenkpaläste, die fürstlich geschmückten, wo der altbewährte Grundsatz gilt: Lieber ein bissel zu gut gegessen, als wie zu erbärmlich getrunken.

Freilich, manch Ach und Krach, was anscheinend vielleicht stören könnte, ist auch in der Nähe; wer aber mal einen gesunden Appetit hat, den geniert es nicht viel, wenn er auch mal ein paar unglückliche Fliegen in der Suppe findet.

Das Geschäft steht in Blüte; der Israelit gleichfalls. Warum sollte er auch nicht? Seine Sandalenfüße, seine getreulich überlieferte Nase, die merklich abgenützt wurde vom wehenden Wüstensande, dem die Väter einst vierzig Jahre lang entgegenmarschierten, geben ihm das Zeugnis einer schönen Beständigkeit. Mit Vorsicht wählt er die Kalle, und nimmt er sie mal, so pflegt er sie auch zu behalten, es sei wie's sei, und nicht, wie die anderen, so häufig zu wechseln. Nüchtern geht er zu Bett, wenn die andern noch saufen; alert steht er auf, wenn die andern noch dösig sind. Schlau ist er, wie nur was, und wo's was zu verdienen gibt, da läßt er nicht aus, bis »die Seel' im Kasten springt«.

Daß man sich durch dergleichen bürgerliche Tugenden nicht viel beliebter macht, als Ratten und Mäuse, ist allerdings selbstverständlich.

Übrigens befand ich mich in diesem Augenblicke grade über dem Hause eines antisemitischen Bauunternehmers, und so witschte ich mal eben durchs Dach hinein.

Im vierten Stock legt ein Fräulein Hut und Handschuh ab. Sie hat Einkäufe gemacht, unter andern ein Glas voll Salpetersäure. Nicht ohne einen gewissen Zug von Entschlossenheit sieht sie dem Besuche ihres Verlobten entgegen.

Eine kleine Betriebsstörung im Verkehr zweier Herzen kann immerhin vorkommen.

Im dritten Stock öffnet sich etwas hastig die Türe des Eßzimmers. »Babett!« ruft eine weibliche Stimme. »Komm mit dem Wischtuch! Mein Mann hat das Sauerkraut an die Wand geschmissen!«

Ach, wie bald verläßt der Friede den häuslichen Herd, wenn er an maßgebender Stelle keine kulinarischen Kenntnisse vorfindet!

Im zweiten Stock – Madam sind ins Theater gefahren – führt sich das Kindermädchen den Inhalt der Saugflasche zu. Das Mädchen ist fett, der Säugling ist mager. Der Säugling schreit auch.

Allerdings! Die Säuglinge schreien mitunter. Aber, wie man auch sonst über Säuglinge denken mag, so rechte Denunzianten, gottlob, das sind sie noch nicht.

Im ersten Stock, beim Scheine der Lampe, sitzt ein altes, trauliches Ehepaar. Fast fünfzig Jahre sind's her, daß sie sich liebend verbunden haben. Sie muß niesen. »War das eine Katze, die da prustet?« fragt er. »War das ein Esel, der da fragt?« spricht sie.

So soll's sein! Wenn man auch früher verliebt war, das schadet nichts; wenn man nur später gemütlich wird. –

Im Erdgeschoß befinden sich Geschäftsräume. Bequem im Sessel ruht der Kassierer. Er hat soeben unter Aufwand seiner vorzüglichsten Geisteskräfte eine neue Art helldunkler Buchführung erfunden, die genau so aussieht, als ob alles in Ordnung wäre, und raucht nun zur Erholung eine echte Havanna.

Es polterte auf der Treppe.

Als ich das Haus verließ, sprang ein Herr aus der Tür, der emsig wischte und spuckte.

Ich beschloß, das Theater zu besuchen. Ich kam am Gefängnis vorbei. Unter gefälliger Nachhilfe dem schlichten Omnibus entsteigend, wurde eben ein neuer Gast abgeliefert. Es ist der Landbewohner von gestern, der seine Kerze so unvorsichtig ins Stroh gestellt. Oder sollte ich mich doch am Ende in den Absichten dieses Mannes – Unmöglich! Das konnte ich mir im Traume nicht zumuten. –

Wie ihr seht, meine Freunde! Als Inspektor bei der Brandkasse hätten sie mich auch nicht gebrauchen können. –

Im Theater gab man ein frisch importiertes Stück, wo es grausam natürlich drin zuging. Als es zu Ende war, traten mehrere Dichter, die sich auch schon immer was vorgenommen hatten, ohne recht zu wissen wieso, voll entschiedener Klarheit auf die Straße heraus. »Nur immer natürlich, Kinder!« rief einer. »Ein natürliches Bauernmädel, und spränge es im Lehm herum bis an die Knie, dringt mehr zum Her-

zen und ist mir zehntausendmal lieber als elftausend einbalsamierte Prinzessinnen, die an Drähten tanzen!« Und dann stellten sie sich alle in einen Kreis und sangen und ich sang mit: »Natur und nur Natuurrr!«

»Eduard, schnarche nicht so!!«

ließ sich sofort die Stimme vernehmen. »Schon recht!« dacht' ich und hörte nicht weiter hin, sondern blieb bei dem, was ich mir vorgenommen hatte. –

Was nun aber das Kunstwerk betrifft, meine Lieben, so meine ich, es sei damit ungefähr so, wie mit dem Sauerkraut. Ein Kunstwerk, möcht' ich sagen, müßte gekocht sein am Feuer der Natur, dann hingestellt in den Vorratsschrank der Erinnerung, dann dreimal aufgewärmt im goldenen Topfe der Phantasie, dann serviert von wohlgeformten Händen, und schließlich müßte es dankbar genossen werden mit gutem Appetit.

Nachdem sich Freund Eduard dieser Meinung entledigt hatte, fuhr er fort in der Erzählung seines Traumes, wie folgt:

Unbefangen im Bewußtsein meiner, sozusagen, Nicht-weiterbemerkbarkeit, huscht' ich in einen schönen Salon hinein, welcher festlich gefüllt war. Und das muß ich ge-stehn, dieses flimmernde Flunkerwerk von Lächeln, Fächeln und Komplimentieren, nicht selten mit der Angel im Wurm, fand meinen ganzen verständnisvollen Beifall.

Was ist doch der »alte Adam« für ein prächtiger Kerl. Er rackert sich ab, er hackt und gräbt und schabt und schindet, er schlägt sich und verträgt sich, jahrelang, generationenlang, je nach Glück und Geschick, hat er aber mal was auf die hohe Kante gelegt, hat er Geld und Zeit, flugs schruppt er sich und macht sich schmuck, daß man kaum noch sieht, was eigentlich dran ist. Und Eva? Wer weiß, was Grazie heißt, wem es jemals vergönnt war zu bemerken, mit welch zweckmäßiger Anmut sie die immerhin etwas verdächtigen Erbstücke einer paradiesischen Vergangenheit teils traulich zu umwölken, teils freundlich zu enthüllen, teils anheimelnd zu schmücken versteht, dem wird es weder unerklärlich, noch unverzeihlich erscheinen, daß ich, als der unerbittliche Morgen ans Fenster klopfte, nur mit Bedauern eine Kulturstätte verließ, wo mir's so wohl war, trotzdem mich doch niemand beachtet hatte.

Noch sind Markt und Gassen umschleiert von erfrischendem Nebeldunst. Doch schon, geweckt und angetrieben durch den gewinnverheißenden Handelsgeist oder durch einen vorsorglichen Hinblick auf den leider unvermeidlich bevorstehenden Tagesbedarf der häuslichen Wirtschaft, hat mancher sein nächtliches Lager verlassen, um auf dem Markte womöglich der erste zu sein. Ein freundlicher Kleinbürger, vermutlich ein Junggesell, hat sich bereits sein Päckchen Butter erstanden und tritt befriedigt die Heimkehr an. Doch prüft er noch einmal unter Zuhilfenahme des Zeigefingers. Der Erfolg ist schreckhaft. Das Auge starrt, der Mund steht geöffnet. Er eilt auf den Markt zurück. Er umhalst die ländliche Butterfrau. Er drückt ihr Haupt an seinen Busen. Und während er dies mit der Linken tut, schmiert ihr seine Rechte unter fortwährend mahlender Kreisbewegung die »gefüllte« Butterwälze in das ängstlich gerötete Angesicht. Die Frau kam mir bekannt vor. Der herbeigerufene Schutzmann knüpfte mit ihr ein näheres Verhältnis an.

Zu gleicher Zeit entstand vor einem in der Nähe liegenden geschmackvollen Rokokohause ein wehmütig klagendes Volksgetümmel. Meist Witwen und Waisen. Bankiersfirma. Geschäft geschlossen. Besitzer gestern begraben. Passiva bedeutend.

Doch die Sonne, den Nebel zerteilend, schien nun strahlend an den Tempel der Wissenschaft, dem mein nächster Besuch galt.

Ich sah sie, ich sah sie leibhaftig, die hohen Forscher, ich sah sie sitzen zwischen ihren Mikroskopen, Retorten und Meerschweinchen; ich erwog den Nutzen, den Vorschub, den berechtigten Stolz und alles, was ihnen die Menschheit sonst noch zu verdanken hat, und in gedrückter Ehrfurcht verließ ich die geheiligten Räume.

Aber ein Kritiker – denn Flöhe gibt's überall – sagte zu einem anderen, mit dem er vorüberging: »Da drinnen hokken sie, Zahlen im Kopf, Bazillen im Herzen. Alles pulverisieren sie: Gott, Geist und Goethe. Und dann die Besengilde, die gelehrte, die den Kehricht zusammenfittchet vor den Hintertüren der Jahrtausende.« – »Siehst du das Fuhrwerk da? Siehst du den Ziegenbock, der jeden Morgen sein Wägelchen Milch in die Stadt zieht? Sieht er nicht so stolz aus, als ob er selber gemolken wäre?«

Ich flog ins Museum, in die Verpflegungsanstalt für bejahrte Gemälde, und als ich sie mit Verständnis besichtigt hatte, begab ich mich nebenan in die Bilderklinik, wo die Bresthaften geflickt und kuriert werden. »Restauriert und überlackiert!« so seufte ein würdiger Kunstfreund. »Und wenn's gut geht, ein paar geistige Pinselhaare bleiben immer drauf kleben!«

Wie? dacht ich. Soll denn Tobias seinen alten Vater nicht salben, der blind ist? Soll denn eine liebende Enkelin ihre gute Großmutter nicht schminken, wenn sie runzlicht geworden? Und für alle Fälle, was Neues gibt's auch noch. Wo hängt es? Im Kunstverein.

Witsch! war ich da. Der Anblick, der mir zuteil wurde, steht unauslöschlich in meiner Seele geschrieben. Alles mußt' ich loben; das herbe Elend, wie es leibt und lebt; die anregenden Visionen der Mystik; ja, beinahe auch die anziehenden Gestalten der Frauenwelt, die so unbefangen dastanden, obgleich sie aus der Überschwemmung der Kleider nichts weiter als das nackte Leben gerettet hatten.

Jedoch leider traf ich auch hier wieder störende Leute, denen die Tätigkeit ihrer kunstfertigen Mitmenschen nicht recht war.

So ein ruppiger alter Junge schnüffelte an allen Bildern herum und suchte nach Zweideutigkeiten, um sich sittlich zu entrüsten. Man nannte ihn den »Mann mit der schmutzigen Brille«, weil er überall den Unrat wittert, den er mitbringt.

Und noch ein anderer war da mit einem Gesicht so boshaft, wie das eines tausendjährigen Kolkraben, der im Re-

viere das entscheidende Wort führt. »Nichts als Quark!« krächzte er, um sich blickend. »Malen kann jeder, geschickt sind viele, gescheit sind wenige, ein Mensch ist keiner. Gebt mir einen ganzen Menschen, ein komplettes Individuum, das sich aufs Malen verlegt, und so unerschöpflich im Finden, Formen und Färben, daß alles aus ist. Das ist's, was ich von der Kunst verlange!«

Was so ein Schlingel, dachte ich, nicht alles von der Kunst verlangt und noch mehr von seinem Schöpfer, denen er noch nie was geschenkt hat.

Zwei berühmte Künstler, die eben vorüberschritten, machten dem Kritikus zwei ergebenste Bücklinge; denn Furcht heißt die Verfasserin des Komplimentierbuchs für alle. Als sie unter sich waren, nannten sie ihn Schafskopf.

Wie ihr wohl bemerkt haben werdet, meine Freunde, war ich entrüstet, und komplett war ich auch nicht. Entrüstung ist ein erregter Zustand der Seele, der meist dann eintritt, wenn man erwischt wird.

Mit der Politik gab ich mich nur so viel ab als nötig, um zu wissen, was ungefähr los war. Vor wenigen Tagen war der größte Mann seines Volkes vom Bocke gestiegen und hatte die Zügel der Welt aus den Händen gelegt. Nun hätte man meinen sollen, gäb's ein Gerassel und Kopfüberkopfunter. Doch nein! Jeder schimpfte und schacherte und scharwenzelte so weiter und spielte Skat und Klavier oder sein Los bei Kohn und leerte sein Schöppchen, genau wie vorher, und der große Allerweltskarren rollte die Straße entlang, ohne merklich zu knarren, als wär er mit Talg geschmiert.

Die Welt ist wie Brei. Zieht man den Löffel heraus, und wär's der größte, gleich klappt die Geschichte wieder zusammen, als wenn gar nichts passiert wäre.

Während ich noch hierüber nachdachte, fiel mir plötzlich was ein. So viel Wunderbares und Herrliches mir nämlich bisher auch begegnet war, ein wahrhaft guter Mensch war mir nicht vorgekommen. Nicht, daß ich mich so recht herzlich danach gesehnt hätte; es war nur der Vollständigkeit wegen.

Wie ich munkeln hörte, sollte einer da und da, Hausnummer soundso, gleich draußen vor der Stadt leben; ein auffälliger Menschenfreund, dem der Besitz eine Last sei und das Verteilen ein Bedürfnis, und ich beeilte mich, ihm sofort einen heimlichen Besuch abzustatten.

Er hatte grad von der Heerstraße, die vor seiner Tür vorüberführte, fünf das Land durchstreifende Wanderer hereingeholt. »Brüder!« so sprach er mild. »Tut, als ob ihr zu Hause wärt. Wir wollen alle gleich viel haben!«

Die Fremden zeigten sich einverstanden. Man aß gemeinsam, man trank gemeinsam, man rauchte gemeinsam, und was die Stiefel anlangt, so wurde freudig beschlossen, daß sie in der Früh gemeinsam geputzt werden sollten.

Da der Fall immerhin merkwürdig schien, beschloß ich, bis zum folgenden Tage zu bleiben.

Am nächsten Morgen versammelten sich die sechs Herren im gemeinsamen Frühstückszimmer, und als der Menschenfreund seine fünf Brüder ebenso propper gekleidet sah wie sich selbst, trat ihm eine Träne ins Auge, und jedem die Hand reichend, sprach er seine Freude darüber aus, daß nun jeder befriedigt sei.

Ein gewesener Maurerpolier fing an, sich zu räuspern. »Ja!« sprach er. »Das ist wohl so! Indessen, da du deinerseits, mein Bruder, nun so lange Zeit mehr gehabt hast als wir, wär's da nicht recht und billig, wenn wir unserseits nun auch mal eben so lange Zeit mehr hätten als du?«

Der gerechte Menschenfreund, dem inzwischen noch eine zweite Träne ins Auge getreten, nickte ihm Beifall zu.

Demnach trank jeder seinen Mokka, ausgenommen der Menschenfreund, demnach nahm jeder seinen Kognak, ausgenommen der Menschenfreund, demnach rauchte jeder seine Havanna, ausgenommen der Menschenfreund, demnach putzte keiner die Stiefel, ausgenommen der Menschenfreund.

Als dieser nun seine fünf Brüder noch propperer dastehen sah, als sich selber, trat ihm eine dritte Träne ins Auge, und jeden umarmend drückte er jedem seine Freude darüber aus, daß endlich jeder befriedigt sei.

Hier fing der Maurerpolier wieder an, sich zu räuspern und sagte, ja, das wäre wohl so, aber jetzt sollte er sich mal draußen unters Fenster stellen, und dann wollten sie ihm mal richtig auf den Kopf spucken und wollten mal zusehen, ob der Herr Bruder noch stolz sei.

Der Menschenfreund, dem inzwischen noch eine vierte Träne ins Auge getreten, zeigte sich abgeneigt.

Als das die fünf Brüder bemerkten und sahen, daß er sich sträuben wollte, faßte ihn einer hinten am Rockkragen und zog dran, bis die Ohren oben verschwanden, und ein anderer faßte ihn hinten am Hosenbund und zog dran, bis die Waden unten zum Vorschein kamen, und so führten sie ihn rings in der Stube herum und ließen ihn »stolz gehen«, wie sie es nannten, und dann hielten sie ihn horizontal in der Schwebe und trugen ihn auf den Hausflur, und dann zählten sie eins, zwei, drei, indem sie ihn pendulieren ließen, und bei drei flog er zum Tore hinaus und tat einen günstigen Fall in warmen Spinat und erschreckte eine Kuh, die sich hier einen Augenblick verweilt hatte, und als er so dalag, rannen ihm die angesammelten vier Tränen auf einmal aus den Augen heraus, und schimpfen tat er auch. Daraus, daß er letzteres tat, sah ich nur zu deutlich, daß er doch kein recht guter Mensch war. Wer der Gerechtigkeit folgen will durch dick und dünn, muß lange Stiefel haben. Habt ihr welche? Habe ich welche? Ach, meine Lieben! Lasset uns mit den Köpfen schütteln!

In meinem Traume aber hatte ich die Hoffnung, einen guten Menschen zu finden, noch nicht aufgegeben. Ich folgte auf gut Glück einem Kollektanten, der mit seiner Sammelliste in eine nahegelegene Villa ging.

Der nicht unbeleibte Besitzer derselben gab eine Mark für die äußere Mission und fünfzig Pfennige für die innere. Nachdem er dies getan und der Kollektant sich entfernt hatte, verfiel er in Schwermut. »Ich bin zu gut! Ich bin viel zu gut!« rief er seufzend und war ganz gerührt über sich selber wegen seiner fast strafbaren Herzensgüte.

Ich war befriedigt. Ich hatte sogar einen mehr als guten Menschen gesehn.

Erleichtert, sozusagen, flog ich nach dem Nymphengarten, wo vor versammelten Zuschauern ein Ballon in die Lüfte stieg.

Der großartige Anblick brachte plötzlich einen kleinen Plan in mir zur Reife, den ich längst schon gehegt hatte. Ich wollte doch eben mal nachsehn, ob die Welt eigentlich ein Ende hätte oder nicht.

Pfeilschnell stieg ich auf und befand mich sogleich in unmittelbarer Nähe des Ballons. Wir schwebten über der Stadt. Den Fallschirm in kundigen Händen, sprang der Luftschiffer aus der Gondel. Der Schirm versagte; und der kühne Aeronaut, soeben noch schnell nach oben strebend, strebt nun noch schneller nach unten mit einer zunehmenden Geschwindigkeit, die er kaum selber zu ermessen vermag. Er setzt sich auf den spitzigen Blitzableiter der Synagoge. Er zappelt unwillig mit Händen und Füßen, denn er war Antisemit. Dann ließ er nach und gab sich zufrieden. –

Ja, meine Lieben! Im ersten Augenblick ist einem manches nicht angenehm, aber mit der Zeit gewöhnt man sich an alles. Ach ja! –

Nicht lange, so hatt' ich ihn und seinen Luftball, ja sogar den atmosphärischen Dunstkreis unseres Erdballs weit hinter mir.

Es sauste bereits ein Komet an mir vorüber, jedoch so eilig, daß ich nur konstatieren konnte, es war eine runde, hohle, durchscheinende Kuppel von Milchglas, die ein Loch hatte, aus dem geräuschvoll ein leuchtendes Gas entströmte, welches nach hinten den Schweif, nach vorne, vermutlich durch Rückstoß, die rapide Bewegung dieses merkwürdigen Sternes erzeugte.

Wenige Sekunden später passierte ich den Tierkreis.

Die hübsche »Jungfrau« mit den gesunden »Zwillingen«, auf jedem Arm einen, schielte zärtlich nach dem »Schützen« hinüber, einem schmucken, blonden, krausköpfigen Burschen, dessen Flügel schön bunt, dessen Köcher, Bogen und Pfeile von Gold sind.

Nicht weit davon in seiner Butike saß der schlaue, krummnasige »Wassermann« – Juden gibt's doch allerwärts! – und regulierte die »Waage« zu seinen Gunsten.

Nun aber tat ich einen Satz, den ich mir selber, und das will was heißen, kaum zugetraut hätte. Der Aufschwung, den ich mir gegeben, war dermaßen kräftig, daß ich nicht bloß die äußere Kruste der Welt durchstieß, sondern auch noch eine erkleckliche Strecke weit hinaus flog in den leeren, unermeßlichen Raum. Hier stand ich still, drehte mich um und verschnaufte mich. Durch die gemachte Anstrengung war ich weißglühend geworden. Und nun kam der erhabenste Augenblick meines Lebens.

Von meinem Ich allein, von einem einzigen Punkte aus, durch die unendliche Nacht, warf ich einen elektrisch leuchtenden Strahlenkegel auf die Weltkugel, die in ziemlicher Entfernung mir grad gegenüber lag. Sie hatte wirklich ein Ende und sah von weitem aus wie ein nicht unbedeutender Knödel, durchspickt mit Semmelbrocken.

Tief versunken in das überwältigende Schauspiel, hatt ich fast nicht beachtet, daß ich anfing mich abzukühlen. Mein Licht brannte matter. Die Aussicht, im nächsten Augenblick ganz allein in der leeren Dunkelheit zu sitzen, wo es obendrein kalt wurde, erschreckte mich doch. Es war die höchste Zeit.

So schnell ich nur konnte, eilt ich der Welt wieder zu und fand auch glücklich das Loch wieder, wo ich heraufgekommen. Ich bohrte tiefer und tiefer; aber noch geblendet von meinem eigenen Lichte von vorhin, kam mir alles so dunkel vor. Ich tappte hierhin und dahin. Endlich fühlte ich was Rauhes. Es war der Schwanz des »Kleinen Bären«. Sofort orientierte ich mich, rutschte ein gutes Stück weit an der Himmelsachse hinunter und sprang dann, sobald unser kleines Erdel in Sicht kam, nach seitwärts in der Richtung der gemäßigten Zone hinab.

Die geographische Lage des Ortes, wo ich mich niederließ, war mir ganz und gar unbekannt. Ich weiß nur, daß ich auf der linken Hand eines jungen Mädchens saß, welches mich scharf fixierte, während es mit der Rechten zu einem Klapse ausholte, der mich sicher zermatscht hätte wie eine Stechmücke, wär' ich nicht schnell auf und davon gewitscht.

So war ich denn zum erstenmal auf meiner Reise unter Menschen geraten, welche scharfsinnig genug waren, mich trotz meiner Wenigkeit zu bemerken.

Um zu probieren, ob ich auch verstanden wurde, näherte ich mich einem Schäfer, der, unter einem schattigen Baume liegend, sein Vesperbrot verzehrte, bestehend aus einer Flasche Rotwein nebst drei gebratenen Tauben.

Ohne irgendwelches Erstaunen, ohne seine Tätigkeit im geringsten zu unterbrechen, nickte er mir auf meinen Gruß: Postemahlzeit! sein gemütsruhiges: Danke! zu.

Während er nach Erledigung der Flasche seine dritte Taube entknöchelte, sagt' ich zu ihm:

»Ihr lebt hier scheint's im Reiche der Behaglichkeit, guter Freund!«

»Magwohl sein!« gab er schon halb träumend zur Antwort. Dann mummelte er noch ein Weilchen so hin an dem letzten Taubenflügel, der ihm halb aus dem Munde stand, und verfiel in einen dermaßen erquicklichen Schlummer, daß es weithin vernehmlich war.

»Eduard, schnarche nicht so!!«

ließ sich wieder die Stimme verlauten.

Wieso? dacht ich und flog wohlgemut weiter, um über Sitten und Bräuche des Landes meine näheren Erkundigungen einzuziehen.

Durch das einmütige Zusammenwirken sämtlicher Forscher auf sämtlichen Gebieten der Wissenschaft war hier in der Tat ein solch angenehmes Kommunalwesen zustande gekommen, daß selbst ein im Hergebrachten verhärteter Kopf hätte zugeben müssen, es sei mehr als er jemals für möglich gehalten.

Gewöhnliches Mehl, soviel man brauchte, wurde einfach aus Sägespänen gemacht, das feinere für die Konditer auf etwas weitläufigerem Wege aus Bettstroh und Seegrasmatratzen. Zucker hatte man gelernt ohne weiteres herzustellen, ohne auch nur einer einzigen Rübe ein gu-

tes Wort geben zu müssen. Aber das wichtigste war, daß man keine Kohlen mehr nötig hatte. Vermittelst sinnreicher Brennglasapparate sammelte man während der guten Jahreszeit nicht bloß so viel Sonnenwärme, als zum Betrieb aller Maschinen, Öfen, Lampen, Töpfe und Wärmflaschen des Landes erforderlich war, sondern auch zu bloßen Belustigungszwecken noch immer was drüber. Daß dadurch den Leuten hier die Einrichtung einer bequemen bürgerlichen Gemeinschaft bedeutend erleichtert wurde, war überall ersichtlich. Man tut gleich wenig und hat gleich viel. Nur der, welcher grad Dünger fährt, kriegt einen Schnaps extra. Mit dem fünfunddreißigsten Jahre zieht man auf die Leibzucht. Stehlen hat keiner mehr nötig; höchstens wird von kleinen Knaben noch mal hin und wieder eine Zigarre stibitzt. Man betrachtet dergleichen als angeborenen Schwachsinn, wo der Betreffende im Grunde nichts für kann, und bringt ihn deshalb in die Anstalt für Staatstrottel zu den übrigen. Auch andere Krankheiten gibt's wohl noch, doch hat man Mittel gefunden, daß keine mehr weh tut, und was das Faulfieber betrifft, welches, besonders in den wärmeren Monaten, nicht eben sehr selten ist, so kuriert man es nach und nach durch Wohlwollen und nachsichtige Behandlung. Man muß nur etwas Geduld haben.

Der Tod ist freilich auch hierzulande nicht ausgeschlossen ; nur ist man viel zu aufgeklärt und besitzt im Hinblick auf die Höhe der eigenen Leistungen ein viel zu edles Selbstgefühl, um sich der Befürchtung hinzugeben, es könne hernach am Ende doch etwas passieren, woran niemand eine rechte Freude hat.

So weit wäre ja alles recht schön! dacht' ich. Aber wie sah's aus mit der Neidhammelei der Dummen gegen die Gescheiten und der Garstigen gegen die Wohlgeformten, besonders bei den Herren? Wie, vor allen Dingen, verhielt es sich mit der Strebsamkeit der Liebe, so daß der Zappermentshansel immer oben drauf sein möchte im Herzen der Grete und es partout nicht leiden will, daß sie den Malefizjochen noch lieber hat, als ihn?

»Ja!« sagte mir ein phlegmatischer Leibzüchter. »War schlimm! Früher auch viel Last gehabt damit. Jetzt vorbei. Schon längst die Kon-kurrr-renz-drrrüüse-!«

»Eduard, schnarche nicht so!!«

rief die Stimme. Ich hörte aber nicht hin danach.

»-die Konkurrenzdrüse entdeckt!« fuhr der Leibzüchter fort; und dann beschrieb er das weitere. Sie sitzt hinter dem einen Ohre, tief in der Gehirnkapsel. Ausbohrung obligatorisch. Erfolg durchschlagend.

Er hatte recht. Mit dem Gedrängel und der Haßpasserei war's aus daselbst. Man gönnte jedem seine Schönheit und seine Gescheitheit und seine Frau auch, sie mochte so verlockend sein wie sie wollte, und ob die Grete den Hans kriegte, oder den Jochen, oder den alten Nepomuk, das war ihr und überhaupt jedem egal.

So lebten denn da herum die Leute in einer solch wohnlichen und wohldurchdachten Gemeinschaft, daß sie unsern Herrgott und seine zehn Gebote nicht mehr nötig hatten.

Nur eins war schade. Das Lachen hatte aufgehört. Zwar hatte man Lachklubs und Lachkränzchen für jung und alt; man läßt sich den dümmsten Stoffel und die garstigste Trine aus dem Spital kommen und besichtigt sie von allen Seiten; man lacht, aber es geht nicht so recht. Es ist ein heiseres, hölzernes, heuchlerisches Lachen.

Und natürlich, meine Lieben! Jenes selige Gefühl, wobei das ganze Gesicht glanzstrahlend aus dem Leime geht; jenes wonnige Bewußtsein, daß wir wen vor uns haben, der I noch dümmer oder häßlicher ist, als wir selber; diese aufrichtige Freude an der Bestätigung unserer überwiegenden Konkurrenzfähigkeit, deren lauten oder leisen Ausdruck wir Lachen oder Schmunzeln nennen, konnte unter derartig geregelten Verhältnissen nicht mehr vorkommen. Daß sich aber dagegen eine gewisse sanfte Eintönigkeit herbeischleichen würde, deren Wert man nur selten zu schätzen weiß, das ließ sich wohl annehmen.

Und so war's. Sie hatten gemütliche Parkanlagen; aber an jedem Baum hing wer. Die Eingeborenen freilich spazierten herum dazwischen und hatten nichts weiter dabei. Ich konnte mich aber nicht recht daran gewöhnen.

Es war eine größere Insel, auf der ich mich befand. Ich flog übers Meer.

Unterwegs, als ich bei einer ganz kleinen Insel vorüberkam, sah ich mehrere antike Sirenen auf ihren Nestern sitzen. Ihre Gesichter waren faltig wie dem Großvater sein lederner Tobaksbeutel, und Stimme hatten sie auch nicht mehr, sondern schnatterten wie die Gänse. Da sie nicht länger, weder durch Gesang noch durch Händewinken und Augenzwinkern, den Schiffer bezaubern konnten, versuchten sie's vermittelst goldener Eier, die sie selber gelegt hatten, und als ich mich auf nichts einließ, schmissen sie damit, und ich merkte wohl an einem, welches dicht an mir vorbeiflog, daß sie nicht echt waren, und freute mich, daß mich keins traf wegen meiner Geringfügigkeit, und so erreicht ich wohlbehalten das Festland, ohne vergüldet zu werden.

Zunächst besucht' ich, um endlich mal zu erfahren, was eine Sache ist, abgesehen davon, wie sie uns vorkommt, einen weitberühmten Naturphilosophen, der mir zu diesem Zwecke besonders empfohlen war.

Derselbe begrüßte mich unter der Haustüre und führte mich, als er gehört, was ich wollte, sogleich mit überlegener Höflichkeit in sein geräumiges Arbeitszimmer.

Er trug ein rotes Samtkäppchen mit grüner Hahnenfeder, einen Schlafrock von Maulwurfsfellen, eine hirschlederne Hose und spitze Pantoffeln von Krokodilshaut. Seine Nase glich der Mohrrübe, sein Auge der Walnuß, der Mund der Sparbüchse, sein Bart den Fischgräten, und auf dem Kinn hatte er eine Warze sitzen, die aussah wie ein vollgesogener Zeck.

Obgleich sein Benehmen durchaus ernsthaft erschien, war mir's doch, als müßte sich unter der Haut seines ehrwürdigen Gesichtes ein verschmitztes Lächeln verbergen; ein Argwohn, der zusehends verschwand, als ich die wun-

dersamen Gegenstände bemerkte, welche dieser außerordentliche Mann nicht bloß zu sammeln gewußt, sondern auch auf das liebenswürdigbereitwilligste zu zeigen geruhte.

Auf Tischen, Stühlen, Schränken standen und lagen durcheinander Bücher, Präparate in Spiritus, ausgestopfte Vögel, Automaten und sonstige Chosen.

Drei Papageien, die stets wiederholten, was der Meister gesagt hatte, schaukelten sich auf einer schwebenden Stange.

»Vorerst, mein Wertester«, so begann er, »betrachtet Euch gefälligst dies automatische Kunstwerk!«

Knarrend zog er es auf. Es war ein Fischreiher, in einer Schale voll Wasser stehend, worin sich ein Aal befand. Der Reiher bückte sich, erfaßte den Aal, hob ihn in die Höhe, verschluckte ihn und stand dann, gleichsam befriedigt, in Gedanken. Aber bereits im nächsten Augenblicke schlüpfte der geschmeidige Fisch wieder hinten heraus. Wieder mit unfehlbarer Sicherheit ergriff ihn der langgeschnäbelte Vogel, ließ ihn hinuntergleiten und wartete sinnend den Erfolg ab, und wieder kam der Schlangenfisch am angeführten Orte zum Vorschein, um nochmals verschlungen zu werden, und so ging's fort und fort.

»Dies«, erklärte der Meister, »ist der ›Kreislauf der Dinge‹!«

Darauf nahm er ein unscheinbares Gerätvom Schranke. Es war eine kleine Wehmühle. Er blies den Staub davon, hielt sie mir vor und sprach bedeutungsvoll: »Hier, mein Geschätzter, seht Ihr das ›Ding an sich‹, das vielberufene, welches vor mir noch niemand erkannt hat.«

Er drückte auf einen Knopf. Die Mühle fing langsam zu fächeln an. Ein ungemein wohliges Gefühl überkam mich, als würd' ich von zarten Händen so recht sanft hinter den Ohren gekraut.

Er drückte zum zweiten Male auf den Knopf. Nur das feinste Diner kann der Zunge ein solches Wohlgefallen bereiten, wie es mir jetzt zuteil wurde.

Er drückte zum dritten Male. Nun kam der Geruchsinn an die Reihe. Erschrocken blickt' ich den Meister an. Doch nicht der leiseste Zug einer verdächtigen Heiterkeit störte den Ausdruck seines ehrbaren Gesichtes.

Schon berührte er den Knopf zum vierten Male. Ein prachtvoller Parademarsch erklang.

Er drückte zum fünftenmal. Ein Feuerwerk sprühte auf, so herrlich, daß es sich der Prinz an seinem Geburtstage nicht schöner hätte wünschen können.

»So ist denn«, sprach er erklärend, »alles das, was zwischen uns und den Dingen an sich passiert, nichts weiter als eine Bewegung, bald schneller, bald langsamer, in einer Äther- oder Luftschicht, die bald dicker, bald dünner ist.«

»Auch die Gedanken?« fragt' ich.

»Auch sie« erwiderte der Meister. »Wir werden gleich sehen!«

Er stellte die Wehmühle weg und kriegte eine Windmühle her. Sie war nach dem gleichen System gearbeitet wie diejenigen, welche man in die Wipfel der Kirschbäume stellt, um die Spatzen zu verscheuchen, nur war sie viel kleiner und hatte Flügel von Papier. Indem er mir dieselbe entgegenhielt, rief er ermunternd:

»Wohlan, mein Bester! Jetzt denkt mal drauf los!«

Ich nahm mich zusammen und dachte, was ich nur konnte, und je eifriger ich dachte, je eifriger drehten sich die Papierflügel der Mühle, und klappern tat sie, daß es selbst ein erfahrener alter Sperling nicht gewagt hätte, in ihre Nähe zu kommen.

»Je mehr Wind, je mehr Lärm!« sprach der Gelehrte erläuternd.

»Und Lust und Leid des Herzens«, forschte ich weiter, »sind die gleichfalls Bewegung?«

»Gewiß!« erhielt ich zur Antwort. »Nur schraubenförmig!«

Damit nahm er vom Gesimse ein zierliches Gestell, worin horizontal ein Pfropfenzieher lag, den man vermittelst einer Kurbel in drehende Bewegung setzen konnte.

»Nur zu!« rief ich erwartungsvoll.

Er schloß das linke Auge und fixierte mich blinzelnd mit dem rechten.

»So geht es noch nicht!« sprach er zögernd. »Denn wie ich bemerke, mein Lieber, ist Eure Konstitution etwas anders beschaffen, als wie es sonst üblich ist. Drum bitt ich, zuvörderst hier Platz zu nehmen in dem Sessel der höheren Empfindsamkeit!«

Dies war ein ungemein weich gepolsterter Lehnstuhl. Ich ließ mich darauf nieder. Der Meister näherte sich mit der Schraube und fing an vorwärts zu drehen.

Ein unsagbar peinliches Gefühl durchbohrte mein innerstes Wesen. Ich hätte laut aufschreien mögen. Es war, als wäre meine alte Großtante gestorben.

»Der Schmerz ist positiv!« sprach der Meister gelassen.

Und nun drehte er rückwärts. Der Schmerz ließ nach. Es durchströmte mich wie ein großes, unerwartetes Glück. Es war, als hätte mir die Selige eine halbe Million vermacht.

»Die Freude ist negativ!« erklärte der Meister, indem er die Seelenschraube wieder an ihren Platz stellte.

Um die Geduld des freundlichen Gelehrten nicht übermäßig in Anspruch zu nehmen, hielt ich es jetzt für angemessen, mich bestens zu empfehlen.

»Noch eins!« sprach er und führte mich an seinen Schreibtisch.

In einem großen Glase voll Spiritus saß ein wunderliches Geschöpf, welches die größte Ähnlichkeit hatte mit einem überreifen Kürbis, woran unten, scheinbar als Gliedmaßen, ein paar kümmerliche Ranken hingen.

»Dies«, so demonstrierte der Meister, »ist der Mensch von vor tausend Millionen Jahren, ehe er herabsank zum verächtlichen Lanzettierchen, von welch letzterem wir uns wenigstens in der Gegenwart so weit wieder aufgerappelt haben, daß wir hoffen dürfen, auch in der Zukunft nochmal wieder etwas Rechtes zu werden.«

»Schön ist er nicht!« meint' ich enttäuscht.

»Aber schlau!« fiel mir der Forscher ins Wort. »Ich hab ihm den Kopf visitiert. Die zweifelhafte Unterscheidung zwischen hier und dort, zwischen heute und übermorgen,

die uns jetzt so viele Verlegenheiten bereitet, gab's damals nicht; die Frage, ob zwei mal zwei vier sei, oder sonst was, ließ man unentschieden; und was die Gegensätze der Geometrie betrifft, so kann ich wenigstens soviel mit Bestimmtheit versichern, daß zu jenen Zeiten die krümmste Linie der kürzeste Weg zwischen zwei Punkten war.«

Hier machte der Naturphilosph eine Pause, die mir Zeit ließ, ihm meine Bewunderung auszudrücken und zugleich noch ein weiteres Problem zu berühren.

»Hochverehrtester!« hub ich an. »Darf ich mir zum Schluß noch eine kleine Anfrage gestatten?«

Er nickte verbindlich.

»Wie«, fragte ich, »steht es mit der Ethik? Was muß der Mensch tun, daß es ihm schließlich und ein für allemal gut geht ?«

Ohne sich lange zu besinnen, öffnete der Weise eine Schublade, nahm eine Flöte heraus, schob sie auf seine Nase, kniff den Mund zu, blies die Backen auf und fing an zu fingern und zu trillern und zu quinquilieren, wie ein geschulter Kanarienvogel, der auf der Geflügelausstellung den ersten Preis gekriegt hat.

Als er hiermit aufgehört, fragte er kurz:

»Verstanden? Überzeugt?«

»Nicht so ganz!« gab ich verlegen zur Antwort.

Nun begann er aufs neue, indem er abwechselnd sang und flötete und dabei den Kopf gar gefällig von einer Seite zur andern wiegte:

»Wer nicht auf gute Gründe hört,
trideldi!
Dem werde einfach zugekehrt,
trideldi!
Die Seite, welche wir benützen,
Um drauf zu liegen und zu sitzen,
triddellitt!«

Hiermit brach er kurz ab, legte die Flöte beiseite, drehte sich um, wickelte sich stramm in seinen Schlafrock, nahm eine gebückte Stellung an, krähte wie ein alter Cochinchinagockel und verschwand im Hinterstübchen.

Die Papageien krähten gleichfalls. Einen Augenblick stand ich starr. Dann entfernt' ich mich mit fabelhafter Geschwindigkeit.

Links vor mir lag ein anmutiges Tal, durchschnitten von einer breiten, musterhaft angelegten Chaussee, an deren Seiten die köstlichsten Obstbäume standen; rechts aber erhob sich, allmählich ansteigend, das Gebirge, immer höher und höher, bis es zuletzt fern oben in den Wolken verschwand.

Zu Fuß, zu Roß, zu Wagen bewegte sich eine Menge fröhlich erhitzter Menschenkinder den breiten Weg entlang, als ob irgendwo etwas Besonderes los wäre; alle in der nämlichen Richtung. Nur einer kam zurückgelaufen. Er sah lumpig, geschunden und verstört aus, sprang über den Graben und rannte querfeldein wie besessen, ohne sich umzusehn. »Der Franzi ist närrisch geworden!« sagten die Leute so beiläufig und zogen lachend vorüber.

Bald bemerkt ich, wo sie hin wollten.

Ungefähr da, wo der breite Weg, dem felsigen Walde sich nähernd, in einen dunklen Tunnel verlief, stand das Wirtshaus »Zum lustigen Hinterfuß«, ein altes, geräumiges, neu wieder aufgeputztes Gebäude und allgemein beliebt als Vergnügungsort schon seit undenklichen Zeiten.

Der Wirt, im übrigen ein jovialer Mann, zog das eine Bein etwas nach. Er hatte mal in seiner Jugend, so wurde gemunkelt, bei einer Schlägerei, die nicht günstig für ihn ablief, einen ekligen Fall getan.

Seine sieben reizenden Töchter, die man scherzweise die »sieben Todsünden« zu nennen pflegte und die dem väterlichen Geschäfte natürlich sehr förderlich waren, begrüßten mit Kußhänden vom hohen Balkon herab die ankommenden Gäste.

Unten aber, aus einem Fenster des Erdgeschosses, wo sich die Küche befand, streckte eine verwitterte Hexe, die uralte Großmutter des Wirtes, ihren spähenden Kopf hervor. Sie war die Köchin des Hotels, und ihre Nase war schwarz von Ofenruß.

Obgleich sich in den Gesellschaftsräumen des gastlichen Hauses eine etwas drückende Schwüle bemerklich machte, herrschte doch durchgehends unter jung und alt und hoch und niedrig die ungezwungenste Heiterkeit. Besonders abends, nachdem bei festlicher Beleuchtung Musik und Tanz begonnen, ging es so lustig zu, daß vom »Heimgehen« nicht gern wer was hören wollte, und als dennoch einer sich erhob und auf etwas derartiges anspielte, riefen einige: »Maul halten!« und »raus mit ihm!« – aber die meisten hörten gar nicht hin, sondern taten genau so, als ob dies einer wäre, der nicht da ist.

Unter den anwesenden Gästen erkannte ich verschiedene Personen, die mir während meiner Reise schon mal vorgekommen waren, z. B. den optimistischen Landwirt, der unter den Stellwagen geriet. Er wurde glücklich geheilt. Das Bein war krumm geblieben. Doch bekam er, wie er triumphierend erzählte, im Spätherbst die dicksten Kartoffeln.

Wie es im Traume zu geschehen pflegt, empfand ich über diese Begegnungen nicht das mindeste Erstaunen. Nur eins machte mich stutzig. Nämlich der viel zu gute Mensch, dessen Vorhandensein mich damals so ausnehmend befriedigt hatte, daß der auch mit hier war und sogar mit einer von den Töchtern des Wirtes in einer lauschigen Nische Champagner trank, das konnte ich nicht klein kriegen.

Nachdenklich und erhitzt flog ich zum Dach hinaus, um mich in der Nachtluft etwas abzukühlen, und setzte mich auf die Wetterfahne, undwie sie sich drehte, ging es immer: Züh, knarr! Züh, knarr!

»Eduard, schnarche nicht so!!«

ließ sich wieder mal die bewußte Stimme vernehmen. »Schon recht!« dacht ich und fuhr Karussell auf der wirbelnden Fahne, daß es noch viel ärger knarrte als zuvor.

Von hier bemerkte ich etwas immerhin Auffälliges.

Es mochte so um Mitternacht sein, als ein eigentümlicher Hotelomnibus an der Hintertür vorfuhr. Er war schwarz angestrichen und hatte silberne Beschläge. Er war nicht zum Sitzen eingerichtet, sondern zum Liegen. Er wurde nicht hinten aufgemacht, sondern oben. Er holte keine

Gäste her, sondern brachte nur welche weg. Einige derselben, die »abgefallen« waren, wurden von den Hausknechten herbeigetragen und hineingelegt. Der Kutscher, mit schwarzem Hut und schwarzem Mantel, sah recht vergnügt aus, obgleich er so blaß und mager war wie ein Hungerapostel. Er rief seinen gleichfalls mageren Rappen ein hohl klingendes Hü! zu, und langsam bewegte sich das Fuhrwerk in den »Tunnel« hinein.

Inzwischen nahm das Tanzvergnügen seinen ungestörten Fortgang.

Morgens früh, sobald es anfing zu dämmern, begab ich mich ein paar Meilen zurück und suchte den Fußweg auf, welcher, rechts neben der Chaussee allmählich im Walde aufsteigend, nach der »Bergstadt« führte, von der ich so viel Rühmliches und Wunderbares gehört hatte, daß ich den Entschluß faßte, sie aufzusuchen.

Ich gesellte mich zu vier munteren Wanderburschen, die auch schon dahin unterwegs waren. Sie sahen sehr unternehmend aus und hatten ein großes Wort und sagten, da wollten sie bis Mittag schon droben sein, noch ehe der Löffel ins Warme ginge. Sie erzählten mir auch gleich wie sie hießen und wo sie her wären und was sie für ein Metier hatten.

Es waren vier »gute Vorsätze«.

Sie stammten aus einer fetten Gegend, aus Hinnum bei Herrum, wo man die guten Schmalzkücheln backt und die Kirchweih acht Tage dauert.

Der eine hieß Willich, der andere hieß Wolltich, der dritte hieß Wennaber und der vierte hieß Wohlgemuth.

Willich hatte eine rote Nase, Wolltich ein rundes Bäuchlein, Wennaber eine schwarze Hornbrille, und wie verdammt hübsch der Wohlgemuth aussah, daß wußte er schon selber.

Natürlich fragten sie jetzt auch nach meinen Verhältnissen, worauf ich erwiderte: »Ich bin aus leer, ich denke sehr und weiß noch mehr, wie ich aber heiße, das sag ich euch nicht.«

»Dann soll er Spirrlifix heißen!« rief der neckische Wohlgemuth.

Und darüber lachten die drei andern, daß dem Willich die Nase blau wurde, dem Wolltich drei Knöpfe aus der Weste sprangen und dem Wennaber die Brille anlief vor Freudentränen.

Ich war nicht erbaut von solchen Späßen. Ich schwang mich nach oben und schwebte mindestens drei Meter hoch über der Gesellschaft.

Unter lebhaften Gesprächen marschierten sie bergan.

Mittlerweile stieg die Sonne auch höher und schien schon recht warm durch die Bäume. Wolltich, der Dicke, zog seine Joppe aus und hing sie an den Stock; Wohlgemuth fing an zu flöten.

»Jungens, rennt nicht so!« sagte Willich. »Ich habe mir am linken Hacken eine Blase gelaufen!«

»Wenn wir nur kein Gewitter kriegen!« meinte der bedenkliche Wennaber.

Unter etwas weniger belebten Gesprächen marschierten sie bergan. Inzwischen stieg die Sonne noch höher und schien brühwarm durch die Bäume.

Willich blieb stehen.

»Was meint ihr zu dieser?« sprach er lächelnd und zog eine bedeutende Flasche hervor.

Wolltich blieb auch stehen.

»Was meint ihr zu der?« sprach er schmunzelnd und zog eine noch bedeutendere Wurst aus dem Ranzen.

Wennaber blieb gleichfalls stehen.

»Wenn wir nur nicht« – fing er zögernd an, aber Wohlgemuth, der ebenfalls stehengeblieben, schnitt ihm das Wort ab und rief freudig: »Heraus mit der Klinge!« und klappte unternehmend sein Taschenmesser auf.

Dann suchten sie sich ein kühles Plätzchen, breiteten ihre Schnupftücher auf den Rasen und servierten das Frühstück. Ich setzte mich auf einen dürren Ast und sah zu.

»Spirrlifix, komm runter!« rief mir der gutmütige Wolltich zu und zeigte die Wurst her, und Willich schwenkte die Flasche.

Ich dankte. Ich war erhaben über dergleichen.

»Wer nichts mag, ist der Beste!« scherzte Wohlgemuth, und das brachte Wolltich ins Lachen, und dann kriegte dieser einen Hustenschauer, und der ängstliche Wennaber klopfte ihm den Rücken, daß er nur wieder zu Atem kam.

Und nun langten sie zu und zeigten, was sie konnten, und daß sie tatkräftige Leute waren, wenn's ernstlich drauf ankam.

Willich ließ den Wein leben, Wohlgemuth die Weiber, und Wennaber fing an: »Es lebe die Weis –« aber ehe er ausgesprochen, schrie Wolltich: »Es lebe die Wurst!«

Darauf, als sie sich ausreichend erquickt hatten, marschierten sie unter den lebhaftesten Gesprächen wieder bergan.

Inzwischen stieg die Sonne so hoch, wie sie nur konnte. Fast perpendikulär von oben blickte sie durchdringend auf die Schädel der Wanderer. Das Gespräch stockte. Die Schritte erlahmten.

Zuerst blieb Willich zurück. Rechts vom Wege stand ein dicker Baum. Hinter diesen setzte sich Willich, zog seinen linken Schuh aus und rieb sich überhaupt mit Hirschtalg ein. Dann blieb Wolltich zurück. Rechts vom Wege stand noch ein dicker Baum. Hinter diesen setzte sich Wolltich.

Wennaber und Wohlgemuth, welche nichts davon gemerkt hatten, marschierten schweigsam bergan.

Wir zogen am Rande eines sandigen Abhangs hin, der sich bis unten ins Tal erstreckte, und befanden und nun an einer Stelle, von wo man eine dankbare Aussicht nach links hatte. Am Fuße des Berges sah man deutlich das reizende Etablissement liegen, welches ich in der Frühe verlassen hatte. Es tönte Musik herauf. Es war Gartenkonzert.

Jetzt blieb Wohlgemuth auch zurück. Rechts am Wege stand noch ein dritter dicker Baum. Hinter diesen stellte sich Wohlgemuth, kriegte sein Perspektiv heraus, und als er durch dasselbe bemerkte, daß unten im Garten viele hübsche Mädchen saßen, schob er's wieder ein, schlich sich an den Abhang und ließ sich hinunterrutschen.

Willich, der eben wieder hinter seinem Baum hervortrat und sogleich sah, wo Wohlgemuth hin wollte, fing gleichfalls das Rutschen an, und Wolltich, der ebenfalls wieder hinter seinem Baume hervorgetreten war und dem die Sache auch gleich einleuchtete, rutschte auch hinterher.

So marschierte denn nun der nachdenkliche Wennaber, welcher die Abwesenheit seiner Kollegen nicht beachtet hatte, nur allein noch bergan.

»Kinder!« sprach er. »Je mehr ich mir diese Sache, die wir vorhaben, überlege, je mehr finde ich, daß diese Sache, die wir vorhaben, sehr zweifelhaft ist. Wie denkt ihr darüber?«

Bei diesen Worten drehte er sich um, und als er niemanden sah, sprach er: »Meine Brille ist angelaufen, denn ich habe transpiriert!«

Er setzte sie ab und putzte sie mit Hilfe seines Rockschlappens, und dann setzte er sie wieder auf. Aber seine Kollegen konnte er nicht dadurch wahrnehmen. Doch ja! Dort unten rutschten sie.

Wennaber war sehr geneigt zum Überlegen, wenn er aber mal wußte, was er eigentlich wollte, dann war sein Entschluß kurz, fest und unabänderlich.

So auch jetzt. Er setzte sich rittlings auf seinen Wanderstab und rutschte gleichfalls den Berg hinunter und kam fast noch eher an als die drei anderen.

Ich stieg weiter. Der Weg machte eine steile Wendung nach rechts hinauf.

Auf einmal gab's ein Gerassel. Erst kam mir etwas Steingeröll entgegengekollert, dann ein Sack voll Geld, dann ein runder Filzhut, dann eine goldene Schnupftabaksdose, dann ein runder Herr mit einem mannigfaltigen Charivari an der Uhrkette, was hauptsächlich das Rasseln tat, und dann rutschten sie alle nacheinander den Abhang hinunter, bis unten in den Chausseegraben. Hier angelangt inmitten seiner Effekten, verharrte der Reisende zunächst in einer liegenden Stellung. Darnach setzte er sich zunächst auf den Geldsack und nahm eine Prise und besah sich die Rutschbahn, die er soeben durchmessen hatte. Darnach klopfte er seinen staubigen Filzhut aus, warf den Sack auf die Schulter und begab sich in das Wirtshaus »Zum lustigen Hinterfuß«.

Ich stieg weiter. Der Weg wurde steiler und steiler.

Vor mir schritt ein Wanderer, ein Handelsmann, wie's schien, welcher eine Kiepe mit Glaswaren auf dem Rücken trug. Er ging mühsam und bedächtig, und als er einen passenden Baumstumpf fand, stellte er die Kiepe darauf und setzte sich ins Gras daneben, um auszuruhn.

»Ach Gott!« sprach er seufzend. »Wie muß der Mensch sich plagen!«

Sofort, nachdem er diese Äußerung getan hatte, kam ein Wirbelwind durchs Gebüsch daher gerauscht und warf den Korb auf die Erde, daß alle Gläser zerbrachen.

»Sieh!« rief der erschrockene Handelsmann. »Kaum sagt man ein Wort, so stößt Er einem die Kiepe auch noch um!«

Er war sehr niedergeschlagen. Aber bald faßte er sich wieder, ging an den sandigen Abhang, setzte sich in die leere Kiepe, benutzte seinen Stecken als Steuer und kutschierte eilig ins Tal hinunter. Es dauerte auch nicht lange, so sah ich ihn drunten im Wirtsgarten, und der Herr mit dem Charivari und die vier guten Vorsätze hießen ihn bestens willkommen. Es mußten wohl alte Bekannte sein. Und die Musik spielte gerade ein herrliches Potpourri.

Ich stieg weiter. Die Bäume wurden knorriger, die Felsen schroffer.

In einer Höhle, auf seinem Sitze festgebunden, den Rükken nach dem Lichte, das Gesicht nach der Wand gekehrt, saß der unglückliche Mensch, der, nun schon mehr als zehntausendmal wiedergeboren, doch noch immer von den Dingen, welche draußen vorbeipassierten, nichts weiter zu erkennen vermochte als ihre Schatten, die sie vor ihm an die Wand warfen.

Als ich vor der Öffnung der Höhle einige Sekunden stillstand, hielt er mich für einen schwarzen Fliegenklecks an seiner Mauer und begrüßte mich als solchen.

Mit überlegenem Lächeln verließ ich ihn.

Noch ehe ich um die nächste Felsenecke gebogen, vernahm ich ein klatschendes Geräusch, ähnlich dem, welches die Köchin verursacht, wenn sie den Braten klopft.

Nicht lange, so befand ich mich einem tätigen Manne gegenüber, der sich vermittelst eines Ochsenziemers dermaßen den entblößten Rücken zerpeitschte, daß man wohl sah, es waren Schläge, die Öl gaben.

»Was treibt Ihr denn da, guter Freund?« so fragte ich ihn.

»Das Leben ist ein Esel! Ich prügle ihn durch!« so schrie er und arbeitete weiter.

Ich begab mich höher hinauf.

Nicht lange war ich gestiegen, als ich auf einem kahlen Platze einen kahlen Mann sitzen sah, der immer in dieselbe Stelle guckte.

»Was treibt Ihr denn da, bester Freund ?«so fragte ich ihn.

»Das Leben ist ein Irrtum! Ich denke ihn weg!« gab er zur Antwort. Er hatte sich schon alle Haare weggedacht und dachte doch immer noch weiter.

Ich begab mich höher hinauf; und alsbald, so erreichte ich eine verfallene Einsiedelei, worin auf einem bemoosten Steine ein bemooster Klausner sich niedergelassen, der kein Glied rührte.

»Was treibt Ihr denn da, alter Freund?« so fragte ich ihn.

»Das Leben ist eine Schuld! Ich sitze sie ab!« so gab er zur Antwort und saß ruhig weiter.

Er mußte wohl schon lange gesessen haben, denn ein Faulbaum war ihm kreuz und quer durch die Kutte gewachsen, und in seiner Kapuze saß ein Wiedehopfnest mit sechs Jungen, die sich weiter keinen Zwang antaten.

Nicht lange, nachdem ich diesen würdigen Eremiten respektvoll verlassen hatte, wurde der Wald weniger knorrig und plötzlich ganz hell.

Vor mir ausgebreitet lag eine weite, grüne, blumenreiche Wiese, in deren Mitte sich ein mächtiges Schloß erhob. Es hatte weder Fenster, noch Scharten, noch Schornsteine, sondern nur ein einziges, fest verschlossenes Tor, zu dem eine Zugbrücke über den Graben führte. Es war aus blan-

kem Stahl erbaut und so hart, daß ich trotz verschiedener Anläufe, die ich nahm, doch partout nicht hineinkonnte. Eine peinliche Tatsache. Die Freiheit des unverfrorenen Überalldurchkommens, auf die ich mir immer was eingebildet, war entweder merklich geschwunden, oder es gab Sachen, die mir sowieso schon zu fest waren.

Ich fragte einen steinalten Förster, der am Rande des Waldes stand, was denn das hier eigentlich wäre. Er schien nicht gut hören zu können, legte die Hand hinters Ohr, sah mich stumpfsinnig an und sog dabei heftig an seiner kurzen Pfeife, die er jedenfalls lange nicht reingemacht hatte. Sie gurgelte und schmurgelte.

»Eduard, schnarche nicht so!!«

rief die Stimme. Ich hörte nicht weiter hin, sondern fragte den Förster zum zweiten Male:

»Alter Knasterbart! Könnt Ihr mir nicht sagen, was das hier für ein Schloß ist?«

»Kleiner Junker!« gab er zur Antwort. »Zu denen, die das nicht wissen, gehöre auch ich. Dahingegen mein Großvater, der hat mir oft gesagt, daß er es auch nicht wüßte, aber was sein Großvater gewesen wäre, der hätte ihm oft erzählt, es wäre so alt, daß das Ende davon weg wäre; und daß da ein heimlicher Tunnel wäre zwischen dem Schloß hier oben und dem Wirtshaus da unten, das hat er auch noch gesagt!«

»Was?« dachte ich. »Kleiner Junker?!« Ich drehte dem alten Trottel den Rücken zu und sah nach dem Schlosse.

Auf der Wiese trieben sich viele kleine, pechschwarze Teufelchen umher. Sie schwangen Netze, erhaschten Schmetterlinge und spießten sie auf feine Insektennadeln.

Jetzt öffnete sich das Tor. Ein langer Zug von ganz kleinen, rosigen Kinderchen drängte heraus über die Brücke. Sofort ein heiteres Spiel beginnend, purzelten sie lachend zwischen den Blumen herum. Aber auch die Teufelchen kamen herbeigesprungen und neckten und balgten sich mit ihnen, und da die Teufelchen abfärbten, so kriegte jedes seinen kleinen Wischer weg, als hätten sie »schwarzer Peter« gespielt.

Auf den Bäumen, welche die Wiese begrenzten, saßen zahlreiche Storchnester. In jedem stand ein Storch auf einem Bein und sah bedächtig prüfend den kindlichen Spielen zu. Plötzlich flogen sie alle zusammen auf die Wiese hinunter. Jeder nahm sein Bübchen oder Mädchen, welches er sich ausgesucht hatte, in den langen Schnabel, und fort ging's hoch über den Wald weg.

Ein allgemeines Wehgeschrei erfüllte die Lüfte. Und die Teufelchen schrien lustig hinterher:

Storch, Storch, Stöckerbein,
Kehr bei meiner Großmutter ein!
Triffst du sie zu Hause,
Laß dich von ihr lause!

Und dann schlugen sie freudige Purzelbäume mit großer Behendigkeit.

Da der Fußweg, welchen ich bislang verfolgt hatte, hier zu Ende war und ich über die Stadt am Berge auch keine nähere Auskunft erwarten konnte, schwenkte ich auf gut Glück etwas nach rechts in den Wald hinein, wo ich denn nach kurzer Zeit an einen Wildbach gelangte, der rauschend vorübereilte.

Ein dichtes Dorngestrüpp versperrte mir die Aussicht. Als ich mich mühsam hindurchgearbeitet, tat sich weithin das Land auf; und nun sah ich erst, daß an der rechten Seite des Gebirges aus dem tiefen, fernen Tale noch ein zweiter Pfad zu der beträchtlichen Höhe führte, die ich von links erreicht hatte.

Der Pfad war sehr schmal. Stille Pilger, jeder sein Päckchen tragend, zogen herauf.

»Nur langsam, Freundchen! Ich will auch noch mit!« rief ich, als sie an mir vorüberkamen, einem der Wanderer zu.

Mit ruhig mildem Blick mich ansehend, sprach er: »Armer Fremdling! Du hast kein Herz!«

Betroffen blieb ich stehn und sah ihnen nach. Sie wandelten bescheiden ihres Weges weiter. Sie kamen an das Wasser. Ein schmaler Steg führte hinüber. Hinter dem Stege, in einem Gemäuer, tat sich ein enges Pförtchen auf. Die Pilger traten ein. Das Pförtchen schloß sich wieder.

Neugierig wie ich war, versuchte ich gleichfalls hineinzugelangen; aber das Pförtchen hatte nicht einmal ein Schlüsselloch, und auch die Mauer, welche sich rechts und links unabsehbar weit ausdehnte, war undurchdringlich für mich. Ich erhob mich und schaute hinüber. Eine herrliche Tempelstadt, ganz aus Edelsteinen erbaut und durchleuchtet von wunderbarem Lichte, viel schöner als Sonnenschein, stieg zum Gipfel des majestätischen Berges empor.

Mit kräftigem Schwunge versucht' ich dahin zu fliegen. Ein heftiger Stoß war die Folge. Über der ersten Mauer stand noch eine zweite, die ich nicht bemerkt hatte, unendlich hoch vom reinsten, durchsichtigsten Kristall.

Eine Weile noch schwirrt' ich dran auf und nieder wie eine Stubenfliege an der Fensterscheibe; dann fiel ich erschöpft zu Boden, daß es klirrte, wie eine »tönende Schelle«.

Da lag er nun, der kleine, eingebildete Reiseonkel; ein Häufchen, kaum der Rede wert, und doch beleidigt über die ungefällige Hartnäckigkeit mancher Dinge, die ihm verquer kamen. –

Plötzlich kam was über mich wie ein Schatten. Als ich aufblickte, war's einer von den kleinen abscheulichen schwarzen Teufeln von vorhin auf der Wiese.

»Aha! Bist da, du Lump!« schrie er und zog sein grinsendes Maulwerk auseinander, daß es von Ostern bis Pfingsten reichte.

Erschreckt und verdattert fing ich an zu schwitzen und zu stottern und zu beteuern und kläglich zu rufen:

»Ich b–b–bin ja gar nicht so übel! Ich b–b–b-bin ja gar nicht so übel!«

»Also auch das noch!« kreischte der Schwarze. »Warte nur, dich wollen wir schon kriegen!« Und damit streckte er seine lange, rote, geräucherte Zunge heraus und hob sein Schmetterlingsnetz in die Höhe und wollte mich einfangen. Ich, nicht faul, tat einen Satz hoch in die Luft; der Teufel

auch. Ich flog im Zickzack; der Teufel auch. Dann schoß ich wieder tief in den Wald hinab; der Teufel auch. Ich lief um einen Baum herum, in einem fort, wohl hundertmal hintereinander; der Teufel auch, dicht hinter mir; und jetzt wär ich sicher erwischt worden, hätte nicht grad ein baumlanger Riese dagelegen, Maul offen, Augen zu, ein stattlicher Mann – mir war, als müßt ich ihn kennen – der fest zu schlafen schien.

Die Not war groß. Besinnungslos stürzte ich mich in den offenen Rachen hinein. –

Als ich wieder zu mir selbst gekommen, befand ich mich in einer Art von Oberstübchen mit zwei Fenstern. Der Morgen dämmerte herein. An den Wänden hingen Bilder, die, so schien's mir, nicht viel Ähnlichkeit hatten mit dem, was sie vorstellten. Der Zeiger der Wanduhr stand auf halb sieben. Es war noch nicht aufgeräumt. Ein Geruch von gebrannten Kaffeebohnen machte sich bemerklich.

Noch halb und halb in Verwirrung stolperte ich die dunkle Treppe hinunter. Behutsam drückte ich eine Türe auf. Es war ein matt erhelltes Zimmer mit roten Vorhängen. Auf einem goldenen Thrönchen saß die schönste der Frauen, ein Abbild meiner angebeteten Elise.

Ich warf mich zu ihren Füßen. Anmutig lächelnd öffnete sie die Lippen.

Und wieder vernahm ich eine Stimme, aber sanft und lieblich, und es klang wie Flötentöne, als sie rief:

»Eduard, steh auf, der Kaffee ist fertig!«

Ich erwachte. Meine gute Elise, unsern Emil auf dem Arm, stand vor meinem Bette.

Wer war froher als ich. Ich hatte mein Herz wieder und Elisen ihrs und dem Emil seins, und, Spaß beiseit, meine Freunde, nur wer ein Herz hat, kann so recht fühlen und sagen, und zwar von Herzen, daß er nichts taugt. Das Weitere findet sich.

Hiermit beschloß Freund Eduard die Geschichte seines Traumes. Mit der größten Nachsicht hatten wir zugehört. Wir erwachten aus einer Art peinlicher Betäubung, in die man ja immer zu verfallen pflegt, wenn einer einem länger was vordröhnt, ohne daß man Gelegenheit findet, sein Wört-chen mit dreinzureden. Wir waren auch sonst nicht so befriedigt, wie es wohl wünschenswert. Wir hatten doch mancherlei Dinge vernommen, die dem Ohre eines feinen Jahrhunderts recht schmerzlich sind. Wozu so was ? Und dann ferner. Warum gleich lumpig einhergehn und es jedermann merken lassen, daß die Bilanzen ein Defizit aufweisen? Würde es nicht vielmehr schicklich und vorteilhaft sein, sich fein und patent zu machen, wie es der Kredit des »Hauses« erfordert, dem als Teilhaber anzugehören wir sämtlich die Ehre haben?

Übrigens ist es nicht schlimm mehr, nun die Sache gedruckt ist; denn, man mag sagen was man will, der passendste Stoff, um Schrullen, die sich nun mal nicht unterdrükken lassen, auf das Bescheidenste drin einzuwickeln und im Notfall zu überreichen, ist der Stoff des Papiers.

Ein Buch ist ja keine Drehorgel, womit uns der Invalide unter dem Fenster unerbittlich die Ohren zermartert. Ein Buch ist sogar noch zurückhaltender, als das doch immerhin mit einer gewissen offenen Begehrlichkeit von der Wand herabschauende Bildnis. Ein Buch, wenn es zugeklappt daliegt, ist ein gebundenes, schlafendes, harmloses Tierchen, welches keinem was zuleide tut. Wer es nicht aufweckt, den gähnt es nicht an; wer ihm die Nase nicht grad zwischen die Kiefern steckt, den beißt's auch nicht.

DER SCHMETTERLING

Kinder, in ihrer Einfalt, fragen immer und immer: Warum? Der Verständige tut das nicht mehr; denn jedes Warum, das weiß er längst, ist nur der Zipfel eines Fadens, der in den dicken Knäuel der Unendlichkeit ausläuft, mit dem keiner recht fertig wird, er mag wickeln und haspeln, so viel er nur will.

Vor Jahren freilich, als ich eben den kleinen Ausflug machte, von dem weiter unten berichtet wird, da dacht ich auch noch oft darüber nach, warum grad mir, einem so netten und vorzüglichen Menschen, das alles passieren mußte. Jetzt sitz ich da in sanfter Gelassenheit und flöte still vor mich hin, indem ich kurzweg annehme: Was im Kongreß aller Dinge beschlossen ist, das wird jawohl auch zweckgemäß und heilsam sein.

Mein Name ist Peter. Ich bin geboren anno dazumal, als man die Fräuleins Mamsellen nannte und die Gänse noch Adelheid hießen, auf einem einsamen Bauerngehöft, gleich links von der Welt und dann rechts um die Ecke, nicht weit von der guten Stadt Geckeibeck, wo sie alles am besten wissen.

Daselbst in der Nähe liegt auch der unergründliche Grummelsee, in dem bekanntlich der Muddebutz, der langgeschwänzte, sein tückisches Wesen treibt. Frau Pad-deke, die alte, zuverlässige Botenfrau, hat ihn selbst mal gesehn, wie er den Kopf aus dem Wasser steckte; und scharf und listig hat er sie angeschaut, mit der überlegenen Ruhe und Kaltblütigkeit eines vieltausendjährigen Satans.

Meine Mutter starb früh. Der Vater und der brave Knecht Gottlieb bestellten fleißig die Felder. Mein hübsches Bäschen Katharine führte die häusliche Wirtschaft.

Da ich meinerseits, obwohl ich ein stämmiger Schlingel geworden, weder zum Pflügen noch zum Häckerlingschneiden die mindeste Neigung zeigte, schickte mich mein Vater in die Stadt zu Herrn Damisch, dem gelehrten Magister, der mich jedoch bereits nach ein paar Jahren, als nicht ganz zweckentsprechend, bestens dankend zurückgab.

Hierauf, nachdem ich so ein Jährchen verbummelt hatte, kam ich zu dem hochberühmten Schneidermeister Knippipp in die Lehre nebst Kost und Logis.

»Auch ein vornehmes Metier!« meinte der Vater. »So ein Schneider kann sein Brot im Trocknen verdienen wie der feinste Schulmeister, ob's regnet oder schneit.«

Schon nach neun Monaten spülten mich die dünnen Wassersuppen der dicken Frau Meisterin wieder der Heimat zu.

Ich hatte mich fein gemacht. Strohhut, himmelblauer Schniepel; stramme gelbe Nankinghose; rotbaumwollenes Sacktuch. Aber diesmal war der Vater wirklich sehr ärgerlich. Er griff zum Ochsenziemer; und er hätte sein böswilliges Vorhaben auch sicherlich ausgeführt, wenn ihn der brave Gottheb und das gute Kathrinchen, er vorne, sie hinten, nicht entschieden gehemmt hätten.

Den Winter blieb ich zu Haus. Ohne grad viel aufs Essen zu geben, stand ich doch gern hinter dem hübschen Bäschen in der Küche herum. Mitunter nahm ich ihr eine Stecknadel weg und stach sie mir kaltblütig durchs Ohr. Auch tanzte ich zuweilen waghalsig auf dem gefährlichen Brunnenrande, und wenn das Kathrinchen zusah und es grauste ihr tüchtig, das war mir grad recht. Dann wieder konnt ich dastehn in tiefster Versimpelung, wie ein alter Reiher im Karpfenteich. Ein besonders hoher Genuß war mir's aber, so des Abends auf der Bank hinter dem Ofen zu hegen und zuzusehen, wie das Kathrinchen Bohnen aushülste und der Gottlieb Körbe flocht. Bei dem Anblick dieser kleinen, krausen, krispeligen Tätigkeit überkam mich immer so ein leises, feines, behagliches Gruseln. Oben in den Haarspitzen fing's an, kribbelte den Rücken hinunter und verbreitete sich über die ganze Haut, während meine Seele gar sanft aus den Augen hinauszog, um ganz bei der Sache zu sein, und mein Körper dalagwie ein seliger Klotz. Eines Abends stieg ich auch mal heimlich in den Lindenbaum, weil ich gern mal sehen wollte, wie das Kathrinchen zu Bette ging. Sie betete grad ihren Rosenkranz.

Als sie aber anfing sich auszuziehn und die Geschichte bedenklich wurde, macht ich Ahem! und Phütt! war die Lampe aus. Am andern Nachmittag wurde an einer grünen Gardine genäht.

Mein Stübchen lag oben im Giebel. In einem dicken Legendenbuche las ich bis spät in die Nacht hinein. Wenn dann der Wind sauste und der Schnee ans Fenster klisperte, fühlte ich mich so recht für mich als ein behaglicher Herr.

Die Hexen hatten ihren Strich da vorbei; sie zügelten zuweilen ihre Besen und lugten durch die Scheiben; meist alte Hutzelgesichter, als wären sie gedörrt worden am höllischen Feuer. Mal aberwar's eine junge, hübsche. Sie hatte eine Schnur von Goldmünzen ins Haar geflochten. Sie blinzelte und lachte. Ihre weißen Zähne blitzten, wie ihr das Licht ins Gesicht schien, gegen den dunklen Hintergrund.

Als der Sommer kam, als die Welt eng wurde von Laub und Blüten, macht ich mir ein Netz und jagte nach Schmetterlingen. So herumzustreifen in leichtsinniger Freiheit, oder mich niederzulegen zu beliebiger Ruhe, das war mein Fach; und hupfen, wie der rührigste Heuschreck, das könnt ich auch.

Eines Sonntagsmorgens, während die andern zur Messe waren, macht ich mich hübsch und ging aus der Hintertür, das Netz in der Hand, den Frack voller Pflaumen. Hell schien die Sonne. Vom Garten ins Feld, vom Feld in die Wiesen dämelt ich glücklich dahin. Schmetterlinge flogen in Menge. Von Zeit zu Zeit erhascht ich einen, besah ihn und ließ ihn fliegen, denn von der gewöhnlichen Sorte hatt ich längst alle Kasten voll.

Aber jetzt, in der Ferne, flog einer auf, den kannt ich noch nicht. Ich los hinter ihm her über Hecken und Zäune, wohl zwei, drei Stunden lang in einer Tour, bis mir's schließlich zu dumm wurde. Unwillig warf ich mich ins Gras. Oben in der Luft schwebte ein Habicht. Vertieft in seine sanften Bogenzüge, war ich bald eingedämmert. Als ich erwachte, wollte die Sonne schon untergehn, und da es die höchste Zeit war, nach Hause zu eilen, kletterte ich auf einen Baum am Rande des Waldes, um zu sehen, wo ich denn eigentlich wäre. Nichts als unbekannte Gegend in der Weite und Breite. Erst verdutzt, dann heiter und gleichgültig, ergab ich mich in mein Schicksal. Ich stieg herab, suchte einen gemütlichen Platz, setzte mich und fing an, Pflaumen zu essen. Plötzlich, mir stockte der Atem vor freudigem Schreck, kam er angeflattert, der reizende Schmetterling, geschmückt mit den schönsten Farben der Welt und ließ sich frech auf der Spitze meines Fußes nieder. Leise hob ich das Netz; ich zielte bedachtsam. Witsch! dort flog er hin. Aber gut gezielt war's doch, denn mit dem eisernen Netzbügel hatte ich richtig die kleine Zehe gestreift, genau da, wo sie am allerempfindlichsten war. Ich sprang auf, tanzte auf einem Bein und pfiff dazu.

»Ähä!« lachte wer hinter mir. »Aufs Auge getroffen!«

Ein hübscher, blasser Bursch, gekleidet wie ein Jägersmann, saß unter einer Buche.

»Ich bin der Peter!« sag ich und setzte mich zu ihm.

»Und ich der Nazi!« sagt er.

Um seinen linken Arm ringelte sich ein silberglänzende Schlange, die auf dem Kopf ein goldenes Krönchen hatte, und auf seinen Knien hielt er ein Vogelnest mit kleinen, blaugrünen Eiern darin.

»Ein verdächtiges Vieh!« sagt ich mißtrauisch. »Es beißt wohl auch?«

»Mich nie. Gelt, Cindeli!« sprach er, indem er ihr ein Ei hinhielt.

Ich trug auf der bloßen Brust ein Medaillon, eine Goldmünze, das Geschenk eines Paten. Die Schlange machte sich lang danach.

»Sie wittert das Gold«, sagte der Jäger.

»Teufel, duck dich!« rief ich und gab ihr mit dem Stiel meines Netzes einen kurzen Hieb über die Nase.

Zornig zischend fuhr sie zurück, wickelte sich los und schlüpfte raschelnd ins Gebüsch. Der Jäger, nachdem er mir vorher noch schnell einen Stoß auf den Magen versetzt hatte, daß ich die Beine aufkehrte, lief hinter ihr her.

Allmählich wurde es im Walde pechteertonnendunkel. Die Luft war mild. Ich lehnte mich an den Baumstamm und entschlief augenblicklich, ja, ich kann wohl sagen, noch eher.

Überhaupt, schlafen, das konnt ich ohne jede Mühwaltung; und fest schlief ich auch, fast so fest, wie die Frau mit dem guten Gewissen, der die Ratten über Nacht die große Zeh abfraßen, ohne daß sie was merken tät.

Erst die Mittagssonne des nächsten Tages öffnete mir die Augen. Und wahrhaftig; da saß er schon wieder, drei Schritt weit weg, mein kunterbunter Schmetterling, auf einem violetten Distelkopfe, und fächelte und ließ seine ausgebreiteten Flügel verlockend in der Sonne schimmern. Mit kunstvoller List schlich ich näher. Vergebens. Genau eine Sekunde vorher, eh ich ihn erreichen konnte, flog er ab wie der Blitz, und dann noch einmal und noch einmal, und dann Fiwitz! mit einem eleganten Zickzackschwunge weg war er über eine haushohe Dornenhecke.

»Zu dumm!« dacht ich laut, denn ich war sehr erhitzt. »So ein klein winziges Luder; will sich nicht kriegen lassen; ist extra zum Wohle des Menschen geschaffen und verwendet doch seine schönen Talente nur für die eigenen selbstsüchtigen Zwecke. Es ist empörend!«

Im Eifer der Verfolgung hatt ich den einen Stiefel im Sumpf stecken lassen, und zwar tief, so daß ich erst eine Zeitlang tasten und grabbeln mußte in der schwarzen Suppe, ehe ich ihn wiederfand. Ich schüttete den Froschlaich heraus, wusch mich und ging nun, nachdem ich mich abgekühlt und besänftigt hatte, in gemäßigtem Bummelschritt einem fernen Hügel entgegen, über den sich als heller Streifen die Landstraße hinzog. Hier hofft ich orts-

kundige Leute zu treffen, die mir sagen konnten, wie ich nach Hause käme.

Auf einem Meilensteine saß ein älterer Mann, der eine ungewöhnlich breitschirmige Mütze trug. Zwischen seinen Knien hielt er einen grauhaarigen Hund.

»Guter Vater!« sprach ich ihn an. »Ich möchte gern nach der Stadt Geckeibeck.«

»Genehmigt!« gab er zur Antwort.

»Könnt Ihr mir vielleicht zeigen, wo der Weg dahin geht?«

»Ne! ich bin rundherum blind.«

»Schon lange?« fragte ich teilnahmsvoll.

»Fast neunundfünfzig Jahr; nächsten Donnerstag ist mein dreiundfünfzigster Geburtstag.«

»Was? Schon sechs Jahre vor Eurer Geburt?«

»Sogar sieben, richtig gerechnet. Ich wollte schon damals gern in die Welt hinein, tappte im Dunkeln nach der Tür, fiel mit dem Gesicht auf die Hörner des Stiefelknechts, und das Unglück war geschehn.«

»Dann laßt Euch raten, Alter!« sagt ich. »Und schielt nicht zuviel nach hübschen Mädchen, denn das hat schon manchen Jüngling zu Fall gebracht.«

»Faß!« schrie der Blinde und ließ den Hund los.

Ich aber nahm die Frackschöße unter den Arm, steckte mein Schmetterlingsnetz nach hinten zwischen den Beinen durch, wedelte damit und ging so in gebückter Stellung meines Weges weiter; eine Erscheinung, die dem Köter so neu und unheimlich vorkam, daß er mit eingeklemmtem Schweife sofort wieder umkehrte.

Vor mir her schritt ein Bauer, der weder rechts noch links schaute, und da er einen ernsten, nachdenklichen und vertrauenerweckenden Eindruck machte, beschloß ich, an ihn meine Frage zu richten.

»He!« rief ich. Er gab nicht acht darauf. »He!« rief ich lauter. Er ließ sich nicht stören in seinen Betrachtungen. Jetzt, als ich dicht hinter ihm war, klappte ich ihm mein Netz über den Kopf. Oh, wie erschrak er da. Ich hörte deutlich, wie ihm das Herz in die Kniekehle fiel.

»Könnt Ihr mir nicht sagen, guter Freund, wo Geckelbeck liegt?« fragte ich und hob das Netz.

Er hatte sich umgedreht. Er kniff die Augen zu, riß den Mund auf, so daß seine dicke, belegte Zunge zum Vorschein kam, steckte die Daumen in die Ohren, spreizte die Finger aus und schüttelte traurig mit dem Kopfe.

»Döskopp!« rief ich in meiner ersten Enttäuschung, sah aber dabei ungemein freundlich aus.

Der Taubstumme, der dies wohl für einen verbindlichen Abschiedsgruß hielt, zog ergebendst seine Zipfelkappe, obgleich er eine bedeutende Glatze hatte.

Der Abend kam. Auf einem Acker rupft ich mir ein halb Dutzend Rüben aus, und da ein starker Tau den Boden benetzte, stieg ich in eine Tanne, band mich fest mit den Frackschößen und machte mich sodann über die saftigen Feldfrüchte her, daß es knurschte und knatschte. Von der letzten, bei der ich entschlummert war, hing mir die Hälfte nebst dem Krautbüschel noch lang aus dem Munde heraus, als ich am andern Nachmittag wieder erwachte. Schnell stieg ich herab, erfrischte mich in einer Quelle und kehrte auf die Landstraße zurück. Ich befand mich in der heitersten Laune; ich wußte es, eine innere Stimme sagte es mir: Dir wird heut noch besonders was Gutes passieren.

In diesen angenehmen Vorahnungen störten mich die Klagelaute eines Bettlers, der, den Hut in der Hand, auf mich zukam.

»Junger Herr!« bat er. »Schenkt mir doch was. Ich habe sieben Frauen – ach ne! sieben Kinder und eine Frau, und meine Eltern sind tot, und meine Großeltern sind tot, und meine Onkels und Tanten sind tot, und ich hab niemanden in dieser weiten, harten, grausamen Welt, an den ich mich wenden könnte, als grad Euch, schöner Herr.«

Bei diesen Worten erwärmte sich meine angeborene Großherzigkeit. Ich hatte siebzehn einzelne Kreuzer im Sack. Mit dem Gefühl einer behaglichen Erhabenheit warf ich zehn davon in den Filzhut des Bettlers.

Kaum war dies geschehen, so nahm er einen Kreuzer wieder heraus und legte ihn mir vor die Füße.

»Hier, mein Bester«, sprach er, »schenk ich Euch den zehnten Teil meines Vermögens. Seid dankbar und vergeßt den edlen Geber nicht, der sich bescheiden zurückzieht.«

Nach kurzer Erstarrung lief ich hinter dem Kerl her, um ihm einen Tritt auf die Wind- und Wetterseite zu geben. Aber er hatte die Tasche voller Steine. Er traf so geschickt damit, daß mir, trotzdem ich das Netz vorhielt, schon beim zweiten Wurf ein ganz gesunder Vorderzahn direkt durch den Hals in die Luftröhre flog, worauf ich wohl eine Stunde lang husten mußte, ehe ich ihn wieder herauskriegte.

Ich pflückte mir Felderbsen in mein Netz, ließ die grünen, angenehm kühlen Pillen durch die entzündete Gurgel rollen und füllte mir so zugleich den begehrlichen Leib mit jungem Gemüse. Dann zog ich mich in ein Gehölz zurück und legte mich, das Gesicht nach oben, schlichtweg zur Ruhe nieder.

Den folgenden Tag hätt ich sicher verschnarcht, wär mir nicht gegen Mittag ein Maikäfer in den weitgeöffneten Mund gefallen. In dem Augenblick, als er sich anschickte, in die Tiefe meines Wesens hinunterzukrabbeln, erwachte ich. Der Wind schüttelte die Wipfel.

Übrigens knurrte mein Magen wegen fader Beköstigung, und so macht ich mich denn auf und ruhte nicht eher, bis ich in ein Wirtshaus gelangte, wo ich mir eben für meine letzten Kreuzer etwas Derbes bestellen wollte, als ein wohlgemästeter Bauer, der sehr lustig aussah, in die Stube trat und sich zu mir an den Tisch setzte.

»Euch ist wohl!« sag ich.

»Mit Recht!« sagt er. »Hab den Schimmel verkauft auf dem Markt.«

»Brav's Tier vermutlich.«

»Das grad nicht. Alle Woche mal, oder wenn's ihm grad einfällt, haut er die Sterne vom Himmel herunter und den Kalk aus der Wand.«

»Da habt Ihr den Käufer jedenfalls gewarnt.«

»Was!« entgegnete der Bauer und wurde ganz traurig und niedergeschlagen. »Gott erhalte jedem ehrlichen Christenmenschen seinen gesunden Verstand. Seh ich wirklich so dumm aus?«

»Hört mal!« sag ich. »Dann seid Ihr ja einer der größten Halunken, die auf den Hinterbeinen gehn zwischen Himmel und Hölle.«

»So hör ich's gern!« rief der Bauer und sein Gesicht klärte sich auf. »Gelt ja? Ich bin ein Teufelskerl. He, Wirt! Gebt diesem netten Herrn ein belegtes Butterbrot und ein Glas Bier auf meine Rechnung.«

Während ich aß, fiel es mir auf, daß der Mann beständig durchs Fenster schielte. Plötzlich schien ihm was einzufallen. Er zahlte und sagte, er müßte notwendig mal eben hinaus, aber er käme gleich wieder. Kaum war er fort, so hörte man ein hastiges Pferdegetrappel von der Landstraße her. Ich trat vor die Haustür.

Ein Schimmelreiter ohne Hut war angekommen und fragte ganz außer Pust:

»War kein Bauer hier mit einem dicken Bauch, einem dicken Stock und einer dicken Uhrkette?«

»Das stimmt!« sag ich. »Er ging nur mal eben zur Hintertür hinaus.«

»So ein Hundsfott!« schrie der Reiter. »So ein Mistfink! Lobt und preist mir der Kerl den Schimmel an, der den Teufel und seine Großmutter im Leib hat.«

»Ja!« sag ich gelassen. »Dummheit muß Pein leiden.«

Krebsrot vor Zorn hob der Schimmelreiter die Peitsche. Ich schwenkte mein Schmetterlingsnetz.

Auf dieses Zeichen schien der Schimmel gewartet zu haben. Er vergrellte die Augen, spitzte die Ohren, ging verquer, ging rückwärts, er drückte ein Fenster ein unter starkem Geklirr, er wieherte hinten und vorn, und dann, mit einem riesigen Potzwundersatze, weg war er über die Planke.

Ich lief, um nachzusehen, vor den Hof. Der Schimmel war nur noch ein undeutlicher Punkt ganz in der Ferne; der Reiter hing deutlich im Pflaumenbaum ganz in der Nähe.

Die folgende Nacht verschlief ich unter einer Wiesenhecke. Eine Grasmücke, das graue Vöglein mit schwarzem Käppchen, weckte mich in der Früh durch seinen lieblichen Gesang. Ich blieb noch liegen und horchte. Durch Zweige und zierliche Doldenpflanzen sah ich in die sonnige Welt. Heuschrecken geigten an ihren Flügeln, indem sie die Hinterbeine als Bogen benutzten. Schwebefliegen blieben stehn in der Luft und starrten mich an aus ihren Glotzaugen. Endlich erhob ich mich und nahm in einem klaren Wassertümpel mein Morgenbad. Natürlich, grad wie mir's am wohlsten drin ist, kommt mein ersehnter Schmetterling dahergeflogen und flattert mir neckisch vor der Nase herum. Ich heraus, zieh mich an, eile ihm nach, von Wiese zu Wiese, den ganzen Tag bis dicht vor ein Städtchen. Hier schwang er sich über die Stadtmauer, hoch in die Lüfte, nach dem Wetterhahn hin auf der Spitze des Kirchturms.

Der Abend dämmerte bereits. Auf dem Walle lief ein Mann hin und her, einsam und unruhig. Er hatte den Zeigefinger an die Stirn gelegt und sagte in einem fort das Abc her, bald vor-, bald rückwärts. Ehe ich ihm ausweichen konnte, stieß er mir mit dem Kopf vor die Brust. Nun riß er die Augen weit auf und schrie mich an:

»Ha! Wie heißt er?«

»Ich heiße Peter!« sag ich.

»Nein, Er, Er, mit dem ich vor zehn Jahren im Monat Mai drei Wochen lang herumgewandert bin an der polnischen Grenze.«

»Gewiß ein Herzensfreund.«

»Nein, gar nicht.«

»Oder er ist Euch was schuldig.«

»Keinen Heller.«

»Na!« sag ich. »Dann nennt ihn Hans und laßt ihn laufen, wohin er will.«

»Mensch!« rief er. »Ich bin Ausrufer in dieser Stadt. Lesen kann ich nicht; meine Frau sagt's mir vor, bis ich's auswendig kann; läßt's Gedächtnis nach, ist der Dienst verloren. Neulich, beim Kaffee, ich stecke die Pfeife an, da, so beiläufig, denk ich: Der, der, wie heißt er nur gleich? Und da hat's mich gehabt. Und ich sah ihn doch so deutlich vor mir, als wär's heut oder übermorgen. Er war links und kratzte sich auch so; er zwinkerte immer mit dem linken Auge, und sein linkes Bein war krumm, und im linken Ohrläppchen trug er einen Ring von Messing, und Schneider war er auch. Oh, der Name, der Name!«

Die Beschreibung paßte genau auf meinen früheren Meister.

»Hieß er nicht Knippipp?« sag ich so hin.

Ein heller Freudenblitz zuckte über sein blasses Angesicht. Mit den Worten: »Knippipp, ich habe dich wieder!« fiel er mir um den Hals und weinte einen Strom von Freudentränen hinten in meinen Kragen, daß es mir ganz heiß den Rücken hinabrieselte.

In der Fülle seiner Dankbarkeit ersuchte er mich, ihn nach Hause zu begleiten und bei ihm zu übernachten; und oh! wie freuten sich seine Frau und seine Kinder, als sie sahen, daß sie wieder einen vergnügten und brauchbaren Vater hatten.

Zu Abend gab es Zichorienkaffee mit den üblichen Zutaten. Die Kinder tranken sehr viel, und ich meinte, es sei wohl nicht ratsam, wenn sie kurz vor dem Schlafengehen soviel Dünnes kriegten; aber die Eltern waren der Ansicht, man müsse dem Drange der Natur freien Lauf lassen.

Als wir fertig waren, baten die drei Kleinsten: »Nicht wahr, Papa? Wir schlafen bei dem fremden Onkel!«

So geschah es denn auch. Die Nacht, die ich unter diesem gastlichen Dache zubrachte, war eine der unruhigsten, wärmsten und feuchtesten Sommernächte, die ich jemals erlebt habe.

Bei Anbruch des Tages tranken wir wieder gemeinsam Kaffee und aßen Brot mit Zwetschenmus dazu. Die Kinder waren sehr zutunlich; besonders der Zweitjüngste spielte gar traulich zwischen meinen Frackschößen herum.

Daß meine einfachen Gastgeber, von denen ich einen zärtlichen Abschied nahm, über die Lage von Geckeibeck auch nicht die mindeste Auskunft zu geben vermochten, hatt' ich mir gleich gedacht. So beschloß ich denn, eh ich wieder ins Weite zog, mich in der Stadt etwas näher zu erkundigen.

Ohne Erfolg befragt ich einen Lehrjungen, der die Läden aufmachte; einen Betrunkenen, der nach Hause ging; einen Großvater, der die Hand aus dem Fenster hielt, um zu fühlen, ob's regnete. Zu guter Letzt wollt ich noch mal eben an eine vertrauenerweckende Haustür klopfen. Im selben Moment wurde sie aufgestoßen, und ein Dienstmädchen goß den Spüleimer aus. Hätt' ich nicht flink die Beine ausgespreizt und einen ellenhohen Hupfer getan, so wäre mir der vermischte Inhalt direkt auf den Magen geplatscht. Auf meine Anfrage wischte sich das gesunde Mädchen freilich mit seinem roten Arm ein paarmal nachdenklich unter der Nase her; indes von Geckeibeck wußte sie nichts, und einen, sagte sie, der es wüßte, oder einen wüßte, der es wüßte, wüßte sie auch nicht.

Ich schlenderte zum Tor hinaus. Von der Morgensonne beschienen, mitten auf der Chaussee, war eine Gesellschaft von Sperlingen mit der Obsternte beschäftigt. Es waren jene bemerkenswerten Früchte, genannt Roßäpfel, welche Winter und Sommer reifen. Dieser Anblick erinnerte mich lebhaft an meine ländliche Heimat.

Jetzt, dacht ich, sitzen sie wohl da um den Tisch herum und verzehren ihr Morgensüppchen und denken: Wo mag der Peter sein? Und der Vater wischt sich schweigend den Mund ab mit dem Rockschlappen, und der Gottlieb geht hin und mistet den Pferdestall, und mein gutes Kathrinchen füttert die Hühner, und das schwarze mit der Holle frißt ihr das Brot aus der Hand, aber das gelbe ohne Schwanz will nicht mitfressen, sondern steht traurig und aufgeblustert abseits, auf einem Bein, denn es hat noch immer den Pips.

Einige dicke, heimwehmütige Tränen, ich muß gestehn, rannen mir langsam über die Backen herunter. Ich zog das Taschentuch und rieb mir gründlich mein Angesicht. Es wurde mir so sonderbar schwarz vor den Augen, und jetzt merkt ich, was los war. Das kleine, liebevolle Söhnchen meines vergeßlichen Gastfreundes hatte dem fremden Onkel, eh er Abschied nahm, noch heimlich in sein rotes, baumwollenes Sacktuch einen tüchtigen Klecks Zwetschenmus eingewickelt und mit auf die Reise gegeben. Ich sah mich nach Wasser um. Ei, sieh! Am Stamm eines Kastanienbaumes saß mein neckischer Schmetterling.

»Sitz du nur da!« murmelte ich verächtlich aus dem linken Mundwinkel. »Ich will dich nicht, und ich möchte dich nicht, und wenn du die Prinzessin Triliria selber wärst und brächtest bare fünfhundert Gulden mit in die Aussteuer und keine Schwiegermutter.«

Aber schon war ich in Schleichpositur und gleich drauf in vollem Galopp. Inmitten eines kleinen Teiches endlich ließ sich das bunte Flattertier auf einem Schilf büschel nieder und klappte seelenruhig die Flügel zusammen. Mindestens zwei Stunden lang saß ich am Ufer und wartete. Vergebens macht ich öfters Kischkisch! Und Steine zum Werfen waren nicht da. Endlich zog ich mich aus, nahm das Netz quer in den Mund und schwamm vorsichtig näher.

Unterdes machte ich eine Entdeckung, die mich veranlaßte, in Eile wieder umzukehren. Es war ein Blutegelteich. Bereits waren meine Beine und sonstigen Körperteile gespickt mit begierigen Säuglingen, und wohl mir, daß eine Grube voll Streusand in der Nähe lag, worin ich mich wälzen konnte. Als die Viecher den Sand zwischen die Zähne kriegten, was ja niemand gern hat, ließen sie sofort locker und purzelten rücküber in den Staub, welcher sie dermaßen austrocknete, daß sie bald zehnmal dünner waren als vorher und tot obendrein.

Währenddem saß mein Schmetterling auf seinem Schilfstengel, als wollt er daselbst in aller Ruhe den Rest seiner Tage verleben mit voller Pension.

Schnell zog ich mich an und eilte in den Wald, um mir einen dürren, handlichen Ast zu holen. Einer lag da, der war ganz morsch; ein zweiter lag da, der war mir zu zackicht; ein dritter saß noch am Baume fest. Ich hätte übrigens gar nicht so stark dran zu reißen brauchen, denn schon beim ersten Ruck gab er nach, so daß ich mit unerwarteter Geschwindigkeit auf den zweiten zackichten zu sitzen kam, der glücklicherweise ebenso morsch war wie der erste.

In der Hand den erwählten Knittel, lief ich nun unverzüglich an den Teich zurück, um durch einen wohlgezielten Wurf den hinterlistig geruhsamen Schmetterling aus seiner Sicherheit aufzuscheuchen. Sein Platz stand leer. Ich legte mich hin, wo ich stand und schlief sofort ein, trotz meines Ärgers und des vernehmlichen Gebells meines unbefriedigten Magens.

Ausnahmsweise recht früh, schon im Laufe des Vormittags, erwacht ich. Nachdem ich mir das Zwetschenmus, das inzwischen zu einer harten Kruste erstarrt war, mit Sand aus dem Gesichte gerieben, denn ich zog doch eine Reinigung auf trockenem Wege einer solchen mit dem Wasser des verdächtigen Teiches vor, begab ich mich auf die Suche nach einem Rübenacker, wo ich zu frühstücken gedachte.

Ich fand einen Landmann dasitzend, der eben sein Sacktuch aufknüpfte und für den Morgenimbiß ein erhebliches Stück Speck entwickelte. Sofort sammelte sich in meiner Mundhöhle die zur Verdauung so nützliche Feuchtigkeit. Ich bot ihm drei Kreuzer, wenn er mir was abgäbe. Er tat's umsonst, fügte noch eine knusperige Brotrinde hinzu und wünschte mir gute Verrichtung.

Munter dreinhauend spaziert ich weiter. Den letzten Rest der Mahlzeit, nämlich die treffliche, zähe, salzige Schwarte, schob ich hinter die Backenzähne, so daß ich die Freude hatte, noch eine Zeitlang dran lutschen zu können.

Dicht vor einem Dörflein begegneten mir zwei unbeschäftigte Enten, die lediglich zum Zeichen ihres Vorhandenseins durchdringend trompeteten. Da ich nunmehr die Schwarte bis aufs äußerste ausgebeutet hatte, nach menschlichen Begriffen, warf ich sie hin. Die geistesgegenwärtigste der zwei Schnattertaschen erwischte sie und eilte damit, vermutlich weil sie nichts abgeben wollte, durch das Loch einer Hecke. Die zweite, die wohl auch keinem andern was gönnte, wackelte emsig hinterher. Ich, natürlich, als Naturbeobachter, legte mich auf den Bauch und steckte den wißbegierigen Kopf durch die nämliche Öffnung.

Mir gegenüber, an einer gemütlichen Pfütze, sah ich zwei Häuschen stehn, und jedes Häuschen hatte ein Fenster, und hinter jedem Fenster lauerte ein Bub, ein roter und ein schwarzhaariger, und vor jedem Häuschen erhob sich ein beträchtlicher Düngerhaufen, und auf jedem Düngerhaufen stand ein Gockel, ein dicker und ein dünner, inmitten seiner Hühner, die eben ihre Scharrtätigkeit unterbrachen, um gespannt zuzusehn, was die zwei Enten da machten.

Vergebens bemühte sich die erste, durch Druck und Schluck die Schwarte hinter die Binde zu kriegen; sie war grad so um ein Achtelzöllchen zu breit. Hiernach durfte die zweite, die mit neidischer Ungeduld dies Ergebnis erwartet hatte, ans schwierige Werk gehn. Schlau, wie sie war, tauchte sie das widerspenstige Ding zuerst in die Pfütze, um's glitschig zu machen, und dann streckte sie den Schnabel kerzengrad in die Höhe und ruckte und zuckte; aber es ging halt nicht; und dann kehrten die beiden Enten kurz um und rüttelten verächtlich mit den Schwänzen, als sei ihnen an der ganzen Sach überhaupt nie was gelegen gewesen.

Kaum hatten dies die Hühner erspäht, so rannten sie herbei und versuchten gleichfalls ihr Glück, eins nach dem andern, wohl ihrer zwanzig; indes alle Hiebe und Stöße scheiterten an der zähen Hartnäckigkeit dieser Schwarte. Zuletzt kam ein munteres Schweinchen dahergetrabt und verzehrte sie mit spielender Geläufigkeit; und so blieb sie doch in der Verwandtschaft.

Während dieser Zeit hatten sich die beiderseitigen Gokkel unverwandt angeschaut mit teuflischen Blicken; ohne Zweifel, weil sie sich schon lange nicht gut waren von wegen der Damen. Plötzlich krähte der Dicke im Cochinchinabaß:

»Kockerokoh!«

Dieser verhaßte Laut gab dem Dünnen einen furchtbaren Riß. Mit unwiderstehlichem Vorstoß griff er den Dicken so heftig an, daß sich dieser aufs Laufen verlegte um die Pfütze herum. Der Dünne kam nach. Gewiß zehn Minuten lang liefen sie Karussell; bis der Dicke, dem vor Mattigkeit schon längst der Schnabel weit offen stand, unversehens unter Aufwand seiner letzten Kräfte seitab auf das Dach flog, wo er ein mächtiges Kockerokoh! erschallen ließ, damit nur ja keiner glauben sollte, er hätte den kürzeren gezogen.

Sofort schwang sich der Dünne auf den Gipfel des feindlichen Düngerhaufens; jedenfalls mit der Absicht, von dieser Höhe herab durch ein durchdringendes Kickerikih! im Tenor der Welt seinen Sieg zu verkünden.

Ehe er noch damit anfangen konnte, sah er sich veranlaßt, laut krächzend in die Höhe zu fliegen.

Der rothaarige Knabe, heimlich heranschleichend mit der Peitsche, versetzte ihm einen empfindlichen Klaps um die mageren Beine. Aber schon, aus dem Nachbarhaus, war der Schwarzkopf mit einer Haselgerte als Rächer des seinerseitigen Gockels herbeigekommen und erteilte dem Rothaarigen, grad da, wo die Hose am strammsten saß, einen einschneidenden Hieb.

Hell pfiffen und klatschten die Waffen. Man wurde intimer; man griff zu Haar und Ohren; man wälzte sich in die Pfütze; aus dem Kampf zu Lande wurde ein Seegefecht. Für mich ein spannendes Schauspiel. Ich war so begeistert, daß ich ermunternd ausrief: »Fest, fest! Nur nicht auslassen!«

Im selben Augenblick ruhte der Streit. Mein Kopf wurde bemerkt; eilig zog ich mich zurück. Aber sogleich waren die Schlingel hinter mir her. Sie warfen mich mit Erdklößen; ich drehte mich um und ermahnte sie, artig zu sein; sie schimpften mich Stadtfrack! Ich verwies sie ernstlich zur Ruhe, und nun schrien sie Haarbeutel! Haarbeutel ! als ob ich betrunken wäre. Schleunige Flucht schien mir ratsam zu sein. Bald war ich weit voraus. Im Gehölz fand ich einen Baum, der von oben her hohl war. Umgehend saß ich drin, wie der Tobak im Pfeifenkopf, nicht zu fest und nicht zu locker.

Zwar die bösen Knaben folgten mir und kicherten und flüsterten sogar noch eine Zeitlang um den Baum herum; aber ich war ihnen zu schlau gewesen, denn ohne mich weiter zu belästigen zogen sie ab.

Mein Platz schien mir so recht geeignet zum Übernachten, und eben war ich im Begriff, recht behaglich zu entschlummern, als ich unten was krabbeln fühlte.

»Zapperment!« dacht ich gleich. »Dies sind Ameisen!«

Schleunigst sucht ich mich emporzuarbeiten, um mir eine anderweitige Schlafstelle zu suchen; aber der Frack unterhalb mußte sich festgehackt haben und ließ mich nicht hochkommen, und ausziehn konnt ich ihn auch nicht, denn der Spielraum für die Ellenbogen war zu gering.

Indem, so hört ich Stimmen. Wie ich durch einen Spalt bemerken konnte, waren es zwei Kerls, die einen Esel am Strick hatten. Sie banden ihn an einen Ast dicht vor meiner Nase.

»Haha!« lachte der eine. »Den hätten wir ihm mal listig wegstibitzt.«

»Wird keine Sünd sein!« meinte der andere. »Der alte Schlumann hat Geld wie Heu!«

Dann öffneten sie ihren Quersack, setzten sich und fingen an, fröhlich zu Nacht zu essen.

Unterdes hatten die Ameisen ihre Heerscharen vollzählig entwickelt. Sie krabbelten nicht bloß, sie zwickten nicht bloß, nein, sie ätzten mich auch mit ihrer höllischen Säure, und zwar an den empfindlichsten Stellen. Alle sonstigen Besorgnisse beiseite setzend, brüllt ich um Hilfe.

Die Spitzbuben, aufs äußerste erschreckt durch die gräßlichen Laute, um so mehr, als sie kein gutes Gewissen hatten, flohen eilig, ohne den Esel erst loszubinden, in das tiefste Dickicht des Waldes hinein. Ich schrie unaufhörlich, und der Esel fing auch an.

In diesem Augenblick kam ein Mann mit einer Laterne. Er streichelte den Esel und beleuchtete ihn von allen Seiten, und dann beleuchtete er auch mich in meiner Bedrängnis.

»Komm hervor aus dem Rohr!« sprach er ernst.

»Der Frack, der Frack!« schrie ich. »Der leidts halt nicht.«

»Da werden wir mal nachsehn!« sprach er gelassen. »Ja, dies ist erklärlich; denn hier aus dem Astloch steht er heraus, zu einem Knoten verknüpft, und ein Stäbchen steckt als Riegel dahinter.«

»Das haben die verdammten Bengels getan!« rief ich entrüstet.

Es war die höchste Zeit, daß ich loskam. Wie ein Pfropfen aus der Flasche flog ich zum Loch heraus, und der alte Schlumann, denn der mußte es sein, brach einen Zweig ab und klopfte mich aus wie ein Sofakissen, wo die Motten drinsitzen.

Er trug Rohrstiefel, einen Staubmantel von Glanztaffet und einen breitkrempigen Hut. Es war ein ansehnlicher Herr von fünfzig bis sechzig Jahren mit graumeliertem Bart und Augen voll ruhiger Schlauheit. Wohlwollend grüßend, bestieg er seinen Esel, ermunterte ihn mit den Worten: »Hü, Bileam!« und ritt langsam in der Richtung des Dorfes fort.

Die Diebe hatten unter anderm ein kaltes Hühnchen zurückgelassen. Ich ging damit abseits, verzehrte es, wühlte mich in trockenes Laub, legte mich aufs Gesicht, damit mir nicht wieder was in den Mund fiel, und schlief unverzüglich ein.

Es mochte halbwegs Mittag sein, als ich durch ein empfindliches Schmerzgefühl an beiden Seiten des Kopfes geweckt wurde. Zwei Schweine waren eben dabei, mir die Ohren, die sie vermutlich für Pfifferlinge hielten, vom Kopfe zu fressen, hatten aber erst ganz wenig heruntergeknabbert. Im Kreise um mich her wühlte die übrige Herde.

Der Hirt, ein kleiner, alter Mann mit einem dreieckigen Hut, strickte an einem blauen Strumpfe; und bei diesem treuherzigen Naturmenschen beschloß ich mich noch mal ernstlich zu erkundigen, ob er nicht wüßte, wo die Stadt Geckeibeck läge.

Das, sagte er, könnte er mir ganz genau sagen, denn vor dreißig Jahren hätte er dort mal siebzehn Ferkel gekauft, und sie wären auch alle gut eingeschlagen bis auf eins, das hätten die andern immer vom Troge gebissen, und da hätt' es vor lauter Hunger am Montag vor Martini einen zinnernen Löffel gefressen und am Dienstag eine Kneipzange und am Mittwoch dem Sepp sein Taschenpistol, den Lauf zuerst, und wie es an dem Zündhütchen geknuspert hätte, wär der Schuß losgegangen, mitten durch die inneren Teile und noch weit hinten hinaus.

»Seht!« fuhr er fort. »Dort zwischen den Bäumen hindurch, grad wo ich mit diesem Strickstock hinzeige, da liegt Dösingen, und zwei Stunden hinter Dösingen kommt Juxum, und dann kommt sechs Wochen lang nichts, und dann kommt der hohe Dumms, wo's oben immer so neblig ist, und von da sieht man erst recht nichts, und« – –

»Danke, lieber Mann!« unterbrach ich ihn. »Und, bitte, haltet Euch bedeckt!«

Hierbei trieb ich ihm mit der flachen Hand seinen dreieckigen Hut über Nase und Ohren, und als er schimpfen wollte, konnte er es nicht, weil ihm die Nase über das Maul gerutscht war.

Als ich den Wald verließ, lag die angenehmste Landschaft vor mir ausgebreitet; Wiesen, von Hecken umgeben; ein See; ein Dorf im Dunst der Ferne. Die Nacht war schwül gewesen; der Tag wurde es noch mehr. Die Schwalben flogen tief; und eine graue Wolke, wie ein Sack voll Bohnen, stand lauernd am Horizont. Die Sonne verfinsterte sich; ein Schatten machte sich über der Gegend breit; die Wolke, nunmehr mit einer langen, gelblichen

Schleppe geziert, war drohend heraufgestiegen. In ihrem Inneren grollte es bereits; ein Wind erhob sich, und dann kam rauschend und prasselnd die ganze Bescherung.

In der Wiese, wo ich mich befand, war Heu gemacht; an der Hecke bemerkt ich eine kleine Hütte von Zweigen; ich schlüpfte spornstreichs hinein.

So geht's, wenn man nicht erst zusieht! Ich fiel direkt in zwei offene Weiberarme und wurde auch umgehend so heftig gedrückt und abgeküßt, daß ich, der so was nicht gewohnt war, in die peinlichste Angst geriet.

»Hö! Höh!«schrie ich aus Leibeskräften. »Satan, laß los!«

Gleichzeitig schlug ein blendender Blitz in den nächstliegenden Heuhaufen, und ein Donnergepolter folgte nach, als wäre das Weltall von der Treppe gefallen.

Meine zärtliche Unbekannte ließ mich los und sprang vor die Hütte.

»Ätsch! Fehlgeschossen! Hier saß ich!« rief sie spottend in die Wolken hinauf, und dann tanzte sie lachend um den brennenden Heuschober.

Die blitzenden Zähne; das schwarze Haar, durchflochten mit goldenen Münzen; unter dem grauen, flatternden Röcklein die zierlichen Füße; dies alles, kann ich wohl sagen, schien mir äußerst bemerkenswert.

Mit dem letzten Krach war das Wetter vorübergezogen. Vergnüglich und unbefangen, als sei zwischen uns beiden nichts vorgefallen, setzte sich das Mädel wieder zu mir in die Hütte. Sie machte die Schürze auf. Es waren gedörrte Birnen drin, meine Lieblingsfrüchte, und als ich sie essen sah, wollt ich auch zulangen. Aber jedesmal kniff sie die Knie zusammen, zischte mich an und gab mir neckisch einen Knips vor die Nase. Schließlich erwischt ich doch eine beim Stiel. Sofort krümmte sich diese Birne und biß mich in den Finger, daß das Blut herausspritzte. Ich hatte eine Maus beim Schwanze. »Au!« rief ich und schlenkerte sie weg. »Wart, Hex, jetzt krieg ich dich!«

Aber schon war die hübsche Zauberin aufgesprungen und hatte mir sämtliche Birnen vor die Füße geschüttet. Dies Mäusegekrabbel! Die meisten liefen weg; nur eine war mir unter der Hose hinaufgeklettert, das Rückgrat entlang, bis an die Krawatte, wo sie nicht weiter konnte, und nagte hier wie verrückt, um herauszukommen, und bevor ich mich noch ausziehen konnte, hatte sie auch schon, wie sich später zeigte, ein zirkelrundes Loch durch Hemd, Weste und Frack gefressen.

Als ich mich von dieser Aufregung wieder einigermaßen gesammelt hatte, sah ich mich um nach dem Blitzmädel, der Hexe; denn ich hatte Mut gefaßt und wollte ihr mal recht ins Gewissen reden von wegen der Zauberei, und darnach, so nahm ich mir vor, wollte ich ihr zur Strafe für ihre Schändlichkeit einige herzhafte Küsse geben. Ich suchte und suchte, in der Hütte, in der Hecke. Nichts Lebendiges war zu bemerken, außer ein Laubfrosch, ein Zaunigel, viele Maikäfer und der Schwanz einer silbergrauen Schlange, die grad in einem Mausloch verschwand.

Weiterhin schlich der Jägernazi herum, als ob er was verloren hätte. Er sah recht verstört aus und ging an mir vorbei, ohne mich zu beachten.

Auch ich war etwas trübselig geworden; denn nicht nur spukte mir das Mädel im Schädel, sondern als ich Frack, Hemd und Weste ablegte, um den Mäuseschaden zu besichtigen, fehlte mir auch mein goldenes Medaillon, das ich bisher immer so sorgsam bewahrt hatte.

Nach dem Gewitter hatte sich die Luft empfindlich abgekühlt, so daß mir abends die Zähne im Munde klapperten. Daher schien es mir ratsam, mich nach einem Quartier umzusehn, wo ich unter Dach und Fach übernachten konnte. Ich versteckte mein Netz, näherte mich einem einsamen Bauernhofe und besah die Gelegenheit. Aus einer offenen Luke im Giebel hing Stroh heraus; eine Leiter stand davor. Zu Nacht, als alles still geworden, stieg ich hinauf. Es war ein einfacher Bretterboden. Ich machte mich so leicht wie möglich. Kracks! Da brach ich schon durch.

Ich fiel weich, auf ein Bett, wie ich merkte. Aha! dacht ich. Das trifft sich gut! Dies ist sicher die Fremdenkammer! und wollte mir's bequem machen. Aber neben mir rührte sich was.

»Kunrad!« rief eine Weiberstimme. »Kunrad, der Sack ist durch die Decke gefallen.«

»Dummheit! Du träumst! Dreh dich um!« gab eine schläfrige Männerstimme zur Antwort.

»Kunrad!« kreischte die Frau. »Der Sack hat Haar auf dem Kopf!!«

»Ich komm schon!« klangs munter aus dem anderen Bett herüber.

Es schien mir nicht ratsam, noch länger zu verweilen. Ich trat klirrend in ein Gefäß voll Flüssigkeit; ich tappte mit den Händen in fünf, sechs offene Mäuler. Die Kinder heulten, die Frau schrie: Ein Dieb! Ein Dieb! und der Bauer fluchte und schwur, daß er ihn schon kriegen und durch und durch stechen wollte, wenn er nur gleich einen Säbel hätte. Zum Glück fand ich eine Tür, die in den Nebenraum führte. Hier kriegt ich den Kopf einer Kuh zwischen die Arme, und als ich das haarige Gesicht und die zwei harten Hörner fühlte, erschrak ich und dachte schon, es sei der kraftige Knecht mit der Heugabel. Das bekannte Hamuh! gab mir die Besonnenheit zurück. Ich sprang aus der Klappe und schlich mich hinter dem Schweinestall herum durch den Gemüsegarten ins Feld. Alles, was Stimme hatte, war wach geworden: Hund, Hühner, Schweine, Kühe, Ziegen und Gänse; aber am längsten hört ich noch die leidenschaftlichen Äußerungen der Familie, die aus weitgeöffneten Mäulern und Fenstern hinter mir herschimpfte.

Ohne erst mein Netz zu holen, lief ich und lief ich die halbe Nacht hindurch, bis ich einen Teich erreichte, in dessen Nähe ein Mühlrad rauschte.

Schön gelb und rund, gleich dem Eierkuchen in der Pfanne, ehe er völlig gereift ist, schwebte der Mond im Himmelsraum. Ich war ungemein wach und warm geworden. So setzt ich mich denn auf das Wehr und hörte zu, was sich die Frösche erzählten, die ihre gesellige Unterhaltung, worin sie durch meine Ankunft gestört waren, alsbald wieder anknüpften.

»Frau Mecke! Frau Mecke!« fing die eine Fröschin zur andern an. »Was ba-backt Ihr denn morgen?« »Krapfen! Krapfen! Frau Knack!« entgegnete die Frau Mecke.

»Akkurat mein Geschmack!« quakte die Frau Knack.

Und kaum, daß sie diese Ansicht geäußert hatte, so stimmten sämtliche Frösche ihr bei und erklärten laut und einstimmig, die Frau Knack-ack-ack-ack hätte den wahren Geschmack-ack-ack-ack, und da blieben sie bei und hörten nicht auf, bis ich gegen Morgen einen dicken Stein holte und mitten ins Wasser plumpste.

Inzwischen hatt' ich allerlei in Erwägung gezogen. Durch die vorwiegend pflanzliche Nahrung war meine Natur doch sehr merklich ermattet. Auch bedurfte meine Wäsche, die nur aus $^1/_{12}$ Dutzend Hemden und $^1/_{12}$ Dutzend Paar Strümpfen bestand, recht dringend der Ergänzung. Daher beschloß ich, mir in der Mühle einen Dienst zu suchen.

Auf meine Anfrage, ob's nichts zu flicken und zu stopfen gäbe, gab der Müller die freudige Antwort:

»Nur herein, mein Sohn; es ist ein gesegnetes Mäusejahr; kein Sack ohne Löcher!«

Drei Wochen lang hantiert ich emsig mit Nadel und Zwirn; aber die sitzende Lebensweise gab mir auch die beste Gelegenheit, in aller Stille an die reizende Hexe zu denken und allerlei Pläne zu schmieden, wie ich sie wieder erwischen könnte. Unwiderstehlich erwachte die Wanderlust ; die Beine fingen an zu zappeln wie fleißige Weberbeine, und eines schönen Morgens stand ich reisefertig da, mit einem neuen Netz in der Hand, und sprach:

»Meister, ewig können wir nicht beieinander sein. Gehabt Euch wohl!«

Nachdem ich meinen Lohn erhalten, spaziert ich mit munteren Schritten den Bach entlang. Ich war ordentlich plus und prall geworden. Und pfeifen tat ich, und zwar schöner als je, denn grad durch das ärgerliche Loch, was mir der Strolch in die Zähne geworfen, bracht ich nun die kunstvollsten Töne hervor.

Die Landschaft, in die ich zuerst gelangte, sah sehr einförmig aus. Die Kartoffeln standen gut; indes ungewöhnlich viele Schnecken gab es daselbst, die, wie mir schien, noch viel langsamer krochen als anderswo.

Bald erreicht ich ein idyllisches Dörflein. Alle Häuser hingen gemütlich schief auf der Seite; desgleichen die Wetterhähne auf den Dächern. Auf den Türschwellen im warmen Sonnenschein hockten die Mütter und besahen so beiläufig den Kindern die Köpfe, während die Mannsbilder draußen auf der Bank saßen und versuchten, in dieselbe Stelle zu spucken, was, wenn es gelingt, ja den Ehrgeiz befriedigt. Nur einer machte sich etwas Bewegung auf der Gasse. Er ließ seinen Stock fallen. Mühsam und seufzend hob er ihn auf; aber dann ging er auch gleich ins Wirtshaus zu seiner Erholung.

Ein Dickwamps sah schläfrig zum Fenster heraus.

»Ihr da, mit dem Dings da!« sprach er mich an. »Ihr könntet mir zu etwas behilflich sein.«

Ich trat ins Haus. In langgedehnter, zähflüssiger Rede tat er mir kund, um was es sich handelte: Er hätte eine Kanarienvogelhecke oben unter dem Dach, die möchte er gern, von wegen des lästigen Treppensteigens, nach unten verlegen, aber das Viehzeug, um es einzufangen, sei gar zu flüchtig für ihn, und da wär ich mit meinem Netz grad recht gekommen.

Ich stieg voran die Treppe hinauf. Er ließ sich nachschleppen, indem er meine Frackschöße erfaßte, und es wundert mich nur, daß dieselben bei der Gelegenheit nicht ausgerupft und entwurzelt sind. Trotzdem, als wir die Dachkammer erreichten, mußte ich ihm erst lange den Rücken klopfen, bis er wieder zu Atem kam; so dick war der Kerl.

Mit Leichtigkeit, vermittelst meines Netzes, erhascht ich sämtliche Vögel, es mochten ihrer zwanzig bis dreißig sein, und steckte sie in einen Beutel, den ich auf einen Stuhl niederlegte. Nur ein altes, schlaues Weibchen konnt ich noch immer nicht kriegen.

Der Dicke, der starr und träge zugesehn wie ich so herumfuchtelte, mochte davon wohl etwas schwindlig und müde geworden sein. Mit dem Seufzer Achja! ließ er sich in voller Sitzbreite auf den Stuhl niedersinken, wo der Beutel drauf lag. Keinen Ton gaben sie von sich, die armen Vöglein. Er merkte auch nichts, sondern saß friedlich da mit halbgeschlossenen Augen, und als ich ihm ängstlich mitteilte, daß fast sein ganzer Singverein unter ihm läge, sprach er langsam und seelenruhig:

»Dann pfeifen's nimmer, das weiß ich gewiß!«

»Na!« rief ich. »So bleibt meinetwegen sitzen bis Ostern übers Jahr. Wünsch angenehme Ruh!«

Das alte Kanarienweibchen hatte sich ihm frech auf den Kopf gesetzt und pickte an dem Quast seiner Zipfelmütze. So verließ ich die zwei.

Am Ende des Orts war ein stattlicher Neubau im Werden. Drei Zementtonnen lagen da; aus zwei derselben schaute je ein Paar Stiefel hervor. Ein einziger Maurer stand auf der Leiter mit dem Lot in der Hand und visierte lange mit großer Genauigkeit. Hierbei entglitt ihm die Schnur. Langsam stieg er herab; langsam wickelte er sie auf; langsam stieg er wieder nach oben. Als er bis zur Mitte der Leiter emporgeklommen, entfiel ihm das Lot zum zweiten Male. Er nahm eine Prise, sah in die Sonne, wartete fünf Minuten vergeblich auf die Wohltat des Nie-sens, stieg langsam herab, machte Schicht und alsbald schaute auch aus der dritten Tonne ein Paar Stiefel hervor.

Um alles dies mit Muße in Betrachtung zu ziehn, hatt' ich auf einem Steinhaufen Platz genommen. Ein Hausierer, der einen Packen mit Wollwaren trug, setzte sich zu mir.

»Merkwürdiger Ort, dies Dösingen!« fing er an. »Den Flachsbau haben sie längst aufgegeben; war ihnen zu lang-

wierig! flicken die Schweineställe mit den Hecheln, die Zacken nach innen gekehrt; Rüsseltiere wühlten sonst immer die Wände durch; Gänsezucht vorherrschend jetzt, der Bettfedern wegen. Bequeme Leute; wenn sie gähnen, lassen sie meist gleich das Maul offen fürs nächste Mal. Hier verkauf ich die meisten Nachtmützen.«

»Was wird denn das für ein Haus da?« fragte ich.

»Trottelheim. Der reiche Schröpf läßt's bau'n, der Klügste im ganzen Dorf, seit er das große Los gewann. Diese wohltätige Anstalt, pflegt er zu sagen, ist nicht bloß für andere, sondern eventuell auch für mich, nach meinem Tode natürlich; denn, sagt er, wenn man auch als gescheiter Kerl stirbt, man weiß nie, ob man nicht als Trottel wieder auflebt.«

Der Hausierer erhob sich. Ich erhob mich gleichalls und fragte ihn, wie das nächste Dorf hieße.

»Juxum!« gab er zur Antwort. »Lustiges Nest.«

Schon von weitem konnte man sehn, daß es ein fröhliches Dörfchen war. Die Saaten standen üppig; auf jeder Blume saß ein Schmetterling; in jedem Baum saß ein zwitscherndes Vöglein; rot schimmerten die Dächer und hellgrün die Fensterläden.

Ein munterer Greis gesellte sich zu mir. Auf meine Frage, wie er es angefangen, so alt zu werden, erwiderte er schmunzelnd: »Regelmäßig weiterleben ist die Hauptsache. Ich esse, trinke, schlafe regelmäßig, und wenn meine Frau stirbt, so heirate ich regelmäßig wieder. Jetzt hab ich die fünfte. Ich bin der Bäcker Pretzel. Dort liegt das Wirtshaus. Gleich komm ich nach.«

Auf Grund meiner Ersparnisse in der Mühle konnt ich mir schon was erlauben. Ich kehrte ein. Da der lange Stammtisch, bis auf den Ehrenplatz, schon besetzt war, drückt ich mich auf die Bank hinter der Tür.

»Frau Wirtin!« sprach ich bescheiden. »Ich hätte gern ein Butterbrot mit Schlackwurst.«

»Schlackwurst? Das glaub ich schon. Schlackwurst ist gut!« rief laut lachend die dicke Wirtin. »Aber unsere Schlackwurst, mein Schatz, die essen wir selber!«

Dieser Scherz erregte bei der anwesenden Gesellschaft das herzlichste Gelächter. Alle bestätigten es, daß die Schlackwurst sehr schmackhaft, ja, die Königin unter den Würsten sei. Da die Wirtin ferner erklärte, sie habe es sich zur Regel gemacht, auch ihre Butter lediglich selbst zu genießen, so mußt ich mit einem Stück Hausbrot und einem kleinen Schnapse vorliebnehmen.

Die Schwarz wälder Uhr hakte aus, um fünf zu schlagen.

»Gleich wird Bäcker Pretzel kommen!« bemerkte die Wirtin. »Seit nun bereits fünfzig Jahren, präzis um Schlag fünf, setzt er sich hier auf seinen Platz und trinkt regelmäßig seine fünf Schnäpse.«

»Das ist wie mit den ewigen Naturgesetzen!« erklärte der schnauzbärtige Förster. »Nicht wahr, Herr Apotheker?«

»Jawohl!« bestätigte dieser. »Man weiß, wie's war, also weiß man, wie's kommt. Was sagt Ihr dazu, Küster?«

»Tja, tja, tja!« sprach der bedenkliche Küster. »Ich hoffe, es gibt Ausnahmen von der Regel. Seit fünfzig Jahren hab ich sechzig Taler Gehalt; vielleicht – –«

»Ah, drum!« lachten alle.

Die Uhr schlug fünf. Es faßte wer draußen auf die Türklinke.

»Hurra!« hieß es. »Da kommt Pretzel. Jetzt wird's lustig!«

Die Tür ging auf. Ein Bäckerjunge trat ein und teilte mit, daß der alte Pretzel soeben gestorben sei.

Auf einen Augenblick des Schweigens folgte ein allgemeines Gelächter. Man lachte über sich selber, daß man so dumm gewesen war zu glauben, es gäbe was Gewisses in dieser Welt, und am End, meinte man, hätte der Küster doch vielleicht recht gehabt.

Am heftigsten lachte ein grau gekleideter Gast, so heftig, daß er ins Husten kam.

»Na freilich!« rief man. »Bäcker Prillke kann wohl lachen; jetzt hat er die Kundschaft allein.«

Die Fröhlichkeit steigerte sich noch, als jetzt im Nebensaal ein Klarinettenbläser und eine Harfenistin sich hören ließen. Die Burschen und Dirnen aus der Nachbarschaft drängten herein; bald wogte der Tanz; ich kriegte auch Lust dazu. Besonders eins von den Mädeln konnt ich nicht aus den Augen lassen; denn obgleich sie ein Kopftuch bis fast auf die Nase trug, kam es mir doch so vor, als müßte es die reizende Zauberin sein, die mich letzthin so empfindlich geneckt hatte. Beim nächsten Walzer schwang ich mich mit ihr im Kreise herum.

»Meinst, ich kenn dich nicht?« sprach ich flüsternd. »Du bist 'ne Hex. Aus Hutzelbirnen kannst Mäuse machen.«

»Haha!« lachte sie. »Das ist wohl meine Bas aus dem Gebirg. Die kann Künste. Aber gib acht. Lucindili heißt sie, wer kein Geld hat, den beißt sie.«

Mein anmutig schwungvolles Tanzen, mein flatternder Schniepel, das rote Sacktüchel weit hinten hinaus, hatten indes ein freudiges Aufsehen erregt. Der Walzer ging zu Ende. Aufgeregt und übermütig warf ich den Musikanten ein Guldenstück zu, damit sie mir extra eins aufspielten. Aber als ich mich umsah nach dem Blitzmädel, hopste sie bereits dahin, umschlungen von den dürren Armen eines kleinen, putzigen Kerlchens mit Buckel hinten und Buckel vorn, die Weste gepflastert mit Silbermünzen, die Finger voll goldener Ringe und puppenlustig die Beine schlenkernd. Das wurmte mich. Ich trank zwei Schnäpse hintereinander und fing Krakeel an. Zwei Minuten später flog ich draußen, zu allgemeinem Vergnügen, sehr rasch die Treppe hinunter.

Anstatt mich nun alsbald so weit wie möglich von diesem lustigen Orte zu entfernen, stellt ich mich hinter den Zaun und paßte auf, bis das Mädel nach Hause ging. Es war schon Abend geworden, als sie kichernd über die Straße eilte, das Buckelmännchen dicht hinter ihr. Gleich drauf machte sie Licht im Haus gegenüber, oben am offenen Fenster. Schmachtend blickt ich hinauf. Sie sah mich stehn, so schien's, und winkte mir zu.

Schnell nahm ich einen Schubkarren, der dienstwillig dastand, richtete ihn an die Mauer, kletterte hinauf und streckte meine Arme über die Fensterbrüstung, um einzusteigen. Es war eins von jenen niederträchtigen Schubfen-

stern, die man von oben herunterläßt. Mit Gerassel fiel es zu; die Scheibe, dicht vor meinem Gesicht, sprang klirrend entzwei; ein Pflock wurde vorgeschoben; ich saß mit beiden Armen fest bis über die Ellenbogen.

»Er sitzt in der Klemme! Lauf, Cindili, und sag Bescheid, daß sie kommen!«

Dies rief eine heisere Männerstimme; und wenn meine Lage an sich schon ängstlich genug war, so wurde sie jetzt geradezu peinlich, als ich zu meinem Schrecken bemerkte, daß aus dem Hintergrunde des Zimmers mein bucklichter Nebenbuhler höhnisch grinsend, mit dem Talglicht in der Hand, auf mich zukam. »Du Leichtfittig!« rief er und leuchtete mir in die Augen. »Du Mädchenverführer! Was denkst du dir nur, du abscheulicher Racker?«

Unterdes hatte er einen Korkstöpsel in die Flamme gehalten und machte mir damit erst mal einen schwarzen, glühendheißen Schnauzbart von einem Ohr bis zum andern, und dann hielt er mir das Licht unter die Nase, daß sie darin lag wie ein Lötkolben, was sehr weh tat. Aber das Schlimmste kam erst noch, denn jetzt kriegte er seine große Horndose aus der Tasche und rieb mir zwei tüchtige Portionen Schnupftabak in die Naslöcher, so daß ich fürchterlich niesen mußte, und dabei stieß ich mit meiner armen Nase fortwährend auf den harten Fensterrahmen, bis ich schließlich nicht mehr wußte, ob's Sonntag oder Montag war.

Inzwischen ging hinter mir auf der Gasse ein Kichern und Gemurmel los, und nicht bloß dies. Ein Klatschhieb nach dem andern fiel tönend auf meine gespannte Rückseite, darunter mancher von bedeutender Kraft; und Kniffe waren auch dabei, vermutlich von Weibern. Und dann hieß es: He, Philipp! He, Christoph! Herbei mit dem Pusterohr!

Ach, wie empfindlich stach das, wenn diese spitzen Geschosse, phütt, phütt! so plötzlich sich einbohrten in meine strammen Gesäßmuskeln, die durch die leichte Bekleidung so gut wie gar nicht geschützt waren. Und jetzt erhob sich ein allgemeines Freudengeschrei: »Apotheker Pillo kommt mit dem Feuerwerk!«

Sie zogen mir den Schubkarren unter den Füßen weg. Bei prachtvoller bengalischer Beleuchtung, bald rot, bald grün, hing ich strampelnd an der Wand herunter.

Erst als das Feuerwerk sich seinem Ende nahte, schob man das Fenster hoch. Ich tat einen harten Fall; ich war geneigt zu harten Worten; aber die Genugtuung, mich ärgerlich zu sehn, wollt ich dem Publikum doch nicht bereiten; daher rappelt ich mich flink auf und verließ sorglos tänzelnd, im lustigsten Hopserschritt, den Schauplatz meiner Qual und Beschämung. Die heiteren Bewohner von Juxum sandten mir ein tausendstimmiges Bravo! nach. Zur dauernden Erinnerung an dies Erlebnis hab ich die rote, geschwollene Kartoffelnase behalten, die verdächtig genug aussieht, obgleich ich seit jenem Tanzvergnügen den Schnapsgenuß immer sorgfältig vermieden habe. Was die anderseitigen Verletzungen anbelangt, so haben sie, so sehr dies zu befürchten stand, doch auf meine spätere Sitzfähigkeit keinen nachteiligen Einfluß ausgeübt.

Nachdem ich in dem nunmehr eifrigen Bestreben, das lustige Juxum baldmöglichst weit hinter mir zu lassen, die ganze Nacht durch auf den Beinen geblieben, gelangt ich bei Sonnenaufgang in ein schattiges Waldgebirge.

Vor einer kleinen Höhle stand ein knorriger Baum. In ziemlicher Höhe, an einem langen Aste desselben, hatte sich einer aufgehängt. Da er das linke Bein noch rührte, kletterte ich mit einiger Mühe und Gefahr nach oben, kriegte mein Messer heraus und schnitt eilig den Strick ab.

Der Unglückliche, der sich durch Verlängerung des Halses sein Leben zu verkürzen gedachte, war noch elastisch und hüpfte daher, als er den Boden berührte, ein paar mal auf und nieder, ehe er umfiel. Bei näherer Besichtigung fand ich, es war der Jägernazi, der Schlangenfreund, der mir ehemals einen so empfindlichen Stoß unter die Rippen versetzte.

Ohne Groll und Zögern jedoch macht ich mich dran, ihn in den verlorenen Zustand eines bewußten Vorhandenseins wieder zurückzubringen. Ich knöpfte ihm die Joppe auf; ich knetete ihm mit Händen und Füßen die Magengegend ; ich kitzelte und feilte mit einer stacheligen Brombeerranke seine lange, weiße Nase; ich holte groben Kies und eine Handvoll Ginster und schabte ihm Brust, Hals und Angesicht, um die erlahmten Gefühle zu reizen und aufzumuntern. Endlich hatt' ich Erfolg. Mit den schmerzlich hingehauchten Worten: Oh, Schlange! riß er die Augen auf, setzte sich, befühlte seine Kehle, nieste, spuckte aus und sah mich lange schief, aber scharf, von der Seite an. Jeden Augenblick erwartete ich einen Ausbruch seiner Dankbarkeit gegen mich, der ihm so mühsam das Leben gerettet. Aber ich irrte sehr.

»Malefiztropf!« plärrte er mir entgegen. »Nie meiner Lebtag hab ich mich so gut unterhalten, wie diese letzten zehntausend Jahre, als ich nirgends zugegen war; und da geht der Narr her und verleid't und zerschneid't mir mein Freud, und da sitz ich nun wieder in der schlechtesten Gesellschaft, die sich nur denken läßt, in meiner und deiner, du langweiliger Peter, du!«

Allmählich indes fing er an, die Gegenwart dieser Welt wieder erträglich zu finden. Er wurde sogar heiter und mitteilsam.

»Eigentlich sollt ich ein Klosterbruder werden«, hub er an zu erzählen. »Allein die edle Entsagung, die hierzu er-

forderlich ist, fehlte mir gänzlich. Ich lief weg und ließ mich anwerben bei den Soldaten; aber parieren mocht ich auch nicht gern.

Da, wie's der Zufall so fügte, starb ein alter Vetter, der mir zehntausend Gulden vermacht hatte. Wunderlicher Kautz, das! Hatte fünfhundert Gulden bestimmt für sein Grabmonument. Bildhauer ausdrücklich mit Namen genannt. Verständiger Künstler; ließ mit sich reden; nahm hundert Gulden für nichts; und der tote Herr Vetter wartet noch heut auf sein Denkmal.«

»Das war nicht gut!« meint ich.

»Wieso?« fuhr der Nazi fort. »Sind vierhundert Gulden was Schlechts? Kurzum, ich wurde flott. Ich lernte ein Mädel kennen; fein, schlank, wundersam; ein verteufeltes Frauenzimmer. Zog mir spielend die Seel aus dem Leib und das Geld aus der Tasche. Mit dem letzten Dukaten, weg war sie. Ha, du Hex! Ha, du Schlange!«

Schon glaubt ich, er wollte sich zum zweitenmal aufhängen vor Wut und Gram; aber er besann sich, lachte grimmig und lud mich ein, mit in seine Höhle zu gehn, wo er sich häuslich eingerichtet hatte; allerdings nur sehr mangelhaft, denn eine vielversprechende Flasche, die er, ein Auge zugekniffen, gegen das Licht hielt, erwies sich als inhaltslos.

In der Ferne fiel ein Schuß.

»Weißt du was, Freund Peter?« sprach der Nazi etwas hastig. »Am besten ist's, wir gehn fechten bei den Bauern, damit wir was Warmes kriegen.«

Vorsichtig voranschleichend, führte er mich nach der andern Seite aus demWalde hinaus, quer durch die Felder, bis wir zum nächsten Dörflein gelangten.

Gleich im ersten Hause fand unser Anliegen eine günstige Aufnahme.

»Grad kommt ihr recht, ihr Herrn!« sagte die gemütliche Bauernfrau. »Heut Mittag hat's Erbsenbrei mit Speck gegeben; der Speck ist alle; aber Brei gibt's noch in Hülle und Fülle.«

Sie brachte jedem einen aufgehäuften Napf voll, und der hölzerne Löffel stak drin. Freudig setzt ich den letzteren in genußreiche Bewegung. Freund Nazi dagegen, dem die Kost nicht behagte, pustete nur immer, als ob's ihm zu heiß wäre; und kaum daß die gute Bäuerin den Rücken drehte, um wieder in die Küche zu gehn, so erhob er sich und entleerte seine Schale in das Innere eines grünen, baumwollenen Regenschirms, der hinter der Tür stand.

»Danke für gute Verpflegung!« rief er in die Küche hinein und entfernte sich eilig.

Ein warnendes Vorgefühl überschlich mich. Ich machte, daß ich fertig wurde, und stand grad auf, als der ehrwürdige Hausvater aus der Stube trat. Er langte sich den Schirm, weil es draußen zu regnen begann, und spannte ihn auf. Groß war seine Überraschung, als ihm der zähe Brei über das Haupt und die Schultern rann. Dennoch besaß er so viel Geistesgegenwart, daß er mir, eh ich vorbeischlüpfte, den Schirm ein paarmal um die Ohren schlug, so daß ich auch von diesem Brei noch ziemlich viel abkriegte.

Der Nazi sah es von ferne und wollte sich schief lachen. Ich wär ihm fast bös geworden darum; da er aber fleißig putzen half und trostreiche Worte sprach, ging ich wieder zu Wohlwollen und Heiterkeit über.

Um die Vesperzeit drang mein Freund darauf, daß wir, jedoch am andern Ende des Dorfes, einen zweiten Besuch machten.

Ein kleiner Unglücksfall kam uns zustatten. Ein Knabe von etwa fünf Jahren fiel aus einem Apfelbaum ins weiche Gras. Er war mit einem Anzug bekleidet, den man »Leib und Seel« benennt; hinten zugeknöpft. Dadurch, daß sich beim Fallen ein Ast in den Schlitz gehakt hatte, war der Verschluß von unten bis oben vollständig gelockert. Die besorgte Mutter trat aus der Haustür. Wir suchten die abgesprungenen Knöpfe auf. Ich zog Nadel und Zwirn aus der Tasche. Der weinende Knabe wurde über den Schoß der Mutter gelegt; der Nazi hielt ihm die Beine, daß er nicht strampeln konnte. Bald waren nach allen Regeln der Kunst die Knöpfe wieder befestigt und »Leib und Seele« verschließbar, so weit das, nach unten hin, bei diesem Kleidungsstücke der unmündigen Jugend überhaupt ratsam erscheint.

Erstaunt und glücklich über diese rasche und erfolgreiche Kur lud uns die Mutter zum Vesperbrot ein.

Ein mächtiges Hausbrot, ein Teller mit dunklem Zwetschenmus, eine beträchtliche, eben nur angebrochene Butterwälze, eine Schlackwurst von anderthalb Ellen, standen alsbald zu unserer Verfügung. Am schnellsten nahm der Nazi Platz, denn er hatte tagsüber nur rohe Pflaumen gegessen. Er tat einen tüchtigen Hieb in die Butter.

»Die Butter ist schon hier am andern Ende angeschnitten!« sagte die Frau, die sehr ordnungsliebend zu sein schien.

»Macht nichts!« erwiderte der Nazi. »Da kommen wir auch noch hin!«

»Hier ist auch schwarze Butter!« erinnerte die Bäuerin.

»Danke! Die weiße ist gut genug für uns!« sagte der Nazi und tat einen zweiten und dritten Hieb.

So fuhren wir rührig fort. Die Schlackwurst verkürzte sich zusehends. Die Frau wurde besorgt.

»Man kann auch zuviel essen!« meinte sie.

»So leicht wohl nicht!« erwiderte der Nazi.

»Man kann sich auch krank essen!« sagte sie bald darauf.

»Kommt auch wohl vor!« gab er zur Antwort.

»Man kann sich auch tot essen!« sprach sie endlich, als die Wurst immer kürzer wurde.

Jetzt legt der Nazi das Messer nieder und sprach im ernsten Ton allertiefster Bedenklichkeit:

»Wenn Ihr das meint, gute Frau, dann will ich sie lieber mitnehmen!«

Flugs erhob er sich, schob die Wurst in die Rocktasche, aus der sie noch ein gutes Stück weit hervorstand, nahm das Brot unter den Arm, drückte der Frau herzlich die Hände, versprach bald wieder zu kommen und empfahl sich mit einem zierlichen Bückling. Tief beschämt über dieses unverschämte Benehmen meines Freundes drückt ich mich stumm aus der Tür.

Abends kehrten wir in dem Nazi seine Höhle zurück, wo wir uns die Nacht und den folgenden Tag der Ruhe, der stillen Betrachtung und dem Genuß unserer Vorräte widmeten. Als Brot und Wurst zu Ende waren, suchten wir wiederum eine Stätte auf, die von Wesen bewohnt wurde, welche kochen.

Wir traten durch die Hintertür in eine Küche. Die Köchin war nicht zugegen. Zwei Töpfe dampften auf dem Herde. Der Nazi hob die Deckel auf. In dem einen brodelten Pellkartoffeln, in dem andern, zärtlich zu Pärchen verknüpft, ein Dutzend Paar Bratwürste. Der Nazi, gewandt und kurz entschlossen, gabelte sie auf seinen Stecken.

»Besorg du die Kartoffeln! Schnell!« rief er mir zu und war schon zur Tür hinaus.

Nebenan im Keller hustete wer. Ohne mich lange zu besinnen, ergriff ich mit jeder Hand ein paar der dicksten Kartoffeln und lief gleichfalls hinaus. Sie waren glühend heiß; im Stich lassen wollt ich sie nicht; in meiner Verwirrung und ängstlichen Eile steckt ich sie in die Hosentaschen. Hier war der Teufel los. Ich fing an zu klopfen. Aber jetzt, als die Knollenfrüchte zerplatzten, kam ihre Höllenhitze erst recht zur vollen Entwicklung. Ich lief immer schneller und stieß dabei durchdringende Schmerzenslaute aus. Der Nazi, mit seinem Stecken voller Würste, sah sich nicht um. Schließlich gelangten wir an einen Bach. Ich nahm ein Sitzbad bis unter die Arme; meine Schmerzen und Klagen besänftigten sich. Unterdes ließ sich mein Freund am Ufer nieder und aß recht gemütlich. Er meinte, es machte sich hübsch, wie ich so dasäße, und sei sehr gesund, und ich sollte nur sitzenbleiben, bis er fertig wäre. Dies gab mir Veranlassung, meine Badekur schleunigst zu unterbrechen, und das war gut, denn als ich ans Land stieg, waren nur noch drei Paar Würste vorhanden, an denen ich mich beteiligen konnte.

Auf unserem Wege zum Walde hin trafen wir eine schlafende Bauernfrau, die vermutlich zu Markte wollte. Leise und geschickt zog ihr der Nazi ein Päckchen Butter aus der Kiepe und legte dafür einen tüchtigen Feldstein von mindestens zwanzig Pfund Gewicht an die Stelle. Als wir uns umsahn gleich nachher, erwachte sie grad und hockte die Kiepe auf mit Seufzen und großer Beschwerde, und unten rann eine gelbe Sauce heraus, und fünf Schritt weiter brach der Boden durch. »Schad um das Rührei!« meinte der Nazi. »Ich sag's immer: Wer Steine und Eier verpackt, soll die Steine nach unten legen.«

Mir war nicht ganz wohl bei der Sach; allein der Schlingel machte das alles so lustig und wohlgemut, daß ich schließlich doch lachen mußte.

So lebten wir denn wochenlang tagsüber von unserer Betriebsamkeit in den Dörfern und bei Nacht in unserm traulichen Heim in tiefer Waldeinsamkeit.

An einem regenreichen Spätnachmittage, als wir eben dahin zurückgekehrt waren und der Nazi grad angefangen hatte, eine seiner besten Geschichten zu erzählen, fielen in der Nähe zwei Schüsse. Ein Rehbock lief vorüber; im nächsten Augenblick liefen auch wir, der Nazi voran, in der nämlichen Richtung. Es sei dem Grafen sein Förster, ein guter, alter Bekannter, der da geschossen hätte, sagte später der Nazi, als wir uns etwas verschnauften.

Wir waren in die Nähe eines einsam liegenden Wirtshauses gekommen. Es wurde sehr dunkel und regnete so heftig, daß mein Freund behauptete, wir müßten unbedingt ein Quartier nehmen für die Nacht. Ich erwähnte unsere Mittellosigkeit.

»Man muß nur parterre wohnen!« meinte er sorglos. »Dann macht's nichts!«

Wir traten ein und setzten uns, und er, mit vornehmer Sicherheit, bestellte einen reichlichen Abendimbiß nebst Bier vom besten. Nachdem er drei Maß mehr getrunken als ich, rief er den Wirt herbei.

»Gebt uns ein gutes Schlafzimmer, aber zu ebener Erde, wenn ich bitten darf, denn aus Dachfenstern zu springen, im Fall daß Feuer ausbricht, und den Hals zu brechen, das tun wir nicht gern.«

Der Wirt steckte einen Talgstummel an und führte uns höflich in die Kammer. Wir entkleideten uns. Der Wirt sah zu.

»Gute Nacht, Herr Wirt!« sagte der Nazi. »Bemüht Euch nicht länger!«

»Bitte um die Beinbekleidung!« entgegnete der gefällige Gastgeber.

»Bürsten wir selber aus!« sagte der Nazi.

»Um die Welt nicht!« rief der Wirt. »Solch anständige Herrn? Wäre gegen meine Reputation. Werde in der Frühe die Ehre haben, mich persönlich nach dero Befinden zu erkundigen.«

Sorgfältig legte er die beiden Kleidungsstücke über den Arm und entfernte sich, indem er uns wohl zu ruhn und angenehme Träume wünschte.

Der Nazi schnitt mir ein langes Gesicht zu. Ohne viel Worte zu machen, voll mißlicher Ahnungen, kroch ein jeder in sein bescheidenes Lager.

Mein Bett stand an einer Bretterwand. Kurz vor Tage weckte mich ein Lichtschimmer, der durch eine Spalte mir grad übers Gesicht streifte. Verstohlen blickt ich hindurch. Es war ein Stall, neben dem ich schlief.

Ein Esel stand mit der schwänzlichen Seite dicht vor der Spalte. Der alte Schlumann, den ich sofort wiederkannte, näherte sich ihm mit der Laterne, streichelte ihm dreimal den Rücken und sprach dreimal hintereinander die Worte:

»Tata, tata! Mach Pumperlala!«

Damit stellte er ihm seinen Hut unter und ging ruhig beiseit und blätterte bis auf weiteres in seinem geschäftlichen Notizbuche.

Alsbald hob der Esel den Schwanz auf; und nun kam ich dahinter, wo der alte Kerl das viele Geld herkriegte, von dem die Spitzbuben geredt hatten.

In ununterbrochener Folge, plink! plink! fielen die blanken Dukaten in den bereitstehenden Hut hinein. Die Versuchung war zu groß für mich. Ich steckte die hohle Hand durch die Spalte und schöpfte dicht an der Quelle.

»Tata, Bileam!« rief Schlumann, ohne aufzublicken. »Tata, mach Pumperlala!«

Ich zog meine Hand, die aufgehäuft voll war, zurück und entleerte sie auf die Bettdecke. Dann hielt ich sie zum zweitenmal hin. Wieder rief der Alte, dem sogleich die Unterbrechung des Stromes zu Ohren kam: Tata, Bileam! indem er dadurch den Esel zu ermahnen und zu errr untern suchte, in seiner ersprießlichen und scheinbar unterbrochenen Tätigkeit fortzufahren.

Eben hatte ich die zweite Handvoll in Sicherheit gebracht, als der alte Schlumann nähertrat, um das, was inzwischen ausdrücklich erfolgt war, zu besichtigen und einzuheimsen.

»Weiß her, Bileam!« sprach er. »Was haste gemacht? Wenig haste gemacht! Pfui, schäme dich!«

Nicht ohne ein gelindes Kopfschütteln füllte er den glänzenden Inhalt seines Hutes in die geräumige Geldkatze, sattelte sein wundersam ergiebiges Tierlein, das den Namen des geldgierigen Propheten trug, und führte es zum Stall hinaus in den Hof.

Der Morgen dämmerte durchs Fenster. Ich zählte meine Dukaten, die ich sorgfältig zu verbergen und aufzubewahren gedachte, denn sie schienen mir das einzige Mittel zu sein, jene reizende Hexe zu gewinnen, deren Bildnis mir so lebhaft im Herzen spukte. Mißtrauisch blickt ich nach meinem Kameraden hinüber, ob er auch nicht bemerkte, welch ein wertvolles Geschenk, gewissermaßen warm aus dem Prägstock der Natur, mir ein gütiges Geschick grad eben in die Hand gelegt hatte. Zu meinem Ärger mußt ich sehen, er blinzelte schon.

»Gold!« rief er plötzlich und sprang vor mein Bett. »Natürlich gestohlen! Halbpart, oder ich sag's wieder!«

Was sollt ich machen? Ich gab ihm die Hälfte ab und steckte das Übrige in mein Beutelchen; und dann erzählt ich ihm wortwörtlich die ganze Geschichte. Ich zeigte ihm auch den alten Schlumann, der auf seinem Esel eben vom Hofe ritt.

Freund Nazi, im Gefühl seiner Barmittel, wurde jetzt aber laut. Er bollerte mit der Faust und dem Stiefelknecht gegen die Tür und verlangte Bedienung. Der Wirt erschien. »He, die Hosen! Frühstück! Eier! Schinken! Franzwein! Flink, marsch!« schrie ihn gebieterisch der Nazi an und kniff dabei einen Dukaten ins linke Auge; ein Anblick, der den zuerst trägen und bedenklichen Herbergsvater gleich dienstbeflissen und munter machte.

Wir aßen gut und ließen uns Zeit dabei, und nachdem sich der Nazi ein Fläschlein extra in die Brusttasche gesteckt hatte, setzten wir einträchtig unsere Wanderschaft fort. Es wunderte mich nur, daß mein Freund, der sonst so gesprächig war, sich heute allmählich in ein völliges Schweigen hüllte. Endlich sprach er wieder:

»Verdammt zähes Zeug in dem Schinken. Klemmt sich immer grad zwischen die hohlen Backenzähne, natürlich! Uh, Teufel, der Schmerz! Bitte, sieh eben mal nach, bester Freund!«

Wir befanden uns weit draußen auf der einsamen Landstraße. Er riß jammernd das Maul auf. Da ich vorn nichts sehen konnte, als zwei Reihen arbeitsfähiger Zähne, nahm ich den Zeigefinger zu Hilfe, um weiter hinten mal nachzufühlen. Sofort, mit furchtbarer Gewalt, wie eine Marderfalle, schnappten die Kiefer zusammen. Meine Besinnung verließ mich. Als ich wieder zu mir kam, war mein Freund Nazi verschwunden; mein Geldbeutel desgleichen. Und so war denn das goldene Gewebe, womit ich die Geliebte zu umstricken gedachte, für immer entzweigeschnitten. Gebeugt und erschüttert durch dieses grausame Ereignis, ohne Freund, ohne Geld, zog ich mich in die tiefsten Schatten des Waldes zurück, wo mich sogleich ein erquickender Schlaf in seine tröstlichen Arme schloß.

Es war eine herrliche Mondnacht, als ich erwachte. Hinter den Felsen, im zitternden Silberlicht, schimmerte ein See. Ich hörte was plätschern. Eine Nixe, so schien es, badete sich. Neugierig schlich ich näher. Auf einem Stein lag ihr graues Gewand, auf dem Gewand ein Haarband von Goldmünzen.

»Aha!« dacht ich. »Bist du's? Jetzt sollst du mich schön bitten, bis du's wiederkriegst.«

Geschwind steckt ich's hinten in die Fracktasche; daß aber hinter mir, an den Baum gelehnt, ein Reiserbesen stand, hatt ich nicht beachtet. Dieser, als säße der Teufel drin, setzte sich plötzlich in Bewegung und machte Sprünge wie ein Böcklein, und stieß nach mir, bald links, bald rechts, bald hinten, bald vorn, und dann nahm er einen Anlauf und fuhr mir zwischen die Beine, und fort ging's hoch in die Luft und weg über die Wipfel; und ich mußte zuerst ordentlich lachen, als wir so dahintrabten, hopp, hopp,

unter dem zurückfliehenden Gewimmel der Sterne, und wie im geschüttelten Frackzipfel gar lustig die Münzen klirrten; aber schon nach fünf Minuten hatt ich es satt gekriegt, denn mein Rößlein war ein harter Traber und warf mich auf und nieder auf seinem hölzernen Rük-ken, daß mir's war, als würd ich durchgestoßen und aufgespalten bis an den Nabel.

Endlich, nach Verlauf einer Ewigkeit von mindestens zwanzig Minuten, kehrte der verflixte Besengaul den Kopf nach unten und den Schweif nach oben und fuhr senkrecht in den geräumigen Schlot eines Hauses, welches in der Wildnis lag.

Unter großem Gerassel fiel ich auf den Herd zwischen allerlei Küchengeschirr. Der Besen strich mir mit seinem dürren Reiserschweife noch ein paarmal durchs Gesicht, und dann stand er da, in der Ecke am Kamin, stocksteif, wie ein gewöhnlicher Schrupper, der nie was von selber tut.

Durch ein Fenster mit runden Scheiben schien der Vollmond herein.

Müd und kaputt, besonders inmitten, ließ ich mich in einen hölzernen Lehnstuhl fallen. Ach, wie weh tat das! Aber hinlegen, auf den kalten Fußboden, mocht ich mich auch nicht, weil ich zu erhitzt war; schließlich setzt ich mich auf die offene Seite eines leeren Eimers. Das ging so leidlich, und bald war ich eingenickt.

Schon graute der Morgen, als ich durch das Knarren der Außentür geweckt wurde. Ein krummes, steinaltes Mütterchen, in grau vermummt bis unter die Augen, kam hüstend in die Küche gewackelt. Sie stieß einen kurzen, erschrockenen Quiekser aus, als sie mich sitzen sah; doch ganz gefährlich mußt ich wohl nicht aussehn, denn sie sammelte sich bald und sprach mich an mit gewinnender Freundlichkeit:

»Ei, sieh da, mein Söhnchen! Wo kommst denn du schon her?«

»Ach, Mütterchen!« klagt ich. »Ich bin geritten die halbe Nacht durch auf einem mageren, bockichten Pferdchen, daß ich so steif bin wie ein hölzerner Sägebock. Habt Ihr nicht zum Einreiben irgendeine geschmeidige Salbe, die wohltut?«

»Na freilich, mein Kind!« entgegnete sie dienstbeflissen. »Und was für eine!«

Sie öffnete den Wandschrank, kramte zwischen Gläsern und Töpfen und wählte schließlich eine zinnerne Büchse aus, die sie mir mit den traulichen Worten überreichte:

»Nimm hier, mein Sohn! Und schmier, mein Sohn! Paß auf, es wird schon anders werden!«

Bloß, um die Salbe mal vorläufig zu besichtigen, schrob ich den Deckel auf.

»Hu!« machte die Alte und hielt sich schamhaft die Augen zu. »Bitte, nicht hier! Wenn ich's nur denk, werd ich rot!«

Sie drängte mich nebenan in ihr Schlafzimmer, wo ich mich denn auch gleich, sobald ich allein war, gewissenhaft und emsig bemühte, eine baldmöglichste Linderung meiner Leiden herbeizuführen.

Und jetzt passierte mir was, worüber ich nur mit dem höchsten Widerstreben und der tiefsten Beschämung zu berichten vermag.

Kaum hatt ich mit der Salbung begonnen, so ging durch mein ganzes Wesen ein auffälliges, nie empfundenes Drükken, Drängeln und Krabbeln. Die Nase dehnte sich nach vorn, steif richtete sich der Frack nach hinten auf. Schon ging ich auf allen vieren, und als ich zufällig in den Spiegel blickte, der neben dem Bette stand, fing ich ärgerlich zu bellen an, denn ich sah mein nunmehriges Ebenbild vor mir in Gestalt eines Pudels, blau, wie der Schniepel, und mit gelben Hinterbeinen, wie die Nankinghose.

Ich – muß ich mich noch so nennen, nach dem, was vorgegangen? Oder darf ich Er sagen zu mir? Leider nein! so gern ich auch möchte; denn das fühlt ich genau: Die sämtlichen alten Bestandteile meiner Natur hatten sich nur verschoben und etwas anders gelagert als zuvor, und während der untergeordnete Teil meines Verstandes zur Herrschaft gelangte, war mein höheres Denkvermögen gewissermaßen auf die Leibzucht gezogen, ins Hinterstübel, von wo aus es immer noch zusah, wie die neue Wirtschaft sich machte, wenn es auch selbst nichts mehr zu sagen hatte.

Ich machte einige ängstliche Seitensprünge. Dicht hinter mir klirrte es. Es waren die Goldmünzen, die vorher im Frack, aber nunmehr im Schweife steckten. Dies Geräusch regte mich dermaßen auf, daß ich, um es loszuwerden, so lange im Kreise herumlief, bis mir die Zunge aus dem Hals hing. Dann setzte ich mich mitten in die Kammer, hielt die Nase hoch, rundete das Maul ab und stieß die kläglichsten Laute aus.

Die Tür öffnete sich und wer steckte den Kopf herein? Meine reizende Hexe.

»Bist da, Peterle?« rief sie lachend. »Hab ich dich erwischt, du Dieb, du Beutelschneider, du pudelnärrisches Hundsvieh, du?«

Es wurde mir wunderlich zu Mut. Mein Gefühl für dies Teufelsmädchen war nicht mehr Liebe, sondern einfach hundsmäßige Unterwürfigkeit. Ich kroch ihr zu Füßen; und wie ich so demütig mit dem Schwanze wedelte, klirrte es wieder drin, als wäre es eine Sparbüchse für Kinder.

»Aha! Da sitzt die Musik!« lachte die Hexe. »Nur Geduld! Wenn der nächste Vollmond ist, dann wollen wir schnippschnapp! machen.«

Um ihr eine Aufmerksamkeit zu erweisen, stellt ich mich auf die Hinterbeine und versuchte mit den Vorderfüßen eine bescheidene Umarmung; aber eine wohlgezielte Maulschelle, die mir ein schmerzerfülltes Tjaujau! ausspreßte, trieb mich scheu in den Hintergrund.

Zu Nacht wollt ich natürlich gern mit in die Kammer. Man schnappte mit die Tür vor der Nase zu. Mein Scharren und Winseln half mir nichts. Ich mußte einsam her-außen bleiben, rollte mich seufzend zusammen und verfiel endlich in einen unruhigen, oft unterbrochenen Schlummer, denn sämtliche Flöhe des Hauses, so schien es, hatten sich verabredet zu einem Stelldichein und munteren Jagdvergnügen in den dichten Wäldern meines lockichten Pelzes.

Morgens durft ich eintreten und meine Aufwartung machen und der Gnädigen die hübschen Pantöffelchen bringen, und jetzt, dacht ich, dürft ich mir wohl einiges herausnehmen und sprang, während sie sich die Zähne putzte, geräuschlos ins Bett, um mich nach der kühlen Nacht ein wenig zu erwärmen. Behaglich schloß ich die Augen. Doch sogleich wurde ich aufgescheucht mit harten Worten und ausgetrieben mit harten Schlägen vermittelst der Pantoffeln, die sehr spitze Absätze hatten, und dann goß sie mir ein Glas eiskaltes Wasser über den Rücken, daß ich bellte vor Schreck und jammernd hinausrannte in den Hof, wo ich mich zitternd auf ein sonniges Plätzchen legte und ärgerlich nach jeder Fliege schnappte, die mich nekkisch umschwärmte.

Mein Hunger war groß. Zu fressen kriegte ich nichts. Ich scharrte eine Maus aus dem Loch und verzehrte sie mit vielem Behagen; ich fing Käfer, ja, sogar einen Gartenfrosch und verzehrte sie mit dem äußersten Widerwillen.

Meine Gebieterin lebte sehr mäßig. Am Hause hingen ein paar Nistkästchen, aus denen sie täglich drei Sperlingseier nahm, die sie gar zierlich ausschlürfte, das war alles, und dabei blieb sie gesund und lustig und boshaft dazu.

Eines Abends, als sie strickend am offenen Fenster saß wurde etwas hereingeworfen, was klingelnd zu Boden fiel. Es waren Dukaten.

»Je, der Nazi!« rief sie freudig und lief und riegelte ihm die Haustür auf.

Mein ehemaliger Reisegefährte, bekleidet mit einem neuen Jagdanzug, trat stolz herein und wurde begrüßt mit stürmischer Zärtlichkeit ihrerseits, aber meinerseits mit gehässigem Knurren.

An seiner Jagdtasche hing eine Reihe toter Rotkehlchen. Sie wurden gerupft und gebraten für ihn; und anmutig sah es aus, wie auch das Hexlein ein ganz klein wenig dran knusperte mit den weißen, blitzenden Zähnen. Ich kriegte die Gerippe. Der Nazi legte mir jedes zuerst auf die Nase und ließ mich aufwarten, eh ich es nehmen durfte. Am liebsten wäre ich ihm an die Kehle gesprungen; da aber meine Gestrenge bedrohlich den Finger erhob, ließ ich mir's gefallen, indem ich nur durch ein dumpfes Grollen und grimmiges Augenrollen meinem Unwillen Luft machte.

Diese Herrlichkeit zwischen den beiden mochte wohl so acht Tage gedauert haben, als ein unerwarteter Besuch kam; der alte Schlumann nämlich. In aller Stille hatte er draußen seinen Esel angebunden und trat nun unbefangen in die Küche, wie ein wohlbekannter Hausfreund, mit der Begrüßungsfrage:

»Wie schaut's, Lucinde?«

»Ah, der Onkel!« rief sie. »Ah, der Goldonkel! Wie herrlich, daß du kommst. Du bist doch der Beste von allen!«

Er mußte Platz nehmen im Lehnsessel. Sie warf sich ihm auf den Schoß, sie knöpfte ihm den Rock auf, sie schnallte ihm die Geldkatze ab und lief hin und entleerte sie klirrend in ihre Truhe. Er schmunzelte dazu.

Indes hatte der Nazi ein Gesicht gekriegt, blaßgelb wie Ziegenkäs. Plötzlich sprang er auf und schrie, die Sach wär ihm zu dumm, und er wollt's nicht leiden, und raus müßt der Kerl, und wenn's der Teufel wär. Und damit zog er den Hirschfänger und fuchtelte grausam in der Luft herum. Der alte Schlumann rührte sich nicht; aber die Hex, flink wie der Blitz hatte zwischen den Knöcheln ihres Mittel-und Zeigefingers dem Nazi seine Nasenspitze eingeklemmt und drehte eine schmerzensreiche Spirale daraus. Der Hirschfänger entfiel seiner Hand. Plärrend, wie ein Kalb,

ließ er sich willenlos wegführen. Ich riß ihm noch ein tüchtiges Stück aus seiner neuen Hose; dann wurde die Tür hinter ihm zugeriegelt. Draußen tobte er fürchterlich und drohte, das sollte sich schon zeigen, ob eigentlich das Hexen noch erlaubt sei in einem christlichen Reiche deutscher Nation.

Auf einmal schwieg er still. Der Goldonkel und die Nichte legten sich ins Fenster; ich stellte mich auf die Hinterbeine und sah gleichfalls hinaus.

Was den Nazi so plotzlich zum Schweigen veranlaßte hatte, war der Esel, dem er jetzt näher trat, um ihn zweckentsprechend zu behandeln. Er strich ihm dreimal über den Rücken und wiederholte dreimal die Worte:

»Tata, Tata! Mach Pumperlala!«

»Nur gut!« schmunzelte Schlumann, »daß ich heut den echten zu Hause ließ.«

Der Esel, durch das Streicheln angeregt, hob wirklich den Schwanz auf. Der Nazi hielt den Hut unter; aber es erfolgte nichts Wunderbares, sondern nur das, was in solchen Fällen bei gewöhnlichen Eseln allgemein üblich ist.

»Armer Nazi!« rief lachend die Hexe. »Es ist ja der Rechte nicht! Hehe!«

Wütend schlenkerte der Nazi seinen Hut aus und verschwand im Gebüsch.

Übrigens war dieser Schlumann auch mir recht zuwider; die fortgesetzten Liebkosungen zwischen Onkel und Nichte machten mich eifersüchtig, wie Hunde sind; als daher dieser Verhaßte, bedeckt mit den zärtlichsten Abschiedsküssen, eines schönen Morgens wieder wegritt auf seinem Esel, vollführte ich vor lauter Vergnügen, trotz meiner Magerkeit, ringsum im Hof einen lustigen Dauerlauf.

Ich war allmählich in meinen Manieren ganz Hund geworden. Ich gähnte ungeniert in Gegenwart meiner Herrin, ich kratzte mich, ich wälzte mich schamlos auf dem Rücken, ich drehte mich stets dreimal herum, ehe ich mich niederlegte zum Schlummern, ich bellte, um mich wichtig zu machen, wenn auch nichts los war, und wo ich einen alten Strumpf oder Schuh fand, nagt ich daran herum.

Meine Behandlung, obgleich ich mich der äußersten Demut befliß und meine schöne Tyrannin beständig im Auge hatte, wurde nicht besser. Ich mußte mich damit begnügen, von weitem zu wedeln und hündisch zu lächeln, was ich jedesmal tat, wenn sie zufällig mal hersah. In die Nähe wagt ich mich nicht, denn meine Rippen mußten in beständiger Furcht sein vor spitzen Absätzen der zierlichen Pantoffeln. Endlich, zur Verzweiflung getrieben vor Hunger und Kummer, brannt ich durch.

Ich lief bis zum nächsten Städtchen, wo mich eine alte Jungfer vermittelst Zucker und zärtlichen Zungenschnalzens zu sich hereinlockte. Hier lebt ich in Überfluß. Sie wusch und kämmte mich, sie knüpfte mir ein rosa Bändchen um, sie häkelte mir einen himmelblauen Paletot, sie nannte mich unter tausend Küssen ihren süßen, einzigen Herzensfreund. Den ganzen Tag lag ich auf dem Kanapee, und des Nachts durft ich sogar als Wärmflasche zu ihren jungfräulichen Füßen liegen. Bald war ich so faul und wurde so fett, daß die Verdauung stockte. Statt froh und dankbar zu sein, zeigt ich mich grämlich und unzufrieden, und kurz und gut, als meine Wohltäterin, deren Zärtlichkeit mir auch nicht recht passen wollte, mal wieder, wie gewöhnlich zur Frühmesse ging, schlich ich mich fort, immer dicht an den Häusern hin, und drückte mich schließlich in die erste Tür, die ich offen fand. Ich war in die Apotheke geraten.

»Ha!« rief der Provisor. »Delikat! Das gibt Hundsfett, um die Bauern damit anzuschmieren. Sehr ergiebig für den Handverkauf.«

Er bot mir eine Pille an. Sie roch verdächtig; mein Instinkt warnte mich, sie anzunehmen. Ich fletschte die Zähne, knurrte, machte kehrt und rannte und rannte bis draußen vors Tor; denn mein Fett, so lästig mir's war, wollte ich doch auf diese Art nicht gern los werden.

Nicht weit vor der Stadt fing mich ein Milchmann ein, der grad einen Zughund brauchte. Dies war die richtige Kur für mich; schon nach wenigen Tagen fühlte ich mich leichter. Nur etwas war peinlich dabei. Die fremden Hunde, wenn ich den Karren zog, nachdem sie mich prüfend berochen hatten, bellten mich an und bissen mich fürchterlich; ich biß sie wieder; wodurch denn der Verlauf des Geschäfts allerlei bedenkliche Störungen erlitt. Geistig angeregt durch diese Verdrießlichkeiten, machte mein Herr eine praktische Erfindung. Er brachte unterhalb des Fuhrwerks einen nur nach unten offenen Kasten an, worin ich angespannt wurde und ziehen mußte; er selbst brauchte nur die Deichsel zu regieren.

So war ich allerdings einerseits wohl geschützt gegen alle Versuchungen und Anfechtungen der Außenwelt, indes anderseits, je mehr ich Muße hatte, mich inwendig zu besehn, um so deutlicher trat nun wieder das Bildnis der zuerst verlassenen Herrin, so bös sie auch war, vor die untertänigst ergebene Sklavenseele.

Ich wurde abends im Hof angebunden vor der Hundshütte. Ich käute den Strick entzwei und eilte so rasch wie möglich dem Walde zu, um wieder in der Nähe derjenigen zu sein, die mich so grausam behandelt hatte; ich kratzte an der Tür, und sogleich wurde aufgemacht. Ungewohnt liebenswürdig wurd ich empfangen; ich gabs Pfötchen; sie kraute mir Kopf und Rücken. So selig und zufrieden war ich noch nie.

»Grad kommst recht!« sagte sie schmeichelnd. »Gleich geht der Vollmond auf. Da wird's gemütlich!«

Hierauf machte sie ein lustiges Feuer an und schürte es mit der Zange, die sie, wie ich arglos bemerkte, drin liegen ließ; und dann holte sie aus dem Schrank ein gebratenes Vögelchen, das nach meinem damaligen Geschmack grad so recht angenehm anrüchig war, hielt es mir unter die Nase, warf es in die neben dem Herde stehende offene Truhe und forderte mich auf, es zu suchen. Freudig wedelnd mit dem Klapperschwanz, an dessen Geräusch ich mich längst gewöhnt hatte, taucht ich mit Kopf und Vorderbeinen in die Tiefe des Kastens, um mir den leckeren Bissen zu Gemüte zu führen.

Einer der peinlichsten Augenblicke meines Lebens war gekommen.

Im Nu schnappte die Hexe den Deckel zu. Und jetzt, plötzlich, ungefähr da, wo einst die Frackschöße ihren gemeinsamen Ursprung nahmen, ein Kniff, ein Schmerz, unsäglich brennend, ein Scharren mit allen vieren, ein gräßlicher Klageton, dumpf widerhallend in der Höhlung des Koffers, ein krampfhaftes Zucken – ich machte mich los, ich erhebe mich. Wahrhaftig ich stand wieder aufrecht da auf meinen menschlichen Hinterfüßen.

Mein erster Griff war nach hinten: der Frack war zur Jacke geworden. Ein brenzliger Geruch erfüllte die Küche;

die Feuerzange lag noch dampfend am Boden, ein Frackzipfel daneben; den andern hielt die Hex in der Hand und schüttelte lachend ihr goldenes Haarband heraus.

»Hol dich der Satan auf der Ofengabel, verwünschte Zauberin!« rief ich wütend. »Mich siehst nimmer!«

Ich griff nach der Türklinke; aber eh ich noch draußen war, hatte das boshafte Geschöpf schon den Blasebalg vom Herde genommen und blies mir damit eiskalt ins Genick. Von diesem »Hexenschuß« steht mir noch heute der Kopf so schief, daß Leute, die mich nicht kennen, oft schon gemeint haben, ich müßte ein rechter Scheinheiliger und Heuchler sein.

In hohen Sprüngen, obgleich mir bei jeder Erschütterung ein Stich durchs Genick fuhr, verließ ich den Wald, und erst lange nachher ging ich langsamer und sammelte mich und zupfte meine Krawatte zurecht, bei welcher Gelegenheit ich eine überraschende Entdeckung machte.

Mein Medaillon war wieder da; bei der aufgeregten Strampelei in der Truhe mußte es sich mir um den Hals geschlungen haben. Sofort fiel mir die Heimat ein; das stille Gehöft, der getreue Vater, das hübsche Kathrinchen, der biedere Gottlieb, an die ich solange nicht gedacht, die ich so leichtfertig verlassen hatte. Was hatte ich gefunden herau-ßen in dieser verlockenden Welt, als Schmerz und Enttäuschung; wie tief, durch meine unsteten Begierden, war ich gesunken! Ein Streuner war ich geworden, ein Faulenzer, ein Gauner beinah, und schließlich ein Pudel, ein kriechender Hund mit einem Pelz voller Flöhe, der verächtliche Sklav einer geldgierigen, ruchlosen Hexe.

Der Himmel hatte sich in Wolken gehüllt, ich stand ratlos da in völliger Düsterheit. Indem, so fächelte mir was, wie mit unsichtbarem Flügelschlage, um Nase und Ohren herum, und auf einmal fing es an aufzuleuchten. Er war's. Im eigenen Lichtglanz seines grün juwelenhaft funkenden Hinterteils schwebte er dicht vor mir her, mein alter Schmetterling, dem ich niemals zugetraut hätte, daß er solch eine schöne Laterne besaß. Die Jagdlust regte sich wieder. Ich zog den Hut, ich haschte vergebens. Immer schneller mußt ich laufen; ich stolperte über kleine Erhöhungen des Bodens; ich kam zu Fall. Das Licht erlosch.

Als ich mich aufgerappelt hatte, brach grad der Mond durch die Wolken, erhellte flüchtig eine Kirche mit spitzem Turm und versteckte sie wieder. Ich saß auf dem einen Ende eines Grabhügels; mir gegenüber auf dem andern Ende saß ein Geist, nebelhaft weiß, gleichsam nur ein faltiges Bettlaken in menschlicher Gestalt.

Er sah ungemein betrübt aus und sprach hohl und schaurig, indem er rings um sich her blickte:

»Kein Monument! Noch immer kein Monument! Fünfhundert Gulden ausgesetzt, und doch kein Monument! Wann, oh wann krieg ich ein Monument?«

»Aha!« sag ich. »Ihr seid gewiß dem Nazi sein Vetter! Diesen Nazi kenn ich. Die Sach ist erledigt, das Geld verputzt, und auf Euer Denkmal könnt Ihr gefälligst lauern, bis Ihr schwarz werdet.«

Der Geist, als er dies vernahm, legte sich in tiefe Querfalten und stöhnte fürchterlich.

»Ich muß mich wirklich über Euch wundern!« fuhr ich fort. »Längst tot und doch noch eitel? Schämt Euch, Alter, und legt Euch ruhig aufs Ohr, wie's guten Geistern geziemt.«

Mit dieser wohlgemeinten Ermahnung hatt ich, wie man zu sagen pflegt, das Kalb ins Auge geschlagen; nie hätt ich geglaubt, daß ein Geist sich so ärgern könnte.

Das Gespenst machte sich lang, schwebte eilig herüber zu mir, saß mir am Buckel, nahm mich beim Kragen, schleifte mich dreimal um die Kirche und hob sich dann in die Luft mit mir, so hoch wie die Spitze des Kirchturms.

Bum! Da schlug es eins. Der Geist ließ mich los. Ich fiel und fiel – und ich fiel – –.

Schon nach drei Sekunden befand ich mich in einem Zustande der tiefsten Unwissenheit.

Ein närrischer Zustand, das! Wenn's kein Wieso ? mehr gibt und kein Aha! Wenn Gulden und Kreuzer, wenn Vetter

und Base, wenn Onkel und Tante, wenn Butter und Käse gleich Wurst und ganz egal und ein und dasselbe sind; wenn's einem auf ein paar tausend Jahre mehr oder weniger nicht ankommt; wenn – doch genug darüber! Am gescheitesten wird's sein, man macht es wie die eigentlich Sachverständigen, denen es grad passiert: Sie sitzen, liegen oder hängen da in verständiger Schweigsamkeit.

Was ich zunächst nur sagen möchte, obgleich's auch überflüssig wäre, ist dies: Ich erwachte wieder; ich besann mich wieder auf mein Vorhandensein als lebendiger Teil dieses sogenannten Weltsystems, dessen Übersicht im ganzen ja schwierig ist.

Nachdem ich eine sitzende Stellung angenommen, mir die Augen gerieben und mich behaglich gedehnt und gereckt hatte, als hätt ich nach einer längeren Fußtour einen gesunden, erqickenden Schlaf getan, bemerkte ich erst, daß ich mich in einem geräumigen Garten befand, den eine hohe Mauer umgab.

Dicht vor mir lag ein Feld mit Kohl bebaut, lauter Kappisköpfe von beträchtlicher Dicke. Auf den Blättern saßen zahllose Raupen und fraßen und verpuppten sich mit großer Geschwindigkeit, und schon im nächsten Augenblick brachen die Hüllen auf, und ein buntes Gewimmel von Schmetterlingen erfüllte die Luft.

Aber auch ein Baum stand da von erstaunlicher Höhe, ganz dicht besetzt mit Nestern, aus denen unaufhörlich ein Schwarm von Vögeln herausflatterte, so schwarz wie Raben und so flink wie Fliegenschnäpper.

Und, was mich am meisten wunderte, der Kohl wuchs zusehends vor meinen Augen, und im Umsehn wurden allerlei Menschen daraus, und jeder Kappismensch hatte ein Netz in der Hand, und die Schmetterlinge flogen über die Mauer und die Vögel und die Menschen hinterher.

Das Feld links neben mir war noch nicht bestellt. Zwei Männer waren beschäftigt, es umzugraben. Sie machten eine Pause, lehnten sich auf ihre Spaten und sahen sich um; und jetzt bemerkte ich erst, daß es gar keine richtigen Mannsbilder waren, sondern zwei riesige Käfer, der eine in einem schwarzgelbbunten Röcklein, ein Totengräber, der andere blauschwarz, von der Sorte, die wir, wenn wir unter

uns sind, schlechtweg mit dem Namen Mistkäfer bezeichnen.

Die Sonne senkte sich schon. Trotzdem sagte der Totengräber zu mir:

»Guten Morgen! Grad hatten wir vor, dich unterzugraben!«

»Oho!« rief ich.

»Na!« sagte er. »Sieben Jahre gelegen, ist doch wohl lange genug!«

Ich lächelte wie einer, der Spaß versteht.

»Wir wollen Dumme säen!« fuhr er fort. »Gleich einen ganzen Acker, damit sie nicht alle werden.«

»Man braucht halt Dünger!« meinte der Mistkäfer.

Um auf etwas anderes zu kommen, sagt ich:

»Ihr habt hier mehr schwarze Vögel als bunte Schmetterlinge, wie ich sehe.«

»Ganz richtig!« erwiderte der Mistkäfer. »Erst drüben, jenseits der Mauer, merkt man es recht. Für jede angenehme Erwartung gibt's mindestens drei unangenehme Möglichkeiten.«

»Also leg dich und halt uns nicht auf!« mahnte ungeduldig der Totengräber.

»Nur schad um den schönen Bart!« meinte der andere.

Ich griff ans Kinn. Es war so. Ich hatte einen ellenlangen Bart gekriegt.

Sollte denn wirklich, dacht ich – –. Aber eh ich noch weiter dachte, flatterte aus dem Kohlfelde mein Schmetterling auf, in verjüngter Herrlichkeit, so munter und farbenschön, wie ich ihn noch niemals gesehen hatte.

»Ein Netz!« schrie ich. »Ich will hinaus!«

»Wer will, der darf!« brummten die Käfer.

Der eine gab mir ein Netz, der andere einen Schlag mit der flachen Schaufel hinten vor zur Nachhilfe und dort hupft ich hin, über die Mauer, mit übernatürlicher Leichtigkeit, in hohen Bogensätzen, gleich wieder emporschnellend, sobald ich nur eben mit der Spitze des Fußes den Boden berührte, wie's zuweilen in unbehinderten Träumen geschieht, wenn die Sohlen so elastisch sind, als säßen Sprungfedern drunter. Auch würd ich den Schmetterling sicher erwischt haben, denn ich war fast noch schneller als er, hätte ihn mir nicht einer von den schwarzen Vögeln grad weggeschnappt, als ich eben den entscheidenden Hieb tun wollte. Ärgerlich warf ich das Netz fort, hupfte gleichgültig weiter und machte erst, als es lange schon Nacht geworden und ich in der Ferne was Helles sah, wieder höhere Sprünge. Alsbald befand ich mich in einem Park, dicht vor den Fenstern eines hell erleuchteten Schlosses, wo es lustig drin zuging bei den Klängen der herrlichsten Blechmusik.

Es war vornehme Gesellschaft. In allen Sälen wurde gespielt. Mein erster Blick fiel auf Lucinde, die lachend am Spieltische saß. Eine fünf Ellen lange, silbergestickte Schleppe ringelte sich neben ihr auf dem Teppich, wie eine glitzernde Schlange. Sie hatte einen Haufen Gold vor sich liegen. Ihr Gegenpart war ein jovialer Herr, schon ziemlich bei Jahren, dessen Hände und Gesicht ganz schwarz aussahen. Seine Nägel waren sehr lang, seine Ohren sehr spitz, seine Nase sehr krumm, und auf der Stirn hatte er zwei niedliche vergoldete Bockshörnchen sitzen. Der alte Schlumann war auch da. Er blitzte von Diamanten, spielte aber nicht mit, sondern ging nur schmunzelnd von Tisch zu Tisch. Er schien der Gastgeber zu sein.

Gern hätt ich noch länger zugesehn, wär nicht ein schwarzer Hund mit feurigen Augen um die Ecke gekommen, der fürchterlich bellte, so daß ich mit einem einzigen Satze hinaus vor das Schloßtor hupfte.

Hier hielten bereits die Equipagen, um die Herrschaften abzuholen. Die Lakaien, die herumstanden, machten einen soliden, vertrauenerweckenden Eindruck. Sie waren weiß gepudert, glatt rasiert, dick und fett, und jeder trug in großen goldenen Buchstaben einen trefflichen Wahlspruch auf der Livree, der eine »Gut«, der andere »Schön«, der dritte »Wahr«, der vierte »ora«, der fünfte »labora«, und so ging's weiter.

»Es freut mich« – sagt ich –, »solch biedere Leute zu sehn!«

»Mit Recht!« sprach der dickste von allen, dem »Treu und Redlich« am Buckel stand. »Wir sind die guten Grundsätze.«

Gerührt wollte ich ihm die Hand drücken, aber sie war weicher als Butter, und als ich ihm auf die Schulter klopfte, sackte der Kerl zusammen wie eine aufgeblasener Schlauch, wobei ihm die ausströmende Luft geräuschvoll durch sämtliche Knopflöcher pfiff.

»Ha, Windbeutel!« rief ich. »Seid ihr denn alle so?«

Eh ich dies noch genauer untersuchen konnte, kamen Diener mit Fackeln vom Schlosse her.

»Platz für Se. Durchlaucht, den Fürsten dieser Welt!« hieß es. »Mach dich fort, du Lump!«

Eilig hupft ich die Chaussee entlang. Eine Karosse, hellglühend wie feuriges Gold, kam hinter mir hergerasselt. Drinnen, in die schwellenden Polster gelehnt, saß traulich schäkernd der schwarze Herr bei der Hexe Lucinde. Hintenauf stand »Treu und Redlich«, der fette Lakai, und wurde gerüttelt, daß ihm alle vier Backen wabbelten; und was das Drolligste war, zwischen den Schößen seines Bedientenfracks baumelte neckisch ein Kuhschwanz.

Der Anblick reizte mich. In plötzlichem Übermut, mit raschem Griff erfaßt ich den Wedel und schwang mich, den rechten Fuß voran, aufs Kutschenbrett. Ebensogut hätt auch auf die Platte des höllischen Bratofens springen können, wenn grad zugekocht wird für Großmutters Geburtstag. Ein Gelächter von seiten Lucindens, als ob sie gekitzelt würde; ein Schrei meinerseits, als ob ich am Spieße steckte;

ein Purzelbaum nach hinten; und unten war ich auf der platten Chaussee, in der unglücklichen Lage eines auf den Rücken gefallenen Maikäfers.

Ächzend kroch ich seitab in den Graben. Der Brandschaden war beträchtlich; doch braucht ich, um ihn näher zu besichtigen, den Stiefel nicht auszuziehn, denn mein rechter Fuß stand frei zutage, in Gestalt einer einzigen Blase. Infolgedessen hegt ich den lebhaften Wunsch, es möchte wer kommen, der mich mitnähme.

Endlich, im Morgennebel, näherte sich langsam rumpelnd ein ländliches Fuhrwerk. Vorn, auf einem Bund Stroh, saß das Bäuerlein und sang bereits in aller Früh gar fröhlich und wohlgelaunt:

> Gretelein hupf in die Höh,
> Daß ich deine Strümpfe seh,
> Weiß wie der Schnee alle zwee
> Hopsa, huldjeh!

und hinter ihm, als einziges Gepäckstück, stand ein langer, schlichter Kasten von Tannenholz.

Kaum bemerkte der gemütvolle Fuhrmann meinen leidenden Zustand, so hielt er still und war mir behilflich, seinen Wagen zu besteigen, wo ich denn auch auf dem Kasten einen recht passenden Sitz fand.

Wir waren noch nicht lange gefahren, als sich mein freundlicher Kutscher zu mir umdrehte und sprach:

»Ihr habt Glück! Grad fahr ich zum Doktor Schnorz in die Stadt. Der versteht's. Da heißt's ritschratsch! und damit gut. Ich bringe ihm den da, von Amts wegen.«

Bei den letzten Worten klopfte er mit dem Peitschenstiel auf die Kiste, und weil mir nicht recht klar war, was er meinte, hob ich den Deckel auf.

»Der Nazi!« schrie ich entsetzt.

»Vielleicht heißt er so!« meinte das Bäuerlein. Jedenfalls hat ihn eine Natter gebissen, draußen im Wald, und jetzt muß er zum Doktor, und damit gut!«

»Er ist ja tot!« rief ich.

»Eben drum! Und um so besser für ihn, und damit gut!« erwiderte der Wagenlenker.

Er nahm sein munteres Lied wieder auf, aber diesmal ohne Worte, bloß vermittelst seines mündlichen Flötenspiels, worin er, wie sich zeigte, eine bedeutende Fertigkeit hatte.

Ich, inzwischen, saß etwas unruhig. Ein gewisses eisiges Mißbehagen, in der Richtung von unten her, lief mir den Rücken hinauf bis unter den Hut, so daß ich froh war, kann ich wohl sagen, als wir endlich, so etwa um elf, vor der Behausung des Doktors hielten.

Nicht ohne ängstliche Vorurteile begab ich mich langsam humpelnd in das Empfangszimmer. Doktor Schnorz war schon in Tätigkeit. Er sah übrigens gar nicht so grausam aus, wie ich mir vorher gedacht hatte. Im Gegenteil. Seine frische Farbe, seine schwellenden Lippen, seine dikken schalkhaften Augen, die aufgekrempelten Hemdärmel, die Arbeitsschürze über dem rundlichen Bäuchlein, das alles machte durchaus den Eindruck eines sauberen Metzgermeisters, den jedermann gern hat.

Grad war er dabei, einen Landmann auszuforschen, in dessen Zügen sich tiefe Besorgnis malte.

»Wie alt ist denn Euere Frau?«

»Na!« meinte der Bauer. »So fünfzig bis sechzig.«

»Schlagt das alte Weib tot. Mit der ist nichts mehr zu machen. Adieu!«

Als der Bauer, dessen Züge sich völlig erheitert hatten, an mir vorbeiging, hört ich ihn sagen:

»Das ist noch ein Doktor! Wenn er einsieht, es hilft doch nichts, so erspart er einem die Kosten.«

Jetzt kam eine dicke Madam an die Reih.

»Ach, Herr Doktor!« fing sie zu klagen an. »Ich weiß nicht, ich bin immer so unruhig. Jede Stund in der Nacht hör ich den Wächter blasen, und ich fürcht mich so vor Mäusen und schlechten Menschen; das macht gewiß die Nervosität.«

»Ein neumodisch Wort!« sprach der Doktor. »Sonst nannte man's böses Gewissen. Ganz die Symptome. Halten Sie Ihre Zunge im Zaume, meine Gnädige. Seien Sie freundlich gegen Ihre Dienstboten. Viel Wasser! Wenig Likör! Gute Besserung, Madam!«

Diese Dame, als sie hinaussegelte, schien mir von den heilsamen Ratschlägen des Doktors Schnorz durchaus nicht befriedigt zu sein.

Und jetzt kam ich.

»Ah!« rief Schnorz mit freudigem Erstaunen. »Seh ich recht? Erlaubt mal eben. Es ist bloß zur Probe.«

Während er diese Äußerung hinwarf, hatte er mir auch schon die große Zehe abgeschnitten und legte sie unter sein Vergrößerungsglas.

»Hab's gleich gedacht!« sprach er befriedigt. »Der richtige Höllenbrand. Kurzab! ist das beste.«

»Ist's lebensgefährlich?« fragte ich ängstlich.

»Warum das nicht?« erwiderte der Doktor. »Aber seid nur getrost; wenn's schief geht, wird die Welt zur Not auch ohne Euch fertig werden. Da seht mich an. Heut wenn ich sterb, ist morgen ein anderer da, und ich freu mich schon drauf, daß die Juden kein Geld kriegen.«

Hiermit drückte er mich in einen behaglichen Lehnsessel, schnallte mich fest, ergriff ohne weiteres die Säge und ging eifrig ins Geschirr. Bei jedem Schnitt, den er tat, stieß er ein kurzes, ächzendes Ha! aus. Erst ging es gnatsch! gnatsch! dann ging es ratz! ratz! Zuletzt ging es bump!

Da! mein Fuß war mich losgeworden.

Auch fernerhin verlief die Sach sehr rasch und günstig, so daß der gute Doktor, der mir inzwischen zwei schöne Krücken hatte anfertigen lassen, schon nach vierzehn Tagen sich die Freude machen konnte, mich vor den Spiegel zu führen.

Der, den ich darin erblickte, gefiel mir nicht. Kopf kahl, Nase rot, Hals krumm, Bart struppig; ein halber Frack, ein halbes Bein; summasummarum ein gräßlicher Mensch. Und das war ich.

Aber ehe ich noch Zeit hatte zu weinen, rief der Doktor triumphierend:

»He? Wie? Was sagt Ihr nun? Schmucker Kerl fürwahr! Reiche Frau heiraten. Alles in Ordnung! Gratuliere! Und glückliche Reise!«

Gerührt und dankbar drückt ich dem Doktor, der alles umsonst getan, die fleischige Hand, verließ die Stadt und begab mich auf die Dörfer in der Absicht, mich langsam so weiterzubetteln, bis ich schließlich nach Hause käme.

Letzteres ging schneller, als ich dachte.

Der Spätherbst war gekommen; kalt wehte der Wind; an meinem einst so reizenden Anzuge flatterten die Lappen wie Espenlaub. Als ich daher in Erfahrung brachte, daß in einem Hause jemand das Zeitliche gesegnet hatte, schien mir das eine für meine Bedürfnisse sehr hoffnungsreiche Aussicht zu eröffnen, denn, wie bekannt, lassen gerade die Toten oft ganz brauchbare Kleider zurück, auf die niemand recht Anspruch macht.

Ich hatte mich nicht getäuscht. Der Großvater war gestorben. Die glücklichen Erben, denen der hochbetagte Mann begreiflicherweise schon längst ein wenig im Wege saß, und die sich nun in einer sanftheiteren, mildtätigen Stimmung befanden, schenkten mir, ohne daß ich lange zu bitten brauchte, sehr gern den drittbesten Anzug, den der Verstorbene bis an sein seliges Ende für gewöhnlich und mit Vorliebe zu tragen pflegte. Um ihn anzulegen, zog ich mich in den Kuhstall zurück. Allerdings, die Hose war bedeutend zu weit und der Flausrock bedeutend zu lang für mich, aber um so besser paßte mir die mollige, wollige, etwas fettige Pelzkappe, die sich tief über die Ohren ziehen ließ, ganz nach Bedarf. Solchermaßen wohl ausgerüstet gegen die Unbilden der Witterung, setzte ich humpelnd meine beschwerliche Wanderfahrt fort.

Schon beim nächsten Hause erwischte mich der Bettelvogt und trieb mich mit seinem Spieß vor sich her in das dortige Ortsgefängnis, genannt »Hundeloch«, allwo man, nachdem man mich einem kurzen Verhör unterworfen, den Beschluß faßte, mich umgehend auf den Schub zu bringen.

Mein Schreck war heftig, und doch war's mein Glück. Es bewährte sich auch an mir das treuherzige Sprichwort:

Was erst verdrießlich schien,
War schließlich gut für ihn.

Da man mich mit Recht in keiner Gemeinde für einen ersprießlichen Mitbürger ansah, beeilte sich jede, mich möglichst prompt über die Grenze zur nächstfolgenden zu schaffen, bis ich endlich von der letzten mit unfehlbarer Sicherheit in aller Stille auf dem mir wohlbekannten Gebiete der Stadt Geckeibeck abgesetzt wurde, indem man hier das Weitere ganz meinem freien Ermessen anheimstellte.

Es war ein lustiges Schneegestöber bei nördlichem Winde, als ich abends mühselig auf zwei Krücken und einem Bein das väterliche Gehöft wieder betrat, das ich einst so leicht auf zwei Beinen verlassen hatte.

Ich sah erst mal schüchtern durchs Fenster. Im Sorgenstuhl saß der Gottlieb, der bedeutend behäbiger aussah als sonst, und hatte zwischen seinen Knien einen Knaben von drei, vier Jahren, dem er eine Peitsche zurecht machte. Neben dem Kachelofen stand eine Wiege. Neben der Wiege saß die Kathrin und nährte einen runden Säugling an ihrer strotzenden Brust. Die Magd deckte den Tisch. Der Vater fehlte.

Mein Atem war bei diesem Anblick etwas ins Stocken geraten. Fast wäre ich wieder umgekehrt; aber das grausame Wetter veranlaßte mich, einzutreten und um Herberge zu bitten für die Nacht.

Ohne viel Umstände wurde das Gesuch des unbekannten Fremdlings mit dem größten Wohlwollen genehmigt.

»Oder« – fragte Gottlieb den Knaben – »sollen wir ihn lieber wieder hinausjagen in Wind und Wetter? Was meinst Du, Peter?«

»Nein, nein!« rief der gutherzige Junge. »Armer Mann hier bleiben; viel Wurst essen, daß Bein wieder wächst!«

Die Nacht schlief ich beim Knecht im Pferdestall und von ihm erfuhr ich die ganze Geschichte.

Nach jahrelangem vergeblichen Warten hatte der Vater, der fest glaubte, mich hätte der Muddebutz hinabgezogen in den Grummelsee, sein Sach dem Gottlieb und der Kathrin verschrieben. Er war stiller und stiller geworden. Eines Morgens fand man ihn tot.

Während dieses Berichtes hatte sich, um es zart auszudrücken, meine Seele umgekrempelt nach innen. Ich wollte arbeiten; ich wollte geduldig ausessen, was ich mir eingebrockt hatte, und nie, mit diesem festen Gelübde schlief ich ein, sollten diese guten Leute, die mich so herzlich aufgenommen, in Erfahrung bringen, wer ich sei.

Früh stand ich auf. Einige schadhafte Kleidungsstücke des kleinen Peter, die auf dem Treppengeländer hingen in Erwartung des Weiteren, gaben meinem Tätigkeitsdrang die nötige Richtung. In der Stube im Tischkasten fand ich Nadel und Zwirn.

Als man sich versammelte, um die Morgensuppe zu essen, war mein Werk schon fix und fertig. Es wurde eingehend besichtigt und fand bei allen denen, die in solchen Dingen ein reiferes Urteil besaßen, den freudigsten Beifall.

Man ersuchte mich dringend, einige Tage noch dazubleiben. Aus Tagen wurden Wochen, aus Wochen sind

Jahre geworden. Durch reichhaltige Übung steigerte sich meine Geschicklichkeit nicht bloß in der Wiederherstellung des Alten und Verfallenen, sondern ich schuf auch Neues nach eigener Maßnahme aus dem Vollen und Ganzen heraus. Der Ruf meiner Kunst drang bis nach Geckeibeck, und Frau Knippipp, meine ehemalige Meisterin, die schon seit einiger Zeit Wittib geworden, ließ mir sogar einen ehrsamen Antrag machen, sie zu ehelichen. – Kalt abgeschlagen!

Auf Gottliebs Befragen hatt ich mich Fritz Fröhlich genannt. Der kleine drollige Peter, mein Liebling, nannte mich »Humpelfritze«; ein passender Name, mit dem ich seitdem allgemein angeredet werde, selbst von Leuten, die nicht die Ehre meiner näheren Bekanntschaft haben.

Und so leb ich denn allhier als ein stilles, geduldiges, nutzbares Haustier. – Schmetterlinge beacht ich nicht mehr. – Oben im alten Giebelstübchen hab ich mir eine gemütliche Werkstatt eingerichtet.

Noch immer reiten die Hexen da vorbei. Neulich, in der Walpurgisnacht, als ich saß und schrieb an dieser Geschichte, spähte Lucinde durchs Fenster herein. Sie lachte wie närrisch; sie war noch grade so hübsch wie ehedem.

Gelassen sah ich sie an, flötete, nahm eine Prise und machte Haptschih!! –

*

Das Manuskript der obigen Erzählung fand kürzlich ein Sommerfrischler auf dem Taubenschlage neben dem Giebelstübchen jenes nämlichen Gehöftes, wo der Verfasser seine Tage beschloß. Die Nachkommen von Gottlieb und Katharine lebten noch daselbst in gedeihlichen Verhältnissen. Wirklich war die Persönlichkeit des guten Peter erst festgestellt worden, als man nach seinem Ableben das Medaillon bei ihm fand. Sein ungekünstelter harmloser Stil, seine rücksichtslose Mitteilung selbst solcher Erlebnisse, die für ihn äußerst beschämend gewesen, drücken seinem Berichte den Stempel der Wahrheit auf, und nur der Halbgebildete, dem natürlich die neueren Resultate der induktiven Wissenschaft auf dem Gebiete des Wunderbaren nicht bekannt sind, wird Anstoß nehmen an diesem und dem, was man früher unmöglich nannte.

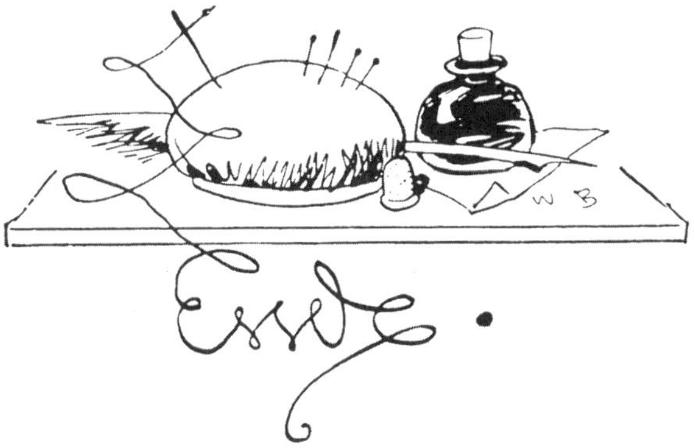

AUS DEN BRIEFEN

Ich befinde mich hier in Antwerpen sehr wohl und kann mich nicht genug freuen, daß ich hier mit meinen Malstudien den Anfang gemacht habe. Jedenfalls lerne ich hier in einem halben Jahre ebenso viel, als ich in Düsseldorf in einem ganzen gelernt haben würde ...

(an die Eltern; Antwerpen, 1. September 1852)

... Das Nächste, was ich nun sagen will und muß, ist dies: daß die süßen Brocken von »liebenswürdiger Güte und Gefälligkeit«, oder deutlicher: der Honiglöffel der Schmeichelei bei mir nicht nötig gewesen wäre, bei mir, der ich ... den Breilöffel der Geradheit stets in Händen Schwinge.

(an die gleichaltrige »Base Henriette«; Lüthorst, 9. März 1857)

Das Glück des Individuums, soweit es überhaupt möglich, liegt im eigenen Kopfe, in der harmonischen Ausbildung seines Wertes; sodann mag er etwas davon auf die nächste Umgebung übertragen; die Volksbeglückung en gros wird aber eine Arbeit der Danaiden bleiben bis ans Ende der Welt.

(an Otto Bassermann, Wiedensahl, 12. Dezember 1863)

In Wolfenbüttel blieb ich über 14 Tage bei durchweg sonnigem Wetter. Herrlich! Erdbeerbowlen, Waldpartien und ländliche Spiele. Wie man nur so kindisch sein kann! Aber schön war's. Besonders die Partie nach der Köhlerhütte tief im dunkelgrünen Wald, mit Wein in Menge und recht lustigen Frauenzimmern; beim Heimwege spät am Abend, Mädchen am Arm, flimmerte alles von tausend und tausend Funken, teils aus dem Kopf heraus, teils drumherum von Johanniswürmchen, wie ich so viel noch nie bei-einand gesehn. – Ein hübsches Kind, das ich da wiederfand, bot mir aufs neue manch heimlich gute Stunde. Ein närrisches Herz, was der Mensch im Leibe hat.

(an Otto Bassermann; Wiedensahl, 11. August 1864)

... ein Gefühl von Reue und Sehnsucht überkommt mich, wenn ich denke, daß ich so schnell fortreiste. – Aber ich komme wieder und bleibe länger, und dann müssen Sie aber auch wieder grad so gut und freundlich sein.

(an Johanna Keßler; Wiedensahl, 18. Mai 1868)

Schön, daß die Helene so emsig umworben wird! Was Rezensionen anbelangt, so muß ich hier wiederholentlich bekennen, daß derartige Sachen nicht rezensiert sein sollen und wollen ... Guter Humor und guter Vertrieb, die tun's. Dann soll man sie eben nehmen, wie man auf der Reise etwa einen Bittern nimmt.

(an Bassermann; Wiedensahl, 16. Juni 1872)

... Nun mußte Er natürlich auch nach Wien (zur Weltausstellung). Droschken, Omnibusse, Bilder, Weiber, Japa-nesen, Staub und schöne Rechnungen, das alles füllt mir noch den Kopf, während die Taschen öde sind; denn die Guldenscheine sind herausgeflattert wie flügge Spatzen unter dem Dach.

(an Friedrich Warnecke; Wiedensahl, 15. Juni 1873)

Was lebt, das leidet; leidet, weil es lebt, und leben will es. Der Wille muß sich wohl erst gründlich die Hörner abstoßen, bis endlich mal der große Rückschlag kommt und Ruhe wird.

(an Maria Anderson; Wiedensahl, 11. Februar 1875)

Ein brauner Krug, mit einem Glanzlicht drauf, ist mir bereits Idee. Geht dann so ein Ding durch ein originelles Menschenhaupt und eine geschickte Hand, so wird, der Teufel weiß, ein Bild daraus.

(an Maria Anderson; 24. März 1875)

Ich hab 'n hübschen Krug. Rundherum stehen die zwölf Apostel und der Herr Jesus in der Mitten. Ein christlicher Krug! Ich hab 'n hübsches Kelchglas. Bacchus und Venus sind hineingeschliffen. Ein heidnisches Glas! Aber richtig gefüllt, zur richtigen Stunde, schmeckt's mir aus beiden.

(an Maria Anderson; 30. März 1875)

Der Gedanke an den Tod scheint mir deshalb meistens so verdrießlich, weil der einem die Laterne auspustet und einen in eine neue Haut steckt, von der man nicht weiß, ob sie besser ist als die, welche man ausgezogen.

(an Maria Anderson; Wolfenbüttel, 8. Juni 1875)

Um das, was drollig, schelmisch, heimtückisch in einer Sprache ist, um das Mienenspiel einer Sprache zu verstehen, muß man in dieser Sprache geboren und erzogen sein.

(an Maria Anderson; 8. September 1875)

Die Silvesterbowle trank ich mit Bruder Gustav in Wolfenbüttel. Dann fuhr ich bei dem schönsten, sonnigen Winterwetter nach Ebergötzen zu Freund Erich. Die alte wacklige Mühle steckte ganz voll junger Mädchen ... Es kommt mir vor, als hätte ich mal wieder an den offenherzigen Quellen des Lebens gesessen, die sich ja sonst unter der Dressur verstecken. *(an Johanna Keßler; Wiedensahl, 15. Januar 1876)*

Mädchenkopf
Bleistift, aus dem Skizzenbuch von 1854

Die Ausstellung hat mir wohl weniger genützt und nützen können. – ... und ich fühle dann so recht deutlich, wie weit ich mich aus dem Geknuff der Welt ins »Land der Fabel« zurückgezogen habe. Zu weit vielleicht. Ich will versuchen, ob nicht eine Mittelstation für mich zu finden ist; denn ganz wird der Schuhu sein Gemäuer wohl nicht verlassen.

(an Franz Lenbach; Wiedensahl, 19. Oktober 1876)

Ich ... stahl mir ein paar katzenjämmerliche Morgenstunden ... und mahlte ein paar ungenierte Skizzen hin. Nun kam erst der Gedon und sagte: »Ja, das hab ich halt nicht gewußt.« Dann Seitz und Lossow und sagten: »Ja, das ist ja, was die Diezschule will« – und so einer nach dem andern ... Dies alles wäre natürlich sehr schön, wenn ich nicht das peinlich kümmerliche Gefühl hätte, daß ohne ein stilles Plätzchen nichts Ordentliches für mich zu machen ist.

(an Johanna Keßler; München, 8. Februar 1877)

Wir haben einen gründlichen Bauernregen und sahen unterwegs recht viele Maulbeerbäume. Die Gegend daher ist fast so schön wie die Lüneburger Heide.

(an Franz Lenbach; Venedig, Ostersonntag 1878)

So recht eingewöhnt bin ich hier noch nicht und werd es auch wohl nie. Mit der ländlichen Einsamkeit zu lange vertraut, kommt es mir nur so vor, als wär ich auf einmal zwischen die Buden eines recht unruhigen Jahrmarktes gekommen ... Mein Trost ist mein trauliches Arbeitszimmer, was ich hinter mir zusperre.

(an Marie Hesse; München, 28. Oktober 1878)

Rück ich dann wieder in mein gutes, einsames Wiedensahl, so fühl ich: nur hier ist meine angestammte und angewöhnte Heimstätte – um die mich freilich wenige beneiden werden. *(an Marie Hesse; Wiedensahl, 18. Januar 1880)*

... scheint der Hang zur Einsamkeit, wie die Glatze, immer größer zu werden. Ich wünschte fast noch tiefer in der Heide zu sitzen, da, wo der Birke spärliche Locken im Winde wehn.

(an F. A. Kaulbach; Wiedensahl, 15. Januar 1881)

... Auch mir fängt's an, ungemütlich zu werden in dieser Welt; Madam rosa Phantasie empfiehl t sich reisefertig durch die Vordertür und herein durch die Hintertür tritt Madam Schwarz ... Meine alte Philosophie langt nicht mehr; ich sehe mich nach einer neuen um.

(an Marie Hesse; Wiedensahl, 5. November 1881)

Mich hat das vorübergeschrittene (Jahr) beim Antritt merklich geschüttelt; und recht hat's gehabt; diese Philosophie, welche, sich aufblähend, den ganzen Sack zu füllen gedachte, ist nun auf ein billiges Maß zusammengerüttelt.

(an Hermann Levi; Wiedensahl, 9. Januar 1883)

Die große Bildnerin diesseits des Paradieses muß eben immer den alten Ton wieder hernehmen, um was Neues zurechtzukneten. Die frischen Mädchen von dazumal sind krumm und runzlig geworden oder haben sich weggehustet. Neue Bäume, neue Häuser, neue Rotznäschen.

(an Levi; Wiedensahl, Januar 1885)

Man lacht, wenn man andere in Verdrießlichkeiten und kleinen Malheurs bemerkt, wenn man ihre Verstellung, ihre Pfiffigkeit, ihre Einfalt durchschaut; denn da fühlt man sich verhältnismäßig so wohl und gescheit, daß es ein rechtes Vergnügen ist ... Der plebejische »alte Adam« lacht noch über Krüppel und Blödsinnige; der Teufelhafte über das qualvollste Unglück; uns feiner Aufgestutzte kitzelt es oft schon, wenn wir unsere eigenen Dummheiten in ihren Filzschuhen erwischen. Dem warmen, alles umfassenden Mitgefühl wird nichts lächerlich, dem eisigen, hochgestelzten Intellekt mag am Ende nichts ernsthaft erscheinen.

(an F. A. Kaulbach; Wiedensahl, 1. November 1885)

Das Leben, wie die Stucken, kriegt man fürs Ausroden.-Was daraus zu schließen, ist verschieden, je nachdem man seine Gedanken auf den Spielplatz der allgemein beliebten Ergötzlichkeiten richtet oder ernsthaft über die Mauer schaut.

(an Alexander Günther; Wiedensahl, 6. August 1888)

Schon längst sprang einer über den Chausseegraben ins Gestrüpp; er sammelt seine kleinen Gedankenkräuter und destilliert sie; und biegt er mal wieder ab, zufällig, auf die Heerstraße, und es begegnen ihm »Leut«, so schütteln's die Köpf über den Kerl, weil er auch so ganz und gar nicht mehr »landesüblich« ist.

(an F. A. Kaulbach; Wiedensahl, 10. Januar1892)

Der Kastanienbaum, so hat er mir zugeflüstert, will demnächst seine tausend Blütenkerzen anzünden; er wartet nur, daß die neckischen Nachtfröste erst weiter nach Norden ziehn. Aber die Stare brüten bereits ... Während nun die Weiblein drinnen hocken auf ihren Eiern, sitzen draußen die Männlein und schwatzen, flöten, klappern und fächeln mit den Flügeln dazu, wie der lustige Tirolerbub mit den Ellenbogen, die Daumen in der Weste, wenn er jodelt.

(an Nanda Keßler; Wiedensahl, 20. April 1893)

Geschäftig huscht die alte Urschel, die Zeit, in ihren Filzschuhen, mit dem Haarbesen in der Hand, durch die beste Stube und kramt zwischen den Nippsachen herum, die wir so gern haben, und oha! alle Augenblick klirrt es. Eigentlich ist's ja nur ein Spukeding, ein Phantom des Gehirns, aber wir glauben dran, wie die Kinder ans Märchen, das ihnen die Großmutter hinter dem Ofen erzählt.

(an Franz Lenbach; Wiedensahl, 18. Dezember 1894)

In der Wissenschaft, nach der ich ja auch mitunter so ein bissel hinüber schiele, glaub ich zu wittern, daß die tote Unterlage, auf der man bisher gewirtschaftet, allmählich lebendig wird. Munterkeit bis ins kleinste würde zu der Art des Denkvermögens, an die ich gewöhnt bin, gut passen.

(an Lenbach; Wiedensahl, Dezember 1895)

Skizzenblatt »München, 6. Juni 58« – Bleistift

Heut abend wird's hell bei Ihnen; und wenn Sie mit Ihren Kindern und Enkeln um den Baum versammelt sind, können Sie wohl freudig und zufrieden sein ... Wir hier werden bei der gewöhnlichen Beleuchtung sitzen.

(an Johanna Keßler; Wiedensahl, 24. Dezember 1897)

... der Glaube ist so was wie Liebe; er beruht nicht auf Gründen, sondern auf Ursachen. Deshalb ist mit dem Verstande nicht viel zu machen dabei, weder für noch wieder, und darum überlassen wir den Rationalismus wohl am besten den aufgeklärten Hausknechten und Gemüsefrauen.

(an Grete Meyer-Thomsen; Mechtshausen, 24. Oktober 1899)

Ist nicht unser Denken in jedem Augenblick, den wir Gegenwart nennen, ein Produkt der Vergangenheit, in dem unsere eigene Geistesarbeit nur mitzählt als ein klein winziger Faktor? ... Das hochfliegende Wort Freiheit bedeutet hienieden, fürcht ich, immer weniger, je mehr man sich's ansieht.

(an Grete Meyer; Mechtshausen, 25. März 1900)

Meinerseits hienieden herumspazierend, seh ich mit der Gelassenheit des Alters dem Gedeihen der Bäume und Blumen und Menschen zu, und es soll mir recht sein, wenn es noch ein paar Jährchen so weiter geht.

(an Marie Hesse; Mechtshausen, 14. August 1903)

Wieder mal also hätt ich einen Sommer überher gekriegt; siebzig, sollte man meinen, wären mehr als genug. Ist das unbillig im Verhältnis zu andern, die weniger kriegen?

... Das War, als Mutter des Ist, wirkt unsterblich in Ewigkeit. Ein wunderliches Wort das; eins von denen, die wir dann gebrauchen, wenn unser Verstand stillsteht vor der unübersteiglichen Mauer, die das Gedachte von dem Undenkbaren scheidet.

(an Grete Meyer-Thomsen; Mechtshausen, 16. Oktober 1905)

Ein Maikäfer, einer von den vielen dies Jahr, flog durchs offene Fenster, surrte ums Licht, stieß sich, fiel auf den Rücken und strampelte hilflos mit den Beinen. Vermutlich war er erst eben aus der Erde gekrochen, denn er hatte noch ein Klümpchen Dreck an der Nase. Ich ließ ihn hinaus, wo's besser für ihn. Kurz währt sein Dasein auf der Oberwelt. Viel Grünfutter, ein bissel Liebe, dann ist's für diesmal vorbei mit ihm. Aber tausend Jahre, von hinten besehn, sind wohl auch nicht viel mehr.

(an Grete Meyer-Thomsen; Mechtshausen, 12. Mai 1907)

NACHWORT

Der Strom der Dankbarkeit, der sich im April 1902 nach Mechtshausen ergoß, in den stillen Zufluchtsort des siebzigjährigen Wilhelm Busch, führte als Treibgut auch eine Menge unfreiwilligen Humors mit sich – nicht nur in gereimtem und ungereimtem Briefdeutsch, sondern auch in einer stattlichen Anzahl merkwürdiger Anschriften. Die Skala der »schöpferischen« Möglichkeiten reicht da etwa von »Herrn Wilhelm Busch, Vater von Max und Moritz« bis zu »Hochgeboren Herrn Privatier Wilhelm Busch«. Sie enthält immer wieder Einordnungsversuche: »Herrn Schriftsteller und Maler ...«, »Herrn Kunstmaler a. D. ....«, »Herrn Maler, Dichter, Philosoph ...« und so fort. Diesem Boden entsprossen sodann schlichte und schwülstige, devote und gönnerhafte Anreden: »Ew. Hochehrwürden«, »Euer Hochwohlgeboren edler Herr«, »Meister!«, »Verehrter und lieber Poet«, »Dem hochverehrten Pain Expeller«[1], »Werter Imkerkollege«, »Vielgeliebter lach-holder Busch«, »Hochgeehrter Kanzler Sr. Majestät Humors« – so und in vielen weiteren Variationen von seiten der Erwachsenen, hingegen oft genug ein »Lieber Onkel!« aus Kindermund. Daß ihn ein Matrose »Bruder im See« ansprach, hat der Jubilar sicher nicht übelgenommen; ob er jedoch von der Floskel »Dem unerreichten Komiker« erbaut war, dies dürfen alle bezweifeln, die seine Selbstbiographie »Von mir über mich« aufmerksam gelesen haben.

[1] ein in den ersten Jahrzehnten unseres Jahrhunderts weitverbreitetes Hausmittel gegen allerlei Schmerzen.

»Ja ..., so muß man überall bemerken, daß es Verdrießlichkeiten gibt in dieser Welt und daß überall gestorben wird. Du aber sei froh. Du stehst noch da, wie selbstverständlich, auf deiner angestammten Erde. Und wenn du dann dahinwandelst, umbraust von den ahnungsvollen Stürmen des Frühlings, und deine Seele schwillt mutig auf, als solltest du ewig leben; wenn dich der wonnige Sommer umblüht und die liebevollen Vöglein in allen Zweigen singen; wenn deine Hand im goldenen Herbst die wallenden Ähren streift; wenn zur hellglänzenden Winterzeit dein Fuß über blitzende Diamanten knistert – hoch über dir die segensreiche Sonne oder der unendliche Nachthimmel voll winkender Sterne – und doch, durch all die Herrlichkeiten hindurch, allgegenwärtig, ein feiner, peinlicher Duft, ein leiser, zitternder Ton – und wenn du dann nicht so was wie ein heiliger Franziskus bist – sondern wenn du wohlgemut nach Hause gehst zum gutgekochten Abendschmaus und zwinkerst deiner reizenden Nachbarin zu und kannst schäkern und lustig sein, als ob nichts los wäre, dann darf man dich wohl einen recht natürlichen und unbefangenen Humoristen nennen«.

Landschaft bei Brannenburg Bleistift, 1858

Mann mit Pfeife
Bleistift, Wiedensahl
nach 1860

fühlt, unsere ohnehin schon große Heiterkeit noch künstlich zu vermehren, so komm nur zu uns, guter Hans; wir werden dir gern unsere alten Anekdoten erzählen, denn du bist es wert«.

*

Was war er denn nun eigentlich in der Hauptsache? Maler und Zeichner? Schriftsteller, Dichter, Denker, Philosoph? Oder eben – Humorist? Die durchaus richtige Antwort: »Von allem etwas« macht uns nicht klüger. Denn jede Frage, die den Schwerpunkt in der Form und in der Disziplin sucht, in der sich Buschs Schöpfertum jeweils äußerte, zielt am Kern vorbei. Man prüfe alles, was er zur Veröffentlichung bestimmt hat, und man wird finden, daß in einer Zeichnung, selbst wenn man sie willkürlich aus dem Zusammenhang herausreißt, ebenso der ganze unverwechselbare Künstler zu uns spricht wie aus einer geschlossenen Bilderfolge oder aus dem Zusammenspiel von Bild und Text oder aus dem Text allein und auch da wiederum ohne Rücksicht darauf, ob Prosa oder Reim, ob Bildergeschichtenvers oder selbständiges Gedicht: Es ist immer eine Einheit. Dieser durch und durch vitale Grundzug deutet nur die eine Seite seines Künstlertums. An die andere, die

Landschaft bei Wiedensahl
Bleistift, aus einem
Skizzenbuch von 1868

Dies stand, vom »wohlsituierten und lebendigen Leser« wohl kaum in erwünschtem Maße verstanden, am 2. Dezember 1886 in der »Frankfurter Zeitung« als eine Antwort an viele[2]. »Fast wir alle sind welche«, führt Busch fort. »Auch du, mein kleines drolliges Hänschen, mit deinem Mumps,deiner geschwollenen Backe, wie du mich anlächelst durch Tränen aus deinem dicken, blanken, schiefen Gesicht heraus, auch du bist einer; und wirst du vielleicht später mal gar ein Spaßvogel von Metier, der sich berufen

[2] »Was mich betrifft II«, erste Fassung der Selbstbiographie.

ebenso entscheidende, hat er wiederholt selbst gerührt, wenn er etwa seine allezeit fragefrohe Münsteraner Nichte Grete Meyer dazu ermunterte, so zu schreiben, daß in ihren Briefen stets etwas zu »sehen« war – was dann etwa in die Anerkennung ausmündete: »Dein Brief hat mich gefreut. Es ist allerlei »Sichtbares« darin (21. Februar 1900). Vor jeder Form stand für ihn das *Bild-Erlebnis*, und auch nur Gehörtes erlebte er als Bild:

»... am Harz bin ich gewesen, neulich, als so viel Schnee in Wirbeln herunterfegte und auch das Dörflein verhüllte, wo ich mich aufhielt. Es war grausam gemütlich. Man fühlte

sich so weich und sauber verpackt, wie eine Pflaume im Auflauf. Der Schlummer sanft und erklecklich. Zureisende Skrupel vermutlich irgendwo festgeschneit. Nur mal, noch in ganz dunkler Früh, wurd ich aufgeschreckt und schmerzhaft horchend wach erhalten durch das Wehklagen eines der vielen Schweine, welche der Genußsucht alljährlich zum Opfer fallen. Jetzt wird's herausgezerrt aus dem lieben, duftenden Stalle; jetzt liegt's geknebelt; jetzt der Stich; Notwehr geboten und heftig ausgeübt; Blutverlust fast beruhigend, scheint's; dann aber, erst recht, dicht vor der Todesgewißheit, der höchste, gräßlichste Unmut; dann röchelnde Entsagung; zuletzt Stille mit Nachdruck. Die Metamorphose in Wurst kann beginnen. *Wahrlich! Gewisse Dinge sieht man am deutlichsten mit den Ohren*[3] ...«

Der Brief an den Malerfreund Lenbach, der diese Stelle enthält, ist fast eine Art Prosagegenstück zu der musikalischen Offenbarung des dreiundzwanzig Jahre älteren Münchener Bilderbogens »Der Virtuos«, der am Ende des Max-und-Moritz-Jahres 1865 die Leser der Silvesternummer der »Fliegenden Blätter« erfreute. Keine Arbeit Buschs ist *international* so weit verbreitet wie diese zunächst »Ein Neujahrskonzert« benannte ausdrucksvoll tönende Konturengroteske auf Papier, die jeder, aber auch jeder versteht, der die Musik des Abendlandes versteht, selbst wenn er »smorzando« oder »fuga del diavolo« nicht auf Anhieb übersetzen kann (I, 254). Dem Hörer »guckt« – um einen der nachgelassenen Bildgedanken Buschs zu gebrauchen – »die Seele aus den Ohren«. Der Virtuos des Griffels aber ist gewiß ein nicht minder guter Tänzer als der Virtuos am Flügel. Und er liebt die Musik, auch wenn er immer wieder einmal den »Lärm, womit der Musikant uns stört«, verspottet und die Formel geprägt hat:

Musik wird oft nicht schön gefunden,
Weil sie stets mit Geräusch verbunden.

Doch der mit überaus empfindlichen Ohren ausgestattete Busch konnte auch gewisse Ohrenschmäuse freundlich duldsam belächeln:

Ein Konzert von Dilettanten.
Stimmt auch grad nicht jeder Ton,
Wie bei rechten Musikanten,
Ihnen selbst gefällt es schon.

*

Die beiden letzten Zitate – das erste von 1873, das zweite vor der Jahrhundertwende entstanden – spiegeln einen Stimmungswandel ähnlich dem von der »Kritik des Herzens« zu der dreißig Jahre später (1904) redigierten zweiten Gedichtsammlung »Zu guter Letzt«. Die Inhalte sind die gleichen geblieben, aber die Blickrichtung, die Perspektive, hat sich geändert. Der pessimistische Grundzug der »Kritik« gibt sich in lächelnder, oft genug aber auch aggressiver Zweifelsucht zu erkennen. Diese Angriffslust schreckt vor dem eigenen Ich des Reimkünstlers nicht zurück; sie sucht im Gegenteil immer wieder das »Extrapläsier« des Lachens über sich selbst – »wenn wir unsere eigenen Dummheiten in ihren Filzschuhen erwischen«. So bleibt, abgesehen etwa von der Elegie auf die frühverstorbene Schwester: »Nun, da die Frühlingsblumen wieder blühen ...«, dem Dank an die Mutter: »O du, die mir die Liebste war ...« oder der Elegie »Du hast das schöne Paradies verlassen ...« nicht viel, was die Zeitgenossen als positiv hätten empfinden können.

Aber auch 1905, nachdem Busch für die Mitwelt den Schlußstrich unter sein Werk gezogen hatte, vermißte die Literaturkritik die vorbehaltlos positiven Züge in einem Buch, dem sie dennoch das Prädikat »dorfstill« nicht versagen mochte. Neun Jahre vor dem ersten Weltkrieg war es den Menschen wohl kaum schon gegeben, den warnenden Kassandraruf »Sag Atome, sage Stäubchen ...« oder die zu friedlichem Zusammenleben mahnende Stimme – »Sehnsucht«, »Hund und Katze« – oder die schmunzelnd resignierende Einsicht in den unvermeidlichen Lauf der Dinge – »Bestimmung« – als das zu nehmen, was sie doch nur sein konnten: Äußerungen eines Besorgten, der seine »sauerverdiente sogenannte Weltbetrachtung« nicht »über die Hecke schmeißen« wollte, der sich aber doch abgewöhnt hatte, zu grollen.

Matschwetter – Gänsefeder und Sepia, um 1870

[3] »Von mir hervorgehoben.

Er sprach in seinen Gedichten immer wieder Gegenstände an, die seine Brüder in Apoll geflissentlich mieden: die kleine Welt zu seinen Füßen, die Vegetabilien im Garten, die Störenfriede und die Nützlichen, die Menschen und die Tiere seines ländlichen Bereichs. Und allemal gelang ihm der Beweis, daß auch von den unbedeutendsten Kleinigkeiten ein gerader Weg ins große Allgemeine führt: »Fernsicht gibt's, und wär's von einem Maulwurfshaufen.« Doch in »Zu guter Letzt« bleibt noch fast alles Beispiel. Dagegen überwiegen in den zum Nachlaß bestimmten Gedichten, die 1909 unter dem Titel »Schein und Sein« erschienen, die allgemeinen Themen und die schon in der Sicht gegebenen größeren Aspekte. Und es erklingt mehr als je zuvor das tröstliche Thema »Immerhin« in den Dichtungen aus den letzten Jahren seines Lebens.

Im Nachlaß fand sich ein Buchdeckel, der – auf dünnen Kartons von Postkartengröße, Zetteln und dergleichen – allerlei Bleistiftnotizen enthielt: Reime und Sinnsprüche, die, bereits als Fazit einer Gedankenkette durchgeformt, nun noch auf ein »sichtbares« Beispiel warteten und – in der Überzahl – Einfälle, stichworthaft in Prosa festgehalten. Einiges davon hat Busch so durchgestrichen, daß man es nicht mehr lesen kann, anderes, obwohl durchstrichen, ist leserlich geblieben. Das sind die Eintragungen, die, zu Gedichten geformt, in »Zu guter Letzt« und in »Schein und Sein« wiederkehren – »Die Seelen«, »Die Schändliche«, »Pst!«, »Der gütige Wanderer«, »Reue«, »Der Kobold«, »Vielleicht« und andere. Der Entdeckerfreude des Lesers steht nichts im Wege. Deshalb ist eine Auswahl aus dieser Gedankensammlung, die sich Busch in den neunziger Jahren anzulegen begann und die er stets mit sich führte, wenn er seine kleinen und größeren Besuchsreisen unternahm, im zweiten Teil dieser Sammlung (S. 540–585) abgedruckt. Den niedersächsischen Namen für diese Notizen, dem man gelegentlich auch begegnet, erklärt dieser Vierzeiler:

Dürre Zweige, kurz gebrochen,
Etwas dünner oder dicker,
Um Kaffee dabei zu kochen,
Diese Zweige heißen *Spricker.*

Martinsgans – Gänsefeder und Sepia, 2. Hälfte der 70er Jahre

Unverarbeitet strahlen sie oft noch mehr Kraft aus als das Ergebnis ihrer Verwandlung in flüssige Verse. Überhaupt: Das Stärkste, Eigenwilligste und wohl auch Dauerndste, das der Epigrammatiker Busch hinterlassen hat, ist außer den Allgemeingut gewordenen Spruchweisheiten seine Prosa.

*

Wer die beiden symbolischen Märchen »Eduards Traum« (1891) und »Der Schmetterling« (1895) nicht kennt, der kennt den persönlichsten, aufschlußreichsten Teil seines Gesamtwerks nicht. Ich habe sie Rechenschaftsberichte genannt, ein Name, der allen Bestandteilen im dichterischen Werk zukommt. Aber man darf sie nicht so schlicht und

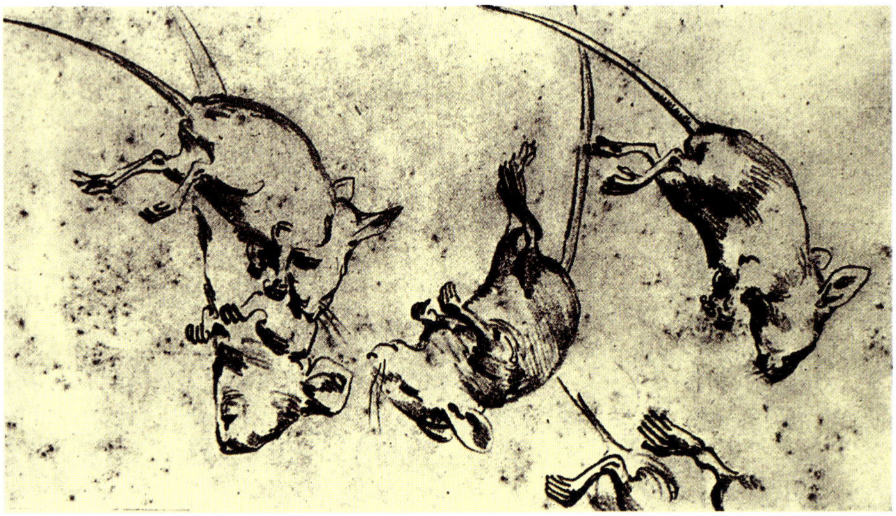

Skizzenblatt »Mäuse«
Bleistift, 2. Hälfte der 70er Jahre

Skizzenblatt »Hausarbeit« – Bleistift, Wolfenbüttel 1881

geradezu als »Bruchstücke einer großen Konfession« ansehen, sondern muß schon einige Verfremdungsvorgänge mit in Kauf nehmen. In diesem Sinne ist der Prosaschreiber Busch fast einer von den Modernen – ein Bekenner, der meist im Gleichnis zu uns spricht, doch nicht etwa, indem er mit dem Finger deutend den Sinn erklärt, im Gegenteil: Da, wo er als Erklärer auftritt (übrigens auch in seinen Gedichten), kann man sicher sein, daß die Erklärerrolle wiederum nur eine Maske ist. Als Busch seiner Frankfurter Wahlnichte Nanda Keßler zu ihrem 30. Geburtstag einen beziehungsreichen und recht gespaßigen, aber eben nur den Eingeweihten verständlichen Sommermythus gesandt und bemerkt hatte, daß sich die Empfängerin um eine Deutung mühte, warnte er sie vor diesem »praktischen Blick«, der ja doch den »schwirrenden Paradiesvogel« erbarmungslos aufs bürgerliche Parkett herunterholen würde.

In gleicherweise sollten auch wir uns davor hüten, »Eduards Traum« erklären zu wollen. Hier sind allenfalls ein paar ganz allgemeine Hinweise angebracht. Die Geschichte des Durchschnittsmenschen namens Eduard, dessen Ich im Traum zum denkenden Punkt zusammenschrumpft, ist ohne Frage ein dichterischer Versuch, im Gleichnis einer Traumreise durch die kleine und die große Welt die Stationen zu erfassen, die der denkende Künstler durchlaufen mußte, um zu seiner Weltansicht zu gelangen. Daß er bereits im Bereich der mathematischen Logik Vorbehalte anzumelden hat, daß er in der Region jugendlichen Bruchstückdenkens – im Gebiet der aparten Körperteile – nicht länger verweilen mag, als er zu einem Überblick benötigt; daß er statt dessen »die gewöhnliche Welt ..., wo jeder seine gesunden Gliedmaßen beieinander hat«, um so ausgiebiger kreuz und quer durchmißt, um den Teufelskreis von Grund und Folge bildhaft zu demonstrieren, dies wird keinen befremden, der den Weg Buschs kennt: sein schon in jungen Jahren betriebenes Wandeln in den intimen Laubengängen des Gehirns, seine sodann etwas einseitige Neigung zur reinen Mathematik, seinen Widerwillen gegen Gemeinplätze, die im engen Blickwinkel so üppig zu wuchern pflegen, seinen mitunter zur Leidenschaft gesteigerten Beobachtungstrieb nicht zu vergessen.

Die Beziehung zum Entwicklungsgang des Denkers, des Grüblers, des Beobachters, der sich nach mancherlei Ausflügen in verschiedene Wissensbereiche und nach Versuchen auf dem Gebiet der Volkskunde – »Madam! ... Sie haben was durchgemacht. Reisen Sie glücklich!« – die Menschen auf dem Lande wie in der Stadt näher besieht und dabei zu recht kritischen Äußerungen über seine Zeitgenossen, über die Bauersleute und über die »feine Gesellschaft«, über Praktiken des Vegetierens, des Lebens und des Denkens gelangt, diese Beziehung liefert uns gewiß einen brauchbaren Schlüssel zum Verständnis der in vieler-

Kühe
Skizzenblatt in schwarzer Kreide, nach 1885

lei Hinsicht phantastischen Erzählung. Man sollte sie zehnmal und öfter lesen; dann erst wird offenbar, wie vieles sie an Sichtbarem, welch eine Fülle sie zwischen den Zeilen unausgesprochen enthält. Für die Bilder im Mittelteil liefert der geschichtliche Ablauf vor der Jahrhundertwende – soziale Kämpfe, eingefangen im Gleichnis vom guten und vom viel zu guten Menschen, synthetischer Zucker, Sonnenenergie usw. in der nicht gerade tröstlichen Vision eines von Trotteln bevölkerten Zunkunftstaats usw.-die Stichworte. Für das letzte Drittel – Region des systematischen Philosophierens, des ethischen Verhaltens, des Zweifelns und des Glaubens hoch droben, jenseits von dem Betrieb auf der Heerstraße – nimmt Busch Kant, Schopenhauer, Buddha, Laotse, Augustinus und das Neue Testament in Anspruch. Aber man hüte sich, die Wiedersehensfreude mit der »angebeteten Elise« allzu ernst zu nehmen. »Eduards Traum« ist von Anbeginn bis zum Schluß ein einziger und oft mit surrealistischen Kunstmitteln vorgebrachter, formelhaft dichter, freilich auch unverkennbar bildfreudiger Vorbehalt, eine nicht nur »dem Ohre des feinen Jahrhunderts recht schmerzliche« Verzichterklärung, die bei aller zur Schau getragenen Gemütlichkeit doch nur selten ein Lachen aufkommen läßt, dem sich nicht auch der Schauder zugesellt.

Bitterer noch, so scheint es, endet der so hoffnungsvoll begonnene Ausflug des Bauernjungen Peter im »Schmetterling«. Der hat gerade soviel von seinem Handwerk erlernt, daß er sich schlecht und recht einen eigenen Frack schneidern kann. Im allgemeinen leistet er, ähnlich wie die Mutter, die aus des Vaters Fracke für Fritzchen eine neue Jacke macht, nur Flickschneiderdienste, indem er alte zerschlissene Säcke so herrichtet, daß man sie aufs neue füllen kann. Ins Geistige übertragen heißt dies im Ton der »Spricker«: »Neue Gedanken sind nicht häufig; sag uns die alten nur geläufig«. Dies etwa ist die Position, von der aus man einen Zugang zur Odyssee eines gutgläubigen Toren gewinnen kann, eines Menschen, der dem ewig unerreichbaren Glücksidol nachjagt, den aber gesundes Stand- und Schlafvermögen, wohlentwickelte Fähigkeit, sich in sich selbst zurückzuziehen wie die Schnecke in ihr Haus, davor bewahren, daß er schon beizeiten ganz unter die Räder kommt. Wie er sich von Blinden, Taubstummen und Bettlern, von »ehrlichen Christenmenschen« und schlauen Betrügern, von dösigen und von witzigen Bauersleuten, vom peinlich-erfinderischen Jägernazi und von der kessen Hex Lucindili verzaubern, verführen, übertölpeln, quälen, bestehlen, betrügen und mißhandeln lassen muß, bezeichnet das Schicksal eines Künstlermenschen und ewigen Kindes. Wie dieses Schicksal sich erfüllt als Heimkehr eines Geschundenen und als Dasein eines in seinem wahren Wert nur von dem Kind geahnten, von den Erwachsenen hingegen nicht erkannten »nützlichen Haustiers«, dem sie im Oberstübchen einen bescheidenen Platz anweisen – in alledem ist es ein einigermaßen beklemmendes Gleichnis für Buschs Schicksal, der es sich ja bis auf den heutigen Tag gefallen lassen muß, als simpler Spaßvogel verkannt, wenn nicht gar bagatellisiert zu werden. Als Erfinder einer erheiternden Hauspostille mag man ihn zuzeiten gern – »Humpelfritze« nennt man Peter, der als Fritz Fröhlich auftritt und durch sein Dasein einiges zur Erbauung der Hausgenossen tut –; aber nur wenige machen sich die Mühe, dem durch Schmerzen weise Gewordenen auch einmal ins Auge zu blicken …

Landschaft mit Kopfweiden schwarze Kreide, Wiedensahl, Ende der 80er Jahre

*

Was aber den Ernst hinter der mit belustigenden Konturwesen erfüllten Welt im Werk von Wilhelm Busch betrifft,

so ist vielleicht nichts so gut geeignet, eine Korrektur des allgemeinen Urteils über ihn zu bewirken wie ein gelegentlicher Blick auf die hier eingestreuten Skizzen, die in ihrer Abfolge auch ein paar von den Lebensstationen vertreten, die er durchlaufen hat: vom ersten liebevoll vereinfachenden Verweilen bei den Wesen und den Dingen seines heimatlichen Bereichs bis zu den etwas befremdlicheren Erscheinungen in der Metropole der Kunst; vom schüchternen graphischen Werben um die Landschaft in den fünfziger Jahren bis zum beneidenswert sicheren Kreidestrich der Spätzeit; vom ernsten Studium der Umwelt in allen Einzelheiten, die der Meister der Bildergeschichte als unverlierbaren Formenvorrat sich erarbeitete, bis zur »interesselosen« Skizzierfreude, sei es an einer toten Maus, sei es an einem bezaubernd lebendigen Geschöpf bei der Hausarbeit; vom immer neuen zeichnerischen Ergötzen an den krummgehörnten Buttertieren bis zur Darstellung der strohgedeckten Dächer, unter denen der niedersächsische Bauer seine Ernte birgt.

Im gleichen Themenkreis vollzog sich, nur eben deutlicher von niederländischen Eindrücken inspiriert, die Entwicklung des Malers, dessen stattliches Werk hier lediglich in einer Farbtafel vertreten ist. Aber sie reicht vielleicht aus, die Überraschung begreiflich zu machen, die 1908 die erste Gedächtnisausstellung des künstlerischen Nachlasses hervorrief. Die damals eingeleitete Korrektur des historischen Urteils kommt dem Maler wie dem Dichter und dem Denker Busch zugute. In seinem späten Nachruhm teilt er das Schicksal vieler Geister – keiner aber unter den Verkannten ist so volkstümlich wie er.

Friedrich Bohne

Heuernte – schwarze Kreide, Ende der 80er Jahre

KLEINE ZEITTAFEL

Am 15. April 1832 wurde Wilhelm Busch als ältestes von sieben Kindern des Kaufmanns Friedrich Wilhelm Busch in Wiedensahl zwischen Loccum und Stadthagen geboren.
1841
kam er zu seinem Onkel, Pastor Georg Kleine, nach Ebergötzen bei Göttingen. Georg Kleine, der 1846 nach Lüthorst übersiedelte, bildete seinen Neffen so weit aus, daß Wilhelm Busch
1847
die Aufnahmeprüfung an der polytechnischen Schule zu Hannover, der heutigen Technischen Hochschule, bestand. Er sollte nach dem Willen des Vaters Maschinenbauer werden. Doch seine Begabung zum Maler und Zeichner war stärker.
1851
ging er, dem Ruf eines Freundes folgend, an die Kunstakademie Düsseldorf, um Maler zu werden. Aber in Düsseldorf, wo damals ein dem Leben abgewandter Kunstbetrieb herrschte, hielt es ihn nur kurze Zeit.
1852
folgte er seinen inzwischen abgewanderten Freunden nach Antwerpen und ließ sich dort in die Königliche Akademie der schönen Künste aufnehmen. In Antwerpen traf Wilhelm Busch mit vielen Meisterwerken der großen flämischen und holländischen Maler der 16. und 17. Jahrhunderts, u. a. Rembrandt, Rubens, Frans Hals, Brouwer, Teniers, zusammen. Sie haben für alle Zeit seine Liebe und Bewunderung gewonnen. Später gestand er ein: »Und gern verzeih ich's ihnen, daß sie mich zu sehr geduckt haben, als daß ich's je recht gewagt hätte, mein Brot mit Malen zu verdienen ...«
Im März 1853
erkrankte Busch an Typhus und kehrte, kaum genesen, ins Elternhaus zurück, um sich gründlich zu erholen. Danach sammelte er in Wiedensahl und in Lüthorst Volkslieder, Sagen und Märchen, wie sie damals noch von Mund zu Mund gingen. Die Ergebnisse dieser Arbeit sind erstmals nach seinem Tode 1910 unter dem Titel *»Ut oler Welt«* veröffentlicht worden.
Im Spätherbst 1854
ging Busch nach München zur Akademie der bildenden Künste. Er wurde Mitglied des Künstlervereins »Jung-München«.
An eine Malerschule hat er sich nicht angeschlossen, so daß »bei der grad herrschenden akademischen Strömung das kleine, nicht eben geschickt gesteuerte flämische Schifflein gar bald auf dem Trocknen saß«.

Zwischen 1855 und 1867, ebenso zwischen 1873 und 1878 war er zeitweise auf Monate in München oder in der Heimat – in Wiedensahl und in Lüthorst. Von 1868 bis 1872 lebte er meist in Frankfurt. In den siebziger Jahren weilte er öfters in Wolfenbüttel.
1859
wurde er Mitarbeiter der in München erscheinenden humoristischen Zeitschrift *»Fliegende Blätter«*. Busch zeichnete bis zum Jahr 1870 insgesamt 50 *»Münchener Bilderbogen«* und veröffentlichte in den »Fliegenden Blättern« viele Beiträge, Zeichnungen mit und ohne Text sowie auch Gedichte ohne Zeichnungen von seiner Hand, so z. B. die *»Lumpenlieder«*.
1865 erschien im Verlag Braun & Schneider in München die Bildergeschichte, die Busch berühmt gemacht hat: *»Max und Moritz«*.
1867 folgte bei Hallberger in Stuttgart *»Hans Huckebein der Unglücksrabe«*.
Im gleichen Jahr machte Busch die Bekanntschaft der Familie Keßler in Frankfurt, wo sein Bruder, Dr. Otto Busch, ein großer Verehrer des Philosophen Arthur Schopenhauer, als Hauslehrer wirkte. Auf Dr. Otto Busch ist der Einfluß zurückzuführen, den Wilhelm Busch eine Zeitlang von den Werken des pessimistischen Philosophen empfing. Später ist er von ihm wie von vielen Geistern, die er verehrte, wieder abgerückt: »Kein ›hiesiger‹ Schlüssel, so scheint's, und wär's der Asketenschlüssel, paßt jemals zur Ausgangstür« (des Lebens).
Im Hause Keßler zu Frankfurt trat Busch in JOHANNA KESSLER die verständnisvolle Freundin entgegen, der er sich zeit seines Lebens verbunden fühlte.
1869 veröffentlichte Wilhelm Busch *»Schnurrdiburr oder die Bienen«* im Verlag Braun & Schneider in München,
1870 *»Der heilige Antonius von Padua«* im Verlag Moritz Schauenburg in Lahr.
Fortan erschienen alle Bildergeschichten, Gedichte und Prosawerke, die Wilhelm Busch zu Lebzeiten veröffentlicht hat, in der Friedrich Bassermannschen Verlagsbuchhandlung in Heidelberg, später in München. (OTTO BASSERMANN, der Inhaber des Verlags, war ein Jung-Münchener Freund von Wilhelm Busch):
1872 *Die fromme Helene«*, *»Bilder zur Jobsiade«* und *»Pater Filucius«*
1873 *»Der Geburtstag oder Die Partikularisten«*
1874 *»Dideldum!«*, eine Sammlung kleiner Bildergeschichten, und der Gedichtband *»Kritik des Herzens«*
1875 *»Abenteuer eines Junggesellen«*

1876 *»Herr und Frau Knopp«*
1877 *»Julchen«*
1878 *»Die Haarbeutel«*
1879 *»Fipps der Affe«*
1881 *»Stippstörchen für Äuglein und Öhrchen«* (»Sechs Geschichten für Neffen und Nichten«), ferner *»Der Fuchs. Die Drachen. – Zwei lustige Sachen«*
1882 *»Plisch und Plum«*
1883 *»Balduin Bählamm, der verhinderte Dichter«*
1884 die letzte seiner großen Bildergeschichten: *»Maler Klecksel«*

1878
ließ sich Wilhelm Busch im Pfarrwitwenhaus in Wiedensahl nieder, wo ihn seine verwitwete Schwester Fanny Nöldeke versorgte.
1886
veröffentlichte ein begeisterter Verehrer Wilhelm Buschs, der Düsseldorfer Maler Eduard Daelen: »ÜberWilhelm Busch und seine Bedeutung, eine lustige Streitschrift«. Sie veranlaßte Busch, Ende des gleichen Jahres in der »Frankfurter Zeitung« unter dem Titel »Was mich betrifft« sachliche Fehler richtigzustellen. Die Selbstbiographie ist später überarbcitet und unter dem Titel *»Von mir über mich«* veröffentlicht worden.

1898
siedelte Wilhelm Busch mit seiner Schwester von Wiedensahl nach Mechtshausen am Harz (bei Seesen) zu seinem dort als Pfarrer lebenden Neffen Otto Nöldecke über.
1891 erschien *»Eduards Traum«*, das erste von zwei symbolischen Märchen in Prosa
1895 *»Der Schmetterling«*
1904 als letzte Gedichtsammlung zu Lebzeiten Buschs *»Zu guter Letzt«*.
Am 9. Januar 1908
starb Wilhelm Busch zu Mechtshausen.
Nach seinem Tode wurden als nachgelassene Werke veröffentlicht:
1908 *»Hernach«*, eine Sammlung kleiner Bildergeschichten und Zeichnungen
1909 *»Schein und Sein«*, eine Sammlung nachgelassener Gedichte.

INHALTSVERZEICHNIS

1. TEIL

INHALTSVERZEICHNIS

2. TEIL

Die Reproduktionsrechte für die Abbildungen im Vorwort erteilte uns freundlicherweise das Wilhelm-Busch-Museum in Hannover.

Sonderausgabe für KOMET Verlag GmbH, Köln

www.komet-verlag.de

Gesamtherstellung: KOMET Verlag GmbH, Köln

ISBN 978-3-86941-446-1